Kennzeichnung unregelmäßiger Verben durch [*irr.*]. (Eine Liste der unregelmäßigen Verben befindet sich im Anhang.)	**go** [gəʊ] … **III** *v/i.* [*irr.*] **10.** gehen …
Unregelmäßige Verbformen an alphabetischer Stelle.	**went** [went] *pret. von* ***go***. **gone** [gɒn] **I** *p.p. von* ***go*** …
Bei unregelmäßigen Steigerungsformen Hinweis auf die Grundform.	**bet·ter**[1] ['betə] **I** *comp. von* ***good*** *adj.* … **III** *comp. von* ***well*** *adv.* … **best** [best] **I** *sup. von* ***good*** *adj.* … **II** *sup. von* ***well*** *adv.* …
Kennzeichnung des Lebens-, Arbeits- und Fachbereiches durch Symbole und Abkürzungen.	**fuse** [fjuːz] **I** *s.* … **2.** ⚡ (Schmelz)Sicherung *f*… …'**learn·er** [-nə] *s.* **1.** Anfänger(in); … **3.** *mot. a.* ~ ***driver*** Fahrschüler(in) …
Kennzeichnung der Stilebene durch Abkürzungen und einfache Anführungszeichen.	**cock·y** ['kɒkɪ] *adj.* Ⓕ großspurig, anmaßend. **loon·y** ['luːnɪ] *sl.* **I** *adj.* ‚bekloppt' … ~ **bin** *s. sl.* ‚Klapsmühle' *f.*
Kennzeichnung des britischen und amerikanischen Sprachgebrauchs	… '**pave·ment** [-mənt] *s.* **1.** (Straßen)Pflaster *n*; **2.** *Brit.* Bürgersteig *m* … '**side**| … '**~·walk** *s. bsd. Am.* Bürgersteig *m* …
bzw. der amerikanischen Schreibung.	**cen·ter** *etc. Am.* → ***centre*** *etc.*
Erläuterungen zur Übersetzung.	**leap** [liːp] … **2.** … c) *a.* ~ ***up*** (auf)lodern (*Flammen*), d) *a.* ~ ***up*** hochschnellen (*Preise etc.*) …
Objektangabe zum Verb.	**leap** [liːp] … **II** *v/t.* … **4.** *Pferd etc.* springen lassen …
Präpositionen und ihre deutschen Entsprechungen (mit Rektionsangabe).	**lean**[2] [liːn] … **4.** lehnen (***against*** gegen, an *acc.*), (auf)stützen (***on, upon*** auf *acc.*) …
Anwendungsbeispiele und idiomatische Ausdrücke in Auszeichnungsschrift.	**heart** [hɑːt] *s.* … **3.** Herz *n*, (*das*) Innere, Kern *m*, Mitte *f*: ***in the ~ of*** inmitten (*gen.*) … ***~ and soul*** mit Leib u. Seele …

Mehr über den Umgang mit diesem Wörterbuch auf den Seiten 10 – 22. Die oben und im Hauptteil des Wörterbuchs verwendeten Abkürzungen finden Sie auf den Seiten 23 und 24.

A B C D E F G H I J K L M N O P Q R S T U V W XY Z

LANGENSCHEIDTS
HANDWÖRTERBÜCHER

Langenscheidts Handwörterbuch Englisch

Teil II
Deutsch-Englisch

von
Sonia Brough
und der
Langenscheidt-Redaktion

Neubearbeitung

LANGENSCHEIDT
BERLIN · MÜNCHEN · WIEN · ZÜRICH · NEW YORK

Redaktion:
Martin Fellermayer, Helga Krüger

In der neuen deutschen Rechtschreibung

Ergänzende Hinweise, für die wir jederzeit dankbar sind, bitten wir zu richten an:
Langenscheidt-Verlag, Postfach 40 11 20, 80711 München

Druck: C. H. Beck'sche Buchdruckerei, Nördlingen
Printed in Germany ISBN 3-468-04129-2

1. 2. 3. 4. 5. * 2005 04 03 02 01

Vorwort

Neubearbeitung

Langenscheidt-Wörterbücher sind auf die Wünsche und Bedürfnisse ihrer Benutzer zugeschnitten. Hinter ihnen steht eine lange Tradition, die geprägt ist von der sprachlichen und fachlichen Kompetenz erfahrener Wörterbuchmacher. Sie berücksichtigen gleichermaßen die Anforderungen der modernen Lexikographie wie die Entwicklung der jeweiligen Sprache. Dies gilt auch für die vorliegende Neubearbeitung des ***Handwörterbuches Deutsch-Englisch***, deren wichtigste Merkmale wir hier kurz vorstellen:

Aktualität

In dieser Neubearbeitung wurden tausende hochaktuelle Neuwörter ergänzt, sodass der Wortschatz den augenblicklichen Stand der deutschen Sprache in ihrer ganzen Vielfalt widerspiegelt. Die Auswahl reicht dabei von allgemeinsprachlichen Begriffen wie *Abenteuerferien*, *Ärztehaus*, *Dauerarbeitslosigkeit*, *Erziehungsgeld*, *Fettabsaugung*, *Fristenregelung*, *Haushaltsloch*, *Kinderschänder*, *punktgenau*, *Steuerschlupfloch*, *Verpackungskünstler*(*in*) und der gehobenen Schriftsprache mit Wörtern wie *Faktizität*, *Multivitaminpräparat*, *Overkillkapazität*, *Selbstmedikation* über Umgangssprachliches wie *abzocken*, *anbaggern*, *Deal*, *hyperschick*, *Muckis*, *relaxed*, *Soli*, *Weichei* und Slangbegriffe wie *Junkmail*, *Kid*, *koksen* oder *bekifft sein* bis hin zur Vulgärsprache, wie z. B. *Arsch-und-Titten-Presse*. Selbstverständlich wurden dabei auch regionale Begriffe und Dialekte berücksichtigt, z. B. *Bazi*, *Grant*, *Tandler*, *zündeln*. Natürlich folgen alle deutschen Stichwörter und Wendungen den Regeln der neuen deutschen Rechtschreibung gemäß DUDEN.

Noch mehr Inhalt

Erweitert auf rund 140.000 Stichwörter und Wendungen mit rund 225.000 Übersetzungen, bietet Ihnen Ihr ***Handwörterbuch Deutsch-Englisch*** nun mehr Inhalt als je zuvor.

Größeres Buchformat

Zusätzliche Attraktivität, Übersichtlichkeit und Bedeutung auf dem Schreibtisch gewinnt das Werk durch das größere Format.

Fachwortschatz

Hier haben wir uns auf besonders auf die folgenden Bereiche konzentriert: Computer und Internet, z. B. *Absatzmarke*, *Benutzerschnittstelle*, *Computer-GAU*, *Cybermüll*, *downloaden*, *Echtzeituhr*, *Einfügemodus*, *Großbildschirm*, *Hyperlink*, *internetfähig*, *ISDN-Anschluss*, *Kalkulationsprogramm*, *Multitasking*, *Netzzugang*, *plattformübergreifend*, *Quelldatei*, *Suchmaschine*, *URL*, neue Technologien,

z. B. *Biotechnik, Fernüberwachung, Gendatei, Gentest, Klonschaf, Mobilfunk, Multiplex, Nanobot, Novel Food, Pay-TV, Schlüssellochchirurgie, Spitzentechnologie,* Gesellschaft und Politik, z. B. *Altersteilzeit, Atomausstieg, Besserverdienende, Bildungsmisere, Designerfood, Halbtagsjob, Lifestyledroge, medienwirksam, Multikulti, Partydroge, Potenzpille, Rechtschreibreform, Reformstau, Singledasein, Solidarpakt, Quotenfrau,* Wirtschaft und Börse z. B. *Aktienoption, Existenzgründer, Finanzplatz, Fusionsfieber, Initiativbewerbung, kundenfreundlich, Leiharbeit, Maschinenlaufzeit, Mehrwegverpackung, Nachfrageschub, Produktpiraterie, Referenzkurs, Schwellenland, Standortdebatte, Wertzuwachs,* EU-Wortschatz, z. B. *Beitrittskriterien, Drittstaat, Euroland, Euronorm, Europäischer Wirtschaftsraum, Eurozone, EZB, Handelsbarriere, Konvergenzkriterien, Osterweiterung, Währungsumstellung,* Ökologie und Umwelt, z. B. *Abwasseraufbereitungsanlage, Bioerzeugnis, Elektrosmog, erbgutschädigend, gentechnikfrei, gentechnisch verändert, Ökobilanz, Ozonkiller, Raumklima,* und nicht zuletzt Sport, z. B. *Carving-Ski, Halfpipe, Inline Skates, Rafting, Snowboarding.*

Austriazismen und Helvetismen

Eine Vielzahl zusätzlicher österreichischer und schweizerischer Begriffe wurde in das Wörterbuch eingearbeitet.
Beispiele für Austriazismen: *Eierschwamm(erl), Fauteuil, Feber, sei fesch, Fleischhauer, Häuptelsalat, Janker, Kohlsprossen, La(i)berl, Lungenbraten, Mandatar(in), Melanzani, Mistkübel, pfuschen (= schwarzarbeiten), Pickerl, Präsenzdiener, Primarius, Ribisel, Schlag (= Schlagsahne), Stockerl, Wachzimmer, Zwetschke.*
Beispiele für Helvetismen: *Ablage (= Annahme-, Verkaufsstelle; Zweigstelle), Abwart, ausschaffen, Depot (= Pfand), Dole, fegen (= scheuern, schrubben), innert, Jupe, Lavabo, Lehrtochter, Morgenessen, Perron, Plättli, Pneu, Thon, Velo, Visum (= Unterschrift; Zeichen), zügeln (= umziehen,* österreichisch *übersiedeln).*

Kontext

Wörter werden meist in einem typischen sprachlichen Zusammenhang verwendet. Damit die Benutzer des ***Handwörterbuches Deutsch-Englisch*** stets die treffende Übersetzung der verschiedenen Bedeutungen eines Wortes finden, bietet es eine Vielzahl von illustrierenden Beispielsätzen und typischen Wortverbindungen, z. B. *ein runder Geburtstag, nahtlose Bräune, eingefleischter Junggeselle,* bzw. Redewendungen, z. B. *angezwitschert kommen, es ist etwas im Gange* oder *ich bin auch nur ein Mensch.*

Nützliche Extras in den Anhängen

In den Anhängen findet man zusätzlich deutsche Abkürzungen, Geographische Namen, Historische, biblische und mythologische Namen, Musikalische Werkbezeichnungen, Zahlwörter, Maße und Gewichte sowie Temperaturumrechnungstabellen.

Mit seinem aktuellen Inhalt und der bewährten Grundstruktur bietet das neu bearbeitete ***Handwörterbuch Deutsch-Englisch*** seinen Benutzern also echte Langenscheidt-Qualität für alle Übersetzungen, sei es im Studium oder im Beruf.

LANGENSCHEIDT VERLAG

Preface

New edition

Langenscheidt dictionaries are tailored to the requirements and desires of their users. They are the product of a long tradition resting on the linguistic and specialist skills of our experienced lexicographers. Our dictionaries adopt a modern approach to lexicography and take into account new developments in each language. This new edition of the ***Handwörterbuch Deutsch-Englisch*** is no exception. Here is a brief introduction to its most important features:

Up-to-date usage

This new edition incorporates thousands of new words and expressions which have only recently appeared in German. It therefore reflects the current state of the German language in all of its variety. These new words range from everyday terms such as *Abenteuerferien, Ärztehaus, Dauerarbeitslosigkeit, Erziehungsgeld, Fettabsaugung, Fristenregelung, Haushaltsloch, Kinderschänder, punktgenau, Steuerschlupfloch, Verpackungskünstler(in)* and examples of formal written language such as *Faktizität, Multivitaminpräparat, Overkillkapazität, Selbstmedikation* to colloquialisms such as *abzocken, anbaggern, Deal, hyperschick, Muckis, relaxed, Soli, Weichei.* Slang words such as *Junkmail, Kid, koksen* or *bekifft sein* are also included, as are vulgar terms like, for example, *Arsch-und-Titten-Presse.* Naturally, regionalisms and dialects are represented too, e.g. *Bazi, Grant, Tandler, zündeln*. And of course all of the German headwords and phrases follow the rules of the new German spelling system as laid down in DUDEN.

Even more comprehensive

The ***Handwörterbuch Deutsch-Englisch*** has been expanded to a total of around 140,000 references and 225,000 translations, making it more comprehensive than ever before.

Larger format

The larger format of this new edition provides greater clarity and makes this dictionary an even more attractive and user-friendly tool.

Technical terms

We have concentrated on the following areas in particular: Computers and the Internet, e.g. *Absatzmarke, Benutzerschnittstelle, Computer-GAU, Cybermüll, downloaden, Echtzeituhr, Einfügemodus, Großbildschirm, Hyperlink, internetfähig, ISDN-Anschluss, Kalkulationsprogramm, Multitasking, Netzzugang, plattformübergreifend, Quelldatei, Suchmaschine, URL,* new technologies, e.g. *Biotechnik,*

Fernüberwachung, Gendatei, Gentest, Klonschaf, Mobilfunk, Multiplex, Nanobot, Novel Food, Pay-TV, Schlüssellochchirurgie, Spitzentechnologie, society and politics, e.g. *Altersteilzeit, Atomausstieg, Besserverdienende, Bildungsmisere, Designerfood, Halbtagsjob, Lifestyledroge, medienwirksam, Multikulti, Partydroge, Potenzpille, Rechtschreibreform, Reformstau, Singledasein, Solidarpakt, Quotenfrau*, business and finance, e.g. *Aktienoption, Existenzgründer, Finanzplatz, Fusionsfieber, Initiativbewerbung, kundenfreundlich, Leiharbeit, Maschinenlaufzeit, Mehrwegverpackung, Nachfrageschub, Produktpiraterie, Referenzkurs, Schwellenland, Standortdebatte, Wertzuwachs*, EU terminology, e.g. *Beitrittskriterien, Drittstaat, Euroland, Euronorm, Europäischer Wirtschaftsraum, Eurozone, EZB, Handelsbarriere, Konvergenzkriterien, Osterweiterung, Währungsumstellung*, ecology and the environment, e.g. *Abwasseraufbereitungsanlage, Bioerzeugnis, Elektrosmog, erbgutschädigend, gentechnikfrei, gentechnisch verändert, Ökobilanz, Ozonkiller, Raumklima*, and last but not least sport, e.g. *Carving-Ski, Halfpipe, Inline Skates, Rafting, Snowboarding.*

Austrian and Swiss terms

A large number of additional Austrian and Swiss terms have been included in the dictionary.
Examples of Austrian terms include: *Eierschwamm(erl), Fauteuil, Feber, sei fesch, Fleischhauer, Häuptelsalat, Janker, Kohlsprossen, La(i)berl, Lungenbraten, Mandatar(in), Melanzani, Mistkübel, pfuschen (= schwarzarbeiten), Pickerl, Präsenzdiener, Primarius, Ribisel, Schlag (= Schlagsahne), Stockerl, Wachzimmer, Zwetschke.*
Examples of Swiss terms include: *Ablage (= Annahme-, Verkaufsstelle; Zweigstelle), Abwart, ausschaffen, Depot (= Pfand), Dole, fegen (= scheuern, schrubben), innert, Jupe, Lavabo, Lehrtochter, Morgenessen, Perron, Plättli, Pneu, Thon, Velo, Visum (= Unterschrift; Zeichen), zügeln (= umziehen*, Austrian *übersiedeln*).

Context

Words are usually used in a typical linguistic context. We have incorporated a variety of illustrative example sentences and typical collocations, such as *ein runder Geburtstag, nahtlose Bräune, eingefleischter Junggeselle*, and idioms, such as *angezwitschert kommen, es ist etwas im Gange* or *ich bin auch nur ein Mensch*, so that the user of the ***Handwörterbuch Deutsch-Englisch*** will always be able to pinpoint the exact translation he or she needs from among the different senses of a word or expression.

Appendices with helpful extra features

The appendices contain German abbreviations, geographical names, historical, biblical and mythological names and the names of musical works, as well as conversion tables for numerals, weights and measures and temperature.

With its up-to-date coverage and the clear layout that our users have come to appreciate, this new edition of the ***Handwörterbuch Deutsch-Englisch*** offers real Langenscheidt quality for all types of translation, whether for study or for work.

LANGENSCHEIDT PUBLISHERS

Inhaltsverzeichnis

Contents

Hinweise für die Benutzung des Wörterbuchs

Guide to the Dictionary

1. Anordnung der Stichwörter

Die Stichwörter sind in der Regel streng alphabetisch geordnet. Die Umlaute ä, ö, ü werden dabei wie a, o, u behandelt. Partizipien findet man zum Teil beim Grundwort (z. B. ***schützend*** bei **schützen**); tritt ein Partizip Perfekt als selbstständiges Stichwort auf, wird vom Grundwort darauf verwiesen: **nerven** → ***genervt.***

Wo die Übersichtlichkeit nicht beeinträchtigt wird, können aus praktischen Gründen gelegentlich Abweichungen von der strengen Alphabetisierung auftreten, z. B. bei substantivierten Adjektiven und Partizipien: **gefangen, Gefangene(r), Gefangenenaustausch.**

Aufgrund der ***neuen Rechtschreibung*** nun getrennt zu schreibende, früher zusammenzuschreibende Stichwörter stehen in diesem Wörterbuch an ihrer alten Stelle. Dies soll eine Hilfe sein für all jene, die sich weiterhin an der bisherigen Rechtschreibung orientieren und solche Begriffe nicht fänden, falls sie als Wendung unter ihrem ersten Wort eingeordnet wären. Sie finden also **auseinander driften, Haus halten, Rad fahren, kurz gefasst** oder **Mund voll** als eigene Stichworteinträge an alphabetisch richtiger Stelle. Ausnahme: Alle ehemaligen Verbverbindungen mit **-sein**, die jetzt ebenfalls getrennt geschrieben werden (Beispiel: **aus sein**), sind unter ihrem ersten Wort (hier also unter **aus**) als Wendung (~ ***sein***) eingeordnet.

Falls ein Adjektiv bzw. ein adjektivischer Begriff zwar in seiner Grundform auseinander geschrieben werden kann (Beispiel: **Verderben bringend**), im Steigerungsfall aber zusammengeschrieben werden muss (ein äußerst ***verderbenbringender*** Entschluss, ich kenne keine ***verderbenbringendere*** Waffe), listet das Wörterbuch beide Schreibungen in der Grundform als eigene, nur durch ein Komma getrennte Einträge auf, also **verderbenbringend, Verderben bringend.**

1. Arrangement of entries

The entries appear in strict alphabetical order as a rule. Words beginning with the umlauts ä, ö, ü are treated as if they began with a, o, u. Participles are listed on the one hand under the verb entry (e. g. ***schützend*** under **schützen**), but they may also appear as separate entries, in which case the verb entry contains a cross-reference to the participle: e. g. **nerven** → ***genervt.***

Where clarity of layout is not compromised, there are occasional departures from strict alphabetical order, such as in the case of nominal adjectives and participles; e. g. **gefangen, Gefangene(r), Gefangenenaustausch.**

Entries which used to be written as one word but have now to be separated into two words according to the ***new German orthography*** remain in their former alphabetical position in this dictionary. This is meant to help those dictionary users who tend to stick to the former German spelling and would not be able to find such headwords if they were listed as examples of usage under the first word of such two-word expressions. So you'll find entries such as **auseinander driften, Haus halten, Rad fahren, kurz gefasst** or **Mund voll** as separate headwords in strict alphabetical order.

There is only one exception to this rule: Former verbs with **-sein** as their second part which are now written in two words, e. g. **aus sein**, have been placed as examples of usage (in this case ~ ***sein***) under their first word (**aus**).

Whenever an adjective or an adjectival expression can be written in two separate words in its basic form (e. g. **Verderben bringend**), but has to be written in one word in its comparative and superlative forms respectively (ein äußerst ***verderbenbringender*** Entschluss, ich kenne keine ***verderbenbringendere*** Waffe), both variants are presented as headwords in their basic forms separated by a comma, e. g. **verderbenbringend, Verderben bringend.**

Bei neuerdings getrennt zu schreibenden Zusammensetzungen aus Substantiv+Verb ist in einigen Fällen zwecks Erleichterung der Auffindbarkeit die alte Schreibweise neben der neuen aufgeführt: **radfahren** (= *alte Schreibung*), **Rad fahren** (= *neue Schreibung*) ...

Noun-verb compounds which are now written in two words according to the new orthography are sometimes presented in both the former and the new orthography in order to facilitate finding them: **radfahren** (= *former spelling*), **Rad fahren** (= *new spelling*).

2. Aufbau eines Stichwortartikels

Unterschiedliche Wortarten oder grammatische Kategorien sind durch römische Ziffern gekennzeichnet:

schwatzen I. *v/i.* (*plaudern*) chat, F natter ...; **II.** *v/t.*: ***dummes Zeug ~*** ...

Grundsätzlich werden sinnverwandte Übersetzungen durch Komma getrennt, Übersetzungen mit abweichendem Sinngehalt werden dagegen durch Semikolon voneinander abgegrenzt:

brüllen I. *v/i.* roar (*a. fig. Geschütz, Motor etc.*); *Rind*: bellow; (*muhen*) low; *Mensch*: shout, *lauthals*: scream ...

Arabische Ziffern stellen eine weitere Möglichkeit der deutlichen Abgrenzung unterschiedlicher Bedeutungen dar:

Senkrechtstarter *m* **1.** ✈ vertical takeoff plane, F jump jet; **2.** F *fig.* whiz(z) kid, high flier

Eine weiter gehende Untergliederung erfolgt durch Kleinbuchstaben, die gelegentlich auch bei Anwendungsbeispielen zur Bedeutungsunterscheidung verwendet werden:

trocken ... *auf* ***dem ~en sitzen*** a) (*ohne Geld*) be completely on the rocks, b) (*ohne Getränk*) be staring into an empty glass, c) (*ohne Information*) not to know (*od.* have no idea) what's going on ...
Anlage ... **6.** ⚕ a) (*Kapital~*) investment, b) invested capital ...

Folgt nach Angabe eines reflexiven Verbmusters arabische Bezifferung, dann gilt das Verbmuster für alle nachfolgenden Abschnitte (arabische Ziffern), auch wenn zwischendurch weitere Anwendungsbeispiele angeführt sind:

kümmern I. *v/refl.*: ***sich ~ um*** **1.** look after ...; ***ich muss mich um alles ~*** ... **2.** (*sich Gedanken machen über*) worry about ...; **3.** ...

3. Die Tilde (Wiederholungszeichen)

wird aus Gründen der Raumersparnis angewandt. Die fette Tilde (~) vertritt das vorausgehende Stichwort oder den Teil des Wortes, der vor einem senkrechten Strich (|) steht:

Geisel ...; **~befreiung** ...; **~drama** ...; **~gangster** ...
stink|faul ...; **~fein** ...

Die Tilde (~) in den Anwendungsbeispielen und die Tilde (~) in Erklärungen stehen anstelle des unmittelbar vorhergehenden Stichworts, das seinerseits wiederum mithilfe der fetten Tilde gebildet sein kann:

2. Internal structure of entries

Roman numerals distinguish different parts of speech or grammatical categories within an entry:

schwatzen I. *v/i.* (*plaudern*) chat, F natter ...; **II.** *v/t.*: ***dummes Zeug ~*** ...

As a rule, commas are used to link related translations, while semicolons separate distinct variants:

brüllen I. *v/i.* roar (*a. fig. Geschütz, Motor etc.*); *Rind*: bellow; (*muhen*) low; *Mensch*: shout, *lauthals*: scream ...

Arabic numerals are also used to distinguish between different meanings:

Senkrechtstarter *m* **1.** ✈ vertical takeoff plane, F jump jet; **2.** F *fig.* whiz(z) kid, high flier

Small letters are used to further structure an entry, occasionally in order to distinguish differences of meaning between the examples of usage:

trocken ... *auf* ***dem ~en sitzen*** a) (*ohne Geld*) be completely on the rocks, b) (*ohne Getränk*) be staring into an empty glass, c) (*ohne Information*) not to know (*od.* have no idea) what's going on ...
Anlage ... **6.** ⚕ a) (*Kapital~*) investment, b) invested capital ...

If a reflexive verb pattern is followed by Arabic numerals, it applies to all subsequent sections marked with Arabic numerals, even though further examples of usage may have appeared:

kümmern I. *v/refl.*: ***sich ~ um*** **1.** look after ...; ***ich muss mich um alles ~*** ... **2.** (*sich Gedanken machen über*) worry about ...; **3.** ...

3. The swung dash or "tilde"

is used for economy of space. The boldface tilde (~) replaces the preceding entry word or the part of an entry word preceding the vertical bar (|):

Geisel ...; **~befreiung** ...; **~drama** ...; **~gangster** ...
stink|faul ...; **~fein** ...

The tilde (~) in examples of usage and the tilde (~) in explanations replace the immediately preceding entry word which, in turn, may have been formed using the boldface tilde:

klotzen ...; **~, *nicht kleckern!*** ...
Milliarden|betrag ...; **~loch** *n*: ***das ~ im Haushalt*** ...
Tor *n* ... (*~bogen*) archway ...

Die Kreistilde (≗) bedeutet, dass das betreffende Wort (abweichend vom ersten Stichwort) groß statt klein oder umgekehrt geschrieben wird:

Knall|erbse ...; **~frosch** ...; **≗hart** ...
Mist 1. *m* (*Kuh≗*, *Pferde≗*) ...

4. Das Verweiszeichen (→)

a) dient zur Kennzeichnung eines direkten Verweises, z. B. **Ascheimer** *m* → ***Mülleimer*** bedeutet, dass alle Übersetzungen von „Mülleimer" auch für „Ascheimer" gelten

b) macht auf weitere Informationen über das nachgeschlagene Wort aufmerksam, z. B. **Bein** ... → ***ausreißen*** 1, ***Bauch***, ***Grab***, ***Klotz*** ...; **minimal** ... → *a.* ***Mindest...***

c) verweist innerhalb eines Stichwortartikels:

baden I. *v/i.* **1.** ...; **III.** *v/refl.*: ***sich baden*** → 1

oder z. B. von einem abgeleiteten Substantiv auf das entsprechende Verb:

Verlängerung *f* lengthening; prolongation; extension; renewal; → ***verlängern*** ...

5. Bedeutungsunterschiede

Wo es notwendig erschien, wurden Bedeutungsunterschiede kenntlich gemacht durch

a) bildliche Zeichen und Abkürzungen (Verzeichnis auf S. 927 f.), die den jeweiligen Anwendungsbereich näher definieren:

Röhre *f* tube; (*Leitungs≗*) pipe; *anat.* duct, canal, (*Luft≗*, *Speise≗*) pipe; ⚗ test tube; ⚡ valve, *bsd. Am.* tube ...

b) sinnverwandte Wörter, Oberbegriffe, Sinneinschränkungen:

Tor *n* **1.** gate (*a. Stadt≗ u. fig.*); (*~bogen*) archway; (*Garagen≗ etc.*) door; (*Einfahrt*) gateway (*a. fig.*); **2.** *Sport*: (*a. Treffer*) goal; ... **3.** *Skisport etc.*: gate.

c) Angabe möglicher Objekte (in Klammern):

wickeln I. *v/t.* ... (*Tuch*, *Binde*) tie; (*Schal*, *Decke*) wrap; (*Haar*) curl ...

bzw. Angabe möglicher Subjekte (nach denen ein Doppelpunkt steht):

kräftig I. *adj.* strong; *Motor etc.*: powerful; *Schlag*: heavy, powerful; ... *Kleinkind*: bouncing *baby* ...

d) Zusätze in Kursivschrift, die einen Kontext andeuten, ohne dass eine vollständige Übersetzung gegeben wird:

haarscharf ... *der Wagen fuhr* ***~ an mir vorbei*** missed me by an inch
nichts sagend ... nondescript *face*, *person etc.*

klotzen ...; **~, *nicht kleckern!*** ...
Milliarden|betrag ...; **~loch** *n*: ***das ~ im Haushalt*** ...
Tor *n* ... (*~bogen*) archway ...

Where the initial letter of entry words changes from a capital letter to a small letter or vice versa, a circle appears above the tilde:

Knall|erbse ...; **~frosch** ...; **≗hart** ...
Mist 1. *m* (*Kuh≗*, *Pferde≗*) ...

4. The cross-reference sign (→)

a) serves to indicate a direct cross-reference, e. g. **Ascheimer** *m* → ***Mülleimer*** means that the translations for "Mülleimer" also apply for "Ascheimer"

b) draws attention to further information relating to the entry which can be found elsewhere in the dictionary, e. g. **Bein** ... → ***ausreißen*** 1, ***Bauch***, ***Grab***, ***Klotz*** ...; **minimal** ... → *a.* ***Mindest...***

c) cross-refers to another section within an entry:

baden I. *v/i.* **1.** ...; **III.** *v/refl.*: ***sich baden*** → 1

or, for example, from a derivative noun to its corresponding verb:

Verlängerung *f* lengthening; prolongation; extension; renewal; → ***verlängern*** ...

5. Differences in meaning

Where necessary, differences in meaning are marked by

a) pictorial signs and abbreviations (listed on pp. 927–928) indicating the field of usage:

Röhre *f* tube; (*Leitungs≗*) pipe; *anat.* duct, canal, (*Luft≗*, *Speise≗*) pipe; ⚗ test tube; ⚡ valve, *bsd. Am.* tube ...

b) brackets indicating synonyms, hypernyms and restrictions on usage:

Tor *n* **1.** gate (*a. Stadt≗ u. fig.*); (*~bogen*) archway; (*Garagen≗ etc.*) door; (*Einfahrt*) gateway (*a. fig.*); **2.** *Sport*: (*a. Treffer*) goal; ... **3.** *Skisport etc.*: gate.

c) brackets enclosing clause complements, e. g. the objects of verbs:

wickeln I. *v/t.* ... (*Tuch*, *Binde*) tie; (*Schal*, *Decke*) wrap; (*Haar*) curl ...

or the subjects of describing clauses:

kräftig I. *adj.* strong; *Motor etc.*: powerful; *Schlag*: heavy, powerful; ... *Kleinkind*: bouncing *baby* ...

d) italics indicating extra contextual information in the absence of a complete translation:

haarscharf ... *der Wagen fuhr* ***~ an mir vorbei*** missed me by an inch
nichts sagend ... nondescript *face*, *person etc.*

Kursives *the* bedeutet, dass dem entsprechenden englischen Wort der bestimmte Artikel vorangeht.

e) Angabe des Gegensatzes:

Land *n* **1.** ... (*Ggs. Wasser*) land ...; **2.** (*Ggs. Stadt*) country; countryside ...

f) Exponenten bei gleich geschriebenen Wörtern mit voneinander stark abweichender Bedeutung:

Schloss[1] *n* (*Tür*2, *Gewehr*2) lock ...
Schloss[2] *n* castle ...

6. Zusammenfassung von Übersetzungen bzw. Anwendungsbeispielen

a) durch Klammern:

Paradies ... ***ich fühle mich wie im ~*** (I feel as if) I'm walking on air

(d. h. „I feel as if" kann weggelassen werden)

Polarmeer *n*: **nördliches (südliches) ~** Arctic (Antarctic) Ocean ...

b) Treffen zwei Anwendungsbeispiele aufeinander, von denen das zweite eine Erweiterung des vorhergehenden darstellt, wird folgendermaßen verfahren:

finden ... ***ich kann nichts dabei ~*** I don't see any harm in it, ***dass er ...***: I can't see any harm in him (*od.* his) *ger.*

Das Komma vor ***dass er*** und der Doppelpunkt danach bedeuten, dass es sich hier um eine Erweiterung des vorhergehenden Beispiels handelt, die eine Übersetzungsvariante erfordert oder zusätzlich bietet; es heißt also ***ich kann nichts dabei ~, dass er ...***

7. Rektion

Wo die Beziehung Verb/Objekt oder Adjektiv/Bezugswort im Englischen und im Deutschen nicht übereinstimmt, wird dies auf folgende Weise zum Ausdruck gebracht:

a) durch Angabe von Präposition oder Kasus hinter der Übersetzung; bei Wiederholungen wird auf diese Angabe meist verzichtet:

herausziehen *v/t.* pull out (**aus** of); (*Zahn*) *a.* extract (from) ...
zustimmen *v/i.* agree (*dat.* to *s.th.*, with *s.o.*)

b) durch deutsche Objekte in Klammern vor der Übersetzung:

entgegenstehen *v/i.* **1.** (*e-m Plan etc.*) stand in the way of ...

c) durch Angabe eines direkten englischen Objektes in Fällen, wo dies einem deutschen indirekten oder präpositionalen Objekt entspricht:

entgegenhandeln *v/i.* act against (*dat. s.th.*)
herumgeistern *v/i.* flit around (***in*** *a place*)

If *the* appears in italics, it means that the definite article accompanies the noun.

e) indication of antonyms:

Land *n* **1.** ... (*Ggs. Wasser*) land ...; **2.** (*Ggs. Stadt*) country; countryside ...

f) exponent numerals to distinguish homographs with vastly different meanings:

Schloss[1] *n* (*Tür*2, *Gewehr*2) lock ...
Schloss[2] *n* castle ...

6. Combinations of translations and examples of usage

a) By means of brackets:

Paradies ... ***ich fühle mich wie im ~*** (I feel as if) I'm walking on air

(i. e. "I feel as if" can be omitted)

Polarmeer *n*: **nördliches (südliches) ~** Arctic (Antarctic) Ocean ...

b) Where two examples occur in sequence, the second extending the first, they are arranged as follows:

finden ... ***ich kann nichts dabei ~*** I don't see any harm in it, ***dass er ...***: I can't see any harm in him (*od.* his) *ger.*

The comma in front of ***dass er*** and the colon after it indicate that the preceding expression must be used at the head of the following example: in this particular case ***ich kann nichts dabei ~, dass er ...***

7. Grammar governing usage

Where there are differences between German and English with regard to the grammatical relationship between verbs and their object complements, or between adjectives and the nouns which they describe, the differences are indicated as follows:

a) by giving the relevant grammatical case or preposition after the translation (this information has sometimes been left out to avoid repetition):

herausziehen *v/t.* pull out (**aus** of); (*Zahn*) *a.* extract (from) ...
zustimmen *v/i.* agree (*dat.* to *s.th.*, with *s.o.*)

b) by placing German objects in the relevant case before the translation:

entgegenstehen *v/i.* **1.** (*e-m Plan etc.*) stand in the way of ...

c) by providing a direct object complement in the English equivalent where it corresponds to an indirect object complement or prepositional object in German:

entgegenhandeln *v/i.* act against (*dat. s.th.*)
herumgeistern *v/i.* flit around (***in*** *a place*)

8. Betonungszeichen

werden angeführt,

a) wo wechselnder Akzent einen Bedeutungswandel mit sich bringt:

> 'umreißen *v/t.* pull down
> um'reißen *v/t.* outline

b) wo in englischen Anwendungsbeispielen erst die starke Betonung eines sonst unbetonten Wortes den Sinn der Wendung deutlich macht:

> **weit** ... ***es ~ bringen (im Leben)*** ... 'go places

9. Bindestrich

Steht am Ende einer Zeile und am Anfang der nächsten Zeile jeweils ein Bindestrich, bedeutet dies, dass das Wort mit Bindestrich geschrieben wird:

> **handlungsreich** *adj. Geschichte etc.*: ... action-
> -packed (= action-packed)

Steht nur am Ende der Zeile ein Trennungsstrich, wird das Wort nicht mit Bindestrich geschrieben:

> **Wasch** .... **~brett** *n* wash-
> board (= washboard)

Ein am Zeilenanfang innerhalb einer Klammer stehender Bindestrich soll verdeutlichen, dass der in Klammern stehende Teil eines Wortes zum vorausgehenden Wort hinzutreten kann; hierbei bilden beide Teile dann ein zusammengeschriebenes Wort:

> **Untergrund** ....
> *beim Streichen*: ground
> (-ing) (= ground *oder* grounding)

10. Kennzeichnung der Sprachebene

Bei mehreren aufeinander folgenden Übersetzungen auf der gleichen Sprachebene wird häufig nur die erste Wendung entsprechend gekennzeichnet:

> **Nepplokal** F *n* F clip joint, rip-off place

Hier bezieht sich das erste F (= familiär, umgangssprachlich) auf das deutsche Stichwort, das zweite auf beide englischen Übersetzungen.

Ähnlich wird bei gehäuften figurativen Anwendungsbeispielen verfahren, da diese in der Regel leicht als solche erkennbar sind:

> **Bein** ... *fig.* ***auf schwachen ~en stehen*** be shaky ... ***auf eigenen ~en stehen*** stand on one's own two feet; ***mit beiden ~en im Leben stehen*** have both feet firmly on the ground ...

11. Unterschiede zwischen britischer und amerikanischer Schreibweise

wurden so weit wie möglich berücksichtigt und auf folgende Weise dargestellt:

> grey, *Am.* gray; defen|ce (*Am.* -se)
> colo(u)r; travel(l)er; catalog(ue) usw. (wobei die eingeklammerten Buchstaben im Amerikanischen jeweils entfallen).

8. Stress marks

are indicated

a) where different accentuation changes the meaning of the entry word:

> 'umreißen *v/t.* pull down
> um'reißen *v/t.* outline

b) where a strong stress on an otherwise unstressed word is essential to the meaning of a phrase:

> **weit** ... ***es ~ bringen (im Leben)*** ... 'go places

9. Word division (hyphenation)

Where hyphens stand at the end of one line and at the beginning of the next, it means that the divided word normally has a hyphen at the point of division:

> **handlungsreich** *adj. Geschichte etc.*: ... action-
> -packed (= action-packed)

A single hyphen at the end of the line means that the word does not require a hyphen when not divided:

> **Wasch** .... **~brett** *n* wash-
> board (= washboard)

A hyphen at the beginning of a line inside brackets serves to indicate that the part of the word inside the brackets can be joined to the preceding word, which will then be written together as one word:

> **Untergrund** ....
> *beim Streichen*: ground
> (-ing) (= ground *oder* grounding)

10. Stylistic register

In a series of translations used in the same stylistic register, usually only the first expression's stylistic features are indicated:

> **Nepplokal** F *n* F clip joint, rip-off place

In this entry, the first F (= familiar, colloquial) refers to the German entry word and the second to both English translations.

The same procedure is used in the case of several figurative uses of an entry word, for these are usually easily recognizable as figurative expressions:

> **Bein** ... *fig.* ***auf schwachen ~en stehen*** be shaky ... ***auf eigenen ~en stehen*** stand on one's own two feet; ***mit beiden ~en im Leben stehen*** have both feet firmly on the ground ...

11. Differences between British and American spelling

have been taken into consideration as far as possible and presented as follows:

> grey, *Am.* gray; defen|ce (*Am.* -se)
> colo(u)r; travel(l)er; catalog(ue) etc.

Erklärung der Zeichen und Abkürzungen

Key to Symbols and Abbreviations

1. Bildliche Zeichen – Symbols

~ ⁓	siehe Seite 923: Die Tilde *See page 923*	✈	Luftfahrt, *aviation*; Luftwaffe, *Air Force*
F	familiär, *familiar*; umgangssprachlich, *colloquial*	📯	Post, *postal affairs*
V	vulgär, *vulgar*	♪	Musik, *musical term*
📖	wissenschaftlich, *scientific/technical term*	⛫	Architektur, *architecture*
⚘	Botanik, *botany*	⚡	Elektrotechnik, *electrical engineering*
⚙	Technik, *technology*, *engineering*	⚖	Rechtswesen, *legal term*
⚒	Bergbau, *mining*	A	Mathematik, *mathematics*
⚔	militärisch, *military term*	⚘	Landwirtschaft, *agriculture*
⚓	Schifffahrt, *nautical term*	⚗	Chemie, *chemistry*
☤	Handel u. Wirtschaft, *commercial term*	⚕	Medizin, *medicine*
🚂	Eisenbahn, *railway*	→	siehe Seite 924: Das Verweiszeichen *See page 924*

2. Abkürzungen – Abbreviations

a.	auch, *also*
abbr.	*abbreviation*, Abkürzung
acc.	*accusative* (*case*), Akkusativ
adj.	*adjective*, Adjektiv
adv.	*adverb*, Adverb; adverbialer Gebrauch
allg.	allgemein, *generally*
Am.	*Americanism*, sprachliche Eigenheit aus dem oder (besonders) im amerikanischen Englisch
anat.	*anatomy*, Anatomie
art.	*article*, Artikel
ast.	*astronomy*, Astronomie
attr.	*attributive*(*ly*), attributiv
bibl.	*biblical*, biblisch
biol.	*biology*, Biologie
Brit.	*in British usage only*, nur im britischen Englisch gebräuchlich
b.s.	*bad sense*, im schlechten Sinn
bsd.	besonders, *particularly*
bzw.	beziehungsweise, *... and ... respectively*
cj.	*conjunction*, Konjunktion
coll.	*collectively*, als Kollektivum, Sammelwort
comp.	*comparative*, Komparativ
contp.	*contemptuously*, pejorativ; verächtlich
dat.	*dative* (*case*), Dativ
d-e	deine, *your*
dem.	*demonstrative*, Demonstrativ ...
dial.	*dialectal*, *regional*, dialektal, regional
d-m	deinem, (*to*) *your*
d-n	deinen, *your*
d-r	deiner, *of your*, *to your*
d-s	deines, *of your*
eccl.	*ecclesiastical*, kirchlich
EDV	elektronische Datenverarbeitung, *electronic data processing*
e-e	eine, *a* (*an*)
electron.	*electronics*, Elektronik
e-m	einem, *to a* (*an*)
e-n	einen, *a* (*an*)
engS.	im engeren Sinn, *in the narrower sense*
e-r	einer, *of a* (*an*), *to a* (*an*)
e-s	eines, *of a* (*an*)
et.	etwas, *something*
etc.	et cetera, usw., *et cetera*
etwa	entspricht in etwa, *approximate equivalent*
EU	Europäische Union, *European Union*
euphem.	*euphemistically*, euphemistisch, beschönigend
f	*feminine*, weiblich
fig.	*figuratively*, figürlich, im übertragenen Sinn
frz.	französisch, *French*
gastr.	*gastronomy*, Gastronomie
GB	*Great Britain*, Großbritannien
gen.	*genitive* (*case*), Genitiv
geogr.	*geography*, Geographie
geol.	*geology*, Geologie
ger.	*gerund*, Gerundium

getr.	getrennt, *divided*
Ggs.	Gegensatz, *opposite*, *antonym*
her.	*heraldry*, Heraldik, Wappenkunde
hist.	*historical*, historisch; inhaltlich veraltet
hum.	*humorously*, scherzhaft
impers.	*impersonal*, unpersönlich
indef.	*indefinite*, unbestimmt
inf.	*infinitive* (*mood*), Infinitiv
int.	*interjection*, Interjektion
interr.	*interrogative*, Interrogativ(...)
iro.	*ironically*, ironisch
j-d	jemand, *someone*
j-m	jemandem, (*to*) *someone*
j-n	jemanden, *someone*
j-s	jemandes, *someone's*
konstr.	konstruiert, *construed*
ling.	*linguistics*, Linguistik, Sprachwissenschaft
lit.	*literary*, *elevated*, literarisch-gehoben
m	*masculine*, männlich
m-e	meine, *my*
metall.	*metallurgy*, Metallurgie
meteor.	*meteorology*, Meteorologie
min.	*mineralogy*, Mineralogie
m-m	meinem, (*to*) *my*
m-n	meinen, *my*
mot.	*motoring*, Auto, Verkehr
m-r	meiner, *of my*, *to my*
m-s	meines, *of my*
mst	meistens, *mostly*, *usually*
myth.	*mythology*, Mythologie
n	*neuter*, sächlich
neg.!	*negative connotation*, *offensive*, beleidigend
nom.	*nominative* (*case*), Nominativ
nordd.	norddeutsch, *Northern German*
obs.	*obsolescent*, *obsolete*, sprachlich veraltend bzw. veraltet
od.	oder, *or*
opt.	*optics*, Optik
o.s.	*oneself*, sich
östr.	österreichisch, *Austrian*
parl.	*parliamentary term*, parlamentarischer Ausdruck
ped.	*pedagogics*, *education*, Pädagogik, Schule
pers.	*personal*, Personal...
pharm.	*pharmacy*, Pharmazie
phls.	*philosophy*, Philosophie
phot.	*photography*, Fotografie
phys.	*physics*, Physik
physiol.	*physiology*, Physiologie
pl.	*plural*, Plural
poet.	*poetic*(*ally*), poetisch
pol.	*politics*, Politik
poss.	*possessive*, Possessiv...
p.p.	*past participle*, Partizip Perfekt
pred.	*predicative*(*ly*), prädikativ
pres.p.	*present participle*, Partizip Präsens
pret.	*preterit*(*e*), Präteritum
pron.	*pronoun*, Pronomen
prp.	*preposition*, Präposition
psych.	*psychology*, Psychologie
R.C.	*Roman Catholic*, römisch-katholisch
refl.	*reflexive*, reflexiv
rel.	*relative*, Relativ...
rhet.	*rhetoric*, Rhetorik
schweiz.	schweizerisch, *Swiss*
s-e	seine, *his*, *one's*
sg.	*singular*, Singular
sl.	*slang*, Slang, salopp
s-m	seinem, (*to*) *his*, (*to*) *one's*
s-n	seinen, *his*, *one's*
s.o.	*someone*, jemand(em, -en)
s-r	seiner, *of his*, *of its*, *of oneself*
s-s	seines, *of his*, *of one's*
s.th.	*something*, etwas
su.	*substantive*(*ly*), Substantiv, substantivisch
südd.	süddeutsch, *Southern German*
sup.	*superlative*, Superlativ
surv.	*surveying*, Geodäsie, Landvermessung
teleph.	*telephone system*, Fernsprechwesen
thea.	*theatre*, Theater
TM	*trademark*, Marke
TV	*television*, Fernsehen
typ.	*typography*, *printing*, Buchdruck
u.	und, *and*
univ.	*university*, Hochschulwesen
USA	*United States of America*, Vereinigte Staaten von Amerika
v/aux.	*auxiliary verb*, Hilfsverb
vet.	*veterinary medicine*, Tiermedizin
v/i.	*intransitive verb*, intransitives Verb
v/impers.	*impersonal verb*, unpersönliches Verb
v/refl.	*reflexive verb*, reflexives Verb
v/t.	*transitive verb*, transitives Verb
weitS.	im weiteren Sinn, *in the broader sense*
z. B.	zum Beispiel, *for instance*
zo.	*zoology*, Zoologie
Zssg(*n*)	Zusammensetzung(en), *compound word*(*s*)

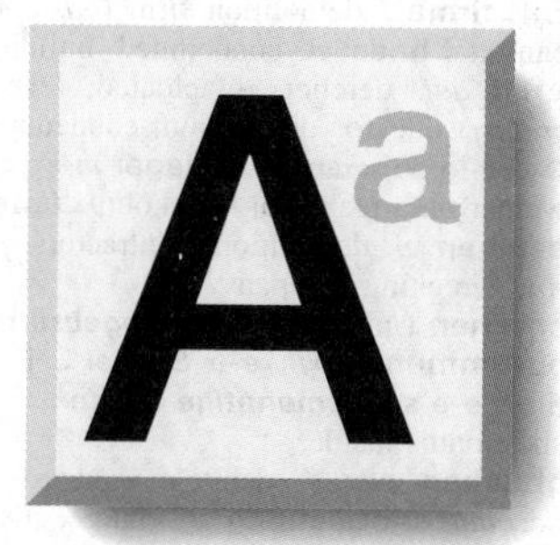

A, a *n* A, a; ♪ A; ***das A und O*** the most important thing, (*Grundkenntnisse*) the basics; ***das ist das A und O der Geschichte*** that's what it's all about; ***wer A sagt, muss auch B sagen*** in for a penny, in for a pound; ***von A bis Z*** right down the line; ***von A bis Z durchlesen*** (*Buch*) read from cover to cover, (*a. Formular etc.*) read through from beginning to end; ***sie kennt das Thema von A bis Z*** she knows the subject from A to Z (*od.* back to front); ***er kennt die Leute von A bis Z*** he knows every single one of them; ***wir haben alles, von A bis Z*** F you name it, we've got it; ***es war ein Erfolg von A bis Z*** it was a success from start to finish; ***er hat es uns von A bis Z erzählt*** he told us everything, right down to the last detail; ***das ist von A bis Z erfunden*** he's *etc.* made the whole thing up; ***das ist von A bis Z erlogen*** there's not a word of truth in it, F it's a pack of lies.

à *prp.* at ... each (*od.* a piece); ***20 Adressbücher ~ DM 9,80*** 20 address books at 9.80 DM each.

A'a F *n*: ***~ machen*** F do a poo(-poo).

Aal *m* eel; → ***winden*** II.

aalen F *v/refl.*: ***sich ~*** laze around; ***sich in der Sonne ~*** bask in the sun.

Aal|fang *m* eel fishing; **≗glatt** *fig. adj.* (as) slippery as an eel; ***~er Typ*** F smoothie; **~suppe** *f* eel soup.

Aas *n* carcass; F *fig. sl.* swine; F ***kein ~*** *sl.* not a sod; → ***faul*** 2.

aasen F *v/i.*: ***~ mit*** (*Vorräten*) squander, (*Geld*) *a.* splash about, throw around, (*Butter etc.*) waste; ***er aast mit s-r Gesundheit*** he's ruining his health.

Aas|fliege *f* carrion fly; **~fresser** *m* **~geier** *m* vulture (*a. fig.*).

ab I. *prp.* **1.** *räumlich*: from; ***~ Brüssel*** from Brussels; ☤ ***~ Berlin (Werk, Lager*** *etc.*) ex Berlin (works, warehouse *etc.*); **2.** *zeitlich*: from ... (on[wards]), *amtlich*: as of, with effect from; ***~ heute*** starting today, from today; ***~ 18*** *Film, Lokal etc.*: no admittance to persons under 18; **3.** *Reihenfolge etc.*: from ... (on[wards]); *Menge*: from ... (up[wards]); ***~ 30 Leute(n)*** *a.* 30 people and up, for groups of 30 and more; **II.** *adv.* **4.** ***~ mit dir!, ~ (geht) die Post!, ~ nach Kassel!*** off you go now; 🚂 ***Hamburg ~ 20.15*** dep. (= departure) Hamburg 20.15; **5.** *zeitlich*: from; ***von heute ~*** starting today, from today; ***von jetzt ~*** from now on, in future; ***~ und zu*** now and then, from time to time, occasionally; **6.** *Reihenfolge etc.*: from ... (on[wards]); *Menge*: from ... (up[wards]); ***von 4000 Mark ~*** *a.* 4,000 marks and up(wards); **7.** *thea.* exit, *pl.* exeunt; ***Romeo ~*** exit Romeo; ***alle ~*** exeunt omnes; **8.** *Film*: ***~!*** go ahead; ***Kamera ~!*** roll it!, camera!; ***Ton ~!*** sound!; **9.** ***~ sein*** F have come off.

abackern F *v/refl.*: ***sich ~*** slave away, work one's fingers to the bone, *bsd. Sport*: run o.s. into the ground.

Abakus *m* abacus.

abänderbar *adj.* open to change *etc.*; → ***Abänderung***; ***es ist noch ~*** it can still be changed *etc.*; → **abändern** *v/t.* change, alter; (*Plan etc.*) revise, modify; *parl.* amend; ⚖ commute; **Abänderung** *f* alteration, change; modification, revision; *parl.* amendment; ⚖ commutation.

Abänderungs|antrag *m parl.* motion for amendment; **~vorschlag** *m* proposed alteration (*od.* amendment, modification); ***Abänderungsvorschläge machen*** propose modifications; ***e-n ~ einbringen*** submit a proposed amendment; ***e-n ~ ablehnen*** veto.

Abandon *m* ☤ abandonment; **abandonieren** *v/t.* abandon.

abarbeiten I. *v/t.* (*Schulden*) work off; ***s-e Überfahrt ~*** work one's passage; **II.** *v/refl.*: ***sich ~*** slave (away), F work one's fingers to the bone; → ***abgearbeitet.***

abärgern F *v/refl.*: ***sich ~*** vex o.s.

Abart *f* ✿, *zo.* variety, species; *fig.* variation (*gen.* of, on); **abartig I.** *adj.* abnormal; *Verhalten*: *a.* perverse; ***ich halte das Ganze für ziemlich ~*** I think the whole thing is really crazy; **II.** *adv.* ***sie ist ~ groß*** she's incredibly tall; ***mein Rücken tut ~ weh*** my back aches like hell; **Abartigkeit** *f* abnormality; perverseness, perversity.

abätzen *v/t.* ⚕ cauterize.

Abbau *m* **1.** (*Zerlegung*) dismantling; (*Abbruch*) demolition; **2.** (*Reduzierung*) reduction (*gen.* in); **3.** (*Rückgang*) decline; **4.** ⚗ decomposition, disintegration; *im Körper*: *a.* breakdown; **5.** ⚒ *von Kohle etc.*: mining; *e-r Mine*: working (of a mine); **abbaubar** *adj.*: ⚒ mine(e)able; *Schadstoffe etc.*: degradable; ***biologisch ~*** biodegradable; ***schwer ~*** *Schadstoffe etc.*: difficult to break down; **abbauen I.** *v/t.* **1.** (*zerlegen*) dismantle; (*Gerüst*) take down; (*Haus*) pull down; **2.** ⚗ break down; **3.** ⚒ (*Kohle etc.*) mine; (*e-e Mine*) work; **4.** (*verringern*) reduce; (*Bestände*) run down; (*Missstände*) remedy; (*Vorurteile etc.*) get rid of; ***Arbeitskräfte ~*** cut down on manpower (*od.* the workforce); **II.** *v/i.* *Mensch*: go downhill (*a. geistig*); (*nachlassen*) flag; (*e-n Schwächeanfall haben*) feel faint; ***er baut in letzter Zeit stark ab*** he's going downhill fast.

Abbau|gerechtigkeit *f* mining (*od.* mineral) rights *pl.*; **~produkt** *n* degradation product; **~rechte** *pl.* mining (*od.* mineral) rights; **~strecke** *f* gate; **≗würdig** *adj.* workable.

abbeißen *v/t.* bite off; ***kann ich mal ~?*** can I have a bite?

abbeizen *v/t.* (*Holz*) strip.

Abbeizmittel *n* (paint) stripper, paint remover.

abbekommen *v/t.* **1.** (*losbekommen*) get off; **2.** F get; ***etwas ~*** a) (*a.* ***sein Teil ~***) get one's share, b) (*verletzt od. beschädigt werden*) be hit, get hurt, *Sache*: be damaged; ***das meiste ~*** *an Vorwürfen etc.*: bear (*od.* take) the brunt.

abberufen *v/t.* (*Gesandten etc.*) recall; *von e-m Amt*: relieve from office; *fig.* ***~ werden*** pass away; **Abberufung** *f* recall; ***s-e ~ nach England*** his recall to England.

abbestellen *v/t.* cancel (the order for); ***j-n ~*** ask s.o. not to come; **Abbestellung** *f* cancellation.

abbetteln *v/t.*: ***j-m et. ~*** wheedle s.th. out of s.o.; ***er hat mir den Wagen abgebettelt*** he went on and on at me until I let him have the car.

abbezahlen *v/t.* pay off.

abbiegen I. *v/t.* bend; *fig.* (*Sache, Gefahr, Gespräch*) head off, stave off; **II.** *v/i.* *Auto, Straße etc.*: turn (off); (*abzweigen*) branch off; ***nach rechts (links) ~*** turn right (left); **Abbieger** *m* car *etc.* turning off; **Abbiegespur** *f* filter lane; **Abbiegung** *f* turning; (*Kurve*) bend.

Abbild *n* **1.** (*Widerspiegelung*) image, reflection; **2.** *e-r Person*: image, portrayal; **abbilden** *v/t.* portray, depict; ***oben abgebildet*** *nachgestellt*: shown above; **Abbildung** *f* **1.** picture, illustration; **2.** 𝔄 mapping.

abbinden I. *v/t.* **1.** untie, undo; (*Krawatte etc.*) take off; **2.** ⚕ ligature; **3.** (*Soße etc.*) bind; **II.** *v/i. Leim, Zement*: set.

Abbitte *f* apology; ***~ tun*** (*od.* ***leisten***) apologize (***bei j-m wegen et.*** to s.o. for s.th.).

abblasen *v/t.* **1.** blow off (*a. Dampf*); ⚙ (*Gussstücke*) (sand)blast; **2.** F *fig.* call off; ***ein Treffen*** (*od.* ***ein Konzert, e-n Besuch***) ***~*** call off a meeting (*od.* a concert, a visit); ***die Abendvorstellung musste abgeblasen werden*** *a.* the evening performance had to be cancelled.

abblättern *v/i. u. v/refl.* (***sich ~***) **1.** peel off, *Farbe*: *a.* flake off; **2.** *Baum*: shed its leaves.

abbleiben F *v/i.*: ***wo ist es abgeblieben?*** where has it got to?

abblendbar *adj.* anti-dazzle; **Abblende** *f Film*: fade-out; **abblenden I.** *v/t.* (*Licht*) dim; (*Scheinwerfer*) dip, *Am.* dim; **II.** *v/i. mot.* dip (*Am.* dim) one's headlights; *phot.* stop down; **Abblender** *m* dimmer.

Abblend|licht *n* anti-dazzle light, *Am.* low beam; **~schalter** *m* dipswitch, *Am.* dimmer switch.

abblitzen F *v/i.* F be told where to go; ***j-n ~ lassen*** F tell s.o. where to go; ***er ist bei ihr abgeblitzt*** F he was given the brush-off; ***lass ihn ~!*** send him packing!

abblocken *v/t.* **1.** *Sport*: block; **2.** *fig.* block, *bsd. pol. a.* stonewall; ***alle Kompromissvorschläge ~*** stonewall all attempts at compromise.

abbrausen I. *v/t.* shower down; **II.** *v/refl.*: ***sich ~*** have (*od.* take) a shower; **III.** F *v/i.* roar (*od.* zoom) off.

abbrechen I. *v/t.* break off; (*Gebäude etc.*) pull down, demolish; (*Gerüst*) take down; (*Lager*) break *camp*; *fig.* (*Diskussion, Beziehungen etc.*) break off; (*Verfahren, Vortrag etc.*) *a.* cut short; (*Raumfahrt, Computerprogramm etc.*) abort; *Computer*: (*Befehl etc.*) cancel; *fig.* ***die Zelte ~*** pack one's bags and leave; ***das Studium ~*** drop out of university; F ***sich einen ~*** nearly kill o.s.; **II.** *v/i.* break off; *fig.* (*enden*) *a.* stop; *fig.* ***die Gebirgswand bricht dort steil ab*** there's a sheer drop at that point.

abbremsen I. *v/t.* brake, slow down; (*Raumfahrzeug*) deboost; (*auffangen*) cushion; **II.** *v/i.* brake, slow down, apply the brakes.

abbrennen I. *v/t.* burn down; (*wegbrennen*) burn off; (*Metall*) refine, (*Stahl*) temper; (*Feuerwerk*) let off; **II.** *v/i.* burn down (*a. Kerze etc.*); be destroyed by fire; → ***abgebrannt.***

abbringen *v/t.* (*entfernen*) get off; *fig.* ***j-n von et. ~*** put s.o. off doing s.th., *Person*: *a.* talk s.o. out of (*od.* dissuade s.o. from) doing s.th.; ***ich habe versucht, sie davon abzubringen*** I tried to talk her out of it; ***j-n von e-r Gewohnheit ~*** break s.o. of a habit; ***j-n von e-m Thema ~*** get s.o. off a subject; ***j-n vom*** (***rechten***) ***Wege ~*** lead s.o. astray; ***davon lasse ich mich nicht ~*** I'm not going to be talked out of it.

abbröckeln *v/i.* crumble away (*od.* off); *fig.* ☤ *Kurse*: drop off, fall.

Abbruch *m* **1.** *e-s Gebäudes etc.*: demolition; **2.** *fig. von Beziehungen etc.*: breaking off; ***Sieg durch ~*** *Boxen*: win on a technical knockout; ***mit ~ des Spiels drohen*** *Fußball etc.*: threaten to abandon the match; **3.** (*Schaden*) damage; ***e-r Sache ~ tun*** impair, detract from, be detrimental to; F ***das tut der Liebe keinen ~*** that's not going to hurt anyone; **4.** *Computer*: abort; **~arbeiten** *pl.* demolition work *sg.*; **~arbeiter** *m* demolition worker; **~firma** *f* demolition firm (*od.* company); **~haus** *n* condemned building; **2reif** *adj.* derelict, dilapidated; (*für ~ erklärt*) due for demolition, condemned; ⚙ due to be scrapped; **~sieger** *m Boxen*: winner on a technical knockout; **~unternehmen** *n* demolition contractors *pl.*, *Am.* wrecking company.

abbrühen *v/t.* scald; *fig.* → ***abgebrüht.***

abbrummen F *v/t.*: ***e-e Strafe ~*** F do time; ***e-e sechsmonatige Strafe ~*** F do six months inside.

abbuchen *v/t.* ☤ debit *a sum to an account*; **Abbuchung** *f* charge, debit (entry).

Abbuchungs|auftrag *m* (direct) debit order, *ständiger*: standing order; **~verfahren** *n* direct debiting service.

abbummeln F *v/t.* → ***abfeiern.***

abbürsten *v/t.* **1.** (*Kleider*) brush (down); **2.** (*Staub*) brush off.

abbüßen *v/t.* expiate, atone for; ***e-e Strafe ~*** serve a sentence.

Abc *n* ABC, alphabet; *fig. the* basics *pl.*; ***nach dem ~*** alphabetically, in alphabetical order.

abchecken *v/t.* **1.** (*kontrollieren*) check; **2.** (*abhaken*) tick (*Am.* check) off.

ABC-Kriegführung *f* NBC warfare.

Abc-Schütze *m* school beginner, *formell*: reception child (*od.* pupil).

ABC-Waffen *pl.* NBC weapons.

abdämmen *v/t.* dam (up).

Abdampf *m* exhaust steam; **abdampfen I.** *v/i.* **1.** evaporate; **2.** F *fig.* F clear off; **II.** *v/t.* (*a.* ***~ lassen***) evaporate, vaporize.

abdämpfen *v/t.* → ***dämpfen.***

Abdampf|heizung *f* waste-steam heating; **~schale** *f* evaporating dish; **~turbine** *f* waste-steam turbine.

abdanken *v/i.* resign; *Herrscher*: abdicate; **Abdankung** *f* resignation; abdication.

Abdeck|blech *n* metal cover; **~creme** *f* (*Stift*) cover-up stick.

abdecken *v/t.* **1.** uncover; (*Haus*) unroof; (*Bett, Beet*) strip; (*den Tisch*) clear; **2.** (*Dach*) take off; **3.** (*verdecken, a.* ⚙) cover (up); **4.** (*Schuld*) repay; **5.** *Sport*: mark, cover; **6.** (*einschließen*) cover.

Abdecker *m* knacker; **Abdeckerei** *f* knacker's yard.

Abdeck|haube *f* cover; **~plane** *f* tarpaulin; **~stift** *m Kosmetik*: cover-up stick.

Abdeckung *f* **1.** *zum Schutz*: cover; **2.** (*Ausgleich, Tilgung, Bezahlung, Berücksichtigung*) covering; ***zur ~ der Kosten*** (*od.* ***des Risikos***) to cover the costs (*od.* the risk).

abdichten *v/t.* seal; ***gegen Luft*** (***Wasser***) ***~*** make airtight (watertight); ***gegen Lärm*** (***Zugluft***) ***~*** (make) soundproof (draughtproof, *Am.* draftproof); **Abdichtung** *f* sealing *etc.*; → ***Dichtung***[2].

abdienen *v/t.*: ***s-e Zeit ~*** serve one's time.

abdingbar *adj.* ⚖ modifiable; ***sie sind ~*** *a.* they can be modified (*od.* altered).

abdonnern F *v/i.* roar (F zoom) off.

abdrängen *v/t.* push (*od.* force) aside; *mot.* force off the road.

abdrehen I. *v/t.* **1.** twist off; **2.** (*Gas, Wasser etc.*) turn off; ⚡ *a.* switch off; **3.** (*abwenden*) turn away (*a.* ***sich ~***); **4.** (*Film*) finish (shooting); **II.** *v/i.* ⚓, ✈ change course; (*ausscheren*) veer off.

Abdrift *f* drift; **abdriften** *v/i.* drift (off course).

abdrosseln *v/t. mot.* throttle (*a. fig.*).

Abdruck *m* **1.** impression, imprint; (*Abguss*) cast; (*Zahn2*) impression; ***~ in Wachs*** wax impression; → *a.* ***Fußabdruck, Fingerabdruck***; **2.** *typ.* copy; (*Nachdruck*) reprint; (*Verfahren*) (re-)printing; **abdrucken** *v/t. typ.* print; ***wieder ~*** reprint.

abdrücken I. *v/t.* **1.** squeeze off; ***j-m die Luft ~*** choke s.o.; **2.** (*abformen*) make an impression (*od.* a mo[u]ld) of; **3.** (*Gewehr*) fire, pull the trigger of; **4.** (*umarmen*) hug, squeeze; **II.** *v/i.* fire, pull the trigger; **III.** *v/refl.*: ***sich ~*** leave an impression (*od.* a mark).

abducken *v/i. Boxen*: duck.

Abduktor *m* (*Muskel*) abductor.

abdunkeln *v/t.* (*Licht, Zimmer*) darken, dim, *vollständig*: black out; (*Farben*) darken.

abduschen I. *v/t.* spray down; **II.** *v/refl.*: ***sich ~*** have (*od.* take) a shower.

abebben *v/i.* ebb away; *fig.* ebb, die down (*od.* away).

Abend *m* evening; ***am ~*** in the evening; ***heute ~*** this evening, tonight; ***morgen*** (***gestern***) ***~*** tomorrow (last) night; ***Sonntag ~*** Sunday evening; ***guten ~!*** good evening!; ***zu ~ essen*** have supper (*od.* dinner); ***es wird ~*** it's getting dark; *fig.* ***man soll den Tag nicht vor dem ~ loben*** don't count your chickens before they're hatched; → ***bunt, heilig***; **~andacht** *f* evening prayer(s *pl.*), evensong; **~anzug** *m* evening dress; **~ausgabe** *f* evening edition; **~blatt** *n* evening paper; **~brot** *n* supper, tea; **~dämmerung** *f* twilight, dusk; ***in der ~*** at dusk.

abendelang I. *adj.*: ***~e Gespräche*** *etc.* discussions *etc.* that go (*od.* went) on for evenings on end; **II.** *adv.* for evenings on end, night after night.

Abend|essen *n* dinner, supper; **2füllend** *adj. Film etc.*: full-length ...; **~gebet** *n* evening (*od.* bedtime) prayers *pl.*; **~kasse** *f thea.* box office; ***Karten an der ~ bekommen*** get tickets on the night; **~kleid** *n* evening dress (*Am.* gown); **~kurs** *m* evening classes *pl.*

Abendland *n*: ***das ~*** (*a.* ***das christliche ~***) the Occident, the West; Western civilization; **abendländisch** *adj.* western, *formell*: occidental.

abendlich I. *adj.* evening ...; **II.** *adv.* in the evening(s).

Abend|mahl *n eccl.* (Holy) Communion, *the* Lord's Supper; ***das ~ empfangen*** (***reichen***) receive (administer) Holy Communion; **~mahlsgottesdienst** *m* Communion sevice, Holy Communion; **~mahlskelch** *m* Communion chalice; **~nachrichten** *pl.* evening news *sg.*; **~programm** *n*: ***das heutige ~*** tonight's (*od.* this evening's) program(me)s; ***das ~ ist meistens ganz gut*** the evening program(me)s are usually quite good; **~rot** *n*, **~röte** *f* sunset.

abends *adv.* in the evening(s); ***um 7 Uhr ~*** at 7 o'clock in the evening, at 7 p.m.

Abend|schule *f* evening classes *pl.*, night school; **~sonne** *f* evening (*od.* late afternoon) sun; **~spaziergang** *m* evening walk; **~stern** *m* evening star; **~stunde** *f*: ***in den ~n*** in the evening(s); ***zu später***

~ late at night, at a late hour; **~toilette** *f* (*Kleidung*) evening dress; **~vorstellung** *f* evening performance; **~zeit** *f* evening (hours *pl.*); **~zeitung** *f* evening paper.

Abenteuer *n* adventure; (*Liebes≈*) affair; ***er stürzt sich gern in ~*** a) he likes getting involved in dangerous and exciting things, b) he's not afraid of taking risks; **~buch** *n* adventure book; **~ferien** *pl.* adventure holiday *sg.*; **~film** *m* adventure film; **~geist** *m* adventurous spirit; **~geschichte** *f* adventure story.

abenteuerlich *adj.* adventurous; *fig.* (*riskant*) risky; (*absonderlich*) odd, curious; *Plan, Idee etc.*: wild, fantastic.

Abenteuerlust *f* love of (*od.* thirst for) adventure **abenteuerlustig** *adj.* adventurous.

abenteuern *v/i.*: ***durch die Welt ~*** roam (through) the world.

Abenteuer|roman *m* adventure story (*od.* novel); **~spielplatz** *m* adventure playground; **~urlaub** *m* adventure holiday.

Abenteurer *m* adventurer; **~natur** *f* **1.** adventurous spirit; **2.** (*Person*) adventurer.

aber I. *cj.* but; ***~ dennoch*** yet, (but) still, nevertheless; ***oder ~*** or alternatively; **II.** *int.*: ***~, ~!*** now, now!, come, come!; ***~ ja!, ~ sicher!*** (but) of course; ***~ nein!*** oh no, *versichernd*: *a.* of course not; ***das ist ~ nett von dir*** that's really nice of you; **III.** ≈ *n* but; ***die Sache hat ein ~*** there's just one snag (*od.* catch to it); → ***Wenn.***

Aberglaube *m* superstition; **abergläubisch** *adj.* superstitious.

aberkennen *v/t.* **1.** ***Höflichkeit*** *etc.* ***kann man ihm nicht ~*** you can't say he isn't polite *etc.*; **2.** *a.* ⚖ ***j-m et. ~*** deny s.o. s.th., deprive s.o. of s.th.; **Aberkennung** *f* denial; ⚖ deprivation, dispossession.

abermalig *adj. Versuche etc.*: further, renewed; **abermals** *adv.* (once) again, once more.

abernten *v/t.* (*Getreide, Feld*) harvest; (*Obst*) pick; ***das Getreide ~*** *a.* bring in the crops (*od.* corn *etc.*).

Aberration *f* aberration.

abertausend(e) *adj.*, **Abertausend(e** *pl.*) *n* thousands and thousands of.

Aberwitz *m* madness, lunacy; **aberwitzig** *adj.* insane.

aberziehen *v/t.*: ***j-m et. ~*** get s.o. out of the habit of *ger.*; ***das müssen wir ihm ~*** we'll have to get him out of that habit.

abessen *v/t.*: ***den Teller ~*** eat the plate clean.

abfackeln *v/t.* (*Erdgas*) burn off.

abfahren I. *v/i.* **1.** leave, set out *od.* off (***nach*** for); *Ski*: ski downhill; *Film etc.*: start, run; **2.** F ***auf*** *j-n od. et.* ***~*** F be wild about; ***da fahr ich echt drauf ab*** F that really does things to me; **3.** F *fig.* → ***abblitzen***; **II.** *v/t.* **4.** (*beseitigen*) cart off, remove; **5.** (*e-e Strecke*) cover, F do; *überwachend*: patrol; **6.** (*Reifen etc. ab nutzen*) wear down; **7.** ***ihm wurde ein Bein abgefahren*** he was run over and lost a leg.

Abfahrt *f* departure; *Ski*: downhill run, (*Hang*) slope; **≈bereit** *adj.* ready to leave (*od.* start).

Abfahrts|lauf *m Skisport*: downhill (race); **~läufer(in** *f*) *m* downhill racer, downhiller; **~rennen** *n* → ***Abfahrtslauf***; **~zeit** *f* departure time.

Abfall *m* **1.** (*Hausmüll*) *a. pl.* rubbish, *bsd. Am.* garbage, trash; *formell*: refuse; ***Abfälle auf der Straße***: litter; **2.** (*Müll als Masse*) *a. radioaktiv*: waste; **3.** (*Hang*) drop, (steep) slope; **4.** *fig.* (*Abnahme*) decrease; drop (*a.* ↘); **5.** *von e-r Partei*: defection; *von e-m Glauben*: *a.* falling away; **≈arm** *adj.* low-waste, low-residue; **~aufbereitung** *f* waste treatment; **~beseitigung** *f* waste disposal; **~eimer** *m* rubbish bin, *Am.* trashcan, garbage can.

abfallen *v/i.* **1.** (*herunterfallen*) fall (*od.* drop) off; **2.** *Gelände*: fall away, drop (***steil*** steeply); **3.** *Zahlen, Leistung etc.*: fall off, drop; *Person, bsd. Sport*: fall behind; ***gegen den Koreaner fiel er stark ab*** he was no match for the Korean; ***neben s-n früheren Werken fällt der Roman ab*** compared with his earlier works the novel is disappointing; **4.** *von e-r Partei*: break away, defect; *von e-m Glauben*: fall away; **5.** F ***es wird dabei für ihn etwas ~*** there'll be something in it for him too; **abfallend** *adj. Gelände*: sloping; ***steil ~*** steep, precipitous.

Abfall|entsorgung *f* waste disposal; **~haufen** *m* rubbish (*Am.* trash) heap.

abfällig I. *adj. Bemerkung*: disparaging, deprecating, F snide; *Kritik*: adverse, *a. Meinung, Urteil*: unfavo(u)rable; **II.** *adv.* disparagingly *etc.*; ***~ sprechen über j-n*** *a.* run s.o. down.

Abfall|korb *m* waste-paper basket; **~kübel** *m* → ***Abfalleimer***; **~management** *n* waste management; **~produkt** *n* **1.** waste product; **2.** (*Nebenprodukt*) by-product, spin-off; **~stoffe** *pl.* waste products; **~vermeidung** *f* waste avoidance; **~verminderung** *f* waste reduction; **~verwertung** *f* waste recovery; **~wirtschaft** *f Industriezweig*: waste industry; *Umweltschutz*: waste management.

abfälschen *v/t.* (*Ball*) deflect.

abfangen *v/t.* (*Angriff, Ball, Brief, Feind etc.*) intercept, (*Person*) *a.* catch; (*Tendenz*) check; (*Boxhieb etc.*) parry; (*Läufer*) catch up with; (*Auto*) bring under control; ✈ *a.* pull out (of a dive); (*j-n, nach der Arbeit etc.*) waylay.

Abfang|jäger *m* ⚔ interceptor; **~satellit** *m* hunter-killer satellite.

abfärben *v/i.* **1.** ***dieses Hemd färbt ab*** (*überträgt Farbe*) the dye comes off this shirt, *beim Waschen*: this shirt runs; ***die Wand färbt ab*** the paint comes off the wall; **2.** *fig.* ***~ auf*** rub off on.

abfassen *v/t.* (*verfassen*) write (up); (*aufsetzen*) draft, *bsd. amtlich*: draw up; (*formulieren*) word, formulate; **Abfassung** *f* (*Vorgang*) writing; (*Aufsetzen*) drafting; (*Ergebnis*) report, letter, draft *etc.*

abfaulen *v/i.* rot off (*od.* away).

abfedern I. *v/t.* ⚙ spring(-load); (*Auto*) suspend; *gegen Stöße*: cushion; *fig.* (*abmildern*) reduce, lessen; ***die sozialen Auswirkungen der Rationalisierung ~*** reduce (*od.* lessen) the social consequences of rationalisation; **II.** *v/i.* ⚙ absorb the shock(s); *Sport*: push off; ***gut*** (***schlecht***) ***~*** (*nachfedern*) land smoothly (stiffly).

abfegen *v/t.* sweep off.

abfeiern F *v/t.*: ***Überstunden ~*** use up one's overtime.

abfeilen *v/t.* file off; *fig.* polish.

abfertigen *v/t.* **1.** (*Sendungen*) get ready for dispatch; *beim Zoll*: clear; (*Auftrag etc.*) deal with; (*Flugpassagier*) check in; ***wir wurden an der Grenze sehr schnell abgefertigt*** we got through customs very quickly; **2.** ***j-n kurz ~*** give s.o. short shrift; **Abfertigung** *f* **1.** dispatch; *Zoll*: (customs) clearance; *von Kunden*: service; **2.** *fig.* rebuff; **3.** → ***Abfertigungsschalter.***

Abfertigungs|gebäude *n*, **~halle** *f* ✈ terminal; **~schalter** *m* dispatch counter; ✈ check-in desk.

abfeuern I. *v/t.* **1.** (*Schuss*) fire; **2.** ***e-n Schuss aufs Tor ~*** fire a shot at goal; **II.** *v/i.* **3.** fire; **4.** *Fußball*: shoot.

abfieseln *dial. v/t.* **1.** gnaw off; **2.** *fig.* F (*Gegner*) tear to pieces, *Sport*: clobber.

abfinden I. *v/t.* pay off; (*entschädigen*) indemnify, compensate; **II.** *v/refl.*: ***sich mit j-m*** (***et.***) ***~*** come to terms with s.o. (s.th.); ***sich mit et. ~*** *a.* resign o.s. to, ***müssen***: have to face up to; ***sich mit den Tatsachen ~*** *a.* face the facts; **Abfindung** *f* settlement, arrangement; (*Entschädigung*) compensation; *von Angestellten*: severance (*od.* redundancy) pay, lump sum settlement, F golden handshake; **Abfindungssumme** *f* compensation; *bei Entlassung*: severance (*od.* redundancy) pay, F golden handshake.

abflachen I. *v/t.* flatten (*od.* level) out; **II.** *v/i. Unterhaltung etc.*: go flat; *Zuwachsraten*: level off (*od.* out); **III.** *v/refl.*: ***sich ~*** flatten (*od.* level) out.

abflauen *v/i. Wind*: die down, drop; *fig.* ebb, subside; ☤ *Preise*: sag; *Kurse*: ease off; *Geschäft*: slacken (off); *Interesse*: flag, fall off.

abfliegen I. *v/i. Vögel*: fly off; *Person*: fly; ✈ take off; **II.** *v/t.* (*Strecke*) patrol.

abfließen *v/i.* **1.** run off; *Badewasser*: drain (off); *in e-n See etc.*: drain (***in*** into); **2.** *fig. Gelder*: flow off, drain (***nach*** into).

Abflug *m* takeoff; *auf dem Flugplan etc.*: departure; **≈bereit** *adj.* ready for takeoff; **~hafen** *m* departure airport; **~halle** *f* departure lounge; **~schalter** *m* departure (*od.* check-in) desk; **~schneise** *f* take-off corridor; **~zeit** *f* departure (time).

Abfluss *m* **1.** (*Abfließen*) flowing off, draining off; (**~**stelle, **~**loch) outlet, drain; **2.** *von Geld*: outflow; **~graben** *m* drain(age ditch); **~hahn** *m* drain cock; **~reiniger** *m Mittel*: drain cleaner; **~rohr** *n* waste pipe; *außen*: drainpipe.

Abfolge *f* succession; (*Reihenfolge*) sequence; ***in rascher ~*** in quick succession; ***die ~ der Ereignisse*** the sequence of events.

abfordern *v/t.*: ***j-m et. ~*** *a. fig.* demand s.th. of (*od.* from) s.o.; ***j-m ein Versprechen ~*** make s.o promise s.th., force a promise out of s.o.; *fig.* ***j-m viel ~*** make high demands on s.o.; ***j-m alles ~*** push s.o. to the limit.

abformen *v/t.* mo(u)ld, model.

aborsten *v/t.* → ***abholzen.***

abfotografieren *v/t.* take a photo of.

Abfrage *f Computer*: query, polling; **abfragen** *v/t.* **1.** ***j-n et. ~*** test (*Am.* quiz) s.o. on s.th.; → *a.* **abhören** 5; **2.** *Computer*: query, poll; **Abfragesprache** *f Computer*: query language.

abfressen *v/t.* (*Gras*) graze (down), crop; *völlig*: eat bare.

abfretten *östr. v/refl.*: ***sich ~*** slave away; ***sich ~ mit*** struggle (*od.* wrestle) with.

abfrieren I. *v/i.* be frostbitten; ***ihm sind drei Zehen abgefroren*** he lost three toes through frostbite; **II.** F *v/t.*: ***sich einen ~*** F freeze to death; ***ich hab mir die Füße abgefroren*** my feet were (absolutely) frozen.

abfrottieren *v/t.* rub down; ***sich ~*** rub o.s. down.

Abfuhr *f* (*Abtransport*) removal; *Sport u. fig.*: defeat, beating; (*Abweisung*) rebuff, brush-off; *fig.* ***j-m e-e ~ erteilen*** give s.o. the brush-off, *Sport*: trounce s.o., F beat s.o. hollow; ***sich e-e ~ holen*** be snubbed, *Sport*: get a trouncing.

abführen I. *v/t.* lead off (*od.* away); (*Häftling*) take into custody; (*Wasser etc.*) drain off; (*Wärme*) carry off; (*Gas*) draw off; (*Geldbetrag, Steuer*) pay over (**an** to); *fig.* ***j-n vom*** (**rechten**) ***Wege ~*** lead s.o. astray; ***j-n vom Thema ~*** lead s.o. away from the subject; **II.** *v/i.* ⚕ act as a laxative, have a purgative effect; **abführend** *adj.* ⚕ laxative.

Abführ|mittel *n* laxative; **~tablette** *f* laxative tablet.

Abfüll|anlage *f* bottling plant; **~datum** *n* bottling date.

abfüllen *v/t.* fill; (*Wein*) rack; *in Flaschen*: bottle; *in Tüten*: bag.

Abfüllmaschine *f* bottling machine.

abfüttern *v/t.* **1.** (*Vieh, a.* F *Gäste*) feed; **2.** (*Kleidungsstück*) line.

Abgabe *f* **1.** (*Ablieferung*) delivery; (*Aushändigung*) handing over; (*Einreichung*) handing in; **2.** *Fußball*: pass; *e-s Schusses*: firing; **3.** *von Strahlungen etc.*: emission; *von Energie*: release; **4.** (*Verkauf*) sale; **5.** (*Tribut*) tribute; (*bsd. Zoll*ℒ) duty; (*Steuer*ℒ) tax; → ***Kommunalabgaben, Sozialabgaben.***

abgabenfrei *adj.* duty-free; tax-exempt.

abgabenpflichtig *adj.* taxable; *Zoll*: dutiable; **Abgabensystem** *n* taxation system.

Abgabetermin *m* deadline; *Ausschreibung*: *a.* closing date.

Abgang *m* **1.** *e-r Person, a. fig.*: departure, *a. thea.* exit; *von e-r Stellung*: retirement; *von der Schule etc.*: leaving *school*; (*Abfahrt*) departure; ⚓ sailing; ***nach s-m ~ von der Schule*** *etc.* when (*od.* after) he left school *etc.*; *fig.* ***sich e-n guten ~ verschaffen*** make a graceful exit; **2.** *vom Turngerät*: dismount; **3.** ☤ (*Warenversand*) dispatch; *Bankbilanz*: items *pl.* disposed of; → ***Absatz*** 3; **4.** ⚕ discharge; *e-s Steins*: passing; (*Fehlgeburt*) miscarriage; **5.** (*Tod*) decease, demise.

abgängig *östr. adj.* missing.

Abgangs|alter *n Schule*: school-leaving age; **~prüfung** *f* leaving (*Am.* final) examination; **~zeugnis** *n* school-leaving certificate, *Am.* diploma.

Abgas *n* waste gas; *mot.* exhaust fumes *pl.*; **ℒarm** *adj. mot.* low-emission, F clean; **~dämpfe** *pl. mot.* exhaust fumes; **~entgiftung** *f* waste gas cleaning; **ℒfrei** *adj.* emission-free; **~katalysator** *m mot.* catalytic converter, catalyst; **ℒreduziert** *adj.* reduced-emission ... (*nur attr.*); ***der Motor ist ~*** the engine has a reduced level of (exhaust) emissions; **~sonderuntersuchung** *f* (*abbr.* ***ASU***), **~test** *m* → ***Abgasuntersuchung;*** **~turbine** *f* exhaust(-gas) turbine; **~untersuchung** *f mot.* exhaust emission test; **~verwertung** *f* waste gas utilization; **~werte** *pl.* exhaust pollution standards; **~wolke** *f* cloud of exhaust.

abgaunern F *v/t.*: ***j-m et. ~*** swindle s.o. out of s.th.

abgearbeitet *adj.* exhausted, worn-out ..., *pred.* worn out; run-down.

abgeben I. *v/t.* **1.** (*übergeben*) hand in; (*Sendung etc.*) deliver; (*Fahrkarte*) surrender, F hand over; (*Gepäck*) hand in, ✈ check in; ***~ bei*** (*Gepäck*) leave with; **2.** (*verschenken*) give away; (*verkaufen*) sell; ***er gab ihr e-n Keks ab*** he gave her one of his biscuits; **3.** (*Vorsitz, Macht etc.*) hand over; **4.** (*Geschäft etc.*) give up, pass on (**an** to); **5.** (*Wärme etc.*) radiate, emit; **6.** (*Schuss*) fire; **7.** *Sport*: (*Ball*) pass; (*Punkte etc.*) concede, lose; ***ohne e-n Satz abzugeben*** *a.* without dropping a set; **8.** ***e-e Erklärung*** *etc.* ***~*** make a statement *etc.*; ***e-e Stimme ~*** cast a vote; → ***abgegeben***; **9.** ***e-n guten Polizisten*** *etc.* ***~*** make a good policeman *etc.*; **II.** *v/refl.* **10.** ***sich mit et.*** (***j-m***) ***~*** concern o.s. with s.th. (s.o.); ***er gibt sich zu wenig mit s-m Sohn ab*** he doesn't spend enough time with his boy; ***sie gibt sich gern mit Tieren ab*** she loves (to look after) animals; ***mit ihm gebe ich mich nicht ab*** I don't associate (*od.* have anything to do) with him; **III.** *v/i.* **11.** share things; ***er mag nicht ~*** he doesn't like to share (things); **12.** *Sport*: pass the ball.

abgebrannt *adj.* **1.** *Gebäude etc., a. Kerze*: burnt down; **2.** F *fig.* (*ohne Geld*) F broke, *Brit. a.* F skint.

abgebrüht *fig. adj.* hard-boiled; (*unempfindlich*) hardened, callous.

abgedrechselt *adj. Bewegungen etc.*: unnatural.

abgedreht *adj. Film*: wrapped up.

abgedroschen *adj.* hackneyed, trite; ***~e Redewendung*** *a.* cliché

abgefahren *adj. Reifen*: bald.

abgefeimt *adj.* crafty, wily.

abgegeben *adj.*: ***~e Stimmen*** votes cast.

abgegrast *fig. adj.*: *das Thema etc.* ***ist ~*** has been flogged (*od.* done) to death.

abgegriffen *adj.* (well-)worn; *Buch*: well-thumbed; *fig.* → ***abgedroschen.***

abgehackt *fig. adj. Redeweise*: disjointed, choppy.

abgehalftert F *adj.* F sacked.

abgehangen *adj. Fleisch*: well-hung.

abgehängt *adj.*: ***~e Decke*** suspended ceiling.

abgehärmt *adj. Gesicht*: drawn, care-worn.

abgehärtet *adj. körperlich*: tough, hardy; *psychisch*: hardened (**gegen** against), inured (to).

abgehen I. *v/i.* **1.** 🚂, ✈ leave; *Schiff*: *a.* sail; *Post*: go; **2.** *thea.* make one's exit (*a. fig.*); ***... geht*** (***gehen***) ***ab*** exit (exeunt) ...; **3.** ***von der Schule ~*** leave school; **4.** *Fleck, Knopf etc.*: come off; **5.** (*abgezogen werden*) be deducted, be taken off; **6.** *Ware*: sell; **7.** *Schuss*: go off, be fired; **8.** (*abzweigen*) branch off; (*sich gabeln*) *a.* fork; **9.** ***von e-m Thema ~*** digress; **10.** ***von e-m Vorhaben ~*** give up a plan; ***von e-r Meinung ~*** change one's mind (*od.* views); ***nicht ~ von et.*** persist in s.th., (*bestehen auf*) insist on s.th.; ***davon gehe ich nicht ab*** nothing's going to change my mind about that; ***er geht nicht davon ab*** *a.* he won't give up; **11.** ***vom rechten Weg ~*** go astray, *fig. a.* stray from the straight and narrow; **12.** ***er geht mir sehr ab*** I miss him badly; → *a.* ***fehlen*** 3; **13.** (*verlaufen*) go; ***es ging alles gut ab*** everything went (*od.* passed off) well *od.* smoothly; **II.** *v/t.* **14.** (*abmessen*) pace out; **15.** (*überwachen*) patrol.

abgehetzt *adj.* exhausted, F shattered; rushed off one's feet; (*atemlos*) breathless, out of breath.

abgekämpft *adj.* worn-out ..., *pred.* worn out.

abgekapselt *adj. Person*: cut off; *Staat*: cocooned; ***~ leben*** keep o.s. to o.s.

abgekartet *adj.*: ***~es Spiel*** put-up job.

abgeklärt *fig. adj.* mellow.

abgelagert *adj. Wein*: matured, aged; *Holz*: seasoned; *Tabak*: well-seasoned.

abgelegen *adj.* off the beaten track; (*weit entlegen*) remote, faraway ..., *pred.* far away; (*abgeschieden*) secluded; out-of-the-way ..., *pred.* out of the way.

abgelegt *adj.*: ***~e Kleider*** cast-offs.

abgelten *v/t.* (*Schuld*) pay off, settle; (*Verlust*) compensate for; **Abgeltung** *f* payment, compensation.

abgemacht *adj.*: ***~!*** done, (okay,) it's a deal; ***~ ist ~*** a deal's a deal.

abgemagert *adj.* emaciated; ***er sieht furchtbar ~ aus*** *a.* he's just skin and bones.

abgemessen *adj.* precise, exact; *fig.* measured; *Person*: stiff; Redeweise: formal.

abgeneigt *adj.*: ***~sein, et. zu tun*** be disinclined (*od.* loath, *stärker*: reluctant, unwilling) to do s.th.; ***e-r Sache ~ sein*** be averse to s.th., dislike s.th.; ***j-m ~ sein*** dislike s.o., *stärker*: have an aversion for s.o.; ***ich wäre nicht ~, etwas zu trinken*** I wouldn't mind a drink.

abgenutzt *adj.* worn; F a bit frayed around the edges.

Abgeordnete(r *m*) *f* (*Delegierter*) delegate, representative; (*Parlaments*ℒ) member of parliament; *des britischen Unterhauses*: Member of Parliament (*abbr.* MP); *des amerikanischen Repräsentantenhauses*: Congressman (*f* Congresswoman); ***der Herr*** (***die Frau***) ***Abgeordnete*** the Hono(u)rable Member; **Abgeordnetenhaus** *n* parliament; *in GB*: House of Commons; *in den USA*: House of Representatives.

abgepackt *adj. Lebensmittel*: prepacked, packaged.

abgerissen *adj.* **1.** (*zerlumpt*) ragged, tattered; *Person*: down-at-heel; **2.** *fig. Sprache, Gedanken etc.*: disjointed, incoherent.

abgerundet *adj. Erzählung*: well-rounded; *Zahl*: round; ***e-e ~e Leistung*** a finished performance.

Abgesandte(r *m*) *f* envoy, emissary; → ***Gesandter.***

Abgesang *m* **1.** ♪ abgesang; **2.** (*letztes Werk*) swansong; ***den ~ e-r Epoche darstellen*** mark the end of an era.

abgeschieden *adj.* **1.** solitary, secluded; **2.** (*tot*) deceased; → ***abscheiden***; **Abgeschiedenheit** *f* seclusion.

abgeschlafft F *adj.* drained, F shattered, whacked; ***ein ~er Typ*** F a real drip.

abgeschlagen *adj. Sport*: far behind.

abgeschlossen *adj.* **1.** *Wohnung*: self-contained; **2.** (*beendet*) completed; ***~es Studium*** degree; ***e-e ~e Ausbildung haben*** be fully qualified (for a job), ***als Sekretärin*** *etc.*: be a (fully) qualified secretary *etc.*; **3.** ***~ leben*** lead a secluded life, have cut o.s. off; **Abgeschlossenheit** *f* seclusion, isolation.

abgeschmackt *fig. adj.* (*geschmacklos*) in bad taste, tasteless; (*taktlos*) tactless; (*albern*) fatuous.

abgeschnitten *adj.*: ***von der Außenwelt ~*** cut off from the outside world.

abgesehen *adv.*: ***~ von*** apart (*bsd. Am.* aside) from, excepting; ***~ davon, dass er krank ist*** apart from his being ill, apart from the fact that he's ill; → ***absehen.***

abgesondert *adj.* separate; (*abgeschieden*) isolated.
abgespannt *fig. adj.* exhausted, worn-out ..., *pred.* worn out; *Gesicht*: drawn; **Abgespanntheit** *f* exhaustion, fatigue.
abgespielt *adj. Schallplatte*: scratchy, worn-out ..., *pred.* worn out; *Film*: worn, in bad condition, (*verkratzt*) rainy; *Karten*: old, used.
abgestanden *adj. Luft*: stale (*a. fig.*); *Bier etc.*: flat.
abgestorben *adj. Glieder*: numb; *Nerv, Gewebe, Pflanze etc.*: dead.
abgestumpft *adj. Gefühle etc.*: blunted, dulled; *Person*: insensitive; **Abgestumpftheit** *f* apathy, indifference (**gegen** towards).
abgetakelt *fig. adj.* down-at-heel.
abgetan *adj.* finished.
abgetragen *adj. Kleider*: worn, *stärker*: shabby; *Schuhe*: worn-down ..., *pred.* worn down.
abgetreten *adj.* **1.** *Schuhe*: → ***abgetragen***; **2. *~e Gebiete*** ceded territory.
abgewinnen *v/t.*: ***j-m et. ~*** win s.th. from s.o., (*ein Lächeln etc.*) get s.th. out of s.o.; ***dem Meer Land ~*** reclaim land from the sea; ***e-r Sache Geschmack ~*** acquire a taste for s.th.; ***ich kann dem Buch nichts ~*** I can't get anything out of the book; ***ich kann dieser Art von Musik nichts ~*** I don't get anything out of this kind of music, this kind of music doesn't do anything for me; → ***abringen.***
abgewirtschaftet *adj. Firma etc.*: run-down.
abgewöhnen *v/t.* **1. *j-m et. ~*** break (*od.* cure) s.o. of s.th.; ***sich das Rauchen*** *etc.* ***~*** give up smoking *etc.*; ***das muss er sich langsam ~*** it's time he gave that up; **2.** F ***zum ~ sein*** *Film, Spiel etc.*: F be enough to make you weep; *Getränk, Essen*: F be diabolical; *Person*: F be a (real) creep; ***komm, noch einen zum ~*** come on, one for the road.
abgewrackt F *fig. adj.* shattered; ***ich bin total ~*** *a.* I feel like a wreck.
abgezehrt *adj.* emaciated.
abgießen *v/t.* (*Flüssigkeit*) pour away; (*Gemüse*) strain; (*Metall*) cast.
Abglanz *m* reflection; *fig.* ***ein schwacher ~*** a pale reflection.
Abgleich *m* ⚙, ⚡ adjustment, balance, alignment; **abgleichen** *v/t.* adjust, balance, align.
abgleiten *v/i.* slip (off); ✈ *Kurse*: fall; *fig.* (*abschweifen*) lapse (**in** into); ***d-e Leistungen gleiten ab*** your standards are slipping; ***Kritik*** *etc.* ***gleitet von ihm ab*** he's deaf to criticism *etc.*; ***es gleitet alles von ihm ab*** it's like water off a duck's back.
Abgott *m* idol; *j-n* ***zu s-m ~ machen*** idolize, make an idol of; **Abgötterei** *f* idolatry; ***~ treiben*** worship idols, ***mit j-m:*** idolize s.o.; **abgöttisch I.** *adj.* idolatrous; **II.** *fig. adv.*: ***~ lieben*** idolize, adore; (*bsd. Kind, Ehepartner*) *a.* dote on; ***sie lieben sich ~*** they are madly in love with one another.
abgraben *v/t.* dig away; level; (*Wasserlauf*) drain (*od.* draw) off; *fig.* ***j-m das Wasser ~*** pull the rug from under s.o.'s feet.
abgrasen *v/t.* graze; *fig.* scour, comb; → ***abgegrast.***
abgreifen *v/t.* (*Körperstelle*) feel; (*Entfernung*) measure out (with one's hands); *fig.* (*Problemkreis etc.*) stake out; → ***abgegriffen.***
abgrenzen *v/t.* **1.** (*trennen*) divide; (*Grundstück*) mark off; (*Territorium*) demarcate; **2.** *fig.* (*unterscheiden*) differentiate; (*Begriffe*) define; ***voneinander ~*** draw a clear dividing line between; ***sich ~ von*** *Person*: distance (*od.* dissociate) o.s. from; **Abgrenzung** *f* demarcation; *begriffliche*: definition; **Abgrenzungspolitik** *f* policy of separation (*od.* polarization).
Abgrund *m* **1.** abyss, chasm; (*steiler ~*) precipice; **2.** *fig.* (*Kluft*) gulf, chasm, great divide; ***die Abgründe der menschlichen Seele*** the unplumbed depths of the human soul; ***am Rande des ~s*** (***stehen*** be) on the brink of ruin (*od.* disaster), ***stehen:*** *a.* be staring disaster in the face; **~hässlich** *adj.* unbelievably ugly, F ugly as hell.
abgründig *adj.* (*rätselhaft*) mysterious; *Geheimnis*: unfathomable; *Humor etc.*: cryptic.
abgrundtief I. *adj. Geheimnis*: unfathomable; *Hass etc.*: all-consuming; **II.** *adv.*: ***~ hassen*** hate with every fib|re (*Am.* -er) of one's being, hate beyond words.
abgucken *v/t.*: ***j-m et. ~*** learn (*unerlaubt*: copy) s.th. from s.o.
Abguss *m* cast, mo(u)ld; (*Vorgang*) casting.
abhaben F *v/t.* **1. *willst du etwas ~?*** do you want some (of it)?; **2.** (*den Hut etc.*) have *s.th.* off.
abhacken *v/t.* chop off; *fig.* (*Worte*) clip; → ***abgehackt.***
abhaken *v/t.* **1.** unhook; **2.** (*Geschriebenes*) tick (*Am.* check) off; *fig.* cross off one's list; (*Sehenswürdigkeiten etc.*) *a. contp.* F knock off.
abhalten *v/t.* **1.** keep away (*od.* off); (*abwehren*) ward off; ***j-n davon ~ zu*** *inf.* keep (*od.* prevent, stop) s.o. from *ger.*, (*abbringen*) deter s.o. from *ger.*; ***lassen Sie sich nicht ~!*** don't let me disturb you; **2.** (*Prüfung, Versammlung, Parteitag etc.*) hold; (*Lehrstunde, Vorlesung*) give; ***abgehalten werden*** be held, take place; **3.** (*Kind*) hold out (*od.* over the pot).
abhandeln *v/t.* **1. *j-m et. ~*** *durch Feilschen*: get s.o. to sell one s.th. cheaply; ***etwas vom Preis ~*** beat down the price; **2.** (*erörtern*) deal with, treat, discuss.
abhanden *adv.*: ***~ kommen*** go astray, get lost, be mislaid; ***mir sind m-e Schlüssel ~ gekommen*** I've lost my keys.
Abhandlung *f* treatise, paper (**über** on); (*kurze ~*) essay; (*Artikel*) article.
Abhang *m* slope.
abhängen I. *v/i.* **1.** *fig.* ***~ von*** depend on, *a. finanziell etc.*: be dependent on, rely on; ***letztlich ~ von*** hinge (up)on; ***es hängt davon ab, ob*** it depends (on) whether; ***es hängt ganz davon ab*** it all depends; **II.** *v/t.* **2.** take down; (*Anhängerwagen etc.*) uncouple, unhitch; **3.** F *fig.* (*Konkurrenten*) shake off, F leave *s.o.* trailing; (*Verfolger*) shake off, give *s.o.* the slip.
abhängig *adj.* dependent (**von** on); ***~ sein von*** → ***abhängen*** 1; ***voneinander ~*** interdependent; *ling.* ***~er Satz*** subordinate (*od.* dependent) clause; → ***drogenabhängig*** *etc.*; **Abhängige(r** *m*) *f* dependent; **Abhängigkeit** *f* **1.** dependence (**von** on); *von Drogen etc.*: *a.* addiction (**von** to); ***~ von*** *a.* reliance on; ***gegenseitige ~*** interdependence; **2.** *ling.* subordination.
Abhängigkeits|gefühl *n* feeling of dependency; **~verhältnis** *n* dependent relationship (**zu** to); *gegenseitiges*: interdependence.
abhärmen *v/refl.*: ***sich ~*** fret (**über** over); → ***abgehärmt.***
abhärten I. *v/t.* harden, toughen; **II.** *v/refl.*: ***sich ~*** become hardened (**gegen** against); *bsd. gesundheitlich*: build up one's resistance (to), F toughen o.s. up; → ***abgehärtet***; **Abhärtung** *f* hardening.
abhauen I. F *v/i.* (*weggehen*) F clear off, push off; (*türmen*) F do a bunk; ***hau ab!*** F push off!, get lost!, beat it!; ***von zu Hause ~*** run away from home; **II.** *v/t.* chop (*od.* cut) off *od.* down.
abhäuten *v/t.* skin.
abheben I. *v/t.* **1.** lift off, take off; (*Karten*) cut; → ***Hörer*** 2; **2.** (*Masche*) slip; **3.** (*Geld*) draw (**von** from); **4.** (*unterstreichen*) set apart (**von** from); **II.** *v/i.* **5.** ✈ take off; F *fig.* ***du brauchst nicht gleich abzuheben*** don't let it go to your head; **6.** *teleph.* answer the phone; ***kannst du mal ~?*** *a.* can you get it?; **7.** *beim Kartenspiel*: cut the cards; **III.** *v/refl.*: ***sich ~ von*** contrast with, stand out from; ***sich gegen et. ~*** stand out (*od.* be set off) against s.th.
Abhebung *f von Geld*: withdrawal.
abheften *v/t.* file (away).
abheilen *v/i.* heal (up).
abhelfen *v/i.* remedy; (*e-r Beschwerde, e-m Übel*) redress; (*e-m Mangel*) supply, meet; ***dem ist leicht abzuhelfen*** that's no problem (at all).
abhetzen *v/refl.*: ***sich ~*** wear (*od.* tire) o.s. out.
Abhilfe *f* remedy; ***~ schaffen*** put things right.
abhobeln *v/t.* plane (off *od.* down).
Abholdienst *m* pickup service.
abholen *v/t.* fetch; (*j-n, Brief etc.*) *a.* call for, come for, pick up, collect; ***j-n vom Bahnhof ~*** meet s.o. at the station; ***~ lassen*** send for.
Abhol|markt *m* cash-and-carry (store); **~preis** *m* → ***Mitnahmepreis.***
abholzen *v/t.* (*Bäume*) cut down; (*Gebiet*) clear (of trees); **Abholzung** *f* deforestation; *e-s Walds*: clearing, chopping down.
Abhör|affäre *f* bugging affair (*od.* scandal); **~aktion** *f* bugging campaign; **~anlage** *f* bugging system.
abhorchen *v/t.* ⚕ sound, 📖 auscultate; ***j-m die Brust ~*** listen to s.o.'s chest.
Abhördienst *m* monitoring service.
abhören *v/t.* **1.** ⚕ → ***abhorchen***; **2.** (*Funksprüche*) intercept; ([*Telefon*]*Gespräch*) bug, listen in on; **3.** (*Tonband etc.*) listen to; **4.** (*überwachen*) monitor; **5.** *ped.* ***j-m ein Gedicht*** *etc.* ***~*** listen to s.o. recite a poem *etc.*; → *a.* ***abfragen*** 1.
Abhör|gerät *n* (*Wanze*) bugging device; (*Überwachungsgerät*) monitor; **~kabine** *f* listening booth; **~sicher** *adj.* bug-proof; **~skandal** *m* bugging scandal.
abhungern I. *v/refl.*: ***sich ~*** starve (o.s.); **II.** *v/t.*: ***sich et. ~*** scrimp and save to be able to afford s.th.; ***sich zehn Pfund ~*** starve off ten pounds.
abhusten I. *v/t.* cough up, bring up; **II.** *v/i.* clear one's lungs.
Abi F *n* → ***Abitur.***
abirren *v/i.* stray; ***vom Weg ~*** lose one's way; *fig.* ***vom Thema ~*** go off the subject, go off at a tangent.
abisolieren *v/t.* strip.
Abisolierzange *f*: (***e-e ~*** a pair of) wire strippers *pl.*
Abitur *n* school-leaving exam; (*Zeugnis*)

school-leaving certificate, *Am.* high--school diploma; ***das ~ machen*** a) take one's school-leaving exam, b) get one's school-leaving certificate (*Am.* high--school diploma); **Abiturient(in** *f*) *m* a) candidate for the school-leaving exam (*Am.* high-school diploma), *Brit. etwa* sixth-former, b) school-leaver with the *Abitur*, *Am. etwa* high-school graduate.

Abitur|prüfung *f* school-leaving exam; **~zeugnis** *n* school-leaving certificate, *Am.* high-school diploma.

abjagen *v/t.*: ***j-m et. ~*** get s.th. off s.o.; ***j-m die Kunden ~*** steal s.o.'s customers.

abkämmen *v/t.* **1.** (*Wolle*) comb; **2.** *fig.* (*absuchen*) comb (***nach*** for).

abkanzeln *v/t.*: ***j-n ~*** give s.o. a dressing-down (F wigging).

abkapseln *v/refl.*: ***sich ~*** cut o.s. off.

abkarten *v/t.* fix, rig; → ***abgekartet.***

abkassieren I. *v/i.* **1.** ***bei j-m ~*** be paid by s.o.; ***ich hab an dem Tisch schon abkassiert*** that table's paid; **2.** *fig.* (*sich bereichern*) cash in (***bei*** on); **II.** *v/t.*: ***j-n ~*** (*Fahrgast*) take s.o.'s fare.

abkauen *v/t.* chew off; ***sich die Fingernägel ~*** bite one's nails.

abkaufen *v/t.* **1. *j-m et. ~*** buy s.th. from s.o.; **2.** F *fig.* ***das kauf ich dir nicht ab!*** tell me another; you don't expect me to believe that, do you?

Abkehr *f* turning away; *fig. a.* break (***von*** with); renunciation (of); **abkehren I.** *v/t.* **1.** → ***abfegen***; **2.** (*Augen etc.*) turn away, avert; ***den Blick ~*** look away; **II.** *v/refl*: ***sich ~ von*** turn away from; *fig.* turn one's back on; *fig.* ***sich von*** *e-r Politik etc.* **~** abandon, give up.

abketten *v/t.* unchain.

abklappern F *v/t. suchend*: comb, scour; (*Sehenswürdigkeiten*) F do, knock off; ***ich hab alle Häuser*** (***Läden***) ***abgeklappert*** I've been round all the houses (I've been in and out of all the shops); ***ich hab das ganze Einkaufszentrum nach ihm abgeklappert*** I've been all over the shopping cent|re (*Am.* -er) looking for him.

abklären *v/t.* clarify, clear; → ***abgeklärt.***

Abklatsch *m*: (***schwacher ~*** poor) imitation.

abklatschen *v/t.* **1.** *Sport*: (*Ball*) palm away; **2.** *mit Handflächen, zur Begrüßung*: high-five *s.o.*, give *s.o.* a high five; **3. *j-n*** (*od.* ***et.***) **~** (*unterbrechen*) stop s.o. (*od.* s.th.) by clapping one's hands; **4.** (*kopieren*) make a poor (*od.* lousy) copy *of s.th.*

abklemmen *v/t.* clamp; (*abmachen*; *a.* ⚡) disconnect.

Abklingbecken *n e-s Reaktors*: cooling chamber.

abklingen *v/i. Musik etc.*: die (*od.* fade) away; *Schmerz*: ease; *Wirkung*: wear off; *Boom etc.*: taper off.

abklopfen *v/t.* **1.** knock off; (*abstauben*) dust off; (*Teppich etc.*) beat; (*Kleider*) brush down; ⚕ tap, 🕮 percuss; **2.** F *fig.* (*Argumente, Stimmung etc.*) sound out; ***et. auf s-e Relevanz*** *etc.* ***hin ~*** check to see whether s.th. is relevant *etc.*; ***die Argumente auf ihre Stichhaltigkeit hin ~*** see whether the arguments hold water.

abknabbern *v/t.* nibble (*od.* gnaw) off; (*Knochen*) pick clean.

abknallen F *v/t.*: ***j-n ~*** F put a bullet through s.o.'s head, bump s.o. off.

abknapsen F *v/t.*: ***sich*** (***j-m***) ***et. ~*** stint o.s. (s.o.) of s.th.

abkneifen *v/t.* nip off.

abknicken *v/t. u. v/i.* snap off.

abknipsen *v/t.* clip off; (*Blüte*) nip off.

abknöpfen *v/t.* unbutton; F *fig.* ***j-m et. ~*** F wangle s.th. out of s.o.

abknutschen F *v/t. sl.* have a good old snog with *s.o.*; ***du hast dich einfach von ihm ~ lassen?*** you let him kiss you just like that?

abkochen I. *v/t.* **1.** boil; ⚕ sterilize; **2.** *fig.* ***j-n ~*** a) give s.o. a good going-over, b) (*ausnehmen*) fleece s.o.; **3. *einige Pfunde ~*** *Boxen etc.*: sweat off a few pounds (to make the weight); **II.** *v/i.* **4.** cook out in the open; **5.** *Boxen etc.*: sweat off a few pounds.

abkommandieren *v/t.* ⚔ detach, detail, assign.

abkommen *v/i.* **1. *vom Weg ~*** lose one's way; ***vom Kurs ~*** drift off course; ***von der Fahrbahn ~*** leave (*rutschen*: skid off) the road; *fig.* ***vom Thema ~*** stray from the point; **2. *von et. ~*** (*aufgeben*) give up; ***von e-r Ansicht ~*** change one's views; ***von diesem Brauch ist man abgekommen*** that custom has died out.

Abkommen *n a. pol.* agreement, settlement; ***ein ~ treffen*** conclude an agreement.

abkömmlich *adj.* dispensable; (*verfügbar*) available; ***er ist zur Zeit nicht ~*** he can't get away (*od.* he's very much in demand) at the moment.

Abkömmling *m* **1.** descendant; **2.** ⚗ derivative.

abkönnen *dial. v/t.* be able to take; ***er kann nur wenig ab*** he can't take much.

abkoppeln *v/t.* uncouple; (*Raumkapsel etc.*) undock.

abkratzen I. *v/t.* scrape off; **II.** V *v/i.* (*sterben*) F kick the bucket, snuff it.

abkriegen F *v/t.* → ***abbekommen.***

abkühlen I. *v/t.* cool (off *od.* down) (*a. fig.*); **II.** *v/refl.*: ***sich ~*** cool off (*od.* down) (*a. fig.*); **III.** *v/i.* cool (off *od.* down); **Abkühlung** *f* cooling.

Abkunft *f* descent, origin; (*Geburt*) birth; ***von spanischer ~*** of Spanish descent (*od.* extraction); ***von hoher ~*** of noble descent; ***von niedriger ~*** of humble (*od.* low) birth.

abkupfern F *v/t.* copy, F crib, lift.

abkuppeln *v/t.* uncouple.

abkürzen *v/t.* **1.** (*Vorgang*) shorten; **2.** (*Aufenthalt*) cut short; **3.** (*Buch, Abhandlung etc.*) condense; **4.** (*Rede*) curtail; **5.** (*Wort etc.*) abbreviate, shorten; **6. *e-n Weg ~*** take a short cut; **Abkürzung** *f* **1.** *e-s Wortes etc.*: abbreviation; **2.** *e-s Weges*: short cut (*a. fig.*); ***e-e ~ nehmen*** take a short cut; **Abkürzungstaste** *f Computer*: hotkey; **Abkürzungsverzeichnis** *n* list of abbreviations.

abküssen *v/t.* smother with kisses.

abladen *v/t.* unload; (*Müll*) dump; ***Müll ~ verboten*** no tipping; *fig.* ***s-e Sorgen bei j-m ~*** cry on s.o.'s shoulder, unburden o.s. to s.o.; ***s-e Wut bei j-m ~*** take one's anger out on s.o.

Abladeplatz *m* unloading point; *für Müll*: dump.

Ablage *f* **1.** place to put s.th.; *für Akten etc.*: file; (*Aktenschrank*) filing cabinet; **2.** (*das Ablegen*) filing; **3.** (*abgelegte Akten*) files *pl.*, records *pl.*; **4.** *schweiz.* (*Annahme-, Verkaufsstelle*) agency; (*Zweigstelle*) branch.

ablagern I. *v/t.* **1.** (*Güter*) store; (*Müll*) deposit; **2.** *geol.*, ⚕, ⚗ deposit; **3.** (*Wein*) store, mature; (*Holz, Tabak*) season; **II.** *v/i.* **4.** *Wein*: mature; **5.** *Holz, Tabak*: season; **III.** *v/refl.*: ***sich ~*** *geol.*, ⚕, ⚗ settle, form a deposit; **Ablagerung** *f* storage, maturing; *geol.*, ⚕, ⚗ (*Vorgang*) deposition; (*Abgelagertes*) deposit, sediment.

Ablagesystem *n* filing system.

Ablass *m* **1.** drain; **2.** *eccl.* indulgence; **~brief** *m eccl.* letter of indulgence.

ablassen I. *v/t.* **1.** (*Wasser*) drain off; (*Teich etc.*) drain; (*Fass*) broach; (*Luft*) let out; (*Dampf*) let off; ***Luft aus den Reifen ~*** let the tyres (*Am.* tires) down; → ***Dampf***; **2. *et. vom Preis ~*** F knock s.th. off the price; **II.** *v/i.*: ***von et. ~*** stop doing s.th., give s.th. up; ***von j-m ~*** leave s.o. alone.

Ablassventil *n* drain valve.

Ablativ *m ling.* ablative (case).

Ablauf *m* **1.** flowing, outflow; (*Vorrichtung*) outlet, drain; (*~rohr*) waste pipe; **2.** *e-r Frist etc.*: expiry; ***nach ~ von zwei Wochen*** at the end of two weeks, after two weeks; **3.** (*Verlauf*) *e-r Sitzung etc.*: order of events; ***der ~ von Ereignissen*** the course (*od.* sequence) of events; ***für e-n glatten ~ sorgen*** make sure things run smoothly; **~diagramm** *n Computer*: flow chart.

ablaufen I. *v/i.* **1.** run (*od.* flow) off, *a. Badewasser*: drain off; *Flut*: subside; ***im Bad läuft das Wasser schlecht ab*** the bath isn't draining properly; *fig.* ***das läuft an ihm alles ab*** it's like water off a duck's back; **2.** *Frist, Pass etc.*: run out, expire; *Amtszeit etc.*: wind down; **3.** (*verlaufen*) go; (*ausgehen*) turn out; **4.** *Uhr*: run down; *fig.* ***d-e Uhr ist abgelaufen*** your hour is come; **5. *~ lassen*** (*Film*) run, show; (*Tonband etc.*) play; (*Wasser etc.*) run off, drain off; **II.** *v/t.* **6.** (*Schuhe*) wear out; (*Absätze*) wear down; F *fig.* ***sich die Hacken ~*** F walk one's legs off (***nach*** trying to find); **7.** (*Strecke*) cover, *suchend*: scour, *Sport*: check out *the route*; ***alle Geschäfte ~*** run round all the shops; → ***Rang*** 1.

ablauf|fähig *adj. Computerprogramm*: active; **≈frist** *f* time limit; **≈plan** *m* sequence, order of events *etc.*; *TV etc.* running order.

Ablaut *m ling.* vowel gradation, ablaut.

ableben I. *v/i.* die, pass away; **II. ≈** *n* death, demise, *a.* ⚖ decease.

ablecken I. *v/t.* **1. *den Teller ~*** lick the plate clean; ***sich die Lippen*** (***Finger***) **~** lick one's lips (fingers); ***j-n ~*** *Hund*: lick s.o. all over; ***j-m das Gesicht ~*** lick s.o.'s face; **2.** (*entfernen*) lick off; **II.** *v/refl.*: ***sich ~*** *Katze*: wash itself.

abledern *v/t.* polish with a chamois (leather).

ablegen I. *v/t.* **1.** (*Akten etc.*) file; **2.** (*Kleider*) take off; (*alte Kleider*) get rid of; → ***abgelegt***; **3.** *fig.* (*Gewohnheit*) give up, drop *a habit*; **4.** (*Karten*) throw out; **5. *e-e Prüfung ~*** take (*erfolgreich*: pass) an exam(ination); → ***Eid, Gelübde, Geständnis, Probe, Rechenschaft, Zeugnis***; **II.** *v/i.* **6.** take one's coat off; **7.** *Kartenspiel*: throw a card out; **8.** *Schiff*: (set) sail.

Ableger *m* **1.** ⚘ shoot; **2.** (*Zweigunternehmen*) subsidiary.

ablehnen I. *v/t.* (*Einladung*) refuse, turn down, *höflich*: decline; (*Angebot*) *a.* reject; (*Argument, Vorschlag, Gesetzesentwurf*) reject (*a. fachlich ~*); (*gefühlsmäßig ~*) dislike; (*missbilligen*) disapprove of; (*Bewerber*) turn down; **II.** *v/i.* refuse, decline; **III.** *v/impers.*: **es (strikt) ~ zu** *inf.* (flatly) refuse to *inf.*; **ablehnend I.** *adj.* negative; **II.** *adv.*: **~ gegenüberstehen** *dat.* disapprove of; **Ablehnung** *f* refusal; rejection; dislike; disapproval; → **ablehnen.**

ableiern *v/t.* reel off, rattle off.

ableisten *v/t.* fulfil(l), perform; **s-n Militärdienst ~** do one's military service.

ableiten I. *v/t.* **1.** (*Wasser etc.*) draw off, drain off; (*Blitz*) deflect; (*Wärme*) abduct; **2.** (*Ansprüche etc.*) derive (**aus, von** from); **3.** (*folgern*) deduce; *ling.*, ⚖, *phls.* derive; **4. s-e Herkunft ~ von** trace one's descent from; **II.** *v/refl.*: **sich ~** derive, be derived (**von** from); **Ableitung** *f* **1.** (*Umleitung*) diversion; **2.** *Wasser*: drainage; **3.** *ling.*, *phls.*, ⚖ derivation, (*das Abgeleitete*) derivative; (*Folgerung*) deduction, inference.

ablenken I. *v/t.* **1.** *von e-r Richtung*: divert; **2.** (*Gefahr, Verdacht etc.*) avert, ward off; **den Verdacht von sich ~** avert suspicion, divert suspicion from o.s.; **3.** *Sport*: (*Schlag*) parry; (*Ball*) deflect, *am Tor*: turn *the ball* away; **4.** *phys.* (*Strahlen etc.*) deflect; (*Licht*) diffract; **5.** *von der Arbeit etc.*: distract; (*zerstreuen*) divert; *vom Thema*: sidetrack; **j-n von s-n Sorgen** *etc.* **~** take s.o.'s mind off his (*od.* her) worries *etc.*; **II.** *v/i. bei e-m Gespräch*: change the subject, sidetrack; **Ablenkung** *f* **1.** diversion, deflection *etc.*; → **ablenken**; **2.** (*Zerstreuung*) diversion, distraction; **Ablenkungskampagne** *f* diversion campaign; **Ablenkungsmanöver** *n* diversionary manoeuvre (*Am.* maneuver); **das ist ein ~** they're *etc.* just trying to take people's attention away (from the issue *etc.*).

Ablesefehler *m* reading error.

ablesen *v/t.* **1.** (*Rede*) read (from notes); **2.** (*Skala, Instrument*) read; **Gas (Strom) ~** read the gas (electricity) meter; **3. man konnte ihm s-e Enttäuschung** *etc.* **vom Gesicht ~** his disappointment *etc.* showed in his face; **man kann ihm alles vom Gesicht ~** you can read him like a book; **ich konnte es ihr von den Augen ~** I could see it in her eyes; **j-m jeden Wunsch von den Augen ~** anticipate s.o.'s every wish; **Ablesung** *f* ⚙ reading.

ableuchten *v/t.* search *s.th.* with a lamp (*od.* torch); *Scheinwerfer*: sweep.

ableugnen *v/t.* deny; (*von sich weisen*) repudiate.

ablichten *v/t.*, **Ablichtung** *f* → **fotokopieren, Fotokopie.**

abliefern *v/t.* deliver; (*übergeben*) hand in (*dat.* to); F **ich habe die Kinder zu Hause abgeliefert** I took the kids home; **Ablieferung** *f* delivery; ✝ **bei (***od.* **nach) ~** on delivery; **Ablieferungsfrist** *f* delivery date.

abliegen *v/i.* be quite a way off; **weit ~** be a long way away; *fig.* **weit vom Thema ~** be off the subject, have nothing to do with the subject (at hand).

ablisten *v/t.*: **j-m et. ~** trick s.o. out of s.th.

ablocken *v/t.*: **j-m et. ~** wheedle (*od.* coax) s.th. out of s.o.; **j-m ein Lächeln** *etc.* **~** draw a smile *etc.* from s.o., get s.o. to smile *etc.*

ablöschen *v/t.* **1.** (*Brand*) put out, extinguish; **2.** (*Geschriebenes von der Tafel*) wipe off; (*Schreibtafel*) clean; *mit Löschpapier*: blot; **3.** *gastr.* add water (*od.* wine *etc.*) to.

Ablöse *f* **1.** *Sport*: transfer fee; **2.** *Wohnung*: *etwa* key money; *für Möbel etc.*: *money paid* (*od. you've got to pay*) *to a previons tenant for furnishings and fittings*; *Annonce*: furnishings (and fittings) *pl.*

ablösen I. *v/t.* (*entfernen*) remove, take off; (*Wache*, ⚔ *Einheit*) relieve; (*Kollegen etc.*) take over from; (*j-n im Amt*) replace; (*Möbel etc.*) take over; (*Anleihe, Schuld etc.*) pay off, redeem; **sich** (*einander*) **~** take turns (**bei** at), **bei der Arbeit:** *a.* work in shifts; **sich mit j-m ~** take it in turns with s.o., rotate with s.o.; **II.** *v/ refl.*: **sich ~** *Farbe, Haut etc.*: come off.

Ablösesumme *f Sport*: transfer fee.

Ablösung *f* (*das Ablösen*) detachment, removal; ⚔ *etc.* relief; *im Amt etc.*: replacement; ✝ *Schuld*: discharge; *Anleihe*: redemption; *Kapital*: withdrawal.

Ablösungsmannschaft *f* relief team.

abluchsen F *v/t.*: **j-m et. ~** F wangle s.th. out of s.o.

Abluft *f* ⚙ waste air.

abmachen *v/t.* **1.** (*lösen*) take off, remove; (*Strick etc.*) *a.* undo; **2.** *fig.* (*vereinbaren*) arrange, agree (on); (*regeln*) settle, decide; → **abgemacht**; **3.** (*bereinigen*) settle, sort out; **das musst du mit dir selbst ~** that's for you to sort out (for yourself); **4.** F (*Zeit im Gefängnis etc.*) F do; **Abmachung** *f* agreement; arrangement, settlement; **e-e ~ treffen** come to an agreement (**über** on).

abmagern *v/i.* go (very) thin; **er ist abgemagert** *a.* he's lost an awful lot of weight; → **abgemagert**; **Abmagerung** *f* emaciation; **Abmagerungskur** *f* (slimming) diet; **e-e ~ machen** be on a (strict) diet, be slimming.

abmähen *v/t.* mow.

abmahnen *v/t.* ⚖ give *s.o.* a (written) warning; **Abmahnung** *f* (written) warning.

abmalen *v/t.* paint; (*kopieren*) copy.

Abmarsch *m* marching off; *fig.* start; **~ um 8 Uhr** moving off at 8 a.m., *fig.* we leave at 8 o'clock; **²bereit** *adj.* ready to march (*fig.* set off).

abmarschieren *v/i.* march off.

abmartern *v/refl.*: **sich ~** *mit e-m Problem, Vorwürfen etc.*: torture o.s., torment o.s.; *körperlich, mit e-r Aufgabe etc.*: F nearly kill o.s. (*trying to inf.*).

abmelden I. *v/t.* cancel; **sein Auto ~** take one's car off the road; **j-n ~** take s.o.'s name off the list, *beim Verein*: cancel s.o.'s membership; **sein Telefon ~** have one's (tele)phone disconnected; **j-n ~** *Sport*: mark s.o. out of the game; F **bei mir ist er abgemeldet** F I'm through with him; **II.** *v/refl.*: **sich ~** *bei e-r Institution etc.*: sign out; *im Hotel*: check out; *polizeilich*: give notification that one is moving; *von e-r Veranstaltung etc.*: have one's name taken off the list; *bei e-m Verein*: cancel one's membership; *Computer, Internet*: log off; **sich bei j-m ~** report to s.o. that one is leaving; **Abmeldung** *f* notice of departure; cancellation *etc.*; → **abmelden.**

abmessen *v/t.* measure; *fig.* assess; *fig.* **s-e Worte ~** weigh one's words; **Abmessung** *f* (*das Abmessen*) measurement; (*Maß*) dimension.

abmildern *v/t.* (*Aussage etc.*) moderate.

abmontieren *v/t.* (*zerlegen*) dismantle; (*entfernen*) take off, remove.

abmühen *v/refl.*: **sich ~** slave away; **sich ~, et. zu tun** take great pains to do s.th.; **sich ~ mit** struggle (*od.* wrestle) with.

abmurksen F *v/t.* F do in, bump off.

abmustern ⚓ **I.** *v/t.* pay off; **II.** *v/i.* sign off.

abnabeln I. *v/t.*: **ein Kind ~** cut the umbilical cord; **II.** F *fig. v/refl.*: **sich ~** cut the cord.

abnagen *v/t.* gnaw off; (*Knochen*) gnaw.

abnähen *v/t.* take in; **Abnäher** *m* dart.

Abnahme *f* **1.** taking down (*od.* off); removal; ⚕ amputation; **2.** *des Eides*: administering; **3.** ✝ *e-r Lieferung*: acceptance; (*Kauf*) purchase; **bei ~ von** on orders of; **4.** (*technische Prüfung*) a) (final) inspection, b) (*Annahme*) acceptance; **5.** (*Verminderung*) decrease, decline; *von Zahlen etc.*: *a.* drop (*alle gen.* in); *der Tage*: shortening; *des Mondes*: waning; *an Gewicht*: loss; **~ der Kräfte** weakening; **~prüfung** *f* specification test; *werkeigene*: inspection test; **~test** *m Computer*: acceptance test; **~verweigerung** *f* rejection; **~vorschriften** *pl.* quality specifications.

abnehmbar *adj.* removable, detachable;

abnehmen I. *v/t.* **1.** take off (*od.* down); remove (*alle a.* ⚙); ⚕ (*Bein etc.*) amputate, take off; (*Bart*) shave off; (*Maschen*) decrease; **den Hörer ~** pick up the receiver, answer the phone; **j-m et. ~** (*wegnehmen*) take s.th. away from s.o.; (*e-e Aufgabe etc.*) relieve s.o. of s.th.; F (*verlangen von*) charge s.o. s.th.; **j-m zu viel ~** overcharge s.o.; **j-m Blut ~** take a blood sample (from s.o.); *fig.* **das nimmt ihm keiner ab** (*glaubt ihm keiner*) nobody will buy that; **2.** ✝ (*Ware*) buy (*dat.* from); (*Lieferung*) take delivery of; **3. 10 Pfund** *etc.* **~** lose 10 pounds *etc.*; **4.** ⚙ accept; (*prüfen*) inspect, test; (*e-e Prüfung*) hold; → **Beichte, Eid, Versprechen**; **II.** *v/i.* **5.** decrease, decline, diminish; *Kräfte*: diminish, dwindle; *an Gewicht*: lose weight, *durch Diät*: be slimming; *Geschwindigkeit*: slacken (off), slow down; *Mond*: (be on the) wane; *Sturm*: abate, subside; *Tage*: grow shorter; *fig. Macht etc.*: decline, wane; **6.** *teleph.* answer the phone; **nimmst du mal ab?** can you get it?

Abnehmer *m* ✝ buyer, purchaser, taker; (*Kunde*) customer; (*Verbraucher*) consumer; **keine ~ finden** find no market; **~kreis** *m* market, customers *pl.*; **~land** *n* importing country.

Abneigung *f* dislike (**gegen** of, for), *stärker*: aversion (to); **e-e ~ gegen j-n fassen** take a dislike to s.o.; **ich habe e-e ausgesprochene ~ dagegen** I can't stand it; ⚖ **unüberwindliche ~** irreconcilable differences.

abnorm *adj.* abnormal; (*außergewöhnlich*) exceptional, unusual; **Abnormität** *f* abnormality.

abnötigen *v/t.*: **j-m et. ~** wring s.th. from s.o.; **j-m Respekt ~** command s.o.'s respect; **j-m ein Versprechen ~** exact a promise from s.o.; **er nötigt mir Bewunderung ab** I can't help admiring him.

abnutzen, abnützen I. *v/t.* wear out; **II.** *v/refl.*: **sich ~** wear (out), get worn out.

Abnutzung *f* wear (and tear); **Abnutzungserscheinung** *f a.* ⚕ sign of wear (and tear).

Abo F *n* → **Abonnement.**

A-Bombe *f* A bomb.

Abonnement *n* subscription; *thea. a.* season ticket (**bei** for).

Abonnement(s)|fernsehen *n* pay TV; **~konzert** *n* subscription concert; **~vorstellung** *f* subscription performance.

Abonnent *m* (*thea.* ticket) subscriber.

abonnieren *v/t.* subscribe to; (*Konzertreihe etc.*) have a season ticket for; ***wir haben zwei Tageszeitungen abonniert*** *a.* we get (*od.* we have a subscription for) two daily newspapers; *fig.* ***er scheint das Glück*** (***Pech***) ***abonniert zu haben*** he seems to have a monopoly on (bad) luck; **abonniert** *fig. adj.*: ***sie scheint auf den dritten Platz*** *etc.* ***~ zu sein*** they seem to have reserved third place *etc.* just for her; ***er scheint auf Autounfälle*** *etc.* ***~ zu sein*** he seems to have a standing order for car accidents *etc.*

abordnen *v/t.* delegate, *Am. a.* deputize; **Abordnung** *f* delegation.

Abort[1] *m* (*Klosett*) toilet, lavatory, *Am. a.* bathroom; ***auf den ~ gehen*** go to the toilet *etc.*

Abort[2] *m* ⚕ miscarriage; **abortieren** *v/i.* have a miscarriage.

abpacken *v/t.* pack; → ***abgepackt.***

abpassen *v/t.* (*Gelegenheit*) wait for; (*j-n*) *a.* be on the lookout for, (*abfangen*) waylay; ***e-n günstigen Moment ~*** wait for the right moment; *zeitlich* ***gut*** (***schlecht***) ***~*** time well (badly).

abpatrouillieren *v/t.* patrol.

abpausen *v/t.* trace.

abperlen *v/i.* (*a.* ***~ an***) trickle down.

abpfeifen *v/i.* (*a. v/t.* ***das Spiel ~***) stop the game; *bei Spielende*: blow the final whistle.

Abpfiff *m* final whistle.

abpflücken *v/t.* pick.

abplagen *v/refl.*: ***sich ~*** struggle (away), *stärker*: slave away, ***mit***: struggle (*od.* grapple) with.

abplatten *v/t.* smooth (off).

abplatzen *v/i.* **1.** *Knopf*: pop off; **2.** *Metall, Farbe etc.*: flake off.

abprägen *v/refl.*: ***sich ~*** leave an impression (***auf*** on); *fig.* leave its mark (***auf, in*** on).

Abprall *m* rebound; *Geschoss*: ricochet; **abprallen** *v/i.* rebound, bounce off; ricochet; *fig.* ***an j-m ~*** make no impression on s.o.; ***die Vorwürfe*** *etc.* ***prallen an ihm ab*** *a.* it's like water off a duck's back; **Abpraller** *m* (*Geschoss*) ricochet; *Sport*: rebound.

abpressen *v/t.*: ***j-m et. ~*** force s.th. out of s.o.; ***sich ein Lächeln ~*** force o.s. to smile; ***es presste ihm die Luft ab*** his heart almost stopped.

abpumpen *v/t.* pump off.

abputzen *v/t.* clean (up); (*abwischen*) wipe off (*od.* up).

abquälen I. *v/refl.*: ***sich ~*** *seelisch*: worry (o.s.), fret; *körperlich*: → ***abrackern***; ***sich mit*** *j-m od. et.* ***~*** have a hard time with; **II.** *v/t.*: ***sich e-e Antwort*** *etc.* ***~*** force o.s. to answer *etc.*; ***sich ein Lächeln ~*** *a.* force a smile.

abqualifizieren *v/t.* write off (completely).

abquetschen *v/t.*: ***sich den Finger*** *etc.* ***~*** get one's finger *etc.* crushed.

abrackern *v/refl.*: ***sich ~*** sweat away; ***ich habe mich mit dem Aufsatz abgerackert*** F I nearly killed myself getting that essay done.

abrahmen *v/t.* (*Milch*) skim.

Abrakadabra[1] (*Zauberformel*) abracadabra.

Abrakadabra[2] *n* (*unsinniges Gerede*) drivel.

abrasieren *v/t.* shave off; *fig.* (*Gebäude etc.*) raze (to the ground); ***sich den Bart ~*** shave off one's beard; F ***sich die Beine ~*** shave one's legs.

abraten *v/i.*: ***j-m von et. ~*** advise (*od.* warn) s.o. against (doing) s.th.; ***ich rate Ihnen davon ab*** I advise you not to (*od.* against it).

Abraum *m* ⚒ overburden.

abräumen I. *v/t.* clear up (*od.* away); ***den Tisch ~*** clear the table; **II.** *v/i.* clear the table; F *fig.* cream off the profits, *bei Turnier etc.*: sweep the board.

abrauschen F *v/i.* F zoom off, *mit dem Auto*: *a.* roar off; *beleidigt*: stalk off (in a temper).

abreagieren I. *v/t.* (*Ärger etc.*) work off (***an*** on); *psych.* abreact; **II.** *v/refl.*: ***sich ~*** get rid of one's aggressions, F let off steam; ***sich ~ an*** *j-m od. et.*: let one's aggressions (*od.* anger *etc.*) out on.

abrechnen I. *v/t.* (*abziehen*) deduct, subtract; (*Spesen*) account for; **II.** *v/i.* do the accounts; settle accounts (***mit j-m*** with s.o.); *fig. a.* get even (with s.o.); **Abrechnung** *f* (*Abzug*) deduction; (*Schlussrechnung*) settlement of accounts; (*Rechnung*) account; *fig.* (*Vergeltung*) requital; ***laut ~*** as per account rendered; *fig.* ***Tag der ~*** day of reckoning; **Abrechnungszeitraum** *m* accounting period.

Abrede *f* **1.** agreement; ***e-e ~ treffen*** come to an agreement; **2.** ***in ~ stellen*** deny, (*bestreiten*) contest.

abregen F *v/refl.*: ***reg dich ab!*** F cool it!, take it easy!

abreiben I. *v/t.* rub off; (*Körper*) rub down; (*polieren*) polish; (*Zitronenschale etc.*) grate; **II.** *v/refl.*: ***sich ~*** *Person*: rub o.s. down; *Stoff etc.*: wear down, *völlig*: wear off; ⚙ wear down; **Abreibung** *f* **1.** (*Frottieren*) rubbing-down, *nasse*: sponge-down; **2.** F (*Prügel*) thrashing; ***j-m e-e ~ verpassen*** give s.o. a thrashing.

Abreise *f* departure (***nach*** for); ***bei m-r ~*** on my departure; **abreisen** *v/i.* leave (***nach*** for).

Abreißblock *m* tear-off pad.

abreißen I. *v/t.* **1.** tear off (*od.* down); pull (*od.* rip) off; (*Gebäude*) pull down; **2.** F *fig.* (*Zeit im Gefängnis etc.*) F do; **II.** *v/i.* **3.** come off, tear off; (*auseinander reißen*) break, snap; **4.** *fig.* (*plötzlich aufhören*) break off; ***das reißt nicht ab*** there's no end to it, it just goes on and on; ***die Arbeit reißt nicht ab*** the work never lets up.

Abreißkalender *m* sheet (*Am.* pad) calendar.

abreiten *v/t.* (*Feld etc.*) ride along; (*Strecke*) ride, (*testen*) have a trial run of.

abrennen F *v/t. u. v/refl.*: ***sich*** (***die Beine***) ***~*** run one's legs off; ***alle Geschäfte ~*** run round all the shops.

abrichten *v/t.* (*Tier*) train, *weitS. a.* teach *an animal* tricks; (*Pferd*) break in; **Abrichtung** *f* training; breaking-in.

Abrieb *m* ⚙ abrasion, wear; (*Produkt*) grindings *pl.*, dust; **~fest** *adj.* non-abrasive.

abriegeln *v/t.* (*Tür*) bolt; (*Straße*) block; *Polizei*: cordon off, *a.* ✕ seal off.

abringen *v/t.*: (*j-m*) ***et. ~*** wring s.th. from, *lit.* (*a. e-r Sache*) wrest s.th. from.

abrinnen *v/i.* run off (*od.* down).

Abriss *m* **1.** *von Gebäuden*: demolition; **2.** (*kurze Darstellung*) sketch, brief outline (*od.* summary); (*Übersicht*) survey (*a. in Buchform*); **~birne** *f* demolition (*od.* wrecking) ball.

abrollen I. *v/i.* unroll; *fig.* pass; **II.** *v/t.* unroll; *a. phot.* unwind; (*Kabel*) pay out; (*wegrollen*) roll off; **Abroller** *m* dispenser.

abrubbeln I. *v/t.* rub off; (*Körper*) rub down; **II.** *v/refl.*: ***sich ~*** rub o.s. down.

abrücken I. *v/t.* move away; **II.** *v/i.* move off, ✕ march off; *fig.* ***~ von*** dissociate (*od.* distance) o.s. from.

Abruf *m* **1.** ✝ call (***von*** for); ***auf ~*** on call; **2.** (*Abberufung*) recall; ***auf ~*** subject to recall; **~bereit** *adj.* on call.

abrufen *v/t.* (*j-n*) call away, *offiziell*: recall; ✝ call; *Computer*: (*Daten*) (re)call.

Abruftaste *f Computer*: attention key.

abrunden *v/t.* round off; (*Zahl*) ***nach oben*** (***unten***) ***~*** round up (down); → ***abgerundet.***

abrupfen *v/t.* pluck (off).

abrupt *adj.* abrupt, sudden.

abrüsten I. *v/t.* (*Gebäude*) take the scaffolding down from; **II.** *v/i.* ✕ disarm; **Abrüstung** *f* disarmament; **Abrüstungsverhandlungen** *pl.* arms (limitation *od.* reduction *od.* control) talks.

abrutschen *v/i.* slip off (*od.* down); *Messer etc.*: slip; *mot.* skid; *Ski*, ✈ *seitlich*: sideslip; *fig. in den Leistungen*: slip; *moralisch*: go downhill.

ABS → ***Antiblockiersystem.***

absäbeln F *v/t.* hack off, chop off.

absacken *v/i.* ⚠ sag, *a.* ⚓ sink; ✈ pitch down, *bei der Landung*: pancake; *fig. in der Schule*: slip; *moralisch*: go to seed.

Absage *f* **1.** cancellation; **2.** (*Ablehnung*) refusal, negative reply; **3.** ***~ an*** renunciation of; **4.** *TV, Radio*: signing-off; **absagen I.** *v/t.* **1.** cancel, call off; (*Einladung*) turn down; **II.** *v/i.* **2.** cry off; ***j-m ~*** a) tell s.o. s.th. is off, tell s.o. not to come, b) tell s.o. one can't come; ***ich muss leider ~*** I'm afraid I can't come (after all); **3.** ***e-r Sache ~*** renounce s.th., break with s.th.; **4.** *TV, Radio*: sign off.

absägen *v/t.* **1.** saw off; **2.** F *fig.* (give *s.o.* the) axe, *Am.* ax.

absahnen I. *v/t.* skim, cream; F *fig.* cream off; **II.** F *fig. v/i.* cream off the profits.

absatteln *v/t.* (*Pferd*) unsaddle.

Absatz *m* **1.** (*Abschnitt*) paragraph (*a.* ⚖); *typ.* break; **2.** (*Schuh~*) heel; ***auf dem ~ kehrtmachen*** turn on one's heels; **3.** ✝ sales *pl.*, turnover; ***~ finden*** be sal(e)able, find a ready market; ***reißenden ~ finden*** F sell like hot cakes; **4.** *im Gelände*: terrace; (*Treppen~*) landing; **~belebung** *f* increase in sales; **~chancen** *pl.* sales prospects; **~fähig** *adj.* sal(e)able; marketable; **~förderung** *f* sales promotion; **~forschung** *f* marketing research; **~garantie** *f* guaranteed sales *pl.*; **~gebiet** *n* market(ing area); **~krise** *f* slump in sales; **~marke** *f Computer*: hard return, paragraph mark; **~markt** *m* market, outlet; **~möglichkeiten** *pl.* sales potential *sg.*; **~rückgang** *m* decline in sales; **~schwierigkeiten** *pl.* marketing problems; **~steigerung** *f* increase in sales; **~volumen** *n* sales volume.

absatzweise *adv.* by (*od.* in) paragraphs.

Absatzzeichen *n typ.* break mark.

absaufen F *v/i.* ⚓ sink, go down; *Person*: drown; *mot.* be flooded.

absaugen *v/t.* suck off; (*Teppich etc.*) vacuum; ⚕ aspirate.

Absaugpumpe *f* exhaust pump.

abschaben *v/t.* scrape (off).

abschaffen *v/t.* abolish, do away (with); (*Gesetz*) repeal; (*Sache*) get rid of; (*Auto etc.*) *a.* give up; **Abschaffung** *f* abolition; *e-s Gesetzes*: repeal.

abschälen *v/t.* → ***schälen.***

Abschaltautomatik *f* automatic shut-off.

abschalten I. *v/t.* (*Licht, Radio etc.*)

switch (*od.* turn) off (*Licht*: *a.* out); ⚡ cut off, disconnect; **II.** F *fig. v/i.* F switch off; (*sich erholen*) relax, forget about everything (for a while).

abschattieren *v/t.* shade.

abschätzbar *adj. Folgen etc.*: foreseeable; **abschätzen** *v/t.* estimate (*a. Entfernung etc.*), assess; (*Folgen etc.*) anticipate, foresee; *fig.* (*j-n ~d betrachten*) size up; **abschätzend** *adj.* **1.** (*prüfend*) speculative; **2.** → **abschätzig** *adj. Bemerkung etc.*: disparaging, derogatory.

abschauen *v/t.* → ***abgucken.***

Abschaum *m* scum; *fig.* (*a.* ***~ der Menschheit***) scum of the earth.

abschäumen *v/t. gastr.* skim off.

abscheiden *v/t.* ⚗ eliminate; *physiol. in flüssiger Form*: secrete, *in fester Form*: deposit; *metall.* refine; **Abscheider** *m* ⚙ separator; **Abscheidung** *f* elimination; *physiol.* secretion; *metall.* refining.

abscheren *v/t.* shear off; ***sich den Bart** etc.* **~** shave off one's beard *etc.*

Abscheu *m* horror (***vor*** of), disgust (for, at), loathing (for); ***~ haben vor*** detest, loathe.

abscheuern *v/t.* scrub (off), scour (off); (*Kleidung, a.* ***sich ~***) wear thin; (*Haut*) scrape, rub off; ***sich die Haut ~*** scrape one's skin off.

abscheuerregend, Abscheu erregend *adj.* repulsive.

abscheulich *adj.* despicable; (*grauenhaft*) dreadful; *Verbrechen*: heinous, atrocious.

abschicken *v/t.* send off, dispatch; (*Brief etc.*) post, *bsd. Am.* mail.

Abschiebehaft *f* custody prior to deportation.

abschieben I. *v/t.* push away; (*ausweisen*) deport; F *fig.* (*j-n, loswerden*) get rid of, F shunt off; ***die Schuld auf j-n ~*** put the blame on s.o., push the blame onto s.o.; **II.** F *v/i.* (*weggehen*) F push off; **Abschiebung** *f* deportation.

Abschiebungshaft *f* → ***Abschiebehaft.***

Abschied *m* (*~nehmen*) leave-taking, farewell, goodbye(s *pl.*); (*Entlassung*) dismissal, ⚔ discharge; *freiwilliger*: resignation; ***~ nehmen*** say goodbye (***von*** to); ***s-n ~ nehmen*** hand in one's resignation; ***der ~ war schwer*** it was hard saying goodbye; ***j-n zum ~ küssen*** kiss s.o. goodbye.

Abschieds|brief *m* farewell letter; **~feier** *f*, **~fest** *n* farewell (*od.* going-away) party; **~fete** *f bsd. Brit.* leaving do; **~gesuch** *n* letter of resignation; ***sein ~ einreichen*** tender one's resignation; **~konzert** *n* farewell concert; **~kuss** *m* goodbye kiss; ***j-m e-n ~ geben*** kiss s.o. goodbye; **~rede** *f* farewell speech; **~schmerz** *m* pain of parting, wrench; **~spiel** *n Sport*: testimonial (match); **~stunde** *f* hour of parting; **~worte** *pl.* words of farewell.

abschießen *v/t.* **1.** (*Waffe*) fire; (*Kugel, Pfeil*) shoot; (*Rakete, Torpedo*) launch; **2.** (*töten*) shoot down; (*Vogel*) bring down; *fig.* → ***Vogel***; (*Hand etc.*) shoot off; ⚔ (*Flugzeug*) shoot (*od.* bring) down; (*Panzer*) knock out; F *fig.* ***j-n ~*** (*s-e Entlassung etc. bewirken*) F put the skids under s.o.

abschinden *v/refl.*: ***sich ~*** work one's fingers to the bone.

Abschirmdienst *m*: ***Militärischer ~*** Military Intelligence Service.

abschirmen *v/t.* guard (***gegen*** against), *a.* ⚡ shield (from); **Abschirmung** *f* screening, shielding.

abschlachten *v/t.* slaughter, butcher (*beide a. fig.*).

abschlaffen F **I.** *v/i.* flag, *nach der Arbeit etc.*: collapse, F flake out; → ***abgeschlafft***; **II.** *v/t.* wear out, F take it out of *s.o.*

Abschlag *m* **1.** ☤ (*Preisrückgang*) drop in prices; (*Preisnachlass*) reduction, discount; → ***Abschlagszahlung***; ***auf ~*** on account; ***auf ~ kaufen*** buy in instal(l)ments; **2.** *Fußball*: kickout; *Golf*: tee, tee-off; **abschlagen I.** *v/t.* **1.** knock off; (*Kopf*) cut off; (*Baum*) cut down; **2.** (*Ball*) *Fußball*: kick out, *Golf*: tee off; **3.** (*Angriff*) beat off, repulse; **4.** (*ablehnen*) turn down; ***j-m e-n Wunsch ~*** deny s.o. a wish; **II.** *v/i. Fußball*: kick the ball out; *Golf*: tee off.

abschlägig *adj.* (*u. adv.*) negative(ly); ***~e Antwort*** negative reply; ***e-e ~e Antwort erhalten*** be turned down.

Abschlags|dividende *f* ☤ interim dividend; **~summe** *f* instal(l)ment; **~zahlung** *f* payment on account; (*Teilzahlung*) part payment.

abschlecken *v/t.* → ***ablecken.***

abschleifen I. *v/t.* ⚙ grind off (*od.* down); polish; *fig.* polish, refine; **II.** *fig. v/refl.*: ***sich ~*** *Angewohnheit*: wear off.

Abschleppdienst *m* breakdown (*Am.* towing) service; *konkret*: breakdown men *pl.*, *Am.* wreckers *pl.*

abschleppen I. *v/t. mot.*, ⚓ (take in) tow, tow off; F (*j-n*) drag off, *mit sexuellen Absichten*: F pick up; **II.** *v/refl.*: ***sich ~ mit*** struggle with; ***sie schleppt sich mit dem Koffer ab*** *a.* she's having a hard time with that case.

Abschlepp|kosten *pl.* towing charges; **~kran** *m mot.* salvage (*Am.* wrecking) crane; **~seil** *n* towrope; **~stange** *f* tow bar; **~wagen** *m* breakdown lorry, *Am.* tow truck, wrecker.

abschließbar *adj.* lockable; ***ist es ~?*** *a.* has it got a lock?; **abschließen I.** *v/t.* **1.** lock (up); (*Wertsachen*) lock up (*od.* away); **2.** (*beenden*) end, (bring to a) close, wind up; *endgültig*: settle; (*fertig stellen*) complete; ☤ (*Bücher*) close, balance; (*Konten, Rechnungen*) settle; **3.** (*Handel*) strike *a bargain*, close *a deal*; (*Verkauf*) effect; (*Versicherung*) take out *a policy*; (*Vertrag*) conclude, make, sign; → ***Wette***; **II.** *v/i.* **4.** end, close, conclude; (***mit folgenden Worten***) **~** end (*od.* wind up) (by saying); ***mit dem Leben ~*** prepare to die, come to terms with the fact that one has to die; ***er hat mit dem Leben abgeschlossen*** he's ready to die, *lit.* he's prepared to meet his Maker; ***ich hatte schon mit dem Leben abgeschlossen*** *in Gefahrensituation*: I thought to myself, 'This is the end'; **5.** ☤ close the deal; sign (the contract); ***mit j-m ~*** *a.* come to terms with s.o.; **6.** ***gut*** (***schlecht***) **~** *leistungsmäßig*: do well (badly); **abschließend I.** *adj.* concluding, closing, final; (*endgültig*) final, definitive; **II.** *adv.* in conclusion; finally; ***~ sagte er*** he wound up by saying.

Abschluss *m* **1.** (*Beendigung*) conclusion, end(ing), close; (*endgültiger ~, Bereinigung*) settlement; ***vor dem ~ stehen*** be drawing to a close; ***zum ~*** in conclusion, finally; ***zum ~ bringen*** bring to a close; **2.** ☤ *e-s Handels, Vertrags*: conclusion, signing; *der Bücher etc.*: closing, settlement; *Rechnungssumme*: balance; → ***Jahresabschluss***; **3.** → ***Schulabschluss, Universitätsabschluss***; **4.** ⚙ seal; **~ball** *m* end-of-course dance; *Schule*: school leavers' (*Am.* graduation) ball; *univ.* finalists' (*bsd. Am.* graduation) ball; **~bilanz** *f* final balance (sheet); **~klasse** *f* final-year class; **~kommuniqué** *n pol.* final communiqué; **~kundgebung** *f* closing speeches *pl.*; **~prüfung** *f* school-leaving (*Am. u. Weiterbildung*: final) examination (*od.* exam); **~sitzung** *f* closing session; **~zeugnis** *n* (school-) leaving certificate, *Am.* (high-school *od.* graduation) diploma.

abschmecken *v/t.* taste; (*würzen*) season (to taste); ***abgeschmeckt mit ...*** *a.* flavo(u)red with ...

abschmeicheln *v/t.*: ***j-m et. ~*** wheedle s.th. out of s.o.

abschmelzen I. *v/t.* melt off; (*Metall*) fuse; (*Erz*) smelt; **II.** *v/i.* melt (off); ⚙ fuse.

abschmettern *v/t.* (*et.*) reject out of hand, (*Argumente etc.*) shoot down; (*j-n*) F give *s.o.* the brush-off; (*a. Beschwerde etc.*) refuse to listen to.

abschmieren I. *v/t.* **1.** ⚙ lubricate, grease; **2.** (*unsauber abschreiben*) scribble down; (*unerlaubt abschreiben*) copy; **II.** F *v/i.* ✈ (do a) nose-dive.

Abschmier|fett *n* lubricating grease; **~presse** *f* grease gun.

abschminken I. *v/t.* take off *s.o.'s* make--up; F ***das kannst du dir ~!*** you can forget about that; **II.** *v/refl.*: ***sich ~*** take one's makeup off.

abschmirgeln *v/t.* sand down, sandpaper.

abschmücken *v/t.*: ***den Weihnachtsbaum ~*** take the decorations down from the Christmas tree.

abschnallen I. *v/t.* unbuckle, unstrap; (*Ski etc.*) take off; **II.** *v/refl.*: ***sich ~*** take one's seatbelt off; ✈ *a.* unfasten one's seatbelt; **III.** *v/i.*: F ***da schnallst du ab*** F it's absolutely incredible, *stärker*: F it's mind-boggling.

abschneiden I. *v/t.* **1.** cut off; *in Scheiben*: slice; (*Nägel, Haar*) cut; ⚘ prune, trim; ***sich die Nägel** etc.* **~** cut one's nails *etc.*; → ***Scheibe***; **2.** (*absperren, verhindern*) cut off; ***j-m den Weg ~*** block s.o.'s path; **3.** (*isolieren*) cut off, isolate; **4.** ***j-m das Wort ~*** cut s.o. short; **5.** ***den Weg ~*** take a short cut; **II.** *v/i.* **6.** take a short cut; **7.** F ***gut*** (***schlecht***) **~** do (*od.* come off, fare) well (badly); ***am besten ~*** come out on top.

abschnellen I. *v/t.* jerk off, flip off; (*Pfeil etc.*) let fly, shoot; **II.** *v/i.* shoot off, fly off; **III.** *v/refl.*: ***sich ~*** propel o.s. off, bounce off.

abschnippeln F *v/t.* snip off.

Abschnitt *m* **1.** section, △ segment; ⚔ *im Gelände*: sector; *e-r Straße etc.*: section; *e-s Buches*: section, passage (*beide a.* ♪), paragraph; *e-r Reise etc.*: stage, leg; *e-r Entwicklung etc.*: phase; *Zeit*: period; **2.** (*abtrennbarer Teil*) stub, *e-s Schecks etc.*: *a.* counterfoil.

abschnitt(s)weise *adv.* in sections *etc.*; F bit by bit.

abschnüren *v/t.* **1.** (*Blutgefäß, Tumor etc.*) strangulate; (*Glied*) apply a tourniquet to; **2.** ***j-m die Luft ~*** choke s.o., *fig.* have a stranglehold on s.o., (*ruinieren*) ruin s.o.

abschöpfen *v/t.* skim off; *fig.* ☤ (*Gewinne etc.*) *a.* siphon off; (*das Beste*) cream off.

abschotten *v/refl.*: ***sich ~*** cut o.s. off.

abschrägen *v/t.* slope, slant; ⚙ bevel, chamfer.

abschrauben *v/t.* unscrew.
abschrecken *v/t.* **1.** scare off; *weitS.* put off; ***sich ~ lassen*** be put off; ***lass dich nicht ~*** don't let it (*od.* them *etc.*) put you off; **2.** ⚙ chill, quench; **3.** *gastr.* a) run *an egg* under cold water, b) rinse *noodles etc.*; **abschreckend I.** *adj.* off-putting; (*einschüchternd*) forbidding; *Maßnahmen etc.*: deterrent; ***~es Beispiel*** warning, deterrent; ***~e Strafe*** exemplary punishment; **II.** *adv.*: ***~ wirken*** act as a deterrent (***auf*** to); **Abschreckung** *f* **1.** deterrence; **2.** → ***Abschreckungsmittel.***
Abschreckungs|mittel *n* deterrent; **~politik** *f* policy of deterrence; **~waffe** *f* deterrent weapon.
abschreiben I. *v/t.* **1.** copy; (*übertragen, bsd. von Kurzschrift*) transcribe; *von Mitschülern*, F *a. literarisch*: copy, F crib; **2.** ⚚ (*Forderungen*) *gänzlich*: write off (*a. fig. j-n od. et.*), *teilweise*: write down; (*Wert*) depreciate; (*Summe*) deduct; → ***absetzen*** 6; **II.** *v/i.* **3.** copy, F crib; **4.** ***j-m ~*** write (to s.o.) to say one can't come (*od.* that the party *etc.* is off); **Abschreibung** *f* ⚚ writing off; (*Wertminderung*) depreciation.
Abschreibungs|betrag *m* depreciation (allowance); **~fonds** *m* depreciation fund.
abschreiten *v/t.* pace; (*abmessen*) pace off; ***die Front ~*** inspect the troops.
Abschrift *f* copy, duplicate.
abschröpfen *v/t.*: ***j-m et. ~*** F wangle s.th. out of s.o.
abschrubben F *v/t.* scrub, scour.
abschuften *v/refl.*: ***sich ~*** slave away.
abschuppen I. *v/t.* scale; **II.** *v/refl.*: ***sich ~*** peel (off).
abschürfen *v/t.*: ***sich die Haut ~*** graze o.s.; ***sich (die Haut) am Knie etc. ~*** scrape (*od.* graze) one's knee *etc.*; **Abschürfung** *f* graze.
Abschuss *m* **1.** *e-r Waffe*: firing; *Rakete, Torpedo*: launching; *von Wild*: shooting; ✈ downing; *Panzer*: knocking out; **2.** hit, strike; ***drei Abschüsse wurden gemeldet*** three planes were reported shot down; **~basis** *f* launching site.
abschüssig *adj.* sloping, *stärker*: steep.
Abschuss|liste *f*: F ***auf der ~ stehen*** F be on the hit list, be (in) for the chop; **~prämie** *f* bounty; **~rampe** *f* launching pad; **~silo** *m, n* underground launching pad.
abschütteln *v/t.* shake off (*a. fig.*).
abschütten *v/t.* pour off (*od.* out).
abschwächen I. *v/t.* weaken, reduce; (*mildern*) mitigate; (*beschönigen*) extenuate; (*Aussage, Farben*) tone down; *phot.* (*Negativ*) reduce; **II.** *v/refl.*: ***sich ~*** weaken; (*abnehmen*) diminish; **Abschwächung** *f* weakening; reduction; mitigation; extenuation; toning down; → ***abschwächen.***
abschwatzen F *v/t.*: ***j-m et. ~*** wheedle s.th. out of s.o.
abschweifen *v/i.* **1.** *vom Thema*: digress; ***nicht ~!*** keep to the point!; **2.** ***sein Blick schweifte wiederholt ab*** his eyes kept wandering, ***von ...***: his eyes kept straying from ...; **3.** *vom Weg*: deviate, *versehentlich*: stray; **Abschweifung** *f* deviation; digression.
abschwellen *v/i.* ⚕ go down; *Geräusch*: die away.
abschwemmen *v/t.* wash away; *geol. a.* erode.
abschwenken *v/i.* swerve, veer (off); ⚔ wheel (off); *fig.* ***~ von*** switch (*od.* veer) from.
abschwindeln *v/t.*: ***j-m et. ~*** swindle s.o. out of s.th.
abschwirren F *v/i.* F buzz off.
abschwitzen *v/t.* (*Gewicht*) sweat off; F ***sich einen ~*** F sweat like a pig.
abschwören *v/i.* (*dem Glauben etc.*) renounce; (*dem Alkohol etc.*) forswear, F swear off *drink*(*ing*) *etc.*
Abschwung *m Turnen*: dismount; ⚚ downswing, downturn.
absegeln *v/i.* set sail (***nach*** for).
absegnen F *v/t.* F give one's blessing to; ***es muss noch vom Chef abgesegnet werden*** it still has to have the boss's blessing, it still has to be okayed by the boss.
absehbar *adj.* foreseeable; ***in ~er Zeit*** in the foreseeable future; ***nicht ~*** *zeitlich*: unforeseeable; ***der Schaden ist nicht ~*** the extent of the damage is not yet known.
absehen I. *v/t.* **1.** (fore)see; ***es ist kein Ende abzusehen*** there's no end in sight; ***die Folgen sind nicht abzusehen*** there's no telling how things will turn out; **2.** (*ablesen*) see (***an*** from, by); **3.** ***j-m et. ~*** learn s.th. by watching s.o.; **4.** F ***es abgesehen haben auf*** F be out for (*od.* to *inf.*), (*j-n*) F have it in for; **II.** *v/i.* **5.** ***von et. ~*** (*nicht tun*) refrain from; ***von e-m Plan ~*** abandon, drop; → ***Beileidsbezeugung***; **6.** (*unbeachtet lassen*) disregard; → ***abgesehen.***
abseifen *v/t.* soap down.
abseihen *v/t.* strain.
abseilen I. *v/t.* **1.** lower (on a rope); **II.** *v/refl.*: ***sich ~*** **2.** abseil; **3.** F *fig.* F make a getaway.
Abseil|geräte *pl. Bergsteigen*: abseil equipment *sg.*; **~geschirr** *n* abseil ropes *pl.*; **~ring** *m* abseil ring.
abseits I. *adv.*: ***~ stehen*** stand apart, *Sport*: be offside; ***etwas ~ liegen*** be a bit out of the way; ***~ von*** → II; *fig.* ***sich ~ halten*** keep one's distance; **II.** *prp., a.* ***~ von*** off *the road*; **III.** ⚬ *n Sport*: offside; ***im ~ stehen*** be offside; ***nicht im ~ stehen*** be onside; *weitS.* ***ins ~ gedrängt werden*** be pushed onto the sidelines, be edged out, (*Land, Gesellschaftsschicht etc.*) *a.* be marginalized.
Abseits|falle *f* offside trap; **~stellung** *f*: ***in ~*** in an offside position; **~tor** *n* offside goal.
absenden *v/t.* send (off), ⚚ *a.* forward, dispatch; (*Postsendung*) send, post, *bsd. Am.* mail; **Absender** *m* sender, ⚚ *a.* consignor; (*Adresse des ~s*) return address; → ***zurück*** I.
absengen *v/t.* singe.
absenken *v/t.* ✎ layer; ⚒ (*Schacht*) sink; (*Grundwasserspiegel*) lower; **Absenkung** *f* layering; sinking; lowering.
abservieren I. *v/i.* clear the table; **II.** F *v/t.*: ***j-n ~*** F give s.o. the boot, (*ermorden*) F bump s.o. off; ***den Gegner ~*** F thrash one's opponent(s); → ***abspeisen.***
absetzbar *adj.*: (***steuerlich ~*** tax-)deductible; ⚚ marketable; ***leicht (schwer) ~*** easy (hard) to sell.
absetzen I. *v/t.* **1.** (*Gegenstand*) set (*od.* put) down; (*Brille, Hut*) take off; (*Glas, Feder, Gewehr*) put down; **2.** (*Mitreisenden, Fallschirmjäger*) drop (off) (***an, bei*** at); **3.** *Pferd*: (*den Reiter*) throw; **4.** *typ.* set (in type); ***die Zeile ~*** begin a new line; **5.** (*streichen*) drop; ***von der Tagesordnung*** *etc.* ***~*** take off the agenda *etc.*; (***vom Spielplan***) ***~*** drop (from the program[me]); **6.** ⚚ write off (*steuerlich*: against tax); (*abziehen*) deduct; **7.** *vom Amt*: dismiss; (*Herrscher etc.*) depose; **8.** ⚚ sell; ***sich leicht (schwer) ~ lassen*** (not to) sell well; **9.** ⚕ (*Arznei*) stop taking *pills*, go off *a drug*; (*Therapie*) break off; **10.** ***~ von*** (*od.* ***gegen***) (*Farbe etc.*) set off against, contrast with; **11.** *mit e-r Borte etc.*: trim; **12.** ⚗ deposit; **II.** *v/refl.*: ***sich ~*** **13.** ⚗ *etc.* settle; **14.** F (*weggehen*) leave, F make off (***nach*** for); ***sich ins Ausland ~*** leave the country; **15.** (*kontrastieren*) contrast, form a contrast (***von*** with); **16.** ⚔ withdraw, retreat; **17.** F *Sport*: F make off, leave the others behind; **III.** *v/i.* (*unterbrechen*) stop, break off; ***ohne abzusetzen*** without a break, *a. beim Trinken*: in one go; *beim Schreiben*: straight off; **Absetzung** *f* dismissal; deposition *etc.*; → ***absetzen.***
absichern I. *v/t.* **1.** (*Gefahrenstelle*) make *s.th.* safe; (*Unfallstelle etc.*) cordon off; **2.** (*Investitionen*) hedge; **II.** *v/refl.*: ***sich ~*** cover o.s.
Absicht *f* intention; (*Ziel*) aim, object; ***in der ~ zu*** *inf.* with the intention of *ger.*, with a view to *ger.*; ***in der besten ~*** with the best of intentions; ***mit ~*** on purpose, deliberately; ***mit e-r bestimmten ~*** for a purpose; ***mit der festen ~ zu*** *inf.* determined to *inf.*; ***ohne ~*** unintentionally; ***ich habe die ~ zu*** *inf.* I intend to *inf.*, I'm planning to *inf.*; ***es war nicht m-e ~ zu*** *inf.* I didn't mean to *inf.*; ***die ~ war zu*** *inf.* the idea was to *inf.*; F ***~en auf j-n haben*** have designs on s.o.
absichtlich I. *adj.* intentional, deliberate; ⚖ wil(l)ful; **II.** *adv.* intentionally *etc.*; on purpose.
Absichtserklärung *f pol.* declaration of intent.
absichtslos *adj.* unintentional.
absingen *v/t.* sing (*a song* through); *vom Blatt*: sing at sight.
absinken *v/i.* sink; *Wasserstand*: drop; *Land, Ufer*: subside; *Blutdruck, Fieber*: go down; *Niveau etc.*: drop; *Interesse*: flag; (*verkommen*) degenerate (***in*** into); ***s-e Leistungen sinken ab*** he's not doing as well as he used to; ***sie ist ganz schön tief abgesunken*** she's hit rock bottom.
Absinth *m* absinth(e).
absitzen I. *v/i.* (*a.* ***vom Pferd ~***) dismount, get off one's horse; (*a.* ***vom Motorrad*** *od.* ***Fahrrad ~***) get off (one's motorbike *od.* bicycle); **II.** *v/t.* (*Zeit*) sit out; ***e-e Strafe ~*** serve a sentence; ***s-e Strafe ~*** F do time (***wegen*** for), do a spell inside (for).
absolut I. *adj.* absolute (*a. Herrscher, Mehrheit, Unsinn etc.*; *a. phys., phls.*, ⚗, Å, ♪); ***~es Gehör*** perfect pitch; ***es ist sein ~ es Recht zu*** *inf.* he has every right to *inf.*; **II.** *adv.* absolutely; ***ich sehe ~ keinen Sinn darin*** I just don't see the point of it; ***er hat ~ keine Skrupel*** he has no scruples whatsoever; ***wenn du ~ gehen willst*** if you simply must go; ***~ nicht!*** not at all; **Absolute(s)** *n*: ***das Absolute*** the absolute.
Absolution *f* absolution; ***j-m die ~ erteilen*** give (*od.* grant) s.o. absolution.
Absolutismus *m* absolutism; **absolutistisch** *adj.* absolutist.
Absolvent(in *f*) *m* school-leaver, *Am.* (high-school) graduate; *e-r Hochschule*: graduate; **absolvieren** *v/t.* (*Studium*) finish *one's degree*; (*Schule, Hochschule*)

finish, *Am.* graduate from; (*Prüfung*) pass; (*Pensum*) do, *mit Mühe*: get through; ***hast du dein heutiges Pensum schon absolviert?*** have you done your quota for the day yet?

absonderlich *adj.* peculiar, strange, odd.

absondern I. *v/t.* **1.** separate, segregate; (*isolieren*) isolate; ⚕, *physiol.* secrete; ⚗ separate, isolate; **II.** *v/refl.*: ***sich* ~ 2.** be secreted *etc.*; **3.** *fig. Person*: isolate o.s., cut o.s. off (***von*** from); **Absonderung** *f* separation; isolation; *physiol.* secretion; → ***absondern.***

Absorbens *n* ⚗ absorbent.

Absorber *m* absorber.

absorbieren *v/t.* absorb (*a. fig.*); **absorbierend** *adj.* absorbent.

Absorption *f* absorption.

absorptions|fähig *adj.* absorptive; **&vermögen** *n* powers *pl.* of absorption, absorbing capacity.

abspalten I. *v/t.* split off (***von*** from); **II.** *v/refl.*: ***sich* ~** *von Partei etc.*: splinter off, form a splinter group.

Abspann *m Film*: credits *pl.*

abspannen I. *v/t.* (*Pferd*) unhitch; (*Mast etc.*) rig; → ***abgespannt***; **II.** *v/i.* relax; **Abspannung** *f* **1.** ⚙ anchoring; **2.** *fig.* exhaustion, fatigue.

absparen *v/t.*: ***sich et.*** (***vom Munde***) ~ scrimp and save for s.th.

abspecken F *v/i.* slim; ***sie müsste mal ein bisschen* ~** she could do with losing a few pounds.

abspeichern *v/t. u. v/i. Daten, auf Computer*: store, (*sichern*) save.

abspeisen *v/t.* feed; *fig.* ***j-n* ~** fob s.o. off (***mit*** with).

abspenstig *adj.*: ***j-m j-n*** (***die Freundin***) ~ ***machen*** turn s.o. against s.o. (take s.o.'s girlfriend away [from him]).

absperren *v/t.* **1.** → ***abschließen*** 1; **2.** (*Straße*) block, barricade, *durch Polizei etc.*: cordon off; **3.** (*Wasser, Gas etc.*) cut off.

Absperr|gitter *n* crowd barrier; **~hahn** *m* stopcock; **~kette** *f* cordon.

Absperrung *f* **1.** *Straße*: roadblock, *durch Polizei*: cordon; **2.** *von Strom etc.*: cutting off.

Absperrventil *n* stop valve.

abspicken *v/t. u. v/i.* copy, crib.

Abspiel *n Sport*: pass(ing).

abspielen I. *v/t.* **1.** play; (*Tonband etc.*) *bsd. zur Überprüfung*: *a.* play back; ♪ *vom Blatt*: play at sight; **2.** *Sport*: (*Ball*) pass (*a. v/i.* ***den Ball* ~**); **II.** *v/refl.*: ***sich* ~** (*geschehen*) happen, take place; (*los sein*) be going on; F ***da spielt sich nichts ab*** F nothing doing.

absplittern I. *v/i.* chip off, splinter; *Farbe, Lack*: flake (*od.* peel) off; **II.** *v/t.* splinter, (*a. Farbe, Lack*) chip off; **III.** *v/refl.*: ***sich* ~** → ***abspalten*** II.

Absprache *f* arrangement; ***laut* ~** according to the agreement; **&gemäß** *adv.* as agreed.

absprechen I. *v/t.* **1.** (*abmachen*) arrange; ***hast du es mit ihm schon abgesprochen?*** have you spoken to him about it?; **2.** (*in Abrede stellen*) deny, dispute; ***sie hat ihm jede Fähigkeit abgesprochen*** she denied that he was capable of anything; ***Talent kann man ihm nicht* ~** there's no denying his talent, he's certainly got talent; **3.** ⚖ (*j-m et.*) dispossess of, deprive of; **II.** *v/refl.*: ***sich mit j-m* ~, *dass*** arrange with s.o. that.

abspreizen *v/t.* (*Finger etc.*) stretch out.

absprengen *v/t.* (*Felsen etc.*) blast off.

abspringen *v/i.* **1.** jump off (*od.* down); *Sport*: take (*od* jump) off; ✈ jump, *im Notfall*: bale out; ***vom Pferd* ~** jump off one's horse; **2.** (*abprallen*) (*a.* ~ ***von***) bounce off; **3.** (*a.* ~ ***von***) *Farbe etc.*: come off, *Splitter*: *a.* chip off; **4.** *fig. von e-m Kurs etc.*: drop out (***von*** of); *von e-r Verpflichtung*: back out (of); ~ ***von*** *e-r Partei etc.*: leave; **5.** F *fig.* ***und was springt für mich ab?*** what's in it for me?

abspritzen *v/t.* hose (*od.* wash) down; (*Pflanzen*) spray.

Absprung *m* jump; *fig.* ***den* ~ *wagen*** take the plunge; ***den* ~ *schaffen*** make it; **~balken** *m Sport*: takeoff board; **~höhe** *f* drop altitude; **~stelle** *f* jumping-off point.

abspulen *v/t.* unwind; (*Film*) run *a film* through; F *fig.* (*ableiern*) reel off.

abspülen *v/t.* → ***spülen.***

abstammen *v/i.*: ~ ***von*** a) be descended from, b) *ling.* derive from; **Abstammung** *f* **1.** descent, origin; (*Geburt*) birth; ***von italienischer* ~** of Italian descent (*od.* extraction); **2.** *ling.* derivation.

Abstammungslehre *f* theory of evolution.

Abstand *m* **1.** distance; (*Zwischenraum*) space, *zwischen Zeilen*: spacing; *zeitlich*: interval; ***in regelmäßigen Abständen*** *a. zeitlich*: at regular intervals; *fig.* ~ ***halten*** keep one's distance; ~ ***von et. gewinnen*** get s.th. in perspective, (*et. überwinden*) get over s.th.; ***mit* ~ *besser*** far (F miles) better; ***mit* ~ *der Beste*** by far (*od.* far and away) the best, F the best by miles; ***mit* ~** *gewinnen*: by a wide margin, F by a long chalk; ~ ***von et. nehmen*** refrain (*od.* desist) from *ger.*; **2.** → **Abstandssumme** *f* compensation, indemnification; *für Angestellte*: severance pay.

abstatten *v/t.*: ***j-m e-n Besuch* ~** pay s.o. a visit; ***j-m s-n Dank* ~** thank s.o.

abstauben I. *v/t.* **1.** dust; **2.** F (*mitgehen lassen*) F swipe, snitch; **II.** F *v/i. Sport*: tap the ball in.

Abstaubertor *n* tap-in.

abstechen I. *v/t.* (*Stahl etc.*) cut off; (*Kanal, Torf*) cut; (*Wein*) draw off; (*Schwein*) stick; **II.** *v/i.*: ***von et.* ~** stand out against.

Abstecher *m* detour; *fig.* digression; ***e-n kurzen* ~ *nach X machen*** take in X along the way, make a quick trip to X; *fig.* ***e-n* ~ *machen in*** digress briefly on.

abstecken *v/t.* **1.** (*Kleid*) fit; **2.** (*Land*) mark out, *mit Pfählen*: stake out, *mit Pflöcken*: peg out; (*Grundriss*) trace (*od.* lay) out; (*Grenzen*) demarcate, mark out; *fig.* (*Thema, Pläne etc.*) outline; (*Standpunkt*) make clear; *fig.* ***die Fronten* ~** lay down the battle-lines.

abstehen *v/i.* **1.** stand away (***von*** from); (*herausragen*) stick out (of); **2.** (*schal werden*) grow stale, *Getränke*: go flat; **3.** ~ ***von*** (*verzichten auf*) renounce; **abstehend** *adj.*: ***~e Ohren*** bat ears; ***er hat ~e Ohren*** *a.* his ears stick out.

Absteige *f* F dosshouse, *Am.* flop-house; (*Stundenhotel*) F short-time hotel .

absteigen *v/i.* **1.** *vom Berg*: descend, climb down; *vom Pferd*: get off (one's horse), dismount; *vom Fahrrad*: get off (one's bicycle); **2.** *fig. Sportklub*: be relegated, go down; → ***Ast***; **3.** ***wo seid ihr abgestiegen?*** which hotel *etc.* did you stay at *od.* are you staying at?

Absteigequartier *n* → ***Absteige.***

Absteiger *m Sport*: relegated team; F ~ ***des Jahres*** flop of the year.

Abstellbahnhof *m* railway (*Am.* railroad) yard.

abstellen *v/t.* **1.** put down; (*Auto etc.*) park; **2.** (*Maschine*) turn off (*a. Gas, Wasser etc.*); *bsd. Radio u.* ⚡: switch off (*a. Motor*); **3.** *fig.* (*Missstand*) remedy; **4.** ~ ***auf*** gear to.

Abstell|fläche *f* storage surface; *für Autos*: parking space; **~gleis** *n* siding; *fig.* ***aufs* ~ *schieben*** put on the shelf, sideline, (*entlassen*) F throw on the scrapheap, put out to pasture; ***auf dem* ~ *stehen*** have come to the end of the road; **~hahn** *m* stopcock; **~raum** *m* boxroom, lumber room; **~tisch** *m* dumb waiter.

abstempeln *v/t.* stamp; ✉ postmark; *fig.* label (***als, zu et.*** [as] s.th.), dub ([as] s.th.); (*abtun*) write *s.o.* off (as).

absteppen *v/t.* stitch; (*Decke*) quilt.

absterben *v/i.* die (off); *Gewebe, Glied*: necrotize; (*gefühllos werden*) go numb; *Motor*: stall; → ***abgestorben.***

Abstieg *m* **1.** descent, way down; **2.** *fig.* decline; **3.** *Sport*: relegation.

abstiegsgefährdet *adj.* threatened by (*od.* in danger of) relegation.

abstillen *v/t.* (*Kind*) wean.

Abstimmbereich *m Radio*: tuning range.

abstimmen I. *v/t.* ♪ (*u. Radio*) tune (***auf*** to); ⚙ *u. fig.* (*aufeinander* ~) coordinate; (*anpassen*) adjust (to); *zeitlich*: time; (*Farben*) match; **II.** *v/i. parl. etc.* vote (***über*** on); ~ ***lassen über*** take a vote on; **III.** *v/refl.*: ***sich* ~** a) come to an agreement (*od.* arrangement), b) agree to stick to the same version; ***sich mit j-m* ~** *bei Urlaub etc.*: arrange things with s.o.

Abstimm|knopf *m* tuning knob; **~kreis** *m* tuning circuit; **~schärfe** *f* selectivity.

Abstimmung *f* **1.** voting, vote; (*Volks&*) referendum; ~ ***durch Handzeichen*** vote by show of hands; ~ ***durch Zuruf*** vote by acclamation; ***geheime* ~** (voting by) ballot; ***offene* ~** vote by open ballot; → ***namentlich***; ***zur* ~ *bringen*** (***kommen***) put (be put) to the vote; **2.** coordination (***auf, mit*** with); *zeitliche*: timing; *Radio*: tuning.

Abstimmungsergebnis *n* results *pl.* of the poll.

abstinent *adj.* abstemious, abstinent; **Abstinenz** *f* (total) abstinence; **Abstinenzler** *m* teetotal(l)er.

abstoppen I. *v/t.* **1.** stop; **2.** *mit Stoppuhr*: clock, time, take the time of; **II.** *v/i.* stop; (*die Geschwindigkeit vermindern*) reduce speed.

Abstoß *m Fußball*: goal kick; **abstoßen I.** *v/t.* **1.** (*Boot etc.*) push off; **2.** (*Geweih, Haut*) shed; → ***Horn*** 1; **3.** (*Organe*) reject; **4.** (*Porzellan*) chip; (*abbrechen*) break off; (*Ecke*) knock off; (*Schuhe*) scuff; (*Möbel*) knock; **5.** *fig.* (*anwidern*) repel, disgust, revolt; **6.** (*loswerden*) get rid of; ♆ sell off, unload; **II.** *v/refl.*: ***sich* ~** (***von***) push o.s. off; **III.** *v/i. Fußball*: take a goal kick; **abstoßend** *adj.* repulsive, disgusting, revolting; **Abstoßung** *f e-s Organs*: rejection.

abstottern F *v/t.* pay for in instal(l)ments; ***er stottert monatlich 100 Mark ab*** he pays 100 marks a month (*od.* a monthly instal[l]ment of 100 marks).

abstrahieren I. *v/t.* (*Prinzip etc.*) derive, deduce; (*das Wesentliche*) abstract, distil(l); (*in Begriffe fassen*) conceptualize,

abstract; **II.** *v/i.* consider s.th. abstractly (*od.* in abstraction); *in der Kunst etc.*: be abstract; **~ von** (*absehen von*) abstain from, renounce.
abstrahlen *v/t.* (*Wärme etc.*) emit, radiate.
abstrakt I. *adj.* abstract (*a. Kunst*); **II.** *adv.* in the abstract, abstractly.
Abstraktion *f* abstraction; **Abstraktionsvermögen** *n* capacity for abstract thinking, ability to think in abstract terms.
abstrampeln F *v/refl.*: **sich ~** F slog away.
abstreichen *v/t.* **1.** wipe off; scrape off; (*Schaum*) take off; (*Schuhe, Messer etc.*) wipe; **2.** (*abziehen*) deduct; (*kürzen*) cut; **3.** (*Gebiet*) scour.
abstreifen I. *v/t.* **1.** slip off; (*Schuhe*) wipe; **2.** (*Gelände*) patrol, scour; **II.** *v/i.* stray (*a. fig.*).
abstreiten *v/t.* dispute; (*leugnen*) deny.
Abstrich *m* **1.** (*Abzug*) deduction; (*Kürzung*) curtailment, cut; *fig.* **~e machen** lower one's sights, **an:** cut back on; *fig.* **irgendwo muss man ~e machen** you can't have everything; **2.** ⚕ smear; *von den Mandeln*: swab; (*Untersuchung*) smear test; **e-n ~ machen** take a smear (*od.* swab).
abstrus *adj.* abstruse.
abstufen *v/t.* terrace; *fig.* grade; (*staffeln*) *a.* graduate; **Abstufung** *f* gradation; *von Farben etc.*: shade, *a. fig.* nuance.
abstumpfen I. *v/t.* **1.** blunt; **2.** (*Gefühle etc.*) dull; (*j-n*) harden; **II.** *v/i. u. v/refl.* (**sich ~**) **3.** become blunt; **4.** *Gefühle etc*: become dulled; *Person*: become hardened (*od.* insensible); → **abgestumpft.**
Absturz *m* **1.** fall; ✈ crash; **2.** *Computer*: (system) crash; **3.** (*Abgrund*) precipice.
abstürzen *v/i.* **1.** fall; ✈ crash; **2.** *Computer*: crash; **3.** (*abschüssig sein*) drop steeply.
Absturz|gefahr *f* danger of falling; **~stelle** *f* site (*od.* scene) of the (*od.* a) crash; **~ursache** *f* cause of the (*od.* a) crash.
abstützen *v/t.* support, prop up.
absuchen *v/t.* search (**nach** for); (*Gelände*) *a.* scour, comb (for); *mit Scheinwerfer, Radar*: sweep (in search of).
absurd *adj.* absurd; (*lächerlich*) *a.* ridiculous; **~es Theater** theat|re (*Am. a.* -er) of the absurd; **Absurdität** *f* absurdity.
Abszess *m* abscess.
Abszisse *f* ∆ abscissa.
Abt *m* abbot.
abtakeln *v/t.* **1.** ⚓ unrig; (*außer Dienst stellen*) lay up; **2.** F *fig.* **j-n ~** F give s.o. the sack.
abtasten *v/t.* feel (**nach** for); *nach Waffen etc.*: frisk (for); ⚕ palpate; *TV, Radar etc.*: scan, *Computer*: *a.* sample.
Abtaster *m* scanner.
Abtastfehler *m* reading error.
Abtauautomatik *f* automatic defroster.
abtauchen *v/i.* **1.** *U-Boot*: submerge, go down; **2.** F *fig. Person*: go underground.
abtauen I. *v/i. Schnee etc.*: thaw; *Fenster etc.*: clear; **II.** *v/t.* thaw; (*Kühlschrank etc.*) defrost.
Abtei *f* abbey.
Abteil *n* **1.** 🚃 compartment; **2.** *e-s Schranks etc.*: section.
abteilen *v/t.* divide, split up; *in Fächer etc.*: partition (off).
Abteilung[1] *f* division.
Abteilung[2] *f* department; *Verwaltung*: division; *Strafanstalt, Krankenhaus*: ward; ⚔ detachment, unit, (*Bataillon*) battalion.
Abteilungsleiter *m* head of (a *od.* the) department; ☤ departmental manager; *im Kaufhaus*: floor manager.
abtelefonieren *v/i.*, **abtelegrafieren** *v/i.* → **absagen** 2.
abtippen F *v/t.* type up, get *s.th.* typed.
Äbtissin *f* abbess.
abtönen *v/t.* tone down (*a. phot.*); **Abtönung** *f* shade.
abtöten *v/t.* kill (*a. Nerv*); (*Bakterien*) *a.* destroy; *fig.* (*Gefühl*) deaden.
Abtrag *m*: **j-m** (**e-r Sache**) **~ tun** do s.o. (s.th.) harm.
abtragen *v/t.* **1.** take away; remove; (*Geschirr*) clear away; (*Mauer etc.*) pull down (bit by bit); (*Erde*) clear away; (*Erhebung*) level; **2.** (*Schuld*) pay off, (*Hypothek*) *a.* amortize; **3.** (*abnutzen*) wear out (*a.* **sich ~**).
abträglich *adj.* inimical (*dat.* to), (*nachteilig*) detrimental (to).
abtrainieren *v/t.* (*Pfunde etc.*) work off.
Abtransport *m* removal; **abtransportieren** *v/t.* take away, (*Verletzte*) *a.* take to hospital.
abtreiben I. *v/t.* **1.** *Strömung etc.*: carry *od.* sweep off (*od.* away); **2.** ⚕ (*Embryo*) abort, F get rid of; **ein Kind ~ lassen** have an abortion; **II.** *v/i.* **3.** ⚓, ✈ drift off (course); **4.** ⚕ have an abortion; **sie hat schon zweimal abgetrieben** she's had two abortions already.
Abtreibung *f* ⚕ abortion.
Abtreibungs|gesetz *n* abortion law(s *pl.*); **~klinik** *f* abortion clinic; **~paragraph** *m* abortion law(s *pl.*); **~pille** *f* abortion pill.
abtrennbar *adj.* detachable; **abtrennen** *v/t.* separate (*a.* **sich ~**); (*abreißen*) tear off; (*Ärmel etc.*) take off, (*Futter*) take out; (*Bein etc.*) *beim Unfall*: sever, *operativ*: amputate; **Abtrennung** *f* separation; *e-s Beins etc.*: severing, *operative*: amputation, removal.
abtreten I. *v/t.* **1.** (*Schuhe, Stufen*) wear down; **2. sich die Schuhe ~** wipe one's feet; **3. j-m et. ~** hand s.th. over to s.o., ⚖ (*a.* **et. an j-n ~**) cede s.th. to s.o. (*a. Gebiet*), make s.th. over to s.o.; **II.** *v/i.* withdraw, *vom Amt*: *a.* retire; *thea.* go off; ⚔ break ranks; *fig.* (*von der Bildfläche* **~**, *a. sterben*) make one's exit.
Abtreter *m* doormat; (*Gitterrost*) scraper.
Abtretung *f* cession (*a. e-s Gebiets*), transfer, assignment (**an** to).
Abtretungsurkunde *f* transfer deed; *Grundstück*: (deed of) conveyance; *Konkurs*: (deed of) assignment.
Abtritt *m thea.* exit; *e-s Beamten etc.*: retirement.
Abtrockentuch F *n* drying-up cloth, tea towel, *Am.* dish towel.
abtrocknen I. *v/t.* dry; **sich die Hände ~** dry one's hands (**an** on); **das Geschirr ~** dry up, dry the dishes, do the drying-up; **II.** *v/i.* dry; (*das Geschirr* **~**) dry up, dry the dishes, do the drying-up.
abtropfen *v/i.* drip; **~ lassen** drain, (*Geschirr*) let *the glasses etc.* drain.
abtrotzen *v/t.*: **sie hat es ihm abgetrotzt** she just persisted until he let her have it (*od.* until she got what she wanted).
abtrünnig *adj.* unfaithful, disloyal; *Gruppe*: breakaway ...; *eccl.* lapsed ..., *formell*: apostate; **~ werden von** leave, *e-m Glauben*: *a.* fall away from; **Abtrünnige(r)** *m* defector, *stärker*: renegade; *eccl.* defector, backslider, lapsed Catholic *etc.*, *formell*: apostate.
abtun *v/t.* **1.** F (*ablegen*) take off; (*Gewohnheit*) shake off; **2.** (*Argumente etc.*) brush aside, (*a. j-n*) dismiss; **et. mit e-m Achselzucken** (**Lachen**) **~** shrug (laugh) s.th. off; **3.** (*ausgeben*) pass off (**als** as).
abtupfen *v/t.* dab; (*entfernen*) dab off; (*Wunde*) swab.
aburteilen *v/t.* pass sentence on; *fig.* condemn (out of hand); **Aburteilung** *f* trial.
abverlangen *v/t.* demand (*dat.* of).
abwägen *v/t.* weigh, consider (carefully); **gegeneinander ~** weigh up; **Abwägung** *f* consideration; **bei ~ aller Dinge** on balance.
abwählen *v/t.* **1.** (*j-n*) vote *s.o.* out of office; **2.** (*Fach*) drop.
abwälzen *v/t.* shift (**auf** on to); **die Verantwortung auf e-n anderen ~** pass the buck (to someone else).
abwandeln *v/t.* modify.
abwandern *v/i.* *Bevölkerung*: migrate, move; *Zuschauer, Arbeiter*: drift off; *Sport*: leave the club; ☤ *Kapital*: flow (out); *meteor.* move (**nach Osten** *etc.* east *etc.*); **Abwanderung** *f* migration; exodus (**aus** from); *Sport*: move, transfer; *von Kapital*: outflow; **~ von Wissenschaftlern** (academic) brain drain; → *a.* **abwandern.**
Abwandlung *f* variation, modification.
Abwärme *f* waste heat; **~verwertung** *f* waste heat recovery.
Abwart(in *f*) *m schweiz.* (*Hausmeister*) caretaker, *Am.* janitor.
abwarten I. *v/t.* wait for; **j-n** (**das Gewitter**) **~** wait till s.o. comes (the storm is over); **das bleibt abzuwarten** that remains to be seen; → **abpassen**; **II.** *v/i.* wait (and see); **abwartend** *adj. Verhalten*: cautious; **e-e ~e Haltung einnehmen** decide to wait and see, *pol.* adopt a wait-and-see policy.
abwärts *adv.* down(wards); **den Fluss ~** down the river, downstream; **≗bewegung** *f* ☤ downward trend, downturn.
abwärts gehen *v/impers.*: **es geht mit ihm** (**mit den Geschäften** *etc.*) **abwärts** he's (business *etc.* is) going downhill; **mit der Moral geht es abwärts** their *etc.* morale is steadily slipping.
Abwasch *m* **1.** dirty dishes *pl.*; **2.** (*Spülen*) washing-up; **den ~ machen** → **abwaschen** II; *fig.* **das geht in einem ~** that can be done in one go.
abwaschbar *adj.* washable.
Abwaschbecken *n* sink.
abwaschen I. *v/t.* wash off (*a.* **~ von**); (*Körper*) wash down; (*das Geschirr*) wash up; **II.** *v/i.* do the dishes (*od.* washing-up).
Abwasch|lappen *m* washing-up cloth, dishcloth; **~mittel** *n* washing-up liquid; **~wasser** *n* dishwater.
Abwasser *n a. pl.* waste water, sewage; (industrial) effluent; **~aufbereitung** *f* sewage treatment; **~aufbereitungsanlage** *f* sewage treatment plant; **~beseitigung** *f* sewage disposal; **~kanal** *m* sewer; **~kläranlage** *f* sewage (disposal) plant, clarification plant; **~leitung** *f* sewage pipe, sewer; **~reinigung** *f* sewage treatment.
abwechseln I. *v/i.* (*u. v/t.* **sich** *od.* **einander ~**) alternate, *Personen*: take turns (**bei** with, in *doing s.th.*); **sich am Steuer ~** take turns driving (*od.* at the wheel); **Regen und Sonnenschein wechselten** (**sich**) **ab** one minute it was raining, the next the sun was shining; **II.** *v/refl.*: **sich ~ mit** take turns with; **sich mit j-m beim Fahren** *etc.* **~** take turns driving *etc.* with

s.o.; **abwechselnd I.** *adj.* alternate, alternating; **II.** *adv.* alternately; (*der Reihe nach*) by turns; ~ ***rot und blass werden*** change colo(u)r several times.

Abwechs(e)lung *f* change; (*Mannigfaltigkeit*) variety; (*Zerstreuung*) change; ~ ***brauchen*** need a change; ~ ***bringen in*** liven up; ***zur*** ~ for a change.

abwechslungsreich *adj.* varied; (*ereignisreich*) eventful.

abwedeln *phot.* **I.** *v/t.* shade; **II.** *v/i.* dodge, shade.

Abweg *m*: *fig.* ***auf*** ~***e geraten*** go astray.

abwegig *adj.* (*sonderbar*) bizarre, F off-beat; (*unangebracht*) inept, out of place; (*seltsam*) weird.

Abwehr *f* **1.** *a. Sport*: defen|ce (*Am.* -se); *e-s Angriffs, des Feindes*: repulse; (*Widerstand*) resistance; (*Abwendung*) warding off (*a. e-r Krankheit*); *Fechten etc.*: parrying; **2.** → ~**dienst** *m* ⚔ counter-intelligence (service).

abwehren *v/t.* (*Angriff, Feind*) beat back, repulse; *Fechten*: parry; *Boxen, Fußball*: block, (*klären*) clear; (*zurückweisen*) reject; (*abwenden*) ward off.

Abwehr|fehler *m Sport*: defensive error; ~**haltung** *f psych.* defensiveness; ***sich in*** ~ ***befinden*** be on the defensive; ~**kampf** *m* ⚔ defensive battle; ~**kräfte** *pl.* resistance *sg.*; ~**mechanismus** *m biol., psych.* defen|ce (*Am.* -se) mechanism; ~**mittel** *n* means of defen|ce (*Am.* -se); ⚕ prophylactic; ~**reaktion** *f* defensive reaction; ~**spiel** *n Sport*: defensive play; ~**spieler** *m* defender; *pl. a.* defen|ce (*Am.* -se) *sg.*; ≈**stark** *adj. Sport*: strong in defen|ce (*Am.* -se); ***das ist e-e*** ~***e Mannschaft*** they're a good defensive team; ~**stoff** *m biol.* antibody; ~**waffe** *f* ⚔ defensive weapon.

abweichen[1] *v/i.* deviate (*a. Kompassnadel*); *phys.* vary; (**stark**) ***voneinander*** ~ differ (widely); ***vom Thema*** ~ get off the subject, go off on a tangent; ***von den Regeln*** ~ break the rules; ***er ist nie von dem Vorhaben abgewichen*** he never swerved from that ambition.

abweichen[2] *v/t.* (*Briefmarke*) soak off.

abweichend *adj.* divergent; (*voneinander* ~) varying, differing.

Abweichler *m pol.* deviationist; **abweichlerisch** *adj.* deviationist; **Abweichlertum** *n* deviationism.

Abweichung *f* divergence, deviation; *vom Thema*: digression; *von e-r Regel etc.*: departure (***von*** from).

abweisen *v/t.* reject, turn down; ⚖ dismiss; ⚔ repulse; (*j-m den Eintritt verwehren*) send (*od.* turn) away; (*j-n nicht zu sich hereinlassen*) refuse to see; ***j-n schroff*** ~ snub s.o.; ***er lässt sich nicht*** ~ he won't take no for an answer; **abweisend** *adj.* unfriendly, cool, off-putting; *Antwort*: dismissive; **Abweisung** *f* rejection; ⚖ dismissal; ⚔ repulse; *e-r Person*: snub, rebuff.

abwenden I. *v/t.* turn away; (*Schlag*) ward off; (*Gefahr, Unheil, Krise etc.*) head off, avert; ***den Blick*** ~ look away, *formell*: avert one's gaze; **II.** *v/refl.*: ***sich*** ~ → ***abkehren*** II; **Abwendung** *f e-r Gefahr*: averting; (*Abkehr*) abandonment (***von*** of).

abwerben *v/t.* (*Kunden*) poach, F steal, (*Arbeitskräfte*) *a.* headhunt, (*a. Wähler*) woo away; **Abwerber** *m* headhunter; **Abwerbung** *f* poaching, F stealing, *von Arbeitskräften*: *a.* headhunting, *a. von Wählern*: wooing away.

abwerfen *v/t.* throw down; (*Decke, Kleidung*) throw off; ✈ (*Bomben, Versorgungen etc.*) drop; (*Reiter*) throw; (*Geweih*) cast, shed; (*Joch*) shake off; (*Spielkarte*) throw away; *Sport*: (*Hindernis*) knock down; *Ballspiele*: get *s.o.* out; ☤ (*Gewinn*) yield; (*Zinsen*) bear *interest*; (*Nebenprodukte*) spin off.

abwerten *v/t.* ☤ devalue; *fig.* depreciate, derogate; ~ ***als*** dismiss as; **abwertend** *fig. adj.* depreciatory, disparaging; **Abwertung** *f* devaluation; *fig.* depreciation.

abwesend I. *adj.* **1.** absent, away; not here; *nicht zu Hause*: *pred.* out, not in; **2.** *fig.* (*zerstreut*) lost in thought; *Blick*: faraway *look*; **II.** *adv.* absently; **Abwesende(r)** *m* absentee; ***die Abwesenden*** those absent.

Abwesenheit *f* absence; *fig.* (*Geistes*≈) abstraction; (*Träumerei*) daydreaming; ***in*** ~ ***von*** in the absence of; *iro.* ***durch*** ~ ***glänzen*** be conspicuous by one's absence; ⚖ ***in*** ~ ***verurteilt werden*** *Strafrecht*: be sentenced in absence, *Zivilrecht*: be sentenced by default.

Abwesenheits|quote *f*, ~**rate** *f* rate of absenteeism, absentee figures *pl.*

abwetzen I. *v/t.* (*abnutzen*) wear *s.th.* smooth; **II.** F *v/i.* (*weglaufen*) F zoom off.

abwichsen V *v/t.*: ***sich einen*** ~ V wank off, jerk off, have a wank.

abwickeln I. *v/t.* **1.** (*a.* ***sich*** ~) unwind; (*Verband*) take off; **2.** (*durchführen*) handle; (*erledigen*) settle; (*Verkehr*) regulate; ☤ (*liquidieren*) wind up; **II.** *fig. v/refl.*: ***sich*** ~ go; **Abwick(e)lung** *f* (*Durchführung*) handling, processing; *e-s Geschäfts*: settlement; (*Liquidation*) winding up.

abwiegeln I. *v/t.* **1.** (*beruhigen*) calm down, appease; **2.** (*abweisen*) turn away, dismiss; **II.** *v/i.* smooth over the difficulties (*od.* ill feelings *etc.*); play down the issue.

abwiegen *v/t.* weigh out.

Abwiegler *m* conciliator.

abwimmeln F *v/t.* shake off; (*Arbeit*) get out of (doing).

Abwind *m* ✈ downward current.

abwinkeln *v/t.* (*Arme etc.*) bend.

abwinken I. *v/t.* **1.** (*Fahrzeug*) flag down; **2.** (*Rennen*) stop; **II.** *v/i.* **3.** give a dismissive gesture; (*Angebotenes zurückweisen*) make a gesture of refusal; ***als ich mit m-m Vorschlag kam, hat er gleich abgewinkt*** he wouldn't listen to my suggestion; **4.** *Dirigent*: stop the orchestra.

abwirtschaften I. *v/i. u. v/refl.* (***sich*** ~) *Firma etc.*: go to ruin, *völlig*: run itself into the ground; *Partei etc.*: a) be on the road to ruin (*od.* collapse), b) collapse; ***er hat abgewirtschaftet*** *Politiker etc.*: he's come to the end of the road; **II.** *v/t.* (*Firma etc.*) run down, *völlig*: run into the ground; (*Partei etc.*) bring to ruin (*od.* to the point of collapse).

abwischen *v/t.* wipe off; (*Tisch etc.*) wipe; ***sich den Mund*** (***die Stirn, die Tränen***) ~ wipe one's mouth (mop one's brow, wipe away one's tears).

abwracken *v/t.* break up, scrap; *fig.* → ***abgewrackt.***

Abwurf *m* ✈ dropping; *Sport*: throw-out; *Reiten*: knock-down.

abwürgen *v/t.* strangle; *mot.* stall; *fig.* (*Gegner*) crush; (*Initiative etc.*) quash; (*Diskussion*) stifle.

abzahlen *v/t.* pay *s.th.* off, settle; *in Raten*: pay for *s.th.* by instal(l)ments.

abzählen *v/t.* count; (*Geld*) count (out); *fig.* ***das kannst du dir an den Fingern*** ~ it's as clear as day(light).

Abzähl|reim *m*, ~**vers** *m* counting-out rhyme.

Abzahlung *f* payment; (*Rate*) instal(l)ment; ***auf*** ~ ***kaufen*** buy on hire purchase, *bsd. Am.* buy on the instal(l)ment plan; **Abzahlungsgeschäft** *n* hire purchase (sale).

abzapfen *v/t.* tap, draw off; ⚕ (*Blut*) draw; *fig.* ***j-m Geld*** *etc.* ~ scrounge money *etc.* off s.o.

abzäunen *v/t.* fence off (*od.* in).

abzehren *v/t. Krankheit etc.*: emaciate.

Abzeichen *n* badge; ⚔ insignia, (*Streifen*) stripe; (*Auszeichnung*) decoration.

abzeichnen I. *v/t.* **1.** (*abbilden*) copy, draw (**von** from); **2.** (*Schriftstück*) initial; **II.** *v/refl.*: ***sich*** ~ (*sich abheben*) stand out; (*sich spiegeln*) be reflected; *Gefahr*: loom on the horizon; (*entstehen*) be emerging, be evolving; *e-e neue Entwicklung etc.* ***zeichnete sich ab*** could be seen to emerge; ~**d** *adj.*: ***sich*** ~ emerging, emergent, evolving.

Abziehbild *n* transfer.

abziehen I. *v/t.* **1.** take off; (*Tier, a. Tomate etc.*) skin; (*Bett*) strip; (*Schlüssel*) take out; (*Bohnen*) string; (*wegnehmen*) withdraw (*a. Truppen u. fig. Hilfe etc.*); **2.** (*vervielfältigen*) make a copy (*od.* copies) of; *typ.* pull off *a proof*; *phot.* make a print (*od.* prints) of; **3.** ⚙ (*schleifen*) smooth, (*Messer*) grind, sharpen; (*Parkett*) surface; **4.** (*abrechnen*) subtract; deduct; ☤ ***etwas vom Preis*** ~ deduct something from (F knock something off) the price; **5.** (*abfüllen*) bottle; **6.** F (*Party*) have, throw; → ***Schau***; **7.** *Sport*: (*j-n*) thrash; **II.** *v/i.* **8.** *Rauch*: escape, (*sich auflösen*) clear, disappear; *Nebel*: clear, disperse; *Wolken*: move off; *Gewitter*: pass; **9.** ⚔ withdraw; **10.** *Zugvögel*: head south, migrate; **11.** *Zuschauer*: leave, *Menge*: *a.* disperse; **12.** F (*weggehen*) F push off; **13.** *Sport*: let fly.

Abzieh|presse *f* proof press; ~**riemen** *m* strop; ~**stein** *m* whetstone.

abzielen *v/i.*: ***auf*** *et.* ~ aim at; *Maßnahme, Bemerkung etc.*: be designed to *inf.*; ***worauf zielte er ab?*** what was he driving at?

abzirkeln *v/t.* measure out with compasses; *fig.* ***s-e Worte genau*** ~ weigh one's words carefully.

abzischen F *v/i.* F zoom off.

abzocken F *v/t. u. v/i.* rip off, F screw, F fleece; cash in (***j-n*** on s.o.); ***mit dem Erfolg von Miss Saigon*** *etc.* ~ ***wollen*** cash in on the success of Miss Saigon, *etc.*; ***Kunden*** ~ rip customers off, fleece customers; ***die haben mich wirklich abgezockt*** they really srewed me; **Abzocker(in** *f*) *m* F con man, swindler; **Abzockerei** F *f* F rip-off; ***die Parkkosten sind die reinste*** (*od.* ***blanke***) ~ the parking fees are a complete (*od.* total) rip-off.

Abzug *m* **1.** ⚔ withdrawal, retreat; **2.** ☤ deduction; *vom Preis*: discount; ***in*** ~ ***bringen*** deduct; ***nach*** ~ ***der Kosten*** charges deducted; ***nach*** ~ ***der Steuer***(***n***) after taxation; **3.** *für Dämpfe etc.*: outlet, escape; *für Flüssigkeit*: drain; **4.** *am Gewehr etc.*: trigger; **5.** *typ.* proof, (*Vervielfältigung*) copy; *phot.* print.

abzüglich *adv.* less, minus; ~ ***der Kosten*** charges deducted.

abzugsfähig *adj.* deductible.

Abzugs|haube *f* cooker hood; ~**hebel** *m* trigger arm; ~**kanal** *m* sewer, culvert;

~**rohr** *n* waste pipe; *für Gase*: escape (*od.* outlet) pipe; ~**schach** *n* discovered check; ~**schacht** *m* escape shaft.
Abzweigdose *f* junction box.
abzweigen I. *v/i.* branch off; **II.** *v/t.* (*Geld etc., bestimmen für*) earmark, set aside (**für** for); **Abzweigung** *f* 🚆 junction; *e-r Straße*: turning, turnoff, (*Gabelung*) fork.
abzwicken *v/t.* nip off.
abzwingen *v/t.*: ***j-m ein Geständnis ~*** force a confession out of s.o.; ***sich ein gequältes Lächeln ~*** force a pained smile.
abzwitschern F *v/i.* F buzz off.
Accessoires *pl.* accessories.
Acetat *n* ⚗ acetate; ~**seide** *f* acetate rayon.
Aceton *n* ⚗ acetone.
Acetylen *n* ⚗ acetylene.
ach *int.* oh; ~**(, *wie schade, wie ärgerlich etc.*)!** oh no!; ***~ nein?*** you don't say; ***~so!*** oh, I see; ***~ was!, ~ wo!*** oh no, of course not.
Ach *n*: ***~ und Weh schreien*** wail; ***mit ~ und Krach*** by the skin of one's teeth, ***e-e Prüfung bestehen:*** scrape through an exam.
Achat *m* agate.
Achilles|ferse *fig. f* Achilles' heel, weak spot; ~**sehne** *f anat.* Achilles' tendon.
achromatisch *adj.* achromatic.
Achs... → *a.* ***Achsen...***; ~**abstand** *m* **1.** 𝔄 cent|re (*Am.* -er) distance; **2.** *mot.* wheel base; ~**antrieb** *m* final drive.
Achse *f* **1.** 𝔄, ⚠, *anat., bot. etc.* axis, *pl.* axes; → ***drehen*** 12; **2.** ⚙ axle; F *fig.* (***dauernd***) ***auf ~ sein*** be on the move *od.* road (all the time).
Achsel *f* shoulder; ***die ~*** (*od.* ***mit den ~n***) ***zucken*** shrug one's shoulders; *fig.* ***j-n über die ~ ansehen*** look down on s.o.; ~**drüse** *f* axillary gland; ~**höhle** *f* armpit.
Achselzucken *n* shrug (of the shoulders); ***mit e-m ~ abtun*** shrug *s.th.* off; **achselzuckend** *adv.* shrugging one's shoulders, with a shrug; ***~ über et. hinweggehen*** shrug s.th. off.
Achsen|bruch *m* **1.** breaking of an axle; **2.** broken axle; ~**drehung** *f* (axial) rotation; ~**symmetrie** *f* axial symmetry.
Achs|lager *n* axle bearing; ~**last** *f* axle load; ~**schenkel** *m* ⚙ (axle) journal; *mot.* stub axle, *Am.* steering knuckle; ~**stand** *m mot.* wheel base; ~**welle** *f* axle shaft.
acht I. *adj.* **1.** eight; ***in ~ Tagen*** in a week('s time); ***vor ~ Tagen*** a week ago; ***alle ~ Tage*** every week, once a week; **2.** eighth; ***~es Kapitel*** chapter eight; ***am ~en April*** on the eighth of April, on April the eighth; ***8. April*** 8th April, April 8(th); **II.** *adv.* ***wir waren zu ~*** there were eight of us; ***wir gingen zu ~ hin*** eight of us went (there); **III.** → ***Acht***[1].
Acht[1] *f* (number) eight; F (*Buslinie etc.*) (number) eight.
Acht[2] *f* (*Bann*) outlawry; ***in ~ und Bann tun*** outlaw, *fig. gesellschaftlich*: ostracize.
Acht[3] *f*: ***außer ~ lassen*** disregard, ignore, pay no attention to; ***in ~ nehmen*** watch, look after; ***sich in ~ nehmen*** watch out (***vor*** for); → ***Acht geben***.
achtbändig *adj.* eight-volume ..., in eight volumes.
achtbar *adj.* respectable; *Firma*: reputable; **Achtbarkeit** *f* respectability.
Achte(r) *m* (the) eighth; ***er war Achter*** he was (*od.* came) eighth; ***Heinrich VIII.*** Henry VIII (= Henry the Eighth); ***heute ist der Achte*** it's the eighth today.
Achteck *n* octagon; **achteckig** *adj.* octagonal.
Achtel *n* eighth; ~**finale** *n Sport* round before the quarter final; ***das ~ erreichen*** reach the last sixteen; ~**note** *f* quaver, *Am.* eighth note; ~**pause** *f* quaver (*Am.* eighth note) rest.
achten I. *v/t.* (*j-n*) respect, have a high opinion of; (*Gesetze*) observe, abide by; (*Rechte, Gefühle etc.*) respect; ***nicht ~*** not to value very highly, (*Gefahr*) ignore; → ***beachten, erachten***; **II.** *v/i.*: ***~ auf*** pay attention to, mind; (*aufpassen auf*) watch, keep an eye on; (*Ausschau halten nach*) watch out for; ***darauf ~, dass*** see to it that.
ächten *v/t.* (*Person*) outlaw; (*et.*) ban; *fig. gesellschaftlich*: ostracize.
achtens *adv.* eighth(ly), eight, in eighth place.
achtenswert *adj.* commendable; *Person*: highly respectable.
Achter *m* **1.** (*Boot*) eight; **2.** *Eislauf*: figure (of) eight; **3.** F (*Rad*) buckled tyre (*Am.* tire); **4.** → ***Achte(r)***; ~**bahn** *f* roller coaster; ~**deck** *n* quarterdeck.
achtfach *adj.* eightfold; ***die ~e Menge*** eight times the amount; ***~er Sieger*** eight-time winner (*od.* champion).
Acht geben *v/i.* be careful; ***~ auf*** a) (*sich in Acht nehmen vor*) pay attention to, watch, b) (*aufpassen auf*) keep an eye on; ***gib Acht!*** look out!, (be) careful!
Achtgroschenjunge F *m* **1.** male prostitute; **2.** (*Spitzel*) F nark.
achthundert *adj.* eight hundred.
achtjährig *adj.* **1.** eight-year-old ...; **2.** (*acht Jahre dauernd*) eight-year ...; ***ein ~es ...*** *a.* eight years of ...; **Achtjährige(r** *m*) *f* eight-year-old.
achtkantig *adj.*: F ***j-n ~ hinauswerfen*** F turn s.o. out on his (*od.* her) ear, boot s.o. out.
achtlos *adj.* careless; **Achtlosigkeit** *f* carelessness.
achtmal *adv.* eight times.
Achtmonatskind *n* ⚕ eight-month baby.
Achtpfünder *m* eight-pound baby *etc.*; (*Fisch*) eight-pounder.
achtsam *adj.* careful.
achtspurig *adj.* eight-lane ...
achtstellig *adj. Zahl*: eight-digit ...
achtstöckig *adj.* eight-stor(e)y ...
Achtstundentag *m* eight-hour day.
achtstündig *adj.* eight-hour(-long) ...
achttägig *adj.* **1.** eight-day(-long) ..., week-long ...; **2.** (*acht Tage alt*) eight-day-old ...
Achttausender *m* 8,000 met|re (*Am.* -er) peak.
achtteilig *adj.* eight-part ..., in eight parts.
Achtundsechziger *m* person who took part in the extra-parliamentary opposition of 1968.
Achtung *f* **1.** ***~!*** look out!; ⚔ attention!; *auf Schild*: danger!, caution!; ***~ Stufe!*** mind the step; ***~!, fertig!, los!*** on your marks, get set, go!; **2.** (*Hoch*2) respect, esteem, regard (***vor*** for); ***alle ~!*** hats off!; ***~ erweisen*** *dat.* pay respect to; ***~ gebieten*** command respect; ***~ genießen*** be highly respected; ***in j-s ~ steigen*** rise in s.o.'s esteem.
Ächtung *f* outlawing; *fig. gesellschaftliche*: ostracism.
achtunggebietend, Achtung gebietend *adj.* impressive.
achtungsvoll *adj.* respectful.
achtwöchig *adj.* **1.** eight-week ...; **2.** (*acht Wochen alt*) eight-week-old ...
achtzehn *adj.* eighteen; **achtzehnt** *adj.* eighteenth; **Achtzehntel** *n* eighteenth (part).
achtzig *adj.* eighty; ***in den ~er Jahren*** in the eighties; ***er ist in den ~ern*** he's in his eighties; F ***j-n auf ~ bringen*** F make s.o. wild (with anger), really get s.o. going; ***auf ~ sein*** F be having a fit, *sl.* be freaking out.
Achtziger(in *f*) *m* octogenarian, man (woman) in his (her) eighties; F eighty-something.
Achtzigerjahre *pl.* eighties.
achtzigjährig *adj. Person*: eighty-year-old ...; *Zeitraum*: eighty-year(-long) ...
achtzigst *adj.* eightieth; ***sie hat heute ihren ~en*** she's eighty today, it's her eightieth birthday today.
Achtzylinder *m* (*Auto*) eight-cylinder (car); (*Motor*) eight-cylinder engine.
ächzen *v/i.* groan (***vor*** with; *fig.* ***unter*** under).
Acker *m* field(s *pl.*); (~*land*) farmland; (*Boden*) soil; ~**bau** *m* agriculture, farming; *engS.* tillage; ***~ treiben*** till the soil; ~**bestellung** *f* cultivation of the soil; ~**boden** *m* arable land; ~**gaul** *m* farm-horse; ~**land** *n* arable land.
ackern *v/t. u. v/i.* plough, *Am.* plow; F *fig.* F slog (away).
Ackerwinde *f* ⚘ bindweed.
a conto *adv.* ☤ on account.
Acryl *n* ⚗ acrylic; ~**faser** *f* acrylic fib|re (*Am.* -er).
Action F *f* action; ~**film** *m* action-packed film.
Adabei *östr.* F *m* F smart aleck.
ad absurdum *adv.*: ***et. ~ führen*** show how absurd (*od.* ridiculous) s.th. is, reduce s.th. to absurdity.
ad acta *adv.*: *fig.* ***~ legen*** forget about *s.th.*, consider *the matter* closed.
Adam *m*: *fig.* ***der alte ~*** the old Adam (*od.* man); ***nach ~ Riese*** according to Cocker.
Adams|apfel *m*: *anat.* (***der ~*** one's) Adam's apple; ~**kostüm** F *n*: ***im ~*** F in the raw.
Adaptation *f* adaptation; **adaptieren I.** *v/t.* adapt; **II.** *v/refl.*: ***sich ~*** adapt (***an*** to), adjust (o.s.) (to).
Adapter *m* adapter.
adäquat *adj.* adequate; (*geeignet*) suitable; (*wirksam*) effectual.
addieren *v/t.* add (up).
Addiermaschine *f* adding machine.
Addition *f* addition; (*Summe*) sum.
Additiv *n* additive.
Adel *m* **1.** nobility, aristocracy; (*Titel*) title; **2.** *fig.* nobility (of mind); ***~ verpflichtet*** noblesse oblige.
ad(e)lig *adj.* noble (*a. fig.*), titled; **Ad(e)lige(r** *m*) *f* nobleman, aristocrat; *f* noblewoman; ***die Ad(e)ligen*** the nobility, the aristocracy (*sg. u. pl. konstr.*).
adeln *v/t.* make *s.o.* a peer, raise *s.o.* to the peerage; *fig.* ennoble.
Adels|brief *m* patent of nobility; ~**herrschaft** *f* aristocratic rule; ~**stand** *m* nobility; *in GB*: peerage; → ***erheben*** 2; ~**titel** *m* title (of nobility).
Adept *m* (*Jünger*) disciple.
Ader *f anat.* vein, (*Schlag*2) artery; ⚘, *geol., in Marmor etc.*: vein; *im Holz*: grain; *fig.* (*Begabung*) vein, bent; (*Wesenszug*) streak; *fig.* ***e-e praktische ~ haben*** have a practical bent (of mind);

j-n zur ~ lassen bleed s.o. (white); **~lass** *m* bloodletting (*a. fig.*).
Adhäsion *f* adhesion; **Adhäsionsverschluss** *m* adhesion flap.
ad hoc *adv.* ad hoc; ***et. ~ entscheiden*** make an ad hoc decision on s.th.
Ad-hoc|-Bildung *f* ad hoc formulation; (*einzelnes Wort*) nonce word; **~-Komitee** *n* ad hoc committee.
adieu *int.* goodbye, *lit.* farewell.
Adjektiv *n ling.* adjective; **adjektivisch** *adj.* adjectival.
Adjutant *m* aide-de-camp.
Adler *m* eagle; **~auge** *fig. n* eagle eye; ***mit ~n*** eagle-eyed; ***~n haben*** *a.* have eyes like a hawk; **~horst** *m* eyrie; **~nase** *f* aquiline nose.
adlig *adj.*, **Adlige(r** *m*) *f* → ***ad(e)lig, Ad(e)lige(r)***.
Administration *f* administration; **administrativ** *adj.* administrative.
Admiral *m* (*zo.* red) admiral; **Admiralität** *f* admiralty; **Admiralsschiff** *n* flagship; **Admiralstab** *m* naval staff.
Adonis *fig. m* F good-looker; ***er ist nicht gerade ein ~*** he's not exactly the most handsome (young) man I've seen.
adoptieren *v/t.* adopt; **Adoption** *f* adoption.
Adoptiv|eltern *pl.* adoptive parents; **~kind** *n* adopted (*od.* adoptive) child.
Adrenalin *n* adrenalin; **~kick** F *m* F adrenalin kick, F buzz of adrenalin; **~stoß** *m* surge of adrenalin.
Adressat *m* addressee.
Adress|aufkleber *m* address label; **~buch** *n* directory.
Adresse *f* address (*a. Computer*); (*formelles Schreiben*) (formal) address; ⚚ house, firm; ***per ~*** care of (*abbr.* c/o); *fig.* ***an die falsche ~ geraten*** come to the wrong place; ***an der falschen ~ sein*** have come to the wrong place; *diese Bemerkung* ***war an d-e ~ gerichtet*** was directed at (*od.* meant for) you.
adressieren *v/t.* address (**an** to); ⚚ (*Güter*) consign; **Adressiermaschine** *f* addressing machine.
adrett *adj.* smart, neat, trim.
adsorbieren *v/t.* adsorb; **Adsorption** *f* adsorption.
Adstringens *n* astringent.
Advent *m* Advent.
Advents|kalender *m* Advent calendar; **~kranz** *m* Advent wreath; **~sonntag** *m* Sunday in Advent; ***der erste ~*** the first Sunday of (*od.* in) Advent; **~zeit** *f* Advent season.
Adverb *n ling.* adverb; **adverbial** *adj.* adverbial; **Adverbialsatz** *m* adverbial clause.
Advokat *m* lawyer; → ***Anwalt***; *fig.* advocate, champion.
aerob *adj. biol.* aerobic.
Aerobic *n* aerobics *pl.* (*sg. konstr.*).
Aerodynamik *f* aerodynamics *pl.* (*sg. konstr.*); **aerodynamisch** *adj.* aerodynamic(ally *adv.*); *Form*: *a.* streamlined.
Aeronautik *f* aeronautics *pl.* (*sg. konstr.*).
Aerosol *n* aerosol.
Aerostatik *f* aerostatics *pl.* (*sg. konstr.*).
Affäre *f* affair (*a. Liebes2*); (*Vorfall*) incident; ***sich*** (***geschickt***) ***aus der ~ ziehen*** F get out of it (nicely).
Affe *m* monkey; (*Menschen2*) ape; F *fig.* (*eitler ~*) dandy; (*dummer ~*) F twit; F ***eingebildeter ~*** F conceited ass; F ***e-n ~n haben*** F be plastered; F ***e-n ~n an j-m gefressen haben*** F be mad (*od.* crazy) about s.o.; F ***ich dachte, mich laust der ~*** I thought I was seeing (*od.* hearing) things; F ***s-m ~n Zucker geben*** a) be onto one's favo(u)rite topic again, b) indulge one's vice(s); F ***vom wilden ~n gebissen sein*** F be stark raving mad.
Affekt *m* emotion; ***im ~*** in the heat of the moment; **2geladen** *adj. Diskussion etc.*: very emotional; *Person*: very excited; ***es war e-e ~e Atmosphäre*** *a.* feelings were running high; **~handlung** *f psych.* impulsive act; ⚖ crime of passion.
affektiert *adj.* affected, artificial; **Affektiertheit** *f* affectation.
affektiv *adj. psych.* affective.
Affekt|stau *m psych.* emotional block, pent-up emotions *pl.*; **~störung** *f* emotional disturbance.
affenartig *adj.* apelike, *formell*: simian; F ***mit ~er Geschwindigkeit*** F like greased lightning.
Affen|arsch V *m* V bastard; **~brotbaum** *m* baobab (tree); **~hitze** F *f* scorching (*od.* sizzling) heat; ***hier drinnen ist ja e-e ~!*** it's like an oven in here; **~liebe** *f* doting affection; **~mensch** *m* apeman; **~schande** F *f* absolute scandal; **~stall** F *m*: (***wie im ~*** like a) madhouse; **~tempo** F *n*: ***in e-m ~*** F like the clappers, ***fahren:*** *a.* F belt (along); **~theater** F *n* farce; ***das ist ja ein ~*** *a.* F it's crazy; **~zahn** F *m*: ***e-n ~ draufhaben*** F be going at some lick.
affig F *adj.* foppish; (*albern*) silly.
Äffin *f* she-ape; she-monkey; female ape (*od.* monkey).
affinieren *v/t.* ⚗ refine.
Affinität *f* affinity.
Affirmation *f* affirmation; **affirmativ** *adj.* affirmative.
Affix *n* affix.
Affront *m* affront (**gegen** to), insult (to).
Afghane *m* **1.** *a.* **Afghanin** *f* Afghan; **2.** (*Hund*) Afghan hound; **afghanisch** *adj.* Afghan.
Afrikaner(in *f*) *m*, **afrikanisch** *adj.* African.
Afrikanistik *f* African studies *pl.*
Afroamerikaner(in *f*) *m*, **afroamerikanisch** *adj.* Afro-American.
Afrolook *m*: (***im ~*** with an) Afro hairstyle.
After *m anat.* anus; ⚕ *euphem.* back passage.
ägäisch *adj.*: ***das 2e Meer*** the Aegean (Sea).
Agave *f* ⚘ agave.
Agens *n* ⚗ agent; *fig.* driving force.
Agent *m* agent.
Agenten|austausch *m* spy swap; **~netz** *n* spy ring; **~thriller** *m* spy thriller.
Agentur *f* agency.
Agglomerat *n* agglomerate.
Agglutination *f* ⚕ *u. ling.* agglutination; **agglutinieren** *v/i.* agglutinate.
Aggregat *n* ⚙ unit; *phys.*, *biol.*, ⚒ aggregate; **~zustand** *m* physical state.
Aggression *f* aggression.
Aggressions|politik *f* policy of aggression; **~trieb** *m* aggressive instinct.
aggressiv *adj.* aggressive; *Mittel*: *a.* abrasive; *Attacke etc.*: *a.* hard-hitting; **Aggressivität** *f* aggressiveness.
Aggressor *m* aggressor.
Ägide *f*: ***unter der ~ von*** under the aegis (*od.* auspices) of.
agieren *v/i.* act (*a. thea.*); (*gestikulieren*) gesticulate.
agil *adj.* agile; ***geistig ~*** mentally alert; **Agilität** *f* agility.
Agio *n* ⚚ premium; **~papier** *n* premium bond.
Agitation *f pol.* political agitation.
Agitator *m* political agitator, rabble-rouser; **agitatorisch** *adj.* rabble-rousing ...
agitieren *v/i.* canvass, campaign (**für** for); ***~ gegen*** campaign against.
Agitprop *f* agitprop; **~theater** *n* agitprop theat|re (*Am. a.* -er).
Agnostiker *m*, **agnostisch** *adj.* agnostic.
Agonie *f* death throes *pl.*
Agrar|... agrarian *policy, reform, state etc.*, farm *imports, prices etc.*, agricultural; **~bevölkerung** *f* rural population; **~exporte** *pl.* agricultural (*od.* farm) exports; **~importe** *pl.* agricultural (*od.* farm) imports; **~krise** *f* agricultural (*od.* farm [-ing]) crisis; **~land** *n* agrarian (*od.* agricultural) country (*od.* nation); **~markt** *m* agricultural commodities market; *EU*: agricultural market; **~politik** *f* agricultural policy; **~preise** *pl.* farm prices; **~produkt** *n* agricultural (*od.* farm) product; **~subventionen** *pl.* farm subsidies; **~überschuss** *m* farm (*od.* agricultural) surplus; **~wirtschaft** *f* farming; **~wissenschaft** *f* agronomy; **~wissenschaftler** *m* agronomist.
Agrément *n* agrément.
Agronom *m* agronomist; **Agronomie** *f* agronomy.
Ägypter(in *f*) *m*, **ägyptisch** *adj.* Egyptian.
aha *int.* I see; (*Ausdruck der Genugtuung*) there you are; **Aha-Erlebnis** *n psych.* 📖 aha experience; ***das war ein ~*** suddenly everything just fell into place, F it was the great revelation.
ahistorisch *adj.* ahistorical.
Ahle *f* awl; *typ.* point, bodkin; ⚙ reamer, broach.
Ahn *m* ancestor, forefather.
ahnden *v/t.* (*strafen*) punish; **Ahndung** *f* revenge; punishment.
ähneln *v/i.* look (*od.* be) like, resemble; *Dinge*: *a.* be similar (*dat.* to); *von Kindern*: take after *one's mother, father*; ***sich*** (*od.* ***einander***) ***~*** be (*od.* look) alike; *Dinge*: *a.* be similar.
ahnen I. *v/t.* (*vorhersehen*) foresee; (*vermuten*) suspect; (*Böses*) have a presentiment (*od.* foreboding) of; ***ich habs geahnt*** I had a funny feeling, I knew it; ***wie konnte ich ~*** how was I to know; F ***du ahnst es nicht!*** F blow me!; **II.** *v/i.*: ***mir ahnt Böses*** I fear the worst.
Ahnen|forschung *f* genealogy, ancestor research; **~galerie** *f* ancestral halls *pl.*; *weitS.* *the* family portraits *pl.*; **~kult** *m* ancestral worship; **~reihe** *f* line of ancestors; **~tafel** *f* genealogical table, family tree; **~verehrung** *f* ancestor worship.
Ahn|frau *f* (female) ancestor, *formell*: ancestress; (*Stammmutter*) progenitor, *formell*: progenitrix; **~herr** *m* ancestor; (*Stammvater*) progenitor.
ähnlich *adj.* similar (*dat.* to), like; ***so etwas 2es wie*** something like; ***j-m ~ sehen*** look (*od.* be) like s.o.; *iro.* ***das sieht ihm*** (***dir***) ***~*** that's him (you) all over, he (you) would; ***und 2e(s)*** and the like; **Ähnlichkeit** *f* resemblance (**mit** to), likeness; *fig.* similarity (with); ***viel ~ haben mit*** look very much like, *fig.* be very similar to.
Ahnung *f* (*Vorgefühl*) presentiment; (*schlimme ~*) *a.* foreboding; (*Vermutung*) suspicion, F hunch; ***ich hatte keine blasse*** (***nicht die leiseste***) ***~ davon*** I

hadn't the faintest idea (F a clue); F ***er hatte von Tuten und Blasen keine ~*** he didn't know the first thing about it; ***keine ~!*** no idea; ***hast du e-e ~!*** that's what you think.

ahnungslos *adj.* unsuspecting; (*unwissend*) ignorant.

ahnungsvoll *adj.* full of foreboding.

ahoi *int.* ⚓ ahoy!

Ahorn *m* ♣ maple (tree); **~blatt** *n* maple leaf; **~holz** *n* maple (wood); **~sirup** *m* maple syrup.

Ähre *f* ♣ ear (of corn *etc.*); **Ährenlese** *f* gleaning.

Aids *n* ⚕ AIDS, Aids; **~beratung** *f* **1.** advice on AIDS; **2.** (*Stelle*) AIDS advice cent|re (*Am.* -er); **~fall** *m* AIDS case; ***2000 neue Aidsfälle wurden registriert*** 2,000 new AIDS cases where registered (*od.* reported); **~gefahr** *f* AIDS risk, danger of (catching) AIDS; **~hilfe** *f* AIDS support; **~infektion** *f* AIDS infection; **2infiziert** *adj.* AIDS-infected, *pred.* infected with AIDS; **~initiative** *f* AIDS initiative; **2krank** *adj.*: ***~ sein*** have AIDS; **~kranke(r** *m*) *f* AIDS sufferer (*od.* patient, victim); **~opfer** *n* AIDS victim; **~patient(in** *f*) *m* AIDS patient; **~-positiv** *adj.* HIV-positive; **~test** *m* AIDS test; ***e-n ~ machen lassen*** have (*od.* go for) an AIDS test; **~therapie** *f* AIDS therapy; **~virus** *n* AIDS virus.

Air|bag *m mot.* air bag; **~bus** *m* ✈ airbus; **~condition** *f* air conditioning; **~hostess** *f* air hostess.

Ais *n* ♪ A sharp.

Akademie *f* academy; (*Gelehrtengesellschaft*) (learned) society; (*Fachschule*) college.

Akademiker(in *f*) *m* (university) graduate; university man (*f* woman).

Akademikerarbeitslosigkeit *f* graduate unemployment.

akademisch *adj.* academic(ally *adv.*); ***~e Bildung*** university education.

Akazie *f*, **Akazienholz** *n* acacia.

Akklamation *f* (*Beifall*) acclamation; (*Anerkennung*) acclaim; ***durch*** (*od.* ***per***) ***~ wählen*** elect by acclamation.

akklimatisieren I. *v/t.* acclimatize (*a. fig.*); **II.** *v/refl.*: ***sich ~*** become acclimatized (*a. fig.*); **Akklimatisierung** *f* acclimatization.

Akkord *m* **1.** ♪ chord; **2.** ⚖ → ***Vergleich*** 3, ***Vereinbarung***; **3.** ✝ (*a.* **~arbeit** *f*) piecework; ***im ~ arbeiten*** do piecework; **~arbeiter(in** *f*) *m* pieceworker.

Akkordeon *n* accordion; **~spieler** *m* accordionist, accordion player.

Akkord|lohn *m* piecework wage; **~satz** *m* piece rate.

akkreditieren *v/t.* **1.** (*Gesandten*) accredit (***bei*** to); **2.** ✝ open a credit in favo(u)r of *s.o.*

Akkreditiv *n* **1.** ✝ letter of credit (*abbr.* L/C); ***j-m ein ~ eröffnen*** open a credit in favo(u)r of s.o.; **2.** *pol.* credentials *pl.*

Akku *m* → ***Akkumulator.***

Akkumulation *f* accumulation.

Akkumulator *m* ⚙ accumulator, (*a.* **Akkumulatorenbatterie** *f*) storage battery.

akkumulieren *v/t. u. v/refl.* (***sich ~***) accumulate.

akkurat *adj.* meticulous; (*exakt*) precise; *Handschrift*: neat; **Akkuratesse** *f* meticulousness; (*Präzision*) precision.

Akkusativ *m ling.* accusative (case); **~objekt** *n* direct object.

Akne *f* ⚕ acne.

Akontozahlung *f* ✝ payment on account.

Akquisiteur *m* ✝ agent, canvasser.

Akribie *f* meticulousness; **akribisch** *adj.* meticulous, painstaking.

akritisch *adj.* acritical.

Akrobat *m* acrobat; **Akrobatik** *f* acrobatics *pl.*; **akrobatisch** *adj.* acrobatic.

Akronym *n* acronym.

Akt *m* act (*a. thea. u. Zeremonie*), action; (*Geschlechts2*) sexual act, coitus; *phot.*, *Kunst*: nude; **~aufnahme** *f*, **~bild** *n* nude (photograph).

Akte *f* file, record; ***e-e ~ anlegen über*** open a file on; ***die ~(n) schließen über*** close the file(s) on; ***zu den ~n legen*** file away, *fig.* shelve.

Akten|deckel *m* folder; **~einsicht** *f* inspection of records; ***~ erhalten*** be given access to (the) records (*od.* files); **~koffer** *m* attaché case; **2kundig** *adj.* on record, on file; *Person*: known to the police; **~mappe** *f* **1.** folder; **2.** → ***Aktentasche***; **~notiz** *f* memo(randum); **~ordner** *m* file; **~schrank** *m* filing cabinet; **~stoß** *m* pile of documents; **~tasche** *f* briefcase; **~vernichter** *m Gerät*: shredder; **~wolf** *m* shredder; **~zeichen** *n* file number; *auf Brief*: reference.

Akteur *m* **1.** (*Handelnder*) protagonist; **2.** *Film etc.*: actor; **3.** *Sport*: (*Spieler*) player, (*Wettkämpfer*) competitor, *formell*: protagonist.

Akt|foto *n* nude (photograph); **~fotografie** *f* **1.** nude photography; **2.** (*Bild*) nude photograph.

Aktie *f* ✝ share, *Am.* stock; F *fig.* ***wie stehen die ~n?*** how are things?, F how's tricks?; ***s-e ~n steigen*** (***stehen schlecht***) things are looking up (things don't look too good) for him.

Aktien|börse *f* stock exchange; **~gesellschaft** *f* limited company, *Am.* (stock) corporation; **~index** *m* share index; **~kapital** *n* share capital, *Am.* capital stock; **~kurs** *m* share (*Am.* stock) price; **~markt** *m* stock market; **~mehrheit** *f* majority holding; ***die ~ besitzen*** hold the controlling interest; **~option** *f* stock option; **~paket** *n* block (*od.* parcel) of shares (*Am.* stocks); **~tausch** *m* stock swap(ping).

Aktion *f* (*Handlung*) action; (*Maßnahme*) measures *pl.*; (*Hilfs2*) operation; (*Werbe2 etc.*) drive, campaign; *künstlerische*: happening; *pol.* action; **~en** (*Tätigkeit*) activities; ***in ~*** in action; ***sie sind voll in ~*** F it's all stations go (with them); ***in ~ treten*** take action, act; ***es wird Zeit, dass wir in ~ treten*** it's time we did something (about it), it's time for action.

Aktionär *m* shareholder, *Am.* stockholder; **Aktionärsversammlung** *f* shareholders' (*Am.* stockholders') meeting.

Aktionismus *contp. m* (*a.* ***blinder ~***) doing things for the sake of doing things.

Aktions|art *f ling.* aspect; **~bereich** *m* sphere of action; **~freiheit** *f* freedom of action; **~gemeinschaft** *f pol.* action group; **~maler** *m* action painter; **~malerei** *f* action painting; **~programm** *n* program(me) of action; **~radius** *m* radius (of action); *fig.* sphere of action.

aktiv I. *adj. a. phys. etc. u. fig.* active; ⚗ *a.* activated *carbon etc.*; ✝ *Bilanz*: favo(u)rable; *Soldat*, *Truppe*: regular; ***~er Dienst*** active duty; → ***Wahlrecht***; **II.** 2 *n ling.* active (voice).

Aktiva *pl.* ✝ assets; ***~ und Passiva*** assets and liabilities.

Aktiv|bestand *m* **1.** ✝ assets *pl.*; **2.** ⚔ present strength; **~box** *f Lautsprecherbox*: active speaker.

Aktive(r *m*) *f Sport*: active player (*od.* runner *etc.*).

Aktivgeschäft *n* credit transaction(s *pl.*).

aktivieren *v/t.* **1.** activate, get *s.th. od. s.o.* going; **2.** *phys. etc.* activate; **3.** ✝ carry as an asset; **Aktivierung** *f a. fig.* activation.

Aktivismus *m* activism; **Aktivist** *m* activist (*a. hist. DDR*).

Aktivität *f* activity; ***hektische ~ auslösen*** have (*od.* get) everyone rushing around like mad; ***schöpferische ~ entfalten*** become very creative.

Aktiv|kohle *f* activated carbon; **~posten** *m* credit item, asset; **~saldo** *m* credit balance; **~seite** *f* asset side; **~urlaub** *m* activity (*od.* active) holiday.

Akt|malerei *f* nude painting; **~modell** *n* nude model; **~studie** *f* nude study; **~zeichnung** *f* nude drawing.

aktualisieren *v/t.* update, bring *s.th.* up to date.

Aktualität *f* topicality, relevance to the present.

aktuell *adj.* (*zeitgemäß*) topical, of current interest; *report* on current affairs; current-events *lecture*; *Problem*: present-day ...; (*modern*) up-to-date ..., *pred.* up to date; *Computer*: current; ***das ist nicht mehr ~*** we've crossed that off the agenda; ***wieder ~ werden*** *Buch*, *Stil etc.*: come back into fashion, *Frage etc.*: become a burning issue again; *pol.* ***~e Stunde*** special session.

Aktuelle(s) *n*: ***Aktuelles aus der Politik*** (***Literatur, Filmbranche*** *etc.*) the latest developments in politics (the latest from the literary world, the movie world *etc.*); ***und jetzt Aktuelles*** and now for a look at what's going on in the world of politics (*od.* literature *etc.*).

Akupressur *f* acupressure.

Akupunkteur *m* acupuncturist; **akupunktieren** *v/t.* give *s.o.* acupuncture treatment; **Akupunktur** *f* acupuncture.

Akustik *f* acoustics *pl.* (*Lehre*: *sg. konstr.*); **~koppler** *m Computer*: acoustic coupler.

akustisch I. *adj.* acoustic(al); **II.** *adv.* acoustically; ***ich habe Sie ~ nicht verstanden*** I didn't quite catch what you said.

akut *adj.* ⚕ acute, *Schmerzen*: *a.* severe (*beide a. fig.*); pressing *problem*, *matter etc.*; **2krankenhaus** *n* emergency hospital.

Akzent *m* accent; (*Betonung*) *a.* stress (*a. fig.*); *fig.* ***neue ~e setzen*** point the way to the future; **2frei** *adj. u. adv.* without an (*od.* any) accent.

akzentuieren *v/t. a. fig.* accentuate.

Akzentverschiebung *f* shift of stress (*fig.* emphasis).

Akzept *n* ✝ acceptance.

akzeptabel *adj.* acceptable (***für*** to).

Akzeptant *m* ✝ acceptor.

Akzeptanz *f* acceptance; ✝ market acceptance.

akzeptieren *v/t.* accept.

Akzidenzdruck *m* job printing; **Akzidenzdrucker** *m* job printer.

Alabaster *m* alabaster.

à la carte *adv.*: ***~ bestellen*** (***essen***) order (eat) à la carte.

Alarm *m* alarm, alert; (*Flieger2*) air-raid warning, alert; ***blinder ~*** false alarm; ***~ schlagen*** sound the alarm; **~anlage** *f* alarm system; **2bereit** *adj.* on alert, ⚔ *a.* on standby; **~bereitschaft** *f*: ***in ~*** on alert, ⚔ *a.* on standby; ***in höchster ~*** in

a high state of alert; ***in ~ versetzen*** put on alert (⚔ *a.* standby); **~glocke** *f* alarm bell, tocsin.
alarmieren *v/t.* alarm (*a. fig.*), alert; **alarmierend** *fig. adj.* alarming.
Alarm|signal *n* alarm signal; **~stufe** *f* alert phase; ***~ eins*** high alert; ***höchste ~*** high state of alert; **~zeichen** *n* danger signal (*a. fig.*); **~zustand** *m* state of alert; ***im ~*** on alert.
Alaun *m* alum; **~stift** *m* styptic.
Albaner(in *f*) *m*, **albanisch** *adj.*, **Albanisch** *n ling.* Albanian.
Albatros *m* albatross.
Alb|druck *m* nightmare; **~drücken** *n* nightmare(s *pl.*).
albern I. *adj.* silly; ***~es Zeug*** rubbish, nonsense; ***red doch nicht so ein ~es Zeug!*** stop talking such nonsense; **II.** F *v/i.* fool around; **Albernheit** *f* silly behavio(u)r.
Albino *m* albino.
Albtraum *m a. fig.* nightmare.
Album *n* (*a. LP*) album.
Albumen *n* albumen.
Albumin *n* albumin.
Alchimie *f* alchemy; **Alchimist** *m* alchemist.
Alcomat (*TM*) *m* breathalyser, *Am.* Breathalyzer (*TM*).
Aldehyd *n* aldehyde.
Alemanne *m*, **Alemannin** *f a. hist.* Alemannian; *hist.* ***die Alemannen*** the Alemanni; **alemannisch** *adj.*, **Alemannisch** *n ling.* Alemannic.
Alexandriner *m* (*Vers*) Alexandrine (verse).
Alfalfa *f* alfalfa sprouts *pl.*
Alge *f* alga; *pl.* algae, seaweed *sg.*
Algebra *f* algebra.
Algen|pest *f* algal bloom, proliferation of algae; **~teppich** *m* layer (*od.* tide) of algae.
Algerier(in *f*) *m*, **algerisch** *adj.* Algerian.
Algorithmus *m* algorithm.
alias *adv.* alias, also known as, F aka.
Alibi *n* ⚖ alibi (*a. fig.*); **~frau** *f* token woman; **~funktion** *f*: ***das*** (***er*** *od.* ***sie***) ***hat nur e-e ~*** it's just a cover-up (he's *od.* she's just a token); **~schwarze(r** *m*) *f* token black.
Alimente *pl.* maintenance *sg.*, child support *sg.*; *für Frau*: alimony; **Alimentenklage** *f* maintenance (*od.* alimony) suit.
aliphatisch *adj.* ⚗ aliphatic.
Alkali *n* ⚗ alkali; **alkalisch** *adj.* alkaline.
Alkaloid *n* alkaloid.
Alkohol *m* alcohol; ***s-e Sorgen im ~ ertränken*** drown one's sorrows in drink (*od.* alcohol); ***er steht unter ~*** he's been drinking; ***ich habe keinen Tropfen ~ getrunken*** I haven't had (*od.* touched) a single drop; **≈abhängig** *adj.* dependent on alcohol, addicted to alcohol; ***~ sein*** (*od.* ***werden***) *a.* be (*od.* become) an alcoholic; **≈arm** *adj.* low in alcohol, low-alcohol ...; **~einfluss** *m*: ***er stand unter ~*** he had been drinking; **≈frei** *adj.* non-alcoholic, alcohol-free; ***~e Getränke*** soft drinks (and beverages); **~gehalt** *m* alcoholic content; **~genuss** *m* consumption of alcohol, drinking; ***übermäßiger ~*** excessive drinking, too much alcohol; **≈haltig** *adj.* alcoholic.
Alkoholika *pl.* alcohol *sg.*, alcoholic drinks.
Alkoholiker(in *f*) *m* alcoholic.
alkoholisch *adj.* alcoholic.
alkoholisieren *v/t.* **1.** ⚗ alcoholize; **2.** ***j-n ~*** get s.o. drunk; **alkoholisiert** *adj. Person*: drunk; ***in ~em Zustand*** (while) under the influence of alcohol.
Alkoholismus *m* alcoholism.
Alkohol|konsum *m* consumption of alcohol; **≈krank** *adj.*: ***~ sein*** be suffering from alcoholism; **~missbrauch** *m* alcohol abuse; **≈reich** *adj.* high in alcohol, high-alcohol ...; **~spiegel** *m* blood-alcohol level; **~sucht** *f* alcoholism, dependence on alcohol; **≈süchtig** *adj.* → ***alkoholabhängig***; **~sünder** *m* drunk(en) driver; **~test** *m* breathalyzer test; **~verbot** *n* ban on alcohol; F ***in diesem Haus herrscht ~*** no alcohol allowed in this house; **~verbrauch** *m* alcohol consumption; **~vergiftung** *f* alcohol poisoning.
Alkoven *m* **1.** alcove, recess; **2.** windowless room.
all I. *indef. pron.* all; ***~e beide*** both of them; ***~e drei*** all three (of them); ***sie*** (***wir***) ***~e*** all of them (us); ***~e anderen*** all the others, all the rest; ***sind ~e da?*** is everyone (*od.* everybody) here?; ***~e, die ein Visum benötigen*** anyone (*od.* those) requiring a visa; **II.** *adj.* all (of); (*jeder*) every; (*jeder beliebige*) any; ***~e*** (***zwei***) ***Tage*** every (other) day; ***~e acht Tage*** once a week; ***ein für ~e Mal*** once and for all; ***~e Menschen*** everyone, everybody; ***~e Welt*** the whole world; ***~es Gute*** all the best; → ***alle, alles.***
All *n* universe; (*Welt≈*) (outer) space; ***ins ~ schicken*** send into space.
allabendlich I. *adj.* regular evening *visit etc.*; **II.** *adv.* every evening.
allbekannt *adj.* well-known; *negativ*: notorious.
alle F *pred. adj. u. adv.* **1.** (*aufgebraucht*) finished, all gone; ***mein Geld ist ~*** I've run out of money, F I'm broke; ***der Zucker ist ~*** we've *etc.* run out of sugar, there's no sugar left; ***~ machen*** finish; ***allmählich ~ werden*** run out; **2.** (*erschöpft*) F whacked, bushed.
alledem: *trotz ~* in spite of all that, in spite of it all.
Allee *f* avenue, boulevard.
Allegorie *f* allegory; **allegorisch** *adj.* allegorical.
allein I. *pred. adj. u. adv.* alone, (*a. ohne Hilfe*) on one's own, by oneself; (*nur*) only; (*einsam*) lonely; ***ganz ~*** all alone *etc.*; ***er war ~ da*** (*war der Einzige*) he was the only one there; ***kann ich dich ~ lassen?*** will you be all right (*Am.* alright) on your own?; ***kann ich mal mit dir ~ sprechen?*** could I have a word with you in private?; ***von ~*** by itself, (*aus freien Stücken*) of one's own accord; ***mit der linken Hand ~*** just with one's left hand, with one's left hand only; ***er ~ kann das entscheiden*** he's the only one who can decide that; ***~ schon ihre Stimme regt mich auf*** just the sound of her voice is enough to get me going; ***schon ~ der Gedanke*** the mere thought (of it); **II.** *cj.* (*jedoch*) but, however.
Allein|besitz *m* sole ownership; **~erbe** *m*, **~erbin** *f* sole heir(ess *f*); **≈ erziehend** *adj.*: ***~e(r) Mutter*** (***Vater***) single (*od.* lone) mother (father); **~erziehende(r** *m*) *f* single (*od.* lone) parent; **~flug** *m* solo flight; ***im ~ den Atlantik überqueren*** fly solo across the Atlantic; **~gang** *m* single-handed effort; ***im ~*** single- -handedly, solo; **~herrschaft** *f* autocracy; **~herrscher** *m* autocrat, absolute ruler.
alleinig *adj.* only, sole, exclusive.
Allein|inhaber *m* sole owner; **~lebende(r** *m*) *f* single; **~recht** *n* exclusive right.
allein reisend *adj.*: ***~e Kinder*** unaccompanied minors.
Allein|reisende(r) *m* unaccompanied passenger (*od.* travel[l]er); **~schuld** *f* sole responsibility; **~sein** *n* loneliness, solitude; ***Angst vor dem ~ haben*** be afraid of being alone.
allein| selig machend *adj.*: *iro.* ***et. für ~ halten*** think s.th. is the be-all and end-all; ***~ stehend*** *adj.* **1.** (*ledig*) single, unmarried, unattached; **2.** ***~ sein*** (*keine Verwandten haben*) live alone; ***~er Witwer*** widower without dependants; **3.** *Haus*: detached.
Allein|unterhalter *m thea.* solo entertainer, F one-man show (man); **~verdiener** *m* sole (wage) earner; **~verkauf** *m* exclusive selling rights *pl.*
Alleinvertreter *m* sole agent; **Alleinvertretungsrecht** *n* right of exclusive representation.
Alleinvertrieb *m* → ***Alleinverkauf.***
allemal *adv.* F ***~!*** (*gewiss*) F you bet!; F ***wir schaffen das noch ~*** F we'll manage it no problem; → *a.* ***all.***
allenfalls *adv.* (*höchstens*) at most, at best; (*vielleicht*) perhaps; (*auf alle Fälle*) at all events.
aller|äußerst *adj.* outermost; *fig.* utmost; *Preis*: rock-bottom *price*; **~best I.** *adj.* very best; **II.** *adv.*: ***am ~en*** best of all.
allerdings *adv.* **1.** *war es ein gutes Konzert? - **~!*** it certainly was, indeed it was; **2.** *einschränkend*: though, but, however; having said that, (I must add) ...; ***sie sagte ~ ...*** she did say, however (*od.* though), ...; ***~ muss ich sagen*** (*od.* ***hinzufügen***) ... having said that, I must add ...
aller|erst *adj.* very first; **~frühestens** *adv.*: ***~ um zwei*** (at) two at the very earliest.
Allergen *n* allergen.
Allergie *f* allergy; ***e-e ~ gegen et. haben*** be allergic to s.th., have an allergy to s.th. (*a. fig.*); **≈anfällig** *adj.*: ***~ sein*** be allergy-prone; **≈geprüft** *adj.* allergy- -tested; **~pass** *m* allergy ID; **~schock** *m* anaphylactic shock; **~symptome** *pl.* allergy symptoms.
Allergiker *m* allergy sufferer; ***er ist ~*** he suffers from an allergy (*od.* allergies).
allergisch I. *adj. a. fig* allergic (***gegen*** to); **II.** *adv.*: ***~ reagieren auf*** have an allergic reaction to, *generell, a. fig.*: be allergic to.
Allergologe *m* allergist.
allerhand F *adj.* **1.** → ***allerlei***; **2.** (*viel*) quite a lot; ***das ist ~!*** *lobend*: not bad; *tadelnd*: F that's a bit thick.
Allerheiligen *n* All Saints' Day.
Allerheiligste *n* **1.** holy of holies, *a. fig.* inner sanctum; *R. C.* sanctuary; **2.** (*Hostie*) Blessed Sacrament.
aller|höchst I. *adj.* highest ... of all; very highest; ***es wird ~e Zeit*** it's high time; **II.** *adv.*: ***am ~en*** highest of all; **~höchstens** *adv.* at the very most.
allerlei I. *adj.* all kinds (*od.* sorts) of; **II.** *pron.* all sorts of things; ***wir hatten uns ~ zu erzählen*** we had a lot to tell each other; **III.** ≈ *n* (*Musik etc.*) medley, potpourri; (*bunte Mischung*) *contp.* jumble; (*Gericht*) hotchpotch; ***Leipziger ~*** mixed vegetables.
aller|letzt *adj.* very last; F (*unmöglich*) F incredible, dreadful; ***er kam als ≈er an*** he was the last to arrive; F ***das ist das***

≈e! that really is the limit!; **~liebst I.** *adj.* (*reizend*) lovely, sweet; (*Lieblings...*) favo(u)rite ... of all; **II.** *adv.*: ***am ~en*** best of all; **~meist I.** *adj.* (very) most; ***die ~en Leute*** most people; **II.** *adv.*: ***am ~en*** most of all; **~modernst** *adj. the* very latest; ⚙ *a.* state-of-the-art ...; **~nächst** *adj.* very next; *räumlich*: (very) nearest; ***in ~er Zeit*** very soon; ***aus ~er Nähe*** at close quarters; **~neu(e)st** *adj.* very latest; *Gerät, Technik etc.*: *a.* state-of-the-art; ***die ~e Mode*** the latest fashion (F thing); **~nötigst** *adj.* most necessary; ***nur das ≈e*** only what is (*od.* was) absolutely necessary; **~schlimmst I.** *adj.* worst ... of all; **II.** *adv.*: ***am ~en*** worst of all.

Allerseelen *n* All Souls' Day.

allerseits *adv.* on all sides; ***gute Nacht ~!*** good night everybody.

allerspätestens *adv.*: ***~ um 10 Uhr*** (at) 10 o'clock at the very latest.

Allerwelts... (very) common; (*Nullachtfünfzehn...*) run-of-the-mill; **~gesicht** *n* nondescript face; **~kerl** *m* jack of all trades; **~wort** *n* everyday word; *contp.* meaningless (*od.* all-purpose) word.

allerwenigst I. *adj.*: least ... of all; ***die ~en Leute*** very few people; **II.** *adv.*: ***am ~en*** least of all.

Allerwerteste(r) F *m* F posterior.

alles *indef. pron.* everything; ***~ in allem*** all in all, overall, on balance, (*letztendlich*) *a.* when all is said and done; ***das ~*** all that; ***er kann ~*** he can do anything; ***~ oder nichts!*** it's all or nothing; ***~ zu s-r Zeit*** all in good time; ***auf ~ gefasst sein*** be prepared for the worst; → ***Mädchen.***

allesamt *adv.* all of them (*od.* us); ***sie kamen ~*** they all came.

Alles|fresser *m* omnivore; **~kleber** *m* all-purpose glue; **~könner** *m* man (*od.* woman) of many talents; ***er ist ein ~*** *a.* there's nothing (*od.* very little) he can't do; **~schneider** *m* food-slicer; **~schreiber** *contp. m* hack writer; **~wisser** *contp. m* F know-(it-)all.

allgegenwärtig *adj.* (all-)pervasive, *formell*: omnipresent.

allgemein I. *adj.* general; (*öffentlich*) public; ***zur ~en Überraschung*** to everybody's suprise; ***im ≈en*** → **II.** *adv.* generally, in general; (*im Ganzen*) on the whole; ***~ gesprochen*** generally speaking; ***~ verbreitet*** widespread; ***es ist ~ üblich, dass man ...*** it's common practi|ce (*Am.* -se) to ...; ***es ist ~ bekannt, dass*** it's a well-known fact that; → ***Wunsch, Zustimmung*** *etc.*

Allgemein|arzt *m etwa* general practitioner; **~befinden** *n* general state of health; **~bildung** *f* general education; ***e-e gute ~*** a good, all-round education.

allgemein gültig *adj.* universally applicable (*od.* valid), general *rule.*

Allgemeingut *n*: *fig.* ***~ sein, zum ~ gehören*** be part of everyday life, (*Traditionelles*) be part of our *etc.* common heritage.

Allgemeinheit *f* (*Öffentlichkeit*) general public.

Allgemein|krankenhaus *n* general hospital; **~medizin** *f* general medicine; ***Arzt für ~*** *etwa* general practitioner; **~platz** *m* commonplace, platitude.

allgemein| verbindlich *adj.* generally binding; **~ verständlich** *adj.* comprehensible, simple.

Allgemein|wissen *n* general knowledge; **~wohl** *n* public welfare (*od.* weal); **~zustand** *m* general condition; (*Lage*) general situation.

Allgewalt *f* omnipotence; **allgewaltig** *adj.* omnipotent, *a. fig.* all-powerful.

Allheilmittel *n* panacea, cure-all (*beide a. fig.*).

Allianz *f* alliance.

Alligator *m* alligator.

alliieren *v/refl.*: ***sich ~*** form an alliance; **alliiert** *adj.*: ***~e Streitkräfte*** allied forces; **Alliierte(r)** *m* ally.

Alliteration *f* alliteration.

alljährlich I. *adj.* yearly, annual; **II.** *adv.* annually, every year.

Allmacht *f* omnipotence; **allmächtig** *adj.* omnipotent; ***der ≈e*** God Almighty; ***≈er!*** good lord.

allmählich I. *adj.* gradual; **II.** *adv.* gradually, bit by bit; ***~ müsstest du das können*** it's time you knew how to do that, you should be able to do that by now; ***er müsste ~ kommen*** he should be here any minute; F ***~ reichts mir*** I'm beginning to get fed up with it.

allmonatlich I. *adj.* monthly; **II.** *adv.* every month.

Allopath *m* allopath; **Allopathie** *f* allopathy; **allopathisch** *adj.* allopathic(ally *adv.*).

Allotria *n* larking about, fooling around; ***~ treiben*** lark about, fool around.

Allparteien... *in Zssgn* all-party.

Allradantrieb *m mot.* all-wheel drive; ***Wagen mit ~*** all-wheel drive vehicle.

Allrounder *m* all-rounder; **Allroundsportler** *m* all-rounder.

allseitig *adj.* general, all-round ...

allseits *adv.* on all sides; ***~ bekannt*** generally known; ***~ geachtet*** universally respected; ***er war ~ beliebt*** he was very popular, *stärker*: everybody loved him.

Alltag *m* **1.** (ordinary) weekday; **2.** (*Tagesablauf*) daily routine (*contp.* grind); → ***grau.***

alltäglich *adj.* daily; *fig.* everyday ...; (*durchschnittlich*) ordinary; (*fad*) humdrum; **Alltäglichkeit** *f* **1.** everyday occurrence; **2.** (*Beschaffenheit*) ordinariness.

Alltags... *in Zssgn mst* everyday; **~leben** *n* day-to-day life; **~trott** *m* daily grind.

allumfassend *adj.* all-embracing.

Allüren *pl.* airs and graces.

Allwetter... *in Zssgn* all-weather; **~platz** *m Tennis*: all-weather court.

allwissend *adj.* omniscient; **Allwissenheit** *f* omniscience.

allwöchentlich I. *adj.* weekly; **II.** *adv.* every week, weekly.

allzu *adv.* far (*od.* much) too; over...; ***nicht ~*** not too; ***er ist nicht ~ freundlich*** *etc.* he's not the friendliest *etc.* person I know; ***ich wäre ~ gern gekommen*** I would love to have come, I would have loved to come; ***~ gut*** only too well; ***~ sehr*** too much, excessively; ***~ viel*** too much; ***~ viel ist ungesund*** enough is as good as a feast.

Allzweck... *in Zssgn* all-purpose, general-purpose, universal.

Alm *f* alpine pasture.

Alma Mater *f* alma mater.

Almanach *m* almanac.

Almhütte *f* alpine hut.

Almosen *n* alms *pl.*; *contp.* pittance, handout; **~empfänger** *m* receiver of alms.

Aloe *f* ⚘ aloe.

Alpaka(wolle *f*) *n* alpaca.

al pari *adv.* ✝ at par.

Alpdruck *m etc.* → ***Albdruck*** *etc.*

Alpen *pl.* Alps; **~glühen** *n* alpenglow.

Alpenländer *pl.* Alpine countries; **alpenländisch** *adj.* Alpine, alpine.

Alpen|republik *f* Alpine republic; **~rose** *f* alpine rose; **~veilchen** *n* cyclamen; **~verein** *m* Alpine Club; **~vorland** *n the* foothills of the Alps.

Alphabet *n* alphabet; **alphabetisch I.** *adj.* alphabetical; **II.** *adv.* → ***einordnen*** 1, ***ordnen.***

alphabetisieren *v/t.* **1.** alphabetize, put into alphabetical order; **2.** teach *s.o.* to read and write; **Alphabetisierungskampagne** *f* literacy campaign.

alphamerisch, alphanumerisch *adj.* alphanumeric(ally *adv.*).

Alpha|strahlen *pl.* alpha rays; **~teilchen** *n* alpha particle.

Alphorn *n* alpenhorn, alphorn.

alpin *adj.* alpine; → ***Kombination***; **Alpinismus** *m* alpinism; **Alpinist** *m* alpinist, mountaineer.

Alptraum *m* → ***Albtraum.***

Alraun *m*, **Alraune** *f* ⚘ mandrake.

als *cj.* **1.** *nach comp. u. rather, other*: than; ***er ist älter ~ du*** he's older than you; **2.** *nach Negation*: but, except; ***alles andere ~ hübsch*** anything but pretty; **3.** (*ganz so wie*) as; ***~ Entschuldigung*** by way of an excuse; ***~ Geschenk*** as a present; ***er starb ~ Held*** he died (as) a hero; **4.** (*in der Eigenschaft von*) as, in one's capacity as *officer, critic etc.*; being (*od.* as) *an Englishman etc.*; ***er kam ~ Letzter rein*** he was the last to come in; **5.** *zeitlich*: when, (*während*) as, while; **6.** ***~ ob*** as if, as though; ***er ist zu anständig, ~ dass er das tun könnte*** he's too decent to do a thing like that.

also I. *cj.* (*folglich*) so; ***~ blieb er zu Hause*** so he stayed at home; ***lassen wirs ~*** let's leave it then; ***du kommst ~ nicht?*** you're not coming then?; ***es ist ~ wahr?*** it's true then(, is it)?; ***du gehst ~ doch?*** so you're going after all?; ***~, los!*** let's get going then; ***~, wie gesagt*** so, as I was saying (*od.* I say); ***~, wenn du mich fragst*** (well,) if you ask me; ***~ gut!*** all right (then), *Am.* alright (then), F okay (then); ***na ~!*** what did I say?, *anerkennend*: *a.* there you go; ***na ~(, da haben wirs ja)!*** there we are(, see?); ***er mag modernere Komponisten, ~ Berio, Cage ...*** he likes more modern composers - Berio, Cage ...; **II.** *obs. adv.* thus, so.

alt *adj.* old; (*geschichtlich ~*) *a.* ancient; (*gebraucht*) used, second-hand; (*Ggs. frisch*) old, stale; (*erprobt*) old, experienced; **~werden** → ***altern***; ***~e Sprachen*** *the* classics; ***≈e Geschichte*** ancient history; ***die ~en Germanen*** the ancient Germans; ***der ~e Herr Huber*** old Herr Huber; ***der ~e Goethe*** Goethe in his old age; F ***ein ~er Säufer*** a confirmed drunkard; ***ein sechs Jahre ~er Junge*** a six-year-old boy; ***wie ~ bist du?*** how old are you?; ***er ist (doppelt) so ~ wie ich*** he's (twice) my age; F ***~ aussehen*** F *fig.* look a right fool; ***er sieht gar nicht so ~ aus*** he doesn't look it, he looks much younger; ***sie ist*** (*äußerlich*) ***ganz schön ~ geworden*** she really has aged; ***es macht dich ~*** it makes you look old, it ages you; ***alles bleibt beim ≈en*** nothing's changed; ***du bist immer noch der ≈e*** you haven't changed(, have you?); ***Peter ist nicht mehr der ≈e*** he's not the Peter I used to know; ***er ist***

wieder ganz der 2e he's back to his usual self; F ***hier werde ich nicht ~!*** F I won't be sticking around here for very long; → ***älter, Eisen, Hase*** *etc.*
Alt¹ *m* ♪ alto.
Alt² *n Biersorte: top-fermented dark and bitter beer.*
altangesehen *adj.* old-established.
Altar *m* altar; **~aufsatz** *m* reredos; **~bild** *n* altarpiece; **~raum** *m* chancel.
altbacken *adj.* stale; F *fig.* old-fashioned; *Ideen*: *a.* antiquated, stale.
Altbau *m* old building; **~sanierung** *f* refurbishment of old buildings; **~wohnung** *f* old flat (*Am.* apartment).
alt|bekannt *adj.* old familiar ...; **~bewährt** *adj.* well-tried; *Freundschaft etc.*: longstanding; ***in ~er Manier*** the tried and tested way.
Altbier *n* → ***Alt²***.
Altblockflöte *f* treble recorder.
Alt|bundeskanzler *m* ex-chancellor; ex--German (*od.* -Austrian) chancellor; **~bundespräsident** *m* ex-president; ex--German (*od.* -Austrian) president.
altdeutsch *adj.*: ***~e Möbel*** old-style German furniture.
Alte *f* old woman; F ***m-e ~*** (*Mutter*) F the old woman; (*Ehefrau*) *a.* F the missus.
Alte(r) *m* **1.** old man; F ***mein Alter*** (*Vater, Ehemann*) F the old man; F ***der Alte*** (*Chef*) F the boss, *sl.* the guv; → ***alt.***
alt|ehrwürdig *adj.* time-hono(u)red; **~eingesessen** *adj.* old-established.
Alteisen *n* scrap iron.
altenglisch *adj.*, **Altenglisch** *n ling.* Old English.
Alten|heim *n* old people's home; **~pflege** *f* geriatric care, care of the elderly; **~pfleger** *m* geriatric (*od.* old people's) nurse; **~tagesstätte** *f* geriatric day-care cent|re (*Am.* -er); **~teil** *n*: ***sich aufs ~ zurückziehen*** withdraw from active life; **~wohnheim** *n* retirement home.
Alter *n* age; (*Greisen2*) (old) age; (*Dienst2*) seniority; ***er ist in m-m ~*** he's (about) my age; ***im ~ von 20 Jahren*** at the age of twenty; ***darf ich Sie nach Ihrem ~ fragen?*** may I ask how old you are?; ***mittleren ~s, von mittlerem ~*** middle-aged; ***im besten ~*** in the prime of life; ***im hohen ~*** at a ripe old age; ***man sieht ihm sein ~ nicht an*** he doesn't look his age; ***aus dem ~ müsstest du heraus sein*** you should have grown out of that by now; ***~ schützt vor Torheit nicht*** there's no fool like an old fool.
älter *adj.* older; ***der ~e Bruder*** her *etc.* elder brother; ***ein ~er Herr*** an elderly gentleman; ***Breughel der 2e*** (***d. Ä.***) Breughel the Elder.
Alter Ego *n* alter ego (*a. fig.*).
alterfahren *adj.* seasoned.
altern I. *v/i.* grow old, age, *lit.* advance in years; **II.** *v/t.* ⚙ age.
alternativ I. *adj.* **1.** alternative; **2.** *Gruppe, Zeitung etc.*: fringe ...; **II.** *adv.*: ***~ leben*** have opted out of society; **2bewegung** *f* alternative (*od.* fringe) movement.
Alternative *f* alternative.
Alternativ|kost *f* **1.** biological foods *pl.*; **2.** alternative diet; **~kultur** *f* counter--culture, alternative culture; **~medizin** *f coll.* alternative medicine; **~vorschlag** *m* alternative (suggestion); **~szene** *f*: ***die ~*** alternative society, the fringe.
alternieren *v/i.* alternate.
alters *adv.*: ***von ~ her, seit ~*** from (*od.* since) time immemorial.

altersbedingt *adj.* senile ...; ***es ist ~*** it's old age.
Alters|beschwerden *pl.* aches and pains of old age; **~blödsinn** *m* ⚕ senile dementia; **~diskriminierung** *f* ageism; **~erscheinung** *f* sign of old age; **~fleck** *m* age spot; **~forscher** *m* gerontologist; **~forschung** *f* gerontology; **~fürsorge** *f* welfare for the elderly; **~genosse** *m*, **~genossin** *f* person of the same age, contemporary; **~grenze** *f* **1.** *Sportler etc.*: age limit; **2.** retirement age; **~gründe** *pl.*: ***aus ~n*** on grounds of age; **~gruppe** *f* age group (*od.* bracket); **~heilkunde** *f* geriatrics *pl.* (*sg. konstr.*); **~heim** *n* old people's home; **2los** *adj.* ageless; **~präsident** *m* chairman by seniority; **~pyramide** *f* population pyramid; **~rente** *f* old-age pension; **2schwach** *adj.* **1.** *Person*: infirm, (old and) frail; **2.** *Gebäude*: dilapidated; *Möbel etc.*: rickety; *Auto etc.*: shaky; **~schwäche** *f* debility (of old age); ***an ~ sterben*** die of old age; **~sicherung** *f* provision for one's old age; ***man muss anfangen, an die ~ zu denken*** you've got to start planning ahead for your old age (*od.* retirement); **~sitz** *m*: ***wir wollen unseren ~ am Bodensee nehmen*** we want to retire to Lake Constance; ***er sucht e-n ~*** he's looking for a place to retire to; **2spezifisch** *adj.* age-specific; **~struktur** *f* age distribution; **~teilzeit** *f* semi--retirement, partial retirement; ***in ~ gehen*** go into semi-retirement; **~unterschied** *m* age difference; **~versicherung** *f* old--age insurance; **~versorgung** *f* old-age pension (scheme); ***betriebliche ~*** company pension plan (*od.* scheme); **~vorsorge** *f* provision for one's old age, pension scheme; **~werk** *n Kunst*: late work; **~zuschlag** *m* age bonus.
Altertum *n* antiquity; **altertümelnd** *adj.* archaic; **Altertümer** *pl.* antiquities; **altertümlich** *adj.* ancient; (*veraltet*) antiquated.
Altertums|forscher *m* **1.** arch(a)eologist; **2.** classical scholar; **~forschung** *f* **1.** arch(a)eology; **2.** study of classical antiquity; **~wert** *m*: ***~ haben*** have antique value.
ältest *adj.* oldest; *in der Familie*: eldest; **Älteste(r** *m*) *f*: ***unser Ältester*** (***unsere Älteste***) our eldest son (daughter).
Ältesten|rat *m* council of elders; **~recht** *n* (right of) primogeniture.
Altflöte *f* alto flute.
altgewohnt *adj.* (long-)familiar.
Altglas *n* used glass, *a.* empty bottles *pl.*; ⚙ cullet; **~container** *m* bottle bank; **~verwertung** *f* recycling of used glass.
altgriechisch *adj.*, **Altgriechisch** *n ling.* Ancient Greek.
althergebracht *adj.* traditional, old.
Altherrenmannschaft *f* team of players over thirty(-two), *Fußball*: *a.* veterans eleven, F old crocks *pl.*
althochdeutsch *adj.*, **Althochdeutsch** *n ling.* Old High German.
Altist *m* ♪ male alto; **Altistin** *f* contralto.
altjüngferlich *adj.* old-maidish.
Altkleidersammlung *f* old clothes collection.
altklug *adj.* precocious.
Altlasten *pl.* **1.** residual pollution *sg.*; contaminated soil *sg.*; abandoned (*od.* disused) waste dump *sg.* (*od.* dumps); **2.** *fig.* burden *sg.* (*od.* burdens, F sins) of the past; F past sins that come back to haunt one.

ältlich *adj.* oldish.
Alt|material *n* scrap (material); **~meister** *m* (past) master; *Sport*: ex-champion; **~metall** *n* scrap metal.
altmodisch *adj.* old-fashioned.
Altöl *n* used oil.
Altpapier *n* waste paper; ***aus ~*** made of recycled paper; **~container** *m* paper bank; **~sammlung** *f* (news)paper collection; **~verwertung** *f* waste-paper recycling.
Altphilologe *m* classicist; **Altphilologie** *f* (the) classics *pl.*
Alt|reifen *m* used tyre (*Am.* tire); **2rosa** *adj.*, **~rosa** *n* dusky pink; **~schlüssel** *m* ♪ alto clef; **~schnee** *m* old snow.
altsprachlich *adj.* classical.
Altstadt *f* old part of town; *engS.* med-i(a)eval cent|re (*Am.* -er); **~erneuerung** *f*, **~sanierung** *f* urban renewal.
Altstimme *f* ♪ alto (voice).
Alt-Taste *f Computer*: Alt (*od.* ALT) key.
alt|testamentarisch *adj.* Old Testament ...; **~väterlich** *adj.* patriarchal.
Altwarenhändler *m* junk dealer.
Altweiber|geschwätz *n* silly gossip, F twaddle; **~märchen** *n* fairytale; **~sommer** *m* **1.** Indian summer; **2.** (*Sommerfäden*) gossamer.
Alu|felgen *pl.* alloy wheels; **~folie** *f* tin foil; ***in ~ eingewickelt*** (*od.* ***verpackt***) tinfoil-wrapped; **~koffer** *m* alumin(i)um case.
Aluminium *n* alumin(i)um.
Alzheimerkrankheit *f*: ***die ~*** Alzheimer's disease.
am (= ***an dem***) → ***an.***
Amalgam *n* ⚗ *u. fig.* amalgam; **~füllung** *f* amalgam filling.
amalgamieren *v/t.* amalgamate.
Amaryllis *f* ⚘ amaryllis.
Amateur *m*, **~...** *in Zssgn* amateur; **~bestimmungen** *pl.* amateur rules; **~funk** *m* amateur radio; **~funker** *m* radio ham.
amateurhaft *adj.* amateurish.
Amazone *f* Amazon; *fig.* amazon.
Ambiente *n* ambience; (*Atmosphäre*) atmosphere.
Ambition *f* ambition; ***~en auf et. haben*** have set one's sights on s.th.; **ambitioniert** *adj.* ambitious.
ambivalent *adj.* ambivalent; **Ambivalenz** *f* ambivalence.
Amboss *m* anvil; *anat. a.* incus.
ambulant I. *adj.* outpatient ...; **II.** *adv.*: ***~ behandelt werden*** get outpatient treatment; ***~ behandelter Patient*** outpatient;
Ambulanz *f* (*Klinik*) outpatients' department; (*Unfallstation*) casualty ward; (*Krankenwagen*) ambulance.
Ameise *f* ant.
Ameisen|bär *m* anteater; **~haufen** anthill; **~säure** *f* formic acid; **~staat** *m* ant colony; **~straße** *f* ant's trail.
Amen *n* amen; ***so sicher wie das ~ in der Kirche*** F as sure as hell; ***zu allem Ja und ~ sagen*** say yes to everything; **2** *int.* amen.
Amerikaner(in *f*) *m*, **amerikanisch** *adj.* American; **Amerikanisch** *n ling.* American (English); **Amerikanismus** *m ling.* Americanism; **Amerikanistik** *f* (North) American studies *pl.*
Amethyst *m min.* amethyst.
Ami F *m* F Yank.
Aminosäure *f* ⚗ amino acid.
Amische *pl. the* Amish.
Amme *f* (*engS.* wet) nurse; *zo.* nurse;
Ammenmärchen *n* fairytale.
Ammer *f zo.* bunting.

Ammoniak *n* ⚗ ammonia; **2haltig** *adj.* ammoniac; **~lösung** *f* ammonia solution; **~wasser** *n* ammonia water.

Ammonit *m zo.* ammonite.

Ammonium *n* ⚗ ammonium.

Amnesie *f* ⚕ amnesia.

Amnestie *f* amnesty; ***e-e ~ erlassen*** declare an amnesty; **amnestieren** *v/t.* grant an amnesty to.

Amöbe *f* am(o)eba; **Amöbenruhr** *f* ⚕ am(o)ebic dysentery.

Amok *m*: ***~ laufen*** run amok; **~fahrer** *m* maniac driver; *Autobahn*: motorway maniac; ***ein ~ raste in e-e Menschenmenge hinein*** a car driver went berserk and ploughed (*Am.* plowed) into a crowd of people; **~läufer** *m* runner amok; **~schütze** *m* mad (*od.* crazed) gunman; ***der ~ schoss in e-e Menschenmenge hinein*** the gunman fired wildly (*od.* indiscriminately) into a crowd of people.

Amor *m myth.* Cupid.

amoralisch *adj.* amoral.

amorph *adj.* amorphous.

Amortisation *f* amortization, repayment; *e-r Anleihe*: redemption; **amortisieren I.** *v/t.* amortize, pay off; (*Anleihe*) redeem; **II.** *v/refl.*: ***sich ~*** amortize, pay itself off.

amourös *adj.* amorous; *iro.* ***ein ~es Abenteuer*** a little affair.

Ampel *f* **1.** traffic lights *pl.*, *Am. a.* traffic light, stoplight; ***fahren Sie bei der ersten ~ rechts*** turn right at the first set of traffic lights (*Am.* at the first traffic light *od.* stoplight); **2.** (*Hängelampe*) hanging lamp; **~anlage** *f* (set of) traffic lights *pl.*, *Am.* traffic light, stoplight.

Ampere *n* ⚡ ampere, amp; **~meter** *n* ammeter; **~stunde** *f* ampere-hour.

Ampfer *m* ✿ sorrel.

Amphetamin *n* amphetamine.

Amphibie *f zo.* amphibian; **Amphibien...** *in Zssgn* ⚙ amphibian *plane*, *tank etc.*; **amphibisch** *adj. zo.* amphibious, *a.* ⚙ amphibian.

Amphitheater *n* amphitheat|re (*Am. a.* -er); (*Kampfplatz*) arena.

Amphore *f* amphora.

Amplitude *f* amplitude; **Amplitudenmodulation** *f* amplitude modulation.

Ampulle *f* ampulla (*a. anat.*); *pharm.* ampoule.

Amputation *f* ⚕ amputation; **amputieren** *v/t.* amputate; **Amputierte(r)** *m* amputee.

Amsel *f* blackbird.

Amt *n* (*Dienststelle*) office, department; (*Posten*) post; (*Aufgabe, Pflicht*) (official) duty, function; *teleph.* exchange; *eccl.* service, *R. C.* mass; ***von ~s wegen*** officially; ***kraft m-s ~es*** by virtue of my office; ***s-s ~es walten*** carry out one's duties; F ***walte d-s ~es!*** do your duty; ***das ist nicht mein ~*** that's not my responsibility; → ***antreten*** 4, ***bekleiden*** 2, ***entheben*** *etc.*

amtieren *v/i.* hold office; *eccl. u. fig.* officiate; ***als Vizepräsident*** *etc.* ***~*** be acting vice-president *etc.*; **amtierend** *adj.* incumbent; *stellvertretend*: acting; F ***~er Meister*** reigning champion(s).

amtlich *adj.* official (*a.* F *ganz sicher*).

Amtmann *m* **1.** senior clerk (*in the middle grade of the German civil service*); **2.** *hist.* bailiff.

Amts|anmaßung *f* (unlawful) assumption of authority; **~antritt** *m* assumption of office; **~anwalt** *m* public prosecutor; **~arzt** *m* public health officer; **~befugnis** *f* (official) authority; **~bereich** *m* jurisdiction, competence; **~blatt** *n* official gazette; **~dauer** *f* term of office; **~delikt** *n* malpractice (in office); **~deutsch** *n* officialese; **~eid** *m* oath of office; ***den ~ ablegen*** be sworn in; **~einführung** *f* inauguration (into office); **~enthebung** *f* removal from office, dismissal; **~enthebungsverfahren** *n* ⚖ impeachment trial; **~führung** *f* administration (of office); **~geheimnis** *n* **1.** official secret; **2.** (*Geheimhaltung*) official secrecy; **~gericht** *n* district court; **~geschäfte** *pl.* official business *sg.*; **~gewalt** *f* authority; **~handlung** *f* official act; ***e-e ~ ausführen*** perform an official function (*od.* duty); **~hilfe** *f* support (*od.* cooperation) through official channels; ***um ~ bitten*** request official support (*od.* cooperation); **~inhaber** *m* holder of an (*od.* the) office, incumbent; **~kette** *f* chain of office; **~kirche** *f* church hierarchy; **~kollege** *m* **1.** colleague; **2.** *pol.* opposite number, counterpart; **~missbrauch** *m* abuse of office (*od.* authority).

amtsmüde *adj.* weary of office.

Amts|niederlegung *f* resignation; **~periode** *f* term of office; **~richter** *m* district court judge; **~schimmel** *m* red tape; ***der ~ wiehert*** it's red tape all the way; **~sitz** *m* **1.** official residence; **2.** *e-r Behörde*: office(s *pl.*); **~sprache** *f* official language; *contp.* officialese; **~stunden** *pl.* office hours; **~tracht** *f* official dress (*od.* robes *pl.*); **~träger** *m* office-bearer; **~unterschlagung** *f* peculation; **~vergehen** *n* misconduct; malfeasance (in office); **~verschwiegenheit** *f* professional discretion; **~vorgänger** *m* predecessor (in office); **~vormund** *m* official guardian; **~vorstand** *m*, **~vorsteher** *m* head of an office; **~weg** *m*: ***den ~ gehen*** go through the official channels; **~zeichen** *n teleph.* dialling (*Am.* dial) tone; **~zeit** *f* term of office; *zurückblickend*: term in office; ***nach dreijähriger ~*** after three years in office.

Amulett *n* amulet, charm.

amüsant *adj.* entertaining; (*lustig*) amusing.

amüsieren I. *v/t.* entertain; (*belustigen*) amuse; ***die Bemerkung amüsierte ihn*** he was amused by the remark; **II.** *v/refl.*: ***sich ~*** (*sich die Zeit vertreiben*) amuse o.s.; (*sich gut unterhalten*) enjoy o.s., have fun, have a good time; ***sich ~ über*** be amused at, (*sich lustig machen*) make fun of.

Amüsierviertel *n* nightclub district; (*Bordellviertel*) red-light district.

amusisch *adj.*: ***~ sein*** have no appreciation for the arts (*od.* no artistic sensitivity).

an I. *prp.* **1.** *zeitlich*: on; ***am 1. März*** on March 1st; ***am Abend*** (***Morgen***) in the evening (morning); ***am Tage*** during the day; ***am Tage*** *gen.* on the day of; **2.** *örtlich*: at; on; ***am*** (***ans***) ***Fenster*** at (to) the window; ***~ der Grenze*** at the border, *fig.* → ***Grenze***; ***am Himmel*** in the sky; ***~ e-m Ort*** in a place; ***~ e-r Schule*** (***e-m Theater***) at a school (theat|re [*Am. a.* -er]); ***~ der Themse*** on the Thames; ***~ der Wand*** against (*hängend*: on) the wall; **3.** (*neben*) by, next to; (*nahe*) by, near; ***am Kamin*** (***Tisch***) ***sitzen*** sit by the fire (at the table); ***am Wald*** by the woods; **4.** *ein Brief* ***~ mich*** for me; ***Schaden am Dach*** damage to the roof; ***arbeiten ~*** work on; ***denken ~*** think of; ***sterben ~*** die of; ***~ sich*** as such, per se; *a solution etc.* in itself; → *a.* ***eigentlich***; ***~ und für sich*** properly speaking; ***arm*** (***reich***) ***~*** poor (rich) in; ***er war am schnellsten*** *etc.* he was the fastest *etc.*; ***was gefällt dir ~ ihm nicht?*** what don't you like about him?; ***er ist am Lesen*** he's reading; → ***glauben*** II, ***Leben, leiden*** I, ***Reihe*** *etc.*; **II.** *adv.* **5. *von ...*** ***~*** from ... (on[wards]); ***von nun ~*** from now on; **6. *London ~ 19.05*** arr. (= arrival) London 19.05; **7. *das Gas ist ~*** the gas is on; ***~*** aus on off; **8. *~ die 50 Leute*** about (*od.* roughly) 50 people.

Anabolika *pl.* anabolic steroids.

Anachronismus *m* anachronism; **anachronistisch** *adj.* anachronistic.

anaerob *adj. biol.* anaerobic.

Anagramm *n* anagram.

Anakonda *f* anaconda.

anal *adj.*, **Anal...** *in Zssgn* anal.

analeptisch *adj.* analeptic.

Analgetikum *n pharm.* analgesic.

analog I. *adj.* analogous (*dat.* to); **II.** *adv.* by analogy (**zu** with); **Analogaufzeichnung** *f a. Computer*: analog(ue) recording; **Analogie** *f* analogy; **Analogmodem** *n Computer, teleph.*: analogue modem; **Analogrechner** *m* analog(ue) computer.

Analphabet *m* illiterate (person); **Analphabetentum** *n*, **Analphabetismus** *m* illiteracy.

Anal|phase *f psych.* anal stage; **~verkehr** *m* anal intercourse, *formell*: buggery, sodomy.

Analysator *m phys.*, *Computer*: analy|ser (*Am.* -zer); **Analyse** *f* analysis; **analysieren** *v/t.* analy|ze (*Am.* -se); **Analysis** *f* ⩲ analysis; **Analytiker** *m* analyst; **analytisch I.** *adj.* analytical; **II.** *adv.* analytically; ***~ gesehen*** analytically speaking; ***sie denkt sehr ~*** she's got a very analytical mind.

Anämie *f* ⚕ an(a)emia; **anämisch** *adj.* an(a)emic.

Anamnese *f* ⚕ case (*od.* medical) history.

Ananas *f* pineapple; **~saft** *m* pineapple juice; **~scheibe** *f* pineapple slice; **~stück** *n* pineapple chunk.

Anapher *f* anaphora.

Anarchie *f* anarchy; **Anarchismus** *m* anarchism; **Anarchist** *m*, **anarchistisch** *adj.* anarchist; **Anarcho** F *m pol.* anarchist; **Anarchoszene** F *f pol. etwa* young radicals *pl.*

Anästhesie *f* an(a)esthesia; **anästhesieren** *v/t.* an(a)esthetize; **Anästhesist** *m* anaesthetist, *Am.* anesthesiologist.

Anatom *m* anatomist; **Anatomie** *f* **1.** anatomy; **2.** institute of anatomy; **Anatomiesaal** *m* dissecting room; **anatomisch** *adj.* anatomical.

anbaggern F *v/t.*: ***j-n ~*** F chat s.o. up.

anbahnen I. *v/t.* pave the way for, prepare the ground for; (*Gespräche*) initiate; **II.** *v/refl.*: ***sich ~*** be in the offing, *a. Schlimmes*: be coming, be on the way; ***zwischen ihnen scheint sich e-e Freundschaft anzubahnen*** it looks like the beginning of a friendship.

anbändeln F *v/i.*: ***mit j-m ~*** try to get friendly with s.o.

Anbau *m* **1.** ⚘ cultivation; **2.** ⚠ annex(e), extension; **~elemente** *pl.* (furniture) units; **anbauen I.** *v/t.* **1.** ⚘ grow; **2.** ⚠ add (**an** to); ⚙ attach; **II.** *v/i.* build an extension; ***wir haben angebaut*** *a.* we've extended the house *etc.*

anbaufähig *adj.* **1.** ⁄ arable; **2.** ⚠ suitable for extension.

Anbau|fläche *f* **1.** (arable) acreage; **2.** area under cultivation; **~küche** *f* fitted kitchen; **~möbel** *pl.* sectional (*od.* unit, modular) furniture *sg.*; **~schrank** *m* cupboard unit; **~wand** *f* wall unit.

Anbeginn *m*: **von ~** from the very start.

anbehalten *v/t.* keep on.

anbei *adv.*: ✝ **~** (**senden wir Ihnen**) enclosed please find.

anbeißen I. *v/t.* bite into; **II.** *v/i.* bite; *a. fig.* take the bait; F **du siehst ja zum ≗ aus** I could eat you up.

anbelangen *v/t.*: **was das anbelangt** as far as that is concerned.

anbellen *v/t.* bark at (*a. fig.*).

anberaumen *v/t.* fix; (*Sitzung*) call; **e-n Termin ~ für** fix a date for.

anbeten *v/t.* worship; *fig. a.* adore, idolize; → **angebetet, Angebetete(r)**; **Anbeter** *m* worship(p)er; *fig.* admirer.

Anbetracht *m*: **in ~** *gen.* considering, taking ... into consideration.

anbetreffen *v/t.*: **was ... anbetrifft** in terms of ..., as far as ... is (*od.* are) concerned.

anbetteln *v/t.*: **j-n ~** beg from s.o.; **j-n um et. ~** beg for s.th. from s.o.; **da wird man ständig von Kindern angebettelt** you have children coming up to you all the time begging for things (*od.* money *etc.*).

Anbetung *f* worship; *fig.* devotion; **anbetungswürdig** *fig. adj.* adorable.

anbiedern *v/refl.*: **sich** (**bei**) **j-m ~** F toady to s.o.

anbieten I. *v/t.* offer; **angeboten werden** *a.* be on offer; **j-m et. ~** offer s.o. s.th.; **s-n Rücktritt ~** offer to resign, tender one's resignation; **II.** *v/refl.*: **sich ~** offer one's services; *Gelegenheit*: present itself; *Sache*: suggest itself; **sich ~ für** *Sache*: lend itself to; **es bietet sich doch an zu** *inf.* the obvious thing (to do) would be to *inf.*; **es bietet sich als Beispiel an** it's an obvious example; **der Raum bietet sich direkt an** it's the ideal room; **Anbieter(in** *f*) *m allg.* supplier, tenderer; *bsd. Internet*: provider.

anbinden *v/t.* tie up, fasten (**an** to); (*Boot*) moor; (*Hund*) put on a (*od.* the) leash; → **angebunden.**

anblasen *v/t.* **1.** blow at; **2.** F (*zurechtweisen*) F yell at, blow up.

anblenden *v/t.*: **j-n mit der Taschenlampe ~** shine one's torch on s.o. (*od.* into s.o.'s face).

Anblick *m* sight; **beim ersten ~** at first sight; **beim ~ der Wunde** *wurde mir schlecht*: when I saw the wound; **ein trauriger ~** a sorry sight; **anblicken** *v/t.* look at; *flüchtig*: glance at.

anblinken *v/t. mot.* flash one's lights at.

anblinzeln *v/t.* blink at; (*zuzwinkern*) wink at.

anbohren *v/t.* ⚙ bore, spot-drill; (*Zahn*) (drill) open; F *fig.* **j-n ~** sound s.o. out (**ob** as to whether).

anbranden *v/i.* surge (**gegen** against).

anbraten *v/t.* sear, brown.

anbräunen *v/t.* **1.** *gastr.* brown; **2.** → **angebräunt.**

anbrausen F *v/i.* (*a.* **angebraust kommen**) F come roaring up.

anbrechen I. *v/t.* **1.** (*Vorräte*) break into; (*Dose, Packung etc.*) start on, (*a. Flasche*) open; → **angebrochen**; **2.** (*Knochen*) fracture; **II.** *v/i.* begin; *Tag, a. Zeit*: dawn; *Nacht*: fall.

anbrennen I. *v/i.* catch fire, (start to) burn; *Speisen*: (*a.* **~ lassen**) burn, *Milch, Soße etc.*: scorch; F *fig.* **nichts ~ lassen** not to miss a thing; → **angebrannt**; **II.** *v/t.* kindle, burn; (*Zigarre etc.*) light.

anbringen *v/t.* **1.** (*herbeibringen*) bring; **2.** (*befestigen*) fix, fasten, ⚙ attach (**an** to); (*einrichten*) instal(l); (*Schilder etc.*) put up; **3.** ✝ (*Ware*) sell; **4.** (*Gründe etc.*) present, *gesprächsweise*: mention; (*Wort, Witz etc.*) get in; (*sein Wissen*) display, show off; (*Verbesserungen etc.*) make, carry out; **e-e Beschwerde ~** lodge a complaint.

Anbruch *m* **1.** (**bei**) **~ des Tages** (at) daybreak; (**bei**) **~ der Nacht** (at) nightfall; **2.** *fig.* dawning *of a new age.*

anbrüllen *v/t.* scream at, yell at.

Anchovis *f* anchovy.

Andacht *f* **1.** devotion; **2.** *religiöse*: devotions *pl.*; (*Gottesdienst*) (short) service; **mit ~** *a. iro.* reverently; **andächtig** *adj.* devout, pious; *fig.* (*aufmerksam*) absorbed, rapt.

Andante *n*, **andante** *adv.* ♪ andante.

andauern *v/i.* continue, go on; (*anhalten*) last; *hartnäckig*: persist; **der Regen dauert an** it's still raining, *im Wetterbericht*: it will continue to rain; **das schlechte Wetter dauert an** there's no end of the bad weather in sight; **andauernd** *adj.* continual; (*anhaltend*) continuing; (*unaufhörlich*) continuous, incessant; (*hartnäckig*) persistent.

Andenken *n* memory (**an** of); (*Gegenstand*) keepsake, (*Souvenir*) souvenir (of); **zum ~ an** in memory (*od.* remembrance) of; **~laden** *m* souvenir shop.

ander I. *adj.* other; (*verschieden*) different; (*folgend*) next; (*gegenüberliegend*) opposite; **am ~en Tag** the next day; **die ~en Bücher** (*übrigen*) the rest of the books; **ich hab ganz ~e Probleme** I haven't got time to worry about things like that; → **Ansicht** 4, **Geschlecht** *etc.*; **II.** *indef. pron.*: **ein ~er, eine ~e** someone else; **die ~en** the others; **kein ~er als** nobody but, *rühmend*: no less than; **der eine oder ~e** someone or other, *bei Sachen*: one or the other; **noch viele ~e** many (*od.* plenty) more; **~es, andres** other things; **alles ~e** everything else; **alles ~e als** anything but, far from; **unter ~em** among other things; **eins nach dem ~en!** one thing after another; **es kommt eins zum ~en** it's just one thing after another; **es kam eins zum ~en** one thing led to another; **ein Tag wie jeder ~e** a perfectly ordinary day; **der eine sagt dies, der ~e sagt das** you get a different version every time; **von denen ist einer wie der ~e** they're all much of a muchness, *contp. Personen*: they're as bad as each other; **das ist was ganz ~es** that's a completely different matter; → **anders, Wort.**

andererseits *adv.* on the other hand.

Anderkonto *n* ✝ third-party account.

andermal *adv.*: **ein ~** some other time.

ändern I. *v/t.* change, (*a. Kleidungsstück*) alter; (*variieren*) vary; **ich kann es nicht ~** I can't help it; **das ist nicht zu ~** that can't be helped; **es ändert nichts an der Tatsache, dass** it doesn't alter the fact that; **II.** *v/refl.*: **sich ~** change; (*variieren*) vary; *Wind*: shift; **sich zum Vorteil** (**Nachteil**) **~** change for the better (worse).

andernfalls *adv.* otherwise.

anders I. *pred. adj. u. adv.* different(ly *adv.*); **~ werden** change; **sie ist ~ als ihre Schwester** she's not like her sister; **~ als s-e Freunde** *treibt er keinen Sport*: unlike his friends; **er denkt ~ als wir** he doesn't see it the same way as us; **~ ausgedrückt** to put it another way; **ich kann nicht ~** I can't help it, (*bin gezwungen*) I've got no choice; **es kam ganz ~** things turned out very differently; **ich habs mir ~ überlegt** I've changed my mind, (*ich werde doch nicht*) I've decided not to; **~** (*verhielt sich*) **Herr X** not so Mr X; **das klingt schon ~!** that's more like it; **Urlaub mal ~** a holiday (*od.* holidays) with a difference; → **überlegen**[1]; **II.** *adv. bei pron.*: else; **jemand ~** somebody (*od.* anybody) else; **niemand ~** nobody else; **niemand ~ als er** nobody but him; **wer ~** (**als er**)**?** who else (but him)?; **irgendwo ~** somewhere else, F some other place; **nirgendwo ~** nowhere else; **nirgendwo ~ als** nowhere but, no place other than; **wo ~** (**als dort**) **?** where else (but there)?; **~artig** *adj.* different.

anders denkend *adj.* of a different way of thinking; *pol.* dissenting.

Anders|denkende(r) *m pol.* dissenter; **≗farbig** *adj.* of a different colo(u)r.

anders| geartet *adj.* different; of a different nature; **~ gesinnt** *adj.* → **anders denkend.**

andersherum I. *adv.* the other way round; **II.** F *adj.*: **er ist ~** (*homosexuell*) he's gay, F he's one of them.

anders lautend *adj.* different, differing; **~e Berichte** reports to the contrary.

anders|sprachig *adj. Texte etc.*: foreign-language ...; **~wo** *adv.* somewhere else, elsewhere; **~woher** *adv.* from somewhere else; **~wohin** *adv.* somewhere else.

anderthalb *adj.* one and a half; **~ Pfund** a pound and a half (of); **~fach** *adj.* one and a half times; **~mal** *adv.* one and a half times; **~ so viel** half as much again.

Änderung *f* change; *gewollte*: *a.* alteration; *teilweise*: modification; **e-e ~ vornehmen** (**erfahren**) make (undergo) a change; **~en vorbehalten** subject to alteration.

Änderungs|antrag *m parl.* amendment; **~gesetz** *n* amending law; **~vorschlag** *m*: **e-n ~ machen** suggest a change; **s-e Änderungsvorschläge wurden akzeptiert** the changes he suggested (*od.* proposed) were accepted.

anderweitig I. *adj.* other, further; **wegen ~er Verpflichtungen** due to prior engagements (*od.* commitments); **II.** *adv.* otherwise; (*anderswo*) elsewhere; **die Stelle wurde ~ vergeben** the job went (*od.* was given) to someone else.

andeuten I. *v/t.* (*zu verstehen geben*) hint, intimate, give to understand; *negativ*: insinuate (*alle* **dass** that); (*hinweisen auf*) indicate; *Kunst*: suggest; → **angedeutet**; **II.** *v/refl.*: **sich ~** *Verbesserung etc.*: be on the way; **es deuten sich Änderungen an** there are changes in the air, changes seem to be on the way; **Andeutung** *f* suggestion, hint (*beide a. fig.*; **auf** of); *versteckte*: insinuation; (*Hinweis*) indication; *Kunst*: suggestion; **e-e ~ machen** drop a hint; **in ~en reden** beat about (*od.* around) the bush; **andeutungsweise** *adv.* allusively; **et. ~ mitteilen** hint at s.th.; **man sieht ~ ein Haus dahinter** you can just (about) make out a house behind it.

andichten *v/t.*: ***j-m et.*** ~ impute s.th. to s.o.

andicken *v/t. gastr.* thicken.

andiskutieren *v/t.* broach *a subject.*

andocken *v/t. u. v/i. Raumfahrt*: dock.

andonnern F *fig. v/t.* roar at.

Andorraner(in *f*) *m*, **andorranisch** *adj.* Andorran.

Andrang *m* crush; (*Ansturm*) rush (*a.* ⚕ *des Bluts*); ☤ run (**auf** on).

Andreaskreuz *n*: (*a.* **das** ~) St Andrew's Cross.

andrehen *v/t.* (*Gas etc.*) turn on; ⚡ *a.* switch on; (*Schraube*) tighten; F ***j-m et.*** ~ palm (*od.* fob) s.th. off on s.o., (*Arbeit etc.*) land s.o. with s.th., pass s.th. on to s.o.; ***wer hat dir denn diese Stiefel angedreht?*** who talked you into (buying) those boots?

Androgen *n* androgen.

androgyn *adj.* androgynous.

androhen *v/t.*: ***j-m et.*** ~ threaten s.o. with s.th.; **Androhung** *f* threat; ⚖ ***unter*** ~ ***von*** (*od. gen.*) under penalty of.

Android(e) *m Sciencefiction*: android.

Andruck *m typ.* proof; **andrucken** *v/i.* **1.** (pull a) proof; **2.** start printing.

andrücken **I.** *v/t.* press (on); **II.** *v/refl.*: ***sich*** (***fest***) ~ ***an*** press (hard) against, (*e-e Person*) cling (*od.* hold on) (tightly) to.

andudeln F *v/t.*: ***sich einen*** ~ F get merry (*od.* tiddly); ***er hat sich einen angedudelt*** F he's had one too many.

andünsten *v/t. gastr.* steam.

anecken F *v/i.*: ***bei j-m*** (***überall***) ~ *durch Verhalten*: F rub s.o. (everyone) up the wrong way; ***wegen s-r Offenheit*** (***Kleidung***) ***ist er bei den Kollegen angeeckt*** his colleagues didn't take to his openness (to the way he dressed).

aneignen *v/t.*: ***sich*** ~ acquire, *widerrechtlich*: *a.* (mis)appropriate; (*Fähigkeiten*) learn, (*Kenntnisse*) acquire; (*Stil etc.*) develop, (*Gewohnheit*) *a.* pick up; ***er hat sich die dänische Sprache angeeignet*** he learnt (how to speak) Danish; **Aneignung** *f* acquisition; (mis)appropriation; development; learning (***e-r Sprache*** a language).

aneinander *adv.* (to, of *etc.*) each other; *fig.* ~ ***hängen*** be very attached to each other; → ***vorbeireden*** *etc.*; ~ **binden** *v/t.* tie together; ~ **fügen** *v/t.* join (together); ~ **geraten** *v/i.* clash; (*handgreiflich werden*) come to blows; ~ **grenzen** *v/i.* border on each other; ~ **klammern** *v/refl.*: ***sich*** ~ cling to each other; ~ **prallen** *v/i.* collide (with each other); ~ **reihen** *v/t.* line up; *fig.* string together; ~ **rücken** *v/t. u. v/i.* move closer together; ~ **schmiegen** *v/refl.*: ***sich*** ~ huddle together; ~ **stoßen** *v/i.* collide; → ***aneinander grenzen.***

Anekdote *f* anecdote; **anekdotenhaft** *adj.* anecdotal.

anekeln *v/t.*: ***j-n*** ~ *Essen, Geruch etc.*: make s.o. feel sick, nauseate s.o., *Benehmen, Person etc.*: make s.o. sick, revolt s.o., F turn s.o. off.

Anemone *f* anemone.

Anerbieten *n* offer, tender.

anerkannt *adj.* recognized; (*allgemein* ~) accepted; ~***e Tatsache*** established fact; ***ein international*** ~***er Schriftsteller*** *etc.* an internationally recognized writer *etc.*, a writer *etc.* of international repute (*od.* standing); → ***staatlich*** II; **anerkanntermaßen** *adv.*: ***er ist*** ~ ***...*** he is acknowledged to be ...

anerkennen *v/t.* acknowledge, *a. pol.* recognize (**als** as); *als gültig*: *a.* accept; (*billigen*) approve; (*e-n Anspruch*) allow; (*Schuld*) admit; ☤ (*Wechsel*) hono(u)r, accept; ***nicht*** ~ refuse to recognize, ***als*** (*od.* ***für***) ***das Seinige:*** disown (*a. Kind*); *ein Tor* (***nicht***) ~ (dis)allow; → ***anerkannt***; **anerkennend** **I.** *adj.* appreciative; ~***e Worte*** words of appreciation (*Lob*: praise); **II.** *adv.*: ***sich*** ~ ***äußern über*** praise; ***er hat sich darüber überhaupt nicht*** ~ ***geäußert*** he didn't have a positive word to say about it; **anerkennenswert** *adj.* laudable, commendable; **Anerkennung** *f* acknowledg(e)ment, *a. pol.* recognition; ⚖ *e-s Kindes*: legitimation; *von Urkunden*: legalization; *e-s Wechsels*: acceptance; ~ ***finden*** win recognition; ~ ***verdienen*** deserve credit; ***in*** ~ *gen.* in recognition of, *bei großen Leistungen*: *a.* in tribute to; ***in*** ~ ***s-r Verdienste*** in recognition of his services; **Anerkennungsurkunde** *f* citation.

anerziehen *v/t.*: ***j-m et.*** ~ instil(l) s.th. into s.o.; ***e-m Kind Höflichkeit*** *etc.* ~ bring a child up to be polite *etc.*; **anerzogen** *adj.* acquired; ***das ist*** ~ I *etc.* was brought up that way.

anessen *v/t.*: ***du hast dir ein ganz schönes Bäuchlein angegessen*** you're developing a nice little paunch.

anfachen *v/t.* fan; *fig.* rouse, stir up; (*Kontroverse etc.*) stoke up *controversy etc.*

anfahren **I.** *v/t.* **1.** (*herbeibringen*) deliver; **2.** (*rammen*) run into, hit, (*Fußgänger*) *a.* knock down; *fig.* (*j-n*) snap at; **3.** (*e-n Hafen etc.*) call at; **4.** ⚙ start; **II.** *v/i.* start; *Reaktor*: start up; ***angefahren kommen*** drive up; **Anfahrt** *f* **1.** journey, ride; **2.** (*Zufahrt*) approach; *vor e-m Haus*: drive; ~**kosten** *pl.* travel costs.

Anfall *m* **1.** ⚕ attack; *epileptischer*: fit; *von Grippe*: bout, *leichter*: touch *of flu*; → ***Schwindel-, Tobsuchtsanfall*** *etc.*; *fig.* ***ein*** ~ ***von Eifersucht*** *etc.* a fit of jealousy *etc.*; F ***e-n*** ~ ***bekommen*** F have (*od.* throw) a fit *od.* wobbly; **2.** (*Ertrag*) yield; (*Menge*) amount *produced etc.*; **anfallen** **I.** *v/t.* (*angreifen*) attack; **II.** *v/i.* *Arbeit*: come up; *Gewinn, Zinsen*: accumulate; *Kosten*: arise; ***im Herbst fällt immer viel Arbeit an*** the work always piles up in (the) autumn (*Am.* fall); ***alle*** ~***den Reparaturen muss ich übernehmen*** I'm responsible for any repairs that crop up.

anfällig *adj.* **1.** susceptible (**für** to); *für Krankheiten*: *a.* prone (to), liable (to); **2.** *Gesundheit*: delicate.

Anfang *m* beginning, start; *formell*: commencement; (*Entstehung*) origin; ***am*** ~ at (*od.* in) the beginning, at the start (*od.* outset); ***von*** ~ ***an*** (right) from the start, F from the word go; ~ ***Januar*** early in January; ~ ***1990*** early in 1990; ***am*** ~ *gen.* at the beginning of; (***am***) ~ ***der Dreißigerjahre*** in the early thirties; ***er ist*** ~ ***der Dreißiger*** he's in his early thirties; ***den*** ~ ***machen*** start, *a. Sport*: lead off; ***e-n neuen*** ~ ***machen*** make a fresh start, start all over again, *sich verbessernd*: turn over a new leaf; ***das ist der*** ~ ***vom Ende*** it's the beginning of the end; ***aller*** ~ ***ist schwer*** nothing's easy to start off with, *bei Projekt etc.*: *a.* you'll *etc.* get into it; ***in den Anfängen stecken*** be in its (*od.* their) infancy; ***zu den Anfängen zurückkehren*** get back to the grassroots; ***zu*** ~ → ***anfangs***; **anfangen** *v/t. u. v/i.* start (***mit*** with), begin, *formell*: commence (with); ~ ***zu*** *inf.* start *ger.*, begin *ger.*; ***immer wieder von et.*** ~ keep harping on about s.th.; ***immer wieder vom gleichen Thema*** ~ keep harping on the same string, keep harping on about the same (old) thing; ***wo*** ~ ***?*** where to start?, where do you start?; ***ich weiß nichts damit anzufangen*** I don't know what to do with it, (*verstehe es nicht*) I can't make head or tail of it; ***ich kann mit ihm nichts*** ~ a) I don't know what to do with him, b) we have absolutely nothing in common; ***damit*** (***mit ihm***) ***ist nichts anzufangen*** it's useless (he's hopeless); ***mit dir ist ja heute nichts anzufangen*** F you're a dead loss today; ***was wirst du morgen*** ~***?*** what are you going to do (with yourself) tomorrow?; ***fängst du schon wieder an?*** are you at it again?; *iro.* ***das fängt ja gut an!*** that's a great start.

Anfänger *m* beginner (***in*** at); → ***blutig***; ~**kurs** *m* beginners' course.

anfänglich **I.** *adj.* initial; (*früh*) *a.* early; **II.** *adv.* → ***anfangs*** I.

anfangs **I.** *adv.* at first; **II.** F *prp. mit gen.* at the beginning of, early on in.

Anfangs|buchstabe *m* first (*od.* initial) letter; *pl. e-s Namens*: initials; ***großer*** (***kleiner***) ~ capital (small) letter; ~**erfolg** *m* initial success; ~**gehalt** *n* starting salary; ~**kapital** *n* starting capital; ~**phase** *f* early stage; ~**schwierigkeiten** *pl.* initial difficulties; ~**stadium** *n* initial stage; ~**unterricht** *m* first years *pl.* of teaching; ~**zeit** *f* time of commencement; *e-r Sendung*: broadcasting time, *a.* scheduled start.

anfassen **I.** *v/t.* **1.** (*berühren*) touch; (*ergreifen*) take hold of (*a. bei der Hand nehmen*); **zum** ☝ *Politiker etc.*: for the people; *Kunst etc.*: hands-on *art etc.*, *Ausstellung*: *a.* tactile *exhibition*; **2.** *fig.* (*behandeln*) deal with; (*Aufgabe*) *a.* approach, tackle; ***j-n hart*** (***sanft***) ~ be firm (gentle) with s.o.; **II.** *v/i.* (*helfen*, *a.* ***mit*** ~) lend (*od.* give *s.o.*) a hand, help out; **III.** *v/refl.*: ***sich weich*** *etc.* ~ feel soft *etc.*

anfauchen *v/t.* spit at; *fig.* snap at.

anfaulen *v/i.* start to rot (*od.* mo[u]lder); → ***angefault.***

anfechtbar *adj.* contestable; *Behauptung etc.*: *a.* disputable; **anfechten** *v/t.* **1.** contest; (*Urteil*) appeal against; (*Zeugen* [*-beweis*]) challenge; **2.** (*beunruhigen*) worry, bother; **Anfechtung** *f* **1.** ⚖ challenge; appeal (*gen.* against); **2.** (*Versuchung*) temptation.

anfeinden *v/t.* be hostile to(wards); ***angefeindet werden*** become (*od.* make o.s.) unpopular (***wegen*** because of), *stärker*: make a lot of enemies; **Anfeindung** *f* hostility (*gen.* towards).

anfertigen *v/t.* make, ☤ *a.* manufacture; *schriftlich*: draw up; (*Übersetzung, Zeichnung*) do, produce; **Anfertigung** *f* making; ☤ manufacture; drawing up; producing *a translation etc.* **anfeuchten** *v/t.* moisten; (*lecken*) lick; → ***angefeuchtet.***

anfeuern *v/t.* fire; *fig.* encourage; *durch Zurufe*: cheer (on), *Am.* F root for; **Anfeuerungsrufe** *pl.* cheering, shouts of encouragement.

anflehen *v/t.* implore, beseech.

anfliegen **I.** *v/t.* approach; (*landen auf*) land at; *linienmäßig*: fly to; *die Luftgesellschaft* ***fliegt Funchal*** (***direkt***) ***an*** has a service (a direct flight) to Funchal, ***fliegt Funchal nicht an:*** has no service (*od.*

flight[s]) to Funchal; **II.** *v/i.* approach; ***angeflogen kommen*** *a.* F *fig.* come flying (along).

Anflug *m* **1.** approach; ***im ~ auf München sein*** be approaching Munich Airport; ***beim ~ auf*** while approaching, during the approach to; **2.** (*Spur*) touch, trace, hint; **~schneise** *f*, **~weg** *m* approach corridor.

anflunkern F *v/t.* → ***anschwindeln.***

anfordern *v/t.* request, ask for; *stärker*: demand; **Anforderung** *f* demand (*gen.* for); *pl.* (*Leistungs-, Niveauanforderungen*) standard *sg.*, demands; ***hohe ~en stellen*** make high demands (***an*** on); **Anforderungsprofil** *n* job profile.

Anfrage *f* inquiry, enquiry; question (*a. parl.*); **anfragen** *v/i.* inquire, ask; (***bei j-m***) ***nach et.*** ~ ask (s.o.) about s.th.

anfressen *v/t.* **1.** *Maus etc.*: nibble at; *Raupe*: eat; *Motte*: eat holes into; *Vogel*: peck at; ***die Motten haben den Mantel angefressen*** the moths have been at this coat; → ***angefressen***; **2.** ⚗ corrode, eat into; **3.** → ***anessen.***

anfreunden *v/refl.*: ***sich ~*** become friends; make friends (***mit*** with *s.o.*); *fig.* ***sich mit dem Gedanken*** *etc.* ~ get used to the idea *etc.*

anfrieren *v/i.* **1.** ~ ***an*** freeze (on)to; **2.** → ***angefroren.***

anfügen *v/t.* add; ⚙ join, attach.

anfühlen I. *v/t.* feel; (*berühren*) touch; **II.** *v/refl.*: ***sich weich*** *etc.* ~ feel soft *etc.*

Anfuhr *f* delivery.

anführen *v/t.* **1.** lead; ⚔ *a.* command; (*Bewegung, Entwicklung etc.*) head, spearhead; (*Tabelle etc.*) be at the head of; **2.** (*erwähnen, sagen*) state, say; (*Gründe*) put forward, state; (*zitieren*) quote, cite *a law etc.*; (*Beweise, Zeugen*) produce; *zur Verteidigung, Entschuldigung*: state (in *s.o.'s* defen|ce [Am. -se]), plead (as an excuse); **Anführer** *m* leader; ⚔ commander; (*Rädelsführer*) ringleader.

Anführungs|striche *pl.*, **~zeichen** *n* quotation mark(s), inverted comma(s).

anfüllen *v/t. u. v/refl.* (***sich ~***) fill (up).

Angabe *f* **1.** statement; (*Auskunft*) information; (*Beschreibung*) description; *pl.* information *sg.*, data, ⚜ specifications; *bewusst* ***falsche ~*** misrepresentation; ***genauere*** (*od.* ***nähere***) ***~n*** particulars, details; ***~n zur Person*** personal data; ***~ des Inhalts*** declaration of contents; **2.** *Tischtennis*: service; **3.** F → ***Angeberei.***

angaffen F *v/t.* F gawk at.

angeben I. *v/t.* **1.** (*Namen, Grund etc.*) give; (*erklären*) declare (*a. Zollware*); (*Kurse, Preise*) quote; (*zeigen*) show, indicate, point out; ***zu hoch*** (***niedrig***) ~ overstate (understate); ***falsch ~*** misstate; **2.** (*festlegen*) set, determine; → ***Tempo*** 2, ***Ton***[1]; **3.** (*behaupten*) claim; (*vorgeben*) pretend; **II.** *v/i.* **4.** *Kartenspiel*: deal first; *Tischtennis*: serve; **5.** F (*prahlen*) brag (***mit*** with), show off ([with] *s.th. od. s.o.*); **Angeber** F *m* show-off; (*Prahler*) braggart, F big mouth; **Angeberei** F *f* showing-off; **angeberisch** F *adj.* bragging; (*protzig*) showy.

angebetet *fig. adj.* adored, idolized; **Angebetete(r** *m*) *f* beloved; (*Idol*) idol.

angeblich I. *adj.* alleged, supposed; ostensible; *contp. Künstler etc.*: would-be; **II.** *adv.*: ***~ ist er ...*** he's supposed to be ..., they say he's ...

angeboren *adj.* inborn, innate (*dat.* in); ⚕ *a.* congenital, hereditary.

Angebot *n* offer; *Auktion*: bid; (*Preis*2) quotation; (*Ausschreibungs*2) tender; (*Waren*2) *a. Börse*: supply; ***das ~ des Monats*** this month's special offer; ***~ und Nachfrage*** supply and demand.

angebracht *adj.* appropriate; (*ratsam*) advisable; ***nicht ~*** inappropriate, *Bemerkung*: out of place, uncalled-for; ***er hielt es für ~ zu*** *inf.* he thought it would be appropriate to *inf.*

angebrannt *adj. Essen*: (slightly) burnt; *Milch, Soße etc.*: scorched; ***~ schmecken*** taste burnt, have a burnt taste.

angebräunt *adj.*: ***~ sein*** *Person*: have a bit of a tan.

angebrochen *adj.*: ***~e Flasche*** opened bottle; ***~e Tafel Schokolade*** *etc.* started bar of chocolate *etc.*; *fig.* F ***was machen wir mit dem ~en Abend?*** what are we going to do with the rest of the evening?

angebunden *adj.* **1.** *Boot*: moored; *Hund*: on a (*od.* the) leash; **2.** *fig. durch Kinder etc.*: tied down; **3.** ***kurz ~*** curt, abrupt; ***mit j-m kurz ~ sein*** be (very) short with s.o.

angedeihen *v/i.*: ***j-m et. ~ lassen*** grant (*od.* give) s.o. s.th.

angedeutet *adj.* intimated; ***die ~en Änderungen*** *a.* the changes you *etc.* hinted at.

angefault *adj.* rotting, mo(u)ldering.

angefeuchtet *adj.* moist, moistened.

angefressen *adj. von Motten*: moth-eaten; *von Rost*: rusty

angefroren *adj.*: ***~ an*** frozen to; ***~ sein*** *Blumen etc.*: have got a touch of frost.

angegossen *adj.*: ***wie ~ sitzen*** fit like a glove, be a perfect fit.

angegraut *adj.* greying, *Am.* graying.

angegriffen *adj.* exhausted, worn-out ..., *pred.* worn out; *Gesundheit*: bad; *Organ*: affected; ***~ aussehen*** look unwell.

angegurtet *adj.*: ***~ sein*** have one's seatbelt on, have fastened one's seatbelt, F be belted up.

angehaucht *adj.*: ***links*** (***rechts, kommunistisch***) ***~ sein*** have left-wing (right-wing, communist) leanings; ***künstlerisch ~ sein*** have an artistic bent.

angehäuft *adj.* accumulated, amassed; ***~e Waffen*** stockpiles of weapons; ***~e Reserven*** reserve stockpiles.

angeheiratet *adj.* (related) by marriage; ***~e Verwandte*** in-laws.

angeheitert *adj.* F (slightly) merry *od.* tiddly.

angehen I. *v/i.* **1.** F (*anfangen*) start; F ***es langsam ~ lassen*** take it slowly; **2.** ***die Schuhe gehen schwer an*** I can hardly get into these shoes; **3.** (*funktionieren*) work; start; *Licht*: go on; *Feuer*: start burning; **4.** ***das kann nicht ~*** it can't be true; **5.** ***~ gegen*** resist, fight (against); **6.** ***es geht nicht an, dass ...*** there's no excuse for *ger.*; ***das mag*** (***noch***) ***~*** one can (just about) overlook (*od.* excuse) that; **II.** *v/t.* **7.** (*Gegner*) *a. Sport*: attack; **8.** (*Problem etc.*) tackle; *Pferd*: (*Hindernis*) approach; **9.** ***j-n ~*** (*bitten*) approach s.o. (with a request), ***um et.***: ask s.o. for s.th.; **10.** (*betreffen*) concern; ***was ihn angeht*** as far as he's concerned, as for him; ***was geht das mich an?*** what's that got to do with me?; ***das geht dich nichts an*** that's none of your business; ***das geht niemanden etwas an*** that's my business; **angehend** *adj.* beginning; (*künftig*) future, *nachgestellt*: in the making; *Künstler, Schönheit*: budding; *beruflich*: *a.* trainee; ***~er Vater*** (***Arzt*** *etc.*) father-to-be (doctor-to-be *etc.*).

angehören *v/i.* belong (*dat.* to) (*a. fig.*); *als Mitglied*: *a.* be a member (of); ***der Vergangenheit ~*** be a thing of the past; **Angehörige(r** *m*) *f* (*Mitglied*) member; *e-s Staates*; national (*gen.* of); (*Verwandter*) relative; ***nächste(r) Angehörige(r)*** next of kin; ***meine Angehörigen*** my family.

angekettet *adj.* chained (***an*** to); *Hund*: on a (*od.* the) chain, chained up.

angekeucht *p.p.*: ***~ kommen*** come panting along.

Angeklagte(r *m*) *f* defendant, (the *od.* an) accused.

angeknackst F *adj.* slightly damaged; *Knochen*: chipped; *Rippe*: cracked; *Gesundheit, Beziehung*: shaky; *Stolz, Selbstbewusstsein*: dented; ***leicht ~*** (*verrückt*) F slightly cracked (*od.* screwy); ***sein Selbstbewusstsein ist ~*** his self-confidence has been dented (*od.* has taken a beating); → ***anknacksen.***

angekündigt *adj. Sitzung, Vortrag etc.*: planned, scheduled; *Besucher etc.*: expected; ***der ~e Wechsel*** *etc.* the change *etc.* that was announced, the announced (*od.* promised) change *etc.*

Angel[1] *f* fishing rod.

Angel[2] *f* (*Tür*2) hinge; ***aus den ~n heben*** lift *a door* out of its hinges, *a. fig.* unhinge; → ***Tür.***

angelegen *adj.*: ***sich et. sehr ~ sein lassen*** make s.th. one's concern; ***es sich ~ sein lassen zu*** *inf.* make a point of *ger.*; **Angelegenheit** *f* matter, concern, affair; ***das ist s-e ~*** that's his problem; ***kümmere dich um d-e ~en*** mind your own business.

angelegt *adj. Geld*: invested; ***fest ~es Geld*** permanent investment(s).

angelehnt *adj. ür*: ajar; ***lass die Tür ~*** *a.* leave the door open a crack (*od.* an inch).

angeleint *adj. Hund*: on a lead (*od.* leash).

angelernt *adj.* acquired; *Kenntnisse*: just for show; *Höflichkeit etc.*: put-on; ***~er Arbeiter*** semi-skilled worker.

angelesen *adj.* **1.** *Buch*: started *book*; ***lauter ~e Bücher*** books started and never finished; **2.** ***~es Wissen*** knowledge out of books.

Angel|gerät *n* fishing tackle; (*Angelrute*) fishing rod; **~haken** *m* fishhook.

angeln *v/t. u. v/i.* fish (***nach*** for; *a. fig.*); F *fig.* ***sich j-n*** (***et.***) ~ F hook (*od.* land) o.s. s.o. (s.th.).

Angelobung *östr. f* swearing-in (ceremony).

Angel|platz *m* fishing ground; **~punkt** *m* pivot; *fig.* pivotal point; (*Kernfrage*) central issue; (*Mittelpunkt*) hub; (*Kern*) linchpin; **~rute** *f* fishing rod.

Angelsachse *m*, **Angelsächsin** *f*, **angelsächsisch** *adj.* Anglo-Saxon.

Angel|schein *m* fishing *od.* angler's licen|ce (*Am.* -se); **~schnur** *f* fishing line; **~sport** *m* fishing, angling.

angemacht *adj.*: ***~er Salat*** dressed salad, salad with dressing.

angemessen *adj.* appropriate (*dat.* to); *Preis etc.*: reasonable; (*ausreichend*) adequate; *Benehmen*: proper, fitting.

angenagelt *adj.*: ***wie ~ dastehen*** stand rooted to the spot.

angenehm I. *adj.* pleasant; agreeable; (*willkommen*) welcome; ***~ riechen*** smell good; ***das 2e mit dem Nützlichen ver-***

binden combine business with pleasure; **II.** *adv.*: ~ ***überrascht*** pleasantly surprised.

angenommen *p.p.* (let's) suppose, supposing, F let's say.

angepasst *adj.* conformist; *psych.* (well-)adjusted; → ***anpassen.***

angepeilt *adj. Ergebnisse etc.*: targeted, aimed-for.

Anger *m* (village) green.

angeregt I. *adj. Gespräch*: lively, animated; **II.** *adv.*: ***sich*** ~ ***unterhalten*** have a lively conversation.

angereichert *adj.* enriched (***mit*** with); ***mit Uran*** ~ uranium-enriched.

angesagt *adj.*: ~ ***sein*** (*vorgesehen*) be on the agenda, (*in Mode*) be in; ***wieder*** ~ ***sein*** be back in (fashion); ***Fitness ist*** ~***!*** fitness is the order of the day; ***es ist besseres Wetter*** ~ the weather's supposed to get better.

angesammelt *adj. Reichtümer etc.*: amassed; *Wut etc.*: pent-up.

angesäuselt F *adj.* F (slightly) merry *od.* tiddly.

angeschimmelt *adj. Brot*: slightly mo(u)ldy; ~ ***sein*** *a.* have a touch of mo(u)ld.

angeschlagen *adj.* **1.** *Glas, Möbel etc.*: chipped; **2.** *fig. Person*: groggy; *seelisch*: shaken; *Gesundheit*: shaky; ***schwer*** ~ ***sein*** have taken a real beating.

angeschlossen *adj.*: *Anlage etc.*: connected (***an*** to, with); *Sender etc.*: linked up (with).

angeschmutzt *adj.* slightly dirty, soiled; ✝ shopsoiled.

angeschneit F *fig. p.p.*: ~ ***kommen*** F come blowing in.

angeschnitten *adj.* **1.** ***ein*** ~***es Brot*** a started loaf; **2.** ~***er Ärmel*** dolman sleeve; **3.** ~***er Ball*** ball with a spin on it.

angeschossen *adj.* slightly wounded (by bullet-fire).

angeschrieben *adj.*: ***er ist bei ihr gut*** (***schlecht***) ~ she thinks a lot of him (he doesn't rate very highly with her).

Angeschuldigte(r *m*) *f* ⚖ accused.

angeschwemmt *adj.*: ~***es Land*** alluvium.

angeschwollen *adj.* swollen.

angesehen *adj.* respected; *Firma etc.*: reputable; *Persönlichkeit*: distinguished.

Angesicht *n* face, countenance; ***von*** ~ ***zu*** ~ face to face: ***im*** ~ *gen.* in the face of; → ***Schweiß.***

angesichts *prp.* at the sight of; *fig.* given, in view of, considering; ~ ***des Todes*** *etc.* in the face of death *etc.*

angespannt I. *adj.* strained, *a. Lage*: tense; *Person*: tense(d up); ~***e Aufmerksamkeit*** rapt attention; **II.** *adv.* intensely; ~ ***lauschen*** listen intently (*od.* with rapt attention).

angestammt *adj.* hereditary; F *fig.* accustomed, usual.

angestaubt *adj.* dusty; *fig. Ideen etc.*: stale.

angestaut *adj. Gefühle*: pent-up.

angestellt *adj.*: ~ ***sein bei*** work for, be employed by (*od.* with); ***wo sind Sie*** ~***?*** where do you work?

Angestellte(r *m*) *f* (salaried) employee, F white-collar worker; (*Büro*≈) office-worker.

Angestellten... *in Zssgn* (salaried) employees' *insurance etc.*; ~**gewerkschaft** *f* white-collar union; ~**verhältnis** *n*: ***im*** ~ ***stehen*** be employed, be in salaried employment (***bei*** with); ~**versicherung** *f* (salaried) employees' insurance.

angestiegen *adj.*: (***stark***) ~***e Preise*** (sharp) price rises.

angestochen *adj. Apfel etc.*: bad, rotten; F ***herumrennen wie ein*** ~***er Eber*** run (a)round like a lunatic.

angestrahlt *adj. Gebäude*: floodlit, illuminated.

angestrengt I. *adj. Arbeit, Nachdenken etc.*: concentrated; ~***e Miene*** look of concentration; ~ ***aussehen*** look strained; **II.** *adv.*: ~ ***arbeiten*** (***nachdenken***) work (think) hard; ~ ***zuhören*** listen intently.

angetan *pred. adj.* **1.** ~ ***sein von*** be taken with; ***er war von dem Gedanken wenig*** ~ the idea didn't appeal to him (F grab him); → ***antun***; **2.** ***dazu*** (*od.* ***danach***) ~ ***zu*** *inf.* likely (*od.* apt) to *inf.*

angetaut *adj.*: ~ ***sein*** have started to thaw.

angetrunken *adj.* slightly drunk; ***er war in*** ~***em Zustand*** he had been drinking.

angewandt *adj.* applied *arts etc.*

angewiesen *pred. adj.*: ~ ***sein auf*** be dependent on, depend on; ***auf sich allein*** ~ ***sein*** have to look after o.s.; ***plötzlich war ich auf mich selbst*** ~ suddenly I was on my own (*od.* was left to paddle my own canoe).

angewöhnen *v/t.*: ***j-m et.*** ~ get s.o. used to s.th., teach s.o. s.th.; ***sich*** *et.* ~ get into the habit of, take to *smoking etc.*; ***du musst dir e-e deutlichere Handschrift*** ~ you must start writing more legibly.

Angewohnheit *f*: (***aus*** ~ from) habit; ***ich mache es aus*** ~ *a.* it's a habit (with me).

angewurzelt *adj.*: ***wie*** ~ ***dastehen*** stand rooted to the spot.

angezeigt *adj.* (*ratsam*) advisable; ~ ***sein*** *a.* be the order of the day; ***es für*** ~ ***halten zu*** *inf.* consider it appropriate (*od.* advisable) to *inf.*

angiften F *v/t.* get nasty with.

Angina *f* tonsil(l)itis; ~**pectoris** *f* angina (pectoris).

angleichen *v/t. u. v/refl.* (***sich*** ~) adapt, adjust (*dat. od.* ***an*** to); **Angleichung** *f* adaptation, adjustment.

Angler *m a. zo.* angler.

angliedern *v/t.* join, attach (*dat. od.* ***an*** to); (*Organisation*) affiliate (with), incorporate (into); (*Gebiet, Staat*) annex (to); (*eingliedern*) integrate (into); **Angliederung** *f* affiliation, incorporation; annexation; integration; → ***angliedern.***

Anglikaner(in *f*) *m* Anglican; ~ ***sein*** *a.* be Church of England; **anglikanisch** *adj.* Anglican; ***die anglikanische Kirche*** the Church of England, the Anglican Church.

anglisieren *v/t.* Anglicize, anglicize.

Anglist *m* English student (*Dozent*: lecturer); **Anglistik** *f* English language and literature, English studies *pl.*

Anglizismus *m* Anglicism.

Anglo... *in Zssgn* Anglo-...

anglophil *adj.*, **Anglophile(r)** *m* Anglophile.

anglophon *adj.*, **Anglophone(r)** *m* Anglophone.

anglotzen F *v/t.* stare (F gawk) at.

Angolaner(in *f*) *m*, **angolanisch** *adj.* Angolan.

Angora|katze *f* Angora cat; ~**wolle** *f* angora (wool).

angreifbar *adj.* open to attack; *a. fig.* vulnerable; **angreifen** *v/t.* **1.** attack (*a. Sport u. fig.*); ⚖ (*tätlich* ~) assault; ***angegriffen werden*** *a. fig.* be attacked, come under attack; **2.** (*Aufgabe*) tackle; **3.** (*Vorräte*) break into; **4.** (*schwächen*) weaken; (*Augen etc.*) strain; (*Gesundheit*) affect; → ***angegriffen***; **5.** ⚗ corrode; **Angreifer** *m* attacker, assailant; *pol.* aggressor.

angrenzen *v/i.*: ~ ***an*** border on; abut on; **angrenzend** *adj.* adjacent (***an*** to), adjoining; neighbo(u)ring; *fig.* related; *fig.* ~***e*** (***Fach)Gebiete*** related disciplines.

Angriff *m* attack (*a. Sport u. fig.*), assault; *strategisch*: offensive; *fig.* ~ ***auf Persönlichkeitssphäre*** assault on privacy; ***in*** ~ ***nehmen*** (*handhaben*) tackle, (*beginnen*) get started (F cracking) on, get down to; ***zum*** ~ ***übergehen*** take the offensive.

Angriffs|fläche *fig. f* point of attack; ***e-e*** ~ (***keine*** ~***n***) ***bieten*** (not to) lay o.s. open to attack (*dat.* from); ~**fußball** *m* attacking football; ~**krieg** *m* ⚔ offensive warfare; *pol.* war of aggression.

Angriffslust *f* aggressiveness, belligerence; **angriffslustig** *adj.* aggressive.

Angriffs|punkt *fig. m* weak point; ***e-n*** ~ (***keine*** ~***e***) ***bieten*** (not to) lay o.s. open to attack (*dat.* from); ~**reihe** *f Sport*: forwards *pl.*; ~**spiel** *n* attacking play; ~**spieler** *m* **1.** striker; **2.** *Tischtennis*: attacking player; ~**spitze** *f* spearhead; ~**waffe** *f* offensive weapon.

angrinsen *v/t.* grin at.

Angst I. *f* fear (***vor*** of); *a. psych.* anxiety; *große*: dread, terror; ***aus*** ~ out of fear; for fear *of being punished etc.*; ***aus*** ~ ***lügen*** *etc. a.* be too scared to tell the truth *etc.*; ~ ***haben*** be afraid (*od.* scared, frightened) (***vor*** of); ***j-n in*** ~ ***versetzen*** frighten, scare; ***keine*** ~***!*** no need to be frightened, don't worry; ***schreckliche Ängste ausstehen*** be frightened out of one's mind; F ***es mit der*** ~ ***zu tun kriegen*** F get the wind up; **II.** ≈ *pred. adj.*: ***mir ist*** ~ ***und bange*** I'm worried to death, F I'm scared stiff; ≈**erfüllt** *adj.* terrified; ≈**frei I.** *adj.* free from fear; **II.** *adv.* without fear; ~**gefühl** *n* frightened feeling; *stärker*: sense of fear (*od.* anxiety)); ~**gegner** *m Sport*: dreaded opponent; bogey team; ~**hase** F *m* F scaredy-cat.

ängstigen I. *v/t.* alarm, frighten; (*besorgt machen*) get *s.o.* worried; **II.** *v/refl.*: ***sich*** ~ be afraid (***vor*** of), *stärker*: be alarmed (by); (*sich sorgen*) be worried (***um*** about).

Angstkäufe *pl.* panic buying *sg.*

ängstlich I. *adj.* nervous; (*schüchtern*) timid; (*besorgt*) anxious; **II.** *adv.*: ~ ***bedacht*** (*od.* ***bemüht***) ***zu*** *inf.* anxious to *inf.*; ~ ***gehütetes Geheimnis*** jealously guarded secret; **Ängstlichkeit** *f* nervousness; timidness.

Angst|macher *m* alarmist; ~**neurose** *f* anxiety psychosis; ~**partie** *f* F nerve-racking affair; ~**schrei** *m* frightened scream; *stärker*: scream of terror; ~**schweiß** *m* cold sweat; ***ihr brach der*** ~ ***aus*** she broke out in a cold sweat; ~**traum** *m* nightmare; *psych.* anxiety dream; ≈**verzerrt** *adj. Gesicht*: contorted with fear; *Stimme*: trembling with fear (*od.* fright); ~**zustand** *m* state of anxiety; ***Angstzustände bekommen*** get into a panic.

angucken F *v/t.* look at.

angurten *v/refl.*: ***sich*** ~ fasten one's seatbelt; → ***angegurtet.***

anhaben *v/t.* **1.** (*Kleider*) have on (*a. Licht*

etc.); wear; **2.** ***j-m nichts ~ können*** be unable to get at s.o.; ***das kann mir (dem Auto) nichts ~*** that doesn't worry me (that won't do the car any harm).

anhaften *v/i. a. fig.* cling, stick (*dat. od.* **an** to); *fig.* (*j-m od. e-r Sache*) *Mängel etc.*: be inherent in; ***ihm haftete etwas Eigentümliches an*** there was something peculiar about him; ***ihr haftete noch der alte Hass an*** she couldn't shake off the old hatred.

anhaken *v/t.* **1.** hook on(to **an**); **2.** *auf e-r Liste*: tick off, *Am.* check off.

Anhalt *m* → ***Anhaltspunkt***; **anhalten I.** *v/t.* **1.** stop, bring to a halt; (*Pferd*) pull up; → ***Atem***; **2.** ***j-n zu et. ~*** urge s.o. to do s.th.; **II.** *v/i.* **3.** stop, come to a stop (*od.* standstill); *Auto*: *a.* pull up; **4.** (*andauern*) last, continue; *Wetter*: hold; *beharrlich*: persist; **5.** ***~ um*** apply for (**bei** *j-m*: to); ***er hielt um ihre Tochter an*** he asked them for the hand of their daughter; **anhaltend** *adj.* continuous, lasting; (*stetig*) sustained; (*beharrlich*) persistent; ***~er Regen*** continuous (*od.* persistent) rainfall; ***~e Bemühungen*** prolonged efforts; ***~e Nachfrage*** persistent demand.

Anhalter F *m* hitchhiker; ***per ~ fahren*** hitchhike, F hitch (a lift).

Anhaltspunkt *m* lead, clue; *a. pl.* something to go by; indication (**für** of); (*Grundlage*) basis.

anhand, an Hand *adv., prep. + gen.*: ***~ von*** with the help of, (*auf der Grundlage von*) on the basis of, in the light of.

Anhang *m* **1.** *e-s Buchs*: appendix; (*Ergänzung*) supplement; *e-s Schriftstücks*: addendum; *e-s Testaments*: codicil; **2.** (*Gefolgschaft*) followers *pl.*, following; F *iro.* F fan club; (*Angehörige*) dependents *pl.*, family; ***ohne ~*** *Heiratsannonce*: no dependents.

anhängen I. *v/t.* **1.** hang up (**an** on); **2.** (*ankoppeln*) connect (**an** to), (*Wohnwagen etc.*) hook up (to); **3.** (*hinzufügen*) add (**an** to), F tag on(to); **4.** *fig.* ***j-m et. ~*** pin s.th. on s.o., (*andrehen*) fob s.th. off on s.o.; ***j-m e-n Prozess ~*** take s.o. to court; **II.** *fig. v/i.* **5.** *e-r Mode, Partei etc.*: follow; *e-r Idee*: believe in; **6.** ***der Ruf (das Erlebnis) hängt ihm immer noch an*** he just can't shake off that reputation (get over the experience); **III.** *v/refl.*: ***sich ~ an*** **7.** (*j-n, e-e Gruppe*) latch onto; **8.** *Sport*: tuck o.s. in behind.

Anhänger *m* **1.** follower; (*Jünger*) disciple; *e-r Partei*: supporter; *Film etc.*: fan, *Sport*: *a.* supporter; **2.** (*Schmuck*) pendant; **3.** (*Schild*) label, tag; **4.** *mot.* trailer; **Anhängerschaft** *f* following, supporters *pl.*; F *iro.* F fan club.

Anhängeschild *n* address tag.

anhängig *adj.* ⚖ pending; ***e-n Prozess gegen j-n ~ machen*** bring an action against s.o., take legal proceedings against s.o.

anhänglich *adj.* devoted; *Kind, Tier*: *a.* affectionate; *contp.* clinging, too dependent; **Anhänglichkeit** *f* devotion, affection; *contp.* dependence.

Anhängsel *fig. n* appendage (*a.* F *Person*).

anhauchen *v/t.* breathe on; (*die Finger*) blow on; ***hauch mich mal an!*** let me smell your breath; → ***angehaucht.***

anhauen F *v/t.*: ***j-n ~*** F tap s.o., ***um et.***: *a.* F touch s.o. for s.th.

anhäufen I. *v/t.* pile up, accumulate; (*Geld*) amass; (*hamstern*) hoard; (*Waffen*) stockpile; **II.** *v/ refl.*: ***sich ~*** pile up; accumulate (*a. Kapital*); → ***angehäuft***; **Anhäufung** *f* accumulation.

anheben I. *v/t.* lift, *a.* ⚓ raise; (*Preise*) raise, F hike; **II.** *v/i.* begin; **Anhebung** *f* increase (*gen.* in).

anheften *v/t.* fasten (**an** to); *mit Nadel*: pin (to); (*annähen*) tack, baste.

anheimelnd *adj.* homely, *Am.* homey; (*gemütlich*) cosy, *Am.* cozy; (*vertraut*) familiar.

anheim| fallen *fig. v/i.* fall prey to; ***der Vergessenheit ~*** sink into oblivion; ***~ stellen*** *v/t.*: ***j-m et. ~*** leave s.th. up to s.o.; ***das stelle ich Ihnen anheim*** that's (*od.* I'll leave that) up to you.

anheischig *adj.*: ***sich ~ machen, et. zu tun*** offer (*od.* volunteer) to do s.th.

anheizen *v/t.* fire; *fig.* (*Inflation*) kindle; (*Streit etc.*) fuel, get *the argument etc.* going; (*Gespräch*) liven up; ***die Stimmung ~*** liven things up (a bit).

Anheizer *m pol.* agitator.

anherrschen *v/t.* bark at.

anheuern *v/t.* (*a.* ***sich ~ lassen***) sign on.

Anhieb *m*: ***auf ~*** straightaway, F right off, *et. sagen können*: *a.* off the cuff; ***auf ~ (nicht) mögen*** take an instant liking (dislike) to.

anhimmeln *v/t.* idolize; ***er himmelte sie den ganzen Abend an*** he just couldn't take his eyes off her all evening.

Anhöhe *f* rise, elevation; (*Hügel*)(little) hill.

anhören I. *v/t.* (*a.* ***sich*** *dat.* ***~***) listen to, hear; ***et. mit ~*** listen in on s.th.; ***hör dir das mal an!*** just listen to this!, *weitS.* just listen to him *etc.* talking; ***ich kann mir das nicht mehr ~*** I can't stand it (*od.* stand listening to that) any longer; ***man hört ihm an, dass er nicht von hier ist (dass er erkältet ist)*** you can tell by his accent that he doesn't come from around here (you can tell [by his voice] that he's got a cold); **II.** *v/refl.*: ***sich gut (schlecht) ~*** sound good (bad).

Anhörung *f parl.*, ⚖ hearing; ***die ~ wurde auf Juni vertagt*** the hearing was adjourned until June; **Anhörungsverfahren** *n* hearing procedure.

anhusten *v/t.*: ***j-n ~*** cough at s.o., cough in(to) s.o.'s face.

Anilin *n* anilin(e); ***~farbe*** *f* anilin(e) dye.

animalisch *adj. a. fig.* animal ...; *fig.* (*bestialisch*) *a.* brutish.

Animateur *m* host, entertainments officer, G.O.

Animation *f* **1.** (*Verfahren*) animation; **2.** *konkret*: (animated) cartoons *pl.*; **Animator** *m* animator.

Animierdame *f* hostess, *Am.* F B-girl; **animieren** *v/t.* encourage, *stärker*: urge; (*anregen*) stimulate; ***animierte Stimmung*** high spirits.

Animosität *f* animosity.

Anis *m* ⚘ anise; (*Gewürz*) aniseed; ***~likör*** *m* anisette; ***~schnaps*** *m* aniseed brandy.

ankämpfen *v/i.*: ***~ gegen*** fight, (*Wellen, Schicksal*) battle with, (*Wind*) struggle against; ***gegen den Schlaf ~*** fight (*od.* struggle) to keep awake.

Ankauf *m* buying, purchase; (*Erwerb*) acquisition; **ankaufen** *v/t.* buy, purchase.

ankeifen *v/t.* scream at.

Anker *m* **1.** ⚓ anchor; ***vor ~ gehen*** drop anchor; *fig.* ***bei j-m vor ~ gehen*** stop by at s.o.'s house *etc.*, drop in on s.o.; ***den ~ lichten*** weigh anchor; **2.** ⚡ armature; ***~boje*** *f* anchor buoy; ***~kette*** *f* cable.

ankern *v/i.* (cast) anchor.

Anker|platz *m* anchoring ground; ***~spill*** *n* capstan; ***~winde*** *f* windlass.

anketten *v/t.* chain (**an** to); put *a dog etc.* on a (*od.* the) chain; → ***angekettet.***

ankeuchen *v/i.* → ***angekeucht.***

ankippen *v/t.* tilt.

ankläffen *v/t.* bark at; *schrill*: yelp at.

Anklage *f* accusation, charge (**gegen** against); *wegen Amtsvergehens*: *bsd. Am.* impeachment (of); ***~ erheben*** bring a charge (**gegen** against); → ***anklagen***; ***unter ~ stehen*** be on (*od.* stand) trial (**wegen** for); ***~bank*** *f*: (***auf der ~*** in the) dock; ***~erhebung*** *f* preferment of a charge (*od.* charges).

anklagen *v/t.* accuse (*gen. od.* **wegen** of), charge (with); **anklagend** *adj.* (*u. adv.*) accusing(ly).

Anklagepunkt *m* charge.

Ankläger *m* accuser; ⚖ prosecutor; ***öffentlicher ~*** public prosecutor.

Anklage|schrift *f* (bill of) indictment; ***~vertreter*** *m* counsel for the prosecution.

anklammern I. *v/t.* fasten (**an** to); *mit Büroklammer*: clip on(to); **II.** *v/refl.*: ***sich ~*** cling (**an** to).

Anklang *m* **1.** (*Ähnlichkeit*) reminiscence, echo, suggestion (**an** of); **2.** ***~ finden*** strike a chord (**bei** with), *weitS.* go down well (with), (*befürwortet werden*) meet with approval (from), find favo(u)r (with), (*sich verbreiten*) catch on (among).

anklatschen F *v/t.* **1.** (*Farbe etc.*) slap on; **2.** (*Haare*) sleek down, *mit Haarcreme*: *a.* plaster down.

ankleben I. *v/t.* stick on(to **an**); **II.** *v/i.* stick, cling (**an** to).

Ankleidekabine *f* cubicle; *im Geschäft*: fitting room.

ankleiden *v/t. u. v/refl.* (***sich ~***) dress.

Ankleide|puppe *f* **1.** dummy; **2.** *für Kinder*: dress-up doll; ***~raum*** *m* changing room.

anklicken *v/t. Computer*: click (on).

anklingen *v/i.* be heard; *fig.* ***~ an*** (*erinnern an*) be reminiscent of; ***~ lassen*** evoke, suggest; ***in s-n Worten klang ein wenig Resignation an*** there was a hint of resignation in what he said.

anklopfen *v/i.* knock (**an** at, on); *fig.* ***bei j-m ~*** approach s.o. (**wegen** about), *um Geld etc.*: F touch s.o. *for money etc.*; **Anklopfen** *n teleph.* call waiting (service).

anknabbern *v/t.* nibble at; F *fig.* ***sie sieht zum ≗ aus*** F I could eat her up.

anknacksen F *v/t.* (*Geschirr etc.*) chip; ***sich den Fuß ~*** chip a bone in one's foot; (*verstauchen*) sprain one's ankle; → ***angeknackst.***

anknipsen *v/t.* switch on.

anknüpfen I. *v/t.* tie, fasten (**an** to); *fig.* start; ***ein Gespräch ~*** *a.* strike up a conversation (**mit** with); ***Verhandlungen ~*** start (*od.* enter into) negotiations (**mit** with); ***Beziehungen ~*** establish contacts; **II.** *v/i.*: ***~ an*** go on from, pick up the thread of, *j-s Worte etc.*: go back to, *e-e Tradition*: continue; ***an die Romantik*** *etc.* ***~*** carry on where the Romantics *etc.* left off; **Anknüpfungspunkt** *m* **1.** point of contact; **2.** (*Ausgangspunkt*) starting point.

ankohlen *v/t.*: F ***j-n ~*** F pull s.o.'s leg.

ankommen I. *v/i.* **1.** arrive (**in** at, in); ***~ in*** *a.* reach; ***gut ~*** *Person*: arrive safely, *Paket*: get there all right (*Am.* alright); F ***dauernd kommt er mit s-n Fragen an***

he keeps coming with all these questions; F ***damit kommt er bei mir nicht an*** F that cuts no ice with me; **2.** F (*angestellt werden*) get a job (***bei*** with); **3.** F (*Anklang finden*) go down well (***bei*** with); ***nicht ~ a.*** F be a flop; ***groß ~ bei*** F go down a bomb with; → ***Publikum*** 2; **4.** ***~ gegen*** be able to cope with, (*j-n*) get the better of; ***gegen sie kommt er nicht an*** he's no match for her, he can't compete with her, he hasn't got a chance with her; ***gegen die Opposition** etc.* ***kommen wir nicht an*** the opposition *etc.* is too strong for us; **II.** *v/impers.* **5.** ***~ auf*** depend on; ***es kommt (ganz) darauf an*** it (all) depends (***ob*** whether); ***worauf es ankommt, ist*** the important thing is; ***es kommt (bei ihm) nicht auf den Preis an*** it doesn't matter how much it costs (money is no object for him); ***wenn es darauf ankommt,*** *ist er immer da*: when it comes to the crunch; **6.** ***es auf et. ~ lassen*** risk s.th.; ***ich lasse es darauf ~*** I'll wait and see what happens; **7.** ***es kommt mich hart (leicht) an*** I find it hard (easy); **III.** *v/t.* befall, come over *s.o.*; ***es kam ihn die Lust an zu*** *inf.* he suddenly had the urge to *inf.*

Ankömmling *m* newcomer; F (*Kind*) new arrival.

ankoppeln I. *v/t.* connect (***an*** to); (*Anhänger etc.*) hitch up (to), couple up (to); *Raumfahrt*: dock (with); **II.** *v/i. Raumfahrt*: dock (***an*** with); **Ankopp(e)lung** *f* connection (***an*** to), linking up (to, with); *Raumfahrt*: docking (with); **Ankopp(e)lungsmanöver** *n* docking manoeuvre.

ankotzen V *fig. v/t.* make *s.o.* sick, *Person*: *a. sl.* make *s.o.* (want to) puke.

ankrallen *v/refl.*: ***sich ~ an*** clutch at, cling to; *Tier*: dig its claws into.

ankreiden *v/t.*: ***j-m et. ~*** fault s.o. with s.th., (*übel nehmen*) hold s.th. against s.o.; ***j-m angekreidet werden*** count against s.o.

ankreuzen *v/t.* put a cross next to, mark with a cross; (*Kästchen*) put a tick in, tick off.

ankündigen I. *v/t.* announce (*dat.* to); *formell*: give *s.o.* notice of; *fig.* ***et. ~*** be a sign that s.th. is on its way, *lit.* herald (*od.* presage) s.th.; → ***angekündigt***; **II.** *v/refl.*: ***sich ~*** tell s.o. that one is coming, *bsd. iro.* announce one's arrival; *fig. Sturm, Frühling etc.*: be on its way; ***bei mir kündigt sich e-e Grippe an*** I think I'm due (*od.* in) for a bout of flu; **Ankündigung** *f* announcement.

Ankunft *f* arrival, *Fahrplan, Anzeigetafel etc.*: arrivals *pl.*; *fig. a.* advent; ***bei ~, nach ~*** on arrival.

Ankunfts|flughafen *m* arrival airport; **~halle** *f* arrival lounge; **~zeit** *f* arrival time.

ankuppeln *v/t.* connect (***an*** to); → *a.* ***ankoppeln.***

ankurbeln *v/t. mot.* start, crank; *fig.* stimulate; (*Wirtschaft*) *a.* boost; (*Produktion*) step up, boost *production.*

ankuscheln *v/refl.*: ***sich an j-n ~*** snuggle up to s.o.

anlächeln *v/t.* smile at, give *s.o.* a smile; *einladend*: give *s.o.* the come hither look.

anlachen *v/t.* laugh at; *fig.* ***das Stück Kuchen da lacht mich an*** that piece of cake looks very tempting; F ***sich j-n ~*** F pick s.o. up.

Anlage *f* **1.** (*Anlegen*) arrangement; (*Bau*) construction; **2.** (*Art der ~*) arrangement, layout; **3.** (*Entwurf*) design; *e-s Romans etc.*: structure; **4.** *konkret*: (*Einrichtung*) installation; (*Fabrik≈*) plant; (*Maschinen≈ etc.*) system; F (*Stereo≈*) hi-fi (system); (*Garten≈*) gardens *pl.*, grounds *pl.*, park; ***öffentliche ~*** public gardens; **5.** (*Fähigkeit*) talent, aptitude, gift (***zu*** for); (*Veranlagung*) (natural) tendency (to *inf.*), bent (for), *a.* ⚕ (pre)disposition (to[wards]); ***die ~ zu e-m Musiker** etc.* ***haben*** *a.* have the makings of a musician *etc.*; **6.** † a) (*Kapital≈*) investment, b) invested capital; **~n** *Bilanz*: assets; **7.** (*Beilage*) enclosure; *Computer*: (*beigefügte Datei*) attachment; ***in der (od. als) ~ senden wir Ihnen*** enclosed please find, enclosed you will find, we enclose; **~...** † *in Zssgn* investment *company, credit, fund etc.*; **≈bedingt** *adj.* constitutional; (*angeboren*) congenital; ***die Allergien sind bei ihm ~*** he has a natural tendency towards allergies; **~berater** *m* investment consultant; **~beratung** *f* investment consultancy; **~kapital** *n* invested (*od.* investment) capital; (*Fonds*) capital assets *pl.*; **~nbau** *m* ◎ plant construction; **~nstreuung** *f* † diversification of capital; **~papier** *n* investment security; → ***festverzinslich***; **~vermögen** *n* **1.** fixed assets *pl.*; **2.** invested capital.

anlanden I. *v/t.* (*Fische, Fracht, Truppen*) land; (*Passagiere*) disembark; **II.** *v/i. Insel etc.*: accrete.

anlangen I. *v/i.* **1.** arrive (***an, bei, in*** at, in); ***~ in (od. bei)*** (*erreichen*) *a.* reach; **II.** *v/t.* **2.** concern; ***was ... anlangt*** as for, as far as ... is (*od.* are) concerned; **3.** → ***anfassen.***

Anlass *m* (*Gelegenheit, Grund*) occasion; *zum Handeln*: *a.* motive, reason (***zu*** for); (*Ursache*) reason, grounds *pl.* (***für*** for; ***zu tun*** for doing); ***aus ~*** *gen.* on the occasion of; ***aus diesem ~*** for this reason, *weitS.* to mark the occasion; ***~ geben zu*** give rise to; ***j-m ~ geben zu*** give s.o. cause for (*ger.*); ***allen ~ haben zu*** have every reason to *inf.*; ***et. zum ~ nehmen zu*** *inf.* use s.th. as an opportunity (*contp.* excuse) to *inf.*; ***ich möchte diese Zusammenkunft** etc.* ***zum ~ nehmen zu*** *inf.* I'd like to take this occasion to *inf.*; ***ohne jeden ~*** for no reason at all; ***beim geringsten ~ feiern** etc.* use any excuse to celebrate *etc.*; ***er beschwert sich beim geringsten ~*** he complains about every little thing; ***dem ~ entsprechend*** to suit the occasion.

anlassen I. *v/t.* **1.** (*Mantel*) keep on; (*Eingeschaltetes*) leave on; **2.** (*Motor*) start (up); **II.** *v/refl.*: ***sich ~*** start; ***die Sache lässt sich gut an*** it's a good start, things look promising; ***das Wetter lässt sich gut an*** it looks as if it's going to be a nice day; ***die Woche lässt sich gut an*** it's a good start to the week; ***wie lässt er sich an?*** how's he making out?; ***er lässt sich gut an*** he's doing quite nicely.

Anlasser *m mot.* starter.

anlässlich *prp.* on the occasion of; ***~ ihres 50. Geburtstags*** *a.* to celebrate her 50th birthday.

anlasten *v/t.*: ***j-m et. ~*** blame s.o. for s.th., put the blame on s.o. for s.th.

Anlauf *m* **1.** *Sport*: run-up, *Skisprung*: approach; ***e-n ~ nehmen*** take a run; **2.** *fig.* attempt; ***beim ersten ~*** on the first go; ***beim zweiten ~*** the second time round; ***e-n ~ nehmen zu*** *inf.* get ready to *inf.*; ***e-n neuen ~ machen*** try again, have another go; **3.** ◎ start; **~adresse** *f* → ***Anlaufstelle.***

anlaufen I. *v/i.* **1.** *Sport*: run up (for the jump); *allg.* ***angelaufen kommen*** come running along; ***~ gegen*** → ***anrennen***; **2.** *mot.* start (up) (*a.* ***~ lassen***); **3.** *fig.* start, get under way, get going; ***der Film läuft nächste Woche an*** the film will be (showing) in the cinemas next week; **4.** † *Zinsen, Kosten*: accumulate; **5.** (*beschlagen*) steam up; ***rot ~*** go red; ***blau ~*** go blue in the face; **II.** *v/t.* (*Hafen*) call at.

Anlauf|hafen *m* port of call; **~kosten** *pl.* † initial (*od.* startup) cost *sg.*; **~phase** *f* initial phase; **~stelle** *f* place to go; drop-in cent|re (*Am.* -er); (*kriminelle Kontaktadresse*) contact address; F ***ich kenne s-e ~n*** F I know where he hangs out; **~zeit** *f* ◎ starting-up time; *fig.* warm-up period; *für Person*: *a.* period of adjustment; ***e-e ~ von 6 Wochen brauchen*** *Projekt etc.*: need 6 weeks to get started (*od.* to take off), *Person*: need 6 weeks to get going (*od.* to get into it).

Anlaut *m ling.* initial sound, anlaut; ***im ~*** initial ..., in initial position; **anlauten** *v/i.* begin (***mit*** with).

anläuten I. *v/i.*: ***bei j-m ~*** ring s.o. up; **II.** *v/t. Sport*: ring in.

anlautend *adj.* initial.

Anlegebrücke *f* landing stage, jetty.

anlegen I. *v/t.* **1.** ***et. ~ an*** put against, (*Leiter*) lean against; → ***Hand** etc.*; **2.** (*Verband*) apply (***an*** to), put on; ***j-m e-n Verband ~*** put a bandage on s.o., bandage s.o. up; ***j-m Fesseln ~*** put s.o. in chains; **3.** (*Kleid, Schmuck etc.*) put on; **4.** ***das Gewehr ~*** (take) aim (***auf*** at); **5.** ***e-n Säugling ~*** give a baby the breast; **6.** (*planen*) design; (*Garten, Straße etc.*) lay out; (*einrichten, a. Leitung etc.*) install(l); **7.** (*Akte, Sammlung etc.*) start; (*Kartei*) set up; (*Konto*) open; (*Vorrat*) get in; **8.** † (*Geld*) invest (***in*** in), F sink *money* into; F ***wie viel willst du ~?*** how much do you want to spend?; → ***angelegt***; **9.** ***es ~ auf*** be out for (*od.* to *inf.*); **10.** → ***Maßstab***; **II.** *v/i.* **11.** ⚓ land, put in; ***in** e-m Hafen* ***~*** call (*od.* dock) at; **III.** *v/refl.*: ***sich ~ mit** j-m*: start a fight (*od.* an argument) with.

Anleger *m* † investor.

Anlegestelle *f* landing place, moorings *pl.*; → ***Anlegebrücke.***

anlehnen I. *v/t.* **1.** (*Tür*) lean *the door* to; leave *the door* open a crack; → ***angelehnt***; **2.** ***~ an*** lean against; **II.** *v/refl.*: **3.** ***sich ~ an*** lean on; *mit dem Kopf*: rest one's head on; **4.** *fig.* ***sich (stark) ~ an*** follow (closely), (*Autor etc.*) *a.* lean (heavily) on; **Anlehnung** *f pol.* dependence (***an*** on); ***in ~ an*** following, *Kunst etc.*: in the style of; **anlehnungsbedürftig** *adj.*: ***~ sein*** need to feel protected, need a lot of support and affection.

anleiern F *v/t.* F get *s.th.* going.

Anleihe *f* **1.** loan; ***e-e ~ bei j-m machen*** borrow money from s.o.; **2.** bond issue; **~kapital** *n* loan capital; **~papier** *n* stock, bond; **~schuld** *f* bonded debt.

anleimen *v/t.* glue on; ~ an glue (on)to.

anleinen *v/t.* (*Hund*) put on a lead (*od.* leash); → ***angeleint.***

anleiten *v/t.* guide; *fig.* ***j-n bei e-r Arbeit** etc.* ***~*** show s.o. how to do a job *etc.*; **Anleitung** *f* direction, guidance; ◎ instructions *pl.*; → *a.* ***Bedienungsanleitung.***

Anlernberuf *m* semi-skilled job; **anler-**

nen *v/t.* train, show *s.o.* the ropes; → ***angelernt***; **Anlernling** *m* trainee.

anlesen *v/t.* **1.** (*Buch*) dip into; **2. *sich et.*** ~ get s.th. out of a book (*od.* magazine *etc.*), *gezielt*: read up on s.th.; → ***angelesen.***

anliefern *v/t.* deliver; **Anlieferung** *f* delivery.

anliegen I. *v/i.* **1.** *Kleidung*: fit; ***eng*** ~ fit tightly, ***an***: cling to; **2.** ⚓ head *north etc.*; **3.** F ***was liegt heute an?*** what's on the agenda today?, what's got to be done today?; **II.** 2 *n* (*Wunsch*) request; *weitS.* concern; (*Sache*) matter; ***ein nationales*** ~ a matter of national concern; ***ich habe ein ~ an Sie*** I want to ask you a favo(u)r; **anliegend** *adj.* **1.** *Kleidung*: (*eng* ~) close-fitting, snug; **2.** → ***angrenzend***; **3.** *a. adv.* (*beiliegend*) enclosed, attached.

Anlieger *m* resident; ~ frei (access to) residents only; **~staat** *m* neighbo(u)ring (*od.* bordering) state, *an e-m Gewässer*: riparian state; **~verkehr** *m mot.* access traffic.

anlocken *v/t.* (*Tiere*) lure; (*Menschen*) attract, *stärker*: lure.

anlöten *v/t.* solder on(to ***an***).

anlügen *v/t.* lie to (*s.o.'s* face).

Anmache → ***Anmachtour.***

anmachen *v/t.* **1.** (*befestigen*) attach, *mit Nadel etc.*: fasten (***an*** to); **2.** (*mischen*) prepare; (*Salat*) dress, toss; → ***angemacht***; **3.** (*Feuer*) make, light; (*einschalten*) switch on; **4.** F *fig.* ***j-n*** ~ F chat s.o. up, *sl.* (try to) get off with s.o., (*j-m sehr gefallen*) F turn s.o. on.

Anmachtour F *f*: ***das gehört zu s-r*** ~ F that's all part of his act; ***ich mag diese ~ nicht*** I don't like the way he sets to work on women.

anmahnen *v/t.*: ⚚ ***et.*** (***bei j-m***) ~ ask (s.o.) for payment (*od.* delivery *etc.*) of s.th.

anmalen I. *v/t.* paint; **II.** F *v/refl.*: ***sich*** ~ (*sich schminken*) F put one's face (*od.* war paint) on.

Anmarsch *m* approach, advance; F (*Weg*) F march; ***im ~ sein*** a) be advancing (***auf*** towards), b) F be on the way; **anmarschieren** *v/i.* march up; **Anmarschweg** *m* approach (route); F *zur Arbeit*: way.

anmaßen *v/t.*: ***sich*** *et.* ~ (*Rechte etc.*) claim; ***sich ~, et. zu tun*** take it upon o.s. to do s.th.; ***ich maße mir kein Urteil darüber an*** who am I to judge?, *formell*: far be it from me to pass judg(e)ment on it; **anmaßend** *adj.* arrogant, presumptuous; (*herrisch*) overbearing; **Anmaßung** *f* arrogance; presumption; *widerrechtliche*: usurpation; ***diese ~!*** what a cheek!

Anmelde|formular *n* registration form; (*Antrag*) application form; **~frist** *f* registration period; ***die ~ läuft morgen aus*** the deadline for registrations is tomorrow; **~gebühr** *f* registration fee.

anmelden I. *v/t. polizeilich etc.*: register (with the police); (*Gäste*) announce; (*Schüler etc.*) enrol(l); *fig.* (*Einwand, Zweifel*) raise; (*Wunsch*) make *a request*; ***würden Sie mich bei ihm ~ ?*** would you tell him I'm here, please; ***den Fernseher*** (***das Radio***) ~ get a television (radio) licen|ce (*Am.* -se); → ***Konkurs, Patent*** I; **II.** *v/refl.*: ***sich*** ~ *polizeilich*: register (with the police); *bei j-m*: let *s.o.* know one has arrived; *beim Arzt etc.*: make an appointment (***bei*** with); *zur Teilnahme*: enrol(l) (***zu*** for); *Sport*: enter one's name (for); *im Hotel*: book in; *fig.* announce itself; *Computer*: log on; ***sich im Netzwerk*** ~ log on to the network.

Anmeldepflicht *f* compulsory registration; **anmeldepflichtig** *adj.* subject to registration; ⚕ notifiable.

Anmeldung *f* **1.** registration; announcement; booking; enrol(l)ment; entry; → ***anmelden***; *Zoll*: declaration; ***nach vorheriger*** ~ *Sprechstunde*: by appointment (only); **2.** (*Empfangsbüro, -stelle*) reception (desk).

anmerken *v/t.* **1.** (*anstreichen*) mark; (*notieren*) make a note of; **2. *j-m s-n Ärger*** *etc.* ~ be able to tell that s.o. is annoyed *etc.* (***an*** by); ***sich nichts ~ lassen*** not to show one's feelings; ***man merkt ihm sofort an, dass*** you just have to look at him to see that; ***lass dir nichts ~!*** don't let on!; **3.** (*sagen*) remark; **Anmerkung** *f* remark (***über*** on); *kritische*: comment (on); *schriftliche*: note; *erklärende*: annotation; ~ ***der Redaktion*** (*abbr.* ***Anm. d. Red.***) editor's comment (*abbr.* ed.).

anmosern F *v/t.* → ***anmotzen.***

anmotzen F *v/t.* F have a (real) go at.

anmustern *v/t.* sign on.

Anmut *f* grace(fulness); (*Liebreiz*) charm.

anmuten *v/t.*: ***j-n seltsam*** *etc.* ~ strike s.o. as strange *etc.*

anmutig *adj.* charming.

annageln *v/t.* nail on(to ***an***); → ***angenagelt.***

annagen *v/t.* gnaw at.

annähen *v/t.* sew on(to ***an***).

annähern I. *v/t.* approximate (***an*** to); (*Standpunkte*) *einander*: reconcile; **II.** *v/refl.*: ***sich*** ~ approach (*dat. s.th.*) (*a. fig. ähnlich sein*); *fig.* ***sich j-m*** ~ make contact with s.o., *stärker*: get friendly with s.o.; **annähernd I.** *adj.* approximate, rough; **II.** *adv.* roughly; ***nicht*** ~ not nearly; ~ ***richtig*** just about right, more or less right; **Annäherung** *f* approach; *von Ansichten*: reconciliation; *pol.* rapprochement.

Annäherungs|politik *f* policy of rapprochement; **~versuch** *m* **1.** advances *pl.*, pass; **2.** *pol.* attempt at rapprochement, overtures *pl.*

annäherungsweise *adv.* approximately.

Annäherungswert *m* approximate value.

Annahme *f* **1.** acceptance (*a. fig.*); *e-s Antrags, e-s Kindes*: adoption; *e-s Gesetzes*: passing (*Am. a.* passage) *of a bill*; *von Mitarbeitern etc.*: employment; ⚚ ***die ~ e-r Sache verweigern*** refuse to accept; 📯 ~ ***verweigert!*** refused; **2.** (*Vermutung*) assumption; 📖 hypothesis; ***in der ~, dass*** on the assumption that, assuming that; ***ich war der ~, dass*** I was under the impression that, I had assumed that; ***wir haben Grund zur ~, dass*** we have reason to assume that; **~bestätigung** *f* ⚚ acknowledg(e)ment of receipt; **~erklärung** *f* ⚚ notice of acceptance; **~frist** *f* ⚚ period of acceptance; **~stelle** *f* counter; (*Lotto*2) agency; ⚔ recruiting office; **~verweigerung** *f* non-acceptance.

Annalen *pl.* annals; F ***in die ~ eingehen*** go down in history.

annehmbar *adj.* acceptable (***für*** to), *Preis, Bedingung*: *a.* reasonable (*a.* F *zufrieden stellend*); **annehmen I.** *v/t.* **1.** accept (*a. fig.*; *a. v/i.*); *parl.* (*Antrag*) carry; (*Gesetz*) pass; (*Rat*) take *s.o.'s advice*; (*Mitarbeiter etc.*) take on; (*Farbe*) a) take on, b) *Stoff*: take; (*Gestalt*) take on, assume; (*Gewohnheit*) take up, *schlechte*: fall into; (*Kind, Brauch*) adopt; (*Namen, Titel*) *a.* assume; (*Ball*) take; ⚚ ***e-n Wechsel*** (***nicht***) ~ (dis)hono(u)r; → ***Vernunft***; **2.** (*vermuten*) assume; ***nehmen wir an*** (let's) suppose, supposing, F (let's) say; → *a.* ***angenommen***; **II.** *v/refl.*: ***sich e-r Sache*** ~ take care of s.th.; ***sich j-s Sache*** ~ take up the cause of; ***sich j-s*** ~ take care of s.o., take s.o. under one's wing.

Annehmlichkeiten *pl.* comforts, amenities.

annektieren *v/t.* annex.

Annex(bau) *m* annex(e).

Annexion *f pol.* annexation.

anno *adv.* in the year (of); ~ ***Domini*** in the year of our Lord; F ~ ***dazumal*** in the olden days; ***in ~ Tobak*** F donkey's years ago.

Annonce *f* advertisement, *Brit. a.* advert; F ad; → ***Anzeige***; **annoncieren I.** *v/t.* advertise; **II.** *v/i.* place an ad (*od.* advertisement) in a newspaper.

annullieren *v/t.* annul, ⚖ *a.* declare null and void; (*Auftrag*) cancel; (*Tor*) disallow; **Annullierung** *f* annulment; cancellation.

Anode *f* ⚡ anode.

anöden F *v/t.* **1.** F bore to tears; ***sich gegenseitig*** ~ F be sick of the sight of each other; **2.** molest.

anodisch *adj.* anodal, anodic.

anomal *adj.* abnormal; **Anomalie** *f* anomaly, ⚕ *a.* abnormality.

anonym *adj.* anonymous; ***2e Alkoholiker*** (*abbr.* ***AA***) Alcoholics Anonymous; **Anonymität** *f* anonymity.

Anorak *m* anorak, *bsd. Am.* parka.

anordnen *v/t.* **1.** arrange; **2.** (*befehlen*) order; **Anordnung** *f* **1.** arrangement; (*Gruppierung*) grouping; **2.** (*Anweisung*) order, instruction; ***~en treffen*** give orders (*od.* instructions); make arrangements; ***auf ~ von*** by order of; (***auf***) ~ ***des Arztes!*** doctor's orders.

Anorexie *f* ⚕ anorexia (nervosa).

anorganisch *adj.* inorganic.

anormal *adj.* abnormal; ***das ist*** ~ *a.* that's not normal.

anpacken I. *v/t.* grab; *fig.* (*j-n*) treat, handle; (*Arbeit, Problem etc.*) tackle; F → ***anfassen***; F ***packen wirs an!*** let's get down to business, then; *fig.* ***e-e Sache anders*** ~ approach s.th. differently; **II.** *v/i.*: ***mit*** ~ lend a hand.

anpassen I. *v/t.* (*Anzug etc.*) fit; *fig.* adapt, adjust (*a.* ⚚, ⚙ *etc.*) (*dat.* to); *farblich etc.*: match (with); **II.** *v/refl.*: ***sich*** ~ adapt (o.s.), adjust (o.s.); *Augen*: accommodate; ***sich e-r Sache*** ~ *a.* conform to s.th.; ***sich ~ an*** *pol. etc.* align o.s. to; ***er kann sich einfach nicht ~*** he just won't fit in; → ***angepasst***; **Anpassung** *f* adaptation, adjustment; *kulturelle*: acculturation.

anpassungsfähig *adj.* adaptable; flexible; **Anpassungsfähigkeit** *f* adaptability, flexibility.

Anpassungs|schwierigkeiten *pl.* difficulties in adapting; *psych.* maladjustment; *psych.* ~ ***haben*** suffer from maladjustment; **~vermögen** *n* → ***Anpassungsfähigkeit***; **~zeitraum** *m EU etc.* adjustment period.

anpeilen *v/t.* take a bearing on; (*ansteuern*) head for; F (*j-n*) make for; (*anstreben*) aim at; (*anvisieren*) have one's sights set on; → ***angepeilt.***

anpeitschen *fig. v/t.* spur on.

anpfeifen *v/t.* **1.** *Sport*: ***das Spiel*** ~ start the game; **2.** F ***j-n*** ~ (*schimpfen*) F give s.o. a roasting, *Am.* F chew s.o. out.

Anpfiff *m* **1.** *Sport*: ***der ~ war um 3 Uhr*** the game started at 3 o'clock, *Fußball*: kick-off was at 3 o'clock; **2.** F *fig.* ***e-n ~ bekommen*** be hauled over the coals, F get a roasting, *Am.* F get chewed out.
anpflanzen *v/t.* plant; (*anbauen*) cultivate.
anpflaumen F *v/t.* **1.** ***j-n ~*** F pull s.o.'s leg; **2.** insult; ***ich lass mich von dir nicht ~*** F don't give me any of your lip.
anpiepsen F *v/t.* F bleep.
anpinseln *v/t.* paint.
anpirschen *v/refl.*: ***sich ~ an*** creep up to, stalk.
anpöbeln *v/t.* (verbally) accost; shout abuse at, F foul-mouth.
Anprall *m* impact; **anprallen** *v/i.* crash (***gegen*** into).
anprangern *v/t.* pillory; denounce (***als*** as).
anpreisen *v/t.* recommend, F push; (*eigene Ware*) plug; (*loben*) praise, extol.
Anprobe *f* fitting; ***zur ~ gehen*** go for a fitting; **anprobieren** *v/t.* try on.
anpumpen F *v/t.* F tap; ***~ um*** *a.* F touch *s.o.* for.
anquatschen F *v/t.* accost.
Anrainer *m* **1.** neighbo(u)r; **2.** *Staat*: neighbo(u)ring country; **3.** *östr.* (*Anlieger*) resident; **~staat** *m* neighbo(u)ring country; *am Meer*: littoral state; *im Pazifik*: (Pacific) rim nation.
anranzen F *v/t.* snarl at.
anraten **I.** *v/t.*: ***j-m ~, et. zu tun*** advise s.o. to do s.th.; ***j-m et. ~*** (*empfehlen*) recommend s.th. to s.o.; **II.** ≈ *n*: ***auf ~ des Arztes*** on the doctor's advice.
anrauschen F *v/i.*: ***angerauscht kommen*** *Auto*: come roaring along, *Person*: make one's entry.
anrechnen *v/t.* (*gutschreiben*) credit; (*in Betracht ziehen, berücksichtigen*) take into account, allow for; (*zählen*) count; ***sie haben mir die alte Kamera angerechnet*** they knocked something off for my old camera; ***j-m et. ~*** (*in Rechnung stellen*) charge s.o. with s.th., charge s.th. to s.o.'s account; ***j-m zu viel ~*** overcharge s.o.; *fig.* ***j-m et. als Verdienst ~*** give s.o. credit for s.th.; ***j-s Hilfe*** *etc.* ***hoch ~*** greatly appreciate s.o.'s help *etc.*; **Anrechnung** *f* charge; ***j-m et. in ~ bringen*** charge s.o. for s.th.
Anrecht *n*: (***ein***) ***~ haben auf*** have a right to, be entitled to.
Anrede *f* address; *im Brief*: opening; **anreden** *v/t.* **1.** address (***als*** as; ***mit*** with); ***j-n mit du*** (***Sie***) ***~*** call s.o. du (Sie), use the familiar (polite) form of address with s.o.; ***du musst ihn nicht mit s-m Doktortitel ~*** you don't have to call him by his (*od.* use his) doctor's title, you don't have to call him Doctor (X); **2.** (*ansprechen*) approach (***auf et. hin*** about *od.* on s.th.); **3.** ***gegen den Lärm*** *etc.* ***~*** compete against the noise *etc.*; **4.** ***gegen j-n ~*** argue against s.o.
anregen *v/t.* **1.** (*vorschlagen*) suggest; **2.** (*ermuntern*) encourage; *a. geistig, physiol.*: stimulate (*a. v/i.*), (*Appetit*) *a.* whet; (*veranlassen*) elicit, prompt; (*Diskussion*) start; ***j-n zum Nachdenken ~*** set s.o. thinking; → ***angeregt***; **3.** ⚡ excite; **anregend** **I.** *adj.* stimulating; **II.** *adv.*: ***~ wirken*** have a stimulating effect; **Anregung** *f* **1.** stimulation; *fig. a.* encouragement; (*Anreiz*) impulse, *a.* ⚕ stimulus; ***zur ~ des Kreislaufs*** to get one's circulation going; **2.** (*Vorschlag*) suggestion; ***auf ~ von*** at the suggestion of; **3.** ⚡ excitation; **Anregungsmittel** *n* ⚕ stimulant.
anreichern **I.** *v/t.* enrich; → ***angereichert***; **II.** *v/refl.*: ***sich ~*** accumulate; **Anreicherung** *f* enrichment; (*Ansammlung*) accumulation;
Anreicherungs|anlage *f* enrichment plant; **~verfahren** *n* enrichment method.
anreihen **I.** *v/t.* add; (*Perlen etc.*) string; ***aneinander ~*** join (*bsd. contp.* string) together; **II.** *v/refl.*: ***sich ~*** line up (***an*** next to); (*sich anschließen*) follow on.
Anreise *f* journey; **anreisen** *v/i.* travel; (*ankommen*) arrive, come.
anreißen *v/t.* **1.** tear (slightly); F *fig.* (*Packung etc.*) start on, (*Vorräte, Gespartes*) break into; **2.** (*vorzeichnen*) trace, mark out; **3.** *fig.* (*Frage*) raise, (*Thema*) broach; **4.** (*Motor*) start up; **Anreißer** F *m* (*Kundenfänger*) tout; **anreißerisch** *adj.* loud.
Anreiz *m* incentive (*a.* ✝); **anreizen** *v/t.* stimulate; *fig. a.* encourage; (*verlocken*) tempt; ***~ zu*** *inf. a.* spur to *inf.*
anrempeln *v/t.* jostle (against), bump (*heftiger*: barge) into; *fig.* ***j-n wegen e-r Sache ~*** F get a dig in at s.o. about s.th., *wiederholt*: keep on at s.o. about s.th.
anrennen *v/i.*: ***~ gegen*** run against (*od.* into); ⚔ charge; *Sport*: throw everything at; *fig.* (*bekämpfen*) struggle against; ***wir rennen gegen die Zeit an*** it's a battle against the clock; ***angerannt kommen*** come running (along).
Anrichte *f* sideboard; **anrichten** *v/t.* **1.** (*Speisen*) prepare; (*zusammenstellen*) arrange; ***es ist angerichtet!*** dinner *etc.* is served!; **2.** (*Unheil etc.*) cause; do *damage*, wreak *havoc*; ***da hast du was Schönes angerichtet*** now you've done it; → ***Blutbad.***
Anriss *m* **1.** (hairline) crack, fissure; **2.** (*Vorzeichnung*) tracing.
anrollen *v/i.* **1.** roll up; *weitS.* be under way; ***angerollt kommen*** *a.* F *fig.* roll up; **2.** start moving; ✈ taxi.
anrosten *v/i.* start to rust.
anrösten *v/t. gastr.* brown.
anrüchig *adj.* **1.** disreputable, of ill repute, F shady; **2.** (*anstößig*) indecent.
anrücken *v/i.* approach; ⚔ advance; F *iro.* (*kommen*) F show up.
Anruf *m* (phone) call; ***e-n ~ entgegennehmen*** take a phone call; **~beantworter** *m* (telephone) answering machine, answerphone.
anrufen **I.** *v/t.* **1.** call (up), ring (up), phone (up); **2.** (*anflehen*) implore, invoke; **3.** (*Gericht etc.*) appeal to; **II.** *v/i.* ring (up), call (up); make a phone call; ***rufen Sie einfach an*** *a.* just give us *etc.* a call; ***ich muss mal eben ~*** I've just got to make a phone call (*od.* ring s.o. up); **Anrufer** *m* caller.
Anruf|weiterleitung *f*, **~weiterschaltung** *f* call transfer (*od.* diversion); **~wiederholung** *f* last number redial.
anrühren *v/t.* **1.** touch; *fig.* (*Thema*) touch (on); *Alkohol, Geld etc.* ***nicht ~*** not to touch; **2.** (*mischen*) mix; **3.** *fig. innerlich*: touch, move.
ans (= ***an das***) → ***an.***
Ansage *f* announcement; *Kartenspiel*: bid(ding); **ansagen** **I.** *v/t.* announce; *Kartenspiel*: bid; ***Trumpf ~*** declare trumps; → ***angesagt, Kampf***; **II.** *v/ refl.*: ***sich ~*** say that one is coming, *bsd. iro.* announce one's arrival; **Ansager(in** *f*) *m* announcer; **Ansagetext** *m teleph.* recorded message.
ansammeln **I.** *v/t.* collect; (*Schätze etc.*) amass, pile up; **II.** *v/refl.*: ***sich ~*** accumulate (*a. Personen*); *Wut*: build up; → ***angesammelt***; **Ansammlung** *f* collection; accumulation; pile; → ***ansammeln***; *von Verschiedenem*: array; *von Menschen*: crowd.
ansässig *adj.* resident; ***nicht ~*** non-resident; ***~ werden*** take up residence, settle (***in*** in); ***~ sein in*** *Völker*: have settled in; ***er ist seit 30 Jahren hier ~*** he's lived here for 30 years.
Ansatz *m* **1.** *des Halses, der Nase*: base; → ***Haaransatz***; **2.** ⚙ → ***Ansatzstück***; **3.** ⚗, *geol.* deposit, sediment; **4.** ♪ *e-s Bläsers*: lip(ping); *e-s Sängers*: intonation; **5.** *fig.* (*Anzeichen*) first sign(s *pl.*), beginning(s *pl.*); ***er zeigt den ~ zum Bauch*** he's starting to get a paunch; ***gute*** (***gewisse***) ***Ansätze zeigen*** show (some) promise; ***er zeigt Ansätze zur Besserung*** a) he's slowly beginning to get better, b) it looks as if he's turning over a new leaf; ***das ist im ~ richtig, aber ...*** you've got the right idea, but ...; **6.** *fig.* (*Versuch*) attempt; (*Methode*) approach; **7.** ⚗ formulation **8.** ✝ estimate; ***die Kosten mit 10 Millionen Mark in ~ bringen*** estimate the costs at 10 million marks; **~punkt** *fig. m* start, (*Ausgangspunkt*) point of departure; ***das ist immerhin ein ~*** it's a start; **~stück** *n* ⚙ **1.** attachment; **2.** (*Verlängerung*) extension (piece); ≈**weise** *adv.*: ***~ zeigen*** (***enthalten*** *etc.*) show (have *etc.*) the beginnings of.
ansäuern *v/t.* acidify.
ansaugen *v/t.* suck in (*od.* up); (*Luft*) suck in, draw in.
Ansaug|rohr *n* induction pipe; **~takt** *m* suction (*od.* intake) stroke.
anschaffen **I** *v/t.* buy; ***sich et. ~*** *a.* get (o.s.) s.th., F invest in s.th.; ***sich Kinder ~*** have children; **II.** *v/i.*: F ***~ gehen*** (*sich prostituieren*) *sl.* go hooking, *Am.* go hustling; **Anschaffung** *f* (*das Anschaffen*) purchase, purchasing (*gen.* of), investment (in); (*Gegenstand*) acquisition, object; ***die ~ e-s Autos*** buying a car; ***das war e-e große ~*** it was a big investment.
Anschaffungs|kosten *pl.* acquisition cost(s *pl.*) *sg.*, initial cost *sg.*, (purchase) cost *sg.*; ***die ~ e-s Autos*** the cost of buying a car; **~preis** *m* cost price; **~wert** *m* cost (*od.* acquisition) value.
anschalten *v/t.* switch on, turn on.
anschauen *v/t.* → ***ansehen.***
anschaulich **I.** *adj.* graphic; clear; ***~ machen*** illustrate, explain *s.th.* clearly; ***ich will Ihnen ein ~es Beispiel geben*** let me give you an example to illustrate what I mean (*od.* that will make things clear); **II.** *adv.* graphically; clearly; ***~ schildern*** give a graphic description of; ***~ vermittelt werden*** come across vividly; **Anschaulichkeit** *f* (*Klarheit*) clarity; (*Lebendigkeit*) graphic nature (*gen.* of).
Anschauung *f* **1.** (*Ansicht*) view, opinion; (*Vorstellung*) idea, notion; (*Auffassung*) conception; ***zu der ~ gelangen, dass*** come to the conclusion that; **2.** contemplation; ***in ~ versunken*** lost in contemplation; **3.** visual perception; ***s-e Unterrichtsmethode ist auf ~ gegründet*** the visual element is crucial to his teaching method.
Anschauungs|material *n* illustrative material; *Ton- u. Bildgerät*: audiovisual

aids *pl.*; **~sache** *f* a matter of opinion; **~unterricht** *m* visual instruction; *fig.* object lesson; **~vermögen** *n* intuitive faculty; **~weise** *f* approach, point of view.

Anschein *m* appearance; semblance; ***den ~ gen. erwecken*** give the impression of (being); ***es hat den ~, als ob*** it looks (very much) as if; ***sich den ~ geben zu*** *inf.* pretend to *inf.*, **et. zu sein:** make o.s. out to be s.th.; ***allem ~ nach*** to all appearances, ***war er es:*** *a.* it looks very much as if it was him; **anscheinend I.** *adv.* apparently; ***er ist ~ krank*** *a.* he seems to be ill; **II.** *adj.* apparent, seeming; **Anscheinsbeweis** *m* ⚖ prima facie evidence.

anscheißen F *v/t.* **1.** *sl.* give *s.o.* a bollocking; **2.** (*betrügen*) F do.

anschicken *v/refl.*: ***sich zu*** *et.* ***~*** get ready for; (*sich machen an*) set about (*ger.*); ***sich ~ zu*** *inf.* get ready to *inf.*; *gerade*: be about to *inf.*, be on the point of *ger.*

anschieben *v/t.* push (**an** against); give *s.th.* a push (*Auto*: *a.* a bump-start).

anschielen *v/t.* look at *s.o. od. s.th.* from the corner of one's eye; *mit Mühe*: squint at.

anschießen *v/t.* shoot at (and wound), hit; *Sport*: (*j-n*) hit *s.o.* with the ball; F *fig.* (*kritisieren*) F get at *s.o.*; ***angeschossen werden*** *a.* be hit by a bullet (*od.* several bullets); F *fig.* ***angeschossen kommen*** F come shooting along; → ***angeschossen.***

anschimmeln *v/i.* start to go mo(u)ldy.

anschirren *v/t.* harness.

Anschiss F *m sl.* bollocking; ***e-n ~ bekommen*** be given (*od.* get) a bollocking.

Anschlag *m* **1.** (*Plakat*) poster; (*Bekanntmachung*) notice; ***e-n ~ machen*** put a notice up; **2.** (*Überfall*) attack; ***ein ~ auf j-n*** (***j-s Leben***) an attempt on s.o.'s life; ***es ist ein ~ auf X verübt worden*** there has been an attempt on X's life, X has been the victim of an (*od.* a terrorist) attack; **3.** *Schreibmaschine*: stroke; (*Raum e-s Buchstabens*) space; ***60 Anschläge pro Zeile*** 60 characters per line; ***220 Anschläge pro Minute*** 220 strokes a minute; ***die Tastatur hat e-n sehr leichten ~*** the keyboard has a very light touch; **4.** ♪ *etc.* touch; **5.** *Schwimmen*: touch; **6.** *Gewehr*: firing position; **7.** ⚙ (*Sperre*) stop; ***bis zum ~ aufdrehen*** turn *s.th.* as far as it will go, open *s.th.* up completely; **8.** (*Schätzung*) estimate; **~brett** *n* notice (*od.* bulletin) board; ***auf dem ~*** *a.* (up) on the board; **~drucker** *m Computer*: impact printer.

anschlagen I. *v/t.* **1.** hit, knock (**an** against); ***sich den Ellbogen*** *etc.* ***an et. ~*** knock one's elbow *etc.* on (*od.* against) s.th.; → ***angeschlagen***; **2.** (*befestigen*) fasten, fix; (*Zettel etc.*) stick up, put up; **3.** ♪ hit, strike; (*Glocke*) sound, ring; (*Stunden*) strike; ***den Ton ~*** give the note, *fig.* set the tone; *fig.* ***den richtigen Ton ~*** strike the right note; ***e-n frechen*** (***sarkastischen***) ***Ton ~*** start to get cheeky (sarcastic); **4.** *Gewehr* ***~ auf*** aim at; **5.** (*schätzen*) estimate; **II.** *v/i.* **6.** ***~ an*** hit (*Wellen*: break) against; ***mit dem Kopf an die Wand ~*** hit one's head against the wall; **7.** *Hunde*: bark; **8.** *Schwimmen*: touch; **9.** *Arznei*: take effect; **10.** (*das Gewicht erhöhen*) tell; ***bei mir schlägt jedes Stück Kuchen an*** every little piece of cake tells with me.

Anschlag|säule *f* advertising pillar; **~tafel** *f* → ***Anschlagbrett.***

anschleichen I. *v/i. u. v/refl.*: (**sich**) ***~ an*** creep up on, (*Wild*) *a.* stalk; ***angeschlichen kommen*** a) come sneaking up, b) F turn up on the doorstep; **II.** *v/t.* creep up on, (*Wild*) *a.* stalk.

anschleppen *v/t.* **1.** (*a.* ***angeschleppt bringen***) drag along, (*Person*) *a.* F have in tow; **2.** *mot.* give *a car* a tow.

anschließen I. *v/t.* **1.** *mit Schloss*: padlock (**an** to); *mit Kette*: chain (to); **2.** ⚙ connect (**an** to), ⚡ *a.* hook up (to); *mit Stecker*: plug in(to); ***angeschlossen werden an*** *das Kabelnetz etc.*: be connected to, get plugged into, get hooked up to; **3.** (*hinzufügen*) add (**an** to); **II.** *v/refl.*: ***sich ~*** **4.** (*nachfolgen*) follow; ***an den Vortrag schloss sich e-e Diskussion an*** the lecture was followed by a discussion; **5.** (*j-m*) join; *unterstützend*: take *s.o.'s* side; (*e-r Ansicht*) support, endorse; (*e-m Beispiel*) follow; (*das Gleiche tun*) follow suit; ***der Meinung schließe ich mich an*** I'd like to support that view; **6.** (*angrenzen*) border (**an** on); **anschließend I.** *adv.* afterwards, *formell*: subsequently; **II.** *adj.* subsequent, *nachgestellt*: that followed.

Anschluss *m* 🚂, ⚡, *teleph.* connection; *teleph.* (*Leitung*) line; (*Gas*~, *Wasser*~ *etc.*) supply; *an e-e Partei etc.*: affiliation (**an** with); *e-s Staates*: union; ***~ bekommen*** *teleph.* get through; ***~ finden*** a) (*bei Menschen*) make contact *od.* friends (**bei** with), b) *Sport*: catch up (**an** with), *Fußball etc.*: get back into the game, *in der Tabelle*: narrow the gap; ***kein ~ unter dieser Nummer*** number no longer in use; 🚂 ***~ haben*** have a connection; ***den ~ verpassen*** miss one's connection, F *fig.* miss the boat; ***~ suchen*** look for company; ***im ~ an*** after, following, *formell*: subsequent to, ***unser Schreiben:*** further to our letter; → ***daran***; **~dose** *f* ⚡ socket; **~flug** *m* connecting flight, connection; ***den ~ erreichen*** (***verpassen***) catch (miss) the connecting flight; **~gleis** *n* 🚂 siding; **~kabel** *n* ⚡ connecting lead; *teleph.* subscriber's cable; **~leitung** *f* connecting pipe; **~reise** *f* add-on trip; **~stelle** *f mot.* (motorway) junction; **~strecke** *f* 🚂 feeder line; **~tor** *n*, **~treffer** *m Sport*: *goal that gets a team back into the match*; **~zug** *m* connecting train, connection.

anschmachten *v/t.* drool over.

anschmeißen F *v/t.* (*Motor*, *Maschine etc.*) F get *s.th.* going.

anschmiegen *v/refl.*: ***sich ~*** *Kleid*: fit snugly; ***sich ~ an*** snuggle up to; **anschmiegsam** *adj.* affectionate.

anschmieren I. *v/t.* **1.** (*Wand etc.*) smear; **2.** F ***j-n ~*** F take s.o. for a ride; **3.** F ***j-m et. ~*** fob s.th. off on s.o.; **II.** *v/refl.* **4.** ***sich ~*** dirty o.s.; F *Frau*: F put one's face (*od.* war paint) on; **5.** F ***sich bei j-m ~*** F suck up to s.o.

anschmoren *v/t. gastr.* braise.

anschnallen I. *v/t.* strap on; (*Skier*) put on; **II.** *v/refl.*: ***sich ~*** ✈ *etc.* fasten one's seatbelt; *mot. a.* belt up, buckle up, *gewohnheitsmäßig*: wear a seatbelt.

Anschnall|gurt *m* ✈, *mot.* seatbelt; **~pflicht** *f* compulsory wearing of seatbelts; ***es besteht ~*** it's compulsory to wear seatbelts; ***die ~ besteht seit ...*** the seatbelt law was introduced in ...

anschnauzen F *v/t.* snarl at; **Anschnauzer** F *m*: ***e-n ~ bekommen*** F get bawled (*Am.* chewed) out.

anschneiden *v/t.* (*Ball*) put a spin on; *fig.* (*Thema*, *Frage*) broach, touch on; → ***angeschnitten.***

anschneien *v/i.* → ***angeschneit.***

Anschnitt *m* first slice, F end bit.

anschnorren F *v/t.*: ***j-n*** (***um et.***) ***~*** F scrounge (s.th.) off s.o.

Anschovis *f* anchovy.

anschrauben *v/t.* screw on(to **an**) .

anschreiben I. *v/t.* **1.** write; ***an die Tafel ~*** write *s.th.* up on the (black)board (*Am. a.* chalkboard); **2.** (*j-n*) write to; **3.** ***j-m et. ~*** charge s.th. to s.o.'s account; ***et. ~ lassen*** take s.th. on credit; *fig.* → ***angeschrieben***; **II.** ~ *n* ⚜ cover note.

anschreien *v/t.* shout at, *stärker*: scream at.

Anschrift *f* address; **Anschriftenänderung** *f* change of address.

Anschubfinanzierung *f* knock-on financing

anschuldigen *v/t.* accuse (*gen.* of); **Anschuldigung** *f* accusation, charge.

anschwärmen I. *v/t.* idolize, F be crazy about; **II.** *v/i.* (*a.* ***angeschwärmt kommen***) come swarming along.

anschwärzen *v/t.* **1.** blacken; **2.** *fig.* ***j-n ~*** run s.o. down, *stärker*: blacken s.o.'s name.

anschweigen *v/t.* not to say a word to *s.o.*; ***sie haben sich*** (***gegenseitig***) ***angeschwiegen*** they just sat there and didn't say a word to each other, they just sat there in silence.

anschweißen *v/t.* weld on(to **an**) .

anschwellen *v/i.* ⚕, ♪ swell; *Fluss*: *a.* rise; *fig. Lärm*: grow louder; *Arbeit*: mount; → ***angeschwollen***; **Anschwellung** *f* swelling.

anschwemmen *v/t.* wash ashore (*od.* up); (*Land*) deposit; → ***angeschwemmt***; **Anschwemmung** *f geol.* alluvial deposits *pl.*, alluvium.

anschwimmen *v/i.* → ***Strom*** 1.

anschwindeln *v/t.*: ***j-n ~*** lie to s.o., tell s.o. a lie (*od.* fib).

anschwirren *v/i.* (*a.* ***angeschwirrt kommen***) come flying along; F *fig. Person*: F come breezing along.

anschwitzen *v/t.* (*Mehl*) brown.

ansegeln I. *v/i.* (*a.* ***angesegelt kommen***) come sailing along (*a.* F *fig.*); **II.** *v/t.* (*Hafen*) make for.

ansehen I. *v/t.* look at; ***sich*** *et.* (***genau***) ***~*** take (*od.* have) a (close *od.* good) look at; ***sich e-n Film ~*** go and see a film; ***et. mit ~*** see, *tatenlos*: stand by and watch; *fig.* ***ich kann es nicht länger mit ~*** I can't take it any longer; ***man siehts ihm doch an*** you can tell just by looking at him; ***man sieht ihm sein Alter nicht an*** he doesn't look his age; *fig.* ***~ für*** (*od.* ***als***) regard as, consider (to be); ***wie ich die Sache ansehe*** as I see it; F ***sieh mal einer an!*** F well, what do you know!; → ***angesehen, Auge*** 1, ***finster, schief*** II *etc.*; **II.** ~ *n* **1.** respect; ***in hohem ~ stehen*** be held in great esteem; ***in j-s ~ steigen*** rise in s.o.'s estimation; ***ohne ~ der Person*** without respect of persons; **2.** ***j-n*** (***nur***) ***vom ~ kennen*** know s.o. by sight; ***dem ~ nach*** on the face of it.

ansehnlich *adj.* **1.** (*beträchtlich*) considerable; ***e-e ~e Summe*** a tidy little sum; **2.** *Person*: handsome, good-looking.

anseilen *v/t. u. v/refl.* (***sich ~***) rope (up).

ansengen *v/t.* singe.

ansetzen I. *v/t.* **1.** (*in Stellung bringen*)

(put into) position; (*aufsetzen*) put on; (*anfügen*) add (**an** to); (*annähen*) sew on(to); (*Becher, Flöte etc.*) put to one's lips; **die Feder ~** put pen to paper; **2.** (*Bowle, Teig etc.*) make, prepare, mix; **3.** (*Frist, Termin*) fix, set *a date*; **für 9 Uhr angesetzt sein** *Veranstaltung*: be scheduled for 9 a.m.; **4.** (*einsetzen*) **j-n auf j-n** (**et.**) **~** put s.o. onto s.o. (s.th.); **5.** (*Preis*) fix; (*Kosten etc.*) assess; **zu hoch** (**niedrig**) **~** overestimate (underestimate); **6.** (*Knospen etc.*) develop; **7. Fett ~** put on weight; **Rost ~** start to rust; **Schimmel ~** start to mo(u)ld (*od.* go mo[u]ldy); **II.** *v/i.* **8.** (make a) start; **zum Sprechen** *etc.* **~** be about to speak *etc.*; ✈ **zur Landung ~** come in to land; **zum Sprung ~** get ready to jump (*od.* for a jump); **9.** *Kritik etc.*: set in; **10.** (*dick werden*) put on weight; **11.** (*anbrennen*) burn, stick to the bottom of the pan; **12. gut angesetzt haben** *Erdbeeren etc.*: be coming up nicely; **III.** *v/refl.*: **sich ~** *Schmutz etc.*: accumulate, ⚗ *a.* be deposited; **am Wagen hat sich Rost angesetzt** the car's starting to rust.

Ansicht *f* **1.** view; *Computer*: (pre)view; **~en** (*Bilder*) **von London** views of London; *Fotos etc.* **mit ~ des Doms** with a view of (*od.* showing) the cathedral; **2.** (*Blickwinkel*) view; **~ von vorne** (**hinten**) front (rear) view; **3.** ✝ **zur ~ schicken** send on approval; **4.** (*Meinung*) opinion, view; **nach ~** *gen.* in the opinion of, according to; **ich bin** (**da**) **anderer ~** I don't see it that way; **die ~en sind geteilt** opinion is divided; **der ~ sein** (*od.* **die ~ vertreten**), **dass** take the view that; **zu der ~ kommen, dass** come to the conclusion that, decide that.

Ansichts|exemplar *n* specimen (*od.* inspection) copy; **~karte** *f* picture postcard; **~sache** *f*: **das ist ~** that's a matter of opinion; **~sendung** *f* sample on approval.

ANSI-Code *m Computer*: ANSI code.

ansiedeln I. *v/refl.*: **sich ~** settle; **II.** *v/t.* settle; *fig.* place; *das Manuskript* **ist im 9. Jahrhundert anzusiedeln** goes back to (*od.* belongs to) the 9th century; **Ansiedler** *m* settler, colonist; **Ansiedlung** *f* settlement, colonization; *konkret*: settlement, colony.

Ansinnen *n* (strange) request; **an j-n das ~ stellen zu** *inf.* expect s.o. to *inf.*; **ein freches ~!** what a nerve (to expect anyone to do that).

ansonsten *adv.* **1.** (*im Übrigen*) otherwise, apart from that; **2.** (*anderenfalls*) otherwise.

anspannen I. *v/t.* **1.** (*Pferde etc.*) harness (**an** to); **2.** (*Seil etc.*) pull *a rope* taut; **3.** *fig.* (*j-n, das Gehirn etc.*) exert; *übermäßig*: strain; (*Muskeln*) flex, tense; **alle Kräfte ~** strain every nerve; → **angespannt**; **II.** *v/refl.*: **sich ~** tense up; **Anspannung** *f* strain, exertion; *der Muskeln*: tension (*a. Stress*).

ansparen *v/t.* save.

anspeien *v/t.* spit at.

Anspiel *n Sport*: start of play, *Fußball*: kick-off; (*Zuspiel*) pass; *Kartenspiel*: lead; **anspielen I.** *v/i.* **1.** *Sport*: lead off; *Fußball*: kick off; *Tennis*: serve; *Kartenspiel*: (have the) lead; **2.** *fig.* **~ auf** allude to, hint at; **II.** *v/t. Sport*: **j-n ~** pass (the ball) to s.o.; **Anspielung** *f* allusion (**auf** to), hint (at); **versteckte ~** innuendo.

anspinnen *fig.* **I.** *v/t.* enter into; **II.** *v/refl.*: **sich ~** start up.

anspitzen *v/t.* sharpen; F *fig.* **j-n ~** (*anstacheln*) F have a go at s.o. (*to do s.th.*); **Anspitzer** *m* sharpener.

Ansporn *m* incentive (*dat. od.* **für** to); **anspornen** *v/t.* spur; *fig.* spur on.

Ansprache *f* **1.** address, speech (**an** to); **e-e ~ halten** give an address, make a speech; **2.** F **keine ~ haben** have no-one to talk to.

ansprechbar *adj.* responsive; **er ist nicht ~** (*ist zu beschäftigt*) he's too busy to see anyone, (*ist weggetreten*) he's dead to the world, (*ist schlecht gelaunt*) he's not talking to anyone (today), *wegen Krankheit*: he's unable to communicate; **ansprechen I.** *v/t.* **1.** speak to (**auf** about); (*herantreten an*; *a. e-n Fremden*) approach (about, on); *in sexueller Absicht*: accost, solicit; **~ als** address as; **ich habe ihn einfach angesprochen** (*ein Gespräch angefangen*) I just started talking to him; **ich fühle mich nicht angesprochen** it's got nothing to do with me; **keiner fühlt sich angesprochen** nobody wants anything to do with it (*od.* wants to know); **2.** (*e-e Zielgruppe*) appeal to; (*ankommen bei*) reach; **3.** *Fragen*: touch (up)on; **4.** (*j-m zusagen*) appeal to; **e-n breiten Kreis ~** have wide appeal, be very popular; **II.** *v/i.* **5.** *Patient etc.*: respond (**auf** to), *Medizin*: have the desired effect, work; **die Medizin spricht bei ihm nicht an** he's not responding (*od.* reacting) to the medicine, the medicine's having no effect on him; **6.** (*gefallen*) go down well (**bei** with); **ansprechend** *adj.* pleasing, pleasant, *a. Erscheinung*: attractive; (*sympathisch*) engaging; *Leistung*: considerable; *Wein*: pleasant, savo(u)ry.

Ansprech|partner *m* **1.** contact; **wer ist dort mein ~?** who should I get in touch with?; **2.** somebody to talk to; **~zeit** *f Computer*: response time.

anspringen I. *v/t.* jump at; **II.** *v/i. Motor*: start (up); F *fig.* **~ auf** (*e-n Vorschlag etc.*) F jump at.

anspritzen *v/t.* spray; *mit Schmutz*: spatter.

Anspruch *m a.* ⚖ claim (**auf** to), (*Forderung*) *a.* demand (for); ⚖ right; **große** (**bescheidene**) **Ansprüche stellen** (not to) be very demanding; **hohe Ansprüche an j-n stellen** make great demands on s.o., expect a great deal of s.o.; **~ erheben auf, für sich in ~ nehmen** claim, lay claim to; **~ haben auf** be entitled to, ⚖ have a legitimate claim to; **~ auf Schadenersatz erheben** (make a) claim for damages; **das Buch erhebt keinen ~ auf historische Genauigkeit** the book doesn't claim to be historically accurate; **in ~ nehmen** (*j-n*) call on, (*j-s Angebot*) take up, make use of, (*Platz, Zeit*) take up; **ich will Ihre Zeit nicht zu sehr in ~ nehmen** I don't want to take up too much of your time; **ihre Arbeit nimmt sie stark in ~** her work keeps her very busy (*od.* takes up most of her time [and energy]).

anspruchslos *adj.* modest, easily satisfied; (*schlicht*) plain, simple; *Roman etc.*: lowbrow; **das Stück war ziemlich ~** there wasn't much to the play; **Anspruchslosigkeit** *f* modesty; simplicity; *e-s Romans etc.*: lack of sophistication.

anspruchsvoll *adj.* demanding; (*wählerisch*) particular; (*kritisch*) critical; *geistig etc.*: demanding, highbrow; *Ware, Zeitung etc.*: upmarket.

anspucken *v/t.* spit at.

anspülen *v/t.* → **anschwemmen.**

anstacheln *v/t.* spur on; (*aufreizen*) goad (**zu** into [*doing*] *s.th.*).

Anstalt *f* **1.** establishment; (**öffentliche ~** public) institution; (*Heil*~) sanatorium, *Am.* sanitarium, F (*Nervenheil*~) asylum; (*Lehr*~) institute, school; (*Heim*) home; **2. ~en machen zu** *inf.* get ready to *inf.*; **keine ~en machen zu** *inf.* make no move to *inf.*; **er machte keine ~en zu gehen** he wouldn't budge; **~en zu et. treffen** make arrangements for s.th.

Anstalts|arzt *m* resident physician; **~kleidung** *f* institute clothing (*od.* dress); **~leiter** *m* director of the (*od.* an) institution.

Anstand *m* (sense of) decency; (*Benehmen*) manners *pl.*; **j-m ein bisschen ~ beibringen** teach s.o. how to behave; **mit ~ verlieren können** be a good loser; **den ~ wahren** preserve a sense of decency (*od.* decorum); → **verletzen.**

anständig I. *adj.* decent (*a.* F *gut, angemessen*); (*schicklich*) proper; *Preis etc.*: reasonable; **e-e ~e Tracht Prügel** a good hiding; **II** *adv.* decently; properly (*a.* F *tüchtig*); **sich ~ benehmen** behave (o.s.) (well); **er kann sich nicht ~ benehmen** he doesn't know how to behave (himself); **j-n ~ behandeln** treat s.o. like a human being; F **j-m ~ die Meinung sagen** F give s.o. a piece of one's mind.

Anstands|besuch *m* courtesy (*od.* duty) call; **~dame** *f* chaperon(e); **~gefühl** *n* sense of decency; tact.

anstandshalber *adv.* for decency's sake.

Anstandshappen F *m* morsel left for manners, F last bit that nobody wants to touch.

anstandslos *adv.* without further ado, F no bother; (*ungehindert*) freely.

Anstands|regel *f* rule of etiquette; *pl. a.* social conventions; **~wauwau** F *m* chaperon(e).

anstarren *v/t.* stare at.

anstatt I. *prp.* instead of; **II.** *cj.*: **~ dass er kam, ~ zu kommen** instead of coming.

anstauen I. *v/t. u. v/refl.* (**sich ~**) → **stauen**; **II.** *fig. v/refl.*: **sich ~** *Wut etc.*: build up; → **angestaut.**

anstaunen *v/t.* gaze at *s.th.* in amazement; *mit offenem Mund*: gape at.

anstechen *v/t.* prick (*a. Kartoffeln etc.*); (*Reifen*) puncture, slit; (*Fass*) tap; → **angestochen.**

anstecken I. *v/t.* **1.** *mit e-r Nadel*: pin on; (*Ring*) put (*od.* slip) on; **2.** (*anzünden*) set on fire; set *s.th.* alight; (*Kerze, Zigarre etc.*) light; **3.** ⚕ infect (**mit** with); **angesteckt werden** catch a cold *od.* the measles *etc.* (from s.o.); **er hat mich mit s-r Erkältung angesteckt** he's given me his cold, he's passed his cold on to me; *fig.* **sie hat uns alle mit ihrem Gelächter angesteckt** she had us all laughing too, her laughter was contagious; **II.** *v/refl.*: **sich ~** catch a cold *od.* the measles *etc.* (**bei** from); **ich habe mich bei X angesteckt** I caught (*od.* got) it from X, X gave it (*od.* passed it on) to me; **steck dich bloß nicht an!** don't you go and catch it!; **III.** *v/i.* ⚕ *u. fig.* be catching (*od.* infectious, contagious); **ansteckend** *adj.* infectious; *durch Kontakt*: contagious; F catching (*alle a. fig.*).

Anstecknadel *f* pin; (*Abzeichen*) badge.

Ansteckung *f* ⚕ infection.

Ansteckungs|gefahr *f* danger of infection; **~herd** *m* focus (of infection).

anstehen I. *v/i.* **1.** *in e-r Reihe*: stand in a queue (*Am.* line); (*sich anstellen*) queue up, *a. Am.* line up, stand in line (**nach** for; **vor** at, in front of); **2.** (*vorliegen*) be waiting (**zur Diskussion** for discussion); *Arbeit*: be waiting to be done; *Termin*: be fixed (**auf** for); **zum Verkauf ~** be up for sale; **es steht dringend an** it's top priority, it can't wait; **was steht an?** what's next on the agenda?; **3. ~ lassen** put off, (*Rechnung etc.*) put off paying; **4.** *formell*: **j-m (schlecht) ~** (ill) befit s.o.; **es steht ihm nicht an zu** *inf.* it's not for him to *inf.*

ansteigen *v/i.* *Gelände*: rise; *fig. a.* go up, increase; **jäh ~** rise steeply (*fig. a.* sharply), *fig. Preise etc.*: *a.* escalate; → **angestiegen.**

anstelle, an Stelle *prp.*: **~ von** (*od. gen.*) instead of, in place of, *bsd.* ⚖ in lieu of.

anstellen I. *v/t.* **1.** (*anlehnen*) put, lean (**an** against); *an e-e Reihe*: add; **2.** (*beschäftigen*) employ, take on, *bsd. Am.* hire; F **j-n zu et. ~** rope s.o. in to do s.th.; → **angestellt**; **3.** (*in Gang setzen*) start; (*Wasser etc.*) turn on; (*Radio, Licht etc.*) *a.* switch on; **4.** (*unternehmen*) do; **Überlegungen ~ über** think about; → **Vergleich** 1; **5.** F (*Dummheiten etc.*) F be up to; **etwas ~** get (*od.* be) up to mischief; **6.** (*bewerkstelligen*) manage, do; F **was soll ich damit ~?** F what am I supposed to do with it?; **was soll ich mit dir ~?** F you're a hopeless (*sl.* right) case, you are; **II.** *v/refl.*: **7. sich ~** queue up, *a. Am.* line up, get in line; **8. sich ~, als ob ...** act as if ...; pretend to *inf.*; **er hat sich sehr (un)geschickt angestellt** he tackled it very well, he made a good (bad) job of it (he made a hash of it); **stell dich nicht so an!** stop making such a fuss, *weitS.* F stop acting stupid.

Anstellung *f* employment; (*Stelle*) post, job.

Anstellungs|bedingungen *pl.* terms of employment; **~vertrag** *m* employment contract.

anstemmen *v/refl.*: **sich (mit der Schulter** *etc.*) **~ gegen** press o.s. (one's shoulder *etc.*) against.

ansteuern *v/t.* **1.** ⚓, ✈ steer (*od.* head, make) for; **2.** *fig.* head for; (*Posten etc.*) have one's sights set on.

Anstich *m* *Fass*: tap; **frischer ~** *Bier*: fresh tap.

Anstieg *m* ascent; *Straße*: gradient, *Am.* grade; *fig.* rise, increase (*gen.* in); **steiler ~** steep incline, *fig.* steep rise (*gen.* in).

anstieren *v/t.* stare at.

anstiften *v/t.* (*verursachen*) cause; (*anzetteln*) incite, instigate; (*Verschwörung*) hatch *a plot*; **j-n zu et. ~** put s.o. up to s.th.; **Anstifter** *m* instigator; (*Rädelsführer*) ringleader; **Anstiftung** *f* instigation; incitement.

anstimmen *v/t.* (*Lied*) start singing, F launch into *a song*; *instrumental*: start playing, strike up *a tune*; (*Geschrei*) start *screaming*.

anstinken F **I.** *v/t.*: **das stinkt mich allmählich an** F it's beginning to get my goat; **II.** *v/i.*: **gegen die kannst du doch nicht ~** *sl.* you haven't got a chance in hell against them.

anstöpseln *v/t.* (*Kopfhörer, Telefon*) plug in.

Anstoß *m* **1.** *Fußball*: kick-off; **der ~ ist um drei** kick-off is at three; **2.** *fig.* (*Antrieb*) impulse, impetus; **den (ersten) ~ geben zu** start off; **er hat den ~ gegeben** *a.* it was his initiative (*od.* idea); **3.** (*Ärgernis*) offen|ce (*Am.* -se); **~ erregen** cause offen|ce (*Am.* -se) (**bei** to); **wir wollen keinen ~ erregen** we don't want to cause any offen|ce (*Am.* -se), we don't want to offend anyone; **an et. ~ nehmen** take offen|ce (*Am.* -se) at, take exception to; → **Stein.**

anstoßen I. *v/t.* **1.** give *s.th.* a push; (*stoßen*) knock, bump (**sich den Kopf** one's head; **an** against); (*Ball*) kick; **II.** *v/i.* **2. ~ an** (*od.* **gegen**) bump (*od.* knock) against; **mit dem Kopf an** (*od.* **gegen**) **et. ~** knock (*od.* bang) one's head on (*od.* against) s.th.; **3.** *mit Gläsern*: clink glasses; **auf et. (j-s Wohl) ~** drink to s.th. (s.o.'s health); **4. bei j-m ~** offend s.o. (**mit** with); **5. mit der Zunge ~** lisp; **6.** *Fußball*: kick off; **anstoßend** *adj. Zimmer etc.*: adjacent, adjoining.

Anstößer *schweiz.* *m* **1.** neighbo(u)r; **2.** (*Anlieger*) resident

anstößig *adj.* objectionable, *stärker*: offensive; (*unanständig*) indecent, improper; **Anstößigkeit** *f* offensiveness, offensive nature; indecency.

anstrahlen *v/t.* shine a light *etc.* on; *auf der Bühne*: spotlight, turn the spotlight on; (*Gebäude etc.*) illuminate, light up; *fig.* (*j-n*) beam at; → **angestrahlt.**

anstreben *v/t.* aim at, *formell*: strive for.

anstreichen *v/t.* **1.** paint; (*tünchen*) whitewash; **2.** (*Textstelle*) mark; (*unterstreichen*) underline; (*Fehler*) mark *s.th.* wrong; **Anstreicher** *m* painter.

anstrengen I. *v/t.* **1.** exert, strain, be a strain on; (*ermüden*) tire (out); (*erschöpfen*) exhaust; **übermäßig ~** overtax; **2.** ⚖ → **Prozess** 2; **II.** *v/refl.*: **sich ~** make an effort, try (hard), *stärker*: exert o.s.; F **streng dich mal an!** you could try a bit harder, *iro.* don't strain yourself; → **angestrengt**; **III.** *v/i.*: **das strengt an** it's hard work; **anstrengend** *adj.* hard (**für die Augen** *etc.* on the eyes *etc.*), *körperlich*: *a.* strenuous; **Anstrengung** *f* strain; (*Bemühung*) effort, *weitS. a.* endeavo(u)r; **mit äußerster ~** by a supreme effort; **ohne ~** effortlessly; **~en machen** → **anstrengen** II.

Anstrich *m* **1.** (*das Anstreichen*) painting; **2.** *konkret*: coat(ing); (*Farbe*) paint; **3.** *fig.* (*Aussehen*) air, look; (*leiser* **~**) tinge, *pol. etc.* complexion; **sich den ~ geben** *gen.* (*od.* **von**) give o.s. the air of (*being*).

anströmen *v/i.* **1.** (*a.* **angeströmt kommen**) come streaming along; **2. ~de Kaltluft** a stream of cold air.

anstücke(l)n *v/t.* **1.** (*anfügen*) piece on, add; **~ an** piece (*od.* add) onto; **2.** (*verlängern*) add to (*a. fig.*).

Ansturm *m* assault (**auf** on); onslaught (on; *a. fig.*); *Sport*: attack; *fig. der Gefühle*: rush; *fig.* **~ auf** rush for, (*e-e Bank*) run on; **anstürmen** *v/i.* charge (*a.* **~ gegen**); *Wind*: storm (**gegen** against); **angestürmt kommen** come charging along.

anstürzen *v/i.* (*a.* **angestürzt kommen**) F come pelting along.

ansuchen I. *v/i.*: **bei j-m um et. ~** request s.th. of s.o.; apply to s.o. for s.th.; **II. ≈** *n* request; application.

Antagonismus *m* antagonism; **Antagonist** *m* antagonist; **antagonistisch** *adj.* antagonistic(ally *adv.*).

antanzen F *v/i.* (*a.* **angetanzt kommen**) F turn up; F waltz in.

antarktisch *adj.* Antarctic.

antasten *v/t.* touch (*a. Kapital*); (*Vorräte*) break into; (*j-s Rechte*) infringe on, encroach on; (*Thema*) broach, touch on.

antauen *v/i.* start to thaw; *Lebensmittel* **~ lassen** leave to defrost for a while; → **angetaut.**

antäuschen *v/t.* *Sport*: fake *a shot.*

Antazidum *n pharm.* antacid.

Anteil *m* **1.** share (**an** of); ⚖ *Erbe*: portion; ☤ (*Beteiligung*) interest; **~ an et. haben** have a part in s.th.; **2.** *fig.* interest; (*Mitgefühl*) sympathy; **~ nehmen an** take an interest in, *mitleidig*: sympathize with; **anteilig, anteilmäßig** *adj.* (*u. adv.*) proportionate(ly).

Anteilnahme *f* **1.** interest; **et. mit reger ~ verfolgen** follow s.th. closely (*od.* with great interest); **2.** (*Mitgefühl*) sympathy; **j-m s-e ~ aussprechen** express one's condolences to s.o.

Anteilschein *m* share certificate, *Am.* share of stock.

antelefonieren *v/t.* (tele)phone, ring up, call up.

Antenne *f* **1.** aerial, antenna; **2.** *zo.* antenna, feeler; **3.** *fig.* feeling.

Antennen|kabel *n* aerial (*od.* antenna) cable; **~mast** *m* radio mast; **~steckdose** *f* aerial (*od.* antenna) socket; **~stecker** *m* aerial (*od.* antenna) plug; **~verstärker** *m* (aerial *od.* antenna) booster; **~wald** *m* sea of aerials (*od.* antennae).

Anthologie *f* anthology.

Anthrazit *m* anthracite; **≈farben** *adj. Stoff*: charcoal grey (*Am.* gray).

Anthropologe *m* anthropologist; **Anthropologie** *f* anthropology; **anthropologisch** *adj.* anthropological.

Anthroposoph *m* anthroposophist; **Anthroposophie** *f* anthroposophy; **anthroposophisch** *adj.* anthroposophical.

Anti..., anti... *in Zssgn* anti(-)...

Antialkoholiker *m* teetotal(l)er.

antiautoritär *adj.* anti-authoritarian.

Antibabypille F *f* birth control pill, F *the* pill.

antibakteriell *adj.* bactericidal.

Antibeschlagtuch *n mot.* anti-mist cloth.

Antibiotikum *n* ⚕ antibiotic.

Antiblockiersystem *n mot.* anti-lock (*od.* anti-skid) braking system.

Antidepressivum *n* antidepressant.

Antifa-Bewegung *f* anti-Fascist movement.

Antifaschismus *m* anti-Fascism; **Antifaschist** *m*, **antifaschistisch** *adj.* anti-Fascist.

Antigen *n* antigen.

Antihaftbeschichtung *f*: **mit ~** nonstick.

Antiheld *m* antihero.

Antihistamin *n* antihistamine.

antik *adj.* **1.** ancient, classical; **die ~e Philosophie** ancient (*od.* classical) philosophy; **die ~en Völker** the peoples of the Ancient World; **das ~e Rom** Ancient Rome; **2.** *Möbel etc.*: antique, period ...; *nachgemacht*: reproduction *furniture*; **auf ~ gemacht** done up to look old.

Antike *f* **1.** (classical) antiquity; *the* Classical (*od.* Ancient) World; **das Griechenland der ~** Ancient Greece; **die Welt der ~** the Ancient World; **2.** (*Kunstwerk*) antiquity, antique (*od.* ancient) work of art.

antikisierend *adj. Dichtung etc.*: in classical style; *Stil*: in a classical vein.

Antiklopfmittel *n mot.* anti-knock agent.

Antikoagulans *n* ⚕ anticoagulant.

Antikommunist *m*, **antikommunistisch** *adj.* anti-Communist.

Antikörper *m* antibody.
Antilope *f* antelope.
Antimilitarismus *m* antimilitarism.
Antimon *n* ⚗ antimony.
Antipathie *f* antipathy (**gegen** towards, to), dislike (of, for).
Antipersonenmine *f* ⚔ anti-personnel mine.
Antipode *m* antipode.
antippen F *v/t. u. v/i.* tap, touch lightly; *fig.* touch (on); *fig.* **bei j-m ~, ob** sound s.o. out as to whether.
Antiqua *f typ.* roman (type).
Antiquar *m* **1.** second-hand bookseller; *wertvolle Bücher*: antiquarian bookseller; **2.** → ***Antiquitätenhändler***; **Antiquariat** *n* **1.** second-hand bookshop; *wertvolle Bücher*: antiquarian bookshop; **2.** (*Handel*) second-hand (*od.* antiquarian) book trade; **antiquarisch** *adj.* second-hand; *wertvolle Bücher*: antiquarian; ***~ bekommen*** get (*od.* buy) *s.th.* second-hand.
antiquiert *adj.* antiquated.
Antiquität *f* antique.
Antiquitäten|händler *m* antique dealer; **~laden** *m* antique shop; **~sammler** *m* antique collector.
Antisemit *m* anti-Semite; **antisemitisch** *adj.* anti-Semitic; **Antisemitismus** *m* anti-Semitism.
antiseptisch *adj.* antiseptic.
Antistatiktuch *n* antistatic cloth.
antistatisch *adj.* antistatic.
Antiterror|einheit *f* anti-terrorist squad; **~gesetze** *pl.* anti-terrorist legislation *sg.*
Antithese *f* antithesis; **antithetisch** *adj.* antithetical.
Antitranspirant *n* antiperspirant.
Antitrustgesetz *n* ✝ antitrust law.
Antivirenprogramm *n Computer*: antivirus program, debug program.
Antizipation *f* anticipation; **antizipieren** *v/t.* anticipate.
antizyklisch *adj.* anticyclical.
Antizyklone *f* anticyclone.
Antlitz *n* face, *formell*: countenance.
Antonym *n* antonym (**zu** of).
antörnen F *v/t.* F turn *s.o.* on; *Drogen*: *a.* get *s.o.* high.
Antrag *m* **1.** application (**auf** for); *parl.*, *in e-r Sitzung*: motion; (*Gesetzes*≈) bill; ⚖ petition; ***~ stellen auf*** file an application for, *parl.* propose a motion for, ⚖ petition for; → ***durchbringen*** *etc.*; **2.** ***j-m e-n ~ machen*** (*Heirats*≈) propose to s.o.; **antragen I.** *v/t.*: ***j-m et. ~*** offer s.o. s.th.; **II.** *v/refl.*: ***sich ~ zu*** *inf.* offer to *inf.*
Antragsformular *n* application form.
Antragsteller *m* applicant; ⚖ petitioner; *parl.* mover.
antrainieren *v/t.*: ***j-m*** (***sich***) ***Ausdauer ~*** build up s.o.'s (one's) stamina; ***e-m Hund Gehorsam ~*** teach a dog obedience, teach (*od.* train) a dog to be obedient (*od.* to follow orders); ***j-m Höflichkeit ~*** teach s.o. some manners.
antreffen *v/t.* find; (*j-n*) *a.* catch; *zufällig*: (*j-n*) meet, (*et.*) come across.
antreiben I. *v/t.* **1.** (*Tiere*) drive; *fig.* (*j-n*) urge on; ***j-n zur Arbeit ~*** make s.o. work; ***Eifersucht hat ihn dazu angetrieben*** it was jealousy that made him do it, he did it out of jealousy; **2.** (*Maschine, Fahrzeug*) drive; **3.** *ans Land*: wash ashore; **II.** *v/i. ans Land*: be washed ashore; **Antreiber** *m* slave driver.
antreten I. *v/i.* **1.** (*sich aufstellen*) line up; F *fig. beim Chef*: report (**bei** to); **2.** *Sport etc.*: enter (**bei, zu** for), participate (in); (*a.* ***zum Kampf ~***) compete (**gegen** with, against) (*a. weitS.*); ***~ gegen*** *a.* challenge; **3.** *Sport*: (*beschleunigen*) accelerate; **II.** *v/t.*: **4.** ***die Arbeit*** (***den Dienst***) ***~*** report for work (duty); ***sein Amt ~*** take up office; ***das Studium ~*** take up one's studies, start (at) university, (*a.* ***ein Studium ~***) start studying; ***e-e Erbschaft ~*** enter on (*od.* come into) an inheritance; ⚖ ***e-e Strafe ~*** begin serving a sentence; ***e-e Reise ~*** set out (*od.* off) on a journey; **5.** (*Motorrad*) start up.
Antrieb *m* **1.** impetus, *a. psych.* urge; (*Beweggrund*) motive; (*Anreiz*) incentive; ***e-r Sache*** (***j-m***) ***neuen ~ geben*** give s.th. a boost (give s.o. the motivation he *od.* she needs); ***aus eigenem ~*** of one's own accord, F off one's own bat; **2.** ⚙ drive, propulsion; → ***Raketenantrieb.***
Antriebs|achse *f* driving axle; **~aggregat** *n* engine unit, prime mover; **~kraft** *f* motive power, driving force; **~leistung** *f* driving power; **~rad** *n* driving gear; **~riemen** *m* drive belt; **~schwäche** *f psych.* lack of drive; **~stufe** *f Rakete*: propulsion stage; **~welle** *f* drive shaft.
antrinken *v/t.*: ***sich e-n Rausch*** (F ***einen***) ***~*** get drunk (F tight); ***sich Mut ~*** give o.s. Dutch courage; → ***angetrunken.***
Antritt *m* **1.** *e-r Reise*: start; *e-s Amtes*: taking up *of office*; *e-r Erbschaft*: accession (*gen.* to); *e-r Regierung*: coming into power; ***bei ~ der Reise*** when we *etc.* set out (*od.* off) on the journey; ***beim ~ s-s Amtes*** when he took up office; **2.** *Sport*: acceleration.
Antritts|besuch *m* first visit; ***heute macht X s-n ~*** *Botschafter etc.*: today X will be presenting his credentials (**bei** to); **~rede** *f* inaugural address; *parl.* maiden speech; **≈schnell** *adj. Sport*: quick off the mark; **~vorlesung** *f* inaugural lecture.
antrocknen *v/i.* begin to dry.
antun *v/t.* **1.** ***j-m et. ~*** do s.th. to s.o.; ***j-m Gewalt ~*** do violence to s.o., *e-r Frau*: rape s.o.; ***er würde niemandem etwas ~*** he wouldn't hurt (*od.* harm) a fly; ***das darfst du mir nicht ~*** you can't do that to me; ***sich etwas ~*** lay hands upon o.s.; → ***Zwang***; **2.** ***es j-m ~*** take s.o.'s fancy; ***sie hats ihm angetan*** he's quite taken by her.
anturnen *v/t.* → ***antörnen.***
Antwort *f* answer, reply; *fig.* response (*alle* ***auf*** to); ***in ~ auf*** in answer to; ***er ist um keine ~ verlegen, er weiß auf alles e-e ~*** he's got an answer for everything; ***keine ~ ist auch e-e ~*** *iro.* enough said; ***um ~ wird gebeten*** RSVP; → ***schuldig*** 2; **antworten** *v/t. u. v/i.* answer (***j-m*** s.o.; ***auf et.*** s.th.), reply (to s.o.; to s.th.); *scharf*: retort; (*reagieren*) respond (to); ***was hat sie geantwortet?*** what did she say (to that)?
Antwort|karte *f* reply card; **~modus** *m Computer*: response mode; **~schein** *m* (international) reply coupon.
anvertrauen I. *v/t.*: ***j-m et. ~*** entrust s.o. with s.th., place s.th. in s.o.'s hands; *fig.* ***j-m ein Geheimnis*** *etc.* ***~*** confide a secret *etc.* to s.o.; **II.** *v/refl.* ***sich j-m ~*** confide in s.o.; **anvertraut** *adj.* entrusted; ***die ihm ~en Aufgaben*** the tasks he has been entrusted with.
anvisieren *v/t.* take aim at; *fig.* aim for; ***für den Frühling hatten wir Malta anvisiert*** we were planning to go to Malta in (the) spring.
anwachsen *v/i.* **1.** (*Wurzeln schlagen*) take root; (*festwachsen*) grow on(to **an**); **2.** (*zunehmen*) grow, increase, *a. Fluss*: rise; *Arbeit, Zinsen*: accumulate; ***~ auf*** *Betrag*: run up to.
Anwalt *m* **1.** ⚖ lawyer, solicitor, *Am.* attorney; *plädierender*: *Brit.* barrister; *vor Gericht*: counsel (***des Angeklagten*** for the defen|ce [*Am.* -se]); ***e-n ~ nehmen*** get a solicitor (*Am.* an attorney); **2.** *fig.* champion (***e-r Sache*** of a cause); **Anwaltschaft** *f* legal profession; *konkret*: *the* bar; **Anwaltskammer** *f* Bar Council (*Am.* Association); **Anwaltskanzlei** *f* **1.** firm of solicitors; **2.** solicitor's office.
Anwandlung *f* fit; *plötzliche*: (sudden) impulse, fit; ***in e-r ~ von Schwäche*** in a weak moment; ***in e-r ~ von Großzügigkeit*** in a fit of generosity; ***aus e-r ~ heraus*** on a sudden impulse.
anwärmen *v/t.* warm up (*a. mot.*); (*Bier etc.*) take the chill off.
Anwärter *m auf ein Amt*: candidate (**auf** for); *Sport*: *a.* contender (for).
Anwartschaft *f* **1.** ⚖ ***~ auf Leistungen*** right to (future) benefits; **2.** ***e-e gewisse*** (***die***) ***~ auf ein Amt haben*** be a prospective (the number one) candidate for a post.
anwaschen *v/t.* wash ashore.
anwehen I. *v/t.* **1.** ***j-n ~*** *Wind*: blow at, *Duft*: waft towards; ***e-e leichte Brise wehte uns an*** there was a gentle breeze; **2.** *fig.* ***j-n ~*** *Gefühl*: come over s.o., *Erinnerung*: come back to s.o.; **3.** ***~ an*** (*Schnee*) drift up to, (*Blätter*) blow up to *the door etc.*; **II.** *v/i.*: ***~ an*** *Schnee*: drift up to, *Blätter*: be blown up to.
anweisen *v/t.* **1.** ***j-n ~ zu*** *inf.* give s.o. instructions to *inf.*, tell (*od.* ask) s.o. to *inf.*; ***angewiesen sein zu*** *inf.* have instructions to *inf.*; **2.** ***j-n ~*** *bei der Arbeit*: give s.o. directions, show s.o. what to do; **3.** (*zuweisen*) assign, allot; ***j-m e-n Platz ~*** show s.o. to his (*od.* her) place (*od.* seat); → ***angewiesen***; **4.** ✝ (*j-m e-n Betrag*) remit, transfer (*dat.* to); **Anweisung** *f* (*Anleitung*) instruction(s *pl.*); (*Befehl*) order; (*Zuweisung*) assignment, allotment; (*Zahlung*) remittance, transfer; *Computer*: statement; ***auf ~*** *gen.* on the instructions of; ***strenge ~ haben zu*** *inf.* have strict instructions to *inf.*; F ***~(en) des Chefs*** (***Arztes***)***!*** F boss's (doctor's) orders!
anwendbar *adj.* applicable (**auf** to); (*durchführbar*) practicable; ***leicht ~*** easy to apply; **Anwendbarkeit** *f* applicability; (*Durchführbarkeit*) practicability.
anwenden *v/t.* apply (**auf** to); (*gebrauchen*) use (**bei** for); make use of; ***et. gut*** (*od.* ***nutzbringend***) ***~*** make good use of s.th., put s.th. to good use; ***Gewalt ~*** use (*od.* resort to) force; → ***angewandt***; **Anwender** *m Computer*: user; **anwenderfreundlich** *adj.* user-friendly; **Anwendung** *f* application; (*Gebrauch*) use; ***unter ~ von*** (by) using, *e-r List etc.*: (by) resorting to.
Anwendungs|beispiel *n* example of use; **~bereich** *m*, **~gebiet** *n* field of application; **~möglichkeit** *f* applicability, possible use(s *pl.*); **~techniker** *m* application engineer.
anwerben *v/t.* recruit (*a.* ⚔).
anwerfen I. *v/i. Sport*: have the first throw; **II.** *v/t. mot.* start (up); ⚠ roughcast.

Anwesen *n* property, estate.

anwesend *adj.* present (**bei** at); ***bei et. ~ sein*** *a.* attend s.th.; ***er war nicht ~*** he wasn't there, (*war geistesabwesend*) F he was away with the fairies; ***die ≗en*** those present; **Anwesenheit** *f* presence (**bei** at) (*a. Vorhandensein*); *in der Schule etc.*: attendance; ***in ~*** *gen.* in the presence of; **Anwesenheitsliste** *f* attendance list; *Schule*: register; **Anwesenheitspflicht** *f* obligation to attend; ***~!*** compulsory attendance!, attendance compulsory!; ***es besteht*** (*od.* ***herrscht***) ***~*** it's compulsory (*od.* obligatory) to attend.

anwidern *v/t.* → ***anekeln.***

anwinkeln *v/t.* bend.

Anwohner *m* resident; ***nur für ~*** (for) residents only.

Anwurf *m Sport*: first throw, throw-off; *fig.* accusation.

anwurzeln *v/i.* **1.** *Pflanzen*: take root; **2.** → ***angewurzelt.***

Anzahl *f* number; ***e-e große ~*** *gen.* a large number of.

anzahlen *v/t.* **1.** (*Betrag*) make a down payment of *£ 10* (**für** for, on); **2.** (*Artikel*) make a down payment on (*od.* for); **Anzahlung** *f* deposit; *bei Ratenzahlung*: down payment, (first) instal(l)ment.

anzapfen *v/t.* (*Fass*) *a.* ⊚, ⚡, *teleph.* tap; F ***j-n ~*** tap s.o. (**um** *Geld*: for), (*j-m Blut abnehmen*) take some blood from s.o.

Anzeichen *n* sign, indication; ⚕ symptom; ***alle ~ sprechen dafür, dass*** everything seems to indicate that; ***es gibt ~ dafür, dass ...*** signs are emerging that ...

Anzeige *f* **1.** (*Bekanntgabe*) announcement; *amtlich*: advice; **2.** *bei Gericht*: information; → ***erstatten***; **3.** (*Inserat*) advertisement, ad, *Brit. a.* advert; **4.** ⊚ indication; (*Ablesung*) reading; **5.** *Computer*: display; **anzeigen** *v/t.* **1.** notify (***j-m et.*** s.o. of s.th.), announce (s.th. to s.o.); ⚚ advise (s.o. of s.th.); **2.** (*zeigen*) indicate; → ***angezeigt***; **3.** *Computer*: display; **4.** ⚖ (*et.*) report *s.th.* (*dat.* to *the police etc.*); (*j-n*) bring a charge against; report *s.o.* to the police.

Anzeigen... *in Zssgn* → *a.* ***Werbe...***; **~abteilung** *f* advertising department; **~blatt** *n* free paper; **~schluss** *m* deadline; (*Tag*) *a.* closing date; **~teil** *m Zeitung*: advertisements *pl.*, advertisement section, F ads *pl.*

anzeigepflichtig *adj.* notifiable.

Anzeiger *m* **1.** ⊚ indicator; **2.** a) (*Amtsblatt*) gazette, b) free paper.

Anzeigetafel *f für Resultate*: scoreboard.

anzetteln *v/t.* hatch *a plot*, instigate, F engineer; ***e-e Verschwörung ~ gegen*** plot against; ***das hat er alles angezettelt*** it's all his doing.

anziehen I. *v/t.* **1.** (*Bein, Knie*) draw up; (*spannen*) stretch; (*Bremse*) apply; (*Schraube, Saite*) tighten; (*Zügel*) draw in; **2.** (*Kleidung*) put on; (*j-n*) dress; **3.** *phys.* (*Feuchtigkeit etc.*) absorb, take up; *Magnet*: attract; *fig.* attract (*a.* ⚚ *Kapital*), draw; ***ungleiche Pole ziehen sich an*** *a. fig.* opposite poles attract; ***ich fühlte mich von ihm angezogen*** I felt attracted to him; **II.** *v/i.* **4.** pull; **5.** *Pferd, Auto*: pull away; **6.** *Schach etc.*: move first; ***Weiß zieht an*** white to play; **7.** ⚚ *Preise etc.*: advance; **III.** *v/refl.*: ***sich ~*** get dressed, dress; ***sich fürs Theater ~*** get dressed up for the theat|re (*Am. a.* -er); **anziehend** *fig. adj.* engaging, *stärker*: charming; (*attraktiv*) attractive; **Anziehung** *f a. phys.* attraction.

Anziehungs|kraft *f* **1.** *phys.* force of attraction; *des Mondes etc.*: pull; *der Erde*: gravitational force, power of gravitation; **2.** *fig.* attraction, appeal; ***e-e starke ~ ausüben auf j-n*** have a strong attraction for s.o.; **~punkt** *m* (*Attraktion*) draw.

anzischen I. *v/t.* hiss at; *fig.* snarl at; F *fig.* ***sich einen ~*** F get a bit merry; **II.** F *v/i.* (*a.* ***angezischt kommen***) F come whizzing along.

anzockeln F *v/i.* (*a.* ***angezockelt kommen***) F roll up.

Anzucht *f von Pflanzen*: growing, cultivation.

Anzug *m* **1.** (*Kleidung*) suit; ***im ~ erscheinen*** turn up in a suit (and tie); **2.** (*Anrücken*) approach, advance; ***im ~ sein*** be on the advance; *Gewitter*: be brewing, be coming up; **3.** *Schach*: opening (*od.* first) move; **4.** *mot.* pull.

anzüglich *adj. Bemerkung*: suggestive; *Witz*: risqué, near the knuckle; *Lächeln*: salacious; ***~*** werden get personal; **Anzüglichkeit** *f* **1.** (*Art*) suggestiveness; **2.** (*Anspielung*) suggestive remark.

Anzugsvermögen *n mot.* pull.

anzünden *v/t.* light; (*Zigarre, Pfeife*) *a.* light up; (*Haus, Stroh etc.*) set fire to; **Anzünder** *m* lighter.

anzweifeln *v/t.* doubt; (*Zweifel aussprechen über*) (call in) question, dispute.

anzwitschern F **I.** *v/i.* (*a.* ***angezwitschert kommen***) F roll up, come toddling along; **II.** *v/t.* → ***andudeln.***

Äonen *pl.* (a)eons.

Aorta *f anat.* aorta; **Aortenklappe** *f* aortic valve.

Apanage *f* allowance.

apart *adj.* striking, unusual; *Kleidung*: stylish.

Apartheid *f* apartheid; **~politik** *f* policy of apartheid, apartheid policy (*od.* politics *pl.*).

Aparthotel *n* apartment hotel, aparthotel.

Apartment *n* flatlet; (*Einzimmerwohnung*) one-room (*Am.* efficiency) apartment, *Brit. a.* one-room flat, studio flat; **~haus** *n* block of flats, block of (one-room, *Am.* efficiency) apartments.

Apathie *f* apathy; *psych.* listlessness; **apathisch** *adj.* apathetic(ally *adv.*); *psych.* listless.

aper *dial. adj.* snow-free, snowless, *pred.* free (*od.* clear) of snow.

Aperçu *n* witticism.

Aperitif *m* aperitif.

Apfel *m* apple; *fig.* ***in den sauren ~ beißen*** grasp the nettle; ***der ~ fällt nicht weit vom Stamm*** like father like son; ***für e-n ~ und ein Ei*** for a song, ***bekommen***: *a.* dirt cheap, for next to nothing; **~baum** *m* apple tree; **~blüte** *f* apple blossom; **~kern** *m* pip; **~kuchen** *m* apple flan (*Am.* cake); **~most** *m* **1.** → ***Apfelsaft***; **2.** cider; **~mus** *n* apple puré e; *zum Braten*: apple sauce; **~saft** *m* apple juice; **~schale** *f* apple skin (*od.* peel); **~schimmel** *m* dapple grey (*Am.* gray); **~schorle** *f* apple-juice spritzer.

Apfelsine *f* orange.

Apfelsinen|baum *m* orange tree; **~blüte** *f* orange blossom; **~saft** *m* orange juice; **~schale** *f* orange peel; **~scheibe** *f* orange slice, slice of orange.

Apfel|strudel *m* apple strudel; **~torte** *f* apple tart; **~wein** *m* (*Am.* hard) cider.

Aphorismus *m* aphorism; **aphoristisch** *adj.* aphoristic(ally *adv.*).

Aphrodisiakum *n* aphrodisiac.

Aplomb *m* aplomb, self-confidence.

apodiktisch *adj.* apodictic(ally *adv.*); *weitS.* dogmatic(ally *adv.*).

Apogäum *n* apogee.

Apokalypse *f* apocalypse; **apokalyptisch** *adj.* apocalyptic; ***die ~en Reiter*** the Four Horsemen of the Apocalypse.

apolitisch *adj.* apolitical.

Apologet *m* apologist; **Apologetik** *f* **1.** (*Verteidigung*) apology, apologia; **2.** (*Disziplin*) apologetics *pl.* (*sg. konstr.*); **apologetisch** *adj.* apologetic(ally *adv.*); **Apologie** *f* apology, apologia.

Apostel *m* apostle (*a. fig.*); **~geschichte** *f*: ***die ~*** Acts *pl.*, the Acts of the Apostles *pl.*

a posteriori *adv. u. adj.* a posteriori.

apostolisch *adj.* apostolic; ***das ≗e Glaubensbekenntnis*** the Apostles' Creed; *R. C.* ***der ≗e Stuhl*** the Apostolic See.

Apostroph *m* apostrophe; **apostrophieren** *v/t.* apostrophize (*a. fig.*).

Apotheke *f* chemist's (shop), *Am.* pharmacy, drugstore.

Apotheken|helferin *f* chemist's (*Am.* pharmacist's) assistant; **≗pflichtig** *adj.* obtainable in a chemist's shop (*Am.* in a pharmacy) only.

Apotheker(in *f*) *m* (dispensing) chemist, pharmacist, *Am.* druggist.

Apotheker|gewicht *n* apothecaries' weight; **~preis** F *m* extortionate price; ***die haben ja ~e!*** F you pay through the nose in that place.

Apparat *m* **1.** apparatus; (*Gerät*) device, appliance; machine; *kleiner*, *a. iro.*: gadget; *feinmechanischer*: instrument; **2.** *biol.* apparatus; **3.** F (*Radio*) radio; *TV* set; *phot.* camera; *teleph.* phone, (*Nebenstelle*) extension; ***am ~!*** speaking; ***am ~ bleiben*** hold the line; ***an den ~ gehen*** (go to) answer *od.* pick up the phone; ***es geht keiner an den ~*** nobody's answering; **4.** *fig.* organization, apparatus; *pol. a. political, party etc.* machine; **5.** F *fig.* (*Ding*) F whopper; (*Person*) F (great) hulk; **6.** (**kritischer**) ***~*** critical apparatus.

Apparatemedizin *f* high-tech(nology) medicine.

Apparatschik *m* apparatchik.

Apparatur *f* equipment, apparatus; (*Maschinen*) machinery.

Appartement *n* **1.** → ***Apartment***; **2.** *im Hotel*: suite.

Appell *m* ⚔ roll call; *fig.* appeal (**an** to); **appellieren** *v/i.*: ***~ an*** appeal to; ***an j-n ~ zu*** *inf. a.* call on s.o. to *inf.*

Appendix *m anat.* appendix (*a. Anhang u. fig.*); **Appendizitis** *f* ⚕ appendicitis.

Appetit *m* appetite (*a. fig.*; **auf** for); ***~ haben auf*** feel like *some chocolate etc.*; ***j-m ~ machen*** give s.o. an appetite; ***es macht ~*** it really gives you an appetite; ***j-m den ~ verderben*** spoil s.o.'s appetite, *fig.* put s.o. off; ***es verdirbt den ~*** it spoils your appetite; ***den ~ verlieren*** lose one's appetite; ***ich hätte richtig ~ auf ...*** I could just fancy ...; ***guten ~!*** bon appetit!, F *hum.* enjoy!; **≗anregend** *adj.* appetizing; **~es Mittel** appetite stimulant; **~happen** *m* canapé; **~hemmer** *m* appetite suppressant.

appetitlich *adj.* appetizing; *fig. Person*: attractive; *fig.* ***nicht besonders ~*** not very inviting.

Appetitlosigkeit *f* loss of appetite.

Appetitzügler *m* appetite suppressant.

applaudieren *v/i.* applaud (*dat. s.o.*); **Applaus** *m* applause; → ***Beifall.***

Applikation *f* **1.** application; **2.** **~*en*** *Mode*: trimmings; **Applikator** *m* applicator; **applizieren** *v/t.* (*Stoff*) sew on; (*Medikament*) administer; (*Farbe*) apply; *fig.* **~** ***auf*** apply to; ***es ist auf die Praxis nicht zu*** **~** it doesn't work in practi|ce (*Am.* -se).

apportieren *v/t.* retrieve, fetch.

Apposition *f* apposition; **~** ***zu et. sein*** be in apposition to s.th.

appretieren *v/t.*, **Appretur** *f* finish.

Approbation *f* ⚕ licen|ce (*Am.* -se) to practi|se (*Am.* -ce) medicine; **approbiert** *adj. Arzt etc.*: qualified.

approximativ *adj.* approximate.

Après-Ski *n* après-ski (*a. Kleidung*).

Aprikose *f* apricot.

April *m* April; ***im*** **~** in April; ***j-n in den*** **~** ***schicken*** make an April fool of s.o.; **~*, ~!*** April fool!; **~*schauer*** *m* April shower; **~*scherz*** *m* April-fool joke; *fig.* ***das ist wohl ein*** **~*!*** is this some kind of practical joke?; **~*wetter*** *n* April showers *pl.*; ***das ist richtiges*** **~** it's like April showers.

a priori *adv. u. adj.* a priori.

apropos *adv.* **1.** by the way; **2.** talking about ...

Apsis *f* apse.

Aquädukt *m* aqueduct.

Aquakultur *f* aquaculture.

aquamarin *adj.*, **Aquamarin** *m* aquamarine.

Aquanaut *m* aquanaut.

Aquaplaning *n mot.* aquaplaning.

Aquarell *n* watercolo(u)r; **~*farbe*** *f* watercolo(u)r; **~*maler*** *m* watercolo(u)rist; **~*malerei*** *f* watercolo(u)r painting.

Aquarium *n* aquarium.

Äquator *m* equator; ***den*** **~** ***überqueren*** cross the line; **~*taufe*** *f* crossing-the-line ceremony.

äquivalent I. *adj.* equivalent; **II.** ≈ *n* **1.** (*Ersatz*) recompense; **2.** (*Entsprechung*) equivalent.

Ar *n* are.

Ära *f* era.

Araber *m* Arab (*a. Pferd*); (*Bewohner Arabiens*) Arabian; **Araberin** *f* **1.** Arab woman; **2.** Arabian woman.

Arabeske *f* arabesque.

arabisch I. *adj.* Arab *League, States, custom etc.*; Arabian *nights, coffee etc.*; Arabic *numerals, language, literature etc.*; ***die*** **≈*e Halbinsel*** (***Wüste***) the Arabian Peninsula (Desert); **II.** ≈ *n ling.* Arabic.

Arbeit *f* **1.** work; (*schwere* **~**) hard work; ***geistige*** **~** brainwork; ***an*** (*od.* ***bei***) ***der*** **~** at work; ***an die*** **~** ***gehen, sich an die*** **~** ***machen*** start work, set to work; ***ich hab mit dem Garten viel*** **~** the garden's a lot of work; ***et. in*** **~** ***haben*** be working on s.th.; ***gründliche*** **~** ***leisten*** do a good job (*a. fig.*); ***et. in*** **~** ***geben*** have s.th. done (*od.* made); ***erst die*** **~*, dann das Vergnügen!*** business before pleasure; *iro.* ***er hat die*** **~** ***nicht erfunden*** F he's a born skiver; ***immer nur halbe*** **~** ***machen*** never do things (*od.* finish things off) properly; → ***getan***; **2.** (*Mühe*) trouble; (*Anstrengung*) effort; ***ich hoffe, es macht Ihnen nicht zu viel*** **~** I hope it's not too much trouble for you; **3.** (*Berufstätigkeit*) work, employment; **~** ***haben*** have a job; ***ohne*** **~** unemployed, out of work, jobless; **~** ***suchen*** look for a job, *formell*: seek employment; ***zur*** (F ***auf***) **~** ***gehen*** go to work; **4.** (*Ergebnis*) (piece of) work; (*schriftliche, wissenschaftliche* **~**) paper, *längere*: treatise; ***künstlerische*** **~** work of art; *fig.* ***ganze*** **~** ***leisten*** do a good job; **5.** *pol.* labo(u)r; ***Tag der*** **~** Labo(u)r Day; **6.** *phys.* work; **7.** → ***Doktor-, Klassen-, Schularbeit.***

arbeiten I. *v/i.* **1.** work; **~** an be working on; ***hart an sich*** (*dat.*) **~** work hard to improve (on) o.s.; ***bei j-m*** **~** (*angestellt sein*) work for; ***mit e-r Firma*** (***geschäftlich***) **~** deal with, do business with; *fig.* ***die Zeit arbeitet für*** (***gegen***) ***uns*** we've got time on our side (against us); ***man sah, wie es in ihm arbeitete*** you could almost see it being churned around inside him; **2.** ☤ *Kapital etc.*: work (***mit Gewinn*** at a profit); *sein Geld* **~** *lassen* invest; **3.** ⚙ work, operate, run; **4.** *Organe*: work, function; **5.** *Holz etc.*: expand and contract; *Teig*: rise; *Wein etc.*: work; **II.** *v/t.* **6.** (*anfertigen*) make; **III.** *v/refl.*: ***sich durch den Schnee*** (***e-n Roman***) **~** work one's way through *od.* plough (*Am.* plow) through the snow (a novel); → ***Tod***; **IV.** *v/impers.*: ***hier arbeitet es sich schlecht*** it's difficult to work here.

Arbeiter *m* worker (*a. zo.*); (*Ggs. Angestellter*) blue-collar worker; *für Schwerarbeit*: labo(u)rer; → (***an***)***gelernt*** *etc.*; ***die*** **~** *a.* the working classes; **~*ameise*** *f* worker ant; **~*aufstand*** *m* workers' revolt; **~*bewegung*** *f hist.* Labo(u)r movement; **~*dichtung*** *f* working-class literature; **~*familie*** *f* working-class family; **≈*feindlich*** *adj.* anti-labo(u)r; **~*frage*** *f* labo(u)r question; **~*führer*** *m* labo(u)r leader; **~*gewerkschaft*** *f* trade (*Am.* labor) union.

Arbeiterin *f* **1.** (female) worker; **2.** *zo.* (*Biene*) worker bee; (*Ameise*) worker ant.

Arbeiter|jugend *f* young workers *pl.*; **~*kind*** *n* working-class boy (*od.* girl), *pl.* working-class children (F kids); **~*klasse*** *f* working class(es *pl.*); **~*lied*** *n* workers' song; **~*milieu*** *n* working-class background (*od.* environment); ***aus dem*** **~** ***stammen*** come from a working-class background; **~*partei*** *f* workers' party.

Arbeiterschaft *f* labo(u)r force, workforce.

Arbeiter|siedlung *f* working-class estate; **~*stadt*** *f* working-class town; **~*stand*** *m* working class(es *pl.*); **~*viertel*** *n* working-class area; **~*wohlfahrt*** *f* workers' welfare association.

Arbeitgeber *m* employer; **~*anteil*** *m Sozialversicherung*: employer's contribution; **~*verband*** *m* employers' association.

Arbeitnehmer *m* employee; **~*anteil*** *m Sozialversicherung*: employee's contribution; **~*freibetrag*** *m* earned-income allowance; **~*veranlagung*** *f* annual adjustment of income tax; **~*vertretung*** *f* employee representatives *pl.*

Arbeitsablauf *m* flow of work; (*Arbeitsfolge*) sequence of operations.

arbeitsam *adj.* industrious, hardworking.

Arbeits|amt *n* employment office; **~*anfall*** *m* **1.** workload; **2.** F ***e-n*** **~** ***bekommen*** F have a working fit; **~*angebot*** *n* vacancies *pl.*; **~*antritt*** *m*: ***bei*** (***vor***) **~** on (before) taking up work (*od.* one's job); **~*anzug*** *m* work(ing) clothes *pl.*; (*Overall*) overalls *pl.*; **~*auffassung*** *f* attitude to(wards) work; **~*auftrag*** *m* job order; **~*aufwand*** *m* amount of work involved (***für*** in); ***et. mit großem*** **~** ***erreichen*** (have to) put a lot of work into s.th.; ***das lohnt den*** **~** ***nicht*** it's not worth the effort (involved); **≈*aufwendig*** *adj.* labo(u)r-intensive; (*kompliziert*) complicated; **~** ***sein*** *a.* be a lot of work; **~*ausfall*** *m* loss of working hours; **~*ausschuss*** *m* working committee, study group; **~*bedingungen*** *pl.* working (⚙ operating) conditions; **~*belastung*** *f* work pressure; pressures *pl.* of work; **~*bereich*** *m* scope (of work); ⚙ range of operation.

Arbeitsbeschaffung *f* job creation.

Arbeitsbeschaffungs|maßnahmen *pl.* job-creating (*od.* -creation *od.* -generating) measures; **~*programm*** *n* job-creation scheme.

Arbeits|bescheinigung *f* certificate of employment; **~*besuch*** *m* working visit; **~*bewertung*** *f* job evaluation; **~*biene*** *f* **1.** *zo.* worker bee; **2.** *fig.* busy bee; (*Frau*) *a.* busy Lizzie; **~*blatt*** *n* worksheet; ***elektronisches*** **~** spreadsheet; **~*bühne*** *f* working platform; **~*disziplin*** *f* job discipline; **~*eifer*** *m* eagerness to work, zeal; **~*einkommen*** *n* earned income; **~*einsparung*** *f* saving on working hours; **~*einstellung*** *f* **1.** work stoppage; *e-s Betriebs*: shutdown; (*Streik*) strike, walk-out; **2.** → ***Arbeitsauffassung***; **~*entfremdung*** *f* alienation from work; **~*erlaubnis*** *f* work permit; **~*erleichterung*** *f*: ***e-e*** **~** ***darstellen*** (***für j-n***) save (s.o.) a lot of work; **~*ersparnis*** *f* labo(u)r saving; **~*essen*** *n* working lunch (*od.* dinner); **~*ethos*** *n* work ethic.

arbeitsfähig *adj.* fit for work; *pol.* **~*e Mehrheit*** working majority.

Arbeits|feld *n* scope of work (*od.* activity); **~*fieber*** *n* working fever; **~*fläche*** *f* work surface.

arbeitsfrei *adj.*: **~*er Tag*** day off, (*Feiertag*) public (*Am. a.* legal) holiday; **~*er Vormittag*** (***Nachmittag***) morning (afternoon) off; ***Freitag ist ein*** **~*er Tag*** there's no work on Friday.

Arbeits|frieden *m* industrial peace; **~*gang*** *m* work cycle; ***in einem*** **~** in one process (F go); **~*gebiet*** *n* → ***Arbeitsfeld***; **~*gemeinschaft*** *f* **1.** ☤ joint venture; **2.** *internationale etc.*: work(ing) group; syndicate; **3.** → ***Arbeitsgruppe***; **~*genehmigung*** *f* work permit; **~*gericht*** *n* industrial tribunal, *Am.* labor court; **~*gesetz*** *n* labo(u)r law; **~*gesetzgebung*** *f* labo(u)r legislation; **~*grundlage*** *f* working basis; **~*gruppe*** *f* (working) team; *ped.* study group; **~*hilfe*** *f* working aid; **~*hygiene*** *f* hygiene at the workplace; **~*hypothese*** *f* working hypothesis.

arbeitsintensiv *adj.* labo(u)r-intensive.

Arbeitskampf *m* labo(u)r dispute; **~*maßnahmen*** *pl.* industrial action *sg.*

Arbeits|kittel *m* overall; **~*kleidung*** *f* work(ing) clothes *pl.*; **~*klima*** *n* work climate, working atmosphere; **~*kluft*** *f* F work togs *pl.*; **~*kollege*** *m* colleague (from work), F workmate; **~*kosten*** *pl.* labo(u)r costs; ***hohe*** (***niedrige, steigende***) **~** high (low, rising) labo(u)r costs; ***die*** **~** ***senken*** cut down on labo(u)r costs.

Arbeitskraft *f* **1.** (*Fähigkeit*) capacity for work; **2.** (*Person*) worker; employee; *pl. coll.* manpower *sg.*; *the* workforce *sg.*; ***billige Arbeitskräfte*** cheap labo(u)r.

Arbeitskräfte|abbau *m* reduction (*od.* cuts *pl.*) in manpower; **~*mangel*** *m* manpower shortage.

Arbeits|kreis *m* working (*ped.* study)

group; **~lager** *n* labo(u)r camp; **~leben** *n* working life; **~leistung** *f* efficiency; ⚙ *u. e-r Person*: *a.* performance; *e-r Fabrik etc.*: output; **~lohn** *m* wage(s *pl.*), pay.

arbeitslos *adj.* unemployed, out of work, jobless; ***die ~en Jugendlichen*** the young jobless (*pl.*); **Arbeitslose(r** *m*) *f* unemployed person; *pl. coll. the* unemployed (*pl.*), *the* jobless (*pl.*).

Arbeitslosen|geld *n* unemployment benefit; ***~ beziehen*** be on the dole; **~heer** *n* jobless (*od.* unemployed) masses *pl.*; **~hilfe** *f* unemployment assistance; **~quote** *f* unemployment rate; **~unterstützung** *f* unemployment benefit, jobseeker's allowance; **~versicherung** *f* unemployment insurance; **~zahl** *f* unemployment (*od.* jobless) figures *pl.*

Arbeitslosigkeit *f* unemployment; ***saisonbedingte ~*** seasonal unemployment.

Arbeits|mangel *m* shortage of work; **~markt** *m* labo(u)r (*od.* job) market; ***Lage auf dem ~*** job situation; **~maschine** *f* **1.** machine; **2.** *fig.* (*Person*) workhorse; **~material** *n* working material; **~medizin** *f* industrial medicine; **~methode** *f* working method; **~minister** *m* employment (*Am.* labor) minister, minister for employment (*Am.* labor); *in GB*: Secretary of State for Employment, Employment Secretary; *in den USA*: Secretary of Labor; **~ministerium** *n* department of employment (*Am.* labor); *in GB*: Department of Employment (*in den USA*: Labor); **~modell** *n* working model; **~möglichkeiten** *pl.* job opportunities; **~moral** *f* (working) morale; **~motivation** *f* motivation to work; **~nachweis** *m* **1.** employment agency; **2.** job placement; **~niederlegung** *f* strike, walkout, stoppage; **~norm** *f* work norm; (*Ziel*) target; **~ordnung** *f* work regulations (*Am.* rules) *pl.*; **~papier** *n* working paper; **~papiere** *pl.* working papers; **~pause** *f* break; **~pensum** *n* → ***Pensum***; **~pferd** *n* workhorse (*a. fig.*); **~plan** *m* work schedule.

Arbeitsplatz *m* workplace; (*Computer*≈) workstation; (*Betrieb*) place of work; (*Stelle*) job; ***freier ~*** vacancy; ***Diskriminierung am ~*** discrimination at work; ***Sicherheit am ~*** workplace safety; ***Sicherheit des ~es*** job security; ***die Arbeitsplätze sichern*** safeguard employment; **~beschaffung** *f* job creation; **~beschaffungsmaßnahmen** *pl.* job-generating (*od.* -creating) measures, job-creation scheme *sg.*; **~beschreibung** *f* job specification; **~garantie** *f* job protection; **~gestaltung** *f* workplace design; **~studie** *f* workplace study; **~teilung** *f* job sharing.

Arbeits|probe *f* sample of one's work; **~prozess** *m* work process; ***j-n in den ~ eingliedern*** integrate s.o. into working life; **~psychologe** *m* industrial psychologist; **~psychologie** *f* industrial psychology; **~raum** *m* workroom; **~recht** *n* industrial (*Am.* labor) law.

arbeitsreich *adj.* busy.

Arbeitsreserve *f* manpower (*od.* labo[u]r) reserve, human resources *pl.*

arbeitsscheu I. *adj.* work-shy; **II.** ≈ *f* aversion to work; **Arbeitsscheue(r)** *m* shirker, F skiver.

Arbeitsschutz *m* industrial safety; **~gesetz** *n* industrial safety act; *in GB*: *etwa* Factories Act.

Arbeits|sieg *m Sport*: uninspired victory; **~sitzung** *f* working session; **~sklave** *m* work slave.

arbeitssparend *adj.* labo(u)r-saving.

Arbeits|speicher *m Computer*: main memory, random access memory, RAM; **~stab** *m* (working) team; **~stätte** *f* → ***Arbeitsplatz***; **~stelle** *f* **1.** job; **2.** place of work; **~streit** *m* labo(u)r dispute; **~studie** *f* time (and motion) study; **~stunden** *pl.* working hours; ✝ man-hours.

Arbeitssuche *f* search for work, F job-hunting; ***auf ~ sein*** be job-hunting; **Arbeit(s)suchende(r** *m*) *f* job-seeker.

Arbeitssucht *f* F workaholism; **arbeitssüchtig** *adj.*: ***~ sein*** F be a workaholic; **Arbeitssüchtige(r** *m*) *f* F workaholic.

Arbeits|tag *m* working day, workday; **~takt** *m mot.* power stroke; **~teilung** *f* division of labo(u)r; **~therapie** *f* work therapy; **~tier** *n* **1.** work(ing) animal; **2.** F *fig.* F workhorse; **~titel** *m* working title.

arbeitsunfähig *adj.* unfit for work; *ständig*: disabled; **Arbeitsunfähigkeit** *f* unfitness for work; *ständige*: disablement.

Arbeits|unfall *m* work accident (*od.* injury); **~urlaub** *m* working vacation; **~verfahren** *n* working method, technique; **~verhältnis** *n* **1.** employer-employee relationship; **2.** ***im ~ stehen bei*** be employed by (*od.* with); **3.** *pl.* working conditions; **~vermittlung** *f* employment agency; **~vertrag** *m* employment contract; **~verweigerung** *f* refusal to work; **~vorgang** *m* working procedure; ⚙ operation; **~weise** *f* working method; ⚙ *e-s Geräts*: functioning; **~welt** *f* world of employment.

arbeitswillig *adj.* willing to work.

Arbeits|wissenschaften *pl.* work sciences; **~woche** *f* working week; **~wochenende** *n* working weekend.

Arbeitswut *f* work mania; **arbeitswütig** F *adj.* F work-crazy.

Arbeitszeit *f* **1.** working hours *pl.*; ***flexible ~*** flexible working hours; **2.** ⚙ operating time; **3.** (*Fertigungszeit*) production time; **4.** ***gleitende ~*** flexitime, *Am. bsd.* flextime; ***gleitende ~ haben*** be on flex(i)time; **~verkürzung** *f* reduction in working hours.

Arbeits|zeug *n* tools *pl.*; **~zeugnis** *n* reference; **~zimmer** *n* study; **~zufriedenheit** *f* job satisfaction.

arbiträr *adj.* arbitrary.

Arbitrage *f* ✝ arbitrage.

archaisch *adj.* archaic; **Archaismus** *m* archaism.

Archäologe *m* arch(a)eologist; **Archäologie** *f* arch(a)eology; **archäologisch** *adj.* arch(a)eological.

Archäopteryx *f, m* archaeopteryx.

Arche *f* ark; ***die ~ Noah*** Noah's ark.

Archetyp *m* archetype; **archetypisch** *adj.* archetypal.

Archipel *m* archipelago.

Architekt *m* architect; **architektonisch** *adj.* architectural.

Architektur *f* architecture; **~büro** *n* architect's office.

Archiv *n* archives *pl.*; **Archivar** *m* archivist.

Archiv|aufnahmen *pl. TV etc.* library pictures; **~bild** *n phot.* library photo (-graph); **~exemplar** *n* archive copy, ✝ file copy.

archivieren *v/t.* put into (the) archives.

Archivmaterial *n* archive material.

Areal *n* area.

Arena *f* arena (*a. fig.*); (*Stierkampf*≈, *Zirkus*≈) ring.

arg I. *adj.* bad; (*moralisch schlecht*) *a.* wicked, evil; → ***schlimm***; ***~e Enttäuschung*** great disappointment; ***sein ärgster Feind*** his worst enemy; ***das ist (doch) zu ~*** that's too much; ***im ≈en liegen*** be in a bad way; **II.** *adv.* badly, severely; F (*sehr*) F terribly; F ***das ist ~ wenig*** F that's not a lot; ***j-n ~ mitnehmen*** (really) take it out of s.o.

Argentinier(in *f*) *m* Argentine; **argentinisch** *adj.* Argentine, Argentinian.

Ärger *m* (*Unannehmlichkeit*) trouble, F strife, *a.* hassle; (*Verdruss*) annoyance, irritation (**über** at *s.th.*, with *s.o.*); (*Zorn*) anger; ***j-m ~ machen*** cause s.o. trouble; ***das gibt ~*** there'll be trouble; **ärgerlich** *adj.* annoyed, cross (**auf, über** at, about *s.th.*, with *s.o.*); *Sache*: annoying; ***~e Sache*** nuisance; ***das ist ~*** that's annoying, that's a (real) nuisance; **ärgern I.** *v/t.* annoy; (*Kind, Tier*) tease; ***j-n bis aufs Blut ~*** F make s.o. wild; **II.** *v/refl.*: ***sich ~*** be (*od.* get) annoyed (***über*** at, about *s.th.*, with *s.o.*); ***ärgere dich nicht*** don't get annoyed (*od.* upset); ***sich zu Tode ~*** F be (*od.* get) really mad; F ***ich könnt mich krank ~*** F I could kick myself; → ***grün*** I, ***schwarz*** I; **Ärgernis** *n* (*et. Lästiges*) nuisance; (*Anstoß*) offen|ce (*Am.* -se); ***die Ärgernisse des täglichen Lebens*** the (little) upsets of daily life; ⚖ ***öffentliches ~*** public nuisance; ***~ erregen*** cause offen|ce (*Am.* -se).

Arglist *f* deceitfulness, guile; ⚖ malice, malicious intent; **arglistig** *adj.* deceitful; ⚖ fraudulent; ⚖ ***~e Täuschung*** wil(l)ful deceit.

arglos *adj.* guileless; (*naiv, harmlos*) artless, innocent; (*nichts ahnend*) unsuspecting; **Arglosigkeit** *f* guilelessness, lack of guile; innocence; unawareness.

Argument *n* argument; ***ein schwerwiegendes ~ dafür*** (***dagegen***) a strong argument in favo(u)r (against); ***es ist ein ~ für ...*** it's a case for...; **Argumentation** *f* argumentation; ***das ist e-e (keine) stichhaltige ~*** you've got a point there (you can't argue like that); **argumentativ** *adj.* argumentative; **argumentieren** *v/i.* argue, reason; ***..., (so) wird argumentiert*** ..., so the argument goes.

Argusaugen *pl.* eagle-eyes; ***et. mit ~ beobachten*** watch s.th. like a hawk.

Argwohn *m* suspicion, mistrust (***gegen*** of); ***~ erregen*** arouse suspicion; ***~ hegen*** be suspicious (***gegen*** of), ***gegen***: *a.* suspect *s.o. od. s.th.*; **argwöhnen** *v/t.* suspect; **argwöhnisch** *adj.* suspicious, distrustful (***gegen*** of).

Arie *f* ♪ aria.

Arier(in *f*) *m*, **arisch** *adj.* Arian, Aryan.

Aristokrat *m* aristocrat; **Aristokratie** *f* aristocracy; **aristokratisch** *adj.* aristocratic; ***~es Auftreten*** *etc.* patrician bearing *etc.*

Arithmetik *f* arithmetic; **arithmetisch** *adj.* arithmetical.

Arkade *f a. pl.* arcade.

arktisch *adj.* arctic (*a. fig.*).

arm *adj.* poor (**an** in); ~ an *a.* lacking in; ***~ an Vitaminen*** low on vitamins; ***~er Kerl*** F poor bloke; ***um 100 Mark ärmer sein*** be 100 marks worse off; ***~ dran sein*** have nothing to laugh about; F ***das ist ja nicht wie bei ~en Leuten*** F we do have such things.

Arm *m* arm; (*Ärmel*) *a.* sleeve; *zo.* (*Fang*≈)

tentacle; *e-s Flusses*: tributary; *e-s Leuchters*: branch; ***der ~ des Gesetzes*** the arm of the law; ***in die ~e nehmen*** hug, embrace; ***auf den ~ nehmen*** (*Kind*) a) pick up, b) carry; *fig.* pull *s.o.'s* leg; *fig.* ***j-m unter die ~e greifen*** help s.o. out; ***j-n mit offenen ~en empfangen*** welcome s.o. with open arms; ***j-m in die ~e laufen*** bump (*od.* run) into s.o.; ***j-m in den ~ fallen*** hold s.o. back, stop s.o.; ***sich e-r Sache in die ~e werfen*** launch into s.th. with a vengeance; ***j-n e-r Sache in die ~e treiben*** drive s.o. to s.th.; ***e-n langen ~ haben*** have a lot of pull; ***den längeren ~ haben*** have more pull.

Armaturen *pl.* **1.** *Bad etc.*: fittings; **2.** *mot. etc.* instruments, controls; **~brett** *n* dashboard.

Armband *n* bracelet; (*Uhr*~) watchstrap; **~uhr** *f* wristwatch.

Arm|beuge *f* **1.** crook of one's arm, inside of one's elbow; **2.** *Sport*: arm bend; **~binde** *f* armband; ⚕ sling; **~brust** *f* crossbow; **~drücken** *n* Indian (*Am. a.* arm) wrestling.

Arme(r *m*) *f* poor man (*f* woman); ***die Armen*** the poor (*pl.*); ***der Arme!*** *mitleidig*: poor thing (*od.* fellow).

Armee *f* army; *fig. a.* masses *pl.*; *fig.* ***e-e ~ von Ameisen*** (***Arbeitslosen***) an army of ants (masses of unemployed).

Ärmel *m* sleeve; *fig.* ***et. aus dem ~ schütteln*** pull s.th. out of a hat, come up with s.th. just like that; give an off-the-cuff answer (*od.* speech *etc.*); **~aufschlag** *m* cuff; **~brett** *n* sleeve board.

Armeleute... *in Zssgn* poor man's.

Ärmelkanal *m the* (English) Channel; **~tunnel** *m* Channel tunnel, F *the* Chunnel.

ärmellos *adj.* sleeveless.

Armen|anwalt *m* ⚖ poor litigant's counsel; **~haus** *n hist. u. fig.* poorhouse.

Armenier(in *f*) *m*, **armenisch** *adj.*, **Armenisch** *n ling.* Armenian.

Armen|recht *n* ⚖ right to legal aid, forma pauperis; **~viertel** *n* poor part of town; *weitS.* slums *pl.*

Armer *m* → ***Arme(r)***.

Arm(e)sündermiene *f* hangdog look.

Arm|gelenk *n* elbow joint; **~höhle** *f* armpit.

armieren *v/t.* reinforce; **Armierung** *f* reinforcement.

...armig ...-armed, ...-branched.

Arm|länge *f* arm's length; *fig.* ***j-n auf ~ entfernt halten*** keep s.o. at arm's length; **~lehne** *f* armrest; **~leuchter** *m* **1.** candelabra; **2.** F *fig.* F twit, dope.

ärmlich *adj.* poor; (*schäbig*) shabby (-looking); *fig.* (*dürftig*) poor, paltry, meag|re (*Am.* -er); (*kläglich, schlecht*) poor, wretched, miserable.

Arm|loch *n* **1.** armhole; **2.** F *fig. sl.* swine; **~manschette** *f* ⚕ inflatable cuff; **~muskel** *m* arm muscle; (*Bizeps*) biceps; **~reif(en)** *m* bangle; **~schiene** *f* ⚕ splint; **~schlinge** *f* sling.

armselig *adj.* **1.** → ***ärmlich***; **2.** *contp.* pathetic.

Arm|sessel *m* armchair, easy chair; **~stütze** *f* armrest.

Armut *f* **1.** poverty; *stärker*: destitution; ***äußerste ~*** extreme poverty; ***in ~ geraten*** be reduced to poverty; **2.** *fig. an Ideen etc.*: poverty (**an** of); *an Rohstoffen etc.*: lack, *stärker*: dearth (of); ***geistige ~*** intellectual poverty; **Armutsbekämpfung** *f* fight (*od.* struggle) against poverty; **Armutsflüchtling** *m* economic migrant; **Armutszeugnis** *fig. n* sad reflection; ***das ist ein ~*** *a.* F that's a bad show; ***erschreckendes ~*** damning indictment; ***sich ein ~ ausstellen*** shame o.s.

Arnika *f* ⚘ arnica.

Aroma *n* (*Duft*) fragrance; (*Wohlgeschmack, a. Würzstoff*) flavo(u)r; (*Essenz*) essence; **Aromatherapie** *f* aromatherapy; **aromatisch I.** *adj.* aromatic; **II.** *adv.*: ***et. ~ verfeinern*** round off the flavo(u)r (of s.th.); **aromatisieren** *v/t.* flavo(u)r.

Arpeggio *n* arpeggio.

Arrak *m* arra(c)k.

Arrangement *n* **1.** *a.* ♪ arrangement; **2.** (*Übereinkunft*) agreement; ***ein ~ treffen*** come to an arrangement (*od.* agreement); **3.** ⚜ package deal; ***in ~s*** as package deals; **Arrangeur** *m* arranger; **arrangieren I.** *v/t.* arrange; **II.** *v/refl.*: ***sich ~*** come to an arrangement.

Arrest *m* **1.** (*Strafe*) detention (*a. Schule*), confinement; ***mit ~ bestrafen*** put in confinement; **2.** *dinglicher*: seizure, impounding.

arretieren *v/t.* ⚙ arrest, stop, lock.

Arrhythmie *f* ⚕ arrhythmia, irregular heart rate; **arrhythmisch** *adj.* arrhythmical.

arriviert *adj.* successful; *contp.* upstart ...; **Arrivierte(r** *m*) *f* successful (*od.* established) politician (*od.* artist *etc.*); *contp.* parvenu, upstart; ***er gehört jetzt zu den Arrivierten*** he's made it.

arrogant *adj.* arrogant; **Arroganz** *f* arrogance.

Arsch V *m* V arse, *Am.*V ass; *iro.* ***am ~ der Welt*** F at the back of beyond, F out in the sticks (*Am. a.* boondocks); ***j-m in den ~ kriechen*** F suck up to s.o.; ***er*** (***es***) ***ist im ~*** he's (it's) had it; ***das geht mir am ~ vorbei*** F I don't give a damn; ***leck mich am ~!*** *sl.* get stuffed, *zu sich selbst*: V bugger it; **~backe** V *f* buttock; **~ficker** V *m* V arse bandit; **~geige** V *f* V bastard; **~kriecher** V *m* V arse-licker; **~loch** V *n* V arse-hole; (*Person*) *a.* V bastard; **~tritt** V *m*: ***j-m e-n ~ geben*** V give s.o. a kick in the arse; **~-und-Titten-Presse** V *f* V tits-and-ass (*od.* tits-and-bums) press (*od.* magazines *pl.*).

Arsen *n* arsenic.

Arsenal *n* **1.** (*Lager*) arsenal; (*Waffen*~) weaponry, (weapons) stockpile, armo(u)ry; **2.** *fig.* (*Lager*) repository; (*Reihe, Ansammlung*) battery.

arsenhaltig *adj.* arsenic ...; ***~ sein*** contain arsenic; **arsenig** *adj.*: ***~e Säure*** arsenic acid; **Arsenvergiftung** *f* arsenic poisoning.

Art *f* **1.** (*~ u. Weise*) way, manner; (*Verfahren*) method; ***auf die(se) ~*** (in) this way; ***auf irgendeine ~, auf die eine oder andere ~*** somehow or other; *er* ***auf s-e ~*** in his way; ***nach der ~*** *gen.* along the lines of; ***in der ~ Rembrandts*** (***Haydns***) in the style of Rembrandt (Haydn); ***auf ruhige ~*** quietly; ***er hat e-e angenehme ~*** he has a nice way, he's very pleasant, ***zu lachen***: he has a pleasant laugh; ***das ist eigentlich nicht s-e ~*** that's not like him (at all); ***das ist nun mal s-e ~*** that's the way he is; **2.** (*Natur, Beschaffenheit*) nature, kind; (***von***) ***dieser ~*** of this nature (*od.* kind); **3.** (*Wesen*) nature; ***gewinnende ~*** winning way; ***es ist nicht s-e ~ zu*** *inf.* he's not the sort to *inf.*; ***einzig in s-r ~*** unique; **4.** (*Benehmen*) behavio(u)r, manners *pl.*; ***das ist*** (***doch***) ***keine ~!*** that's no way to behave; **5.** (*Sorte*) kind, sort, type; (*Stil*) style; ***Geräte aller ~*** *a.* tools of every description; ***e-e ~ ...*** a kind (*od.* sort, type) of ...; *iro.* ***e-e ~ Künstler*** an artist of sorts; **6.** *biol.* species; (*Rasse*) race; *fig.* ***sie ist vollkommen aus der ~ geschlagen*** she's not like anyone else in the family; ***~ lässt nicht von ~*** it runs in the family.

Artefakt *n* artifact, artefact.

arteigen *adj.* characteristic, true to type.

arten *v/i.*: ***nach j-m ~*** take after s.o.; → ***geartet.***

Artengemeinschaft *f* biological community.

art(en)gerecht *adj.*: ***~e Tierhaltung*** keeping animals in their natural environment.

artenreich *adj. Pflanzenfamilie etc.*: very varied, with a large number of species; *Gebiet*: with a rich animal and plant life (*od.* flora and fauna); **Artenreichtum** *m* rich animal and plant life, rich flora and fauna; 🕮 biodiversity.

Arten|schutz *m* protection of endangered species; **~vielfalt** *f* → ***Artenreichtum.***

Arterhaltung *f* preservation of the species.

Arterie *f* artery; **Arterienverkalkung** *f*, **Arteriosklerose** *f* hardening of the arteries, ⚕ arteriosclerosis.

artfremd *adj.* alien, foreign.

Artgenosse *m* member of the same species.

art|gerecht *adj.* → ***art(en)gerecht***; **~gleich** *adj.*: ***~ sein*** belong to the same species; ***sie sind ~*** they're the same species.

Arthritis *f* ⚕ arthritis.

Arthrose *f* ⚕ osteoarthritis.

artifiziell *adj.* artificial.

artig *adj.* well-behaved, good; ***sei ~!*** be good!, be a good boy (*od.* girl)!; **Artigkeit** *f* good behavio(u)r; (*Höflichkeit*) politeness.

Artikel *m a. ling. u.* ⚖ article; ⚜ *a.* item, commodity.

Artikulation *f* articulation; **Artikulationsvermögen** *n* powers *pl.* of articulation; **artikulieren I.** *v/t.* express, put into words; articulate; **II.** *v/refl.*: ***sich ~*** express o.s.

Artillerie *f* artillery; **~beschuss** *m*, **~feuer** *n* artillery fire.

Artillerist *m* artilleryman, gunner.

Artischocke *f* artichoke.

Artischocken|boden *m* artichoke base; **~herz** *n* artichoke heart.

Artist(in *f*) *m* (variety) artist, acrobat, *Am. a.* performer; **Artistik** *f* **1.** acrobatics *pl.* (*oft sg. konstr.*); **2.** (*Geschicklichkeit*) skill; **artistisch** *adj.* **1.** acrobatic(ally *adv.*); **2.** (*geschickt*) skil(l)ful.

Artothek *f* picture lending gallery.

art|spezifisch *adj.* characteristic of (*od.* specific to) the species; **~verschieden** *adj.* **1.** ***~ sein*** belong to a different species; ***sie sind ~*** they're different species; **2.** (*grundverschieden*) completely different; **~verwandt** *adj.* related, kindred ...

Arznei *f* medicine, medicament, drug; (*Heilmittel*) remedy; **~buch** *n* pharmacopoeia; **~kunde** *f* pharmaceutics *pl.* (*sg. konstr.*).

Arzneimittel *n* → ***Arznei***; **~forschung** *f* pharmaceutical(s) research; **~industrie** *f* pharmaceutical industry; **~missbrauch** *m* drug abuse.

Arzneischrank *m* medicine cabinet.

Arzt *m* doctor, *Am. u. formell*: physician; ***praktischer ~*** *etwa* general practitioner; **~beruf** *m* medical profession; ***der ~*** *weitS.* a doctor's life, being a doctor; **~brief** *m* medical report.

Ärzte|haus *n mit mehreren Arztpraxen*: *etwa* medical cent|re (*Am.* -er); **~kammer** *f* medical association; **~muster** *n* drug sample.

Ärzteschaft *f* medical profession.

Ärzte|schwemme *f* glut (*od.* surfeit) of doctors; **~vertreter** *m* pharmaceutical representative.

Arzthelferin *f* (doctor's) assistant.

Ärztin *f* (lady) doctor *od.* physician.

Arztkosten *pl.* doctor's (*od.* medical) fees.

ärztlich *adj.* medical; ***in ~er Behandlung*** under medical care; ***~e Hilfe*** medical assistance; → ***Attest.***

Arzt|praxis *f* medical practice, *Brit. a.* (doctor's) surgery; **~rechnung** *f* doctor's bill; **~roman** *m* hospital romance; **~wahl** *f*: ***freie ~*** right to go to the doctor of one's choice (*od.* to choose one's own doctor).

As *n* → ***Ass.***

As *n* ♪ A flat.

Asbest *m* asbestos; **~anzug** *m* asbestos suit; **≈belastet** *adj.* asbestos-contaminated. **Asbestose** *f* ⚕ asbestosis.

Asbest|platte *f* asbestos mat; **~sanierung** *f* asbestos abatement.

Asbeststaub *m* asbestos particles *pl.*; **~lunge** *f* ⚕ asbestosis.

Asbestzement *m* asbestos cement.

aschblond *adj.* ash blonde.

Asche *f* ash, *mst* ashes *pl.*; ***glühende ~*** embers *pl.*; *fig.* ***sich ~ aufs Haupt streuen*** put on (*od.* wear) sackcloth and ashes.

Ascheimer *m* → ***Mülleimer.***

Aschen|bahn *f* cinder track; *mot.* dirt track; **~becher** *m* ashtray.

Aschenbrödel *n* → ***Aschenputtel***; **~dasein** *n* → ***Aschenputteldasein.***

Aschenplatz *m Tennis*: ash court.

Aschenputtel *n* Cinderella (*a. fig.*); **~dasein** *n*: ***ein ~ führen*** lead a Cinderella--like existence.

Ascher F *m* ashtray.

Aschermittwoch *m* Ash Wednesday.

asch|fahl *adj.* ashen; **~grau** *adj.* ash-grey (*Am.* -gray).

Aschkenasi *m* Ashkenazi (*pl.* Ashkenazim); **aschkenasisch** *adj.* Ashkenazic.

ASCII-Code *m Computer*: ASCII code.

Ascorbinsäure *f* ⚗ ascorbic acid.

A-Seite *f Schallplatte etc.*: A side.

äsen *v/i.* graze.

Asepsis *f* asepsis; aseptisch *adj.* aseptic.

Aserbaidschaner(in *f*) *m*, **aserbaidschanisch** *adj.*, **Aserbaidschanisch** *n ling.* Azerbaijani.

asexual, asexuell *adj. biol.*, ⚕ asexual.

Asiat(in *f*) *m* Asian; **Asiatika** *pl.* Oriental art *sg.* (*ältere*: *a.* antiquities); **asiatisch** *adj.* Asian; *Sachen, Völker*: *a.* Asiatic.

Askese *f* asceticism; **Asket** *m* ascetic; **asketisch** *adj.* ascetic(ally *adv.*).

Askorbinsäure *f* ⚗ ascorbic acid.

asozial *adj. Verhalten, Familie etc.*: antisocial; **Asoziale(r)** *m* antisocial; (*Aussteiger*) dropout; *pl. a.* antisocial elements.

Aspekt *m* aspect (*a. ling.*); ***unter diesem ~ betrachtet*** seen from this angle (*od.* point of view).

Asphalt *m* asphalt; **asphaltieren** *v/t.* (surface with) asphalt.

Asphalt|maler *m* pavement artist; **~malerei** *f* pavement art; **~platz** *m Tennis*: asphalt court; **~straße** *f* asphalt road.

Aspik *m* aspic; ***Aal in ~*** jellied eel.

Aspirant *m* candidate.

aspirieren *v/t. ling.* aspirate.

Ass *n* **1.** (*Spielkarte*; *a.* F *fig. Person*) ace; **2.** *Tennis*: (clean) ace; *Golf*: hole in one.

Assekuranz *f* insurance.

Assel *f* woodlouse.

Assembler *m Computer*: assembler; **~sprache** *f* assembler language.

assemblieren *v/t. u. v/i.* assemble; **Assemblierer** *m* assembler.

Asservat *n* exhibit; **Asservatenkammer** *f* exhibit room.

Assessor *m* **1.** *civil servant who has completed his/her second state examination*; **2.** ⚖ assistant judge.

Assimilation *f* assimilation; **assimilieren** *v/t.* assimilate.

Assistent *m* assistant.

Assistenz *f* assistance; ***unter ~ von*** with the assistance of; **~arzt** *m* houseman, *Am.* intern.

assistieren *v/i.* assist (***bei*** in).

Assoziation *f* association; ☿ partnership; **assoziativ** *adj.* associative; **assoziieren I.** *v/t.* associate; **II.** *v/refl.*: ***sich ~*** *pol.* associate (o.s.) (***mit*** with); ☿ enter into a partnership (with).

Ast *m* **1.** branch, *bsd. lit.* bough; *im Holz*: knot; *fig.* ***den ~ absägen, auf dem man sitzt*** saw off one's own branch, dig one's own grave; ***auf dem absteigenden ~ sein*** be going downhill; ***er ist auf dem aufsteigenden ~*** things are looking up for him, F he's on the up and up; **2.** F (*Rücken, Buckel*) F hump; → ***lachen*** I.

asten *v/t.* (*schleppen*) lug (along *od.* up *etc.*).

Aster *f* ✿ aster.

Asthenie *f* ⚕ debility, asthenia; **Astheniker** *m* asthenic (person).

Ästhet *m* (a)esthete; **Ästhetik** *f* **1.** (*Lehre*) (a)esthetics *pl.* (*sg. konstr.*); **2.** (*Schönheit*) beauty, (a)esthetic appeal (*gen.* of); **3.** *e-s Stils etc.*: (a)esthetic; **4.** (*Schönheitssinn*) (a)esthetic sense; **ästhetisch** *adj.* (a)esthetic(ally *adv.*).

Asthma *n* ⚕ asthma; **Asthmatiker** *m*, **asthmatisch** *adj.* asthmatic.

astigmatisch *adj.* astigmatic.

Astloch *n* knothole.

Astralleib *m* **1.** astral body; **2.** F *iro.* divine frame.

astrein *fig. adj.* **1.** above-board; ***die Sache ist nicht ganz ~*** there's something fishy about the business; **2.** F (*ausgezeichnet*) F great, fantastic.

Astrologe *m* astrologer; **Astrologie** *f* astrology; **astrologisch** *adj.* astrological.

Astronaut *m* astronaut; **Astronautik** *f* astronautics *pl.* (*sg. konstr.*).

Astronom *m* astronomer; **Astronomie** *f* astronomy; **astronomisch** *adj.* astronomic(al) (*a. fig.*).

Astrophysik *f* astrophysics *pl.* (*sg. konstr.*); **Astrophysiker** *m* astrophysicist.

Astwerk *n* branches *pl.*

ASU *f* → ***Abgassonderuntersuchung.***

Asyl *n* **1.** (*Zufluchtsstätte*) place of refuge, sanctuary; **2.** (*Heim*) home; **3.** *pol.* asylum; ***um (politisches) ~ bitten*** ask for (political) asylum; **Asylant** *m* → ***Asylbewerber***; **Asylantenwohnheim** *n* asylum-seekers' hostel.

Asyl|bewerber *m* asylum-seeker, (political) refugee; **~gewährung** *f* granting of asylum; **~missbrauch** *m* asylum abuse; **~recht** *n* **1.** right of asylum; **2.** (*Gesetzgebung*) asylum laws *pl.*

Asymmetrie *f* asymmetry, lack of symmetry; **asymmetrisch** *adj.* asymmetrical.

asynchron *adj.* asynchronous.

Aszendent *m* ascendant.

Atavismus *m* atavism; **atavistisch** *adj.* atavistic.

Atelier *n* studio; **~aufnahme** *f* studio shot; **~kamera** *f* studio camera; **~sekretärin** *f* continuity girl, script girl; **~wohnung** *f* studio flat (*Am.* apartment); *unterm Dachboden*: loft.

Atem *m* breath; (*das Atmen*) breathing; ***außer ~*** out of breath; ***~ holen*** take a breath, *fig.* (*a.* ***~ schöpfen***) get one's breath back; ***den ~ anhalten*** hold one's breath; ***mit angehaltenem ~*** with bated breath; ***im selben ~*** in the same breath; ***außer ~ kommen*** get out of breath; ***wieder zu ~ kommen*** *a. fig.* get one's breath back; *fig.* ***j-n in ~ halten*** keep s.o. on his *od.* her toes (*in Spannung*: on tenterhooks); ***den längeren ~ haben*** have more staying power; ***das verschlug ihm den ~*** his jaw just dropped; ***ihnen geht der ~ aus*** they're running dry (*od.* out of resources).

atemberaubend *fig. adj.* breathtaking.

Atem|beschwerden *pl.* difficulty *sg.* in breathing; ***~ haben*** have difficulty breathing; **~frequenz** *f* respiratory rate; **~gerät** *n* breathing apparatus; ⚕ respirator; **~gymnastik** *f* breathing exercises *pl.*; **~holen** *n* breathing; **~lähmung** *f* respiratory standstill; **~loch** *n Wal*: blowhole.

atemlos *adj.* breathless (*a. fig.*); out of breath; **Atemlosigkeit** *f* breathlessness.

Atem|maske *f* breathing mask; **~not** *f* shortness of breath; ***an ~ leiden*** have difficulty breathing; **~pause** *f* F breather; ***e-e ~ einlegen (gewähren)*** take (give *s.o.*) a breather; **~schutzgerät** *n* breathing apparatus; **~stillstand** *m* respiratory standstill; **~technik** *f* breathing technique; **~übungen** *pl.* breathing exercises; **~wege** *pl.* respiratory tract *sg.*; **~zentrum** *n* respiratory cent|re (*Am.* -er); **~zug** *m* breath; ***bis zum letzten ~*** to the last gasp; ***den letzten ~ tun*** breathe one's last; ***in e-m ~*** in one breath; ***im nächsten ~*** the next moment.

Äthanol *n* ethyl alcohol, ethanol.

Atheismus *m* atheism; **Atheist** *m* atheist; **atheistisch** *adj.* atheistic(ally *adv.*).

Athener *m* Athenian.

Äther *m phys. u.* ⚗ ether; *Radio*: air (waves *pl.*); ***über den ~*** over the air.

ätherisch *adj.* ethereal (*a. fig.*); ***~e Öle*** essential oils.

Äther|krieg *m* war of the airwaves; **~narkose** *f* etherization.

Äthiopier(in *f*) *m*, **äthiopisch** *adj.* Ethiopian.

Athlet *m* athlete; **athletisch** *adj.* athletic.

Äthyl *n* ⚗ ethyl; **~alkohol** *m* ethyl alcohol.

Äthylen *n* ⚗ ethylene.

Atlant *m* ⚒ atlas, male caryatid.

Atlantikpakt *m* Atlantic Treaty.

atlantisch *adj.* Atlantic; ***der ≈e Ozean*** the Atlantic (Ocean).

Atlas *m* atlas (*a. anat.*); (*Seiden≈*) satin.

atmen I. *v/i. u. v/t.* breathe; **II.** ≈ *n* breathing.

Atmosphäre *f* atmosphere (*a. fig.*).

Atmosphären|druck *m* atmospheric pressure; **~überdruck** *m* (atmospheric) excess pressure.
atmosphärisch *adj.* atmospheric(ally *adv.*); ***~e Störungen*** *Radio*: static, atmospheric disturbance.
Atmung *f* breathing; ***künstliche ~*** artificial respiration.
atmungsaktiv *adj. Stoffe*: cellular, breathing ...
Atmungs|organ *n* respiratory organ; ***Erkrankungen der ~e*** respiratory diseases; **~zentrum** *n* respiratory cent|re (*Am.* -er).
Atoll *n* atoll.
Atom *n* atom; **~angriff** *m* nuclear attack; **~antrieb** *m* atomic propulsion.
atomar *adj.* atomic, nuclear; ***~e Abfälle*** *pl.* nuclear waste; ***~e Streitkräfte*** nuclear powers.
Atom|ausstieg *m* nuclear phase-out; **~bau** *m* atomic structure; **&betrieben** *adj.* nuclear-powered; **~bombe** *f* atom (*od.* atomic) bomb, A-bomb; **~bunker** *m* atomic (*od.* nuclear) shelter; **~busen** *hum. m* F big boobs *pl.*; **~ei** F *n* atomic pile.
Atomenergie *f* atomic (*od.* nuclear) energy; **~kommission** *f* Atomic Energy Commission.
Atom|explosion *f* atomic (*od.* nuclear) explosion; **~forscher** *m* nuclear scientist; **~forschung** *f* nuclear research; **~gegner** *m* anti-nuclear protester; **&getrieben** *adj.* nuclear-powered; **~gewicht** *n* atomic weight; **~hülle** *f* atomic shell; **~industrie** *f* nuclear industry.
atomisieren *v/t.* atomize.
Atom|kern *m* atomic nucleus; **~kraft** *f* atomic (*od.* nuclear) power; **~kraftwerk** *n* nuclear power station; **~krieg** *m* atomic (*od.* nuclear) war(fare); **~macht** *f* nuclear power; **~masse** *f* atomic mass; **~medizin** *f* nuclear medicine; **~meiler** *m* (nuclear) reactor, atomic pile.
Atommüll *m* nuclear waste.
Atommüll|deponie *f* nuclear waste disposal site; **~lagerung** *f* nuclear waste disposal.
Atom|physik *f* nuclear physics *pl.* (*sg. konstr.*); **~physiker** *m* nuclear physicist; **~pilz** *m* mushroom cloud; **~rakete** *f* nuclear missile; **~reaktor** *m* nuclear reactor; **~schmuggel** *m* nuclear smuggling; **~spaltung** *f* nuclear fission; **~sperrvertrag** *m* non-proliferation treaty; **~sprengkopf** *m* nuclear warhead; **~sprengkörper** *m* nuclear explosive; **~stopp** *m* nuclear ban; **~streitmacht** *f* nuclear power.
Atomteststopp *m* (nuclear) test ban; **~abkommen** *n* test ban treaty.
Atom|tod *m* nuclear death; **~-U-Boot** *n* nuclear(-powered) submarine; **~uhr** *f* atomic clock; **~versuch** *m* nuclear test.
Atomwaffe *f* atomic (*od.* nuclear) weapon; **atomwaffenfrei** *adj.* nuclear-free; **Atomwaffengegner** *m* anti-nuclear protester; **Atomwaffensperrvertrag** *m pol.* atomic weapons non-proliferation treaty.
Atom|wirtschaft *f* nuclear industry; **~wissenschaft** *f* (*a.* ***die ~***) nuclear science; **~wissenschaftler** *m* nuclear scientist; **~zeitalter** *n* nuclear age; **~zerfall** *m* atomic disintegration; **~ziel** *n* nuclear target.
atonal *adj.* ♪ atonal.
atoxisch *adj.* non-toxic.
Atriumhaus *n* atrium house (*od.* building).
Atrophie *f*, **atrophieren** *v/i.* atrophy.
ätsch *int.* **1.** see!; **2.** serves you right!
Attaché *m* attaché.
Attachment *n Computer*: (*angehängte Datei*) attachment.
Attacke *f* attack (*a.* ⚕ *u. fig.*; **gegen** on); **attackieren** *v/t. u. v/i.* attack (*a. fig.*), charge.
Attentat *n* assassination attempt (**auf** on), attempted assassination; *geglücktes*: assassination (on); ***~ auf j-n*** attempt on s.o.'s life; ***ein ~ auf j-n verüben*** make an attempt on s.o.'s life, *erfolgreich*: assassinate s.o.; F *fig.* ***ich habe ein ~ auf dich vor*** F I've got a big favo(u)r to ask of you (*od.* a job lined up for you); **Attentäter** *m* assassin.
Attest *n*: (**ärztliches ~** medical *od.* doctor's) certificate; **attestieren** *v/t.* certify.
Attraktion *f* attraction; (*Haupt&*) *a.* draw; (*Ware*) winner; **attraktiv** *adj.* attractive; **Attraktivität** *f* attractiveness; (*Anziehungskraft*) *a.* attraction; *weitS. e-r Stadt etc.*: *a.* desirability.
Attrappe *f* dummy, † *a.* display package; ⚙ mock-up; *fig.* ***das ist alles nur ~*** it's all show.
Attribut *n* attribute; characteristic; *ling.* attribute, (attributive) adjunct; **attributiv** *adj.* attributive.
atü → ***Atmosphärenüberdruck.***
atypisch *adj.* atypical.
Ätzalkali *n* caustic alkali.
At-Zeichen, at-Zeichen *n* (@) at-sign.
ätzen *v/t.* corrode, eat into; *auf Kupfer etc.*: etch; ⚕ cauterize; **ätzend** *adj.* **1.** caustic, corrosive; **2.** *fig.* caustic, vitriolic; **3.** *fig. sl.* (*fürchterlich*) *sl.* (really) crappy, lousy; (***das ist***) ***echt ~*** *sl.* it's the pits.
Ätznatron *n* caustic soda.
Ätzung *f* **1.** corrosion; ⚕ cauterization; **2.** (*Zeichnung*) etching.
au *int.* **1.** ouch!; **2.** ***~ ja!*** oh yes!
Aubergine *f* aubergine, *Am. a.* eggplant.
auch *cj. u. adv.* (*ebenfalls*) also; too; as well; (*selbst, sogar*) even; (*wirklich*) really; ***wenn ~*** even if; *ich glaube es - **ich ~*** so do I; ***ich kann es nicht - ich ~ nicht*** I can't do it - nor (*od.* neither) can I, I can't either; ***nicht nur ..., sondern ~*** not only ..., but also; ***sowohl ... als ~ ...*** both ... and ..., ... as well as ...; ***wo ~*** (***immer***) wherever; ***wenn ~*** so?; ***wer es ~ sei*** whoever it is; ***was er dir ~ sagt*** whatever he says; ***mag er ~ noch so unfreundlich sein*** however unpleasant he is (*od.* may be); ***sosehr ich ~ bedaure*** much as I regret; ***ohne ~ nur zu fragen*** without even (*od.* so much as) asking; ***du bist aber ~ stur*** F talk about stubborn; ***das kommt ~ noch*** a) that's still to come, b) we'll cross that bridge when we get to it; ***da können wir ~*** (*genauso gut*) ***zu Hause bleiben*** we may as well stay at home; *ich gebe dir das Buch*, ***nun lies es aber ~*** mind you read it though; ***wirst du es ~*** (***wirklich***) ***tun?*** are you really going to do it?; ***ist es ~ wahr?*** is it really true?; ***haben Sie ihn ~*** (***wirklich***) ***gesehen?*** are you sure you saw him?; ***er hat ja ~ schwer gearbeitet*** he 'has been working hard(, after all); ***das hab ich ~ nicht gesagt*** that's not what I said(, is it?); F ***so sieht er ~ aus*** he looks it, *vom Typ her*: *a.* he looks the sort; ***so ist es ~*** *zustimmend*: absolutely, that's (exactly) it.
Audienz *f* audience (**bei** with); ***~ halten*** hold an audience; ***in ~ von j-m empfangen werden*** be given an audience by s.o.
Audimax F *n* main auditorium.
Audiometer *n* ⚕ *audiometer*; **Audiometrie** *f* audiometry.
audiovisuell *adj.* audio-visual; ***~e Materialien*** *pl.* (***Medien*** *pl.*) audiovisual materials (media); ***~er Unterricht*** audiovisual instruction.
Auditorium *n* **1.** (*Hörsaal*) auditorium, lecture hall; ***~ maximum*** → ***Audimax***; **2.** (*Zuhörerschaft*) audience.
Au(e) *f* (rich) pasture; (*Wiese*) meadow.
Auer|hahn *m* capercaillie, wood grouse; **~henne** *f*, **~huhn** *n* capercaillie (hen), wood grouse; **~ochs** *m* aurochs.
auf I. *prp.* **1.** *mit dat.*: on; in; at; by; ***~ dem Tisch*** on the table; ***~ der Welt*** in the world; ***nirgends ~ der Welt*** nowhere in the (whole wide) world; ***~ der Ausstellung*** (***Post***) at the exhibition (post office); ***~ e-r Party*** (***Schule, Universität***) at a party (school, university); ***~ dem Markt*** at the market; ***~ der Straße*** in (*Am. a.* on) the street, (*Fahrbahn*) on the road; ***~ Malta*** in Malta; ***~ der Insel*** on the island; ***~ dem Rücken*** on one's back; ***~ s-r Seite*** at (*od.* by) his side, *liegen etc.*: on his side; ***~ Seite 15*** on page 15; ***~ s-m Zimmer*** in his room; ***~ (in)direktem Wege*** (in)directly; ***~ Reisen*** travel(l)ing, on a trip; (***et.***) ***~ der Geige*** *etc.* ***spielen*** play (s.th. on) the violin *etc.*; ***das Wort endet ~ t*** the word ends with (*od.* in) a t; *fig.* ***~ der Stelle*** on the spot; **2.** *mit acc.*: on; onto; in; at; to; towards (*a.* ***~ ... zu***); up; ***~ den Tisch*** on the table; ***~ Englisch*** in English; ***~ e-e Entfernung von*** at a distance of; ***~ die Erde fallen*** fall (on)to the ground; ***~ die Post*** *etc.* ***gehen*** go to the post office *etc.*; ***~ sein Zimmer gehen*** go to one's room; ***es geht ~ neun*** (***Uhr***) it's getting on for nine; ***~ Jahre hinaus*** for years to come; ***~ Monate*** (***hinaus***) ***ausgebucht*** booked (*od.* sold) out (for) months ahead; ***Monat ~ Monat verging*** months went by; ***~ ewig*** for ever (and ever); ***er kam um 6, ~ die Minute genau*** he came at 6 o'clock on the dot; ***er geht ~ die siebzig zu*** he's getting on for seventy; ***es hat was ~ sich*** there's something to it; ***es hat nichts ~ sich, dass ...*** the fact that ... doesn't mean anything; ***das Gerücht hat nichts ~ sich*** there's nothing in (*od.* to) the rumo(u)r; ***ich frage mich, was es mit ... ~ sich hat*** I wonder what's behind ...; → ***bis*** 6, ***Bitte, Gefahr, Vorschlag*** *etc.*; **II.** *adv.* up, upwards; (*offen*) open; ***~ sein*** a) be up, b) (*offen sein*) be open; → ***aufhaben*** *etc.*; ***~ und ab gehen*** walk up and down (*od.* to and fro); ***sich ~ und davon machen*** clear off; **III.** *cj.*: ***~ dass*** (in order) that; ***~ dass nicht*** lest *he should get angry etc.*; **IV.** *int.*: ***~!*** (get) up!; *antreibend*: let's get going!; *anfeuernd*: come on!; F ***~ gehts!*** F let's go!; **V.** & *n*: ***das ~ und Ab des Lebens*** the ups and downs of life.
aufarbeiten *v/t.* **1.** (*Angesammeltes*) get through, get *s.th.* out of the way; clear *a backlog*; ***ich muss noch viel ~*** I have a lot to catch up on; **2.** (*aufbrauchen*) use up; **3.** (*Kleider, Möbel etc.*) F do up; **4.** (*Wissensbereich*) get a solid grounding in; (*Erkenntnisse*) consolidate; **5.** (*Erlebnis*) digest; (*Problem*) come to terms with.
aufatmen *v/t.* draw a deep breath; *fig.*

heave a sigh of relief; *fig.* ***wieder ~ (können)*** recover, revive.

aufbacken *v/t.* (*Brötchen etc.*) crisp up.

aufbahren *v/t.* (*Leiche*) lay out.

Aufbau *m* **1.** (*das Aufbauen*) *e-s Gebäudes etc.*: erection; *der Wirtschaft etc.*: building up; (*Wieder~*) rebuilding; **2.** ⚙ (*Montage*) assembly; **3.** (*Gefüge*) *a. e-r Organisation, e-s Dramas etc.*: structure; *e-s Bilds*: composition; **4.** (*Karosserie*) (car) body.

aufbauen I. *v/t.* **1.** (*Gebäude*) put up, (*Haus*) *a.* build; (*Bude etc.*) set (*od.* put) up; (*Zelt*) put up; (*wieder ~*) rebuild; **2.** ⚙ assemble; **3.** (*Geschenke, Waren*) arrange; **4.** (*Drama, Aufsatz*) structure; **5.** (*Unternehmen, Organisation*) (*gründen*) set up, found; (*weiter ~*) build up; *fig.* ***~ auf*** build on; **6.** ***j-n ~*** build s.o. up (*a. karrieremäßig*), *kurzfristig*: *a.* give s.o. a pep talk; **7.** ***sich e-e Existenz ~*** set o.s. up in life; **II.** *v/refl.*: **8.** ***sich ~*** *Wolken, Aggressionen etc.*: build up; **9.** ***sich ~ auf*** *Stoff etc.*: be made up of; **10.** ***sich ~ auf*** *Theorie etc.*: be based on; **11.** ***er baute sich vor mir auf*** he planted himself in front of me.

Aufbaukost *f* convalescent diet.

aufbäumen *v/refl.*: ***sich ~*** *Pferd*: rear (up); ✈ buck; *Person*: writhe (**unter** under); *fig.* rebel (**gegen** against); ***sich vor Schmerzen ~*** writhe in pain (*od.* agony).

Aufbaupräparat *n* regenerative preparation.

aufbauschen *v/t.* **1.** (*a. v/refl.* ***sich ~***) swell (out); **2.** *fig.* exaggerate, play up.

Aufbau|spiel *n Sport*: buildup; **~studium** *n* postgraduate course (*od.* studies *pl.*).

Aufbauten *pl.* superstructure *sg.*; *Film*: set *sg.*

Aufbautraining *n* stamina training.

aufbegehren *v/i.*: ***~ gegen*** rebel against.

aufbehalten *v/t.*: ***den Hut*** *etc.* ***~*** keep one's hat *etc.* on; F ***die Augen ~*** F keep one's eyes peeled.

aufbeißen *v/t.* bite open; (*Nüsse*) crack with one's teeth; (*verletzen*) bite.

aufbekommen *v/t.* **1.** (*Tür etc.*) get open; (*Knoten*) get undone; **2.** (*Hausaufgabe*) be given, get; ***viel ~*** get a lot of homework; ***wir haben heute nichts ~*** we haven't got (*od.* didn't get) any homework today; **3.** F (*aufessen können*) finish, eat up.

aufbereiten *v/t.* **1.** (*Rohstoffe etc., a. Ergebnisse*) process; ***aufbereitetes Wasser*** purified water; **2.** (*Text*) *a. Computer*: edit; **Aufbereitung** *f* **1.** processing; **2.** editing; → ***aufbereiten***.

Aufbereitungsanlage *f* processing plant.

aufbessern *v/t.* improve; (*Gehalt*) increase; F ***j-n ~*** give s.o. a rise (*Am.* raise); **Aufbesserung** *f* improvement; *des Gehalts*: (salary) increase, *Am.* raise (in salary).

aufbewahren *v/t.* keep; (**sich**) ***et. ~ lassen*** deposit s.th. in a safe place; **Aufbewahrung** *f*: (***sichere ~***) safekeeping; ***j-m et. zur ~ geben*** leave s.th. with s.o. (for safekeeping).

Aufbewahrungsort *m*: ***sicherer ~*** safe place (to keep s.th.).

aufbieten *v/t.* (*Truppen*) mobilize; (*Kräfte, Mittel, Mut etc.*) muster, summon (up); ***alles ~*** do one's utmost; ***alle Kräfte ~*** muster up all one's strength; ***s-n (ganzen) Einfluss ~*** bring (all) one's influence to bear; **Aufbietung** *f* ⚔ mobilization; *von Einfluss etc.*: exertion; ***unter ~ aller Kräfte*** with all one's might.

aufbinden *v/t.* **1.** (*aufschnüren*) untie, undo; **2.** ***sich*** *e-e Verpflichtung etc.* ***~*** get landed with (*doing*) *s.th.*; F ***j-m etwas*** (*od.* ***e-n Bären***) ***~*** F take s.o. for a ride.

aufblähen I. *v/t.* blow out, puff up; *fig.* inflate; → ***aufgebläht***; **II.** *v/refl.*: ***sich ~*** balloon; *Segel*: fill, belly out; *fig.* → ***aufblasen*** II.

aufblasbar *adj.* inflatable; **aufblasen I.** *v/t.* blow up, inflate; **II.** *fig. v/refl.*: ***sich ~*** puff o.s. up; → ***aufgeblasen.***

aufblättern *v/t.* (*Buch etc.*) open (up).

aufbleiben *v/i.* **1.** *Tür etc.*: stay open; **2.** *Person*: (*wach bleiben*) stay up (**lang** late).

aufblenden I. *v/t.* (*Filmszene*) fade in; (*Scheinwerfer*) turn on full beam; **II.** *v/i. mot.* turn the headlights on full beam; *phot.* open (the lens) up.

aufblicken *v/i.* look up (*fig.* ***zu j-m*** to s.o.).

aufblitzen *v/i.* **1.** flash; **2.** *fig.* (***in***) ***j-m ~*** *Gedanke*: flash through s.o.'s mind.

aufblühen *v/i.* blossom, open; *fig. Mädchen*: blossom out; *wirtschaftlich etc.*: begin to flourish (*od.* prosper).

aufbocken *v/t. mot.* jack up.

aufbohren *v/t.* bore; (*Zahn*) drill.

aufbraten *v/t.* fry up.

aufbrauchen *v/t.* use up.

aufbrausen *v/i.* **1.** *Getränk*: fizz; *Meer*: surge; **2.** *fig. Person*: fly off the handle; ***Beifall*** (***Gelächter***) ***brauste auf*** there was a surge of applause (roar of laughter); **aufbrausend** *fig. adj.* quick-tempered.

aufbrechen I. *v/t.* **1.** break open, force; (*Brief*) open; **II.** *v/i.* **2.** *Blüten etc.*: open; *Geschwür*: (burst) open; *Eisdecke, Asphalt*: crack; **3.** (*weggehen*) leave, set off (**nach** for).

aufbringen *v/t.* **1.** (*öffnen*) get open; (*Knoten*) get undone; **2.** (*beschaffen*) find; (*Geld*) raise; (*Kosten*) meet; (*Mut, Energie etc.*) summon up, muster; **3.** (*Mode, Gerücht*) start; **4.** *fig.* (*j-n*) make *s.o.* angry, F get *s.o.'s* goat; ***~ gegen*** set *s.o.* against; → ***aufgebracht.***

Aufbruch *m* departure (**nach, zu** for); *fig. pol.* awakening; ***im ~ sein*** just be getting ready to go (*od.* leave); ***zum ~ drängen*** be keen to get going; **Aufbruchsstimmung** *f*: ***es herrschte ~*** a) everyone was getting ready to go, b) *pol. etc.* there was the sense of a new era about to dawn.

aufbrühen *v/t.* make; (*Tee*) *a.* brew.

aufbrummen F *v/t.*: ***j-m*** *e-e Strafe etc.* ***~*** F land s.o. with.

aufbügeln *v/t.* iron, press.

aufbürden *v/t.*: ***j-m et. ~*** saddle s.o. with s.th.; ***j-m e-e Last ~*** place a burden on s.o.('s shoulders).

aufdecken I. *v/t.* **1.** uncover; ***das Bett ~*** turn the bedclothes down; **2.** *fig.* expose, reveal; **3.** (*Tischtuch*) put on; **II.** *v/i.* lay the table.

Aufdeckung *f e-s Skandals etc.*: disclosure, bringing *s.th.* out into the open; **Aufdeckungsjournalismus** *m* investigative journalism.

aufdonnern F *v/refl.*: ***sich ~*** F get (all) dolled up.

aufdrängen I. *v/t.*: ***j-m et. ~*** force s.th. on s.o.; ***j-m e-e Meinung ~*** force an opinion down s.o.'s throat; **II.** *v/refl.*: ***sich ~*** *Gedanke*: suggest itself; ***sich j-m ~*** force o.s. on s.o.; ***ich will mich nicht ~*** I don't want to intrude.

aufdrehen I. *v/t.* **1.** ***die Haare ~*** put curlers in one's hair, put one's hair in curlers; **2.** (*Hahn etc.*) turn on; (*Schraube*) loosen, *völlig*: unscrew; (*Deckel etc.*) screw on; **3.** (*Radio*) turn up; **4.** → ***aufgedreht***; **II.** F *v/i.* (*schneller machen*) F step on it; *mot.* F step on the gas; *Sport*: open up.

aufdringlich *adj.* obtrusive, *Person*: *a.* importunate, F pushy; *Frage*: intrusive; *Farben etc.*: loud, showy; *Parfüm*: obtrusive, strong, *stärker*: overpowering; ***diese ~en Leute!*** these people just won't go away; **Aufdringlichkeit** *f* obtrusiveness; *von Personen*: *a.* importunity, F pushiness; *von Parfüm*: strong (*od.* overpowering) smell; *von Farben*: loudness.

aufdröseln F *v/t.* (*Genähtes, Gestricktes*) undo; (*Strick*) unravel, take apart; *fig.* (*Handlung, Geheimnis etc.*) unravel; (*Satz*) break down, analy|se (*Am.* -ze).

Aufdruck *m typ.* imprint; (*Firmen~*) company name; **aufdrucken** *v/t.* print (**auf** on).

aufdrücken *v/t.* **1.** (*öffnen*) press (*od.* push) open; **2.** (*Stempel etc., a.* ***~ auf***) put *a stamp* on.

aufeinander *adv.* (*übereinander*) on top of each other; (*gegeneinander*) against each other; (*nacheinander*) one after the other, one by one; ***~ losgehen*** go for each other; ***~ abgestimmt*** coordinated, *Farben etc.*: matching; ***~ beißen*** *v/t.*: ***die Zähne ~*** press one's teeth together, *bei Schmerzen etc.*: grit one's teeth.

Aufeinanderfolge *f* succession; series, round *of events*; ***in rascher ~*** in rapid (*od.* quick) succession.

aufeinander| folgen *v/i.* follow each other; ***im Abstand von fünf Minuten ~*** occur (*Busse etc.*: run) every five minutes; ***~ folgend*** *adj.* successive, consecutive; ***während drei ~er Tage*** *a.* for three days running.

aufeinander| häufen *v/t.* pile up; **~ hetzen** *v/t.* (*Hunde*) set at each other; **~ liegen** *v/i.* lie on top of each other; lie in a pile; **~ prallen, ~ stoßen** *v/i.* collide, crash; *fig. Personen, Meinungen*: clash.

Aufenthalt *m* **1.** stay; **2.** (*Wohnsitz*) place of residence; **3.** 🚂 stop; ✈ stopover; ***ohne ~*** nonstop *train etc.*; ***wie lange haben wir hier ~?*** how long do we stop here?; ***wir hatten zwei Stunden ~*** we had a two-hour wait.

Aufenthalts|berechtigung *f* unlimited right to residence; **~bewilligung** *f* residence permit; **~dauer** *f* (duration of) stay; **~erlaubnis** *f*, **~genehmigung** *f* residence permit; **~ort** *m* place of residence; ***momentaner ~ unbekannt*** (present) whereabouts unknown; **~raum** *m* lounge; *Schule etc.*: common room.

auferlegen *v/t.* (*Strafe*) impose (***j-m*** on s.o.); ***j-m Schweigen ~*** constrain s.o. to silence; ***j-m Verantwortung ~*** place responsibility on s.o.('s shoulders); ***sich Entbehrungen ~*** make sacrifices; ***sich Zwang ~*** exercise (some) self-restraint.

auferstehen *v/t.* rise from the dead; *fig.* rise from the ashes; **Auferstehung** *f* resurrection.

aufessen *v/i.* eat up, finish.

auffächern I. *v/t.* (*Karten*) fan out; *fig.* break down (***in*** into); **II.** *v/refl.*: ***sich ~*** *Straße etc.*: fan out.

auffädeln *v/t.* thread (**auf** onto).
auffahren I. *v/i.* **1.** (*vorfahren*) drive up, pull up; **2.** ~ **auf** crash into, *a.* ⚓ ram; **3.** *mot.* (**zu**) **dicht** ~ tailgate; **4.** *erschreckt*: (give a) start, jump; *zornig*: flare up; **5.** *Fenster etc.*: fly (*od.* burst) open; **II.** *v/t.* **6.** ⚔ bring up, deploy; → **Geschütz**; **7.** (*Speisen etc.*) bring on, serve (up); **8.** (*Weg*) churn up.
Auffahrt *f* **1.** *zu e-m Haus*: drive(way *Am.*); **2.** (*Autobahn*≈) slip road, *Am.* (entrance) ramp; **3.** (*Ankunft*) arrival.
Auffahrunfall *m* rearbend collision.
auffallen *v/i.* **1.** be conspicuous, attract attention; ***j-m*** ~ strike s.o., *engS.* catch s.o.'s eye; ***er fiel unangenehm auf*** he made a bad impression; ***es fällt nicht auf*** nobody will notice; ***mir ist es gar nicht aufgefallen*** I never noticed; ***nicht*** ~ ***wollen*** keep one's head down, keep a low profile; **2.** ~ ***auf*** fall on(to), hit; **auffallend I.** *adj.* noticeable; *Schönheit, Erscheinung etc.*: striking; ~***es Benehmen*** odd behavio(u)r; **II.** *adv.*: ***sich*** ~ ***ähnlich sein*** have a striking resemblance, be remarkably alike; **auffällig** *adj.* conspicuous; *Kleider, Farben*: loud, F flashy.
auffalten I. *v/t.* open up, unfold; **II.** *v/refl.*: ***sich*** ~ *Blume*: open up; *Erdschicht*: fold upwards.
Auffangbecken *fig. n* rallying point.
auffangen *v/t.* catch; (*Wasser*) collect; (*Funksignal*) pick up; (*Fall, Stoß*) cushion; (*Angriff, Schlag*) parry; ✈ pull out (of a dive); (*Neuigkeiten etc.*) pick up; (*Preissteigerungen etc.*) cushion (the impact of).
Auffanglager *n* transit (*od.* reception) camp.
auffassen I. *v/t.* **1.** (*begreifen*) understand, grasp; (*deuten*) interpret, understand; take (***als*** as); ***falsch*** ~ misunderstand, misinterpret; **2.** (*Perlen*) thread; (*Maschen*) take up; **II.** *v/t.*: ***leicht*** (***schwer***) ~ be quick (slow) on the uptake.
Auffassung *f* **1.** (*Deutung*) interpretation; **2.** (*Meinung*) opinion, view; ***nach m-r*** ~ as I see it; ***die*** ~ ***vertreten, dass*** take the view that; **3.** → ***Auffassungsgabe.***
Auffassungs|gabe *f* perceptive faculty, intellectual grasp; ~**sache** *f*: ***das ist*** ~ that's a matter of opinion.
auffindbar *adj.*: ***nicht*** ~ not to be found; **auffinden** *v/t.* find, (*Person*) *a.* trace; ***tot aufgefunden werden*** be found dead.
auffischen *v/t.* fish out of the water; *fig.* pick up.
aufflackern *v/i.* flicker; *fig.* flare up.
aufflammen *v/i.* flare up (*a. fig.*); *Gegenstand*: *a.* burst into flames; *Streichholz*: light up.
auffliegen *v/t.* **1.** fly up; *Vogel*: *a.* soar up; *Tür etc.*: fly open; **2.** *fig. Unternehmen, Plan etc.*: blow up (*a.* ~***lassen***); (*entdeckt werden*) be exposed; *Verbrecherring etc.*: be smashed.
auffordern *v/t.* call on *s.o.* (***zu*** *inf.* to *inf.*); *bittend*: ask, request; *anordnend*: order; *eindringlich*: urge, exhort; *ermunternd*: encourage; (*einladen*) invite, ask (*alle* to *inf.*); ***zum Kampf*** ~ challenge to a fight; ***j-n*** (***zum Tanz***) ~ ask s.o. for a (*od.* the next) dance; **Aufforderung** *f* call; request; order; exhortation; invitation; challenge; → ***auffordern.***
aufforsten *v/t.* reafforest, *Am.* reforest; **Aufforstung** *f* reafforestation, *Am.* reforestation.
auffressen *v/t.* eat up; (*Beute*) devour; F ***er wird dich schon nicht*** ~ he won't eat you; *fig.* ***mit den Augen*** ~ devour *s.th.* with one's eyes; ***die Arbeit frisst mich auf*** I'm drowning in work; ***der Chef wird uns*** ~ F the boss will kill us.
auffrischen *v/t.* freshen up (*a.* ***sich*** ~ *u. v/i. Wind*); (*Gemälde, Farben etc.*) touch up; (*Lager*) replenish; (*Gedächtnis*) refresh; (*Kenntnisse*) brush up; (*Bekanntschaft*) revive.
Auffrischungs|impfung *f* booster (vaccine); ~**kurs** *m* refresher course.
auffrisieren *v/t.* **1.** (*Haar*) touch up; **2.** F (*Tisch, Auto etc.*) F do up; (*Motor*) tune up, F soup up.
aufführbar *adj.* stageable; ***das Stück ist nicht*** ~ *a.* the play can't be performed (*od.* put on the stage); **aufführen I.** *v/t.* **1.** (*Stück etc.*) perform; **2.** *in e-r Liste*: list; ***einzeln*** ~ (*Posten*) specify, *Am.* itemize; **3.** ⚖ (*Zeugen*) produce; **II.** *v/refl.*: ***sich*** (***schlecht***) ~ behave (badly); **Aufführung** *f thea.* performance; *Film*: showing; **Aufführungsrecht** *n thea.* performing rights *pl.*
auffüllen *v/t.* fill up; (*nachfüllen*) top up; (*Vorräte*) replenish; (*Lager*) restock.
auffuttern F *v/t.* F devour.
Aufgabe *f* **1.** (*Auftrag*) job, assignment; (*Pflicht*) duty; (*Schul*≈) exercise; (*Haus*≈) *a. pl.* homework; ***e-e*** ~ ***lösen*** solve a problem; ***er machte es sich zur*** ~ ***zu*** *inf.* he made it his business to *inf.*; ***es ist nicht m-e*** ~ it's not my job (*od.* responsibility); **2.** *e-s Briefes*: posting, *Am.* mailing; *von Gepäck*: registration, *Am.* checking; *von Telegrammen*: sending; *e-s Auftrags, e-r Anzeige*: placing; **3.** *e-r Wohnung, e-s Geschäfts*: giving up *one's flat, business etc.*; *Sport*: dropping out *of a race etc.*; ***er wurde zur*** ~ ***gezwungen*** he was forced to drop out; **4.** *Volleyball*: service.
aufgabeln F *v/t.* F pick up.
Aufgaben|bereich *m* (area of) responsibility; ***das gehört nicht zu m-m*** ~ that's not my job (*od.* responsibility); ~**heft** *n* homework book; ~**stellung** *f* terms *pl.* of reference; ~**verteilung** *f* allocation of duties (*od.* tasks); dividing up of responsibilities; *in Ehe etc.*: sharing of tasks.
Aufgabe|ort *m* place of posting (*bsd. Am.* mailing); ~**schein** *m* (luggage) receipt, *Am.* baggage check; ~**stempel** *m* postmark.
Aufgalopp *m* trial gallop; *fig.* curtain raiser.
Aufgang *m* **1.** ascent; *der Gestirne*: *a.* rising (*a. der Sonne*); **2.** (*Treppe*) staircase, stairs *pl.*
aufgeben I. *v/t.* **1.** (*übergeben*) deliver; (*Brief*) post, *Am.* mail; (*Gepäck*) register, *Am.* check; (*Telegramm*) send; (*Bestellung*) place; (*Anzeige*) place *an ad* (in the newspaper); **2.** (*Rätsel*) ask *a riddle*; (*Aufgabe*) set; ***sie gibt immer sehr viel auf*** she always sets a lot of homework; **3.** (*verzichten auf*) give up; (*Hoffnung*) *a.* abandon; (*Kranken*) give up (hope for); (*Rechtsanspruch*) relinquish; (*Stelle*) leave *one's job*; ***es*** ~ ***zu*** *inf.* give up *ger.*; ***das Trinken*** *etc.* ~ give up (*od.* stop) drinking *etc.*; ***es*** (*od.* ***den Kampf, das Spiel***) ~ → 4; **II.** *v/i.* **4.** give up; *Boxen u. fig.*: throw in the towel; *Läufer*: drop out; **5.** *Volleyball*: serve.
aufgebläht *adj.* ⚕ distended; *fig. Beamtenapparat etc.*: inflated; *Währung*: bloated.
aufgeblasen *fig. adj.* conceited, self-important, puffed up; ***so ein*** ~***er Kerl!*** F what a pompous ass; **Aufgeblasenheit** *f* conceitedness.
Aufgebot *n* **1.** (*Ehe*≈) official wedding notice, *in GB*: *etwa* (publishing the) banns *pl.*; **2.** (*Menge*) array; *an Menschen*: crowd; **3.** *Sport*: pool (of players); ***polizeiliches*** *etc.* ~ police *etc.* contingent; ***mit starkem*** ~ ***erscheinen*** turn out in full force; **4.** ***das beste*** (***stärkste***) ~ *Sport*: the best (strongest) side; ***letztes*** ~ last-ditch stand.
aufgebracht *adj.* angry, F mad (***gegen*** with; ***über*** at, about).
aufgedonnert F *adj.* all dressed up, F dolled up, dressed to the nines.
aufgedreht F **I.** *adj.* in high spirits; (*überreizt*) (too) wound up; **II.** *adv. reden etc.*: excitedly.
aufgedunsen *adj.* bloated; *Gesicht*: *a.* puffy, puffed-up ..., *pred.* puffed up.
aufgehen *v/i.* **1.** *Gestirn, Teig*: rise; *Vorhang*: *a.* go up; *Pflanzen, Saat*: come up; **2.** (*sich öffnen*) open; *Knoten etc.*: come undone; *Naht*: come open; *Geschwür etc.*: burst; *Blume*: open; **3.** divide exactly; *fig.* ***diesmal ging s-e Rechnung nicht auf*** he got his calculations wrong this time; ***die Geschichte geht auf*** there are no loose ends in the story; **4.** ~ ***in*** *der Arbeit etc.*: be totally wrapped up in; **5.** ***in e-m anderen Volk*** ~ be assimilated by another people; **6.** ***j-m*** (*geistig*) ~ become clear to s.o.; ***plötzlich ging es mir auf*** *a.* suddenly everything fell into place; → ***Licht.***
aufgehoben *adj.*: ***gut*** ~ ***sein*** be in good hands.
aufgeilen V **I.** *v/t.* F turn *s.o.* on (*a. fig.*), get *s.o.* worked up; **II.** *v/refl.*: ***sich*** ~ ***an*** F be turned on by, get o.s. worked up with; *fig. an e-m Auto etc.*: F go potty over, *an j-s Missgeschick etc.*: F get a kick out of.
aufgeklärt *adj.* **1.** enlightened, well-informed; **2.** ***ist sie schon*** ~**?** (*über die Sexualität*) does she know the facts of life?, *durch die Schule*: has she had any sex education?; **Aufgeklärtheit** *f* enlightened attitude.
aufgeknöpft F *adj.* F chatty.
aufgekratzt F *adj.* F chirpy, *Am.* F chipper.
Aufgeld *n* ⚕ premium, agio; (*Zuschlag*) surcharge.
aufgelegt *adj.*: ***zu et.*** ~ ***sein*** (*in Stimmung sein*) feel like (doing) s.th.; ***ich bin heute nicht dazu*** ~ I'm not in the mood for it today; ***gut*** (***schlecht***) ~ in a good (bad) mood.
aufgelockert *adj.* **1.** *Atmosphäre, Stimmung*: relaxed; **2.** *meteor.* ~***e Bewölkung*** broken overcast; **3.** *Bauweise etc.*: dispersed.
aufgelöst *adj.* **1.** *Haare*: loose, (*unordentlich*) untidy, F all over the place; **2.** *Person*: beside o.s.; ***in Verzweiflung*** ~ absolutely desperate; ***in Kummer*** ~ sick with worry; ***er war in Tränen*** ~ he was crying his eyes (*od.* heart) out, he was all tears.
aufgeräumt *fig. adj.* jovial.
aufgeraut *adj.* roughened.
aufgeregt *adj.* excited; (*nervös*) nervous; (*mitgenommen*) upset.
aufgeschlossen *fig. adj.* open (*dat. od.* ***für*** to); open-minded, broad-minded; **Aufgeschlossenheit** *f* open-mindedness.

aufgeschmissen F *adj.*: ~ **sein** be (really) stuck, F be in a fix.
aufgeschossen *adj.* (*hoch* ~) lanky.
aufgeschwemmt *adj. Bauch, Körper, Leiche etc.*: bloated, swollen; *Gesicht*: *a.* puffed-up ..., *pred.* puffed up.
aufgesetzt *adj.* **1.** **~e Tasche** patch pocket; **2.** *Benehmen*: put-on..., *pred.* put on; artificial.
aufgesprungen *adj. Lippen*: chapped.
aufgestaut *adj. Gefühle*: pent-up.
aufgestülpt *adj.*: **~e Nase** snub nose.
aufgetakelt F *adj.* F dolled up, dressed to kill.
aufgetrieben *adj. Kadaver, Bauch*: bloated.
aufgeweckt *adj. Kind*: very bright.
aufgeworfen *adj. Lippen*: pouting.
aufgewühlt *adj.* **1.** **~e See** stormy sea(s); **2.** *fig.* **ganz ~ sein** *Person*: be all churned up inside.
aufgezehrt *adj. Person*: completely spent, burnt out.
aufgießen *v/t.* pour (**auf** on); (*Braten etc.*) add water *etc.* to; (*Tee*) pour water on, *weitS.* make.
aufgliedern *v/t.* split up; *in Klassen*: classify; (*Satz etc.*) analy|se (*Am.* -ze); (*Zahlen*) break down; **Aufgliederung** *f* classification; analysis; breakdown.
aufglühen *v/i.* (begin to) glow.
aufgraben *v/t.* excavate; (*Erde*) dig up.
aufgreifen *v/t.* **1.** (*jbn*) pick up; **2.** *fig.* (*Thema etc.*) take up; (*vorangegangenen Punkt etc.*) *a.* come back to.
aufgrund, auf Grund I. *prp. mit gen.* on account of, because of; **II.** *adv.*: ~ **von** (*auf der Grundlage von*) on the basis of.
Aufguss *m* infusion; **zweiter ~** second brew; *fig.* **schlechter ~** poor imitation; **~beutel** *m* teabag.
aufhaben I. *v/t.* **1.** (*Hut etc.*) have on, be wearing; **2.** (*Tür etc.*) have open; **immer ~** keep open (all the time); **3.** (*Aufgabe*) have to do; **~viel (wenig) ~** have a lot of (very little) homework; **was haben wir (für morgen) auf?** what's for homework (what's our homework for tomorrow)?; **4.** F (*Essen*) have finished; **II.** F *v/i.*: *das Geschäft* **hat auf** is open.
aufhacken *v/t.* break up; (*öffnen*) break open.
aufhaken *v/t.* undo.
aufhalsen *v/t.*: **j-m et. ~** saddle (F lump) s.o. with s.th.; **sich et. ~** get (o.s.) saddled with s.th., F get lumped with s.th.
aufhalten I. *v/t.* **1.** (*Tür etc.*) hold open; **j-m die Tür ~** hold the door open for s.o.; **2.** (*anhalten*) stop; *fig.* (*hemmen*) check; (*abwenden*) ward off; (*verzögern*) delay; (*j-n in Anspruch nehmen*) hold up (*a. Verkehr etc.*); **ich werde Sie nicht lange ~** this will only take a minute; **ich will Sie nicht länger ~** don't let me keep you; **II.** *v/refl.* **3.** **sich ~** stay; **sich viel im Freien (in Bibliotheken** *etc.*) **~** spend a lot of time outside (in libraries *etc.*); **4.** *fig.* **sich ~ bei** (*od.* **mit**) spend (*unnütz*: waste) one's time on.
aufhängen I. *v/t.* **1.** hang (up) (**an** on); ⚙ suspend (from); **2.** **j-n ~** hang s.o.; **3.** *fig.* **j-m et. ~** (*Ware etc.*) fob s.th. off on s.o., (*Arbeit*) saddle s.o. with s.th.; **j-m e-e Lüge (ein Märchen) ~** tell s.o. lies (stories); **wer hat dir das aufgehängt?** who told you that (nonsense)?; **4.** **den Hörer ~** put the phone down, hang up; **5.** *fig.* **et. an et. ~** use s.th. as a peg to hang s.th. on; **II.** *v/i.* **6.** (*den Hörer* ~) put the phone down, hang up; **III.** *v/refl.* **7.** **sich ~** hang o.s.; **8.** F **häng dich auf** hang your coat (*od.* jacket) up; **Aufhänger** *m* **1.** *an Jacke etc.*: tab; **2.** *fig.* peg (**für e-e Geschichte** *etc.* to hang a story *etc.* on), F gimmick; **Aufhängung** *f mot.* suspension.
aufhauen I. *v/t.*: **~ auf** hit; **II.** *v/t.* (*Eis etc.*) break up; (*Knie*) cut.
aufhäufen *v/t. u. v/refl.* (**sich ~**) pile up; ([*sich*] *sammeln*) accumulate; (*Schätze etc.*) amass.
aufheben I. *v/t.* **1.** pick up; **2.** (*hochheben*) lift (up); (*Hand etc.*) raise; (*jbn*) help *s.o.* up; **3.** (*aufbewahren*) keep, F hold onto; → **aufgehoben**; **4.** (*beenden*) (*Sitzung*) close; (*Boykott, Streik*) call off; (*Belagerung*) raise; (*Blockade, Verbot*) lift; (*abschaffen*) abolish; (*Ehe*) annul; (*Gesetz*) repeal, abrogate; ⚖ (*Urteil*) rescind, reverse; → **Tafel**; **5.** (*ausgleichen*) compensate, offset; (*e-e Wirkung*) cancel, neutralize; **sich gegenseitig ~** cancel each other out; **II.** 2 *n*: **viel ~s machen von** make a big thing out of; **ohne großes ~** quietly, without any fuss; **Aufhebung** *f e-s Streiks etc.*: calling off; *e-s Verbots etc.*: lifting; *e-s Gesetzes*: annulment, repeal; *e-s Urteils*: reversal.
aufheitern I. *v/t.* (*jbn*) cheer *s.o.* up; **II.** *v/refl.*: **sich ~** *Wetter*: clear up, *Himmel*: clear, *a. Gesicht*: brighten; **Aufheiterung** *f* cheering up; *meteor.* **~en** sunny spells.
aufheizen I. *v/t.* **1.** (*Erde, Luft*) heat (up); **2.** *fig.* (*Hass, Misstrauen etc.*) stir up, (*a. Inflation etc.*) stoke up; **II.** *v/refl.*: **sich ~** heat up.
aufhellen I. *v/t.* **1.** (*Farbe*) lighten, make *s.th.* lighter; *phot.* (*Schatten*) light(en) up; **2.** *fig.* shed light on, *völlig*: clear up; **II.** *v/refl.*: **sich ~ 3.** brighten; *Himmel*: brighten up, clear; **4.** *fig. Problem etc.*: be cleared up; **III.** *v/i. phot.* light(en) up the shadows; **Aufheller** *m* **1.** *phot.* fill-in lamp; **2.** *für Textilien*: whitener; *für Papier*: brightening agent.
aufhetzen *v/t.* stir *s.o.* up (**gegen** against); **zu et. ~** incite (*od.* get) *s.o.* to do s.th.; **Aufhetzer** *m* agitator; **Aufhetzung** *f* agitation.
aufheulen *v/i.* (give a) howl; *mot.* roar; *Sirene*: begin to wail; **den Motor ~ lassen** rev up the engine.
aufholen I. *v/t.* (*Zeit*) make up (for); (*Rückstand*) catch up with (*od.* on); **II.** *v/i.* catch up; *Zug*: make up the delay; ☤ Preise etc.: pick up; *Kurse*: rally.
aufhorchen *v/i.* prick (up) one's ears; *bsd. fig.* sit up and take notice.
aufhören *v/i.* stop; (*ein Ende nehmen*) (come to an) end; **~ zu** *inf.* stop *ger.*, *Am. a.* quit *ger.*; **ohne aufzuhören** continuously, nonstop; F **da hört (sich) doch alles auf!** that really is the limit (F takes the biscuit); **hör auf damit!** stop it!, *sl.* cut it out!
aufjauchzen *v/i.* shout for joy.
aufjubeln *v/i.* give a shout of triumph.
aufkanten I. *v/t.* (*kippen*) tilt; (*hochkant stellen*) upend; (*Skier*) carve; **II.** *v/i. Skisport*: carve.
Aufkauf *m* ☤ buybup, takeover, buyout; **aufkaufen** *v/i.* buy up (*od.* out), take over; **Aufkäufer** *m* buyer, purchaser.
aufkeimen *v/t. Saat*: germinate; *Knospe, Blatt*: sprout; *fig. Gefühle etc.*: begin to grow; *Liebe, Hoffnung*: *a.* begin to blossom, burgeon; **aufkeimend** *fig. adj.* growing; *Liebe, Hoffnung, Interesse etc.*: burgeoning.
aufklappbar *adj.* hinged; *Sitz etc.*: folding; **~es Verdeck** folding roof; **aufklappen** *v/t.* open (*a. Klappstuhl*); (*Kinositz etc.*) pull down; (*Kragen etc.*) turn up.
aufklaren *v/i. Wetter*: clear (up), brighten up; *Himmel*: clear, brighten up.
aufklären I. *v/t.* **1.** (*Verbrechen, Missverständnis etc.*) clear up; **2.** (*j-n*) inform (**über** of), enlighten (about); *sexuell*: explain the facts of life to, *in der Schule*: *a.* give *s.o.* sex education; **3.** ⚔ (a. *v/i.*) reconnoit|re (*Am.* -er), scout; **II.** *v/refl.*: **sich ~ 4.** *Wetter*: clear (up), brighten up, *Himmel*: clear, brighten up; **5.** *Verbrechen etc.*: be cleared up, be solved; **Aufklärer** *m* ⚔ → **Aufklärungsflugzeug**; **Aufklärung** *f* **1.** *des Wetters*: clearing up; *des Himmels*: clearing; **2.** *e-s Verbrechens*: clearing up, solving; (*Belehrung*) enlightenment; (*Klarstellung*) clarification; **sexuelle ~** sex education; **~ verlangen** demand an explanation (**über** of); **zur ~ e-r Sache (des Rätsels** *etc.*) **beitragen** throw light on s.th. (on the matter); **an der ~ e-s Verbrechens** *etc.* **arbeiten** be trying to solve (*od.* clear up) a crime *etc.*; **3.** ⚔ reconnaissance; **4.** *hist. the* Enlightenment.
Aufklärungs|buch *n* sex education book; **~film** *m* sex education film; **~flugzeug** *n* reconnaissance plane, air scout; **~kampagne** *f* education campaign; **~quote** *f* clear-up rate; **~satellit** *m* observation satellite; **~schrift** *f* informative pamphlet; **~unterricht** *m* sex education (classes *pl.*); **~zeitalter** *n* Age of Enlightenment.
aufklatschen I. *v/i.* **auf et.** (*acc. od. dat.*) ~ hit s.th. with a smack (*od.* splash); **auf dem Wasser ~** hit the water with a splash; **II.** F *v/t.* **j-n ~** (*verprügeln*) clobber s.o., beat s.o. up.
Aufklebeadresse *f* (gummed) address label; **aufkleben** *v/t.* stick on; *mit Klebstoff*: *a.* glue on; (*Briefmarken*) stick on, put on; **Aufkleber** *m* sticker; *formell*: adhesive label; *mot.* bumper sticker.
aufknacken *v/t.* **1.** (*Nuss*) crack; **2.** F (*Safe*) crack, (*Auto*) break into.
aufknallen F **I.** *v/t.* **1.** slam *s.th.* down (**auf** on); **2.** (*Tür etc.*) fling open; **3.** **j-m Hausaufgaben ~** pile homework on s.o.; **II.** *v/t.*: **mit dem Kopf ~** land on one's head, **auf**: bang one's head on (*od.* against).
aufknöpfen *v/t.* unbutton.
aufknoten *v/t.* undo, untie.
aufknüpfen *v/t.* **1.** (*lösen*) untie, undo; **2.** (*j-n*) hang, F string *s.o.* up.
aufkochen *v/i. u. v/t.* boil (up); *et.* **~ (lassen)** bring to the boil.
aufkommen I. *v/i.* **1.** (*entstehen*) arise (*a. Gedanke, Verdacht*); *Mode etc.*: come into fashion; *Gerücht*: start; *Gewitter*: come up; *Wind*: spring up; **Zweifel (Misstrauen) ~ lassen** give rise to doubt (suspicion); **um keine Zweifel ~ zu lassen** to make things absolutely clear; **Misstrauen kam (Zweifel kamen) in ihm auf** he began to suspect (to be niggled by doubts); **2.** **~ gegen** assert o.s. against; **er lässt niemanden neben sich ~** he won't stand for any competition; **3.** **für** *et.* **~** answer (*od.* be responsible) for, (*bezahlen*) pay for, (*Kosten*) pay, (*Schaden*) compensate for; **4.** (*bekannt werden*) get out, leak (out); **5.** (*sich erheben*) get up (off the ground *od.* floor); **6.** (*aufsetzen*) land, *Ball etc.*: *a.* hit the ground; **7.** *Läufer etc.*: catch up; **8.**

Schiff: appear on the horizon; **II.** ≈ *n* **1.** (*Steuer*≈) revenue; **2.** *in Zssgn mst* amount *of*; → *a.* ***Verkehrsaufkommen***.

aufkratzen I. *v/t.* **1.** scratch; (*Wunde*) scratch open; **2.** *fig.* ***j-n ~*** cheer s.o. up; → ***aufgekratzt***; **II.** *v/refl.*: ***sich ~*** scratch o.s. sore.

aufkrempeln *v/t.* (*Hose*) turn up; (*Ärmel*) roll up.

aufkreuzen F *fig. v/i.* turn up, show up.

aufkriegen F *v/t.* → ***aufbekommen.***

aufkündigen *v/t.* → ***kündigen***; ***j-m den Gehorsam ~*** refuse to obey s.o. any longer; ***j-m die Freundschaft ~*** break (up) with s.o.

auflachen *v/i.* laugh out loud; ***laut*** (*od.* ***schrill***) ***~*** squeal with laughter; ***spöttisch*** *etc.* ***~*** give a sneering *etc.* laugh.

aufladbar *adj. Batterie*: rechargeable; **aufladen I.** *v/t.* load (**auf** onto); *mot. u.* ⚡ charge; (*Computer*) boot up; *fig.* ***j-m et. ~*** load s.o. with s.th.; ***sich et. ~*** get o.s. loaded with s.th.; **II.** *v/refl.*: ***sich ~*** be (re)charged; **Auflader** *m* loader, packer; **Aufladung** *f* ⚡ **1.** charging; **2.** charge.

Auflage *f* **1.** *e-s Buches*: edition; (*~ziffer*) print run, *e-r Zeitung*: circulation; **2.** (*Bedingung*) condition; ***et. zur ~ machen*** make s.th. a condition (***j-m*** for s.o.); **3.** *e-r Matratze etc.*: overlay; **Auflage(n)höhe** *f* print run; *e-r Zeitung*: circulation; **auflagenstark** *adj. Zeitung*: high-circulation ...

auflassen *v/t.* **1.** leave (*od.* keep) open; **2.** (*Kind*) let *s.o.* stay up; **3.** ⚖ (*Grundstücke*) convey; **Auflassung** *f* ⚖ conveyance.

auflauern *v/t.*: ***j-m ~*** lie in wait for s.o., (*überfallen*) waylay s.o. (*beide a. fig.*).

Auflauf *m* **1.** crowd; *stürmischer*: tumult; ⚖ unlawful assembly; **2.** *potato etc.* bake; **auflaufen I.** *v/i.* **1.** *Gelder*: accumulate; *Zinsen*: accrue; **2.** *Gewässer*: rise; **3.** ⚓ run aground; **4.** *bsd. Sport*: run into s.o.; ***j-n ~ lassen*** *Sport*: obstruct s.o.; F *fig.* put s.o. in his (*od.* her) place; **II.** *v/t.*: ***sich die Füße ~*** walk (*od.* run) one's feet sore; **Auflaufform** *f* oven dish.

aufleben *v/i. Natur, Person etc.*: come to life again (*a.* ***wieder ~***); *Diskussion etc.*: come to life, *a. Verkehr etc.*: liven up; *Hass, Kampf etc.*: be stirred up; *Bräuche*: be revived; ***wieder ~ lassen*** revive.

auflecken *v/t.* lick (*Katze*: lap) up.

Auflegematratze *f* overlay (mattress).

auflegen I. *v/t.* **1.** (*Schallplatte, Farbe, Kohle, Tischtuch etc.*) put on; (*Gewehr*) rest (**auf** on); (*den Hörer*) put down; ***den Hörer ~*** put the phone down, hang up; **2.** (*Buch*) publish, print; ***wieder ~*** reprint, (*Angebot etc.*) renew; **3.** ***j-m et. ~*** burden s.o. with s.th.; **II.** *v/i.* (*den Hörer ~*) put the phone down, hang up.

auflehnen I. *v/t.*: *et.* (*a.* **sich**) ***~ auf*** lean (*od.* rest) on *od.* against; **II.** *fig. v/refl.*: ***sich ~ gegen*** oppose, *stärker*: rebel against; **Auflehnung** *f* opposition, resistance; *stärker*: revolt.

auflesen *v/t.* pick up (*a. fig.*).

aufleuchten *v/i.* light up (*a. Augen*); *Gesicht*: *a.* brighten up; *Blitz etc.*: flash.

auflichten I. *v/t.* **1.** (*Wald etc.*) thin out; **2.** (*Raum etc.*) make *a room* lighter; **3.** *fig.* (*Geheimnis etc.*) shed light on, *völlig*: clear up; **II.** *v/refl.*: ***sich ~*** **4.** *Himmel*: brighten up, clear; **5.** *fig. Umstände etc.*: become clear.

aufliegen I. *v/i.* **1.** lie (**auf** on), (*sich stützen*) *a.* rest (on); *Schallplatte*: be on the turntable; *Tischdecke*: be on the table; *Hörer*: be on the hook; ***der Deckel liegt nicht richtig auf*** the lid isn't on properly; **2.** *Zeitschriften etc.*: be available (for reference *od.* to the public); *Wahllisten*: be available for inspection, F be out; **3.** ⚓ be laid up; **II.** *v/refl.*: ***sich ~*** get bedsores.

auflisten *v/t.* make a list of, list; **Auflistung** *f* **1.** listing; **2.** list.

auflockern I. *v/t.* **1.** ⛏ dig up, loosen *the soil*; (*Kissen*) plump up; **2.** *fig.* (*Atmosphäre*) relax; (*lebhafter gestalten*) liven up (*a. Vortrag etc.*); (*Monotonie*) relieve, break up; (*Wohngegend etc.*) brighten up; **II.** *v/refl.*: ***sich ~*** **3.** *Bewölkung*: break up, disperse; **4.** *fig. Atmosphäre*: relax, become relaxed, ease up; *Vortrag etc.*: liven up; **5.** *Sport*: loosen up; → ***aufgelockert***; **auflockernd** *adj.* → ***Bewölkung***; **Auflockerung** *f* **1.** *des Erdreichs*: digging up, loosening (*gen.* of); **2.** *von Wolken*: breaking up; **3.** *fig. des Unterrichts etc.*: livening up; ***zur ~ der Stimmung*** (*od.* ***Atmosphäre***) ***beitragen*** liven things up (a bit).

auflodern *v/i.* flare up (*a. fig.*).

auflösbar *adj.* 𝒜 solvable; *Rätsel*: *a.* soluble; ⚗ soluble; ⚖ dissolvable; **auflösen I.** *v/t.* **1.** ⚗ *etc.* dissolve; **2.** (*Vertrag*) cancel; (*Verlobung*) break off; (*Ehe*) annul; (*Versammlung*) break off, *von außen*: break up; (*Menge*) break up, disperse; (*Firma, Lager*) close down; (*Geschäft*) wind up; (*Konto*) close; (*Parlament*) dissolve; **3.** (*Haare*) let down; → ***aufgelöst*** 1; **4.** (*Rätsel, Aufgabe*) solve; 𝒜 (*Gleichung*) solve, (*Klammern*) remove, take away; (*Widerspruch*) clear up; **5.** ♪ resolve; (*Vorzeichen*) cancel; **II.** *v/refl.*: ***sich ~*** **6.** ⚗ *etc.* dissolve; **7.** *Nebel, Wolken*: disperse, disappear; *Menge*: break up, disperse; *Versammlung*: break up; ***der Stau hat sich aufgelöst*** traffic is back to normal; **8.** ***sich ~ in*** turn into; ***sich in nichts ~*** disappear into thin air, *Hoffnungen etc.*: come to nothing, *Pläne etc.*: F go up in smoke; ***die Spannung löste sich in Gelächter auf*** the tension dissolved into laughter; → ***aufgelöst*** 2; **Auflösung** *f* **1.** ⚗ *etc.* dissolving; **2.** (*Zerfall*) fragmentation, disintegration; **3.** *des Nebels etc.*: dispersal; **4.** *e-s Vertrags*: cancel(l)ation, cancel(l)ing; *e-r Verlobung*: breaking off; *e-r Ehe*: annulment; *e-r Firma etc.*: closing down; *e-s Geschäfts*: winding up; *e-s Kontos*: closing; *e-s Parlaments*: dissolution, dissolving; **5.** *e-s Rätsels etc.*: solution (*gen.* to); 𝒜 *e-r Gleichung*: solution (of), *von Klammern*: removal; **6.** ♪ resolution; *e-s Vorzeichens*: cancel(l)ation, cancel(l)ing; **7.** *opt., phot., Computer*: resolution; *TV a.* definition; ***das eingebaute Display hat e-e ~ von 800 mal 480 Pixel*** the integrated display's resolution is set to 800 by 480 pixels; **8.** ***in e-m Zustand völliger ~*** (*Aufgeregtheit*) completely beside o.s.

Auflösungs|erscheinungen *pl.* signs of disintegration; **~prozess** *m* process of disintegration; **~vermögen** *n* **1.** *opt., phot.* resolution; *TV* number of lines, line rate; **2.** ⚗ solvent power; **~zeichen** *n* ♪ natural.

aufmachen I. *v/t.* **1.** (*öffnen*) open; → ***Auge*** 1, ***Ohr***; (*Schloss*) unlock; (*Kleid, Knoten*) undo; (*aufschnüren*) unlace; (*aufknöpfen*) unbutton; (*Schirm*) put up; **2.** (*eröffnen*) (*Konto*) open; (*Geschäft*) open up, set up *a business*; **3.** (*zurechtmachen*) make up, do; (*gestalten*) design; *fig.* ***groß ~*** go to town on; **II.** *v/i.* **4.** open; **5.** (*die Wohnungstür ~*) *auf Klingelzeichen*: answer the door; ***es hat keiner aufgemacht*** *a.* nobody came to the door; **III.** *v/refl.*: **6.** ***sich ~*** (*weggehen*) set out (*od.* off), F take off (**nach** for); **7.** ***sich ~, et. zu tun*** make the effort to do s.th.; **Aufmacher** F *m Zeitung*: front-page story; **Aufmachung** *f* **1.** (*Ausstattung*) presentation, packaging, F getup; **2.** *e-r Ware*: packaging; **3.** *e-r Seite*: layout; **4.** F (*Kleidung*) F outfit, getup.

aufmandeln *östr. v/refl.*: ***sich ~*** act the big shot.

Aufmarsch *m* **1.** marching up; *von Demonstranten etc.*: march; *feierlicher*: rally; (*Parade*) parade, march-past; **2.** (*Truppenmassierung*) (military) buildup; **aufmarschieren** *v/i.* **1.** march up; F ***als Zeuge ~*** appear as witness; **2.** *Truppen*: mass.

aufmerken *v/i.* pay attention (**auf** to); → ***aufhorchen***; **aufmerksam I.** *adj.* **1.** attentive (**auf** to); ***~ sein*** *in der Schule etc.*: pay attention; ***j-n ~ machen auf*** call (*od.* draw) s.o.'s attention to, point *s.th.* out to s.o.; ***auf et. ~ werden*** become aware of s.th., notice s.th.; **2.** (*höflich*) attentive; (*rücksichtsvoll*) *a.* considerate; ***das war sehr ~ von ihr*** that was very thoughtful of her; ***danke, sehr ~!*** thank you, that's very kind (of you); **II.** *adv.*: ***~ verfolgen*** follow closely; ***~ zuhören*** listen attentively; **Aufmerksamkeit** *f* **1.** attention; ***~ erregen*** attract attention; ***s-e ~ richten auf*** focus one's attention on; *j-m od. e-r Sache* ***~ schenken*** pay attention to; ***j-s ~ entgehen*** escape s.o.'s attention (*od.* notice); **2.** (*aufmerksames Verhalten, Höflichkeit*) attentiveness; **3.** (*Geschenk*) little present.

aufmischen F *v/t.* F clobber.

aufmöbeln F *v/t.* F do up; (*beleben*) F buck up, (*a. aufmuntern*) F pep up; (*Ruf etc.*) polish up.

aufmontieren *v/t.* mount (**auf** onto), attach (to).

aufmotzen F **I.** *v/i.*: ***~ gegen*** (*e-e Autorität etc.*) kick against, (*e-e Sache*) be up in arms about; **II.** *v/t.* (*Sofa etc.*) F do up; (*Show etc.*) F hype up; **III.** *v/refl.*: ***sich ~*** *Frau*: F get (o.s.) tarted up.

aufmuck(s)en F *v/i.* be up in arms (**gegen** *e-e Sache*: against); ***~ gegen*** (*e-e Autorität etc.*) kick against.

aufmuntern *v/t.* (*ermutigen*) encourage (***zu et.*** to do s.th.); (*erheitern*) cheer up; *Kaffee etc.*: F pep up, get *s.o.* going; **Aufmunterung** *f* encouragement; (*Erheiterung*) cheering up.

aufmüpfig F *adj.* rebellious; **Aufmüpfigkeit** F *f* rebelliousness, rebellious attitude.

aufnähen *v/t.* sew on(to **auf**).

Aufnahme *f* **1.** *e-r Tätigkeit*: taking up; *von Beziehungen*: establishment; *von Gesprächen*: start; **2.** *von Nahrung*: intake; (*Assimilation*) assimilation (*a. von Wissen etc.*); *fig. von Eindrücken etc.*: taking in; **3.** (*Eingliederung*) integration (**in** within), incorporation (into); (*Einbeziehung*) inclusion (in); (*Zulassung*) admission ([in]to); ***~ finden*** be admitted (**bei** [in]to); **4.** *in ein Krankenhaus etc.*: admission (**in** into); **5.** (*Empfang*) reception (*a. fig. e-s Theaterstücks etc.*); ***j-m e-e freundliche ~ bereiten*** give s.o. a warm welcome; *fig.* ***e-e herzliche*** (***kühle***) ***~ finden*** be warmly received (meet with a cool reception); **6.** ☤ *von Kapital*: taking in, borrowing; *e-r Anleihe*: raising; **7.** *e-s Protokolls*: drawing up; **8.** *e-s Films*: shooting; *einzelne*: shot, take; *e-s Fotos*: taking (a picture); (*Foto*) photo(graph), shot; (*Ton2*) recording; **Achtung ∼!** *Film*: action, camera!; **∼antrag** *m* membership application, application for admission; **e-n ∼ stellen** apply for membership (*od.* admission); **∼bedingungen** *pl.* terms of admission; **2bereit** *adj.* **1.** *Kamera*: ready to shoot; **2.** *fig. Person, Geist*: receptive (**für** to); **2fähig** *adj. geistig*: receptive (**für** to); **abends bin ich nicht mehr ∼** I can't take anything in any more in the evenings; **∼gebühr** *f* admission fee; **∼kopf** *m* recording head; **∼leiter** *m Film*: production (*TV* floor) manager; (*Ton2*) recording (*od.* studio) manager; **∼prüfung** *f* entrance exam (-ination); **∼studio** *n* (recording) studio; **∼taste** *f* record button; **∼technik** *f* **1.** *Tonaufnahmen*: recording method; **2.** *phot., Film*: shooting technique; **∼wagen** *m* recording van; **∼zeit** *f* recording time.

aufnehmen *v/t.* **1.** (*heben*) pick up (*a. fig. Spur*); **2.** (*Nahrung*) take in; (*assimilieren*) assimilate (*beide a. geistig* ∼); (*erfassen*) grasp; **3.** (*einbeziehen, eingliedern*) include (**in** in), incorporate (in); *in e-n Verein etc.*: admit (to); **4.** (*empfangen*) receive (*a. fig. e-e Nachricht etc.*); **j-n freundlich ∼** give s.o. a warm welcome; *fig.* **begeistert ∼** welcome with open arms; **unterschiedlich aufgenommen werden** *Film etc.*: get mixed reviews; *e-e schlimme Nachricht etc.* **gut ∼** take *s.th.* well; **5.** (*fassen*) hold, take; **6.** (*unterbringen*) accommodate; **7.** (*Tätigkeit*) take up; (*Betrieb*) start, open up; (*Verhandlungen*) start; (*Beziehungen*) enter into *relations*, establish *contacts*; **den Kampf ∼** start fighting, **mit j-m**: take s.o. on; **sie kann es mit jedem ∼** she can take anyone on; **beim Kochen kann er es mit jedem ∼** he's hard to beat when it comes to cooking; **8.** (*Geld*) borrow; (*Kapital*) *a.* take up; (*Kredit*) take out *a loan*; **9.** (*Tatbestand etc.*) take down; (*Protokoll*) write (*od.* take[down]) *the minutes*; (*Diktat*) take (down); (*Telegramm*) take; **ins Protokoll ∼** record in the minutes; **10.** (*fotografieren*) photograph, take a picture (*od.* photo[graph]) of; (*Film*) shoot; *auf Band, Schallplatte*: record, *auf* (*Video*) *Band*: *a.* tape; **wo ist das Bild aufgenommen?** where was this picture (*od.* photo) taken?, where did you take this picture (*od.* photo)?

Aufnehmer *m* floor cloth.

aufnotieren *v/t.* make a note of, jot down.

aufnötigen *v/t.*: **j-m et. ∼** force s.th. on s.o.

aufoktroyieren *v/t.*: **j-m et. ∼** force (*od.* impose) s.th. on s.o.

aufopfern *v/t.* sacrifice (**sich** o.s.) (**für** *od. dat.* for); **aufopfernd** *adj.* self-sacrificing; **Aufopferung** *f* self-sacrifice; **aufopferungsvoll** *adj.* self-sacrificing.

aufpäppeln *v/t.* feed up; (*Kranken*) get *s.o.* on his (*od.* her) feet again.

aufpassen *v/i.* (*aufmerksam sein*) pay attention; (*vorsichtig sein*) take care; **∼ auf** take care of, look after, *nebenbei*: keep an eye on; **pass auf!** look out!, watch out!; **pass** (**mal**) **auf!** watch this, (*hör mal*) listen; **Aufpasser** *m* F watchdog; (*Spitzel*) spy; (*Wachtposten*) lookout.

aufpeitschen I. *v/t.* **1.** (*Pferd etc.*) whip up; **2.** *Wind*: (*Wellen*) lash, (*Meer*) churn up; **3.** (*j-n*) get *s.o.* going; **II.** *v/refl.*: **sich ∼ mit** get o.s. going with, *stärker*: get high on.

aufpeppen F *v/t.* F pep up.

aufpflanzen I. *v/t.* ⚔ (*Seitengewehr*) fix; **II.** F *v/refl.*: **sich vor j-m ∼** plant o.s. in front of s.o.

aufpfropfen *v/t.* graft (**auf** onto); *fig.* (*aufzwingen*) impose (on); **es wirkt wie aufgepfropft** it doesn't fit in with the rest of it.

aufpicken *v/t. Vögel*: peck up.

aufplatzen *v/i.* burst; *Wunde*: open; *Haut*: chap.

aufplustern *v/refl.*: **sich ∼** *Vogel*: ruffle its feathers; F *fig.* F act the big shot.

aufpolieren *v/t.* polish up; F *fig.* (*Image etc.*) *a.* refurbish; (*Kenntnisse*) F brush up.

Aufprall *m* impact; **aufprallen** *v/i.*: **∼ auf** hit, *krachend*: crash into (*od.* against, *Boden etc.*: onto).

Aufpreis *m* ☤ extra charge; **gegen e-n ∼ von tausend Mark** for an extra thousand marks, for a thousand marks extra.

aufprobieren *v/t.* try on.

aufpumpen I. *v/t.* blow up; **II.** F *fig. v/refl.*: **sich ∼** act important, F act big.

aufputschen I. *v/t.* **1.** (*die Massen*) stir up; **2.** *Kaffee etc.*: get *s.o.* going, F buck *s.o.* up; *Drogen*: get *s.o.* high; **II.** *v/refl.*: **sich ∼** get o.s. going, F buck o.s. up; *mit Drogen*: get high (**mit** on); **Aufputschmittel** *n* stimulant; (*Tablette*) *a.* F pep pill; *Sport*: *a. pl.* dope.

aufputzen F **I.** *v/t.* (*Image etc.*) F hype up; **II.** *v/refl.*: **sich ∼** F get dolled up.

aufquellen I. *v/i. Hülsenfrüchte*: swell; *Teig*: rise; *Gesicht*: swell (up); *Tränen, a. fig. Gefühle*: well up; **II.** *v/t.* soak.

aufraffen *v/refl.*: **sich ∼** struggle to one's feet, *fig.* pull o.s. together; *fig.* **sich zu et. ∼** bring o.s. to do s.th.; **ich kann mich dazu einfach nicht ∼** I just can't be bothered.

aufragen *v/i.* rise, loom (up).

aufrappeln F *v/refl.*: **sich ∼ 1.** → **aufraffen**; **2.** *nach Krankheit*: get back on one's feet again.

aufrauchen *v/t.* (*Zigarette etc.*) finish (off); (*ganze Schachtel etc.*) get through, smoke.

aufrauen *v/t.* roughen.

aufräumen I. *v/t.* **1.** (*Zimmer etc.*) tidy up; **2.** (*wegräumen*) tidy away, put away; **II.** *v/i.* **3.** tidy up; **4.** *fig. in e-r Organisation etc.*: make a clean sweep; (*wüten*) wreak havoc (**unter** among); **∼ mit** (*beseitigen*) get rid of, do away with; (*Schluss machen mit*) put an end to; **mit der Vergangenheit ∼** make a clean break with the past; **Aufräumungsarbeiten** *pl.* clearing work *sg.*

aufrechnen *v/t.*: **j-m et. ∼** charge s.o. for s.th.; **et. gegen et. ∼** set s.th. off (*od.* offset s.th.) against s.th.; **die Kosten gegeneinander ∼** balance the costs out against each other.

aufrecht *adj.* **1.** *a. adv.* upright, erect; **∼ sitzen** sit up; **∼ stehen** stand erect; **2.** *fig.* upright, honest.

aufrechterhalten *v/t.* maintain, perpetuate; (*Meinung*) stand by, adhere to; (*Kontakt etc.*) keep up, keep *a contact* going; (*Angebot*) stand by; **Aufrechterhaltung** *f* maintenance; *e-r Meinung*: adherence (*gen.* to).

aufregen I. *v/t.* excite, get *s.o.* excited; (*beunruhigen*) worry, *stärker*: upset; (*ärgern*) annoy; **er regt mich auf** (*ärgert mich*) he gets on my nerves; **II.** *v/refl.*: **sich ∼** get worked up (**über** about); **aufregend** *adj.* exciting; (*beunruhigend*) upsetting; F (*toll*) tremendous; F **nicht sehr ∼** F nothing to write home about; **Aufregung** *f* excitement; (*Beunruhigung*) upset; (*Nervosität*) nervousness; **kein Grund zur ∼** it's nothing to worry about; **nur keine ∼!** don't get into a state, *zur Menge*: don't panic! **aufreiben I.** *v/t.* **1.** *wund*: rub *s.th.* sore, chafe; **2.** (*verschleißen*) wear away; *fig.* exhaust, wear out; **II.** *fig. v/refl.*: **sich ∼** wear o.s. out; **aufreibend** *adj.* exhausting; *nervlich*: enervating.

aufreihen *v/t.* put *things* in a row, (*Menschen*; *a.* **sich ∼**) line up; (*Perlen etc.*) thread.

aufreißen I. *v/t.* **1.** tear open; (*Kleid etc.*) tear; (*Straße*) tear up; *fig.* **die Abwehr ∼** *Sport*: rip open the defen|ce (*Am.* -se); **alte Wunden ∼** open up old wounds; **2.** (*Tür*) fling open; **er riss die Augen auf** his eyes nearly popped out of his head; → **Maul** 2; **3.** (*e-n Aufriss zeichnen von*) draw an elevation of; **4.** (*Thema, Problem*) give a rough idea of; **5.** F (*Job etc.*) get o.s., F land o.s.; (*Mädchen*) F pick up; **II.** *v/i.* **6.** *Naht, Papiertüte*: burst, *Plastiktüte*: *a.* split open; *Haut*: chap; *Holz*: crack; **7.** *Wolken*: break up; **8.** F *phot.* (*die Blende* ∼) open up; **Aufreißer** *m* **1.** *Ringen*: turnover; **2.** F womanizer.

aufreizen *v/t.* **1.** stimulate, *stärker*: excite; *sexuell*: turn *s.o.* on; **2.** (*aufhetzen*) stir up; **aufreizend** *adj.* provocative (*a. sexuell*).

aufrichten I. *v/t.* **1.** (*errichten*) put up, erect; **2.** (*aufhelfen*) help *s.o.* up; (*Kranken*) sit *s.o.* up; (*Oberkörper*) straighten up; **3.** *fig.* (*ermutigen*) set *s.o.* up; **II.** *v/refl.*: **sich ∼ 4.** get up; *im Bett*: sit up; *aus gebückter Haltung*: straighten up; **5.** *fig.* pick o.s. up; **sich an j-m ∼** a) lean on s.o., b) find s.o. very supportive.

aufrichtig I. *adj.* sincere; (*ehrlich*) honest; (*offen*) open; **II.** *adv.*: **es tut mir ∼ Leid** I really am sorry; **Aufrichtigkeit** *f* sincerity; honesty; frankness.

aufriegeln *v/t.* unbolt, open.

Aufriss *m* △ elevation; (*Vorderansicht*) front elevation (*od.* view); *fig.* outline.

aufritzen *v/t.* slit open; (*Haut*) scratch.

aufrollen *v/t.* **1.** roll up; (*Garn etc.*) wind up; (*entfalten*) unroll; (*Fahne*) unfurl; **sich die Haare ∼** put curlers in one's hair, put one's hair in curlers; **2.** *fig.* (*Thema etc.*) go into; **e-n Prozess wieder** (*od.* **neu**) **∼** reopen a trial.

aufrücken *v/i.* move up; *im Rang*: be promoted (**in e-e höhere Stellung** to a higher position).

Aufruf *m* summons; *zum Flug*: call; *öffentlicher*: appeal; *Computer*: call; ✈ **letzter ∼** last call; **aufrufen I.** *v/t.* call up (*a.* ⚔); (*Schüler*) call on; ⚖ (*Zeugen, Sache*) call; *Computer*: call up; *fig.* **j-n ∼ zu** *inf.* call (up)on s.o. to *inf.*; **II.** *v/i.*: **∼ zu** appeal for; **zum Streik ∼** call a strike.

Aufruhr *m* commotion, turmoil; (*Tumult*) riot, tumult; (*Rebellion*) uprising, revolt; *innerlicher*: turmoil, conflict; **in ∼** in a state of turmoil, *Menge, Volk etc.*: up in arms; **öffentlicher ∼** public clamo(u)r.

aufrühren *v/t.* stir up (*a. fig.*); *fig.* (*alte Geschichten*) dig up.

Aufrührer *m* rebel; *pol.* agitator; **aufrührerisch** *adj.* rebellious; *Reden etc.*: inflammatory.

aufrunden *v/t.* round up (**auf** to).

aufrüsten *v/t. u. v/i.* ⚔ (re)arm; *Computer*: upgrade; **Aufrüstung** *f* (military) buildup; (re)armament; *Computer*: upgrading.

aufrütteln *v/t.* **1.** *aus dem Schlaf*: shake *s.o.* awake; **2.** *fig.* shake *s.o.* up; **~ aus** rouse from.

aufsagen *v/t.* **1.** (*Gedicht etc.*) recite; **2.** ***j-m die Freundschaft ~*** break with s.o.

aufsammeln *v/t.* pick up (*a.* F *j-n*).

aufsässig *adj.* rebellious, refractory.

Aufsatz *m* **1.** essay, *ped. a.* composition; (*Abhandlung*) paper; (*Zeitungs*~) article; **2.** (*Oberteil*) top (part); **3.** *Golf*: tee; **~thema** *n* essay topic.

aufsaugen *v/t.* **1.** soak up; ⚗ absorb; **2.** *fig.* assimilate, absorb.

aufschauen *v/i.* look up (***zu*** at, *fig.* to); glance up.

aufschaukeln I. *v/t.* (*Schwingungen*) build up, amplify; *fig.* ***sich gegenseitig ~*** get each other going; **II.** *fig. v/refl.*: ***sich ~*** *Erregung etc.*: build up, mount.

aufschäumen *v/i.* froth up; *fig.* (***vor Wut ~***) foam (with rage).

aufscheuchen *v/t.* startle; (*wegjagen*) *a.* frighten away; (*stören*) disturb; *fig. aus der Lethargie etc.*: rouse (***aus*** from); *fig.* **~ *aus*** *a.* shake out of.

aufscheuern *v/t.* (*die Haut*) rub *one's skin* sore, chafe; ***sich die Haut ~*** rub o.s. sore, chafe o.s.

aufschichten *v/t.* stack up, pile up; *geol.* stratify.

aufschiebbar *adj.* postponable; ***es ist (nicht) ~*** it can('t) be postponed; **aufschieben** *v/t.* **1.** push open; **2.** *fig.* postpone, put off (***auf, bis*** until, till); (*verzögern*) delay; ***er schiebt es immer wieder auf*** he keeps putting it off; ***aufgeschoben ist nicht aufgehoben*** we'll make up for it (another time).

aufschießen *v/i.* ♆ shoot up (*a. fig. Gebäude, Person*); *Flammen*: *a.* leap up; → ***aufgeschossen.***

Aufschlag *m* **1.** *am Ärmel*: cuff; *an der Hose*: turn-up, *Am.* cuff; (*Revers*) lapel; **2.** (*Auftreffen*) impact; ***dumpfer ~*** thud; **3.** ✤ markup; **4.** *Tennis*: a) service, b) (*~art*) serve; **Aufschlagball** *m* service; **aufschlagen I.** *v/i.* **1.** **~ *auf*** hit; **2.** *Tennis*: serve; **3.** ✤ *Waren*: go up (in price); *Händler*: raise the price; **II.** *v/t.* **4.** break open; (*Ei*) crack; (*Knie etc.*) cut; **5.** (*Augen, Buch*) open; ***Seite 3 ~*** turn to page 3; **6.** (*Tennisball*) serve; **7.** (*Zelt*) pitch; (*Lager*) set up *camp*; (*Wohnsitz*) take up *residence*; **8.** (*Preis*) increase, raise; **9.** (*Maschen*) cast on; **Aufschlagfeld** *n Tennis*: service court.

aufschließen I. *v/t.* **1.** unlock, open; **2.** → ***erschließen***; **II.** *v/i.* **3.** open up, open the door *etc.*; **4.** *Sport*: move up; **~ *zu*** catch up with; **III.** *v/refl.*: ***sich j-m ~*** open one's heart to s.o., confide in s.o.

aufschlingen *v/t.* devour, F gobble up (*od.* down).

aufschlitzen *v/t.* slit; (*Umschlag*) slit open; (*Reifen etc.*) slash.

aufschluchzen *v/i.* give a loud sob.

Aufschluss *m* insight(s *pl.*) (***über*** into); (***j-m***) ***über et. ~ geben*** inform s.o. about s.th., explain s.th. to s.o.; ***sich ~ verschaffen über*** inform o.s. about, gain an (*od.* some) insight into.

aufschlüsseln *v/t.* break down (***nach*** into); *in Kategorien*: classify (according to); **Aufschlüsselung** *f* breaking down; breakdown; categorization.

aufschlussreich *adj.* informative; *weitS.* revealing; ***das war sehr ~*** *a.* that was very interesting.

aufschmieren *v/t.* **1.** (*Butter etc.*) spread (on), put on; (*Farbe*) daub on; **2.** F (*aufschreiben*) scribble down.

aufschnallen *v/t.* **1.** strap on(to ***auf***); **2.** (*öffnen*) unstrap; (*Gürtel*) undo, unbuckle.

aufschnappen I. *v/t.* (*Bissen*) catch; F *fig.* pick up; **II.** *v/i.* snap (*od.* spring) open.

aufschneiden I. *v/t.* cut open; (*Braten*) cut up; *in Scheiben*: slice; ⚕ open; (*Geschwür*) *a.* lance; **II.** *v/i.* (*prahlen*) boast, show off; (*übertreiben*) F lay it on thick; **Aufschneider** *m* show-off; ***das ist ein ~*** (*Übertreiber*) F he really lays it on thick (*od.* with a trowel).

Aufschnitt *m* cold cuts *pl.*; **~platte** *f* (plate of) cold cuts *pl.*

aufschnüren *v/t.* (*lösen*) untie; (*Knoten*) *a.* undo; (*Schuh*) unlace.

aufschrammen *v/t.* graze.

aufschrauben *v/t.* **1.** screw on (to ***auf***); **2.** (*lösen*) unscrew.

aufschrecken I. *v/t.* startle; *aus Gedanken, Schlaf*: rouse (***aus*** from); **II.** *v/i.* give a start, jump; ***aus dem Schlaf ~*** wake up with a start.

Aufschrei *m* cry; *schrill*: scream; *hell u. kurz*: shriek; *fig.* outcry (***gegen*** against).

aufschreiben *v/t.* write down; (*notieren*) make a note of; ***j-n*** *polizeilich* **~** take down s.o.'s particulars, (*die Autonummer notieren*) take down s.o.'s car number; ***ich bin dreimal wegen falschen Parkens aufgeschrieben worden*** I've had three parking tickets.

aufschreien *v/i.* cry out; *schrill*: (give a) scream; ***vor Schmerz ~*** cry out with pain.

Aufschrift *f* lettering, writing; (*Name*) name; (*Etikett*) label; (*Inschrift*) inscription.

Aufschub *m* deferment; (*Verzögerung*) delay; ***ohne ~*** without delay; ***die Sache duldet keinen ~*** the matter is extremely urgent (*formell*: brooks no further delay); ***j-m e-n ~ gewähren*** give (*od.* grant) s.o. an extension.

aufschürfen *v/t.*: ***sich die Haut ~*** graze o.s. (*od.* one's skin).

aufschütteln *v/t.* shake up; (*Kissen*) *a.* plump up.

aufschütten *v/t.* pile up; (*Kies*) scatter; (*Damm*) throw up, raise; *geol.* (*Erde*) deposit; **Aufschüttung** *f* earth bank; *geol.* deposit.

aufschwatzen F *v/t.*: ***j-m et. ~*** talk s.o. into (buying) s.th.

aufschweißen *v/t.* **1.** weld on(to ***auf***); **2.** (*Unfallauto etc.*) weld open.

aufschwellen *v/i.* swell (up).

aufschwemmen *v/t. u. v/i.* bloat; → ***aufgeschwemmt*** .

aufschwindeln *v/t.*: ***j-m et. ~*** trick s.o. into buying s.th.

aufschwingen *v/refl.*: ***sich ~*** *Vogel*: soar (up); *fig.* ***sich zu et. ~*** (*sich überwinden*) bring o.s. to do s.th.; ***sich zum besten Schüler der Klasse*** (***zum Direktor***) **~** work one's way up to the top of the class (to the position of director); ***sich zum Moralprediger ~*** set o.s. up as (*od.* appoint o.s.) a moralizer.

Aufschwung *m* **1.** *Turnen*: upward circle; **2.** *fig.* (*Antrieb*) impetus; (*Fortschritt*) progress; ✤ upturn, upswing; ***neuen ~ geben*** *dat.* give fresh impetus to; ✤ ***e-n ~ nehmen*** see (*od.* experience) a revival.

aufsehen *v/i.* look up (*fig.* ***zu j-m*** to s.o.).

Aufsehen *n*: **~ *erregen, für ~ sorgen*** cause (quite) a stir (*stärker*: sensation); ***ohne ~*** discreetly, quietly; ***um ~ zu vermeiden*** to avoid attracting attention, *in der Öffentlichkeit*: *a.* to avoid (any) publicity.

aufsehenerregend, Aufsehen erregend *adj. Nachricht, Foto, Entdeckung*: sensational; *Kleidung*: outrageous, *Frisur*: *a.* extravagant; *Idee, Rede*: (*kontrovers*) controversial, *stärker*: provocative; **~ *sein*** *a.* cause (quite) a stir; ***es war e-e ~e Rede*** *a.* it was a speech that made everyone sit up and think.

Aufseher *m* attendant; *in e-r Fabrik*: foreman; *im Gefängnis*: guard.

aufseiten, auf Seiten *prp. mit gen. od.* **~ *von*** on the part of.

aufsetzen I. *v/t.* **1.** (*Brille, Hut, Miene etc.*) put on; (*Topf*) put on the stove; ***Wasser ~*** put some water on to boil; → ***aufgesetzt, Dämpfer, Glanzlicht, Horn*** 1, ***Krone*** 2; **2.** (*Brief, Vertrag etc.*) draft, (*Aufsatz*) *a.* make a draft of; **II.** *v/refl.*: ***sich ~*** sit up; **III.** *v/i.* ✈ touch down, *a. Sport*: land; **Aufsetzer** *m Sport*: awkward bouncing shot.

aufseufzen *v/i.*: (***tief ~***) heave a (deep) sigh.

Aufsicht *f* **1.** supervision; ***die ~ führen*** be in charge (***über*** of); ***unter ~ stehen*** be under supervision (*polizeilich*: surveillance), *Gefangener*: be in custody; **2.** (*Person*) supervisor, person in charge.

Aufsicht führend *adj.* supervisory; *teacher etc.* in charge.

Aufsichts|beamte(r) *m* supervisor; *im Gefängnis*: guard; 🚂 stationmaster; **~behörde** *f* board of control, inspectorate; **~personal** *n* supervisory staff (*mst pl. konstr.*); *im Gefängnis*: prison wardens *pl.*; **~pflicht** *f* responsibility.

Aufsichtsrat *m* ✤ **1.** supervisory board; *etwa* board of directors; **2.** member of the supervisory board (*od. etwa* board of directors); **Aufsichtsratsvorsitzende(r** *m*) *f etwa* chairman (*f a.* chairwoman) of the board.

aufsitzen *v/i.* **1.** *im Bett etc.*: sit up; **2.** (*aufbleiben*) stay up (late); **3.** *auf ein Pferd, Motorrad etc.*: get on, mount; **4.** ⊙ rest (***auf*** on); **5.** F *fig.* (*hereingelegt werden*) be taken in (*dat.* by); F ***j-n ~ lassen*** let s.o. down; *bei Verabredung*: F stand s.o. up.

aufspalten *v/t. u. v/refl.* (***sich ~***) split; **Aufspaltung** *f* splitting; *e-r Zelle*: fission; *fig.* split.

aufspannen *v/t.* stretch; (*Schirm, Zelt*) put up; (*Sprungtuch*) open up, spread out; (*Segel, Flügel*) spread.

aufsparen *v/t.* save (up); ***sparen wir uns die Überraschung auf*** let's keep it a surprise.

aufspeichern *v/t.* store up; (*horten*) hoard; *fig.* (*Wut etc.*) bottle up (inside).

aufsperren *v/t.* unlock; (*weit öffnen*) open wide; *fig.* ***er sperrte Mund und Nase auf*** his jaw dropped.

aufspielen I. *v/t.* strike up *a tune*; **II.** *v/i.* play; **III.** *v/refl.*: ***sich ~*** throw one's weight around, F act the big shot; ***sich als Held*** *etc.* **~** play the hero *etc.*

aufspießen *v/t.* **1.** spear; *mit Hörnern*: gore; *auf e-m Pfahl*: impale; *zum Grillen*: skewer; (*Olive etc.*) spike; (*Insekten etc.*) mount; **~ *auf*** (*Insekten*) mount on(to), pin on(to); **2.** *fig.* (*Missstände etc.*) pillory.

aufsplittern I. *v/t. u. v/i.* splinter; **II.** *fig. v/refl.*: ***sich ~*** split up, splinter.

aufsprengen *v/t.* force open; *mit Sprengstoff*: blast open.

aufspringen *v/i.* **1.** jump up, leap up; (*landen*) land; *Ball*: bounce; ***auf e-n Zug*** ~ jump onto a train; **2.** *Hände, Lippen*: crack, chap; *Knospen*: burst; *Knopf*: pop open; **3.** *Tür*: fly (*od.* burst) open; *Koffer*: burst open; *Schloss*: spring open.

aufspritzen I. *v/t.* (*Farbe*) spray on; **II.** *v/i.* spray (*a. Blut*: spurt) into the air.

aufsprühen I. *v/t.* (*a.* ~ ***auf***) spray on; **II.** *v/i.* shoot up.

Aufsprung *m bsd. Sport*: landing; *des Balls*: bounce.

aufspulen *v/t.* wind up, wind onto a spool.

aufspüren *v/t.* **1.** *Jagd*: track (*od.* hunt) down; **2.** *fig.* track down; (*Geheimnis, Manuskript etc.*) unearth. **aufstacheln** *v/t.* stir up; ***j-n zu et.*** ~ goad s.o. into (doing) s.th.

aufstampfen *v/i.* stamp one's foot (*od.* feet), stamp on the ground.

Aufstand *m* revolt, rebellion, uprising; **aufständisch** *adj.* rebellious, insurgent; **Aufständische(r)** *m* rebel, insurgent.

aufstapeln *v/t.* pile (*od.* stack) up.

aufstauen I. *v/t.* dam up; *fig.* (*Gefühle*) bottle up (inside); **II.** *v/refl.*: ***sich*** ~ collect; *fig.* build up, be bottled up; → ***aufgestaut.***

aufstechen *v/t.* pierce; ⚕ (*Geschwür*) lance; (*Erde*) dig up.

aufstecken *v/t.* **1.** *auf et.*: put on (*a.* ~ ***auf***); *mit e-r Nadel*: pin (**auf** on[to]); (*Saum*) pin up; (*Gardinen, Haar*) put up; **2.** F (*aufgeben*) F chuck in.

aufstehen *v/i.* **1.** (*sich erheben*) stand up, *a. aus dem Bett*: get up; ***vor j-m*** ~ ***im Bus etc.***: give s.o. one's seat, stand (*od.* get) up for s.o.; ***vom Tisch*** ~ get up from (*od.* leave) the table; **2.** (*offen stehen*) stand (*od.* be) open; **3.** (*sich empören*) revolt, ***gegen:*** *a.* rise up against.

aufsteigen *v/i.* **1.** rise (*a. Nebel, Tränen, Flammen*), go up; *Bergsteiger*: climb (*a.* ~ ***auf***); *Flugzeug*: (*starten*) take off, become airborne, (*höher* ~) climb; *Vogel*: soar; *Gewitter*: come up; **2.** *auf ein Pferd etc.*: get on, mount; **3.** *fig.* (*befördert werden*) be promoted (*a. Sport*); **4.** (*entstehen*) arise; *starke Gefühle*: well up; *Verdacht*: be roused; ***ein Gedanke stieg in mir auf*** a thought struck me; **aufsteigend** *adj.*: ***in*** ~***er Reihenfolge*** in ascending order; → ***Tendenz***; **Aufsteiger** *m Sport*: (newly-)promoted team; *gesellschaftlich*: social climber; (*Schallplattenhit*) chart climber; ~ ***des Jahres*** man of the year.

aufstellen I. *v/t.* set up; (*Denkmal etc.*) erect, put up; ⚔ line up; (*Wachposten*) post; (*Raketen etc.*) deploy; (*Essen auf den Herd*) put on; (*Falle*) set; (*Kandidaten*) put forward, field; *Sport*: (*Rekord*) set up; (*Mannschaft*) pick; (*Grundsatz*) lay down; (*Theorie*) propose; ℞ (*Problem*) state, pose; (*Gleichung*) form, set up; (*Liste, Tabelle, Bilanz*) draw up; ***e-e Behauptung*** ~ make an assertion, claim (*od.* maintain) s.th.; **II.** *v/refl.*: ***sich*** ~ take one's stand; *in Reihen*: get into line; ⚔ fall in; **Aufstellung** *f* setting up; ⚙ installation; *von Geschützen etc.*: deployment, emplacement; (*Anordnung*) arrangement, ⚔ formation; *e-r Mannschaft*: line-up; (*Liste*) list; (*Tabelle*) table; (*Nominierung*) nomination; *e-r Bilanz etc.*: drawing up.

aufstemmen *v/t.* prise (*od.* prize, *Am.* pry) open.

Aufstieg *m* ascent; ✈ (*Abheben*) take-off, (*Steigen*) climb(ing); *fig.* rise; *sozialer*: ascent, advancement; *Sport*: promotion; ~ ***zum Ruhm*** rise to fame.

Aufstiegs|chancen *pl.*, ~**möglichkeiten** *pl.* promotion prospects; *Sport*: chances of being promoted; ***Stelle ohne*** ~ dead-end job.

aufstöbern *v/t.* (*Wild*) rouse; *fig.* hunt down; (*Geheimnis, Manuskript etc.*) unearth.

aufstocken *v/t.* **1.** △ raise; add a stor(e)y to; **2.** ☤ (*Kapital*) increase; (*Einkünfte*) top up; (*Vorräte*) stock up on.

aufstöhnen *v/i.* give a (loud) groan.

aufstoßen I. *v/t.* **1.** (*Tür etc.*) push open; **2. *et.*** ~ ***auf*** bang s.th. on(to) *s.th.*; ***sich den Kopf*** *etc.* ~ cut one's head; **II.** *v/i.* **3.** ~ ***auf*** hit; **4.** (*rülpsen*) burp; ***j-m*** ~ repeat on s.o., *fig.* strike s.o., *plötzlich*: hit s.o.; → ***sauer*** I.

aufstrebend *adj. Gebäude etc.*: soaring; *Person*: aspiring; (*erfolgssicher*) up-and-coming, *bsd. Am.* upcoming.

aufstreichen *v/t.* (*Farbe*) apply (**auf** to); (*Butter etc.*) spread (on); **Aufstrich** *m* **1.** → ***Brotaufstrich***; **2.** *e-r Schrift*: upstroke (*a.* ♪).

aufstülpen *v/t.* (*Hut*) F pop on; (*Kragen, Krempe, Manschette*) turn up; ***die Lippen*** ~ pout; → ***aufgestülpt.***

aufstützen I. *v/t.* prop up; **II.** *v/refl.*: ***sich*** ~ prop o.s. up, **auf:** *a.* lean on.

aufsuchen *v/t.* (*besuchen*) visit (*a. e-n Ort*), call on; *bei der Durchreise etc.*: look up; (*e-n Arzt*) (go and) see; (*Toilette*) go to.

auftafeln I. *v/t.* serve (up); **II.** *v/i.* give a huge spread.

auftakeln I. *v/t.* ⚓ rig up; **II.** F *fig. v/refl.*: ***sich*** ~ F get rigged (*contp.* tarted) up; → ***aufgetakelt*** .

Auftakt *m* ♪ upbeat; *fig.* prelude, F lead-up; (*Beginn*) start, *e-s Projekts, e-r Saison etc.*: F send-off; (*Eröffnung*) curtain-raiser; ***zum*** ~ ***des Festivals*** to start the festival off, to launch the festival, to get the festival under way.

auftanken *v/t. u. v/i.* fill up; ✈ refuel.

auftauchen *v/i.* **1.** come up, emerge; *U-Boot*: surface; **2.** *fig.* (*erscheinen*) turn up; *Frage etc.*: come up, *bsd. Problem etc.*: *a.* crop up.

auftauen *v/i.* **1.** *a. v/t.* thaw; *mot., a. Tiefkühlkost*: defrost; **2.** *fig.* thaw, come out of one's shell.

aufteilen *v/t.* divide (up), split up; (*verteilen*) distribute; (*Raum*) divide, partition; (*bsd. Land*) parcel out; **Aufteilung** *f* division; (*Verteilung*) distribution.

auftischen *v/t.* serve, *a. fig.* F dish up.

Auftrag *m* **1.** (*Aufgabe*) assignment; ☤ (*Bestellung*) order; (*Bau*≈, *Liefervertrag*) contract; (*Weisung*) directions *pl.*, instructions *pl.*; (*Mission*) mission; ***im*** ~ ***von*** on behalf of; ***ich komme im*** ~ ***von*** I have been sent by; ***im*** ~ (*abbr.* ***i. A.***) pp, p.p. (= per procurationem); ***et. bei j-m in*** ~ ***geben*** commission s.o. to do s.th.; ☤ place an order with s.o. for s.th.; **2.** (*Aufgabe*) job; (*Mission*) purpose, mission; ***die Kirche hat den*** ~ ***zu*** *inf.* it's the job of the Church (*od.* the Church's job) to *inf.*; **3.** *von Farbe etc.*: application; **auftragen I.** *v/t.* **1.** (*Speisen*) serve (up); (*Farbe etc.*) apply; **2.** (*Kleidung*) wear out; **3. *j-m et.*** ~ assign s.o. with s.th.; ***er trug mir Grüße an dich auf*** he asked me to give you his regards; **II.** *v/i.* **4.** *Stoff etc.*: be bulky; **5.** F *fig.* ***dick*** ~ F lay it on thick (*od.* with a trowel).

Auftraggeber *m* (*Kunde*) customer, client; *e-s Künstlers*: patron.

Auftrags|abwicklung *f* ☤ order processing; ~**arbeit** *f* commissioned work; ~**bestände** *pl.* backlog *sg.* of orders; ~**bestätigung** *f* confirmation (*vom Verkäufer*: acknowledg[e]ment) of order; ~**buch** *n* order book; ~**eingang** *m* **1.** incoming orders *pl.*; **2.** (*Vorgang*) intake of orders; ~**erteilung** *f* placing of orders; *bei e-r Ausschreibung*: award; ~**formular** *n* order form (*Am.* blank).

auftragsgemäß *adv.* as per order.

Auftrags|lage *f* orders situation; ***die*** ~ ***ist gut*** the order books are well filled; ~**polster** *n* full order books *pl.*; ~**rückgang** *m* drop in orders; ~**werk** *n* commissioned work (*od.* piece).

auftreffen *v/i.*: ~ ***auf*** hit.

auftreiben *v/t.* **1.** F (*finden, a. Geld*) F get hold of; **2.** (*aufblähen*) swell; → ***aufgetrieben***; **3.** (*aufwirbeln*) swirl up; **4.** (*j-n, hochtreiben*) force *s.o.* up.

auftrennen *v/t.* (*Saum*) undo, rip open; (*Gestricktes*) undo, unravel.

auftreten I. *v/i.* **1.** *mit dem Fuß*: step, tread; ***vorsichtig*** ~ tread carefully (*leise*: softly); ***ich kann mit dem linken Fuß nicht*** ~ I can't stand on my left foot; **2.** *thea.* appear (on stage); *a. Musiker etc.*: perform; ***zum ersten Mal*** ~ *a. fig.* make one's debut; **3.** (*erscheinen*) appear; ***öffentlich*** ~ appear in public; ***als Zeuge*** ~ appear as witness; ~ ***gegen*** oppose; **4.** (*eintreten*) occur; *Schwierigkeiten, Probleme etc.*: crop up; *Zweifel etc.*: arise; **5.** (*anzutreffen sein*) occur, be found; **6.** (*sich verhalten*) act, conduct o.s.; **II.** *v/t.* **7.** (*Tür etc.*) kick open; (*Kastanie etc.*) tread open; **III.** ≈ *n* **8.** (*Erscheinen*) appearance; (*Vorkommen*) occurrence, *a. e-r Krankheit*: incidence; **9.** (*Verhalten*) manner; ***er hat ein sehr selbstsicheres*** ~ *a.* he comes across as very self-confident; **10.** *thea.* performance.

Auftrieb *m* **1.** *phys.* buoyancy; ✈ lift; **2.** *fig.* (*Anstoß*) impetus, stimulus, F boost; ***neuen*** ~ ***geben*** *dat.* give fresh impetus to; ***j-m wieder*** ~ ***geben*** get s.o. going again; ***ich hab heute überhaupt keinen*** ~ I can't bring myself to do anything today.

Auftritt *m* (*Erscheinen*) *a. thea.* appearance; (*Szene*) scene (*a. fig. Streit*); (*Betreten der Bühne*) entry.

auftrumpfen *fig. v/i.* **1.** play one's trumps; **2.** (*herrisch auftreten*) F come on strong; ***gegen j-n*** ~ F do the strong man act on s.o.

auftun I. *v/t.* **1.** (*Fenster, Mund*) open; **2.** (*Brille etc.*) put on; **3. *sich et.*** ~ *auf den Teller*: help o.s. to s.th., take s.th.; ***j-m et.*** ~ give s.o. (a helping of) s.th.; **4.** (*finden*) find, discover, F dig up; **II.** *v/refl.*: ***sich*** ~ open (up); *fig.* open up (**vor** before).

auftupfen *v/t.* (*abtupfen*) dab off.

auftürmen I. *v/t.* pile up; **II.** *v/refl.*: ***sich*** ~ *Geschirr, Arbeit etc.*: pile up.

aufwachen *v/i. a. fig.* wake up (**aus** from); *aus der Bewusstlosigkeit*: come round; *fig. Gefühle etc.*: be roused; *fig.* ***er ist endlich aufgewacht*** he's finally woken up to the truth (*od.* to reality).

aufwachsen *v/i.* grow up.

aufwallen *v/i.* bubble up; *kochend*: boil up; *fig. Gefühle*: surge up (**in *j-m*** inside

s.o.); **Aufwallung** *f* surge; *von Wut etc.*: *a.* fit.
aufwalzen *v/t.* roll on.
Aufwand *m* cost, expense; (*Anstrengung*) effort; (*Luxus*) luxury, extravagance; ***mit e-m ~ von*** *finanziell*: at a cost of; ***der ~ an Zeit*** (***Kraft*** *etc.*) the time (energy *etc.*) involved; ***der ~ lohnt sich nicht*** it's not worth the effort; ***unnützer ~*** waste of (time and) energy, *an Geld*: waste (of money); ***großen ~ treiben*** live in grand style; **aufwändig** → ***aufwendig***; **Aufwandsentschädigung** *f* expense allowance.
aufwärmen I. *v/t.* warm up; *fig.* (*alte Geschichten*) rehash; **II.** *v/refl.*: ***sich ~*** *Person*: warm o.s. up; *Sportler, Erdatmosphäre etc.*: warm up.
Aufwärm|phase *f* warm-up phase; **~übungen** *pl.* warm(ing)-up exercises.
Aufwartefrau *f* cleaning lady.
aufwarten *v/i.* **1.** *fig.* ***~ mit*** come up with, offer; **2. *~ mit*** (*Speisen*) serve.
aufwärts *adv.* upward(s); (*bergan*) uphill; ***den Fluss ~*** upstream, upriver; *fig.* ***mit ihm*** (***dem Geschäft***) ***geht es ~*** things are looking up for him (business is looking up); **≈bewegung** *f*, **≈entwicklung** *f* upward trend; **≈haken** *m Boxen*: uppercut; **≈trend** *m* upward trend, upswing.
Aufwartung *f*: ***j-m s-e ~ machen*** pay one's respects to s.o.
Aufwasch *m* **1.** dirty dishes *pl.*; **2.** (*Spülen*) washing-up; ***den ~ machen*** → ***aufwaschen***; *fig.* ***in einem ~*** in one go; **aufwaschen** *v/i.* do the dishes (*od.* washing-up).
aufwecken *v/t.* wake (up).
aufweichen I. *v/t. in Flüssigkeit*: soak; (*Boden*) make *the ground* soggy; (*schmelzen*) melt; *fig.* undermine; **II.** *v/i.* soak; *Boden*: become soggy.
aufweisen *v/t.* show; (*Erfolge etc.*) boast; (*haben*) have; ***etwas*** (***nichts***) ***aufzuweisen haben*** have something (nothing) to show (for o.s.).
aufwenden *v/t.* (*ausgeben*) spend (***für*** on); (*Zeit*) *a.* devote (to); (*Energie*) *a.* expend (on); (***viel***) ***Mühe ~*** take (great) pains (***auf*** over); ***viel Geld ~*** go to great expense; **aufwendig** *adj.* costly, expensive; *Lebensweise etc.*: extravagant; ***~e Inszenierung*** lavish production; **Aufwendungen** *pl.* expenditure *sg.*, expense *sg.*, expenses.
aufwerfen I. *v/t.* throw up (*a. Damm, Erde*); (*Tür*) throw open; *fig.* (*Frage*) raise; ***~ auf*** throw on(to); **II.** *v/refl.*: ***sich zu et. ~*** set o.s. up as s.th., appoint o.s. s.th.; ***sich zum Richter ~*** appoint o.s. as judge.
aufwerten *v/t.* revalue, upvalue; *fig.* upgrade; **Aufwertung** *f* revaluation, upvaluation; *fig.* upgrading.
aufwickeln *v/t.* **1.** wind up (*a. Film*); ***sich die Haare ~*** put one's hair in curlers; **2.** (*loswickeln*) unwind; (*Päckchen*) unwrap; **Aufwickelspule** *f Film*: take-up spool (*od.* reel).
aufwiegeln *v/t.* stir up.
aufwiegen *fig. v/t.* compensate for, make up for, offset, balance out.
Aufwiegler *m* agitator; **aufwieglerisch** *adj.* seditious; *Rede*: inflammatory.
Aufwind *m* ✈ upward (*od.* anabatic) wind; *fig.* ***im ~ sein*** be on the up and up; ***j-m*** (***neuen***) ***~ geben*** get s.o. going (again), give s.o. an impetus (fresh impetus).
aufwirbeln *v/t.* whirl up, swirl up (*beide a. v/i.*); (*Staub*) raise; *fig.* ***viel Staub ~*** kick up a lot of dust, cause quite a stir.
aufwischen *v/t.* wipe up; (*Fußboden*) wipe, mop.
aufwühlen *v/t.* **1.** (*Erde*) throw up; (*See*) churn up; **2.** *fig.* ***j-n ~*** stir s.o. up; → ***aufgewühlt.***
aufzählen *v/t.* enumerate; (*nennen*) name, tell; *in e-r Liste*: list; **Aufzählung** *f* enumeration; (*Liste*) list; **Aufzählungszeichen** *n Computer*: bullet.
aufzehren I. *v/t.* eat up; *fig.* use up; (*Vermögen*) spend; (*Energie*) sap; (*Person*) drain, exhaust; → ***aufgezehrt***; **II.** *v/refl.*: ***er zehrt sich vor Sorgen auf*** he's eaten up with worry, his worries are eating away at him.
aufzeichnen *v/t.* draw, sketch; (*aufschreiben*) write down; *auf Band*: record, tape; **Aufzeichnung** *f* **1.** (*Aufnahme*) recording; **2. *~en*** notes; (*Dokumente*) papers, documents; ***sich ~en machen*** make (*od.* take) notes.
aufzeigen *v/t.* show; (*klarmachen*) *a.* demonstrate; (*Fehler etc.*) point out.
aufziehen I. *v/t.* **1.** draw up, pull up; (*Fahne, Segel*) hoist; (*Gardinen*) open; *thea.* (*Vorhang*) raise; (*Anker*) weigh; (*Schublade*) (pull) open; **2.** (*Uhr, Spielzeug*) wind up; ***zum ≈*** clockwork *mouse etc.*; **3.** (*Bild*) mount; (*Reifen, Saiten*) put on; *fig.* ***andere Saiten ~*** change one's tune; **4.** (*Kind*) bring up, *a. Tier*: rear, raise; **5.** (*organisieren*) organize; (*Party etc.*) arrange; (*Unternehmen etc.*) set up; **6. *j-n ~*** F wind s.o. up, pull s.o.'s leg; (*hänseln*) tease s.o. (***wegen*** about); **II.** *v/i.* **7.** *Gewitter*: come up; *Wolken*: gather; **8.** ⚔ march up; *Wache* : come on duty.
Aufzucht *f* breeding, rearing.
Aufzug *m* **1.** (*Fahrstuhl*) lift, *Am.* elevator; **2.** (*Festzug*) parade; *feierlicher*: procession; **3.** (*Aufmachung*) F outfit; **4.** *thea.* act; **5.** *Turnen*: pull-up; **Aufzugsschacht** *m* lift (*Am.* elevator) shaft.
aufzwingen I. *v/t.*: ***j-m et. ~*** force (*od.* foist) s.th. on s.o., (*Handlungsweise etc.*) force s.o. into (doing) s.th.; **II.** *v/refl.*: ***sich j-m ~*** *Gedanke etc.*: impinge (on s.o.).
Augapfel *m* eyeball; ***wie s-n ~ hüten*** guard with one's life.
Auge *n* **1.** eye; ***gute*** (***schlechte***) ***~n haben*** have good (bad) eyesight; ***die ~n aufmachen*** keep one's eyes open; ***im ~ behalten*** keep an eye on, *fig.* bear in mind; ***im ~ haben*** have in mind; ***ein ~ haben auf*** have one's eye on; ***mit eigenen ~n*** with one's own eyes; ***ich habs mit eigenen ~n gesehen*** *a.* it happened before my very eyes; ***unter j-s ~n*** before s.o.'s very eyes; ***unter vier ~n*** in private; ***Gespräch unter vier ~n*** private conversation; ***vor aller ~n*** in front of everyone, in full view (of everyone); ***wo hast du d-e ~n?, hast du keine ~n im Kopf?*** are you blind?; ***da blieb kein ~ trocken*** *a. iro.* there wasn't a dry eye in the place; ***mit e-m lachenden und e-m weinenden ~*** with mixed feelings; ***das ~ des Gesetzes*** the (sharp) eye of the law; ***aus den ~, aus dem Sinn*** out of sight, out of mind; ***vor et. die ~n verschließen*** refuse to see s.th.; ***vor m-m geistigen ~*** in my mind's eye; ***in m-n ~n*** as I see it; ***etwas fürs ~*** a feast for the eyes; ***nur fürs ~*** just for show; ***so weit das ~ reicht*** as far as the eye can see; ***j-m in die ~n sehen*** look into s.o.'s eyes; ***sieh mir mal in die ~n*** look at me; ***er konnte mir nicht in die ~n sehen*** he couldn't look me in the eye; ***j-m unter die ~n treten können*** be able to look s.o. in the face; ***den Tatsachen ins ~ sehen*** face (up to) the facts; ***~ in ~*** face to face (***mit*** with); ***aus den ~n verlieren*** lose sight of, *fig.* lose touch with; ***nicht aus den ~n lassen*** not to let *s.o. od. s.th.* out of one's sight; ***ich konnte meine ~n nicht von ihm lassen*** I couldn't take my eyes off him; F *fig.* ***j-m et. aufs ~ drücken*** land s.o. with s.th.; ***et. aufs ~ gedrückt bekommen*** F *fig.* get landed with s,th.; (***e-m***) ***ins ~ springen*** catch one's eye, (*überdeutlich sein*) hit one in the eye; ***e-m in die ~n stechen*** (*gefallen*) take one's fancy, *Fehler etc.*: glare at one; ***ein ~ zudrücken*** turn a blind eye (***bei*** to); ***er wird große ~n machen!*** he's in for a surprise; ***er hat große ~n gemacht!*** you should have seen his face; ***s-e ~n sind größer als sein Magen*** his eyes are bigger than his stomach; ***sie haben sich die ~n aus dem Kopf geschaut*** F they just goggled, their eyes were popping out of their heads; ***sich die ~n aus dem Kopf weinen*** cry one's eyes out; ***etwas im ~ haben*** have something in one's eye, *fig.* have one's eye on s.th.; ***sie hat ihre ~n überall*** she's got eyes like a hawk; ***ich kann m-e ~n nicht überall haben*** I can't keep track of everything; ***vier ~n sehen mehr als zwei*** two pairs of eyes are better than one; ***ich hab doch hinten keine ~n*** I haven't got eyes in the back of my head; ***ins ~ fassen*** consider; ***ins ~ gefasst haben*** be considering, (*planen*) be planning; ***j-m*** (***schöne***) ***~n machen*** make eyes at s.o.; ***er hat kein***(***e***) ***~***(***n***) ***dafür*** he hasn't got an eye for that; ***j-m die ~n öffnen*** enlighten s.o., open s.o.'s eyes to the truth, *et.*: be an eye-opener (for s.o.); ***mir gingen plötzlich die ~n auf*** suddenly I saw the light; ***kein ~ zutun*** not to sleep a wink (all night); ***et. mit anderen ~n ansehen*** see s.th. in a different light; ***sich et. vor ~n halten*** keep s.th. in mind; ***j-m et. vor ~n führen*** make s.th. clear to s.o.; ***das hätte leicht ins ~ gehen können*** that was close (*od.* a close one), it could easily have backfired; ***geh mir aus den ~n!*** get out of my sight!; ***~ um ~*** (, ***Zahn um Zahn***) an eye for an eye(, a tooth for a tooth); → ***blau*** 1, ***blind*** 1, ***bloß*** 1, ***Dorn, Faust, trauen***[1] I, ***verderben*** I *etc.*; **2.** *auf Würfeln, Karten*: pip; *e-r Kartoffel, e-s Sturms, e-s Flügels*: eye; **3.** (*Fett≈*) globule of fat.
Augen|abstand *m* distance between the (*od.* one's) eyes, 📖 interocular distance; **~arzt** *m* eye specialist, 📖 ophthalmologist; **~aufschlag** *m* blink; **~auswischerei** *f* eyewash; **~bad** *n* eye bath; **~binde** *f* eye bandage.
Augenblick *m* moment; (***einen***) ***~!*** one moment (*od.* just a minute), please; ***im ~*** at the moment; ***für den ~*** for the time being; ***im letzten ~*** at the last minute, (*gerade rechtzeitig*) *a.* just in time; ***im ersten ~*** for a moment; ***im richtigen ~*** at the right moment; ***in diesem ~*** at this moment (in time); ***ich erwarte ihn jeden ~*** he should be here any minute, I'm expecting him any minute; ***alle ~e*** constantly; ***in dem ~, als ich ihn sah*** the moment I saw him; ***den ~ festhalten*** capture the moment; → *a.* ***Moment***[1]; **augenblicklich I.** *adj.* immediate; (*gegenwärtig*) present; ***die ~e Lage*** the

situation at present (*od.* at the moment); **II.** *adv.* at the moment, just now; (*sofort*) immediately.

Augenblicks|erfolg *m* short-lived (*od.* fleeting) success; **~idee** *f* spontaneous idea; **~mensch** *m* spontaneous person; **~stimmung** *f*: ***aus e-r ~ heraus*** on the spur of the moment.

Augenbraue *f* eyebrow; **Augenbrauenstift** *m* eyebrow pencil.

Augendruck *m* intraocular pressure.

augenfällig *adj.* conspicuous; (*frappierend*) striking; (*offensichtlich*) obvious.

Augen|fältchen *pl.* wrinkles around the eyes; **~farbe** *f* colo(u)r of s.o.'s eyes; ***was hat er für e-e ~?*** what colo(u)r are his eyes?; **~fehler** *m* eye defect; **~flimmern** *n* spots *pl.* before one's eyes; **~heilkunde** *f* ophthalmology; **~höhe** *f*: ***in ~*** at eye level; **~höhle** *f* eye socket, 📖 orbit(al cavity); **~klappe** *f* eye patch; **~klinik** *f* eye clinic; **~krankheit** *f* eye disease; (*Sehschwäche*) eye complaint; **~leiden** *n* eye complaint; ***ein ~ haben*** *a.* have something wrong with one's eyes; **~licht** *n* eyesight; ***das ~ verlieren*** *a.* lose the sight of one's eyes; **~lid** *n* eyelid; **~maß** *n* sense of distance; ***et. nach ~ einschätzen*** guess (at) the distance of s.th.; ***nach ~ würde ich sagen ...*** at a glance I'd say ...; ***ein gutes ~ haben*** have a good eye for distances, *fig.* be good at sizing things up; *fig.* ***Politik mit ~*** policy of moderation; **~mensch** *m* visual person; **~merk** *n*: ***sein ~ richten auf*** turn one's attention to; **~muskel** *m* eye muscle; **~nerv** *m* optic nerve; **~paar** *n* pair of eyes; **~pflege** *f* **1.** eyecare; **2.** F ***~ machen*** F get a bit of shuteye; **~pulver** F *n* miscroscopic print; ***das ist ja das reinste ~*** you'd go blind trying to read that; **~rand** *m* **1.** rim of the (*od.* one's) eye; ***gerötete Augenränder*** red-rimmed eyes; **2.** *pl.* → **~ringe** *pl.* rings under one's eyes; **~salbe** *f* eye ointment; **~schein** *m* **1.** (*Anschein*) appearance; ***dem ~ nach*** to all appearances; ***der ~ trügt*** appearances are deceptive, don't be (*od.* we mustn't be) deceived by appearances; **2.** (*Besichtigung*) examination, inspection; ⚖ (judicial) inspection; ***in ~ nehmen*** examine, inspect, take a close look at; **~schirm** *m* eyeshade; **~schmaus** *m* feast for the eyes; **~spiegel** *m* ophthalmoscope; **~sprache** *f* visual communication, F eye talk; **~täuschung** *f* optical illusion; **~tropfen** *pl.* eye drops; **~weide** *f* feast for the eyes; **~wimper** *f* eyelash; **~winkel** *m* corner of the (*od.* one's) eye; ***j-n (et.) aus den ~n beobachten*** watch s.o. (s.th.) out of the corner of one's eye; **~wischerei** *f* eyewash; **~zahl** *f* number (of points); **~zahn** *m* eye-tooth.

Augenzeuge *m* eye-witness; **Augenzeugenbericht** *m* eye-witness account.

Augenzwinkern *n* wink(ing); **augenzwinkernd** *adv.* with a wink; (*schalkhaft*) with a twinkle in one's eye.

Augiasstall *m* Augean stables *pl.*

...äugig ...-eyed.

Augur *m bsd. pol.* pundit.

August *m* **1.** August; ***im ~*** in August; **2.** *fig.* ***dummer ~*** clown, *contp.* idiot.

Augustiner(mönch) *m* Augustinian (monk), *Brit. a.* Austin friar; **Augustinerorden** *m* Augustininan order.

Auktion *f* auction; ***in die ~ geben*** put up for auction; ***zur ~ kommen*** be auctioned, come under the hammer; **Auktionator** *m* auctioneer; **auktionieren** *v/t.* auction; **Auktionshaus** *n* auctioneers *pl.*

Aula *f* assembly hall, *Am.* auditorium.

Au-pair-Mädchen *n* au pair (girl).

Aura *f ast.*, ⚕ *u. fig.* aura.

Aureole *f ast.* aureole, halo, ring.

aus I. *prp.* out of; from; of; ***~ dem Fenster*** out of (*Am. a.* out) the window; ***~ e-m Glas trinken*** drink out of (*od.* from) a glass; ***~ Holz*** made of wood, wooden ...; ***j-d ~ der Nachbarschaft*** somebody from the neighbo(u)rhood; ***~ Berlin*** from Berlin; ***~ Angst*** (***Mitleid, Achtung***) out of fear (pity, respect); ***~ Angst vor*** for fear of; ***~ Liebe*** for love; ***~ zuverlässiger Quelle*** on good authority; ***~ diesem Grund*** for this reason; ***~ der Zeit Cromwells*** from the time of Cromwell; ***~ dem Rokoko*** from the rococo period; ***~ der Zeitung*** from the newspaper; ***~ dem Englischen*** from (the) English, ***übersetzt:*** translated from the English (original); ***~ dem Projekt ist nichts geworden*** nothing came of the project; ***~ sich selbst heraus*** of one's own accord; → *a.* ***Erfahrung, Hass, Prinzip*** *etc.*; **II.** *adv.* **1.**: F ***~ sein*** a) (*vorbei sein*) be over; ***damit ist es (jetzt) ~*** it's all over now, that's the end of that; ***mit unserem Urlaub ist es jetzt ~*** that's the end of our holiday, so much for our holiday; ***es ist ~ mit ihm*** he's had it, F it's curtains for him; ***mit ihm ist es ~*** *Beziehung*: I'm (*od.* she's) not going out with him any more, I've (*od.* she's) finished with him; ***zwischen den beiden ist es ~*** they've split up, they've finished with each other, they're not going out with each other any more; ***mit m-r Geduld ist es jetzt ~*** I've had enough, there's a limit to what you can take, b) *Gerät*: be (switched) off, *Licht*: *a.* be out, c) *Feuer*: be out, have gone out, d) *Sport*: be out, e) *abends etc.*: be out; ***ich war gestern mit ihm ~*** I was (*od.* went) out with him yesterday, f) ***auf et. ~ sein*** be out for s.th., be out to get s.th.; **2.** ***~!*** *Sport*: out!; ***Licht ~!*** lights out!; ***~, basta!*** that's (*od.* that was) that, *bei Streit*: and that's that, I don't want to hear another word; ***von Zypern ~*** from Cyprus, *besuchen wir einige andere Länder*: using Cyprus as a base; ***von mir ~*** I don't mind, I'm not bothered; ***von mir ~ könnt ihr gehen*** you can go as far as I'm concerned; → ***an*** 7, ***ein***[2], ***Traum***; **III.** ≈ *n Sport*: ***im*** (*od.* ***ins***) ***~*** out.

ausarbeiten I. *v/t.* (*Plan etc.*) draw up; (*vervollkommnen*) complete; (*Schriftliches*) finish; **II.** *v/refl.*: ***sich (körperlich) ~*** work out; **Ausarbeitung** *f* drawing up; (*Vervollständigung*) completion.

ausarten *v/i.* **1.** ***~ in*** turn into; **2.** (*aus dem Rahmen fallen*) go too far.

ausatmen *v/i. u. v/t.* breathe out; 📖 exhale; **Ausatmung** *f* exhalation.

ausbacken *v/t. in Fett*: deep-fry.

ausbaden *fig. v/t.* carry the can for, F take the rap for; ***die Sache ~ (müssen)*** (have to) carry the can (F take the rap).

ausbaggern *v/t.* dig out, excavate; (*Kanal etc.*) dredge out; (*Schlamm*) dredge up.

ausbalancieren *v/t.* balance (out); *fig.* balance out; *fig.* ***gegeneinander ~*** (*gegenseitige Interessen etc.*) balance out (*od.* off) against each other.

ausbaldowern F *v/t.* F nose out, *sl.* suss out.

Ausbau *m* **1.** △ (*Fertigstellung*) completion; (*Vergrößerung*) extension; **2.** *fig.* (*Entwicklung*) development, improvement; **3.** ⚙ removal; **ausbauen** *v/t.* **1.** △ (*fertig stellen*) finish; (*vergrößern*) extend; (*Dachboden etc.*) convert; **2.** *fig.* (*entwickeln*) develop, improve; ***die Führung ~*** *Sport*: increase one's lead; **3.** ⚙ remove; **ausbaufähig** *adj.* capable of development; *Stellung*: *job* with good prospects.

Ausbau|strecke *f mot.* (motorway) extension; **~wohnung** *f* extension flat, *Brit. a.* F granny annexe.

ausbedingen *v/t.*: ***sich et. ~*** insist on s.th.; ***sich ~, dass*** stipulate that, make it a condition that.

ausbeißen *v/t.*: ***sich e-n Zahn ~*** break a tooth (***an*** on); *fig.* ***sich die Zähne an et. ~*** find s.th. a tough nut to crack.

ausbessern *v/t.* mend, repair; (*Fehler etc.*) correct; (*Bild etc.*) touch up; **Ausbesserung** *f* (*Korrektur*) correction; (*Reparatur*) repair; **Ausbesserungsarbeiten** *pl.* repairs, repair work *sg.*; **ausbesserungsbedürftig** *adj.* in need of repair.

ausbetonieren *v/t.* concrete (*s.th.* over).

ausbeulen I. *v/t.* **1.** ***du hast d-e Hose ganz ausgebeult*** your trousers have gone all baggy; → ***ausgebeult;*** **2.** ⚙ *mot.* beat out; **II.** *v/refl.*: ***sich ~*** *Kleidung*: go baggy.

Ausbeute *f* gain(s *pl.*), profit; (*Ertrag*) yield, output (*a.* ⚙ *u.* ⚒); *fig.* (*Ergebnisse*) results *pl.*; *fig.* ***die ~ war gering*** nothing much came out of it; ***e-e reiche ~*** rich pickings; **ausbeuten** *v/t.* exploit (*a. Rohstoffe etc.*); **Ausbeuter** *m* slave-driver; **ausbeuterisch** *adj.* exploitative; **Ausbeutung** *f* exploitation (*a. von Rohstoffen etc.*).

ausbezahlen *v/t.* pay out; (*j-n*) pay off.

ausbilden I. *v/t.* **1.** (*bilden*) educate; (*schulen*) instruct, train; ⚔ train, drill; *Sport*: train, coach; **2.** (*entwickeln*) develop; **II.** *v/refl.*: ***sich ~*** (*a.* ***sich ~ lassen***) train; (*studieren*) study (***zu*** to be); ***sich ~ in*** learn (something) about; → ***ausgebildet;***

Ausbilder *m* instructor (*a.* ⚔); **Ausbildung** *f* **1.** training; *akademische*: education; **2.** (*Entwicklung*) development.

Ausbildungs|beihilfe *f* grant, *Am. a.* tuition aid; **~beruf** *m* qualified job; **~dauer** *f* training (*od.* qualification) period; ***die ~ für e-n Ingenieur beträgt sechs Jahre*** *a.* it takes six years to become an engineer; **~förderung** *f* **1.** a) promotion of vocational training, b) educational advancement; **2.** (*finanzielle Unterstützung*) grant(s *pl.*); **~kosten** *pl.* cost *sg.* of studying (*od.* of a period of training, of a traineeship); **~lager** *n* training camp; **~möglichkeiten** *pl.* training opportunities; opportunities for studying; **~platz** *m* traineeship; *bei Handwerk*: apprenticeship; **~zeit** *f* → ***Ausbildungsdauer.***

ausbitten *v/t.*: ***sich et. ~*** ask for s.th.; (*verlangen*) expect s.th.

ausblasen *v/t.* blow out.

ausbleiben I. *v/i. Sache*: not to take place; *Regen*: not to come; *Puls*: stop; *Person*: not to come (*od.* turn up); (*wegbleiben*) stay away; ***es konnte nicht ~, dass*** it was inevitable that; ***die Periode blieb bei ihr aus*** she missed her period; **II.** ≈ *n* absence; *der Zahlung*: non-payment; ⚖ default.

ausbleichen I. *v/t.* bleach; **II.** *v/i.* bleach, fade.

ausblenden I. *v/t.* fade out; *Computer*: hide; **II.** *v/refl.*: ***sich ~*** go off the air, leave the (*od.* a) broadcast.

Ausblick *m* view (***auf*** of); *fig.* forward look (at), (*Aussichten*) outlook (for), prospects *pl.* (for).
ausblühen *v/i.* **1.** ***ausgeblüht haben*** *Blumen*: be finished; **2.** ⚒, *min.* effloresce.
ausbluten *v/i.* **1.** *Wunde*: stop bleeding; ~ ***lassen*** (*Wunde*) allow to bleed; (*Schlachttier*) bleed; **2.** *fig.* be bled white; → ***ausgeblutet.***
ausbohren *v/t.* **1.** (*Loch etc.*) drill (out); **2.** (*Zahn*) drill.
ausbomben *v/t.* bomb out.
ausbooten *v/t.* **1.** take ashore; **2.** *fig.* oust, get rid of.
ausborgen *v/t.*: ***sich et.*** ~ borrow s.th.; ***j-m et.*** ~ lend s.o. s.th., lend s.th. (out) to s.o.
ausbrechen I. *v/t.* (*losbrechen*) break out (*od.* off); (*Steine*) quarry out; **II.** *v/i. Vulkan*: erupt; *Feuer, Krieg, Krankheit etc.*: break out; *Gefangener*: break out (***aus*** of), escape (from); *aus e-r Gemeinschaft, a. Sport*: break away (from); *Pferd*: bolt; *Auto*: swerve; ***in Schweiß*** ~ break out in a sweat; ***in Beifall*** ~ break into applause; ***in Gelächter*** (***Tränen***) ~ burst out laughing (crying); **Ausbrecher** *m* escaped convict; **Ausbrecherkönig** *m* master jailbreaker.
ausbreiten I. *v/t.* **1.** spread (out); **2.** (*Macht*) extend; (*Geschäft etc.*) expand; **II.** *v/refl.*: ***sich*** ~ **3.** (*sich erstrecken*) spread, stretch (out), extend (***alle auf*** to); **4.** F (*sich breit machen*) spread o.s. out; ***musst du dich so*** ~**?** do you have to take up so much room?; **5.** *Feuer, Gerücht, Krankheit etc.*: spread (***auf*** to); ***sich*** ~ ***auf*** *Kämpfe etc.*: *a.* spill over into; **6.** (*ausführlich werden*) go into detail, ***über*** *ein Thema*: enlarge on; **Ausbreitung** *f* spreading; extension; expansion; → ***ausbreiten.***
ausbremsen *v/t.* ***j-n*** ~ a) *mot. force the car behind to slow down (by cutting in right in front of it)*, b) *Motorsport, in Kurve*: outbrake s.o. (*a. fig.*), c) F *fig.* throw (*od.* put) a spanner in s.o.'s works.
ausbrennen I. *v/t.* **1.** burn out; ⚕ cauterize; **II.** *v/i.* **2.** burn (itself) out, go out; **3.** *Haus etc.*: be burnt out, be gutted; *Erde*: be scorched; → ***ausgebrannt.***
ausbringen *v/t.* **1.** (*Boot*) lower, launch; (*Anker*) drop; **2.** (*Saatgut*) sow; (*Dünger*) spread; **3.** ***e-n Trinkspruch*** ~ ***auf*** propose a toast to; **4.** (*Zeile*) space out.
Ausbruch *m e-r Krankheit, e-s Kriegs etc.*: outbreak; *e-s Vulkans*: eruption; (*Flucht*) escape, *von mehreren*: breakout; (*Gefühls*≗) outburst; ***zum*** ~ ***kommen*** break out, *Gefühle*: *a.* erupt, *stärker*: explode; **ausbruchsicher** *adj.* escape-proof; **Ausbruchsversuch** *m* escape attempt.
ausbrüten *v/t.* **1.** hatch out; *künstlich*: incubate; **2.** *fig.* (*Pläne etc.*) hatch; F (*Krankheit*) be coming down with.
Ausbuchtung *f* projection; ⚙ *a.* protrusion; *e-r Küste*: indentation; *zum Parken*: lay-by.
ausbuddeln F *v/t.* dig up.
ausbügeln *v/t.* iron out (*a.* F *fig.*).
ausbuhen *v/t.* boo.
Ausbund *m* model (***an, von*** of); ***ein*** ~ ***an Tugend*** a paragon of virtue; ***ein*** ~ ***von Bosheit*** a real villain.
ausbürgern *v/t.* denaturalize; **Ausbürgerung** *f* expatriation.
ausbürsten *v/t.* (*Haare*) brush; (*Jacke etc.*) brush down; (*Fleck*) brush out.
ausbüxen F *v/i. von zu Hause*: run away (from home); (*türmen*) F do a bunk.
auschecken *v/i.* check out (***aus*** of).
Ausdauer *f* staying power; (*Beharrlichkeit*) perseverance; (*Zähigkeit*) tenacity; (*Geduld*) patience; *körperliche*: stamina; **Ausdauergrenze** *f* (physical) limit; **ausdauernd I.** *adj.* persevering; (*geduldig*) enduring; (*zäh*) tenacious; *körperlich*: tireless; **II.** *adv.*: ~ ***lernen können*** be able to study for long stretches; **Ausdauertraining** *n* stamina training.
ausdehnbar *adj.* ⚙ extensible; ✝ expansible; **ausdehnen I.** *v/t.* (*Kleidung*) stretch; (*Gesetz, Macht etc.*) extend (***auf*** to); (*Geschäft etc.*) expand; *phys. u.* ⚙ expand, *in die Länge*: stretch (*alle a.* ***sich*** ~); *zeitlich*: extend, prolong; → ***ausgedehnt***; **II.** *v/refl.*: ***sich*** ~ (*sich verbreiten*) spread; *Stadt*: expand; (*sich erstrecken*) extend, stretch (out); *zeitlich*: last, extend, *contp.* drag on; → I; ***sich rasch*** ~ ***über*** *a.* sweep across; **Ausdehnung** *f* extension (*a. phys.*), expansion, spread; (*Bereich, Umfang*) extent, scope, range.
ausdenken *v/t.*: ***sich*** *et.* ~ (*erdenken*) think *s.th.* up, come up with; (*Plan etc.*) *a.* work out; (*erfinden*) dream up; ***es ist nicht auszudenken*** it doesn't bear thinking about, it's too dreadful to think about, (*unvorstellbar*) the mind boggles (at the thought); ***da musst du dir schon was anderes*** ~ you don't think I'm going to buy that(, do you?).
ausdeuten *v/t.* interpret; ***falsch*** ~ misinterpret.
ausdienen *v/i.*: ***ausgedient haben*** have retired; F *Sache*: F have had its day.
ausdiskutieren *v/t.* F thrash out.
ausdörren I. *v/i.* dry up; *Felder etc.*: *a.* become parched; ***m-e Kehle ist wie ausgedörrt*** my throat's absolutely parched; **II.** *v/t.* dry up, parch.
ausdrehen *v/t.* turn off; switch off.
Ausdruck *m* **1.** expression; *e-m Gefühl etc.* ~ ***geben*** (*od.* ***verleihen***) put into words, express; ***zum*** ~ ***bringen*** express, voice; ***zum*** ~ ***kommen*** be expressed; ***der Erwartung*** ~ ***geben, dass*** express the hope that; ***ohne jeden*** ~ *in der Stimme*: in a deadpan tone; ***er hat mit viel*** ~ ***gesprochen*** he put a lot of expression into it (*od.* his speech *etc.*); → *a.* ***Ausdrucksweise***; **2.** (*Redewendung*) expression, phrase; (*Wort*) word, term; ***ärgerlich? - das ist gar kein*** ~ angry is not the word; **3.** *Computer*: printout, hard copy.
ausdrucken *v/t.* print; *Computer*: print out; (*voll* ~) print in full.
ausdrücken I. *v/t.* **1.** (*Schwamm, Zitrone, Pickel etc.*) squeeze; (*Flüssigkeit*) squeeze out (***aus*** of); (*Zigarette*) stub out; **2.** (*formulieren*) express, put into words; ***anders ausgedrückt*** in other words, to put it another way; ***einfach ausgedrückt*** to put it simply (*od.* in simple terms); **3.** (*zeigen*) express, show; **II.** *v/ refl.*: ***sich*** ~ express o.s.; *et.*: be revealed; **ausdrücklich I.** *adj.* express; (*explizit*) explicit; *Befehl*: strict; **II.** *adv.* expressly; (*besonders*) specially.
Ausdruckskraft *f* expressiveness.
ausdruckslos *adj.* expressionless; *Blick, Miene*: *a.* blank; ~***es Gesicht*** poker face.
ausdrucksstark *adj.* very expressive.
Ausdrucks|tanz *m* character dance; ~**vermögen** *n* ability to express o.s., powers *pl.* of expression, articulatory powers *pl.*
ausdrucksvoll *adj.* (very) expressive; *Blick etc.*: meaningful.
Ausdrucksweise *f* way of expressing o.s.; (*Stil*) style; *weitS.* language.
ausdünnen *v/t.* thin out.
ausdunsten, ausdünsten I. *v/t.* give off; **II.** *v/i.* evaporate; *Körper*: transpire (*a.* ⚘), perspire; **Ausdunstung** *f*, **Ausdünstung** *f* emanation; *e-r Flüssigkeit*: evaporation; (*Schweiß*) perspiration.
auseinander *adv.* apart; (*getrennt*) *a.* separated; ***et.*** ~ ***schreiben*** write s.th. as two words; ***weit*** ~ ***liegen*** be a long way away from each other, *zeitlich*: be years (*od.* decades *etc.*) apart; ***weit*** ~ ***stehen*** *Augen*: be wide-set, *Zeilen*: have big gaps (between them); ***sie sind nicht weit*** ~ *altersmäßig*: they're quite close in age, there's not much between them; ***sie sind drei Jahre*** ~ they're three years apart, there are three years between them; ~ ***setzen*** (*Kinder*) separate, make *the children* sit apart; ~ ***sein*** (*nicht mehr befreundet sein*) have split up.
auseinander| bekommen *v/t.* get *s.th.* apart; ~ **biegen** *v/t.* bend *s.th.* apart; ~ **brechen I.** *v/t.* break (up), *in zwei Teile*: break in two; **II.** *v/i.* break (apart); *Bündnis etc.*: break up; ~ **bringen** *v/t.* (*Menschen*) separate, split up; (*et.*) get *s.th.* apart; ~ **dividieren** *v/t.* **1.** (*Rechnung*) break down; **2.** (*Meinungen etc.*) draw a clear dividing line between; **3.** (*Leute*) drive a wedge between; ~ **driften** *v/i.* drift apart; ~ **fahren** *fig. v/i.* jump (*Köpfe*: jerk) apart; ~ **fallen** *v/i.* fall apart (*od.* to pieces); disintegrate; ~ **falten** *v/t.* unfold; (*Landkarte etc.*) *a.* spread out, (*a. Zeitung*) open up; ~**fliehen** *v/i.* scatter (in all directions); ~ **gehen** *v/i.* **1.** (*sich verabschieden*) say goodbye; *Menge*: break up, disperse; **2.** (*e-e Beziehung beenden*) split up, break up, go one's separate ways; **3.** *Beziehung, Ehe*: break up; *Verlobung*: be broken off; **4.** *Linien, Wege*: diverge; **5.** *Meinungen*: be divided; **6.** F (*dick werden*) fill out; ~ **halten** *fig. v/t.* (*unterscheiden*) distinguish (between); *visuell*: *a.* tell *things* apart; ~ **klaffen** *v/i.* gape; *fig. Meinungen*: differ enormously; ~ **klamüsern** F *v/t.* **1.** sort out; **2.** ***j-m et.*** ~ spell s.th. out to s.o.; ~ **kriegen** F *v/t.* get *s.th.* apart; ~ **laufen** *v/i.* **1.** *Linien, Wege*: diverge; **2.** *Farbe etc.*: run; **3.** *Personen*: go one's separate ways; ~ **leben** *v/refl.*: ***sich*** ~ drift apart; ~ **nehmen** *v/t.* take apart (*a.* F *fig. Gegner, Buch etc.*); ~ **reißen** *v/t.* tear apart; ~ **setzen I.** *v/t.* (*erklären*) explain (*dat.* to); **II.** *v/refl.*: ***sich mit j-m*** ~ argue with s.o., *gründlich*: F have it out with s.o.; ***sich mit*** *e-m Problem etc.* ~ go into, tackle, *stärker*: grapple with.
Auseinandersetzung *f* **1.** (*kritische Beschäftigung*) analysis (***mit*** of); *mit e-m Problem*: *a.* attempt to come to terms *with a problem*; **2.** discussion; (*Streit*) argument; *bsd. pol.* dispute, *stärker*: confrontation, conflict; (*Zusammenstoß*) clash(es *pl.*); → ***bewaffnet, blutig*** 2.
auseinander| sprengen *v/t.* blow up; (*Menge*) disperse, scatter; ~ **treiben I.** *v/i.* drift apart; **II.** *v/t.* scatter; ~ **ziehen I.** *v/t.* pull apart; *in die Länge*: stretch; **II.** *v/refl.*: ***sich*** ~ string out.
auserkoren *adj.* chosen.
auserlesen I. *v/t.* → ***ausersehen***; **II.** *adj.* choice; *Publikum*: select.
ausersehen *v/t.* choose, select (***für, zu*** for); *für ein Amt*: designate (for).
auserwählen *v/t.* choose; **auserwählt**

adj.: **das ~e Volk** the Chosen People; **die 2en** the elect, the chosen few; F **s-e 2e** F his number one girl; F **ihr 2er** F her number one man.

ausessen I. *v/t.* (*Suppe etc.*) eat up; (*Teller*) empty, eat *one's plate* clean; **II.** *v/i.* finish eating.

ausfädeln I. *v/i.* filter out (**aus** of), *auf der Autobahn*: get into the exit lane; **II.** *v/refl.*: **sich aus e-m Bündnis** *etc.* **~** weave one's way out of an alliance *etc.*

ausfahrbar *adj.* ⚙ telescopic; *Fahrwerk etc.*: extendible; **ausfahren I.** *v/i.* **1.** go for a drive; **2.** 🚂 pull out; ⚓ put to sea; **3.** ⚒ come up, leave the pit; **4. aus j-m ~** *Geist etc.*: leave s.o.('s body); **II.** *v/t.* **5.** (*j-n*) take out for a drive (*Kind*: walk); **6.** (*Pakete etc.*) deliver; **7.** ✈ (*Fahrgestell*) lower; (*Antenne, Leiter*) pull out, extend; **8.** *mot.* run *the engine* up to top speed; (*Anlage*) utilize to capacity; **9.** (*Kurve*) round; **10.** (*Weg etc.*) rut; **Ausfahrer** *m* delivery man; **Ausfahrt** *f* **1.** (*Ausgang*) exit, *länger*: driveway; (*Autobahn2*) exit; **2.** (*Ausflug*) drive, ride; **3.** (*Abfahrt, a.* ⚓) departure; **4.** ⚒ ascent.

Ausfall *m* **1.** (*Verlust*) loss; **2.** *des Unterrichts etc.*: cancellation; **3.** (*Abwesenheit*) absence; (*Absage*) dropping out; **4.** ⚙ (*Versagen*) failure, breakdown; **5.** F *Sport*: **ein glatter ~** (*Spieler*) F a dead loss; **6.** *Fechten*: pass, thrust, *a. Turnen*: lunge; **7.** ⚔ *aus e-r Festung*: sally, sortie; **8.** *fig.* (*Beschimpfung*) invective, abuse; **~bürgschaft** *f* ♆ deficiency guarantee.

ausfallen *v/i.* **1.** *Zähne, Haare*: fall out; **2.** (*nicht stattfinden*) be cancelled, be called off; **die Schule fällt heute aus** (there's) no school today; **3.** ⚙ (*versagen*) break down; **bei uns ist der Strom ausgefallen** we've had a power cut; **4. zu kurz ~** *Hose etc.*: be too short; **die Rockmode fällt kürzer aus** hemlines are going up; **gut** (**schlecht**) **~** turn out well (badly), *Prüfung etc.*: go well (badly); **wie ist die Prüfung ausgefallen?** how did you do in the exam?

ausfällen *v/t.* ⚗ precipitate.

ausfallend, ausfällig *adj.* offensive; **~ werden** get personal.

Ausfallquote *f* ♆ failure rate; *in e-m Beruf etc.*: dropout rate.

Ausfall(s)erscheinung *f* ⚕ deficiency symptom.

ausfallsicher *adj.* failsafe.

Ausfall(s)tor *fig. n* gateway.

Ausfall|straße *f* arterial road; **~winkel** *m* angle of reflection; **~zeit** *f* ♆ down time; *Versicherung*: excluded period.

ausfechten *v/t.* fight out; **mit j-m e-n Streit ~** F have it out with s.o.

ausfegen *v/t.* sweep out.

ausfeilen *v/t.* file, smooth down; *fig.* polish, add the finishing touches to.

ausfertigen *v/t.* (*ausstellen*) issue; ⚖ (*Urkunde*) execute; (*Rechnungen*) make out; **Ausfertigung** *f* (*Ausstellung*) issuing; ⚖ execution; (*Abschrift*) (certified) copy; **in doppelter ~** in duplicate; **schicken Sie den Antrag in dreifacher ~** send three copies of the application.

ausfetten *v/t.* (*Backform etc.*) grease.

ausfiltern *v/t.* filter out.

ausfindig *adv.*: **~ machen** find; (*aufspüren*) trace.

ausfliegen I. *v/i.* fly away; *Vogel*: leave the nest; F *fig.* **sie sind alle ausgeflogen** they're all out, there's nobody at home, *hum.* they've fled; **II.** *v/t.* ✈ fly out.

ausfließen *v/i.* run out, leak.

ausflippen F *v/i. sl.* freak out (*a. gesellschaftlich*); (*durchdrehen*) *sl.* flip one's lid; → **ausgeflippt.**

Ausflucht *f* (*Vorwand*) excuse; **Ausflüchte machen** make excuses, prevaricate; **keine Ausflüchte!** I don't want (to hear) any excuses.

Ausflug *m* excursion (*a. fig.*), outing, trip; **e-n ~ machen** go on a trip; **Ausflügler** *m* day tripper.

Ausflugs|dampfer *m* pleasure steamer; **~ort** *m* popular place for outings; *im Grünen*: *a.* beauty spot; **~verkehr** *m* **1.** weekend traffic; **2.** (bank) holiday traffic.

Ausfluss *m* **1.** outflow; ⚕ discharge; **2.** (*Abfluss*) outlet; **3.** *fig. der Fantasie etc.*: product; **~rohr** *n* discharge (*od.* drainage) pipe.

ausformen I. *v/t.* form, shape; **II.** *v/refl.*: **sich ~** form, take shape.

ausformulieren *v/t.* formulate (properly); **ich muss es noch ~** I still have to work out how to put it (properly).

Ausformung *f* form, shape.

ausforschen *v/t.* **1.** (*Versteck etc.*) seek out, find; (*Pläne etc.*) find out about; (*dahinter kommen*) get to the bottom of; **2. j-n ~** sound s.o. out (**über** on, about).

ausfragen *v/t.* question, quiz; *neugierig*: sound *s.o.* out; *scharf*: grill, F interrogate.

ausfransen *v/i.* fray.

ausfressen *v/t.* **1.** *Tier*: (*Trog etc.*) eat *s.th.* clean; (*Ei*) suck out; *Mensch*: lick *s.th.* clean; **2.** (*Ufer*) erode, wear away; **3. er hat wieder etwas ausgefressen** he's been up to something (*od.* his tricks, no good) again.

Ausfuhr *f* ♆ export(ing); (*Ausgeführtes*) exports *pl.*; **~artikel** *m* export(ed) article.

ausführbar *adj.* **1.** practicable, feasible, workable; **nicht ~** impracticable, not feasible; **2.** ♆ exportable; **Ausführbarkeit** *f* practicability, feasibility.

Ausfuhr|beschränkung *f* export restriction; **~bestimmungen** *pl.* export regulations; **~bewilligung** *f* export licen|ce (*Am.* -se).

ausführen *v/t.* **1.** (*j-n*) take out; (*Hund*) take *a dog* for a walk; *hum.* **e-n Mantel** *etc.* **~** take a coat *etc.* for a walk; *hum.* **j-m et. ~** F swipe s.th. from s.o.; **2.** ♆ export; **3.** (*durchführen*) carry out; (*Plan*) *a.* put into effect, execute; (*Idee*) realize; (*Experiment*) carry out, conduct; (*Verbrechen*) commit; (*Operation, Konzert etc.*) perform; (*Kunstwerk, Tanzschritt etc.*) execute; (*Gemälde etc.*) do, paint *in oils etc.*; (*Strafstoß*) take; **diese Kirche ist von X ausgeführt** this church was built by (*od.* is the work of) X; **4.** (*darlegen*) explain; (*im Detail erläutern*) *a.* elaborate on; **ausführend** *adj. Gewalt, Organ*: executive; **Ausführende(r** *m*) *f* soloist; (*Sänger*) singer; *pl.* performers; **Sie hörten Ravels Streichquartett in F-Dur; die Ausführenden waren ...** that was Ravel's string quartet in F major, performed by ...

Ausfuhr|genehmigung *f* export licen|ce (*Am.* -se); **~güter** *pl.* exports; **~hafen** *m* port of exit; **~land** *n* exporting country.

ausführlich I. *adj.* detailed; in-depth ...; *Brief*: long; (*umfassend*) comprehensive, full; **~e Berichterstattung** in-depth (*od.* extended) coverage; **könnten Sie etwas ~er sein?** could you be more precise (*od.* go into more detail)?; **II.** *adv.* in detail; in depth; **sehr ~** at great length, in great detail; **~er** in greater detail; **Ausführlichkeit** *f* detail(ed nature); (*Vollständigkeit*) comprehensiveness; **et. in aller ~ beschreiben** describe s.th. (down) to the last detail.

Ausfuhr|liste *f* export list; **~prämie** *f* export bounty; **~quote** *f* export quota; **~sperre** *f* export embargo.

Ausführung *f* **1.** carrying out, implementation; *e-s Plans*: *a.* execution; *e-r Idee*: realization; *e-s Verbrechens*: perpetration; ♪ performance; *e-s Kunstwerks*: execution; *e-s Baus*: construction; (*Fertigstellung*) completion; **zur ~ gelangen** be carried out (*od.* performed, built *etc.*); **2.** *e-r Ware*: design; (*Stil*) style; (*Typ*) version; (*Modell*) model; (*Qualität*) workmanship, quality; (*Äußeres*) finish; **3.** (*Darlegung*) exposition; **~en** comments, remarks, *pol. etc.* statement *sg.*, (*Rede*) speech *sg.* (**zu, über** on); **Ausführungszeit** *f Computer*: execution time.

Ausfuhr|verbot *n* ban on exports; **~zoll** *m* export duty.

ausfüllen *v/t.* **1.** fill; (*Ritzen etc.*) fill in; **2.** (*Formular*) fill in (*bsd. Am.* out), complete; (*Scheck*) fill in (*bsd. Am.* out); (*Kreuzworträtsel*) do, *vollständig*: *a.* complete; **3.** *fig.* (*Lücke, Stellung*) fill; **s-n Posten gewissenhaft ~** do (*od.* carry out) one's job very conscientiously; **4.** (*Raum, Zeitraum, Freizeit etc.*) take up; **die Sitzung füllte den ganzen Vormittag aus** the meeting took up (*od.* went on) the whole morning; **5. die Abende mit Lesen ~** spend the evenings reading; **6.** *fig.* **j-n ~** *zeitlich*: occupy s.o. completely, take up all (of) s.o.'s time, *gedanklich etc.*: completely absorb s.o., (*befriedigen*) fulfil(l) s.o.; **sein Beruf füllt ihn ganz** (**nicht**) **aus** his job fulfil(l)s him completely (doesn't fulfil[l] him, doesn't give him enough satisfaction).

ausfüttern *v/t.* line (*a.* ⚙).

Ausgabe *f* **1.** handing out; (*Verteilung*) distribution; **2.** (*Buch2 etc.*) edition; (*Buchexemplar*) copy; *e-r Zeitschrift*: issue, number; **die letzte ~ der Tagesschau** the late news headlines; **3.** *von Briefmarken*: issue; **4.** ♆ *von Aktien, Noten, Anleihen*: issue; **5.** (*Geld2*) expense, expenditure; *pl. a.* spending *sg.*; (*Unkosten*) cost (*sg.*); **6.** *Computer*: output; **7.** (*~stelle*) counter; desk; office; **~datei** *f Computer*: output file; **~kurs** *m* issue price.

Ausgaben|buch *n* accounts book; **~kürzung** *f* expenditure cut, cut in expenditure.

Ausgabestelle *f* ♆ issuing office.

Ausgang *m* **1.** way out, exit; *am Flughafen*: (departure) gate; **2.** (*Anfang*) beginning; **s-n ~ nehmen von** start with; **3.** (*Freizeit*) day (*od.* afternoon, evening) off; ⚔ **~ haben** be on pass; **mein erster ~ seit langem** the first time I've been out for a long time; **4. Ausgänge** outgoings; (*Post*) outgoing mail *sg.*; (*Waren*) outgoing stocks; **5.** (*Ende*) end; *zeitlich*: *a.* close; *e-r Geschichte etc.*: ending; (*Ergebnis*) outcome, upshot; **tragischer ~** tragic end(ing) *od.* outcome; **glücklicher ~** happy end(ing); **Unfall mit tödlichem ~** fatal accident; **e-n guten ~ nehmen** turn out well (*od.* all right, *Am.* alright) in the end; **am ~ des Mittelalters** at the end (*od.* close) of the Middle Ages.

Ausgangs|basis *f* starting point; **~lage** *f* situation (*a. e-r Person*: position) at the outset; initial situation; **~leistung** *f* ⚡ output; **~material** *n* source (*od.* raw) material; **~position** *f* starting position;

e-s Gesprächs: point of departure; **~punkt** *m a. fig.* starting point, point of departure; **~signal** *n* ↯ output signal; **~sperre** *f* curfew; ***e-e ~ verhängen über*** impose a curfew on, put *a country etc.* under curfew; → ***nächtlich***; **~sprache** *f* source language; **~stellung** *f* starting position; ⚔ line of departure; **~stoff** *m* basic material; **~stufe** *f* ↯ output stage; *Verstärker*: power stage; **~tür** *f* exit; **~widerstand** *m* ↯ output resistance.

ausgeben I. *v/t.* **1.** (*Geld*) spend (***für*** on); (*Essen, Gepäck etc.*) hand out; (*Spielkarten*) deal; (*Aktien, Banknoten, Befehl*) issue; *Computer*: output, *auf dem Bildschirm*: display, (*ausdrucken*) print out; ***wir haben*** (***nicht***) ***viel dafür ausgegeben*** we spent a lot of money on it (it wasn't very expensive); ***so viel wollte ich nicht ~*** I wasn't planning on spending that much; ***Geld mit vollen Händen ~*** F spend money like it's going out of style; F ***ich geb dir einen aus*** let me buy (*od.* get) you a drink; ***ich geb einen aus*** this one's on me; **2.** ***die Wäsche ~*** take one's washing to the laundry; **3.** ***~ als*** pass *s.o. od. s.th.* off as; **II.** *v/refl.*: **4.** ***sich ~ als*** (*od.* ***für***) pass o.s. off as, pose as; ***er gibt sich als Computerexperte aus*** *a.* he tries to make himself out to be a computer expert; **5.** ***sich völlig ~*** drive o.s. to the limit.

ausgebeult *adj. Hose*: baggy.

ausgebildet *adj.* trained; *mst akademisch*: qualified; *Arbeiter*: skilled.

ausgeblutet *adj.*: ***~ sein*** have been bled white; ***er ist völlig ~*** *a.* he hasn't got a penny to his name.

ausgebombt *adj.* bombed-out.

ausgebrannt *adj.* burnt-out; *Haus*: *a.* gutted.

ausgebucht *adj.* booked-out ..., *pred.* booked out; fully booked; ***auf Monate ~*** booked out for months ahead.

ausgebufft F *adj.* (*gerissen*) F fly; ***ein ~er Profi*** F a real pro.

Ausgeburt *fig. f* **1.** monstrosity; (*Auswuchs*) excrescence; ***e-e ~ ihrer Fantasie*** a vile product of her imagination; **2.** ***er ist e-e ~ von Hass*** he's hatred incarnate.

ausgedehnt *adj. Fläche*: extensive (*a. fig.*); (*lang, a. fig. zeitlich ~*) long; *fig.* ***weit ~*** far-flung; ***er genießt gern ein ~es Frühstück*** he likes to take his time over breakfast.

ausgedrückt *p.p.* → ***ausdrücken*** 2.

ausgefahren *adj. Weg etc.*: rutted; ***~e Spuren*** ruts; *fig.* ***sich auf ~en Gleisen bewegen*** keep to the beaten track.

ausgefallen *adj.* unusual (*a. Kleidung*), F off-beat; *contp.* strange, weird; ***~e Größe*** odd size.

ausgefeilt *fig. adj.* polished.

ausgeflippt F *adj.* F freaky; ***ein ~er Typ*** a real (*od.* a bit of a) freak; **Ausgeflippte(r** *m*) *f* F freak.

ausgefuchst *adj.* sly.

ausgeglichen *adj.* well-balanced, well-adjusted; *Charakter*: balanced *personality*; *Klima*: equable; ♆ balanced, settled; *Spiel*: balanced-out; ***ein ~er Mensch*** a well-balanced person (*od.* personality); **Ausgeglichenheit** *f* balance, harmony; *des Wesens*: equanimity; *e-s Klimas*: equability.

ausgegoren *adj. Wein etc.*: fully fermented; *fig. Ideen etc.*: mature, fully worked (*od.* thought) out; ***der Plan ist noch nicht ~*** the plan is still in gestation.

Ausgehanzug *m one's* best suit, *one's* Sunday best, F *one's* glad rags *pl.*

ausgehen *v/i.* **1.** go out (*a. abends*); ***mein Vater ist ausgegangen*** my father's out (*od.* isn't in); ***sie gehen oft zum Essen aus*** they eat out a lot; ***sie gehen wenig aus*** they hardly ever go out, they don't go out much; **2.** ***gut*** *etc.* ***~*** turn out well *etc.*; ***unentschieden ~*** end in a draw; ***der Film geht gut*** (***tragisch***) ***aus*** the film has a happy ending (tragic ending, the film ends tragically *od.* in tragedy); **3.** *Geld, Vorrat etc.*: run out; *allmählich*: run low; ***uns ging das Geld*** (***der Gesprächsstoff***) ***aus*** we ran out of money (things to say to each other); ***ihm ging die Luft*** (*od.* ***der Atem,*** F ***die Puste***) ***aus*** he ran out of breath (*fig.* steam); **4.** *Licht, Feuer etc.*: go out; **5.** *Haar*: fall out; ***ihm gehen die Haare aus*** *a.* he's losing his hair; **6.** ***~ von*** *e-m Ort*: start from (*od.* at); *fig.* take *s.th.* as a starting point; *fig.* ***bei e-r Entscheidung*** *etc.* ***von et. ~*** base a decision *etc.* on s.th.; ***wenn wir davon ~, dass*** on the assumption that; ***ich gehe davon aus, dass*** I'm assuming that, I'm working on the assumption that; ***die Sache ging von ihm aus*** it was his idea; ***der Plan ging von der Regierung aus*** the government initiated the plan; **7.** ***von ihm geht e-e Ruhe*** (***Begeisterungsfähigkeit***) ***aus*** he radiates calm (enthusiasm); **8.** (***straf***)***frei ~*** go unprosecuted (*od.* unpunished), F get off scot-free; ***leer ~*** come away empty-handed, end up with nothing; **9.** ***auf*** *et.* ***~*** (*suchen*) be after, be out for, seek; **10.** ***~ auf*** *Wort etc.*: end in (*od.* with); **ausgehend** *adj.* ending; *zeitlich*: late; ***im ~en 19. Jahrhundert*** towards the end of the 19th century.

ausgehöhlt *adj.* hollow; → ***aushöhlen.***

ausgehungert *adj.* half-starved; F *a.* starving to death.

Ausgeh|uniform *f* dress uniform; **~verbot** *n* ⚔ confinement to barracks; *weitS.* curfew.

ausgeklügelt *adj.* ingenious, clever; (*detailliert*) elaborate, *weitS.* sophisticated.

ausgekocht F *adj.*: ***ein ~er Betrüger*** a dirty cheat to the core; ***er ist ein ganz ≈er*** he's a sly one.

ausgelassen *adj.* **1.** *Stimmung*: exuberant; *Person*: lively, *stärker, a. Kind*: boisterous; *Feier*: wild; **2.** ***~e Butter*** clarified butter; **Ausgelassenheit** *f* exuberance, high spirits *pl.*

ausgelastet *adj.* **1.** *Maschine etc.*: running to capacity, working at full capacity; **2.** (***nicht***) ***voll ~ sein*** *Person*: be fully stretched (have too much time on one's hands).

ausgelaugt *adj.* **1.** *Land etc.*: eroded; **2.** *fig. Person*: drained, washed-out.

ausgelegt *adj.* → ***auslegen.***

ausgeleiert *adj.* **1.** worn; (*ausgedehnt*) worn-out ..., *pred.* worn out; **2.** *fig. Redensart etc.*: well-worn, hackneyed.

ausgeliefert *adj. u. p.p.*: ***j-m ~ sein*** be at s.o.'s mercy; ***du bist denen ~*** F they've got you over a barrel; ***e-r Sache hilflos ~ sein*** be helpless in the face of s.th.

ausgemacht *adj.* **1.** settled; ***~e Sache*** foregone conclusion; **2.** *Gauner etc.*: absolute, out-and-out, consummate; *Skandal*: full-blown; ***ein ~er Unsinn*** absolute nonsense.

ausgemergelt *adj.* drained; *Körper, Gesicht*: emaciated; *Boden*: exhausted.

ausgenommen I. *prp.* except (for), apart from, with the exception of; ***alle, ~ ihn*** all except (for) him, everyone apart from him, all but him; ***Anwesende ~*** present company excepted; **II.** *cj.* (*a.* ***~, wenn***) unless; ***~, dass*** except that.

ausgepowert *adj.* drained, F shattered.

ausgeprägt *adj.* distinct, marked, pronounced; *Gesichtszüge, Kinn*: prominent; *Profil*: very distinct; ***~e Neigung zu*** strong tendency towards; ***~e Vorliebe für*** penchant for; ***~er Sinn für Humor*** *etc.* strongly developed sense of humo(u)r *etc.*; ***~e Persönlichkeit*** distinct (*od.* forceful, colo[u]rful) personality.

ausgepumpt F *adj.* F done, *Am.* F pooped.

ausgerechnet *adv.*: ***~ er*** he (*od.* him) of all people; ***~ heute*** today of all days; ***~ wenn ich nicht zu Hause bin*** just when I'm out; ***warum musste es ~ mir passieren?*** why did it have to happen to me (of all people)?; ***~ jetzt muss sie auftauchen*** she 'would have to turn up (right) now (*od.* now of all times).

ausgereift *adj.* completely ripe; *Käse*: *a.* mature (*a. Wein u. fig.*); ⚙ *Konstruktion*: fully developed; **Ausgereiftheit** *f* ⚙ (degree of) sophistication.

ausgerichtet *adj.*: ***~ auf*** aimed at, geared towards.

ausgeruht *adj.* (well) rested; ***du siehst ganz ~ aus*** *a.* you look as if you've had a good rest.

ausgeschlafen *adj.* (*a.* ***gut ~***) well rested; ***du bist ja überhaupt nicht ~*** you haven't had enough sleep.

ausgeschlossen *adj. u. int.* impossible, out of the question.

ausgeschnitten *adj. Kleid*: low-cut; ***tief ~*** very low-cut.

ausgesorgt *p.p.*: F ***~ haben*** F be sitting pretty; ***sie hat für den Rest ihres Lebens ~*** she won't have to worry about money for the rest of her days.

ausgesprochen I. *adj.* distinct, marked; (*überzeugt*) decided; ***das ist ~es Pech*** that really is bad luck; **II.** *adv.* (*sehr*) really; typically *British etc.*

ausgestalten *v/t.* (*ausbauen*) develop; (*organisieren*) organize.

ausgestattet *adj.* → ***ausstatten.***

ausgestellt *adj.*: ***~e Hosen*** (***~er Rock***) flared trousers (skirt).

ausgestorben *adj.* **1.** *Tierart, Pflanzenart*: extinct; **2.** *Stadt etc.*: deserted; ***wie ~ wirken*** be like a ghost town.

Ausgestoßene(r *m*) *f* outcast.

ausgesucht *adj.* exquisite, choice; *Höflichkeit*: extreme; *Gesellschaft*: select.

ausgetreten *adj. Schuhe*: well-worn; *fig.* ***~e Pfade gehen*** keep to the beaten track.

ausgetrocknet *adj.* → ***austrocknen.***

ausgetüftelt *adj. Plan etc.*: carefully (*od.* cleverly) worked out, *weitS.* elaborate.

ausgewachsen *adj.* **1.** fully grown, full-grown; *Geweih etc.*: fully developed; **2.** F *Lehrer etc.*: fully fledged, full-fledged; *Skandal etc.*: full-blown; ***ein ~er Unsinn*** absolute nonsense, complete and utter nonsense.

ausgewählt *adj.* **1.** *Ausdruck*: well-chosen, nicely chosen; ***~e Ausdrucksweise*** eloquent turn of phrase; ***er hat e-n ~en Wortschatz*** he chooses his words well; **2.** ***~e Gedichte*** selected poems (***von*** by); ***~e Werke*** selected works.

ausgewaschen *adj.* washed-out ..., *pred.* washed out; *bsd. Jeans*: faded.

Ausgewiesene(r *m*) *f* expellee.
ausgewogen *adj.* (well-)balanced; **Ausgewogenheit** *f* balance, (well-)balanced nature.
ausgezehrt *adj.* emaciated; *Gesicht*: haggard, *stärker*: cadaverous.
ausgezeichnet I. *adj.* excellent; **II.** *adv.* very well; **er kann ~ kochen** *a.* he's an excellent cook; **danke, mir gehts ~** I'm doing just fine, thanks.
ausgiebig I. *adj. Essen*: big *lunch etc.*; *Spaziergang etc.*: long; *Forschungen etc.*: extensive; **II.** *adv.* (*eingehend*) in detail; (*anhaltend*) for a long time; **~ essen** have a big meal (*od.* lunch *etc.*), have plenty to eat; **~ spazieren gehen** go for a long walk, *häufig*: go for a lot of walks.
ausgießen *v/t.* pour out; (*leeren*) empty; ⚙ (*füllen*) fill.
Ausgleich *m* **1.** balance; (*Entschädigung*, *a.* ⚙) compensation; (*Berichtigung*) adjustment; **als** (*od.* **zum**) **~ für** to compensate for; **2.** ☿ *von Konten*: balancing, settlement; **3.** *Sport*: (*Treffer etc.*) equalizer; **den ~ erzielen** equalize; **ausgleichen I.** *v/t.* **1.** balance; (*Unterschiede*) level out; (*berichtigen*) adjust; (*Verlust etc.*, *a.* ⚙) compensate (for), make up for; (*Nachteiliges*) offset; **~de Gerechtigkeit** poetic justice; **2.** ☿ (*Konten*) balance, settle; **II.** *v/i. Sport*: equalize.
Ausgleichs|abgabe *f* ⚖ countervailing duty; **~fonds** *m* ☿ equalization fund; **~getriebe** *n mot.* differential (gear); **~gymnastik** *f* remedial exercises *pl.*; **~sport** *m* recreational sport; **~tor** *n*, **~treffer** *m* equalizer.
ausgleiten *v/i.* → **ausrutschen.**
ausgliedern *v/t.* sift out; ☿ (*Bereiche*) hive off.
ausgraben I. *v/t.* dig up; (*Ruinen*) *a.* excavate (*a.* ⚒); *fig.* (*Geheimnis etc.*) unearth; (*alte Fotos etc.*) dig out; (*vergessene Tatsachen etc.*) dredge up; **II.** *v/i.* dig; **Ausgrabung** *f* **1.** excavation; **~en** *archäologische*: *a.* dig; **2.** → **Ausgrabungsfund.**
Ausgrabungs|fund *m* arch(a)eological find; **~ort** *m* excavation site.
ausgrenzen *v/t.* leave aside, ignore; exclude (**aus** from).
Ausguck *m* ⚓ lookout; (*Krähennest*) crow's nest.
Ausguss *m* (**~***becken*) sink; (*Öffnung*) drain.
aushaben F **I.** *v/t.* **1.** (*Kleidungsstück*) have (taken) off; **hast du die Schuhe aus?** have you taken (*od.* got) your shoes off?, did you take your shoes off?; **2.** (*Wein, Buch etc.*) have finished; **II.** *v/i.*: **wann hast du heute aus?** when do you finish (school *etc.*) *od.* get off today?
aushacken *v/t.* ⚘ hoe up; (*Augen etc.*) gouge out.
aushaken I. *v/t.* unhook; **II.** *v/i.* (*a. v/ refl.*: **sich ~**) come unhooked; F *fig.* **da hakts bei mir aus** F I just don't get it; F **bei ihm hats ausgehakt** F he's flipped.
aushalten I. *v/t.* **1.** put up with, endure, *bsd. bei Verneinung*: stand, take; (*standhalten*) bear up under; (*überstehen*) stand up to; ⚙ (*Belastung*) tolerate, take; **nicht zum ~** unbearable; **ich halts nicht mehr aus** I can't stand (*od.* take) it any longer, I can't take any more of this; **ich halts hier nicht mehr aus** I can't stand this place any longer, I've (just) got to get out of this place; **ich weiß nicht, wie sie es ~ zu** *inf.* I don't know how they can stand *ger.*; **hält ers bis zur nächsten Raststätte aus?** can he hold out (*od.* will he last out) till the next service station?; F **das hältste ja im Kopf nicht aus** F it's enough to drive you round the bend; **2.** *contp.* (*Liebhaber etc.*) keep; **II.** *v/i.* (*ausdauern*) hold out; **er hält nirgends lange aus** he never lasts long in any place.
aushandeln *v/t.* negotiate; **endlich haben wir e-n Preis ausgehandelt** we finally agreed on a price.
aushändigen *v/t.* hand over.
Aushang *m* notice.
Aushängebogen *m typ.* advance (*od.* specimen) sheet.
aushängen I. *v/t.* **1.** (*Anzeige etc.*) put up; **2.** (*Tür etc.*) take *s.th.* off its hinges; (*aushaken*) unhook; **II.** *v/refl.*: **sich ~** *Kleidung*: smooth out; **III.** *v/i.* be (up) on the notice board; **die Listen hängen aus** *a.* the lists are up (*od.* out).
Aushängeschild *n* sign; *fig.* advertisement (**für** for).
ausharren *v/i.* hold out.
aushärten *v/t.* ⚙ harden, age.
aushauchen *v/t.* breathe out; *fig.* **sein Leben ~** breathe one's last.
aushauen *v/t.* **1.** cut out, hew out; (*Inschrift*) chisel out, carve out; **2.** (*Wald*) clear.
aushäusig *adj.* out (and about), out of the house.
ausheben *v/t.* **1.** (*Erde, Bäume etc.*) dig up; (*Kanal etc.*) excavate; **2.** → **aushängen** 2; **3.** (*Verbrechernest etc.*) raid; (*Verbrecher*) round up.
aushecken F *v/t.* F cook up.
ausheilen *v/i.* heal up; *Krankheit*: be completely cured.
aushelfen *v/i.*: (**[bei] j-m**) **~** help (s.o.) out.
Aushilfe *f* temporary help; (*Person*) *a.* stand-in; (*bsd. Sekretärin*) F temp.
Aushilfs|kraft *f* casual worker; **~lehrer** *m* stand-in teacher; **~personal** *n* temporary staff (*mst pl. konstr.*).
aushilfsweise *adv.* temporarily; **~ (bei j-m) arbeiten** *a.* help (s.o.) out.
aushöhlen *v/t.* **1.** hollow out; *geol.* erode; (*Obst*) scoop out; **2.** *fig.* undermine, erode; (*j-n*) drain *s.o.* (of all strength).
ausholen I. *v/i. zum Schlag*: raise one's hand; *zum Wurf*: swing one's arm back; get ready to hit s.o. (*od.* throw s.th.); **mit weit ~den Schritten** with great strides; *fig.* (**weit**) **~** go a long way back; **etwas ~** go back a bit; **II.** *v/t.* (*j-n*) → **aushorchen.**
aushorchen *v/t.* sound *s.o.* out.
Aushub *m* excavation; (*Erde*) earth.
aushülsen *v/t.* (*Erbsen*) shell.
aushungern *v/t.* starve; (*Stadt etc.*) starve out; → **ausgehungert.**
aushusten I. *v/t.* cough up; **II.** *v/refl.*: **sich ~** have a good cough; **hast du dich jetzt ausgehustet?** have you finished coughing?
ausixen *v/t.* cross out, ex out.
ausjäten *v/t.* pull up; (*Beet*) weed.
auskalkulieren *v/t.* work out, calculate.
auskämmen *v/t.* comb out.
auskämpfen *v/t.* fight *s.th.* out.
auskehren *v/t.* sweep (out).
auskeilen *v/i. Pferd*: lash out, kick; *Person*: lash out in all directions.
auskeimen *v/i.* germinate.
auskennen *v/refl.*: **sich ~ in** *örtlich*: know one's way around *a place*; *in e-m Gebiet*: know all about *s.th.*; **er kennt sich aus** he knows what's what; **ich kenne mich nicht mehr aus** I'm at a complete loss.
auskernen *v/t.* (*Kirschen, Pflaumen etc.*) stone; (*Äpfel etc.*) pip; (*Trauben etc.*) seed; *a.* take the stones (*od.* pips, seeds) out of.
auskippen *v/t.* tip out; (*Flüssigkeit*) pour out (*od.* away); (*leeren*) empty.
ausklammern *v/t.* **1.** ⋀ factor out; **2.** *fig.* leave aside, ignore.
ausklamüsern F *v/t.* figure (*od.* work, puzzle) out.
Ausklang *m* ♪ end (*a. fig.*); *fig.* **zum ~ des Abends** to end (*od.* finish off) the evening.
ausklappbar *adj.* folding; **ausklappen** *v/t.* fold out.
ausklauben *v/t.* pick out; sort out; **et. aus et. ~** pick s.th. out of s.th.
auskleiden I. *v/t. mit Stoff etc.*: line; **II.** *v/refl.*: **sich ~** undress; **Auskleidung** *f* lining, surfacing.
ausklingen *v/i.* die away; *fig.* come to an end; end (**in** with).
ausklinken *v/t.* ⚙ disengage, trip, *a.* ✈ release.
ausklopfen *v/t.* (*Teppich etc.*) beat; (*Kleidung*) dust (down); (*Pfeife*) knock out; **et. aus et. ~** beat (*od.* knock) s.th. out of s.th.
ausklügeln *v/t.* work out; → **ausgeklügelt.**
auskneifen F *v/i.* F do a bunk.
ausknipsen F *v/t.* ⚡ switch off.
ausknobeln *v/t.* **1.** throw dice for; **2.** F *fig.* figure *s.th.* out.
ausknöpfbar *adj.*: **~es (Innen)Futter** detachable lining (*od.* liner).
auskochen *v/t.* (*Fleisch etc.*) boil; ⚕ (*Instrumente*) sterilize; *fig.* (*Plan etc.*) hatch; → **ausgekocht.**
auskommen I. *v/i.* **1. mit** *et.* **~** make do with, manage with; **mit s-m Geld ~** make both ends meet; **~ ohne** (*j-n*) manage without, (*et.*) *a.* do without; **er kommt ohne sie nicht aus** *a.* he can't live (*od.* survive) without her; **2.** (**gut**) **mit j-m ~** get on (fine *od.* well) with s.o.; **II.** ꝛ *n* **3.** livelihood; **sein ~ haben** make a (decent) living; **4. es ist kein ~ mit ihm** you just can't get along with him, he's impossible to get along with; **auskömmlich I.** *adj. Gehalt, Verhältnisse*: reasonable; **II.** *adv.*: **~ leben** live reasonably well.
auskoppeln *v/t.* (*Schlager etc.*) take (*od.* lift) from an album; **Auskopp(e)lung** *f* (*Single*) cut, follow-up single.
auskosten *v/t.* savo(u)r, enjoy to the full; *iro.* **ich habe es ausgekostet** I've had my fill of it.
auskotzen V **I.** *v/t. sl.* throw up; **II.** *v/refl.*: **sich ~** *sl.* throw up; *fig.* let everything out; *fig.* **sich bei j-m ~** unload (one's problems) to s.o.
auskramen *v/t.* dig out; (*Schublade etc.*) pull everything out of; *fig.* (*alte Geschichten etc.*) dig up.
auskratzen *v/t.* scratch out; (*Gefäß*) scrape out (*a.* ⚕).
auskriechen *v/i. aus dem Ei*: hatch.
auskugeln *v/t.*: **sich den Arm ~** dislocate one's arm.
auskühlen *v/i.* cool (down).
auskundschaften *v/t.* find out; (*j-n*) track down; (*Informationen*) spy out.
Auskunft *f* **1.** information; **nähere ~** (further) details *pl.*; **2.** *teleph.* directory enquiries *pl.* (*Am.* assistance, informa-

tion); **3.** → ***Auskunftsbüro, -schalter***; **Auskunftei** *f* credit inquiry agency.

Auskunfts|beamte(r) *m* information clerk; **~büro** *n* inquiry (*od.* information) office; **~person** *f* informant; **~pflicht** *f* duty to disclose information; **~schalter** *m* information (desk), inquiries *pl.*, enquiries *pl.*; **~stelle** *f* **1.** → ***Auskunftsbüro***; **2.** → ***Auskunftsschalter.***

auskuppeln *v/i. mot.* disengage the clutch, declutch.

auskurieren I. *v/t.* cure (completely); **II.** *v/refl.*: ***du solltest dich richtig ~*** you should take a proper break until you're really fit again; *bei Grippe etc.*: you should get it out of your system.

auslachen *v/t.* (*j-n*) laugh at.

Ausladehafen *m* port of discharge.

ausladen I. *v/t.* **1.** unload; (*Passagiere*) ⚓ disembark; **2.** F (*j-n*) disinvite, tell *s.o.* not to come; **II.** *v/i.* △ jut out; **ausladend** *adj.* **1.** *Dach*: very wide, (*überhängend*) overhanging; *Äste*: sweeping; **2.** *fig. Stil etc.*: elaborate; *Geste, Bewegung*: sweeping, expansive.

Ausladestelle *f* unloading point; ⚓ wharf.

Auslage *f* **1.** *von Ware*: window display, goods *pl.* on display; **2.** *pl.* expenses.

auslagern *v/t.* (*Bücher etc.*) outhouse; (*Kunstwerke, im Krieg etc.*) evacuate; ☤ take out of the warehouse.

Ausland *n*: ***ins ~, im ~*** abroad; ***aus dem ~*** from abroad; ***Waren aus dem ~*** foreign goods, goods from abroad; ***Handel mit dem ~*** foreign trade; ***Kontakte mit dem ~*** foreign ties, ties abroad; ***Meinungen aus dem ~*** foreign opinion(s), opinion(s) abroad; ***fürs ~ bestimmte Waren*** goods destined for export, export goods.

Ausländer *m* foreigner; ⚖ alien; **~amt** *n* aliens' registration office; **~anteil** *m* proportion (*od.* percentage) of foreigners (*od.* foreign students *etc.*); **≈feindlich** *adj.* hostile to foreigners, xenophobic; ***sie sind sehr ~*** *a.* they hate foreigners; **~feindlichkeit** *f* hostility to foreigners, anti-foreign feeling(s *pl.*), xenophobia; **≈freundlich** *adj.* foreigner-friendly, *pred.* friendly to foreigners; **~hass** *m* anti-foreign feeling(s *pl.*); **~wohnheim** *n* hostel for foreigners.

ausländisch *adj.* foreign; ☤ *a.* external; ⚖ alien; ***~e Besucher*** visitors from abroad, international visitors.

Auslands|abteilung *f* ☤ export (*od.* foreign sales) department; **~anleihe** *f* external loan; **~aufenthalt** *m* visit (*od.* stay) abroad; **~auftrag** *m* export order; **~bank** *f* foreign bank; **~beteiligung** *f* foreign investment; **~beziehungen** *pl.* foreign relations; **~brief** *m* letter going abroad, *pl. a.* letters abroad; **~deutsche(r** *m*) *f* German national living abroad, German expatriate; **~dienst** *m* foreign service; **~flug** *m* international flight; **~geschäft** *n* export (*od.* import) business, export-import business; **~gespräch** *n teleph.* international call; **~hilfe** *f* foreign aid; **~investition** *f* foreign investment; **~kapital** *n* foreign capital; **~korrespondent(in** *f*) *m* foreign correspondent; **~krankenschein** *m health insurance document for abroad*; **~presse** *f* international press; **~reise** *f* trip abroad; *pol., Sport etc.*: foreign tour; **~schulden** *pl.* foreign (*od.* external) debt *sg.*; **~schutzbrief** *m mot. all-in protection package for motorists abroad*; **~sender** *m* foreign station; **~studium** *n* course of studies abroad; ***ein ~ kann sehr teuer sein*** studying abroad can be very expensive; **~tournee** *f* foreign tour; **~vermögen** *n* external assets *pl.*; **~verschuldung** *f* foreign (*od.* external) debt; **~vertretung** *f* ☤ agency abroad; *pol.* diplomatic mission.

auslangen F *v/i.* **1.** get ready to hit s.o.; **2.** *Vorräte etc.*: be enough; ***das langt noch für e-e Woche aus*** *a.* that'll last for another week.

Auslass *m* outlet.

auslassen I. *v/t.* **1.** (*Wort etc.*) leave out, omit; (*überspringen*) skip; (*Gelegenheit etc.*) miss; (*j-n*) miss (*od.* leave) out; **2.** (*Wasser*) let out; **3.** (*Fett*) melt; (*Speck*) render; **4.** (*Saum*) let out; **5.** F (*Licht etc.*) leave *the light etc.* off; **6.** ***s-e Wut*** *etc.* ***an j-m ~*** take one's anger *etc.* out on s.o.; **II.** *v/refl.*: ***sich ~ über*** talk about, *langatmig*: hold forth on; ***sie ließ sich sehr positiv (negativ) darüber aus*** she was very positive (negative) about it; ***er ließ sich nicht weiter aus*** he didn't say any more about it; **Auslassung** *f* **1.** omission; **2.** (*Äußerung*) remark(s *pl.*).

Auslassungs|punkte *pl.* three dots, omission marks; **~zeichen** *n* apostrophe.

auslasten *v/t.* (*Maschine etc.*) use to capacity; ***der Haushalt lastet mich voll (nicht) aus*** I've got plenty on my hands with the household (I need to be doing something else apart from the household); → ***ausgelastet.***

auslatschen F *v/t.* (*Schuhe*) wear out.

Auslauf *m* **1.** outlet, drain; **2.** *für Kinder, Tiere*: space to run about in; (*Bewegung*) exercise; **3.** *Skischanze*: runout; **auslaufen I.** *v/i.* **1.** *Flüssigkeit*: run out; *a. Gefäß*: leak; **2.** ⚓ sail; **3.** *Sport, a. Motor*: run out; **4.** *Farbe*: run; **5.** (*enden*) end, come to an end; *Vertrag etc.*: expire; run out; *Modell*: be discontinued; *allmählich*: be phased out; ***~ lassen*** (*Produkt, Fernsehserie etc.*) phase out; ***es wird für uns schlecht ~*** it's going to turn out (*od.* end up) badly for us; **6.** ***~ in*** *e-e Ebene etc.*: end in, (*sich zuspitzen*) taper (in)to, narrow into; **II.** *v/t.* (*Schuhe*) walk in; **III.** *v/refl.*: ***sich ~*** get some exercise; **Ausläufer** *m* **1.** *e-s Gebirges*: foothills *pl.*; **2.** *meteor.* fringe(s *pl.*); **3.** *e-s Erdbebens*: coda; **4.** ✿ runner; **Auslaufmodell** *n* discontinued (*od.* phaseout) model *od.* line.

auslaugen *v/t.* (*Erze, Boden*) exhaust; *fig.* (*j-n*) drain *s.o.* (of every ounce of strength); → ***ausgelaugt***; **Auslaugung** *f* exhaustion (***des Bodens*** of the soil).

Auslaut *m ling.* final sound; ***im ~*** at the end of a (*od.* the) word.

ausleben I. *v/t.* (*e-e Fantasie*) live out; (*Gefühle*) let (*od.* act) out; (*Talente*) realize; apply; **II.** *v/refl.*: ***sich ~*** enjoy life; (*in Saus u. Braus leben*) F live it up.

auslecken *v/t.* lick out (*od.* clean).

ausleeren *v/t.* empty; (*Glas, durch Trinken*) *a.* drain.

auslegbar *adj.* interpretable; ***der Text ist so oder so ~*** there are two ways of interpreting the text, the text can be interpreted in two ways; ***es ist nur so ~*** that's the only possible interpretation; **auslegen** *v/t.* **1.** (*Kabel, Minen*) lay; (*Netze etc.*) put out; (*Gift, Köder*) put down; (*Saat gut*) sow; (*Kartoffeln etc.*) plant, set; **2.** *zur Ansicht*: (put on) display; (*Listen etc.*) put out; ***ausgelegt*** on display; ***öffentlich ausgelegt*** *a.* on view to the public; **3.** (*Boden*) cover; (*Schublade*) line; ***mit e-m Teppich ~*** carpet, (*Boden*) *a.* put a carpet down on (*Zimmer*: in); **4.** (*verzieren*) inlay; **5.** (*vorstrecken*) advance; ***et. für j-n ~*** lend s.o. s.th., pay s.th. for s.o.; **6.** (*deuten*) interpret; ***falsch ~*** misinterpret; ***(j-m) et. als Eitelkeit*** *etc.* ***~*** put s.th. down to (s.o.'s) vanity *etc.*; **7.** (*entwerfen*) design; ***ausgelegt für*** *Produktion*: designed to produce, *Geschwindigkeit*: designed to do; *der Saal* ***ist für 2000 ausgelegt*** is designed to seat 2,000.

Ausleger *m e-s Krans*: jib; ⚓ outrigger; **~boot** *n* outrigger.

Auslegeware *f* **1.** floor coverings *pl.*; **2.** (*Teppichboden*) wall-to-wall carpeting.

Auslegung *f* interpretation; *eccl.* exegesis; **Auslegungsfrage** *f*: ***das ist e-e ~*** it all depends which way you look at it.

ausleiern *v/t. u. v/i.* wear out; → ***ausgeleiert.***

Ausleihbibliothek *f* lending library; **Ausleihe** *f* **1.** lending; **2.** (*Schalter*) issuing desk (*od.* counter); **ausleihen** *v/t.* lend (out), *bsd. Am.* loan; ***sich et. ~*** borrow s.th.; **Ausleihfrist** *f* lending period; ***die ~ beträgt drei Wochen*** books may be borrowed for (a period of) up to three weeks.

auslernen *v/i.* finish one's training; ***man lernt nie aus*** you live and learn.

Auslese *f* **1.** (*Auswahl*) choice, selection; ***natürliche ~*** natural selection; ***e-e strenge ~ treffen*** make a careful selection; **2.** (*Elite*) elite, *the* crème de la crème, *the* cream of the crop; **3.** *Wein*: auslese; *wine from selected grapes*; **4.** *aus der Literatur*: anthology; **5.** *Computer*: readout; **auslesen** *v/t.* **1.** select, choose, pick out; **2.** (*Buch*) read (to the end), finish; **Ausleseverfahren** *n* selection process.

ausleuchten *v/t. a. fig.* illuminate; (*Bühne*) *a.* floodlight.

ausliefern *v/t.* hand over (***an*** to); ☤ deliver; ⚖ surrender; (*politische Gefangene*) hand over; (*ausländische Verbrecher*) extradite; → ***ausgeliefert***; **Auslieferung** *f* ☤ delivery; ⚖ surrender; *e-s politischen Gefangenen*: handing over; *e-s ausländischen Verbrechers*: extradition.

Auslieferungs|abkommen *n* extradition treaty; **~antrag** *m* request for extradition; **~lager** *n* ☤ supply depot; **~vertrag** *m* extradition treaty.

ausliegen *v/i.* be on display; *Zeitungen*: be available; ***... liegen zur Einsichtnahme aus*** ... may be viewed.

Auslinie *f* **1.** *Fußball etc.*: (*Seitenlinie*) touchline; (*Tor≈*) byline, goal line; **2.** *Tennis*: (*Seitenlinie*) sideline, (*Grundlinie*) base line.

ausloben *v/t.* ⚖ (*Summe*) offer as a reward.

auslöffeln *v/t.* (*Schüssel etc.*) scrape *s.th.* clean; (*Speise*) spoon up; *fig.* → ***Suppe.***

ausloggen *v/i. u. v/refl.* ***sich ~*** *Computer*: log off (*od.* out).

auslöschen *v/t.* **1.** (*Licht etc.*) put out; (*Feuer*) *a.* extinguish; **2.** (*Schrift*) *an der Tafel*: rub out, (*radieren*) *a.* erase; (*Steininschrift etc.*) efface; (*Spuren*) wipe out; **3.** *fig.* (*vernichten*) wipe out; (*Erinnerungen etc.*) obliterate.

Auslöse|hebel *m* release lever; **~impuls** *m* ⚡ trigger pulse; **~knopf** *m* release button; **~mechanismus** *m* ⚙, *psych.* release mechanism; ⚙ *a.* trigger mechanism.

auslosen *v/t.* draw lots for.

auslösen *v/t.* **1.** (*Mechanismus, a. Kameraverschluss*) release; (*Alarm, Schuss*) trigger off; **2.** (*chemische Reaktion etc.*) set off; **3.** (*Streik, Krieg etc.*) trigger off, spark off; **4.** (*Krankheit*) bring on; **5.** (*Gefühl, Reaktion*) cause, touch off; (*Begeisterung, Wut*) arouse; ***großen Beifall ~*** draw loud applause; ***es löste allgemeine Heiterkeit aus*** it gave everyone a (good) laugh, *lit.* it caused great mirth; **Auslöser** *m* **1.** ⚙ release; *phot.* shutter release; **2.** (*Ursache*) cause; ***der ~ war*** what triggered it off was, *Gefühle*: *a.* what set it off was, *Krankheit*: *a.* what brought it on was.

Auslosung *f* draw(ing of lots).

ausloten *v/t.* **1.** ⚓ sound; ⚠ plumb, *mit Wasserwaage*: level; **2.** *fig.* (*Seele etc.*) plumb the depths of; (*Sache, Problem*) explore the ins and outs of.

auslüften *v/t.* (*Kleidung, Zimmer*) air.

ausmachen *v/t.* **1.** (*Feuer, Licht etc.*) put out; (*Zigarette*) *a.* stub out; (*Radio etc.*) turn off, switch off; **2.** (*sichten, feststellen*) make out; ***ich kann nichts ~*** I can't see a thing; **3.** (*vereinbaren*) arrange; ***e-n Termin ~*** arrange *od.* fix a time (*od.* date, time and date), (*Arzttermin*) make an appointment (***bei*** with); ***der Termin ist fest ausgemacht*** the date's definite (*od.* firmly fixed); ***zur ausgemachten Stunde*** at the agreed time; ***an ausgemachter Stelle*** at the agreed place; **4.** (*Streit, Sache*) settle; ***das müssen sie unter sich ~*** they'll have to sort (*od.* fight) it out between themselves; ***et. mit sich selbst ~*** settle s.th. with one's own conscience; ***et. im Guten ~*** settle s.th. in good grace; **5.** (*e-n Teil bilden*) make up, constitute; **6.** (*betragen*) come to; ***ein Vermögen ~*** cost a fortune; **7.** ***es macht viel aus*** it makes a big difference, (*fällt stark ins Gewicht*) *a.* it matters a lot (*od.* a great deal); ***das macht nichts aus*** it doesn't matter; ***macht es Ihnen etwas aus, wenn ich Klavier spiele?*** do you mind if I play the piano?, would you mind if I played the piano?; ***macht es dir was aus, dass ich später komme?*** do you mind my (*od.* me) coming late?; ***das macht mir nichts aus*** I don't mind, *gleichgültig*: I don't care; ***die Kälte macht ihm nichts aus*** the cold doesn't bother him.

ausmalen *v/t.* (*Bild, Stich etc.*) colo(u)r; (*Saal etc.*) paint; *fig.* depict; (*ausschmücken*) embroider; *fig.* ***sich et. ~*** picture s.th. (to o.s.), imagine s.th.

ausmanövrieren *v/t.* outmanoeuvre, *Am.* outmaneuver; (*austricksen*) outsmart; **Ausmanövrierung** *f* outmanoeuvring, *Am.* outmaneuvering.

Ausmaß *n* size, dimensions *pl.*; *fig.* extent, *größer*: magnitude; ***mit den ~en von*** the size of, *fig.* on the scale of; *fig.* ***in großem ~*** to a great extent; ***Reformen in großem ~*** wide-scale reforms; ***ein erstaunliches ~ an*** an astounding degree of; ***erschreckende ~e annehmen*** assume (*od.* take on) alarming proportions; ***das ~ der Katastrophe ist noch nicht bekannt*** the extent of the damage caused by the disaster is not yet known.

ausmeißeln *v/t.* carve out.

ausmergeln *v/t.* (*entkräften*) drain; (*Boden*) exhaust; → ***ausgemergelt.***

ausmerzen *v/t.* (*Fehler etc.*) weed out; (*Erinnerung*) blot out, (*a. ausrotten*) wipe (*od.* stamp) out.

ausmessen *v/t.* measure (out).

ausmisten I. *v/t.* (*Stall*) muck (*od.* clean) out; *fig.* clear out; ***Bücher*** (***Briefe*** *etc.*) ***~*** clear out old books (old letters *etc.*); **II.** *fig. v/i.* have a clearing-out session.

ausmustern *v/t.* **1.** sort out; **2.** ⚔ discharge (as unfit); (*befreien*) exempt (from military service).

Ausnahme *f* exception; ***mit ~ von*** (*od. gen.*) except (for), excepting, with the exception of; ***e-e ~ bilden*** be an exception; (***bei j-m***) ***e-e ~ machen*** make an exception (in s.o.'s case); ***die ~ bestätigt die Regel*** the exception proves the rule; ***e-e ~ von der Regel*** an exception to the rule; **~bestimmung** *f* exception clause; **~erscheinung** *f* exception; ***dieser Spieler ist e-e absolute ~*** this player is one in a million; **~fall** *m* special case, exception; ***in Ausnahmefällen*** in special (*od.* exceptional) circumstances; **~genehmigung** *f* exemption; **~gericht** *n* extraordinary court; **~mensch** *m* exceptional person; **~regelung** *f* exemption; **~situation** *f* **1.** unusual situation; **2.** (*Sonderfall*) exceptional case; **~zustand** *m* **1.** state of emergency; ***den ~ verhängen*** declare a state of emergency; **2.** exception; ***es ist ein ~*** *a.* it's not always like this.

ausnahmslos I. *adv.* without exception; (*einstimmig*) unanimously; ***~ alle*** all of them, without exception; every single one of them; **II.** *adj. Billigung etc.*: unanimous.

ausnahmsweise *adv.* exceptionally, by way of exception; (*für diesmal*) for once, just this once; *iro. gönnerhaft*: as it's you.

ausnehmen I. *v/t.* **1.** (*Fisch, Wild*) gut; (*Geflügel*) draw; (*Nest*) rob; **2.** F (*j-n*) F fleece; **3.** (*ausschließen*) except, exclude; → ***ausgenommen***; **II.** *v/refl.*: ***sich ~*** look *good, strange etc.*; **ausnehmend I.** *adj.* exceptional; ***von ~er Schönheit*** exceptionally beautiful, *a woman* of exceptional beauty; **II.** *adv.* exceptionally, extremely.

ausnüchtern *v/i. u. v/t.* sober up; **Ausnüchterungszelle** *f* drying-out cell.

ausnutzen, ausnützen *v/t.* use, make use of; (*voll ~*) make the most of; (*den Vorteil ziehen aus, a. unfair*) take advantage of; (*Arbeiter, a. Energie etc.*) exploit.

auspacken I. *v/t.* unpack; (*Geschenk etc.*) unwrap; **II.** F *fig. v/i.* F talk, blab; ***pack aus!*** F come on, out with it (*od.* spit it out).

ausparken *v/i.* get out of a parking space (*Am.* lot).

auspeitschen *v/t.* whip.

auspennen F *v/i. u. v/refl.* (***sich ~***) have a good long sleep (*od.* a good lie-in).

auspfeifen *v/t.* boo (at); *thea. a.* boo off the stage.

Auspizien *pl*: ***unter den ~ von*** under the auspices (*od.* aegis) of; ***das Projekt steht unter guten*** (***schlechten***) ***~*** it augurs well (badly) for the project.

ausplappern F *v/t.* F blab out.

ausplaudern I. *v/t.* let (F blab) out; **II.** *v/refl.*: ***sich ~*** have a good old chat (F natter, chinwag).

ausplündern *v/t.* **1.** (*Stadt, Haus etc.*) loot, ransack; **2.** (*Rohstoffquellen*) exploit; (*Land*) bleed (white); **3.** F (*Kasse*) F clean out; (*Kühlschrank etc.*) raid; **4.** (*j-n*) rob; F (*ausnehmen*) F fleece.

auspolstern *v/t.* pad (out).

ausposaunen F *v/t.* F broadcast.

auspowern[1] *v/t.* impoverish.

auspowern[2] F *v/t.* (*j-n*) F elbow out.

ausprägen I. *v/t.* **1.** coin, mint; (*Metall zu Münzen*) stamp; **II.** *v/refl.* **2.** ***sich ~*** (*sich formen*) develop, take shape; → ***ausgeprägt***; **3.** ***sich ~ in*** (*sich zeigen*) be reflected in, (*Ausdruck finden*) find its expression in; ***Angst*** (***Hass***) ***prägte sich in ihrem Gesicht aus*** fear was written into her face (hatred was stamped on her face); *s-e Krankheit* ***hatte sich in s-m Gesicht ausgeprägt*** had left its mark (*stärker*: stamp) on his face.

auspreisen *v/t.* (*Waren*) price; put a price tag on.

auspressen *v/t.* (*Saft*) press out, *mit der Hand*: *a.* squeeze out (*a. Zahnpasta etc.*); (*Frucht*) squeeze.

ausprobieren *v/t.* try (out), test; ***alles mal ~*** give everything a go.

Auspuff *m mot.* exhaust; **~gase** *pl.* exhaust fumes; **~klappe** *f* exhaust valve; **~rohr** *n* exhaust pipe; **~topf** *m* silencer, *Am.* muffler.

auspumpen *v/t.* pump out; F *fig.* (*j-n*) F grill.

auspunkten *v/t. Boxen*: beat on points, outpoint; *fig.* (*Rivalen*) cut out.

auspusten *v/t.* blow out.

ausputzen I. *v/t.* **1.** (*reinigen*) clean out; **2.** (*Baum etc.*) prune; **II.** *v/i. Fußball*: sweep up at the back; **Ausputzer** *m Fußball*: sweeper-up.

ausquartieren *v/t.* move *s.o.* out; *zwangsweise*: turn *s.o.* out.

ausquatschen F **I.** *v/t.* F blab out; **II.** *v/refl.*: ***sich ~*** F have a good old natter (*od.* chinwag).

ausquetschen *v/t.* **1.** → ***auspressen***; **2.** F *fig.* (*j-n*) F grill.

ausradieren *v/t.* rub out, erase; *fig.* wipe out, eradicate.

ausrangieren *v/t.* **1.** (*aussortieren*) sort out; (*wegwerfen*) throw out, get rid of; (*Maschinen etc.*) scrap; **2.** 🚂 shunt out.

ausrasieren *v/t.* shave.

ausrasten[1] *v/i.* **1.** ⚙ disengage, be released; **2.** *sl. fig.* (*ausflippen*) *sl.* flip.

ausrasten[2] *v/i.* → ***ausruhen, rasten.***

ausrauben *v/t.* rob; (*plündern*) ransack.

ausrauchen *v/t.*: ***s-e Pfeife*** *etc.* ***~*** finish one's pipe *etc.*

ausräuchern *v/t.* fumigate; (*Bienen, Fuchs, Feind*) smoke out.

ausraufen *v/t.*: ***sich die Haare ~*** tear one's hair out; ***ich könnte mir die Haare ~!*** I could kick myself!

ausräumen *v/t.* **1.** (*Zimmer, Möbel etc.*) clear out (*a.* F *ausplündern*); **2.** (*Magen, Darm*) purge; **3.** *fig.* (*Bedenken etc.*) clear up.

ausrechnen *v/t.* work out (*a. fig.*); (*Summe*) *a.* calculate; ***sich et. ~*** (*sich et. denken*) guess, figure out; ***ich rechne mir gute Chancen aus*** I reckon (*od.* think) I've got a good chance.

ausrecken I. *v/t.* stretch; ***sich den Hals ~ nach*** crane one's neck to see; **II.** *v/refl.*: ***sich ~*** stretch out (***nach*** to reach).

Ausrede *f* excuse; **ausreden I.** *v/i.* finish speaking; ***j-n ~ lassen*** let s.o. finish (speaking), hear s.o. out; ***lassen Sie mich ~*** let me finish; ***j-n nicht ~ lassen*** cut s.o. short; **II.** *v/t.*: ***j-m et. ~*** talk s.o. out of s.th.; **III.** *v/refl.*: ***sich bei j-m ~*** unburden o.s. to s.o.

ausregnen *v/impers.*: ***es hat*** (***sich***) ***ausgeregnet*** that's the end of the rain now (*od.* for a while).

ausreiben *v/t.* (*Glas etc.*) wipe out; ***sich die Augen ~*** rub one's eyes.

ausreichen *v/i.* be enough; *über e-n Zeitraum*: last *a week etc.*; ***m-e Kenntnisse reichen nicht aus*** I don't know enough; ***s-e Ausbildung reicht für die Stelle nicht aus*** his training isn't (quite) adequate for the job; **ausreichend** *adj.* enough, sufficient; (*Note*) *etwa* D.

ausreifen *v/i.* ripen; *Käse*: *a.* mature, age (*beide a. Wein*); → ***ausgereift.***

Ausreise *f* departure; ***bei der ~*** on leaving the country; **~erlaubnis** *f* exit permit.

ausreisen *v/i.* leave (the country).

Ausreise|sperre *f* ban on exit visas, ban on leaving the country; **~visum** *n* exit visa.

ausreißen I. *v/t.* **1.** tear out; (*Bäume, Pflanzen*) pull up; ***ich fühle mich, als könnte ich Bäume ~*** I feel up to anything; F *fig.* ***dafür reiß ich mir kein Bein aus*** I'm not going to kill myself (for that); **II.** *v/i.* **2.** *Stoff, Naht etc.*: split; *Knopf etc.*: come off; **3.** F (*weglaufen*) F do a bunk; *von zu Hause*: run away; **4.** *Sport*: break away (from the field); **Ausreißer** *m* **1.** runaway (*a. phys.*); **2.** *Sport*: breakaway; **3.** F *abweichender*: F one-off.

ausreiten I. *v/i.* ride out (on horseback); **II.** *v/t.* (*Pferd*) exercise.

ausreizen *v/t.* **1.** ***s-e Karten ~*** make the most of one's hand; **2.** (*Thema*) thrash out; ***das Thema ist ausgereizt*** that subject has been exhausted (F flogged to death).

ausrenken *v/t.*: ***sich den Arm*** *etc.* **~** dislocate one's arm *etc.*; *fig.* ***sich*** (***fast***) ***den Hals ~ nach et.*** crane one's neck to see s.th., F nearly pull a muscle trying to see s.th.

ausrichten I. *v/t.* **1.** (*gerade richten*) straighten; *in Linie*: align; (*einstellen*) adjust; *fig.* adjust (**nach** to); (*j-n*) bring into line (with); → ***ausgerichtet***; **2.** (*erreichen*) achieve; ***nichts ~*** get nowhere; ***das wird nicht viel ~*** that won't make much (*od.* any) difference; ***damit richtet er nichts aus*** that won't get him anywhere; **3.** (*Nachricht etc.*) pass on (***j-m*** to s.o.); ***könntest du ihm das ~?*** could you tell him (that)?; ***ich werds ~*** I'll tell him *etc.*, I'll pass it on; ***richten Sie ihm Grüße*** (***von mir***) ***aus*** give him my regards; ***kann ich etwas ~?*** can I take a message?; **4.** (*Veranstaltung*) organize; (*Olympiade etc.*) host; **5.** *dial.* run down, F knock; **II.** *v/refl.*: ⚔ ***sich ~*** fall in; **Ausrichter** *m Sport*: organizer; *e-r Olympiade etc.*: host; **Ausrichtung** *f* **1.** adjustment; alignment (*beide a. fig.*); **2.** *Sport etc.*: organization; *e-r Olympiade etc.*: hosting.

Ausritt *m* ride.

ausroden *v/t.* **1.** (*Baum*) uproot, pull up; **2.** (*Wald*) clear.

ausrollen I. *v/t.* (*Teppich, Teig*) roll out; (*Kabel*) run out; **II.** *v/i.* come to a standstill; ✈ *a.* taxi to a halt.

ausrotten *v/t.* (*Unkraut*) pull up; (*Tierart, Volk*) wipe out (*a. fig.*); *fig. a.* stamp out; **Ausrottung** *f* wiping out; *e-s Volks*: *a.* genocide.

ausrücken I. *v/i.* **1.** ⚔, *Polizei etc.*: move out; *Feuerwehr*: go out on call; **2.** F (*weglaufen*) F do a bunk; *von zu Hause*: run away; **II.** *v/t.* ⚙ disengage; (*Kupplung*) *a.* shift.

Ausruf *m* cry; *bsd. mit Worten*: exclamation; *ling.* interjection; **ausrufen** *v/t.* **1.** cry, shout; (*Namen etc.*) call out; ***j-n ~ lassen*** (*suchen*) page s.o.; ***et. ~ lassen*** have s.th. announced; **2.** (*Herrscher, Republik etc.*) proclaim; (*Streik*) call; ***j-n ~ als*** (*od.* ***zu***) proclaim s.o. *king etc.*; ***den Notstand ~*** declare a state of emergency; **Ausrufezeichen** *n* exclamation mark; **Ausrufung** *f* proclamation; *e-s Streiks*: call.

ausruhen I. *v/i. u. v/refl.* (***sich ~***) (have a) rest; → ***ausgeruht, Lorbeer*** 4; **II.** *v/t.*: ***die Beine*** *etc.* **~** rest one's legs *etc.*, give one's legs *etc.* a rest.

ausrupfen *v/t.* pull out; (*Federn*) pluck out.

ausrüsten *v/t.* fit out (*a. Auto, Schiff etc.*), equip, *mit Waffen*: *a.* arm (***mit*** with; ***für*** for); *fig.* equip (with); **~ *mit*** *a.* supply with; **Ausrüstung** *f* (*Sport*≈ *etc.*) gear; ⚔ equipment, *des Soldaten*: kit; ⚙ (*Anlage*) equipment.

ausrutschen *v/i.* slip (***auf*** on); *mot.* skid; *fig.* step out of line; **Ausrutscher** *fig. m* faux pas, gaffe, blunder.

Aussaat *f* **1.** sowing; **2.** (*das Gesäte*) seed; *fig.* ***die ~ des Bösen*** the seeds of iniquity; **aussäen** *v/t.* sow; *fig.* sow the seeds of.

Aussage *f* **1.** statement; *ling.* predicate; (*künstlerische ~*) message; ***nach ~ von*** according to; **2.** ⚖ testimony, (*Zeugen*≈) evidence (*a. pl.*); ***e-e ~ machen*** → ***aussagen*** 2; ***die ~ verweigern*** refuse to give evidence; ***hier steht ~ gegen ~*** it's his word against hers *etc.*; ***aufgrund der ~ von*** on the evidence of.

Aussagekraft *f* expressiveness; (*Beweiskraft*) validity; **aussagekräftig** *adj.* expressive; *Statistiken etc.*: sound, convincing.

aussagen I. *v/t.* state, declare, say; *Kunstwerk*: have *s.th.* to say; **II.** *v/i.* ⚖ testify, give evidence (***gegen*** against).

aussägen *v/t.* saw out.

Aussage|satz *m ling.* clause of statement; **~verweigerung** *f* ⚖ refusal to testify (*od.* give evidence).

Aussatz *m* leprosy; **aussätzig** *adj.* leprous; **Aussätzige(r)** *m* leper (*a. fig.*).

aussaufen *v/t. Tier*: drink up; (*leeren*) empty; *sl. Person*: F guzzle *all the beer etc.*; (*Flasche etc.*) finish off, drain.

aussaugen *v/t.* suck out; (*Frucht, Wunde*) suck; *fig.* suck dry; (*a.* ***bis aufs Blut ~***) bleed *s.o.* white.

ausschaben *v/t.* scrape out (*a.* ⚕); (*Melone etc.*) scoop out; **Ausschabung** *f* ⚕ *der Gebärmutter*: (womb) scrape.

ausschachten *v/t.* dig up; (*Kanalbett etc.*) dig out; (*Schacht etc.*) sink.

ausschaffen *schweiz. v/t.* (*ausweisen*) expel (***aus*** from).

Ausschaltautomatik *f* automatic shut-off.

ausschalten *v/t.* **1.** switch off; **2.** *fig.* (*Zweifel etc.*) dismiss; (*Fehler*) avoid; (*Rivalen*) put out of the running, get rid of; *bsd. Sport*: eliminate; (*Parlament etc.*) inactivate; **Ausschalter** *m* ⚡ circuit breaker; **Ausschaltung** *f* **1.** *e-s Stromkreises*: disconnection; **2.** *des Gegners*: elimination.

Ausschank *m* **1.** sale of alcoholic drinks; ***~ von Bier*** *etc.* sale of beer *etc.*; **2.** (*Kneipe*) pub, *Am.* bar; **3.** (*Schanktisch*) bar, counter; **~erlaubnis** *f* licen|ce (*Am.* -se) (to sell alcoholic drinks).

Ausschau *f*: ***~ halten*** keep a lookout, ***nach***: look out for, be on (*od.* keep) a lookout for, F keep one's eyes peeled for, *e-r Stelle etc.*: look around for; **ausschauen** *v/i.* **1.** ***~ nach*** look out for, *e-r Stelle etc.*: look around for; **2.** *dial.* → ***aussehen.***

ausschaufeln *v/t.* dig out.

ausscheiden I. *v/t.* **1.** *physiol.* excrete; (*Urin*) pass; (*absondern*) secrete; (*ausstoßen*) expel; **2.** (*aussondern*) sort out; (*beseitigen*) get rid of; **II.** *v/i.* **3.** ***~ aus*** *e-m Amt*: retire from, *e-r Firma, Regierung etc.*: leave; ***aus s-m Amt ~*** *pol.* withdraw from office; ***als Kabinettsminister ~*** leave one's post as cabinet minister (*od.* one's cabinet post); **4.** *Sport*: eliminated (***aus*** from), drop out (of); **5.** (*nicht infrage kommen*) have to be ruled out; *Person*: not to be eligible; ***sie scheidet von vornherein aus*** *a.* she can't be considered; **III.** ≈ *n*: ***nach s-m ~ aus der Firma*** (***dem Amt***) after leaving the company (withdrawing from office); **ausscheidend** *adj. Minister etc.*: departing; **Ausscheidung** *f* **1.** *physiol.* excretion; passing; secretion; expulsion; → ***ausscheiden*** 1; **2.** (*Ausgeschiedenes*) excreted matter; (*Stuhl*) excrement; *pl.* (*Stuhl, Urin*) excreta (*pl.*); (*Ausfluss*) *a. pl.* discharge; **3.** *Sport*: → ***Ausscheidungskampf.***

Ausscheidungs|kampf *m* qualifying contest; **~organ** *n* excretory organ; **~produkt** *n* waste product; **~runde** *f* qualifying round; **~spiel** *n* qualifying match.

ausschelten *v/t.* scold.

ausschenken *v/t.* pour out; *als Wirt*: sell.

ausscheren *v/i.* swerve to the right (*od.* left); *zum Überholen*: pull out; *fig.* go one's own way; *fig.* ***~ aus*** *e-m Bündnis etc.*: pull out of, *e-r Partei*: leave.

ausschicken *v/t.* → ***aussenden.***

ausschiffen *v/t.* put ashore; (*Ladung*) unload.

ausschildern *v/t.* signpost.

ausschimpfen *v/t.* give *s.o.* a telling-off (F wigging).

ausschlachten *v/t.* **1.** cut up; **2.** F (*Auto etc.*) cannibalize; **3.** *fig.* (*ausnutzen*) exploit, make *political etc.* capital out of; (*Roman, Briefe etc.*) quarry *s.th.* for information *etc.*

ausschlafen I. *v/i. u. v/refl.* (***sich ~***) get a good night's sleep; *sonntags etc.*: have a lie-in; → ***ausgeschlafen***; **II.** *v/t*: (***s-n Rausch*** *etc.*) **~** sleep (it) off.

Ausschlag *m* **1.** ⚕ rash; ***e-n ~ bekommen*** break out in a rash (*Pickel*: *a.* in spots); **2.** *e-s Zeigers*: deflection; *e-s Pendels*: swing; **3.** *fig.* ***den ~ geben*** decide the issue, clinch matters, *bei knappem Ergebnis*: tip the balance; ***den ~ geben für*** decide, ***j-n***: *bei e-r Wahl etc.*: tip the scales in s.o.'s favo(u)r; ***er gab den ~ für unseren Sieg*** without him we would have lost; **ausschlagen I.** *v/t.* **1.** (*Zahn etc.*) knock out; → ***Fass***; **2.** (*ablehnen*) turn down; **3.** ⚖ (*Erbschaft etc.*) disclaim; **II.** *v/i.* **4.** *Pferd*: kick out; *Person*: hit out (in all directions); **5.** *Zeiger*: deflect; *Waage*: turn; *Pendel*: swing; **6.** ⚘ sprout, bud; *Bäume*: come into leaf; **ausschlaggebend** *adj.* decisive; ***~ sein*** *a.* be the deciding factor; ***das war*** (***für ihn***) **~** *bei e-r Wahl etc.*: that tipped the scales (in his favo[u]r); ***das ist für mich nicht ~*** that doesn't weigh with me; ***~e Stimme*** casting vote; **Ausschlagung** *f* ⚖ *e-r Erbschaft*: disclaimer.

ausschließen I. *v/t.* **1.** (*j-n, a. Arbeiter*) lock out; (*nicht zulassen*) bar *s.o.* (***aus*** from); *aus e-r Partei etc.*: expel (from); *Sport*: disqualify (from); *vorübergehend*:

suspend (from); (***aus der Gesellschaft*** *od.* ***Gemeinschaft***) ~ ostracize; **2.** (*Möglichkeit, Verbrechen etc.*) rule out, preclude; ***jeden Zweifel*** ~ remove all (*od.* any trace of) doubt; → ***ausgeschlossen;*** **3.** (*nicht berücksichtigen*) exclude; **4.** ***sich*** (***gegenseitig***) ~ be mutually exclusive; **II.** *v/refl.*: ***sich*** ~ exclude o.s. (**von** from); **ausschließlich I.** *adj.* (*u. adv.*) exclusive(ly), sole(ly); ~ ***für Mitglieder*** (for) members only; ***er interessiert sich*** ~ ***für*** all he's interested in is, he's only interested in; **II.** *prp.* excluding, exclusive of; **Ausschließlichkeit** *f* exclusiveness; **Ausschließung** *f* exclusion; (*Aussperrung*) lockout; → ***Ausschluss.***

ausschlüpfen *v/i. Tier*: hatch out.

ausschlürfen *v/t.* slurp.

Ausschluss *m* exclusion; (*Ausweisung*) expulsion; *Sport*: disqualification (*a. von e-m Amt*); *zeitweiliger*: suspension; ***unter*** ~ ***der Öffentlichkeit*** ⚖ in camera, behind closed doors.

ausschmieren *v/t.* **1.** (*Backform etc.*) grease; **2.** ⚙ lubricate; *mit Fett*: grease; *mit Öl*: oil; **3.** F *fig.* (*betrügen*) F put one over on *s.o.*

ausschmücken *v/t.* decorate; *fig.* (*Erzählung*) embroider, embellish; **Ausschmückung** *f* decoration; *fig.* embellishment.

ausschnappen *v/i.* **1.** *Tür*: click open; *Schloss*: snap open; **2.** F *fig. Person*: F snap out of it.

ausschnaufen *dial. v/i.* **1.** (*zu Atem kommen*) get one's breath back; **2.** (*Pause machen*) F take a breather.

ausschneiden *v/t.* cut out; (*Bäume*) prune; *Computer*: (*Text*) cut; ~ ***und einfügen*** *Computer*: cut and paste.

Ausschnitt *m* **1.** *am Kleid*: neck, *weitS.* neckline; **2.** (*Zeitungs*~) cutting, clipping; **3.** ⩓ (*Kreis*~) sector; **4.** *fig.* (*Teil*) part; *e-s Bildes*: detail; *e-s Buches*: extract; *e-s Films, Konzerts*: excerpt; ~***e*** (*Höhepunkte*) highlights (**aus** of, from); ***ich habe es nur in*** ~***en gesehen*** I only saw parts of it.

ausschnüffeln F *v/t.* F nose out.

ausschöpfen *v/t.* scoop out; *fig.* (*Möglichkeiten, Thema*) exhaust.

ausschoten *v/t.* (*Erbsen*) shell.

ausschrauben *v/t.* unscrew; (*Glühbirne*) *a.* take out.

ausschreiben *v/t.* **1.** (*Wort etc.*) write out (in full); **2.** (*Scheck*) make (*od.* write) out (***j-m*** to s.o.); ***j-m ein Rezept*** *etc.* ~ write s.o. a prescription *etc.*; **3.** (*ankündigen*) announce; (*Stelle etc.*) advertise *a post*; (*e-e Belohnung*) offer *a reward*; (*Steuern*) impose; ✝ put *s.th.* out to tender; ***Wahlen*** ~ call elections, *in GB*: *a.* go to the country; **Ausschreibung** *f e-r Stelle*: advertisement; ✝ tender, call for tenders; *Sport*: invitation to a competition.

ausschreien I. *v/t.* shout out; F *fig.* ***sich die Kehle*** ~ F scream one's head off; **II.** *v/refl.*: ***sich*** ~ have a good scream; (*aufhören zu schreien*) stop screaming.

ausschreiten *v/i.* step out, stride (out); **Ausschreitungen** *pl.* (*Aufruhr*) rioting *sg.*, riot *sg.*, riots, violent clashes; ***es kam zu*** ~ there was rioting, there were violent clashes.

Ausschuss *m* **1.** (*Komitee*) committee; **2.** (*Abfall*) waste; → ***Ausschussware***; **3.** (~*wunde*) exit wound; ~**mitglied** *n* committee member; ~**sitzung** *f* committee meeting; ~**ware** *f* rejects *pl.*

ausschütteln *v/t.* shake out.

ausschütten *v/t.* **1.** (*Flüssigkeit*) pour out; (*verschütten*) spill; (*Kartoffeln etc.*) empty out, (*Kohle*) *a.* dump; **2.** (*Gefäß, Behälter*) empty; *fig.* ***sein Herz*** ~ pour one's heart out; → ***Lachen***; **Ausschüttung** *f* ✝ *von Dividenden*: distribution.

ausschwärmen *v/i.* swarm out; *fig.* scatter (to the four winds).

ausschwatzen I. *v/t.* F blab out; **II.** *v/refl.*: ***sich*** ~ have a good old chat.

ausschwefeln *v/t.* sulphurize, *Am.* sulfurize; (*Insekten etc.*) fumigate (with sulphur [*Am.* sulfur]).

ausschweifen *v/i.* **1.** go to extremes; *allg.* lead a dissolute life; **2.** *beim Erzählen*: go off at a tangent; **ausschweifend** *adj.* (*übertrieben*) excessive; *Fantasie*: wild; *Leben*: dissolute, licentious; **Ausschweifung** *f* excess; ***wüste*** ~***en*** wild excesses; ***e-e*** ~ ***der Fantasie*** a product of s.o.'s wild imagination.

ausschweigen *v/refl.*: ***sich*** ~ remain silent (**über** on), refuse to speak (about), *Politiker etc.*: refuse to comment (on).

ausschwenken I. *v/t.* (*Behälter*) swill out; (*Wäsche*) rinse; **II.** *v/i. Kran etc.*: swivel, swing out; *Anhänger etc.*: veer round, veer to the left (*od.* right).

ausschwitzen *v/t.* (*Harz, Feuchtigkeit etc.*) sweat (out); (*Krankheit etc.*) sweat out.

aussehen I. *v/i.* look; ***gut*** ~ be good-looking, *gesundheitlich*: look well; ***schlecht*** ~ (*krank*) look ill; ***du siehst schlecht aus*** *a.* you don't look very well; F ***wie siehst du denn aus?*** what happened to you?; F ***er sah vielleicht aus!*** he looked a real sight; you should have seen him; ***wie sieht er aus?*** what does he look like?; ***es sieht*** (***ganz***) ***danach aus*** it (certainly) looks like it; F ***er sieht ganz danach aus*** he looks the sort; F ***sehe ich danach aus?*** what do you take me for?; ***es sieht nach Regen aus*** it looks like rain (*od.* as if it's going to rain); F ***so siehst du aus!*** that's what you think; ***wie siehts bei dir aus?*** how are things?, *Betonung auf „dir"*: how about you?; ***wie siehts*** (***damit***) ***aus?*** what's the verdict?; **II.** ~ *n* appearance, looks *pl.*; ***dem*** ~ ***nach*** judging by appearances; ***man sollte nicht nach dem*** ~ ***urteilen*** one shouldn't judge (*od.* go) by appearances.

außen *adv.* outside; ***von*** ~ from (the) outside; ***nach*** ~ ***dringen*** get out, *Flüssigkeit, Geheimnis etc.*: *a.* leak out, *Geräusch*: get through to the outside; ***dringt die Musik nach*** ~***?*** can you hear the music through the walls?; *fig.* ***nach*** ~ ***hin*** outwardly, on the outside (*od.* surface); ***nach*** ~ ***hin erscheint sie sehr höflich*** *a.* she has a veneer of politeness.

Außen|antenne *f* outdoor aerial (*od.* antenna); ~**arbeiten** *pl. beim Bau*: outside work *sg.*; ~**aufnahme** *f phot.* outdoor shot; *Film*: location shot; ~**bahn** *f Sport*: outside lane; ~**bezirk** *m* outlying area (*od.* suburb); ~***e*** *e-r Stadt*: *a.* outskirts; ~**bordmotor** *m* outboard motor.

aussenden *v/t.* send out; (*ausstrahlen*) *a.* transmit.

Außendienst *m* field service; ***im*** ~ in the field; ~**mitarbeiter** *m* field representative; *pl. a.* outdoor staff *sg.* (*mst pl. konstr.*); ~ ***sein*** *a.* work in the field.

Außen|grenze *f* EU external frontiers *pl.*; ~**handel** *m* foreign trade; ~**linie** *f Sport*: boundary line, *engS.* sideline; ~**maße** *pl.* outside measurements; ~**minister** *m* foreign minister (*od.* secretary); *in GB*: Foreign Secretary; *in den USA*: Secretary of State; ~**ministerium** *n* foreign ministry; *in GB*: Foreign and Commonwealth Office; *in den USA*: State Department; ~**politik** *f* foreign affairs *pl.*; *bestimmte*: foreign policy; ~**politisch** *adj.* foreign-policy ...; international; ~***er Sprecher*** spokesman on foreign affairs; ~**seite** *f* outside.

Außenseiter *m Sport u. fig.*: outsider; ***gesellschaftlicher*** ~ social misfit, *pl. a. the* fringes of society; ~**position** *f* fringe existence; ***in e-e*** ~ ***geraten*** end up on the fringes; ***e-e gesellschaftliche*** ~ ***einnehmen*** be socially out on the fringes; ~**rolle** *f* role of an *od.* the outsider (*od.* [the] outsiders); ***in e-e*** ~ ***gedrängt werden*** be pushed onto the sidelines, be marginalized.

Außen|ski *m* outside ski; ~**sohle** *f* outer sole, outsole; ~**spiegel** *m* wing mirror; ~**stände** *pl.* ✝ outstanding accounts, accounts receivable; ~**stehende(r)** *m* outsider; (*Beobachter*) outside observer, observer on the outside; ~**stelle** *f* branch office; ~**stürmer** *m* winger; ***linker*** ~ outside left; ~**tasche** *f* outside pocket; ~**temperatur** *f* outdoor temperature(s *pl.*); ~**toilette** *f* outside toilet; ~**übertragung** *f* outside broadcast; ~**verteidiger** *m* full-back; ~**viertel** *n* suburb; ***in e-m*** ~ ***leben*** live in (one of) the suburbs; ~**wand** *f* outer wall; ~**welt** *f* outside world; ***von der*** ~ ***abgeschnitten*** *a.* cut off from the world around; ~**winkel** *m* external angle; ~**wirtschaft** *f* foreign trade.

außer I. *prp.* **1.** out of; → ***Betrieb*** 3, ***Dienst*** 4, ***Frage*** *etc.*; ~ ***sich sein*** be beside o.s. (**vor** with); ~ ***sich geraten*** lose control over o.s., F flip one's lid; **2.** (*abgesehen von*) apart from, *bsd. Am.* aside from; except (for); **3.** (*zusätzlich zu*) besides, in addition to; **II.** *cj.*: ~ (**wenn**) unless; ~ ***dass*** except that, apart from the fact that.

äußer *adj.* **1.** *Mauer, Schicht etc.*: outer, outside; *Verletzung, Angelegenheit, Umstände, Ursache*: external; *Druck*: outside, external, from outside; *Gefahr*: external, from outside; *Ähnlichkeit, Eindruck*: on the surface; ~***er Rahmen*** setting (*gen.* for); ~***e Erscheinung*** → ***Äußere(s)*** 2; **2.** ✝, *pol.* foreign.

Außerachtlassung *f* neglect (*gen.* of).

außer|beruflich *adj.* private; ~**betrieblich** *adj.* external.

außerdem *adv.* **1.** (*zusätzlich*) as well, in addition; *er besitzt e-e Hotelkette* **und** ~ (**noch**) ***e-e Fluggesellschaft*** and an airline as well, plus (*od.* as well as) an airline, and an airline on top of it; ~ ***gibt es was zu essen*** and there'll be something to eat too (*od.* as well); **2.** *bei Begründung*: and anyway, and apart from that (*betonter*: anything), *betonter*: *a.* and on top of that.

außerdienstlich *adj.* unofficial; ⚔ off-duty ...

äußere(r, -s) *adj.* → ***äußer.***

Äußere(s) *n* **1.** outside; **2.** (*Erscheinung*) (outward) appearance; externals *pl.*; ***nach dem Äußeren urteilen*** go by appearances.

außer|ehelich *adj. Kind*: illegitimate; ~***es Verhältnis*** extramarital affair; ~***er Verkehr*** extramarital intercourse (*od.* sex); ~**europäisch** *adj.* non-European;

~fahrplanmäßig *adj.* special *train etc.*; **~gerichtlich** *adj.* out-of-court *settlement etc.*; **~gesetzlich** *adj.* extralegal; **~gewöhnlich I.** *adj.* unusual; *Leistung etc.*: exceptional, remarkable; ***das ist für ihn ~*** that's not typical of him (*od.* like him) at all; **II.** *adv.* (*sehr*) extremely, exceptionally; ***~ gut*** *a.* exceptional, outstanding.

außerhalb I. *prp.* outside; (*jenseits*) beyond (*a. fig.*); ***~ der Arbeitszeit*** (***Geschäftszeit***) out of working hours (business *od.* office hours); ***~ der Legalität*** beyond the law; ***es ist ~ m-r Reichweite*** it doesn't fall within my range of duties, (*ich verstehe es nicht*) it's beyond my range (*od.* scope); **II.** *adv.* out of town.

Außerhausverkauf *m* takeaway(s *pl.*).

außerirdisch *adj.* extraterrestrial; ***~es Wesen*** *a.* being from outer space, alien (from outer space).

Außerkraftsetzung *f* annulment; *e-s Gesetzes*: repeal; *zeitweilige*: suspension.

äußerlich I. *adj.* **1.** external; *Verletzung*: surface *wound*; ⚕ ***nur zur ~en Anwendung*** for external use only; **2.** *fig.* on the surface; (*oberflächlich*) superficial; **II.** *adv.* **3.** on the outside (*Oberfläche*: surface); **4.** *fig.* outwardly, on the surface; ***rein ~ betrachtet*** on the surface; **Äußerlichkeit** *f* **1.** (outward) appearance, externals *pl.*; **2.** *fig.* (*Formalität*) formality; (*Unwesentliches*) minor detail.

äußern I. *v/t.* **1.** express, (*a. Verdacht*) voice; ***s-e Meinung ~*** put one's point of view; **2.** (*zeigen*) show, express; **II.** *v/refl.*: ***sich ~*** **3.** say something (***über, zu*** about); (*s-e Meinung sagen*) *a.* say what one thinks (about), give one's opinion (on); ***sich ~ über*** *offiziell*: comment on, make a statement on; ***sich kritisch*** (***lobend***) ***~ über*** criticize (praise), be critical about (be full of praise for); **4.** *Sache*: show; ***die Krankheit äußert sich in ...*** the symptoms of the disease are...

außer|ordentlich I. *adj.* **1.** extraordinary; (*hervorstechend*) *a.* exceptional; (*erstaunlich*) remarkable; **2.** (*Sonder...*) special, extraordinary; ***~e Ausgaben*** extras; ***~es Gericht*** special court; ***~er Professor*** *etwa* reader, senior lecturer, *Am.* associate professor; **II.** *adv.* (*sehr*) exceptionally; ***ich bedaure es ~*** I very much regret it; ***es freut mich ~*** I'm very pleased indeed; **~parlamentarisch** *adj.* extraparliamentary; **~planmäßig** *adj.* additional; *Beamter*: supernumerary; *Gelder*: unbudgeted; 🚂 *etc.*: special, unscheduled *service etc.*; **~schulisch** *adj.* private; ***~e Erziehung*** non-formal education; **~sinnlich** *adj.*: ***~e Wahrnehmung*** extrasensory perception, ESP.

äußerst I. *adj.* **1.** *räumlich*: outermost; (*entferntest*) *a.* furthest, ... furthest away; *Ort*: *a.* remotest; ***im ~en Norden*** in the far (*od.* extreme) north; **2.** *zeitlich*: latest possible; ***das ist der ~e Termin*** *a.* that's the latest deadline possible; **3.** *Preis*: lowest possible; ***das ist der ~e Preis*** I can't go any lower than that; **4.** (*extrem*) extreme; ***im ~en Fall*** if the worst comes to the worst; ***mit ~er Konzentration*** with the utmost concentration; ***mit ~er Kraft*** by a supreme effort, *fahren etc.*: (at) full speed; ***von ~er Wichtigkeit*** extremely important, of the utmost importance; **II.** *adv.* extremely; ***~ verwirrend*** *a.* confusing to the extreme.

außerstand(e), außer Stand(e) *pred. adj.*: ***~ sein zu*** *inf.* be unable to *inf.*, (*vollkommen unfähig*) be incapable of *ger.*; ***ich fühle mich ~, es zu tun*** *a.* I can't possibly do it.

Äußerste(s) *n the* limit; *the* maximum, *the* most; (*das Schlimmste*) *the* worst; ***es bis zum Äußersten treiben*** push things to the limit; ***zum Äußersten entschlossen*** prepared to go to any lengths; ***sein Äußerstes tun*** do one's utmost; ***auf das Äußerste gefasst*** prepared for the worst.

äußerstenfalls *adv.* **1.** at (the) most, at best, at the outside; **2.** (*schlimmstenfalls*) at worst, if the worst comes to the worst.

außertariflich *adj.* outside the agreed scale; ***~e Leistungen*** fringe benefits.

Äußerung *f* **1.** (*Bemerkung*) remark, comment; (*Aussage*) statement, comment; ***unbedachte ~*** careless remark; ***sich jeder ~ enthalten*** refuse to comment; **2.** (*Ausdruck, Zeichen*) expression, sign.

aussetzen I. *v/t.* **1.** (*Kind, Tier*) abandon; *auf e-r Insel*: maroon; **2.** (*Fische, wilde Tiere*) release; **3.** (*preisgeben*) expose (*dat.* to); → *a.* III; **4.** (*Belohnung, Preis*) offer; put *a price on s.o.'s head*; **5.** (*unterbrechen*) interrupt; ⚖ (*Verfahren, Urteil*) suspend; **6.** ***etwas ~*** (*od.* ***auszusetzen haben***) ***an*** object to; ***was ist daran auszusetzen?*** what's wrong with it?; ***er hat immer etwas auszusetzen*** he's never satisfied, ***an***: he never stops criticizing; ***er hat dauernd an mir was auszusetzen*** he's always getting on at me about something (or other); ***ich habe nichts daran auszusetzen*** I have no objections, I have nothing against it, *Gerät etc.*: I have no complaints (about it); **II.** *v/i.* (*unterbrechen*) stop, break off; *Herz, Pulsschlag*: miss a beat, *öfter*: be irregular, *völlig*: stop (beating); *Motor*: stall; (*e-e Pause machen*) take a rest; *beim Spiel*: miss a turn; ***e-n Tag ~*** take a day off; ***mit et. ~*** stop *work* (*ing*), *taking the pill etc.*; **III.** *v/refl.*: ***sich ~*** expose o.s. (*dat.* to), (*Kritik, Spott etc.*) *a.* lay o.s. open (to); **Aussetzung** *f* **1.** *e-s Kindes etc.*: abandonment; **2.** *dem Wetter etc.*: exposure (*dat.* to); **3.** *e-s Preises*: offer; **4.** ⚖ suspension.

Aussicht *f* **1.** view (***auf*** of); ***ein Zimmer mit ~ aufs Meer*** a room overlooking the sea (*od.* with seaview); ***hier oben ist e-e schöne ~*** there's a lovely view from up here; ***j-m die ~ versperren*** obstruct s.o.'s view; **2.** *fig.* prospect(s *pl.*), chance (***auf*** of); ***politische ~en*** political outlook; ***weitere ~en*** *meteor.* further outlook; ***~en haben auf*** be in the running (*od.* in line) for; ***~en haben zu*** *inf.* have a chance of *ger.*; ***er hat nicht die geringste ~ zu*** *inf.* he hasn't got (*od.* doesn't stand) a chance of *ger.*; ***in ~ sein*** be coming up; ***in ~ stellen*** promise, hold out the prospect of; ***in ~ haben*** have *s.th.* in prospect; ***e-e neue Stelle in ~ haben*** have the possibility of getting a new job; *iro.* ***das sind ja schöne ~en!*** that's a fine lookout.

aussichtslos *adj.* hopeless; ***~!*** *a.* no chance; ***es ist ein ~es Vorhaben*** it's a hopeless venture, it's doomed to fail (-ure); ***es ist ~, es zu versuchen*** there's no point in even trying; **Aussichtslosigkeit** *f* hopelessness, futility.

Aussichts|plattform *f* observation platform; **~punkt** *m* lookout (*od.* vantage) point; **2reich** *adj.* promising; ***es ist ein ~er Posten*** the job has good prospects; **~straße** *f* scenic road (*od.* route); **~turm** *m* observation tower; **~wagen** *m* 🚂 observation car.

aussickern *v/i.* seep out; (*tröpfeln*) trickle out.

aussieben *v/t.* **1.** sift out; ⚡ filter (out); **2.** *fig.* sift (*od.* weed) out.

aussiedeln *v/t.* resettle; (*evakuieren*) evacuate; **Aussiedler** *m* emigrant, *a.* refugee; *deutscher*: *a.* ethnic German (emigrant); **Aussiedlung** *f* resettlement; forced migration.

aussinnen *v/t.* → ***ausdenken.***

aussitzen *v/t.* **1.** (*Eier*) hatch; **2.** (*Hose, Rock*) wear *s.th.* out of shape; **3.** *fig.* (*Probleme etc.*) wait out.

aussöhnen *v/t. u. v/refl.*: ***j-n*** (***sich***) ***~ mit et.*** *od.* ***j-m*** reconcile s.o. (o.s.) to s.th. *od.* with s.o.; ***sich ~ mit*** *a.* make one's peace with; **Aussöhnung** *f* reconciliation.

aussondern *v/t.* sort out.

aussorgen *v/i.* → ***ausgesorgt.***

aussortieren *v/t.* sort out.

ausspachteln *v/t.* plaster up.

ausspähen I. *v/t.* spy out; **II.** *v/i.*: ***~ nach*** look out for.

ausspannen I. *v/t.* **1.** stretch; (*ausbreiten*) spread (out); **2.** (*Pferde*) unharness; (*Ochsen*) unyoke; (*Wagen*) unhitch; **3.** *fig.* ***j-m et. ~*** talk s.o. into giving one s.th.; (*Geld*) *a.* wheedle s.th. out of s.o.; ***j-m die Freundin ~*** take s.o.'s girlfriend away (from him), F pinch s.o.'s girlfriend; **II.** *v/i.* relax, F take it easy.

aussparen *v/t.* **1.** (*frei lassen*) leave free; **2.** *fig.* (*nicht berücksichtigen*) leave out; **Aussparung** *f* **1.** empty space; **2.** ⊙ recess.

ausspeien *v/t. u. v/i.* spit out; *fig.* spew (out), belch.

aussperren *v/t.* lock out (*a. Arbeiter*); ***sich ~*** lock o.s. out; **Aussperrung** *f von Arbeitern*: lockout.

ausspielen I. *v/t.* **1.** (*Karte*) play, (*anspielen*) lead; *fig.* → ***Trumpf***; **2.** (*Sportpokal etc.*) play for; **3.** (*Sportgegner*) outplay; **4.** ***es wird ein Gewinn von drei Millionen ausgespielt*** there are three million marks *etc.* to be won; **5.** *fig.* ***j-n gegen j-n ~*** play s.o. off against s.o.; **6.** (*Können, Einfluss etc.*) bring to bear; **II.** *v/i.* **7.** *fig.* ***er hat ausgespielt*** F he's through (*od.* done for); ***der hat bei mir ausgespielt*** F I'm through with him; **8.** *Kartenspiel*: lead; ***wer spielt aus?*** whose lead (is it)?; **Ausspielung** *f Lotterie etc.*: draw (-ing of lots).

ausspinnen *fig. v/t.* spin out.

ausspionieren *v/t.* spy out; (*Person*) spy on.

Aussprache *f* **1.** pronunciation; (*un*)*deutliche*: *a.* articulation; ***das ist die falsche ~*** that's not the right pronunciation, that's not how you pronounce (*od.* say) it; F ***die haben aber e-e komische ~!*** what a funny accent they've got, F don't they speak funny?; F ***hast du e-e feuchte ~!*** F say it, don't spray it; **2.** discussion, *a. parl.* debate; ***offene ~*** heart-to-heart talk; **~regel** *f* pronunciation rule; *pl. a.* rules of pronunciation; **~wörterbuch** *n* pronouncing dictionary.

aussprechbar *adj.*: ***schwer ~*** hard to pronounce; ***nicht ~*** unpronounceable; *fig.* unspeakable; **aussprechen I.** *v/t.* **1.** (*Laut*) pronounce; (*Wort*) *a.* say (*a. Satz*); (*un*) *deutlich*: *a.* articulate; ***nicht ausgesprochen werden*** *ling.* be silent (*od.* mute), *weitS.* remain unspoken; **2.** (*zu Ende sprechen*) finish; **3.** (*äußern*) express (*a. Beileid etc., dat.* to), voice; ⚖ (*Urteil*) pronounce, pass; *der Regierung* ***das Vertrauen*** ∼ *parl.* pass a vote of confidence (*dat.* in); **II.** *v/refl.*: ***sich*** ∼ **4.** (*sich äußern*) express one's views (***über*** on); ***sich für*** (***gegen***) *et.* ∼ speak out (*od.* come out, declare o.s.) in favo(u)r of (against), (*Plan etc.*) *a.* support (reject); **5.** (*sein Herz ausschütten*) unbosom o.s., F unload o.s.; ***sich*** (***mit j-m***) ∼ *zur Klärung e-s Problems*: have it out (with s.o.); ***sprich dich nur aus!*** get it off your chest, F spit it out; → ***ausgesprochen***; **III.** *v/i.* finish (speaking); ***lass ihn doch*** ∼***!*** let him finish.

ausspritzen I. *v/t.* **1.** (*Flüssigkeit*) squirt out; (*Samen*) ejaculate; **2.** ⚕ (*Ohr*) syringe; **II.** *v/i.* squirt out.

Ausspruch *m* utterance; (*Bemerkung*) remark; (*Spruch*) saying.

ausspucken I. *v/t.* spit out (*a. fig.*); (*erbrechen*) bring up, *sl.* spew up; F *fig.* (*Geld*) F cough up; *Computer*: spit out, (*größere Mengen*) F churn out; **II.** *v/i.* spit; ***vor j-m*** ∼ spit at s.o.'s feet, *fig.* spit on s.o.

ausspülen *v/t.* **1.** rinse; (*entfernen*) rinse out; ⚕ (*Wunde etc.*) wash (out); **2.** *geol.* (*Ufer, Küste*) erode; (*Sand etc.*) wash away.

ausstaffieren *v/t.* fit out; (*schmücken*) trim ; (*j-n, herausputzen*) dress up, F rig out.

Ausstand *m* **1.** (*Streik*) strike; ***in den*** ∼ ***treten*** go on strike; **2.** ⚚ ***Ausstände*** outstanding accounts; **3.** ***s-n*** ∼ ***geben*** have a leaving (*od.* going-away) party.

ausstanzen *v/t.* punch out.

ausstatten *v/t.* fit out; *mit Lebensmitteln*: supply; (*Wohnung*) furnish; (*Buch*) get up; ***mit Personal*** ∼ staff; *fig.* ∼ ***mit*** *Gütern*: endow with, *Befugnissen*: vest with; ***e-e Praxis mit Teppichböden*** ∼ have a surgery fitted with carpets, have carpets laid (*od.* put) in a surgery; ***der Wagen ist sehr gut ausgestattet*** the car's got all the trimmings; **Ausstattung** *f* (*Ausrüstung*) equipment; (*Armaturen*) fittings *pl.*; *e-r Wohnung*: furnishings *pl.*; (*Gestaltung*) design; *thea.* sets and costumes *pl.*; (*Buch*♀) getup.

Ausstattungs|film *m* (screen) spectacular; **∼stück** *n thea.* spectacular (play *od.* show).

ausstechen *v/t.* **1.** (*Graben*) dig; (*Rasen, Torf*) cut (out); (*Plätzchen*) cut out; (*Apfel*) core; (*Augen*) put out, *unabsichtlich*: poke out; **2.** *fig.* (*übertreffen*) outdo; (*Rivalen*) cut out; **Ausstechform** *f* pastry cutter.

ausstehen I. *v/t.* (*erleiden*) put up with, suffer; ***es ist ausgestanden*** it's all over, we've *etc.* made it; ***ich kann ihn*** (***es***) ***nicht*** ∼ I can't stand him (it); **II.** *v/i. Entscheidung*: be pending; *Zahlungen*: be outstanding; *Geld*: be owing; *Sendungen*: be overdue; ***s-e Antwort steht noch aus*** we're still waiting for his answer, he has yet to give us an answer.

aussteigen *v/i.* **1.** get out (***aus*** of), get off (***aus*** *a train, bus etc.*), *formell*: alight (from); ✈ F (*abspringen*) bale out; **2.** F *fig.* drop out (***aus*** of); *aus e-m Geschäft*: back out (of); ***aus der Kernenergie*** ∼ back (*od.* opt) out of the nuclear energy program(me); **Aussteiger** F *m* F dropout.

aussteinen *v/t.* stone.

ausstellen *v/t.* **1.** *zur Schau*: show, display; (*Kunstwerk*) exhibit; **2.** (*Urkunde, Pass*) issue (*dat.* for); (*Rechnung, Scheck*) make out (to), (*Scheck*) *a.* write out; (*Quittung, Rezept*) write out; ***j-m ein Rezept*** ∼ write (*od.* give) s.o. a prescription; **3.** F (*ausschalten*) switch off, turn off; **4.** → ***ausgestellt***; **Aussteller** *m* issuer; *auf e-r Messe*: exhibitor.

Ausstellfenster *n mot.* quarterlight, *Am.* vent window.

Ausstellung *f* **1.** exhibition, *Am.* exhibit; **2.** *von Waren*: display; **3.** *e-r Urkunde etc.*: issue.

Ausstellungs|datum *n* date of issue; **∼fläche** *f* exhibition space; **∼gelände** *n* exhibition site; **∼halle** *f* exhibition hall; **∼katalog** *m* exhibition catalog(ue); **∼objekt** *n* exhibit; **∼ort** *m e-s Passes etc.*: place of issue; **∼raum** *m* showroom; **∼stand** *m* exhibition stand; **∼stück** *n* exhibit; **∼tag** *m* date of issue; **∼zentrum** *n* exhibition cent|re (*Am.* -er).

ausstemmen *v/i. Skisport*: stem.

ausstempeln *v/i.* clock out.

Aussterbeetat F *m*: ***auf dem*** ∼ ***stehen*** be on the way out; ***auf den*** ∼ ***stellen*** write off.

aussterben *v/i.* die out (*a. fig.*); *Tierart*: *a.* become extinct; → ***ausgestorben.***

Aussteuer *f e-r Braut*: trousseau; (*Mitgift*) dowry.

aussteuern I. *v/i.* (*u. v/t.*) ⚡, *Radio etc.*: modulate; (*regeln*) control the recording level (of); ***du hast zu stark ausgesteuert*** the recording level was too high; **II.** *v/t.* (*j-n*) give s.o. a dowry; **Aussteuerung** *f* ⚡, *Radio etc.*: modulation; (*Regelung*) level control.

Aussteuerversicherung *f* endowment insurance.

Ausstieg *m* **1.** exit; **2.** ∼ ***aus der Kernenergie*** nuclear phase-out; ***sie fordern den*** ∼ ***aus der Kernenergie*** they want the government to back out of the nuclear energy program(me).

ausstopfen *v/t.* stuff; *mit Watte etc.*: pad.

Ausstoß *m* ⚚ output; **ausstoßen** *v/t.* **1.** (*Gegenstand*) push (*od.* knock) out; (*Auge*) knock out; **2.** (*ausschließen*) expel (***aus*** from); (*verbannen*) exile (from); (***aus der Gesellschaft***) ∼ ostracize; **3.** (*Luft*) expel; (*Dampf etc.*) give off; (*Rauchwolken*) send out; **4.** ⚚ (*produzieren*) turn out, produce; **5.** (*Fluch*) utter; (*Schrei*) give; (*Seufzer*) heave; **Ausstoßung** *f* expulsion (*a. physiol.*); *gesellschaftlich*: ostracism.

ausstrahlen I. *v/t.* **1.** *phys.* radiate, emit; *Radio, TV*: broadcast; ***ausgestrahlt werden*** *Sendungen*: *a.* take the air; **2.** *fig.* (*Güte etc.*) radiate; (*Selbstbewusstsein*) exude; ***er strahlt Ruhe auf s-e Umgebung aus*** he has a calming effect on people; ***das Bild strahlt Ruhe*** (***Harmonie***) ***aus*** the picture gives you a great sense of calm (harmony); **3.** (*Zimmer*) illuminate; **II.** *v/i.* **4.** radiate (*a. fig.*); **5.** *Schmerz*: spread (***in*** to); ***in die Beine*** ∼ spread down one's legs; **Ausstrahlung** *f* **1.** *phys.* radiation, emission; *Radio, TV*: transmission; **2.** *fig. e-r Qualität*: radiation; **3.** *fig. e-r Person*: personality, *stärker*: personal magnetism, charisma; ***von ihm geht e-e starke*** ∼ ***aus*** he has tremendous personal magnetism; **Ausstrahlungskraft** *fig. f* → ***Ausstrahlung*** 3.

ausstrecken I. *v/t.* stretch out; (*Fühler*) put out; (*ausdehnen*) stretch; ***die Hand*** ∼ ***nach*** reach out for; ***mit ausgestreckten Armen*** with outstretched arms; **II.** *v/refl.*: ***sich*** ∼ stretch (o.s.) out; (*sich recken*) stretch (o.s.).

ausstreichen *v/t.* **1.** (*Geschriebenes*) cross out; **2.** (*glätten*) smooth down; **3.** (*Fugen*) smooth; **4.** *mit Farbe*: paint; (*Backform etc.*) grease.

ausstreuen *v/t.* scatter; *a. fig.* (*Gerücht*) spread.

ausströmen I. *v/i.* **1.** *Flüssigkeit*: gush out (***aus*** of); *Gas, Dampf*: escape (from); ∼ ***von*** *Licht, Hitze*: emanate from; **2.** *fig.* radiate (***aus*** from); **3.** *Menschen etc.*: ***ein- und*** ∼ pour in and out; **II.** *v/t.* **4.** (*Wärme etc.*) radiate, emit; (*Duft*) give off; **5.** *fig.* radiate, exude.

ausstudieren F *v/i.* finish one's degree, finish studying; ***ich will erst einmal*** ∼ *a.* I want to get my degree first.

aussuchen *v/t.* **1.** pick, choose; ***suchen Sie sich was aus*** take your pick; → ***ausgesucht***; **2.** (*aussortieren*) sort (out).

austarieren *v/t.* balance; *fig.* balance out.

Austausch *m* exchange (*a. kulturell*); *Sport*: substitution; *e-s defekten Teils*: replacement; ***im*** ∼ ***gegen*** in exchange for; **∼aktion** *f* new-for-old campaign.

austauschbar *adj.* interchangeable; **Austauschbarkeit** *f* interchangeability.

Austauschdozent *m* exchange lecturer.

austauschen *v/t.* exchange (***gegen*** for); *untereinander*: interchange; (*Briefmarken etc.*) swap; (*Blicke, Worte*) exchange; ***A gegen B*** ∼ replace A by B, substitute B for A; ***Blicke*** ∼ *a.* look at each other; ***Erfahrungen*** ∼ compare notes; ***Erinnerungen*** ∼ reminisce (about the past); ***Beleidigungen*** ∼ trade insults.

Austausch|lehrer *m* exchange teacher; **∼motor** *m* reconditioned engine; **∼professor** *m* exchange professor; **∼programm** *n* exchange program(me); **∼schüler** *m* exchange pupil (*Am.* student); **∼spieler** *m Sport*: substitute; **∼student** *m* exchange student.

austeilen I. *v/t.* hand out, (*a. Gelder*) distribute (***an*** to; ***unter*** among); *gleichmäßig*: share out (among); (*Befehle*) give; (*Essen*) serve; (*Hiebe, Karten*) deal; ***mit vollen Händen*** ∼ be very lavish with; **II.** *v/i. Kartenspiel*: deal; ***wer teilt aus?*** who's dealing, whose deal is it?; F ***er kann nicht nur einstecken, sondern auch*** ∼ he can give as good as he gets; **Austeilung** *f* distribution.

Auster *f* oyster.

Austern|bank *f* oyster bed; **∼fischer** *m zo.* oyster catcher; **∼fischerei** *f* oyster fishing; **∼pilz** *m* oyster mushroom; **∼schale** *f* oyster shell; **∼soße** *f* oyster sauce; **∼zucht** *f* oyster culture; *konkret*: oyster farm.

austesten *v/t.* test; (*Computerprogramm etc.*) debug.

austilgen *v/t.* wipe out; (*Ungeziefer*) eradicate (*a. fig. Übel etc.*), (*a. Unkraut etc.*) get rid of; *fig.* (*Erinnerung*) blot out.

austoben *v/refl.*: ***sich*** ∼ have one's fling; *Jugendliche*: *a.* sow one's wild oats; *Kinder*: have a good romp; (*Wut etc. entladen*) let one's anger *etc.* out; *Sturm*: spend itself.

Austrag *m* **1.** *von Streit etc.*: settlement; ***zum*** ∼ ***bringen*** settle; ***zum*** ∼ ***kommen*** be settled; **2.** *dial.* ***im*** ∼ ***leben*** have retired from active life.

austragen I. *v/t.* **1.** (*Briefe etc.*) deliver; **2.** ⚕ (*Kind*) carry to term; ***sie will das Kind*** ∼ (*will nicht abtreiben*) she wants to have the child (*od.* baby); **3.** (*Meinungsverschiedenheiten*) argue out; (*zu Ende* *bringen*) settle; **4.** (*Wettkampf*) hold; **5.** (*streichen*) take (*od.* cross) *a name* off the list; **II.** *v/refl.*: ***sich*** ~ **6.** take one's name off the list; **7.** *vor dem Weggehen*: sign out; **Austräger(in** *f*) *m* delivery man *od.* boy (*f* lady *od.* girl); *von Zeitungen*: newspaper man *od.* boy (*f* lady *od.* girl).

Austragung *f*: ***die*** ~ ***des Spiels findet hier statt*** the game will be held here; **Austragungsort** *m* venue.

austrainiert *adj.* fighting fit.

Australasier *m*, **australasisch** *adj.* Australasian.

Australier(in *f*) *m*, **australisch** *adj.* Australian.

Australopithekus *m* Australopithecus.

austräumen I. *v/i.*: ***er hat ausgeträumt*** he's come down to earth again; **II.** *v/t.*: ***der Traum ist ausgeträumt*** it was nice while it lasted.

austreiben I. *v/t.* **1.** (*Vieh*, *a. Völker*) drive out; (*Geister*) exorci|se (*a. Am.* -ze), cast out; **2.** F *fig.* ***j-m et.*** ~ F cure s.o. of s.th.; **II.** *v/i.* ⚘ sprout; **Austreibung** *f* expulsion (*a.* ✱ *e-s Kindes*); *von Geistern*: exorcism; **Austreibungsphase** *f bei Geburt*: expulsive stage (of labo[u]r).

austreten I. *v/t.* **1.** (*Feuer*, *Glut*) stamp out; **2.** (*Schuhe*) wear out; *neue*: break in; **3.** (*Treppe*, *Stufen*) wear down; (*Pfad*) tread; → ***ausgetreten***; **II.** *v/i.* **4.** *Dampf*, *Gas*: escape; *Flüssigkeit*: come out; **5.** ~ ***aus*** (*e-m Verein etc.*) leave; (*e-r Partei*) *a.* resign from; (*e-m Bündnis*) leave, pull out of; **6.** F (*zur Toilette gehen*) F go and spend a penny, *Am.* go to the bathroom; ***ich muss mal*** ~ *a.* I must disappear for a minute, F nature calls.

Austriazismus *m ling.* Austriacism.

austricksen F *v/t.* outsmart, outwit.

austrinken I. *v/t.* (*Getränk*) drink up, finish; (*leeren*) empty, (*a. Fläschchen*) finish; **II.** *v/i.* drink up, finish one's beer (*od.* coffee *etc.*); finish the bottle *etc.*

Austritt *m* **1.** *aus e-r Partei*: resignation (***aus*** from); *aus e-m Verein*: withdrawal (from); ***sein*** ~ ***aus der Kirche hat viele schockiert*** many people were shocked when he left the church; ***s-n*** ~ ***erklären*** *aus e-r Partei*: hand in one's resignation, *aus der Kirche*, *e-m Verein*: announce (*od.* say) that one is leaving the church *etc.*; **2.** *von Luft*, *Gas*: escape; **Austrittserklärung** *f* (letter of) resignation; *Verein etc.*: notice of withdrawal; ***s-e*** ~ ***kam überraschend*** his announcement that he is (*od.* was) going to resign (*od.* leave the church *etc.*) came as a surprise.

austrocknen I. *v/t.* dry; (*Boden*, *Kehle*) dry up, parch; (*Sumpf*, *Flussbett etc.*) drain; (*Holz*) season; **II.** *v/i.* dry up; *Neubau etc.*: dry out; *Haut*: go (*od.* become) dry; ***m-e Kehle ist ausgetrocknet*** my throat is parched.

austrompeten *v/t.* broadcast.

austüfteln F *v/t.* work out (carefully); → ***ausgetüftelt.***

ausüben *v/t.* **1.** (*Beruf*) carry out *a trade*, *a profession*, have *a profession*; practi|se (*Am.* -ce) *law*, *medicine etc.*; pursue *a career*; (*Tätigkeit*) carry out, be involved in; (*ein Amt*) carry out, hold *an office*; (*Pflicht*) carry out, perform; ***den Beruf des Musikers*** (***Künstlers***) ~ be a professional (*od.* practi|sing [*Am.* -cing]) musician (artist); **2.** (*Herrschaft*, *Macht*, *Recht etc.*) exercise; (*Einfluss*) exert (***auf*** on); (*Wirkung*) have (on); (*Zwang*) use (on), apply (to); → ***Druck***[1] 3; ***e-n Reiz*** ~ ***auf*** hold an attraction for; **Ausübung** *f* **1.** ***die*** ~ ***e-s Berufs*** having (*od.* carrying out) a profession; ***in*** ~ ***s-s Dienstes*** in the line of duty; **2.** exercise; exertion; use, application; → ***ausüben*** 2.

ausufern *v/i.* **1.** *Stadt*: (begin to) sprawl; *Konflikt etc.*: escalate; *Diskussion etc.*: get out of control; **2.** *Fluss*: overflow (its banks), break its banks.

Ausverkauf *m* **1.** sale; (*Räumungsverkauf*) clearance sale; ***im*** ~ *kaufen*: at the sales; **2.** *fig. pol. etc.* sellout; **ausverkaufen** *v/t.* sell off; **Ausverkaufsware** *f* sale goods *pl.*; **ausverkauft** *adj.* sold out (*a. thea. etc.*); ***die Größe ist*** ~ *a.* we've (*od.* they've) sold out of that size, that size is out of stock at the moment; ~***es Konzert*** sellout concert; ~***es Haus*** packed house; ***vor*** ~***em Haus*** (***Stadion***) ***spielen*** play to a full *od.* packed house (in front of a capacity crowd).

auswachsen I. *v/i.* **1.** → ***ausgewachsen***; **2.** ⚘ go to seed; **3.** F ***es ist ja zum*** 2***!*** F it's enough to drive you up the wall; **II.** *v/refl.* **4.** ***sich*** ~ ***zu*** grow into; *fig. a.* develop into; **5.** ***sich*** ~ *Gehfehler etc.*: disappear (*od.* sort itself out) in time.

Auswahl *f* **1.** (*das zur* ~ *Stehende*) choice, selection (*gen. od.* ***an*** of); ✝ range; (*das Ausgewählte*) choice, (*mehreres*) *a.* selection; *Marktforschung*: sample; ***e-e kleine*** ~ a small selection; ***e-e große*** ~ a large *od.* wide choice (*od.* selection); ***e-e riesige*** ~ a vast choice (*od.* selection); ***e-e*** ~ ***aus*** a selection from; ***die*** ~ ***ist nicht besonders gut*** (*gering*) there isn't much choice; ***e-e*** ~ ***treffen*** choose (***aus, unter*** from); ***e-e sorgfältige*** ~ ***treffen*** make a careful choice (*mehreres*: selection); ***zur*** ~ *hundreds of books etc.* to choose from; **2.** → ***Auswahlmannschaft***; **auswählen** *v/t.* choose, pick, *formeller*: select (***aus*** from); *mit Sorgfalt*: *a.* pick out; → ***ausgewählt.***

Auswahl|gremium *n* selection board; ~**mannschaft** *f Sport*: select team; ~**möglichkeit** *f* choice; ***es sind nicht viele*** ~***en*** there isn't much choice, there aren't many alternatives; ~**prinzip** *n* selection principle; ~**sendung** *f* ✝ consignment on approval; ~**verfahren** *n* selection procedure.

auswalzen *v/t.* ⚙ roll out; *fig.* (***breit***) ~ make a big thing out of, *begeistert*: go to town on, (*Geschichte*, *Rede*) drag out (endlessly).

Auswanderer *m* emigrant; **auswandern** *v/i.* emigrate; *Volksstamm*: migrate; **Auswanderung** *f* emigration; *e-s Volksstammes*: migration; *fig.* exodus.

auswärtig *adj.* outside ..., from outside; (*in* [*von*] *e-m anderen Ort*) in (from) another town; *pol.* foreign; ***das*** 2***e Amt*** → ***Außenministerium***; ~***e Angelegenheiten*** foreign affairs; ~***e Studenten*** non-local (and foreign) students.

auswärts *adv.* outwards; (*nicht zu Hause*) out, away (from home); (*außerhalb der Stadt*) out of town; (*an e-m anderen Ort*) in another town; ~ ***essen*** *etc.* eat *etc.* out; ~ ***spielen*** *Sport*: play away from home.

Auswärtsspiel *n Sport*: away match.

auswaschen *v/t.* wash out; ✱ bathe; *geol.* erode.

Auswechselbank *f Sport*: substitutes' bench; **auswechselbar** *adj.* interchangeable; (*erneuerbar*) replaceable; **auswechseln I.** *v/t.* exchange (***gegen*** for); (*ersetzen*) replace (by); *untereinander*: interchange (*alle a.* ⚙); (*Rad*, *Reifen*, *Batterie*) change; *Sport*: substitute *a player*; ***die Batterien*** *etc.* ~ *a.* put new batteries *etc.* in; ***wie ausgewechselt*** (like) a different person; **II.** *v/i. Sport*: make a substitution; **Auswechselspieler** *m* substitute; **Auswechs(e)lung** *f* exchange; (*Ersetzen*) replacement; *Sport*: substitution.

Ausweg *m* way out (***aus*** of); ***letzter*** ~ last resort; ***es gibt sonst keinen*** ~ *a.* there's no other solution.

ausweglos *adj.* hopeless; **Ausweglosigkeit** *f* hopelessness.

ausweichen *v/i.* **1.** make way (*dat.* for), (*a. den Zusammenstoß vermeiden*) get out of the way (of); ***e-m Fußgänger*** *etc.* ~ avoid hitting a pedestrian *etc.*; ***e-m Schlag*** *etc.* ~ dodge a blow *etc.*; ***nach rechts*** (***links***) ~ swerve to the right (left); ***ich konnte ihm gerade noch*** ~ *Autofahrer*: I just missed him, I just managed to swerve out of the way in time, *Fußgänger*: he just missed me, I just managed to jump out of the way in time; **2.** *fig.* (*ausweichend antworten*) be evasive; ***j-m*** (***e-r Sache***) ~ avoid s.o. (s.th.); ***e-m Thema*** ~ *a.* talk round a subject; ***e-r Entscheidung*** ~ avoid making a decision; ***er weicht m-n Fragen aus*** he won't answer my questions; **3.** ~ ***auf*** switch to; (*Straße etc.*) *a.* take (instead); (*Termin*, *Möglichkeit*, *Nächstbestes*) fall back on; **ausweichend** *adj.*: ~***e Antwort*** evasive answer.

Ausweich|flughafen *m* alternate airport; ~**manöver** *n* **1.** *mot.* swerve to avoid hitting s.o. (*od.* s.th.); ***das war ein geschicktes*** ~ that was a nice bit of dodging (*od.* piece of driving); **2.** *fig. a. pl.* evasive action; ***s-e Antwort war ein reines*** ~ he was just trying to avoid the issue with his answer; ~**möglichkeit** *f* way out; ~**stelle** *f*, ~**strecke** *f mot.* passing point; 🚂 siding; ~**taktik** *f* avoidance technique.

ausweiden *v/t.* **1.** (*Wild*) gut; **2.** *fig.* exploit.

ausweinen I. *v/refl.*: ***sich*** ~ have a good cry, ***bei j-m***: cry on s.o.'s shoulder; **II.** *v/t.*: ***sich die Augen*** ~ cry one's eyes out.

Ausweis *m* (*Personal*2) identity card, ID (card); (*Mitglieds*2, *Zulassungs*2 *etc.*) membership (*od.* admission *etc.*) card; *weitS.* pass, permit; *an der Grenze*: *mst* passport; ***den*** (*od.* ***j-s***) ~ ***verlangen*** ask for identification; **ausweisen I.** *v/t.* **1.** *aus dem Land*: expel, deport; *aus der Schule*: expel (*alle* ***aus*** from); **2.** ✝ show (on the books); **3.** ***j-n*** ~ ***als*** identify s.o. as, *fig.* prove s.o. to be; **II.** *v/refl.*: ***sich*** ~ identify o.s., prove one's identity; *fig.* ***sich*** ~ ***als*** prove o.s. (to be) *an expert etc.*

Ausweis|fälschung *f* forging of IDs; ~**karte** *f* → ***Ausweis***; ~**kontrolle** *f* ID check; ~**leser** *m Computer*: badge reader; ~**papiere** *pl.* (identification *od.* ID) papers.

Ausweisung *f* expulsion; deportation; ⚖ eviction; **Ausweisungsbefehl** *m* deportation (*od.* expulsion) order.

ausweiten I. *v/t.* extend (***zu*** into); (*Handschuhe*, *Schuhe*) stretch; *fig.* extend (to); **II.** *v/refl.*: ***sich*** ~ expand; *Pullover etc.*: stretch; *fig. Organisation etc.*: expand, grow; *Konflikt*: spread; ***sich*** ~ ***zu*** grow (*od.* develop) into; *Konflikt*: *a.* escalate into; **Ausweitung** *f* extension; expansion; spreading; escalation; → ***ausweiten.***

auswendig *adv.*: ~ ***lernen*** (***können***) learn (know) by heart; ~ ***spielen*** play from memory; ***in- und*** ~ ***kennen*** know *s.th.* inside out, know *s.th.* like the back of one's hand.

auswerfen *v/t.* **1.** throw out; (*Angel, Anker, Netz*) cast; **2.** ⚕ (*Schleim, Blut*) cough up; (*Lava*) spew out; ⚙ eject; (*produzieren*) turn out; *Computer*: (*Lösung etc.*) throw up; **3.** (*e-e Summe*) allocate, set aside; (*Prämie*) give; (*Dividende*) pay out; ***e-n Gewinn von ...*** ~ *Lotterie etc.*: pay ... in prize money; **4.** (*Graben*) dig.

auswerten *v/t.* **1.** evaluate (*a.* ⚖), analy|se (*Am.* -ze); (*Statistiken*) *a.* interpret; **2.** (*ausnützen*) utilize, make (full) use of, *a. kommerziell*: exploit; **Auswertung** *f* evaluation (*a.* ⚖), analysis; *von Statistiken*: *a.* interpretation; (*Verwertung*) utilization, *a. kommerzielle*: exploitation.

auswetzen *fig. v/t.* → ***Scharte.***

auswickeln *v/t.* **1.** unwrap; **2.** ***ein Kind*** ~ take a baby's nappies off.

auswiegen *v/t.* weigh out (*a. Sport*); → ***ausgewogen.***

auswirken *v/refl.*: ***sich*** ~ have an effect (***auf*** on), (*s-e Wirkung zeigen*) have its effect, *bsd. negativ*: *a.* make itself felt; ***sich*** ~ ***auf*** *a.* affect; ***sich*** (***un***)***günstig*** ~ ***auf*** have a positive (a negative, *stärker*: an adverse) effect on; **Auswirkung** *f* effect (***auf*** on); (*Folge*) consequence(s *pl.*) (for); (*Implikation*) implication(s *pl.*) (for); (*Rückwirkung*) repercussions *pl.* (on, *a.* in *the north etc.*); (*Ergebnis*) outcome, result(s *pl.*); ***diplomatische*** *etc.* ~***en*** *a.* diplomatic *etc.* fallout.

auswischen *v/t.* (*reinigen*) wipe (*od.* clean) out; (*Schrift etc.*) wipe out (*od.* off); ***sich die Augen*** ~ rub one's eyes; F *fig.* ***j-m eins*** ~ F get s.o.; ***dem werd ich anständig eins*** ~ F I'm going to get him good and proper.

auswittern I. *v/i. Gestein etc.*: wear away; *Erz, Salze etc.*: effloresce; *Holz*: decompose; *Holz* ~ ***lassen*** season; **II.** *v/t.* (*Holz*) season.

auswringen *v/t.* wring out.

Auswuchs *m* **1.** ⚕ growth (*a. am Baum etc.*); (*Missbildung*) deformity; (*Buckel*) hump; **2.** *fig.* (*Nebenprodukt*) negative spin-off; *pl.* (*Extreme*) excesses; ***das ist ein*** ~ ***s-r krankhaften Fantasie*** it's a product of his sick imagination.

auswuchten *v/t.* (*Räder*) (counter)balance.

auswühlen *v/t.* **1.** (*Sand etc.*) dig up; **2.** (*Schrank etc.*) rummage (*od.* root) around in.

Auswurf *m* **1.** ⚙ ejection; **2.** ⚕ sputum; ***blutigen*** ~ ***haben*** be coughing up blood; **3.** *fig.* ~ (*der Menschheit*) scum (of the earth), *the* dregs of society.

auswürfeln *v/t.* throw dice for; ***lass uns*** ~, ***wer fahren muss*** let's throw dice to see (*od.* decide) who is to drive.

auszahlen I. *v/t.* pay (out); *bar*: pay in cash; (*Arbeiter, Gläubiger etc.*) pay off; (*Partner*) buy out; **II.** *fig. v/refl.*: ***sich*** ~ (*sich lohnen*) pay off; ***das zahlt sich aus*** it pays (off in the end); ***es zahlt sich nicht aus*** it doesn't pay, it's not worth it (*od.* the effort *etc.*).

auszählen *v/t.* **1.** count (out); (*Stimmen*) count; **2.** (*Boxer*) count out; **3.** *Kinderspiel*: count out; **Auszählreim** *m* counting-out rhyme.

Auszahlung *f* **1.** payment; *e-s Erben etc.*: paying off; *e-s Partners*: buying out; **2.** (*das Ausgezahlte*) payment; *an Erben, Partner*: payoff.

auszehren *v/t.*: ***j-n*** ~ drain s.o., *völlig*: drain s.o. of all his *od.* her strength (*od.* of every ounce of strength); ***ein Land*** ~ drain a country of all its resources, bleed a country white; → ***ausgezehrt***; **Auszehrung** *f* (*Abmagerung*) emaciation.

auszeichnen I. *v/t.* **1.** (*Waren*) label; *mit Preisen*: price, put a price tag on; **2.** (*j-n od. et. hervorheben*) distinguish; ***Ausdauer zeichnet sie aus*** she's known for her (powers of) stamina; ***die reiche Auswahl an Fisch zeichnet den See aus*** the lake is known (*od.* noted) for its great variety of fish; ***was dieses Buch auszeichnet*** what distinguishes this book, what sets this book apart from others, what is so special about this book; **3.** (*ehren*) hono(u)r; ***j-n mit e-m Preis*** *etc.* ~ award a prize *etc.* to s.o.; ***mit Orden*** ~ decorate; ***der Film wurde in Cannes ausgezeichnet*** the film received a Cannes award; ***X, ein mehrfach ausgezeichneter Musiker*** X, winner of several music prizes; **4.** *typ.* mark up; **II.** *v/refl.*: ***sich*** ~ distinguish o.s., excel (***als*** as, ***durch*** by; ***in*** at, in); **Auszeichnung** *f* **1.** ✝ label(l)ing; pricing; **2.** (*Ehrung*) hono(u)ring; *konkret*: (mark of) distinction, hono(u)r; (*Orden*) decoration, medal; (*Preis*) award, prize; ***mit*** ~ ***bestehen*** pass with distinction, get a distinction; **3.** *typ.* markup, display.

Auszeit *f Sport*: time out.

ausziehbar *adj.* extendible; *Möbel*: *a.* pull-out ...; *Antenne etc.*: telescopic; ~***e Wäscheleine*** retractable clothes line; **ausziehen I.** *v/t.* **1.** pull out (*a. Tisch, Antenne etc.*); **2.** (*Kleidung*) take off; (*j-n*) undress; F *fig.* fleece; **3.** ⚖ *u.* ⚒ extract (***aus*** from); **II.** *v/i.* **4.** *aus e-r Wohnung*: move; ~ ***aus*** move out of; **5.** (*losziehen*) set out (*od.* off); ***zum Kampf*** ~ set out to battle; **III.** *v/refl.*: ***sich*** ~ get undressed; take one's clothes off.

Auszieh|feder *f* drawing pen; ~**leiter** *f* extension ladder; ~**platte** *f e-s Tisches*: leaf; ~**tisch** *m* pull-out (*od.* extending) table; ~**tusche** *f* drawing ink.

auszirkeln *v/t.* mark out with compasses; *fig.* figure out.

auszischen *v/t. thea.* hiss (at).

Auszubildende(r *m*) *f* trainee.

Auszug *m* **1.** *aus e-r Wohnung*: move (***aus*** from); **2.** departure (***aus*** from); (*Marsch*) march (out of); *zeremoniell*: procession (out of); ⚔, *pol.* (*Abzug*) pullout (from); *e-s Volkes u. fig.*: exodus (from); **3.** ⚒ (*Vorgang*) extraction; (*Produkt*) extract, essence; **4.** (*Ausschnitt*) extract, excerpt (***aus*** from); **5.** (*Konto*~) statement (of account).

Auszugsmehl *n* superfine flour.

auszugsweise *adv.* in parts; ***et.*** ~ ***vorlesen*** read extracts from s.th.

auszupfen *v/t.* pluck out; ***sich die Augenbrauen*** ~ pluck one's eyebrows.

autark *adj.* self-sufficient; **Autarkie** *f* (economic) self-sufficiency, autarky, autarchy.

authentisch *adj.* authentic(ally *adv.*); (*echt*) genuine; ***von*** ~***er Seite*** on good authority; **Authentizität** *f* authenticity.

Autismus *m* ⚕ autism; **autistisch** *adj.* autistic.

Auto *n* car, *bsd. Am.* auto(mobile); F motor; ~ ***fahren*** drive (a car); ***mit dem*** (*od.* ***im***) ~ ***fahren*** go by car; ***ich bin mit dem*** ~ ***da*** I've come by car, I've got my car with me; → ***mitnehmen*** 1; ~**abgase** *pl.* car exhaust fumes; ~**antenne** *f* car aerial (*bsd. Am.* antenna); ~**apotheke** *f* (driver's) first-aid kit; ~**atlas** *m* road atlas; ~**aufkleber** *m* bumper sticker; ~**ausstellung** *f* motor (*Am.* automobile) show.

Autobahn *f* motorway; *Am. etwa* highway; *in Deutschland etc.*: autobahn; ~**abschnitt** *m* section of the motorway *etc.*; ~**auffahrt** *f* motorway *etc.* entrance, *Brit.* slip road, *Am.* on-ramp; ~**ausfahrt** *f* motorway *etc.* exit, *Brit.* slip road, *Am.* off-ramp; ~**dreieck** *n* motorway *etc.* junction; ~**gebühr** *f* motorway *etc.* toll; *Am.* turnpike toll; ~**kleeblatt** *n* cloverleaf junction; ~**kreuz** *n* motorway *etc.* intersection; ~**netz** *n* motorway *etc.* network; ~**raststätte** *f* motorway *etc.* service area; ~**zubringer** *m* feeder (road).

Autobiographie *f* autobiography; **autobiographisch** *adj.* autobiographical.

Auto|bombe *f* car bomb; ~**brille** *f*: (***e-e*** ~ a pair of) driving glasses *pl.*; ~**bücherei** *f* mobile library; ~**bus**(...) → ***Bus*** (...).

autochthon *adj.* autochthonous.

Autodidakt *m* self-taught (*od.* self-educated) person; **autodidaktisch** *adj.* autodidactic(ally *adv.*).

Auto|dieb *m* car thief; ~**diebstahl** *m* car theft; ~**elektriker** *m* car electrician.

Autoerotik *f* autoeroticism; **autoerotisch** *adj.* autoerotic.

Auto|fabrik *f* car (*bsd. Am.* automobile) factory; ~**fabrikant** *m* car (*bsd. Am.* automobile) manufacturer; ~**fähre** *f* car ferry; ~**fahrer** *m* motorist, driver; ~**fahrt** *f* drive; ~**falle** *f* speed trap.

Autofokuskamera *f* autofocus camera.

autofrei *adj.* car-free *day, zone etc.*

Autofriedhof *m* car dump, breaker's yard.

autogen *adj. psych.* autogenic; ~***es Training*** autogenic training, relaxation exercises.

Autogramm *n* autograph; ~***e geben*** sign autographs; ~**jäger** *m* autograph hunter; ~**stunde** *f* autograph session; ***e-e*** ~ ***geben*** have (*od.* hold) an autograph session, sign autographs.

Auto|händler *m* car dealer; ~**handschuhe** *pl.* driving gloves; ~**haus** *n* car dealer; ~**hersteller** *m* car (*bsd. Am.* automobile) manufacturer(s *pl.*); ~**hupe** *f* (car) horn; ~**industrie** *f* car (*od.* automobile, *Am. a.* automotive) industry; ~**karte** *f* road map; ~**kennzeichen** *n* car registration (*Am.* license) number; ***wissen Sie noch das*** ~? *a.* can you remember the number of the car?; ~**kino** *n* drive-in (cinema); ~**knacker** F *m* car burglar; ~**kolonne** *f* line of cars; *geschlossene*: convoy.

Autokrat *m* autocrat; **Autokratie** *f* autocracy; **autokratisch** *adj.* autocratic(ally *adv.*).

Auto|lack *m* paint; ~**leder** *n* chamois (leather); ~**marder** F *m* car burglar; ~**marke** *f* make (of car), marque.

Automat *m* **1.** (*Maschine*) machine; **2.** (*Verkaufs*~) vending machine; (*Musik*~) juke box; (*Spiel*~) slot machine.

Automaten|knacker F *m* slot machine burglar; ~**packung** *f* vending pack; ~**restaurant** *n* automat.

Automation *f* automation.

Automatik *f* **1.** automation; **2.** (*Anlage*) automatic system; (*Mechanik*) automatic mechanism; **3.** *mot.* (*Getriebe*) automatic transmission: **4.** *Radio*: automatic tuning;

~getriebe *n mot.* automatic transmission; **~gurt** *m mot.* (inertia) reel seatbelt; **~kamera** *f* automatic camera, F point and shoot camera; **~wagen** *m mot.* automatic.
automatisch *adj.* automatic(ally *adv.*), *fig. a.* mechanical; (*Druckknopf...*) push-button ...; **~e Fahrzeugidentifizierung** automatic vehicle identification, AVI.
automatisieren *v/t.* automate; **Automatisierung** *f* automation.
Automatismus *m* automatism.
Auto|mechaniker *m* car (*od.* motor) mechanic; **~minute** *f*: ***nur fünf ~n von hier entfernt*** only five minutes (away) by car (*od.* in the car).
Automobil *n*, **~...** *in Zssgn* → **Auto (...)**; **~klub** *m* automobile association; **~salon** *m* motor (*Am.* automobile) show.
Automodell *n* **1.** model; **2.** (*Spielzeug*) model car.
autonom *adj.* autonomous (*a. fig.*), self-governing; *System etc.*: self-contained; **Autonome(r** *m*) *f* anarchist; ***die Autonomen*** the anarchist group(s *pl.*); **Autonomie** *f* autonomy.
Autonummer *f* registration (*Am.* license) number.
Autopilot *m* ✈ autopilot.
Autopsie *f* autopsy, post-mortem.
Autor *m* author, writer.
Auto|radio *n* car radio; **~reifen** *m* (car) tyre (*Am.* tire); **~reisezug** *m* motorail train.
Autoren|exemplar *n* author's copy; **~lesung** *f* author's reading.
Auto|rennen *n* car race; **~rennsport** *m* motor racing.
Autoreparatur *f* car repair; **~werkstatt** *f* garage, car repair shop.
Autorin *f* author.
autorisieren *v/t.* authorize.
autoritär *adj.* authoritarian; *Eltern*: *a.* very strict; ***~e Erziehung*** authoritarian upbringing.
Autorität *f* **1.** authority; **2.** (*Experte*) authority (***auf dem Gebiet*** *gen.* on), expert (on).
autoritativ *adj.* authoritative.
autoritätsgläubig *adj.*: ***~ sein*** have blind faith in authority.
Autorschaft *f* authorship.
Auto|salon *m* → ***Automobilsalon***; **~schadstoffe** *pl.* car emissions; **~schalter** *m* drive-up counter; *Bank*: *a.* drive-in till; **~schlange** *f* line of cars; **~schlosser** *m* panel beater; **~schlüssel** *m* car key; **~schuppen** *m* car shed; **~skooter** *m* dodgem (*od.* bumper) car; ***~ fahren*** go on the dodgems (*od.* bumper cars); **~sport** *m* motor sport; **~stopp** *m* hitchhiking; ***per ~ fahren*** hitchhike; **~stunde** *f*: ***sechs ~n entfernt*** six hours' (*od.* a six-hour) drive away (*od.* from here), six hours by (*od.* in the) car.
Autosuggestion *f* autosuggestion.
Auto|telefon *n* carphone; **~transporter** *m* car transporter; **~unfall** *m* car accident, car crash; **~verkehr** *m* road traffic; **~verleih** *m*, **~vermietung** *f* car hire, *a. Am.* car rental; **~versicherung** *f* car insurance; **~waschanlage** *f* car wash; **~wäsche** *f* car wash; **~werkstatt** *f* garage, car repair shop; **~wrack** *n* wrecked car.
Autozoom *m phot.* automatic zoom.
Auto|zubehör *n* car accessories *pl.*; ✝ car components *pl.*; **~zusammenstoß** *m* car crash, collision.
autsch *int.* ouch!
auweia *int.* oh no!
Avancen *pl*: ***j-m ~ machen*** make approaches to s.o.
avancieren *v/i.* be promoted; ***~ zu a.*** rise (*od.* advance) to the position (*od.* post) of.
Avantgarde *f* avant-garde; **Avantgardismus** *m* avant-gardism; **Avantgardist** *m* avant-gardist; **avantgardistisch** *adj.* avant-garde.
Aversion *f* aversion (***gegen*** to); ***er hat*** (***irgendwelche***) ***~en gegen mich*** he doesn't like me (for some reason).
Avionik *f* avionics *pl.* (*sg. konstr.*).
Avis *m*, *n* notice, notification; **avisieren** *v/t.*: ***j-m j-n*** (***et.***) ***~*** notify s.o. of s.o.'s arrival (of s.th.).
Avitaminose *f* ⚕ vitamin deficiency disease, 🕮 avitaminosis.
AV-Medien *pl.* AV media.
Avocado *f*, **Avokado** *f* avocado; **Avocadodip** *m* guacamole.
Axiom *n* axiom; **axiomatisch** *adj.* axiomatic(ally *adv.*).
Axt *f* axe, *Am.* ax; ***mit der ~ erschlagen*** axe (*Am.* ax) to death, kill with an axe (*Am.* ax); *fig.* ***sich wie die ~ im Wald benehmen*** behave like a boor (*stärker*: savage); ***die ~ an die Wurzel(n) legen*** strike at the root; ***die ~ im Haus erspart den Zimmermann*** do it yourself.
Azalee *f* ⚘ azalea.
Azetat *n* acetate.
Azeton *n* acetone.
Azetylen *n* acetylene.
Azteke *m hist.* Aztec; **Aztekenreich** *n* Aztec Empire; **aztekisch** *adj.* Aztec, Aztecan.
Azubi F *m*, *f* trainee.
Azur *m* **1.** *min.* lapis (lazuli); **2.** azure, sky blue; **≈blau** *adj.* azure, sky-blue.
azyklisch *adj.* acyclic(ally *adv.*); *zeitlich*: irregular.

B, b *n* B, b; ♪ B flat; ♪ (*Versetzungszeichen*) flat.

babbeln I. *v/i.* babble; **II.** *v/t.* (*a.* ***dummes Zeug ~***) babble; ***was babbelt er?*** what's he babbling on about?

Babel *n bibl.* Babel; *fig.* Babylon; → ***Turm, Turmbau.***

Baby *n* baby; ***sie bekommt ein ~*** she's expecting (*od.* going to have) a baby; → ***Bord;*** **~artikel** *pl.* baby goods (*od.* accessories); (*Kaufhausabteilung*) baby department *sg.*; **~ausstattung** *f* (*Wäsche*) layette; **~boom** *m* baby boom; **~flasche** *f* baby's bottle; **~jahr** *n* (one year's) maternity leave; **~lift** *m Skifahren*: baby lift.

babylonisch *adj.* Babylonian; ***~e Sprachverwirrung*** *bibl.* Confusion of Tongues (at Babel); *fig.* babel, confusion of tongues.

Babynahrung *f* baby food.

Babypause *f* leave to have a baby; ***eine ~ einlegen*** take leave to have a baby.

babysitten *v/i.* babysit; **Babysitter** *m* babysitter; **Babysitting** *n* babysitting.

Baby|speck F *m a. fig.* F puppy fat; **~sprache** *f* baby talk; **~strich** F *m* child prostitution; **~trag(e)tasche** *f* carrycot; *geflochtene*: Moses basket; **~wäsche** *f* babies' clothes *pl.*

Bacchanal *n* bacchanal.

Bach *m* stream; *kleiner*: *a.* brook; *fig.* ***Bäche von Schweiß*** (***Tränen***) ***flossen ihr übers Gesicht*** the sweat was pouring (the tears were streaming) down her face; F *fig.* ***den ~ hinuntergehen*** F go up in smoke.

Bache *f* (wild) sow.

Bach|forelle *f* brook trout; **~stelze** *f* wagtail.

Backblech *n* baking tray.

Backbord ⚓ **I.** *n* port (side); ***nach ~*** to port; **II.** ⚓ *adv.* to port; **~motor** *m* port engine.

Backbuch *n* baking book.

Backe *f* **1.** (*Wange*) cheek; ***mit vollen ~n kauen*** (*od.* ***essen***) stuff one's mouth full; *dial.* ***au ~!*** oh no!; **2.** *am Gewehr*: cheek piece; *am Ski*: toe piece; **3.** ⚙ jaw; (*Brems*⚓) shoe.

backen I. *v/t.* **1.** bake; *dial.* (*braten*) fry; **II.** *v/i.* **2.** bake; **3.** (*kleben*) stick.

Backen|bart *m* sideburns *pl.*; **~bremse** *f* **1.** *mot.* shoe brake; **2.** F ***die ~ ziehen*** land on one's backside; **~knochen** *m* cheekbone; **~tasche** *f zo.* (cheek) pouch; **~zahn** *m* molar.

Bäcker *m* baker; **Bäckerei** *f* **1.** (*Laden*) baker's (shop), bakery; **2.** (*das Backen*) baking; **3.** (*Handwerk*) baker's trade; **4.** *bsd. östr.* (*Kleingebäck*) (biscuits and) pastries *pl.*

Bäcker|laden *m* → ***Bäckerei*** 1; **~lehrling** *m* apprentice (*od.* trainee) baker; **~meister** *m* master baker.

backfertig *adj.* oven-ready.

Back|fett *n* cooking fat; *für Kuchen etc.*: shortening; **~fisch** *m* **1.** fried fish; **2.** *fig. obs.* (young) teenager, teenage girl; **~form** *f* baking tin, *Am.* cake pan.

Backgammon *n* backgammon; **~spiel** *n* **1.** game of backgammon; **2.** *konkret*: backgammon set.

Background *m* **1.** background; **2.** ♪ background music; (*Begleitung*) backing.

Back|hähnchen *dial. n*, **~hend(e)l** *dial. n*, **~huhn** *dial. n* fried chicken; **~obst** *n* dried fruit.

Backofen *m* oven; **~hitze** F *f* sweltering heat; ***das ist e-e ~!*** it's sweltering.

Back|pfeife F *f* F clout (*od.* clip) round the ears; **~pflaume** *f* prune; **~pulver** *n* baking powder; **~rezept** *n* baking recipe; **~röhre** *f* oven.

Backslash *m bsd. Internet*: (*umgekehrter Schrägstrich*) backslash.

Backstein *m* brick; **~bau** *m* brick building; **~gotik** *f* brick Gothic.

Backteig *m* dough; *flüssiger*: batter.

Back-up *m, n Computer*: backup.

Backwaren *pl.* bread, cakes and pastries.

Bad *n* **1.** bath (*a.* ⚗ *u.* ⚕); ***ein ~ nehmen*** have (*od.* take) a bath; *fig.* ***~ in der Menge*** walkabout; ***ein ~ in der Menge nehmen*** go on a walkabout; → ***Kind;*** **2.** *im Freien*: swim; ***ein ~ nehmen*** go for a swim (F dip); **3.** → a) ***Badezimmer,*** b) ***Badeanstalt*** *etc.*, c) ***Badeort.***

Bade|anstalt *f* swimming pool, *formell*: swimming baths *pl.*; **~anzug** *m* swimsuit; **~gast** *m im Schwimmbad*: bather; **~gelegenheit** *f* place to swim; ***gibt es dort e-e ~?*** *a.* can you go swimming there?; **~handtuch** *n* bath towel; **~haube** *f* bathing cap; **~hose** *f*: (***e-e ~*** a pair of) (swimming) trunks *pl.*; **~kappe** *f* bathing cap; **~mantel** *m* bathrobe; (*Morgenmantel*) *a.* dressing gown; **~matte** *f* bath mat; **~meister** *m* pool attendant.

baden I. *v/i.* **1.** (*ein Bad nehmen*) have (*od.* take) a bath, *Am. a.* bathe; **2.** (*schwimmen*) swim; ***~ gehen*** go swimming, go for a swim; F *fig.* F come a cropper; **II.** *v/t.* bath, *Am.* bathe; → ***heiß*** II; **III.** *v/refl.*: ***sich ~*** → 1; *fig.* bask (***in*** in), revel (in).

Badener *m* man (*od.* woman) from Baden; ***~ sein*** *mst* come from Baden.

Badenixe *f* bathing beauty (*od.* belle).

Badenser *m* → ***Badener.***

baden-württembergisch *adj.* Baden-Württemberg ..., from Baden-Württemberg.

Bade|ofen *m* bathroom boiler; **~öl** *n* bath oil; **~ort** *m* **1.** seaside resort; **2.** (*Kurort*) health resort; **~sachen** *pl.* swimming things; **~saison** *f* swimming season; **~salz** *n* bath salts *pl.*; **~schuhe** *f* beach shoes; **~strand** *m* (bathing) beach; **~thermometer** *n* bath thermometer; **~tuch** *n* bath towel; **~urlaub** *m* holiday at the seaside; ***~ machen*** spend one's holiday at the seaside; **~wanne** *f* bath (-tub); **~wasser** *n* bathwater; **~wetter** *n* weather for the beach; sunbathing weather; **~zeug** *n* swimming things *pl.*

Badezimmer *n* bathroom; **~schrank** *m* bathroom cabinet.

Badezusatz *m* bath essence (*od.* product).

Badreiniger *m Mittel*: bath cleaner.

baff F *adj.*: ***da war ich aber ~*** I was floored, my jaw just dropped; ***da bist du ~, was?*** you weren't expecting that, were you?

BaföG, Bafög *n student financial assistance scheme*; ***sie kriegt ~*** *etwa* she gets a grant.

Bagage *contp. f* F rabble, shower; ***die ganze ~!*** F the whole lot of them.

Bagatell|betrag *m* petty (*od.* insignificant) sum; **~delikt** *n* petty (*od.* minor) offen|ce (*Am.* -se).

Bagatelle *f* **1.** trifle; **2.** ♪ bagatelle; **bagatellisieren** *v/t.* play down, minimize.

Bagatell|sache *f* minor affair; ⚖ petty case; **~schaden** *m* superficial damage; **~verletzung** *f* minor (*od.* superficial) injury.

Bagger *m* excavator; (*Schwimmℒ*) dredge(r).
baggern *v/i. u. v/t.* excavate; *nass*: dredge.
Baggersee *m* flooded gravel pit.
Baguette *f, n* baguette, French stick.
bäh *int.* **1.** *Schaf*: baa!; **2.** *bei Schadenfreude*: ha, ha!; **3.** *bei Ekel*: ugh!; **bähen** *v/i.* bleat, baa.
Bahn *f* **1.** (*Weg*) way, path; *fig.* ***die ~ ist frei*** the road is clear; ***freie ~ haben*** have the go-ahead (to do what one likes); ***du hast freie ~*** it's all yours; ***sich ~ brechen*** (*sich durchsetzen*) win through, *Idee etc.*: gain acceptance, (*vorwärts kommen*) forge ahead; ***e-r Sache ~ brechen*** pioneer s.th., blaze the trail for s.th.; ***auf die schiefe ~ geraten*** go astray, stray off the straight and narrow; ***in die richtige ~ lenken*** direct into the right channels; ***sich in den gewohnten ~en bewegen*** move along the same old track, *contp.* be stuck in the same old rut; *bewusst*: keep to the well-trodden paths; ***auf ähnlichen ~en*** along similar lines; ***j-n aus der ~ werfen*** throw s.o. off his (*od.* her) track, *seelisch etc.*: leave s.o. floundering; **2.** (*Fahrℒ*) lane (*a. e-s Läufers etc.*); **3.** (*Flugℒ*) trajectory; *ast.* course; (*Umlaufℒ*) orbit (*a. e-s Elektrons*); (*Kometenℒ*) path; **4.** (*Rennℒ*) track; (*Eisℒ*) rink; (*Kegelℒ*) alley; **5.** (*Eisenℒ*) railway, *Am.* railroad; (*Zug*) train; (*Straßenℒ*) tram, *Am.* streetcar, trolley; ***mit der ~*** by train, ⚕ by rail; ***(mit der) ~ fahren*** travel by train (*od.* on trains); ***ich fahre gern (mit der) ~*** *a.* I like going on the train; ***bei der ~ arbeiten*** work for the railway (*Am.* railroad); ***j-n zur ~ bringen*** take s.o. to the station, see s.o. off (at the station); ***j-n von der ~ abholen*** (go and) meet s.o. at the station; ***in der ~*** on the train; **6.** (*Papierℒ, Kunststoffℒ*) web; (*Tuchℒ etc.*) width; *e-s Rocks*: gore; **7.** ⚙ *Amboss, Hammer, Hobel*: face; **8.** ⚙ (*Führungsℒ*) track.
Bahn... → *a.* ***Eisenbahn...***; **~angestellte(r)** *m* railway (*Am.* railroad) employee; **~anschluss** *m* rail connection; **~arbeiter** *m* railway (*Am.* railroad) worker; **~beamte(r)** *m* railway (*Am.* railroad) official.
bahnbrechend I. *adj.* pioneering, pioneer ..., *stärker*: trailblazing; *Erfindung etc.*: revolutionary, epoch-making; **II.** *adv.*: ***~ wirken*** be pioneering, blaze the trail; **Bahnbrecher** *m* pioneer, trailblazer.
Bahndamm *m* railway (*Am.* railroad) embankment.
bahnen *v/t.*: ***(sich) e-n Weg ~*** clear a path (for o.s.), ***durch***: (*Hindernisse*) fight (*od.* force) one's way through; *fig.* ***den Weg ~*** pave the way (*dat.* for); ***j-m den Weg zum Erfolg ~*** put s.o. on the road (*od.* path) to success.
Bahn|fahrt *f* train journey, *kürzere*: *a.* train ride; *längere*: train (*od.* rail) journey; **~fracht** *f* rail freight; **ℒfrei** *adv.* ⚕ carriage paid; **~gelände** *n* railway (*Am.* railroad) area *od.* complex; **~gleis** *n* railway (*Am.* railroad) track.
Bahnhof *m* **1.** (railway, *Am.* railroad) station; ***auf dem ~*** at the station; **2.** F *fig.* ***großer ~*** red carpet treatment; ***j-n mit großem ~ empfangen*** roll out the red carpet for s.o., give s.o. the red carpet treatment; ***es gab e-n großen ~*** they had the red carpets out; F ***ich verstehe immer nur ~*** F I don't know what he's *etc.* on about, it's all double dutch to me.
Bahnhofs|buchhandlung *f* station bookshop (*Am.* bookstore); **~halle** *f* (station) concourse, main concourse (of a station); **~nähe** *f*: ***in ~*** near the station; **~restaurant** *n* station restaurant; **~uhr** *f* station clock; **~viertel** *n* (seedy) area around the main station; **~vorsteher** *m* stationmaster.
Bahn|körper *m* permanent way, roadbed; **ℒlagernd** *adv.* to be called for at the station; **~lieferung** *f* rail consignment; **~linie** *f* railway (line), *Am.* railroad (line); **~polizei** *f* station police; **~reise** *f* train (*od.* rail) journey; **~schranke** *f* (level crossing) barrier; **~schwelle** *f* sleeper, *Am.* tie; **~station** *f* railway (*Am.* railroad) station *od.* stop.
Bahnsteig *m* platform; **~karte** *obs. f* platform ticket.
Bahn|strecke *f* (railway) line, *Am.* (railroad) track; **~transport** *m* rail transport; **~überführung** *f* railway bridge, *Am.* railroad overpass; **~übergang** *m* level (*Am.* grade) crossing; **~unterführung** *f* railway (*Am.* railroad) underpass; **~verbindung** *f* rail connection; **~wärter** *m* **1.** level crossing attendant; **2.** → ***Streckenwärter.***
Bahre *f* (*Tragℒ*) stretcher; (*Totenℒ*) bier; → ***Wiege.***
Bai *f* bay.
Baiser *n* meringue.
Baisse *f* ⚕ slump, bear market, fall (in prices), sharp drop in prices; ***auf ~ spekulieren*** speculate for a fall, sell short; **~geschäft** *n* bear transaction, *a. pl.* short selling; **~spekulant** *m* bear; **~spekulation** *f* bear(ish) speculation; **~stimmung** *f* bearish mood.
Baissier *m* ⚕ bear.
Bajonett *n* bayonet; **~anschluss** *m phot.* bayonet mount; **~fassung** *f* ⚡ bayonet socket; **~verschluss** *m* ⚙ bayonet joint (*phot.* mount).
Bake *f* beacon; *Landvermessung*: marking pole.
Bakkarat *n* baccarat.
Bakschisch *n* baksheesh; ***j-m ein ~ geben*** give s.o. baksheesh, *fig.* (*bestechen*) grease s.o.'s palm.
Bakterie *f* bacterium (*pl.* bacteria), germ; **bakteriell** *adj.* bacterial; ***~e Infektion*** bacteria(l) infection.
bakterien|feindlich *adj.* germ-killing ..., bactericidal; **ℒforschung** *f* bacteriology, bacteriological research; **~frei** *adj.* germ-free, free of bacteria; **ℒkolonie** *f* bacterial colony; **ℒkrieg** *m* biological (*od.* germ) warfare; **ℒkultur** *f* (bacteria[l]) culture; **ℒstamm** *m* strain (of bacteria).
Bakterien tötend *adj.* bactericidal, germ-killing ...
Bakterien|träger *m* germ-carrier; **~zucht** *f* growing of bacteria; *konkret*: bacteria culture.
Bakteriologe *m* bacteriologist; **Bakteriologie** *f* bacteriology; **bakteriologisch** *adj.* bacteriological.
Balance *f* balance; → *a.* ***Gleichgewicht***; **~akt** *m a. fig.* balancing act; **~regler** *m* balance control.
balancieren *v/t. u. v/i.* balance.
Balancierstange *f* (balancing) pole.
bald *adv.* **1.** soon; ***~ darauf*** soon *od.* shortly after(wards); ***~ ist dein Geburtstag*** it's (*od.* it'll be) your birthday soon; ***das wirds so ~ nicht wieder geben*** we won't see the likes of that again in a hurry; ***wirds ~?*** how much longer are you going to take?; ***ich habs ~*** I'm nearly ready, I won't be a minute; ***wirst du ~ ruhig sein!*** 'will you be quiet; ***bis ~!*** see you soon!, be seeing you!; ***~ will er, ~ will er nicht*** one minute he wants to, the next (minute) he doesn't; **2.** F (*fast*) almost, nearly; ***ich hätte ~ was gesagt*** I almost said something, I was on the point of saying something.
Baldachin *m* canopy.
Bälde *f*: ***in ~*** soon, before long.
baldig *adj.* speedy; ***auf ein ~es Wiedersehen*** hope to see you again soon; **baldigst** *adv.* as soon as possible.
baldmöglichst I. *adj.* earliest (*od.* soonest) possible; ***zum ~en Zeitpunkt*** → **II.** *adv.* as soon as possible.
Baldrian *m* valerian; **~tropfen** *pl.* valerian *sg.* (drops).
Balg *m* **1.** skin, hide; **2.** (*Orgelℒ, a. phot.*) bellows *pl.*; **3.** F (*Bauch*) F paunch; **4.** F (*Kind, pl.* ***Bälger***) F brat.
Balgen *m phot.* bellows *pl.*
balgen *v/refl.*: ***sich ~*** scuffle, tussle, F scrap (***um*** over); **Balgerei** *f* scuffle, tussle, F scrap (***um*** for, over).
Balken *m* **1.** △ beam; (*Dachℒ*) rafter; (*Deckenℒ, Querℒ*) joist; (*Trägerℒ*) girder; F ***lügen, dass sich die ~ biegen*** F lie through one's teeth; **2.** → ***Schwebebalken***; **3.** ♪ crossbar; **4.** *TV* bar; **~decke** *f* timbered ceiling; **~diagramm** *n* bar chart (*od.* graph); **~überschrift** *f* banner headline; **~waage** *f* beam scales *pl.*; **~werk** *n* timbering.
Balkon *m* **1.** balcony; **2.** *thea.* dress circle, *Am.* balcony; **~pflanze** *f* outdoor (potted) plant; **~tür** *f* balcony door, French window(s *pl.*).
Ball[1] *m* ball; ***am ~ sein*** *Sport*: have the ball, be in possession of the ball; *fig.* ***er ist am ~*** (*dran*) it's his turn, the ball's in his court, (*aktiv*) he's very involved, (*weiß Bescheid*) he's on the ball; ***am ~ bleiben*** *Sport*: hold onto the ball, *fig.* keep at it, ***bei***: (*j-m*) keep up with, keep in the running with; → ***zuspielen.***
Ball[2] *m* ball, dance; ***auf e-m ~*** at a ball; ***auf e-n ~ gehen*** go to a ball.
Ballabgabe *f Sport*: pass.
Ballade *f* ballad; **Balladensänger** *m* balladeer.
Ballannahme *f* stopping and controlling the ball; *aus der Luft*: bringing down the ball.
Ballast *m* ballast; *fig.* (*Last, Belastung*) burden; (*unnützer ~*) deadwood; (*Behinderung*) handicap; ***~ abwerfen*** dump ballast, *fig.* shed some ballast; *fig.* ***er ist nur ~*** he's just an encumbrance.
Ballaststoffe *pl.* roughage *sg.*; fib|re (*Am.* -er) *sg.*; **ballaststoffreich** *adj.*: ***~e Nahrung*** high-fib|re (*Am.* -er) food(s) *od.* diet; food(s) with plenty of roughage.
Ball|beherrschung *f* ball control; **~besitz** *m*: ***im ~ sein*** have (the) possession, have the (*od.* be in) possession of the ball.
ballen I. *v/t.* **1.** make into a ball; (*Stück Papier*) screw up; **2.** (*Faust*) clench; **II.** *v/refl.*: ***sich ~*** **3.** form into a ball (*od.* balls); **4.** *Wolken, Menschen*: gather; *fig. Probleme etc.*: mount, build up, pile up; ***sich ~ um*** (*e-e Stadt etc.*) build up around, cluster around, *bedrohlich*: move in on; → ***geballt.***
Ballen *m* **1.** *anat.* ball of one's *od.* the foot (*od.* hand); **2.** ⚕ bale; *Papier*: ten reams *pl.*; **~presse** *f* baling press.
ballenweise *adv.* by the bale, in bales.
Ballerina *f* ballerina.

Ballermann F *m* gun, *sl.* rod.

ballern F **I.** *v/i.* bang (away) (*a. Fußball*); **~ an** (*e-e Tür etc.*) hammer away at; **II.** *v/t.* (*werfen*) hurl; (*Fußball*) bang.

Ballett *n* ballet; (*~truppe*) ballet company; ***beim ~ sein*** be with the ballet, *engS.* be a ballet dancer; ***zum ~ gehen*** join a ballet company, *engS.* become a ballet dancer.

Ballett|meister *m* ballet master; **~meisterin** *f* ballet mistress; **~musik** *f* ballet music; **~ratte** F *f* ballet girl; budding young ballerina; **~röckchen** *n* tutu; **~schuh** *m* ballet shoe; **~schule** *f* ballet school; **~tänzer(in** *f*) *m* ballet dancer; **~truppe** *f* ballet company.

ballförmig *adj.* ball-shaped, spherical.

Ballführung *f Sport*: ball control.

Ballistik *f* ballistics *pl.* (*als Fach sg. konstr.*); **Ballistiker** *m* ballistics expert; **ballistisch** *adj.* ballistic(ally *adv.*).

Balljunge *m Tennis*: ball boy.

Ballkleid *n* ball dress.

Ball|künstler *m Sport*: wizard with the ball; **~mädchen** *n Tennis*: ball girl.

Ballon *m* **1.** balloon; **2.** (*Flasche*) carboy; *für Wein*: demijohn; **3.** F (*Kopf*) F noddle; ***er hat so e-n ~ gekriegt*** he went bright red; **~fahrer** *m* balloonist; **~fahrt** *f* balloon ride (*od.* trip); **~katheter** *m* ⚕ balloon catheter; **~reifen** *m* balloon tyre (*Am.* tire), F doughnut; **~sonde** *f* balloon probe.

Ballsaal *m* ballroom.

Ball|spiel *n* ball game; **~technik** *f* ball control; **~training** *n* training with the ball.

Ballung *f* agglomeration; *fig.* concentration, buildup.

Ballungs|gebiet *n*, **~raum** *m* conurbation; *der Industrie*: *etwa* (industrial) belt; *contp.* congested area; **~zentrum** *n* hub of a conurbation; population cent|re (*Am.* -er); *der Industrie*: cent|re (*Am.* -er) of industry.

Ball|wechsel *m Tennis*: rally; **~wurfmaschine** *f* ball thrower.

Balsam *m a. fig.* balm; *fig.* ***das ist ~ für m-e Seele*** *bsd. iro.* it soothes my troubled soul; ***j-m ~ auf die Wunde träufeln*** pour balm on s.o.'s wounds; **Balsamessig** *m* balsamic vinegar; **balsamieren** *v/t.* embalm; **balsamisch** *adj.* balsamic; *Duft*: *a.* balmy *fragrance*; (*lindernd*) soothing, balsamic.

Balte *m* person from the Baltic; ***die ~n*** the Baltic peoples; **baltisch** *adj.* Baltic; ***die 2en Länder*** the Baltic Nations.

Balustrade *f* balustrade.

Balz *f zo.* (*Werbung*) courtship; (*Paarung*) mating; (*~zeit*) mating season; **balzen** *v/i.* (*locken*) court, call; (*sich paaren*) mate.

Balz|ruf *m* mating call; **~verhalten** *n* mating (*od.* courtship) display *od.* behavio(u)r; **~zeit** *f* mating season.

Bambus *m* bamboo; **~rohr** *n* bamboo (cane); **~sprossen** *pl.* bamboo sprouts (*od.* shoots); **~stab** *m* (bamboo) cane; **~vorhang** *m* **1.** bamboo curtain; **2.** *fig. pol.* Bamboo Curtain.

Bammel F *m* → ***Schiss*** 2.

bammeln F *dial. v/i.* dangle.

banal *adj.* trite, banal; (*alltäglich*) run-of-the-mill ...; (*simpel*) very straightforward, F too simple to be true; ***ins 2e ziehen*** reduce to the banal; **banalisieren** *v/t.* trivialize; **Banalität** *f* **1.** banality, triteness, banal nature (*gen.* of); **2.** (*Bemerkung*) trite (*od.* banal) remark.

Banane *f* banana.

Bananen|buchse *f* ⚡ banana jack; **~dampfer** *m a. fig.* banana boat; **~republik** F *f* F banana republic; **~schale** *f* banana skin (*od.* peel); **~staude** *f* banana tree; **~stecker** *m* ⚡ banana plug.

Banause *m* ignoramus; philistine; **Banausentum** *n* cultural illiteracy; philistinism.

Band[1] *n* **1.** (*Mess2, Ton2, Ziel2*) tape; (*Schürzen2 etc.*) string; (*Hut2*) band; (*Farb2, Schmuck2, Ordens2*) ribbon; ***auf ~ aufnehmen*** tape, record; ***hast dus auf ~?*** have you got a tape of it?; ***auf ~ sprechen*** speak onto (a) tape, (*et.*) record *s.th.* onto (a) tape, tape *s.th.*; ***auf ~ diktieren*** dictate onto (a) tape; **2.** △ tie, bond; **3.** ⚙ (*Scharnier2*) metal strip; (*Förder2*) (conveyor) belt; (*Fließ2*) assembly (*od.* production) line; *fig.* ***am laufenden ~*** one after the other, (*pausenlos*) nonstop; ***wir hatten Schwierigkeiten am laufenden ~*** there were no end of problems, it was just one problem after another; ***er macht das am laufenden ~*** he does it more or less nonstop, *contp. a.* he (just) keeps on doing it; **4.** *anat.* (*Sehnen2, Gelenk2*) ligament; **5.** *Radio*: (wave)band; **6.** *fig.* bond(s *pl.*), ties *pl.*; ***das ~ der Ehe*** the bond of marriage; ***familiäre ~e*** family ties; ***das ~ der Liebe (Freundschaft)*** the bonds of love (the ties *od.* bond of friendship); **7.** *lit.* **~e** (*Fesseln*) bonds, fetters.

Band[2] *m* (*Buch2*) volume; F ***das spricht Bände*** that speaks volumes (F mouthfuls); ***darüber könnte man Bände schreiben*** that would fill volumes.

Band[3] *f* (*Musikgruppe*) band.

Bandage *f* bandage; ***j-m e-e ~ anlegen*** put a bandage on s.o., bandage s.o. up; *fig.* ***mit harten ~n kämpfen*** F go at it hammer and tongs (*od.* with a vengeance); **bandagieren** *v/t.* bandage (up), put a bandage on.

Band|archiv *n* tape library (*od.* archive); **~aufnahme** *f*, **~aufzeichnung** *f* tape recording; **~breite** *f Radio*: frequency range, bandwidth; *Statistik*: spread; *Börse*: fluctuation margin; *fig.* range; *bsd. von Wissen etc.*: spectrum.

Bande[1] *f* **1.** (*Verbrecher2 etc.*) gang, ring; **2.** F *contp.* F shower; **~ von ...** F bunch of ...; ***die ganze ~*** the whole lot (of them); ***e-e saubere ~!*** a fine (*od.* nice) lot!; ***das ist e-e ausgelassene ~!*** they're a lively lot (*od.* bunch).

Bande[2] *f* **1.** *Billard, Kegeln*: cushion; **2.** *Eishockey etc.*: boards *pl.*

Bandenchef *m* gang leader (*od.* boss), ringleader.

Bandendabschaltung *f* automatic shut-off.

Banden|führer *m* → ***Bandenchef***; **~krieg** *m* gang war(fare); **~kriminalität** *f* gang crime; **~mitglied** *n* member of a (*od.* the) gang.

Bandenwerbung *f* touchline (*od.* perimeter board) advertising.

Bandenwesen *n* gangs *pl.*; gangland.

Bänderdehnung *f* ⚕ stretched (*od.* pulled) ligament.

Banderole *f* **1.** revenue stamp; *Zigarre*: band; **2.** *Kunst*: scroll.

Bänder|riss *m* ⚕ torn ligament; **~zerrung** *f* ⚕ stretched (*od.* pulled) ligament.

Band|filter *m Radio*: band(-pass) filter; **~förderer** *m* belt conveyor; **~gerät** *n* reel-to-reel (tape recorder); **~geschwindigkeit** *f* tape speed; *beim Aufnehmen*: *a.* recording speed.

bändigen *v/t.* tame; (*Pferde*) break in; *fig.* restrain, (bring under) control; (*Naturkräfte*) harness, (bring under) control; (*Kinder etc.*) (get *od.* keep under) control; **Bändiger** *m* tamer; **Bändigung** *f* taming; *fig.* control; harnessing.

Bandit *m* bandit; *fig.* F crook; **Banditenwesen** *n* banditry.

Band|keramik *f* band ceramics *pl.*; **~maß** *n* measuring tape; **~montage** *f* line assembly; **~nudeln** *pl.* tagliatelle, ribbon noodles; **~rauschen** *n* tape noise (*od.* hiss); **~riss** *m* tape break; **~säge** *f* band saw; **~salat** F *m* chewed-up tape, F spaghetti.

Bandscheibe *f anat.* (intervertebral) disc.

Bandscheiben|schaden *m* damaged disc; **~vorfall** *m* slipped disc.

Bandsortenschalter *m Tonband*: tape select(or) switch.

Bandspeicher *m Computer*: magnetic tape storage.

Bandwurm *m* tapeworm; **~satz** F *fig. m* endless sentence.

bang(e) *adj. pred.* anxious (**um** about); (*besorgt*) worried (about); ***ihm ist ~e (vor)*** *a.* he's afraid (*od.* scared, frightened) (of); ***~e Ahnung*** foreboding, awful feeling; ***~es Gefühl*** uneasy feeling; ***e-e ~e Stunde*** an hour of anxious waiting (*od.* suspense *etc.*); ***e-e ~e Sekunde (lang)*** for one dreadful (*od.* awful) moment; **Bange** *f*: ***keine ~!*** don't (you) worry; ***keine ~, wir schaffen das schon!*** *a.* we'll manage it, no fears; ***j-m ~ machen*** frighten s.o.; F ***~ machen gilt nicht!*** a) you can't scare me, b) don't be such a coward; **bangen** *v/i. u. v/refl.*: **(sich) ~ um** be worried about; ***um sein Leben ~*** fear for one's life; ***mir bangt es vor ...*** I'm frightened (*od.* scared) of *od.* about, I'm afraid of.

Bangladescher(in *f*) *m*, **bangladeschisch** *adj.* Bangladeshi.

Banjo *n* banjo.

Bank[1] *f* **1.** (*Sitz2*) bench, seat; (*Schul2*) desk; (*Kirchen2*) pew; ***in der vordersten ~*** in the front row; F ***durch die ~*** right down the line, every one of them, F the whole lot (of them); ***auf die lange ~ schieben*** put off, shelve *s.th.* for the time being; ***vor leeren Bänken spielen*** play before an empty house; ***vor leeren Bänken predigen*** preach to an empty church, *fig.* talk to the wind; **2.** ⚙ (*Werk2*) (work)bench; → ***Drehbank, Hobelbank***; **3.** *geol.* layer, bed, stratum; → ***Sandbank.***

Bank[2] *f* **1.** ☤ bank; *Geld* ***auf der ~*** in the bank; ***auf die ~ gehen*** go to the bank; *Konto* ***bei der ~*** at (*od.* with) the bank; ***bei e-r ~ sein*** work for a bank; **2.** *bei Glücksspielen*: bank; ***die ~ halten*** hold the bank; ***die ~ sprengen*** break the bank; **~angestellte(r)** *m* bank employee; ***~ sein*** *a.* work for a bank; **~anleihe** *f* bank loan; **~anweisung** *f* banker's order; **~auftrag** *m* standing order; **~automat** *m* cash dispenser (F machine), autoteller; *formell*: automated teller machine, ATM; F hole in the wall; **~darlehen** *n* bank loan; **~direktor** *m* bank manager; **~einbruch** *m* bank raid (*od.* robbery), raid on a bank, break-in at a bank; **~einlage** *f* (bank) deposit.

Bänkel|lied *n* (street) ballad; **~sänger** *m hist.* roving minstrel; *moderner*: balladeer.

Banken|aufsicht *f* bank supervision; **~konsortium** *n* banking syndicate, bank group.

Banker *m* banker; *weitS.* financier.

Bankert *dial. m* **1.** brat; **2.** illegitimate child.

Bankett *n* **1.** banquet; ***auf e-m ~*** at a banquet; ***ein ~ geben*** hold (*od.* throw) a banquet; **2.** (*a.* **Bankette** *f*) *Straßenbau*: shoulder; (*Grundmauer*) base course; ***~ nicht befahrbar*** soft verges (*Am.* shoulder).

Bankfach *n* **1.** banking (business); **2.** (*Stahlfach*) safe(-deposit) box.

bankfähig *adj.* bankable, eligible, negotiable; **Bankfähigkeit** *f* bankability, eligibility, negotiability.

Bank|filiale *f* branch bank; **~gebäude** *n* bank; **~geheimnis** *n* banking secrecy; **~geschäft** *n* banking transaction; **~gesellschaft** *f* banking corporation; **~gewerbe** *n* banking industry; **~guthaben** *n* bank balance; (*Bar*2) cash in the bank; **~halter** *m Spielbank*: banker; **~haus** *n* banking house.

Bankier *m* banker; *weitS.* financier.

Bank|kauffrau *f*, **~kaufmann** *m* (qualified) bank employee; **~konto** *n* bank account; **~konzern** *m* banking group; **~krach** *m* bank crash; **~kredit** *m* bank loan; **~kreise** *pl.* banking circles, *the* banking community *sg.*; **~kunde** *m* bank customer; **~lehre** *f* bank traineeship; **~leitzahl** *f* ☤ (bank) sort code (number), *Am.* A.B.A. (*od.* routing) number; **~note** *f* (bank) note, *Am.* (bank) bill.

Banknoten|ausgabe *f* note issue; **~fälschung** *f* forgery of bank notes.

Bank|provision *f* banking commission; **~rate** *f* official discount rate; **~raub** *m* bank robbery; **~räuber** *m* bank robber; **~recht** *n* banking laws *pl.*; **~reserven** *pl.* bank reserves.

Bankrott I. *m* bankruptcy (*a. fig.*); (business) failure; ***den ~ erklären*** file for bankruptcy; ***~ gehen, ~ machen*** go bankrupt, F go bust; ***vor dem ~ stehen*** face (*od.* be on the verge of) bankruptcy; *fig.* ***es bedeutete den politischen (wirtschaftlichen) ~*** it spelt out political bankruptcy (the complete breakdown of the economy); **II.** 2 *adj.* **1.** bankrupt; F (*abgebrannt*) F (stony) broke; ***j-n ~ machen*** drive s.o. bankrupt, bankrupt s.o.; ***sich (für) ~ erklären*** declare o.s. bankrupt, file for bankruptcy; **2.** *fig. moralisch, emotional etc.*: bankrupt; ***innerlich ~*** crushed, devastated; **Bankrotterklärung** *f a. fig.* declaration of bankruptcy; **Bankrotteur** *m* bankrupt; (*Firma*) bankrupt firm.

Bank|saldo *m* bank balance; **~schalter** *m* (bank) counter *od.* window; **~scheck** *m* banker's cheque (*Am.* check); **~schließfach** *n* safe(-deposit box); **~spesen** *pl.* bank(ing) charges; **~tresor** *m* bank('s) vault; **~überfall** *m* bank raid (*od.* robbery), raid on a bank; **~überweisung** *f* bank transfer; **~verbindung** *f* **1.** (*Konto*) bank account; **2.** *e-r Bank*: correspondent; **~verkehr** *m* banking business, interbank dealings *pl.*; **~wesen** *n* (world of) banking; **~wirtschaft** *f* banking industry.

Bann *m* **1.** *hist.* banishment; (*Kirchen*2) excommunication; ***in den ~ tun, mit dem ~ belegen*** banish, outlaw, *kirchlich*: excommunicate, *gesellschaftlich*: ostracize, *geschäftlich*: boycott; **2.** *fig.* (*Zauber*) charm, spell; ***unter dem ~ stehen von*** (*e-r Person*) be (*od.* have come) under the spell *od.* sway of, (*Musik etc.*) be spellbound by, be under the spell of, (*Alkohol etc.*) be in the grip of; ***in j-s ~ geraten*** come under s.o.'s spell; ***in den ~ der Musik*** *etc.* ***geraten*** be enthralled (*od.* spellbound) by the music *etc.*; ***in den ~ von Alkohol geraten*** become a slave to alcohol (*od.* the demon drink); ***in ~ schlagen*** captivate, spellbind; ***in ~ halten*** have *s.o.* spellbound; ***endlich war der ~ gebrochen*** the ice had broken at last; **bannen** *v/t.* **1.** banish (*a. fig.*); (*Gefahr*) avert, ward off; (*böse Geister*) exorcize, cast out; *eccl.* excommunicate; **2.** *fig.* (*fesseln*) captivate, transfix, spellbind; → ***gebannt***; **3.** ***et. auf den Film (das Band*** *etc.*) ~ capture s.th. on film (tape *etc.*).

Banner *n* banner (*a. fig.*), standard; **~träger** *m* standard-bearer (*a. fig.*).

Bann|fluch *m hist.* excommunication; ***j-n mit dem ~ belegen*** excommunicate s.o.; **~kreis** *fig. m* sphere of influence, spell; ***in j-s ~ geraten*** come under s.o.'s sway (*od.* spell); **~meile** *f* **1.** *hist.* precincts *pl.*; **2.** *e-s Staatsgebäudes*: neutral zone.

Bantamgewicht *n*, **Bantamgewichtler** *m Sport*: bantamweight.

Bantamhuhn *n* bantam.

Bantu *m* Bantu; **~sprache** *f* Bantu language; **~volk** *n* Bantu people (*od.* tribe).

Baptist *m* baptist.

Baptisterium *n* baptistry.

baptistisch *adj.* Baptist.

bar *adj.* **1.** ***~es Geld*** (ready) cash; ***(in) ~ bezahlen*** pay cash; ***gegen ~*** for cash; ***zahlen Sie ~ oder mit Scheck?*** is it cash or cheque (*Am.* check)?; **2.** (*echt*) pure *gold*; → ***Münze***; *contp. a.* downright; ***~er Unsinn*** sheer (*od.* utter) nonsense; **3.** (*e-r Sache*) devoid of, lacking in; ***~ jeglichen Gefühls*** totally lacking (in) any feeling; **4.** *obs.* ***~en Hauptes*** bareheaded.

Bar[1] *f* bar (*a. Theke*); nightclub; *im Schrank etc.*: drinks cabinet; ***in e-e ~ gehen*** go to a bar; ***an der ~*** at the bar.

Bar[2] *n phys.* (*Luftdruckeinheit*) bar.

Bär *m* **1.** bear; ***schlafen wie ein ~*** sleep like a log; → ***aufbinden***; **2.** *ast.* ***der Große (Kleine) ~*** the Great (Little) Bear, Ursa Major (Minor), F the Big (Little) Dipper.

Bar|abfindung *f*, **~abgeltung** *f* cash settlement; **~abhebung** *f* cash withdrawal.

Baracke *f* hut; *bsd. contp.* shack; ***elende ~*** hovel.

Baracken|lager *n* hut camp; **~siedlung** *f* shantytown, slums *pl.*

Bar|ausgaben *pl.* cash expenditure *sg.*; **~ausgleich** *m* cash settlement; **~auslagen** *pl.* cash outlays (*od.* outlay *sg.*); **~ausschüttung** *f* cash dividend; **~auszahlung** *f* cash payment.

Barbadier(in *f*) *m*, **barbadisch** *adj.* Barbadian.

Barbar *m* barbarian (*a. fig. contp.*); **Barbarei** *f* barbarism, savagery; (*barbarische Tat*) barbarity, savage act; **Barbarentum** *n* barbarism; **barbarisch I.** *adj.* barbaric, barbarous (*a. fig. contp.*); *Volk etc.*: barbarian; (*grausam*) savage, cruel; (*brutal*) brutal; F (*schlimm*) dreadful; F ***ich habe e-n ~en Hunger*** I'm ravenous, I could eat a horse; **II.** *adv.*: ***sich ~ benehmen*** behave like a barbarian (*od.* barbarians); F ***~ stinken*** *etc.* F smell *etc.* something awful; **barbarisieren** *v/t.* barbarize.

Barbe *f zo.* barbel.

bärbeißig *adj.* surly.

Bar|bestand *m* cash in hand; *e-r Bank*: cash reserve(s *pl.*); **~betrag** *m* cash sum; **~bezüge** *pl.* remuneration *sg.* in cash.

Barbiturat *n* barbiturate.

Barbitursäure *f* barbituric acid.

barbusig *adj.* bare-bosomed, topless.

Bardame *f* barmaid.

Barde *m hist. u. iro.* bard.

Bar|depot *n* cash deposit; **~dividende** *f* cash dividend (*od.* bonus); **~eingänge** *pl.* cash receipts; **~einlage** *f* cash deposit; **~einnahmen** *pl.* cash receipts.

Bärendienst *m*: ***j-m e-n ~ erweisen*** do s.o. a bad turn; ***da hast du mir e-n ~ geleistet!*** *iro.* that was a great help.

Bärendreck *dial. m* liquorice.

Bärenfell *n* bearskin; **~mütze** *f* bearskin (hat); *Brit.* ⚔, *hohe*: bearskin (cap), busby.

bärenhaft *adj.* (*schwerfällig*) lumbering; ***~e Gestalt*** (great) hulk.

Bären|hatz *f* bear-baiting; **~haut** *f* bearskin; *fig.* ***auf der ~ liegen*** laze around, have a lazy time of it.

Bären|hunger *m*: ***ich habe e-n ~*** I'm ravenous, I could eat a horse; **~jagd** *f* bear-baiting (*od.* -hunting), bear hunt; **~kraft** *f a. pl. the* strength of a horse; Herculean strength; ***e-e ~*** (*od.* ***Bärenkräfte***) ***haben*** *a.* be as strong as an ox; **~mütze** *f* bearskin (hat); **~natur** *f the* constitution of a horse.

bärenstark *adj.* **1.** (as) strong as an ox; **2.** F *fig.* (*toll*) F great, *pred. a.* brill.

Bar|erlös *m*, **~ertrag** *m* cash (*od.* net) proceeds *pl.*

Barett *n* beret; *e-s Richters etc.*: biretta, cap.

barfuß I. *adj.* barefoot(ed); **II.** *adv.* barefoot; ***~ herumlaufen*** *a.* run around with nothing on one's feet; **Barfußarzt** *m* barefoot doctor; **barfüßig** *adj.* barefoot(ed).

Bargeld *n* cash; **bargeldlos** *adj.* cashless; ***~er Zahlungsverkehr*** (payment by) money transfer; ***~er Einkauf*** cashless shopping.

barhäuptig *adj.* bareheaded; *a. adv.* without a hat on.

Barhocker *m* bar stool.

bärig *dial. adj.* great, fantastic.

Bärin *f* she-bear.

Bariton *m* baritone (*a. Sänger*); ***den ~ singen*** sing baritone, be the baritone.

Barkasse *f* ⚓ (motor) launch.

Barkauf *m* cash purchase.

Barke *f* ⚓ rowing boat; *poet.* barque.

Barkeeper *m* barman, bartender.

Barkredit *m* cash credit.

Bärlapp *m* ⚘ club moss.

Barleistung *f* cash payment.

barmherzig *adj.* (*mitleidig*) compassionate, kind-hearted; (*mildtätig*) charitable; (*gnädig*) merciful (***gegen*** to[wards]); ***~ sein gegen*** (*od.* ***mit***) *a.* have mercy on; → ***Samariter***; **Barmherzigkeit** *f* compassion; charity; mercy.

Barmittel *pl.* cash *sg.*, cash resources.

Barmixer *m* barman, bartender.

barock I. *adj.*, *a. in Zssgn* **Barock...** baroque (*a. fig.*), Baroque; **II.** 2 *m*, *n* **1.** (*~zeit*) Baroque (period, era, age); **2.** (*~stil*) baroque *od.* Baroque (style).

Barometer *n* barometer (*a. fig.* ***für*** of); ***das ~ steht hoch (tief)*** the barometer is high (low); *fig.* ***das ~ steht auf Sturm*** there's a storm brewing; **~stand** *m* barometer reading; barometric pressure; ***den ~ ablesen*** read the barometer;

~sturz *m* sudden drop in (atmospheric) pressure.
Baron *m* baron; **Baronesse** *f*, **Baronin** *f* baroness.
Bar|preis *m* cash price; **~reserven** *pl.* cash reserves.
Barrakuda *m* barracuda.
Barras F *m*: ***beim ~*** in the army, (*Wehrdienst*) *a.* doing one's national service; ***er muss zum ~*** he's got his conscription papers, he's been called up (for national service).
Barren *m* **1.** (*Gold*~ *etc.*) bar, ingot; *pl. a.* bullion *sg.*; **2.** (*Turngerät*) parallel bars *pl.*; **~gold** *n* gold bullion.
Barriere *f* barrier (*a. fig.*).
Barrikade *f* barricade; ***auf die ~n steigen*** (*od.* ***gehen***) *a. fig.* mount the barricades (***für*** for); **Barrikadenkämpfe** *pl.* street battles (*od.* fighting *sg.*).
barsch *adj.* gruff, brusque (***gegen*** towards), short (with); ***~e Antwort*** gruff (*od.* curt) reply.
Barsch *m zo.* perch.
Barschaft *f* ready money, F cash; ***m-e ganze ~ beläuft sich auf ...*** I have on me a total of ...
Barscheck *m* cash cheque (*Am.* check).
Barschheit *f* gruffness, brusqueness; gruff (*od.* brusque) manner.
Bart *m* **1.** beard; *e-r Katze etc.*: whiskers *pl.*; *ein Mann* ***mit ~*** with a beard; ***e-n ~ tragen*** have (*stolz*: sport) a beard; ***sich e-n ~ stehen lassen*** grow a beard; *fig.* ***in den ~ brummen*** mumble to o.s.; ***j-m um den ~ gehen*** F soft-soap s.o.; F ***das hat ja so e-n ~!*** F that's as old as the hills; F ***der ~ ist ab!*** that's done it; **2.** (*Schlüssel*~) bit, ward; **~flechte** *f* **1.** ⚕ shaving rash; **2.** ⚘ beardmoss; **~haar** *n* **1.** *einzelnes*: hair from s.o.'s beard; **2.** ***~e*** beard.
bärtig *adj.* bearded.
bartlos *adj.* clean-shaven.
Bart|stoppeln *pl.* stubble *sg.*; **~träger** *m*: ***~ sein*** have a beard; **~wuchs** *m*: ***er hat e-n starken*** (***schwachen***) ***~*** he has a strong (slow) growth of beard, he has to shave a lot (he doesn't have to shave very often).
Bar|überweisung *f* cash transfer; **~vergütung** *f* cash imbursement; **~verkauf** *m* cash sale; **~vermögen** *n* cash assets *pl.*; **~wert** *m* cash value.
Barzahlung *f* cash payment; (***Verkauf***) ***nur gegen ~*** cash terms only; **Barzahlungsrabatt** *m* cash discount.
basal *adj.* basal.
Basalt *m* basalt.
Basalwert *m* basal value.
Basar *m* bazaar.
Base[1] *obs. f* (female) cousin.
Base[2] *f* ⚗ base.
Baseball|mütze *f* baseball cap; **~schläger** *m* baseball bat.
Basedowkrankheit *f* Basedow's disease; F protruding eyes *pl.*
basieren *v/i.*: ***~ auf*** be based on; *Theorie etc.*: *a.* be founded on.
Basilika *f* basilica.
Basilikum *n* ⚘ basil.
Basilisk *m* basilisk.
Basis *f* △, ⚗, ⚔ base; (*Grundlage*) basis, foundation; *pol.* grassroots *pl.*; *in der Partei*: rank and file; ***auf breiter ~*** on a broad basis; ***auf gesunder ~*** on a sound basis; ***auf gleicher ~*** on equal terms, on an equal footing; ***auf solider ~*** on a solid (*od.* firm) footing; ***auf der ~ von ... beruhen*** be founded on ...; **~arbeit** *f* constituency-level work.
basisch *adj.* ⚗ basic; ***ein~*** monobasic; ***zwei~*** dibasic.
Basis|demokratie *f* grassroots democracy; **~einkommen** *n* basic income; **~lager** *n* base camp; **~wissen** *n* basics *pl.*; **~zins** *m* base interest rate.
Baske *m* Basque; **Baskenmütze** *f* beret.
Basketball *m* basketball.
baskisch *adj.* Basque.
Basrelief *n* bas-relief.
bass *obs. adv.*: ***~ erstaunt*** most surprised.
Bass *m* ♪ **1.** (*Stimme*) bass (voice); **2.** (*Sänger*) bass (singer); **3.** (*Partie*) bass (part); **4.** (*Instrument*) double bass; (*~gitarre*) bass; **~anhebung** *f* bass lift; **~bariton** *m* bass baritone; **~begleitung** *f* bass accompaniment; **~geige** *f* double bass; **~gitarre** *f* bass guitar.
Bassin *n* **1.** tank; **2.** (*Schwimm*~) pool.
Bassist *m* **1.** bass (singer); **2.** bass player; *im Orchester*: (double) bass player.
Bass|klarinette *f* bass clarinet; **~partie** *f* bass (part); **~regler** *m* bass control; **~schlüssel** *m* bass clef; **~stimme** *f* → ***Bass*** 1 *u.* 3.
Bast *m* **1.** raffia; **2.** ⚘ bast, phloem; **3.** *am Geweih*: velvet.
basta *int.* that's enough (of that)!; ***und damit ~!*** and that's that!
Bastard *m* **1.** ⚘ hybrid; **2.** *zo.* crossbreed; (*Hund*) mongrel; ***ein ~ zwischen ... und ...*** a cross between a ... and a ...; **bastardieren** *v/t.* hybridize.
Bastei *f* bastion.
Bastelarbeit *f* handicraft(s *pl.*); F making things.
basteln I. *v/t.* **1.** make; **II.** *v/i.* **2.** do handicrafts; ***er bastelt gern*** he likes to do things with his hands (*od.* make things); ***mit Holz*** (***Papier*** *etc.*) ***~*** make things out of wood (paper *etc.*); **3.** ***~ an*** tinker around with; **III.** ~ *n* handicrafts *pl.*; F making things.
Bastion *f a. fig.* bastion, bulwark.
Bastler *m*: ***er ist ein leidenschaftlicher*** (***guter***) ***~*** he loves to make things (he's good at making things *od.* doing things with his hands).
Bastseide *f* raw silk.
Bataillon *n* battalion.
Bataillons|chef *m*, **~führer** *m* battalion leader.
Bathysphäre *f* bathysphere.
Batik *m, f* batik.
Batist *m* cambric, batiste.
Batschen *dial. m* puncture, flat tyre (*Am.* tire).
Batterie *f* **1.** battery; ***mit ~ betreiben*** run on batteries (*od.* a battery); **2.** ⚔ battery; **3.** F *fig. von Flaschen etc.*: battery, array; **~anzeiger** *m* battery meter; **~betrieb** *m* battery operation; ***mit ~*** → ***~betrieben*** *adj.* battery-operated; **~fach** *n* battery compartment; **~gerät** *n* battery-operated device; ***es ist ein ~*** *a.* it runs on batteries; **~huhn** *n* battery hen; **~ladegerät** *n* battery charger; **~spannung** *f* voltage; **~uhr** *f* battery watch (*od.* clock).
Batzen *m* **1.** *Erde etc.*: clump; **2.** F ***es hat e-n ~ Geld gekostet*** F it put me back a few bob; ***sie verdient e-n ~ Geld*** F she's raking it in; ***das ist ein ~ Geld*** F that's a tidy (little) sum.
batzig *dial. adj.* muddy; slushy.
Bau *m* **1.** (*Vorgang*) construction; ***im ~*** under construction, being built; **2.** (*Gebäude*) building; **~ten** *Film*: setting *sg.*; **3.** ⚙ design, (*a. Aufbau*) structure; **4.** → ***Baugewerbe***; ***er ist beim ~, er arbeitet auf dem ~*** he's a building worker, he's in the building trade; F *fig.* ***er ist vom ~*** he's an expert; **5.** → ***Baustelle***; **6.** *zo.* (*Dachs*~) earth, (*Fuchs*~) *a.* den; (*Kaninchen*~) burrow; (*Biber*~) lodge; **7.** *sl.* ⚔ guardhouse; ***fünf Tage ~*** five days in the guardhouse; **8.** (*Körper*~) build; **~abschnitt** *m* construction (*od.* building) stage; **~amt** *n* building authorities *pl.*; **~anleitung** *f* construction manual; **~arbeiten** *pl.* construction work *sg.*; *Straße*: roadworks; **~arbeiter** *m* building (*od.* construction) worker, labo(u)rer on a building site, F hard hat; **~art** *f* style (of construction); ⚙ design; (*Typ*) type, model; **~aufsichtsbehörde** *f* construction supervising body; **~beginn** *m* start of construction (work); **~behörde** *f* building authority; **~bewilligung** *f* planning permission; **~biologie** *f* organic architecture; **~boom** *m* building (*od.* construction) boom.
Bauch *m* stomach, F tummy; *anat.* abdomen; *dicker*: paunch, pot-belly; *fig.* (*Wölbung*) bulge, (*a. e-r Geige, e-s Schiffs etc.*) belly; ***auf dem ~ liegen*** lie on one's stomach, lie face down; ***mit vollem*** (***leerem***) ***~*** on a full (an empty) stomach; ***ich hab seit heute morgen nichts im ~*** I haven't eaten a thing since this morning; *fig.* ***sich den ~ halten vor Lachen*** split one's sides laughing, F roll with laughter; ***auf den ~ fallen*** F fall flat on one's face; ***vor j-m auf dem ~ kriechen*** crawl (F toady up) to s.o.; ***ich hab mir die Füße*** (*od.* ***Beine***) ***in den ~ gestanden*** I stood till I dropped; ***ich hab e-e Wut im ~*** I'm ready to explode; F ***aus dem ~ heraus reagieren*** act on instinct; ***ich hab aus dem ~ heraus reagiert*** *a.* F it was a gut reaction; F ***aus dem hohlen ~*** *reden etc.*: F off the top of one's head; F ***es geht*** (***direkt***) ***in den ~*** F it really hits you; → ***Loch***; **~ansatz** *m* beginnings *pl.* of a paunch, F bit of a spare tyre (*Am.* tire); **~atmung** *f* abdominal breathing; **~binde** *f* **1.** abdominal bandage; **2.** *um e-e Zigarre, ein Buch*: band; **~decke** *f* abdominal wall.
Bauchfell *n* peritoneum; **~entzündung** *f* peritonitis.
Bauchfleck *östr. m* belly flop.
Bauchflosse *f* ventral fin.
Bauchhöhle *f* abdominal cavity; **Bauchhöhlenschwangerschaft** *f* extra-uterine pregnancy.
bauchig *adj.* bulbous.
Bauch|klatscher F *m* F belly flop; **~knöpfchen** *n Kindersprache*: belly button; **~laden** F *m* vendor's tray; **~landung** *f* F belly landing; *ins Wasser*: *a.* F belly flop; ***e-e ~ machen*** land on one's belly, do a belly landing (*ins Wasser*: *a.* F belly flop), *fig.* F fall flat on one's face; **~muskeln** *pl.*, **~muskulatur** *f* stomach muscles (*pl.*); **~nabel** *m* navel; **~pinseln** F *v/t.* → ***gebauchpinselt***; **~redekunst** *f* (art of) ventriloquism; **~redner** *m* ventriloquist; **~schmerzen** *pl.* stomach-ache *sg.*; ***~ haben*** have a stomach-ache; **~schuss** *m* stomach wound; **~speicheldrüse** *f* pancreas; **~tanz** *m* belly dance (*od.* dancing); **~tänzerin** *f* belly dancer; **~tasche** *f zo.* pouch; **~weh** F *n* → ***Bauchschmerzen.***
Bau|denkmal *n* historic (architectural) monument; **~element** *n* **1.** construction

element; **2.** architectural element (*od.* component).

bauen I. *v/t.* **1.** build; (*errichten*) erect; **2.** (*herstellen*) make, build, ⚙ *a.* construct; **3.** F *fig.* (*ein Examen*) take; ***e-n Unfall ~*** have an accident; → ***Mist*** 3; **4.** *fig.* ***s-e Hoffnungen*** *etc.* ***~ auf*** base one's hopes *etc.* on; **II.** *v/i.* **5.** build; (*ein Eigenheim ~*) build a house; ***~ an*** work on; **6.** *fig.* ***~ auf*** (*sich verlassen auf*) count on, depend on.

Bauer[1] *m* **1.** farmer; **2.** *contp.* peasant; **3.** *Schach*: pawn; *Kartenspiel*: jack.

Bauer[2] *n* (*Vogel≈*) (bird)cage.

Bäuerchen F *n*: ***ein ~ machen*** *Baby*: F do (*od.* bring up) its windies.

Bäuerin *f* **1.** (woman) farmer; **2.** farmer's wife.

bäuerlich *adj.* rural; *Stil etc.*: rustic.

Bauern|brot *n* (coarse) brown bread; **~bursche** *m* country lad; **~dorf** *n* farming village.

Bauernfang *m*: ***auf ~ ausgehen*** F go out on the con game; **Bauernfänger** *m* F con man; **Bauernfängerei** *f* F con (game).

Bauern|frühstück *n fried potatoes, ham and scrambled eggs*; **~gut** *n* farm(stead); **~haus** *n* farmhouse; **~hochzeit** *f* country wedding; **~hof** *m* farm; **~krieg** *m hist.* Peasants' War; *in England*: Peasants' Revolt; **~lümmel** *m* country yokel, *Am.* F hick; **~mädchen** *n* country girl; **~magd** *f* farmgirl; **~möbel** *pl.* rustic furniture *sg.*; **~opfer** *n Schach u. fig.* sacrificing a pawn; ***ein ~ bringen*** sacrifice a pawn; **~regel** *f* (piece of) country lore; *pl.* country lore *sg.*; **~schläue** *f* cunning, shrewdness; **~stand** *m* farmers *pl.*; *bsd. hist.* peasantry; **~stube** *f* **1.** room in a farmhouse; **2.** *Stil*: rustic(-style) room; **~theater** *n* rural folk theat|re (*Am. a.* -er).

Bau|erwartungsland *n* development site; **~fach** *n* **1.** architecture; **2.** building trade; **~fachmann** *m* construction expert.

baufällig *adj.* dilapidated, ramshackle; **Baufälligkeit** *f* dilapidated state; (state of) dilapidation.

Bau|finanzierung *f* construction financing; financing of the (*od.* a) building project; **~firma** *f* construction company, (firm of) builders and contractors *pl.*; **~flucht** *f* alignment; **~führer** *m* site manager; **~führung** *f* site management; **~gelände** *n* development area (*od.* site); (*Baustelle*) building site; **~genehmigung** *f* planning permission; **~genossenschaft** *f* cooperative building association; **~gerüst** *n* scaffolding; **~gesellschaft** *f* construction company; **~gewerbe** *n* building trade; **~grube** *f* construction pit, excavation (pit); **~grund** *m* **1.** (*Gelände*) development site; **2.** → **~grundstück** *n* site, (building) plot; **~gruppe** *f* ⚙ assembly; **~handwerk** *n* building trade.

Bauherr *m* builder-owner; *größerer*: (property) developer; **Bauherrenmodell** *n* builder's (*od.* builder-owner) model.

Bau|holz *n* (building) timber; **~hütte** *f* builders' hut; **~industrie** *f* building (*od.* construction) industry; **~ingenieur** *m* civil engineer; **~jahr** *n* construction year; ***~ 1990*** 1990 model; ***der Wagen*** *etc.* ***ist ~ 53*** it's a 1953 model.

Baukasten *m* box of bricks; (*Stabil≈*) construction kit (*od.* set); **~prinzip** *n* modular (assembly) concept; **~system** *n* modular (assembly) system.

Bauklotz *m* building brick; F ***da staunt man Bauklötze(r)*** it's absolutely amazing.

Baukosten *pl.* building costs; *weitS.* production costs; **~zuschuss** *m* building subsidy.

Bau|kran *m* construction crane; **~kunst** *f* architecture; **≈künstlerisch** *adj.* architectural; **~land** *n* development area; **~leiter** *m* site manager; **~leitung** *f* site management.

baulich *adj.* architectural; structural; ***in gutem*** (***schlechtem***) ***~en Zustand*** in good (bad) repair; ***~e Sünde*** architectural eyesore, unsightly development, F blot on the landscape, carbuncle.

Baulichkeiten *pl.* buildings, architecture *sg.*

Bau|löwe F *m* property giant; **~lücke** *f* vacant lot, empty site.

Baum *m* tree; *fig.* ***der ~ der Erkenntnis*** the tree of knowledge; ***es ist dafür gesorgt, dass die Bäume nicht in den Himmel wachsen*** there's a limit to everything(, I suppose); ***zwischen ~ und Borke stecken*** be between the devil and the deep blue sea; F ***es ist, um auf die Bäume zu klettern*** it's enough to drive you up the wall; → ***ausreißen*** 1.

Bau|markt *m* **1.** ♆ property market; **2.** (*Warenhaus*) DIY store; **~maschinen** *pl.* construction equipment *sg.*; **~maßnahmen** *pl.* building operations; **~material** *n* building material(s *pl.*).

Baum|bestand *m* stock of trees, tree population; **~blüte** *f* **1.** blossoming of a tree; **2.** (*Zeit*) flowering season.

Bäumchen *n* small (*od.* little) tree.

Baum|chirurg *m* tree surgeon; **~chirurgie** *f* tree surgery.

Baumeister *m* **1.** *auf dem Bau*: master builder; **2.** (*Architekt*, *a. fig.*) architect.

baumeln *v/i.* **1.** dangle, swing (***an*** from); ***mit den Beinen ~*** dangle one's legs; **2.** F (*am Galgen ~*) F swing.

bäumen *v/t. u. v/refl.* (***sich ~***) → ***aufbäumen.***

Baum|farn *m* ⚘ treefern; **~fäule** *f* dry rot; **~flechte** *f* ⚘ lichen, tree moss; **~frevel** *m* wil(l)ful damaging of trees; **~garten** *m* orchard; **~grenze** *f* treeline, timberline; **~gruppe** *f* clump of trees; **~haus** *n* tree-house; **~hecke** *f* hedge of trees; **≈hoch** *adj.* (as) tall as a tree (*od.* trees); **~krone** *f* treetop; **~kuchen** *m* pyramid cake; **≈lang** *adj.* giant ...; *pred.* (as) tall as a lamppost; **~läufer** *m zo.* (tree) creeper.

baumlos *adj.* treeless.

Baum|marder *m* pine marten; **~pflanzung** *f* tree nursery; **≈reich** *adj.* densely wooded; **~riese** *m* giant tree; **~rinde** *f* bark (of a *od.* the tree); **~schere** *f*: (***e-e ~*** a pair of) pruning shears *pl.*; **~schule** *f* (tree) nursery; **~schwamm** *m* ⚘ agaric; **~stamm** *m* (tree) trunk; *gefällter*: log; **≈stark** *adj.* (as) strong as an ox; **~sterben** *n* dying (off) of trees (*od.* forests), forest deaths *pl.*; **~stumpf** *m* (tree) stump; **~stütze** *f* tree prop; **~wipfel** *m* treetop.

Baumwolle *f* cotton; **baumwollen** *adj.* cotton.

Baumwoll|garn *n* (sewing) cotton; **~hemd** *n* (100%) cotton shirt; **~industrie** *f* cotton industry; **~pflanzer** *m* cotton planter; **~pflücker** *m* cotton picker; **~plantage** *f* cotton plantation; **~spinnerei** *f* cotton mill; **~staude** *f* cotton plant; **~stoff** *m* cotton; **~strauch** *m* cotton plant.

Baumwurzel *f* tree root.

Bau|norm *f* building standard(s *pl.*); **~objekt** *n* building (*od.* construction) project; **~ordnung** *f* building regulations *pl.*; **~plan** *m* architect's plan; ⚙ blueprint; **~planung** *f* project planning; **~platz** *m* site, (building) plot; **~preis** *m* building costs *pl.*; **~programm** *n* building (*od.* construction) program(me); **~projekt** *n* building (*od.* construction) project; **~rat** *m* government building surveyor; **~recht** *n* building regulations *pl.*; **≈reif** *adj.* ⚙ developed; ▲ ready for building; **~reihe** *f* (production) series; **~rezession** *f* slump in the building (*od.* construction) industry; **~ruine** *f* half-finished (*od.* abandoned) building; **~saison** *f* building season; **~satz** *m* construction kit.

Bausch *m* wad (*a.* ✻ *Watte≈*), ball; *fig.* ***in ~ und Bogen*** lock, stock and barrel; **Bauschärmel** *pl.* puff sleeves; **bauschen I.** *v/i. u. v/refl.* (***sich ~***) billow; **II.** *v/t.* puff out; (*Segel*) swell; **bauschig** *adj.* puffed out.

Bau|schlosser *m* building fitter; **~schutt** *m* rubble (from a building site); **~sektor** *m* building sector.

bausparen *v/i.* save with a building society; **Bausparen** *n* saving with a building society (*od.* with building societies); **Bausparer** *m* building society investor; **Bausparkasse** *f* building society; **Bausparvertrag** *m* building society savings agreement.

Baustatik *f* architectural statics *pl.* (*als Fach sg. konstr.*); **baustatisch** *adj.* statical; ***~e Berechnung*** stress analysis.

Bau|stein *m* brick (*a. Spiel≈*); (*Gestein*) stone; *fig.* element, component; ***elektronischer ~*** electronic chip; (*Beitrag*) important contribution; **~stelle** *f* building site; *auf Straßen*: roadworks *pl.*; **~stil** *m* (architectural) style; **~stoff** *m* **1.** building material; **2.** *biol.* nutrient; **~stopp** *m* building freeze; ***e-n ~ verordnen*** halt building (works); **~substanz** *f* structural fabric; *e-r Stadt*: architectural fabric (*od.* core); **~tätigkeit** *f* building (activity).

Bautechnik *f* constructional engineering; *konkret*: building technique; **Bautechniker** *m* constructional engineer; **bautechnisch** *adj.* constructional.

Bauteil *m* component (part).

Bauten *pl.* buildings.

Bau|träger *m* (property) developer; (*Firma*) (property) developers *pl.*; **~unternehmen** *n* **1.** building contractors *pl.*, (property) developers *pl.*; **2.** (*Projekt*) building project; **~unternehmer** *m* building contractor, (property) developer; **~verbot** *n* building ban; **~vertrag** *m* building contract; **~vorhaben** *n* building (*od.* construction) project; **~vorschriften** *pl.* building regulations; **~weise** *f* **1.** construction (method); **2.** style (of architecture); **~werk** *n* building; **~wesen** *n* **1.** civil engineering; **2.** architecture; **~wirtschaft** *f* building (*od.* construction) industry; **~wut** *f* building craze.

Bauxit *n min.* bauxite.

Bau|zaun *m* hoarding; **~zeichner** *m* architectural draughtsman (*Am.* draftsman); **~zeichnung** *f* construction plan; architect's plan (*od.* drawing); **~zeit** *f* construction time; **~zuschuss** *m* building subsidy.

Bayer(in *f*) *m* Bavarian; **bay(e)risch** *adj.* Bavarian; ***der Bayerische Wald*** the Bavarian Forest.

Bazar *m* bazaar.
Bazi *dial.* F *m* F bad egg, rascal.
Bazille F *f* germ.
Bazillen|stamm *m* strain of bacilli; **~träger** *m* (germ) carrier.
Bazillus *m* germ; 🕮 bacillus (*pl.* bacilli).
beabsichtigen *v/t.* intend (**zu** *inf.* to *inf.*, *ger.*); (*planen*) plan (to *inf.*, on *ger.*); ***es war beabsichtigt*** it was intentional, he *etc.* did it on purpose (*od.* meant it); ***es war nicht beabsichtigt*** it wasn't intentional, I *etc.* didn't mean to (do it); ***was hast du damit beabsichtigt?*** what were you trying to do (*od.* achieve) (by that)?; **beabsichtigt** *adj.* **1.** intended; ***die ~e Wirkung*** the desired effect; ***die ~e Wirkung blieb aus*** *bei Medizin etc.*: it didn't have the desired effect, *bei Schaueffekten etc.*: the effect didn't come off; **2.** (*absichtlich*) intentional, deliberate.
beachten *v/t.* *aufmerksam*: pay attention to; (*zur Kenntnis nehmen*) note; (*befolgen*) (*Anweisungen*) follow, (*Regeln*) *a.* keep to, (*Gesetz*) observe; (*berücksichtigen*) bear in mind, take into account; ***nicht ~*** take no notice of, (*ignorieren*) ignore; (*Ratschläge etc.*) *a.* disregard; (*nicht bemerken*) not to notice, miss; ***bitte zu ~*** please note; ***man muss dabei ~, dass*** you've got to be aware (*od.* remember) that; *die Ereignisse etc.* ***wurden kaum beachtet*** were scarcely noticed, aroused little attention, passed by without notice; **beachtenswert** *adj.* noteworthy; ***e-e ~e Leistung*** *a.* quite an achievement; **beachtlich I.** *adj.* (*beträchtlich*) considerable; *mengenmäßig*: *a.* sizeable; (*bemerkenswert*) remarkable; (*ernst zu nehmend*) serious; *Gegner, Widerstände*: *a.* formidable; ***er hat ein ~es Talent*** he has considerable talent; ***das war e-e ~e Leistung*** that was quite an achievement (*od.* some feat); ***~!*** F pretty good!; **II.** *adv.*: ***~ steigen*** climb sharply; **Beachtung** *f* (*Aufmerksamkeit*) attention; (*Berücksichtigung*) consideration; (*Befolgung*) observance; ***~ finden*** be taken note of; ***keine ~ finden*** be ignored, *Leistung etc.*: remain unacknowledged; (***keine***) ***~ schenken*** *dat.* pay (no) attention to; ***~ verdienen*** be worthy of note; ***unter ~ von*** (*in Anbetracht gen.*) with ... in mind, (*in Befolgung von*) in compliance with, following *s.o.'s advice etc.*
beackern *v/t.* **1.** plough, *Am.* plow; **2.** *fig.* work through.
Beamte(r) *m* official; (*Polizei≈, Zoll≈*) officer; (*Staats≈*) government official, civil servant; F (*Angestellter*) employee.
Beamten|anwärter *m* civil service applicant; **~apparat** *m* civil service machinery; **~beleidigung** *f*: (***wegen ~*** for) insulting an official (*Polizist*: police officer); **~bestechung** *f* bribery of an official (*od.* officials); **~deutsch** *n* officialese.
beamtenhaft *adj.* bureaucratic.
Beamtenlaufbahn *f* civil service career.
Beamtentum *n* civil servants *pl.*; *contp.* officialdom.
Beamtin *f* → ***Beamte(r).***
beängstigen *v/t.* worry, get *s.o.* worried; **beängstigend** *adj.* frightening, alarming; **Beängstigung** *f* (*Besorgnis*) worry, concern; (*Angst*) fear; (*starke Beunruhigung*) alarm.
beanspruchen *v/t.* (*Recht etc.*) claim, lay claim to; (*erfordern*) demand, require, call for; (*Platz, Zeit*) take up; (*Gebrauch machen von*) use, make use of, (*a. j-s Hilfe etc.*) avail o.s. of; (*geistig-seelisch ~*) preoccupy, *stärker*: absorb; (*strapazieren*) strain, be (*od.* put) a strain on, tax; ⚙ stress, strain; ***stark ~*** (*Sache*) be (*od.* put) a heavy strain on; (*Person*) keep *s.o.* very busy, take up a lot of *s.o.'s* time (and energy), make heavy demands on *s.o.*(*'s* time); *innerlich*: preoccupy *s.o.* greatly; **beansprucht** *adj.*: ***stark ~*** *Person*: very (*od.* extremely) busy; ***sie ist zur Zeit stark ~*** *a.* she's got a lot on her plate at the moment; **Beanspruchung** *f* claim (*gen.* on); *von Zeit, der Kräfte etc.*: demand (on); (*Gebrauch*) use; (*Anstrengung*) strain; ⚙ stress, strain, load; ***~ durch die Arbeit*** *etc. the* demands of work *etc.*; ⚙ ***für starke*** (*od.* ***hohe***) ***~*** for heavy-duty service, heavy-duty *materials etc.*, (*Abnutzung*) *a.* for hard wear; ***für normale ~*** for normal service; ***unter normaler ~*** under normal (working) conditions.
beanstanden *v/t.* (*Ware etc.*) complain about; (*infrage stellen, a. Rechnung etc.*) query; (*kritisieren*) criticize; (*e-n Einwand erheben gegen*) object to; ***was ich an ihm*** (***daran***) ***zu ~ habe*** what I don't like about him (it), the thing I have against him (it); ***ich habe nichts daran zu ~*** I can't see anything wrong with it; ***das Einzige, was ich daran zu ~ habe*** the only criticism (*od.* objection) I have; **Beanstandung** *f* (*Beschwerde*) complaint (**an** about); (*Infragestellung*) query (about); (*Kritik*) criticism (of, about); (*Einwand*) objection (to).
beantragen *v/t.* apply for, put in an application for; ⚖, *parl.* move for; (*vorschlagen*) propose; ***~ zu*** *inf. parl.* move that *s.th. be done*; (*vorschlagen*) propose that *s.th. be done*; **Beantragung** *f* application; motion; proposal.
beantwortbar *adj.* answerable; **beantworten** *v/t.* answer (*a. fig.*; ***mit*** with), reply to; ***mit Ja*** (***Nein***) ***~*** answer yes (no); **Beantwortung** *f* answer, reply; answering; ***in ~*** *gen.* in answer (*od.* reply) to.
bearbeiten *v/t.* **1.** (*Feld, Boden etc.*) work, cultivate; **2.** (*Werkstoff*) work, (*Leder*) *a.* dress; (*Metall*) *spanlos*: work, *spanabhebend*: machine; (*behandeln*) treat; **3.** (*Sachgebiet etc.*) work on; (*Fall etc.*) *a.* deal with; **4.** (*Buch*) edit, *neu*: revise; *für die Bühne etc.*: adapt; ♪ arrange; **5.** *fig.* ***j-n ~*** *beeinflussend*: work on s.o.; **6.** F *fig.* ***j-n ~*** (*verprügeln*) F give s.o. a working over; **Bearbeiter** *m* **1.** person in charge (*od.* dealing with) the case *etc.*; **2.** *e-s Buchs*: editor; *Neufassung*: adapter; ♪ arranger; **Bearbeitung** *f* **1.** *des Bodens etc.*: working, cultivation; **2.** *von Werkstoffen*: working; (*Behandlung*) treatment; **3.** *e-s Themas etc.*: treatment; *von Akten etc.*: processing; **4.** *e-s Buchs*: (*Überarbeitung*) revision, (*Ausgabe*) revised edition; *thea.* adaptation; *bsd.* ♪ arrangement; **Bearbeitungsgebühr** *f* handling charge; *Bank*: (bank) service charge; **Bearbeitungsmodus** *m Computer*: (*Editiermodus*) editing mode.
beargwöhnen *v/t.* be suspicious of; **Beargwöhnung** *f* suspicion (*gen.* of, towards).
beatmen *v/t.* give *s.o.* artificial respiration; **Beatmung** *f*: (***künstliche ~***) artificial respiration; **Beatmungsgerät** *n* respirator.
beaufsichtigen *v/t.* supervise; (*Kind*) look after; ***die Kinder bei ihren Hausaufgaben ~*** supervise the children's homework; **Beaufsichtigung** *f* supervision.
beauftragen *v/t.* **1.** ***j-n ~, et. zu tun*** ask (*formell*: instruct, *Künstler etc.*: commission) s.o. to do s.th.; ***wer hat Sie dazu beauftragt?*** on whose instructions are you doing this?, F who told you to do this?; **2.** ***j-n mit e-m Fall*** *etc.* ***~*** put s.o. in charge of a case *etc.*; **Beauftragte(r)** *m* (authorized) representative; (*Abgeordneter*) delegate; **Beauftragung** *f* instructions *pl.* (**zu** *inf.* to *inf.*); (*Ermächtigung*) authorization.
beäuge(l)n *v/t.* have a good look at; (*bsd. Frau*) *a.* ogle at.
beaugenscheinigen *v/t. mst iro.* have a close look at.
bebaubar *adj.* developable; **bebauen** *v/t.* **1.** (*Boden etc.*) cultivate; **2.** (*Grundstück etc.*) build on; **bebaut** *adj.*: ***~es Gebiet*** (*od.* ***Gelände***) built-up area; **Bebauung** *f* **1.** ⚘ cultivation; **2.** development.
Bebauungs|dichte *f* building density; **~plan** *m* building (*od.* development) plan.
beben I. *v/i.* shake, tremble (*a. Stimme etc.*; ***vor*** with); (*vibrieren*) vibrate; **II.** ≈ *n* trembling; vibration(s *pl.*); *geol.* tremor, *stärker*: (earth)quake.
bebildern *v/t.* illustrate; **Bebilderung** *f* illustrations *pl.*
bebrillt *adj.* spectacled.
bebrüten *v/t.* **1.** incubate, sit on *eggs*; **2.** F *fig.* brood over.
Béchamelsoße *f* bechamel sauce.
Becher *m* **1.** *aus Glas*: glass, tumbler; *aus Plastik*: beaker; *aus Ton, Porzellan*: mug; *für Eis etc.*: cup, *aus Pappe*: tub; *hist.* cup, goblet; F *fig.* ***er hat zu tief in den ~ geschaut*** F he's had one too many (*od.* one over the eight); **2.** ⚘ cup, calix; **~glas** *n* ⚗ beaker.
bechern F *v/i. u. v/t.* F tipple; ***einen ~*** have a (bit of a) tipple.
becircen F *v/t.* bewitch.
Becken *n* **1.** basin (*a.* ⚙, *geol. u. Hafen≈*); *Küche, Bad*: sink; *Klosett*: bowl; (*Schwimm≈*) pool; **2.** *anat.* pelvis; **3.** ♪ cymbal; **~bruch** *m* ⚕ fractured pelvis; **~gurt** *m* lap seatbelt; **~knochen** *m* pelvic bone; **~stütze** *f am Stuhl*: pelvic (*od.* lumbar) support; **~verletzung** *f* pelvic injury.
Beckmesser *fig. m* faultfinder, carping critic; **Beckmesserei** *f* carping, faultfinding.
bedachen *v/t.* roof (over); put a roof on.
bedacht *adj.* (*überlegt*) careful; ***~ auf*** intent (*od.* keen) on *s.th. od. ger.*; ***darauf ~ sein zu*** *inf. a.* be anxious to *inf.*; ***darauf ~ sein, nett zu sein*** *etc.* make a point of being friendly *etc.*
Bedacht *m*: ***mit ~*** (*überlegt*) with deliberation, (*umsichtig*) circumspectly, (*vorsichtig*) carefully, with great care; ***ohne ~*** (*unüberlegt*) without thinking, (*übereilt*) rashly, without pausing to think, (*unvorsichtig*) carelessly.
bedächtig I. *adj.* (*überlegt*) careful; (*umsichtig*) circumspect; (*langsam*) slow, measured; **II.** *adv.* (*überlegt*) with deliberation; (*langsam*) slowly, deliberately; **Bedächtigkeit** *f* care; (*Umsicht*) circumspection; *e-r Handlung, Bewegung etc.*: deliberation.
bedachtsam *adj. u. adv.* → ***bedächtig***; **Bedachtsamkeit** *f* → ***Bedächtigkeit.***
Bedachung *f* roof(ing); ***~en*** ⚙ roofing, roofs.
bedanken *v/refl.*: ***sich ~*** say thank you,

formell: express one's thanks (***bei j-m*** to s.o.); ***sich bei j-m ~*** *a.* thank s.o. (***für*** for); *iro.* ***dafür bedanke ich mich*** no thank you very much.

Bedarf *m* need (***an*** for); ☤ (*Nachfrage*) demand (for); (*Erfordernisse*) requirements *pl.*; (*Bedarfsmenge*) supply (of); ***bei ~*** if required (*od.* necessary); (***je***) ***nach ~*** as the need arises, *a. mengenmäßig*: as required; ***für den ~*** *gen.* for *s.o. od. s.th.*; ***für den eigenen ~*** for oneself, for one's personal requirements; ***Dinge für den täglichen*** (***häuslichen***) ***~*** everyday (household) essentials; ***~ haben an*** need; ***den ~ decken*** meet the demand; ***s-n ~ decken*** keep oneself in good supply; *iro.* ***mein ~*** (***an*** *e-r Sache*) ***ist gedeckt*** I've had my fill (of); F ***kein ~!*** no thank you (very much).

Bedarfs|ampel *f* pelican crossing; **~analyse** *f* ☤ demand analysis; **~artikel** *m* commodity; *pl. a.* consumer goods; **~deckung** *f* supply of needs; **~fall** *m*: ***im ~*** in case of need, if required; whenever required (*od.* necessary); **~güter** *pl.* consumer goods; **~haltestelle** *f* request stop; **~lenkung** *f* consumption control; creation of needs; **~lücke** *f* unsatisfied demand; **2orientiert** *adj.* demand -oriented; **~weckung** *f* creation of needs.

bedauerlich *adj.* regrettable, unfortunate; ***es ist sehr ~*** it's a great pity; **bedauerlicherweise** *adv.* unfortunately, regrettably; I regret to have to say (that).

bedauern **I.** *v/t.* regret; (*j-n*) feel sorry for; (***es***) ***~, et. tun zu müssen*** regret having (*od.* to have) to do s.th.; (***es***) ***~, et. getan zu haben*** regret having done s.th.; ***ich habe es immer bedauert*** I've regretted it ever since; ***ich bedauere sehr, dass*** I very much regret that, (*es tut mir Leid*) I'm very sorry that; ***wir ~, sagen zu müssen*** we regret to (have to) say; ***sosehr ich es*** (***auch***) ***bedauere*** much as I regret it; ***er ist zu ~*** you can't help feeling (*od.* you have to feel) sorry for him; ***er lässt sich gern ~*** he likes everyone to feel sorry for him, he craves pity; ***es waren zehn Tote zu ~*** there were ten fatalities, the death toll was ten; **II.** *v/i.*: ***bedaure!*** sorry!, F very sorry and all that; **III.** 2 *n* regret (***über*** at); (*Mitleid*) pity (***mit*** for); ***zu m-m*** (***großen***) ***~*** (much) to my regret.

bedauernswert, bedauernswürdig *adj.* **1.** pitiable; **2.** → ***bedauerlich.***

bedecken **I.** *v/t.* cover (up); **II.** *v/refl.*: ***sich ~*** cover o.s.; *Himmel*: cloud over; **bedeckt** *adj. Himmel*: overcast; ***teils ~*** partly cloudy; *fig.* ***sich ~ halten*** play one's cards close to one's chest; **Bedeckung** *f* covering.

bedenken **I.** *v/t.* **1.** (*erwägen*) consider; (*überlegen*) think *s.th.* over; (*beachten*) bear in mind, (*berücksichtigen*) *a.* take into account; ***wenn man es recht bedenkt*** when you think about it; ***ich gebe dir nur zu ~, dass*** I'd just like to point out that (*od.* make you aware [of the fact] that); **2.** ***j-n mit et. ~*** give s.o. s.th., *formell*: bestow s.th. on s.o.; ***j-n mit Applaus ~*** acknowledge s.o. with applause; *die Rede etc.* ***wurde mit heftigem Applaus bedacht*** was greeted with loud applause; ***j-n in s-m Testament ~*** remember s.o. in one's will; **II.** *v/refl.*: ***sich ~*** think it over; ***ohne mich*** *etc.* ***lange zu ~*** without much further thought; **III.** 2 *n* (*Zweifel*) doubt; (*Einwand*) objection; (*Skrupel*) scruple, *pl. a.* qualms; (*Vorbehalt*) reservation, misgiving; ***~ haben*** (*od.* ***hegen***) have one's doubts (*od.* reservations), have scruples *od.* reservations (***zu*** *inf.* about doing); ***~ anmelden*** raise objections; ***ich habe da m-e ~*** I have my doubts (about it), I'm not so sure (about it); ***sie hat ~, ob sie ihm das Geld leihen soll*** she has some (*od.* certain) misgivings about lending him the money; ***j-m die ~ nehmen*** allay s.o.'s doubts; ***keine ~ haben*** have no reservations *etc.* (***wegen*** about; ***zu*** *inf.* about *ger.*); ***ohne ~*** without hesitation, without thinking twice (about it), without giving it a second thought.

bedenkenlos **I.** *adj.* unscrupulous; **II.** *adv.* (*blindlings*) without thinking; (*ohne lange zu überlegen*) without hesitation, without thinking twice, *formell*: without demur; (*vorbehaltlos*) without reservation; (*skrupellos*) without scruple.

bedenklich *adj.* **1.** (*zweifelhaft*) dubious, questionable; **2.** (*Besorgnis erregend*) alarming; (*ernst*) critical, serious; (*gefährlich*) risky; ***das ist höchst ~*** *a.* that is cause for alarm; ***der Himmel sieht ~ aus*** the sky looks threatening; **3.** (*zweifelnd*) doubtful, (*skeptisch*) sceptical, *Am.* skeptical; (*besorgt*) worried; ***ein ~es Gesicht machen*** look sceptical (*Am.* skeptical), (*besorgtes*) look worried; ***j-n ~ stimmen*** have s.o. doubting (*od.* worried); **Bedenklichkeit** *f* **1.** (*Zweifelhaftigkeit*) questionable nature, dubiousness; **2.** (*Ernsthaftigkeit*) serious (*od.* alarming) nature (*gen.* of), seriousness.

Bedenkzeit *f* time to think it over (*od.* think about it); ***ich gebe dir bis morgen ~*** I'll give you till tomorrow.

bedeppert F *adj.* baffled; (*betreten*) sheepish; (*niedergeschlagen*) crestfallen.

bedeuten *v/t.* **1.** mean; *Symbol etc.*: *a.* stand for; *j-s Name etc.* ***bedeutet etwas*** means (*od.* stands for) something; ***was soll das denn ~!, was hat das zu ~!*** what's the idea?, what's the meaning of this?; ***es hat nichts zu ~*** it doesn't mean a thing, (*es macht nichts*) it doesn't matter; ***das hat was zu ~!*** that says something; ***das bedeutet nichts Gutes*** that's a bad sign, that augurs badly, that's rather ominous; ***das bedeutet für mich, dass ich es noch mal machen muss*** it means I'll have to do it again; ***es bedeutet e-e erhöhte Gefahr*** it means (*od.* implies, comes down to) an increased risk; **2.** ***j-m viel*** (***nichts***) ***~*** mean a lot (nothing) to s.o.; ***sie bedeutet mir alles*** she's (*od.* she means) everything *od.* the world to me; **3.** ***j-m et. ~*** (*zu verstehen geben*) indicate s.th. to s.o.; ***j-m ~, dass*** give s.o. to understand that.

bedeutend **I.** *adj.* important, major, significant; (*beträchtlich*) considerable; (*führend*) leading, *Wissenschaftler etc.*: *a.* prominent; (*hervorragend*) outstanding; (*bemerkenswert*) remarkable; (*berühmt*) distinguished; ***~e Fortschritte machen*** make significant (*od.* major) progress, forge ahead; ***das ist ein ~er Schritt vorwärts*** that's a great (*od.* significant, major) step forward; **II.** *adv. sich verbessern etc.*: a great deal, markedly; ***~ besser*** *etc.* much (*od.* a great deal) better *etc.*

bedeutsam **I.** *adj.* **1.** (*wichtig, bedeutend*) significant, important; **2.** (*wissend*) *Blick etc.*: knowing, meaningful; **II.** *adv.* knowingly; ***j-n ~ anblicken*** (***anlächeln***) *a.* give s.o. a knowing look (smile); ***j-m ~ zuzwinkern*** *a.* give s.o. a knowing wink; **Bedeutsamkeit** *f* (*Wichtigkeit*) significance, importance.

Bedeutung *f* **1.** (*Sinn*) meaning; *e-s Wortes*: *a.* sense; **2.** (*Wichtigkeit*) importance; (*Tragweite*) import, implications *pl.*; ***von ~ sein*** be important, (*bezeichnend*) be significant, *sachlich*: be relevant (***für*** to); ***nichts von ~*** nothing important, nothing worth mentioning; ***ein Mann von ~*** a man of some standing.

Bedeutungs|erweiterung *f ling.* extension of meaning; **~feld** *n ling.* semantic field.

bedeutungsgleich *adj.* identical in meaning; ***die Wörter sind ~*** *a.* the words have the same meaning (*od.* mean the same).

bedeutungslos *adj.* unimportant, insignificant; (*ohne Sinn, nichts sagend*) meaningless; **Bedeutungslosigkeit** *f* insignificance; meaninglessness.

bedeutungsschwer *adj.* fraught with significance; (*folgenschwer*) momentous.

Bedeutungs|verengung *f ling.* narrowing of meaning; **~verschiebung** *f ling.* shift in meaning, semantic shift.

bedeutungsvoll *adj.* **1.** significant; **2.** (*viel sagend*) meaningful; *Blick etc.*: *a.* knowing; ***~es Schweigen*** pregnant silence.

Bedeutungswandel *m ling.* semantic change.

bedienen **I.** *v/t.* **1.** (*j-n*) serve (*a. Kunden*), wait on; F *Sport*: pass (the ball) to; ***gut bedient werden*** *im Restaurant etc.*: get good service; ***dort wird man immer freundlich bedient*** the service is very friendly there; ***werden Sie schon bedient?*** can I help you?, *a. im Restaurant*: are you being served?; ***ich bin damit gut bedient*** it's serving me well, F it's doing a good job; ***damit wärst du schlecht bedient*** it's not the right thing for you, I don't think it would help you; ***damit wärst du besser bedient*** you'd be better off with that (one); *iro.* ***ich bin bedient!*** I've had enough; **2.** (*Maschine*) work, operate; **II.** *v/i.* **3.** *bei Tisch*: serve; ***wer bedient an diesem Tisch?*** who's serving (at) this table?; **4.** *Karten*: (*Farbe ~*) follow suit; **III.** *v/refl.* **5.** ***sich ~*** *bei Tisch*: help o.s.; ***bedien dich!*** (***bedient euch!***) help yourself (yourselves), F tuck in; **6.** ***sich e-r Sache ~*** use s.th., make use of s.th., avail o.s. of s.th.

Bedieneroberfläche *f Computer*: user interface.

Bedienstete(r *m*) *f* **1.** employee (in public service); **2.** *obs.* (*Diener*) servant; *pl. a.* household staff (*pl.*).

Bedienung *f* **1.** service; ***die ~ ist hier sehr prompt*** the service is very fast here, you get fast service here; **2.** (*Kellner* [*-in*]) waiter (*f* waitress); **3.** ⚙ operation; **4.** (*Bedienungsgeld*) service (charge).

Bedienungs|anleitung *f* instructions *pl.* for use, *für Geräte*: *a.* operating instructions *pl.*; (*Buch*) instruction manual; **~aufschlag** *m* service charge; **~fehler** *m* operating error.

bedienungsfreundlich *adj.* user-friendly; **Bedienungsfreundlichkeit** *f* user-friendliness; serviceability.

Bedienungs|geld *n* service charge; **~handbuch** *n* instruction manual; **~hebel** *m* control lever; **~komfort** *m* operational ease, easy operation; **~personal** *n* operating staff (*mst pl. konstr.*); **~pult** *n* operating panel; *electron.* electric switches *pl.*; **~schalter** *m* control switch; **~tafel** *f* control panel; **~vorschriften** *pl.* operating instructions; **~zuschlag** *m* service charge.

bedingen *v/t.* (*verursachen*) cause, give rise to; (*bestimmen*) determine; (*erfordern*) require, call for; (*voraussetzen*) presuppose; ***das bedingt*** (*bringt mit sich*) it would imply; ***sich gegenseitig ~*** be mutually conditional; ***bedingt werden durch*** be caused by, go back to; **bedingt I.** *adj.* **1.** conditional; (*eingeschränkt*) qualified; ***~er Reflex*** conditioned reflex; ***~ durch*** (*od.* ***von***) conditional on, (*abhängig*) dependent on, contingent (up)on; ***~ sein durch*** *a.* be determined by; ***es ist psychisch ~*** it's psychological, F it's all in the mind; **2.** ⚖ conditional; ***~er Straferlass*** suspended sentence; **II.** *adv.* **3.** *richtig, gültig etc.*: partly; (*in gewissem Sinn*) in a sense; (*bis zu e-m gewissen Punkt*) up to a point; **4.** (*unter bestimmten Bedingungen*) under certain circumstances; (*mit Vorbehalt*) with some reservations; ***~ tauglich*** fit for limited service; **Bedingtheit** *f* (*Abhängigkeit*) dependence (***durch*** on); (*Bedingtsein*) conditional nature (*gen.* of); (*Begrenztheit*) limitation(s *pl.*), limited nature (of); (*Ursache*) cause.

Bedingung *f* condition; (*Voraussetzung*) *a.* prerequisite; ***~en*** ✝ terms; (*Verhältnisse, Zustände*) conditions; (*Umstände*) *a.* circumstances; ***~en stellen*** make stipulations; ***zur ~ machen*** make it a condition; ***unter der ~, dass*** on condition that, provided (that); (***nur***) ***unter einer ~*** on one condition (only); ***unter diesen ~en*** under these circumstances; ***unter keiner ~*** on no account, under no circumstances; ***daran ist die ~ geknüpft, dass er ...*** it is conditional on his *ger.*; ***er knüpfte daran die ~, dass wir ...*** he made it conditional on our *ger.*; ✝ ***zu günstigen ~en*** on easy terms.

Bedingungsform *f ling.* conditional.

bedingungslos I. *adj.* unconditional; unreserved; *Gehorsam etc.*: unquestioning; ***~es Vertrauen*** implicit trust; ***~e Zustimmung*** unqualified consent; **II.** *adv.* unconditionally; ***j-m ~ vertrauen*** have implicit trust in s.o.; ***~ akzeptieren*** accept without reservation; **Bedingungslosigkeit** *f* unconditional nature (*gen.* of); *von Hilfe etc.*: wholeheartedness; *von Zustimmung etc.*: complete lack of reservation; ***die ~ s-r Treue*** his unquestioning loyalty.

Bedingungssatz *m* conditional clause.

bedrängen *v/t.* press *s.o.* (hard), harry; *mit Bitten etc.*: pester, plague; (*Gegner etc.*) harass; *Sport*: hustle, (*Torwart*) challenge; (*belästigen*) molest; (*bedrücken*) worry; **Bedrängnis** *f* (very) difficult situation, *stärker*: distress; ***in ~ sein*** *a.* be in great difficulty, *finanziell*: be in financial (*od.* dire) straits; ***in ~ geraten*** get (o.s.) into difficulties.

bedrohen *v/t.* threaten; ***ihr Leben ist bedroht*** her life is in danger (*od.* threatened); ***j-n mit dem Tod ~*** threaten to kill s.o.; **bedrohlich I.** *adj.* menacing; *Lage*: precarious; *Ausmaß etc.*: alarming; (*unheilvoll*) ominous; ***in ~e Nähe rücken*** come (*od.* get) dangerously *od.* threateningly close; ***~e Ausmaße annehmen*** take on alarming proportions; **II.** *adv.* threateningly; ***sich ~ auswirken auf*** (begin to) threaten; ***~ nahe*** dangerously (*od.* threateningly) close; ***... hat sich ~ verschlechtert*** (***ist ~ angestiegen***) there's been an alarming deterioration (increase) in ...; **bedroht** *adj.*: (***vom Aussterben***) ***~e Tierarten*** *etc.* threatened species *etc*; **Bedrohung** *f* threat (*gen.*, ***für*** to); menace (to); ⚖ ***tätliche ~*** threatening behavio(u)r, criminal assault; ***unter ständiger ~ leben*** live under constant threat.

bedrucken *v/t.* print; **bedruckt** *adj.* printed; ***mit Blumen ~*** floral-print ...

bedrücken *v/t.* oppress; *seelisch*: depress, get *s.o.* down; **bedrückend** *adj.* oppressive; *seelisch*: depressing; **bedrückt** *adj.* down in the dumps, *stärker*: depressed; **Bedrückung** *f* oppression; *seelische*: (*a.* **Bedrücktheit** *f*) dejection.

bedürfen *v/i.* need; (*in Anspruch nehmen*) take; ***es bedurfte all s-r Kraft*** it took all his strength; ***es bedurfte keiner Beweise*** no evidence was necessary; ***es bedarf ...*** ... is (are) required; ***es bedarf nur eines Wortes*** (***von Ihnen***) just say the word; ***es hätte nur eines Wortes*** (***von Ihnen***) ***bedurft*** you should have said so, it would have taken no more than a word from you.

Bedürfnis *n* need (***nach*** for); requirement; ✝ (*Nachfrage*) demand; (*inneres ~*) urge (***zu*** *inf.* to *inf.*), (*Wunsch*) desire, wish (***nach*** for; ***zu*** *inf.* to *inf.*); ***es ist ihm ein ~ zu*** *inf.* he would like to *inf.*; ***ich hatte das*** (***dringende***) ***~ zu*** *inf.* I felt an urge (an urgent need) to *inf.*; ***sein ~ verrichten*** relieve o.s.; F ***ich habe ein großes ~ nach Schlaf*** F I'm desperate for some sleep; **~anstalt** *f* public convenience.

bedürfnislos *adj.*: ***er ist ~*** he doesn't need much, *weitS.* (*anspruchslos*) he's very undemanding, (*bescheiden*) he's very modest; **Bedürfnislosigkeit** *f* making do with what one has; undemandingness; modest requirements *pl.*

bedürftig *adj.* needy, poor; *e-r Sache*: in need of; **Bedürftigkeit** *f* want, neediness; (*Armut*) poverty.

beduselt F *adj.* (*angetrunken*) F slightly sozzled; (*benommen*) punch-drunk, dazed, F in a bit of a daze; (*schwindlig*) dizzy; ***ich fühle mich ~*** *a.* my head's spinning.

Beefsteak *n* **1.** steak; **2.** (*a.* ***deutsches ~***) beefburger.

beehren I. *v/t.* hono(u)r; **II.** *v/refl.*: ***sich ~ zu*** *inf.* have the hono(u)r of *ger.*

beeiden *v/t.* swear to; **Beeidung** *f* affirmation by oath.

beeidigen *v/t.* (*et.*) swear to; **beeidigt** *adj.*: ⚖ ***~e Aussage*** sworn evidence; ***~er Sachverständiger*** (accredited) expert; **Beeidigung** *f* affirmation by oath.

beeilen *v/refl.*: ***sich ~*** hurry; ***sich mit e-r Sache ~*** hurry up with s.th.; ***beeil dich!*** hurry up!, F get a move on!; ***du brauchst dich nicht zu ~*** there's no hurry (*od.* rush), take your time; ***sich ~ zu*** *inf.* (*beflissen sein*) hasten to *inf.*, quickly *do s.th.*; **Beeilung** *f*: ***~*** (*bitte*)! F get a move on(, will you)!

beeindrucken *v/t.* impress; ***er war sehr beeindruckt*** *a.* it *etc.* made quite an impression on him; **beeindruckend** *adj.* impressive.

beeinflussbar *adj.*: ***sehr*** (*od.* ***leicht***) ***~*** easily influenced (*od.* swayed); **beeinflussen** *v/t.* influence; (*sich auswirken auf*) affect, have an effect on; ***negativ*** (***positiv***) ***~*** have a bad (good) influence (*et.*: effect) on; ***er lässt sich nicht ~*** he won't be swayed; **Beeinflussung** *f* influencing; (*Einfluss*) influence.

beeinträchtigen *v/t.* interfere with; (*Rechte*) *a.* encroach on; (*behindern*) impede; (*negativ beeinflussen*) affect, have a negative effect on; (*verderben*) mar, spoil; (*schmälern*) lessen, detract from; ***es beeinträchtigte keineswegs den Wert*** (***s-n Erfolg, ihre gute Laune***) it in no way detracted from the value (his success, their good mood); **Beeinträchtigung** *f* interference (*gen.* with); encroachment (on); impeding (of); negative (*od.* adverse) effect (on); reduction (in); diminution (of); → ***beeinträchtigen.***

Beelzebub *m* → ***Teufel.***

beend(ig)en *v/t.* end; (*zum Abschluss bringen*) bring to an end (*od.* close); (*fertig stellen*) finish; (*Arbeit etc.*) *a.* complete; *Computer*: (*e-e Anwendung*) close; (*Vertragsverhältnis*) terminate; (*Sitzung, Rede etc.*) close, wind up, conclude; **Beend(i-g)ung** *f* ending; completion; termination; conclusion, close; → ***beend(ig)en.***

beengen *v/t.* cramp; *Kleidung*: be too tight for, *Kragen*: *a.* F choke; *fig.* cramp, restrict, *stärker*: oppress; **beengend** *adj.* oppressive; **beengt** *adj.* cramped; ***in ~en Verhältnissen leben*** live in cramped (*od.* confined) conditions; ***sich ~ fühlen*** feel cramped, *geistig*: feel stifled; **Beengtheit** *f e-r Wohnung etc.*: cramped conditions *pl.*; (*Einschränkungen*) restrictiveness; ***ein Gefühl der ~ haben*** feel stifled; **Beengung** *f* restriction.

beerben *v/t.*: ***j-n ~*** be s.o.'s heir.

beerdigen *v/t.* bury; **Beerdigung** *f* burial; *feierliche*: *a.* funeral; F *fig.* ***auf der falschen ~ sein*** (*am falschen Ort*) have come to the wrong place, (*fehl am Platz*) *a.* be a square peg in a round hole, (*e-e irrige Meinung haben*) F be barking up the wrong tree.

Beerdigungs|gottesdienst *m* funeral service; **~institut** *n* undertaker's; *formell*: funeral directors *pl.*; *Am.* funeral home (*od.* parlor); **~kosten** *pl.* funeral expenses.

Beere *f* berry; ***~n sammeln*** go berry-picking.

Beeren|auslese *f* beerenauslese; *quality wine made from selected grapes*; **~frucht** *f* berry; **~obst** *n* soft fruits *pl.*; **~wein** *m* berry wine; **~zeit** *f* berry-picking season.

Beet *n* bed; (*Gemüse*2) patch.

Beete *f*: ***Rote ~*** beetroot.

befähigen *v/t.* enable *to do*; qualify (***für, zu*** for); **befähigt** *adj.* capable (***zu*** *inf.* of *ger.*), competent (enough) (to *inf.*); *zu e-m Amt etc.*: qualified (***zu*** for); ***zu e-r Aufgabe*** *etc.* ***~ sein*** be capable of handling a task *etc.*, be able to cope with a task *etc.*; **Befähigung** *f* ability; (*Begabung*) aptitude, talent; (*Qualifikation*) qualifications *pl.*; **Befähigungsnachweis** *m* proof of qualification.

befahrbar *adj.* passable; ⚓ navigable; ***nicht ~*** not open to traffic, ⚓ unnavigable; → ***Bankett*** 2, ***Seitenstreifen***; **Befahrbarkeit** *f* practicability, *Am.* trafficability; (road) conditions *pl.*; ⚓ navigability; **befahren I.** *v/t.* drive on; (*benutzen*) use *a road*; (*Strecke*) cover, *Linienbus etc.*: serve *a route*; **II.** *adj.*: (***sehr*** *od.* ***stark ~***) busy; ***wenig*** (*od.* ***kaum***) ***~*** (very) quiet, uncrowded; ***die Strecke ist kaum ~*** *a.* hardly anyone uses that (part of the) road.

Befall *m* (*Insekten*2) attack; **befallen I.**

v/t. attack (*a.* ⚕); *Schädlinge*: *a.* infest; ~ ***werden von*** (*Angst etc.*) be seized by (*od.* with); (*Müdigkeit*) be overcome by, (*Krankheit*) be laid low by (*od.* with), *lit.* be struck down by (*od.* with), (*Fieber*) be laid low with; (*Parasiten etc.*) be infested by (*od.* with); **II.** *adj.*: ***von Insekten*** ~ insect-ridden, insect-infested; ***von Fieber*** ~ fever-stricken.

befangen *adj.* **1.** inhibited, shy, self-conscious, *vorübergehend*: *a.* embarrassed; **2.** (*voreingenommen*, *a.* ⚖) bias(s)ed; ~ ***sein in*** *e-r falschen Vorstellung etc.*: be caught up in, *stärker*: be blinded by; ***in e-m Irrtum ~ sein*** labo(u)r under a delusion; **Befangenheit** *f* **1.** shyness, self-consciousness, inhibition(s *pl.*), *vorübergehende*: *a.* embarrassment; **2.** (*Voreingenommenheit*) bias, prejudice.

befassen *v/refl.*: ***sich ~ mit*** concern o.s. with; (*Problem, Angelegenheit*) deal with; (*Themenbereich*) work on; (*untersuchen*) look into; ***damit kann ich mich jetzt nicht ~*** I haven't got time for that now.

befehden *v/t.* be having a feud with; ***sich ~*** be feuding, be having a feud.

Befehl *m* **1.** order; ***~ zum Angriff*** order to attack; ***auf ~ von*** (*od. gen.*) on the orders of, by order of; ***auf ~ handeln*** act on orders; ***auf höheren ~*** on orders from above; ***bis auf weiteren ~*** till further orders; ***den ~ haben zu*** *inf.* have (*od.* be under orders) to *inf.*; ***~ ist ~!*** orders are orders; ***zu ~!*** yes, sir!; **2.** (*Befehlsgewalt*) command; ***den ~ haben*** (***übernehmen***) ***über*** be in (take) command of; **3.** *Computer*: command; **befehlen I.** *v/t.* order, give the order for, ⚔ *a.* give the command to *attack etc.*; ***j-m et. ~*** order s.o. to do s.th.; ***Schweigen ~*** order silence; ***Gehorsam ~*** order s.o. (*od.* everybody) to obey; ***von dir lasse ich mir nichts ~*** I won't be ordered about by you; **II.** *v/i.* give the orders; ***j-m ~ zu*** *inf.* order s.o. to *inf.*; ***~ über*** be in command of, have *s.th.* at (*od.* under) one's command; **III.** *lit. v/refl.*: ***sich ~*** command o.s. (*dat.* to, into the hands of); **befehlerisch** *adj. Ton* (*-fall*), *Art etc.*: imperious, F bossy; **befehligen** *v/t.* command, be in command of.

Befehls|ausgabe *f* briefing; **~bereich** *m* (area of) command; **~datei** *f Computer*: command file; **~empfänger** *m* **1.** recipient of an order; ***wer war der ~?*** who received the order?; **2.** *fig.* apparatchik; **~form** *f ling.* imperative; **~gewalt** *f* command, authority.

Befehlshaber *m* commander(-in-chief); **befehlshaberisch** *adj.* → ***befehlerisch.***

Befehls|kette *f* chain of command; **~menü** *n Computer*: command menu; **~notstand** *m* compulsion to obey orders; ***unter ~ handeln*** act under (binding) orders; **~satz** *m ling.* imperative clause; **~sprache** *f Computer*: command language; **~taste** *f Computer*: command key; **~ton** *m* commanding tone (of voice); **~verweigerung** *f* refusal to obey orders; **2widrig** *adj. u. adv.* contrary to orders.

befestigen *v/t.* **1.** fix (***an*** onto), attach (to), *mit Nadel etc.*: fasten ([on]to); *mit Klebstoff*: stick (onto); **2.** (*Straße etc.*) surface, (*pflastern*) pave; **3.** (*Mauer, Deich etc.*) reinforce; **4.** ⚔ fortify; **5.** *fig.* secure, consolidate; (*Freundschaft*) cement; **Befestigung** *f* fixing, attaching, fastening; sticking; surfacing; reinforcement; ⚔ fortification; *fig.* securing, consolidation; cementing; → ***befestigen.***

Befestigungs|anlage *f* defen|ces (*Am.* -ses) *pl.*; **~gürtel** *m* ring of defen|ces (*Am.* -ses) *od.* fortifications.

befeuchten *v/t.* moisten; (*Briefmarke, lecken*) *a.* lick; (*nass machen*) wet; (*Bügelwäsche*) sprinkle, dampen; **Befeuchtung** *f* moistening; wetting; dampening.

befeuern *v/t.* **1.** ✈, ⚓ mark with beacons; **2.** (*beheizen*) fuel; **3.** (*beschießen*) bombard (*a. fig.*); **4.** *fig.* (*anspornen*) spur *s.o.* on.

befiedert *adj.* feathered; **Befiederung** *f* feathers *pl.*, plumage.

befinden I. *v/refl.* **1.** ***sich ~*** be; *Gebäude etc.*: *a.* be located; **2.** ***wie befindet er sich?*** how is he?; ***sich gut ~*** be (*od.* feel) fine; ***sich in gutem Zustand ~*** be in good shape (*od.* condition); **3.** ***sich im Irrtum ~*** be mistaken; **II.** *v/t.* **4.** ***et. für gut*** *etc.* ~ think s.th. is good *etc.*, consider s.th. to be good *etc.*; → ***schuldig*** 1; **III.** *v/i.* **5.** (*entscheiden*) decide; **IV.** 2 *n* **6.** *gesundheitlich*: (state of) health; ***wie ist sein Befinden?*** how is he (feeling)?; **7.** ***nach m-m ~*** in my view, as I see it; **befindlich** *adj.*: ***die im Museum ~en Skulpturen*** the sculptures (contained) in the museum; ***die im Hauptgebäude ~en Abteilungen*** the departments (located *od.* to be found) in the main building.

befingern F *v/t.* finger.

beflaggen *v/t.* decorate with flags, put flags out on, (*Straße*) line with flags; **beflaggt** *adj.* flag-decked; *Straße*: flag-lined; **Beflaggung** *f* decorating (*od.* lining) with flags; *konkret*: flags *pl.*

beflecken *v/t.* stain, soil; *fig.* tarnish, sully; ***mit Blut befleckt*** bloodstained.

befleißigen *v/refl.*: ***sich ~ zu*** *inf.* take pains to *inf.*, endeavo(u)r to *inf.*; ***sich e-r Sache ~*** apply o.s. to (the task of doing) s.th.; ***er befleißigt sich e-r deutlichen Sprechweise*** he's very careful with his enunciation.

befliegen *v/t.* (*Strecke*) fly.

beflissen *adj.* assiduous, very keen; ~ ***sein zu*** *inf.*, ***sich ~ zeigen zu*** *inf.* (always) be eager to *inf.*, go out of one's way to *inf.*; **Beflissenheit** *f* assiduousness, keenness.

beflügeln *v/t.* (*j-n*) inspire; (*Fantasie*) fire, *lit.* give wing to; ***j-s Schritte ~*** quicken s.o.'s pace, *lit.* lend wings to s.o.'s feet; **beflügelt** *adj.* winged; *fig.* ***mit ~en Schritten*** on winged feet.

befolgen *v/t.* follow; (*Vorschrift*) *a.* observe, comply with; (*Grundsatz*) keep to, stick to, *formell*: abide by; ***nicht ~*** *a.* ignore; **Befolgung** *f* following (*gen.* of), compliance (with); observance (of).

befördern *v/t.* **1.** transport, carry, take, *formell*: convey; (*verschicken*) send, ♆ *a.* ship, forward; → *a.* ***transportieren***; → ***Jenseits, hinausbefördern***; **2.** *im Rang etc.*: promote (***zu*** to, to the position [⚔ rank] of); **3.** → ***fördern***; **Beförderung** *f* **1.** transportation, *formell*: conveyance; (*Verschickung*) sending, ♆ *a.* shipping, forwarding; shipment; **2.** *im Rang*: promotion (***zu*** to, to the position [⚔ rank] of); **3.** → ***Förderung.***

Beförderungs|art *f* mode of transport(ation) *od.* conveyance; **~aussichten** *pl.* promotion prospects, chances (*od.* prospects) of promotion; **~bedingungen** *pl.* terms of transport; **~kosten** *pl.* transportation costs; **~mittel** *n* (means of) transport(ation); **~steuer** *f* transport tax; **~tarif** *m* transport(ation) charges *pl.*

befrachten *v/t.* load (*a. fig. Argumentation etc.*); **Befrachter** *m* ♆ consignor, shipper; **Befrachtung** *f* loading.

befrackt *adj.* in tails, wearing tails.

befragen *v/t.* ask (***über*** about; ***um*** for); (*ausfragen*) question (about); (*konsultieren*) consult (***wegen, in*** about, on), (*j-n nach s-r Meinung ~*) ask *s.o.'s* opinion, (*sich wenden an*) turn to; **Befrager** *m* interviewer; **Befragte(r)** *m* person asked, interviewee; *Statistik*: respondent; ***die Befragten*** *a.* those asked; the people asked (*od.* interviewed); **Befragung** *f* questioning; (*Interview*) interview; *der Öffentlichkeit*: public opinion poll; (*Volks2*) referendum.

befreien I. *v/t.* **1.** free, (*Land etc.*) *a.* liberate; set *s.o.* free; (*retten*) rescue; *behördlich*: exempt; *von Verbindlichkeiten, Haftpflicht*: *a.* release; *von e-r Pflicht, Last, Sorge*: relieve; *vom Unterricht*: excuse (*alle* ***von*** from); *von et. Lästigem*: rid (of); **2.** ~ ***aus*** (*e-m Auto etc.*) get *s.o.* out of, *mit großen Schwierigkeiten*: extricate from; ***et. von s-r Verpackung ~*** unwrap s.th., unpack s.th., take the wrapping off s.th.; **3.** ***et. von Rost*** *etc.* ~ take the rust *etc.* off s.th., get rid of the rust *etc.* on s.th.; ***et. von Schmutz*** *etc.* ~ clean (the dirt *etc.* off) s.th., get rid of the dirt *etc.* on (*od.* in) s.th.; **II.** *v/refl.*: ***sich ~*** free o.s. (***von*** of); *aus Schwierigkeiten*: extricate o.s. (***aus*** from); ***sich ~ von*** *a.* get rid of, rid o.s. of; shake off; **befreiend** *fig. adj.* liberating; ***~es Gelächter*** relieved laughter; **Befreier** *m* liberator; **Befreiung** *f* setting free; liberation; rescue; exemption; release (*alle* ***von*** from); relieving (of); → ***befreien.***

Befreiungs|bewegung *f* liberation movement; **~kampf** *m* fight for independence (*od.* liberation); **~klausel** *f* escape clause; **~krieg** *m* war of independence (*od.* liberation); **~theologie** *f* liberation theology; **~versuch** *m* **1.** rescue attempt; **2.** attempt to escape, attempted flight (*od.* escape).

befremden I. *v/t.* take *s.o.* aback; *seltsam*: *a.* strike *s.o.* as strange; ***es hat mich befremdet*** *a.* I found it quite disconcerting; **II.** 2 *n* astonishment (***über*** at); ***ich habe mit ~ festgestellt*** I was quite disconcerted to realize; ***ihr Verhalten löste allgemeines ~ aus*** everyone was taken aback by her behavio(u)r; **befremdend, befremdlich** *adj.* strange; (*unangenehm*) disconcerting; **Befremdung** *f* → ***Befremden.***

befreunden *v/refl.*: ***sich mit j-m ~*** make friends with s.o.; ***sich*** (***miteinander***) ~ become friends; ***sich mit et. ~*** get used to (the idea of) s.th.; **befreundet** *adj.*: (***miteinander***) ~ ***sein*** be friends; ***~er Staat*** friendly nation; ***ein ~er Arzt*** a doctor friend of mine *etc.*; ***eng ~ sein*** be good (*od.* close) friends; ***wir sind mit ihnen ~*** they're friends of ours; ***ich bin mit ihr ~*** she's a friend (of mine), we're friends; ***sind sie mit irgendwelchen Nachbarn ~?*** are they friendly with any of the neighbo(u)rs?

befrieden *v/t.* (*Land*) bring peace to; **Befriedung** *f* establishment of peace (*gen.* in).

befriedigen I. *v/t.* satisfy (*a. sexuell*); (*j-n*) *a.* please; (*Wünsche, Neugierde etc.*) satisfy, gratify; (*Erwartungen*) meet, come up to; (*Gläubiger*) pay off; ***schwer***

zu ~ sein be hard to please; ***die Arbeit befriedigt mich nicht*** I'm not getting enough satisfaction out of my work; **II.** *v/i. Leistung etc.*: be satisfactory; *Arbeit etc.*: give s.o. (enough) satisfaction; **III.** *v/refl.*: ***sich*** (***selbst***) ~ *sexuell*: masturbate; **befriedigend** *adj.* satisfactory (*a. ped. Note*); **befriedigt** *adj.* satisfied, pleased; **Befriedigung** *f* satisfaction (*a.* ⚖, ✝ *u. sexuelle*); gratification.

befristen *v/t.* set (*od.* place, put) a time limit on; ***auf eine Woche ~*** limit to one week, set (*od.* place, put) a limit of one week on; **befristet I.** *adj.* limited (in time); ***~e Einlagen*** time deposits; **II.** *adv.* for a limited (*od.* fixed) period; **Befristung** *f* (setting of a) time limit (***auf*** of *10 days etc.*).

befruchten *v/t.* fertilize; (*Blüte*) pollinate; *fig.* (*anregen*) stimulate, be (very) fruitful for; **befruchtend** *fig.* **I.** *adj.* fruitful, stimulating; **II.** *adv.*: ***sich ~ auswirken, ~ wirken*** prove very fruitful (***auf*** for), have a stimulating effect (on); **Befruchtung** *f* **1.** fertilization; *von Blüten*: pollination; ***künstliche ~*** artificial insemination; **2.** *fig.* stimulation; ***gegenseitige ~*** cross-fertilization.

befugen *v/t.* authorize, give *s.o.* permission (*od.* the authority); **Befugnis** *f a. pl.* authority, power(s *pl.*); ***j-m ~ erteilen*** authorize s.o. (***zu*** *inf.* to *inf.*); **befugt** *adj.* authorized, entitled (***zu*** *inf.* to *inf.*); ***zur Unterschrift*** (***Festnahme, Ausführung*** *etc.*) ~ authorized to sign (arrest *s.o.*, carry *s.th.* out *etc.*); ***er ist dazu nicht ~*** *a.* he has no authority (*od.* right) to do so.

befühlen *v/t.* feel.

befummeln F *v/t.* finger, touch; *sexuell*: F paw, *sl.* feel up, *bsd. unerlaubt*: *sl.* touch up.

Befund *m* findings *pl.*, *a.* ⚕ results *pl.*; ⚕ ***ohne ~*** negative.

befürchten *v/t.* fear, (*erwarten*) *a.* expect; (*Angst haben vor*) be afraid of; (*den Verdacht haben*) fear, suspect; ***wir ~ das Schlimmste*** we're prepared for the worst; ***es ist zu ~, dass*** it is feared that; ***... sind nicht zu ~*** there's no danger (*od.* risk) of ...; ***das ist nicht zu ~*** there's no fear (*od.* danger) of that; **Befürchtung** *f* fear; (*Bedenken*) misgivings *pl.*, apprehensions *pl.*; ***ich habe die ~, dass*** I fear (that), F I have a funny feeling that.

befürworten *v/t.* (*empfehlen*) recommend, advocate; (*billigen*) endorse; (*unterstützen*) support, back; **Befürworter** *m* supporter (*gen.* of), backer (of), advocate (of); believer (in); ***ein entschiedener ~*** a staunch supporter (*od.* advocate) (*gen.* of); **Befürwortung** *f* recommendation, advocacy; endorsement; support, backing; → ***befürworten.***

begabt *adj.* talented, gifted; ***~ sein für*** have a gift for; → ***vielseitig*** II; **Begabtenförderung** *f* scholarship system; (*provision of*) *scholarships for outstanding pupils or students*; **Begabung** *f* **1.** gift, talent; ***es ist e-e ~*** *a.* he (*od.* she) was born with it; ***sie hat e-e ~ zum Klavierspielen*** (***Organisieren***) she's got a talent for (playing) the piano (she's got a talent for organizing things, she's got organizational talent); **2.** (*Person*) talent, (very) gifted person; **Begabungsreserve** *f* untapped educational potential.

begaffen F *v/t.* gape (F gawk) at.

begatten *v/t. zo.* mate (*od.* copulate) with; ***sich ~*** mate, copulate; **Begattung** *f* mating, copulation.

begaunern F *v/t.* cheat, F con (***um*** out of *money etc.*).

begebbar *adj.* ✝ (*übertragbar*) transferable; (*verkäuflich*) negotiable; **begeben I.** *v/refl.* **1.** ***sich ~ nach*** (*od.* ***zu***) (*gehen*) go to, proceed to, ***zu*** *j-m*: *a.* join; ***sich an die Arbeit ~*** set to work; ***sich auf die Reise ~*** set out (on one's journey); ***sich unter j-s Schutz*** (*od.* ***Obhut***) ~ place o.s. under s.o.'s protection; ***sich in ärztliche Behandlung ~*** seek medical treatment, see a doctor; → ***Gefahr, Ruhe***; **2.** ***sich ~*** (*sich ereignen*) happen, occur; *lit.* ***es begab sich, dass*** it came to pass that; **3.** ***sich*** (*e-r Chance etc.*) ~ forfeit, forgo; *bsd.* ⚖ (*e-s Anspruchs, Privilegs etc.*) waive, renounce; **II.** *v/t.* ✝ (*übertragen*) transfer; (*veräußern*) negotiate; **Begebenheit** *f* (*Ereignis*) occurrence, event, (*Vorfall*) incident; ***der Geschichte*** (***dem Roman***) ***liegt e-e wahre ~ zugrunde*** the story is based on a true incident *od.* on fact (the novel is based on a true incident *od.* story).

begegnen *v/i.* **1.** *zufällig*: (*j-m*) meet, bump into, (*e-r Sache*) come across; ***sich*** (*od.* ***einander***) ~ meet, bump into each other; *fig.* ***ihre Blicke begegneten sich*** their eyes met; **2.** (*Schwierigkeiten etc.*) meet with, come up against, have to face up to; (*entgegentreten*) confront, face; (*abwehren*) counter; (*bekämpfen*) combat (*a. Krankheit*); (*aufhalten*) check; ***e-r Gefahr*** *etc.* ***mit et. ~*** *a.* respond to a danger *etc.* with s.th. (*od.* by *ger.*); **3.** ***mir ist das schon einmal begegnet*** it's happened to me before, I've experienced it before; ***das Schlimmste, was dir ~ kann*** the worst that can happen to you; **4.** (*behandeln*) treat, behave *very coolly etc.* towards; **5.** (*vorkommen*) be found (***bei*** in), come up (in); ***dieser Stil*** *etc.* ***begegnet ebenfalls in ...*** *a.* this style *etc.* is also to be found in (*od.* can also be found in, also appears in), you also come across this style *etc.* in; **Begegnung** *f* meeting, *a. feindliche*: encounter; *Sport*: match; **Begegnungsstätte** *f* meeting place, social cent|re (*Am.* -er).

begehbar *adj.* **1.** *Weg etc.*: passable; ***ist es ~?*** can you walk on (*od.* along) it?; **2.** ***~er Schrank*** walk-in cupboard (*Am.* closet); **begehen** *v/t.* **1.** walk on (*od.* along); *regelmäßig*: *a.* use; *besichtigend*: inspect; **2.** (*feiern*) celebrate; (*Feiertag*) observe; **3.** (*Fehler*) make; (*Verbrechen etc.*) commit; → ***Selbstmord.***

begehren I. *v/t.* desire (*a. sexuell*); *heftig*: crave for; (*verlangen*) demand; → ***Herz***; **II.** ℒ *n* desire; **begehrenswert** *adj.* desirable; **begehrlich** *adj.* covetous; **begehrt** *adj.* (much) sought-after, *a. Lokal etc.*: (very) popular; *pred. a.* very much in demand; *Wagen, Theaterrolle, Trophäe etc.*: coveted.

Begehung *f e-s Fests*: celebration; *e-s Feiertags*: observance.

begeistern I. *v/t.* inspire, fill with enthusiasm; (*Publikum*) delight (***durch*** with); ***j-n für et. ~*** get s.o. interested in (*stärker*: enthusiastic about) s.th.; ***sie ist für nichts zu ~*** you can't get her interested in anything; **II.** *v/refl.*: ***sich für et. ~*** get enthusiastic about s.th., (*sehr interessiert sein an*) be very much interested in (*od.* very keen on) s.th.; ***sich an et. ~*** get very enthusiastic (F all excited) about s.th., *weitS.* think s.th. is wonderful; ***ich kann mich dafür nicht ~*** I can't work up any enthusiasm for it, it just doesn't appeal to me (F grab me); **begeisternd** *adj. Rede, Aufführung*: inspiring, (*mitreißend*) rousing; **begeistert I.** *adj.* enthusiastic; *Sportler etc.*: keen; (*leidenschaftlich*) passionate; ***ein ~er Jazzanhänger*** *etc.* a great jazz fan *etc.*; *in Zssgn* ***...~*** ...-mad, F ...-crazy, *pred.* mad about ..., F crazy about ... (*z. B.* football-mad, football-crazy *etc.*); ***er war ~ von dem Plan*** he was all for (*od.* very enthusiastic about) the project, ***dem Konzert***: he thought the concert was marvel(l)ous; ***sie waren ~*** they were quite taken (***von*** with); **II.** *adv.* enthusiastically, with (great) enthusiasm; ***~ aufnehmen*** give a warm (*stärker*: rapturous) welcome to; ***~ mitmachen*** join in wholeheartedly; **Begeisterung** *f* enthusiasm (***für*** for, about); ***mit ~*** enthusiastically, with (great) enthusiasm; ***in ~ geraten*** get all enthusiastic *od.* excited (***über*** about), *beim Reden*: go into raptures (about); ***ohne*** (***rechte***) ~ without much enthusiasm, halfheartedly; **begeisterungsfähig** *adj.*: ***er ist sehr*** (***nicht***) ~ he can get very enthusiastic about things (you can't get him excited about anything).

Begeisterungs|sturm *m* storm of enthusiasm; *pl.* (*Applaus*) storms of applause, rapturous applause *sg.*; **~taumel** *m* frenzy of enthusiasm.

Begier(de) *f* desire, appetite (***nach*** for); *fleischliche*: desire, lust; **begierig I.** *adj. Person*: eager (***nach*** for), *contp.* greedy (for); *Blicke etc.*: greedy, (*lüstern*) lustful; ***~ zu erfahren*** eager (*od.* keen) to find out; **II.** *adv.*: ***~ lauschen*** listen intently (*dat.* to).

begießen *v/t.* **1.** pour water *etc.* over (*od.* on); (*Blumen*) water; (*Braten*) baste; → ***Pudel***; **2.** F drink to, celebrate (with a drink); ***das müssen wir ~, das muss begossen werden*** *a.* that calls for a drink.

Beginn *m* beginning, start; *formell*: commencement; ***zu ~*** *a.* at the outset; ***seit ~*** since the beginning (*gen.* of); ***gleich zu ~*** right at the outset; ***mit ~*** *gen.* at the start of, when ... starts (*od.* begins); ***~ der Vorstellung: 19.30*** performance starts at 7.30 p.m.; → *a.* ***Anfang***; **beginnen** *v/t. u. v/i.* begin, start; *formell*: commence; ***mit der Arbeit*** *etc.* ~ start work *etc.*, get down to work *etc.*; ***die Rede begann mit ...*** the speech started off with ..., he *etc.* opened the speech with ...; → *a.* ***anfangen***; **beginnend** *adj. formell*: incipient; ***der ~e Schneefall*** *etc.* the first of the snow *etc.*

beglaubigen *v/t.* (*bescheinigen*) certify; (*Diplomaten*) accredit (***bei*** to); ***notariell ~ lassen*** have *s.th.* notarized; **beglaubigt** *adj.* certified; *Diplomat*: accredited; ***~e Abschrift*** certified copy, *als Vermerk*: a true copy; **Beglaubigung** *f* certification; *e-s Gesandten*: accreditation; **Beglaubigungsschreiben** *n* credentials *pl.*

begleichen *v/t.* ✝ pay, settle; **Begleichung** *f* settlement, payment.

Begleit|brief *m* covering letter; **~buch** *n zu e-r Fernsehsendung*: TV tie-in; **~dokumente** *pl.* accompanying documents.

begleiten *v/t.* walk along with, *a.* ♪ *u. fig.* accompany; (*schützend geleiten, a.* ⚔, ⚓, *mot.*) escort; **begleitet von** accompanied by (*a.* ♪), (*Gefahren etc.*) fraught with; ***von Erfolg begleitet*** very successful; ***j-n zur Bahn ~*** see s.o. off (at the station); ***j-n zu e-m Konzert ~*** take s.o. to a concert, go to a concert with s.o.; ***j-n***

nach Hause* ~** take (*od.* walk) s.o. home; **begleitend** *adj. Worte etc.*: accompanying; **~*e Umstände attendant circumstances; **Begleiter** *m* companion; *dienstlicher*: attendant (*gen.* to, of); (*Begleitperson*) escort; ♪ accompanist; → ***ständig*** I.

Begleit|erscheinung *f* concomitant; ⚕ side effect; ***es ist e-e ~ von*** *a.* it goes with; ***das sind so die ~en des Alters*** F they're all signs of old age, it's all part (and parcel) of growing old; **~fahrzeug** *n* escort vehicle; **~flugzeug** *n* escort plane; **~instrument** *n* ♪ accompanying instrument; **~material** *n* backup material(s *pl.*); **~musik** *f* incidental (*od.* background) music; *fig.* accompaniment; **~person** *f* escort; **~personal** *n* (personal) escort; **~schein** *m* dispatch note; **~schiff** *n* escort vessel; **~schreiben** *n* covering letter; **~schutz** *m* escort; **~stimme** *f* ♪ supporting voice; **~text** *m* accompanying text; **~umstände** *pl.* surrounding (*od.* attendant) circumstances.

Begleitung *f* **1.** company (*a. das Begleiten*); *e-s Prominenten etc.*: entourage; *schützende*: escort; ***in ~ von*** (*od. gen.*) accompanied by; ***in ~ e-s Mannes*** (***e-r Frau***) in male (female) company, with a man (woman); ***ohne ~*** alone, unaccompanied; ***in ~ sein*** be with someone; **2.** ♪ accompaniment.

Begleitzettel *m* accompanying note; ✝ dispatch note.

beglotzen F *v/t.* F gawk at, goggle at.

beglücken *v/t.* make *s.o.* happy; *bsd. iro.* delight; *iro.* ***sie hat uns mit ihrer Anwesenheit beglückt*** she hono(u)red us with her presence; **beglückend** *adj.* heartening, *stärker*: exhilarating; **beglückt** *adj.* (very) happy (***über*** about), F thrilled (with); **~*es Lächeln*** blissful smile; **Beglücktheit** *f* (sheer) happiness, bliss; **Beglückung** *f* **1.** making *s.o.* happy; **2.** happiness, bliss.

beglückwünschen *v/t.* congratulate (***zu, wegen*** on); ***wir möchten dich zur bestandenen Prüfung ~*** we'd like to congratulate you on passing your exam; **Beglückwünschung** *f* congratulations *pl.*

begnadet *adj.* exceptionally (*od.* highly) gifted; ***~ sein mit*** be endowed with, have the extraordinary gift of *being able to ...*

begnadigen *v/t.* pardon, reprieve; **Begnadigung** *f* pardon; *pol.* amnesty.

Begnadigungs|gesuch *n* petition for pardon; **~recht** *n* right of pardon.

begnügen *v/refl.*: ***sich ~ mit*** make do with, be satisfied (*od.* content) with, content o.s. with.

Begonie *f* ⚘ begonia.

begönnern *v/t. contp.* patronize.

begossen *adj.* → ***Pudel.***

begraben *v/t.* bury (*a. fig. Hoffnungen*); *fig.* (*Pläne etc.*) give up, abandon; *fig.* ***e-n Streit ~*** bury the hatchet.

Begräbnis *n* burial; *feierlich*: *a.* funeral; **~feier** *f*, **~feierlichkeiten** *pl.* funeral (ceremony) *sg.*; *formell*: obsequies; **~kosten** *pl.* funeral expenses; **~stätte** *f* place of burial; *archäologische*: *a.* burial site.

begradigen *v/t.* straighten; (*Fluss etc.*) regulate; *fig.* (*Missverständnis etc.*) straighten out; **Begradigung** *f* straightening; regulation; *fig.* straightening out.

begreifen I. *v/t.* understand; *intellektuell*: *a.* grasp; ***es ist nicht zu ~*** *a.* I can't make it out; ***hast du das endlich begriffen?*** have you got that into your head?; **II.** *v/i.* understand, F catch on; ***schnell*** (***langsam***) ***~*** be quick (slow) on the uptake; **begreiflich** *adj.* understandable; ***j-m et. ~ machen*** make s.th. clear to s.o.; ***leicht*** (***schwer***) ***~*** easy (hard) to understand; **begreiflicherweise** *adv.* understandably (enough).

begrenzbar *adj.* limitable; ***ist es ~?*** can it be limited?; **begrenzen** *v/t.* **1.** mark off; (*die Grenze bilden von*) form the boundary of; **2.** *fig.* limit, restrict (***auf*** to); **begrenzt I.** *adj.* restricted; *a. Möglichkeiten, Verstand etc.*: limited; ***eng*** (*od.* ***genau***) ***~*** (*abgegrenzt*) clearly defined; ***es ist zeitlich nicht ~*** there's no time limit (on it), it's open-ended; **II.** *adv.* (*a.* ***zeitlich ~***) for a limited period; ***~ verfügbar*** in limited supply; ***~ haltbar*** perishable, short-life *goods etc.*; **Begrenztheit** *f* restrictions *pl.* (*gen.* of, *auferlegte*: on); *der Möglichkeiten, des Verstands etc.*: limitations *pl.* (of), (*Engstirnigkeit*) narrowness, narrow-mindedness; **Begrenzung** *f* **1.** *e-s Grundstücks etc.*: boundary, perimeter; (*das Begrenzen*) demarcation; **2.** (*Einschränkung*) restriction, *a. zeitlich*: limitation (*beide a. das Begrenzen*).

Begrenzungslicht *n mot.* sidelight, *Am.* parking light.

Begriff *m* **1.** (*Vorstellung, Auffassung*) idea, concept, notion; ***sich e-n ~ machen von*** form (*od.* get) an idea of, (*sich vorstellen*) imagine; ***du machst dir keinen ~!*** you have no idea; ***ist dir das ein ~?*** does that mean anything to you?; ***das geht über m-e ~e*** that's beyond me; ***für m-e ~e*** (*wie ich es verstehe*) as I see it, if you ask me, (*für m-e Verhältnisse*) for me, as far as I'm concerned; F ***schwer von ~*** slow on the uptake, F a bit dense; **2.** (*Ausdruck*) term, expression; ***fester ~*** common expression, *alltäglicher*: household word; **3.** (*bekannte Ware, Person etc.*) household name; ***ein ~ in der Modewelt*** *etc.* a big name in fashion *etc.*; ***ein ~*** (***für Qualität***) a byword for quality; **4.** ***im ~ sein zu*** *inf.* be about to *inf.*, be on the point of *ger.*

begriffen *adj.*: ***~ sein in et.*** be in the process of (doing) s.th.; ***im Anmarsch ~*** approaching; ***im Fortgehen ~*** about to leave; ***im Entstehen ~ sein*** be forming; ***e-e im Entstehen ~e Organisation*** an organization that is just forming, *formell*: a nascent organization; ***in der Entwicklung ~ sein*** be developing, be (in the process of) being developed; ***im Wachstum ~ sein*** be in the process of growth.

begrifflich I. *adj.* conceptual; notional; **~*es Denken*** abstract thinking; **II.** *adv.*: ***~ erfassen*** conceptualize.

Begriffs|bestimmung *f* definition; **~bildung** *f* forming of concepts; **~inhalt** *m* (ideal) content; *phls.* connotation; **~merkmal** *n* conceptual characteristic.

begriffsstutzig *adj.* dense, slow (on the uptake); **Begriffsstutzigkeit** *f* denseness, slowness.

Begriffs|system *n* system of concepts; **~vermögen** *n* grasp, capacity to understand; ***über j-s ~ hinausgehen*** be beyond s.o.'s grasp; **~verwirrung** *f* **1.** confusion of ideas (*od.* terms); **2.** *e-r Person*: confused (*od.* muddled) thinking.

begründen *v/t.* **1.** (*gründen*) found, establish; (*Geschäft etc.*) *mst* set up; *fig.* (*j-s Ruf etc.*) establish; (*j-s Glück etc.*) lay the foundations for (*od.* of); **2.** (*Behauptung etc.*) give reasons for, explain; (*rechtfertigen*) justify, back up; (*Handlung*) explain; ***er begründete es damit, dass*** he explained (*od.* justified) it by the fact that; ***durch nichts zu ~*** completely unfounded (*od.* unjustified); **Begründer** *m* founder; **begründet** *adj.* (*gerechtfertigt*) valid, justified, (*a. wohl ~*) well-founded; *Verdacht, Zweifel*: reasonable; ***nicht ~*** unfounded, unjustified; **~*er Einwand*** reasonable (*od.* valid) objection; ***es besteht ~e Hoffnung*** there is cause for hope; ***in*** *e-r Sache* ***~ liegen*** go back to, be rooted in; ***die Arbeitslosigkeit liegt in der politischen Misswirtschaft ~*** political mismanagement is the root cause of unemployment; **Begründung** *f* **1.** (*Gründung*) founding, establishment; setting up; **2.** (*Motivierung*) reason(s *pl.*); (*Erklärung*) explanation; (*Argument*) argument; (*Rechtfertigung*) justification; ***mit der ~, dass*** on the grounds that; ***ohne jede ~*** without giving any reasons (*od.* explanation); ***als*** (*od.* ***zur***) ***~ von*** by way of explaining, as an explanation *od.* justification of (*od.* for).

begrünen I. *v/t.* plant with grass (*od.* trees, bushes *etc.*), plant over *s.th.*; **II.** *v/refl.*: ***sich ~*** turn green; ***die Bäume ~ sich*** *a.* the leaves are coming out on the trees; **begrünt** *adj.* green; planted with grass (*od.* trees, bushes *etc.*); **~*e Flächen*** green areas (*od.* spaces); **Begrünung** *f* planting of grass (*od.* trees *etc.*) (*gen.* on); *Ergebnis*: greenery.

begrüßen *v/t.* greet; (*Gast*) *formell*: receive; *freudig*: *a.* welcome; *fig.* (*positiv aufnehmen*) welcome, *mehrere*: *a.* applaud; ***das wäre zu ~*** that would be very welcome, that would be a welcome development (*od.* improvement *etc.*); ***es ist zu ~, dass*** we (*od.* I) welcome the fact that, we are (*od.* I am) pleased to see that; **begrüßenswert** *adj.* welcome; **Begrüßung** *f* greeting; reception, welcome; ***j-n zur ~ küssen*** kiss s.o. hello; → ***begrüßen.***

Begrüßungs|ansprache *f* welcoming speech; **~schluck** *m* welcoming drink; **~worte** *pl.* words of welcome.

begucken I. *v/t.* have a good look at; **II.** *v/refl.*: ***sich ~*** *a.* eye o.s. *in the mirror etc.*

begünstigen *v/t.* favo(u)r; (*Sache*) help (along), further; **Begünstigte(r)** *m* ⚖ beneficiary; **Begünstigung** *f* (*Bevorzugung*) preferential treatment, favo(u)ritism; (*Förderung*) furtherance; ⚖ aiding and abetting.

begutachten *v/t.* give an (expert's) opinion on; (*prüfen, besichtigen*) examine; F (*anschauen*) have a (close) look at; ***et. ~ lassen*** get an expert's opinion on s.th., F get the experts to have a look at s.th.; **Begutachter** *m* expert; appraiser; **Begutachtung** *f* **1.** examination; appraisal; **2.** → ***Gutachten.***

begütert *adj.* wealthy, well-to-do.

behaaren *v/refl.*: ***sich ~*** grow hairs; become hairy; **behaart** *adj.* hairy; *formell*: hirsute; ***stark ~*** covered in hair, very hairy; **Behaarung** *f* hairs *pl.*

behäbig *adj.* sedate; phlegmatic; *Gestalt*: portly; **Behäbigkeit** *f* sedateness; phlegmatic nature; portliness.

behaftet *adj.*: ***mit Fehlern ~*** flawed; ***mit Problemen ~*** fraught with problems; ***mit negativen Konnotationen ~*** *Wort*: negatively loaded, ***sein***: *a.* have negative connotations; ***mit e-m negativen Bei-***

geschmack ~ marred by (*od.* tainted with) negative associations; ***mit e-m Makel ~ sein*** be tainted, *stärker*: bear a stigma; ***mit e-m schlechten Ruf ~ sein*** have (*od.* be burdened with) a bad reputation; ***mit Schuldgefühlen ~*** guilt-ridden; ***mit e-m unangenehmen Geruch*** *etc.* ***~ sein*** have an unpleasant smell *etc.* about it.

behagen I. *v/i.* (*j-m*) suit; ***das behagt mir*** (***ganz und gar***) ***nicht*** I don't like it (one bit); **II.** ≈ *n* comfort, ease; (*Vergnügen*) pleasure, *stärker*: relish; (*Zufriedenheit*) contentment; ***mit ~*** with relish; **behaglich I.** *adj.* comfortable; (*heimelig*) cosy, homely, *Am.* homey; (*zufrieden*) contented *smile etc.*; **II.** *adv.* comfortably; (*zufrieden*) contentedly; **Behaglichkeit** *f* comfort; (*Heimeligkeit*) cosiness, homeliness, *Am.* homeyness.

behalten *v/t.* keep; *weiterhin, bsd. trotz Schwierigkeiten*: *a.* hold onto; (*aufrechterhalten*) *a.* maintain; (*Wert*) retain; *im Gedächtnis*: remember; Å (*e-e Zahl*) carry; **Recht ~** be right (in the end); **für sich ~** (*Geheimnis etc.*) keep *s.th.* to o.s.; ***behalt das für dich!*** *a.* F keep that under your hat; ***er kann nichts für sich ~*** *a.* F he's a blabbermouth; *Nahrung* ***bei sich ~*** keep down; ***er hat s-n Humor ~*** he hasn't lost his sense of humo(u)r; ***s-e gute Laune ~*** keep up one's good spirits; ***die Nerven ~*** keep cool.

Behälter *m* container (*a.* 🚗), *formell*: receptacle; (*Schachtel, Karton etc.*) box; *für Flüssigkeit*: tank; ***hast du dafür e-n ~?*** have you got something to put it in?

Behältnis *n* receptacle.

behämmert F *adj.* F nuts; *Sache*: F dumb.

behänd(e) *adj.* nimble, *a. geistig*: agile; (*gewandt*) dext(e)rous.

behandeln *v/t.* treat (*a.* ⚚, ⚙); (*Thema*) *a.* deal with (*a. Problem etc.*); *in der Schule etc.*: go through, F do; (*schwierige Person etc.*) handle; ***e-e Wunde mit et. ~*** treat a wound with s.th., put s.th. on a wound.

Behändigkeit *f* agility; dexterity.

Behandlung *f* treatment; (*Handhabung*) handling; ***in*** (***ärztlicher***) ***~ sein*** be receiving medical treatment.

Behandlungs|kosten *pl.* treatment (*od.* medical) costs, cost *sg.* of treatment; **~methode** *f*, **~weise** *f* (method of) treatment; **~zimmer** *n* ⚕ surgery, consulting room, *Am.* (doctor's) office.

Behang *m* (*Wand*≈) hangings *pl.*; *schmückender*: decoration(s *pl.*).

behangen *adj. Baum etc.*: laden (**mit** with); *Christbaum*: *a.* decorated, decked (with); *mit Blumen etc.*: decorated (with), *lit.* bedecked (with); *mit Schmuck*: draped (with).

behängen *v/t.* hang, drape (**mit** with); (*schmücken*) decorate (with); F *contp.* ***sich ~ mit*** drape o.s. with, cover o.s. in.

beharren *v/i.*: ***~ auf*** *od.* ***bei*** (*e-r Meinung etc.*) insist on, stick to, (*e-m Glauben*) persist in; ***darauf ~, dass*** insist that; **beharrlich I.** *adj.* persevering; *Fleiß etc.*: *a.* dogged; (*unerschütterlich*) unwavering; (*hartnäckig*) persistent, *mit Fragen etc.*: *a.* importunate; (*uneinsichtig*) stubborn; **II.** *adv.*: ***~ dabei bleiben, dass, ~ darauf bestehen, dass*** insist that; ***er bleibt ~ dabei, dass*** *a.* he 'will insist that; ***sich ~ weigern*** doggedly (*od.* stubbornly) refuse; ***~ schweigen*** refuse to speak (*od.* say anything), maintain a dogged silence; **Beharrlichkeit** *f* perseverance; doggedness, tenacity; unwaveringness; persistence; stubbornness; → ***beharrlich***; **Beharrung** *f* **1.** insistence (**auf** on); **2.** *phys.* inertia.

Beharrungs|vermögen *n phys.* inertia; **~zustand** *m* state of equilibrium (*od.* inertia).

behauen *v/t.* hew.

behaupten I. *v/t.* **1.** claim, maintain, say; argue; *formell*: assert, allege; ***~ zu*** *inf.* claim to *inf.*, maintain (*od.* say) that ...; ***j-m gegenüber ~, dass*** tell s.o. that; ***steif und fest ~, dass*** insist (*od.* swear) that; ***Sie wollen also tatsächlich ~, dass ...*** are you trying to tell me that ...?, do you mean to say that ...?; ***es wird von ihm behauptet, dass*** he is said to *inf.*, it is said (*od.* they say) that he; **2.** (*aufrechterhalten*) maintain; ***das Feld ~*** stand one's ground; **II.** *v/refl.*: ***sich ~*** assert o.s.; *gegenüber Widerständen*: *a.* hold one's own, stand one's ground; *bsd.* ⚔ prevail; *Sport*: come out on top; ⚚ *Kurse, Preise*: remain firm; ***sich ~ gegen*** *a.* stand up against; ***sich in s-r Stellung ~*** maintain one's position; **Behauptung** *f* **1.** claim, assertion; *formell*: contention; *bsd. gegen j-n*: *a.* allegation; ***s-e ~en*** what he says, the claims *etc.* he makes; ***ihre ~, sie hätte es schon bezahlt, ist nicht richtig*** what she says about having paid for it isn't true; ***die ~, er würde zurücktreten, ist nicht richtig*** what people say about him (*od.* his) resigning isn't true; ***ich bleibe bei m-r ~, dass*** I still say (*od.* maintain) that; ***er bleibt bei s-r ~, dass*** *a.* he still insists that; ***wie kommst du zu dieser ~?*** what makes you say that?; **2.** (*Aufrechterhaltung*) maintenance; *e-r Stellung etc.*: defen|ce (*Am.* -se).

Behausung *f* **1.** *a. pl.* accommodation; **2.** (*Wohnung*) dwelling, home; **3.** (*das Behausen*) providing accommodation (for people).

beheben *v/t.* (*Schaden*) repair; (*Fehler, Schwierigkeit etc.*) get rid of; (*Missstand*) remedy, redress; **Behebung** *f* repair; removal; redressal; → ***beheben.***

beheimatet *adj.* resident; ***~ sein in*** come from, *Tiere etc.*: *a.* be at home in, be native to; ***er*** (***es***) ***ist in X ~*** *a.* his (its) home is (in) X.

beheizbar *adj.* heatable; ***nicht ~*** unheatable; ***~e Heckscheibe*** heated rear window; **beheizen** *v/t.* heat.

Behelf *m* makeshift; **behelfen** *v/refl.*: ***sich ~*** manage, get by, **mit:** make do with; ***sich ohne et. ~*** do without s.th.

Behelfs... *in Zssgn* (*improvisiert*) makeshift; (*Not...*) emergency; (*vorübergehend*) temporary, stopgap; **~ausfahrt** *f* temporary exit; *ständige*: emergency exit; **~landebahn** *f* makeshift (*Not...*: *a.* emergency) runway.

behelfsmäßig I. *adj.* (*improvisiert*) makeshift; (*Not...*) emergency ...; (*vorübergehend*) temporary, stopgap ...; **II.** *adv.* as a makeshift; (*vorübergehend*) for the time being, as a stopgap; ***~ eingerichtet*** *a.* F thrown together.

Behelfs|maßnahmen *pl.* stopgap measures; **~unterkunft** *f* temporary (*Not...*: *a.* emergency) accommodation.

behelfsweise *adv.*: ***der Raum dient ~ als Küche*** the room serves as a makeshift kitchen (when needed).

behelligen *v/t.* bother, trouble, pester, *stärker*: annoy; **Behelligung** *f a. pl.* pestering; ***er mit s-n dauernden ~en!*** he never stops pestering (you).

behend(e) *adj.*, **Behendigkeit** *f* → ***behänd(e), Behändigkeit.***

beherbergen *v/t.* **1.** put up, accommodate; **2.** *fig.* (*Gefühle etc.*) harbo(u)r.

beherrschen I. *v/t.* **1.** *pol. etc.* rule (over), govern; *fig.* dominate (*a. j-n*); (*e-e Familie, ein Unternehmen*) *a.* rule (over), hold sway over, F run; *fig.* ***es beherrscht sein ganzes Denken*** it governs (*od.* dominates, determines) his whole way of thinking; **2.** *fig.* (*Lage etc.*) control, be in control of, have *s.th.* under control; (*Markt etc.*) control, dominate; (*Leidenschaften etc.*) (keep under) control; ***den Luftraum ~*** control airspace, have air supremacy; **3.** (*Beruf etc.*) know *one's trade*; have complete command of *s.th.*; (*Sprache*) have a good command of, speak *a language* (fluently); **4.** (*überragen*) command, dominate, tower (*od.* soar) above; **5.** ***alte Eichen ~ die Landschaft*** the landscape is dominated by ancient oaks; **II.** *v/refl.*: ***sich ~*** control o.s., restrain o.s.; ***ich musste mich ~*** *a.* I had to pull myself together (***um nicht zu*** *inf.* so as not to *inf.*, so that I wouldn't *do s.th.*); ***sie kann sich nicht ~*** *a.* she just can't hold back, (*wird schnell wütend*) she has a quick temper; F ***ich kann mich ~!*** F you'll be lucky!; **beherrschend** *adj.* dominating; ***~es Thema der Verhandlungen war*** topic number one (*od.* the leading topic) at the talks was; **Beherrscher** *m* ruler; **beherrscht** *adj. Person*: restrained, disciplined; **Beherrschtheit** *f* self-restraint, self-possession; **Beherrschung** *f* **1.** *pol. etc.* rule (*gen.* over); **2.** *fig.* control (*gen.* of, over); (*Selbst*≈) self-control; (*Können*) mastery (*gen.* of); *e-r Sprache*: command (of); ***die ~ verlieren*** lose control, lose one's self-control (F cool).

beherzigen *v/t.* take to heart, heed; (*befolgen*) *a.* follow; **beherzigenswert** *adj.* worth heeding; **Beherzigung** *f* heeding (*gen.* of).

beherzt *adj.* courageous, brave, plucky; (*entschlossen*) determined; **Beherztheit** *f* courage, bravery, pluck; determination.

behexen *v/t.* bewitch; (*verzaubern*) put a spell on.

behilflich *adj.*: ***j-m ~ sein*** help s.o. (**bei** with), *formell*: assist s.o. (with, in *ger.*); ***darf ich Ihnen ~ sein?*** can I help you?, *beim Mantelablegen etc.*: allow me.

behindern *v/t.* hinder, impede (**bei** in); (*Sicht, Verkehr*) *a.* obstruct; (*stören*) *a.* be (*od.* get) in the way.

behindert *adj.* handicapped (*a. Kind*), disabled; ***geistig ~*** mentally handicapped; **Behinderte(r)** *m* handicapped (*od.* disabled) person.

Behinderten|ausweis *m* disabled pass; **≈gerecht** *adj.* suitable for the handicapped (*od.* for wheelchairs); *Gebäude*: *a.* with wheelchair access; **~parkplatz** *m* parking space for the disabled, (*Schild*) disabled parking; **~toilette** *f* disabled toilet.

Behinderung *f* **1.** hindrance, impediment; **2.** ⚕ handicap; ***geistige ~*** mental handicap; ***e-e geistige ~ haben*** be mentally handicapped (*od.* retarded); **3.** *Sport*: obstruction.

Behinderungswettbewerb *m* ⚚ restraint of competition.

Behörde *f* (public) authority; (*Amt*) *a.* administrative body; ***die ~n*** the authorities; ***er ist auf der ~*** *oft* he's at the town hall.

Behörden|apparat *m* administrative machinery; *contp.* bureaucratic machine, bureaucracy; **~sprache** *f* officialese; **~weg** *m*: (den ~ gehen go through the) official channels *pl.*

behördlich I. *adj.* official, (*staats~*) government ...; II. *adv.* officially; ~ genehmigen lassen get official approval for; ~ genehmigt officially authorized; ~ anerkannt officially recognized.

behüten *v/t.* look after; *vor Gefahren etc.*: protect (vor from); (Gott) behüte! God forbid!, perish the thought!; behütete Kindheit sheltered upbringing.

behutsam I. *adj.* (*vorsichtig*) cautious; (*sachte*) gentle; II. *adv.*: ~ umgehen mit handle with care, (*Person*) be gentle on; **Behutsamkeit** *f* (*Vorsicht*) caution; (*Sanftheit*) gentleness.

bei *prp.* 1. *räumlich, a. fig.*: ~ Berlin near Berlin; ~m Rathaus (just) near *od.* by the town hall, (*am Rathaus*) at the town hall; die Schlacht ~ Waterloo the Battle of Waterloo; ~m Metzger at the butcher's; ~ m-n Eltern at my parents' (place); ~ ihr zu Hause in her house, at her place; ~ (*per Adresse*) Schmidt c/o (= care of) Schmidt; er arbeitet (*od.* ist) ~ der Post (Bahn) he works for the post office (railway, *Am.* railroad); sie ist ~m Fernsehen she works for (the) TV; ich habe kein Geld ~ mir I have no money on me; er hatte s-n Hund ~ sich he had his dog with him; Stunden nehmen ~ have lessons with *s.o.*; ~ welchem Arzt bist du? which doctor do you go to?, *Brit. a.* who's your GP?; ~ Schiller steht in one of Schiller's works it says, Schiller says; das ist oft so ~ Kindern that's nothing unusual with children, *contp.* children are like that; ~ den Römern gab es the Romans had; 2. *zeitlich, Umstände, Zustände*: ~ m-r Ankunft when I arrived, on my arrival; ~ Tagesanbruch at dawn; ~ Nacht at night; ~ Tag during the daytime, by day; ~ schönem Wetter when the weather is fine; ~m Lesen der Zeitung fiel mir auf while (*od.* when) I was reading the paper it struck me; ~ der Arbeit at work; er ist ~m Essen he's having his dinner (*od.* lunch); ~ e-m Unfall in an accident; ~m Unterricht during a (*od.* the) lesson; ~ e-m Glas Wein over a glass of wine; ~ Strafe von under penalty of; ~ guter Gesundheit in good health; ~ offenem Fenster with the window open; 3. *Anhaltspunkt*: ~ der Hand *etc.* fassen take *s.o.* by the hand *etc.*; j-n ~m Namen nennen call s.o. by (his *od.* her) name; 4. (*unter*) among; ~ den alten Fotos among the old photos; 5. (*betreffend*) ~ Alkohol muss ich aufpassen I have to be careful with alcohol; ~ Geldfragen muss ich passen when it comes to (questions of) money, I have to pass; ~ Männern hat sie Pech she's unlucky with men; 6. (*angesichts*) ~ d-m Gehalt! (you) with your salary!; ~ m-m Gehalt kann ich mir das nicht leisten I can't afford that on (*od.* with) my salary; ~ d-r Erkältung solltest du nicht rausgehen you should stay in with your cold (*od.* with that cold of yours); ~ 50 Mark pro Stunde at 50 marks an hour; ~ so vielen Schwierigkeiten considering all the difficulties; ~ der Lage der Dinge (with) matters *od.* things being as they are; ~ (*trotz*) all s-r Mühe for all his effort; 7. *Anrufung*: schwören ~ swear by; ~ Gott! by God!; 8. *Maß*: ~ weitem by far.

beibehalten *v/t.* keep, retain, maintain; (*Gewohnheit etc.*) stick to; (*Tradition etc.*) keep up; (*Richtung*) carry on in, (*a. Tempo*) keep to; **Beibehaltung** *f* upholding; unter ~ von while maintaining.

beibiegen F *v/t.*: j-m et. ~ break it (*od.* s.th.) to s.o. gently.

Beiblatt *n in e-r Zeitung etc.*: insert.

Beiboot *n* dinghy.

beibringen *v/t.* 1. j-m et. ~ (*lehren*) teach s.o. s.th.; (*verständlich machen*) make s.th. clear to s.o., get s.th. across to s.o.; (*mitteilen*) tell s.o. s.th., *schonend*: *a.* break s.th. to s.o.; F dir werd ichs schon noch ~! F I'll show you what's what!; 2. (*Wunde, Verluste etc., zufügen*) inflict (*dat.* on); 3. (*herbeischaffen*) produce, come up with.

Beichte *f* confession; die ~ ablegen confess; j-m die ~ abnehmen hear s.o.'s confession, *Priester*: confess s.o.; **beichten** *v/t. u. v/i.* confess (bei to); *fig.* ich muss dir etwas ~ I've got something to confess (to you), I've got a confession to make (to you), *a.* F I've got to get something off my chest.

Beicht|geheimnis *n* seal of confession; **~spiegel** *m* penitential; **~stuhl** *m* confessional (box); **~vater** *m* (father) confessor.

beidarmig *adj. Sport*: two-handed.

beidbeinig *adj. Sport*: two-footed.

beide *indef. pron.* both; *unbetont*: the two; (*das eine oder das andere*) either (*sg.*); m-e ~n Brüder both my brothers, *unbetont*: my two brothers; wir ~ both of us, the two of us; alle ~ both of them; in ~n Fällen in both cases, in either case; kein(e)s *od.* keine(r) von ~n neither (of them *od.* of the two); zu ~n Seiten on both sides, on either side; ~ sind angekommen both of them have arrived, they've both arrived; *Tennis*: 15 ~ 15 all; → Bein.

beiderlei *adj.* (of) both kinds; ~ Geschlechts of either sex.

beiderseitig *adj.* 1. on both sides; 2. (*gegenseitig*) mutual; in ~em Einvernehmen by mutual agreement; zur ~en Zufriedenheit to the satisfaction of both sides; 3. *pol. etc.* bilateral, two-sided; **beiderseits** I. *prp.* on both sides (*gen.* of), on either side (of); II. *adv.* on both sides.

beides *pron.* both (of them); ich mag ~ nicht I don't like either (of them).

beidhändig *adj.* ambidextrous; *Sport*: two-handed.

beidrehen *v/t. u. v/i.* ⚓ heave to.

beidseitig *adj.* → beiderseitig.

beieinander *adv.* together; (dicht) ~ next to each other; F gut ~ sein be in good shape; er ist nicht gut ~ he's not (too) well.

beieinander| bleiben *v/i.* stay (F stick) together; ~ haben *v/t.* have *s.th.* together; (*Summe*) have *a sum* (ready); F er hat nicht alle beieinander F he's not all there, he must have a screw loose somewhere; F du hast wohl nicht alle beieinander? have you gone mad (F gone off your nut)?; ~ halten *v/t.* keep together.

Beieinandersein *n* (*Zusammenkunft*) (gemütliches ~ cosy, *Am.* cozy) get-together; das ~ being together (with s.o. *od.* people).

Beifahrer *m im Pkw*: (front-seat) passenger; *im Lkw*: co-driver, F driver's mate; *beim Rennen*: co-driver; (*Soziusfahrer*) pillion rider; **~sitz** *m* front passenger seat; (*Soziussitz*) pillion (seat).

Beifall *m* applause, clapping; *durch Zuruf*: (loud) cheers *pl.*; *fig.* (*Billigung*) approval; ~ ernten (*od.* finden) meet with approval, *vom Publikum*: draw applause; ~ spenden applaud (j-m s.o.).

beifallheischend, Beifall heischend I. *adj.* eager for applause; II. *adv.*: sich ~ umsehen look around for applause.

beifällig I. *adj.* approving; ~es Lächeln smile of approval; II. *adv.* approvingly; ~ nicken nod (in) approval; et. ~ aufnehmen welcome s.th.

Beifallklatschen *n* applause, clapping.

Beifalls|bekundung *f*, **~bezeigung** *f* show of approval; **~klatschen** *n* → Beifallklatschen; **~kundgebung** *f* show of approval; **~ruf** *m* cheer(s *pl.*); **~sturm** *m* thunderous (*od.* rapturous) applause, storms *pl.* of applause.

Beifilm *m* supporting film.

beifügen *v/t.* add (*dat.* to); enclose, include (*e-m Brief* with); **Beifügung** *f* 1. addition (*gen.* of); unter ~ von (by) adding, *bei Bewerbungen etc.*: enclosing; 2. *ling.* attribute.

Beifuß *m* ⚘ mugwort.

Beigabe *f* 1. addition; *gastr.* unter ~ von adding; 2. (*et. Zusätzliches*) extra; 3. (*Grab~*) burial offering.

beige *adj.*, ~ *n* beige.

beigeben I. *v/t.* add (*dat.* to); j-m j-n als Berater *etc.* ~ assign s.o. to s.o.; II. *v/i.*: F klein ~ F climb down.

beigefarben *adj.* beige(-colo[u]red).

Beigeordnete(r) *m* assistant; *pol.* town council(l)or.

Beigeschmack *m* (unpleasant) taste; e-n ~ haben von *a.* smack of (*a. fig.*); bitterer *etc.* ~ slightly bitter *etc.* taste; e-n unangenehmen ~ haben *a. fig.* have an unpleasant taste (to it), *fig. Wort etc.*: have a negative connotation.

beigesellen I. *v/t.* 1. j-m j-n ~ assign s.o. to s.o.; 2. j-n j-m ~ put s.o. together with s.o.; II. *v/refl.*: sich j-m ~ join s.o.

Beiheft *n* supplement; *zu e-r CD etc.*: accompanying notes *pl.*

beiheften *v/t.*: et. e-r Sache ~ attach (*mit Heftklammer*: staple) s.th. to s.th.

Beihilfe *f* 1. (*staatliche ~*) subsidy, grant; 2. ⚖ aiding and abetting; ~ leisten aid and abet (j-m s.o.); ~ zum Mord complicity in murder.

beiholen *v/t.* ⚓ take in *sail.*

Beiklang *m a. fig.* overtone(s *pl.*).

beikommen *v/i.* 1. j-m ~ get at s.o., *fig. a.* get the better of s.o.; (*zu fassen bekommen*) get hold of s.o.; ihm ist nicht beizukommen there's no getting at him; mit Argumenten ist ihr nicht beizukommen she's deaf to argument; 2. e-r Sache ~ (*fertig werden mit*) cope with s.th., get to grips with s.th., (*auf den Grund kommen*) get to the root of s.th.

Beikost *f* supplementary food.

Beil *n* hatchet; (*Fleischer~*) chopper; (*Henkers~*) axe, *Am.* ax.

Beilage *f* 1. *e-r Zeitung*: supplement; (*Reklame~*) insert; 2. *gastr.* garnishings *pl.*; *getrennt gereicht*: side dish; Fleisch mit ~ meat and vegetables; was gibt es als ~? what does it come with?, what is it served with? es gibt Reis als ~ there's rice with it, it comes with rice.

beiläufig I. *adj.* casual; ~e Bemerkung

passing remark; **II.** *adv.* casually; ~ ***erwähnen*** *etc.* mention *etc.* in passing.
beilegen *v/t.* **1.** add (*dat.* to); *e-m Brief*: enclose, include (with); **2.** (*Titel*) confer (*dat.* on), (*Namen*) give; ***sich e-n Titel*** *etc.* ~ assume, take on; ***e-r Sache Wert*** (*od.* ***Bedeutung***) ~ attach (great) importance to s.th.; **3.** (*e-n Streit*) settle; ***Meinungsverschiedenheiten*** ~ settle the (*od.* one's) differences; **Beilegung** *f e-s Streits*: settlement, reconciliation; ***friedliche*** ~ peaceful settlement.
beileibe *adv.*: ~ ***nicht!*** certainly not, F not by a long shot; ***es war*** ~ ***kein Spaß!*** it was no picnic, I can tell you; ***er ist*** ~ ***kein Connoisseur, aber*** he's far from being (*od.* he's hardly) a connoisseur, but; ***sie ist*** ~ ***nicht kritisch, aber*** she's far from (being) critical, but.
Beileid *n* condolences *pl.*, sympathy; ***j-m sein*** ~ ***aussprechen*** offer s.o. one's condolences; ***j-m sein*** ~ ***bekunden*** express one's sympathy (to s.o.); → ***herzlich*** I.
Beileids|besuch *m* visit of condolence; **~bezeigung** *f* condolences *pl.*; ***von ~en bitten wir abzusehen*** no cards or flowers please; **~karte** *f* condolence (*od.* sympathy) card; **~schreiben** *n* letter of condolence; **~telegramm** *n* sympathy telegram.
beiliegen *v/i.* be enclosed (*e-m Brief etc.* with), be attached (to); **beiliegend** *adj. u. adv.* enclosed; ~ ***übersenden wir Ihnen*** enclosed please find, we are enclosing, we enclose.
beimengen *v/t.* → ***beimischen.***
beimessen *v/t.*: ***e-r Sache Bedeutung*** (*od.* ***Wert*** *etc.*) ~ attach (great) importance to s.th.; ***ich messe der Sache keinen großen Wert bei*** I don't attach any great importance to the matter, I don't see it as being terribly important.
beimischen *v/t.*: ***e-r Sache et.*** ~ mix s.th. with s.th.; add s.th. to s.th.; **Beimischung** *f* admixture; *fig. a.* touch, tinge; ***unter*** ~ ***von*** while (*od.* by) adding.
Bein *n* leg (*a. e-s Tisches, e-r Hose etc.*); ***ich konnte mich nicht mehr auf den ~en halten*** I could hardly stand on my (own two) feet; ***das geht in die ~e!*** you really feel it in your legs, it goes for your legs; ***j-m ein*** ~ ***stellen*** *a. fig.* trip s.o. up; ***schon auf den ~en sein*** be up and about; ***ich muss mich auf die ~e machen*** I must be making tracks; ***dauernd auf den ~en sein*** always be on the go; ***j-m auf die ~e helfen*** help s.o. up, help s.o. onto his (*od.* her) feet, *fig.* set s.o. up, *e-r Sache*: get s.th. going; ***wir werden dich bald wieder auf die ~e bringen!*** we'll have you back on your feet (*od.* running around) again in no time; ***schwach auf den ~en sein*** be a bit shaky (*od.* wobbly); *fig.* ***auf schwachen ~en stehen*** be shaky, be a shaky affair; ***auf eigenen ~en stehen*** stand on one's own two feet; ***mit beiden ~en im Leben stehen*** have both feet firmly on the ground; ***die ~e in die Hand*** (*od.* ***Arme***) ***nehmen*** shoot off, ***müssen:*** F have to stir one's stumps, have to step on it; ***j-m ~e machen*** get s.o. moving; ***es hat ~e bekommen*** it seems to have just walked off; ***die ganze Stadt war auf den ~en*** the whole town had turned out; ***alles, was ~e hat*** anyone and everyone; → ***ausreißen*** 1, ***Bauch, Grab, Klotz, Knüppel, link*** *etc.*; → *a.* ***Fuß.***
beinah(e) *adv.* almost, nearly; *betont*: *a.* very nearly; ***er hätte*** ~ ***gewonnen*** *a.* he came very close to winning.
Beinahezusammenstoß *m* near miss, near collision; ✈ *a.* airmiss.
Beiname *m* epithet; (*Spitzname*) nickname.
beinamputiert *adj.* with an amputated leg; with both legs amputated; ***er ist*** ~ *a.* he's had a leg (*od.* both legs) amputated; **Beinamputierte(r** *m*) *f* person (*od.* man, *f* woman) with an amputated leg (*od.* with both legs amputated).
Bein|arbeit *f* footwork; *Schwimmen*: legwork; **~bruch** *m* fractured (*od.* broken) leg; *fig.* ***das ist doch kein ~!*** it's not the end of the world; **~freiheit** *f* legroom; room to stretch one's legs.
beinhalten *v/t.* contain; (*besagen*) say; *stillschweigend*: imply.
beinhart *adj.* (as) hard as rock (*od.* stone).
Bein|haus *n* charnel house; **~prothese** *f* artificial leg; **~schiene** *f* **1.** ⚕ splint; **2.** → **~*schützer*** *m* shin pad.
beiordnen *v/t.* **1.** ***j-m j-n*** ~ assign s.o. to s.o.; **2.** *ling.* coordinate.
beipacken *v/t.*: ***e-r Sache et.*** ~ enclose (*od.* include) s.th. with (*od.* in) s.th.
Beipackzettel *m* (⚕ patient) package insert, ⚕ *a.* PPI; F blurb.
beipflichten *v/i.*: ***j-m*** (***e-r Sache***) ~ agree with s.o. (s.th.) (***in*** on); **beipflichtend** *adj.* approving.
Beiprogramm *n* supporting program(me).
Beirat *m* (*Ausschuss*) advisory board.
beirren *v/t.* disconcert; (*abbringen*) put *s.o.* off; ***er lässt sich durch nichts*** ~ he won't be put off.
beisammen *adv.* together; ***gute Nacht ~!*** goodnight everyone (*od.* all); ***er ist schlecht*** ~ he's not (too) well; **~haben** *v/t.*: ***s-e Gedanken*** ~ have one's wits about one; F ***er hat nicht alle beisammen*** F he's not all there, he must have a screw loose somewhere; **2sein** *n*: ***geselliges*** ~ (social) get-together.
Beisatz *m ling.* apposition.
Beischlaf *m* sexual intercourse.
Beisein *n* presence; ***im*** ~ ***von*** (*od. gen.*) in the presence of, in front of; ***in j-s*** ~ in s.o.'s presence, in front of s.o.; ***im*** ~ ***anderer*** with others present.
beiseite *adv.* aside (*a. thea.*); ***Spaß ~!*** seriously now; ~ ***gehen*** step aside; ~ ***legen*** put aside, (*Geld*) *a.* set aside, F stash away; (*Brille, Buch*) put down (*od.* aside); ~ ***schaffen*** remove, (*a. j-n*) get rid of, (*j-n*) *a.* F bump off; ~ ***lassen*** (*Überlegung etc.*) leave aside, ignore, disregard.
Beisel *dial. contp. n* F (low) dive.
beisetzen *v/t.* **1.** (*Leiche*) bury; *lit.* lay to rest; ***mit militärischen Ehren*** ~ lay to rest with (full) military hono(u)rs; **2.** ⚓ (*Segel*) set; **Beisetzung** *f* burial; *feierliche*: *a.* funeral; **Beisetzungsfeierlichkeiten** *pl.* funeral ceremony *sg.*; *formell*: obsequies.
Beisitz *m* **1.** seat (on a committee *etc.*); **2.** assessorship; **beisitzen** *v/i.*: ***e-m Ausschuss*** ~ sit on a committee; **Beisitzer** *m* **1.** *e-s Komitees etc.*: member (of a committee *etc.*); **2.** assessor; **3.** *bei e-r Prüfung*: observer, *aktiver*: co-examiner.
Beispiel *n* example (***für*** of); (*Vorbild*) model; ***warnendes*** (*od.* ***abschreckendes***) ~ warning; ***praktisches*** ~ concrete example; ***zum*** ~ for instance, for example (*abbr.* e.g.); ***wie zum ~ ...*** (such as) ..., for example; ***~e anführen*** give examples; ***am ~ von ...*** illustrated by ...; ***ein ~ geben*** set an example; ***sich ein ~ nehmen an*** take *s.o. od. s.th.* as an example, take a leaf out of *s.o.'s* book; ***mit gutem ~ vorangehen*** set an (*od.* a good) example; ***ohne*** ~ → ***beispiellos; mit ~en belegen*** give examples of (*od.* to support); ***es soll uns ein ~ sein*** let it be a lesson (*od.* an example) to us all.
beispielgebend *adj.* exemplary; ~ ***sein*** (*od.* ***wirken***) serve as (*od.* be) an example.
beispielhaft I. *adj.* exemplary; model ...; **II.** *adv.*: ***sich ~ benehmen*** behave impeccably; ~ ***vorangehen*** set a positive example.
beispiellos *adj.* unequal(l)ed, unparalleled; (*unvergleichlich*) matchless, peerless; (*noch nie da gewesen*) unprecedented, unheard-of; **Beispiellosigkeit** *f* uniqueness.
Beispielsatz *m* example (sentence).
beispielshalber *adv.* (*als Beispiel*) by way of example; (*zum Beispiel*) for example, for instance.
beispielsweise *adv.* for example, for instance; ***ein ~ oft angewandter Trick*** one trick, for example, that is often used.
beispringen *v/i.*: ***j-m*** ~ come (*schnell*: rush) to s.o.'s aid; (*aushelfen*) help s.o. out.
beißen I. *v/t.* **1.** *a. Insekt*: bite; ***j-n ins Bein*** ~ bite s.o.'s leg; ***das kann man ja kaum ~!*** it's as hard as rock, you can hardly get your teeth into it; F ***nichts zu ~ haben*** not to have a bite to eat; *iro.* ***er wird dich schon nicht*** ~ he won't bite (*od.* eat) you; → ***Hund*** 2; **II.** *v/i.* **2.** *a. Insekt u. Fisch*: bite; ~ ***in*** bite (into); ~ ***auf*** bite on; ~ ***nach*** snap at; → ***Apfel, Granit, Gras;*** **3.** (*brennen*) bite, burn, *in den Augen*: sting; **III.** *v/refl.*: **4.** ***sich*** ~ bite o.s.; ***sich auf die Zunge*** (***Lippe***) ~ bite one's tongue (lip); → ***Hintern;*** **5.** *fig.* ***sich*** ~ *Farben, Töne etc.*: clash; **beißend** *adj. Wind*: biting; *Geruch*: sharp, acrid; *Schmerz*: sharp; *fig. Bemerkung etc.*: biting, caustic, acrid, acerbic, *Kritik*: *a.* mordant *criticism*.
Beißerchen F *n* F toothy-peg.
Beiß|korb *m* → ***Maulkorb***; **~ring** *m* teething ring; **~zange** *f* **1.** (***e-e*** ~ a pair of) pliers *pl.*; **2.** F (*zänkische Frau*) F shrew, *sl.* bitch.
Beistand *m* **1.** help, support, assistance; ***j-m ~ leisten*** → ***beistehen***; **2.** ⚖ (*Rechts2*) legal adviser, *im Prozess*: counsel.
Beistands|kredit *m* standby credit; **~pakt** *m pol.* mutual assistance pact.
beistehen *v/i.*: ***j-m*** ~ help s.o., stand by s.o., give s.o. one's support; ***Gott steh mir bei!*** God help me; → ***Rat*** 1.
Beistell|möbel *pl.* occasional furniture *sg.*; **~tisch** *m* side table.
beisteuern *v/t. u. v/i.* contribute (***zu*** to), F chip *s.th.* in.
beistimmen *v/i.*: ***j-m*** (***e-r Sache***) ~ agree with s.o. (s.th.).
Beistrich *m* comma.
Beitel *m* ⚙ chisel; (*Hohl2*) gouge.
Beitrag *m* **1.** contribution (*a. finanziell u. fig.*); ***e-n ~ leisten*** contribute (***zu*** to), make a contribution (to); **2.** (*Mitglieds2*) subscription (fee); **3.** (*Zeitungsartikel etc.*) article (***von*** by), *bsd. pl. a.* contributions (by, from); **beitragen** *v/t. u. v/i.* contribute (***zu*** to); (*förderlich sein, dienen*) *a.* help, ***zu*** *inf.*: *a.* serve to *inf.*; ***das trägt nur dazu bei zu*** *inf.* it will only help (*od.* serve) to *inf.*; ***sein Teil*** (***dazu***) ~

contribute one's share, F do one's bit (**um zu** *inf.* towards *ger.*), play one's (*od.* its) part (in *ger.*); **viel dazu ~, um zu** *inf. Sache*: *a.* go a long way towards *ger.*

Beitrags|bemessungsgrenze *f* income threshold; **~erhöhung** *f* increase in contributions, increased contributions *pl.*; **≈frei** *adj.* non-contributory; **~freiheit** *f* exemption from contributions; **≈pflichtig** *adj.* liable to contributions; **~rückerstattung** *f* contribution refund.

beitreiben *v/t.* (*Gelder, Steuern*) collect; (*Schulden*) recover, (*einklagen*) sue for.

beitreten *v/i.* (*e-m Verein, e-r Partei etc.*) join, become a member of; (*e-m Bündnis*) *a.* enter (into); (*e-m Abkommen etc.*) enter into; **Beitritt** *m* joining (**zu** of *a party etc.*); *in ein Bündnis*: *a.* entry (into), membership (of).

Beitritts|erklärung *f* application for membership; **~kriterien** *pl. zur EU etc.*: accession criteria; **~verhandlungen** *pl.* membership talks (*od.* negotiations); **~vertrag** *m* accession treaty.

Beiwagen *m Motorrad*: sidecar; **~fahrer** *m* sidecar passenger; **~maschine** *f* motorcycle combination.

Beiwerk *n* trimmings *pl.*, F *contp.* frills *pl.*; *Mode*: accessories *pl.*

beiwohnen *v/i.*: **e-r Sache ~** be present at s.th.; *als Zeuge*: witness s.th.

Beiwort *n* epithet.

Beize[1] *f* **1.** (*Mittel*) ⚗ corrosive; ⚕ dressing; *Holz*: stain; *Färberei*: mordant; *Gerberei*: bate; *Tabak*: sauce; *gastr.* marinade; ⚕ caustic; **2.** (*Vorgang*) corrosion etching; *Holz*: staining.

Beize[2] *f* (*Beizjagd*) hawking, falconry.

beizeiten *adv.* in good time; **du solltest dich ~ darum kümmern** you'd better not leave it too long, you'd better see to it soon.

beizen[1] *v/t.* (*ätzen*) corrode; (*Holz*) stain; (*Häute*) bate; *Färberei*: (steep in) mordant; *metall.* pickle, dip; (*Tabak*) sauce; ⚕ dress; *gastr.* marinade; ⚕ cauterize.

beizen[2] *v/t. u. v/i. Jagd*: hawk.

beiziehen *v/t.* (*Experten etc.*) call in, (*a. Bücher etc.*) consult; **Beiziehung** *f* consultation, consulting.

Beizjagd *f* → **Beize**[2].

Beizmittel *n* → **Beize**[1] 1.

bejahen *v/t.* **1.** (*Frage*) answer (*od.* say) yes to; *formell*: answer *a question* in the affirmative; **2.** (*gutheißen*) see *s.th.* positively (*od.* as positive); **das Leben ~** have a positive outlook on life; **die Zukunft ~** feel positive about the future; **bejahend I.** *adj.* **1.** *Antwort*: affirmative; **2.** (*gutheißend*) positive, affirmative; optimistic; **II.** *adv.* **3.** in the affirmative; **4.** positively, affirmatively; optimistically, with optimism.

bejahrt *adj.* old, advanced in years; **Bejahrtheit** *f* advanced age.

Bejahung *f* **1.** affirmation; **2.** (*Gutheißung*) affirmation; **~ des Lebens** positive outlook on life.

bejammern *v/t.* lament, *lit.* bemoan; **bejammernswert, bejammernswürdig** *adj.* lamentable.

bejubeln *v/t.* (loudly) acclaim, (*j-n*) *a.* cheer; (*Sache*) rejoice at, (loudly) acclaim.

bekämpfen *v/t.* fight (against); (*angehen gegen*) *a.* combat; (*Feuer*) fight; (*Schädlinge*) fight, control; **Bekämpfung** *f* fight, struggle (*gen.* against); *von Schädlingen*: control.

bekannt *adj.* known (*dat.* to); (*berühmt*) well-known (**wegen** for), (*mst berüchtigt*) notorious; **~e Gesichter** familiar faces; **mit j-m ~ sein** (**werden**) know (get to know) s.o., be (become) acquainted with s.o.; **mit et. ~ sein** be familiar with s.th.; **j-n mit j-m** (**et.**) **~ machen** introduce s.o. to s.o. (s.th.); **sich mit et. ~ machen** get to know s.th., familiarize o.s. with s.th.; **et. als ~ voraussetzen** assume that s.th. is known; **das ist mir ~** I know that, I'm aware of that; **soviel mir ~ ist** as far as I know (*od.* I'm aware); **das Wort ist mir ~** I've come across the word, I've heard (*od.* seen) the word used; **er kommt mir ~ vor** I think I've seen him (*od.* his face) before; **es kommt mir ~ vor** it looks (*od.* sounds *etc.*) familiar; *iro.* **die Geschichte kommt mir ~ vor** I think I've heard that one before; **es ist allgemein ~** it is generally known, it's a generally-known fact; **dafür ~ sein, dass** have a reputation for *ger.*, (*berüchtigt*) *a.* be notorious for *ger.*

Bekannte(r *m*) *f* friend; *flüchtige* (*r*): acquaintance; (*Partner*) boyfriend (*f* girlfriend); **ein Bekannter von mir** a friend of mine, *flüchtiger*: someone I know; **er ist ein guter Bekannter** I know him quite well; **Bekanntenkreis** *m* circle of friends; **e-n großen ~ haben** have a lot (*od.* plenty) of friends, have a wide circle of friends; **einer aus ihrem ~** one of her friends, somebody she knows.

bekanntermaßen *adv.* → **bekanntlich.**

Bekanntgabe *f* announcement.

bekannt geben *v/t.* announce; *öffentlich*: *a.* make *s.th.* public; **sie wollen es nicht ~** they don't want to say (*od.* disclose) anything.

Bekanntheitsgrad *m* (degree of) familiarity; **~ e-r Person** extent of s.o.'s fame; **der ~ ist** (**nicht**) **sehr hoch** it's *etc.* (not) very widely known.

bekanntlich *adv.* as everybody knows.

bekannt machen *v/t.*: **et. ~** announce s.th., make s.th. known; → **bekannt.**

Bekanntmachung *f* **1.** announcement; *pol.* (*Verlautbarung*) *a.* communiqué; **2.** (*Anschlag*) announcement, notice.

Bekanntschaft *f* **1.** *mit e-r Sache*: familiarity; **j-s ~ machen** get to know s.o., meet s.o.; **~ schließen mit j-m** (**et.**) make s.o.'s acquaintance (get to know s.th., *vertraut werden*: become familiar with s.th.); **bei näherer ~** on closer acquaintance; **2.** (*Bekanntenkreis*) circle of friends; **~sanzeige** *f* personal ad; *pl. als Rubrik*: *a.* personal column *sg.*

bekannt werden *v/i.* become known; become public; (*durchsickern*) get out, leak out; **es ist bekannt geworden, dass** we've been informed that, news has come in that (*od.* of ...).

bekehren I. *v/t.* convert (**zu** to); *zu e-r Ansicht*: bring *s.o.* round (to); *weitS.* (*Sünder, Abtrünnigen etc.*) reclaim; **II.** *v/refl.*: **sich ~** become converted, **zu:** *a.* become a convert to; *zum Katholizismus etc.*: *a.* turn *Catholic etc.*; **Bekehrer** *m* proselytizer; **Bekehrte(r)** *m* convert; **Bekehrung** *f* conversion; *weitS. von Sündern etc.*: reclamation.

bekennen I. *v/t.* confess (to); **~, et. getan zu haben** confess to having done s.th.; **II.** *v/refl.*: **sich ~ zu** (*e-r Tat*) confess (to), (*e-m Bombenanschlag etc.*) admit (*od.* claim) responsibility for; (*e-m Glauben etc.*) profess; (*j-m*) stand by, (*eintreten für*) stand up for; → **Farbe, schuldig** 1.

Bekenner *m* supporter (*gen.* of); **~brief** *m* (written) responsibility claim, letter claiming responsibility; **~mut** *m* courage of one's conviction(s).

Bekenntnis *n* **1.** (*Geständnis*) confession; **ein ~ ablegen** make a confession, confess; **2.** (*Glaubens≈*) *a. pol. etc.* creed; **3.** (*Sichbekennen*) *a. pol.* (public) avowal (**zu** of), profession of loyalty (to); **~ zum Glauben** profession (*od.* confession) of faith; → *a.* **Glaubensbekenntnis; 4.** (*Konfession*) denomination; **~freiheit** *f* freedom of religion (*od.* belief); **~schule** *f* denominational school.

bekiffen *sl. v/refl.*: **sich ~** get stoned; **bekifft** *sl. adj.*: **~ sein** be stoned.

beklagen I. *v/t.* lament, grieve; **es sind Tausende von** (**keine**) **Menschenleben zu ~** the death toll runs into thousands (there are no casualties); **II.** *v/refl.*: **sich ~** complain (**über** about); **ich kann mich nicht ~** I can't complain, I have no complaints, *konzedierend*: F I mustn't grumble; **beklagenswert** *adj.* **1.** lamentable, sad; *Person*: pitiable; **2. in e-m ~en Zustand** in a sorry state.

beklagt *adj.* ⚖ defendant; **~e Partei** → **Beklagte(r)** *m* defendant.

beklatschen *v/t.* applaud.

beklauen F *v/t.*: **j-n ~** steal (s.th.) from s.o.

bekleben *v/t.* stick s.th. onto; **mit Bildern ~** stick pictures all over, cover with pictures.

bekleckern I. *v/t.* mess up; *mit et. Flüssigem*: *a.* spill s.th. on; *mit et. Breiigem*: *a.* drop s.th. on; *mit Farbe*: *a.* splash (*od.* get) paint on; *allg. a.* spatter *one's shirt etc.* (with s.th.); **II.** *v/refl.*: **sich ~** spill *od.* drop s.th. on one's tie (*od.* blouse *etc.*), mess up one's tie *etc.*; **du hast dich mit Tinte bekleckert** *a.* you've got ink on (*od.* all over) your shirt *etc.*; F **du hast dich nicht gerade mit Ruhm bekleckert** you haven't exactly covered yourself with glory.

bekleiden *v/t.* **1.** dress; **2.** (*Amt, Stelle*) hold; **bekleidet** *adj.* dressed (**mit** in); **~ mit** *a.* wearing; **leicht ~** lightly dressed, in light dress; **spärlich ~** scantily clad; **Bekleidung** *f* clothing, clothes *pl.*

Bekleidungs|gegenstände *pl.* (articles of) clothing *sg.*; **~industrie** *f* clothing industry; **~vorschriften** *pl.* dress regulations.

beklemmen *v/t.* make *s.o.* (feel) uneasy, *stärker*: oppress; **beklemmend** *adj.* oppressive, suffocating, stifling (*alle a. fig.*); *fig.* **~es Gefühl** uneasy feeling; **~es Schweigen** embarrassed silence; **Beklemmnis** *n* → **Beklemmung** *f* **1.** suffocating feeling; **2.** *fig.* feeling of unease, sense of anxiety, *stärker*: oppressive feeling; **beklommen** *adj.* anxious, uneasy; **~es Gefühl** *a.* feeling of anxiety; **Beklommenheit** *f* uneasiness, anxiety.

bekloppt F *adj.* F crazy, *pred.* F nuts; **so was ≈es!** what a crazy thing to do (*od.* happen *etc.*).

beknackt F *adj.* **1.** F crazy; *Person*: *a. pred.* F nuts, off one's rocker; **2.** (*ärgerlich*) F rotten, stupid.

beknien *v/t.* beg *s.o.* (**zu** *inf.* to *inf.*; **wegen** for), F go on at *s.o.* (to *inf.*).

bekochen *v/t.* cook for *s.o.*

bekommen I. *v/t.* → *a.* **kriegen**; get; (*erhalten*) *a.* be given, receive; (*Krankheit*) get; (*den Zug*) catch; **ein Kind ~** have a baby; **Junge ~** have pups *etc.*; → **Junge**(**s**); **Zähne ~** cut one's teeth; **e-n**

Bauch ~ develop a paunch; ***Hunger*** (***Durst***) ~ get hungry (thirsty); ***das bekommt man überall*** you can get that anywhere; ~ ***Sie schon?*** are you being served?; ***was*** ~ ***Sie?*** how much is that (*od.* does that come to)?; ***et. geschenkt*** ~ get a present, be given s.th. as a present; ***hast du noch Karten*** ~? did you manage to get tickets?; ***zu sehen*** ~ get to see; ***es mit der Angst*** ~ get scared, F get the wind up; **II.** *v/i.*: ***j-m*** (***gut***) ~ agree with s.o.; ***j-m nicht*** (*od.* ***schlecht***) ~ disagree with s.o.; ***es bekommt ihm gut*** (***ausgezeichnet***) it's doing him (the world of) good; ***es bekommt ihm überhaupt nicht*** it doesn't agree with him at all; ***wohl bekomms!*** cheers!, *iro.* the best of luck (to you).

bekömmlich *adj. Essen*: easily digestible, easy on the stomach; (*leicht*) light; *Medikament*: innocuous, with (next to) no side effects; *Klima etc.*: (very) agreeable; ***schwer*** ~ *Essen*: hard on the stomach (*od.* digestion), heavy.

beköstigen I. *v/t.* feed, cook for; **II.** *v/refl.*: ***sich selbst*** ~ cook (*od.* cater) for o.s.; **Beköstigung** *f* **1.** (*Essen*) food; **2.** (*Vorgang*) catering (*gen.* for), feeding (*s.o.*).

bekräftigen *v/t.* (*Meinung etc.*) support, *durch Beweise etc.*: *a.* corroborate; *weitS.* (*verstärken*) reinforce; (*unterstützen*) endorse; (*bestätigen*) confirm (*alle* ***durch*** with, by *ger.*); **Bekräftigung** *f* support (-ing); corroboration; reinforcement; endorsement; confirmation; → ***bekräftigen***; ***zur*** ~ *gen.* in support (*od.* corroboration) of.

bekreuzigen *v/refl.*: ***sich*** ~ cross o.s., make the sign of the cross.

bekriegen *v/t.* wage war against; ***sich*** ~ be at war with one another.

bekritteln *v/t.* criticize, find fault with; **Bekrittelung** *f* criticism (*gen.* of), carping (at), finding fault (with).

bekritzeln *v/t.* scribble on.

bekümmern *v/t.* worry; ***das bekümmert ihn gar nicht*** it doesn't worry (*od.* bother) him in the slightest; ***das braucht Sie nicht zu*** ~ you needn't worry about that; **bekümmert** *adj.* worried, anxious *look etc.*

bekunden I. *v/t.* **1.** (*zeigen*) show, display; ***Interesse*** ~ show *od.* display (some) interest; **2.** (*erklären*) state, declare; ⚖ testify; **II.** *v/refl.*: ***sich*** ~ reveal itself; **Bekundung** *f* **1.** show, display, manifestation **2.** (*Erklärung*) declaration, avowal.

belächeln *v/t.* smile (condescendingly *etc.*) at.

belachen *v/t.* laugh at.

beladen I. *v/t.* load (up); *fig. mit Arbeit etc.*: load *s.o.* down; *mit Problemen etc.*: burden; **II.** *adj.*: ~ ***mit*** loaded with, *Tisch etc.*: *a.* piled up with; *fig.* weighed down with *work etc.* (*od.* by *problems etc.*), burdened with *problems etc.*

Belag *m* (*Überzug*) coat(ing); (*Schicht*) layer; (*Auskleidung*; *Brems*~, *Kupplungs*~) lining; (*Brücken*~, *Fußboden*~) covering; (*Straßen*~) surface; (*Ski*~) base, (running) surface; ⚕ (*Zungen*~) coating; (*Zahn*~) plaque, tartar; (*Brot*~) topping, (*Aufstrich*) spread, (*Sandwich*~) (sandwich) filling.

Belagerer *m* besieger; **belagern** *v/t.* besiege; *fig. a.* throng, crowd (round); **Belagerung** *f* siege; **Belagerungsring** *m* ring of besieging forces; **Belagerungszustand** *m*: (***im*** ~ in a) state of siege, (under) siege; ***den*** ~ ***über e-e Stadt verhängen*** put a city under siege, lay siege to a city.

belämmert F *adj.* **1.** (*betreten*) sheepish; **2.** (*mies*) F rotten, stupid.

Belang *m* **1.** ~***e*** (*Angelegenheiten*) concerns, issues, affairs; (*Interessen*) interests; ***öffentliche*** ~***e*** public issues, matters of public concern (*od.* interest); **2.** ***von*** ~ of importance (***für*** to), *sachlich*: relevant (to); ***ohne*** ~ unimportant (***für*** for), of no consequence *od.* importance (to), *sachlich*: irrelevant (to), immaterial (to).

belangen *v/t.* ⚖ sue, *a. strafrechtlich*: prosecute *s.o.*

belanglos *adj.* unimportant, insignificant; *sachlich*: irrelevant; **Belanglosigkeit** *f* **1.** (*Unwichtigkeit*) insignificance; irrelevance; **2.** (*Unbedeutendes*) insignificant matter, triviality, irrelevancy, F piddling little thing; *pl. a.* trivia; **3.** *pl.* (*belangloses Gerede*) trivial talk *sg.*, F insignificant twaddle *sg.*

belassen *v/t.* leave *s.th.* (as it is); ***et. an s-m Platz*** ~ leave s.th. where it is; ***j-n in dem Glauben*** ~, ***dass*** let s.o. go on thinking (*od.* believing) that; ***es dabei*** ~ leave it at that; ***alles beim Alten*** ~ leave things as they are; ***wir wollen es dabei*** ~ let's leave it at that.

belastbar *adj.* **1.** ⚙ loadable; ~ ***bis*** with a maximum loading capacity of; **2.** ~ ***sein*** *arbeitsmäßig*: be able to cope with a heavy workload, be able to work under pressure, *nervlich*: be able to take some strain (*od.* pressure); ***er ist nicht*** ~ he can't take any kind of pressure (*nervlich*: *a.* strain); **Belastbarkeit** *f* **1.** ⚙ loading capacity; ⚡ power rating; *e-s Lautsprechers*: power-handling capacity; **2.** ability to cope with pressure (*nervliche*: *a.* strain); ***bis zur Grenze der*** ~ to breaking point.

belasten I. *v/t.* **1.** load (*a.* ⚙, ⚡); (*beanspruchen*) ⚙ stress; (*beschweren*) weight (*a. Ski*); **2.** ✝ ***j-n*** (***j-s Konto***) ~ debit s.o. (s.o.'s account) (***mit*** with); **3.** ***j-n finanziell*** (***stark***) ~ be a (heavy) financial burden on s.o., present a (heavy) financial strain on s.o.; **4.** (*Grundstück, Haus*) encumber, mortgage; **5.** ⚖ *durch Indizien etc.*: incriminate; **6.** (*die Umwelt etc.*) pollute, contaminate, add to the pollution of *the environment*; **7.** ⚕ (*Organ, Kreislauf etc.*) strain; *beim EKG etc.*: exert; **8.** *physisch, psychisch etc.*: (*a. Verhältnis, Wirtschaft etc.*) strain, put a strain on; ***stark*** ~ put a heavy strain on; ***j-n*** *arbeitsmäßig* (***stark***) ~ put s.o. under (a lot of) pressure, give s.o. a heavy workload; ***j-n*** (***sehr***) ~ *a. nervlich*: be a (great) strain on s.o.; (*Sorgen machen*) be a (big) worry for s.o., *gewissensmäßig*: give s.o. a (really) bad conscience; ***es belastet mich*** (***allmählich***) *a.* it's getting to me; **II.** *v/refl.*: ***sich*** ~ ***mit*** burden (*od.* saddle) o.s. with; ***damit kann ich mich nicht*** ~ *a.* I haven't got time for that sort of thing; **belastend** *adj.* **1.** ⚖ incriminating; **2.** ~ ***sein*** be a strain; **belastet** *adj.* **1.** (***voll***) ~ *Fahrzeug etc.*: (fully) loaded; **2.** *Grundstück etc.*: encumbered; **3.** (***stark***) ~ *finanziell*: under a (heavy) financial strain; **4.** ⚕ *Organ etc.*: under strain, overworked, overtaxed; **5.** *physisch, psychisch etc., a. Verhältnis etc.*: under strain; *arbeitsmäßig*: under pressure; (***stark***) ~ ***mit*** under (great) strain *od.* pressure from, (*Problemen etc.*) weighed down with; **6.** *Umwelt etc.*: polluted, contaminated; **7.** ***erblich*** ~ ***sein*** suffer from a hereditary disease.

belästigen *v/t.* pester, annoy; *auf der Straße*: molest; (*Exfreund*[*in*]; *verfolgen*) stalk; *mit e-r Frage etc.*: trouble, bother; ***s-e Exfreundin*** ~ stalk one's former girlfriend; **Belästigung** *f a. pl.* pestering; *auf der Straße*: molestation; (*Verfolgung*) stalking; ***sexuelle*** ~ (***am Arbeitsplatz***) sexual harassment (at the workplace).

Belastung *f* **1.** ⚙, ⚡ load, stress; ***zulässige*** ~ maximum permissible load, safe load; **2.** *e-s Kontos*: charge, debit; **3.** *finanzielle*: (financial) burden (*gen.* on); **4.** *e-s Grundstücks*: encumbrance, (*Hypothek*) mortgage; **5.** ⚖ incrimination; **6.** *der Umwelt etc.*: pollution, contamination (***für*** of); **7.** ⚕ strain (***für*** on); *beim EKG etc.*: exertion; ***unter*** ~ under exertion; **8.** *physische, psychische etc.*: strain, burden (***für*** on); *e-s Verhältnisses etc.*: strain (on); ***e-e starke*** ~ a great (*od.* real) strain; **9.** ***erbliche*** ~ hereditary disease.

Belastungs|fähigkeit *f* → ***Belastbarkeit*** *f*; ~**grenze** *f* **1.** maximum load; **2.** *fig.* limit(s *pl.*) of what s.o. can take; ***ich habe m-e*** ~ ***erreicht*** I can't take any more, F I've had just about all I can take; ~**material** *n* ⚖ incriminating evidence; ~**probe** *f* **1.** ⚙ load test; **2.** *fig.* test (of endurance); ~**spitze** *f* peak load; ~**zeuge** *m* witness for the prosecution.

belauben *v/refl.*: ***sich*** ~ come into leaf; **belaubt** *adj.* leafy; in leaf.

belauern *v/t.* lie in wait for; *weitS.* watch *s.o.* closely; (*beobachten*) spy on.

belaufen *v/refl.*: ***sich*** ~ ***auf*** amount to, run up to, total.

belauschen *v/t.* **1.** eavesdrop on; **2.** (*beobachten*) watch, observe.

beleben I. *v/t.* liven up, get (*od.* put) some life into; (*Wirtschaft etc.*) stimulate, get *s.th.* going; *Getränk etc.*: revive, (*a. Kreislauf*) get *s.o. od. s.th.* going (again), F buck up; (*kräftigen*) invigorate; (*Zimmer, Bild*) brighten up; ***neu*** ~ put new life into; → ***wieder beleben***; **II.** *v/refl.*: ***sich*** ~ liven up; *Straße etc.*: come to life; *Gesicht*: brighten up; **belebend** *adj.* stimulating, invigorating; *Getränk*: re-freshing; **belebt** *adj.* lively; *Gespräch*: *a.* animated; *Szene, Straße etc.*: busy, bustling; ✝ brisk; **Belebtheit** *f e-r Straße etc.*: hustle and bustle (*gen.* of), bustling life (of); **Belebung** *f* livening up; *des Kreislaufs, der Wirtschaft etc.*: stimulation.

Belebungs|mittel *n* tonic, restorative, F pick-me-up; ~**versuch** *m* resuscitation attempt.

belecken *v/t.* lick; *fig.* ***sie scheinen von der Kultur kaum beleckt zu sein*** civilization seems to have passed them by.

Beleg *m* **1.** record; (*Beweis*) *a. pl.* proof, evidence; (*Quittung*) receipt; **2.** (*Beispiel*) example (***für*** of); (*Quelle*) reference.

Belegbett *n* private bed (*allotted to a specific practitioner*).

belegen I. *v/t.* **1.** (*bedecken*) cover; (*auskleiden, a. Bremsen etc.*) line; *mit Schutzüberzug etc.*: coat; ***mit Fliesen*** ~ tile; ***mit Teppichboden*** ~ carpet; **2.** *Brot* ~ ***mit*** put *s.th.* on; **3.** (*Zimmer etc.*) occupy; ***mit j-m*** ~ put s.o. in(to); **4.** (*Kurs etc.*) sign up for, register for, enrol(l) for; **5.** (*reservieren*) book, reserve; **6.** ***den ersten*** (***zweiten*** *etc.*) ***Platz*** ~ *Sport*: take first (second *etc.*) place, come first (second *etc.*); **7.** *fig.* **~ mit** (*Steuern etc.*) impose *s.th.* on; **8.** (*beweisen*) give evidence for, substantiate, back up, prove; (*verifizieren*) verify; (*Textstelle, Wort*) give (*od.* quote) a reference for; **9.** *zo.* (*bsd. Hündin*) cover; **II.** *v/refl.*: ***sich ~*** get covered (***mit*** with), *selber*: form a layer of; ⚕ *Zunge*: fur; *Stimme*: get husky; → ***belegt.***

Belegexemplar *n* (*Buch*) specimen copy; *für Autor*: *a.* author's copy.

Belegschaft *f* personnel (*mst pl. konstr.*), workforce; employees *pl.*; (*bsd. Leitungspersonal*) staff (*mst pl. konstr.*); **Belegschaftsaktie** *f* employee share (*pl. a.* stock *sg.*).

Beleg|schein *m* voucher; (*Quittung*) receipt; **~station** *f* private wing (*allotted to a specific practitioner*); **~stelle** *f* reference.

belegt *adj.* **1.** *Zunge*: coated, furred; *Stimme*: husky; **2.** *Platz, Raum*: taken, occupied; (*voll* **~**) full (up); **3.** *teleph.* engaged, *Am.* busy; **4.** ***~es Brot*** (open) sandwich; ***~es Brötchen*** filled roll; **5.** ***~ sein bei*** occur in; ***es ist nirgends ~*** there's no evidence for it.

belehren *v/t.* teach, instruct; (*aufklären*) inform (***über*** of); ***sich ~ lassen*** (*Rat einholen*) take some advice, (*Vernunft annehmen*) listen to reason; → ***Bessere(s)***; **belehrend** *adj.* **1.** instructive; **2.** *contp. Ton etc.*: schoolmasterly, *bei e-r Frau*: schoolmarmish; **Belehrung** *f* instruction; (*Rat*) advice; *contp.* ***ständige ~en*** constant lecturing (*od.* preaching).

beleibt *adj.* stout, portly; **Beleibtheit** *f* stoutness, portliness.

beleidigen *v/t.* offend (*a. fig. Auge, Gefühl etc.*); (*verletzen*) hurt; *gröblich*: insult; ⚖ slander, *schriftlich*: libel; ***ich wollte dich nicht ~*** *a.* I didn't mean any offen|ce (*Am.* -se); **beleidigend** *adj.* offensive; (*grob* **~**) insulting; ⚖ slanderous, *schriftlich*: libel(l)ous; ***~ werden*** start insulting s.o.; **beleidigt** *adj.* offended, F miffed; ***ein ~es Gesicht machen*** look hurt (*od.* offended); ***zutiefst ~*** deeply offended, *bsd. iro.* mortally wounded; F ***die ~e Leberwurst spielen*** be (*od.* go off) in a huff, sulk (in a corner somewhere); **Beleidigung** *f* insult; ⚖ slander, *schriftliche*: libel; ***als ~ empfinden*** take offen|ce (*Am.* -se) at, consider *s.th.* an offen|ce (*Am.* -se); ***sich gegenseitig ~en an den Kopf werfen*** trade insults; **Beleidigungsklage** *f* libel suit.

belemmert F *adj.* → ***belämmert.***

belesen *adj.* well-read; **Belesenheit** *f* (wide) knowledge of literature; ***ich staune über s-e ~*** I'm amazed at how well-read he is (*od.* at how much he's read).

beleuchten *v/t.* **1.** light (up), *a. festlich*: illuminate; **2.** *fig.* examine, take a look at; ***kritisch*** (***genauer***) **~** take a critical (closer) look at; ***von allen Seiten ~*** examine (*od.* look at) *s.th.* from every angle; **Beleuchter** *m* lighting technician; **beleuchtet** *adj.* lit (up), illuminated; ***gut*** (***schlecht***) **~** well-lit (badly lit); **Beleuchtung** *f* **1.** lighting; light(s *pl.*); **2.** *fig.* investigation.

Beleuchtungs|anlage *f* lighting (system); **~körper** *m* light, lamp; lighting fixture.

beleum(un)det *adj.*: ***gut*** (***schlecht***) **~** held in good (bad) repute.

Belgier(in *f*) *m*, **belgisch** *adj.* Belgian.

belichten *v/t. u. v/i. phot.* expose; **Belichtung** *f* exposure.

Belichtungs|automatik *f* automatic exposure (control); **~messer** *m* light meter; **~spielraum** *m* (exposure) latitude; **~steuerung** *f* automatic exposure (control); **~zeit** *f* exposure (time).

belieben I. *v/t. bsd. iro.*: ***~ zu*** *inf.* deign to *inf.*; ***Sie ~ wohl zu scherzen?*** you 'are joking, of course; **II.** *v/i.*: ***wie es Ihnen beliebt*** as you wish; ***tu ganz, was dir beliebt*** do as you like, suit yourself; *hum.* ***wie beliebt?*** what say?; **III.** ≈ *n* pleasure; (*Gutdünken*) discretion; ***nach ~*** a) at will, b) *a.* ***ganz nach ~*** (just) as you like (*od.* one likes *etc.*); ***es steht in Ihrem ~*** it's (entirely) up to you (***zu*** *inf.* to *inf.*).

beliebig I. *adj.* any (... you like); ***jeder ≈e*** anyone; ***die Anordnung ist ~*** they can be arranged any way (you like); **II.** *adv.* just as you like (*od.* one likes *etc.*); ***~ viele*** as many as you like; ***~ lang*** as long as you like.

beliebt *adj.* popular (***bei*** with); *Ware*: (very much) in demand (among); ***sich bei j-m ~ machen*** (try and) get into s.o.'s good books, *contp.* F suck up to s.o.; **Beliebtheit** *f* popularity (***bei*** among); ***sich e-r großen ~ erfreuen*** be very popular, enjoy great popularity.

Beliebtheits|grad *m* popularity (rating); **~skala** *f* popularity scale.

beliefern *v/t.* supply (***mit*** with); **Belieferung** *f* supply (***von j-m mit et.*** of s.th. to s.o.).

Belladonna *f* ⚘ belladonna (*a.* ⚕), deadly nightshade.

bellen *v/t. u. v/i.* bark (*a. fig.*).

Belletrist *m* writer of fiction, fiction writer; **Belletristik** *f* (poetry and) fiction; *engS.* belles lettres (*sg.*); **belletristisch** *adj.* fiction ...; *weitS.* literary *journal etc.*; ***~e Werke*** works of (poetry and) fiction.

belobigen *v/t.* praise, commend; **Belobigung** *f* praise, commendation.

belohnen *v/t.* reward (*a. fig.*), give *s.o.* a reward; ***mit et. belohnt werden*** get a reward of, *a. fig.* be rewarded with; **Belohnung** *f* reward; ***als*** (*od.* ***zur***) **~** as a reward (***für*** for), in return (for); ***e-e ~*** (***in Höhe von ...***) ***aussetzen*** offer a reward (of ...).

belüften *v/t.* ventilate; (*Gewässer*) aerate; **belüftet** *adj.*: ***gut*** (***schlecht***) **~** well--ventilated (poorly ventilated); **Belüftung** *f* ventilation; *von Gewässern*: aeration.

Belüftungs|anlage *f* ventilating system; **~rohr** *n* air pipe; **~ventil** *n* air-bleed valve.

belügen I. *v/t.* lie to, tell *s.o.* a lie (*od.* lies); **II.** *v/refl.*: ***sich selbst ~*** delude o.s., deceive o.s.

belustigen I. *v/t.* amuse; (*unterhalten*) entertain; **II.** *v/refl.*: ***sich ~*** a) amuse o.s., b) be amused (***über*** by); ***sich damit ~ zu*** *inf.* amuse o.s. by *ger.*; **belustigend** *adj.* amusing, funny; **belustigt I.** *adj.* amused; **II.** *adv.*: ***~ schmunzeln*** smile in amusement; **Belustigung** *f* amusement; (*Unterhaltung*) entertainment; ***zur großen ~*** *gen.* much to the amusement of; ***zur allgemeinen ~*** to everybody's amusement.

bemächtigen *v/refl.*: ***sich ~*** (*e-r Person*) seize, *a. fig. Furcht etc.*: take hold of; (*e-r Sache*) *a.* take possession of; (*der Macht etc.*) *widerrechtlich*: usurp *power*; *fig.* ***Furcht bemächtigte sich seiner*** he was seized with fear, fear took hold of him.

bemäkeln *v/t.* criticize, find fault with; **Bemäkelung** *f* criticism (*gen.* of), criticizing (*s.th.*).

bemalen I. *v/t.* paint; **II.** *v/refl.*: F ***sich ~*** (*sich schminken*) F paint one's face, put one's face on.

bemängeln *v/t.* criticize, find fault with; ***ich habe nichts zu ~*** I have no criticisms (*od.* complaints); **Bemängelung** *f* criticism (*gen.* of).

bemannt *adj.* manned (***mit*** by).

bemänteln *v/t.* disguise, cover up; (*beschönigen*) gloss over.

bemerkbar *adj.* noticeable; ***sich ~ machen*** *Person*: draw (*od.* attract) attention to o.s., *Sache*: show, become apparent, (*spürbar werden*) make itself felt; ***die Anstrengung machte sich bei ihm*** (***allmählich***) **~** the strain began to tell on him; ***es ist kaum ~*** you can hardly tell (*od.* notice); **bemerken** *v/t.* **1.** (*wahrnehmen*) notice, become aware of; *formell*: note; (*sehen*) *a.* see; (*erkennen*) realize; ***ich bemerkte sie zu spät*** I saw her too late; ***ich habe es sehr wohl bemerkt!*** it hasn't (*od.* hadn't) escaped my notice; **2.** (*äußern, sagen*) say, remark, *formell*: note, observe; (*erwähnen*) mention; ***~, dass*** *a.* make the point that; ***einiges zu ~ haben*** have a few comments (*od.* remarks) to make; ***haben Sie*** (***dazu***) ***et. zu ~?*** would you like to comment?, do you have any comments to make?; ***nebenbei bemerkt*** by the way, incidentally; **bemerkenswert I.** *adj.* remarkable (***wegen*** for); (*beachtenswert*) noteworthy (for); **II.** *adv.*: ***~ überzeugend etc.*** remarkably convincing *etc.*; **Bemerkung** *f* remark (***über*** on, about); comment (on); *schriftliche*: *a.* note; (*Anmerkung*) annotation; ***~en machen über*** remark (*od.* comment) on, make remarks about, make comments on; ***was soll diese ~?*** what's that (remark) supposed to mean?

bemessen I. *v/t.* (*berechnen*) calculate; *zeitlich*: *a.* time; (*Leistung*) rate; (*Strafe, Preis etc.*) fix; *fig.* (*bewerten*) measure (***nach*** by); → ***knapp*** II; **II.** *v/refl.*: ***sich ~ nach*** be calculated (*od.* measured) by *od.* according to; **III.** *adj.* (*knapp*) limited; → ***knapp*** II; **Bemessung** *f* calculation; *e-r Leistung*: rating; *des Preises etc.*: assessment.

Bemessungs|grundlage *f* basis for assessment; **~zeitraum** *m Steuer*: income year.

bemitleiden *v/t.* feel sorry for, pity; **bemitleidenswert** *adj.* pitiable, *stärker*: wretched; ***er ist schon ~*** you have to feel sorry for him; **Bemitleidung** *f* sympathy (*gen.* for); ***d-e ~ hilft mir nicht*** *a.* your feeling sorry for me doesn't help.

bemittelt *adj.* well-off; well-to-do.

bemogeln F *v/t.*: ***j-n ~*** *beim Spiel*: cheat.

bemoost *adj.*: F ***~es Haupt*** (*Student*) eternal student; (*alter Mann*) old man, F wrinkly.

bemühen I. *v/t.* trouble (***mit*** with; ***um*** for); (*Arzt, Fachmann etc.*) call in; **II.** *v/refl.*: ***sich ~*** go to a lot of trouble *od.* effort (***zu*** *inf.* to *inf.*), make an effort, try (hard); ***sich um*** (*et.*) **~** try to get, (*j-n*) *schmeichlerisch*: court *s.o.*('*s favo*[*u*]*r*); (*Verletzten etc.*) (try to) help, *weitS.* (*sich kümmern um*) look after; ***~ Sie sich nicht!*** don't go to any trouble; ***sich für j-n ~*** try to help s.o., *engS.* put in a good word for s.o.; ***sich ~ zu*** (*od.* ***nach*** *etc.*)

go all the way to; ***sich zu j-m ~*** take the trouble to go and see s.o.; **bemüht** *adj.* **1. *~ sein zu*** *inf.* take care to *inf.*, *stärker*: be at pains to *inf.*, *eifrig*: be anxious to *inf.*; **2.** (*angestrengt*) labo(u)red; (*gezwungen*) forced; (*unnatürlich*) unnatural, artificial; **Bemühung** *f* effort(s *pl.*) (**um** towards); trouble; ***alle s-e ~en waren umsonst*** he went to all that trouble (*od.* effort) for nothing; ***danke für Ihre ~en*** thank you for (all) your help.

bemüßigt *adj.*: ***sich ~ fühlen zu*** *inf.* feel obliged (*od.* duty bound) to *inf.*

bemuttern *v/t.* mother; *weitS. a.* nanny; **Bemutterung** *f* mothering; ***ich halte ihre ~ nicht mehr aus*** I can't stand her mothering me like that any more.

benachbart *adj.* neighbo(u)ring; *fig.* related.

benachrichtigen *v/t.* inform, notify (**von** of), let *s.o.* know (about); ⚕ advise; **Benachrichtigung** *f* notification; ⚕ advice; ***e-e schriftliche ~*** written notification; ***die ~ der Betroffenen erfolgte unverzüglich*** all persons concerned were immediately notified.

benachteiligen *v/t.* put *s.o.* at a disadvantage; *bsd. sozial etc.*: discriminate against; **benachteiligt** *adj.* at a disadvantage, *sozial*: disadvantaged, underprivileged; **Benachteiligte(r)** *m* disadvantaged person; ***die Benachteiligten*** the disadvantaged, the underprivileged; **Benachteiligung** *f* **1.** discrimination (*gen.* against); **2.** (*Nachteil*) handicap, disadvantage.

benebeln *v/t.* (*j-n, a. die Sinne*) befuddle; *Narkose etc.*: make *s.o.* dop(e)y; **benebelt** F *adj.* (be)fuddled; (*benommen*) F dop(e)y; (*angeheitert*) F slightly tiddly.

Benediktiner *m* **1.** Benedictine (monk); **2.** (*Likör*) Benedictine; **~orden** *m* Benedictine order, Order of St Benedict; **~regel** *f* Benedictine Rule.

Benefiz|konzert *n* charity concert; **~spiel** *n* charity fixture, benefit match; **~vorstellung** *f* charity performance.

benehmen I. *v/refl.* **1. *sich ~*** behave (**gegenüber** towards); **2. *sich schlecht ~*** behave badly, misbehave; ***sich gut ~*** behave (oneself), behave well; ***er hat sich unmöglich benommen*** he was impossible, he behaved abysmally; **II.** 𝔖 *n* **3.** behavio(u)r, conduct; (*Manieren*) *good, bad* manners *pl.*; ***er hat kein ~*** he has no manners, he doesn't know how to behave; **4.** *amtlich*: ***im ~ mit*** in agreement with; ***sich ins ~ setzen mit j-m*** (*in Verbindung setzen*) get in touch with s.o., (*sich besprechen*) confer with s.o., (*j-n zu Rate ziehen*) consult s.o.

beneiden *v/t.* envy (**j-n um et.** s.o. s.th.); ***sie beneidet mich um m-e neue Wohnung*** *a.* she's envious of my new flat (*Am.* apartment); ***ich beneide dich um d-e Geduld*** I envy your patience, I wish I had your patience; ***er ist nicht zu ~*** I wouldn't like to be in his shoes, he's not to be envied; ***er ist zu ~*** lucky man; **beneidenswert** *adj.* enviable.

benennen *v/t.* (*nennen*) name (**nach** after, *Am.* for), call; (*beim Namen nennen*) name; (*Termin*) fix; (*Kandidaten*) nominate; *als Zeugen*: call (as a witness); ***neu ~*** rename; ***sie wird nach ihrer Tante benannt*** she's named (*od.* called) after (*Am.* for) her aunt; **Benennung** *f* naming; *konkret*: name; (*Benennungssystem*) nomenclature; ⚕ *Wertpapier*: title; ***falsche ~*** misnomer.

benetzen *v/t.* moisten; (*bespritzen*) sprinkle.

Bengale *m* Bengali; **bengalisch** *adj.* Bengali; ***~e Beleuchtung*** Bengal lights.

Bengel *m* rascal, scamp.

Benimm F *m* manners *pl.*; ***er hat keinen ~*** he has no manners, he doesn't know how to behave (himself).

Benjamin *fig. m the* youngest, *the* baby.

benommen *adj.* dazed, F dop(e)y; **Benommenheit** *f* dazed feeling, F dopiness.

benoten *v/t.* mark, *Am.* grade.

benötigen *v/t.* need; ***dringend ~*** badly need, need *s.th.* urgently, be badly in need of, be in urgent need of; **benötigt** *adj.* required.

Benotung *f* **1.** marking, *Am.* grading; **2.** marks *pl.*, *bsd. Am.* grades *pl.*

benummern *v/t.* number.

benutzbar *adj.* usable; *Straße*: passable.

benutzen, benützen *v/t.* use, (*Gebrauch machen von*) *a.* make use of; (*Verkehrsmittel*) take, go by; → ***Gelegenheit.***

Benutzer, Benützer *m* user; *e-r Bibliothek*; borrower, (*Mitglied*) member, (*Besucher*) visitor; **~bedarf** *m* user needs *pl.*; **𝔖definiert** *adj. Computer*: user-defined; **𝔖freundlich** *adj.* user-friendly; **~freundlichkeit** *f* user-friendliness; ⚙ *a.* ease of operation; **~handbuch** *n* user's handbook, (user) manual; **~kreis** *m* users *pl*; **~oberfläche** *f Computer*: user (*od.* system) interface; **~schnittstelle** *f Computer*: user interface.

benutzt, benützt *adj.* used; ***es ist ~*** it's been used.

Benutzung, Benützung *f* use; **mit** (*od.* **unter**) **~ von** by using, with the aid of.

Benutzungs|gebühr *f* fee, charge; **~recht** *n* right to use, use.

benzen *dial. v/i.* beg and beg; ***bei j-m ~*** go on at s.o., pester s.o.

Benzin *n mot.* petrol, *Am.* gas(oline); (*Feuerzeug*𝔖) lighter fuel; ⚗ (*a. Reinigungs*𝔖) benzine; **~bombe** *f* petrol (*Am.* gasoline) bomb; **~einspritzung** *f mot.* fuel injection.

Benziner F *m* petrol-driven (*Am.* gasoline-driven) car.

Benzin|feuerzeug *n* fuel lighter; **~fresser** F *m mot.* F fuel-guzzler, *bsd. Am.* gas-guzzler; **~gutschein** *m* petrol (*Am.* gas) coupon; **~kanister** *m* jerry can.

Benzinkosten *pl.* petrol (*Am.* gas) costs, fuel costs; **~beteiligung** *f in Annonce*: share petrol (*Am.* gas) costs.

Benzin|leitung *f* fuel pipe; **~motor** *m* petrol (*Am.* gasoline) engine; **~preis** *m a. pl.* cost of petrol (*Am.* gas), petrol (*Am.* gas) prices *pl.*; **~pumpe** *f* fuel pump; **~tank** *m* petrol (*Am.* gas) tank, fuel tank; **~uhr** *f* petrol (*od.* fuel) ga(u)ge, *Am.* gas (*od.* fuel) ga(u)ge; **~verbrauch** *m* fuel consumption.

Benzoe *f* benzoin; **~säure** *f* benzoic acid.

Benzol *n* benzol(e).

beobachten *v/t.* **1.** watch, *a.* ⚕ *u. Polizei*: observe; (*Horizont etc. absuchen*) scan; (*Satelliten etc. verfolgen*) track; ***j-n bei et. ~*** watch s.o. doing s.th.; **2.** *zufällig*: see; ***ich beobachtete, wie sie das Haus verließ*** I saw her leave (*od.* leaving) the house; **3.** (*wahrnehmen*) notice; ***ich beobachtete, wie sie immer apathischer wurde*** I noticed her getting (*od.* how she got) more and more listless.

Beobachter *m* observer (*a. pol.*, ⚔ *etc.*); (*Zuschauer*) onlooker; **~status** *m* observer status; ***bei e-r Konferenz*** *etc.* ***~ haben*** take part in a conference *etc.* as an observer.

Beobachtung *f* (*a. Feststellung*) observation; ***unter ~ stehen*** be under observation.

Beobachtungs|flugzeug *n* observation plane; **~gabe** *f* powers *pl.* of observation; ***e-e gute ~ besitzen*** be very observant; **~posten** *m* lookout (man); **~satellit** *m* observation satellite; **~station** *f* **1.** ⚕ observation ward; **2.** *für Satelliten etc.*: tracking station; **~zeitraum** *m* period of observation.

beordern *v/t.* order (**nach** [to go] to), send (to); (*her*~) summon (**zu** to); (*weg*~) send away (to).

bepacken *v/t.* load (up).

bepflanzen *v/t.* plant; ***mit Bäumen*** *etc.* **~** *a.* plant trees *etc.* on (*od.* along *etc.*).

bepflastern *v/t.* (*Straße*) pave.

bepinkeln F *v/t.* F pee on.

bepinseln *v/t. a. gastr.* brush (over); ⚕ (*Wunde etc.*) paint; (*bemalen*) paint (over); ***mit Fett ~*** grease.

bequatschen F *v/t.* **1.** (*et.*) F thrash out; **2. *j-n ~*** talk s.o. into doing s.th., get s.o. round to s.th.

bequem I. *adj.* **1.** *Schuhe, Sessel etc.*: comfortable; (*gemütlich*) cosy, *Am.* cozy; **2.** (*mühelos, einfach*) easy; *Arbeitsstelle*: cushy *job*; ***es ~ haben*** have an easy time of it; **3.** (*praktisch, keine Umstände machend*) convenient (*a. Ausrede etc.*); (*zur Hand*) handy; ***fürs Einkaufen ist es sehr ~*** it's very convenient for shopping (*od.* the shops); **4. *~e Lösung*** easy way out; **5.** *Person*: comfort-loving, (*träge*) indolent, (*faul*) lazy; ***er ist zu ~, um zu*** *inf.* he just can't be bothered to *inf.*, he's too lazy to *inf.*; ***es sich ~ machen*** make o.s. at home, *fig.* take the easy way out; **II.** *adv.* **6. *hier sitzt man sehr ~*** this is a very comfortable armchair (*od.* sofa *etc.*); **7.** (*leicht*) easily; **bequemen** *v/refl.*: ***sich zu e-r Antwort*** *etc.* **~** deign to give an answer *etc.*; ***sich dazu ~, et. zu tun*** take the trouble to do s.th.; **Bequemlichkeit** *f* **1.** (*Behaglichkeit*) comfort, ease; **2.** (*Trägheit*) indolence; (*Faulheit*) laziness; ***et. aus ~ nicht tun*** be too lazy to do s.th.; **3.** (*bequeme Einrichtung, Annehmlichkeit*) convenience, *pl. a.* amenities.

berappen F *v/t.* F cough up, fork out.

beraten I. *v/t.* **1.** (*j-n*) advise, give *s.o.* (some) advice (**bei** on); ***sich ~ lassen von*** consult; ***ich habe mich von ihm ~ lassen*** *a.* I asked him for his advice; ***gut*** (***schlecht***) ***~ sein zu*** *inf.* be well-advised (ill-advised) to *inf.*; **2.** (*et.*) discuss; **II.** *v/i.* deliberate (**über** on); **III.** *v/refl.*: ***sich mit j-m ~*** consult (*od.* confer) with s.o. (**über** on), ***über et.:*** *a.* discuss s.th. with s.o.; **beratend I.** *adj.* advisory, consultative; ***in ~er Funktion*** in an advisory capacity; **II.** *adv.* in an advisory capacity, as an adviser; ***j-m ~ beistehen*** act as s.o.'s adviser.

Berater *m* adviser, consultant; ***enger ~*** aide; **~firma** *f* firm of consultants, consulting firm; **~funktion** *f* advisory function; **~gremium** *n* advisory body; **~honorar** *n* consulting fee; **~posten** *m* consultative post; **~stab** *m* team of advisers, F think tank; **~stellung** *f* consultative post.

beratschlagen *v/i.* → **beraten** II, III.

Beratung *f* **1.** (*Besprechung*) discussion; consultation; *formell*: conferral; *parl.* deliberation; ***sich zur ~ zurückziehen*** adjourn for (further) consultation; **2.** (*Rat*)

advice; **3.** (*Beratungsdienst*) advisory service; **4.** (*beratendes Gespräch, Konsultation*) consultation.
Beratungs|ausschuss *m* advisory committee; **~gespräch** *n* consultation; **~kosten** *pl.* consultation fee *sg.* (*od.* fees); **~organ** *n* advisory body; **~stelle** *f* advice cent|re (*Am.* -er); **~unternehmen** *n* consulting firm.
berauben *v/t.* **1.** (*j-n*) rob (*gen.* of); *e-s Rechts etc.*: divest (of); **2.** *fig.* deprive, rob (*gen.* of); **3.** ***sich** e-r Sache* **~** deprive o.s. of; **beraubt** *adj.* deprived (*gen.* of); *lit.* bereft (of); ***aller Macht** etc.* **~ *sein*** *a. lit.* be shorn of all power; **Beraubung** *f* robbing (*gen.* of); deprivation (of).
berauschen I. *v/t.* make *s.o.* drunk, *a. fig. Duft etc.*: intoxicate; *fig. Macht etc.*: go to one's head; **II.** *v/refl.*: ***sich*** **~** get drunk; *fig.* ***sich* ~ *an*** go into raptures over, F get high on; **berauschend I.** *adj.* intoxicating; alcoholic; *fig.* heady, intoxicating; *Schönheit*: breathtaking; F *iro.* ***nicht gerade*** **~** F nothing to shout (*od.* write home) about; **II.** *adv.*: **~ *wirken*** have an intoxicating effect (***auf*** on); **berauscht** *adj.* drunk (***von*** with); *fig. a.* heady (with).
berechenbar *adj.* calculable; **berechnen** *v/t.* calculate (*a. fig.*), F figure out; (*schätzen*) estimate (***auf*** at); ⚕ (*fakturieren*) invoice, (*Preis stellen für*) quote; ***j-m et.*** **~** charge s.o. for s.th.; ***j-m zu viel*** **~** *a.* overcharge s.o.; ***j-m et. mit 50 DM*** **~** charge s.o. 50 marks for s.th.; *fig.* ***darauf berechnet sein zu*** *inf.* be calculated to *inf.*; **berechnend** *fig. adj.* calculating; **Berechnung** *f* **1.** calculation; *konkret*: *a.* figure(s *pl.*); (*Schätzung*) estimate; ⚕ charge, (*Fakturierung*) invoicing, (*Belastung*) debit, (*Preisstellung*) quotation; **2.** *fig.* calculation; ***mit*** **~** with deliberation; ***bei ihr ist alles*** **~** it's all a question of calculation with her.
berechtigen I. *v/t.* entitle (***zu*** to *s.th. od. inf.*); (*ermächtigen*) authorize (to *inf.*); **II.** *v/i.*: ***zu et.*** **~** entitle s.o. to (do) s.th., authorize s.o. to do s.th.; ***zu der Annahme*** (***Hoffnung***) **~, *dass*** warrant the assumption (hope) that; ***zu Hoffnungen*** **~** give cause for hope, (*viel versprechend sein*) be promising; **berechtigt** *adj.* **1.** entitled (***zu*** to *s.th. od. inf.*), allowed (to *inf.*); (*ermächtigt*) authorized (to *inf.*); *Anspruch*: legitimate; **2.** *Annahme, Hoffnung, Grund etc.*: legitimate, justified, justifiable; ***es ist vollkommen*** **~, *wenn er fragt*** *etc.* he's perfectly justified in asking *etc.*, he has every reason to ask *etc.*; **berechtigterweise** *adv.* rightly, (quite) legitimately; *allein stehend*: (and) rightly so; **Berechtigung** *f* right (***zu*** *inf.* to *inf.*); (*Ermächtigung*) authorization (to *inf.*); (*Vollmacht*) power, authority (to *inf.*); (*Rechtmäßigkeit*) legitimacy, justification; ***die* ~ *haben zu*** *inf.* have the right to *inf.*, be authorized to *inf.*; **Berechtigungsschein** *m* permit.
bereden I. *v/t.* **1.** (*et.*) talk *s.th.* over, discuss; ***ich muss mit dir et.*** **~** there's s.th. I've got to talk to you about; **2.** (*j-n*) persuade *s.o.*; ***j-n*** **~ *zu*** *inf.* talk s.o. into *ger.*; **3.** (*abfällig reden über*) talk (*od.* gossip) about; **II.** *v/refl.*: ***sich mit j-m*** **~** talk to s.o. (***über*** about), ***über et.:*** *a.* talk s.th. over with s.o., discuss s.th. with s.o.
beredsam *adj.* eloquent; (*redefreudig*) talkative; **Beredsamkeit** *f* eloquence; (*Mitteilsamkeit*) talkativeness.
beredt *adj.* eloquent (*a. fig. Schweigen etc.*); **Beredtheit** *f* eloquence.
Bereich *m* **1.** area; ***militärischer*** **~** military zone (*od.* area); ***im*** **~ *der Stadt*** (with)in the town; **2.** *fig.* (*Reichweite*) range; (*Gebiet*) field, sphere, area; (*Einfluss*≈) sphere (of influence *od.* action), *formell*: ambit; ***im*** **~ *der Möglichkeit*** within the bounds of possibility.
bereichern I. *v/t.* enrich; (*Wissen etc.*) expand, increase; ***e-e Bibliothek um einige wertvolle Bände*** **~** add some valuable books to a library's collection; ***es hat mich sehr bereichert*** I gained (*od.* learned) a lot from it; **II.** *v/refl.*: ***sich*** **~** get rich (***an*** on; ***auf Kosten anderer*** at the expense of others), *contp. a.* F line one's pockets, feather one's nest; ***sich*** **~ *an*** *a.* make money out of; **Bereicherung** *f* enrichment; *des Wissens etc.*: expansion (*gen.* of), increase (in); (*Sichbereichern*) personal enrichment; ***zur*** **~ *von*** *a.* to add to; ***es war e-e große*** **~ *für mich*** I gained (*od.* learned) a lot from it.
bereifen *v/t. mot.* put tyres (*Am.* tires) on.
bereift *adj.* (*reifbedeckt*) covered with (hoar)frost, frost-covered.
Bereifung *f mot.* tyres *pl.*, *Am.* tires *pl.*
bereinigen *v/t.* **1.** (*Streit*) settle; (*Missverständnis*) clear up; (*ausgleichen*) iron out; **2.** (*Konto*) settle; (*Wertpapiere*) validate; (*Statistiken, Zahlen*) adjust, correct; **Bereinigung** *f* settlement; clearing up; validation; adjustment, correction; → ***bereinigen.***
bereisen *v/t.* **1.** (*Land*) tour, travel around (*od.* through); **2.** ⚕ (*Vertreterbezirk etc.*) cover, F do.
bereit *adj.* ready (***zu et.*** for s.th., ***zu*** *inf.* to *inf.*); (*gewillt*) prepared, willing (to *inf.*); ***zur Abfahrt*** **~** ready to leave; ⚕ ***wir sind gern*** **~ *zu*** *inf.* we shall be pleased to *inf.*; ***zu allem*** **~** game for anything, prepared to try (*od.* risk) anything; ***sich*** **~ *erklären zu*** *inf.* agree to *inf.*, *freiwillig*: volunteer to *inf.*
bereiten *v/t.* **1.** prepare, get *s.th.* ready; (*zubereiten*) make *some tea etc.*; (*Leder*) dress; **2.** *fig.* (*verursachen*) cause; ***j-m Kopfschmerzen*** *etc.* **~** *a.* give s.o. a headache *etc.*; → ***Empfang*** 2, ***Ende, Freude*** *etc.*
bereit|gestellt *adj.*: **~*e Gelder*** *etc.* available funds *etc.*, funds *etc.* provided; **~halten I.** *v/t.* have *s.th.* ready; **II.** *v/refl.*: ***sich*** **~** stand by (at the ready), be ready, *Truppen etc.*: be on standby; **~legen** *v/t.* lay out, get *s.th.* ready; **~liegen** *v/i.* be ready, be laid out (ready); **~machen I.** *v/t.* get *s.th.* ready, prepare *s.th.*; **II.** *v/refl.*: ***sich*** **~** get ready (***zu*** for).
bereits *adv.* **1.** already; ***ich habe*** **~ *drei*** I've got three already, I've already got three; ***er schläft*** **~ *seit zwei Stunden*** he's been asleep for two hours (already); **~ *morgen*** tomorrow (already); **~ *vor zehn Jahren hatte er es*** he already had it ten years ago; ***das gab es*** **~ *vor 50 Jahren*** that was (already) around fifty years ago; **2.** (*nur*) even; **~ *fünf Tropfen können tödlich wirken*** even five drops (*od.* five drops alone) can be lethal.
Bereitschaft *f* **1.** readiness; (*Bereitwilligkeit*) willingness; ***in*** **~ *sein*** (*od.* ***stehen***) → ***bereitstehen; in*** **~ *haben*** (*od.* ***halten***) have *s.th.* (at the) ready; **2.** ⚙ standby mode; **3.** (*Polizeieinheit etc.*) squad.
Bereitschafts|arzt *m* duty doctor; **~dienst** *m* **1.** standby duty; **~ *haben*** be on standby, *Arzt*: *a.* be on call; *Apotheke*: be open all night; **2.** (*Polizei*) riot squad; **~kredit** *m* standby credit; **~polizei** *f* riot squad; **~tasche** *f phot.* camera case (*od.* holdall); **~taste** *f* standby button.
bereitstehen *v/i.* be ready; (*verfügbar sein*) be available; *Polizei etc.*: stand by, be on standby.
bereitstellen *v/t.* (*zur Verfügung stellen*) make available; (*liefern*) provide, supply; (*Geldmittel*) *zweckbestimmt*: *a.* allocate; (*vorsehen*) earmark; (*Truppen*) marshal; **Bereitstellung** *f* (*Lieferung*) supply, provision; *von Geldmitteln, zweckbestimmt*: allocation, (*Vorsehung*) earmarking; ⚔ (final) assembly.
Bereitung *f* preparation.
bereitwillig I. *adj.* willing; (*eifrig*) eager; (*dienstfertig*) obliging; **II.** *adv.*: ***er bot uns*** **~ *s-e Hilfe an*** he didn't hesitate to offer his help, he obligingly offered his help; **Bereitwilligkeit** *f* willingness; (*Dienstfertigkeit*) readiness (to oblige); ***mit großer*** **~** with alacrity.
berennen *v/t.* storm, attack.
bereuen *v/t.* regret (*having done*) *s.th.*; ***er bereut, dass er nicht mitkommen kann*** he regrets not being able to come; ***ich bereue gar nichts*** I have no regrets (about anything).
Berg *m* **1.** mountain; *kleiner*: hill; ***in die*** **~*e fahren*** drive (up in)to the mountains; ***über*** **~ *und Tal*** over hill and dale; **2.** *fig.* **~*e von*** F piles of, heaps of, a huge pile of, a mountain of; **~*e versetzen*** move mountains; ***j-m goldene*** **~*e versprechen*** promise s.o. the moon; ***über den*** **~ *sein*** be out of the wood(s), be over the worst; ***mit et. nicht hinterm*** **~ *halten*** make no bones about s.th., not to beat about (*od.* around) the bush with s.th.; ***mit et. hinterm*** **~ *halten*** keep quiet about s.th., not to come forward with s.th.; ***über alle*** **~*e sein*** be over the hills and far away, be miles away; ***zu*** **~*e stehen*** *Haare*: stand on end.
bergab *adv.* downhill (*a. fig.*); *fig.* ***mit ihm geht es*** **~** things are going downhill with him; → ***rapid***(***e***) II; **bergabwärts** *adv.* downhill; down the mountain.
Bergakademie *f* mining academy.
Bergamotte *f* bergamot; **Bergamottöl** *n* bergamot oil (*od.* essence).
bergan *adv.* uphill; up the mountain.
Bergarbeiter *m* miner.
bergauf *adv.* uphill; *fig.* ***es geht wieder*** **~** things are looking up (***mit*** for); **bergaufwärts** *adv.* uphill.
Bergbahn *f* mountain (*od.* cable) railway.
Bergbau *m* mining (industry); **~ingenieur** *m* mining engineer.
Bergbewohner *m* mountain dweller, *pl. a.* mountain people.
bergen *v/t.* **1.** rescue; (*Leichen, Güter*) recover; ⚓ salvage; (*Segel*) take in; **2.** (*enthalten*) hold, contain; (*in sich* **~**) hold, (*Gefahr*) *a.* involve; *heimlich*: conceal, hide.
Berge versetzend *adj.*: **~*er Glaube*** faith that can move mountains.
bergeweise F *adv.*: **~ *Antworten*** *etc.* ***bekommen*** F get piles of (*od.* an avalanche of) replies *etc.*
Berg|fried *m hist.* keep; **~führer** *m* mountain guide; **~gipfel** *m* mountain top, summit; **~grat** *m* (mountain) ridge.
bergig *adj.* mountainous; hilly; ***e-e*** **~*e Gegend*** *a.* mountainous (*od.* hill) country.
Berg|kamm *m* (mountain) crest; **~kette** *f*

mountain range; **2krank** *adj.*: ***~ sein*** have (*od.* be suffering from) mountain sickness; **~krankheit** *f* mountain sickness; **~kristall** *m* rock crystal; **~land** *n* mountainous country; **~landschaft** *f* mountain(ous) landscape, mountain scenery.

Bergmann *m* (*pl.* **Bergleute**) ⚒ miner; **bergmännisch** *adj.* miners' ..., mining ...

Berg|massiv *n* massif; **~not** *f*: ***in ~ geraten*** get into difficulty up in the mountains; ***aus ~ retten*** rescue *s.o.* from the mountainside; **~pass** *m* mountain pass; **~predigt** *f bibl.* Sermon on the Mount; **~rettungsdienst** *m* → ***Bergwacht***; **~rutsch** *m* landslide; **~salz** *n* rock salt; **~sattel** *m* saddle; **~schuhe** *pl.* mountain (-eering) boots; **~see** *m* mountain lake; **~ski** *m* upper ski; **~spitze** *f* mountain peak, tip of a (*od.* the) mountain; summit; **~station** *f* top terminal.

Bergsteigen *n* mountaineering; **Bergsteiger** *m* mountain climber, mountaineer.

Berg|stiefel *pl.* mountain(eering) boots; **~stock** *m* **1.** (*Gebirgsstock*) massif; **2.** (*Gehstock*) alpenstock; **~straße** *f* mountain road; **~tour** *f* mountain hike.

Berg-und-Tal-Bahn *f* roller coaster, *Brit. a.* big dipper.

Bergung *f* **1.** (*Rettung*) rescue; **2.** *von Toten, Fahrzeugen*: recovery; ⚓ salvage.

Bergungs|aktion *f* **1.** rescue operation; **2.** ⚓ salvage operation; **~arbeiten** *pl.* **1.** rescue work *sg.*; **2.** ⚓ salvage operation *sg.* (*od.* operations); **~dienst** *m* recovery (⚓ salvage) service; **~fahrzeug** *n* **1.** rescue (✈ crash) vehicle; **2.** ⚓ salvage vessel; **~flotte** *f* salvage fleet; **~hubschrauber** *m* rescue helicopter; **~kommando** *n* → ***Bergungsmannschaft***; **~kosten** *pl.* **1.** rescue costs; **2.** ⚓ salvage costs; **~mannschaft** *f* **1.** rescue team; **2.** ⚓ salvage party; **~schiff** *n* salvage vessel; **~trupp** *m* → ***Bergungsmannschaft***; **~versuch** *m* **1.** rescue attempt; **2.** ⚓ salvage attempt (*od.* bid).

Berg|volk *n* mountain tribe (*od.* people [*sg.*]); **~wacht** *f* mountain rescue service (*Mannschaft*: team); **~wand** *f* rock face; **~wanderung** *f* mountain hike; **~werk** *n* mine; **~wesen** *n* mining.

Bericht *m* report (**über** on); (*Beschreibung*) account (of); (*Kommentar*) commentary; (*Verlautbarung*) bulletin; ***~ erstatten*** (give a) report (**über** on; ***j-m*** to s.o.); ***nach ~en*** *gen.* according to reports by; ***~ zur Lage*** account of the situation; ***~ zur Lage der Nation*** State of the Nation message (*od.* speech); **berichten** **I.** *v/t.* report; (*erzählen*) tell, *formell*: relate; ***X berichtet ...*** F X has the story ...; ***j-m et. ~*** (*melden*) inform s.o. of s.th., report s.th. to s.o., (*erzählen*) tell s.o. about s.th.; ***wie berichtet*** as reported; **II.** *v/i.* report (**über** on), give a report (on); ***ausführlich ~*** give a detailed account (**über** of); ***j-m über et. ~*** (*erzählen*) tell s.o. about s.th.; ***du hast mir noch gar nicht über die Party berichtet*** you haven't told me about the party yet.

Berichterstatter *m* **1.** *Presse*: reporter, *auswärtiger*: (foreign) correspondent; *Radio, TV*: commentator; **2.** ⚖, *bei Kongressen etc.*: referee; **Berichterstattung** *f* **1.** reporting, *in der Presse*: *a.* coverage; **2.** (*Bericht*) report; *Radio, TV*: *a.* commentary.

berichtigen **I.** *v/t.* correct; *formell*: rectify; (*Text*, ⚖ *Urteil, Parteianträge, Vorschrift*) amend; ⚙ correct, adjust; ☿ (*Buchung*) adjust; *pol.* (*Grenze*) rectify; **II.** *v/refl.*: ***sich ~*** correct o.s.; **Berichtigung** *f* correction; rectification; amendment; adjustment; → ***berichtigen.***

Berichtigungs|anzeige *f* notice of error; **~konto** *n* ☿ suspense account; **~wert** *m* correction value.

Berichts|jahr *n* ☿ year under review; **~periode** *f*, **~zeitraum** *m* period under review.

beriechen *v/t.* **1.** smell (at), sniff at; **2.** F *fig.* ***j-n*** (***sich*** *od.* ***einander***) ***~*** size s.o. (one another) up, have a good look at s.o. (one another).

berieseln *v/t.* **1.** (*Land*) irrigate, water; (*besprengen*) sprinkle; **2.** *fig.* ***mit Musik*** *etc.* ***~*** expose *s.o.* to an endless flow of music *etc.*; **Berieselung** *f* **1.** irrigation; (*Besprengung*) sprinkling; **2.** *fig.* constant exposure (**mit** to); → ***Musikberieselung***; **Berieselungsanlage** *f* sprinkler system.

beritten *adj.* mounted, on horseback.

Berliner[1] **I.** *m*, **Berlinerin** *f* Berliner; **II.** *adj.* (of) Berlin; *hist.* ***die ~ Mauer*** the Berlin Wall.

Berliner[2] *m gastr. etwa* doughnut.

berlinern *v/i.* speak the Berlin dialect.

Bermudadreieck *n* Bermuda triangle.

Bermudas *pl.* **1.** *a.* ***Bermudashorts*** *pl. Hose*: Bermuda shorts, Bermudas; **2.** *Inseln*: Bermudas.

Bermudainseln *pl.* Bermudas *pl.*

Bernhardiner *m* St Bernard (dog).

Bernstein *m* amber; **2farben** *adj.* amber(-colo[u]red).

Berserker *m* **1.** madman; ***wie ein ~ toben*** go berserk; **2.** *hist.* berserk(er).

bersten *v/i.* burst (*fig.* **vor** with); *Eis, Glas etc*: crack; (*explodieren*) explode; ***zum 2 voll*** full to bursting (**von** with), F jam-packed (with), chock-a-block (with).

berüchtigt *adj.* notorious (**wegen** for); infamous.

berücken *lit.* *v/t.* enchant, bewitch; **berückend** *adj.* enchanting; *Schönheit*: ravishing.

berücksichtigen *v/t.* consider, take into consideration; (*et.*) (*beachten*) bear in mind, *Gesetz, Änderungen etc.*: reflect; (*einberechnen*) allow for; (*in Betracht ziehen*) take into account; ***überhaupt nicht ~*** *a.* disregard, ignore; **Berücksichtigung** *f* consideration; ***unter ~*** *gen.* considering; ***unter ~ aller Vorschriften*** subject to all regulations; ***unter ~ von Verzögerungen*** allowing for delay(s); ***ohne ~*** *gen.* regardless of.

Beruf *m* job, occupation; *höherer, freier*: profession; (*Gewerbe*) trade; (*Geschäft*) business; (*Fach*) line; (*Laufbahn*) career; ***e-n ~ ergreifen*** take up a career (*od.* profession); ***was ist er von ~?*** what does he do (for a living)?; ***er ist Lehrer von ~*** he's a teacher (by profession); ***ich glaube, ich bin im falschen ~*** I think I'm in the wrong (kind of) job; ***~ und Haushalt*** work and the home; → ***ausüben, nachgehen*** 2 *etc.*

berufen **I.** *v/t.* **1.** ***j-n zu*** *e-m Amt* ***~*** appoint s.o. to; ***j-n zum Vorsitzenden ~*** appoint s.o. chairman; ***j-n auf e-n Lehrstuhl ~*** offer s.o. a chair (at university); ***nach Berlin ~ werden*** be called to Berlin; **2.** F ***ich will es nicht ~*** touch wood, I don't want to put the kiss of death on it; **II.** *v/refl.*: ***sich ~ auf*** *als Autorität, Quelle etc.*: cite, quote, refer to, (*j-n persönlich*) mention *s.o.'s* name; ***sich darauf ~, dass*** plead that; ***darf ich mich auf Sie ~?*** may I mention your name (*od.* quote you)?; **III.** *adj.* called; (*befähigt*) qualified, competent; ***aus ~em Munde*** from a reliable source, F straight from the horse's mouth; ***~ sein*** (***sich ~ fühlen***) ***zu*** *inf.* be (feel) competent enough *od.* qualified to *inf.*, *moralisch*: have (feel one has) a mission to *inf.*; ***ich fühlte mich*** (***nicht***) ***~ einzugreifen*** I felt called upon (I didn't feel it was for me) to intervene; ***zum Priester*** *etc.* ***~ sein*** have a calling to be a priest (*od.* to the priesthood) *etc.*; ***zur Malerei*** *etc.* ***~ sein*** have a vocation for painting *etc.*; ***sich zu*** (***etwas***) ***Höherem ~ fühlen*** feel one is destined for higher things.

beruflich **I.** *adj.* professional; work ...; *Ausbildung etc.*: vocational; ***~er Ärger*** *etc.* trouble *etc.* at work; ***~e Aussichten*** job (*od.* career) prospects; ***~e Eignung*** suitability for a (*od.* the) job *od.* career; ***~er Werdegang*** career path; → ***Fortbildung***; **II.** *adv.* as far as work (*od.* one's job, career, profession) is concerned; ***~ unterwegs*** away on business; ***sich ~ fortbilden*** do further (vocational) training; ***was machen Sie ~?*** what do you do (for a living)?, what's your line of work?

Berufs|anfänger(in *f*) *m* first-time employee; **~ausbildung** *f* vocational (*od.* professional) training; **~aussichten** *pl.* career prospects; **~beamte(r)** *m* career civil servant.

berufsbedingt **I.** *adj.* occupational, work-related, job-related; **II.** *adv.* for work (*od.* professional) reasons.

Berufs|berater *m* careers adviser, job counsel(l)or; **~beratung** *f* careers guidance; **~beratungsstelle** *f* careers guidance office; **~bezeichnung** *f* job title (*od.* designation).

berufsbezogen *adj.* job-related.

Berufs|bild *n* job profile; **2bildend** *adj.* vocational; **~chancen** *pl.* job (*od.* career) prospects; **~erfahrung** *f* (work) experience; **~ethik** *f* professional ethics *pl.* (*als Fach sg. konstr.*); **~ethos** *n* professional ethics *pl.*; **~fachschule** *f* vocational college; **~feuerwehr** *f* fire service (*Am.* department); **~fotograf** *m* professional photographer; **~geheimnis** *n* **1.** professional (*od.* trade) secret; **2.** (*Schweigepflicht*) professional secrecy (*od.* discretion); ***das ~ wahren*** (***verletzen***) maintain (violate) professional secrecy; **~genossenschaft** *f* professional (*Gewerbe*: trade) association; **~gruppe** *f* professional group; **~heer** *n* professional (*od.* regular) army; **~kleidung** *f* work (-ing) clothes *pl.*; **~krankheit** *f* occupational (*od.* industrial) disease; **~leben** *n* professional (*od.* active) life; ***im ~ stehen*** work, be active in a job.

berufsmäßig **I.** *adj.* professional; **II.** *adv.* professionally, as a profession; → *a.* ***beruflich*** II.

Berufs|politiker *m* professional (*od.* career) politician; **~richter** *m* professional judge; **~risiko** *n* occupational hazard; **~schule** *f* vocational school; **~soldat** *m* regular (soldier); **~spieler** *m* professional (player); **~sportler** *m* professional (sportsman); **~stand** *m* profession, professional group; ***~ der Juristen*** legal profession.

berufstätig *adj.* working ...; (*Amtssprache*: gainfully) employed; ~ ***sein*** (go to) work, have a job; ***~e Mütter*** working mothers; ***nicht mehr*** ~ no longer employed; **Berufstätige(r** *m*) *f* employed person; **Berufstätigkeit** *f* employment; *konkret*: *a.* job.
Berufsumschulung *f* (vocational) retraining.
berufsunfähig *adj.* unable to work; **Berufsunfähigkeit** *f* inability to work; occupational disability; **Berufsunfähigkeitsrente** *f* disability pension.
Berufs|unfall *m* workplace accident; **~verband** *m* professional association; **~verbot** *n* disqualification from a profession (*pol.* from public service); ⚖ (professional) disbarment; ***mit ~ belegt werden*** be disqualified from one's profession (*pol.* from public service), ⚖ be disbarred; **~verbrecher** *m* professional criminal; **~verkehr** *m* **1.** (*Stoßverkehr*) rush-hour traffic; **2.** weekday traffic; **~wahl** *f* choosing a career, *one's* choice of career; **~wechsel** *m* change of job (*od.* profession); switching jobs (*od.* professions, careers); **~wunsch** *m* career plans *pl.*; **~ziel** *n* planned career; professional aim; **~zweig** *m* line of work.
Berufung *f* **1.** *innere*: calling, vocation (***zu et.*** for s.th., to [be] s.th.); ***die ~ zum Schriftsteller fühlen*** feel a calling to be a writer, feel (that) one's vocation is writing; **2.** (*Ernennung*) appointment; ***e-e ~ erhalten*** *Professor etc.*: *a.* be offered a chair (***an*** at); **3.** (*Verweisung*) reference; ***unter ~ auf*** with reference to; **4.** ⚖ appeal; ***in die ~ gehen, ~ einlegen*** (file an) appeal (***gegen*** against).
Berufungs|antrag *m* petition for appeal; **~gericht** *n*, **~instanz** *f* court of appeal, appellate court; **~klage** *f* appeal; **~kläger** *m* appealer, party appealing; **~verfahren** *n* appeal proceedings *pl.*
beruhen *v/i.* **1.** ~ ***auf*** be based on, be founded on; (*zurückführbar sein auf*) stem from, go back to; ***es beruht auf e-m Missverständnis*** it was (all) a misunderstanding; F ***das beruht auf Gegenseitigkeit*** the feeling is mutual; **2.** ***et. auf sich ~ lassen*** let s.th. rest; ***lassen wir die Sache auf sich ~*** let's leave it at that; ***wir können das nicht auf sich ~ lassen*** we'll have to do something about it.
beruhigen I. *v/t.* calm (down); (*versichern*) reassure; (*das Gewissen*) ease; (*die Nerven*) calm, soothe; (*entspannen*) relax; ***da bin ich (aber) beruhigt*** that's all right (*Am.* alright) then, *stärker*: that's a relief, thank goodness; ***seien Sie beruhigt!*** there's no need to worry; **II.** *v/refl.*: ***sich ~*** calm down; *Lage*: quieten down; *Sturm, Wind*: die down; *See, Wellen*: calm down; **III.** *v/i.*: ***das beruhigt*** that'll calm you down (*od.* relax you); **beruhigend I.** *adj.* **1.** *Gedanke etc.*: comforting, reassuring; **2.** *Musik etc.*: relaxing; **3.** ✠ sedative; **II.** *adv.*: ***~ wirken auf*** have a calming (*Musik etc.*: relaxing) effect on; **Beruhigung** *f* calming (down); reassurance; easing; soothing; → ***beruhigen***; *e-r Lage*: calming down, *stärker*: stabilization; *von Spannungen*: easing; ***zur ~ der Gemüter*** to set people's minds at rest; ***zu unserer großen ~*** much to our relief; ***ich brauche etwas zur ~*** I need something to calm me down.
Beruhigungs|frist *f* cooling-off period; **~mittel** *n* sedative, tranquil(l)izer; **~pille** *f* sedative (tablet *od.* pill), tranquil(l)izer; **~spritze** *f* sedative (shot), tranquil(l)izer.
berühmt *adj.* famous (***wegen, für*** for); celebrated (for), renowned (for); F ***nicht ~*** F nothing to shout about; **berühmt-berüchtigt** *adj.* notorious, infamous (***wegen*** for); **Berühmtheit** *f* **1.** fame, renown; ~ ***erlangen*** rise to fame; ***zu trauriger ~ gelangen*** gain a doubtful reputation, *durch tragisches Ereignis*: achieve tragic fame; **2.** (*Person*) celebrity, big name.
berühren *v/t.* **1.** touch; (*streifen*) graze; *fig.* (*angrenzen an*) touch on; ***sich*** (*od.* ***einander***) ~ touch, *fig.* meet; ***er berührte sein Essen gar nicht*** he didn't touch his food; **2.** (*Thema etc.*) touch on; **3.** *seelisch*: touch (to the quick), move, have an effect on; ***das berührt mich (überhaupt) nicht*** that doesn't concern me (in the slightest); ***es hat mich seltsam berührt*** it touched me in a strange way, it had a strange effect on me; ***ich war (un)angenehm berührt*** I was pleased (I didn't like it); → ***peinlich*** 3.
Berührung *f* **1.** touch; (*Kontakt*) contact; ***körperliche ~*** bodily (*od.* physical) contact; ***in ~ kommen mit*** come into contact with, (*berühren*) *a.* touch; ***bei der leisesten ~*** at the slightest touch; **2.** *fig.* contact; ***in ~ bleiben*** keep in touch; ***in ~ kommen mit*** (*e-r Lehre etc.*) be introduced to, come across.
Berührungs|angst *f* fear of physical contact; *fig.* ***unter ~ leiden*** be afraid of people; **~bildschirm** *m* *Computer*: touch-screen; **~linie** *f* ∡ tangent; **~punkt** *m* point of contact (*a. fig.*); ∡ tangential point; *fig. pl.* (*Gemeinsamkeiten*) common ground *sg.*
besabbern F **I.** *v/t.* dribble (*stärker*: F slobber) all over *s.th.*; **II.** *v/refl.*: ***sich ~*** dribble, *stärker*: F slobber.
besäen *v/t.* sow; → ***besät.***
besagen *v/t.* (*sagen*) say; (*bedeuten*) mean; ***das besagt noch gar nichts*** that doesn't mean (*od.* prove) a thing; ***das besagt nicht, dass*** it doesn't mean (to say) that; ***was besagt das schon?*** what does that prove?; **besagt** *adj.* said, *bsd.* ⚖ *the* aforementioned.
besamen *v/t.* **1.** inseminate; **2.** ❀ pollinate; **Besamung** *f* **1.** (***künstliche ~*** artificial) insemination; **2.** ❀ pollination.
besänftigen I. *v/t.* appease; (*beruhigen*) calm (down); **II.** *v/refl.*: ***sich ~*** calm down; **Besänftigung** *f* appeasement; calming (down); → ***besänftigen.***
besät *adj.*: ***~ mit*** covered (*od.* strewn) with.
Besatz *m am Kleid etc.*: trimming(s *pl.*).
Besatzung *f* **1.** ⚔ a) occupying (*od.* occupational) forces *pl.*, b) garrison; **2.** ⚓, ✈ (*Mannschaft*) crew.
Besatzungs|armee *f* occupying army (*od.* forces *pl.*), occupational forces *pl.*; **~macht** *f* occupying power; **~mitglied** *n* crew member; **~regime** *n* occupation regime; **~streitkräfte** *pl.*, **~truppen** *pl.* occupying (*od.* occupational) forces; **~zone** *f* occupied zone.
besaufen F *v/refl.*: ***sich ~*** F get plastered (*sl.* sloshed); **Besäufnis** F *n* F booze-up.
besäuselt F *adj.* F slightly sozzled.
beschädigen *v/t.* damage; **Beschädigung** *f* **1.** damaging; **2.** *a. pl.* damage (*gen.* to).
beschaffen[1] *v/t.* get, *formell*: procure; *mit Mühe*: F get hold of (*dat.* for *s.o.*); (*Arbeit, Wohnung etc.*) *a.* find.
beschaffen[2] *adj.*: ***gut*** (***schlecht***) ~ in a good (bad) state; ***wie ist die Straße ~?*** what (kind of) state is the road in?; ***so ~, dass*** made in such a way that; *fig.* ***wie ist es mit ... ~?*** what about ...?; ***die Sache ist so ~*** it's like this, the situation is this (*od.* is as follows); **Beschaffenheit** *f* **1.** (*Zustand*) state, condition; (*Eigenschaft*) quality; (*Art*) nature; (*Struktur*) structure; ***weiche*** (***rohe*** *etc.*) ~ softness (roughness *etc.*); **2.** *körperliche*: (physical) constitution; *seelische*: (psychological) makeup.
Beschaffung *f* procurement, provision.
Beschaffungskriminalität *f* drug-related crime.
beschäftigen I. *v/t.* **1.** (*j-n*) keep *s.o.* busy, occupy *s.o.*; (*j-m Arbeit geben*) find *s.o.* something to do; **2.** (*anstellen*) employ; give *s.o.* a job; ***wie viel Leute beschäftigt er?*** how many people has he got working for him?, how many employees has he got?; **3.** (*j-n, j-s Geist od. Aufmerksamkeit*) occupy, absorb; *Problem*: preoccupy; ***es beschäftigt mich ständig*** I can't get it out of my mind; **II.** *v/refl.*: ***sich ~ mit*** be busy with; (*sich kümmern um*) look after; work at (*od.* on); (*e-m Problem, Thema etc.*) deal with; (*Kindern etc.*) *a.* spend (a lot of) time with; ***er beschäftigt sich nie mit den Kindern*** he never has time for the children; ***ich muss mich mal mit was anderem ~*** I must concentrate on something else for a change; **beschäftigt** *adj.* **1.** busy (***mit*** with); ***damit ~ sein, et. zu tun*** be busy doing s.th. (*od.* with s.th.); ***mit Briefeschreiben ~ sein*** be busy writing letters; ***mit etwas anderem ~ sein*** be busy with (*od.* doing) something else *od.* other things, have something else (*od.* other things) to do; **2.** ***~ sein bei*** work for, have a job with (*od.* at), be employed with (*od.* at); **Beschäftigte(r** *m*) *f* employee; ***Zahl der Beschäftigten*** number of persons employed; **Beschäftigung** *f* **1.** (*Tätigkeit*) something to do; activity; occupation; ***e-e (keine) ~ haben*** have something (nothing) to do; ***das ist e-e nützliche ~*** that's something useful (to be doing); ***Malen ist e-e angenehme ~*** painting is a pleasant occupation; ***das ist doch keine ~ für dich*** you don't want to be doing that kind of thing; **2.** (*Anstellung*) employment; (*Stelle*) job; *Arbeitsmarkt*: employment; *Industrie*: activity; ***ohne ~*** unemployed; **3.** *mit e-m Thema*: treatment (***mit*** of), *mit e-m Problem*: preoccupation (with).
Beschäftigungslage *f* employment situation.
beschäftigungslos *adj.* (*arbeitslos*) unemployed, out of work.
Beschäftigungs|nachweis *m* proof of employment; **~niveau** *n* level of employment; **~politik** *f* employment (*od.* manpower) policy *od.* policies *pl.*; **~potenzial** *n* manpower reserves *pl.*; **~programm** *n* work scheme, job creation scheme; **~struktur** *f* pattern of employment; **~therapeut** *m* occupational therapist; **~therapie** *f* occupational therapy; **~verhältnis** *n* employment; employed status; ***in was für e-m ~ stehen Sie?*** what type of employment are you in?
beschämen *v/t.* (put to) shame; (*verlegen machen*) embarrass; **beschämend I.** *adj.* shameful, *stärker*: disgraceful; ***es ist ~*** *a.* it's a disgrace; ***es ist ein ~es Gefühl*** it makes you feel ashamed; ***für j-n ~ sein***

a. put s.o. to shame; **II.** *adv.* shamefully; (*peinlich*) *a.* embarrassingly; **beschämt I.** *adj.* ashamed; (*verlegen*) embarrassed; **II.** *adv.*: ~ ***die Augen senken*** look down in shame (*verlegen*: with embarrassment); **Beschämung** *f* shame; (*Demütigung*) humiliation; ***zu m-r ~*** I'm ashamed to say (that).

beschatten *v/t.* **1.** shade; *fig.* overshadow, cast a shadow over (*od.* on); **2.** *fig.* (*verfolgen*) shadow, tail; **Beschatter** *m* shadow; **Beschattung** *fig. f* shadowing, tailing.

beschauen *v/t.* (have a) look at; *prüfend*: *a.* examine; *amtlich*: inspect.

beschaulich *adj.* (*voller Muße*) leisurely; (*ruhig*) quiet, peaceful; (*kontemplativ*) contemplative (*a. Orden*), meditative; ***ein ~es Dasein führen*** lead a quiet (, contemplative) life; ***~er Typ*** inward-looking person (*od.* type); **Beschaulichkeit** *f* leisureliness; peace and quiet; contemplativeness; contemplation; → ***beschaulich.***

Bescheid *m* (*Antwort*) answer, reply; *offiziell*: *a.* notification; ~ ***bekommen*** be told, be informed; ***j-m ~ geben*** let s.o. know (***über*** about); ~ ***wissen*** (*informiert sein*) know, F be in the picture (***über*** about), (*sich auskennen*) know about things (*od.* how things work *etc.*); ***über j-n ~ wissen*** *a.* know all about s.o.; ***auf e-m Gebiet ~ wissen*** know (one's way around in) a subject; ***in e-r Sache genau ~ wissen*** know all the ins and outs of s.th.; ***weißt du mit diesem Computer ~?*** do you know how this computer works?; ***ich weiß überhaupt nicht ~*** I've no idea (how it works *etc.*); ***ich weiß überhaupt nicht mehr ~*** I don't know what's going on any more; ***er weiß dort ~*** *in e-r Stadt etc.*: he knows his way around there; ***Sie brauchen nur m-n Namen zu nennen, dann weiß er schon ~*** just mention my name and he'll know (*od.* he'll be in the picture); ***ich weiß ~!*** *a. iro.* I know all about it; F ***j-m gehörig ~ sagen*** (*od.* ***stoßen***) give s.o. a piece of one's mind.

bescheiden[1] **I.** *adj.* **1.** modest (*a. mäßig*); *Person*: *a.* unassuming; (*anspruchslos*) undemanding; *Sache*: (*schlicht*) simple, modest; ***~es Auftreten*** unassuming presence; ***~e Mittel*** modest means; ***mit ~en Mitteln*** *et. aufbauen etc.*: *a.* on a shoestring; ***sie ist ein ~er Esser*** she eats very little; ***aus ~en Anfängen*** from humble (*od.* small) beginnings; ***e-e ~e Frage: ...*** would it be unreasonable to ask ...; **2.** (*gering*) meag|re (*Am.* -er), very modest; **3.** F (*schlecht*) awful; **II.** *adv.*: ***sehr ~ leben*** get by on very little, live modestly, lead a frugal existence; ***etwas ~er leben müssen*** have to get by on less (*od.* tighten one's belt).

bescheiden[2] **I.** *v/refl.* **1.** ***sich ~*** make do with what one has got; ***sich ~ mit*** be content (*od.* satisfied) with, content o.s. with, make do with; **II.** *v/t.* **2.** ***es war ihm nicht beschieden zu*** *inf.* it wasn't given to him to *inf.*, he wasn't destined (*od.* meant) to *inf.*; ***ihm war kein Erfolg*** *etc.* ***beschieden*** he wasn't destined to succeed *etc.*; ***es war ihm nicht beschieden*** it wasn't (meant) to be; **3.** *bsd.* ⚖ (*j-n*) notify, advise.

Bescheidenheit *f* modesty; *e-r Person*: *a.* unassuming nature; (*Schlichtheit*) simplicity; (*Kümmerlichkeit*) humbleness, lowliness; ***falsche ~*** false modesty; ***bei aller ~*** with all due modesty; ***aus lauter ~ hat er nicht gefragt*** he was too modest to ask.

bescheinen *v/t.* shine on, light up; ***von der Sonne*** (***vom Mond***) ***beschienen*** sunlit (moonlit), bathed in sunlight (moonlight).

bescheinigen *v/t.* certify; *offiziell*: *a.* authenticate; (*bestätigen*) confirm (in writing); *weitS.* (*für et. bürgen*) confirm, vouch for; ***den Empfang ~*** *e-s Briefes*: acknowledge receipt of, *e-r Summe*: give a receipt for; ***hiermit wird bescheinigt, dass*** this is to certify that; ***das muss ich mir ~ lassen*** I'll have to get that in writing; ***könnten Sie mir ~, dass*** could you give me something in writing stating that, could I have written confirmation that; ***sich gegenseitig Unfähigkeit*** *etc.* ~ accuse each other of incompetence *etc.*; **Bescheinigung** *f* (*Bestätigung*) (written) confirmation, statement; something in writing; (*Schein*) certificate; (*Quittung*) receipt.

bescheißen *sl. v/t. sl.* do (***um*** out of), F rip off.

beschenken *v/t.*: ***j-n ~*** give s.o. a present (*od.* presents), ***mit et.***: give s.o. s.th. (as a present); ***reich ~*** shower *s.o.* with presents, ***mit Büchern*** *etc.*: shower *s.o.* with books *etc.*

bescheren *v/t.*: ***j-m et. ~*** give s.o. s.th.; *fig.* (*zukommen lassen*) bring s.o. s.th., *positives*: *a.* bless s.o. with s.th.; ***was hat dir das Christkind beschert?*** what did Santa Claus bring you?; **Bescherung** *f* opening of (Christmas) presents; *iro.* F ***e-e schöne ~!*** a fine mess that is, we're in a fine mess now; ***da haben wir die ~!*** that's it, there we are, what did I say?

bescheuert F *adj.* **1.** F cracked, *pred. a.* F nuts; ***er ist ~*** *a.* F he's gone off his nut; ***ich bin doch nicht ~!*** I'm not that stupid; **2.** *Situation, Idee etc.*: stupid, F crazy.

beschichten *v/t.* coat; **beschichtet** *adj.* coated; **Beschichtung** *f* coat(ing).

beschicken *v/t.* **1.** ⚙ (*Reaktor, Hochofen etc.*) load, charge; **2.** (*Ausstellung etc.*) a) send representatives *etc.* to, b) send exhibits *etc.* to.

beschickern F *v/refl.*: ***sich ~*** F get tiddly; **beschickert** F *adj.* F tiddly, slightly sozzled.

beschießen *v/t.* **1.** fire at; ⚔ bombard, shell; **2.** *mit Neutronen etc.*: bombard; **3.** *fig. mit Fragen etc.*: bombard; **Beschießung** *f* ⚔ bombardment, shelling.

beschildern *v/t.* **1.** (*Straße*) signpost; (*den Weg*) mark (up) *the route*; **2.** (*Waren, Ausstellungsstücke etc.*) label; **Beschilderung** *f* **1.** *Verkehr*: signposting; (*Schilder*) signposts *pl.*; **2.** *von Waren etc.*: label(l)ing.

beschimpfen *v/t.* call *s.o.* names; (*beleidigen*) insult; *mit Kraftausdrücken*: swear at *s.o.*: ***j-n als Lügner*** *etc.* ~ call s.o. a liar *etc.*; **Beschimpfung** *f a. pl.* abuse; (*Beleidigung*) insult(s *pl.*).

beschirmen *v/t.* protect; (*Augen*) shield; **Beschirmung** *f* protection.

Beschiss *sl. m* swindle, F rip-off.

beschissen V **I.** *adj.* F lousy, rotten, *sl.* bloody awful; **II.** *adv.*: ***mir gehts ~*** a) I feel lousy *etc.*, b) things are pretty lousy (at the moment).

beschlafen F *v/t.* (*Frau*) sleep with.

Beschlag *m* **1.** ⚙ (*mst* ***Beschläge*** *pl.*) metal fitting(s *pl.*) (*a. an Möbeln*); (*Schließe*) clasp; (*Huf*2) shoes *pl.*; **2.** *min.*, ⚗ efflorescence, bloom; (*Überzug*) film; (*Feuchtigkeit*) condensation; **3.** ***in ~ nehmen*** (*Plätze etc.*) reserve, F bag; *fig.* (*j-n, Unterhaltung, Badezimmer etc.*) monopolize; **beschlagen I.** *v/t.* **1.** (*Tür etc.*) put metal fittings on; *mit Tuch etc.*: cover, (*auskleiden*) line; *mit Nägeln etc.*: stud; **2.** (*Pferd*) shoe; **3.** *Dampf*: steam up; **II.** *v/i. u. v/refl.* (***sich ~***) *Glas*: steam up; *Wände*: sweat; *Metall*: oxidize, tarnish; (*schimmeln*) go mo(u)ldy; **III.** *adj.* **1.** *Fenster etc.*: steamed up; **2.** ***sehr ~ sein in*** be well up in; ***wenig ~ sein in*** know very little about, be ignorant about; **Beschlagenheit** *f* (sound) knowledge (***in*** of).

Beschlagnahme *f* → ***Beschlagnahmung;*** **beschlagnahmen** *v/t.* seize; (*konfiszieren*) confiscate; *fig.* ***j-n ~*** *Person*: monopolize s.o., *Arbeit etc.*: *a.* take up all of s.o.'s time; ***von et. beschlagnahmt sein*** be completely tied up with s.th.; **Beschlagnahmung** *f* seizure; (*Konfiszierung*) confiscation; (*Inanspruchnahme*) requisition(ing); (*Zwangsverwaltung*) sequestration.

beschleichen *fig. v/t. Angst etc.*: steal *od.* creep over (*od.* up on); *Schlaf*: creep over.

beschleunigen I. *v/t.* accelerate (*a. mot., phys.*); (*a. Vorgang, Produktion etc.*) speed up; ***die Schritte ~*** quicken one's pace; ***das Tempo ~*** speed up; **II.** *v/refl.*: ***sich ~*** speed up; gather speed; *mot.* accelerate; *Puls*: go faster; **III.** *v/i. mot.* accelerate; ***er beschleunigt von 0 auf 160 km/h in 10 Sekunden*** it goes from 0 to 100 mph in 10 seconds; **Beschleuniger** *m mot., phys.* accelerator; **Beschleunigung** *f* acceleration (*a. phys.*); speeding up.

Beschleunigungs|spur *f* acceleration lane; **~vermögen** *n mot.* acceleration.

beschließen *v/t.* **1.** decide (***zu*** *inf.* to *inf.*); make up one's mind (to *inf.*); *stärker*: resolve (to *inf.*); *parl.* vote; ***e-n Antrag ~*** carry a motion, *in Versammlungen*: pass a resolution; **2.** (*beenden*) end, *endgültig*: *a.* settle; **beschlossen I.** *adj.* agreed, settled; ***es ist (e-e) ~e Sache, dass*** it's definite that, ***er geht***: *a.* he's definitely going; **II.** *obs. p.p.*: ***in et. ~ sein*** (*enthalten*) be contained (with)in s.th.; ***darin liegt das ganze Dilemma ~*** that more or less sums up the dilemma.

Beschluss *m* decision; *stärker u. pol.*: resolution; *parl.* ***e-n ~ fassen*** pass a resolution.

beschlussfähig *adj.* quorate; ***~ sein*** constitute a quorum; **Beschlussfähigkeit** *f* quorum; ***~ haben*** constitute a quorum.

Beschluss|fassung *f* passing of a resolution; **~organ** *n* decision-making body; **2reif** *adj.* ready to be voted on, ready for the vote.

beschlussunfähig *adj.* inquorate; ***die Versammlung ist ~*** there is no quorum; **Beschlussunfähigkeit** *f* absence of quorum.

beschmieren I. *v/t.* **1.** (*schmutzig machen*) get *s.th.* dirty, smear paint *etc.* on *s.th.*; **2.** (*bekritzeln*) scrawl on; (*Mauer etc.*) smear all over *a wall etc.*, smear s.th. on (*od.* all over), daub *a wall etc.* with s.th.; ***e-e Mauer mit Graffiti ~*** *a.* paint (*od.* spray) graffiti on a wall; **3.** ***Brot mit Butter*** *etc.* ~ put (*od.* spread) butter *etc.* on bread; **4.** *mit Fett*: grease;

II. *v/refl.*: ***sich*** ~ get o.s. dirty, smear paint *etc.* on one's clothes *etc.*, get ink *etc.* all over o.s.
beschmutzen *v/t.* **1.** dirty, get *s.th.* dirty, soil; **2.** *fig.* (*Ruf etc.*) soil, sully, *lit.* besmirch; → ***Nest.***
beschneiden *v/t.* trim (*a. Hecke*); (*Baum etc.*) prune; (*Finger-, Fußnägel*) cut; (*Buch*) cut; ⚕ *u. rituell*: circumcise; *fig.* (*kürzen*) trim, cut (down); (*Betrieb etc.*) pare down, whittle down; → ***Flügel***; **Beschneidung** *f* trimming; pruning; cutting; → ***beschneiden***; ⚕ *u. rituelle*: circumcision; *fig.* curtailment (*gen.* of), cutting down (on).
beschnüffeln, beschnuppern *v/t.* sniff (at); ***sich*** (***gegenseitig***) ~ *Hunde etc.*: have a (good) sniff at each other, *fig.* size each other up, have a good look at each other; *fig.* ***alles*** ~ stick one's nose into everything.
beschönigen *v/t.* whitewash; (*Fehler etc.*) gloss over; (*bemänteln*) palliate; **beschönigend I.** *adj.* palliative; *Wort etc.*: euphemistic; ***~er Ausdruck*** euphemism; **II.** *adv. ausdrücken*: euphemistically; ***..., fügte er ~ hinzu*** he added in an attempt to gloss over the matter; **Beschönigung** *f* whitewashing; glossing over; palliation; → ***beschönigen; ohne*** ~ (quite) plainly, without mincing one's words.
beschränken I. *v/t.* limit, restrict (***auf*** to); (*einengen*) curb; **II.** *v/refl.*: ***sich*** ~ limit o.s., restrict o.s., confine o.s. (***auf*** to); ***sich darauf ~ zu*** *inf.* confine o.s. to *ger.*; **beschränkt I.** *adj.* **1.** limited (*a. Anzahl, Zeit*), restricted (***auf*** to); ***~e Mittel*** limited means (*od.* resources); ***in ~en Verhältnissen leben*** live in cramped (*od.* confined) conditions; → ***Haftung*** 2; **2.** (*einfältig*) dense, dim; *formell*: obtuse; **3.** (*engstirnig*) narrow-minded; ***~e Ansichten*** narrow(-minded) views, blinkered outlook; ***e-n ~en Horizont haben*** have very narrow horizons; **II.** *adv.*: ~ ***lieferbar*** (*od.* ***verfügbar***) in limited supply.
beschrankt *adj.*: ***~er Bahnübergang*** level (*Am.* grade) crossing.
Beschränktheit *f* **1.** limitedness; **2.** (*Einfältigkeit*) denseness, stupidity; *formell*: obtuseness; **3.** (*Engstirnigkeit*) narrow-mindedness.
Beschränkung *f* limitation, restriction (***auf*** to); (*Maßnahme*) restrictive measure; restraint (*gen.* on); *pl. wirtschaftliche, finanzielle*: restrictions, (*Kürzungen*) cuts.
beschreibbar *adj. CD-ROM*: recordable.
beschreiben *v/t.* **1.** (*Kreis etc.*) describe; **2.** (*schildern*) describe; *anschaulich*: *a.* depict, portray; ***es ist nicht zu*** ~ you can't describe it, *stärker*: it's indescribable, it's beyond description; ***et. genau*** ~ describe s.th. in detail, give a detailed description of s.th.; ***könnten Sie es etwas näher ~?*** could you describe it in more detail?, could you be a bit more precise?; **3.** (*Blatt etc.*) write on; **Beschreibung** *f* description; (*Darstellung*) depiction, portrayal; (*Bericht*) account; ***kurze*** ~ outline, ***der Ereignisse***: *a.* rundown of events; → ***spotten.***
beschreien F *v/t.*: ***ich will es nicht*** ~ touch wood, I don't want to put the kiss of death on it.
beschreiten *v/t.* walk on; *fig.* ***neue Wege*** ~ tread new paths, (*e-n neuen Kurs einschlagen*) F try a new tack; → ***Rechtsweg.***
beschriften *v/t.* write on; (*Umschlag*) address; (*Ware etc.*) label; (*Bild etc.*) caption, add a caption to; (*Grabstein etc.*) inscribe, put an inscription on; **Beschriftung** *f* writing, lettering; address; label, label(l)ing; caption; inscription; → ***beschriften.***
beschuldigen *v/t.* accuse (*gen.* of); ⚖ *a.* charge (with); **Beschuldigte(r** *m*) *f* (supposed) culprit; *a.* ⚖ alleged offender; ⚖ *a.* accused, defendant; **Beschuldigung** *f* accusation; ⚖ *a.* charge.
beschummeln F *v/t.*: ***j-n*** ~ F diddle s.o. (***um*** out of), *beim Spiel*: cheat.
Beschuss *m* shelling, bombardment; ***unter ~ geraten*** come under fire (*fig. a.* attack) (***wegen*** for); ***unter ~ stehen*** *a. fig.* be under fire (*od.* attack); ***unter ~ nehmen*** fire at, *fig.* attack.
beschütten *v/t.*: ***mit Wasser*** *etc.* ~ pour (*od.* throw) water *etc.* on; ***mit Kies*** *etc.* ~ spread gravel *etc.* on.
beschützen *v/t.* protect, *bsd. physisch*: *a.* shield (***vor, gegen*** from); ***ich werde dich schon ~!*** I'll protect (*od.* look after) you, I'll see that you come to no harm; **Beschützer** *m* guardian; (*Schirmherr*) patron; *rel.* patron (saint); F (*Begleiter*) F friend and protector; *euphem.* (*Zuhälter*) pimp; ~ ***des Glaubens*** protector (*od.* guardian) of the faith.
beschwatzen *v/t.* **1.** (*überreden*) talk *s.o.* round (***zu*** to); ***j-n zu et.*** ~ *a.* talk s.o. into (doing) s.th.; **2.** (*reden über*) chat about *s.th.*
Beschwerde *f* **1.** (*Klage*) complaint (***über*** about); ⚖ appeal; (*~grund*) grievance; ~ ***führen gegen*** lodge a complaint against (***bei*** with); **2.** ***~n*** *körperliche*: aches and pains; problems (***mit*** with), trouble *sg.* (with); (*Schmerzen*) pain *sg.*; ***die ~n des Alters*** the infirmities (F aches and pains) of old age; ***~n beim Atmen*** (***bei der Verdauung***) ***haben*** have trouble breathing (have problems digesting *od.* with one's digestion); ***m-e Beine machen mir immer noch ~n*** I'm still having problems (*od.* trouble) with my legs, my legs are still causing me problems (*od.* trouble); **3.** *a. pl.* (*Anstrengung*) discomfort, *stärker*: strain; ***j-m ~n machen*** cause s.o. great discomfort (*od.* a lot of trouble), be a (great) strain on s.o.; **~ausschuss** *m* grievance board (*od.* committee); **~brief** *m* (letter of) complaint, written complaint; **~buch** *n* complaints book.
beschwerdefrei *adj.* (*schmerzfrei*) free of pain; *nach e-r Krankheit*: fully recovered; ~ ***sein*** (*schmerzfrei*) *a.* have (*od.* feel) no pain; ***ich bin seit längerem*** ~ I've had no problems (*od.* pain) for a while now.
Beschwerde|führer *m* complainant; **~punkt** *m* grievance, (subject of) complaint.
beschweren I. *v/refl.*: ***sich*** ~ complain (***über*** about; ***bei*** to); ***ich möchte mich*** ~ I have a complaint (to make), I'd like to make a complaint; ***du kannst dich doch überhaupt nicht*** ~ you can't complain, you have no cause for complaint (*od.* to complain); **II.** *v/t.* weigh(t) down; *fig.* weigh down.
beschwerlich *adj.* (*mühevoll*) hard, *stärker*: arduous; (*lästig*) troublesome, *pred.* a nuisance; (*unbequem*) inconvenient; (*ermüdend*) tiring; **Beschwerlichkeit** *f* trouble, troublesomeness; (*Unbequemlichkeit*) inconvenience.
Beschwernis *f* (*Beschwerde*) complaint, trouble; (*Not*) hardship.
beschwichtigen *v/t. a. pol.* appease; (*aufgebrachte Menge, Kind*) calm down; (*das Gewissen*) ease; (*Zweifel, Befürchtungen etc.*) set at rest, allay; ***~d Worte***: calming, *Ton etc.*: emollient; **Beschwichtigung** *f* appeasement; calming down; easing; → ***beschwichtigen***; **Beschwichtigungspolitik** *f* policy of appeasement.
beschwindeln *v/t.* lie to *s.o.*, tell *s.o.* a lie (*od.* lies), F tell *s.o.* a fib (*od.* fibs).
beschwingen *v/t.* get *s.o.* going; (*aufmuntern*) cheer, *stärker*: elate; **beschwingt I.** *adj.* (*froh gestimmt*) buoyant, *stärker*: elated; *Melodie*: lively, lilting; ***~en Schrittes*** with a spring (*od.* bounce) in one's step, *lit.* with winged steps; **II.** *adv.* buoyantly, in buoyant mood; (*~en Schrittes*) → I; **Beschwingtheit** *f* buoyancy; elation, elatedness; liveliness; → ***beschwingt*** I.
beschwipst F *adj.* F tiddly, tipsy, slightly sozzled.
beschwören *v/t.* **1.** (*et.*) swear to; ***ich könnte*** (***nicht***) ~, ***dass*** I could(n't) swear (that); **2.** (*j-n, anflehen*) implore, beseech; **3.** (*Geister*) conjure up (*a. fig. Erinnerungen etc.*), invoke; (*bannen*) exorci|se (*a. Am.* -ze); (*Schlangen*) charm; **beschwörend I.** *adj. Geste, Blick etc.*: imploring, beseeching; **II.** *adv.*: ***j-n ~ ansehen*** give s.o. an imploring look; **Beschwörung** *f* **1.** oath; **2.** (*Flehen*) entreaty; **3.** (*Geister*≈) invocation; (*Bannung*) exorcism; **Beschwörungsformel** *f* incantation.
beseelen *v/t.* inspire, buoy up; (*Dinge*) bring to life; **beseelt** *adj.* soulful, inspired; *Dinge*: animate.
besehen *v/t.* (*a.* ***sich*** *et.* ~) (have a) look at; *prüfend*: examine.
beseitigen *v/t.* move out of the way, remove; (*Abfälle etc.*) dispose of, get rid of, throw away; (*abschaffen*) get rid of, (*Brauch etc.*) *a.* do away with, put an end to; (*Missstände*) redress, remedy; (*Störungen etc.*) get rid of; (*Schäden*) repair; (*ermorden*) get rid of, F bump *s.o.* off; **Beseitigung** *f* removal; *von Abfällen*: disposal; *von Missständen*: redressment; *von Störungen etc.*: elimination; *von Schäden*: repair.
beseligen *v/t.* make *s.o.* happy, *stärker*: fill *s.o.* with bliss; **beseligend** *adj.* blissful; **beseligt** *adj.* blissful.
Besen *m* **1.** broom, brush; ***Schaufel und*** ~ brush and pan; *fig.* ***neue ~ kehren gut*** a new broom sweeps clean; F ***ich fresse e-n ~, wenn*** I'll eat my hat if; **2.** F *contp.* (*Frau*) F old bag; **≈rein** *adj.* well-swept, *pred. a.* swept clean; **~schrank** *m* broom cupboard; **~stiel** *m* broomstick; F ***steif wie ein*** ~ (as) stiff as a poker.
besessen *adj.* **1.** obsessed (***von*** with), possessed (by); (*rasend*) frantic; (*leidenschaftlich*) passionate; **2.** *von Geistern etc.*: possessed (***von*** by); ***wie*** ~ like a maniac; **Besessene(r** *m*) *f* maniac; **Besessenheit** *f* obsession; (*Begeisterung*) fanatical zeal.
besetzen *v/t.* **1.** (*Sitzplatz*) take, occupy; **2.** (*Land*) occupy; ⚔ (*feindliche Stellung*) take; **3.** (*Botschaft etc.*) occupy; (*Straße*) block; ***ein Haus*** ~ squat (in a house); **4.** *Amt, Stelle* ~ fill, ***mit j-m***: put s.o. in a position; **5.** (*Stück, Rolle*) cast; ***neu*** ~ recast; ***die Rollen e-s Stückes*** ~ cast a play; **6.** ♪ score (***mit*** for); **7.** *mit Juwelen etc.*: set (***mit*** with); *mit Spitzen etc.*: trim

(with); **8.** *mit Fischen etc.*: stock (**mit** with), *a. mit Wild etc.*: populate (with); **besetzt** *adj.* **1.** occupied (*a.* ⚔, *pol.*, *Botschaft etc.*); *Platz*: *a.* taken; *Bus etc.*: full (up); ***~ halten*** (*Gebäude etc.*) hold *a building* occupied, occupy; ***die ~en Gebiete im Westjordanland*** the occupied territories in the West Bank; **2.** *teleph.* engaged, *Am.* busy; ***unsere Telefone sind bis 22 Uhr ~*** our telephones will be manned (*od.* the lines will be open) until 10 p.m.; **3.** ***~ mit*** *Gremium etc.*: made up of; **4.** ♪ ***das Orchester ist mit fünf Violinen ~*** the orchestra has five violins, there are five violins in the orchestra; ***das Stück ist mit fünf Violinen ~*** (*geschrieben für*) the piece is scored for five violins; **5.** ***mit Edelsteinen*** *etc.* **~** set with jewels *etc.*, *auffällig*: jewel-studded *etc.*; ***mit Pailletten ~*** sequined; ***mit Spitzen*** *etc.* **~** trimmed with lace *etc.*

Besetztzeichen *n teleph.* engaged tone (*od.* signal), *bsd. Am.* busy signal.

Besetzung *f* **1.** *e-s Landes*: occupation; **2.** *e-r Botschaft etc.*: occupation; (*Haus*≈) squatting; **3.** *Amt, Stelle*: filling (*gen.* of); **4.** (*Mitglieder e-s Gremiums etc.*) members *pl.*; **5.** (*Wettkampfteilnehmer*) entrants *pl.*; **6.** *thea.* cast, (*das Besetzen*) casting; **7.** ♪ instruments *pl.*; (*Spieler*) players *pl.*; ***in großer*** (*od.* ***voller***) ***~ spielen*** play with a full orchestra *od.* band; ***in kleiner ~ spielen*** play with a small orchestra (*od.* band, ensemble); **Besetzungsliste** *f* cast (list).

besichtigen *v/t.* **1.** have a look at, *formell*: view; (*Sehenswürdigkeiten*) *a.* visit; (*Stadt, Museum etc.*) *a.* go round, tour; ***zu ~ sein*** be on view, *Haus etc.*: be open to the public; **2.** *prüfend*: inspect; (*Fabrik etc.*) *a.* tour, go round; **Besichtigung** *f* **1.** *e-r Sehenswürdigkeit*: visit (*gen.* to); *e-r Stadt, e-s Museums etc.*: *a.* tour (of); *e-s Kunstwerks etc.*: look (at), *formell*: viewing (of); **2.** *prüfende*: inspection (*gen.* of); *e-r Fabrik etc.*: *a.* tour (of, around).

Besichtigungs|fahrt *f* sightseeing tour; **~zeiten** *pl.* hours of opening.

besiedeln *v/t.* **1.** (*sich ansiedeln in*) settle in; (*kolonisieren*) colonize; (*bevölkern*) populate; **2.** *Regierung etc.*: (*Gebiet*) settle; **besiedelt** *adj.* settled *area etc.*; populated (**von** by); ***dicht*** (***dünn***) **~** densely (sparsely) populated; **Besied(e)lung** *f* settlement; colonization; *weitS.* (*Bevölkerung*) population; **Besied(e)lungsdichte** *f* population density.

besiegeln *v/t.* **1.** (*Schicksal etc.*) seal; ***damit war ihr Schicksal besiegelt*** that sealed her fate, her fate was sealed; **2.** (*bekräftigen*) confirm; *stärker*: seal; ***mit Blut ~*** seal in blood; ***mit Handschlag ~*** shake hands on; **Besieg(e)lung** *f* (*Bekräftigung*) confirmation.

besiegen *v/t. a. Sport, pol. etc.*: defeat, F beat; ⚔ defeat, conquer; *fig.* overcome, *lit.* conquer; **Besiegte(r)** *m* defeated person, *a. Sport*: loser.

besingen *v/t.* **1.** (*im Lied loben*) celebrate, sing of; sing to; **2.** (*verherrlichen*) extol, sing the praises of; **3.** (*Tonband etc.*) record (songs on).

besinnen *v/refl.*: ***sich ~*** (*nachdenken*) reflect, think; (*in sich gehen*) think about things, F do a bit of thinking; (*sich fassen*) collect o.s.; (*zur Vernunft kommen*) come to one's senses; ***sich ~ auf*** recall, remember; ***sich anders ~*** change one's mind; ***sich e-s Besseren ~*** think better of it; ***wenn ich mich recht besinne*** if I remember rightly; ***ohne sich lang zu ~*** without thinking twice.

besinnlich *adj.* contemplative; *Geschichte etc.*: thought-provoking; → ***heiter-besinnlich***; **Besinnlichkeit** *f* contemplativeness; contemplation.

Besinnung *f* **1.** (*Bewusstsein*) consciousness; ***die ~ verlieren*** lose consciousness; (***wieder***) ***zur ~ kommen*** regain consciousness, come round; **2.** (*Vernunft*) senses *pl.*; ***die ~ verlieren*** lose one's head; ***du bist wohl nicht bei ~!*** you must be out of your (F tiny little) mind; (***wieder***) ***zur ~ kommen*** come to one's senses; ***j-n*** (***wieder***) ***zur ~ bringen*** bring s.o. back to his (*od.* her) senses, make s.o. listen to reason; **3.** (*Nachdenken*) reflection, contemplation; meditation; ***man kommt überhaupt nicht zur ~*** you don't get time to think; **Besinnungsaufsatz** *m ped.* discursive essay.

besinnungslos *adj.* **1.** ⚕ unconscious; **2.** *Wut etc.*: blind, uncontrolled, *formell*: insensate; ***~ vor Wut*** raging (*od.* blind) with fury *od.* anger; ***~ vor Angst*** out of one's mind with fear; **Besinnungslosigkeit** *f* ⚕ unconsciousness.

Besitz *m* ownership, possession (*gen.*, ***an, von*** of); *konkret*: (*Besitztum*) possession(s *pl.*); (*Eigentum*) property; ***privater ~*** private(ly owned) property; ***staatlicher ~*** state(-owned) property; ***im ~ sein von*** be in possession of; ***im vollen ~ s-r geistigen Kräfte sein*** be in full possession of one's mental faculties; ***in ~ nehmen, ~ ergreifen von*** take possession of, *fig.* ***von*** *j-m*: take hold of; ***in den ~ e-r Sache gelangen*** come into possession of s.th.; **~anspruch** *m* claim for possession; **≈anzeigend** *adj.*: *ling.* ***~es Fürwort*** possessive pronoun.

besitzen *v/t.* have, own, *formell*: possess; (*Dokumente*) have, hold, be in possession of; (*Eigenschaft, Talent etc.*) have; **besitzend** *adj.*: ***die ~en Klassen*** the propertied classes; **Besitzer** *m* owner; *e-s Geschäfts etc.*: *a.* proprietor; *e-s Dokuments*: holder; ***er ist stolzer ~ e-r Wohnung*** he's the proud owner of a flat (*Am.* an apartment); ***den ~ wechseln*** change hands.

Besitzergreifung *f* taking possession (***von*** of); *gewaltsame*: seizure; *widerrechtliche*: usurpation.

Besitzerstolz *m* pride of possession (*od.* ownership).

Besitzgier *f* acquisitiveness, (material) greed.

besitzlos *adj.* unpropertied; (*entwurzelt*) dispossessed; **Besitzlose(r)** *m* unpropertied (*entwurzelt*: dispossessed) person; ***die Besitzlosen*** the unpropertied (*od.* dispossessed), F the have-nots.

Besitzstand *m* ownership; ⚚ (*Aktiva*) assets *pl.*

Besitzstandswahrung *f* maintaining living standards.

Besitztum *n* possession, *a. pl.* property.

Besitzübertragung *f* transfer of property.

Besitzung *f* estate.

Besitzurkunde *f* title deed.

besoffen F *adj.* F plastered, *sl.* stoned, sloshed; ***da muss ich ~ gewesen sein*** I must have been drunk; **Besoffene(r)** F *m* drunk; **Besoffenheit** F *f* drunkenness.

besohlen *v/t.* sole; ***neu ~*** resole; (***neu***) ***~ lassen*** have *shoes etc.* (re)soled.

besolden *v/t.* pay; **besoldet** *adj.* salaried; **Besoldung** *f* salary; ⚔ pay; **Besoldungsgruppe** *f* salary bracket.

besonder *adj.* special; (*bestimmt*) particular, specific, *betont*: *a.* special; (*außergewöhnlich*) very special, exceptional; (*getrennt*) separate; ***dazu brauchst du e-e ~e Ausbildung*** you need special qualifications for that; ***ein ~er Fall*** a special case; ***in diesem ~en Fall*** in this particular case; ***gibt es e-n ~en Grund?*** is there any particular reason?; ***suchst du e-n ~en Stil?*** are you looking for a particular style?; ***es ist mir e-e ~e Freude zu*** *inf.* it gives me great pleasure to *inf.*; ***~e Merkmale*** special features; **Besondere(s)** *n*: etwas Besonderes something special; ***nichts Besonderes*** nothing unusual, *a. contp.* nothing special, F no great shakes, (*nichts Spezifisches*) nothing in particular; ***im Besonderen*** in particular, above all; ***das Besondere daran ist*** what is so special about it is; **Besonderheit** *f* **1.** (*Eigenheit*) specific feature (*od.* characteristic), *a. merkwürdige*: peculiarity; *merkwürdige*: *a.* quirk, *e-s Menschen*: *a.* foible; ***es ist e-e ~ von ihm*** it's one of his (little) quirks *od.* foibles; ***die ~ daran war*** what was so unusual (*od.* remarkable) about it was; **2.** *e-s Autos etc.*: special feature;

besonders *adv.* **1.** (*insbesondere*) particularly, in particular, (e)specially; (*vor allem*) *a.* above all; ***dieser gefällt mir ~*** I specially (*od.* particularly) like this one; **2.** *gut, scharf etc.*: particularly, (e)specially; (*außergewöhnlich*) exceptionally; ***~ viel(e)*** (a lot) more than usual; ***es waren ~ viele Leute da*** there were a lot more people (there) than usual; **3.** (*ausdrücklich*) specially, expressly; ***~ erwähnen*** give special mention to; **4.** *gefällt es dir?* - ***nicht ~*** not particularly; F ***es ist nicht ~*** it's nothing special; F ***es geht ihm nicht ~*** he's not too well, he's feeling a bit under the weather; **5.** (*getrennt*) separately; *behandeln*: *a.* as a separate item.

besonnen *adj.* (*vernünftig*) sensible, level-headed; (*umsichtig*) circumspect; (*vorsichtig*) prudent; (*ruhig*) calm; **Besonnenheit** *f* level-headedness; (*Ruhe*) composure.

besorgen *v/t.* **1.** (*beschaffen*) get (***j-m et.*** s.o. s.th.); *formell*: provide (s.o. with s.th.); *bsd. mit Mühe*: F get hold of (s.th. for s.o.); ***sich et. ~*** get (*od.* buy) s.th., F (*stehlen*) F borrow s.th.; ***ich habe einiges zu ~*** I've got a bit of shopping to do; F ***ihm werd ichs ~*** F I'll sort him out; **2.** (*erledigen, sich kümmern um*) see to, (*a. Haushalt, Kranken*) look after; F ***wird besorgt!*** F will do!; ***die Auswahl der Stücke besorgte ...*** the pieces were chosen (*od.* compiled) by ...; ***was du heute kannst ~, das verschiebe nicht auf morgen*** never put off till tomorrow what you can do today.

Besorgnis *f* concern, *stärker*: anxiety (***um*** for; ***über*** about, at); ***~ erregen*** cause concern; ***es besteht kein Grund zur ~*** there's no cause for concern, there's no need to worry; **besorgniserregend, Besorgnis erregend** *adj.* worrying, *stärker*: alarming; ***~ sein*** *a.* be causing (great) concern.

besorgt *adj.* **1.** worried, concerned (***um, wegen*** about); **2.** ***~ um*** (*j-s Wohlergehen etc.*): concerned for (*od.* about); **3.** (*ängstlich bemüht*) concerned, anxious (***zu*** *inf.* to *inf.*); **Besorgtheit** *f* **1.** concern, worry, worries *pl.* (***um, wegen*** about); **2.** (*Fürsorglichkeit*) concern, solicitousness (***um*** for).

Besorgung *f* **1.** (*Beschaffung*) getting (hold of) (*gen.* s.th.); (*Einkauf*) buying (s.th.); ***die ~ von Karten ist sehr schwierig*** *a.* it's very difficult to get hold of tickets; ***~en machen*** go shopping; ***ich muss noch ein paar ~en machen*** I've still got some shopping to do (*od.* a few things to buy *od.* get); **2.** (*Erledigung*) dealing with (*gen.* s.th.); *von Geschäften*: management *of affairs*.

bespannen *v/t.* **1.** (*Tennisschläger etc., a.* ♪ ***mit Saiten ~***) string; ***neu ~*** restring; **2.** *mit Stoff*: cover; **3.** ***mit Pferden ~*** hitch up; **Bespannung** *f* **1.** ♪, *Tennisschläger etc.*: strings *pl.*; **2.** (*Überzug*) cover.

bespicken *v/t. gastr.* lard; **bespickt** *adj.*: ***~ mit Orden*** *etc.*: studded with, bristling with.

bespiegeln **I.** *v/refl.*: ***sich ~*** look at o.s. in the (*od.* a) mirror, *fig. auf eitle Weise*: preen o.s.; **II.** *v/t.* (*darstellen*) depict, portray.

bespielbar *adj.*: **1.** *Rasen etc.*: playable; ***nicht ~*** *Platz*: unplayable; **2.** *CD-ROM*: recordable; **bespielen** *v/t.* **1.** (*Tonband etc.*) record *od.* tape (s.th.) on, record; **2.** *thea.* perform in *a town* (*od.* on *a stage etc.*); **bespielt** *adj. Kassette etc.*: (pre)recorded.

bespitzeln *v/t.* spy on *s.o.*; **Bespitzelung** *f* spying (*gen.* on).

bespötteln *v/t.* make fun of; **Bespöttelung** *f* mocking, mockery.

besprechen **I.** *v/t.* **1.** discuss, talk *s.th.* over; **2.** (*Buch, Film etc.*) review; **3.** (*Tonband etc.*) record s.th. on; **II.** *v/refl.*: ***sich mit j-m ~*** discuss the matter with s.o., talk things over with s.o.; **Besprechung** *f* **1.** *e-s Problems etc.*: discussion; **2.** (*Sitzung*) meeting, (*Konferenz*) conference; ***in e-r ~ sein*** be having a meeting (*od.* conference), be at a meeting; **3.** (*Buch~ etc.*) review, write-up; **Besprechungsexemplar** *n* review copy.

besprengen *v/t.* (*Rasen*) sprinkle; (*Wäsche*) dampen; (*Straße*) spray.

bespringen *v/t. zo.* cover, mount.

bespritzen *v/t.* splash, spatter.

besprühen *v/t.* spray.

bespucken *v/t.* spit at (*od.* on).

besser *adj., adv.* better (***als*** than); ***ein ~es Geschäft*** *etc.* (*gutes*) a good (*od.* an upmarket) shop *etc.*; ***e-e ~e Tippse*** *etc.* a glorified typist *etc.*; ***in ~en Kreisen verkehren*** move in high(er) circles; → ***Hälfte; umso ~*** so much the better, that's even better; *iro.* ***das wäre ja noch ~!*** that would be really great; ***~ als gar nichts*** better than nothing(, I suppose); ***~ gesagt*** or rather; ***~ ist ~*** just to be on the safe side; ***~ werden*** improve, get better; ***es ~ wissen*** know better; ***es ~ machen als j-d*** do better than s.o., go one up on s.o.; ***es geht ihm heute ~*** he's feeling better today; ***es geht*** (***wirtschaftlich*** *etc.*) ***~*** things are looking up; ***du kannst es ~ als er*** you're better at it than him (*od.* he is); ***er ist ~ dran als ich*** he's better off than me; ***es ist ~, wenn wir gehen, gehen wir ~*** I think we should go, I think (*od.* perhaps) we'd better go; ***du tätest ~ daran zu gehen*** *a.* you'd do well to go; → ***Ruf*** 4; **Bessere(s)** *n* something better; ***j-n e-s Besseren belehren*** set s.o. right, *weitS.* open s.o.'s eyes; → ***besinnen***; ***ich habe Besseres zu tun*** I've got more important things to do; ***sie meint, sie sei etwas Besseres*** she thinks she's somebody special; ***e-e Wende zum Besseren*** a change for the better.

besser gestellt *adj.* better-off.

bessern **I.** *v/t.* improve; (*j-n*) reform; **II.** *v/refl.*: ***sich ~*** improve, get better; *Wetter*: *a.* brighten up; *moralisch*: mend one's ways; ***er hat sich nicht gebessert*** he hasn't changed, he's still the same (as ever).

Besserstellung *f* (financial, social *etc.*) betterment.

Besserung *f* improvement; (*Wende zum Besseren*) change for the better; (*Erholung, a.* ⚕ *Genesung*) recovery; ***auf dem Wege der ~ sein*** be recovering, be on the road to recovery; ***gute ~!*** I hope you feel better soon, *auf Karten*: get well soon!; → ***Weg.***

Besserverdienende *pl.* the higher-paid.

Besserwessi F *m* F know-(it-)all (from the old West German states).

Besserwisser *m* F know-(it-)all, smart aleck; **Besserwisserei** *f* F know-it-all attitude; ***der mit s-r ~*** he thinks he knows it all; **besserwisserisch** *adj.* F know-(it-)all ...

best *adj., adv.* best; ***am ~en*** best; ***am ~en bleibst du da*** the best thing would be for you to stay here, it would be best for you to stay here; ***im ~en Falle*** at best; ***im ~en Alter*** in the prime of life; ***bei ~er Gesundheit*** in the best of health; ***in ~em Zustand*** in perfect (*od.* mint) condition; ***mit den ~en Wünschen*** with all good wishes; ***s-e ~en Jahre hinter sich haben*** F be over the hill; → ***Familie, Kraft*** 1, ***Seite, Stück, Weg, Wille(n), Wissen*** *etc.*; → *a.* ***Beste(s).***

bestallen *v/t.*: ***j-n ~ zu*** appoint s.o. *judge etc.*; **Bestallung** *f* appointment.

Bestand *m* **1.** (*Weiterbestehen*) (continued) existence; (*Überleben*) *a.* survival; (*Dauer*) duration; ***von ~ sein, ~ haben*** be lasting, last; ***von kurzem ~ sein*** be short-lived; ***es ist nicht von ~*** it won't last; **2.** (*Vorrat*) *a. pl.* stock, supplies *pl.*; *e-s Museums, e-r Bibliothek etc.*: holdings *pl.*; *an Bäumen, Fischen etc.*: *tree etc.* population; (*Kassen~*) cash in hand, *e-r Bank*: liquid assets *pl.*; *an Effekten*: holdings *pl.*; ***~ aufnehmen*** *a. fig.* take stock; → ***eisern.***

bestanden[1] *adj.*: ***nach ~er Prüfung*** after passing the exam; ***j-m zur ~en Prüfung gratulieren*** congratulate s.o. on passing his (*od.* her) exam.

bestanden[2] *adj.*: ***mit Bäumen ~*** covered in trees, tree-covered ...; *Straße*: lined with trees, tree-lined *avenue*.

beständig **I.** *adj.* **1.** (*dauerhaft*) permanent; (*von Dauer, länger anhaltend*) lasting; (*andauernd*) continual, constant, incessant; (*ununterbrochen*) continuous; **2.** (*unveränderlich, stabil*) steady, stable (*a.* ✝); *Wetter*: settled; **3.** (*beharrlich*) persevering; **4.** (*widerstandsfähig*) resistant (***gegen*** to); *Farben*: fast; **II.** *adv.* (*dauernd, immerzu*) constantly, continually; **Beständigkeit** *f* (*Dauer*) permanence; (*Dauerhaftigkeit*) lasting nature (*od.* quality); (*Stabilität*) stability; (*Widerstandsfähigkeit*) resistance (***gegen*** to); (*Beharrlichkeit*) perseverance.

Bestands|aufnahme *f a. fig.* stocktaking; ***~ machen*** take stock; **~erweiterung** *f* expansion of a collection; **~katalog** *m* catalog(ue) of holdings; **~liste** *f* inventory, stock list; **~verzeichnis** *n* inventory.

Bestandteil *m* component, part, constituent (part); (*Grund~*) element; (*Merkmal*) feature; ***et. in s-e ~e zerlegen*** take s.th. apart (*od.* to pieces); ***sich in s-e ~e auflösen*** disintegrate, F *weitS.* F fall apart.

bestärken *v/t.* (*ermuntern, unterstützen*) encourage; (*bestätigen*) confirm (***in*** in); (*et.*) *a.* reinforce, strengthen; ***j-n in s-r Meinung ~*** confirm s.o.'s opinion, back s.o. up; ***es hat mich in m-m Entschluss bestärkt*** it made me all the more determined, *formell*: it strengthened my resolve; **Bestärkung** *f* (*Ermunterung*) encouragement; (*Bestätigung*) confirmation; *e-r Sache*: *a.* reinforcement, strengthening.

bestätigen **I.** *v/t.* confirm; (*unterstützen*) back up; (*Vermutung, Theorie etc.*) *a.* bear out, corroborate; (*bescheinigen*) certify; ✝ (*Aufträge*) confirm; (*Empfang*) acknowledge (receipt of); ***j-n im Amt ~*** confirm s.o. in office; ***er sah sich in s-r Annahme (Meinung) bestätigt*** he was borne out in his assumption (his opinion was confirmed); ***ich kann das nur ~*** I can support that fully, I couldn't agree with you more; **II.** *v/refl.*: ***sich ~*** be confirmed, be borne out, prove (to be) correct *od.* true; ***mein Verdacht hat sich nicht bestätigt*** my suspicion proved (*od.* turned out) to be wrong *od.* unjustified; **Bestätigung** *f* **1.** confirmation; corroboration; ***s-e ~ finden*** be confirmed (*od.* borne out, corroborated) (***in*** by); **2.** (*Bescheinigung*) written confirmation; certificate; **Bestätigungsschreiben** *n* letter of confirmation.

bestatten *v/t.* bury; *formell*: inter; **Bestattung** *f* burial; *formell*: interment.

Bestattungs|institut *n* undertaker's; *formell*: funeral directors *pl.*; *Am.* funeral home (*od.* parlor); **~kosten** *pl.* funeral expenses.

bestäuben *v/t.* **1.** dust, spray; *mit Mehl, Puderzucker*: dust; **2.** ⚘ (*befruchten*) pollinate; **Bestäubung** *f* **1.** dusting; **2.** ⚘ pollination.

bestaunen *v/t.* look at *s.th.* in amazement, *verblüfft*: gape at; *voller Bewunderung*: marvel at.

best|ausgestattet *adj.* best-equipped; **~bekannt** *adj.* best-known; **~bezahlt** *adj.* best-paid.

beste(r, -s) *adj.* → ***best.***

Beste(s) *n* the best; ***das Beste, die Besten*** *a.* F the pick of the bunch; ***sein Bestes tun*** (*od.* ***geben***) do one's (level) best; ***ich werde mein Bestes tun*** *a.* I'll do what I can; ***das Beste herausholen*** (*od.* ***draus machen***) make the best of it (*od.* of a bad job); ***es steht mit ihr nicht zum Besten*** things aren't looking too good for her; ***zum Besten geben*** (*Geschichte etc.*) tell; (*Lied*) sing; ***er gab e-e Geschichte (ein Lied) zum Besten*** *a.* he recited a little story (he gave us a little song *od.* ditty); ***j-n zum Besten haben*** pull s.o.'s leg, have s.o. on; ***aufs Beste geregelt*** all taken care of.

bestechen **I.** *v/t.* **1.** bribe; ***j-n ~*** *a.* F grease s.o.'s palm; ***sich ~ lassen*** take bribes, be open to bribery; **2.** *fig.* (*fesseln*) captivate (***durch*** with); **II.** *v/i.* be impressive (*od.* captivating), impress (*od.* captivate) people (***durch*** with); **bestechend** **I.** *adj.* fascinating; ***~es Lächeln*** winning (*od.* charming) smile; ***~es An-***

gebot tempting offer; ***~e Leistung*** brilliant performance; **II.** *adv.*: ***~ einfach*** deceptively simple.
bestechlich *adj.* corruptible, open to bribery; **Bestechlichkeit** *f* corruptibility.
Bestechung *f* bribery; ***aktive*** (***passive***) ***~*** offering (taking) of bribes *od.* a bribe.
Bestechungs|affäre *f* corruption scandal; **~geld** *n*, **~summe** *f* bribe (money); **~versuch** *m* attempted bribery.
Besteck *n* **1.** (*Ess≈*) knife, fork and spoon; *coll. od.* ***~e*** cutlery, *aus Silber*: silverware; ***sechsteiliges ~*** six-piece set (of cutlery); **2.** ⚕ (***chirurgisches ~*** surgical) instruments *pl.*; **3.** ⚓ ship's position, reckoning; ***das ~ nehmen*** take the ship's position; **~kasten** *m* cutlery box.
bestehen I. *v/t.* **1.** (*Prüfung*) pass, F get through; (*e-e Probe*) stand *od.* pass *the test*; ***die Prüfung*** (***Probe***) ***nicht ~*** fail the exam (test); **2.** (*durchstehen*) come through, survive; **II.** *v/i.* **3.** exist, *weitS. Bedenken, Grund etc.*: *a.* be; (*fort~*) continue, last; (*noch ~*) remain, survive, have survived; ***es besteht*** (***bestehen***) ***...*** *a.* there is (are) ...; ***es besteht die Gefahr, dass sich das Feuer ausbreitet*** there's a danger of the fire spreading; **4.** ***~ aus*** be made (up) of, *a. weitS.* consist of, comprise; **5.** ***~ in*** consist in, be; ***das Problem besteht darin, dass*** (***darin zu*** *inf.*) the problem is that (is *ger.*); ***der Unterschied besteht darin, dass*** the difference is (*od.* lies in the fact) that; ***die Besonderheit besteht darin, dass*** what is so special (about it) is (the fact) that; **6.** ***~ auf*** insist (up)on; ***darauf ~, et. zu tun*** insist on doing s.th.; ***darauf ~, dass et. getan wird*** insist on s.th. being done; ***ich bestehe darauf***(***, dass er kommt***) I insist (that he comes, *formell*: on his coming); ***ich bestehe nicht darauf*** I'm not insisting, *a.* you don't have to; **7.** (*sich behaupten*) stand one's ground, hold one's own (***gegen*** against); **8.** *in e-r Prüfung*: pass, F get through; **III.** *≈ n* **9.** existence; ***seit ~ unserer Firma*** ever since our firm was founded; ***seit ~ der Regierung*** ever since the government came into power; ***das 50-jährige ~ feiern*** celebrate the fiftieth anniversary *of s.th.*; **10.** (***j-s***) ***~ auf*** (s.o.'s) insistence on; **11.** *e-r Prüfung*: passing.
bestehen bleiben *v/i.* (*fortdauern*) continue (to exist); *Gefahr etc.*: remain; (*gültig bleiben*) remain valid, (still) hold good.
bestehend *adj.* existing; (*gegenwärtig*) present, current; (*vorherrschend*) prevailing; (*noch ~*) extant.
bestehlen *v/t.* steal from; *bsd. auf der Straße*: rob; ***bestohlen werden*** have s.th. stolen, be robbed.
besteigen *v/t.* (*Berg, Treppe etc.*) climb (up); (*Pferd, Fahrrad*) mount, get onto; (*Bus etc.*) get on, (*Auto*) get into, (*Schiff*) get on, board; (*Thron*) ascend (to); ***e-n Turm ~*** climb up to the top of a tower; **Besteigung** *f e-s Bergs*: ascent; *e-s Throns*: accession *to the throne.*
Bestell|block *m* order pad; **~buch** *n* ♆ order book.
bestellen *v/t.* **1.** order; (*Zimmer etc.*) book, *a. Am.* reserve; (*Zeitung*) subcribe to; F ***wie bestellt und nicht abgeholt*** like a lost soul, F all dressed up and no place to go; **2.** (***zu sich ~***) ask *s.o.* to come (and see one), (*kommen lassen*) send for; **3.** (*Nachricht*) give *s.o. a message*; ***j-m etwas ~ lassen*** send s.o. a message, pass a message on to s.o.; ***bestell ihr bitte ...*** would you tell her ...; ***bestell ihm e-n schönen Gruß von mir*** give him my regards; F ***er hat nichts zu ~*** he doesn't have much (of a) say; **4.** ⚒ (*Feld*) cultivate; ***das Feld ~*** *a.* till the ground; → ***Haus*** 1; **5.** ⚖ (*ernennen*) appoint; ***j-n zum Vormund*** *etc.* ***~*** appoint s.o. guardian *etc.*; **6.** ***es ist gut*** (***schlecht***) ***um j-n*** *od.* ***et. bestellt*** things are looking good (aren't looking too good) for s.o. *od.* s.th.; **Besteller** *m* (*Kunde*) customer; (*Käufer*) buyer.
Bestellformular *n* order form.
Bestell|karte *f* order card; **~liste** *f* order list; **~nummer** *f* order number; **~praxis** *f* appointments-only surgery, surgery with an appointments system; **~schein** *m* order form.
Bestellung *f* **1.** (*Auftrag*) order; ***auf ~ anfertigen*** make to order; ***e-e ~ aufgeben*** place an order (***bei*** with); **2.** (*Reservierung*) booking, *Am. a.* reservation; **3.** (*Übermittlung*) delivery; (*Botschaft*) message; **4.** ⚒ cultivation; **5.** (*Ernennung*) appointment.
Bestellzettel *m* ♆ order form (*od.* slip); *Bücherei*: order slip.
bestenfalls *adv.* at best; (*höchstens*) *a.* at most; (*frühestens*) at the earliest.
bestens *adv.* extremely (*od.* very) well; ***ihm gehts ~*** *a.* he's fine; (***ich***) ***danke ~!*** thank you very much (indeed), *iro.* thanks but no thanks.
besteuern *v/t.* tax; **Besteuerung** *f* taxation.
Bestform *f Sport*: top condition.
best|gehasst F *adj.* most hated; **~gekleidet** *adj.* best-dressed.
bestialisch I. *adj.* brutal; F *Hitze etc.*: unbearable; ***es ist e-e ~e Hitze*** *etc. a. sl.* it's hot *etc.* as hell; **II.** F *adv.* dreadfully; ***~ kalt*** *a. sl.* cold as hell; ***es tut ~ weh*** *sl.* it hurts like hell; ***es stinkt ~*** F it smells something awful, *sl.* it stinks like hell; **Bestialität** *f* bestiality; *konkret*: *a.* atrocity.
besticken *v/t.* embroider.
Bestie *f* beast; *fig. a.* brute.
bestimmbar *adj.* determinable; **bestimmen** *v/t. u. v/i.* **1.** (*festsetzen*) determine, decide; (*Preis, Termin etc.*) fix; **2.** (*anordnen*) decide; (*befehlen*) give the orders (for); ***wer bestimmt hier?*** who gives the orders around here?; ***du hast hier nichts zu ~*** F who asked you for your opinion?; **3.** (*beeinflussen*) determine, control; **4.** (*prägen*) characterize; **5.** (*ausersehen*) choose; ***~ zu*** (*od.* ***für***) intend *s.th.* for, intend *s.o.* to be, (*Geld*) *a.* allocate for, set aside for; **6.** (*j-n veranlassen*) induce (***zu*** *inf.* to *inf.*); (*überreden*) persuade (to *inf.*); ***sich von et. ~ lassen*** (let o.s.) be influenced by s.th., *weitS.* let s.th. get the better of one; **7.** (*ermitteln*) ascertain, *a.* ⚗, ⚘, *phys.* determine; (*Begriff*) define; **8.** ***~ über*** (*Arbeitskräfte etc.*) have at one's disposal; ***über sein Geld*** (***s-e Zeit***) ***~*** decide how to spend one's money (what to do with one's time); ***über s-e Angelegenheiten ~*** decide one's affairs for oneself; ***er ist alt genug, um über sich selbst zu ~*** he's old enough to look after himself (*od.* to run his own life); **bestimmend** *adj.* determining, decisive; *ling.* determinative.
bestimmt I. *adj.* **1.** *Anzahl, Zeit etc.*: certain; *Absicht, Plan etc.*: particular, specific; **2.** (*entschlossen*) determined; *im Auftreten etc.*: firm, resolute; **3.** ***~ sein für*** be meant for; ***füreinander ~ sein*** be meant for each other; **4.** ***~ sein zu*** be destined for (*od.* to be), (*verurteilt*) *a.* be fated to *inf.*; ***zu Höherem ~ sein*** be destined for higher (F bigger and better) things; ***es war ihm vom Schicksal ~ zu*** *inf.* he was destined by fate to *inf.*; **5.** *ling.* ***~er Artikel*** definite article; **II.** *adv.* **6.** definitely; ***ich komme*** (***mache es***) ***ganz ~*** I'm definitely coming (I'll definitely do it, I promise I'll do it); ***machst du es auch ganz ~?*** can I rely on you to do it?, do you promise to do it?; *war er es wirklich?* - ***ganz ~*** no question about it; ***~ wissen, dass*** know for sure that; ***er kommt ~*** he's sure to come; ***ich habs ~ nicht gemacht*** I really didn't do it; honestly, it wasn't me; **7.** (*aller Wahrscheinlichkeit nach*) probably; ***er hat ~ den Bus verpasst*** *a.* he must have missed the bus, F I bet he missed the bus; **8.** (*mit Entschiedenheit*) firmly, decidedly; **Bestimmte(s)** *n*: ***etwas Bestimmtes*** something (*in Fragen*: *a.* anything) particular (*od.* specific, special); **Bestimmtheit** *f* **1.** (*Entschlossenheit*) firmness; determination; (*Kraft*) force; ***mit ~*** (*überzeugt*) confidently, (*mit Nachdruck*) emphatically; categorically; **2.** (*Sicherheit*) certainty; ***ich kann es nicht mit ~ sagen*** I can't say for certain (*od.* with certainty); ***mit ~ wissen*** know for certain.
Bestimmung *f* **1.** (*Festsetzung*) fixing *of a date etc.*; (*Entscheidung*) determination (*gen.* of), decision (on); **2.** (*Vorschrift*) regulation, rule; **3.** (*Ermittlung*) determination (*a. phys.*, ⚗ *etc.*); **4.** (*Zweck*) (intended) purpose; **5.** (*Begriffs≈*) definition; ***nähere ~*** closer definition, qualification; **6.** *ling.* qualification; ***adverbiale ~*** adverbial element; **7.** (*Berufung*) calling; **8.** (*persönliches Schicksal*) destiny.
Bestimmungs|bahnhof *m* station of destination; **~flughafen** *m* airport of destination.
bestimmungsgemäß *adj. u. adv.* as directed, as agreed.
Bestimmungs|größe *f* ⚗, *phys.* defining quantity; **~hafen** *m* port of destination; **~ort** *m* destination; **~wort** *n ling.* determinative element.
Best|leistung *f* **1.** best performance; **2.** (*a.* ***persönliche ~***) personal best (*od.* record); ***die persönliche ~ übertreffen*** beat one's personal best; **~marke** *f Sport*: record.
bestmöglich *adj.* best possible; optimum.
bestrafen *v/t. a.* ⚖ punish (***wegen, für*** for; ***mit*** with); ⚖ (*verurteilen*) sentence (***mit*** to); *mit e-r Geldstrafe*: fine; ⚖ ***bestraft werden mit*** *Handlung*: be punishable by; ***Zuwiderhandlungen werden bestraft*** violations will be prosecuted; **Bestrafung** *f* punishment; (*Strafe*) *a.* penalty.
bestrahlen *v/t.* shine on; (*beleuchten*) light up, illuminate; *phys.* irradiate; ⚕ give *s.o.* ray treatment; **Bestrahlung** *f phys.* irradiation; ⚕ ray treatment.
Bestreben *n* endeavo(u)r, effort; ***es ist sein ~ zu*** *inf.* he is endeavo(u)ring to *inf.*; ***in dem ~ zu*** *inf.* in an attempt (*od.* endeavo[u]r) to *inf.*, while trying to *inf.*; **bestrebt** *adj.*: ***~ sein zu*** *inf.* endeavo(u)r to *inf.*, be anxious to *inf.*; **Bestrebung** *f* endeavo(u)r, attempt, effort(s *pl.*).
bestreichen *v/t.* **1.** ***et. mit et. ~*** spread

s.th. on s.th.; ***mit Farbe ~*** paint, give *s.th.* a coat of paint; ***mit Butter ~*** butter; ***mit Fett ~*** grease; ***mit Öl ~*** oil; **2.** ***mit Gewehrfeuer ~*** spray with machine-gun fire.

bestreiken *v/t.* go out on (*od.* be on) strike against; **bestreikt** *adj.* strike-bound; affected by a strike (*od.* strikes); **Bestreikung** *f* strike(s *pl.*) (*gen.* against).

bestreitbar *adj.* open to question, contestable, disputable; **bestreiten** *v/t.* **1.** (*anfechten*) contest, dispute, challenge; (*abstreiten*) deny; ***es lässt sich nicht ~, dass*** there's no denying that; → ***energisch*** II.; **2.** (*Kosten etc.*) bear, pay, meet *the costs*; (*finanzieren*) pay for, finance; **3.** (*Programm*) fill; (*Wettkampf etc.*) hold, carry out; ***sie bestritt die Unterhaltung allein*** she did all the talking, she (more or less) monopolized the conversation; **Bestreitung** *f* **1.** challenge, contestation, disputation; **2.** *der Kosten etc.*: payment, financing; ***zur ~ der Unkosten*** (in order) to meet the costs.

bestreuen *v/t.* strew (***mit*** with); *gastr.* dredge (with), (*Kuchen*) dust, *mit Zucker*: *a.* sprinkle (with).

bestricken *v/t.* **1.** charm, bewitch; **2.** F ***die ganze Familie ~*** knit for the whole family; **bestrickend** *adj.* charming, *stärker*: captivating.

Bestseller *m* bestseller; **~autor** *m* bestselling author; **~liste** *f* bestseller list, list of bestsellers; **≈verdächtig** *adj.*: ***das Buch ist ~*** the book has the makings of a bestseller, the book looks as if it might well become a bestseller.

bestücken *v/t.* arm (with guns); *weitS.* equip (***mit*** with); **bestückt** *adj.* **1.** ***~ mit*** equipped with; **2.** ***gut ~*** *Geschäft etc.*: well-stocked; ***mit et. gut ~ sein*** *a.* have a wide range of s.th.

bestuhlen *v/t.* put seating in, provide with seats (*od.* seating); **Bestuhlung** *f* seating; seats *pl.*

bestürmen *v/t.* storm; *fig.* (*bedrängen*) urge, *bittend*: implore; *mit Fragen, Bitten etc.*: bombard, assail (***mit*** with).

bestürzen *v/t.* dismay, *stärker*: shock, stun; **bestürzt I.** *adj.* dismayed (***über*** at), completely taken aback (by), *stärker*: shocked (by), stunned (at); ***ein ~es Gesicht machen*** look dismayed (*stärker*: aghast); **II.** *adv.* in dismay; ***~ dastehen*** stand aghast; **Bestürzung** *f* dismay (***über*** at); *stärker*: shock (at); ***große ~ auslösen*** cause great shock, shock everybody; ***ihr Tod löste große ~ aus*** *a.* everybody was shocked by her death.

Best|wert *m* optimum (value); **~zeit** *f* best (*od.* record) time; ***persönliche ~*** personal record.

Besuch *m* **1.** visit (***bei, in,*** *gen.* to); *kurzer*: call; (*Aufenthalt*) stay; ***auf*** (*od.* ***zu***) ***~ sein bei j-m*** be visiting s.o.; ***e-n ~ machen bei j-m, j-m e-n ~ abstatten*** pay s.o. a visit, go and see s.o.; ***m-e Schwester kommt zu ~*** my sister's coming to see me (*od. us*); ***es ist e-n ~ wert*** it's worth seeing (*Stadt etc.*: *a.* visiting); ***dies ist mein erster ~ in Rom*** this is my first visit (*od.* trip) to Rome; ***wir danken für Ihren ~*** *Geschäft*: thank you for your custom; **2.** *e-r Schule etc.*: attendance (*gen.* at); ***nach dem ~ der Universität*** after attending (*od.* going to) university; **3.** (*Besucher*) visitor(s *pl.*); ***wir haben ~*** we've got a visitor (*od.* visitors); ***hoher ~*** a) an important guest, b) important visitors; ***sie hat immer viel ~*** she always has a lot of visitors; **besuchen** *v/t.* **1.** (*j-n*) go and see *s.o.*; *formeller*: pay s.o. a visit, *bsd. offiziell*: visit; *kurz* (*a.* ✝): call on; (*Ort*) visit; (*Theater, Kino etc.*) go to; **2.** (*Vortrag, Schule etc.*) go to; *formell*: attend; (*Kurs*) *a.* take.

Besucher *m* visitor (*gen.* to); (*Gast*) guest; *formell, e-s Kinos etc.*: patron; → *a.* ***Kinobesucher*** *etc.*; **~ausweis** *m* visitor's pass; **~magnet** *m* crowd-puller; **~rekord** *m* record number of visitors, record attendance; **~ritze** F *f*: ***du kommst in die ~*** F you can be piggy-in-the-middle (in the double bed); **~schar** *f* crowd of visitors; **~strom** *m* stream of visitors; ***der ~ hielt den ganzen Vormittag an*** there was a steady stream of visitors throughout the morning; **~zahl** *f* number of visitors; attendance figures *pl.*; ***durchschnittliche ~*** average attendance.

Besuchs|erlaubnis *f* **1.** permission to visit; *konkret*: visitor's permit; **2.** permission to receive visitors; **~recht** *n bei Scheidung*: visiting rights *pl.*; **~tag** *m* visiting day.

Besuchs|zeit *f* visiting hours *pl.*; **~zimmer** *n* visitors' room.

besucht *adj.*: ***gut ~*** well-attended, *Lokal etc.*: much-frequented; *weitS.* popular; ***schlecht ~*** poorly attended, *Lokal etc.*: half-empty.

besudeln *v/t.* dirty, soil; *fig.* stain, sully, *lit.* besmirch; (*entweihen*) defile; **Besudelung** *f* (*Entweihung*) defilement.

Betablocker *m* ⚕ beta blocker.

betagt *adj.* old, advanced in years; *lit.* aged.

betanken *v/t.* refuel, tank up.

Betarezeptor *m* ⚕ beta receptor.

betasten *v/t.* touch; (*befühlen*) feel, ⚕ *a.* palpate.

Beta|strahlen *pl.* beta rays; **~strahlung** *f* beta radiation; **~teilchen** *n* beta particle.

betätigen I. *v/t.* ⚙ (*bedienen*) operate, work; (*einschalten*) switch on, turn on; (*Schalter etc.*) press, push, (*drehen*) turn; (*in Gang setzen*) get *s.th.* going (*od.* working), set *s.th.* in motion; (*Bremse*) apply; (*steuern*) control; **II.** *v/refl.*: ***sich ~*** be active, *im Haushalt etc.*: busy o.s., work, F potter around; ***sich ~ als*** act as, *arbeitend*: work as; ***sich politisch ~*** be active (*od.* involved) in politics; ***sich sportlich ~*** do sport(s); ***sich schriftstellerisch ~*** write; **Betätigung** *f* **1.** (*Tätigkeit*) activity; work; something (*od.* things) to do; job; ***körperliche ~*** physical exercise; **2.** ⚙ operation.

Betätigungs|drang *m* urge to be doing something; **~feld** *n* field (of activity), sphere of activity; *individuelles*: sphere of action, field of operation; *weitS.* outlet.

betatschen F *v/t.* F paw; ***hör auf, die Schallplatten zu ~!*** get your dirty paws (*od.* mitts) off those records!

betäuben *v/t.* *durch Lärm*: deafen; *durch e-n Schlag etc.*: stun, *a. fig.* daze; ⚕ an(a)esthetize, give *s.o.* an an(a)esthetic; (*Nerven*) deaden, (*Schmerz*) *a.* kill; (*Hunger*) numb, deaden, suppress *the hunger pangs*; *fig.* (*berauschen*) intoxicate; (*abstumpfen, Sinne etc.*) blunt, dull; (*unterdrücken*) stifle; ***s-n Kummer mit Alkohol ~*** drown one's sorrows (in alcohol); **betäubend** *adj.* *Lärm*: deafening; *Duft*: intoxicating; **betäubt** *adj.*: (***wie***) ***~*** dazed, stunned; in a daze; **Betäubung** *f* **1.** (*Benommenheit*) daze; *stärker*: stupor; **2.** ⚕ an(a)esthetization, (*Narkose*) (***örtliche*** ~ local) anaesthetic (*Am.* anesthesia).

Betäubungsmittel *n* an(a)esthetic; **~gesetz** *n* drug law.

Betbruder *contp.* *m* F holy Joe; *mit Namen*: F Saint ...

Bete *f* ♀ beet; ***Rote ~*** beetroot.

beteiligen I. *v/t.*: ***j-n ~*** give s.o. a share (***an*** in); **II.** *v/refl.*: ***sich ~ an*** (*od.* ***bei***) take part (*od.* participate) in; *Beitrag leistend*: contribute to; *helfend*: cooperate in; ***beteiligt sein an*** be involved in; (*beitragen zu*) *a.* have a share in; (*e-r Abmachung etc.*) be a party to; ✝ have a share in; *am Gewinn*: share in *profits*; **Beteiligte(r)** *m* person concerned (*od.* involved); (*Teilhaber*) partner; *an e-r Abmachung etc.*: party; *pl. a.* those involved; **Beteiligung** *f* **1.** participation (***an*** in), involvement (in); **2.** (*Teilnehmerzahl*) attendance (***an, bei*** at); *bei Wahlen etc.*: turnout; **3.** ✝ (*Anteil*) share, interest (***an*** in); *durch Kapitalanlage*: investment; *durch Aktienbesitz*: holdings *pl.*; (*Teilhaberschaft*) partnership.

Beteiligungs|gesellschaft *f* holding company; **~gewinn** *m* investment earnings *pl.*; **~kapital** *n* investment capital.

Betel(nuss *f*) *m* betel (nut).

beten I. *v/i.* pray (***um*** for); say a prayer; say one's prayers; *bei Tisch*: say grace; **II.** *v/t.*: ***das Vaterunser ~*** say the Lord's Prayer.

beteuern *v/t.* protest (***s-e Unschuld*** one's innocence); swear to; (*versichern*) (solemnly) vow; **Beteuerung** *f* protestation; solemn declaration.

betexten *v/t.* write the words (*Lied*: *a.* lyrics) to.

betiteln *v/t.* (*Buch etc.*) give a title to, name; find (*od.* decide on) a title for; (*j-n*) call, address as; ***wie soll man ihn ~?*** what are you supposed to call him?, how are you supposed to address him?

Beton *m* concrete; ***aus ~*** made of concrete, concrete ...; **~bau** *m* concrete structure; (*Gebäude*) *a.* concrete building; **~bauweise** *f* concrete construction; **~bunker** *contp. m* → **Betonklotz** 2.

betonen *v/t.* **1.** *ling.*, ♪ stress; ***wie wird das Wort betont?*** how is that word stressed?, where does the stress come in that word?; ***falsch ~*** stress wrong(ly), put the wrong stress on; **2.** (*unterstreichen*) stress, *nachdrücklich*: emphasize, underline, underscore; ***besonders ~*** place particular emphasis on; ***man kann es nicht genug ~*** it can't be emphasized (strongly) enough; ***wobei ich „sauber" betone*** 'clean' being the operative word; **3.** *optisch etc.*: emphasize, bring out.

betonieren I. *v/t.* concrete; *fig.* firm up; **II.** *v/i.* *Fußball*: stonewall.

Beton|klotz *m* **1.** concrete block; **2.** *contp.* concrete pile, (concrete) box; **~kopf** F *m pol.* hardliner; **~mauer** *f* concrete wall; **~mischmaschine** *f* cement mixer; **~pfeiler** *m* concrete pillar; **~silo** *contp. m, n* concrete pile, *sehr hoch*: *a.* tower block.

betont I. *adj.* **1.** *Silbe*: stressed; **2.** *fig.* emphatic, deliberate; ***mit ~er Höflichkeit*** (***Gleichgültigkeit***) with studied politeness (unconcern); **II.** *adv.* emphatically, deliberately; ***~ einfach*** markedly simple; ***~ gleichgültig*** (***uninteressiert*** *etc.*) a) pointedly indifferent (uninterested *etc.*), b) with pointed *od.* studied

indifference (with a pointed lack of interest *etc.*).
Betonung *f* **1.** *ling.* stress, emphasis; ***die ~ liegt auf der zweiten Silbe*** the stress is on the second syllable; **2.** *fig.* emphasis, stress; ***die ~ legen auf*** stress, emphasize, place the emphasis on; ***die ~ liegt auf*** the emphasis is on; ***mit der ~ auf „bald"*** 'soon' being the operative word; **Betonungszeichen** *n ling.* stress mark; ♪ accent mark.
Betonwüste *contp. f* concrete jungle.
betören *v/t.* (*verliebt machen*) beguile, turn *s.o.'s* head; **betörend** *adj. Worte, Lächeln*: beguiling, *stärker*: seductive.
Betracht *m*: ***außer ~ lassen*** disregard, leave out of consideration; ***außer ~ bleiben*** be disregarded, be left out of consideration, not to be taken into account; ***in ~ kommen*** be a possibility (*od.* consideration); ***nicht in ~ kommen*** be out of the question; ***in ~ ziehen*** take into consideration (*od.* account); ***wenn man ... in ~ zieht*** considering ...
betrachten *v/t.* look at; *fig. a.* view; ***~ als*** look (up)on as, consider (to be); ***et. als s-e Pflicht ~*** see s.th. as one's duty, consider (*formell*: deem) s.th. one's duty; ***genau(er) betrachtet*** (*bei näherem Betrachten*) on closer examination (*od.* inspection), (*genau genommen*) strictly speaking; **Betrachter** *m* **1.** *e-s Gemäldes etc.*: viewer; (*Beobachter, a. fig.*) observer; ***links vom Standpunkt des ~s aus*** to the left as you're facing the building *etc.*; **2.** → ***Diabetrachter.***
beträchtlich I. *adj.* considerable, substantial, siz(e)able; *Verluste*: *a.* heavy; **II.** *adv.* considerably, a great deal *faster etc.*
Betrachtung *f* viewing (*gen.* of); *besinnliche*: contemplation (of); (*Erwägung*) consideration (of); ***bei näherer ~*** on closer inspection (*od.* examination), (*wenn man es sich genau überlegt*) on reflection; ***~en anstellen über*** reflect on; ***in ~en versunken*** lost (*od.* wrapped up) in thought; **Betrachtungsweise** *f* approach (*gen.* to), view (of).
Betrag *m* amount, sum; (*Gesamt≈*) *a.* total; (*Ziffer*) figure; ***im ~ von*** to the amount of.
betragen I. *v/t.* (*sich belaufen auf*) amount to, come to; (*sein*) be; **II.** *v/refl.*: ***sich ~*** (*sich benehmen*) behave (o.s.); ***sich anständig ~*** behave (properly *od.* well); **III.** ≈ *n* behavio(u)r, conduct.
betrauen *v/t.*: ***j-n mit et. ~*** entrust s.o. with s.th.; ***j-n damit ~ zu*** *inf.* entrust s.o. with (the task of) *ger.*
betrauern *v/t.* mourn (over).
beträufeln *v/t.*: ***mit et. ~*** put a few drops of s.th. on; ***mit Wasser ~*** *a.* sprinkle a few drops of water on; ***mit Zitrone ~*** squeeze a few drops (*od.* a bit) of lemon (juice) on.
Betreff *m* ⚕ reference; *im Briefkopf*: (**Betr.**) Re.; **betreffen** *v/t.* **1.** (*angehen*) concern; ***was mich betrifft*** as for me, as far as I'm concerned; ***was das betrifft*** as far as that is concerned (*od.* goes), as for that; → ***betroffen*** 2; **2.** (*seelisch berühren*) affect (deeply); → ***betroffen*** 1; **3.** *Unglück etc.*: *lit.* befall; ***betroffen werden von*** fall victim to, *Land etc.*: be ravaged by; → ***betroffen*** 3; **betreffend** *adj.* **1.** (*et.* ~) concerning, regarding; **2.** (*fraglich*)... concerned, in question; **3.** (*jeweilig*) respective; **4.** (*zuständig*) relevant; **Betreffende(r** *m*) *f* person concerned, person in question; F *the* man himself, *the* lady herself; ***die Betreffenden*** *a.* those concerned; **betreffs** *prp.* as for, regarding, as far as ... is (*od.* are) concerned; ⚕ *a.* re.
betreiben I. *v/t.* **1.** (*Tätigkeit*) pursue, take part in; (*Sport*) play, go in for *sports*; (*Politik*) go in for, be involved in; ***sein Studium ~*** pursue one's studies; **2.** (*Gewerbe*) carry out *a trade*; **3.** (*Unternehmen, Fabrik etc.*) run; **4.** ⊚ run, operate; **II.** ≈ *n*: ***auf j-s ~*** at s.o.'s instigation; **Betreiber(firma** *f*) *m* operator, operating company.
betreten¹ I. *v/t.* step (*od.* walk) on; (*Gebiet*) set foot on; (*Raum*) enter, walk (*od.* step, come) into, set foot in; ***die Bühne ~*** walk on stage, come (*od.* walk) onto the stage; **II.** ≈ *n*: ***~ verboten!*** a) keep off!, no trespassing!, b) no entrance.
betreten² I. *adj.* embarrassed, *Lächeln, Blick*: *a.* sheepish; ***~es Schweigen*** an awkward silence; **II.** *adv.* sheepishly; ***~ dreinschauen*** look rather sheepish; ***~ schweigen*** be too embarrassed to say anything, *formell*: maintain an embarrassed silence; **Betretenheit** *f* embarrassment, (feeling of) awkwardness.
betreuen *v/t.* look after; (*Kunden*) see to, attend to; (*Sportler*) coach; (*Gebiet, Gemeinde etc.*) serve; *leitend*: (*a. Projekt etc.*) be in charge of, be responsible for; ***gut betreut werden*** be well looked after; ***betreutes Wohnen*** sheltered housing; **Betreuer** *m* person in charge; someone who looks after s.o. (*od.* s.th.); *Sport*: doctor, physio; **Betreuung** *f* looking after (*gen. s.o., s.th.*); ***medizinische ~*** medical care; ***soziale ~*** (social) welfare; ***mit der ~ von ... beauftragt sein*** be in charge of; ***du bist für die ~ dieser Gruppe zuständig*** you're responsible for (looking after) this group.
Betrieb *m* **1.** (*Unternehmen*) business, firm, company; (*Fabrik*) factory, works *pl.* (*sg. konstr.*); ***im ~ sein*** *a.* be at work, be at the office; ***in den ~ gehen*** *a.* go to work, go to the office; **2.** (*Leitung e-s Unternehmens*) running, management; **3.** (*Bedienung*) operation, running; ***in ~*** working, in operation, *Maschine etc.*: *a.* running; ***außer ~*** not working, (*defekt*) *a.* out of order; ***außer ~ setzen*** (*ausschalten*) stop, switch off, (*funktionsunfähig machen*) put out of action; ***in ~ nehmen*** ⊚ start running, put into operation, (*Verkehrsmittel etc.*) put into service, *weitS.* (*eröffnen*) open; **4.** (*Betriebsamkeit*) activity; (*Trubel*) (hustle and) bustle; (*Verkehr*) heavy traffic; ***wir hatten heute viel ~*** we were very busy today; ***hier ist immer viel ~*** there's always a lot going on around here, *im Lokal etc.*: it's always full in here; **5.** F *contp.* business, F caboodle; ***bald schmeiß ich den ganzen ~ hin*** F I'm going to chuck it all (*od.* the whole business) in before long; **6.** F ***den ganzen ~ aufhalten*** hold everything up; **betrieblich** *adj.* internal; company ...; ***~e Ausbildung*** in-house training; ***~e Altersversorgung*** employee pension scheme.
Betriebsablauf *m* (operational) procedure.
betriebsam *adj.* active, busy; bustling; **Betriebsamkeit** *f* activity; (*Geschäftigkeit*) bustle.
Betriebs|angehörige(r *m*) *f* (company) employee; *pl. a.* (company) personnel (*pl.*); **~anlage** *f* plant; **~anleitung** *f*, **~anweisung** *f* operating instructions *pl.*; **~art** *f Computer*: (operating) mode; **~arzt** *m* works (*od.* company) doctor; **~aufnahme** *f* startup, putting into operation (*od.* on stream); **~ausflug** *m* (annual) office outing; **~ausstattung** *f* equipment; technology.
betriebsbereit *adj.* operational.
Betriebsbesichtigung *f* tour of a (*od.* the) factory *od.* plant.
betriebsblind *adj.* (professionally) blinkered; ***~ sein*** *a.* be wearing professional blinkers; **Betriebsblindheit** *f* professional blinkers *pl.*
betriebseigen *adj.* company-owned, company ...
betriebsfähig *adj.* in (good) working condition.
Betriebs|ferien *pl.* company holiday *sg.*; ***~ von ... bis ...*** *Schild*: closed for holidays from ... till ...; ***~ haben*** be (*od.* have) closed down (over the holidays); **~fest** *n* annual do, company do; *in kleinerem Rahmen*: office party.
betriebsfremd *adj.* outside ..., external; ***~e Person*** outsider.
Betriebs|führung *f* (business *od.* works) management; **~geheimnis** *n* trade secret; **~ingenieur** *m* production engineer.
betriebsintern I. *adj.* internal; in-house ..., (intra-)company ...; **II.** *adv.*: ***~ regeln*** settle *s.th.* within the company.
Betriebs|kapazität *f* **1.** works capacity; **2.** operating capacity; **~kapital** *n* working (*od.* business) capital; **~klima** *n* work climate, working atmosphere; **~kosten** *pl.* running costs; **~krankenkasse** *f* company health insurance fund; **~leiter** *m* (works, factory, plant) manager; **~leitung** *f* (works, factory, plant) management; **~netzgerät** *n* operating power pack; **~nudel** F *f the* life and soul of the department (*od.* office), F resident comedian; **~obmann** *m* works steward; **~personal** *n* (company *od.* factory) staff (*mst pl. konstr.*); **~praktikum** *n* industrial placement; *pl. a.* industrial training *sg.*; **~prüfung** *f* (company) audit; **~psychologe** *m* industrial psychologist; **~psychologie** *f* industrial psychology.
Betriebsrat *m* **1.** works council; **2.** (*Betriebsratsmitglied*) member of the works council; **Betriebsratsvorsitzende(r** *m*) *f* works council chairman (*od.* chairperson).
Betriebs|rente *f* company pension; **~schalter** *m* operating switch; **~schluss** *m* closing hours *pl.*; ***nach ~*** after hours, (*am Feierabend*) after work.
betriebssicher *adj.* safe (to operate); (*zuverlässig*) reliable (in service); **Betriebssicherheit** *f* **1.** operational safety; **2.** *innerbetriebliche*: works security.
Betriebs|soziologie *f* industrial sociology; **~spannung** *f* operating voltage; **~still|egung** *f* shutdown, (plant) closure; **~störung** *f* stoppage; *e-r Maschine*: breakdown; **~system** *n Computer*: operating system; **~treue** *f* company loyalty, loyalty to the company (*od.* firm); **~unfall** *m* workplace (*od.* industrial) accident; **~verfassung** *f* industrial-relations scheme; **~versammlung** *f* works meeting.
Betriebswirt *m* graduate in business management; *etwa* MBA (= Master of Business Administration); **Betriebswirtschaft** *f* → ***Betriebswirtschaftslehre***; **betriebswirtschaftlich** *adj.* economic; management ...; administrative;

Betriebswirtschaftslehre *f* business administration *od.* economics *pl.* (*sg. konstr.*).
Betriebszugehörigkeit *f* employment (with a company); *zeitlich*: period of employment; ***nach zehnjähriger ~*** after ten years(' employment) with the company, after working for the company for ten years.
betrinken *v/refl.*: ***sich ~*** get drunk.
betroffen *adj.* **1.** (*bestürzt*) (completely) taken aback; *a. Schweigen*: shocked; *adv.* ***~ schweigen*** be too shocked to speak; **2.** (*berührt*) affected (**von** by); ***die ≈en*** those concerned (*od.* affected); **3.** *von e-r Katastrophe etc.*: affected (**von** by), hit (by); ***am schwersten ~*** worst affected (*od.* hit); ***von der Hungersnot*** (***Flutkatastrophe*** *etc.*) ~ famine-stricken (flood-stricken *etc.*); **Betroffenheit** *f* dismay, *stärker*: shock.
betrogen *adj.* cheated; *Ehepartner etc.*: deceived; ***~er Ehemann*** cuckold; ***in s-n Hoffnungen ~ sein*** have had one's hopes dashed (*od.* frustrated); **Betrogene(r)** *m*: ***der Betrogene sein*** be the dupe.
betrüben *v/t.* sadden; *stärker*: grieve, distress; **betrüblich** *adj.* sad, saddening; *stärker*: distressing; **betrüblicherweise** *adv.* unfortunately (enough); *stärker*: sadly; **Betrübnis** *f* sadness; *stärker*: distress; ***zu unserer ~*** (much) to our regret (*stärker*: distress); **betrübt** *adj.* sad (**über** about, at), *stärker*: distressed (about, at); **Betrübtheit** *f* sadness; *stärker*: grief, distress.
Betrug *m* fraud (*a.* ⚖), swindle; (*Täuschung*) deception; ***das ist ja ~!*** that's fraud, that's a swindle; **betrügen I.** *v/t.* cheat, swindle; ⚖ defraud; (*Ehepartner etc.*) be unfaithful to, deceive, F two-time; ***j-n um et. ~*** cheat (F do) s.o. out of s.th.; ***in s-n Hoffnungen betrogen werden*** have (*od.* see) one's hopes dashed; → ***betrogen***; **II.** *v/i.* cheat; be a swindler (*od.* cheat); **III.** *v/refl.*: ***sich ~*** deceive (*od.* delude) o.s.; **Betrüger** *m* swindler, cheat, fraud, F con man; **Betrügerei** *f* cheating; ⚖ fraud(ulence); **betrügerisch I.** *adj.* deceitful; ⚖ fraudulent; ⚖ ***in ~er Absicht*** with intent to defraud; ***durch ~e Mittel*** by fraudulent means; **II.** *adv.* fraudulently, by fraud.
betrunken I. *adj.* drunk; *Fahrer, Stimme, Verhalten etc.*: *a.* drunken ...; *formell*: intoxicated, inebriated; ⚖ ***in ~em Zustand*** under the influence of alcohol; **II.** *adv.* drunk, in a drunken state, in a state of drunkenness; **Betrunkene(r)** *m* drunk; **Betrunkenheit** *f* drunkenness.
Betschwester *contp.* *f* F churchy type, pious Annie; *mit Namen*: F Saint ...
Bett *n* bed (*a. geol.*); (*Feder≈*) duvet; ***im ~*** in bed; ***ins ~ gehen*** go to bed, F turn in; ***j-n zu ~ bringen*** put s.o. to bed; ***ab ins ~!*** off to bed (with you)!; ***ich komme*** (*od.* ***finde***) ***morgens nicht aus dem ~*** I can't get up (*od.* get out of bed) in the mornings; ***das ~ hüten*** (***müssen***) be laid up (***wegen*** with), *länger*: be bedridden (with, by); ***die ~en lüften*** air the bedclothes; F ***mit j-m ins ~ gehen*** F go to bed with s.o.; *fig.* ***sich ins gemachte ~ legen*** climb into a feathered nest; → ***finden*** III; **~bezug** *m* duvet cover; **~couch** *f* bed-settee; **~decke** *f wollene*: blanket; *gesteppte*: quilt; (*Tagesdecke*) bedspread.
bettelarm *adj.* desperately poor, poverty-stricken; **Bettelei** *f* **1.** begging; **2.** F pleading; **Bettelmönch** *m* mendicant (friar); **betteln** *v/i.* **1.** beg (**um** for); ***~ gehen*** go begging; **2.** (*bitten*) beg (**um** for); ***er bettelte so lange, bis ich ja sagte*** he pestered me (*od.* went on at me) until I said yes; ***sie bettelten, dass sie reindurften*** they begged me *etc.* to let them in; **Bettelorden** *m* mendicant order; **Bettelstab** *m*: ***j-n an den ~ bringen*** reduce s.o. to poverty (*od.* beggary, penury).
betten I. *v/t.* bed; (*hinlegen*) lay (down), bed down; *fig.* ***j-n in Watte ~*** wrap (*od.* keep) s.o. in cotton wool; ***j-n zur letzten Ruhe ~*** lay s.o. to rest; **II.** *v/refl.*: ***wie man sich bettet, so liegt man*** as you make your bed, so you must lie in it; he's made his bed, let him lie in it; you've made your bed, now lie in it.
Betten|machen *n* making (the) beds; ***beim ~ sein*** be making the beds; **~mangel** *m a* shortage of beds; **~zahl** *f im Hotel etc.*: bedspace, number of beds.
Betteppich *m* prayer mat (*od.* rug).
Bett|feder *f* **1.** bedspring; **2.** **~n** duvet feathers; **~geschichte** *f* **1.** amorous escapade; **2.** *in der Zeitung etc.*: kiss and tell story; **~gestell** *n* bedstead; **~häschen** F *n sl. a* bit of all right (*Am.* alright); **~hupferl** *dial.* *n* **1.** bedtime treat; *im Hotel*: *mst* chocolate on one's pillow; **2.** → ***Betthäschen***; **~jäckchen** *n*, **~jacke** *f* bed jacket; **~kante** *f* edge of the bed; **~kasten** *m* bedding box.
bettlägerig *adj.* laid up, *längerfristig*: bedridden; *formell*: confined to bed.
Bett|laken *n* sheet; **~lektüre** *f* bedtime reading; ***es eignet sich nicht als ~*** it's not exactly bedtime reading.
Bettler *m* beggar.
Bettnässen *n* ⚕ bed-wetting ; **Bettnässer** *m* bed-wetter.
Bett|pfanne *f* bedpan; **≈reif** *adj.* ready for bed, F ready to hit the sack (*Am.* hay); **~ruhe** *f* rest in bed, bed rest; ***der Arzt hat mir ~ verordnet*** the doctor told me to stay in bed; **~schwere** *f*: F ***die nötige ~ haben*** be ready to fall into bed; **~szene** *f* bedroom scene.
Betttuch *n* sheet.
Bett|vorleger *m* bedside rug; **~wäsche** *f* bed linen, sheets (and covers) *pl.*; **~zeug** *n* bedclothes *pl.*, bedding.
betucht F *adj.* F well-heeled.
betulich *adj.* overattentive, fussy.
betupfen *v/t.* dab, ⚕ swab.
Beuge *f* bend (*a. Sport u. anat.*).
Beugehaft *f* ⚖ coercive detention.
Beugemuskel *m* flexor (muscle).
beugen I. *v/t.* **1.** bend; (*Kopf*) bow; incline; → ***gebeugt***; **2.** *phys.* deflect, diffract; **3.** ***das Recht ~*** pervert justice; **4.** *ling.* inflect; (*Substantiv, Adjektiv*) decline; (*Verb*) conjugate; **II.** *v/refl.*: ***sich ~*** **5.** bend; ***sich ~ über*** bend over *s.th.*; ***sich aus dem Fenster*** lean out of (*Am. a.* out) the window; ***sich nach vorn ~*** lean forward; **6.** *fig.* (*sich fügen, sich unterwerfen*) bow, yield, submit (*dat.* to); ***sich dem Schicksal ~*** bow (*od.* submit) to one's fate; **Beugung** *f* **1.** bending; **2.** *phys.* diffraction; **3.** *ling.* inflection; **Beugungswinkel** *m phys.* diffraction angle.
Beule *f* bump, swelling; *im Blech*: dent; *in der Hose*: bulge; ***dicke ~ am Kopf*** *etc.*: big bump, F great big lump.
Beulenpest *f* bubonic plague.
beunruhigen I. *v/t.* worry, get *s.o.* worried; *stärker*: alarm; ***es beunruhigt mich*** *a.* I feel uneasy (*od.* nervous) about it; **II.** *v/refl.*: ***sich ~*** worry, be worried (**über** about); **beunruhigend** *adj.* unsettling, worrying, disconcerting; *Ereignisse etc.*: disturbing, *stärker*: alarming; **Beunruhigung** *f* (*Unruhe*) uneasiness, *stärker*: anxiety; (*Sorge*) worry.
beurkunden *v/t.* record; (*beglaubigen*) certify; (*Geburt etc.*) register; **Beurkundung** *f* registration; certification.
beurlauben *v/t.* give *s.o.* time off (⚔ leave); *für Forschungszwecke*: grant *s.o.* a sabbatical; *vom Amt*: suspend (from office); ***sich ~ lassen*** a) ask for time off, *für Forschungszwecke*: apply for a sabbatical, b) take (some) time off, go on (*od.* take a) sabbatical; ***sich eine Woche ~ lassen*** a) ask for a week's leave (*od.* a week off), b) take a week's leave (*od.* a week off); **Beurlaubung** *f* time off; ⚔ leave; (*Forschungsurlaub*) sabbatical; *vom Amt*: suspension (from office).
beurteilen *v/t.* judge (**nach** by); (*Leistung, Wert*) rate, assess, ga(u)ge (on, according to); (*Buch etc., als Kritiker*) review; ***falsch ~*** misjudge; ***et. gut ~ können*** be a good judge of s.th.; ***nicht dass ich das ~ könnte*** not that I'm any judge, but who am I to judge?; ***wie hat er das Buch beurteilt?*** *Kritiker*: what did he say about the book?, what was his review of the book like?; ***wie ~ Sie die Lage?*** what's your view of the situation?; ***wie soll ich das ~?*** how am I supposed to know (*od.* tell, judge)?; ***das kannst du doch nicht ~*** how do you know?, how can you tell?; **Beurteilung** *f* judg(e)ment (*gen.* of, on); (*Einschätzung*) assessment (of); *in Personalakten*: confidential report (on); (*Buchkritik etc.*) review, write-up (of).
Beuschel *dial.* *n* **1.** hash made of lung and heart; **2.** F lung.
Beute *f* booty; (*Diebes≈*) *a.* loot, haul; (*Kriegs≈*) spoils *pl. of war*; *Jagd*: bag; *von Tieren*: prey, quarry; *fig.* prey (*gen.* to), victim (of); ***zur ~ fallen*** *dat.* fall into the hands of, *fig.* fall victim to; ***reiche*** (*od.* ***fette***) ~ *a. fig.* rich pickings; ***reiche ~ machen*** make a big haul; (***e-e***) ***leichte ~*** a sitting duck.
Beute... *in Zssgn* captured; **Beuteauto** captured car; **Beuteflugzeug** captured (enemy) aircraft.
Beutel *m* **1.** bag; (*Tabaks≈*) pouch; F *fig.* ***tief in den ~ greifen*** (*od.* ***langen***) ***müssen*** F have to dig deep into one's pockets; F ***j-m ein Loch in den ~ reißen*** F burn a big hole in s.o.'s pocket; F ***der ~ ist leer*** F there's no money left in the till; **2.** *zo.* pouch.
beuteln *v/t.* shake; *fig.* ***vom Schicksal*** (***Leben***) ***gebeutelt werden*** be knocked about by fate (life's vicissitudes).
Beutelratte *f* opossum.
Beutelschneider *m* F shark, rip-off artist; **Beutelschneiderei** *f* F *a* rip-off.
Beuteltier *n* marsupial.
Beute|stück *n* piece of booty, F piece of the loot; **~tier** *n* prey, quarry.
bevölkern I. *v/t.* **1.** populate; (*bewohnen*) inhabit; *fig.* (*Straße etc.*) fill, crowd; **2.** (*besiedeln*) *Regierung etc.*: settle; **II.** *v/refl.*: ***sich ~*** become inhabited; *fig.* be filling up (with people), become crowded; → ***dicht*** 4, 6; **Bevölkerung** *f* population; (*Einwohner*) *a.* inhabitants *pl.*; (*das Volk*) *the* people *pl.*; ***die ganze***

~ *a.* the whole country; ***die ~ Moskaus*** the people of Moscow, Moscow's inhabitants, *statistisch*: the population of Moscow.

Bevölkerungs|abnahme *f* population decrease, decrease in population; **~abwanderung** *f* (mass) exodus; **~bewegung** *f* population movement; **~dichte** *f* population density; **~explosion** *f* population explosion; **~gruppe** *f* section (*od.* segment) of the population; **~politik** *f* population (*od.* demographic) policy; **2politisch** *adj.* demographic(ally *adv.*); **~prognose** *f* population (*od.* demographic) forecast *od.* projection; **~pyramide** *f* age pyramid; **~rückgang** *m* decline in population; **~schicht** *f* social stratum (*od.* class); **~stand** *m* population; **~statistik** *f* population statistics *pl.*; **~struktur** *f* population structure; **~überschuss** *m* overspill; **~wachstum** *n* growth in population; **~zahl** *f* population figures *pl.*; total population; **~zunahme** *f* population growth (*od.* increase); **~zusammensetzung** *f* demographics *pl.*; **~zuwachs** *m* → ***Bevölkerungszunahme.***

bevollmächtigen *v/t.* authorize (**zu** *inf.* to *inf.*); ⚖ give *s.o.* power of attorney; **Bevollmächtigte(r)** *m* authorized person (⚖ representative); *pol.* plenipotentiary; **Bevollmächtigung** *f* authorization; (*Vollmacht*) authority, power; ⚖ power of attorney.

bevor *cj.* before; ***nicht ~*** not before, not until; ***sag nichts, ~ er kommt*** don't say anything until he comes; ***ich tu nichts, ~ er mir nicht Bescheid sagt*** I'm not doing anything until he lets me know; ***wir können nicht gehen, ~ du nicht aufgeschlossen hast*** we can't go unless you unlock the door (*od.* before you've unlocked the door).

bevormunden *v/t.* tell *s.o.* what to do (all the time), treat *s.o.* like a child; *pol. etc.* patronize; ***j-n geistig ~*** make up s.o.'s mind for him (*od.* her); ***ich lass mich nicht von dir ~*** *a.* I'm not going to let you run my life for me; **bevormundend** *adj.* patronizing; *pol.* paternalistic; **Bevormundung** *f*: ***~ durch den Staat*** paternalism, patronage by the state; ***ich verbiete mir jede ~*** I won't be treated like a child, I won't have my decisions made for me; ***ich habe ihre dauernde ~ satt*** I'm fed up of her telling me what to do all the time.

bevorrechten *v/t.* → **bevorrechtigen** *v/t.* grant privileges to; ⚖, ✝ give preference to; **bevorrechtigt** *adj.* privileged; *Anspruch etc.*: preferential; **Bevorrechtigung** *f* privileges *pl.* (*gen.* granted to); preferential treatment.

bevorschussen *v/t.* give *s.o.* an advance, advance money to *s.o.* (**für** *et.* on); **Bevorschussung** *f* advance.

bevorstehen *v/i.* be approaching; *Schwierigkeiten etc.*: lie ahead; *Gefahr*: be imminent; (*j-m*) be in store for, await; ***ihm steht e-e große Enttäuschung bevor*** he's in for a big disappointment; ***das Schlimmste steht noch bevor*** the worst is yet (*od.* still) to come; *iro.* ***das steht uns noch bevor*** we've still got that to look forward to; ***s-e Entlassung stand bevor*** he was about to be dismissed; **bevorstehend** *adj.* forthcoming, approaching, *bsd. Wahlen etc.*: *a.* upcoming; next *week etc.*; *pleasures etc.* to come; *Gefahr etc.*: impending.

bevorzugen *v/t.* prefer (*dat.*, **vor** to); (*begünstigen*) favo(u)r (above); (*bevorzugt behandeln*) give preferential treatment to; (*Kandidaten, Kind etc.*) give preference to; (*Fall, Sache, a. j-n vorlassen*) give priority to; ⚖ privilege; ***hier wird keiner bevorzugt*** everyone is treated equally here, there's no favo(u)ritism around here; **bevorzugt I.** *adj.* preferred; (*Lieblings...*) favo(u)rite; *Gegend*: popular; ***~e Behandlung*** preferential treatment; ***~e Stellung*** privileged position; ***~e Lage*** prime location; **II.** *adv.*: ***~ behandeln*** → ***bevorzugen***; **Bevorzugung** *f* preference (***j-s*** given to s.o.); preferential *od.* priority treatment (of s.o.).

bewachen *v/t.* guard; (*behüten*) *a.* watch over; *Sport*: mark; ***bewacht werden von*** *Sport*: be marked (*od.* shadowed) by; **Bewacher** *m* guard; (*Spitzel*) shadow; *hum.* watchdog; *Sport*: marker.

bewachsen *adj.*: ***~ mit*** covered with (*od.* in), overgrown (with); ***mit Moos ~*** *a.* moss-covered ...

bewacht *adj.* guarded; ***streng ~*** closely (*od.* heavily) guarded; ***~er Parkplatz*** supervised car park.

Bewachung *f* guarding; (*Überwachung*) surveillance; *Sport*: marking; (*Mannschaft*) guard(s *pl.*), escort; ***unter ~ stellen*** (***halten***) put (keep) under guard.

bewaffnen *v/t.* arm (**sich** o.s.; *a. fig.*); **bewaffnet** *adj.* armed (**mit** with; *a. fig.*); ***~e Auseinandersetzung*** armed struggle; **Bewaffnung** *f* arming; (*Waffen*) arms *pl.*, weapons *pl.*

bewahren I. *v/t.* **1.** (*erhalten*) keep, preserve; (*Eigenschaft, Aussehen etc.*) *a.* retain; ***er hat s-n Humor bewahrt*** he's kept (*od.* he hasn't lost) his sense of humo(u)r; ***j-m ein gutes Andenken ~*** keep s.o. in fond remembrance; ***et.*** (***j-n***) ***in guter Erinnerung ~*** have happy memories of s.th. (s.o.); → ***Fassung*** 3 *etc.*; **2. ~ vor** (*behüten*) protect (*od.* keep) *s.o.* from; (*retten*) *a.* save *s.o.* from; ***j-n vor e-r Dummheit ~*** stop s.o. (from) doing something stupid; (***Gott***) ***bewahre!*** God forbid!; **II.** *v/refl.*: ***sich ~*** survive, be preserved; ***es hat sich bis zum heutigen Tag bewahrt*** it survives (*od.* has survived) to this day.

bewähren *v/refl.*: ***sich ~*** prove o.s. (*od.* itself), prove one's (*od.* its) worth; *Sache*: *a.* prove a success, prove successful; *Grundsatz*: hold good; *zeitlich*: stand the test of time; ***sich bestens ~*** give a (very) good account of o.s. (*od.* itself), do a good (*od.* an excellent) job; ***sich ~ als*** prove (to be) a good *teacher*, *remedy etc.*; ***sich nicht ~*** prove a failure.

bewahrheiten *v/refl.*: ***sich ~*** prove (to be) true; *Hoffnungen, Befürchtungen etc.*: be confirmed, prove to be right (*od.* justified); (*sich erfüllen*) come true.

bewährt *adj.* (*erprobt*) well-tried, tried and tested; (*zuverlässig*) reliable; (*wirksam*) effective; (*fähig*) capable, experienced; ***~es Mittel*** a) proven (*od.* old, *iro.* ancient) remedy, b) → ***~e Methode*** proven method; ***~er Grundsatz*** established principle; ***unter ihrer ~en Führung*** under her excellent guidance, in her capable hands; **Bewährtheit** *f e-r Methode, e-s Mittels etc.*: reliability, proven effectiveness (*od.* worth).

Bewahrung *f* preservation (**vor** from).

Bewährung *f* **1.** (*Tauglichkeitsbeweis*) demonstration of one's *od.* its worth (*od.* reliability); ***bei ~*** on qualifying, provided it (*od.* he *etc.*) proves reliable; ***die ~ bestehen*** pass the test; **2.** ⚖ (release on) probation; ***zwei Jahre Gefängnis mit*** (***ohne***) ***~*** a suspended (an unconditional) sentence of two years; ***e-e Strafe zur ~ aussetzen*** suspend a sentence.

Bewährungs|frist *f* ⚖ (period of) probation; **~helfer** *m* probation officer; **~probe** *f* (acid) test.

bewaldet *adj.* wooded; tree-covered; **Bewaldung** *f* **1.** (*Waldbestand*) woods *pl.*, woodland, forests *pl.*; **2.** (*Aufforstung*) afforestation.

bewältigen *v/t.* (*Arbeit, Essen etc.*) cope with, manage; (*Problem*) come to grips with; (*Schwierigkeit*) cope with, overcome; (*Lehrstoff*) assimilate, absorb, F digest; (*Berg*) conquer; (*Strecke*) cover; (*Vergangenheit, Trauma etc.*) come to terms with; **Bewältigung** *f* coping with *one's work etc.*; *von Lehrstoff*: assimilation; coming to terms with *the past etc.*

bewandert *adj.*: (***gut***) ***~ in*** well up in, well versed in; ***sie ist in der Wirtschaft gut ~*** *a.* she knows her (way around in) economics; ***da bin ich nicht sehr gut ~*** I'm not very well up in that, I don't know very much about that.

Bewandtnis *f*: ***damit hat es folgende ~*** the matter is as follows; ***das hat e-e ganz andere ~*** it's completely different; ***damit hat es e-e besondere ~*** a) you have to know the background (to it), b) it's a strange thing; ***was hat es eigentlich mit ... für e-e ~?*** what's the story behind ...?; ***das hat s-e eigene ~*** *hum.* (and) thereby hangs a tale.

bewässern *v/t.* irrigate; **Bewässerung** *f* irrigation.

Bewässerungs|anlage *f* irrigation plant; **~graben** *m* irrigation channel (*od.* ditch); **~kanal** *m* irrigation channel; **~pumpe** *f* irrigation pump.

bewegen I. *v/t.* **1.** move; (*Schweres*) *a.* F shift; ***ich kann m-n linken Arm nicht ~*** *a.* I have no movement in my left arm; ***es lässt sich nicht von der Stelle ~*** it won't budge; **2.** (*Wasser, Blätter, Gardinen etc.*) stir; **3.** ⚙ *u. fig.* set *s.th.* in motion; (*antreiben*) drive; **4.** *fig.* (*rühren*) move, touch; (*beschäftigen*) (pre)occupy, *Problem etc.*: *a.* bother; ***j-n ~ zu*** *inf.* get (*od.* bring) s.o. to *inf.*; ***was hat ihn*** (***wohl***) ***dazu bewogen?*** (I wonder) what made him do it?; ***sich zu et. ~ lassen*** (allow o.s. to) be persuaded to do s.th.; ***sich nicht ~ lassen*** stand firm, remain adamant, F refuse to budge; ***es konnte ihn nichts dazu ~ zu*** *inf.* wild horses couldn't make him *inf.*; → **bewogen**; **5.** (*Pferd*) exercise; **II.** *v/refl.*: ***sich ~*** **6.** move; *leicht*: stir; *Fahne*: flap; **7.** (*sich körperlich ~*) get (some) exercise; ***du musst dich mehr ~*** you need (to get) more exercise; ***er bewegt sich diese Tage kaum*** *a.* he hardly gets out of the house these days; **8.** *fig.* ***sich in Politikerkreisen*** *etc.* ***~*** move in political *etc.* circles; **9.** *fig.* ***sich in e-e Richtung ~*** *Gedanken etc.*: tend in a (certain) direction; **10.** *die Kosten* ***~ sich zwischen ...*** range between ...; **bewegend** *adj.* **1.** (*a.* ***sich ~***) moving; **2.** *fig.* moving, touching; *Rede*: stirring.

Beweggrund *m* (*Motiv*) motive; (*Überlegung*) consideration; ***aus moralischen*** *etc.* ***Beweggründen*** out of moral *etc.* considerations; ***der tiefere ~ war ...*** the real motive was ..., what was at the back of it was ...

beweglich *adj.* **1.** movable (*a. Festtage*), mobile; *Person*: agile; ⚙ (*a. elastisch*) flexible, *mot. etc.* manoeuvrable, *Am.* maneuverable; **~e Teile** moving parts; ⚖ **~e Sachen** movables; **schwer ~** hard to move; **geistig ~** mentally agile, F on the ball, with it; **mit e-m Auto ist man ~er** you can get around more easily (*od.* you're more mobile) with a car; **ohne Gepäck ist man ~er** you're freer to move (*od.* you can move around better) without luggage; **2.** (*flexibel*) flexible, adaptable; **Beweglichkeit** *f* mobility; (*Biegsamkeit*) flexibility (*a. fig.*); (*Behändigkeit*) agility; *mot. etc.* manoeuvrability, *Am.* maneuverability; **geistige ~** mental agility.

bewegt *adj.* **1.** *See*: rough; heavy *seas*; **2.** *Zeiten, Leben*: exciting, (*ereignisreich*) *a.* eventful; (*aufgewühlt*) turbulent, stirring, (*problembeladen*) troubled; **wir leben in ~en Zeiten** these are exciting (*od.* turbulent) times; **3.** (*lebhaft*) animated (*a. Diskussion*); **mit ~en Worten schildern** give a dramatic account of; **4.** (*gerührt*) moved, touched; *Stimme*: choked, *stärker*: trembling (with emo-tion); **mit ~er Stimme** in a choked (*od.* trembling) voice.

Bewegung *f* **1.** movement, motion (*a. phys.*); *mit bestimmter Absicht*: move; (*Hand≗*) gesture; **in ~** moving, ⚙ *a.* in motion, *fig.* astir, *Person*: on the move; **in ~ bringen** (*j-n*) get *s.o.* moving, (*et.*) → **in ~ setzen** start (*a. fig.*), set *s.th.* in motion; **in ~ geraten, sich in ~ setzen** start to move, ⚙ *a.* start (working), *fig.* get going; **in ~ kommen** get moving (*bsd. fig.*); **(sich) in ~ halten** keep (*s.th.*) moving *od.* going; *fig.* **(ein bisschen) ~ bringen in** liven *s.th.* up, get *s.th.* going, (*aufstacheln*) stir up; **keine falsche ~!** don't move!; → **Hebel; 2.** (*körperliche ~*) exercise; **du brauchst mehr ~** you need (to get) more exercise; **~ an der frischen Luft** fresh air and exercise; **3.** *pol. etc.* movement; **4.** (*Gemüts≗*) emotion.

Bewegungs|ablauf *m* motions *pl.*; **~drang** *m* **1.** *Kind*: motor activity; **2.** ⚕ hyperkinesia; **~energie** *f* kinetic energy; **~freiheit** *f* **1.** room to move, elbowroom; **2.** *fig.* personal freedom, freedom of action; (*Spielraum*) latitude.

bewegungslos I. *adj.* motionless, completely still; **II.** *adv.*: **~ daliegen** lie there motionless (*od.* without moving); **Bewegungslosigkeit** *f* immobility.

Bewegungs|mangel *m* lack of (*od.* too little) exercise; **Sie leiden an ~** you don't get enough exercise **~melder** *m* ⚙ a) *Alarmanlage*: motion (*od.* movement) detector, b) *Lichtanlage*: security light; **~nerv** *m* motor nerve; **~störung** *f* motor disturbance; **~studie** *f* motion study; **~therapie** *f* therapeutic exercises *pl.*, kinetotherapy.

bewegungsunfähig *adj.* unable to move, immobilized; **Bewegungsunfähigkeit** *f* inability to move, immobility.

beweibt *hum. adj.* F hitched up (with a woman).

beweihräuchern *fig. v/t.* (*j-n*) adulate; (*a. Sache*) praise to the skies (*od.* to high heaven), eulogize; **sich selbst ~** sing one's own praises; **Beweihräucherung** *f* adulation; eulogizing.

beweinen *v/t.* mourn (for *od.* over); **Beweinung** *f* mourning; *Kunst*: **die ~ Christi** the Lamentation (of Christ).

Beweis *m* proof (**für** of), evidence (of); ⚖ *a. pl.* proof; (*~mittel*) (piece of) evidence; (*Zeichen*) evidence, sign, indication; **als** (*od.* **zum**) **~** as proof *od.* evidence (**für** *od. gen.* of), in evidence (of), **für:** *a.* to prove *s.th.*; **als ~, dass** to prove (*od.* show) that; **als ~ ihrer Zuneigung** as a token of her affection; **ein ~ von Unfähigkeit** a show of incompetence; **den ~ erbringen** furnish proof, provide (⚖ produce) evidence (**für** of), **für:** *a.* prove; **et. unter ~ stellen** prove s.th.; **bis zum ~ des Gegenteils** until there is proof to the contrary; → **mangels**; **~aufnahme** *f* hearing of evidence.

beweisbar *adj.* provable; **beweisen** *v/t.* **1.** prove (**j-m et.** s.th. to s.o.); be evidence of; **man konnte ihm s-e Schuld nicht ~** they couldn't prove that he was guilty; **~, dass man Recht hat** prove o.s. right; **das beweist zur Genüge, dass** it's ample proof (*od.* evidence) that, it proves beyond doubt that; **das beweist noch gar nichts** that doesn't prove a thing; **das musst du mir erst (einmal) ~!** I'd like to see you prove it; **2.** (*zeigen*) show; (*an den Tag legen*) *a.* display.

Beweis|führung *f* argumentation, line of argument (*od.* reasoning); ⚖ *engS.* giving of evidence; → **lückenlos**; **~grund** *m* argument; **~kette** *f* chain of evidence; → **lückenlos.**

Beweiskraft *f* (*Schlüssigkeit*) conclusiveness, cogency, strength; **beweiskräftig** *adj.* conclusive, cogent.

Beweis|last *f* burden of proof, onus; **ihm obliegt die ~** the burden of proof lies with him; **~material** *n* (body of) evidence; **aufgrund des ~s** on the evidence (available); **~mittel** *n* (piece of) evidence; *pl.* evidence *sg.* (**für** of); **~not** *f* lack of evidence; **in ~ sein** have no evidence (to bring forward).

Beweispflicht *f* → **Beweislast**; **beweispflichtig** *adj.*: **er ist ~** the burden of proof lies with him.

Beweis|sicherung *f* perpetuation of evidence; **~stück** *n* (piece of) evidence; *vom Gericht zugelassenes*: exhibit.

bewenden I. *v/i.*: **es dabei ~ lassen** leave it at that; **sie ließen es bei e-r Verwarnung ~** they decided to let him *etc.* off (*od.* go) with a warning, they decided a warning would be enough; **II.** ≗ *n*: **damit hatte es sein ~** that was the end of that (*od.* the matter).

Bewerb *östr. m* competition.

bewerben *v/refl.*: **sich ~** apply (**um** for); **sich ~ um** (*kandidieren*) stand for, *bsd. Am.* run for *presidency etc.*; *a. Partei*: contend for; *um e-n Preis*: compete (*od.* contend) for; **er hat sich bei X beworben** he's applied to X (for a job); **Bewerber** *m* applicant; candidate; ☤ *bei e-r Ausschreibung*: bidder, competitor; *Sport*: entrant, competitor; **Bewerbung** *f* application (**um** for); **es gingen über 100 ~en ein** we *etc.* had (*od.* there were) over a hundred applications (*od.* applicants).

Bewerbungs|bogen *m*, **~formular** *n* application form; **~schreiben** *n* (letter of) application; **~unterlagen** *pl.* application *sg.*, application papers; CV and references.

bewerfen *v/t.* **1. j-n mit et. ~** throw s.th. at s.o.; pelt s.o. with s.th.; (*Politiker etc.*) *a.* greet s.o. with s.th.; **2.** △ plaster, *roh*: rough-cast.

bewerkstelligen *v/t.* manage; **~, dass j-d ...** arrange for s.o. to ...

bewerten *v/t.* (*Leistung*) assess (**nach** by, according to); (*j-n*) judge (by); ⚖ value (**auf** at); **~ als** judge *s.o. od. s.th.* to be, see *s.o. od. s.th.* as; **zu hoch (niedrig) ~** overrate (underrate); *der Sprung* **wurde mit 7 Punkten bewertet** scored 7 points; **e-n Aufsatz mit der Note 2 (mit e-r guten Note) ~** *etwa* give an essay a B (a good mark [*bsd. Am.* grade]); **Bewertung** *f e-r Leistung*: assessment; *ped.* mark(s *pl.*), *bsd. Am.* grade(s *pl.*); *Sport*: scoring, score(s *pl.*); ☤ valuation.

bewilligen *v/t.* allow (**j-m et.** s.o. s.th.); (*Antrag, Mittel*) grant; *parl.* sanction; (*genehmigen*) consent to; **Bewilligung** *f* approval; (*Erlaubnis*) permission; *von Mitteln*: granting *of funds etc.*

bewillkommnen *v/t.* welcome.

bewirken *v/t.* (*zustande bringen*) bring *s.th.* about, (*verursachen*) cause; (*hervorrufen*) give rise to, result in; (*erreichen*) achieve; **~, dass j-d et. tut** get s.o. to do s.th.; **das Gegenteil ~** produce (*od.* have) the opposite effect; **es hat einiges (nicht viel) bewirkt** it achieved quite a lot (it didn't achieve much *od.* have much of an effect); **was willst du damit ~?** what do you hope to achieve by that?

bewirten *v/t.* feed (**mit** with, on); (*Gesellschaft*) cater for; **mit et. bewirtet werden** be offered s.th., *lit.* be regaled with s.th.

bewirtschaften *v/t.* **1.** (*Acker*) cultivate, work; (*Gut etc.*) run; **2.** (*Mangelware*) ration; **bewirtschaftet** *adj. Hütte*: open (to the public); **Bewirtschaftung** *f* **1.** ⚘ cultivation; *e-s Guts etc.*: running *an estate etc.*; **2.** *von Mangelware*: rationing.

Bewirtung *f* (*Versorgung*) catering (*gen.* for); *im Gasthaus*: food and service; **vielen Dank für die ~!** thank you for looking after (F feeding) us *etc.* so well, *formell*: thank you for your hospitality; **Bewirtungskosten** *pl.* entertainment expenses.

bewitzeln *v/t.* make fun of, crack jokes about.

bewogen *lit. p.p.*: **sich (nicht) ~ fühlen zu** *inf.* feel prompted to *inf.* (not to feel inclined to *inf.*).

bewohnbar *adj.* (in)habitable; **Bewohnbarkeit** *f* habitability; **bewohnen** *v/t.* live in, occupy; (*Gebiet etc.*) inhabit; → *a.* **bewohnt**; **Bewohner** *m* occupant; (*Mieter*) tenant; *e-s Gebiets etc.*: inhabitant; **Bewohnerschaft** *f* inhabitants *pl.*, residents *pl.*; *e-s Hauses*: occupants *pl.*; **bewohnt** *adj. Land, Gegend*: inhabited; *Gebäude, Raum*: occupied; **das Haus ist ~** *a.* somebody lives (*od.* people live) in the house, there's somebody (*od.* there are people) living in the house; **das Haus ist nicht ~** the house is empty (*od.* vacant, unoccupied), nobody lives (*od.* there's nobody living) in the house.

bewölken *v/refl.*: **sich ~** get cloudy, *völlig*: cloud over, become overcast; *fig. Gesicht etc.*: darken; **bewölkt** *adj.* cloudy; *völlig*: *a.* overcast; *fig.* dark, gloomy; *im Wetterbericht*: **leicht (stark) ~** scattered (heavy) cloud; **~ bis bedeckt** cloudy, becoming overcast; **Bewölkung** *f* clouds *pl.*; (*Aufziehen von Wolken*) clouding over; **starke ~** heavy cloud cover; **leichte ~** scattered cloud; **zunehmende**

~ increasing cloudiness; ***vereinzelte*** ~ scattered cloud; ***wechselnde*** ~ variable cloud; ***auflockernde*** ~ heavy cloud to begin with, breaking up later.

Bewölkungs|auflockerung *f*, **~rückgang** *m* cloud dispersal; **~verdichtung** *f*, **~zunahme** *f* increasing cloud(iness).

Bewuchs *m* vegetation (*gen.* on); plant life.

Bewunderer *m* admirer; **bewundern** *v/t.* **1.** admire (***wegen*** for); ***ich bewundere ihn wegen s-r Ausdauer*** *a.* I admire his perseverance; **2.** (*ansehen*) go and see, *mst iro.* go to admire; ***wir haben bei der Ausstellung Ihre Skulpturen bewundert*** we very much enjoyed (seeing) your sculptures at the exhibition; **bewundernswert, bewundernswürdig** *adj.* admirable; **Bewunderung** *f* admiration.

Bewurf *m* ⚠ facing; (*Roh*~) rough cast.

bewusst I. *adj.* **1.** conscious (*gen.* of); *in Zssgn mst* ...-conscious (*z. B.* ***gesundheitsbewusst*** health-conscious); ***sich*** *e-r Sache* ~ ***sein*** be aware (*od.* conscious) of; ***sich*** *e-r Sache* ~ ***werden*** realize, become aware of (the fact that), wake up to the fact that; ***erst dann wurde mir ~, dass*** *a.* only then did it dawn on me that; ***er war sich der Situation vollkommen*** ~ he knew exactly what was going on; ***er war sich dessen nicht mehr*** ~ he couldn't remember; ***ich bin mir dessen völlig*** ~ I'm quite (*od.* perfectly) aware of that (*od.* the fact); **2.** *Mensch*: aware; ***seiner selbst*** ~ self--aware; **3.** (*absichtlich*) deliberate, conscious; (*berechnet*) calculated; **4.** (*besagt*) said, *nachgestellt*: in question; *the* agreed *hour etc.*; **II.** *adv.* **5.** consciously; (*in vollem Bewusstsein*) with full awareness; ~ ***wahrnehmen*** (consciously) register; ***er hat es nicht ~ miterlebt*** he was too young (*od.* ill, drunk *etc.*) to know what was going on; ***das habe ich gar nicht ~ mitbekommen*** I (must have) missed that; ~ ***leben*** live life to the full; **6.** (*absichtlich*) deliberately, consciously, wittingly; ***er hat ~ gelogen*** *a.* he knew he was lying, it was a calculated lie.

bewusstlos *adj.* unconscious; ~ ***werden*** lose consciousness, faint, F black out; ~ ***zusammenbrechen*** collapse onto the floor (*od.* ground) unconscious, faint; ***j-n ~ schlagen*** knock s.o. unconscious; **Bewusstlose(r)** *m* unconscious person (F body); ***da liegt ein Bewusstloser*** there's somebody lying there unconscious; **Bewusstlosigkeit** *f* unconsciousness; (*Koma*) coma; ***in tiefer*** ~ in a deep state of unconsciousness, in a coma; ***aus s-r ~ erwachen*** come round (again), regain consciousness; *fig.* ***bis zur*** ~ ad nauseam; ***er hat mich bis zur ~ ausgefragt*** he drove me mad with all his questions.

bewusst machen *v/t.*: ***j-m et.*** ~ make s.o. realize s.th., open s.o.'s eyes to s.th., bring s.th. home to s.o.; ***j-m ~, dass*** make s.o. realize that, open s.o.'s eyes to the fact that, bring home to s.o. the fact that; ***j-m et. bewusster machen*** heighten s.o.'s awareness of s.th.; ***sich et.*** ~ make s.th. clear to o.s., F keep telling o.s. s.th.

Bewusstsein *n* **1.** consciousness; ***bei (vollem)*** ~ (fully) conscious; ***das ~ verlieren*** lose consciousness, (*in Ohnmacht fallen*) faint; ***j-n zum ~ bringen*** bring s.o. round (again); ***wieder zum ~ kommen*** regain consciousness, come round (again); **2.** *a. psych.* awareness, consciousness; realization; ***j-m et. zum ~ bringen*** → ***bewusst machen***; ***es kam mir zu(m) ~, dass*** I realized that, I became aware (of the fact) that, it occurred to me that, it dawned on me that; ***sie tat es mit vollem*** ~ she was fully aware of (*od.* she knew exactly) what she was doing; ***im ~ zu*** *inf.*, ***im ~, dass*** conscious of *ger.*, aware of the fact that; **3.** sense *of duty, responsibility etc.*; **4.** *nationales, religiöses etc.*: awareness, consciousness.

Bewusstseins|bildung *f* raising of (people's) awareness; **~ebene** *f* plane of consciousness; **~erweiternd** *adj. Drogen*: mind-expanding, consciousness-raising; **~erweiterung** *f* heightening of (one's *od.* people's) awareness; **~schwelle** *f* threshold of consciousness; **~spaltung** *f* schizophrenia; split personality; **~strom** *m* stream of consciousness; **~trübung** *f* clouded awareness; **~veränderung** *f* change in awareness (*od.* outlook); **~zustand** *m* state of consciousness.

Bewusstwerdung *f* (growing) realization *od.* awareness.

bezahlbar *adj.* payable; ***es war nicht*** ~ we *etc.* couldn't afford it (*od.* pay for it); ***es war gerade noch*** ~ we *etc.* just about managed to pay for it; **bezahlen I.** *v/t.* (*Summe*) pay; (*Ware, Leistung*) pay for; (*Schulden*) pay (off), settle; (*entlohnen*) pay; ***das kann ich nicht*** ~ I can't afford (*od.* pay for) that, that's beyond my means(, I'm afraid); ***das ist doch nicht zu*** ~ who can afford that?; ***dafür bezahlt werden, dass*** get (*od.* be) paid for *ger.*; ***er hat mir die Reise bezahlt*** he paid for my holiday; *fig.* ***das ist nicht mit Geld zu*** ~ it's priceless, no amount of money could buy that; ***et. teuer*** ~ pay dearly for s.th.; **II.** *v/i.* pay; ***kann ich ~?*** *im Restaurant etc.*: can I have the bill (*Am.* check), please?; **bezahlt** *adj.* **1.** *Ware*: paid for; **2. *~e Kräfte*** paid employees; ***~er Urlaub*** paid leave; **3. *sich ~ machen*** pay (off); ***es macht sich ~ zu*** *inf.* it pays to *inf.*; ***es hat sich ~ gemacht*** it paid off, it was worth it; **Bezahlung** *f* payment; (*Honorar*) fee; (*Entlohnung*) pay; (*Gehalt*) salary; (*Lohn*) wages *pl.*; ***gegen*** ~ for money, (*Honorar*) for a fee (F price).

bezähmen I. *v/t.* **1.** (*Leidenschaften etc.*) curb, restrain, control; **2.** *lit.* (*Bestie*) tame; **II.** *v/refl.*: ***sich*** ~ control o.s., restrain o.s.; **Bezähmung** *f* **1.** restraint, control; **2.** taming.

bezaubern *fig. v/t.* charm, captivate, *stärker*: bewitch (***durch*** with); **bezaubernd** *adj.* charming, delightful.

bezecht *adj.* drunk, F tiddly.

bezeichnen *v/t.* **1.** (*benennen*) call (*a.* ~ ***als***), (*a. wertend beschreiben*) describe (***als*** as); ***wie bezeichnet man ...?*** what do you call ...?, what's the name for ...?; ***wie würdest du das ~?*** what would you call that?, how would you describe that?; ***es wird verschieden bezeichnet*** it has several names (*od.* descriptions), it's referred to in various ways; ***j-n als et.*** ~ call s.o. a ..., refer to s.o. as a ...; ***er wird als intolerant bezeichnet*** he's said to be intolerant, he's described as (being) intolerant; ***es wurde als große Blamage bezeichnet*** it was described (*od.* put down) as a big disgrace; **2.** (*beschreiben*) *Wort*: describe, refer to; (*stehen für*) stand for; (*bedeuten*) mean; **3.** (*markieren*) mark; (*angeben*) *a.* indicate; **bezeichnend** *adj.* **1.** characteristic, typical (***für*** of); ***es ist ~ für s-n Egoismus, dass*** it's a reflection of his selfishness that; **2.** (*von besonderer Bedeutung*) significant; (*aufschlussreich*) revealing; ***es ist ~, dass sie die Sitzung aufgeschoben hat*** it says something for her to have postponed the meeting; **bezeichnenderweise** *adv.* **1.** typically (enough); **2.** significantly; **Bezeichnung** *f* (*Benennung*) name, (*Begriff*) term, *formell*: designation; ***falsche*** ~ misnomer, wrong description; ***es hat verschiedene ~en*** it has several names, it's referred to by various names; **Bezeichnungssystem** *n* nomenclature.

bezeigen *v/t.* show, express; (*Gunst*) grant; ***j-m Achtung*** ~ show respect to (-wards) s.o., treat s.o. with respect; ***j-m Ehre*** ~ pay hono(u)r to s.o.; **Bezeigung** *f* show (*gen.* of), display (of).

bezeugen *v/t.* **1.** ⚖ *u. fig.* testify (to); (*bestätigen*) vouch for; (*bescheinigen*) certify; ***die Siedlung ist (sicher) bezeugt*** there is (firm) evidence for (*od.* of) the settlement's existence, the settlement is known to have existed; ***das Wort ist für das 19. Jahrhundert bezeugt*** the word is recorded in the 19th century; **2.** → ***bezeigen***; **Bezeugung** *f* **1.** testimony; **2.** → ***Bezeigung.***

bezichtigen *v/t.* accuse (*gen.* of); ***j-n ~, et. getan zu haben*** accuse s.o. of doing (*od.* having done) s.th.; **Bezichtigung** *f* accusation.

beziehbar *adj.* **1.** *Haus*: ready for occupation (*od.* occupancy); **2.** ☤ *Ware*: obtainable (***über*** through); **3.** *fig.* referable (***auf*** to); **beziehen I.** *v/t.* **1.** (*Sessel etc.*) cover; (*Bett*) put clean sheets on; *mit Saiten*: string; **2.** (*Wohnung*) move into; **3.** (*Ware*) get, (*kaufen*) *a.* buy; (*Zeitung*) take, subscribe to; (*Gelder, Gehalt etc.*) receive; (*Informationen*) get (hold of); ~ ***aus*** *a.* draw from; **4.** ~ ***auf*** relate to, (*anwenden auf*) apply to; ***er bezog es auf sich*** he took it personally; **5. *e-n klaren Standpunkt*** ~ take a (firm) stand; **II.** *v/refl.* **6. *sich*** ~ *Himmel*: cloud over, become overcast; **7. *sich ~ auf*** refer to, (*in Verbindung stehen mit*) relate to, (*betreffen*) concern, apply to; ***wir ~ uns auf Ihr Schreiben vom ...*** with reference to your letter of ...(, we ...); **Bezieher** *m* subscriber (*gen.* to); ☤ importer; (*Kunde*) customer; **Beziehung** *f* **1.** *von Dingen*: relation (***zu*** to), relationship (with, to); (*Zusammenhang*) connection (with, to); ***wechselseitige*** ~ interrelationship; ***in (direkter) ~ stehen*** be (directly) connected *od.* linked (***zu*** with, to), ***zu***: *a.* have a (direct) relation to; ***in ~ bringen*** relate (***zu*** to), see (*od.* establish) a link between; **2. *in dieser*** ~ (*Hinsicht*) from that point of view, in that respect, (*in diesem Zusammenhang*) in this connection; ***in mancher*** ~ in some ways (*od.* respects); ***in gewisser*** ~ in a way; ***in jeder*** ~ in every way (*od.* respect); ***in ~ auf*** with regard to, as far as ... goes (*od.* is concerned); ***in politischer*** ~ politically (speaking), in political terms; ***in wirtschaftlicher*** ~ (seen) in economic terms *od.* from an economic point of view; **3.** *zwischenmenschliche*: relationship (***zu*** with, to); *intime*: relationship (with); (*Affäre*) affair; (*Verbindungen*) connections *pl.* (with, to); (*Kontakt*) contact (with), contacts *pl.* (with, to); ***menschliche (diplomatische) ~en*** human (diplomatic) relations; ***wirtschaftliche ~en*** economic relations (*od.* contacts); ***in guten ~en stehen zu*** be on good terms with; ***gute ~en haben*** have good (*od.* the right) connections, F know the right people; ***du brauchst ~en*** you need connections, F you've got to know the right people; ***er hat es durch ~en bekommen*** he got it through contacts; → ***spielen*** 7; **4.** (*innere ~, Verhältnis, Verständnis*) relationship (***zu*** to); affinity (for, to); feeling (for); understanding (of); *zur Kunst etc.*: *a.* appreciation (for, of); ***ich habe keine ~ zur Musik*** *a.* I can't relate to music, music doesn't mean anything (*od.* means nothing) to me; ***ich habe keine ~ zu ihm*** (*Menschen, Tier*) I can't relate to him, I feel no affinity for (*od.* towards) him, I can't warm to him.

Beziehungs|angst *f* fear of relationships; **~kiste** F *f* relationship, F (romantic) set-up.

beziehungslos *adj.* unconnected, without any connection, (completely) unrelated; ***~ nebeneinander stehen*** *a.* bear no relationship to one another; **Beziehungslosigkeit** *f* unconnectedness, lack of (any) connection (***zu*** with, to).

beziehungsreich, beziehungsvoll *adj.* allusive; (*a. anzüglich*) suggestive.

Beziehungssatz *m ling.* relative clause.

beziehungsweise *adv.* **1.** (*oder auch*) (either ...) or (..., as the case may be); **2.** (*oder vielmehr*) or rather, that's to say; **3.** (*und im andern Fall*) respectively; ***zwei Bücher in englischer ~ deutscher Sprache*** two books in English and German respectively.

Beziehungswort *n ling.* antecedent.

bezifferbar *adj.* quantifiable; ***nicht ~*** unquantifiable; **beziffern** *v/t.* (*nummerieren*) number; (*schätzen*) estimate (***auf*** at); ***sich ~ auf*** amount to, come to; **beziffert** *adj.*: ♪ ***~er Bass*** figured bass; **Bezifferung** *f* numbering.

Bezirk *m* district; (*Stadt≈*) *a.* borough; (*Wahl≈*) ward; *Am.* (*Polizei≈, Wahl≈*) precinct; *fig.* → **Bereich** 2.

Bezirks... *in Zssgn* district ..., regional; **~parteitag** *m* regional party conference.

bezirzen F *v/t.* bewitch.

Bezogene(r) *m Scheck*: drawee.

Bezug *m* **1.** (*Überzug*) cover; (*Kissen≈*) cushion cover, (*Kopfkissen≈*) pillowcase, pillow slip; **2.** *von Ware*: buying; *Zeitung*: subscription (*gen.* to); *e-r Rente etc.*: drawing (of); ***bei ~ von*** *25 Stück* on orders of; **3.** → ***Bezüge***; **4.** *fig.* reference; ***mit*** (*od.* ***unter***) ***~ auf*** with reference to; ***in ~ auf*** (*hinsichtlich*) as far as ... goes (*od.* is concerned); ***~ nehmen auf*** refer to; **5.** *fig.* (*Verknüpfung*) connection (***zu*** with, to); ***der ~ war mir nicht ganz klar*** *a.* I wasn't quite sure how it *od.* they related (*od.* what the connection was); → *a.* ***Beziehung*** 1; **6.** *fig.* (*innerer ~, Verhältnis*) relationship (***zu*** to); → *a.* ***Beziehung*** 4.

Bezüge *pl.* income *sg.*, earnings.

bezüglich I. *prp.* **1.** regarding, concerning; ***~ Ihres Schreibens*** with reference to your letter; **II.** *adj.* **2.** ***~es Fürwort*** relative pronoun; **3.** ***~ auf*** relating to, relative to; ***der darauf ~e Brief*** the letter relating to (*od.* concerning) that.

Bezugnahme *f*: ***unter ~ auf*** with reference to, ***unser Telefongespräch vom ...***: *a.* following our telephone conversation of ...

Bezugs|aktien *pl.* preemptive shares; **~bedingungen** *pl.* terms of sale; **≈berechtigt** *adj.* entitled to draw *a pension*; **~berechtigte(r)** *m* beneficiary; **≈fertig** *adj. Wohnung*: ready for occupation (*od.* occupancy); **~größe** *f* standard for comparison; **~person** *f* attachment figure; *psych.* role model; psychological parent; ***s-e einzige ~ ist ...*** the only person he can relate (*od.* look up) to is ...; **~preis** *m* purchase price; *Zeitung etc.*: subscription (price); **~punkt** *m* reference point, point of reference; (*Maßstab*) benchmark; **~quelle** *f* supply source; **~recht** *n auf Aktien*: subscription right; ***mit*** (***ohne***) ***~*** cum (ex) rights; **~stoff** *m* covering; **~system** *n* frame of reference; **~wert** *m* reference value; **~wort** *n ling.* antecedent.

bezuschussen *v/t.* subsidize.

bezwecken *v/t.* aim at (bringing about); *Person*: *a.* have *s.th.* in mind; *Sache*: *a.* have as its object; ***was bezweckt er mit s-m Besuch?*** what's the aim (*od.* object) of his visit?; ***was bezweckst du damit?*** what do you hope (*od.* are you trying) to achieve by that?

bezweifeln *v/t.* doubt; *verbal*: question; ***ich bezweifle das*** I doubt it, I have my doubts (about it).

bezwingen *v/t.* (*besiegen*) defeat; (*Schwierigkeiten etc.*) overcome; (*Gefühle*) overcome, control, get the better of; (*Leidenschaften*) subdue; (*Volk, Berg etc.*) conquer; **Bezwinger** *m* conqueror; **Bezwingung** *f* defeat; conquest; *von Gefühlen*: control, mastery.

BH F *m* bra.

bi F *adj.* F AC/DC, bi.

Biathlon *n* biathlon.

bibbern F *v/i.* tremble (***vor*** with); *vor Kälte*: shiver (with).

Bibel *f* Bible; *fig.* bible; **~auslegung** *f* **1.** biblical exegesis; **2.** *konkret*: interpretation of the Bible; **~druckpapier** *n* Bible paper; **~exegese** *f* biblical exegesis; **≈fest** *adj.*: ***~ sein*** know one's Bible; **~forscher** *m* biblical scholar; **~forschung** *f* biblical scholarship; **~kommentar** *m* Bible commentary; **~konkordanz** *f* concordance of (*od.* to) the Bible, Bible concordance; **~lexikon** *n* biblical encyclop(a)edia; **~spruch** *m* biblical saying; verse from the Bible; **~stelle** *f* passage in (*od.* from) the Bible; verse from the Bible; **~stunde** *f a. pl.* Bible study; **~übersetzung** *f* translation of the Bible, Bible translation; **~wort** *n* biblical saying (*od.* quotation), quotation from the Bible.

Biber *m* beaver; **~bau** *m* beaver's lodge; **~pelz** *m* beaver (fur); **~ratte** *f* (*Pelz*) nutria; **~schwanz** *m* **1.** beaver's tail; **2.** (*Dachziegel*) flat tile.

Bibliograph *m* bibliographer; **Bibliographie** *f* bibliography (***zu*** of); **bibliographisch** *adj.* bibliographical.

Bibliomanie *f* bibliomania.

bibliophil *adj. Person*: bibliophile ...; ***~e Ausgabe*** fine edition; ***~es Antiquariat*** antiquarian bookseller's; *antiquarian bookshop selling rare editions*; **Bibliophile(r)** *m* bibliophile.

Bibliothek *f* library; **Bibliothekar(in** *f*) *m* librarian.

Bibliotheks|ausgabe *f* library edition; **~exemplar** *n* library copy; **~gebäude** *n* library (building); **~wesen** *n* librarianship; → *a.* **~wissenschaft** *f* library science.

biblisch *adj.* biblical, scriptural; ***~e Geschichte*** story from the Bible; *fig.* ***das ~e Alter von ... erreichen*** live to the ripe old age of ...

Bidet *n* bidet.

bieder *adj.* honest, upright; (*einfältig*) simple.

Biedermann *m* honest man (*od.* citizen); *contp.* (*Spießbürger*) petty bourgeois.

Biedermeier *n* Biedermeier (period *od.* style); **~zeit** *f* Biedermeier period.

biegbar *adj.* flexible, pliable.

Biegefestigkeit *f* bending strength.

biegen I. *v/t.* bend; (*krümmen*) curve; (*Holz*) camber; **II.** *v/refl.*: ***sich ~*** bend; **III.** *v/i.*: ***nach links*** (***rechts***) ***~*** turn left (right); ***um e-e Ecke ~*** turn (round) a corner; **IV.** ≈ *n*: ***auf ~ oder Brechen*** F come hell or high water.

biegsam *adj.* pliable, flexible; *Körper*: supple, lithe; *fig.* malleable, pliable, pliant; **Biegsamkeit** *f* pliability, flexibility; (*Geschmeidigkeit*) suppleness; *fig.* malleability, pliability.

Biegung *f* bend; (*Kurve*) curve; *e-r Fläche etc.*: curvature; ***e-e ~ machen*** curve.

Biene *f* **1.** bee; ***männliche ~*** drone; *fig.* ***fleißig wie e-e ~*** (as) busy as a bee; **2.** F (*Mädchen*) F girl, *sl.* chick.

Bienen|fleiß *m* industriousness; *formell*: sedulousness; **≈fleißig** *adj.* very hard-working (*od.* industrious); **~gift** *n* bee poison; **~haus** *n* apiary; **~honig** *m* honey; **~königin** *f* queen bee; **~korb** *m* beehive; **~schwarm** *m* swarm of bees; **~staat** *m* colony of bees; **~stich** *m* **1.** bee sting; **2.** (*Kuchen*) *almond-covered cake filled with cream or custard*; **~stock** *m* beehive; *fig.* ***da wimmelt es wie im ~*** it's swarming with people; **~wabe** *f* honeycomb; **~wachs** *n* beeswax; **~zucht** *f* beekeeping; *formell*: apiculture; **~züchter** *m* beekeeper, apiarist.

Bier *n* beer; ***helles ~*** *etwa* lager, *Am. a.* light beer; ***dunkles ~*** *etwa* brown ale, *Am.* dark beer; ***~ vom Fass*** draught (*Am.* draft) beer; ***zwei ~ bitte!*** two beers, please; F *fig.* ***das ist nicht mein ~!*** F that's not my pigeon; **~bass** F *m* deep bass (voice); **~bauch** *m* beer belly, paunch, F beer gut; **~brauer** *m* brewer; **~brauerei** *f* brewery; **~deckel** *m* beer mat, *bsd. Am.* (beer) coaster; **~dose** *f* beer can; **~eifer** F *m* grim-faced zeal, dogged determination.

bierernst F **I.** *adj.* deadly serious; **II.** ≈ *m* deadly seriousness.

Bier|fahne F *f* beery breath; ***e-e ~ haben*** smell of beer; **~fass** *n* beer barrel; **~filz** *m* → ***Bierdeckel***; **~flasche** *f* beer bottle; **~garten** *m* beer garden; **~glas** *n* beer glass; **~hahn** *m* beer tap; **~hefe** *f* brewer's yeast; **~kasten** *m* beer crate (*Am.* case); **~keller** *m* **1.** (*Lokal*) beer cellar, bierkeller; **2.** *zur Aufbewahrung*: beer cellar; **~krug** *m aus Zinn*: tankard; *aus Steingut*: beer mug, (beer) stein; **~laune** *f* jolly mood, high spirits *pl.*; **~leiche** F *f* drunk, F drunken heap; ***am Schluss gab es e-e Menge ~n*** there were quite a few drunks littered about the place at the end; **~reise** F *f* F pub crawl; ***auf e-e ~ gehen*** go (off) on a pub crawl; **~ruhe** F *f* unflappability; ***sich nicht aus s-r ~ bringen lassen*** remain unflappable; **~seidel** *n* beer mug, (beer) stein; **~zelt** *n* beer tent.

Biese *f* **1.** (*Fältchen*) tuck; **2.** *an Uniformen*: *a. pl.* piping.

Biest *n* beast; F *fig.* (*Kind*) F brat; (*Mann*) *sl.* swine; (*Frau*) F cow; ***freches ~*** F cheeky brat, (*Frau*) F cheeky cow; ***faules ~*** F lazy brat, (*Mann, Frau*) *sl.* lazy sod.

bieten I. *v/t.* offer (***j-m et.*** s.o. s.th.);

(*Anblick, Schwierigkeiten*) present; (*gewähren*) afford, (*geben*) give; (*Leistung, Film, Programm*) show; ♣ bid; ***mehr*** **(*weniger*)** ***~ als*** outbid (underbid); ***im Kino*** *etc.* ***geboten werden*** be on at the cinema (*bsd. Am.* movies) *etc.*; ***was hast du uns heute zu ~?*** *a. iro.* what have you got to offer us today?, what have you got lined up for us today?; ***j-m Hilfe*** **(*Trost*)** ***~*** help (comfort) s.o.; ***wer bietet mehr?*** *Auktion*: any more bids?; ***bis zu DM 50 000 ~*** go as high as 50,000 marks; ***das lässt er sich nicht ~*** he won't stand for that; ***das solltest du dir nicht ~ lassen*** I wouldn't stand for it if I were you; ***und das lässt du dir einfach ~?*** and you just sit back and take it?; **II.** *v/refl.*: ***sich ~*** *Gelegenheit*: come up, present itself; ***es bot sich ihr e-e traumhafte*** **(*grauenvolle*)** ***Szene*** a wonderful scene unfolded before her eyes (she was met with a scene of horror); **Bieter** *m* bidder.

bifokal *adj.* bifocal; **2brille** *f*: **(*e-e ~*)** a pair of) bifocals *pl.*, bifocal glasses *pl.*

Bigamie *f* bigamy; **Bigamist** *m* bigamist.

bigott *adj.* (over)sanctimonious; (*selbstgerecht*) self-righteous, F holier-than-thou; (*scheinheilig*) hypocritical; **Bigotterie** *f* (over)sanctimoniousness; self-righteousness; hypocrisy; → ***bigott.***

Bikini *m* bikini.

bikonkav *adj.* biconcave.

bikonvex *adj.* biconvex.

Bilanz *f* balance; (*Aufstellung*) balance sheet; *fig.* result, outcome; (*Prüfung*) stocktaking; (*Überblick*) survey; ***e-e ~ aufstellen*** draw up (*od.* make out) a balance sheet; ***die ~ ziehen*** strike the balance, *fig.* take stock (***aus*** of); *fig.* ***~ ziehen*** *aus s-m Leben*: take stock of one's life; ***traurige ~*** sad outcome, *bei Toten*: tragic toll; **~buch** *n* balance sheet book; **~buchhalter** *m* accountant; **~delikt** *n* accounting fraud, *a. pl.* F cooking (*od.* juggling) the books.

bilanzieren I. *v/i.* **1.** make out a balance sheet; **2.** show in the balance sheet; **II.** *v/t.* (*Konten*) balance.

Bilanzierungsgrundsätze *pl.* principles of proper accounting.

Bilanz|jahr *n* financial (*od.* fiscal) year; **~posten** *m* balance sheet item; **~prüfer** *m* auditor; **~prüfung** *f* balance sheet audit; **~summe** *f* balance sheet total; **~verschleierung** *f* window-dressing, F cooking the books; **~wert** *m* balance sheet value.

bilateral *adj.* bilateral.

Bild *n* picture (*a. TV u. fig.*); (*Ab2, Eben2*) image (*a. TV*); (*Gemälde*) painting, (*Porträt*) *a.* portrait; (*Foto*) photo, picture; *in Büchern*: illustration, picture; (*Bühnen2*) scene; *im Filmvorspann*: Camera; *fig.* (*Anblick*) picture, sight; (*Szene*) scene; (*Vorstellung*) idea, picture; *e-s Landes, e-s Dichters etc.*: image; (*Schilderung*) picture, description, portrait; *rhetorisch*: image, metaphor, (*Gleichnis*) simile; ***~ der Zerstörung*** **(*des Grauens*)** scene of destruction (horror); ***ein ~ von e-m Mädchen*** a lovely girl; ***im ~e sein*** be in the picture; ***jetzt bin ich im ~e*** now I get the picture, F now I get it, I'm with you now; ***j-n ins ~ setzen*** put s.o. in the picture (***über*** about), ***über***: *a.* fill s.o. in on; ***ein falsches ~ bekommen*** get the wrong idea (*od.* impression, picture); ***sich ein ~ machen*** form an impression (in one's mind) (***von*** of); ***sich ein ~ machen von*** (*sich vorstellen*) *a.* visualize, (*selber ansehen*) see *s.th.* for o.s.; ***sich ein falsches*** **(*zu optimistisches*** *etc.*) ***~ machen von*** see *s.th.* in the wrong light (too optimistically *etc.*); ***du machst dir kein ~*** you have no idea; → ***düster*** I *etc.*; **~abtastung** *f TV* scanning; **~archiv** *n* photo (*od.* picture) library; **~auflösung** *f* definition, (picture) resolution; **~ausfall** *m TV* picture loss; **~ausschnitt** *m* detail; **~band** *m* illustrated book; **~beilage** *f* colo(u)r supplement; **~bericht** *m* picture story; **~breite** *f* picture width; **~dokument** *n* documentary photo (*od.* drawing, film, footage *etc.*); **~dokumentation** *f* picture (*od.* photo, film *etc.*) documentary; **~element** *n TV etc.* pixel, picture element.

bilden I. *v/t.* **1.** form; (*gestalten*) *a.* shape, mo(u)ld (*alle a. den Charakter*), make; (*Satz*) make (up); (*Neuwort*) coin; ***sich e-e Meinung ~*** form an opinion; **2.** (*schaffen*) create; (*gründen*) establish, set up; (*Regierung*) form; **3.** (*hervorbringen*) form, develop; **4.** (*Bestandteil etc.*) form, constitute, make up, comprise, (*a. Attraktion, Grenze, Gefahr etc.*) be; ***e-e Ausnahme ~*** be an exception; ***die Regel ~*** be the rule; **5.** (*j-n*) *geistig*: educate, (*j-s Geist*) *a.* cultivate; → ***gebildet***; **II.** *v/i.* **6.** broaden the mind; ***Reisen bildet*** *a.* there's nothing like travel for broadening the mind; **III.** *v/refl.*: ***sich ~*** **7.** form, *Tumor etc.*: grow, develop; **8.** *geistig*: educate o.s., F get some culture; *weitS.* broaden one's horizons; **bildend** *adj.* **1.** educational; **2.** ***~e Künste*** fine arts.

Bilder|atlas *m* picture atlas; **~bogen** *m Kunst*: illustrated broadsheet; **~buch** *n* picture book; ***Schottland wie aus dem ~*** a picture-book Scotland.

Bilderbuch... *in Zssgn* F *fig.* perfect ...; *Person*: *a.* model ...; *Leistung, Beispiel, a. Sport*: textbook ..., copybook ...; **~ehemann** *m a* model husband, *the* perfect husband; **~hochzeit** *f* fairytale wedding; **~landschaft** *f* storybook landscape; **~landung** *f* textbook landing; **~sommer** *m* perfect summer; **~wetter** *n* perfect (*od.* glorious, unbelievable) weather.

Bilder|chronik *f* illustrated (*od.* picture) chronicle; **~galerie** *f* picture gallery; **~geschichte** *f* picture story; (*Comic*) comic strip, strip cartoon; **~rahmen** *m* picture frame; **~rätsel** *n* picture puzzle.

bilderreich *adj.* richly illustrated; *fig. Sprache etc.*: rich in imagery.

Bilder|schrift *f* pictographic system; (*Hieroglyphen*) hieroglyphics *pl.*; **~sprache** *f* imagery (and metaphor); **~streit** *m hist.* iconoclastic controversy.

Bildersturm *m hist.* iconoclasm; iconoclastic movement; **Bilderstürmer** *m a. fig.* iconoclast; **bilderstürmerisch** *fig. adj.* iconoclastic.

Bild|fang *m Video*: frame hold; **~feld** *n* field of vision; *TV* a) picture screen, b) frame; **~fläche** *f TV* image area; *Film*: screen; F *fig.* ***von der ~ verschwinden*** disappear from the scene, F do a vanishing trick; ***er ist wie von der ~ verschwunden*** he seems to have vanished into thin air; ***auf der ~ erscheinen*** (suddenly) appear on the scene, suddenly appear from nowhere; **~folge** *f* picture sequence; *TV* picture frequency.

bildhaft I. *adj.* **1.** (*visuell*) visual; **2.** *Stil*: rich in imagery; **3.** *Beschreibung etc.*: vivid, graphic; **II.** *adv.*: ***et. ~ beschreiben*** give a vivid (*od.* graphic) description of s.th.; ***sich et. ~ vorstellen*** (try and) visualize s.th., conjure s.th. up in one's mind; **Bildhaftigkeit** *f* **1.** *e-r Sprache etc.*: rich imagery (*gen.* of, in); **2.** *e-r Beschreibung*: vividness, graphic nature (*gen.* of).

Bildhauer *m* sculptor; **Bildhaueratelier** *n* sculptor's studio; **Bildhauerei** *f*, **Bildhauerkunst** *f* sculpture; **Bildhauerwerkstatt** *f* sculptor's workshop (*od.* studio).

Bildhelligkeit *f TV* (image) brightness.

bildhübsch *adj.* lovely(-looking); *Gegenstand*: beautiful, lovely.

Bild|idee *f* idea for a (*od.* the) picture *od.* painting; ***die ~ kam von ...*** *a.* the picture (*od.* painting) was inspired by ...; **~journalist** *m* photojournalist; **~komposition** *f* composition of a (*od.* the) picture *od.* painting.

bildlich I. *adj.* pictorial, graphic; (*visuell*) visual; ***~e Umsetzung*** visualization; ***~er Ausdruck*** figurative expression, metaphor(ical expression); **II.** *adv.*: ***~ gesprochen*** figuratively speaking; ***sich et. ~ vorstellen*** → ***bildhaft*** II.

Bild|material *n* illustrations *pl.*; photos *pl.*; **~nachweis** *m* acknowledg(e)ment; *pl.* photo credits.

bildnerisch *adj.* **1.** artistic; *weitS.* creative; ***~e Darstellung*** artistic representation; **2.** (*bildhauerisch*) sculptural.

Bildnis *n* portrait; *auf Münzen*: effigy, head.

Bild|platte *f TV* video disc; **~plattenspieler** *m* video disc player; **~punkt** *m electron.* pixel; **~qualität** *f TV* picture quality; **~reportage** *f* picture story; *TV* film documentary; **~röhre** *f TV* tube, picture (*od.* cathode ray) tube; **~schärfe** *f* definition, sharpness.

Bildschirm *m* screen; *Computer*: *a.* display, (*~gerät*) monitor; F (*Fernseher*) TV, F *the* box; **~anzeige** *f* monitor (*od.* screen) display; **~arbeit** *f* work at a computer screen; **~arbeitsplatz** *m* workstation; **~auflösung** *f* screen resolution; **~gerät** *n* visual display unit; **~kapazität** *f* display capacity; **~karte** *f* graphics card (*od.* adapter); **~maske** *f* screen mask; **~schoner** *m Computer*: screen saver; **~seite** *f* screen page; **~text** *m* viewdata.

Bildschnitzer *m* (wood) carver; **Bildschnitzerei** *f* (wood) carving.

bildschön *adj.* beautiful; ***es ist ~*** *a.* it's a dream.

Bild|seite *f* **1.** *im Buch etc.*: picture page; **2.** *e-r Münze*: face, obverse; **~serie** *f* picture series; **~signal** *n* picture signal; **~stelle** *f* picture (*od.* film) library; **~störung** *f* (TV) interference; **~sucher** *m phot.* viewfinder; **~suchlauf** *m Video*: picture search; ***~ rückwärts*** review; ***~ vorwärts*** cue; **~symbol** *n* pictogram; *Computer*: icon; **~tafel** *f* plate; **~telefon** *n* videophone; **~teppich** *m* tapestry; **~text** *m* caption; **~übertragung** *f* picture transmission.

Bildung *f* **1.** *geistige*: education; (*Gelehrsamkeit*) learning, erudition; (*Kultur*) culture; ***~ haben*** be educated, be cultured; ***ein Mensch mit ~*** an educated (*od.* a cultured) person; ***er hat überhaupt keine ~*** he's completely uneducated (*od.* uncultured), he's got no education (*od.* culture); **2.** (*Entstehung*) formation; (*Entwicklung*) *a.* development; **3.** (*Schaffung*) creation, formation; (*Gründung*) *a.*

establishment; *e-s Ausschusses*: setting up; **4.** *von Neuwörtern*: coinage; *e-r Satzform etc.*: forming; **5.** (*Wort*) form.

Bildungs|anstalt *f* educational establishment; **≈beflissen** *adj.* eager to learn, eager for knowledge; **~bürgertum** *n the* educated classes *pl.*; **~chancen** *pl.* educational opportunities; ***gleiche ~*** equal opportunities in education; **~drang** *m* → ***Bildungseifer***; **~dünkel** *m* intellectual snobbery (*od.* conceit); **~eifer** *m* desire for education; **≈eifrig** *adj.* → ***bildungsbeflissen***; **~einrichtung** *f* educational institution; **~fabrik** F *f* educational mill.

bildungsfähig *adj.* educable; **Bildungsfähigkeit** *f* educability.

bildungsfeindlich *adj.* anti-education; *Politik etc.*: *a.* (educationally) retrogressive.

Bildungs|gang *m* education, educational background; **~gewebe** *n anat.* formative tissue; **~grad** *m* educational level; **~hunger** *m* thirst for knowledge (*od.* education); **≈hungrig** *adj.* hungry for knowledge, education-hungry; **~lücke** *f* gap in one's knowledge; **~minister** *m* education minister, minister for education; *in GB*: Secretary of State for Education, Education Secretary; *in den USA*: Secretary of Education; **~ministerium** *n* ministry of education, education ministry; *in GB*: Department of Education and Science; *in den USA*: Department of Education; **~misere** *f* lamentable state of higher education; **~monopol** *n* monopoly on education; ***das ~ haben*** *a.* control education; **~niveau** *n* (level of) education, educational standard(s *pl.*); **~notstand** *m* education crisis; **~politik** *f* educational policy; **≈politisch** *adj.* educational, education policy ...; **~reform** *f* educational reform; **~reise** *f* educational trip; **~roman** *m* novel of education, Bildungsroman; **~stand** *m* level of education; **~stätte** *f* educational institution; **~stufe** *f* educational level; **~system** *n* education system; **~urlaub** *m* educational leave; **~weg** *m* **1.** education; **2.** ***zweiter ~*** evening classes *pl.* (*with a view to obtaining school or university qualifications*); ***auf dem zweiten ~*** through evening classes; **~wesen** *n* education; **~zentrum** *n* educational cent|re (*Am.* -er).

Bild|unterschrift *f* caption; **~wand** *f* projection screen; **~wandler** *m opt.* image converter; **~winkel** *m* angle of vision; **~wörterbuch** *n* picture dictionary; **~zähler** *m phot.* frame counter; **~zeile** *f TV* (scanning) line.

Bilharziose *f* bilharzia.

Billard *n* billiards (*sg.*); **~ball** *m*, **~kugel** *f* billiard ball; **~saal** *m* billiard room, *Am.* poolroom; **~stock** *m* (billiard) cue; **~tisch** *m* billiard table.

Billet *schweiz. n* **1.** ticket; **2.** F (*Führerschein*) driving licence, *Am.* driver's license.

billig I. *adj.* **1.** cheap, inexpensive; *Preis*: low, cheap; ***ein ~er Kauf*** a bargain; **2.** *fig.* cheap; *Ausrede*: lame, *a. Rat*: poor; ***~er Trost*** small consolation; **3.** (*berechtigt, gerecht*) just; (*angemessen*) fair; → ***recht*** I; **II.** *adv. herstellen etc.*: cheaply; ***et. ~ bekommen*** (***verkaufen***) get (sell) s.th. cheap(ly); ***~ wegkommen*** get off cheaply (*fig.* lightly); ***~ abzugeben*** *Überschrift*: cheap sale; ***Schallplatten ~ abzugeben*** cheap records; **≈angebot** *n* cut-price offer.

billigen *v/t.* approve of; *formell*: sanction; (*beipflichten*) endorse; *amtlich*: approve; **billigend** *adj.* approving(ly *adv.*).

Billig|flagge *f* flag of convenience; **~flug** *m* cheap flight; **~flugpreise** *pl.* cut-price (air) fares; **~importe** *pl.* cut-price imports.

Billigkeit *f* **1.** cheapness; **2.** *fig.* cheapness; (*Berechtigung*) justness; (*Angemessenheit*) fairness, equity.

Billigkopie *f* cheap imitation.

Billiglohnland *n* low-wage country.

Billig|preis *m* low price; **~reise** *f* cheap holiday; *pl. coll. a.* cut-price travel *sg.*

Billigung *f* approval, approbation; endorsement; ***j-s ~ finden*** meet with s.o.'s approval.

Billion *f* (10^{12}) trillion, million million, *Brit. obs.* billion; **Billionstel** *n* trillionth, million millionth, *Brit. obs.* billionth.

Bimbam[1] *n* ding-dong.

Bimbam[2] F *m*: (***du***) ***heiliger ~!*** F crikey!, Gordon Bennett!, *sl.* hell's bells!

bimmeln F *v/i.* ring; ***es hat gebimmelt*** there's s.o. at the door.

bimsen *v/t.* **1.** (rub with) pumice; **2.** F ⚔ drill hard, put *recruits etc.* through their paces; **3.** F (*prügeln*) beat up; **4.** F (*lernen*) F swot up, mug up.

Bimsstein *m* pumice (stone).

binär *adj.* 𝔄, *phys. etc.* binary; **≈kode** *m Computer*: binary code; **≈system** *n* binary system; **≈zahl** *f* binary number; **≈zeichen** *n* binary digit; bit.

Binde *f* ⚕ bandage; (*Armschlinge*) sling; (*Damen≈*) sanitary towel (*Am.* napkin); (*Hals≈*) necktie; (*Arm≈*) armband; (*Augen≈*) blindfold; ***den Arm in e-r ~ tragen*** have one's arm in a sling; F (***sich***) ***e-n hinter die ~ gießen*** F have a tipple, hoist one.

Bindegewebe *n anat.* connective tissue; **Bindegewebsentzündung** *f* fibrositis.

Bindeglied *n* (connecting) link, connection; *fig.* ***fehlendes ~*** missing link.

Bindehaut *f anat.* conjunctiva; **~entzündung** *f* conjunctivitis.

Bindemittel *n* **1.** ⚙ bonding agent; **2.** *gastr.* thickening.

binden I. *v/t.* **1.** *a. fig.* tie (**an** to); *fig.* ***j-n an sich ~*** tie s.o. to o.s.; ***j-n an Händen und Füßen ~*** bind s.o. hand and foot; ***mich bindet nichts an diesen Ort*** I have no real ties to this place; **2.** (*zusammenbinden, zubinden*) tie (up); (*Knoten*) tie; (*Schlips*) tie (a knot in); (*Strauß*) make; ***Rosen zu e-m Strauß ~*** tie roses into a bouquet, make a bouquet of roses; **3.** (*Buch*) bind; ***zum ≈ geben*** have *a book* bound; **4.** ⚗ bind; (*a. phys. Wärme*) absorb; **5.** ⚙ bond, cement; **6.** *gastr.* thicken, bind; **7.** ♪ (*gleiche Noten*) tie; (*legato spielen*) slur; **8.** *ling.* link; **9.** ✝ (*Geldmittel*) tie up; (*Preise*) fix; **10.** (*verpflichten*) bind, commit; (*festhalten*) tie down (**an** to); → ***gebunden***; **II.** *v/i.* **11.** bind; **12.** *gastr.* bind, thicken; **13.** *Klebstoff* : stick; *Zement etc.* : harden, set; *Kunststoff*: bond; **14.** *fig.* (*Gemeinsamkeit schaffen*) create a bond; **III.** *v/refl.*: ***sich ~*** commit o.s., tie o.s. down (**an** to); *vertraglich*: bind o.s. (to); *ehelich*: tie o.s. down, *contp.* get tied down; ***sie will sich noch nicht ~*** *a.* she doesn't want to commit herself yet; **bindend** *fig. adj.* binding (**für** upon).

Binde|strich *m* hyphen; ***hat es e-n ~?*** has it got a hyphen?, is it hyphenated?; **~wort** *n* conjunction.

Bindfaden *m*: (**ein ~** a piece of *od.* some) string; *fig.* ***es regnet Bindfäden*** it's pouring, F it's coming down in buckets.

Bindung *f* **1.** *zu j-m*: (close) relationship (**zu** with, to); (*Verbundenheit*) bond (**an** with), *a. pol.* ties *pl.* (to, with); *an et.*: attachment (to); **2.** (*Verpflichtung*) commitment, obligation; ***e-e ~*** (*od.* ***~en***) ***eingehen*** commit o.s., tie o.s. down (**mit** to); ***ohne ~en*** *Person*: without (any) obligation(s), *eheliche etc.*: unattached; **3.** (*Ski≈*) binding; **4.** ⚗, *phys.*, ⚙ bond(ing); **5.** (*Atom≈*) *a. biol.* linkage; **6.** *phys.* absorption; (*Verschmelzung*) fusion; **7.** ♪ ligature.

Bindungsangst *f* fear of getting too involved (with anyone).

bindungsfähig *adj.*: (***nicht ~*** in)capable of having a (personal) relationship.

Bingo *n Spiel*: bingo.

binnen *prp.* within; ***~ kurzem*** before long, within a short space of time.

binnendeutsch I. *adj. Handel etc.*: internal, domestic (German); **II.** ≈ *n* German (as) spoken in Germany, F German German.

Binnen|fischerei *f* freshwater fishing; **~gewässer** *pl.* inland waters; **~hafen** *m* inland (*od.* river) port; **~handel** *m* domestic trade.

Binnenland *n* interior, inland area; ***im ~*** inland; **binnenländisch** *adj.* inland ...

Binnen|markt *m* home (*od.* domestic) market; *EU*: Single Market, internal market; **~meer** *n* inland sea; **~reim** *m* internal rhyme; **~schifffahrt** *f* inland navigation; **~see** *m* inland lake; **~staat** *m* inland (*od.* landlocked) state *od.* country; **~verkehr** *m* inland traffic; **~wanderung** *f* internal migration; **~wasserstraße** *f* inland waterway; **~wirtschaft** *f* domestic economy; **~zoll** *m* inland duty.

Binom *n*, **binomisch** *adj.* 𝔄 binomial.

Binse *f* ⚘ rush; F *fig.* ***in die ~n gehen*** *Plan etc.*: F go up in smoke, *Gerät etc.*: F give up the ghost, conk out.

Binsenweisheit *f* truism, commonplace, platitude.

Bio F *f* (*Fach*) biology.

bioaktiv *adj. Waschmittel*: biological.

Bioarchitektur *f* bio-architecture.

Biochemie *f* biochemistry; **Biochemiker** *m* biochemist; **biochemisch** *adj.* biochemical.

biodynamisch *adj.* biodynamic.

Bioenergetik *f* bioenergetics *pl.* (*als Fach sg. konstr.*).

Bioerzeugnis *n* organic product.

Bioethik *f* bioethics *pl.* (*als Fach sg. konstr.*).

Biogas *n* biogas, *oft a.* methane.

Biogemüse *n* organic vegetables *pl.*

biogen *adj.* biogenic.

Biogenese *f* biogenesis; **Biogenetik** *f* biogenetics *pl.* (*sg. konstr.*); **biogenetisch** *adj.* biogenetic(ally *adv.*).

Biograf *m*, **Biografie** *f*, **biografisch** *adj.* → ***Biograph***, ***Biographie***, ***biographisch***.

Biograph *m* biographer; **Biographie** *f* biography; **biographisch** *adj.* biographical.

Biokost *f* organic food.

Bioladen *m* whole food shop.

Biolebensmittel *pl.* organic food *sg.*

Biologe *m* biologist; **Biologie** *f* biology; **biologisch I.** *adj.* biological (*a. aus Naturstoffen hergestellt*); ***~er Anbau*** organic farming (*od.* gardening); ***~e Uhr*** biological clock; ***~e Waffen*** biological weapons; **II.** *adv.*: ***~ abbaubar*** biodegradable; **biologisch-dynamisch** adj. organic, biological.

Biomasse m biomass.

Biometrie f biometry, biometrics pl. (mst sg. konstr.); **biometrisch** adj. biometric.

Biomüll m organic waste.

Bionik f bionics pl. (sg. konstr.); **bionisch** adj. bionic.

Biophysik f biophysics pl. (sg. konstr.); **Biophysiker** m biophysicist.

Biopsie f biopsy.

Biorhythmus m biorhythm.

Biosphäre f biosphere.

Biotechnik f biotechnology, bioengineering.

Biotonne f bio-waste container.

Biotop n biotope.

Biotreibstoff m biofuel.

Biowissenschaft f life science, bioscience; **Biowissenschaftler** m bioscientist; **biowissenschaftlich** adj. bioscientific.

bipolar adj. bipolar; **Bipolarität** f bipolarity.

Birke f birch (tree).

Birken|allee f avenue of birches; **~hain** m birch grove; **~holz** n birch(wood); **~rute** f birch rod; **~wald** m birch(wood) forest, birch wood; **~wasser** n hair lotion (made from birch sap).

Birkhahn m black cock; **Birkhuhn** n black grouse.

Birmane m, **Birmanin** f, **birmanisch** adj. Burmese.

Birnbaum m pear tree.

Birne f **1.** pear; (Baum) pear tree; F fig. (Kopf) F noddle, nut; F fig. e-e weiche ~ haben be (going) soft in the head; **2.** ⚡ (electric) (light) bulb.

Birnen|fassung f **1.** (Lampenfassung) light-bulb socket; **2.** an der Birne: thread (of the od. a light bulb); **≈förmig** adj. pear-shaped; **~saft** m pear juice.

bis **I.** prp. **1.** bei Zeitdauer: till, until; ~ heute so far, to date, betont: to this day; ~ jetzt up to now; so far; ~ jetzt noch nicht not (as) yet; ich habe ~ jetzt nichts gehört I haven't heard anything yet (od. so far); ~ dahin until then, in the meantime; → a. 2; ~ auf weiteres for the present; ~ in die Nacht into the night; ~ zum späten Nachmittag till late in the afternoon; ~ vor einigen Jahren until a few years ago; ~ zum Ende (right) to the end; ~ wann wird es dauern? how long ...?; in der Zeit vom ... ~ ... between ... and ...; ~ morgen (bald)! see you tomorrow (soon); ~ dann! see you then (od. later); **2.** (~ spätestens) by; mit Verbkonstruktion: by the time he gets back etc.; es muss ~ Freitag eingereicht werden it has to be handed in by Friday; ~ wann ist es fertig? when will it be ready by?; ~ Ende April by the end of April; alle ~ ... eingegangenen Bewerbungen all applications received by (od. before) ...; er hätte ~ jetzt da sein müssen he should have been here by now; ~ dahin werden wir fertig sein etc.: by then, by that time; **3.** räumlich: to, up to, as far as; ~ hierher up to here; ~ dahin as far as that (od. there); ~ wohin? how far?; ~ ans Knie up to one's knees, Kleid: down to the knee; von hier ~ New York from here to New York; ~ vor das Haus fahren drive up to the front door of the house, drive (right) up to the house; wie weit ist es noch ~ nach Innsbruck? how far is it to Innsbruck?, how far have we got to go (before we get) to Innsbruck?; er folgte mir ~ ins Hotelfoyer he followed me (right) into the hotel foyer (nicht weiter: as far as the hotel foyer); → hier 1, oben etc.; **4.** Zahlenangabe: 7 ~ 10 Tage from 7 to 10 days, between 7 and 10 days; 5 ~ 6 Wagen 5 to 6 cars; ~ zu 100 Mann up to ..., as many as ...; ~ zu 9 Meter hoch up to ..., as high as ...; ~ 20 zählen count (up) to 20; ~ auf das letzte Stück down to the last bit (Kuchen etc.: piece); **5.** ~ aufs Höchste to the utmost; ~ ins Kleinste down to the last detail; ~ zur Tollkühnheit to the point of rashness; → Bewusstlosigkeit etc.; **6.** ~ auf except, with the exception of; alle ~ auf einen all except (od. but) one; ~ auf drei sind alle gekommen all except three have come; → letzt I; **II.** cj. till, until; (~ spätestens) by the time; es wird e-e Zeit lang dauern, ~ er es merkt it will take a while for him to find out (od. before he finds out); er kommt nicht, ~ ich ihn rufe he won't come until (od. unless) I call him; du gehst nicht, ~ du aufgeräumt hast you're not going until (od. before) you've tidied up.

Bisam m zo. musk; (Pelz) musquash od. muskrat (fur); **~ratte** f muskrat.

Bischof m bishop; **bischöflich** adj. episcopal.

Bischofs|amt n episcopate, bishopric; **~konferenz** f bishops' conference; **~mütze** f mit|re (Am. -er); **~sitz** m episcopal see; **~stab** m crosier, crozier; **~synode** f episcopal synod, synod of bishops.

Bisexualität f bisexuality; **bisexuell** adj. bisexual.

bisher adv. up to now, so far; ~ (noch) nicht not (as) yet; wie ~ as before, as always; das ~ beste Ergebnis the best result so far; die ~ heftigsten Kämpfe the worst (od. heaviest) fighting yet; **bisherig** adj. Ergebnisse, Leistungen etc., nachgestellt: so far, up to now, up till (od. until) now; (vorhergehend) previous ...; (jetzig) present ...; Erfahrung: past, berufliche: previous; der ~e Minister etc. the outgoing minister etc.; die ~en Ereignisse events so far.

Biskuit n, m (fatless) sponge; **~boden** m flan base; **~rolle** f Swiss roll.

bislang adv. → bisher.

Bison m zo. bison.

Biss m bite (a. ~wunde, ⚕ u. fig. Schärfe); fig. sie spielten mit (ohne) ~ they played with a lot of fight (there was no fight in their play).

bisschen **I.** adj.: ein ~ a (little) bit of; a little; bei Flüssigkeiten: a. a drop of; ein kleines ~ a tiny bit, just a little (bit); das ~ Geld, das sie hat what little money she has; wegen dem ~ Dreck hat sie sich aufgeregt? she got upset about a bit of dirt?; **II.** adv.: ein ~ a bit; slightly; kein ~ müde not (in) the least bit tired; ein ~ viel a bit (too) much; das ist ein ~ zu viel verlangt that's asking a bit much; wenn du ein ~ wartest if you wait a while (F hang on a bit); ein ~ schneller! a bit faster, (mach schnell) F get a move on!; **III.** substantiviert: a (little) bit; a little; kein ~ not a bit; F ach du liebes ~! goodness (me)!, good grief!

Bissen m **1.** bite (von of); winziger: morsel; schmackhafter: titbit, Am. tidbit; ich brachte keinen ~ hinunter I couldn't eat a thing; er rührte keinen ~ an he didn't touch (od. eat) a thing; fig. mir blieb der ~ im Hals stecken I nearly choked; sich den letzten ~ vom Mund absparen stint o.s.; **2.** (Imbiss) bite, snack.

Bissgurn dial. f nagging woman.

bissig adj. **1.** Hund: vicious; der Hund ist (nicht) ~ a. the dog bites (doesn't bite); Vorsicht, ~er Hund! beware of the dog; **2.** fig. Bemerkung: cutting, caustic; bsd. Witz: a. mordant; Kritik: scathing; Person: snappy; **Bissigkeit** f Bemerkung: acerbity; Kritik: sharpness; Person: snappiness.

Bisswunde f bite.

Bistum n eccl. bishopric, diocese.

bisweilen adv. at times; from time to time, occasionally.

Bit n Computer: bit; **~dichte** f bit density; **~rate** f bit rate.

Bittbrief m petition.

bitte adv. **1.** anfragend: please; ~, gib mir die Zeitung would you pass me the paper, please; **2.** auf e-e Bitte hin: Darf ich mal? - (aber) ~! of course, certainly, F go ahead; formell: by all means, please do; **3.** nach „danke“: that's all right (Am. alright), not at all; nach „Entschuldigung“: it's all right (Am. alright), bsd. Am. that's okay, F no problem; **4.** wie ~? sorry(, what did you say)?, pardon?, formell: I beg your pardon?; **5.** beim Anbieten (mst unübersetzt): there you are, F there you go; **6.** hinweisend: there you are; **7.** triumphierend: (a. na ~!) what did I say?, didn't I tell you?; **8.** (Aufforderung zum Eintreten) come in, please; beim Vorlassen: after you, go ahead; **9.** ~! bei Filmaufnahmen: action!

Bitte f request; (Anliegen) petition (a. eccl.); dringende ~ urgent appeal (od. plea) (an to); e-e ~ an j-n richten request s.th. of s.o., dringende: appeal to s.o.; auf m-e ~ at my request; ich habe e-e (große) ~ an Sie I want to ask you a (big) favo(u)r; ich habe nur die eine ~ I have just one request.

bitten v/t. u. v/i. ask (j-n um et. s.o. for s.th.); (ersuchen) request (s.th. of s.o.); dringend: beg; (anflehen) implore, beseech; ~ (bemühen) um trouble s.o. for; ~ für intercede for; dürfte ich Sie ~ could I ask you (zu inf. to inf.), would you mind (ger.); es wird gebeten, dass it is requested that; ... werden gebeten zu inf. ... are asked (od. requested) to inf.; → dringend II; er lässt sich nicht (erst) lange ~ he doesn't have to be asked twice; j-n zu sich ~ ask s.o. to come and see one (od. to come into the office etc.); Herr X lässt ~ would like to see you now; wenn ich ~ darf if you don't mind; darf ich ~? a) would you come this way, please?, b) may I have this dance?, c) dinner is served; ich bitte dich! please!; aber ich bitte dich, das ist doch selbstverständlich, unmöglich etc. oh, come on; darum möchte ich aber auch ~ (od. gebeten haben) I should jolly well hope so; ich bitte darum if you wouldn't mind; (aber) ich bitte Sie! (well,) really!; da muss ich doch sehr ~! I beg your pardon!; darf ich um Ihren Namen ~? would you mind telling me your name?; **bittend** adj. pleading, stärker: beseeching.

bitter **I.** adj. bitter (a. fig.); ~ schmecken taste bitter, have a bitter taste; fig. e-n ~en Nachgeschmack hinterlassen leave a sour aftertaste (od. taste in one's mouth); j-m ~e Vorwürfe machen reproach s.o. bitterly; es ist mein ~er

Ernst I (really) mean it; ***bis zum ~en Ende*** right to the bitter end; ***das ist ~*** that's hard (F tough); ***~e Tränen weinen*** weep bitterly; **II.** *fig. adv.* bitterly; ***et. ~ nötig haben*** need s.th. badly, be in desperate (*od.* dire) need of s.th.; ***sich ~ beklagen*** complain bitterly; ***es hat sich ~ gerächt*** I *etc.* had to pay dearly for it.

bitter|arm *adj.* extremely poor; **~böse** *adj.* (*zornig*) furious, F livid; (*schlimm*) wicked; ***~r Brief*** nasty letter; **~ernst** *adj.* dead serious; ***es ist mir ~ (damit)!*** I'm serious, I mean it, I'm dead serious (about it); **~kalt** *adj.* bitter(ly) cold.

Bitterkeit *f* bitterness (*a. fig.*).

bitterlich *adv.*: ***~ weinen*** weep bitterly.

Bittermandelöl *n gastr.* bitter almond oil.

Bitternis *f* bitterness.

Bitterschokolade *f* plain chocolate.

bitterschwer *adj.* desperately hard; ***der Abschied war ~*** it was terrible saying goodbye.

Bitterstoff *m* bitter constituent.

bittersüß *adj. a. fig.* bittersweet.

Bitterwurz(el) *f* ⚘ gentian root.

Bitt|gesuch *n*, **~schrift** *f* petition; **~steller** *m* petitioner.

Bitumen *n* bitumen.

Biwak *n*, **biwakieren** *v/i.* bivouac.

bizarr *adj.* bizarre, strange.

Bizeps *m anat.* biceps.

Blabla F *n* F twaddle, hot air, blah.

Black-out *m* **1.** (*Erinnerungsverlust*) (mental) blackout; ***ich hatte e-n ~*** my mind went completely blank (*od.* was a complete blank), I had a (mental) blackout; **2.** (*momentane Unzurechnungsfähigkeit*) (temporary *od.* mental) blackout; temporary lapse; **3.** ✱ *durch Kreislaufstörung*: blackout; ***e-n ~ haben*** *a.* black out.

blähen I. *v/i.*: *Zwiebeln etc.* ***~*** give you wind; **II.** *v/t.* swell out; **III.** *v/refl.*: ***sich ~*** fill out; *fig.* puff o.s. up; **Blähungen** *pl.* wind *sg.*, *formell*: flatulence *sg.*

blamabel *adj.* disgraceful, *Ergebnis etc.*: *a.* shaming; (*peinlich*) embarrassing, *stärker*: humiliating; **Blamage** *f* disgrace; ***es war e-e ~*** (*peinlich*) it was embarrassing; ***es war e-e (große) ~ für ihn*** he made a (real) fool of himself; **blamieren I.** *v/t.* (*Begleiter etc.*) show *s.o.* up; (*lächerlich machen*) make a fool of *s.o.*; **II.** *v/refl.*: ***sich ~*** show o.s. up; (*lächerlich machen*) make a fool of o.s.

blanchieren *v/t. gastr.* blanch.

blank *adj.* **1.** shiny, shining; (*~geputzt*) *a.* polished; *Schuhe*: shiny; (*abgewetzt*) shiny (with wear); ***~ putzen*** polish (*od.* clean) *s.th.* till it shines, (*Schuhe, Messing etc.*) put a good shine on; **2.** (*nackt, bloß*) *Boden, Körper etc.*: bare; *Schwert, Degen*: naked; **3.** *fig.* pure, sheer *nonsense, envy etc.*; ***~er Neid*** pure envy; **4.** F (*pleite*) F broke.

blanko ☤ **I.** *adj.* blank; **II.** *adv.* in blank; ***~ verkaufen*** *Börse*: sell short; **≈formular** *n* blank (form); **≈kredit** *m* blank (*od.* open) credit; **≈scheck** *m* blank cheque (*Am.* check); *fig.* ***ein ~*** carte blanche; **≈unterschrift** *f* blank signature; **≈vollmacht** *f* full discretionary power(s *pl.*); *fig.* carte blanche.

Blankvers *m* blank verse.

Bläschen *n* **1.** *anat.*, ⚘ vesicle; **2.** ✱ (*Haut≈*) (small) blister; (*Eiter≈*) pustule; **~ausschlag** *m* blistery rash, blisters *pl.*

Blase *f* **1.** (*Luft≈*) bubble; ✱ (*Haut≈*) blister; ⚙ flaw, *erhaben*: blister, *innerlich*: bubble; ***sich ~n laufen*** get blisters on one's feet from walking; ***~n werfen*** (*od.* ***ziehen***) blister, *Teig*: get frothy; *fig.* ***~n werfen*** cause (*od.* create) quite a stir; ***~n ziehen*** cause a few (*od.* a lot of) problems; **2.** *anat.* (*Harn≈*) bladder; F ***er hats mit der ~*** he's got bladder trouble, F he's having trouble with his waterworks; **3.** ⚗ still; **4.** (*Sprech≈*) balloon, (speech) bubble; **5.** F *contp.* (*Bande*) F crowd, lot, shower.

Blasebalg *m* bellows *pl.*

blasen I. *v/t.* **1.** blow; (*Suppe etc.*) blow on; ♪ (*spielen*) play, (*Blechblasinstrument zum Tönen bringen*) blow; F *fig.* ***dem werd ich was ~!*** F he's got another think coming; → ***Marsch***[1], ***Trübsal***; **2.** V ***j-m e-n ~*** *sl.* suck s.o. off, give s.o. a blow job, do a blow job on s.o.: **II.** *v/i. a. Wind*: blow; ***es bläst ganz schön*** there's quite a wind (going).

Blasen|ausschlag *m* blistery rash, blisters *pl.*; **~bildung** *f* ✱, ⚙ blistering; **~entzündung** *f* cystitis, bladder infection; **≈förmig** *adj.* bubble-shaped; **~leiden** *n* bladder complaint; **~spiegelung** *f* cystoscopy; **~stein** *m* bladder stone.

Bläser *m* **1.** ♪ wind player; ***die ~*** the wind (section); **2.** ⚙ blower; fan; **~ensemble** *n* wind ensemble; **~oktett** *n* wind octet.

blasiert *adj.* smug; **Blasiertheit** *f* smugness.

Blas|instrument *n* wind instrument; **~kapelle** *f* brass band; **~musik** *f* music for brass band; *am Sonntag* ***gibt es ~*** a brass band will be playing; ***magst du ~?*** do you like brass bands?

Blasphemie *f* blasphemy; **blasphemisch** *adj.* blasphemous.

Blasrohr *n* **1.** (*Waffe*) blowpipe; **2.** (*Spielzeug*) peashooter.

blass *adj.* pale (**vor** with); pallid; *Farbe*: pale; *fig.* colo(u)rless; ***blasses Gesicht*** pale face, (*Teint*) pale (*od.* pallid) complexion; ***ganz ~ aussehen*** (*kränklich*) look pale and wan; *fig.* ***~ vor Neid*** green with envy; ***der blasse Neid*** sheer (*od.* pure) envy; ***blasse Erinnerung*** dim recollection; ***blasse Hoffnung*** faint hope; → ***Ahnung, Schimmer*** 2; **blassblau** *adj.* pale blue; **Blässe** *f* paleness, pallor; **blassgrün** *adj.* pale green.

Blässhuhn *n* coot.

blässlich *adj.* slightly pale.

Blatt *n* **1.** ⚘ leaf; *Blüte*: petal; *Kelch*: sepal; *fig.* ***kein ~ vor den Mund nehmen*** not to mince matters (*od.* one's words); **2.** *Buch*: leaf; (*Seite*) page; (*Papier≈, Noten≈*) sheet; ***500 ~ Papier*** 500 sheets of paper; ♪ ***vom ~ spielen*** (*od.* ***singen***) sightread; ***et. vom ~ spielen (singen)*** *a.* play (sing) s.th. at sight; *fig.* ***das steht auf e-m anderen ~*** a) that's a completely different matter, b) F that's another story; ***das ~ hat sich gewendet*** the tide has turned; → ***unbeschrieben***; **3.** (*Zeitung*) (news)paper; **4.** *Kunst*: (*Druck*) print; (*Zeichnung*) drawing; (*Stich*) engraving; **5.** (*Spielkarte*) card; (*gezogene Karten*) hand; **6.** ⚙ plate, lamina, (*Folie*) foil; *Säge, Ruder etc.*: blade (*a.* ✈); **7.** ♪ *für Blasinstrumente*: reed.

Blättchen *n* **1.** *anat.*, ⚘, ⚗ lamella; ⚙ membrane; **2.** slip (of paper); **3.** local newspaper (F rag); **4.** ♪ → ***Blatt*** 7.

blätterig *adj.* leafy; *Teig*: flaky; *in Zssgn* ...-leaved.

blättern I. *v/i.* **1.** ***in e-m Buch (Fotoalbum) ~*** leaf through a book (have a look at a photo album); **2.** *Computer*: scroll; **3.** → ***abblättern***; **II.** *v/t.* **4.** → ***hinblättern.***

Blätter|pilz *m* agaric; **~teig** *m* flaky (*od.* puff) pastry, filo (*od.* phyllo) pastry; *Am.* puff paste; **~teiggebäck** *n* Danish (pastry); **~wald** *hum. m the* press; ***es rauscht im (deutschen) ~*** the (German) press is in a flurry.

Blatt|feder *f* ⚙ leaf spring; **≈förmig** *adj.* leaf-shaped; **~gemüse** *n* leafy vegetables *pl.*; **~gold** *n* gold leaf; **~grün** *n* ⚘ chlorophyll; **~knospe** *f* leaf bud; **~laus** *f* greenfly, aphid.

blattlos *adj.* leafless; *Baum*: *a.* bare.

Blatt|pflanze *f* foliage (*od.* leafy) plant; **~säge** *f* pad saw; **~salat** *m* green salad; **~schuss** *m Jagd*: chest shot; **~silber** *n* silver leaf; **~spinat** *m* leaf spinach; **~werk** *n* foliage.

blau I. *adj.* **1.** blue; ***~es Auge*** black eye; ***~er Fleck*** bruise; ***er hatte überall ~e Flecke*** he was black and blue; ***du hast ~e Lippen bekommen*** your lips have gone blue; ***im Gesicht ~ anlaufen*** go blue in the face; *fig.* ***mit e-m ~en Auge davonkommen*** get off lightly; ***~es Blut in s-n Adern haben*** be blue-blooded; ***~er Brief*** a) (letter of) dismissal, F marching orders, *Am.* F pink slip, b) *ped.* (letter of) warning; ***der ≈e Reiter*** *Kunst*: the Blue Rider, the Blaue Reiter; → ***Forelle, Wunder***; **2.** F (*betrunken*) F plastered, *sl.* tight; ***total ~*** *sl.* blotto; **II.** ≈ *n* blue (colo[u]r); ***das ~e vom Himmel herunterlügen*** F lie through one's teeth, lie like a trooper; ***ins ~e hinein reden*** prattle (on); ***j-m das ~e vom Himmel versprechen*** promise s.o. the moon; ***Fahrt ins ~e*** jaunt (through the countryside), *organisiert*: mystery tour; ***Schuss ins ~e*** random shot.

blauäugig *adj.* blue-eyed; *fig.* starry-eyed, dewy-eyed, naive.

Blaubeere *f* bilberry, *Am.* blueberry.

blaublütig *adj.* blue-blooded.

Blaue(r) F *m* hundred mark note (*Am.* bill).

Bläue *f* blue(ness).

Blau|felchen *m zo.* powan; **~fichte** *f* blue spruce; **~filter** *m*, *n phot.* blue filter; **~fuchs** *m* Arctic fox.

blaugrau *adj.* blue-grey (*Am.* -gray), bluish-grey (*Am.* -gray).

blaugrün *adj.* blue-green, bluish-green.

Blauhelme *pl.* blue berets.

Blaukraut *dial. n* red cabbage.

bläulich *adj.* bluish.

Blaulicht *n* flashing light(s *pl.*); ***mit ~*** with (its *od.* their) light(s) flashing; ***mit ~ ins Krankenhaus gebracht werden*** be rushed to hospital (in an ambulance).

blaumachen F *v/i.* F skip work (*od.* classes *etc.*), *Brit. a.* skive (off), skive off work *etc.*; ***er macht heute blau*** he's skiving (off) today, he's skived off today.

Blau|meise *f* blue tit; **~papier** *n* blue carbon paper; **~pause** *f* blueprint.

blaurot *adj.* purple.

Blausäure *f* ⚗ prussic acid.

Blauschimmelkäse *m* blue cheese.

blauschwarz *adj.* blue-black, bluish-black.

Blaustich *m phot.* blue cast; **blaustichig** *adj.*: ***~ sein*** have a blue cast.

Blau|strumpf *fig. m* bluestocking; **~tanne** *f* blue spruce; **~wal** *m* blue whale.

Blazer *m* blazer.

Blech *n* **1.** metal, tin; ⚙ (*Werkstoff*) sheet metal; (*Erzeugnis*) metal sheet; *am Auto*:

bodywork; ***ein Eimer*** *etc.* ***aus ~*** a metal bucket *etc.*; ***das ist doch bloß ~*** that's just cheap (*od.* ordinary) metal; F *fig.* ***aufs ~ hauen*** F blow one's horn; **2.** (*Back2*) baking tray; **3.** ♪ (*~bläser*) brass; **4.** F *fig.* (*Unsinn*) rubbish, *Am.* garbage; ***red doch nicht so'n ~!*** don't talk such rubbish (F rot, *Am.* garbage); **~bläser** *m* brass player; ***die ~*** the brass (section); **~blasinstrument** *n* brass instrument; **~büchse** *f*, **~dose** *f* **1.** *für Lebensmittel*: tin (can), *bsd. Am.* can; **2.** tin, (metal) box; **~eimer** *m* metal bucket.

blechen F **I.** *v/t.* F fork out, cough up; **II.** *v/i.* (*die Rechnung bezahlen*) F foot the bill.

blechern *adj.* **1.** tin ...; **2.** *Klang*: tinny; (*hohl*) hollow.

Blech|hütte *f* corrugated iron hut; **~instrument** *n* ♪ brass instrument; **~kanister** *m* (metal) canister; **~kanne** *f* tin can; **~lawine** F *f* endless stream of traffic, F endless convoy of tin; **~napf** *m* tin bowl; **~schachtel** *f* tin, (metal) box; **~schaden** *m mot.* bodywork damage; ***es gab nur ~*** it was just a bump, *weitS.* nobody got hurt; **~schere** *f*: ***(e-e ~*** a pair of) metal shears *pl.*; **~schüssel** *f* tin (*od.* aluminium, *Am.* aluminum) bowl; **~trommel** *f* tin drum.

blecken *v/t.*: ***die Zähne ~*** show one's teeth; *Tier*: bare its teeth.

Blei *n* **1.** lead; ***aus ~*** lead ..., made of lead; *fig.* ***(schwer) wie ~*** like lead, like a lead (*od.* dead) weight, leaden; ***es liegt mir wie ~ in den Gliedern*** I feel like a lead weight; **2.** → ***Senkblei***; **3.** *Jagd*: shot; (*Kugel*) bullet; **bleiarm** *adj.* low-lead ...

Bleibe F *f* place to stay; *bei Bekannten*: *a.* F crash pad; ***(k)eine ~ haben*** have somewhere (nowhere) to stay.

bleiben I. *v/i.* **1.** (*sich aufhalten, verweilen*) stay; ***zu Hause ~*** stay in, stay at home; ***im Bett ~*** stay in bed; ***draußen ~*** stay out; ***hinten ~*** be left behind; ***zum Essen ~*** stay for dinner; F ***und wo bleibe ich?*** what about me?, and where do I come into it?; ***wir müssen (selber) sehen, wo wir ~*** we'll just have to fend for ourselves (F do our own thing); F ***sieh zu, wo du bleibst!*** F you're on your own, kid!; ***(im Krieg*** *etc.* ***~)*** (*fallen*) fall, be killed (***bei*** at); → ***Ball, Leib*** *etc.*; **2.** ***~ bei*** (*e-r Sache*) keep to, stick to, (*e-r Meinung, Entscheidung etc.*) stick to, stand by; ***bei der Wahrheit ~*** stick to the truth; ***ich bleibe dabei*** I'm not going to change my mind, ***dass:*** I still think (*od.* maintain *etc.*) that; ***ich bleibe (lieber) beim Bier*** (I think) I'll stick to beer, thanks; → ***Sache, Stange, Takt*** 1, ***treu*** I; **3.** *in e-m Zustand*: remain, stay, continue (to be), keep; ***an (aus) ~*** stay *od.* be kept on (off); ***geschlossen (trocken,*** *Wetter*: ***kalt) ~*** stay closed (dry, cold); ***gesund ~*** stay (*od.* keep) healthy; ***bleib gesund!*** mind how you go, now; ***unbestraft (unentdeckt) ~*** go unpunished (undiscovered); ***unbenannt (anonym) ~*** remain unnamed (anonymous); ***er bleibt immer nett*** he's always very pleasant; ***für sich ~*** keep to o.s.; ***das bleibt unter uns!*** that's between you and me, F keep that under your hat; ***~ Sie (doch) sitzen!*** don't get up, please; ***bleib doch sitzen!*** *ungeduldig*: can't you sit still (for one minute)?; ***bleib(, wo du bist)!*** stay where you are!, don't move!; ***bleib, wie du bist*** stay the way you are; → ***Leben, ruhig*** I *etc.*; **4.** (*übrig ~*) be left, remain; ***uns bleibt nicht mehr viel Zeit*** we haven't got (*od.* there isn't) much time left; ***mir bleibt keine (andere) Wahl*** I have no choice (***als zu*** *inf.* but to *inf.*); → ***vorbehalten*** II; **5.** (*weg~*) ***wo bleibt er denn?*** what's taking him (so long)?, where's he got to?; ***wo bist du so lange geblieben?*** where've you been all this time?, what took you so long?; **II.** *v/impers.*: ***es bleibt dabei!*** that's final (*od.* settled) then; ***und dabei bleibt es!*** and that's that, and that's final; ***dabei wird es nicht ~*** that won't be the end of it (*od.* the last we'll *etc.* hear of it), matters won't rest there; ***es bleibt nur noch wenig zu tun*** there isn't much left to be done; ***bleibt nur noch zu hoffen, dass*** we can only hope (that), (well,) let's hope (that); → ***abwarten*** I, ***überlassen*** *etc.*; **bleibend** *adj.* lasting, *a. Schaden etc.*: permanent; ***~er Eindruck*** lasting impression; ***~e Erinnerung (Werte)*** lasting memory (values).

bleiben lassen *v/t.* a) not to do *s.th.*, b) (*aufhören mit*) stop (*doing*) *s.th.*; ***lass das bleiben!*** stop it!; ***das wirst du schön ~!*** you'll do nothing of the sort!; ***lass es lieber bleiben*** (better) leave it; ***dann lass es eben bleiben*** don't, then; nobody's forcing you; ***er kann es nicht ~*** he won't stop (doing it); ***das Rauchen (Trinken*** *etc.*) ***~*** stop (F quit) smoking (drinking *etc.*).

bleich *adj.* pale (***vor*** with), pallid, (*kränklich*) wan; *Sache*: (*verblasst*) faded; ***ganz ~*** *Person*: *a.* (as) white as a sheet, *lit.* pale as death; **Bleiche** *f* **1.** paleness, pallor; **2.** (*Bleichmittel*) bleach; **bleichen I.** *v/t.* bleach; **II.** *v/i.* bleach; (*verblassen*) fade; **Bleichgesicht** *n* paleface; **Bleichheit** *f* paleness, pallor; **Bleichmittel** *n* bleach(ing agent); **Bleichsellerie** *m* celery (stalks *pl.*).

bleiern *adj.* lead; *fig. Glieder, Himmel, Farbe etc.*: leaden; *fig.* ***~e Schwere*** leaden feeling.

Bleierz *n* lead ore.

Bleifarbe *f* lead paint; **bleifarben** *adj.* lead-colo(u)red; *Himmel etc.*: leaden.

bleifrei I. *adj. Benzin*: unleaded, lead-free; **II.** *adv.*: ***~ tanken*** fill up with unleaded (petrol, *Am.* gas); ***kann man dort ~ tanken?*** have they got unleaded petrol (*Am.* gas)?; **III.** 2 *n* (*Benzin*) unleaded.

Blei|gehalt *m* lead content; **~glas** *n* lead glass.

bleigrau *adj.* lead-colo(u)red.

bleihaltig *adj.* containing lead; ***~ sein contain lead.***

Blei|hütte *f* lead refining plant; **~konzentration** *f* lead concentration; **~kristall** *n* lead crystal; **~kugel** *f* lead bullet; **~rohr** *n* lead pipe; **~satz** *m* hot metal type; **~schürze** *f* lead apron.

bleischwer *adj.* like lead, like a lead weight.

Bleisoldat *m* tin soldier.

Bleistift *m* pencil; **~absatz** *m* stiletto heel; **~spitzer** *m* pencil sharpener; **~zeichnung** *f* pencil drawing.

Bleivergiftung *f* ⚕ lead poisoning.

bleiverglast *adj.* leaded *window.*

bleiverseucht *adj.* lead-polluted.

Blende *f* **1.** (*Schirm*) screen; ⚔ shield; *im Auto*: (sun) visor; **2.** *phot.* a) diaphragm, b) *als Öffnung*: aperture, c) (*Öffnungsweite*) f-stop; ***(bei) ~ 8*** (at) f-8; **3.** △ (*Fenster2*) transom; (*Verzierung*) blind arch (*od.* door *etc.*); **4.** *am Kleid*: facing.

blenden I. *v/t.* **1.** (*j-n, j-s Augen*) blind, dazzle; ***du blendest mich!*** *a.* you're shining it (*od.* the torch *etc.*) right into my eyes; **2.** ***j-n ~*** (*j-s Augen ausstechen*) blind s.o., gouge s.o.'s eyes out; **3.** *fig.* (*täuschen*) deceive, delude, blind; (*beeindrucken*) take *s.o.* in; **II.** *v/i.* dazzle, be dazzling; ***das blendet aber!*** that light's strong (*od.* too strong for my eyes); **III.** 2 *n mot. etc.* glare.

Blendenautomatik *f phot.* automatic aperture (control).

blendend I. *adj.* **1.** *Licht*: dazzling; **2.** *fig.* (*großartig, genial*) brilliant, (*prächtig*) dazzling; ***~es Aussehen*** stunning good looks; ***~ aussehen look great,*** (*sehr gut aussehen*) be extremely good-looking (*od.* attractive); **II.** *fig. adv.* brilliantly, dazzlingly; ***sich ~ amüsieren*** have a great time; ***sich ~ verstehen, ~ miteinander auskommen*** get along brilliantly (F just great, like a house on fire); ***es geht ihr ~*** she's getting along just fine; *iro.* ***es geht ihm nicht gerade ~*** he could be doing worse(, I suppose).

blendend weiß *adj.* dazzling white.

Blenden|einstellung *f phot.* aperture setting; **~öffnung** *f phot.* aperture; **~ring** *m phot.* aperture ring; **~skala** *f phot.* aperture ring; **~vorwahl** *f phot.* aperture priority; **~zahl** *f phot.* f-stop, f-number.

Blender *fig. m* fake, phoney; ***er ist ein richtiger ~*** *a.* he's all show.

blendfrei *adj.* anti-glare ..., anti-dazzle ..., non-dazzling.

Blend|granate *f* stun grenade; **~rahmen** *m* **1.** window frame; **2.** *Kunst*: canvas stretcher.

Blendschutz *m* glare shield; **~scheibe** *f* anti-glare screen.

Blendstein *m* △ facing stone.

Blendung *f* **1.** blinding; *mot.* dazzle, glare; **2.** *fig.* (*Täuschung*) deception.

Blend|werk *n* (*Täuschung, Trug*) deception; (*Illusion*) illusion; (*Tricks*) tricks *pl.*, trickery; ***es ist alles ~*** *a.* it's all a fake; **~zaun** *m* anti-dazzle barrier.

Blesse *f* blaze.

Blesshuhn *n* coot.

Blessur *obs. f* wound; ***leichte ~en*** superficial wounds, F a few scratches.

bleu *adj.*, **Bleu** *n* (pale) blue.

Blick *m* **1.** (*Hinsehen*) look (***auf*** at); (*passiver ~*) gaze; (*~richtung, Sehweite*) eye(s *pl.*); (*Augenausdruck*) look (in one's eyes), eyes *pl.*; ***flüchtiger ~*** (quick) glance; ***e-n kurzen ~ werfen auf*** have a quick look at, cast a quick glance at (*od.* over); ***sein ~ fiel auf*** his eye(s) *od.* gaze fell on; ***s-n (od. den) ~ richten auf*** look at (*od.* towards, in the direction of), *lit.* cast one's eye(s) on (*od.* in the direction of); ***den ~ heben (senken)*** look up (down), raise one's eyes (cast one's eyes down, lower one's gaze); ***den ~ wenden von*** look away from, turn one's eyes away from; ***er wandte den ~ nicht von ...*** he wouldn't take his eyes off ...; ***so weit der ~ reicht*** as far as the eye can see; ***wenn ~e töten könnten*** if looks could kill ; ***der böse ~*** the evil eye; ***auf den ersten ~*** at first sight (*od.* glance), when you first look at it (*od.* see it); ***Liebe auf den ersten ~*** love at first sight; ***das sieht man doch auf den ersten ~*** you can see that straightaway (F with half an eye); ***erst auf den zweiten ~ ...*** it's only when you look at it again that ...; ***e-n ~ werfen auf*** have (*od.* take) a look at; ***j-m e-n ~ zuwerfen*** give s.o. a look; → ***durchbohren, finster*** I, ***starr*** 1 *etc.*; **2.** (*Aussicht*) view (***auf*** of); ***mit ~ auf*** with a view of, overlooking; **3.** *fig.* (*Empfänglichkeit*) eye(s *pl.*); (*~weite, Horizont*) outlook, horizon(s *pl.*); ***e-n*** (***guten***) ***~ haben für*** have an (a good) eye for; ***dafür hat er keinen ~*** he has no eyes for (*od.* he just doesn't see) that kind of thing; ***den ~ für et. verstellen*** (***trüben***) obscure s.th., ***j-m:*** distort (cloud) s.o.'s view of s.th. (*od.* outlook on s.th.); **blicken I.** *v/i.* look (***auf*** at; ***in*** into *etc.*); ***das lässt tief ~*** that's very revealing; *fig.* ***durch die Wolken*** *etc.* ***~*** peep through the clouds *etc.*; **II.** *v/t.*: ***sich ~ lassen*** (*auftauchen*) show up, (*erscheinen*) *a.* put in an appearance, (*vorbeikommen*) drop in (***bei*** on), drop by (at); ***er lässt sich nicht mehr ~*** you never see him (any more) these days; ***sobald er sich ~ lässt*** as soon as he shows (*od.* turns) up; ***lass dich nicht mehr ~!*** don't you ever show your face around here again!

Blick|fang *m* eyecatcher; ***es soll als ~ dienen*** it's meant to catch people's eyes (*od.* be eyecatching); **~feld** *n* field of vision (*a. fig.*); *fig.* (***mehr und mehr***) ***ins ~ der Öffentlichkeit rücken*** (increasingly) become the focus of public attention; **~kontakt** *m* eye contact; ***~ mit j-m aufnehmen*** (***suchen***) (try to) catch s.o.'s eye; **~punkt** *m* **1.** *opt.* visual focus; **2.** *fig.* ***im ~*** (***der Öffentlichkeit***) ***stehen*** be the focus of (public) attention, be in the limelight (be very much in the public eye); **3.** *fig.* → ***Blickwinkel*** 2; **~richtung** *f* line of vision; *fig. a.* direction; **~wechsel** *m* exchange of glances; *fig.* change of view; **~weite** *f* range of vision; **~winkel** *m* **1.** angle of view; **2.** *fig.* point of view, perspective; ***es kommt auf den ~ an*** it depends which angle you look at it from; ***aus dem ~*** *gen.* from the point of view (*od.* perspective) of; ***aus diesem ~*** seen from this angle (*od.* point of view, perspective).

blind I. *adj.* **1.** blind (*a. fig.*, ***gegen, für*** to; ***vor*** with); ***auf einem Auge ~*** blind in one eye; F ***bist du ~?*** are you blind?, haven't you got eyes in your head?; ***~ vom vielen Weinen*** blinded by tears; *fig.* ***~er Glaube*** blind faith; ***~es Vertrauen*** blind (*od.* implicit) trust; ***der ~e Zufall*** blind (*od.* pure) chance; ***~e Gewalt*** uncontrolled violence; ***j-n ~ machen*** blind s.o., blindfold s.o. (***gegen*** to); ***Liebe macht ~*** love is blind; → ***Alarm, Eifer, Passagier***; **2.** *Spiegel*: cloudy; *Metall*: *a.* tarnished; *Wein*: dull; **3.** ⚠, ⚙ blind; *Naht etc.*: invisible, concealed; **4.** ⚔ *Patrone*: blank; **II.** *adv.* **5.** blind; ***~*** (***Maschine***) ***schreiben*** touch-type; ***et. ~ machen können*** be able to do s.th. blindfolded (*od.* with one's eyes closed); **6.** *glauben, vertrauen etc.*: blindly, implicitly; **7.** → ***blindlings.***

Blind|anflug *m* blind approach; **~band** *m* dummy; **~bewerbung** *f* speculative application, F application on spec; **~boden** *m* ⚠ dead floor.

Blinddarm *m* **1.** appendix; ***mir haben sie mit 14 den ~ entfernt*** I had my appendix taken out when I was 14; **2.** c(a)ecum; **~entzündung** *f* appendicitis; **~operation** *f* appendectomy; ***sich e-r ~ unterziehen*** *a.* have one's appendix (taken) out.

Blindekuh *f* blind man's buff.

Blinden|heim *n* home for the blind; **~hund** *m* guide dog; **~schrift** *f* braille; **~schule** *f* school for the blind; **~stock** *m* white stick, (blind person's) cane.

Blinde(r *m*) *f* blind man (*f* woman), blind person; ***die Blinden*** the blind (*pl.*); ***das sieht doch ein Blinder!*** anyone can see that; ***unter den Blinden ist der Einäugige König*** in the country of the blind the one-eyed man is king.

Blindfenster *n* blind window.

blind fliegen *v/i.* fly blind.

Blind|flug *m* blind flight; *pl. a.* blind flying *sg.*; **~gänger** *m* **1.** ⚔ dud; **2.** F *fig.* (*Versager*) F dead loss.

blind geboren *adj.* blind from birth; ***ein ~es Kind*** (***ein Blindgeborener***) a child (someone) who was born blind (*od.* who has been blind from birth).

blindgläubig I. *adj.* (utterly) credulous; **II.** *adv.* unquestioningly; blindly.

Blindheit *f* blindness (*a. fig.*, ***gegenüber*** to); *fig.* ***er ist mit ~ geschlagen*** he must be blind (not to see it).

Blindlandung *f* instrument (*od.* blind) landing.

blindlings *adv.* blindly; ***~ in sein Verderben rennen*** rush headlong into disaster.

Blind|probe *f gastr.* blind tasting; **~schleiche** *f zo.* blindworm; **~schreiben** *n Schreibmaschine*: touch typing; **~spiel** *n* (game of) blindfold chess; **~start** *m* blind takeoff; **~versuch** *m* ⚕, *psych.* blind test.

blindwütig I. *adj.* blind with rage; **II.** *adv.* in a blind rage (*od.* fury); ***~ um sich schlagen*** lash out wildly (in all directions).

blinken *v/i.* (*funkeln*) sparkle; *Sterne*: twinkle; (*aufleuchten*) flash; (*signalisieren*; *a. v/t.*) (flash a) signal; **Blinker** *m* **1.** *mot.* indicator, *Am.* blinker; **2.** *Angeln*: spoon bait.

Blink|feuer *n* flashing light(s *pl.*); **~leuchte** *f mot.* indicator, *Am.* blinker.

Blinklicht *n* (*Verkehrszeichen*) flashing light(s *pl.*); *bei Fußgängerübergang*: *a.* beacon; **~anlage** *f* warning light(s *pl.*).

Blinkzeichen *n* **1.** flashing signal; ***ein ~ geben*** flash a signal; **2.** *mot.* indicator (*beim Überholen*: passing) signal.

blinzeln *v/i.* (*a.* ***mit den Augen ~***) blink; *als Zeichen*: wink; ***in die Sonne ~*** squint against the sun (*od.* in the bright sun).

Blitz *m* **1.** lightning; (*~strahl*) flash (of lightning); ***der ~ schlug in den Turm ein*** the tower was struck by lightning; ***vom ~ getroffen werden*** be struck by lightning; *fig.* ***wie vom ~ getroffen*** stunned, thunderstruck; ***wie der ~*** like (a flash of) lightning; like (*od.* in) a flash; F ***wie ein geölter ~*** like greased lightning; ***wie ein ~ aus heiterem Himmel*** like a bolt from (*od.* out of) the blue; ***wie ein ~ einschlagen*** *Nachricht etc.*: take everyone by surprise, *stärker*: come like a bomb; **2.** F *phot.* flash; ***ohne ~ kann ich hier nicht fotografieren*** I can't take anything here without a flash, I need a flash here; **~ableiter** *m* lightning conductor (*Am.* rod); *fig.* ***j-n als ~ benutzen*** F take it out on s.o.; **~aktion** *f* lightning operation.

blitzartig I. *adj.* lightning *speed etc.*; **II.** *adv.* like (a flash of) lightning; like (*od.* in) a flash.

Blitz|aufnahme *f phot.* flash shot; **~besuch** *m* lightning (*od.* flying) visit; **~birne** *f* flashbulb.

blitz(e)blank *adj.* spotless, F squeaky clean.

Blitzeinschlag *m* lightning (strike); ***man sah den ~*** you could see the lightning strike (*od.* striking the tree *etc.*); ***beim ~*** when the lightning struck.

blitzen I. *v/i.* **1.** *impers.* ***es blitzt*** there's lightning; ***es blitzte*** there was (a flash of) lightning; ***es blitzt und donnert*** there's thunder and lightning; F *fig.* ***bei dir blitzt es*** F Charlie's dead; **2.** *fig.* flash; (*glänzen*) sparkle; **3.** *phot.* flash; ***hat es geblitzt?*** *a.* did the flash work?; **II.** *v/t.* **4.** take (*od.* photograph) *s.th.* with a flash; ***hast dus geblitzt?*** did you use a flash?; **5.** *mot.* ***ich wurde gestern geblitzt*** I was caught speeding yesterday.

Blitzer F *m* streaker.

Blitzesschnelle *f*: ***in ~*** quick as a flash, at lightning speed.

Blitzgerät *n phot.* flashlight, flash(gun).

blitzgescheit *adj.* very bright; ***er ist ~*** *a.* he's a bright spark.

Blitz|gespräch *n teleph.* lightning call; **~karriere** *f* lightning career; meteoric rise; **~kontakt** *m* flash socket; **~krieg** *m* blitzkrieg; **~lampe** *f* flashbulb.

Blitzlicht *n phot.* flashlight, flash(gun); (***et.***) ***mit ~ fotografieren*** use a flash (for s.th.); **~aufnahme** *f* flash shot; **~würfel** *m* flashcube.

Blitzreise *f* whirlwind tour (***nach*** to; ***durch*** of).

blitzsauber *adj.* spotless, F squeaky clean.

Blitzschlag *m* lightning (strike).

blitzschnell I. *adj.* as quick as lightning, lightning ..., split-second ...; **II.** *adv.* quick as a flash, like a flash (*od.* shot); *reagieren etc.*: instantaneously; ***es verbreitete sich ~*** it spread like wildfire.

Blitz|schuh *m phot.* hot shoe; **~schutz** *m* ⚡ lightning protection; (*Vorrichtung*) lightning arrester; **~start** *m* lightning (*od.* jump) start; **~strahl** *m* streak of lightning; **~umfrage** *f* snap opinion poll; **~visite** *f* lightning (*od.* flying) visit; **~würfel** *m phot.* flash cube.

Block *m* **1.** *Holz etc.*: block *of wood etc.*; (*Fels*~) *a.* boulder; *Seife, Schokolade etc.*: bar; *metall.* ingot, pig; **2.** (*Wohn*~) block of flats; (*mehrere Häuser zusammen*) block (of houses); ***sie wohnen im gleichen ~*** a) they live in the same building (*od.* block of flats), b) they live on the same block; **3.** (*Schreib*~) writing pad, (*Schmier*~) notepad; *klotzförmig*: scribbling block; (*Karten*~) book *of tickets*; (*Briefmarken*~) block; *von Daten etc.*: block; **4.** *parl.*, *pol.*, ✝ bloc; ***e-n ~ bilden, sich zu e-m ~ zusammenschließen*** form a bloc.

Blockade *f* **1.** blockade; ***die ~ brechen*** run the blockade; → ***aufheben*** 4; **2.** *typ.* turned letter(s *pl.*), black; **~brecher** *m* blockade-runner; **~zustand** *m* state of blockade.

Block|bildung *f pol.* forming of blocs (*od.* a bloc); **~buchstabe** *m* block letter.

blocken *v/t.* *Sport u.* 🚂 (*e-e Strecke*) block.

Blockflöte *f* recorder.

blockfrei *adj. pol.* nonaligned; ***~e Staaten*** nonaligned countries (*od.* nations); **Blockfreiheit** *f* nonalignment; (*Zustand*) nonaligned status.

Block|haus *n*, **~hütte** *f* log cabin.

blockieren I. *v/t.* block, obstruct; (*verstop-*

fen) clog (up); ✝ block; (*Räder*) lock; (*Maschine*) jam; **II.** *v/i. Räder*: lock; *Maschine*: jam; **Blockierung** *f* blocking; obstruction.

Block|parteien *pl.* party bloc *sg.*; **~satz** *m typ.* justified (*od.* flush) setting, flush (*od.* justified) left and right margins *pl.*; **~schokolade** *f* cooking chocolate; **~schrift** *f* block letters (*od.* capitals) *pl.*; **~staat** *m* aligned *od.* bloc country (*od.* state, nation).

blöd(e) I. *adj.* **1.** (*dumm*) stupid, F thick, *bsd. Am.* F dumb; (*albern*) silly; ***er ist ~ a.*** he's an idiot; ***~er Kerl*** a) idiot, b) (*a. **~er Hund***) *sl.* bastard; ***~e Frage*** stupid (F dumb) question; **2.** F (*ärgerlich*) stupid; (*peinlich*) *a.* embarrassing; (*heikel*) awkward; ***diese ~e Tür!*** F this damn door!; ***~e Angelegenheit*** stupid situation; ***so was ≈es!*** how stupid!, (*Ärgerliches*) what a (F damn) nuisance; ***das ≈e daran*** the stupid thing about it; ***das war ein ~es Gefühl*** it wasn't a very pleasant feeling; **3.** *obs. u.* ⚕ (*schwachsinnig*) feeble-minded; ***~ sein*** *a.* be an imbecile; **II.** *adv.*: ***~ daherreden*** talk a lot of nonsense (*od.* rubbish); ***~ grinsen*** give a stupid grin; ***grins nicht so ~!*** take that silly grin off your face; ***sich ~ anstellen*** be hopeless, *bewusst*: act stupid; ***stell dich nicht so ~ an!*** a) F stop being so dop(e)y, snap out of it, b) F stop acting the goat, stop acting so stupid.

Blödelei *f* nonsense; (*Witz*) silly joke; (*Herumalbern*) clowning about; **blödeln** *v/i.* talk nonsense; (*Witze machen*) crack (silly) jokes; (*herumalbern*) clown about.

Blödian *m* idiot, F blockhead.

Blödmann F *m* **1.** idiot; **2.** *aggressiv*: *sl.* bastard.

Blödsinn *m* rubbish; (*a. Unfug*) nonsense; ***mach keinen ~!*** a) don't be silly!, *Brit. a.* don't do anything daft!, b) (*stell bloß nichts an*) watch what you do now; **blödsinnig** F *adj.* stupid, *stärker*: idiotic.

blöken *v/i. Rind*: low; *Schaf*: bleat.

blond *adj.* blond(e), fair(-haired); **Blonde** *f* **1.** blonde (woman); **2.** F (*kühle ~*) pale beer.

blond| gefärbt *adj.* dyed blond(e) *hair*; **~ gelockt** *adj.* with blond(e) curls; ***~es Haar*** blond(e), curly hair, curly blond(e) hair.

blondieren *v/t.* dye *one's hair* blond(e), bleach; **Blondine** *f* blonde.

bloß I. *adj.* **1.** (*unbedeckt*) bare (*a. Erdboden*), naked; ***mit ~en Füßen*** barefoot, *a. adv.* barefooted; ***mit ~en Händen*** with one's bare hands; ***mit dem ~en Auge*** with the naked eye; ***im ~en Hemd*** in just a shirt; **2.** *attr.* (*nichts als*) nothing but, mere, just; ***~e Worte*** empty words; ***das ist ~es Gerede*** that's just (empty) talk; ***der ~e Gedanke*** the mere thought (of it); **II.** *adv.* (*nur*) just, only; *in Fragen*: *what, how, who etc.* on earth; ***es war ~ ein bisschen kalt*** it was just a bit cold(, that's all); ***er wird sich ~ aufregen*** he'll just (*od.* only) get upset; ***was hat er ~?*** I wonder (*od.* I'd love to know) what's wrong with him; ***wie machst du das ~?*** how on earth do you do it?; ***hätte ichs ~ nicht gemacht!*** I wish (*od.* if only) I hadn't done it; *soll ich's ihm sagen? -* ***~ nicht!*** (goodness,) no!, *stärker*: don't you dare!; ***lass ihn ~ nicht raus!*** don't let him out, whatever you do, *stärker*: don't you dare let him out!; ***~ jetzt nicht!*** not now, 'please!; ***sag ~ ...!*** don't say ..., don't tell me ...; → *a.* ***nur.***

Blöße *f* **1.** nakedness; **2.** *wodurch man sich verrät*: giveaway; *bsd. Sport*: opening; ***sich e-e ~ geben*** leave o.s. wide open, (*sich bloßstellen*) give o.s. away, expose o.s.; **3.** (*Lichtung*) clearing; **4.** *Leder*: smoothed skin.

bloßlegen *v/t.* uncover, expose, lay bare (*alle a. fig.*).

bloßstellen *v/t.*: ***j-n*** (***sich***) **~** show s.o. (o.s.) up, *stärker*: make a fool of s.o. (o.s.); **Bloßstellung** *f* showing up, *stärker*: exposure; ***aus Angst vor e-r ~*** for fear of losing face.

Blouson *n, m* bomber (*od.* flying) jacket.

blubbern *v/i.* **1.** bubble (away); **2.** (*undeutlich reden*) mumble.

Bluff *m*, **bluffen** *v/i. u. v/t.* bluff.

blühen *v/i.* blossom, flower (*a. fig.*); be in bloom (*od.* blossom); *fig.* (*gedeihen*) prosper, thrive; ***im Verborgenen ~*** blossom in obscurity; ***wer weiß, was uns noch blüht*** who knows what's in store for us (*od.* what we're in for); ***es kann dir noch ~, dass*** don't be surprised if; ***das kann uns auch ~*** we're not immune (either); F ***... dann blüht dir was!*** F ... you'll be in for it!; **blühend** *adj.* flowering; (*gedeihend*) flourishing, thriving; *fig. Aussehen*: healthy; *Gesundheit*: glowing, radiant; *Fantasie*: vivid; ***~er Unsinn*** complete (*od.* utter) nonsense; ***e-n ~en Handel treiben*** do a roaring trade (***mit*** in); ***wie das ~e Leben aussehen*** be the picture of health; ***im ~en Alter von*** at the early age of.

Blume *f* **1.** flower; *im Topf*: *a.* plant; *fig.* ***durch die ~*** in as many words; ***j-m durch die ~ sagen, dass*** *a.* hint to s.o. that, try to tell s.o. that; ***lasst ~n sprechen*** say it with flowers; **2.** *Wein*: bouquet; *Bier*: froth, head; **3.** *Jagd*: (*Schwanz*) tail, brush.

Blumen|ausstellung *f* flower show; **~beet** *n* flowerbed; **~draht** *m* florist's wire; **~erde** *f* garden mo(u)ld; **~fenster** *n* **1.** flower window; **2.** window with (*od.* full of) flowers; **~garten** *m* flower garden; **~gestell** *n* flower stand; **~händler** *m* florist; **~handlung** *f* flower shop, florist's; **~kasten** *m* window box; **~kelch** *m* ⚘ calyx; **~kissen** *n* frog.

Blumenkohl *m* cauliflower; **~ohr** *n* cauliflower ear.

Blumen|laden *m* flower shop, florist's; **~meer** *n* sea of flowers; *wildes*: riot of flowers; **~muster** *n* floral design.

blumenreich *fig. adj.* flowery.

Blumen|schale *f* flower bowl; **~schmuck** *m* flower arrangement(s *pl.*), floral decoration(s *pl.*), flowers *pl.*; **~spende** *f* flowers *pl.*; **~sprache** *f* language of flowers; **~stand** *m* flower stall; **~ständer** *m* flower stand; **~stängel** *m* flower stalk; **~staub** *m* flower pollen; **~stiel** *m* flower stalk; **~stock** *m* flowering (pot) plant; **~strauß** *m* bunch of flowers, bouquet; ***j-m e-n ~ schenken*** give s.o. (some) flowers; **~stück** *n Kunst*: flower piece.

Blumentopf *m* flowerpot; F *fig.* ***damit kannst du keinen ~ gewinnen*** that won't get you very far; **~erde** *f* potting compost.

Blumen|vase *f* vase; **~zucht** *f* flower-growing; **~züchter** *m* flower-grower; **~zwiebel** *f* (flower) bulb.

blümerant F *adj.*: ***mir ist ganz ~*** (***zumute***) I feel queasy (*od.* queer).

blumig *adj.* flowery (*a. fig.*); *Wein*: *a.* with a fine bouquet.

Blunzen *dial. f* **1.** black pudding, *Am.* blood sausage; **2.** F fat woman.

Bluse *f* blouse; ⚔ tunic, *Am.* blouse.

Blut *n* **1.** blood; ***das ~ stieg ihm zu Kopf*** the blood rushed to his head; *der Sekt etc.* ***geht ins ~*** goes (straight) to your head; *fig. die Musik etc.* ***geht ins ~*** gets into your bloodstream; ***sich mit ~ bespritzen*** get o.s. bloody; ***in s-m ~ liegen*** be covered in blood, *stärker*: be lying in a pool of blood; ***ich kann kein ~ sehen*** I can't stand the sight of blood; ***et. im ~ haben*** have s.th. in one's bloodstream (*fig.* blood); *fig.* ***es liegt ihm im ~*** it's in his blood; ***heißes ~ haben*** be hot-blooded; ***j-n bis aufs ~ ärgern*** *etc.* get s.o.'s blood up; ***ihm stockte*** (*od.* ***erstarrte, gefror***) ***das ~ in den Adern*** his blood froze; ***das wird böses ~ machen*** that'll stir up bad feeling; ***~ und Wasser schwitzen*** sweat blood; ***er hat ~ geleckt*** he's tasted blood; ***an ihren Händen klebt ~*** she's got blood on her hands; ***ruhig ~!*** take it easy!, don't get excited!, *sl.* cool it!; **2.** ***junges ~*** (*Person*) young blood; **~ader** *f* vein; **~alkohol(gehalt)** *m* blood alcohol level; **~andrang** *m* congestion.

blutarm *adj.* **1.** ⚕ an(a)emic; **2.** *fig.* (utterly) destitute, penniless; **Blutarmut** *f* ⚕ an(a)emia.

Blut|bad *n* bloodbath, massacre; ***ein ~ anrichten*** carry out a massacre, cause a bloodbath; **~bahn** *f* **1.** bloodstream; **2.** *einzelne*: blood vessel; **~bank** *f* blood bank.

blut|befleckt *adj.* bloodstained; **~beschmiert** *adj.* bloodstained, bloody; **~bespritzt** *adj.* blood-spattered.

Blutbild *n* blood count (*od.* picture).

Blut bildend I. *adj.* blood-forming; **II.** *adv.*: ***~ wirken*** help to form blood.

Blutbildung *f* formation of blood.

Blut|blase *f* blood blister; **~buche** *f* ⚘ copper beech.

Blutdruck *m* blood pressure; ***bei j-m den ~ messen*** take s.o.'s blood pressure; **≈erhöhend** *adj.* hypertensive; **~messer** *m* blood-pressure meter (*od.* ga[u]ge), 🕮 sphygmomanometer; **~messung** *f* (taking a) blood pressure reading; **≈senkend** *adj.* hypotensive.

Blutdrüse *f* endocrine gland.

blutdürstig *adj.* bloodthirsty.

Blüte *f* **1.** flower, blossom, bloom; (*~zeit*) flowering time, *bsd. bei Bäumen*: blossom; *fig.* (*Höhepunkt*) height, *der Macht, e-r Mode etc.*: *a.* heyday; (*Elite*) cream, elite; ✝ time of prosperity; *hist., Kunst*: flowering, height; ***in*** (***voller***) ***~ stehen*** be in (full) bloom (*od.* flower, blossom); *fig.* ***die ~ der Jugend*** the flower of youth; ***in der ~ s-r Jugend*** (***Jahre***) in the prime of youth (life); ***seltsame ~n treiben*** come up with some strange things (*od.* effects); ***zur ~ gelangen*** come to fruition; ***s-e ~ erleben*** flourish, reach its peak; have its heyday; ***zu neuer ~ gelangen*** experience a revival, *weitS.* reach new heights; **2.** → ***Stilblüte***; **3.** F (*falsche Banknote*) F dud.

Blutegel *m* leech.

bluten *v/i.* **1.** bleed (*a. Bäume*) (***aus*** from, *dem Mund*: *a.* out of); *fig.* ***mir blutet das Herz, wenn ich sehe, wie ...*** my heart bleeds to see ...; ***~den Herzens*** with a heavy heart; **2.** F *fig.* (*bezahlen*) F cough up; ***wir haben dafür schwer ~ müssen*** F it cost us enough; ***j-n ~ lassen*** bleed s.o. white.

Blüten|blatt *n* petal; **~boden** *m* receptacle; **~honig** *m* honey (made from blossoms and flowers); **~kelch** *m* calyx; **~knospe** *f* flower bud; **~krone** *f* corolla; **~lese** *fig. f* anthology; *iro.* collection of howlers.

blütenlos *adj.* flowerless.

Blüten|meer *n* sea of blossom; **~stand** *m* inflorescence; **~staub** *m* pollen; **~stiel** *m* pedicel.

Blutentnahme *f* (taking of a) blood sample; ***bei j-m e-e ~ vornehmen*** take s.o.'s blood, take a blood sample from s.o.

Blüten tragend *adj.* blossoming, 📖 floriferous.

blütenweiß *adj.* snow-white.

Blütenzweig *m* spray.

Bluter *m* ⚕ h(a)emophiliac.

Bluterguss *m* h(a)ematoma; (*blauer Fleck*) bruise.

Bluterkrankheit *f* h(a)emophilia.

Blutersatz *m* blood substitute, artificial blood.

Blütezeit *f* → **Blüte** 1.

Blutfarbstoff *m* h(a)emoglobin.

Blutfett *n* blood lipids *pl.*; **~werte** *pl.* blood lipid concentration *sg.*

Blut|fleck *m* bloodstain; **~gefäß** *n* blood vessel; **~gerinnsel** *n* blood clot.

Blutgerinnung *f* (blood) clotting *od.* coagulation; **Blutgerinnungszeit** *f* (blood) coagulation time.

Blutgruppe *f* blood group; ***j-s ~ bestimmen*** determine s.o.'s blood group, type s.o.'s blood; ***die ~ A haben*** be (*od.* belong to) blood group A; ***welche ~ haben Sie?*** which blood group are you (*od.* do you belong to)?; **Blutgruppenbestimmung** *f* blood typing.

Blut|hochdruck *m* high blood pressure, hypertension; ***an ~ leiden*** have high blood pressure; **~hund** *m* blood-hound.

blutig *adj.* **1.** *Nase etc.*: bloody; (*blutbefleckt*) *a.* bloodstained; *Wunde*: bleeding; ***j-m die Nase ~ schlagen*** give s.o. a bloody nose; ***sich die Köpfe ~ schlagen*** have a real go at each other; ***sich e-n ~en Kopf holen*** get o.s. a bloody nose; ***sich die Hände ~ machen*** get one's hands (all) bloody; ***du bist ja ganz ~!*** you're covered in blood!; ***e-n ~en Urin haben*** be passing blood (with one's urine); **2.** *Schlacht, Revolution etc.*: bloody; ***~e Szene*** bloody sight (*od.* scene), *im Film*: bloody scene, scene full of blood (and violence), F blood and guts scene; ***~e Unruhen*** violent unrest, violence and bloodshed; ***es kam zu ~en Zwischenfällen*** (*od.* ***Auseinandersetzungen***) there were bloody clashes (***zwischen*** between); **3.** *Steak*: rare; **4.** *fig.* ***~er Anfänger*** absolute beginner, *im Beruf etc.*: F raw recruit, greenhorn; ***~er Laie*** complete layman; ***es ist mein ~er Ernst*** I'm dead serious, F (and) I bloody well mean it.

blutjung *adj.* very young; ***ich war ~, als*** *a.* F I was just a kid when.

Blut|konserve *f* unit of (stored) blood; **~körperchen** *n* blood corpuscle; ***weißes ~*** leucocyte; ***rotes ~*** erythrocyte; **~krankheit** *f* blood disease; **~krebs** *m* leuk(a)emia; **~kreislauf** *m* (blood) circulation; **~lache** *f* pool of blood.

blutleer *adj.* bloodless (*a. fig.*); an(a)emic (-looking); **Blutleere** *f* hypox(a)emia; ***ich hatte e-e plötzliche ~ im Kopf*** the blood suddenly just went (*od.* drained) from my head.

blutlos *adj.* bloodless (*a. fig.*).

Blut|mangel *m* blood deficiency; **~opfer** *n* **1.** blood sacrifice; **2.** (*Opfer an Menschenleben*) human sacrifice; ***dem Land wurden hohe ~ abverlangt*** the blood toll for the nation was great, the scale of human sacrifice for the nation was vast; **~orange** *f* blood orange; **~plasma** *n* blood plasma; **~plättchen** *n* platelet; **~probe** *f* blood test; (*entnommene*) blood sample; ⚖ blood (alcohol) test; ***bei j-m e-e ~ machen*** take s.o.'s blood, take a blood sample from s.o.; **~pfropf** *m* blood clot; **~rache** *f* (bloody) vendetta; **~rausch** *m* bloodlust.

blutreinigend *adj.* blood-cleansing; **Blutreinigung** *f* cleansing (*od.* purification) of the bloodstream; **Blutreinigungstee** *m* blood-cleansing tea.

blutrot *adj.* blood-red, (dark) crimson.

blutrünstig *adj.* bloodthirsty; *weitS.* bloody; *Film, Geschichte etc.*: gory, F blood and guts ...

Blutsauger *m* bloodsucker (*a. fig.*).

Blutsbruder *m* blood brother; **Blutsbrüderschaft** *f* blood brotherhood; ***miteinander ~ schließen*** become blood brothers.

Blutschande *f* incest; **blutschänderisch** *adj.* incestuous.

Blut|schuld *f* blood guilt; **~senkung** *f* blood sedimentation; **~serum** *n* blood serum.

Blutspende *f* blood donation; ***zur ~ gehen*** go to give blood; ***die Bevölkerung zur ~ aufrufen*** appeal for blood (donations); **Blutspender** *m* blood donor; **Blutspenderausweis** *m* blood donor card.

Blut|spiegel *m* blood level; **~spur** *f* **1.** trail of blood; **2.** *einzelne*: trace of blood, *auffällig*: *a.* bloodstain; **~stauung** *f* congestion; **~stein** *m* h(a)ematite.

blutstillend *adj.* (*a.* ***~es Mittel***) styptic.

Blut|strahl *m* **1.** spurt of blood; **2.** spurting blood; **~strom** *m* flow of blood.

Blutstropfen *m* drop of blood.

Blutsturz *m* ⚕ h(a)emorrhage.

blutsverwandt *adj.* related by blood (***mit*** to); **Blutsverwandte(r** *m*) *f* blood relation; ⚖ ***der nächste ~*** the next of kin; **Blutsverwandtschaft** *f* blood relationship, kinship.

Blut|tat *f* bloody deed; ***e-e ~ begehen*** commit (an act of) murder; **~transfusion** *f* blood transfusion.

bluttriefend *adj.* dripping with blood.

blutüberströmt *adj.* covered in blood.

Blutübertragung *f* blood transfusion.

Blutung *f* bleeding, *starke*: h(a)emorrhage; ***starke ~(en)*** heavy bleeding, *bei der Menstruation*: heavy flow.

blutunterlaufen *adj.* bloodshot.

Blutuntersuchung *f* blood test.

Blutverdünnung *f* h(a)emodilution, thinning of the blood; **Blutverdünnungsmittel** *n* anticoagulant.

Blut|vergießen *n* bloodshed; **~vergiftung** *f* ⚕ blood poisoning; **~verlust** *m* loss of blood; blood loss.

blutverschmiert *adj.* bloodied, bloodstained.

blutvoll *fig. adj.* full-blooded.

Blut|wäsche *f* (blood) dialysis; **~wurst** *f* *etwa* black pudding, *Am.* blood sausage; **~zoll** *m* (death) toll, toll of lives; ***e-n schweren ~ fordern*** take a heavy toll (of lives).

Blutzucker *m* blood sugar; F ***mein ~ ist zu niedrig*** my blood sugar has dropped; **~spiegel** *m* blood sugar level.

BMX-Rad *n* BMX (bike).

Bö *f* squall, gust; ✈ bump.

Boa *f* **1.** (*Schlange*) boa (constrictor); **2.** (*Schal*) boa.

Boardmarker *m* 'white board pen.

Bob *m* bob(sleigh); **~bahn** *f* bobsleigh run; **~fahren** *n* bobsleighing; **~fahrer** *m* bobber; **~mannschaft** *f* bob(sleigh) team; **~meisterschaft** *f* bob(sleigh) championship(s *pl.*); **~rennen** *n* bob (-sleigh) race (*od.* racing); **~schlitten** *m* bob(sleigh).

Bock *m* **1.** (*Ziegen*~) he-goat, billy goat; (*Widder*) ram; *beim Hasen, Kaninchen*: buck; *beim Reh*: (roe)buck; F *fig.* ***sturer ~*** F stubborn old so-and-so; (***geiler***) ***alter ~*** F (randy) old goat; F ***ein steifer ~ sein*** F be (as) stiff as a poker; F ***e-n ~ schießen*** F boob, (*ins Fettnäpfchen treten*) F drop a clanger; ***den ~ zum Gärtner machen*** set the fox to keep the geese; F ***et. aus ~ tun*** do s.th. for the fun of it; *sl.* ***~ haben, et. zu tun*** feel like doing s.th.; *sl.* ***~ haben auf*** (*acc.*) feel like *ger.*; *sl.* ***ich hab keinen ~*** (***drauf***) *sl.* it doesn't really grab me; **2.** (*Gestell*) stand; (*Hebe*~) jack; **3.** *Sport*: buck; ***~ springen*** a) vault over the buck, b) (play) leapfrog; **4.** (*Bier*) bock (beer).

bockbeinig F *adj.* stubborn.

Bockbier *n* bock (beer).

bocken *v/i. Pferd*: buck; *fig.* be stubborn; (*schmollen*) sulk; *mot.* F buck.

bockig *adj.* **1.** stubborn; **2.** (*schmollend*) sulky; **Bockigkeit** *f* **1.** stubbornness; **2.** sulking; sulkiness.

Bockleiter *f* stepladder.

Bockmist F *m sl.* crap, *Am. sl.* bullshit.

Bocksbeutel *m* **1.** bocksbeutel (*od.* Franconian) wine; **2.** (*Flasche*) bocksbeutel.

Bockshorn *n*: *fig.* ***sich ins ~ jagen lassen*** let o.s. be intimidated (*od.* put off); ***lass dich von ihm nicht ins ~ jagen!*** *a.* don't let him put you off.

Bockspringen *n* **1.** leapfrog; **2.** → **Bocksprung** *m* buck vaulting; *fig.* ***Bocksprünge machen*** cut capers.

Bockwurst *f* (fat) frankfurter.

Boden *m* **1.** (*Erdoberfläche*) ground; (*Erdreich, lockerer* ~) soil; (*Fuß*~) floor (*a. im Wagen etc.*); *e-s Gefäßes, des Meeres*: bottom; *fig.* (*Grundlage*) basis; ***auf britischem ~*** on British soil; ***heiliger ~*** holy (*od.* consecrated) ground; ***doppelter ~*** false bottom; ***zu ~ stürzen*** fall to the ground (*innen*: floor); ***die Augen zu ~ schlagen*** cast one's eyes down (to the ground); ***fester ~*** firm ground; ***festen ~ unter den Füßen haben*** be standing on firm ground, be on terra firma; (***festen***) ***~ fassen*** get a (firm) footing *od.* foothold, *fig.* find one's feet, *Idee etc.*: take hold (*od.* root); *fig.* ***sich auf festem*** (***unsicherem***) ***~ bewegen*** be on safe ground (be standing on shaky ground); ***den ~ für et. bereiten*** prepare the ground for s.th.; F ***am ~ zerstören*** (completely) demolish; F ***am ~ zerstört*** (*entsetzt*) (completely) devastated, (*erschöpft*) completely drained (F washed out); ***~ gewinnen*** (***verlieren***) gain (lose) ground; ***~ zurückgewinnen*** make up for lost ground; ***den ~ unter den Füßen verlieren*** *konkret*: lose one's footing, *fig.* (*sich zu weit vorwagen*) get out of one's depth, (*unsicher werden*) be thrown off balance; *fig.* ***j-m den ~ unter den Füßen wegziehen*** pull the rug out from under s.o.; *e-m Argument etc.* ***den ~ entziehen*** knock the bottom out of; ***sich***

auf gefährlichem ~ bewegen be treading on slippery ground; ***sich auf den ~ der Tatsachen stellen*** be realistic, look at things realistically, take a realistic view (of things); ***auf dem ~ der Tatsachen bleiben*** stick (*od.* keep) to the facts; ***den ~ der Tatsachen verlassen*** get away from (*od.* forget) the facts; ***der ~ wurde ihm zu heiß, der ~ brannte ihm unter den Füßen*** things got too hot for him; ***ich hätte*** (***vor Scham*** *od.* ***Verlegenheit***) ***im ~ versinken können*** (I was so ashamed *od.* embarrassed,) I wished the ground would open up and swallow me; ***zu ~ drücken*** crush, overwhelm; ***aus dem ~ schießen*** mushroom (up); → ***Fass, fruchtbar, Grund*** 1, ***stampfen*** II *etc.*; **2.** (*Dach2*) loft, attic; (*Heu2*) hayloft; **~abstand** *m mot.* (ground) clearance; **~abwehr** *f* ⚔ ground defen|ce (*Am.* -se); **~belag** *m* floor covering; **~belastung** *f mit Giftstoffen*: soil pollution (*od.* contamination); **~beschaffenheit** *f* **1.** surface conditions *pl.*; **2.** ⚘ properties *pl.* of the soil; **~-Boden-Rakete** *f* ⚔ surface-to-surface missile; **~detonation** *f* groundburst; **~dienst** *m* ✈ ground services *pl.*; **~erhebung** *f* elevation; **~erosion** *f* soil erosion; **~erschließung** *f* soil development; **~ertrag** *m* crop yield; **~falte** *f* furrow; **~feuchtigkeit** *f* humidity of the soil; **~fläche** *f* ⚘ acreage; △ groundspace; *Zimmer*, ⚙: floor space; **~freiheit** *f mot.* (ground) clearance; **~ frost** *m* ground frost; **~fund** *m* arch(a)eological find; **~gefecht** *n* ground battle; *a. pl.* ground combat (*od.* fighting).

bodengestützt *adj.*: ***~e Rakete*** *etc.*: ground-launched missile *etc.*

Boden|gymnastik *f* floor exercises *pl.*; **~haftung** *f mot.* (road) holding; **~haltung** *f von Geflügel*: free-range keeping; *Eier, Hühner* ***aus ~*** free-range; **~höhe** *f* ground level; **~isolierung** *f* floor insulation; **~kampf** *m* → ***Bodengefecht;*** **~kontrolle** *f*, **~kontrollstation** *f* ✈ ground control.

Bodenkredit *m* mortgage credit; **~anstalt** *f* land mortgage bank.

bodenlos *adj.* bottomless; *fig.* incredible; *fig.* ***das war e-e ~e Frechheit!*** what an incredible cheek (*od.* nerve).

Boden|-Luft-Rakete *f* ground-to-air missile; **~markierungen** *pl.* markings; **~matte** *f* floor mat; **~nähe** *f*: (***in ~*** at) ground level, ✈ zero altitude; **~nährstoff** *m* soil nutrient; **~nebel** *m* ground fog; **~nutzung** *f* cultivation (of the soil); **~personal** *n* ✈ ground staff (*mst. pl. konstr.*), ground crew (*a. pl. konstr.*); **~platte** *f* ⚙ base plate; **~probe** *f* soil sample; **~reform** *f* land reform; **~rente** *f* ground rent; **~satz** *m* deposit; sediment; **~schätze** *pl.* mineral resources; ***reich an ~n sein*** be rich in (*od.* have rich) mineral resources; **~schutz** *m* soil conservation; **~senke** *f* depression, hollow; **~sicht** *f* ✈ ground contact; **~spekulant** *m* land jobber; **~spekulation** *f* land speculation.

bodenständig *adj.* native, indigenous; *Industrie etc.*: rooted to the soil; *Mensch*: rooted to one's native soil; **Bodenständigkeit** *f e-s Menschen*: rootedness to one's native soil.

Boden|station *f* ✈ ground control; *Satellit etc.*: tracking (*od.* earth) station; **~staubsauger** *m* cylinder cleaner; **~stewardess** *f* ground hostess; **~streitkräfte** *pl.* ground forces; **~turnen** *n* floor exercises *pl.*; **~untersuchung** *f* soil test (*od.* analysis); **~verseuchung** *f* contamination of the soil; soil pollution.

Body F *m Kleidungsstück*: body stocking, bodysuit.

Body|building *n* body-building; ***~ machen*** do (*od.* go to) body-building; **~guard** *m* bodyguard.

Bogen *m* **1.** (*Krümmung*) curve; *e-s Flusses etc.*: *a.* bend; ⚘, ⚡, *ast.* arc; (*Wölbung*) arch; *im Rohr*: bend; *im Holz*: camber; *Skisport*: turn; *Eislauf*: curve, circle; ***e-n weiten ~ beschreiben*** describe a wide arc; ***e-n ~ machen*** *Straße, Fluss etc.*: go into (F do) a bend, ***um***: go (*od.* curve) around, F do a bend around; ***e-n großen ~ fahren*** go the long way round; *fig.* ***e-n großen ~ machen um*** steer clear of, give *s.o. od. s.th.* a wide berth; ***in hohem ~*** *werfen, fliegen etc.*: in a high arc; F *fig.* ***in hohem ~ rausfliegen*** F be turned (*od.* thrown, kicked) out on one's ear; F ***er hat den ~ raus*** F he's got the hang of it, ***bei***: F he's a dab hand at (*ger.*); **2.** △ arch; **3.** (*Waffe*) bow; *fig.* ***den ~ überspannen*** overstep the mark, overdo it; push one's luck too far; **4.** ♪ (*Geigen2 etc.*) bow; **5.** (*~ Papier*) sheet (of paper), piece of paper; (*Geschenkpapier etc.*) sheet; (*Druck2*) (printed) sheet; (*Briefmarken2*) sheet (of stamps); **~brücke** *f* arched bridge; **~fenster** *n* arched window; **2förmig** *adj.* arched, arch-shaped; **~führung** *f* ♪ bowing (technique); **~gang** *m* arcade; (*Verbindungsgang*) archway; **~lampe** *f* arc lamp; **~pfeiler** △ *m* flying buttress; **~schießen** *n* archery; **~schütze** *m* archer; **~sehne** *f* bowstring; **~strich** *m* ♪ stroke of the bow; *weitS.* bowing (technique); **~technik** *f* ♪ bowing technique; **~weite** *f* span (of an *od.* the arch).

Boheme *f* bohemian world; **Bohemien** *m* Bohemian.

Bohle *f* plank.

Böhme *m*, **Böhmin** *f*, **böhmisch** *adj.* Bohemian; *fig.* ***das sind böhmische Dörfer für mich*** it's all Greek to me.

Bohne *f* bean; (*Sau2*) broad bean; ***grüne ~n*** French (*od.* string, runner) beans; ***weiße ~n*** haricot beans; *fig.* ***nicht die ~ wert*** not worth a fig (*od.* cent); F ***nicht die ~!*** not a bit!; F ***es kümmert ihn nicht die ~*** F he doesn't care two hoots about it; F ***er versteht nicht die ~ davon*** he doesn't know the first thing about it.

Bohnen|kaffee *m* fresh (*od.* filtered, real) coffee; **~kraut** *n* savo(u)ry; **~ranke** *f* beanstalk; **~salat** *m* (French) bean salad; **~sprosse** *f* bean sprout; **~stange** *f* beanpole (*a.* F *fig.*); **~stroh:** F ***dumm wie ~*** F as thick as two short planks.

Bohner(besen) *m* floor polisher; **Bohnermaschine** *f* electric floor polisher; **bohnern I.** *v/t.* polish, wax; **II.** *v/i.* polish (*od.* wax) the floor(s); **Bohnerwachs** *n* floor polish.

Bohrarbeiten *pl.* drilling (work) *sg.*

bohren I. *v/t.* **1.** ⚙, ⚒ drill; (*Brunnen*) sink; (*Tunnel*) drive; ***ein Loch ~*** drill a hole (***in*** into); *e-n Pfahl etc.* ***in den Boden ~*** drive (*od.* sink) into the ground; *ein Messer od. Schwert etc.* ***in j-n ~*** plunge (*od.* sink) into s.o.; ***ein Schiff in den Grund ~*** send a ship to the bottom; F ***er hat mir zwei Zähne gebohrt*** I had to have two fillings; **II.** *v/i.* **2.** ⚙, ⚒ drill (***nach*** for); **3.** ***in der Nase ~*** pick one's nose; **4.** *fig.* (*eindringen*) probe (***in*** into); **5.** ***~ in j-m*** *Schmerz, Neid, Ehrgeiz etc.*: gnaw at s.o., *Angst etc.*: torment s.o.; **6.** (*aufdringlich sein*) persist, F go on and on; ***er bohrt*** *a.* he's very persistent, he'll go on and on at you; ***so lange ~, bis j-d et. tut*** pester s.o. into doing s.th., F go on and on at s.o. until he (*od.* she) does s.th. (*od.* gives in); **III.** *v/refl.*: ***sich ~ in*** (***durch*** *etc.*) bore (its way) into (through *etc.*); ***sich ~ in*** *Dorn etc. in den Finger etc.*: get into, get stuck in; **bohrend** *adj. Blick*: piercing, penetrating; *Schmerz*: gnawing; *Frage*: penetrating, probing.

Bohrer *m* ⚙, ⚒ drill; (*Nagel2*) gimlet.

Bohr|gestänge *n* set of drill-rods; **~insel** *f* drilling rig; *für Öl*: oilrig; **~kopf** *m* drilling head; **~loch** *n* drill hole; *ausgebohrt*: bore hole (*a. bei Holz*); **~maschine** *f* ⚙, ⚒ drill; **~meißel** *m* boring tool, cutter; **~schablone** *f* drilling template; **~turm** *m* (drilling) derrick.

Bohrung *f* drilling; (*Bohrloch*) (drilled) hole; *mot.* (*Zylinder2*) bore.

Bohrversuch *m* trial drilling.

böig *adj.* gusty; ✈ W bumpy.

Boiler *m* ⚙ boiler; *im Haushalt*: *a.* water heater, *Brit. a.* geyser.

Boje *f* buoy.

Bolid *m* **1.** *ast.* fireball, bolide; **2.** *mot.*, *a.* **Bolide** *m* racer.

Bolivianer(in *f*) *m*, **bolivianisch** *adj.* Bolivian.

Böller *m* saluting gun; **böllern** *v/i.* fire (a salute); **Böllerschuss** *m* gun salute.

Bollerwagen *dial. m* (wooden) cart (*Am. a.* wagon).

Bollwerk *n* ⚔ *u. fig.* bulwark.

Bolschewik *m* Bolshevik; **Bolschewismus** *m* Bolshevism; **Bolschewist** *m*, **bolschewistisch** *adj.* Bolshevist.

bolzen F **I.** *v/i. Fußball*: kick around (*a. schlecht spielen*); **II.** *v/t.* (*Ball*) F boot.

Bolzen *m* **1.** ⚙ bolt; pin; **2.** *hist.* (*Armbrust2*) bolt.

bolzengerade *adj.* (as) straight as a poker.

Bolzplatz *m* playing field.

Bombardement *n* bombardment (*a. phys. u. fig.*); bombing; *Artillerie*: shelling; **bombardieren** *v/t.* bomb, bombard; *mit Granaten*: *a.* shell; *fig.* (*bewerfen*) pelt (***mit*** with); *mit Fragen etc.*: bombard, assail (with); **Bombardierung** *f* → ***Bombardement.***

bombastisch *adj.* bombastic(ally *adv.*).

Bombe *f* **1.** bomb; *fig.* ***wie e-e ~ einschlagen*** *Nachricht etc.*: come like a bomb; ***die ~ ist geplatzt*** the cat's out of the bag; → ***abwerfen;*** **2.** *Fußball*: rocket, rasper.

Bomben... F *in Zssgn oft* tremendous; **~alarm** *m* bomb alert; **~angriff** *m* bomb attack, air raid; **~anschlag** *m* **1.** bomb attack; **2.** → **~attentat** *n* bomb attempt; **~besetzung** F *f thea., Film*: star cast; **~drohung** *f* bomb threat; **~erfolg** F *m* tremendous (*od.* huge) success; *thea.* box-office hit; (*Schallplatte*) F smash hit; **~explosion** *f* bomb explosion; **2fest I.** *adj.* bombproof; **II.** F *fig. adv.*: ***~ überzeugt*** *etc.* F dead sure *etc.*; ***das steht ~*** F that's a dead cert; **~flugzeug** *n* bomber (aircraft); **~form** F *f*: ***in ~ sein*** be in great shape; **~gehalt** F *n* F fantastic salary; **~geld** F *n*: ***ein ~ verdienen*** F earn a packet; **~geschäft** F *n* roaring business; ***ein ~ machen*** do a roaring trade; **~hitze** F *f* sweltering heat; **~lage**

F *f* prime location, F plum site; **~last** *f* bomb load; **~leger** *m* bomber, bomb planter; ***der ~*** *a.* the man (*od.* person) who planted the bomb; **~nacht** *f* night of bombing; **~preis** F *m* **1.** *niedriger*: rock-bottom price; ***zu e-m ~*** *a.* for next to nothing; **2.** *hoher*: top price; F incredible price; **~rolle** F *f thea.* dream part; **~sache** F *f* F knockout; **~schaden** *m* air-raid damage; **~schuss** F *m* F cracking shot; **~schütze** *m* bombardier; **≈sicher** *adj.* **1.** bombproof; **2.** F (*ganz sicher*) F surefire; ***es ist e-e ~e Sache*** F it's a dead cert; **~splitter** *m* bomb splinter; **~stellung** F *f* F plum job, fantastic job; **~stimmung** F *f* F terrific (*od.* tremendous) atmosphere; **~terror** *m* terrorist bombing(s *pl.*) *od.* attacks *pl.*; **~trichter** *m* bomb crater, crater left by a (*od.* the) bomb.

Bomber *m* ✈ bomber (*a.* F *fig. Sport*); **~geschwader** *n* bomber group (*Am.* wing); **~jacke** *f* bomber jacket.

bombig F **I.** *adj.* F great, terrific; **II.** *adv.*: ***~ verdienen*** F earn a packet.

Bon *m* voucher; (*Kassenzettel*) receipt.

Bonbon *m*, *n* sweet, *Am. a. pl.* candy; **bonbonfarben, bonbonfarbig** *adj.* sickly pink (*od.* yellow *etc.*).

bongen *v/t.* (*Betrag, Ware*) ring up; → ***gebongt.***

Bongo *n*, *f*, **~trommel** *f* bongo (drum), bongos *pl.*; ***mit X an der ~*** with X on bongos.

Bonifikation *f* (*Vergütung*) allowance; *auf Wertpapiere*: bonus.

Bonität *f* **1.** ☤ *finanzielle*: credit standing, creditworthiness; **2.** (*Warengüte*) quality; **3.** ⚘ quality of the soil.

Bonmot *n* witty remark, witticism.

Bonsai(baum *m*) *n* bonsai (tree).

Bonus *m* ☤ **1.** bonus, premium; **2.** special dividend.

Bonze *m* **1.** F bigwig; ***die ~n der Partei*** the party bigwigs; ***die ~n der Wirtschaft*** the tycoons of industry; **2.** F (*reicher Angeber*) F big shot; **3.** (*buddhistischer Priester od. Mönch*) bonze; **Bonzentum** F *n*, **Bonzenwirtschaft** F *f* F boss rule.

boolesch *adj.* Boolean; ***~e Operatoren*** *pl. Computer*: Boolean operators.

Boom *m* ☤ boom; **boomen** *v/i.* boom.

Boot *n* (*a.* F *Schiff*) boat; ***~ fahren*** go boating; *fig.* ***wir sitzen alle im gleichen ~*** we're all in the same boat.

booten *v/t. u. v/i. Computer*: boot (up).

Boots|anhänger *m* boat trailer; **~bau** *m* boat building; **~bauer** *m* boat builder; **~besatzung** *f* (boat's *od.* ship's) crew (*a. pl. konstr.*); **~fahrt** *f* boat trip; *kürzere*: boat ride; **~flüchtlinge** *pl.* boat people; **~führer** *m Sport*: coxswain; **~hafen** *m* marina; **~haus** *n* boathouse; **~mann** *m* boatswain; ⚔ petty officer; **~rennen** *n* boat race; **~steg** *m* landing stage; **~verleih** *m* boat hire; *Schild*: boats for hire; **~werft** *f* boatyard.

Bor ⚗ *n* boron.

Borax ⚗ *m* borax; **~säure** *f* bor(ac)ic acid.

Bord[1] *m* ⚓, ✈: ***an ~*** on board, aboard; ***an ~ e-s Schiffes (Flugzeugs) gehen*** board a ship (plane); ***an ~ gehen*** ⚓ go aboard, board ship, ✈ board (the aircraft); ***von ~ gehen*** ⚓ disembark, ✈ leave the aircraft; ***an ~ nehmen*** ⚓ take aboard, ✈ take onto the plane; ***über ~ gehen*** fall overboard; ***über ~ werfen*** throw overboard (*a. fig.*), (*Ladung*) jettison; ***Mann über ~!*** man overboard!; ***wir begrüßen Sie an ~ unserer Maschine (unseres Schiffes)*** we welcome you aboard our aircraft (ship); F ***Baby an ~*** *Autoaufkleber*: Baby on Board.

Bord[2] *n* (*Bücher≈*) shelf.

Bord|buch *n* log book; **~case** *n*, *m* flight case; **~computer** *m* ✈ on-board computer, *mot. a.* dashboard computer.

bordeaux(rot) *adj.*, **Bordeaux(rot)** *n* burgundy, claret.

Bordeaux(wein) *m* claret, Bordeaux (wine).

bordeigen *adj.* on-board ...

Bordelektronik *f* avionics *pl.*

Bordell *n* brothel; **~viertel** *n* red-light district; **~wirtin** *f* madam.

Bord|funk *m* ⚓ ship's radio; ✈ aircraft radio equipment; **~funker** *m* radio operator; **~gepäck** *n* hand luggage (*od.* baggage), *bsd. Am.* carry-on (baggage); **~ingenieur** *m* ✈ flight engineer; **~kamera** *f* on-board camera; **~kante** *f* kerb, *Am.* curb; **~karte** *f* boarding pass; **~kino** *n* **1.** ✈ in-flight movies *pl.*; **2.** ⚓ ship's cinema; **~koffer** *m* flight case; **~kran** *m* ⚓ deck crane; **~küche** *f* galley; **~mechaniker** *m* flight mechanic; **~personal** *n* flight crew; **~programm** *n* ✈ in-flight entertainment program(me); **~radar** *n* ✈ airborne radar; **~sender** *m* airborne transmitter; **~stein(kante** *f*) *m* kerb, *Am.* curb; **~tasche** *f* flight bag, *bsd. Am.* carry-on (bag); **~telefon** *n* interphone; **~unterhaltung** *f* in-flight entertainment.

Bordüre *f* border, trimming.

Bord|verpflegung *f* in-flight meals *pl.* (*od.* catering, fare), F meals *pl.* on the plane; **~waffen** *pl.* aircraft weapons; *Panzer*: tank armament *sg.*

borgen *v/t.* **1.** ***sich et. ~*** borrow s.th.; *fig.* (*plagiieren*) borrow (*od.* lift) s.th.; ***es ist nur geborgt*** I've *etc.* just borrowed it; **2.** (*ausleihen*) lend (out), *bsd. Am.* loan (out); ***j-m et. ~*** lend s.o. s.th., lend s.th. (out) to s.o., *bsd. Am.* loan s.o. s.th., loan s.th. (out) to s.o.

Borke *f* bark; (*Kruste*) crust; ⚕ (*Schorf*) crust.

Borken|flechte *f* ⚕ ringworm; **~käfer** *m* bark beetle.

borniert *adj.* **1.** (*engstirnig*) narrow-minded; **2.** (*beschränkt*) dense; **Borniertheit** *f* **1.** narrow-mindedness; **2.** denseness.

Borretsch *m* ⚘, *gastr.* borage.

Bor|salbe *f* boric acid ointment; **~säure** *f* bor(ac)ic acid.

Borschtsch *m gastr.* borscht.

Börse *f* **1.** ☤ stock exchange (*od.* market); (*Geldmarkt*) money market; ***Frankfurter (Pariser*** *etc.*) ***~*** *a.* Frankfurt (Paris *etc.*) bourse; ***an der ~*** on the stock exchange (*od.* market); **2.** *obs.* (*Geld≈*) purse, *für Männer u. Am.*: wallet; **3.** *Boxen*: purse.

Börsen|beginn *m* opening of the stock market; ***bei ~*** when the stock market opened (*od.* opens); **~bericht** *m* stock market report; **~eröffnung** *f* → ***Börsenbeginn***; **≈fähig** *adj.* **1.** listed; **2.** (*a.* **≈gängig**) (*lieferbar*) marketable; **~geschäft** *n* stock market transaction; bargain; **~handel** *m* stock exchange trading; **~index** *m* stock exchange index; **~krach** *m* (stock market) crash, stock market collapse, collapse of the stock market; **~kurs** *m* market price (*od.* rate), quotation; **~makler** *m* stockbroker; **~nachrichten** *pl.* financial news (*od.* report) *sg.*; **~notierung** *f* quotation; **~ordnung** *f* stock exchange regulations *pl.*; **~papiere** *pl.* listed securities; **~preis** *m* market price (*od.* rate), quotation; **~schluss** *m* close of the stock market; ***bei ~*** when the stock market closed (*od.* closes); **~schwankungen** *pl.* stock market fluctuations; **~spekulant** *m* stock exchange speculator; **~spekulation** *f* speculation on the stock market; playing the stock market; **~sprache** *f* stock exchange jargon; **~sturz** *m* → ***Börsenkrach***; **~termingeschäft** *n*, **~terminhandel** *m* trading in futures; **~tipp** *m* market tip; **~verkehr** *m* stock market transactions *pl.*; **~wert** *m* market value; **~zeitung** *f* financial paper; **~zettel** *m* stock list.

Börsianer *m* (*Makler*) broker, F operator; (*Spekulant*) speculator.

Borste *f* bristle.

Borsten|besen *m* coarse broom; **~kopf** *m* spike; **~pinsel** *m* bristle brush; **~tier** *n* pig; *pl. coll.* swine *sg.*; **~vieh** *n* → ***Borstentier.***

borstig *adj.* bristly; F *fig.* gruff; **Borstigkeit** *f* gruffness.

Borte *f* border; (*Besatz*) braid, trimming; (*Tresse*) galloon.

bös *adj.* → ***böse.***

bösartig *adj.* **1.** malicious, nasty; *Tier*: vicious; **2.** ⚕ *Tumor etc.*: malignant; *Krankheit*: *a.* pernicious; **Bösartigkeit** *f* **1.** spitefulness; *Tier*: vicious nature; **2.** ⚕ malignancy; pernicious nature *of a disease.*

Böschung *f* embankment; *geol.* scarp, escarpment.

böse → *a.* ***schlimm***; **I.** *adj.* **1.** (*schlimm*) bad; (*verrucht*) evil, wicked; (*böswillig*) spiteful; (*unartig*) bad, naughty; **2.** (*unerfreulich*) unpleasant, bad; *Wunde, Schrecken etc.*: nasty; *Fehler*: bad; ***~ Erkältung*** nasty (F rotten) cold; ***~ Krankheit*** nasty (*od.* very unpleasant) illness; ***~ Verletzung*** nasty cut (*od.* wound); ***~ Folgen*** dire consequences; ***e-e ~ Sache*** a nasty business; ***~ Überraschung*** nasty surprise; ***es sieht ~ aus*** things don't look too good, things look (F pretty) bad; ***ein ~s Ende nehmen*** come to a bad end; ***e-e ~ Wende nehmen*** take a nasty turn; ***im ≈n auseinander gehen*** part on bad terms; → ***Blick*** 1, ***Blut*** 1 *etc.*; **3.** F (*schmerzend*) *Finger etc.*: bad, sore; **4.** (*zornig*) angry, cross, F mad (***über*** about); ***j-m*** (*od.* ***auf j-n***) ***~ sein*** be angry (*od.* cross) with s.o., F be mad at s.o.; ***~ werden*** get angry *etc.*; **II.** *adv.* **5.** badly *etc.*; → I; ***ich habe es nicht ~ gemeint*** I didn't mean any harm; **6.** ***~ enden*** come to a bad end; ***sich ganz ~ irren*** make a fatal (*od.* very bad) mistake; ***sich ganz ~ verirren*** (*od.* ***verlaufen***) get hopelessly lost; **7.** ***j-n ~ ansehen*** scowl at s.o., *stärker*: give s.o. a black look; **Böse(r** *m*) *f* bad person, (*Kind*) bad boy (*f* girl); ***die Bösen*** *im Film etc.*: F the baddies; ***der Böse*** (*Teufel*) the Evil One, the Devil; **Böse(s)** *n* evil; (*Schaden*) harm; ***Böses tun*** do evil; ***j-m (etwas) Böses antun*** do s.o. harm, do s.th. to hurt s.o.; ***Böses im Sinn haben*** be up to no good; ***Böses reden über*** speak ill of; → ***ahnen.***

Bösewicht *m* villain, rogue (*beide a. fig., iro.*).

boshaft *adj.* malicious (*a. Gelächter*), nasty; **Boshaftigkeit** *f* maliciousness, malicious nature; *lit.* wickedness.

Bosheit *f* malice; (*Bemerkung*) nasty re-

mark; **so e-e ~!** what a nasty thing to do (*od.* say); **aus ~** out of spite.
Bosnier(in *f*) *m* Bosnian; **bosnisch** *adj.* Bosnian.
Boss F *m* F boss; (*Partei*≗ *etc.*) leader.
bosseln F *v/i.*: **an** *et.* **~** tinker *od.* fiddle (around *od.* about) with, *fig. an e-m Problem etc.*: tinker with, *an et. Schriftlichem*: doctor.
böswillig I. *adj.* malicious; ⚖ *a.* wil(l)ful; ⚖ ***in ~er Absicht*** with malice aforethought, with malicious intent; **II.** *adv.* out of spite; ⚖ with malice aforethought, with malicious intent; **Böswilligkeit** *f* malevolence, ill-will; ⚖ wil(l)fulness.
Botanik *f* botany; **Botaniker** *m* botanist; **botanisch** *adj.* botanic(al); ***~er Garten*** botanical gardens.
Bote *m* messenger; (*Laufbursche*) errand boy, *Am.* F gofer; (*Abgesandter*) emissary; (*Kurier*) courier; *fig.* (*Send*≗) apostle; (*Vor*≗) herald, harbinger.
Boten|dienst *m* **1.** (*Einrichtung*) courier service; **2.** ***~e leisten*** run errands; **~gang** *m* errand; ***Botengänge machen*** run errands.
Botschaft *f* **1.** message (**an** to; *a. fig.*); (*Nachricht*) news (*sg.*); → **froh; 2.** *pol.* embassy.
Botschafter *m* ambassador (**in** to *Spain etc.*, in *Madrid etc.*); **~ebene** *f*: **auf ~** at ambassadorial level; **~konferenz** *f* ambassadors' conference.
Botschafts|besetzung *f* occupation of the (*od.* an) embassy; **~gebäude** *n* embassy (building); **~gelände** *n* embassy grounds *pl.* (*od.* compound); **auf dem ~** in the embassy grounds.
Böttcher *m* cooper.
Bottich *m* tub, vat.
Bouclé-Pullover *m* bouclé sweater (*od.* jumper).
Bouillon *f* consommé, clear soup; **~würfel** *m* stock cube.
Boulevard *m* boulevard; **~blatt** *n* popular newspaper, *etwa* tabloid; **~presse** *f* popular (*contp.* gutter) press; **~stück** *n* light comedy; **~theater** *n* **1.** (*Gattung*) light comedy; **2.** comedy theat|re (*Am. a.* -er); **~zeitung** *f* popular newspaper, *etwa* tabloid.
bourgeois I. *adj.* bourgeois (*a. contp.*), middle-class; **II.** ≗ *m* bourgeois; **Bourgeoisie** *f* bourgeoisie, middle classes *pl.*
Boutique *f* boutique.
Bowle *f* **1.** (*Getränk*) (cold) punch; ***die ~ ansetzen*** make the punch; **2.** punch-bowl.
bowlen *v/i.* bowl.
Bowling *n* **1.** bowling; **2.** *auf dem Rasen*: bowls (*sg.*); **~bahn** *f* bowling alley; **~platz** *m* bowling green.
Box *f* **1.** *a.* **Boxe** *f* (*Pferde*≗) box; **2.** *zum Parken*: parking space; **3.** *Rennsport*: pit; **4.** (*Lautsprecher*) speaker; **5.** (*~kamera*) box camera.
Boxcalf *n* (*Leder*) boxcalf.
boxen I. *v/i.* fight; *Sport*: box; **II.** *v/t.* (*schlagen*) hit; **III.** *v/refl.*: **sich** (**mit j-m**) **~** have a fight (with s.o.); *fig.* **sich durch** *et.* **~** fight one's way through; **IV.** ≗ *n* boxing.
Boxer *m* **1.** boxer, fighter; **2.** (*Hund*) boxer; **~motor** *m mot.* opposed cylinder engine; **~nase** *f* boxer's nose; **~shorts** *pl.* boxer shorts, boxers.
Boxhandschuh *m* boxing glove.
Boxkalf *n* (*Leder*) boxcalf.
Box|kampf *m* boxing match, fight; **~ring** *m* boxing ring; **~sport** *m* boxing.
Boykott *m* boycott; ***den ~ verhängen über*** boycott; **~drohung** *f* threat of a boycott; **~erklärung** *f* announcement of a boycott.
boykottieren *v/t.* boycott.
brach *adj.* fallow; ≗**feld** *n* fallow land (*od.* field).
Brachialgewalt *f*: (**mit ~** by) (sheer) brute force.
Brachland *n* fallow (land).
brachlegen *v/t.* leave fallow; **brachliegen** *v/i.* lie fallow; *fig.* go to waste; **brachliegend** *adj.* fallow.
brackig *adj.* brackish; **Brackwasser** *n* brackish water.
Brahmane *m*, **brahmanisch** *adj.* Brahmin.
Brailleschrift *f* braille.
Brain|storming *n* **1.** brainstorming; **2.** *konkret*: brainstorming session; **~washing** *n* brainwashing.
Branche *f* ✝ **1.** industrial sector; **2.** line of business.
Branchen|adressbuch *n* classified directory; **~blatt** *n* trade journal; **~erfahrung** *f* experience in the trade; ≗**fremd** *adj.* new to the trade; **~kenntnis** *f* knowledge of the trade; ≗**kundig** *adj.* experienced in the trade; ≗**üblich** *adj.* customary (in the trade); **~verzeichnis** *n* classified directory, F *the* yellow pages *pl.*
Brand *m* **1.** fire, (*Groß*≗) *a.* blaze; ***in ~*** (***stehen*** be) on fire, (be) in flames; ***in ~ geraten*** catch fire; ***in ~ stecken*** set fire to, set on fire, (*Brennholz etc.*) kindle, (*Pfeife etc.*) light; **2.** F ***e-n riesigen ~ haben*** (*Durst*) F be parched, be dying of thirst; **3.** ⚘ blight, mildew; **4.** ⚕ gangrene; **5.** *von Keramik etc.*: firing.
brandaktuell *adj.* up-to-the-minute *news, issue etc.*; *Meldung*: *pred.* hot off the press; *Mode etc.*: the very latest ...; *Hit etc.*: the latest ...
Brand|anschlag *m* arson attack; ***e-n ~ verüben auf*** set fire to; **~bekämpfung** *f* fire fighting; **~blase** *f* (burn) blister; **~bombe** *f* fire (*od.* incendiary) bomb; **~brief** F *m* **1.** urgent reminder; **2.** urgent request; **~direktor** *m* fire chief.
brandeilig *adj.* extremely urgent; ***er hats wieder ~*** he's in a terrible hurry as usual, *mit et.*: *a.* it's all terribly urgent as usual.
Brandeisen *n* branding iron.
brandeln *dial. v/i.* smell burnt.
branden *v/i.* surge (**gegen** against); ***~ gegen*** *a.* break on (*od.* against).
Brandenburger(in *f*) *m* man (*f* woman) from Brandenburg; ***~ sein*** *mst* come (*od.* be) from Brandenburg; **brandenburgisch** *adj.* Brandenburg ..., from Brandenburg.
Brand|fackel *f* firebrand (*a. fig.*); **~fleck** *m* burn (mark); **~gefahr** *f* risk of fire (breaking out), fire risk; ***e-e ~ darstellen*** be a fire hazard (*od.* risk); **~geruch** *m* smell of burning; *bei Angebranntem*: burnt smell; **~geschoss**, *östr.***~geschoß** *n* fire shell.
brandheiß *adj. Nachrichten*: the very latest *news, pred.* hot off the press.
Brand|herd *m* source *od.* focus of (the) fire; *fig.* trouble spot; **~katastrophe** *f* fire disaster; **~mal** *n* brand; *fig.* stigma.
brandmarken *v/t. a. fig.* brand; **Brandmarkung** *f a. fig.* branding.
Brand|mauer *f* fire wall; **~narbe** *f* burn scar, scar from a burn.
brandneu *adj.* brand-new.
Brand|opfer *n* **1.** fire victim; **2.** *rituelles*: burnt offering; **~rede** *f* inflammatory speech; **~rodung** *f* fire clearance; **~salbe** *f* burn ointment; **~schaden** *m* fire damage.
brandschatzen *v/t. u. v/i.* pillage and threaten to burn *s.th.*; **Brandschatzung** *f* pillaging and threat of burning.
Brandschneise *f* fire lane.
Brandschutz *m* fire prevention; **~beauftragte(r)** *m* fire prevention officer.
Brand|sohle *f* insole; **~spur** *f* trace of a (*od.* the) fire; **~stätte** *f* scene of the fire; **~stelle** *f* **1.** scene of the fire; **2.** → ***Brandfleck***; **~stifter** *m* arsonist, fire--raiser; **~stiftung** *f* arson; **~teig** *m* choux pastry mixture.
Brandung *f* surf; *fig.* surge, wave; **Brandungswelle** *f* breaker.
Brand|ursache *f* cause of the fire; **~verhütung** *f* fire prevention; **~wache** *f* fire-watch; (*Posten*) fireguard; **~wunde** *f* burn; *durch Verbrühen*: scald; **~zeichen** *n* brand.
Branntkalk *m* burnt lime.
Branntwein *m* brandy; (*Schnaps*) spirits *pl.*; **~brenner** *m* distiller; **~brennerei** *f* **1.** distillery; **2.** (*Vorgang*) distilling; **~monopol** *n* alcohol (*od.* spirits) monopoly; **~steuer** *f* spirits duty.
Brasilianer(in *f*) *m*, **brasilianisch** *adj.* Brazilian.
Brasse *f zo.* bream.
Bratapfel *m* baked apple.
braten I. *v/t.* (*u. v/i.*) roast; *auf dem Rost*: grill; *in der Pfanne*: fry; *im Ofen, außer Fleisch*: bake; **am Spieß ~** roast on a spit; → ***gebraten***; **II.** F *v/i. in der Sonne*: F roast *od.* bake (in the sun).
Braten *m* roast; (*Keule*) joint; ***kalter ~*** cold meat; *fig.* ***fetter ~*** fine catch; ***den ~ riechen*** smell a rat; **~duft** *m* smell of roasting; **~fett** *n* dripping; **~saft** *m* **1.** juice from the meat; **2.** → **~soße** *f* gravy.
Bräter *m* roasting pan.
bratfertig *adj.* oven-ready.
Brat|fett *n* cooking fat; **~fisch** *m* fried fish; **~folie** *f* tin foil; **~hähnchen** *n* → ***Brathuhn***; **~hering** *m* grilled (and pickled) herring; **~huhn** *n*, **~hühnchen** *n* roast (*od.* grilled, broiled) chicken; *zum Braten*: broiler; **~kartoffeln** *pl.* fried potatoes; **~ofen** *m* oven; **~pfanne** *f* frying pan; **~röhre** *f* oven; **~rost** *m* grill.
Bratsche *f* ♪ viola; **Bratscher** *m*, **Bratschist** *m* viola player.
Brat|spieß *m* spit; **~wurst** *f* fried (*od.* grilled) sausage.
Brauch *m* (*Sitte*) custom; (*Usus*) practi|ce (*Am. a.* -se); ***herkömmlicher ~*** tradition; ***es ist hier der ~*** it's the custom (*od.* it's customary) around here (**, *dass die Männer ...*** for the men to ...); ***es ist bei uns so ~*** that's the way we've always done it, it's the custom with us; ***so wie es der ~ will*** as custom has it; ***nach altem ~*** according to tradition (*od.* custom), *do s.th.* the traditional way; ***es kommt außer ~*** it's falling into disuse, *weitS.* people don't do it (so much) any more.
brauchbar *adj.* **1.** useful; (*verwendbar*) usable; *Plan etc.*: practicable; **2.** F (*ordentlich*) F useful, decent, not bad; **Brauchbarkeit** *f* usefulness; usability; practicability; → ***brauchbar.***
brauchen I. *v/t.* (*nötig haben*) need; (*erfordern*) require; (*in Anspruch nehmen, bsd. Zeit, Energie*) take; (*verwenden*) use, make use of; → *a.* ***gebrauchen, verbrauchen*** I; ***Sie ~ den Vierer***(***bus***) you

need (to take) the number four (bus); ***wozu brauchst du es?*** what do you need it for?; ***wie lange wird er ~ ?*** how long will it take him?; ***ich brauche zwei Stunden, um zu*** *inf.* it takes me two hours to *inf.*; ***das braucht (seine) Zeit*** it takes time; ***ich könnte ein paar Helfer ~*** I could do with some help (*od.* a few people to help me); F ***ich kann es nicht ~, wenn er ständig anruft*** I can do without him ringing up all the time; **II.** *v/aux.* need, have to; ***du brauchst (es) mir nicht zu sagen*** you don't have to tell me; ***er brauchte nicht zu kommen*** he didn't have to come; ***er hätte nicht zu kommen ~*** he needn't have come; ***du brauchst es nur zu sagen*** just say the word; ***du brauchst keine Angst zu haben*** there's no need to be scared; ***du brauchst nicht gleich in die Luft zu gehen*** there's no need to lose your temper; ***es braucht wohl nicht gesagt zu werden, dass*** I don't suppose there's any need to stress that.

Brauchtum *n* customs *pl.*, tradition(s *pl.*).

Brauchwasser *n* industrial water.

Braue *f* (eye)brow; ***die ~n hochziehen*** raise one's eyebrows (*od.* an eyebrow).

brauen I. *v/t.* brew; (*Tee, Punsch etc.*) make; **II.** *fig. v/i.* be brewing; **Brauer** *m* brewer; **Brauerei** *f* brewery; **Brauhaus** *n* brewery.

braun I. *adj.* brown; *von der Sonne*: *a.* tanned; ***~e Butter*** browned (*od.* fried) butter; ***~es Pferd*** bay; ***~ werden*** *Person*: get a tan, go brown; ***schnell ~ werden*** *von Natur aus*: tan easily (*od.* quickly), go brown quickly; ***du bist aber ~ geworden!*** you're very brown, you've got quite a tan; **II.** ~ *n* brown.

braunäugig *adj.* brown-eyed.

Braunbär *m* brown bear.

Braune *östr. m* coffee with little milk.

Bräune *f* brown(ness); (*Sonnen~*) (sun-)tan; **bräunen I.** *v/i. u. v/refl.* (***sich*** ~) get brown; *Haut, Person*: *a.* get a tan; **II.** *v/t.* brown; *Sonne*: tan.

Braunfäule *f* blight.

braun gebrannt *adj.* tanned, bronzed.

braunhaarig *adj.* brown-haired.

Braunkohle *f* brown (*Am.* soft) coal, lignite.

bräunlich *adj.* brownish.

braunsche Röhre *f* ⚙ cathode-ray tube.

Bräunungs|kabine *f* tanning booth; **~studio** *n* solarium, *Am.* tanning salon.

Brause *f* **1.** → ***Brauselimonade***; **2.** (*Gieß~*) sprinkler, nozzle; **3.** (*Dusche*) shower; ***sich unter die ~ stellen*** have (*od.* take) a shower; **~bad** *n* shower (bath); **~limonade** *f* fizzy drink, *Brit. a.* lemonade.

brausen I. *v/i.* **1.** (*rauschen*) roar; (*dröhnen*) boom; (*toben*) rage; ***mir braust es in den Ohren*** my ears are buzzing; **2.** F *fig.* (*stürmen*) zoom, *Auto etc.*: *a.* roar; ***um die Ecke ~*** come (*od.* go) zooming round the corner; **3.** ***~ durch*** (*e-n Bericht etc.*) whisk (F whizz, *Am.* whiz) through; **4.** (*duschen*) have (*od.* take) a shower; **II.** *v/t.* spray, *stärker*: shower; **brausend** *adj.*: ***~er Beifall*** thunderous applause.

Brause|pulver *n* sherbet; **~tablette** *f* effervescent tablet.

Braut *f* **1.** *am Hochzeitstag*: bride; **2.** (*Verlobte*) fiancé e, F intended; **3.** F (*Freundin*) F girl; (*Mädchen*) *sl.* bird; **~eltern** *pl.* parents of the bride, bride's parents; **~führer** *m man who gives away the bride*; **~gemach** *n bsd. iro.* nuptial chamber.

Bräutigam *m* **1.** *am Hochzeitstag*: (bride)groom; **2.** (*Verlobter*) fiancé

Braut|jungfer *f* bridesmaid; **~kleid** *n* wedding dress; **~kranz** *m* bridal wreath; **~leute** *pl.* bride and groom; **~modengeschäft** *n* bridal shop (*od.* store); **~mutter** *f* mother of the bride, bride's mother; **~paar** *n* **1.** *am Hochzeitstag*: bride and (bride)groom; **2.** (*Verlobte*) engaged couple; **~schau** *f*: F ***auf ~ gehen*** look for a wife; **~schleier** *m* bridal veil; **~strauß** *m* bridal bouquet; **~vater** *m* father of the bride, bride's father.

Brauwesen *n* brewing industry.

brav *adj.* **1.** (*artig*) good, well-behaved; ***sei schön ~!*** be good now; ***sei ~ und geh ins Bett!*** go to bed like a good boy (*od.* girl); **2.** (*ehrlich, rechtschaffen*) good, honest and upright, honest, upright; ***e-e ~e Leistung*** a good attempt; *adv.* ***er hat sich ~ geschlagen*** he tried hard, he did his best; **3.** F (*konventionell*) very conventional, ordinary; (*bieder, einfach*) plain.

bravo *int.* well done!; *thea. etc.* bravo!; **Bravo(ruf** *m*) *n* bravo, *pl. a.* cheers.

Bravour *f* **1.** (*Schwung*) spirit; ***mit ~*** brilliantly; **2.** ♪ bravura; **3.** (*Tapferkeit*) bravery; **~arie** *f* ♪ bravura aria; **~leistung** *f* → ***Bravourstück.***

bravourös *adj.* courageous, bold; ♪ brilliant, bravura ...

Bravourstück *n* **1.** daring feat; **2.** ♪ bravura.

Bravur *etc.* → ***Bravour*** *etc.*

brechbar *adj.* breakable.

Brech|bohne *f* French bean; **~durchfall** *m* ⚕ diarrh(o)ea with vomiting; **~eisen** *n* crowbar.

brechen I. *v/t.* **1.** break (*a. fig. Bann, Eid, Rekord, Schweigen, Stille, Stolz, Willen etc.*); (*Steine*) *a.* quarry; (*Lichtstrahl*) refract; F ⚕ (*erbrechen*) vomit, bring up; (***sich***) ***den Arm ~*** break one's arm; **2.** *fig.* (*Gesetz, Vertrag*) break, violate; (*Blockade*) run; (*Widerstand*) break, crush; ***die Ehe ~*** commit adultery; F ***zum ~ voll*** packed, F jampacked, chock-a-block; → ***Blockade*** 1, ***Eis, Genick, Herz, Knie, Zaun*** *etc.*; → ***gebrochen***; **II.** *v/i.* **3.** break (*a. Stimme*); *Widerstand etc.*: break down; F ⚕ be sick, vomit; ***~ aus*** (*hervor~*) burst out of, *Tränen*: pour from; ***~ durch*** (*Eis, Mauer etc.*) break (*stärker*: crash) through; F ***ich muss ~*** I'm going to be sick; **4.** ***~ mit*** *j-m od. et.* break with, (*e-r Gewohnheit*) break; **III.** *v/refl.*: ***sich ~*** **5.** *Wellen*: break; ***sich ~ an*** break on (*od.* against), *stärker*: crash against; **6.** *phys. Licht etc.*: refract; **brechend I.** *adj. opt.* refractive; **II.** *adv.*: F ***~ voll*** crammed, packed, F jampacked, chock-a-block; **Brecher** *m* **1.** (*Welle*) breaker; **2.** ⚙ crusher, breaker.

Brech|kraft *f opt.* refractive power; **~mittel** *n* **1.** ⚕ emetic; **2.** F ***er (es) ist ein echtes ~*** *sl.* he's (it's) enough to make you want to puke; **~reiz** *m* (feeling of) nausea; ***e-n ~ verursachen*** *a.* make one feel sick; **~stange** *f* crowbar.

Brechung *f opt.* refraction; *ling.* fracture; ♪ arpeggio.

Brechungs|prisma *n* refraction prism; **~winkel** *m* refracting angle.

Bredouille F *f*: ***in der ~ sein*** F be in a fix, be in a bit of a mess; ***in die ~ geraten*** get (o.s.) into a fix (*od.* a bit of a mess).

Brei *m für Kinder*: pudding; (*Hafer~*) porridge; *Am.* (*bsd. Mais~*) mush; (*~masse*) pap, *contp. a.* mush; ***zu ~ kochen*** cook to a pulp; F *fig.* ***zu ~ schlagen*** beat *s.o.* to a pulp; ***um den heißen ~ herumreden*** beat about (*od.* around) the bush; F ***j-m ~ ums Maul schmieren*** F butter s.o. up; → ***Katze*** 1, ***Koch***; **breiig** *adj.* mushy.

breit I. *adj.* **1.** wide, broad; *Kinn, Schultern*: broad, square; (*ausgedehnt*) large, wide; ***120 Zentimeter ~*** 120 centimet|res (*Am.* -ers) wide (*od.* across); ***~ drücken*** flatten (out), press *s.th.* flat; *et.* ***~er machen,*** *a.* ***~er werden*** widen; **2.** *fig.* ***~es Angebot*** wide (*od.* broad) range; ***~e Grundlage*** broad basis; ***~es Echo*** wide echo; ***~es Grinsen*** broad grin; ***die ~e Masse*** the masses; ***die ~e Öffentlichkeit*** the public at large; ***~e Schichten der Bevölkerung*** wide (*od.* broad) sections of society; ***~es Interesse*** widespread interest; → ***breit machen***; **II.** *adv.* **3.** broadly (*a. lächeln etc.*); ***~ gebaut*** broadly (*od.* squarely) built; ***et. ~ erzählen*** give a longwinded account of s.th.; → ***groß*** II, ***weit*** II; **4.** ♪ largo.

breit angelegt *fig. adj.* wide-ranging; *Erzählung, Roman etc.*: expansive.

Breitband... *in Zssgn mst* broadband, wide-band ...; *pharm. etc.* broad-spectrum *antibiotic etc.*; **~abstimmung** *f Radio*: broad tuning; **~empfänger** *m* broadband receiver; **~lautsprecher** *m* full-range loudspeaker.

breitbeinig *adj. u. adv.* with legs apart; ***~ stehen auf*** straddle *s.th.*

Breite *f* width; breadth; (*Schiffs~*) beam; *ast., geogr.* latitude; *fig.* breadth, scope, range; (*Weitschweifigkeit*) longwindedness; ***es hat e-e ~ von sechs Metern*** it is six met|res (*Am.* -ers) wide; ***der ~ nach*** breadthwise; ***in die ~ gehen*** *Person*: put on weight, F spread out, *fig.* (*weitschweifig sein*) be (*od.* get) very longwinded, ramble; *geogr.* ***in diesen ~n*** in these latitudes; → ***episch***; **breiten I.** *v/t.*: ***~ über*** spread *s.th.* on (*od.* over); **II.** *v/refl.*: ***sich ~*** spread (out), *Landschaft etc.*: *a.* stretch (out); *fig.* spread.

Breiten|grad *m* (degree of) latitude; ***der 30. ~*** the 30th parallel; ***in diesen ~en*** in these latitudes, *fig. a.* in these spheres, in this part of the world; **~kreis** *m* parallel (of latitude); **~sport** *m* mass sport(s *pl.*); **~wirkung** *f* effectiveness; ***von großer ~*** *Film etc.*: with wide (*od.* popular, mass) appeal, *Maßnahmen, Neuerungen etc.*: with far- (*od.* wide-)reaching effects.

breit gefächert *adj.* wide(-ranging); diversified.

breithüftig *adj.* broad-hipped.

Breitling *m Fisch*: whitebait.

breit machen F *v/refl.*: ***sich ~*** **1.** *Angst etc.*: spread; **2.** *Person*: spread o.s. out, *fig.* throw one's weight around.

breit|schlagen F *v/t.*: ***j-n ~*** talk s.o. round, ***zu et.***: talk s.o. into (doing) s.th.; ***sich ~ lassen*** give in, allow o.s. to be swayed (*od.* persuaded); **~schult(e)rig** *adj.* broadshouldered.

Breitseite *f* ⚓ *u. fig.* broadside; ***e-e ~ abfeuern gegen*** *a. fig.* deliver a broadside against.

Breitspektrum... ⚕ *in Zssgn* broad-spectrum ...

breit|spurig *adj.* **1.** 🚂 broad-ga(u)ge; **2.** F *fig. Person*: bumptious, full of o.s.; **~treten** *fig. v/t.* spin out; → *a.* **~walzen** F *v/t.* F thrash to death.

Breitwand *f Film*: wide screen; **~film** *m* wide-screen film.

Brems... *in Zssgn mst* brake ...; **~abstand** *m* braking distance; **~anlage** *f* brake system; **~backe** *f* brake shoe; **~belag** *m* brake lining; ***den ~ erneuern*** reline the brakes.
Bremse[1] *f mot.* brake; ***auf die ~ treten*** (F ***steigen***) step on (F slam on) the brake(s); ***die ~ betätigen*** apply (*od.* put on) the brakes.
Bremse[2] *f zo.* horsefly.
bremsen I. *v/t.* **1.** brake; (*Fall*) cushion; **2.** *fig.* check, curb; (*verlangsamen*) slow down; F ***j-n ~*** slow s.o. down, (*zurückhalten*) hold s.o. back; F ***er war nicht zu ~*** there was no holding him (back); **II.** *v/i.* **3.** brake, apply (*od.* put on) the brakes; **4.** *fig.* (*hemmend wirken*) act as a brake, slow things down; F *Person*: (*sich zurückhalten*) slow down, ease up; F (*sich einschränken*) cut down on things; F ***mit et. ~*** cut down on s.th.; **III.** *v/refl.*: ***sich ~*** restrain o.s., hold (o.s.) back.
Bremsen|plage *f* plague of horseflies; **~stich** *m* horsefly bite.
Bremser *m* brakeman.
Bremsfallschirm *m* brake parachute.
Bremsflüssigkeit *f* brake fluid; **Bremsflüssigkeitsanzeiger** *m* brake fluid indicator.
Brems|hebel *m* brake lever; **~keil** *m* chock; **~klappe** *f* ✈ brake flap; **~klotz** *m* brake block, ✈ (wheel) chock.
Bremskraft *f* braking power; **~verstärker** *m* brake booster.
Brems|last *f phys.* brakeload; **~leistung** *f* braking power; **~leuchte** *f*, **~licht** *n* stop light, brake light; **~pedal** *n* brake pedal; **~probe** *f* brake test; ***e-e ~ machen lassen*** have one's brakes tested; **~rakete** *f* retro-rocket; **~scheibe** *f* brake disc; **~schlussleuchte** *f* stop and tail lamp; **~schuh** *m* brake shoe; **~sohle** *f* brake pad; **~spur** *f* skid mark(s *pl.*); **~trommel** *f* brake drum.
Bremsung *f* braking (effect).
Brems|verzögerung *f* brake retardation; **~vorrichtung** *f* brake mechanism; **~weg** *m* braking distance; **~wirkung** *f* braking action; **~zeit** *f* braking time; **~zylinder** *m* brake cylinder.
brennbar *adj.* combustible; (*entzündlich*) (in)flammable; **Brennbarkeit** *f* combustibility; (in)flammability.
Brennelement *n* fuel element.
brennen I. *v/t.* burn; (*sengen*) singe; (*Branntwein*) distil(l); (*Kaffee*) roast; (*Keramik, Porzellan*) fire; (*Ziegel*) bake; ***ein Loch in et. ~*** burn a hole in(to) s.th.; ***e-e CD*** (*od.* ***CD-ROM***) ***~*** record (*od.* burn) a CD (*od.* CD-ROM); **II.** *v/i.* burn (*a. fig. Sonne*); *Haus etc.*: *a.* be on fire; *Licht etc.*: burn, be on; *fig. Nessel, Säure, Salbe, Stich, Haut etc.*: sting, *Wunde etc.*: *a.* smart; *Füße etc.*: be sore, hurt; *Augen*: sting, burn, smart, be sore; *Gewürz, Speise etc.*: be hot; ***es brennt*** there's something burning; ***es brennt!*** fire!; ***die Sonne brennt auf die Haut*** the sun's scorching hot; ***das Licht ~ lassen*** leave the light on; *fig.* ***vor Ungeduld*** *etc.* ***~*** be burning with impatience *etc.*; F ***darauf ~ zu*** *inf.* be dying (*od.* itching) to *inf.*; F ***wo brennts?*** F where's the fire?; **III.** ♀ *n* burning; *von Schnaps*: distillation; ⚕ soreness, (*Jucken*) itchiness; **brennend I.** *adj.* burning (*a. fig. Frage, Interesse, Leidenschaft etc.*); (*in Flammen*) *a. house etc.* on fire; ⚕ (*ätzend*) caustic; *fig. Hitze*: burning, scorching, searing; **II.** *adv.*: ***es interessiert ihn ~*** he's desperately interested (to know); ***es interessiert mich ~, ob*** I'm dying to know if; **Brenner** *m* **1.** (*Schnaps*♀) distiller; **2.** ⊚ (*Gas*♀) burner; **Brennerei** *f* distillery.
Brenn|glas *n* burning glass; **~holz** *n* firewood; **~kammer** *f* combustion chamber; **~kolben** *m* still; **~material** *n* fuel; ***kann man das als ~ verwenden?*** can that be used for heating?; **~nessel** *f* nettle; **~ofen** *m* kiln; *metall.* furnace; **~öl** *n* fuel oil; **~punkt** *m phys. u. fig.* focus, focal point; ***in den ~ rücken*** a) bring into focus, *fig. a.* focus attention on, b) pass into focus, *fig.* become the focus of attention; *fig.* ***im ~ des*** (***öffentlichen***) ***Interesses stehen*** be the focus of (public) attention; **~schere** *f*: (***e-e ~*** a pair of) curling tongs *pl.*; **~schluss** *m Rakete*: burnout; **~schneider** *m* oxyacetylene cutter; **~spiritus** *m* methylated spirits *pl.*; **~stab** *m* fuel rod.
Brennstoff *m* fuel; *für Zssgn mot.* → ***Benzin...***; **~element** *n* fuel element.
Brenn|weite *f opt.* focal length (*od.* distance); **~wert** *m* calorific value.
brenzlig *adj.* **1.** F *fig.* dangerous; ***es wird mir zu ~*** F things are getting too hot for me; **2.** *obs. Geruch etc.*: burnt.
Bresche *f* breach; ***e-e ~ schlagen*** *a. fig.* clear the way; ***e-e ~ schlagen in*** *a. fig.* breach; *fig.* ***in die ~ springen*** step (*od.* throw o.s.) into the breach.
Bretone *m*, **bretonisch** *adj.* Breton.
Brett *n* board; (*Bohle*) plank; (*Regal*) shelf; (*Tablett*) tray; (*Spiel*♀) board; *Sport*: springboard; F **~er** (*Skier*) F boards; *thea.* ***die ~ er***(***, die die Welt bedeuten***) the stage; ***mit ~ern belegen*** board; ***mit ~ern vernageln*** (*od.* ***einzäunen***) board up; F *fig.* ***ich hatte plötzlich ein ~ vorm Kopf*** my mind went blank; → ***schwarz*** I, ***Stein*** 1.
Bretter|boden *m* wooden floor; **~bude** *f* wooden hut, shack; (*Verkaufsstand*) (market) stall; **~tür** *f* plank door; **~verkleidung** *f* wood panel(l)ing; **~verschlag** *m* **1.** wooden partition; **2.** wooden shed; **~wand** *f* boarding; wooden partition; **~zaun** *m* wooden fence.
Brettspiel *n* board game.
Brevier *n* **1.** *eccl.* breviary; **2.** (*Ratgeber*) guide (*gen.* to).
Brevis *f* ♪ breve.
Brezel *f* pretzel.
Brief *m* letter; *kurzer*: F a few lines *pl.*; *bibl. u. iro.* epistle; **~e** *a.* correspondence *sg.*; → ***blau*** 1, ***offen*** I; *fig.* ***darauf gebe ich Ihnen ~ und Siegel*** I give you my word (on it), you can take my word for it; **~ablage** *f* letter file; **~anfang** *m* opening (of a *od.* the letter); **~beschwerer** *m* paperweight; **~block** *m* writing pad; **~bogen** *m* sheet (*od.* piece) of writing paper; **~bombe** *f* letter bomb; **~drucksache** *f a. pl.* printed matter; **~einwurf** *m* letterbox, *Am.* mailbox (*Schlitz*) slot; *als Aufschrift*: Letters;.
briefen *v/t.*: ***j-n ~*** (*instruieren, einweisen*) brief s.o.
Brieffach *n* pigeonhole.
Briefing *n* briefing.
Brief|form *f*: ***in ~*** in letter form, (*mittels e-s Briefes*) by letter; **~freund**(**in** *f*) *m* penfriend, pen pal; **~geheimnis** *n* privacy of correspondence; **~karte** *f* letter card.
Briefkasten *m* **1.** letterbox, postbox, *Am.* mailbox; ***elektronischer ~*** (electronic) mailbox, *Brit. a.* postbox; **2.** (*Zeitungsrubrik*) letters page; *als Überschrift*: *a.* letters from our readers; **3.** *für Vorschläge etc.*: suggestion box; **4.** ***toter ~*** *Spionage*: dead letter box; **~firma** *f* F letterbox company; **~onkel** F *m* F agony uncle; **~tante** F *f* F agony aunt, *bsd. Am.* sob sister.
Brief|klammer *f* paper clip; **~kontakt** *m* written contact; ***in ~ stehen zu*** correspond with, write to; **~kopf** *m* letterhead; **~korb** *m* letter tray; **~kurs** *m* ✝ selling rate.
brieflich I. *adj.* written, in writing; **~e *Anfrage*** letter of enquiry (*od.* inquiry); ***~er Verkehr*** correspondence; **II.** *adv.* in writing; ***~ verkehren mit*** correspond with; (***miteinander***) ***~ verkehren*** correspond; ***er teilte uns ~ mit, dass*** *a.* he sent us a letter to the effect that.
Brief|mappe *f* portfolio; **~marke** *f* (postage) stamp.
Briefmarken|album *n* stamp album; **~automat** *m* stamp machine; **~block** *m* block of stamps; **~bogen** *m* sheet of stamps; **~händler** *m* stamp dealer; **~heftchen** *n* book of stamps; **~sammler** *m* stamp collector, philatelist; **~sammlung** *f* stamp collection; **~serie** *f* stamp issue.
Brief|muster *n* specimen letter; **~öffner** *m* paper knife, letter opener; **~papier** *n* notepaper, writing paper; **~porto** *n* letter rate; **~post** *f* letter post, *Am.* first-class mail; **~roman** *m* epistolary novel; **~schalter** *m* (letter) counter; **~schluss** *m* close (of a letter); ***ein geeigneter ~*** *a.* an appropriate way of signing off; **~schreiber** *m* letter writer, correspondent; **~schuld**(**en** *pl.*) *f* unanswered letters (*pl.*); ***s-e ~ erledigen*** answer (*od.* write) some letters, catch up on one's correspondence; **~sendung** *f* → ***Briefpost***; **~tasche** *f* wallet, *Am. a.* pocketbook; **~taube** *f* carrier pigeon; **~telegramm** *n* letter telegram; **~träger** *m* postman, *Am. a.* mailman; **~trägerin** *f* postwoman; **~umschlag** *m* envelope; **~verkehr** *m* correspondence; **~waage** *f* letter scale(s *pl.*); **~wahl** *f pol.* postal vote, absentee ballot; **~wähler** *m* absentee voter; **~wechsel** *m a. konkret*: correspondence; ***mit j-m in ~ stehen*** (***treten***) be corresponding (take up correspondence) with s.o.; (***miteinander***) ***in ~ stehen*** correspond.
Bries *n* **1.** *zo.* thymus (gland); **2.** *gastr.* sweetbread.
Brigade *f* brigade.
Brigg *f* ⚓ brig.
Brikett *n* briquette.
brillant *adj.* brilliant; (*sehr gut*) excellent.
Brillant *m* (cut) diamond; **~feuerwerk** *n* cascade.
Brillantine *f* brilliantine.
Brillant|ring *m* diamond ring; **~schliff** *m* brilliant cut; **~schmuck** *m* diamond jewellery (*bsd. Am.* jewelry); **~sucher** *m phot.* brilliant viewfinder.
Brillanz *f a. phot. u. akustische*: brilliance.
Brille *f* **1.** (***e-e ~*** a pair of) glasses *pl.*, spectacles *pl.*, F specs *pl.*; (*Schutz*♀) goggles *pl.*; ***e-e ~ tragen*** wear glasses; *fig.* ***et. durch e-e schwarze ~ betrachten*** take a gloomy view of s.th.; → ***rosa***(***rot***); **2.** (*Klosett*♀) toilet seat.
Brillen|bügel *m* ear piece, *Am.* temple; **~etui** *n*, **~futteral** *n* spectacle case; **~fassung** *f*, **~gestell** *n* spectacle frame; **~glas** *n* glass, lens; **~kette** *f* spectacle

chain; **~schlange** *f* **1.** *zo.* spectacled cobra; **2.** F *fig.* F four-eyes *pl.* (*sg. konstr.*); **~träger** *m* spectacle wearer; **~ sein** wear glasses (*od.* spectacles).

brillieren *v/i.* be brilliant; ***als Redner*** *etc.* **~** a) prove (to be) a brilliant speaker *etc.*, b) *generell*: be a brilliant speaker *etc.*; **~ *mit*** (*Kenntnissen etc.*) impress everybody with, (*angeben*) show off (with), display; ***er brillierte mit e-r Chopin-Etude*** he gave a brilliant rendering of a Chopin etude; ***er brillierte mit e-r Stegreifrede*** he gave a brilliant off-the-cuff speech.

Brimborium F *n* fuss, F to-do; ***ein riesiges ~ machen um*** make a great big fuss about (*od.* over).

bringen *v/t.* **1.** (*her~*) bring; (*holen*) *a.* get, fetch; **2.** (*weg~, hin~*) take, (*tragen*) *a.* carry; (*setzen, legen, stellen*) put; ***bring es ins Haus*** take (*od.* put) it inside; ***er wurde ins Krankenhaus gebracht*** he was taken to (*Am.* to the) hospital; ***ich brachte ihm Pralinen*** I took him some chocolates; **3.** (*geleiten*) take, see (***j-n zur Bahn*** s.o. to the station; ***nach Hause*** home); **4.** (*verursachen*) cause; (*verschaffen*) bring; ***das bringt nur Ärger*** that'll cause nothing but trouble; *das Mittel* ***brachte ihm keine Linderung*** brought (*od.* gave) him no relief; F ***das bringt nichts*** that won't get you *etc.* anywhere, that's no use; ***was bringt das?*** what's the point; F ***das bringts*** F that'll do the trick; **5.** (*Gewinn etc.*) bring in; ***Zinsen ~*** bear (*od.* yield) interest; **6.** (*Programm, Film etc.*) *a.* show; *thea.* bring, stage; ♪ perform, play, (*Lied*) sing; *Zeitung etc.*: bring; ***was bringt das 1. Programm heute Abend?*** what's on channel one this evening?; ***die letzte Ausgabe brachte ...*** the last issue had ...; **7.** F (*schaffen*) do, (*erreichen*) manage; ***es ~*** F make it, (*zuwege ~*) F pull it off; ***ich brings nicht*** I (just) can't do it; ***er könnte es noch ~*** (*weit ~*) he could go far yet; **8.** *mit adv.*: ***es dahin ~, dass*** manage to *inf.*; ***j-n dahin*** (*od.* ***dazu***) ***~, dass*** bring s.o. to *inf.*, make s.o. *inf.*; → ***weit*** II; **9.** *mit prp.*: ***j-n*** (***et.***) ***~ in*** (***aus***) (*kriegen*) get s.o. (s.th.) into (out of); ***ich bring das Ding nicht in die Schachtel*** I can't get the thing into the box; ***ich bring den Schmutz nicht von den Schuhen*** I can't get the dirt off these shoes; *fig.* ***an sich ~*** acquire; take possession of; ***du bringst mich auf etwas*** now that you mention it; ***es*** (***bis***) ***auf achtzig Jahre ~*** live to be eighty; ***er brachte es auf acht Punkte*** he managed eight points; ***es bis zum Major*** *etc.* **~** make it to major *etc.*; ***es zu etwas*** (***nichts***) **~** go far (get nowhere); → ***hinter***[1]; ***j-n ins Gefängnis ~*** F land s.o. in jail; ***mit sich ~*** involve, (*erfordern*) require; ***die Umstände ~ es mit sich*** it's inevitable under the circumstances; ***e-e Pflanze über den Winter ~*** get a plant through the winter; ***ich kann es nicht über mich*** (*od.* ***übers Herz***) **~** I can't bring myself to do it; ***j-n um et. ~*** deprive s.o. of s.th., (*betrügen*) F do s.o. out of s.th.; ***er ist nicht vom Fleck zu ~*** he won't budge; ***in Aufregung ~*** get *s.o.* (all) excited; → ***Abwechslung, Ausdruck*** 1, ***Bewusstsein*** 1, 2 *etc.*

brisant *adj.* **1.** highly explosive; **2.** *fig.* highly charged, explosive *issue etc.*; *Situation*: volatile; ***politisch ~*** politically charged; **Brisanz** *f* **1.** explosive effect; **2.** *fig.* explosiveness; volatile nature *of a problem etc.*

Brise *f* (light) wind; ***steife ~*** strong breeze.

Brite *m*, **Britin** *f* British man (*f* woman), Briton; ***die Briten*** the British (*pl.*); **britisch** *adj.* British; ***die ~en Inseln*** the British Isles; ***~es Englisch*** British (F English) English; **Britizismus** *m* Briticism.

Bröckchen *n* bit; **bröckchenweise** *adv.* bit by bit.

bröckelig *adj.* crumbly; (*zerfallend*) crumbling; (*zerbrechlich*) brittle; **bröckeln** *v/i.* crumble; *Farbe*: flake (***von*** off).

Brocken *m* piece, bit; (*Bissen*) morsel; (*Klumpen*) lump, chunk; *fig. pl.* snatches *of conversation etc.*, scraps *of English etc.*; F *fig.* ***ein ~ von Mann*** F a (great) hulk of a man; F ***das war ein harter ~*** F that was tough (going); F ***fetter ~*** F big haul, (*gutes Geschäft*) F brilliant deal; ***e-n fetten ~ an Land ziehen*** F make a big haul; ***das ist ein fetter ~!*** *a. fig.* F that's a humdinger; **brockenweise** *adv.* bit by bit; *reden*: by fits and starts.

brodeln *v/i.* **1.** bubble (*a. Lava etc.*), simmer; **2.** *fig.* seethe; ***es brodelt im Volk*** there's growing unrest among the people; ***es brodelte in ihm*** (***vor Zorn***) he was seething with rage.

Brokat *m* brocade.

Broker(in *f*) *m Börse*: broker.

Brokkoli *m* broccoli.

Brom *n* ⚗ bromine.

Brombeere *f* blackberry.

Brombeer|gestrüpp *n*: (***im ~*** among the) blackberry bushes *pl.*; **~marmelade** *f* blackberry jam; **~strauch** *m* blackberry bush.

Bromid *n* ⚗ bromide.

Brom|kalium *n* potassium bromide; **~säure** *f* bromic acid; **~silber** *n* silver bromide; **~silberpapier** *n phot.* bromide paper.

Bronchial|asthma *n* bronchial asthma; **~katarr(h)** *m* bronchial catarrh; **~spiegelung** *f* bronchoscopy; **~tee** *m* bronchial tea.

Bronchien *pl.* bronchial tubes, bronchi; **Bronchitis** *f* bronchitis.

Bronze *f* **1.** bronze; **2.** (*Farbe*) bronze.

Bronzefarbe *f* bronze; **bronzefarben, bronzefarbig** *adj.* bronze(-colo[u]red).

Bronze|guss *m* **1.** bronze casting; **2.** *konkret*: (cast) bronze; **~medaille** *f* bronze medal.

bronzen *adj.* (of) bronze.

Bronze|plastik *f* bronze figure; *größer*: *a.* bronze statue (*a. abstrakte*); **~zeit** *f* Bronze Age.

Brosame *f mst fig.* crumb.

Brosche *f* brooch.

broschiert *adj.* paperback; *antiquarisch*: in wrappers.

Broschüre *f* pamphlet; (*Werbe*~) brochure; *dünne*: leaflet.

Brösel *m* crumb; **bröselig** *adj.* crumbly; **bröseln** *v/t. u. v/i.* crumble.

Brot *n* bread (*a. eccl.*); (*Laib*) loaf (of bread); (*belegtes ~*) sandwich; *fig.* (*Unterhalt*) living, livelihood; ***zwei ~e*** two loaves of bread; ***e-e Scheibe ~*** a slice of bread; *fig.* ***sein ~ verdienen*** earn one's daily bread, make (*od.* earn) a living; ***sein ~ hart*** (*od.* ***schwer***) ***verdienen müssen*** have to work hard for a living; ***der Mensch lebt nicht vom ~ allein*** man does not live by bread alone; → ***Butterbrot, täglich*** I; **~aufstrich** *m* something to spread on one's bread; ***Quark*** *etc.* ***eignet sich als ~*** (***ist ein schmackhafter ~***) quark *etc.* makes a good spread (tastes good on bread); ***er nimmt nur Butter*** (***Marmelade***) ***als ~*** he only has butter (jam) on his bread; **~belag** *m* sandwich topping; **~beruf** *m* bread and butter job.

Brötchen *n* roll; F *fig.* ***s-e ~ verdienen*** F earn one's bread and butter; F ***kleine(re) ~ backen müssen*** have to make do with what one has (have to cut down on things); **~geber** F *fig. m* employer, F boss.

Brot|einheit *f* bread unit; **~erwerb** *m* (earning a) living; ***zum*** (*od.* ***als***) **~** for a living; **~frucht** *f* breadfruit; **~getreide** *n* bread grain, *coll.* bread cereals *pl.*; **~kasten** *m* bread bin (*od.* box); **~korb** *m* bread basket; *fig.* ***j-m den ~ höher hängen*** a) put s.o. on short rations, b) cut s.o.'s income; **~krume** *f* (bread-)crumb; **~kruste** *f* crust (of bread); **~laib** *m* loaf of bread.

brotlos *fig. adj.* jobless; (*nicht einträglich*) unprofitable; ***j-n ~ machen*** take the bread out of s.o.'s mouth; ***~ werden*** lose one's job; ***es ist e-e ~e Kunst*** there's no money in it; ***... ist e-e ~e Kunst*** there's no money (to be earned) in ...

Brot|maschine *f* bread slicer; **~messer** *n* breadknife; **~neid** *m* professional jealousy; **~ration** *f* bread rations *pl.*; **~rinde** *f* (bread)crust; **~scheibe** *f* slice (*od.* piece) of bread; **~schneidemaschine** *f* bread slicer; **~studium** *n* utilitarian degree; **~teig** *m* dough; **~verdiener** *m* breadwinner; **~zeit** *dial. f* break (for a bite to eat); *konkret*: snack; ***~ machen*** have a snack (*od.* a bite to eat).

Browser *m Internet*: browser.

brr *int.* **1.** (*halt*) whoa!; **2.** (*pfui*) ugh!

Bruch *m* **1.** (*das Brechen*) breaking; ***zu ~ gehen*** break, be broken; **2.** (*Knochen*~) fracture; (*Unterleibs*~) rupture, hernia; ⚙ break, fracture; ✈ crash; ***✈ ~ machen*** crash(-land); *ein Auto* ***zu ~ fahren*** smash (up); **3.** (*Zerbrochenes*) breakage; (*Trümmer*) wreckage; (*Schrott*) scrap; **4.** 𝔄 fraction; **5.** *fig. e-s Versprechens, des Friedens etc.*: breach; *e-s Gesetzes etc.*: violation; infringement; *e-r Verbindung*: breaking-off (*gen.* of), rupture (in); ***~ mit der Vergangenheit*** (clean) break with the past; F ***in die Brüche gehen*** *Pläne etc.*: come to nothing, *Ehe etc.*: break up; ***es kam zum ~ zwischen ihnen*** (***beiden Ländern***) they broke up (the two countries broke off relations); **6.** F *contp.* junk, rubbish; **7.** *geol.* fault; **~band** *n* ⚕ truss; **~bude** F *f* **1.** rundown place; (*Raum*) F dump; **2.** *fig. sl.* lousy joint.

bruchfest *adj.* unbreakable.

Bruchfläche *f* fractured surface, fracture.

brüchig *adj.* **1.** (*zerbrechlich*) fragile; (*spröde*) brittle, *Leder*: *a.* cracked; (*bröckelig*) crumbly; (*zerfallend*) crumbling; (*zerbrochen*) broken; (*geborsten*) cracked; ***~ werden*** (*bröckelig*) begin to crumble, (*Risse bekommen*) start to get cracks; **2.** *fig. Stimme*: cracked; *Ehe, Argument etc.*: shaky.

bruchlanden *v/i.* crash-land; **Bruchlandung** *f* crash landing; *fig.* ***e-e ~ machen*** fall flat on one's face (***mit*** with).

Bruch|operation *f* ⚕ hernia operation; **~rechnung** *f* fractions *pl.*; **~schaden** *m* breakage; **~schokolade** *f* broken chocolate.

bruchsicher *adj.* breakproof, unbreakable.

Bruch|stein *m* quarrystone; **~stelle** *f*

crack, break; ⚕ point of fracture; **~strich** *m* ⚔ (horizontal) line.

Bruchstück *n* fragment (*a. fig.*); **~e** *e-r Unterhaltung etc.*: snatches *of conversation etc.*; **bruchstückhaft I.** *adj.* fragmentary; **II.** *adv.* in fragments, fragmentarily; ***ich habe es nur ~ mitbekommen*** I only caught snatches of it.

Bruch|teil *m* fraction; ***im ~ e-r Sekunde*** in a fraction of a second; **~zahl** *f* fraction.

Brücke *f* bridge (*a.* ⚓, *Turnen, Zahn*≈, ⚡); (*Teppich*) rug; *anat.* (*Hirnteil*) pons; *fig.* link (**zu** with); ***schwimmende ~*** pontoon bridge; ***e-e ~ schlagen über*** build a bridge across; *fig.* ***~n schlagen*** forge links (***zwischen*** between), ***zwischen***: *a.* breach the gap between, *Völkern etc.*: bring together, create a common bond between; ***alle ~n hinter sich abbrechen*** burn one's bridges (behind one); ***j-m goldene ~n bauen*** bend over backwards to make it easy for s.o.

Brücken|bau *m* bridge building; **~bauer** *m* bridge-builder (*a. fig.*); **~bogen** *m* arch (of a *od.* the bridge); **~geländer** *n* bridge railing; *bsd. aus Stein*: parapet; **~kopf** *m* ⚔ *u. fig.* bridgehead; **~pfeiler** *m* bridge pier; **~schlag** *m* building of a bridge; *fig.* breaching of the gap (***zwischen*** between); **~steg** *m* footbridge; **~waage** *f* platform scale; **~zoll** *m* bridge toll.

Bruder *m* brother; *eccl.* brother (*pl.* brethren); (*Mönch*) monk; F (*Kerl*) F guy; F ***unter Brüdern*** between friends.

Brüderchen *n* little brother.

Bruder|herz *hum. n* dear brother; *als Anrede*: brother dear; **~krieg** *m* fratricidal war(fare).

brüderlich I. *adj.* brotherly; **II.** *adv.* like brothers; ***~ teilen*** share and share alike; **Brüderlichkeit** *f* brotherliness.

Bruder|liebe *f* brotherly love; **~mord** *m* fratricide; **~mörder** *m* fratricide.

Bruderschaft *f eccl.* brotherhood, society.

Brüderschaft *f* brotherhood; ***~ trinken*** *agree to use the familiar 'du' form of address.*

Bruder|volk *n* cousins *pl.*; ***unser ~ in Afrika*** *a.* our African cousins; **~zwist** *m* fraternal strife.

Brühe *f* (*Fleisch*≈ *etc.*) broth; *zur Suppe*: stock; *contp.* (*Getränk etc.*) F dishwater, slop; (*schmutziges Gewässer*) F bilge water; F ***mir läuft die ~ runter*** F I'm sweating like a pig.

brühen *v/t.* **1.** *gastr.* scald; (*Mandeln*) blanch; **2.** (*Wäsche*) soak.

brüh|heiß *adj.* boiling hot, scalding (hot); **~warm** *fig.* **I.** *adj. Nachricht etc.*: hot off the press; **II.** *adv.*: ***j-m et. ~ weitererzählen*** run off to tell s.o. s.th. straightaway; ***er hats mir ~ weitererzählt*** *a.* he couldn't wait to tell me.

Brüh|würfel *m* stock cube; **~wurst** *f sausage for heating in simmering water.*

Brüllaffe *m* **1.** *zo.* howling monkey; **2.** F *contp.* F screaming idiot.

brüllen I. *v/i.* roar (*a. fig. Geschütz, Motor etc.*); *Rind*: bellow; (*muhen*) low; *Mensch*: shout, *lauthals*: scream, (*heulen*) scream, howl, *spielende Kinder*: shout and scream; ***vor Lachen*** (***Schmerz***) ***~*** roar with laughter (scream with pain); **II.** ≈ *n* roar; F ***er*** (***es***) ***ist zum ~*** F he's (it's) a (real) scream.

Brumm|bär *fig. m* grumbler, F grouch; **~bass** *m* (*Stimme*) growling bass.

brummeln I. *v/i.* mutter *od.* mumble (away *od.* into one's beard); **II.** *v/t.* mumble, mutter.

brummen I. *v/i. u. v/t. Bär etc.*: growl; (*summen*) hum, buzz; *Motor*: drone; *Lautsprecher etc.*: hum; *Mensch*: growl, grumble (**über** about), (*~d sagen*) mutter; F *im Gefängnis*: do time; ***mir brummt der Kopf*** my head's throbbing; **II.** ≈ *n* → ***Brummton***; **Brummer** F *m* **1.** (*Fliege*) bluebottle; (*Hummel*) bumblebee; **2.** (*Lastwagen*) heavy lorry (*bsd. Am.* truck), juggernaut; **3.** (*et. Großes*) F (real) whopper; **brummig** *adj.* F grumpy.

Brumm|kreisel *m* humming top; **~schädel** F *m* throbbing headache; (*Kater*) hangover; **~ton** *m* ⚡ low(-pitched) hum, humming noise.

Brunch *m* brunch.

brünett *adj.*, **Brünette** *f* brunette.

Brunft *f*, **brunften** *v/i.* rut; **Brunftzeit** *f* rutting season.

Brunnen *m* **1.** well; (*Quelle*) spring; (*Spring*≈, *Trink*≈) fountain (*a. fig.*); ⚕ mineral spring, (mineral) waters *pl.*; *fig.* ***den ~ (erst) zudecken, wenn das Kind hineingefallen ist*** lock the stable door after the horse has bolted; ***da war das Kind schon im ~*** the damage had already been done; **2.** (*Wasser*) mineral water; **~anlage** *f dekorative*: fountain; ≈**frisch** *adj.* straight from the well (*od.* spring); ***~es Wasser*** *a.* fresh spring (*od.* mountain) water; **~kresse** *f* watercress; **~kur** *f* mineral water cure; ***e-e ~ machen*** *a.* take the waters; **~vergiftung** *fig. f* calumny; **~wasser** *n* well water.

Brunst *f* **1.** *zo.* rut(ting), *des Weibchens*: heat; **2.** (*Paarungszeit*) rutting season; **brünstig** *adj. zo.* rutting, *von Weibchen*: *pred.* on heat.

brüsk I. *adj.* brusque, curt; **II.** *adv.*: ***j-n ~ abfertigen*** give s.o. short shrift; **brüskieren** *v/t.* snub; **Brüskierung** *f* snub (-bing).

Brust *f* **1.** breast; (*~kasten*) chest, *anat.* thorax; (*Busen*) breast(s *pl.*); (*Büste*) bust; *gastr.* → ***Bruststück*** 1; *fig.* breast, bosom, heart; ***e-m Baby die ~ geben*** feed (*od.* nurse) a baby, *lit.* put a baby to one's breast; ***es auf der ~ haben*** have chest trouble; ***schwach auf der ~ sein*** have a weak chest, F *fig. finanziell*: F be hard up, ***in*** *e-m Wissensbereich etc.*: F not to be very well up in; ***sich in die ~ werfen*** give o.s. airs, strut around; F (***sich***) ***j-n an die ~ nehmen*** F have a heart to heart with s.o.; F ***e-n zur ~ nehmen*** a) F have a quickie, b) (*zu viel trinken*) F have one over the eight; → ***Pistole, voll*** I; **2.** *Sport*: breaststroke.

Brust-an-Brust-Rennen *n* neck-and-neck race, photo finish.

Brust|atmung *f* thoracic breathing; **~bein** *n* breastbone, sternum; *Geflügel*: wishbone; **~beutel** *m* money bag (*worn around the neck*); **~bild** *n* head-and-shoulders portrait; **~breite** *f Sport*: ***um ~ gewinnen*** win by inches; ***um e-e ~ schlagen*** pip *s.o.* at the post; **~drüse** *f anat.* mammary gland.

brüsten *v/refl.*: ***sich ~*** boast (***mit*** about).

Brustfell *n anat.* pleura; **~entzündung** *f* pleurisy.

Brust|flosse *f* pectoral fin; **~haar** *n* chest hair; ***er hat noch kein ~*** *a.* he hasn't got any hairs on his chest yet; ≈**hoch** *adj.* chest-high; **~höhle** *f* thoracic cavity; **~kasten** *m*, **~korb** *m* rib cage, thorax; **~kind** *n* breastfed child; **~krebs** *m* breast cancer; **~lage** *f Sport*: prone position; **~leiden** *n* chest complaint (*od.* trouble); **~muskel** *m* chest (📖 pectoral) muscle; **~plastik** *f* cosmetic breast surgery, mammoplasty; **~register** *n Sänger*: chest register; **~schmerz** *m* pain in the chest, *pl. a.* chest pains (*od.* pain *sg.*); **~schwimmen** *n* breaststroke; **~stimme** *f* chest voice; **~stück** *n* **1.** *gastr.* brisket, *Lamm, Kalb, Geflügel*: breast; **2.** *zo.* thorax; **~tasche** *f* breast pocket; inside pocket; ≈**tief I.** *adj.* chest-deep; **II.** *adv. a.* up to one's chest *in water etc.*; **~ton** *m* ♪ chest note; *fig.* ***im ~ der Überzeugung*** with deep conviction; **~umfang** *m* chest measurement; *bei Frauen*: bust (measurement).

Brüstung *f* balustrade; (*Fenster*≈) breast.

Brust|verletzung *f* chest injury; **~warze** *f* nipple, 📖 papilla; **~wehr** *f* parapet; **~weite** *f* chest measurement; *bei Frauen*: bust (measurement).

Brut *f* **1.** (*das Brüten*) brooding; *Vögel*: hatching; ***in der ~ sein*** *Vögel*: be hatching; **2.** (*Junge*) brood; (*Laich*) spawn; 🌱 shoot; F *fig.* (*Kinder*) brood; *contp.* (*Gesindel*) F shower, rabble.

brutal I. *adj.* **1.** brutal; *Film*: *a.* violent; (*grausam*) cruel; ***mit ~er Gewalt*** with (sheer) brute force; **2.** (*schwer*) tough, hard; ***~e Enttäuschung*** tough blow; ***~e Tatsachen*** cold (*od.* hard, brutal) facts; ***~e Offenheit*** brutal openness; ***das war ~!*** that was tough (*od.* hard), F that was a bit stiff; **II.** *adv.*: ***~ misshandeln*** violently abuse; **brutalisieren** *v/t.* brutalize; **Brutalisierung** *f* brutalization; **Brutalität** *f* brutality; violence; **Brutalo** F *m* **1.** (*Mann*) (big) brute, F (real) rambo; **2.** F blood and guts film *etc.*; (*Video*) F video nasty.

Brut|apparat *m* incubator; **~ei** *n* **1.** egg for hatching; **2.** rotten egg.

brüten I. *v/i.* **1.** brood, hatch, *Henne*: sit; **2.** *fig. Hitze, Stille, Unheil etc.*: brood (**über** over); **3.** (*nachdenken*) brood (**über** on, over); **II.** *v/t.* **4.** *phys.* breed; **5.** *fig.* → ***ausbrüten*** 2; **brütend** *adj.*: ***~e Hitze*** sweltering heat; **brütend heiß** *adj.* sweltering (hot); **Brüter** *m phys.* breeder; ***schneller ~*** fast breeder (reactor).

Brut|henne *f* sitting hen; **~hitze** *f* sweltering (*od.* stifling) heat; **~kasten** *m* ⚕ incubator; **~platz** *m* → ***Brutstätte*** 1; **~reaktor** *m* breeder (reactor); **~schrank** *m* incubator; **~stätte** *f* **1.** breeding place; *Fische*: spawning ground; **2.** *fig.* breeding ground (*gen.* for), hotbed (of).

brutto *adv.* ⚚ gross; ***~ für netto*** gross for net; ***$50000 ~ bekommen*** earn (*od.* get) $50,000 before tax, gross $50,000.

Brutto|betrag *m* gross amount; **~einkommen** *n* gross income (*od.* earnings *pl.*); **~ertrag** *m* gross return; **~gehalt** *n* gross salary; **~gewicht** *n* gross weight; **~gewinn** *m* gross profit; **~gewinnspanne** *f* gross margin; **~inlandsprodukt** *n* gross domestic product; **~lohn** *m* gross pay; **~preis** *m* gross price; **~produktion** *f* gross output; **~registertonne** *f* (*abbr.* ***BRT***) gross register ton (*abbr.* GRT); **~sozialprodukt** *n* gross national product (*abbr.* GNP); **~verdienst** *m* gross earnings *pl.*

Brutzeit *f* hatching time.

brutzeln F **I.** *v/t.* fry; **II.** *v/i.* sizzle.

Btx → ***Bildschirmtext.***

Bub *dial. m* boy.

Bube *m Kartenspiel*: jack.

Bubi F *m* **1.** *in der Anrede*: F sonny, my

lad; **2.** *contp.* F squirt; **~kopf** *m* urchin cut.

Buch *n* book (*a. fig. des Lebens etc.*); (*Dreh≈*) script; (*Band*) volume; ☤ book, *pl. a.* records; ***das ~ der Bücher*** the Book of Books; ☤ ***~ führen*** keep accounts, do (the) bookkeeping; ***~ führen über*** keep a record of; ***zu ~e schlagen*** show favo(u)rably in the books, *fig.* make a difference; ***er redet wie ein ~*** he never stops talking, F he could talk the hind legs off a donkey; ***ein ..., wie es im ~e steht*** a perfect example of a ..., F your archetypal ...; ***er ist ein Künstler (Engländer), wie er im ~e steht*** *a.* he's the classic artist (he's as English as they come); → *a.* ***Bilderbuch...***; ***ein ~ mit sieben Siegeln*** a closed book; ***er ist für mich ein offenes ~*** I can read him like a book, *a.* I know exactly how his mind works; → ***golden, Mose(s)***; **~ausstellung** *f* book exhibition; **~besprechung** *f* book review; **~bestände** *pl.* stocks (*od.* stock *sg.*) of books, collection *sg.* of books.

Buchbinder *m* bookbinder; **Buchbinderei** *f* **1.** bookbinder's (shop); (*Abteilung*) bookbinding department, bookbinder's; **2.** (*Gewerbe*) bookbinding.

Buchdeckel *m* (book) cover.

Buchdruck *m* printing; **Buchdrucker** *m* printer; **Buchdruckerei** *f* **1.** printer's; (printing) press; **2.** (*Gewerbe*) printing; **Buchdruckerkunst** *f* (art of) printing.

Buche *f* beech (tree); **Buchecker** *f* beechnut.

Bucheinband *m* binding, cover.

buchen[1] **I.** *v/t.* **1.** (*Zimmer, Sitzplatz etc.*) book, reserve; (*Flug*) book; **2.** ☤ enter in the books; *fig. als Erfolg etc.*: put down, F notch up; **II.** *v/i.* book; make a reservation; ***hast du schon gebucht?*** have you booked (yet)?, have you made a reservation (yet)?; ***haben Sie gebucht?*** *Hotel, Flughafen etc.*: have you got a reservation?

buchen[2] *adj.* beech(wood) ..., made of beech(wood).

Buchenwald *m* beech(wood) forest.

Bücher|auswahl *f* choice (*od.* selection) of books; **~bedarf** *m* **1.** demand for books; **2.** *e-s Studenten etc.*: book requirements *pl.*; **~bord** *n*, **~brett** *n* bookshelf.

Bücherei *f* library.

Bücher|etat *m* book allowance (*od.* budget); **~freund** *m* booklover; **~gestell** *n* bookrack, bookstand; **~gutschein** *m* book token; **~kunde** *f* bibliology; **~markt** *m* book market; **~narr** *m* book fanatic, F real bookworm; **~regal** *n* bookshelf; **~reihe** *f* **1.** row of books; **2.** series (of books); **~sammlung** *f* collection of books; **~schrank** *m* bookcase; **~sendung** *f* **1.** book post; *Aufschrift*: printed papers at reduced rates; **2.** parcel (*Am.* package) of books; **~ständer** *m* bookstand; **~stütze** *f* bookend, book support; **~verbrennung** *f* burning of books; **~verzeichnis** *n* **1.** book catalog(ue), list of books; **2.** *in e-m Buch*: bibliography; **~wand** *f* **1.** wall of books; **2.** wall-to-wall bookshelves *pl.*; **~weisheit** *f* bookish knowledge; **~wurm** *m* bookworm (*a. fig.*).

Buch|fink *m* chaffinch; **~form** *f*: ***in ~*** in book form, as a book; **~format** *n* book format (*od.* size); **~führung** *f* bookkeeping, accounting, accountancy; ***einfache (doppelte) ~*** single-entry (double-entry) bookkeeping; **~gemeinschaft** *f* book club; **~geschenk** *n* book gift; **~geschichte** *f* history of books (*od.* printing); **~gewerbe** *n* book trade; (*Verlagswesen*) *a.* (book) publishing.

Buchhalter *m* accountant; **buchhalterisch** *adj.* accounting ..., accounts ..., bookkeeping ...; **Buchhaltung** *f* **1.** → ***Buchführung***; **2.** accounts department.

Buchhandel *m* book (*od.* publishing) trade; **Buchhändler** *m* bookseller; *pl. coll. a.* bookshops, *bsd. Am.* bookstores; **Buchhandlung** *f* bookshop, *bsd. Am.* bookstore.

Buch|hülle *f* (*Umschlag*) dustjacket; (*Schutzhülle*) book wrapper; **~klub** *m* book club; **~kritik** *f* book review; **~kritiker** *m* book critic; **~laden** *m* → ***Buchhandlung***; **~macher** *m* bookmaker, F bookie; **~malerei** *f* **1.** *Kunst*: book illumination; **2.** *coll.* illuminated manuscripts *pl.*; **~messe** *f* book fair; **~prüfer** *m* auditor; **~prüfung** *f* audit; **~reihe** *f* series (of books); **~rücken** *m* spine.

Buchsbaum *m* box (tree); **~holz** *n* boxwood.

Buch|schmuck *m* book decoration (*od.* ornamentation); **~schnitt** *m* book edge.

Buchse *f* ϟ jack; ⚙ bush(ing); (*Muffe*) sleeve; (*Zylinder≈*) liner.

Büchse *f* **1.** tin, *bsd. Am.* can; *größere*: *a.* box; ***e-e ~ Erbsen*** *etc.* a can of peas *etc.*; → ***Pandora***; **2.** (*Gewehr*) gun, rifle.

Büchsen|fleisch *n* tinned (*bsd. Am.* canned) meat; **~macher** *m* gunsmith; **~milch** *f* tinned (*od.* evaporated, *Am.* canned) milk; **~öffner** *m* can-opener, *Brit. a.* tin-opener.

Buchstabe *m* letter; (*Schriftzeichen*) character (*a. Anschlag*); ***großer ~*** capital (letter), *typ.* uppercase letter; ***kleiner ~*** small (*typ.* lowercase) letter; ***auf den ~n genau*** to the letter; ***nach dem ~n des Gesetzes*** according to the letter of the law; ***am ~n kleben*** take s.th. (*od.* things) very literally; F ***setz dich auf deine vier ~n*** F plonk yourself down, take a pew; **Buchstabenblindheit** *f* dyslexia, word blindness; **buchstabengetreu I.** *adj.* literal; **II.** *adv. wiedergeben etc.*: word for word, verbatim.

Buchstabieralphabet *n* phonetic alphabet; **buchstabieren I.** *v/t.* spell (out); (*mühsam lesen*) spell out; ***falsch ~*** misspell; **II.** ≈ *n* spelling.

buchstäblich I. *adj.* literal (*a. fig.*); **II.** *adv.* literally (*a. fig.*); ***~ nichts*** *a.* absolutely nothing.

Buchstütze *f* bookend, book support.

Bucht *f* bay, *kleine*: *a.* inlet.

Buch|titel *m* (book) title; **~umschlag** *m* dustjacket.

Buchung *f* **1.** booking, reservation; **2.** ☤ booking; (*Posten*) entry.

Buchungs|beleg *m* voucher; **~bestätigung** *f* confirmation (of booking); **~fehler** *m* false entry.

Buchverlag *m* book publisher(s *pl.*) *od.* publisher's.

Buchweizen *m* buckwheat.

Buch|wert *m* book value; **~wissen** *n* bookish knowledge; **~zeichen** *n* **1.** (*Lesezeichen*) bookmark(er); **2.** ex libris.

Buckel *m* **1.** *am Rücken*: hump; (*buckliger Rücken*) hunchback; (*schlechte Haltung*) stoop, round shoulders *pl.*; ***e-n ~ machen*** stoop, (*sich schlecht halten*) arch one's shoulders; *Katze*: arch its back; F *fig.* ***sich e-n ~ lachen*** F crease up (laughing), split one's sides laughing; **2.** F (*Rücken*) back; F *fig.* ***e-n breiten ~ haben*** F have a thick skin; F ***e-e Menge (genug) auf dem ~ haben*** F have a lot (plenty) on one's plate; F ***... Jahre auf dem ~ haben*** F have notched up ... years; F ***er hat schon etliche Jahre auf dem ~*** F he's been around for a while (*od.* a bit); F ***du kannst mir den ~ runterrutschen!*** F you know what you can do; F ***j-m den ~ voll lügen*** F tell s.o. a pack of lies; **3.** (*Hügel*) hillock, knoll; (*Unebenheit*) bump; *Skifahren*: mogul; (*Ausbauchung*) bulge; (*Verzierung*) boss; (*Beschlag*) knob; **buckelig** *adj.* **1.** hunchbacked; **2.** *Gegend*: hilly; F *Weg etc.*: bumpy; **Buckelige(r)** *m* hunchback.

Buckel|piste *f* mogul field; **~rind** *n* zebu; **~wal** *m* humpback whale.

bücken *v/refl.*: ***sich ~*** bend over; ***sich (nach et.) ~*** bend down *od.* stoop (to pick s.th. up).

bucklig *adj.*, **Bucklige(r)** *m* → ***buckelig, Buckelige(r)***.

Bückling *m* **1.** *gastr.* smoked herring; **2.** F (*Verbeugung*) bow.

Buddel F *dial. f* bottle.

buddeln F **I.** *v/i.* dig; *Kinder*: dig about (*od.* play) in the sand; **II.** *v/t.* dig.

Buddhismus *m* Buddhism; **Buddhist** *m*, **buddhistisch** *adj.* Buddhist.

Bude *f* **1.** (*Verkaufs≈*) kiosk; *auf dem Jahrmarkt*: stall; **2.** *contp.* (*Haus*) F place, (*a. Lokal*) *sl.* joint; (*Studenten≈*) F digs *pl.*; (*Zimmer*) F place, pad; ***die ~ zumachen*** shut up shop; ***j-m die ~ einrennen*** keep pestering s.o. (***mit*** with); ***er rennt mir bald die ~ ein*** he just won't leave me in peace; ***j-m auf die ~ rücken*** F crash in on s.o.; → ***Kopf*** 5, ***Leben, sturmfrei.***

Budget *n a. parl.* budget; **~...** *in Zssgn* → *a.* ***Haushalts...***; **~ausgleich** *m* balancing of the budget; **~ausschuss** *m* budget committee; **~beratung** *f* budget(ary) debate, debate on the budget; **~entwurf** *m*, **~vorlage** *f* budget proposals *pl.*

Büfett *n* **1.** sideboard; **2.** (*Schanktisch*) counter; **3.** buffet; ***kaltes ~*** cold buffet; ***kaltes und warmes ~*** hot and cold buffet (*od.* dishes); **Büfettdame** *f*, **Büfettfrau** *f the* lady behind the counter; **Büfettier** *m* barman.

Büffel *m* buffalo; F *fig.* lout, oaf.

Büffelei F *f* F swotting.

Büffel|herde *f* herd of buffalo (*od.* buffalo[e]s); **~leder** *n* buffalo skin.

büffeln F **I.** *v/i.* F swot, cram; ***~ für*** *a.* swot up for; **II.** *v/t.* F swot (up on).

Buffet *n* → ***Büfett.***

Bug *m* **1.** ⚓ bow; ✈ nose; → ***Schuss***; **2.** *zo.* shoulder; **3.** *gastr.* shoulder.

Bügel *m* (*Kleider≈*) hanger; (*Steig≈*) stirrup; *Brille*: ear piece, *Am.* temple; (*Handgriff*) handle; (*Klammer*) clamp; (*Stromabnehmer*) bow; *Kopfhörer*: harness; *Säge*: bow, frame; *Gewehr*: trigger guard; **~brett** *n* ironing board; **~eisen** *n* iron; **~falte** *f* crease; **≈frei** *adj.* drip-dry, non-iron ...; *Etikett*: wash and wear, non-iron; **~maschine** *f* ironer.

bügeln I. *v/t.* iron; (*Hose*) press; **II.** *v/i.* iron, do the (*od.* some) ironing.

Bügel|säge *f* hacksaw; **~verschluss** *m an Bierflasche*: swing top; **~wäsche** *f* ironing.

Buggy *m* **1.** (*Kinderwagen*) buggy; **2.** (*Auto*) beach buggy.

Bugkanzel *f* ✈ cockpit, flight deck.

buglastig *adj.* nose-heavy.

Bugsierboot *n* tug(boat); **bugsieren** *v/t.* tow, tug; *fig.* steer, manoeuvre, *Am.* maneuver; **Bugsierer** *m*, **Bugsierschlepper** *m* tug(boat).

Bugwelle *f* bow wave.

buh I. *int.* boo!; **II.** ⁂ *n* boo; *pl.* booing *sg.*; **buhen** *v/i.* boo.

buhlen *v/i.*: ~ ***um*** court *s.th.*, woo *s.th.*; ***um j-s Gunst*** ~ curry favo(u)r with s.o., court s.o.'s favo(u)r; **Buhlerei** *contp. f* courting (**um** for); **buhlerisch** *adj.* fawning ...

Buhmann F *m* bogeyman (*a. fig.*).

Buhne *f* breakwater, groyne, *Am.* groin.

Bühne *f* **1.** *thea.* stage; (*Theater*) theat|re (*Am. a.* -er); ***auf der*** ~ on stage; ***hinter der*** ~ backstage (*a. fig.*); ***auf die*** ~ ***bringen*** stage, produce; ***auf der*** ~ ***stehen*** *a. fig.* be on stage; ***auf offener*** ~ on the open stage, *fig.* for everyone (*od.* all) to see; ***über die*** ~ ***gehen*** *Stück*: be put on stage, be staged, *fig.* go off (**glatt** smoothly); *fig.* ***über die*** ~ ***bringen*** (*erledigen*) get *s.th.* out of the way; ***wir haben es gut über die*** ~ ***gebracht*** we managed (it) quite well; ***von der*** ~ ***abtreten*** take one's last curtain call; ***von der politischen*** *etc.* ~ ***abtreten*** bow out of politics *etc.*, quit the political *etc.* scene; → ***betreten***[1] I; **2.** (*Podium u.* ⊛) platform.

Bühnen|anweisung *f* stage direction; **~arbeiter** *m* stage hand; **~aufführung** *f* stage performance; **~aussprache** *f* standard diction; **~ausstattung** *f* set(s *pl.*); **~bearbeitung** *f* stage adaptation; *e-s Romans etc.*: dramatization; **~beleuchtung** *f* stage lighting.

Bühnenbild *n* (stage) set, stage setting; **Bühnenbildner** *m* stage designer.

Bühnen|dekoration *f* set(s *pl.*); **~effekt** *m* stage effect; **~eingang** *m* stage entrance; **~erfahrung** *f* experience of the stage, theatrical experience; **~erfolg** *m* box-office success; **~fassung** *f* stage version.

bühnengerecht *adj.* stageworthy.

Bühnen|held(in *f*) *m* stage hero (*f* heroine); **~himmel** *m* cyclorama; **~künstler** *m* stage artist; **~laufbahn** *f* stage career; **~leiter** *m* stage manager; **~maler** *m* scene painter; **~malerei** *f* scene painting; **~manuskript** *n* (stage) script.

bühnenmäßig *adj.* stage-like.

Bühnen|meister *m* stage manager; **~musik** *f* incidental music; **~name** *m* stage name; **~raum** *m* stage area; **~rechte** *pl.* stage rights.

bühnenreif *adj.* ready for the stage; ***s-e Nachahmung des Chefs ist*** ~ he could go on stage with his impersonation of the boss.

Bühnenstück *n* play.

Bühnentechnik *f* stage technique; **Bühnentechniker** *m* stage technician; **bühnentechnisch** *adj.* stage ...; ***~e Anweisungen*** stage directions.

Bühnen|vorhang *m* curtain; **~werk** *n* drama, play.

bühnenwirksam *adj.* stageworthy; (theatrically) effective; **Bühnenwirksamkeit** *f* stageworthiness; (theatrical) effectiveness; **Bühnenwirkung** *f* stage (*od.* theatrical) effect, effect on stage.

Buhrufe *pl.* booing *sg.*, boos.

Bukett *n* **1.** bouquet; **2.** *Wein*: bouquet, nose, aroma; **bukettreich** *adj.*: ~ ***sein*** *Wein*: have a full bouquet (*od.* nose).

bukolisch *adj.* bucolic.

Bulette *f* meatball; F ***ran an die ~n!*** F let's go (for it)!

Bulgare *m*, **Bulgarin** *f*, **bulgarisch** *adj.* Bulgarian.

Bulimie *f* ⚕ bulimia.

Bullauge *n* ⚓ porthole.

Bulldogge *f* bulldog.

Bulldozer *m* bulldozer.

Bulle[1] *m* **1.** *zo.* bull; **2.** F *fig.* (*bulliger Mann*) F gorilla, heavyweight; **3.** F (*Polizist*) *sl.* screw; ***die ~n*** *a. sl.* the fuzz (*pl.*).

Bulle[2] *f* **1.** (*Siegel*) seal; **2.** (*Urkunde*) (***päpstliche*** ~ papal) bull.

Bullenhitze F *f* scorching (*od.* sweltering) heat; ***heute ist aber e-e*** ~ it's absolutely sweltering today.

bullern F *v/i.* (*klopfen, trommeln*) bang (**an** on; ***gegen*** against, on); (*poltern*) rumble; (*blubbern, kochen*) bubble (away); *Ofen*: roar.

Bulletin *n* bulletin.

bullig *adj.* **1.** *Person*: beefy, hefty; **2.** F *Hitze*: scorching, sweltering.

bum(m) *int.* bang!, *dumpfer*: boom!

Bumerang *m* boomerang (*a. fig.*); *fig.* ***sich als*** ~ ***erweisen*** have a boomerang effect, backfire, ***für j-n***: *a.* come back at s.o.; **~effekt** *m* boomerang effect.

Bummel F *m* **1.** (*Spaziergang*) stroll, walk; ***e-n*** ~ ***machen*** go for (*od.* take) a walk; **2.** (*Kneipen*⁂) pub crawl; ***e-n*** ~ ***machen*** go on a pub crawl.

Bummelant F *m* → ***Bummler*** 2, 3; **Bummelantentum** *n* absenteeism; → *a.* **Bummelei** *f* dawdling; (*Faulenzen*) idling (around); **bummelig** *adj.* (*langsam*) slow; (*trödelig*) dawdling ...; **bummeln** *v/i.* **1.** (*schlendern*) stroll; go for a stroll; **2.** (*nichts tun*) mess around; (*trödeln*) dawdle; **3.** ~ ***gehen*** (*Lokale besuchen*) F have a night out on the tiles.

Bummel|streik *m* go-slow, *Am.* slow-down; *im öffentlichen Dienst*: work-to-rule; **~student** *m* interminable student; **~studium** *n* never-ending studies *pl.*; **~zug** *m* slow train.

Bummler *m* **1.** stroller; **2.** (*Trödler*) dawdler; (*langsamer Mensch*) dawdler, slowcoach, *Am.* slowpoke; **3.** (*Nichtstuer*) idler.

bums I. *int.* bang!; **II.** ⁂ *m* bang, *dumpfer*: thud; **bumsen I.** *v/i.* **1.** bang, bump (***gegen*** against); ***plötzlich bumste es*** suddenly there was a loud crash(ing sound); F *mot.* ***es hat gebumst*** there's been a crash (*od.* an accident); F ***an der Ecke bumst es dauernd*** they're always having accidents at that corner; **2.** *sl.* (*koitieren*) *sl.* have it away, bonk; ***mit j-m*** ~ *sl.* have it off (*od.* away) with s.o.; **II.** *sl. v/t. sl.* bonk, bang; **Bumslokal** F *n* F (low) dive.

Bund[1] *n* (*Bündel*) bundle; *Schlüssel, Radieschen etc.*: bunch; *Heu, Stroh*: truss.

Bund[2] *m* **1.** (*Verbindung*) bond; **2.** (*Übereinkunft*) agreement; ***im ~e mit*** together with, in association with; **3.** ***mit j-m im ~e stehen*** be in league with s.o.; **4.** *pol.* (*Bündnis*) alliance; (*Staaten*⁂, *Städte*⁂) federation, league; (*Verband*) union; ***ein*** ~ ***zweier Länder*** an alliance between two nations; ***e-n*** ~ ***schließen mit*** enter into an alliance with; ***im*** ~ ***stehen mit*** be allied to (*od.* with); ***der*** ~ a) the Federal Government, b) F (*die Bundeswehr*) the army; F ***beim*** ~ in the army; F ***er muss zum*** ~ he's got to do his national service; ~ ***und Länder*** the Federal Government and the Länder (*od.* Laender); **5.** *bibl.* covenant.

Bund[3] *m an Hosen etc.*: waistband.

Bündel *n* **1.** bundle (*a. fig. von Energie etc.*); *längliches*: sheaf (*a. Banknoten*⁂); ✝ package, parcel; → *a.* ***Bund***[1]; *fig.* ***sein*** ~ ***schnüren*** pack one's bags; ***jeder hat sein*** ~ ***zu tragen*** everyone has his (*od.* their) cross to bear; **2.** (*Strahlen*⁂) bundle, pencil, beam; **3.** *anat. von Muskeln etc.*: fascicle; **bündeln** *v/t.* bundle up; ⚡ bunch; *phys., opt.* focus; **bündelweise** *adv.* in bundles.

Bundes... *in Zssgn* federal, Federal ...; **~amt** *n* Federal Agency *od.* Office (**für ...** for ...); → ***Verfassungsschutz***; **~anleihe** *f* government bond; **~anstalt** *f*: ~ ***für Arbeit*** Federal Labo(u)r Office; **~anwalt** *m* Chief Federal Prosecutor; **~anzeiger** *m* Federal Gazette; **~arbeitsgericht** *n* Federal Labo(u)r Court; **~autobahn** *f* autobahn; motorway, *Am.* highway; **~bahn** *f* Federal Railway(s *pl.*); **~bank** *f* (*a.* ***Deutsche*** ~) German Central Bank; **~behörde** *f* federal authority; **~bürger** *m* German citizen, citizen of the Federal Republic.

bundesdeutsch *adj.* (German) Federal ...; **Bundesdeutsche(r** *m*) *f* → ***Bundesbürger.***

Bundes|ebene *f*: ***auf*** ~ on a national (*od.* federal) level; ***auf Bundes- und Länderebene*** on a federal and state level; **⁂eigen** *adj.* national, federal; **~finanzhof** *m* Federal Fiscal Court; **~forum** *n* civic forum; **~gebiet** *n*: ***im gesamten*** (***über das gesamte***) ~ throughout (across the whole of) Germany; **~gericht** *n* federal court; **~gerichtshof** *m* Federal High Court; **~grenzschutz** *m* Federal Border Guard; **~hauptstadt** *f* federal capital; **~haus** *n* Federal Parliament buildings *pl.*; **~haushalt** *m* federal budget; **~heer** *n* (Austrian) armed forces *pl.*; **~kabinett** *n* (German) federal cabinet; **~kanzler** *m* **1.** German (*od.* Federal) Chancellor; **2.** Austrian (*od.* Federal) Chancellor; **3.** *Schweiz*: Chancellor of the Confederation; **~kanzleramt** *n* Federal Chancellery; **~kartellamt** *n* Federal Cartel Office; **~kriminalamt** *n* Federal Bureau of Criminal Investigation; **~lade** *f bibl.* Ark of the Covenant; **~land** *n* (federal) state, land, Land; ***die neuen*** (***die alten***) ***Bundesländer*** the newly-formed German (the old West German) states; ***das neue*** ~ ***Sachsen-Anhalt*** *etc.* the newly-formed German state of Sachsen-Anhalt *etc.*; **~liga** *f*: (***erste, zweite*** ~ First, Second) Division; **~minister** *m* minister (**für** of, for); → ***Finanzminister, Postminister*** *etc.*; **~ministerium** *n* ministry (**für** of); **~mittel** *pl.* federal funds; **~nachrichtendienst** *m* Federal Intelligence Service; **~post** *f* Federal Post Office; **~präsident** *m* **1.** German (*od.* Federal) President; **2.** Austrian (*od.* Federal) President; **3.** *Schweiz*: President of the Confederation; **~präsidialamt** *n* Office of the Federal President; **~presseamt** *n* Federal Information Agency; **~rat** *m parl.* **1.** *BRD u.Österreich*: Bundesrat, Upper House (of the German [Austrian] Parliament); **2.** *Schweiz*: (Swiss) government, Bundesrat, Executive Federal Council; **3.** *Österreich, Schweiz*: (*Person*) member of the Bundesrat; **⁂rechtlich** *adj. u. adv.* under federal law; **~regierung** *f* Federal Government; **~republik** *f*: ~ ***Deutschland*** Federal Republic of Germany; ~ ***Österreich*** Federal Republic of Austria; **~richter** *m* Federal High Court judge; **~sozialgericht** *n* Federal Social Court.

Bundesstaat *m* federal state; *Gesamtheit der einzelnen*: (con)federation; **bundesstaatlich** *adj.* federal.

Bundes|straße *f* major road; **~tag** *m* **1.** Bundestag, Lower House (of the German Parliament); **2.** *hist.* Diet of the German Confederation.

Bundestags|abgeordnete(r *m*) *f* member of the Bundestag; **~debatte** *f* debate of the Bundestag; **~fraktion** *f* group in the Bundestag; **~mitglied** *n* member of the Bundestag; **~präsident** *m* speaker of the Bundestag, parliamentary speaker; **~wahl** *f* parliamentary elections *pl.*

Bundes|trainer *m* national team manager; **~verdienstkreuz** *n* Order of Merit (of the Federal Republic of Germany); **~verfassung** *f* federal constitution; **~verfassungsgericht** *n* Federal Constitutional Court; **~versammlung** *f* Federal Assembly; **~verwaltungsgericht** *n* Federal Administrative Court; **~wehr** *f* (German) armed forces *pl.*

bundesweit *adj. u. adv.* nationwide.

Bundfalte *f* tuck; **Bundfaltenhose** *f*: (**e-e ~** a pair of) pleated trousers *pl.*

Bundhose *f*: (**e-e ~** a pair of) knickerbockers *pl.*

bündig *adj.* **1.** (*überzeugend*) conclusive; *Stil etc.*: concise, terse; (*genau*) precise; **2.** ⚙ flush; (*auf gleicher Höhe*) level.

Bündnis *n* alliance; → ***Bund***[2] 4; (*Vertrag*) agreement; **2frei** *adj.* nonaligned; **~partner** *m* ally; **~politik** *f* policy of alliances; **~system** *n* system of alliances.

Bundweite *f* waist (measurement).

Bungalow *m* bungalow.

Bungeejumping *n*, **Bungee-Springen** *n* bungee jumping.

Bunker *m* **1.** (*Luftschutz2*) air-raid shelter; **2.** ⚔ dugout; **3.** (*Kohlen2 etc.*) bunker; **4.** *Golf*: bunker; **5.** *sl.* (*Gefängnis*) *sl.* clink, *Am. sl.* slammer; **bunkern** *v/t.* **1.** (*Treibstoff etc.*) bunker; **2.** F (*verstecken*) F stash away.

Bunsenbrenner *m* Bunsen burner.

bunt I. *adj.* (*gefärbt*) colo(u)red; (*mehrfarbig*) colo(u)rful, multicolo(u)red; (*farbenfroh*) bright, colo(u)rful; (*~ gefleckt*) spotted; *fig.* colo(u)rful; (*gemischt*) mixed, motley; (*abwechslungsreich*) varied; (*wirr*) confused; ***~er Abend*** evening of entertainment; ***~es Durcheinander*** chaos; ***~e Menge*** motley crowd; ***~e Reihe machen*** seat (the) men and women alternately; F ***das wird mir doch zu ~!*** I've had enough!; → ***Hund*** 2; **II.** *adv.* in different colo(u)rs; ***et. ~ bemalen*** paint s.th. in different (*od.* all sorts of) colo(u)rs; ***~ durcheinander*** in a complete jumble; ***das geht ~ durcheinander*** there's no system in it, it goes all over the place; F ***es ging ~ zu*** F things were pretty lively; F ***er treibt es zu ~*** he takes things too far, he overdoes it; **bunt bemalt** *adj.* brightly colo(u)red, multi-colo(u)red, painted in (all sorts of) different colo(u)rs.

Bunt|druck *m* **1.** colo(u)r printing; **2.** (*Bild*) colo(u)r print; **~film** *m* colo(u)r film.

bunt| gefiedert *adj.* with brightly-colo(u)red feathers; **~ gemischt** *adj.* motley ..., mixed, assorted; **~ gemustert** *adj.* brightly patterned; **~ kariert** *adj.* with colo(u)r checks.

Bunt|metall *n* non-ferrous metal; **~papier** *n* colo(u)red paper; **~sandstein** *m* new red sandstone; **2scheckig** *adj.* spotted; *Pferd*: piebald.

bunt schillernd *adj.* iridescent.

Bunt|specht *m* spotted woodpecker; **~stift** *m* crayon, colo(u)red pencil; **~wäsche** *f* colo(u)reds *pl.*

Bürde *f* burden (*a. fig.*), (heavy) load; *fig.* ***j-m e-e ~ auferlegen*** place a (heavy) burden on s.o.; ***e-e ~ auf sich nehmen*** take on a (heavy) burden.

Bure *m* Boer; **Burenkrieg** *m hist.* Boer War.

Bürette *f* burette.

Burg *f* castle; (*Festung*) *a.* fortress, citadel (*beide a. fig.*); ***die ~en und Schlösser Frankreichs (am Rhein)*** the castles of France (along the Rhine).

Bürge *m* ⚖ guarantor (*a. fig.*), surety; (*Referenz*) reference; ***e-n ~n stellen*** offer bail; **bürgen** *v/i.* **1. ~ für** (*et.*) (*garantieren*) vouch for, guarantee, (*geradestehen für*) answer for; ***der Name bürgt für Qualität*** the name guarantees quality, *stärker*: it's (*od.* the make *etc.*) is a byword for quality; **2.** ⚖ **~ für** (*j-n*) go bail for, stand surety for.

Burger *m aus Hackfleisch*: burger.

Bürger *m* **1.** citizen; *weitS. a.* member of society; (*Stadtbewohner*) resident, inhabitant; ***braver ~*** upright citizen (*od.* member of society); ***friedlicher ~*** peaceful citizen; **2.** *soziologisch*: middle-class citizen, member of the middle classes; bourgeois; **3.** *hist.* burgher, freeman; **2fern** *adj.* distanced from the grass-roots; **~initiative** *f* **1.** citizens' (action) group, civic action group; **2.** civic action.

Bürgerkrieg *m* civil war; **bürgerkriegsähnlich** *adj.*: ***~e Zustände*** internal conflict; ***in Nordirland herrschen ~e Zustände*** *a.* Northern Ireland is virtually in a state of civil war.

bürgerlich *adj.* **1.** *a.* ⚖ civil; (*Zivil...*) civilian; ***~es Recht*** civil law; ***~e Pflichten*** civil (*od.* civic) duties; ***2es Gesetzbuch*** (German) Civil Code; **2.** (*Mittelstands...*) middle-class, *contp.* bourgeois; ***er führt ein sehr ~es Leben*** he has a very bourgeois lifestyle; **3.** (*nicht adelig*) untitled; **4.** (*einfach*) plain, simple; ***~e Küche*** home cooking; **Bürgerliche(r** *m*) *f* commoner; **bürgerlich-rechtlich** *adj.* civil-law ...; under civil law.

Bürgermeister *m* mayor.

bürgernah *adj.* grass-roots *politics etc.*

Bürgerpflicht *f* civil (*od.* civic) duty.

Bürgerrecht *n* civil rights *pl.*; **Bürgerrechtler** *m* civil rights campaigner (*od.* activist); **Bürgerrechtsbewegung** *f* civil rights movement.

Bürger|schreck *m* anti-establishment figure; **~sinn** *m* public spirit; **~stand** *m the* middle classes *pl.*; bourgeoisie; **~steig** *m* pavement, *Am.* sidewalk.

Bürgertum *n* → ***Bürgerstand.***

Bürgerversammlung *f* town meeting.

Burg|friede *m* **1.** *hist.* (area of) jurisdiction; **2.** *fig.* truce (*a. pol.*); ***~n schließen*** make a truce; **~graben** *m* moat; **~graf** *m* burgrave; **~gräfin** *f* burgrave's wife; **~herr** *m* lord (*od.* governor) of the castle, castellan; **~herrin** *f* lady of the castle; **~ruine** *f* ruined castle, castle ruins *pl.*

Bürgschaft *f* (*Sicherheit*) surety, *a. fig.* guarantee; *im Strafrecht*: bail; ***~ leisten, die ~ übernehmen*** stand surety, *im Strafrecht*: a) *Bürge*: go bail, b) *Angeklagter*: give bail, ***für e-n Wechsel*** *etc.*: guarantee a bill *etc.*; ***gegen ~ freilassen*** release on bail.

Bürgschafts|erklärung *f* declaration of surety; **~leistung** *f* surety.

Burgunder *m* **1.** *a. hist.* Burgundian; **2.** → **Burgunderwein** *m* Burgundy (wine); **burgundisch** *adj.* Burgundian.

Burg|verlies *n* dungeon; **~vogt** *m* castellan.

burlesk *adj.* burlesque, farcical; **Burleske** *f* burlesque, farce.

Büro *n* office; **~angestellte(r** *m*) *f* office employee; white-collar worker; **~arbeit** *f* **1.** office work; **2.** desk work; **~artikel** *m* article of stationery (*od.* office equipment); **~automation** *f* office automation; **~bedarf** *m* office supplies *pl.*; **~block** *m* office complex; **~computer** *m* office computer; **~einrichtung** *f* office equipment; **~elektronik** *f* office automation; **~gebäude** *n* office building (*od.* block); **~gehilfe** *m*, **~gehilfin** *f* office junior, clerical assistant; **~hengst** F *m* F pen pusher; **~hochhaus** *n* high-rise office block (*od.* building), commercial tower; **~kauffrau** *f*, **~kaufmann** *m* trained clerical worker; **~klammer** *f* paper clip; **~kommunikation** *f* office communication(s *pl.*); **~kraft** *f* office worker; **~kram** F *m* F odd jobs *pl.*, odd bits of paperwork *pl.*

Bürokrat *m* bureaucrat; **Bürokratie** *f* **1.** bureaucracy; (*Beamte*) officialdom; **2.** (*Amtsschimmel*) red tape, red-tapism; **bürokratisch** *adj.* bureaucratic(ally *adv.*); **bürokratisieren** *v/t.* bureaucratize; **Bürokratisierung** *f* bureaucratization; **Bürokratismus** *m* **1.** bureaucracy; **2.** (*Amtsschimmel*) red tape, red-tapism.

Büro|landschaft *f* landscaped office; **~maschinen** *pl.* (electronic) office equipment *sg.*; **~material** *n* office supplies *pl.*, stationery; **~mensch** F *m* F pen pusher; **~möbel** *pl.* office furniture *sg.*; **~personal** *n* office staff (*mst pl. konstr.*), office workers (*od.* employees) *pl.*; **~schluss** *m* (office) closing time; ***nach ~*** after office hours; ***um 17 Uhr haben wir ~*** we leave the office (*od.* stop work) at five o'clock; **~stunden** *pl.*, **~zeit** *f* office hours (*pl.*); **~tätigkeit** *f* office work.

Bürschchen F *n in der Anrede*: F my lad, sonny; ***pass bloß auf, ~!*** you'd better watch it, my lad (*od.* sonny); ***freches ~*** F cheeky (little) so-and-so.

Bursche *m* lad; (*Kerl*) guy; ***das ist ein übler ~*** F he's a nasty sort.

Burschenschaft *f* (student) fraternity, student league.

burschikos *adj.* boyish; (*lässig*) jaunty; (*salopp*) careless.

Bürste *f* brush (*a.* ⚙, ⚡); F (*Frisur*) crew cut; **bürsten** *v/t.* brush; ***sich die Haare ~*** brush one's hair; ***sich die Zähne ~*** brush (*od.* clean) one's teeth.

Bürsten|binder *m*: F ***saufen wie ein ~*** drink like a fish; **~schnitt** *m* crew cut.

Bürzel *m zo.* rump; *gastr.* parson's nose; (*Schwanz*) tail.

Bus *m* bus; (*Überland2, Reise2*) *a.* coach; ***mit dem ~ fahren*** go by bus, take the bus; **~bahnhof** *m* (bus) terminal, bus (*Überlandbus*: *a.* coach) station.

Busch *m* **1.** bush; (*Strauch*) shrub; (*kleines Gehölz*) copse, thicket, *Am.* brush; *fig.* ***da ist etwas im ~*** (I'm sure) they're up to something, there's something brewing; ***auf den ~ klopfen*** stretch out one's feelers, ***bei j-m***: sound s.o. out; ***hinterm ~ halten mit*** keep quiet about; ***sich***

(seitwärts) in die Büsche schlagen sneak away; **2.** (*Strauß*) bunch; **3.** *in Afrika, Australien etc.*: bush; F (*Urwald*) jungle; **~bohne** *f* dwarf (*Am.* bush) bean; **~brände** *m pl.* bushfires.

Büschel *n* bunch; (*Bündel*) bundle; *Haare etc.*: tuft, *Federn*: *a.* crest; *phys.*, ⩚ pencil; **büschelweise** *adv.*: ***er verlor ~ Haare*** his hair was coming out in handfuls.

Busch|feuer *n* bushfire; **~hemd** *n* bush jacket.

buschig *adj.* bushy (*a. Haar*).

Busch|mann *m* bushman; **~messer** *n* machete; **~rose** *f* polyantha (rose), bushrose; **~trommeln** F *fig. pl.* F bush telegraphy *sg.*; ***et. über die ~ erfahren*** hear s.th. on the bush telegraph; **~wald** *m* scrub; **~windröschen** *n* wood anemone.

Busen *m 1.* (*Brust*) breasts *pl.*; *verhüllt*: *mst* bust, chest; *lit.* bosom; *fig.* bosom, breast, heart; ***voller ~*** big breasts (*od.* bust, chest); *fig.* ***am ~ der Natur*** in nature's bosom; ***ein Geheimnis (e-n Hass) in s-m ~ nähren*** cherish a secret (harbo[u]r hatred in one's heart); **2.** (*Oberteil e-s Kleids*) bodice; **~freund(in** *f*) *m* bosom friend, F bosom buddy.

Bus|fahrer *m* bus driver; **~fahrplan** *m* bus timetable, *bsd. Am.* bus schedule; **~fahrt** *f* bus ride; *mit Reisebus*: coachride, (*Rundfahrt*) coach tour (***durch*** of, through); **~geld** *n* bus fare; **~haltestelle** *f* bus stop.

Business-Class *f* ✈ business class.

Bus|ladung *f* busload *of tourists etc.*; **~linie** *f* bus route; ***die ~ 8*** bus number 8, the number 8 (bus).

Bussard *m* buzzard.

Buße *f* **1.** penance; (*Reue*) repentance; (*Sühnung*) atonement, expiation; ***~ tun*** do penance, ***für*** *et.*: atone (*weitS.* make amends) for; **2.** (*Strafe*) penalty; (*Geld*≗) *a.* fine; **büßen I.** *v/t.* **1.** (*Verbrechen etc.*) pay for; *fig. a.* suffer for; *fig.* ***er büßte es mit s-m Leben*** he paid for it with his life, he sacrificed his life for it; ***das sollst du mir ~*** you'll pay for that, I'll make you pay for that; **2.** *eccl.* atone for; (*bereuen*) repent of; **II.** *v/i.* **3.** ***~ für*** pay for; *fig. a.* suffer for; *fig.* ***dafür habe ich schwer ~ müssen*** I had to pay dearly for it; **4.** *eccl.* do penance; (*bereuen*) repent.

Bussel F *n* → ***Busserl***; **busseln** F *v/i. u. v/t.* → ***busserln.***

Büßer *m* penitent; **~gewand** *n* penitential robe; **~hemd** *n* hair shirt.

Busserl F *östr., südd. n* kiss; **busserln** F *östr., südd. v/i. u. v/t.* kiss.

bußfertig *adj.* repentant.

Bußgeld *n* fine; ***zu e-m ~ in Höhe von ... verurteilt werden*** be sentenced to a fine of ..., be fined ...; **~bescheid** *m* penalty notice; **~katalog** *m* list of (traffic offen|ce, *Am.* -se) penalties; **~verfahren** *n* fining system.

Bußgottesdienst *m* penitential service.

Bussi *dial. n* kiss.

Busspur *f* bus lane.

Buß- und Bettag *m day of prayer and repentance.*

Büste *f* bust.

Büstenhalter *m* bra; *formell*: brassiere.

Bustier *n* (*Mieder*) bustier.

Busverbindung *f* bus connection (*od.* service).

Butan *n* ⚗ butane.

Butt *m* flounder.

Bütten|papier *n* deckle-edge(d) paper; **~rand** *m* deckle edge; **~rede** *f* carnival speech; **~redner** *m* carnival orator.

Butter *f* butter; ***mit ~ bestreichen*** butter, spread butter on; *fig.* ***er gönnt ihr nicht die ~ auf dem Brot*** he begrudges her every little thing; F ***mir ist fast die ~ vom Brot gefallen*** F I nearly fell off my chair; ***er lässt sich die ~ nicht vom Brot nehmen*** he can stick up for (*od.* look after) himself; F ***alles in ~*** everything's just fine (F hunky-dory), F couldn't be better; **~berg** *m* butter mountain; **~blume** *f* buttercup.

Butterbrot *n* (piece *od.* slice of) bread and butter, *Brit. a.* F butty; F *fig.* ***j-m et. aufs ~ schmieren*** F rub s.th. under s.o.'s nose, rub s.th. (*od.* it) in; ***für ein ~*** (*billig*) for a song, *arbeiten*: for peanuts; **~papier** *n* greaseproof paper.

Buttercreme *f* buttercream; **~torte** *f* buttercream cake.

Butter|dose *f* butter dish; **~fahrt** F *f* duty-free cruise; **~gebäck** *n* rich biscuits (*Am.* cookies) *pl.*; **~käse** *m* mild, full-fat cheese; **~keks** *m* rich tea biscuit; **~kugel** *f* pat of butter; **~messer** *n* butter knife; **~milch** *f* buttermilk.

buttern I. *v/t.* **1.** (*bestreichen*) butter; (*Backblech etc.*) grease (with butter); **2.** F *fig.* ***Geld in et. ~*** pour (F sink) money into s.th.; **II.** *v/i.* make butter.

Butter|schmalz *n* clarified butter; **~seite** F *fig. f*: ***die ~ des Lebens*** the sunny side of life; **~toast** *m* buttered toast; **≗weich** *adj.* **1.** *Gemüse etc.*: lovely and soft (*Fleisch*: tender); ***die Karotten sind ~*** *a.* the carrots just melt on your tongue; **2.** *fig.* (*nachgiebig*) soft; **3.** *fig. Sport, Zuspiel*: delicate.

Button *m* badge, *bsd. Am.* button.

Butzemann F *m* bogeyman.

Butzenscheibe *f* bull's eye (pane).

Bypass *m* bypass; **~operation** *f* bypass operation (*od.* surgery, *a. pl.*).

Byte *n* byte.

byzantinisch *adj.* Byzantine; ***~e Zeitrechnung*** Byzantine calendar; **Byzantinistik** *f* Byzantine studies *pl.*

c..., C... → *a.* **k..., K..., sch..., Sch...** *bzw.* ***z..., Z...***
C, c C, c; ♪ C; ***♪ das hohe C*** top C.
Cabochon *m* **1.** cabochon; **2.** → **~schliff** *m* cabochon.
Cabrio(let) *n* convertible.
Cache *m*, **Cachespeicher** *m Computer*: cache (memory).
Cadmium *n* cadmium.
Café *n* café; ***ins ~ gehen*** go to a (*od.* the) café.
Cafeteria *f* snack bar, cafeteria.
Calcium *etc.* → ***Kalzium*** *etc.*
Callboy *m* call boy, male prostitute; **Callgirl** *n* call girl.
Camcorder *m phot.* camcorder
Campagne *f* → ***Kampagne.***
campen *v/i.* camp, go camping; **Camper** *m* **1.** camper; **2.** → ***Campingbus.***
Camping *n* camping; **~ausrüstung** *f* camping equipment; **~bett** *n* camp bed; **~bus** *m* camper (van); **~führer** *m* camping guide; **~platz** *m* camping site, campsite; **~stuhl** *m* folding chair; **~tisch** *m* folding table; **~urlaub** *m* camping holiday; ***~ machen*** go on a camping holiday, go camping.
Campus *m* (*Hochschulgelände*) campus; ***auf dem ~ leben*** live on campus.
Canaille *f* → ***Kanaille.***
canceln *sl. v/t* cancel.
Cappuccino *m* cappuccino.
Carepaket *n* CARE package.
Caret-Zeichen *n typ.* caret.
Cargo *m* cargo.
Carotin *n* carotin.
Car-Sharing *n* car sharing
Cartoon *m*, *n* **1.** cartoon; **2.** (*Geschichte*) comic (*od.* cartoon) strip.
Carver *m Skisport*: carver, carving ski; **Carving** *n Skisport*: carving; ***~-Ski*** carving ski.
Casanova *fig. m* Casanova, Don Juan.
Casein *n* casein.
Cäsium *n* c(a)esium.
Cassette *etc.* → Kassette *etc.*
Casting *n Film*, *TV*: (*Rollenbesetzung*) casting.
catchen *v/i.* do all-in wrestling; **Catcher** *m* all-in wrestler.
Catering *n* catering; **~-Unternehmen** *n* catering firm (*od.* company).
CAT-Scanner *m* CAT-scanner.
CB-Funk *m* CB radio, citizens' band radio.
CD *f* CD, compact disc; **~-Brenner** *m* ⊛ CD burner, CD writer; **~-Player** *m* CD player; **~-ROM** CD-ROM; **~-ROM-Laufwerk** *n* CD-ROM drive; **~-Spieler** *m* CD player; **~-Video** *n* **1.** CD video, CDV; **2.** *konkret*: compact video disc, CDV.
Cella *f im Tempel*: cella.
Cellist *m* cellist, cello player; **Cello** *n* cello.
Cellophan (*TM*) *n* cellophane (*TM*).
Celsius centigrade, Celsius; ... ***Grad ~ ...*** degrees centigrade (*od.* Celsius); **~skala** *f* Celsius (*od.* centigrade) scale; **~thermometer** *n* centigrade (*od.* Celsius) thermometer.
Cembalist *m* harpsichordist, harpsichord player; **Cembalo** *n* harpsichord.
Cent *m Währungseinheit*: cent.
Ces *n* ♪ C flat.
Ceylonese *m*, **Ceylonesin** *f* Ceylonese; **ceylonesisch** *adj.* Ceylonese; Ceylon ...
Chaiselongue *f* chaise longue, divan.
Chalet *n* chalet.
Chalkolithikum *n* Chalcolithic Age.
Chamäleon *n* chameleon (*a. fig.*).
chamois I. *adj.* buff(-colo[u]red); **II.** ~ *n*, *a.* **~leder** *n* chamois (leather).
Champagner *m* champagne; **champagnerfarben** *adj.* champagne(-colo[u]red); **Champagnerflöte** F *f* champagne flute; **Champagnerglas** *n* champagne glass.
Champignon *m* button mushroom.
Champion *m* champion(s *pl.*); ***der ~ im Speerwerfen*** the javelin champion, the champion javelin-thrower.
Chance *f* chance (***zu*** *inf.* to *inf.*, of *ger.*); (*Gelegenheit*) *a.* opportunity (to *inf.*); *pl.* (*Aussichten*) prospects; ***geringe ~n*** a slim chance; *dieser Beruf hat* ***gute ~n*** good prospects; ***nicht die geringste ~*** not a chance; ***bei j-m ~n haben*** stand a chance with s.o.; ***sich ~n ausrechnen*** fancy one's chances; ***die ~n stehen gut*** the odds are in our *etc.* favo(u)r, *weitS.* the prospects are good, things look (quite) hopeful; ***die ~n stehen gleich*** it's fifty-fifty; ***s-e ~ wahrnehmen*** seize the opportunity; ***s-e ~ verpassen*** miss one's chance, miss the boat; F ***keine ~!*** F no way, not a chance; **chancengleich** *adj.* balanced; **Chancengleichheit** *f* equal opportunities *pl.*; **chancenlos** *adj.*: ***die Mannschaft ist ~*** the team's got no chance; **chancenreich** *adj.*: ***~e Aussichten*** good prospects (for the future); ***~er Beruf*** *etc.* job *etc.* with good prospects.
changieren *v/i.* (*schillern*) iridesce, shimmer.
Chanson *n* chanson; *politisches*: political song.
Chaos *n* chaos; ***hier herrscht ja das reinste ~*** it's absolutely chaotic (*od.* sheer bedlam) in this place; **Chaot(in** *f*) *m* **1.** *pol.* (young) radical; *pl. a.* lunatic fringe (*od.* element) *sg.*; **2.** completely disorganized person; ***er ist ein absoluter Chaot*** he's completely disorganized, he's chaos personified; **chaotisch I.** *adj.* chaotic; ***~e Zustände*** chaos, chaotic situation; **II.** *adv.*: ***es ging ziemlich ~ zu*** F it was pretty chaotic.
Charakter *m* **1.** *e-r Person*: character; (*sittliche Stärke*) (strength of) character, (moral) backbone; (*Persönlichkeit*) personality; *e-r Sache, bsd. mit den Sinnen wahrnehmbar*: character; (*Natur*) nature; ***ein Mann von ~*** a man of character; ***ein Mensch mit ~ hätte ...*** anyone with a bit of character (*od.* backbone) would have ...; ***sie hat ~*** she's got (real) character; ***sie hat keinen ~*** she's got no character (*od.* backbone), F she's a spineless jellyfish; ***~ beweisen*** show some character (*od.* backbone); ***vom ~ her*** as far as his *etc.* character goes, *weitS.* personalitywise; *Gespräche* ***vertraulichen ~s*** of a confidential nature; **2.** (*Mensch*) personality; *komischer etc.*: character; *in der Literatur etc.*: character; **~anlage** *f* disposition; **~bild** *n* **1.** character sketch (*od.* study); **2.** character, personality.
charakterbildend *adj.* character-forming (*od.* -mo[u]lding); **Charakterbildung** *f* **1.** character (*od.* personality) development; **2.** *von außen*: character-mo(u)lding.
Charakter|darsteller *m thea.* character actor; **~eigenschaft** *f* (personality *od.* personal) trait; **~fehler** *m* (character) weakness, flaw in one's character, character (*od.* personality) flaw.
charakterfest *adj.* of strong character,

stable; **Charakterfestigkeit** *f* strength of character.

charakterisieren *v/t.* **1.** (*schildern*) describe; (*Sache*) *a.* depict; (*zusammenfassen*) sum up; **2.** (*kennzeichnen*) mark; (*j-n*) be typical of; ***charakterisiert sein durch*** be marked by; ***es wird durch Folgendes charakterisiert*** *a.* it has the following characteristics; **Charakterisierung** *f* characterization; (*Schilderung*) description; (*Zusammenfassung*) summary; **Charakteristik** *f* **1.** characterization; **2.** 𝔄, ⚙ characteristic; **Charakteristikum** *n* characteristic feature; **charakteristisch** *adj.* characteristic, typical (***für*** of); ***~e Eigenschaft*** characteristic (feature).

Charakter|komödie *f thea.* comedy of character; **~kopf** *m* striking (*od.* interesting) face; ***e-n ~ haben*** *a.* have striking features.

charakterlich I. *adj.* character ..., in (one's) character; personal; ***~e Schwäche*** weakness in character, character flaw; **II.** *adv.* in character; ***sich ~ verändern*** change in character, *völlig*: change one's personality; ***er hat sich ~ vollkommen geändert*** *a.* he's a completely different person (*od.* personality); ***j-n ~ einschätzen*** assess s.o.'s character.

charakterlos *adj.* **1.** *Person*: unprincipled; *Handlung(sweise)*: *a.* condemnable; **2.** (*nichts sagend*) colo(u)rless, bland; *Person*: colo(u)rless, (totally) lacking in personality; **Charakterlosigkeit** *f* **1.** lack of character; **2.** blandness.

Charakter|rolle *f thea.* character part; **~schilderung** *f* characterization.

charakterschwach *adj.* weak(-charactered); (*willensschwach*) weak-willed; **Charakterschwäche** *f* weakness (of character); *einzelne*: *a.* character flaw.

Charakterschwein F *n* low character; *sl.* rat, swine, *bsd. Am.* (rat)fink.

charakterstark *adj.* → ***charakterfest***; **Charakterstärke** *f* strength of character; *einzelne*: strength, strong point.

Charakter|stück *n* character play (♪ piece); **~studie** *f* character study.

charaktervoll *adj.* full of character; *Gesicht etc.*: interesting, striking; *Person*: *man etc.* of character.

Charakterzug *m* (personality *od.* personal) trait.

Charge *f* **1.** *thea.* supporting part; **2.** *metall.* charge, heat; **3.** ⚔ rank; ***die ~n*** the non-commissioned ranks, the NCOs.

Charisma *n* charisma; **charismatisch** *adj.* charismatic.

charmant I. *adj.* charming; **II.** *adv.*: ***~ lächeln*** give a charming smile; **Charme** *m* charm; personality; ***s-n (ganzen) ~ spielen lassen*** F turn on the old charm; **Charmeur** *m* charmer.

Charta *f pol.* charter; ***die ~ der Vereinten Nationen*** the United Nations Charter.

Charter *m* charter; **~flug** *m* charter flight; **~gesellschaft** *f* charter company; **~maschine** *f* charter plane.

chartern *v/t.* charter, hire.

Charterverkehr *m* charter flights *pl.*

Charts F *pl.* charts; ***in die ~ kommen*** get into the charts.

Chassis *n mot.*, *Radio etc.*: chassis.

Chat *m Internet*: chat; **~raum** *m*, **~room** *m Internet*: chatroom.

Chauffeur *m* driver, chauffeur.

Chaussee *obs. f* country road; *in der Stadt*: avenue.

Chauvi F *m* male chauvinist (pig F), F MCP; **Chauvinismus** *m* **1.** chauvinism, jingoism; **2.** (*männlicher ~*) male chauvinism; **Chauvinist** *m* **1.** chauvinist; **2.** male chauvinist; **chauvinistisch** *adj.* chauvinist(ic).

Check *m Eishockey*: check; **checken** *v/t.* **1.** (*überprüfen*) check; **2.** F (*verstehen*) F get; ***hast dus endlich gecheckt?*** F have you got that into your thick head now?; **3.** *Sport*: check, barge (*a. v/i.*); **Checkliste** *f* check list; **Check-up** *m* ⚕ *etc.* checkup.

Chef *m* **1.** head *of the company etc.*; (*Vorgesetzter*) boss, *formell*: supervisor, *s.o.'s* superior; (*Abteilungsleiter*) *a.* head of department; F *in der Anrede*: *sl.* guv, chief; ***wer ist hier der ~?*** who's in charge around here?; ***ich möchte mit dem ~ sprechen*** *oft*: I'd like to speak to the manager; F ***den ~ markieren*** act as if one owns the place; **2.** (*Küchen2, ~koch*) chef; **~arzt** *m*, **~ärztin** *f* senior consultant, *Am.* chief of staff; **~berater** *m* chief (*od.* senior) adviser; **~delegierte(r)** *m* head of the delegation; **~dirigent** *m* principal conductor; **~etage** *f* executive floor; **~ideologe** *m* chief ideologist.

Chefin *f* **1.** → ***Chef***; **2.** F *the* boss's wife.

Chef|kellner *m* head waiter; **~koch** *m* chef; **~pilot** *m* (flight) captain; **~redakteur** *m* editor (in chief); **~sache** *f*: ***et. zur ~ erklären*** give top priority to s.th.; **~sekretär(in** *f*) *m* personal assistant, PA; **~sessel** *m*: F *fig.* ***es auf den ~ abgesehen haben*** have one's eye on the boss's job; **~trainer** *m* manager, coach; **~unterhändler** *m* chief negotiator; **~visite** *f* ⚕ consultant's round.

Chemie *f* **1.** chemistry; ***(an)organische ~*** (in)organic chemistry; **2.** (*chemische Industrie*) chemicals industry; **~anlage** *f* chemical (processing) plant; **~faser** *f* man-made fib|re (*Am.* -er); **~gigant** *m* chemical giant; **~industrie** *f* chemicals industry; **~konzern** *m* chemicals group; **~unfall** *m* accident in the chemical industry; **~unternehmen** *n* chemicals company; **~waffe** *f* chemical weapon.

Chemikalien *pl.* chemicals.

Chemiker(in *f*) *m* chemist.

chemisch I. *adj.* chemical; ***~e Erzeugnisse*** chemicals; ***~e Reinigung*** (*Vorgang*) dry cleaning, (*Unternehmen*) dry cleaner's; ***~e Wirkung*** *f* chemical action; → ***Keule*** 3; **II.** *adv.*: ***et. ~ reinigen lassen*** have s.th. dry-cleaned, take s.th. to the dry cleaner's.

Chemotechnik *f* chemical engineering; **Chemotechniker(in** *f*) *m* laboratory technician.

Chemotherapie *f* ⚕ chemotherapy.

Cherub *m bibl.* cherub (*pl.* cherubim).

Chesterkäse *m* Cheshire cheese.

chic *adj.*, **Chic** *m* → ***schick, Schick.***

Chicorée *m* ⚘ chicory, *Am.* endive(s *pl.*).

Chiffon *m* chiffon.

Chiffre *f* cipher, code; *Anzeige*: boxnumber; ***Zuschriften unter ~ 360*** replies to box no. 360; **~anzeige** *f* box number advertisement, blind ad; **~nummer** *f* box number.

chiffrieren *v/t.* (en)code.

Chilene *m*, **Chilenin** *f*, **chilenisch** *adj.* Chilean.

Chili *m* chil(l)i; **~pulver** *n* chil(l)i powder; **~sauce** *f* chil(l)i sauce.

Chimäre *f myth.*, *fig.*, ⚘ chimera.

China|kohl *m* Chinese cabbage (*od.* leaves *pl.*); **~restaurant** *n* Chinese restaurant; **~rinde** *f* chinchona bark.

Chinchilla 1. *f zo.* chinchilla; **2.** *n*, *m* (*Mantel*) chinchilla.

Chinese *m* **1.** Chinese; **2.** F Chinese restaurant; ***zum ~n gehen*** F go to a Chinese; ***in der Nähe ist ein ~*** F there's a Chinese place near here; **Chinesenviertel** *n* (*a.* ***das ~***) Chinatown; **Chinesin** *f* Chinese (woman); **chinesisch I.** *adj.* Chinese; ***die 2e Mauer*** the Great Wall of China, the Chinese Wall; *fig.* ***das ist ~ für mich*** that's all Greek (*od.* that's Chinese) to me; **II.** 2 *n* Chinese.

Chinin *n* quinine.

Chinoiserie *f Kunst*: chinoiserie.

Chintz *m* chintz.

Chip *m* **1.** (*Spielmarke*) chip; **2.** *pl. gastr.* (potato) crisps, *Am.* potato chips; **3.** *Computer*: chip; **~karte** *f* smart card.

Chiromant *m* chiromancer; **Chiromantie** *f* chiromancy.

Chiropraktik *f* ⚕ chiropractic; **Chiropraktiker** *m* chiropractor.

Chirurg *m* surgeon; **Chirurgie** *f* **1.** surgery; **2.** (*Krankenhausabteilung*) surgical ward; ***in der ~ liegen*** *a.* be in surgery; **chirurgisch** *adj.* surgical; ***ein ~er Eingriff*** surgery (*a. pl.*), an operation; ***e-n ~en Eingriff vornehmen*** operate (***bei*** on), carry out surgery (on).

Chitin *n* chitin; **~panzer** *m* exoskeleton.

Chlor *n* ⚗ chlorine; **chloren** *v/t.* chlorinate; **Chlorgas** *n* chloric gas; **chlorfrei** *adj.* non-chlorine bleached (*paper*); **chlorhaltig** *adj.* chlorinated; **Chlorid** *n* chloride; **chlorieren** *v/t.* chlorinate.

Chloroform *n* chloroform; **chloroformieren** *v/t.* chloroform.

Chlorophyll *n* ⚘ chlorophyll.

Chlorung *f* chlorination.

Chlorwasserstoff *m* hydrogen chloride.

Choke *m mot.* choke.

Cholera *f* ⚕ cholera; **~ausbruch** *m* outbreak of cholera; **~epidemie** *f* cholera epidemic; **~schutzimpfung** *f* cholera inoculation; **~verdacht** *m* suspected cholera; ***in ~ stehen*** be a suspected cholera case, be a cholera suspect; **~verdächtige(r)** *m* cholera suspect.

Choleriker *m* choleric type; **cholerisch** *adj.* choleric.

Cholesterin *n* cholesterol; **2arm** *adj.* low-cholesterol ..., *pred.* low in cholesterol; **2reich** *adj.* high-cholesterol ..., *pred.* high in cholesterol; **~spiegel** *m* cholesterol level.

Chor[1] *m* **1.** (*Sänger2*) choir; **2.** (*~satz, ~gesang*) chorus; *fig.* ***im ~*** in chorus, all together; **3.** (*Instrumentengruppe*) section; **4.** *im Drama*: chorus.

Chor[2] *m* △ choir, chancel.

Choral *m* chorale, hymn; *gregorianischer*: Gregorian chant; (*Psalmodie*) plainsong.

Choramt *n* choir office.

Choreograph *m* choreographer; **Choreographie** *f* choreography; **choreographieren** *v/t. u. v/i.* choreograph; **choreographisch** choreographic(ally *adv.*).

Chor|gang *m* choir aisle; **~gebet** *n* canonical hour(s *pl.*); **~gesang** *m* **1.** *coll.* choral music; **2.** singing of a (*od.* the) choir; **~gestühl** *n* (choir) stalls *pl.*; **~hemd** *n* surplice, *a. des Bischofs*: rochet; **~herr** *m* canon; **~knabe** *m* choirboy; **~konzert** *n* choral concert; **~leiter** *m* choirmaster, choir director; **~musik** *f* choral music; **~sänger(in** *f*) *m* member of a (*od.* the) choir, chorister; **~stuhl** *m* (choir) stall.

C

Chose F *f* **1.** (*Sache*) business; ***die ganze ~ hinschmeißen*** F chuck the whole thing; **2.** (*Dinge*) F stuff.
Chow-Chow *m* chow (chow).
Christ(in *f*) *m* Christian.
Christ... *in Zssgn* → *a.* ***Weihnachts...***
Christbaum *m* Christmas tree; **~schmuck** *m* Christmas tree decorations *pl.*
Christdemokrat *m* Christian Democrat; **christdemokratisch** *adj.* Christian Democrat.
Christen|gemeinde *f* **1.** (*Christenheit*) Christian community; **2.** ***~ der Frühzeit*** early Christian church; **~glaube(n)** *m the* Christian faith.
Christenheit *f*: ***die ~*** Christendom, the Christian world; ***die gesamte ~*** the whole of Christendom, the entire Christian world.
Christenpflicht *f one's* duty as a Christian.
Christentum *n*: ***das ~*** Christianity.
Christenverfolgung *f* persecution of (the) Christians.
christianisieren *v/t.* convert to Christianity; **Christianisierung** *f* christianization, conversion *of a country etc.* to Christianity.
Christkind *n*: ***das ~*** a) the infant Jesus; *Kindersprache*: (the) baby Jesus, b) *etwa* Father Christmas, Santa Claus; **Christkindl** *dial. n* **1.** → ***Christkind***; **2.** Christmas present; **Christkindlmarkt** *m* Christmas market.
christlich I. *adj.* Christian; ***(die) ~e Nächstenliebe*** Christian charity, love for one's fellow man; **II.** *adv.* like a Christian; F ***~ teilen*** share (s.th.) out evenly; **~-demokratisch** *adj.* Christian Democrat; ***℞e Union*** Christian Democratic Party.
Christ|messe *f* midnight mass; **~mette** *f R.C.* midnight mass; *evangelische*: midnight service; **~rose** *f* Christmas rose; **~stollen** *m* stollen (cake).
Christus *m* Christ; ***vor Christi Geburt (v.Chr.)*** before Christ (*abbr.* BC); ***nach Christi Geburt (n.Chr.)*** Anno Domini (*abbr.* AD); **~bild** *n* image of Christ; *am Kreuz*: crucifix; **~dorn** *m* ⚘ Christ's thorn; **~figur** *f* figure (*od.* statue) of Christ; **~kopf** *m Kunst*: head (*od.* portrait) of Christ.
Chrom *n* chrome; *chemisch*: *a.* chromium.
Chromatik *f* ♪, *opt.* chromatics *pl.* (*mst sg. konstr.*); **chromatisch** *adj.* chromatic (-ally *adv.*); ***~e Tonleiter*** chromatic scale.
chromblitzend *adj.* gleaming (with metal).
Chromdioxidkassette *f* chromium dioxide cassette.
chrom|gelb *adj.* chrome yellow; **~grün** *adj.* viridian (*od.* chrome) green.
Chromleder *n* chrome leather.
Chromosom *n* chromosome; **Chromosomenzahl** *f* chromosome number.
Chromosphäre *f* chromosphere.
Chronik *f* chronicle; *bibl.* ***das 1. (2.) Buch der ~*** the 1st (2nd) Book of Chronicles, Chronicles I (II); ***die Bücher der ~*** (the Books of) Chronicles, Chronicles I and II; ***in e-r ~ aufzeichnen*** chronicle.
chronisch *adj.* ⚕ *u. fig.* chronic(ally *adv.*).
Chronist *m* chronicler.
Chronologie *f* chronology; ***die ~ der Ereignisse*** *a.* the sequence of events; **chronologisch** *adj.* chronological; ***in ~er Folge*** in chronological order, chronologically.
Chronometer *n* chronometer.
Chrysantheme *f* ⚘ chrysanthemum.
Chrysolith *m min.* chrysolite.
Chuzpe F *f* F chutzpah.
ciao *int.* bye!, see you!
Cineast *m* **1.** film-maker; **2.** movie buff.
circa *adv.* about, approximately.
circadian *adj.* circadian; ***~er Biorhythmus*** circadian rhythm.
Circulus vitiosus *m* vicious circle.
Cis *n* ♪ C sharp.
City *f* town centre, *Am.* downtown (business center); **~nähe** *f*: ***in ~*** central(ly).
Clan *m a. iro.* clan.
Claque *f* claque; **Claqueur** *m* claqueur.
clean F *adj.* (*nicht mehr drogenabhängig*) F clean, off drugs.
Clearing *n* ⚜ clearing; **~haus** *n* clearing house; **~verkehr** *m* clearing (transactions *pl.*).
Clementine *f* clementine.
clever *adj.* smart, clever.
Cliché *etc.* → ***Klischee*** *etc.*
Clinch *m Boxen*: clinch; *fig.* ***im ~ sein mit*** be at loggerheads with.
Clip *m* clip; (*Ohr℞*) earclip.
Clique *f* clique, coterie, F crowd; *pol. a.* faction; **Cliquenwirtschaft** *f* cliquism.
Clou *m* main attraction, high spot; (*Höhepunkt*) climax; (*Witz*) point; ***jetzt kommt der ~!*** wait for this.
Clown *m* clown.
Club *m* → ***Klub.***
Coca *f* → ***Cola.***
Cockerspaniel *m* cocker spaniel.
Cockpit *n* cockpit; ✈ *a.* flight deck.
Cocktail *m* **1.** cocktail; **2.** cocktail party; **~kleid** *n* cocktail dress; **~party** *f* cocktail party; **~tomate** *f* cherry tomato.
Coda *f* ♪ coda; *fig. a.* tailpiece.
Code *m* code.
Codein *n* codeine.
codieren *v/t.* (en)code; **Codierung** *f* (en-)coding.
Coffein *etc.* → ***Koffein*** *etc.*
Cognac (*TM*) *m* cognac; **cognacfarben** *adj.* cognac(-colo[u]red).
Coitus *m* → ***Koitus.***
Cola *f*, *n* coke (*TM*); ***zwei ~*** two cokes; **~nuss** *f* cola nut.
Collage *f* collage.
Collie *m* collie.
Collier *n* collier.
Come-back *n* comeback; ***ein ~ erleben (starten)*** make (stage) a comeback.
Comic *m* **1.** comic (*od.* cartoon) strip; **2.** → **~heft** *n* comic; **~strip** *m* → ***Comic*** 1.
Compact Disc *f* compact disc.
Computer *m* computer; ***mit ~n vertraut*** computer-literate; **~absturz** *m* computer crash; **~animation** *f* computer animation; **~arbeitsplatz** *m* computer workplace; **~ausdruck** *m* computer printout; **~befehl** *m* computer command; **~blitz** *m phot.* computer(ized) flash(gun), dedicated flash; **~brief** *m* personalized computer letter; **~diagnostik** *f* computer diagnostics *pl.* (*als Fach sg. konstr.*); **~erfahrung** *f* computer experience; **~fachmann** *m* computer expert; **~fahndung** *f* computer-aided search(es *pl.*); **~fehler** *m* bug; **~firma** *f* computer firm (*od.* company); **~freak** *m* computaholic, F mouse potato; **~-GAU** *m* computer meltdown; **~generation** *f* generation of computers, computer generation; **℞gerecht** *adj.* computer-compatible; **℞gesteuert** *adj.* computer-controlled; **℞gestützt** *adj.* computer-aided, computer-assisted, computerized; ***~es Design*** CAD, computer-aided design; ***~es Lernen*** CAI, computer-assisted instruction; ***~es Sprachenlernen*** CALL, computer-assisted language learning; **~grafik** *f* computer graphics *pl.* (*als Fach sg. konstr.*); **~hersteller** *m* computer manufacturer(s *pl.*).
computerisieren *v/t.* computerize.
Computer|kriminalität *f* computer crime; **℞lesbar** *adj.* machine-readable; **~linguistik** *f* computer linguistics *pl.* (*sg. konstr.*); **~missbrauch** *m* computer abuse; **~programm** *n* computer program; **~raum** *m* computer room; **~satz** *m typ.* computer typesetting; **~simulation** *f* computer simulation; **~spiel** *n* computer game; **~tomographie** *f* ⚕ computerized (*od.* computed *od.* computer) tomography; **℞unterstützt** *adj.* computer-aided; **~virus** *m* computer virus; **~wissenschaft** *f* computer science.
Conférence *f* presentation; ***die ~ haben bei e-r Veranstaltung*** *etc.* present (*od.* emcee, *Brit. a.* compere) a show *etc.*; **Conférencier** *m* compere, emcee, MC.
Confiserie *f* → ***Konditorei.***
Connaisseur *m* connoisseur.
Container *m* **1.** container; **2.** (*Müll℞*) skip; **~bahnhof** *m*, **~hafen** *m* container terminal; **~schiff** *n* container ship.
Contergankind *n* thalidomide baby (*od.* child, victim).
Cookie *n Internet*: cookie.
cool *sl.* **I.** *adj.* F cool; **II.** *adv.*: ***~ agieren*** play it cool.
Copilot *m* copilot.
Copyshop *m* copy shop.
coram publico *adv.* in public, publicly.
Cord *etc.* → ***Kord*** *etc.*
Corner *östr. m Sport*: corner.
Cornichon *n* cocktail gherkin.
Corpus *n* **1.** ⚕, *ling.* → ***Korpus***; **2.** ***~ Delicti*** corpus delicti.
Corso *m* → ***Korso.***
Cortison *n* cortisone.
Couch *f* sofa, couch; **~garnitur** *f* three-piece suite; **~tisch** *m* coffee table.
Couleur *f pol. etc.* complexion; ***jeder ~*** *a.* of every shade and colo(u)r.
Count-down *m*, *n* countdown; ***der ~ läuft*** we're into the final countdown.
Coup *m* coup; ***e-n ~ landen*** pull off a coup.
Coupé *n* **1.** *mot.* coupé; **2.** *obs. od. östr.* (*Zugabteil*) compartment.
Coupon *m* → ***Kupon.***
Courage *f* courage, pluck; ***~ zeigen*** show some courage; F ***Angst vor der eigenen ~ kriegen*** F get the wind up; **couragiert** *adj.* bold, F plucky.
Courtage *f* ⚜ brokerage, broker's fee, commission.
Cousin *m* (male) cousin; **Cousine** *f* (female) cousin.
Couturier *m* couturier, fashion designer.
Cover *n* **1.** (*Titelseite*) (front) cover, front page; **2.** (*Schallplattenhülle*) cover, sleeve.
Crack[1] *m* (*Sportler*) *tennis etc.* ace; crack tennis player *etc.*
Crack[2] *n* (*Droge*) crack.
Cracker *m* **1.** *gastr.* cracker; **2.** (*Knallbonbon*) banger, firecracker.
Crashkurs *m Lehrgang*: crash course.
Credo *n eccl.* credo; *fig.* creed.
Creme *f* cream; (*Dessert*) creme; *fig.* ***die***

~ der Gesellschaft the creme de la creme; **cremefarben** *adj.* cream(-colo[u]red).
Creme|schnitte *f* cream slice; **~speise** *f* creme; **~torte** *f* cream gateau.
cremig *adj.* creamy.
Crepe[1] *f gastr.* crepe, pancake.
Crepe[2] *m* (*Stoff*) → ***Krepp; ~ de Chine*** crepe (de Chine).
Creutzfeldt-Jakob-Krankheit *f* Creutzfeldt-Jakob disease.
Crevette *etc.* → ***Krevette*** *etc.*
Crew *f* crew (*a. pl. konstr.*).
Croissant *n* croissant.
Croupier *m* croupier.
Croûton *m* crouton.
Crux *f* **1.** ***man hat schon s-e ~ mit ihm*** he certainly doesn't make life easy; ***man muss s-e ~ tragen*** we all have our little crosses to bear; **2.** ***die ~ dabei ist*** the crux of the matter is.
c.t. *adv.* (= ***cum tempore***): ***14 Uhr ~*** 2.15 p.m.; ***~ oder s.t.?*** quarter past or sharp?
cum *prp.*: ***~ grano salis*** with a pinch of salt.
cum tempore *adv.* → ***c.t.***
Cup *m Sport*: cup; **~finale** *n* cup final.
Curriculum *n* curriculum.
Curry *m, n* **1.** curry; **2.** (*~pulver*) curry powder; ***mit ~ zubereitet*** curried; **~sauce** *f*, **~soße** *f* curry sauce; **~wurst** *f* curried, grilled sausage.
Cursor *m Computer*: cursor; **~steuerung** *f Computer*: cursor control; **~taste** *f Computer*: arrow key.
Cutter(in *f*) *m Film etc.*: cutter.
Cyan... → ***Zyan...***
Cyber|café *n* cybercafe; **~freak** *m* cyberfreak; **~geld** *n* cybermoney; **~mall** *f* cybermall; **~müll** *m* cyberjunk; **~naut** *m* cybernaut; **~schutt** *m* cyberjunk; **~sex** *m* cybersex; **~shopper(in** *f*) *m* cybershopper; **~space** *m Computer*: cyberspace.
Cyclamat *n* cyclamate.

C

D

D, d *n* D, d; ♪ D.
da I. *adv.* **1.** a) (*dort*) there; **~, wo** where; **~ oben** (**unten**) up (down) there; **~ draußen** out there; **~ drinnen** in there; **~ drüben** over there; **hier und ~** here and there; **den** (**das**) **~** that one; **der** (**die**) **~** that man (woman) over there; **der** (**die**) **wars** it was him (her); b) (*hier*) here, there; **ist jemand ~?** is there anybody there?; **wenn Sie schon ~ sind** while you're here; **ist noch Brot ~?** is there any bread left?; **es ist keine Milch mehr ~** we've run out of milk; **Geld ist dazu ~, dass man es ausgibt** money is there to be spent; **~ bin ich** here I am; **ich bin gleich wieder ~** I'll be back in a second (*od.* minute); **wir sind immer für Sie da** we're there when you need us; **noch nie ~ gewesen** unheard-of, unprecedented; **so etwas ist noch nie ~ gewesen** that's never happened before; c) **jetzt ist er wieder ~** (*bei Bewusstsein*) he's come round again; d) (**wieder**) **voll ~ sein** be (back) in top form; e) **er ist nur für sie ~** he's only got time for her, *weitS.* he lives for her; **ich bin immer für dich ~** I'll always be around when you need me; f) **~** (**hast dus**)**!** there you are; **2.** *Ausruf*: **sieh ~!** look (at that)!, *iro.* lo and behold!; **3.** *Füllwort*: **als ~ sind** for instance, such as; **als ich ihn sah, ~ lachte er** when I saw him he laughed; **es gibt Leute, die ~ glauben** there are people who believe; **was ~ kommen mag** whatever happens; **4.** *Zeit*: (*dann*, *damals*) then, at that time; **~ erst** only then; **von ~ an** from then on, since then; **hier und ~** now and then; **~ gab es noch keinen Strom** there was no electricity in those days; **5.** (*in diesem Fall*) there, under the circumstances; **was lässt sich ~ machen?** what can be done about it?; **~ irren Sie sich** you're mistaken there; **~ wäre ich** (**doch**) **dumm** I would be stupid to do so; **~ fragt man sich wirklich, warum** it really makes you wonder why; **~ kann man nichts machen** what can you do about it?, there's not much you can do about it; **II.** *cj.* **6.** *Zeit*: (*als*) as, when, while; **in dem Augenblick, ~ er ...** the moment he ...; **7.** *Grund*: (*weil*) as, since, because; **~ ja, ~ doch** seeing (as); **~ ich keine Nachricht erhalten hatte, ging ich weg** not having received any news, I left; **8.** *Gegensatz*: **~ aber, ~ jedoch** but since; since ..., however.
dabehalten *v/t.* (*Unterlagen etc.*) hold onto; **sie behielten ihn gleich da** *im Krankenhaus*: they kept him in.
dabei *pron. adv.* **1.** with it; (*nahe*) nearby, close by; **ein Haus mit Garten ~** a house with a garden; **2.** (*im Begriff*) about (*od.* going) to *do s.th.*, on the point of *doing s.th.*; **ich war gerade ~ zu packen** I was just packing; **3.** (*gleichzeitig*) at the same time, while doing so; **sie strickt und liest ~** she knits and reads at the same time; **er aß und sah mich ~ fragend an** while he ate, he looked at me questioningly; **4.** (*überdies*) besides; **sie ist hübsch und ~ auch noch klug** *a.* she's attractive and intelligent into the bargain; **5.** (*dennoch*) nevertheless, yet, for all that, at the same time; **und ~ ist er doch schon alt** and he's an old man, after all; **er ist streng und ~ sehr fair** he's strict but very fair; **6. er schenkte es mir, ~ hatte ich es gar nicht verlangt** he gave it to me although I hadn't even asked for it; **~ hätten wir gewinnen können** to think we could have won; **~ macht man sich gar keinen Begriff, wie schwierig es ist** but people have no idea how hard it is; **7.** (*bei dieser Gelegenheit*) on the occasion, then; (*dadurch*) as a result; **~ kam es zu e-r heftigen Auseinandersetzung** this gave rise to (*od.* resulted in) a heated argument; **es kommt nichts ~ heraus** it's no use, it's not worth it; **~ dürfen wir nicht vergessen** here we must not forget; **~ fällt mir ein** talking of which; **alle ~ entstehenden Kosten** all resulting costs; **8. ~ sein** a) (*anwesend sein*) be there; b) (*teilnehmen*) take part (in it); c) (*mit ansehen*) see it; **darf ich ~ sein?** can I come too?, (*teilnehmen*) can I join in?; **ich bin ~!** (you can) count me in; **er muss immer ~ sein** he's got to be in on everything; **es war ziemlich viel Glück ~** I was *etc.* pretty lucky there; **9.** *allg.*: **ich bleibe ~** I'm not changing my mind; **und ich bleibe ~, in X ist es am schönsten** I'm still convinced X is the most beautiful place in the world; **du kommst mit, und ~ bleibts** you're coming with us, and that's that; **~ bliebs** (and) that was the end of that; **ich dachte mir nichts Böses ~** I meant no harm; **ich dachte mir nichts ~** I thought nothing of it; **sich nichts ~ denken zu** *inf.* think nothing of *ger.*; **was hast du dir eigentlich ~ gedacht?** what on earth made you do (*od.* say *etc.*) that?; **ich finde nichts ~** I don't see any harm in it; **man könnte verrückt werden ~** it's enough to drive you mad; **was ist schon ~?** so what?; **was ist schon dabei, wenn ...?** what difference does it make if ...?; **mir ist gar nicht wohl ~** I don't feel too good about it; **lassen wir es ~** let's leave it at that.
dabei|bleiben *v/i. Tätigkeit etc.*: keep (*od.* stick) to it; → **dabei** 9; **~haben** *v/t.*: **er hat keinen Schirm dabei** he didn't bring his umbrella; **ich hab kein Geld dabei** I haven't got any money on me; **niemand wollte ihn ~** nobody wanted him to come (*od.* to be in on it); **2sein** *n*: **~ ist alles** it's taking part that counts; **~stehen** *v/i.* stand by watching; *zufällig*: happen to be there.
dableiben *v/i.* stay; **bleib doch noch ein bisschen da** can't you stay a bit longer?; **~ müssen** *in der Schule*: be kept in.
da capo I. *adv.* ♪ da capo; **II.** *int. thea.* encore!; **~ rufen** call for an encore.
Dacapo *n* → **Dakapo.**
Dach *n* roof; *mot. a.* top; **ein ~ über dem Kopf haben** have a roof over one's head; **sie wohnen alle unter einem ~** they all live under the same roof; **unterm ~ wohnen** live under the roof; **unter ~ und Fach** under cover; *Vertrag etc.*: all settled, F in the bag; **unter ~ und Fach bringen** shelter, *fig.* (*arrangieren*) get *s.th.* settled, (*fertig stellen*) get *s.th.* out of the way; F **eins aufs ~ kriegen** F get a clip round the ears, (*zurechtgewiesen werden*) get a real ticking-off; F **j-m aufs ~ steigen** F come down on s.o. like a ton of bricks, give s.o. hell; **~antenne** *f* roof aerial (*od.* antenna); **~balken** *m* roof beam, *schräger*: rafter; **~begriff** *m* blanket (*od.* umbrella) term; **~boden** *m* loft; **~decker** *m* roofer; *mit Ziegeln*: tiler; *mit Schiefer*: slater; **~fenster** *n* **1.** dormer (window); **2.** (*Dachluke*) skylight; **~first** *m* (roof) ridge.

dachförmig *adj.* roof-shaped.

Dach|garten *m* roof garden; **~gaube** *f*, **~gaupe** *f* dormer; **~gepäckträger** *m mot.* roofrack.

Dachgeschoss, *östr.* **Dachgeschoß** *n* top floor; **im ~** in the attic, on the top floor; **im ~ wohnen** *a.* live under the roof; **~wohnung** *f* attic flat, *Am.* (converted) loft.

Dach|gesellschaft *f* ✝ holding company; **~giebel** *m* gable; **~isolierung** *f* roof insulation; **~kammer** *f* attic, garret; **~landschaft** *f* roofscape; **~luke** *f* skylight; **~organisation** *f* umbrella organization; **~pappe** *f* roofing felt; **~rinne** *f* gutter.

Dachs *m* badger; *fig.* F **(junger) ~** F little squirt; F **wie ein ~ schlafen** sleep like a log.

Dach|sattel *m* (roof) ridge; **~schaden** *m* roof damage; F *fig.* **e-n ~ haben** F have lost one's marbles; **~schiefer** *m* roofing slate.

Dachshund *m* dachshund.

Dach|sparren *m* rafter; **~stube** *f* attic, garret; **~stuhl** *m* roof timbering; **~terrasse** *f* roof terrace; **~traufe** *f* gutter; **~verband** *m* umbrella organization; **~vierung** *f* roof crossing; **~wohnung** *f* attic flat, *Am.* (converted) loft; **~ziegel** *m* (roofing) tile.

Dackel *m* **1.** dachshund; **2.** F (*Dummkopf*) idiot, fool, F dimwit; **~beine** F *pl.* F (short) bandy legs.

Dada *m* Dada; **Dadaismus** *m* Dadaism; **Dadaist** *m* Dadaist; **dadaistisch** *adj.* Dadaistic(ally *adv.*), Dadaist.

dadurch I. *pron. adv.* **1.** *örtlich*: through (it, there *etc.*); that way; **2.** (*deswegen*) because of that, that's how (*od.* why); **II.** *cj.*: **~, dass 3.** (*weil*) because, due to the fact that; **~, dass er uns geholfen hat** *a.* thanks to his help; **4.** (*indem*) by *ger.*; **~, dass er hart arbeitete** by working hard.

dafür I. *pron. adv.* **1.** for it, for them, for that, for this; **2.** (*als Ersatz*) in return; **3.** (*zugunsten*) **~ sein** be for it, be in favo(u)r of it, *bei Abstimmungen*: be in favo(u)r; **~ sein, et. zu tun** be for doing s.th.; **ich bin ganz ~** I'm all in favo(u)r; **es lässt sich vieles ~ und dagegen sagen** it has its pros and cons; **alles spricht ~, dass** all the evidence seems to indicate that, it looks very much as if; **4.** (*zu diesem Zweck*): **~ ist er ja da** that's what he's there for (after all), that's his job, isn't it?; **II.** *cj.* **5. ~, dass** for *ger.*; **er wurde ~ bestraft, dass er gelogen hatte** he was punished for telling lies; **~ sorgen, dass** see to it that; **6.** (*als Ausgleich*) *er ist blind,* **hat aber ~ ein sehr gutes Gehör** but has extremely good ears; **er ist reich, ~ aber sehr krank** he's rich but very sick; **7.** F *er müsste es wissen,* **~ ist er ja Lehrer** after all, he's a teacher(, isn't he?); **ℒhalten** *n*: **nach m-m ~** as I see it.

dafür können *v/t.*: **er kann nichts dafür** it's not his fault, (*für seine Art etc.*) he can't help it.

dafürstehen *v/i. bsd. östr.*: **es steht nicht dafür** it's not worth it.

dagegen I. *pron. adv.* **1.** against it (*od.* them); **s-e Gründe ~** his objections to it; **~ sein** be against (*od.* opposed to) it, *bei Abstimmungen*: be against; **er sprach sich entschieden ~ aus** he strongly opposed it; **~ hilft nichts** there's nothing you can do about it; **2.** (*im Austausch dafür*) in return *od.* exchange (for it); **3.** (*im Vergleich dazu*) in comparison, by contrast; *unsere Qualität* **ist nichts ~** can't compare; **II.** *cj.* **4.** (*andererseits*) on the other hand, however; **5.** (*indessen*) but then; (*während, wogegen*) whereas, whilst, while; **dagegen haben** *v/t.* mind; **haben Sie etwas dagegen, wenn ich rauche?** do you mind if I smoke?; **wenn Sie nichts ~** if you don't mind (*a. iro.*); **ich habe nichts dagegen** I don't mind.

dagegenhalten *v/t.* (*entgegnen*) argue.

dagegen| halten *v/t.* (*daneben*) hold *s.th.* against it (*od.* them); *fig.* (*vergleichen*) compare (with it); **~ handeln** *v/i.* act against it.

dagegensetzen *v/t.*: **s-e Meinung** *etc.* **~** put forward one's own opinion *etc.*

dagegen sprechen *v/i.*: **was spricht dagegen, dass wir ...?** why shouldn't we ...?; **alles spricht dagegen**(**, dass es geschehen wird**) the odds are (stacked) against it; **alles spricht dagegen, dass er das Verbrechen begangen hat** all the evidence points against his having committed the crime.

dagegen|stellen *v/refl.*: **sich ~** oppose it; **~stemmen** *v/refl.*: **sich ~** fight it; **~wirken** *v/i.* take action against it.

Dagewesene *n*: **das übertrifft alles ~** that beats everything (*od.* it all, them all).

daheim I. *adv.* (*zu Hause*) at home, in; (*in der Heimat*) back home; **~ ist** there's no place like home; **bei mir ~** at my place; **wo sind Sie ~?** where do you come from?, where's home for you?; *fig.* **er ist in dieser Materie ~** he's at home in this field; **II.** ℒ *n* home.

daher I. *adv.* from there; *fig. Ursache*: that's why, that's the reason for; **~ (stammt) die ganze Verwirrung** hence the confusion; **~ kam es, dass** that's why (*od.* how); **II.** *cj.* (*deshalb*) that's why, and so; (*folglich*) and so, as a result; **~gelaufen** *adj.*: **~er Kerl** F bum; **jeder ~e Kerl** any Tom, Dick or Harry; **~kommen** *v/i.* come along; **~reden** *v/i. u. v/t.*: **dumm (dummes Zeug, Unsinn) ~** talk nonsense.

daherunter *adv.* down there.

dahin *adv.* **1.** *räumlich*: there; **das gehört nicht ~** that doesn't belong there; **2.** *zeitlich*: **bis ~** until then, till then; **hoffentlich bist du bis ~ fertig** I hope you'll be finished by then (*od.* by that time); **3.** *Ziel, Zweck*: **m-e Meinung geht ~, dass** I tend to think that; **~ gehend, dass** to the effect that; **sie haben sich ~ gehend geäußert, dass** what they said was (more or less) that, what it boiled down to was that; **man hat sich ~ gehend geeinigt, dass** it was agreed that; **sich ~ gehend äußern, dass** say that; **4.** (*so weit*) **es ~ bringen, dass er** bring s.o. to the point where he *will*; **ist es ~ gekommen?** has it come to that?; **5. ~ sein** (*vorbei sein*) be past, *gerade*: be over; (*tot sein*) have passed away, be dead; (*kaputt sein*) be broken, F have had it; **sein guter Ruf ist ~** he's lost his good reputation, *iro.* so much for his reputation.

dahinauf *adv.* up there.

dahinaus *adv.* out there, out that way.

dahin|bewegen *v/refl.*: **sich ~** move along; **~dämmern** *v/i.*: **er dämmert nur noch dahin** he's just vegetating (away); **~eilen** *v/i.* hurry along; *fig. Zeit*: fly.

dahinein *adv.* in there.

dahin|fahren *v/i.* drive (*od.* ride) along; **~fliegen** *v/i.* fly along; *fig. Zeit*: fly; **~fließen** *v/i.* flow along; *fig. Jahre etc.*: pass by.

dahingegen *cj.* on the other hand.

dahin|gehen *v/i.* go along; *fig. Zeit*: pass; (*sterben*) pass away; **~gestellt** *adj.*: **es ~ sein lassen, ob** leave it open as to whether; **das sei ~** who knows?; **es bleibt ~** it remains to be seen; **es sei ~, ob er es war** let's leave aside the question of whether it was him or not; **~kriechen** *v/i.* creep (*od.* crawl) along; *fig. Zeit*: drag (on), *Jahre*: drag by (slowly); **~leben** *v/i.* live (from day to day); **nur so ~** while away one's days; **~plätschern** *v/i.*: *Gespräch*: meander along; *Musik*: tinkle away (in the background); **~scheiden** *v/i.* pass away; **~schleichen** → **dahinkriechen; ~schleppen** *v/refl.*: **sich ~** drag o.s. along; *fig.* drag (on); **~schmelzen** *v/i.* melt away, *fig. a.* dwindle away; **~schwinden** *v/i.* dwindle away; *Person*: waste away, *aus Kummer*: pine away; *Schönheit*: fade; **~siechen** *v/i.* languish; **~siechend** *fig. adj. Wirtschaft, Gebiet etc.*: ailing.

dahinten *adv.* back there.

dahinter *pron. adv.* behind it (*od.* them); at the back; *fig.* behind it; **es ist was ~** there's something in it; **es ist nichts ~** there's nothing to it; **~her** F *adv.*: **(sehr) ~ sein** a) be after it, b) (*sich Mühe geben*) be doing all one can; **~ sein, dass** *od.* **zu** *inf.* make a point of *ger.*

dahinter| klemmen F *v/refl.*, **~ knien** F *v/refl.* → **dahinter machen**; **~ kommen** F *v/i.* get to the bottom of it; find out (about it); (*es kapieren*) F get it; **~ machen** F *v/refl.*, **~ setzen** F *v/refl.*: **sich ~** put one's back into it; **~ stecken** *fig. v/i.* be behind (*od.* at the bottom of) it; **da muss etwas ~** there's more to it than meets the eye; **~ stehen** *fig. v/i.* be behind it; *unterstützend*: *a.* be backing it (up).

dahinüber *adv.* over there.

dahinunter *adv.* down there.

dahin|vegetieren *v/i.* vegetate (away); **~welken** *v/i.* wither away; **~ziehen I.** *v/i.* move along; *Wolken*: drift past; **II.** *v/refl.*: **sich ~** *zeitlich*: go on and on; *örtlich*: stretch (out) for miles.

Dahlie *f* ⚘ dahlia.

Dakapo *n* encore; **~ruf** *m* (call for an) encore.

Dalai Lama *m* Dalai Lama.

dalassen *v/t.* leave there (*od.* behind).

daliegen *v/i.* lie there.

dalli F *adv.*: **aber ein bisschen ~!** F and make it snappy!

Dalmatiner *m* (*Hund*) dalmatian.

damalig *adj.* then, of (*od.* at) that time; **der ~e Besitzer** the then owner; **sein ~es Versprechen** the promise he made then.

damals *adv.* then, at that time; in those days, F back then; **~, als** (at the time) when; (in the days) when; **schon ~** even then, even at that time; **Aufnahmen von ~** photos from that time; **Ereignisse von ~** events of the time; **Geschichten von ~** stories from that time (*od.* from those years).

Damast *m*, **damasten** *adj.* damask.

Dame *f* **1.** lady; *beim Tanz*: partner; **„Damen"** "Ladies"; **e-e echte ~** a real lady; **ganz ~ sein** be every inch a lady; **die große** (*od.* **feine**) **~ spielen** play the lady; **~ des Hauses** (*Gastgeberin*) hostess; **m-e ~n und Herren!** ladies and gentlemen; **2.** (**~spiel**) draughts *pl.*, *Am.*

D

checkers *pl.* (*beide sg. konstr.*); **3.** (*Doppelstein*) king; *Schach u. Kartenspiel*: queen; **~brett** *n* draughtboard, *Am.* checkerboard.

Damen|bart *m* facial hair; **~begleitung** *f*: **in ~** in female company, with a woman; **~besuch** *m* lady visitor(s *pl.*); **~binde** *f* sanitary towel (*Am.* napkin); **~doppel** *n Tennis etc.*: women's doubles *pl.* (*Match*: *sg. konstr.*); **~einzel** *n Tennis etc.*: women's singles *pl.* (*Match*: *sg. konstr.*); **~fahrrad** *n* ladies' bicycle; **~friseur** *m* ladies' hairdresser (*Geschäft*: hairdresser's); **~fußball** *m* women's football (*od.* soccer); **~garderobe** *f* ladies' changing room; **~gesellschaft** *f* **1.** ladies-only party, F hen party; **2.** → **Damenbegleitung**; **~größe** *f* ladies' size.

damenhaft I. *adj.* ladylike; **II.** *adv.*: **sich ~ benehmen** behave like a lady (*od.* in a ladylike way).

Damen|hose *f*: (**e-e ~** a pair of) ladies' trousers (*Am.* pants) *pl.*; **~hut** *m* ladies' hat; **~kleidung** *f* ladies' wear; **~kränzchen** *n* ladies' afternoon; **sie gehört zu unserem ~** she's one of the ladies' afternoon crowd; **~mannschaft** *f* women's team; **~mode** *f* ladies' fashions *pl.*; **~oberbekleidung** *f* ladies' wear; **~rad** *n* ladies' bicycle (F bike); **~rasierer** F *m Gerät*: women's razor; **~salon** *m* ladies' hairdresser's; **~schirm** *m* ladies' umbrella; **~schneider** *m* ladies' tailor; **~toilette** *f* ladies' toilet (*Am.* room), *the* ladies *pl.* (*sg. konstr.*); **~unterwäsche** *f* ladies' underwear; *elegante*: lingerie; **~wahl** *f* ladies' choice; **~welt** *f the* ladies *pl.*

Dame|spiel *n* draughts *pl.*, *Am.* checkers *pl.* (*beide sg. konstr.*); **~stein** *m* draughtsman, *Am.* checker.

Damhirsch *m* fallow buck.

damisch *dial. adj.* stupid, dumb; (*verwirrt*) dopey.

damit I. *pron. adv.* with it (*od.* them), *betont*: with that (*od.* those); (*mittels*) by *od.* with it (*betont*: that), *pl.* with them (*betont*: those); (*folglich, somit*) (and) so; (*infolgedessen*) as a result, (and) so; (*mit diesen Worten*) with that, with these words; **her ~!** give it to me, hand it over; **weg ~!** take (*od.* put) it away; **was will er ~ sagen?** what's he trying to say?; **was soll ich ~?** what am I supposed to do with it?; **wie stehts** (*od.* **wärs**) **~?** how about it?; **wir sind ~ einverstanden** we have no objections; **~ wirst du nichts erreichen** that won't get you anywhere; **~ kann man niemanden überzeugen** that won't convince anybody; **er fing ~ an, dass er** he began by *ger.*; **~ war es aus** that was the end (of it); **~ soll nicht gesagt sein, dass** that doesn't mean that; **~ war alles wieder beim Alten** things were back to where we started; **II.** *cj.* so that, in order to *inf.*, so as to *inf.*; **~ nicht** so as not to *inf.*; for fear that *s.o. od. s.th. might …*; **~ er nicht kommt** so that he doesn't come.

dämlich F *adj.* stupid, idiotic(ally *adv.*); **Dämlichkeit** F *f* **1.** silliness; **2.** *konkret*: silly prank, *pl. a.* nonsense *sg.*

Damm *m* **1.** (*Stau*≈) dam; (*Deich*) sea wall, dike; 🚂 (*a. Fluss*≈, *Hafen*≈) embankment; *fig.* (*Hindernis*) barrier; F *fig.* **wieder auf dem ~ sein** F be fighting fit again; F **nicht ganz auf dem ~ sein** F be (feeling) a bit under the weather; F **j-n wieder auf den ~ bringen** get s.o. (up) on his (*od.* her) feet again; **2.** *dial.* street, road; **über den ~ gehen** cross the road (*od.* street); **3.** *anat.* perineum; **~bruch** *m* bursting of a dam, (*Stelle*) breach in a dam.

dämmen *v/t.* dam up; ⚙ (*a. Schall*) insulate; *fig.* check, curb.

dämmerig *adj. Licht*: dim (*a. fig.*), *lit.* crepuscular; *Tag*: dull; *Raum*: dimly lit, twilit.

Dämmerlicht *n* twilight; *weitS.* dim light.

dämmern I. *v/impers.* **1. es dämmert** *morgens*: it's getting light, *abends*: it's getting dark; *fig.* **langsam dämmerts bei ihm** it's beginning to get through to him, *iro. a.* he's getting there; **II.** *v/i.* **2. der Morgen dämmert** day is breaking; **der Abend dämmert** night is falling; **3.** *fig.* **vor sich hin ~** doze, *Kranker*: be very dop(e)y.

Dämmer|schein *m* → **Dämmerlicht**; **~schlaf** *m* light sleep, doze; ⚕ twilight sleep; **~schoppen** *m* sundowner; **~stunde** *f* twilight hour.

Dämmerung *f* **1.** (*Morgen*≈) dawn; **bei ~** at dawn, at daybreak; **2.** (*Abend*≈) twilight, dusk; **in der ~** at dusk, at nightfall.

Dämmerzustand *m* ⚕ semiconscious state; *weitS.* daze.

Dämmplatte *f* ⚙ insulating board, softboard.

Damm|riss *m* ⚕ perineal tear; **~schnitt** *m* ⚕ episiotomy.

Dämmung *f* (*Wärme*≈ *etc.*) insulation.

Dammweg *m* causeway.

Damoklesschwert *fig. n* sword of Damocles; **wie ein ~ über j-m hängen** (*od.* **schweben**) hang over s.o. like a sword of Damocles.

Dämon *m* demon, evil spirit; **dämonisch** *adj.* demoniacal; *weitS. a.* demonic.

Dampf *m* steam; *phys.* vapo(u)r; (*Rauch*) smoke; (**chemische**) **Dämpfe** fumes; **~ ablassen** ⚙ blow off steam, F *fig.* let off steam; F *fig.* **aus dem Projekt** *etc.* **ist der ~ raus** F the project *etc.* has run out of steam; F **~ dahinter setzen** F speed things up a bit; F **j-m ~ machen** F give s.o. a kick in the pants; **~antrieb** *m* steam drive; **~bad** *n* steam bath.

dampfbetrieben *adj.* steampowered.

Dampf|boot *n* steamboat; **~bügeleisen** *n* steam iron; **~druck** *m* steam pressure.

dampfen *v/i.* steam; (*rauchen*) smoke (*a.* F *Person*); fume; *Zug*: puff; **die Suppe dampft** the soup is steaming (*od.* piping) hot.

dämpfen *v/t.* **1.** (*mit Dampf behandeln*) steam; (*Kleidungsstück*) a) steam-iron, b) press with a damp cloth; (*Speisen*) steam, stew; **2.** (*Ton*) muffle; ♪ mute; (*Farbe, Licht*) subdue, soften; ⚡ attenuate; (*Stoß*) cushion, absorb; ✈ stabilize; (*Stimme*) lower; *fig.* (*Stimmung*) put a damper on; (*Leidenschaft*) subdue; (*unterdrücken*) suppress; → **gedämpft**; **3.** ⚜ (*Kosten, Konjunktur*) curb, (*a. Kostenanstieg etc.*) slow down.

Dampfer *m* steamer, steamship; F *fig.* **auf dem falschen ~ sein** be on the wrong track.

Dämpfer *m* damper (*a. am Klavier*); *Streich- u. Blasinstrumente*: mute; *Lautsprecher*: baffle; *fig.* damper; *fig.* **j-m** (**e-r Sache**) **e-n ~ aufsetzen** put a damper on s.o. (s.th.); **e-n ~ bekommen** *Begeisterung etc.*: be dampened, (*gerügt werden*) F get a rap over the knuckles.

Dampf|hammer *m* steam hammer; **~heizung** *f* steam heating.

dampfig *adj.* steamy.

Dampf|kessel *m* boiler; **~kochtopf** *m* pressure cooker; **~kraft** *f* steam power; **~kraftwerk** *n* steam power station; **~lok** *f*, **~lokomotive** *f* steam engine; **~maschine** *f* steam engine; **~nudel** *f* sweet yeast dumpling; **~radio** *hum. n* box radio; **~reiniger** *m Gerät*: steam cleaner; **~ross** *hum. n* iron horse; **~schiff** *n* steamship, steamer; *vor dem Schiffsnamen*: SS; **~strahl** *m* steam jet; **~topf** *m* pressure cooker; **~turbine** *f* steam turbine.

Dämpfung *f* steaming *etc.*, → **dämpfen**; *phys.*, *von Energien*: loss; ⚡ attenuation; **Dämpfungskreis** *m* ⚡ attenuation circuit.

Dampfwalze *f* steamroller.

danach *pron. adv.* after that (*od.* it), *pl.* after them; (*anschließend*) then, afterwards; (*später*) afterwards, later on; (*gemäß*) according to it (*od.* that); (*entsprechend*) accordingly; **ich sehnte mich ~ zu** *inf.* I longed to *inf.*; **ich fragte ihn ~** I asked him about it; *iro.* **er sieht ganz ~ aus** he looks the sort; **er ist nicht der Typ ~** he's not that sort of person; **mir ist nicht ~** I don't feel like it; **wenn es ~ ginge, was …** if it was (*od.* were) a matter *od.* case of what …; **wenn es ~ ginge** if that was what counted; **es sieht** (**ganz**) **~ aus, als ob** it looks as though.

Däne *m* Dane.

daneben *pron. adv.* beside it (*od.* them), next to it (*od.* them); (*außerdem*) in addition; (*gleichzeitig*) at the same time; (*im Vergleich*) beside it (*od.* him *etc.*), in comparison; (*am Ziel vorbei*) off the mark; **das Zimmer ~** the room next door; **rechts** (**links**) **~** *Sache*: to the right (left) (of it), *Person*: on his *etc.* right (left); **direkt ~** right next to it; **~!** missed!; F **total ~!** *a. fig.* F way out!; *fig.* **weit ~** wide of (F way off) the mark; **~benehmen** F *v/refl.*: **sich ~** show o.s. up, step out of line; ; **du hast dich natürlich mal wieder danebenbenommen** *a.* F can't take you anywhere, can we?; **~gehen** *v/i. Schuss etc.*: miss, be off target, *Fußball etc.*: *a.* go wide; *fig.* be wide of the mark, *Pläne etc.*: misfire; **~greifen** *v/i.* miss; ♪ play a (few) wrong note(s); F *fig.* (*sich verschätzen etc.*) F be way out; **~hauen** *v/i.* miss; F *fig.* F be way out; **~liegen** F *v/i.*: **weit ~** F be way off the mark (**mit** with); **~schießen** *v/i.*, **~schlagen** *v/i.*, **~treffen** *v/i.* miss.

daniederliegen *v/i. Handel etc.*: be stagnating; (*krank sein*) be laid low (**an** with).

Daniel *m bibl.* Daniel; **~ in der Löwengrube** Daniel in the lion's den.

Dänin *f* Dane, Danish woman; **dänisch** *adj.*, **Dänisch** *n ling.* Danish.

dank *prp.* thanks to (*a. iro.*).

Dank *m* thanks *pl.*; (*Dankbarkeit*) gratitude; (*Lohn*) reward; **vielen** (*od.* **besten, schönen**) **~!** many thanks, thank you very much; **mit ~** with thanks; **mit ~ zurück** returned with thanks, F thanks for the loan; **j-m ~ sagen** thank s.o.; **j-m ~ schulden, j-m zu ~ verpflichtet sein** be deeply indebted to s.o.; **keinen ~ erwarten** not to expect any thanks; **ist das der ~ für m-e Mühe?** is that all I get for the trouble I went to?; *iro.* **das ist nun der ~ dafür** that's gratitude for you; **zum ~ für s-e Dienste** in recognition of his services; **zum** (*od.* **als**) **~ dafür, dass Sie ihm geholfen haben** in appreciation of your help.

dankbar *adj.* grateful, appreciative; (*lohnend*) worthwhile, *Aufgabe*: *a.* rewarding; *Publikum*: appreciative; *Stoff*: hard-wearing; ***ich wäre Ihnen ~, wenn*** I'd be much obliged if (*a. iro.*), I'd appreciate it if; *iro.* ***ich wäre Ihnen sehr ~, wenn Sie sich um Ihre eigenen Angelegenheiten kümmern würden*** *a.* I'll thank you to mind your own business; ***man muss für alles ~ sein*** you have to be thankful for small mercies (*od.* for every little thing); **Dankbarkeit** *f* gratitude; ***aus ~ für*** out of gratitude for.
Dankbrief *m* letter of thanks, F thankyou letter.
danke *int.*: → ***danken*** I.
danken I. *v/i.* thank (***j-m für et.*** s.o. for); ***kurz ~*** say a brief thanks; ***er lässt ~*** he says thank you; (***j-m***) ~ (*j-s Gruß erwidern*) return the (s.o.'s) greeting; ***ich weiß nicht, wie ich Ihnen ~ soll*** I don't know how to thank you; ***danke*** (***schön***)***!*** (many) thanks, thank you (very much), F cheers; ***danke***(***, ja***)***!*** thank you; ***danke***(***, nein***)***!*** no, thank you; no, thanks; ***kannst du mir bitte mal die Tür aufmachen? – Danke*** Could you open the door for me, please? – Cheers; ***danke der Nachfrage*** nice of you to ask, *iro. a.* so kind of you to ask; F ***mir gehts danke*** F can't complain; ***nichts zu ~!*** you're welcome, not at all; *iro.* ***na, ich danke!*** no thanks, I can do without it; **II.** *v/t.*: ***j-m et. ~*** (*verdanken*) owe s.th. to s.o.; (*belohnen*) reward s.o. for s.th.; ***ihm ~ wir, dass*** we owe it to him that, it's due (*od.* thanks) to him that; ***wie kann ich dir das jemals ~?*** how can I ever thank you?; **dankend** *adv.* with thanks; ***Betrag ~ erhalten*** amount gratefully received.
dankenswert *adj.* **1.** commendable; **2.** *Aufgabe etc.*: rewarding; **dankenswerterweise** *adv.* kindly (enough).
Dankes|bezeigung *f* (expression of) thanks *pl.*, *konkret*: token of one's gratitude; **~brief** *m* → ***Dankbrief***.
Dankeschön *n* thankyou; word of thanks; ***als*** (***kleines***) ~ as a (small) token of my *etc.* thanks.
Dankeswort *n a. pl.* word of thanks.
Dank|gebet *n* thanksgiving (prayer); **~gottesdienst** *m* thanksgiving service; **~sagung** *f* **1.** *allg.* expression of thanks; **2.** *für Beileidsbrief*: acknowledg(e)ment; **3.** *eccl.* thanksgiving; **~schreiben** *n* letter of thanks.
dann *adv.* then; (*nachher*) *a.* after that, afterwards; (*in dem Fall*) in that case, then; (*also*) so; (*sonst*) *in Fragen*: ***wer*** (***wo, wie*** *etc.*) ***~?*** who (where, how *etc.*) else then?; ***wenn er es nicht weiß, wer ~?*** if he doesn't know, who does?; ***~ und ~*** at such and such a time; ***~ und wann*** now and then; ***was geschah ~?*** what happened then (*od.* next)?; ***~ eben nicht!*** all right (*Am.* alright), forget it!; ***wenn du mich brauchst, ~ sag mir Bescheid*** if you need me, just let me know; ***~ kommst du also?*** so you 'are coming (then)?
dannen *obs. adv.*: ***von ~*** away, off.
daran *pron. adv.* at (*od.* in, on, onto, to) that *od.* it; ***~ befestigen*** attach to it; ***~ glauben*** believe in it; ***~ leiden*** suffer from it; ***komm nicht ~!*** don't touch it!, keep away from it!; ***nahe ~*** nearby; *fig.* ***nahe ~ sein zu*** *inf.* be on the point of *ger.*, come close to *ger.*; ***ich war nahe ~, ihn zu schlagen*** I nearly hit him; ***~ kann man sehen, wie*** *etc.* that goes to show how *etc.*; ***im Anschluss ~*** following that, after that; ***~ schloss sich e-e Rede*** (***an***) that was followed by a speech; → ***glauben*** II, ***liegen*** I, ***Schuld*** 1; **~gehen** *v/i.* get down to it; ***~ zu*** *inf.* get down to *ger.*; **~halten** *v/refl.*: ***sich ~*** → ***dranhalten***; **~machen** F *v/refl.*: ***sich ~*** → ***darangehen***; **~setzen I.** *v/t.* (*aufs Spiel setzen*) risk; *fig.* ***alles ~, um zu*** *inf.* do everything in one's power to *inf.*; **II.** F *v/refl.*: ***sich ~*** **1.** F get cracking; **2.** → ***darangehen***.
darauf *pron. adv.* **1.** *räumlich*: on it (*od.* them); on top of it (*od.* them); **2.** *zeitlich, Reihenfolge*: after that, then, *lit.* thereupon; next; ***bald ~*** soon after (that); ***gleich ~*** immediately afterwards; ***am Tag*** (*od.* ***tags***) ***~*** the day after, the next day; ***zwei Jahre ~*** two years later (*od.* on); **3.** *fig.* on it (*od.* that); ***mein Wort ~*** my word on it; ***er arbeitete ~ hin zu*** *inf.* he was working towards (*od.* on) *ger.*; → ***ankommen*** 5, ***kommen*** 2 *etc.*
darauf folgend *adj.* following, subsequent.
daraufhin *adv.* **1.** after that, then; *im Nebensatz*: whereupon; **2.** (*aufgrund dessen*) as a result; **3.** (*als Antwort*) in reply; ***~ sagte er*** *a.* ..., to which he replied; **4.** (*im Hinblick darauf*) ***et. ~ untersuchen, ob*** examine s.th. to see if.
daraus *pron. adv.* from *od.* out of it (*od.* them); ***~ kann man schließen*** one may conclude from that; ***~ wird nichts werden*** a) nothing will come of it, b) (*das ist unmöglich*) we (*od.* you) can forget about that; ***~ wird nichts!*** F nothing doing!; ***was ist ~ geworden?*** what happened to it?, what's become of it?; ***ich mache mir nichts ~*** (*es ist mir gleichgültig*) it doesn't bother me, (*ich mag es nicht besonders*) I'm not that keen on it.
darben *v/i.* live in want; suffer privations.
darbieten I. *v/t.* offer (*dat.* to); (*zeigen*) present; (*vorführen*) perform, play; **II.** *v/refl.*: ***sich ~*** present itself; (*entstehen*) arise; **Darbietung** *f* presentation; *thea. etc.* performance (*a. Veranstaltung*); (*Nummer*) number, act.
darbringen *v/t.* present (*dat.* to), give (to); (*Opfer*) offer, make (to); (*Ovation*) give.
darein *pron. adv.* in(to) it (*od.* them); ***sich ~ ergeben*** (*od.* ***fügen***) → **~finden** *v/refl.*: ***sich ~*** come to terms with it, resign o.s. to the fact, put up with it; ***sich ~ zu*** *inf.* come to terms with *ger.*, resign o.s. to *ger.*, put up with *ger.*; **~mischen** *v/refl.*: ***sich ~*** interfere; **~reden** *v/i.* → ***dreinreden***.
darin *pron. adv.* **1.** in it (*od.* them); in there; ***was ist ~?*** what's inside?; ***da ist ... ~*** there's ... in it, it contains ...; *fig.* ***die Schwierigkeit liegt ~, dass*** the difficulty is that; **2.** (*in dieser Hinsicht*) in this respect; ***~ irren Sie sich*** there you are mistaken; ***~ kann ich Ihnen nicht zustimmen*** I can't agree with you there; ***es unterscheidet sich von anderen ~, dass*** it distinguishes itself from others in that; **3.** (*auf diesem Gebiet*) at it (*od.* that); ***~ ist er gut*** he's good at it (*od.* that); ***er kennt sich ~ gut aus*** he knows a lot about it.
Darkroom *m in Homosexuellenlokalen*: darkroom.
darlegen *v/t.* (*Meinungen etc.*) present; (*erklären*) explain; (*aufführen*) state; ***s-e Position ~*** set out one's position; **Darlegung** *f* presentation; explanation, exposition.
Darlehen *n* loan; ***ein ~ aufnehmen*** (***geben***) take up (grant) a loan.
Darlehens|bedingungen *pl.* terms of a (*od.* the) loan; **~geber** *m* lender; **~kasse** *f* (mutual) loan society, *Am.* credit corporation; **~nehmer** *m* borrower; **~zinsen** *pl.* interest *sg.* on loans.
Darm *m* **1.** intestine, bowels *pl.*; **2.** (*Wursthülle*) skin; **~ausgang** *m* anus; **~entleerung** *f* evacuation of the bowels; **~entzündung** *f* enteritis; **~flora** *f* intestinal flora; **~grippe** *f* gastroenteritis; **~kolik** *f* abdominal (*od.* intestinal) colic; **~krebs** *m* cancer of the intestine; **~saite** *f* catgut (string); **~spiegelung** *f* enteroscopy; **~tätigkeit** *f* bowel movement; **~trägheit** *f* constipation; **~verschluss** *m* intestinal occlusion; **~wand** *f* wall of the intestine, intestinal wall.
darreichen *v/t.*: ***j-m et. ~*** hand s.o. s.th., (*anbieten*) offer s.o. s.th.; ⚕ *u. eccl.* administer s.th. to s.o.; **Darreichungsform** *f* presentation; *von Medikamenten*: (form of) administration.
darren *v/t.* kiln-dry; **Darrofen** *m* kiln.
darstellbar *adj.* **1.** ***es ist in Worten*** (***numerisch, auf der Leinwand***) ***nicht ~*** it can't be described in words (expressed in numbers, portrayed on the screen); **2.** *thea.* actable; **darstellen I.** *v/t.* **1.** (*schildern*) describe; (*Tatsachen etc.*) present; ***falsch ~*** misrepresent; ***negativ ~*** portray in a negative light; **2.** *künstlerisch*: show, depict, portray; ***was soll dieses Bild ~?*** what is this picture supposed to represent?; **3.** (*bedeuten*) be, represent; ***was stellt das eigentlich dar?*** what is it supposed to be?; ***was stellt dieses Zeichen dar?*** what does this symbol stand for (*od.* represent)?; ***dieses Ereignis stellt e-n großen Fortschritt dar*** this event is a major step forward; *fig.* ***er stellt etwas dar*** he's somebody; **4.** *thea.* act *od.* play (the part of); **5.** *grafisch etc.*: represent; ⩓ describe; *in Umrissen*: outline, sketch; ***in e-m Diagramm ~*** draw a graph of; **6.** ⚗ prepare, synthesize, *industriell*: produce; **II.** *v/refl.*: ***sich ~*** present itself, appear; *Person*: present o.s., ***als***: (*sich erweisen als*) show o.s. to be; **darstellend** *adj.*: ***~e Geometrie*** descriptive geometry; ***~e Künste*** a) interpretative arts, b) (*Malerei etc.*) plastic arts; **Darsteller(in** *f*) *m* actor (*f* actress), performer; ***der Darsteller des Faust*** the actor playing (the part of) Faust; **darstellerisch I.** *adj.* acting, theatrical; ***s-e ~e Leistung*** his performance; **II.** *adv.*: ***~ war der Film wenig überzeugend*** the acting in the film wasn't very convincing; **Darstellung** *f* **1.** (*Schilderung*) description, portrayal; (*Bericht*) account; *von Tatsachen etc.*: presentation; ***falsche ~*** misrepresentation; **2.** *künstlerische*: representation; (*Interpretation*) interpretation; **3.** *thea.* a) *e-r Rolle*: interpretation, acting, b) *e-s Stückes*: production; **4.** ⚗ preparation.
Darstellungs|kraft *f* powers *pl.* of interpretation; *e-s Schriftstellers*: descriptive powers *pl.*; **~kunst** *f* art of interpretation; *thea.* acting ability; **~objekt** *n* object; **~weise** *f* style.
dartun *v/t.* show, demonstrate; (*aufzeigen*) set out.
darüber *pron. adv.* **1.** over it (*od.* them); over that; above it *etc.*; (*quer darüber*) across it *etc.*; ***das Zimmer ~*** the room above; ***mit e-m Dach*** *etc.* ***~*** with a roof *etc.* on top; *fig.* ***es geht nichts ~*** there's

D

nothing like it; **2.** *zeitlich*: in the meantime; ***ich bin ~ eingeschlafen*** I fell asleep over it; ***~ werden Jahre vergehen*** that will take years; **3.** *fig.* (*über e-e Sache*) about that (*od.* it); (*über dieses Thema*) on that (*od.* it); ***ich freue mich ~, dass*** I'm glad (that); ***~ vergaß er s-e Probleme*** it took his mind off his problems; ***~ wird morgen verhandelt*** we'll *etc.* be discussing that tomorrow; ***~ lässt sich streiten*** that's a matter of opinion, that's a debatable point; **4.** ***~ hinaus*** beyond it, past it; *fig.* in addition, on top of it, (*was das übrige angeht*) beyond that; **5.** (*mehr*) more; **6.** ***wir sind ~ hinweg*** we've got over it; ***er beklagt sich ~, dass er unfair behandelt worden sei*** he complains of having been treated unfairly; **~ breiten** *v/t.* spread over it; **~ fahren** *v/i.*: ***mit der Hand ~*** run one's hand over it; ***mit e-m Staubtuch ~*** go over it with a duster; **~ liegen** *fig. v/i. Kosten etc.*: be higher; ***weit ~*** be much higher; **~ machen** F *v/refl.*: ***sich ~*** F get on with it; (*über Essen*) *sl.* get stuck in(to it); **~ schreiben** *v/t.* write over it; (*Namen etc.*) write at the top; **~ stehen** *fig. v/i.* be above that (*od.* such things).

darum *pron. adv.* **1.** around it (*od.* them); around there; **2.** *fig.* about that; ***j-n ~ bitten zu*** *inf.* ask s.o. to *inf.*; ***~ geht es gar nicht*** that's not the point; ***er kümmert sich nicht ~*** he doesn't care (about it); ***es handelt sich ~ festzustellen*** it's a matter of finding out; ***ich gäbe was*** (***viel***) ***~ zu wissen*** I wouldn't mind knowing (I'd love to know); **3.** (*deshalb*) that's why; ***ich habe es ~ getan, weil*** the reason I did it was because; *warum?* -***~!*** because!

darunter *pron. adv.* **1.** under it (*od.* them); under there; underneath; (*weiter unten*) further down; **2.** (*unter e-r Anzahl*) among them; (*einschließlich*) including; ***mitten ~*** right in the middle (of it *od.* them); **3.** (*weniger*) less; ***20 Dollar und ~*** 20 dollars and under (*od.* less); **4.** *fig.* ***~ leiden, dass*** suffer from *ger.*; ***er leidet sehr ~*** *unter e-m Verlust etc.*: he's taking it hard; ***sie leidet ~, dass sie nicht mehr arbeitet*** not having a job is getting her down; ***was verstehst du ~?*** what do you understand by it?; ***~ kann ich mir nichts vorstellen*** it doesn't mean a thing to me.

darunter| bleiben *v/i.* be lower; ***die Ergebnisse*** *etc.* ***blieben darunter*** the results *etc.* didn't reach the required (*od.* expected) level; **~ fallen** *fig. v/i.* be included; be covered by it; **~ heben** *v/t. gastr.* fold in; **~ liegen** *fig. v/i.* be lower; ***weit ~*** be much lower; ***er liegt mit s-n Leistungen darunter*** he doesn't come up to this level; **~ mischen I.** *v/t.* add, mix *s.th.* into it; **II.** *v/refl.*: ***sich ~*** mix with them (*od.* the crowd *etc.*); **~ schreiben** *v/t.* (*Namen etc.*) write at the bottom; **~ setzen** *v/t.* (*Namen etc.*) put at the bottom; ***s-e Unterschrift ~*** sign (it), sign at the bottom; **~ ziehen** *v/t.* (*Pullover etc.*) put on as well, (*Unterhemd etc.*) put on underneath.

das → ***der.***

Dasein *n* **1.** existence, life; → ***Kampf***; **2.** (*Anwesenheit*) presence.

Daseins|berechtigung *f* right to exist; (*Grund*) raison d'être; **~form** *f* way of life; **~kampf** *m* struggle for existence (*od.* survival).

daselbst *adv.* there, in that very place; *in Büchern etc.*: ibidem; ***wohnhaft ~*** residing at said place.

dasitzen *v/i.* sit there; F *fig.* ***ohne Geld ~*** be left without a penny (to one's name).

dasjenige → ***derjenige.***

dass *cj.* that; ***so ..., ~*** so ... that; ***es sei denn, ~*** unless; ***ohne ~*** without *ger.*; ***er weiß, ~ es wahr ist*** he knows it's true; ***er entschuldigte sich, ~ er zu spät kam*** he apologized for being late; ***entschuldigen Sie, ~ ich Sie störe*** sorry to disturb you; ***es ist nett, ~ du anrufst*** it's nice of you to ring; ***kaum, ~ er e-n Blick darauf warf*** he hardly gave it a look; ***~ du mir ja nichts anrührst!*** don't go and touch anything, now; ***~ du ja kommst!*** you had better be there!; ***~ ich es bloß nicht vergesse!*** I hope I don't forget it, I'd better not forget it; ***~ er so was sagen konnte!*** how could he say such a thing?; ***nicht, ~ ich wüsste*** not that I know of; ***nicht, ~ es etwas ausmachte*** not that it mattered; ***es sind zwei Jahre, ~ ich ihn nicht gesehen habe*** it's two years now since I saw him.

dasselbe → ***derselbe.***

dastehen *v/i.* stand (there); *fig.* ***ganz allein ~*** be left all on one's own; F ***dumm ~*** be left looking the fool; ***gut ~*** be doing all right (*Am.* alright), *weitS.* be in a good position; ***mit leeren Händen ~*** be left without a penny (to one's name); ***wie stehe ich nun da!*** and where does that leave me?, F I look a right idiot (now); ***wie stehe ich nun vor m-n Kollegen da!*** and what am I going to say to my colleagues (now)?, and how am I going to face my colleagues (now)?

Date *n* **1.** (*Treffen, Termin*) date; ***ein ~ haben*** have a date, go (out) on a date; **2.** (*Person, mit der man sich trifft*) date.

Datei *f* (data) file; ***e-e ~ (als Attachment) anhängen*** attach a file; ***e-e ~ aufrufen*** activate a file; ***e-e ~ einfügen*** (***öffnen, schließen***) insert (open, close) a file; **~manager** *m Computer*: file manager; **~name** *m* file name; **~verwaltungsprogramm** *n Computer*: file management program; **~verzeichnis** *n Computer*: directory.

Daten *pl.* data, facts; (*Personalangaben*) particulars, personal data; ***technische ~*** specifications; **~abfrage** *f Computer*: data recall; **~austausch** *m* data exchange (*od.* interchange); ***elektronischer ~*** electronic data interchange, EDI; **~autobahn** *f* information (super)highway; **~bank** *f* databank, database; ***multidimensionale ~*** multidimensional database; ***relationale ~*** relational database; **~bestand** *m* data *sg.*, database; **~bit** *n* data bit; **~eingabe** *f* → ***Datenerfassung*** 1; **~erfassung** *f* **1.** (*Eingabe*) data capture (*od.* entry, input), *manuelle a.* keying-in; **2.** (*Sammeln*) data acquisition; **~erhebung** *f* survey; **~fernübertragung** *f* data transmission; **~fernverarbeitung** *f* teleprocessing (of data).

Datenfluss *m* data flow; **~plan** *m* data flowchart.

Daten|format *n* data format; **~komprimierung** *f* data compression; **~missbrauch** *m* data abuse; **~netz** *n* data network; **~pflege** *f* data management; **~satz** *m* record.

Datenschutz *m* data protection; **~beauftragte(r)** *m* data protection registrar (*Am.* commissioner); **Datenschützer** *m* data protectionist; **~gesetz** *n* data protection law.

Daten|sicherheit *f* data security; **~sicherung** *f* **1.** (*Schutz*) data protection; **2.** (*Sichern*) saving, (*Sicherheitskopie*) backup; **~sichtgerät** *n* visual display unit, VDU; **~speicher** *m* data memory (*od.* storage); **~strom** *m* data stream; **~tausch** *m* data exchange (*od.* interchange); **~technik** *f* data systems technology; **~träger** *m* data medium (*od.* carrier); **~typistin** *f* data typist; **~übermittlung** *f* data communication; **~übertragung** *f* data transfer; **~verarbeitung** *f* data processing; **~verbund** *m* data network; **~verschlüsselung** *f* data (en)coding; **~zentrale** *f*, **~zentrum** *n* data cent|re (*Am.* -er).

datierbar *adj.*: *die Funde* ***sind nicht genau ~*** cannot be dated exactly; **datieren I.** *v/t.* date; **II.** *v/i.*: ***~ von*** date from (*od.* back to); ***der Brief datiert vom 2. Mai*** the letter is dated May 2nd.

Dativ *m ling.* dative (case); **~objekt** *n* indirect object.

dato *adv.*: ***bis ~*** up to now, to date.

DAT-Rekorder *m* DAT recorder, digital audio tape (recorder).

Datscha *f* da(t)cha.

Dattel *f* date; **~baum** *m*, **~palme** *f* date palm.

Datum *n* date; ***heutigen ~s*** of today; ***ohne ~*** undated; ***welches ~ haben wir heute?*** what's the date today?; ***der Brief trägt das ~ vom 2. Mai*** the letter is dated May 2nd; ***neueren ~s*** recent.

Datums|angabe *f* date; ***ohne ~*** undated; **~grenze** *f* (international) date line.

Datum(s)stempel *m* date stamp; (*Gerät*) dater.

Daube *f* stave.

Dauer *f* duration; (*Zeitspanne*) period (of time), *bsd.* ☤, ⚖ term; (*Länge*) length; ***auf die ~*** in the long run; ***auf die ~ wird es unerträglich*** it becomes unbearable after a time; ***sie können auf die ~ nicht so weitermachen*** they can't go on like that forever; ***das ist keine Lösung auf ~*** that's no long-term solution; ***für die ~ von*** for a period of; ***für die ~ unseres Aufenthalts*** for the course (*od.* duration) of our stay; ***von ~ sein*** last; ***von kurzer ~ sein*** be short-lived; ***während der ~ unseres Aufenthalts*** during (the course of) our stay; **~arbeitslose(r)** *m* long-term unemployed person; ***die Dauerarbeitslosen*** the long-term unemployed; **~arbeitslosigkeit** *f* long-term unemployment; **~auftrag** *m* ☤ standing order; ***et. per ~ überweisen*** pay s.th. by standing order; **~ausstellung** *f* permanent exhibition; **~beanspruchung** *f* ⚙ endurance stress; *e-s Menschen*: constant stress; **~behandlung** *f* prolonged treatment; **~behinderung** *f* permanent disability; **~belastung** *f* ⚙ constant load; *e-s Menschen*: constant strain (*od.* stress); **~beschäftigung** *f* ☤ permanent employment; ***e-e ~ suchen*** look for a permanent job; **~betrieb** *m* continuous operation; **~beziehung** *f* long-term (*od.* permanent) relationship; **~brenner** *m* **1.** ⚙ slow-combustion stove; **2.** (*Erfolgsstück etc.*) long-running success; **3.** (*Diskussionsthema*) long-running issue; **4.** F (*Kuss*) long kiss; **~einrichtung** *f a. fig.* permanent institution; ***zu e-r ~ werden*** become a permanent institution; **~erfolg** *m* lasting success; **~flug** *m* long-haul flight;

~frost *m* permafrost; **~frostgrenze** *f* permafrost line; **~gast** *m Hotel*: permanent resident; F ***er ist bei uns ~*** F he's a permanent fixture here; **~geschwindigkeit** *f* cruising speed.
dauerhaft I. *adj.* durable, *a. Frieden etc.*: lasting; *zeitlich*: *a.* long-term ...; *Farbe*: fast; *Stoff*: hard-wearing; *Gebäude*: solid; ***~e (Konsum)Güter*** (consumer) durables; **II.** *adv.*: ***~ gearbeitet*** made to last; **Dauerhaftigkeit** *f* durability.
Dauer|institution *f* → ***Dauereinrichtung***; **~kalender** *m* perpetual calendar; **~karte** *f* season ticket; **~kunde** *m* regular customer; **~kundschaft** *f* regular customers *pl.*; **~lauf** *m* long-distance run(ning); ***im ~*** at a jog; **~leistung** *f* ⚙ continuous output; *e-s Menschen*: long-term performance; **~lösung** *f* long-term solution; **~lutscher** *m* lollipop; **~mieter** *m* permanent tenant.
dauern[1] *v/i.* last; *Zeitaufwand*: take; ***es wird lange ~, bis er kommt*** it'll be a long time before he comes; ***es wird nicht lange ~, dann ...*** it won't be long before ...; ***das dauert mir zu lange*** a) it's taking too long for my liking, b) that's too long for me; ***wie lange dauert das noch?*** how much longer is that going to take?; F ***das dauert aber!*** F it doesn't half take a long time.
dauern[2] *v/t.*: ***er dauert mich*** I feel sorry for him.
dauernd I. *adj.* lasting, *a. Wohnsitz*: permanent; (*haltbar*) durable; (*ständig*) constant; (*unaufhörlich*) incessant; **II.** *adv.*: ***er lachte ~*** he kept laughing; ***unterbrich mich nicht ~!*** stop interrupting me (all the time)!; ***~ ist was los*** there's always something going on.
Dauer|parker *m* long-term parker; **~regelung** *f* permanent arrangement; **~regen** *m* continuous rain; **~schaden** *m* ⚕ permanent damage; ***er hat Dauerschäden davongetragen*** he's suffered permanent damage; **~schlaf** *m* prolonged sleep; **~stellung** *f* permanent post; **~stress** *m* permanent stress; **~test** *m* endurance test; **~thema** *n* recurring topic; **~ton** *m* continuous tone; **~visum** *n* permanent visa; **~welle** *f* perm; ***sich e-e ~ machen lassen*** get one's hair permed, get a perm; **~wirkung** *f* lasting effect; **~wurst** *f* hard smoked sausage; **~zustand** *m* permanent condition (*od.* state of affairs); ***zu e-m ~ werden*** become permanent (*od.* a permanent state of affairs).
Däumchen *n*: *a. fig.* ***~ drehen*** twiddle one's thumbs.
Daumen *m* thumb; *fig.* ***j-m die ~ halten*** (*od.* ***drücken***) keep one's fingers crossed (for s.o.); *a. fig.* (***die***) ***~ drehen*** twiddle one's thumbs; *fig.* ***den ~ auf et. halten*** keep tabs on s.th.; ***et. über den ~ peilen*** make a rough guess at s.th.; ***über den ~*** (***gepeilt***) at a rough guess; **~abdruck** *m* thumbprint; **~breite** *f*: ***um ~*** by about an inch; **~kino** *n* flip-book; **~lutschen** *n* thumb-sucking; **~lutscher** *m* thumb-sucker; **~nagel** *m* thumbnail; **~register** *n Buch*: thumb index; **~schraube** *f hist.* thumbscrew; *fig.* ***j-m ~n anlegen*** put the screws on s.o.
Däumling *m* **1.** *Schutzkappe*: thumbstall; *am Handschuh*: thumb; **2.** (*Märchenfigur*) Tom Thumb.
Daune *f* downy feather; *pl.* down *sg.*; **Daunenanorak** *m* quilted anorak; **Daunendecke** *f* eiderdown; **Daunenjacke** *f* quilted jacket; **daunenweich** *adj.* downy.
Davidsstern *m* Star of David.
davon *pron. adv.* of it (*od.* them); *räumlich*: from it (*od.* them), from there; (*weg*) away; (*darüber*) about it, of it; ***was habe ich ~?*** what do I get out of it?; ***das kommt ~!*** what did you expect?; ***~ wird man müde*** it makes you tired; ***~ leben*** live off it; **~eilen** *v/i.* hurry away; **~fahren** *v/i.* drive (*od.* ride) off *od.* away; ***mir ist der Bus davongefahren*** I just missed the bus; **~fliegen** *v/i.* fly off (*od.* away); **~jagen** *v/t.* chase away; **~kommen** *v/i.* get away, escape; (*a.* ***mit dem Leben ~***) escape, survive; ***~ mit*** *leichten Verletzungen etc.*: escape (*od.* get away) with; *e-r Geldstrafe etc.*: get away (*od.* off) with; ***wir sind noch einmal davongekommen*** it was a close shave; → ***blau*** 1, ***Schreck*** 1; **~lassen** *v/t.*: → ***Finger***; **~laufen** *v/i.* run away (***j-m*** from s.o.); *fig. Preise etc.*: get out of control (*od.* hand); ***ihm ist die Freundin davongelaufen*** his girlfriend (got up and) left him; ***es ist zum ℒ!*** it's enough to make you weep; **~machen** *v/refl.*: ***sich ~*** make off; **~schleichen** *v/i. u. v/refl.* (***sich ~***), **~stehlen** *v/refl.*: ***sich ~*** sneak off (*od.* away); **~tragen** *v/t.* carry off; *fig.* (*Verletzung*) come away with, *formell*: sustain; (*Krankheit*) get, catch, F end up with; → ***Sieg***; **~ziehen** *v/i.* march off; F *Sport*: pull away (***j-m*** from s.o.).
davor *pron. adv. örtlich*: before *od.* in front of it (*od.* them); *zeitlich*: beforehand; *vor e-m bestimmten Zeitpunkt*: before that; ***e-e Stunde ~*** an hour earlier; *fig.* ***er fürchtet sich ~*** he's afraid of it.
dazu *pron. adv.* to it (*od.* them); (*zu diesem Zweck*) for it (*od.* that); (*zu diesem Punkt od. Thema*) about it (*od.* that); (*außerdem*) besides, in addition; ***noch ~*** on top of it (*od.* that); ***er ist zu dumm ~*** he's too stupid for that; ***~ gehört Zeit*** it takes time; ***es gehört schon einiges ~, zu*** *inf.* it takes quite a lot to *inf.*; ***wie kamst du dazu, zu*** *inf.* how did you come to *inf.* (*od.* to be *doing*)?; ***wie bist du ~*** (*zu dem Buch etc.*) ***gekommen?*** how did you get hold of it?; ***wie ist es ~ gekommen?*** how did it happen?; ***ich kam nie ~*** I never got round to it, ***zu*** *inf.*: I never got round to *ger.*; ***wie komme ich ~?*** why should I?; ***~ ist er da*** that's what he's there for, that's his job; ***~ hast dus doch*** that's what you've got it for (*od.* it's there for), isn't it?; **~geben** *v/t.* add; ***j-m et. ~*** give s.o. s.th. towards it.
dazugehören *v/i.* belong to it (*od.* them); be part of it; *zu e-m Kreis etc.*: *a.* belong; *fig.* ***das gehört mit dazu*** that's part (and parcel) of it; ***es gehört schon einiges dazu*** F it takes a fair bit (***zu*** *inf.* to *inf.*); **dazugehörig** *adj.* belonging to it (*od.* them); (*passend*) appropriate; ***der ~e Deckel*** *a.* the lid that goes with it.
dazu|kommen *v/i.* **1.** come along; join them (*od.* us *etc.*); ***er kam gerade dazu, als*** he arrived just as; **2.** *Sache*: be added; ***kommt noch was dazu?*** is there anything else?; ***dazu kommt noch, dass*** in addition, it has to be added that; → ***dazu***; **~können** *v/t.* → ***dafür können***; **~lernen** *v/t.* (*u. v/i.*) learn (something new); ***schon wieder etwas dazugelernt!*** you live and learn!; ***er hat nichts dazugelernt*** he'll never learn.
dazumal *adv.* → ***anno***.
dazutun I. *v/t.* add; **II.** ℒ *n*: ***ohne sein ~*** without any help from him.
dazwischen *pron. adv.* between (them), in between; (*darunter*) among them; (*unterdessen*) in between; **~fahren** *v/i.* step in; *im Gespräch*: butt in; **~fragen** *v/i.*: ***darf ich mal kurz ~?*** could I ask a quick question before you (*od.* we) go on?; **~funken** F *v/i.* **1.** interfere (***j-m*** with s.o.'s plans *etc.*); (*Pläne etc. vereiteln*) F put a spoke in the wheel; **2.** *im Gespräch*: butt in; **~geraten** *v/i.* **1.** ***mit den Fingern*** *etc.* ***~*** get one's fingers *etc.* caught; **2.** (*in et. verwickelt werden*) get involved; ***irgendwie bin ich ~*** somehow I managed to get myself involved; **~kommen** *v/i.*: ***wenn nichts dazwischenkommt*** if all goes well; ***es*** (*od.* ***mir*** *etc.*) ***ist et. dazwischengekommen*** s.th.'s cropped up; **~liegend** *adj. zeitlich*: intervening; **~reden** *v/i.* interrupt (***j-m*** s.o.), butt in; **~rufen I.** *v/t.* shout *s.th.* (in between); **II.** *v/i.* interrupt a speech *etc.* with shouts, shout; **~treten** *fig. v/i.* interfere; (*sich einschalten*) step in; **~werfen I.** *fig. v/t.* (*Frage etc.*) throw in; **II.** *v/refl.*: ***sich ~*** jump in, try and break up the fight.
DD-Diskette *f* DD diskette, double density disk.
Deal F *m* deal; **dealen** F *v/i.* push drugs; ***mit Drogen ~*** deal (*od.* push) drugs; **Dealer(in** *f*) *m* drug dealer, F pusher.
Debakel *n* débâcle, debacle.
Debatte *f* debate (*a. parl.*), discussion (***über*** on); ***zur ~ stehen*** be up for discussion; ***zur ~ stellen*** put *s.th.* forward for discussion, moot *a point*; ***das steht hier nicht zur ~*** that's not the issue here.
debattieren I. *v/t.* debate, discuss; **II.** *v/i.* debate; ***über et. ~*** debate (*od.* discuss) s.th.
Debet *n* ♆ debit; **~saldo** *m* balance due.
Debilität *f* ⚕ debility.
debitieren *v/t.* ♆ charge, debit; ***j-m e-n Betrag ~*** charge a sum to s.o.'s account, debit s.o. with a sum.
Debitoren *pl.* ♆ *Bilanz*: accounts receivable.
debuggen F *v/t. Computer*: debug; **Debugger** *m Computer, Programm*: debugger.
Debüt *n* debut, début; ***sein ~ geben*** → ***debütieren***; **Debütant(in** *f*) *m* débutant(e *f*); **debütieren** *v/i.* make one's debut *od.* début (***als*** as).
Dechant *m eccl.* dean.
dechiffrieren *v/t.* decipher, decode.
Deck *n* ⚓ *u. e-s Busses*: deck; (*Park*ℒ) level; (*Kassetten*ℒ) deck ; ***an*** (*od.* ***auf***) ***~*** on deck; ***alle Mann an ~!*** all hands on deck!; ***unter ~*** below deck; **~adresse** *f*, **~anschrift** *f* cover address; **~anstrich** *m* top coat; **~aufbauten** *pl.* ⚓ superstructure *sg.*; **~bett** *n* duvet, *Brit. a.* continental quilt; **~blatt** *n* **1.** *e-r Zigarre*: wrapper; **2.** ⚘ bract; **3.** *für Schriftstücke*: correction sheet; *durchsichtig*: overlay.
Decke *f* (*Woll*ℒ) blanket; (*Bett*ℒ) (bed-) cover; (*Tisch*ℒ) tablecloth; (*Zimmer*ℒ) ceiling; (*Oberfläche*) surface; (*Überzug*) lining; (*Schicht*) layer, coat; (*Straßenbelag etc.*) surface; F *fig.* (***vor Freude***) (***bis***) ***an die ~ springen*** jump for joy; ***an die ~ gehen*** F hit the roof; ***sich nach der ~ strecken*** cut one's coat according to one's cloth; ***unter einer ~ stecken mit*** be hand in glove (*od.* be in league, F in cahoots) with.
Deckel *m* cover (*a. e-s Buchs*); *e-s Behäl-*

ters: lid, *e-s Glases*: *a.* top; F (*Hut*) F lid; ⚘, *zo.* operculum; F ***eins auf den ~ kriegen*** F get a clip round the ears, (*zurechtgewiesen werden*) get a real ticking-off.

decken I. *v/t.* **1.** cover; (*Haus*) roof, *mit Ziegeln*: tile, *mit Schiefer*: slate; ***den Tisch ~*** lay (*od.* set) the table; ***es ist für vier Personen gedeckt*** the table's laid (*od.* set) for four; **2.** (*Tuch etc.*) put, spread (***über*** over); **3.** (*schützen*) shield, *a.* ⚔, *Schach etc.*: cover, protect (*alle a.* ***sich*** o.s.); **4.** (*j-n, et., a. Unzulängliches*) cover up for; **5.** *Sport*: mark, *bsd. Am.* cover; *Boxen*: guard (***sich*** o.s.); **6.** ⚚ (*Kosten etc.*) a) cover, b) (*zurückerstatten*) reimburse; (*Bedarf*) meet, cover; (*Scheck, Schaden*) cover; → ***Bedarf***; **7.** *zo.* cover; **II.** *v/i.* **8.** *Farbe etc.*: cover; **9.** *Sport*: mark, *bsd. Am.* cover; *Boxen*: cover (up); **III.** *v/refl.*: ***sich ~*** **10.** → 3, 5; **11.** (*übereinstimmen*) *Zahlen, Aussagen etc.*: correspond, tally; *exakt*: be identical; **12.** Ⱥ coincide, be congruent.

Decken|balken *m* ceiling beam; **~beleuchtung** *f* ceiling lamp(s *pl.*); **~gemälde** *n* ceiling fresco; **~lampe** *f*, **~leuchte** *f* ceiling lamp.

Deck|farbe *f* body colo(u)r; **~mantel** *m* cover; ***unter dem ~*** *gen.* under the cloak of; **~name** *m* alias; *e-s Schriftstellers*: pseudonym, pen name, nom de plume; *e-s Spions etc.*: code name; **~passagier** *m* deck passenger; **~platte** *f* cover plate; *aus Stein*: covering slab.

Deckung *f* **1.** covering; (*Schutz, a.* ⚔) cover, shelter; (*Tarnung*) camouflage; *Sport*: a) marking, *Am.* covering, b) (*Hintermannschaft*) defen|ce (*Am.* -se); *Boxen*: guard; *Schach etc.*: cover, guard; ***in ~ gehen*** take cover (***vor*** from); ⚔ (***in*** *od.* ***volle***) ***~!*** take cover!; **2.** ⚚ *der Kosten etc.*: cover; (*Rückerstattung*) reimbursement; (*Zahlung*) payment; (*Sicherheit*) security; *der Währung*: backing; (*Mittel*) funds *pl.*; ***zur ~ der Nachfrage*** (***Unkosten***) to meet the demand (to cover the costs); **3.** (*Übereinstimmung*) correspondence; **4.** Ⱥ coincidence, congruence.

Deckungsfehler *m Sport*: case of bad marking (*bsd. Am.* covering).

deckungsgleich *adj.* **1.** (*übereinstimmend*) identical; **2.** Ⱥ congruent; **Deckungsgleichheit** *f a.* Ⱥ congruence.

Deckungs|kapital *n* covering funds *pl.*; **~klausel** *f* cover clause.

deckungslos *adj.* uncovered; ***~es Gelände*** open ground.

Deckungs|loch F *n*, **~lücke** F *f* hole in the budget; **~mittel** *pl.* covering funds; **~spieler** *m Sport*: defender; **~summe** *f* sum insured.

Deck|weiß *n* whitener; **~wort** *n* code word.

Decoder *m TV etc.* decoder.

Deduktion *f* deduction; **deduktiv** *adj.* deductive; **deduzieren** *v/t.* deduce (***aus*** from).

de facto *adv.* de facto; **De-facto-...** de facto ...

Defätismus *m* defeatism; **Defätist** *m*, **defätistisch** *adj.* defeatist.

defekt I. *adj.* faulty; (*beschädigt*) damaged; **II.** 2 *m* fault; *psych.*, ⚕ defect, deficiency; ***e-n ~ haben*** ⊚ be faulty.

defensiv I. *adj.* defensive; **II.** *adv.*: ***sich ~ verhalten*** be on the defensive; **Defensivbündnis** *n* defen|ce (*Am.* -se) alliance; **Defensive** *f* defensive; ***in der ~*** on the defensive; ***in die ~ drängen*** force onto the defensive; **Defensivkrieg** *m* defensive war(fare); **Defensivspiel** *n Sport*: defensive play.

Defibrillator *m* ⚕ defibrillator.

defilieren *v/i.* march past.

definieren *v/t.* define; ***neu ~*** redefine; **Definition** *f* definition; **definitiv I.** *adj.* (*bestimmt*) definite, positive; (*endgültig*) definitive, final; **II.** *adv.*: ***et. ~ entscheiden*** make a final decision on s.th.; ***~ feststehen*** be absolutely final; ***das kann ich Ihnen ~ sagen*** I can tell you that for certain; ***~ zusagen*** give one's word.

Defizit *n* ⚚ deficit; **defizitär** *adj.* in deficit, deficit *budget etc.*; **Defizitfinanzierung** *f* deficit spending.

Deflation *f* deflation; **deflationär** *adj.*, **deflationistisch** *adj.* deflationary; **Deflationspolitik** *f* deflationary policy; **deflatorisch** *adj.* deflationary.

Defloration *f* defloration; **deflorieren** *v/t.* deflower.

Deformation *f* deformity; **deformieren** *v/t.* deform.

deftig *adj. Witz etc.*: coarse, near the knuckle; *Essen, Material etc.*: solid; *Schlag, Kritik*: sharp; *Preis*: steep.

Degen *m* sword, *Fechten*: épée.

Degeneration *f* degeneration; **degenerieren** *v/i.* degenerate (***zu*** into); **degeneriert** *adj.* degenerate; *Adlige, Macht etc.*: *a.* effete.

Degen|fechten *n* épée fencing; **~fechter** *m* épéeist.

degradieren *v/t.* ⚔ demote (***zu*** to the rank of); *fig.* degrade (***zu*** to); **Degradierung** *f* demotion; *fig.* degradation.

dehnbar *adj.* flexible, elastic; *phys.* expansible; *Metall*: malleable; *fig.* ***~er Begriff*** *etc.* elastic term *etc.*; *der Vokal* ***ist ~*** can be lengthened; **Dehnbarkeit** *f* elasticity; expansibility; malleability; → ***dehnbar***; **dehnen I.** *v/t.* stretch (*a. fig.*); (*Vokale*) lengthen; (*Worte*) drawl; (*Ton*) hold; *Gespräch etc.* ***in die Länge ~*** spin out, drag out; → ***gedehnt***; **II.** *v/refl.*: ***sich ~*** *Person*: stretch (o.s.); *Kleidung*: stretch; *phys.* expand; *Landschaft etc.*: extend, stretch out; ***sich in die Länge ~*** *Gespräch etc.*: drag on; **Dehnung** *f* stretch(ing); *phys.* (*Wärme*2) expansion; *ling.* lengthening.

dehydrieren *v/t.* ⚗ dehydrate; **Dehydrierung** *f* dehydration.

Deich *m* dike; (*Fluss*2) embankment, *Am.* levee; **~bruch** *m* bursting of a dike, (*Stelle*) breach in a dike.

Deichsel *f* pole; (*Gabel*2) thills *pl.*; *für Schlepperzug*: drawbar; **deichseln** F *v/t.* manage; ***ich werde das schon ~*** I'll see to it all right (*Am.* alright), F I'll wangle it somehow.

dein I. *poss. pron.* **1.** *adjektivisch*: your; ***e-s ~er Bücher*** one of your books; ***e-r ~er Freunde*** a friend of yours, one of your friends; **2.** *substantivisch*: yours; ***~er, ~e, ~(e)s, der (die, das) ~(ig)e*** (*od.* ***2[ig]e***) yours; ***die ~(ig)en, die 2(ig)en*** (*Familie*) your family; ***das ~(ig)e*** (*od.* ***2[ig]e***) ***tun*** do your bit; **II.** *pers. pron.* (*gen. von* ***du***) of you; ***ich werde ~(er) gedenken*** I shall remember you.

deiner → ***dein*** II.

deinerseits *adv.* for (*od.* on) your part.

deinesgleichen *pron.* people like yourself; *contp.* the likes of you, your sort.

deinet|halben *obs. adv.* → **~wegen** *adv.* **1.** (*wegen dir*) because of you, on your account; (*dir zuliebe*) because of you, for your sake; **2.** (*in d-r Sache*) on your behalf; **~willen** *adv.*: (***um***) ***~*** for your sake; (*in d-r Sache*) on your behalf.

deinige → ***dein*** 2.

deinstallieren *v/t. Computer*: (*Programm, Software*) deinstall.

Deis|mus *m* deism; **2tisch** *adj.* deistic.

Déjà-vu-Erlebnis *n psych.* dé jà vu.

de jure *adv.* de jure; **De-jure-...** de jure ...

Deka *östr. n* 10 gram(m)s.

Dekade *f* (period of) ten days (*od.* ten weeks, ten months) *pl.*; (*10 Jahre*) decade.

dekadent *adj.* decadent; **Dekadenz** *f* decadence; **Dekadenzerscheinung** *f* sign of decadence.

Dekan *m univ. u. R. C.* dean; *evangelisch*: superintendent; **Dekanat** *n* **1.** *univ.* dean's office; **2.** *R. C.* deanery; *evangelisch*: superintendent's district.

dekantieren *v/t.* ⚗ (*u. Wein*) decant.

Deklamation *f* declamation; *fig. a.* harangue; **Deklamator** *m* declaimer; **deklamatorisch** *adj.* declamatory; **deklamieren** *v/t. u. v/i.* declaim, F spout.

Deklaration *f* declaration; **deklarieren** *v/t.* declare.

deklassieren *v/t.* degrade (***zu*** to); *Sport*: outclass.

Deklination *f ling.* declension; *ast., phys.* declination; **deklinierbar** *adj.* declinable; **deklinieren** *v/t.* decline.

Dekolleté, Dekolletee *n* low neckline; ***tiefes ~*** plunging neckline; **dekolletiert** *adj.* low-cut, décolleté; ***tief ~*** very low--cut, F *hum.* rather revealing.

Dekor *m, n* decoration; *thea.* décor, scenery, set; **Dekorateur(in *f*)** *m* (painter and) decorator; (*Schaufenster*2) window dresser; *thea.* a) scene painter, b) set designer; **Dekoration** *f* decoration (*a. Orden*); (*Schaufenster*2) window display; *thea.* set(s *pl.*); **dekorativ** *adj.* decorative; **dekorieren** *v/t.* decorate (*a. mit e-m Orden*); (*Schaufenster*) *a.* dress.

Dekret *n* decree.

Delegation *f* delegation.

Delegations|chef *n* head of the (*od.* a) delegation; **~mitglied** *n* member of the (*od.* a) delegation.

delegieren *v/t.* delegate; **Delegierte(r *m*)** *f* delegate.

Delete-Taste *f Computer*: delete key.

Delfin *etc.* → ***Delphin*** *etc.*

delikat *adj.* **1.** (*köstlich, lecker*) delicious, exquisite; **2.** (*heikel*) delicate, ticklish; **3.** (*taktvoll*) tactful, discreet; **Delikatesse** *f* **1.** (*Leckerbissen*) delicacy; **2.** (*Feingefühl*) tact(fulness), discretion; **Delikatessenladen** *m* delicatessen, F deli.

Delikt *n* offen|ce (*Am.* -se).

Delinquent *m* offender.

Delirium *n* delirium; ***im ~ liegen*** (*od.* ***sein***) be delirious; ***~ tremens*** delirium tremens, DT's.

Delle *f* **1.** dent; **2.** *geogr.* depression.

Delphin[1] *m zo.* dolphin.

Delphin[2] *n Sport* → **~schwimmen** *n*, **~stil** *m* butterfly (stroke).

Delta *n* delta; **~flügel** *m* delta wing; **~muskel** *m anat.* deltoid (muscle).

dem (*dat. sg. von* **der, das**) to *the*; *als rel. pron.*: to whom, to which; ***an ~ und ~ Ort*** at such and such a place; ***nach ~, was ich gehört habe*** from what I've heard; ***wenn ~ so ist*** if that is the case; ***wie ~ auch sei*** be that as it may.

Demagoge *m* demagogue; **Demagogie** *f* demagogy; **demagogisch** *adj.* demagogic(ally *adv.*).

Demarkationslinie *f* demarcation line.

demaskieren I. *v/t.* unmask; *fig. a.* expose; *fig.* **~ *als*** expose as; **II.** *v/refl.*: ***sich ~*** unmask o.s.; *fig. a.* drop one's mask, reveal one's true identity.

Dementi *n* (official) denial, disclaimer; **dementieren** *v/t.* deny, disclaim.

dementsprechend I. *adj.* corresponding; *pred.* as expected; **II.** *adv.* accordingly.

demgegenüber *adv.* **1.** compared with this; **2.** on the other hand.

demgemäß *adj. u. adv.* → ***dementsprechend.***

demilitarisieren *v/t.* demilitarize; **Demilitarisierung** *f* demilitarization.

Demission *f* resignation; ***s-e ~ einreichen*** hand in one's resignation.

demnach *adv.* **1.** thus, so; **2.** (*demgemäß*) according to that.

demnächst *adv.* soon, before long; ***~ stattfindend*** *etc.* forthcoming; ***~ im Kino*** *etc.* coming shortly (*od.* soon).

Demo F *f* (*Demonstration*) F demo.

demobilisieren *v/t. u. v/i.* demobilize; **Demobilisierung** *f* demobilization.

Demodiskette *f Computer*: demonstration diskette, F demo disk.

Demodulation *f* ⚡ demodulation; **Demodulator** *m* demodulator; **demodulieren** *v/t.* demodulate.

Demograph *m* demographer; **Demographie** *f* demography; **demographisch** *adj.* demographic(ally *adv.*), population ...

Demokassette *f* demonstration cassette; F demo tape.

Demokrat *m* democrat; **Demokratie** *f* democracy; **demokratisch** *adj.* democratic(ally *adv.*); **demokratisieren** *v/t.* democratize; **Demokratisierung** *f* democratization; **Demokratisierungsprozess** *m* process of democratization, democratic process.

demolieren *v/t.* (*beschädigen*) damage; (*zerstören*) wreck (*a.* F *Auto etc.*), *mutwillig*: vandalize.

Demonstrant *m* demonstrator.

Demonstration *f* **1.** (*Kundgebung*) demonstration; **2.** (*Bekundung*) demonstration, *von Macht, gutem Willen etc.*: *a.* show; **3.** (*Veranschaulichung*) demonstration; ***zur ~*** *gen.* to demonstrate (*od.* illustrate) *s.th.*

Demonstrations|flug *m* demonstration flight; **~recht** *n* right to demonstrate; **~verbot** *n* ban on demonstrations; **~zug** *m* **1.** demonstrators *pl.*; **2.** demonstration, protest march.

demonstrativ I. *adj.* **1.** (*anschaulich*) graphic; **2.** (*auffallend*) ostentatious; *Schweigen etc.*: pointed; **3.** *ling.* demonstrative; **II.** *adv.* ostentatiously; (*aus Protest*) in protest; ***~ den Saal verlassen*** walk out (in protest).

demonstrieren *v/t. u. v/i.* demonstrate.

Demontage *f* dismantling; **demontieren** *v/t.* dismantle; (*zerlegen*) *a.* take apart; *fig.* (*Vorurteile*) break down; (*Ruf*) chip away at.

demoralisieren *v/t.* demoralize; **Demoralisierung** *f* demoralization.

Demoskopie *f* public opinion research; **demoskopisch** *adj.*: ***~e Umfrage*** (public) opinion poll; ***~es Institut*** public opinion research institute.

demotivieren I. *v/t.* put *s.o.* off, demotivate; **II.** *v/i.*: ***zu viel Schreibarbeit demotiviert*** too much paperwork really puts you off.

Demoversion *f mst e-r Software*: demo version.

Demut *f* humility; **demütig** *adj.* humble; (*unterwürfig*) submissive; **demütigen I.** *v/t.* humiliate; **II.** *v/refl.*: ***sich ~*** humble o.s.; (*sich herabwürdigen*) grovel; **demütigend** *adj.* humiliating; **Demütigung** *f* humiliation; **demutsvoll** *adv.* → ***demütig.***

demzufolge *adv.* **1.** accordingly; **2.** (*daher*) consequently.

den, denen → ***der.***

denaturieren I. *v/t.* denature (*a. j-n*); **II.** *v/i. Person*: degenerate (**zu** into).

Denk|ansatz *m* approach; **~anstoß** *m*: ***ein ~*** cause (*od.* food) for thought; ***j-m e-n ~ geben*** *a.* set s.o. thinking; ***das war für mich der ~*** that was what gave me the idea; **~arbeit** *f* mental effort; **~art** *f* way of thinking; (*Gesinnung*) mentality; **~aufgabe** *f* brainteaser.

denkbar I. *adj.* conceivable, possible; **II.** *adv.*: ***in der ~ kürzesten Zeit*** in the shortest possible time; ***das ist ~ einfach*** it's the easiest thing in the world.

Denkblase *f in Comic etc.*: thought bubble.

Denke F *f* (*Denkweise*) mentality; way of thinking.

denken I. *v/t. u. v/i.* think; (*nachsinnen*) reflect; *logisch*: reason; (*vermuten*) think, imagine; ***sich*** *et.* **~** (*vorstellen*) imagine; ***~ an*** think of, (*sich erinnern an*; *nicht vergessen*) remember, (*im Sinn haben*) have in mind, think of; ***ans Heiraten ~*** think of marrying; ***es gibt e-m zu ~*** it makes you think; ***~ Sie nur!*** just imagine!; ***ich denke schon*** I (should) think so; ***ich dachte schon!*** I was going to say; ***ich dachte schon, du wolltest nicht mitkommen*** I was beginning to think (*od.* for a minute I thought) you didn't want to come; ***wer hätte das gedacht!*** who would have thought it; ***das habe ich mir gedacht*** I thought as much; ***das hätte ich von ihr gar nicht gedacht*** I didn't think (*od.* wouldn't have thought) she was capable; ***das hast du dir so gedacht!*** → ***denkste*** 1; ***das kann ich mir ~*** I can well imagine; ***das hättest du dir ~ können*** you should have known that; ***ich denke nicht daran!*** I wouldn't dream of it; ***er denkt daran zu*** *inf.* he's thinking of *ger.*; ***er denkt gar nicht daran zu*** *inf.* he has no intention of *ger.*; ***denk daran!*** don't forget!; ***es war für dich gedacht*** it was meant for you; ***~ über*** think about; ***wie denkst du darüber?*** what do you think about (*od.* of) it?, how do you see it?; ***wo ~ Sie hin?*** what are you thinking of?; ***solange ich ~ kann*** as long as I can remember; F ***den Wein musst du dir ~*** you'll just have to imagine (*od.* pretend) there's wine; → ***dabei*** 8; **II.** ♀ *n* thinking, thought; (*logisches* **~**) reasoning; (*Denkart*) way of thinking; F ***das ~ soll man den Pferden überlassen*** F don't think too hard, you might hurt yourself (*od.* pull a muscle); **denkend** *adj.* thinking; (*vernünftig* **~**) rational.

Denker *m* thinker; ***großer ~*** great thinker (*od.* mind); **denkerisch** *adj.* intellectual; **Denkerstirn** *f* lofty brow.

denkfähig *adj.* intelligent, rational, capable of (logical *od.* rational) thinking; **Denkfähigkeit** *f* intelligence, mental capabilities *pl.*

denkfaul *adj.* mentally lazy; ***~ sein*** have a lazy brain.

Denk|fehler *m* logical flaw, mistake in one's reasoning; ***das war dein ~*** that's where you went wrong; **~gewohnheit** *f* (habitual) way of thinking; **~hilfe** *f* clue.

Denkmal *n* monument (*gen.* to); (*Ehrenmal*) memorial (to); (*Standbild*) statue (of); ***j-m ein ~ setzen*** put up (*fig.* create) a monument to s.o.; *fig.* ***sich ein ~ setzen*** F do one's bit for posterity; **♀geschützt** *adj. bsd. Brit.* listed; ***~es Bauwerk*** listed building; **~pflege** *f* preservation of historic buildings and monuments; **~schutz** *m* protection of historic buildings and monuments; ***unter ~ stehen*** *Gebäude*: be listed, *Monument*: be scheduled, *Baum etc.*: be protected; ***unter ~ stellen*** put a preservation order on, (*Gebäude*) *a.* list, (*Monument*) *a.* schedule; **~schützer** *m* preservationist.

Denk|modell *n* working model; **~muster** *n* thought pattern; **~pause** *f* pause for reflection; **~prozess** *m* thought process; **~richtung** *f* line of thought (*od.* thinking), (*Schule*) school of thought; **~schablone** *f s.o.'s* way of thinking; **~schrift** *f* memorandum; **~sport** *m* brainteaser(s *pl.*); **~spruch** *m* **1.** maxim; **2.** aphorism.

denkste F *int.* **1.** (*da hast du dich gründlich getäuscht*) that's what you think; **2.** (*keinesfalls*) F no way!; **3.** (*von wegen*) no such luck.

Denkübung *f* brainteaser, logic problem.

Denkungsart *f* → ***Denkart.***

Denk|vermögen *n* intellectual capacity; **~weise** *f* → ***Denkart.***

denkwürdig *adj.* memorable (**wegen** for); ***ein ~er Tag*** *a.* a day to be remembered.

Denkzettel *fig. m* lesson; ***j-m e-n ~ geben*** (*od.* ***verpassen***) teach s.o. a lesson; ***das wird für ihn auf lange Sicht ein ~ sein*** that's something he won't forget about in a hurry.

denn I. *cj.* **1.** *begründend*: because; since; **2.** *nach comp.*: (*als*) than; ***mehr ~ je*** more than ever; **3. *es sei ~*** unless; **II.** *adv. verstärkend*: ***was sollen wir ~ machen?*** what are we supposed to do then?; ***wo ~?*** where?; ***wo war es ~?*** where was it (then)?; ***ist er ~ so arm?*** is he really that poor?; ***was ~?*** what?; ***wieso ~?*** why?; ***was ist ~?*** what's up?, *verärgert*: what (is it)?; ***wo bleibt er ~ nur?*** where on earth is he?

dennoch *adv. u. cj.* (yet ...) still, nevertheless; ***er wollte es ~ machen*** (yet) he still wanted to do it, he wanted to do it nevertheless.

Densität *f phys.* density.

dental I. *adj.* dental; **II.** ♀ *m* → **♀laut** *m ling.* dental.

denuklearisieren *v/t.* denuclearize; **Denuklearisierung** *f* denuclearization.

Denunziant *m* informer; **denunzieren** *v/t.* inform on; ***j-n bei der Polizei ~*** *a.* report s.o. to the police.

Deo F *n*, **Deodorant** *n* deodorant.

Deo|roller *m* roll-on (deodorant); **~spray** *m, n* deodorant spray.

Dependance *f* **1.** ✝ branch; **2.** (*Nebengebäude*) annex(e).

Depilation ⚕ *f* depilation; **depilieren** *v/t.* depilate.

deplaciert, deplatziert *adj.* out of place, *Bemerkung etc.*: *a.* misplaced.

Deponie *f* **1.** refuse tip, waste disposal site, landfill site; → *a.* ***Mülldeponie***; **2.**

wilde ~ uncontrolled (*od.* indiscriminate) dumping; **3.** *fig.* dumping ground; **deponieren** *v/t.* deposit, leave.

Deportation *f* deportation; **deportieren** *v/t.* deport; **Deportierte(r)** *m* deported person, deportee.

Depositen *pl.* ☤ deposits; **~bank** *f* deposit bank; **~gelder** *pl.* deposits; **~geschäft** *n* deposit banking; **~konto** *n* deposit account.

Depot *n* depot (*a.* ⚔ *u.* ⚕); ☤ (*~konto*) deposit; *für Wertpapiere*: securities account; (*Waren*~) warehouse; *schweiz.* (*Pfand*) deposit; **~bibliothek** *f* deposit library; **~effekt** *m pharm.* controlled sustained release; **~präparat** *n pharm.* depot preparation; **~schein** *m* ☤ deposit receipt; **~wirkung** *f* → ***Depoteffekt.***

Depp *m* idiot, F twit.

Depression *f* depression; ***an*** (*od.* ***unter***) ***~en leiden*** suffer from depression(s); **depressiv** *adj.*: ***in e-r ~en Stimmung sein*** be depressed; ***~ sein*** a) suffer from depression, be depressive, b) be depressed.

deprimieren *v/t.* get *s.o.* down, *stärker*: depress; **deprimierend** *adj.* depressing; ***es ist ~*** *a.* it gets you down; **deprimiert** *adj.* down in the dumps, *stärker*: depressed.

Deprivation *f psych.* deprivation.

Deputat *n* **1.** ☤ payment in kind; **2.** *ped.* teaching load.

Deputation *f* delegation; **deputieren** *v/t.* delegate; **Deputierte(r)** *m* delegate.

der *m*, **die** *f*, **das** *n*, *pl.* **die I.** *art.* the; ***der arme Peter*** poor Peter; ***die Königin Elisabeth*** Queen Elizabeth; ***der Hyde Park*** Hyde Park; ***die Chemie*** chemistry; ***das Fernsehen*** television; ***ich wusch mir das Gesicht*** I washed my face; ***zwei Dollar das Kilo*** two dollars a kilo; **II.** *dem. pron.* that (one), this (one); he, she, it; *pl.* these, those, they, them; ***der Mann hier*** this man; ***der*** (*od.* ***die***) ***mit der Brille*** the one with the glasses; ***nimm den hier*** take this one; ***sind das Ihre Bücher?*** are those your books?; ***das, was er sagt*** what he says; ***das waren Chinesen*** they were Chinese; ***zu der und der Zeit*** at such and such a time; ***der und baden gehen?*** you won't catch him going swimming; **III.** *rel. pron.* who, which, that; ***das Mädchen, mit dem*** (***mit dessen Vater***) ***ich sprach*** the girl (whose father) I spoke to; ***das Material, dessen Eigenschaften ...*** the material, whose properties (*od.* the properties of which) ...; ***der Bezirk, der e-n Teil von X bildet*** the district forming part of X; ***er war der Erste, der es erfuhr*** he was the first to know; ***jeder, der ...*** anyone who.

derangiert *adj. Kleidung*: untidy, *Haar*: *a.* dishevel(l)ed, mussed up.

derart *adv.* so, *nachgestellt*: like that, (*so sehr*) so much, (*in solchem Ausmaß*) to such an extent; ***er hat ~ geschrien, dass*** he screamed so much (*od.* loud) that; ***die Folgen waren ~, dass*** the consequences were such that; **derartig I.** *adj.* such; ***e-e ~e Politik*** such a policy, a policy such as this; ***ein ~er Fehler*** a mistake like that; ***es war e-e ~e Kälte*** it was so cold; **II.** *adv.* → ***derart.***

derb *adj.* (*rau, grob*) rough, coarse (*a. Stoff*); *Leder*: tough; *Typ, Humor etc.*: earthy; *Witz etc.*: crude; *Sprache*: coarse; **Derbheit** *f* (*grobes Benehmen*) coarse behavio(u)r; ***~en*** a) crude jokes, b) crude remarks.

Deregulierung *f* deregulation, liberalization.

dereinst *adv.* some day, one day.

dere(n)twegen, (***um***) **dere(n)twillen** *adv.* for her (*od.* their) sake; ***die Frau, ~ er s-e Frau verließ*** the woman for whom he left his wife; ***die Couch, ~ er gekommen war*** the settee for which he had come.

dergestalt *adv.* a) in such a way, b) to such an extent; ***~ bewaffnet*** *etc.* thus armed *etc.*; → *a.* ***derart.***

dergleichen *pron. u. adj.* such, like that, of that kind; *substantivisch*: the like, such a thing, something like that; ***nichts ~*** no such thing, nothing of the kind; ***und ~*** (***mehr***), ***u. dgl.*** and the like, and so forth; ***er tat nichts ~*** he just didn't react.

Derivat *n* ⚗, *ling.* derivative.

der-, die-, dasjenige *dem. pron.* the one; *Sache*: *a.* that one; ***derjenige, der*** (*od.* ***welcher***), ***diejenige, die*** (*od.* ***welche***) the one who; ***diejenigen, die*** (*od.* ***welche***) those who; the ones who.

derlei *pron. u. adj.* → ***dergleichen.***

dermaßen *adv.* → ***derart*** .

Dermatologe *m* dermatologist, skin specialist; **Dermatologie** *f* dermatology; **dermatologisch** *adj.* dermatological.

der-, die-, dasselbe *dem. pron.* the same; ***derselbe, dieselbe*** (*Person*) the same person; ***ein und dieselbe Person*** one and the same person; ***ziemlich dasselbe*** much the same (thing); ***auf dieselbe Weise wie*** the same (way) as; ***jedes Mal dasselbe!*** it's the same (old) thing every time; ***dasselbe noch mal!*** *bei Bestellung*: (the) same again, please; ***es kommt auf dasselbe heraus*** it comes to the same thing.

derweil I. *cj.* while, whilst; **II.** *adv.* meanwhile.

Derwisch *m*: (***tanzender ~*** whirling) dervish.

derzeit *adv.* at present, at the moment; **derzeitig** *adj.* **1.** (*jetzig*) present, current; **2.** (*damalig*) then, *nachgestellt*: at the time.

Des *n* ♪ D flat.

desaktivieren *v/t.* ⚗ inactivate.

Desaster *n* disaster; ***mit e-m ~ enden*** end disastrously (*od.* in disaster).

desavouieren *v/t.* **1.** (*j-n bloßstellen*) expose; **2.** (*nicht anerkennen*) repudiate.

desensibilisieren *v/t.* ⚕, *phot.* desensitize (***gegenüber*** to); (*j-n*) harden (to); **Desensibilisierung** *f* desensitization.

Deserteur *m* deserter; **desertieren** *v/i.* desert (***von*** from); ***zum Feind ~*** run over to the enemy.

Desertifikation *f geogr.* desertification.

desgleichen I. *pron.* likewise, the same; *ich stand auf* ***und mein Freund tat ~*** and so did my friend; **II.** *cj.* (*ebenso*) likewise, similarly.

deshalb *adv. u. cj.* that's why, so, *formell*: therefore; ***~ musst du nicht gleich weinen*** there's no need to cry; ***die Lage ist ~ nicht besser*** that doesn't mean to say things have improved; ***er ist ~ keineswegs gesünder*** he isn't any the healthier for it; ***~, weil*** because; ***er tat es gerade ~*** that's precisely why he did it; ***ich tue es schon ~ nicht, weil*** I'm not going to do it for the simple reason that.

Design *n* design.

Designer *m* designer; **~boutique** *f* designer boutique; **~brille** *f*: (***e-e ~*** a pair of) designer glasses *pl.*; **~droge** *f* designer drug; **~food** *n coll.* designer food; **~jeans** *pl.*, *a. f*: (***e-e ~*** a pair of) designer jeans; **~klamotten** *pl.* designer clothes; **~label** *n* designer label; **~möbel** *pl.* designer furniture; ***ein ~*** a piece of designer furniture; **~mode** *f* designer fashions *pl.*

designiert *adj. nachgestellt*: designate.

desillusionieren *v/t.* disillusion.

Desinfektion *f* disinfection; **Desinfektionsmittel** *n* disinfectant; *zur Wundbehandlung*: antiseptic; **desinfizieren** *v/t.* disinfect; **desinfizierend** *adj.* disinfectant; ***e-e ~e Wirkung haben*** act as a disinfectant.

Desinformation *f* disinformation.

Desintegration *f* disintegration.

Desinteresse *n* indifference (***an*** to, towards), *stärker*: apathy (towards); **desinteressiert** *adj.* uninterested (***an*** in), indifferent (to, towards).

deskriptiv *adj.* descriptive.

Desktop *m Computer*: 'Desktop(Computer) *m*; **~-Publishing** *n* desktop publishing.

Desodorant *n* deodorant.

desolat *adj. Zustand*: wretched, desperate; *Anblick*: pitiable.

Desorganisation *f* **1.** breakdown of order; **2.** lack of organization; state of disarray; (*Chaos*) chaos.

desorientiert *adj.* disorient(at)ed; (*verwirrt*) confused; ***er ist völlig ~*** *a.* he doesn't know where he's going; **Desorientierung** *f* dis orientation.

despektierlich *adj.* disrespectful, *stärker*: contemptuous.

desperat *adj.* desperate.

Despot *m* despot; **despotisch** *adj.* despotic(ally *adv.*); **Despotismus** *m* despotism.

dessen I. *rel. pron.* whose; *Sache*: *a.* of which; **II.** *poss. pron.*: ***mein Bekannter und ~ Frau*** my friend and his wife; **III.** *dem. pron.*: ***~ bin ich sicher*** I'm absolutely certain about that; ***ist er sich ~ bewusst?*** is he aware of it?; **dessentwegen,** (***um***) **dessentwillen** *adv.* for his sake; ***das Mädchen, ~ er s-e Frau verließ*** the girl for whom he left his wife; ***der Stuhl, ~ er gekommen war*** the chair for which he had come; **dessen ungeachtet** *cj.* notwithstanding (that), nevertheless, all the same; → *a.* ***dennoch.***

Dessert *n* dessert; ***als*** (*od.* ***zum***) ***~*** for dessert; **~löffel** *m* dessertspoon; **~teller** *m* dessert plate; **~wein** *m* dessert wine.

Dessin *n* design, pattern.

destabilisieren *v/t.* destabilize; **Destabilisierung** *f* destabilization.

Destillat *n* ⚗ distillate; **Destillation** *f* distillation; **destillieren** *v/t.* distil(l); **Destillierkolben** *m* distillation (*od.* distilling) flask.

desto *adv. u. cj.* (all) the; ***~ besser*** a) so much the better, b) the better *he plays etc.*; ***~ weniger*** the less; ***je mehr, ~ besser*** the more the better.

Destruktion *f* destruction; **destruktiv** *adj.* destructive.

deswegen *adv. u. cj.* → ***deshalb.***

Detail *n* detail; ***die kleinen ~s*** the finer points, the fine details; ***ins ~ gehen*** go into detail; ***bis ins kleinste ~*** (down) to the last detail; → ***Teufel***; **~bericht** *m* detailed report; **~frage** *f* **1.** penetrating question; **2.** matter of detail; **~kenntnisse** *pl.* detailed knowledge *sg.*

detaillieren *v/t.* specify; ***kannst du es ein wenig ~?*** can you be more specific (*od.*

give some details)?; **detailliert** *adj.* detailed.

detailreich *adj.* (very) detailed.

Detail|schilderung *f* detailed account; **~zeichnung** *f* detail drawing.

Detektei *f* detective agency, private investigators *pl.*

Detektiv *m* (private) detective; **~büro** *n* → ***Detektei***; **~roman** *m* detective story (*od.* novel); *pl. coll. a.* detective fiction *sg.*

Detektor *m Radio*: detector.

Detonation *f* detonation.

Detonations|druck *m* force of the blast; **~welle** *f* blast.

detonieren *v/i.* detonate.

Deut *m*: ***keinen ~ wert*** not worth a penny; ***er kümmerte sich keinen ~ darum*** he didn't care a hoot about it; (***um***) ***keinen ~ besser*** not the slightest bit better.

deutbar *adj.* (*auslegbar*) interpretable; (*erklärbar*) explainable; ***es ist nicht anders ~*** it can't be explained (*od.* interpreted) any other way.

deuteln *v/i.*: ***daran gibt es nichts zu ~*** there are no two ways about it.

deuten I. *v/i.* **1.** (***mit dem Finger***) ***~ auf*** point to, *bsd. auf j-n*: point at; **2.** *fig.* ***~ auf*** point to, indicate, suggest; (*ankündigen*) point to(wards); **II.** *v/t.* (*auslegen*) interpret; (*erklären*) explain; ***falsch ~*** misinterpret.

deutlich I. *adj.* clear, distinct (*a. akustisch*); (*verständlich*) clear, intelligible; (*leserlich*) legible; (*einleuchtend, augenfällig*) clear, plain; (*unverblümt*) blunt, plain(spoken); (*merklich*) noticeable; ***~er Wink*** broad hint; ***et. ~ machen*** make s.th. clear (*od.* plain) (*dat.* to), ***j-m***: *a.* explain s.th. to s.o., *weitS.*: drive s.th. home to s.o.; ***sehr ~ werden*** not to pull any punches, ***j-m gegenüber***: F talk turkey with s.o.; ***muss ich noch ~er werden?*** am I making myself understood?; ***e-e ~e Sprache sprechen*** a) *Person*: not to mince matters (*od.* one's words), ***mit j-m***: F talk turkey with s.o., b) *Sache*: speak volumes; **II.** *adv.*: ***~ besser*** much better; ***um es ganz ~ zu sagen*** to put it quite bluntly, not to put too fine a point on it; ***habe ich mich ~ genug ausgedrückt?*** have I made myself understood?; **Deutlichkeit** *f* **1.** clearness, distinctness *etc.*, → ***deutlich***; ***et. mit aller ~ sagen*** put s.th. quite bluntly; ***an ~ nichts zu wünschen übrig lassen*** leave no room for doubt; **2.** ***j-m ein paar ~en sagen*** tell s.o. a few home truths.

deutsch I. *adj.* German; ***~ reden*** talk (in) German, *fig.* not to mince matters (*od.* one's words); ***jetzt reden wir mal ~ miteinander*** it's about time we had a word with each other; **II. Deutsch** *n* German, the German language; *fig.* ***auf gut Deutsch*** (***gesagt***) in plain English; ***ein Deutsch sprechendes Paar*** a couple speaking German.

Deutschamerikaner(in *f*) *m*, **deutschamerikanisch** *adj.* German-American.

deutsch-deutsch *adj. hist.* German-German, East-West German.

Deutsche(r *m*) *f* German; ***sie ist Deutsche*** she's (a) German.

deutschfeindlich *adj.* anti-German.

Deutschland|bild *n* image of the Germans; **~frage** *f hist.* German question; **~lied** *n* German national anthem.

deutschsprachig *adj.* **1.** *Zeitschrift etc.*: German-language ...; ***die ~e Literatur*** German literature; **2.** → **Deutsch sprechend** *adj.* German-speaking.

deutschstämmig *adj.* ethnic German, of German origin; **Deutschstämmige(r** *m*) *f* ethnic German.

Deutschunterricht *m* **1.** teaching of German; **2.** German lesson(s *pl.*) *od.* class(es *pl.*).

Deutung *f* (*Auslegung*) interpretation; (*Erklärung*) explanation; ***falsche ~*** misinterpretation.

Devise *f* motto; ***als oberste ~ gilt: Ruhe bewahren*** the most important thing is to keep calm.

Devisen *pl.* ✝ foreign exchange (*od.* currency) *sg.*; **~abkommen** *n* foreign exchange agreement; **~beschränkungen** *pl.* foreign exchange restrictions; **~bestimmungen** *pl.* currency regulations; **~bewirtschaftung** *f* foreign exchange control; **~börse** *f* foreign exchange market; **~bringer** *m* currency (*od.* foreign exchange) earner; **~einnahmen** *pl.* currency receipts; **~handel** *m* foreign exchange trading; **~kontrolle** *f* (foreign) exchange control; **~kurs** *m* rate of exchange; **~makler** *m* (foreign) exchange broker; **~markt** *m* (foreign) exchange market; **~politik** *f* foreign exchange policy; **~schmuggel** *m* currency smuggling; **~sperre** *f* exchange embargo; **~verkehr** *m* foreign exchange transactions *pl.*

devot *contp. adj.* servile.

Dezember *m* December; ***im ~*** in December.

dezent *adj.* discreet, unobtrusive; *Farbe, Licht, Musik*: soft; *Kleidung*: tasteful.

dezentral I. *adj.* **1.** *Entsorgung etc.*: decentralized; **2.** *Lage*: non-central; **II.** *adv.* **3.** decentrally; **4.** *gelegen*: outside the cent|re (*Am.* -er).

dezentralisieren *v/t.* decentralize; **Dezentralisierung** *f* decentralization; **Dezentralisierungspolitik** *f* policy of decentralization (*od.* devolution).

Dezernat *n* department; → ***Morddezernat, Rauschgiftdezernat*** *etc.*

Dezibel *n* decibel.

dezidiert I. *adj. Forderungen etc.*: firm; **II.** *adv.* decidedly.

dezimal *adj.* decimal; **&bruch** *m* decimal.

Dezimale *f* decimal (place).

Dezimal|komma *n* decimal point; **~rechnung** *f* decimals *pl.*; **~stelle** *f* decimal (place); **~system** *n* decimal system; *Maße u. Gewichte*: *a.* metric system; ***auf das ~ umstellen*** *v/t.* (*Währung*) decimalize, *v/i.* go decimal; **~währung** *f* decimal currency; **~zahl** *f* decimal.

Dezime *f* ♪ tenth.

Dezimeter *m, n* decimet|re (*Am.* -er).

dezimieren *v/t.* decimate; **Dezimierung** *f* decimation.

Dia *n phot.* slide; ***~s machen*** take slides.

Diabetes *m* ⚕ diabetes; **Diabetiker** *m* diabetic; ***er ist ~*** he's (a) diabetic; **Diabetikerkost** *f* diabetic food; **diabetisch** *adj.* diabetic.

Diabetrachter *m* slide viewer.

diabolisch *adj.* devilish.

Diadochenkämpfe *pl.* battle *sg.* for the succession.

Diafilm *m* slide film.

Diagnose *f* diagnosis; ***e-e ~ stellen*** make a diagnosis; ***die ~ lautet ...*** the diagnosis is ...; **Diagnostiker** *m* diagnostician; **diagnostisch** *adj.* diagnostic(ally *adv.*); **diagnostizieren** *v/t. u. v/i.*: ***e-e*** (*od.* ***auf***) ***Lungenentzündung ~*** diagnose pneumonia; ***e-e Krankheit ~ als*** diagnose an illness as.

diagonal *adj.*, **Diagonale** *f* diagonal.

Diagonal|pass *m Sport*: diagonal ball; **~reifen** *m mot.* cross-ply (tyre, *Am.* tire), *Am. a.* bias-ply (tire).

Diagramm *n* graph; **~papier** *n* graph paper.

Diakon *m*, **Diakonin** *f* deacon; **Diakonisse** *f* deaconess.

diakritisch *adj.*: ***~es Zeichen*** diacritic(al mark).

Dialekt *m* dialect; ***~ sprechen*** speak (a) dialect; **dialektal** *adj.* dialectal.

Dialekt|ausdruck *m* dialect word (*od.* expression); **~dichter** *m* dialect poet; **~dichtung** *f* dialect poetry; **~forscher** *m* dialectician, dialectologist; **~forschung** *f* dialectology.

dialektfrei *adv.*: ***~ sprechen*** speak standard English *etc.*

Dialektik *f phls.* dialectics *pl.* (*sg. konstr.*); **Dialektiker** *m* dialectician; **dialektisch** *adj.* dialectical; ***~er Materialismus*** dialectical materialism.

Dialog *m* dialogue, *Am. a.* dialog; *fig.* (*Kommunikation*) *a.* discourse.

dialogbereit *adj.*: *pol.* ***~ sein*** be willing to negotiate (*od.* have talks); **Dialogbereitschaft** *f* willingness to negotiate (*od.* have talks), openness for talks.

dialogfähig *adj.* **1.** open to communication; **2.** → ***dialogbereit***; **3.** *Computer*: interactive; **Dialogfähigkeit** *f* → ***Dialogbereitschaft.***

Dialog|feld *n*, **~fenster** *n Computer*: dialog(ue) box; **~form** *f*: ***in ~*** in dialogue (form).

Dialyse *f* ⚕, ⚕ dialysis.

Diamagazin *n* slide tray.

Diamant *m* diamond; *Plattenspieler*: stylus; **&besetzt** *adj.* diamond-studded.

diamanten *adj.* diamond ...; ***~e Hochzeit*** diamond wedding.

diamanten|besetzt *adj.* → ***diamantbesetzt***; **&kollier** *n* diamond necklace; **&schmuck** *m* diamond jewellery (*bsd. Am.* jewelry), diamonds *pl.*, F ice.

Diamant|kollier *n* → ***Diamantenkollier***; **~ring** *m* diamond ring; **~schleifer** *m* diamond cutter; **~schmuck** *m* → ***Diamantenschmuck.***

Diameter *m* ⩓ diameter; **diametral I.** *adj.* diametric(al); *fig.* diametrically opposed; ***in ~em Gegensatz stehen*** be diametrically opposed (***zu*** to); **II.** *fig. adv.* ***~ entgegengesetzt*** diametrically opposed (*dat.* to); **diametrisch** *adj.* diametric(al).

Dia|positiv *n phot.* transparency, slide; **~projektor** *m* slide projector; **~rähmchen** *n*, **~rahmen** *m* slide frame.

Diät *f* (special) diet; ***~ halten*** be on (*od.* keep to) a diet; ***~ kochen*** cook according to a diet; ***streng ~ leben*** keep to (*od.* follow) a strict diet; ***e-e ~ machen*** be (*od.* go) on a diet; ***j-m e-e ~ verordnen***, F ***j-n auf ~ setzen*** put s.o. on a diet.

Diäten *pl. parl.* emoluments *pl.*, parliamentary pay.

Diätetik *f* dietetics *pl.* (*sg. konstr.*); **diätetisch** *adj.* dietary.

Diät|kost *f* dietary food; **~kur** *f* diet cure.

Diatonik *f* ♪ diatonicism; **diatonisch** *adj.* diatonic(ally *adv.*).

Diavortrag *m* slide talk (*od.* show).

D

dich I. *pers. pron.* (*acc. von* **du**) you; **II.** *refl. pron.* yourself; *nach prp.*: you; *oft unübersetzt*: ***beruhige ~!*** calm down.

dicht I. *adj.* **1.** *Wald*: dense, *Nebel*: *a.* thick (*a. Haar, Gestrüpp etc.*); *Verkehr*: heavy; (*gedrängt*) tightly packed (*a. Programm*); *Stil*: compact; ***in ~er Folge*** in quick succession; **2.** (*undurchlässig*) a) watertight, b) airtight; ***nicht mehr ~ sein*** *Gefäß etc.*: leak, be leaky; F *fig.* ***er ist nicht ganz ~*** F he's got a screw loose; **3.** F (*geschlossen, zu*) closed, shut; **II.** *adv.* **4.** ***~ an*** (*od.* ***bei***) close to; ***~ dabeistehen*** stand close by; ***~ gefolgt von*** closely followed by; ***~ hinter j-m her sein*** be hot on s.o.'s heels; → ***auffahren*** 3; **5.** ***~ bevorstehen*** be imminent; **6.** ***~ schließen*** shut tight(ly), *Tür*: shut tight (*od.* properly).

dicht| behaart *adj.* (very) hairy, *formell*: hirsute; **~ besiedelt** *adj.*, **~ bevölkert** *adj.* densely populated.

Dichte *f* **1.** density, thickness; **2.** (*spezifisches Gewicht*) specific gravity.

dichten[1] **I.** *v/t.* write; **II.** *v/i.* write poetry (*od.* plays, novels *etc.*).

dichten[2] *v/t.* ⚙ seal; (*Fuge*) flush; *mit Kitt*: lute; ⚓ ca(u)lk.

Dichter(in *f*) *m* poet; (*Schriftsteller*) author, writer; **dichterisch** *adj.* **1.** poetic(ally *adv.*); **2.** literary; ***~e Freiheit*** poetic licen|ce (*Am.* -se); **Dichterkreis** *m* circle of poets; **Dichterlesung** *f* (author's) reading; ***e-e ~ halten*** read from one's own works; **Dichterling** *contp. m* poetaster; **Dichtersprache** *f* poetic language.

Dichteunterschied *n phys.* density difference.

dicht gedrängt *adj.* tightly packed.

dichthalten F *v/i.* keep mum, F keep one's mouth shut.

Dichtheit *f* → **Dichte** 1.

Dichtkunst *f* poetry.

dichtmachen F **I.** *v/t.* **1.** (*Laden etc.*) *am Abend*: close (*od.* shut up) (for the night), *für immer*: close down; ***j-m das Restaurant ~*** close down s.o.'s restaurant; **II.** *v/i.* **2.** *Laden etc., am Abend*: close, shut, *für immer*: close down, F put up the shutters; **3.** *Sport*: (***hinten***) ***~*** put up a defensive barrier.

Dichtung[1] *f* **1.** literature; **2.** (*Vers≈*) poetry; **3.** (*Gesamtwerk e-s Dichters*) a) work(s *pl.*), writing(s *pl.*), b) poetry, poetic works *pl.*; **4.** (*Gedicht*) poem; (*Prosawerk*) work (of literature); ***sinfonische ~*** symphonic poem; **5.** F ***das ist doch reine ~!*** F that's a lot of old fairytales, he's *etc.* made it all up.

Dichtung[2] *f* ⚙ seal; (*Packung*) packing; (*Dichtungsmanschette*) gasket; (*Unterlegscheibe*) washer; *mit Kitt*: lute; ⚓ ca(u)lking.

Dichtungs|material *n* sealing compound; sealant; **~ring** *m*, **~scheibe** *f* sealing ring; washer, gasket.

dick I. *adj. Sache*: thick (*a. Lippen, Soße etc.*); (*massig*) big; (*geschwollen*) swollen; (*beleibt*) fat; F (*groß*) (F great) big ..., *sl.* whopping great ...; F ***mach dich nicht so ~!*** do you have to spread (yourself) out like that?; F ***mit j-m durch ~ und dünn gehen*** stick by s.o. through thick and thin; F ***ein ~es Lob ernten*** be praised to the skies; F ***hier ist*** (*od.* ***herrscht***) ***~e Luft*** a) there's something in the air, b) feelings are running high; ***sie sind ~e Freunde*** F they're (as) thick as thieves, they're very thick; → ***Ei*** 1, ***Ende, Fell, Hund*** 2; **II.** *adv.*: ***~ mit Staub bedeckt*** thick with dust; ***sich ~ anziehen*** wrap up well; F ***~ befreundet sein*** F be very thick (***mit*** with); F *j-n od. et.* ***~ haben*** (***kriegen***) F be (get) sick and tired of; → ***auftragen*** 5.

Dickbauch *m* fat belly, paunch; **dickbäuchig** *adj.* fat-bellied.

Dickdarm *m* colon.

Dicke *f* thickness; (*Durchmesser*) diameter.

Dicke(r *m*) *f*, **Dickerchen** F *n* F fatty, chubby cheeks, podge.

dickfellig *adj.* thick-skinned.

dickflüssig *adj.* syrupy; 🕮 *u.* ⚙ viscous.

Dickhäuter *m zo.* pachyderm.

Dickicht *n* thicket; *fig.* labyrinth, jungle.

Dickkopf F *m*: ***ein ~ sein, e-n ~ haben*** be pigheaded (*od.* stubborn); ***so ein ~!*** he's so pigheaded, how stubborn can you get; ***s-n ~ aufsetzen*** put on one's pigheaded act; **dickköpfig** F *adj.* pigheaded, stubborn.

dickleibig *adj.* corpulent, obese; *euphem.* portly, stout.

dicklich *adj.* slightly plump, a bit on the plump side.

Dick|macher *m* fattener; *pl. a.* fattening food *sg.* (*od.* foods); ***das ist ein ~*** *a.* that's very fattening; **~milch** *f* soured milk; **~schädel** F *m* → ***Dickkopf.***

dicktun F **I.** *v/refl.*: ***sich ~*** act big; **II.** *v/i.*: ***~ mit*** show off with.

Dickwanst F *contp. m* F tub of lard, fat slob, fatso.

Didaktik *f* didactics *pl.* (*sg. konstr.*); **didaktisch** *adj.* didactic(ally *adv.*).

die → ***der.***

Dieb *m* thief; (*Einbrecher*) burglar; ***haltet den ~!*** stop, thief!

Diebes|bande *f* gang of thieves; **~gut** *n* stolen goods *pl.*; **≈sicher** *adj.* theftproof; (*einbruchsicher*) burglarproof; ***et. ~ aufbewahren*** keep s.th. in a safe place (*od.* under lock and key).

diebisch I. *adj.* **1.** thieving; → ***Elster***; **2.** *fig. Vergnügen, Freude*: malicious, fiendish; **II.** *adv.*: ***sich ~ freuen*** secretly rejoice (***über*** at).

Diebstahl *m* theft, ⚖ *mst* larceny; ***geistiger ~*** plagiarism; **≈sicher** *adj.* → ***diebessicher***; **~sicherung** *f mot.* anti-theft device; **~versicherung** *f* theft insurance.

Diele *f* **1.** (*Dielenbrett*) (floor)board, *stärkere*: plank; **2.** (*Vorraum*) hall.

dienen *v/i.* **1.** serve (***j-m*** s.o.; ***als*** as); ***dazu ~, zu*** *inf.* serve to *inf.*; ***es dient dazu, zu*** *inf. a.* it's for *ger.*; ***e-r Sache ~*** (*fördern*) help (*od.* contribute to) s.th.; ***es dient e-m guten Zweck*** it's all for a good purpose; ***damit ist mir nicht gedient*** that doesn't help me at all; ***mit 20 Mark wäre mir schon gedient*** 20 marks would do me; ***womit kann ich ~?*** what can I do for you?; ***wozu soll das ~?*** what's that (meant) for?, *Handlung etc.*: what's that supposed to achieve?; **2.** ✕ serve one's time; ***15 Monate ~*** do 15 months' service; ***bei der Marine ~*** serve in the Navy.

Diener *m* **1.** servant (*a. fig.*); **2.** (*Verbeugung*) bow; ***e-n ~ machen*** (make a) bow, ***vor***: bow to (*od.* before); **3.** ***stummer ~*** dumb waiter; **Dienerin** *f* maid; *fig.* handmaid(en); **dienern** *v/i.* bow and scrape (***vor*** to); **Dienerschaft** *f* servants *pl.*, domestics *pl.*

dienlich *adj.* useful, helpful (*dat.* to); (*zweckdienlich*) expedient; ***e-r Sache ~ sein*** further s.th.; ***es war mir sehr ~*** it was of great help to me.

Dienst *m* **1.** service (***an*** to); ***sich in den ~ e-r Sache stellen*** offer one's services to; F (***das ist***) ***~ am Kunden*** (that's) all part of the service, madam (*od.* sir); **2.** (*Hilfeleistung*) service; ***j-m e-n guten ~ leisten*** do s.o. a good turn; ***j-m gute ~e leisten*** serve s.o. well, (*j-m zugute kommen*) stand s.o. in good stead, *Person*: be a great help (to s.o.); ***j-m e-n schlechten ~ erweisen*** do s.o. a disservice (*od.* bad turn); **3.** (*Dienstleistung, a. öffentliche Einrichtung, Organisation*) service; ***in*** (***außer***) ***~ stellen*** (*Verkehrsmittel etc.*) put in (out of) service (*od.* commission); ***die Beine versagten ihm den ~*** his legs gave way; ***j-m zu ~en stehen*** be at s.o.'s command; **4.** (*Staats≈*) civil service; ***außer ~*** (*im Ruhestand*) retired, in retirement; ***den ~ quittieren*** resign; → ***öffentlich*** I; **5.** (*Ausübung der Amts- od. Berufspflicht*) duty (*a.* ✕); (***nicht***) ***im ~*** on (off) duty; ✕ ***im aktiven ~*** on active duty; ***Torschütze vom ~*** goal machine; ***in Ausübung des ~es, im ~*** in the line of duty; ***~ haben, ~ tun*** be on duty; ***ich habe heute lange ~*** I'm working late today; ***~ ist ~, und Schnaps ist Schnaps*** never mix business with pleasure; → ***Vorschrift***; **6.** (*Arbeitsverhältnis*) work; ***im ~*** *gen.* ***stehen*** work for, *contp.* be in the pay of; ***in den ~*** *gen.* ***treten*** start work with; ***in ~ nehmen*** take on, *bsd. Am.* hire; **~abteil** *n* 🚆 guard's (*Am.* conductor's) compartment.

Dienstag *m* Tuesday; (***am***) ***~*** on Tuesday; **dienstags** *adv.* on Tuesday(s).

Dienstalter *n* length of service; ***nach ~*** according to seniority.

dienstältest *adj.* most senior; **Dienstälteste(r)** *m* senior member of staff.

Dienst|antritt *m*: ***bei ~*** on taking up one's post; **~auffassung** *f* work ethic; **~ausweis** *m* identity (*od.* ID) card, pass.

dienstbar *adj.* (*ergeben*) subservient (*dat.* to); F *hum.* ***~er Geist*** helpful soul.

dienst|beflissen *adj.* zealous; (*übereifrig*) officious; **≈beginn** *m*: ***~ ist 8 Uhr*** work starts at 8 o'clock; ***bei ~*** when starting work; **≈bereich** *m* area of responsibility, competence.

dienstbereit *adj.* **1.** (*gefällig*) obliging; **2.** *Arzt etc.*: on call; *Apotheke*: open; ***~er Arzt*** *a.* duty doctor; **Dienstbereitschaft** *f* **1.** obligingness; **2.** standby duty; ***~ haben*** be on standby, *Arzt*: *a.* be on call, *Apotheke*: be open.

Dienstbote *obs. m* domestic (servant).

Diensteifer *m* zeal; *übertriebener*: officiousness; **diensteifrig** *adj.* → ***dienstbeflissen.***

dienst|fähig *adj.* → ***diensttauglich***; **~frei** *adj.*: ***~ haben*** be off (duty); ***~er Tag*** day off; ***heute ist mein ~er Tag*** it's my day off today.

Dienst|gang *m* business errand; ***e-n ~ machen*** do a business errand; ***auf e-m ~ sein*** be out on business; **~gebrauch** *m*: ***nur für den ~*** for official use only; **~geheimnis** *n* trade secret; (*Geheimhaltung*) official secrecy; **~geschäfte** *pl.* business *sg.*; **~gespräch** *n* **1.** business call; **2.** official call; **~grad** *m* rank; *Am. Unteroffiziere u. Mannschaften*: grade, ⚓ rating.

Dienst habend *adj.* duty ..., on duty.

Dienst|jahre *pl.* years of service; **~kleidung** *f* working clothes *pl.*; uniform.

Dienstleister *m* service provider.

Dienstleistung *f* service (rendered); **~en** ⚜ services.

Dienstleistungs|abend *m etwa* late-night shopping; **~gesellschaft** *f* service-orient(at)ed society; **~gewerbe** *n* service industries *pl.*, services trade; **~sektor** *m* services sector; **~unternehmen** *n* service business.

dienstlich I. *adj.* official; **~ werden** take on an official tone; **II.** *adv.*: **~ unterwegs sein** be away on business; **er ist ~ verhindert** he's tied up with business (matters).

Dienst|mädchen *n* maid, home help; **~marke** *f (Ausweis)* identity disc; **~ordnung** *f* regulations *pl.*; **~personal** *n e-s Hotels etc.*: staff, *(Hausangestellte)* domestic staff *(mst pl. konstr.)*; **~pflicht** *f* (official) duty; **~plan** *m* duty roster; **~programm** *n Computer*: utility program; **~rang** *m* → **Dienstgrad**; **~reise** *f* business trip; **e-e ~ machen** a) go away on business, b) → **auf ~ sein** be away on business; **~schluss** *m*: **nach ~** after (office) hours; **~stelle** *f (Amt, Behörde)* department; *(Arbeitsstelle, Büro)* office; **~stunden** *pl.* (office) hours.

diensttauglich *adj. bsd.* ⚔ fit for service (*od.* duty).

Dienst tuend *adj.* → **Dienst habend.**

dienst|unfähig *adj.*, **~untauglich** *adj.* not fit for service (⚔ *a.* duty).

Dienst|vergehen *n* → **Disziplinarvergehen**; **~verhältnis** *n* employment; **~vertrag** *m* contract of employment; **~vorschrift** *f* regulation(s *pl.*); **~waffe** *f* service weapon; **~wagen** *m* **1.** *(Firmenwagen)* company car; **2.** *für Minister etc.*: official car; **3.** ⚔ staff car; **~weg** *m*: **auf dem ~** through the official channels.

dienstwidrig I. *adj.*: **~es Verhalten** breaking of the regulations; **wegen ~en Verhaltens** for breaking (*od.* going against) the regulations; **II.** *adv.*: **sich ~ verhalten** go against the regulations.

Dienst|wohnung *f* **1.** company flat (*Am.* apartment), company house; **2.** army *etc.* flat (*Am.* apartment), army *etc.* house; **3.** flat (*Am.* apartment; house) provided by the post office *etc.*; **~zeit** *f* **1.** working hours *pl.*; **2.** ⚔ term of service.

diesbezüglich *adj. u. adv.* concerning this, in this connection; **e-e ~e Erklärung** a statement on the matter.

Diesel F *m (Fahrzeug, Motor)* diesel, *(Kraftstoff) Brit. a.* derv; **~antrieb** *m* diesel drive; **mit ~** diesel-driven; **≈elektrisch** *adj.* diesel-electric(ally *adv.*); **~kraftstoff** *m* diesel fuel; **~motor** *m* diesel engine; **~öl** *n* diesel oil.

dieser, diese, dieses *od.* **dies**, *pl.* **diese** *dem. pron.* **1.** *adjektivisch*: this, *(jener)* that; *pl.* these, those; **dies alles** all this; **dieser Tage** the other day, *zukünftig*: soon; **diese Ihre Bemerkung** this remark of yours; **2.** *substantivisch*: this (*od.* that) one; he, she; *pl.* these, those; *(Letztgenannter)* the latter; **dieser ist es** this is the one; **dieser war es** *a.* it was him; **diese sind es** these are the ones; **dies sind m-e Schwestern** these are my sisters; **wir sprachen über dieses und jenes** we talked about this, that and the other; **ich muss noch dieses und jenes einkaufen (erledigen)** I still have a few bits and pieces to buy (a few things to do *od.* to sort out).

diesig *adj. Wetter*: hazy.

diesjährig *adj.*: **der (die, das) ~e ...** this year's ...

diesmal *adv.* this time; *(dieses e-e Mal)* for once; **diesmalig** *adj.*: **sein ~er Auftritt war ein voller Erfolg** his performance this time was a complete success.

diesseitig *adj.* **1. das ~e Ufer** this side of the river (*od.* lake); **2.** *fig.* worldly; **das ~e Leben** life on earth; **diesseits I.** *prp.* (on) this side of; **II.** ≈ *n*: **das ~** this life, life on earth; **im ~** in this life.

Dietrich *m* skeleton key.

dieweil *obs.* **I.** *cj.* *(während)* while; *(weil)* because, since; **II.** *adv.* meanwhile.

diffamieren *v/t.* slander; **diffamierend** *adj.* defamatory; **Diffamierung** *f* defamation, slander(ing).

Differential *etc.* → **Differenzial** *etc.*

Differenz *f* **1.** difference; *(Rest)* balance; *(Überschuss)* surplus, F *the* rest; **2.** *mst* **~en** *(Unstimmigkeit)* difference(s) of opinion.

Differenzial *n* ⚙ differential; *mot.* (*a.* **~getriebe** *n*) differential (gear); **~gleichung** *f* differential equation; **~rechnung** *f* differential calculus.

differenzieren I. *v/t.* *(voneinander ~)* distinguish (*od.* make a distinction) between; *(erkennen)* distinguish; *(verfeinern)* elaborate, develop; **II.** *v/i.* make distinctions, differentiate; **III.** *v/refl.*: **sich ~** *(sich verfeinern)* become more and more sophisticated; *(sich auseinander entwickeln)* diversify; **differenziert** *adj.* sophisticated; *Geschmack etc.*: *a.* discriminating, refined.

differieren *v/i.* differ, vary (**um** by).

diffizil *adj.* difficult (*a. Person*); *(schwer zufrieden zu stellen)* hard to please; *(heikel)* difficult, tricky, delicate; *(peinlich genau)* meticulous.

diffus *adj.* **1.** *Licht*: diffuse, diffused, scattered; **2.** *fig. Ideen etc.*: vague, foggy, hazy.

Digestif *m* digestivo.

digital *adj.* digital; **~es Fernsehen (Radio)** digital TV (radio); **~es Zeitalter** digital age; **≈-Analog-Umsetzer** *m*, **≈-Analog-Wandler** *m* digital-analog converter; **≈anzeige** *f* digital display; **≈aufnahme** *f*, **≈aufzeichnung** *f* digital recording.

Digitalis *n pharm.* digitalis.

digitalisieren *v/t.* *(Daten)* digitize.

Digital|kamera *f* digital camera; **~rechner** *m* digital computer; **~technik** *f* digital technology; **~telefon** *n* digital telephone; **~uhr** *f* digital clock (*od.* watch).

Diktat *n* **1.** dictation; **ein ~ aufnehmen** take a dictation; **2.** *(Befehl, Zwang)* dictates *pl.*, *pol. a.* diktat.

Diktator *m* dictator; **diktatorisch** *adj.* dictatorial; **Diktatur** *f* dictatorship.

diktieren *v/t. u. v/i.* dictate (*a. fig.*); **j-m e-n Brief ~** dictate a letter to s.o.; **Diktiergerät** *n* dictating machine.

Dilemma *n* dilemma, F fix; **sich in e-m ~ befinden** be in a dilemma (*od.* fix).

Dilettant *m bsd. contp.* dilettante, amateur; **dilettantisch** *adj.* amateurish, dilettante ...; **Dilettantismus** *m* dilettantism.

Dill *m* ⚘ dill.

Dimension *f* **1.** dimension; **2.** *pl.* *(Umfang)* dimensions, size *sg.*; **3.** *fig. pl.* dimensions; *(Ausmaß)* proportions, extent *sg.*; **gigantische ~en annehmen** assume vast proportions; **dimensional** *adj.* dimensional; **dimensionieren** *v/t.* dimension.

diminutiv *adj.*, ≈ *n ling.* diminutive.

Dimmer *m* ⚡ dimmer (switch).

DIN 1. German Institute for Standardization; **2.** German Industrial Standard; **DIN A4** *adj.* A4; **DIN-A4-Papier** A4(-sized) paper.

Diner *n* dinner (party); banquet.

Ding *n* **1.** (*pl.* **-e**) *(Sache)* thing, *(Gegenstand) a.* object; **vor allen ~en** above all; **das ist ein ~ der Unmöglichkeit** that's absolutely impossible, that's completely out of the question; **gut ~ will Weile haben** Rome wasn't built in a day; **guter ~e** cheerful; **aller guten ~e sind drei** a) all good things come in threes, b) *nach zwei missglückten Versuchen*: third time lucky; F **das ist nicht mein ~** *(gefällt mir nicht)* F it's not my (kind of) thing; → **Name**; **2. ~e** *(Angelegenheiten)* things, matters; **(so,) wie die ~e liegen** (*od.* **stehen**) as matters stand; **das geht nicht mit rechten ~en zu** F there's something fishy about it; **wie ich die ~e sehe** as I see it; **über den ~en stehen** be above it all; → **Lage** 2; **3.** (*pl.* **-er**) F *(Kind, Mädchen, Tier)* thing; **armes (dummes) ~** poor (silly) thing; **4.** (*pl.* **-er**) F **ein ~ drehen** *sl.* pull a job.

dingfest *adj.*: **j-n ~ machen** arrest s.o.; put s.o. behind bars.

dinglich *adj.* real (*a.* ⚖).

Dings, *a.* **Dingsbums, Dingsda** F **1.** *n* thing, F what-d'you-call-it, (*a. Ort*) what's-its-name; **2.** *m*, *f* F what's-his-(her-)name, thingumajig.

dinieren *v/i.* dine (**bei** at).

DIN-Norm *f* German Industrial Standard.

Dino F *m* dinosaur, F dino.

Dinosaurier *m* dinosaur.

Diode *f* ⚡ diode.

Dioptrie *f opt.* diopter.

Dioxid *n* ⚗ dioxide.

Dioxin *n* dioxin.

Diözese *f eccl.* diocese.

Diphtherie *f* ⚕ diphtheria.

Diphthong *m ling.* diphthong.

Diplom *n* diploma, degree; *in Zssgn* qualified; **~arbeit** *f* dissertation (submitted for a diploma).

Diplomat *m* diplomat (*a. fig.*).

Diplomaten|gepäck *n* diplomatic bag(s *pl.*); **~koffer** *m* executive briefcase, attaché case; **~laufbahn** *f* diplomatic career; **~viertel** *n* diplomatic quarter.

Diplomatie *f* diplomacy (*a. fig.*); **diplomatisch** *adj.* diplomatic(ally *adv.*) (*a. fig.*); **~es Korps** diplomatic corps; **~e Vertretung** diplomatic mission; **die ~en Beziehungen abbrechen zu** break off diplomatic relations with.

diplomiert *adj.* qualified.

Diplomingenieur *m etwa* qualified engineer; engineering graduate.

Diplomkaufmann *m etwa* business graduate; MBA (= Master of Business Administration); **er ist ~** *a.* he's got a business degree.

Dipol *m* ⚡ dipole; **~antenne** *f* dipole (aerial *od.* antenna).

dir *pers. pron.* (*dat. von* **du**) (to) you; (*a.* **~ selbst**) yourself; **ich werde es ~ erklären** I'll explain it to you; **nach ~!** after you; **wasch ~ die Hände** (go and) wash your hands.

direkt I. *adj.* **1.** *(gerade)* direct; **~er Zug nach** through train to; **2.** *(unmittelbar)* direct, immediate; *Informationen*: first-hand; **3.** *(unumwunden) Antwort, Frage*: straight; *Art*: direct; **~ sein** (*od.* **werden**) be (*od.* become) up-front; **4.** *(ausgesprochen)* absolute; **~er Wahnsinn** *a.* sheer madness; **5.** *ling.* **~e Rede** direct speech; **II.** *adv.* **6.** direct(ly), straight; **es landete**

D

D

~ ***vor m-n Füßen*** it landed right in front of my feet; → ***Nase*** 1; **7.** (*gleich*) directly, immediately, (*sofort*) *a.* at once; ~ ***am Bahnhof*** right at the station; ~ ***nach dem Essen*** right (*od.* straight) after dinner; ~ ***gegenüber*** directly opposite; **8.** (*ohne Umschweife*) pointblank, straight to s.o.'s face; **9.** F (*ausgesprochen*) absolutely, really, just; ***das war mir*** ~ ***peinlich*** it was actually quite embarrassing, I felt quite embarrassed; ***es tut mir*** ~ ***Leid*** I'm really sorry; **10.** ***nicht*** ~ ***falsch*** not exactly (*od.* really) wrong; *hat er das gesagt?* - ***nicht*** ~(, ***aber ...***) not in so many words(, but ...); ***man müsste es*** ~ ***mal versuchen*** one really ought to try it out; **11.** *Radio, TV*: live.

Direktflug *m* ✈ direct flight.

Direktheit *f* directness.

Direktion *f* **1.** (*Leitung*) management; **2.** (*Vorstand*) board of directors, (board of) management; **3.** manager's office; **4.** (*Hauptgeschäftsstelle*) head office.

Direktions|assistent *m* assistant manager; ~**sekretär(in** *f*) *m* personal assistant.

Direktive *f* instruction(s *pl.*), directive.

Direktmandat *n parl.* direct mandate.

Direktor *m* manager; *e-s Zoos*: director; (*Schulleiter*) headmaster, *Am.* principal; **Direktorat** *n* **1.** directorship; **2.** (*Raum des Schuldirektors*) headmaster's (*Am.* principal's) office; **Direktorin** *f* manageress; director; (*Schulleiterin*) headmistress, *Am.* principal; **Direktorium** *n* board of directors; (*Vorstands*≳) management committee; (*Aufsichtsrat*) board of supervisors.

Direkt|pass *m Sport*: first-time pass; ~**schuss** *m Sport*: volley (shot); ~**sendung** *f*, ~**übertragung** *f Radio, TV*: live broadcast; ~**verhandlungen** *pl.* face-to-face negotiations; ~**wahl** *f* **1.** direct elections *pl.*; **2.** *teleph.* direct dial(l)ing; ~**werbung** *f* direct advertising.

Dirigent *m* conductor, *Am. a.* director; *das waren die Wiener Philharmoniker* ***unter dem*** ~***en*** conducted by, directed by.

Dirigenten|podium *n* (conductor's) rostrum; ~**pult** *n* (conductor's) desk; ~**stab** *m* (conductor's) baton.

dirigieren *v/t.* direct; ♪ conduct; **Dirigismus** *m pol.*, ⚕ dirigisme; **dirigistisch** *adj.* dirigiste.

Dirndl(kleid) *n* dirndl.

Dirne *f* prostitute.

Dis *n* ♪ D sharp.

Disagio *n* ⚕ discount.

Discjockey *m* disc jockey, F DJ, deejay.

Disco F *f* (*Diskothek*) F disco.

Discount... discount *shop, store, price etc.*, cut-price *shop, articles.*

Disharmonie *f* ♪ dissonance, discord, *fig. a.* disharmony (*gen.* between); **disharmonieren** *v/i.* ♪ be discordant (*od.* dissonant); *fig. Farben*: clash; *fig.* ***die beiden*** ~ ***grundsätzlich*** those two just don't get on (together); **disharmonisch** *adj.* ♪ discordant, dissonant, *fig. a.* disharmonious; *Farben*: clashing ...

Diskette *f* diskette, floppy (disk); **Diskettenkasten** *m* disk box; **Diskettenlaufwerk** *n* disk drive.

Diskjockey *m* disc jockey, F DJ, deejay.

Disko F *f* (*Diskothek*) F disco; ***in die*** ~ ***gehen*** go to a disco, go clubbing (*a. als Hobby*).

Diskont *m* ⚕ discount; (*Satz*) discount rate; ≳**fähig** *adj.* discountable, eligible (for discount).

Diskontgeschäft(e *pl.*) *n* discounting (business *sg.*).

diskontieren *v/t.* discount.

diskontinuierlich *adj.* intermittent.

Diskont|politik *f* discount policy; ~**satz** *m* discount rate.

Diskothek *f* discotheque.

diskreditieren *v/t.* (bring into) discredit.

Diskrepanz *f* discrepancy.

diskret *adj.* **1.** discreet; ***j-m ein*** ~***es Zeichen geben*** give s.o. a subtle hint; **2.** *Farbe etc.*: unobtrusive; **3.** ⩗ discrete; **Diskretion** *f* discretion, (*Verschwiegenheit*) *a.* secrecy; ~ ***Ehrensache!*** discretion guaranteed; ***strengste*** ~ ***wahren*** be absolutely discreet about it.

diskriminieren *v/t.* discriminate against (***wegen*** on account of); **diskriminierend** *adj.* discriminating, discriminatory; **Diskriminierung** *f* discrimination (*gen.* against) → ***Arbeitsplatz***; **Diskriminierungsverbot** *n* ban on discrimination; non-discrimination principle.

Diskurs *m* discourse; (*Abhandlung*) *a.* treatise; **diskursiv** *adj.* discursive.

Diskus *m* **1.** *Sport*: discus; **2.** *anat., zo.*, ⚘ disc.S

Diskussion *f* discussion (***um*** on, about), debate (on); ***zur*** ~ ***stehen*** be on the agenda; ***das steht nicht zur*** ~ that's not what we're here to discuss; ***und ich will keine*** ~ and I don't want any arguments.

Diskussions|beitrag *m* contribution to the discussion; ***danke für Ihren*** ~ thank you for taking part in the discussion; ≳**bereit** *adj.* open to discussion; ~**grundlage** *f* basis for discussion; ~**leiter** *m* (panel) chairman; ~ ***war ...*** *a.* chairing the discussion (*od.* debate) was ...; ~**partner** *m* partner in discussion; *pol.* negotiating partner; ~**runde** *f* **1.** (*Personen*) discussion group; **2.** round of discussions; ~**teilnehmer** *m* participant; *TV etc.*: panel(l)ist, member of the panel, *oft* guest; ~**thema** *n* subject for discussion; ~**veranstaltung** *f* forum.

Diskus|werfen *n* discus (throwing); ~**werfer** *m* discus thrower; ~**wurf** *m* **1.** (*Disziplin*) discus (throwing); **2.** (*einzelner Wurf*) discus throw.

diskutabel *adj.* worth discussing; **diskutieren I.** *v/t.* discuss; **II.** *v/i.* have a discussion; ***über et.*** ~ discuss s.th., have a discussion about s.th.; ***darüber lässt sich*** (***durchaus***) ~ we can talk about it; ***ich hab keine Lust, mit dir zu*** ~ I don't want to argue with you.

dispensieren *v/t.* **1.** (*j-n*) exempt (***von*** from); **2.** *pharm.* dispense.

Display *n* ⚙, *Warenpräsentation*: display; ***monochromes*** ~ *Computer etc.*: monochrome display.

Disponent *m* ⚕ managing clerk; **disponibel** *adj.* available; **disponieren I.** *v/i.* **1.** make arrangements, plan (ahead); ***anders*** ~ make other arrangements; **2.** ***über*** *j-n od. et.* ~ a) have at one's disposal, b) do what one likes with; **3.** ⚕ place orders; **II.** *v/t.* allot (***für*** to); **disponiert** *adj.*: ***gut*** (***schlecht***) ~ ***sein*** be in good (bad) form; ⚕ ~ ***sein für*** (*od.* ***zu***) be prone to.

Disposition *f* **1.** ⚕ proneness (***für, zu*** to); ***e-e*** ~ ***haben für*** (*od.* ***zu***) be prone to; **2.** *mst* ~***en*** (*Vorkehrungen*) arrangements; (*Planung*) plans; (*Anweisungen*) instructions; (***s-e***) ~***en treffen für*** (*od.* ***zu***) make arrangements for; **3.** (*Anlage, Entwurf*) outline, plan; **4.** ***zu j-s*** ~ ***stehen*** be at s.o.'s disposal; **Dispositionskredit** *m* ⚕ drawing credit.

Disput *m* dispute, argument; **Disputation** *f* controversy, debate; **disputieren** *v/i.* **1.** dispute (***über et.*** [on *od.* about] s.th.), debate ([on] s.th.), argue (about s.th.); **2.** (*streiten*) argue, quarrel.

Disqualifikation *f* disqualification; **disqualifizieren I.** *v/t.* disqualify (***wegen*** for); **II.** *v/refl.*: ***sich*** ~ lose one's (*od.* all) credibility (***als*** as).

Dissertation *f* (doctoral) thesis.

Dissident *m* dissident.

Dissidenten|bewegung *f* dissident movement; ~**gruppe** *f* group of dissidents.

Dissonanz *f* ♪ dissonance; *fig. a. pl.* (note of) discord.

Distanz *f* **1.** distance (*a. Sport*); ***das Rennen geht über e-e*** ~ ***von 100 km*** *Sport*: the race covers a distance of 100 km; ***der Kampf ging über die volle*** ~ *Boxen*: the fight went the distance; **2.** *fig.* distance; (*Objektivität*) *a.* detachment; ~ ***halten*** keep one's distance (***j-m gegenüber*** from s.o.); ***auf*** ~ ***gehen*** back off, start cooling the relationship; ***et. mit*** ~ ***betrachten*** take a detached view of s.th.; ***et. aus der*** ~ ***beurteilen*** judge s.th. with the necessary distance (*od.* detachment); ~ ***gewinnen zu*** get a bit of distance to; **distanzieren I.** *v/refl.*: ***sich*** ~ dissociate o.s. (***von*** from); **II.** *v/t. Sport*: leave *s.o.* trailing (***um*** by), outdistance; (*schlagen*) *a.* beat; **distanziert** *adj.* reserved, *contp.* aloof; **Distanziertheit** *f* reserve, *contp.* aloofness.

Distel *f* ⚘ thistle.

Distichon *n* distich.

distinguiert *adj.* distinguished.

Distrikt *m* district.

Disziplin *f* discipline (*a. Fachgebiet u. Sportart*); ~ ***halten*** (*od.* ***wahren***) be disciplined, maintain discipline; ***hier herrscht*** ~ things are very disciplined around here.

Disziplinar|gericht *n* disciplinary court; ~**gewalt** *f* disciplinary power(s *pl.*).

disziplinarisch I. *adj.* disciplinary; **II.** *adv.*: ~ ***vorgehen*** take disciplinary action (***gegen*** against).

Disziplinar|maßnahme *f* disciplinary measure; ~**recht** *n* disciplinary law; ~**verfahren** *n* disciplinary proceedings *pl.*; ~**vergehen** *n* disciplinary offen|ce (*Am.* -se).

disziplinieren I. *v/t.* discipline; **II.** *v/refl.*: ***sich*** ~ discipline o.s.; **diszipliniert I.** *adj.* disciplined; **II.** *adv.*: ***sich*** ~ ***verhalten*** be (very) disciplined.

disziplinlos *adj.* undisciplined; **Disziplinlosigkeit** *f* lack of discipline.

Diva *f* (*Sängerin*) diva, (*a. Schauspielerin*) star.

Divergenz *f* divergence (*a. fig.*); **divergieren** *v/i.* diverge (***von*** from); **divergierend** *adj.* divergent.

divers *adj.* various; **Diverses** *n* various things *pl.*; *bsd.* ⚕ sundries *pl.*; *als Überschrift*: Miscellaneous.

Diversifikation *f* diversification; **diversifizieren** *v/t.* ⚕ diversify; **Diversifizierung** *f* diversification.

Dividend *m* ⩗ dividend.

Dividende *f* ⚕ dividend; (*Satz*) dividend rate.

Dividenden|ausschüttung *f* dividend distribution; ~**schein** *m* dividend coupon.

dividieren *v/t.* divide (***durch*** by); **Division** *f* ⩗, ⚔ division; **Divisor** *m* ⩗ divisor.

Diwan *m* **1.** divan, ottoman; **2.** *hist.* divan.

Dobermann(pinscher) *m* Doberman (pinscher).
doch *cj. u. adv.* (*aber*) but, however; (*dennoch*) however, yet, still; all the same, nevertheless; (*schließlich, also* ~) after all; (*gewiss*) surely; (*bekanntlich*) you know ...; *auffordernd*: do, *z. B.* ***setzen Sie sich ~*** do sit down; *ärgerlich, z. B.* ***sei ~ mal still!*** be quiet, will you; *nach verneinter Frage*: *willst du nicht?* -***~!*** yes, I do; ***er kam also ~?*** then he did come after all?; ***nicht ~!*** don't!, stop it!; ***du weißt ~, dass*** a) you know (that) ..., don't you?, b) surely you know (that); ***du kommst ~?*** you will come, won't you?; ***wo er ~ genau wusste*** knowing very well; ***ich habs ~ gewusst*** I knew it; ***er ist ~ nicht*** (***etwa***) ***krank?*** he isn't ill, is he?; ***das kann ~ nicht dein Ernst sein?*** you're not serious, are you?; ***wenn er ~ käme*** if only he would come; ***hättest du das ~ gleich gesagt*** why didn't you tell me straightaway?; ***das ist ~ Peter da drüben*** look, there's Peter over there.
Docht *m* wick.
Dock *n* ⚓ dock(s *pl.*), dockyard; ***auf ~ legen*** (put into) dock; **Dockarbeiter** *m* docker, dockworker; **docken** *v/t. u. v/i.* ⚓ *u. Raumfahrt*: dock.
Dodel *östr.* F *m* fool, F dope.
Doge *m hist.* doge.
Dogge *f*: (***Englische*** ~) mastiff; ***Dänische*** (*od.* ***Deutsche***) ~ Great Dane.
Dogma *n* dogma; ***et. zum ~ erheben*** make s.th. into a dogma; **Dogmatik** *f* dogmatics *pl.* (*sg. konstr.*); *contp.* dogmatism; **Dogmatiker** *m* dogmatist; **dogmatisch** *adj.* dogmatic(ally *adv.*); **dogmatisieren** *v/t.* dogmatize; **Dogmatismus** *m* dogmatism.
Dohle *f* jackdaw.
Doktor *m* **1.** *univ.* doctor; (**Dr. jur.** *etc.* → *Abkürzungsliste im Anhang*); ***den*** (*od.* ***s-n***) ***~ machen*** do one's doctorate (*od.* PhD); ***Herr*** (***Frau***) ~ *Anrede e-s Arztes*: doctor, *allg.* Dr *Schubert etc.*; ***Herr*** (***Frau***) ***Dr. Schubert*** Dr Schubert; **2.** F (*Arzt*) doctor; **3.** F ***~ spielen*** play doctors and nurses; **Doktorand** *m* doctoral candidate.
Doktor|arbeit *f* (doctoral *od.* PhD) thesis; ***das wäre ein Thema für e-e ~*** somebody ought to write a thesis on that; **~frage** F *fig. f* (really) tricky question; **~grad** *m*, **~hut** F *m* doctor's degree; ***den ~ erwerben*** do (*od.* get) one's doctorate; **~prüfung** *f* viva (voce); **~titel** *m* a) doctorate, b) doctor's title; ***den ~ führen*** a) have a doctorate, b) call o.s. doctor; **~vater** *m* supervisor; **~würde** *f* doctorate; ***die ~ erlangen*** get (*od.* obtain) one's doctorate.
Doktrin *f* doctrine.
doktrinär *adj.*, ℒ *m* doctrinaire.
Dokument *n* **1.** document; *amtlich*: record (*beide a. fig.*); **2.** *fig.* ***ein ~*** (*Beweis*) proof (*gen.* of), evidence (of).
Dokumentar|bericht *m* documentary report; **~film** *m* documentary (film).
dokumentarisch I. *adj.* documentary; **II.** *adv.*: ***et. ~ belegen*** provide documentary evidence of s.th.; ***~ belegt*** documented.
Dokumentar|sendung *f* documentary (program[me]); **~spiel** *n* documentary drama, docudrama.
Dokumentation *f* documentation; *fig. a.* demonstration; **dokumentieren I.** *v/t.* document; *fig.* (*beweisen*) show, demonstrate; **II.** *v/refl.*: ***sich ~*** be shown, be revealed.
Dokumentvorlage *f Computer*: template.
Dolch *m* dagger.
Dolchstoß *m* dagger thrust; *fig.* (*a.* ***~ von hinten***) stab in the back; **~legende** *f hist.* stab-in-the-back legend.
Dolde *f* ⚘ umbel.
Dole *schweiz. f* (*Gully*) drain.
doll F *adj.* → ***toll.***
Dollar *m* dollar; **~kurs** *m* value of the dollar; ***der ~ ist gestiegen*** *a.* the dollar has gone up (in value); **~zeichen** *n* dollar sign.
Dolle *f* ⚓ tholepin.
Dolmetsch *m* **1.** *östr.* interpreter; **2.** *fig.* spokesman; **dolmetschen I.** *v/i.* interpret, act as interpreter (***j-m*** for s.o.); **II.** *v/t.* interpret; ***e-e Rede ins Englische ~*** translate a speech into English.
Dolmetscher *m* interpreter; **~institut** *n*, **~schule** *f* school for interpreters.
Dom *m* **1.** cathedral; **2.** ⚠, ⚙, *geol.* dome, cupola.
Domäne *f* domain, estate; *fig.* sphere.
domestizieren *v/t.* domesticate.
Domherr *m* canon.
dominant *adj.* dominant; **Dominantakkord** *m* dominant chord; **Dominante** *f* ♪ dominant; *fig.* dominant feature; **Dominanz** *f* dominance; **dominieren I.** *v/i.* *Person*: dominate; have the upper hand; *Sache*: predominate, be predominant; **II.** *v/t.* dominate; **dominierend** *adj.* dominant, *Person*: dominating.
Dominikaner *m* Dominican (friar); **~in** *f* Dominican (nun); **~orden** *m* Dominican Order, Order of St Dominic.
Domino 1. *m* (*a.* **~maske** *f*) domino; **2.** *n* (*a.* **~spiel** *n*) dominoes *pl.* (*sg. konstr.*); **~stein** *m* domino.
Domizil *n* domicile (*a.* ☤); **domizilieren** *v/t.* ☤ (*Wechsel*) domicile; **Domizilwechsel** *m* domiciled bill.
Dom|kapitel *n* chapter; **~pfaff** *m* bullfinch.
Dompteur *m*, **Dompteuse** *f* (animal) trainer.
Donaumonarchie *f hist.* Austro-Hungarian Empire.
Döner|kebab *m* doner kebab; **~sandwich** *n* doner sandwich.
Donner *m* thunder (*a. fig.*); ***wie vom ~ gerührt*** thunderstruck; **Donnerkeil** *m* **1.** *myth.* thunderbolt; **2.** F *int.* heavens!, my word!; **donnern I.** *v/i.* thunder; *fig. Stimme, Wasserfall etc.*: *a.* roar; (*donnernd fahren, fallen etc.*) thunder; ***zu Boden ~*** crash (on)to the floor (*od.* ground); ***gegen e-e Mauer ~*** crash (*od.* smash) into a wall; ***an die Tür ~*** hammer *od.* pound (away) at the door; ***mit der Faust auf den Tisch ~*** bang one's fist on the table; **II.** F *v/t.* (*schleudern*) fling; (*Ball*) slam; ***e-e gedonnert kriegen*** F get a belt round the ears; **donnernd** *adj.* thundering, roaring; *Applaus*: thunderous; ***~es Gelächter*** roars of laughter; **Donnerschlag** *m* clap of thunder, thunderclap; ***es traf ihn wie ein ~*** it came like a bombshell (to him).
Donnerstag *m* Thursday; (**am**) ~ on Thursday; **donnerstags** *adv.* on Thursday(s).
Donner|stimme *f* thundering voice; ***mit ~ brüllen*** thunder; **~wetter** F **I.** *n* **1.** ***ein ~ ging auf ihn nieder*** F he got a real roasting; ***wenn er heimkommt, gibt*** (*od.* ***setzt***) ***es ein ~*** F he'll be in for it when he gets home; **II.** *int.* **2.** *staunend*: F (well) blow me!, blimey!; **3.** *als Fluch*: ***zum ~!*** damn it!; ***warum*** (***wer*** *etc.*) ***zum ~?*** *sl.* why (who *etc.*) the hell?
doof F *adj.* (*dumm*) stupid; (*langweilig*) boring; ***dieses ~e Fenster schließt nicht richtig*** I can't get this stupid window to shut properly; **Doofi** F *m* F dumbo.
Dopamin *n physiol.* dopamine.
Dope F *n* F dope.
dopen I. *v/t.* dope; **II.** *v/refl.*: ***sich ~*** take dope; **Doping** *n* doping; ***sich entschieden gegen das ~ aussprechen*** take a firm anti-doping line; **Dopinggegner** *m*: ***ein entschiedener ~ sein*** take a firm anti-doping line; **Dopingkontrolle** *f* dope test; **Dopingproblem** *n* doping problem.
Doppel *n* **1.** duplicate; **2.** *Tennis etc.*: doubles *pl.* (*Match*: *sg. konstr.*); (*Spieler*) doubles team; ***gemischtes ~*** mixed doubles *pl.*; **~adler** *m* double eagle; **~agent** *m* double agent; **~-b** *n* ♪ double flat (sign); **~bedeutung** *f* double meaning; **~belastung** *f* double load; **~belegung** *f e-s Zimmers*: double occupancy; **~belichtung** *f phot.* double exposure; **~bereifung** *f* twin tyres (*Am.* tires) *pl.*; **~besteuerung** *f* double taxation; **~bett** *n* double bed; **~blindversuch** *m* double-blind trial (*od.* test); **~boden** *m* false bottom.
doppelbödig *fig. adj.* ambiguous; ***~e Moral*** double standards *pl.*; **Doppelbödigkeit** *f* ambiguity; (*Doppelmoral*) double standards *pl.*.
Doppeldecker *m* ✈ biplane; F (*Bus, Schnitte*) double-decker.
doppeldeutig *adj.* ambiguous; (*anzüglich*) suggestive; **Doppeldeutigkeit** *f* **1.** ambiguity; (*Anzüglichkeit*) suggestiveness; **2.** (*Bemerkung*) ambiguous (*od.* suggestive) remark.
Doppel|ehe *f* bigamy; ***e-e ~ führen*** have (*od.* live with) two wives *od.* husbands; **~erfolg** *m* double victory (*od.* success); **~fehler** *m Tennis*: double fault; **~fenster** *n* double(-glazed) window; *pl. coll. a.* double glazing *sg.*; **~flinte** *f* double-barrel(l)ed gun; **~gänger** *m* double, lookalike; **~ganze** *f*, **~ganznote** *f* ♪ breve; **ℒgleisig** *adj.* → ***zweigleisig***; **~griff** *m* ♪ double stop.
Doppelhaus *n* pair of semis; **~hälfte** *f* semi-detached house, F semi.
Doppel|hochzeit *f* double wedding; **~kinn** *n* double chin; **~klick** *m auf Maustaste*: double click (**auf** *acc. od. dat* on); **ℒklicken** *v/i* double-click (**auf** *acc. od. dat.* on); **~klinge** *f*: ***Rasierer mit ~*** twin-bladed razor; **~konzert** *n* double concerto; **~kreuz** *n* ♪ double sharp (sign); **ℒläufig** *adj.* double-barrel(l)ed; **~laut** *m ling.* diphthong; **~leben** *n* double life; **~moral** *f* double standards *pl.*; **~mord** *m* double murder; **~name** *m* double-barrel(l)ed name; (*Vorname*) double name; **~packung** *f* double pack; **~pass** *m* **1.** *Fußball*: one-two; **2.** two passports *pl.*, *weitS. a.* dual citizenship (*od.* nationality); **~porträt** *n* double portrait; **~punkt** *m* colon; **~rahmkäse** *m* full-fat cheese; **~reifen** *m* twin tyre (*Am.* tire); **ℒreihig** *adj. Jacke*: double-breasted; **~rolle** *f thea. u. fig.* double role; **~schlafsack** *m* double sleeping bag; **ℒseitig I.** *adj. Anzeige*: double-page *spread*; *Gewebe*: reversible; ⚕ double; ***~e Lungenentzündung*** double

D

pneumonia; **II.** *adv.* on both sides; → ***gelähmt***; **~sieg** *m* double victory.

Doppelsinn *m* double meaning, ambiguity; **doppelsinnig** *adj.* ambiguous.

Doppel|spiel *fig. n* double dealing; ***ein ~ mit j-m treiben*** F double-cross s.o., two-time s.o.; **~spülbecken** *n* double-bowl kitchen sink; **~staatsangehörigkeit** *f* dual nationality; **~steckdose** *f* ⚡ two-socket outlet; **~stecker** *m* ⚡ double plug; (*Verteiler*) two-way adapter; **≈stöckig** *adj.* two-stor(e)y ..., *pred.* two-storeyed, *Am.* two-storied; *Autobahn etc.*: two-tiered, two-tier ...; F ***~er Whisky*** double whisky; **~strich** *m* ♪ double bar.

doppelt I. *adj.* double (*a. Whisky etc.*); ***den ~en Preis*** double the price; ***~er Lohn*** double-time payment; ***~es Übel*** twin evils; *et.* ***~ haben*** have two (copies) of; → ***Ausfertigung, Boden*** 1, ***Buchführung, Moral*** 1, ***Spiel*** 1, ***Staatsangehörigkeit***; **II.** *adv.* double; (*zweimal*) twice; *vor adj.*: doubly; ***~ sehen*** see double; ***~ schmerzlich*** doubly painful; ***~ so alt wie ich*** twice my age; ***~ so lang*** twice as long; ***~ so groß*** twice the size; ***~ so viel*** twice as much, double the amount (*od.* price *etc.*); F ***et. ~ und dreifach sichern*** make absolutely sure; F ***es j-m ~ und dreifach heimzahlen*** F pay s.o. back with a vengeance; F ***~ gemoppelt*** tautologous; → ***nähen*** I; **Doppelte 1.** *n* double; (*doppelt so viel*) twice as much (*od.* many); ***das ~ des Betrags*** double the amount; **2.** F *m* (*Getränk*) double whisky *etc.*; **doppeltkohlensauer** *adj.*: ⚗ ***doppeltkohlensaures Natron*** bicarbonate of soda.

Doppel|tür *f* double door(s *pl.*); **~verdiener** *m* **1.** double wage-earner; **2.** *pl.* dual-income couple *sg.*; **~verdienst** *m* dual income; **~vergaser** *m* dual carburet(t)or; **~verglasung** *f* double glazing; **~vorstellung** *f* double bill; *Kino*: *a.* double feature; **~währung** *f* ⚖ bimetallism; **≈zeilig** *adv.*: ***~ getippt*** double-paced; **~zimmer** *n* double room; *mit zwei Einzelbetten*: twin-bedded room.

doppelzüngig *adj.* *Person*: two-faced; *Bemerkung etc.*: ambiguous; **Doppelzüngigkeit** *f* **1.** *e-r Person*: two-facedness; *e-r Bemerkung*: ambiguity; **2.** (*Bemerkung*) ambiguous remark.

Dopplereffekt *m phys.* Doppler effect.

Dorf *n* village; ***auf dem ~ wohnen*** live in a village; ***er stammt vom ~*** he's from the country; ***die Welt ist ein ~*** it's a small world; *contp.* ***das ist ja hier ein richtiges ~*** this place is so provincial; **~bewohner** *m* villager.

Dörfchen *n* little village; (*Weiler*) hamlet.

Dorfjugend *f* young people (*od.* youngsters) *pl.* in the village.

dörflich *adj.* village *life etc.*; (*bäuerlich*) rustic.

Dorf|pfarrer *m* country vicar; **~platz** *m* village green; **~schenke** *f*, **~wirtshaus** *n* village inn.

Dorn *m* thorn (*a. fig.*); (*Stachel*) prickle, ⚘ spine; *am Sportschuh*: spike; *e-r Schnalle*: tongue; ⚙ (*Bolzen, Stift*) pin, bolt; (*Spitze*) spike; *fig.* ***er ist ihr ein ~ im Auge*** he's a thorn in her side (*od.* flesh); **~busch** *m* thornbush; *bibl.* ***der brennende ~*** the burning bush.

Dornen|gestrüpp *n* thornbushes *pl.*, brambles *pl.*; **~hecke** *f* prickly hedge, hedge of thorns; **~krone** *f* crown of thorns; **≈reich** *fig. adj.*, **≈voll** *adj.* hard, difficult.

Dorn|fortsatz *m anat.* spinous process; **~hai** *m* dogfish.

dornig *adj.* thorny (*a. fig.*), prickly.

Dornröschen *n* Sleeping Beauty; **~schlaf** *m*: ***im ~ liegen*** be in (a state of) hibernation; ***aus s-m ~ erwachen*** come out of one's long hibernation.

dörren I. *v/t.* dry, desiccate; *im Darrofen*: kiln-dry; **II.** *v/i.* dry (up).

Dörr|fleisch *n* dried meat; **~obst** *n* dried fruit; **~pflaume** *f* prune.

Dorsch *m* cod, *Am. a.* codfish.

dort *adv.* there; ***~ drüben*** over there; ***von ~*** → **~her** *adv.*: (***von***) ***~*** from there; **~hin** *adv.* **1.** there; **2.** that way; **~hinauf** *adv.* up there; *in Zssgn mst* ... up; **~hinaus** *adv.* out there; F *fig.* ***bis ~*** F incredibly ...; ***bis ~ arbeiten*** F work like crazy; **~hinein** *adv.* in there; **~hinunter** *adv.* down there.

dortig *adj.*: ***die ~en Verhältnisse*** the conditions there.

dortzulande, dort zu Lande *adv.* there, in those parts.

Dose *f* box; (*Konserven≈*) tin, can; ⚡ box.

dösen F *v/i.* doze; (***vor sich hin***) ***~*** daydream; ***ein bisschen ~*** have a little doze.

Dosen|bier *n* canned beer; **~fleisch** *n*, **~milch** *f*, **~öffner** *m* → ***Büchsenfleisch*** *etc.*

dosieren *v/t.* measure out; *fig.* mete out, dispense; ***richtig ~*** *Medizin*: give (*od.* take) the right dose of; **Dosierung** *f* dosage, dose.

dösig F *adj.* **1.** dozy, sleepy; **2.** (*stumpfsinnig, teilnahmslos*) F dop(e)y.

Dosis *f* dose (*a. fig.*), dosage; *fig. Ironie etc.*: touch, dash.

Dossier *n* file.

dotiert *adj.*: ***gut ~ sein*** *Stellung etc.*: be well paid; ***die Stellung ist mit 5000 Mark ~*** the monthly salary for the post is 5,000 marks; ***das Turnier ist mit 300 000 Mark ~*** the total prize money for the tournament is 300,000 marks; ***die Auszeichnung ist mit 25 000 Mark ~*** the award includes prize money of 25,000 marks.

Dotter *m* (egg) yolk; **~blume** *f* marsh marigold; **≈gelb** *adj.* deep yellow.

doubeln *v/t.*: ***j-n ~*** *Film*: be (*od.* act as) s.o.'s stuntman *od.* stuntwoman (*od.* double); ***er musste in dieser Szene gedoubelt werden*** they had to bring in a stuntman (*od.* double) for that scene; **Double** *n* **1.** *Film*: stuntman, stuntwoman, double; **2.** ♪ double; **3.** (*Doppelgänger*) double, lookalike; **4.** *Sport*: double; ***das ~ schaffen*** do the double.

Doublette *f* → ***Dublette.***

downloaden *v/t.* *Computer, Internet*: download.

Downsyndrom *n* ⚕ Down's syndrome.

Dozent *m* (university) lecturer; *Am.* assistant professor; **dozieren** *v/i.* lecture (***über*** on) (*a. fig.*); ***er doziert an e-r Universität*** he's a university lecturer.

Drache *m* dragon.

Drachen *m* **1.** (*Papier≈*) kite; ***e-n ~ steigen lassen*** fly a kite; **2.** hang glider; **3.** *fig.* (*böses Weib*) shrew, F battleaxe; **~flieger** *m* hang glider; **~saat** *lit. f* seeds *pl.* of discord, dragon's teeth *pl.*

Dragee *n*, **Dragée** *n* (sugar)coated tablet, dragee.

Draht *m* wire; *fig.* (*Verbindung*) line; *pol.* ***heißer ~*** hot line; ***direkter ~*** *zum Chef*: direct line (***zu*** to); F ***auf ~ sein*** F be on the ball; **~auslöser** *m phot.* cable release; **~bürste** *f* wire brush; **~esel** F *hum. m* F pushbike; *klappriger*: F boneshaker; **~funk** *m Radio*: wired broadcasting; **~gitter** *n* wire netting; **~glas** *n* wire(d) glass.

Drahthaar|dackel *m* wirehair(ed dachshund); **~terrier** *m* wirehair(ed terrier).

drahtig *adj.* wiry (*a. Person*).

drahtlos *adj.* wireless, radio ...; ***~es Telefon*** cordless phone; ***~e Fernbedienung*** infrared remote control.

Draht|puppe *f* marionette; **~saite** *f* wire string; **~schere** *f* wire cutter(s *pl.*); ***e-e ~*** a pair of wirecutters, a wirecutter.

Drahtseil *n* wire rope, (wire) cable; *im Zirkus etc.*: tightrope; → ***Nerv***; **~akt** *m* tightrope (*od.* high-wire) act; *fig.* razor-edge affair; *fig.* ***das Ganze ist ein ziemlicher ~*** we're *etc.* balancing on a razor edge; **~bahn** *f* cable railway; **~künstler** *m* tightrope artist.

Draht|sieb *n* wire sieve; **~zange** *f* wire cutter; **~zaun** *m* wire fence; **~zieher** *fig. m* wirepuller; *pol.* powerbroker.

Drainage *f a.* ⚕ drainage; **drainieren** *v/t.* drain. **drakonisch** *adj.* draconian.

drall I. *adj.* *Frau*: buxom; *Wangen*: full, *a. Gesicht*: plump; *Brüste*: full; **II.** ≈ *m* *Faden etc.*: twist; *Ball*: spin.

Drama *n* (*Gattung*) drama (*a. fig.*); (*Stück*) *a.* play; *fig.* ***mach kein ~ draus*** don't make a big thing out of it; **Dramatik** *f* **1.** drama; **2.** *fig.* (high) drama, excitement; **Dramatiker** *m* dramatist, playwright; **dramatisch** *adj.* dramatic(ally *adv.*) (*a. fig.*); **dramatisieren** *v/t.* adapt for the stage; *fig.* dramatize; **Dramaturg** *m* script editor, dramaturg(e); **dramaturgisch** *adj.* dramaturgical.

dran F *pron. adv.* **1.** → *a.* ***daran***; ***an ihm*** (***dem Hühnchen***) ***ist nichts ~*** F he's (the chicken's) all skin and bones; ***es ist etwas*** (***nichts***) ***~*** there's something in it (nothing to it); ***früh*** (***spät***) ***~ sein*** be early (late); ***er ist gut ~*** F he's got it good, he's doing all right (*Am.* alright); ***er ist schlecht*** (*od.* ***übel***) ***~*** he's in a bad way, *wirtschaftlich*: F he's scraping the barrel; ***wie ist er mit Kleidung ~?*** F how's he doing (*od.* fixed) for clothes?; ***ich weiß nie, wie ich mit ihr ~ bin*** I never know where I stand with her; **2.** ***wer ist ~?*** whose turn is it?; ***ich bin ~*** it's my turn; *fig.* ***jetzt ist er aber ~*** F he's really copped it now; → ***glauben*** II; **~bleiben** F *v/i.* stay on; (*kleben*) stick; *fig.* ***an et. ~*** keep at it; ***an j-m ~*** keep on at s.o.; *teleph.* ***bleib ~!*** hang on.

Dränage *f a.* ⚕ drainage.

Drang *m* **1.** (*Trieb*) urge; (*Wunsch*) wish, desire; (*Bedürfnis*) need (*alle* ***nach, zu*** for; ***zu*** *inf.* to *inf.*); ***~ nach Freiheit*** urge for freedom; ***~ zum Lügen*** urge (*od.* compulsion) to tell lies; ***e-n ~ zum Lügen haben*** *a.* be a compulsive liar; ***e-n ~ nach Höherem haben*** aspire to higher things; **2.** (*Druck, Bedrängnis*) pressure; ***im ~ der Ereignisse*** under the pressure of events.

Drängelei F *f* pushing and shoving, jostling; **drängeln** F **I.** *v/i. u. v/refl.* (***sich ~***) push, jostle, F shove; ***sich nach vorn ~*** push (*od.* elbow) one's way to the front; *beim Anstehen*: jump the queue (*Am.* line); **II.** *v/t.* push, jostle, F shove; *fig.* pester.

drängen I. *v/t.* **1.** (*schieben*) push; ***j-n zur Seite ~*** push s.o. aside (*od.* out of the way); → ***Defensive, Ecke, Hintergrund***; **2.** (*dringend bitten, auffordern*) press (***zu tun*** into doing), *stärker*: urge (to do), (*unter Druck setzen*) pressurize (into doing); (*zur Eile antreiben*) rush; ***ich lasse mich nicht ~*** I'm not going to let anyone (*od.* them *etc.*) rush me; ***ich möchte Sie nicht ~*** I don't mean to put pressure on you; **3.** ***es drängte mich zu*** *inf. unwiderstehlich*: I felt (*od.* had) the urge to *inf., zu danken etc.*: I felt I ought to (*od.* had to) *inf., Notwendigkeit*: I felt compelled to *inf., Verpflichtung*: I felt obliged to *inf.*; **II.** *v/i.* **4.** push (and shove); ***nach vorn ~*** push one's way forward (*od.* to the front); ***zum Eingang ~*** *Menge*: push its *od.* their way (*od.* crowd) towards the entrance; ***alles drängte ins Freie*** everyone wanted to get out into the open; ***alles drängt nach München*** (***zum Stadion***) everyone seems to be moving to Munich (to be converging on *od.* making their way to the stadium); ***~ in e-n Beruf*** *etc.*: flood into; **5.** (*eilig sein*) be urgent; ***die Zeit drängt*** time's running short; **6.** ***~ auf*** press for; ***darauf ~, dass j-d et. tut*** press (for) s.o. to do s.th.; ***darauf ~, dass et. getan wird*** press for s.th. to be done; ***darauf ~, dass sich j-d entscheidet*** press (for) s.o. to make a decision, press s.o. for a decision; → ***Aufbruch***; **III.** *v/refl.*: ***sich ~*** **7.** push (and shove); → *a.* 4; ***sich um j-n ~*** crowd (a)round s.o.; ***die Leute ~ sich auf den Straßen*** people are crowding the streets, the streets are crowded with people; **8.** *fig.* ***sich ~ nach*** be keen on; ***die Leute ~ sich danach, bei uns zu arbeiten*** people are queuing up to work for us; **IV.** ≈ *n* pushing and shoving; *fig.* urging; *stärker*: insistence; *fig.* ***auf ~ der Regierung*** on the government's urging (*od.* insistence); ***ich habe es auf sein ~ hin getan*** he persuaded (*stärker*: forced) me to do it.

Drangsal *f* distress, hardship; **drangsalieren** *v/t.* pester, plague; (*schikanieren*) pick on.

dran|halten F *v/refl.*: ***sich ~*** (*sich beeilen*) hurry up, F get a move on; (*sich anstrengen*) put one's back into it (*od.* the job), *beharrlich*: keep at it; **~hängen** F **I.** *v/t.* F tag on; **II.** *v/refl.*: ***sich ~*** tag along; *an e-e Bewegung etc.*: jump on the bandwagon.

dränieren *v/t.* drain.

dran|kommen F *v/i.* **1.** get at it, reach it; **2.** a) *ped.* be called, b) ***ich komme jetzt dran*** it's my turn, I'm next; ***wer kommt dran?*** who's next?; ***das kommt nächste Woche dran*** we'll be doing that next week; **~kriegen** F *v/t.* **1.** *zu e-r Arbeit*: get *s.o.* to do it; **2.** (*reinlegen*) fool *s.o.*; **~machen** F *v/refl.*: ***sich ~*** get down to it; **~nehmen** F *v/t.* **1.** (*Patienten*) take; (*Kunden*) see to, serve; **2.** *ped.* ask *a pupil*; **3.** *b.s.* → ***rannehmen.***

drapieren *v/t.* drape (***mit*** with).

drastisch *adj.* drastic(ally *adv.*); *adv.* ***~ kürzen*** (*Gelder etc.*) slash.

drauf F *pron. adv.* **1.** → ***darauf***; **2.** ***gut ~ sein*** F be on the ball, *seelisch*: feel good; **3.** ***~ und dran sein zu*** *inf.* be on the point of *ger.*, be about to *inf.*; ***ich war ~ und dran, ihn zu schlagen*** I (very) nearly hit him; **~bekommen** F *v/i.* → ***draufkriegen.***

Draufgänger *m* **1.** (*Teufelskerl*) daredevil; **2.** (*Erfolgsmensch*) go-getter; **draufgängerisch** *adj.* **1.** daredevil ..., reckless; **2.** go-getting; **Draufgängertum** *n* **1.** recklessness; **2.** aggressiveness.

drauf|geben F *v/t.*: ***j-m eins ~*** F belt s.o. one, give s.o. a belt round the ears; **~gehen** F *v/i.* be used (up), (*verloren gehen*) be lost; *Geld*: be used up, F go down the drain; (*kaputtgehen*) F go to pot; (*sterben*) be killed, *sl.* snuff it; **~haben** F *v/t.*: ***et.*** (***gut***) ***~*** have s.th. at one's fingertips, F have s.th. off pat; ***technisch hat er nichts drauf*** F he hasn't got a clue about technical things; ***sie hat was drauf*** she's really good, *fachlich*: *a.* F she knows her stuff, (*ist gut in Form*) she's in top form; **~kommen** F *v/i.*: ***ich bin einfach nicht draufgekommen*** it just didn't occur to me; ***ich komm nicht drauf*** I can't think of it; ***j-m ~*** find s.o. out; **~kriegen** F *v/t.*: ***eins ~*** F get a belt round the ears; (*zurechtgewiesen werden*) F get a (real) roasting.

drauflos|arbeiten F *v/i.* F get cracking; **~gehen** F *v/i.* F go at it; (*auf ein Ziel*) make straight for it ; **~reden** F *v/i.* F start rattling away; **~schießen** F *v/i.* start shooting wildly; **~schimpfen** F *v/i.* F let rip; **~schlagen** F *v/i.* let fly.

drauf|machen F *v/t.*: ***einen ~*** F have (*od.* go on) a binge; **~satteln** *v/i. u. v/t.* make fresh demands; ***immer wieder ~*** make ever-increasing demands; **≈sicht** *f* top view; **~stoßen** F *v/t.*: ***j-n ~*** point it out to s.o., *iro.* spell it out (to s.o.), F rub s.o.'s nose in it; **~zahlen** F **I.** *v/t.* pay an extra *20 marks etc.*; **II.** *v/i.* (*a.* ***ganz schön ~***) F make a bad deal (on it); *fig.* lose out.

draus F *pron. adv.* → ***daraus.***

draußen *adv.* outside; (*im Freien*) *a.* in the open; ***da ~*** out there.

drechseln *v/t.* **1.** turn *s.th.* on the lathe; **2.** *fig.* turn *s.th.* out; **Drechsler** *m* wood turner.

Dreck F *m* dirt, *stärker*: muck, filth; *fig.* (*Schund*) rubbish, *bsd. Am.* garbage; *fig.* ***hast du ~ in den Ohren?*** it's time you washed your ears out; ***ganz schön im ~ sitzen*** F be in a fine (*od.* real) mess; ***j-n wie den letzten ~ behandeln*** treat s.o. like dirt (*od.* muck); ***mit ~ bewerfen*** sling mud at; ***durch den ~ ziehen*** drag through the mud (*od.* mire); ***wir sind aus dem ärgsten*** (*od.* ***gröbsten, schlimmsten***) ***~ heraus*** the worst (of it) is behind us, we're out of the wood(s); ***er kümmert sich e-n ~ darum*** F he doesn't care a damn; ***das geht dich e-n ~ an!*** that's none of your (F bloody) business; ***du verstehst e-n ~ davon*** you don't know the first thing about it; ***sich wegen jedem ~ beschweren*** complain about every little (F piddling) thing; ***~ am Stecken haben*** have a skeleton in the cupboard, have blotted one's copybook; ***sie haben alle ~ am Stecken*** *a.* not one of them has got a clean record (*od.* slate), not one of them is innocent; **~arbeit** F *f* dirty work (*a. fig.*); **~fleck** F *m* dirty mark.

dreckig F **I.** *adj.* dirty, *stärker*: filthy (*beide a. fig.*); *fig.* (*gemein*) dirty, nasty; **II.** *adv.*: ***es geht ihm ~*** *finanziell*: F he's going through a bad patch, *gesundheitlich*: he's not in the best of health, *stärker*: he's in a pretty bad state.

Dreck|loch *contp. n* pigsty, F hole; **~nest** *contp. n* dump, F hole; **~sack** *contp. m sl.* swine; **~sau** *contp. f* (dirty) pig; *moralisch*: *sl.* swine; **~schleuder** *contp. f* (*Person*) F nasty piece (*od.* bit) of work; ***e-e ~ sein*** *a.* have a wicked tongue; (*Auto, Fabrik*) F smoke belcher, environmental offender; **~schwein** *contp. n* → ***Drecksau.***

Dreckskerl *contp. m* → ***Drecksack.***

Dreckspatz F *m* F mucky pup.

Dreckszeug F *n* rubbish, *bsd. Am.* garbage.

Dreck|wetter F *n* filthy weather; **~zeug** *n* → ***Dreckszeug.***

Dreh *m* (*Drehung*) turn; F (*Trick*) trick; ***jetzt hab ich den ~ heraus*** (*od.* ***weg***) now I've got the hang of it; F (***so***) ***um den ~*** *zeitlich*: round about then; ***sagen wir sechs Uhr oder so um den ~*** *a.* F let's say sixish; *20 Mark* ***oder so um den ~*** or so, or thereabouts; **~achse** *f* axis of rotation; **~arbeiten** *pl. Film*: shooting *sg.*; ***bei den ~ sein*** be on set; **~bank** *f* lathe.

drehbar *adj. Tür, Bühne*: revolving; *Trommel, Antenne*: rotating; (*schwenkbar*) swivel ... (*a. Stuhl*).

Dreh|bewegung *f* rotation; turn; **~bleistift** *m* propelling pencil; **~bolzen** *m* pivot pin; **~brücke** *f* swing bridge.

Drehbuch *n* script, screenplay; **~autor** *m* screenwriter, scriptwriter.

Drehbühne *f* revolving stage.

drehen I. *v/t.* **1.** turn (*a.* ⚙); *fig.* ***man kann es ~ und wenden(, wie man will), wie man es auch dreht und wendet*** whichever way you look at it; **2.** *windend*: twist; **3.** (*verdrehen*) twist (*a. fig.*); **4.** (*Faden etc.*) twist; **5.** *um e-e Achse*: rotate; (*schwenken*) swivel; **6.** ***sich e-e Zigarette ~*** roll a cigarette; **7.** ***durch den*** (***Fleisch***)***Wolf ~*** grind, put through the grinder (*od.* mincer); **8.** (*Film, Szene*) shoot; **9.** F *fig.* ***es ~*** F wangle it; → ***Ding*** 4; **II.** *v/i.* **10.** turn; **11.** ***an et. ~*** turn; F *fig.* fiddle with; **III.** *v/refl.*: ***sich ~*** **12.** turn, go round, *schnell*: spin round; *die Erde* ***dreht sich um ihre Achse*** (***um die Sonne***) rotates on its axis (revolves around the sun); ***mir dreht sich alles*** my head's spinning; *fig.* ***sich ~ und winden*** hedge; **13.** *Wind*: shift, veer (round); **14.** *fig.* ***sich ~ um*** revolve round (*a. Gedanken etc.*); ***alles drehte sich um ihn*** he was the cent|re (*Am.* -er) of attraction; **15.** F *fig.* ***sich ~ um*** (*betreffen*) be about, concern; ***es dreht sich darum, ob*** it's a question (*od.* matter) of whether; ***worum dreht es sich?*** what's it all about?; *das Gespräch* ***drehte sich um Steuern*** was about taxes.

Dreher ⚙ *m* turner.

Dreh|erlaubnis *f* filming permission; **~feld** *n* ⚡ rotating field; **~flügelflugzeug** *n*, **~flügler** *m* rotorplane; **~geschwindigkeit** *f* speed (of rotation), rotating speed; **~kartei** *f* rotary file; **~knopf** *m* knob; **~kolbenmotor** *m* rotary piston engine; **~kraft** *f* torque; **~kran** *m* swing crane; **~kreuz** *n* turnstile; **~leier** *f* hurdy-gurdy; **~maschine** *f* lathe; **~moment** *n* torque; **~orgel** *f* barrel organ; **~ort** *m* location; **~pause** *f* break in shooting; **~punkt** *m* ⚙ fulcrum; *fig.* ***Dreh- und Angelpunkt*** pivot; **~restaurant** *n* revolving restaurant; **~schalter** *m* ⚡ rotary switch; **~scheibe** *f* **1.** turntable; *Töpferei*: potter's wheel; *teleph. etc.* dial; **2.** *fig.* hub, nerve cent|re (*Am.* -er); **~strom** *m* ⚡ three-phase current; **~stuhl** *m* swivel chair; **~tag** *m Film*: shooting day; ***am dritten ~*** on the third day of shooting; **~tür** *f* revolving door.

Drehung *f* turn; *um e-e Achse*: rotation (**um** on); *um e-n Körper*: revolution (round); *schnelle*: spin (*a. e-s Balls*); (*Verwindung*) twist.
Drehwurm *m*: F *fig.* ***den ⁓ haben*** feel dizzy (*od.* giddy).
Drehzahl *f* ⚙ speed, revolutions *pl.* per minute (rpm); **⁓messer** *m* revolution counter; *mot.* rev counter, *Am.* tachometer.
Drehzeit *f Film*: shooting time.
drei I. *adj.* three; ***ehe man bis ⁓ zählen konnte*** before you could say Jack Robinson; ***er sieht aus, als ob er nicht bis ⁓ zählen könnte*** (*harmlos*) he looks as if butter wouldn't melt in his mouth, (*dumm*) F he looks a right idiot; ***⁓ Viertel der Bevölkerung*** three quarters of the population; ***⁓ viertel voll*** three-quarters full; → ***Ding*** 1; **II.** ᴤ *f* three; (*Note*) *etwa* C; (*Buslinie etc.*) (number) three; ***e-e ⁓ schreiben*** get a C.
Dreiachser *m mot.* six-wheeler.
Dreiachteltakt *m* ♪: (***im ⁓*** in) three-eight time.
Drei|akter *m thea.* three-act play; **ᴤbändig** *adj.* three-volume ..., in three volumes; **ᴤbeinig** *adj.* three-legged.
Dreibettzimmer *n* three-bed room.
dreidimensional *adj.* three-dimensional.
Dreieck *n* triangle; **Dreieckgeschäft** *n* ☤ three-way deal; **dreieckig** *adj.* triangular; **Dreieckschaltung** *f* ⚡ delta connection; **Dreiecksgeschichte** *f a* case of the eternal triangle; **Dreiecksverhältnis** *n* love triangle, ménage à trois; ***ein ⁓ haben*** run a ménage à trois.
dreieinhalb *adj.* three and a half.
Dreieinigkeit *f eccl.* Trinity.
Dreier *m* **1.** → ***Drei***; **2.** ***e-n ⁓ haben*** *Lotto*: have (got) three right; **3.** *Eis-, Rollkunstlauf*: figure (of) three; **4.** F ***flotter ⁓*** F threesome, three-way deal; **⁓konferenz** *f teleph.* three-party (*od.* three-way) conference.
dreierlei *adj.* three (different) kinds of; *su.* three things.
Dreier|pack *m* three-pack, 3-pack; **⁓takt** *m* triple time.
dreifach I. *adj.* triple; ***in ⁓er Ausfertigung*** in triplicate; ***et. in ⁓er Ausfertigung schicken*** send three copies of s.th.; ***die ⁓e Menge*** three times the amount; ***⁓er Sieger*** three-time winner (*od.* champion); **II.** *adv.* three times; **Dreifache** *n*: ***das ⁓*** three times as much; *Menge, Betrag*: *a.* three times the amount; ***um ein ⁓s steigen*** triple, rise (*od.* go up) threefold.
Dreifaltigkeit *f eccl.* Trinity; **Dreifaltigkeitsfest** *n* Trinity Sunday.
Dreifarbendruck *m* three-colo(u)r print(-ing); **dreifarbig** *adj.* three-colo(u)red.
Dreifelderwirtschaft *f* ✓ three-field system.
Dreigangschaltung *f Fahrrad*: three-speed gears *pl.*
Drei|gespann *n* three-horse carriage; *fig.* trio, threesome; **⁓gestirn** *fig. n* triumvirate; **ᴤgeteilt** *adj.* divided into three parts; *Artikel etc.*: *a.* three-part ....
Dreigroschenheft *n bsd. Brit.* penny dreadful , *Am.* dime novel.
dreihundert *adj.* three hundred.
dreijährig *adj.* **1.** three-year-old ...; **2.** (*drei Jahre dauernd*) three year ...; ***ein ⁓es ...*** *a.* three years of ...; **Dreijährige(r** *m*) *f* three-year-old.
Dreikampf *m Sport*: triathlon.
dreikarätig *adj.* three-carat ...
Dreikäsehoch F *m* F titch.
Dreiklang ♪ *m* triad.
Dreikönigsfest *n*: ***das ⁓*** Epiphany.
dreiköpfig *adj. family etc.* of three.
dreilagig *adj.* three-ply.
Dreiländereck *n* triangle (*where three countries meet*).
Dreimächteabkommen *n pol.* three-power (*od.* tripartite) agreement.
dreimal *adv.* three times; **dreimalig** *adj.*: ***nach ⁓er Wiederholung*** after repeating it three times, after three repetitions (*Sendung etc.*: repeats); ***nach ⁓em Klingeln*** after I *etc.* had rung three times; ***nach ⁓em Versuch*** after three attempts, after the third attempt.
Dreimaster *m* ⚓ three-master.
Dreimeilenzone *f* ⚓, ⚖ three-mile limit.
dreimonatig *adj.* **1.** three-month-old *baby etc.*; **2.** three-month ...; ***nach e-m ⁓en Englandaufenthalt*** after three months (*od.* a three-month stay) in England; **dreimonatlich I.** *adj.* three-monthly ..., quarterly; **II.** *adv.* every three months.
drein F *pron. adv.* → ***darein***; **⁓blicken** F *v/i.* look *happy, sad etc.*; **⁓reden** F *v/i.* **1.** interrupt, butt in; ***j-m ⁓*** butt into s.o.'s conversation; **2.** (*sich einmischen*) interfere (***bei*** with; ***in*** in); ***er lässt sich in s-e Arbeit nicht*** (*od.* ***von niemandem***) ***⁓*** he won't let anyone tell him what to do; **⁓schauen** F *v/i.* → ***dreinblicken***; **⁓schlagen** F *v/i.* join in the fight; ***mit den Fäusten ⁓*** use one's fists.
Dreiparteiensystem *n* three-party system.
drei|phasig *adj.* ⚡ three-phase ...; **⁓polig** *adj.* three-pole ....
Dreipunkt|gurt *m mot.* three-point belt; **⁓landung** *f* ✈ three-point landing.
Drei|rad *n* tricycle; **⁓satz(rechnung** *f*) *m* 𝔄 rule of three; **ᴤseitig** *adj.* **1.** three-sided, 𝔄 *a.* trilateral; **2.** three-page ...; **ᴤsilbig** *adj.* three-syllable ...; **⁓spitz** *m* tricorn(e), three-cornered hat; **ᴤsprachig** *adj.* trilingual; ***⁓ sein*** *a.* speak three languages fluently, be fluent in three languages; **⁓sprung** *m* triple jump; **ᴤspurig** *adj.* three-lane ...
dreißig *adj.* thirty; ***⁓ beide*** *Tennis*: thirty all; ***in den ⁓er Jahren*** in the thirties; ***er ist in den ᴤern*** he's in his thirties; **Dreißiger(in** *f*) *m* man (*f* woman) in his (her) thirties; F thirtysomething; **Dreißigerjahre** *pl.* thirties; **dreißigjährig** *adj.*: ***der ᴤe Krieg*** the Thirty Years' War; **dreißigst** *adj.* thirtieth; ***sie hat heute ihren ᴤen*** she's thirty today, it's her thirtieth birthday today.
dreist *adj.* bold as brass; (*frech*) cheeky, impudent; *Bemerkung*: impudent; *Lüge*: brazen.
dreistellig *adj. Zahl*: three-digit ...
Dreisterne|hotel *n* three-star hotel; **⁓koch** *m* five-star chef; **⁓restaurant** *n* five-star restaurant.
Dreistigkeit *f* boldness, audacity; (*Frechheit*) impudence; *konkret*: impudent remark.
drei|stimmig ♪ **I.** *adj.* three-part ...; **II.** *adv.*: ***⁓ singen*** sing in three-part harmony; **⁓stöckig** *adj.* three-stor(e)y ...
Dreistufen|plan *m* three-stage plan; **⁓rakete** *f* three-stage rocket (*od.* missile).
dreistufig *adj.* three-stage ...
drei|stündig *adj.* three-hour(-long) ...; **ᴤtagebart** F *m* F designer stubble; **⁓tägig** *adj.* **1.** three-day(-long) ...; **2.** (*drei Tage alt*) three-day-old ...; **⁓teilig** *adj.* three-part ..., tripartite ..., in three parts; *Anzug etc.*: three-piece ...
Dreiviertel|jahr *n* nine months; **⁓mehrheit** *f* three-quarter majority; **⁓stunde** *f* three quarters of an hour, 45 minutes *pl.*; ***in e-r ⁓*** in three quarters of an hour, in 45 minutes; **⁓takt** *m* ♪: (***im ⁓*** in) three-four time.
Dreiwegbox *f* three-way speaker; **Dreiwegekatalysator** *m mot.* three-way catalyst (*od.* catalytic converter); **Dreiweglautsprecher** *m* three-way loudspeaker.
drei|wertig *adj.* ⚗ trivalent; **⁓wöchig** *adj.* **1.** three-week ...; **2.** (*drei Wochen alt*) three-week-old ....
Dreizack *m* **1.** trident; **2.** ⚘ arrow grass.
dreizehn *adj.* thirteen; **dreizehnt** *adj.* thirteenth; **Dreizehntel** *n* thirteenth (part).
Dreizimmerwohnung *f* two-bedroom(-ed) flat (*Am.* apartment).
Dresche F *f*: ***⁓ bekommen*** get a good hiding; **dreschen I.** *v/t.* (*Getreide etc.*) thresh; (*Ball*) bang; → ***grün*** I, ***Phrase, Stroh, windelweich***; **II.** *v/i.* thresh; F ***auf die Tasten ⁓*** hammer (*od.* pound) away at the piano (*od.* typewriter *etc.*); **Dreschflegel** *m* flail; **Dreschmaschine** *f* threshing machine.
Dress *m Sport*: kit, strip.
Dresseur *m* (animal) trainer; **dressieren** *v/t.* train; (*zureiten*) *a.* break in; *fig.* drill; ⚙ finish; *gastr.* (*Geflügel*) truss (up); **dressiert** *adj.* trained; performing *seal etc.*; ***der Hund ist auf den Mann ⁓*** he's been trained as an attack dog.
Dressing *n für Salate*: dressing; *für Geflügel*: stuffing, *Am. a.* dressing; (***grüner Salat***) ***ohne ⁓*** undressed (green salad).
Dressman *m* male model (*a. euphem.*).
Dressur *f* training; *Sport*: (*a.* **⁓reiten** *n*) dressage.
dribbeln *v/i. Sport*: dribble (the ball); **Dribbling** *n* a) dribble; ***ein tolles ⁓*** a lovely (little) dribble, b) dribbling; ***s-e Stärke ist das ⁓*** he's good at dribbling; he's a strong dribbler.
Drill *m* ⚔ drill (*a. fig.*); **Drillbohrer** *m* drill; **drillen** *v/t.* **1.** ⚔ drill (*a. fig.*); (*schulen*) coach; **2.** ⚙ (*verdrehen*) twist; **3.** (*bohren*) drill (*a.* ✓).
Drillich *m* drill; **⁓anzug** *m* overalls *pl.*
Drilling *m* triplet.
drin F *pron. adv.* **1.** → ***darin***; **2.** *fig.* ***das ist nicht ⁓!*** that's not on; ***das ist bei mir nicht ⁓*** that's out of the question for me, (*da mach ich nicht mit*) you can count me out on that; ***mehr war nicht ⁓*** that was the best I *etc.* could do; ***es ist noch alles ⁓*** anything's possible.
dringen *v/i.* **1.** ***durch*** *et.* ***⁓*** force one's way (*od.* break) through; *Licht, Kugel etc.*: penetrate, pierce; *Wasser etc.*: leak (*od.* seep) through; **2.** ***aus*** *et.* ***⁓*** come out of; *Menschenmenge*: surge out of; *Geräusch*: come from; ***aus der Küche drang lautes Gelächter*** you could hear loud laughter coming from the kitchen; **3.** ***in*** *et.* ***⁓*** penetrate (into); *Person*: force one's way into; ***an die Öffentlichkeit ⁓*** leak out; **4.** ***bis zu*** *et.* ***⁓*** reach, get as far as; **5.** ***auf*** *et.* ***⁓*** press for, urge; ***darauf ⁓, dass et. getan wird*** press for s.th. to be done; **6.** ***in j-n ⁓*** press, ***mit Bitten***: plead with, ***mit Fragen***: press *s.o.* with questions; ***er drang nicht weiter in sie*** he didn't press the point (any further); **dringend I.** *adj.* urgent; (*vordringlich*) priority ...; ***⁓er Fall*** ⚕ emergency; → ***Bedürfnis, Bitte***; **II.** *adv.* urgently; ***⁓ notwendig*** absolutely essential; ***⁓ brauchen*** desperately need, need *s.th.* very badly

(*schnell*: urgently); ***j-m ~ raten, et. zu tun*** urge (*od.* strongly advise) s.o. to do s.th.; ***j-m ~ davon abraten, et. zu tun*** urge s.o. not to do s.th., strongly advise s.o. against doing s.th.; ***ich rate Ihnen ~ davon ab*** I would urge (*od.* strongly advise) you not to (do it), I would strongly advise you against it; ***... werden ~ gebeten zu*** *inf.* ... are urged (*od.* urgently requested) to *inf.*, ***sich umgehend zum Flugsteig 19 zu begeben***: ... are requested to proceed to gate 19 immediately; → ***verdächtig.***

dringlich *adj.* urgent; ***~es Problem*** pressing issue (*od.* problem); **Dringlichkeit** *f* urgency; (*Vordringlichkeit*) priority.

Dringlichkeits|antrag *m* emergency motion; **~debatte** *f* emergency debate; **~liste** *f* priority list; **~stufe** *f* priority (class); ***höchste ~*** top priority.

drinnen *adv.* inside; (*im Haus*) *a.* indoors.

dritt I. *adj.* third; ***~es Kapitel*** chapter three; ***am ~en April*** on the third of April, on April the third, *Am.* on April third; ***3. April*** 3rd April, April 3(rd); *pol.* ***ℒe Welt*** Third World; ***die ~en Zähne*** dentures, F (one's) false teeth; **II.** *adv.*: ***wir waren zu ~*** there were three of us; ***sie gingen zu ~ hin*** three of them went; **~ältest** *adj.* third eldest; **~best** *adj.* third best; **Dritte(r)** *m* **1.** (the) third; *weitS.* another person; ⚖ third party; ***Heinrich III.*** Henry III (= Henry the Third); ***heute ist der Dritte*** it's the third today; ***im Beisein Dritter*** in front of others (*od.* other people); ***der Dritte im Bunde*** the third member of the trio (F league), F number three (in the trio); ⚖ ***Rechte Dritter*** third-party rights; **2.** (*Drittbester*) third (best); ***er wurde Dritter*** he came third; ***er erreichte das Ziel als Dritter*** he came in (*od.* finished) third.

Drittehe *f* third marriage.

drittel I. *adj.*: ***e-e ~ Sekunde*** a third of a second; **II.** ℒ *n* third; ***zwei ~*** two thirds.

drittens *adv.* third(ly).

Dritter *m* → ***Dritte (r).***

Dritte-Welt-Laden *m* third world shop.

dritt|klassig *adj.* third-class ...; *fig.* third-rate ...; **ℒland** *n* third country; *EU*: non-member country; **~letzt** *adj.* third last; ***das ~e Haus*** the third house from the end; **~rangig** *adj.* third-rate ...; **ℒstaat** *m* → ***Drittland.***

droben *adv.* up there; *im Haus*: upstairs.

Droge *f* drug.

Drög(e)ler *schweiz. m* drug addict.

drogen|abhängig *adj.* addicted to drugs; ***~ sein*** be a drug addict; **ℒabhängige(r)** *m* drug addict; **ℒabhängigkeit** *f* drug addiction; **ℒbekämpfung** *f* fight against drugs; **ℒberatungsstelle** *f* drugs advice cent|re (*Am.* -er); **ℒboss** *m* drugs baron; **ℒdealer** *m* drug trafficker (*od.* dealer); **ℒfahnder** *m* narcotics agent, *sl.* narco; **~gefährdet** *adj.* drug-risk *group etc.*; **ℒhandel** *m* drug trafficking; **ℒhändler** *m* drug trafficker (*od.* dealer); **ℒkonsum** *m* drug-taking; **ℒkonsument** *m* drug-taker; **ℒmissbrauch** *m* drug abuse; **ℒrazzia** *f* drug raid; **ℒring** *m* drug cartel; **ℒsucht** *f*, **~süchtig** *adj. etc.* → ***Drogenabhängigkeit, drogenabhängig*** *etc.*; **ℒszene** *f* drug scene; **ℒtote(r** *m*) *f* drug victim; ***die Zahl der Drogentoten*** the number of drug-related deaths.

Drogerie *f* chemist's (shop), *Am.* drugstore; **Drogist** *m* chemist, *Am.* druggist.

Drohbrief *m* threatening letter; *pl. a.* hate mail *sg.*.

drohen *v/i.* **1.** threaten (**zu** *inf.* to *inf.*); ***er drohte*** (***ihm*** *etc.*) ***mit der Polizei*** he threatened to call the police; ***sie drohte ihm, ihn anzuzeigen, sie drohte ihm mit e-r Anzeige*** she threatened to report him to the police; ***j-m mit der Faust*** (***dem Finger***) ***~*** shake one's fist (finger) at s.o.; **2.** (*bedrohlich bevorstehen*) threaten, approach; ***er weiß noch nicht, was ihm droht*** he doesn't know what's in store for him (*od.* what he's in for) yet; ***ihm droht e-e Gefängnisstrafe*** if he's unlucky he could get a prison sentence; ***der Wirtschaft droht der Kollaps*** the economy is threatened with (*od.* is on the brink of) collapse; **3.** *fig.* ***~ zu*** *inf.* threaten to *inf.*, *a. Person*: be in danger of *ger.*; ***es drohte zu regnen*** it looked like rain; **drohend** *adj.* threatening, menacing; (*bevorstehend*) *a.* imminent, impending.

Drohne *f* drone, *fig. a.* parasite.

dröhnen *v/i. Motor, Maschine*: drone, *lauter*: roar; *Stimme, eintönig*: drone, *laut*: boom; *Schritte*: ring; *Raum*: ring, echo (**von** with); *Donner, Geschütze*: rumble, *stärker*: boom; ***die Musik dröhnt mir in den Ohren*** the music's ringing in my ears; ***mir dröhnt der Kopf*** my head's pounding (*od.* throbbing) (**von** with); **dröhnend I.** *adj.*: ***~es Gelächter*** roars *pl.* of laughter; **II.** *adv.*: ***~ lachen*** roar with laughter.

Drohnendasein *n*: ***ein ~ führen*** lead the life of a parasite.

Drohung *f* threat; (*Einschüchterung*) intimidation; ***~en ausstoßen*** make threatening remarks, utter threats; ***e-e ~ wahr machen*** carry out a threat; ***unter ~en*** amid threats; → ***leer*** I.

drollig *adj.* funny; (*niedlich*) cute.

Dromedar *n* dromedary.

Drop-down-Menü *n Computer*: drop-down menu.

Drops *pl.*: ***saure ~*** acid drops.

Droschke *f* **1.** *hist.* cab; **2.** *mot. obs.* taxi, cab.

Drossel[1] *f zo.* thrush.

Drossel[2] *f* **1.** ⚙ throttle; **2.** ⚡ choke; **Drosselklappe** *f* ⚙ throttle valve; **drosseln** *v/t.* **1.** ⚙ throttle, choke; (*ab~*) slow down; ⚡ choke; **2.** *fig.* curb, cut (down); **Drosselspule** *f* ⚡ choke coil; **Drosselventil** *n* ⚙ throttle valve.

drüben *adv.* **1.** over there; (*auf der anderen Seite*) on the other side (of the lake *etc.*); (*auf der anderen Straßenseite*) across the road, *wohnen*: *a.* over the way; ***~*** (***im anderen Gebäude***) over in the other building; **2.** *hist.* (*in der DDR*) in East Germany; ***sie kamen von ~*** they came from East Germany; **3.** (*in Amerika*) over in America (*od.* the States), *bsd. Am.* stateside.

drüber *pron. adv.* → ***darüber.***

Druck[1] *m* **1.** pressure (*a.* ⚙, *meteor.*); *phys.* a) (*Flächen*ℒ) compression, b) (*Axial*ℒ, *Schub*) thrust, c) (*Belastung*) load, d) (*Beanspruchung*) stress, e) (*~welle*) blast; ***ein ~ auf den Knopf genügt*** just press the button; **2.** *im Kopf*: tension; *im Magen*: tight feeling; **3.** *fig.* (*Zwang*) pressure; (*Bedrängnis*) *a.* stress; (*Belastung*) burden, *nervlich*: stress; (***e-n***) ***~ auf j-n ausüben, j-n unter ~ setzen*** put s.o. under pressure, F put the screws on s.o.; ***~ hinter*** *et.* ***machen*** speed up; ***ziemlich im ~ sein*** be under quite a bit of pressure.

Druck[2] *m typ.* printing; (*~art*) print, type; (*Buch, Ausgabe*) edition; (*Kunst*ℒ) print; (*Textil*ℒ) print; ***in ~ geben*** send to press; ***in ~ gehen*** go to press; ***im ~ sein*** be in (the) press.

Druck|abfall *m* drop in pressure; **~anstieg** *m* increase (*od.* rise) in pressure; **~anzug** *m* ✈ pressure suit; **~bleistift** *m* drop-action pencil; **~buchstabe** *m* block letter; ***in ~n schreiben*** print.

Drückeberger F *m* shirker, *Brit. a.* F skiver.

druckempfindlich *adj.* ⚕ tender, sore to the touch; *Obst*: easily bruised; *Samt*: easily crushed; ***diese Stelle ist ~*** ⚕ this part hurts when you touch (*od.* press on) it.

drucken *v/t.* print; ***~ lassen*** have *s.th.* printed, publish; → ***gedruckt.***

drücken I. *v/t.* **1.** press; (*quetschen*) *a.* squeeze; (*zerdrücken*) squash; (*Taste*) press, push; ***breit*** (*od.* ***flach***) ***~*** flatten; ***j-m die Hand ~*** shake hands with s.o., shake s.o.'s hand, *stärker*: squeeze s.o.'s hand; ***j-m et. in die Hand ~*** (*Buch etc.*) give s.o. s.th., (*Schaufel etc.*) hand s.o. s.th., *bsd. heimlich*: slip s.th. into s.o.'s hand; ***j-n an sich ~*** give s.o. a hug, *länger*: hold s.o. tight; *sl.* ***sich eins*** (*od.* ***e-e***) ***~*** (*Drogen*) *sl.* shoot (some heroin *etc.*) up; → ***Daumen, Schulbank, Wand***; **2.** *Rucksack etc.*: hurt; *Schuhe etc.*: pinch; **3.** *fig.* (*bedrücken*) worry, *stärker*: depress; *Verantwortung etc.*: weigh (heavily) on; **4.** ☤ (*Preise etc.*) bring (*od.* force) down; **5.** (*Leistung, Niveau etc.*) lower; (*Rekord*) better (**um** by); ***er drückte den Rekord um zwei Sekunden*** *a.* he took two seconds off the record; **6.** ***die Stimmung ~*** put a damper on things, ***j-m***: depress s.o.; **7.** ✈ nose down; **II.** *v/refl.* **8.** ***sich in e-e Ecke ~*** huddle into a corner; ***sich an j-n ~*** cuddle up to s.o.; **9.** F ***sich*** (***heimlich***) ***aus dem Saal ~*** sneak out of the hall; ***sich ~*** (*vor Arbeit*) shirk, *Brit. a.* F skive (off); *ängstlich*: F chicken out; ***sich ~ vor*** (*Einladung*) get out of, (*Verantwortung etc.*) *a.* shirk, (*Arbeit*) shirk, *Brit. a.* F skive; *ängstlich*: chicken out of; ***er drückt sich mal wieder*** he's shirking again, *Brit. a.* F he's on the skive again; ***er drückt sich dauernd*** he somehow always manages to get out of it (*od.* things); **III.** *v/i.* **10.** press; ***~ auf*** press (on), (*Knopf etc.*) press, push; → ***Tube*** 1; **11.** *Rucksack etc.*: hurt; *Schuhe etc.*: pinch, be too tight; **12.** *sl.* (*sich Heroin spritzen*) *sl.* shoot (some heroin) up; → *a.* 1; **drückend** *adj. Wetter*: close; *Hitze*: oppressive; *fig.* ***~e Überlegenheit*** overwhelming superiority.

Drucker *m typ.* printer (*a. Gerät*).

Drücker *m* (*Druckknopf*) (push)button; *Türschloss*: latch; ⚙, *Gewehr*: trigger; F *fig.* ***am ~ sitzen*** be at the controls; F ***auf den letzten ~*** at the last minute; F (*Person*) door-to-door salesman.

Druckerei *f* printers *pl.*

Druckerlaubnis *f* permission to print, imprimatur.

Drucker|presse *f* (printing) press; **~schwärze** *f* newsprint, printing (*od.* printer's) ink; **~zeichen** *n* printer's mark.

Druck|erzeugnis *n* publication; **ℒfähig** *adj.* printable; *fig.* ***s-e Antwort war***

D

nicht **~** his answer wasn't printable (*od.* fit to be printed); **~farbe** *f* printing (*od.* printer's) ink; **~feder** *f* compression spring; **~fehler** *m* misprint, printing error; **≈fertig** *adj.* ready for (the) press; ***~es Manuskript*** fair copy; **≈fest** *adj.* pressure-proof; ✈ pressurized; **≈frisch** *adj.* fresh from the press; **~genehmigung** *f* → ***Druckerlaubnis***; **~industrie** *f* printing industry; **~kabine** *f* pressurized (*od.* pressure) cabin; **~knopf** *m* ⚙ (push)button; *am Kleid etc.*: press stud, *bsd. Brit.* F popper, *Am.* snap fastener; **~kosten** *adj.* printing costs; **~last** *f* ⚙ load.

Druckluft *f* compressed air; **~ ...** *mst.* pneumatic ...; **~bremse** *f* air brake.

Druck|messer *m* ⚙ pressure ga(u)ge; **~mittel** *fig. n* lever; ***~ anwenden*** apply pressure, F put the screws on; **~platte** *f* plate; **~posten** F *m* cushy job (F number); **~pumpe** *f* pressure pump; **≈reif** *adj.* **1.** → ***druckfertig***; **2.** *fig.* ***s-e Reden sind ~*** he ought to have his speeches published; **~sache(n** *pl.*) *f* printed matter, *Am. a.* second-class (matter); **~schrift** *f* **1.** block letters *pl.*; *typ.* print, type; ***in ~ schreiben*** print; ***bitte in ~ ausfüllen*** please write in capital letters; **2.** (*Veröffentlichung*) publication, *kleine*: pamphlet.

drucksen F *v/i.* hum and haw.

Druck|stelle *f* ⚕ tender spot, *stärker*: bruise (*a. auf Obst*); **~stock** *m typ.* printing plate; **~taste** *f* (push)button; **~verband** *m* ⚕ compression bandage; **~verfahren** *n* printing process; **~wasserreaktor** *m* pressurized water reactor; **~welle** *f* blast, shock wave.

Druide *m* Druid.

drum I. *pron. adv.* → ***darum***; **II.** ≈ *n*: ***das ganze ~ und Dran*** all the little things; ***mit allem ~ und Dran*** with all the trimmings.

drunten *adv.* down there; *im Haus*: downstairs.

drunter I. *pron. adv.* → ***darunter***; **II.** *adv.*: ***es ging alles ~ und drüber*** it was absolutely chaotic.

Druse[1] *f min.* druse.

Druse[2] *m Islam*: Druse, Druze.

Drüse *f* gland.

Drüsen|fieber *n* glandular fever; **~schwellung** *f* swelling of the glands; **~tätigkeit** *f* glandular activity.

Dschungel *m* jungle (*a. fig.*); **~fieber** *n* jungle fever; **~krieg** *m* jungle warfare; **~pfad** *m* path through the jungle.

Dschunke *f* junk.

du I. *pers. pron.* you; ***bist ~ es?*** is that you?; *oft unübersetzt, z. B.*: **~, *komm mal her*** come here a minute, will you?; ***auf ≈ und ≈ stehen*** be good friends; ***per ~ sein*** say 'du' to each other, *etwa* be on first-name terms (***mit j-m*** with s.o.); ***zu j-m ~ sagen*** → ***duzen***; **II.** ≈ *n*: ***er hat mir das ~ angeboten*** he suggested we drop the polite form of address (*od.* use the familiar form of address, use the familiar 'du').

dual *adj.* ⚡, *Computer*: binary; **Dualismus** *m* dualism; **dualistisch** *adj.* dualistic(ally *adv.*).

Dual|system *n* ⚡, *Computer*: binary system; **~zahl** *f* ⚡, *Computer*: binary number.

Dübel *m* rawl plug, (*Holz≈*) dowel; **dübeln** *v/t.* rawlplug (***an*** to *the wall*).

dubios *adj.* dubious; **Dubiosa** *pl.*, **Dubiosen** *pl.* ⚜ doubtful debts.

Dublee *n* rolled gold; ***... aus ~*** gold-plated ...

Dublette *f* **1.** *zum Tauschen*: double, F swap; **2.** *Boxen*: double blow.

ducken I. *v/t.* (*den Kopf*) duck; *fig.* (*j-n*) put *s.o.* down; **II.** *v/refl.*: ***sich ~*** duck; *fig.* knuckle under (***vor*** to).

Duckmäuser *m* coward, F spineless jellyfish; (*Jasager*) yes-man; **Duckmäuserei** *f* submissiveness; **duckmäuserisch** *adj.* submissive, *stärker*: servile, cringing.

Dudelei *f* tootling; *e-s Radios etc.*: droning; **dudeln** *v/i. Radio etc.*: drone (on); ***~ auf*** (*Flöte etc.*) tootle away on.

Dudelsack *m* bagpipes *pl.*; **~pfeifer** *m* (bag)piper.

Duell *n* duel (***auf Pistolen*** with pistols); **Duellant** *m* duellist; **duellieren** *v/t. u. v/refl.* (***sich ~***) fight a duel (***mit*** with).

Duett *n* ♪ duet; ***im ~ singen*** sing a duet.

Duft *m* (pleasant) smell; *von Blumen, Parfüm*: *a.* scent, fragrance.

dufte F *adj.* F great.

duften *v/i.* smell (***nach*** of); (*gut riechen*) smell good; ***hier duftet es aber!*** what a nice smell!, *iro.* F what a pong!; ***hier duftet es nach ...*** I can smell ...; **duftend** *adj.* nice- (*od.* sweet-)smelling; *Blumen, Parfüm*: *a.* fragrant.

Dufthauch *m* breath, waft.

duftig *adj.* **1.** fragrant; *Wein*: *a.* scented; **2.** *Kleid etc.*: airy.

Duft|kissen *n* sachet; **~marke** *f zo.* scent mark; **~note** *f* scent; **~probe** *f* perfume sample; **~stoff** *m* scent; **~wolke** *f* cloud of perfume.

Dukaten *m hist.* ducat; **~esel** F *m*, **~scheißer** V *m*: ***ich bin doch kein ~*** I'm not made of money(, you know).

dulden *v/t.* (*ertragen*) endure, suffer; (*zulassen*) tolerate, *stillschweigend*: condone, shut one's eyes to; (*hinnehmen*) put up with, stand for; ***er ist hier nur geduldet*** he's only here on sufferance; ***ich dulde es nicht*** I won't have it; → ***Aufschub, Widerspruch.***

Dulder *m* patient sufferer, martyr; **~miene** *f* martyred expression.

duldsam *adj.* tolerant (***gegen***[***über***] of); (*nachsichtig*) indulgent (to), forbearing; **Duldsamkeit** *f* tolerance (***gegen***[***über***] of), forbearance.

Duldung *f* toleration; → ***stillschweigend*** I.

dumm I. *adj.* stupid; (*albern*) silly; (*töricht, unklug*) foolish; (*unangenehm*) awkward; (*ungeschickt*) clumsy; ***j-n wie e-n ~en Jungen behandeln*** treat s.o. like a child; ***e-e ~e Sache*** an awkward business; ***~es Zeug!*** rubbish!; ***~es Zeug reden*** talk nonsense; ***sich ~ stellen*** act the fool; ***er ist nicht*** (***so***) ***~*** he's no fool; F ***er ist dümmer, als die Polizei erlaubt*** F he's as thick as two short planks; ***zu ~!, wie ~!*** what a nuisance; ***schließlich wurde es mir zu ~*** in the end I got tired of the whole business; ***das war ~ von mir*** how stupid of me; ***willst du mich für ~ verkaufen?*** you must think I'm stupid; ***schön ~ wärst du*** you'd be a fool; F ***mir ist ganz ~ im Kopf*** I feel really weird; F ***sich ~ und dämlich reden*** talk o.s. silly; F ***sich ~ und dämlich verdienen*** F be raking it in; **II.** *adv.*: ***sich ~ anstellen*** be stupid, do s.th. stupid; ***wer ~ fragt, bekommt ~e Antworten*** ask a silly question(, get a silly answer); → ***daherreden, dastehen, Wäsche***; **Dummchen** *n* → ***Dummerchen***; **Dumme(r)** *m* fool, F mug; ***der Dumme sein*** be left holding the baby; ***e-n ~n findet man immer*** there are plenty of mugs around; **Dummejungenstreich** *m* silly prank; **Dummerchen** F *n* F silly (billy); **dummerweise** *adv.* **1.** stupidly; ***ich habe ~ zugesagt*** I was stupid enough to say yes; **2.** unfortunately; **Dummheit** *f* stupidity; (*Unwissenheit*) ignorance; (*Handlung*) stupid thing to do; ***e-e ~ begehen*** do s.th. stupid; ***so e-e ~!*** what a stupid thing to do; ***mach keine ~ en!*** don't do anything stupid (*od.* anything I wouldn't [do]), *weitS.* no funny tricks!; F ***vor ~ brüllen*** F be as thick as two short planks; ***gegen ~ ist kein Kraut gewachsen*** some people are born that way; ***er hat nur ~en im Kopf*** he's always up to something; **Dummkopf** *m* idiot; ***er ist kein ~*** he's no fool; **dümmlich** *adj.* silly.

dumpf *adj.* **1.** *Geräusch*: dull, muffled; ***~er Aufprall*** *etc.* thud; **2.** *Luft*: sultry, close; *Wetter*: *a.* muggy; **3.** (*muffig*) stuffy; (*modrig*) mo(u)ldy, musty; **4.** *Schmerz*: dull; **5.** *Schweigen, Stimmung etc.*: gloomy; **6.** *Gefühl, Ahnung*: vague; **dumpfig** *adj.* musty; (*feucht*) dank.

Dumping *n* ⚜ dumping; **~preis** *m* dumping price.

Düne *f* dune; **~nfelder** *pl.* sand dunes.

Dung *m* manure, dung.

Düngemittel *n* → ***Dünger***; **düngen** *v/t.* manure, dung; *mit Kunstdünger*: fertilize; **Dünger** *m* manure, dung; (*Kunstdünger*) fertilizer.

Dung|grube *f* manure pit; **~haufen** *m* manure heap.

Düngung *f* manuring; *mit Kunstdünger*: fertilizing.

dunkel I. *adj.* dark (*a. fig. unerfreulich*); *Stimme*: *a.* deep; *fig.* (*finster*) dark, gloomy; (*geheimnisvoll etc.*) dark, mysterious; *Ahnung, Erinnerung*: vague, dim; *Geschäft etc.*: shady; ***~ werden*** get dark; ***~ machen*** darken; ***dunkles Bier*** dark beer; **II.** ≈ *n the* dark, darkness; *fig.* darkness, mystery; ***das ~ um et. aufhellen*** (*od.* ***lichten***) shed light on s.th.; ***im ~n*** in the dark; *fig.* ***j-n im ~n lassen*** keep (*od.* leave) s.o. in the dark; ***das liegt noch im ~n*** a) that's still a mystery, b) that remains to be seen; ***im ~n tappen*** grope in the dark.

Dünkel *m* arrogance; ***er hat e-n akademischen ~*** he thinks he's something special because he's got a degree.

dunkel|blau *adj.* dark blue; **~blond** *adj.* light brown; **~braun** *adj.* dark brown; **~farben** *adj.*, **~farbig** *adj.* dark(-colo[u]red).

dunkel gekleidet *adj.* dressed in dark colo(u)rs (*od.* clothes).

dunkelhaarig *adj.* dark-haired.

dünkelhaft *adj.* arrogant, conceited.

dunkelhäutig *adj.* dark(-skinned); *Mann*: *a.* swarthy.

Dunkelheit *f* darkness; → ***Einbruch*** 4.

Dunkel|kammer *f phot.* darkroom; **≈rot** *adj.* dark red; **~ziffer** *f* number of unreported cases (*od.* crimes, victims); **~zone** *f* twilight zone.

dünken *lit.* **I.** *v/impers.*: ***es dünkt mich*** (*od.* ***mir***), ***mir*** (*od.* ***mich***) ***dünkt*** it seems to me, *obs. od. iro.* methinks; **II.** *v/refl.*: ***sich sehr schlau*** *etc.* **~** think one is very clever *etc.*

dünn I. *adj.* thin (*a. Stimme*); (*zart*) fine; *Briefpapier*: lightweight; *Flüssigkeit*: watery, watered down; *Luft*: rarefied; *fig.* (*dürftig*) weak; *Argument*: *a.* flimsy; **~er**

werden *Person*: lose weight; ***er ist sehr ~ geworden*** he's gone really thin; *fig.* ***sich ~ machen*** make room, squeeze up, F breathe in; **II.** *adv.*: ***~ besiedelt*** sparsely populated; *fig.* ***~ gesät*** rare, scarce, few and far between; **⁐darm** *m* small intestine.

Dünndruckpapier *n* India paper.

dünnemachen F *v/refl.* → ***dünnmachen.***

dünn|flüssig *adj.* watery; *Öl*: light, thin-bodied; **~häutig** *fig. adj.* very sensitive (*od.* delicate).

Dünnheit *f* thinness.

dünn|machen F *v/refl.*: ***sich ~*** (*verschwinden*) F make o.s. scarce; **⁐pfiff** F *m* F *the* runs *pl.*; **⁐säure** *f* ⚗ dilute acid; *Umweltverschmutzung*: *a. etwa* sewage sludge; **⁐säureverklappung** *f* dumping of dilute acid (*od.* sewage sludge); **⁐schiss** F *m* F *the* shits *pl.*

Dunst *m* (*Dampf*) vapo(u)r, steam; (*Rauch*) smoke; (*Schwaden*) fumes *pl.*; (*Nebel*) haze, mist; (*Ausdünstung*) vapo(u)r, fumes *pl.*; F *fig.* ***j-m e-n blauen ~ vormachen*** throw dust in s.o.'s eyes; ***er hat keinen*** (***blassen***) ***~ davon*** F he hasn't the foggiest (idea) about it; **~abzug** *m* extractor; **~abzugshaube** *f* extractor hood.

dünsten *v/t. u. v/i.* steam.

Dunstglocke *f* blanket of smog.

dunstig *adj.* hazy, misty.

Dunstkreis *fig. m* sphere of influence.

Dünstobst *n* stewed fruit.

Dunstschleier *m* haze.

Dünung *f* ⚓ swell.

Duo *n* ♪ duo.

Duodezimalsystem *n* Ꭿ duodecimal system.

Duodezime *f* ♪ twelfth.

düpieren *v/t.* dupe.

Duplex... ⚡, ⚙, *Computer*: duplex.

Duplikat *n* duplicate; (*Kopie*) copy; *Kunst*: replica.

Duplizität *f*: ***die ~ der Ereignisse*** strange parallel (*od.* coincidence).

Dur *n* ♪ major (key); ***A-~*** A major; **~akkord** *m* major chord.

durch I. *prp.* **1.** *örtlich, a. fig.*: through; (*quer ~*) across; ***~ ganz England*** all over England; **2.** (*Mittel, Ursache*) through, by, by means of; **3.** (*infolge von*) because of; **4.** (*Zeitdauer*) through (-out), during; ***das ganze Jahr ~*** the whole year (long); ***den ganzen Tag ~*** all day (long); **II.** *adv.* → *a.* ***durchhaben*** *etc.*; **5.** ***~ und ~*** completely, ... through and through; *Person*: *a.* to the core; ***ein Politiker ~ und ~*** a dyed-in-the-wool politician; ***ein Gentleman ~ und ~*** a gentleman born and bred; ***~ und ~ nass*** soaked to the skin, drenched; **6.** F ***~ sein*** a) *Hose, Schuhe etc.*: be worn through; ***die Hose ist ~*** *a.* F these trousers have had it; b) ***~ sein mit*** have finished, (*e-m Buch*) *a.* have finished with (*od.* reading); c) *Antrag etc.*: be (*od.* have got) through; d) *durch Schwierigkeiten etc.*: be out of the wood(s); e) *bei Krankheit*: *a.* be over the worst; f) *durch Prüfung*: have made it, be through; g) *gastr.* (*gar sein*) be done; *Käse*: be ripe; h) ***er ist bei mir unten ~*** I'm through with him; i) ***es ist drei*** (***Uhr***) ***~*** it's past (*od.* gone) three (o'clock); **~ackern** F *fig. v/t.* (*a. v/refl.*: ***sich ~ durch***) plough (*Am.* plow) through *s.th.*; **~arbeiten I.** *v/t.* work through *s.th.*; *geistig*: *a.* go through *s.th.* thoroughly; (*ausarbeiten*) work out (in detail); ***die ganze Nacht ~*** work through the night (without a break); **II.** *v/refl.*: ***sich ~ durch*** (*den Dschungel etc.*) fight one's way through, (*Schnee etc.*) plough (*Am.* plow) through; *fig.* a) work one's way through, b) → ***durchackern;*** **III.** *v/i.* work through without a break, work nonstop; **~atmen** *v/i.* breathe deeply; ***tief ~*** *a.* take deep breaths.

durchaus *adv.* (*völlig*) thoroughly; (*unbedingt*) absolutely; *bekräftigend*: quite; ***~!*** absolutely; ***~ nicht*** not at all, not in the least; ***~ nicht arm*** far from poor, not in the least bit poor; ***sie ist ~ nicht zufrieden*** she's not satisfied in the least; ***~ möglich*** quite possible; ***ich bin ~ Ihrer Meinung*** I absolutely agree, I couldn't agree with you more; ***wenn du es ~ willst*** if you absolutely must, if you insist.

'durchbeißen I. *v/t.* bite through *s.th.*, bite *s.th.* in two; **II.** F *fig. v/refl.*: ***sich ~*** struggle through; **durch'beißen** *v/t.* bite through *s.th.*

durch|bekommen *v/t.* **1.** (*a.* ***~ durch***) get *s.th.* through (*a. fig.*); **2.** (*Kranken*) pull *s.o.* through; **~beuteln** F *v/t.* give *s.o.* a shaking; **~biegen I.** *v/t.* bend back; **II.** *v/refl.*: ***sich ~*** bend, sag; **~blättern** *v/t.* leaf (*od.* thumb, F flick) through *s.th.*

Durchblick *m* **1.** view (***auf, in*** of); **2.** F *fig.* ***sich den nötigen ~ verschaffen*** find out what's what; (***den nötigen***) ***~ haben*** know what's going on; ***er hat überhaupt keinen ~*** he has no idea what's going on; **durchblicken** *v/i.* **1.** (*a.* ***~ durch***) look through; *fig.* ***et. ~ lassen*** hint at, intimate *that*; ***~ lassen, dass*** hint (at the fact) that, intimate that; **2.** F *fig.* ***ich blick da nicht durch*** F I don't get it; ***da blick ich nicht mehr durch*** I'm lost; ***blickst du bei dem Film durch?*** F d'you know what the film is on about?

durchbluten *v/t.* supply with blood; ***das Gehirn ist gut*** (***schlecht***) ***durchblutet*** the blood flow (*od.* circulation) in the brain is good (bad); ***durchblutete Haut*** live skin; **Durchblutung** *f* blood flow, circulation (*gen. od.* ***in*** in) ; **Durchblutungsstörung** *f* circulatory problem.

durch'bohren *v/t.* pierce; *mit dem Dolch*: stab; *mit dem Schwert*: run through; (*durchlöchern*) perforate; *fig.* ***j-n mit Blicken ~*** look daggers at s.o.; **'durchbohren I.** *v/t.* drill through *s.th.*; **II.** *v/refl.*: ***sich ~*** bore one's way through; **durchbohrend** *adj. Blick*: piercing.

durch|boxen F **I.** *fig. v/t.* push *s.th.* through; **II.** *v/refl.*: ***sich ~*** battle one's way through; *fig.* struggle through; **~braten** *v/t.* cook well; → ***durchgebraten.***

'durchbrechen I. *v/t.* **1.** break *s.th.* (in two), (*Zweig etc.*) snap; **2.** (*Mauer*) break through; ***ein Fenster ~*** put a window in a (*od.* the) wall; **II.** *v/i.* **3.** break (in two); **4.** *unter e-r Last*: collapse; **5.** *durchs Eis*: fall through; **6.** (*zum Vorschein kommen*) come out; *Zähne, Sonne*: come through; **7.** ⚕ *Geschwür etc.*: burst; **durch'brechen** *v/t.* break through *s.th.*; (*Blockade*) run; *fig.* (*Regel etc.*) break.

durch|brennen I. *v/t.* **1.** burn a hole in; **II.** *v/i.* **2.** *Birne*: burn out; *Sicherung*: blow; **3.** F *fig.* (*ausreißen*) run away; *mit Geld*: make off, *mit j-m*: *a.* elope; (*flüchten*) F do a bunk; ***mit dem Geld ~*** *a.* F take the money and run; → ***Sicherung*** 1; **~bringen I.** *v/t.* get *s.th. od. s.o.* through (*a. Antrag*); (*Kranken*) pull *s.o.* through; (*ernähren*) support, feed; (*Geld*) squander; **II.** *v/refl.*: ***sich ~*** make (both) ends meet, *mühsam*: scrape through.

Durchbruch *m* **1.** ⚔ u. Sport: breakthrough; *e-s Dammes*: bursting; (*Lücke*) gap, opening; ⚕ *Geschwür etc.*: bursting; *Zähne*: cutting; **2.** *fig.* breakthrough; ***ihm ist der ~ gelungen, er hat den ~ geschafft*** he finally made the breakthrough (*od.* made it); ***zum ~ kommen*** show, become apparent, *Idee*: gain acceptance; ***e-r Idee zum ~ verhelfen*** help to get an idea accepted.

durchchecken *v/t.* **1.** check through *s.th.*; **2.** (*Gepäck*) check *one's luggage* through; **3.** F ⚕ ***sich ~ lassen*** have a complete checkup.

durchdacht *adj.*: (***gut ~***) well thought-out; **durchdenken** *v/t.* think *s.th.* through; (*überlegen*) think *s.th.* over, give *s.th.* some thought.

durch|diskutieren *v/t.* talk *s.th.* through; ***gründlich ~*** discuss from every angle, F thrash out; **~drängen** *v/refl.*: ***sich ~*** (***durch***) push one's way through; **~drehen I.** *v/t.* **1.** (*Fleisch*) mince, put through the grinder (*od.* mincer); **II.** *v/i.* **2.** *Räder*: spin; **3.** F *fig. Person*: F crack up; *vor Angst*: panic, F go into a flat panic.

'durchdringen *v/i.* **1.** (*a.* ***~ durch***) get through; *Flüssigkeit*: *a.* seep through; *Nachricht*: get out, leak (out); ***~ zu*** *Nachricht*: reach, get to; **2.** *fig. Person*: succeed (***mit*** with); ***mit et. ~*** *a.* get s.th. accepted; **durch'dringen** *v/t.* penetrate; *fig. mit dem Verstand*: fathom, grasp; (*erfüllen*) pervade, permeate; ***er durchdrang mich mit s-m Blick*** his look went right through me; → ***durchdrungen***; **durchdringend** *adj.* penetrating, piercing (*a. Blick*); *Kälte, Wind*: biting; *Stimme*: piercing, shrill; *Verstand*: keen, penetrating *mind.*

durchdrücken *v/t.* (*a.* ***~ durch***) force (*od.* squeeze) through; (*Knie etc.*) straighten; (*Rücken*) stretch; *fig.* → ***durchsetzen;***

Durchdrückpackung *f* bubble pack; *pl. coll.* bubble packaging *sg.*

durchdrungen *adj. Person*: filled, *positiv*: *a.* inspired, *lit.* suffused (***von*** with); ***~ von Sache***: steeped in.

durchdürfen F *v/i.* (*a.* ***~ durch***) be allowed through; ***darf ich mal durch?*** excuse me.

durch'eilen *v/t.* rush through (*a. fig. u. v/i.* **'durcheilen**); (*ein Land*) rush across.

durcheinander I. *adj.*: ***~ sein*** be in a mess; ***ganz ~ sein*** *Person*: be totally confused, *emotional*: be all mixed up; **II.** *adv.*: ***alles ~ essen*** eat everything as it comes; **III.** ⁐ *n* mess, muddle; (*Wirrwarr*) confusion, *stärker*: chaos.

durcheinander| bringen *v/t.* **1.** → ***durcheinander werfen***; **2.** *fig.* (*j-n*) get *s.o.* all flustered; **~ geraten** *v/i.*, **~ kommen** F *v/i.* get mixed up (*a. fig.*); **~ reden** *v/i.* **1.** talk all at the same time; **2.** F (*wirr reden*) say strange things, F rave; **~ werfen** *v/t.* jumble up; *fig.* mix up.

durchexerzieren *v/t.* go through *s.th.* (*a. erproben*); (*üben*) *a.* practi|se (*Am.* -ce).

durchfädeln *v/t.* thread; ***e-n Faden durch Perlen ~*** thread pearls onto a string, string pearls.

'durchfahren *v/i.* (*a.* ***~ durch***) pass (*od.* go, *mot. a.* drive, ⚓ sail) through; ***bis X ~*** drive *etc.* nonstop to X; ***der Zug fährt in X durch*** the train doesn't stop in X; → ***Rot; durch'fahren*** *v/t.* go (*od.* pass, *mot.*

a. drive) through; go *etc.* across; (*Strecke*) drive; *fig.* ***der Gedanke durchfuhr mich, dass*** it suddenly struck (*od.* hit) me that; ***ein Schreck*** *etc.* ***durchfuhr ihn*** he was suddenly hit by a shock *etc.*

Durchfahrt *f* **1.** passage; ***~ verboten!*** no through road, no thoroughfare; **2.** way; ***die ~ zur Kirche*** the road leading up to the church; **3.** → ***Durchreise***; **Durchfahrtsstraße** *f* through road.

Durchfall *m* **1.** diarrh(o)ea; **2.** (*Misserfolg*) failure, *thea. etc.* F flop.

'durchfallen I. *v/i.* **1.** (*a.* ***~ durch***) fall through (*a. Licht*); **2.** *in e-r Prüfung*: fail, F flunk; *bei e-r Wahl*: be defeated, be beaten; *thea. etc.* F be a flop (*a. Person*); *Vorschlag*: be turned down; ***~ lassen*** fail; ***im Examen ~*** fail (F flunk) the *od.* one's exam; **durch'fallen** *v/t.* fall through.

Durchfallquote *f* failure rate.

durch|fechten I. *v/t.* fight *s.th.* through; **II.** *v/refl.*: ***sich ~*** fight one's way through; **~feiern** *v/i.* (*a. v/t.*: ***die Nacht ~***) celebrate all night, make a night of it; ***wir haben durchgefeiert*** *a.* the party went on all night; **~finden** *v/refl.*: ***sich ~*** (***durch***) find one's way through; ***sich nicht mehr ~*** be lost; **~flechten** *v/t.* intertwine (***mit*** with).

durch'fliegen *v/t.* **1.** fly through; (*e-e Strecke*) fly, cover; **2.** *fig.* (*Buch etc.*) skim through *s.th.*; **'durchfliegen** *v/i.* **1.** (*a.* ***~ durch***) fly through; ✈ *ohne Zwischenlandung*: fly nonstop (***bis*** [***zu***] to); **2.** F *in e-r Prüfung*: F flunk (the *od.* one's exam).

'durchfließen *v/i. u.* **durch'fließen** *v/t.* flow (*od.* run) through.

Durch|flug *m* flight (***durch*** through); *Luftrecht*: (air) transit; **~fluss** *m* flow; ⚙ (*~öffnung*) opening.

durchfluten *v/t.* flow through; *fig. Licht*: flood.

durchforschen *v/t. wissenschaftlich*: investigate; (*genau betrachten, untersuchen*) scrutinize; (*Land*) explore; (*Gelände*) search; (*Bibliothek etc.*) search, comb through; **Durchforschung** *f* investigation; scrutiny; exploration; search(ing).

durchforsten *v/t.* **1.** (*Wald*) thin (out); **2.** *fig.* comb (*od.* sift) through *s.th.*

durch|fragen *v/refl.*: ***sich ~*** ask one's way (***nach, zu*** to); **~fressen I.** *v/t.* **1.** *a.* 🐾 eat through (*a.* ***sich ~ durch***); **II.** *v/refl.*: ***sich ~*** **2.** *Wurm etc.*: eat its way through; **3.** F ***sich ~ bei*** F sponge off; **4.** ***sich durch*** *ein Buch etc.* ***~*** plough (*Am.* plow) through *s.th.*, wade through *s.th.*

durchfretten *n* F *v/reflex.* ***sich ~*** have a hard time of it.

durchfroren *adj.* (*a.* ***ganz*** *od.* ***völlig ~***) frozen to the bone.

Durchfuhr *f* ⚚ transit.

durchführbar *adj.* practicable, feasible; **Durchführbarkeit** *f* practicability, feasibility; **Durchführbarkeitsstudie** *f* feasibility study; **durchführen** *v/t.* **1.** (*a.* ***~ durch***) lead (*od.* take) through *od.* across; *durch ein Museum etc.*: take through (*od.* round); **2.** (*a.* ***~ durch***) (*Draht etc.*) pass through; **3.** *fig.* carry out; (*in Angriff nehmen*) go ahead with; (*zu Ende führen*) carry *s.th.* through; (*Kurs etc.*) hold; (*Konzept*) realize; (*Gesetz*) enforce; **Durchführung** *f e-s Projekts etc.*: realization; *e-s Gesetzes*: enforcement.

Durchfuhr|verbot *n* ⚚ transit embargo; **~zoll** *m* transit duty.

durchfurcht *adj. Gesicht*: lined; ***~e Stirn*** lined forehead, *lit.* furrowed brow.

durchfüttern *v/t.* feed, (*j-n*) *a.* support; ***sich von j-m ~ lassen*** live off s.o.

Durchgabe *f* → ***Durchsage.***

Durchgang *m* passage(way); ⚚, *ast.* transit; *Sport*: round; *Rennen*: heat; ***~ verboten!*** no through road, no thoroughfare, private (road); **durchgängig I.** *adj.* general; **II.** *adv.* generally; throughout.

Durchgangs|bahnhof *m* through station; **~lager** *n* transit camp; **~stadium** *n* transitional stage; **~straße** *f* through road; **~ton** *m* ♪ passing note; **~verkehr** *m* through traffic; ⚚ transit trade; **~zoll** *m* transit duty.

durchgeben *v/t.* (*Nachricht*) pass on, *im Radio*: announce.

durchgebraten *adj.* well-done; ***es ist noch nicht ~*** it isn't done (properly) yet.

durchgefroren *adj.* → ***durchfroren.***

durchgehen I. *v/i.* **1.** (*a.* ***~ durch***) go (*od.* walk) through, pass (through); *Dinge*: go through; **2.** (*durchdringen, a.* ***~ durch***) go through; **3.** (*fliehen*) run away, *Liebende*: elope; *Pferd*: bolt; *fig.* ***s-e Fantasie*** *etc.* ***geht manchmal mit ihm durch*** sometimes his imagination *etc.* just runs wild; ***sein Temperament ging mit ihm durch*** he got carried away; **4.** *Antrag*: be accepted; *Gesetz*: be passed; **5.** (*geduldet werden*) pass; ***et. ~ lassen*** let s.th. pass; ***j-m et. ~ lassen*** let s.o. get away with s.th.; **II.** *v/t.* (*erörtern, prüfen, lesen*) go through (*od.* over); **durchgehend I.** *adj.* **1.** through *train etc.*; *Betrieb etc., a.* ⚙: continuous; **II.** *adv.* **2.** (*allgemein*) generally; **3.** (*ständig*) continuously; ***~ geöffnet*** open all day; ***~ von 9 - 18.30 geöffnet*** open 9 a.m. - 6.30 p.m.; ***~ arbeiten*** work through; ***~ Einlass*** nonstop admission; **4.** (*durchweg*) throughout.

durchgeistigt *adj.* (very) cerebral.

durch|geknöpft *adj. Kleid*: buttonthrough ...; **~geschwitzt** *adj.* sweaty, *völlig*: soaked with sweat; **durchgestaltet** *adj.* (*a.* ***gut ~***) worked out to the last detail; **~gestylt** *adj.* carefully styled; ***ein ~er Yuppie*** a yuppie from head to toe; **~graben** *v/refl.*: ***sich ~*** (***durch***) dig (*od.* burrow) one's way through.

durchgreifen *v/i.* **1.** (*a.* ***~ durch***) reach through; **2.** *fig.* take (tough) action, F do something; ***hart ~ bei*** crack down on, take tough action (*od.* a tough line) against; **durchgreifend** *adj.* drastic; radical, sweeping.

durchhaben F *v/t.*: ***hast du das Buch schon durch?*** have you finished the book?

durchhalten I. *v/i.* hold out, F stick it out; ***du musst ~*** *a.* you mustn't give up, *bsd. Am.* F hang in there; **II.** *v/t.* (*Lebensweise etc.*) keep *s.th.* up; (*Tempo*) *a.* stand *the pace*; **Durchhaltevermögen** *n* staying power.

durchhängen *v/i.* **1.** sag; **2.** F *fig.* have (*od.* be going through) a low; ***lass dich nicht so ~*** come on, get a grip of yourself; **Durchhänger** F *m* F low; ***e-n ~ haben*** have (*od.* be going through) a low.

durch|hauen I. *v/t.* chop in two; (*spalten*) split; F (*prügeln*) give *s.o.* a thrashing; **II.** *v/refl.*: ***sich ~*** (***durch***) hack one's way through; **~hecheln** F *v/t.* gossip about; **~heizen I.** *v/t.* heat properly; **II.** *v/i.* keep the heating on night and day; **~helfen I.** *v/i.* (*a.* ***~ durch***) help *s.o.* through; **II.** *v/refl.*: ***sich ~*** get by, manage; **~hören** *v/t.* **1.** hear (through the wall *etc.*); **2.** ***~, dass*** be able to tell that; **~hungern** *v/refl.*: ***sich ~*** (***durch***) have to survive (*a war etc.*) on very little; ***wir haben uns durch den Krieg durchgehungert*** *a.* we had very little (*od.* virtually nothing) to eat during the war.

'durchjagen I. *v/i.* (*a.* ***~ durch***) race (*od.* tear) through; **II.** *v/t.* rush through (*a. fig.*); **durch'jagen** *v/t.* (*Land*) chase through (*od.* across).

'durchkämmen *v/t.* **1.** (*Haar*) comb out; **2.** *fig.* (*Gebiet etc.*) comb (***nach*** for); **durch'kämmen** *v/t.* comb (***nach*** for).

durch|kämpfen I. *v/t.* fight *s.th.* through; **II.** *v/refl.*: ***sich ~*** a) *a.* ***sich ~ durch*** fight one's way through (*a. fig.*), b) *fig.* → ***durchringen;*** **~kauen** *v/t.* chew well; *fig.* go over *s.th.* again and again; **~klingen** *v/i.* sound through; *fig.* ***es klang etwas Neid durch*** you could detect a tinge of envy; **~knallen** F *v/i. Sicherung*: blow; **~kneten** *v/t.* knead (thoroughly); (*Muskeln*) knead; **~kommen** *v/i.* (*a.* ***~ durch***) come through (*a. Zahn, Nachricht, Charakterzug etc.*); (*hindurchgelangen*) (manage to) get through (*a. teleph.*); *Sonne*: break through; (*sein Ziel erreichen*) make it; *in e-r Prüfung*: pass; *Kranker*: pull through; ***~ mit*** (*e-m Gegenstand*) get *s.th.* through, *fig.* (*e-r Frechheit etc.*) get away with; ***mit et. ~*** (*auskommen*) get by with; ***damit kommst du*** (***bei ihm***) ***nicht durch*** that won't work (that won't cut any ice with him); **~komponiert** *adj.* ♪ through composed; **~können** F *v/i.* (*a.* ***~ durch***) be able to get through; **~konstruiert** *adj.* carefully designed.

durch'kreuzen *v/t.* cross; *fig.* (*Pläne etc.*) thwart, frustrate; **'durchkreuzen** *v/t.* cross out.

'durchkriechen *v/i.* (*a.* ***~ durch***) *u.* **durch'kriechen** *v/t.* crawl through.

durchkriegen F *v/t.* → ***durchbekommen.***

Durchlass *m* passage(way); (*Öffnung*) opening, gap; ***j-m ~ gewähren*** let s.o. pass (*od.* through); **durchlassen** *v/t.* (*a.* ***~ durch***) let *s.o. od. s.th.* pass (*od.* through); (*Antrag, Prüfling*) pass; (*Licht*) let *the light* through; ***Wasser ~*** leak; F ***et. ~*** let s.th. pass; F ***j-m et. ~*** let s.o. get away with s.th.; **durchlässig** *adj.* pervious (***für*** to); (*porös*) porous; *Gefäß, Schuhe etc.*: leaky; *für Licht*: translucent; **Durchlässigkeit** *f* perviousness; porosity; leakiness; translucence; → ***durchlässig.***

Durchlaucht *f*: (***Euer ~*** Your) Highness (*Herzog*: Grace).

durch'laufen *v/t.* **1.** run through; (*e-e Strecke*) cover; ⚙, *phys.* travel through; **2.** *fig.* (*Schule*) pass through; *Gerücht*: spread all over *town etc.*; ***ein Schauder durchlief ihn*** he shuddered, a shiver ran down his spine.

'durchlaufen I. *v/i.* (*a.* ***~ durch***) run through; (*durcheilen*) rush through; ⚙, ⚚ pass through; **II.** *v/t.* (*Schuhe*) go through *a pair of shoes*; ***sich die Füße ~*** walk one's feet off; **durchlaufend** *adj.* continuous (*a.* ⚙); ⚚ transitory; **Durchlauferhitzer** *m* instant(aneous) water heater.

durch|lavieren *v/refl.*: ***sich ~*** F wangle one's way through; **~leben** *v/t.* go (*od.* live) through, experience; (***im Geiste***) ***noch einmal ~*** relive; **~leiten** *v/t.* (*a.* ***~ durch***) lead through; **~lesen** *v/t.* read through.

'durchleuchten *v/i.* (*a.* ***~ durch***) shine

through; *fig. a.* show; **durch'leuchten** *v/t.* ⚕ x-ray, screen; *am Flughafen etc.*: x-ray, put through the scanner; (*Eier*) test; *fig.* (*untersuchen*) investigate (**auf [... hin]** for), (*Vergangenheit*) probe into.

Durchleuchtung *f* ⚕ x-ray, fluoroscopic examination; **Durchleuchtungsgerät** *n am Flughafen etc.*: (x-ray) scanner.

durch|liegen *v/refl.*: **sich ~** get bedsores; **~lochen** *v/t.* → **lochen.**

durchlöchern *v/t.* make holes in; (*durchbohren*) pierce; *mit Kugeln*: riddle with bullets; F *fig.* shoot holes in; **durchlöchert** *adj.* full of holes, F holy ...; *von Kugeln*: riddled with bullets; **völlig ~** *a.* riddled with holes.

durchlotsen *v/t.* (*a.* **~ durch**) pilot (*Auto*: guide) through.

'durchlüften *v/t.* air, give *s.th.* a good airing; **durch'lüften** *v/t.* **1.** → **'durchlüften**; **2.** (*Getreide etc.*) ventilate; (*Aquarium*) aerate.

durchmachen I. *v/t.* go through; (*Wandlung etc.*) undergo; **er hat einiges durchgemacht** he's been through a lot, he hasn't had an easy time of it; **II.** *v/i.* (*weitermachen*) carry on; (*a.* **die ganze Nacht ~**) make a night of it.

Durchmarsch *m* **1.** march through; **2.** F *the* runs *pl.*; **durchmarschieren** *v/i.* (*a.* **~ durch**) march through.

durchmessen *v/t.*: **er durchmaß das Zimmer** he paced the floor; **Durchmesser** *m* diameter; **e-n ~ von drei Metern haben** be three met|res (*Am.* -ers) in diameter.

'durchmischen *v/t.* mix thoroughly; **durch'mischen** *v/t.* mix (**mit** with).

durch|mogeln F *v/refl.*: **sich ~** wangle one's way through; *in e-r Prüfung*: cheat; **~müssen** F *v/i.* (*a.* **~ durch**) have to get (*od.* go) through; *fig.* **da muss ich (einfach) durch** I've (just) got to get through it somehow, I've got to ride this one out.

durchnässt *adj.* soaked, drenched, *Person*: *a.* soaked to the skin.

durch|nehmen *v/t.* (*Lehrstoff*) go through, do; **~nummerieren** *v/t.* number all the way through; **~organisiert** *adj.* (*a.* **gut ~**) well-organized; **~pausen** *v/t.* trace; **~peitschen** *v/t.* **1.** give *s.o.* a whipping; **2.** *fig.* (*Gesetz etc.*) rush *s.th.* through; **~prüfen** *v/t.* give *s.th.* a thorough check; **~queren** *v/t.* cross; **~quetschen I.** *v/t.* (*a.* **~ durch**) squeeze *s.th.* through; **II.** *v/refl.*: **sich ~ (durch)** squeeze through.

'durchrasen *v/i.* (*a.* **~ durch**) *u.* **durch'rasen** *v/t.* race (*od.* tear, shoot) through.

durch|rasseln F *v/i.*, **~rauschen** F *v/i.* F flunk; **~rechnen** *v/t.* make an estimate of; (*nochmals rechnen*) go over, check; **~regnen** *v/impers.*: **hier regnet es durch** the rain's coming through; **~reiben** *v/t.* (*Stoff*) wear through (*a.* **sich ~**).

Durchreiche *f* hatch; **durchreichen** *v/t.* pass (*od.* hand) *s.th.* through.

Durchreise *f*: **auf der ~ (durch)** on one's way through; **wir sind nur auf der ~** we're just passing through.

durch'reisen *v/t.* travel through; (*a. die Welt*) travel around.

'durchreisen *v/i.* (*a.* **~ durch**) pass through; **Durchreisende(r)** *m* travel(l)er, *Am. a.* transient; ✈ transit (🚂 through) passenger; **Durchreisevisum** *n* transit visa.

durchreißen I. *v/t.* tear (in two); **II.** *v/i.* tear, get torn; *Faden*: snap.

'durchreiten *v/i.* (*a.* **~ durch**) *u.* **durch'reiten** *v/t.* ride through.

durchrennen *v/i.* (*a.* **~ durch**) run through.

'durchrieseln *v/i.* (*a.* **~ durch**) trickle through; **durch'rieseln** *v/t.*: **es durchrieselte ihn kalt** a cold shiver ran down his spine.

durch|ringen *v/refl.*: **sich (dazu) ~, et. zu tun** finally make up one's mind to do s.th.; **sich zu e-m Entschluss ~** force o.s. to make a decision; **~rosten** *v/i.* rust through; **~rühren** *v/t.* stir (*od.* mix) thoroughly; **~rutschen** *v/i.* (*a.* **~ durch**) slip through (*a. fig.*); *fig. bei e-r Prüfung*: F scrape through; **sie ist bei der Prüfung durchgerutscht** she (just about) scraped through the exam; **~rütteln** *v/t.* shake about; **~sacken** *v/i.* ✈ stall, *bei Landung*: pancake.

Durchsage *f* announcement; *Radio*: (news) flash; **~ der Polizei** police message; **durchsagen** *v/t. Radio*: announce; (*weitergeben*) pass *s.th.* on.

durchsägen *v/t.* saw through (*od.* in two).

durchschaubar *adj. Motiv etc.*: obvious, transparent; **schwer ~** inscrutable, *Person*: *a.* enigmatic; **er ist leicht ~** you can read him like a book.

'durchschauen *v/i.* (*a.* **~ durch**) look through; **man kann durch die Fenster kaum ~** you can hardly see through the windows; **durch'schauen** *v/t.* see through; (*begreifen*) understand.

durchscheinen *v/i.* (*a.* **~ durch**) shine through (*a. fig.*); *Schrift etc.*: show through; **durchscheinend** *adj.* translucent.

durchscheuern *v/t.* (*Stoff*) wear through (*a.* **sich ~**); **sich die Haut ~** rub one's skin off, chafe one's skin.

'durchschießen *v/i.* (*a.* **~ durch**) shoot through; **durch'schießen** *v/t.* **1.** shoot through *s.th.*; **2.** *typ.* space (out); **3.** *mit Papier*: interleave.

durch|schimmern *v/i.* (*a.* **~ durch**) shimmer through; *Schrift etc.*: come through; **~schlafen** *v/i.* sleep through.

Durchschlag *m* **1.** (*Kopie*) (carbon) copy; **2.** (*Sieb*) colander, strainer; **3.** (*Werkzeug*) punch; **4.** *mot.* puncture; **5.** ⚡ disruptive discharge, *Am.* puncture; *von Sicherungen*: blowout.

durch'schlagen *v/t. Kugel etc.*: go through.

'durchschlagen I. *v/t.* **1.** (*zerschlagen*) break *s.th.* in two; **2. ein Loch durch** *et.* **~** make a hole in; **3.** *gastr.* pass *s.th.* through a strainer; **II.** *v/i.* **4.** (*a.* **~ durch**) *Nässe etc.*: come through, *Farbe*: *a.* show through; **5.** *Erbanlage*: come through; **bei ihm schlägt die Mutter durch** he takes after his mother's side; **6.** (*wirken*) have an effect (**auf** on); **7.** (*abführend wirken*) go straight through (**bei j-m** s.o.); **8.** ⚡ *Sicherung*: blow; **III.** *v/refl.*: **sich ~** fight one's way through (*a.* **sich ~ durch**); *fig.* get by (**mit** on); **sich mühsam ~** have a hard time of it; **durchschlagend** *adj. Beweis*: conclusive, irrefutable; *Erfolg*: sweeping.

Durchschlagpapier *n* carbon paper.

Durchschlagskraft *f* striking force; *fig. e-s Arguments etc.*: force.

durch|schlängeln *v/refl.*: **sich ~ (durch)** *Fluss etc.*: wind (its way) through; *Person*: weave one's way through; *fig.* muddle through; **~schleichen** *v/refl.*: **sich ~ (durch)** sneak through; **~schleusen** *v/t.* **1.** pass *a ship etc.* through a lock; **2.** *fig.* (*a.* **~ durch**) guide *s.o. od. s.th.* through; *durch den Zoll etc.*: hustle *s.o.* through, *heimlich*: smuggle *s.o. od. s.th.* through; **~schlüpfen** *v/i.* (*a.* **~ durch**) slip through; **~schmecken I.** *v/t.* taste; **II.** *v/i.*: **der Senf schmeckte durch** you could taste the mustard (quite strongly); **~schmuggeln I.** *v/t.* (*a.* **~ durch**) smuggle through; **II.** *v/refl.*: **sich ~ (durch)** sneak through.

'durchschneiden *v/t.* cut (in two); **durch'schneiden** *v/t.* **1.** → **'durchschneiden**; **2.** (*Land etc.*) cut through; (*Linie*) intersect; (*kreuzen*) cross; (*die Wellen*) plough (*Am.* plow) through.

Durchschnitt *m* **1.** average; **im ~** on average; **über (unter) dem ~ liegen** be above (below) average; **im ~ erzielen** *etc.* average; **er ist guter ~** he's not a bad player *etc.*; **2.** (*Querschnitt*) section; **durchschnittlich I.** *adj.* average; (*gewöhnlich*) ordinary; (*mittelmäßig*) average, *contp.* mediocre; F fair to middling; **II.** *adv.* on (an) average; **~ leisten** *etc.* average; **er arbeitet ~ zehn Stunden am Tag** he works an average of ten hours a day, he works ten hours a day, on average.

Durchschnitts... *mst* average; **~alter** *n* average age; **~bürger** *m* average citizen; **der ~** the (F your) average citizen, the man in the street, F Mr Average; **~einkommen** *n* average income; **~geschwindigkeit** *f* average speed; **~gesicht** *n* nondescript face; **~leistung** *f* average performance; **~mensch** *m* ordinary person, *the* man in the street; **~note** *f* average mark (*bsd. Am.* grade); **~typ** F *m* F ordinary sort of person; **~verdiener** *m* average wage (*od.* salary) earner; **~wert** *m* average (value); **~zeit** *f* average time (it takes).

durchschnüffeln *v/t.* snoop around in, (*a. Briefe etc.*) nose around in.

Durchschreibeblock *m* carbon-copy pad; **durchschreiben** *v/t.* make a (carbon) copy of.

'durchschreiten *v/i.* (*a.* **~ durch**) *u.* **durch'schreiten** *v/t.* walk through (*od.* across), *mit großen Schritten*: stride through.

Durchschrift *f* (carbon) copy.

Durchschuss *m* **1.** (*Wunde*) penetration wound; **das war ein (glatter) ~ durch den Arm** the shot went right through his (*od.* her) arm; **2.** *typ.* space; **3.** *Weberei*: woof.

durchschütteln *v/t.* shake thoroughly; (*j-n*) shake *s.o.* about.

durchschweifen *v/t.* roam.

'durchschwimmen *v/i.* (*a.* **~ durch**) swim (*Sachen*: float) through (*od.* across); **durch'schwimmen** *v/t.* swim through (*od.* across), cross; (*e-e Strecke*) swim.

durchschwitzen *v/t.*: **ich habe mein Hemd durchgeschwitzt, mein Hemd ist durchgeschwitzt** my shirt's soaked (*od.* soaking, drenched) with sweat.

durch'segeln *v/t.* (*die Meere*) sail (across), cross; **'durchsegeln** *v/i.* **1.** sail through; **2.** F flunk (it); **er ist in der Prüfung durchgesegelt** he flunked the exam.

durchsehen I. *v/i.* (*a.* **~ durch**) see (*od.* look) through; **II.** *v/t.* look (*od.* go) through, go over, check.

'durchsetzen I. *v/t.* (*Plan etc.*) get *s.th.* through (*od.* accepted); *mit Nachdruck*: push *s.th.* through; **s-e Meinung ~** get (the) others to agree; **s-n Kopf** (*od.*

D

Willen) ~ have one's way; **II.** *v/refl.*: ***sich ~*** get one's way; *im Leben*: assert o.s.; *im Konflikt*: prevail; *Idee etc.*: catch on, gain acceptance (**bei** with); *Ware*: catch on, sell; ***sich ~ gegen*** (*siegen*) come out on top against (*a. Sport*), prevail over, (*Widerstände*) overcome; ***sie kann sich bei den Kindern nicht ~*** the children always get their own way with her, she has no control over the children; ***du musst lernen, dich durchzusetzen*** you've got to assert yourself more, you've got to be more self-assertive (*od.* forceful).

durch'setzen *v/t.* intersperse, (*bsd. Schriftliches*) *a.* interlard (***mit*** with); *mit Spionen etc.*: infiltrate (with).

Durchsetzungs|kraft *f*, **~vermögen** *n* (powers *pl.* of) self-assertion; ***er hat nicht genügend ~*** he isn't forceful enough.

durchseuchen *v/t.* contaminate; **Durchseuchung** *f* contamination.

Durchsicht *f* (*Überprüfung*) checking; ***bei ~ gen.*** on (*od.* while) looking through (*prüfend*: checking) *s.th.*

durchsichtig *adj.* transparent, *Bluse etc.*: *a.* see-through; *Haut*: translucent; *fig.* obvious, transparent; **Durchsichtigkeit** *f* transparency (*a. fig.*); *der Haut*: translucence, translucent quality.

durchsickern *v/i.* (*a.* ***~ durch***) seep through, *tröpfelnd*: trickle through; *fig. Informationen*: filter through, *ungewollt*: leak out; ***~ bis*** *a.* filter (*od.* trickle) down to.

durchsieben *v/t.* sift (*a. fig.*).

durchsiebt *adj. mit Kugeln*: riddled with bullets.

durch|spielen I. *v/t.* **1.** ♪ play *s.th.* right through; *in Gedanken*: go through; **II.** *v/i.* **2.** *Sport*: play a through ball; **3.** *Sport*: a) last the whole match *etc.*, b) go through the whole season (*od.* tournament *etc.*) *with the same team etc.*; **III.** *v/refl.*: ***sich ~*** *Sport*: weave one's way through; **~sprechen** *v/t.* talk *s.th.* over, discuss; **~spülen** *v/t.* **1.** (*Wäsche*) rinse thoroughly; **2.** (*Nieren*) (*a.* ***gut ~***) flush; **~starten** *v/i.* ✈ reaccelerate for a new landing approach; *mot.* rev up.

'durchstechen *v/i.*: ***durch*** *et.* ***~*** pierce; ***mit e-r Nadel ~*** stick (*od.* pass) a needle through; **durch'stechen** *v/t.* pierce; *leicht, mit e-r Nadel*: prick; (*Damm*) cut.

durch|stecken *v/t.* (*a.* ***~ durch***) pass (*od.* put) through; **~stehen** *v/t.* get through, F stick *s.th.* out; → *a.* ***durchhalten*** II.

durch'stöbern *v/t.*, *a.* **'durchstöbern** *v/t.* rummage through *s.th.* (***nach*** for).

'durchstoßen I. *v/i. a.* ⚔ *u. Sport*: break through; **II.** *v/t.* (*a.* ***~ durch***) push through; **durch'stoßen** *v/t.* pierce; ⚔, ✈ (*Wolken*) break through.

durchstreichen *v/t.* cross out.

'durchströmen *v/i.* (*a.* ***~ durch***) flow (*od.* run) through; **durch'strömen** *v/t.* flow (*od.* run) through; *fig.* ***ein Gefühl der Zufriedenheit durchströmte ihn*** he was filled with a great sense of satisfaction.

durchsuchen *v/t.* search (***nach*** for); **Durchsuchung** *f* search; **Durchsuchungsbefehl** *m* search warrant.

durchtanzen I. *v/t.*: ***die ganze Nacht ~*** dance the night away; **II.** *v/i.* dance non-stop; ***~ bis*** dance (away) until (*od.* till).

durchtasten *v/refl.*: ***sich ~*** (***durch***) grope one's way through.

durchtrainiert *adj.* well-trained; *Körper*: supple, athletic.

durchtränken *v/t.* soak (***mit*** in); *lit. fig.* ***durchtränkt von*** suffused with.

'durchtrennen *v/t.*, *a.* **durch'trennen** *v/t.* tear (in two); (*schneiden*) cut (in two); (*Nerv etc.*) sever.

durchtreten *v/t.* **1.** (*Schuhe*) wear out; **2.** *mot.* (*Pedal*) floor; (*Starter*) kick.

durchtrieben *adj.* sly; ***das ist ein ~er Kerl*** he's a sly one.

durchwachen *v/t.*: ***die Nacht ~*** be (*od.* lie, stay) awake all night, ***bei j-m***: stay by s.o.'s bedside (*od.* stay up with s.o.) all night; ***ich habe die Nacht durchgewacht*** *a.* I didn't sleep a wink (*od.* get a wink of sleep) all night.

'durchwachsen *v/i.* (*a.* ***~ durch***) grow through.

durch'wachsen *adj. Fleisch*: marbled; *Speck*: streaky; F *fig. Befinden*: F so-so, fair to middling; *Wetter*: up and down.

Durchwahl *f teleph.* direct dial(l)ing; (*Nebenstelle*) extension; **durchwählen** *v/i.* dial through (*od.* direct); *Am.* direct dial.

'durchwandern *v/i.* (*a.* ***~ durch***) *u.* **durch'wandern** *v/t.* walk (*od.* hike) through; do (*od.* go on) a walking *od.* hiking tour through.

durchwärmen *v/t.* warm *s.o. od. s.th.* up.

'durchwaten *v/i.* (*a.* ***~ durch***) *u.* **durch'waten** *v/t.* wade through.

durchweben *v/t.* interweave (*a. fig.*).

durchweg *adv.* entirely; ***sie waren ~ defekt*** they were all faulty, every one of them was faulty.

durchweichen *v/t.* soften; *durch Nässe*: soak; **durchweicht** *adj.* soaked; *Erde, Brot etc.*: soggy.

durchwinden *v/refl.*: ***sich ~*** (***durch***) wind its way through; *Person*: *a.* weave one's way through; *durch Schwierigkeiten*: (manage to) get round.

durchwinken *v/t.* wave *s.o.* through.

'durchwühlen I. *v/t.* → ***durch'wühlen***; **II.** *v/refl.*: ***sich ~ durch*** burrow (one's *od.* its way) through; *fig.* plough (*Am.* plow) through; **durch'wühlen** *v/t.* (*Erde*) dig up, *Schweine*: root up; (*Koffer etc.*) rummage through.

durch|wurschteln, ~wursteln F *v/refl*: ***sich ~*** muddle through, ***durch***: muddle one's way through *s.th.*; **~zählen** *v/t.* count (up); **~zeichnen** *v/t.* trace.

'durchziehen I. *v/t.* (*a.* ***~ durch***) pull *s.th.* through; (*Plan etc.*) carry *s.th.* through (to the end), (*Arbeit etc.*) see *s.th.* through; **II.** *v/i.* (*a.* ***~ durch***) pass through; *gastr.* ***~ lassen*** steep; **III.** *v/refl.*: ***sich ~*** (***durch***) go right through; *Motiv etc.*: run all the way through; **durch'ziehen** *v/t.* pass through; *Flüsse etc.*: run through (*a. Motiv etc.*).

durch'zucken *v/t. Blitz*: flash across *the sky*; *Schmerz, Empfindung*: shoot through; *Gedanke*: flash through *s.o.'s mind.*

Durchzug *m* **1.** (*Luft*) draught, *Am.* draft; ***~ machen*** air the room *etc.* through; F *fig.* ***auf ~ schalten*** F switch off; **2.** *von Vögeln*: passage; *von Truppen*: march through.

durch|zwängen, ~zwingen I. *v/t.* (*a.* ***~ durch***) force (*od.* squeeze) through; **II.** *v/refl.*: ***sich ~*** (***durch***) squeeze (o.s.) through.

dürfen *v/i.* **1.** *bei Erlaubnis bzw. Verbot allgemein*: be allowed to *inf.*; ***darf ich rausgehen?*** can (*höflich*: may) I go out?; ***nein, du darfst nicht*** no you can't, *bestimmter*: no you may not; ***er darf*** (***durfte***) ***nicht raus*** he's not (he wasn't) allowed out; ***ich darf keinen Alkohol trinken*** I'm not allowed (to drink) any alcohol; **2.** *bei Ratschlag, Aufforderung, Warnung etc.*: ***du darfst den Hund nicht anfassen*** you mustn't touch the dog, don't touch the dog; ***wir ~ den Bus nicht verpassen*** we mustn't miss the bus; ***so etwas darfst du nicht sagen*** you mustn't (*od.* shouldn't) say things like that; ***das darfst du doch nicht*** you shouldn't do (things like) that; ***das hättest du nicht sagen ~*** you shouldn't have said that; ***das darf keiner erfahren*** nobody's to know, nobody must find out; **3.** *etwa in der Bedeutung „können"*: ***wenn man es so nennen darf*** if one can call it that; ***du darfst stolz auf ihn sein*** you can be proud of him; ***du darfst es mir glauben*** you can take my word for it; **4.** *bei Annahmen etc.*: ***das dürfte der Neue sein*** that must be the new teacher *etc.*; ***es dürfte bald zu Ende sein*** it should be finished soon; ***das dürfte die beste Lösung sein*** that's probably (*od.* that seems to be, I think that's) the best solution; **5.** *in Höflichkeitsformeln*: ***darf ich?*** may I?; ***was darfs sein?*** what can I do for you?, *als Gastgeber*: what would you like (to drink)?, F *hum.* what's your poison?; ***ich darf mich jetzt verabschieden*** I'm afraid I've got to go now; → ***bitten.***

dürftig *adj.* (*unzulänglich*) poor; *Verhältnisse*: humble; *Einkommen*: meag|re (*Am.* -er); (*spärlich*) scanty, *Kleidung*: *a.* skimpy; *Argument*: weak, flimsy; *Ausrede*: feeble.

dürr *adj.* (*trocken*) dry; *Boden*: *a.* arid, (*unfruchtbar*) barren; (*mager*) thin, skinny (*a. Arme*); *Hals*: scrawny; *Beine*: spindly; ***in ~en Worten*** in sober terms; **Dürre** *f* dryness; aridity ; (*Regenmangel*) drought; **Dürreperiode** *f* period of drought.

Durst *m* thirst (***nach*** for; *a. fig.*); ***~ bekommen*** (***haben***) get (be) thirsty; ***das macht ~*** it makes you thirsty; ***Gartenarbeit macht ~*** gardening is thirsty work; ***hab ich e-n ~!*** I'm dying of thirst; F ***einen über den ~ getrunken haben*** have had one too many (F one over the eight); **dursten** *v/i.* be thirsty; ***~ müssen*** go thirsty; *fig.* ***~ nach*** thirst (*od.* be thirsting) for; **durstig** *adj.* thirsty.

durst|löschend, ~stillend *adj.* thirst-quenching; **~strecke** *fig. f* long hard haul.

Dur|tonart *f* ♪ major key; **~tonleiter** *f* ♪ major scale.

Duschbad *n* shower-bath.

Dusche *f* shower; ***e-e ~ nehmen*** have (*od.* take) a shower; ***unter der ~*** in the shower; *fig.* ***das war e-e kalte ~ für ihn*** that brought him down to earth with a bump; **duschen I.** *v/i. u. v/refl.* (***sich ~***) have (*od.* take) a shower; **II.** *v/t.* give *s.o.* a shower; (*ab~*) shower down.

Dusch|gel *n* shower gel; **~gelegenheit** *f* shower facilities *pl.*; **~haube** *f* shower cap; **~kabine** *f* shower (cubicle); **~kopf** *m* shower head; **~raum** *m* shower room, showers *pl.*; **~vorhang** *m* shower curtain.

Düse *f* ⚙ nozzle; (*Spritz~*) jet.

Dusel F *m* (*Glück*) luck; ***~ haben*** be in luck, be lucky; ***da haben wir noch einmal ~ gehabt*** that was lucky, *bei vermiedenem Unglück etc.*: *a.* that was close.

duselig F *adj.* F dop(e)y; ***mir ist ganz ~*** (***im Kopf***) I feel really dop(e)y.

düsen I *v/i.* jet; **II.** *v/i. u. v/t. dial.* blather, talk a lot of nonsense.

Düsen|antrieb *m* jet propulsion; ***mit* ~** → ***düsengetrieben***; **~bomber** *m* jet bomber; **~flugzeug** *n* jet aircraft, jet (plane); **⁲getrieben** *adj.* jet-propelled; **~jäger** *m* jet fighter; **~triebwerk** *n* jet engine; **~zeitalter** *n* jet age.

Dussel F *m* F dope, twit, dumbo.

düster I. *adj.* (*dunkel*) dark, gloomy; *Licht*: dim; *Farben*: dark, somb|re (*Am.* -er); (*bedrückend*) dismal, gloomy (*a. Wetter*); (*unheilvoll*) ominous (*a. Blick*); *Gestalt*: sinister; (*verdächtig*) shady; ***~e Gedanken*** black thoughts; ***~e Prognose*** gloomy prediction; ***~es Schweigen*** gloomy silence; ***~e Stimmung*** a) gloomy atmosphere, b) grim mood; ***ein ~es Bild von et. zeichnen*** (*od.* ***entwerfen***) paint a black picture of s.th.; **II.** *adv.*: ***es sieht ~ aus*** things are looking grim; **Düsterheit** *f*, **Düsterkeit** *f* gloom(iness).

Duty-free-Shop *m* duty-free (shop).

Dutzend *n* dozen; ***ein*** (***zwei***) ***~ Eier*** a (two) dozen eggs; ***~e von Leuten*** dozens of people; ***sie kamen in*** (*od.* ***zu***) ***~en*** dozens (of them) came; **~gesicht** *n* nondescript face; **~mensch** *m* nonentity; **~ware** *contp. f* cheap stuff; **⁲weise** *adv.* by the dozen.

duzen *v/t.* say 'du' to *s.o.*, *etwa* be on first-name terms with; **Duzfreund(in** *f*) *m etwa* good friend; ***sie sind Duzfreunde*** (***Duzfreundinnen***) *a.* F they're good mates (*a. Frauen*: pals).

Dynamik *f phys.*, ♪, *a. e-s Romans etc.*: dynamics *pl.* (*Lehre*: *sg. konstr.*); *fig.* (*Kraft*) dynamic force; *e-r Person*: dynamism, (tremendous) drive; **Dynamiker(in** *f*) *m* go-getter; **dynamisch** *adj.* dynamic(ally *adv.*) (*a. fig.*); *fig. Rente*: index-linked *pension*; **dynamisieren** *v/t.* (*Vorgang*) speed up; (*Rente*) index-link; **Dynamisierung** *f* speeding-up; (*von Renten*) index-linking.

Dynamit *n* dynamite.

Dynamo *m*, **~maschine** *f* dynamo, *Am.* generator.

Dynastie *f* dynasty.

Dystonie *f* ⚕ dystonia; ***vegetative ~*** neurodystonia.

D-Zug *m* express, fast train.

D

E, e *n* E, e; ♪ E.

Eau de| Cologne *n* eau de Cologne; **~toilette** *n* eau de toilette, toilet water.

Ebbe *f* low tide; **~ *und Flut*** high tide and low tide; ***es ist ~*** the tide's out, it's low tide; F *fig.* ***in m-m Geldbeutel ist ~*** I'm a bit hard up at the moment.

eben I. *adj.* **1.** (*flach*) even, level; (*glatt*) smooth; **II.** *adv.* **2.** (*gerade, soeben*) just (now); ***~ erst*** only just; ***ich wollte ~ gehen*** I was just about (*od.* going) to leave; **3.** (*genau, gerade*) just, exactly; ***~ das wollte ich sagen*** that's just what I was going to say; ***~!*** exactly; (***das ist es ja***) ***~!*** that's it, that's what I've been trying to say all along; ***~ nicht!*** no – that's the whole point; **4.** ***ja, ~!*** *sich erinnernd*: that's right; **5.** ***~ noch*** (*gerade noch*) only just; **6.** (*nun einmal, halt*) just; ***er will ~ nicht*** he doesn't want to - it's as simple as that; ***ich weiß es ~ nicht*** I just don't know; ***er ist ~ müde*** he's tired, that's all; ***es taugt ~ nichts*** I told you it was no good; ***dann ~ nicht!*** all right (*Am.* alright), nobody's forcing you; ***da kann man ~ nichts machen*** well, it can't be helped; ***er ist ~ der Bessere*** he's better - there's no denying it; ***dann komme ich ~ nicht*** well, I'll just not come, then; ***das ist ~ so*** well, that's how it is; **7.** *iro.* ***nicht ~ klug*** *etc.* not exactly clever *etc.*

Ebenbild *n* image; ***das ~ s-s Vaters*** the spitting image (*od.* spit and image) of his father.

ebenbürtig *adj.* equal, of equal rank (*od.* quality); ***j-m ~ sein*** be on a level (*od.* par) with s.o.; ***sie ist ihm an Intelligenz ~*** she's every bit as intelligent as he is; ***ein ~er Nachfolger*** a worthy successor; **Ebenbürtigkeit** *f* equality.

ebenda *adv.* just there; *bei Quellenangaben*: ibidem (*abbr.* ibid.).

ebender, ebendie, ebendas(selbe) I. *dem. pron.* that very one, *a. Person*: the very same; **II.** *adj.* that very ...

ebendeswegen *adv.* that's precisely why; *allein stehend*: that's exactly why I did it *etc.*

Ebene *f geogr.* plain; A plane; ⚙ plane surface; *fig.* (*Stufe*) level; A ***schiefe ~*** inclined plane; *fig.* ***auf die schiefe ~ geraten*** go off the straight and narrow; ***auf staatlicher*** (***politischer***) ***~*** at government (on a political) level; ***auf höchster ~*** *entschieden werden etc.*: at the highest level, (right) at the top; ***Gespräche auf höchster ~*** top-level talks; ***auf gleicher ~ liegen mit*** be on a level (*od.* par) with.

ebenerdig *adj.* ground-level ..., at ground level.

ebenfalls *adv.* likewise, also; *nachgestellt*: too, as well; ***~ nicht*** (***kein***) not ... either; ***danke, ~!*** you too; → *a.* ***auch.***

Ebenheit *f* (*Flachheit*) evenness; (*Glätte*) smoothness.

Ebenholz *n* ebony.

Ebenmaß *n* harmony, symmetry, regularity; *e-s Körpers*: shapeliness; **ebenmäßig** *adj.* regular; well-proportioned; *Körper*: shapely; **Ebenmäßigkeit** *f* → ***Ebenmaß.***

ebenso *adv.* **1.** just as; ***es ist ~ voll wie gestern*** it's (just) as full as it was yesterday; ***er ist ~ fleißig wie hilfreich*** he's as hard-working as he is helpful; **2.** (in) the same way; ***ich reagierte ~*** *a.* my reaction was the same; ***in Europa ~ wie in Amerika*** in Europe and America alike; **3.** → ***ebenfalls, auch***; ***~ gern, ~ gut*** *adv. etc.* → ***genauso gern, genauso gut*** *etc.*

Eber *m* (wild) boar; → ***angestochen.***

Eberesche *f* ⚘ mountain ash, rowan (tree).

ebnen *v/t.* level (off *od.* out); *fig.* → ***Weg.***

echauffieren *v/refl.*: ***sich ~*** get all excited (*od.* worked up, hot and bothered) (***über*** about); **echauffiert** *adj.* (all) hot and bothered, (all) worked up (***über*** about).

Echo *n* **1.** echo; ***ein ~ geben*** (*od.* ***zurückwerfen***) echo; **2.** *fig.* response (***auf*** to), echo; ***ein begeistertes ~ finden*** go down well, *stärker*: meet with an overwhelming response, *Vorschlag etc.*: be welcomed with open arms; ***es fand kein ~*** there was no response (*Zustimmung*: support) (***bei*** from); ***ein weltweites ~ hervorrufen*** *Entdeckung etc.*: be hailed throughout the world, *politische Handlung etc.*: have worldwide repercussions.

Echolot *n* sonar.

Echse *f* **1.** saurian; **2.** → ***Eidechse.***

echt I. *adj. Gold, Leder etc.*: real; *Gemälde etc.*: genuine; *Urkunde etc.*: authentic; *Farbe*: fast; *Haarfarbe*: natural; *fig.* real; A ***~er Bruch*** proper fraction; *das Gemälde etc.* ***ist nicht ~*** *a.* is a forgery; ***für ~ erklären*** authenticate; ***ein ~er Engländer*** a real (*od.* true) Englishman, an Englishman born and bred; ***~e Gefühle*** genuine feelings; ***e-e ~e Atmosphäre erzielen*** get the genuine (*od.* real) feel *of the place etc.*; ***ein ~er Verlust*** a real (*od.* great) loss; **II.** *adv.* really; F ***das ist ~ Paul!*** that's Paul all over; F ***das war ~ gut!*** it was really good; **Echtheit** *f* genuineness; *e-r Urkunde etc.*: authenticity; ***die ~ von et. überprüfen*** check whether s.th. is genuine (*od.* authentic).

Echtzeit *f Computer*: real time; **~uhr** *f* real-time clock; **~verarbeitung** *f* real-time processing.

Eck|ball *m Sport*: corner; **~bank** *f* corner seat(ing unit); **~daten** *pl.* key features.

Ecke *f* corner (*a. Straßen*~, *Kante u. Sport*); (*Stückchen*) piece; F *fig.* (*Gegend*) F corner (of town, of the country, of the world); F *fig.* (*Strecke*) F stretch; ***an der ~*** at (*Haus*: on) the corner; ***~ Weinstraße*** at (*od.* on) the corner of Weinstraße; ***gleich um die ~*** just (a)round the corner; F *fig.* ***j-n um die ~ bringen*** F bump s.o. off; ***in die ~ drängen*** corner, (*in den Hintergrund*) push *s.o.* into the background; ***ich bin um fünf ~n mit ihm verwandt*** I'm a distant relation of his; ***es fehlt an allen ~n und Enden*** we're *etc.* short on everything; ***das ist noch e-e ganze ~*** F that's still a fair way to go; ***er ist ein Mann mit ~n und Kanten*** he rubs people up the wrong way; ***dem traue ich nicht um die ~*** I wouldn't trust him as far as I could throw him; ***die ~n*** (***und Kanten***) ***abschleifen*** smooth away the rough edges.

Eckensteher F *m* F loafer.

Eck|fenster *n* corner window; **~haus** *n* corner house.

eckig *adj. Tisch*: rectangular; *Gestalt*: angular, *Gesicht, Kinn*: *a.* square; *fig.* awkward, stiff; (*ungeschliffen*) rough; → ***Klammer.***

...eckig *adj.* ...-cornered; *Geometrie*: ...angular.

Eck|laden *m* corner shop; **~lohn** *m* basic

wage; **~pfeiler** *m* corner pillar; *fig.* cornerstone; **~platz** *m* corner seat; **~schrank** *m* corner cupboard; **~stein** *m* cornerstone (*a. fig.*); **~stoß** *m Fußball*: corner kick; **~wert** *m* benchmark figure; **~zahn** *m* eyetooth, canine; **~zimmer** *n* corner room; **~zins** *m* basic interest rate, base rate, *Am.* prime rate.

Economy-Class *f*, **Economyklasse** *f* economy class.

Ecstasy *n Droge*: Ecstasy, ecstasy; ***~ schlucken*** take ecstasy; **~pille** *f* ecstasy pill; **~szene** *f* ecstasy scene; **~tablette** *f* ecstasy tablet; **~trip** *m* ecstasy trip.

ecu, ECU *m, f* (*Währung*) ecu, ECU.

Ecuadorianer(in *f*) *m*, **ecuadorianisch** *adj.* Ecuadorian.

edel *adj.* noble; *Qualität, Wein etc.*: fine; *Metall*: precious; → ***Tropfen.***

Edel|fäule *f Wein*: noble rot; *Käse*: mo(u)ld; **~frau** *f hist.* noblewoman; **~gas** *n* noble gas; **~holz** *n* precious wood; **~kastanie** *f* sweet chestnut; **~kitsch** *contp. m* glorified (*od.* elevated) kitsch; **~knabe** *m hist.* page, squire; **~krimi** *m* high-class thriller; **~mann** *m hist.* nobleman; **~metall** *n* precious metal.

Edelmut *m* noble-mindedness, magnanimity; **edelmütig** *adj.* noble-minded, magnanimous.

Edel|nutte F *f* F high-class tart; **~pilzkäse** *m* blue-veined cheese; **~stahl** *m* high-grade steel; **~stein** *m* precious stone; *geschnitten etc.*: jewel, gem (-stone); **≈süß** *adj.*: ***~er Paprika*** sweet paprika; **~tanne** *f* silver fir; **~weiß** *n* ⚘ edelweiss; **~wild** *n* red deer.

Eden *n*: *bibl.* (***der Garten ~*** the Garden of) Eden; *fig.* Eden.

edieren *v/t.* **1.** edit; be the editor of; **2.** publish.

Edikt *n* edict.

editieren *v/t. Computer*: edit; **Editierfunktion** *f* editing function; **Editiermodus** *m Computer*: editing mode.

Edition *f* edition; (*Herausgabe*) publication.

Editor *m Computer*: editor.

Edle(r *m*) *f* → ***Edelfrau, Edelmann.***

EDV *f* (electronic) data processing, EDP.

EEG *n* ⚕ EEG.

Efeu *m* ivy; **≈bewachsen** *adj.* covered in ivy; *lit.* ivy-clad.

Effeff F *n*: ***et. aus dem ~ können*** be able to do s.th. blindfolded; ***et. aus dem ~ kennen*** know s.th. inside out (*od.* like the back of one's hand).

Effekt *m* effect; *thea. etc.* (special) effect; ⚙ (*Wirkungsgrad*) efficiency, effect; (*Ergebnis*) result, effect; ***auf ~ angelegt*** calculated for effect; **~beleuchtung** *f Film etc.*: effect lighting.

Effekten *pl.* ☤ stocks and bonds; **~börse** *f* stock exchange, *auf dem europäischen Festland*: *a.* bourse; **~handel** *m* trading in stock; **~händler** *m* stock dealer; **~makler** *m* stockbroker; **~markt** *m* stock market.

Effekthascherei *f* showing off, *stärker*: sensationalism; *in Wort u. Schrift*: claptrap; ***billige ~*** cheap showmanship; ***bei ihm ist es bloß ~*** *a.* he's just out for show.

effektiv I. *adj.* actual; ☤ *a.* effective; (*wirksam*) effective; ***~e Verzinsung*** net yield; **II.** *adv.* (*wirklich*) really, literally; (*ganz sicher*) definitely; **≈geschäft** *n* spot market transactions *pl.*; **≈kosten** *pl.* actual cost *sg.*; **≈leistung** *f* ⚙ effective output; **≈lohn** *m* actual earnings *pl.*

effektvoll *adj.* effective.

effeminiert *adj.* effeminate.

effizient *adj. wirtschaftlich*: efficient; (*wirksam*) effective; **Effizienz** *f* efficiency; effectiveness.

EG *f* EC, European Community; *fälschlich*: EEC.

egal *adj.* **1.** F *pred.* (*einerlei*) ***das ist ganz ~*** it doesn't matter, it doesn't make any difference; ***das ist mir*** (***ganz***) ***~*** I don't mind, it doesn't matter (*od.* make any difference) to me, (*mich kümmerts nicht*) I couldn't care less, why should I care, F I don't give (*od.* couldn't give) a damn; ***ihr ist alles ~*** she doesn't care about anything; ***ganz ~ wo*** (***warum, wer, was***) no matter where (why, who, what), *stärker*: I don't care where (why, who, what); **2.** (*gleich*) the same; **3.** (*gleichmäßig*) even; **egalisieren** *v/t.* (*Rekord*) equal.

Egel *m zo.* leech.

Egerling *m* chestnut (*od.* brown cap) mushroom.

Egge *f*, **eggen** *v/t.* harrow.

Ego *n* ego.

Egoismus *m* selfishness, ego(t)ism; **Egoist** *m* selfish person, ego(t)ist; **egoistisch** *adj.* selfish, ego(t)istical.

egoman *adj.* self-obsessed, (completely) obsessed with o.s.; ***~ sein*** *a.* be an egomaniac; **Egomanie** *f* egomania.

Egotrip F *m*: ***auf dem ~ sein*** F be on an ego trip.

Egozentriker *m* self-centred (*Am.* -centered) person, egocentric (person); **egozentrisch** *adj.* self-centred (*Am.* -centered), egocentric.

eh I. *adv.* **1.** F (*sowieso*) anyway, anyhow; ***er weiß es ~ schon*** *a.* he knows already; **2.** ***das ist seit ~ und je so*** it's always been like that, it's been like that ever since I can remember; ***es ist wie ~ und je*** it's the same as ever; ***er ist optimistisch wie ~ und je*** he's as optimistic as ever; **II.** F *int.*: ***~?*** eh?, huh?; **III.** F *cj.* → ***ehe.***

ehe *cj.* before; ***nicht ~*** not until, not before; ***~ er mir das Zimmer versaut, renoviere ich es selber*** rather than let him ruin the room, I'll do it up myself.

Ehe *f* marriage (*a. fig.*); (*~leben*) married life; ***aus erster ~*** by one's first marriage, by one's first husband (*od.* wife); ***e-e glückliche ~ führen*** be happily married; ***sie hat zwei Kinder mit in die ~ gebracht*** she's got two children from a previous marriage; ***er ist in zweiter ~ verheiratet mit ...*** his second wife is ...; ***j-m die ~ versprechen*** promise to marry s.o.; ***die*** (*od.* ***e-e***) ***~ schließen*** get married (***mit*** to); ***in den*** (***heiligen***) ***Stand der ~ eintreten*** enter into holy matrimony; → ***brechen*** 2; **≈ähnlich** *adj.*: ***sie leben in e-m ~en Verhältnis*** they live together as man and wife; ***~e Gemeinschaft*** common-law marriage; ***in e-r ~en Gemeinschaft leben*** cohabit.

Eheanbahnung *f* → ***Heiratsvermittlung***; **Eheanbahnungsinstitut** *n* → ***Heiratsinstitut.***

Eheberater *m* marriage guidance counsel(l)or; **Eheberatung** *f* **1.** marriage guidance (counsel[l]ing); **2.** → ***Eheberatungsstelle*** *f* marriage guidance bureau.

Ehebett *n* **1.** marriage bed; **2.** double bed.

Ehebrecher(in *f*) *m* adulterer (*f* adulteress); **ehebrecherisch** *adj.* adulterous; **Ehebruch** *m* adultery; ***~ begehen*** commit adultery.

Ehebündnis *n* (bonds *pl.* of) marriage.

ehedem *adv.* formerly.

Ehefrau *f* **1.** wife; **2.** (*verheiratete Frau*) married woman, *pl. a.* wives.

Ehegatte *m*, **Ehegattin** *f* ⚖ spouse; ***beide Ehegatten*** (both) husband and wife; → ***Ehemann, Ehefrau***; **Ehegattensplitting** *n etwa* taxation of the total income of a married couple on the basis of equal halves.

Ehe|gelübde *n* wedding vows *pl.*; **~glück** *n* married (*od.* wedded) bliss; **~hindernis** *n* impediment to marriage; **~joch** *hum. n* yoke of marriage; **~kandidat** F *m* prospective husband (*od.* wife); *kurz vor der Ehe*: husband- (*od.* wife-)to-be; **~konflikt** *m* marital conflict (*od.* dispute); **~krach** F *m* marital row(s *pl.*); **~krieg** *m* marital feud; **~krise** *f* marital crisis; **~krüppel** F *m* victim of marriage (*od.* married life); **~leben** *n* married life; **~leute** *pl.* married couple *sg.*; (***die***) ***~ Miller*** Mr and Mrs Miller.

ehelich I. *adj.* marital; *Kind*: legitimate; ***die ~e Gemeinschaft*** marriage, married life, *formell*: matrimony; ***~e Rechte*** conjugal rights; **II.** *adv.*: ***das Kind ist ~ geboren*** he's (she's) a legitimate child, *formell*: the child was born in wedlock; **ehelichen** *v/t.* marry; **Ehelichkeit** *f e-s Kindes*: legitimacy.

ehelos *adj.* unmarried; *eccl.* celibate; **Ehelosigkeit** *f* unmarried state; celibacy; ***die ~*** *a.* not being married.

ehemalig *adj.* former, ex-..., *bsd. Am. a.* one-time; (*alt*) old; (*verstorben*) late; *lit.* quondam; ***die ~e Sakristei*** *etc. a.* what used to be the vestry *etc.*; ***die ~e Fleet Street*** *etc. a.* Fleet Street *etc.* as it was; **ehemals** *adv.* formerly; ***es war ~ ...*** *a.* it used to be ...

Ehe|mann *m* **1.** husband; **2.** (*verheirateter Mann*) married man, *pl. a.* husbands; **≈müde** *adj.* tired of married life; **≈mündig** *adj.* of marriageable age; **~name** *m* married name; **~paar** *n* married couple; (***das***) ***~ Peters*** Mr and Mrs Peters; **~partner** *m* husband; wife; ***der ~*** *a.* the husband or wife; ***beide ~*** both partners in marriage, (both) the husband and the wife.

eher *adv.* **1.** (*früher*) earlier, sooner; ***~ als*** *a.* before; ***je ~, desto lieber*** the sooner the better; ***ich konnte leider nicht ~ kommen*** I'm afraid I couldn't make it any earlier; **2.** (*lieber*) rather; (*vielmehr*) rather; (*mehr*) more; (*wahrscheinlicher*) more likely; ***~ würde ich ...*** I'd rather (*od.* sooner) ...; ***das lässt sich schon ~ hören*** that sounds more like it; ***es ist ~ grün als blau*** it's more green than blue, it's more on the green side; ***er hätte es ~ geschafft*** he would have been more likely to manage it; ***man sollte ~ annehmen*** you'd think, you would have thought; → ***Kamel.***

Ehe|recht *n* matrimonial law; **~ring** *m* wedding ring.

ehern *adj.* brass; *fig.* firm, unshak(e)able; *Gesetz, Wille*: iron; (*kühn*) bold, brazen.

Ehe|scheidung *f* divorce; **≈scheu** *adj.* not keen on marriage (*od.* getting married); **~schließung** *f* **1.** marriage; **2.** → ***Trauung.***

ehest I. *adj.* earliest, first; **II.** *adv.*: ***am ~en*** (*zuerst*) (the) soonest, (the) earliest, first; *fig.* (*am besten*) best, most easily; (*am liebsten*) most of all; (*am wahrschein-*

lichsten) most likely; ***am ~en würde ich noch nach England ziehen*** if I had to choose, I'd probably go to England; ***am ~en würde ich wohl die braunen Stiefel nehmen*** (for lack of anything better,) I suppose I'll have to take the brown boots; ***am ~en finden wir ihn in der Bibliothek*** he's most likely to be in the library, the library is the likeliest place he'll be; ***er kann uns am ~en helfen*** if anyone can help us, it's him; ***so geht es wohl am ~en*** that's probably the best way.

E

Ehestand *m* married state.
ehestens *adv.*: (***~ Montag*** Monday) at the earliest.
Ehe|stifter(in *f*) *m* matchmaker; **~streit** *m* marital row(s *pl.*); *längerfristig*: marriage (*od.* marital) dispute.
Ehevermittler *m* → ***Heiratsvermittler***; **Ehevermittlung** *f* → ***Heiratsvermittlung***; **Ehevermittlungsinstitut** *n* → ***Heiratsinstitut.***
Ehe|versprechen *n*: ***j-m das ~ geben*** promise to marry s.o.; ***Bruch des ~s*** breach of promise; **~vertrag** *m* marriage contract.
Ehrabschneider *m* slanderer, calumniator.
ehrbar *adj.* upright, upstanding, *a. Familie, Handwerk etc.*: respectable.
Ehrbegriff *m* code of hono(u)r.
Ehre *f* hono(u)r; (*Ehrgefühl*) sense of hono(u)r; (*Selbstachtung*) self-respect, pride; (*Ansehen*) reputation; (*Ruhm*) glory; ***es ist mir e-e*** (***große***) ***~*** it is an (a great) hono(u)r for me; ***es sich zur ~ anrechnen*** consider it an hono(u)r; ***damit kannst du keine ~ einlegen*** that won't gain you any credit (***bei j-m*** with s.o., in s.o.'s eyes); ***j-m die letzte ~ erweisen*** pay one's last respects to s.o.; ***j-m*** (***keine***) ***~ machen*** be a (no) credit to s.o.; ***j-m zur ~ gereichen*** do s.o. credit; ***es gereicht ihm zur ~*** it is to his credit; ***~ wem ~ gebührt*** credit where credit is due; ***zu hohen ~n gelangen, es zu hohen ~n bringen*** achieve (great) eminence; ***j-n bei s-r ~ packen*** appeal to s.o.'s sense of hono(u)r; ***in ~n halten*** (hold in) hono(u)r; ***in ~n gehalten*** revered; ***wieder zu ~n kommen*** come back into favo(u)r; ***keine ~ im Leib haben*** have no sense of hono(u)r; ***um der Wahrheit die ~ zu geben*** to be quite honest; ***mit wem habe ich die ~?*** *oft iro.* to whom have I the pleasure of speaking?; ***ihm zu ~n*** in his hono(u)r; ***zu s-r ~ muss gesagt werden, dass*** in his defen|ce (*Am.* -se) it ought to be said that; ***er fühlte sich dadurch in s-r ~ gekränkt*** it hurt (*od.* pricked) his pride, he felt rather piqued by it; ***zu ~n des Tages*** in hono(u)r of the day; ***zur ~ Gottes*** to the glory of God.
ehren *v/t.* **1.** hono(u)r; ***sich geehrt fühlen*** be (*od.* feel) hono(u)red; ***Ihr Vertrauen ehrt mich*** your confidence flatters me; **2.** ***mit e-r Medaille geehrt werden*** be presented with a medal; **3.** (*zur Ehre gereichen*) do *s.o.* credit; **4.** (*achten*) respect.
Ehrenamt *n* honorary post; **ehrenamtlich I.** *adj. Mitarbeiter etc.*: honorary, *Mitarbeit etc.*: voluntary; ***~er Helfer*** voluntary worker, volunteer; **II.** *adv.* in an honorary capacity.
Ehren|bezeigung *f*, **~bezeugung** *f* ⚔ salute; **~bürger** *m* freeman; ***er wurde zum ~ der Stadt ernannt*** he was given the freedom (*od.* he was made freeman) of the city.
ehrend *adj.*: ***j-m ein ~es Andenken bewahren*** hono(u)r s.o.'s memory.
Ehrendoktor *m* **1.** honorary doctor; **2.** honorary doctorate; **~titel** *m*, **~würde** *f* honorary doctorate; ***ihm wurde die Ehrendoktorwürde der Universität München verliehen*** he was given an honorary doctorate by the University of Munich.
Ehren|erklärung *f* public apology; ***e-e ~ abgeben*** make a public apology; **~formation** *f* guard of hono(u)r; **~gast** *m* guest of hono(u)r; (*berühmte Persönlichkeit*) *a.* guest celebrity; **~geleit** *n* escort; ***j-m das ~ geben*** escort s.o.
Ehrengericht *n* disciplinary court; **ehrengerichtlich** *adj.* disciplinary.
ehrenhaft *adj.* respectable; upright; **Ehrenhaftigkeit** *f* respectability; uprightness.
ehrenhalber *adv.*: *univ.* ***Doktor ~*** honorary doctor, *formell*: doctor honoris causa; ***j-m den Titel ... ~ verleihen*** give s.o. the honorary title of ...
Ehren|karte *f* complimentary ticket; **~kodex** *m* code of hono(u)r; **~kompanie** *f* ⚔ guard of hono(u)r; **~legion** *f* Legion of Hono(u)r; **~mal** *n* monument (**für** to); ⚔ memorial (to); **~mann** *m* man of hono(u)r; **~mitglied** *n* honorary member; **~pflicht** *f*: ***es für s-e ~ halten, et. zu tun*** be duty-bound to do s.th.; **~platz** *m* place (*od.* seat) of hono(u)r; ***e-m Bild*** *etc.* ***den ~ geben*** give a picture *etc.* pride of place; **~präsident** *m* honorary president; **~preis**[1] *m* **1.** prize; **2.** (*Trostpreis*) consolation prize; **~preis**[2] *n*, *m* ⚘ speedwell, veronica; **~rechte** *pl.*: ***bürgerliche ~*** civil rights; **~rettung** *f* vindication (of s.o.'s hono[u]r); ***zu s-r ~ muss gesagt werden, dass*** in his defen|ce (*Am.* -se) it ought to be said that.
ehrenrührig *adj.* defamatory.
Ehren|runde *f Sport*: lap of hono(u)r; ***e-e ~ drehen*** do a lap of hono(u)r, F *fig. ped.* have to repeat a year; **~sache** *f* matter of hono(u)r; ***das ist doch ~!*** that goes without saying; F ***~!*** you can count on me; **~salve** *f* (gun) salute; **~schuld** *f* debt of hono(u)r; **~tag** *m* great day; **~titel** *m* honorary title; **~tor** *n*, **~treffer** *m* consolation goal; **~tribüne** *f* VIP lounge.
ehrenvoll *adj.* hono(u)rable; (*ruhmvoll*) glorious.
Ehrenwache *f* **1.** guard of hono(u)r; **2.** (***~ halten*** be on) sentry duty.
ehrenwert *adj.* respectable.
Ehrenwort *n* word of hono(u)r; ***~!*** I promise (you), *stärker*: cross my heart, I swear, honest to God, *Brit. a. iro.* F scout's (*od.* guide's) honour; ***sein ~ geben*** give one's word; **ehrenwörtlich I.** *adj.* solemn; ***er gab uns s-e ~e Zusage*** he gave us his word; **II.** *adv.* solemnly; ***er versprach uns ~ zu kommen*** he gave us his word that he would come.
Ehrenzeichen *n* decoration.
ehrerbietig *adj.* respectful, deferential (***gegen*** towards); **Ehrerbietung** *f* deference, *stärker*: reverence; ***aus ~ gegen*** in (*od.* out of) deference to(wards).
Ehrfurcht *f* respect (***vor*** for), *stärker*: awe (of); *iro.* ***in ~ erstarren, vor ~ erschauern*** be awestruck, F nearly die of awe.
ehrfurchtgebietend, Ehrfurcht gebietend *adj.* awe-inspiring.
ehrfürchtig I. *adj.* respectful, *stärker*: reverential; *Schweigen*: awed *silence*; **II.** *adv.*: ***~ lauschen*** listen in awe; **Ehrfurchtsbezeigung** *f* mark of respect; **ehrfurchtslos** *adj.* disrespectful, irreverent; **ehrfurchtsvoll** *adj.* reverential.
Ehrgefühl *n* sense of hono(u)r; (*Selbstachtung*) self-respect; (*Stolz*) pride; → *a.* ***Ehre.***
Ehrgeiz *m* ambition; ***vor lauter ~*** driven (*od.* fired) by ambition; ***sie macht es aus ~*** she does it out of ambition (*od.* because she's ambitious); **ehrgeizig** *adj.* ambitious; *Pläne*: *a.* high-flown.
ehrlich I. *adj.* honest; *Spiel, Handel etc.*: fair, *pred.* above board; (*aufrichtig*) sincere; (*echt*) genuine; (*offen*) open, frank; ***~e Absichten*** hono(u)rable intentions; *pol.* ***~er Makler*** honest broker; ***~ währt am längsten*** honesty is the best policy; ***sei mal ganz ~*** be honest; ***seien wir ~*** (*geben wirs zu*) let's face it, let's be honest (with ourselves); **II.** *adv.* (*fair*) fairly; (*wirklich*) really; honestly; ***~ spielen*** play fair; ***~ gesagt*** to tell you the truth, to be absolutely honest; ***soll ich dir ~ m-e Meinung sagen?*** do you want my honest opinion?; ***mal ganz ~ - hat er das gesagt?*** seriously now, did he say that?; ***sie haben sich ~ bemüht*** they really tried (hard); F ***es war ~ gut*** it was really good; ***er meint es ~*** he means well; ***ich meins ~ mit dir*** I'm only thinking of your own good; **ehrlicherweise** *adv.*: ***er hat es ~ zugegeben*** he was honest enough to admit it; ***ich muss ~ sagen*** in all honesty (*od.* to be quite honest) I have to say *od.* admit; **Ehrlichkeit** *f* honesty; openness.
ehrlos *adj.* disreputable, *stärker*: disgraceful; **Ehrlosigkeit** *f* (*ehrlose Art*) disreputable (*od.* disgraceful) nature *of a deed etc.*; (*Benehmen*) disreputable (*od.* disgraceful) behavio(u)r.
Ehrsucht *f* overambitiousness; **ehrsüchtig** *adj.* overambitious.
Ehrung *f* hono(u)r (*gen.* conferred on *s.o.*); (*Anerkennung*) tribute (to); (*Vorgang*) hono(u)ring (of); paying tribute (to); (*Zeremonie*) presentation ceremony (for).
Ehrverlust *m*: ***e-n ~ erleiden*** suffer a disgrace.
Ehrwürden *m als Anrede*: Reverend; ***Seine ~ ...*** the Reverend (*abbr.* Rev.) ...; **ehrwürdig** adj. venerable; *eccl.* reverend; **Ehrwürdigkeit** *f* venerableness.
ei *int.* **1.** oh!; ***~, ~!*** *iro.* well fancy that!; ***~, wer kommt denn da?*** look who's here!; **2.** *Kindersprache*: ***~ machen*** stroke the dog (*od.* teddy *etc.*); ***mach ~!*** nice doggy *etc.*
Ei *n* **1.** egg; *physiol.* ovum; *fig.* ***das ist das ~ des Kolumbus!*** that's it(, why didn't I *od.* we think of that before?), that's the answer (*od.* solution) we've all been looking for; ***wie auf ~ern gehen*** tread carefully; ***wie ein ~ dem andern gleichen*** be as like as two peas (in a pod); ***wie ein rohes ~ behandeln*** handle *s.o.* with kid gloves; ***kümmere dich nicht um ungelegte ~er*** you can worry about that when the time comes, we'll cross that bridge when we get to it; ***wie aus dem ~ gepellt*** very smart, ***aussehen:*** *a.* look as if one has just stepped out of a fashion catalog(ue); F ***das ist ein dickes ~!*** F that's a bit thick; **2.** ***~er*** F (*Geld*) marks; *Brit.* F quid; *Am.* F bucks; ***3000***

~er a. F three grand; 3. ~er V (Hoden) V balls, bsd. Am. V nuts.

eiapopeia int.: **~ machen** rock a child to sleep.

Eibe f ♀ yew (tree).

Eibefruchtung f fertilization.

Eibenholz n yew.

Eichamt n in GB: Office of Weights and Measures; in den USA: Bureau of Standards.

Eiche f oak (tree); (Holz) oak.

Eichel f **1.** ♀ acorn; **2.** anat. glans (penis); **~häher** m jay.

eichen v/t. (Maße, Gewichte) adjust; (Messgeräte, Skalen, Gefäße) calibrate.

Eichen|blatt n oak leaf; **~holz** n oak; **~laub** n oak leaves pl.

Eichgewicht n standard weight.

Eich|hörnchen n squirrel; → **mühsam** II; **~kätzchen** n squirrel.

Eich|maß n standard (measure); **~stab** m ga(u)ging rod; **~stempel** m verification stamp.

Eichung f adjustment; calibration.

Eid m oath; **an ~es statt** in lieu of an oath; **e-n ~ ablegen** (od. **leisten**) take an oath, **auf die Bibel**: swear by the Bible; **j-m e-n ~ abnehmen** administer an oath to s.o.; **unter ~ aussagen** testify on oath; **unter ~ stehen** be under oath.

Eidbruch m breach (od. breaking) of an oath; **eidbrüchig** adj.: **~ werden** break one's oath.

Eidechse f lizard; **Eidechsenleder** n lizard-skin; **aus ~** lizard-skin ...

Eider|daune(n pl.) f eider down (sg.); **~ente** f, **~gans** f eider (duck).

Eides|formel f (wording of an) oath; **~leistung** f taking of an oath; **die ~ verweigern** refuse to take an oath.

eidesstattlich adj. in lieu of an oath; **e-e ~e Erklärung abgeben** make a declaration in lieu of an oath.

Eidgenosse m **1.** confederate; **2.** Swiss (citizen); **Eidgenossenschaft** f **1.** confederation; **2. die Schweizer ~** the Swiss Confederation, Switzerland; **eidgenössisch** adj. **1.** confederate; **2.** Swiss.

eidlich I. adj. sworn; **~e Aussage** sworn statement, schriftlich: affidavit; **e-e ~e Erklärung abgeben** swear an affidavit; **II.** adv. on (od. under) oath.

Eidotter m (egg) yolk, yolk of an egg.

Eier|auflauf m soufflé; **~becher** m egg cup; **~frucht** f aubergine, bsd. Am. eggplant; **~gericht** n egg dish; **~kocher** m egg boiler; **~kopf** F m **1.** egg-shaped head; **2.** (Intellektueller) F egghead, boffin; **3.** (Idiot) F blockhead, numskull; **~kuchen** m pancake; **~laufen** n egg-and-spoon race.

Eier legend adj. biol. egg-laying, oviparous.

Eier|likör m advocaat; **~löffel** m egg spoon.

eiern F v/i. F be wonky.

Eier|nudeln pl. (egg) noodles; **~pfannkuchen** m pancake; **~pflaume** f egg-plum; **~punsch** m eggnog; **~salat** m egg salad.

Eierschale f eggshell; F fig. **er hat noch ~n hinter den Ohren** F he's still wet behind the ears; **eierschalenfarben** adj. eggshell(-colo[u]red), off-white; **Eierschalenporzellan** n eggshell china (od. porcelain).

Eier|schneider m egg slicer; **~schwamm** östr. m (Pfifferling) chanterelle; **~speise** f egg dish; östr. scrambled egg(s pl.).

Eierstock m anat. ovary; **~entzündung** f inflammation of the ovaries.

Eier|tanz fig. m: **e-n ~ aufführen** perform a skil(l)ful balancing act; **der ~ der Regierung um die Steuerreform** the government's shilly-shallying about the tax reform; **~tomate** f plum tomato; **~uhr** f egg timer; **~wärmer** m egg cosy.

Eifer m keenness, eagerness, stärker: zeal, fervo(u)r; (Begeisterung) enthusiasm; **voller ~** full of enthusiasm, with great fervo(u)r; **blinder ~** blind zeal; **sich mit ~ ans Werk machen** set to work with a will (stärker: vengeance); **im ~ des Gefechts** in the heat of the moment; → **missionarisch** I; **Eiferer** m fanatic; **eifern** v/i. **1. nach** et. **~** strive for; **2. für** et. od. j-n **~** campaign for; **gegen** et. od. j-n **~** a) campaign against, b) (schmähen) rail against; **3. mit j-m um et. ~** vie with s.o. for s.th.

Eifersucht f jealousy (**auf** of); **Eifersüchtelei** f petty jealousy; **eifersüchtig I.** adj. jealous (**auf** of); **II.** adv.: **~ über et. wachen** guard s.th. jealously.

Eifersuchts|szene f jealous scene; (dramatic) display of jealousy; **~tat** f act of jealousy.

eiförmig adj. egg-shaped, oval.

eifrig I. adj. keen; (begeistert) a. enthusiastic(ally adv.); (fleißig) hard-working, diligent; (emsig) busy; (übereifrig) officious, fussy; **II.** adv.: **~ lernen** (**arbeiten**) study (work) hard; **~ die Kirche besuchen** etc. go to church etc. regularly (od. as often as one can); **~ bemüht sein zu** inf. be anxious to inf.

Eigelb n (egg) yolk, yolk of an egg; **vier ~** four egg yolks.

eigen adj. **1.** one's own, of one's own; in Zssgn ...-owned (z. B. **staats~** state-owned); **~e Ansichten** personal views; **darüber habe ich m-e ~en Ansichten** I have my own (personal) views on that; **ein ~es Zimmer** a room of one's own; **er braucht ein ~es Zimmer** a. he needs a room to himself (od. his own room); **Zimmer mit ~em Bad** room with a private bath (od. an en suite bathroom); **mit ~em Eingang** with a separate entrance; **für den ~en Bedarf** for personal use; **sich zu ≈ machen** make s.th. one's own, (Ansicht) adopt; → **Antrieb** 1, **Faust, Fleisch, Herr** 2 etc; **2.** (besonder) special (dat. to); (charakteristisch) a. particular (to), characteristic (of), specific (to); (innewohnend) inherent (in); **mit dem ihm ~en Sarkasmus** with his characteristic sarcasm; **3.** (genau, wählerisch) particular (**in** about), stärker: fussy (about); **4.** (seltsam) strange.

Eigenantrieb m: ⚙ **mit ~** self-propelled, self-powered.

Eigenart f **1.** characteristic feature, peculiarity, peculiar characteristic; e-r Person: foible, idiosyncrasy; **2.** (Gesamtheit der Merkmale) distinctiveness, specific od. special character (od. nature); **die ~ s-r Musik besteht in** a. his music is characterized by, the special quality of his music lies in; **eigenartig** adj. strange; **eigenartigerweise** adv. strangely (od. oddly) enough; **Eigenartigkeit** f **1.** strangeness; **2.** (Verhaltensweise) odd behavio(u)r.

Eigen|bau m: **es ist ~** it's homemade (Gemüse etc.: homegrown); F **Marke ~** F real ale etc. a la Jones etc.; **~bedarf** m one's personal needs pl.; e-s Landes: domestic requirements pl.; **~bericht** m correspondent's report, report from one's own correspondent.

Eigenblutbehandlung f autoh(a)emotherapy.

Eigenbräu m home brew.

Eigenbrötler m **1.** loner; **er ist ein ziemlicher ~** he's a bit of a loner, he keeps very much to himself; **2.** (Sonderling) eccentric; **eigenbrötlerisch** adj. **1.** solitary; **2.** eccentric.

Eigen|dünkel m self-conceit; **~dynamik** fig. f momentum (of its own); **e-e (gewisse) ~ entwickeln** develop a life (od. momentum) of its own; **~finanzierung** f self-financing; **~frequenz** f natural frequency; **≈genutzt** adj. Wohnung etc.: owner-occupied.

eigengesetzlich adj. autonomous; self-contained; **Eigengesetzlichkeit** f autonomy; inherent order; order of its (od. one's) own; **e-e gewisse ~ entwickeln** create an order of its (od. one's) own.

Eigengewicht n ⚙ dead weight; ✝ net weight; phys. specific weight.

eigenhändig I. adj. personal; ⚖ **~es Delikt** personal crime; **~es Testament** holographic will; **es muss Ihre ~e Unterschrift sein** it has to be signed by you personally; **II.** adv. personally; (ohne Hilfe) oneself, on one's own, without any (outside) help; bauen etc.: with one's own two hands; **~ übergeben** deliver personally.

Eigenheim n house od. home (of one's own), one's own house (od. home).

Eigenheit f → **Eigenart.**

Eigen|initiative f **1.** initiative (of one's own); **ohne jede ~ sein** a. be completely unresourceful; **2. es ist e-e ~ von ihm** it was his own idea, he came up with it (od. the idea) himself; **~interesse** n vested interest, contp. self-interest; **aus ~** out of self-interest, to serve one's own interests; **~kapital** n ✝ capital resources pl.; **~leben** n one's own way of life, a life of one's own; **ein ~ führen** a. live one's own life, be independent, be an individual (in one's own right); **~liebe** f love of self; psych. narcissism; **~lob** n self-adulation; **~ stinkt!** iro. I love me, who do you love?

eigenmächtig I. adj. (anmaßend) high-handed; (unbefugt) unauthorized; (selbstständig) independent; **II.** adv. high-handedly, without anyone's permission, without instructions from anyone, F just like that; **et. ~ entscheiden** decide s.th. for oneself; **~ handeln** act on one's own authority, take the law into one's own hands; **Eigenmächtigkeit** f **1.** high- -handedness; **2.** unauthorized act.

Eigen|mittel pl. one's own resources (od. funds, capital sg.); **aus ~n finanzieren** finance with one's own resources etc.; **~name** m proper name (od. noun).

Eigennutz m self-interest, selfishness; desire for personal advancement; **eigennützig** adj. selfish.

Eigen|nutzung f e-r Wohnung: owner-occupation; **~produktion** f (Schallplatte) own-label record; (Fernsehsendung) Channel Four etc. production.

eigens adv. specially; (ausdrücklich) a. specifically, expressly; **~ für dich** a. just for you; **ich bin ~ wegen dir gekommen** a. I came for your sake.

Eigenschaft f quality; (Merkmal) (distinctive) feature, characteristic; phys., ⚗ property; (Wesen) nature; (Eigentümlich-

keit) peculiarity; ***gute*** (***schlechte***) ***~en*** *e-r Person*: good (bad) points *od.* habits, positive (negative) traits, *e-r Sache*: good (bad) points, advantages (disadvantages, drawbacks); ***in s-r ~ als*** in his capacity of (*od.* as), acting as; **Eigenschaftswort** *n* adjective.

Eigensinn *m* stubbornness; **eigensinnig** *adj.* stubborn, headstrong; ***~ sein*** *a.* have a will of one's own.

eigenstaatlich *adj.* sovereign; **Eigenstaatlichkeit** *f* sovereignty.

eigenständig *adj.* independent; **Eigenständigkeit** *f* independence.

eigentlich I. *adj.* (*wirklich*) actual, real; *Beweggründe*: *a.* true *motives*; (*genau*) specific; (*wesentlich*) essential; ***~e Ursache e-s Übels***: root cause; ***im ~en Sinne*** (***des Wortes***) in the true sense (of the word); **II.** *adv.* (*tatsächlich*) actually; (*in Wahrheit*) *a.* really; (*genau genommen*) strictly speaking; (*von Rechts wegen*) by rights; (*offen gesagt*) actually; *verstärkend*: anyway; ***~ nicht*** not really; ***~ kann ich ihn nicht ausstehen*** to be honest (*od.* to tell you the truth), I can't stand him; ***was wollen Sie ~?*** what do you want anyway?; ***wie spät ist es ~?*** what time is it(, by the way)?; ***~ ist er ganz vernünftig*** a) he's actually quite sensible, b) I suppose he's quite sensible, really; ***was ist ~ passiert?*** what actually (*od.* exactly) happened?; ***~ heißt er Manfred*** his real name's Manfred; ***~ wollte ich früher hier sein*** I was (actually) hoping to be here earlier.

Eigentor *n Sport*: *an* own goal (*a. fig.*); ***ein ~ schießen*** *a. fig.* score an own goal.

Eigentum *n* property; ⚖ (*Eigentumsrecht*) ownership (***an*** of); → ***geistig*** I; ***es ist mein ~*** *a.* it belongs to me.

Eigentümer *m* owner; (*Inhaber*) proprietor; **Eigentümerschaft** *f* ownership; proprietorship.

eigentümlich I. *adj.* peculiar (*dat.* to), characteristic (of); (*seltsam*) peculiar, strange; ***mit der ihm ~en Ironie*** with his characteristic irony, in his (typically) ironic way; **II.** *adv.*: *j-n* ***~ berühren*** have a curious effect on; **eigentümlicherweise** *adv.* strangely (*od.* oddly) enough; **Eigentümlichkeit** *f* peculiarity; (*Merkmal*) *a.* characteristic; (*merkwürdige Gewohnheit*) peculiar habit.

Eigentums|delikt *n* property offen|ce (*Am.* -se); **~erwerb** *m* acquisition of property; **~recht** *n* **1.** ownership (***an*** of); **2.** ownership law(s *pl.*); **~übertragung** *f* transfer of ownership; **~urkunde** *f* title deed; **~wohnung** *f* flat, *Am.* apartment; *bei Eigennutzung*: *a.* owner-occupied flat, *Am.* condominium, F condo; ***sie haben e-e ~*** *a.* they own a flat (*Am.* an apartment), they've got a flat (*Am.* an apartment) of their own.

eigenverantwortlich I. *adj.* independent; **II.** *adv.* on one's own authority; ***er muss ~ handeln*** he must act as he sees fit.

Eigen|verbrauch *m* private consumption; **~wärme** *f* body temperature; *phys.* specific heat; **~werbung** *f* self-advertising (*od.* -publicity); ***~ treiben*** promote o.s.; **~wert** *m* intrinsic value; **~widerstand** *m* ⚡ inherent resistance.

eigenwillig *adj.* **1.** *Stil etc.*: very individual, unusual; **2.** *Person*: wayward; (*eigensinnig*) headstrong, *contp.* obstinate.

eignen *v/refl.*: ***sich ~*** *Sache*: be suitable (***für*** for), *Person*: be suited (***für*** for; ***als*** as; ***zu*** as, for); ***sich schlecht ~*** be unsuitable; ***sich hervorragend ~ für*** be ideal for (*od.* as); ***es eignet sich gut als Geschenk*** it makes (*od.* would make) a good present; ***die Äpfel ~ sich gut zum Kochen*** they're good cooking apples, these apples are ideal for cooking; ***er würde sich als Lehrer*** (***nicht***) ***~*** he'd make *od.* be a good teacher (he's not cut out for teaching); ***er*** (***das Holz*** *etc.*) ***eignet sich überhaupt nicht*** *a.* he just isn't the right kind of person (it's the wrong kind of wood *etc.*); **Eignung** *f* suitability (***für*** for; ***zu*** as, for), aptitude (***für*** for); ***keine ~ haben für*** show no aptitude for, have no talent for.

Eignungs|prüfung *f*, **~test** *m* aptitude test.

Eiland *lit. n* island, *lit.* isle.

Eil|auftrag *m* rush order; **~bote** *m*: ***durch ~n*** express, *Am.* (by) special delivery; **~brief** *m* express letter, *Am.* special delivery (letter); ***als ~ schicken*** send *a letter* express.

Eile *f* hurry, rush; ***in ~ sein*** be in a hurry; ***in der ~*** *habe ich es übersehen etc.*: in the (general) rush; ***in größter ~*** in a great rush (*od.* hurry); ***damit hat es keine ~*** there's no hurry (for it), there's no (great) rush; ***j-n zur ~ antreiben*** hurry s.o. up; ***in aller ~*** hurriedly; ***ein paar Zeilen in aller ~*** just a quick note, a few hurried lines.

Eileiter *m anat.* Fallopian tube.

eilen *v/i.* hurry; *stärker*: rush; *Sache*: be urgent; ***es eilt nicht, damit eilt es nicht*** there's no hurry (for it), there's no (great) rush; ***eilt!*** *Aufschrift*: urgent; ***eile mit Weile!*** more haste, less speed; → ***Hilfe***; **eilends** *adv.* hastily, in haste.

eilfertig *adj.* (*übereilt*) rash, (over)hasty; (*dienstbeflissen*) zealous; **Eilfertigkeit** *f* rashness, hastiness; zealousness.

Eil|fracht *f* express (*Am.* fast) freight; **~gebühr** *f* express delivery charge; **~gut** *n* express (*Am.* fast) freight; ***per*** *od.* ***als ~ schicken*** send *s.th.* express (freight) (*Am.* fast freight).

eilig *adj.* hurried; (*dringend*) urgent; ***es ~ haben*** be in a hurry (*od.* rush); ***ich habs mit dem Brief nicht sehr ~*** I'm in no hurry for the letter to be done; ***wohin so ~?*** what's the hurry?, where are you off to in such a hurry?; **eiligst** *adv.* in a great hurry; (*so schnell wie möglich*) as quickly as possible.

Eil|marsch *m* speed (*od.* forced) march; **~paket** *n* express parcel; **~schritt** *m*: ***im ~*** at a face pace, ***vorbeirauschen***: breeze past; **~tempo** *n*: ***im ~*** in double quick time; **~verfahren** *n* ⚖ summary proceeding(s *pl.*); *fig.* ***im ~ durchnehmen*** rush through *s.th.*; ***im ~ herstellen*** *etc.* rush *s.th.* off; **~zug** *m* fast train.

Eimer *m* bucket, *bsd. Am.* pail; ***ein ~ Wasser*** a bucket(ful) of water; ***es gießt wie aus ~n*** F it's coming down in buckets; F ***in den ~ schmeißen*** F bin; F *fig. mein Auto, die Uhr etc.* ***ist im ~*** F has had it; ***ihre Ehe ist im ~*** F their marriage is in tatters; ***damit sind unsere Pläne im ~*** F bang go our plans; **eimerweise** *adv.* in bucketfuls; by the bucket(ful).

ein[1] **I.** *adj.* one; ***~ für alle Mal*** once and for all; ***~ und derselbe Mann*** one and the same person; ***an ~ und demselben Tag*** on the very same day; ***er ist ihr ♀ und Alles*** he means the world to her; **II.** *indef. art.* a, an; ***~es Tages*** one day; *die Beredsamkeit* ***~es X*** of a man like X; ***das konnte nur ~ Nero behaupten*** only somebody like Nero could say that; ***~*** (***gewisser***) ***Herr Braun*** a (certain) Mr Braun; **III.** *indef. pron.*: ***~er*** (*jemand*) one, (*et.*) one thing; ***~er m-r Freunde*** a friend of mine; ***~er von beiden*** one (or other) of them; ***~er nach dem andern*** one after the other, ***bitte!***: *a.* one at a time, please!; ***die ~en sagen*** some (people) say; ***das tut ~em gut*** that does you good; ***du bist ja ~er!*** you're a fine one!; → *a.* ***eins.***

ein[2] *adv.* **1.** *am Schalter*: on; ***~ - aus*** on - off; **2.** ***~ und aus gehen*** come and go, ***bei j-m***: be a frequent visitor of s.o. (*od.* at s.o.'s place); ***ich weiß nicht mehr ~ noch aus*** I'm at my wit's end.

ein|achsig *adj. mot.* single-axle ..., two--wheel ..., *a. pred.* two-wheeled; **~adrig** *adj.* ⚡ single-wire ...

Einakter *m thea.* one-act play.

einander *adv.* each other, one another; *sie sind* ***~ im Weg*** in each other's way.

einarbeiten I. 1. *v/t.* (*j-n*) show *s.o.* the ropes; **2.** (*einfügen*) work in; (*hinzufügen*) add; **3.** (*Zeitverlust*) make up for, *a. im voraus*: work in; **II.** *v/refl.*: ***sich ~*** familiarize o.s. with the work (*od.* subject *etc.*), get to know the ropes; ***sich ~ in*** *a.* get into; ***sich schnell in e-e neue Stelle ~*** settle into a new job very quickly; **Einarbeitungszeit** *f* settling-in period.

einarmig I. *adj.* one-armed; ***er ist ~*** *mst* he's only got one arm; ***ein ~er Mann*** *a.* a man with (just) one arm; **II.** *adv.* with one arm.

einäschern *v/t.* burn to ashes; (*Leiche*) cremate; **Einäscherung** *f e-r Leiche*: cremation.

einatmen I. *v/t.* breathe in, inhale; **II.** *v/i.* breathe in; ***tief ~*** take a deep breath (*od.* deep breaths); **Einatmung** *f* inhalation; inhaling.

einäugig *adj.* **1.** one-eyed; ***er ist ~*** *a.* he's only got one eye; ***unter den Blinden ist der ♀e König*** in the country of the blind, the one-eyed man is king; **2.** ***~e Spiegelreflexkamera*** single-lens reflex (camera), SLR.

Einbahn|straße *f* one-way street; **~verkehr** *m* one-way traffic.

einbalsamieren *v/t.* embalm.

Einband *m* binding; cover.

einbändig *adj.* one-volume ..., single-volume ...; in one volume.

Einbau *m* **1.** installation, fitting; **2.** (*eingebautes Teil*) fitting; **einbauen** *v/t.* **1.** install (***in*** into); (*Möbel*) fit *s.th.* in(to); (*Motor*) fit; **2.** (*einfügen, Satz etc.*) work in; **Einbauküche** *f* fitted kitchen.

Einbaum *m* dugout (canoe).

Einbau|möbel *pl.* fitted furniture *sg.*; **~schrank** *m* built-in *od.* fitted cupboard(s *pl.*) (*für Kleider*: wardrobe, *Am.* closet).

einbegreifen *v/t.* (*a.* ***mit ~***) include; **einbegriffen** *adj.* included (***in*** in).

einbehalten *v/t.* withhold, keep, F hold onto; (*abziehen*) deduct; **Einbehaltung** *f* (*Abzug*) deduction; ***unter ~ von*** after deducting.

einbeinig *adj.* one-legged; ***er ist ~*** *mst* he's only got one leg; ***ein ~er Mann*** *a.* a man with (just) one leg.

einberufen *v/t.* **1.** (*Versammlung*) call; *parl.* summon, convene; **2.** ⚔ call up (***zu*** for), *Am.* draft (into); **Einberufene(r)** *m* conscript, *Am.* draftee; **Einberufung** *f* **1.** calling; *parl.* summoning, convening; **2.** ⚔ conscription, *Am.* draft.

Einberufungs|befehl *m*, **~bescheid** *m*

⚔ call-up orders *pl.*, *Am.* draft papers *pl.*

einbetonieren *v/t.* embed in concrete.

einbetten *v/t.* embed (**in** in) (*a.* ⚙); *in Packmaterial etc.*: wrap (**in** in[to]).

Einbett|kabine *f* single-berth cabin, stateroom; **~zimmer** *n* single room.

einbeulen *v/t.* dent.

einbeziehen *v/t.* include (**in** in); (*integrieren*) incorporate (into); **~ in** *a.* cover; **Einbeziehung** *f* inclusion (**in** in), incorporation (into).

einbiegen I. *v/t.* bend in(wards); **II.** *v/i.*: ***in e-e Straße ~*** turn into; ***links ~*** turn left.

einbilden *v/t.*: ***sich ~*** (*sich vorstellen*) imagine; (*glauben*) think; ***er bildet sich ein, beliebt zu sein*** he thinks (*od.* likes to think) he's popular; ***sich steif und fest ~, dass*** be (firmly) convinced that; ***das bildest du dir nur ein*** you're (just) imagining it (*od.* things); ***bilde dir ja nicht ein, dass*** you needn't (for one minute) think that, don't go running away with the idea that; ***was bildest du dir eigentlich ein?*** what on earth has got into you?, *bei Handlung*: *a.* what on earth do you think you're doing?; ***darauf brauchst du dir nichts einzubilden*** that's nothing to be proud of (F to write home about); ***bilde dir doch nichts ein!*** don't fool (F kid) yourself; ***ich bilde mir nicht ein, ein Genie zu sein*** I don't pretend (*od.* claim) to be a genius; ***er bildet sich auf s-n Erfolg was ein*** his success has gone to his head; ***bilde dir ja nicht zu viel ein!*** don't let it go to your head(, now); ***darauf kannst du dir was ~*** that's something to be proud of; → ***eingebildet***; **Einbildung** *f* **1.** ***das ist reine ~*** you're (*od.* he's *etc.*) imagining things, it's all in the mind; ***nur in j-s ~ existieren*** be a figment of s.o.'s imagination; **2.** (*Illusion*) illusion; **3.** (*Dünkel*) conceitedness.

Einbildungs|gabe *f*, **~kraft** *f*, **~vermögen** *n* (powers *pl.* of) imagination.

einbinden *v/t.* **1.** tie up (**in** in); (*Buch*) bind; ⚕ bandage; **2.** (*integrieren*) integrate (**in** into); **Einbindung** *f* integration (**in** into), involvement (in).

einblasen *v/t.* blow in(to **in**); *fig.* ***j-m et. ~*** put s.th. into s.o.'s head.

Einblatt(druck *m*) *n* broadsheet.

einbläuen F *v/t.*: ***j-m et. ~*** drum s.th. into s.o.('s head), get s.th. into s.o's (F thick) head.

einblenden I. *v/t.* (*Musik etc.*) fade in; *nachträglich*: dub in(to **in**); (*Zweitbild, Schrift*) superimpose (**in** on); (*Werbespot etc.*) slot in; **II.** *v/refl.*: ***sich ~ in*** join, go over to; ***sich ~*** join (*od.* go over to) the other studio *od.* one's crew at Wembley Stadium *etc.*; **Einblendung** *f* fade-in; (*Zweitbild etc.*) insert.

einbleuen F *v/t.* → ***einbläuen.***

Einblick *m* **1.** (*Hineinsehen*) look (**in** at); (*Einsicht*) insight (into); ***e-n gewissen ~ haben*** have some idea (**in** of, about); ***~ gewinnen, sich (e-n) ~ verschaffen*** get some sort of idea, get a general idea (**in** of), **in:** *a.* get (*od.* gain) an insight into; ***j-m ~ gewähren in*** (*Dokumente etc.*) allow s.o. access to; **2.** (*Blick*) view (**in** of).

einbooten *v/t. u. v/refl.* (**sich ~**) embark.

einbrechen I. *v/i.* **1.** *Dieb*: break in(to **in**); ***~ in*** (*Wohnung*) *a.* burgle; ***bei ihm wurde eingebrochen*** his house (*od.* flat, *Am.* apartment) was burgled (*bsd. Am.* burglarized), he had burglars, he was burgled; **2.** (*einstürzen*) collapse, cave in; *auf dem Eis*: break (*od.* go) through the ice; *fig.* suffer a severe defeat (*od.* setback); **3.** ⚔ ***~ in*** invade *a country*; **4.** *Kälte etc.*: set in; ***bei ~der Dunkelheit*** at nightfall; **II.** *v/t.* (*niederreißen*) break down.

Einbrecher *m* burglar; **~bande** *f* gang of burglars.

Einbrenne *f gastr.* roux; **einbrennen** *v/t.* **1.** burn in(to **in**); ***e-m Tier ein Zeichen ~*** brand; **2.** *gastr.* (*Mehl*) brown; (*Soße, Suppe*) thicken with roux.

einbringen I. *v/t.* **1.** (*Ernte*) bring in; (*Geld, Profit*) earn, (*Gewinn etc.*) *a.* yield, *netto*: net; (*Preis*) fetch; (*Kapital etc.*, *a. fig. Ideen etc.*) contribute (**in** to); ***j-m et. ~*** (*Ruf etc.*) earn s.o. s.th.; ***das bringt nichts ein*** it doesn't pay; ***es bringt mir... ein*** it gets me ...; **2.** (*Verlust, Zeit*) make up (for); *typ.* (*Zeile*) get in; **3.** *parl.* ***e-e Gesetzesvorlage ~*** introduce a bill; ⚖ ***e-e Klage ~*** file an action; **II.** *v/refl.*: ***sich ~*** put a lot of time (and energy) into it; ***sich ~ in*** (*acc.*) *a.* play an active part in.

einbrocken *v/t.* **1.** ***et. ~ in*** crumble s.th. into *the soup*; **2.** *fig.* ***j-m (sich) etwas (Schönes) ~*** get s.o. (o.s.) into a real fix; ***das hast du dir selbst eingebrockt*** it's your own fault.

Einbruch *m* **1.** *in ein Haus*: burglary; ***e-n ~ verüben in*** break into; **2.** ⚔ invasion (**in** of); **3.** (*Einsturz*) collapse; **4.** ***bei ~ der Dunkelheit*** at nightfall; ***bei ~ der Kälte*** when the cold (weather) sets in; **5.** (*schwere Niederlage*) severe defeat (*od.* setback); **6.** ✝ slump.

Einbruch(s)|diebstahl *m* burglary; **~gefahr** *f* **1.** ***es besteht ~*** the roof *etc.* is in danger of collapsing; *bei Eis*: the ice is dangerously thin (in places); **2.** likelihood of a burglary (*od.* of being burgled); **2sicher** *adj.* burglar-proof; **~versicherung** *f* burglary insurance; **~versuch** *m*: (**wegen ~** for) attempted burglary; **~werkzeug** *n* housebreaking tool; ***sie haben die ~e gefunden*** they found the instruments he *etc.* used to (try and) break in.

einbuchten *v/t.* **1.** indent; **2.** F → ***einlochen*** 2; **Einbuchtung** *f* **1.** indentation; **2.** *geol.* bay, inlet.

einbuddeln F **I.** *v/t.* bury; **II.** *v/refl.*: ***sich ~*** dig o.s. in(to **in**).

einbürgern I. *v/t.* naturalize; ***sich ~ lassen*** become naturalized; **II.** *fig. v/refl.*: ***sich ~*** take root; establish itself; come into use; ***sich in e-r Sprache ~*** *a.* find its (*od.* their) way into a language; ***es hat sich so eingebürgert*** it's become a habit (**bei** with), (*wird erwartet*) it's become the done thing (***dass man ...*** to *inf.*), ***dass er auf die Kinder aufpasst:*** it became a habit for him to (*od.* a fixed pattern that he should) look after the children; **Einbürgerung** *f* **1.** naturalization; **2.** *fig. e-s Brauchs etc.*: establishment.

Einbürgerungs|antrag *m* application (*od.* petition) for naturalization; ***e-n ~ stellen*** apply for naturalization; **~urkunde** *f* certificate of naturalization.

Einbuße *f* loss (**an** of); ***unter ~*** *gen.* at the cost of; ***schwere ~n erleiden*** suffer heavy losses; **einbüßen I.** *v/t.* (*verlieren*) lose; (*opfern müssen*) forfeit; **II.** *v/i.*: ***an et. ~*** lose (some of).

einchecken I. *v/t. u. v/i.* check in; **II.** 2 *n* checking in, check-in; ***beim ~*** as I was *etc.* checking in; ***das ~ dauert immer furchtbar lange*** it always takes ages to check in.

eincremen *v/t.* (*a.* ***sich ~***) put some cream on; ***sich die Hände ~*** put some handcream on; ***die Schuhe ~*** a) put (the) polish on the shoes, b) → ***einfetten.***

eindämmen *v/t.* dam up; (*aufhalten, a. fig.*) stem; (*Feuer etc.*) check; get under control; (*Kriminalität etc.*) curb, control; *bsd. pol.* contain.

eindämmern *v/i.* doze off.

Eindämmungspolitik *f* policy of containment.

eindampfen *v/t.* ⚗ evaporate, boil *s.th.* down.

eindecken I. *v/t.* cover (up); *fig. mit Geschenken etc.*: shower; *fig.* ***j-n mit Fragen ~*** bombard s.o. with questions; **II.** *v/refl.*: ***sich ~*** stock up (**mit** on); ***sich gut ~ mit*** stock up on plenty of, lay in a good supply of.

Eindecker *m* ✈ monoplane.

eindeichen *v/t.* dyke, dike.

eindellen F *v/t.* dent.

eindeutig I. *adj.* clear, obvious, straightforward; (*nicht zweideutig*) unambiguous, unequivocal; *Geste etc.*: unmistakable; *Beweis*: indisputable; *Sieger*: clear, undisputed; **II.** *adv.* clearly; definitely; unambiguously; obviously; ***es ist ~ s-e Schuld*** it was clearly his fault, there's no doubt that it was his fault; ***j-m ~ zu verstehen geben, dass*** make it quite clear to s.o. that, make no bones about the fact that; ***~ Stellung beziehen*** take an unequivocal stand (**zu** on).

eindeutschen *v/t.* Germanize; **Eindeutschung** *f* Germanization.

eindicken *v/t. u. v/i.* thicken.

eindimensional *adj.* one-dimensional.

eindösen F *v/i.* doze off, F nod off.

eindrängen I. *v/refl.*: ***sich ~*** push one's way in; *fig.* intrude (**bei** *j-m* on); interfere (with); **II.** *v/i.*: ***auf j-n ~*** *Erinnerungen etc.*: crowd in on s.o.

eindrehen *v/t.* screw in; ***sich die Haare ~*** put curlers in one's hair, put one's hair in curlers.

eindreschen F **I.** *v/i.*: ***~ auf*** beat; **II.** 2 *n*: ***(das) ~ auf die Gewerkschaften*** *etc.* union-bashing *etc.*

eindrillen *v/t.*: ***j-m et. ~*** drill s.th. into s.o.

eindringen *v/i.* **1.** get in(to **in**); *Flüssigkeit*: *a.* seep in(to); *gewaltsam*: force one's way in(to); ***~ in*** (*durchbohren*) penetrate, pierce; ⚔ penetrate; invade; *fig.* (*e-n Markt*) penetrate, make inroads into (*od.* on); *Idee etc.*: penetrate, find its way into, become established in; *fig.* ***bei j-m*** (*od.* ***in j-n***) ***~*** (*verstanden werden*) register with s.o.; **2.** ***in*** *e-e Sache* ***~*** go into, (*ergründen*) comprehend, fathom; **3.** ***auf*** *j-n* ***~*** close in on, *fig. mit Fragen etc.*: press, *Gefühle*: crowd in on.

eindringlich I. *adj. Warnung, Bitte etc.*: urgent; *Rede, Stimme etc.*: forceful; **II.** *adv.*: ***aufs 2ste*** (most) urgently; ***ich rate Ihnen aufs 2ste ab*** I strongly advise you against it, I urge you not to do it; ***Sie werden ~st gewarnt, nicht zu*** *inf.* you are urgently warned not to *inf.* (*od.* against *ger.*); **Eindringlichkeit** *f* urgency.

Eindringling *m* intruder; (*Angreifer*) invader.

Eindruck *m* **1.** impression; ***~ machen auf*** impress, make an impression on; ***es hat keinen ~ auf mich gemacht*** it didn't impress me at all, it didn't make the slightest impression on me; ***er macht e-n intelligenten*** ∼ he seems to be quite intelligent, he gives the impression of being quite intelligent; ***e-n schlechten*** ∼ ***machen*** make a bad impression (**auf** ∼ on); ***den*** ∼ ***erwecken, dass*** give (s.o.) the impression that; ***ich habe den*** ∼, ***dass*** I have (*od.* get) the impression (that), (*das Gefühl*) I have a feeling (that); ***ich werde den*** ∼ ***nicht los, dass*** I can't help thinking (that), I have the distinct feeling (that); ***welchen*** ∼ ***haben Sie von ihm?*** what's your impression of him, what do you think of him?; → ***erwehren, schinden*** 3; **2.** (*Spur*) imprint, impression.

eindrücken I. *v/t.* (*zerbrechen*) break; (*zerschlagen*) smash (*a. Nase*); (*Tür*) force, break down; (*platt drücken*) flatten; (*zerdrücken*) crush (*a. Rippen*); (*einbeulen*) dent; **II.** *v/refl.*: ***sich*** ∼ *a. fig.* make (*od.* leave) an impression (**in** in).

eindrucksvoll *adj.* impressive.

eindübeln *v/t.* rawlplug *s.th.* into the wall.

einduseln F *v/i.* doze off, F nod off.

eine → ***ein***[1].

einebnen *v/t.* level (off); *fig.* level out.

Einehe *f* monogamy.

eineiig *adj.*: ∼***e Zwillinge*** identical twins.

eineinhalb *adj.* one and a half.

Eineltern(teil)familie *f* one-parent (*od.* single-parent) family.

einengen *v/t.* narrow down, limit; (*einschränken*) restrict, limit; (*Person*) hem in, restrict, constrict; ***j-n*** ∼ *a.* F cramp s.o.'s style; **Einengung** *f* limitation; restriction.

einer I. *pron.* someone, somebody; → *a.* ***ein***[1] III; **II.** ∽ *m* **1.** ⩓ unit, digit; **2.** (*Boot*) single (sculler).

einerlei I. *adj.* **1.** ***das ist mir*** ∼ it's all the same to me; **2.** (*gleichartig*) the same; the same sort (*od.* kind) of; **II.** ∽ *n* monotony; ***das*** ∼ ***des Alltags*** the daily grind (*od.* rut).

einerseits *adv.* on the one hand.

einfach I. *adj.* **1.** (*nicht schwierig*) easy, simple; ∼ ***zu verstehen*** easy to understand (*od.* follow); ***es ist*** ∼ ***zu verstehen, warum*** you can understand (*od.* see) why; ***das ist gar nicht so*** ∼ it's not so easy, it's not as easy as it looks; ***nichts*** ∼***er (als das)!*** no problem at all; **2.** single; ∼***e Fahrkarte*** single (ticket), *Am.* one-way ticket; ***X*** ∼, ***bitte*** a single to X, please, *Am.* X one way, please; **3.** (*unkompliziert*) simple; ∼***er Bruch*** ⚕ simple fracture; → ***Buchführung, Mehrheit***; **4.** (*schlicht*) simple, *a. Essen*: plain; *bescheiden*: modest; *Mensch*: ordinary; **II.** *adv.* easily *etc.*; ***das ist*** ∼ ***toll*** that's really great; ***das ist*** ∼ ***e-e Unverschämtheit*** it's a downright cheek; ***zu*** ∼ ***darstellen*** (***dargestellt***) oversimplify (oversimplified); ***es ist*** ∼ ***unglaublich*** it's just incredible; ***die Sache ist*** ∼ ***die, dass*** it's like this - ...; ***er ist*** ∼ ***gegangen*** he just got up and left; **Einfachheit** *f* simplicity; plainness; ***der*** ∼ ***halber*** to simplify matters.

einfädeln I. *v/t.* **1.** (*Nadel, Faden, Film etc.*) thread; **2.** *fig. geschickt*: arrange, fix up; (*tun*) go about *s.th. od. ger.*; **II.** *v/refl.*: *mot.* ***sich*** ∼ merge, filter in; ***sich links*** (***rechts***) ∼ filter left (right); **III.** *v/i. Skislalom*: straddle a gate.

einfahren I. *v/i.* **1.** drive in(to ***in***); arrive; *Zug*: *a.* come in, pull in; **II.** *v/t.* **2.** (*Auto*) run in; **3.** (*Fahrgestell etc.*) retract; **4.** (*Zaun etc.*) drive into; (*umfahren*) *a.* knock down; **5.** (*Ernte*) bring in; (*Gewinne, Verluste*) make, record; **III.** *v/refl.*: ***sich*** ∼ (*zur Gewohnheit werden*) become a habit (**bei** with); ***es hat sich bei uns so eingefahren, dass*** *a.* we just got into the habit of *ger.*; **Einfahrt** *f* **1.** (*Eingang*) entrance; (*Auffahrt*) drive; ∼ ***freihalten!*** keep clear; ***keine*** ∼***!*** no entry; **2.** ⛏ entry; ***Vorsicht bei der*** ∼ please stand back; **3.** *zur Autobahn*: access road.

Einfall *m* **1.** (*Gedanke*) idea (***et. zu tun*** of doing s.th.); ***er hatte den plötzlichen*** ∼ ***zu inf.*** he had (*od.* took) a sudden notion to *inf.*; **2.** ⚔ invasion (***in*** of), (*Überfall*) raid (on); **3.** *phys. Licht*: incidence; **einfallen** *v/i.* **1.** ***mir fällt gerade ein*** it has just occurred to me; I've just remembered; ***mir fällt nichts Besseres ein*** I can't think of anything better; ***da musst du dir schon was Besseres*** ∼ ***lassen*** you'll have to do better than that; ***ihm fällt immer was ein*** he always comes up with (*od.* thinks of) something, he's never at a loss for ideas (*od.* an excuse *etc.*); ***es fällt mir im Moment nicht ein*** I can't think of it right now; ***es wird mir schon wieder*** ∼ it'll come back to me (eventually); ***es fiel mir in letzter Minute ein*** I remembered just in time; ***zu dem Thema fällt mir nichts mehr ein*** I can't think of anything else to say on the subject; ***dazu fällt mir gar nichts ein*** my mind's a blank (on that); ***ich werde mir schon was*** ∼ ***lassen*** I'll think of something; ***was fällt dir ein?*** a) what do you think you're doing?, b) you must be joking!; ***wies ihm gerade einfällt*** just as the mood takes him; ***wos mir gerade einfällt*** while I think of it; F ***fällt mir gar nicht ein!*** who do you think I am?, you must be joking!; → ***Traum***; **2.** ⚔ ∼ ***in*** invade *a country*; **3.** *Licht*: enter, come in(to ***in***); **4.** ♪ enter; (*einstimmen*) join in; **5.** *im Gespräch*: butt in (***in*** on *the conversation*); **6.** (*einstürzen*) collapse, cave in; *fig. Gesicht*: *a.* sink in; **einfallend** *adj. Licht*: incident.

einfallslos *adj.* unimaginative; boring.

einfallsreich I. *adj.* full of ideas, original; resourceful; **II.** *adv.* imaginatively; with plenty of imagination; **Einfallsreichtum** *m* imaginativeness; wealth of ideas; resourcefulness; ***dieser*** ∼***!*** *a.* where does he *etc.* get all these ideas from?

Einfallswinkel *m* angle of incidence.

Einfalt *f* naivety; (*Beschränktheit*) simple-mindedness; **einfältig** *adj.* naive; (*beschränkt*) simple-minded; *Lächeln etc.*: stupid, F dumb; **Einfaltspinsel** F *m* F nincompoop, numskull.

Einfamilienhaus *n* detached house.

einfangen *v/t.* catch; *fig.* (*Stimmung etc.*) capture.

einfärben *v/t.* dye.

einfarbig *adj. Stoff*: plain, self-colo(u)red; *phot., typ.* monochrome; ∼ ***streichen*** paint *s.th.* one colo(u)r, paint *s.th.* all the same colo(u)r; ∼ ***gestalten*** design *s.th.* in one (basic) colo(u)r.

einfassen *v/t.* enclose; *mit e-m Zaun*: fence in; (*umsäumen*) line; (*Kleidung*) trim; (*Bild*) frame; (*Edelstein*) set; **Einfassung** *f* enclosure; (*Umsäumung*) lining; (*Rand*) edge, border; (*Saum*) trim(-ming); (*Rahmen*) frame; *e-s Edelsteins*: setting.

einfetten *v/t.* grease; *mit Öl*: oil; ⚙ *a.* lubricate; (*Haut*) rub (some) cream into; (*Schuhe*) soften *shoes* up with dubbin.

einfinden *v/refl.*: ***sich*** ∼ arrive, F turn up; (*sich versammeln*) assemble, gather.

einflechten *v/t.* **1.** weave in(to ***in***); (*Haare*) plait; **2.** *fig.* work in(to ***in***); (*beiläufig erwähnen*) mention in passing; ∼, ***dass*** *a.* throw in that.

einfliegen ✈ **I.** *v/i.* **1.** fly in(to ***in***); ∼ ***in*** (*fremdes Gebiet*) enter; **2.** (*sich dem Flughafen nähern*) approach; **II.** *v/t.* **3.** (*Proviant etc.*) fly in; **4.** (*Flugzeug*) test-fly.

einfließen *v/i.* flow in(to ***in***); *kalte Luft*: enter; ***nach Schottland*** *etc.* ∼ enter (into) Scotland *etc.*; *fig.* ***et.*** ∼ ***lassen*** slip s.th. in; (*andeuten*) let s.th. be known; ∼ ***lassen, dass*** let it be known that; ***er hat es gesprächsweise*** ∼ ***lassen*** he slipped it into the conversation; → *a.* ***einflechten*** 2.

einflößen *v/t.* **1.** ***j-m et.*** ∼ (*Medizin etc.*) give s.o. s.th., make s.o. drink s.th.; **2.** *fig.* (*Respekt*) command; ***j-m et.*** ∼ instil(l) s.th. into s.o.; ***j-m Respekt*** (***Vertrauen***) ∼ teach s.o. a bit of respect (win *od.* gain s.o.'s confidence); ***j-m Respekt eingeflößt haben*** *a.* command s.o.'s respect.

Einflug *m* ✈ flight (***in*** *ein Land*: into); entry (of); ∼**schneise** *f* approach corridor.

Einfluss *m* influence (***auf*** on, *j-n*: over); *politischer*: *a.* clout; (*Macht*) power (over); (*Wirkung*) effect (on); ***ein Mann von*** (***großem***) ∼ a (highly) influential man; ∼ ***haben auf*** influence, (*einwirken auf*) *a.* affect; ***e-n schlechten*** ∼ ***haben auf*** be a bad influence on; ***unter j-s*** ∼ ***stehen*** (***geraten***) be (fall) under s.o.'s sway; ***s-n*** ∼ ***geltend machen*** bring one's influence to bear (***bei, auf*** on); ***es entzieht sich m-m*** ∼ it's beyond my control, I have no influence on the matter; ∼**bereich** *m* sphere of influence; ∼**nahme** *f* influencing control; ***wegen versuchter*** ∼ ***auf*** for attempting to influence; ∽**reich** *adj.* influential; powerful; ∼**sphäre** *f* → ***Einflussbereich.***

einflüstern *v/t.*: ***j-m et.*** ∼ whisper (*fig.* insinuate) s.th. to s.o.

einfordern *v/t.* demand (payment of); (*Buch etc.*) recall, demand the return of.

einförmig *adj.* uniform; (*eintönig*) monotonous; **Einförmigkeit** *f* uniformity; monotony.

einfressen *v/refl.*: ***sich*** ∼ ***in*** eat into.

Einfriedung *f* enclosure.

einfrieren I. *v/i.* **1.** *Rohre etc.*: freeze (up); *Schiff, Hafen*: become icebound; **2.** *Verhandlungen*: reach (a) deadlock; **3.** *Lächeln*: freeze; **4.** *Unterhaltung*: dry up; **II.** *v/t.* **5.** (*Lebensmittel*) (deep-)freeze; **6.** ✝ (*Kapital etc.*) (*a.* ∼ ***lassen***) freeze.

Einfügemodus *m Computer*: insert mode.

einfügen I. *v/t.* add (***in*** to); fit in(to ***in***); *Computer*: (*Text*) insert, paste (***in*** into, in); **II.** *v/refl.*: ***sich*** ∼ fit in (well); *Person*: adapt (***in*** to); **Einfügetaste** *f Computer*: insert key; **Einfügung** *f* **1.** (*das Einfügen*) adding; **2.** addition.

einfühlen *v/refl.*: ***sich*** ∼ ***in*** empathize with, ***j-n***: *a.* put o.s. in s.o.'s position, ***et.***: *a.* get into the spirit of s.th.; **einfühlsam** *adj.* sensitive; (*verständnisvoll*) understanding.

Einfühlungs|gabe *f*, ∼**vermögen** *n* sensitivity; (powers *pl.* of) empathy; intuitive understanding.

Einfuhr *f* ✝ importing; *konkret*: imports *pl.*; ∼**artikel** *m* imported article, (foreign) import; *pl.* imports; ∼**beschränkungen** *pl.* import restrictions; ∼**bestimmungen** *pl.* import regulations;

~bewilligung *f* import licen|ce (*Am.* -se).

einführen *v/t.* **1.** introduce (**in** into); (*Einrichtungen*) establish, set up; F ***das wollen wir gar nicht erst ~*** we're not going to start anything like that; **2.** ⚕ (*Waren*) import; **3.** (*j-n*) introduce (**bei j-m** to s.o.; **in** *e-e Gesellschaft*: into); (*einweihen*) initiate (**in** into), *feierlich, in ein Amt*: inaugurate (into); **4.** (*et.*) *in e-e Öffnung etc.*: insert (**in** into); (*zuführen*) feed in(to).

Einfuhr|erlaubnis *f*, **~genehmigung** *f* import licen|ce (*Am.* -se); **~hafen** *m* port of entry; **~handel** *m* import trade; **~land** *n* importing country; **~lizenz** *f* import licen|ce (*Am.* -se); **~quote** *f* import quota; **~sperre** *f*, **~stopp** *m* import ban.

Einführung *f* **1.** introduction; establishment; importation; initiation, inauguration; insertion; ***die ~ des Euro*** the introduction (*od.* launching) of the Euro; → ***einführen***; **2.** (*Text*) introduction (**in** to).

Einführungs|angebot *n* introductory offer; **~kurs** *m* introductory (*od.* beginner's) course; **~preis** *m* introductory price.

Einfuhr|verbot *n* import ban; **~waren** *pl.* imported goods, imports; **~zoll** *m* import duty.

einfüllen *v/t.* (*Flüssiges, Getreide etc.*) pour in(to **in**); *in Flaschen*: bottle; *Kartoffeln etc.* **~ in** fill (*od.* put) into; ***Kartoffeln*** *etc.* ***in Säcke ~*** *a.* fill (the) sacks with potatoes.

Einfüllstutzen *m mot.* filler neck.

Eingabe *f* **1.** (*Gesuch*) application (**an** to; **um** for); ***e-e ~ machen*** file a petition, apply (**um** for); **2.** *Computer*: input; **nach ~** *gen.* after entering; **3.** ⚕ administering (*gen.* of); **~datei** *f* input file; **~fehler** *m* input error; **~maske** *f* input mask; **~taste** *f* enter (*od.* return) key.

Eingang *m* **1.** entrance, way in; ***kein ~!*** no entrance, no entry; **2.** (*Eintritt*) entry (**in** into); (*Zugang*) access (**zu** to); *fig.* ***~ finden*** become established; *Mode*: come into fashion; ***~ finden in*** (*e-n Kreis*) be accepted into; ***j-m ~ gewähren*** give s.o. access (**zu** to); ***sich ~ verschaffen in*** gain admission to; **3.** ⚕ *von Waren*: arrival; *Schreiben, Summe*: receipt; ***Eingänge*** *von Waren* (*Zahlungen*): goods (payments) received; (*Einnahmen*) receipts; ***„Eingänge"*** *Aufschrift*: In; **bei** (*od.* **nach**) **~** on receipt; **4.** (*Anfang*) beginning; **zu ~** at the beginning; **5.** (*Einleitung*) introduction; **6.** (*Magen*~ *etc.*) inlet; **7.** ⚡, *electron.* source, input.

eingängig I. *adj.*: (***leicht ~***) comprehensible, easy to grasp (*od.* understand); *Melodie*: catchy; **II.** *adv.*: ***~ erläutern*** explain in simple terms.

eingangs I. *adv.* at the beginning (*od.* outset); (*einleitend*) by way of introduction; ***~ erwähnt*** above(-mentioned); ***wie ~ erwähnt*** as mentioned above; **II.** *prp.* at the beginning of.

Eingangs|bestätigung *f* acknowledg(e)ment of receipt; **~datum** *n* date of receipt; *von Schecks*: value date; **~formel** *f* preamble; *im Brief*: introduction; **~-halle** *f* entrance hall, foyer; **~portal** *n e-r Kirche etc.*: portal; **~signal** *n* ⚡ input signal; **~spannung** *f* ⚡ input voltage; **~stempel** *m* date stamp; **~strom** *m* ⚡ input current; **~stufe** *f Tuner*: input stage; **~tor** *n* (entrance) gate; **~tür** *f* entrance; **~vermerk** *m* file mark.

eingebaut *adj.* built-in.

eingeben *v/t.* **1.** (*Arznei*) give, administer (*dat.* to); **2.** *in e-n Computer*: feed, enter, input (**in** into); **3.** ***j-m e-n Gedanken ~*** give s.o. an idea.

eingebettet *adj.* embedded (**in** in); ***~ zwischen Bergen*** (***Wäldern*** *etc.*) tucked away (*od.* nestling) between mountains (among woods and trees *etc.*).

eingebeult *adj.* dented.

eingebildet *adj.* **1.** arrogant, full of o.s., conceited; ***er ist auf s-n Doktortitel*** (***s-e neue Stelle***) ***furchtbar ~*** his PhD *od.* doctorate (his new job) has gone to his head completely; **2.** *Krankheit etc.*: imaginary.

eingeboren *adj.* **1.** (*einheimisch*) native; **2.** (*angeboren*) innate; **Eingeborene(r** *m*) *f* native; *bsd. Australiens*: aborigine.

Eingebung *f*: (***e-e göttliche*** divine) inspiration; (*Regung*) impulse; (*Einfall*) brainwave; ***e-r plötzlichen ~ folgend*** on (an) impulse.

eingebürgert *adj.* naturalized.

eingedeckt *adj.*: ***gut ~ sein*** be well stocked, ***mit***: *a.* have plenty of, ***mit Arbeit:*** have plenty of work to do (*od.* to be getting on with).

eingedenk *pred. adj.* mindful (*gen.* of); *e-r Sache* **~ sein** (**bleiben**) bear (keep) in mind, remember.

eingedeutscht *adj.* Germanized.

eingefahren *adj.* **1.** *Auto etc.*: run-in, broken-in; **2.** *fig. Verhaltensweise etc.*: ingrained; ***das ist bei ihr vollkommen ~*** it's become second nature to her, it's second nature with (*od.* for) her; ***sich in ~en Gleisen bewegen*** keep to well-trodden paths, stay in the same old groove.

eingefallen *adj. Haus*: dilapidated; *Gesicht*: haggard; *Wangen, Augen*: hollow, sunken.

eingefleischt *adj.* inveterate, ingrained, hardened; *Gewohnheit, Vorurteil etc.*: deep-rooted; ***~er Junggeselle*** confirmed bachelor.

eingefroren *adj. a. fig. Gelder*: frozen; *Hafen, Schiff*: icebound.

eingeführt *adj.* **1.** (*importiert*) imported; ⚘ exotic; **2.** *Fachgeschäft etc.*: well-established.

eingehen I. *v/i.* **1.** ⚕ *Geld, Post, Waren*: come in, arrive; **2.** ***~ in*** *die Sprache etc.*: enter; → ***Geschichte*** 2; **3.** F ***es will ihm nicht ~*** he can't grasp it, ***dass:*** (*er will es nicht wahrhaben*) *a.* he can't accept (the fact) that, he can't come to terms with the fact that; **4.** ***~ auf*** (*Interesse zeigen für*) show an interest in; (*sich befassen mit*) deal with; (*e-e Frage etc.*) go into; (*e-n Scherz etc.*) go along with; (*e-n Plan etc.*) accept; ***auf*** *j-n* ***~*** respond to, *zuhörend*: listen to, *nachsichtig*: humo(u)r; ***auf die Frage*** *gen.* ***~*** *a.* address the issue of; ***näher ~ auf*** elaborate on, expand on, amplify; (***überhaupt***) ***nicht ~ auf*** *a.* ignore (completely); **5.** *Kleidung*: shrink; **6.** *Tier, Pflanze*: die (**an** of), perish (**bei** in *a fire etc.*); *Firma, Zeitung*: F fold up; F ***dabei*** (***bei der Hitze***) ***geht man ja ein!*** F it's enough to finish you off; **7.** F (*e-n Misserfolg erleiden*) F come a cropper (**bei** with); **II.** *v/t.* **8.** (*Ehe, Vertrag etc.*) enter into *marriage, a contract*; ***e-n Vergleich ~*** come to an arrangement, ***mit*** *Gläubigern*: compound with; ***ein Risiko ~*** take a chance; ***e-e Wette ~*** make a bet; **9.** ⚗ (*Verbindung*) form; (*Reaktion*) undergo; **eingehend I.** *adj.* **1.** *Post etc.*: incoming; **2.** (*ausführlich*) detailed; *Bericht*: *a.* full ...; (*gründlich*) thorough; *Artikel etc.*: in-depth ...; (*sorgfältig*) careful; **II.** *adv.* in detail; thoroughly; in depth; carefully; ***sich ~ mit et. auseinander setzen*** (***befassen*** *etc.*) *a.* look at s.th. from every angle.

eingehüllt *adj.*: ***~ in*** *e-e Decke etc.*: wrapped up in; *fig.* ***in Nebel*** *etc.* ***~*** enveloped (*od.* shrouded) in fog *etc.*

eingekeilt *adj.* wedged in.

eingekerbt *adj.* scalloped.

eingeklammert *adj.* in brackets, *bsd. Am.* in parentheses; bracketed off.

eingeklemmt *adj.* stuck; *Nerv*: trapped; *Bruch*: strangulated.

eingekniffen *adj.* → ***einkneifen.***

eingeladen *adj.* invited; ***nur für ~e Gäste*** invited guests only; ***ich bin nicht ~*** I'm not (*od.* I wasn't) invited.

eingelagert *adj.* in storage.

eingelassen *adj.* ⚙ sunk; *Edelstein*: set.

eingelegt *adj.* **1.** *Möbel etc.*: inlaid; ***~e Arbeit*** inlay (*od.* inlaid) work; **2.** (*in Essig* **~**) pickled; *Heringe*: marinated; ***~e Gurke*** pickled cucumber, *Am.* pickle.

eingeleitet *adj.*: ***~e Maßnahmen*** adopted measures.

Eingemachte(s) *n* preserves *pl.*; (*Obst*) preserved fruit; *in Essig*: pickles *pl.*; F *fig.* ***jetzt gehts ans Eingemachte*** F we're really scraping the barrel now; F *fig.* ***et. geht ans Eingemachte*** s.th. really starts to hurt.

eingemauert *adj.* walled (in).

eingemeinden *v/t.* incorporate; **Eingemeindung** *f* incorporation.

eingemottet *adj.* mothballed.

eingenommen *adj.* **1.** ***von*** *j-m od. et.* (***sehr***) ***~ sein*** be (quite) taken with; **2.** ***von sich selbst ~ sein*** be full of o.s.; **3.** ***für*** (***gegen***) *j-n od. et.* ***~ sein*** be bias(s)ed *od.* prejudiced towards (against); **Eingenommenheit** *f* **1.** bias, prejudice; **2.** *von sich selbst*: conceitedness.

eingepfercht *adj.* cooped up.

eingerahmt *adj.* framed; *fig.* ***~ von*** framed by; ***sie war von ihren Söhnen ~*** *a.* she had her sons sitting (*od.* standing) on either side (of her).

eingerechnet *adj.*: ... (***nicht***) ***~*** (not) including ..., *weitS.* (not) taking into account ...; ***alles ~*** including everything, *weitS.* all in all.

eingerichtet *adj. Wohnung etc.*: furnished; *Küche etc.*: fully-equipped; ***sie sind nett ~*** they've got a nice flat *etc.*

eingeritzt *adj.* carved; ***~ in*** *a.* scratched into (the surface of).

eingerostet *adj.* rusty (*a. fig.*), (*unbeweglich*) *a.* stiff (*od.* jammed) with rust.

eingerückt *adj. Zeile, Absatz*: indented.

eingesäumt *adj.*: ***~ mit*** (*od.* ***von***) bordered (*od.* skirted) by; ***ein mit Bäumen ~er Weg*** a tree-lined path.

eingeschaltet *adj.* ⚡ (switched) on.

eingeschlechtig *adj.* ⚘ unisexual.

eingeschlossen *adj.* **1.** locked in; **2.** included; ***im Preis ~*** included in the price; ***es ist im Preis alles ~*** *a.* the price is all-inclusive.

eingeschnappt F *adj.* F miffed, in a huff; ***er ist leicht ~*** you have to watch what you say to him.

eingeschneit *adj.* snowed-in ..., *pred.* snowed in.

eingeschossig *adj.* one-stor(e)y ...

eingeschränkt *adj.* limited, restricted; ***sich ~ fühlen*** feel restricted (*gehemmt*: inhibited).

E

eingeschrieben *adj. Brief*: registered.

eingeschüchtert *adj.* frightened; too scared to say (*od.* do *etc.*) anything.

eingeschworen *adj.* confirmed; (*treu*) *a.* committed; ~ **sein auf** swear by.

eingesessen *adj.* old-established.

eingespielt *adj.*: **gut** (**aufeinander**) ~ **sein** work well together, make a good team; **sie sind ein ~es Team** *a.* they're a well-established (*od.* well-coordinated) team, they've been working (*od.* playing *etc.*) together for years.

eingesprengt *adj.*: **mit ~en ...** interspersed with ..., scattered with ...

eingestandenermaßen *adv. konzessiv*: admittedly; **Eingeständnis** *n* admission, *e-r größeren Schuld*: confession.

eingestaubt *adj.* very dusty, covered in dust.

eingestehen *v/t.* admit; **sie hat die Tat eingestanden** she admitted to having done it.

eingestellt *adj.*: **gegen** *j-n od. et.* ~ **sein** be opposed to, be against; ~ **auf** prepared for; (*ausgerichtet auf*) keyed (*od.* geared) to; **sozial** ~ socially-minded; **materialistisch** ~ very materialistic; **sehr fortschrittlich** ~ **sein** be very progressive (in one's views), have very progressive views; **wie ist er politisch ~?** what are his political leanings?

eingestimmt *adj.*: *fig.* **aufeinander** ~ **sein** be attuned to one another, form a harmonious pair *etc.*

eingetragen *adj.* ☤ registered.

eingetroffen *adj.*: **„frisch ~"** *Waren*: just in.

eingewachsen *adj.*: **~er Zehnagel** ingrown toenail.

eingewandert *adj.* immigrant *families etc.*; **Eingewanderte(r)** *m* immigrant.

Eingeweide *pl.* insides, F innards, 📖 viscera; (*Gedärme*) intestines, guts.

eingeweiht *adj.*: ~ **sein** (*Mitwisser sein*) be in the know, F be in on it; **Eingeweihte(r)** *m* insider; **die Eingeweihten** *a.* those in the know.

eingewöhnen *v/refl.*: **sich** ~ get used to one's new surroundings, settle in; **sich ~ in** get used to; **Eingewöhnungszeit** *f* settling-in period.

eingewurzelt *adj.* deep-rooted.

eingezwängt *adj.* **1.** ~ **in** packed (F jammed) into; **2.** *fig.* straitjacketed; **sich ~ fühlen** *a.* feel (very) restricted.

eingießen *v/t.* pour in(to **in**); (*einschenken*) pour; ⚙ pour, cast (into).

eingipsen *v/t.* **1.** ⚕ put in plaster, put a (plaster) cast on; **2.** (*Dübel etc.*) plaster in.

eingleisig I. *adj.* single-track ..., *pred.* single-tracked; **II.** *adv.*: ~ **denken** take a very narrow view of things.

eingliedern I. *v/t.* integrate (**in** into); (*klassifizieren*) classify (into); (*zuweisen*) assign (to); (*Gebiet*) annex (to); **II.** *v/refl.*: **sich** ~ adapt o.s. (**in** to), **in**: *a.* become a part of; **Eingliederung** *f* integration; classification; annexation; adaptation; → **eingliedern.**

eingraben I. *v/t.* (*begraben*) bury; (*Pflanze*) plant; (*Pfahl*) drive in(to the ground); **II.** *v/refl.*: **sich** ~ dig o.s. (*Tier*: itself) in(to **in**); *Geschoss etc.*: embed itself (in); *fig.* engrave itself (**ins Gedächtnis** in one's memory).

eingravieren *v/t.* engrave (**in** on).

eingreifen I. *v/i.* **1.** step in, intervene (**in** in); *unerlaubt, störend*: interfere (in); *bsd.* ⚖ encroach (on); **in** *e-e Debatte etc.* ~ cut in on; **2.** ⚙ move into gear (**in** with); **II.** ≈ *n* intervention; **eingreifend** *adj.* (*entscheidend*) crucial; (*einschneidend*) far-reaching; **Eingreiftruppe** *f* task force; **schnelle** ~ rapid deployment (*od.* reaction) force.

eingrenzen *v/t.* **1.** enclose; **2.** *fig.* limit (**auf** to), *stärker*: narrow down (to).

Eingriff *m* **1.** *a. pl.* intervention (**in** in); *unerlaubter, störender*: *a. pl.* interference (in); *bsd.* ⚖ encroachment (on); **2.** ⚕ (**kleiner** ~ minor) operation; **e-n** ~ **vornehmen** operate (**bei** on), perform an operation (on); **unerlaubter** ~ illegal abortion.

eingruppieren *v/t.* group (**in** into).

einhacken *v/i.*: ~ **auf** hack (away) at; *Vogel*: peck at; *fig.* keep on at *s.o.*

einhageln *v/i.*: *fig.* ~ **auf** rain down on.

einhaken I. *v/t.* hook (**in** into), fasten; (*Fensterläden*) fasten back; **II.** *v/refl.*: **sich bei j-m** ~ take s.o.'s arm; **III.** *fig. v/i. im Gespräch*: cut in (**bei** on); **hier möchte ich mal** ~ if I could just take up that point.

Einhalt *m*: *e-r Sache* ~ **gebieten** call a halt to, put a stop to; *Seuche, Vormarsch*: check; **einhalten I.** *v/t.* (*Vereinbarung etc.*) keep to; (*Diät, Regeln*) *a.* stick to; (*Versprechen*) keep, stick to; (*Verpflichtung*) meet; **den Kurs** ~ keep going in the same direction; **II.** *lit. v/i.*: **mit** (*od.* **im**) **Lesen** *etc.* ~ stop reading *etc.*; **Einhaltung** *f* adherence (*gen.* to); *von Vorschriften etc.*: *a.* compliance (with).

einhämmern *v/t.* **1.** → **einschlagen** 1; **2.** *fig.* **j-m et.** ~ drum s.th. into s.o.

einhandeln *v/t.* buy; **et. gegen** (*od.* **für**) **et.** ~ swap s.th. for s.th.; *fig.* **sich et.** ~ land o.s. (with) s.th.; **damit handelst du dir garantiert Ärger ein** that's asking for trouble.

einhändig I. *adj.* one-handed; **II.** *adv. a.* with (only) one hand.

einhändigen *v/t.* hand over (*dat.* to); (*einreichen*) hand in (to).

einhängen I. *v/t.* (*Tür etc.*) put on its hinges; **II.** *v/i. teleph.* hang up, *Brit. a.* ring off; **III.** *v/refl.*: **sich bei j-m** ~ take s.o.'s arm.

einhauchen *v/t.*: *fig. j-m od. e-r Sache* **neues Leben** ~ breathe new life into.

einhauen I. *v/t.* **1.** → **einschlagen** 1, 2; **2.** (*Inschrift etc.*) carve (**in** into); **II.** *v/i.* → **einschlagen** 9.

einheften *v/t.* (*Akten etc.*) file; (*Futter*) tack in.

einheimisch *adj.* local, native, *a.* ✿, *zo.* indigenous; ☤ domestic; **~e Agrarprodukte** home-grown produce; **~e Mannschaft** home team; **Einheimische(r** *m*) *f*: **die Einheimischen** the people (who live) here (*od.* there), *e-r Stadt*: *a.* the locals; **ein Einheimischer** one of the locals.

einheimsen F *v/t.* (*Geld etc.*) pocket, (*größere Mengen*) F rake in; (*Ruhm etc.*) take.

Einheirat *f*: ~ **in** marriage into *a family etc.*; **einheiraten** *v/i.*: ~ **in** marry into.

Einheit *f* **1.** unity; *thea.* **die drei ~en** the three unities; **e-e** ~ **bilden** form a (unified) whole; *hist.* **Tag der deutschen** ~ German Unity Day; **2.** (*Einheitlichkeit*) uniformity; **3.** (*Maß*≈) unit (*a. teleph.*); **4.** ⚔ unit; **einheitlich I.** *adj.* uniform; homogeneous; (*genormt*) standardized; *Methode etc.*: consistent; **~e Front** united front; **ein ~es Vorgehen** concerted action; **II.** *adv.* uniformly *etc.*; → I; ~ **gekleidet** wearing (*od.* dressed in) the same clothes, (*uniformiert*) (dressed) in uniform; ~ **vorgehen** take concerted action, act in unison; **Einheitlichkeit** *f* uniformity; homogeneity; consistency; unity; uniformity; → **einheitlich** I.

Einheits|bestrebungen *pl.* unitary tendencies; *pol. a.* efforts towards (*od.* striving for) political union; **~front** *f* united front; **~gebühr** *f* flat (*od.* standard) rate; **~gedanke** *m* idea of unity; **~gewerkschaft** *f* unified trade (*Am.* labor) union; **~gewicht** *n* standard weight; **~größe** *f* standard size; **~kleidung** *f* uniform(s *pl.*); **~kurs** *m* ☤ standard quotation; **~liste** *f pol.* single list (*Am.* ticket); **~partei** *f* united party; **es gibt nur eine** ~ there's only one (central) party; **~preis** *m* ☤ standard price; (*Pauschale*) flat rate; **~staat** *m* centralized state; **~steuer** *f* flat-rate tax.

einheizen I. *v/i.* **1.** light the fire; turn the heating on; **2.** F *fig.* **j-m** ~ F give s.o. a good going over; **II.** *v/t.* (*Zimmer*) warm up; (*Ofen*) put on.

einhellig *adj.* unanimous; **Einhelligkeit** *f* unanimity.

einher... *in Zssgn* ... along; **~gehen** *v/i.* **1.** walk along; come walking along; **2.** ~ **mit** accompany; **Arbeitslosigkeit geht mit Konjunkturrückgang einher** unemployment is a concomitant of (F goes hand in hand with) economic decline; **~schreiten** *v/i.* stride along; come striding along; **~stolzieren** *v/i.* strut along; come strutting along.

einholen I. *v/t.* **1.** (*Auto etc.*) catch up with; (*Versäumtes*) make up for *lost time etc.*; **e-n Rückstand** ~ catch up with one's arrears (*od.* work); **2.** (*beschaffen*) get; (*Genehmigung*) *a.* obtain; F (*einkaufen*) buy; **Rat** ~ seek advice (**bei** from), **bei j-m**: *a.* consult s.o.; **3.** ⚓ (*Segel*) strike; (*Flagge*) lower; (*Tau*) haul in; **II.** *v/i.*: F ~ **gehen** go shopping.

Einhorn *n* unicorn.

einhüllen I. *v/t.* wrap (up) (**in** in), cover (with); ⚙ encase (in); → **eingehüllt**; **II.** *v/refl.*: **sich** ~ wrap o.s. up (**in** in), **in** *e-e Decke*: *a.* F snuggle into.

einhundert *adj.* a hundred, *Am. u. betont*: one hundred.

einig[1] *adj.* **1.** ~ **sein mit** be in agreement with; (**sich**) ~ **werden** come to an agreement (**über** about); **sich nicht** ~ **sein** disagree, differ (**über** on); **die Fachwelt ist sich ~ darüber, dass** the experts are agreed that; **man ist sich noch nicht ~ darüber, was** (**wie** *etc.*) there's still some disagreement as to what (how *etc.*); **er ist sich selbst nicht ~, was er tun soll** he can't make up his mind; **2.** *Volk etc.*: united.

einig[2] **I.** *indef. pron.* **1.** **~e** a few; (*mehrere*) several; **2.** **~es** something, a few things; (*viel*) quite a bit, a fair amount (F bit); (*viele*) *a.* quite a few things; **~es an ...** quite a bit of ..., quite a few ...; **es gäbe noch ~es zu tun** there's (still) plenty to do (*od.* to be getting on with); **dazu möchte ich noch ~es sagen** I'd just like to make a few comments on that; **ich könnte dir ~es erzählen** I could tell you a thing or two; **dazu gehört schon ~es** it takes a fair bit of courage (*od.* nerve *etc.*); **II.** *adj.* **3.** **~e** a few; (*mehrere*) several; **4.** (*viel*) quite a bit of; (*viele*) quite a few; (*etwas, ein wenig*) some *hope etc.*; **es wird noch ~e Zeit dauern** it'll take a while yet; **~es Aufsehen erregen** cause quite a stir; **5.** (*ungefähr*) some; **~e 20 Jahre** some 20 years, 20 years or so.

einigeln *v/refl.*: **sich ~ 1.** curl up (into a ball); **2.** *fig.* go into hiding, shut o.s. off from the (rest of the) world, withdraw into one's shell.

einigen I. *v/refl.*: **sich ~** agree (**über, auf** on); *bsd. pol.* reach (an) agreement *od.* a settlement (on); **sich ~ auf** *a.* settle on; **sich auf e-n Kompromiss ~** reach (*od.* come to) a compromise; **wir müssen uns irgendwie ~** we'll have to come to some sort of agreement (*od.* settlement); **II.** *v/t.* unite; (*versöhnen*) reconcile.

einigermaßen *adv.* quite, fairly, reasonably; (*leidlich*) quite well, fairly well; (*in gewissem Grad*) to some extent; **es geht ihm ~** he's not doing too badly; **~ Bescheid wissen** have a fairly good idea (**über** of).

einig gehen F *v/i.* agree (**mit** with; **in** about, on).

Einigkeit *f* unity; (*Übereinstimmung*) agreement, consensus (**über** on, about); **es herrschte ~ darüber, dass** everybody agreed that; **es herrscht noch keine ~ darüber, was** (**wo** *etc.*) there's still some disagreement as to what (how *etc.*).

Einigung *f* **1.** agreement, settlement; **~ erzielen** reach (an) agreement, reach a settlement, reach an accord (**über** on), **über:** *a.* reach accord on; **2.** *e-s Volks etc.*: unification.

Einigungs|bestrebungen *pl.* unification movement *sg.*; **~versuch** *m* attempt at reconciliation.

einimpfen *v/t.* **1. j-m *et.* ~** (*Hass etc.*) instil(l) *s.th.* into s.o.; (*Glauben etc.*) *a.* indoctrinate s.o. with; (*einbläuen*) drum *s.th.* into s.o.; **2.** ⚕ **j-m ein Serum ~** give s.o. a vaccination, vaccinate s.o., inoculate s.o.

einjagen *v/t.*: **j-m e-n Schrecken ~** give s.o. a fright, frighten s.o., give s.o. quite a turn; **hast du mir e-n Schrecken eingejagt!** F you frightened me out of my wits, I nearly jumped out of my skin.

einjährig *adj.* **1.** one-year-old ...; **2.** (*ein Jahr dauernd*) year-long ..., one-year ...; **3.** *Pflanze*: annual; **Einjährige(r** *m*) *f* one-year-old (child *od.* baby).

einkalkulieren *v/t.* take into account, allow for; *im Preis*: include.

einkapseln *fig. v/refl.*: **sich ~** withdraw into one's shell, shut o.s. off (from the world).

einkarätig *adj.* one-carat ...

einkassieren *v/t.* **1.** (*Beiträge etc.*) collect; **2.** F *fig.* (*einstecken*) F pocket, swipe; **3.** *sl. fig.* (*festnehmen*) F collar.

Einkauf *m* **1.** purchase; ⚚ (*Vorgang*) purchasing; **Einkäufe** (*Eingekauftes*) shopping; **Einkäufe machen** go shopping; **ich muss noch einige Einkäufe machen** I've still got some shopping to do; **2.** (*Einkaufsabteilung*) purchasing (department); **einkaufen I.** *v/t.* buy; ⚚ *a.* purchase; **II.** *v/i.*: **~** (**gehen**) go shopping; **III.** *v/refl.*: ⚚ **sich ~ in** buy shares in, buy into; **Einkäufer** *m* ⚚ buyer.

Einkaufs|abteilung *f* purchasing department; **~bummel** *m*: **e-n ~ machen** have a look around the shops; **~korb** *m* shopping basket; **~liste** *f* shopping list; **~netz** *n* shopping net, string bag; **~preis** *m* purchase price; **zum ~** at cost price; **~tasche** *f* shopping bag; **~wagen** *m* (supermarket) trolley, *Am.* shopping cart; **~zentrum** *n* shopping cent|re (*Am.* -er), *Am. a.* shopping mall; (*Großmarkt*) hypermarket; **~zettel** *m* shopping list.

Einkehr *f*: **innere ~** reflection, meditation, F soul-searching; **einkehren** *v/i.* **1.** stop for a bite to eat; **in e-m Gasthof ~** *a.* stop (off) at an inn; **2.** *fig. Freude etc.*: come (**bei** to).

einkeilen *v/t. a. fig.* wedge in.

einkellern *v/t.* store in the cellar, cellar.

einkerben *v/t.* **1.** (*Holz etc.*) put a notch (*od.* notches) in; **2.** (*Zeichen etc.*) notch (**in** into); (*Bild, Namen*) *a.* carve (into); **Einkerbung** *f* notch.

einkerkern *v/t.* throw into prison, incarcerate.

einkesseln *v/t.* ⚔ encircle, surround, trap; **Einkesselung** *f* ⚔ encirclement.

einklagen *v/t.*: **et. bei j-m ~** sue s.o. for s.th.

einklammern *v/t.* put in brackets (*bsd. Am.* parentheses); **Einklammerung** *f* bracketing; *konkret*: brackets *pl.* (*gen.* around).

Einklang *m* **1.** ♪ unison; **2.** *fig.* accord, harmony, unison, concord; **in ~ bringen** bring in line, harmonize, (*versöhnen*) reconcile; **in ~ mit** in line with; **in ~ stehen** be compatible, be in accord (**mit** with); **miteinander in ~ stehen** *Tatsachen etc.*: tally, *Personen*: be of one mind (*lit.* heart and soul); **nicht im ~ stehen** be incompatible, *a. Personen*: be at odds, *formell*: be at variance.

einkleben *v/t.* stick in(to **in**).

einkleiden *v/t.* **1.** fit out; (*Soldaten*) *a.* kit out; **neu ~** buy new clothes for; **ich musste ihn ganz neu ~** I had to buy him a whole new set of clothes; **2.** *fig.* (*Gedanken etc.*) couch (**in** in).

einklemmen *v/t.* wedge in; ⚙ clamp; (*Finger, Mantel etc.*; *a.* **sich et. ~**) get *s.th.* caught (**in der Tür** in the door); → **eingeklemmt.**

einklinken I. *v/t.* (*Tür*) shut *the door* properly; (*Seil etc.*) hitch up (**an** to); **II.** *v/i.* click shut; click in.

einkneifen *v/t.* (*Bauch*) pull in; **die Lippen ~** press one's lips together; **den Schwanz ~** *Hund*: put its tail between its legs; **mit eingekniffenem Schwanz abziehen** slink off with its (*a. fig.* one's) tail between its (one's) legs.

einknicken I. *v/t.* bend; (*brechen*) break, snap; (*Papier*) crease; **II.** *v/i.* bend; (*brechen*) break, snap; *Knie*: give way; **mit dem Fuß ~** go over on one's ankle; **ich bin mit dem Knie eingeknickt** my knee (just) gave way.

einknöpfbar *adj.* button-in ...; **einknöpfen** *v/t.* button in.

einkochen *v/t.* (*eindicken*) boil down, (*Soße*) thicken (*beide a. v/i.*); (*einmachen*) preserve; (*Marmelade*) make *jam*.

einkommen *v/i.*: **~ um** apply for (**bei** to).

Einkommen *n* income, earnings *pl.*; *des Staates*: revenue.

Einkommens|gruppe *f*, **~schicht** *f* income bracket; **2schwach** low-income ...; **2stark** *adj.* high-income ...

Einkommen(s)steuer *f* income tax; **~erklärung** *f* income-tax return; **s-e ~ abgeben** file one's income-tax return; **2frei** *adj.* free of income tax, *abbr.* f.i.t.; **~gesetz** *n* income-tax law(s *pl.*); **2pflichtig** *adj.* liable to (pay) income tax.

einköpfen *v/t. u. v/i. Fußball*: head (the ball) in.

einkrallen *v/refl.*: **sich ~** *Tier*: dig its claws in(to **in**), *Person*: dig one's nails in(to **in**).

einkratzen *v/t.*: **et. ~ in** scratch s.th. into (*od.* onto).

einkreisen *v/t.* **1.** surround; ⚔ *a.* encircle (*a. fig. pol.*); **2.** (*Zahl etc.*) put a ring round; **3.** *fig.* (*Problem etc.*) narrow down; **Einkreisung** *f* encirclement; *fig. e-s Problems*: narrowing down; **Einkreisungspolitik** *f* policy of encirclement.

einkremen *v/t. u. v/refl.* → **eincremen.**

einkriegen F **I.** *v/t.* catch up with; **II.** *v/refl.*: **wir konnten uns vor Lachen nicht mehr ~** F we were rolling about.

Einkünfte *pl.* income *sg.*, earnings; *des Staates*: revenue *sg.*

einkuppeln *v/i. mot.* let in (*od.* engage) the clutch.

einkuscheln F *v/refl.*: **sich ~** F snuggle up (**in** inside).

einladen I. *v/t.* **1.** (*j-n*) invite *od.* ask *s.o.* round (*od.* to dinner *etc.*); *ins Konzert etc.*: ask *od.* take *s.o.* (out) to a concert *etc.*; *zu e-m Drink etc.*: buy (F stand) *s.o.* a drink *etc.*; **ich bin heute Abend eingeladen** I've been invited out tonight; **wir haben Freunde eingeladen** we're having friends round; **ich lad dich ein** *zum Bier etc.*: let me treat you, *beim Zahlen od. Bestellen*: it's on me; **2.** (*Waren*) load; **II.** *v/i.*: **zu Missbrauch** *etc.* **~** invite abuse *etc.*; **zum Verweilen** *etc.* **~** be (*od.* look) very inviting; **einladend** *adj.* inviting; (*verlockend*) tempting; (*lecker*) delicious(-looking); **Einladung** *f* invitation; **auf ~ von** at *s.o.'s* invitation.

Einladungs|karte *f* invitation card; **~schreiben** *n* letter of invitation.

Einlage *f* **1.** *im Brief*: enclosure; *in Zeitungen etc.*: insert; **2.** (*Schuh2*) (arch) support; (*Einlegesohle*) insole; **3.** *in Kleidung*: padding; *im Kragen*: stiffener; **4.** (*Zahn2*) temporary filling; **5.** (*Suppen2*) garnish; **6.** (*Kapital2*) contribution, investment; (*Spar2*) deposit; **7.** *thea.* interlude; **8.** ⚙ insertion.

einlagern I. *v/t.* store; (*Möbel etc.*) *a.* put into storage; → **eingelagert**; **II.** *v/refl.*: **sich ~** settle (**in** in[to]), be(come) deposited (in); **Einlagerung** *f* **1.** storage; **2.** *geol.*, ⚕ deposit.

einlagig *adj.* one-ply.

Einlass *m* admittance (**zu** to); **~ ab 17 Uhr** doors open at 5 p.m.; → *a.* **Eintritt** 5, **Zugang** 1, 2; → **gewähren.**

einlassen I. *v/t.* **1.** let *s.o.* in; **2.** (*Wasser*) run (**in** into), let in(to); **sich ein Bad ~** run (oneself) a bath; **3.** (*Edelstein etc.*) set (**in** in); **4.** ⚙ insert; fit in; **II.** *v/refl.* **5. sich ~ auf** let o.s. in for, (*ein Gespräch, e-n Streit etc.*) get involved in, (*e-e Frage*) go into, (*e-n Vorschlag*) agree to; **lass dich nicht darauf ein!** don't get involved, keep out of it, *engS.* don't let them talk you into it; **da hab ich mich auf was Schönes eingelassen!** I've really let myself in for something there; **6. sich mit *j-m* ~** (*umgehen mit*) get involved with, *contp.* (*a. mit e-r Clique etc.*) *a.* get in with; (*streiten mit*) get involved in an argument (*od.* a fight) with.

Einlass|karte *f* admission ticket; **~ventil** *n* intake valve.

Einlauf *m* **1.** *Sport*: finish; **2.** ⚕ enema; **j-m e-n ~ machen** give s.o. an enema; **3.** ⚚ → **Eingang** 3; **einlaufen I.** *v/i.* **1.** come in, arrive; ⚓ put in(to **in**); **2.** ⚚ → **eingehen** 1; **3.** *Wasser*: run (in); **4.** *Kleidung*: shrink; **nicht ~d** non-shrink; **II.**

v/t. (*Schuhe*) wear in; **III.** *v/refl.*: ***sich ~*** *Sport*: warm up; *fig. Sache*: get going.

einläuten *v/t.* ring in.

einleben *v/refl.*: ***sich ~*** settle in(to ***in***); *fig.* ***sich ~ in*** *e-e Situation, ein Bild etc.*: project o.s. into.

Einlegearbeit *f* inlaid work, intarsia.

einlegen *v/t.* **1.** put in, insert; *in e-n Brief*: enclose; **2.** *mot.* ***den zweiten Gang ~*** change (*bsd. Am.* shift) into second gear; **3.** ***e-e Pause ~*** have a break; ***Überstunden ~*** work (*od.* put in some, do some) overtime; ***e-e Gedenkminute ~*** observe a minute's silence; **4.** *in Essig*: pickle; (*marinieren*) marinate; → ***eingelegt*** 2; **5.** ***mit*** *Elfenbein etc.* **~** inlay with; → ***eingelegt*** 1; **6.** (*Beschwerde etc.*) lodge, file; → ***Berufung*** 4, ***Ehre, Veto, Wort*** *etc.*

Einlegesohle *f* insole.

einleiten *v/t.* **1.** start, begin; (*Verhandlungen etc.*) initiate; (*Maßnahmen etc.*) implement, introduce; *Sache*: mark the beginning of, (*Zeitalter etc.*) *a.* usher in; (*Buch*) write a preface (*od.* an introduction) to; (*Nebensatz*) introduce; ***e-n Prozess ~*** go to court (***gegen*** with); → ***eingeleitet***; **2.** ⚕ (*Geburt etc.*) induce; **3.** (*Schadstoffe in Fluss etc.*) dump (***in*** into), discharge (***in*** into); **einleitend I.** *adj.* introductory, opening, preliminary; ***sie sagte ein paar ~e Worte*** she gave a few words of introduction, she said a few introductory words, she made a few introductory remarks; **II.** *adv.* by way of introduction; ***~ möchte ich sagen ...*** *a.* may I start by saying ...; **Einleitung** *f* introduction (*a.* ♪) (***in*** to); opening; *e-s Buches*: preface (*gen.* to); *zu e-m Gesetz etc.*: preamble (*gen. od.* ***zu*** to); **Einleitungskapitel** *n* introductory chapter.

einlenken *v/i.* **1.** *mot.* ***~ in*** turn into; **2.** *fig.* relent; soften one's tone.

einlesen I. *v/refl.*: ***sich ~ in*** get into, read one's way into; **II.** *v/t.*: ***Daten ~*** *Computer*: read data in.

einleuchten *v/i.* make sense (*j-m* to); ***es leuchtet ein*** *a.* it stands to reason, it's obvious why; ***es leuchtet mir nicht ein, dass*** I don't see why (*od.* how); **einleuchtend** *adj.* (*klar*) (quite) clear, quite plain; (*offensichtlich*) obvious; (*überzeugend*) convincing, *Argument*: *a.* cogent; ***~ sein*** *a.* make sense, stand to reason; ***aus ~en Gründen*** for obvious reasons.

einliefern *v/t.* deliver; (*j-n*) take (***in*** to); *ins Krankenhaus*: admit (to); *ins Gefängnis*: put (into); ***er wurde ins Gefängnis eingeliefert*** *a.* he was committed (*od.* placed in prison); **Einlieferung** *f* delivery; *ins Krankenhaus*: admission (***in*** to); *ins Gefängnis, in e-e Anstalt*: committal (to); **Einlieferungsschein** *m* postal receipt.

Einliegerwohnung *f* F granny annexe.

einlochen *v/t.* **1.** *Golf*: putt; **2.** F (*j-n*) F clap *s.o.* in jail, put *s.o.* in clink (*Am.* in the slammer).

einloggen *v/i. u. v/refl.*: ***sich ~*** *Computer*: log in (*od.* on).

einlogieren I. *v/t.* put *s.o.* up (***bei*** at); **II.** *v/refl.*: ***sich ~*** take up lodgings (***bei*** at, with).

einlösen *v/t.* (*Pfand*) redeem; (*Gutschein*) use up; (*Scheck*) cash; *Bank*: hono(u)r; (*Rezept*) hand in; *fig.* (*Wort*) keep, (*Versprechen*) *a.* make good *one's promise*; **Einlösung** *f* redemption; cashing; hono(u)ring.

einlullen *v/t.* lull to sleep; *fig.* lull into a false sense of security.

einmachen *v/t.* preserve, *Am. a.* can; *in Gläsern*: bottle, *Am.* can; *in Dosen*: can; *in Essig*: pickle.

Einmach|glas *n* preserving (*Am.* canning) jar; **~zucker** *m* preserving sugar.

einmal *adv.* **1.** once; ***~ eins ist eins*** once one is one; ***~ im Jahr*** once a year; ***~ und nie wieder*** never again; ***noch ~*** once more, one more time; ***versuchs noch ~*** *a.* have another go; ***noch ~ so viel*** twice as much; ***noch ~ so alt*** (***wie er*** *etc.*) twice his *etc.* age; *iro.* ***~ dies, ~ jenes*** it's something different every time; ***~ sagst du Ja, dann sagst du Nein*** *a.* first it's yes, then it's no; ***auf ~*** (*plötzlich*) suddenly; (*gleichzeitig*) at the same time; (*auf einen Sitz*) in one go; ***~ zählt nicht*** once (*od.* one) doesn't count; **2.** (*früher*) once; ***das war ~*** that's all in the past; ***es war ~*** once upon a time there was; ***haben Sie schon ~ ...?*** have you ever ...?; ***es ist nicht mehr das, was es ~ war*** it's not the same as it used to be, it isn't what it used to be; **3.** (*in der Zukunft*) one day, some day (or other); ***wenn du ~ groß bist*** when you grow up, when you're a big boy (*od.* girl); **4.** (*später ~*) later on (some time); **5.** (*zuvor*) before; ***ich war*** (***schon***) ***~ da*** I've been there before, I was there once; **6.** ***nicht ~*** not even, not so much as; ***er hat mich nicht ~ angesehen*** he didn't even (deign to) look at me; **7.** (*halt, eben*) ***ich bin nun ~ so*** I can't help it; ***er ist nun ~ so*** *a.* that's just the way he is, he's like that; ***es ist nun ~ so*** that's the way it is, F c'est la vie; **8.** ***erst ~*** first; **9.** (*zur Abwechslung*) for a change; **10.** ***hör ~!*** listen; ***sei endlich ~ ruhig!*** be quiet, will you!, how many times do I have to tell you to be quiet!; **11.** ***stell dir ~ vor*** just imagine, can you imagine.

Einmaleins *n* **1.** (multiplication) tables *pl.*; ***das kleine*** (***große***) ***~*** the (*od.* one's) tables up to (over) ten; ***das ~ aufsagen*** say one's tables; **2.** *fig.* ***das ~*** the basics, the fundamentals.

Einmalhandtuch *n* disposable towel, paper towel.

einmalig I. *adj.* **1.** *Zahlung etc.*: single ..., *a. Ausgabe etc.*: one-off ...; *Anschaffung*: once-in-a-lifetime *purchase*; ***es ist e-e ~e Anschaffung*** *a.* you only buy that sort of thing once in your life; ***es ist e-e ~e Ausgabe*** *historisch*: it's the only extant copy, it's the only copy that has come down to us; **2.** (*unwiederholbar*) unique, *Gelegenheit*: *a.* one-off *chance*; **3.** (*hervorragend*) brilliant, F fantastic; **II.** *adv.*: ***~ schön*** absolutely beautiful; ***~ gut*** brilliant; **Einmaligkeit** *f* uniqueness.

Einmal|spritze *f* disposable syringe; **~zahlung** *f* single payment, lump sum; ***e-e ~ leisten*** make a lump-sum payment.

Einmann... *in Zssgn* one-man ...; **~betrieb** *m* one-man business (F show); **~bus** *m* driver-only bus.

Einmarkstück *n* one-mark piece.

Einmarsch *m* marching in; (*Einfall*) *a.* invasion; ***beim ~ der Truppen*** when the troops invaded; **einmarschieren** *v/i.* march in(to ***in***), (*a.* ***~ in***) enter; (*einfallen*; *a.* ***~ in***) invade.

einmassieren *v/t.* rub in (gently); ***~ in*** rub (gently) into.

einmauern *v/t.* wall in, immure; (*einbauen*) fix (*od.* embed) in a wall.

einmeißeln *v/t.* chisel (***in*** into).

einmieten *v/refl.*: ***sich ~*** take a room (***bei*** at).

einmischen I. *v/t.* mix *s.th.* in(to ***in***), add (to); **II.** *v/refl.*: ***sich ~*** interfere (***in*** in with), meddle (in, with), *neugierig*: poke one's nose in(to); ***sich in ein Gespräch ~*** join in (*störend*: F butt in on) a conversation; ***misch dich lieber nicht ein*** don't get involved; ***misch dich da nicht ein!*** *drohend*: (you) just keep out of it; **Einmischung** *f* interference; *bsd. pol.* involvement, intervention.

einmonatig *adj.* **1.** one-month-old *baby*; **2.** one-month ..., four-week ...; ***nach e-m ~en Englandaufenthalt*** after a month (*od.* four weeks) in England.

einmontieren *v/t.* instal(l), fit in(to ***in***).

einmotorig *adj.* single-engined.

einmotten *v/t.* put in mothballs; (*Schiff etc.*) mothball; *fig.* lock away, (*Thema etc.*) mothball.

einmummen I. *v/t.* wrap *s.o.* up; **II.** *v/refl.*: ***sich ~*** wrap o.s. up, get wrapped up.

einmünden *v/i.*: ***~ in*** *Fluss*: flow into; *Nebenfluss*: *a.* join; *Straße*: join, lead into; **Einmündung** *f Fluss*: mouth, estuary; *Straße*: junction.

einmütig I. *adj.* unanimous; **II.** *adv.* unanimously; ***et. ~ tun*** be unanimous in doing s.th.; ***~ der Meinung sein, dass*** be unanimous that; **Einmütigkeit** *f* unanimity.

einnähen *v/t.* sew in(to ***in***); (*Kleid*) take in.

Einnahme *f* **1.** *e-r Arznei*: taking; ***vor ~ des Mittels*** before taking the medicine; **2.** ⚔ capture; *e-s Landes*: occupation; **3.** ☤ **~n** receipts; (*Erlös*) proceeds; (*Verdienst*) earnings; (*Einkommen*) income, *des Staates*: revenue; **~quelle** *f* source of income; *des Staates*: source of revenue.

einnebeln I. *v/t.* **1.** put a smoke screen up around *s.th.*; F *fig.* (*Zimmer etc., mit Rauch*) F smoke up; (*Menschen*) F smoke out; **II.** *v/refl.* **2.** ***sich ~*** *Schiff etc.*: put up a smoke screen; **3.** ***es nebelt sich ein*** it's getting foggy, the fog seems to be settling.

einnehmen *v/t.* **1.** (*Arznei*) take; (*Mahlzeit*) have; **2.** (*Geld*) take in; (*verdienen*) earn; **3.** ⚔ capture; (*Land*) occupy; **4.** (*Platz, Raum*) take up; **5.** (*Platz, Standort*) take (up); ***s-n Platz ~*** take one's seat; **6.** (*Position, Stellung*) take (up); (*innehaben*) hold; ***die Stellung e-s Chefberaters ~*** take up the position of chief adviser; **7.** (*Haltung*) take up, adopt; ***den Standpunkt ~, dass*** take the view that; **8.** *fig.* ***j-n*** (***für sich***) ***~*** win s.o. over, *stärker*: charm s.o.; ***j-n gegen sich ~*** set s.o. against o.s.; ***das nimmt mich für ihn ein*** I find that quite endearing, *weitS.* that does him credit; ***das nahm die Leute gegen ihn ein*** it didn't do much for his popularity; → ***eingenommen***; **einnehmend** *adj.* winning, engaging, *Lächeln*: *a.* fetching (*a. Äußeres*); ***er hat ein ~es Wesen*** he has a very engaging personality, F *iro.* (*ist raffgierig*) he just can't get enough.

einnicken F *v/i.* F nod off, drop off.

einnisten *v/refl.*: ***sich ~*** **1.** (build one's) nest (***in*** in); **2.** (*sich festsetzen*) lodge itself, get lodged, settle (***in*** in); *fig.* ***sich bei j-m ~*** *Idee etc.*: take hold of s.o., F *Person*: F park o.s. on s.o.

Einöde *f* wilderness.

Einödhof *m* isolated farm.

einölen *v/t.* oil; (*Arme etc.*) rub (some) oil into.

einordnen I. *v/t.* **1.** sort out (and put in their proper place); *in Akten*: file (away); ***~ in*** sort into; ***~ nach*** arrange according to; ***alphabetisch ~*** enter alphabetically (*od.* in alphabetical order); **2.** (*klassifizieren*) classify; **3.** (*Kunstwerk etc.*) place; *zeitlich*: *a.* date; **4.** (*Person*) put *s.o.* down as a certain type; **II.** *v/refl.*: ***sich ~*** **5.** adjust o.s. (***in*** to), fall into line; **6.** *Sache*: fit in(to ***in***); **7.** *mot.* get in lane; ***sich rechts*** (***links***) ***~*** get into the right (left) lane.

einpacken I. *v/t.* pack (up); (*einwickeln*) wrap up; (*Paket etc.*) do up; F (*j-n*) wrap up; **II.** *v/i.* pack; F *fig.* ***da können wir ~*** we might as well pack up and leave; F ***gegen ihn kann ich gleich ~*** *a.* F I haven't got a cat's chance in hell against him; **III.** *v/refl.*: ***sich*** (***warm***) ***~*** wrap (o.s.) up (warmly).

einpapierln *dial. v/t.* wrap up.

einparken *v/i.* park; ***rückwärts ~*** back into a parking space; ***hier müsstest du gerade noch ~ können*** *a.* you should just be able to slot in here.

Einparteien... *in Zssgn* one-party.

einpassen I. *v/t.* fit in(to ***in***); **II.** *v/refl.*: ***sich ~*** adjust (***in*** to); ***sich überall ~ können*** (be able to) fit in anywhere.

einpauken F *v/t.* F swot (*od.* bone, mug) up on.

Einpeitscher *m parl.* (party) whip.

einpendeln *v/refl.*: ***sich ~*** level out (***auf*** at).

einpennen F *v/i.* F nod off.

Einpersonenhaushalt *m* one-person (*od.* single-person) household.

einpferchen *v/t.* **1.** pen up; **2.** *fig.* coop up; ***~ in*** *a.* crowd into, (*treiben*) herd into; → ***eingepfercht.***

einpflanzen *v/t.* plant; ⚕ (*Organ etc.*) implant; ***j-m e-e fremde Niere ~*** give s.o. a kidney transplant; *fig.* ***j-m et. ~*** instil(l) s.th. in s.o.('s mind).

Einphasen... *in Zssgn*, **einphasig** *adj.* ⚡ single-phase ...

einpinseln *v/t.* ⚕ paint (***mit*** with); ***mit Jod*** *etc.* ***~*** put (*od.* dab) iodine *etc.* on.

einplanen *v/t.* include (in the plan), plan; (*berücksichtigen*) allow for; F ***das hatten wir nicht eingeplant*** we weren't planning on that.

einpökeln *v/t.* salt.

einpolig *adj.* ⚡ single-pole ...; *Stecker*: one-pin ...

einprägen I. *v/t.* **1.** *Siegel etc.*: imprint, stamp (***in*** on); **2.** *fig.* ***j-m et. ~*** impress s.th. (up)on s.o.; ***sich*** *et.* ***~*** remember, *lernend*: memorize; **II.** *v/refl.*: ***sich j-m ~*** stick in s.o.'s mind, (*j-n beeindrucken*) make an (*od.* a lasting) impression on s.o.; ***sich leicht ~*** be easy to remember, *durch Reim, Rhythmus etc.*: *a.* be catchy; ***es hat sich bei mir tief eingeprägt*** it's stamped itself on my mind; **einprägsam** *adj.* easy to remember, memorable; *Spruch, Melodie etc.*: *a.* catchy; **Einprägsamkeit** *f* memorableness; catchiness.

einprügeln I. *v/i.*: ***~ auf*** beat, F bash; **II.** ♀ *n*: (***das***) ***~ auf die Gewerkschaften*** *etc.* union-bashing *etc.*

einpudern *v/t.* powder.

einpumpen *v/t.* pump *s.th.* in(to ***in***).

einpuppen *v/refl.*: *zo.* ***sich ~*** change into a pupa.

einquartieren I. *v/t.* ✕ billet (***bei*** on); *zivil*: put *s.o.* up (***bei j-m*** at s.o.'s place); **II.** *v/refl.*: ***sich ~ bei*** move in with; ***ich habe mich bei m-m Bruder einquartiert*** *a.* I'm staying with my brother; **Einquartierung** *f* ✕ billeting.

einquetschen *v/t.*: ***j-m den Finger*** *etc.* ***~*** jam s.o.'s finger *etc.* (***in der Tür*** in the door); ***sich den Finger ~*** get one's finger stuck (*od.* jammed).

einrahmen *v/t.* frame; → ***eingerahmt.***

einrammen *v/t.* ram in(to ***in***); (*Pfahl*) drive in(to).

einrangieren *v/t.* **1.** ***~ in*** (*Auto etc.*) manoeuvre (*Am.* maneuver) into; **2.** *rangmäßig*: rank, put, place; ***gesellschaftlich höher einrangiert werden*** rank higher on the social scale, have a higher social standing.

einrasten *v/i.* click into place; ⚙ engage.

einräumen *v/t.* **1.** (*Zimmer*) put the furniture in *a room*; (*Schrank etc.*) put (the) things in; **2.** (*Wäsche etc.*) put (*od.* clear) away; **3.** (*Recht*) grant; concede (*dat.* to); ⚚ (*Kredit etc.*) grant, allow; *e-r Sache* ***den Vorrang ~*** give precedence to; **4.** (*zugeben*) concede, admit, acknowledge (***dass*** that); **einräumend** *adj. ling.* concessive; **Einräumungssatz** *m ling.* concessive clause.

einrechnen *v/t.* include; (*einkalkulieren*) allow for, take into acocunt; → ***eingerechnet.***

Einrede *f* objection; ⚖ plea; (***e-e***) ***~ erheben*** raise an objection, enter a plea.

einreden I. *v/t.*: ***j-m et. ~*** talk s.o. into (believing) s.th.; ***j-m ~, dass*** persuade s.o. that; ***wer hat dir das eingeredet?*** who told you that nonsense?, who put that (idea) into your head?; ***sich et. ~*** talk o.s. into s.th.; ***das lasse ich mir nicht ~*** they'll *etc.* have a hard time getting me to believe that; ***das redest du dir*** (***doch***) ***nur ein!*** you're imagining it; **II.** *v/i.*: ***auf j-n ~*** talk to s.o.; (*nicht lockerlassen*) keep (*od.* go) on at s.o.

einregnen I. *v/refl.*: ***es regnet sich ein*** the rain is settling in; **II.** *v/i.*: *fig.* ***Ehren*** *etc.* ***regneten auf ihn ein*** he was showered with hono(u)rs (*od.* tributes) *etc.*; ***Vorwürfe regneten auf ihn ein*** *a.* the reproaches rained down on him (*od.* came thick and fast).

Einreibemittel *n* → ***Einreibungsmittel***; **einreiben I.** *v/t.* rub in(to ***in***); *vorsichtig*: put on (***in*** *one's face etc.*); *die Haut etc.* ***mit et. ~*** rub s.th. on (*fest*: into); **II.** *v/refl.*: ***sich mit et. ~*** put s.th. on, *fest*: rub s.th. in; **Einreibungsmittel** *n für die Muskeln u. Gelenke*: liniment; *für die Haut*: ointment.

einreichen *v/t.* send in, *persönlich*: hand in; (*Bewerbung, Bittschrift etc.*) *a.* submit; ⚖ ***e-e Klage ~*** file (*od.* bring) an action; → ***Scheidung*** 2.

einreihen I. *v/t.* class, classify; → *a.* ***eingliedern, einordnen***; *fig.* ***j-n ~ unter*** rank s.o. with (*od.* among); ***eingereiht werden unter*** *a.* be counted among; **II.** *v/refl.*: ***sich ~*** take one's place (***in*** among), *in e-e Schlange*: get in line; ***sich ~ in*** *a.* join.

Einreiher *m* single-breasted suit; **einreihig** *adj. Anzug etc.*: single-breasted.

Einreise *f* entry (***in, nach*** into); ***bei der ~*** on arrival, ***in:*** *a.* when entering; ***j-m die ~ verweigern*** refuse s.o. entry (*od.* admission); **~bedingungen** *pl.* conditions of entry; **~erlaubnis** *f*, **~genehmigung** *f* entry permit.

einreisen *v/i.* enter the country; ***~ in*** (*od.* ***nach***) enter.

Einreise|verbot *n*: ***~ haben*** have been refused entry *od.* admission (to the country), not to be allowed to enter the country; **~visum** *n* entry visa.

einreißen I. *v/t.* **1.** tear; **2.** (*Haus*) pull down; **II.** *v/i.* **3.** tear; ***eingerissen sein*** have a tear, be (slightly) torn; **4.** F *fig.* *Unsitte*: (start to) spread, take hold; ***das dürfen wir gar nicht erst ~ lassen*** we'd better put a stop to that before it starts.

einreiten I. *v/t.* (*Pferd*) break in; **II.** *v/i.* ride in(to ***in***), enter on horseback.

einrenken I. *v/t.* ⚕ set; *fig.* put *s.th.* right, straighten out; **II.** *fig.* *v/refl.*: ***sich ~*** sort (*od.* straighten) itself out.

einrennen *v/t.* (*Tür etc.*) break down (*od.* open); ***sich den Schädel am Schrank ~*** run into the cupboard (and hurt one's head), bang one's head against the cupboard; *fig.* ***offene Türen ~*** preach to the converted; → ***Bude*** 2.

einrichten I. *v/t.* **1.** (*Zimmer etc.*) furnish, F do up; (*Küche, Geschäft etc.*) fit out; (*installieren*) install, set up, (*aufbauen*) *a.* put up; ***~ in*** *a.* put *s.th.* in(to); ***er hat sein Zimmer nett eingerichtet*** he's done his room up very nicely; **2.** (*justieren*) adjust; ⚕ (*Knochen*) set; **3.** establish; (*Organisation*) *a.* set up; (*gründen*) found; (*bauen*) build; **4.** (*ermöglichen, organisieren*) arrange (for); ***es ~, dass*** see to it that; ***wenn du es ~ kannst*** if you can (manage); *et.* ***nach*** *et.* ***~*** arrange according to (*od.* around); ***kannst du es irgendwie ~, dass ...*** can you possibly arrange things so that ..., ***dass er kommt?:*** *a.* is there any way you can get him to come?; ***ich werde es so ~, dass ich um vier gehen kann*** *a.* I'll work things out so that I can leave at four; ***das wird sich schon ~ lassen*** we'll see to that(, don't worry); **II.** *v/refl.*: ***sich ~*** **5.** furnish one's flat *etc.*, F do one's flat *etc.* up; *weitS.* settle in; ***sich neu ~*** refurnish one's flat *etc.*, buy new furniture; ***du hast dich nett eingerichtet*** *a.* you've got a nice place; ***wie hat er sich eingerichtet?*** *a.* what's his flat *etc.* like?; → ***häuslich*** II; **6.** (*sparen*) make ends meet; (*sich anpassen*) adapt, F make the most of it; **7.** ***sich ~ auf*** prepare for, get ready for, *organisatorisch*: *a.* make arrangements for; (*rechnen mit*) be prepared for; ***auf so etwas sind*** (***waren***) ***wir nicht eingerichtet*** we're not geared to that sort of thing (we weren't prepared for anything like that); **Einrichtung** *f* **1.** set-up; (*Möbel*) furniture; *e-r Küche etc.*: fittings *pl.*; (*Anlage*) installation; **~en** facilities, (*Ausrüstung*) equipment; **2.** (*Justierung*) adjustment; **3.** (*Eröffnung*) setting up; **4.** (*Organisation*) arrangement, organization; **5.** (*öffentliche* **~**) institution; *weitS.* facility; **6.** ***ständige ~*** (*Gepflogenheit*) permanent fixture.

Einrichtungs|gegenstände *pl.* fixtures; **~haus** *n* furniture store (*od.* showrooms *pl.*).

Einriss *m* tear; ⚕ laceration.

einritzen *v/t.* **1.** carve; ***~ in*** *a.* scratch into (the surface of), scratch onto; **2.** (*Haut*) scratch.

einrollen I. *v/t.* roll up; ***sich die Haare ~*** put one's hair in curlers; **II.** *v/i.* *Zug*: come in; **III.** *v/refl.*: ***sich ~*** curl up; *Tier*: *a.* curl itself up, curl up into a ball.

einrosten *v/i.* **1.** get rusty; (*unbeweglich werden*) *a.* get stiff with rust; **2.** F *fig.* *Kenntnisse*: get rusty; *Glieder*: get stiff (from lack of use); *Person*: stagnate, vegetate; ***m-e Knochen sind ziemlich***

E

eingerostet *a.* F I think my joints need oiling, my joints are a bit creaky; → ***eingerostet.***

einrücken I. *v/t.* **1.** (*Zeile*) indent; **2.** (*Anzeige*) put in *a newspaper*; **II.** *v/i.* **3.** move (*od.* march) in(to ***in***), (*a.* ***~ in***) enter; **4.** ⚔ report for duty; **Einrückung** *f* **1.** *e-r Zeile*: indentation; **2.** *von Truppen*: entry (***in*** into); invasion (of).

einrühren *v/t.* stir in(to ***in***).

eins I. *adj.* **1.** (*Zahl*) one; ***um ~*** at one (o'clock); ***~ komma null*** *Note*: a straight A, the highest mark possible; **2.** (*einig*): ***~ sein*** (*od.* ***werden***) ***mit j-m*** agree with s.o.; ***wir sind uns ~ darüber, dass*** we agree that; **3.** (*einerlei*) ***es ist mir alles ~*** I couldn't care less; **II.** *pron.* **4.** one thing; ***~ gefällt mir nicht*** there's one thing I don't like about it; ***noch ~*** another one; ***~ wollte ich dir noch sagen*** another thing (I wanted to say); ***es kam ~ zum andern*** one thing led to another; ***~ nach dem andern!*** one after the other; ***j-m ~ versetzen*** land s.o. one; **5.** ***es kommt alles auf ~ heraus*** it all boils (*od.* comes) down to the same thing; **III.** **~** *f* one; (*Note*) *etwa* A; (*Buslinie etc.*) (number) one; ***e-e ~ schreiben*** get an A.

einsacken[1] *v/t.* **1.** sack, put in sacks; **2.** F *fig.* (*Geld*) F rake in.

einsacken[2] *v/i.* sag; *Schneedecke etc.*: sink; ***~ in*** (*den Schnee etc.*) sink into.

einsagen I. *v/t.*: ***j-m et. ~*** whisper s.th. to s.o.; **II.** *v/i.*: ***j-m ~*** prompt s.o.

einsalben *v/t.* put some ointment (*od.* cream) on.

einsalzen *v/t.* salt.

einsam *adj.* **1.** *Person*: lonely; (*zurückgezogen*) *a. Leben*: secluded; ***sich ~ fühlen*** *a.* feel (very) isolated; **2.** *Haus, Gegend etc.*: lonely, isolated, secluded; *Straße, Strand etc.*: lonely, empty, deserted; ***~e Insel*** lonely (*od.* uninhabited) island, *tropische*: *a.* desert island; **3.** (*einzig*) *Baum etc.*: solitary, lone; lonely; **4.** F ***~e Spitze*** (*od.* ***Klasse***) ***sein*** F be brilliant; **Einsamkeit** *f* loneliness; seclusion; isolation.

einsammeln *v/t.* (*Obst etc.*) gather; *vom Boden*: pick up; (*Geld etc.*) collect.

Einsatz *m* **1.** (*eingesetztes Stück*) insert; *Tisch*: (extension) leaf; *am Kleid*: inset; (*Filter~*) element; **2.** (*Spiel~*) stake (*a. fig.*); (*Flaschenpfand etc.*) deposit; *fig.* (*Anteil*) share; **3.** ♪ entry; **4.** (*Wagnis*) risk; ***unter ~ s-s Lebens*** at the risk of one's life; **5.** (*Anstrengung*) effort, hard work; (*Hingabe*) dedication; (*Engagement*) commitment; ***unter ~ aller Kräfte*** by a supreme effort; ***beide Seiten haben mit vollem ~ gekämpft*** it was an all-out battle; **6.** (*Anwendung*) employment (*a. von Arbeitskräften*), use; ⚔ deployment, *einzelner*: mission, sortie; *der Polizei*: intervention; ***im ~ sein*** be on duty, ⚔ be in action; ***zum ~ bringen*** use, (*Truppen etc.*) send in; ***zum ~ kommen*** (*od.* ***gelangen***) be used, *Truppen etc.*: be sent in, *Spieler*: come on; **~befehl** *m* ⚔ combat order.

einsatzbereit *adj.* **1.** *Person*: ready for duty (⚔ action), operational; ***sich ~ halten*** stand by; **2.** (*bereitwillig*) willing, keen; (*opferwillig*) devoted; **3.** (*kühn*) daring; **4.** ⚙ operational, ready for use; ***et. ~ halten*** have s.th. ready; **Einsatzbereitschaft** *f* **1.** readiness for duty (⚔ action); **2.** (*Bereitwilligkeit*) willingness; (*Opferwille*) devotedness; **3.** (*Kühnheit*) daringness; **4.** ⚙ readiness for use.

einsatzfähig *adj.* operational; (*verfügbar*) available; *Sportler*: fit (to play); ***voll ~*** fully operational, *Sportler*: a hundred per cent (*od.* percent) fit; **Einsatzfähigkeit** *f Logistik etc.*: utilizability; *e-s Sportlers*: fitness (to play).

Einsatzfahrzeug *n* emergency vehicle.

Einsatzfreude *f* keenness; **einsatzfreudig** *adj.* keen; ***~ sein*** *Sport*: put a lot into the game.

Einsatz|gebiet *n* ⚔ operational area; *weitS.* field; **~gruppe** *f*, **~kommando** *n* task force; **~leiter** *m* group leader; person in charge of operations; **~ort** *m* **1.** place of action; **2.** *e-s Diplomaten etc.*: posting; **~truppe** *f* task force; **~wagen** *m* **1.** relief *od.* extra bus (*od.* tram); **2.** police car (*od.* van).

einsaugen I. *v/t.* soak up; *durch den Mund*: suck in; *fig.* (*Luft*) draw in; → ***Muttermilch***; **II.** *v/refl.*: ***sich ~*** soak up (*od.* in).

einsäumen *v/t.* **1.** (*Kleid etc.*) hem; **2.** *mit Bäumen etc.*: border; → ***eingesäumt.***

einscannen *v/t. Computer*: scan *s.th.* in.

einschalten I. *v/t.* **1.** (*Licht, Gerät etc.*) switch (*od.* turn) on; (*Motor*) start; (*Sender*) tune into, (*a. Fernsehkanal*) put on, switch on; *TV* ***das 1. Programm eingeschaltet haben*** *a.* have switched onto channel 1, F have it on channel 1; **2.** (*einfügen*) add, insert, *formell*: interpolate; ***e-e Pause ~*** have a break; **3.** (*j-n*) call *s.o.* in; **II.** *v/refl.*: ***sich ~*** **4.** step in, intervene; ***sich in ein Gespräch ~*** join in (on) a conversation; **5.** *Gerät*: switch itself on.

Einschalt|hebel *m* starting lever; **~quote** *f TV, Radio*: ratings *pl.*; *TV a.* viewing figures *pl.*; ***die höchste ~*** the top ratings; **~taste** *f* switch, on button, power button.

Einschaltung *f* **1.** switching on; ***bei der ~*** when switching on; **2.** *ling.* interpolation; **3.** *e-r Person*: involvement (*gen.* of).

Einschaltzeit *f bei Timer*: preset time.

einschärfen *v/t.*: ***j-m ~ zu*** *inf.* urge s.o. to *inf.*, (*e-m Kind*) *mst* warn s.o. to *inf.*; ***j-m ~, dass*** impress (up)on s.o. that; ***j-m Gehorsam*** *etc.* ***~*** inculcate (a sense of) obedience *etc.* in s.o., F drum obedience *etc.* into s.o.

einscharren I. *v/t.* bury; (*j-n*) quickly bury; **II.** *v/refl.*: ***sich ~*** *Tier*: burrow (itself) (***in*** into).

einschätzen *v/t.* estimate, assess (***auf*** at); (*Fähigkeiten etc.*) rate, assess; (*Lage*) judge, assess, size up; ***falsch ~*** (*Lage, j-n*) misjudge; ***richtig ~*** get *s.th.* right, be right about; ***~ als*** see *s.o. od. s.th.* as; ***wie schätzen Sie die Lage ein?*** what's your view of the situation?, how do you see (*od.* view) the situation?; ***das ist schwer einzuschätzen*** it's hard to say; **Einschätzung** *f* **1.** assessment, judg(e)ment; ***nach m-r ~*** the way I see it; **2.** *e-r Summe etc.*: estimate.

einschenken *v/t.* pour (out); ***j-m*** (***ein Glas***) ***Wein ~*** pour s.o. some (a glass of) wine; → ***Wein.***

einscheren *v/i. mot.* cut in (***vor*** on).

einschicken *v/t.* send (in) (***an*** to).

einschieben *v/t.* push (*od.* slide) in; (*Worte etc.*) add, insert; (*j-n, et.*) *in e-n Zeitplan etc.*: fit in(to ***in***), slot in(to); **Einschiebsel** *n* insertion; interpolation; **Einschiebung** *f* addition, insertion; interpolation.

einschießen I. *v/t.* **1.** (*Gebäude*) shoot through; (*Fenster etc.*) shoot out, *mit e-m Ball etc.*: smash; **2.** (*Gewehr*) break in; **3.** (*Fußball*) drive *the ball* home; **4.** *fig.* (*Geld*) contribute (***in*** to), invest (in); ***~ in*** *a.* F sink into; **II.** *v/refl.*: **5.** ***sich ~*** get one's range; ***sich ~ auf*** *a. fig.* zero (*od.* home) in on; *fig.* ***die Zeitungen haben sich auf ihn eingeschossen*** *a.* F the papers are having a real go at him; **III.** *v/i.* **6.** *Sport*: score; ***zum 2:0 ~*** score to make it 2-0 (= two-nil); **7.** *Flüssigkeit*: rush in; *Muttermilch*: come in.

einschiffen I. *v/t.* embark, (*Waren*) *a.* ship; **II.** *v/refl.*: ***sich ~*** embark (***nach*** for), board the ship; **Einschiffung** *f* embarkation.

einschlafen *v/i.* **1.** fall asleep, go to sleep, F drop off; ***ich konnte letzte Nacht nicht ~*** I couldn't get to sleep last night; ***wieder ~*** go (*od.* get) back to sleep; **2.** *Glieder*: go to sleep; ***mir ist der rechte Arm eingeschlafen*** *a.* I've got pins and needles in my right arm; **3.** *euphem.* (*sterben*) pass away; **4.** *Briefwechsel, Unterhaltung etc.*: peter out, F fizzle out; *Freundschaft*: cool off; *Brauch*: die out.

einschläfern *v/t.* **1.** put (*od.* send) to sleep; **2.** ⚕ put to sleep; **3.** (*Tier*) put down, put to sleep; **4.** (*Gewissen*) salve; (*Gegner etc.*) lull into a false sense of security; **einschläfernd I.** *adj.* ⚕ *u. fig.* (*langweilig*) soporific; **II.** *adv.*: *die Musik etc.* ***wirkt ~*** sends you to sleep.

Einschlag *m* **1.** *e-s Geschosses etc.*: impact; (*Einschlagstelle*) impact mark; ***beim ~ des Blitzes*** when the lightning struck; **2.** *fig.* (*Beimischung*) touch, element; ***er hat türkischen ~*** he's got some Turkish (blood) in him; ***er hat e-n kriminellen ~*** he's a bit of a crook; ***ein ~ ins Exotische*** an exotic touch, a touch of the exotic; **3.** *mot.* lock; **4.** *am Kleid*: tuck, fold; **5.** *Weberei*: weft, woof; **einschlagen I.** *v/t.* **1.** (*Nagel etc.*) hammer in(to ***in***); **2.** (*zerbrechen*) smash; (*Eier*) break; ***j-m den Schädel*** (***die Zähne***) ***~*** smash s.o.'s head in (knock s.o.'s teeth out); **3.** (*einwickeln*) wrap up (***in*** in); **4.** ***e-n Weg ~*** take a path, *fig. a.* tread a path, adopt a course; ***e-e Laufbahn ~*** take up (*od.* pursue) a career: → ***Richtung***; **5.** (*Ärmel etc.*) tuck in; **6.** *mot.* (*Räder, Steuer*) turn; ***das Steuer nach rechts ~*** pull the steering wheel over to the right; **II.** *v/i.* **7.** *Geschoss*: hit; *Blitz*: strike; *fig.* be a big hit, F go down a bomb; ***es schlug in der Kirche ein*** the church was struck by lightning; → ***Blitz*** 1, ***Bombe*** 1; **8.** *beim Handel*: shake on it; **9.** ***auf*** *j-n* ***~*** thrash away at.

einschlägig I. *adj.* relevant (*a. Literatur*), appropriate; ***ein ~es Beispiel*** a case in point; ***in allen ~en Geschäften zu finden*** available at all stockists (*od.* at your local dealer's); **II.** *adv.*: ***er ist ~ vorbestraft*** he's been previously convicted for the same (*od.* for a similar) offen|ce (*Am.* -se).

einschleichen *v/refl.*: ***sich ~*** creep (*od.* sneak) in(to ***in***); *fig. Fehler*: creep in(to); *fig.* ***sich in j-s Vertrauen ~*** worm one's way into s.o.'s confidence.

einschleifen I. *v/t.* **1.** (*Brillengläser etc.*) grind; (*eingravieren*) engrave, cut (***in*** into); **2.** ⚡ loop in; **II.** *v/refl.*: ***sich ~*** *Verhalten etc.*: become a habit, become ingrained, *Gewohnheit*: take root.

einschleppen *v/t.* **1.** (*Schiff*) tow in(to ***in***); **2.** (*Krankheit*) bring in(to ***in, nach***), introduce (to, into); **3.** F (*Leute*) drag along; F have *people* in tow.

einschleusen *fig. v/t.* infiltrate (***in*** into); (*Rauschgift, Flüchtlinge etc.*) smuggle in(to).

einschließen *v/t.* **1.** lock up; ***~ in*** lock (up) in, lock into; **2.** (*umgeben*) enclose; (*umzingeln*) surround, encircle; **3.** *fig.* include; ***j-n in sein Gebet ~*** remember (*od.* include) s.o. in one's prayers; **einschließlich** *adv. u. prp.* including, inclusive of; ***bis ~ Seite 7*** up to and including page 7; ***vom 1. bis ~ 4. Mai*** from the 1st to the 4th of May inclusive(ly), *Am.* (from) the 1st through 4th of May; ***von Montag bis ~ Mittwoch*** from Monday to Wednesday inclusive(ly), *Am.* Monday through Wednesday; ***bis ~ Freitag*** up to and including Friday.

einschlummern *v/i.* doze off; *Sache*: peter out; *euphem.* ***friedlich ~*** (*sterben*) pass away, die peacefully.

Einschluss *m* **1.** *geol.* inclusion; **2.** ***unter*** (*od.* ***mit***) ***~ von*** including, with the inclusion of.

einschmeicheln *v/refl.*: ***sich bei j-m ~*** play up to s.o., butter s.o. up; **einschmeichelnd** *adj. Musik*: soft, melodious, *Stimme*: silky; **Einschmeich(e)lung** *f* ingratiation.

einschmeißen F *v/t.* **1.** (*Fensterscheibe etc.*) smash; **2.** (*Post*) post, *Am.* mail; F throw in; **3.** (*Münze*) insert, put in.

einschmelzen *v/t. u. v/i.* melt (down).

einschmieren I. *v/t.* (*Öl*) rub in, (*Creme*) put on, rub on; ⚙ grease, lubricate; ***~ in*** (*Öl*) rub into (*od.* on), (*Creme*) *a.* put on; ***die Hände*** *etc.* ***~*** put (some) cream on one's hands *etc.*, rub (some) cream into one's hands *etc.*; **II.** *v/refl.*: ***sich ~*** rub (*od.* put) some cream on, rub some oil in.

einschmuggeln I. *v/t.* smuggle in(to ***in***); **II.** *v/refl.*: ***sich ~*** smuggle one's way in(to ***in***), F sneak in(to).

einschnappen *v/i.* **1.** *Schloss etc.*: snap shut; *Tür*: click shut; *Verschluss*: click into place; **2.** F (*beleidigt sein*) go into a huff; → ***eingeschnappt.***

einschneiden I. *v/t.* cut (into); (*einritzen*) carve (***in*** into); ***j-m den Hals*** *etc.* ***~*** cut into s.o.'s neck *etc.*; **II.** *v/i. Kragen etc.*: cut, pinch; ***~ in*** cut into, pinch; **einschneidend** *fig. adj.* incisive, drastic; *Reformen*: radical, drastic, major; (*weit reichend*) far-reaching, wide-reaching; ***von ~er Bedeutung*** of far- (*od.* wide-)-reaching significance; ***~e Wirkungen haben*** have far-reaching effects (***auf*** on).

einschneidig *adj.* one-edged, single-edged.

Einschnitt *m* **1.** cut; ✱ *a.* incision; **2.** (*Kerbe*) notch; **3.** *im Gelände*: cleft; **4.** *fig.* crucial (*od.* decisive) event; (*Wendepunkt*) turning point; (*Zäsur*) break.

einschnitzen *v/t.* carve (***in*** into).

einschnüren *v/t.* (*Paket*) tie up; (*Hals*) strangle; *Sport*: pin down; ***der Gürtel schnürt mich ein*** this belt is far too tight, F I can hardly breathe with this belt on; ***diese Socken schnüren mir die Beine ein*** these socks are cutting off my circulation; *fig.* ***es schnürte ihm die Kehle ein*** it choked him, it brought a lump to his throat.

einschränken I. *v/t.* limit, restrict (***auf*** to); (*Ausgaben*) cut (down), (*a. das Rauchen etc.*) cut down on *smoking etc.*; (*Produktion, Umfang*) reduce; (*Behauptung*) qualify; → ***eingeschränkt***; **II.** *v/refl.*: ***sich ~*** cut down (on things), economize; ***sich ~ müssen*** *a.* F have to tighten one's belt; **einschränkend I.** *adj.* qualifying; *ling.* restrictive; **II.** *adv.*: ***dazu muss ich ~ hinzufügen*** I should qualify that by saying; **Einschränkung** *f* restriction (*gen.* of); cut (in); qualification (of); → ***einschränken***; ***ohne ~*** *sagen etc.*: without reservation; ***mit der ~, dass*** with the (one) reservation that; ***~en*** (*Sparmaßnahmen*) cuts; ***~en vornehmen*** make cuts, ***in:*** *a.* cut down on; ***e-e ~ der Ausgaben*** a cut in expenditure.

Einschränkungs|klausel *f* restrictive clause; **~maßnahmen** *pl.* restrictive measures; ✝ austerity measures.

einschrauben *v/t.* screw in(to ***in***).

Einschreibe|brief *m* registered letter; **~gebühr** *f* registration fee.

einschreiben I. *v/t.* (*eintragen*) enter; *als Mitglied*: enrol(l); ***e-n Brief ~ lassen*** have a letter registered; ***sich ~ lassen*** → **II.** *v/refl.*: ***sich ~*** sign up; *univ.* register, *Am.* enrol(l); **III.** ≈ *n*: ***per ~ schicken*** send *s.th.* registered (*od.* by registered mail); ***~!*** Registered; **Einschreibung** *f* signing up; *univ.* registration, *Am.* enrollment.

einschreiten *v/i.* intervene, step in; ***~ gegen*** take action against; ***energisch ~ gegen*** take drastic measures against, clamp down on.

einschrumpeln F *v/i.* shrivel (up).

einschrumpfen *v/i.* shrivel (up); F *Mensch*: shrink; *Vorräte etc.*: dwindle.

Einschub *m* **1.** insertion; **2.** ⚙ plug-in unit.

einschüchtern *v/t.* intimidate, frighten; cow; *durch Drohungen*: *a.* browbeat; ***lass dich von ihm nicht ~*** don't be intimidated by him; **Einschüchterung** *f* intimidation; *durch Drohung*: browbeating.

Einschüchterungs|politik *f*, **~taktik** *f* scare tactics *pl*; **~versuch** *m* attempt to intimidate s.o.; *pol.* scare tactics *pl.*

einschulen *v/t.* send to school; ***eingeschult werden*** start school; **Einschulung** *f* **1.** enrol(l)ment; **2.** first day at school.

Einschuss *m* **1.** (*Treffer*) hit; (*Loch*) bullet hole; ✱ bullet wound; **2.** *Sport*: shot (into the goal); **3.** ✝ capital invested; *im Differenzgeschäft*: margin; **4.** *Weberei*: woof, weft; **≈bereit** *adj. Sport*: F ready to pop the ball home; **~stelle** *f* point of entry; ***hier ist die ~*** *a.* this is where the bullet entered.

einschütten *v/t.* pour in(to ***in***).

einschwärzen *v/t.* blacken; *typ.* ink.

einschwatzen I. *v/i.*: ***auf j-n ~*** go on and on; **II.** *v/t.*: ***j-m et. ~*** talk s.o. into (believing) s.th.

einschweißen *v/t.* **1.** ***et. in et. ~*** weld s.th. into s.th.; **2.** *in Plastikfolie*: shrink-wrap.

einschwenken I. *v/i.* turn (***in*** into); ***nach links ~*** turn (to the) left; *fig.* ***~ auf*** switch to, (*sich anpassen*) fall in line with; ***auf e-n neuen Kurs ~*** change course; **II.** *v/t.* swivel *s.th.* into position; ***~ in*** swivel into.

einsegnen *v/t.* consecrate, (*a. j-n*) bless; (*konfirmieren*) confirm; **Einsegnung** *f* consecration, blessing; confirmation.

einsehen I. *v/t.* **1.** have a look at; ***die Dokumente dürfen eingesehen werden*** the documents may be viewed (*od.* consulted); **2.** *fig.* (*verstehen*) see; (*erkennen*) realize; (*richtig einschätzen*) appreciate; ***das sehe ich nicht ein*** I don't see why; ***er will es einfach nicht ~*** he just won't accept it (*od.* see it that way); ***e-n Fehler ~*** recognize one's mistake; **II.** ≈ *n*: ***ein ~ haben*** show some consideration (*od.* understanding); (*vernünftig sein*) be reasonable; (*nachsichtig sein*) be lenient, show some lenience; F ***das Wetter hatte ein ~ mit uns*** the weather was kind to us.

einseifen *v/t.* **1.** soap; (*Bart*) lather; ***j-n ~*** *beim Friseur*: lather s.o.'s face; ***j-m den Rücken ~*** soap s.o.'s back; **2.** *fig.* F (*betrügen*) F con, take *s.o.* for a ride.

Einseitenband *n Radio*: single sideband, SSB.

einseitig I. *adj.* one-sided; *fig. a.* lopsided; *pol.*, ⚖ unilateral; ✱ unilateral, on one side; (*parteiisch*) partial, bias(s)ed; (*ausschließlich*) exclusive; (*unausgeglichen*) unbalanced, one-sided; ***~e Ernährung*** unbalanced diet; ***e-e ~e Lungenentzündung*** single pneumonia; → ***Lähmung***; **II.** *adv. pol.*, ⚖ unilaterally; ***et. ~ darstellen*** give a (very) one-sided view of s.th.; ***~ begabt, ~ veranlagt*** one-sided; ***er ist nur ~ interessiert*** his interest is very one-sided, he's only interested in one side of it; → ***gelähmt***; **Einseitigkeit** *f* one-sidedness; (*Parteilichkeit*) partiality, bias.

einsenden *v/t.* send in; **Einsender** *m* sender; *an e-e Zeitung*: contributor; **Einsendeschluss** *m* closing date (for entries); **Einsendung** *f* sending in; *Wettbewerb*: entry; (*Zuschrift*) letter, reply.

einsenken *v/t.* sink (*od.* let) in; ⸙ set; **Einsenkung** *f* depression.

Einser F *m* → ***Eins.***

einsetzen I. *v/t.* **1.** put in; (*einfügen*) *a.* insert; *in ein Formular etc.*: enter (***in*** into); **2.** (*Ausschuss etc.*) set up; **3.** (*anwenden*) use, employ; (*Kraft etc.*) apply; *fig.* bring into play; **4.** ⚔ put into action; (*Polizei etc.*) call in; **5.** (*Geld*) bet; ***sein Leben ~*** risk one's life (***für*** for), put one's life at stake (for); **6.** *in ein Amt*: appoint (***in*** to); *als Bevollmächtigten, Erben etc.*: appoint; **II.** *v/refl.* **7.** ***sich*** (***voll***) ***~*** do one's utmost, F go all out; ***sich ~ für*** support, (*plädieren für*) speak up for, (*verfechten*) champion *a cause*; *weitS.* do what one can for, do one's best to help; ***sich für et. voll ~*** *a.* put everything one has got into s.th.; ***sich*** (***bei j-m***) ***für j-n ~*** put in a good word for s.o. (with s.o.), *formell*: intercede (with s.o.) on s.o.'s behalf; **III.** *v/i.* **8.** ♪ come in; **9.** (*beginnen*) start (off); *Fieber, Wetter etc.*: set in; **Einsetzung** *f* insertion; *in ein Amt*: appointment; → *a.* ***Einsatz.***

Einsicht *f* **1.** examination (***in Akten*** of records); ***~ nehmen in*** examine, take a look at; ***j-m ~ gewähren in*** allow s.o. to look at; **2.** *fig.* (*Verständnis*) understanding; ***zur ~ kommen*** listen to reason; ***gegen s-e bessere ~*** against one's better judg(e)ment; **3.** *fig.* (*Erkenntnis*) insight; ***zur ~ kommen, dass*** realize that; **einsichtig** *adj.* **1.** reasonable; (*verständnisvoll*) understanding; **2.** *Argumente*: cogent; **Einsichtnahme** *f*: (***zur ~*** for) inspection; ***nach ~*** on sight; **einsichtslos** *adj.* (*unvernünftig*) unreasonable; (*verständnislos*) lacking in understanding; **einsichtsvoll** *adj.* understanding; (*verständig*) reasonable.

einsickern *v/i.* seep *od.* trickle in(to ***in***); *fig. Gäste, Meldungen etc.*: trickle in(to); *Spione etc.*: infiltrate (into).

Einsiedelei *f* **1.** hermitage; **2.** (*Lebenswei-*

se) (life of) solitude; **Einsiedler(in** *f*) *m a. fig.* hermit, recluse; **einsiedlerisch** *adj.* hermit-like, *lit.* anchoritic; *weitS.* solitary.

Einsiedler|krebs *m zo.* hermit crab; **~leben** *n* hermit's life, life of a hermit; ***ein ~ führen*** lead the life of a hermit (*od.* a hermit's life), live like a hermit.

einsilbig *adj.* **1.** monosyllabic; ***~es Wort*** monosyllable; **2.** *fig.* (*wortkarg*) taciturn; (*kurz angebunden*) curt, short; ***~e Antworten geben*** answer in monosyllables; **Einsilbigkeit** *fig. f* taciturnity; curtness.

einsinken *v/i.* sink in(to ***in***); *Boden etc.*: subside, cave in.

einsitzen *v/i.* ⚖ serve a sentence.

Einsitzer *m* single-seater.

einsortieren *v/t.* sort (***in*** into).

einspannen *v/t.* **1.** ⚙ clamp; (*Schreibpapier*) put in(to the typewriter *etc.*); (*Film*) load, put in; **2.** (*Pferd*) harness; F *fig.* ***j-n ~*** rope s.o. in, ***zu et.:*** rope s.o. into doing s.th.

Einspänner *m* **1.** one-horse carriage; **2.** *östr. glass of black coffee with cream topping.*

einsparen *v/t.* save; **Einsparung** *f* saving(s *pl.*).

einspeichern *v/t.* **1.** *Computer*: store; **2.** *im Gedächtnis*: store (up) in one's memory.

einspeisen *v/t.* ⚙ feed (***in*** into, *dat.* to).

einsperren *v/t.* lock up; *im Gefängnis*: *a.* put behind bars; *in e-n Käfig*: put in a cage, cage.

einspielen I. *v/refl.*: ***sich ~*** **1.** *a. Sport*: warm up; *Sache*: get going (properly); ***es hat sich gut eingespielt*** it's going (very) well; ***sich auf e-m Instrument ~*** get the feel of (*od.* get used to) an instrument; **2.** ⚙ *Zeiger*, *Waage*: balance out; **3.** ***sich aufeinander ~*** learn to work *etc.* together, get used to one another; ***sie sind gut aufeinander eingespielt*** they make a good team; **II.** *v/t.* **4.** (*Instrument*) break in; **5.** *auf Schallplatte*: record; **6.** (*Geld*) bring in; **Einspielergebnisse** *pl.* box-office returns; **Einspielung** *f* (*Aufnahme*) recording (***von*** by).

einspinnen I. *v/refl.*: ***sich ~*** **1.** *zo.* cocoon itself; **2.** *fig.* cocoon (*od.* seclude) o.s.; ***eingesponnen in*** wrapped up in, (deeply) absorbed in; **II.** *v/t.* (*Spinne*) spin a web around.

einsprachig *adj.* monolingual.

einsprengen *v/t.* (*Wäsche*, *Rasen*) sprinkle; → ***eingesprengt***; **Einsprengsel** *n* insert, insertion; isolated element.

einspringen *v/i.* **1.** *fig.* (*aushelfen*) step in(to the breach), help out; *finanziell*: help out, F chip in; ***für j-n ~*** step (*od.* stand) in for s.o.; **2.** ⚙ click (into place), catch, snap; **3.** ▲ recede; **einspringend** *adj.* **1.** ▲ recessed, set back; **2.** ∡ ***~er Winkel*** reentrant angle.

Einspritzdüse *f mot. Diesel*: injection nozzle; *Vergaser*: jet.

einspritzen *v/t.* inject (***in*** into); ***j-m et. ~*** give s.o. an injection of s.th., inject s.o. with s.th.

Einspritz|motor *m* fuel injection engine; **~pumpe** *f mot.* (fuel) injection pump.

Einspruch *m a.* ⚖ objection (***gegen*** to); ⚖ (*Berufung*) appeal (against); *Patentrecht*: opposition (to); ***~ erheben*** raise an objection (***gegen*** to), object (to), ⚖ (file an) appeal (against); **Einspruchsrecht** *n* right to appeal; *pol.* (power of) veto.

einspurig *adj.* 🚂 single-track ..., *pred.* single-tracked; *Straße*: single-lane ...

Einssein *n* oneness, unity (***mit*** with).

einst *adv.* **1.** (*vormals*) once; ... ***~ und jetzt*** ... past and present, ... then and now; ***das England von ~*** the England of days past (*od.* of former days), England as it once was; **2.** (*künftig*) one day, some day.

einstampfen *v/t.* (*Kohl etc.*) press; (*Erde*) stamp down; (*Papier*, *Bücher*) pulp.

Einstand *m* **1.** *Tennis*: deuce; **2.** first day (in a new job *etc.*); ***s-n ~ feiern*** celebrate the start of one's new job; ***s-n ~ geben*** *a. Sport*: make one's debut (*od.* début).

einstanzen *v/t.* stamp in(to ***in***).

einstauben *v/t.* dust; → ***eingestaubt.***

einstechen I. *v/t.* prick, pierce (*a. ein Loch*); (*Nadel*) stick in(to ***in***); (*Spritze*) insert (in), F stick in(to); ⚙ *Werkzeugmaschine*: cut; (*eingravieren*) engrave (into); **II.** *v/i.*: ***mit e-r Nadel*** *etc.* ***in et. ~*** stick a needle *etc.* into s.th.; ***~ auf*** (*j-n*) stab away at.

einstecken *v/t.* put in, F stick in; *in die Tasche etc.*: put in one's pocket (*od.* bag *etc.*); F (*Brief*) F pop into the letterbox; (*einpacken*) take; F (*stehlen*) F pocket; *fig.* (*Gewinn*) pocket; (*Vorwurf etc.*) swallow; (*Schlag*) take; ***stecks schnell ein!*** *in die Tasche etc.*: put it away quick!; F *fig.* ***er kann viel ~*** he can take a lot (of punishment); F ***er hat schwer ~ müssen*** he took quite a beating; F ***viel ~ müssen*** F have to take a lot of stick; F ***den steckst du leicht ein*** you can beat him with your hands tied; **Einstecktuch** *n* breast-pocket handkerchief.

einstehen *v/i.*: ***~ für*** answer for, take responsibility for, (*garantieren*) vouch for; (*Behauptung etc.*) stand by, stick by; ***für s-e Überzeugung ~*** have the courage of one's convictions; ***ich stehe dafür ein, dass*** I guarantee (you) that.

Einsteigekarte *f* ✈ boarding pass.

einsteigen *v/i.* get in(to ***in***); *Bus*, *Zug*, *Flugzeug*: (*a.* ***~ in***) get on; (*einklettern*) climb in(to); ***alle(s) ~!*** all aboard!; ***steigt ein!*** jump in!; *fig.* ***~ in*** (*ein Unternehmen*) join, (*e-e Arbeit*, *ein Thema etc.*) get into, (*die Politik etc.*) go into; ***mit e-r hohen Summe in et. ~*** invest (F sink) a large sum of money in (into) s.th.; F ***hart ~*** *Sport*: F go for it; **Einsteiger** *m* newcomer (***in*** to).

einstellbar *adj.* adjustable; **einstellen I.** *v/t.* **1.** put in(to ***in***); (*Möbel*) store; (*Wagen*) put in the garage, put away; **2.** (*Arbeitskräfte etc.*) take on, hire; **3.** ⚙ set (*a. Uhr*); (*Radio*) tune in(to ***auf***); *TV* switch (to); *opt.* focus; *phot.* ***auf e-e größere Blende ~*** use a bigger aperture, open up the aperture; **4.** (*beenden*) stop; discontinue; ⚖ (*Verfahren*) suspend *proceedings*, drop *the case*; ⚔ ***das Feuer ~*** stop shooting (*od.* firing); ***die Feindseligkeiten ~*** cease (*od.* end) hostilities; **5.** *fig.* (*anpassen*) adjust, adapt (***auf*** to); (*Gedanken etc.*) focus (on); **6.** (*Rekord*) equal; **II.** *v/refl.* **7.** ***sich ~*** (*kommen*) appear, turn up; *Wetter etc.*: set in; *Sorgen*, *Schwierigkeiten*: arise; *Folgen etc.*: ensue, make themselves felt; ***sich wieder ~*** come back (again); **8.** ***sich ~ auf*** (*sich anpassen an*) adapt *od.* adjust (o.s. *od.* itself) to, (*sich vorbereiten auf*) prepare (o.s.) for, get ready for, F gear (o.s.) up for, (*rechnen mit*) be prepared for; ***sich geistig ~ auf*** get into the right frame of mind for, F gear o.s. up mentally for; ***sich (voll und) ganz ~ auf*** a) focus all one's attention on, b) adjust one's whole lifestyle (*od.* way of thinking) to; ***du musst dich darauf ~*** (*daran gewöhnen*) you'll have to get used to it (*od.* learn to accept it); → ***eingestellt***; → *a.* ***einrichten*** 7.

einstellig *adj.* one-digit *number*; one-place *decimal.*

Einstell|knopf *m* control (knob); **~platz** *m für Auto*: parking space; **~schraube** *f* set screw.

Einstellung *f* **1.** *von Arbeitskräften*: employment; **2.** ⚙ adjustment, setting; *Ventil*, *Zündmoment*: timing; *opt.*, *phot.* focus([s]ing); *Film*: angle, *weitS.* shot; **3.** (*Beendigung*) discontinuance; *Betrieb*: stoppage; *Zahlungen*: suspension; ⚖ *Verfahren*: stay, discontinuance *of proceedings*; *Klage*: dismissal; ***~ der Feindseligkeiten*** suspension (*od.* cessation) of hostilities; **4.** (*Haltung*) attitude (***zu*** to[wards]), approach (to); *zum Leben*: outlook (on); ***politische ~*** political views *pl.* (*od.* outlook); ***was ist denn das für e-e ~?*** what kind of (an) attitude is that?; ***das ist e-e Frage der ~*** → ***Einstellungsfrage.***

Einstellungs|änderung *f* change of (*od.* in) approach *od.* attitude; **~frage** *f*: ***das ist e-e ~*** it depends on how (*od.* the way) you look at things; **~gespräch** *n* (job) interview; **~stopp** *m* freeze on further recruitment.

einstempeln *v/i.* clock in.

Einstich *m e-r Spritze*: prick; ***der ~ hat wehgetan*** it hurt when he (*od.* she) put the needle in.

Einstieg *m* **1.** entrance, way in; **2.** ***beim ~*** while getting in; ***der ~ war schwierig*** it was difficult getting (*od.* to get) in, *fig.* it was hard at the start (*od.* beginning); *fig.* ***der ~ in ein solches Thema ist nicht einfach*** it's not easy getting into that kind of subject; ***der ~ ins Berufsleben*** starting (*od.* embarking on) a career; ***der ~ in e-e neue Stelle*** starting (*od.* settling [down]) into, getting into) a new job; **~luke** *f* (access) hatch.

Einstiegsdroge *f* gateway drug.

einstig *adj.* former, *formell*: erstwhile; *Person*: *a.* F one-time.

einstimmen I. *v/i.* **1.** ♪ join in; **2.** *fig.* join in *the applause etc.*; (*zustimmen*) agree (***in*** to); **II.** *v/t.* **3.** (*Instrument*) tune (up); **4.** *fig.* get *s.o.* into the right mood (***auf*** for); **III.** *fig. v/refl.*: ***sich ~*** get into the right mood (***auf*** for).

einstimmig I. *adj.* **1.** (*einmütig*) unanimous; **2.** ♪ for one voice; **II.** *adv.* **3.** unanimously, to a man; **4.** ♪ *sing etc.* in unison; **Einstimmigkeit** *f* unanimity, consensus; ***~ erzielen*** come to an agreement, reach a consensus (***über*** on).

einstmalig *adj.* → ***einstig***; **einstmals** → ***einst.***

einstöckig *adj.* one-stor(e)y ...

einstöpseln *v/t.* (*Korken etc.*) put in, (*Stecker*) *a.* plug in.

einstoßen *v/t.* push in; (*Fensterscheibe etc.*) smash (in); (*Tür*) break down.

einstrahlen I. *v/i.* *Licht*, *Sonne*: shine (***in*** into; ***auf*** on); **II.** *v/t.* (*Wärme*, *Licht*) radiate (***auf*** onto); **Einstrahlung** *f* radiation.

einstreichen *v/t.* **1.** ***mit Gips*** *etc.* ***~*** fill *s.th.* with plaster *etc.*; ***mit Farbe ~*** paint, give *s.th.* a coat of paint; **2.** (*Text etc.*) cut down (to size); **3.** F (*Geld*) F rake in; (*Ruhm etc.*) F pocket.

einstreuen *v/t.* **1.** (*Körner, Salz etc.*) sprinkle in(to ***in***); **2.** *fig.* put in(to ***in***), slip in(to); *Zitate etc.* ***in et.*** ~ intersperse s.th. with.

einströmen *v/i.* pour in(to ***in***); *Luft*: come in(to), *stärker*: stream in(to); *fig. Menschen*: pour in(to), stream in(to).

einstudieren *v/t.* (*Rolle*) learn; (*Gedicht etc.*) learn (by heart); ([*gemeinsam*] *üben*) rehearse; **Einstudierung** *f thea.* production.

einstufen *v/t.* class; *nach Leistung*: assess; ~ ***in*** (*e-e Steuerklasse, Kategorie etc.*) put in(to); ***hoch*** (***niedrig***) ~ rate high (low); ***j-n falsch*** ~ assess s.o. wrongly, misjudge s.o.('s capabilities).

einstufig *adj.* ⚙ single-stage ...

Einstufung *f* classification; rating; **Einstufungsprüfung** *f* placement test.

einstündig *adj.* one-hour(-long) ...

einstürmen *v/i.*: ~ ***auf*** rush at, *a.* ⚔ charge; *fig.* ***auf j-n*** ~ assail s.o. (*a. Gedanken etc.*).

Einsturz *m* collapse; ***dem*** ~ ***nahe*** about to collapse; ***vom*** ~ ***bedroht*** in danger of collapsing; ***zum*** ~ ***bringen*** cause *s.th.* to collapse (*od.* cave in); **einstürzen** *v/i. Erdreich, Stollen etc.*: cave in; *fig.* ~ ***auf*** assail; **Einsturzgefahr** *f* danger of collapse; „~!" danger - building unsafe; ***es ist wegen*** ~ ***geschlossen*** it's closed because it's unsafe.

einstweilen *adv.* meanwhile, in the meantime; (*vorläufig*) for the time being; **einstweilig** *adj.* temporary, provisional, interim ...; ⚖ ***~e Verfügung*** interim order, (*Unterlassungsbefehl*) injunction.

eintägig *adj.* **1.** one-day ...; **2.** *zo.*, ⚘, ⚕ ephemeral.

Eintagsfliege *f* **1.** *fig.* (*Person, Sache*) nine days' wonder; (*Leidenschaft, Affäre*) flash in the pan; **2.** *zo.* dayfly, ephemera.

eintasten *v/t. Computer*: key in.

eintauchen **I.** *v/t.* dip in(to ***in***); **II.** *v/i.* dive in(to ***in***).

Eintausch *m*: ***im*** ~ ***für*** (*od.* ***gegen***) in exchange for; **eintauschen** *v/t.* exchange (***gegen*** for).

eintausend *adj.* a thousand, *Am. u. betont*: one thousand.

einteilen *v/t.* divide (up) (***in*** into); (*anordnen*) arrange (in; ***nach*** according to); (*Zeit*) organize; ***sein Geld richtig*** ~ budget; ***zur Wache*** ~ put on guard duty.

einteilig *adj.* one-piece ...

Einteilung *f* division; (*Anordnung*) arrangement; *zeitliche*: plan, schedule; *der Finanzen*: budgeting.

eintönig **I.** *adj.* monotonous; *Leben*: *a.* humdrum, dull; **II.** *adv.*: ~ ***vorlesen*** read out in a monotonous tone (of voice); **Eintönigkeit** *f* monotony.

Eintopf(gericht *n*) *m* stew.

Eintracht *f* harmony, concord; unity; ***völlige*** ~ complete (*od.* perfect) harmony; ***in*** ~ ***leben*** live in harmony; **einträchtig** *adj.* harmonious; (*friedlich*) peaceful.

Eintrag *m* **1.** (*Buchung*) entry, item; **2.** *fig. e-r Sache* ~ ***tun*** harm; **eintragen** **I.** *v/t.* **1.** put down (***in*** *e-e Liste*: on); (*buchen*) enter (into); *amtlich*: register (***bei*** with); *als Mitglied*: enrol(l) (in); ***sich*** (*od.* ***s-n Namen***) ~ ***lassen*** have one's name put down (*od.* listed); ***nicht im Telefonbuch eingetragen sein*** *Brit.* be ex-directory, *Am.* be unlisted; → ***eingetragen***; **2.** (*Gewinn etc.*) bring in; (*rein* ~) net; *fig.* ***j-m et.*** ~ (*Lob, Neid, Ehre etc.*) earn s.o. s.th.; *fig.* ***es trug ihm den Hass s-r Kollegen ein*** *a.* it incurred his colleagues' hatred; **II.** *v/refl.*: ***sich*** ~ put one's name down (on the list), *für et.*: *a.* sign up; **einträglich** *adj.* profitable, lucrative; **Eintragung** *f* entry; *amtliche*: registration; (*Posten*) item.

eintränken *v/t.* **1.** soak; **2.** F *fig.* ***dem werd ichs*** ~! I'll make him pay for it.

einträufeln *v/t.* **1.** ***et. in*** *das Ohr etc.* ~ put some drops in; **2.** *fig.* (*Hass etc.*) instil(l) (***in*** into).

eintreffen *v/i.* **1.** (*ankommen*) arrive, come, get here (*od.* there); → ***eingetroffen***; → *a.* ***eingehen*** 1; **2.** (*geschehen*) happen; (*sich erfüllen*) prove true; ***es ist alles so eingetroffen, wie er es voraussagte*** it all happened just as he had predicted.

eintreiben *v/t.* **1.** (*Vieh*) drive home; **2.** (*Schulden etc.*) collect; **3.** (*Nagel*) drive in.

eintreten **I.** *v/i.* **1.** go in(to ***in***), come in(to), (*a.* ~ ***in***) enter; **2.** *fig.* ~ ***in*** (*e-n Beruf, ein Amt*) take up; (*den Krieg*) enter, (*e-e Firma, e-n Klub etc.*) join; (*Verhandlungen*) enter into, (*Politik*) *a.* go into; ***in ein Kloster*** ~ enter (*od.* go into) a monastery *od.* convent; **3.** (*sich ereignen*) happen, take place, occur; *Fall, Notwendigkeit, Umstände*: arise; *Dunkelheit, Stille*: fall; *Wetter*: set in; *Tod*: occur; ***der Tod trat auf der Stelle ein*** death was instantaneous; ***es ist noch keine Besserung eingetreten*** there has been no improvement as yet; **4.** ***für j-n*** ~ a) → ***einspringen*** 1, b) stand (*od.* speak) up for s.o., (*intervenieren*) intervene on s.o.'s behalf; ***für et.*** ~ speak out in favo(u)r of s.th., support s.th., *voll*: give s.th. one's full backing; (*plädieren für*) plead for; → *a.* ***einsetzen*** 7; **II.** *v/t.* **5.** *in den Boden*: stamp in(to the ground); (*Krümel etc.*) tread in(to the carpet); **6.** (*Tür*) kick down; **7.** ***sich et.*** ~ run (*od.* get) s.th. into one's foot; **III.** ℒ *n* → ***Eintritt.***

eintrichtern *v/t.*: *fig.* ***j-m et.*** ~ drum s.th. into s.o.'s head.

Eintritt *m* **1.** entry (***in*** into); *theatralischer etc.*: entrance (into); „~ ***verboten!***" no admittance; **2.** *fig.* (*Beitritt*) entry (***in*** into); ~ ***in e-e Firma*** (***Partei***) joining a company (party); ***nach s-m*** ~ ***in die Partei*** *etc.* after he had joined the party *etc.*; **3.** (*Anfang*) beginning, start; *von Wetter, Winter,* ⚕ *etc.*: onset; ***nach*** ~ ***der Dunkelheit*** after dark; **4.** *e-s Umstandes etc.*: occurrence; **5.** (*Einlass*) admission; ~ ***frei*** admission free; ***was verlangen sie für den*** ~? what do they charge for admission?; **6.** → ***Eintrittsgebühr, -geld.***

Eintritts|gebühr *f*, **~geld** *n* admission fee; *Sport*: gate money; **~karte** *f* (admission) ticket.

eintrocknen *v/i.* dry up; (*einschrumpfen*) shrivel up.

eintrommeln *v/i.* **1.** *fig.* ***j-m et.*** ~ drum s.th. into s.o.('s head); **2.** ~ ***auf*** pound (*od.* hit, F bash) away at.

eintröpfeln *v/t.* → ***einträufeln.***

eintrüben *v/refl.*: ***sich*** ~ *Wetter*: become overcast.

eintrudeln F *v/i.* F shuffle in.

einüben *v/t.* (*a.* ***sich et.*** ~) practi|se (*Am.* -ce).

einverleiben *v/t.* **1.** add (*dat. od.* ***in*** to); (*Land*) annex(e) (to); **2.** F ***sich*** *Essen etc.* ~ F stow (*od.* put) away; **3.** ***sich*** *Kenntnisse* ~ assimilate; **Einverleibung** *f e-s Landes etc.*: annexation.

Einvernahme *österr. schweiz. f* interrogation, questioning.

Einvernehmen *n* agreement, understanding; ***in gutem*** ~ on good (*od.* friendly) terms; ***im*** ~ ***mit*** after consultation with, in agreement with; ***im gegenseitigen*** ~ by mutual agreement; ***sich mit j-m ins*** ~ ***setzen*** come to an understanding (*od.* agreement) with s.o.; **einvernehmlich** **I.** *adj. Abkommen etc.*: amicable; **II.** *adv.* amicably, by mutual agreement.

einverstanden *adj.*: ~ ***sein*** (***mit***), ***sich*** ~ ***erklären*** (***mit***) *zustimmend*: agree (to), be agreed, *billigend*: approve (of); ***damit*** ~ ***sein, dass j-d et. tut*** agree to (*od.* approve of) s.o.('s) doing s.th.; ***damit*** ~ ***sein zu*** *inf.* agree to *inf.*; ***damit bin ich ganz und gar nicht*** ~ a) I disagree totally (*od.* entirely), b) I don't approve at all, I don't like it at all; ***er ist mit allem*** ~ he has no objections, (*ihm ist es gleich*) he doesn't mind one way or another; ***ich bin damit*** ~ it's all right (*Am.* alright) with me; ~! okay, all right, *Am.* alright; F it's a deal.

Einverständnis *n* **1.** (*Zustimmung*) consent (***zu*** to), approval (of); ***sein*** ~ ***geben*** (give one's) consent (***zu*** to); **2.** ***geheimes*** ~ tacit understanding, *bsd.* ⚖ collusion, connivance; → *a.* ***Einvernehmen***; **~erklärung** *f* (declaration of) consent.

einwachsen[1] *v/i. Nagel*: grow in(to ***in***); → ***eingewachsen.***

einwachsen[2] *v/t.* (*Boden, Skier*) wax.

Einwahlknoten *m teleph., Computer*: point of presence.

Einwand *m* objection (***gegen*** to); ***e-n*** ~ ***vorbringen*** raise an objection.

Einwanderer *m* immigrant; *im gleichen Land*: incomer; **einwandern** *v/i.* immigrate (***in*** to); **Einwanderung** *f* immigration.

Einwanderungs|behörde *f* immigration authorities *pl.*; **~erlaubnis** *f* immigration permit; **~land** *n* country open to immigrants (*od.* with an open immigration policy); **~politik** *f* immigration policy; **~quote** *f* immigration quota; **~strom** *m* flow (*od.* influx) of immigrants; **~verbot** *n* ban on immigration.

einwandfrei **I.** *adj.* (*fehlerfrei*) perfect, flawless; (*tadellos*) impeccable; (*unanfechtbar*) incontestable; *Ware*: flawless, *Lebensmittel etc.*: good, fresh; ***es ist alles*** ~ everything's perfect (*od.* in perfect condition); ***er spricht ein ~es Englisch*** his English is perfect, he speaks perfect (*od.* flawless) English; **II.** *adv.*: ~ ***der Beste*** undoubtedly the best; ***sich*** ~ ***benehmen*** behave impeccably; ~ ***funktionieren*** work perfectly, be in perfect working order, *Gerät, Computer*: be up and running, *Sache*: work out perfectly, go perfectly; ~ ***beweisen*** prove beyond doubt; ***es steht*** ~ ***fest*** it's indisputable, ***dass***: there's no question that.

einwärts *adv.* inward(s).

einweben *v/t. a. fig.* work in(to ***in***).

einwechseln *v/t.* **1.** (ex)change; (*einlösen*) cash; **2.** *Sport*: (*Spieler*) bring on.

einwecken *v/t.* preserve, *Am. a.* can; *in Gläsern*: bottle, *Am.* can; *in Dosen*: can; *in Essig*: pickle; **Einweckglas** *n* preserving (*Am.* canning) jar.

Einweg|feuerzeug *n* throwaway lighter; **~flasche** *f* non-returnable bottle; **~kamera** *f phot.* disposable camera; **~packung** *f* throwaway pack; **~rasierer** *m* disposable razor; **~scheibe** *f* one-way

E

glass; **~spiegel** *m* two-way mirror; **~spritze** *f* disposable syringe.
einweichen *v/t.* soak.
einweihen *v/t.* **1.** open; *eccl.* consecrate; F (*Kleid etc.*) F christen; ***s-e Wohnung ~*** have a housewarming (*od.* flatwarming) party; **2. *~ in*** initiate into; ***j-n in ein Geheimnis ~*** let s.o. into a secret; → ***eingeweiht, Eingeweihte(r)***; **Einweihung** *f* (formal) opening; *eccl.* consecration.
Einweihungs|feier *f* opening ceremony; *für Haus etc.*: housewarming (*od.* flatwarming) party; **~rede** *f* inaugural address.
einweisen *v/t.* **1. *~ in*** admit to *hospital, a home etc.*; ***in e-e Anstalt ~*** institutionalize; **2. *j-n in e-e Aufgabe ~*** show s.o. what to do; ***j-n in s-e neue Stelle ~*** introduce s.o. to his (*od.* her) new job, F show s.o. the ropes; **3.** *in ein Amt*: instal(l) (***in*** in), inaugurate (into); **4.** (*Fahrzeug*) direct (***in*** into); **Einweiser** *m* ✈ marshal(l)er; **Einweisung** *f* **1.** admittance (***in*** to *hospital, a home etc.*); **2.** *in e-e Aufgabe, Stelle etc.*: introduction (***in*** to); (*Kurs*) induction course; **3.** *in ein Amt etc.*: induction, inauguration *into office etc.*
einwenden *v/t.*: ***~, dass*** object (*od.* argue) that; ***er wandte (dagegen) ein, dass*** *a.* he raised (*od.* made) the objection that; ***dagegen lässt sich ~, dass*** it could be objected that; ***ich habe nichts dagegen einzuwenden*** I have no objections; ***es lässt sich nichts dagegen ~*** there's nothing to be said against it; ***sie hat immer irgendetwas einzuwenden*** she always finds something to object to (*od.* complain about); ***wenn niemand etwas einzuwenden hat*** if there are no objections (from anyone); **Einwendung** *f* objection (***gegen*** to); ***~en erheben gegen*** raise objections to.
einwerfen I. *v/t.* **1.** throw in; (*Brief*) post, *Am.* mail, F pop into the letterbox (*bsd. Am.* mailbox); (*Geld*) insert, put in; *fig.* (*Bemerkung etc.*) throw in; **2.** (*Fenster*) smash, break; **II.** *v/i.* **3.** *Sport*: throw in; **4.** *fig.* ***~, dass*** object (*od.* argue) that.
einwertig *adj.* ⚗ monovalent; **Einwertigkeit** *f* monovalence.
einwickeln *v/t.* **1.** wrap up (***in*** in); **2.** F *fig.* take in, fool; *durch Schmeicheleien*: F soft-soap; ***lass dich nicht von ihm ~*** don't be taken in by him, don't fall for his line; **Einwickelpapier** *n* wrapping paper.
einwiegen *v/t.* **1.** (*Kind*) rock to sleep; **2.** *fig. mit falschen Hoffnungen etc.*: lull.
einwilligen *v/i.* agree (***in*** to); (*s-e Erlaubnis geben*) consent (to); **Einwilligung** *f* approval; (*Erlaubnis*) consent; ***s-e ~ zu et. geben*** consent to s.th.
einwinken *v/t. mot.* wave (***in*** into); ✈ marshal.
einwirken *v/i.*: ***~ auf*** have an effect on; (*angreifen*) affect; (*beeinflussen*) influence; *überredend*: work on *s.o.*; ***et. ~ lassen*** let s.th. take effect (***auf*** on), (*Fett etc.*) let s.th. work itself in(to), *fig.* (*Eindruck etc., a.* ***auf sich ~ lassen***) let s.th. sink in; *Creme etc.* ***fünf Minuten ~ lassen*** leave on for five minutes; ***versuchen, auf j-n einzuwirken*** *a.* try and talk to s.o.; **Einwirkung** *f* effect (***auf*** on); *e-s Medikaments etc.*: *mst* effects *pl.* (on); (*Einfluss*) *a. pl.* influence (on).
Einwirkungs|bereich *m*, **~sphäre** *f* sphere of influence; ***in j-s ~ geraten*** come under s.o.'s spell.
einwöchig *adj.* **1.** week-long ..., one-week ...; **2.** (*eine Woche alt*) week-old ...
Einwohner *m* inhabitant; *e-r Stadt*: *a.* resident; **Einwohnermeldeamt** *n* residents' registration office; **Einwohnerschaft** *f* inhabitants *pl.*, population; **Einwohnerzahl** *f* (total) population, number of inhabitants.
Einwurf *m* **1.** *Fußball*: throw-in, throw; **2.** *e-r Münze etc.*: insertion; ***nach ~ der Münze*** after inserting the coin; **3.** *am Automaten*: slot; *am Briefkasten*: opening, slit; **4.** *fig.* objection.
einwurzeln *v/i. u. v/refl.* (***sich ~***) take root; *fig.* put down (one's) roots, settle down; → ***eingewurzelt.***
Einzahl *f ling.* singular.
einzahlen *v/t.* pay in; *in e-e Bank*: deposit (***in*** at); ***auf ein Konto ~*** pay *s.th.* into an account, deposit *s.th.* in an account; **Einzahlung** *f* payment; *in e-e Bank*: deposit; (*Teilzahlung*) instal(l)ment; **Einzahlungsschein** *m* pay(ing)-in slip, *Am.* deposit slip.
einzäunen *v/t.* fence in; **Einzäunung** *f* enclosure; fence.
einzeichnen *v/t.* draw in, sketch in; (*markieren*) mark (***in, auf*** on); ***die Stadt ist nicht eingezeichnet*** the town isn't on the map.
einzeilig *adj.* one-line ...; (*a. adv.* ***~ geschrieben***) single-spaced.
Einzel *n Tennis etc.*: singles *pl.* (*Match*: *sg. konstr.*).
Einzel|abteil *n* separate compartment; **~aktion** *f* act of an individual; ***es war e-e ~*** *a.* he (*od.* she) acted alone; **~anfertigung** *f*: ***es ist e-e ~*** I *etc.* had it specially made, it was custom-built; **~antrieb** *m* ⚙ separate drive; **~aufhängung** *f mot.* independent suspension; **~aufstellung** *f* itemized list; **~ausgabe** *f Buch*: separate edition; **~aussteller** *m* individual exhibitor; **~beispiel** *n* isolated case; **~beratung** *f*: *parl.* ***in ~ eintreten*** go into committee; **~bett** *n* single bed.
Einzelbild *n Video*: (single) frame; **~taste** *f* frame button.
Einzel|darstellung *f* individual study; (*Abhandlung*) monograph; **~disziplin** *f Sport*: individual event; **~erscheinung** *f* isolated instance; **~exemplar** *n* rare *od.* unique specimen (*Buch*: copy); **~fahrkarte** *f* single-trip (*od.* one-trip) ticket; **~fall** *m* isolated case; **~firma** *f* one-man business; **~frage** *f* individual question; (*Detailfrage*) detailed question.
Einzelgänger *m* loner, F lone wolf; (*bsd. Politiker*) maverick; (*Tier*) rogue elephant *etc.*; **einzelgängerisch** *adj.* solitary, lone ...
Einzel|gespräch *n* one-to-one conversation; **~haft** *f* solitary confinement.
Einzelhandel *m* retail trade; **Einzelhandelsgeschäft** *n* retail shop; **Einzelhandelspreis** *m* retail price; **Einzelhändler** *m* retailer.
Einzel|haus *n* detached house; **~haushalt** *m* one-person household; **~heft** *n* individual (*od.* single) issue.
Einzelheit *f* detail; ***nähere ~en*** further details; ***ausführliche ~en*** full particulars; ***bis in alle ~en*** down to the last detail; ***auf ~en eingehen*** go into detail (*od.* particulars); ***ich will nicht auf alle ~en eingehen*** I don't want to bore you with all the details; ***er kennt die ~en*** *e-r Sache*: he knows all the details, he knows the ins and outs.
Einzel|initiative *f* individual initiative; **~interessen** *pl.* individual (*od.* personal) interests; **~kabine** *f* single cabin; **~kampf** *m* ⚔ single combat, hand-to-hand fighting; *Luftgefecht*: F dogfight; *Sport*: individual competition; **~kind** *n* *an* only child; **~kosten** *pl.* itemized costs; **~kredit** *m* personal loan.
Einzeller *m* protozoon, protozoan, monad; **einzellig** *adj.* single-cell ..., *pred. a.* single-celled; 🕮 monocellular.
einzeln I. *adj.* **1.** single; (*für sich allein*) individual; (*abgetrennt*) separate; (*abgeschieden*) isolated; (*besonder*) particular; ***jedes ~e Stück*** each individual piece, (*alle*) every single piece; ***die ~en Mitgliedsstaaten*** the individual (*od.* various) member states; ***et. in s-e ~en Teile zerlegen*** take s.th. apart (*od.* to pieces); **2.** *Schuh etc.*: odd; **3. *~e*** (*manche*) some, one or two, isolated ...; ***es gab ~e Proteste*** *a.* there were protests here and there; ***~ stehend*** isolated; *pl. a.* scattered; **II.** *indef. pron.*: ***der ≗e*** the individual; ***jeder ≗e*** every single person (*a. Dinge*: one), every one of them; ***≗es*** some (things, points *etc.*); → *a.* ***einig***[2]; ***im ≗en*** in detail, (*Ggs. im Allgemeinen*) in particular; ***im ≗en geht es um folgende Fragen*** we are concerned specifically with the following questions; ***ins ≗e gehen*** go into detail; **III.** *adv.* individually; separately; one by one, one at a time; ***~ angeben*** specify.
Einzel|paar *n Schuhe etc.*: odd pair; **~packung** *f* single pack; **~person** *f* single person; unaccompanied person; ***für e-e ~*** for one person (only); **~radaufhängung** *f mot.* independent suspension; **~raumbüro** *n* individual office; **~reisende(r** *m*) *f* lone (*od.* individual) travel(l)er; **~schicksal** *n* personal tragedy; **~spiel** *n Tennis*: singles *pl.* (*sg. konstr.*), singles match; **~stück** *n* **1.** odd piece; **2.** (*einziges Exemplar*) unique specimen; **~täter** *m* lone operator; **~teil** *n* (component) part; **~unterricht** *m* private lessons *pl.*, coaching; **~verpackung** *f* individual packaging; **~wahl** *f* uninominal voting; **~wesen** *n* individual (being); **~zelle** *f* **1.** *im Gefängnis*: solitary cell; **2.** *biol.* single cell.
Einzelzimmer *n* single room; **~zuschlag** *m* single-room supplement.
einziehbar *adj.* ⚙ retractable; *Geld*: collectible; *Güter*: seizable; **einziehen I.** *v/t.* **1.** (*Bauch*) pull in; (*Krallen*) draw in; ⚙, ✈ retract; (*Fahne*) hand down; (*Segel*) take in; (*Netz*) haul in, pull in; (*Faden*) thread; ***den Kopf ~*** duck; ***den Bauch ~*** *a.* F breathe in; **2.** (*hineintun, einbauen*) put in; (*Wand*) put up; **3.** (*Luft, Rauch*) draw in, *Person*: *a.* breathe in, inhale; (*Flüssigkeit*) absorb, soak in (*od.* up); **4.** *typ.* indent; **5.** ⚔ call up, *Am.* draft; (*Posten*) withdraw; **6.** ⚖ seize, confiscate; (*Steuer etc.*) collect; (*einkassieren*) cash; (*Banknoten etc.*) withdraw (from circulation); **7. *Erkundigungen ~*** make inquiries *od.* enquiries (***über*** about, into); **II.** *v/i.* **8.** *in e-e Wohnung etc.*: move in; **9.** *Truppen*: march in; ***~ in*** (*ein Stadion etc.*) enter; (*e-e Stadt*) *Truppen*: enter, march into, *Zirkus etc.*: arrive in *town*; ***in den Bundestag ~*** take up one's seat in the Bundestag; **10.** *Flüssigkeit, Creme*: soak in, be absorbed, be soaked up; **11.** *fig. Frühling etc.*: arrive; **12.** *fig. Resignation etc.*: take over, set in; **Einziehung** *f* **1.** ⚔ conscription, *Am.* drafting; **2.** ⚖ confiscation, seizure; ⚕ collection; **3.** *von Mün-*

zen: withdrawal; **4.** ⚔ *Posten etc.*: withdrawal.

einzig I. *adj.* only; ***mein ~er Freund*** my (one and) only friend; ***mein ~er Gedanke*** my one thought; ***ein ~es Buch*** (just) one book; ***kein ~es Auto*** not a single car; ***kein ~es Wort*** not a word (F peep); ***sein ~er Halt*** his sole support; ***ein ~es Mal*** (just) once; ***nicht ein ~es Mal*** not once; ***sie hat keinen ~en Fehler gemacht*** she didn't make one (*od.* a single) mistake; ***sein Leben war e-e ~e Flucht*** his life was one big escape; → ***einzigartig*** I; **II.** *adv.* only, (*a.* **~ *und allein***) solely; **~ *dastehen*** be unique (*od.* unequal[l]ed), stand alone; ***das ~ Richtige*** (*od.* ***Wahre***) the only answer (*od.* solution, thing to do *etc.*); ***das ~ Richtige für dich wäre*** what you need is; ***das ~ Gute daran*** the only good (*od.* positive) thing about it; ***das ~ Vernünftige wäre*** the only sensible thing to do is (*od.* would be); ***es hängt ~ und allein davon ab, ob*** it depends entirely on whether; **III.** *su.*: ***der ≈e, die ≈e*** the only one, the only person, the one person; ***das ≈e*** the only thing, the one thing; ***ein ≈er*** just one (person *etc.*), one single (*od.* solitary) person; ***kein ≈er*** not (a single) one; ***das ≈e wäre zu*** *inf.* the only thing would be to *inf.*

einzigartig I. *adj.* unique; *Leistung*: unequal(l)ed; *Schönheit*: unparalleled; (*großartig*) *a.* tremendous; **II.** *adv.*: **~ *schön*** *a. weitS.* wonderful; **Einzigartigkeit** *f* uniqueness.

Einzimmerappartement *n* one-room (*Am. a.* efficiency) apartment; *Brit. a.* bedsit(ter).

Einzug *m* **1.** *in ein Haus etc.*: moving in; **2.** (*a. Einmarsch*) entry (***in*** into); ⚔ march(ing) in; **3.** *fig. e-r Jahreszeit etc.*: arrival, *lit.* advent; **(*s-n*) ~ *halten*** make its arrival; arrive (F on the scene); **4.** *typ.* indentation; **5.** (*Papiereinzug*) paper feed; **6.** → ***Einziehung.***

Einzugs|bereich *m* → ***Einzugsgebiet***; **~ermächtigung** *f* direct-debit mandate; **~gebiet** *n geogr.*, ✝, *ped.* catchment area; *e-r Stadt etc.*: hinterland, *engS.* commuter belt.

einzwängen I. *v/t.* squeeze in, F jam in; *fig.* constrain, straitjacket; → ***eingezwängt***; **II.** *v/refl.*: ***sich ~ in*** squeeze (o.s.) into.

Eipulver *n* dried egg.

Eis *n* ice; (*Speise≈*) ice cream; ***im ~ eingeschlossen*** icebound; ***Whisky*** *etc.* ***mit ~*** Scotch *etc.* on the rocks; ***auf ~ legen*** *a. fig.* put on ice; *fig.* ***das ~ brechen*** break the ice; ***zerstoßenes ~*** crushed ice; → ***Glatteis.***

Eis *n* ♪ E sharp.

Eis|bahn *f* ice-skating rink; **~bär** *m* polar bear; **~becher** *m* **1.** sundae; **2.** (*Pappbecher*) (ice-cream) tub; **≈bedeckt** *adj. Gipfel*: ice-capped; **~bein** *n* pickled knuckle of pork; **~berg** *m* iceberg; → ***Spitze***[1] 1; **~bergsalat** *m* iceberg lettuce; **~beutel** *m* ice bag; **~bildung** *f* ice formation; **~blink** *m* iceblink; **~block** *m* block of ice; **~blumen** *pl.* frostwork *sg.*; **~bombe** *f* bombe glacée; **~brecher** *m* icebreaker; **~café** *n* ice-cream parlo(u)r.

Eischnee *m* beaten egg white.

Eis|creme *f* ice cream; **~decke** *f* sheet of ice; **~diele** *f* ice-cream parlo(u)r.

Eisen *n* iron (*a. Werkzeug, Golfschläger u. pharm.*); (*Huf≈*) horseshoe; → ***Bügel-, Gusseisen*** *etc.*; ***altes ~*** scrap iron; *fig.* ***zum alten ~ werfen*** throw on the scrapheap; ***zum alten ~ gehören*** be past it, have had one's day; ***ein heißes ~*** a tricky affair (*od.* business); ***ein heißes ~ anfassen*** a) tread on thin ice, b) (*anpacken*) grasp the nettle; ***zwei*** (*od.* ***mehrere, noch ein***) **~ *im Feuer haben*** have more than one string to one's bow (*od.* iron in the fire); **(*man muss*) *das ~ schmieden, solange es heiß ist*** strike while the iron is hot, make hay while the sun shines.

Eisenbahn *f* railway, *Am.* railroad; (*Zug*) train; ***mit der ~*** by rail, by train; → ***Bahn*** 5; F ***es ist höchste ~*** it's high time we got going *etc.*; **~...** *in Zssgn* → *a.* ***Bahn..., Zug...***; **~brücke** *f* railway (*Am.* railroad) bridge.

Eisenbahner *m* railwayman, *Am.* railroadman; **~streik** *m* rail strike.

Eisenbahn|fähre *f* train ferry; **~knotenpunkt** *m* (railway, *Am.* railroad) junction; **~netz** *n* railway (*Am.* railroad) network; **~schaffner** *m* guard, *a. Am.* conductor; **~station** *f* railway (*Am.* railroad) station; **~tunnel** *m* railway (*Am.* railroad) tunnel; **~unglück** *n* railway (*Am.* railroad) accident; **~wagen** *m* railway carriage, coach, *Am.* railroad car; **~zug** *m* train.

Eisen|band *n* steel band; *für Fässer*: iron hoop; **~bergwerk** *n* iron mine; **~beschlag** *m* iron mounting(s *pl.*); **~blech** *n* sheet iron; **~draht** *m* steel wire; **~erz** *n* iron ore; **~gehalt** *m* iron content; **~gießerei** *f* iron foundry; **~glanz** *m* h(a)ematite; **~guss** *m* iron casting; (*Gusseisen*) cast iron.

eisenhaltig *adj.* **1. ~ *sein*** contain iron; **~*e Diät*** diet with plenty of iron; **2.** *min.* ferruginous.

Eisen|hut *m* ⚘ monk's-hood, aconite; **~hütte(nwerk** *n*) *f* ironworks *pl.* (*mst sg. konstr.*); **~industrie** *f* iron industry; **~kette** *f* iron chain; **~legierung** *f* ferrous alloy; **~mangel** *m physiol.* iron deficiency; **~oxid** *n* ferric oxide; **~präparat** *n* iron preparation; *oft a.* iron tablets *pl.*; **~rost** *m* (*Gitter*) iron grating; **~späne** *pl.* iron filings; **~stange** *f* iron (*od.* steel) rod.

Eisenwaren *pl.* ironware *sg.*, *a. Am.* hardware *sg.*; **~händler** *m* ironmonger, *a. Am.* hardware dealer; **~handlung** *f* ironmonger's, hardware shop (*Am.* store).

Eisenzeit *f* Iron Age.

eisern I. *adj.* iron (*a. fig. Disziplin, Gesetz, Wille etc.*), *nachgestellt*: of iron (*a. fig.*); (*unnachgiebig*) adamant, hard; (*fest, unerschrocken*) firm; *Sparsamkeit etc.*: rigorous; **~*er Bestand*** emergency (*od.* iron) rations; ***zum ~en Bestand gehören*** *Stück etc.*: be a stock item in the repertoire (*od.* collection *etc.*); **~*e Gesundheit*** cast-iron constitution; ***mit ~em Griff*** with a grip of iron (*od.* steel); ***mit ~er Faust niederschlagen*** (*Revolte etc.*) crush; ***ein Tyrann mit ~er Faust*** a heavy-handed tyrant; ***mit ~er Hand herrschen*** rule with a rod of iron; **~*e Hochzeit*** seventieth (*od.* seventy-fifth) wedding anniversary; ***mit ~er Miene*** with a stony expression; **~*e Nerven*** nerves of steel; **~*e Regel*** hard and fast rule; **~*e Reserve*** emergency reserves; ***mit ~er Ruhe*** with imperturbable calm; ***mit ~er Stirn*** brazenly; → ***Jungfrau*** 1, ***Kanzler, Kreuz*** I, ***Lunge, Ration, Vorhang*** *etc.*; **II.** *adv.* (*fest*) firmly; (*unnachgiebig*) unyieldingly, rigidly; (*unbeirrbar*) resolutely, unswervingly, with iron determination; **~ *lernen*** (***üben*** *etc.*) study (practi|se [*Am.* -ce] *etc.*) hard; **~ *festhalten an*** hold on rigidly to *a principle etc.*; **~ *durchhalten*** keep going to the (bitter) end; ***sich ~ behaupten*** sit tight; (***aber***) **~*!*** F you bet!

Eiseskälte *f* icy cold.

Eis|fabrik *f* ice factory; **~fach** *n* freezing compartment; **~fläche** *f* **1.** icy (*od.* frozen) surface; ice cover; **2.** expanse of ice; **≈frei** *adj.* free of ice, ice-free; **≈gekühlt** *adj.* cold, chilled; **~glas** *n* frosted glass; **~glätte** *f* icy roads *pl.*; **≈grau** *adj.* hoary; **~grenze** *f* glacial boundary; **~heiligen** *pl.*: ***die ~*** the Ice Saints.

Eishockey *n* ice hockey, *Am. a.* hockey; **~schläger** *m* ice-hockey (*Am. a.* hockey) stick; **~spieler** *m* ice-hockey (*Am. a.* hockey) player.

eisig I. *adj. a. fig.* icy; *fig.* **~*er Blick*** icy (*od.* cold) stare; **~*es Schweigen*** an icy (*od.* frosty) silence; **II.** *adv.*: **~ *kalt*** ice-cold, icy cold; *fig.* ***j-n ~ anblicken*** (***empfangen***) give s.o. an icy stare (welcome *od.* reception).

Eis|kaffee *m* iced coffee; **≈kalt I.** *adj.* ice-cold; *fig. Blick, Vernunft etc.*: icy; *Mensch*: cold (as ice); **II.** *adv.*: *fig.* ***dabei überlief es mich ~*** it sent shivers down my spine; ***et. ~ tun*** do s.th. without turning a hair; ***j-n ~ umbringen*** kill s.o. in cold blood; **~ *rechnen*** be a cold calculator; **~kappe** *f* polar (ice)cap; **~keller** *m* cold room (*od.* store); *fig.* icebox; **~kratzer** *m* ice-scraper; **~krem** *f* ice cream; **~kristall** *m* ice crystal; **~kübel** *m* ice bucket.

Eiskunstlauf *m* figure skating; **Eiskunstläufer** *m* figure skater.

Eislauf *m* ice-skating; **Eis laufen** *v/i.* ice-skate; **Eisläufer** *m* ice-skater.

Eis|mann *m* ice-cream man; **~maschine** *f* ice(-cream) maker; **~masse** *f* **1.** mass of ice; **2.** *im Fluss etc.*: ice floe; **~meer** *n* polar sea; ***Nördliches*** (***Südliches***) **~** Arctic (Antarctic) Ocean; **~palast** *m* ice stadium; ice-skating rink; **~pickel** *m* ice pick, ice axe (*Am.* ax); **~platte** *f* sheet of ice; **~prinz** *m* prince on ice; **~prinzessin** *f* princess on ice.

Eisprung *m physiol.* ovulation.

Eis|revue *f* ice show; **~salat** *m* iceberg lettuce; **~schicht** *f* layer of ice; **~schießen** *n etwa* curling.

Eisschnelllauf *m* speed skating; **Eisschnellläufer** *m* speed skater.

Eis|schokolade *f* iced chocolate; **~scholle** *f* ice floe; **~schrank** *m* fridge, refrigerator; **~sport** *m* ice sports *pl.*; **~stadion** *n* ice stadium.

Eisstock *m etwa* curling stone; **~schießen** *n etwa* curling.

Eis|sturmvogel *m* fulmar; **~tanz(en** *n*) *m* ice-dancing; **~tee** *m* iced (*od.* ice) tea; **~torte** *f* ice-cream gateau; **~treiben** *n* ice drift; **~tüte** *f* ice-cream cone; **~umschlag** *m* ice pack; **~verkäufer** *m* ice-cream seller; **~vogel** *m* kingfisher; **~wasser** *n* iced water; **~wein** *m* eiswein; *very sweet wine made from frostbitten grapes*; **~wolle** *f* eis (*od.* ice) wool.

Eiswürfel *m* ice cube; **~schale** *f* ice-cube tray.

Eis|wüste *f* frozen waste(s *pl.*); **~zapfen** *m* icicle.

Eiszeit *f* ice age; *fig.* ***es herrscht ~ zwischen ...*** relations have cooled off dramatically between ...; **eiszeitlich** *adj.* ice-age ..., glacial.

E

eitel *adj.* **1.** vain; (*eingebildet*) conceited; **2.** (*nichtig*) vain; (*fruchtlos*) futile; ***eitles Gerede*** idle talk; ***eitle Hoffnung*** vain hope; ***eitle Versprechungen*** empty promises; **Eitelkeit** *f* **1.** vanity; ***verletzte ~*** wounded vanity; **2.** (*Nichtigkeit, Fruchtlosigkeit*) vanity, futility.

Eiter *m* ⚕ pus; **~beule** *f* abscess, boil; **~bläschen** *n* pustule; **~erreger** *m* pyogenic organism; **~herd** *m* suppurative focus.

eitern *v/i.* fester, suppurate.

Eiter|pfropf *m* core (of a boil *etc.*); head (of a spot *od.* pimple); **~pickel** *m* spot, pimple.

Eiterung *f* suppuration.

eitrig *adj.* suppurating *wound etc.*

Eiweiß *n* white of an egg, 📖 albumen; *biol.*, ⚗ protein; ***pflanzliches (tierisches) ~*** vegetable (animal) protein; **~arm** *adj.* low in protein, low-protein *diet etc.*; **~bedarf** *m* protein requirement; **~gehalt** *m* protein content; **~haltig** *adj.* 📖 albuminous; ***~ sein*** contain protein; **~konzentrat** *n* protein concentrate; **~körper** *m* protein; **~mangel** *m* protein deficiency; **~reich** *adj.* rich in protein, high-protein *diet etc.*; **~stoff** *m* protein.

Eizelle *f* egg cell, ovum.

Ejakulat *n* ejaculated semen; **Ejakulation** *f* ejaculation; **ejakulieren** *v/t. u. v/i.* ejaculate.

Ekel[1] *m* revulsion (***vor*** at), disgust (at); ***~ empfinden*** (*od.* ***e-n ~ haben***) ***vor*** → ***ekeln; es ist mir ein ~*** I loathe it, F I can't stomach (*od.* stand) it; ***Spinnen sind mir ein ~*** I can't stand spiders, F spiders give me the creeps; ***sich vor ~ abwenden*** look away in disgust; ***ich musste mich vor ~ abwenden*** *a.* F I couldn't stomach the sight.

Ekel[2] F *n* (*Person*) obnoxious (*od.* repulsive) person; (*lästiger Mensch*) F pain in the neck; ***du ~!*** F you rotter, you rotten old so-and-so.

ekelerregend, Ekel erregend *adj.* disgusting; revolting, repulsive.

Ekelgefühl *n* (feeling of) revulsion.

ekelhaft, ekelig I. *adj.* revolting, disgusting; F *fig. Wetter etc.*: nasty; **II.** *adv.*: ***~ kalt*** F rotten cold.

ekeln *v/refl. u. v/impers.*: ***es ekelt mich*** (*od.* ***mich ekelt, ich ekle mich***) ***davor*** I'm revolted by it, it gives me the shivers (F creeps), ***vor ihm:*** F he gives me the creeps.

EKG *n* ⚕ ECG, *Am.* EKG.

Eklat *m* **1.** (*Skandal*) scandal; (*Krach*) confrontation, row; ***es wird zu e-m ~ kommen*** there'll be (a) scandal (*od.* a row); **2.** ***mit ~*** spectacularly, splendidly; ***mit ~ durchfallen*** fail miserably; **eklatant** *adj.* **1.** (*offenkundig*) *Beispiel*: striking; *contp. Unterschied, Fehler etc.*: blatant, glaring, *Widerspruch*: *a.* flagrant; **2.** (*Aufsehen erregend*) spectacular, sensational; ***~er Vorfall*** sensation.

Eklektiker *m* eclectic; **eklektisch** *adj.* eclectic; **Eklektizismus** *m* eclecticism.

eklig *adj.* → ***ekelig.***

Eklipse *f* eclipse; **ekliptisch** *adj.* ecliptic(al).

Ekloge *f* eclogue.

Ekstase *f* ecstasy; ***in ~ geraten*** go into ecstasies *od.* raptures (***über*** over), get carried away; ***j-n in ~ versetzen*** send s.o. into ecstasies (*od.* raptures); **ekstatisch** *adj.* ecstatic(ally *adv.*).

Ekuadorianer(in *f*) *m*, **ekuadorianisch** *adj.* Ecuadorian.

Ekzem *n* ⚕ eczema.

Elaborat *contp. n* piece of hack writing.

Elan *m* vigo(u)r; ***sich mit ~ an die Arbeit machen*** set to work with alacrity; ***sie haben ohne ~ gespielt*** they didn't put much life into the (*od.* their) game.

Elastik *f* elastic; **~binde** *f* elastic bandage.

elastisch *adj.* elastic(ally *adv.*) (*a. fig.*); (*federnd*) springy; (*biegsam*) *a.* ⚙, *mot. u. fig.* flexible; *fig.* ***~er Gang*** springy (*od.* elastic) gait; ***er kam mit ~en Schritten daher*** he came bouncing along; **Elastizität** *f* elasticity; springiness; flexibility.

Elch *m* elk; *nordamerikanischer*: moose.

Elefant *m* elephant; F *fig.* ***sich wie ein ~ im Porzellanladen benehmen*** tread on everyone's toes; → ***Mücke.***

Elefanten|baby *n* baby elephant; **~bulle** *m* male (*od.* bull) elephant; **~gedächtnis** *n* memory like an elephant; **~gras** *n* elephant grass; **~haut** *fig. f* thick skin; **~hochzeit** F *f* ✝ F jumbo (*od.* giant) merger; **~kuh** *f* female (*od.* cow) elephant; **~rüssel** *m* elephant's trunk.

Elefantiasis *f* ⚕ elephantiasis.

elegant I. *adj.* elegant (*a. fig.*), smart; *fig.* ***auf ~e Weise*** elegantly; **II.** *adv.*: ***sich ~ aus der Affäre ziehen*** F get out of it nicely; **Eleganz** *f* elegance.

Elegie *f* elegy; **elegisch** *adj.* elegiac; *fig. a.* melancholy.

Elektrakomplex *m psych.* Electra complex.

elektrifizieren *v/t.* electrify; **Elektrifizierung** *f* electrification.

Elektrik *f* electricity; (*Anlage*) electrical system (*od.* equipment); **Elektriker** *m* electrician; **elektrisch I.** *adj.* electric (-al); ***~e Energie*** electrical energy; ***~er Schlag*** electric shock; ***~er Strom*** electric current; ***~er Stuhl*** electric chair; **II.** *adv.*: ***~ geladen*** (***gesteuert*** *etc.*) electrically charged (control[l]ed *etc.*); ***~ beleuchten*** (***heizen*** *etc.*) light (heat *etc.*) with *od.* by electricity; ***~ betrieben sein*** be run on electricity.

elektrisieren *v/t.* electrify (*a. fig.*); ***sich ~*** get (*od.* give o.s.) an electric shock; **elektrisiert** *adj.* electrified; ***er sprang wie ~ auf*** he jumped up as if he'd been given an electrical charge; **Elektrisierung** *f* electrification.

Elektrizität *f* electricity; (*Strom*) (electric) current.

Elektrizitäts|versorgung *f* electricity (*od.* power) supply; **~werk** *n* (electric) power station; **~zähler** *m* electricity meter.

Elektroakustik *f* electroacoustics *pl.* (*sg. konstr.*); **elektroakustisch** *adj.* electroacoustic(al).

Elektro|analyse *f* electroanalysis; **~antrieb** *m* electric drive; **~auto** *n* electric car; **~bohrer** *m* electric drill; **~bus** *m* electric bus; **~chemie** *f* electrochemistry.

Elektrode *f* electrode; ***negative ~*** negative electrode, cathode; ***positive ~*** positive electrode, anode.

Elektro|dynamik *f* electrodynamics *pl.* (*sg. konstr.*); **~enzephalogramm** *n* ⚕ electroencephalogram, EEG; **~fahrzeug** *n* electric vehicle; **~gerät** *n* electrical appliance; *pl. a.* electrical equipment *sg.*; **~geschäft** *n* electrical shop (*Am.* store); **~gitarre** *f* electric guitar; **~grill** *m* electric grill; **~herd** *m* electric cooker; **~industrie** *f* electrical industry; **~ingenieur** *m* electrical engineer; **~installateur** *m* electrician; **~kardiogramm** *n* ⚕ electrocardiogram, ECG, *Am.* EKG; **~lokomotive** *f* electric locomotive.

Elektrolyse *f* electrolysis; **Elektrolyt** *m* electrolyte; **elektrolytisch** *adj.* electrolytic; **Elektrolytkondensator** *m* ⚡ electrolytic capacitor.

Elektromagnet *m* electromagnet; **elektromagnetisch** *adj.* electromagnetic(ally *adv.*).

elektromechanisch *adj.* electromechanical.

Elektromotor *m* (electric) motor.

Elektron *n* electron.

Elektronen|blitz(gerät *n*) *m phot.* electronic flash(gun); **~gehirn** *n* electronic brain; **~hülle** *f* electron shell; **~kamera** *f* electronic camera; **~mikroskop** *n* electron microscope; **~rechner** *m* computer; **~röhre** *f* electronic valve (*Am.* tube).

Elektronik *f* **1.** electronics *pl.* (*sg. konstr.*); **2.** electronic system; **~industrie** *f* electronics industry; **~schrott** *m* electronic industry waste; **~spielzeug** *n* electronic toys *pl.*

elektronisch *adj.* electronic(ally *adv.*); ***~es Banking*** electronic banking; ***~e Datenverarbeitung*** electronic data processing; ***~er Einzelhändler*** e-retailer, e-tailer; ***~er Handel*** e-commerce, electronic commerce; ***~er Kunde*** e-shopper; ***~e Post*** e-mail, electronic mail; ***~e Signatur*** (*od.* ***Unterschrift***) electronic signature; ***~e Verkaufsstelle*** electronic point of sale, EPOS; ***~e Währung*** electronic currency, digital cash.

Elektro|ofen *m* ⚙ electric furnace; (*Heizofen*) electric stove; **~orgel** *f* electric organ; **~physik** *f* electrophysics *pl.* (*sg. konstr.*); **~rasierer** *m* electric razor.

Elektroschock *m* ⚕ electroshock; **~therapie** *f* electroshock treatment (*od.* therapy).

Elektroschweißen *n* electronic welding.

Elektroskop *n* electroscope.

Elektro|smog *m* electromagnetic pollution (*od.* radiation); **~stab** *m* electric (shock) baton.

elektrostatisch *adj.* electrostatic(ally *adv.*).

Elektrotechnik *f* electrical engineering; **Elektrotechniker** *m* electrical engineer; **elektrotechnisch** *adj.* electrotechnical; *Bauteil, Industrie etc.*: electrical.

Elektro|therapie *f* electrotherapy; **~zaun** *m* electric fence.

Element *n* **1.** *phys.*, ⚗, ⚗, ⚙ *etc.* element; ⚡ *a.* cell, battery; *fig.* ***unliebsame (kriminelle*** *etc.*) ***~e*** undesirable (criminal *etc.*) elements; ***in s-m ~ sein*** be in one's element; **2.** ***~e*** (*Grundbegriffe*) elements, rudiments; **3.** ***die ~e*** the elements.

elementar *adj.* **1.** (*naturhaft*) elemental; **2.** (*grundlegend*) elementary, basic; ***~er Fehler*** fundamental (*od.* basic) mistake *od.* flaw; **3.** (*primär*) elementary, primary.

Elementar|begriff *m* fundamental idea; **~buch** *n* primer; **~geist** *m myth.* elemental spirit; **~kenntnisse** *pl.* rudiments; **~ladung** *f* elementary charge; **~stoff** *m* element, elementary matter; **~stufe** *f* elementary grade.

Elementarteilchen *n* elementary particle; **~physik** *f* particle physics *pl.* (*sg. konstr.*).

Elementarunterricht *m* elementary instruction.

elend I. *adj.* miserable, wretched; (*arm*) poverty-stricken; (*beklagenswert*) pitiable; (*verächtlich*) wretched, miserable;

(*schrecklich*) terrible; **~e Hütte** (*od.* **Baracke**) hovel; **in ~en Verhältnissen leben** live in wretched conditions; **ein ~es Leben führen** live a life of misery; **~ aussehen** look dreadful; **sich ~ fühlen** feel terrible (*od.* wretched, F rotten); **II.** *adv.* miserably; (*sehr*) dreadfully; **~ zugrunde gehen** come to a wretched end; **~ verhungern** die of slow (and painful) starvation; F **es tut ~ weh** *sl.* it hurts like hell; F **es ist ~ kalt** F it's absolutely freezing.

Elend *n* misery; (*Armut*) (dire *od.* abject) poverty; **ins ~ geraten** be reduced to poverty; **soziales ~** social hardship; **aus tiefstem ~** from the depths of misery; **ins ~ stürzen** (*od.* **bringen**) plunge into poverty (and distress); **wie das leibhaftige ~ aussehen** F look like death warmed up, look like a corpse; F **es ist ein ~ mit ihm** F he's a hopeless case; F **langes ~** F beanpole; F **da kriegt man das heulende ~** F it's enough to make you weep; → **Häufchen** 2.

elendiglich *adv.* → **elend** II.

Elends|quartier *n* hovel; **~viertel** *n* slum(s *pl.*).

Eleve *m*, **Elevin** *f thea. etc.* student.

elf *adj.* eleven.

Elf[1] *f* eleven; (*Buslinie etc.*) (number) eleven; *Fußball*: team, eleven.

Elf[2] *m*, **Elfe** *f* elf.

Elfenbein *n* ivory; **elfenbeinern** *adj.* ivory; **elfenbeinfarbig** *adj.* ivory(-colo[u]red).

Elfenbein|schnitzerei *f* ivory carving; *konkret*: *a.* ivory; **~turm** *fig. m* ivory tower; **im ~ leben** live in an ivory tower.

elfenhaft *adj.* elfin.

Elfen|könig *m* king of the elves; **~königin** *f* fairy queen; **~reich** *n* kingdom of the elves, elfland; **~reigen** *m* dance of the elves.

Elfer *m Fußball*: penalty kick.

Elfmeter *m Fußball*: penalty kick; **~schießen** *n* penalty shootout; **~tor** *n* penalty goal.

elft *adj.* eleventh; **Elftel** *n* eleventh (part).

eliminieren *v/t.* eliminate; **Eliminierung** *f* elimination.

elitär *adj.* elitist.

Elite *f* elite; **~denken** *n* elitism; **~schule** *f* F magnet school; **~truppe** *f* crack regiment (*pl. a.* troops).

Elixier *n* (magic) potion.

Elko F *m* electrolytic capacitor.

Ellbogen *m* elbow; **sich mit den ~ e-n Weg bahnen durch** elbow one's way through; *fig.* **s-e ~ gebrauchen** use one's elbows; **~freiheit** *f a. fig.* elbowroom, room to move; **~gelenk** *n* elbow joint; **~gesellschaft** *f* dog-eat-dog society; rat race; **~mensch** *m* pushy type, F ruthless go-getter; **~taktik** *f* pushiness.

Elle *f* **1.** *obs.* ell; *fig.* **alles mit der gleichen ~ messen** measure everything by the same yardstick; **2.** *anat.* ulna; **ellenlang** *adj. Geschichte etc.*: endless; *Person*: really tall.

Ellipse *f* ⩕ ellipse; *ling.* ellipsis; **elliptisch** *adj.* elliptical.

Elmsfeuer *n* St Elmo's fire.

Eloge *f* eulogy (**auf** to).

E-Lok *f* electric locomotive.

eloquent *adj.* eloquent; **Eloquenz** *f* eloquence.

Elsässer(in *f*) *m* Alsatian; **~ sein** *a.* be (*od.* come) from (the) Alsace; **elsässisch** *adj.* Alsatian, Alsace ...; **~e Weine** wines from the Alsace, Alsace wines; **elsass-lothringisch** *adj.* Alsace-Lorraine ..., of (*od.* from) Alsace-Lorraine.

Elster *f* magpie; *fig.* **er ist e-e diebische ~** he'll steal anything that isn't nailed down; **geschwätzig wie e-e ~ sein** F be a real chatterbox.

elterlich *adj.* parental; *Wohnung etc.*: parents' ...; **die ~en Pflichten** one's duties as a parent, one's parental duties; ⚖ **~e Gewalt** parental authority.

Eltern *pl.* parents; F **nicht von schlechten ~** F not bad at all; **~abend** *m* parent-teacher meeting; **~beirat** *m* parents' council; **~haus** *n* **1.** *one's* parents' house; **2.** home; **aus gutem ~ stammen** come from a good family (*od.* home), have a good family background; **~initiative** *f* parents' action group, parent pressure group; **~liebe** *f* parental love.

elternlos *adj.* orphan ..., orphaned.

Elternpflicht *f* parental duty; **die ~en** *a.* one's duties as a parent.

Elternschaft *f* parenthood; *konkret*: parents *pl.*

Eltern|schlafzimmer *n* parents' bedroom; *auf Bauplänen*: master bedroom; **~sprechstunde** *f* teacher's consultation period, surgery (for parents); **~sprechtag** *m* open day; **~teil** *m* parent; **~versammlung** *f* parents' meeting; **~zeit** *f* parental leave; **~ nehmen** take parental leave.

Email *n* enamel.

E-Mail *f* e-mail, email; **E-Mail-Adresse** *f* e-mail (*od.* email) address.

Email|arbeit *f* enamel work; **~lack** *m* enamel varnish.

Emaille *f* → **Email.**

emaillieren *v/t.* enamel.

Emailmalerei *f* enamel painting.

Emanze F *f* F women's libber; **Emanzipation** *f* emancipation; **die ~ der Frau** women's liberation (F lib); **emanzipatorisch** *adj.* emancipatory; **emanzipieren I.** *v/t.* emancipate; **II.** *v/refl.*: **sich ~** become emancipated.

Embargo *n* embargo; **ein ~ verhängen über** place (*od.* impose) an embargo on.

Emblem *n* emblem; (*Symbol*) symbol; **Emblematik** *f* emblematics *pl.* (*als Fach sg. konstr.*); **emblematisch** *adj.* emblematic(ally *adv.*).

Embolie *f* ⚕ embolism.

Embryo *m* embryo; **Embryologie** *f* embryology; **embryonal** *adj.* embryonic, embryo ...; *fig.* **noch im ~en Zustand** still in embryo.

emendieren *v/t.* (*Text*) emend.

emeritieren *v/t. univ.* retire, give *s.o.* emeritus status; **emeritiert** *adj.* retired; **~er Professor** retired (*od.* emeritus) professor, professor emeritus; **Emeritus I.** *m* emeritus professor; **II.** ♀ *adj.*: **Professor ~** emeritus professor.

Emetikum *n* emetic.

Emigrant *m* emigrant; *politischer*: émigré; **Emigrantenliteratur** *f* émigré literature; **Emigrantenschicksal** *n one's* fate as an exile (*od.* émigré); **Emigrantentum** *n* émigré existence; life in exile, life as an exile (*od.* émigré); **Emigration** *f* emigration; **in der** (**die**) **~** in(to) exile; **emigrieren** *v/i.* emigrate.

eminent I. *adj.*: **~e Begabung** outstanding talent; **von ~er Wichtigkeit** of the utmost importance; **II.** *adv.* (*sehr*) exceptionally, extremely, *formell*: most; **~ gefährlich** extremely dangerous, dangerous in the extreme; **Eminenz** *f*: **Seine ~** His Eminence; **graue ~** eminence grise, grey (*Am.* gray) eminence.

Emir *m* emir; **Emirat** *n* emirate.

Emission *f* **1.** *phys.* emission; **2.** ⚘ issue.

Emissions|bank *f* ⚘ bank of issue; **~grenzwerte** *pl.* emission standards; **~schutz** *m* emission control; **~schutzgesetz** *n* anti-pollution law (*pl. a.* legislation *sg.*).

Emitter *m electron.* emitter.

emittieren *v/t.* **1.** ⚘ issue; **2.** *phys.* emit.

Emmentaler *m* Emmental(er) (cheese), Swiss cheese.

Emotion *f* emotion; **von ~en erfüllt** full of emotion; **emotional, emotionell** *adj.* emotional; **emotionalisieren** *v/t.* emotionalize; **Emotionalität** *f* emotionality; **emotionsfrei** *adj.* free of emotion; **emotionsgeladen** *adj. Thema etc.*: emotive, highly-charged *issue etc.*; *Atmosphäre*: very emotional, highly-charged; **emotionslos** *adj.* unemotional.

Empathie *f psych.* empathy.

Empfang *m* **1.** (*Erhalt*) receipt; **nach** (*od.* **bei**) **~** on receipt, *von Waren*: on delivery (**von** *od. gen.* of); **in ~ nehmen** receive, ⚘ (*Ware*) take delivery of, (*j-n*) meet; **2.** (*Begrüßung, Aufnahme*) reception, welcome; **j-m e-n begeisterten** (**kühlen**) **~ bereiten** give s.o. an enthusiastic (a cool) reception; **3.** (*Veranstaltung*) reception; **e-n ~ geben** hold a reception; **4.** *Radio etc.*: reception; **5.** *im Hotel etc.*: reception (desk); **empfangen I.** *v/t.* **1.** receive; (*begrüßen*) welcome, *formell*: receive; *am Bahnhof etc.*: welcome, meet; (*Zutritt gewähren*) see; (*annehmen*) accept; *Radio etc.*: receive, get (**auf** *Kurzwelle etc.*: on); **j-n mit Jubel** *etc.* **~** greet s.o. with cheers *etc.*; **2.** (*ein Kind*) conceive *a child*; **II.** *v/i.* **3.** (*ein Kind* **~**) conceive; **4.** (*Besucher* **~**) see (*od.* receive) visitors; **er empfängt heute nicht** he's not seeing (*od.* receiving) any visitors today; **Empfänger** *m* **1.** receiver, recipient; *von Waren*: consignee; *e-s Briefes*: addressee; **2.** (*Radio*) receiver, *ohne Verstärker*: tuner.

empfänglich *adj.* **1.** receptive, responsive (**für** to); *für Eindrücke*: impressionable; **~ für** *a.* open to; **2.** ⚕ susceptible (**für** to); **~ für** *a.* prone to; **Empfänglichkeit** *f* **1.** receptivity (**für** for); *für Eindrücke*: impressionableness; **2.** ⚕ susceptibility (**für** to), proneness (to).

Empfängnis *f* conception; **♀verhütend** *adj.* (*a.* **~es Mittel**) contraceptive; **~verhütung** *f* contraception; **~verhütungsmittel** *n* contraceptive.

Empfangs|antenne *f* receiving aerial (*od.* antenna); **♀berechtigt** *adj.* authorized to receive goods *etc.*; **~bereich** *m Radio*: **1.** reception area; **2.** frequency range; **~bescheinigung** *f* receipt; **~bestätigung** *f* acknowledg(e)ment of receipt; **~betrieb** *m Computer*: receive mode; **~chef** *m* reception (*Am.* room) clerk; **~dame** *f* receptionist; **~gerät** *n* receiver; **~halle** *f* foyer; **~komitee** *n* reception committee; **~lager** *n* reception cent|re (*Am.* -er); **~loch** *n e-s Senders*: blind spot; **~raum** *m* reception room; **~saal** *m* reception hall; **~schein** *m* receipt; **~störung** *f Radio*: *a. pl.* interference; *atmosphärische*: static; **~zimmer** *n* reception room.

empfehlen I. *v/t.* **1.** recommend; **j-m et. wärmstens ~** warmly recommend s.th.

to s.o.; ***nicht zu ~*** not to be recommended; ... ***ist sehr zu ~*** I can highly (*od.* warmly) recommend ...; **2.** ***~ Sie mich*** *Ihrer Frau*: give my regards to; **II.** *v/refl.*: ***sich ~*** **3.** recommend itself, *Verfahren etc.*: suggest itself; ***der Tee empfiehlt sich bei ...*** the tea is recommended for ...; *Qualität etc.* ***empfiehlt sich selbst*** is its own recommendation; ***es empfiehlt sich zu*** *inf.* it is advisable to *inf.*; **4.** (*s-e Dienste anbieten*) offer one's services (**als** as); **5.** (*weggehen*) take one's leave; **empfehlenswert** *adj.* recommendable; (*ratsam*) advisable; **Empfehlung** *f* recommendation; ***auf ~*** (***von j-m***) on (s.o.'s) recommendation; ***gute ~en haben*** have good references; ***m-e besten ~en an*** give my regards to; **Empfehlungsschreiben** *n* letter of recommendation (*od.* introduction).

empfinden I. *v/t.* feel (*a. v/i.* **mit** *j-m*: for); ***Mitleid ~ für*** *a.* have sympathy for; ***et. als lästig*** *etc.* ~ find s.th. a nuisance *etc.*; ***nichts ~ für*** feel nothing for, have no feelings for; ***was empfindest du dabei?*** what kind of feeling do you have (*od.* does it give you)?; **II.** *v/refl.*: ***sich ~ als*** see (*od.* regard) o.s. as; **III.** ♀ *n* (*Gefühl*) feeling; (*Meinung*) opinion; (*Sinn*) sense; ***nach m-m ~*** the way I see it; ***für mein ~*** (*Gefühl*) for me, as far as I'm concerned; ***ihr gesundes ~ sagt ihr*** her intuitive feeling tells her; ***er hat kein ~ dafür*** he has no appreciation for it.

empfindlich I. *adj.* **1.** sensitive (*a. phot.*, ⚙) (**gegen** to); *Körperstelle*: *a.* tender, sore; ***~e Stelle*** sensitive (*od.* tender, sore) spot; **2.** (*leicht gekränkt*) (very) sensitive (**gegen** about), easily offended, (*reizbar*) touchy (about); **3.** (*zart*) delicate; **4.** *Verluste etc.*: severe; **II.** *adv.* severely, badly; ***~ kalt*** bitter(ly) cold; ***j-n ~ treffen*** *Bemerkung etc.*: hit home, cut s.o. to the quick; **Empfindlichkeit** *f* **1.** sensitiveness; *e-r Körperstelle*: *a.* tenderness, soreness; (*Reizbarkeit*) touchiness; **2.** *phot.* speed; ***was für e-e ~ hat der Film?*** what speed is the film?

empfindsam *adj.* sensitive; (*gefühlvoll*) sentimental; **Empfindsamkeit** *f* sensitivity; sentimentality.

Empfindung *f der Sinne*: sensation; (*Wahrnehmung*) perception; *weitS.* feeling, sense; ***die ~ des Schmerzes*** *etc.* the sensation of pain *etc.*; **empfindungslos** *adj.* insensitive (**für, gegen** to); *contp. a.* unfeeling; *Glied*: numb.

Empfindungs|nerv *m* sensory nerve; **~vermögen** *n* sensitivity; **~wort** *n ling.* interjection.

empfohlen *adj.* recommended.

Emphase *f* emphasis; **emphatisch** *adj.* emphatic(ally *adv.*).

Emphysem *n* ⚕ emphysema.

Empirik *f* empiricism; **Empiriker** *m* empiricist; **empirisch** *adj.* empirical.

empor *adv.* up, upward(s); *in Zssgn* → *a.* **hoch..., hinauf...**; **~arbeiten** *v/refl.*: ***sich ~*** work one's way up; **~blicken** *v/i.* look up (**zu** at, *fig.* to).

Empore *f* ⌂ gallery.

empören I. *v/t.* **1.** (*aufbringen*) outrage; (*beleidigen*) insult; (*schockieren*) shock, *stärker*: scandalize; **II.** *v/refl.*: ***sich ~*** **2.** be outraged (**über** at), express (one's) outrage (at); **3.** *Volk etc.*: rebel, rise up (in arms); **empörend** *adj.* outrageous; shocking, scandalous; **empörerisch** *adj.* *Ideen*: rebellious; *Rede*: inflammatory; *Personen*: rebellious, insurgent.

emporheben *v/t.* lift, raise.

emporkommen *v/i.* **1.** get up; **2.** *fig.* get on in life; ***in der Gesellschaft ~*** climb up the social ladder; **Emporkömmling** *m* upstart, parvenu.

empor|ragen *v/i.*: ***~ über*** tower (*od.* loom) above; ***~ aus*** loom up from (*od.* out of); **~schießen** *v/i.* shoot up; *fig. Person etc.*: jump up; *Wasserstrahl*: gush up; *fig.* mushroom, shoot up; **~schnellen** *v/i.* ☿ *Preise*: soar; **~schwingen** *v/refl.*: ***sich ~*** swing o.s. up; *Vogel*: soar; *fig.* rise (**zu** to); *fig.* ***sich zu großen künstlerischen Leistungen ~*** rise to great artistic heights; **~steigen I.** *v/i.* rise; **II.** *v/t.* climb (*a. fig.*); **~streben** *v/i.* strive upwards; *Pfeiler etc.*: soar (upwards); *fig.* ***~ zu*** aspire to.

empört *adj.* shocked; (*entrüstet*) indignant; angry; **Empörung** *f* **1.** indignation; outrage; shock and resentment; **2.** (*Aufstand*) revolt.

emsig *adj.* busy; (*fleißig*) industrious, hard-working; (*eifrig*) eager, keen; **Emsigkeit** *f* (*Geschäftigkeit*) bustle; (*Fleiß*) industry; (*Eifer*) zeal.

Emu *m* emu.

Emulgator *m* emulsifier.

Emulsion *f* emulsion.

E-Musik *f* serious (*od.* classical) music.

en bloc *adv.* ☿ en bloc, *a. fig.* wholesale.

End|abnehmer *m* ☿ end user; **~abrechnung** *f* final account; **~abschaltung** *f*: ***automatische ~*** automatic tape shut-off; **~bahnhof** *m* terminus; **~benutzer** *m* end user; **~betrag** *m* (sum) total; **~bogen** *m e-s Buches*: end (*od.* back) matter; **~buchstabe** *m* last (*od.* final) letter; **~dreißiger(in** *f*) *m* man (*f* woman) in his (her) late thirties; ***ein Enddreißiger sein*** *a.* be in one's late thirties.

Ende *n* end; *zeitlich*: *a.* close; *Film etc.*: ending; (*Ergebnis*) result, outcome; ***~!*** *Funk etc.*: over!; ***~ Januar*** at the end of January; ***~ der Dreißigerjahre*** in the late thirties; ***er ist ~ zwanzig*** he's in his late twenties; ***am ~*** *zeitlich*: in the end, (*doch*) after all, (*schließlich*) eventually, (*auf die Dauer*) in the long run, (*vielleicht*) maybe; ***am ~ mussten wir hinlaufen*** we ended (F wound) up having to walk there; *fig.* ***ich bin am ~*** I'm finished, F I've had it; ***der Wagen ist*** (***ziemlich***) ***am ~*** the car's (just about) had it; ***bis zum bitteren ~*** to the bitter end; ***letzten ~s*** after all; in the end, at the end of the day, when all is said and done; *e-r Sache* ***ein ~ machen*** (*od.* ***bereiten***) put an end to; ***zu ~ führen*** finish, see *s.th.* through; ***zu ~ gehen*** a) → ***enden***, b) (*knapp werden*) run short; ***zu ~ sein*** be over; ***zu ~ lesen*** finish (reading); ***zu ~ schreiben*** finish (writing); *et.* ***zu ~ denken*** think out; ***alles hat einmal ein ~*** there's an end to everything; ***das muss ein ~ haben*** (*od.* ***nehmen***) it's got to stop; ***es nimmt kein ~*** it just goes on and on; ***ein schlimmes*** (*od.* ***böses***) ***~ nehmen*** come to a bad end; ***mit dir wird es noch ein schlimmes ~ nehmen*** you'll come to a bad end; ***und damit ~!*** and that's that!; ***er findet kein ~*** he can't stop; ***~ gut, alles gut*** all's well that ends well; ***das dicke ~ kommt nach*** the worst is yet to come; *die Arbeit* ***geht ihrem ~ entgegen*** is nearing completion; ***es geht mit ihm zu ~*** he's going fast; ***es ist noch ein gutes ~ bis dahin*** it's a long way off yet; ***ohne dass ein ~ abzusehen wäre*** with no end in sight; ***das bedeutet das ~ von*** that spells the end (*od.* demise) of; ***das ~ vom Lied war*** the end of the story was, F the upshot of it was; F ***am ~ der Welt wohnen*** F live at the back of beyond; → ***Latein, Weisheit.***

Endeffekt *m*: ***im ~*** in the final analysis; (*am Ende*) in the end.

endemisch *adj.* ⚕ endemic.

enden *v/i.* (come to an) end, *allmählich*: draw to a close; (*aufhören*) finish, stop; ***~ in*** *örtlich*: end (F wind) up in; ***~ mit*** *Sache*: end (up) with, end in; *ling.* ***~ auf*** end with; ***schlimm*** (*od.* ***böse***) ~ come to a bad end; ***es endete damit, dass*** the outcome (*od.* result, F upshot) was that, ***er ging***: *a.* it ended (up) with him leaving; ***nicht ~ wollend*** unending.

End|ergebnis *n* final result (*a. Sport u.* 𝔄); **~erzeugnis** *n* end product; **~fünfziger(in** *f*) *m* man (*f* woman) in his (her) late fifties; ***ein Endfünfziger sein*** *a.* be in one's late fifties; **~gerät** *n Computer etc.*: terminal.

endgültig I. *adj.* final; *Beweis*: (*schlüssig*) conclusive; ***~ machen*** finalize; **II.** *adv.* finally; (*für immer*) for good; (*ein für alle Mal*) once and for all; ***das steht ~ fest*** that's (for) definite; ***damit ist es ~ aus*** that's over for good; ***damit ist die Sache ~ entschieden*** that settles the matter once and for all; **Endgültigkeit** *f* finality.

End|haltestelle *f* terminus; **~haus** *n* end-of-terrace house; ***wir wohnen im ~*** we live at the end of the row.

endigen *v/i.* → ***enden.***

Endivie *f* ⚘ endive.

End|kampf *m* **1.** *Sport*: final; **2.** ⚔ final phase of fighting, final struggle; **~konsonant** *m* final consonant.

Endlager *n* final disposal site; **endlagern** *v/t.* dispose of *s.th.* permanently; **Endlagerstätte** *f* final disposal site; **Endlagerung** *f* final disposal.

Endlauf *m* final (heat).

endlich I. *adv.* **1.** finally, at (long) last; ***~ doch*** after all; ***hör ~ auf!*** stop it, will you!; ***na ~!*** at last!, *iro.* about time too!; ***bist du ~ fertig?*** *iro.* have you quite finished?; ***das solltest du ~ wissen*** you should know that by now; **II.** *adj.* **2.** final, ultimate; **3.** (*begrenzt*) limited; **4.** *phls. u.* 𝔄 finite; **Endlichkeit** *f* finiteness, finite nature (*gen.* of).

endlos I. *adj.* endless, never-ending, unending; interminable; (*unbegrenzt*, *a. fig. grenzenlos*) infinite, boundless; ⚙ continuous; ***bis ins ♀e*** ad infinitum; **II.** *adv.* endlessly; ***es zog sich ~ hin*** it went on forever; ***vor ~ langer Zeit*** ages and ages ago, (*vor Äonen*) a long, long time ago, back at the beginning of time; **Endlosigkeit** *f* endlessness.

Endlos|papier *n* continuous (*od.* fan-fold) paper; **~schleife** *f* (infinite) loop.

End|lösung *f pol. hist.* Final Solution; **~marke** *f Cassette*: end-of-tape marker; **~montage** *f* ⚙ final assembly; **~nummer** *f* final digit; **~nutzer** *m* end user.

endogen *adj.* endogenous.

endokrin *adj.* endocrine.

endomorph *adj.* endomorphic.

Endorphin *n* endorphin.

Endoskop *n* endoscope; **Endoskopie** *f* endoscopy.

End|phase *f* final stage; **~preis** *m* retail price; **~produkt** *n* end (*od.* final, finished) product; **~punkt** *m e-r Reise etc.*: end; *fig.* ***an e-m ~ angelangt sein*** have come to an end (*in* in); **~reim** *m* end rhyme; **~resultat** *n* final result; **~runde** *f Sport*: final(s *pl.*); **~sechziger(in** *f*) *m* man (*f* woman) in his (her) late sixties; ***ein Endsechziger sein*** *a.* be in one's late sixties; **~siebziger(in** *f*) *m* man (*f* woman) in his (her) late seventies; ***ein Endsiebziger sein*** *a.* be in one's late seventies; **~silbe** *f* final syllable; **~spiel** *n* **1.** *Sport*: final; ***ins ~ einziehen*** get to the final; **2.** *Schach*: end game; **~spurt** *m* final spurt (*a. fig.*), finish; *fig. a.* final burst; **~stadium** *n* final stage(s *pl.*); ***im ~*** in the final stages; ⚕ ***Krebs im ~*** terminal cancer; **~stand** *m Sport*: final score; **~station** *f* terminus; *fig* end of the road; ***~! Alles aussteigen, bitte!*** all change please!; **~stück** *n* end (piece); **~stufe** *f* **1.** ⚡ output stage; → ***Endverstärker***; **2.** *Rakete*: final stage; **~summe** *f* (sum) total.

Endung *f ling.* ending.

End|ursache *f* final cause; **~urteil** *n* final judg(e)ment; **~verbrauch** *m* final consumption; **~verbraucher** *m* end user; **~verstärker** *m* power amplifier; **~vierziger(in** *f*) *m* man (*f* woman) in his (her) late forties; ***ein Endvierziger sein*** *a.* be in one's late forties; **~vokal** *m* final vowel.

Endzeit *f bibl.* last days *pl.*; **endzeitlich** *adj.* eschatological; **Endzeitstimmung** *f* doomsday atmosphere.

End|ziel *n* final objective, ultimate goal; **~ziffer** *f* last (*od.* final) digit; **~zustand** *m* final state; **~zwanziger(in** *f*) *m* young man (*f* woman) in his (her) late twenties; ***ein Endzwanziger sein*** *a.* be in one's late twenties; **~zweck** *m* final purpose.

Energetik *f phys.* energetics *pl.* (*sg. konstr.*); **energetisch** *adj.* energetical.

Energie *f phys.* energy, ⚡ *a.* power; *fig.* energy, drive; **2arm** *adj.* **1.** low-energy ..., low in energy; **2.** *Land etc.*: low in energy resources; **~aufwand** *m* (amount of) energy involved; ***der ~ lohnt (sich) nicht*** it's not worth the effort involved; **~beauftragte(r)** *m* energy commissioner; **~bedarf** *m* energy requirement(s *pl.*) *od.* demand; **2bewusst** *adj.* energy-conscious; **~bündel** *fig. n* bundle of energy, live wire; **2effizient** *adj.* energy-efficient; **~einheit** *f* unit of energy; **~einsparung** *f a. pl.* conservation of energy; *konkret*: energy saving; **~erzeugung** *f* → ***Energiegewinnung***; **2geladen** *fig. adj.* bursting with energy; **~gewinnung** *f* energy production (*od.* generation); **~haushalt** *m des Körpers*: energy balance; **~krise** *f* energy crisis.

energielos *adj.* lacking in energy, listless; ***~ sein*** *a.* have no energy; **Energielosigkeit** *f* lack of energy, listlessness.

Energie|politik *f* energy policy; **~quelle** *f* **1.** source of energy; **2.** ⚡ *etc.* power source; **2reich** *adj.* **1.** high-energy ..., high in energy; **2.** *Land etc.*: energy-rich ..., rich in energy resources; **~reserven** *pl.* energy reserves; *e-r Person*: *a.* spare energy *sg.*

Energiesparen *n* conservation of energy; energy saving.

energiesparend, Energie sparend *adj.* energy-saving, power-saving.

Energiespar|lampe *f* (*Glühlampe*) energy-saving bulb, (*ganze Leuchte*) energy-saving lamp; **~programm** *n* energy-saving program(me).

Energie|spender *m* energy booster; **~steuer** *f* energy tax; **~träger** *m* source of energy; **~verbrauch** *m* energy consumption; **~verschwendung** *f* waste of energy; **~versorgung** *f* energy supply; **~wirtschaft** *f* energy (*od.* power-supply) industry.

energisch I. *adj.* energetic; *Geste etc., a. Persönlichkeit*: forceful; *Art, Auftreten etc.*: brisk; *Maßnahmen etc.*: firm, vigorous; *Protest, Widerstand etc.*: vehement; ***~ werden*** put one's foot down, ***j-m gegenüber***: get tough with s.o.; ***ein ~es Wort mit j-m reden*** have a word with s.o., give s.o. a good talking-to; **II.** *adv.* energetically; forcefully; vigorously; vehemently; → I; ***~ vorgehen*** take firm measures *od.* action (***gegen*** against); ***~ bestreiten*** firmly (*od.* vehemently) deny; ***~ vorantreiben*** push (*od.* drive) forward.

eng I. *adj.* (*Ggs. breit*) narrow (*a. fig.*); (*räumlich beschränkt*) cramped; (*klein*) small; (*gedrängt voll*) crowded; *Kleidung etc.*: tight; *fig. Freund(schaft), Kontakt etc.*: close; ***~ an*** close to; ***~e Kurve*** tight corner; ***in ~en Verhältnissen leben*** live in cramped conditions; ***auf ~stem Raum*** crowded together; ***es ist sehr ~ in der Küche*** *a.* there's not much room to move in the kitchen; ***es ist bei uns etwas ~*** we're a bit cramped for space; ***~er machen*** tighten, (*Kleidung*) take in; ***die Hose ist mir zu ~ geworden*** these trousers don't fit (me) any more; *fig.* ***im ~sten Kreis*** with (the family and) a few close friends; ***im ~sten Kreis der Familie*** with the close family members; ***die ~ere Familie*** the immediate family; → ***Sinn, Wahl*** 1; **II.** *adv.* narrowly; tightly; closely; → I; ***~ anliegen*** fit tightly, be a tight fit; ***~ beieinander*** (*od.* ***nebeneinander***) close together; ***~ zusammengedrängt*** crowded (*bsd. kauernd*: huddled) together; *fig.* ***~ befreundet sein*** be close friends; ***~ verbunden sein*** be closely connected; ***er sieht die Sache sehr ~*** he takes a very narrow view of the matter; ***du darfst es nicht so ~ sehen*** a) you mustn't take such a narrow view, b) you mustn't take it so seriously; ***sich ~ an die Vorschriften halten*** stick closely to the rules.

Engagement *n* **1.** commitment, involvement; ***ein stärkeres ~*** greater involvement, stronger commitment; **2.** *thea. etc.* engagement; **engagieren I.** *v/t.* employ, take on; (*Künstler*) engage; **II.** *v/refl.*: ***sich ~*** get (*od.* be) involved (***in*** in); ***sich ~ für*** be very involved (*od.* active) in, do a lot (*od.* a great deal) for; **engagiert** *adj.* committed; ***sehr ~ sein*** *a.* be very involved (***bei*** with, in); ***politisch ~*** politically involved (*od.* active); **Engagiertheit** *f* commitment.

eng| anliegend *adj.* tight(-fitting); **~ bedruckt** *adj.* closely printed; **~ befreundet** *adj.* close; **~ begrenzt** *adj.* narrow, restricted; **~ beschrieben** *adj.* closely written.

engbrüstig *adj.* narrow-chested.

Enge *f* **1.** narrowness (*a. fig.*); *e-r überbevölkerten Wohnung etc.*: cramped (*bedrückend*: claustrophobic) conditions *pl.*; *Kleidung*: tightness; *fig.* ***in die ~ treiben*** drive into a corner; ***in die ~ getrieben*** with one's back to the wall; **2.** (*enge Stelle*) narrow passage, *a. fig.* bottleneck; **3.** (*Meer2*) strait(s *pl.*).

Engel *m* angel; ***guter*** (*od.* ***rettender***) ***~*** guardian angel; ***gefallener ~*** fallen angel; ***~ des Lichts*** (***Todes***) angel of light (death); F ***die ~ im Himmel singen hören*** see stars; ***du bist ein ~!*** you're an angel (*od.* a real dear)!; ***er ist auch nicht gerade ein ~*** he's not exactly an angel himself; **Engelchen** *n* little angel; **engelhaft** *adj.* angelic(ally *adv.*).

Engel|macher *m* backstreet abortionist; **~schar** *f* host of angels.

Engels|chor *m* choir of angels; **~geduld** *f* endless (*od.* infinite) patience, *the* patience of Job; **~miene** *f* innocent look; **~zunge** *f*: ***mit ~n reden*** use all one's powers of persuasion, *lit.* speak honeyed words; ***mit ~n auf j-n einreden*** do everything in one's power to persuade s.o.

Engerling *m* white (*od.* cockchafer) grub.

engherzig *adj.* small-minded; **Engherzigkeit** *f* small-mindedness.

Engländer *m* **1.** Englishman; ***die ~*** the English (*pl.*); ***er ist ~*** he's English, he's an Englishman; **2.** ⚙ wrench; **Engländerin** *f* Englishwoman; ***sie ist ~*** she's English.

englisch[1] I. *adj.* English; *weitS.* British; ***die ~e Kirche*** the Church of England, the Anglican church; **II.** *adv.*: *gastr.* ***~*** (***gebraten***) rare; **III. Englisch** *n* English, the English language; ***auf Englisch*** in English; ***aus dem Englischen*** from (the) English; ***ein Englisch sprechendes Paar*** a couple speaking English.

englisch[2] *adj.*: ***der 2e Gruß*** *eccl., Kunst*: the Angelic Salutation.

Englisch|horn *n* ♪ cor anglais; **2sprachig** *adj.* **1.** *Zeitschrift etc.*: English-language ...; ***~e Literatur*** English literature; **2.** → **~ sprechend** *adj.* English-speaking; **~unterricht** *m* **1.** teaching of English; **2.** English lesson(s *pl.*) *od.* class(es *pl.*).

engmaschig *adj.* fine-meshed; *fig.* close-meshed; *Fußball etc.*: close.

Engpass *m* **1.** (narrow) pass; **2.** *fig.* bottleneck (***in*** in), squeeze (in); (*Mangel*) shortage (of); ***Engpässe in der Produktion*** a production bottleneck; ***Fernseher sind ein ~*** there's a bottleneck in the supply of television sets, television sets are in short supply.

en gros *adv.* wholesale.

engstirnig *adj.* narrow-minded; **Engstirnigkeit** *f* narrow-mindedness, tunnel vision.

eng| umgrenzt *adj.* narrowly defined; **~ umschlungen** *adj.* in close embrace, locked in embrace; ***ein ~es Paar*** *a.* an embracing couple; **~ verbündet** *adj.* closely allied.

engzeilig *adj.* narrow-spaced; (*a. adv.* ***~ getippt***) single-spaced.

Enkel *m* grandchild; (*~sohn*) grandson; *weitS.* descendant; **Enkelin** *f* granddaughter.

Enkel|kind *n* grandchild; **~sohn** *m* grandson; **~tochter** *f* granddaughter.

Enklave *f* enclave.

en masse *adv.* en masse.

en miniature *adv.* in miniature.

enorm I. *adj.* (*groß*) vast, huge; *fig.* (*von großem Ausmaß*) tremendous (*a. herrlich*); **II.** *adv.*: ***~ hoch*** *etc.* enormously (*od.* immensely) tall *etc.*; ***die Preise sind ~ gestiegen*** prices have shot up; ***~ viel Geld*** vast (*od.* huge) amounts of money.

en passant *adv.* in passing.

Enquete *f pol.* inquiry; **~kommission** *f* commission of inquiry.

Ensemble *n* ♪ ensemble; *thea. a.* company; (*Besetzung*) cast.

entarten *v/i.* degenerate, become degen-

E

erate; **entartet** *adj.* degenerate; *fig. a.* decadent; *hist.* **~e Kunst** degenerate art; **Entartung** *f* degeneration.
entäußern *v/refl.*: **sich** *e-r Sache* **~** a) relinquish, b) dispose of, divest o.s. of.
entbehren I. *v/t.* **1.** (*auskommen ohne*) do (*stärker*: live) without; (*zur Verfügung stellen*) spare; **könntest du den Computer ein paar Stunden ~?** could you do (*od.* manage) without the computer for a few hours?; **2.** (*vermissen*) miss; **II.** *v/i.*: *e-r Sache* **~** be without, lack; **die Beschuldigung entbehrt jeder Grundlage** the charge is entirely unfounded; **das entbehrt nicht e-r gewissen Ironie** it's not without its irony; **entbehrlich** *adj.* dispensable; non-essential; **Entbehrlichkeit** *f* dispensability; superfluousness; **Entbehrung** *f* privation, want, deprivation; **entbehrungsreich** *adj.* full of privation; **ein ~es Leben** *a.* a life of want.
entbinden I. *v/t.* **1.** release, excuse (**von** from); **2.** ⚗ set free; **3.** (*Frau*) deliver (**von** of); **entbunden werden von** give birth to; **II.** *v/i. Frau*: be confined; **Entbindung** *f* **1.** release (**von** from); **2.** *e-r Frau*: delivery.
Entbindungs|pfleger *m* male midwife; **~station** *f* maternity ward.
entblättern I. *v/t.* strip of leaves; **II.** *v/refl.*: **sich ~** shed its leaves; F *fig.* strip, shed one's clothes, F peel one's clothes off.
entblöden *v/refl.*: **sich nicht ~ zu** *inf.* have the cheek to *inf.*
entblößen I. *v/t.* bare, expose; (*Haupt*) uncover; (*Schwert*) draw; *fig.* lay bare; *fig.* **j-n e-r Sache ~** denude s.o. of s.th.; **II.** *v/refl.*: **sich ~** take one's clothes off; *fig.* **sich** *e-r Sache* **~** divest o.s. of; **entblößt** *adj.* bare; *fig.* destitute, stripped (*gen.* of); **~en Hauptes** bareheaded; **Entblößung** *f* baring, exposing; uncovering; → **entblößen** I; *fig.* exposure.
entbrennen *v/i. Kampf*: break out, *a. Zorn etc.*: flare up; **in Hass entbrannt** burning with hate; **in Liebe für j-n ~** fall passionately in love with s.o.
entbürokratisieren *v/t.* deregulate; **Entbürokratisierung** *f* deregulation.
Entchen *n* duckling, little duck.
entdecken *v/t.* **1.** (*Land, Gesuchtes etc.*) discover; (*herausfinden*) *a.* find out; (*bemerken*) see, (*j-n*) *a.* spot; (*Fehler etc.*) detect, spot; **zufällig ~** stumble (up)on; **2. j-m et. ~** reveal (*od.* disclose) s.th. to s.o.
Entdecker *m* discoverer; (*Forscher*) explorer; **~freude** *f* joy(s *pl.*) of discovery; **~stolz** *m* pride of discovery.
Entdeckung *f* (*a. Gegenstand u. Person*) discovery; **m-e neueste ~** my latest discovery.
Entdeckungs|reise *f* voyage of discovery; expedition; F *fig.* **auf ~ gehen** (go out and) explore one's surroundings; **~reisende(r)** *m* explorer; discoverer; **~zeitalter** *n* age of discovery.
Ente *f* **1.** duck; **junge ~** duckling; F *fig.* **schwimmen wie e-e bleierne ~** F swim like a brick; → **lahm** 3; **2.** (*Zeitungs*≈) canard, hoax; **3.** F (*Citroën*) deux chevaux, 2CV; **4.** ⚕ (bed) urinal.
entehren *v/t.* dishono(u)r, disgrace; (*entwürdigen*) degrade; *obs.* (*schänden*) violate; **entehrend** *adj.* disgraceful; (*entwürdigend*) degrading; **Entehrung** *f* dishono(u)r(ing); (*Entwürdigung*) degradation.
enteignen *v/t.* expropriate; (*Besitzer*) dispossess; **Enteignung** *f* expropriation; *des Besitzers*: dispossession.
enteilen *lit. v/i.* hasten away; *Zeit*: fly past.
enteisen *v/t.* clear of ice; (*Autoscheibe*) defrost; ✈ de-ice; **Enteisung** *f mot.* defrosting; ✈ de-icing; **Enteisungsanlage** *f mot.* defroster; ✈ de-icing system.
Entelechie *f phls.* entelechy.
Enten|braten *m* roast duck; **~ei** *n* duck's egg; **~grütze** *f* ⚘ duckweed; **~jagd** *f* duck shooting; **~küken** *n* duckling; **~schnabel** *m* duck's bill.
Entente *f pol.* entente; *hist.* **~ cordiale** entente (cordiale); **Große** (**Kleine**) **~** Great (Little) Entente.
Ententeich *m* duck pond.
enterben *v/t.* disinherit; **enterbt** *adj*: **die** ≈**en** the disinherited (*pl.*); **Enterbung** *f* disinheriting.
Enterich *m* drake.
entern *v/t.* board *a ship*.
Entertaste *f Computer*: enter key, return key.
entfachen *v/t.* (*Feuer*) kindle (*a. fig. Leidenschaften*); *fig.* (*Gefühle*) rouse; (*Begeisterung etc.*) whip up; (*Diskussion etc.*) provoke, spark off.
entfahren *v/i.*: **ihm entfuhr ein Seufzer** *etc.* he let out a sigh *etc.*
entfallen *v/i.* **1. der Name ist mir ~** the name escapes me, I forget the name, I can't think of the name; **2.** (*wegfallen*) be cancel(l)ed, be dropped, *Wort etc.*: be omitted, be left out; (*nicht in Frage kommen*) be inapplicable; **entfällt** *in Formularen*: not applicable (*abbr.* N/A); **3. auf j-n ~** *Anteil etc.*: fall to s.o.; **auf jeden ~ 10 Mark** each person pays (*bekommt*: gets) 10 marks.
entfalten I. *v/t.* **1.** unfold; (*ausbreiten*) spread out; (*aufrollen*) unroll, roll out; **2.** *fig.* (*Fähigkeiten etc.*) develop (**zu** into); (*zeigen*) display; **II.** *v/refl.*: **sich ~ 3.** *Blüte etc.*: open up; *Gefieder*: open out, fan out; *Fallschirm*: open (up); *Fahne*: unfurl; **4.** *fig.* develop (**zu** into); **sich kreativ ~** develop one's creative abilities; **hier kann man sich frei ~** there's plenty of room for (personal) development here; **5.** *fig.* (*sich zeigen*) display itself, *lit.* unfurl; **Entfaltung** *f* **1.** (*Entwicklung*) development; **zur ~ kommen** (be able to) develop, blossom, *Begabung, Potenzial etc.*: *a.* be realized; **2.** (*Zurschaustellung*) display; **Entfaltungsmöglichkeiten** *pl.* opportunities for development.
entfärben *v/t.* take the colo(u)r (*od.* dye) out of; (*bleichen*) bleach; **Entfärbung** *f* removal of the dye (*gen.* from); **Entfärbungsmittel** *n* dye remover; (*Bleichmittel*) bleaching agent.
entfernen I. *v/t.* remove (*a. Fleck*), take away; *Computer*: delete; (*wegräumen*) *a.* clear away; **~ von** *e-r Liste*: take off, cross off; **j-n aus dem Amt ~** remove s.o. from office; **II.** *v/refl.*: **sich ~** go away, leave, take o.s. off; (*sich zurückziehen*) withdraw; (*verschwinden*) (gradually) disappear; *fig. von e-m Thema*: deviate (**von** from); *von e-r Meinung*: distance o.s. (from); *von j-m*: become estranged (from); *fig.* **sich** (**voneinander**) **~** drift apart; **entfernt I.** *adj.* **1.** (*entlegen*) remote, distant; **e-e Meile von X ~** a mile away from X; **zwei Meilen voneinander ~** two miles apart; **2.** *fig. Ähnlichkeit etc.*: remote, faint, vague; **~e Verwandte** distant relations (*od.* relatives); **weit ~!** far from it, *beim Raten*: F way out; **weit ~ davon zu** *inf.* far from *ger.*; **ich bin weit davon ~ zu** *inf.* I haven't the slightest intention of *ger.*; **II.** *adv.* **3.** (*entlegen*) far away; **4.** *fig.* **~ verwandt** distantly related; **nicht im** ≈**esten** not in the least; **ich habe nicht im** ≈**esten daran gedacht zu** *inf.* I never even dreamed of *ger.*, it never occurred to me to *inf.*; **ich hätte nicht im** ≈**esten geglaubt, dass** I wouldn't have dreamed that, I didn't have the slightest idea that; **Entfernung** *f* **1.** (*Abstand*) distance; (*Schussweite*) range; **in e-r ~ von** at a distance of; **aus der ~** from (*od.* at) a distance; **aus einiger ~** from a distance; **aus kurzer ~** at short (*od.* close) range; **aus großer ~** at long range; **2.** (*Beseitigung*) removal; **3.** (*Entlassung*) dismissal; **~ aus dem Amt** *a.* removal from office.
Entfernungs|messer *m phot.* range-finder; **~ring** *m phot.* focus(s)ing ring; **~skala** *f phot.* focus(s)ing scale; **~taste** *f Computer*: delete key.
entfesseln *v/t.* provoke, unleash, touch off, trigger (off); **entfesselt** *adj. Elemente etc.*: raging; **Entfesselungskünstler** *m* escape artist.
entfetten *v/t.* remove the grease (*od.* fat) from; **Entfettungskur** *f* slimming diet.
entflammbar *adj. a.* ⚙ flammable, *Brit. a.* inflammable; **entflammen I.** *v/t.* **1.** *fig.* rouse, stir up; **II.** *v/i.* **2.** *fig. Gefühle*: be aroused (*od.* kindled), *stärker, a. Streit*: flare up, break out; **3.** ⚙ ignite; (*aufblitzen*) flash; **III.** *v/refl.*: *fig.* **sich an et. ~** be aroused by s.th.
entflechten *v/t.* **1.** *a. fig.* disentangle; **2.** (*Kartelle*) decartelize.
entfliegen *v/i.* fly away (*dat.* from); **dem Käfig ~** escape from its cage; **„blauer Papagei entflogen"** escaped: blue parrot.
entfliehen *v/i.* **1.** escape (*dat.* from); flee ([from] *s.th., s.o.*); *fig.* **dem Schicksal ~** escape one's fate; **dem Alltag ~** escape from (*od.* flee) everyday reality; **dem Lärm ~** escape (from) the noise; **2.** *Jugend etc.*: slip away, *schnell*: fly past.
entfremden I. *v/t.* alienate (*dat.* from); **et. s-m Zweck ~** put s.th. to an unintended use; **II.** *v/refl.*: **sich** (**gegenseitig**) **~** become estranged; **sich j-m ~** become estranged from s.o., become a stranger to s.o.; **Entfremdung** *f* estrangement, alienation.
entfrosten *v/t.* defrost; **Entfroster** *m mot.* defroster.
entführen *v/t.* kidnap, abduct; (*Flugzeug*) hijack, *bsd. Am. a.* skyjack; F *fig.* (*j-s Kugelschreiber etc.*) run away with; **Entführer** *m* kidnapper; ✈ hijacker, *bsd. Am. a.* skyjacker; **Entführung** *f* kidnapping, abduction; ✈ hijacking, *bsd. Am. a.* skyjacking.
entgasen *v/t.* ⚗ degas.
entgegen I. *prp. Gegensatz*: contrary to, against; **~ allen Erwartungen** contrary to all expectations; **~ s-n Anweisungen** *a.* in defiance of his instructions; **II.** *adv. Richtung*: towards; *dem Wind etc.*: against; **~arbeiten** *v/i.* work against, counteract; **~blicken** *v/i.* → **entgegensehen**; **~bringen** *v/t.*: **j-m et. ~** bring s.th. to s.o.; *fig.* **j-m** *ein Gefühl etc.* **~** show *s.th.* for s.o.; *e-r Sache* **Interesse** *etc.* **~** show an (*od.* some) interest *etc.* in; **~eilen** *v/i.* rush towards, (*j-m*) *a.* rush to

meet; *fig.* (*dem Glück*) rush towards, (*dem Untergang*) rush headlong into; **~fahren** *v/i.*: ***j-m*** **~** drive out to meet s.o.; **~fiebern** *v/i.*: ***e-r Sache*** **~** feverishly await s.th.; **~gehen** *v/i.* (*j-m*) walk towards, go to meet; *fig.* approach; (*e-r Gefahr, der Zukunft*) face; (*dem Untergang etc.*) be heading for; *fig.* ***dem Ende*** **~** be drawing to(wards) a close.

entgegengesetzt I. *adj.* opposite; *Meinung(en) etc.*: contradictory, opposing, *a. Interessen*: conflicting; ***s-e Meinung ist Ihrer völlig*** **~** his opinion completely contradicts yours (*od.* is completely opposed to yours); **II.** *adv.*: ***genau*** **~** ***handeln*** do the exact opposite, do exactly the opposite.

entgegen|halten *v/t.* **1.** ***j-m et.*** **~** hold s.th. out to s.o.; **2.** *fig.* (*entgegnen*) say *s.th.* in answer *od.* reply (*dat.* to); ***j-m et.*** **~** point s.th. out to s.o.; ***dem hielt er entgegen, dass*** he countered (*od.* objected) that; **~handeln** *v/i.* act against (*dat. s.th.*).

entgegenkommen I. *v/i.* (*j-m*) come towards, come to meet; *fig.* make concessions towards, (*gefällig sein*) oblige *s.o.*; (*j-s Wünschen*) comply with; ***j-m auf halbem Wege*** **~** *a. fig.* meet s.o. halfway; *fig.* ***j-m sehr*** **~** *Sache*: be very convenient for s.o., suit s.o. fine, (*a.* ***j-s Vorstellungen*** **~**) fit in well with s.o.'s plans (*od.* ideas); **II.** ≈ *n* **1.** (*Gefälligkeit*) obligingness, complaisance; **2.** (*Zugeständnis*) concession(s *pl.*); **entgegenkommend** *adj.* **1.** *fig.* obliging, accommodating, complaisant; **2.** *Verkehr*: oncoming; **entgegenkommenderweise** *adv.* **1.** (*gefälligkeitshalber*) obligingly; **2.** (*als Zugeständnis*) as a (*od.* by way of) concession.

entgegenlaufen *v/i.* **1.** (*j-m*) run towards, run to meet; **2.** *fig.* (*Plänen etc.*) go against, run counter to.

Entgegennahme *f* acceptance; ***bei*** **~** *gen.* on receipt of; **entgegennehmen** *v/t.* accept, take; ***et. dankend*** **~** gratefully accept s.th., accept s.th. with thanks.

entgegen|schauen *v/i.* → ***entgegensehen***; **~schlagen** *fig. v/i.*: ***j-m*** **~** *Herz*: go out to s.o.; **~sehen** *v/i.* (*e-r Sache*) await, *mit Freude*: look forward to; (*e-r Gefahr*) face; ***e-r baldigen Antwort*** **~d** in anticipation of your early reply; **~setzen I.** *v/t.* **1.** → ***entgegenhalten*** 2; **2.** ***e-m Argument*** *etc.* ***et.*** **~** counter an argument *etc.* with s.th.; ***Widerstand*** *etc.* **~** put up a resistance, offer (some) resistance (*dat.* to); ***dem habe ich nichts entgegenzusetzen*** I can't think of any arguments against, F it sounds fine to me; **II.** *v/refl.*: ***sich e-r Sache*** **~** oppose s.th.

entgegenstehen *v/i.* **1.** (*e-m Plan etc.*) stand in the way of; **2.** (*widersprechen*) conflict with; ***dem steht nichts entgegen*** there's nothing to be said against that; **entgegenstehend** *adj.* contradictory, conflicting.

entgegen|stellen I. *v/t.* **1.** ***j-m et.*** **~** set s.th. against s.o.; **2.** → ***entgegensetzen***; **II.** *fig. v/refl.*: ***sich*** *j-m od. e-r Sache* **~** oppose, resist; **~stemmen** *fig. v/refl.*: ***sich e-r Sache*** **~** set o.s. against s.th., resist s.th. (with all one's might); **~strecken** *v/t.*: ***j-m et.*** **~** hold s.th. out towards s.o.; **~treten** *v/i.* **1.** (*j-m*) walk towards, go up to; **2.** *fig.* ***j-m*** **~** present itself to s.o.; ***uns traten Schwierigkeiten*** *etc.* ***entgegen*** we met with (*od.* had to face up to, were faced with) difficulties *etc.*; **3.** (*e-r Sache*) oppose; (*Missständen etc.*) take steps against; (*e-r Gefahr etc.*) face; (*Vorwürfen, Drohungen etc.*) counter; (*Gerüchten etc.*) contradict, speak out against; **~wirken** *v/i.* counteract, *stärker*: fight.

entgegnen *v/t. u. v/i.* reply; *schlagfertig, kurz*: retort; **Entgegnung** *f* reply (**auf** to); *kurze*: retort.

entgehen *v/i.* **1.** (*dem Tod etc.*) escape *death etc.*; ***e-r Strafe*** (***dem Gesetz***) **~** evade punishment (the law); ***knapp e-m Attentat*** *etc.* **~** narrowly escape assassination *etc.*; **2.** *fig.* ***j-m*** **~** escape s.o.('s notice); ***es kann ihm doch nicht*** **~**, ***dass*** he can't fail to notice that; ***ihm entging nichts*** he didn't miss a thing; **3.** *fig.* ***sich et.*** **~** ***lassen*** miss s.th., let s.th. slip; ***er ließ sich die Gelegenheit nicht*** **~** he seized (F grabbed) the opportunity; ***sie lässt sich nichts*** **~** she takes everything she can get.

entgeistert *adj. u. adv.* aghast, dumbfounded, flabbergasted; (*entsetzt*) *a.* horrified; ***was siehst du mich so*** **~** ***an?*** why do you look so surprised (*od.* shocked)?

Entgelt *n* remuneration; (*Gebühr, Honorar*) fee; (*Belohnung*) reward; ***gegen*** **~** subject to payment; ***als*** **~** ***für*** in return for; **entgelten** *v/t.*: ***j-m et.*** **~** pay s.o. for s.th., (*Gefälligkeit*) repay s.o. for s.th.; ***j-n et.*** **~** (*büßen*) ***lassen*** make s.o. pay for s.th.; **entgeltlich** *adj. u. adv.* against payment.

entgiften *v/t.* **1.** detoxify; *von Gasen etc.*: decontaminate; (*Gase*) scrub; **2.** *fig.* ***die Atmosphäre*** **~** clear the air; **Entgiftung** *f* detoxification; decontamination; **Entgiftungsanlage** *f* detoxification plant.

entgleisen *v/i.* **1.** be derailed, jump the track; **2.** *fig.* commit a faux pas; (*zu weit gehen*) overstep the mark; ***moralisch*** **~** stray off the straight and narrow; **3.** *fig. Diskussion etc.*: get off the track; **Entgleisung** *f* **1.** derailment; **2.** *fig.* faux pas, gaffe.

entgleiten *v/i.* **1.** ***j-m*** **~** slip out of s.o.'s hand(s); **2.** *fig.* ***j-m*** (*j-s Kontrolle*) **~** slip out of s.o.'s control, *Kind etc.*: drift away from s.o.; ***es entgleitet mir*** I'm losing my grip on it (*od.* my hold over it).

entgraten *v/t.* ⚙ deburr.

entgräten *v/t.* bone, fillet.

enthaaren *v/t.* depilate; **Enthaarungscreme** *f* depilatory (cream).

enthalten I. *v/t.* contain; (*fassen*) hold; (*umfassen*) comprise; ***mit*** **~** ***sein in*** be included in; ***3 ist in 12 viermal*** **~** three goes into twelve four times; **II.** *v/refl.*: ***sich*** **~** *gen.* abstain from, *et. zu tun*: *a.* refrain from (*ger.*); *parl.* ***sich der Stimme*** **~** abstain; ***ich konnte mich nicht*** **~** ***zu*** *inf.* I couldn't restrain myself from *ger.*; **enthaltsam** *adj.* abstemious; (*mäßig*) moderate, *im Trinken*: *a.* temperate; *sexuell*: continent; **Enthaltsamkeit** *f* abstinence; moderation; continence; → ***enthaltsam***; ***vollkommene*** **~** total abstinence, *im Trinken*: *a.* teetotalism; **Enthaltung** *f* abstention (*a. Stimm*≈); *sexuelle*: continence.

enthärten *v/t.* (*Wasser*) soften; **Enthärtungsmittel** *n* (water) softener.

enthaupten *v/t.* behead, decapitate; **Enthauptung** *f* decapitation; (*Hinrichtung*) execution.

enthäuten *v/t.* **1.** (*j-n, Tier*) skin, flay; **2.** (*Obst etc.*) skin, peel.

entheben *v/t.* (*e-r Sache*) relieve of; (*e-r Pflicht etc.*) *a.* release (*od.* exempt) from; (*des Amtes*) remove from *office*; ***j-n der Mühe*** **~** save (*od.* spare) s.o. the trouble; ***j-n vorläufig s-s Amtes*** **~** suspend s.o. from office; **Enthebung** *f von Pflicht etc.*: release (**von** from); **~** ***vom Amt*** dismissal (*od.* removal) from office.

entheiligen *v/t.* desecrate; **Entheiligung** *f* desecration.

enthemmen I. *v/t.* disinhibit, help *s.o.* lose his (*od.* her) inhibitions; **II.** *v/i.* have a disinhibiting effect; **enthemmend I.** *adj.* disinhibitory; **II.** *adv.*: **~** ***wirken*** have a disinhibiting effect (**auf** on); **enthemmt** *adj.* free of inhibitions, disinhibited; **Enthemmung** *f* breaking down of (*s.o.'s*) inhibitions.

enthüllen I. *v/t.* **1.** (*Statue etc.*) unveil; (*zeigen*) show; **2.** *fig.* reveal; (*aufdecken*) bring to light; (*entlarven*) unmask; **II.** *v/refl.*: ***sich*** **~** **3.** F (*sich entkleiden*) F peel off one's clothes; **4.** *fig. Person*: reveal o.s.; **5.** *Sache*: be revealed *od.* disclosed (*dat.* to); **Enthüllung** *f* **1.** unveiling; **2.** *fig.* disclosure (*gen.* of); unmasking (of); **3.** **~en** *a. in der Presse*: revelations (***über*** about), disclosures (about).

Enthüllungs|journalismus *m* investigative journalism; **~journalist** *m* investigative journalist.

enthülsen *v/t.* (*Körner, Reis*) husk; (*Hülsenfrüchte*) shell, hull.

Enthusiasmus *m* enthusiasm; **Enthusiast** *m* enthusiast, F fan; **enthusiastisch** *adj.* enthusiastic(ally *adv.*).

entjungfern *v/t.* deflower; **Entjungferung** *f* deflowering.

entkalken *v/t.* descale, delime; **Entkalker** *m* descaler.

entkeimen I. *v/i.* **1.** germinate, sprout; **2.** *fig. dem Herzen etc.*: spring from; **II.** *v/t.* sterilize; (*Raum*) disinfect.

entkernen *v/t.* stone; (*Äpfel*) core; (*Trauben etc.*) seed.

entkleiden I. *v/t.* **1.** undress; take *s.o.'s* clothes off; **2.** *fig.* (*e-s Amtes etc.*) divest of, strip of; **II.** *v/refl.*: ***sich*** **~** undress, get undressed, take one's clothes off, *formell*: remove (all) one's clothes.

entkoffeiniert *adj.* decaffeinated; **~*****er Kaffee*** *a.* F decaf.

entkolonialisieren *v/t.* decolonialize; **Entkolonialisierung** *f* decolonialization.

entkommen I. *v/i.* escape (*dat.* from), get away (from); → ***knapp*** I; **II.** ≈ *n* escape; ***da gibt es kein*** **~** there's no escaping.

entkoppeln *v/t.* uncouple; (*Radio*) decouple.

entkorken *v/t.* uncork.

entkräften *v/t.* **1.** weaken, enfeeble, *stärker*: debilitate; (*entnerven*) enervate; (*erschöpfen*) exhaust; **2.** ⚖ invalidate, (*a. widerlegen*) refute; **Entkräftung** *f* **1.** weakening, enfeeblement, debilitation; **2.** ⚖ invalidation; (*Widerlegung*) refutation.

entkrampfen I. *v/t.* **1.** (*Muskeln etc.*) relax; **II.** *v/refl.*: ***sich*** **~** **2.** relax; **3.** *Spannung, Verhältnis etc.*: ease; **Entkrampfung** *f* **1.** relaxation; **2.** easing.

entladen I. *v/t.* **1.** unload (*a. Gewehr*), (*Schüttgut*) dump; ⚡ discharge; **2.** *fig.* (*Zorn*) give vent to; **II.** *v/refl.*: ***sich*** **~** **3.** ⚡ discharge; *Gewitter*: break; *Schusswaffe*: go off; **4.** *fig. Spannung*: be released; *Zorn etc.*: break out, erupt; ***sein Zorn***

entlud sich über uns he took his anger out on us; **Entladung** *f* **1.** unloading; dumping; discharge; **2.** *fig.* release; eruption; → ***entladen.***

entlang *adv. u. prp.* along; ***die Küste*** (***den Wald*** *etc.*) ~ along the coast (the woods *etc.*); ***die Straße*** ~ along the street (*od.* road), *laufen etc.*: *a.* up (*od.* down) the street *od.* road; ***die ganze Straße*** ~ all the way up (*od.* down) the street *od.* road, all along the street (*od.* road); ***hier*** ~***, bitte!*** this way, please; ~**gehen** *etc. v/t.* (*a. v/i.*: ~ ***an***) go (*od.* walk) *etc.* along.

entlarven I. *v/t.* unmask, expose, F debunk; **II.** *v/refl.*: ***sich*** ~ ***als*** turn out to be; **Entlarvung** *f* unmasking, exposure.

entlassen *v/t.* dismiss; (*Patienten*) discharge (***aus*** from); (*Gefangene*) release; (*Arbeitnehmer*) dismiss, F fire, give *s.o.* the sack, (*freisetzen*) make redundant; *mit Pension*: pension off; (*Truppen*) disband; ***aus der Schule*** ~ ***werden*** *nach Abschluss etc.*: leave school, *zwangsweise*: be expelled (from school); ***j-n aus e-r Verpflichtung*** ~ release (*od.* free) s.o. from an obligation; → ***fristlos***; **Entlassung** *f* dismissal; discharge; release; pensioning off; disbanding; *bsd. Brit.* redundancy; ~***en*** redundancies; → ***entlassen***; ***s-e*** ~ ***einreichen*** hand in one's notice (*od.* resignation), *formell*: tender one's resignation.

Entlassungs|gesuch *n* (letter of) resignation; ~**grund** *m* grounds *pl.* for dismissal; ~**papiere** *pl.* ⚔ discharge papers, F marching orders, *Am.* F walking papers, pink slip *sg.*; ~**schreiben** *n* letter of dismissal.

entlasten *v/t.* **1.** (*j-n*) relieve (**von** of), ease the burden (*od.* workload *etc.*) of; take some of the strain off; make life easier for; **2.** (*Verkehr*) ease *the traffic load*; (*Ballungsraum*) relieve the congestion in; **3.** ⚖ *von e-r Anklage*: clear *s.o.* of a charge, exonerate; **4.** (*Konto*) credit; (*Schuldner*) discharge; **5.** *Skisport*: unweight; **entlastend** *adj.* ⚖ exonerating; **Entlastung** *f* **1.** relief of the strain (*gen.* on), easing the burden *etc.* (of, on); → ***entlasten***; **2.** ⚖ exoneration.

Entlastungs|beweis *m*, ~**material** *n* ⚖ evidence for the defen|ce (*Am.* -se); ~**straße** *f* relief road; ~**ventil** *n* ⚙ safety (*od.* relief) valve; ~**zeuge** *m* witness for the defen|ce (*Am.* -se); ~**zug** *m* relief train.

entlauben I. *v/t.* strip of its leaves; *mit chemischen Mitteln*: defoliate; **II.** *v/refl.*: ***sich*** ~ shed its leaves; **entlaubt** *adj.* bare, leafless; **Entlaubung** *f* defoliation; **Entlaubungsmittel** *n* defoliant.

entlaufen I. *v/i.* run away (*dat.* from); **II.** *p.p. u. adj. Kind etc.*: runaway; *Sträfling*: escaped; ***„Siamkatze*** ~***"*** lost: Siamese cat; missing: Siamese cat.

entlausen *v/t.* delouse.

entledigen *v/refl.*: ***sich*** ~ (*j-s od. e-r Sache*) get rid of; (*e-s Kleidungsstücks*) take off, remove; (*e-r Aufgabe*) carry out; (*e-r Verpflichtung*) fulfil(l); **Entledigung** *f e-r Verpflichtung*: fulfil(l)ment; (*Befreiung*) release, exemption.

entleeren I. *v/t.* empty; *phys. u. physiol.* evacuate; **II.** *v/refl.*: ***sich*** ~ (*s-e Notdurft verrichten*) empty one's bowels; **Entleerung** *f* emptying; *phys. u. physiol.* evacuation.

entlegen *adj.* remote; out-of-the-way; *Gedanke etc.*: strange.

entlehnen *v/t.* (*Wort, Idee etc.*) borrow (*dat.*, ***aus, von*** from); **Entlehnung** *f* (*a. Ausdruck etc.*) borrowing (***aus*** from).

entleihen *v/t.* borrow; **Entleiher** *m* borrower; **Entleihung** *f* borrowing.

Entlein *n* duckling; *fig.* ***hässliches*** ~ ugly duckling.

entloben *v/refl.*: ***sich*** ~ break off one's engagement; **Entlobung** *f* breaking off of an (*od.* one's) engagement, F *hum.* disengagement.

entlocken *v/t.*: ***e-r Sache et.*** ~ draw s.th. out of s.th.; ***j-m et.*** ~ *durch Schmeichelei, mit Geduld etc.*: coax s.th. out of s.o.; ***j-m ein Geständnis*** (***Geheimnis***) ~ get s.o. to admit s.th. (worm a secret out of s.o.).

entlohnen *v/t.* pay; **Entlohnung** *f* pay, payment; → *a.* ***Entgelt.***

entlüften *v/t.* air; ⚗ de-aerate; (*Bremse*) bleed; **Entlüfter** *m* ventilator; *Bremse*: bleeder; (*Stutzen*) air vent; **Entlüftung** *f* ventilation; ⚗ de-aeration.

Entlüftungs|anlage *f* ventilation system; ~**rohr** *n mot.* vent pipe; ~**ventil** *n* ventilation valve; *mot., Heizung etc.*: bleeder valve.

entmachten *v/t.* strip *s.o.* of (political) power (*od.* of all power[s]), topple *s.o.* from power, take all power(s) away from *s.o.*; **Entmachtung** *f* loss of power; (*Vorgang*) toppling (*gen.* of); *e-s Monarchen*: *a.* dethronement; ***nach ihrer*** ~ after being toppled (*od.* dethroned) (***durch*** by, at the hands of).

entmagnetisieren *v/t.* demagnetize.

entmannen *v/t.* castrate; **Entmannung** *f* castration, *a. fig.* emasculation.

entmaterialisieren *v/t.* dematerialize.

entmenschlichen *v/t.* dehumanize; **entmenschlicht** *adj.* inhuman; **Entmenschlichung** *f* dehumanization.

entmieten *v/t.* evict *s.o.* (***aus*** from).

entmilitarisieren *v/t.* demilitarize; **entmilitarisiert** *adj.* demilitarized; **Entmilitarisierung** *f* demilitarization.

entminen *v/t.* ⚔ clear of mines.

entmündigen *v/t.* (legally) incapacitate; **entmündigt** *adj.* (legally) incapacitated; **Entmündigung** *f* (legal) incapacitation; *wegen Unzurechnungsfähigkeit*: interdiction.

entmutigen *v/t.* discourage, dishearten; ***lass dich nicht*** ~***!*** don't be put off, don't let them put you off, don't lose heart; **entmutigend** *adj.* discouraging, disheartening; **entmutigt** *adj.* disheartened, dispirited; **Entmutigung** *f* disheartenment; ***tiefe*** ~ despondency.

entmystifizieren *v/t.* demystify, F debunk; **Entmystifizierung** *f* demystification, F debunking.

entmythologisieren *v/t.* demythologize; **Entmythologisierung** *f* demythologization.

Entnahme *f* taking *of blood, of a sample etc.*; *von Geld*: withdrawal.

entnazifizieren *v/t.* denazify; **Entnazifizierung** *f* denazification.

entnehmen *v/t.* **1.** take (*dat.* from, out of); (*e-m Buch etc.*) *a.* borrow (from), (*zitieren*) quote (from); **2.** *fig.* (*erfahren*) learn (*dat.* from); (*folgern*) take it (from); gather (from), infer (from); ***ich entnehme Ihrem Schreiben, dass*** I infer from your letter that; (***aus***) ***s-n Worten war zu*** ~***, dass*** from what he said it seemed that; ***s-n Ausführungen war nicht zu*** ~***, ob*** it wasn't clear from what he said whether; ***aus ihrer Ansprache war nicht viel zu*** ~ there wasn't much to be gleaned from her address; ***ich entnehme Ihren Worten, dass Sie ...*** I take it that you ...

entnerven *v/t.* enervate; ***j-n*** ~ *stärker*: fray s.o.'s nerves; **entnervend** *adj.* enervating, *stärker*: nerve-wracking; **entnervt** *adj.* enervated; ***ich bin völlig*** ~ my nerves are shot.

Entoblast *n biol.* endoblast.

Entoderm *n biol.* endoderm.

Entomologe *m* entomologist; **Entomologie** *f* entomology; **entomologisch** *adj.* entomological.

entpacken *v/t. Computer*: (*komprimierte Daten*) unzip.

entpersönlichen *v/t.* depersonalize.

entpolitisieren *v/t.* depoliticize; **Entpolitisierung** *f* depoliticization.

entprivatisieren *v/t.* deprivatize, nationalize; **Entprivatisierung** *f* deprivatization, nationalization.

entpuppen *v/refl.* **1.** ***sich*** ~ ***als*** turn out to be; *iro.* ***er hat sich ganz schön entpuppt*** he's (finally) shown himself in his true colo(u)rs; **2.** ***sich*** ~ *Schmetterling etc.*: emerge from its cocoon.

entrahmen *v/t.* (*Milch*) skim; *in e-r Zentrifuge*: separate the cream from *the milk*; **entrahmt** *adj.*: ~***e Milch*** skimmed milk.

enträtseln *v/t.* solve; (*Schrift etc.*) decipher; ***ein Geheimnis*** ~ *a.* unravel a mystery.

entrechten *v/t.*: ***j-n*** ~ deprive s.o. of his (*od.* her) rights; **Entrechtung** *f* deprivation of rights.

Entrecote *n gastr.* entrecote, rib of beef.

entreißen *v/t.*: ***j-m et.*** ~ *a. fig.* snatch s.th. from s.o.; ***j-n den Flammen*** *etc.* ~ rescue s.o. from the flames *etc.*; ***j-n dem Tod*** ~ snatch s.o. from the jaws of death; ***j-m den Sieg*** ~ snatch victory from s.o.

entrichten *v/t.* **1.** (*Summe etc.*) pay; **2.** *fig.* ***j-m s-n Tribut*** ~ pay (one's) tribute to s.o.; **Entrichtung** *f* payment (*gen.* of).

entriegeln *v/t.* unlock, release; **Entriegelung** *f* unlocking, release.

entringen I. *v/t.*: ***j-m et.*** ~ wrench (*a. fig.* wrest) s.th. from s.o.; **II.** *v/refl.*: ***sich*** *j-m etc.* ~ break away from.

entrinnen I. *v/i.* escape, get away (*dat.* from); **II.** ≗ *n* escape; ***es gibt kein*** ~ there's no escaping (***vor*** *s.th.*).

entrollen I. *v/t.* unroll; (*Fahne, Segel*) unfurl; **II.** *fig. v/refl.*: ***sich*** ~ unfold.

entromantisieren *v/t.* deromanticize; **Entromantisierung** *f* deromanticization.

entrosten *v/t.* remove the rust from; **Entrostung** *f* removal of (the) rust, rust removal.

entrücken *v/t.* carry away, transport (*dat.* from; ***nach*** to); (*verzücken*) enrapture, entrance; *bibl.* translate; **entrückt** *adj.* rapt, entranced; **Entrücktheit** *f* state of rapture (*od.* ecstasy); **Entrückung** *f* (state of) rapture *od.* ecstasy; *bibl.* translation.

entrümpeln *v/t.* clear out; *fig.* (*Ideologie etc.*) clean up; **Entrümpelung** *f* clearing out; *fig.* clean-up.

entrüsten I. *v/t.* fill *s.o.* with indignation; (*erzürnen*) anger, incense; (*schockieren*) shock; **II.** *v/refl.*: ***sich*** ~ become (*od.* be) very indignant (***über*** at *s.th.*, with *s.o.*), get (*od.* be) angry (at, with); be up in arms (over, about); (*schockiert sein*) be shocked (at); **entrüstet** *adj.* indignant; angry, furious; shocked; up in arms; **Entrüstung** *f* (shock and) indignation (***über*** at); anger (at); **Entrüstungssturm** *m* storm of indignation.

entsaften *v/t.* extract the juice from; (*Zitrone etc.*) *a.* squeeze; **Entsafter** *m* juice extractor, *Am.* juicer.
entsagen *v/i.* (*der Welt etc.*) renounce; (*dem Alkohol etc.*) give up; ***der Welt ~*** *a.* turn one's back on the world, renounce all worldly things; ***dem Thron ~*** abdicate (from the throne); **Entsagung** *f* renunciation (*gen.* of); (*Selbst2*) self-denial; **entsagungsreich** *adj. Leben etc.*: full of privation; **entsagungsvoll** *adj. Leben etc.*: full of privation; *Person*: self-denying; *Blick etc.*: resigned; ***ein ~es Leben*** *a.* a life of self-denial; ***es ist ein ~er Beruf*** it's a career (*od.* job) requiring a great deal of self-denial (*od.* self-sacrifice).
entsalzen *v/t.* desalinate; **Entsalzung** *f* desalination; **Entsalzungsanlage** *f* desalination plant.
Entsatz *m* relief (troops *od.* forces *pl.*).
entsäuern *v/t.* de-acidify; **Entsäuerung** *f* de-acidification.
entschädigen I. *v/t.*: ***~ für*** *e-n Verlust etc.*: compensate for; *geleistete Dienste*: remunerate for; *Auslagen*: reimburse for; *fig.* compensate for, make up for; **II.** *v/refl.*: ***sich ~*** recoup (*od.* make good) one's losses; *fig.* compensate, make up for it, ***für***: compensate for, make up for; **Entschädigung** *f* compensation (*a. fig.*); remuneration; reimbursement; → ***entschädigen***; *fig.* ***~ erhalten*** gain redress.
Entschädigungs|anspruch *m* claim for compensation; **~klage** *f* action for damages; **~summe** *f* amount of compensation, damages *pl.*, indemnity.
entschärfen I. *v/t.* **1.** (*Sprengkörper*) defuse; (*Munition*) deactivate; **2.** *fig.* (*Lage etc.*) defuse; (*Rede etc.*) take the edge off; (*Buch etc.*) take the offensive parts out of, *Brit. a.* bowdlerize; **II.** *v/refl.*: ***sich ~*** *Lage etc.*: ease, lose its tension.
Entscheid *m* decision, ruling, decree; → ***Entscheidung***; **entscheiden I.** *v/t.* **1.** decide; *endgültig*: settle; ⚖ decide, rule; ***damit war die Sache entschieden*** that settled it; ***das musst du ~*** that's up to you; ⚖ ***der Fall ist noch nicht entschieden*** the case is still pending; **II.** *v/i.* **2.** (*den Ausschlag geben*) be decisive; ***~ über*** decide (on) *s.th.*, determine; ⚖ ***es wurde gegen ihn entschieden*** he lost the case; **III.** *v/refl.*: ***sich ~*** **3.** *Person*: decide, make up one's mind; ***sich ~ zu*** *inf.* decide to *inf.*, (*e-e Alternative wählen*) decide on *ger.*; ***sich für et. ~*** decide on s.th.; ***wir haben uns entschieden, nicht hinzugehen*** we('ve) decided not to go (*od.* against going); **4.** *Sache*: be decided, be settled; **entscheidend I.** *adj.* (*ausschlaggebend*) decisive (***für*** for, in); (*kritisch*) crucial; *Augenblick*: critical; *Fehler etc.*: fatal; *Problem etc.*: vital; *Änderungen*: fundamental; ***der ~e Faktor*** the deciding factor; ***~e Stimme*** casting vote; ***das 2e*** the most important thing, the key factor; **II.** *adv.* decisively; ***et. ~ ändern*** bring about fundamental changes in s.th.; ***~ zu et. beitragen*** be instrumental in bringing s.th. about; **Entscheidung** *f* decision (***über*** on); ⚖ *a.* ruling; → ***Urteil***; *der Geschworenen*: verdict; ***e-e ~ treffen*** (*od.* ***fällen***) make (*od.* come to) a decision, decide; ***die ~ fällt mir schwer*** I can't decide, I'm finding it hard to decide; ***zur ~ kommen*** come up for decision, (*entschieden werden*) be decided; ***um die ~ spielen*** *Sport*: play (*od.* be) in the final.

Entscheidungs|befugnis *f* competence; **~findung** *f* decision-making; **~freiheit** *f* freedom of choice; **2freudig** *adj.* quick to make decisions; not afraid of making (*od.* to make) decisions; **~grund** *m* decisive factor; **~kampf** *m* decisive battle; *fig.* showdown; *Sport*: decisive match; **~merkmal** *n* criterion; **~möglichkeit** *f* possibility, possible decision; **~prozess** *m* decision-making process; **~schlacht** *f* decisive battle; **2schwer** *adj. Stunde etc.*: momentous; **~spiel** *n Sport*: deciding match, decider; (*Endspiel*) final; **~stunde** *f* moment of truth; **~träger** *m* decision-maker; ***politischer ~*** policy-maker.
entschieden I. *adj.* (*entschlossen*) determined, resolute; (*ausgesprochen*) decided; (*nachdrücklich*) emphatic(ally *adv.*); (*unbestreitbar*) unquestionable; *Ton*: peremptory, authoritative; ***ein ~er Gegner von*** a declared opponent (*od.* enemy) of; **II.** *adv.* (*fest*) firmly, resolutely; (*zweifellos*) definitely, without (a) doubt, decidedly; (***ganz***) ***~ bestreiten*** firmly (*od.* vehemently) dispute; (***ganz***) ***~ zurückweisen*** categorically (*od.* flatly) deny; (***ganz***) ***~ ablehnen*** flatly refuse; ***~ zu wenig*** *etc. a.* much too little *etc.*; ***sich ~ aussprechen für*** (***gegen***) come out strongly in favo(u)r of (against); **Entschiedenheit** *f* determination, resoluteness; ***mit*** (***aller***) ***~*** categorically; ***mit*** (***aller***) ***~ ablehnen*** flatly refuse.
entschlacken *v/t.* **1.** ⚙ remove the cinders (*od.* slag) from; **2.** ⚕ purify; (*Darm*) purge; ***den Körper ~*** *a.* flush one's body through, get rid of all the poisons in one's body (*od.* bloodstream); **Entschlackung** *f* ⚕ purification; *des Darms*: purging, purge.
entschlafen *v/i.* **1.** fall asleep; **2.** *euphem.* (***sanft***) ***~*** pass away (peacefully).
entschleiern I. *v/t.* **1.** unveil, take *s.o.'s* veil off; **2.** *fig.* reveal, disclose, unveil; **II.** *v/refl.*: ***sich ~*** take off one's veil, unveil (o.s.); **Entschleierung** *f a. fig.* unveiling.
entschließen *v/refl.*: ***sich ~*** decide (***zu***, ***für*** *et.*: on; ***zu*** *inf.* to *inf.*); make up one's mind (to *inf.*); ***sich anders ~*** change one's mind; ***ich weiß nicht, wozu ich mich ~ soll*** I don't know what to decide; ***er kann sich zu nichts ~*** he (just) can't make up his mind; **Entschließung** *f bsd. pol.* resolution; **Entschließungsantrag** *m pol.* proposal for a resolution.
entschlossen I. *adj.* determined; *Persönlichkeit*: *a.* resolute; ***zu allem ~*** prepared to go to any length(s); ***e-n ~en Eindruck machen*** seem very determined, have an air of determination (about one); ***e-e ~e Haltung annehmen*** take a firm stand (***in*** on); **II.** *adv.* resolutely; with determination; ***kurz ~*** without a moment's hesitation, (*plötzlich*) suddenly, out of the blue, on the spur of the moment; ***e-r Sache ~ ins Auge sehen*** face up to s.th. squarely; **Entschlossenheit** *f* determination, resolution, resoluteness.
entschlüpfen *v/i.* slip away, escape (*dat.* from); ***j-m ~*** *a.* give s.o. the slip; *fig. Wort*: slip out.
Entschluss *m* decision; ***e-n ~ fassen, zu e-m ~ kommen*** make (*od.* reach) a decision, make up one's mind; ***zu dem ~ kommen zu*** *inf.* make up one's mind (*od.* decide) to *inf.*; ***es ist sein fester ~ zu*** *inf.* he firmly intends to *inf.*; ***aus eigenem ~*** on one's own initiative, F off one's own bat.
entschlüsseln *v/t.* decipher (*a. Rätsel*); (*dekodieren*) *a.* decode; **Entschlüsselung** *f* decipherment, deciphering; (*Dekodierung*) *a.* decoding.
entschlussfähig *adj.* capable of deciding; **entschlussfreudig** *adj.* quick to make decisions, not afraid of making (*od.* to make) decisions; (*unternehmend*) enterprising; **Entschlusskraft** *f* determination.
entschuldbar *adj.* excusable, pardonable; **entschuldigen I.** *v/t.* excuse; ***sich ~ lassen*** excuse o.s. *od.* apologize (for not coming *etc.*), *schriftlich*: *a.* send an excuse (*od.* apology); ***j-n ~ lassen*** ask for s.o. to be excused; ***Herr X lässt sich ~*** Mr X sends his apologies (*od.* regrets), *formeller*: Mr X regrets he cannot attend (*od.* be present); ***~ Sie, dass ich nicht gekommen bin*** I'm sorry I didn't come, *formeller*: please forgive me for not coming; ***~ Sie die Störung!*** sorry to bother (*od.* disturb) you; ***~ Sie die Unordnung!*** (please) excuse the mess; **II.** *v/i.*: ***~ Sie!***, ***entschuldige!*** excuse me, (*Verzeihung!*) sorry, *Am.* excuse me; **III.** *v/refl.*: ***sich ~*** apologize, say (one is) sorry; *bei Abwesenheit, beim Weggehen*: excuse o.s.; ***sich bei j-m ~*** apologize *od.* say sorry (to s.o.) (***wegen*** for, about); ***ich habe mich bei ihm entschuldigt*** *a.* I told him I was sorry; ***ich entschuldigte mich, dass ich es vergessen hatte*** I apologized for having forgotten (it); ***du brauchst dich nicht zu ~*** don't (*od.* no need to) apologize; **entschuldigend I.** *adj.* apologetic; **II.** *adv.* apologetically; ***fügte er ~ hinzu*** *a.* he added by way of apology; **Entschuldigung** *f* apology; (*Grund, Vorwand*) excuse; *Schule, schriftliche*: note; ***~!*** sorry, *Am.* excuse me; ***~,*** *darf ich mal vorbei?* excuse me, ...; ***als*** (*od.* ***zur***) ***~ für*** a) by way of apology for, b) as an excuse (*od.* explanation) for, to excuse; ***als ~*** (*Ausrede*) ***dienen für*** serve as a pretext for; ***dafür gibt es keine ~*** there's no excuse for it; ***es muss zu ihrer ~ gesagt werden*** it has to be said in her defen|ce (*Am.* -se); ***ich bitte Sie vielmals um ~*** I do apologize (***wegen*** for, about); ***ich bitte tausendmal um ~*** *iro.* a thousand pardons.
Entschuldigungs|grund *m* excuse; **~schreiben** *n* (letter of) apology, written apology; **~zettel** *m Schule*: note, written excuse.
entschwefeln *v/t.* desulphurize, *Am.* desulfurize; **Entschwefelung** *f* desulphurization, *Am.* desulfurization.
entschwinden *v/i.* disappear, vanish (***in*** into); ***im Dunkeln ~*** vanish into the dark (*od.* night); ***dem Gedächtnis ~*** slip (*od.* escape) one's memory.
entseelt *adj. a. fig.* dead, lifeless.
entsenden *v/t.* send, dispatch.
entsetzen I. *v/t.* **1.** (*j-n, erschrecken*) appal(l), shock; horrify; **2.** ⚔ (*Festung, Truppen*) relieve; **II.** *v/refl.*: ***sich ~*** be horrified (*od.* appalled) (***über*** at), *moralisch*: be shocked (at); **III.** *2 n* horror, dismay; ***mit ~ vernahmen wir*** we were shocked to hear (*od.* learn); **Entsetzensschrei** *m* cry of horror; **entsetzlich I.** *adj.* dreadful, terrible, appalling; shocking; **II.** *adv.* dreadfully, terribly (*beide a.* F *sehr*); F ***~ langweilig*** F deadly boring; F ***~ dumm*** F incredibly thick; **entsetzt** *adj.* appalled, shocked, horrified (*alle*

über at, by); aghast (at); ***~er Blick*** look of (absolute) horror; ***ein ~es Gesicht machen*** look shocked (*od.* horrified).

entseuchen *v/t.* decontaminate; **Entseuchung** *f* decontamination; **Entseuchungsanlage** *f* decontamination plant.

entsichern *v/t.* (*Waffe*) release the safety catch of, cock; **entsichert** *adj.*: ***~ sein*** have the safety catch off.

entsiegeln *v/t.* unseal.

entsinnen *v/refl.*: ***sich ~*** recall, recollect, remember (*gen. s.o., s.th.*); ***wenn ich mich recht entsinne*** if I remember rightly; ***ich entsinne mich, dass er das sagte*** I remember him saying it.

Entsittlichung *f* corruption.

entsorgen *v/t.* (*Abfall, a. Atommüll etc.*) dispose of; (*Anlage etc.*) clean (up), *bei Radioaktivität*: *a.* decontaminate; (*Stadt etc.*) clean up; **Entsorgung** *f* (waste) disposal; *e-r Anlage etc.*: cleaning (up), *bei Radioaktivität*: decontamination; *e-r Stadt etc.*: cleaning up.

Entsorgungs|anlage *f* waste disposal plant; **~firma** *f* waste disposal company; *engS.* atomic waste disposer; **~wirtschaft** *f* waste (disposal) industry; **~zentrum** *n* waste disposal plant.

entspannen I. *v/refl.*: ***sich ~*** **1.** *Person*: relax, unwind; *Muskeln, Gesicht etc.*: relax, slacken, loosen up; ***man kann sich dabei gut ~*** it helps you relax, it's good for relaxing; **2.** *fig. Lage*: ease (up), cool off, calm down; *Beziehungen*: ease (up), become more relaxed, lose their tension; **II.** *v/t.* **3.** (*Muskeln etc.*) relax, slacken, loosen up; (*Person*) relax, have a relaxing effect on; ***das entspannt die Nerven*** that will soothe your nerves; **4.** (*Feder, Seil etc.*) slacken; (*Bogen*) unbend; (*Wasser*) unstress, reduce the surface tension of; **5.** *fig.* (*Lage etc.*) ease (up); **III.** *v/i.* be relaxing, have a relaxing effect; **Entspannung** *f* **1.** relaxation, rest; **2.** ⚕ easing; *pol.* easing of tension, détente.

Entspannungs|gespräch *n pol.* conciliatory talks *pl.*; **~literatur** *f* light reading; **~politik** *f* policy of détente; **~prozess** *m pol.* process of détente; **~übung** *f* relaxation exercise.

entsperren *v/t.* (*Telefon etc.*) unlock.

entspiegelt *adj.*: ***~es Objektiv*** (***Glas***) coated lens (glass).

entspinnen *v/refl.*: ***sich ~*** arise, develop (***aus*** from); (*folgen*) ensue (from).

entsprechen *v/i.* **1.** (*e-r Sache*) correspond to (*od.* with); (*e-r Beschreibung*) *a.* fit, agree with; (*gleichwertig sein*) be equivalent to; (*sich decken mit*) tally (*od.* tie up) with; **2.** (*erfüllen*) fulfil(l); (*Anforderungen, Erwartungen*) meet, come (*od.* live) up to; (*e-r Bitte*) comply with; *Erwartungen etc.* ***nicht ~*** fall short of, fail to meet; **entsprechend I.** *adj.* corresponding (*dat.* to); (*angemessen*) appropriate (to), adequate (to); (*gleichwertig*) equivalent (to); (*erforderlich*) necessary (for, to); *sinngemäß*: analogous (to); *im Verhältnis*: proportionate (to), commensurate (with); (*jeweilig, betreffend*) respective; (*zuständig*) appropriate, competent; ***~es Gehalt*** commensurate salary; ***der ~e französische Ausdruck*** the French equivalent; *das Essen war miserabel* ***und der Wein war ~*** and so was the wine, and the wine was no better; **II.** *adv.* correspondingly *etc.*; → I; ***er verhielt sich ~*** he acted accordingly; ***~ hat er geantwortet*** he gave a fitting reply; *dicke Arme* ***und ~ dicke Beine*** and legs to match; **III.** *prp.* (*gemäß*) according to; (*befolgend*) in compliance with; ***sich s-m Alter ~ benehmen*** act one's age, *formell*: act in a manner befitting one's age; *wie geht es ihr? -* ***den Umständen ~*** as well as one might expect under the circumstances; *wie ist die Stimmung? -* ***den Umständen ~*** as one might expect under the circumstances; **Entsprechung** *f* **1.** (*Übereinstimmung*) correspondence (***mit*** with, to); **2.** *konkret*: equivalent (*a. ling.*); (*Gegenstück*) counterpart; (*Analogie*) analogy; (*Parallele*) parallel.

entsprießen *v/i.* (*dem Boden etc.*) spring from (*od.* out of); *fig.* → ***entstammen.***

entspringen *v/i.* **1.** *Fluss*: rise, have its source (*dat. od.* ***in*** in, at); *Quelle*: spring (from); **2.** *fig.* ***~ aus*** (*od. dat.*) spring (*od.* arise, come) from; originate from (*od.* in); **3.** (*entfliehen*) escape (*dat. od.* ***aus*** from); **4.** → ***entstammen.***

entstaatlichen *v/t.* denationalize; (*Kirche*) disestablish; **Entstaatlichung** *f* denationalization; *e-r Kirche*: disestablishment.

entstalinisieren *v/t. pol.* destalinize; **Entstalinisierung** *f* destalinization.

entstammen *v/i.* **1.** (*abstammen von*) descend from, be descended from, come from; (*e-m bestimmten Milieu, Gebiet*) come from, have grown up in; **2.** (*herrühren von*) come from, originate from (*od.* in), derive from, go back to.

entstauben *v/t.* dust, remove the dust from.

Entstaubungsanlage *f* dust extraction plant.

entstehen I. *v/i.* come into being; *Nation*: *a.* be born; (*erwachsen*) emerge (***aus*** from), develop (from), *Schwierigkeiten etc.*: arise (from); (*geschaffen werden*) be made (from), be created (from); *Gebäude*: be built; *Buch, Komposition*: be written; *Stadt*: spring up, *allmählich*: develop, grow; ***~ durch*** result from, be caused by, be a result of; ***~ aus*** (*e-m Verhältnis, Zustand etc.*) *a.* grow out of; ***aus der Situation entstand ...*** *a.* the situation gave rise to (*od.* led to, brought about) ...; ***die Idee entstand aus*** the idea stems from (*od.* goes back to); ***als die Welt entstand*** when the world began (*od.* came into being); ***daraus ~de Kosten*** (any) costs arising from it; **II.** ≗ *n* → ***Entstehung***; ***im ~ begriffen*** developing, *nachgestellt*: in the making; *formell*: incipient (*a.* ☤); *Staat*: emergent; 🎓 nascent; **Entstehung** *f* emergence, development; (*Ursprung, Anfang*) origin, beginning; *e-s Staates etc.*: birth.

Entstehungs|geschichte *f* history of the origin(s) (*gen.* of); *e-s Kunstwerks etc.*: genesis; *bibl.* Genesis; ***s-e ~*** *a.* the story of how it came into being, the history of its beginnings; ***die ~ der Menschheit*** the evolution of man (*od.* the human race); **~ort** *m* place of origin, home; **~zeit** *f* period (*genau*: date) of origin; ***die ~ dieser Vase liegt in der Frührenaissance*** this vase dates (*od.* goes) back to the early Renaissance, this vase originated in the early Renaissance.

entsteigen *v/i.* **1.** (*e-r Raumkapsel etc.*) emerge from, get out of, (*e-m Wagen etc.*) *a.* step out of, alight from; **2.** *fig. Dämpfe etc.*: rise (up) from.

entsteinen *v/t.* stone.

entstellen *v/t.* **1.** (*Gesicht etc.*) disfigure; (*Schönheit, Landschaft etc.*) mar, spoil; ***~de Narbe*** disfiguring scar; **2.** *fig.* (*Tatsachen, Wahrheit etc.*) twist, distort, misrepresent; (*Bericht*) garble; **entstellt** *adj.* **1.** *Gesicht etc.*: disfigured, *stärker*: deformed; *Schönheit, Landschaft etc.*: marred, spoilt; *fig.* ***vor Wut*** (***Schmerz***) ***~*** *Gesicht*: distorted with rage (contorted with pain); **2.** *fig. Wahrheit etc.*: distorted; *Bericht*: garbled; **Entstellung** *f* disfigurement; marring; distortion, misrepresentation; garbled account; → ***entstellen.***

Entstickung *f* nitrogen oxide reduction; **Entstickungsanlage** *f* denitrification plant.

entstören *v/t.* (*Radio*) radio-shield, screen; (*Motor etc.*) fit with a suppressor; *teleph.* clear; **Entstörer** *m* (interference) suppressor; **entstört** *adj.* noise-suppressed; interference-free; **Entstörung** *f* interference suppression; *bei absichtlicher Störung*: anti-jamming; *mot.* shielding.

Entstörungs|dienst *m*, **~stelle** *f teleph.* fault-clearing service; ***die Entstörungsstelle anrufen*** call the engineers.

entstrahlen *v/t.* decontaminate; **Entstrahlung** *f* decontamination.

entströmen *v/i. Flüssigkeit*: flow (*od.* pour, *stärker*: gush) out (*dat.* of); *Gas etc.*: escape (from), come out (of).

enttabuisieren *v/t.* remove the taboo(s) from; (*Ausdruck*) *a.* remove the taboo value from, destigmatize.

enttarnen *v/t.* unmask; ***e-n Spion ~*** *a.* F blow a spy's cover; **Enttarnung** *f* unmasking, exposure.

enttäuschen I. *v/t.* disappoint; let *s.o.* down; ***enttäuscht werden*** *in der Liebe*: suffer a disappointment; ***angenehm enttäuscht werden*** be pleasantly surprised; ***der Film hat mich tief enttäuscht*** the film was a big disappointment for me, I was really disappointed with the film; **II.** *v/i.* be disappointing, be a disappointment (*od.* letdown); **enttäuschend I.** *adj.* disappointing; **II.** *adv.* disappointingly; **enttäuscht I.** *adj.* **1.** disappointed (***über*** at, about; ***von*** with); ***er ist ~ von dir*** *a.* he feels let down by you; **2.** disenchanted, disillusioned; **II.** *adv.* disappointed(ly), in disappointment; **Enttäuschung** *f* disappointment, letdown; ***es war e-e einzige ~*** it was one big disappointment (*od.* letdown); **enttäuschungsreich** *adj.* full of disappointment.

entthronen *v/t.* dethrone (*a. fig.*), depose, oust from the throne; **Entthronung** *f* dethronement.

entvölkern *v/t.* depopulate; **entvölkert** *adj.* depopulated; (*leer*) deserted; **Entvölkerung** *f* depopulation.

entwachsen *v/i.* **1.** (*der elterlichen Gewalt etc.*) outgrow, grow out of; **2.** (*dem Boden etc.*) grow out of, come up out of.

entwaffnen *v/t.* disarm (*a. fig.*); **entwaffnend** *fig. adj.* disarming; ***von ~er Ehrlichkeit*** *etc.* disarmingly honest *etc.*; **Entwaffnung** *f* disarming.

entwarnen *v/i.* give the all clear; **Entwarnung** *f* all clear (signal).

entwässern *v/t.* drain; **Entwässerung** *f* draining; *coll.* drainage; 🎓, ☤ dehydration.

Entwässerungs|anlage *f* drainage system; **~graben** *m* drainage ditch (*od.* channel); **~kanal** *m* drainage canal.

entweder *cj.*: ***~ ... oder*** either ... or; ***~ oder!*** take it or leave it; ***~ alles oder gar nichts*** it's all or nothing; **Entweder-oder** *n*: ***hier gibt es nur ein ~*** you've *etc.* got to decide one way or the other, it's one or the other.

entweichen *v/i.* **1.** *Person*: escape (*dat. od.* **aus** from); **2.** *Gase etc.*: escape, leak (*dat. od.* **aus** from).
entweihen *v/t.* desecrate; (*Feiertag etc.*) profane; **Entweihung** *f* desecration; profanation.
entwenden *v/t.* purloin, steal, pilfer, *euphem.* remove; (*unterschlagen*) embezzle; **Entwendung** *f* purloining, theft, *euphem.* removal; (*Unterschlagung*) embezzlement.
entwerfen *v/t.* **1.** (*skizzieren*) *a. schriftlich*: sketch, outline; **2.** (*Plan, Vertrag etc. ausarbeiten*) draw up, draft; **3.** (*Kleidung, Gerät etc.*) design; **4.** *fig.* (*Bild der Zukunft etc.*) draw; ***ein Bild ~ von*** *a.* depict, portray; **Entwerfer** *m* designer.
entwerten *v/t.* **1.** (*Währung*) devaluate; (*Wertzeichen, Fahrkarte etc.*) cancel; ***entwertet werden*** *Währung etc.*: *a.* fall in value, *stärker*: lose its value; **2.** *fig.* devalue, devaluate; (*erniedrigen*) debase; **Entwerter** *m* ticket-cancel(l)ing machine; **Entwertung** *f* **1.** devaluation; *von Wertzeichen etc.*: cancellation; **2.** *fig.* devaluing, devaluation; (*Erniedrigung*) debasement.
entwickeln I. *v/t.* develop (*a.* ⚙, ⚗, *phot., phys.,* ⚕ *Krankheit etc.*); (*Wärme etc.*) *a.* generate, produce; (*Geschmack*) acquire, develop (**für** for); (*Appetit*) build up; (*Initiative, Tatkraft etc.*) display, show; (*Theorie etc.*) develop, evolve; **II.** *v/refl.*: ***sich ~*** develop (**aus** from; **zu** into); grow (into); (*vorankommen*) progress; *Gase etc.*: form, arise; (*Gestalt annehmen*) take shape; ***sich gut ~*** *weitS.* be shaping up (well); ***daraus entwickelte sich e-e Krise*** a crisis ensued (*od.* grew out of it), it gave rise to a crisis.
Entwickler *m phot.* developer; **~bad** *n* developing bath; **~schale** *f* developing dish.
Entwicklung *f* development (*a. konkret*); *a. biol.* evolution; *von Wärme etc.*: generation, development, *starke*: buildup; ⚙ development, research; *phot.* developing, development, *Film u.* ✝: *a.* processing; (*Tendenz*) trend; ***in der ~ sein*** be developing, *Kind*: *a.* be growing, *Verfahren etc.*: be at the development stage; ***zur ~ bringen*** develop; → ***zukünftig*** I.
Entwicklungs|ablauf *m* development, evolution; **~abteilung** *f* (research and) development department; **~alter** *n* **1.** developmental age; *geistiges*: mental age; *körperliches*: physical age; **2.** adolescence; **~dienst** *m* overseas development (*od.* aid) service; *Brit. etwa* Voluntary Service Overseas, VSO; *Am. etwa* Peace Corps.
entwicklungsfähig *adj.* capable of development; *Posten etc.*: progressive; (*viel versprechend*) promising; *biol.* (*lebensfähig*) viable; **Entwicklungsfähigkeit** *f* capacity for development, potential (for development); *biol.* viability.
Entwicklungs|fehler *m* malformation; **~gang** *m* development, *a. biol.* evolution; **~gebiet** *n* development area.
Entwicklungsgeschichte *f* history; *biol.* (history of) evolution, biogenesis; (*Stammesgeschichte*) phylogeny, *des Einzelwesens*: ontogeny; ***die ~ der Menschheit*** a) *biol.* the history of evolution, the evolution of man, b) (*Zivilisationsprozess*) the history of mankind (*od.* civilization); **entwicklungsgeschichtlich I.** *adj.* historical; *biol.* bio-genetic; **II.** *adv.* historically; *biol.* biogenetically; ***~ gesehen*** (seen) from a historical (*od.* an evolutionary) point of view.
Entwicklungshelfer *m* development aid worker (*od.* volunteer); *Brit. etwa* VSO worker, *Am. etwa* Peace Corps worker.
entwicklungshemmend *adj. Hormon etc.*: growth-inhibiting; **Entwicklungshemmer** *m* growth inhibitor.
Entwicklungs|hilfe *f pol.* aid to developing countries, foreign aid; **~jahre** *pl.* adolescence, puberty; **~kosten** *pl.* development costs; **~land** *n* developing nation (*od.* country); ***die Entwicklungsländer*** the developing world; **~lehre** *f* theory of evolution; **~möglichkeit** *f* possibility (of development), (development) potential; **~niveau** *n* level of development; **~papier** *n* photographic paper; **~phase** *f* development stage (*od.* phase), stage of development; **~politik** *f* third world aid policy; **~programm** *n* development program(me) *od.* plan; **~prozess** *m* (process of) development, development process; **~raum** *m* → ***Entwicklungsgebiet***; **~roman** *m* novel of education, Bildungsroman; **~stadium** *n* → ***Entwicklungsstufe***; **~störung** *f* developmental disturbance (*od.* disorder); **~stufe** *f* stage of development; **~zeit** *f* **1.** period of development; **2.** adolescence; **3.** ⚕ incubation period; **4.** *phot.* developing time.
entwinden I. *v/t.*: ***j-m et. ~*** wrest s.th. from s.o.; **II.** *v/refl.*: ***sich ~*** extricate o.s. (**aus** from).
entwirren *v/t.* disentangle, unravel (*beide a. fig.*); **Entwirrung** *f* disentanglement, unravel(l)ing (*beide a. fig.*).
entwischen *v/i.* slip away (*dat.* from); escape (from); ***j-m ~*** *a.* give s.o. the slip.
entwöhnen I. *v/t.* **1.** ***j-n ~*** cure s.o. (*gen.* of), *e-r Gewohnheit*: break s.o. of the habit (of); ***j-n dem Alkohol ~*** wean s.o. from alcohol, F get s.o. off alcohol; ***j-n von Drogen ~*** F get s.o. off drugs; **2.** (*Säugling*) wean; **II.** *v/refl.*: ***sich e-r Sache ~*** give s.th. up, F kick the drugs (*od.* alcohol *etc.*) habit, come off drugs (*od.* alcohol *etc.*); **Entwöhnung** *f* **1.** *von Drogen etc.*: withdrawal; **2.** *e-s Säuglings*: weaning; **Entwöhnungskur** *f* withdrawal treatment.
entwürdigen I. *v/t.* (*erniedrigen*) degrade, debase; (*Schande bringen über*) disgrace; **II.** *v/refl.*: ***sich ~*** degrade o.s., debase o.s.; (*Schande bringen über sich*) disgrace o.s.; **entwürdigend** *adj.* degrading; (*entehrend*) disgraceful; **Entwürdigung** *f* degradation, debasement.
Entwurf *m* **1.** (*Skizze*) sketch, *für ein Gemälde*: *a.* study; (*Modell*) model; *schriftlicher*: outline, draft; (*Gesetz*≗) bill; ***erster ~*** rough draft; **2.** ⚙ *etc.* design, blueprint (**für** *od. gen.* of); *e-s Gebäudes etc.*: plan, blueprint; ***im ~ sein*** be in (*od.* at) the planning stage.
entwurzeln *v/t.* uproot (*a. fig.*); **entwurzelt** *adj.* uprooted (*a. fig.*); **Entwurzelung** *f* uprooting (*a. fig.*).
entzaubern *v/t.* **1.** break the spell on, free *s.o. od. s.th.* from a (*od.* the) magic spell; **2.** *fig.* break the spell of, take the magic away from; ***entzaubert werden*** lose its magic (*od.* spell).
entzerren *v/t.* **1.** (*Signal etc.*) correct; *phot.* rectify; **2.** *fig.* (*falsche Vorstellung etc.*) rectify, set straight, straighten out; **Entzerrer** *m Verstärker*: equalizer; *Radio*: distortion corrector; **Entzerrung** *f* **1.** *Radio*: distortion correction; *phot.* rectification; **2.** *fig. falscher Vorstellungen etc.*: rectification, straightening out.
entziehen I. *v/t.* **1.** ***j-m et. ~*** take s.th. away from s.o.; (*Rechte etc.*) deprive s.o. of s.th.; (*Erlaubnis etc.*) withdraw s.o.'s permission *etc.*; ***j-m den Führerschein ~*** take s.o.'s driving licence (*Am.* driver's license) away, disqualify s.o. from driving; ***j-m den Alkohol ~*** stop (*od.* prevent) s.o. from drinking; ***j-m s-e Befugnisse ~*** strip s.o. of his (*od.* her) powers; ***j-m das Wort ~*** *bsd. pol.* impose silence on s.o.; ***et. j-s Zugriff ~*** put s.th. out of s.o.'s reach; ***j-n j-s Einfluss ~*** remove s.o. from s.o.'s sphere of influence; **2.** ⚗ extract; *e-r Sache* ***Kohlensäure*** (***Sauerstoff***) ***~*** decarbonate (deoxygenize); *dem Körper* ***Wärme ~*** take heat (away) from; **II.** *v/refl.*: ***sich e-r Sache ~*** (*vermeiden*) avoid; (*entwischen*) escape; (*sich befreien von*) free o.s. (*od.* itself) from; (*e-r Strafe etc.*) escape, evade; (*e-r Pflicht etc.*) evade, F dodge; (*Verfolgern etc., a. fig. der Definition etc.*) elude; ***sich dem Gericht ~*** flee from justice; ***sich j-s Blicken ~*** *Person*: hide from s.o., *Sache*: disappear (from s.o.'s view, from sight); ***es entzieht sich m-r Beurteilung*** I'm in no position to judge (that), I'm no judge of that; → ***Kenntnis*** 1; **Entziehung** *f* withdrawal (*a.* ⚕); (*Verweigerung*) denial; (*Verbot*) prohibition; ⚗ extraction; ***~ des Wahlrechts*** disfranchisement; ⚖ ***zeitweilige ~*** suspension.
Entziehungs|anstalt *f* (drug) detoxification cent|re (*Am.* -er), drying-out cent|re (*Am.* -er); **~kur** *f* withdrawal treatment.
Entzifferer *m* cryptanalyst; **entziffern** *v/t.* decipher; (*Handschrift*) *a.* make out; (*dechiffrieren*) decode; *bei unbekanntem Schlüssel*: break the key of; (*enträtseln*) puzzle (*od.* work) out; **Entzifferung** *f* decipherment; decoding.
entzippen *v/t. Computer*: (*komprimierte Daten*) unzip.
entzücken I. *v/t.* charm, delight; **II.** ≗ *n* → ***Entzückung***; **entzückend** *adj.* charming, delightful; lovely; **entzückt** *adj.* delighted, thrilled (**über** at; **von** with); ***er war ganz ~*** he was absolutely delighted, F he was thrilled to bits; **Entzückung** *f* delight; *stärker*: ecstasy; ***in ~ geraten*** go into raptures (**über** over); ***in ~ versetzen*** send into raptures.
Entzug *m* → ***Entziehung***; F ***auf ~ sein*** a) *bei Alkoholsucht*: F be being dried out, b) *bei Rauschgiftsucht*: be being treated for drug addiction.
Entzugs|blutung *f* withdrawal bleeding; **~erscheinungen** *pl.* withdrawal symptoms.
entzündbar *adj.* **1.** inflammable; *Am. u.* ⚙ *a.* flammable; **2.** *fig.* easily excited; **entzünden I.** *v/refl.*: ***sich ~*** **1.** catch fire; *Brennstoffe*: ignite; **2.** ⚕ become inflamed; **3.** *fig. Leidenschaften*: be roused (**an** by); *Streit*: be sparked off (by); *Person*: be inflamed (by); **II.** *v/t.* **4.** light; **5.** *fig.* (*Gefühle etc.*) arouse; **entzündet** *adj.* inflamed; *Augen*: *a.* red; **entzündlich** *adj.* **1.** inflammable; **2.** ⚕ inflammatory; **Entzündung** *f* ⚕ inflammation; **entzündungshemmend** *adj.* anti-inflammatory; 📖 antiphlogistic; **Entzündungsherd** *m* ⚕ focus of inflammation.
entzwei *adv.* (*zerbrochen*) broken (in two), in pieces; (*zerrissen*) torn (apart); **~brechen** *v/t. u. v/i.* break in two; come apart.

entzweien I. *v/t.* divide, separate; ***er versuchte sie zu ~*** he tried to turn them against each other; II. *v/refl.*: ***sich ~*** fall out (***mit*** with).

entzwei|gehen *v/i.* **1.** break (in two); come apart; **2.** *fig.* break up, go to pieces; **~reißen** I. *v/t.* tear in two; (*zerreißen*) tear up; II. *v/i.* tear; **~schlagen** *v/t.* smash to pieces; **~schneiden** *v/t.* cut in two; (*zerschneiden*) cut into pieces, cut up.

Entzweiung *f* division, split, rupture.

Enzephalitis *f* ⚕ encephalitis.

Enzian *m* **1.** ⚘ gentian; **2.** *spirit distilled from the roots of yellow gentian.*

Enzyklika *f* encyclical.

Enzyklopädie *f* encyclop(a)edia; **enzyklopädisch** *adj.* *a. Wissen*: encyclop(a)edic; **Enzyklopädist** *m* encyclop(a)edist.

Enzym *n biol.* enzyme.

eo ipso *adv.* ipso facto.

ephemer *adj.* ephemeral.

Epheser *m hist.* Ephesian; ***Brief an die ~*** → **~brief** *m*: *bibl.* ***der ~*** the (*od.* St Paul's) Epistle to the Ephesians, Ephesians *pl.* (*sg. konstr.*).

Epidemie *f* epidemic (disease); **Epidemiologe** *m* epidemiologist; **Epidemiologie** *f* epidemiology; **epidemisch** *adj.* epidemic; ***~e Ausmaße*** (*od.* ***Formen***) ***annehmen*** take on (*od.* reach) epidemic proportions.

Epidermis *f* epidermis.

Epiglottis *f* epiglottis.

Epigone *m* epigone; (*Nachahmer*) imitator; **epigonenhaft** *adj.* epigonous; **Epigonentum** *n* epigonism.

Epigramm *n* **1.** (*Inschrift*) epigraph; **2.** (*Sinngedicht*) epigram; **Epigrammatiker** *m* epigrammist, epigrammatist; **epigrammatisch** *adj.* epigrammatic(ally *adv.*).

Epik *f* **1.** epic poetry; **2.** narrative literature; **Epiker** *m* **1.** epic poet; **2.** narrative author.

Epikureer *m*, **epikureisch** *adj.* **1.** *hist.* Epicurean; **2.** *fig.* epicurean.

Epilation *f* epilation, waxing.

Epilepsie *f* epilepsy; **Epileptiker** *m* epileptic; **epileptisch** *adj.* epileptic; ***~er Anfall*** epileptic fit (seizure).

Epilog *m* epilog(ue).

episch *adj.* epic; ***~e Dichtung*** *coll.* epic literature, (*einzelnes Werk*) epic narrative (*od.* poem); ***~e Breite*** epic breadth; F *fig.* ***et. in ~er Breite erzählen*** make an epic out of s.th., F give s.o. the whole saga.

episkopal *adj.* episcopal; **Episkopat** *n eccl.* episcopate.

Episode *f* episode (*a.* ♪); **episodenhaft, episodisch** *adj.* episodic(ally *adv.*).

Epistel *f* epistle.

Epistemologie *f phls.* epistemology.

Epitaph *n* **1.** (*Inschrift*) epitaph; **2.** (*Gedenktafel*) memorial slab.

Epithel *n biol.* epithelium.

Epizentrum *n* epicent|re (*Am.* -er).

epochal *adj.* epoch-making; *Erfindung etc.*: revolutionary; *Entscheidung etc.*: landmark ...; (*Aufsehen erregend*) sensational; **Epoche** *f* era, age, epoch; ***~ machen*** have a profound (*stärker*: revolutionary) impact; usher in a new age; **epochemachend, Epoche machend** *adj.* epoch-making; *Idee, Erfindung etc.*: revolutionary; (*Aufsehen erregend*) sensational.

Eponym *n* eponym.

Epos *n* epic (poem); epos.

Equalizer *m* equalizer.

Equipage *obs. f* **1.** carriage (and horses *pl.*); **2.** ⚓ ship's crew.

er I. *pers. pron.* he; *von Dingen*: it; ***~ ist es*** it's him; II. ℒ *m* **1.** ***es ist ein ~*** *a. bei Tieren*: it's a he; **2.** *auf Badetüchern etc.*: his.

erachten I. *v/t.* consider, think, *formell*: judge, deem; ***et. für unnötig ~*** consider s.th. unnecessary; ***es als s-e Pflicht ~ zu*** *inf.* consider it (*od.* see it as) one's duty to *inf.*; II. ℒ *n* opinion, judg(e)ment; ***m-s ~s*** in my opinion, as I see it; ***m-s ~s war es ein Fehler*** *a.* I regard it as (*od.* consider it) a mistake, I feel it was a mistake; ***nach s-m ~*** *a.* he takes the view that.

erarbeiten *v/t.* (*a.* ***sich*** *dat.* ~) work (hard) for; (*Wissen, Kenntnisse etc.*) acquire, gather; (*Unterrichtsstoff etc.*) cover; (*zusammentragen*) compile, (*entwickeln*) develop.

Erb|adel *m* hereditary nobility; **~anlage** *f* genes *pl.*, genetic make-up (*od.* endowment); ⚕ hereditary disposition; **~anspruch** *m* hereditary title, claim to an inheritance; **~anteil** *m* → ***Erbteil.***

erbarmen I. *v/refl.*: ***sich j-s ~*** take (*od.* have) pity on s.o.; *eccl.* ***Herr, erbarme Dich unser*** Lord, have mercy upon us; II. *v/t.* move *s.o.* to pity; III. ℒ *n* pity, compassion; ***er kennt kein ~*** he's merciless; ***zum ~*** (*Mitleid erregend*) pitiful; (*entsetzlich*) appalling; (*miserabel*) miserable; **erbarmenswert, erbarmenswürdig** *adj.* pitiful, wretched; **erbärmlich** I. *adj.* *a. contp.* wretched, pitiful; (*elend*) *a. contp.* miserable, wretched; (*gering*) paltry; (*verächtlich*) mean; ***in e-m ~en Zustand*** in a wretched state; II. *adv.* (*äußerst*) terribly, dreadfully; ***~ wenig*** precious little; **Erbärmlichkeit** *f* misery; wretchedness; *e-r Tat etc.*: deplorable nature; **Erbarmung** *f* pity, mercy; **erbarmungslos** *adj.* merciless; **Erbarmungslosigkeit** *f* mercilessness; **erbarmungsvoll** *adj.* compassionate; full of pity.

erbauen I. *v/t.* **1.** build, construct; **2.** *fig.* edify; F ***er war nicht besonders erbaut davon*** F he wasn't exactly over the moon about it; II. *v/refl.*: ***sich ~ an*** find great pleasure in, *stärker*: be uplifted by; **Erbauer** *m* architect, builder; (*Gründer*) founder; **erbaulich** *adj.* edifying (*a. iro.*), elevating; *Schrift*: devotional.

Erbauseinandersetzung *f* division of an estate.

Erbauung *f* **1.** construction, erection; **2.** *fig.* edification.

Erbauungs|literatur *f* devotional literature; **~schrift** *f* religious (*od.* devotional) tract.

Erbbaurecht *n* inheritable (*od.* hereditary) building rights *pl.*

erbberechtigt *adj.* entitled to inherit; **Erbberechtigte(r)** *m* (legitimate) heir.

Erbe[1] *m* heir, successor (*beide a. fig.*; ***e-s Vermögens*** to an estate); (*Begünstigter*) beneficiary; (*Vermächtnisnehmer*) legatee; *e-s noch Lebenden*: heir apparent; ***alleiniger ~*** sole heir; ***gesetzlicher ~*** legal heir, heir-at-law; ***mutmaßlicher ~*** heir presumptive; ***rechtmäßiger ~*** legal (*od.* lawful, right) heir; ***j-n zum ~n einsetzen*** make s.o. one's heir; → ***lachend.***

Erbe[2] *n* inheritance; *fig.* heritage, legacy.

erbeben *v/i.* *a. Person u. fig.*: shake, tremble (***vor*** with; ***bei*** at); ***et. ~ lassen*** make s.th. shake (*od.* tremble).

erbeigen *adj.* inherited; **Erbeigenschaft** *f* hereditary trait; **Erbeigentum** *n* **1.** inheritance; **2.** family estate.

erben I. *v/t.* inherit (*a. fig.*); (*Geld*) *a.* come into; F *fig.* (*kriegen*) get; *fig.* ***das hat er von der Mutter geerbt*** he's got that from his mother; F ***hier ist nichts zu ~*** F there's nothing doing here; II. *v/i.* inherit, come into an inheritance.

Erbengemeinschaft *f* community of heirs.

erbetteln *v/t.* (*a.* ***sich*** *dat.* ~) get *s.th.* by begging; *contp.* scrounge, cadge *s.th.* (***von*** off); *schmeichelnd*: wheedle *s.th.* (out of).

erbeuten *v/t.* **1.** *Dieb etc.*: get away with; **2.** seize, *bsd.* ⚔ *a.* capture; **3.** F *fig.* (*Preis etc.*) carry off, manage to get; **Erbeutung** *f* capture.

Erb|faktor *m* gene; **~fehler** *m* hereditary defect; **~feind** *m* sworn (*od.* traditional, age-old) enemy; **~feindschaft** *f* traditional (*od.* longstanding) enmity.

Erbfolge *f* succession; **~krieg** *m* war of succession.

Erb|forschung *f* genetics *pl.* (*sg. konstr.*), genetic research; **~gut** *n* **1.** *biol.* genetic make-up; **2.** ⚖ a) inheritance, b) estate; ℒ**gutschädigend** *adj.* genetically damaging.

erbieten *v/refl.*: ***sich ~ zu*** *inf.* offer (*od.* volunteer) to *inf.*

Erbinformation *f* genetic information.

Erbin *f* heiress; → ***Erbe***[1].

erbitten *v/t.* (*a.* ***sich*** *dat.* ~) ask for, request.

erbittern I. *v/t.* **1.** anger, *stärker*: enrage; **2.** make *s.o.* (feel) very bitter, embitter; II. *v/refl.*: ***sich ~*** **3.** get angry (***über*** about), get upset (about, over); **4.** become embittered *od.* bitter (***über*** about); **erbittert** I. *adj.* **1.** embittered (***über*** at, by), bitter (about); resentful (about); **2.** *Gegner etc.*: bitter; (*heftig*) fierce; (*verbissen*) stubborn; ***~en Widerstand leisten*** fight back fiercely, put up a fierce resistance; II. *adv.*: ***et. ~ bekämpfen*** fight s.th. tooth and nail; **Erbitterung** *f* bitterness; embitterment.

erbkrank *adj.* suffering from a hereditary disease; **Erbkrankheit** *f* hereditary disease.

erblassen *v/i.* go (*od.* turn, *formell*: grow) pale, go (*od.* turn) white.

Erblasser(in *f*) *m the* deceased; *testamentarisch*: testator, *f* testatrix.

Erblast *f* burden of the past; ***die ~ der Nazizeit*** the burden of the (*od.* their, our) Nazi past.

erbleichen *v/i.* → ***erblassen.***

erblich I. *adj.* hereditary; *Titel etc.*: inheritable; II. *adv.*: ***er ist ~ belastet*** ⚕ it's a hereditary disease, *bei Eigenschaft*: it runs in the family; **Erblichkeit** *f* hereditary character (*od.* nature).

erblicken *v/t.* see; *plötzlich*: catch sight of; F clap eyes on; *fig.* ***in j-m s-n Feind*** *etc.* **~** see s.o. as one's enemy *etc.*

erblinden *v/i.* **1.** go blind, lose one's sight; ***auf einem Auge ~*** go blind in one eye, lose the sight of one eye; **2.** *Glas etc.*: (grow) dull; **Erblindung** *f* loss of (one's) sight; blindness.

erblühen *v/i.* blossom (*a. fig.*), open (out); *fig.* ***~ zu*** blossom into.

Erb|masse *f* **1.** (*Nachlass*) estate; **2.** *biol.* genetic make-up; **~onkel** *m* rich uncle.

erbosen I. *v/t.* anger, *stärker*: infuriate; II. *v/refl.*: ***sich ~*** get angry (***über*** at); **erbost** *adj.* angry (***über*** about, *j-n*: with).

erbötig *adj.*: ***sich ~ machen zu** inf.* offer (*od.* volunteer) to *inf.*
Erbpacht *f* hereditary leasehold.
erbrechen I. *v/t.* **1.** ⚕ vomit, bring up; **2.** (*gewaltsam öffnen*) break open; (*Tür*) *a.* force; (*Brief*) open; **II.** *v/i. u. v/refl.* (***sich** ~*) vomit, be sick; **III.** ⁓ *n* ⚕ vomiting; F *fig.* ***bis zum ~*** ad nauseam.
Erbrecht *n* **1.** (*Gesetz*) law of succession; **2.** (*Anspruch*) right of succession, hereditary title.
erbringen *v/t.* produce, provide, (*Beweise*) *a.* furnish; (*Gewinn, Ergebnis*) bring, yield; ***Leistungen ~*** produce results, F come up with the goods.
Erbschädigung *f* genetic defect.
Erbschaft *f* inheritance; → *a.* ***Nachlass*** 1, ***Vermächtnis***; → ***antreten*** 4 *etc.*
Erbschafts|anspruch *m* claim to an inheritance; **~schwindel** *m* inheritance fraud; **~steuer** *f* inheritance tax; ***~- und Schenkungssteuer*** *f* capital transfer tax, *abbr.* CTT.
Erbschein *m* certificate of heirship.
Erbschleicher *m* legacy hunter; **Erbschleicherei** *f* legacy hunting.
Erbse *f* pea; ***wie die Prinzessin auf der ~*** like the princess and the pea.
Erbsen|brei *m* pureed peas *pl.*, *Brit. a.* pease pudding; **⁓groß** *adj. nachgestellt*: the size of a pea; **~püree** *n* → ***Erbsenbrei***; **~schote** *f* pea pod; **~suppe** *f* pea soup.
Erbsenzähler *m* **1.** pedant; **2.** (*Geizhals*) miser; **Erbsenzählerei** *f* **1.** F nit-picking; **2.** (*Geiz*) miserliness.
Erb|sprung *m biol.* saltation; **~streitigkeit** *f* inheritance dispute; quarrel over a will; **~stück** *n* heirloom; **~substanz** *f* genes *pl.*; **~sünde** *f* original sin; **~tante** *f* rich aunt; **~teil** *n* share of the inheritance; **~teilung** *f* division of an estate; **~übel** *n* hereditary evil; **~vertrag** *m* testamentary contract; **~verzicht** *m* renunciation of inheritance rights.
Erdachse *f* earth's axis.
erdacht *adj.* imaginary, invented, fictitious; made-up ..., *pred.* made up.
Erd|anziehung *f* earth's pull; **~apfel** *dial. m* potato; **~arbeiten** *pl.* excavation work *sg.*, excavations; **~atmosphäre** *f* (earth's) atmosphere; **~bahn** *f* earth's orbit; **~ball** *m* globe; *weitS.* earth.
Erdbeben *n* earthquake; ***schweres ~*** heavy (*od.* strong, bad) earthquake; ***das ~ von San Francisco*** *etc.* the San Francisco *etc.* earthquake, the earthquake in San Francisco *etc.*; ***bei e-m ~ umkommen*** die in an earthquake; ***bei e-m ~*** *würde* ... in the event of an earthquake, if an earthquake struck (*od.* were to strike); **~gebiet** *n* **1.** earthquake area; **2.** area hit by the (*od.* an) earthquake; **~herd** *m* focus of the (*od.* an) earthquake, seismic focus; **~kunde** *f* seismology; **~messer** *m* seismograph; **~schutz** *m* earthquake protection; **⁓sicher** *adj.* earthquake-proof; **~warte** *f* seismographical station; **~welle** *f* seismic wave.
Erdbeere *f* strawberry; **erdbeerfarben** *adj.* strawberry(-colo[u]red).
Erdbeer|marmelade *f* strawberry jam; **~sekt** *m* strawberry champagne; **~torte** *f* strawberry cake (*od.* gateau).
Erd|bestattung *f* burial; *formell*: interment; **~bevölkerung** *f* population of the earth, earth's population.
Erdbewegung *f* **1.** *ast.* motion of the earth; **2.** ⚙ earth movement; **Erdbewegungsmaschine** *f* earth-moving machine; *pl. a.* earth-moving equipment *sg.*
Erd|bewohner *m* inhabitant of the earth; F *hum.* F earthling; **~boden** *m* ground, earth; ***dem ~ gleichmachen*** raze (to the ground); ***vom ~ verschwinden*** disappear from the face of the earth; ***es war wie vom ~ verschluckt*** it was as if the earth had swallowed it up, it had just vanished (into thin air).
Erde *f* **1.** (*Erdreich*) earth, soil; ***zu ~ werden*** turn to dust; *eccl.* ***~ zu ~, Staub zu Staub*** ashes to ashes, dust to dust; ***in fremder*** (***geweihter***) ***~ ruhen*** rest in foreign (consecrated) soil; **2.** (*Boden*) ground; ***über der ~*** above ground; ***unter der ~*** underground; ***auf die*** (*od.* ***zur***) ***~ fallen*** fall to the ground; ***auf nackter ~, auf der nackten ~*** on the bare ground; *fig.* ***j-n unter die ~ bringen*** be the death of s.o.; → ***Fuß*** 1; **3.** (*Erdball*) (planet) earth; ***auf der ganzen ~*** all over the world, the world over; ***auf ~n*** on earth, here below; **4.** (*Fußboden*) floor; **5.** ⚡ (*a.* ***an ~ legen***) earth, *Am.* ground.
erden *v/t.* ⚡ earth, *Am.* ground.
Erden|bürger *m* mortal; ***ein neuer kleiner ~*** a new addition (*od.* another little addition) to the human race; **~glück** *n* earthly happiness.
erdenken *v/t.* think up; (*erfinden*) invent; → ***erdacht***; **erdenklich** *adj.* imaginable, conceivable, possible; ***auf jede ~e Weise*** (in) every possible (*od.* imaginable, conceivable) way, every way imaginable; ***sich alle ~e Mühe geben, alles ⁓e tun*** do one's utmost (***um zu*** *inf.* to *inf.*).
Erden|leben *n* earthly life, life on earth; **~wurm** *m* sorry mortal.
Erd|erschütterung *f* earth tremor; **~erwärmung** *f* global warming; **⁓farben** *adj.* earth-colo[u]red; **~ferkel** *n* aardvark, anteater; **⁓fern** far from the earth; **~ferne** *f ast.* apogee; **~gas** *n* natural gas; **⁓geboren** *poet. adj.* earthborn, mortal; **⁓gebunden** *adj.* earthly; **~geist** *m* **1.** earth spirit; **2.** (*Kobold*) gnome; **~geruch** *m* earthy smell.
Erdgeschichte *f* history of the earth; geology; **erdgeschichtlich** *adj.* geological.
Erd|geschoss, *östr.* **~geschoß** *n* (***im*** on the) ground (*Am.* first) floor; **~hälfte** *f* hemisphere; **~haufen** *m* heap of earth, small mound of earth; **~hügel** *m* mound.
erdichten *v/t.* make up, think up, invent; *contp. a.* fabricate; **erdichtet** *adj.* made-up ..., *pred.* made up; ***es ist ~*** *a.* it's a fabrication; **Erdichtung** *f* invention; fabrication.
erdig *adj.* earthy.
Erd|innere *n* interior of the earth; **~kabel** *n* underground cable; **~karte** *f* map of the world; **~kern** *m* earth's core; **~klumpen** *m* clod of earth; **~kreis** *m*: ***der ganze ~*** the whole world; ***auf dem ganzen ~*** all over the world, the world over; **~krume** *f* topsoil; **~krümmung** *f* curvature of the earth; **~kruste** *f* earth's crust; **~kugel** *f* globe; *weitS.* earth.
Erdkunde *f* geography; **erdkundlich** *adj.* geographic(al).
Erd|leiter *m* ⚡ earth (*Am.* ground) wire; **~leitung** *f* **1.** ⚡ earth (*Am.* ground) wire; **2.** ⚙ underground pipe(line); **~loch** *n* hole (in the ground); ⚔ foxhole; **~magnetismus** *m* geomagnetism; **~mantel** *m* earth's mantle; **~massen** *pl.* masses of earth, earth masses; **~messung** *f* geodesy.
Erdnuss *f* ♀ peanut; **~butter** *f* peanut butter; **~öl** *n* peanut oil.
Erdoberfläche *f* earth's surface, surface of the earth.
Erdöl *n* (crude) oil, petroleum; **~...** *in Zssgn* → *a.* ***Mineralöl...***
erdolchen *v/t.* stab to death.
Erdöl|erzeuger *m* oil producer, oil-producing nation; **~erzeugnis** *n* oil product; **~feld** *n* oilfield.
Erdöl fördernd *adj.*: ***~e Länder*** (*od.* ***Staaten***) oil-producing countries (*od.* nations).
Erdöl|förderung *f* oil production; **~gesellschaft** *f* oil company.
Erdöl importierend *adj.*: ***~e Länder*** (*od.* ***Staaten***) oil-importing countries.
Erdöl|krise *f* oil crisis; **~minister** *m* oil minister; **~preise** *pl.* oil prices, price *sg.* of oil; **~produkt** *n* oil product.
Erdöl produzierend *adj.* → ***Erdöl fördernd.***
Erdöl|raffinerie *f* oil refinery; **~verbrauch** *m* oil consumption; **~vorkommen** *pl.* sources of oil, oilfields.
Erd|pol *m* pole (of the earth); **~probe** *f* soil sample; **~reich** *n* earth, soil.
erdreisten *v/refl.*: ***sich ~ zu*** *inf.* dare to *inf.*; have the cheek (*od.* nerve) to *inf.*
Erdrinde *f* earth's crust.
erdröhnen *v/i. Raum, Luft etc.*: boom, roar, resound (***von*** with); *Motor*: roar; *Glocken*: boom.
erdrosseln *v/t.* strangle; *fig.* smother; **Erdrosselung** *f* strangulation.
Erdrotation *f* → ***Erdumdrehung.***
erdrücken *v/t.* crush (to death); *fig.* overwhelm; (*niederdrücken*) weigh down; (*Raum*) *Möbelstück etc.*: swamp; ***von Arbeit fast erdrückt*** snowed under (*od.* swamped) with work; **erdrückend** *adj.* *Sorgen etc.*: oppressive; ***~e Beweise*** overwhelming (*od.* incontrovertible) evidence; ***~e Mehrheit*** overwhelming majority.
Erdrutsch *m a. fig. pol.* landslide; **erdrutschartig** *adj.*: *pol.* ***~e Verluste*** devastating losses; **Erdrutschsieg** *m pol.* landslide victory.
Erd|satellit *m ast. u.* ⚙ earth satellite; **~schatten** *m* earth's shadow; **~schicht** *f* layer of the earth; stratum; *untere*: subsoil; **~scholle** *f* clod of earth; *fig.* soil; **~sicht** *f* ✈ ground visibility; **~spalte** *f* fissure; **~station** *f* ground control; **~stoß** *m* tremor; seismic shock, earthshock; **~strahlung** *f* ground radiation; **~sturz** *m* landslide; **~teil** *m* continent; **~trabant** *m* earth satellite.
erdulden *v/t.* bear, endure, *lit.* suffer; **Erduldung** *f* endurance.
Erd|umdrehung *f* earth's rotation; *a. einzelne*: rotation of the earth; **~umfang** *m* earth's circumference, circumference of the earth; **~umkreisung** *f* orbit around the earth; **~umlauf** *m*: ***~ um die Sonne*** revolution of the earth around the sun; **~umlaufbahn** *f e-s Satelliten*: (earth) orbit; ***in die ~ schießen*** send into orbit; **~umsegelung** *f* circumnavigation of the earth, voyage around the world.
Erdung *f* ⚡ earth(ing), *Am.* ground(ing); **Erdungsdraht** *m* earth (*Am.* ground) wire.
erdverbunden *adj.* rooted to the soil; bound up with nature.
Erd|wall *m* earthwork; **~wärme** *f* geothermal energy; **~zeitalter** *n* geological era.
ereifern *v/refl.*: ***sich ~*** get worked up

E

(**über** about); **sich ~ gegen** lash out against.
ereignen *v/refl.*: **sich ~** happen, take place, occur; **es hat sich nichts Ungewöhnliches ereignet** nothing much happened; **Ereignis** *n* event; (*Vorfall*) incident; (*Sensation*) sensation; **freudiges ~** (*Geburt*) happy event; **ereignislos** *adj.* uneventful; **ereignisreich** *adj.* very eventful; (*aufregend*) exciting.
ereilen *lit. v/t.* catch up with, *lit.* overtake; *Schicksalsschlag etc.*: *lit.* befall; *Nachricht*: reach; **das Schicksal hat ihn ereilt** fate caught up with him; **der Tod hat ihn ereilt** death caught up with (*od.* overtook) him; **der Tod hat ihn in ... ereilt** he met his death in ...
Erektion *f* erection; **~shilfe** *f* ⚕ erection aid.
Eremit *m* hermit; **Eremitendasein** *n* life of a hermit.
ererben *v/t.* inherit (**von** from); **ererbt** *adj.* inherited; *biol.* hereditary.
erfahren[1] **I.** *v/t.* **1.** hear (about); be told (about); find out (about); discover; **ich habe nichts davon ~** *a.* nobody told me anything (*od.* about it); **sie hat es durch die Zeitung ~** she read about it in the newspaper(s); **ich habe es nur durch Zufall ~** I only found out by chance; **2.** (*erleben*) experience; (*erleiden*) suffer; (*empfangen*) get; **II.** *v/i.*: **~ von** get to know about, hear about (*od.* that ...).
erfahren[2] *adj.* experienced; (*bewandert*) well versed (**in** in); **er ist sehr ~** *a.* he's got a lot of experience; **er ist in diesen Dingen sehr ~** *a.* he's an old hand at that sort of thing; **Erfahrenheit** *f* experience.
Erfahrung *f* **1.** (*Erlebnis*) experience; (*Kenntnis, Praxis*) experience (*nur sg.*); **technische ~** *a.* know-how; **aus (eigener) ~** from (one's personal) experience; **~(en) sammeln** (*od.* **machen**) gain (*od.* pick up) experience; **durch ~ klug werden** learn the hard way; **die ~ machen, dass** find that; **ich musste die traurige ~ machen, dass** sadly, I found that; **schlechte ~en machen** have problems *od.* trouble (**mit** with), fare badly (with); **gute ~en machen** have no problems *od.* trouble at all (**mit** with), fare very well (with); **wir haben bisher mit dem Wagen nur gute ~en gemacht** we've had absolutely no trouble with the car so far; **die ~ hat gezeigt** (*od.* **gelehrt**), **dass** (past) experience has shown that; **da bin ich wieder um e-e ~ reicher** you learn something new every day, *bei Enttäuschung*: I'll just have to put it down to experience, (*das ist mir e-e Lehre*) that's another lesson; **2. in ~ bringen** learn, (*a. herausfinden*) find out.
Erfahrungs|austausch *m* exchange of views; **sich zu e-m ~ treffen** get together (in order) to compare notes; **~bereich** *m* scope (of experience); **~bericht** *m* ✝ progress report.
erfahrungsgemäß *adv.* experience has shown (*od.* shows) that, we know from experience that.
Erfahrungs|sache *f*: **das ist ~** it's just a question of experience; **~schatz** *m* store (*großer*: wealth) of experience; sum total of one's experience; **~tatsache** *f* well-known (*od.* well-established) fact; **~urteil** *n* empirical judg(e)ment; **~wert** *m* experience (*od.* practical) value; *pl.* experience *sg.*
erfassbar *adj.* **1.** recordable; *Statistik*: ascertainable; **2.** (*geistig ~*) cognizable;
erfassen *v/t.* **1.** (*packen*) seize, grasp; *Auto*: hit; *Wirbel, Strömung etc.*: sweep away; **von den Rädern erfasst werden** be caught under the wheels; **von e-m Auto erfasst werden** be hit (*od.* knocked down, run over) by a car; *fig.* **von Furcht** *etc.* **erfasst werden** be seized with fear *etc.*; **2.** *fig.* (*verstehen*) grasp; (*erkennen*) realize; **3.** *statistisch*: register, record; **4.** (*Daten*) *a*) (*sammeln*) collect, acquire; **erfasst sein** *vom Verfassungsschutz etc.*: be on file; **wir sind vermutlich erfasst** *a.* F they've probably got us down on their files, b) (*eingeben*) capture, input, *manuell a.* key in; **5.** (*in sich schließen*) include; (*abdecken*) cover; **Erfassung** *f* **1.** *amtliche*: registration; **2.** *von Daten*: a) (*Sammeln*) collection, acquisition, b) (*Eingabe*) capture, input, *manuelle a.* keying-in; **3.** (*Miteinbeziehung*) inclusion, coverage.
erfechten *v/t.* (*Sieg etc.*) gain; (*Medaille etc.*) win.
erfinden *v/t.* invent; (*erdichten*) *a.* make up; → **erfunden**; **Erfinder** *m* inventor; **der ~** *gen. a.* the man (*od.* woman) who invented ...; **Erfindergeist** *m* inventiveness; **erfinderisch** *adj.* inventive; (*fantasievoll*) imaginative; (*schöpferisch*) creative; (*findig*) resourceful; → **Not**; **Erfindung** *f* **1.** invention; (*Idee*) idea; **e-e ~ machen** invent something; **m-e neueste ~** my latest invention; **2.** (*Erdichtetes*) invention, fabrication; **das ist reine ~** *a.* he's *etc.* made it all up; **Erfindungsgabe** *f* inventive talent (*od.* genius); (*Fantasie*) imagination; **erfindungsreich** *adj.* inventive; **Erfindungsreichtum** *m* inventiveness.
erflehen *v/t.* implore; **j-s Hilfe ~** *a.* implore (*od.* beseech) s.o. to help one.
Erfolg *m* success; (*Ausgang*) result, outcome; (*Folge*) consequence, upshot; (*Wirkung*) effect; (*Leistung*) achievement; **großer ~** great success; **guter ~** good result; **~ haben** succeed, be successful; **hattest du ~?** *a.* did you get what you wanted?; **keinen ~ haben** be unsuccessful, fail; **mit dem ~, dass** with the result that; **er hatte keinerlei ~ bei ihr** he didn't get anywhere with her; **er hat bei den Frauen (keinen) ~** he's (not) very successful with women; **viel ~ dabei!** get on well with it!; **von ~ gekrönt** crowned with success; **mit ~ bestanden** *Überschrift*: passed.
erfolgen *v/i.* follow; (*sich ereignen*) happen, take place, occur; **~ nach** *a.* come after; **es ist noch keine Antwort erfolgt** we haven't had a (*od.* any) reply yet; **die Zahlung muss sofort ~** payment must be made immediately.
Erfolghascherei *f* success-seeking, pursuit of success, chasing after success (F fame and fortune).
erfolglos *adj.* unsuccessful; (*fruchtlos*) fruitless; (*wirkungslos*) ineffective; **ein ~es Bemühen** a fruitless enterprise; *die Bemühungen etc.* **blieben ~** *a.* were to no avail; **Erfolglosigkeit** *f* failure; (*Wirkungslosigkeit*) ineffectiveness.
erfolgreich I. *adj.* successful; **II.** *adv.*: **e-e Prüfung ~ bestehen** pass an exam.
Erfolgs|aussichten *pl.* chances of success; **~autor** *m* best-selling author; **~beteiligung** *f* ✝ profit-sharing; **~bilanz** *f* list of successes; **~buch** *n* best-selling book (*od.* work); **~chance** *f* chance (of winning *etc.*); **~denken** *n* positive thinking; **~druck** *m*: **unter ~ stehen** be under pressure to succeed; **~erlebnis** *n* sense of achievement; **jeder braucht mal ein ~** everyone needs a lift now and again; **~film** *m* box-office hit (*od.* success); film success; **~geheimnis** *n* secret behind s.o.'s success; **~honorar** *n* contingent fee; **~kurve** *f* success spiral (*od.* cycle); **~leiter** *f* ladder of success; **die ~** (*od.* **auf der ~**) **nach oben klettern** climb (*od.* move) up the ladder of success; **~meldung** *f* good news; news of s.o.'s success; **~mensch** *m* success-seeker, F go-getter; **&orientiert** *adj.* success-oriented; **~quote** *f* success rate; **~rezept** *n* recipe for success; **~schlager** *m* (top) hit, hit success; **&sicher** *adj.* certain *od.* sure of success (*od.* to succeed); **~story** F success story, tale of success; **~stress** *m* → **Erfolgszwang**; **~welle** *f* wave of success; **~zwang** *m*: **unter ~ stehen** be under pressure to succeed (*od.* do well).
erfolgversprechend, Erfolg versprechend *adj.* promising.
erforderlich *adj.* necessary; required; **unbedingt ~** essential; **falls ~** if required; **~ machen** require, necessitate; **die ~en Maßnahmen ergreifen** take the necessary steps; **erfordern** *v/t.* require, demand, call for; *stärker*: necessitate; (*Zeit*) take; (*Geduld, Mut etc.*) take, require, demand; **Erfordernis** *n* requirement, demand; (*Voraussetzung*) prerequisite.
erforschen *v/t.* **1.** (*untersuchen*) inquire into, investigate; *wissenschaftlich*: study, research (into); do research on; (*Land, Weltraum*) explore; **2. sein Gewissen ~** search one's conscience, F do a bit of soul-searching; **Erforscher** *m* explorer; **Erforschung** *f* investigation (*gen.* of, into); *wissenschaftliche*: research (into); *e-s Gebiets*: exploration (of).
erfragen *v/t.* ask (for); **zu ~ bei** apply to.
erfrechen *v/refl.*: **sich ~ zu** *inf.* have the audacity to *inf.*
erfreuen I. *v/t.* please; *formell*: give *s.o.* pleasure; F give *s.o.* a thrill; **j-s Herz ~** *lit.* gladden s.o.'s heart; **II.** *v/refl.*: **sich ~ an** enjoy, *formell*: take pleasure in; **sich e-r Sache ~** enjoy s.th.; **sich großer Beliebtheit ~** be very popular, enjoy great popularity; → **erfreut**; **erfreulich I.** *adj.* pleasing; *Nachrichten*: good, welcome; (*ermutigend*) encouraging, heartening; **das ist ja sehr ~** that's good to hear; **II.** *adv.*: **es waren ~ wenig Leute da** we were *etc.* pleased to find so few people there; **es sind ~ wenig Unfälle passiert** *bei Meldung*: we are pleased to report that there were relatively few accidents; **ich habe ~ viel geschafft** I'm pleased at how much I managed to get done; **Erfreuliche(s)** *n*: **das Erfreuliche daran** the nice thing about it; **es gibt wenig Erfreuliches zu berichten** the news isn't very good, I'm afraid; **erfreulicherweise** *adv.* fortunately, happily; **~ hat es geklappt** I'm glad to say it worked; **~ hat sie sich gebessert** we're *etc.* glad to see she's improved; **erfreut** *adj.* pleased (**über** at, about), delighted (with, about, at); **hoch ~** (absolutely) delighted; **ein ~es Gesicht machen** look pleased; **..., sagte sie ~ ...,** she said delightedly; *obs.* **sehr ~** pleased to meet you.
erfrieren I. *v/i.* freeze to death; *Pflanzen*: be killed by frost; **ihm sind zwei Finger erfroren** he lost two fingers through

frostbite; ***mir sind die Finger erfroren*** *übertreibend*: my fingers were frozen to the bone; **II.** *v/t.*: ***er hat sich zwei Finger erfroren*** he got frostbite on two fingers; **Erfrierung** *f a. pl.* frostbite (**an** on); ***~en erleiden*** get frostbite, get frostbitten; **Erfrierungstod** *m*: ***den ~ sterben*** die from exposure (📖 of hypothermia), freeze to death.

erfrischen I. *v/t.* refresh; (*beleben*) revive; **II.** *v/refl.*: ***sich ~*** refresh o.s., take some refreshment; *durch Waschen*: freshen up; (*sich abkühlen*) cool o.s. (down); **erfrischend** *adj.* refreshing (*a. fig.*); *fig.* ***von ~er Offenheit*** refreshingly frank; **Erfrischung** *f* refreshment; ***e-e ~*** (*od.* ***~en***) ***zu sich nehmen*** have (*od.* take) some refreshment.

Erfrischungs|getränk *n* **1.** soft drink; **2.** cool drink; **~raum** *m* refreshment room; **~tuch** *n* moist (*od.* moistened) tissue.

erfüllen I. *v/t.* **1.** *a. fig.* fill (**mit** with); **2.** (*Aufgabe etc.*) fulfil(l); (*Bedingung*) *a.* meet; (*Wunsch*) grant, fulfil(l); (*Erwartungen*) meet, come up to; (*Pflicht, Vertrag etc.*) carry out; (*Versprechen*) keep; (*Zweck*) serve; ***das Auto erfüllt noch s-n Zweck*** the car still serves its purpose (*od.* does its job); **3.** ***s-e Arbeit erfüllt ihn*** he finds his work very satisfying; **II.** *v/refl.*: ***sich ~*** come true; **erfüllt** *adj.*: ***~ von*** filled with, full of, *Begeisterung etc.*: *a.* bubbling over with; ***~ von dem Wunsch zu*** *inf.* filled with (*od.* possessed by) the desire to *inf.*; ***ein ~es Leben*** a full (and active) life; ***ein ~er Traum*** a dream come true, the fulfil(l)ment of a dream; ***nicht ~e Forderungen*** *etc.* unmet demands *etc.*; **Erfüllung** *f* fulfil(l)ment (*a. Befriedigung*); ***in ~ gehen*** come true, be fulfilled; **Erfüllungsort** *m* ✝ place of fulfil(l)ment.

erfunden *adj.* imaginary, fictitious; ***das ist alles ~*** he's *etc.* made it all up, it's pure fabrication.

Erg *n phys.* erg.

ergänzen *v/t.* (*abrunden*) complement; (*vervollständigen*) complete; (*hinzufügen*) supplement; (*einsetzen*) add; (*ersetzen*) replace; (*Lager*) replenish; (*Summe*) make up; (*wiederherstellen*) restore; ***sich*** (*od.* ***einander***) ***~*** complement one another, be complementary; ***sie ~ sich hervorragend*** *Personen*: they make the perfect (man-and-wife) team; **ergänzend I.** *adj.* complementary; (*nachträglich*) supplementary; (*zusätzlich*) additional; (*zum Ganzen gehörig*) integral; *ling. Satz*: completive *clause*; **II.** *adv.*: ***~ möchte ich noch hinzufügen, dass*** I would just like to add that; ***~ muss noch gesagt werden, dass*** it must be added that; **Ergänzung** *f* **1.** completion; (*Hinzufügung*) supplementation; (*Einsetzung*) addition; (*Ersetzung*) replacement; ***zur ~*** *gen.* to add to, to supplement, (*zusätzlich zu*) in addition to; **2.** (*das Ergänzte*) complement (*a. ling.*, ♪); supplement; addition; *zu e-m Gesetz*: amendment.

Ergänzungs|abgabe *f* supplemental income tax; **~band** *m* supplement(ary volume); **~farbe** *f* complementary colo(u)r; **~frage** *f* (*Zusatzfrage*) follow-up question; **~haushalt** *m* supplementary budget; **~material** *n* supplementary material; **~wort** *n ling.* supplementary word.

ergattern F *v/t.* (*a.* ***sich*** *dat.* **~**) (manage to) get hold of.

ergaunern *v/t.*: (***sich***) ***et. ~*** get s.th. in some racket (or other), ***bei j-m***: swindle s.o. out of s.th.

ergeben[1] I. *v/t.* **1.** (*hervorbringen*) result in; (*betragen*) come to, make; (*abwerfen*) yield; **2.** (*erweisen*) *Untersuchung etc.*: show, establish, prove; ***es hat nichts ~*** *a.* nothing came of it; ***es ergibt keinen Sinn*** it doesn't make sense; **II.** *v/refl.*: **3.** ***sich ~*** (*entstehen*) arise, *Schwierigkeiten etc.*: *a.* crop up; ***es ergab sich e-e Diskussion*** a discussion ensued, it led to a discussion; ***sich ~ aus*** result (*od.* arise) from; ***daraus ergibt sich, dass*** it follows that; ***es ergab sich, dass*** it turned out that; ***es hat sich so ~*** it happened to work out like that, ***dass***: it so happened that; as it turned out, ...; **4.** ***sich ~*** ⚔ *u. weitS.* surrender (*dat.* to); (*e-r Sache*) devote o.s. to; (*e-m Laster*) take to (*doing*) *s.th.*; ***sich in*** *sein Schicksal* **~** resign o.s. to, surrender to.

ergeben[2] *adj.* devoted (*dat.* to); (*treu*) loyal (to); *e-m Schicksal*: resigned (to); ***dem Laster*** (***dem Trunk***) **~** a slave to vice (drink); ***~er Diener*** obedient servant; **Ergebenheit** *f* devotion; (*Treue*) loyalty; (*Fügsamkeit*) resignation.

Ergebnis *n* result (*a. Sport etc.*), outcome; (*Folgen*) result, consequence(s *pl.*); (*Punktzahl*) score; *e-r Untersuchung*: findings *pl.*; results *pl.*; (*Lösung, Antwort*) answer; (*Folgerung, Schluss*) conclusion; ***zu dem ~ kommen*** (*od.* ***gelangen***)**,** ***dass*** come to (*od.* arrive at) the conclusion that; ***zu keinem ~ gelangen*** *Verhandlungen etc.*: (turn out to) be unsuccessful; ***das richtige ~ lautet*** the correct answer is; **ergebnislos** *adj.* without result; (*erfolglos*) unsuccessful; ***~ bleiben*** remain unsuccessful, lead nowhere, *Gespräche, Versuch etc.*: *a.* fail.

Ergebung *f* **1.** surrender; **2.** (*Sichfügen*) resignation, submission; **ergebungsvoll** *adj.* submissive.

ergehen I. *v/i.* **1.** *Befehl etc.*: be issued (**an** to); *Gesetz*: come out; (*geschickt werden*) be sent (to); ⚖ *Urteil, Beschluss*: be passed; ***~ lassen*** issue; (*Einladung*) send (**an** to), extend (to); ⚖ (*Beschluss*) pass; ***es erging e-e Aufforderung an die Mitglieder zu*** *inf.* the members were called (*od.* summoned) to *inf.*; ***es erging an sie ein Ruf an die Universität London*** she was offered a chair at London University; **2.** *et.* ***über sich ~ lassen*** (patiently) endure, submit to; **II.** *v/refl.* **3.** ***sich über*** *ein Thema* **~** hold forth on; **4.** ***sich ~ in*** indulge in; (*Verwünschungen etc.*) pour forth; **5.** *lit.* ***sich ~*** take a walk (*od.* stroll); **III.** *v/impers.*: ***es ist ihm schlecht ergangen*** he had a bad (*od.* rough) time of it; ***es ist mir gut ergangen*** I fared (*od.* things went) very well, ***bei m-n Großeltern***: I was well looked-after by my grandparents; ***wie ist es dir ergangen?*** how did you fare?, how did it go?; ***mir ists genauso ergangen*** it was the same with me, I had the same experience; **IV.** ≗ *n* → ***Befinden.***

ergiebig *adj.* economical; (*fruchtbar*) fertile; (*reich*) rich (**an** in); *Geschäft*: profitable, lucrative; *fig. Gespräch etc.*: useful, productive, fruitful; *Thema*: broad, endless; *Waschpulver etc.*: ✝ high-yield; ***der Tee ist sehr ~*** this tea goes a long way; **Ergiebigkeit** *f* economy; fertility; richness; lucrativeness; usefulness; breadth; → ***ergiebig***; *von Tee etc.*: yield.

ergießen I. *v/refl.*: ***sich ~ in*** (***auf, über***) flow *od.* pour into (onto, over); ***sich ~ in*** *Fluss*: flow (*od.* empty) into; **II.** *v/t.* pour (**in** into; **auf** onto; **über** over).

erglänzen *v/i.* (begin to) shine *od.* gleam.

erglühen *v/i. Berge, Himmel etc.*: (begin to) glow, *lit.* catch (*od.* be on) fire; *fig. Gesicht*: glow, blush, go red; *fig.* ***~ vor*** *a.* flush with *pride etc.*; *weitS* be flushed with *enthusiasm*.

ergo *cj.* ergo, therefore.

Ergonomie *f* ergonomics *pl.* (*sg. konstr.*), human engineering; **ergonomisch** *adj.* ergonomic(ally *adv.*).

ergötzen I. *v/t.* amuse, entertain; (*a. das Auge od. Ohr*) delight; **II.** *v/refl.*: ***sich ~ an*** enjoy; be amused by; *stärker*: revel in; (*e-m Anblick*) feast one's eyes on; *schadenfroh*: gloat at; **III.** ≗ *n*: ***zu j-s ~*** to s.o.'s delight; **ergötzlich** *adj.* delightful; (*drollig*) amusing, funny.

ergrauen *v/i.* turn grey (*Am.* gray).

ergreifen *v/t.* **1.** (*Gegenstand, Person*) seize, grasp; **2.** (*Dieb etc.*) seize, catch, F get hold of; **3.** *fig.* (*Maßnahme*) take; ***das Wort ~*** begin to speak; → ***Beruf, Besitz, Gelegenheit, Initiative*** 1 *etc.*; **4.** *fig.* (*bewegen*) move; (*überkommen*) overcome; *Angst*: seize; ***von Angst*** *etc.* ***ergriffen werden*** be seized (*od.* gripped) with fear *etc.*; **ergreifend** *adj.* moving, stirring; (*herzzerreißend*) heart-rending; **Ergreifung** *f e-s Verbrechers etc.*: capture; (*Verhaftung*) arrest.

ergriffen *adj. u. adv.* (*bewegt*) deeply moved (**von** by); (*erschüttert*) shaken (by); ***mit ~er Stimme*** in a trembling voice; ***sie schwiegen ~*** they were moved to silence; ***von Panik ~*** panic-stricken, seized with panic; ***von Trauer ~*** grief-stricken, overcome with grief; **Ergriffenheit** *f* emotion; ***in tiefer ~*** deeply moved (*od.* touched).

ergründen *v/t.* get to the bottom of; (*Verhalten*) *a.* fathom (out); (*Ursache etc.*) find out, determine; **Ergründung** *f* (*Erklärung*) explanation (*gen.* for); *e-s Rätsels*: solving.

Erguss *m* **1.** discharge (*a. physiol.*); (*Blut*≗) contusion; (*Samen*≗) emission, ejaculation; **2.** *fig.* effusion, outburst, *pl. a.* outpourings; *von Worten*: flood, torrent.

erhaben *adj.* **1.** raised, elevated; ***~e Arbeit*** embossed (*od.* raised) work; **2.** *fig.* (*großartig*) grand, magnificent; *Gedanken etc.*: lofty, noble, sublime; ***~ über*** above (*doing*) *s.th.*, superior to; ***über alles Lob ~*** beyond all praise; ***über jeden Tadel*** (***Verdacht***) **~** beyond reproach (above suspicion); **Erhabenheit** *f* grandeur; loftiness; superiority; → ***erhaben.***

Erhalt *m* receipt; → *a.* ***Empfang*** 1; **erhalten I.** *v/t.* **1.** (*bekommen*) get, receive; (*erlangen*) get, obtain; (*e-n Preis*) be awarded, be given. **2.** (*bewahren*) keep; (*Kunstwerke etc.*) preserve, conserve; (*Brauch*) maintain, keep up; (*Frieden*) maintain, preserve; (*retten*) save; (*Familie*) keep, support; ***am Leben ~*** keep *s.o.* alive; ***j-n bei guter Laune*** (***Gesundheit***) **~** keep s.o. in a good mood (in good health); ***sich s-n Optimismus ~*** keep up one's optimism, stay optimistic; ***erhalt dir d-n Humor!*** keep (*od.* don't lose) your sense of humo(u)r; *iro.* ***Gott erhalte dir d-e kindliche Unschuld!*** blessed are the innocent; **II.** *v/refl.*: ***sich ~*** survive; ***sich am Leben ~*** stay alive, survive; ***sich gesund ~*** stay (*od.* keep) healthy; ***sich bei guter Laune ~*** keep up

E

the good mood, *Verfassung*: keep one's spirits up; ***sich ~ von*** subsist on; **III.** *p.p. u. adj.*: ***gut*** (***schlecht***) ~ in good (bad) condition; *iro.* ***er ist noch gut ~*** F he's still in pretty good shape; ***~ bleiben*** survive; ***er bleibt uns noch ~*** he'll be around for some time yet, *euphem.* (*ist nicht gestorben*) he's been spared; ***noch ~ sein*** remain, be left; **Erhalter** *m* (*Retter*) preserver; (*Ernährer*) supporter; **erhältlich** *adj.* obtainable, available; ***schwer ~*** hard to get hold of (*od.* come by); **Erhaltung** *f* preservation; *von Kunstwerken etc.*: *a.* conservation; *e-r Familie, von Häusern etc.*: upkeep; ***etwas für die ~ s-r Gesundheit tun*** do something for one's health.

Erhaltungs|kosten *pl.* maintenance costs, cost *sg.* of upkeep; **~zustand** *m* condition; ***wie ist der ~?*** what kind of condition is it in?

erhängen *v/t.* hang (***sich*** o.s.); ***erhängt werden*** be hanged; (***der***) ***Tod durch 2*** death by hanging; ***zum Tod durch 2 verurteilen*** sentence *s.o.* to be hanged.

erhärten I. *v/t.* **1.** (*Zement etc.*) harden, set; **2.** *fig.* (*bekräftigen*) bear out, confirm, corroborate, substantiate; ***erhärtet werden durch*** be borne out *etc.* by; **II.** *v/refl.*: ***sich ~*** *Tatsachen etc.*: be corroborated, be substantiated, ***durch:*** *a.* be borne out by; **III.** *v/i.* *Zement etc.*: harden, set; *Lava*: solidify; **Erhärtung** *f* **1.** *von Zement etc.*: hardening, setting; **2.** *fig.* corroboration, substantiation.

erhaschen *v/t.* catch; (*Worte*) *a.* pick up; ***schnell noch ~*** (*letzte Opernkarte etc.*) grab; ***e-n flüchtigen Blick von et. ~*** catch a (fleeting) glimpse of s.th.

erheben I. *v/t.* **1.** raise (*a. Augen, Stimme*), lift (up); *fig.* (*Bedenken, Einwand etc.*) raise; → ***Anspruch, Klage*** 3, ***Protest*** *etc.*; **2.** *im Rang*: elevate, promote; ***zum König*** *etc.* ***erhoben werden*** be made king *etc.*; ***in den Adelsstand erhoben werden*** *in England*: be given a peerage, be knighted; *hist.* be raised to the nobility; **3.** *fig.* ***~ zu*** make *a system* of, adopt as; **4.** (*Steuern etc.*) impose; (*Gebühr*) charge; **5.** Ⱥ raise; ***ins Quadrat ~*** square; ***zur dritten Potenz ~*** cube; **6.** *fig.* (*den Geist*) elevate; (*a. Person*) ennoble; **II.** *v/refl.*: ***sich ~*** get up, *formell*: rise (to one's feet); *Flugzeug*: rise, *a. Vogel*: soar (up); *Sturm, Wind*: come up; *fig. Frage, Zweifel, Schwierigkeit*: arise; *Volk*: rise up (***gegen*** against); ***sich ~ über*** (*et.*) rise (*od.* tower) above, *fig.* rise above, (*j-n*) look down on; ***es erhob sich ein lauter Protest*** there was (*od.* this gave rise to) loud protest; ***e-e Stimme erhob sich*** somebody spoke, (*es meldete sich j-d*) *a.* F a voice piped up, ***aus der Menge:*** a voice could be heard (F a voice piped up) from among the crowd; **erhebend** *fig. adj.* edifying; *stärker*: exalting.

erheblich I. *adj.* considerable; (*wichtig*) important; (*relevant*) relevant (***für, in*** to); **II.** *adv.* considerably; ***~ besser*** much better; ***~ größer*** (***teurer*** *etc.*) much (*od.* a great deal) bigger (more expensive *etc.*); **Erheblichkeit** *f* importance; (*Relevanz*) relevance (***für, in*** to).

Erhebung *f* **1.** (*Boden2*) elevation, rise (in the ground), *weitS.* hill(ock); **2.** *in e-n höheren Stand*: elevation, promotion (***in*** to); **3.** *von Steuern, Zoll*: levy; *von Gebühren*: charge; **4.** Ⱥ involution; ***~ ins Quadrat*** squaring; ***~ in die dritte Potenz*** cubing; **5.** (*Ermittlung*) inquiry; **6.** *statistische*: survey; **~en** statistics; (*Zählung*) census; **7.** (*Volks2*) uprising, popular revolt; **8.** *fig.* (*seelische ~*) edification.

erheischen *v/t.* demand; ***Respekt ~*** command respect.

erheitern I. *v/t.* amuse; (*aufheitern*) cheer up; **II.** *v/refl.*: ***sich ~*** *Gesicht*: brighten, *stärker*: light up, *Himmel*: brighten up; ***sich über et. ~*** be amused by s.th.; **Erheiterung** *f* amusement; ***zur allgemeinen ~*** to everyone's amusement.

erhellen I. *v/t.* **1.** light up, illuminate; **2.** *fig.* shed (*od.* throw) light (up)on; **II.** *v/refl.*: ***sich ~*** **3.** brighten; *Gesicht*: *a.* light up; **4.** *fig. Problem etc.*: be cleared up; **III.** *v/i.*: *lit.* ***daraus erhellt, dass*** from this it appears that, this would indicate that; **Erhellung** *f e-s Raums etc.*: illumination; *des Himmels*: brightening.

erhitzen I. *v/t.* **1.** heat (up); (*pasteurisieren*) pasteurize; **2.** *fig.* (*Leidenschaften*) rouse; (*Fantasie*) fire; **II.** *v/refl*: ***sich ~*** **3.** get hot; **4.** *fig. Gespräch*: become heated; *Gefühle*: be roused; *Person*: get worked up (*od.* excited, all hot and bothered) (***über*** about); ***die Gemüter erhitzten sich*** feelings were running high; **erhitzt** *adj.* **1.** hot, *Person*: *a.* flushed; **2.** *fig. Debatte*: heated; *Person*: worked up, hot and bothered; ***~e Gemüter*** raised tempers; **Erhitzung** *f* **1.** heating (up); **2.** *fig.* agitation, excitement.

erhoffen *v/t.* (*a.* ***sich*** *dat.* ~) hope for; (*erwarten*) expect (***von*** of); **erhofft** *adj.* hoped-for.

erhöhen I. *v/t.* **1.** raise; ♪ *a.* sharpen (***um e-n Halbton*** by half a tone); **2.** (*Preis*) raise, put up, F hike; (*Temperatur, Blutdruck*) raise; (*steigern*) increase (***auf*** to; ***um*** by); (*Leistung, Umsatz etc.*) *a.* improve (by); (*Wirkung, Eindruck etc.*) enhance, heighten; *im Rang*: promote; **II.** *v/refl.*: ***sich ~*** increase (***auf*** to; ***um*** by); *Preis etc.*: *a.* go up; *Temperatur etc.*: rise, go up; *Spannung etc.*: heighten; **erhöht** *adj.* **1.** *Plattform etc.*: raised, elevated; **2.** *Preise etc.*: increased; *Spannung, Bewusstsein etc.*: *a.* heightened; ***~e Temperatur haben*** have (*od.* be running) a temperature; ***mit ~er Aufmerksamkeit fahren*** drive more carefully; **Erhöhung** *f* **1.** (*das Erhöhen*) raising; ♪ *a.* sharpening (***um*** by); **2.** (*Anhöhe*) elevation; (*Hügel*) hill(ock); **3.** (*Steigerung*) increase; improvement; enhancement; heightening; *der Löhne*: rise, *Am.* raise; *der Preise*: increase, rise (*gen.* in).

Erhöhungs|winkel *m* angle of elevation; **~zeichen** *n* ♪ sharp (sign).

erholen *v/refl.*: ***sich ~*** **1.** recover (*a. fig.*), recuperate; *nach der Arbeit*: (take a) rest; (*sich entspannen*) relax; *im Urlaub*: have a (good) rest; ***sich vom Schreck*** *etc.* ***~*** get over (*od.* recover from) the shock *etc.*; **2.** ⚕ *Kurse etc.*: recover, rally; *Börse*: *a.* pick up; *Wirtschaft*: pick up, be on the rebound; **erholsam** *adj.* restful, relaxing; ***ich wünsche Ihnen e-n ~en Urlaub*** *a.* I hope you come back from your holiday refreshed; **Erholsamkeit** *f* relaxing (*od.* recuperative) effect; **erholt** *adj.* rested; F fighting fit (again); ***du siehst gut ~ aus*** *a.* you look your old self again; **Erholung** *f* **1.** recovery, recuperation; (*Entspannung*) rest, relaxation; (*Freizeitgestaltung*) recreation; (*Genesung*) convalescence; ***wir fahren zur ~ hin*** we're going there for a rest (*od.* to relax); ***gute ~!*** have a good rest; **2.** ⚕ recovery, rally; **3.** (*Ferien*) holiday, *Am.* vacation.

Erholungs|aufenthalt *m* holiday, *Am.* vacation; **2bedürftig** *adj.* in need of a rest (*od.* holiday, *Am.* vacation); **~gebiet** *n* recreation area; *bsd. schönes*: *a.* beauty spot; **~heim** *n* rest home; **~kur** *f* rest cure; **~ort** *m* (health *od.* holiday) resort; **~pause** *f* rest, breather; **~reise** *f* holiday trip, pleasure trip; **~urlaub** *m* holiday, *Am.* vacation; ⚔ convalescent leave; **~wert** *m* recreational value; **~zentrum** *n* recreation park.

erhören *v/t.* **1.** (*Gebet*) hear, answer; (*Bitte*) grant; **2.** ***j-n ~*** *Gott*: hear (*od.* answer) s.o.'s prayers; *Liebhaber*: give in to s.o.; **Erhörung** *f*: ***die ~ e-s Gebets*** the answering of a prayer.

erigieren *v/i. physiol.* become erect; **erigiert** *adj.* erect.

Erika *f* ⚘ heather.

erinnerlich *adj.*: ***soviel mir ~ ist*** as far as I can recall (*od.* recollect); ***das ist mir noch gut ~*** I can remember it well, I can remember (*od.* recall) it quite clearly; **erinnern I.** *v/t.*: ***j-n ~ an*** remind s.o. of, put s.o. in mind of; ***j-n daran ~, et. zu tun*** remind s.o. to do s.th.; ***könntest du mich daran ~?*** could you remind me (*od.* give me a reminder)?; **II.** *v/refl.*: ***sich ~*** remember (*gen. od.* ***an*** *s.th., s.o.*); ***sich ~*** *gen.* (*od.* ***an***) *a.* recall, recollect, (*zurückdenken an*) think back to, call to mind; ***wenn ich mich recht erinnere*** if I remember rightly; ***soviel ich mich ~ kann*** as far as I can remember (*od.* recall); ***jetzt erinnere ich mich vage*** it's slowly coming back to me now; **III.** *v/i.*: ***~ an*** *Sache*: be reminiscent of, remind one of; ***es erinnert stark an Goethe*** it's strongly suggestive of Goethe; ***er erinnert an s-n Onkel*** he has a strong resemblance to his uncle, he reminds me (*od.* one) of his uncle; ***ich erinnere*** (***nur***) ***an ...*** (*Tatsachen etc.*) I recall ...(suffice it to recall ...); **Erinnerung** *f* memory, recollection; (*Andenken*) memento, keepsake; **~en** (*Memoiren*) reminiscences; memoirs; ***in guter*** (***schlechter***) ***~ haben*** have fond (unpleasant) memories of; ***ich habe keine ~ daran*** I can't remember it at all; ***zur ~ an*** in memory (*od.* remembrance) of; ***als ~ an*** as a memento of; → *a.* ***Gedächtnis.***

Erinnerungs|lücke *f* gap in one's memory; **~schreiben** *n* reminder; **~tafel** *f* memorial tablet; **~vermögen** *n* memory, powers *pl.* of recollection; **~wert** *m* sentimental value.

Erinnyen *pl. myth.* Furies, Erin(n)yes.

erjagen *v/t.* **1.** catch; **2.** *fig.* (*Sache*) hunt down.

erkalten *v/i.* **1.** *Lava etc.*: cool (down), *Speise etc.*: *a.* get cold; *Leiche*: get (*od.* grow) cold; **2.** *fig. Person, Gefühle*: cool off; *Herz*: turn to stone.

erkälten I. *v/refl.*: ***sich ~*** catch (a) cold (***beim Skifahren*** *etc.* skiing *etc.*); **II.** *v/t.*: ***sich die Blase*** *etc.* ***~*** catch a chill in one's bladder *etc.*; **erkältet** *adj.*: ***~ sein*** have a cold; ***stark ~ sein*** have a bad (*od.* heavy) cold; ***ich bin furchtbar ~*** I've got a rotten cold (F a stinker of a cold); **Erkältung** *f* cold; ***leichte*** (***starke***) ***~*** slight (bad, heavy) cold; **Erkältungskrankheiten** *pl.* colds and flu.

erkämpfen *v/t.* fight for; *Sport*: win; ***et. hart ~ müssen*** have to really fight for s.th., have to struggle to attain s.th.

erkaufen *v/t.* **1.** *fig.* buy; ***et. teuer ~ müssen*** (have to) pay a high price for s.th.; ***die Freiheit mit s-r Ehre ~*** pay for one's freedom with one's hono(u)r, sacrifice one's hono(u)r for one's freedom; **2.** (*bestechen*) bribe.

erkennbar *adj.* (*wieder ~*) recognizable; (*wahrnehmbar*) perceptible, discernible; *phls.* cognizable; *in der Ferne* ***war die Stadt deutlich ~*** you could clearly make out the town; ***ohne ~en Grund*** for no apparent reason; **erkennen I.** *v/t.* (*wieder ~*) recognize (***an*** by); (*optisch wahrnehmen*) make out, see, (*Schrift*) *a.* read; (*entdecken*) detect; (*identifizieren*) identify; ⚕ diagnose; (*einsehen*) realize, see, *formell*: recognize; (*durchschauen*) see through; ***man erkennt ihn an s-m Akzent*** *a.* his accent gives him away; ***ich habe dich mit der Brille kaum erkannt*** I hardly recognized you in those glasses; ***~ lassen*** show, reveal, suggest; ***zu ~ geben*** indicate, give to understand; ***sich zu ~ geben*** disclose one's identity, *fig.* come out into the open; ⚖ ***j-n für schuldig ~*** find s.o. guilty; **II.** *v/i.*: ⚖ ***in e-r Sache ~*** decide in a matter; ⚖ ***auf et. ~*** impose s.th.

erkenntlich *adj.* **1.** (*wahrnehmbar*) perceptible; (*deutlich*) clear; (*offensichtlich*) obvious; **2.** ***sich (j-m) ~ zeigen*** show one's appreciation (***für*** for, of); **Erkenntlichkeit** *f* **1.** gratitude, appreciation; **2.** *konkret*: token of one's (*od.* s.o.'s) appreciation.

Erkenntnis *f* (*Wissen*) *a. pl.* knowledge; (*Wahrnehmung*) perception; (*Einsicht*) realization; (*Verständnis*) understanding; *phls.* cognition; (*Gedanke*) idea; (*Entdeckung*) discovery, finding; *pl.* (*Informationen*) findings; ***neueste ~se*** *the* latest findings; ***zu der ~ gelangen, dass*** (come to) realize that; ***der Baum der ~*** the tree of knowledge; **~drang** *m* thirst for knowledge; **~kritik** *f phls.* epistemology; **2reich** *adj.* informative, instructive; eye-opening; **~stand** *m* level of knowledge; **2theoretisch** *adj.* epistemological; **~theorie** *f* epistemology; **~vermögen** *n* cognitive faculties *pl.*

Erkennung *f* recognition; identification.

Erkennungs|dienst *m* (police) records department; **~marke** *f* identity disc; **~melodie** *f* signature tune; **~wort** *n* password; **~zeichen** *n* **1.** ***als ~ werde ich e-e rote Fliege tragen*** you'll recognize me by my red bow tie; **2.** ⚕ symptom; **3.** (*Abzeichen*) badge; **4.** ✈ markings *pl.*; **5.** *Radio*: station identification signal.

Erker *m* oriel; **~fenster** *n* oriel window.

erklärbar *adj.* explainable (***durch*** by); ***es ist ~ durch*** *a.* it can be explained by; **erklären I.** *v/t.* **1.** (*erläutern*) explain (***j-m*** to s.o.); (*definieren*) define; (*veranschaulichen*) illustrate; (*Aufschluss geben über, der Grund sein für*) account for, explain; ***~ Sie mir bitte, warum*** could you tell me why; ***ich kann es mir nicht ~*** I don't understand it, it's a mystery to me; **2.** (*kundtun, aussprechen*) declare, state; (*bezeichnen, nennen*) declare, pronounce; (*s-e Bereitwilligkeit etc.*) declare, express; ***für gesund ~*** pronounce *s.o.* healthy; → ***Rücktritt*** 1 *etc.*; **II.** *v/refl.* **3.** ***das erklärt sich daraus, dass*** that is to be (*od.* can be) explained by the fact that; ***das erklärt sich von selbst*** that is self-explanatory; ***so erklärt es sich, wie*** this explains how; ***dadurch erklärt sich*** that explains, that accounts for; **4.** ***sich ~*** *Person*: explain o.s.; **5.** ***sich ~ für (gegen)*** declare o.s. for (against); **6.** ***sich (für) bankrott*** *etc.* ***~*** declare o.s. bankrupt *etc.*; ***sich einverstanden ~*** declare o.s. in agreement; ***sich mit et. zufrieden ~*** express one's satisfaction with s.th.; **erklärend** *adj.* explanatory; **erklärlich** *adj.* **1.** → ***erklärbar***; **2.** (*verständlich*) understandable; (*offensichtlich*) evident, obvious; ***es ist mir nicht ~*** I can't understand it, it's a mystery to me; ***aus ~en Gründen*** → **erklärlicherweise** *adv.* understandably, for obvious reasons; **erklärt** *adj. Gegner etc.*: declared, professed, avowed; ***~es Ziel, ~e Zielsetzung*** stated objective, declared aim; ***sein ~es Ziel ist es zu*** *inf.* it is his stated objective (*od.* declared aim) to *inf.*; **Erklärung** *f* explanation (***für*** of, for); (*Gründe*) *a.* reasons *pl.*; (*Begriffsbestimmung*) definition; (*Aussage, Feststellung*) declaration, statement (*a. pol.*); ***das ist die ~ für*** that explains, that is the explanation for; ***zur ~*** *gen.* by way of explaining, as an explanation for; ***e-e ~ abgeben*** *a. pol.* make a statement (***zu*** on); **erklärungsbedürftig** *adj.* in need of (an) explanation; **Erklärungsversuch** *m* attempt at explanation (*od.* to explain s.th.).

erklecklich *adj.* considerable, hefty; ***e-e ~e Summe*** *a.* a tidy sum.

erklettern *v/t.* climb (up).

erklimmen *v/t.* climb; (*Gipfel*) *a.* climb up to; *fig.* reach.

erklingen *v/i.* sound, *laut*: ring out; ***Gelächter erklang*** you could hear the sound of laughter; ***ein Lied ~ lassen*** strike up a tune (*od.* song).

erklügeln *v/t.* think up (*od.* out).

erkoren *p.p. u. adj.* chosen (***zu*** for, as), select ...

erkranken *v/i.* fall ill *od.* sick (***an*** with); ***~ an*** *a.* get, (*bsd. Infektionskrankheiten*) come down with; ***erkrankt sein an*** have, F be laid up with; **Erkrankung** *f* illness, sickness; *e-s Organs*: disease; **Erkrankungsfall** *m*: ***im ~*** in case of (*od.* in the event of) illness.

erkühnen *v/refl.*: ***sich ~ zu*** *inf.* have the audacity to *inf.*, *formell*: make bold to *inf.*

erkunden *v/t.* **1.** (*Gelände*) explore; ⚔ reconnoit|re (*Am.* -er); **2.** (*Versteck, Geheimnis etc.*) discover, find out; (*Möglichkeiten etc.*) investigate, scout out.

erkundigen *v/refl.*: ***sich ~*** inquire *od.* enquire (***über*** about), ask (about); (*Erkundigungen einholen*) make inquiries (*od.* enquiries); ***sich ~ nach*** ask *the way, the time*; inquire (*od.* enquire) after *s.o.('s health)*; ask for *a book etc.*; ***ich werde mich ~*** *a.* I'll try and find out; ***hast du dich erkundigt, wann ...?*** did you find out when ...?; **Erkundigung** *f* inquiry, enquiry; ***~en einziehen*** (*od.* ***einholen***) make inquiries *od.* enquiries (***über*** about).

Erkundung *f* **1.** *von Gelände*: exploration; ⚔ reconnaissance; **2.** *von Tatsachen etc.*: finding out.

Erkundungs|fahrt *f* exploratory mission; ⚔ reconnaissance trip (*od.* mission); **~flug** *m* ⚔ reconnaissance flight.

erkünstelt *adj.* (*affektiert*) affected; (*geheuchelt*) feigned; (*gezwungen*) forced.

erlaben *obs.* **I.** *v/t.* restore; **II.** *fig. v/refl.*: ***sich ~ an*** feast on; ***wir erlabten uns an dem Anblick*** (*gen.*) we drank in the view (of), we feasted our eyes on the view (of).

erlahmen *v/i.* **1.** tire, grow weary; **2.** *fig. a. Person*: slacken (*a.* ✝); *Interesse etc.*: flag.

erlangen *v/t.* **1.** (*bekommen, gewinnen*) gain; **2.** (*erreichen*) attain; (*Höhe etc.*) reach; → ***Geltung*** *etc.*; → ***wiedererlangen***; **Erlangung** *f* attainment; ***nach ~*** *gen.* after gaining (*od.* attaining) *s.th.*

Erlass *m* **1.** (*Verordnung*) decree, edict; (*Gesetz*) law; **2.** (*Befreiung*) dispensation, exemption (*gen.* from); *e-r Strafe etc.*: remission; **3.** (*das Erlassen*) issuing, *e-s Gesetzes*: enactment; **erlassen** *v/t.* **1.** (*Strafe etc.*) remit; ***j-m*** *e-e Verpflichtung* ***~*** release s.o. from, let s.o. off; **2.** (*Schulden, Gebühren*) waive; **3.** (*Verordnung*) issue; publish; (*Gesetz*) enact; **Erlassung** *f e-r Strafe, von Gebühren*: remission.

erlauben *v/t.* allow; *formell*: permit (***j-m et.*** s.o. to do s.th.); *fig. Sache*: permit *no delay etc.*; ***j-m ~, et. zu tun*** *a.* give s.o. permission to do s.th.; ***ich erlaube nicht, dass sie mit dem Motorrad fahren*** I won't allow them to go (*od.* I won't have them going) by motorbike, *stärker*: I refuse to let them go by motorbike; ***wenn es das Wetter erlaubt*** weather permitting; ***Weiteres, wenn es die Zeit erlaubt*** more when time permits; ***sich ~ zu*** *inf.* take the liberty of *ger.*, (*sich erdreisten*) *a.* dare (to) *inf.*; ***sich et. ~*** (*gönnen*) treat o.s. to s.th.; ***sich Frechheiten ~*** take liberties; ***er kann sich das ~*** *weitS.* he can get away with it; ***was sich die Leute ~!*** what a nerve some people have; ***ich kann mir nicht ~ zu*** *inf.* I can't afford to *inf.*; ***ich kann mir kein weiteres Stück Kuchen ~*** I can't afford to eat another piece of cake; ***ich habe mir nur e-n kleinen Scherz erlaubt*** I was just having a little joke (*od.* a bit of fun); ***~ Sie?*** may I?; ***~ Sie, dass ich etwas eher gehe?*** would you mind if I left a bit early?; ***wenn Sie ~*** if you don't mind; ***~ Sie mal!, was ~ Sie sich?*** what do you think you're doing?, who do you think you are?; → ***erlaubt.***

Erlaubnis *f* permission; (*Ermächtigung*) authority; ***behördliche ~*** *konkret*: licen|ce (*Am.* -se), permit; ***j-n um ~ bitten*** ask s.o.'s (*od.* s.o. for) permission (***et. zu tun*** to do s.th.); ***die ~ erhalten zu*** *inf.* be given permission to *inf.*; ***ich habe es mit s-r ~ getan*** he gave me permission to do so, I did it on his authority; **~schein** *m* permit, licen|ce (*Am.* -se).

erlaubt *p.p. u. adj.* permitted, allowed; (*zulässig*) *a.* permissible; ***ist es ~ zu*** *inf.?* can one ...?; ***das ist nicht ~*** that's not allowed, F that's a no-no; ***Rauchen ist hier nicht ~*** smoking is not allowed here, there's no smoking here; ***es ist alles ~*** you can do what you want (*od.* whatever you like), anything goes (around here); ***innerhalb der Grenzen des 2en*** within the accepted limits.

erlaucht *adj.* illustrious; ***~e Gesellschaft*** illustrious circle (of guests *etc.*).

erläutern *v/t.* explain (***j-m*** to s.o.); ***durch Beispiele ~*** illustrate; ***könntest du mir ~, wie ...?*** could you explain to me (*od.* show me) how ...?; **erläuternd I.** *adj.* explanatory; illustrative; **II.** *adv.*: ***~ hinzufügen*** add by way of explanation; **Erläuterung** *f* explanation; (*Anmerkung*) (explanatory) note, annotation; ***mit ~en versehen*** annotated.

E

Erle *f* 🌿 alder.

erleben *v/t.* experience; (*bsd. Schlimmes*) *a.* go through; (*noch mit~*) live to see; (*mit ansehen*) see, witness; (*Abenteuer, schöne Tage etc.*) have; ***sechs Auflagen ~*** run into six editions; ***er hat viel erlebt*** he's seen a lot of the world, (*mitgemacht*) he's been through a lot; ***ich habe etwas Seltsames erlebt*** I had a strange (*od.* weird) experience; ***ich habe es oft erlebt(, dass)*** I've often seen it happen (that); ***wir werden es ja ~!*** we'll see!; ***das möchte ich ~!*** *skeptisch*: I'd like to see that, I'll believe that when I see it; ***ich habe nie erlebt, dass er ...*** I've never known him to *inf.*; ***hat man so etwas schon erlebt!*** F have you ever seen (*od.* heard) the likes of that?; ***das muss man einfach erlebt haben*** a) you've got to see it to believe it, b) you've got to have been through it yourself; F ***na, du kannst was ~!*** you just wait!; F ***die kann was ~!*** F she's in for it, *stärker*: F she won't know what's hit her; F ***sonst kannst du was ~!*** or else!

Erlebensfall *m*: ***im ~*** in case of survival.

Erlebnis *n* experience; (*Ereignis*) event; (*Abenteuer*) adventure; ***ein großes ~*** a tremendous experience; ***das war ein ~!*** that was quite an experience (*od.* quite something); ***das schönste ~ war*** the nicest experience (*od.* thing I experienced) was; ***~aufsatz*** *m* composition.

erlebnisfähig *adj.* able to experience things.

Erlebnishunger *m* thirst for adventure; **erlebnishungrig** *adj.* thirsty for adventure.

erlebnisreich *adj.* eventful, exciting.

erlebt *adj. Geschichte etc.*: real-life ..., true; ***~e Rede*** interior monolog(ue).

erledigen I. *v/t.* **1.** (*beenden*) finish (off); (*sich kümmern um*) do, deal with, take care of, see to; (*hinter sich bringen*) get through with, get *s.th.* out of the way; (*Frage, Geschäft etc.*) settle; (*Auftrag*) carry out; (*abtun*) (*Thema etc.*) dispense with; ***Einkäufe ~*** go shopping, do the (*od.* some) shopping; ***ich habe in der Stadt einiges zu ~*** I have a few things to do (*od.* see to) in town; ***würden Sie das für mich ~?*** would you do that for me?; **2.** F ***j-n ~*** *allg.* F finish s.o. off; (*erschöpfen*) *a.* wear s.o. out; (*ruinieren*) *a.* ruin s.o.; (*umbringen*) *a.* F do s.o. in; **II.** *v/refl.*: ***sich von selbst ~*** take care of itself; ***die Sache hat sich inzwischen erledigt*** that's been taken care of now; ***damit ~ sich die übrigen Punkte*** that takes care of the remaining points; **erledigt** *adj.* **1.** finished; done; settled; ***das wäre ~*** that's that; ***das ist für mich ~*** that's all over and done with as far as I'm concerned; F ***du bist für mich ~*** F I'm through with you; **2.** F (*erschöpft*) F whacked, bushed; (*ruiniert*) F done for, finished; ***ich bin ~*** *allg. a.* F I've had it; **Erledigung** *f von Aufgaben etc.*: handling, dealing with; *e-s Geschäfts etc.*: settlement; ***einige ~en in der Stadt haben*** have a few things to do (*od.* see to) in town; ***für die sofortige ~ e-r Sache sorgen*** see to it that s.th. is done immediately; ***zur umgehenden ~*** for immediate attention.

erlegen *v/t.* (*Tier*) shoot.

erleichtern I. *v/t.* **1.** (*Aufgabe etc.*) make easier; (*Bürde*) ease *the burden*, lighten *the load*; (*Not, Schmerz*) relieve, ease; (*Gewissen*) ease; ***sich das Herz ~*** unburden one's heart; ***das erleichtert vieles*** that makes things a lot easier; ***das erleichtert mir m-e Aufgabe nicht*** that doesn't make my task any easier; F ***j-n um*** *s-e Brieftasche etc.* ***~*** F relieve s.o. of; **II.** *v/refl.*: ***sich ~*** **2.** unburden o.s.; **3.** F (*Kleidungsstücke ausziehen*) F shed a few clothes; **4.** (*s-e Notdurft verrichten*) relieve o.s.; **erleichtert I.** *adj.* relieved; **II.** *adv.*: ***~ aufatmen*** breathe (*od.* heave) a sigh of relief; **Erleichterung** *f* **1.** (*Beruhigung u. ~ von Schmerzen*) relief; ***~ verschaffen*** give relief; ***zur ~ der Schmerzen*** to relieve (*od.* ease) the pain; ***zu m-r (großen) ~*** (much) to my relief; **2.** (*Hilfe*) help; ***es stellt e-e große ~ dar*** it makes things much easier.

erleiden *v/t.* suffer; (*durchleben*) go through; (*Verlust, Verletzung*) sustain; ***den Tod ~*** die, *lit.* meet one's death.

Erlenmeyerkolben *m* ⚗ Erlenmeyer flask.

erlernbar *adj.* learnable; ***es ist ~*** it can be learnt, you can learn it; ***leicht (schwer) ~*** easy (hard) to learn *od.* pick up; **erlernen** *v/t.* learn.

erlesen *adj.* select, choice; exquisite; ***ein ~er Kreis*** a select circle; ***ein ~er Geschmack*** exquisite taste.

erleuchten *v/t.* **1.** light up, illuminate; **2.** *fig.* enlighten; **Erleuchtung** *f* **1.** illumination; **2.** *fig.* enlightenment; (*Einfall*) inspiration, F brainwave; ***plötzlich kam die ~*** suddenly inspiration came (*od.* struck).

erliegen I. *v/i.* (*e-r Versuchung*) give in to, succumb to; (*e-m Gegner*) be defeated by; (*sterben an*) die of (*od.* from); (*zum Opfer fallen*) fall victim to; **II.** 2 *n*: ***zum ~ kommen*** grind to a halt; ***zum ~ bringen*** bring to a standstill, paralyze.

Erlkönig *m* **1.** erl-king; **2.** F *mot.* mystery model.

erlogen *p.p. u. adj.* not true; (*erfunden*) made-up ..., *pred.* made up; ***das ist ~*** that's a lie; ***das ist von Anfang bis Ende ~*** there's not a word of truth in it, F it's a pack of lies; → ***erstunken.***

Erlös *m* proceeds *pl.*; (*Reingewinn*) net profit(s *pl.*).

erloschen *adj.* **1.** extinct (*a. Vulkan*); *Geschlecht*: *a.* defunct; **2.** *Vertrag etc.*: expired; *Gesetz, Plan*: defunct; **3.** *Blick, Gefühl etc.*: dead.

erlöschen I. *v/i.* **1.** go out; *Vulkan*: become extinct; **2.** *Vertrag etc.*: expire; **3.** *Name etc.*: die out; **4.** *fig. Augen*: grow dim; *Leben*: be extinguished; *Leidenschaft*: die; ***mit ~der Stimme*** with a failing voice; **II.** 2 *n* extinction; (*Ablauf*) expiry; ***zum ~ kommen*** → I; ***zum ~ bringen*** extinguish.

erlösen *v/t.* (*befreien*) release, free; (*retten*) rescue; *eccl.* save, redeem; **erlösend** *adj.*: *fig.* ***das war ein ~es Gefühl*** what a relief that was; ***er sprach endlich das ~e Wort*** he finally put us *etc.* out of our *etc.* misery; **Erlöser** *m* liberator; rescuer; *eccl.* Savio(u)r, Redeemer; **erlöst I.** *p.p. u. adj.* (*erleichtert*) relieved; ***wie ~ sein, sich wie ~ fühlen*** experience a great feeling of release (*od.* relief); ***er ist ~*** (*tot*) his sufferings are over; **II.** *adv.*: ***~ aufatmen*** breathe (*od.* heave) a sigh of relief; **Erlösung** *f* release; (*Erleichterung*) relief; *eccl.* redemption, salvation.

erlügen *v/t.* make up; → ***erlogen.***

ermächtigen *v/t.* authorize; ***j-n zu et. ~*** authorize s.o. to do s.th., give s.o. (official) permission to do s.th.; **Ermächtigung** *f* authorization; (*Befugnis*) authority; (*Urkunde*) warrant; **Ermächtigungsgesetz** *n* **1.** enabling act; **2.** *hist.* Enabling Act (of 1933).

ermahnen *v/t.* admonish, exhort (***j-n zur Vorsicht*** *etc.* s.o. to be careful *etc.*); (*drängen*) urge; (*warnen*) caution, warn, *Sport*: give *s.o.* a warning; **Ermahnung** *f* admonition, exhortation; (*Warnung*) warning (*a. Sport*); (*Rüge*) rebuke.

ermangeln *v/i.* (*e-r Sache*) lack, be lacking in; **Ermangelung** *f*: ***in ~*** *gen.* for want (*od.* lack) of, in the absence of; ***in ~ e-s Besseren*** for want (*od.* lack) of anything better.

ermannen *v/refl.*: ***sich ~*** take heart; (*sich zusammenreißen*) pull o.s. together.

ermäßigen I. *v/t.* reduce, lower, cut; **II.** *v/refl.*: ***sich ~*** come down (in price), *Preis*: be reduced, be cut (***auf*** to; ***um*** by); **ermäßigt** *adj.* reduced; ***~e Preise*** reduced prices, *Fahrkarten etc.*: *a.* reduced rates; **Ermäßigung** *f* reduction, cut (***von*** of); ***mit e-r ~ von 15%, mit 15% ~*** at a reduction (*od.* discount) of 15 per cent (*od.* percent).

ermatten I. *v/t.* tire (out); (*erschöpfen*) wear out; **II.** *v/i.* tire; (*nachlassen*) slacken; *Interesse etc.*: flag; **ermattet** *adj.* tired; (*erschöpft*) worn-out ..., *pred.* worn out; *geistig*: weary, jaded; **Ermattung** *f* fatigue, weariness.

ermessen I. *v/t.* (*abschätzen*) assess, ga(u)ge; (*beurteilen*) judge; (*erwägen*) consider; (*begreifen*) realize, understand, appreciate, conceive; (*sich vorstellen*) imagine; (*folgern*) infer, conclude (***aus*** from); **II.** 2 *n* judg(e)ment; (*freies ~*) discretion; ***nach m-m ~*** as I see it, in my opinion (*od.* estimation); ***nach eigenem ~ handeln*** act as one sees fit; ***das steht nicht in s-m ~*** that's not within his discretion, that's not for him to decide; ***ich stelle es in Ihr ~*** I leave it to you (*od.* your discretion); ***das liegt ganz in Ihrem ~*** *a.* it's entirely up to you; ***nach bestem ~*** to the best of one's judg(e)ment; ***nach menschlichem ~*** as far as is humanly possible to tell, in all probability.

Ermessens|frage *f* matter of opinion; **~freiheit** *f* powers *pl.* of discretion; **~spielraum** *m* latitude.

ermitteln I. *v/t.* (*feststellen*) find out, ascertain, establish; (*Ort etc.*) locate, (*a. Anrufer*) trace; (*bestimmen*) determine; ***j-s Identität ~*** identify s.o.; **II.** *v/i. polizeilich*: investigate, carry out investigations (***gegen*** *j-n*: concerning), hold an inquiry (***in*** into); ***in e-m Fall ~*** investigate a case; **Ermittler(in** *f*) *m* investigator; **Ermittlung** *f* **1.** (*Feststellung*) establishment; (*Bestimmung*) determination; ***~en*** (*Feststellungen*) findings; **2.** (*Untersuchung*) investigation, inquiry (*gen. od.* ***in*** into; ***über*** about); ***~en anstellen über*** make inquiries (*od.* enquiries) about, investigate.

Ermittlungs|ausschuss *m* fact-finding committee; **~beamte(r)** *m* investigator; **~behörde** *f* investigating agency; **~richter** *m* investigating magistrate; **~verfahren** *n* ⚖ preliminary proceedings *pl.*, judicial inquiry; ***das ~ einstellen*** drop the charge.

ermöglichen *v/t.* make possible; enable (***et.*** s.th. [to be done *etc.*]); (*gestatten*) allow; ***j-m ~, et. zu tun*** make it possible for (*od.* enable) s.o. to do s.th.; ***j-m das***

Studium ~ make it possible for (*od.* enable) s.o. to study; ***den Bau e-s Flughafens*** ~ make it possible to build an airport, enable an airport to be built; ***wenn es sich*** ~ ***lässt*** if it can be arranged, if it is at all possible; **Ermöglichung** *f*: ***zur*** ~ *gen.* to make *s.th.* possible, to enable *s.th.* to be done *etc.*

ermorden *v/t.* murder; *durch Attentat*: assassinate; **Ermordete(r** *m*) *f* (murder) victim; **Ermordung** *f* murder; (*Attentat*) assassination.

ermüden I. *v/t.* tire, wear *s.o.* out; **II.** *v/i.* tire, get tired; **ermüdend** *adj.* tiring; **ermüdet** *adj.* tired; **Ermüdung** *f* tiredness; *a.* ⚙ fatigue.

Ermüdungs|erscheinung *f* sign of tiredness (*a.* ⚙ fatigue); **~grenze** *f* ⚙ fatigue limit; **~zustand** *m* state of tiredness.

ermuntern *v/t.* (*anregen*) encourage (**zu** *inf.* to *inf.*); (*aufheitern*) cheer up; (*beleben*) get *s.o.* going (again); **ermunternd** *adj.* encouraging; *words* of encouragement; **Ermunterung** *f* encouragement; (*Aufheiterung*) cheering up; ***zu d-r*** ~ (just) to cheer you up.

ermutigen *v/t.* encourage (**zu** *inf.* to *inf.*); give *s.o.* courage, **zu** *inf.*: give *s.o.* the courage to *inf.*; **ermutigend** *adj.* encouraging, reassuring; ***~e Worte*** *a.* words of encouragement; **Ermutigung** *f* encouragement; ***zu s-r*** ~ to encourage him.

ernähren I. *v/t.* feed, nourish; (*erhalten*) support, keep; ***gut ernährt*** well fed; ***schlecht ernährt*** malnourished; **II.** *v/refl.*: ***sich*** ~ live (**von** on); *fig.* make a living (by *ger.*); *fig.* ***davon kann ich mich kaum*** ~ I can hardly survive (*od.* get by) on that; **Ernährer** *m e-r Familie*: earner, breadwinner; **Ernährung** *f* feeding; (*Nahrung*) food, *bsd.* ⚕ nutrition; (*Unterhalt*) maintenance; (*spezielle* ~) *vegetarian etc.* diet; ***schlechte*** ~ poor diet, (*Unterernährung*) malnutrition.

Ernährungs|berater *m* nutrition consultant; **2bewusst** *adj.* nutrition-conscious; **~fachmann** *m* nutrition expert, nutritionist, dietician; **~fehler** *m* wrong eating habit; *pl. a.* false (*od.* wrong) diet *sg.*; **~gewohnheit** *f* eating habit; **~industrie** *f* food industry; **~krankheit** *f* nutritional disease; **~kunde** *f* dietetics *pl.* (*sg. konstr.*); **~lage** *f* food situation; **~lehre** *f* dietetics *pl.* (*sg. konstr.*); **~störung** *f* nutritional disorder, ⚕ dystrophy; **~weise** *f* **1.** eating habits *pl.*; **2.** (*Ernährung*) nutrition, (*spezielle* ~) *vegetarian etc.* diet; **~wissenschaft** *f* dietetics *pl.* (*sg. konstr.*), nutritional science; **~wissenschaftler** *m* dietician.

ernennen *v/t.* appoint; ***er wurde zum Vorsitzenden ernannt*** he was appointed (*od.* made, elected) chairman; **Ernennung** *f* appointment; ***s-e*** ~ ***zum Konsul*** his appointment as (*od.* to the post of) consul; **Ernennungsurkunde** *f* letter of appointment.

erneuerbar *adj.* renewable.

Erneuerer *m* reviver; revitaliser; ***der*** ~ ***dieser Bewegung*** *a.* the man who brought this movement back to life; **erneuern I.** *v/t.* renew (*a.* ⚙, *Vertrag etc.*); (*renovieren*) renovate; (*reparieren*) repair, mend; (*restaurieren*) restore; (*auswechseln*) replace; (*wiederholen*) renew, repeat; (*neu beleben*) revive; **II.** *v/refl.*: ***sich*** ~ *Vertrag etc.*: be renewed; (*sich regenerieren*) regenerate; **Erneuerung** *f* renewal; renovation; repair; restoration; replacement; revival; → ***erneuern***; **erneut I.** *adj.* renewed, new; (*wiederholt*) renewed, repeated, *Versuch*: *a.* fresh; ***~e Kämpfe*** renewed fighting; **II.** *adv.* once more, (once) again; ~ ***Ärger bekommen*** run into fresh trouble.

erniedrigen I. *v/t.* **1.** (*entwürdigen*) degrade; (*demütigen*) humiliate; **2.** (*Preise*) lower; **3.** ♪ flatten; **II.** *v/refl.*: ***sich*** ~ degrade o.s., ***et. zu tun***: lower o.s. (*od.* stoop) to do s.th.; **erniedrigend** *adj.* humiliating, degrading, demeaning; **Erniedrigung** *f* **1.** degradation; (*Demütigung*) humiliation; **2.** ♪ flattening; **3.** *von Preisen*: lowering.

Ernst I. *m* seriousness, earnest; (*Wesen*) earnestness; (*Bedrohlichkeit*) seriousness, gravity; (*Strenge*) severity; (*Würdigkeit*) gravity, solemnity; ***der*** ~ ***des Lebens*** the serious side of life; ***es beginnt wieder der*** ~ ***des Lebens*** life begins in earnest again, F it's back to the grindstone (again); ***allen ~es*** in all seriousness; ***ich meine es im*** ~ I (really) mean it, I'm serious; ***es ist mein voller*** ~ F I'm dead serious; ***ist das Ihr ~?*** are you serious?; ***wollen Sie im*** ~ (*od.* ***allen ~es***) ***behaupten ...?*** do you really mean to say ...?; ***im ~?*** seriously?, F you're kidding; ***ganz im ~!*** (*Spaß beiseite*) seriously, though; no, seriously (now); ***das kann doch nicht dein*** ~ ***sein!*** you're not serious, are you?, F you're joking, of course; ~ ***machen mit*** (*e-r Absicht, e-m Plan etc.*) go through with, (*e-r Drohung*) carry out; ***aus e-m Scherz wurde plötzlich*** ~ the joke suddenly turned serious; **II.** 2 *adj.* serious; (*bedrohlich*) *a.* grave; (*feierlich*) solemn, grave; (*streng*) severe; (*wichtig*) grave; ***~e Musik*** serious music; ***~es Gesicht*** serious expression (*od.* face), straight face; ~ ***bleiben*** (*nicht lachen*) keep a straight face; ***jetzt wirds ~!*** this is where the hard part begins, this is where we get down to serious business; **III.** *adv.* seriously *etc.*; → II; ***et.*** (***j-n***) ~ ***nehmen*** take s.th. (s.o.) seriously; ***du darfst die Dinge nicht so*** ~ ***nehmen*** you mustn't take things so seriously; ***ich meine es*** ~ I'm serious (**mit** about), I mean it, I'm not joking; ***das war nicht*** ~ ***gemeint*** he was *etc.* only joking, it was (said) tongue-in-cheek; ***es steht*** ~ ***um*** things aren't looking too good for; → *a.* ***ernsthaft.***

Ernstfall *m* emergency; ***im*** ~ a) in case of emergency, b) if the worst comes to the worst, c) ⚔ in the event of a war; ***auf den*** ~ ***vorbereitet*** prepared for an (*od.* any) emergency.

ernst gemeint *adj.* serious, genuine, seriously (*od.* sincerely) meant.

ernsthaft I. *adj.* serious; ***ich mache mir ~e Sorgen um ihn*** I'm really worried about him; ***ich muss mit dir ein ~es Wort reden*** I must have a little talk with you; **II.** *adv.* seriously; ~ ***krank*** seriously ill; ~ ***erkranken*** come down with a serious illness; ~ ***besorgt*** genuinely (*od.* seriously) worried; **Ernsthaftigkeit** *f* seriousness, serious nature (*gen.* of).

ernstlich I. *adj.* serious; **II.** *adv.* seriously; → *a.* ***ernsthaft*** II.

ernst zu nehmend *adj.* serious; ***ein ~er Gegner*** *etc.* a force to be reckoned with.

Ernte *f* harvest (*a. fig.*); (*Ertrag*) crop; **~arbeit** *f* harvest(ing); **~ausfall** *m* crop failure; **~dankfest** *n* harvest festival; **2frisch** *adj.* farm-fresh, garden-fresh; fresh from the fields.

ernten I. *v/t.* **1.** harvest, reap; (*Obst*) pick; F (*Obstbaum etc.*) pick (the apples *etc.* from); **2.** *fig.* (*Ruhm, Applaus etc.*) earn, win; ***Dank*** ~ earn thanks; ***Undank*** ~ get nothing but ingratitude; ***Spott*** ~ earn (o.s.) ridicule, be(come) a laughing stock; ***Lohn*** ~ reap a reward (*od.* rewards); ***die Früchte s-r Arbeit*** ~ reap the rewards of one's labo(u)r; **II.** *v/i.* **3.** harvest; **4.** *fig.* ~, ***wo man nicht gesät hat*** reap where one has not sown.

Ernte|schäden *pl.* crop damage *sg.*; **~zeit** *f* harvest (time).

ernüchtern *v/t.* sober up; *fig.* bring *s.o.* down to earth again; **ernüchternd I.** *adj.* sobering; **II.** *adv.*: ~ ***auf j-n wirken*** have a sobering effect on s.o.; **Ernüchterung** *f* sobering-up; *fig.* disillusionment; (*Enttäuschung*) disappointment; *fig.* ***er braucht ein paar ~en*** he needs a bit of sobering-up.

Eroberer *m* conqueror; **erobern** *v/t.* conquer (*a. fig.*); ⚔ capture, take; ***im Sturm*** ~ *a. fig.* take by storm; *fig.* ***sich et.*** ~ (*Eintrittskarten etc.*) manage to get hold of, (*Sitzplätze etc.*) *a.* F manage to grab; ***sich den ersten Platz*** ~ *Sport*: gain (*od.* win) first place; **Eroberung** *f* conquest (*a. fig.*); *e-r Stadt etc.*: capture; *fig.* ***e-e*** ~ ***machen*** make a conquest; ***auf ~en aus sein*** F be out for the kill.

Eroberungs|feldzug *m* warring campaign, campaign of conquest; **~krieg** *m* war of conquest.

eröffnen I. *v/t.* **1.** open (*a. Betrieb, Sitzung, Konto etc.*); *feierlich*: *a.* inaugurate; (*Geschäft*) open up, start, set up *a business*; (*Diskussion, Saison etc.*) open, start off; ***das Feuer*** ~ open fire; ***das*** (*od.* ***ein***) ***Konkursverfahren*** ~ institute bankruptcy proceedings; **2.** (*Aussichten*) open (up) (***j-m*** for s.o.), offer (s.o.); **3.** ***j-m et.*** ~ disclose s.th. to s.o., inform s.o. of s.th.; **II.** *v/i.* **4.** *Geschäft etc.*: open; **5.** *Schach*: open; **III.** *v/refl.*: **6.** ***sich*** ~ *Möglichkeit etc.*: present itself; **7.** ***sich j-m*** ~ take s.o. into one's confidence; **Eröffnung** *f* opening (*a. Schach*); *feierliche*: inauguration; (*Mitteilung*) disclosure.

Eröffnungs|angebot *n* introductory offer; **~ansprache** *f* inaugural address; **~beschluss** *m* ⚖ order to proceed; *Konkursverfahren*: bankruptcy order; **~bilanz** *f* ☤ opening balance sheet; **~feier** *f* opening ceremony; **~kampf** *m Boxen*: opening bout; **~kurs** *m* ☤ opening quotation; **~menü** *n Computer*: start menu; **~sitzung** *f* introductory meeting; *parl.* opening session; **~spiel** *n Sport* opening match.

erogen *adj.* erogenous; ***~e Zone*** erogenous zone.

erörtern *v/t.* discuss; ***ausführlich*** ~ discuss in detail, F thrash out; **Erörterung** *f* **1.** discussion; **2.** *ped.* (discursive) essay.

Eros *m myth. u. fig.* Eros.

Erosion *f* erosion; **Erosionsschäden** *pl.* damage *sg.* caused by erosion.

Erotik *f* (*Sinnlichkeit*) sensuality, *stärker*: eroticism; (*Sexualität*) sexuality; (*Sex*) sex; (*Eros*) Eros; **Erotika** *pl.* erotica; (*Literatur*) *a.* erotic literature *sg.*; **erotisch** *adj.* (*sinnlich*) sensual, *stärker*: erotic; (*sexuell*) sexual; ***~es Dreieck*** love triangle; **erotisieren** *v/t.* eroticize; **Erotisierung** *f* eroticization.

erpicht *adj.*: ~ ***auf*** very (F dead) keen on (*od.* to get *etc.*); ***darauf*** ~ ***sein zu*** *inf.* be bent on *ger.*, F be desperate to *inf.*

erpressen *v/t.* (*j-n*) blackmail (**mit** over;

E

zu *inf.* into *ger.*); (*et.*) extort (***von*** from); ***von j-m e-e Unterschrift*** (***ein Zugeständnis*** *etc.*) ~ blackmail s.o. into signing s.th. (making a concession *etc.*).

Erpresser *m* blackmailer; **~bande** *f* gang of blackmailers; **~brief** *m* blackmail letter.

erpresserisch *adj.* extortionate; blackmailing ...; ***in ~er Absicht*** with a view to blackmail(ing s.o.).

Erpressung *f e-r Person*: blackmail, (*das Erpressen*) blackmailing; *von Geld etc.*: extortion.

Erpressungs|fall *m* blackmail case; **~versuch** *m* blackmail attempt; attempted blackmail.

erproben *v/t.* try (out), test; put to the test; **erprobt** *adj.* well-tried, tried and tested; (*erfahren*) experienced; (*zuverlässig*) reliable; ***klinisch*** ~ clinically tested; ***nach ~er Manier*** in the tried and tested fashion (*od.* manner); **Erprobung** *f* trial, test.

Erprobungs|flug *m* test flight; **~gelände** *n* test range.

erquicken *v/t.* refresh (***sich*** o.s.); revive; **erquickend** *adj.* refreshing; **erquicklich** *adj.* pleasant; *Anblick etc.*: uplifting; *Rede etc.*: *a.* edifying; *iro.* ***wenig*** ~ not exactly edifying; **Erquickung** *f* refreshment.

Errata *pl.* errata.

erraten *v/t.* guess; ***du hast es ~!*** you've guessed (right).

erratisch *adj.* erratic(ally *adv.*); ***~er Block*** erratic (block).

Erratum *n* erratum.

errechnen *v/t.* work out, calculate; ***sich s-e Chancen*** *etc.* ~ work out one's chances *etc.* (for oneself).

erregbar *adj.* excitable (*a.* ⚡); (*reizbar*) irritable; (*empfindlich*) (over)sensitive, touchy; ***er ist leicht*** ~ *a.* he gets upset (*od.* angry) easily; **Erregbarkeit** *f* excitability; irritability; oversensitiveness; → ***erregbar***; **erregen I.** *v/t.* **1.** (*j-n*) excite, get *s.o.* excited, *sexuell*: *a.* arouse; (*reizen*) irritate; (*wütend machen*) infuriate; ***die Gemüter*** ~ cause quite a stir, *stärker*: get people's blood up; **2.** (*et.*, *verursachen*) cause; (*Zorn etc.*) provoke; (*Argwohn*, *Leidenschaft etc.*) arouse, stir up; ***j-s Abscheu*** *etc.* ~ fill s.o. with disgust *etc.*; **3.** ⚡ excite, energize; **II.** *v/refl.*: ***sich*** ~ get excited; get all worked up (***über*** about); *zürnend*: *a.* get angry; → ***erregt***; **erregend** *adj.* exciting; *sexuell*: *a.* F on-turning; ⚕ ***~es Mittel*** stimulant.

Erreger *m* **1.** cause; **2.** ⚡ exciter; **3.** ⚕ pathogen, agent, virus; (*Keim*) germ; **~stamm** *m* strain of virus, virus strain.

erregt I. *adj.* **1.** excited, agitated; *sexuell*: excited, aroused; *Debatte*, *Gemüter etc.*: heated; *Zeiten*: turbulent; ***in ~em Zustand*** in a state of excitement (*sexuell*: sexual arousement); **2.** ⚡ excited, energized; **II.** *adv.*: ***es ging ~ zu*** *Debatte etc.*: feelings ran high; *Ereignis etc.*: there was quite a stir (*od.* commotion); **Erregtheit** *f* excitement.

Erregung *f* **1.** (state of) excitement, agitation; (*Zorn*) anger; **2.** (*das Erregen*) provocation *of anger etc.*; *e-s Nervs etc.*: stimulation; *sexuelle*: arousal; ⚡ excitation; ⚖ ***wegen ~ öffentlichen Ärgernisses*** for creating a public disturbance; **Erregungszustand** *m* state of excitement; *emotional*: emotional state.

erreichbar *adj.* **1.** (*a.* ***in ~er Nähe***) within reach; (*zugänglich*) accessible; ***leicht ~ sein*** be within easy reach, be easy to get to; ***schwer ~ sein*** be hard to get to, not to be within easy reach; ***zu Fuß*** (***mit dem Wagen***) ***leicht*** ~ within easy walking (driving) distance; **2.** *fig. Ziel etc.*: attainable, within (one's) reach; **3.** *Person*: available, there; ***er ist nie*** ~ you just can't get hold of him; ***ich bin telefonisch*** ~ (*habe Telefon*) I'm on the phone, ***von ... bis ...***: you can reach me (*od.* get in touch with me) by phone between ... and ...; **erreichen** *v/t.* **1.** reach; (*e-n Ort*) *a.* arrive at, (*a. Ufer*) get to; (*es schaffen bis*) make (it to *od.* as far as); ***von der Bahn leicht zu*** ~ within easy reach of the station; → *a.* ***erreichbar*** 1; **2.** (*Zug etc.*) catch, (*a. Anschluss*) make; (*einholen*) catch up with; ***der Brief erreichte ihn nicht mehr*** the letter didn't get to him in time; **3.** ***j-n*** (***telefonisch***) ~ get hold of s.o. (on the phone); ***zu*** ~ → ***erreichbar*** 3; **4.** *fig.* (*schaffen*) achieve; (*gelangen an*) reach; (*erlangen*) obtain, get; (*gleichkommen*) equal, match; (*ein gewisses Maß*) come up to; ***ein hohes Alter*** ~ live to a ripe old age; ***etwas*** ~ (*Erfolg haben*) get somewhere, get results, be successful; ***hast du*** (***bei ihm***) ***etwas erreicht?*** did you get anywhere (with him)?; ***ich habe nichts erreicht*** I didn't get anywhere, I got nowhere; ***ich erreichte, dass ...*** I managed to *inf.*; ***so wirst du nichts*** ~ that won't get you anywhere; → ***Höhepunkt, Klassenziel, Ziel*** *etc.*; **Erreichung** *f* **1.** ***bei*** (***nach***) ~ ***von*** on (after) reaching *od.* arriving at (*od.* in); **2.** *fig.* attainment; ***nach ~ des 50. Lebensjahres*** on reaching the age of 50.

erretten *v/t.* save, rescue (***von, aus*** from); **Erretter** *m* rescuer; *eccl.* → ***Erlöser***; **Errettung** *f* rescue; *eccl.* → ***Erlösung***.

errichten *v/t.* **1.** (*Statue*, *Bühne*, *Barrikaden etc.*) put up, erect; (*Gerüst*) put up; (*Gebäude*) erect, build; (*Zelt*) put up; *fig.* (*Barrieren etc.*) put up, set up, erect; **2.** *fig.* (*gründen*) found, *bsd.* ✝ set up; (*Testament*) draw up; **Errichtung** *f* **1.** building; erection; **2.** *fig.* founding; establishment; → ***errichten***.

erringen *v/t.* gain, win; ***den Sieg*** ~ gain victory, win; ***e-n Erfolg*** ~ be successful, F notch up a success; **Erringung** *f e-r Leistung etc.*: achievement; → ***Errungenschaft***.

erröten I. *v/i. vor Scham*: blush, go red; *vor Aufregung*, *Stolz etc.*: flush (***vor*** with; ***über*** at); **II.** 2 *n* blush(ing); ***j-n zum ~ bringen*** make s.o. blush (*od.* go red).

errungen *adj.*: ***hart*** ~ hard-won, hard-earned; **Errungenschaft** *f* **1.** achievement; (*Großtat*) feat; ***~en der Technik*** technological achievements (*od.* advances); ***technische ~en*** (*Geräte*) technical gadgets; ***die neuesten technischen ~en*** the latest technology; **2.** (*Erwerbung*) acquisition; ***m-e neueste*** ~ my latest acquisition.

Ersatz *m* **1.** (*a. Person*) substitute; *permanenter*: replacement; ⚔ replacements *pl.*; **2.** (*Vergütung*) compensation; (*Entschädigung*) indemnification; (*Schaden*2) damages *pl.*; (*Wiedergutmachung*) reparation; (*Rückerstattung*) restitution; → *a.* ***Ersetzung, Ersatzmittel, Ersatzteil***; ***als ~ für*** by way of compensation for; in exchange (*od.* return) for; ***~ leisten für*** compensate (*od.* make amends) for; ***~ schaffen*** find a replacement (*od.* replacements); **~anspruch** *m* claim for compensation; **~bank** *f Sport*: substitutes' bench; **~befriedigung** *f psych.* vicarious satisfaction, F compensation; **~brille** *f* spare pair of glasses (*od.* spectacles); **~dienst** *m* alternative (*od.* community) service (for conscientious objectors); ***~ leisten*** do alternative (*od.* community) service (***als*** as); **~droge** *f* substitute drug; **~fahrer** *m* substitute driver; **~geld** *n* token money; **~handlung** *f psych.* (act of) compensation; **~kaffee** *m* coffee substitute, ersatz coffee; **~kasse** *f* health insurance; **~leistung** *f* compensation (*Schadenersatz*) damages *pl.*

ersatzlos *adv.*: ***~ streichen*** (*Posten*) freeze.

Ersatz|mann *m* substitute (*a. Sport*) replacement; **~mine** *f* refill; **~mittel** *n* substitute, surrogate; *bsd. contp.* ersatz.

Ersatzpflicht *f* liability (for damages) **ersatzpflichtig** *adj.* liable for damages.

Ersatz|rad *n mot.* spare wheel; **~reifen** *m* spare tyre (*Am.* tire); **~religion** *f* ersatz religion; **~spieler** *m Sport*: substitute **~stück** *n* → ***Ersatzteil***.

Ersatzteil *n* ⚙ replacement part; *mitgeliefertes*: spare (part); **~chirurgie** *f* spare part surgery; **~lager** *n* spare parts store.

Ersatzwagen *m* replacement car.

ersatzweise *adv.* as a substitute; as an alternative.

ersaufen *v/i.* **1.** F (*ertrinken*) drown; **2** *Motor etc.*: flood.

ersäufen *v/t.* drown; F *fig.* ***s-e Sorgen im Alkohol*** ~ drown one's sorrows in drink.

erschaffen *v/t.* create, make; **Erschaffer** *m* creator; **Erschaffung** *f* creation.

erschallen *v/i.* ring out; (*widerhallen*) resound, echo.

erschaudern *v/i.* shudder (with horror); ***~ vor Angst*** *etc.* shudder with fear *etc.*; ***bei dem Gedanken ~, dass*** shudder at the thought that (*od.* of *s.o. ger.*).

erschauern *v/i. vor Angst*, *Kälte etc.* tremble, shiver; *vor Glück etc.*: thrill (*all* ***vor*** with; ***über*** at).

erscheinen I. *v/i.* **1.** appear (*a. Geist*: ***j-m*** to s.o.); (*kommen*) come (***zu*** to), turn up (at); (*sich sehen lassen*) *a.* put in an appearance; ***vor Gericht*** ~ appear in court; ***nicht erschienen sein*** be absent ***sie ist schon ein paar Mal im Fernsehen erschienen*** *a.* she's made a few appearances on TV (*od.* a few TV appearances); **2.** *Sache*: appear, present itself (***in e-m anderen Licht*** in a different light); *in Dokumenten etc.*: appear, be mentioned; (*den Anschein haben*) seem appear, look (***j-m*** to s.o.); ***es erscheint mir merkwürdig*** it strikes me as (rather) strange; ***es erscheint ratsam*** it would seem (*od.* appear) advisable; ***sie erscheint heute gelassener*** *etc.* she seems *od.* appears (to be) more relaxed *etc.* today; **3.** *Zeitung*: come out, *Buch*: *a.* be published, appear; ***soeben erschienen*** just published, just out; ***erstmals bei X erschienen*** first published by X **II.** 2 *n* **1.** appearance; (*Anwesenheit*) attendance; ***um pünktliches ~ wird gebeten*** you are kindly requested to attend punctually; ***wir danken für Ihr zahlreiches*** ~ we appreciate that so many of you have (been able to) come; **2.** *e-s Buchs*: publication; ***im ~ begriffen*** *Buch* forthcoming.

Erscheinung *f* **1.** (*Vorkommnis*, *a. phys. u. Natur*2) phenomenon; *zeitlich gesehen a.* occurrence; (*Anzeichen*) indication (*gen.* of), sign (of), ⚕ *a.* symptom (of)

das ist e-e ganz normale ~ *a.* that's perfectly normal, that's nothing out of the ordinary; **2.** (*Auftreten*) appearance; **in ~ treten** appear, *fig. Sache*: *a.* emerge, make itself felt; **stark (kaum) in ~ treten** be very much in evidence (be hardly noticeable); **er tritt kaum in ~** he keeps very much in the background; **3.** (*Geister*≈) apparition; (*Vision*) vision; (*Geist*) spect|re (*Am.* -er), phantom; **e-e ~ haben** a) have a vision, b) see a ghost (*od.* an apparition); **4.** *eccl.* manifestation; **5.** (*Gestalt*) figure; **e-e glänzende** (*od.* **imposante**) **~ sein** cut a fine figure; **sie ist e-e sympathische ~** she comes across as very friendly (*od.* likeable); **6.** (*äußeres Erscheinungsbild*) outward appearance; **von der ~ her** outwardly; **ihrer (äußeren) ~ nach** to look at her, *formeller*: judging by her (outward) appearance.

Erscheinungs|bild *n* **1.** appearance, look; **2.** ⚕ manifestation; **3.** *biol.* phenotype; **~datum** *n* date (*od.* day) of publication, publication date; **~form** *f* **1.** (outward) form; **2.** ⚕ manifestation; **3.** *biol.* phenotype; **~jahr** *n* year of publication; **~ort** *m* place of publication; **~tag** *m* day (*od.* date) of publication; **~weise** *f* publication dates *pl.*; **~: wöchentlich** published (*od.* appearing) weekly; **~welt** *f* physical world.

erschießen I. *v/t.* shoot (dead), shoot and kill; **~ lassen** have *s.o.* shot; **II.** *v/refl.*: **sich ~** shoot o.s.; **Erschießung** *f* shooting; *standrechtliche*: execution (by firing squad); **Erschießungskommando** *n* firing squad.

erschlaffen *v/i.* **1.** *Glieder etc.*: go limp; *Muskel*: grow tired, slacken; *Haut*: (begin to) sag, become (*od.* get, go) flabby; **2.** *Person*: tire, get (*od.* grow) tired; **er erschlaffte in der letzten Runde** his strength failed him in the last round; **3.** *fig. Kraft, Interesse etc.*: (begin to) flag.

Erschlaffung *f* **1.** *der Glieder*: tiring; (sudden) limpness; *der Muskeln*: *a.* slackening; *der Haut*: flabbiness; **2.** *e-r Person*: (sudden) tiredness; **3.** *fig. des Interesses etc.*: flagging (*gen.* of), drop (in).

erschlagen I. *v/t.* kill; **er wurde vom Blitz ~** he was struck (dead) by lightning; **II.** F *adj.*: **wie ~** (*verblüfft*) F flabbergasted; (*erschöpft*) F whacked, bushed, out for the count.

erschleichen *v/t.* obtain by devious means; **sich j-s Gunst ~** worm o.s. into s.o.'s favo(u)r.

erschließen I. *v/t.* **1.** open, make accessible; (*Absatzgebiet*) open up; (*nutzbar machen, a. Baugelände*) develop; (*Rohstoffquellen etc.*) tap, exploit; **2.** (*folgern*) infer (**von** from); (*Wort*) reconstruct (from), derive (from); **3.** (*offenbaren*) disclose; **II.** *v/refl.*: **sich j-m ~ 4.** *Geheimnis, Bedeutung etc.*: be revealed to; **5.** *Möglichkeiten*: open up before; **6.** (*a. j-m* **sein Herz ~**) open one's heart to; **Erschließung** *f* opening (up), development; tapping, exploitation; *ling.* reconstruction, derivation; → **erschließen.**

erschmeicheln *v/t.* (*a.* **sich** *et.* **~**) get *s.th.* by flattery; **sich et. von j-m ~** wheedle s.th. out of s.o.

erschöpfen I. *v/t.* **1.** (*ermüden*) wear out, exhaust; **2.** (*Vorräte, Bodenschätze, Kräfte*) deplete, exhaust; **3.** (*Möglichkeiten*) exhaust; (*Thema*) *a.* F flog to death; **II.** *v/refl.*: **sich ~ 4.** *Person*: wear o.s. out; **5.** *Möglichkeiten*: be exhausted; *Thema*: *a.* F be flogged to death; **sich ~ in** *Tätigkeit, Begabung etc.*: be limited to, not to go beyond; **die Diskussion erschöpfte sich in leerem Geschwätz** the discussion fizzled out into superficial chitchat; **6.** *Quelle, Vorräte etc.*: be(come) depleted; *Boden*: *a.* be worked to death; **erschöpfend I.** *adj.* **1.** exhausting; **2.** (*gründlich*) exhaustive; **II.** *adv.*: **ein Thema ~ behandeln** treat a topic exhaustively, look at a topic from every (possible) angle; **erschöpft** *adj.* exhausted (**von** by); *Batterie*: run-down; **Erschöpfung** *f* exhaustion; **bis zur ~** to the point of exhaustion; **vor ~ umfallen** collapse with (*od.* from) exhaustion.

Erschöpfungs|tod *m* death from exhaustion; **~zustand** *m* (state of) exhaustion.

erschossen F *adj.* (*erschöpft*) F whacked, bushed; **ich bin ~** *a.* F I've had it.

erschrecken I. *v/t.* frighten, scare; *plötzlich*: startle, give *s.o.* a shock; **j-n zu Tode ~** frighten s.o. out of his (*od.* her) wits, frighten s.o. to death; **du hast mich zu Tode erschreckt** *a.* you gave me the fright of my life, I nearly jumped out of my skin; **II.** *v/i.* get a fright (*od.* shock); (*zusammenfahren*) jump, start; **~ über** be startled (*stärker*: shocked) by; **bin ich erschrocken!** what a fright I got (*od.* you gave me); **er erschrickt beim leisesten Geräusch** the slightest noise frightens him, he jumps at the slightest noise; **III.** *v/refl.*: **sich ~** get a fright; (*zusammenfahren*) jump, start; **sich zu Tode ~** get the fright of one's life, be frightened out of one's wits; **er hat sich ganz schön erschrocken** he got quite a fright, it gave him quite a fright (*od.* scare); **IV.** ≈ *n* fright, scare; **erschreckend I.** *adj.* alarming, frightening; (*furchtbar*) dreadful, terrible; (*entsetzlich*) appalling, *stärker*: horrific; **II.** *adv.*: **~ wenige** *etc.* alarmingly few *etc.*; **~ viel(e)** an alarming amount (number) of; **sie haben ~ wenig gewusst** *a.* their knowledge was alarmingly restricted.

erschrocken I. *adj.* startled; (*perplex*) *a.* taken aback; **ich war ganz ~** I got (*od.* it gave me) quite a fright *od.* scare; **er war zu Tode ~** he got (*od.* it gave him) the fright of his life; **II.** *adv.* in (*od.* with) fright; **~ zusammenfahren** (*od.* **auffahren**) jump, start; **~ aus dem Schlaf hochfahren** wake up with a start.

erschüttern *v/t.* **1.** (*Gebäude etc.*) shake; **2.** *fig.* (*Wirtschaft, Gesundheit etc.*) shake; (*bestürzen*) shock (deeply), shake (up); (*rühren*) move deeply; **j-n in s-m Glauben ~** shake s.o.'s faith; **das kann mich nicht ~** that leaves me cold; **sich durch nichts ~ lassen** be completely unflappable; **ihn kann nichts mehr ~** he's seen (*od.* been through) it all; **erschütternd** *adj.* shocking, devastating; (*ergreifend*) deeply moving; **erschüttert** *adj.* shocked, devastated; (completely) shaken up; shattered (*alle* **von** by); **Erschütterung** *f* **1.** *der Erde etc.*: vibration, *stärker*: tremor, shock(wave); **2.** ⚙ vibration; **3.** ⚕ concussion; **4.** *fig.* shock; *in der Öffentlichkeit etc.*: *a.* shockwave; **~ auslösen bei** be a shock for, shock, *weitläufig*: send a shock(wave) through; **sie konnte vor ~ nichts sagen** she was too shocked to speak; **zur ~ des Systems** *etc.* **führen** rock (*od.* shake) the system *etc.*; **erschütterungsfest** *adj.* shockproof; **erschütterungsfrei** *adj.* ⚙ free from vibration(s), shock-absorbent.

erschweren *v/t.* make (more) difficult, complicate, bedevil, (*Problem*) *a.* compound; (*hemmen*) impede, hamper; (*stören*) seriously interfere with; **erschwerend I.** *adj.*: ⚖ **~e Umstände** aggravating circumstances; **II.** *adv.*: **~ tritt hinzu, dass** to aggravate the situation.

Erschwernis *f* (added) difficulty *od.* burden; (*Hindernis*) impediment, obstacle; **~zulage** *f* hardship allowance.

erschwert *adj.* more difficult, harder; **Erschwerung** *f* complication; **e-e ~** *gen.* **bedeuten** make *s.th.* more difficult; → **Erschwernis.**

erschwindeln *v/t.* obtain by fraud (*od.* dishonest means); **(sich) et. von j-m ~** swindle s.th. out of s.o.

erschwingen *v/t.*: **ich kann es nicht ~** I can't afford it; **erschwinglich** *adj.* within s.o.'s means; **zu ~en Preisen** at reasonable prices; **das ist für uns nicht ~** we can't afford it; **Mieten, die für jeden ~ sind** rents that everyone can afford, rents within everyone's means.

ersehen *v/t.* see; *et.* **~ aus** (*entnehmen*) see (*od.* understand) from; (*schließen*) gather from; **daraus ist zu ~, dass** this shows (*od.* indicates) that; **daraus ist nicht zu ~, ob** it doesn't indicate (*od.* tell you) whether.

ersehnen *v/t.* long for, yearn for; **ersehnt** *adj.* longed-for.

ersetzbar *adj.* replaceable (*a.* ⚙); *Schaden*: reparable; *Verlust*: recoverable; **ersetzen** *v/t.* replace (**durch** by, with *s.th.*); (*j-n*) *a.* take the place of; (*Verlust, Mangel*) compensate for; (*Auslagen*) reimburse (**j-m** s.o. *for expenses*); **A durch B ~** replace A by (*od.* with) B, substitute B for A; **den Schaden ersetzt bekommen** get paid (*formell*: receive compensation) for the damage; **... ist nicht zu ~** ... is irreplaceable, ... cannot be replaced; **sie ersetzte ihnen die Eltern** she was father and mother to them; **Ersetzung** *f* replacement; *e-s Verlusts etc.*: compensation; *von Kosten*: reimbursement.

ersichtlich *adj.* apparent, evident (**aus** from); (*klar*) clear; **klar ~** obvious, clearly evident (*od.* apparent); **ohne ~en Grund** for no apparent reason; **daraus wird ~, dass** this shows (*od.* indicates) that, thus it appears that; **aus Ihrem Schreiben ist** (*od.* **wird**) **~, dass** from your letter it would appear that; **wie aus ... ~ ist** as can be seen from ...

ersinnen *v/t.* think up, dream up; (*erfinden*) invent.

erspähen *v/t.* catch sight of, spot; *lit.* espy.

ersparen *v/t.* (*Geld*) save (*a.* **sich** *dat.* **~**); **j-m Arbeit** (**Kosten** *etc.*) **~** save s.o. work (money *etc.*); **j-m e-e Demütigung** *etc.* **~** spare s.o. a humiliation *etc.*; **um dir unnötige Erklärungen zu ~** so as not to bother you with unnecessary explanations; **erspare dir d-e Bemerkungen** just keep your remarks to yourself; **das wird uns nicht erspart bleiben** there's no getting round it; **mir (ihm) bleibt aber auch nichts erspart** why does everything have to happen to me (he really seems to get one bad break after another); **Ersparnis** *f* saving(s *pl.*); **~se** savings; **erspart** *adj.*: **~es Geld** savings; **vom ≈en leben** live off one's savings.

E

ersprießlich *adj.* fruitful; (*förderlich*) beneficial (*dat.* to).

erst I. *adv.* **1.** (*zuerst*) (at) first; (*zuvor*) first; (*nicht früher als*) only, not until (*od.* till), *zukunftsbezogen*: *a.* not before; **(eben) ~** just; **~ als** only when; **~ als er anrief, wurde mir klar** it was only when he rang up that I realized; **~ dann** only then, not until (*od.* till) then; **~ einmal** first; **wir müssen ~ einmal aufräumen** *a.* we've got to tidy up before we do anything else; **~ jetzt** only now, not until (*od.* till) now; **~ jetzt wissen wir** only now do we know, not until (*od.* till) now did we know; **~ nach der Vorstellung** not until (*od.* till) after the performance; **ich muss ~ m-n Chef fragen** I'll have to ask my boss first; **ich habe sie ~ letzte Woche gesehen** I only saw her last week, it was only last week (that) I saw her; **dann kann er es ja ~ recht tun** all the more reason (for him) to do so; **jetzt zeig ichs ihr ~ recht!** now I'm really going to show her; **das macht es ~ recht schlimm** that makes it even worse; **was glaubst du, wie mir ~ zumute ist?** how do you think 'I feel?; **wäre er ~ hier!** if only he were here; **wenn du ~ so alt bist wie ich** when you get to my age; **wenn wir ~ reich sind** when (*od.* once) we're rich, wait till we're rich, *then we'll* ...; **wenn du ihn ~ siehst!** (just) wait till you see him; **2.** (*bloß, nicht mehr als*) only, just; **ich habe ~ zwei Antworten bekommen** I've only had two replies (so far); **II.** *adj.* first; **~es Kapitel** chapter one; **am ~en Mai** on the first of May, on May the first; **1. Mai** 1st May, May 1(st); **~e Hilfe** first aid; **~e Qualität** prime quality; **~e beste** → **erstbest**; **er war der ~e, der ...** he was the first to *inf.*; **sie ging als ~e durchs Ziel** she finished first; **aus ~er Ehe** from one's first marriage, by one's first wife (*od.* husband); **fürs ~e** for the moment, for the time being; → **Mal**[1]; **zum ~en, zum Zweiten, zum Dritten!** *Auktion*: going, going, gone!; → **Hand, Linie** 1, **Stelle** 1, **Stock** 4 *etc.*

erstarken *v/i.* grow strong(er), gain strength.

erstarren *v/i.* **1.** grow stiff, stiffen; *vor Kälte*: go numb; ⚗ *etc.* solidify, *Öl, Fett*: *a.* congeal; **2.** *fig. Person, Lächeln*: freeze; *Gesicht*: turn to stone; *Formen, Verhaltensweisen etc.*: become rigid; *Brauch, Tradition etc.*: ossify; **vor Angst ~** freeze (with fear *od.* terror), be paralyzed with fear; **j-s Blut ~ lassen** make s.o.'s blood run cold; **erstarrt** *adj.* **1.** stiff; *vor Kälte*: *a.* numb; **2.** *fig. Person*: paralyzed; *Formen etc.*: rigid; *Brauch, Tradition etc.*: ossified; **vor Ehrfurcht ~** awestruck; **Erstarrung** *f* **1.** stiffness; *durch Kälte*: numbness; ⚗ solidification, *von Fett, Öl*: *a.* congealing; **2.** *fig.* paralysis; *von Formen, e-r Haltung etc.*: rigidity; **Erstarrungspunkt** *m* congealing (*od.* solidification) point *od.* temperature.

erstatten *v/t.* **1.** (*Auslagen etc.*) reimburse, refund (**j-m** s.o. *for expenses etc.*); **2. Anzeige ~ gegen** report *s.o.* to the police; → **Bericht**; **Erstattung** *f* (*Rückzahlung*) reimbursement, refund(ing).

erstaufführen *v/t.* perform (in public) for the first time, give the first public performance of, première; **Erstaufführung** *f thea., Film*: première; *Film*: (*erste Laufzeit*) first run.

erstaunen I. *v/t.* astonish, *stärker*: astound, amaze; **II.** *v/i. Person*: be astonished, *stärker*: be astounded, be amazed; *Sache*: cause atonishment (*od.* amazement), astonish (*od.* amaze) everyone; **III.** ♀ *n* astonishment, *stärker*: amazement; **in ~ geraten** → II; → *a.* **staunen**; **in ~ (ver)setzen** → I; **(sehr) zu m-m ~** (much) to my astonishment; **erstaunlich** *adj.* astonishing, *stärker*: astounding, amazing; (*beachtlich*) remarkable; (*unglaublich*) unbelievable, incredible; **erstaunlicherweise** *adv.* astonishingly, to my *etc.* surprise, *stärker*: amazingly, to my *etc.* amazement; **erstaunt** *adj.* astonished, *stärker*: astounded, amazed (**über** at).

Erst|ausfertigung *f* original (copy); **~ausführung** *f* prototype; **~ausgabe** *f* first edition; **~ausstattung** *f* **1.** basic equipment (*od.* kit); **2.** *für Baby*: layette; **~ausstrahlung** *f TV etc.* first broadcast.

erstbest I. *adj.* first; any old; **er fragte das ~e Kind** he asked the first child he saw (*od.* he happened to see, that came along); **kauf doch nicht einfach das ~e Auto** don't go and buy just any old car; **das ~e Hotel** the first hotel you *etc.* (happen to) find *od.* stumble across; **II.** *su.*: **der (die) ♀e** just anyone; the first person (*od.* man, woman) to come along.

Erst|besteigung *f* first ascent; **~druck** *m* first edition.

Erste(r) *m* (the) first; **er war Erster** he was (*od.* came) first; **er ist Erster (der Klasse)** he's top of the class; **Karl I.** Charles I (= Charles the First); **heute ist der Erste** it's the first (of the month) today.

erstechen *v/t.* stab (to death).

Erstehe *f* first marriage.

erstehen[1] *v/i.* arise, result (**aus** from); *lit.* (*entstehen*) rise up (from); **daraus können uns Unannehmlichkeiten ~** it could cause us trouble.

erstehen[2] *v/t.* (*kaufen*) buy (o.s.), (*a. bekommen*) get; **Erstehung** *f* acquisition.

ersteigen *v/t.* climb, ascend; (*Gipfel*) climb (up to); *fig.* (*Position*) rise to; (*gesellschaftliche Stufenleiter*) climb, move up.

ersteigern *v/t.* buy at an auction; F *fig.* **wo hast du denn das ersteigert?** F where did you get hold of that?

Ersteigung *f* ascent, climbing.

Erste(r)-Klasse|-Abteil *n* first-class compartment; **~-Wagen** *m* first-class carriage (*od.* car).

erstellen *v/t.* **1.** (*besorgen*) provide; **2.** (*Plan etc.*) draw up; **3.** (*errichten*) build, construct.

erstens *adv.* first(ly), first of all; to start with; *emotional*: *a.* for a start.

erster(e) I. *adj. the* former; **der (die, das) erstere ..., der (die, das) letztere ...** the former ..., the latter ...; **II.** *su.*: **der (die, das) Erstere, der (die, das) Letztere** the former, the latter.

ersterben *v/i. Ton etc.*: die (*od.* fade) away; *Lächeln*: fade; **das Lächeln erstarb auf s-n Lippen** the smile faded (*od.* disappeared) from his lips; *fig.* **vor Ehrfurcht ~** be awestruck.

Ersterfolg *m* first success; beginner's success.

Erstflug *m* first flight.

erstgeboren *adj.* firstborn; **Erstgeburt** *f* **1.** firstborn (child); **2.** → **Erstgeburtsrecht** *n* birthright, ⚖ (right of) primogeniture.

erstgenannt *adj.* first-mentioned, *Person*: *a.* first-named; (*erstere*) former.

ersticken I. *v/t.* **1.** suffocate; *durch Erdrosselung etc.*: choke; **2.** (*Feuer*) smother, put out; **3.** *fig.* (*Gefühl etc.*) suppress; (*Geräusch, Lachen*) smother, stifle; (*Aufstand*) suppress, quell; → **Keim**; **II.** *v/i.* **4.** suffocate (**an** from), be suffocated (by); *an e-r Gräte etc.*: choke (to death) (on); **vor Hitze ~** suffocate from the heat; **5.** *fig.* **vor Lachen** *etc.* **~** choke with laughter *etc.*; **in Arbeit ~** be snowed under with work, be drowning in work; **mit erstickter Stimme** in a choked voice; **III.** ♀ *n* suffocation, 🕮 asphyxiation; **zum ~** *Luft etc.*: stifling, suffocating; **zum ~ heiß** stifling hot; **erstickend** *adj.* stifling, suffocating; **Erstickung** *f* → **Ersticken.**

Erstickungs|anfall *m* choking fit; **~gefahr** *f* danger of suffocation; **~tod** *m*: **den ~ sterben** die of suffocation (🕮 asphyxiation).

Erstinstanz *f* (court of) first instance.

erstklassig *adj.* first-class, first-rate; *Sportler*: *a.* top-class, F crack ..., ace ...; *Waren*: top-quality.

Erstklässler *m* first-year (primary) pupil, *Am.* firstgrader.

Erstkommunion *f* first Communion.

Erst|korrektor(in *f*) *m* first marker; **~korrektur** *f* first marking.

erstlich *adv.* → **erstens.**

Erstling *m* **1.** first work; **2.** firstborn child.

Erstlings|ausstattung *f* layette; **~film** *m* debut film; **~platte** *f* debut album; **~roman** *m* first novel; **~versuch** *m* first attempt; **~werk** *n* first work.

erstmalig I. *adj.* first; **II.** *adv.* → **erstmals** *adv.* for the first time, first; **es erschien ~ 1990** it first appeared (*od.* it appeared for the first time) in 1990.

Erstmeldung *f* exclusive report (*od.* story), scoop.

erstrahlen *v/i.* shine; *Weihnachtsbaum*: sparkle, glitter.

erstrangig *adj.* first-rate; *Problem*: top-priority.

erstreben *v/t.* aim for; (*Glück, Macht etc.*) strive after; (*begehren*) desire, covet; **erstrebenswert** *adj.* desirable, worthwhile.

erstrecken *v/refl.* **1. sich ~** extend, stretch (**bis zu** to, as far as; **über** across, over); **2. sich ~ über** *zeitlich*: cover *od.* span (a period of); **sich über Jahrzehnte ~** cover (*od.* span) several decades; **3. sich ~ auf** (*betreffen*) concern, apply to; (*einschließen*) include.

Erst|schlag *m* first strike; **~semester** *n* new student; *bsd. Am. etwa* freshman, F fresher; **~stimme** *f pol.* first vote.

Ersttags|brief *m* first-day cover; **~stempel** *m* first-day stamp.

Ersttäter *m* first-time offender.

erstunken *p.p.*: F **das ist ~ und erlogen** F that's a dirty lie (*od.* a pack of lies).

erstürmen *v/t.* (take by) storm; **Erstürmung** *f* storming.

Erst|wagen *m* first car; **mein ~ ist ein Porsche** *Aufkleber*: my other car's a Porsche; **~wähler** *m* first-time voter; **~zulassung** *f* first registration.

ersuchen I. *v/t.*: **j-n ~ zu** *inf.* ask (*dringend*: urgently request, *anflehend*: implore) s.o. to *inf.*; **j-n um et. ~** request s.th. from s.o.; **II.** *v/i.*: **um et. ~** request s.th.; **III.** ♀ *n* request; **auf sein ~ hin** at his request.

ertappen I. *v/t.* catch (**bei** at); **j-n beim**

Stehlen ~ catch s.o. stealing; ***lass dich nicht ~*** mind you don't get caught; → ***Tat***; **II.** *v/refl.*: ***sich dabei ~, et. zu tun*** catch o.s. doing s.th.; ***sich bei dem Gedanken ~, dass*** catch o.s. thinking that.

ertasten *v/t.* feel (the shape of); (*Ausgang etc.*) grope one's way towards.

erteilen *v/t.* (*Auftrag, Auskunft, Befehl, Rat, Strafe, Unterricht etc.*) give (***j-m*** [***to***] s.o.); (*ein Recht etc.*) confer (*dat.* on); (*Patent*) grant (to); → ***Abfuhr, Vollmacht*** *etc.*; **Erteilung** *f* granting; conferral.

ertönen *v/i.* sound; ***plötzlich ertönte Musik*** suddenly music could be heard, suddenly there was music in the air; ***~ von*** resound (*od.* echo) with.

ertöten *v/t.* (*Gefühle*) stifle.

Ertrag *m* yield; ⚒ *etc.* output; (*Einnahmen*) proceeds *pl.*, returns *pl.*, profit(s *pl.*) (**aus** from); *fig.* fruits *pl.*, results *pl.*

ertragen *v/t.* bear (*a. Anblick, Gedanken*), endure; (*dulden*) tolerate, put up with; ***wie kannst du es ~?*** *a.* how can you stand it?; ***nicht zu ~*** → ***unerträglich.***

erträglich I. *adj.* bearable; (*a. leidlich*) tolerable; **II.** *adv.* (*leidlich*) tolerably well.

ertrag|los *adj.* unproductive; ⚚ unprofitable; **~reich** *adj.* productive; ⚚ profitable.

ertragsarm *adj.* low-yield.

ertrag(s)fähig *adj.* productive; ⚚ profit-bearing; **Ertrag(s)fähigkeit** *f* productivity; ⚚ earning potential (*od.* capacity).

Ertrags|kraft *f* earning power (*od.* potential); **~lage** *f* profit situation; **~steuer** *f* profits tax; **~wert** *m* earning power.

ertränken *v/t.* drown (**sich** o.s.).

erträumen *v/t.* (*a.* **sich** *dat.* **~**) dream of; imagine; **erträumt** *adj.* dreamed-of; imaginary; ***nie ~*** undreamt-of.

ertrinken I. *v/i.* drown, be drowned; **II.** ≈ *n*: (***Tod durch ~*** death by) drowning; **Ertrinkende(r** *m*) *f* drowning man (*f* woman).

ertrotzen *v/t.*: (**sich**) **et. ~** get s.th. through sheer stubbornness, stubbornly insist until one gets s.th.

ertüchtigen *v/t.* get *s.o.* in shape; (*stählen*) toughen *s.o.* up; **Ertüchtigung** *f* physical training (*od.* fitness).

erübrigen I. *v/t.* (*Geld*) save, put aside; (*Zeit*) spare; ***können Sie zehn Mark (fünf Minuten) ~?*** can you spare ten marks (five minutes)?; **II.** *v/refl.*: ***sich ~*** be unnecessary, be superfluous; ***es hat sich erübrigt*** it's been solved, F forget it; ***es dürfte sich ~*** it will hardly be necessary; ***jedes weitere Wort erübrigt sich*** there's nothing more to be said.

eruieren *v/t.* find out, determine.

Eruption *f geol. u.* ⚕ eruption; **eruptiv** *adj.* eruptive.

erwachen I. *v/i.* wake up (*a. fig. aus s-n Träumen etc.*), *formell*: awake, awaken (*alle* **aus** from); *fig. Tag*: dawn; *Erinnerungen, Interesse*: be awakened; *Argwohn etc.*: be aroused; *fig.* ***zu neuem Leben ~*** revive, come to life again; → ***Bewusstlosigkeit***; **II.** ≈ *n*: (*fig.* ***trauriges, unsanftes ~*** sad, rude) awakening.

erwachsen[1] *v/i.* arise (**aus** from); ***~ aus*** *Vorteil, Unkosten etc.*: accrue (*od.* result) from; ***daraus können Ihnen Unannehmlichkeiten ~*** it may cause you trouble.

erwachsen[2] *adj.* grown-up, adult; (*ausgewachsen*) fully-grown; (*mündig*) of age; ***~er Mensch*** grown-up; ***er ist ein ~er Mensch*** (*er weiß, was er tut*) he's old enough to know what he's doing; ***sehr ~ sein*** be very grown-up for one's age; **Erwachsene(r** *m*) *f* grown-up, adult; ***nur für Erwachsene*** (for) adults only.

Erwachsenen|bildung *f* adult (*od.* further) education; **~taufe** *f* adult baptism.

erwägen *v/t.* consider, think *s.th.* over; (*in Betracht ziehen*) take into account; ***~, et. zu tun*** consider doing s.th.; ***die Vor- und Nachteile ~*** weigh up the pros and cons (*od.* advantages and disadvantages); ***es wird ernsthaft erwogen*** it's under serious consideration; **erwägenswert** *adj.* worth considering; **Erwägung** *f* consideration; ***in ~ ziehen*** take into consideration, consider; (*zu tun gedenken*) contemplate, consider (*ger.*); ***~en anstellen, ob*** consider whether.

erwählen *v/t.* choose; *durch Abstimmung*: elect; ***j-n zum Parlamentssprecher*** *etc.* ***~*** elect s.o. (as) parliamentary speaker *etc.*; **Erwählte(r** *m*) *f* → ***auserwählt.***

erwähnen *v/t.* mention; ***nebenbei ~*** mention in passing; ***j-n namentlich ~*** mention s.o. by name, mention s.o.'s name; ***du wurdest namentlich erwähnt*** your name was mentioned; ***ich wurde überhaupt nicht erwähnt*** I didn't even get a mention; **erwähnenswert** *adj.* worth mentioning; *Kunstwerk etc.*: worthy of note; **Erwähnung** *f* mention (*gen.* of), reference (to).

erwandern *v/t.*: (**sich**) ***ein Gebiet ~*** discover (*od.* get to know) an area on foot.

erwärmen I. *v/t.* warm *od.* heat (up); *fig.* ***j-n für et. ~*** get s.o. interested in s.th.; **II.** *v/refl.*: ***sich ~*** warm up, heat up (**auf** to), get warm, *Person*: warm o.s. (up); *fig.* ***sich ~ für*** warm to, get to like; **Erwärmung** *f* warming up, heating up; ***~ der Erdatmosphäre*** global warming.

erwarten I. *v/t.* (*a.* **sich** *dat.* **~**) expect; (*warten auf*) wait for; (*erhoffen*) (*a.* **sich** *dat.* **~**) hope for; ***er kann es kaum ~(, dass s-e Eltern zurückkommen)*** he can hardly wait (for his parents to get back); ***es ist zu ~*** it's to be expected; ***wie zu ~*** as (was to be) expected; ***ich erwarte von dir, dass du ...*** I expect you to *inf.*; ***es wird erwartet, dass sie zusagen*** they are expected to agree, it is expected that they will agree; ***so was habe ich gar nicht erwartet*** I wasn't expecting (*od.* I didn't expect) anything like that; ***wenn er wüsste, was ihn erwartet*** if he knew what was in store for him; ***das war mehr, als er erwartet*** (*gewollt*) ***hatte*** that was more than he had bargained for; ***von ihm kann man noch allerhand ~*** he's somebody to watch; ***von ihm kann man nichts ~*** you can't expect anything of him (*od.* him to do anything), F he's hopeless; → ***Kind***; **II.** ≈ *n*: ***wider ~*** contrary to all expectation(s); **Erwartung** *f* **1.** (*a. Anspruch*) expectation (*gen.* of); (*Spannung*) anticipation (of), expectancy (of); (*Hoffnung*) hope(s *pl.*) (for); ***voller ~*** → ***erwartungsvoll***; ***in ~*** *gen.* in anticipation of; **2.** *pl.* (*Annahme*) hopes; ***in j-n große ~en setzen*** place great hopes in s.o., expect a great deal of s.o.; ***hochgeschraubte ~en*** high hopes (*od.* expectations); ***die ~en herabsetzen*** lower one's expectations (*od.* sights); ***du hast m-e ~en enttäuscht*** you disappoint me, I expected you to do better than that; ***entgegen allen ~en*** against all expectations, against the odds; **erwartungsfroh I.** *adj.* expectant; **II.** *adv.* expectantly; *lit.* in joyful anticipation; **erwartungsgemäß** *adv.* as expected.

Erwartungs|haltung *f* expectations *pl.*; **~horizont** *m* horizon of expectations.

erwartungsvoll *adj. u. adv.* full of expectation, expectant(ly); ***in ~er Haltung*** in a state of expectancy.

erwecken *v/t.* **1.** → ***wecken*** I; **2.** *j-n od. et.* ***wieder zum Leben ~*** revive; ***von den Toten ~*** raise from the dead; **3.** *fig.* (*Interesse, Neugier etc.*) arouse; (*Gefühle*) *a.* awaken, stir up; (*Erinnerung*) bring back, stir up; (*Hoffnung*) raise; (*Vertrauen*) inspire; ***bei j-m den Glauben ~, dass*** make s.o. believe that; → ***Anschein, Eindruck*** 1 *etc.*; **4.** *eccl.* (*bekehren*) convert; **Erweckung** *f von Interesse etc.*: arousal; *von Gefühlen*: *a.* awakening, stirring up; *von Hoffnungen*: raising.

erwehren *v/refl.*: ***sich ~*** *gen.* ward off; resist; ***sich der Tränen ~*** hold back one's (*od.* the) tears; ***sich nicht ~ können*** *gen.* be helpless against, be unable to resist (*ger.*); ***ich konnte mich des Lachens nicht ~*** I couldn't help (*od.* stop myself from) laughing; ***man konnte sich des Eindrucks nicht ~, dass*** you couldn't help feeling (that).

erweichen *v/t.* soften (up); *fig.* (*j-n*) soften, mollify; (*rühren*) move, touch; *fig.* ***sich ~ lassen*** relent, yield, give in; **Erweichung** *f* softening; *fig. a.* mollification.

Erweis *m* proof; ***den ~ bringen, dass*** prove that, furnish proof (*od.* evidence) that; **erweisen I.** *v/t.* **1.** (*beweisen*) prove, show, demonstrate, establish; ***es ist erwiesen, dass*** it has been proved *etc.* that; **2.** (*Gefallen, Dienst*) do *s.o. a service etc.*; (*Gunst*) grant; (*Achtung*) show; **II.** *v/refl.*: **3. *sich ~ als*** turn out (to be), prove (to be), *Person*: *a.* prove o.s. (to be); ***es erwies sich, dass*** it turned out that; **4. *sich j-m gegenüber dankbar ~*** show one's gratitude to (*od.* towards) s.o.

erweitern I. *v/t.* (*Straße etc.*) widen; (*Gebäude*) extend; (*Rock etc.*) let out; (*Einfluss, Befugnisse etc.*) extend; (*Buch etc.*) enlarge; (*Kenntnisse*) broaden; A (*Bruch*) reduce to higher terms; ***s-e Spanischkenntnisse ~*** improve one's Spanish; → ***Horizont***; **II.** *v/refl.*: ***sich ~*** *Straße etc.*: widen; *Pupille, Blutgefäß*: dilate; *Herz*: become enlarged; *Kenntnisse*: increase; *Begriff*: take on a wider meaning; **erweitert** *adj.* enlarged *etc.*; → ***erweitern***; *Auflage*: enlarged; ***~e Berichterstattung*** extended coverage; *ling.* ***~er Satz*** compound sentence; ***~er Infinitiv*** extended infinitive; **Erweiterung** *f* widening; extension; enlargement; broadening; ⚕ dilation; ***die ~ der EU*** the enlargement of the EU; → ***erweitern***; **Erweiterungsbau** *m* annex(e), extension (wing); **erweiterungsfähig** *adj.* capable of being enlarged (*od.* extended), expansible; ***es ist ~*** *a.* it can be enlarged (*od.* extended, expanded).

Erwerb *m* acquisition; (*Kauf*) *a.* purchase; (*Verdienst*) earnings *pl.*; (*Unterhalt*) living; ***s-m ~ nachgehen*** earn one's living; **erwerben** *v/t.* acquire; *käuflich*: *a.* purchase; (*verdienen*) earn; (*Kenntnisse, Rechte etc.*) acquire; (*j-s Achtung etc., Ruhm etc.*) win; ***sich sein Brot ~*** earn one's (*od.* a) living; ***sich Reichtum ~*** gain riches; ***sich ein Vermögen ~*** make

E

a fortune; ***sich um die Organisation*** *etc.* ***große Verdienste ~*** serve the organization *etc.* well, do great service for the organization *etc.*; **erwerblich** *adj.* for sale.

erwerbs|behindert, ~beschränkt *adj.* partially disabled.

erwerbsfähig *adj.* capable of work; fit for work; ***~es Alter*** employable (*od.* working) age; **Erwerbsfähigkeit** *f* ability to work.

Erwerbsleben *n* working life.

erwerbslos *adj.* unemployed; **Erwerbslose(r)** *m* unemployed person; ***die Erwerbslosen*** the unemployed (*pl.*); **Erwerbslosenquote** *f* level of unemployment.

Erwerbs|minderung *f* reduction in earning capacity; **~quelle** *f* source of income; **~sinn** *m* business sense (*od.* acumen).

erwerbstätig *adj.* gainfully employed; ***~e Bevölkerung*** *a.* economically active population; **Erwerbstätige(r)** *m* employed person; ***die Erwerbstätigen*** the employed population (*sg.*); ***die Zahl der Erwerbstätigen*** the number of employed; **Erwerbstätigkeit** *f* gainful employment.

Erwerbstrieb *m* acquisitive urge.

erwerbsunfähig *adj.* incapable of work; unfit for work; **Erwerbsunfähigkeit** *f* incapacity to work.

Erwerbs|urkunde *f* ⚖ title deed; **~zweig** *m* branch of industry; line (of business).

Erwerbung *f* acquisition.

erwidern *v/t.* (*Besuch, Gefälligkeit etc.*) return; (*Gefühl*) reciprocate; (*antworten, a. v/i.*) reply, answer (**auf** to), *treffend, scharf*: retort; ⚔ (*das Feuer*) return; ***auf m-e Frage erwiderte er ...*** in reply to my question he said ...; ***er wusste nicht, was er darauf ~ sollte*** he didn't know what to say to that; **Erwiderung** *f* **1.** *e-s Gefühls*: reciprocation; ***in ~*** *gen.* in reply to; ***keine ~ finden*** *Liebe*: be (left) unrequited; **2.** (*Antwort*) reply, answer; *treffende, scharfe*: retort; **3.** ⚔ ***flexible ~*** flexible response.

erwiesen *adj.* proved; ***e-e ~e Tatsache*** an established fact; → *a.* **erweisen** 1; **erwiesenermaßen** *adv.* as has been proved (*od.* shown, demonstrated, established); demonstrably; ***es erscheint ~ nur im Winter*** it has been proved to appear only in winter; ***sie war ~ dabei*** she is proved to have been present.

erwirken *v/t.* achieve, bring about; (*erlangen*) secure, succeed in getting; (*Genehmigung etc.*) obtain, secure.

erwirtschaften *v/t.* gain (by good management), make.

erwischen *v/t.* catch, get (*beide a. Krankheit*); (*Zug etc.*) *a.* make; (*erlangen*) get hold of; → *a.* **ertappen**; ***sich ~ lassen*** get caught; F ***ihn hats erwischt*** *Krankheit*: F he's been laid low, *Verletzung, Unangenehmes*: F he's come a cropper, *Strafe*: F he's got it in the neck, *Liebe*: F he's smitten, *Tod*: F he's had it.

erwünscht *adj.* desired; (*willkommen*) welcome; (*wünschenswert*) desirable; ***du bist hier nicht ~*** you're not wanted around here; ***Computerkenntnisse ~, aber nicht Bedingung*** *Zeitungsannonce*: computer skills an asset, not essential.

erwürgen I. *v/t.* strangle; **II.** ♀ *n*, **Erwürgung** *f* strangling, strangulation.

Erythrozyt *m physiol.* erythrocyte, red (blood) cell; **Erythrozytenzählung** *f* red cell count.

Erz *n* ore; **~ader** *f* vein of ore.

erzählen I. *v/t.* (*a. Geschichte, Witz etc.*) tell; (*berichten*) recount; *kunstvoll*: narrate; ***man hat mir erzählt*** I've been told; ***was hat er erzählt?*** what did he (have to) say?; ***sie kann was ~!*** *nach der Reise etc.*: she's got a few stories (*od.* tales) to tell; ***komm, erzähl uns was!*** so what's new?; ***man erzählt sich*** they say; ***er erzählt nur noch Unsinn*** he talks a lot of nonsense; ***erzähl doch keinen Unsinn!*** F who are you trying to kid?, *zum Kind*: *a.* don't talk such nonsense; F ***das kannst du mir nicht ~!, das kannst du d-r Großmutter ~!*** F pull the other one; F ***wem ~ Sie das!*** F you're telling me; F ***dem werd ich was ~!*** F I'll tell him a thing or two; **II.** *v/i.* tell a story (*od.* stories); ***~ von*** tell s.o. about, *lit.* tell of; ***er soll niemandem davon ~*** he's not to tell (*od.* breathe a word to) anyone about it; ***er erzählte, dass*** he told us *etc.* that, he said that; ***er kann gut ~*** he's a good storyteller; **III.** ♀ *n* storytelling; *kunstvolles*: narration; ***die Kunst des ~s*** the art of storytelling (*od.* narrative); **erzählend** *adj.* narrative *style etc.*; **erzählenswert** *adj.* worth telling; ***e-e ~e Geschichte*** *a.* a good story; **Erzähler** *m* narrator; *von Geschichten*: *a.* storyteller; *begabter*: raconteur; (*Schriftsteller*) narrative writer; **erzählerisch** *adj.* narrative; ***~es Talent besitzen*** be a good storyteller; **erzählfreudig** *adj.* communicative.

Erzähl|kunst *f* narrative (art), art of narrative; ***ein Meister der ~*** a master of narrative (*od.* of [the] narrative art); **~perspektive** *f* narrative perspective; **~technik** *f* narrative technique; **~ton** *m* narrative style; style of storytelling.

Erzählung *f* **1.** (*das Erzählen*) telling; *in der Literatur*: narration; **2.** (*Geschichte*) story; **3.** (*Bericht*) account; **4.** *Literatur*: story, *kurze*: *a.* short story; *bsd. fantasievolle, märchenhafte etc.*: *a.* tale; **5.** *coll.* (*Erzählliteratur*) fiction.

Erzbergwerk *n* ore mine.

Erzbischof *m* archbishop; **erzbischöflich** *adj.* archiepiscopal; **Erzbistum** *n*, **Erzdiözese** *f* archbishopric, archdiocese.

Erzengel *m* archangel.

erzeugen *v/t.* produce, ⸙ *a.* grow; *industriell*: produce, make; *phys.*, ⚡ generate; *fig.* (*verursachen*) cause, bring about; (*Gefühl, Zustand etc.*) create, generate, engender.

Erzeuger *m* **1.** (*Vater*) father, *iro.* procreator; **2.** ✝ producer, manufacturer; ⸙ producer, grower; **~land** *n* country of origin.

Erzeugnis *n* product; (*Boden*♀, *mst pl.*) produce (*sg.*); *des Geistes, der Kunst*: creation, *iro.* brainchild; *der Fantasie*: product; ***eigenes ~*** my *etc.* own make (*od.* brand).

Erzeugung *f* production; ✝ *a.* manufacture; *phys.*, ⚡ generation; *fig.* creation; **Erzeugungskosten** *pl.* production costs.

Erzfeind *m* arch-enemy; ***der ~*** (*Satan*) Satan; **Erzfeindschaft** *f* archrivalry.

Erzgauner *m* F (real) crook.

Erz|gewinnung *f* ore production; **~gießerei** *f* (metal) foundry; **~grube** *f* (ore) mine, pit.

erzhaltig *adj.* ore-bearing.

Erzhalunke *m* F (real) crook.

Erzherzog *m* archduke; **Erzherzogin** *f* archduchess; **Erzherzogtum** *n* archduchy.

Erzhütte *f* smelting works *pl.* (*a. sg. konstr.*).

erziehbar *adj.* educable; ***schwer ~es Kind*** problem child; **erziehen** *v/t.* (*aufziehen*) bring up, raise; *geistig*: educate; ***~ zu*** bring up (*od.* train) *s.o.* to be; ***j-n zu e-m selbstständigen Menschen ~*** bring s.o. up to be an independent person; ***j-n zur Sparsamkeit ~*** bring s.o. up (*od.* teach s.o.) to be economical; ***er wurde streng erzogen*** he had a strict upbringing; → ***erzogen***; **Erzieher** *m* educator; (*Lehrer*) teacher; (*Hauslehrer, Internats*♀) tutor; **Erzieherin** *f Kindergarten*: (qualified) kindergarten teacher; (*Hauslehrerin*) governess; **erzieherisch I.** *adj.* educational; ***~e Probleme*** (***Fragen***) *innerhalb der Familie*: problems (questions) of upbringing; **II.** *adv.*: ***j-n ~ beeinflussen*** have an educational effect on s.o.; ***das ist ~ ganz falsch*** F you're never going to teach them *etc.* that way; **Erziehung** *f* upbringing; *geistige, politische etc.*: education; (*Ausbildung*) training; (*Lebensart*) breeding, (*Manieren*) *a.* manners *pl.*; ***er hat e-e gute ~ genossen*** he had a good upbringing; ***falsche ~*** the wrong (*od.* a bad) upbringing; ***ihr fehlt jede ~*** she's got no upbringing (*od.* manners).

Erziehungs|anstalt *f* approved school, *Am.* reformatory, reform school; **~beihilfe** *f* educational grant; **~beratung** *f* child guidance (service); **~berechtigte(r** *m*) *f* **1.** parent; **2.** legal guardian; **~fehler** *pl.* wrong upbringing *sg.* (*gen.* on the part of); **~geld** *n* child-raising allowance; **~urlaub** *m allg.* child-raising leave; *für Mütter*: maternity leave; *für Väter*: paternity leave; **~wesen** *n* **1.** education; **2.** educational system; **~wissenschaft** *f* educational science.

erzielen *v/t.* achieve, attain, get; (*Resultate*) *a.* produce, come up with; (*Erfolg*) achieve, score; (*Gewinn etc.*) make; (*Preis*) fetch; (*Punkt, Treffer*) score; (*Verständigung*) reach, come to; (*Wirkung*) have *an effect*; ***als Reingewinn ~*** clear, net; ***Einigung ~*** reach (an) agreement (***über*** on).

erzittern *v/i.* tremble, shake (**vor** with).

Erzkatholik *m*, **erzkatholisch** *adj.* ultra-Catholic.

erzkonservativ *adj.* ultra-conservative; *in GB*: *a.* true-blue ...; ***~ sein*** *in GB*: *a.* be a true blue; **Erzkonservative(r)** *m* dyed-in-the-wool conservative; *in GB*: *a.* true blue.

Erz|lügner *m* chronic liar; **~lump** F *m* real scoundrel.

erzogen *adj.*: ***er ist gut*** (***schlecht***) ***~*** he's very well-mannered (he's got no manners at all).

erzreaktionär *adj.* ultra-reactionary.

Erz|rivale *m* archrival; **~schurke** F *m* real scoundrel; **~tyrann** *m* archtyrant, archdespot.

erzürnen *lit.* **I.** *v/t.* anger, *stärker*: enrage; **II.** *v/refl.*: ***sich ~*** get angry (***über*** at, about).

Erzvater *m* patriarch.

Erzvorkommen *n* ore deposit(s *pl.*).

erzwingen *v/t.* force, get *s.th.* by force; *gesetzlich*: enforce (*a. Gehorsam etc.*); ***e-e Entscheidung ~*** force an issue; ***Liebe lässt sich nicht ~*** you can't force love; ***ein Geständnis von j-m ~*** force a

confession out of s.o.; **erzwungen** *adj.* forced; *Lächeln etc.*: *a.* put-on; **erzwungenermaßen** *adv.* under pressure.
es *pers. pron.* **1.** *als Subjekt*: (*Sache*) it; (*Kind, Haustier*) it, *bei bekanntem Geschlecht*: he (*f* she); (*Schiff, Auto etc.*) it, *emotional*: she; *impers.* ***~ schneit*** it's snowing; ***~ ist kalt*** it's cold; ***~ wurde getanzt*** they *etc.* danced; *wer ist der Junge?* – ***~ ist mein Bruder*** he's my brother; *wer sind diese Mädchen?* – ***~ sind m-e Schwestern*** they're my sisters; *wer hat angerufen?* - ***~ war mein Chef*** it was my boss; ***ich bins*** it's me; ***sie sind ~*** it's them; ***~ war keiner da*** there was nobody there, nobody was there; ***~ war einmal ein König*** once upon a time there was a king; ***~ gibt zu viele Probleme*** there are too many problems; ***~ wird erzählt*** they say; ***~ heißt in der Bibel*** it says in the Bible; **2.** *als Objekt*: it; ***ich nahm ~*** I took it; ***ich halte ~ für leichtsinnig zu*** *inf.* I think it would be careless to *inf.*; ***da hast dus*** what did I say?; ***ich weiß ~*** I know; ***ich bin ~ leid, ich habe ~ satt*** I'm (sick and) tired of it; **3.** *als Ersatz od. Ergänzung des Prädikats*: *er ist reich*, ***ich bin ~ auch*** so am I; ***ich hoffe ~*** I hope so; ***er hat ~ mir gesagt*** he told me so; *er sagte, ich sollte gehen*, ***und ich tat ~*** so I did, and I did so; *bist du bereit?* – ***ja, ich bin ~*** yes, I am; ***ich kann ~*** I can (do it); ***ich will ~*** I want to; ***ich will ~ versuchen*** I'll (give it a) try.
Es[1] *n psych.* id.
Es[2] *n* ♪ E flat.
Escapetaste *f Computer*: escape key.
Eschatologie *f eccl.* eschatology; **eschatologisch** *adj.* eschatological.
Esche *f* ash (tree); **eschen** *adj.* ash; **Eschenholz** *n* ash(wood).
Esel *m* **1.** donkey, *seltener*: ass; ***männlicher ~*** he-ass, jackass; ***störrisch wie ein ~*** (as) stubborn as a mule; ***ein ~ schimpft den andern Langohr*** it's the pot calling the kettle black; ***wenn man den ~ nennt, kommt er schon gerannt*** talk (*od.* speak) of the devil; **2.** F (*Dummkopf*) F twit; ***alter ~*** old fool; ***ich ~!*** what an idiot I am, how stupid can you get; **Eselin** *f* she-ass.
Esels|bogen *m* △ *etwa* ogee arch; **~brücke** *f* mnemonic (aid); ***ich muss mir e-e ~ bauen*** I've got to have something that will help me remember; **~ohr** *n* turned-down corner; ***Buch mit ~en*** dog-eared book; **~rücken** *m* △ *etwa* ogee arch.
Eskalation *f pol. u.* ⚔ escalation; **eskalieren I.** *v/i. Konflikt etc.*: escalate; **II.** *v/t.* (*Maßnahmen etc.*) step up.
Eskapade *f* escapade.
Eskapismus *m* escapism; **eskapistisch** *adj.* escapist.
Eskimo *m* Eskimo.
Eskorte *f* escort; (*Wagen*≈) *a.* motorcade; **eskortieren** *v/t.* escort.
Esoterik *f* **1.** esoteric arts *pl.*; **2.** esotericism; **3.** *weitS.* New Age (movement); **Esoteriker(in** *f*) *m* esoteric; **esoterisch** *adj.* esoteric.
Espadrille *f* espadrille.
Espartogras *n* esparto grass.
Espe *f* ⚘ aspen; **Espenlaub** *n*: ***wie ~ zittern*** tremble like a leaf.
Esperanto *n* Esperanto.
Esplanade *f* esplanade.
Espresso *m* espresso (*pl.* espressos); **~automat** *m* espresso machine; **~bar** *f* espresso place; **~maschine** *f* espresso machine.
Esprit *m* wit; ***ein Mann mit*** (*od.* ***von***) **~** a (man of) wit.
Esra *m bibl.* Ezra; ***das Buch ~*** (the Book of) Ezra.
Essapfel *m* eating apple, eater.
Essay *m, n* essay; **Essayist** *m* essayist; **Essayistik** *f* **1.** (*the* art of) essay writing; **2.** (*Gesamtheit der Essays*) essayistic writings *pl.*; **essayistisch** *adj.* essayistic.
essbar *adj.* eatable; (*genießbar*) edible; ***~er Pilz*** (edible) mushroom.
Essbesteck *n* cutlery (set).
Esse *f* **1.** (*Rauchfang*) chimney; **2.** (*Schmiede*) forge.
Essecke *f* dining area; → *a.* **Essnische.**
essen I. *v/t. u. v/i.* eat; ***zu Mittag*** (***Abend***) **~** have lunch (dinner); ***viel ~*** eat a lot, *generell*: be a big eater; ***warm*** (***kalt***) **~** have a hot (cold) meal; ***er isst nie warm*** he never has a hot meal; ***was gibt es zu ~?*** what's for dinner (*od.* lunch)?, what are we having for dinner (*od.* lunch)?; ***wir können gleich ~*** dinner (*od.* lunch) will be ready in a minute; ***hast du schon gegessen?*** have you eaten yet?, have you had your dinner (*od.* lunch) yet?; *et.* ***gern ~*** like; ***s-n Teller leer ~*** clean one's plate; ***im Restaurant ~*** eat out, eat at a restaurant; ***man isst dort ganz gut*** the food is quite good there; ***ich geh zu m-r Schwester ~*** I'm eating (*od.* having a meal) at my sister's; F *fig.* ***das ist*** (***schon lange***) ***gegessen*** that's history, that's over and done with; → ***Abend, auswärts, satt*** *etc.*; **II.** ≈ *n* eating; (*Kost, Verpflegung*) food; (*Gericht*) dish; (*Mahlzeit*) meal; (*Fest*≈) dinner; ***~ und Trinken*** food and drink; ***wir sind gerade beim ~*** we're just having dinner (*od.* lunch), we're at the table; ***j-n zum ~ einladen*** invite s.o. for a meal (*od.* to dinner, lunch); ***zum ~ bleiben*** stay for dinner (*od.* lunch); ***et. vor*** (***nach***) ***dem ~ einnehmen*** take s.th. before (after) meals; → ***Abendessen.***
Essen(s)ausgabe *f*: ***~ von 12–14 Uhr*** meals served from 12 p.m. – 2 p.m.
Essensgeruch *m* smell of food (*od.* cooking).
Essen(s)marke *f* meal ticket, *Brit. a.* lunch(eon) voucher.
Essens|zeit *f mittags*: lunchtime, lunch hour, *abends*: dinnertime; **~zuschuss** *m* lunch allowance.
essentiell *adj.* → ***essenziell.***
Essenz *f* essence (*a. fig.*).
essenziell *adj.* essential (*a.* ⚗, *biol.*); ***von ~er Bedeutung*** of paramount importance.
Esser *m*: ***starker*** (***schwacher***) **~** big (poor, bad) eater; **Esserei** *f* eating; ***diese dauernde ~!*** all this eating (*od.* food)!, we *etc.* seem to do nothing but eat.
Ess|geschirr *n* crockery; (*Service*) dinner service; **~gewohnheiten** *pl.* eating habits; **~gier** *f* greed, gluttony; **~gruppe** *f* dining set, dining table and chairs *pl.*
Essig *m* vinegar; F *fig.* ***damit ist es ~*** F it's all off; **~äther** *m* → ***Essigester***; **~essenz** *f* vinegar essence; **~ester** *m* ethyl acetate; **~flasche** *f* vinegar bottle; **~gurke** *f* pickled cucumber, *kleine*: (pickled) gherkin, *Am.* pickle; **≈sauer** *adj.* acetic; → ***Tonerde***; **~säure** *f* acetic acid; **~-und-Öl-Ständer** *m* cruet stand.
Ess|kastanie *f* (sweet) chestnut; **~korb** *m* hamper; **~löffel** *m* tablespoon; ***zwei*** (***gestrichene***) **~** two (level) tablespoons (-ful); **~lust** *f* appetite; **~nische** *f* dining alcove, dinette; **~obst** *n* eating fruit; **~stäbchen** *pl.* chopsticks; **~sucht** *f* craving for food; **~tisch** *m* dining table; **~waren** *pl.* food *sg.*; ☤ foodstuffs; **~zimmer** *n* dining room.
Establishment *n the* establishment, *the* Establishment.
Este *m* Estonian.
Ester *m* ⚗ ester.
Esther *f bibl.* Esther; ***das Buch ~*** (the Book of) Esther.
Estin *f*, **estnisch** *adj.* Estonian.
Estragon *m* tarragon.
Estrich *m* stone floor.
etablieren *v/refl.*: ***sich ~*** establish o.s. (*od.* itself), become established; *geschäftlich*: set o.s. up, start a business; *häuslich*: settle in; ***sich ~ als*** set o.s. up as.
Etablissement *n* **1.** ☤ (business) establishment; **2.** (*Bordell*) establishment; **3.** ***ein gepflegtes ~*** (*Lokal*) a clean place; **4.** (*Vergnügungsstätte*) place, establishment.
Etage *f* floor, stor(e)y; ***auf*** (*od.* ***in***) ***der ersten ~*** on the first (*Am.* second) floor; ***auf welcher ~ wohnst du?*** which floor do you live on (*od.* are you on)?
Etagenbett *n* bunk bed(s *pl.*).
etagenförmig *adj.* terraced, tiered, (arranged) in tiers.
Etagen|heizung *f* single-stor(e)y heating (system); **~kellner** *m* floor waiter; **~wohnung** *f* flat, *Am.* apartment.
Etappe *f* **1.** stage, *Sport*: *a.* leg; ***~ des Lebens*** stage in life, phase of life; **2.** ⚔ communication zone; (*Stützpunkt*) base.
Etappen|sieg *m* stage win (*od.* victory); **~sieger** *m* stage winner.
etappenweise I. *adv.* in stages, step by step, F bit by bit; **II.** *adj.* step-by-step ...
Etat *m* **1.** ☤, *pol.* budget; (*veranschlagter ~*) *a.* estimates *pl.*; ***das ist nicht im ~ vorgesehen*** that hasn't been budgeted for; **2.** ⚔ establishment; **~ausgleich** *m* balancing (of) the budget; **~beratung** *f* budget discussion; **~entwurf** *m* budget proposals *pl.*; **~jahr** *n* fiscal (*od.* financial) year; **~kürzung** *f* cut in the budget, budget cut.
etatmäßig *adj.* budgetary; *Beamter etc.*: permanent; *Torwart etc.*: regular.
Etat|posten *m* budget(ary) item; **~überschreitung** *f* spending in excess of the budget.
etepetete F *adj.* **1.** (*geziert*) F la-di-da; **2.** (*penibel*) fussy; **3.** (*zimperlich*) squeamish.
Ethik *f* ethics *pl.* (*als Fach sg. konstr.*); **Ethiker** *m* moral philosopher; **ethisch** *adj.* ethical; ***~e Frage*** ethical question, question of ethics; ***aus ~en Gründen ablehnen*** reject on ethical grounds.
ethnisch *adj.* ethnic(ally *adv.*); ***~e Säuberung*** ethnic cleansing.
Ethnograph *m* ethnographer; **Ethnographie** *f* ethnography; **ethnographisch** *adj.* ethnographic(ally *adv.*).
Ethnologe *m* ethnologist; **Ethnologie** *f* ethnology.
Ethologe *m* ethologist; **Ethologie** *f* ethology; **ethologisch** *adj.* ethological.
Ethos *n* ethos; *weitS.* ethics *pl.*
Etikett *n* label; (*Preisschild*) price tag; ***auf dem ~ steht*** it says on the label, the label says; *fig.* ***mit e-m ~ versehen*** label.
Etikette *f* etiquette, convention(s *pl.*); ***Verstoß gegen die ~*** breach of etiquette; ***es ist gegen die ~ zu*** *inf.* it's bad form to

E

inf.; **Etikettenschwindel** *m* **1.** bogus claim(s *pl.*), fraudulent label(l)ing; **2.** *fig.* (a) fraud; ***das ist ja der reinste ~*** they ought to be done under the Trades Descriptions Act; **etikettieren** *v/t.* put a label on; price-tag; *fig.* label; *fig.* ***j-n als Betrüger ~*** label s.o. a cheat.

etliche *indef. pron. pl.* a number of, quite a few; ***~ tausend Mark*** several thousand marks; ***~ Millionen*** several million(s); ***~s*** (*sg.*) a number of things (*pl.*), a thing or two.

Etrusker(in *f*) *m*, **etruskisch** *adj.*, **Etruskisch** *n ling.* Etruscan.

Etüde *f* ♪ étude.

Etui *n* case.

etwa *adv.* **1.** *a.* ***in ~*** (*ungefähr*) about, approximately, F around; *nachgestellt*: or so, or thereabouts; ***in ~ fertig etc.***: more or less; ***wann ~?*** approximately when?, (*um wie viel Uhr?*) *a.* F around what time?; **2.** (*vielleicht*) by any chance, possibly; (*zum Beispiel*) for instance, for example, (let's) say; ***war sie ~ da?*** was she there, then?; ***du warst doch nicht ~ da?*** you weren't there, were you?, don't tell me you were there; ***nicht ~, dass*** not that *it mattered etc.*; ***ist das ~ besser?*** is that any better?; ***du glaubst doch nicht ~ ...?*** surely you don't think ...?

etwaig *adj.* any; (*möglich*) possible; ***~e Schwierigkeiten*** any difficulties (that might arise).

etwas I. *indef. pron.* something; *verneinend, fragend od. bedingend*: anything; ***~ Merkwürdiges*** something strange, a strange thing; ***~ anderes*** something (*fragend*: anything) else; ***ohne ~ zu sagen*** without a word; ***so ~ habe ich noch nie gehört*** I've never heard anything like it; ***so ~ kommt schon vor*** that kind of thing does happen; ***aus ihm wird ~*** he'll go a long way; ***das ist immerhin ~*** that's something, at least; F ***die haben ~ miteinander*** there's something going on between them; ***die Sache hat ~ für sich*** there's something to be said for it; ***er versteht ~ davon*** he knows a thing or two about it; ***er hat ~ Gelehrtes an sich*** there's something of the scholar about him; **II.** *adj.* some; any; a little; a bit of; ***ich brauche ~ Geld*** I need some (*od.* a bit of) money; ***~ Englisch*** a little English; ***~ Petersilie*** a touch of parsley; ***hab ~ Geduld*** be patient; **III.** *adv.* a bit, a little; **IV.** ᴤ *n*: ***das gewisse ~*** that certain something; ***so ein kleines ~*** such a little thing; → *a.* ***was*** III.

Etymologe *m* etymologist; **Etymologie** *f* etymology; **etymologisch** *adj.* etymological.

Et-Zeichen *n* (&) ampersand.

EU *f* EU, European Union; **~-Beihilfe** *f* EU subsidy; **~-Bestimmung** *f* EU regulation.

euch I. *pers. pron.* (*dat. u. acc. von ihr*) (to) you; (*für euch*) for you; ***bei ~*** with you; at your place; ***ich habs ~ gesagt*** (***gegeben***) I told you (I gave it to you, I gave you it); ***wie gehts ~?*** how are you?; **II.** *refl. pron.* yourselves; *nach prp.*: you; *oft unübersetzt*: ***setzt ~!*** sit down; ***bedient ~!*** help yourselves.

Eucharistie *f*: ***die ~*** the Eucharist; **~feier** *f* Eucharistic mass.

eucharistisch *adj.* Eucharistic.

euer I. *poss. pron.* **1.** *adjektivisch*: your; ***ᴤ Ehren*** (***Gnaden***) Your Hono(u)r (Grace); ***~ Robert*** *am Briefende*: Yours, Robert; **2.** *substantivisch*: yours; ***~er, ~e, ~es, eurer, eure, eures, der*** (***die, das***) ***eu***(***e***)***re*** (*od.* ***Eu***(***e***)***re***) yours; **II.** *pers. pron.* (*gen. von ihr*) of you.

Eugenik *f* eugenics *pl.* (*sg. konstr.*); **eugenisch** *adj.* eugenic(ally *adv.*).

EU|-Gesetz *n* EU law; **~-Gipfel** *m* EU summit.

Eukalyptus *m* eucalyptus; **~baum** *m* eucalyptus tree; **~bonbon** *n, m* eucalyptus sweet (*Am.* candy); **~öl** *n* eucalyptus oil.

euklidisch *adj.* Euclidean.

EU|-konform *adj. u. adv.* in line with EU provisions; **~-Land** *n* EU country.

Eule *f* owl; *fig.* ***~n nach Athen tragen*** carry coals to Newcastle; ***das hieße ~n nach Athen tragen*** that would be carrying coals to Newcastle.

Eulenspiegelei *f* prank.

Eumenide *f myth.* Eumenide.

EU|-Ministerrat *m coll.* Council of Ministers; **~-Mitglied(sland)** *n* member of the EU, EU member (state *od.* nation); **~-Norm** *f* EU standard.

Eunuch *m* eunuch; **eunuchenhaft** *adj.* eunuch-like; **Eunuchenstimme** *f* high-pitched (F squeaky) voice.

Euphemismus *m* euphemism; **euphemistisch I.** *adj.* euphemistic; **II.** *adv.* euphemistically; ***~ ausgedrückt*** put euphemistically.

Euphorie *f* ⚕ *u. fig.* euphoria; **euphorisch** *adj.* euphoric(ally *adv.*).

Eurasier(in *f*) *m*, **eurasisch** *adj.* Eurasian.

eure → ***euer.***

eurerseits *adv.* for (*od.* on) your part.

euresgleichen *pron.* people like yourselves, *contp.* F the likes of you, your sort.

eurethalben *obs. adv.* → **euretwegen** *adv.* **1.** (*wegen euch*) because of you, on your account; (*euch zuliebe*) because of you, for your sake(s); **2.** (*in eurer Sache*) on your behalf; **euretwillen** *adv.*: (**um**) **~** for your sake(s); (*in eurer Sache*) on your behalf.

Eurhythmie *f* eur(h)ythmics *pl.* (*sg. konstr.*); ⚕ eurhythmia.

eurig → ***euer*** II.

Euro *m* (*Währung*) Euro, euro.

Euro|cent *m* Euro cent; **~centmünze** *f* Euro cent coin; **~dollar** *m* Eurodollar; **~geldmarkt** *m* Euro-currency market; **~kommunismus** *m* Eurocommunism; **~kommunist** *m* Eurocommunist.

Eurokrat *m* Eurocrat; **eurokratisch** *adj.* Eurocratic.

Euro|land *n* **1.** (*Gebiet der Europäischen Währungsunion*) Euroland; ***in ~*** in Euroland; **2.** (*Mitgliedsstaat der Europäischen Währungsunion*) euro country; **~münze** *f* Euro coin; **~norm** *f* European standard.

Europa|abgeordnete(r *m*) *f* Member of the European Parliament, *abbr.* MEP; **~cup** *m Sport*: European Cup.

Europäer(in *f*) *m* European; **europäisch** *adj.* European; ***ᴤer Bürgerbeauftragter*** *EU* Ombudsman; ***ᴤe Freihandelszone*** European Free Trade Area; ***ᴤe Gemeinschaft*** European Community; ***ᴤer Gerichtshof*** European Court of Justice, ***für Menschenrechte***: European Court of Human Rights; ***ᴤe Investitionsbank*** European Investment Bank; ***ᴤe Kommission*** European Commission; ***ᴤes Parlament*** European Parliament; ***ᴤes Polizeiamt*** European Police Office; ***ᴤer Rat*** Council of the European Union; ***ᴤer Rechnungshof*** Court of Auditors; ***ᴤes System der Zentralbanken*** European System of Central Banks; ***ᴤe Union*** European Union; ***ᴤes Währungsinstitut*** European Monetary Institute; ***ᴤes Währungssystem*** European Monetary System; ***ᴤe Währungsunion*** European Monetary Union; ***ᴤer Wirtschaftsraum*** European Economic Area; ***ᴤe Wirtschafts- und Währungsunion*** European Economic and Monetary Union; ***ᴤe Zentralbank*** European Central Bank, *abbr.* ECB; → ***Menschenrechtskommission*** *etc.*; **europäisieren** *v/t.* Europeanize; **Europäisierung** *f* Europeanization.

Europa|meister *m* European champion (*Mannschaft*: champions *pl.*); **~meisterschaft** *f* European championships *pl.*; **~parlament** *n* European Parliament; **~parlamentarier** *m* Euro-MP; **~pokal** *m* (*a.* ***~ der Landesmeister***) European Cup; ***~ der Pokalsieger*** European Cup Winners' Cup; **~politik** *f* Europolitics *pl.*

Europarat *m* Council of Europe; **Europaratssitzung** *f* Council of Europe meeting.

Europarekord *m* European record.

Europawahlen *pl.* Euro-elections.

europaweit I. *adj.* cross-Europe ..., Europe-wide; **II.** *adv.* Europe-wide, all over (*od.* throughout) Europe.

Euroscheck *m* Eurocheque; **~karte** *f* Eurocheque card.

Euro|skeptiker *m* Eurosceptic; **~symbol** *n* Euro symbol (*od.* sign); **~tunnel** *m* Euro Tunnel, Eurotunnel.

Eurovision *f TV* Eurovision; **Eurovisionssendung** *f* Eurovision broadcast.

Euro|währung *f* eurocurrency; **~zone** *f* Euro zone, eurozone.

EU-Staat *m* EU state (*od.* country).

eustachisch *adj.*: *anat.* ***~e Röhre*** Eustachian tube.

Euter *n* udder.

Euthanasie *f* euthanasia, mercy killing.

EU-weit *adj. u. adv.* EU-wide.

evakuieren *v/t.* evacuate (*a.* ⚕ *u. phys.*); **Evakuierung** *f* evacuation.

evangelisch *adj.* Protestant; ***~-lutherisch*** Lutheran; ***~-reformiert*** Reformed; **evangelisieren** *v/t.* evangelize, convert to the Gospel; **Evangelist** *m* evangelist; **Evangelium** *n bibl.* Gospel; *fig.* gospel; *fig.* ***was s-e Schwester sagt, ist für ihn das ~*** what his sister says is gospel to him; → ***Matthäusevangelium*** *etc.*

Evaskostüm F *n*: ***im ~*** in the nude, F in one's birthday suit.

Eventualität *f* eventuality; **eventuell I.** *adj.* possible; any; ***~e Beschwerden*** any complaints (that might arise); **II.** *adv.* possibly; (*notfalls*) if necessary; (*gegebenenfalls*) should the occasion arise; *kommst du mit? -* ***~*** I might; ***ich würde es ~ nehmen*** I might (well) take it, I might consider taking it.

evident *adj.* obvious, clear; (*einleuchtend*) self-evident; **Evidenz** *f* evident nature, obviousness (*gen.* of).

Evolution *f* evolution (*a. weitS. Entwicklung*); **evolutionär** *adj.* evolutionary.

Evolutions|lehre *f*, **~theorie** *f* Theory of Evolution.

E-Werk *n* power station.

EWG|-Land *n hist.* EEC country; **~-Mitglied(sstaat** *m*) *n hist.* member of the EEC, EEC member state (*od.* nation).

ewig I. *adj.* eternal; (*unaufhörlich*) *a.* everlasting, perpetual *happiness, peace* *etc.*; *Liebe, Treue etc.*: eternal, everlasting, undying; (*endlos*) endless; F (*ständig*) eternal, constant, incessant; ***der ≈e Jude*** the Wandering Jew; ***die ~e Jugend*** eternal youth; ***das ~e Leben*** eternal life, immortality; ***~e Liebe (Treue) schwören*** pledge one's eternal *od.* undying love (loyalty); ***~er Schnee*** perennial snowfield; ***die ≈e Stadt*** (*Rom*) the Eternal City; F ***~er Student*** perennial student; ***der ~e Verlierer*** the perennial loser (*od.* underdog); ***seit ~en Zeiten*** from (*od.* since) time immemorial, F (*schon lange*) for ages; ***~er Zweifler*** *etc.* arch-sceptic (*Am.* -skeptic) *etc.*; ***du mit d-r ~en Meckerei*** *etc.* you never stop, do you?; **II.** *adv.* forever, eternally; ***auf immer und ~*** for ever and ever; ***es ist ~ schade*** it's just too bad; F ***~ (lange)*** for ages; ***ich habe dich ~ (lange) nicht mehr gesehen*** I haven't seen you for ages; ***es dauert ~*** it's taking ages; ***er jammert ~*** he never stops moaning; **Ewige** *m*: ***der ~*** (*Gott*) the Eternal, the Everlasting; **Ewige(s)** *n*: ***das Ewige*** the eternal; **Ewiggestrige(r)** *m* diehard; **Ewigkeit** *f* eternity; ***bis in alle ~*** to the end of time; ***in die ~ eingehen*** pass into eternity; F ***es ist e-e ~ her, seit*** it's (*od.* it's been) ages since; ***ich wartete e-e ~*** I waited for ages; **ewiglich** *lit. adv.* eternally, for evermore.

ex F *adv.* **1.** ***~ trinken*** empty one's glass (in one go); ***~!*** F bottoms up!; **2.** (*vorbei*) all over; **3.** ***~ sein*** (*tot*) F have had it.

Ex F *f* → ***Extemporale.***

Ex... *in Zssgn* (*ehemalig*) ex-..., former.

exakt *adj.* precise, accurate; *Übersetzung*: exact; *Person*: scrupulous, *contp.* pernickety; ***die ~en Wissenschaften*** the exact sciences; **Exaktheit** *f* precision, accuracy; exactitude; scrupulousness; → ***exakt.***

exaltiert *adj.* **1.** (over-)excited; **2.** (*überschwänglich*) effusive; **Exaltiertheit** *f* **1.** (over-)excitement; **2.** effusion, effusiveness.

Examen *n* examination, exam; ***~ machen*** take one's exams (*od.* finals); → *a.* ***Prüfung(s...)***; **Examensarbeit** *f* extended essay.

Exdiktator *m* former dictator; → *a.* ***Expräsident.***

Exegese *f* exegesis; **Exeget** *m* exegete; **Exegetik** *f* exegetics *pl.* (*als Fach sg. konstr.*).

exekutieren *v/t.* execute; **Exekution** *f* execution; **Exekutionsbefehl** *m* execution order.

exekutiv *adj.* executive; **Exekutivausschuss** *m pol.* executive committee; ☤ executive board; **Exekutive** *f* executive; **Exekutivgewalt** *f* executive power(s *pl.*); **Exekutivorgan** *östr. n* policeman.

Exempel *n* (*Beispiel*) example; (*moralische Kurzerzählung*) exemplum; ***die Probe aufs ~ machen*** put it to the test; → ***statuieren.***

Exemplar *n e-r Pflanze etc.*: specimen; *e-s Buches*: copy; *e-r Zeitschrift*: issue; (*Muster*) sample; **exemplarisch I.** *adj.* (*musterhaft*) exemplary; **II.** *adv.*: ***j-n ~ bestrafen*** make an example of s.o.

exerzieren I. *v/i.* ⚔ drill; **II.** *v/t.* ⚔ (*Soldaten*) drill; (*et. einüben*) practi|se (*Am.* -ce); (*durchnehmen*) *a.* go through; **Exerzierplatz** *m* parade ground.

Exerzitien *pl. eccl.* spiritual exercises.

Exhibitionismus *m* exhibitionism; ⚖ indecent exposure; **Exhibitionist** *m* exhibitionist, F flasher; **exhibitionistisch** *adj.* exhibitionist.

exhumieren *v/t.* exhume; **Exhumierung** *f* exhumation.

Exil *n* exile; (*Land*) *a.* place of exile; ***im ~*** in exile; ***im ~ lebende Person*** exile, émigré; ***im südamerikanischen ~ leben*** live in exile (*od.* as an exile) in South America; ***ins ~ gehen*** go into exile; ***ins ~ schicken*** exile; **~dasein** *n* life in exile (*od.* as an exile); **~deutsche(r** *m*) *f etc.* German *etc.* exile (*od.* émigré), exiled German *etc.*

exilieren *v/t.* exile, send into exile.

Exil|land *n* country (*od.* place) of exile; **~literatur** *f* exilic (*od.* émigré) literature; **~politiker** *m* exiled politician, statesman in exile; **~regierung** *f* government in exile; **~schriftsteller** *m* exiled (*od.* émigré) writer, writer in exile.

existent *adj.* existent; ***~ sein*** exist; ***für ihn war das Problem einfach nicht ~*** as far as he was concerned the problem did not exist (*od.* was non-existent).

Existentialismus *etc.* → ***Existenzialismus*** *etc.*

existentiell *adj.* → ***existenziell.***

Existenz *f* **1.** existence; (*Leben*) *a.* life; (*Unterhalt*) living; ***sichere ~*** secure living; → ***aufbauen*** 7; **2.** *contp.* (*Person*) character; → ***verkracht***; **~angst** *f* **1.** fear for one's livelihood; **2.** *psych.* existential fear, angst; **≈bedrohend** *adj.* a) threatening one's livelihood, b) life-threatening; **≈berechtigt** *adj.*: ***~ sein*** have the right to exist; **~berechtigung** *f* right to exist; (*Grund*) raison d'être; **≈fähig** *adj.* able to exist; ☤ *etc.* viable; **gründer** *m* ☤ founder of a (new) business; **~gründung** *f* ☤ start-up (*od.* setting-up) of a business.

Existenzialismus *m* existentialism.

Existenzialist *m*, **existenzialistisch** *adj.* existentialist.

existenziell *adj.* **1.** existential; **2.** ***von ~er Bedeutung*** vitally important.

Existenz|kampf *m* struggle for survival; **~minimum** *n* subsistence level; ***knapp über dem ~ leben*** live on the poverty line (*od.* breadline); **~mittel** *n* means *pl.* of existence.

existieren *v/i.* **1.** exist, be; be extant; ***davon ~ nur zwei*** there are only two of them (in existence *od.* to be found); ***nur wenige ~ noch*** only a few have survived, there are only a few left; **2.** (*leben*) exist, live (**von** on).

Exitus *m* ⚕ exitus, death.

Exkanzler *m* former chancellor (*od.* prime minister); → *a.* ***Expräsident.***

Exklave *f* exclave.

exklusiv *adj.* exclusive; ***~er Kreis*** select circle (*od.* group).

Exklusivbericht *m* exclusive (story), scoop.

exklusive *prp.* (*mit gen.*) *u. adv.* exclusive of, excluding, not counting, not including.

Exklusivinterview *n* exclusive interview.

Exklusivität *f* exclusiveness.

Exklusiv|meldung *f* scoop; **~rechte** *pl.* sole (*od.* exclusive) rights; **~vertrag** *m* exclusive contract (*od.* agreement).

Exkommunikation *f* excommunication; **exkommunizieren** *v/t.* excommunicate.

Exkremente *pl.* excrement *sg.*

Exkret *n*, **Exkretion** *f physiol.* excretion.

exkulpieren *v/t.* exculpate.

Exkurs *m* **1.** (*Abschweifung*) digression (**in** into); **2.** (*Behandlung e-s Sonderproblems*) excursus.

Exkursion *f* excursion, *a. längere*: field trip.

Exlibris *n* ex libris, bookplate.

exmatrikulieren *univ.* **I.** *v/refl.*: ***sich ~*** take one's name off the (university) register; **II.** *v/t.*: ***j-n ~*** take s.o.'s name off the (university) register.

Exmeister *m* former champion; → *a.* ***Expräsident.***

Exminister *m* former (government) minister; → *a.* ***Expräsident.***

Exodus *m* **1.** *bibl.* Exodus; **2.** *fig.* (mass) exodus.

exogen *adj.* **1.** *biol.* exogenous; **2.** *Faktoren etc.*: extraneous.

Exokarp *n* ⚘ exocarp.

exorbitant *adj.* excessive; *Preise*: *a.* exorbitant.

Exorzismus *m* exorcism; **Exorzist** *m* exorcist.

Exot(e) *m* **1.** stranger from a faraway place; F *fig.* flamboyant character; **2.** (*Tier*) exotic animal; (*Pflanze*) exotic (*od.* tropical) plant; **3.** F (*Auto*) exotic (car); **4.** F *pl. Börse*: unlisted papers; **exotisch** *adj.* exotic; *Früchte*: *mst* tropical.

Expander *m* (chest) expander.

expandieren *v/i. u. v/t.* expand; **expandierend** *adj.* expanding, growing; **Expansion** *f* expansion; **expansionistisch** *adj. pol.* expansionist.

Expansions|bestrebungen *pl.*, **~drang** *m* expansionist tendencies *pl.*; **~kurs** *m*: ***auf ~ sein*** be on an expansion course; **~politik** *f* expansionism; **~rate** *f* rate of growth.

expansiv *adj. Politik etc.*: expansionary.

expedieren *v/t.* dispatch, forward; F (*j-n*) F whisk off.

Expedition *f* **1.** (*Forschungsreise*) expedition; **2.** ☤ a) dispatch, forwarding, b) forwarding department; **3.** ⚔ *obs.* (military) expedition.

Expeditions|korps *n* ⚔ expeditionary force; **~teilnehmer** *m* member of an (*od.* the) expedition.

Experiment *n* experiment; **experimental** *adj.* experimental.

Experimental|physik *f* experimental physics *pl.* (*sg. konstr.*); **~theater** *n* experimental theat|re (*Am. a.* -er).

experimentell *adj.* experimental.

Experimentierbühne *f* experimental stage (*od.* theat|re [*Am. a.* -er]).

experimentieren *v/i.* experiment (**an** on); **experimentierfreudig** *adj.*: ***er ist sehr ~*** he likes to experiment (*od.* try new things out).

Experimentier|stadium *n*: (***im ~*** in an) experimental state; **~theater** *n* experimental theat|re (*Am. a.* -er).

Experte *m* expert; F pundit; ***die ~n*** *mst* the pundits.

Experten|gremium *n* panel of experts, brains trust; **~konferenz** *f* brains trust; **~kreis** *m*: ***in ~en heißt es***(**,** ***dass***) according to the experts; **~mangel** *m* shortage of experts; **~system** *n* (*Software mit künstlicher Intelligenz*) expert system; **~team** *n* team of experts; **~wissen** *n* expert knowledge.

Expertise *f* expertise, expert('s) opinion.

explizit I. *adj.* explicit; **II.** *adv.* (*a.* **explizite**) explicitly; ***sie hat es nicht ~ gesagt*** *a.* she didn't say it in so many words.

explodieren *v/i.* explode; *fig. Preise*: *a.* go through the roof; *fig. Person*: explode, hit the roof; **Explosion** *f* explosion (*a. fig.*

Kosten≈ etc.); *fig.* (*Ausbruch von Zorn, Gewalt etc.*) flare-up; ***zur ~ bringen*** explode, detonate; **explosionsartig** *adj.* like an explosion; *Wachstum etc.*: explosive; ***~er Preisanstieg*** price explosion; ***~e Inflation*** runaway inflation; ***~es Bevölkerungswachstum*** population explosion.

Explosions|druck *m* (pressure of the) blast; **~gefahr** *f* danger of explosion; **~kraft** *f* explosive force; **~krater** *m e-r Bombe*: bomb crater; *e-s Vulkans*: crater; **~motor** *m* internal combustion engine; **≈sicher** *adj.* explosion-proof; **~welle** *f* blast (wave).

explosiv *adj.* explosive (*a. fig. Preisanstieg etc.*); *fig. Person, Situation*: volatile; *fig.* ***~er Preisanstieg*** (***Kostenanstieg***) *a.* price (cost) explosion; **≈stoff** *m* explosive(s *pl.*).

Exponat *n* exhibit.

Exponent *m* 𝒜 exponent (*a. fig. e-r Richtung etc.*); *fig. e-r Partei etc.*: representative.

Exponential|funktion *f* exponential function; **~gleichung** *f* exponential equation; **~kurve** *f* exponential curve.

exponentiell *adj.* (*u. adv.*) exponential(ly).

exponieren I. *v/t.* expose (*dat.* to); **II.** *v/refl.*: ***sich ~*** expose o.s. (*dat.* to).

Export[1] *n Biersorte: lager beer with a higher alcohol content.*

Export[2] *m* exportation, export(ing); (*Waren*) exports *pl.*; → *a.* ***Ausfuhr(...)***; **~abteilung** *f* export department; **~artikel** *m* export article (*od.* item), *pl. a.* exports; **~ausführung** *f* ⚙ export model; **~beschränkungen** *pl.* export restraints.

Exporteur *m* exporter.

Export|firma *f* export(ing) firm (*od.* company, business); **~geschäft** *n* **1.** → ***Exportfirma***; **2.** export transaction; **3.** → ***Exporthandel***; **~güter** *pl.* exports, export(ed) goods; **~handel** *m* export trade.

exportieren *v/t.* export (***nach*** to).

Export|industrie *f* export industry; **~kaufmann** *m* export salesman; **~land** *n* exporting country; (*Bestimmungsland*) country of destination; **~leiter** *m* export manager; **~quote** *f* export share; **~überschuss** *m* export surplus; **~ware** *f* export(ed) articles *pl.*

Exposé, Exposee *n* (*Erläuterung*) exposé; (*Übersicht*) plan; (*Handlungsskizze*) outline of the plot.

Exposition *f* exposition.

Expräsident *m* former president; ***~ Reagan*** (the) former US president (Mr) Ronald Reagan.

Expremierminister *m* former prime minister; → *a.* ***Expräsident.***

express I. *adv.*: ***~ schicken*** send express (*Am.* by special delivery); **II.** ≈ *m* **1.** (*~zug*) express (train); **2.** ***per ~ schicken*** → I.

Express|brief *m* → ***Eilbrief***; **~fahrstuhl** *m* high-speed lift; **~gut** *n* express goods *pl.*

Expressionismus *m* Expressionism; **Expressionist** *m* Expressionist; **expressionistisch** *adj.* expressionist(ic); *Kunstrichtung*: Expressionist.

expressiv *adj.* expressive.

Expresslift *m* high-speed lift.

exquisit *adj.* exquisite, choice ...

Extemporale *n* unprepared (written) test; **ex tempore** *adv.* off the cuff; ***~ sprechen*** *a.* ad lib, improvise; **Extempore** *n* improvisation, ad lib; **extemporieren** *v/t. u. v/i.* improvise, ad lib.

extensiv *adj.* extensive.

Exterieur *n* exterior.

extern *adj.* external; (*auswärtig*) *a.* outside; ***~er Schüler*** day pupil.

Externgespräch *n teleph.* external (*od.* outside) call.

exterritorial *adj.* extraterritorial.

extra I. *adj.* extra; **II.** *adv.* (*getrennt*) separately; (*zusätzlich*) extra; (*eigens*) specially; (*absichtlich*) on purpose; ***~ für dich*** just (*od.* specially) for you; ***ich habe es ~ mitgebracht*** I brought it specially; **III.** ≈ *n* (*Zubehör etc.*) (optional) extra, option.

Extra|ausstattung *f mot.* optional extras *pl.*, options *pl.*; **~blatt** *n* supplement; *e-r Zeitung*: extra.

extrafein *adj.* extra-fine.

extrahieren *v/t.* extract.

Extraklasse F *f*: ***ein Film*** (***Wagen***) ***der ~*** a first-rate film (a top-line model); ***das ist ~*** F that's great.

extrakorporal *adj.*: ***~e Befruchtung*** in vitro fertilization.

Extrakt *m* extract.

Extraktion *f* extraction.

Extraordinarius *m univ.* associate professor.

Extratour F *f* something special (*od.* extra).

extravagant *adj.* outre; *Kleidung, Lebensstil etc.*: *a.* flamboyant; **Extravaganz** *f* flamboyance, flamboyant nature (*gen.* of).

extravertiert *adj.* (*a.* ***~e Person***) extrovert; **Extravertiertheit** *f* extroversion, extrovert nature (*gen.* of).

Extrawurst F *f* (*Sonderbehandlung*) special treatment; ***ich kann dir nicht immer e-e ~ braten*** F you can't have everything with jam on it, you know; ***sie will immer e-e ~ gebraten haben*** she wants everything with jam on it.

extrem I. *adj.* extreme; *pol. a.* radical; ***er ist ein bisschen ~*** *a.* he tends to go to extremes, he takes things a bit too far; **II.** *adv.* extremely, F incredibly; ***~ kalt*** *a.* freezing cold; **III.** ≈ *n* extreme; ***bis zum ~*** to the extreme; ***von einem ~ ins andere fallen*** go from one extreme to the other.

Extremfall *m*: (***im ~*** in an) extreme case.

Extremismus *m* extremism; **Extremist** *m* extremist; **Extremistengruppe** *f* extremist group, group of extremists; **extremistisch** *adj.* extremist.

Extremitäten *pl.* extremities.

Extremsituation *f* extreme situation.

Extrem|sport *m*, **~sportart** *f* extreme sport; **~wert** *m* extreme.

extrovertiert *adj.* → ***extravertiert.***

exzellent *adj.* excellent; *Wein etc.*: *a.* exquisite; ***er ist ein ~er Kenner*** *gen.* he's an expert in, he has an excellent knowledge of.

Exzellenz *f*: ***Eure*** (***Seine***) ***~*** your (his) Excellency.

Exzentriker *m* eccentric; **exzentrisch** *adj.* **1.** eccentric; **2.** 𝒜, ⚙ eccentric, off-cent|re (*Am.* -er); **Exzentrizität** *f* **1.** eccentricity; ***~en*** *a.* eccentric behavio(u)r; **2.** 𝒜 eccentricity; ⚙ *a.* off-cent|re (*Am.* -er) position.

exzerpieren *v/t.* (*Stellen*) extract; (*Buch etc.*) excerpt, make extracts from; **Exzerpt** *n* extract.

Exzess *m* **1.** excess; ***et. bis zum ~ treiben*** go to extremes with s.th.; ***bis zum ~*** a) to excess, b) (*bis zum Überdruss*) ad nauseam; **2.** ***es kam zu wilden Exzessen*** there were violent incidents; **exzessiv I.** *adj.* excessive; (*übertrieben*) exaggerated; **II.** *adv.* excessively, to excess; ***et. ~ betreiben*** go to extremes with s.th.

Eyeliner *m Kosmetik*: eyeliner.

F, f *n* F, f; ♪ F; → ***Schema.***

Fabel *f* fable; (*Handlung*) plot, story; *fig.* (*erdichtete Geschichte*) fable; (*Lüge*) tall story; ***das gehört ins Reich der ∼*** that's pure fabrication; **∼dichter** *m* writer of fables; **∼gestalt** *f* **1.** figure from a fable; **2.** → ***Fabelwesen*** 1.

fabelhaft I. *adj.* fantastic, wonderful; **II.** *adv.* fantastically, wonderfully; ***es hat ∼ geklappt*** it worked out fantastic(ally) *od.* super; ***du hast ∼ gekocht*** it was a wonderful meal.

Fabel|tier *n* fabulous (*od.* mythical) beast *od.* creature; **∼welt** *f* **1.** world of fable; **2.** fantasy (*od.* fairytale) world; **∼wesen** *n* **1.** mythical figure (*od.* creature); **2.** → ***Fabeltier.***

Fabrik *f* factory; (*Werk*) works *pl.* (*a. sg. konstr.*); **∼anlage** *f* (manufacturing) plant.

Fabrikant *m* (*Besitzer*) factory owner; (*Hersteller*) manufacturer.

Fabrik|arbeit *f* **1.** factory work; **2.** → ***Fabrikware;*** **∼arbeiter(in** *f*) *m* factory worker.

Fabrikat *n* **1.** (*Typ*) make; *Nahrungsmittel, Putzmittel etc.*: brand; **2.** (*Erzeugnis*) product.

Fabrikation *f* production; ***in*** (***die***) ***∼ geben*** put *s.th.* into production.

Fabrikations|fehler *m* (factory) flaw *od.* defect; **∼geheimnis** *n* industrial secret; **∼kosten** *pl.* production costs (*od.* cost *sg.*); **∼nummer** *f* serial number; **∼zweig** *m* line of production.

Fabrik|besitzer *m* factory owner; **∼direktor** *m* works manager; **ꝸfertig** *adj.* prefabricated; **ꝸfrisch** *adj. nachgestellt*: straight from the factory; ***∼ sein*** *a.* have come straight from the factory; **∼gebäude** *n* factory building; **∼gelände** *n* factory site; **∼halle** *f* factory building; **ꝸneu** *adj.* brand-new; **∼nummer** *f* serial number; **∼preis** *m* factory price; price ex works; **∼schiff** *n* factory ship; **∼schornstein** *m* factory chimney; (industrial) smoke stack; **∼stadt** *f* manufacturing town; **∼ware** *f* manufactured article (*coll.* goods *pl.*).

fabrizieren F *v/t.* **1.** (*zurechtbasteln*) cobble together; (*Gedicht etc.*) concoct; **2.** (*anstellen*) get up to.

fabulieren I. *v/i.* tell stories; **II.** *v/t.* (*Geschichte*) tell.

Facelifting *n* facelift; ***sich e-m ∼ unterziehen*** have a facelift.

Facette *f* facet (*a. fig.*); **facettenartig** *adj.* facet(t)ed; **Facettenauge** *n zo.* compound eye; **facettenreich** *adj.* many-facet(t)ed; **Facettenschliff** *m* facet(t)ing, facets *pl.*; ***Rubin mit ∼*** facet(t)ed ruby.

Fach *n* **1.** compartment; (*Briefꝸ*) pigeonhole; *im Regal etc.*: shelf; **2.** (*Studienꝸ*) subject; (*Arbeitsfeld*) field; (*Beruf*) job; (*Branche*) line (of business); ***er ist vom ∼*** he's an expert; ***Musiker vom ∼*** professional musician; ***sein ∼ verstehen*** know one's job (F stuff); ***das ist*** (***nicht***) ***mein ∼*** that's right up my street (that's not my line).

...fach *in Zssgn* ...fold; (*...mal*) ... times; → *a.* ***dreifach, zweifach.***

Fach|akademie *f etwa* technical (*od.* vocational) college; **∼arbeit** *f* **1.** skilled work; **2.** *schriftliche*: paper.

Facharbeiter *m* skilled worker; *pl.* skilled labo(u)r *sg.*; **∼brief** *m* skilled worker's certificate.

Facharzt *m* (medical) specialist (***für*** in); **fachärztlich** *adj.* (*adv.* by a) specialist.

Fach|ausbildung *f* special(ized) *od.* professional training; **∼ausdruck** *m* technical term; ***medizinischer ∼*** medical term; **∼ausschuss** *m* committee of experts; **∼berater** *m* technical adviser, consultant; **∼bereich** *m* **1.** faculty, *Am.* department, school; **2.** → ***Fachgebiet;*** **∼blatt** *n* (professional *od.* specialist) journal, periodical; **∼buch** *n* specialist book (*pl. a.* literature *sg.*); ***medizinisches*** *etc.* ***∼*** medical *etc.* book; **∼chinesisch** F *n* (technical) jargon, F gobbledygook.

fächeln I. *v/t.* fan; *Wind*: waft against (*od.* through); **II.** *v/i. Blätter etc.*: flutter; *Brise*: waft (***über*** through).

Fächer *m* fan; *fig.* array; **∼antenne** *f* fan aerial (*od.* antenna); **ꝸartig, ꝸförmig I.** *adj.* fan-shaped, fan-like; **II.** *adv.*: ***sich ∼ ausbreiten*** (*od.* ***verteilen*** *etc.*) fan out; **∼kombination** *f* combination of studies.

fächern *v/t. u. v/refl.* (***sich ∼***) fan out.

Fach|frage *f* technical question; question for the experts; **∼frau** *f* expert (***in*** in, at; ***für*** on), specialist (in); authority (on); **ꝸfremd** *adj.* **1.** unrelated (to one's field); **2.** *Person*: unqualified; **∼gebiet** *n* (special) field; **∼gelehrte(r)** *m* expert, specialist; **ꝸgemäß, ꝸgerecht** *adj.* skilled, professional; **∼geschäft** *n* specialist shop (*Am.* store); **∼gespräch** *n*: ***das*** (*od.* ***ein***) ***∼*** shop talk (*a. pl.*); **∼handel** *m* specialized trade (*od.* dealers *pl.*); **∼händler** *m* specialist dealer; **∼hochschule** *f* advanced technical college; *in Deutschland*: university of applied sciences; **∼idiot** *m* narrow specialist; **∼ingenieur** *m* specialist engineer; **∼jargon** *m* (technical) jargon; **∼jury** *f* panel of experts; **∼kenntnis(se** *pl.*) *f* knowledge (of the *od.* a subject); specialist knowledge; expertise; ***Fachkenntnisse erwerben*** *a.* gain some background knowledge; ***mir fehlen die Fachkenntnisse*** I haven't got the expertise; ***sie hat sehr gute ∼*** she knows a lot about the subject; **∼kollege** *m* colleague (in the field); **∼kompetenz** *f* professional competence; expertise; **∼kongress** *m* specialist (*od.* trade) conference; **∼kräfte** *pl.* skilled labo(u)r *sg.*; qualified personnel *sg.* (*mst pl. konstr.*); **∼kreis** *m*: ***in ∼en*** among the experts; ***in ∼en heißt es*** the experts say (*od.* claim); ***in medizinischen ∼en*** in medical circles; **ꝸkundig** *adj.* competent; expert; skilled; **∼lehrer(in** *f*) *m* (subject) teacher; (***er ist***) ***∼ für Englisch*** (he's an) English teacher; **∼leute** *pl.* experts.

fachlich I. *adj.* professional, specialized; ***∼es Können*** competence *od.* ability (in a *od.* the field); **II.** *adv.*: ***∼ qualifiziert*** (*od.* ***ausgebildet***) trained, qualified; ***sich ∼ weiterbilden*** do further training, extend one's qualifications (in a *od.* the field).

Fachliteratur *f* specialized literature.

Fachmann *m* expert (***in*** in, at; ***für*** on), specialist (in); authority (on); **fachmännisch** *adj.* expert, specialist ...; *Arbeit*: professional; ***∼es Auge*** expert's eye; ***∼es Urteil*** expert opinion; ***unter der ∼en Leitung von*** under the expert guidance of.

Fach|messe *f* trade fair; **∼oberschule** *f etwa* technical college; **∼personal** *n* qualified personnel (*mst pl. konstr.*);

~presse *f* trade press; **~richtung** *f* field (of study).
Fachschaft *f* **1.** professional association; **2.** *univ.* students *pl.* of a department; (*~srat*) student representatives *pl.*
Fachschule *f etwa* technical college.
Fachsimpelei *f* shop talk; **fachsimpeln** *v/i.* talk shop.
fachspezifisch *adj.* specialist ...
Fach|sprache *f* technical language (*od.* jargon); (*Fachausdrücke*) specialist terminology; ***juristische ~*** legal jargon (*od.* terminology); ***in der juristischen ~ heißt es*** the legal term is; **2sprachlich I.** *adj.* specialized, technical; ***~er Ausdruck*** technical term; **II.** *adv.* ***~ ausgedrückt*** (to put it) in technical terms; **~studium** *n* degree; **~text** *m* specialist paper (*od.* article *etc.*); ***medizinischer ~*** medical paper *etc.*; **2übergreifend** *adj.* interdisciplinary; **~übersetzer** *m* specialist (*od.* technical) translator; ***er ist ~ für Medizin*** he specializes in medical translation(s); **~übersetzung** *f* specialist (*od.* technical) translation; **~verband** *m* trade association; professional association; **~welt** *f*: (***in der ~*** among the) experts *pl.*; ***die ~ behauptet*** experts claim.
Fachwerk *n* half-timbering; **~bau** *m* **1.** half-timbered (*od.* timber-framed) house; **2.** (*a.* **~bauweise** *f*) half-timbering; **~haus** *n* half-timbered (*od.* timber-framed) house.
Fach|wissen *n* → ***Fachkenntnis(se)***; **~wörterbuch** *n* specialized (*od.* specialist) dictionary; **~zeitschrift** *f* (professional *od.* specialist) journal, periodical; *gewerbliche*: trade journal.
Fackel *f* torch.
fackeln F *fig. v/i.* dither, F shilly-shally; ***los, nicht lange ~!*** stop dithering; come on, get on with it; ***er fackelte nicht lange*** he didn't waste any time.
Fackel|schein *m* torchlight; **~träger** *m* torchbearer; **~zug** *m* torchlight procession.
fad(e) *adj.* tasteless, insipid; (*schal*) stale; *Bier*: flat; *Farbe*: dull; *fig.* (*langweilig*) dull, boring; ***~ schmecken*** have no taste; *fig.* ***fader Kerl*** bore; ***e-e fade Sache*** F a (real) drag.
fädeln *v/t.* thread.
Faden *m* thread (*a. fig.*); ⚕ stitch; ⚡, ⚙ filament; *von Bohnen*, *Flüssigem etc.*, *a. e-r Marionette u. fig.*: string; ⚕ ***die Fäden ziehen*** take out (*od.* remove) the stitches; *fig.* ***der rote ~*** the central thread; ***den ~ verlieren*** lose one's thread; ***den ~ wieder aufnehmen*** pick up the thread; ***es hing an e-m (seidenen) ~*** it was hanging by a thread; ***er hatte keinen trockenen ~ am Leib*** he was soaked to the skin; ***sie ließ keinen guten ~ an ihm*** she tore him to shreds, she didn't have a good word to say about him; ***die Fäden laufen in s-r Hand zusammen*** he's in control of everything, he's at the controls; ***er hat die Fäden fest in der Hand*** he's got a tight grip on things; **~heftung** *f typ.* (thread) sewing; **~kreuz** *n opt.* reticule, *a. Computer*: crosshairs *pl.*; *fig.* ***im ~ haben*** have *s.o. od. s.th.* in one's sights; **~nudeln** *pl.* vermicelli *pl.*; **2scheinig** *adj.* **1.** *Ausrede etc.*: flimsy, weak; **2.** (*abgetragen*) shabby, threadbare; **~wurm** *m* threadworm, 🕮 nematode.
Fadheit *f* tastelessness; (*Schalheit*) staleness; *fig.* (*Langweiligkeit*) dullness.
Fadian *östr.* F *m* F bore.
Fagott *n* ♪ bassoon; **Fagottist** *m* bassoonist.
fähig *adj.* capable (***zu et.*** of s.th.; ***zu*** *inf.* of *ger.*), able (to *inf.*); (*tüchtig*) capable; (*begabt*) talented; ***er ist ein ~er Kopf*** he's a clever man; ***er ist zu allem ~*** he's capable of anything, he'll stop at nothing, *Verbrecher etc.*: he's desperate; **Fähigkeit** *f* ability; (*Tüchtigkeit*) capability; (*Begabung*) talent; *geistige*: ability, capacity; ***bei d-n ~en*** with your ability; ***sie hat die ~ zur dauerhaften Konzentration*** she has the ability (*od.* she's able) to concentrate for long periods of time.
fahl *adj.* pale (and wan), *a. Lächeln*: wan; **fahlgelb** *adj.* pale yellow; **Fahlheit** *f* paleness, wanness.
Fähnchen *n* **1.** (little) flag; (*Wimpel*) pennant; *Sport*: marker; *fig.* ***sein ~ nach dem Wind drehen*** swim with the tide; **2.** F (*Kleid*) cheap, flimsy dress, F rag.
fahnden *v/i.*: ***nach j-m ~*** search for; **Fahnder** *m* investigator; **Fahndung** *f* search.
Fahndungs|aktion *f* (police) search; **~foto** *n* police portrait, F mugshot; **~liste** *f* wanted persons list; ***auf der ~ stehen*** be wanted by the police; **~stelle** *f* tracing and search department.
Fahne *f* **1.** flag; *bsd. fig.* banner; ⚔, ⚓ colo(u)rs *pl.*; *fig.* ***die ~ hochhalten*** keep the flag flying; → ***fliegend***; **2.** F ***e-e ~ haben*** smell of drink, *stärker*: reek of alcohol; **3.** *typ.* (galley) proof.
Fahnen|abzug *m typ.* galley (proof); **~eid** *m* oath of allegiance.
Fahnenflucht *f* desertion; ***~ begehen*** desert; **fahnenflüchtig** *adj.*: ***~ sein*** have deserted, be a deserter; ***~ werden*** desert; **Fahnenflüchtige(r)** *m* deserter.
Fahnen|korrektur *f typ.* proofreading of galleys; **~mast** *m*, **~stange** *f* flagpole; **~träger** *m* standard-bearer (*a. fig.*); **~tuch** *n* bunting.
Fähnrich *m* ⚔ cadet; ⚓ ***~ zur See*** midshipman.
Fahrausweis *m* ticket.
Fahrbahn *f* road, carriageway; (*Spur*) lane; **~markierung** *f* lane markings *pl.*; **~rand** *m* edge of the road; *Autobahn*: hard shoulder, *Am.* shoulder; ***fahren Sie am äußersten rechten ~*** keep to the edge of the inside lane (*Am.* to the extreme right).
fahrbar *adj. Bibliothek etc.*: mobile, travel(l)ing; *Bett etc.*: ... on wheels; *Bühne*: movable; → ***Untersatz.***
fahrbereit *adj.* in running order; (*fertig zur Abfahrt*) ready to start; **Fahrbereitschaft** *f* (*Einrichtung*) car pool.
Fährboot *n* ferryboat.
Fahrdauer *f* → ***Fahrtdauer.***
Fähre *f* ferry.
Fahreigenschaften *pl.* road performance *sg.*
fahren I. *v/i.* (*a. reisen*) go (**mit** by); *selbstlenkend, bsd. mot.*: drive; *auf e-m Fahrrad*: ride; ⚓ sail; (*verkehren*) run; (*ab~*) leave, go; (*in Fahrt sein*) be moving; ***rechts ~!*** keep to the right; ***an den Straßenrand ~*** pull over to the side; ***sie fährt gut (schlecht)*** she's a good (not a very good) driver; ***nach Köln fährt man sieben Stunden*** it's a seven-hour drive to Cologne, 🚆 it's a seven-hour train journey to Cologne, it's seven hours on the train to Cologne; *das Boot, der Zug* ***fährt zweimal am Tag*** runs (*od.* goes) twice a day; ***mit der Bahn ~*** go by train; ***erster Klasse ~*** go first class; ***mit dem Bus ~*** go (*längere Strecke*: travel) by bus, take a (*od.* the) bus; ***über e-n Fluss (Platz etc.) ~*** cross a river (square *etc.*); ***mit der Hand ~ über*** run one's hand over; ***in et. ~*** *Kugel, Messer etc.*: go into; *fig.* ***gut (schlecht) ~ bei et.*** do well (badly) by s.th.; ***er ist sehr gut (schlecht) dabei gefahren*** he did very well (badly) out of it; ***was ist in ihn gefahren?*** what's got into him?; ***plötzlich fuhr mir der Gedanke durch den Kopf, dass*** it suddenly occurred to me that; ***der Schreck fuhr ihm durch alle Glieder*** he froze with terror; → ***Boot, Haut*** *etc.*; **II.** *v/t.* (*lenken*) drive; (*Motorrad, Fahrrad*) ride; ⚓ sail; (*Boot*) row; (*befördern*) take, drive, (*Güter*) *a.* transport; (*Strecke*) cover, travel; (*Rennen*) run, do; (*Zeit*) make, clock; (*Computerprogramm*) run; ***auf den Grund ~*** run aground; ***das Auto fährt 120 km/h*** the car does 120 kph; ***auf dieser Straße fährt es sich gut*** this is a good road to drive on; **fahrend** *adj.* moving; (*wandernd*) travel(l)ing, itinerant; ***~er Ritter*** knight errant; ***~es Volk*** vagrants.
Fahrenheit *n* Fahrenheit; ***30 Grad ~*** 30 degrees Fahrenheit; **~skala** *f* Fahrenheit scale.
fahren lassen F **1.** *v/t.* (*aufgeben*) give up, abandon; **2.** F ***einen ~*** F let off.
Fahrer *m* driver; (*Chauffeur*) *a.* chauffeur; (*Motorrad2*) motorcyclist; (*Rad2*) cyclist.
Fahrerei *f* driving (around), travel(l)ing (around); ***diese ~!*** all this driving (*od.* travel[l]ing).
Fahrer|flucht *f* hit-and-run offen|ce (*Am.* -se); ***~ begehen*** fail to stop after an (*od.* the) accident, flee from the scene of the accident, ⚖ commit a hit-and-run offen|ce (*Am.* -se); **~flüchtige(r** *m***)** *f* hit-and-rund driver; **~haus** *n* driver's cab.
fahrerisch *adj.*: ***~es Können*** driving skill(s).
Fahrerkabine *f* driver's cab.
Fahrerlaubnis *f* driving licence, *Am.* driver's license.
Fahrer|sitz *m* driver's seat; **~tür** *f* driver's door.
Fahrgast *m* passenger; **~raum** *m* passenger area; **~schiff** *n* passenger ship.
Fahrgefühl *n* driving experience; (*Geschick*) driving skill; ***das ist ein ~!*** that's what I call driving.
Fahrgeld *n* fare; **~zuschuss** *m* travel allowance.
Fahr|gelegenheit *f* means of transport(ation); **~gemeinschaft** *f* car pool, *pl. a.* car sharing *sg.*, *Am.* ride sharing *sg.*; **~geschwindigkeit** *f* speed.
Fahrgestell *n* **1.** *mot.* chassis; ✈ undercarriage; **2.** F *fig.* (*Beine*) F pins *pl.*; **~nummer** *f mot.* chassis number.
fahrig *adj.* (*unstet*) erratic; (*nervös*) nervous; (*unbeherrscht*) uncontrolled; (*unaufmerksam*) inattentive; ***er ist furchtbar ~*** (*unkonzentriert*) he can't concentrate on anything.
Fahrkarte *f* ticket; ***e-e ~ lösen*** buy a ticket (**nach** to).
Fahrkarten|ausgabe *f* ticket office; **~automat** *m* ticket machine; **~entwerter** *m* ticket-cancel(l)ing machine; **~kontrolle** *f* ticket inspection; **~kontrolleur** *m* ticket inspector; **~schalter** *m* ticket office.

Fahrkomfort *m mot.* ride comfort.
Fahrkosten *pl.* travel(l)ing (*od.* travel) costs; **~zuschuss** *m* travel(l)ing allowance.
Fahrkunst *f a. pl.* driving skill.
fahrlässig *adj.* careless, *a.* ⚖ negligent, reckless; ***~e Tötung*** (involuntary) manslaughter, *Am.* negligent homicide; **Fahrlässigkeit** *f* carelessness, *a.* ⚖ negligence, recklessness; ***grobe ~*** gross negligence.
Fahr|lehrer *m* driving instructor; **~leistung** *f* road performance.
Fähr|leute *pl.* ferrymen, ferry workers; **~mann** *m* ferryman.
Fahrplan *m* timetable (*a. fig.*), *bsd. Am.* schedule; ***du kannst nicht nach dem ~ gehen*** you can't rely on the timetable (*od.* schedule); **~änderung** *f* change in (the) timetable (*od.* schedule); **~auszug** *m* individual timetable; **≈mäßig I.** *adj.* scheduled; **II.** *adv.* (*rechtzeitig*) on time, according to schedule; ***der Zug fährt ~ ab*** (***kommt ~ an***) ***um 12 Uhr*** the train is scheduled to leave (is due) at 12 o'clock.
Fahrpraxis *f* driving experience; experience behind the wheel.
Fahrpreis *m* fare; **~erhöhung** *f* fare increase, increase in fares; **~ermäßigung** *f* fare discount.
Fahrprüfung *f* driving test.
Fahrrad *n* bicycle, F bike; **~fahrer** *m* cyclist; **~kette** *f* bicycle chain; **~lampe** *f* bicycle lamp; **~pumpe** *f* bicycle pump; **~reifen** *m* bicycle tyre (*Am.* tire); **~schlauch** *m* inner tube; **~ständer** *m* bicycle stand; **~tour** *f* bicycle (*od.* cycling) tour; **~weg** *m* cycle path.
Fahrrinne *f* ⚓ shipping lane.
Fahrschein *m* ticket; **~automat** *m* ticket machine; **~entwerter** *m* ticket-cancel(l)ing machine; **~heft** *n* book of tickets.
Fahr|schule *f* driving school; **~schüler** *m* **1.** learner (driver); **2.** *ped.* non-local pupil; **~sicherheit** *f* road safety; *e-s Fahrers*: (safe) driving; **~spaß** *m* driving pleasure; **~spur** *f* lane; **~steig** *m bsd. auf Flughäfen*: passenger conveyor, moving walkway (*od.* pavement), *Am.* moving sidewalk; **~strecke** *f* **1.** route; **2.** distance ([to be] covered); **~streifen** *m* lane; **~stuhl** *m* lift, *Am.* elevator; ***mit dem ~ fahren*** take the lift (*Am.* elevator); **~stunde** *f* driving lesson.
Fahrt *f* **1.** *im Wagen*: drive, ride; (*Reise*) journey, trip; (*Ausflug*) outing; (*Ski≈*) run; ***gute ~!*** have a good trip; ***e-e ~ nach Rom machen*** make (*od.* go on) a trip to Rome; ***während der ~*** *nicht aus dem Fenster lehnen etc.* while the train (*od.* bus *etc.*) is in motion (*od.* moving); ***auf der ~ nach X*** on the way to X; ***jetzt habe ich freie ~*** the road's clear now, *fig.* there's nothing to stop me now; → ***Blau*; 2.** (*Tempo*) speed; ***~ aufnehmen*** pick up (speed); ***in voller ~*** (at) full speed; ***in ~ kommen*** get under way, F *fig.* (*in Schwung kommen*) get going; *fig.* ***in ~ bringen*** (*a. j-n wütend machen*) get *s.o. od. s.th.* going; ***in ~ sein*** be in full swing, *Person*: be going it strong, (*wütend*) F be going wild.
fahrtauglich *adj.* → ***fahrtüchtig***; **Fahrtauglichkeit** *f* → ***Fahrtüchtigkeit.***
Fahrt|ausweis *m* ticket; **~dauer** *f* length of the trip; ***die ~ beträgt etwa drei Stunden*** it will take approximately three hours (to get there).
Fährte *f* trail (*a. fig.*); *fig.* ***j-n von der ~ abbringen*** throw s.o. off the scent; ***auf der richtigen*** (***falschen***) ***~ sein*** be on the right (wrong) track.
Fahrtechnik *f* driving technique.
Fahrten|buch *n mot.* logbook; **~messer** *n* hunting knife; **~schreiber** *m* tachograph.
Fahrtest *m mot.* road test.
Fahrt|kosten *pl.* **1.** → ***Fahrkosten*; 2.** fare; **~richtung** *f* direction; 🚂 ***in ~ fahren*** (*od.* ***sitzen***) sit facing the engine, ride forwards; ***mit dem Rücken zur ~ fahren*** (*od.* ***sitzen***) sit with one's back to the engine, ride backwards.
fahrtüchtig *adj. Fahrzeug*: roadworthy; *Person*: fit to drive; **Fahrtüchtigkeit** *f e-s Fahrzeugs*: roadworthiness; *e-r Person*: suitability for driving (*od.* as a driver).
Fahrt|unterbrechung *f* stop, *Am. a.* stopover; **~wind** *m* airstream.
fahruntauglich *adj.* → ***fahruntüchtig***; **Fahruntauglichkeit** *f* → ***Fahruntüchtigkeit.***
fahruntüchtig *adj. Fahrzeug*: not roadworthy; *Person*: unfit to drive; **Fahruntüchtigkeit** *f e-s Fahrzeugs*: unroadworthiness; *e-r Person*: unsuitability for driving (*od.* as a driver).
Fahr|verbot *n* **1.** suspension of *s.o.'s* driving licence (*Am.* driver's license); ***ein ~ erhalten*** be banned from driving; **2.** ban on driving; ***Lastwagen haben sonntags*** (***auf der Autobahn***) ***~*** lorries (*bsd. Am.* trucks) aren't allowed on the roads (aren't allowed to use the autobahn) on Sundays; → *a.* ***Nachtfahrverbot*; ~verhalten** *n* **1.** behavio(u)r behind the wheel; **2.** *e-s Wagens*: road behavio(u)r; **~wasser** *n* **1.** waterway; **2.** *fig.* element; ***im richtigen*** (*od.* ***in s-m***) ***~ sein*** be in one's element; ***in ein politisches ~ geraten*** take a political turn; ***in j-s ~ geraten*** (***schwimmen***) come (be) under s.o.'s spell; **~weise** *f* (way of) driving; ***bei d-r ~*** the way you drive; **~werk** *n mot.* chassis; ✈ landing gear, undercarriage; **~wind** *m* **1.** ⚓ behind wind; **2.** → ***Fahrtwind*; ~zeit** *f* (running) time; → ***Fahrtdauer.***
Fahrzeug *n* vehicle; ⚓ vessel; ***gesperrt für ~e aller Art*** closed to all traffic; **~aufkommen** *n* traffic volume; ***hohes ~*** heavy traffic; **~brief** *m* (vehicle) registration document; **~führer** *m* driver of a vehicle; **~halter** *m* vehicle owner; **~kolonne** *f* line of vehicles; *offizielle*: motorcade; **~papiere** *pl.* car documents; **~park** *m mot.* fleet of cars; 🚂 rolling stock; **~schein** *m* (vehicle) registration papers *pl.*; **~verkehr** *m*: ***für den ~ gesperrt*** closed to all traffic.
Faible *n* weakness; *für j-n*: soft spot.
fair I. *adj.* fair; **II.** *adv.*: ***~ spielen*** play fair; **Fairness** *f* fairness, fair play.
Fait accompli *n* fait accompli; ***j-n vor ein ~ stellen*** present s.o. with a fait accompli.
fäkal *adj.* f(a)ecal; **Fäkalien** *pl.* f(a)eces.
Fakir *m* fakir.
Faksimile *n* facsimile; **~ausgabe** *f* facsimile edition; **~übertragung** *f* facsimile transmission; **~unterschrift** *f* facsimile signature.
Fakt *n, m* fact; **Faktenwissen** *n* factual knowledge.
faktisch I. *adj.* actual, effective; **II.** *adv.* in fact, in reality; (*praktisch*) virtually; ***~ unmöglich*** practically impossible.
Faktizität *f* facticity.
Faktor *m* factor (*a.* ℞, *biol.*); **Faktorenanalyse** *f* factor analysis.
Faktotum *n* factotum.
Faktum *n* fact; ***Fakten*** facts, (*Angaben etc.*) data.
fakturieren *v/t.* ☤ invoice.
Fakultät *f univ.* faculty, *Am.* department, school.
fakultativ *adj.* optional.
Falke *m* falcon; *hunt. u. fig. pol. a.* hawk; ***Augen wie ein ~ haben*** have eyes like a hawk.
Falken|auge *fig. n* eagle-eye; **~beize** *f*, **~jagd** *f* falconry.
Falkner *m* falconer.
Fall *m* **1.** fall; *im Fallschirm*: descent; *des Barometers*: fall, drop; *fig.* downfall, *e-r Regierung etc.*: *a.* overthrow, collapse; *e-r Festung etc.*: fall, surrender; ☤ *der Kurse, Preise*: fall, drop, *stärker*: slump; *phys.* ***freier ~*** free fall; ***sich bei e-m ~ verletzen*** be hurt in a fall; ***zu ~ bringen*** cause *s.o.* to fall, *im Kampf*: (*a. e-e Regierung etc.*) bring down, *durch Beinstellen, a. fig.*: trip up, (*Pläne etc.*) thwart, (*Gesetzentwurf etc.*) defeat; ***zu ~ kommen*** fall, *fig.* founder, *stärker*: come to grief, be defeated *etc.*; **2.** case (*a. ling.*, ⚕, ⚖); (*Angelegenheit*) *a.* matter, affair; (*Einzelbeispiel*) instance; (*Vorkommnis*) occurrence; ***der ~ Graf*** the case of Graf; ***ein ~ von Typhus*** a typhoid case, a case of typhoid; ***in den meisten Fällen*** in most cases; ***im besten*** (*od.* ***günstigsten***) ***~*** at best; ***im schlimmsten ~*** at worst; ***im ~e e-s ~es*** if the worst comes to the worst; ***auf alle Fälle, auf jeden ~*** anyway, (*ganz bestimmt*) definitely; ***lass den Schlüssel auf alle Fälle*** (*od.* ***in jedem ~***) ***da*** whatever you do, leave the key behind; ***für alle Fälle*** just in case, to be on the safe side; ***auf keinen ~*** on no account, under no circumstances, (*ganz bestimmt nicht*) definitely not; ***sag es ihm auf keinen ~*** don't tell him whatever you do; ***für den*** (*od.* ***im***) ***~, dass*** in case *he should come*; ***gesetzt den ~*** suppose, supposing, let's assume; ***in diesem ~*** in that (*od.* this) case; ***das ist von ~ zu ~ verschieden*** that varies from case to case; ***das muss man von ~ zu ~ entscheiden*** *a.* you have to decide each case on its merits; ***wenn der ~ zutrifft, wenn das der ~ ist*** if that is the case; ***wenn der ~ zutrifft*** (*od.* ***wenn es der Fall ist***) ***, dass er*** if this is a case of his (*od.* him) *ger.*; ***der ~ liegt so*** the situation is as follows; F ***klarer ~!*** F (oh,) sure!; ***das ist*** (***nicht***) ***ganz mein ~*** that's right up my street (not exactly my cup of tea); ***er ist genau*** (***nicht ganz***) ***mein ~*** he's just (not exactly) my type; ***das ist auch bei ihm der ~*** it's the same with him; → ***hoffnungslos***; **~apfel** *m* windfall; **~beil** *n* guillotine; **~beispiel** *n* case study; **~beschleunigung** *f* gravitational acceleration; **~beschreibung** *f* ⚕ case description; **~birne** *f* demolition (*od.* wrecking, drop) ball; **~brücke** *f* drawbridge.
Falle *f* trap (*a. fig.*); (*Schlinge*) snare; (*Grube*) pit; ***mit e-r ~ fangen*** *a.* trap; ***in e-e ~ gehen*** (*od.* ***geraten***) be (*od.* get) caught in a trap, *fig.* walk into a trap; *fig.* ***j-m in die ~ gehen*** walk right into s.o.'s trap; ***er ist in die ~ gegangen*** *a.* he took the bait; ***e-e ~ stellen*** set a trap (***j-m*** for s.o.); ***in der ~ sitzen*** be caught in a trap; F ***in die ~ gehen*** (*zu Bett gehen*) F hit the sack (*bsd. Am.* hay).
fallen I. *v/i.* fall, drop; *Fieber, Preise etc.*: *a.* go down; (*hin~*) fall (down); ⚔ *Festung*

etc.: fall, be taken; *Soldat*: fall, be killed (in action); *Barometer*: fall, be falling; *Blick*: fall (***auf*** on); *Licht*: fall (***auf*** on), come (***durch*** through); ♪ descend, fall; *Tor*: be scored; (*hörbar werden*) be heard; *Entscheidung*: be made; *Bemerkung*: fall; *Fest etc.*: fall (***auf*** on); ***in e-e*** *Kategorie*, ***unter*** *ein Gesetz* **~** come under; ***an*** *j-n* **~** *durch Erbübergang*: fall (*od.* go) to, devolve on; ***durch e-e Prüfung ~*** fail an exam; ***in e-n tiefen Schlaf ~*** fall into a deep sleep; ***heute Nacht sind 30 Zentimeter Schnee gefallen*** there was 30 centimet|res (*Am.* -ers) of snowfall last night; ***die Entscheidung fiel*** (***zwei Tore fielen***) *in der zweiten Halbzeit*: the match was decided (there were two goals); ***es fielen drei Schüsse*** there were three shots, three shots were fired; ***auch sein Name fiel*** his name was also mentioned; ***es fielen harte Worte*** there were harsh words; → ***Extrem, Hand, Nerv, Ohnmacht*** 1 *etc.*; **II.** ♀ *n* fall(ing).

fällen *v/t.* (*Holz*) cut (*od.* chop) down; ⚗ precipitate; ⩚ ***das Lot ~*** drop a perpendicular; ⚖ ***ein Urteil ~*** pass sentence (***über*** on), *a. fig.* pass judg(e)ment (on); → ***Entscheidung.***

fallen lassen *v/t.* **1.** (*Gegenstand*) drop; **2.** *fig.* (*Plan, Idee, Freund etc.*) drop; (*Bemerkung*) (casually) drop, let drop *a remark*; ***darüber hat er kein Wort ~*** he didn't say a word about it.

Fallensteller *m* trapper.

Fall|geschichte *f* case history; **~geschwindigkeit** *f phys.* rate of fall; **~gesetz** *n phys.* law of falling bodies; **~grube** *f* pit, *a. fig.* trap; **~hammer** *m* drop forge (*od.* hammer); **~höhe** *f* **1.** *phys.* height of fall; **2.** ⚙ height of drop; **~holz** *n* fallen wood.

fallieren *v/i.* ☤ go bankrupt.

fällig *adj.* due; (*zahlbar*) *a.* payable; ***~ werden*** become due (*od.* payable), (*verfallen*) expire; ***~ zum 31. Mai*** payable by May 31; ***längst ~*** long overdue; ***der Haarschnitt war aber längst ~*** *a.* it was high time (*od.* about time) you *etc.* had that haircut; F ***der Mantel ist mal wieder ~*** I think this coat is due for the cleaner's again; ***du bist mal wieder ~*** (*et. zu tun*) I think it's your turn (again); F ***jetzt ist er ~!*** (*jetzt reicht's*) F he's asked for it now; F ***morgen ist er ~!*** F I'll be after him tomorrow; **Fälligkeit** *f* maturity; **Fälligkeitstag** *m* maturity (date).

Falllinie *f Skifahren*: fall line.

Fallobst *n* windfall.

Fall-out *n, m a. pl.* (radioactive) fallout.

Fall|recht *n* ⚖ case law; **~rohr** *n* drainpipe; **~rückzieher** *m Fußball*: overhead kick.

falls *cj.* if; (*für den Fall, dass*) in case; ***~ sie kommt*** if she comes, if she should come, if she happens to come; ***~ er nicht erscheinen sollte*** *a.* in the event that he should not turn up.

Fallschirm *m* parachute; ***den ~ öffnen*** open up one's parachute; **~absprung** *m* parachute jump (*od.* descent); **~abwurf** *m* airdrop; **~gurt** *m* parachute harness; **~jäger** *m* paratrooper; **~springen** *n* parachuting, parachute jumping; *Sport*: skydiving; **~springer** *m* parachutist; *Sport*: skydiver; **~truppen** *pl* parachute troops, paratroops.

Fall|strick *fig. m* trap, snare; ***j-m ~e legen*** set a trap for s.o.; **~studie** *f* case study; **~treppe** *f* foldaway stairs *pl.*; **~tür** *f* trapdoor.

Fällung *f* ⚗ precipitation; **Fällungsmittel** *n* precipitant.

fallweise *adv.* from case to case.

Fallwind *m* down wind.

falsch I. *adj.* **1.** wrong; (*unwahr*) *a.* untrue; (*verkehrt*) wrong (*a. Zug etc.*), ♪ *a.* false; ***~e Bezeichnung*** misnomer; ***~e Darstellung*** misrepresentation; ***ein ~es Wort*** a word out of place; ***da bist du an den ♀en geraten*** you've come to the wrong place (*od.* person) for that; → ***Kehle*** 1 *etc.*; **2.** (*künstlich, unecht*) false; (*gefälscht*) forged, *Geld*: *a.* counterfeit; ***~er Name*** false (*od.* fictitious) name; ***unter ~em Namen*** under a false name; ***~e Rippe*** floating rib; **3.** (*unehrlich*) false, two-faced; (*unaufrichtig*) false, insincere; ***er ist ein ganz ~er Typ*** he's so false; ***~er Prophet*** false prophet; → ***Schlange*** 1, ***Vorspiegelung*** *etc.*; **4.** (*unangebracht*) *Scham, Bescheidenheit etc.*: false; *Rücksichtnahme etc.*: misplaced; **II.** *adv.* wrong(ly); the wrong way; ***~ abbiegen*** take the wrong turning; ***et. ~ anpacken*** go about s.th. the wrong way; ***~ antworten*** give the wrong answer, get the answer wrong, answer wrong; ***et. ~ beantworten*** answer s.th. wrong, give the wrong answer to s.th.; ***~ auffassen*** misunderstand, get *s.th.* wrong; ***~ aussagen*** make a false statement; ***~ aussprechen*** pronounce wrong(ly), mispronounce; ***~ gehen*** *Uhr*: be wrong; ***~ liegen*** *im Bett*: lie funny, *fig.* be wrong, be on the wrong track; ***~ herum*** → ***verkehrt***; ***da liegst du ~*** you're wrong on (*od.* about) that; ***er macht alles ~*** he can't do a thing right; ***~ schreiben*** misspell, spell wrong(ly); ***~ singen*** sing out of tune (*od.* off-key); *teleph.* ***~ verbunden*** sorry, wrong number; ***ich glaube, Sie sind ~ verbunden*** I think you've got the wrong number; ***et.*** (***j-n***) ***~ verstehen*** get s.th. (s.o.) wrong; ***et. ~ wiedergeben*** misquote s.th.; **III.** ♀ *m*: ***ohne ~*** guileless; **♀aussage** *f* ⚖ false statement; **♀eid** *m* false oath.

fälschen *v/t.* fake; (*Urkunden, Unterschrift etc.*) *a.* forge; (*Geld*) counterfeit, forge; ☤ (*Rechnung, Bücher etc.*) tamper with, F doctor *the accounts*, cook *the books*; *weitS.* (*Geschichte etc.*) falsify.

Fälscher *m* forger, counterfeiter; **~bande** *f* gang of forgers.

Falsch|fahrer *m* wrong-way driver; → *a.* ***Geisterfahrer***; **~geld** *n* counterfeit money.

Falschheit *f* falseness; *e-r Person*: *a.* two-facedness.

fälschlich *adv.* wrongly; (*aus Versehen*) → **fälschlicherweise** *adv.* by mistake, erroneously.

Falschmeldung *f* false report; (*Ente*) hoax, canard.

Falschmünzer *m* forger; **Falschmünzerei** *f* forgery, counterfeiting.

Falsch|parken *n* illegal parking; **~parker** *m* **1.** parking offender; ***diese ~!*** these people who park their cars all over the place; **2.** (*Auto*) wrongly-parked car, F offending car; **~schreibung** *f* misspelling; misspelt word.

falsch spielen *v/i.* **1.** ♪ play a (*od.* the) wrong note, *Tasteninstrumente*: *a.* hit the wrong key; **2.** (*mogeln*) cheat.

Falschspieler *m* cheat.

Fälschung *f* **1.** (*das Fälschen*) forging, *von Geld*: *a.* counterfeiting; **2.** (*Gefälschtes*) fake, forgery; **fälschungssicher** *adj.* forgery- (*od.* counterfeit-)proof.

Falsett *n* ♪ falsetto; **~stimme** *f* falsetto voice.

Falsifikat *n* fake, forgery; **falsifizieren** *v/t.* falsify; **Falsifizierung** *f* falsification.

faltbar *adj.* folding ...; collapsible; ***ist es ~?*** can it be folded up (*od.* together)?

Falt|blatt *n* leaflet; **~boot** *n* folding canoe.

Fältchen *n* crease; *in der Haut*: *a.* (tiny) wrinkle.

Falte *f* fold; (*Rock♀*) pleat; (*Knitter♀, Bügel♀*) crease; *in der Haut*: crease, *stärker*: wrinkle; ***~n werfen*** fall in folds, (*sich zusammenziehen*) pucker; ***die Stirn in ~n ziehen*** knit one's brow, frown.

fälteln *v/t.* pleat; (*Papier*) fold.

falten I. *v/t.* fold; (*Taschentuch etc.*) *a.* fold up; ***die Hände ~*** fold one's hands; ***mit gefalteten Händen*** hands folded; ***die Stirn ~*** knit one's brow, frown; **II.** *v/refl.*: ***sich ~*** *a. Haut*: wrinkle, crease.

Falten|bildung *f* **1.** wrinkling; **2.** *geol.* plication; **♀frei** *adj. Textilien*: non-crumple, non-crease; **~gebirge** *n* folded mountains *pl.*; **~gesicht** *n*: ***zieh nicht so ein ~!*** don't screw your face up like that; **♀los** *adj. Gesicht etc.*: smooth, unlined; **~rock** *m* pleated skirt; **~wurf** *m Kunst*: drapery.

Falter *m* butterfly; (*Nacht♀*) moth.

faltig *adj.* (*zerknittert*) creased; *Haut*: wrinkled.

Falt|karton *m* collapsible cardboard box; **~prospekt** *m* leaflet; **~schachtel** *f* → ***Faltkarton***; **~tür** *f* folding door.

Falz *m* fold; ⚙ welt, edge; (*Saum*) seam; *Buchbinderei*: fold; *Tischlerei*: (*Fuge*) rabbet; (*Auskehlung*) groove, notch; (*Briefmarken♀*) mount, hinge; **falzen** *v/t.* fold; *Tischlerei*: rabbet; groove; *Klempnerei*: welt.

Fama *f* rumo(u)r.

familiär *adj.* **1.** (*die Familie betreffend*) family *affairs etc.*; ***aus ~en Gründen*** for personal reasons; **2.** (*vertraut*) familiar; (*ungezwungen*) informal; **3.** *ling.* familiar, colloquial; ***~er Ausdruck*** colloquialism.

Familie *f* family (*a. ling., zo.,* ♀); (***die***) ***~ Miller*** the Miller family, the Millers; ***e-e ~ gründen*** start a family; ***~ haben*** have a family, have children; ***sechsköpfige ~*** family of six; ***es liegt in der ~*** it runs in the family; ***das kommt in den besten ~n vor*** it happens to the best of us.

Familien|ähnlichkeit *f* family likeness; **~angehörige(r** *m*) *f* member of the family; close relative; *Amtssprache*: dependant; **~angelegenheit** *f* family affair; **~ausflug** *m* family outing; **~besitz** *m* family estate; **~betrieb** *m* family business; **~feier** *f*, **~fest** *n* family celebration; **~forschung** *f* genealogy; **~foto** *n* family portrait; **♀freundlich** *adj.* family *hotel etc.*; ***das Restaurant ist ~*** *a.* the restaurant welcomes families (*od.* children); **~geheimnis** *n* family secret; **~gericht** *n* **1.** ⚖ family court; **2.** F → ***Familienrat***; **~glück** *n* domestic bliss; **~grab** *n* family grave; **~kreis** *m* family circle; ***der engste ~*** the immediate family, the next of kin; ***das Begräbnis findet im engsten ~ statt*** only the closest members of the family will be attending the funeral, *in Todesanzeige*: private funeral; **~leben** *n* family life; **~mitglied** *n* member of the family, family member; *Amtssprache*: dependant; **~name** *m* surname, last name; **~ober-**

haupt *n* head of the family; **~packung** *f* family pack; **~planung** *f* family planning; **~rat** *m* family council (*od.* tribunal); **~recht** *n* ⚖ family law; **~roman** *m* roman fleuve; **~sinn** *m* sense of family; **~sitz** *m* family home (*od.* residence); **~stand** *m* marital status; **~streit** *m* family argument (*od.* row); **~stück** *n* (family) heirloom; **~tradition** *f* family tradition; **~treffen** *n* family get-together (F *iro.* affair); (*Wiedersehen*) family reunion; **~unterhalt** *m* upkeep of the family; **~vater** *m* **1.** head of the family; **2.** family man; **~verhältnisse** *pl.* family set-up (*od.* background) *sg.*; **~wagen** *m* family car; **~zulage** *f* family allowance; **~zusammenführung** *f* family reunification; **~zuwachs** *m* new arrival (to the family); ***sie bekommen ~*** *a.* they're expecting an addition to the family.

famos F *obs. adj.* F *obs.* capital.

Famulatur *f* (period of) medical training, *Am.* internship; **famulieren** *v/i.* do one's medical training (*Am.* internship).

Fan F *m* fan.

Fanal *n* beacon; *fig.* signal.

Fanatiker *m* fanatic; **fanatisch** *adj.* fanatic(al); **Fanatismus** *m* fanaticism.

Fanfare *f* fanfare; (*Signal*) *a.* flourish of trumpets; *mot. mst* F Colonel Bogey horn; **Fanfarenstoß** *m* fanfare, blast of trumpets.

Fang *m* **1.** catch, *von Fischen*: *a.* haul (*beide a. fig.*); ***auf ~ ausgehen*** (***ausfahren***) go hunting (fishing); ***e-n guten ~ machen*** make a good catch (*od.* haul), take home a good (*od.* rich) haul, *fig.* make a big haul; *fig.* ***das war ein guter ~*** that was a real bargain; ***mit ihm haben wir e-n guten ~ gemacht*** he was a good catch, we couldn't have made a better catch; **2.** (*pl.* **Fänge**) (*Vogelkralle*) claw; (*Reißzahn*) fang; *des Ebers*: tusk; *fig.* ***j-n*** (***et.***) ***in den Fängen haben*** have s.o. (s.th.) in one's clutches; ***wenn ich ihn erst in den Fängen habe*** once I get hold of him (*od.* lay my fingers on him); **~arm** *m zo.* tentacle.

fangen I. *v/t.* catch; *fig.* trap; (*fesseln*) captivate; ***sich ~ lassen*** get caught; ***Feuer ~*** catch fire, *fig.* be bitten (***für*** *et.* by, with), (*sich verlieben*) be smitten; ***für die kommunistische Idee Feuer ~*** be bitten by the Communist bug; F ***eine ~*** (*e-e Ohrfeige kriegen*) F cop one, cop it; → ***gefangen***; **II.** *v/refl.*: ***sich ~*** *an et.*: be (*od.* get) caught; *beim Stolpern etc.*: catch o.s.; *fig.* ***sich*** (***wieder***) ***~*** get a grip on o.s. (again), get to grips with o.s. (again), *nach Schwindelanfall etc.*: come round; ***ich fang mich schon wieder*** I'll be all right (*Am.* alright) (in a minute); **III.** ≈ *n* (*Spiel*) catch, *Am.* tag.

Fänger *m* catcher.

Fang|frage *f* trick question; **≈frisch** *adj.* fresh-caught; **~gebiete** *pl.* fishing grounds; **~leine** *f* **1.** ⚓ painter; **2.** *Fallschirm*: rigging line; **~netz** *n* net; ✈ arrester net; *fig.* snare.

Fango *m* fango; **~bad** *n* mud bath; **~packung** *f* mudpack, fango pack.

Fang|plätze *pl.* fishing grounds; **~quote** *f* fishing quota; **~zahn** *m zo.* (*Reißzahn*) fang.

Fan|klub *m* fan club; **~kult** *m* fan cult; **~post** *f* fan mail; (*einzelner Brief*) *a.* a fan letter.

Fantasie *f* **1.** (*Vorstellungskraft*) imagination; ***blühende ~*** vivid imagination; ***schmutzige ~*** dirty (F one-track) mind; ***~ haben*** have imagination; ***das ist reine ~*** it's all in the mind, you're *etc.* imagining things; → ***durchgehen*** 3, ***Lauf*** 3, ***Reich***; **2.** (*~vorstellung*) fantasy (*a. sexuell*); *e-s Kranken*: hallucination; ***sich in ~n flüchten*** escape into a fantasy world (*od.* world of fantasies); **≈arm** *adj.* unimaginative, lacking in imagination; **~gebilde** *n* figment of the imagination; **~gestalt** *f* imaginary character; **~landschaft** *f* imaginary (*od.* fantastic) landscape.

fantasielos *adj.* unimaginative; boring; (*einfallslos*) unresourceful; ***sei doch nicht so ~!*** have some imagination; **Fantasielosigkeit** *f* lack of imagination; (*Einfallslosigkeit*) unresourcefulness.

Fantasiepreis *m* exorbitant (F wild) price.

fantasieren *v/i.* (day)dream, fantasize; ♪ improvise; ⚕ hallucinate, be delirious; F (*Unsinn reden*) rave (**von** about); ***sie fantasiert davon, Astronautin zu werden*** she has this fantasy about becoming an astronaut.

fantasievoll *adj.* imaginative; (*kreativ*) creative.

Fantasie|vorstellung *f* fantasy; **~welt** *f* world of fantasy, fantasy world.

Fantast *m* dreamer; **Fantasterei** *f* **1.** (pure) fantasy; ***das ist ~*** *a.* it's his *etc.* imagination run wild; **2.** **~en** (*Unsinn*) F crazy ideas; **fantastisch** *adj.* (*unwirklich*) fantastic; (*bizarr*) bizarre; (*unglaublich*) incredible; F (*großartig*) F terrific, fantastic.

Faradaykäfig *m*, *a.* **faradayscher Käfig** *m phys.* Faraday cage.

Farb|abstimmung *f* colo(u)r scheme; **~abzug** *m* colo(u)r print; **~anstrich** *m* coat of paint; **~aufnahme** *f* colo(u)r photo (*od.* print); **~band** *n* typewriter ribbon; **~beilage** *f* colo(u)r supplement; **~beutel** *m* paint bomb; **~bild** *n* colo(u)r photo (*od.* print); **~bildschirm** *m* colo(u)r screen; **~display** *n Computer etc.*: colo(u)r display; **~druck** *m* **1.** (*Verfahren*) colo(u)r printing; **2.** *konkret*: colo(u)r print; **~drucker** *m* colo(u)r printer.

Farbe *f* colo(u)r; (*Farbton*) *a.* shade; (*Anstrich*) paint; *für Haar, Stoffe*: dye; *typ.* (printer's) ink; (*Gesichts≈*) complexion, colo(u)r; *Karten*: suit; ***was für e-e ~ hat es?*** what colo(u)r is it?; ***~ bekommen*** get some colo(u)r into one's cheeks, (*braun werden*) get a tan; ***du hast richtig ~ bekommen*** a) you're looking really healthy, b) you've got yourself a nice tan; ***~ verlieren*** go pale; ***~ bekennen*** *fig.* declare o.s., come down on one or other side of the fence; *Kartenspiel*: follow suit; *fig.* ***in den herrlichsten*** (*od.* ***glühendsten***) ***~n ausmalen*** paint *s.th.* in glowing colo(u)rs, paint a glowing portrait (*od.* picture) of; ***e-r Sache ~ verleihen*** add (*od.* lend) colo(u)r to s.th.

farb|echt *adj.* colo(u)rfast; *phot.* orthochromatic; **≈effekt** *m* colo(u)r effect; **~empfindlich** *adj.* colo(u)r-sensitive.

färben I. *v/t.* (*Stoff, Haar*) dye; (*Glas, Papier*) stain; (*tönen*) tint; *fig.* colo(u)r; ***sich die Haare ~*** (***lassen***) dye one's hair (have one's hair dyed); ***sich die Haare schwarz ~*** (***lassen***) dye one's hair black; → ***gefärbt***; **II.** *v/refl.*: ***sich ~*** colo(u)r; *Laub*: change colo(u)r; ***sich rot ~*** turn red.

farbenblind *adj.* colo(u)r-blind; **Farbenblindheit** *f* colo(u)r-blindness.

Farben|brechung *f* colo(u)r refraction; **~druck** *m* **1.** colo(u)r printing; **2.** *konkret*: colo(u)r print; **≈freudig, ≈froh** *adj.* colo(u)rful; **~geschäft** *n* paint shop (*od.* store); **~industrie** *f* paint industry; **~lehre** *f phys.* theory of colo(u)rs, chromatics *pl.* (*sg. konstr.*); **~orgie** *f* riot of colo(u)r.

Farbenpracht *f* rich colo(u)ring; blaze of colo(u)r; **farbenprächtig** *adj.* colo(u)rful; richly colo(u)red.

Farben|reichtum *m* wealth of colo(u)r; **~sinn** *m* sense of colo(u)r; **~spiel** *n* play of colo(u)r; **~symbolik** *f* colo(u)r symbolism.

Färber *m* dyer; **Färberei** *f* **1.** dyeworks *pl.*; **2.** (*Gewerbe*) dyer's trade.

Farbfernsehen *n* colo(u)r television (*od.* TV); **Farbfernseher** *m*, **Farbfernsehgerät** *n* colo(u)r television (*od.* TV); colo(u)r set.

Farb|film *m* colo(u)r film; **~filter** *m, n phot.* colo(u)r filter; **~fleck** *m* paint mark; stain; **~foto** *n* colo(u)r photo (*od.* print); **~fotografie** *f* **1.** colo(u)r photography; **2.** (*Bild*) colo(u)r photograph; **~gebung** *f* colo(u)ring; colo(u)r scheme.

farbig *adj.* colo(u)red (*a. Rassen*); *fig.* colo(u)rful; **Farbige(r** *m*) *f* non-white; (*Schwarzer, Mulatte*) black; *in Südafrika*: (Cape) Colo(u)red; **Farbigkeit** *f* colo(u)r, colo(u)rfulness.

Farb|kasten *m* paintbox; **~kissen** *n* ink pad; **~klecks** *m* blob (*od.* spot) of paint; *fig.* spot (*od.* dash) of colo(u)r; *fig.* ***es ist ein netter ~*** it adds a nice bit of colo(u)r; **~komposition** *f* colo(u)r composition (*od.* scheme); **~kontrast** *m* (colo[u]r) contrast; **~kopie** *f* colo(u)r copy; **~körper** *m* pigment (*a. biol.*).

Farbkorrektur *f* colo(u)r adjustment (*od.* correction); **~filter** *m, n* colo(u)r correction filter.

farbkräftig *adj.* (very) colo(u)rful; ***du brauchst was ≈es*** you need some strong colo(u)rs.

farblich I. *adj.* colo(u)r ..., in colo(u)r; **II.** *adv.* in colo(u)r; colo(u)rwise, as far as the colo(u)rs go; ***~*** (***aufeinander***) ***abstimmen*** match the colo(u)rs of.

farblos *adj.* colo(u)rless (*a. fig.*); (*blass*) pale; *fig.* ***er ist völlig ~*** he has no personality; **Farblosigkeit** *f* colo(u)rlessness (*a. fig.*); *fig. e-r Person*: *a.* lack of personality.

Farbmonitor *m* colo(u)r monitor (*od.* screen).

Farbnegativ *n* colo(u)r negative; **~film** *m* colo(u)r film.

Farb|nuance *f* shade (of colo[u]r); **~papier** *n* colo(u)r paper; **~photo** *n* → ***Farbfoto***; **~photographie** *f* → ***Farbfotografie***; **~sättigung** *f* colo(u)r saturation; **~schattierung** *f* shade (of colo[u]r), hue; **~schicht** *f* layer of paint, *beim Anstrich*: coat of paint; **~skala** *f* colo(u)r range; **~skizze** *f* colo(u)r sketch; **~stich** *m* colo(u)r cast; **~stift** *m* colo(u)red pencil, crayon; (*Filzstift etc.*) colo(u)red pen; ***grüner ~*** green pencil (*od.* crayon, pen); **~stoff** *m* **1.** → ***Farbkörper***; **2.** dye; *für Lebensmittel etc.*: *a. pl.* colo(u)ring; ***ohne ~e*** *Aufschrift*: contains no (artificial) colo(u)ring; **~tafel** *f* **1.** *im Buch*: colo(u)r plate; **2.** (*Tabelle*) colo(u)r chart; **~temperatur** *f* colo(u)r temperature; **~ton** *m* tone; *vorherrschender*: hue; *heller*: tint; *dunkler*: shade; ***im ~ zusammenpassen*** match; **~tupfer** *m* dab (*od.* spot) of paint; *fig.* spot of colo(u)r.

Färbung *f* colo(u)ring (*a. fig.*); (*Tönung*) hue; *fig. pol.* bias.

Farb|walze *f* ink(ing) roller; **~wiedergabe** *f* colo(u)r rendering, colo(u)rs *pl.*; **~zusammenstellung** *f* colo(u)r combination (*in e-m Raum etc.*: scheme).

Farce *f* **1.** *thea.* burlesque, *a. fig.* farce; **2.** *gastr.* stuffing; **farcenhaft** *adj.* farcical; **farcieren** *v/t. gastr.* stuff.

Färinger(in *f*) *m* → **Färöer(in).**

Farinzucker *m* brown sugar.

Farm *f* farm; **Farmer** *m* farmer.

Farn(kraut *n*) *m* ⚘ fern.

Färöer(in *f*) *m*, **färöisch** *adj.* Faroese.

Färse *f* young cow, heifer.

Fasan *m* pheasant; **Fasanenjagd** *f* **1.** pheasant shooting; **2.** *konkret*: pheasant shoot (*od.* hunt).

faschieren *dial. v/t.* mince, put through the mincer; **Faschierte(s)** *n* mincemeat, mince(d meat).

Fasching *m* carnival, Fasching.

Faschings... carnival ..., Fasching ...; **~dienstag** *m* Shrove Tuesday, F Pancake Day; *Am.* Mardi Gras.

Faschismus *m* fascism; **Faschist** *m*, **faschistisch** *adj.* fascist; **faschistoid** *adj.* protofascist.

Fascho F *m* fascist.

Faselei F *f* drivel; **Faselfehler** F *m* careless mistake (*od.* slip); **faselig** F *adj.* scatterbrained; **faseln** F *v/i.* (talk) drivel.

Faser *f anat.*, ⚘ fib|re (*Am.* -er); (*Faden*) thread; *von Gemüse*: string; *von Holz*: grain; *fig.* ***mit jeder ~ m-s Herzens*** with every fib|re (*Am.* -er) of my heart; **faserig** *adj.* fibrous; *Fleisch etc.*: stringy; (*zerfasert*) frayed; **fasern** *v/i.* fray; **fasernackt** *adj.* stark naked, *pred.* F starkers.

Faser|optik *f* fib|re (*Am.* -er) optics *pl.* (*sg. konstr.*); **~pflanze** *f* fib|re (*Am.* -er) plant; **~platte** *f* fibreboard, *Am.* fiberboard.

Faserung *f* fraying; *im Holz*: grain.

Fasler F *m* drivel(l)er, F blether; ***er ist ein richtiger ~*** *a.* he just goes on and on.

Fass *n* barrel; *kleines*: keg; (*Bottich*) vat, tub; ***ein ~ Bier*** a barrel (*od.* keg) of beer; ***Bier vom ~*** → ***Fassbier***; *fig.* ***~ ohne Boden*** bottomless pit; ***das ist ein ~ ohne Boden*** *a.* it's never-ending, it just goes on and on, *Thema*: you could go on talking about that all night; ***das schlägt dem ~ den Boden aus!*** that's the last straw, F that takes the biscuit; F ***ein ~ aufmachen*** have a fling (F binge); → ***überlaufen*** 1.

Fassade *f* façade, front (*beide a. fig.*).

Fassaden|beleuchtung *f* **1.** floodlighting; **2.** floodlit building(s *pl.*); **~kletterer** *m* cat burglar; **~malerei** *f* façade painting.

fassbar *adj. konkret*: tangible; *geistig*: comprehensible; ***schwer ~*** hard to comprehend.

Fassbier *n* draught (*Am.* draft) beer.

fassen I. *v/t.* **1.** (*ergreifen*) take hold of, grasp; hold; (*packen*) seize; (*Verbrecher etc.*) catch, (*festnehmen*) arrest; ***j-n am Kragen ~*** grab s.o. by the collar; ***j-n an*** (*od.* ***bei***) ***der Hand ~*** take s.o. by the hand, take s.o.'s hand; ***j-n am Arm ~*** take s.o.'s arm; ***zu ~ kriegen*** get hold of; ***fass ihn!*** *zum Hund*: get him!; **2.** ⚙ (*einfassen*) mount *in silver etc.*; (*Edelstein*) *a.* set; **3.** (*aufnehmen können*) hold; *auf Sitzplätzen*: *a.* seat; **4.** (*enthalten*) contain; *fig.* ***in sich ~*** include; **5.** (*formulieren*) put, formulate; ***in Worte ~*** put into words; ***das lässt sich nicht in Worte ~*** *a.* it can't be described; **6.** *fig. geistig*: grasp, understand; (*glauben*) believe; ***nicht zu ~*** unbelievable, incredible; ***das ist kaum zu ~*** *a.* it's hard to believe; **7.** *fig.* ***e-n Gedanken ~*** form an idea; ***ich konnte keinen klaren Gedanken ~*** I couldn't think straight; → ***Abneigung, Beschluss, Entschluss, Fuß*** *etc.*; **II.** *v/i.* **8.** ***~ an*** touch; ***~ in*** (***auf***) put one's hand in (on); ***sich an*** *die Stirn etc.* ***~*** put one's hand to; ***da kann man sich nur noch an den Kopf ~*** it really makes you wonder; **9.** ⚙ grip; **III.** *v/refl.* **10.** ***sich ~*** regain one's composure, (*sich zusammenreißen*) pull o.s. together; ***er konnte sich vor Glück kaum ~*** he was beside himself with joy; → ***gefasst***; **11.** ***sich kurz ~*** be brief; ***fasse dich kurz!*** make it brief; → ***Geduld.***

Fassette *etc.* → ***Facette*** *etc.*

fasslich *adj.*: ***leicht*** (***schwer***) ***~*** easy (hard) to understand.

Fasson *f* (*Form*) shape; (*Schnitt*) cut; (*Frisur*) trim; *fig.* ***nach s-r eigenen ~*** after one's own fashion; ***jeder muss nach s-r eigenen ~ glücklich werden*** everyone has to look to his own salvation.

Fassreifen *m* (barrel) hoop.

Fassung *f* **1.** *e-r Brille*: frame; *e-r Glühbirne*: socket; *e-s Edelsteins*: setting; **2.** (*Version*) version; ***in der vorliegenden ~*** in its present form; **3.** (*Beherrschung*) composure; (*inneres Gleichgewicht*) *a.* equanimity; ***aus der ~ bringen*** put out, F throw; ***sie ist durch nichts aus der ~ zu bringen*** she's unflappable; ***die ~ bewahren*** maintain one's composure, F keep cool; ***nach*** (*od.* ***um***) ***~ ringen*** a) try to regain one's composure, b) try not to lose one's temper; ***die ~ verlieren*** lose one's composure, *vor Wut*: lose one's temper (F cool); ***er war ganz außer ~*** he was completely beside himself.

Fassungskraft *f* powers *pl.* of comprehension, (mental) capacity.

fassungslos I. *adj.* stunned; (*sprachlos*) speechless; (*verwirrt*) perplexed, bewildered; **II.** *adv.*: ***er sah mich ~ an*** he looked at me in amazement (*od.* disbelief), he just gaped at me; **Fassungslosigkeit** *f* shock; bewilderment.

Fassungsvermögen *n* **1.** capacity; **2.** *fig.* (mental) capacity; ***das übersteigt mein ~*** that's beyond me, that's above my head.

fast *adv. vor su. u. adj.*: *mst* almost; *vor Zahlen, Maß- u. Zeitangaben*: *a.* nearly; → *a.* ***beinahe***; ***~ nichts*** next to nothing; ***~ nie*** hardly ever; ***~ keine*** hardly any; ***in ~ allen Fällen*** in almost every case; ***ich hätte ~ geglaubt, dass*** I could almost have sworn (that); ***~ hätte ich ihn rausgeschmissen*** I very nearly kicked him out, I was on the point of kicking him out; F ***wir habens ~*** we're almost there, we've almost (*od.* nearly) finished.

fasten I. *v/i.* fast; go on a fast; **II.** ♀ *n* fast(ing); ***das ~ unterbrechen*** break one's fast; ♀**kur** *f* starvation cure.

Fasten|tag *m* **1.** fast (day), day of fasting; **2.** ⚕ fasting day; ♀**zeit** *f* **1.** *eccl.* ***die ~*** Lent; **2.** fasting period.

Fast Food *f* fast food.

Fastnacht *f* (**~sdienstag**) Shrove Tuesday, *Am.* Mardi Gras; (*Fasching*) carnival, Fasching; **Fastnachts...** → ***Faschings...***

Fasttag *m* → ***Fastentag.***

Faszination *f* fascination; ***e-e ~ ausüben auf*** hold a great fascination for; **faszinieren** *v/t.* fascinate; **Faszinosum** *n* fascinating (*od.* amazing) phenomenon.

fatal *adj.* (*schicksalhaft*) fateful; (*verhängnisvoll*) disastrous, fatal; (*unangenehm*) awkward; (*ärgerlich*) annoying; **Fatalismus** *m* fatalism; **Fatalist** *m* fatalist; **fatalistisch** *adj.* fatalist(ic).

Fata Morgana *f* mirage, *a. fig.* fata morgana.

Fatzke F *m* F poser, *sl.* arrogant swine.

fauchen *v/i.* hiss, *Tiger etc.*: snarl (*beide a. fig.*).

faul *adj.* **1.** *Obst, Gemüse, Ei, Zähne etc.*: rotten, bad; *Fisch, Fleisch*: bad, *pred.* off; (*stinkend*) putrid; *Holz*: rotten; **2.** (*träge*) lazy, idle; F ***~es Aas*** a) *sl.* lazy sod (*Frau*: bitch), b) F *hum.* lazybones (*sg.*); *adv.* ***~ herumliegen*** laze around (*od.* about); → ***Haut***; **3.** *fig.* rotten; *Kompromiss etc.*: hollow; (*verdächtig*) shady; ***~er Kunde*** shady customer; ***~e Sache*** fishy business; ***~er Witz*** bad joke; ***an der Sache*** (*od.* ***Geschichte***) ***ist etwas ~*** there's something fishy about it.

Faulbaum *m* ⚘ black alder, alder buckthorn; **~rinde** *f pharm.* buckthorn bark.

Fäule *f* **1.** rot; **2.** → ***Fäulnis.***

faulen *v/i.* go bad, rot; *Zahn, Gewebe etc.*: *a.* decay.

faulenzen *v/i.* laze around; *contp.* be lazy, do nothing; **Faulenzer** *m* lazybones (*sg.*); *contp.* lazy person, idler, F layabout; **Faulenzerei** *f* laziness; lazy life.

Faulgas *n* sewer gas.

Faulheit *f* laziness; F ***vor ~ stinken*** be bone idle.

faulig *adj.* rotten; (*modrig*) mo(u)ldy; (*faulend*) rotting.

Fäulnis *f* rottenness; *stinkend*: putrefaction; ⚕ sepsis; *e-s Zahns*: caries; *fig.* decay; ***in ~ übergehen*** (begin to) rot; **Fäulnis erregend** *adj.* putrefactive; ⚕ septic.

Fäulnis|erreger *m* putrefactive agent; ♀**hemmend** *adj.* ⚕ antiseptic(ally *adv.*); **~prozess** *m* process of decay.

Faulpelz F *m* F lazybones (*sg.*).

Faultier *n zo.* sloth; F *fig.* lazy person.

Faun *m* faun.

Fauna *f* fauna.

Faust *f* fist; ***die ~ ballen*** clench one's fist; ***j-m die ~ zeigen, j-m mit der ~ drohen*** raise one's fist at s.o.; ***mit der bloßen*** (*od.* ***blanken***) ***~*** with one's bare fist(s); ***mit der ~ auf den Tisch hauen*** bang one's fist on the table, *fig.* put one's foot down; *fig.* ***auf eigene ~*** on one's own initiative, F off one's own bat; ***die ~ im Nacken spüren*** really feel the pressure; ***das passt wie die ~ aufs Auge*** a) it goes together like chalk and cheese, b) (*passt genau*) it's a perfect fit (*od.* match); → ***eisern*** I.

Fäustchen *n*: *fig.* ***sich ins ~ lachen*** have a good chuckle, laugh up one's sleeve.

faustdick I. *adj.* as big as your fist; *fig.* ***e-e ~e Lüge*** F a whopping great lie, a whopper; ***er hat es ~ hinter den Ohren*** he's as sly as they come; **II.** *fig. adv.*: ***~ auftragen*** F lay it on thick (*od.* with a trowel); ***~ lügen*** F lie through one's teeth.

Fäustel *m* mallet.

fausten *v/t.* (*u.v/i.*) *Sport*: punch (the ball).

Faust|feuerwaffe *f* hand gun; ♀**groß** *adj.* as big as your fist; **~handschuh** *m* mitten.

Fäustling *m* mitten.

Faust|pfand *n* pledge; security; *fig.* lever;

~recht *fig. n* jungle law; ***dort gilt das ~*** it's dog eat dog in (*od.* out) there; **~regel** *f*: (**als ~** as a) general rule; **~schlag** *m* punch; **~skizze** *f* rough sketch.

Fauteuil *bsd. östr., schweiz. m* armchair.

Fauxpas *m* (social) blunder, faux pas, gaffe; ***e-n ~ begehen*** make a blunder, commit a faux pas (*od.* gaffe).

favorisieren *v/t.* favo(u)r; *Sport*: fancy; (*Kind*) favo(u)ritise; **favorisiert** *adj. Sport*: strongly fancied; ***~ sein*** *allg.* be (a *od.* the) favo(u)rite, be (the) favo(u)rites; **Favorit** *m a. Sport, Internet*: favo(u)rite (**auf** *e-n Titel* for); *pol.* front runner; ***klarer ~*** clear favo(u)rite; ***hoher*** (***todsicherer***) **~** hot (odds-on) favo(u)rite; ***zu ~en hinzufügen*** *Internet*: add favo(u)rites; ***~en verwalten*** *Internet*: organize favo(u)rites; **Favoritenrolle** *f* role as favo(u)rite.

Fax *n* **1.** fax; **2.** fax (machine); **Faxanschluss** *m* fax (connection *od.* line); **faxen** *v/t. u. v/i.* fax; ***j-m et. ~*** fax s.th. (through) to s.o.

Faxen *pl.* **1.** ***~ machen*** (***od. schneiden***) pull faces; **2.** (*Unsinn*) nonsense *sg.*; ***lass die ~!*** stop acting the goat; **~macher** *m* clown.

Fax|gerät *n* fax machine; **~mitteilung** *f* fax message; **~nummer** *f* fax number.

Fayence *f* faïnce.

Fazit *n* (net) result, upshot, F bottom line; ***das ~ ziehen*** sum up, consider the results (**aus** of); ***das ~ aus et. ziehen*** *a.* sum s.th. up; **~:** to sum up, F what it boils down to is (that); ***sein ~:*** his conclusion is (that).

FCKW *n* CFC, chlorofluorocarbon; **~-frei** *adj.* CFC-free.

Feber *östr. m*, **Februar** *m* February; ***im ~*** in February.

Fechtboden *m* fencing hall.

fechten I. *v/i.* **1.** fence; (*kämpfen, a. fig.*) fight; **2.** F (*betteln*) F scrounge; **II.** ≈ *n* fencing; **Fechter** *m* fencer.

Fecht|handschuh *m* fencing glove; **~kunst** *f* (art of) fencing; **~sport** *m* fencing; **~turnier** *n* fencing tournament.

Feder *f* feather; (*Schwanz≈, Schwung≈*) quill (feather); (*Schmuck≈*) plume; (*Schreib≈*) pen, (*~spitze*) nib; (*~kiel*) quill; ⚙ spring; *fig.* ***sich mit fremden ~n schmücken*** take the credit (for what s.o. else has done); ***~n lassen müssen*** lose a few feathers; ***zur ~ greifen*** put pen to paper; *ein Roman etc.* ***aus s-r ~*** written (*od.* penned) by him; F ***noch in den ~n liegen*** still be in bed; F ***~n haben*** F be scared stiff (**vor** of, about), *sl.* have the wind up (about); **~antrieb** *m* ⚙ spring drive.

Federball *m* shuttlecock; (*Spiel*) badminton; **~schläger** *m* badminton racket (*od.* racquet).

Feder|bett *n* duvet, continental quilt; **~busch** *m* **1.** *zo.* tuft; **2.** (*Hutschmuck*) plume; **~fuchser** *m* **1.** pedant; **2.** (*Schreiberling*) penpusher; **≈führend** *adj.* leading ...; (*verantwortlich*) responsible; **~führung** *f*: ***unter*** (**der**) ***~ von ...*** with ... responsible (*od.* in charge); **~gewicht(ler** *m*) *n* featherweight; **~halter** *m* fountain pen; **~hut** *m* feathered hat (*für Männer*: cap), plumed hat.

federig *adj.* feathery.

Federkasten *m* pencil box.

Federkernmatratze *f* spring interior (*Am.* innerspring) mattress.

Feder|kiel *m* quill; **~kissen** *n* feather pillow; **~kleid** *lit. n* plumage; **~kohl** *östr. m* kale; **≈leicht** *adj.* (as) light as a feather; **~lesen** *n*: *fig.* ***nicht viel ~s machen mit*** make short work of, give *s.o.* short shrift; ***ohne viel ~(s)*** unceremoniously, without much ado; **~mäppchen** *n* pencil case; **~messer** *n* penknife.

federn I. *v/i.* **1.** (*elastisch sein*) be springy; (*nachgeben*) give; (*springen*) bounce; *mot.* ***gut ~*** have good suspension; **2.** *Gymnastik*: flex; **II.** *v/t.* (*Sessel etc.*) fit with springs; ⚙ spring-load; ***gut gefedert*** well-sprung; **federnd** *adj.* springy; ***~er Gang*** springy (*od.* bouncy) gait.

Feder|nelke *f* feathered pink; **~schloss** *n* spring lock; **~schmuck** *m* (*Gefieder*) plumage; *der Indianer*: headdress; **~stab** *m mot.* torsion bar; **~strich** *m* stroke of the pen (*a. fig.*).

Federung *f* springs *pl.*; *mot.* suspension.

Feder|vieh *n* poultry; **~waage** *f* spring scale; **~weiße(r)** *m* (fermenting) new wine; **~werk** *n* spring mechanism; **~wild** *n* wildfowl, game birds *pl.*; **~wisch** *m* feather duster; **~wölkchen** *n* fluffy (*od.* fleecy) cloud; **~wolke** *f meteor.* cirrus (cloud); **~zeichnung** *f* pen-and-ink drawing; **~zirkel** *m*: (**ein ~** a pair of) spring dividers *pl.*

Fee *f* fairy; ***gute ~*** fairy godmother; ***böse ~*** wicked fairy.

Feed-back *n* feedback, reaction(s *pl.*).

Feeling F *n* feeling, sensation; ***es ist ein tolles ~*** *a.* F it feels great.

feenhaft *adj.* fairylike; *fig.* magic(al).

Feen|königin *f* fairy queen; **~reich** *n* fairy kingdom; ***das ~*** *a.* Fairyland.

Fegefeuer *n*: ***das ~*** purgatory.

fegen I. *v/t.* sweep (*a. fig.*); *schweiz.* (*scheuern, schrubben*) scour, scrub; ***das Geweih ~*** *Hirsch*: fray its antlers; → ***Tisch***; **II.** *v/i.* sweep (*a. fig.*), *Wind*: *a.* rush.

Feh *n* squirrel (fur).

Fehde *f* feud (*a. fig.*); ***in ~ liegen mit*** be at war with; **~handschuh** *m*: ***den ~ hinwerfen*** (***aufheben***) throw down (pick up) the gauntlet.

fehl *adv.* → ***Platz*** 3.

Fehlanzeige *f* **1.** (**war**) **~** F nothing doing; no such luck; **2.** ⚙ instrument error.

fehlbar *adj.* fallible; **Fehlbarkeit** *f* fallibility.

Fehl|bedienung *f* operating error; **~belegungsabgabe** *f* social compensation levy; **~besetzung** *f thea.* miscasting; *konkret*: miscast actor (*od.* actress); *Sport etc.*: *the* wrong man (*od.* woman) for the job; **~bestand** *m* deficiency; **~betrag** *m* deficit, shortfall; **~bezeichnung** *f* misnomer; **~bildung** *f biol. etc.* malformation; **~bitte** *f*: ***e-e ~ tun*** meet with a refusal; **~deutung** *f* misinterpretation; **~diagnose** *f* ⚕ wrong diagnosis; diagnostic error; ***e-e ~ stellen*** make a wrong diagnosis (*od.* diagnostic error), diagnose wrong; **~einschätzung** *f* misinterpretation; *a. e-r Person*: misjudg(e)ment; **~einstellung** *f* **1.** *psych.* maladjustment; **2.** misconception; **3.** ⚙ *etc.* incorrect focus(s)ing.

fehlen I. *v/i.* **1.** (*abwesend sein*) be absent (***in*** *der Schule*, ***bei*** *e-r Sitzung etc.* from); ***er hat gefehlt*** *a.* he didn't turn up; ***er hat e-e Woche gefehlt*** he was absent for a week; **2.** (*vermisst werden, abhanden gekommen sein*) be missing; ***bei dir fehlt ein Knopf*** you've lost a button, there's a button missing from (*od.* on) your coat *etc.*; ***ihm ~ zwei Zähne*** he has two teeth missing; ***du hast uns sehr gefehlt*** we really missed you; **3.** (*j-m ermangeln*) be lacking; ***mir fehlt ...*** I need ..., I haven't got (any *od.* enough) ...; ***es fehlt an ...*** there's (*od.* there are) no ..., there isn't (*od.* there aren't) enough ..., there's a lack of ...; ***uns fehlt das nötige Geld, es fehlt uns am nötigen Geld*** we haven't got the money; ***es ~ uns immer noch einige Leute*** we still need a few people; ***ihr fehlten noch DM 50*** she was short of 50 marks, she needed another 50 marks; ***es an nichts ~ lassen*** spare no pains (*od.* expense); ***es fehlt ihm an nichts*** he's got everything he wants; ***es fehlte an jeder Zusammenarbeit*** there was no cooperation whatsoever; ***das fehlte gerade noch!*** that's all we *etc.* need(ed); ***wo fehlts denn?*** what's the trouble?; ***fehlt Ihnen etwas?*** are you all right (*Am.* alright)?; ***es fehlte nicht viel, und er wäre daran gestorben*** he very nearly died of it; ***an mir solls nicht ~*** (well,) I'll do what I can; ***daran solls nicht ~*** that's no problem; ***dazu fehlts noch weit, dazu fehlt noch viel*** that's still a long way off, he's *etc.* still got a long way to go before he *etc.* can do that; ***mir ~ die Worte*** words fail me; → ***Ecke***; **4.** (*vorbeischießen*) miss; *fig.* ***weit gefehlt!*** a) try again, b) (*nichts dergleichen*) he *etc.* couldn't be more wrong; **II.** ≈ *n* **5.** (*Nichterscheinen*) absence (**bei, in** from); *häufiges, bsd. von Arbeitnehmern*: absenteeism; **6.** (*Mangel*) lack, absence; **fehlend** *adj.* missing; (*ausstehend*) outstanding.

Fehl|entscheidung *f* mistake; *e-s Schiedsrichters etc.*: wrong decision; ***e-e ~ treffen*** make a mistake (*od.* wrong decision); **~entwicklung** *f* ⚕ undesirable trend; ⚕ malformation.

Fehler *m* (*Versehen, Irrtum, Schreib≈ etc.*) mistake; (*Material≈ etc.*) fault, flaw, defect; (*Makel*) flaw, blemish; (*Charakter≈*) fault, weakness, shortcoming; (*Nachteil, schlechte Seite*) drawback; (*Haken*) snag; *Sport*: fault; *Computer*: error, *im Programm*: bug; ***kleiner ~*** ⚕ slight flaw, *fig.* minor flaw; ***e-n ~ machen*** make a mistake, (*taktlos sein etc.*) make a wrong move, *stärker*: put one's foot in it; ***jeder hat s-e ~*** nobody's perfect, we all have our little failings; ***in den ~ verfallen zu*** *inf.*, ***den ~ begehen zu*** *inf.* make the mistake of *ger.*; ***das hat den ~, dass*** the drawback (*od.* the trouble with it) is that; ***das hat nur den ~, dass*** the only snag (*od.* problem) is that; **~anzeige** *f Computer*: error display; **~bericht** *m Computer*: bug report; **~beseitigung** *f Computer*: debugging.

fehlerfrei *adj.* perfect; (*richtig*) correct; (*makellos*) flawless.

Fehlergrenze *f* margin of error; ⚙ tolerance.

fehlerhaft *adj.* faulty, flawed, defective; (*unrichtig*) incorrect; *schriftliche Arbeit*: full of mistakes; ***~e Stelle*** *im Stoff etc.*: flaw.

Fehlerkorrektur *f Computer*: error correction; *CD-Spieler*: *a.* error concealment.

fehlerlos *adj.* → ***fehlerfrei.***

Fehlermeldung *f Computer*: error message.

Fehlernährung *f* wrong nutrition; bad eating habits *pl.*

Fehler|quelle *f* source of error (⚙ trouble); **~quote** *f* error rate; **~suche** *f* ⚙ troubleshooting; **~suchprogramm** *n*

Computer: debugging program; **~verzeichnis** *n* errata *pl.*

Fehl|funktion *f* ⚡ *etc.* malfunctioning; **~geburt** *f* miscarriage; **2gehen** *v/i. a. fig.* go wrong; ***gehe ich fehl in der Annahme ...?*** am I mistaken in assuming ...?; **2geleitet** *fig. adj.* misguided; **~griff** *m* (*Irrtum*) mistake; (*falsche Wahl*) *a.* wrong (*od.* bad) choice; ***e-n ~ tun*** make a mistake, make a wrong (*od.* bad) choice; **~haltung** *f* **1.** *körperliche*: bad posture; **2.** *psych.* abnormal attitude; **~handlung** *f* slip, lapse; **~information** *f* (*a.* ***e-e ~***) wrong (*od.* misleading) information; **~interpretation** *f* misinterpretation; *e-s Texts etc.*: *a.* wrong interpretation; **2interpretieren** *v/t.* misconstrue; **~investition** *f* bad investment; **~kalkulation** *f* miscalculation; **~kauf** *m* bad buy; **~konstruktion** *f* **1.** faulty design; ***diese Überführung ist e-e ~*** this overpass is badly designed; **2.** F piece of junk; **~leistung** *f*: (***freudsche ~*** Freudian) slip; **2leiten** *v/t.* misdirect; *fig.* (*Person*) lead astray; → ***fehlgeleitet***; **~meldung** *f* → ***Fehlanzeige*** 1; **~menge** *f* shortage, shortfall; **~pass** *m Sport*: bad pass; **~planung** *f* bad planning; **~prognose** *f* wrong prediction.

Fehlschlag *m* miss; *fig.* failure; disappointment; (*Rückschlag*) setback; **fehlschlagen** *v/i.* miss; *fig.* go wrong; come to nothing.

Fehl|schluss *m* fallacy; **~schuss** *m* miss; **~spekulation** *f*: (***e-e ~*** *a.* a piece of) bad speculation; *fig.* (a) wrong assumption, wrong thinking; **~start** *m* false start; ✈ *a.* unsuccessful takeoff attempt; *Sport*: ***e-n ~ verursachen*** jump the gun.

fehltreten *v/i.* lose one's footing; *fig.* commit a faux pas; **Fehltritt** *m* slip; *fig.* faux pas, *moralischer*: lapse, aberration; ***ein ~, und ...*** *a.* one foot wrong and ... (*a. fig.*).

Fehl|urteil *n* misjudg(e)ment; ⚖ judicial error; **~verhalten** *n* abnormal behavio(u)r; *konkret*: lapse; **~versuch** *m* unsuccessful attempt; **~zeit** *f gleitende Arbeitszeit*: time debit.

fehlzünden *v/i. mot.* backfire; **Fehlzündung** *f mot.* backfire; F *fig.* wrong reaction; ***das war e-e ~*** it backfired; F *fig.* ***das war bei ihm bestimmt e-e ~*** F he must have got the wrong end of the stick.

Feier *f* celebration; (*Party*) party; (*Festakt*) ceremony; ***e-e ~ abhalten*** (*od.* ***begehen***) have (*od.* hold) a celebration; ***zur ~ des Tages*** to mark the occasion.

Feierabend *m* **1.** ***~ machen*** finish (work), F knock off (work); *Geschäft*: close; ***nach ~*** after work; F *fig.* ***jetzt ist aber ~!*** that's enough now!; **2.** (*Zeit nach Dienstschluss*) *mst* evening; ***schönen ~!*** have a nice evening.

feierlich I. *adj.* (*ernst, würdevoll*) solemn; (*förmlich*) ceremonious; F ***das ist*** (***schon***) ***nicht mehr ~*** F it's no joke; **II.** *adv.*: ***~ begehen*** celebrate; ***~ versprechen*** solemnly promise, ***dass***: *a.* make a solemn promise that; **Feierlichkeit** *f* **1.** solemnity; ceremoniousness; (*Aufwand*) pomp; ***in*** (*od.* ***mit***) ***aller ~*** with all due ceremony; **2.** (*Feier*) *a. pl.* ceremony.

feiern I. *v/t.* celebrate; (*Festtag einhalten*) keep, observe; (*gedenken*) commemorate; (*ehren, rühmen*) celebrate; ***das muss gefeiert werden*** that calls for a celebration; → ***gefeiert***; **II.** *v/i.* celebrate; have a party; F (*nichts tun*) take it easy; F ***~ müssen*** (*nicht arbeiten*) be laid off; → *a.* ***krankfeiern.***

Feier|schicht *f* idle shift; ***e-e ~ einlegen*** drop a shift; **~stunde** *f* ceremony; celebration.

Feiertag *m*: (***gesetzlicher ~*** public *od.* bank, *Am. a.* legal) holiday; *eccl.* religious holiday; **feiertags** *adv.*: ***sonn- und ~*** on Sundays and public (*od.* bank) holidays; **feiertagsbedingt** *adj. nachgestellt*: due to a public holiday.

feig(e) *adj.* cowardly, F yellow, lily-livered; ***sei doch nicht so ~!*** don't be such a coward; ***er ist viel zu ~, um zu*** *inf.* he's too much of a coward to *inf.*

Feige *f* fig.

Feigen|baum *m* fig tree; **~blatt** *n* fig leaf (*a. fig.*).

Feigheit *f* cowardice, cowardliness.

Feigling *m* coward.

feilbieten *v/t.* offer *s.th.* for sale; *contp.* prostitute (***sich*** o.s.).

Feile *f* file; *fig.* finish; *fig.* ***die letzte ~ legen an*** add the finishing touches to; **feilen I.** *v/t.* file; **II.** *fig. v/i.*: ***~ an*** polish (up).

feilschen *v/i.* haggle (***um*** over).

fein I. *adj.* fine; (*dünn, zart*) delicate; (*winzig*) minute; (*zierlich, graziös*) graceful; (*vornehm*) refined; (*elegant*) elegant, smart; (*erlesen*) fine, choice; (*tadellos*) excellent; (*genau*) accurate, precise; (*subtil*) subtle; *Gespür*: fine, sensitive; *Sinn*: keen; *Ohr*: keen, ***für***: fine *ear* for; *Auge*: sharp; *Gebäck*: fancy; *Nahrungs-, Genussmittel*: fine(-quality), choice; ***~er Regen*** (light) drizzle; ***~e Nase*** sensitive nose, keen (*od.* good) sense of smell, *fig.* good nose; ***der ~e Ton*** good form; ***~er Unterschied*** fine (*od.* subtle) distinction; ***~er Beobachter*** keen (*od.* shrewd) observer; ***die ~e Küche*** haute cuisine; ***ein ~es Gesicht haben*** have very fine features; *iro.* ***ein ~er Herr*** F a (real) toff; ***die ~en Leute*** F the nobs; ***das 2ste vom 2en*** the very best, the best that money can buy; ***das ist schon e-e ~e Sache*** you can do worse than that; *iro.* ***du bist mir ein ~er Freund*** a fine friend you are; ***ich bin dir wohl nicht ~ genug*** I'm not good enough for you, then, am I?; → ***fein machen***; **II.** *adv.* finely; (*gut*) well, nicely; ***~ schmecken*** taste good; ***das hast du ~ gemacht!*** *zum Kind*: good boy (*od.* girl); ***er ist ~ heraus*** F he's sitting pretty; **III.** *int.*: good!; **2abstimmung** *f* fine tuning (*a. fig.*); *TV a.* fine adjustment; **2arbeit** *f* precision work; *fig.* fine tuning; *fig.* ***die ~ machen*** *a.* add the finishing touches; **2bäckerei** *f* patisserie; **2blech** *n* sheet metal.

Feind I. *m* enemy (*a.* ⚔); *lit.* foe; (*Gegner*) adversary; (*Rivale*) rival; ***Freund und ~*** friend and foe; ***sich ~e machen*** make enemies; ***sich j-n zum ~ machen*** antagonize s.o., make an enemy of s.o.; ***ein ~ e-r Sache sein*** → **II.** 2 *pred. adj.*: *j-m od. e-r Sache* ***~ sein*** be opposed to, be against, *stärker*: be an enemy of; (*hassen*) hate, loathe; **~berührung** *f* ⚔ contact with the enemy; **~bild** *n*: ***ein ~ aufbauen von*** make a bogeyman out of.

Feindeshand *f*: ***in ~ geraten*** fall into enemy hands.

feindlich I. *adj.* **1.** hostile, enemy *fire, lines etc.*; ***~e Truppen*** enemy forces; **2.** *Person*: hostile, antagonistic, *schwächer*: unfriendly (***gegen*** to[wards]); **II.** *adv.*: ***~ gesinnt*** hostile (*dat.* to[wards]); ***~ eingestellt gegen*** opposed to; **Feindlichkeit** *f* animosity, hostility.

Feindschaft *f* enmity, *stärker*: hostility; (*Gegnerschaft*) antagonism; (*Groll*) ranco(u)r; (*Hass*) hatred; (*Böswilligkeit*) ill will; (*Fehde, Streit*) feud, quarrel; ***persönliche ~*** personal animosity (*od.* enmity).

feindselig *adj.* hostile (***gegen*** to[wards]); (*böswillig*) malevolent; **Feindseligkeit** *f* hostility; (*Böswilligkeit*) malevolence; → ***Feindlichkeit***; ⚔ ***die ~en eröffnen*** start (*od.* open) hostilities; ***die ~en einstellen*** suspend hostilities.

Feindstaat *m* enemy state; **Feindstaatenklausel** *f* enemy state clause.

Fein|einstellung *f* fine adjustment; **2fühlig** *adj.* sensitive; (*zartfühlend*) tactful; **~gefühl** *n* sensitiveness; (*Taktgefühl*) tact, delicacy.

fein gehackt *adj.* finely chopped.

Feingehalt *m e-r Münze*: standard; **Feingehaltsstempel** *m* hallmark.

fein| gemahlen *adj.* finely ground, fine-ground; **~ geschnitten** *adj.* **1.** finely cut (*od.* sliced); **2.** *Gesicht*: fine-featured; ***~es Gesicht*** *a.* face with (very) fine features; **~ gesponnen** *adj.* finely spun, *a. fig.* fine-spun.

fein|gliedrig *adj.* slender, gracefully built; **2gold** *n* fine (*od.* refined) gold.

Feinheit *f* fineness; (*Zartheit*) delicacy; (*Zierlichkeit, Grazie*) grace(fulness); (*Eleganz*) elegance; *des Benehmens, Stils etc.*: refinement, elegance; *des Fühlens*: delicacy, tact; (*Raffinesse*) subtlety, finesse; (*Qualität*) quality; *e-r Arbeit*: workmanship; *von Garn*: size, grist; ***die ~en*** the finer points, the niceties, the subtleties; ***die letzten ~en*** the final touches.

fein|hörig *adj.*: ***~ sein*** have a very sensitive ear; **~körnig** *adj.* fine-grained; *phot.* fine-grain; **2korn** *n Schießen*: fine sight; *phot.* fine grain.

Feinkost *f* delicatessen *pl.*; **~geschäft** *n*, **~laden** *m* delicatessen (shop).

fein machen *v/refl.*: ***sich ~*** get dressed up, dress up; put on one's best clothes; ***du hast dich aber fein gemacht!*** you look very smart.

feinmaschig *adj.* fine-meshed.

Feinmechanik *f* precision mechanics *pl.* (*sg. konstr.*); **Feinmechaniker** *m* precision mechanic.

fein|poliert *adj.* highly finished; **2schliff** *m* **1.** ⚙ (*Vorgang*) finishing; *konkret*: finish; **2.** *fig.* a) finish, b) sophistication.

Feinschmecker *m* gourmet; **~lokal** *n* gourmet restaurant.

Fein|schnitt *m Tabak*: fine cut; **~seife** *f* good soap; **~silber** *n* fine (*od.* refined) silver.

feinsinnig *adj. Person*: sensitive; *Humor etc.*: subtle; **Feinsinnigkeit** *f e-r Person*: sensitivity; *von Humor etc.*: subtlety.

Feinst|bearbeitung *f* superfinish(ing); **~einstellung** *f* micrometer adjustment.

Feinstruktur *f phys.* microstructure.

fein verteilt *adj.* finely spread.

Fein|waage *f* precision balance; **~wäsche** *f* delicate fabrics *pl.*; **~waschmittel** *n* gentle washing powder; **~zucker** *m* refined sugar.

feist *adj.* fat, stout.

feixen F *v/i.* smirk.

Feld *n* field (*a.* ⚔, , *phys., TV, her., psych., Computer, Sport*); ⌂ panel, *in der Decke*: coffer; (*Schach2, Kästchen*) square; *fig.*

(*Gebiet*) field; ***auf freiem ~*** in the open; ***das ~ anführen*** *Sport*: lead the field; ***des ~es verwiesen werden*** *Sport*: be sent off; *fig.* ***ein weites ~*** (*Themenbereich*) a vast area; ***es steht ein weites ~ offen für*** (*od. dat.*) a) there's considerable scope for, b) there are plenty of (*od.* endless) possibilities for; ***das ~ behaupten*** stand one's ground; ***das ~ räumen*** beat a retreat; ***aus dem ~(e) schlagen*** defeat; ***j-m das ~ überlassen*** leave the field to s.o., clear the way for s.o.; ***ins ~ führen*** put forward, advance *an argument*; ***zu ~e ziehen gegen*** campaign (*od.* crusade) against; **(*noch*) *weit im ~e*** a long way off; ***er hat freies ~*** he has free reign; → ***bestellen*** 4; **~arbeit** *f* **1.** work(ing) in the fields; **2.** (*Forschung, a. Außendienst*) fieldwork; **~arbeiter** *m* agricultural labo(u)rer; **~bett** *n* campbed; **~blume** *f* wild flower.

feldeinwärts *adv.* across the fields.

Feldelektron *n* field electron.

Felderwirtschaft *f* crop rotation.

Feld|flasche *f* water bottle, canteen; **~forschung** *f* field research, fieldwork; **~früchte** *pl.* field crops; **~gottesdienst** *m* camp service; **~heer** *n* field forces *pl.*

Feldherr *m* general; (*Stratege*) strategist; **Feldherrnblick** *m* authoritative air.

Feld|hockey *n* field hockey; **~huhn** *n* grey (*Am.* gray) partridge; **~jäger** *m* ⚔ military policeman; *pl.* military police (*pl.*), MPs; **~küche** *f* field kitchen; **~kurat** *östr. m* military chaplain; **~lager** *n* bivouac, (military) camp; **~lazarett** *n* casualty clearing station, *Am.* evacuation hospital; **~lerche** *f* skylark; **~marschall** *m* field marshal; *in der NATO*: five-star general; **~maus** *f* field vole; **~messer** *m* surveyor.

Feldpost *f* forces' mail (service); **~brief** *m* letter from (*od.* to) the front.

Feld|rübe *f* turnip; **~salat** *m* lamb's lettuce, corn salad; **~spat** *m min.* feldspar; **~stärke** *f phys.* field strength; **~stecher** *m*: (***ein ~*** a pair of) binoculars *pl. od.* field glasses *pl.*; **~stein** *m* fieldstone; (*Findling*) erratic block; (*Grenzstein*) boundary stone; **~studie** *f* field study; **~stuhl** *m* camp stool; **~telefon** *n* field telephone; **~theorie** *f phys.* field theory; **2überlegen** *adj.*: ***~ sein*** *Sport*: see more of the ball; **~versuch** *m* field test; **~verweis** *m*: ***sich e-n ~ einhandeln*** be sent off.

Feld-Wald-und-Wiesen-... F common-or-garden ..., run-of-the-mill ...

Feldwebel *m* sergeant; F *contp.* F sergeant major; **~ton** *m*: ***im ~*** in a sergeant major voice.

Feld|weg *m* country lane; **~zug** *m* ⚔ campaign (*a. fig.*), expedition; ***e-n ~ führen gegen*** conduct (*od.* go on) a military campaign against, *fig.* wage a campaign against, campaign (*od.* crusade) against.

Felge *f* **1.** ⚙, *mot.* rim; **2.** *Turnen*: circle; **Felgenbremse** *f Fahrrad*: calliper brake.

Fell *n zo.* coat; (*abgezogenes ~*) *von größeren Tieren*: hide, *von kleineren Tieren*: skin; (*rohes ~*) *von Pelztieren*: pelt; (*Pelz*) fur; F *von Menschen, a. e-r Pauke etc.*: skin; ***das ~ abziehen*** *dat.* skin; *fig.* ***ein dickes ~ haben*** have a thick skin; ***j-m das ~ über die Ohren ziehen*** pull the wool over s.o.'s eyes; ***s-e ~e davonschwimmen sehen*** see one's hopes dashed, (have to) wave goodbye to one's plans *etc.*; → ***gerben, jucken*** I; **~jacke** *f* sheepskin jacket.

Fels *m* rock (*a. fig.*); *fig.* (*Stütze*) pillar; ***wie ein ~ in der Brandung*** (as) steady (*od.* firm) as a rock, like the Rock of Gibraltar; → *a.* ***Felsen***; **~abhang** *m* precipice; **~block** *m*, **~brocken** *m* boulder, (piece of) rock.

Felsen *m* rock; (*~zacke*) crag; (*Klippe*) cliff; **2fest I.** *adj.* (as) steady as a rock; *Glaube etc.*: steadfast, unshak(e)able, unwavering; **II.** *adv.*: ***ich bin ~ davon überzeugt*** I'm firmly (*od.* absolutely) convinced of it; ***sich ~ auf j-n verlassen*** rely on s.o. totally, absolutely rely on s.o.; **~klippe** *f* cliff; **~küste** *f* rocky coast(line); **~riff** *n* reef.

Fels|formation *f* rock formation; **~grat** *m* rocky ridge.

felsig *adj.* rocky.

Fels|massiv *n* **1.** huge rock; **2.** mountain; **~spalte** *f* crevice; **~vorsprung** *m* ledge; **~wand** *f* rockface; wall of rock; **~zeichnung** *f* rock drawing.

Feme *f*, **Femgericht** *n* **1.** *hist.* vehmgericht; **2.** kangaroo court.

feminin *adj.* feminine (*a. ling.*); *contp. Mann*: effeminate; **Feminismus** *m* feminism; **Feminist(in *f*)** *m* feminist; **feministisch** *adj.* feminist.

Fenchel *m* fennel; **~tee** *m* fennel tea.

Fender *m* ⚓ fender.

Fenster *n* window (*a. im Briefumschlag u. Computer*); (*Schau2*) *a.* shop window; *e-s Gartenbeets*: (glass) frame; *fig. pol.* gate (***nach*** to); ***zum ~ hinausschauen*** look out of (*Am. a.* out) the window; *fig.* ***sein Geld zum ~ hinauswerfen*** throw one's money away; ***es ist, als wenn ich zum ~ hinausredete*** it's like talking to a brick wall; F ***er ist weg vom ~*** F he's had his chips; **~bank** *f* **1.** window seat; **2.** → **~brett** *n* windowsill; **~briefumschlag** *m* window envelope; **~flügel** *m* casement; **~gitter** *n* (window) grille; **~glas** *n* window glass; **~heber** *m mot.*: ***elektrische ~*** electric (*od.* power) windows; **~kitt** *m* putty; **~kurbel** *f mot.* window winder; **~laden** *m* shutter; **~leder** *n* chamois (leather).

fensterln *dial. v/i. sneak into one's girlfriend's room through the window at night with the help of a ladder.*

Fenster|platz *m* window seat; **~putzer** *m* window cleaner; **~rahmen** *m* window frame; **~rose** *f* ⛪ rose window; **~scheibe** *f* windowpane; **~sims** *m* windowsill, window ledge; **~spiegel** *m* window mirror; **~sturz** *m* **1.** lintel; **2.** *hist.* defenestration; **~technik** *f Computer*: windowing technique; **~tür** *f* French window; **~umschlag** *m* window envelope.

Ferien *pl.* holidays; *bsd.* ⚖, *univ. od. Am.* vacation *sg.*, *Brit. univ. a.* F vac; *parl.* recess *sg.*; ***die großen ~*** the long vacation; ***~ haben*** be on holiday (*Am.* vacation); ***wann habt ihr ~?*** when are (*od.* when do you have) your holidays?, *Am.* when is (*od.* when do you have) your vacation?; ***~ machen*** go on holiday (*Am.* vacation); → *a.* ***Urlaub***; **~austausch** *m* holiday exchange; **~beginn** *m* beginning of the holidays (*Am.* vacation); **~dorf** *n* holiday village; **~ende** *n* end of the holidays (*Am.* vacation); **~haus** *n* holiday (*Am.* vacation) home; **~job** *m* holiday (*Am.* vacation) job; *im Sommer*: *a.* summer job; **~kurs** *m* vacation course, *im Sommer*: *a.* summer course; **~lager** *n* holiday camp; *für Kinder, im Sommer*: summer camp; ***ins ~ fahren*** a) go to a holiday camp, b) go to summer camp; **~ort** *m* holiday resort; **~paradies** *n* holidaymaker's paradise; **~reise** *f* holiday (*Am.* vacation) trip; **~reisende(r)** *m* holidaymaker; *Am.* vacationist, vacationer; **~wohnung** *f* holiday apartment; **~zeit** *f* holiday (*Am.* vacation) period; **~ziel** *n* vacation spot; (*a. Land*) tourist destination.

Ferkel *n* young pig, piglet; *fig.* pig, (*Kind*) F mucky pup; (*unanständiger Mensch*) *sl.* filthy swine; → ***Spanferkel***; **Ferkelei** *f* (*Zote*) obscenity; (*Bemerkung*) *a.* dirty remark; **ferkeln** *v/i.* **1.** *zo.* farrow, litter; **2.** *fig.* a) make a mess, behave like a pig, b) *verbal*: talk smut.

Fermate *f* ♪ pause, hold, fermata.

Ferment *n* ferment, enzyme; **Fermentation** *f* fermentation; **fermentieren** *v/t. u. v/i.* ferment.

fern I. *adj.* far (*a. adv.*); (*entfernt*) far off, distant; *zeitlich*: *days etc.* long past; ***~e Gegenden*** (*od.* ***Länder***) faraway places; ***der 2e Osten*** the Far East; ***von ~*** from (*od.* at) a distance (*a. fig.*), *lit.* from afar; ***ich sah ihn von ~ kommen*** I could see him coming in the distance; ***in nicht*** (***allzu***) ***~er Zukunft*** in the not too distant future; ***in ~er Vergangenheit*** a long, long time ago; ***das sei ~ von mir!*** I wouldn't dream of it; → ***nah*** 1; **II.** *prp.* far (away) from.

fernab *adv.* far away.

Fern|abfrage *f teleph.* remote pickup (*od.* interrogation); **~abfrager** *m teleph.* tone pad; **~amt** *n teleph.* long-distance exchange; **~arbeit** *f* teleworking; **~arbeitsplatz** *m* teleworkstation; **~aufklärung** *f* ⚔ long-range reconnaissance; **~aufnahme** *f* long-distance shot; **~auslöser** *m phot.* cable release; **~bedienung** *f* remote control; **2bleiben** *v/i.* not to come *od.* go (***von*** *od. dat.* to), *von der Schule etc.*: be absent (from), stay away (from); ***~ von*** (*e-r Sitzung etc.*) *a.* not to attend; **~blick** *m* vista, view into the distance; **~brille** *f*: (***e-e ~*** a pair of) distance glasses *pl.*; **~diagnose** *f* ⚕ absentee diagnosis.

Ferne *f* distance; ***aus der ~*** from a distance (*a. fig.*); ***in der ~ verschwinden*** disappear in(to) the distance (*od.* out of view), fade out of sight; ***es zieht ihn wieder in die ~*** he's got wanderlust again; *fig.* (***noch***) ***in weiter ~*** (still) a long way off.

Fernempfang *m Radio*: long-range reception.

ferner I. *adj.* further; → *a.* ***fern liegen***; **II.** *adv.* further(more); (*außerdem*) besides, moreover; on top of that, and then; ***~ liefen*** *Sport*: also ran; F *fig.* ***er erschien unter ~ liefen*** he was among the also-rans.

Ferner *dial. m* glacier.

fernerhin *adv.* for the (*od.* in) future, henceforth; ***auch ~ tun*** continue to do.

Fern|fahrer *m* long-distance lorry driver, *Am.* long-haul truck driver; **~fahrt** *f* long-distance trip; *Lastwagen*: *a.* long haul; **~flug** *m* long-distance (*od.* -haul) flight; **~funk** *m* long-range transmission; **2gelenkt** *adj.* → ***ferngesteuert***; **~gespräch** *n* long-distance call; **2gesteuert** *adj.* remote-controlled, remote control ...; *Flugzeug*: pilotless; ***~es Geschoss*** guided missile; **~glas** *n*: (***ein ~*** a pair of) binoculars *pl.*

F

fern halten I. *v/t.* keep away (***von*** from); ***j-n von sich ~*** keep s.o. at a distance (*od.* at arm's length); ***et. von j-m ~*** keep s.th. from s.o., protect s.o. from s.th.; **II.** *v/refl.*: ***sich ~*** keep (*od.* stay) away (***von*** from), (*e-n großen Bogen machen*) steer clear (of).

Fern|heizung *f* district heating (plant); **~kabel** *n* long-distance cable; **~kopierer** *m* facsimile (*od.* fax) machine; telecopier; **~kurs** *m* correspondence course; **~laster** F *m*, **~lastwagen** *m* long-distance lorry, *Am.* long-haul truck; **~leihe** *f* inter-library loan (system); **~leitung** *f* *teleph.* long-distance line; ⚡ transmission line; (*Röhrenleitung*) pipe-line.

fernlenken *v/t.* operate (*od.* guide) by remote control; **Fernlenkung** *f* remote control; **Fernlenkwaffe** *f* guided weapon (*od.* missile).

Fernlicht *n* *mot.* full (*od.* high) beam (position).

fern liegen *v/i.*: ***es liegt mir fern zu*** *inf.* far be it from me to *inf.*; ***es lag ihm fern zu*** *inf.* he had no intention of *ger.*; ***nichts lag mir ferner*** nothing was further from my mind, I wouldn't have dreamt of it.

Fernmelde|amt *n* telephone exchange; **~gebühren** *pl.* telephone charges; **~satellit** *m* communications satellite; **~technik** *f* (tele)communications *pl.* (*sg. konstr.*); **~turm** *m* radio and TV tower; **~wesen** *n* telecommunications *pl.* (*sg. konstr.*).

fernmündlich I. *adj.* telephone ...; **II.** *adv.* by telephone.

Fernost..., fernöstlich *adj.* Far Eastern.

Fern|reise *f* long-distance (*od.* -haul) holiday; **~ rohr** *n* telescope; **~ruf** *m* telephone call; *auf Briefköpfen etc.*: Telephone (*abbr.* Tel.); **~schach** *n* correspondence chess; **~schreiben** *n* telex; **~schreiber** *m* telex machine.

fernschriftlich I. *adj.* telex *message etc.*; **II.** *adv.* by telex.

Fernschuss *m* *Fußball*: long-range shot.

Fernseh... *in Zssgn* television ..., TV *aerial, camera, channel, interview, satellite, studio etc.*; **~ansager(in** *f*) *m* television *od.* TV presenter (*a. Am.* announcer); **~ansprache** *f* television (*od.* televised) address; **~anstalt** *f* television company; **~antenne** *f* television *od.* TV aerial (*od.* antenna); **~apparat** *m* → ***Fernsehgerät***; **~auftritt** *m* television (*od.* TV) appearance; **~bild** *n* television image (*od.* picture); **~debatte** *f* television (*od.* televised) debate; **~diskussion** *f* (TV) panel discussion; **~empfang** *m* TV reception.

Fernsehen I. *n* television, TV; ***im ~*** on television; **II.** ≈ *v/i.* watch television (*od.* TV).

Fernseher *m* **1.** TV (set); **2.** (*Person*) TV viewer.

Fernseh|fassung *f* television (*od.* TV) adaptation; **~film** *m* TV film, film made for television, TV version; **~gebühren** *pl.* television licen|ce (*Am.* -se) fee *sg.*; **~gerät** *n* television (set), TV (set); **~gesellschaft** *f* television (*od.* TV) company; **~journalist** *m* television (*od.* TV) journalist; **~kommentar** *m* television (*od.* TV) commentary; **~kommentator** *m* television (*od.* TV) commentator; **~norm** *f* TV standard; **~programm** *n* **1.** television (*od.* TV) program(me); **2.** (*Heft*) TV guide; **~publikum** *n* television audience; **~rechte** *pl.* television rights; **~reporter** *m* television (*od.* TV) reporter; **~röhre** *f* television tube; **~satellit** *m* TV (*od.* television) satellite; **~schirm** *m* (television) screen; **~sender** *m* **1.** television transmitter; **2.** television (broadcasting) station; **3.** (*Kanal*) television channel; **~sendung** *f* (television *od.* TV) program(me); **~serie** *f* television (*od.* TV) series; **~spiel** *n*, **~stück** *n* television (*od.* TV) play; **~spot** *m* TV ad; **~studio** *n* television (*od.* TV) studio(s *pl.*); **≈süchtig** *adj.* television-mad; **~techniker** *m* television engineer; **~teilnehmer** *m* television viewer; **~truhe** *f* TV cabinet; **~turm** *m* television (*od.* TV) tower; **~übertragung** *f* television (*od.* TV) broadcast; **~unterhaltung** *f* television (*od.* TV) entertainment; **~werbung** *f* **1.** television (*od.* TV) advertising *od.* commercials *pl.*; **2.** *konkret*: TV commercial (*od.* ad, *Brit. a.* advert); **~zeitschrift** *f* TV guide; **~zimmer** *n* TV room; **~zuschauer** *m* (television *od.* TV) viewer; *pl. a.* television (*od.* TV) audience *sg.*

Fernsicht *f* **1.** view; **2.** *meteor.* visibility.

Fernsprech|amt *n* telephone exchange; **~anschluss** *m* telephone connection; **~auftragsdienst** *m* answering service; **~automat** *m* pay phone; **~buch** *n* telephone directory, phone book.

Fernsprecher *m* telephone, phone; ***öffentlicher ~*** public telephone.

Fernsprech|gebühren *pl.* telephone charges; **~leitung** *f* telephone line; **~netz** *n* telephone network; **~nummer** *f* telephone number; **~teilnehmer** *m* telephone subscriber; **~verkehr** *m* telephone communications *pl.*

fern stehen *v/i.*: ***j-m ~*** have no (real) contact with s.o., have no (real) relationship with s.o.; ***e-r Sache ~*** have nothing to do with s.th.

fernsteuern *v/t.* operate by remote control; **Fernsteuerung** *f* remote control.

Fern|straße *f* major road; (*Autobahn*) motorway, *Am.* freeway, interstate (highway); **~studium** *n* **1.** (degree by) correspondence course; **2.** distance learning; **~tourismus** *m* long-haul tourism; **~transport** *m* long-distance (*od.* -haul) transport; **~trauung** *f* marriage by proxy; **~überwachung** *f* remote monitoring; **~universität** *f* distance learning institute, *in GB*: *the* Open University; **~unterricht** *m* correspondence course(s *pl.*).

Fernverkehr *m* long-distance traffic; **Fernverkehrsstraße** *f* → ***Fernstraße.***

Fern|waffe *f* long-range weapon; **~wahl** *f* *teleph.* direct dial(l)ing; **~wärme** *f* district heating; **~weh** *n* wanderlust, F itchy feet; **~wirkung** *f* **1.** *phys.* long-distance effect; **2.** ⚙ remote action; **3.** *psych.* telepathy; **4.** *fig.* long-range (*od.* -term) effect; **~ziel** *n* long-term objective; **~zug** *m* long-distance train; **~zündung** *f* remote-control(l)ed ignition.

Ferse *f* heel (*a. Strumpf*≈ *etc.*); *fig. j-m od. e-r Sache* (***dicht***) ***auf den ~n folgen*** follow (hot *od.* hard) on the heels of; ***j-m auf den ~n sein*** be hard on s.o.'s heels.

Fersen|bein *n* heel bone; **~geld** *n*: ***~ geben*** take to one's heels, turn tail; **~schub** *m* heel push; **~sitz** *m* squat.

fertig *adj.* **1.** (*bereit*) ready; ***ich bin gleich ~*** I'll be ready (*od.* with you) in a minute; (***Achtung,***) ***~, los!*** *Sport*: ready, steady, go!; **2.** (*beendet, abgeschlossen*) finished, done; (*fertig gestellt*) finished, complete(d); ***fix und ~*** all ready; → *a.* 4; ***~ sein mit*** have finished with, (*Buch, Brief etc.*) have finished; ***bist du mit dem Putzen ~?*** have you finished (with the) cleaning?; ***~ werden mit*** (*Arbeit etc.*) finish, get through *s.th.*, *fig.* cope with, (*Kummer, Enttäuschung*) *a.* get over *s.th.*, (*j-m, Stress, Hitze etc.*) cope with, be able to handle (*od.* take); ***man wird*** (***damit***) ***nie ~*** there's no end to it, it's never-ending; *fig.* ***mit ihm werd ich schon ~*** I can (*od.* know how to) handle him; ***soll er damit ~ werden*** that's his problem; ***damit musst du allein ~ werden*** nobody can help you there, you're on your own there, I'm afraid; ***ohne*** *j-n od. et.* ***~ werden*** get along (*od.* manage) quite well without; ***er wurde nie damit ~, dass sie ihn verlassen hatte*** (***dass er gekündigt wurde***) he never got over her leaving him (being fired); ***und damit ~!*** and that's that!; ***mit ihm bin ich ~!*** I'm through (*od.* I've finished) with him; **3.** ✝ finished; ⚙ prefabricated; *Kleidung*: off-the-peg; *Essen*: pre-cooked; ready--to-serve ...; **4.** F *fig.* (*erschöpft*) (*a.* ***fix und ~***) shattered, F bushed; (*ruiniert*) done for; ***der ist ~!*** F he's had it; → ***fertig machen*** 2, ***Nerv***; **5.** F *fig.* (*sprachlos*) speechless, *pred.* F floored; ***da war ich*** (***aber***) ***~!*** F that really floored me; **≈bau** *m* **1.** prefabricated building, F prefab; **2.** → **≈bauweise** *f* prefabricated construction; *Haus* ***in ~*** prefabricated.

fertig bekommen *v/t.* → ***fertig bringen.***

Fertigbeton *m* ready-mixed concrete.

fertig bringen *v/t.* finish, get *s.th.* done; (*zustande bringen*) manage, bring *s.th.* off; *weitS.* (*tun*) do; ***es ~ zu*** *inf.* manage to *inf.*; ***ich brachte es nicht fertig*** I couldn't do it, (*brachte es nicht übers Herz*) I couldn't bring myself to do it; ***er brachte es fertig, sie rauszuschmeißen*** he actually threw her out; ***wie bringt jemand so etwas fertig?*** how can anyone do a thing like that?; *contp.* ***er bringt es*** (***glatt***) ***fertig*** I wouldn't put it past him; ***das bringst nur du fertig*** that's just like you(, isn't it?), it couldn't have been anyone else.

fertigen *v/t.* make, produce, manufacture.

Fertig|erzeugnis *n*, **~fabrikat** *n* finished product (*pl. a.* goods).

fertig gepackt *adj.* prepacked.

Fertiggericht *n* ready-to-serve meal.

fertig geschnitten *adj.* pre-cut.

Fertighaus *n* prefabricated house, F prefab.

Fertigkeit *f* (*Geschick*) skill; (*Begabung*) talent; (*Können*) proficiency (***in*** in); (*Sprech*≈) fluency; (*Übung, Praxis*) practi|ce (*Am. a.* -se).

Fertigkleidung *f* ready-to-wear (*od.* off--the-peg) clothes *pl.*

fertig| kriegen F *v/t.* → ***fertig bringen***; **~ lesen** *v/t.* finish (reading); **~ machen** *v/t.* **1.** finish (off); (*bereitmachen*) get *s.o. od. s.th.* ready; **2.** F (*j-n*) (*a.* ***fix und ~***) *körperlich*: take it out of *s.o.*, *a. nervlich*: finish (off), *seelisch*: get *s.o.* down; (*Konkurrenz etc.*) ruin, *stärker*: wipe out; ([*Diskussions*]*Gegner etc.*) F tear to pieces (*od.* shreds); (*abkanzeln*) F really tear a strip off; *durch Kritik*: F slam; (*verprügeln*) F give *s.o.* a (real) clobbering; *Sport*: F clobber; (*umbringen*) F finish *s.o.* off, do *s.o.* in; ***die Sache macht mich langsam fertig*** F it's starting to get to me; ***er macht mich fertig*** he's getting me down, *nervlich*: *a.* F he's driving me spare.

Fertig|menü *n* ready-to-serve meal; **~montage** *f* final assembly; **~nahrung** *f* convenience food(s *pl.*); **~produkt** *n* finished product.
fertig stellen *v/t.* finish, complete.
Fertig|stellung *f* completion; **~teil** *n* prefabricated part; *fertig bearbeitet*: finished part.
Fertigung *f* manufacture, production.
Fertigungs|bereich *m* ✝ manufacturing sector; **~betrieb** *m* production plant; factory; **~straße** *f* production (*od.* assembly) line; **~technik** *f* production engineering.
Fertigwaren *pl.* finished products.
Fes[1] *n* ♪ F flat.
Fes[2] *m* (*Kopfbedeckung*) fez.
fesch F **1.** *bsd. östr. adj.* smart; (*schneidig*) dashing; **~er Kerl** dashing young man, smart lad; **2.** *östr.* **sei fesch!** be a good boy *od.* girl.
Fessel[1] *f* (*Strick*) rope; (*Kette*) chain; *fig.* fetters *pl.*, shackles *pl.*; **j-m ~n anlegen** put s.o. in chains, (*Handschellen*) handcuff s.o.; *fig.* **die ~n abschütteln** (**sprengen**) shake off (break out of) one's chains; **et. als ~ empfinden** feel tied down by s.th.
Fessel[2] *f anat.* ankle; *zo.* pastern, fetlock.
Fesselballon *m* captive balloon.
Fesselgelenk *n zo.* pastern, fetlock, hock.
fesseln *v/t.* **1.** tie up, *mit Ketten*: put in chains, *mit Handschellen*: handcuff; *fig.* fetter; **j-n an Händen und Füßen ~** tie s.o.'s hands and feet; *fig.* **j-n an sich ~** tie s.o. to one; → **gefesselt** 1; **2.** *fig.* captivate, *stärker*: enthral(l); (*Aufmerksamkeit, Auge etc.*) catch; **das Buch hat mich gefesselt** I found the book quite gripping; → **gefesselt** 2; **fesselnd I.** *adj.* captivating, fascinating; arresting; *Buch etc.*: absorbing, *stärker*: riveting; (*spannend*) gripping; **II.** *adv.*: **~ schreiben** *od.* **erzählen** (**können**) be a captivating writer *od.* storyteller.
fest I. *adj.* firm (*a. fig. Entschluss etc.*); (*nicht flüssig, fest gefügt*) solid (*a. Nahrung*); (*hart*) hard; (*widerstandsfähig*) strong; *Schuhe*: sturdy, good *pair of shoes*; (*starr*) fixed, rigid, ⚙ (*a. orts~*) stationary; *Straße*: surfaced; (*gut befestigt*) firmly fixed, *Schraube etc.*: tight; *Computer*: fixed; (*unverrückbar*) fixed (*a. Zeitpunkt, Termin*); (*straff*) tight; (*ständig, unveränderlich*) permanent, *a. Freund(in)*: steady; *Stellung*: permanent *post, job*, steady *job*; *Wohnsitz*: fixed *abode*; *Freundschaft*: close; *Abmachung*: firm, binding; *Redewendung*: set *phrase*; *Schlag etc.*: heavy; (*unerschütterlich*) firm, unshak(e)able; ✝ *Börse, Kurse, Markt*: steady, firm; *Kosten, Preise, Einkommen, Gehalt*: fixed; *Währung*: hard, stable; *Kunden*: regular; *Schlaf*: deep; **~er Bestandteil** integral part; **~er Gewahrsam** safe custody; *phys.* **~er Körper** solid (body); **ohne ~en Wohnsitz** of no fixed abode; **~ werden** harden, solidify, *Pudding, Zement*: set; **~er machen** (*od.* **ziehen**) tighten; **in Geschichte ist er** (**nicht sehr**) **~** he knows his history (F he's not too hot on history); **ich hatte die ~e Absicht zu** *inf.* I had every intention of *ger.*; → **Boden** 1, **Fuß** 1, **Hand**; **II.** *adv.* firmly *etc.*; → I; **~ anbringen** fix (*od.* attach) securely (**an** to); *Geld* **~ anlegen** tie up; **~ beharren auf** insist on; (**steif und**) **~ behaupten** (absolutely) insist; **ich habs ihm ~ versprochen** I can't go back on my promise; **ich bin ~ davon überzeugt, dass** I'm absolutely convinced (*od.* positive) that; **es ist ~ abgemacht** it's definite; **ich bin ~ entschlossen zu** *inf.* I'm determined to *inf.*; **sie sind ~ befreundet** they're (very) good friends, *Paar*: they're going steady; F (**immer**) **~e!** a) F let him (*od.* her) have it!, b) F go at it!
Fest *n* celebration; (*Festlichkeiten*) festivities *pl.*; (*Party*) party; (*~mahl*) banquet; (*Garten*≈) fete; *eccl.* feast, festival; F (*Vergnügen*) treat; **frohes ~!** Merry Christmas!; **ein ~ geben** have (*od.* throw) a party, *offiziell*: have (*od.* hold) a reception; **ein ~ feiern** a) have (*od.* throw) a party, b) (*a.* **ein ~ begehen**) celebrate, have a celebration, c) *eccl.* hold (*od.* celebrate) a feast; F **es ist ein wahres ~ zu** *inf.* it's a real treat to *inf.*; **man muss die ~e feiern, wie sie fallen** it's not every day you get a chance to celebrate, F any excuse for a celebration, *fig.* you've got to take your chances; **~akt** *m* ceremony.
fest| angelegt *adj. Geld*: tied-up, *pred.* tied up; **~ angestellt** *adj.* permanently employed; **~ sein** *a.* have a permanent post (*od.* job).
Fest|ansprache *f* → **Festrede**; **~aufführung** *f* gala performance.
Fest|auftrag *m* ✝ firm order; **≈backen** *v/i.* cake; **~ an** stick to; **≈beißen** *v/refl.* **1. der Hund biss sich an ihrem Bein fest** (**hatte sich an ihrem Bein festgebissen**) the dog sank its teeth into her leg (wouldn't let go of her leg); **2.** *fig.* **sich an e-m Problem** *etc.* **~** become totally absorbed by (F get bogged down with) a problem *etc.*; **er hat sich an der Idee festgebissen** he's obsessed with (*od.* by) the idea.
Festbeleuchtung *f* illuminations *pl.*, (*Weihnachts*≈ *etc.*) (Christmas *etc.*) lights *pl.*; *innen*: lighting.
fest besoldet *adj.* salaried.
fest|binden *v/t.* tie up; tether; **~ an** tie to; **~bleiben** *v/i.* remain (*od.* stand) firm; stick to one's decision (*od.* promise *etc.*); **≈brennstoff** *m* solid fuel; **~drehen** *v/t.* tighten.
feste F *adv.* → **fest** II.
Feste *f* (*Festung*) fortress, castle.
Festessen *n* dinner, *üppiges*: banquet.
fest|fahren I. *v/t.* ⚓ run *a ship* aground; *mot.* get *a car* stuck; **II.** *v/i. u. v/refl.* (**sich ~**) get stuck (*a. fig.*); *Verhandlungen*: come to a standstill, reach (a) deadlock; → **festgefahren**; **~fressen** *v/refl.*: **sich ~** get stuck, *Maschinenteil*: *a.* jam; **sich ~ in** *Rost*: eat into; *fig. Idee etc.*: take hold of; → *a.* **festbeißen** 2; **~frieren** *v/i.* freeze; **~ an** freeze to; **~gefahren** *adj. Gewohnheiten etc.*: rigid, inflexible; *Meinungen*: fixed.
fest gefügt *adj.* firmly established.
Fest|gehalt *n* fixed salary; **≈geklemmt** *adj.* jammed, stuck; **~ sein** *a.* have got stuck.
Festgelage *n* feast.
Fest|geld *n* fixed term deposits *pl.*; **≈geschrieben** *adj.* legally established (*od.* anchored); (*sanktioniert*) sanctioned; **das ist gesetzlich ~** *a.* that's (the) law; **~ in** enshrined in *the constitution etc.*; **≈gewurzelt** *adj.* deep-rooted.
Fest|gottesdienst *m* special service; **~halle** *f* hall, auditorium.
fest|halten I. *v/t.* hold onto; (*zurückhalten*) stop; (*aufhalten*) detain; (*einreden auf*) buttonhole; (*einbehalten*) withhold, hold back; *fig. in Wort, Ton*: record; *mit der Kamera*: get a photo of, *Filmkamera*: get *s.th.* on film; **et. schriftlich ~** put s.th. down in writing; **das wollen wir mal ~** let there be no doubt about that, I'd like to make that quite clear; (**nur**) **um das mal festzuhalten, ...** just for the record: ...; **II.** *fig. v/i.*: **~ an** stick to, cling to; **III.** *v/refl.*: **sich ~** hold on(to **an**); **sich** (**krampfhaft**) **~ an** clutch (at), *a. fig.* cling to; F *fig.* **halt dich fest!** F hold tight (while I tell you this), wait for this; **~hängen** *v/i.* be stuck (*a. fig.*); **~ an** (*Draht etc.*) be caught in (*od.* on), have got (o.s.) caught in (*od.* on).
festigen I. *v/t.* strengthen; (*Macht etc.*) *a.* consolidate; (*Währung etc.*) strengthen, stabilize; *fig.* (*sichern*) secure; **II.** *v/refl.*: **sich ~** harden, solidify; *Währung etc.*: firm; *Freundschaft etc.*: strengthen, grow stronger.
Festigkeit *f phys.*, ⚙ strength, resistance; stability; ✝ firmness, steadiness; stability *of a currency*; *fig.* firmness; (*Standhaftigkeit*) steadfastness.
Festigung *f* strengthening; consolidation; stabilization; → **festigen.**
Festival *n* festival; **~veranstalter** *m* festival organizer.
Festivität *hum. f* festivities *pl.*
fest|keilen *v/t. a. fig.* wedge in; **~klammern I.** *v/t.* clip on; (*Wäsche*) peg on; ⚙ clamp on; **II.** *v/refl.*: **sich ~ an** clutch (at), *a. fig.* cling to; **~kleben I.** *v/i.* stick (**an** to); **II.** *v/t.* stick (**an** to), glue (to); **~klemmen I.** *v/t.* clamp; → **festgeklemmt; II.** *v/i. u. v/refl.* (**sich ~**) jam, get jammed, get stuck; **≈komma** *n Computer*: fixed point.
Festkonzert *n* gala concert.
Festkörper *m* solid; **~physik** *f* solid state physics *pl.* (*sg. konstr.*).
Fest|kosten *pl.* fixed costs; **≈krallen** *v/refl.*: **sich ~ an** *Tier*: dig its claws into, *Mensch*: cling to; **~kurs** *m* ✝ fixed quotation.
Festland *n* mainland; (*Ggs. Meer*) land; **festländisch** *adj.* mainland; continental; **Festland(s)sockel** *m* continental shelf.
festlegen I. *v/t.* **1.** → **festsetzen** 1; **2.** (*Grundsatz, Regel etc.*) lay down; **3.** ⚓ (*Kurs*) plot; **4.** ✝ (*Kapital*) lock up; **5.** *fig.* **j-n ~** pin (*od.* nail) s.o. down (**auf** on), (*Schauspieler etc., auf ein Fach ~*) typecast s.o. (as); **II.** *v/refl.*: **sich ~** commit o.s. (**auf** to); **ich möchte mich noch nicht ~** *a.* I'd like to leave that open for the time being; **Festlegung** *f* **1.** → **Festsetzung**; **2.** (*Bindung*) commitment (**auf** to); **Festlegungsfrist** *f* fixed period of investment.
festlich I. *adj.* festive; (*feierlich*) solemn; (*prächtig*) splendid; *Kleidung etc.*: dressy; **II.** *adv.*: **~ begehen** celebrate; **~ bewirten** entertain lavishly; **Festlichkeit** *f* festivity; (*Stimmung*) festive atmosphere.
fest|liegen *v/i.* **1.** *Termin etc.*: be fixed, be settled; **2.** *Kapital*: be tied up; **≈lohn** *m* fixed wage; **~machen I.** *v/t.* fix, attach (**an** to); ⚓ moor; *fig.* fix, settle; **II.** *v/i.* ⚓ moor.
Festmahl *n* banquet.
festnageln *v/t.* **1.** nail down; **~ an** nail to; **2.** *fig.* nail down (**auf** to); **wie festgenagelt dasitzen** stand rooted to the spot.
Festnahme *f* arrest; **festnehmen** *v/t.* (put under) arrest.

Fest|netz *n teleph.* fixed line network; **~objektiv** *n* fixed lens; **~ordner** *m* steward.

Fest|platte *f Computer*: hard disk; **~plattenlaufwerk** *n Computer*: hard disk drive; **~preis** *m* fixed price.

Festprogramm *n* program(me) of events.

Festpunkt *m* fixed point, base.

Fest|rede *f* (ceremonial) address; **~redner** *m* speaker; ***unser ~*** our speaker on this occasion; **~saal** *m* banqueting hall; **~schmaus** *m* banquet.

fest|schnallen *v/t.* → ***anschnallen*** I; **~schnüren** *v/t.* tie up; **~schrauben** *v/t.* screw on (*od.* down); **~schreiben** *v/t.* codify; (*sanktionieren*) sanction; → ***festgeschrieben.***

Festschrift *f* commemorative volume; *für e-n Gelehrten*: festschrift.

festsetzen I. *v/t.* **1.** settle; (*regeln*) regulate; (*vorschreiben*) prescribe; (*Bedingung*) lay down; (*Ort, Zeit*) fix, (*Termin*) *a.* set (***auf*** for); (*Gehalt, Preis etc.*) fix (at); (*Schaden, Steuer*) assess; (*Strafe*) fix; *durch Übereinkunft*: agree on; **2.** (*inhaftieren*) arrest, take into custody; put in prison; **II.** *v/refl.*: ***sich ~*** *Schmutz etc.*: settle, *dick*: collect; *Person*: settle (*a.* ⚕ *Krankheiten*); *fig. Idee etc.*: become firmly fixed in s.o.'s mind; **Festsetzung** *f* settling; laying down; fixing; assessment; agreement; imprisonment; → ***festsetzen.***

festsitzen *v/i.* be stuck (*a. e-e Panne haben u. fig.*); *Schiff*: be stranded (*a.* F *Person*), *in Eis*: be icebound, *in Schnee*: be snowbound; *der Schmutz etc.* ***sitzt fest*** won't come off.

Festspeicher *m Computer*: read-only memory, ROM.

Festspiel *n* festival performance; **~e** festival; *in deutschsprachigen Ländern*: *a.* festspiele; **~theater** *n* festival theat|re (*Am. a.* -er); **~woche** *f a. pl.* festival, festspiele *pl.*

feststecken I. *v/t.* pin (***an*** [on]to); (*Haare, Saum*) pin up; **II.** *v/i.* be (*od.* have got) stuck.

feststehen *v/i.* (*bestimmt sein*) be fixed; (*sicher sein*) be certain; ***eins steht fest, fest steht, dass*** one thing's for certain; **feststehend** *adj.* ⚙ fixed, stationary; *Bild*: still; *Brauch, Tatsache*: established; *Redensart*: set *phrase.*

feststellbar *adj.* **1.** ascertainable; (*merklich*) noticeable; (*identifizierbar*) identifiable; ***schwer ~*** hard to ascertain; **2.** ⚙ lockable.

Feststellbremse *f mot.* parking brake.

feststellen *v/t.* **1.** (*ermitteln*) find out, discover, ascertain; (*Tatbestand etc.*) establish; ⚕ diagnose; (*bestimmen*) determine; (*Schaden*) assess; (*Ort, Lage, Fehler*) locate; (*wahrnehmen*) see, (*bemerken*) notice; (*beobachten*) observe; (*erkennen, einsehen*) realize, see; (*zur Kenntnis nehmen*) note; **2.** (*erklären*) state; **3.** ⚙ lock.

Feststell|schraube *f* set screw; **~taste** *f* shift lock.

Feststellung *f* discovery; establishment; ascertainment; assessment; locating; ⚖ *etc.* finding(s *pl.*); realization; observation; → ***feststellen.***

Feststellungs|bescheid *m* ⚖ notice of assessment; **~klage** *f* action for declaratory judg(e)ment.

Feststimmung *f* celebratory mood; *zu Weihnachten etc.*: festive mood (*od.* atmosphere).

Feststoff *m* solid matter; **~rakete** *f* solid fuel rocket.

Festtafel *f* (banquet) table.

Festtag *m* holiday; *eccl.* religious holiday; *im Kalender* (*a. Glückstag*): red-letter day; **festtäglich** *adj.* festive; **Festtagsstimmung** *f* celebratory *od.* festive mood (*od.* atmosphere).

festtreten *v/t.* tread down; F ***das tritt sich fest!*** F it's good for the carpet.

fest umrissen *fig. adj.* clear-cut, clearly defined.

Festung *f* fortress; (*Burg*) castle; *e-r Stadt*: citadel; (*Fort*) fort; *fig.* stronghold, fortress.

Festungs|anlagen *pl.* fortifications; **~graben** *m* moat; **~krieg** *m* siege warfare; **~stadt** *f* fortress town; **~wall** *m* rampart.

Festveranstaltung *f* **1.** event; (official) celebrations *pl.*; festivities *pl.*; **2.** gala performance.

fest| verdrahtet *adj. electron.* hardwired; **~ verwurzelt** *adj.* ⚘ deeply rooted; *fig. a.* deep-rooted, ingrained.

fest|verzinslich *adj.* ☤ fixed-interest (bearing); ***~e Anlagepapiere*** investment bonds; **~wachsen** *v/i.* **1.** ***~ an*** grow onto; **2.** ⚕ take; ***~ an*** adhere to.

Festwert *m* standard value; *phys.*, ⚗ constant, coefficient; **~speicher** *m Computer*: read-only memory, ROM.

Fest|wiese *f* fairground; **~woche** *f a. pl.* festival.

festwurzeln *v/i.* take root; *fig. a.* establish itself (*od.* themselves); → ***festgewurzelt.***

Festzelt *n* marquee.

festziehen *v/t.* tighten.

Festzug *m* procession.

Feta(käse) *m* feta (cheese).

Fete F *f* party, F do; ***e-e ~ feiern*** (*od.* ***veranstalten***) have a party (*od.* do).

Fetisch *m* fetish; ***et. zum ~ machen*** make a fetish (out) of s.th.; **Fetischismus** *m* fetishism; **Fetischist** *m* fetishist.

fett I. *adj.* (*dick*) fat; *Speisen*: greasy, fatty; *Milch etc.*: rich; (*ölig*) oily; ⚒, ⚙ *Gemisch etc.*: rich; *typ.* bold, heavy *type*; *fig.* fat *years etc.*; ***~ machen*** fatten; ***~er Bissen*** juicy morsel; *fig.* ***~e Zeiten*** times of plenty; ***davon wird man nicht ~*** you (*od.* we *etc.*) won't get fat on that; → ***Brocken***; **II.** *adv.*: ***~ essen*** eat a lot of fatty food(s); ***~ kochen*** use a lot of fat (in one's cooking).

Fett *n* **1.** fat; (*Schmalz*) lard; (*Braten*~) dripping; (*Back*~) shortening; (*Schmier*~) grease; ***~ ansetzen*** put on weight; **2.** F *fig.* ***er hat sein ~ abgekriegt*** he got what was coming to him; ***j-m sein ~ geben*** F let s.o. have it; **~abbau** *m* breakdown of (body) fats; **~ablagerung** *f* deposit of fats, adiposis; *konkret*: fatty deposit; **~absaugung** *f* ⚕ liposuction; **~ansatz** *m* **1.** first signs *pl.* of a spare tyre (*Am.* tire), *beim Mann*: *a.* beginnings *pl.* of a paunch; **2.** ***zu ~ neigen*** put on weight easily; **~arm** *adj.* low-fat, *pred.* low in fat; ***~ sein*** *a.* have a low fat content; **~auge** *n* blob (*od.* globule) of fat; **~bäuchig** *adj.* fat-bellied; **~bedarf** *m* fat requirement; **~creme** *f* rich oil-based cream; **~depot** *n* fatty deposit; **~druck** *m typ.* bold(faced) *od.* heavy type; ***der Titel ist in ~*** the title is in bold; **~drüse** *f* sebacious gland; **~embolie** *f* fat embolism.

fetten I. *v/t.* grease, lubricate; (*Backblech etc.*) grease; **II.** *v/i.* be greasy; ***schnell ~*** *Haare*: get very greasy.

Fett|film *m* greasy film; **~fleck** *m* grease mark (*od.* spot); **~frei I.** *adj.* fat-free, *a.* non-fat *diet*; **II.** *adv.*: ***~ kochen*** cook without fats.

fett gedruckt *adj.* boldface ..., in bold type (*od.* print).

Fett|gehalt *m* fat content; **~gewebe** *n* fatty tissue; **~glänzend** *adj.* greasy, shiny; **~haltig** *adj.* containing fat, fatty; *Creme*: oil-based, oily.

Fettheit *f* fatness.

Fettherz *n* fatty heart.

fettig *adj.* fat(ty); (*schmierig*) greasy; *Creme*: oily; ***~e Haare haben*** have greasy hair; **Fettigkeit** *f* **1.** fatness; **2.** greasiness.

Fett|kloß F *contp. m* F tub of lard; **~leber** *f* fatty liver.

fettleibig *adj.* obese; **Fettleibigkeit** *f* obesity.

Fett lösend *adj.* grease-cutting; **fettlöslich** *adj.* fat-soluble.

Fett|näpfchen *n*: *fig.* ***ins ~ treten*** put one's foot in it; ***er tritt dauernd ins ~*** he's always putting his foot in it, F he suffers from foot-in-mouth disease; **~papier** *n* greaseproof (*Am.* waxed) paper; **~polster** *n* fatty tissue; *a. pl.* F flab; *fig.* (*Geldreserven*) buffer stocks *pl.*; **~presse** *f mot.* grease gun; **~reich** *adj.* high-fat, *pred.* high in fat; fatty, rich; ***~ sein*** *a.* have a high fat content; **~sack** F *contp. m* F barrel, tub of lard; **~salbe** *f* greasy ointment; **~sau** *sl. f sl.* fat slob; **~säure** *f* fatty acid; **~schicht** *f* layer of fat; **~stift** *m* **1.** ⚙ grease pencil; **2.** *für die Lippen*: chapstick.

Fettsucht *f* ⚕ obesity, adiposity; **fettsüchtig** *adj.*: ***~ sein*** suffer from obesity.

fett|triefend *adj.* dripping with fat (*od.* grease); **~wanst** *m* paunch; (*Person*) F barrel, tub of lard; **~zelle** *f* fat (*od.* adipose) cell.

Fetus *m biol.* f(o)etus.

Fetzen *m* (*Papier*~) scrap; (*Stoff*~) shred *of material*, rag; (*Lumpen*) rag; (*Rauch*~) wisp; F (*Kleid*) F rag; F *pl.* (*Gesprächs*~, *Lied*~ *etc.*) snatches; ***in ~*** in shreds, in tatters; ***in ~ reißen*** tear to shreds; F ***dass die ~ fliegen*** F like crazy.

fetzen I. F *v/i.* **1.** (*rasen*) tear; **2.** ***dass es nur so fetzt*** F like crazy; **3.** ***das fetzt!*** F it's really great; **II.** *v/t.* tear; ***in Stücke ~*** tear to shreds.

feucht *adj. Gras, Keller, Kleidung, Tuch, Wetter etc.*: damp; *Augen, Lippen, Haut etc.*: moist; *Luft, Klima*: humid; (*nass*) wet; (*klebrig, kalt*) clammy; (*nasskalt*) dank; *Element, Grab*: watery; ***~e Hitze*** humidity, damp (*od.* humid) heat; ***~e Hände*** sweaty palms; ***er hatte*** (***bekam***) ***~e Augen*** his eyes were (became) moist; → ***Kehricht***; **Feuchtbiotop** *n* humid biotope, wetlands *pl.*; **Feuchte** *f* damp (-ness).

feuchtfröhlich F *adj.* (very) merry; ***wir hatten e-n ~en Abend*** F we had a merry time of it, we had a bit of a booze-up.

Feuchtigkeit *f* damp(ness); moisture; (*bsd. Luft*~) humidity; ***vor ~ schützen!*** keep in a dry place, keep dry.

Feuchtigkeits|anzeiger *m* hygrometer; **~anziehend** *adj.* hygroscopic; **~beständig** *adj.* moisture-proof; *Bauteile*: damp-proof; **~creme** *f* moisturizing cream; **~gehalt** *m* moisture content; **~grad** *m* degree of moisture; *der Luft*: humidity; **~isolierung** *f* damp-proofing;

~maske *f* moisturizing mask; **~messer** *m* hygrometer.

feucht|kalt *adj.* clammy, dank; *Wetter:* cold and damp; **~warm** *adj.* humid.

feudal *adj. hist., pol.* feudal; (*aristokratisch*) aristocratic; F (*luxuriös*) F classy; *Haus:* grand; **2herr** *m* feudal lord; **2herrschaft** *f* feudalism, feudal rule.

Feudalismus *m* feudalism, feudal system; **feudalistisch** *adj.* feudalistic.

Feuer *n* **1.** fire (*a. Brand*); **~ legen an** (*od.* **in**) set fire to; **auf offenem ~ kochen** cook over a fire; **j-m ~ geben** give s.o. a light; *fig.* **durchs ~ gehen für** go through fire and water for; **mit dem ~ spielen** play with fire; **das Spiel aus dem ~ reißen** *Sport:* snatch victory from the jaws of defeat; **zwischen zwei ~ geraten sein** be caught between the devil and the deep blue sea; F **j-m ~ unter dem Hintern machen** a) F give s.o. a kick in the backside, b) F give s.o. hell; **mit ~ und Schwert** with fire and sword; → **anmachen** 3, **auslöschen** 1, **Eisen, fangen** I *etc.*; **2.** ⚓ (*Signal2*) beacon; **3.** ⚔ fire; **das ~ eröffnen** open fire; **im ~ stehen** be under fire; **~!** fire!; **4.** *fig.* (*Glanz*) fire, sparkle; (*Eifer*) fire, fervo(u)r; (*Temperament*) fire, spirit; *von Wein:* body, vigo(u)r; **~ und Flamme sein** be all for it, **für et.:** be all for s.th.; **in ~ geraten** get quite excited (**über** about).

Feueralarm *m* fire alarm; **~übung** *f* fire drill.

Feuer|anbeter *m* fire worshipper; **~anzünder** *m* firelighter; **~ball** *m phys.* fireball; *lit.* ball of fire; **~befehl** *m* ⚔ order to (open) fire; **~bekämpfung** *f* fire fighting; **2beständig** *adj.* fire-resistant, fireproof.

feuerbestatten *v/t.* cremate; **Feuerbestattung** *f* cremation.

Feuer|bohne *f* 🌿 scarlet runner; **~eifer** *m* zeal; **mit ~** with great zeal; **~einstellung** *f* **1.** cessation of hostilities; **2.** (*Waffenruhe*) ceasefire; **~eröffnung** *f* ⚔ opening of fire; **2fest** *adj.* fireproof, fire-resistant; *Geschirr:* heat-resistant; (*unbrennbar*) incombustible; **~fresser** *m* fire-eater.

Feuergefahr *f* fire risk; danger of fire (breaking out); **feuergefährlich** *adj.* (in)flammable.

Feuer|gefecht *n* ⚔ gun battle; **~geist** *m* **1.** fire spirit; **2.** *fig.* (*Person*) fiery spirit; **~haken** *m* poker; **2hemmend** *adj.* flame-retardant; **~leiter** *f* fire ladder; (*Nottreppe*) fire escape; **~linie** *f* ⚔ firing line; **~löschboot** *n* fire boat (*od.* tug); **~löscher** *m* fire extinguisher; **~löschfahrzeug** *n* fire engine; **~löschgerät** *n* fire extinguisher; *pl.* fire-fighting equipment; **~löschübung** *f* fire drill; **~meer** *n* sea of flames; **~melder** *m* fire alarm.

feuern I. *v/i.* **1.** make (*od.* light) a fire; **mit Holz** (**Kohlen**) **~** burn wood (coal); **2.** ⚔ fire (**auf** at); **II.** *v/t.* **3.** (*Ofen,* ⚔ *Salut etc.*) fire; **4.** F *fig.* (*schleudern*) fling; **5.** F (*entlassen*) fire, F give *s.o.* the sack; **6.** F **j-m eine ~** F land s.o. one.

Feuer|nelke *f* 🌿 scarlet lychnis; **~pause** *f* ⚔ pause in (the) fighting; **~probe** *f* **1.** *hist.* ordeal by fire; **2.** *fig.* acid test; **~rad** *n* Catherine wheel; **~risiko** *n* fire hazard (*od.* risk); **2rot** *adj.* blazing red; **~ werden** *im Gesicht:* turn crimson, go bright red; **~salamander** *m* spotted salamander; **~säule** *f* pillar of fire.

Feuersbrunst *f* blaze, conflagration.

Feuer|schaden *m* damage caused by fire; **gegen ~ versichert** insured against fire; **~schein** *m* glow of the fire; ⚔ sky glow; **~schiff** *n* lightship; **~schirm** *m* fire screen; (*Kamingitter*) fireguard; **~schlucker** *m* fire-eater; **~schutz** *m* fire prevention; ⚔ covering fire; **2sicher** *adj.* fireproof.

Feuer speiend *adj.*: **~er Vulkan** volcano spewing (*od.* belching) flames *od.* fire.

Feuer|spritze *f* fire extinguisher; **~stätte** *f* fireplace; **~stein** *m* flint; **~stelle** *f* (*ehemalige:* site of an) open hearth; (*Brandstelle*) scene of a (*od.* the) fire; **~stellung** *f* ⚔ firing position; **~stoß** *m* burst of fire; **~strahl** *m* jet of fire; *rückwärtiger:* backblast; **~taufe** *f* baptism of fire; **die ~ erhalten** (**bestehen**) have (come through) one's baptism of fire; **~teufel** F *m* F firebug; **~tod** *m*: **den ~ sterben** be burnt to death; **~ton** *m* fireclay; **~treppe** *f* fire escape; **~tür** *f* fire door; **~überfall** *m* ⚔ surprise fire (*od.* attack).

Feuerung *f* (*Heizung*) heating; (*Befeuerung*) firing; (*Brennstoff*) fuel.

Feuer|unterstützung *f* ⚔ fire support; **~verhütung** *f* fire prevention; **~versicherung** *f* fire insurance; **2verzinkt** *adj.* hot-galvanized; **~vorhang** *m thea.* fire curtain; ⚔ fire screen; **~wache** *f* fire station; **~waffe** *f* firearm, gun; **~wasser** F *n* F firewater.

Feuerwehr *f* fire brigade, *Am.* fire department; F **wie die ~** like a flash, **fahren:** F drive like the clappers (*od.* like a bomb); **~auto** *n* fire engine; **~helm** *m* fireman's helmet; **~mann** *m* fireman, fire fighter.

Feuerwerk *n* fireworks *pl.*; *fig. von Witz etc.*: pyrotechnics *pl.*; **Feuerwerkskörper** *m* firework.

Feuerzange *f* tongs *pl.*; **Feuerzangenbowle** *f* burnt punch.

Feuerzeichen *n* fire signal; ⚓ beacon.

Feuerzeug *n* (cigarette) lighter; **~benzin** *n* lighter fluid.

Feuer|zone *f* ⚔ zone of fire; **~zug** *m* flue.

Feuilleton *n* **1.** (*Zeitungsteil*) feature (*od.* arts) pages *pl.*; **2.** (*Artikel*) feature (article); **Feuilletonist** *m* feature writer, feuilletonist(e); **feuilletonistisch** *adj.* **1.** *contp. Stil etc.*: facile; **2. ~er Beitrag** article for the feature pages; **Feuilletonredakteur** *m* features editor; **Feuilletonteil** *m* feature (*od.* arts) section *od.* pages *pl.*

feurig *adj.* fiery; (*funkelnd*) sparkling; *Blick, Temperament:* fiery; *Augen:* flashing, burning; *Wein:* rich; *Rede:* impassioned; **~er Liebhaber** passionate (*od.* fiery) lover.

Fez[1] *m* (*Kopfbedeckung*) fez.

Fez[2] F *m*: **~ machen** fool around; **aus ~** F for kicks.

Fiaker *m* **1.** cab; **2.** (*Kutscher*) coachman.

Fiasko *n* fiasco; (*Misserfolg*) *a.* flop; **mit e-m ~ enden** end in fiasco.

Fibel[1] *f* primer.

Fibel[2] *f hist.* (*Spange*) fibula, brooch.

Fiber *f* fib|re (*Am.* -er); → *a.* **Faser**; **~glas** *n* fibreglass, *Am.* fiberglass.

Fibrille *f anat., bot.* fibril.

Fichte *f* spruce, *a.* pine (tree).

Fichten|holz *n* deal; **~nadel** *f* pine needle.

ficken V *v/i. u. v/t.* V screw, fuck; **Ficker** V *contp. m* V motherfucker; **fick(e)rig** *adj.* **1.** *dial.* fidgety; **2.** V (*sexuell erregt*) *sl.* randy, horny.

fidel *adj.* cheerful; **er ist ganz ~** *a.* F he's quite chirpy (*Am.* chipper).

Fidschianer(in *f*) *m*, **fidschianisch** *adj.* Fijian.

Fieber *n* fever (*a. fig.*); (*erhöhte Temperatur*) (high) temperature; **~ haben** have (*od.* be running) a temperature; **leichtes** (**hohes**) **~** a slight (a high) temperature; ... **Grad ~ haben** have a temperature of ... (degrees); (**bei j-m**) **~ messen** take s.o.'s temperature; *fig.* **im ~ der Begeisterung** swept away by enthusiasm; **~anfall** *m* attack of fever; **e-n ~ bekommen** come down with a temperature; **2artig** *adj.* feverish; **~bläschen** *n* fever blister; **~fantasie** *f* (feverish) ravings *pl.*; **~n haben, in ~n liegen** be delirious (with fever), be raving; **~flecken** *pl.* fever spots; **2frei** *adj.*: **sie ist jetzt ~** her temperature's back to normal again.

fieberhaft *adj.* feverish (*a. fig.*); **~e Suche** mad (*od.* frantic) search; **Fieberhaftigkeit** *f* feverishness; *fig. a.* feverish activity.

Fieber|kurve *f* temperature curve; **~messer** *m* thermometer; **~mittel** *n* antipyretic.

fiebern *v/i.* have (*od.* be running) a temperature; (*fantasieren*) be delirious, be raving; *fig.* be feverish (**vor** with), be in a fever (of); *fig.* **~ nach** crave (for); **fiebernd** *adj.* feverish (*fig.* **vor** with).

Fieber|rinde *f* Peruvian bark; **~schauer** *m* feverish shivering, shivering fit; **2senkend I.** *adj.* antipyretic; **II.** *adv.*: **das wirkt ~** that'll bring your *etc.* temperature down; **~tabelle** *f* temperature chart; **~thermometer** *n* (clinical) thermometer; **~traum** *m* feverish dream; **~wahn** *m* delirium; **im ~ sein** be delirious (with fever), be raving.

fiebrig *adj.* feverish; → *a.* **fieberhaft.**

Fiedel *f*, **fiedeln** *v/i. u. v/t.* fiddle; **Fiedler** *m* fiddler.

fies F **I.** *adj.* nasty, horrible; **II.** *adv.*: **das schmeckt ja ~!** it tastes horrible (*od.* revolting); **Fiesling** F *m* F nasty piece of work, *sl.* swine, bastard, ratfink.

fifty-fifty F **1. machen wir ~** let's go halves (on it), let's go fifty-fifty, let's split it down the middle; **2. es steht ~** it's fifty-fifty, there's a fifty-fifty chance.

Fight F *m* fight, battle; **fighten** F *v/i.* fight, put up a fight.

Figur *f* figure (*a. Körper2, Eislauf, Tanz,* ♪, *Person*); (*Körperbau*) build; *im Buch, Film etc.*: figure, character; (*Schach2*) piece, *pl. a.* chessmen; *Kunst:* figure, *größere:* statue, *kleinere:* figurine; 𝔄 a) figure, b) diagram; (*Rede2*) figure of speech; **auf s-e ~ achten** watch one's weight; **e-e gute** (**schlechte**) **~ machen** cut a fine (poor) figure; **komische ~** a) figure of fun, b) strange character.

figurativ *adj. ling.* figurative; **in der ~en Bedeutung** in the figurative sense.

figurbetont *adj.* tight-fitting.

Figuren|laufen *n* figure skating; **~tanz** *m* figure dance.

figurieren *v/i.* figure (**als** as).

Figurine *f* figurine.

figürlich *adj.* **1.** *Kunst:* figured; **2.** *ling.* figurative.

Fiktion *f* (*Einbildung*) myth; (*Erfindung, a. literarische*) fiction; **fiktiv** *adj.* fictitious.

Filet *n* **1.** fillet, *Am. a.* filet; *Geflügel:* breast; **2.** → **Filetsteak.**

Filetarbeit *f Handarbeit:* netting.

filetieren *v/t. gastr.* fillet, *Am.* filet.

Filet|steak *n* fillet steak; **~stück** *n* piece of sirloin.

Filialbetrieb *m* branch.

F

Filiale *f* **1.** (*Niederlassung*) branch (office), subsidiary; **2.** (*Filialbetrieb*) branch; **3.** → ***Filialgeschäft.***

Filial|geschäft *n* branch (store *od.* shop), outlet; **~leiter** *m* branch manager.

Filigran(arbeit *f*) *n* filigree (work).

Filipino *m* Filipino.

Filius F *m*: ***mein*** (*od.* ***sein*** *etc.*) **~** F junior.

Film *m* **1.** *phot.* film; **2.** (*Kino***≈** *etc.*) film, *bsd. Am. a.* movie; (*~branche*) *the* cinema, *bsd. Am. the* movies *pl.*; (*~industrie*) *the* film (*Am.* motion picture) industry; ***e-n ~ drehen*** shoot (*od.* make) a film, ***von et.:*** film s.th.; ***beim ~ sein*** a) be in the film (*bsd. Am. a.* movie) business, b) *als Schauspieler*: be a film (*bsd. Am. a.* movie) actor (*f* actress); **3.** (*Häutchen, Überzug*) film; **~archiv** *n* film library (*od.* archives *pl.*); **~atelier** *n* film studio; **~aufnahme** *f* (*Vorgang*) shooting (of a film); (*Einzelszene*) shot, take; **~aufrollspule** *f*, **~aufwickelspule** *f phot.* take-up spool; **~ausschnitt** *m* film clip; **~autor** *m* screenwriter; **~bauten** *pl.* film sets; **~bearbeitung** *f* film (*od.* screen) adaptation; **~bericht** *m* film report; **~bewertungsstelle** *f* film assessment board; **~darsteller** *m* → ***Filmschauspieler***; **~debüt** *n* screen debut; **~diva** *f* film (*bsd. Am. a.* movie) star, screen goddess.

Filmemacher *m* film (*bsd. Am. a.* movie) maker.

Filmempfindlichkeit *f phot.* film speed.

filmen I. *v/t.* film, shoot; **II.** *v/i.* film, make a film; *bei Außenaufnahmen*: be on location.

Film|entwicklung *f* (film) processing; **~fassung** *f* film (*od.* screen, *Am. a.* movie) version; **~festival** *n*, **~festspiele** *pl.* film festival (*sg.*); **~freunde** *pl.* film (*od.* movie) buffs, cinemagoers; **~gelände** *n* studio lot; *draußen*: location; **~gesellschaft** *f* film (*Am.* motion picture) company; **~größe** *f* film (*bsd. Am. a.* movie) star; **~held** *m* screen hero; **~hersteller** *m* film producer; **~industrie** *f* film (*Am.* motion picture) industry.

filmisch *adj.* cinematic(ally *adv.*).

Film|kamera *f* movie camera; (*Schmal***≈**) *a.* cine camera; **~karriere** *f* film (*od.* screen, *bsd. Am. a.* movie) career; **~komiker(in** *f*) *m* screen comedian (*f* comedienne); **~komödie** *f* (film) comedy; **~komponist** *m* film music composer; **~kopie** *f* (film) copy *od.* print; **~kritik** *f* film review; **~kritiker** *m* film critic; **~kunst** *f* cinematography; **~kunsttheater** *n* repertory cinema; **~leinwand** *f* screen; **~leute** *pl.* film (*bsd. Am. a.* movie) people; **~manuskript** *n* film script; **~musik** *f* **1.** film music; **2.** soundtrack, music to the film; **~preis** *m* film (*od.* screen, *Am. a.* movie) award; **~produktion** *f* film production; **~produzent** *m* (film) producer; **~projektor** *m* film (*bsd. Am. a.* movie) projector; **~prüfstelle** *f* film censorship board; **~publikum** *n* **1.** cinemagoers *pl.*; **2.** audience; **~rechte** *pl.* film (*od.* screen, *bsd. Am. a.* movie) rights; **~regisseur** *m* film (*bsd. Am. a.* movie) director; **~reklame** *f* screen advertising; **~reportage** *f* screen documentary; **~riss** *m* film tear; F *fig.* ***ich hatte e-n ~*** I had a (mental) blackout, my mind (just) went blank; **~rolle** *f* film part (*od.* role); **~rückspulung** *f phot.* film rewind system; **~schauspieler(in** *f*) *m* film (*od.* screen, *bsd. Am. a.* movie) actor (*f* actress); **~spule** *f* film spool (*od.* reel); **~stadt** *f* **1.** cardboard town; **2.** film (*bsd. Am.* movie) capital; **~star** *m* film (*bsd. Am. a.* movie) star; **~sternchen** *n* starlet; **~streifen** *m* reel; **~studio** *n* film studio(s *pl.*); **~theater** *n* cinema, *Am.* movie theat|er (*od.* -re); **~transporthebel** *m* film advance lever; **~verleih** *m* film distribution; (*Gesellschaft*) film distributors *pl.*; **~version** *f* film (*od.* screen, *Am. a.* movie) version; **~vorführer** *m* projectionist; **~vorführraum** *m* projection room; **~vorführung** *f* **1.** (*Vorstellung*) film; **2.** (*das Vorführen*) showing (of a film); **~vorführungsraum** *m* projection room; **~vorschau** *f für Kritiker*: preview; (*Ausschnitte, als Reklame*) trailer; *in Zeitung*: forthcoming films *pl.*; **~vorspann** *m* opening credits *pl.*, titles *pl.*; **~vorstellung** *f* **1.** performance; **2.** film (*bsd. Am. a.* movie) show; **~welt** *f*: ***die ~*** the film world, filmland, *Am.* F *a.* movieland; **~werbung** *f* → ***Filmreklame***; **~wirtschaft** *f* film (*Am.* motion picture) industry; **~zeitschrift** *f* film (*Am. a.* movie) magazine.

Filou F *m* rogue.

Filter *m*, *n* filter; ***Zigarette mit ~*** filter (-tipped) cigarette; ***Zigarette ohne ~*** plain cigarette; **~anlage** *f* filtration plant; **~gerät** *n* filter; **~kaffee** *m* filter (*od.* fresh, real) coffee; **~kohle** *f* filtering charcoal; **~mundstück** *n* filter tip.

filtern *v/t.* filter; (*Kaffee*) *a.* percolate.

Filter|papier *n* filter paper; **~tuch** *n* straining cloth; **~tüte** *f* filter, paper cone, *pl. a.* filter paper *sg.*; **~zigarette** *f* filter (-tipped) cigarette.

Filtrat *n* filtrate; **filtrieren** *v/t.* filter.

Filz *m* **1.** felt; **2.** F (*Hut*) felt hat; **3.** F (*Durcheinander*) tangle; **4.** → ***Filzokratie.***

filzen I. *v/t.* **1.** (*Stoff*) felt; **2.** F (*durchsuchen*) F frisk; **II.** *v/i. Wolle*: felt.

Filzhut *m* felt hat; *weicher*: trilby, *Am.* fedora.

filzig *adj. Haar*: matted; ♣ downy.

Filzlaus *f* crab louse.

Filzokratie F *f* cronyism.

Filz|pantoffel *m* slipper; **~schreiber** *m* → ***Filzstift***; **~sohle** *f* felt sole; **~stiefel** *m* felt boot; **~stift** *m* felt(-tip) pen, felt tip; **~unterlage** *f* felt pad.

Fimmel F *m* (*Besessenheit*) craze; ***e-n ~ haben*** F be nuts; ***er hat den Fußball≈*** he's mad about football, he's football-mad.

Finale *n* **1.** ♪ finale; **2.** *Sport*: final (round), finals *pl.*

Final|satz *m ling.* final clause; **~spiel** *n* final (round), finals *pl.*

Finanz *f* finance; financial world; **~abteilung** *f* finance department; **~adel** *m* plutocracy; **~amt** *n* inland revenue (office), *Am.* internal revenue service; F taxman; **~ausgleich** *m* financial adjustment; **~ausschuss** *m* finance committee; **~beamte(r)** *m* revenue officer; **~bedarf** *m* financial requirements *pl.*; **~behörde** *f* fiscal (*od.* tax) authority; **~bericht** *m* financial report; **~blatt** *n* financial newspaper; **~buchhalter** *m* financial accountant; **~buchhaltung** *f* financial accounting.

Finanzen *pl.* **1.** finances; **2.** F (*Geld*) money *sg.*, funds; ***wie steht es mit d-n ~?*** how are you off for money?, how's your money situation?; ***mit m-n ~ steht es nicht gut*** I'm hard up for money (F cash).

Finanz|genie *n* financial wizard; **~gericht** *n* tax (*od.* fiscal) court; **~geschäft** *n* financing; *Emission von Effekten*: investment banking; *pl.* financial affairs; **~größe** *f* financial giant; **~gruppe** *f* group of financiers; **~hilfe** *f* financial aid.

finanziell I. *adj.* financial; ***~e Krise*** *a.* cash(-flow) crisis; ***in ~er Hinsicht*** financially; **II.** *adv.* financially; ***~ gut*** (***schlecht***) ***gestellt sein*** be well (badly) off (financially).

Finanzier *m* financier; **finanzieren** *v/t.* finance; (*unterstützen*) subsidize, *Am. a.* bankroll; (*Veranstaltungen*) sponsor; **Finanzierung** *f* financing.

Finanzierungs|gesellschaft *f* finance company; **~kosten** *pl.* financing expenses; ***~ für et.*** cost of financing s.th.; **~mittel** *pl.* funds; **~politik** *f* financial policy.

Finanz|imperium *n* financial empire; **~institut** *n* financial institution; **~jahr** *n* fiscal (*od.* financial) year; **≈kräftig** *adj.* financially strong; **~krise** *f* financial crisis; **~lage** *f* financial situation (*od.* position); ***die ~ ist schlecht*** (*od.* ***kritisch***) funds are low; **~loch** *n* fiscal gap; **~management** *n* financial management; **~mann** *m* financier; **~minister** *m* minister of finance, finance minister; *in GB*: Chancellor of the Exchequer; *in den USA*: Secretary of the Treasury; **~ministerium** *n* ministry of finance, finance ministry; *in GB*: Treasury; *in den USA*: Treasury Department; **~planung** *f* budgetary planning; **~platz** *m* financial cent|re (*Am.* -er); **~politik** *f* financial (*od.* fiscal) policy; **≈politisch** *adj.* fiscal, financial; **~riese** *m* financial giant; **~schulden** *pl.* corporate debt *sg.*, borrowings; **≈schwach** *adj.* financially weak; **~spritze** F *f* F cash injection, (fiscal) shot in the arm; **≈technisch** *adj.* financial, fiscal; **~teil** *m e-r Zeitung*: financial page(s *pl.*); **~verwaltung** *f* financial administration; (*Behörde*) fiscal authority; **~welt** *f* financial world (*od.* circles *pl.*); **~wesen** *n*: ***das ~*** (the world of) finance, public finance; **~wirtschaft** *f* financial management; **≈wirtschaftlich** *adj.* financial; **~wissenschaft** *f* public finance.

Findelkind *n* foundling.

finden I. *v/t.* find; (*entdecken*) *a.* discover, *zufällig*: *a.* come across; (*vor~*) find; (*beurteilen*) find; → ***Beifall, Gefallen***[2] *etc.*; ***Trost ~ in*** find comfort in; ***wir fanden ihn bei der Arbeit*** we found him at work; ***ich finde keine Worte*** I'm lost for words; ***ich finde es gut*** (***schlecht***) a) I (don't) like it, b) I (don't) think it's a good idea; ***ich finde, dass*** I think (*od.* feel) (that); ***~ Sie nicht?*** don't you think so?; ***wie ~ Sie das Buch?*** how do you like (*od.* what do you think of) the book?; ***ich weiß nicht, was sie an ihm findet*** I don't know what she sees in him; ***ich kann nichts dabei ~*** I don't see any harm in it, ***dass er ...:*** I can't see any harm in him (*od.* his) *ger.*; **II.** *v/refl.*: ***sich ~*** *Sache*: be found; *Person*: find o.s. (***umzingelt*** *etc.* surrounded *etc.*); *Sport etc.*: get into one's stride; *die Pflanze etc.* ***findet sich nur*** *im Gebirge etc.* is only to be found; ***sich ~ in*** (*sich fügen in*) resign (*od.* reconcile) o.s. to, (*sich gewöhnen an*) get used to; ***es fand sich keinerlei Hinweis*** *etc.* there were no clues *etc.* (at all *od.* to be found); ***es fand sich, dass*** it turned out that; ***es wird sich ~*** we'll see, wait and see; ***das***

wird sich schon alles ~ it'll work out (*od.* sort itself out) somehow; ***es fanden sich nur wenige Freiwillige*** there were only a few volunteers; **III.** *v/i.*: ***~ nach*** (*od.* ***zu*** *etc.*) find one's way *home*, to *God etc.*; ***zur*** *Musik etc.* ~ discover, develop an appreciation for; ***er findet nicht aus dem Bett*** he just can't get (*od.* drag himself) out of bed; ***sie fand nicht zum Zahnarzt*** she (just) couldn't bring herself to go to the dentist.

Finder *m* finder; ***der ehrliche ~*** a) anyone finding (and returning) the wallet *etc.*, b) the person who found the wallet *etc.*; **~lohn** *m* finder's reward.

findig *adj.* clever; **Findigkeit** *f* resourcefulness; cleverness.

Findling *m* **1.** (*Findelkind*) foundling; **2.** *geol.* boulder, erratic block.

Finesse *f* finesse; *pl.* tricks; ***mit sämtlichen ~n arbeiten*** use all the tricks of the trade; *Auto etc.* ***mit allen ~n*** with all the trimmings.

Finger *m* finger (*a. des Handschuhs*); ***mit dem ~ auf j-n zeigen*** point at (*od.* to) s.o., *fig.* point one's finger at s.o.; ***sich die ~ verbrennen*** burn one's fingers (*a. fig.*); ***sich in den ~ schneiden*** cut one's finger, *fig.* make a big mistake; ***j-m auf die ~ klopfen*** rap s.o.'s knuckles; ***lass die ~ davon!*** hands off!, don't touch!, *fig.* don't you get involved; *fig.* ***die kannst du dir an den ~n abzählen*** you can count them on the fingers of one hand; ***et. in*** (*od.* ***zwischen***) ***die ~ bekommen*** get hold of s.th.; (***sich***) ***aus den ~n saugen*** make up; ***j-m auf die ~ sehen*** keep a sharp eye on s.o.; ***j-n um den kleinen ~ wickeln*** twist s.o. round one's little finger; ***et. im kleinen ~ haben*** have s.th. at one's fingertips; ***das macht er mit dem kleinen ~*** he can do that with his hands tied; ***keinen ~ rühren*** (*od.* ***krümmen, krumm machen***) not to lift a finger; ***er hat keinen ~ gerührt*** *etc.* he never once lifted a finger (to help); ***j-m durch die ~ schlüpfen*** slip through s.o.'s fingers (*Verbrecher etc.*: *a.* clutches), *Verbrecher etc.*: *a.* give s.o. the slip; ***s-e ~ im Spiel*** (F ***drin***) ***haben*** have a hand in it; ***er hat überall s-e ~ im Spiel*** (F ***drin***) he's got a finger in every pie; ***sie würde sich die ~ danach lecken*** she'd give her right arm for it; ***gibt man ihm den kleinen ~, nimmt er gleich die ganze Hand*** give him an inch, and he'll take a yard; → ***abzählen***; **~abdruck** *m* fingerprint; ***Fingerabdrücke*** (***von j-m***) ***nehmen*** take (s.o.'s) fingerprints.

fingerbreit I. *adj. etwa* inch-wide ..., *pred.* an inch wide; **II.** *adv.* an inch wide; **III.** 2 *m etwa* inch; ***zwei ~*** two inches; ***keinen ~ nachgeben*** not to budge (*od.* give) an inch.

fingerdick *adj.* as thick as your finger; *adv.* ***et. ~ auftragen*** spread s.th. thickly.

Finger|druck *m*: ***ein ~ genügt, und die Maschine läuft*** you just press the button and the machine starts; **~farbe** *f* finger-paint.

fingerfertig *adj.* dext(e)rous; **Fingerfertigkeit** *f* dexterity; skill.

fingerförmig *adj.* finger-shaped.

Finger|gelenk *n*, **~glied** *n* finger joint; **~handschuh** *m* glove; **~hut** *m* thimble; ❦ foxglove, digitalis; ***ein ~ voll*** a thimbleful (of); **~kuppe** *f* fingertip.

Fingerling *m* fingerstall.

fingern *v/i.*: ***~ an*** finger, *suchend*: fumble around on (*od.* at); ***~ nach*** fumble for.

Finger|nagel *m* fingernail; **~ring** *m* ring; **~satz** *m* ♪ fingering; **~schale** *f* finger bowl.

Fingerspitze *f* fingertip; *fig.* ***bis zu den ~n*** down to one's fingertips; **Fingerspitzengefühl** *n* instinct, flair; (*Takt*) tact; ***dazu braucht man ~*** you've got to have the right feel for it.

Finger|sprache *f* finger language; **~übung** *f* finger exercise; **~zeig** *m* pointer, hint; ***ein ~ Gottes*** a sign (from above).

fingieren *v/t.* fake; (*erfinden*) fabricate; **fingiert** *adj.* fake ..., faked; (*erfunden*) made-up, fictitious, invented.

finit *adj. ling.* finite.

Fink *m* finch.

Finne *f* (*Flosse*) fin.

Finne *f* **1.** (*Bandwurmlarve*) bladder worm; **2.** (*Pustel*) pimple.

Finne *m*, **Finnin** *f* Finn; **finnisch** *adj.* Finnish; **Finnlandisierung** *f pol.* Finlandization.

Finnwal *m* finback.

finster I. *adj.* dark; (*trübe*) gloomy; *fig.* (*düster*) gloomy, dark; (*drohend*) ominous; (*streng*) stern; (*grimmig*) grim; (*böse, unheilvoll*) sinister, evil; F (*zweifelhaft*) shady; ***es wird ~*** it's getting dark; ***im 2n*** in the dark; *fig.* ***im 2n tappen*** grope in the dark; **~er Blick** black look; ***es sieht ~ aus*** things aren't looking too good, the outlook is pretty dim (*stärker*: grim); F ***ein ~er Typ*** F a shady customer; F ***es geht zu wie im ~sten Mittelalter*** it's just like (being back in) the Middle Ages; **II.** *adv.*: ***j-n ~ ansehen*** glower at s.o.; **Finsternis** *f* darkness, obscurity (*a. fig.*); *ast.* eclipse; ***die Mächte der ~*** the powers of darkness (*od.* evil); **Finsterling** *m* **1.** obscurantist; **2.** F shady customer.

Finte *f* (*Täuschung*) trick; *Sport*: feint; **fintenreich** *adj.* crafty.

Firlefanz *m* **1.** (*unnützer Kram*) rubbish; *auf Kleidung*: fancy bits *pl.*; **2.** (*Unsinn*) nonsense; ***~ treiben*** fool around.

firm *adj.*: ***~ sein in*** be well up in, be good at.

Firma *f* firm, company; (*Firmenbezeichnung*) company name; ***die ~ Wellington*** Wellingtons; (***An***) ***~ X*** *im Brief*: Messrs X; The X Company.

Firmament *n* heavens *pl.*

Firmen|bezeichnung *f* company name; **~briefpapier** *n* headed paper; **~chef** *m* head of the company (*od.* firm), F company chief; **2eigen** *adj.* company-owned; **~geschichte** *f* company (*od.* corporate) history; **~inhaber** *m* owner (of a *od.* the company); **~leitung** *f* management; **~look** F *m* corporate identity (*od.* face, image); **~name** *m* company name; **~schild** *n* company sign (*od.* name), facia; *an e-r Maschine*: nameplate; *an e-r Baustelle*: contractor's nameplate; **~schutz** *m* protection of registered company names; **~sitz** *m* (company) headquarters *pl.* (*a. sg. konstr.*); **~sprecher** *m* company spokesman (*od.* spokesperson); **~stempel** *m* company stamp; **~verzeichnis** *n* trade directory; **~wagen** *m* company car; **~wert** *m* goodwill; **~zeichen** *n* logo.

firmieren *v/i.*: ***~ als*** (*od.* ***mit, unter dem Namen***) trade under the name of.

Firmling *m* confirmand; **Firmung** *f* confirmation.

Firn *m* corn snow.

Firnis *m* varnish; *fig.* veneer; **firnissen** *v/t.* varnish.

Firnschnee *m* corn snow.

First *m* (*Dach2*) ridge; ⚒ roof; **~balken** *m* ridge beam.

Fis *n* ♪ F sharp.

Fisch *m* **1.** fish; *pl. mst* fish (*pl.*); F *fig.* ***großer*** (*od.* ***dicker***) ***~*** big fish; ***kleine ~e*** (*Kleinigkeit*) peanuts, (*Leute*) small fry; ***das sind kleine ~e*** (*problemlose Angelegenheit*) F that's no big deal; ***faule ~e*** lame excuses, (*Lügen*) tall stories; ***gesund*** (***und munter***) ***wie ein ~ im Wasser*** (as) fit as a fiddle; ***weder ~ noch Fleisch*** neither fish nor fowl; F ***die ~e füttern*** *Seekranker*: F feed the fishes; → ***stumm***; **2.** *pl.* (*Sternzeichen*) Pisces *sg.*; ***ein ~ sein*** be (a) Pisces, be a Piscean; **~adler** *m* osprey; **~auge** *n phot.* fisheye lens; **~bein** *n* whalebone; **~bestand** *m* fish stocks *pl.* (*od.* population); **~besteck** *n coll.* fish knives and forks *pl.*; **~blut** *n*: *fig.* ***~ in den Adern haben*** be (as) cold as a fish; **~brut** *f* fry *pl.*; **~dampfer** *m* trawler.

fischen I. *v/t. u. v/i.* fish (***nach*** for; *a.* F *fig.*); *fig.* ***im Trüben ~*** fish in troubled waters; F ***sich j-n ~*** hook (o.s.) s.o.; **II.** 2 *n* fishing.

Fischer *m* fisherman; **~boot** *n* fishing boat; **~dorf** *n* fishing village.

Fischerei *f* (*Fischen*) fishing; (*Gewerbe*) fishing industry; **~abkommen** *n* fisheries agreement; **~flotte** *f* fishing fleet; **~hafen** *m* fishing port; **~politik** *f* fisheries policy.

Fischernetz *n* fishing net.

Fischfabrikschiff *n* factory ship.

Fischfang *m* fishing; **~gebiet** *n* fishing grounds *pl.*

Fisch|filet *n* fish fillet; **~flosse** *f* fin; **~frikadelle** *f* fishcake; **~gabel** *f* fish fork; **~gericht** *n* fish (dish); **~geruch** *m* fishy smell, smell of fish; **~geschäft** *n* fishmonger('s), *Am.* fish dealer.

Fischgräte *f* fishbone; **Fischgrätenmuster** *n* herringbone (pattern).

Fisch|händler *m* fishmonger, *Am.* fish dealer; *im Großhandel*: fish merchant; **~haut** *f* fish skin.

fischig *adj.* fishy.

Fisch|köder *m* bait; **~konserve(n** *pl.*) *f* tinned (*Am.* canned) fish; **~kunde** *f* ichthyology; **~kutter** *m* (fishing) trawler; **~laich** *m* (fish) spawn; **~markt** *m* fishmarket; **~mehl** *n* fish meal; **~messer** *n* fish knife; **~otter** *m* otter; **~reiher** *m* heron; **~rogen** *m* roe; **~schuppe** *f* scale; **~schwarm** *m* shoal (of fish); **~stäbchen** *n* fish finger; **~sterben** *n* fish kill; **~suppe** *f* fish soup; **~teich** *m* fishpond; **~vergiftung** *f* fish poisoning; **~weib** *contp. n* fishwife; **~wilderei** *f* fish poaching; **~wirtschaft** *f* fishing industry; **~zucht** *f* fish farming; **~züchter** *m* fish farmer; **~zug** *m* catch, haul (*beide a. fig.*); *fig.* ***ein guter ~*** a big haul.

Fisimatenten F *pl.* (*Umstände*) fuss *sg.*; (*Ärger*) trouble *sg.*; (*Ausflüchte*) excuses; (*Unsinn*) nonsense *sg.*; ***mach keine ~!*** a) stop making such a fuss, b) enough of that nonsense.

fiskalisch *adj.* fiscal; **Fiskus** *m* **1.** tax authorities *pl.*; treasury; **2.** (*Staat*) government; *in GB*: *a. the* Crown.

Fisole *östr. f* French (*od.* string, runner) bean.

Fissur *f* ⚕ (*Knochenriss*) fissure; (*Hautriss*) crack.

F

Fistel *f* ⚕ fistula; **~stimme** *f* falsetto; *contp.* falsetto (F squeaky) voice.
fit *adj.* fit; ***~ in e-m Fach etc.***: well up in; ***nicht sehr ~ in*** F not too hot on; ***geistig ~*** on the ball; ***~ bleiben, sich ~ halten*** keep fit; ***et. (j-n) wieder ~ machen*** F get s.th. (s.o) back into shape.
Fitness *f* physical fitness; **~center** *n* fitness cent|re (*Am.* -er), gym; **~klub** *m* gym, health club; **~raum** *m* exercise room; **~studio** *n* gym, fitness cent|re (*Am.* -er); ***ins ~ gehen*** go to the gym; **~training** *n*: ***~ machen*** go for workouts in the gym, work out in the gym.
Fittich *m* wing, pinion; *fig.* ***j-n unter s-e ~e nehmen*** take s.o. under one's wing.
fix I. *adj.* **1.** *Gehalt, Preise*: fixed; → ***Fixkosten***; ***~e Idee*** obsession; ***das ist so e-e ~e Idee von ihm*** he's got a thing about it; **2.** (*schnell*) quick (***in*** at); **3.** (*gewandt*) smart, sharp; **4.** ***~ und fertig*** → ***fertig*** 2, 4; **II.** *adv.* quickly, in a flash; ***mach ~!, jetzt aber ~!*** F get a move on, make it snappy.
fixen *v/i.* **1.** ✝ sell a bear, sell short; **2.** *sl.* (*Rauschgift spritzen*) *sl.* shoot, *gewohnheitsmäßig*: *sl.* mainline; **Fixer** *m* **1.** ✝ (*Baissier*) bear; **2.** *sl.* (*Drogensüchtiger*) *sl.* mainliner, junkie.
Fixfokusobjektiv *n* fixed-focus lens.
Fixierbad *n phot.* fixer.
fixierbar *adj.* determinable; **fixieren I.** *v/t.* **1.** *a. phot.* fix; **2.** a) → ***festsetzen*** 1, b) (*formulieren*) record, (*a.* ***schriftlich ~***) put down in writing; **3.** a) (*anstarren*) stare at, b) (*e-n Punkt etc.*) focus on; **II.** *v/refl. psych.*: ***sich ~ auf*** fixate on.
Fixier|mittel *n* fixative; *phot.* fixer; **~salz** *n* hypo; fixer.
fixiert *adj.*: ***~ auf*** fixated on; *psych.* ***auf s-e Mutter ~ sein*** have a mother fixation; **Fixierung** *f* **1.** fixing (*a. phot.*); **2.** *psych.* fixation (***auf*** on); *fig. a.* obsession (with).
Fix|kosten *pl.* standing expenses; **~punkt** *m* point of reference; *opt.* point of focus; *fig.* focal point; **~stern** *m* fixed star.
Fixum *n* basic salary.
Fjord *m* fiord, fjord.
FKK → ***Freikörperkultur***; **~-Anhänger(in** *f*) *m* → ***FKKler(in)***; **~-Gelände** *n* nudist camp.
FKKler(in *f*) *m* naturist, nudist.
FKK|-Strand *m* nudist beach; **~-Urlaub** *m* naturist holiday.
flach I. *adj.* flat; (*eben*) *a.* level, even; Ꭿ plane; *Gewässer*: shallow; (*niedrig*) low; *Boot*: flat-bottomed; *fig.* (*oberflächlich*) shallow, superficial; ***~e Brust*** *Frau*: flat chest, *Mann*: hollow chest; ***mit der ~en Hand*** with the flat of one's hand; ***auf dem ~en Land*** (out) in the country; ***~ machen*** level (off); ***~ werden*** flatten (out), level (off); **II.** *adv.*: ***~ liegen*** lie flat; ***sich ~ hinlegen*** lie down flat; ***~ schlafen*** sleep without a pillow; ***~ spielen*** *Fußball*: keep the ball on the ground; ***~ über et. fliegen*** (***hinwegstreichen*** *etc.*) fly (skim *etc.*) low over s.th.; ***~ atmen*** breathe shallow(ly), *bewusst*: take shallow breaths; **2bau** *m* low building; **2bildschirm** *m* flat screen; **~brüstig** *adj. Frau*: flat-chested, *Mann*: hollow-chested; **2dach** *n* flat roof; **2druck** *m typ.* flatbed printing.
Fläche *f* **1.** (*Ober2*) surface; Ꭿ (*Ebene*) plane; *e-s Kristalls*: face; *e-s geschliffenen Steins*: facet; **2.** (*weite ~*) expanse; (*Gebiet*) area; (*~nraum*) area, space; (*Boden2*) floorspace.
Flacheisen *n* flat iron.
Flächen|ausdehnung *f* area; **~berechnung** *f* Ꭿ planimetry; **~blitz** *m* sheet lightning; **~bombardement** *n* saturation (*od.* carpet) bombing; **~brand** *m* extensive fire; **2deckend** *adj.* **1.** *Versorgung etc.*: countrywide, nationwide, *pred.* all over the country; **2.** exhaustive; ***~er Polizeieinsatz*** *etc.* saturation policing *etc.*; ***~es Bombardement*** saturation (*od.* carpet) bombing; **~fahndung** *f* dragnet operation; **~maß** *n* surface measurement; **~messer** *m* ⚙ planimeter; **~messung** *f* planimetry; **~nutzungsplan** *m* zoning (*od.* land development) plan; **~sanierung** *f* area rehabilitation; **~stilllegung** *f* EU **1.** taking land out of production, set-aside programme; **2.** land set-aside; **~winkel** *m* plane (*od.* interfacial) angle.
flach|fallen F *v/i.* fall through; **2feile** *f* flat file.
flach gedrückt *adj.* flat(tened down).
Flach|glas *n* flat (*od.* sheet) glass; **~hang** *m* gentle slope.
Flachheit *f* flatness; *fig.* shallowness, superficiality.
flächig *adj.* flat; (*zweidimensional*) two-dimensional.
Flach|kabel *n* ⚡ flat cable; **~kopf** F *contp. m* F blockhead; **~küste** *f* flat coast (*od.* shore).
Flachland *n* plain, lowland, flat country; **Flachländer** *m* lowlander.
flach|legen F **I.** *v/refl.*: ***sich*** (***eine Weile***) ***~*** lie down for a bit; **II.** *v/t.* (*j-n*) bring down; **~liegen** F *v/i.* F be laid up (in bed); **2mann** F *m* hip flask; **2meißel** *m* flat chisel; **2pass** *m Fußball*: low pass; **2relief** *n* bas-relief.
Flachs[1] *m* flax.
Flachs[2] F *fig. m* nonsense; ***hör auf mit dem ~*** F stop kidding (around); ***mal ganz ohne ~*** seriously though.
flachsblond *adj.* flaxen.
Flachschuss *m Fußball*: low ball.
flachsen F *v/i.* F be kidding; (*herum~*) joke around.
flachsfarben *adj.* flaxen.
Flach|stahl *m* flat steel; **~stecker** *m* ⚡ tab; **~zange** *f*: (***e-e ~*** a pair of) flat (-nose) pliers *pl.*
flackern I. *v/i.* flicker (*a. Augen*), *Kerze*: *a.* gutter; **II. 2** *n* flicker(ing).
Fladen *m* pancake; flat cake; → ***Kuhfladen***; **~brot** *n* flat bread (*od.* loaf); *griechisches etc.*: pita (bread).
Flagellant *m eccl. u. psych.* flagellant; **Flagellation** *f* flagellation.
Flageolett *n*, **Flageolettton** *m* ♪ harmonic.
Flagge *f* flag; → *a.* ***Fahne*** 1; ***die ~ hissen*** (*od.* ***aufziehen***) hoist the flag; ***die ~ einholen*** lower the flag; ***die britische ~*** the Union Jack; ***die amerikanische ~*** the Stars and Stripes; ***unter fremder ~*** (***fahren*** *od.* ***segeln***) (sail) under a foreign flag; *fig.* ***unter falscher ~*** under false colo(u)rs; ***~ zeigen*** make a stand; **flaggen I.** *v/i.* fly a flag (*od.* flags); *Person*: hoist a flag; **II.** *v/t.* flag *a message*, (*signalisieren*) signal (with flags).
Flaggen|mast *m* flagpole; **~tuch** *n* bunting; **~zeichen** *n* ⚓ flag signal.
Flaggschiff *n a. fig.* flagship.
flagrant *adj.* flagrant.
Flair *n* aura; (*Atmosphäre*) *a.* atmosphere; (*Reiz*) charm.
Flak *f* ⚔ **1.** anti-aircraft gun; **2.** (*a.* **~artillerie** *f*) anti-aircraft artillery; **~feuer** *n* flak, anti-aircraft fire.
Flakon *m* small bottle.
flambieren *v/t.* flambé; **flambiert** *adj.* flambé(e), *bei pl.*: flambé(e)s; ***~es Steak*** steak flambé.
Flame *m* Fleming; *coll. the* Flemish; **Flämin** *f* Flemish woman, Fleming.
Flamingo *m* flamingo.
flämisch *adj.* Flemish.
Flamme *f* flame (*a. fig.*); ***in ~n*** in flames, blazing; ***in ~n aufgehen*** go up in flames; ***in ~n ausbrechen*** burst into flames; ***auf kleiner ~ kochen*** cook on a low heat, *fig.* make do with very little, ***müssen***: *fig.* have to get by on (*od.* make do with) very little; → ***Feuer*** 4.
flammen *lit. v/i.* blaze; *fig. Gesicht etc.*: burn; **flammend** *fig.* **I.** *adj.* fiery; *Appell*: stirring *appeal*; **II.** *adv.*: ***~ rot*** fiery (*od.* flaming) red.
Flammen|meer *n* sea of flames; **~schwert** *n* flaming sword; **~tod** *m*: ***den ~ erleiden*** be burnt to death; **~werfer** *m* ⚔ flame-thrower.
Flanell *m* flannel; **Flanellanzug** *m* flannel suit; **flanellen** *adj.* (made of) flannel; **Flanellhose** *f*: (***e-e ~*** a pair of) flannel trousers *pl.*, flannels *pl.*
Flaneur *m* stroller; **flanieren** *v/i.* stroll, saunter.
Flanke *f* flank (*a. Berg2*, ⚠, ⚙, ⚔); (*Seite*) side, *Fußball*: *a.* wing; (*~nball*) cross; **flanken I.** *v/t. Fußball*: cross; **II.** *v/i. Fußball*: cross the ball.
Flanken|angriff *m* ⚔ flank attack; **~ball** *m* cross.
flankieren *v/t.* flank; ✝, *pol.* ***~de Maßnahmen*** supporting measures.
Flansch *m*, **flanschen** *v/t.* ⚙ flange.
Flaps F *m* whippersnapper; (*Flegel*) lout; **flapsig** *adj.* boorish, uncouth.
Fläschchen *n* small bottle; *pharm.* phial; *für Babys*: bottle.
Flasche *f* bottle; (*Baby2*) (baby's) bottle; (*Gas2 etc.*) cylinder; F (*Person*) F dummy; ***e-e ~ Wein*** a bottle of wine; ***bei e-r ~ Wein*** *besprechen etc.*: over a bottle of wine; ***in ~n füllen*** bottle; ***aus der ~ trinken*** drink from the bottle; ***e-m Kind die ~ geben*** give a baby its bottle; ***es kriegt noch die ~*** *Kind*: it's still on the bottle; ***zur ~ greifen*** take to (F hit) the bottle.
Flaschen|aufschrift *f* (bottle) label; **~batterie** F *f* (whole) array *od.* battery of bottles; **~bier** *n* bottled beer; **~bürste** *f* bottle brush; **~etikett** *n* (bottle) label; label on the bottle; **~gärung** *f* fermentation in the bottle; **~gas** *n* bottled gas; **~gestell** *n* bottle rack; **2grün** *adj.* bottle green; **~hals** *m* neck of a bottle; *fig.* bottleneck; **~kind** *n* bottle-fed baby; **~kürbis** *m* bottle gourd; **~milch** *f* bottled milk; **~öffner** *m* bottle opener; **~pfand** *n* deposit (on a *od.* the bottle); **~post** *f* bottle post; (*Nachricht*) message in a bottle; **~verschluss** *m* bottle top; **~wärmer** *m* bottle warmer; **~wein** *m* bottled wine.
flaschenweise *adv.* by the bottle.
Flaschenzug *m* ⚙ (block and) tackle, F pulley.
Flatter F *f*: ***die ~ machen*** F hop it.
Flattergeist *m* flighty character.
flatterhaft *adj.* flighty; (*unstet*) fickle.
Flattermann F *m* **1.** (*Hähnchen*) F chook,

bird; **2. e-n ~ haben** F be scared stiff, be quaking in one's boots.

flattern *v/i.* flutter; (*mit den Flügeln schlagen*) flap its wings; *Wäsche, Segel etc.*: flap (in the wind); *Blatt, Papier etc.*: flutter (*a. Puls*); *Hände*: tremble; *Haar*: stream; ⚙ flutter; *Räder*: wobble; *Skier*: chatter; *fig.* **mir flatterte heute e-e Einladung auf den Tisch** an invitation landed on my desk today.

Flattersatz *m* unjustified margin(s *pl.*), ragged right.

flau *adj.* (*unwohl*) queasy; (*schwach*) weak, faint; (*matt*) listless; *Negativ*: flat; ✝ slack; *Stimmung*: flat; **mir ist** (*od.* **wird**) **ganz ~ (im Magen)** I feel queasy; **Flauheit** *f* queasiness; faintness; listlessness; dullness; slackness; → **flau.**

Flaum *m* down; (*Baby2*) baby (*od.* downy) hair; (*erster Bartwuchs*) down, F fuzz, *sl.* bumfluff; *auf Früchten*: down, fur; **~bart** *m* downy moustache, *sl.* (a bit of) bumfluff; **~feder** *f* down(y) feather.

flaumig *adj.* downy; fluffy.

Flausch *m* fleece; **flauschig** *adj.* fleecy.

Flausen F *pl.* nonsense *sg.*, silly ideas; **er hat nur ~ im Kopf** he's got nothing but nonsense in his head, he's full of nonsense; **j-m ~ in den Kopf setzen** put ideas into s.o.'s head; **dem werd ich die ~ austreiben** I'll knock all that nonsense out of his head; **mach keine ~!** I don't want any (of your) nonsense.

Flaute *f* lull; *fig.* ✝ slack period; **in der Bauindustrie herrscht ~** the building industry is going through a slack period.

Flechte[1] *f* ⚘ lichen; ⚕ eczema.

Flechte[2] *f* (*Zopf*) braid; **flechten I.** *v/t.* (*Haar*) plait; (*Kranz*) bind; (*Korb*) weave; (*Seil*) twist; **II.** *v/refl.*: **sich ~** twine, wind (**um** round); **Flechtwerk** *n* wickerwork.

Fleck *m* **1.** (*Schmutz2*) spot, *bsd. von Flüssigkeiten*: *a.* stain; (*kleine Fläche*) patch; *zo.* spot, patch; *Person*: mark, (*blauer ~*) bruise; *fig.* (*Schand2*) blemish, blot; **2.** (*Stelle*) spot, place; **ein schöner ~** a nice (little) spot; **am falschen ~** in the wrong place; **sich nicht vom ~ rühren** not to budge; **rühren Sie sich nicht vom ~!** don't (you) move; **ich krieg den Schrank nicht vom ~** I can't budge this cupboard; **ich komm nicht vom ~** I can't move, (*komme nicht herum*) I can't get about, *fig.* (*komme nicht vorwärts*) I'm not getting anywhere, I'm getting nowhere; *fig.* **er hat das Herz auf dem rechten ~** his heart's in the right place; **vom ~ weg** on the spot.

Fleckchen *n* speck; (*Ort*) spot; **ein schönes ~ Erde** a beautiful spot (*größer*: corner of the earth).

flecken *v/i.* (*Flecke machen*) stain; (*fleckenempfindlich sein*) stain very easily.

Flecken *m* → **Fleck**; **~entferner** *m* stain remover.

fleckenlos *adj.* spotless; *fig. a.* unimpeachable.

Fleckenwasser *n* stain remover.

Fleckerlteppich *dial. m* rag rug.

Fleckfieber *n* ⚕ (epidemic) typhus.

fleckig *adj.* spotted; *Haut*: blotchy; (*befleckt*) stained; **~ machen, ~ werden** stain; **~ sein** *Obst*: have spots.

Fleck|typhus *m* ⚕ (epidemic) typhus; **~vieh** *n* spotted cattle.

fleddern *v/t.* plunder, rob.

Fleder|maus *f* bat; **~wisch** *m* feather duster.

Fleece *n* (*synthetischer Flausch*) fleece; **~jacke** *f* fleece jacket; **~shirt** *n* fleece shirt.

Flegel *m* **1.** (*Lümmel*) lout; **2.** (*Dresch2*) flail; **~alter** *n* → **Flegeljahre.**

Flegelei *f* loutish behavio(u)r.

flegelhaft *adj.* loutish.

Flegeljahre *pl.*: **in den ~n sein** be at an awkward age.

flegeln *v/refl.*: **sich ~** sprawl (about), loll about.

flehen I. *v/i.* beg (**um** for); **bei j-m um Hilfe ~** implore (*od.* beg) s.o. to help one; **zu Gott ~** pray to God; **II.** 2 *n* supplication, entreaty; **flehend, flehentlich I.** *adj. Blick etc.*: imploring, beseeching; **~e Bitte** urgent plea; **~es Gebet** fervent prayer; **II.** *adv.* imploringly *etc.*; **j-n ~ bitten** → **flehen.**

Fleisch *n zum Verzehr*: meat; *am Körper*: flesh; (*Frucht2*) flesh; *fig.* (*sündiges ~*) *the* flesh; ⚕ **wildes ~** proud flesh; **in ~ und Blut** (*persönlich*) in the flesh; **das eigene ~ und Blut** one's own flesh and blood; *fig.* **(j-m) in ~ und Blut übergehen** become second nature (to s.o.); **sich ins eigene ~ schneiden** dig one's own grave, (*sich selbst in et. reinreiten*) cut off one's nose to spite one's face; **vom ~ fallen** go thin; *bibl.* **~ werden** be made flesh; **den Weg allen ~es gehen** go the way of all flesh; → **Fisch** 1; **~abteilung** *f* meat department; **~beschau** *f* meat inspection; F *hum.* bodywatching; **~beschauer** *m* meat inspector; **~brühe** *f* consommé; (*Fond*) (*mst* beef) stock.

Fleischer *m* butcher; **Fleischerei** *f* → **Fleischerladen.**

Fleischer|laden *m* butcher's shop, *Am.* meat market; **~messer** *n* butcher's knife.

Fleischextrakt *m mst* beef extract.

fleischfarben, fleischfarbig *adj.* flesh-colo(u)red, fleshy pink.

Fleischfondue *n* meat fondu(e).

Fleisch fressend *adj.* carnivorous; **~es Tier, ~e Pflanze** *a.* carnivore; **Fleischfresser** *m* carnivore.

Fleisch|gang *m* meat course; **~gericht** *n* meat dish; **~hauer** *östr. m* butcher.

fleischig *adj.* fleshy.

Fleisch|klopfer *m* mallet; **~kloß** *m* meatball; **~konserven** *pl.* tinned (*bsd. Am.* canned) meat *sg*; **~küchle** *dial. n*, **~la(i)berl** *östr. n* meatball.

fleischlich *adj.* (*sinnlich*) carnal.

fleischlos I. *adj.* **1. ~e Kost** vegetarian diet (*od.* meals, food); **~er Tag** meatless day; **2.** (*abgemagert*) emaciated, skinny; **II.** *adv.*: **sich ~ ernähren** eat no meat.

Fleisch|made *f* maggot; **~maschine** *f* mincer; **~messer** *n* carving knife; **~nahrung** *f* meat(s *pl.*); (*Ernährung*) meat diet; **~pastete** *f* meat pie; **~pflanzerl** *dial. n* meatball; **~saft** *m* gravy; **~tomate** *f* beef tomato; **~ton** *m Kunst*: flesh tint; **~topf** *m* saucepan; *fig.* **sich nach den Fleischtöpfen Ägyptens zurücksehnen** long for the fleshpots of Egypt; **~vergiftung** *f* meat poisoning; **~waren** *pl.* meat products; (*Supermarktabteilung*) meat department *sg.*

Fleischwerdung *f* incarnation.

Fleisch|wolf *m* mincer; **~wunde** *f* flesh wound; **~zartmacher** *m* (meat) tenderizer.

Fleiß *m* diligence; (*Mühe*) hard work; **viel ~ verwenden auf** take great pains over; **ohne ~ kein Preis** no pains, no gains, F you don't get nowt for nowt; F **mit ~** (*absichtlich*) on purpose; **ich habs nicht mit ~ getan** *a.* I didn't mean (to do) it; **~arbeit** *f* hard work; **das war e-e reine ~** she *etc.* managed to do it by sheer hard work.

fleißig I. *adj.* diligent, hard-working; (*emsig*) busy; (*häufig*) frequent, regular *visitor etc.*; **2es Lieschen** busy Lizzie; **II.** *adv.* diligently *etc.*; F (*viel*) a lot; (*intensiv*) hard; **~ studieren** study hard; **~ spazieren gehen** do a lot of walking.

flektierbar *adj.* inflectional; **flektieren** *v/t.* inflect.

flennen F *v/i.* howl.

fletschen *v/t.*: **die Zähne ~** show (*od.* flash) one's teeth, snarl; *Tier*: bare its teeth, snarl.

flexibel *adj.* flexible; **flexible Arbeitszeit** flextime, flexible working hours; **flexibler Wechselkurs** floating exchange rate; **Flexibilität** *f* flexibility.

Flexion *f ling.* inflection.

Flexions|endung *f* inflectional ending; **~lehre** *f* accidence; **~system** *n* inflectional system.

Flexor *m anat.* flexor (muscle).

Flickarbeit *f a. contp.* patchwork.

flicken *v/t.* mend; F *fig.* patch up; *fig.* **j-m et. am Zeug ~** try to give s.o. a bad name.

Flicken *m* patch; **~teppich** *m* rag rug.

Flickerei *f* mending.

Flickflack *m Turnen*: backflip.

Flickschuster *fig. m* (*Stümper*) bungler; **Flickschusterei** *fig. f* patch-up job(s *pl.*).

Flick|werk *fig. n* patch-up job, *stärker*: F botch(-up); **~wort** *n* filler; **~zeug** *n* sewing kit; *zum Reifenflicken etc.*: repair kit.

Flieder *m* lilac; (*Holunder*) elder; **~beere** *f* elderberry; **2farben** *adj.* lilac; **~strauch** *m* lilac; **~strauß** *m* bunch of lilacs.

Fliege *f* **1.** fly; *fig.* **er tut keiner ~ was zuleide** he wouldn't hurt a fly; **ihn stört (sogar) die ~ an der Wand** you're afraid to breathe when he's around; **wie die ~n sterben** (*od.* **umfallen**) go down like flies; **zwei ~n mit e-r Klappe schlagen** kill two birds with one stone; F **die** (*od.* **e-e**) **~ machen** F hop it, scarper; → **Not**; **2.** (*Schlips*) bow tie; **3.** (*Bärtchen*) shadow.

fliegen I. *v/i.* **1.** fly; *mit dem Flugzeug*: fly, go by air; **~ lassen** fly *a kite*; **wie lange fliegt man nach New York?** how long is the flight to New York?; F **ich kann doch nicht ~** I haven't got wings; → **Luft**; **2.** *Fahne etc.*: flutter; *Haare*: stream; **3.** (*eilen*) fly, rush; *Hände*: fly, *nervös*: flutter; *Puls*: race; *lit.* **ein Lächeln flog über ihr Gesicht** a smile flitted across her face; **4.** F (*geworfen werden*) be thrown; (*landen*) land; (*fallen*) fall (**von** off, from); **die Schultaschen ~ einfach in die Ecke** the schoolbags just get thrown (F slung) into the corner; **in den Mülleimer ~** land (*od.* end up) in the dustbin (*Am.* garbage can); **5.** F *fig. aus e-r Stellung*: be fired, F get the sack; *a. aus der Schule, e-r Wohnung etc.*: be kicked out (**aus** of); *im Examen*: F flunk (it); **6.** F *fig.* **~ auf** F really go for; **II.** *v/t.* (*Flugzeug, Personen etc.*) fly; (*e-e Strecke*) *a.* cover; (*Kurve*) fly, do; **III.** 2 *n* flying; (*Luftfahrt*) aviation; **fliegend** *adj.* flying; *zo.* **2er Hund** flying fox; **~er Teppich** magic carpet; **~e Untertasse** flying saucer, UFO; **~es Personal** flight

F

crew; ***~er Händler*** hawker; ***~e Blätter*** *Buch*: loose leaves; ***~e Hitze*** ⚕ hot flushes; ⚙ ***~e Achse*** floating axle; *fig.* ***mit ~en Fahnen überlaufen*** go running to the other side; ***mit ~en Fahnen untergehen*** go down fighting.

Fliegen|dreck *m* flies' droppings *pl.*; **~fänger** *m* flypaper; **~fenster** *n* (fly-) screen; **~gewicht(ler** *m*) *n Boxen*: flyweight; **~gitter** *n* **1.** wire mesh; **2.** fly (*od.* insect) screen; **~klappe** *f*, **~klatsche** *f* fly swatter; **~netz** *n* fly net; **~pilz** *m* ⚘ toadstool; **~schwarm** *m* swarm of flies; **~spray** *m*, *n* fly spray.

Flieger *m* **1.** ⚔ *Brit.* aircraftman 2nd class, *Am.* airman basic; **2.** *zo.* flyer, flier; **3.** F → ***Flugzeug***; **4.** *Radsport*: sprinter; *Pferderennen*: flyer; **~abwehr** *f* anti-aircraft (*od.* air) defen|ce (*Am.* -se); *in Zssgn* anti-aircraft ...; → *a.* ***Flak...***; **~abzeichen** *n* wings *pl.*; **~alarm** *m* air-raid warning; **~angriff** *m* air raid, air attack; (*Großangriff*) F blitz; **~bombe** *f* aircraft bomb.

Fliegerei *f* flying.

Fliegerhorst *m* air base.

fliegerisch *adj.* flying, aviation ..., aeronautic(al).

Flieger|jacke *f* bomber jacket; **~krankheit** *f* aviation sickness; **~offizier** *m* air force officer; **~schule** *f* flying school; **~sprache** *f* airman's slang; **~staffel** *f* flying squadron; **~-Suchaktion** *f* aerial search.

fliehen I. *v/i.* flee, run away (***vor, aus*** from); (*ent~*) escape; *Zeit*: fly; ***zu j-m ~*** flee to s.o., take refuge with s.o.; **II.** *v/t.* avoid, shun; **fliehend** *adj.* fleeing, fugitive; *Kinn, Stirn etc.*: receding.

Fliehkraft *f phys.* centrifugal force.

Fliese *f* (wall *od.* floor) tile; ***mit ~n auslegen*** → **fliesen** *v/t.* tile.

Fliesen|boden *m* tiled floor; **~leger** *m* tiler.

Fließarbeit *f* assembly-line work.

Fließband *n* assembly (*od.* production) line; (*Förderband*) conveyor belt; **~arbeit** *f* assembly-line work; **~arbeiter** *m* assembly-line worker; **~fertigung** *f* assembly-line production.

fließen *v/i.* flow (*a. Gewand, Haar, Sekt etc.*); *Fluss, Wasser etc.*: *a.* run; *in Strömen*: pour, stream; *fig. Rede, Unterhaltung etc.*: flow (easily); ***~ in Fluss***: flow (*od.* run) into, *fig. Gelder etc.*: flow into, be pumped into; *fig.* ***alles fließt*** everything is in (a state of) flux; ***es ist viel Blut geflossen*** there was a lot of bloodshed; ***es wird Blut ~*** blood will flow, there will be bloodshed; **fließend I.** *adj.* flowing; *fig.* (*unbestimmt*) fluid; *Stil*: fluent; ***~es Wasser*** running water; ***~ Kalt- u. Warmwasser*** hot and cold running water; ***~er Verkehr*** moving traffic; *fig.* ***in ~em Englisch*** in fluent English; ***die Grenzen*** (*od.* ***Übergänge***) ***sind ~*** there's no clear(-cut) dividing line *od.* difference (***zwischen*** between); **II.** *adv. sprechen etc.*: fluently; ***sie spricht ~ Deutsch*** she speaks fluent German.

Fließ|heck *n mot.* fastback; **~komma** *n* floating point; **~papier** *n* blotting paper; **~text** *m Computer*: continuous text; **~wasser** *n* running water.

Flimmer *m* shimmer; *fig.* glitter; **~epithel** *n anat.* ciliated epithelium.

flimmerfrei *adj.* flicker-free.

flimmerig *adj.* flickering.

Flimmerkiste F *f* F (goggle) box, *Am.* tube.

flimmern *v/i.* shimmer; *Sterne*: twinkle; *TV etc.*: flicker; ***mir flimmerts vor den Augen*** everything's dancing in front of my eyes.

flink *adj.* quick, agile; (*aufgeweckt*) bright, alert; ***er ist ~ wie ein Wiesel*** F he's a real speedy Gonzalez.

Flinte *f* gun, (*Schrot*~) shotgun; *fig.* ***die ~ ins Korn werfen*** give up, throw in the towel.

Flipchart *f für Präsentationen*: flip chart.

Flipper(automat) *m* pinball machine; **flippern** *v/i.* play pinball.

flippig F *adj.* **1.** (*sehr unkonventionell*) way-out; **2.** *schwächer*: unconventional and slightly excentric.

flirren *v/i.* **1.** whirr, *Am.* whir; (*surren*) buzz; **2.** *Licht*: shimmer.

Flirt *m* flirt(ing); (*Person*) flirt; **flirten** *v/i.* flirt (around).

Flittchen F *n sl.* floozie, (bit of a) tart.

Flitter *m* **1.** *coll.* sequins *pl.*; **2.** *fig.* (*a.* **~glanz** *m*) glitter; (*a.* **~kram** *m*) tinsel; **~gold** *n* tinsel.

flittern F *v/i.* honeymoon; **Flitterwochen** *pl.*: (***die ~*** *mst* one's) honeymoon *sg.*

Flitzbogen *m* bow (and arrow); *fig.* ***ich bin gespannt wie ein ~*** I can't wait to find out *etc.*

flitzen F *v/i.* **1.** flit, F scoot; *Auto*: shoot; **2.** (*abhauen*) flit, F beat it; **Flitzer** F *m mot.* nippy little car, runabout (car).

floaten *v/t. u. v/i.* ☤ float; **Floating** *n* floating.

Flocke *f* flake; *Wolle*: flock; (*Staub*~, *Feder*~, *Flaum*~) ball of fluff; **flocken** *v/i.* flake; (*fasern*) fuzz; **flockig** *adj.* fluffy.

Floh *m* flea; *fig.* ***j-m e-n ~ ins Ohr setzen*** put ideas into s.o.'s head; F ***er hört die Flöhe husten*** → ***Gras***; **~hüpfen** *n* tiddlywinks (*sg.*); **~kino** F *n* fleapit; **~markt** F *m* flea market; **~stich** *m* fleabite; **~zirkus** *m* flea circus.

flöhen I. *v/t.* deflea, pick *a dog's etc.* fleas; **II.** *v/refl.*: ***sich ~*** deflea o.s. (*od.* itself), get rid of *od.* pick one's (*od.* its) fleas.

Flomen *m* lard.

Flop F *m* flop; ***sich zum ~ entwickeln*** turn out (to be) a flop.

Floppy *f Computer*: floppy (disk), diskette.

Flor[1] *m* (*Blüte*) bloom; (*Blumenfülle*) mass of flowers (*od.* blossoms); *fig.* (*Damen*~) bevy.

Flor[2] *m auf Samt, Teppich*: pile; (*dünnes Gewebe*) gauze; (*Trauer*~) crepe (band).

Flora *f* flora; ***~ u. Fauna*** flora and fauna, the animal and plant world.

floral *adj.* floral.

Florett *n* foil; **~fechten** *n* foil fencing; **~seide** *f* floss (silk).

Floriansprinzip *das* "I'm alright Jack" syndrome.

florieren *v/i.* flourish, prosper, thrive, boom; **florierend** *adj.*: ***ein ~es Geschäft*** a flourishing (*od.* thriving) business, ***treiben mit***: do a roaring trade with.

Florist(in *f*) *m* florist.

Floskel *f* meaningless phrase, *pl. a.* (empty) words; **floskelhaft** *adj.* meaningless; stereotyped; ***ein ~er Ausdruck*** *a.* just a phrase.

Floß *n* raft.

Flosse *f* fin; *Wal, Seelöwe etc.*: flipper (*a. Schwimm*~); ✈ stabilizer fin; F (*Hand*) F paw; F (*Fuß*) F trotter.

flößen *v/t. u. v/i.* float.

Flossenfüßer *m zo.* pinniped; (*Reptil*) pygopod.

Flößer *m* raftsman.

Flöte *f* **1.** flute; (*Block*~) recorder; (*Pfeife*) whistle; ***~ spielen*** play the flute; **2.** (*Sekt*~) champagne flute; **3.** *Kartenspiel*: flush.

flöten *v/t. u. v/i.* play the flute (*od.* recorder); (*pfeifen*) whistle; *Vogel*: sing; F *fig.* say *s.th.* in a honeyed voice; **flöten gehen** F *v/i. Pläne etc.*: go by the board; *Geld*: F go down the drain; (*kaputtgehen*) F go for a burton; ***m-e Hoffnungen*** (***die neuen Gläser***) ***sind flöten gegangen*** that's put paid to my hopes (to the new glasses).

Flötenton *m* note of a flute; ***Flötentöne*** *the* sound of a flute (*od.* flutes); F *fig.* ***j-m*** (***die***) ***Flötentöne beibringen*** show s.o. what's what.

Flötist(in *f*) *m* flute-player, flautist.

flott I. *adj.* **1.** (*schnell*) fast; (*schwungvoll*) lively; (*reibungslos*) smooth; (*schick*) smart; (*unbekümmert*) breezy; ☤ ***~er Absatz*** brisk trading; **2.** ⚓ ***~ sein*** be afloat; **II.** *adv.* fast; (*glatt, reibungslos*) smoothly, without a hitch; (*schick*) smartly; ♪ ***~ spielen*** play very lively music; ***~ leben*** lead a fast life; ***es geht ihm ~ von der Hand*** he's very fast (at it); ***es geht ~ voran*** things are getting on nicely; ***das Geschäft geht ~*** business is doing well; ***~ geschrieben*** (***gemacht*** *etc.*) punchy; **~bekommen** *v/t.* set afloat; (*Auto etc.*) get *a car etc.* going (again); (*Unternehmen etc.*) get *a company etc.* back on its feet (again).

Flotte *f* ⚓ fleet.

Flotten|abkommen *n* naval agreement; **~chef** *m* fleet commander; **~manöver** *pl.* naval manoeuvres (*Am.* maneuvers); **~stützpunkt** *m* naval base; **~verband** *m* naval formation.

flott gehend *adj. Geschäft*: brisk, lively *trading*.

Flottille *f* ⚓ flotilla.

flott|kriegen *v/t.*, **~machen** *v/t.* → ***flottbekommen.***

flottweg F *adv.* quickly; (*ohne Unterbrechung*) nonstop.

Flöz *m geol. u.* ⚒ seam.

Fluch *m* curse (*a. Plage*); (*Kraftausdruck*) swearword; ***unter e-m ~ stehen*** be under a curse; ***mit e-m ~ belegen*** put a curse on; ***zum ~ für die Menschheit werden*** become the curse of mankind; **fluchen** *v/i.* curse; (*Kraftausdrücke benutzen*) swear; ***~ auf*** curse; ***~ wie ein Landsknecht*** (*od.* ***Fuhrknecht***) swear like a trooper.

Flucht *f* **1.** flight (***vor*** from); *e-s Gefangenen u. psych.*: escape; ***auf der ~*** while fleeing, *Gefangener*: while attempting to escape, on the run; ***die ~ ergreifen*** → ***flüchten; in die ~ schlagen*** put to flight; ***das ist die ~ vor der Verantwortung*** that's trying to evade responsibility; ***er versuchte es mit der ~ in den Alkohol*** he tried alcohol (*od.* he turned to drink) as an escape; ***die ~ in die Öffentlichkeit*** *etc.* ***antreten*** resort to publicity *etc.*; ***die ~ nach vorn antreten*** take the bull by the horns; ***wir müssen die ~ nach vorn antreten*** *a.* attack is the best means of defen|ce (*Am.* -se); **2.** ☤ (*Kapital*~ *etc.*) flight; **3.** (*Zimmer*~) suite; (*Treppen*~) flight; **4.** △, ⚙ straight line.

fluchtartig I. *adj.* hasty, hurried; **II.** *adv.* in a hurry; ***~ verlassen*** leave *a place* in a hurry, make a quick getaway from,

beat a hasty retreat from; ~ ***davonrennen***, F ~ ***abhauen*** beat a hasty retreat, F scarper.
Flucht|auto *n* getaway car; **~bewegung** *f* tide of refugees.
flüchten I. *v/i.* flee (**vor** from); (*weglaufen*) run away; *Gefangener*: escape (*a. fig.*); **II.** *v/refl.*: ***sich*** ~ flee; ***sich zu j-m*** ~ take refuge with s.o.; ***sich in*** *ein Haus etc.* ~ take shelter in; *fig.* ***sich in et.*** ~ resort to s.th., turn to s.th. as a means of escape.
Flucht|gefahr *f* ⚖ danger of absconding; **~helfer** *m pol.* escape agent; F people smuggler; **~hilfe** *f* escape aid.
flüchtig I. *adj.* **1.** (*eilig*) quick; (*oberflächlich*) superficial; (*nicht sorgfältig*) careless *work*, cursory *glance*; (*vage*) vague, hazy; *Augenblick*: fleeting; ***~e Bekanntschaft*** (***Bemerkung***) passing acquaintance (remark); (***j-m***) ***e-n ~en Besuch machen*** briefly drop in (on s.o.); ***~er Eindruck*** fleeting impression; ***~er Einblick*** glimpse (***in*** of); **2.** (*entflohen*) escaped, fugitive; ⚖ ~ ***werden*** abscond; ***~er Schuldner*** F fly-by-night; **3.** ⚗, *Computer*: volatile; **II.** *adv.* quickly *etc.*; → I; ~ ***bemerken*** (*od.* ***erwähnen***) mention in passing; ~ ***durchlesen*** skim over; ~ ***bekannt sein mit j-m*** vaguely know s.o.; **Flüchtige(r)** *m* fugitive, runaway; **Flüchtigkeit** *f* **1.** (*Vergänglichkeit*) transitoriness, fleetingness; **2.** ⚗ volatility.
Flüchtigkeitsfehler *m* careless mistake, slip.
Fluchtkapital *n* flight capital.
Flüchtling *m* refugee.
Flüchtlings|lager *n* refugee camp; **~strom** *m* stream (*od.* influx) of refugees; → *a.* **~welle** *f* tide of refugees.
Flucht|linie *f* △ alignment; *opt.* vanishing line; **~punkt** *m opt.* vanishing point; **~verdacht** *m*: ***es besteht*** ~ the prisoner is likely to try and escape; **~versuch** *m* escape (*od.* breakout) attempt, attempted escape; ***e-n*** ~ ***unternehmen*** attempt to escape (*od.* break out); **~wagen** *m* getaway car; **~weg** *m* escape route.
Fluchwort *n* swear word.
Flug *m* flight; ***im*** ~ *Vogel*: in flight; *fig.* (***wie***) ***im ~(e)*** (*schnell*) very quickly; ***die Woche verging wie im ~(e)*** *a.* the week just flew by (*od.* went by just like that, went by in no time); **~abfertigung** *f* handling of flights; **~abkommen** *n* air agreement; **~abwehr** *f* air defen|ce (*Am.* -se); *in Zssgn* anti-aircraft ...; **~angst** *f* fear of flying; **~asche** *f* flue ash; **~bahn** *f* trajectory; ✈ flight path; **~ball** *m Sport*: volley; **~begleiter** *m* flight attendant; **~benzin** *n* aviation fuel (*Am. a.* gasoline); **~bereich** *m* flying range; **≈bereit** *adj.* ready for takeoff; **~betrieb** *m* air traffic; **~blatt** *n* leaflet; *hist.* broadsheet; **~datenschreiber** *m* flight recorder, black box; **~dauer** *f* flying time; **~drache** *m zo.* flying dragon; **~eigenschaften** *pl.* ✈ flying characteristics.
Flügel *m* wing; *des Propellers, Ventilators*: blade; *e-r Windmühle*: sail; ⚘ wing, side petal; (*Lungen≈*) lobe; (*Tür≈*) door; (*Gebäude≈*) wing; (*Altar≈*) panel; (*Klavier*) grand piano; ⚔ flank; *Sport u. pol.*: wing; ***mit den ~n schlagen*** flap (*größerer Vogel*: beat) its wings; *fig.* ***die*** ~ ***hängen lassen*** a) lose heart, b) be down in the mouth; ***j-m die*** ~ ***beschneiden*** (*od.* ***stutzen***) clip s.o.'s wings; ***auf den ~n der Fantasie*** on the wings of fantasy; **~altar** *m* winged altarpiece; ***dreiteiliger*** ~ triptych; **~fenster** *n* casement window; **≈förmig** *adj.* wing-shaped; **~horn** *n* ♪ flugelhorn; **~kampf** *m pol.* factional dispute (*a. pl.* fighting); **≈lahm** *adj.* **1.** *Vogel*: broken-winged, *Ente*: *a.* lame; ***~er Vogel*** *a.* bird with a broken wing; **2.** *fig.* (*mutlos*) dejected; (*ohne Schwung*) weary; ***er ist*** ~ *a.* the fizz has gone out of him; **≈los** *adj.* wingless; **~mutter** *f* ⚙ wing nut; **~ross** *n myth.* winged horse; **~schlag** *m* flapping (*od.* beating) of wings; **~schraube** *f* ⚙ wing screw; **~spannweite** *f* wingspan; **~spitze** *f* wing tip; **~stürmer** *m Sport*: winger; **~tür** *f* double door(s *pl.*).
Flug|entfernung *f* flying distance; **~erfahrung** *f* flying experience; **≈fähig** *adj.* *Vogel*: able to fly; ✈ (*einsatzbereit*) airworthy; **~feld** *n* airfield.
Fluggast *m* (air) passenger; **~abfertigung** *f* passenger clearance; (*Schalter*) check-in desk.
flügge *adj.* fully fledged; ~ ***werden*** fledge, *fig. Person*: begin to stand on one's own two feet.
Flug|gerät *n coll.* (military) aircraft; **~geschwindigkeit** *f* flying speed; **~gesellschaft** *f* airline (company), carrier.
Flughafen *m* airport; **~bereich** *m* airport area; ***im*** ~ *a.* near (*od.* around) the airport; **~bus** *m* airport shuttle bus; **~gebühr** *f a. pl.* airport tax; **~gelände** *n* airport; **~hotel** *n* airport hotel; **~nähe** *f*: ***in*** ~ near the (*od.* an) airport; **~polizei** *f* airport security *sg.* (*mst pl. konstr.*); **~restaurant** *n* airport restaurant; **~verwaltung** *f* airport authorities *pl.*
Flug|halle *f* **1.** hangar; **2.** (*Terminal*) terminal; **~höhe** *f* ✈ (flying) altitude; **~ingenieur** *m* flight engineer; **~kapitän** *m* (flight) captain; **~karte** *f* **1.** (air) ticket; **2.** aeronautical chart; **≈klar** *adj.* ready for takeoff; **~komfort** *m* in-flight amenities *pl.* (*od.* service); **~körper** *m* projectile; **~kraftstoff** *m* aviation fuel (*Am. a.* gasoline); **~lärm** *m* aircraft noise, *the* sound of aircraft taking off and landing; **~lehrer** *m* flying instructor; **~leiter** *m* air traffic controller; **~leitung** *f* air traffic control; **~linie** *f* **1.** (*Gesellschaft*) airline (company), carrier; **2.** (*Strecke*) (air) route; **3.** (*Flugbahn*) flight path; **~lotse** *m* air traffic controller; **~nummer** *f* flight number; **~objekt** *n*: ***unbekanntes*** ~ unidentified flying object, UFO; **~passagier** *m* (air) passenger; **~personal** *n* crew; **~plan** *m* (flight) schedule, timetable; **~platz** *m* airfield, *großer*: airport; **~praxis** *f* flying experience; **~preis** *m* (air) fare; **~prüfung** *f* flying test; **~reise** *f* journey by air; **~reisende(r)** *m* air travel(l)er; (*Passagier*) (air) passenger; **~reservierung** *f* flight reservation.
flugs *obs. adv.* swiftly; (*sofort*) at once, instantly.
Flug|sand *m* drifting (*od.* windborne) sand; **~schalter** *m* flight desk; **~schanze** *f* (ski) jump; **~schau** *f* air show; **~schein** *m* **1.** (air *od.* flight) ticket; **2.** pilot's licen|ce (*Am.* -se); **~schneise** *f* approach corridor; **~schreiber** *m* flight recorder, black box; **~schrift** *f* leaflet, pamphlet; **~sicherheit** *f* air safety; **~sicherung** *f* air traffic control; **~simulator** *m* flight simulator; **~sport** *m* (sport) flying; **~steig** *m* jetway, airgate; **~strecke** *f* (air) route; *zurückgelegte*: distance flown (*od.* covered); (*Etappe*) leg; **~stunde** *f* **1.** flying hour; **2.** ***nach zwei ~n waren wir da*** we arrived after a two-hour flight, we were there in two hours; **3.** (*Unterricht*) flying lesson; **~stützpunkt** *m* airbase; **≈tauglich** *adj.* fit to fly; *Flugzeug*: airworthy; **~technik** *f* aeronautics *pl.* (*sg. konstr.*); ⚙ aircraft engineering; *des Piloten*: flying technique; **~techniker** *m* aeronautical engineer; **≈technisch** *adj.* aeronautical; **~ticket** *n* (air *od.* flight) ticket; **≈tüchtig** *adj.* airworthy; **~überwachung** *f* air traffic control; **~verbindung** *f* air connection; ***gibt es e-e*** (***direkte***) ***~?*** can you fly there? (is there a direct flight?); **~verbot** *n* ban on flying; *für Flugzeug*: grounding order; ~ ***erhalten*** be grounded; **~verbotszone** *f* no-fly zone; **~verkehr** *m* air traffic; *planmäßiger*: air services *pl.*; **~versuch** *m* attempt to fly; ✈ flight test; **~wesen** *n* aviation, aeronautics *pl.* (*sg. konstr.*), flying; **~wetter** *n* flying weather; **~wetterdienst** *m* aviation weather service; **~zeit** *f* flying time; ***wie ist die*** ~ ***nach X?*** how long is the flight to X?
Flugzeug *n* (aero)plane, *Am.* (air)plane; *a. pl. coll.* aircraft; **~absturz** *m* air (*od.* plane) crash; **~abwehr** *f* anti-aircraft defen|ce (*Am.* -se); **~bau** *m* aircraft construction; **~besatzung** *f* (air *od.* flight) crew; **~entführer** *m* hijacker, *bsd. Am. a.* skyjacker; **~entführung** *f* hijacking, *bsd. Am. a.* skyjacking; **~führer** *m* pilot; *zweiter*: co-pilot; **~halle** *f* hangar; **~industrie** *f* aircraft industry; **~katastrophe** *f* air(line) disaster; **~konstrukteur** *m* aircraft designer; **~modell** *n* model aeroplane (*Am.* airplane); **~träger** *m* aircraft carrier; **~typ** *m* model (of plane); **~unglück** *n* air (*od.* plane) crash, air(line) disaster; **~wrack** *n* wreck of an (*od.* the) aeroplane (*Am.* airplane), wrecked plane; aircraft wreck.
Flugziel *n* destination.
Fluidum *n* fluid; *fig.* aura, air.
Fluktuation *f* fluctuation; *im Personal*: turnover; **fluktuieren** *v/i.* fluctuate; ***~de Preise*** price fluctuations, fluctuations in price.
Flummi *m* bouncing (rubber) ball, spring-ball.
Flunder *f* flounder.
Flunkerei *f* **1.** story, *coll.* stories *pl.*; **2.** (*Flunkern*) storytelling; (*Prahlerei*) bragging; **flunkern** *v/i.* tell stories (*od.* fibs); (*prahlen*) brag.
Flunsch *dial. m*: ***e-n*** ~ ***ziehen*** pull a face.
Fluor *n* **1.** fluorine; *als Trinkwasserzusatz etc.*: fluoride; **2.** (*Ausfluss*) discharge.
Fluorchlorkohlenwasserstoff *m* ⚗ chlorofluorocarbon, CFC.
Fluoreszenz *f* fluorescence; **fluoreszieren** *v/i.* fluoresce; **fluoreszierend** *adj.* fluorescent.
Fluorid *n* fluoride.
Fluoroskop *n* ⚕ fluoroscope.
Fluor|säure *f* fluoric acid; **~wasserstoff** *m* hydrogen fluoride.
Flur[1] *m* (*Haus≈*) hall; (*Gang*) corridor; ***auf dem*** ~ in the corridor.
Flur[2] *f* open fields *pl.*; (*Dorfmark*) village land(s *pl.*); ***durch Wald und*** ~ through fields and meadows; *fig.* ***allein auf weiter*** ~ ***sein*** be on one's own, be all alone (with no-one to turn to); ***da bist du allein auf weiter*** ~ *a.* F you'll be going it alone; **~bereinigung** *f* land consolidation; *fig.* settling of disputes, smoothing over of difficulties; **~name**

F

m field name; **~schaden** *m a. pl.* crop damage.

Fluss *m* **1.** river; *kleiner*: stream, *Am. a.* creek; **2.** (*das Fließen*) flow(ing); *fig. der Rede, des Verkehrs etc.*: flow; *fig.* **im ~** in (a state of) flux; ***in ~ bringen*** get *s.th.* going (*od.* under way); ***in ~ kommen*** get going, get under way, get into its stride; **≈abwärts** *adv.* down the river, downriver, downstream; **~arm** *m* arm of a (*od.* the) river; **≈aufwärts** *adv.* up the river, upriver, upstream; **~bau** *m* river engineering; **~bett** *n* riverbed.

Flüsschen *n* (little) stream, *Am.* creek.

Fluss|dampfer *m* riverboat; **~diagramm** *n* flowchart; **~fisch** *m* river fish; **~gebiet** *n* river basin; **~hafen** *m* river port.

flüssig I. *adj.* liquid; (*geschmolzen*) molten, melted; ☤ liquid, available *capital etc.*; *fig. Stil etc.*: fluent, flowing; ♪ *Spiel*: smooth; ***~ machen, ~ werden*** liquefy, melt; → ***flüssig machen***; **II.** *adv.* in liquid form; *fig.* fluently; *Verkehr etc.*: smoothly; *fig.* ***sich ~ lesen*** *Buch etc.*: read well.

Flüssig|ei *n* liquid egg; **~gas** *n* liquid gas.

Flüssigkeit *f* **1.** liquid; ***viel ~ zu sich nehmen*** drink plenty of liquids; **2.** (*Zustand*) liquidity; *fig. des Stils*: fluency, flow; ♪ *des Spiels*: smoothness.

Flüssigkeits|bremse *f mot.* hydraulic brake; **~grad** *m* liquidity; ⚗ viscosity; **~maß** *n* liquid measure.

Flüssigkristallanzeige *f* liquid crystal display, LCD.

flüssig machen *v/t.* ☤ mobilize.

Fluss|insel *f* river island; **~krebs** *m* (freshwater) crayfish, *Am. a.* crawfish; **~landschaft** *f* **1.** river country; **2.** countryside (*od.* terrain) through which a (*od.* the) river flows; **3.** *Kunst*: riverscape; **~lauf** *m* course of a (*od.* the) river; **~mündung** *f* mouth (of a *od.* the river), estuary; **~netz** *n* river network (*od.* system); **~niederung** *f* river plain; **~pferd** *n* hippopotamus; **~regulierung** *f* river control; **~säure** *f* ⚗ hydrofluoric acid; **~schiff** *n* riverboat; **~schifffahrt** *f* river navigation (*od.* traffic); **~spat** *m* fluorite, fluorspar; **~tal** *n* river valley; **~ufer** *n* riverbank, riverside; **~verlauf** *m* course of a (*od.* the) river; **~verschmutzung** *f* river pollution.

Flüster|galerie *f* whispering gallery; **~kampagne** *f* whispering campaign.

flüstern I. *v/i.* (speak in a) whisper; ***du brauchst nicht zu ~*** there's no need to whisper; **II.** *v/t.* whisper; ***j-m et.*** (***ins Ohr***) **~** whisper s.th. to s.o. (into s.o.'s ear); *fig.* F ***dem werd ich was ~*** I'll tell him a thing or two; F ***das kann ich dir ~!*** you can take it from me; **III.** ≈ *n* whisper(ing); ***ein ~*** a whisper, (some) whispering.

Flüster|parole *f* whispered word (*od.* message); **~propaganda** *f* subversive propaganda; **~stimme** *f*: ***mit ~*** → **~ton** *m*: (***im ~*** in a) whisper; **~tüte** F *f* megaphone; **~witz** *m* underground joke.

Flut *f* (*Ggs. Ebbe*) (high) tide; (*Wogen*) waves *pl.*; (*Wassermassen*) waters *pl.*; (*Überschwemmung*) flood (*a. fig. von Tränen*); *fig. von Leuten*: (great) crowd, hordes *pl.*; *von Flüchtlingen*: tide; *von Worten*: torrent, stream; *von Protesten*: flood, avalanche; ***die ~ kommt*** (***geht***) the tide is coming in (going out); ***es ist ~*** the tide is in; *fig.* ***mit e-r ~ von Zuschriften überschüttet werden*** be inundated with letters; ***e-e ~ von Schimpfwörtern ergoss sich über ihn*** a torrent of abuse rained down on him; **fluten I.** *v/i.* surge, *a. Licht*: stream, pour; *fig. Menschen*: pour, *a. Verkehr*: stream; **II.** *v/t.* flood.

Flut|grenze *f* high water mark; **~hafen** *m* tidal harbo(u)r; **~katastrophe** *f* flood disaster.

Flutlicht *n* floodlights *pl.*; ***bei ~*** under floodlight; **~anlage** *f* floodlights *pl.*, floodlighting.

Flutlinie *f* high water mark.

flutschen F *v/i.* slip; *fig. Arbeit*: go very well; ***es flutscht nur gerade so*** it's (*od.* things are) going like clockwork; ***es flutscht nicht recht*** it's hard going; ***es ist mir aus der Hand geflutscht*** *a.* F it just sort of fell.

Flutwelle *f* tidal wave.

Fock *f*, **~mast** *m* foremast; **~segel** *n* foresail.

Föderalismus *m* federalism; **föderalistisch** *adj.* federalistic; *Staatsaufbau etc.*: federal; **Föderation** *f* (con)federation, confederacy; **föderativ** *adj.* federative, federal.

fohlen *v/i* foal; **Fohlen** *n* foal; *männliches*: colt; *weibliches*: filly.

Föhn *m* **1.** (*Wind*) foehn, föhn; ***bei ~*** when there's foehn (*od.* föhn); ***heute haben wir ~*** it's foehn (*od.* föhn) today; **2.** (*Haartrockner*) hair drier; **föhnen** *v/t.* (blow-)dry; **föhnig** *adj.* foehn ..., föhn ...; **Föhnwetter** *n* foehn (*od.* föhn) weather.

Föhre *f* pine (tree).

Fokus *m*, **fokussieren** *v/t. phys.*, ⚕ focus.

Folge *f* (*Aufeinander≈*) sequence, succession; (*Reihen≈*) order; (*Reihe, Serie*) series; (*Fortsetzung*) *e-s Romans etc.*: instal(l)ment, *e-r Fernsehreihe*: part, (*bsd. zweiter Teil*) sequel; (*Heft, Ausgabe*) number, issue; (*Ergebnis*) result, consequence, (*Wirkung*) *a.* effect; (*ernste Nachwirkung, Kriegs≈ etc.*) aftermath; ⚕ aftereffect; (*logische ~*) consequence, *a. phls.* corollary; ♪ sequence; ***in der ~*** subsequently; ***in rascher ~*** in rapid succession; *Roman, Fernsehfilm etc.* ***in mehreren ~n*** in instal(l)ments; (***üble***) ***~n haben*** have (unpleasant) consequences; ***die ~n tragen*** bear the consequences; ***ohne ~n bleiben*** have no consequences; ***es blieb ohne ~n*** *a.* there were no consequences; ***die ~n blieben nicht aus*** it wasn't without (its) consequences; ***zur ~ haben*** result in, lead to; ***als ~ davon*** as a result; ***die ~ war, dass*** the outcome (F upshot) was that; ***sie starb an den ~n des Unfalls*** she died as a result of the accident; ***~ leisten*** a) (*e-m Gesuch*) grant, b) → ***folgen*** 6; → ***zwanglos***; **~erscheinung** *f* consequence; ⚕ aftereffect; **~kosten** *pl.*, **~lasten** *pl.* follow-up costs.

folgen *v/i.* **1.** follow (*a. weitS. mit den Blicken, zuhören, entlanggehen, verstehen*); ***der Rede folgte ein Empfang*** the speech was followed by a reception; ***ein Unglück folgte dem andern*** it was one disaster after the other; ***j-m auf Schritt und Tritt ~*** dog s.o.'s footsteps; ***Brief folgt*** letter will follow; ***weitere Einzelheiten ~*** further details to come; ***es folgt ...*** we now have ..., and now ...; ***wie folgt*** as follows; ***können Sie*** (*geistig*) ***~?*** do you follow me?; ***ich kann Ihnen da***(***rin***) ***nicht ~*** (*zustimmen*) I can't agree with you there; ***mit dem Finger ~*** (*Route etc.*) trace with one's finger; → ***Fortsetzung***; **2.** *als Nachfolger*: succeed, follow; **3.** (*j-m*) *im Rang etc.*: follow, come after; ***auf Platz 3 folgt ...*** in third place we have ..., third is (*od.* are) ...; **4.** (*sich ergeben*) follow, ensue (**aus** from); ***daraus folgt, dass*** it follows (from this) that; **5.** (*sich richten nach*) follow (*a. e-r Eingebung, e-m Gefühl*); ***j-s Beispiel ~*** follow s.o.'s example; ***j-s Rat ~*** follow (*od.* take) s.o.'s advice; ***s-m Gefühl ~*** a) do what one's heart tells one, b) do what one feels is best; **6.** (*Folge leisten*) (*e-m Befehl etc.*) obey; (*e-r Aufforderung etc.*) comply with, carry out; (*e-r Einladung*) accept; (***j-m***) ***aufs Wort ~*** a) obey (s.o.) instantly, b) obey (s.o.) to the letter; **7.** F (*folgsam sein*) obey; ***nicht ~*** disobey; ***er folgt nicht*** he (just) won't listen; **folgend** *adj.* following; (*darauf erfolgend*) *a.* ensuing; (*später*) subsequent; (*nächst*) next; ***am ~en Tag*** the next (*od.* following) day, the day after; ***im ≈en*** in the following; ... ***lautet ~ ...*** reads as follows; ***es handelt sich um ≈es*** the matter is as follows, F what it's (all) about is this; ***dazu möchte ich ≈es sagen*** may I just make the following point (*od.* make one thing clear), the way I see it is; **folgendermaßen** *adv.* as follows.

folgenlos *adj.* without consequences; ***es blieb ~*** there were no consequences.

folgenreich *adj.* momentous; (*weit reichend*) far-reaching.

folgenschwer *adj.* (*schwerwiegend*) momentous; (*sehr ernst*) grave; (*weitreichend*) far-reaching.

folgerichtig I. *adj.* logical; (*konsequent*) consistent; **II.** *adv.*: ***~ denken*** think logically (*od.* along logical lines); **Folgerichtigkeit** *f* (logical) consistency.

folgern *v/t.* conclude (**aus** from), deduce (*s.th.* from); **Folgerung** *f* conclusion; ***e-e ~ ziehen*** draw a conclusion (**aus** from); ***daraus ergibt sich die ~, dass*** from this it follows (*od.* one may conclude) that.

Folge|satz *m ling.* consecutive clause; ♪, *phls.* corollary; **~schaden** *m* ⚖ consequential damage.

folgewidrig *adj.* illogical; inconsistent; **Folgewidrigkeit** *f* inconsistency.

Folge|wirkung *f* consequence; *pl. a.* impact *sg.*; ***e-e ~ war*** one of the consequences (it had) was ...; **~zeit** *f* period following.

folglich *cj.* (*daher*) therefore; (*also*) so.

folgsam *adj.* obedient; (*fügsam*) submissive; (*brav*) good; **Folgsamkeit** *f* obedience; submissiveness.

Foliant *m* folio; (*großes, dickes Buch*) large tome.

Folie *f* foil; (*Plastik≈*) cling film, *Am.* plastic wrap; *für Overheadprojektor*: transparency; *fig.* ***als ~ dienen*** serve as a foil (*dat.* to).

Folien|kartoffel *f* jacket potato (baked in alumin[i]um foil); **≈verpackt** *adj.* alumin(i)um-wrapped; *Plastikfolie*: cling-wrapped, *Am.* plastic-wrapped.

Folio *n*, **~blatt** *n*, **~format** *n* folio.

Folklore *f* (*Brauchtum, a. Dichtung*) folklore; (*Musik*) traditional (Brazilian *etc.*) music, folkloric music, folk (music); (*Kultur*) folk culture; **Folkloreabend** *m* evening of traditional music and dance; **folkloristisch** *adj.* *Musik*: traditional, folk(loric); *Kleidung*: traditional, ethnic; ***~e Elemente*** *a.* folk elements; ***~er Abend*** → ***Folkloreabend.***

Follikel *m physiol.* follicle; **~sprung** *m* ovulation.

Folsäure *f* folic acid.

Folter *f* torture (*a. fig.*); (*~bank*) rack; *fig.* ***es war e-e ~*** it was torture (*od.* sheer agony); ***auf die ~ spannen*** keep *s.o.* in suspense (*od.* on tenterhooks); **~bank** *f* rack; **~instrument** *n* instrument of torture; **~kammer** *f* torture chamber; **~knecht** *m* torturer; ***der General mit s-n ~en*** the general and his henchmen; **~methode** *f* method of torture.

foltern *v/t.* torture; *fig. a.* torment.

Folterqualen *pl.* agony *sg.*; *fig.* ***~ erleiden*** go through absolute agony.

Folterung *f* torture (*a. fig.*), torturing.

Folterwerkzeug *n* instrument of torture.

Fön (*TM*) *m* hair drier.

Fond *m* **1.** (*Hintergrund*) background; **2.** *mot.* back (of the car); ***im ~*** *a.* on the back seat; **3.** (*Grundlage*) basis, foundation; **4.** *gastr.* meat juice, juice from the meat.

Fondant *m, n* fondant.

Fonds *m* ⚕ (*zweckgebundene Geldsumme*) fund; (*Gelder*) funds *pl.*, capital; (*Staatspapiere*) government stocks *pl.*; *fig.* fund.

Fondue *n, f gastr.* fondu(e).

fönen → ***föhnen***.

Fono... → ***Phono...***

Font *m typ.* (*Schrift*) font.

Fontäne *f* fountain; (*Strahl*) jet of water.

Fontanelle *f anat.* fontanel(le).

foppen *v/t.* (*necken*) pull *s.o.'s* leg, F kid; (*täuschen*) fool; **Fopperei** *f* leg-pulling.

forcieren *v/t.* force; (*Lachen*) *a.* F squeeze out; **forciert** *adj.* forced.

Förde *f* firth, narrow inlet.

Förder|anlage *f* conveyor (system); **~band** *n* conveyor belt.

Förderer *m*, **Förderin** *f* promoter, sponsor; supporter; (*Mäzen*) patron (*f a.* -ess), *bsd. Am.* sponsor.

Förder|gerät *n* conveyor; **~gut** *n* material to be transported; **~korb** *m* (pit) cage; **~kreis** *m*: ***~ für ...*** society for the promotion of ...; **~kurs** *m ped.* special class; *pl. a.* special tuition *sg.*; **~leistung** *f* output, yield.

förderlich *adj.* conducive (*dat.* to); (*günstig*) beneficial (to); (*nützlich*) useful (for, to); (*wirksam*) effective; *e-r Sache* ***~ sein*** *a.* help, promote, contribute to.

Fördermenge *f* ⚒ output.

fordern *v/t.* **1.** (*verlangen*) demand (***von j-m*** of s.o.); (*erfordern*) *a.* call for; *rechtlich*: claim; (*Preis*) ask for; *fig.* (*Todesopfer etc.*) claim; ***zu viel ~*** be too demanding; ***du forderst zu viel*** you're asking too much (of me); *fig.* ***Hunderte von Todesopfern ~*** claim hundreds of lives; **2.** (*j-n anstrengen*) stretch, *stärker*: take it out of s.o., (*e-n Sportler*) push (*od.* stretch) to the limit; (***richtig***) ***gefordert werden*** be faced with a (real) challenge; ***der Job fordert ihn nicht*** the job's too easy for him, he needs a more challenging job; **3.** ***zum Duell ~*** challenge to a duel; ***vor Gericht ~*** summon before a court.

fördern *v/t.* **1.** encourage, (*a. Kunst etc.*) promote; (*unterstützen*) support; (*kultivieren*) cultivate, foster; (*e-r Sache förderlich sein*) help, be good for; → *a.* ***förderlich***; *als Gönner*: patronize, *bsd. Am. a.* sponsor; **2.** (*Öl etc.*) produce; (*befördern*) convey, transport; ⚙ (*zuführen*) feed; → ***zutage*** 1.

fordernd *adj. Blick etc.*: expectant; (*gebieterisch*) imperious.

fördernd *adj.*: ***~es Mitglied*** supporting member.

Förder|preis *m* (literary *etc.*) award; **~schacht** *m* ⚒ mine shaft; **~stufe** *f* → ***Orientierungsstufe.***

Forderung *f* demand (***nach*** for; ***an*** on); call (for); (*Anspruch*) claim (for); ⚕ (*Preis*) charge; *von Gebühren etc.*: exaction; ***~en stellen*** make demands; ***die ~ stellen, dass*** demand (*od.* insist) that; ⚕ ***e-e ~ haben an*** have a claim against (*od.* on); ***ausstehende ~en*** outstanding debts, accounts receivable.

Förderung *f* **1.** promotion; (*Unterstützung*) support; (*Kultivierung*) cultivation; (*Anregung*) stimulation; *der Künste etc.*: patronage, sponsorship; **2.** ⚒ extraction; *von Öl etc.*: production; (*Menge*) output; ⚙ (*Beförderung*) conveyance; (*Zuführung*) supply.

Förderungs|maßnahmen *pl.* incentive measures; **~mittel** *pl.* (*Gelder*) development funds; **~programm** *n* development program(me); **~würdig** *adj.* worthy of promotion (*od.* sponsorship); ***~ sein*** *a.* deserve to be promoted (*od.* sponsored).

Förderwagen *m* ⚒ (mine) car; *kleiner*: tub.

Forelle *f* trout; *gastr.* ***~ blau*** truite bleu.

Forellen|teich *m* trout pond; **~zucht** *f* **1.** trout farming; **2.** (*Anlage*) trout nursery.

forensisch *adj.* forensic(ally *adv.*).

Forke *f* pitchfork.

Form *f* **1.** form (*a. biol.*, ♣, *phys.*); *ling.* a) form, b) *aktive*, *passive*: voice; **2.** (*Gestalt*) form, shape; *e-r Sache* ***~ geben*** lend shape to; ***s-e ~ behalten*** keep its shape; ***aus der ~ geraten*** (*od.* ***kommen***) get out of shape; (***feste***) ***~(en) annehmen*** (begin to) take shape; ***in ~*** *gen.* in the form of (*a. fig.*); ***die ~ e-s Halbmonds*** *etc.* ***haben*** be in the shape of a crescent *etc.*, be shaped like a crescent *etc.*; **3.** (*konkrete ~*, *Umriss*) form, shape, outline; *Mode*: style, cut; *bsd.* ⚙ design, styling; ***weibliche ~en*** F curves; **4.** (*Modell*) model; **5.** ⚙ (*Guss~*, *Press~*) mo(u)ld, (*Spritzguss~*) die; **6.** (*Kuchen~*) tin; (*Ausstech~*) pastry cutter; **7.** *fig.* (*Art u. Weise*) form, way; ***in höflicher ~*** politely; **8.** (*~sache*, *Formalität*) formality, form; (*Förmlichkeit*) form; ***der ~ halber*** pro forma, as a matter of form; ***in aller ~*** formally, (*feierlich*) solemnly; ***sich in aller ~ entschuldigen*** make a formal apology; **9.** (*guter Ton*) good form; **10.** (*Konvention*) convention(s *pl.*), etiquette; ***der ~ halber*** to keep up appearances; ***die ~ wahren*** observe the proprieties, F stick to the rules; **11.** *pl.* (*Manieren*) manners; **12.** *Sport*: condition, shape, *a. weitS.* form; ***in*** (***guter***) ***~*** in good form (*Sport*: *a.* shape, condition); ***in bester ~*** in top form; ***nicht in ~*** off form, not in form; ***in ~ bleiben, sich in ~ halten*** keep in form (*Sport*: *a.* shape); ***in ~ kommen*** get into shape; ***in ~ bringen*** get *s.o.* into shape; ***nicht mehr in ~ sein*** be out of shape.

formal **I.** *adj.* formal; ***in ~er Hinsicht*** formally, from a formal point of view; ⚖ ***~er Einwand*** technical objection; **II.** *adv.* formally; ***~ und inhaltlich*** in form and content.

Formaldehyd *n* formaldehyde.

Formalie *f* formality.

Formalin *n* ⚗ formalin.

formalisieren *v/t.* formalize; **Formalismus** *m* formalism; **Formalist** *m* formalist; **formalistisch** *adj.* formalist(ic); **Formalität** *f* formality.

Format *n* **1.** format, size; **2.** *fig.* stature, calib|re (*Am.* -er); ***er hat kein ~*** he hasn't got the personality it takes; ***ein Mann*** (***e-e Frau***) ***von ~*** a man (woman) of stature (*od.* substance); ***ein Musiker von internationalem ~*** a musician of international standing (*od.* stature).

formatieren *v/t. Computer*: format; ***e-e Diskette ~*** format a disc; **formatiert** *adj.* formatted; **Formatierung** *f* formatting.

Formations|flug *m* formation flying; *konkret*: formation flight; **~tanz** *m* formation dancing.

formativ *adj.* formative.

Formatvorlage *f Computer*: style (sheet).

formbar *adj. metall. u. fig.* malleable.

formbeständig *adj.* shape-retaining; *Synthetik*: dimensionally stable; ***~ sein*** *a.* keep its shape.

Form|blatt *n* form; **~brief** *m* form letter.

Formel *f* formula; (*Redensart*) (set) phrase; (*Eides~*) wording; ***auf e-e ~ bringen*** bring down to a simple formula.

Formel-1|-Fahrer *m* Formula-one racing driver; **~-Rennen** *n* Formula-one racing (*konkret*: race); **~-Wagen** *m* Formula-one racing car.

formelhaft *adj.* stereotyped.

formell **I.** *adj.* formal; ***sehr ~ sein*** *Person*: *a.* stand on ceremony; **II.** *adv.* formally; (*der Form halber*) as a matter of form; ***~ leitet sie das Projekt*** officially she's in charge of the project.

Formelwagen *m* formula car.

formen *v/t.* form, shape (*beide a.* ***sich ~***) (***aus*** out of, from; ***zu*** into); ⚙ mo(u)ld, shape; (*Gedanken*, *Satz*) form; (*j-n*, *Charakter*) form, mo(u)ld.

Formen|lehre *f* **1.** *Wortbildung*: morphology, *Grammatik*: *a.* accidence; **2.** ♪ theory of musical forms; **~reichtum** *m* (great *od.* rich) variety of forms, multitude of forms.

Former *m* mo(u)lder.

Form|fehler *m* irregularity; ⚖ formal defect; *gesellschaftlicher*: faux pas; **~frage** *f* question of form; **~gebung** *f* ⚙ styling, design; **~gerecht** *adj.* correct; ⚖ in proper form; **~gestalter** *m* designer; **~gestaltung** *f* styling, design.

formieren *v/t. u. v/refl.* (***sich ~***) form; ⚔ line up.

förmlich **I.** *adj.* **1.** formal; (*feierlich*) ceremonious; (*sehr genau*) punctilious; **2.** F (*regelrecht*) F regular; **II.** *adv.* **3.** formally; **4.** (*regelrecht*, *buchstäblich*) literally; (*wirklich*) really; **Förmlichkeit** *f* **1.** *konkret*: formality; **2.** *des Verhaltens etc.*: formality; ***keine ~en!*** we don't stand on ceremony around here.

formlos *adj.* **1.** shapeless, amorphous; **2.** (*zwanglos*) informal; **3.** ⚖ informal, formless; **Formlosigkeit** *f* **1.** shapelessness; **2.** (*Zwanglosigkeit*) informality.

Formsache *f* matter of form; (***e-e reine ~*** a mere) formality.

formschön *adj.* ⚙ beautifully designed, very stylish; **Formschönheit** *f* (a)esthetic design.

Formtief *n Sport*: ***ein ~ haben*** be off form.

Formular *n* form; → *a.* ***Fragebogen.***

formulieren *v/t.* formulate; (*Gedanken etc.*) *a.* express, put into words; (*Brief etc.*) formulate, word; ***neu ~*** rephrase, reword; ***knapp ~*** sum *s.th.* up in a few words (*od.* briefly); ***ich weiß nicht, wie ich es ~ soll*** I don't know how to put it;

das hast du treffend formuliert I couldn't have put it better myself; (*a. v/i.*) ***wenn ich (es) mal so ~ darf*** if I may put it like that; **Formulierung** *f* formulation; wording, phrasing.

Formung *f* formation; forming, shaping.

Formveränderung *f* change in (*od.* of) form; *bsd. kleinere*: modification.

formvollendet *adj.* perfectly shaped, finished; *Benehmen etc.*: perfect, immaculate, flawless.

formwidrig *adj.* **1.** irregular; **2.** (*verletzend*) offensive; **Formwidrigkeit** *f* **1.** irregularity; **2.** (*Verletzung*) breach of form (*od.* etiquette).

F

forsch I. *adj.* F very get up and go; (*dreist*) brash; **II.** *adv.*: ***~ auftreten*** have a very self-confident manner.

forschen *v/i.* **1.** *wissenschaftlich*: do research (***auf dem Gebiet*** *gen.* on, in the field of); ***~ in*** search in (*od.* through), investigate; **2.** ***~ nach*** search for; ***nach den Ursachen braucht man nicht lange zu ~*** you don't have to look far to find the reasons; **forschend** *adj. Blick*: searching; (*fragend*) questioning, inquiring.

Forscher *m* researcher; (*Naturwissenschaftler*) scientist; (*Entdecker*) explorer; **~drang** *m* intellectual curiosity; **~geist** *m* intellectual curiosity, inquiring mind; ***sie ist ein ~*** she likes to get to the bottom of things.

Forschheit *f* brashness; dash, F pep, go.

Forschung *f* **1.** *a. pl.* research (work); ***~en betreiben*** do research (work); ***~ u. Entwicklung*** research and development, R&D; **2.** *coll.* (*Forscher*) researchers *pl.*, *naturwissenschaftliche*: scientists *pl.*

Forschungs|arbeit *f* research work; **~auftrag** *m* research assignment; **~bereich** *m* field of research; **~bericht** *m* research report; **~ergebnis** *n* result(s *pl.*) of the research; **~freijahr** *n* sabbatical; ***ein ~ haben*** be on sabbatical; **~gebiet** *n* field of research; **~gegenstand** *m* object of research; **~institut** *n* research institute; **~labor(atorium)** *n* research lab(oratory); **~programm** *n* research program(me); **~projekt** *n* research project; **~reaktor** *m* research reactor; **~reise** *f* **1.** expedition; **2.** research trip; **~reisende(r)** *m* explorer; **~satellit** *m* research satellite; **~schiff** *n* research vessel; **~semester** *n* (half-year) sabbatical; ***ein ~ haben*** be on sabbatical; **~station** *f* research station; **~stipendium** *n* research scholarship (*od.* grant, fellowship); **~urlaub** *m* sabbatical; ***im ~ sein*** be on sabbatical; **~vorhaben** *n* research project; **~zentrum** *n* research cent|re (*Am.* -er).

Forst *m* forest; **~amt** *n* forestry office.

Förster *m* forester.

Forst|fach *n* forestry; **~frevel** *m* infringement of forest laws; **~revier** *n* forest district; **~verwaltung** *f* forestry commission; **~wesen** *n* forestry; **~wirt** *m* forestry engineer; **~wirtschaft** *f* forestry; **≈wirtschaftlich** *adj.* forest *property etc.*; **~wissenschaft** *f* forestry.

fort *adv.* **1.** (*abwesend*) away, (*a. verschwunden*) gone; ***sie sind schon ~*** they've already left (*od.* gone); → *a.* ***weg***; **2.** (*verloren*) gone; ***der Wagen ist ~*** the car is (*od.* has) gone; **3.** ***und so ~*** and so on (*od.* forth); ***in einem ~*** continuously, without interruption (*od.* stopping); ***er redete in einem ~*** *a.* he wouldn't stop talking, F he just went on and on.

Fort *n* fort.

fort... → *a. Zssgn mit* ***weg...***

fortan *adv.* henceforth, from now on.

Fortbestand *m* continued existence, continuance; *e-r Einrichtung etc.*: survival; **fortbestehen I.** *v/i.* continue (to exist), survive; *Kunstwerk etc.*: live on; **II.** ≈ *n* → ***Fortbestand.***

fortbewegen I. *v/t.* move (away); **II.** *v/refl.*: ***sich ~*** move; *Fahrzeug*: move (along); (*gehen*) walk; ***sich nur mit Mühe ~ können*** *Person*: have great difficulty walking; **Fortbewegung** *f* movement, (loco)motion; **Fortbewegungsmittel** *n* means of locomotion.

fortbilden I. *v/t.*: ***j-n ~*** further s.o.'s education; *beruflich*: give s.o. further (vocational) training; **II.** *v/refl.*: ***sich ~*** further one's education; *in Abendkursen*: do evening classes; do a course *in s.th.*; ***sich (beruflich) ~*** do further (vocational) training; **Fortbildung** *f* continuing education; ***(berufliche) ~*** further (vocational) training; **Fortbildungskurs** *m* (further training) course.

fort|bleiben I. *v/i.* stay away; **II.** ≈ *n* absence; **~bringen I.** *v/t.* take away; *von der Stelle*: move; **II.** *v/refl.*: ***sich ~*** make a living.

Fortdauer *f* continuation; **fortdauern** *v/i.* continue, last; **fortdauernd I.** *adj.* lasting; (*ständig*) continuous; *Zahlungen etc.*: recurrent; **II.** *adv.* continuously.

fortdürfen *v/i.* be allowed to go (*od.* leave).

forte *adv.*, ≈ *n* ♪ forte.

fort|eilen *v/i.* hurry away; **~entwickeln** *v/t.* → ***weiterentwickeln*** I; **~fahren** *v/i.* **1.** leave, go away; *mit dem Auto*: *a.* drive off (*od.* away); (*e-n Ausflug machen*) go off for the day; (*e-e Reise machen*) go off on a trip (*od.* on holiday); **2.** (*et. fortsetzen*) continue, carry on; ***~ zu*** *inf.* continue *ger.* (*od.* to *inf.*), carry (*od.* go, keep) on *ger.*; ***mit s-r Erzählung ~*** continue (with) *od.* resume one's story; ***fahren Sie fort!*** go on; **~fallen** *v/i.* → ***wegfallen***; **~fliegen** *v/i.* fly away (*od.* off).

fortführen *v/t.* **1.** lead away; **2.** (*fortsetzen*) go on with, continue; (*Geschäft, Krieg*) carry on; (*wieder aufnehmen*) resume; **Fortführung** *f* continuation; (*Wiederaufnahme*) resumption.

Fortgang *m* (*Fortschreiten*) progress; (*Weiterentwicklung*) *a.* further development; (*Fortsetzung*) continuation; *lit.* (*Weggehen*) departure; ***s-n ~ nehmen*** progress; **fortgehen** *v/i.* **1.** go (away), leave; **2.** (*weitergehen*) go on.

fortgeschritten *adj.* advanced; ***Kurs für ≈e*** advanced course; ***in e-m ~en Stadium*** at an advanced stage; ***Krebs im ~en Stadium*** terminal cancer; ***in e-m ~en Alter sein*** be fairly advanced in years; ***zu ~er Stunde*** at a very late hour, (*nach Mitternacht*) *a.* in the small (*od.* wee) hours.

fortgesetzt I. *adj.* continued; **II.** *adv.* continually.

fort|jagen *v/t.* chase away; (*j-n*) F kick *s.o.* out; **~kommen I.** *v/i.* **1.** get away; ***mach, dass du fortkommst!*** get out of here; **2.** *fig.* get on; **II.** ≈ *n* progress; (*Unterhalt*) living; *gesellschaftliches*: advancement; ***berufliches ~*** career, professional advancement; **~lassen** *v/t.* **1.** (*j-n*) let *s.o.* go; **2.** (*auslassen*) leave out.

fortlaufen *v/i.* **1.** run away (***[vor] j-m*** from s.o.); **2.** (*weitergehen*) continue; **fortlaufend I.** *adj.* continuous, running; **II.** *adv.* continuously; ***~ nummeriert*** numbered consecutively.

fort|leben I. *v/i.* live on; **II.** ≈ *n* survival; **~machen** F *v/refl.*: ***sich ~*** (*wegeilen*) F clear off; **~müssen** *v/i.* have to go; ***das muss fort*** it's got to go, we've got to get rid of it.

fortpflanzen I. *v/t. biol.* propagate, reproduce; *phys.* transmit; *fig.* spread; **II.** *v/refl.*: ***sich ~*** *biol.* multiply, reproduce; *phys.* be transmitted, travel; *fig.* spread, be passed on; **Fortpflanzung** *f biol.* reproduction; *phys.* transmission; *fig.* spread(ing), propagation.

fortpflanzungs|fähig *adj.* capable of reproduction; **≈organ** *n* reproductive organ; **≈trieb** *m* reproductive drive (*od.* instinct).

fort|reisen *v/i.* go away; **~reißen** *v/t.* **1.** (*a.* ***mit sich ~***) sweep away; **2.** *fig.* → ***hinreißen*** 2; **~rennen** *v/i.* run away (*od.* off); ***~ vor*** run away from *s.o. od. s.th.*, run out on *s.o.*

Fortsatz *m* process; (*Anhang*) appendix; (*Knochen≈*) eminence.

fort|schaffen *v/t.* → ***wegschaffen***; **~scheren** F *v/refl.*: ***scher dich fort!*** F get lost; **~schicken** *v/t.* send away; (*verjagen*) send *s.o.* packing; **~schleppen I.** *v/t.* drag away; **II.** *v/refl.*: ***sich ~*** drag o.s. along; *fig.* (*sich hinziehen*) drag (on).

fortschreiten *fig.* **I.** *v/i.* progress; *Zeit*: march on; *Epidemie, Missstand etc.*: spread; **II.** ≈ *n* progress; **fortschreitend** *adj.* progressive.

Fortschritt *m* progress, headway; (*Verbesserung*) improvement; ***~e machen*** make progress (*od.* headway), get on (*od.* ahead); ***große ~e machen*** make great strides, forge ahead; **Fortschrittler** *m* progressive; **fortschrittlich** *adj.* progressive; *Anlage etc.*: (very) modern, up-to--date ..., *pred.* up to date.

Fortschritts|fanatiker *m* fanatical progressive; **≈feindlich** *adj.* reactionary, Luddite; **~glaube** *m* belief in progress.

fortsehnen *v/refl.*: ***sich ~*** long to be somewhere else (*od.* to escape).

fortsetzen *v/t.* continue (*a.* ***sich ~***); ***wieder ~*** *a.* resume, take *s.th.* up again; **Fortsetzung** *f* continuation; *e-r Geschichte etc.*: *a.* sequel; (*Folge*) part, instal(l)ment, *TV, Radio*: *a.* episode; (*Wiederaufnahme*) resumption; ***in ~en (erscheinend)*** serialized; ***~ folgt*** to be continued; ***~ von Seite 2*** continued from page two; **Fortsetzungsroman** *m* serialized novel.

fort|stehlen *v/refl.*: ***sich ~*** sneak away (*od.* off); **~tragen** *v/t.* carry away; **~treiben I.** *v/t.* **1.** drive away; **2.** *fig.* (*weiterhin tun*) carry on (with), go on with; **II.** *v/i. im Wasser*: drift away.

Fortuna *f* fortune, luck; Dame Fortune, F Lady Luck; ***~ war ihr hold*** fortune (*od.* Dame Fortune) smiled on her.

fortwagen *v/refl.*: ***sich ~*** dare to go away (*od.* leave).

fortwährend I. *adj.* continual, constant; (*ununterbrochen*) continuous, incessant; **II.** *adv.* continually *etc.*; → I; all the time; ***er ruft ~ an*** he keeps (*od.* won't stop) ringing up.

fort|werfen *v/t.* throw away; **~wirken I.** *v/i.* continue to have an effect (*od.* take effect) (***in*** on, among); continue to make itself felt (in, among); **II.** ≈ *n* continued *od.* continuing effect (*od.* influence);

≈zahlung *f* continued payment; **~ziehen** *v/i.* (*umziehen*) move (away).
Forum *n* forum (*a. fig.*); *für Diskussionen etc.*: platform; (*Podiumsgespräch*) panel discussion.
fossil I. *adj.* fossil ..., fossilized; ***~e Energieträger*** fossil fuels; **II.** ≈ *n* fossil.
foto..., Foto... → *a.* ***photo..., Photo...***
Foto[1] *n* photo(graph), shot, (*Schnappschuss*) *a.* F snap.
Foto[2] F *m* (*Kamera*) camera.
Foto|album *n* photo(graph) album; **~apparat** *m* camera; **~archiv** *n* photo library (*od.* archives *pl.*); **~artikel** *pl.* photographic equipment *sg.*, cameras and accessories; **~ausrüstung** *f* photo(graphic) equipment, camera(s) and lenses *pl.*; **~ausstellung** *f* photo(graphic) exhibition; **~ecken** *pl.* adhesive corners.
Fotograf(in *f*) *m* photographer.
Fotografie *f* **1.** *Kunst*: photography; **2.** (*Bild*) photograph, picture; (*Porträt*) *a.* portrait.
fotografieren I. *v/t.* take (*od.* get) a photo(graph) *od.* picture of, get a shot of; ***sich ~ lassen*** have one's (*od.* a) photo(graph) *od.* picture taken; ***er lässt sich gut ~*** he's very photogenic; **II.** *v/i.* take photographs (*od.* pictures); ***er fotografiert gern*** he's a keen photographer; ***ich fotografiere nicht mehr*** I've stopped taking photographs, I've given up photography; **III.** ≈ *n* photography; taking of photographs; ***~ verboten*** no photographs.
fotografisch *adj.* photographic(ally *adv.*); ***~es Gedächtnis*** photographic memory.
Fotojournalismus *m* photojournalism.
Fotokopie *f* photocopy; **fotokopieren I.** *v/t.* (photo)copy; **II.** *v/i.* photocopy; ***er fotokopiert gerade*** he's just doing some photocopying; **Fotokopierer** *m*, **Fotokopiergerät** *n* photocopier.
Foto|labor *n* photographic lab(oratory), photo lab(oratory); developers *pl.*; **~material** *n* photo(graphic) materials *pl.*; **~modell** *n* (photographic) model; **~montage** *f* photomontage; **~realismus** *m* photorealism; **~reportage** *f* photo reportage; **~reporter(in** *f*) *m* photojournalist; **~sachen** F *pl.* cameras and lenses, photographic equipment *sg.*; **~safari** *f* photo safari; **~satz** *m* photocomposition; **≈scheu** *adj.* camera-shy; **~studio** *n* photo(graphic) studio (*od.* atelier); **~tasche** *f* camera holdall; **~termin** *m* photocall.
Fotothek *f* photo library.
Foto|wettbewerb *m* photo(graphic) competition; **~zeitschrift** *f* photo magazine; **~zelle** *f* photo(electric) cell.
Fötus *m* f(o)etus.
Fotze V *f* V cunt.
fotzen F *v/t.*: ***j-n ~*** *bsd. östr.* give s.o. a cuff on the ear, slap s.o.'s face.
Foul *n* foul; **~elfmeter** *m* penalty (kick).
foulen *v/t. u. v/i.* foul.
Foxterrier *m* fox terrier.
Foxtrott *m* foxtrot; ***~ tanzen*** do the foxtrot.
Foyer *n* foyer (*a. thea. etc.*), entrance hall, *bsd. Am.* lobby (*a. thea. etc.*).
Fracht *f* (*Ladung*) load, freight; (*Schiffs≈*) cargo; (*Luft≈*) air freight; (*~beförderung*, *~geld*) carriage, *Am.* freight(age), ⚓ freightage; **~brief** *m* consignment note, *Am.* freight bill; **~dampfer** *m* cargo ship, freighter.
Frachter *m* **1.** freighter; **2.** → ***Frachtflugzeug.***
Fracht|flugzeug *n* cargo (*od.* freight) plane, (air) freighter; **≈frei** *adj.* carriage paid, *Am.* freight prepaid; **~führer** *m* carrier; **~gebühr** *f*, **~geld** *n* carriage, *Am.* freight (charge); **~gut** *n* freight; ⚓ cargo; ***als ~*** by goods (*Am.* freight) train; **~kosten** *pl.* freight charges; **~raum** *m* cargo hold; (*Ladefähigkeit*) freight capacity; **~schiff** *n* cargo ship, freighter; **~sendung** *f* consignment; **~stück** *n* package; **~tarif** *m* freight rates *pl.*; **~verkehr** *m* freight traffic; **~versicherung** *f* freight (*od.* cargo) insurance.
Frack *m* tails *pl.*, tailcoat; ***im ~*** in evening dress, in tails; **~hemd** *n* dress shirt; **~zwang** *m auf Einladungen*: evening dress; ***es herrscht ~*** tails are compulsory.
Frage *f* question (**zu** about, on); *bsd. anzweifelnde od. Auskunft suchende*: query; (*Erkundigung*) inquiry, enquiry; (*Angelegenheit*) matter, question; (*Problem*) problem; ***(j-m) e-e ~ stellen*** ask (s.o.) a question; ***ich habe mal e-e ~*** can I ask you something?; ***es war nur e-e ~*** I was only asking; ***das steht außer ~, das ist überhaupt keine ~*** there's no question about that; ***in ~ kommen*** be a possibility, ***für*** *e-e Stelle etc.*: be considered for, be under consideration for; ***er kommt nicht in ~*** he's not the right man (for the job *etc.*), *stärker*: he's out of the question; ***das kommt nicht in ~*** that's out of the question; ***in ~ kommend*** possible, *Person*: *a.* eligible; ***in ~ stellen*** (call into) question, query, *stärker*: challenge; (*gefährden, unsicher machen*) jeopardize, make *s.th.* uncertain; ***die ~ ist, ob*** (***wie*** *etc.*) ... the question *od.* point is whether (how *etc.*) ...; ***das ist e-e ~ der Zeit*** that's a matter (*od.* question) of time; ***das ist e-e andere ~*** that's a different matter; ***das ist eben die ~*** that is the question, that's just the point; ***das ist noch sehr die ~*** that's anybody's guess; ***was soll diese ~?*** what kind of question is that?, what are you getting at?; ***das ist gar keine ~*** there's no question about it, (*steht fest*) *a.* that's been decided (*od.* settled); ***gar keine ~!*** (*natürlich*) of course; you don't have to ask; ***ohne ~*** undoubtedly; ***so e-e ~!*** what a question, what a thing to ask; → ***infrage***; **~bogen** *m* questionnaire, form; **~form** *f ling.* interrogative form; **~fürwort** *n* interrogative (pronoun).
fragen I. *v/t. u. v/i.* ask; (*ausfragen*) question, query; (*sich erkundigen*) inquire (**nach** about, *j-m* after); ***(j-n) etwas ~*** ask (s.o.) a question; ***(j-n) ~ nach*** ask (s.o.) for; ***j-n nach s-m Namen*** (***dem Weg*** *etc.*) ***~*** ask s.o. his (*od.* her) name (the way *etc.*); ***j-n um Rat ~*** ask s.o.'s advice; ***viel ~*** ask a lot of questions; ***gern ~*** like to ask questions; ***ich wollte ~, ob*** I was wondering if (*od.* whether), I wanted to ask if (*od.* whether); ***niemand fragt nach mir*** nobody bothers about me; ***wenn ich ~ darf*** if I may ask; ***da fragst du mich zu viel*** (I'm afraid) I can't tell you that, I don't know about that; ***frag lieber nicht!*** don't ask; let's talk about something else, shall we?; ***man wird ja wohl noch ~ dürfen*** sorry I asked; ***frag nicht so dumm!*** don't ask such silly (*od.* stupid) questions; ***da fragst du noch?*** (*das ist doch selbstverständlich*) how can you even ask (such a thing)?, (*du wagst es zu ~?*) you've got a nerve; → ***gefragt***; **II.** *v/refl.*: ***sich ~*** wonder; ***ich frage mich, wie er es schafft*** *a.* I'd like to know how he does it; ***ich frage mich, warum*** I (just) wonder why, I can't help wondering why; ***da fragt man sich doch!*** F I ask you; ***es fragt sich, ob*** (***wann*** *etc.*) it's a question of whether (when *etc.*), the question is whether (when *etc.*); **III.** ≈ *n*: ***~ kostet nichts*** there's no harm in asking; **fragend** *adj.* questioning, inquiring; *ling.* interrogative.
Fragen|katalog *m* package of questions; ***ein ganzer ~*** *a.* a long list of questions; **~komplex** *m* (problem) area; (*Thema*) topic, subject; ***der ganze ~ um*** the whole array of questions concerning.
Frager *m* questioner; ***er ist ein lästiger ~*** he's always (*od.* he won't stop) asking questions.
Fragerei *f* questions *pl.*; ***hör auf mit d-r ~*** I wish you'd stop asking all these questions (*od.* pestering me with your questions).
Frage|satz *m ling.* interrogative sentence (*od.* clause), question; **~stellung** *f* **1.** question; ***das ist e-e falsche ~*** the question has to be put differently; **2.** (*Problemkreis*) question, problem; **~stunde** *f parl.* (*in GB*: Prime Minister's) question time; **~-und-Antwort-Spiel** *n* quiz, *a. fig.* question-and-answer game; **~wort** *n ling.* interrogative; **~zeichen** *n* question mark; *fig.* query; *fig.* ***et. mit e-m*** (***großen***) ***~ versehen*** put a (big) question mark behind s.th.
fraglich *adj.* **1.** (*zweifelhaft*) doubtful; **2.** (*infrage stehend*) ... in question; ***an dem ~en Tag*** on that particular day, on the day in question; **Fraglichkeit** *f* doubtfulness; uncertainty.
fraglos *adv.* undoubtedly.
Fragment *n* fragment; **fragmentarisch I.** *adj.* fragmentary; **II.** *adv.* in fragmentary form; **Fragmentation** *f* fragmentation; **fragmentieren** *v/t.* fragment, break up (into fragments).
fragwürdig *adj.* questionable; (*verdächtig*) dubious; ***~es Subjekt*** shady character; **Fragwürdigkeit** *f* dubious nature, dubiousness; *e-r Person*: dubiousness, shadiness.
Fraktion *f* **1.** *parl.* parliamentary party; (*Untergruppe*) faction; **2.** ⚗ fraction; **fraktionieren** *v/t.* ⚗ fractionate.
Fraktions|ausschuss *m* party committee; **~beschluss** *m* party resolution; **~disziplin** *f* party discipline; **~führer** *m* party leader, *Am.* floor leader; **≈los** *adj.* independent; **~mitglied** *n* party member; **~sitzung** *f* party meeting; **~vorsitzende(r)** *m* party leader, *Am.* floor leader; **~zwang** *m* party discipline; ***unter ~ stehen*** be under the party whip.
Fraktur *f* **1.** *typ.* Gothic (type), Gothic black letter; F *fig.* ***mit j-m ~ reden*** tell s.o. what's what, *bsd. Am.* F talk turkey with s.o.; **2.** ⚕ fracture.
Franc *m* franc.
frank *adv.*: ***~ und frei*** quite frankly, openly.
Franke *m* **1.** *hist.* Frank; **2.** (*Bewohner von Franken*) Franconian.
Franken *m* (*Münze*) (Swiss) franc.
Frankenreich *n* → ***fränkisch*** 1.
Frankfurter *f* (*a.* ***~ Würstchen***) frankfurter; ***ein Paar ~*** two frankfurters.
frankieren *v/t.* stamp; *mit e-r Maschine*: frank; **Frankiermaschine** *f* franking machine; **frankiert** *adj.* **1.** ***~ sein*** have a stamp (*od.* stamps) on it; ***der Brief ist***

nicht ausreichend ~ they didn't put enough stamps on the letter; **2.** ✝ (*a.* ***ausreichend*** ~) prepaid, post paid.
fränkisch *adj.* **1.** *hist.* Frankish, Franconian; *hist.* ***das 2e Reich*** the Frankish Empire (*od.* Kingdom), the Kingdom of the Franks; **2.** (*Franken betreffend*) Franconian.
franko *adv.* prepaid, post paid.
Frankokanadier(in *f*) *m* French Canadian; **frankokanadisch** *adj.* French-Canadian.
frankophil *adj.*, **2e(r)** *m* Francophile.
frankophon *adj.*, **2e(r)** *m* Francophone.
Franse *f* fringe; (*loser Faden*) (loose) thread; ***~n*** (*Pony*) fringe, *Am.* bangs; *contp.* (*Strähnen*) strands of hair; ***in (die) ~n gehen*** be falling apart; ***in ~n sein*** be in shreds (*od.* tatters); **fransen** *v/i.* fray; **fransig** *adj.* fringed; (*ausgefranst*) frayed; F ***sich den Mund ~ reden*** talk till one is blue in the face.
Franzbranntwein *m* rubbing alcohol.
Franziskaner *m* Franciscan (friar); **Franziskanerin** *f* Franciscan (nun); **Franziskanerorden** *m* Franciscan Order, Order of St Francis.
Franzose *m* **1.** Frenchman; ***die ~n*** the French (*pl.*); ***er ist ~*** he's French; **2.** ⚙ monkey wrench; **Französin** *f* Frenchwoman; ***sie ist ~*** she's French; **französisch I.** *adj.* French; ***~es Bett*** (double) divan; ***die ~e Küche*** French cuisine; ***die ~e Schweiz*** French-speaking Switzerland; **II.** *adv.*: ***sich ~ empfehlen*** take French leave; **franzö(si)sieren** *v/t.* Gallicize, gallicize; *bsd. contp.* Frenchify.
frappant *adj.* striking; **frappieren** *v/t.* astonish, take *s.o.* aback; **frappierend** *adj.* amazing, astonishing, remarkable; ***~e Ähnlichkeit*** striking resemblance.
Fräse *f* **1.** milling machine; *für Holz*: shaper; **2.** ⚒ rotary hoe; **fräsen** *v/t. u. v/i.* mill; (*Holz*) shape.
Fräs|kopf *m* milling head; **~maschine** *f* milling machine.
Fraß *m* **1.** F *contp.* (*Essen*) F muck, swill; **2.** (*Tierfutter*) feed; *fig.* (*Opfer*) food (*gen.* for); ***et. e-m Tier zum ~ vorwerfen*** throw s.th. to an animal; **3.** (*Schaden*) damage; ⚕ caries; (*Säure2, Rost2*) corrosion.
Frater *m R.C.* Brother.
fraternisieren *v/i.* fraternize; **Fraternisierung** *f* fraternization.
Fratz *m* (*ungezogenes Kind*) little monkey, F *contp.* brat; ***niedlicher*** (*od.* ***süßer***) ~ cute little thing.
Fratze *f* (*Grimasse*) grimace; F (*Gesicht*) (ugly *od.* grotesque) face; ***so e-e ~!*** what a face!; ***widerliche ~*** F ugly mug; ***~n schneiden*** pull faces; **fratzenhaft** *adj.* grotesque.
Frau *f* woman; *statistisch*: female; (*Dame*) lady; (*Ehe2*) wife; *vor Namen, bei verheirateter Frau*: Mrs, *schriftlich*: *a.* Ms, *bei unverheirateter Frau, bsd. schriftlich*: Ms, *obs.* Miss; F (*Freundin*) F girl; ***~ Doktor*** Doctor; ***wie geht es Ihrer ~?*** how's Mrs X?, *familiär*: how's the wife (F missus)?; ***Ihre ~ Mutter*** your mother; *eccl.* ***Unsere Liebe ~*** Our (Blessed) Lady; ***~ und Kinder haben*** have a wife and children (F kids); ***zur ~ nehmen*** marry; **Frauchen** *n* little old lady, F old biddy; ***mein ~*** (*Ehefrau*) my dear wife, F my old woman; ***komm zu ~!*** *zum Hund*: come to Mummy!
Frauen|arbeit *f* **1.** *a* woman's job, women's jobs *pl.*, women's labo(u)r; ***das ist keine ~!*** that's no job for a woman, that's a man's job; **2.** *für die Belange der Frau*: women's aid; ***ich interessiere mich für ~*** I'd like to do something to help women (*od.* the women's cause); **~arzt** *m* gyn(a)ecologist, F gyny; **~beauftragte** *f* women's representative; **~beruf** *m* female profession; **~bewegung** *f*: ***die ~*** women's lib(eration), the women's liberation movement; **~chor** *m* (all-)female choir; **~feind** *m* woman-hater, misogynist; **2feindlich** *adj.* anti-women; *Person*: *a.* woman-hating ...; *formell*: misogynous; ***das Konzept ist ~*** *a.* the concept is directed against women; **~fußball** *m* women's football (*Am.* soccer); **~gefängnis** *n* women's prison; **~gruppe** *f* **1.** group of women; **2.** *in der Frauenbewegung*: women's group (*od.* association).
frauenhaft *adj.* feminine.
Frauen|hand *f*: ***von ~*** by a woman('s hand); **~hasser** *m* woman-hater, misogynist; **~haus** *n* women's refuge (*Am.* shelter); **~heilkunde** *f* gyn(a)ecology; **~held** *m* lady-killer; **~herrschaft** *f* matriarchal rule; female domination; (*Matriarchat*) matriarchy; **~klinik** *f* gyn(a)ecological hospital (*od.* clinic); **~kloster** *n* convent; **~krankheit** *f*, **~leiden** *n* gyn(a)ecological disorder (*od.* problem); **~liebling** *m* favo(u)rite among the ladies; **~literatur** *f* women's literature; *emanzipatorische*: feminist writing(s *pl.*) *od.* literature; **~quote** *f* quota of women; **~rechte** *pl.* women's rights; **~rechtlerin** *f* feminist, F women's libber; **~rolle** *f thea.* female part; **~schuh** *m* ⚘ lady's slipper; **~sport** *m* women's sport(s *pl.*); **~station** *f* women's ward; **~stimme** *f* woman's (♪ female) voice; **~stimmrecht** *n* votes *pl.* for women, women's suffrage; **~treff** F *m* women's meeting place, F female hangout; **~überschuss** *m* surplus of women; **~zeitschrift** *f* women's magazine; **~zimmer** *n mst contp.* female, woman; daughter of Eve; ***unverschämtes ~*** F brazen hussy.
Fräulein *n* (young) lady; *Titel*: Miss; (*Kinder2*) governess; (*Verkäuferin*) sales girl, *in der Anrede*: Miss; (*Kellnerin*) waitress; ***~!*** excuse me; ***Ihr ~ Tochter*** your daughter; *teleph.* ***~ vom Amt*** operator.
fraulich *adj.* feminine; womanly; **Fraulichkeit** *f* femininity; womanliness, womanly quality (*od.* qualities *pl.*).
Freak *sl. m sl.* freak.
frech I. *adj.* cheeky, *bsd. Am.* fresh; (*kühn*) daring; (*dreist*) brazen; (*kess*) saucy; ***zuletzt wurde sie noch ~*** then she started getting cheeky (*bsd. Am.* fresh); F ***der ist ~ wie Oskar*** F he's a cheeky little brat; **II.** *adv.*: F ***j-m ~ kommen*** get cheeky (*bsd. Am.* fresh) with s.o.; ***~ grinsen*** give a cheeky grin; ***er hat es ~ geleugnet*** he had the nerve to deny it; **Frechdachs** F *m* F cheeky (little) monkey; **Frechheit** *f* cheek; ***so e-e ~!*** what a cheek (*od.* nerve), of all the cheek (*od.* nerve); ***die ~ haben zu*** *inf.* have the cheek (*od.* nerve, *formell*: temerity) to *inf.*; ***sich (j-m gegenüber) ~en erlauben*** start getting cheeky (*bsd. Am.* fresh) (with s.o.).
Fregatte *f* frigate.
frei I. *adj.* free (**von** from, of); (*unabhängig*) *a.* independent; (*befreit*) *von Steuern etc.*: exempt (from); (*in Freiheit*) free; (*unbehindert*) free, unrestrained; (*unbeschäftigt*) free; *Straße etc.*: clear; (*ungezwungen*) free and easy; (*offen*) open; (*nicht gebunden*) unattached; (*moralisch großzügig*) liberal; *Sport*: (*ungedeckt*) unmarked; *phys. Energie, Fall etc.*: free; (*unbeschrieben*) blank; (*unentgeltlich*) free (of charge); (*porto~*) prepaid, post paid; ⚗ uncombined; *Feld, Himmel*: open; *Journalist, Künstler etc.*: freelance; *Stuhl, Raum etc.*: free; *teleph. Leitung*: vacant; *Stelle*: vacant, open; *Übersetzung*: free; ***~er Beruf*** independent profession; ***~er Eintritt*** admission free (**für** to); ***die ~en Künste*** the liberal arts; ***ein ~er Mensch*** (*der tun kann, was er will*) a free agent; ***~er Mitarbeiter*** freelance(r); ***~er Nachmittag*** afternoon off; ***~e Stadt*** free city; ***~e Stelle*** vacancy; ***~e Wahl*** free choice; ***2e Demokratische Partei*** Free Democratic Party; ***„Zimmer frei"*** room to let (*Am.* rent); ***im ~en Handel*** in the shops; ***~er Markt*** open market, *Börse*: unofficial market; ***~e Marktwirtschaft*** free market economy; ***(die) ~e Wirtschaft*** free enterprise; ***im 2en, unter ~em Himmel*** in the open (air); → *a.* ***Freie; ~ werden*** *Energie etc.*: be released; ***~er werden*** *im Benehmen etc.*: loosen up; ***„~ ab 15"*** 15 (= no admission to persons under 15 years); → ***Fuß, Hand, Stück*** *etc.*; → *a.* ***freibekommen, freihaben, freilaufen, freimachen, freinehmen***; **II.** *adv.* freely *etc.*; ***~ sprechen*** speak openly, *Redner*: ad-lib, speak without notes; ***~ erfunden*** (entirely) fictitious; ***das hat er ~ erfunden*** he made that up; ***~ nach (e-m Stück von) X*** freely adapted from the play by X; ***~ heraus*** frankly, (*unverblümt*) point-blank; ***Lieferung ~ Haus*** no delivery charge; ***~ an Bord*** free on board (*abbr.* f.o.b.); ***~ finanziert*** privately financed; ***~ assoziativ*** in free association; **2bad** *n* open-air (*od.* outdoor) swimming pool; **2ballon** *m* free balloon; **2bank** *f* cheap meat counter; **~bekommen I.** *v/t.* **1.** get *a day etc.* off; **2.** get *s.o., one's hands etc.* free; ***j-n ~*** get s.o. free, *durch Verhandlungen etc.*: obtain s.o.'s release; **II.** *v/i.* get the morning *etc.* off.
Freiberufler *m* freelance(r), self-employed person; ***~ sein*** be a freelance(r), be freelance (*od.* self-employed); **freiberuflich I.** *adj.* freelance, self-employed; *Anwalt, Arzt*: *a. adv.* in private practi|ce (*Am. a.* -se); **II.** *adv.*: ***~ tätig sein*** *a.* work (as a) freelance.
Frei|betrag *m* tax allowance; **~beuter** *m* buccaneer; *fig.* shark.
frei beweglich *adj.* ⚙ freely moving, mobile.
Frei|bier *n* free beer; **2bleibend** *adj. u. adv.* ✝ subject to being sold; **2boxen** *fig. v/t.* bail *s.o.* out; **~brief** *m* charter; *fig.* (*Vorrecht*) privilege (***für et.*** to do s.th.); (*Recht*) right (to do s.th.); (*Entschuldigung, Rechtfertigung*) excuse (for s.th., to do s.th.); *fig.* ***j-m e-n ~ ausstellen*** give s.o. carte blanche (to do s.th.); **~demokrat** *m* Free Democrat, Liberal.
Freidenker *m* freethinker; **freidenkerisch** *adj.* freethinking.
Freie *n the* open air; ***im ~n*** in the open (air), outside; ***Spiele im ~n*** outdoor games; ***im ~n übernachten*** camp out.
Freie(r) *m* freeborn citizen.
Freier *m* **1.** (*Prostituiertenkunde*) client; **2.** *obs.* suitor; **Freiersfüße** *pl.*: ***auf ~n gehen*** be looking for a wife, (*um e-e bestimmte Frau werben*) be courting.

Frei|exemplar *n* free copy; **~fahrschein** *m* free ticket; **~fahrt** *f* free ride; **~flug** *m* ✈ free flight; **~frau** *f*, **~fräulein** *n* baroness; **~gabe** *f* release (*a. für die Presse etc.*); *des Wechselkurses*: floating; ✈ *zum Start*: clearance; **~gänger** *m* (*Häftling*) day release prisoner; **~ sein** *a.* be on day release; **2geben I.** *v/t.* release; ✈ *zum Start*: clear; (*Wechselkurse*) float; ***für den Verkehr ~*** open to traffic; ***zur Veröffentlichung ~*** release for publication; **II.** *v/i.*: ***j-m ~*** let s.o. off, give s.o. the day *etc.* off; ***sich ~ lassen*** get time (*od.* the day *etc.*) off.

freigebig *adj.* generous; **Freigebigkeit** *f* generosity, largesse, *Am.* largess.

frei geboren *adj.* freeborn.

Frei|gehege *n* open-air enclosure; **~geist** *m* freethinker; **2gelegt** *adj.* exposed; **~gepäck** *n* baggage allowance.

freigiebig *adj.* → ***freigebig.***

Frei|grenze *f* tax exemption limit; **2haben** *v/i.* be off, have the day *etc.* off; ***freitags habe ich frei*** Friday's my day off; ***sie hat heute frei*** a) she's off today, b) it's her day off today; **~hafen** *m* free port; **2halten I.** *v/t.* **1.** (*e-n Platz*) keep, save; (*Straße*) keep clear; (*Angebot, Stelle etc.*) keep open; ***„Eingang ~!"*** do not block entrance; **2.** (*j-n*) treat, pay for; **3. *~ von*** keep *s.th.* free of, (*Eingang etc.*) keep *s.th.* clear of; ***j-n von Erkältungen*** *etc.* ***~*** keep s.o. free (*od.* protect s.o.) from colds *etc.*, keep colds *etc.* away from s.o.; **II.** *v/refl.*: ***sich ~*** keep o.s. free (***für*** for), ***von:*** ward off, avoid.

Freihandbücherei *f* open access (*Am.* open stack) library.

Freihandel *m* free trade.

Freihandels|abkommen *n* free trade agreement; **~zone** *f* free trade area.

freihändig *adj. u. adv. Radfahren etc.*: with no hands; *Schießen*: offhand, without support; *Zeichnen etc.*: freehand; ⚖ privately; ✝ *Verkauf etc.*: direct; ***~er Verkauf*** *von Wertpapieren*: over-the--counter trade.

Freihandzeichnung *f* freehand drawing.

freihängend *adj.* ⚙ freely suspended.

Freiheit *f* freedom, liberty; *von Lasten*: exemption; (*Spielraum*) scope, latitude; (*Unabhängigkeit*) independence; ***dichterische ~*** poetic licen|ce (*Am.* -se); → ***Pressefreiheit, Redefreiheit*** *etc.*; ***in ~ sein*** be free; ***in ~ setzen*** release, (*bsd. Tier*) *a.* set *an animal* free; ***die ~ haben zu*** *inf.* be free to *inf.*; ***sich die ~ (heraus)nehmen zu*** *inf.* take the liberty of *ger.* (*od.* to *inf.*); ***sich ~en erlauben*** take liberties (***gegenüber*** with); ***j-m volle ~ gewähren*** give s.o. carte blanche (***zu*** *inf.* to *inf.*); **freiheitlich** *adj.* free; *Gesinnung etc.*: liberal.

Freiheits|beraubung *f* unlawful detention (*od.* imprisonment); **~beschränkung** *f* restriction of personal liberty; **~bewegung** *f* freedom movement; **~drang** *m* desire for independence (*od.* freedom); love of liberty; **~entzug** *m* imprisonment; **~kampf** *m* struggle for freedom (*od.* [political] independence); (*Aufstand*) revolt; **~kämpfer** *m* freedom fighter; **~krieg** *m* war of liberation (*od.* independence); **~liebe** *f* love of liberty; **2liebend** *adj.* freedom-loving; **~statue** *f* Statue of Liberty; **~strafe** *f* ⚖ prison sentence; ***zu e-r ~ von fünf Jahren verurteilt werden*** be sentenced to five years' imprisonment.

freiheraus *adv.* openly, straight out.

Frei|herr *m* baron; **~herrin** *f* baroness; **2kämpfen I.** *v/t.* (fight to) free; **II.** *v/refl.*: ***sich ~*** a) fight o.s. free, b) *aus e-r Menge etc.*: fight (*od.* battle) one's way out (***aus*** of); **~karte** *f* free ticket, *thea. etc. a.* complimentary ticket.

Freikauf *m e-r Geisel*: ransom; **freikaufen I.** *v/t.*: ***j-n ~*** pay for s.o.'s release, pay a ransom to have s.o. released; **II.** *v/refl.*: ***sich ~*** pay for one's release (*od.* freedom); *fig.* buy a clear conscience.

Freikirche *f* free church; **freikirchlich** *adj.* free-church ...

freikommen *v/i.* get free; (*wegkommen*) get away; ⚖ be released; (*freigesprochen werden*) be acquitted.

Freikörperkultur *f* naturism, nudism.

freikriegen F *v/t.* → ***freibekommen.***

Freilandgemüse *n* outdoor vegetables *pl.*

freilassen *v/t.* release, set *s.o.* free; ⚖ ***gegen Kaution ~*** release on bail; **Freilassung** *f* release.

Frei|lauf *m* freewheel; ***im ~ fahren*** freewheel, coast; **2laufen** *v/refl.*: ***sich ~*** *Sport*: get into space.

frei| laufend *adj.*: ***~e Hühner*** free-range hens; ***Eier von ~en Hühnern*** free-range eggs; **~ lebend** *adj.*: ***~e Tiere*** wildlife, animals living in the wild (*od.* out of captivity).

frei|legen *v/t.* lay open, expose; (*Verschüttetes*) uncover; **2leitung** *f* ⚡ overhead (transmission) line.

freilich *adv.* of course; (*zugegebenermaßen*) *a.* admittedly; (*jedoch*) of course, though; ***er hat es ~ geleugnet*** of course he denied it, though he did deny it(, of course); ***ja ~!*** of course!; F what do you think?

Freilicht|bühne *f* open-air theat|re (*Am. a.* -er); **~kino** *n* open-air cinema; **~konzert** *n* open-air concert; **~malerei** *f* plein air painting; **~museum** *n* open-air museum; **~theater** *n* open-air theat|re (*Am. a.* -er).

frei|liegen *v/i.* lie exposed (*od.* uncovered, open); **2los** *n* free (lottery) ticket; *Sport*: bye.

Freiluft... *in Zssgn* open-air ..., outdoor ...

freimachen I. *v/t.* (*Brief etc.*) stamp; ***den Oberkörper ~*** strip to the waist; **II.** *v/i.* (*nicht arbeiten*) take time off; ***e-n Tag ~*** take a day off; **III.** *v/refl.*: ***sich ~*** *vom Dienst etc.*: take time off; (*sich ausziehen*) undresss, get undressed; ***sich e-n Tag ~*** take a day off.

frei machen I. *v/t.* (*Weg etc.*) clear; **II.** *v/refl. fig.* ***sich ~ von*** free o.s. of, (*herauskommen aus*) get out of, (*loswerden*) geht rid of.

Freimaurer *m* freemason; **Freimaurerei** *f* freemasonry; **freimaurerisch** *adj.* masonic; **Freimaurerloge** *f* freemasons' (*od.* masonic) lodge.

Freimut *m*, **Freimütigkeit** *f* cando(u)r, openness; **freimütig** *adj.* candid, open.

frei|nehmen *v/t.*: (***sich***) ***e-n Tag ~*** take a day off; **2plastik** *f* free-standing sculpture; **2platz** *m ped.* free place; *thea.* free seat; *Sport* outdoor court; **~pressen** *v/t.*: ***j-n ~*** obtain s.o.'s release; **2raum** *m a. pl.* (*Spielraum*) (personal) freedom; room to manoeuvre (*Am.* maneuver); scope for development; ***sich Freiräume schaffen*** allow o.s. room for personal development; **~religiös** *adj.* non-denominational; **~schaffend I.** *adj.* freelance; **II.** *adv.*: ***~ tätig sein*** work (as a) freelance, be a freelance(r); **2schärler** *m* guer(r)illa; *hist.* irregular; **~schießen** *v/refl.*: ***sich ~*** shoot one's way out (*od.* to the door *etc.*).

frei schwebend *adj.* freely suspended.

frei|schwimmen *v/refl.*: ***sich ~*** **1.** *pass one's 15-minute swimming test*; **2.** F *fig.* learn to stand on one's own two feet, F make the break; **~setzen** *v/t.* ⚗, *phys. u. fig.* release; (*Arbeitskräfte*) lay off, make redundant; **~sinnig** *adj.* liberal(-minded); **~spielen I.** *v/refl.*: ***sich ~*** *Sport*: get into space; **II.** *v/t.* (*Spieler*) get *a player* in the clear.

freisprechen *v/t.* **1.** ⚖ acquit (***von*** of); *von e-r Schuld*: exonerate (from); *von e-m Verdacht*: clear (of); *eccl.* absolve (from); **2.** (*Lehrling*) release from his (*od.* her) articles; **Freisprechung** *f* **1.** *von e-r Schuld*: exoneration; ⚖ → ***Freispruch***; *eccl.* absolution; **2.** *e-s Lehrlings*: release from his (*od.* her) articles; **Freispruch** *m* acquittal; verdict of not guilty.

Freistaat *m* free state; republic; ***der ~ Bayern (Sachsen)*** the Free State of Bavaria (Saxony).

freistehen *v/i.* **1.** (*leer stehen*) be unoccupied, be empty; **2. *j-m ~*** be up to s.o.; ***es steht Ihnen frei zu*** *inf.* it's up to you whether you want to *inf.*

frei stehen *v/i. Sport*: be unmarked.

freistehend *adj.* (*leer*) empty.

frei stehend *Haus*: detached; *Sport*: unmarked.

freistellen I. *v/t.* **1.** (*j-n*) exempt, release (***von*** from; *a.* ⚔); **2. *j-m et. ~*** leave s.th. (up) to s.o.; ***freigestellt*** (*wahlweise*) optional; ***es ist ihm freigestellt zu*** *inf.* he's free to *inf.*; **II.** *v/refl.*: ***sich ~*** *Sport*: run clear; **Freistellung** *f* **1.** (*Befreiung von Gebühr etc.*) exemption; **2.** *vom Wehrdienst*: exemption, *aus dem Dienst*: release; **3.** *euphem. von Arbeitskräften*: (*Entlassung*) dismissal, discharge; ***es gab 400 ~en*** there were 400 redundancies; **Freistellungsauftrag** *m Bank*: **1.** order for exemption from tax; **2.** *Formular*: application form for exemption from tax.

Freistil *m Sport*: freestyle; **~ringen** *n* freestyle wrestling; **~schwimmen** *n* freestyle swimming.

Frei|stoß *m Fußball*: free kick; **~stunde** *f ped.* free period.

Freitag *m* Friday; (***am***) **~** on Friday; **freitags** *adv.* on Friday(s).

Frei|tod *m* suicide; ***in den ~ gehen, den ~ wählen*** commit suicide, take one's own life; **2tragend** *adj.* ⚙ cantilever ..., self-supporting; *Achse*: floating; **~treppe** *f* steps *pl.* (*gen.* of, in front of, leading up to); **~übungen** *pl.* exercises; **~umschlag** *m* stamped addressed envelope, *vorgedruckt*: prepaid envelope; **~vermerk** *m* ✝ prepaid notice.

freiweg F *adv.* straight out.

Freiwild *n* unprotected (*fig.* fair) game.

freiwillig I. *adj.* voluntary; (*aus sich heraus*) spontaneous; ***~e Leistung*** *finanzielle*: ex gratia payment; **II.** *adv. a.* of one's own free will; ***sich ~ melden*** volunteer (***zu*** for); **Freiwillige(r** *m*) *f* volunteer.

Frei|wurf *m Sport*: free throw; **~zeichen** *n teleph.* dial(l)ing tone.

Freizeit *f* free (*od.* leisure) time; **~angebot** *n* leisure amenities *pl.*; cultural and entertainment facilities *pl.*; ***ein großes ~ haben*** *a.* offer a lot of leisure amenities; **~ausgleich** *m für Überstunden*: time off later on; **~beschäftigung** *f* leisure-time

F

activity (*od.* activities *pl.*); **~gesellschaft** *f* leisure(-oriented) society; **~gestaltung** *f* leisure-time activities *pl.*; ***die richtige ~ ist sehr wichtig*** it's important to organize one's leisure time properly; **~hemd** *n* leisure shirt, sports shirt; **~industrie** *f* leisure industry; **~kleidung** *f* leisurewear; **~park** *m* leisure park; **~problem** *n* problem of how to fill one's free time; **~sektor** *m* leisure sector; **~sport** *m* leisure sport; **~wert** *m* recreational assets *pl.*; ***mit hohem ~*** with a wide range of leisure facilities; **~zentrum** *n* leisure cent|re (*Am.* -er).

F

freizügig *adj.* **1.** (*großzügig*) generous, liberal; *moralisch*: free, *Film etc.*: explicit; ⚕ unrestricted; **2.** (*nicht ortsgebunden*) free to move; **Freizügigkeit** *f* **1.** (*Großzügigkeit*) generosity; *moralische*: permissiveness; **2.** (*Ortsungebundenheit*) freedom of movement.

fremd *adj.* (*unbekannt, ungewohnt*) strange; (*ausländisch, weitS. fremdartig*) foreign; *Pflanzen*: exotic; (*nicht dazugehörig*) outside ...; ***~e Leute*** strangers; ***~e Sitten*** foreign (*od.* strange) customs; ***~e Länder*** foreign (*od.* exotic) countries; ***~e Sprachen*** foreign languages; ***~es Organ*** transplanted organ; ***~e Hilfe*** outside help; ***in ~en Händen*** in strange hands; ***unter ~em Namen*** under an assumed name, incognito; ***ich bin hier (selbst) ~*** I'm a stranger here (myself); ***sich ~ fühlen*** feel like a stranger, feel very strange; ***er ist mir ~*** he's a stranger to me, I don't know him (at all); ***er ist mir nicht ~*** he's no stranger to me, I know him (well); ***das ist mir (nicht) ~*** that's (nothing) new to me; ***das ist mir alles noch sehr ~*** it's all still too new to me; ***sich (od. einander) ~ werden*** grow apart, become strangers; ***nicht für ~e Ohren bestimmt*** for your ears only; ***misch dich nicht in ~e Angelegenheiten*** don't go poking your nose into other people's business; ***sie tat so ~*** she was very distant (*scheu*: shy); ***s-e Stimme klang ganz ~*** his voice sounded very strange (*od.* different); ***das ist ihm ganz ~*** (*untypisch*) that's completely alien to him.

Fremdarbeiter *obs. m* (*Ausländer*) foreign worker.

fremdartig *adj.* foreign; (*merkwürdig*) strange; *Pflanze etc., a. fig.*: exotic; **Fremdartigkeit** *f* foreignness, strangeness; exoticism; → ***fremdartig.***

Fremd|befruchtung *f* ⚘ cross-fertilization; **~bestäubung** *f* cross-pollination.

Fremde *f*: ***die ~*** foreign parts *pl.*; ***in die (der) ~*** away from home, (*ins od. im Ausland*) abroad.

Fremde(r) *m* stranger; (*Ausländer*) foreigner; (*Tourist*) tourist; ***er ist mir kein Fremder*** he's no stranger to me.

fremdeln *v/i.* be shy (with strangers); ***er fremdelt sehr*** *Kind*: *a.* he doesn't take to strangers very easily.

Fremden|bett *n* (guest) bed; **~buch** *n* visitors' book.

fremdenfeindlich *adj.* xenophobic, hostile to strangers; (*ausländerfeindlich*) hostile to foreigners; ***die Leute hier sind sehr ~*** *a.* they don't like foreigners around here; **Fremdenfeindlichkeit** *f* xenophobia, hostility to (*od.* towards) strangers; (*Ausländerfeindlichkeit*) hostility to (*od.* towards) foreigners.

Fremden|führer *m* (tourist) guide; **~hass** *m* xenophobia, hatred of foreigners; **~heim** *n* guest house; **~industrie** *f* tourist industry; **~legion** *f* Foreign Legion; **~legionär** *m* (Foreign) Legionnaire.

Fremdenverkehr *m* tourism.

Fremdenverkehrs|amt *n* tourist office; **~verein** *m* tourist association (*od.* board).

Fremdenzimmer *n im Gasthaus etc.*: room (to let, *Am.* to rent).

Fremd|finanzierung *f* outside financing; **≈gehen** F *v/i.* F two-time; be unfaithful (to one's husband *od.* wife, boyfriend *od.* girlfriend); go out with another man *od.* woman; **~herrschaft** *f* foreign rule; **~kapital** *n* borrowed capital; **~körper** *m* **1.** *biol.* foreign body; **2.** *fig.* alien element; (*Person*) odd man out; ***wie ein ~ wirken*** be (completely) out of place.

fremdländisch *adj.* foreign; *weitS.* exotic.

Fremdling *lit. m* stranger, alien.

Fremdsprache *f* foreign language.

Fremdsprachen|kenntnisse *pl.* foreign language ability *sg.*, knowledge *sg.* of foreign languages; *als Überschrift im Lebenslauf etc.*: foreign languages; **~korrespondent(in** *f*) *m* foreign language secretary; **~sekretärin** *f* bilingual secretary; **~unterricht** *m* foreign language teaching; **~wörterbuch** *n* foreign language dictionary.

fremdsprachig *adj.* **1.** *Bevölkerungsteil etc.*: foreign-speaking ...; **2.** *Buch etc.*: foreign-language ...; ***~er Unterricht*** teaching (*od.* tuition) in the foreign (*od.* target) language.

fremdsprachlich *adj.* foreign-language *teaching, texts etc.*

Fremd|stoff *m* foreign substance; **~währung** *f* foreign currency.

Fremdwort *n* foreign word; *fig.* ***das ist für ihn ein ~*** he doesn't know what it means; **Fremdwörterbuch** *n* dictionary of foreign loan words.

frenetisch *adj.* frenzied; *Applaus*: *a.* wild.

frequentieren *v/t.* frequent; ***stark frequentiert*** *Lokal etc.*: very popular; *das Museum* ***wird stark ~*** has a lot of visitors.

Frequenz *f phys.* frequency; (*Besucherzahl*) number of visitors; (*Verkehrs≈*) traffic (density); *des Pulses etc.*: (pulse) rate; **~bereich** *m* frequency range; **~regelung** *f* frequency control; **~skala** *f* tuning dial; **~verschiebung** *f* frequency shift; **~verteilung** *f* frequency allocation; **~weiche** *f* frequency separator; crossover network.

Freske *f*, **Fresko** *n* fresco.

Fresken|gemälde *n* fresco (painting); **~maler** *m* fresco painter; **~malerei** *f* fresco (painting).

Fressalien F *pl.* F grub *sg.*, *sl.* nosh *sg.*

Fressbeutel *m* **1.** *für Pferde*: nosebag; **2.** F (*Vorratsbeutel*) *sl.* nosh bag.

Fresse V *f sl.* mug; ***halt die ~!*** *sl.* shut your face; ***ich hau dir gleich in die ~!*** *sl.* I'll put your face out of joint if you don't watch it.

fressen I. *v/t.* **1.** eat, *Raubtier*: *a.* devour; V *Mensch*: F scoff, stuff o.s. with; (*sich ernähren von*) eat, feed on; *fig.* F (*Bücher*) devour; F (*Geld etc.*) F gobble up; F (*Benzin*) eat up, F guzzle; ***e-m Tier et. zu ~ geben*** *ständig*: feed an animal on s.th., *einmal*: give an animal s.th. to eat; *fig.* ***j-n arm ~*** eat s.o. out of house and home; ***ihn frisst der Neid*** he's eaten up (*od.* consumed) with envy; F ***er wird dich schon nicht ~!*** he won't bite you; F ***friss mich nicht gleich!*** there's no need to bite my head off; F ***den (das) habe ich gefressen*** I can't stand him (it); F ***er hats gefressen*** (*kapiert*) F the penny's dropped, (*geglaubt*) he fell for it; F ***er hats immer noch nicht gefressen*** (*kapiert*) F he still hasn't got it into his thick skull; ***da heißts ~ oder gefressen werden*** it's (a case of) dog eat dog; → *a.* **Besen** 1, **Narr** *etc.*; **II.** *v/refl.* **2.** ***sich ~ in*** *a. Säure etc.*: eat into; **III.** *v/i.* **3.** eat; V *Person*: gobble, eat like a pig; ***er isst nicht, er frisst*** he eats like a pig; *fig.* ***j-m aus der Hand ~*** eat out of s.o.'s hand; **4.** *fig.* ***~ an*** eat away at; **IV.** ≈ *n* food; V ***das ist ein ungenießbares ~*** F how is anybody expected to eat this muck?; ***~ und Saufen*** eating and drinking; F ***sie ist zum ~ (süß)*** I could eat her alive; ***das ist ein gefundenes ~ für ihn*** that's just what he was waiting for.

Fresser *m* **1.** *zo.* feeder; **2.** F (*Vielfraß*) glutton; **Fresserei** V *f* **1.** F guzzling; **2.** → ***Fressgelage.***

Fressgelage F *n* F blowout, *sl.* great nosh-up.

Fressgier *f* voracity; *contp.* gluttony, greed(iness); ⚕ b(o)ulimia; **fressgierig** *adj.* voracious; *contp.* greedy, gluttonous.

Fress|korb F *m* hamper; (*Geschenkkorb*) (food) hamper; **~lust** *f zo.* appetite; → *a.* ***Fressgier***; **~napf** *m* (feeding) bowl; *für Vögel*: seed dish; **~paket** F *n* food parcel; **~sack** F *m* glutton; **~sucht** *f* → ***Fressgier***; **~tempel** F *m* gourmet temple.

Frettchen *n* ferret.

Freude *f* joy (***über*** at); (*Vergnügen*) pleasure; (*Entzücken*) delight; ***~ haben (od. finden) an*** enjoy *s.th.*; ***er hat viel ~ daran*** it gives him a lot of pleasure; ***j-m ~ machen (od. bereiten)*** give s.o. pleasure, *stärker*: make s.o. happy; ***es macht mir (keine) ~*** I (don't) enjoy it, ***zu*** *inf.*: I (don't) enjoy *ger.*; ***ich wollte ihr e-e kleine ~ machen*** I wanted to do something nice (for her); ***Freud und Leid*** joy and sorrow; ***in Freud und Leid*** through thick and thin, in good times and bad; ***s-e einzige ~*** his only pleasure (in life); ***die Malerei ist s-e einzige ~*** *a.* he lives for his painting; ***j-m die ~ verderben*** spoil it for s.o.; ***vor ~ weinen*** weep for (*od.* with) joy; ***außer sich vor ~*** overjoyed; ***es war e-e ~ zu*** *inf.* it was a pleasure to *inf.*; ***das war e-e ~!*** it was a real joy; ***zu m-r großen ~*** much to my pleasure; ***es war keine reine ~*** F it was no picnic (*od.* fun and games), it wasn't exactly (great) fun; *iro.* ***die kleinen ~n des Alltags*** the little things that are sent to try us; → ***geteilt.***

Freuden... *in Zssgn mst* ... of joy; **~botschaft** *f* good news, *lit. u. hum.* glad tidings *pl.*; **~fest** *n* (joyful) celebration(s *pl.*); **~feuer** *n* bonfire; **~geschrei** *n* shouts *pl.* of joy; cheers *pl.*, cheering; **~haus** *n* brothel, *iro.* house of ill repute; **~mädchen** *n* prostitute; **≈reich** *adj.* joyful; ***~er Tag*** *a.* day of rejoicing (*od.* joy), day full of joy; **~schrei** *m* cry of joy; ***e-n ~ ausstoßen*** shout for joy; **~sprung** *m*: ***e-n ~ machen*** jump for joy; **~tag** *m* day of rejoicing; day to be remembered; **~tanz** *m*: ***e-n ~ aufführen*** dance a jig, dance for joy; **~taumel** *m*: ***in e-n ~ geraten*** go into ecstasies; **~tränen** *pl.* tears of joy.

freude|strahlend *adj.* beaming (with joy *od.* happiness); **~trunken** *adj.* delirious with joy, deliriously happy, ecstatic.

Freudianer *m* Freudian, follower (*od.* adherent) of Freud; **freudianisch** *adj.* Freudian.

freudig I. *adj.* (*froh*) happy; (*heiter*) cheerful; (*begeistert*) enthusiastic, keen; (*freudvoll*) joyful; ***~es Ereignis*** happy event; ***~e Nachricht*** good news; ***~e Überraschung*** wonderful surprise; **II.** *adv.* happily *etc.*; → I; ***~ erregt*** very excited; ***j-n ~ begrüßen*** give s.o. a cheerful hello (*od.* warm welcome), be happy to see s.o.; **Freudigkeit** *f* happiness, joy.

freudlos *adj.* miserable, bleak, cheerless; ***ein ~es Dasein fristen*** lead a miserable life.

freudsch *adj.* Freudian; ***~e Fehlleistung, ~er Versprecher*** Freudian slip.

freudvoll *adj.* joyful, full of joy.

freuen I. *v/refl.*: ***sich ~*** be glad, be pleased (***über*** about, *ein Geschenk etc.*: with); ***sie hat sich über d-n Besuch gefreut*** she was glad (*od.* pleased) that you visited her; ***sich riesig ~*** F be over the moon; ***sich an et. ~*** get a lot of pleasure out of s.th.; ***sich s-s Lebens ~*** enjoy life (to the full); ***sich ~ auf*** look forward to; ***sich darauf ~ zu*** *inf.* look forward to *ger.*; ***sich für j-n ~*** be happy for s.o.; ***sich zu früh ~*** rejoice too soon; ***freu dich nicht zu früh!*** *a.* don't start celebrating too soon; **II.** *v/t.* please; ***das freut mich sehr*** I'm glad to hear that; **III.** *v/impers.*: ***es freut mich, Sie zu sehen*** nice to see you; ***es würde mich ~, wenn*** I'd be very pleased if; ***freut mich!*** *bei Vorstellung*: how d'you do.

Freund(in *f*) *m* friend (*a. fig.*); (*Partner*) boyfriend, (*Partnerin*) girlfriend; (*Gönner*) friend, patron; ***~ und Feind*** friend and foe; ***j-m ein guter ~ sein*** be a good friend to s.o.; ***sich j-n zum ~ machen*** make a friend of s.o.; ***j-n zum ~ haben*** have a friend in s.o.; ***e-n guten ~ an j-m haben*** have a good friend in s.o.; ***ein ~ in der Not*** a friend in need; ***dadurch hat sie sich viele ~e gemacht*** it won (*od.* made) her a lot of friends; ***gut ~ sein mit*** be good friends with; ***der beste ~ des Menschen*** (*Hund*) a man's best friend; *fig.* ***~ der Musik*** *etc.* music lover *etc.*; ***ein ~ sein von*** be fond of; ***kein ~ sein von*** be averse to, be no fan of; ***er ist kein ~ von vielen Worten*** he's not a man of many words, he's not one for talking much; → ***dick.***

Freundchen *n*: *iro.* ***hör mal, ~*** listen to me, chum (*od.* my lad).

Freundeskreis *m* (circle of) friends *pl.*; ***e-n großen ~ haben*** have a lot of friends; ***im engsten ~ feiern*** celebrate with a few good friends (*od.* with one's close[st] friends).

freundlich I. *adj.* friendly (***gegen*** to [-wards]); (*liebenswürdig*) *a.* pleasant; (*zuvorkommend*) obliging; (*leutselig*) affable; *Wetter*: pleasant, mild; *Klima*: mild; *Zimmer*: cheerful; ✝ favo(u)rable, cheerful; ***das macht das Zimmer ~er*** it brightens up the room; ***sehr ~!*** very kind of you; ***mit ~er Genehmigung*** *des Verlags etc.*: by courtesy of; ***seien Sie so ~ zu*** *inf.* would you be good enough to *inf.?*; → ***Gruß***; **II.** *adv.*: ***j-n ~ empfangen*** give s.o. a warm welcome; ***j-m (e-r Sache) ~ gesinnt sein*** be well-disposed towards s.o. (s.th.); *pol.* ***~ gesinnt*** friendly; **freundlicherweise** *adv.* (very) kindly; **Freundlichkeit** *f* friendliness; pleasantness; obligingness; affability; → ***freundlich***; ***würden Sie die ~ haben zu*** *inf.?* would you be kind enough to *inf.?*; ***j-m e-e ~ erweisen*** do s.o. a favo(u)r; ***j-m ein paar ~en sagen*** say a few nice words to s.o., *iro.* tell s.o. what's what.

freundlos *adj.* friendless, without friends.

Freundschaft *f* friendship; ***~ schließen mit*** make friends with; ***aus ~*** because we're *etc.* friends; ***in aller ~*** in all friendliness; ***da hört die ~ auf*** my friendship doesn't extend that far, we're not that good friends; **freundschaftlich I.** *adj.* friendly, amicable; ***auf ~em Fuße stehen mit j-m*** be on friendly terms with s.o.; **II.** *adv.*: ***~ gesinnt gegen*** well-disposed towards; ***~ auseinander gehen*** part as friends, part on friendly (*od.* amicable) terms.

Freundschafts|bande *pl.* ties of friendship; **~besuch** *m pol.* goodwill visit; **~bezeigung** *f* token of one's friendship; **~dienst** *m* good turn; ***j-m e-n ~ erweisen*** do s.o. a good turn; **~pakt** *m* friendship pact; **~preis** *m* special price, F mate's rate; **~spiel** *n Sport*: friendly (game); **~vertrag** *m* treaty of friendship.

Frevel *m eccl.* sacrilege; (*Lästerung*) blasphemy; (*Untat*, *a. fig.*) crime, outrage (***an, gegen*** against); (*Mutwille*) wantonness; (*Bosheit*) wickedness, iniquity; **frevelhaft** *adj.* sacrilegious; outrageous; wanton; wicked; → ***Frevel***; **freveln** *v/i.* commit an outrage (*od.* crime); ***~ an*** (*od.* ***gegen***) trespass against *the law etc.*, *eccl.* commit sacrilege (*lästernd*: blasphemy) against; **Freveltat** *f* outrage, crime; **Frevler** *m* evil-doer, transgressor, offender; (*Gotteslästerer*) blasphemer; **frevlerisch** *adj.* → ***frevelhaft.***

Friede(n) *m zwischen Staaten*, *a. weitS.* (*Eintracht*) peace; (*Einklang*) harmony; (*Ruhe*, *a. innerer ~*) tranquil(l)ity, peace of mind; (*Friedensvertrag*) peace treaty; (*Friedenszeit*) (time of) peace, peacetime; ***Frieden schließen*** make peace; ***den Frieden bewahren*** keep the peace; ***s-n Frieden machen mit*** make one's peace with; ***lass mich in Frieden!*** leave me alone; ***lass mich mit dem Unsinn in Frieden!*** leave me alone (*od.* go away) with that nonsense (of yours); ***er gibt mir keinen Frieden*** he gives me no peace, he won't leave me in peace; ***dem Frieden traue ich nicht*** things are too quiet to be true, things are suspiciously quiet; ***um des lieben Friedens willen*** for the sake of peace (and quiet); (***er***) ***ruhe in Frieden*** (may he) rest in peace.

Friedens... *in Zssgn* ... of peace, peace ...; **~abkommen** *n* peace agreement; **~angebot** *n* peace offer; **~apostel** F *m* prophet of peace; *weitS.* peace campaigner; **~appell** *m* call for peace; **~bedingungen** *pl.* peace terms, terms of peace; **~bemühungen** *pl.* peace effort *sg.*, attempt to bring about a peace settlement; **~bereitschaft** *f* desire for peace; **~bewegung** *f* peace movement; **~brecher** *m* peacebreaker; **~bruch** *m* ⚖ breach (*pol.* violation) of the peace; **\&erhaltend** *adj.* peace-keeping; **~formel** *f* peace formula; **~forschung** *f* peace studies *pl.*; **~garantie** *f* guarantee of peace; guaranteed peace; **~gespräche** *pl.* peace talks; **~initiative** *f* peace initiative (*od.* move); **~konferenz** *f* peace conference; **~kundgebung** *f* peace rally; **~liebe** *f* love of peace; **~marsch** *m* peace march; **~mission** *f* peace mission; **~nobelpreis** *m* Nobel Peace Prize; **~pfeife** *f* peace-pipe; ***die ~ rauchen*** smoke the pipe of peace; **~politik** *f* peace politics *pl.*; **~preis** *m* peace prize (*od.* award); **~prozess** *m* peace process; **~richter** *m* lay magistrate; *in GB u. den USA*: justice of the peace; **~schluss** *m* conclusion of a (*od.* the) peace treaty; **~sicherung** *f* securing (*od.* preservation) of peace; peacekeeping (measures *pl.*); ***~ im Nahen Osten*** *a.* bringing about peace (*od.* a peace settlement) in the Middle East; **~stärke** *f* peacetime strength.

Friedens|stifter *m* peacemaker; **~störer** *m* disturber of the peace; **~symbol** *n* symbol of peace; **~taube** *f* dove of peace.

Frieden stiftend *adj.* peace-making.

Friedens|truppe *f* peacekeeping force; **~verhandlungen** *pl.* peace negotiations (*od.* talks); **~vertrag** *m* peace treaty; **~wille** *m* desire for peace; **~zeiten** *pl.* times of peace, peacetime *sg.*

friedfertig *adj.* peaceable; *Tier*: gentle, docile.

Friedhof *m* cemetery; *an e-r Kirche*: *a.* graveyard; ***auf welchem ~ liegt er*** (***begraben***)***?*** which cemetery is he buried in?

friedlich *adj.* peaceful; (*friedfertig*) congenial; *Tier*: gentle; *j-n* ***~ stimmen*** pacify; ***auf ~em Wege*** by peaceful means, ***lösen***: find a peaceful solution to (*od.* for) *s.th.*; F ***sei ~*** a) be quiet, b) F take it easy, *sl.* cool it; **Friedlichkeit** *f* peacefulness.

friedliebend *adj.* peaceloving.

frieren *v/i. u. v/impers.* freeze; ***mich friert, es friert mich*** I'm freezing (*od.* frozen); ***mich friert an den Füßen*** I've got cold feet, my feet are cold (*stärker*: freezing); ***es friert*** it's freezing; ***heute Nacht wird es ~*** temperatures will be (*od.* will drop to) below freezing tonight; → ***gefroren.***

Fries *m* ⚠ *u. Tuch*: frieze.

Friese *m* Frisian; **Friesennerz** F *m* oilskin jacket; **Friesin** *f*, **friesisch** *adj.*, **Friesisch** *n ling.* Frisian.

frigide *adj.* frigid; **Frigidität** *f* frigidity.

Frikadelle *f* meatball, *Am. etwa* (ham-) burger.

Frikassee *n*, **frikassieren** *v/t.* fricassee.

Friktion *f* friction.

Frisbee (*TM*) *m* frisbee (*TM*).

frisch I. *adj.* fresh; *Ei*: *a.* fresh-laid, freshly laid, new-laid; (*sauber*) clean (*a. Blatt Papier*); (*neu*) fresh, new; (*kürzlich geschehen*) recent; *Farbe*: bright; (*kühl*) cool, chilly; ***~ und munter*** wide awake, (*lebhaft*) F bright-eyed and bushy-tailed; ***mit ~er Kraft*** refreshed, with renewed strength; ***sich ~ machen*** freshen up; ***noch in ~er Erinnerung*** fresh in my *etc.* mind; ***~er werden*** *Wind*: freshen; → ***Luft, Tat***; **II.** *adv.* freshly *etc.*; → I; (*von neuem*) again; ***~ geschnitten*** *Blumen etc.*: freshly cut, fresh-cut; ***~ gewaschen*** clean, just washed, *Person*: (nice and) clean; ***~ gereinigt*** straight from the dry cleaners; ***~ gelegt*** *Ei*: → ***frisch*** I; ***~ gestrichen*** newly painted; ***~ gestrichen!*** *Schild*: wet (*Am.* fresh) paint; ***~ rasiert*** clean-shaven; ***~ verheiratet*** newly-wed *couple*; ***das Bett ~ beziehen*** put clean sheets on the bed.

Frische *f* freshness; (*Kühle*) coolness, chill(iness); (*Munterkeit*) briskness, liveliness; *im Gesicht*: fresh colo(u)r; (*Jugend\&*) vigo(u)r; ***geistige ~*** mental alertness, alert (*od.* lively) mind; ***in alter ~*** as alive and well as ever, *arbeiten etc.*: with renewed vigo(u)r.

F

Frischei *n* fresh (*od.* fresh-laid, freshly laid, new-laid) egg.
frischen *v/t. metall.* refine.
Frischfleisch *n* fresh meat.
frisch gebacken *adj.* fresh from the oven; F ***~er Ehemann*** newly-wed husband; F ***~er Lehrer*** *etc.* F fledgling teacher *etc.*
Frisch|gemüse *n* fresh vegetables *pl.*; **~gewicht** *n* fresh weight.
Frischhalte|beutel *m* polythene bag; **~folie** *f* cling film, *Am.* plastic wrap.
Frischhaltung *f von Lebensmitteln*: preservation; (*Kühlung*) refrigeration, cold storage.
Frischkäse *m* cream cheese.
Frischling *m* young wild boar; *fig.* greenhorn.
Frischluft *f* fresh air; **~fanatiker** *m* fresh-air fiend; **~heizung** *f mot.* fresh-air heating system; **~massen** *pl.* fresh air mass *sg.*; **~schneise** *f* fresh air corridor.
Frisch|milch *f* fresh milk; **~obst** *n* fresh fruit; **~waren** *pl.* fresh produce *sg.*; perishables; **~warenabteilung** *f* produce section.
Frischwasser *n* fresh water; **~versorgung** *f* supply of fresh water, fresh water supplies *pl.*
Frischzelle *f* living cell; **Frischzellentherapie** *f* living cell therapy.
Friseur *m* hairdresser, *für Herren*: *a.* barber; **~laden** *m*, **~salon** *m* hairdresser's shop, *für Herren*: *a.* barbershop.
Friseuse *f* hairdresser.
frisieren I. *v/t.* **1.** ***j-n ~*** do s.o.'s hair; **2.** F *fig.* (*Bericht, Zahlen etc.*) F doctor *the accounts*, cook *the books*; *mot.* F soup up; **II.** *v/refl.*: ***sich ~*** do one's hair; **Frisiersalon** *m* hairdressing salon; **frisiert** F *adj. Auto etc.*: F souped up, hyped up; **Frisiertisch** *m* dressing table, dresser.
Frisör *etc.* → ***Friseur*** *etc.*
Frist *f* (*Zeitraum*) (fixed) period of time; (*Zeitpunkt*) deadline; (*Zwischenraum*) interval; (*Aufschub*) extension; (*Zahlungsaufschub*) respite; (*Strafaufschub*) reprieve; ⚖, ✝ ***drei Tage ~*** three days' grace; ***innerhalb e-r ~ von zehn Tagen*** within a ten-day period; ***in kürzester ~*** at (very) short notice; ***äußerste ~*** final date (*od.* deadline); ***e-e ~ einhalten*** meet a deadline; ***(j-m) e-e ~ gewähren*** give s.o. *three days' etc.* grace; ***e-e ~ setzen*** fix a deadline; ***die ~ ist abgelaufen*** the deadline (*od.* period) has expired, *fig.* your *etc.* time is up, F time's up.
fristen *v/t.* **1.** → ***befristen***; **2.** ***ein kümmerliches Dasein*** (*od.* ***Leben***) **~** eke out a miserable existence (***mit*** with, by *doing s.th.*); ***sein Leben*** (*od.* ***Dasein***) **~** get by somehow, live as best one can.
Fristenlösung *f*, **Fristenregelung** *f law allowing abortion within a certain time limit from conception.*
fristgemäß, fristgerecht *adj. u. adv.* in time, within the agreed time limit.
fristlos *adj. u. adv.* without notice; ***~e Entlassung*** dismissal without notice; ***~ entlassen werden*** be dismissed without notice, be fired on the spot.
Frist|überschreitung *f* failure to meet the deadline; **~verlängerung** *f* extension (of the deadline), deadline extension; **~versäumnis** *n* ⚖ default.
Frisur *f* hairstyle; (*Haarschnitt*) haircut.
Friteuse *f* → ***Fritteuse.***
Frittate *österr. f* strip of pancake; **Frittatensuppe** *österr.* soup with strips of pancake.
Fritten F *pl.* chips, *Am.* fries; **~bude** F *f etwa* fish and chips stand.
Fritteuse *f* chip pan, deep fat fryer, *Am.* deep fryer; **frittieren** *v/t.* deep-fry; **frittiert** *adj.* deep-fried.
frivol *adj.* (*leichtfertig, schnippisch*) frivolous, flippant; (*unanständig*) suggestive *remark etc.*; **Frivolität** *f* frivolity, flippancy, levity; (*Unanständigkeit*) indecency; (*Bemerkung*) suggestive remark.
froh *adj.* (*erfreut*) glad (**über** about); (**~** *gestimmt*) cheerful; (*erleichtert*) glad; ***~en Mutes*** cheerfully; ***~es Ereignis*** happy event; ***e-e ~e Nachricht*** good news (*sg.*); *eccl.* ***die ~e Botschaft*** the Gospel; ***er ist s-s Lebens nicht mehr ~ geworden*** he never got over it; ***sei ~, dass du nicht dabei warst*** be thankful (*od.* glad) you weren't there; ***bin ich ~, dass das vorbei ist!*** *a.* what a relief that that's over; → ***Ostern, Weihnachten*** I.
frohgemut *adj.* cheerful.
fröhlich I. *adj.* cheerful, happy; (*ausgelassen*) merry; → ***Weihnachten*** I; ***j-n ~ stimmen*** put s.o. in a good mood; **II.** *adv.* (*unbekümmert*) blithely, merrily; **Fröhlichkeit** *f* cheerfulness; (*Lustigkeit*) high spirits *pl.*
frohlocken I. *v/i.* rejoice (**über** at), be jubilant (at); *schadenfroh*: gloat (over); **II.** ≈ *n* jubilation; *schadenfroh*: gloating; **frohlockend** *adj.* jubilant, exultant.
Froh|natur *f*: ***e-e ~ haben*** (*od.* ***sein***) be a cheerful person (*od.* type); **~sinn** *m* cheerfulness.
fromm *adj.* pious, devout; (*sanft*) gentle, meek (as a lamb); *Pferd*: quiet, steady; ***~e Lüge*** white lie; ***~er Betrug*** pious fraud; ***~es Getue*** sanctimoniousness; ***ein ~er Wunsch*** wishful thinking.
Frömmelei *f* sanctimoniousness; **frömmeln** *v/i.* be sanctimonious, F put on one's pious act; **frömmelnd** *adj.* sanctimonious.
Frömmigkeit *f* piety.
Fron *f*, **~arbeit** *f*, **~dienst** *m* soc(c)age, statute labo(u)r; *fig.* drudgery; ***Frondienste leisten*** (*dat. od.* ***für***) → ***fronen.***
fronen *v/i.* perform statute labo(u)r (*dat.* for); *fig.* slave away (for).
frönen *v/i.* (*e-r Sache*) indulge in; (*Gelüsten*) gratify; ***s-n Leidenschaften ~*** let one's passions run wild; ***dem Alkohol ~*** a) be a heavy drinker, *iro.* enjoy one's drink, b) *bei e-r Feier etc.*: imbibe, F have a bit of a booze-up.
Fronleichnam *m* Corpus Christi.
Front *f e-s Gebäudes*: front; ⚔ (*Kampflinie*) front (line), *e-r Formation*: front (*a. meteor. u. fig.*); ***an der ~*** at the front; ***hinter der ~*** behind the lines; ***die feindliche ~*** enemy lines; ***an der vordersten ~ stehen*** be in the front line; ***an zwei ~en kämpfen*** *a. fig.* fight on two fronts; *fig.* ***~ machen gegen*** make a stand against, resist; ***klare ~en schaffen*** make a clear stand, make one's position clear; ***in ~ gehen*** *Sport*: take the lead; ***in ~ liegen*** be in the lead; → ***abstecken*** 2, ***geschlossen*** I, ***verhärten.***
frontal I. *adj.* head-on, frontal ...; **II.** *adv.* head on; **≈angriff** *m* frontal attack; **≈unterricht** *m* class teaching, F chalk and talk; **≈zusammenstoß** *m* head-on collision.
Front|ansicht *f* front(al) view; **~antrieb** *m mot.* front-wheel drive; **~bericht** *m* front-line report; **~dienst** *m* combat duty; **~einsatz** *m* action at the front.
Fronten|system *n meteor.* frontal system; **~verhärtung** *f* hardening of fronts (*od.* positions).
Frontispiz *n* △, *typ.* frontispiece.
Front|kämpfer *m* front-line soldier; *ehemaliger*: ex-serviceman, *Am.* veteran; **~lader** *m Video etc.*: front loader; **~linie** *f* front line; **~motor** *m mot.* front (-mounted) engine; **~scheibe** *f mot.* windscreen, *Am.* windshield; **~spoiler** *m* front spoiler; **~staaten** *pl.* frontline states; **~stadt** *f* front-line city; **~urlaub** *m* leave from the front; **~wechsel** *fig. m* about-face, about-turn, volte-face; ***e-n ~ vornehmen*** do an about-turn; **~zulage** *f* combat pay.
Frosch *m* frog; (*Knall≈*) squib; ♪ *am Geigenbogen etc.*: frog, heel; *fig.* ***sei kein ~!*** don't be a spoilsport; ***e-n ~ im Hals haben*** have a frog in one's throat; **~augen** F *pl.* bulging eyes; **~hüpfen** *n* leapfrog; **~laich** *m* frogspawn; **~mann** *m* frogman; **~perspektive** *f* worm's eye view; *Film*: *a.* tilt shot; ***aus der ~ sehen*** have a worm's eye view of; **~schenkel** *pl. gastr.* frog's legs; **~teich** *m* frog pond; **~test** *m* ⚕ frog test.
Frost *m* frost; (*Fieber≈*) *the* shivers *pl.*; ***bei ~*** when there's frost, in frosty weather; ***bei schwerem ~*** in heavy frost; ***~ abbekommen*** get a touch of frost; **≈beständig** *adj.* frost-resistant; **~beule** *f* chilblain; **~einbruch** *m* sudden frost.
frösteln I. *v/i. u. v/impers.* shiver (with cold); *vor Ekel etc.*: *a.* shudder; ***mich fröstelt*** I feel shivery; ***da fröstelts einen ja*** (***bei dem Gedanken***) it makes you shudder (to think of it); **II.** ≈ *n* shivering.
frostempfindlich *adj.* sensitive to frost.
frosten *v/t.* freeze.
frostfrei *adj.* free of frost, frost-free.
Frost|gefahr *f* danger of frost; **~grenze** *f* frost line.
frostig *adj.* frosty; *fig. a.* icy; **Frostigkeit** *fig. f* frostiness, iciness.
frost|klar *adj.*: ***~e Nacht*** clear, frosty night; **≈periode** *f* spell of frost; **≈schaden** *m* frost damage; **≈schutzmittel** *n mot.* antifreeze; **~sicher** *adj.* frost-resistant; *Ort*: free of frost; **≈wetter** *n* frosty weather.
Frotté *österr.*, **Frottee** *n*, *m* (terry) towel(l)ing, terry(cloth); **~bademantel** *m* terry(cloth) bathrobe; **~betttuch** *n* terry (-cloth) sheet; **~handtuch** *n* (fleecy) towel; **~socken** *pl.* terry(cloth) socks.
frottieren *v/t.* rub down; (*Haare etc.*) rub (with a towel); **Frottier(hand)tuch** *n* (fleecy) towel.
Frotzelei F *f a. pl.* teasing; ***hör auf mit der ~!*** stop teasing; **frotzeln** F **I.** *v/t.* tease, make fun of; **II.** *v/i.*: ***~ über*** make fun of, F take the mickey out of.
Frucht *f* **1.** ⚘ *a. pl.* fruit ; *fig. pl.* fruit *sg.*, *fruits*, result *sg.*, results; ***Früchte tragen*** bear fruit, *fig. a.* come to fruition; *fig.* ***die Früchte s-r Arbeit*** the fruits of one's labo(u)r, ***genießen***: reap the rewards of one's labo(u)r; *bibl.* ***an ihren Früchten sollt ihr sie erkennen*** by their fruits ye shall know them; → ***verboten***; **2.** (*Leibes≈*) f(o)etus.
fruchtbar *adj. biol.* fertile; *fig.* fruitful; *Schriftsteller*: prolific; ***nicht ~*** infertile, *fig.* unfruitful; ***~e Tage*** *der Frau*: fertile period; *fig.* ***auf ~en Boden fallen*** fall on

fertile ground; **Fruchtbarkeit** *f* fertility; *fig.* fruitfulness.
Fruchtbarkeits|gott *m*, **~göttin** *f* fertility god(dess *f*).
Frucht|becher *m* **1.** (*Eisbecher*) fruit sundae; **2.** ⚘ cup; **~blase** *f* amniotic sac; **~bonbon** *m*, *n* fruit drop; **≈bringend** *adj.* fruitful.
Früchtchen F *iro. n* troublemaker; (*Kind*) F (little) scamp.
Früchte|brot *n* fruit loaf; **~cocktail** *m* fruit cocktail.
Fruchteis *n* fruit-flavo(u)red ice cream.
fruchten *fig. v/i.* be of use; (*wirken*) have an effect; ***es hat nichts gefruchtet*** it was fruitless (*od.* no use).
Frucht|fleisch *n* flesh; **~folge** *f* ⚒ crop rotation; **~hülle** *f* ⚘ pericarp; **~hülse** *f* ⚘ pod.
fruchtig *adj.* fruity.
Frucht|jog(h)urt *m* fruit yoghurt; **~kapsel** *f* ⚘ capsule; **~knoten** *m* ⚘ ovary.
fruchtlos *fig. adj.* fruitless, futile.
Frucht|mark *n* fruit pulp; **~presse** *f* juicer; **~saft** *m* fruit juice; **~salat** *m* fruit salad; **~säure** *f* fruit acid.
Fruchtwasser *n anat.* amniotic fluid, F *the* waters *pl.*; **~punktion** *f* amniocentesis.
Fruchtzucker *m* fruit sugar, fructose.
Fructose *f* fructose.
frugal *adj.* frugal; **Frugalität** *f* frugality.
früh I. *adj.* early; ***ein ~er van Gogh*** an early van Gogh (*od.* work of van Gogh's); ***am ~en Morgen*** early (*od.* first thing) in the morning; ***am ~en Nachmittag*** (***Abend***) early in the afternoon (evening), in the early afternoon (evening), early afternoon (evening); → ***früher, frühest***; **II.** *adv.* early; (*im jungen Alter*) at an early age; (*im frühen Stadium*) early on, at an early stage; ***heute ~*** this morning; ***~ um fünf, um fünf Uhr ~*** at five (o'clock) in the morning; (***schon***) ***~*** early on; ***~ genug*** soon enough; ***von ~ bis spät*** from morning till night; ***~ aufstehen*** get up early, *gewohnheitsmäßig*: *a.* be an early riser; ***~ sterben*** die prematurely (*od.* young, before one's time); ***zu ~ kommen*** be early; **≈antike** *f*: ***die ~*** early antiquity; **≈apfel** *m* early apple.
früh auf *adv.*: ***von ~*** from an early age.
Früh|aufsteher *m* early riser (F bird); **~ausgabe** *f* first edition; **~beet** *n* cold frame; **~begabung** *f* **1.** ***er zeigte e-e ~*** his talent surfaced very early; **2.** (*Kind*) very talented child; ***sie ist e-e ~*** *a.* she's extremely talented for her age.
Frühchen F *n* (*Frühgeburt*) premature baby, F early arrival.
früh|christlich *adj.* early Christian; **≈diagnose** *f* early diagnosis; **≈dienst** *m* early shift; ***~ haben*** be on early shift.
Frühe *f* (early) morning; ***in aller ~*** early (*od.* first thing) in the morning.
früher I. *adj.* earlier; (*ehemalig*) former, (*vorherig*) *a.* previous; (*einstig*) past; (*älter*) older; ***~e Fassung*** earlier version; ***der ~e Besitzer*** the previous owner; ***in ~en Zeiten*** in the past; ***die ~e DDR*** former East Germany; **II.** *adv.* earlier; (*eher*) *a.* sooner; (*einstmals*) in the past; ***~, als ...*** in the old days when ...; ***~ oder später*** sooner or later; ***~ habe ich geraucht*** I used to smoke; ***~ habe ich nie geraucht*** I never used to smoke (in the past); ***hast du ~ wirklich geraucht?*** did you really use to smoke?; ***warst du ~ wirklich Rennfahrer?*** did you really use to be a racing driver?; ***ich hab noch m-e ganzen Bücher von ~*** I've still got all my old books (from university *etc.*); ***ich kenne ihn von ~*** I know him from a long way back (F from way back); ***es ist alles noch wie ~*** nothing has changed.
Früherkennung *f* ⚕ early detection (*od.* diagnosis).
frühest *adj.* earliest; ***in ~er Kindheit*** at a very early age; **frühestens** *adv.* at the earliest, not before; ***~ am Sonntag*** (on) Sunday at the earliest, not before Sunday; ***das Haus ist ~ in e-m Jahr fertig*** it will take at least a year to build (*od.* finish) the house.
frühestmöglich I. *adj. the* earliest possible *date etc.*; ***zum ~en Zeitpunkt*** → **II.** *adv.* as soon as possible, as soon as you *etc.* can.
Frühgeburt *f* **1.** premature birth; **2.** premature baby.
Frühgeschichte *f*: ***die ~*** early history; ***die ~ der Menschheit*** the early history of man(kind); ***in der ~ der Menschheit*** *a.* in the early days of man(kind); **frühgeschichtlich** *adj.* early, ancient; ancient history ...
Früh|gottesdienst *m* morning service; **~herbst** *m* early autumn (*Am. a.* fall); **≈herbstlich** *adj.* early autumn ...
Frühjahr *n* spring; ***im ~*** in (the) spring.
Frühjahrs|kollektion *f* spring collection; **~messe** *f* spring fair; **~mode** *f* spring fashions *pl.*; **~müdigkeit** *f* springtime lethargy (*od.* tiredness); **~putz** *m* spring cleaning.
Frühkapitalismus *m* (*a.* ***Zeit des ~***) early age (*od.* days *pl.*) of capitalism.
Früh|kartoffeln *pl.* new potatoes; **≈kindlich** *adj.* infant ...; **~kultur** *f* early civilization; ***die chinesische ~*** early Chinese society (*od.* civilization).
Frühling *m* spring(time) (*a. fig.*); ***im ~*** in (the) spring; ***es riecht nach ~*** spring is in the air, you can smell the spring air; *fig.* ***e-n zweiten ~ erleben*** go through a second youth.
Frühlings|anfang *m*, **~beginn** *m* beginning of spring; first day of spring; early spring; **~blume** *f* spring flower; **~gefühle** *pl.*: ***~e haben*** (*a. sexuell*) be feeling frisky.
frühlingshaft *adj.* springlike, spring ...
Frühlings|luft *f* spring air; **~rolle** *f gastr.* spring roll; **~tag** *m* spring day; ***an e-m schönen ~*** one fine day in spring; **~wetter** *n* spring weather; **~zeit** *f* springtime; **~zwiebel** *f* spring onion.
Früh|mensch *m*: ***der ~*** early man; **~messe** *f* morning service; **~mette** *f* matins *pl.*; **~mittelalter** *n* early Middle Ages *pl.*
frühmorgens *adv.* early in the morning.
Frühnachrichten *pl.* early morning news (bulletin) *sg.*
Frühnebel *m* early morning fog; **~felder** *pl.* early morning fog patches (*od.* fog *sg.* in places).
Frühobst *n* early fruit, primeurs *pl.*
Frühpensionierung *f* early retirement.
frühreif *adj.* **1.** *Kind etc.*: precocious; **2.** ⚘ early-maturing; **Frühreife** *f* **1.** *e-s Kindes etc.*: precociousness; **2.** ⚘ early maturity.
Früh|rente *f* early retirement; ***in ~ gehen*** take (*od.* go into) early retirement; **~rentner** *m* early leaver; ***er ist ~*** *a.* he took (*od.* went into) early retirement; **~schicht** *f* early shift; ***~ haben*** be on early shift; **~schoppen** *m* pre-lunch drink(s *pl.*), *Brit. a. etwa* midday pint; **~sommer** *m* early summer; **~sport** *m* early morning exercises *pl.*, F *one's* daily dozen *pl.*; **~stadium** *n*: (***im ~*** at an) early stage.
Frühstück *n* breakfast; ***zweites ~*** mid-morning snack, *Brit. a.* elevenses *pl.*; ***Zimmer mit ~*** bed and breakfast; **frühstücken I.** *v/i.* have (one's) breakfast, breakfast; **II.** *v/t.* have *s.th.* for breakfast.
Frühstücks|büfett *n* breakfast buffet; **~fernsehen** *n* breakfast TV; **~fleisch** *n* luncheon meat; **~geschirr** *n* breakfast dishes (*od.* plates) *pl.*; **~pause** *f* morning break; **~speck** *m* bacon; **~tisch** *m*: (***am ~*** at the) breakfast table; **~zimmer** *n* breakfast room.
Früh|warnsystem *n* early warning system; **~werk** *n* early work(s *pl.*); *e-s Schriftstellers*: *a. coll.* early writings *pl.*; **~zeit** *f* **1.** early period; **2.** (*Vorzeit*): (***in der ~*** in) prehistoric times *pl.*
frühzeitig I. *adj.* (*vorzeitig*) untimely, premature; **II.** *adv.* early, in good time; ***... kann ~ erkannt werden*** can be spotted in advance.
Früh|zug *m* early train; **~zündung** *f mot.* pre-ignition.
Fruktose *f* fructose.
Frust F *m sl.* grind; ***hab ich e-n ~!*** F am I cheesed off (*sl.* pissed off); ***so ein ~!*** *sl.* what a drag (*od.* pain, grind); ***nichts als ~!*** F it's like banging your head off a brick wall; **Frustration** *f* frustration; ***e-e ~ erleben*** be frustrated, have a frustrating time (of it); **frustrieren** *v/t.* frustrate; (*nerven*) get on *s.o.'s* nerves, F drive *s.o.* mad; (*enttäuschen*) get *s.o.* down.
Fuchs *m* **1.** fox; *fig.* ***alter ~*** cunning old devil; ***wo sich ~ und Hase gute Nacht sagen*** F at the back of beyond, out in the sticks (*Am. a.* boondocks); **2.** → ***Fuchspelz***; **3.** (*Pferd*) sorrel; **4.** (*Schmetterling*) ***Großer ~*** large tortoiseshell; ***Kleiner ~*** painted lady; **~bau** *m* fox's den, earth.
fuchsen F **I.** *v/t.* rile, F get to *s.o.*; **II.** *v/refl.*: ***sich ~ über*** be riled about.
Fuchsie *f* ⚘ fuchsia.
fuchsig *adj.* **1.** *Haar*: ginger; **2.** F *fig.* mad.
Füchsin *f* vixen.
Fuchs|jagd *f* fox hunt(ing); **~pelz** *m* fox (fur); **≈rot** *adj. Haar*: ginger; **~schwanz** *m* **1.** foxtail, fox brush; **2.** ⚘ a) amaranth, b) love-lies-bleeding; **3.** (*Säge*) handsaw.
fuchsteufelswild F *adj.* F (hopping) mad, wild.
Fuchtel F *f*: ***j-n unter s-r ~ haben*** have s.o. under one's thumb; **fuchteln** *v/i.*: ***~ mit*** wave *s.th.* around; *drohend*: brandish; ***mit den Händen ~*** gesticulate wildly; **fuchtig** F *adj.* F (hopping) mad, wild.
Fug *m*: ***mit ~ und Recht*** rightly, with good reason; ***sie behauptet mit ~ und Recht*** she justly claims, she is justified in claiming (*od.* saying); ***er tat es mit ~ und Recht*** he had every reason to do so.
Fuge[1] *f* ♪ fugue.
Fuge[2] *f* ⚙ joint; (*Zwischenraum*) interstice; ***aus den ~n geraten*** fall apart, *fig.* be thrown out of joint; *fig.* ***in allen ~n krachen*** be coming apart at the seams; **fugen** *v/t.* (*zusammenfügen*) joint; (*verstreichen*) point up.
fügen I. *v/t.* **1.** → ***an-, hinzu-, zusammenfügen***; **2.** *fig.* (*verfügen*) decree; **II.** *v/refl.* **3. *sich ~ in*** (*passen zu*) fit in well with; *fig.* ***sich ~ an*** follow on from; ***eines fügte sich ans andere*** one thing followed (*od.* led to) another; **4. *sich ~*** *dat.* (*od.* ***in***) (*nachgeben*) submit to; (*sich*

F

abfinden mit) resign o.s. to; **III.** *v/impers.*: ***es fügt sich*** it so happens.
füglich *adv.* rightly, justifiably.
fügsam *adj.* obedient; (*nachgiebig*) compliant; **Fügsamkeit** *f* obedience; (*Nachgiebigkeit*) compliance.
Fügung *f* **1.** *göttliche, des Schicksals*: (act of) providence; (*Zusammentreffen*) coincidence; (*Schicksal*) fate; ***durch e-e glückliche ~*** by a lucky coincidence; ***e-e merkwürdige ~ des Schicksals*** a (strange) twist of fate; **2.** (*Sichfügen*) resignation (***in*** to), submission (to).
fühlbar *adj.* **1.** (*merklich*) noticeable; (*beträchtlich*) considerable, appreciable; ***~er Verlust*** serious loss; ***sich ~ machen*** make itself felt; **2.** (*wahrnehmbar*) tangible; **fühlen I.** *v/t.* **1.** feel; (*gewahr werden*) *a.* sense; **2.** (*abtasten*) feel; **II.** *v/i.* **3.** (*empfinden*) feel; ***mit j-m ~*** feel with s.o.; **4.** ***~ nach*** (*tasten*) feel (*od.* grope) for; **III.** *v/refl.*: ***sich glücklich*** *etc.* ***~*** feel happy *etc.*; ***sich ~ als*** see o.s. as; F ***er fühlt sich aber!*** (*ist eingebildet*) F he doesn't half fancy himself; **fühlend** *adj.* feeling *heart etc.*; (*mit~*) *a.* sympathetic; **Fühler** *m* feeler, antenna; *bei Weichtieren*: tentacle; ⚙ sensor; (*Mess~*) probe; ***die ~ ausstrecken*** *Schnecke*: put out its horns, *fig.* put out (one's) feelers; **Fühlung** *f* contact; ***~ haben*** (***verlieren***) ***mit*** be in (lose) touch with; ***~ (auf)nehmen mit*** contact, get in touch with; **Fühlungnahme** *f* initial (*od.* first) contact.
Fuhre *f* **1.** (*Wagen*) loaded cart; **2.** (*Ladung*) (lorry)load, *bsd. Am.* (truck)load; *Wagen*: cart(load).
führen I. *v/t.* lead (***nach, zu*** to); (*geleiten*) *a.* take; *zu e-m Platz*: *a.* usher; (*j-m den Weg zeigen*) lead, guide; (*gewaltsam*) escort; (*Mannschaft, a.* ⚔) lead; (*bei sich tragen*) carry; (*steuern*) drive; (*Gerät*) handle, (*bewegen*) guide; (*verwalten, beaufsichtigen*) be in charge of; (*Amt*) hold; (*Aufstand etc.*) head, lead; (*Bücher*) keep; (*Geschäft*) manage, run; (*Prozess*) conduct; (*Namen*) bear, go by (*od.* under) *the name of*; (*Titel*) hold; (*Wappen*) have; (*Ware*) *auf Lager*: stock, *zum Verkauf*: *a.* sell, have; (*Schlag*) strike *a blow*; (*Sprache*) use; ⚡ (*Strom*) carry, (*leiten*) conduct; *Besucher* ***in ein Zimmer ~*** show (*od.* lead, usher) into a room; ***was führt dich her?*** what brings you here?; ***bei sich ~*** have on one; ***zum Mund ~*** raise to one's lips; ***ein Leben ~*** lead (*od.* live) a life; ***sie ~ e-e gute Ehe*** they're happily married, they have a good (husband-and-wife) relationship; ***den Titel ... ~*** *Buch*: be entitled ...; ***er führt den Ball gut*** *Fußball*: he's got good ball control; → ***Gespräch, Krieg, Schild***[2] 1 *etc.*; **II.** *v/i.* lead (***nach, zu*** to); (*führend sein*) lead, *Sport*: *a.* be in the lead; ***mit zwei Toren ~*** be two goals ahead, have a two-goal lead; ***mit 3:1 ~*** be 3-1 up, ***gegen X***: lead X by 3-1; ***die Straße führt nach X*** this road leads to X; *das Tal* ***führt in e-e Bucht*** opens into a bay; *fig.* ***~ zu*** lead to, end in, (*zur Folge haben*) result in; ***das führt zu nichts*** that won't get us *etc.* anywhere; ***das führt zu weit*** that's (*od.* that would be) going too far; **III.** *v/refl.*: ***sich ~*** conduct o.s., *bsd. Schüler*: behave (o.s.); ***sich gut ~*** behave; **führend** *adj.* leading; *Politiker etc.*: *a.* senior, top-ranking ..., *a. Künstler etc.*: prominent; ***~er Politiker*** (***Unternehmer***) *a.* political (business) leader; ***~e Position*** senior position; ***~ sein*** lead, rank in first place; ***e-e ~e Rolle spielen*** play a key role, hold a key position.
Führer *m* **1.** leader; (*Leiter*) head; (*Fremden~ etc.*) guide; ⚔ (*Gruppen~ etc.*) leader, (*Kompanie~ etc., a.* ⚓) *a.* commander; *Sport*: captain; **2.** *mot. etc.* driver; ✈ pilot; *e-s Krans etc.*: operator; **3.** (*Reiseführer* [= *Buch*]) guide (***für, durch*** to), guidebook (on); **4.** *hist.* ***der ~*** the Fuehrer; **~haus** *n* driver's cab.
führerlos *adj.* without a leader (*od.* guide *etc.*); *Partei etc.*: *a.* leaderless; *Wagen*: driverless; *Flugzeug*: unpiloted, pilotless.
Führer|natur *f*, **~persönlichkeit** *f* born (*od.* natural) leader; **~rolle** *f* role of (a) leader.
Führerschaft *f* leadership; *coll. the* leaders *pl.*
Führerschein *m mot.* driving licence, *Am.* driver's license; ***s-n ~ machen*** take (*od.* do) one's driving test; **~entzug** *m* suspension of one's driving licence (*Am.* driver's license); ***zu e-m Jahr ~ verurteilt werden*** be banned from driving for a year; **~prüfung** *f* driving test; ***die ~ bestehen*** pass one's driving test.
Führerstellung *f* (position of) leadership.
Fuhr|mann *m* (*pl.* ***Fuhrleute***) **1.** carter; **2.** (*Kutscher*) coachman; **3.** *ast.* Auriga, *the* Charioteer; **~park** *m* car pool, fleet (of cars *od.* vehicles).
Führung *f* **1.** guidance, direction; *e-r Partei etc.*: leadership; (*die Führer*) *a. the* leaders *pl.*; ⚔ command; *e-s Unternehmens*: management; ***unter der ~ von*** headed by, under the direction (*od.* leadership, ⚔ command) of; ***die ~ übernehmen*** take charge, take over; → *a.* 5; ***die ~ an sich reißen*** seize control; **2.** *in e-m Museum etc.*: (guided) tour; **3.** *von Verhandlungen etc.*: conduct; **4.** (*Benehmen*) conduct, behavio(u)r; ***gute ~*** good conduct; **5.** *Sport u. fig.*: lead; ***in ~ gehen, die ~ übernehmen*** take the lead; ***in ~ sein*** be in the lead; ***in ~ bleiben*** keep the lead, stay in front; ***er hat sie in ~ gebracht*** he's given them the lead; **6.** *e-s Titels*: use; **7.** *e-r Kamera etc.*: guiding.
Führungs|anspruch *m* claim to (the) leadership; ***s-n ~ anmelden*** make a bid for (the) leadership; **~aufgabe** *f* executive function; **~eigenschaften** *pl.* leadership qualities; **~gremium** *n*, **~gruppe** *f* management committee; **~kampf** *m* struggle for (the) leadership; **~kraft** *f* ☤ executive; *pl.* executive personnel (*pl.*); *pl. pol.* leaders; **~kreise** *pl.* leadership (ranks) *sg.*; ***in ~n*** among the leadership; **~krise** *f* crisis of leadership; **~macht** *f* leading (*od.* dominant) power; **~nachwuchs** *m pol.* future leaders *pl.*; ☤ future executives *pl.*; **~nut** *f* ⚙ guide slot; **~position** *f* **1.** position of leadership; **2.** top position; **~rille** *f* ⚙ groove; **~rolle** *f* **1.** leading role; **2.** leadership role; **~schicht** *f* ruling class(es *pl.*); **~schiene** *f* ⚙ guide rail; **~schwäche** *f* weak leadership; **~spitze** *f* top echelons *pl.* (☤ management, executives *pl.*); **~stab** *m* ⚔ command; ☤ top executive team; **~stil** *m* style of leadership; ☤ managerial style; **~struktur** *f* ☤ management structure; **~treffer** *m Sport*: ***den ~ erzielen*** put one's team into the lead; **~wechsel** *m* change in leadership; **~zeugnis** *n* (*a.* ***polizeiliches ~***) certificate of (good) conduct (*od.* no conviction).
Fuhr|unternehmen *n* haulage company; **~unternehmer** *m* haulage contractor.
Fuhrwerk *n* horsedrawn vehicle, *für Personen*: carriage; (*Karren*) cart; **fuhrwerken** F *v/i.* bustle around, *laut*: bang around; ***mit et. ~*** brandish s.th.
Fülle *f* fullness (*a. fig.*); (*Menge, Überfluss*) wealth, abundance; (*Körper~*) stoutness; *der Stimme, des Klangs*: richness, sonority; ***Essen*** *etc.* ***war in ~ vorhanden*** there was plenty of food *etc.*; ***zur ~ neigen*** be a bit on the stout side; → ***Hülle.***
füllen I. *v/t.* fill (*a. Zahn*); (*Braten*) stuff; ***den Eimer mit Wasser ~*** fill the bucket up with water; ***in Flaschen ~*** bottle; ***Wein in Fässer ~*** fill wine into casks; ***bis zum Rand ~*** fill (right) up; *der Bericht* ***füllte 15 Seiten*** took up 15 pages; → ***gefüllt***; **II.** *v/refl.*: ***sich ~*** fill; ***der Saal füllte sich schnell*** the hall filled up very quickly.
Füllen *n zo.* foal; (*Hengst~*) colt; (*Stuten~*) filly.
Füller *m* (fountain) pen.
Füll(feder)halter *m* fountain pen.
Füllhorn *n* horn of plenty, cornucopia.
füllig *adj.* full; *Figur*: *a.* ample; *Person*: stout.
Füll|masse *f* filling compound; **~material** *n*, **~mittel** *n* filler.
Füllsel *n* filler; *schriftlich, a. im Koffer etc.*: padding; *gastr.* filling, *Braten etc.*: stuffing.
Füllung *f* **1.** filling (*a. Zahn~*); *Braten*: stuffing; *Praline*: cent|re (*Am.* -er); **2.** (*Polsterung*) padding.
Füllwort *n* filler.
fulminant *adj.* brilliant.
Fummel F *contp. m* F rag.
fummeln F *v/i.* **1.** fiddle around (***an*** with); (*herumkramen*) fumble around; **2.** (*j-n betasten*) F grope; ***mit j-m ~*** *sl.* feel s.o. up.
Fund *m* finding; *e-s Schatzes etc.*: discovery; (*Gefundenes*) find; ***e-n ~ machen*** make a find (*od.* discovery).
Fundament *n* △ foundations *pl.*; *fig.* foundation, basis; ***bis auf die ~e zerstört werden*** be razed (to the ground); *fig.* ***das ~ legen für*** lay the foundations for (*od.* of); ***ein gutes ~*** a solid foundation (*bsd. Wissen*: grounding); ***auf e-m festen ~ stehen*** be on a firm footing; ***in s-n ~en erschüttern*** destroy the (very) foundations *od.* roots of.
fundamental I. *adj.* fundamental, basic; ***~er Irrtum*** grave mistake; ***von ~er Bedeutung*** crucially important; **II.** *adv.*: ***~ voneinander abweichen*** be fundamentally different (*Meinungen*: opposed); **Fundamentalismus** *m* fundamentalism; **Fundamentalist** *m* fundamentalist; **fundamentalistisch** *adj.* fundamentalist.
fundamentieren *v/t.* lay the foundations of.
Fund|büro *n* lost property office; *Schild*: *a.* lost and found; **~gegenstand** *m* → ***Fundsache***; **~grube** *fig. f* goldmine; *für et. Bestimmtes*: treasure chest; *im Kaufhaus etc.*: bargain offers *pl.*
Fundi F *m pol.* radical Green.
fundieren *v/t.* **1.** (*Behauptung etc.*) substantiate; **2.** ☤ (*Anleihe, Schuld*) fund, consolidate; **fundiert** *adj.* **1.** *Wissen etc.*: sound; *Tatsachen*: well-founded, well-grounded; ***wissenschaftlich ~*** well-founded, backed up by research; **2.** ☤ *Schuld*: funded; (***gut ~***) *Geschäft*: solid, sound.
fündig *adj*: ***~ werden*** strike gold (*od.* oil *etc.*), *a. weitS.* make a strike, strike it

lucky; *weitS. a.* find s.th.; ***bist du ~ geworden?*** did you find anything?, did you have any luck?

Fund|ort *m* place where s.th. was found; *Archäologie etc.*: site of the discovery *etc.*; **~sache** *f* lost article, piece of lost property; *pl.* lost property *sg.*; **~stätte** *f archäologische*: site (of the discovery); **~unterschlagung** *f* unlawful keeping of lost property.

Fundus *m* **1.** store *of knowledge etc.*; **2.** *thea.* general equipment.

fünf I. *adj.* five; *fig.* ***~ vor zwölf*** at the eleventh hour; ***es ist ~ vor zwölf*** time is running out fast, it's almost high noon; ***s-e ~ Sinne beisammenhaben*** (***zusammennehmen***) have one's wits about one (collect *od.* gather one's wits); ***alle ~e gerade sein lassen*** stretch a point; ***du musst ~e gerade sein lassen*** you mustn't be so critical, you must take a more relaxed view of things; **II.** ≈ *f* five; (*Note*) *etwa* E; (*Buslinie etc.*) (number) five; ***e-e ~ schreiben*** get an E.

Fünf|akter *m thea.* five-act play; **≈bändig** *adj.* five-volume ..., in five volumes.

Fünfeck *n* pentagon; **fünfeckig** *adj.* pentagonal.

Fünfer F *m* **1.** five-pfennig piece; **2.** → ***Fünf.***

fünferlei *adj.* five (different) kinds of; *su.* five things.

fünffach *adj.* fivefold; ***die ~e Menge*** five times the amount; ***~er Sieger*** five-time winner (*od.* champion).

fünfhundert *adj.* five hundred.

Fünfjahresplan *m* five-year plan.

fünfjährig *adj.* **1.** five-year-old ...; **2.** (*fünf Jahre dauernd*) five-year ...; ***ein ~es ...*** *a.* five years of ...; **Fünfjährige(r** *m***)** *f* five-year-old.

Fünfkampf *m* pentathlon.

fünf|karätig *adj.* five-carat ...; **~köpfig** *adj. family etc.* of five; ***~e Delegation*** *etc. a.* five-member (*od.* five-man) delegation *etc.*

Fünflinge *pl.* quintuplets, F quins.

fünfmal *adv.* five times.

Fünfmarkstück *n* five-mark piece.

Fünfprozent|hürde *f parl.* five per cent (*od.* percent) hurdle (*od.* threshold); **~klausel** *f* five per cent (*od.* percent) clause.

fünfseitig *adj.* pentagonal.

fünfstellig *adj. Zahl*: five-digit ...

Fünfsternehotel *n* five-star hotel.

fünf|stöckig *adj.* five-stor(e)y ...; **~stündig** *adj.* five-hour(-long) ...

fünft I. *adj.* fifth; ***~es Kapitel*** chapter five; ***am ~en Mai*** on the fifth of May, on May the fifth; ***5. Mai*** 5th May, May 5(th); → ***Kolonne, Rad***; **II.** *adv.*: ***wir waren zu ~*** there were five of us; ***wir gingen zu ~ hin*** five of us went there.

Fünftagewoche *f* five-day working week.

fünf|tägig *adj.* **1.** five-day(-long) ...; **2.** (*fünf Tage alt*) five-day-old ...; **~tausend** *adj.* five thousand.

Fünfte(r) *m* (the) fifth; ***er war*** (***wurde***) ***Fünfter*** he was (came) fifth; ***Georg V.*** George V (= George the Fifth); ***heute ist der Fünfte*** it's the fifth today.

fünfteilig *adj.* five-part ..., in five parts.

Fünftel *n* fifth.

fünftens *adv.* fifth(ly), five, in fifth place.

Fünfter → ***Fünfte(r).***

Fünfuhrtee *m* five-o'clock tea.

fünfwöchig *adj.* **1.** five-week ...; **2.** (*fünf Wochen alt*) five-week-old ...

fünfzehn *adj.* fifteen; **fünfzehnt** *adj.* fifteenth; **Fünfzehntel** *n* fifteenth (part).

fünfzig *adj.* fifty; ***in den ~er Jahren*** in the fifties; ***sie ist in den ≈ern*** she's in her fifties; **Fünfziger** *m* **1.** fifty-mark note; **2.** (*a.* **Fünfzigerin** *f*) man (*f* woman) in his (her) fifties; F fiftysomething; **Fünfzigerjahre** *pl.* fifties; **Fünfzigmarkschein** *m* fifty-mark note (*Am.* bill); **fünfzigst** *adj.* fiftieth; ***er hat heute s-n ≈en*** he's fifty today, it's his fiftieth birthday today.

fungieren *v/i.*: ***~ als*** act as, *Sache*: serve as, function as.

Funk *m* radio; → *a.* ***Radio, Rundfunk***; **~amateur** *m* radio ham; **~aufklärung** *f* signal intelligence; **~ausstellung** *f* radio (and TV) show; **~bearbeitung** *f* radio adaptation, adaptation for radio; **~bild** *n* radio picture.

Fünkchen *fig. n* scrap; *Wahrheit*: *a.* grain; *Hoffnung*: flicker; ***da ist kein ~ Wahrheit dran*** there's not a scrap (*od.* grain) of truth in it.

Funke *m* spark, *stärker*: flash; *fig.* (*bisschen*) scrap; *Wahrheit*: *a.* grain; *Hoffnung*: flicker; ***~n sprühen*** send out sparks; ***~n sprühten aus*** sparks were flying from (*od.* out of); *fig.* ***nicht e-n ~n*** (***von***) not a scrap (*od.* bit) of; ***der ~ ist übergesprungen*** we (*od.* they) clicked; ***sie arbeiteten, dass die ~n flogen*** they worked so fast you could see the sparks fly.

funkeln *v/i.* sparkle (*a. fig. Geist, Witz*); (*glitzern*) glisten, glitter; *Sterne*: twinkle; *Augen*: flash.

funkelnagelneu F *adj.* brand-new, F spanking new.

Funkempfänger *m* radio receiver.

funken I. *v/t.* send out, radio; **II.** F *fig. v/impers.*: ***hat es bei ihm endlich gefunkt?*** F has the penny finally dropped?; ***es hat bei ihnen gefunkt*** F they hit it off (from the word go), they clicked.

Funken *m* → ***Funke***; **~bildung** *f* sparking; **~flug** *m* flying sparks *pl.*; **~regen** *m* shower of sparks.

Funken sprühend *adj.* **1.** ***~e Räder*** *etc.* wheels *etc.* sending out sparks; **2.** *fig. Augen*: flashing; *Diskussion*: heated; *Geist*: scintillating *mind.*

Funkenstrecke *f* spark gap.

funkentstört *adj.* suppressed; **Funkentstörung** *f* noise suppression; (*Vorrichtung*) static screen.

Funker *m* radio operator.

Funk|gerät *n* transmitter; **~haus** *n* broadcasting studios *pl.*; **~kolleg** *n* educational broadcasts *pl.*, schools program(me)s *pl.*; **~kontakt** *m* radio contact; ***~ haben*** be in radio contact (***mit*** with); **~meldung** *f*, **~nachricht** *f* radio message; **~offizier** *m* signal officer; **~ortung** *f* radio location; **~peilgerät** *n* radio direction finder (*abbr.* RDF); **~peilung** *f* direction finding; **~rufempfänger** *m* bleeper; **~signal** *n* radio signal.

Funksprech|gerät *n* walkie-talkie; **~stunde** *f* radio phone-in; **~verkehr** *m* radio telephony.

Funk|spruch *m* radio message; **~station** *f*, **~stelle** *f* radio station; **~stille** *f* radio silence, blackout; (*Sendepause*) break in transmission; *fig.* silence; *fig.* ***bei ihnen herrscht ~*** they're not on speaking terms; **~störung** *f* interference; *durch Störsender*: jamming.

Funkstreife *f* **1.** radio patrol; **2.** → **Funkstreifenwagen** *m* squad car.

Funk|taxi *n* radio cab; **~technik** *f* radio engineering; **~techniker** *m* radio engineer; **~telefon** *n* a) radio telephone, b) cellular phone.

Funktion *f* function; *e-s Organs*: functioning; (*Stellung*) position; ***außer ~*** not working, not in operation, at a standstill; ***außer ~ setzen*** bring to a standstill; ***in ~ treten*** go into operation, (*die Arbeit aufnehmen*) take up one's duties, *Krisenstab etc.*: go into action; ***dies hat die ~ zu*** *inf.* this is supposed to *inf.*, this is for *ger.*; ***was hat es für e-e ~?*** what's it for?, what's it supposed to do?; ***e-e hohe ~ ausüben*** hold a key position.

funktional *adj.* functional; **Funktionalismus** *m* functionalism; **Funktionalität** *f* functionality (*a. e-r Software*).

Funktionär *m* official; ***hoher ~*** top official, F top nob; ***hohe ~e*** *a.* (the) top brass.

funktionell *adj.* functional.

funktionieren *v/i.* work; ⊚ *a.* function, be functioning; *der Apparat* ***funktioniert nicht*** doesn't work, is out of order; ***gut ~*** (*ablaufen*) go well.

Funktions|ablauf *m* operational sequence; **≈fähig** *adj.* functioning, working, in working order; *System etc.*: workable; **~störung** *f* ⚕ malfunction; **~taste** *f* function key.

Funk|turm *m* radio tower; **~uhr** *f* radio-controlled clock; **~verbindung** *f* radio contact; **~verkehr** *m* radio communication; **~wagen** *m* **1.** radio van; **2.** → ***Funkstreifenwagen.***

für I. *prp.* for; (*als Ersatz*) *a.* in exchange (*od.* return) for; (*zugunsten von*) *a.* in favo(u)r of; (*anstatt*) *a.* instead of; (*im Namen von*) on behalf of *s.o.*; ***Tag ~ Tag*** day after day; ***Schritt ~ Schritt*** step by step; ***~ mich*** (*um meinetwillen*) for my sake; ***ich ~ m-e Person, ich ~ mein Teil*** I myself; ***~s Erste*** for the moment; ***~ sich leben*** live by o.s.; ***er ist gern ~ sich*** (***allein***) he likes to be on his own; ***das ist e-e Sache ~ sich*** a) that's another matter entirely, b) that's a different story; ***das hat viel ~ sich*** there's a lot to be said for it; ***ich halte es ~ unklug*** I don't think it's (*od.* it would be) a good idea; ***was ~*** (***ein***)***?*** what (kind of)?; **II.** ≈ *n*: ***das ~ und Wider*** the pros and cons *pl.*

Fürbitte *f* intercession; ***~ einlegen*** intercede (***für*** for, on behalf of; ***bei*** with); **Fürbitter** *m* intercessor.

Furche *f* furrow (*a. anat. u. fig. Runzel*); ⊚ groove; (*Wagenspur*) rut.

Furcht *f* fear (***vor*** of), *stärker*: dread (of); ***~ haben vor*** be afraid (*od.* scared, frightened) of; ***aus ~ vor*** because he's *etc.* afraid (*od.* scared, frightened) of, for fear of *ger.*; ***ohne ~ sein, keine ~ kennen*** be fearless, know no fear; *j-m* ***~ einflößen*** (*od.* ***einjagen***) frighten, scare, *stärker*: terrify, put the fear of death into; ***~ und Schrecken verbreiten*** spread fear and terror, *in*: *a.* terrorize; ***zwischen ~ und Hoffnung schweben*** be in a state of trepidation, *längerfristig*: live in fear and trepidation.

furchtbar I. *adj.* terrible, *stärker*: dreadful; **II.** *adv.* terribly; F (*sehr*) terribly, dreadfully; ***~ aufregend*** really exciting; ***~ nett*** extremely nice; ***das ist ~ nett von Ihnen*** that's very kind of you; ***es ist ~ einfach*** F it's dead easy; ***ich bin ~ erschrocken*** I got such a (*od.* a real) fright.

F

furchteinflößend, Furcht einflößend *adj.* frightening.
fürchten I. *v/t.* be afraid of, *stärker*: dread; ***Gott ~*** fear God; ***ich fürchte, wir schaffen es nicht*** I don't think we're (*od.* I have a feeling we're not) going to make it; → ***gefürchtet***; **II.** *v/i.*: ***~ für*** (*od.* ***um***) fear for; ***ich fürchte um sein Leben*** I fear for his life; **III.** *v/refl.*: ***sich ~*** be frightened, be scared, be afraid (***vor*** of); ***sich ~ vor*** → *a.* I; ***sich*** (***davor***) ***~ zu*** *inf.* be afraid of *ger.*, be scared to *inf.*; ***sich im Dunkeln ~*** be afraid (*od.* scared) of the dark; **IV.** ≗ *n*: ***j-n das ~ lehren*** put the fear of God (*od.* death) into s.o.; ***da kann man das ~ lernen*** it soon teaches you what fear is all about; ***das ist ja zum ~*** it's enough to frighten the life (*od.* wits) out of you; ***er sieht zum ~ aus*** F he looks a (real) fright.
fürchterlich *adj. u. adv.* → ***furchtbar.***
furchterregend, Furcht erregend *adj.* frightening, *stärker*: horrific.
furchtlos *adj.* fearless, intrepid; **Furchtlosigkeit** *f* fearlessness.
furchtsam *adj.* timorous; **Furchtsamkeit** *f* timorousness.
Furchung *f* **1.** *biol.* cleavage; **2.** *geol.* striation.
füreinander I. *adv.* for each other, for one another; **II.** ≗ *n* concern for one another, mutual (care and) concern.
Furie *f* Fury; *fig.* virago; ***wie e-e ~*** like a madwoman.
furios *adj.* (*leidenschaftlich*) passionate; (*rasend*) furious; (*mitreißend*) rousing; (*glänzend*) brilliant.
Furnier *n*, **furnieren** *v/t.* veneer.
Furore *f*, *n*: ***~ machen*** cause a sensation, cause (*od.* create) quite a stir, (*groß in Mode sein*) be all the rage; ***er hat mit s-m Buch ~ gemacht*** his book caused quite a sensation (*od.* stir).
Fürsorge *f* care (***für*** for), *eifrige*: solicitude; ***ärztliche ~*** medical care; ***öffentliche ~*** a) public welfare, b) → ***Fürsorgeunterstützung***; **~einrichtung** *f* welfare institution; **~empfänger** *m* social security beneficiary; ***~ sein*** be on social security.
Fürsorger(in *f*) *m* welfare worker.
fürsorgerisch *adj.* welfare ...
Fürsorgeunterstützung *f* social security; ***von der ~ leben*** be (*od.* live) on social security.
fürsorglich *adj.* thoughtful, considerate; solicitous.
Fürsprache *f* intercession (***für*** for, on behalf of; ***bei*** with), plea; (*Empfehlung*) recommendation; (*Vermittlung*) mediation; ***für j-n ~ einlegen*** intercede on s.o.'s behalf, F put in a good word for s.o.; **Fürsprecher** *m* **1.** intercessor; (*Vermittler*) mediator; **2.** *fig.* (*Verfechter*) advocate.
Fürst *m* prince (*a. Titel u. fig.*); (*Herrscher*) ruler; F ***leben wie ein ~*** live like a lord (*od.* king); *bibl.* ***der ~ der Dunkelheit*** the Prince of Darkness.
Fürsten|geschlecht *n*, **~haus** *n* dynasty; **~hof** *m* royal court; **~tum** *n* principality; ***das ~ Monaco*** the Principality of Monaco.
fürstlich I. *adj.* princely; prince's ...; *fig.* splendid; (*üppig*) lavish; *Mahl*: sumptuous; *Gehalt, Trinkgeld*: generous, *Summe*: *a.* princely; **II.** *adv.*: ***~ leben*** live in grand style; ***j-n ~ belohnen*** reward s.o. royally; ***j-n ~ bewirten*** entertain s.o. lavishly, F lay on the works for s.o.
Furt *f* ford.
Furunkel *m*, *n* ⚕ boil.
Fürwort *n ling.* pronoun.
Furz V *m*, **furzen** V *v/i.* V fart.
Fusel F *m* F gutrot, rotgut.
Fusion *f* **1.** ⚛ fusion; **2.** † merger; *neue Firma*: amalgamation; (*Übernahme*) takeover; **fusionieren** *v/i.* † merge; amalgamate.
Fusions|energie *f* fusion energy; **~fieber** *n* † merger mania; **~reaktor** *m* fusion reactor.
Fuß *m* **1.** foot (*pl.* feet); *e-s Berges, Schranks, e-r Liste, Seite etc.*: foot, bottom; *e-r Säule*: base, pedestal; *e-s Glases*: stem; *e-r Lampe*: stand; *e-s Tisches, e-s Stuhls*: leg; ***zu ~*** on foot; ***zu ~ gehen*** walk; ***zu ~*** (***bequem***) ***erreichbar*** within (easy) walking distance; ***gut zu ~ sein*** be a good walker; ***bei ~!*** *zum Hund*: heel!; ***wir werden uns auf die Füße treten*** (*wegen der Enge*) we'll be tripping over each other; (***festen***) ***~ fassen*** get (*fig. a.* gain) a foothold, *fig. Sache*: *a.* catch on; ***auf dem ~e folgen*** *a. fig.* follow (hard) on the heels of; ***sich j-m zu Füßen werfen*** *a. fig.* throw o.s. at s.o.'s feet; *fig.* ***j-m zu Füßen liegen*** worship s.o.; ***wieder auf den Füßen sein*** be back on one's feet again; ***auf die Füße fallen*** fall on one's feet; ***auf freiem ~*** at large; ***auf freien ~ setzen*** let *s.o.* go; ***auf eigenen Füßen stehen*** stand on one's own two feet; ***auf schwachen Füßen stehen*** stand on shaky ground; ***auf festen Füßen stehen*** be on a sound footing; ***mit beiden Füßen auf der Erde stehen*** have both feet firmly on the ground; ***auf großem ~ leben*** live in grand style (*od.* on a grand scale); ***auf gutem*** (***schlechtem***) ***~ stehen mit*** be on good (bad) terms with; ***mit Füßen treten*** trample on; ***sein Glück mit Füßen treten*** cast away one's fortune; ***j-m auf die Füße treten*** tread on s.o.'s toes; ***kalte Füße bekommen*** get cold feet; ***rate mal, wer mir heute über die Füße gelaufen ist*** guess who I ran (*od.* bumped) into today; F ***mein Taschenrechner hat Füße bekommen*** my calculator seems to have just walked off; → ***Grab, link*** 1 *etc.*; **2.** (*Längenmaß*) foot (= *30,48 cm*); ***zehn ~ lang*** ten feet long; ***ein zehn ~ langes Brett*** a ten-foot(-long) plank; **~abdruck** *m* footprint; **~abstreifer** *m* (*Matte*) doormat; (*Metallstangen*) footscraper; **~angel** *f* mantrap; *fig.* trap; *fig.* ***j-m ~n legen*** set (up) traps for s.o.; **~bad** *n* footbath.
Fußball *m* **1.** (*Spiel*) football, *bsd. Am.* soccer; ***amerikanischer ~*** American football, *Am.* football. **2.** (*Ball*) football, *Am.* soccer ball; **Fußballbundesliga** *f* Bundesliga.
Fußballen *m anat.* ball of the (*od.* one's) foot.
Fußballer F *m* footballer.
Fußball|fan *m* football fan; **~feld** *n* football pitch; **~klub** *m* football club; **~krimi** *m* cliffhanger of a (soccer) match; **~länderspiel** *n* international (football) match; **~mannschaft** *f* football team; **~nationalmannschaft** *f* national football team (*od.* side); **~platz** *m* football pitch; **~profi** *m* professional football player; **~schuh** *m* football boot; **~spiel** *n* football match; **~spieler** *m* football player; **~stadion** *n* football stadium; **~star** *m* football star; **~team** *n* football team; **~toto** *m*, *n* football pools *pl.*, F *the pools pl.*; **~trainer** *m* football coach; **~turnier** *n* football tournament; **~verband** *m* football association; **~verein** *m* football club; **~weltmeister** *m* World Cup holders *pl.*; **~weltmeisterschaft** *f* World Cup.
Fuß|bank *f* footstool; **~bekleidung** *f* socks and shoes *pl.*, footwear.
Fußboden *m* **1.** floor; **2.** → **~belag** *m* floor covering, flooring; **~heizung** *f* underfloor heating.
Fuß|breit *m*: ***er wollte keinen ~ weichen*** he refused to budge (*od.* give) an inch; **~bremse** *f* footbrake; **~eisen** *n* mantrap.
Fussel *f* (piece of) fluff; **fusselig** *adj.* covered in fluff; F ***sich den Mund ~ reden*** talk till one is blue in the face; **fusseln** *v/i.* shed a lot of fluff, F mo(u)lt.
fußeln, füßeln F *v/i.* F play footsie.
fußen *v/i.*: ***~ auf*** be based (up)on, rest on.
Fußende *n* foot of the bed, bottom (of the bed).
Fußfall *m* prostration; ***e-n ~ vor j-m tun*** throw o.s. at s.o.'s feet; **fußfällig** *fig. adv.* on bended knee.
Fuß|fehler *m Sport*: foot fault; **~fesseln** *pl.* shackles.
Fußgänger *m* pedestrian; **~ampel** *f* pedestrian lights *pl.*; **~brücke** *f* footbridge; **~strom** *m* stream of pedestrians; **~überführung** *f* (pedestrian) overpass; footbridge; **~übergang** *m*, **~überweg** *m* pedestrian crossing; **~unterführung** *f* (pedestrian) underpass, *Brit. a.* subway; **~zone** *f* pedestrian precinct (*Am.* mall).
Fuß|geher *östr. m* pedestrian; **~gelenk** *n* ankle; **~hebel** *m* pedal; **≗hoch** *adj. Schnee etc.*: ankle-deep; **≗kalt** *adj.*: ***dieses Zimmer ist ~*** I'm always cold around the feet in this room; **~kettchen** *n* ankle bracelet; **~knöchel** *m* ankle; **≗krank** *adj.* **1.** *vom Marschieren*: footsore; **2.** ***~ sein*** have a foot disease; **~leiste** *f* skirting board.
Füßling *m am Strumpf*: foot.
Fuß|marsch *m* (long) walk; ⚔ march; ***wir haben noch e-n langen ~ vor uns*** we've still got a long trek ahead; ***es ist ein ~ von drei Stunden*** it's a three-hour walk, it's three hours on foot; **~matte** *f* doormat; *mot.* car rug; **~nagel** *m* toenail; **~note** *f* footnote; **~pfad** *m* footpath; **~pflege** *f* pedicure, chiropody; care of the feet; **~pfleger(in** *f*) *m* pedicurist, *bsd. Brit.* chiropodist; **~pilz** *m* ⚕ athlete's foot; **~puder** *m* foot powder; **~punkt** *m* ⩓ foot; *ast.* nadir; **~raste** *f* footrest; **~sack** *m* foot muff; **~schalter** *m* pedal switch; **~schemel** *m* footstool; **~schweiß** *m mst* sweaty feet *pl.*; **~sohle** *f* sole (of the *od.* one's foot); **~soldat** *m* ⚔ foot soldier, infantryman; **~spann** *m* instep; **~spitze** *f*: ***auf den ~n gehen*** (walk on) tiptoe; ***auf den ~n stehen*** stand on tiptoe; **~spray** *m*, *n* foot spray; **~sprung** *m*: ***e-n ~ machen*** jump in feet first; **~spur** *f* footprint; (*Fährte*) track; **~stapfe** *f* footstep; *fig.* ***in j-s ~n treten*** follow in s.o.'s footsteps; **~stütze** *f* footrest; ⚕ arch support; **≗tief** *adj. Schnee etc.*: ankle-deep; **~tritt** *m* **1.** (*Geräusch*) footstep, footfall; **2.** (*Spur*) footprint; **3.** (*Stoß*) kick; ***j-m e-n ~ geben*** (*od.* ***versetzen***) give s.o. a kick, kick s.o.; *fig.* ***e-n ~ kriegen*** (*od.* ***bekommen***) (*entlassen werden*) F get the boot, (*weggeschickt werden*) be kicked (F turfed) out; **~volk** *n* **1.** ⚔ infantry; **2.** *fig.* rank and file *of a*

party etc.; **~wanderung** *f* hike, walking tour; **~waschung** *f* foot washing; **~weg** *m* **1.** footpath; **2.** ***ein ~ von einer Stunde*** an hour's walk, an hour on foot; **≈wund** *adj.* footsore; **~wurzel** *f* tarsus; **~zeile** *f Computer*, *in Textverarbeitung*: footer.

futsch F *adj.* (*kaputt*) broken, (*zerschlagen*) smashed (up), *sl.* bust, kaput; (*verdorben*) ruined; (*weg, verloren*) gone; ***alles ~!*** *Pläne etc.*: F forget it.

Futter[1] *n* (*Vieh≈*) feed, fodder; F (*Essen*) F grub, *bsd. Am.* F chow; F ***gut im ~ stehen*** be well-fed.

Futter[2] *n* (*Rock≈ etc.*) lining; ⚠ casing; ⚙ (*Verkleidung*) lining.

Futteral *n* case; (*Hülle*) cover.

Futter|beutel *m* nosebag; **~getreide** *n fodder cereals pl.*; **~häuschen** *n* (covered) bird table; **~krippe** *f* manger; *fig.* gravy train; *fig.* ***an der ~ sitzen*** be doing nicely for o.s.; **~mittel** *n* feed; fodder.

futtern F **I.** *v/t.* F dig into, scoff; **II.** *v/i.* F scoff, feed one's face.

füttern[1] *v/t.* (*a. Computer*) feed; F ***j-n mit et. ~*** feed s.o. on, F stuff s.o. with.

füttern[2] *v/t.* (*Rock etc.*) line (*a.* ⚙); (*auspolstern*) pad.

Futter|napf *m* feeding bowl; **~neid** *fig. m* (professional *od.* social) envy *od.* jealousy; envy of the have-nots; **~pflanze** *f* forage plant (*od.* crop); **~sack** *m* nosebag; **~seide** *f* lining silk; **~stelle** *f* feeding ground; **~stoff** *m* lining (material); **~trog** *m* feeding trough.

Fütterung *f* (*Tier≈*) feeding; *im Zoo*: feeding time.

Futterverwerter F *m*: ***ein guter ~ sein*** a) get by on very little (food), b) F put it on (*od.* put on the pounds) very quickly; ***ein schlechter ~ sein*** a) F put away huge amounts (of food), b) never put on weight.

Futur *n ling.* future (tense) (*a.* = ***erstes ~***); ***zweites ~*** future perfect; **Futurismus** *m* futurism; **Futurist** *m*, **futuristisch** *adj.* futurist; **Futurologe** *m* futurologist; **Futurologie** *f* futorology; **Futurum** *n ling.* → ***Futur.***

Fuzzi F *m* F dopey character, dope.

F

G, g *n* G, g; ♪ G.
Gabardine *m, f* gabardine.
Gabe *f* **1.** (*Spende*) contribution (***an*** to); (*Schenkung*) donation; (*Opfer*) offering; (*Geschenk*) gift, present; ***um e-e milde ~ bitten*** ask for alms; **2.** *fig.* (*Begabung*) gift, talent; (*Geschick*) knack; ***die ~ haben zu*** *inf.* have a gift for *ger.*, *iro. a.* have a (great) knack of *ger.*, be (very) good at *ger.*; **3.** ⚕ (*Verabreichung, Dosis*) dose.
Gabel *f* fork (*a. am Motorrad, e-r Straße, e-s Asts*); (*Heu*~, *Mist*~) pitchfork; *teleph.* cradle; *Deichsel*: shafts *pl.*; **~förmig** *adj.* forked.
gabeln I. *v/t.* fork *s.th.* up; F *fig.* ***sich*** *j-n od. et.* ***~*** pick up; **II.** *v/refl.*: ***sich ~*** *Straße etc.*: fork (off *od.* out).
Gabelstapler *m* forklift truck.
Gabelung *f* fork (in the road *etc.*).
Gabelzinke *f* prong, tine.
Gabentisch *m* table with (the) presents.
G8 *f pol.* Group of Eight, G8; **G8-Staat** *m pol.* G8 nation.
gackern *v/i.* cluck; *fig.* gabble.
gaffen *v/i.* F gawk, gawp.
Gaffer *m* F nosy parker.
Gag *m* gag; *Werbung*: *a.* gimmick; *pl. a.* special effects; ***da hat er sich wieder e-n ~ einfallen lassen*** he always comes up with something new; F ***der ~ war ...*** the thing was ...
Gage *f* fee.
gähnen I. *v/i.* yawn; **II.** ~ *n* yawn(ing); **gähnend** *fig. adj.* yawning *chasm etc.*; ***~e Leere*** gaping void.
Gala *f* gala dress; F ***sich in ~ werfen*** F put on one's glad rags; **~abend** *m* gala night; **~aufführung** *f* gala performance; **~diner** *n* gala dinner, (gala) banquet; **~empfang** *m* formal reception; **~konzert** *n* gala concert.
galaktisch *adj.* galactic.
Galan F *m* (*Liebhaber*) F Romeo; ***sie hat sich mit ihrem ~ verabredet*** *a.* F she's got a date with her man.
galant *adj.* gallant; ***~es Abenteuer*** amorous escapade; **Galanterie** *f* gallantry.
Galater *m hist.* Galatian; ***Brief an die ~*** → **~brief** *m*: *bibl.* ***der ~*** the (*od.* St Paul's) Epistle to the Galatians, Galatians *pl.* (*sg. konstr.*).
Gala|uniform *f* full dress; **~vorstellung** *f* gala performance.
Galaxie *f* galaxy.
Galaxis *f* Galaxy, Milky Way.
Galeere *f* galley.
Galeeren|sklave *m*, **~sträfling** *m* galley slave.
Galerie *f* Δ, *thea. etc.* gallery; (*Kunst*~) art gallery; F *fig.* ***e-e ganze ~ von*** F a whole battery of; **Galerist** *m* (art) gallery owner, art dealer, gallerist; ***er ist ~*** *a.* he owns (*od.* runs) an art gallery.
Galgen *m* **1.** gallows *sg.*; ***an den ~ bringen*** (***kommen***) send to (end up on) the gallows; **2.** (*Mikrofon*~) (microphone) boom; **~frist** *f* reprieve; ***ich gebe dir eine Woche ~*** I'll give you a week's grace; **~humor** *m* gallows humo(u)r; **~strick** F *m*, **~vogel** F *m* good-for-nothing.
Galionsfigur *f* figurehead.
gälisch *adj.*, ~ *n ling.* Gaelic.
Gallapfel *m* oak apple.
Galle *f* (*Organ*) gall bladder; (*Sekret*) bile, *bsd. zo.*, ⚘ gall; *fig.* bile, venom; *fig.* ***ihm kam die ~ hoch, ihm lief die ~ über*** his blood was up, he was seething; → ***Gift.***
Galleiche *f* gall oak.
gallenbitter *adj.* acrid; *fig. a.* caustic.
Gallenblase *f* gall bladder; **Gallenblasenentzündung** *f* inflammation of the gall bladder, 📖 cholecystitis.
Gallen|gang *m* bile duct; **~kolik** *f* bilious colic; **~leiden** *n* gall bladder complaint.
Gallenstein *m* gallstone; **~operation** *f* gallstone operation.
Gallenwege *pl.* biliary tract *sg.*
Gallert *n* jelly; **~artig** *adj.* gelatinous, jelly-like; ***~e Masse*** gelatinous (*od.* jelly-like) substance *od.* mass.
Gallier(in *f*) *m hist.* Gaul.
gallig *adj. Geschmack etc.*: acrid; *Temperament, Laune etc.*: bilious; *Bemerkung, Humor etc.*: caustic; *Satire etc.*: biting.
gallisch *adj.* Gallic, Gaulic, Gaulish.
Gallizismus *m* Gallicism.
Gallone *f* (*in GB a.* Imperial) gallon (= *4,54 l*), (*in den USA a.* US) gallon (= *3,78 l*).
Galopp *m* gallop; ***leichter ~*** canter; ***im ~*** at a gallop; ***in*** (***den***) ***~ fallen*** break into a gallop; *fig.* ***im ~ ankommen*** come galloping along; ***et. im ~ erledigen*** race (*od.* gallop) through s.th.; **galoppieren** *v/i.* gallop; **galoppierend** *fig. adj.* ⚕ galloping *consumption etc.*; ⚕ *a.* runaway *inflation etc.*
Galoschen *pl.* galoshes, overshoes, *Am. a.* rubbers.
galvanisch *adj.* galvanic(ally *adv.*); ***~es Element*** galvanic cell; **Galvaniseur** *m* electroplater; **galvanisieren** *v/t.* galvanize (*a.* ⚕), ⚙ *a.* electroplate; **Galvanisierung** *f* galvanization, electroplating; **Galvanometer** *n* galvanometer.
Gamasche *f* gaiter, legging; *über dem Fuß*: spat; F *fig.* ***er hat ~n vor ihr*** F she puts the wind up him.
Gambe *f* ♪ viola da gamba, viol.
Gameboy *m* gameboy.
Gamet *m biol.* gamete.
Gamma|strahlen *pl.* gamma rays; **~strahlung** *f* gamma radiation.
Gammelei F *f* loafing (F bumming, *Am.* F goofing) around; **gammelig** F *adj.* **1.** (*modrig*) mo(u)ldy, *Obst*: rotten; **2.** (*ungepflegt*) scruffy; **gammeln** F *v/i.* (*faulenzen*) loaf (F bum) around, *Am.* F goof off (*od.* around); **Gammler** F *m* F layabout.
Gams *dial. f* chamois; **Gamsbart, Gämsbart** *m* tuft of chamois hair, F *hum.* shaving brush; **Gamsbock, Gämsbock** *m* chamois buck.
Gämse *f* chamois.
Gamsleder, Gämsleder *n* chamois (leather).
gang *adj.*: ***~ und gäbe sein*** be quite usual, be the usual thing; ***das ist*** (***hier***) ***~ und gäbe*** *a.* that's nothing unusual (around here).
Gang *m* **1.** (**~***art*) walk, way *s.o.* walks, gait; (*Tempo*) *Pferd u. fig.*: pace; **2.** (*Spazier*~) walk; (*Besorgungs*~) errand; (*Weg*) way; ***auf dem ~ zu*** on the (*od.* one's) way to; ***e-n ~ machen*** go (*od.* be) on an errand; ***Gänge machen*** run errands; ***e-n kleinen ~ machen*** take (*od.* go for) a short walk; ***e-n ~ machen zu*** go to; *fig.* ***letzter ~*** last journey; ***das war ein schwerer ~*** that wasn't easy, that was no easy business (*od.* matter); ***ihr erster ~ war*** the first thing she did was (to) *inf.*; **3.** (*Bahn, Verlauf*) course *of business, of events etc.*; ***s-n ~ gehen*** take its course; ***s-n gewohnten ~ gehen***

go (*od.* carry) on as usual; **4.** *e-r Maschine etc.*: running, working; (*Wirkungsweise*) action; *fig.* (*Bewegung*) movement, progress; ***e-n leisen ~ haben*** ⚙ run quietly; ***in ~ bringen*** (*od.* ***setzen***) ⚙ start, put into operation, *fig.* get *s.th.* going, (*Entwicklung etc.*) set *s.th.* in train; *fig.* ***in ~*** (*od.* ***in die Gänge*** *pl.*) ***kommen*** get going; ***in ~ sein*** ⚙ be running, *fig.* be under way; ⚙ ***außer ~ setzen*** put out of operation; ⚙ *u. fig.* ***in ~ halten*** (***kommen***) keep (get) going; *fig.* ***in vollem ~*** in full swing; ***im ~e sein*** be afoot; ***es ist etwas im ~e*** *a.* there's something (fishy) going on; **5.** (*Flur*) corridor; (*Durch≈*) passage(way); *im Flugzeug etc.*: aisle; (*Bogen≈*) arcade; (*Laufsteg*) walkway; (*Röhren≈*) duct; **6.** *gastr.* course; ***Essen mit drei Gängen*** three-course meal; **7.** ⚙ speed; *mot.* gear, *Fahrrad*: *a.* speed; ***erster ~*** first (*od.* bottom) gear; ***zweiter ~*** second gear; ***den ~ wechseln*** change (*bsd. Am.* shift) gears; ***den ~ herausnehmen*** change (*bsd. Am.* shift) into neutral; ***den zweiten ~ einschalten, in den zweiten ~ gehen*** (*od.* ***schalten***) change (*bsd. Am.* shift) into second (gear); ***durch die Gänge jagen*** run through the gears; **8.** *anat.* duct, canal, passage.

Gangart *f* gait, walk, *Pferd*: pace; *fig.* (*Vorgehensweise*) approach; ***e-e andere ~ anschlagen*** a) change the (*od.* one's) pace, b) *a.* ***e-e härtere ~ anschlagen*** force the pace, *fig.* take a tougher line (***gegenüber*** against).

gangbar *adj. Weg*: passable; *fig.* practicable, feasible, *Lösung, Plan*: *a.* workable.

Gängelband *n fig.*: ***am ~ führen*** (*od.* ***halten***) → ***gängeln.***

gängeln *v/t.* lead *s.o.* by the nose; *Frau, Mutter*: *a.* keep *s.o.* tied to one's apron strings.

Ganghebel *m* gearstick, gear lever, *Am.* gearshift.

gängig *adj.* **1.** *Ausdruck*: current; *Methode etc.*: (very) common; ***die ~e Meinung*** the conventional wisdom; **2.** ☤ sal(e)able, marketable; (*gut gehend*) fast-selling; ***~st*** best-selling; **Gängigkeit** *f* currency; commonness; ☤ sal(e)ability, marketability.

Ganglien|knoten *m anat.* gangliar node; **~system** *n* gangliar system; **~zelle** *f* ganglion cell.

Ganglion *n* ganglion; *pl.* ganglia.

Gangplatz *m* aisle seat.

Gangschaltung *f mot.* gearshift(ing).

Gangster *m* gangster; **~bande** *f* gang of criminals; **~boss** *m* gang boss, gangland leader; **~braut** *f sl.* moll; **~film** *m* gangster film; **~held** *m* gangster hero; **~methoden** *pl.*: ***das sind ja ~!*** that's (almost) criminal; **~tum** *n* world of gangsters.

Gangway *f* ✈ steps *pl.*; ⚓ gangway.

Ganove F *m* F crook, hoodlum; ***kleiner ~*** small-time crook; **Ganovensprache** *f* underworld slang, thieves' cant; **Ganoventrick** *m* con trick.

Gans *f* goose (*pl.* geese); ***junge ~*** gosling; *fig.* ***dumme ~*** stupid thing (*od.* girl).

Gänse|blümchen *n* daisy; **~braten** *m* roast goose; **~feder** *f* goose feather; (*Schreibfeder*) (goose) quill; **~füßchen** *pl.* quotation marks, inverted commas; **~haut** *fig. f* goose pimples *pl.*; ***ich bekam e-e ~*** it sent shivers down my spine, F it gave me the creeps; **~kiel** *m* (goose) quill; **~klein** *n gastr.* goose giblets *pl.*

Gänseleber *f* goose liver; **~pastete** *f* pâté de foie gras.

Gänsemarsch *m*: ***im ~*** in single (*bsd. Am.* Indian) file.

Gänserich *m* gander.

Gänse|schmalz *n* goose dripping; **~wein** *hum. m* (*Wasser*) Adam's ale.

ganz I. *adj.* **1.** (*ungeteilt*) whole; (*vollständig*) complete; ***~ Deutschland*** the whole (*od.* all) of Germany; ***die ~e Stadt*** the whole town; ***über ~ Amerika*** all over America; ***in der ~en Welt*** all over the world; ***in ~ Großbritannien*** throughout the UK; ***~e Länge*** total (*od.* overall) length; ***~e Zahl*** whole number; ♪ ***~e Note*** semibreve, *Am.* whole note; ♪ ***~e Pause*** semibreve (*Am.* whole note) rest; ***~e Wochen*** *arbeiten an etc.*: for weeks on end; ***von ~em Herzen*** with all my *etc.* heart; ***m-e ~en Schuhe*** all (of) my shoes; ***den ~en Morgen*** (***Tag***) all morning (day); ***die ~e Nacht*** (***hindurch***) all night long; ***die ~e Zeit*** all the time, the whole time; ***den ~en Goethe*** *lesen etc.*: the whole (*od.* all) of Goethe; **2.** (*unbeschädigt*) in one piece, intact; ***wieder ~ machen*** mend; ***die Tasse ist noch ~*** *a.* the cup didn't break; **3.** F ***~e zwei Stunden*** (for) two solid hours, (*nicht mehr*) just two hours; ***es hat ~e fünf Minuten gedauert*** it didn't take more than five minutes, it was all over in five minutes; ***er hat mir ~e zehn Mark gegeben*** all he gave me was ten marks; ***es hat mich ~e 50 Mark gekostet*** it only cost me 50 marks; **II.** *adv.* (*völlig*) completely, totally; (*ziemlich, leidlich*) quite, F pretty; (*sehr*) very, really; ***~ gut*** quite good, F not bad; ***es hat mir ~ gut gefallen*** I quite liked (*od.* enjoyed) it; ***~ schön viel*** quite a lot, F a fair bit; ***~ schön dreckig*** F pretty dirty; ***~ und gar nicht*** not at all; ***das ist was ~ anderes*** that's a completely different matter; ***nicht ~ dasselbe*** not quite the same thing; ***~ gewiss*** certainly, (*ohne Zweifel*) (oh,) definitely; ***~ nass*** wet through; (***ich bin***) ***~ Ihrer Meinung*** I quite agree; ***das hatte ich ~ vergessen*** I'd completely forgotten (about that); ***er ist ~ der Vater*** he's just like his father, F he's a chip off the old block; ***nicht ~ zehn*** just under ten, F coming up for ten; ***ich würde es ~ gern machen, aber*** I'd like to, but; ***~ besonders, weil*** (e)specially since.

Ganz|aufnahme *f*, **~bild** *n* full-length portrait.

Ganze(s) *n* whole; (*Gesamtbetrag*) total (amount); (*Gesamtheit*) entirety; ***einheitliches Ganzes*** integral whole; ***das Ganze*** the whole thing; ***et. als Ganzes betrachten*** look at s.th. as a whole; ***aufs*** (***große***) ***Ganze gesehen*** seen (*od.* viewed) as a whole, all in all; ***aufs Ganze gehen*** go all out, F go the whole hog; ***jetzt gehts ums Ganze*** it's all or nothing now; ***im Großen*** (***und***) ***Ganzen*** on the whole, all in all.

Gänze *f*: ***zur ~*** completely, in full; ***in s-r ~*** in its entirety.

Ganzfoto *n* full-length portrait.

Ganzheit *f* whole; ***in s-r ~*** as a whole, in its entirety; **ganzheitlich I.** *adj.* (*umfassend*) comprehensive, all-embracing; *phls., psych.,* ⚕ *etc.* holistic; **II.** *adv.* comprehensively; *phls.,* ⚕ *etc.* holistically; ***~ betrachtet*** seen as a whole (*od.* in its entirety).

Ganzheits|medizin *f* holistic medicine; **~methode** *f* **1.** holistic method; **2.** *ped.* integrated curriculum; **~psychologie** *f* holistic psychology; **~unterricht** *m ped.* **1.** integrated curriculum; **2.** → ***Ganzwortmethode.***

ganzjährig I. *adj.* all-year ...; *Öl*: all-season ...; **II.** *adv.* all year round.

Ganzkörperbestrahlung *f* whole body dose (of radiation).

Ganzleder *n* (full) leather; ***in ~*** leatherbound; **~band** *m* leatherbound volume.

Ganzleinen *n* full cloth (binding); ***in ~*** clothbound.

gänzlich I. *adj.* complete, total; **II.** *adv.* completely, totally, absolutely.

Ganz|metall *n* all-metal *construction etc.*; **~seide** *f* pure silk; **≈seitig** *adj.* full-page ...; **≈tägig I.** *adj.* all-day ...; *Beschäftigung*: full-time ...; **II.** *adv.* all day, (for) the whole day; ***~ geöffnet*** open all day; ***~ beschäftigt sein*** have a full-time job.

Ganztags|beschäftigung *f* full-time job; **~schule** *f* all-day school(ing).

Ganzwortmethode *f ped.* whole word method.

ganzzählig *adj.* 𝒜 integer.

gar I. *adj. gastr.* done, cooked; ***nicht ~*** underdone; **II.** *adv.* (*sogar*) even; (*vielleicht*) perhaps; ***~ nicht*** not at all; ***~ nichts*** not a thing, nothing at all, absolutely nothing; ***~ keiner*** nobody at all; ***es hat ~ keinen Sinn*** it's no use (at all); ***es besteht ~ kein Zweifel*** there's no doubt whatsoever; ***~ nicht schlecht*** not bad at all; ***das ist ~ nichts gegen m-e Geschichte*** that's got nothing on my story; ***oder ~*** let alone; ***~ so*** so very; ***~ zu*** (a bit) too; → *a.* ***allzu*** (...).

Garage *f* garage.

Garagen|einfahrt *f* garage entrance; **~tor** *n* garage door.

Garant *m* guarantor; → *a.* ***Bürge.***

Garantie *f* guarantee; ***es hat ein Jahr ~*** it's got a year's (*od.* a one-year) guarantee; *fig.* ***dafür kann ich keine ~ übernehmen*** I can't make any guarantees; F ***er fällt unter ~ durch*** he's bound to fail, F he's just got to fail, there's no way he's going to pass; F ***sie hats unter ~ vergessen*** she's bound to have forgotten, F I bet (you any money) she's forgotten; **~anspruch** *m* ⚖ warranty claim; **~bedingungen** *pl.* terms of a (*od.* the) guarantee; **~frist** *f* guarantee period.

garantieren *v/t.* (*u. v/i.* ***für et.*** ~) guarantee (*a. fig.*); ***garantiert echt*** guaranteed genuine; F ***sie kommt garantiert nicht*** F I bet (you) she won't come.

Garantie|schein *m* guarantee; **~zeit** *f* guarantee (period); ***die ~ ist abgelaufen*** the guarantee has run out.

Garaus *m*: ***j-m den ~ machen*** F finish (*od.* bump) s.o. off; ***e-r Sache den ~ machen*** put paid to s.th.

Garbe *f* ⚘ sheaf; ***in ~n binden*** bundle, tie up into sheaves.

Gärbottich *m* fermenting vat.

Garde *f* ⚔ *the* guards *pl.*; *fig.* ***er ist noch von der alten ~*** he's still one of the old school.

Gardenie *f* ⚘ gardenia.

Garde|offizier *m* guards officer; **~regiment** *n* guards regiment.

Garderobe *f* **1.** (*~nraum*) cloakroom, *Am. a.* checkroom; (*Flur≈*) coatrack, *frei stehend*: hall stand; ***et. an der ~ abgeben*** leave s.th. in the cloakroom (*Am.* checkroom); ***für ~ wird nicht gehaftet*** we regret that the management cannot accept responsibility for losses due to theft; **2.** *thea. etc.* (*Umkleideraum*) dressing room; **3.** (*Kleidung*) clothes *pl.*, wardrobe; ***e-e große ~ haben*** have a lot of clothes (*od.* a large wardrobe); **4.** (*Mäntel etc.*) hats and coats *pl.*

Garderoben|frau *f* cloakroom (*Am.* checkroom) attendant; **~marke** *f*, **~nummer** *f* cloakroom ticket, *Am.* check; **~ständer** *m* coatrack, *frei stehend*: hall stand.

Garderobiere *f* → ***Garderobenfrau.***

Gardine *f* (net) curtain; *fig.* ***hinter schwedischen ~n*** behind bars; **Gardinenpredigt** F *f* lecture, dressing down.

Gardist *m* guardsman.

garen *v/t.* (*a. v/i.* ***~ lassen***) *gastr.* cook slowly.

gären *v/i.* ferment (*a.* ***~ lassen***); *fig.* be seething, fester; ***es gärte ihn ihm*** he was seething with hatred (*od.* rage *etc.*); ***der Aufruhr gärt im Lande*** the country is seething with unrest (*od.* revolt); ***es gärt im Volk*** there's growing unrest among the people.

Gärmittel *n* ferment.

Garn *n* thread; (*Baumwoll≈*) *a.* cotton; *fig.* ***(j-m) ins ~ gehen*** walk into the (s.o.'s) trap; ***ein ~ spinnen*** spin a yarn.

Garnele *f* shrimp (*Am. a. pl.*), prawn.

garni *adj.* → ***Hotel.***

garnieren *v/t.* decorate; (*Hut etc.*) *a.* trim; *gastr.* garnish; **Garnierung** *f* decoration; trimmings *pl.*; *gastr.* garnish(ing).

Garnison *f* garrison; **Garnisonsstadt** *f* garrison town.

Garnitur *f* (*Satz*) set; (*Unterwäsche*) matching underwear; → *a.* ***Sitzgarnitur*** *etc.*; ⚔ full uniform; (*Besatz*) trimming(s *pl.*); *fig.* ***erste ~*** top rank(s), (*Person*[*en*]) F top notcher(s); ***zweite*** (***dritte***) ***~*** second- (third-)rater(s); ***Solisten der ersten ~*** top-class (F top-notch) soloists.

Garn|knäuel *m, n* ball of thread; **~rolle** *f* reel (of thread *od.* cotton); **~spule** *f* spool, bobbin.

Gärprozess *m* fermentation process, (process of) fermentation.

garstig *adj.* nasty.

Gärstoff *m* ferment.

Garten *m* garden; ***botanischer ~*** botanical gardens; ***zoologischer ~*** zoological gardens, zoo; *bibl.* ***der ~ Eden*** the Garden of Eden; ***im ~ arbeiten*** do some gardening; **~anlage** *f* (public) gardens *pl.*; **~arbeit** *f* gardening; **~architekt** *m* landscape gardener; **~bank** *f* garden bench.

Gartenbau *m* horticulture; *in Zssgn* horticultural *show etc.*; **~ingenieur** *m* horticulturist.

Garten|beet *n* flower (*od.* vegetable) bed; **~fest** *n* garden party; **~geräte** *pl.* gardening tools; **~gewächs** *n* **1.** garden plant; **2.** *pl.* garden produce *sg.*; **~haus** *n* summer house; **~kräuter** *pl.* pot herbs; **~kresse** *f* garden cress; **~laube** *f* arbo(u)r, bower; summer house; **~lokal** *n* → ***Gartenwirtschaft***; **~möbel** *pl.* garden furniture *sg.*; **~schau** *f* horticultural show; *größere*: garden festival; **~schere** *f*: (***e-e ~*** a pair of) pruning shears *pl.*; **~schlauch** *m* garden hose; **~stadt** *f* garden city; **~stuhl** *m* garden chair; **~wirtschaft** *f* **1.** outdoor café (*od.* restaurant); **2.** beer garden; **~zaun** *m* garden fence; **~zwerg** *m* (garden) gnome; F *fig. hässlich*: ugly little thing, *unangenehm*: F horrible little squirt.

Gärtner *m* gardener; **Gärtnerei** *f* gardening; (*Betrieb*) market garden, *Am.* truck farm; **Gärtnerinart** *f*: *gastr.* ***nach ~*** à la jardinière; **gärtnern** *v/i.* do gardening, work in the garden.

Gärung *f* fermentation; *fig.* (state of) unrest.

Gärungs|alkohol *m* ethyl alcohol; **~mittel** *n* ferment; **~prozess** *m* fermentation process, (process of) fermentation; **~zeit** *f* fermentation period.

Garzeit *f* cooking time.

Gas *n* gas; *mot.* ***~ geben*** step on the accelerator (F *u. Am.* gas); ***gib ~!*** F step on it!; ***~ wegnehmen*** throttle down (*Am.* back); **~ableser** *m* gasman; **~anzünder** *m* gas lighter; **≈artig** *adj.* gaseous; **~behälter** *m* gas tank; **≈beheizt** *adj.* gas-fired, gas-heated; ***~e Wohnung*** house (*od.* flat, *Am.* apartment) with gas heating; **~beleuchtung** *f* gas light(ing); **~brenner** *m* gas burner; **≈dicht** *adj.* gasproof; **~druck** *m* gas pressure; **~entwicklung** *f*, **~erzeugung** *f* gas production; **~explosion** *f* gas explosion; **~fernleitung** *f* long-distance gas pipe; **~feuerung** *f* gas firing; **~feuerzeug** *n* gas lighter; **~flamme** *f* gas flame; *am Kocher*: burner; **~flasche** *f* gas cylinder; **≈förmig** *adj.* gaseous; **≈gefüllt** *adj.* gas-filled, filled with gas; **≈gekühlt** *adj.* gas-cooled; **~gemisch** *n* gas(eous) mixture; **~geruch** *m* smell of gas; **~gewinnung** *f* gas production; **~grill(gerät** *n*) *m* gas grill, gas barbecue; **~hahn** *m* gas tap; ***den ~ aufdrehen*** (***abdrehen***) turn the gas on (off); **≈haltig** *adj.* gaseous; **~hebel** *m mot.* **1.** (*Hand≈*) throttle control; **2.** → ***Gaspedal***; **~heizofen** *m* gas fire; **~heizung** *f* gas heating; **~herd** *m* gas cooker (*od.* stove, *Am. a.* range); **~kammer** *f* gas chamber; **~kocher** *m* camping stove; **~lampe** *f* gas lamp, gaslight; **~leitung** *f* gas pipe; **~licht** *n* gaslight; **~-Luft-Gemisch** *n mot.* explosive mixture; **~mann** *m* gasman; **~maske** *f* gas mask; **~ofen** *m* gas stove.

Gasometer *m* gasometer.

Gas|pedal *n mot.* accelerator (pedal), *Am. a.* gas pedal; **~pistole** *f* tear-gas pistol; **~rechnung** *f* gas bill; **~rohr** *n* gas pipe.

Gässchen *n* (little) alleyway, narrow lane.

Gasse *f* narrow street, (narrow) lane; (*Bahn*) path; ***sich e-e ~ bahnen durch*** force one's way through; *dial.* ***auf der ~*** in (*od.* on) the street; *fig.* ***auf allen ~n zu hören sein*** be the talk of the town; → ***Hansdampf.***

Gassen|hauer *m* popular song (*od.* tune); **~junge** *m* urchin.

Gassi F: (***mit dem Hund***) ***~ gehen*** take the dog out (for a walk), F go walkies (with the dog); ***komm, wir gehen jetzt ~!*** F time for walkies!

Gast *m* guest; (*Besucher*) visitor; *im Wirtshaus etc.*: customer; *thea.* guest (performer *od.* artist); *pl. Sport*: away (*od.* visiting) team *sg.*, F visitors *pl.*; ***er ist ein seltener ~*** he's a stranger in these parts; ***Gäste haben*** have visitors (*od.* company); ***oft Gäste haben*** a) often have people to stay, b) do a lot of entertaining; ***wir haben heute Abend Gäste*** we're having guests (*od.* visitors) tonight, we're having some people round tonight; ***heute Abend haben wir X zu ~*** *TV etc.* our guest tonight is X; ***heute bist du mein ~*** it's all on me (today); ***bei j-m zu ~ sein*** be staying with s.o.; ***j-n zu ~ bitten*** invite s.o., *formell*: request the pleasure of s.o.'s company; ***nur für Gäste*** for patrons only; *Vorstellung etc.* ***für geladene Gäste*** for an invited audience; **~arbeiter** *m* foreign (*od.* immigrant) worker; **~dirigent** *m* guest conductor; **~dozent** *m* guest (*od.* visiting) lecturer.

Gäste|bett *n* guest (*od.* spare) bed; **~buch** *n* visitors' book; **~handtuch** *n* guest towel; **~haus** *n* guest house; **~-WC** *n* guest toilet; **~zimmer** *n* guest room; *im Hotel etc.*: lounge.

Gastfamilie *f* host family.

gastfrei *adj.* hospitable; **Gastfreiheit** *f* hospitality.

gastfreundlich I. *adj.* hospitable; *Land etc.*: *a.* very friendly towards visitors (*od.* tourists); **II.** *adv.*: ***~ empfangen*** give *s.o.* a warm welcome; ***wir wurden sehr ~ behandelt*** we were made to feel at home, we were treated very kindly; **Gastfreundlichkeit** *f* hospitality.

Gastfreundschaft *f* hospitality.

Gastgeber *m* host; *pl. Sport*: home team *sg.*; **Gastgeberin** *f* hostess.

Gast|geschenk *n* present (for the host [-ess]); **~haus** *n*, **~hof** *m* restaurant; *mit Unterkunft*: guesthouse; **~hörer** *m univ.* auditor.

gastieren *v/i.* (*als Gast auftreten*) give a guest performance, *bsd. Am.* guest (***an*** at *a theatre*; ***in*** in *a town*); *weitS.* (*auftreten*) perform, give a performance; ***in Japan ~*** (*auf Tournee sein*) tour Japan.

Gast|konzert *n* guest concert (*od.* performance); **~land** *n* host country.

gastlich *adj.* **1.** hospitable; **2.** (*einladend*) inviting; (*gemütlich*) cosy, *Am.* homey; **Gastlichkeit** *f* **1.** hospitality; **2.** (*Gemütlichkeit*) cosiness, *Am.* homeyness.

Gast|mahl *n* banquet; **~mannschaft** *f* visiting team; **~professor** *m* visiting professor; **~recht** *n* (right of) hospitality; **~redner** *m* guest speaker.

gastrisch *adj.* ⚕ gastric.

Gastritis *f* ⚕ gastritis.

Gastroenteritis *f* ⚕ gastroenteritis.

Gastrolle *f thea.* guest part; *fig.* ***e-e ~ geben*** pay a flying visit (***in*** to), put in a brief appearance (at, in).

Gastronom *m* restaurateur, restaurant chef; **Gastronomie** *f* **1.** (*Gewerbe*) catering trade; **2.** (*Kochkunst*) gastronomy; **gastronomisch** *adj.* **1.** catering *business etc.*; **2.** gastronomic(al).

Gastspiel *n* guest performance; *Sport*: away game; *fig.* → ***Gastrolle***; **~reise** *f* tour (***in*** of).

Gaststätte *f* restaurant; **Gaststättengewerbe** *n* catering trade.

Gasturbine *f* gas turbine.

Gast|vorlesung *f* guest lecture; **~vorstellung** *f thea.* guest performance; *fig.* → ***Gastrolle***; **~vortrag** *m* guest lecture.

Gastwirt *m* landlord, (*a. Restaurantinhaber*) proprietor; **Gastwirtin** *f* landlady, (*a. Restaurantinhaberin*) proprietress; **Gastwirtschaft** *f* → ***Gasthaus.***

Gas|uhr *f* gas meter; **~vergiftung** *f* gas poisoning; **~werk** *n* gasworks *pl.* (*a. sg. konstr.*); **~wolke** *f* cloud of gas; **~zähler** *m* gas meter.

Gatt *n* ⚓ **1.** (*Heck*) stern; **2.** (*Loch*) hole; (*Spei≈*) scupper (hole).

Gatte *m* husband; ⚖ spouse; **Gattenwahl** *f zo.* choosing (*od.* choice of) a mate.

Gatter *n* gate (*a. electron.*); (*Zaun*) fence; *am Fenster*: grille; **~säge** *f* framesaw; **~tor** *n*, **~tür** *f* gate; (*Zaun*) fence.

Gattin *f* wife; ⚖ spouse; ***Ihre ~*** your wife, *formell*: Mrs X.

Gattung *f* **1.** *zo.*, ⚘ genus, (*Familie*) family, (*Art*) species; **2.** *Kunst*: form; *Literatur*: genre; **3.** (*Sorte*) kind, type.

Gattungs|begriff *m* generic term; **~name** *m* generic name; *ling.* collective (*od.* common) noun.

Gau *m* district.

GAU *m* maximum credible accident, MCA.

Gaudi F *f*, *n*: ***das war e-e ~!*** F it was a (real) scream (*Am. a.* gas); ***nur zur ~*** just for fun (F kicks), just for the fun of it.

Gaukelbild *n* illusion, mirage; (*Blendwerk*) delusion.

Gaukelei *f* delusion; *e-s Clowns*: tricks *pl.*; **gaukeln** *v/i.* (*flattern*) flutter (around).

Gaukel|spiel *n* (*Täuschung*) delusion; ***ein ~ treiben mit*** delude; **~werk** *n* delusion.

Gaukler *m* tumbler; (*Spaßmacher*) clown; (*Scharlatan*) charlatan.

Gaul *m* horse; *contp.* nag; ***alter ~*** (old) jade; *fig.* ***e-m geschenkten ~ sieht man nicht ins Maul*** never look a gift horse in the mouth.

Gauleiter *m hist.* gauleiter.

Gaumen *m a. fig.* palate; *fig.* ***e-n feinen ~ haben*** have a fine palate (*od.* tongue, sense of taste); → ***gespalten***; **~freuden** *pl.* culinary delights; **~kitzel** *m*: ***jetzt gibt es e-n kleinen ~*** now for something to tickle your palate (*od.* tastebuds); **~laut** *m* palatal; **~platte** *f* ⚕ upper plate; **~zäpfchen** *n* uvula.

Gauner *m* crook, swindler; (*Halunke*) rascal; ***diese ~!*** what a bunch of crooks!; **~bande** *f* gang of crooks.

Gaunerei *f* swindling, swindle, F con game; **gaunerhaft** *adj.* F crooked; **gaunern** *v/i.* swindle.

Gauner|sprache *f* underworld jargon, thieves' cant; **~streich** *m*, **~stück** *n* swindle, F con.

Gaze *f* gauze (*a.* ⚕); ✝ *feine*: gossamer; (*grobe Baumwoll*≈) cheesecloth; (*Draht*≈) wire gauze; **~binde** *f* gauze bandage.

Gazelle *f* gazelle.

geachtet *adj.* respected; ***bei allen ~ sein*** have everyone's respect.

Geächtete(r) *m* outlaw.

Geächze *n* groaning, groans *pl.*

Geäder *n* **1.** (*Blutgefäße*) blood vessels *pl.*; **2.** (*Maserung*) veins *pl.*, veined structure; *im Holz*: grain; **geädert** *adj.* veined; (*marmoriert*) marbled; *Holz*: grained; *Käse*: veiny.

geartet *adj.* disposed; ***anders ~ sein*** be different; ***besonders ~*** special *case*; ***so ~, dass*** the kind of person *etc.* that *would, will etc.*

Geäst *n* branches *pl.*

Gebäck *n* (*Fein*≈) (fancy) cakes *pl.*; (*Kekse*) biscuits *pl.*, *Am.* cookies *pl.*

gebadet *adj.* → ***Schweiß.***

Gebälk *n* (*Balken*) beams *pl.*; (*Säulen*≈) entablature; *fig.* ***es knistert im ~*** there's trouble brewing (*od.* in the air).

geballt I. *adj. Faust*: clenched; *fig.* concentrated; *Stil*: *a.* compact; ***~er Angriff*** concerted attack; → ***Ladung***[1] 3; **II.** *adv.*: ***~ auftreten*** *Probleme etc.*: come all at once, *nacheinander*: come thick and fast.

gebannt *adj. u. adv.* (*a.* ***wie ~***) fascinated, spellbound; ***~ zusehen*** *a.* be riveted; ***~ vor dem Fernseher sitzen*** be glued to the TV; ***wie ~ stehen bleiben*** stop dead in one's tracks.

Gebärde *f* gesture; *fig.* air.

gebärden *v/refl.*: ***sich ~*** behave, act (***wie*** like); ***sich wie toll ~*** behave (*od.* act) like a madman.

Gebärden|dolmetscher *m* sign language interpreter; **~spiel** *n* gestures *pl.*; *stummes*: pantomime (*a. fig.*); **~sprache** *f* sign language; *thea.* mimicry.

gebaren I. *v/refl.* → ***gebärden***; **II.** ≈ *n* behavio(u)r, demeano(u)r; (*Geschäfts*≈) conduct.

gebären I. *v/t.* give birth to; *fig.* breed, beget; ***geboren werden*** be born; ***ich wurde geboren am*** I was born on; *fig.* ***der Mann muss noch geboren werden*** that man hasn't been born yet; → ***geboren***; **II.** *v/i.* give birth; **gebärfähig** *adj.* capable of childbearing (*zo.* of giving birth); ***im ~en Alter*** of childbearing age; **gebärfreudig** *adj.* fertile; F *hum.* ***sie hat ein ~es Becken*** F she's broad in the beam.

Gebärmutter *f* womb, uterus; **~hals** *m* neck of the uterus, 🕮 cervix uteri; **~halskrebs** *m* cancer of the cervix, cervical cancer; **~krebs** *m* cervical cancer, cancer of the womb; **~senkung** *f* uterine descent; **~vorfall** *m* (uterine) prolapse.

gebauchpinselt F *adj.*: ***sich ~ fühlen*** F be *od.* feel (quite) tickled.

Gebäude *n* building; structure; *bsd. großes, bemerkenswertes*: edifice; *fig.* (*Zusammengefügtes*) structure; *von Gedanken*: edifice; **~flügel** *m* wing (of a *od.* the building); **~komplex** *m* complex (of buildings), group of buildings; **~trakt** *m* part of a (*od.* the) building; (*Flügel*) wing.

gebauscht *adj.* puffed-out.

gebaut *adj.*: ***gut ~*** well-built (*a. iro.*); ***so wie er ~ ist, schafft er es leicht*** a man of his size won't have any problems.

gebefreudig *adj.* open-handed, (very) generous; **Gebefreudigkeit** *f* open-handedness, generosity.

Gebein *n* **1.** bones *pl.*; (*Knochengerüst*) skeleton; **2.** *pl.* (*sterbliche Reste*) (mortal) remains; *eccl.* relics.

Gebelfer *n von Hunden*: yelping, yapping; *fig. von Menschen etc.*: barking.

Gebell *n* barking; (*Kläffen*) yapping.

geben I. *v/t.* **1.** give (***j-m et.*** s.o. s.th., s.th. to s.o.); (*reichen*) *a.* hand; (*Unterricht, Fach*) teach; (*Aufsatz*) set; (*Ertrag etc.*) give, yield; ***j-m zu trinken*** (***essen***) ***~*** give s.o. s.th. to drink (eat); ***sich et. ~ lassen*** (*bitten um*) ask for s.th.; F ***ich gäbe was drum zu wissen*** I'd give anything to know; F ***es j-m ~*** let s.o. have it; → ***Anlass, bedenken*** 1, ***Bescheid, Blöße*** 2, ***denken*** I *etc.*; → ***gegeben***; **2.** (*gewähren*) give, grant; **3.** (*Konzert etc.*) give; (*Theaterstück etc.*) perform, F do; (*Film*) show; (*Essen, Party*) have, give; ***was wird heute Abend gegeben?*** what's on tonight?; ***das Stück wurde drei Monate lang gegeben*** the play ran (*od.* was on) for three months; **4.** (*ergeben*) make *a good soup etc.*; (*Flecken*) make, leave; ***das gibt keinen Sinn*** it doesn't make (any) sense; ***fünf mal sechs gibt dreißig*** five sixes are thirty, five times six is thirty; **5.** (*tun, legen, stecken etc.*) put; (*hinzutun, beimischen*) add; ***Salz in die Suppe ~*** put salt into (*od.* add salt to) the soup; **6.** ***von sich ~*** ⚗ give off, emit; (*Essen*) bring up; (*Äußerung*) make; (*Schrei etc.*) give, (*a. Flüche*) let out; ***nichts als Unsinn von sich ~*** talk nothing but nonsense; → ***Ton***[1]; **7.** ***viel ~ auf*** set great store by, (*bsd. j-n*) think highly (*od.* a lot) of; **II.** *v/i.* **8.** give (***mit vollen Händen*** freely); **9.** *Kartenspiel*: deal; ***wer gibt?*** whose deal is it?; **10.** *Tennis*: serve; **III.** *v/refl.*: ***sich ~*** **11.** (*sich benehmen*) act, behave; ***sich natürlich ~*** act naturally; **12.** *Gelegenheit*: arise, present itself; **13.** (*nachlassen*) ease up; (*vorübergehen*) pass, blow over; *Leidenschaft etc.*: *a.* cool (down); *Schmerzen*: let up; *völlig*: go away; *Fieber*: go down; (*wieder gut werden*) come right; ***das gibt sich wieder*** *a.* it'll sort itself out; **14.** ***sich als*** *Experte etc.* ***~*** (try to) act *the expert etc.*, try to pass o.s. off as; **15.** ***sich in sein Schicksal ~*** give o.s. up to one's fate; → ***gefangen, geschlagen, verloren***; **IV.** *v/impers.* **16.** ***es gibt*** there is, there are; ***es gibt Leute, die ...*** some people ...; ***der beste Spieler, den es je gab*** the best player of all time; ***es gab viel zu tun*** there was a lot to do; ***es gab kein Entrinnen*** there was no escaping; ***das gibt Ärger*** there'll be trouble; ***was gibts?*** what's up?; ***was gibts Neues?*** what's new?; ***was gibt es zum Mittagessen?*** what's for lunch?; ***was es nicht alles gibt!*** you don't say; ***so was gibt es nicht*** there's no such thing; ***das gibts nicht!*** *verbietend*: that's out, (*das darf nicht wahr sein*) you're joking, that can't be true; ***das gibts nicht, dass sie noch aufgetaucht ist*** I don't (*od.* can't) believe she actually turned up; ***gibts den noch?*** is he still around?; ***da gibts nichts!*** (*ohne Zweifel*) there's no doubt about that, and no mistake about it, (*unter allen Umständen*) and if it kills me; ***morgen gibt es Schnee*** it's going to snow (*od.* there's going to be snow) tomorrow; ***heute wirds noch was ~*** (*Gewitter*) I think we're in for something, (*Krach*) *a.* there's trouble brewing (*od.* in the air); F ***sei ruhig, sonst gibts was!*** be quiet, or else!; **V.** ≈ *n* **17.** giving; ***es ist alles ein ~ und Nehmen*** it's all a matter of give and take; *bibl.* ***~ ist seliger denn Nehmen*** it is more blessed to give than to receive; **18.** *Kartenspiel*: ***am ~ sein*** be dealing; ***er ist am ~*** it's his deal.

gebenedeit *adj.* blessed.

Geber *m* giver; *Kartenspiel*: dealer; ⚡ pickup; (*Sender*) transmitter; ✝ ***~ und Nehmer*** (*pl.*) sellers and buyers; **~land** *n* donor country; **~laune** *f*: (***in ~ sein*** be in a) generous mood.

Gebet *n* prayer; ***sein ~ verrichten*** say one's prayers; *fig.* ***j-n ins ~ nehmen*** give s.o. a good talking-to; **~buch** *n* prayer book.

Gebets|mühle *f* prayer wheel; **~riemen** *m* phylactery; **~teppich** *m* prayer mat.

Gebettel *n*: (***dauerndes ~*** constant) begging.

gebeugt *adj.*: ***vom Alter ~*** bowed (down) *od.* bent with age; ***vom Kummer ~*** bowed down with grief.

Gebiet *n* **1.** (*Fläche*) area; (*Gegend*) *a.* region; (*Bezirk*) district, zone; (*Staats*≈) territory; ***benachbarte ~e*** a) neighbo(u)ring territories, b) neighbo(u)ring countries; **2.** (*Fach*≈) field; (*Bereich*) *a.* area, sphere; ***auf politischem ~*** in the political field (*od.* sphere); ***er ist Fachmann auf dem ~ der Kernspaltung*** he's an authority on (*od.* in the field of) nuclear fission; ***ich kenne mich auf dem ~ überhaupt nicht aus*** I don't know anything (*od.* the first thing) about the subject; ***das ist nicht mein ~*** that's not my field (*od.* line, F territory).

gebieten I. *v/t.* (*erfordern*) require, call for; (*Achtung, Ehrfurcht*) command;

(*Schweigen*) impose; (*Ruhe*) call for; ***j-m ~, et. zu tun*** order (*anweisen*: instruct) s.o. to do s.th.; ***die Vernunft gebietet uns zu*** *inf.* reason demands of us that we ...; **II.** *v/i.*: **~ *über*** (*et.*) control, (*a. j-n*) hold sway over; (*herrschen über*) rule (over), govern; (*verfügen über*) have at one's disposal (*od.* command); → ***geboten***; **Gebieter** *m* master, lord; (*Herrscher*) ruler; → ***Herr***; **Gebieterin** *f* mistress; (*Herrscherin*) ruler; **gebieterisch** *adj.* imperious; *Ton etc.*: *a.* peremptory; ***~es Wesen*** *a.* imperiousness.

Gebiets|abtretung *f* cession of territory; ***~en verlangen von*** make territorial claims on; **~anspruch** *m* territorial claim; **~hoheit** *f* territorial sovereignty (*od.* jurisdiction); **~körperschaft** *f* territorial authority; **~leiter** *m* ☤ regional manager; **~reform** *f* regional reorganization.

gebietsweise *adv.* regionally, locally; by (*od.* according to) regions; **~ *Regen*** local showers, rain in places.

Gebilde *n* (*Ding*) thing; (*Form*) form, shape; (*Bau, Gefüge*) structure; (*Werk*) work, creation; (*Erzeugnis*) product; ☤, ⚖ entity; (*Bildung*) *a. geol.* formation.

gebildet *adj.* educated; (*kultiviert*) cultured; (*wissensreich*) well-informed; (*belesen*) well-read; **Gebildete(r)** *m* educated person; ***die Gebildeten*** the educated world (*od.* classes), *weitS.* the intellectuals; *iro.* ***das ist so ein Gebildeter*** he's one of those educated people.

Gebimmel *n*: (***dauerndes ~*** continual) ringing.

Gebinde *n* bundle; *von Blumen*: spray; *von Garn*: skein; ⚠ truss; (*Fass*) barrel, cask.

Gebirge *n* mountains *pl.*; (*Gebirgskette*) mountain range; **gebirgig** *adj.* mountainous; **Gebirgler** *m* mountain-dweller.

Gebirgs... → *a.* ***Berg...***; **~ausläufer** *m* spur; **~bach** *m* mountain stream; *reißender*: (mountain) torrent; **~bewohner** *m* mountain-dweller; **~blume** *f* mountain (*od.* alpine) flower; **~dorf** *n* mountain village; **~gegend** *f* mountainous region; **~jäger** *m* ⚔ mountain infantryman; *pl.* mountain infantry *sg.* (*a. pl. konstr.*); **~kette** *f* mountain range; **~klima** *n* mountain climate; **~land** *n* mountain(-ous) country; **~landschaft** *f* **1.** *geogr.* mountainous region (*od.* area); **2.** mountain scenery; **3.** *Kunst*: mountain landscape; **~massiv** *n* massif; **~pass** *m* mountain pass; **~stock** *m* massif; **~straße** *f* mountain road (*od.* route); **~tal** *n* mountain valley; **~truppen** *pl.* mountain troops; **~volk** *n* mountain people (*od.* tribe); **~wand** *f* mountain face, rockface; **~zug** *m* mountain range.

Gebiss *n* (set of) teeth *pl.*; *künstliches*: dentures *pl.*, (set of) false teeth *pl.*; *am Zaum*: bit; ***ein scharfes ~*** sharp teeth; ***ein ~ tragen*** wear dentures, have false teeth; **~abdruck** *m* (dental) impression; **~träger** *m*: **~ *sein*** wear dentures.

Gebläse *n* ⚙ fan, blower; *mot.* (*Auflade∽*) supercharger; *beim Hochofen*: airpipe; (*Blasebalg*) bellows *pl.*; **~motor** *m* fan motor; (*Lader*) supercharger engine; *Diesel*: blast-injection engine.

geblichen *adj.* faded.

Geblödel *n* fooling around, larking about.

geblümt I. *adj. Muster*: floral; *Stil*: flowery; **II.** *adv.*: ***sich ~ ausdrücken*** a) use flowery language, b) talk around things.

Geblüt *n* blood; (*Geschlecht*) *a.* lineage; ***von edlem ~*** of noble blood (*od.* birth).

gebogen *adj.* bent, (*geschwungen, rund*) curved; *Nase*: hooked.

gebongt *adj.*: F ***ist ~*** F will do.

geboren *adj.* born; ***er ist ein ~er Deutscher*** (***Berliner***) he's German by birth (he was born in Berlin); ***~e Schmidt*** née Schmidt; ***sie ist e-e ~e Schmidt*** her maiden name is Schmidt; **~ *sein zu*** be born to *s.th.* (*od.* to be *s.th.*, to do *s.th.*), (*e-m Beruf*) *a.* be cut out for *teaching*, *politics etc.*; ***ein ~er Geschäftsmann*** a born (*od.* natural) businessman; → *a.* ***gebären.***

geborgen *adj.* safe, secure, safe and secure; ***sie fühlt sich bei ihm ~*** she feels very secure with him, he gives her a sense of security; **Geborgenheit** *f* security; ***die ~ des Elternhauses*** the warmth and security of the home; **Geborgenheitsgefühl** *n* sense of security.

Gebot *n* order, command; (*Erfordernis*) requirement, necessity; (*Vorschrift*) rule; *bei Versteigerung*: bid; ***die Zehn ~e*** the Ten Commandments; ***ein ~ abgeben*** make a bid; ***dem ~ der Vernunft folgen*** follow the dictates of reason; ***es ist ein ~ der Vernunft, dass*** reason demands that; ***es ist ein ~ der Höflichkeit*** *etc.* it's a matter of courtesy *etc.*; ***... ist das ~ der Stunde, ... ist oberstes ~ ...*** is top (*od.* number one) priority, ... is urgently called for, ... is of paramount importance; ***j-m zu ~e stehen*** be at s.o.'s disposal; ***zu ~e stehend*** available; ***mit allen zu ~e stehenden Mitteln*** by fair means or foul, ***versuchen zu*** *inf.*: try every possible means to *inf.*, do one's utmost to *inf.*

geboten *p.p. u. adj.* (*notwendig*) necessary; *pred.* called for; (*gehörig*) due; ***dringend ~*** (absolutely) imperative; ***es ist Vorsicht ~*** caution is called for, it would do good to exercise caution (*od.* be cautious); F ***da ist was ~*** F there's something doing there.

Gebotsschild *n* traffic sign (*giving an instruction*).

gebrannt *adj.* burnt; *Kaffee etc.*: roasted; *Keramik*: fired; → ***Kind.***

gebraten *adj.* fried; ***∽es*** fried foods (F stuff).

Gebräu *n* brew; *fig. a.* concoction.

Gebrauch *m* use; (*Anwendung*) *a.* application (*a. pharm.*, ⚕); *ling.* usage; (*Sitte*) custom; (*Gepflogenheit*) practi|ce (*Am. a.* -se); ***heilige Gebräuche*** sacred rites; ***von et. ~ machen*** make use of s.th., use s.th.; ***guten*** (***schlechten***) ***~ von et. machen*** put s.th. to good (bad) use; ***in ~ kommen*** come into use; ***im ~ sein*** be in use, be used; ***außer ~ kommen*** pass out of use; ***allgemein in ~*** in common use; ***der ~ s-s linken Arms*** the use of his left arm; ***zum äußeren*** (***inneren***) **~** for external (internal) application *od.* use; ***zum persönlichen ~*** for personal use; ***vor ~ schütteln!*** shake before use; **gebrauchen** *v/t.* (*benutzen*) use; (*Arznei*) take; ***kannst du das ~?*** can you make (any) use of that?; ***s-n Verstand ~*** use one's head (*od.* brains); ***ich könnte e-n Schirm*** (***e-n Whisky***) **~** I could do with an umbrella (a Scotch); ***das hätte ich ~ können*** I could have done with that; ***du wirst nicht mehr gebraucht*** you can go now; ***dich kann ich jetzt nicht ~*** I haven't got time for you right now; ***er*** (***es***) ***ist zu nichts zu ~*** he's absolutely hopeless (it's useless); → *a.* ***brauchen.***

gebräuchlich *adj.* (*gewöhnlich*) common; (*üblich*) normal; *Wörter etc.*: common; ***nicht mehr ~*** no longer used; outdated; ***das ist hier nicht ~*** it's not done (*od.* they don't do that) around here; **~ *werden*** come into use; **Gebräuchlichkeit** *f* *e-s Wortes etc.*: currency.

Gebrauchs|anleitung *f*, **~anweisung** *f* directions *pl.* for use, instructions *pl.* (for use); **~artikel** *m* (basic) commodity; *pl. a.* consumer goods; **∽fähig** *adj.* usable; in working order; **~fahrzeug** *n* utility vehicle; **∽fertig** *adj.* ready for use; **~gegenstand** *m* → ***Gebrauchsartikel***; **~grafik** *f* commercial art; **~grafiker** *m* commercial artist; **~güter** *pl.* (consumer) durables; **~möbel** *pl.* utility furniture *sg.*; **~musik** *f* functional music.

Gebrauchsmuster *n* patented design; **~schutz** *m* protection of patented designs.

Gebrauchs|wert *m* practical value; **~zweck** *m* purpose, intended use.

gebraucht *adj.* used, ☤ *a.* second-hand; *Kleidung*: *a.* old; ***et. ~ kaufen*** buy s.th. second-hand.

Gebrauchtwagen *m* used (*od.* second-hand) car; **~handel** *m* used (*od.* second-hand) car trade; **~händler** *m* used (*od.* second-hand) car dealer; **~markt** *m* used (*od.* second-hand) car market.

Gebrauchtwaren *pl.* second-hand goods; **~laden** *m* second-hand shop.

gebräunt *adj.* tanned; ***tief ~*** bronzed.

Gebrechen *n* (physical) disability *od.* handicap; (*Krankheit*) complaint, ailment; *fig.* shortcoming; ***die ~ des Alters*** the infirmities of old age.

gebrechlich *adj.* frail; **Gebrechlichkeit** *f* frailty; (*Altersschwäche*) *a.* infirmity.

gebrieft *adj.* briefed.

gebrochen *adj.* broken (*a. Farben, Akkord u. fig.*); ⚕ *a.* fractured; ***mit ~er Stimme*** in a broken voice; ***mit ~em Herzen, ~en Herzens*** broken-hearted, heartbroken; ***an ~em Herzen sterben*** die of a broken heart; ***er*** (***sie***) ***ist ein ~er Mensch*** he's a broken man (she's a broken woman); ***~es Englisch*** broken English; **~ *weiß*** off-white; ***~es Verhältnis*** fractured relationship; ***sie haben ein ~es Verhältnis*** (***zueinander***) they have a compromised relationship.

Gebrüder *pl.* brothers; ☤ **~** (***Gebr.***) ***Wolfram*** Wolfram Brothers (*abbr.* Bros.).

Gebrüll *n* roaring; (*Geschrei*) screaming; (*lautes Rufen*) bellowing.

Gebrumme *n* (loud) hum(ming), (loud) humming sound; drone, droning.

gebückt *adj.* stooping; **~ *sein*** *a.* be bending down.

Gebühr *f* **1.** charge, fee; (*Beitrag*) subscription; (*Satz, Tarif*) rate; (*Post∽*) postage; (*Straßen∽*) toll; *pl. Radio, TV*: licen|ce (*Am.* -se) fee; ✉ ***ermäßigte ~*** reduced rate; **~ *bezahlt*** postage paid; **~ *zahlt Empfänger*** postage to be paid by addressee; ***e-e ~ erheben*** charge a fee, charge postage (*od.* toll *etc.*); ***e-e ~ von hundert Mark erheben*** *a.* charge a hundred marks; ***e-e ~ entrichten*** pay a fee, pay postage (*od.* toll *etc.*); **2. *nach ~*** duly, as s.o. deserves; ***über ~*** excessively, unduly.

gebühren I. *v/i.*: ***j-m ~*** be due to s.o.; ***es gebührt ihm*** he deserves it, it's his due; ***gib ihm, was ihm gebührt*** give him his due; **II.** *obs. v/refl. impers.*: ***sich ~*** → ***gehören*** II.

Gebühren|anpassung *f* rate increase; **~ansage** *f*: ***Gespräch mit ~*** ADC call;

~anzeiger *m* → **Gebührenzähler**; **~befreiung** *f* exemption from (*od.* of) costs.
gebührend I. *adj.* (*gehörig*) due; (*geziemend, passend*) due, proper, fitting; ***j-m die ~e Achtung entgegenbringen*** treat s.o. with due respect; *iro.* ***in ~em Abstand*** at a respectful distance; **II.** *adv.* (*a.* **gebührendermaßen, gebührenderweise**) duly, properly, as is fitting; as befits the occasion.
Gebühren|einheit *f* unit; **~erhöhung** *f* increase in charges *etc.*; → ***Gebühr***; rate increase; **~erlass** *m* remission of fees.
gebührenfrei *adj.* free of charge; **Gebührenfreiheit** *f* exemption from charges.
Gebühren|marke *f* revenue stamp; **~ordnung** *f* scale of fees (*od.* charges); **≈pflichtig I.** *adj.* subject to charges; ***~e Straße*** toll road; ***~e Verwarnung*** ticket, fine; **II.** *adv.*: ***~ verwarnt werden*** get ticketed; **~satz** *m* rate; **~zähler** *m teleph.* call-fee indicator.
gebündelt *adj.* bundled, *phys. a.* pencil(l)ed *rays.*
gebunden *adj.* **1.** *Buch*: bound; (*Ggs. Paperback*) hardcover; **2.** *fig.* tied (**an** to); ***anderweitig ~ sein*** have already committed o.s., *formell*: be otherwise engaged, *euphem.* (*verlobt etc.*) be already attached; ***vertraglich ~*** bound by contract; ***an e-n Ort ~ sein*** be tied to a (particular) place; ***sich an et. ~ fühlen*** feel committed to s.th.; ***ich fühle mich in keiner Weise ~*** I don't feel in any way obliged (*od.* committed), I'm free to choose; ***mir sind die Hände ~*** my hands are tied; **3.** ⚕ *Kapital*: tied (up); (*gesperrt*) blocked; (*zweck~*) earmarked; (*gelenkt*) controlled; **4.** ⚗ fixed (**an** to), combined (with); *phys. Wärme*: latent; **5.** ♪ tied, (*a. adv.*) legato; **6.** ***in ~er Rede*** in verse; **7.** *Soße etc.*: thickened; → *a.* ***binden***; **Gebundenheit** *f* (*Verpflichtung*) commitment (**an** to); (*Beschränkung*) restriction; (*Abhängigkeit*) dependence (on).
Geburt *f* birth; ⚕ (child)birth; (*Entbindung*) delivery; (*~svorgang*) parturition; (*Abstammung*) birth, descent; *fig.* birth; ***bei der ~ ... wiegen*** weigh ... at birth, F weigh in at ...; *s-e Frau* ***starb bei der ~*** died in childbirth; ***von ~ an*** from birth; *Katholiken etc.* ***von ~ an*** *a.* cradle Catholics *etc.*; ***er ist Deutscher von ~*** he's (a) German by birth; F *fig.* ***es war e-e schwere ~*** F it was a tough job, it was tough going.
Geburten|abstand *m* birth spacing; **~beschränkung** *f* birth (*od.* population) control; **~kontrolle** *f* birth control; **~rate** *f* birthrate; **~regelung** *f* birth control; **~rückgang** *m* decline (*od.* drop) in the birthrate; **≈schwach** *adj.* low-birthrate *year etc.*; ***die ~en Jahrgänge*** *a.* F the baby-bust generation; **≈stark** *adj.* high-birthrate *year etc.*; ***die ~en Jahrgänge*** *a.* F the baby boomer generation; **~überschuss** *m* excess of births over deaths; **~ziffer** *f* birthrate.
gebürtig *adj.*: ***er ist ~er Engländer*** he's English (*od.* British) by birth.
Geburts|adel *m* hereditary nobility; **~anzeige** *f* birth announcement; (*Meldung*) registration of a (*od.* the) birth; **~beihilfe** *f* maternity benefit; **~datum** *n* date of birth; **~einleitung** *f* induction of labo(u)r; **~fehler** *m* congenital defect; **~gewicht** *n* weight at birth; **~haus** *n*: ***mein*** *etc.* **~** the house where I *etc.* was born; **~helfer** *m* male midwife; (*Arzt*) obstetrician; **~helferin** *f* midwife; **~hilfe** *f* obstetrics *pl.* (*sg. konstr.*); *engS.* midwifery; ***~ leisten*** assist at a (*od.* the) birth; **~jahr** *n* year of birth; **~jahrgang** *m* cohort; **~land** *n* native country; **~name** *m* birth name; *e-r Frau*: maiden name; **~ort** *m* birthplace; ***~ und Geburtstag*** place and date of birth; **~schein** *m* birth certificate; **~stadt** *f* native town; **~stätte** *f* birthplace; **~stunde** *f* hour of birth; *fig.* birth; **~tag** *m* birthday; *amtlich*: date of birth; ***wann hast du ~?*** when's your birthday?; ***er hat heute ~*** it's his birthday today; (***ich***) ***gratuliere*** (*od.* ***herzliche Glückwünsche***) ***zum ~*** many happy returns of the day; ***alles Gute zum ~*** *a.* happy birthday; ***was hast du zum ~ bekommen?*** what did you get for your birthday?; ***was wünscht du dir zum ~?*** what would you like for your birthday?
Geburtstags|feier *f* birthday party; **~geschenk** *n* birthday present; **~karte** *f* birthday card; **~kind** *n* birthday boy (*od.* girl); **~kuchen** *m* birthday cake; **~wunsch** *m*: ***was hast du für Geburtstagswünsche?*** what would you like for your birthday?
Geburts|urkunde *f* birth certificate; **~wehen** *pl.* labo(u)r pains, labo(u)r *sg.*; **~zange** *f* forceps.
Gebüsch *n* bushes *pl.*; (*Dickicht*) thicket; (*Gehölz*) underbrush, brushwood; ***sich ins ~ schlagen*** take to the bush (*od.* brush, wilds).
gecheckt *adj.* checked.
Geck *m* fop.
gedacht *adj.* (*vorgestellt*) imagined, imaginary; (*angenommen*) assumed; ***~ als*** intended (*od.* meant) as *od.* to be; ***~ für*** intended (*od.* meant) for.
Gedächtnis *n* memory; ***aus dem ~*** from memory, (*auswendig*) by heart; ***sich et. ins ~ (zurück)rufen*** recall s.th., call s.th. to mind; ***zum ~ an*** in memory of; ***ein ~ wie ein Sieb*** a memory like a sieve; ***wenn mich mein ~ nicht trügt*** if my memory serves me right; ***ich habe kein gutes ~ für Gesichter*** *etc.* I'm no good at remembering faces *etc.*; ***j-s ~ nachhelfen*** jog s.o.'s memory; ***wir haben unsere Methoden, Ihrem ~ nachzuhelfen*** we have ways of making you remember; **~feier** *f* **1.** commemoration; **2.** → **~gottesdienst** *m* memorial service; **~hilfe** *f* memory jogger, mnemonic (aid); **~kirche** *f* memorial church; **~konzert** *n* memorial concert; **~kraft** *f* memory; **~lücke** *f* lapse of memory; **~protokoll** *n* minutes from memory; **~rede** *f* commemorative address (*od.* speech); **~schwäche** *f* weak memory; ***an ~ leiden*** have a weak (*od.* poor) memory; **~schwund** *m* loss of memory; **~stätte** *f* memorial (site); **~störung(en** *pl.*) *f* partial amnesia; **~stütze** *f* mnemonic (aid); **~test** *m* recall test; **~training** *n* memory training; **~übung** *f* memory training exercise; **~verlust** *m* amnesia, loss of memory.
gedämpft *adj. Schall*: muffled; *Stimme, Farbe, Licht*: subdued; *Streichinstrument*: muted; *phys.* damped; *gastr.* steamed; *fig. Stimmung*: subdued (*a.* F *Person*), muted; ***mit ~er Stimme*** in an undertone; *fig.* ***~er Optimismus*** guarded (*od.* cautious) optimism.
Gedanke *m* thought (**an** of); (*Vorstellung, Einfall, Plan*) idea; (*Gefühl, Ahnung*) notion; (*Gedankengang, Betrachtung*) thought(s *pl.*); (*Mutmaßung*) conjecture; (*Ansicht*) thoughts *pl.*, view(s *pl.*) (**über** on); ***der ~ der Demokratie*** the idea (*od.* concept) of democracy; ***guter ~*** good idea; ***das ist ein*** (***guter***) ***~!*** *a.* that's an (*od.* the) idea; ***in ~n*** (*zerstreut*) absent-mindedly, (*im Geiste*) in spirit, (*in der Fantasie*) in one's mind's eye; ***in ~n versunken*** (*od.* ***vertieft***) lost in thought, F miles away; ***et. ganz in ~n tun*** do s.th. absent-mindedly; ***sie ist in ihren ~n immer woanders*** she's always got her mind on other things; ***s-e ~n beisammenhaben*** (***beisammenhalten***) have (keep) one's wits about one; ***j-n auf andere ~n bringen*** get s.o.'s mind onto other things, (*von Kummer etc. ablenken*) take s.o.'s mind off things; ***j-n auf den ~n bringen zu*** *inf.* give s.o. the idea of *ger.*; ***er kam auf den ~n zu*** *inf.* he had the idea of *ger.*, it occurred to him to *inf.*; ***auf dumme ~n kommen*** get ideas; ***j-n auf dumme ~n bringen*** put ideas into s.o.'s head; ***ich will nicht, dass sie auf dumme ~n kommt*** I don't want her to get any (silly) ideas; ***j-s ~n lesen*** read s.o.'s mind; ***der ~, dass*** the thought of *s.o. od. s.th. ger.* (*od.* that); ***schon bei dem ~n, allein der ~*** (***daran***) just to think of it, just the thought of it; ***ich kann keinen klaren ~n fassen*** I can't think straight; ***sein einziger ~ war zu*** *inf.* his one thought was to *inf.*; ***sich ~n machen über*** (*nachdenken*) think about, (*sich fragen*) wonder about, (*sich sorgen*) worry about, be worried about; ***mach dir keine ~n darüber*** don't worry about it, don't let it worry you; ***wie kommst du auf den ~n?*** what made you think of that?; ***das bringt mich auf e-n ~n*** that's (*od.* you've *etc.*) just given me an idea; ***auf den ~n wäre ich nie gekommen*** I would never have thought of it, it would never have occurred to me; ***ich möchte nicht den ~n erwecken, dass*** I don't want to give the impression that; ***~n sind*** (***zoll***)***frei*** you can think what you like, there's no harm in thinking; → ***spielen*** 6, ***tragen*** III *etc.*
gedankenarm *adj.* lacking in ideas; *Sache*: *a.* uninspired; **Gedankenarmut** *f* lack of ideas.
Gedanken|austausch *m* exchange of ideas; ***sich zu e-m ~ treffen*** *pol.* get together for informal talks; **~blitz** *m* sudden inspiration, F brainwave; **~flug** *m* leap of the imagination; **~freiheit** *f* freedom of thought; **~fülle** *f* wealth of ideas; **~gang** *m* line of thought; **~gebäude** *n* system of thought; philosophy; **≈leer** *adj.* devoid of (*od.* lacking in) ideas; *Blick*: vacant, blank; **~lesen** *n* mind-reading; **~leser** *m* mind-reader.
gedankenlos *adj.* thoughtless; (*rücksichtslos*) *a.* inconsiderate; (*mechanisch*) mechanical; (*zerstreut*) absent-minded, *adv. a.* without thinking; **Gedankenlosigkeit** *f* **1.** thoughtlessness; **2.** thoughtless act (*od.* remark); ***so e-e ~!*** what a thoughtless thing to do (*od.* say), how thoughtless (of her *etc.*).
Gedankenlyrik *f* contemplative (*od.* reflective) poetry.
gedankenreich *adj.* full of ideas, very thoughtful; **Gedankenreichtum** *m* wealth of ideas.
Gedanken|richtung *f* direction of thought; **≈schnell** *adj. u. adv.* (as) quick as a flash; **≈schwer** *adj. geistiges Erzeugnis*: deep, heavy; *Person*: weighed

G

down with thoughts; **~sprung** *m* mental leap; **~: ...** to take a leap - ...; ***das ist jetzt ein ~ von mir*** this has got nothing to do with what we're talking about, but; if I may change the subject briefly; **~stimme** *f Film, TV*: voice-over; **~strich** *m* dash; **~übertragung** *f* telepathy; **~verloren** *adj.* lost in thought; **~voll** *adj.* pensive; **~welt** *f* (world of) ideas *pl.*

gedanklich I. *adj.* intellectual; **II.** *adv.* intellectually; ***~ verarbeiten*** (mentally) digest.

Gedärm *n, mst pl.* intestines (*pl.*), *zo.* entrails (*pl.*).

Gedeck *n* **1.** cover; ***ein ~ auflegen*** set a place; **2.** (*Speise*) set meal; **3.** (*~preis*) cover charge.

gedeckt *adj.* covered (*a. Scheck*); *Tisch*: laid; *Sport*: marked, shadowed (**von** by); → *a.* **decken** 1; *Farben*: subdued.

gedehnt I. *adj.*: ***~e Sprechweise*** drawl; **II.** *adv.*: ***~ sprechen*** speak with a drawl, drawl (one's words).

Gedeih *m*: ***auf ~ und Verderb*** come what may; ***j-m auf ~ und Verderb ausgeliefert sein*** be completely at s.o.'s mercy;

gedeihen I. *v/i.* **1.** *Pflanzen, Kinder etc.*: thrive; (*wachsen*) grow; (*blühen*) flourish; (*überleben*) survive; *fig.* ✝ *etc.* flourish, prosper, thrive; (*vorwärts kommen*) progress (well), get on (well); ***die Sache ist nun so weit gediehen, dass*** the matter has now reached a point where; F ***wie weit bist du gediehen?*** how far have you got?; **II.** ~ *n* prosperity; success;

gedeihlich *adj.* **1.** (*ersprießlich*) profitable; **2.** (*förderlich*) fruitful, productive.

Gedenkausgabe *f* commemorative issue.

gedenken I. *v/i.* (*e-r Sache od. Person*) think of; (*sich erinnern*) remember, recollect; (*bedenken*) bear in mind; (*erwähnen*) mention; (*feiern*) commemorate; ***e-r Sache nicht ~*** pass s.th. over in silence; **II.** *v/t.*: ***~ zu tun*** think of doing, intend (*od.* propose) to do; *bsd. iro.* ***was gedenkst du zu tun?*** what do you propose to do (about it)?; **III.** ~ *n* memory; ***zum ~ an*** in memory (*od.* remembrance) of; → *a.* ***Gedächtnis, Andenken.***

Gedenk|feier *f* commemoration (ceremony); **~gottesdienst** *m* memorial service; **~minute** *f* a minute's silence (**für** in memory of); → ***einlegen*** 3; **~münze** *f* commemorative coin; **~rede** *f* commemorative address; **~säule** *f* commemorative column; **~stätte** *f* memorial (site); **~stein** *m* memorial (stone); **~stunde** *f* hour of remembrance; **~tafel** *f* commemorative plaque; **~tag** *m* day of remembrance.

Gedicht *n* poem, *pl. a.* poetry *sg.*; F ***das Kleid*** *etc.* ***ist ein ~*** the dress *etc.* is a dream; **~band** *m* book of poems (*od.* poetry); **~form** *f* poetic form; ***in ~*** in verse; **~sammlung** *f* collection of poems; *in Auswahl*: anthology; **~zyklus** *m* cycle of poems.

gediegen *adj.* **1.** good-quality ...; (*massiv*) solid; (*geschmackvoll*) tasteful; *fig.* solid; *Wissen*: sound; *Mensch*: worthy, upright; ***e-e ~e Arbeit*** *a. fig.* a solid piece of work; ***ihre Einrichtung ist ~*** her flat *etc.* has got class; **2.** F (*komisch*) funny; ***das ist ~*** that's a good one.

Gedonner *n* thundering.

Gedöns F *n* fuss; ***mach doch nicht so'n ~!*** don't make such a fuss (*od.* hue and cry) about it.

Gedränge *n* pushing (and shoving); (*Menge*) crowd, F crush; (*Ansturm*) rush (**nach, um** for); *Rugby*: scrummage; *fig.* ***ins ~ kommen*** get into a (mad) rush; ***damit wir nicht ins ~ kommen*** so that we don't have to rush things (*od.* don't get pushed for time).

Gedrängel *n* pushing (and shoving); ***lass doch das ~!*** stop pushing, will you?

gedrängt I. *adj.* **1.** (*dicht ~*) crowded, packed; **2.** *Stil etc.*: concise, compact, terse; ***~e Übersicht*** condensed summary, F quick rundown; **II.** *adv. schreiben etc.*: concisely, tersely, in a concise (*od.* terse) style; ***~ voll*** (F jam)packed.

gedrechselt *adj. Rede, Stil*: stilted.

Gedröhne *n* droning; *lauter*: roaring.

gedruckt *adj.* printed; *electron.* ***~e Schaltung*** printed circuit; F ***lügen wie ~*** F lie through one's teeth.

gedrückt *adj.* depressed (*a.* ✝ *Kurse, Preise*); ***in ~er Stimmung sein*** be down in the dumps; **Gedrücktheit** *f* depressed feeling; *Atmosphäre*: depressed atmosphere.

gedrungen *adj. Gestalt*: stocky, thickset; → *a.* ***gedrängt*** 2.

Gedudel *n* tootling.

Geduld *f* patience; (*Ausdauer*) perseverance; (**nur**) ***~!*** patience, be patient, don't get impatient; ***~ haben mit*** be patient with; ***die ~ verlieren*** lose (one's) patience; ***gleich verlier ich die ~!*** my patience is wearing very thin, I'm beginning to lose my patience; ***jetzt reißt mir aber die ~!*** that's done it!; ***sich in ~ fassen*** have patience; ***j-s ~ auf die Probe stellen*** try s.o.'s patience; ***er war mit s-r ~ am Ende*** he was at the end of his tether; F ***mit ~ und Spucke*** (***fängt man e-e Mucke***) patience is a virtue;

gedulden *v/refl.*: ***sich ~*** be patient; ***wenn Sie sich noch ein wenig ~ würden*** if you wouldn't mind waiting a moment; **geduldig** *adj.* patient; ***~ wie ein Lamm*** (*nachgiebig*) meek as a lamb.

Gedulds|arbeit *f*: ***das ist reine ~*** it takes a lot of patience, you need a lot of patience to do that; **~faden** F *m*: ***mir riss der ~*** I lost my patience; **~probe** *f* test of one's patience; ***j-n auf e-e harte ~ stellen*** (really) put s.o.'s patience to the test, try s.o.'s patience hard; **~spiel** *n* game to test your nerve (*od.* skill, wits); test of skill; *fig.* test of patience.

gedungen *adj.* hired *killer etc.*

gedunsen *adj.* bloated.

geehrt *adj.* hono(u)red; *in Briefen*: ***Sehr ~er Herr N.!*** Dear Mr N; ***Sehr ~e Herren!*** Dear Sirs; ***Sehr ~e Damen und Herren!*** Dear Sir or Madam, Dear Sir/Madam.

geeicht *adj.* ⚙ calibrated, standardized; *fig.* ***darauf ist er ~*** he's an expert on that kind of thing, it's right up his street.

geeignet *adj.* **1.** suitable (**für, zu** for); (*passend*) right (for); ***~e Schritte*** appropriate action; ***gut ~*** just right; ***er ist nicht dafür ~*** he's not the right man (for it); ***er ist für s-n Job nicht ~*** he doesn't fit into his job properly; ***im ~en Augenblick*** at the right moment; ***sie ist als*** (*od.* ***zur***) ***Lehrerin nicht ~*** she wasn't cut out to be a teacher; **2.** ***das ist*** (***eher***) ***~ zu*** *inf.* that's (more) likely to *inf.*

Geest *f* geest; *North German coastal heathland.*

Gefahr *f* danger (**für** for, to); (*Bedrohung*) *a.* threat; (*Risiko*) risk; ***~ für die Gesundheit*** health hazard; ***auf eigene ~*** at one's own risk, on one's own responsibility; ***unter ~*** *gen.* (*od.* ***zu*** *inf.*) at the risk of (*ger.*); ***außer ~*** out of danger, F out of the wood(s); ***auf die ~ hin zu*** *inf.* at the risk of *ger.*; ***ohne ~*** safely; ***in ~ sein zu*** *inf.* be in danger of *ger.*; ***~ laufen zu*** *inf. a.* run the risk of *ger.*, be liable to *inf.*; ***~ laufen, sich lächerlich zu machen*** invite ridicule; ***der ~ aussetzen*** expose to danger; ***in ~ bringen*** → ***gefährden***; ***sich in ~ begeben*** take a risk; ***es besteht keine ~*** there's no danger, it's perfectly safe; ***mit ~ verbunden sein*** involve a certain risk.

gefahrbringend, Gefahr bringend *adj.* dangerous.

gefährden *v/t.* endanger; (*bedrohen*) threaten; (*aufs Spiel setzen*) risk, put at risk; (*infrage stellen*) jeopardize; (*Ruf, Stellung*) compromise; ***j-s Leben ~*** put s.o.'s life at risk; **gefährdet** *adj.* endangered (*a. Jugend etc.*), *stärker*: imperilled; *pred. a.* at risk; ***am meisten ~ sein*** *Personen*: run the highest risk, *a. Bäume etc.*: be in greatest danger, be particularly at risk; **Gefährdung** *f* endangering *etc.*; → ***gefährden***; danger, threat, menace (*gen.* to).

Gefahren|bereich *m* danger zone; **~grenze** *f* danger limit; **~herd** *m* (constant) source of danger; *pol.* trouble spot; **~moment** *n* hazard; **~punkt** *m* danger spot; *fig.* critical point; **~quelle** *f* **1.** safety hazard; **2.** → **~stelle** *f* danger spot, (accident) black spot; **~stufe** *f* danger level; **~zone** *f* danger zone; **~zulage** *f* danger money.

Gefahrgut *n* hazardous freight; **~transport** *m Lkw u. Ladung*: transport of hazardous materials; *Vorgang*: transport(ation) of hazardous materials.

gefährlich *adj.* dangerous; (*gewagt*) risky; (*ernst*) critical, grave, serious; (*unsicher*) unsafe; ***~es Alter*** tricky age; ***sie kommt in ein ~es Alter*** she's getting to a tricky age; ***ein ~er Bursche*** F a dangerous customer; F ***der könnte mir ~ werden*** F I'll have to watch myself with him; F ***der sieht ja ~ aus!*** what a sight; → ***Spiel*** 1; **Gefährlichkeit** *f* danger; (*Ernst*) seriousness, gravity.

gefahrlos *adj.* not dangerous; (*sicher*) safe; (*harmlos*) harmless; ***es ist ~*** *a.* there's no danger; **Gefahrlosigkeit** *f* safety; (*Harmlosigkeit*) harmlessness.

Gefährt *n* vehicle; → *a.* ***Fuhrwerk.***

Gefährte *m*, **Gefährtin** *f* companion; → *a.* ***Lebensgefährte, Kamerad.***

gefahrvoll *adj.* dangerous.

Gefälle *n* slope, incline, *e-r Straße*: *a.* gradient, *bsd. Am.* grade; *Wasserbau*: (height of) fall; ⛏, ⚡, *phys.* gradient; *fig.* (*graduelle Unterschiede*) differential(s *pl.*); ***„starkes ~!"*** steep slope; ***ein starkes ~ haben*** slope (down) steeply, drop sharply; → ***Lohngefälle, Nord-Süd-Gefälle, Zinsgefälle.***

gefallen[1] *v/i.* **1.** ***es gefällt mir*** I like it, ***sehr gut:*** I really like it, I like it a lot; ***er gefiel mir auf den ersten Blick*** I took to him straightaway; ***was mir daran*** (***an ihr***) ***gefällt*** what I like about it (her); ***solche Filme ~ der Masse*** films like that appeal to the masses; ***er gefällt mir nicht*** (*sieht krank aus*) I don't like the look of him; ***hat dir das Konzert ~?*** did you enjoy the concert?; ***wie gefällt dir mein Hut?*** how d'you like my hat?; ***wie gefällt es Ihnen in X?*** how do you like X?; ***tu, was dir gefällt*** please yourself; ***er will allen ~*** he wants everybody to like him; **2.** ***sich et. ~ lassen*** put up with s.th.; ***das lasse ich mir nicht ~*** I'm not going to put up with it; ***er lässt sich alles*** (***nichts***) ***~*** he lets people walk all over him (he won't let you get away with anything); ***das lasse ich mir ~!*** that's what I like to see (*od.* hear)!, (*das hört sich schon besser an*) F now you're talking!; **3.** ***sich ~ in*** enjoy *ger.*, *stärker*: take great pleasure in *ger.*; ***er gefällt sich in der Rolle des Märtyrers*** (***Helden*** *etc.*) he likes to play *od.* act the martyr (hero *etc.*), ***des Frauenhelden*** *etc.*: *a.* he fancies himself as a ladies' man *etc.*

gefallen[2] *adj.* fallen *angel*, *woman*; ⚔ killed in action, fallen; ***e-e ~e Größe*** a has-been.

Gefallen[1] *m* favo(u)r; ***j-m e-n ~ tun*** do s.o. a favo(u)r; ***j-n um e-n ~ bitten*** ask a favo(u)r of s.o.; ***tu mir den ~ und ...*** do me a favo(u)r and ...(, will you?).

Gefallen[2] *n* pleasure; ***~ finden an*** (*e-r Sache*) enjoy, (*j-m*) like; ***~ daran finden zu*** *inf.* enjoy *ger.*, *formell*: take pleasure in *ger.*; ***ich finde kein ~ daran*** I don't enjoy it, I don't get anything out of it; ***mir zu ~*** for my sake, for me; ***j-m et. zu ~ tun*** do s.th. to please s.o.

Gefallene(r) *m* ⚔ soldier killed in the war; ***die Gefallenen*** the (war) dead (*pl.*).

Gefallenen|denkmal *n* war memorial; **~friedhof** *m* war cemetery.

gefällig *adj.* (*ansprechend*) pleasant, pleasing, agreeable; (*verbindlich*) obliging, complaisant; (*zuvorkommend*) kind; *Wein*: palatable, pleasing; ***j-m ~ sein*** oblige s.o., help s.o.; ***sich j-m ~ zeigen*** help s.o. (out), do s.o. a favo(u)r; ***sie war so ~, mir zu helfen*** she was kind enough to help out; ***etwas zu trinken ~?*** would you like something to drink?; *iro.* ***sonst noch was ~?*** anything else (while I'm at it)?; *iro.* ***wenns ~ ist*** if you don't mind, of course; → ***gefälligst***; **Gefälligkeit** *f* obligingness; *konkret*: favo(u)r; → ***Gefallen***[1]; **Gefälligkeitsvertrag** *m* accommodation agreement; **gefälligst** *adv. iro.* if you don't mind; ***sei ~ still!*** be quiet, will you!; ***hör ~ zu(, wenn ich rede)!*** will you listen to me (when I'm talking).

Gefallsucht *f* desire to please; **gefallsüchtig** *adj.* anxious to please.

gefangen *adj.* caught; ⚔ captive; (*eingekerkert*) imprisoned, in prison; *fig.* captivated (***von*** by); ***sich ~ geben*** surrender; **Gefangene(r)** *m* prisoner; (*Sträfling*) convict.

Gefangenen|austausch *m* exchange of prisoners (of war); **~fürsorge** *f* prison welfare work; **~hilfe** *f* prisoners' aid; **~hilfsorganisation** *f* prisoners' aid society (*od.* organization); **~lager** *n* prison camp; ⚔ prisoner-of-war (*abbr.* POW) camp; **~misshandlung** *f* mistreatment of prisoners.

gefangen halten *v/t.* keep (*od.* hold) *s.o.* prisoner, keep *s.o.* imprisoned; (*Tier*) keep *an animal* locked up, *im Zoo etc.*: hold *an animal* captive; *fig.* hold *s.o.* under one's spell, *Sache*: have *s.o.* spellbound.

Gefangennahme *f* arrest; ⚔ capture; **gefangen nehmen** *v/t.* arrest; ⚔ capture, take *s.o.* prisoner; *fig.* captivate, enthral(l); ***sich ~ lassen*** surrender, *fig.* be enthral(l)ed, be captivated (***von*** by); *fig.* ***sich von j-m ~ lassen*** come under s.o.'s spell.

Gefangenschaft *f* imprisonment; ⚔ *u.* *Tiere*: captivity; ***in ~ geraten*** be taken prisoner, be captured; ***in ~ sein*** *im Krieg*: be a prisoner-of-war.

gefangen setzen *v/t.* put *s.o.* in prison, imprison.

Gefängnis *n* prison, jail, *Brit. a.* gaol; ⚖ (*Strafe*) (term of) imprisonment; ***ins ~ kommen*** be sent (*od.* go) to prison; F ***ins ~ stecken*** put *s.o.* in prison, F lock *s.o.* up; ***fünf Jahre ~ bekommen*** get five years in prison, get five years' imprisonment; ***mit ~ bestraft werden*** *Vergehen*: be punishable by imprisonment; *Person*: be sentenced to prison; **~arzt** *m* prison doctor; **~aufseher** *m* prison officer, *Am.* warder, guard; **~direktor** *m* director of a prison, *Am.* warden; **~geistliche(r)** *m* prison chaplain; **~haft** *f* detention (in prison); **~insasse** *m* prison inmate; **~mauer** *f* prison wall; **~revolte** *f* prison riot(s *pl.*); **~strafe** *f* ⚖ (term of) imprisonment; **~verwaltung** *f* prison administration; **~wärter** *m* → ***Gefängnisaufseher***; **~zelle** *f* prison cell.

gefärbt *adj.* **1.** *Haare*: dyed; *Lebensmittel*: artificially colo(u)red; ***~e Lebensmittel*** *a.* foods with artificial colo(u)ring; **2.** *fig.* tinged (***mit*** with); *Bericht etc.*: bias(s)ed; ***s-e Aussprache ist*** (***italienisch***) ***~*** he has an (Italian) accent.

Gefasel F *n* F drivel.

Gefäß *n* receptacle; (*Schale*, *Schüssel*) bowl; (*Topf*) jar; *anat.*, ⚓ *u. bibl. fig.* vessel; **~chirurgie** *f* vascular surgery; **~entzündung** *f* ⚕ vasculitis; **2erweiternd** *adj.* ⚕ vasodilatory; **~erweiterung** *f* ⚕ vasodilation; **~krankheit** *f*, **~leiden** *n* vascular disease.

gefasst **I.** *adj.* calm, composed; ***~ sein auf*** be prepared for; ***sich ~ machen auf*** prepare for, brace o.s. for; F ***er kann sich auf etwas ~ machen*** F he's in for it now; F ***darauf kannst du dich ~ machen!*** F you can bet your bottom dollar on that; **II.** *adv.* calmly, with composure; **Gefasstheit** *f* composure.

gefäß|verengend *adj.* ⚕ vasoconstrictive; **2verengung** *f* ⚕ vasoconstriction; **2verschluss** *m* ⚕ vascular obstruction; **2wand** *f* vascular wall.

Gefecht *n* fight; (*Scharmützel*) skirmish; (*Schlacht*) battle; (*Einsatz*) action; *fig.* conflict; ***außer ~ setzen*** put out of action (*a. fig.*), (*Kanonen*) *a.* silence; *fig.* *Argumente etc.* ***ins ~ führen*** advance; ***letztes ~*** last-ditch stand; → ***Hitze.***

gefechts|bereit *adj.* ready for combat (*od.* action); **2einheit** *f* combat unit; **2kopf** *m*: (***nuklearer ~*** nuclear) warhead; **2stärke** *f* fighting strength; **2tätigkeit** *f* combat activity; **2übung** *f* field exercise; **2ziel** *n* objective.

gefeiert *adj.* *Künstler etc.*: (highly) acclaimed, renowned, celebrated.

gefeit *adj.*: ***~ gegen*** immune to, safe from.

gefesselt *adj.* **1.** tied up, bound; *mit Ketten*: in chains; *mit Handschellen*: handcuffed; *fig.* ***ans Bett ~*** confined to one's bed, bedridden; ***an den Rollstuhl ~*** wheelchair-bound; **2.** *fig.* (*fasziniert*) fascinated, *stärker*: spellbound, entranced.

gefestigt *adj.* *Charakter*, *Position etc.*: stable, firm.

Gefieder *n* plumage, feathers *pl.*; **gefiedert** *adj.* feathered, feathery; ***unsere ~en Freunde*** our feathered friends.

Gefilde *n* **1.** *poet.* fields *pl.*; ***das ~ der Seligen*** the Elysian Fields; *iro.* ***in höheren ~n schweben*** be up in the clouds; **2.** *lit.* (*Gegend*) zone; ***heimatliche ~*** home ground; **3.** *fig.* (*Bereich*) realm.

Geflatter *n* fluttering.

Geflecht *n* (*Weiden2*) wickerwork; *aus Garn etc.*: netting, *aus Draht etc.*: *a.* mesh; (*Gewebe*) weave; *anat.* (*Nerven2*) plexus; *fig.* (*Lügen2 etc.*) mesh.

gefleckt *adj.* spotted; (*gesprenkelt*) speckled; (*marmoriert*) mottled.

Geflenne F *n* howling.

gefliest *adj.* tiled; ***blau ~ sein*** be tiled in blue.

Geflimmer *n* flickering.

geflissentlich **I.** *adj.* intentional, deliberate; **II.** *adv.* *a.* studiously.

Geflügel *n* poultry *sg.*; **~cremesuppe** *f* cream of fowl (*engS.* chicken) soup; **~farm** *f* poultry farm, chicken (*od.* turkey *etc.*) farm; **~händler** *m* poulterer; **~handlung** *f* poultry shop; **~klein** *n* chicken (*od.* turkey *etc.*) giblets *pl.*; **~leber** *f* chicken (*od.* turkey *etc.*) liver(s *pl.*); **~salat** *m* chicken (*od.* turkey *etc.*) salad; **~schere** *f*: (***e-e ~*** a pair of) poultry shears *pl.*

geflügelt *adj.* winged; ***~es Wort*** saying.

Geflügel|zucht *f* poultry farming, chicken (*od.* turkey *etc.*) farming; **~züchter** *m* poultry farmer, chicken (*od.* turkey *etc.*) farmer.

Geflunker F *n* fibbing; *konkret*: fibs *pl.*, lies *pl.*

Geflüster *n* whispering.

Gefolge *n* entourage; (*Bedienstete*) attendants *pl.*; (*Bedeckung*) escort; (*Trauer2*) cortege, mourners *pl.*; *fig.* ***im ~ von*** (*od. gen.*) in the wake of; ***et. im ~ haben*** bring s.th. in its wake; **Gefolgschaft** *f* followers *pl.*, following, adherents *pl.*; ***j-m ~ leisten*** show one's allegiance to s.o.; ***j-m die ~ verweigern*** refuse to be led by s.o., reject s.o. as a leader; ***j-m die ~ (auf)kündigen*** dissociate o.s. from s.o.; **Gefolgsleute** *pl.* → **Gefolgsmann** *m* **1.** vassal; **2.** *pol. etc.* follower, supporter, acolyte, henchman.

Gefrage *n* (endless) questions *pl.*; ***hör auf mit dem ~*** I wish you'd stop asking all those questions; ***was soll das ~?*** what are you after (*od.* getting at)?

gefragt *adj.*: (***sehr***) ***~*** (very much) in demand; ***nicht mehr ~ sein*** *a.* have fallen out of favo(u)r; ***ein ~er Mann*** *a.* a popular man; ***Mut ist nicht ~*** courage is not called for (*od.* appreciated).

gefräßig *adj.* greedy; *Insekt*: voracious; F ***es herrscht ~e Stille*** everyone's busy eating (*nach dem Essen*: digesting); **Gefräßigkeit** *f* greediness; voracity.

Gefreite(r) *m* ⚔ lance corporal, *Am.* private 1st class (Pfc.); ✈ aircraftman 1st class, *Am.* airman 3rd class.

Gefrett *dial.* F *n* (*Ärger*) nuisance; (*Arbeit*) grind.

Gefrier|anlage *f* refrigeration plant; **~beutel** *m* freezer bag; **~brand** *m* freezer burn.

gefrieren *v/i.* (*a.* ***~ lassen***) freeze.

Gefrier|fach *n* freezer, freezing compartment; **2fest** *adj.* non-freezing; **~fleisch** *n* frozen meat; **2getrocknet** *adj.* freeze-dried; **~gut** *n* → ***Gefrierkost***; **~kette** *f* cold chain; **~kombination** *f* fridge-freezer; **~kost** *f* frozen food(s *pl.*); **~produkte** *pl.* frozen goods; **~punkt** *m*: (***auf dem ~*** at) freezing point; ***unter dem ~*** below zero, below freezing (point); ***auf den ~ sinken*** drop to zero; **~raum** *m* cold room; **~schrank** *m* (up-

G

right) freezer; **~schutzmittel** *n* anti-freeze; **≈trocknen** *v/t.* freeze-dry; **~trocknung** *f* freeze-drying; **~truhe** *f* deep-freeze, (chest) freezer.

gefroren *adj.* frozen; *Hände etc.*: *a.* freezing(-cold), ice-cold; *See etc.*: frozen over; **Gefrorene(s)** *östr. n* ice cream.

gefrostet *adj. Glas*: frosted.

Gefüge *n* **1.** (*Bau≈*) structure; **2.** structure; make-up; fabric; system; ***soziales ~*** social fabric; ***syntaktisches ~*** syntactic structure.

gefügig *adj. Material*: pliable; *Person*: compliant, docile, *stärker*: submissive; (***sich***) ***j-n ~ machen*** bring s.o. to heel, make sure s.o. toes the line; ***er ist ihr ein ~es Werkzeug*** he's wax in her hands, she can do what she likes with him.

Gefühl *n* feeling; (*Empfänglichkeit, intuitives ~*; *a. der Verantwortung etc.*) sense (***für*** of); *als Wahrnehmung*: sensation; (*Tastsinn*) touch, *weitS.* feel; (*Instinkt*) instinct, feel(ing), (*besondere Begabung*) flair; ***~ der Kälte*** cold sensation; ***ich hab kein ~ im Arm*** I can't feel anything in my arm, my arm's gone numb (*od.* dead); ***~ für Anstand*** (***Proportionen, Recht und Unrecht***) sense of propriety (proportion, justice); ***mit gemischten ~en*** with mixed feelings; ***e-r Sache mit gemischten ~en gegenüberstehen*** have mixed feelings about s.th.; ***für mein ~, m-m ~ nach*** my feeling is that; I think (that); ***s-e ~e zur Schau tragen*** wear one's heart on one's sleeve; ***ich habe das ~, dass*** I have a feeling that; ***ich habe dabei ein ungutes ~*** I've got a funny feeling about it; ***von s-n ~en überwältigt*** overcome with emotion; ***das muss man mit ~ machen*** you've got to have the right touch; ***et. im ~ haben*** have a feeling (*od.* instinct) for s.th., (*ahnen, wissen*) feel it in one's bones; F ***das ist das höchste der ~e*** a) F it's heaven, I can't describe the feeling, b) (*das Äußerste*) that's the (absolute) limit.

gefühlig *adj.* sentimental, mawkish.

gefühllos *adj. Gliedmaßen etc.*: numb; *Person*: *a. fig.* insensitive (***gegen*** to); (*hartherzig*) unfeeling, callous, heartless; **Gefühllosigkeit** *f* numbness; *fig.* heartlessness, *a. konkret*: cruelty.

Gefühls|anwandlung *f* fit of emotion; ***in e-r ~*** *a.* suddenly overcome with emotion; **≈arm** *adj.* emotionally cold; ***er ist ~*** he's got no feelings; **~ausbruch** *m* (emotional) outburst; **≈bedingt** *adj.* emotional; **≈betont** *adj.* emotional; **~duselei** *f* (sloppy) sentimentality; **≈duselig** *adj.* sentimental, mawkish, sloppy; **≈geladen** *adj.* (very) emotional, emotionally charged; *Wort etc.*: *a.* emotive; **≈kalt** *adj.* (emotionally) cold; **~kälte** *f* emotional frigidity; **~leben** *n* emotional life.

gefühlsmäßig I. *adj.* emotional; *weitS.* intuitive, instinctive; **II.** *adv.* emotionally *etc.*; (*instinktiv*) by instinct.

Gefühls|mensch *m* emotional person; **~nerv** *m* sensory nerve; **~regung** *f* emotion; ***keine ~ zeigen*** show no trace of emotion, show no emotion at all; **~sache** *f*: ***das ist ~*** it's a matter of feeling; **~skala** *f* range of emotions; **≈stark** *adj.* very emotional; **~tiefe** *f* emotional depth; **~tube** F *f*: ***auf die ~ drücken*** F give s.o. a sob story; **~umschwung** *m* emotional about-turn; **~wärme** *f* warmth; **~welt** *f* emotional world; **~wert** *m* emotional value; *e-s Gegenstands*: sentimental value.

gefühlvoll I. *adj.* full of feeling; (*empfindsam*) sensitive; (*zärtlich*) tender; (*gefühlsbetont*) emotional; (*rührselig*) sentimental; **II.** *adv.* feelingly *etc.*; *singen etc.*: with feeling; F (*vorsichtig*) gently.

geführt *adj.*: ***~e Fahrt*** guided tour.

gefüllt *adj.* filled (***mit*** with); (*voll*) full; ***~e Tomaten*** *etc.* stuffed tomatoes *etc.*

Gefummel F *n* **1.** fiddling around; **2.** (*Betastung*) groping.

gefunden *adj.* → ***Fressen.***

gefurcht *adj.* furrowed.

gefürchtet *adj. Gegner etc.*: feared, dreaded.

gegeben *adj.* given *temperature, facts etc.*; 𝔄 ***~e Größe*** given quantity; ***wenn wir es als ~ voraussetzen, dass*** taking (it) for granted that; ***unter den ~en Umständen*** under the circumstances; ***zu ~er Zeit*** a) when the occasion arises, b) at some future time; ***das ist das ≈e*** it's the obvious thing; **gegebenenfalls** *adv.* should the occasion arise; (*notfalls*) if necessary; *auf Formularen*: if applicable; **Gegebenheit** *f* given fact; *pl.* (*Zustände*) circumstances, (*Tatsachen*) reality *sg.*

gegen *prp. örtlich, zeitlich*: towards; (*gegensätzlich*) against; (*ungefähr*) about, around; *Mittel ~ e-e Krankheit*: for; *vergleichend*: compared with; (*als Gegenleistung für*) in return for; ⚖, *Sport*: versus (*abbr.* v.); ***~ die Tür klopfen*** knock at the door; ***~ die Wand lehnen*** (***stoßen***) lean (knock [o.s.]) against the wall; ***~ e-n Baum fahren*** drive (*od.* crash) into a tree; ***et. ~ das Licht halten*** hold s.th. up to the light; ***ich wette zehn ~ eins*** I bet you ten to one; ***ich bin ~ den Vorschlag*** I don't agree with the proposal; ***et. ~ et. eintauschen*** exchange s.th. for s.th.; ***freundlich*** (***grausam*** *etc.*) ***~*** kind (cruel *etc.*) to(wards); ***~ die Vernunft*** *etc.* contrary to reason *etc.*; ***~ Bezahlung*** for money (*od.* payment); ***~ bar*** for cash.

Gegen|aktion *f* countermove; → *a.* ***Gegenmaßnahme***; **~angebot** *n* counteroffer; **~angriff** *m a. fig.* counterattack (*a.* ***e-n ~ führen gegen***); **~anklage** *f* countercharge; **~anschlag** *m* counterattack; **~ansicht** *f* opposing view; **~anspruch** *m* counterclaim; **~antrag** *m* countermotion; **~antwort** *f* reply, rejoinder; **~anzeige** *f* ⚕ contraindication; **~argument** *n* counterargument; **~auftrag** *m* counterorder; **~aussage** *f* counterstatement; **~bedingung** *f* counterstipulation; ***zur ~ machen, dass*** stipulate in return that; **~befehl** *m* counterorder; **~behauptung** *f* counterclaim; **~beispiel** *n* example to prove (*od.* show) the opposite; **~bemerkung** *f* rejoinder; **~beschuldigung** *f* countercharge; **~bestrebung** *f* countertendency; **~besuch** *m* return visit; ***j-m e-n ~ machen*** return s.o.'s visit; **~bewegung** *f* countermovement; ♪ contrary motion; **~beweis** *m* proof to the contrary; ⚖ *a.* counterevidence; ***den ~ antreten*** provide evidence to the contrary, ***für*** (*od.* ***zu***) ***et.***: provide evidence against s.th. (*od.* to counter s.th.); **~bitte** *f*: ***ich habe e-e ~*** could you do me a favo(u)r in return?; **~buchung** *f* ✝ cross entry.

Gegend *f* area, part of town (*od.* the country *etc.*), parts *pl.*; (*Nachbarschaft*) neighbo(u)rhood, vicinity; (*Körper≈*) region, area; (*Richtung*) direction; ***umliegende ~*** surroundings *pl.*, environs *pl.*; ***in der ~ von*** near, (*um ... herum*) around, in the *Munich etc.* area; ***in unserer ~*** where we live; ***hier in der ~*** around here, in this area, in these parts; ***ungefähr in dieser ~*** somewhere around here; ***wenn Sie mal wieder in dieser ~ sind*** if ever you happen to be in these parts (*od.* in this part of the country *etc.*) again; ***die ~ um den Blinddarm*** (the area) around the appendix; ***durch die ~ laufen*** run around the place; F ***et. durch die ~ schmeißen*** throw s.th. around; F ***die ganze ~ kam*** everyone (from miles around) came, the whole village *etc.* came; F ***die ~ unsicher machen*** terrorize the neighbo(u)rhood.

Gegen|darstellung *f* correction; (*Widerlegung*) refutation; ***s-e ~*** his version; **~demonstration** *f* counterdemonstration; **~dienst** *m* favo(u)r in return, return favo(u)r; ***als ~*** in return; ***e-n ~ leisten*** return the favo(u)r, reciprocate; ***j-m e-n ~ leisten*** return s.o.'s favo(u)r, do s.o. a favo(u)r in return, do s.th. for s.o. in return; ***zu ~en*** (***jederzeit***) ***gern bereit*** (always) glad to reciprocate; **~druck** *m* counterpressure, back pressure; *fig.* resistance.

gegeneinander I. *adv.* against (*zueinander*: towards) one another *od.* each other; (*gegenseitig*) mutually; **II.** **≈** *n* antagonism.

gegeneinander| halten *v/t.* put side by side; (*vergleichen*) *a.* compare; **~ prallen** *v/i.* run (*od.* bump) into each other; *Dinge*: hit each other, collide; **~ stellen** *v/t.* put (*od.* place) side by side; (*vergleichen*) *a.* compare; **~ stoßen I.** *v/i.* → ***gegeneinander prallen***; **II.** *v/t.* bang *things* together.

Gegen|entwurf *m* alternative concept, counterconcept (***zu*** to); **~erklärung** *f* counterstatement; **~fahrbahn** *f* opposite lane; **~farbe** *f* complementary colo(u)r; **~forderung** *f* counterdemand; ⚖ *etc.* counterclaim; **~frage** *f*: ***erlauben Sie mir e-e ~*** if I may answer your question with another question, let me ask 'you something; **~fuge** *f* ♪ counterfugue; **~gerade** *f Sport*: back straight, *bsd. Am.* backstretch; **~geschenk** *n* present (given) in return; ***j-m ein ~ machen*** give s.o. a present in return; ***j-m et. als ~ überreichen*** give s.o. s.th. in return; **~gewicht** *n a. fig.* counterweight; *fig.* ***ein ~ bilden*** (*od.* ***darstellen***) act as a counterbalance; ***das ~ halten*** *dat.*, ***ein ~ bilden zu*** counterbalance; ***als ~ zu et.*** to balance s.th., to set s.th. off; **~gift** *n a. fig.* antidote (***gegen*** to, against; ***für*** for); **~grund** *m* counterargument, argument against (it); **~gutachten** *n* opposing opinion; **≈halten** *v/t.*: ***s-n Fuß*** *etc.* ***~*** press one's foot *etc.* against it; **~kandidat** *m* opponent, rival; rival (*od.* opposition) candidate; ***ohne ~*** unopposed, uncontested; **~kandidatur** *f* counter-candidacy, rival candidacy; **~klage** *f* ⚖ cross action; ***~ erheben*** → **≈klagen** *v/i.* file a cross action (***gegen*** against), countersue (*s.o.*); **~kraft** *f* counteracting force (*a. fig.*); **~kultur** *f* counterculture; **~kurs** *m* opposite course (*a. fig.*); ***auf ~ gehen*** take the opposite course; **≈läufig** *adj.* ⚙ counter-rotating; *fig.* opposite; ***~e Tendenz*** reversal; ***~er Zyklus*** anticyclical pattern; **~leistung** *f* return favo(u)r, quid pro quo; ***als ~*** in return (***für*** for); **≈len-**

ken *v/i.* → ***gegensteuern***; **≈lesen** *v/t.* check; ***könntest du das bitte ~?*** could you check this to see that I haven't missed anything?

Gegenlicht *n* back light(ing); contre jour; ***bei ~*** against the light; **~aufnahme** *f* contre-jour shot; **~blende** *f* lens hood.

Gegen|liebe *f*: ***er fand keine ~*** his love remained unrequited, *fig.* his suggestion *etc.* didn't go down particularly well; **~maßnahme** *f* countermeasure; *vorbeugende*: preventive measure; (*Vergeltung*) reprisal; ***~n ergreifen gegen*** take steps against; **~meinung** *f* opposing view; **~mittel** *n a. fig.* remedy (***gegen*** for); antidote (against); **~mutter** *f* ⚙ counternut; **~offensive** *f* counteroffensive; **~papst** *m* antipope; **~partei** *f* ⚖ opposing party, other side; *pol.* opposition; *Sport*: opponents *pl.*; ***die ~ ergreifen*** take the other side; **~pol** *m* opposite pole; *fig.* counterpart; (*Ausgleich*) counterbalance; **~probe** *f* cross-check; *parl.* counter-verification; ***die ~ machen*** cross-check (***auf et.*** s.th.); **~propaganda** *f* counterpropaganda; **~reaktion** *f* counter-reaction; *heftige*: backlash; **~rechnung** *f* **1.** (*Gegenprobe*) cross--checking; *fig.* ***ich muss erst die ~ machen*** I'll have to see what there is to lose; **2.** ☤ (*Gegenforderung*) counterclaim, *Buchhaltung*: set-off; **~rede** *f* reply; (*Widerspruch*) contradiction; (*Einwand*) objection; ***sie wechselten Rede und ~*** their conversation went to and fro; **~revolution** *f* counter-revolution; **~richtung** *f* opposite direction; ***Verkehr aus der ~*** oncoming traffic.

Gegensatz *m* contrast (***zu*** to, with); (*Gegenteil*) *the* opposite, *the* contrary (***von*** of); *mst pl. der Meinungen etc.*: differences; ***im ~ zu*** in contrast to (*od.* with), unlike; ***im ~ dazu*** by contrast; ***e-n scharfen ~ bilden zu, im scharfen ~ stehen zu*** stand in (*od.* form a) sharp contrast to, *Meinung etc.*: be in sharp opposition to; ***Gegensätze ziehen sich an*** opposites (*od.* opposite poles) attract; → *a.* ***Widerspruch***; **gegensätzlich** *adj.* opposite; *Meinungen*: contrary; (*entgegenwirkend*) opposing, antagonistic; ***~e Vorschriften*** conflicting regulations; **Gegensätzlichkeit** *f* oppositeness, opposing (*od.* antithetical) nature (*gen.* of), polarity; antagonism.

Gegen|schlag *m* counterblow, *fig. a.* retaliation; ***e-n ~ tun*** counter, *fig. a.* retaliate; ***zum ~ ausholen*** *a. fig.* start to hit back; **~seite** *f* opposite (*od.* other) side; → *a.* ***Gegenpartei.***

gegenseitig I. *adj.* mutual, reciprocal; ***~e Abhängigkeit*** interdependence; ***~e Beziehung*** interrelation; correlation; ***~e Hilfe*** mutual help (*od.* aid); ***~es Interesse*** mutual interest; **II.** *adv.*: ***sich ~ helfen*** *etc.* help *etc.* one another (*od.* each other); **Gegenseitigkeit** *f* reciprocity, mutuality; ***Abkommen auf ~*** mutual agreement; ***auf ~ beruhen*** be mutual; ***es beruht ja schließlich auf ~*** you scratch my back and I'll scratch yours; *iro.* ***das beruht ganz auf ~*** (I can assure you) the feeling is mutual.

Gegenseitigkeits|abkommen *n* ☤ reciprocal trade agreement; **~klausel** *f* reciprocity clause; **~prinzip** *n* principle of reciprocity; **~vertrag** *m pol.* bilateral agreement; *zur Hilfeleistung*: mutual assistance treaty.

Gegen|sinn *m*: ***im ~*** in the opposite direction; **~spieler** *m* antagonist, *a. Sport etc.*: opponent; **~spionage** *f* counterespionage, counterintelligence.

Gegensprech|anlage *f* intercom system; **~verkehr** *m* duplex communication.

Gegenstand *m* object, thing; (*a. Punkt der Tagesordnung etc.*) item; (*Thema*) subject, topic; *künstlerischer*: motif, theme; (*Inhalt*) subject matter; (*Angelegenheit*) matter, affair; (*Streitfrage*) issue; ***~ des Mitleids*** *etc.* object of pity *etc.*; ***~ des Spottes*** figure of fun; ***zum ~ haben*** deal (*od.* be concerned) with.

gegenständig *adj.* ♣ opposite.

gegenständlich *adj.* concrete (*a. ling.*); (*anschaulich*) graphic(ally *adv.*); *Kunst*: representational.

gegenstandsbezogen *adj.* **1.** *Diskussion etc.*: factual; **2.** *Kunst*: representational.

gegenstandslos *adj.* (*abstrakt*) abstract; *Kunst*: *a.* nonrepresentational; (*zwecklos*) useless; (*sinnlos*) meaningless; (*unnötig*) unnecessary, superfluous; (*nicht zur Sache gehörend*) irrelevant, immaterial; (*ungültig*) invalid; ***der Vertrag*** *etc.* ***ist ~ geworden*** the contract *etc.* is no longer valid; ***damit ist Ihre Frage ~ geworden*** that takes care of your question.

gegen|steuern *v/i.* steer against it; *fig.* take countermeasures; **≈stimme** *f* **1.** *parl.* dissenting vote, vote against; ***es gab fünf ~n*** *a.* there were five noes; ***ohne ~*** unanimously; **2.** (*gegenteilige Meinung*) objection; *mst iro.* dissenting voice; **3.** ♪ counterpart; **≈stoß** *m*: (***e-n*** ***~ führen*** make a) counterthrust; **≈strom** *m* ⚡ countercurrent; **≈strömung** *f* ⚡ countercurrent; *fig.* countermovement; **≈stück** *n* counterpart; (*Gegensatz*) opposite (***zu*** of); *Kunst*: pendant; (*Figur etc.*) matching piece; ***er ist das genaue ~ zu s-m Vater*** he's the exact opposite of his father.

Gegenteil *n* opposite (***von*** of), reverse; (***ganz***) ***im ~*** on the contrary; oh no(, not at all); ***genau das ~*** the exact opposite, exactly the opposite; ***das ~ behaupten*** argue the converse; ***das ~ bewirken*** have the opposite effect, be counterproductive; ***et. ins ~ verkehren*** twist s.th. round (completely); ***dann schlug alles ins ~ um*** then there was a complete reversal (of events); **gegenteilig** *adj.* contrary, opposite; ***~e Behauptung*** contradictory claim; ***~er Meinung sein*** disagree; ***e-e ~e Wirkung haben*** have the opposite (*od.* a paradoxical) effect.

Gegen|terror *m* counter-terrorism; **~tor** *n*: *der Torwart* ***ist in den letzten vier Spielen ohne ~*** hasn't lost a goal in the last four matches.

gegenüber I. *adv.* opposite, *Personen*: *a.* face to face; across the way (*od.* street); ***sie saßen einander ~*** *a.* they sat facing one another; ***direkt ~*** right opposite; **II.** *prp. räumlich*: opposite, facing; *fig.* (*gegen*) to(wards); (*im Vergleich zu*) compared with, as against; (*im Gegensatz zu*) in contrast to; (*in Anbetracht von*) in view of, in the face of; ***Männern ~ verhält sie sich komisch*** she's funny with men; **III.** ≈ *n* person opposite; vis-à-vis; *fig. Sport*: opponent; *pol. etc.* counterpart, opposite number; (*Haus*) house opposite; (*das Entgegengesetztsein*) antithesis; **~liegen** *v/i.* be opposite, face (*dat.* *s.th.*); **~d** opposite (*mst nachgestellt*); **~sehen** *v/refl.*: ***sich*** *e-r Aufgabe, e-m Gegner etc.* ***~*** be up against; **~stehen** *v/i.*: ***j-m ~*** face s.o. (*a. fig.*); ***sich*** (*od.* ***einander***) ***~*** be facing each other, *fig. gegensätzlich*: be opponents, *feindlich*: be enemies; *fig. e-r Sache* ***~*** be faced (*od.* confronted) with, face, be up against, (*betrachten*) view, regard, look upon; ***e-r Sache kritisch*** (***skeptisch***) ***~*** take a critical (sceptical, *Am.* skeptical) view of s.th., view s.th. with criticism (scepticism, *Am.* skepticism); ***sich*** (*od.* ***einander***) ***~de Meinungen*** conflicting opinions.

gegenüberstellen I. *v/t.* **1.** *fig.* ***j-n j-m ~*** confront s.o. with s.o., bring s.o. face to face with s.o.; **2.** ***et. e-r Sache ~*** put s.th. opposite s.th., *fig.* compare s.th. with s.th.; **II.** *v/refl.*: ***sich*** (***feindlich***) ***~*** *dat.* oppose; **Gegenüberstellung** *f* **1.** *a.* ⚖ confrontation; **2.** *zur Identifizierung*: identification parade, *Am.* line-up; **3.** (*Vergleich*) comparison.

gegenübertreten *v/i. a. fig.* face; *feindlich*: oppose (*dat. s.o., s.th.*).

Gegen|unterschrift *f* countersignature; **~verkehr** *m* oncoming traffic; *auf einem Autobahnfahrstreifen*: contraflow traffic; *Verkehrsschild*: two-way traffic; **~versuch** *m* control test; **~vorschlag** *m* alternative (suggestion); ***darf ich e-n ~ machen?*** *a.* may I suggest an alternative?

Gegenwart *f* **1.** (*jetzige Zeit*) *the* present (time); *Künstler etc.* ***der ~*** → ***gegenwärtig*** 2; **2.** (*Anwesenheit*) presence; ***in der ~ von*** in the presence of, with ... present (*od.* around); ***in s-r ~*** when he's around (*od.* there); **3.** *ling.* present (tense); **gegenwärtig I.** *adj.* **1.** (*jetzig*) present; (*vorherrschend*) prevailing; ***zum ~en Zeitpunkt*** at the moment, at present; **2.** (*unserer Zeit, heutig*) present-day ..., contemporary, of our time, today's; **3.** (*anwesend*) present; **4.** ***es ist mir im Moment nicht ~*** (*erinnerlich*) I can't think of it right now, I forget; **II.** *adv.* **5.** at the moment; at present; *bsd. Am.* at this moment in time; **6.** (*heutzutage*) nowadays, these days, today.

gegenwarts|bezogen *adj.* topical; *Denken etc.*: modern; **~fern, ~fremd** *adj.* remote, unrealistic; *Mensch*: out of touch; **≈kunst** *f* contemporary art; **≈literatur** *f* contemporary literature; **~nah** *adj.* topical; **≈nähe** *f* topicality; relevance to the present; **≈probleme** *pl.* present-day problems; **≈sprache** *f* present-day language (*od.* speech).

Gegen|wehr *f* defen|ce (*Am.* -se); resistance; ***~ leisten*** put up a defen|ce (*Am.* -se) *od.* fight; ***keine ~ leisten*** offer no resistance; **~wert** *m* equivalent (value); ***im ~ von*** to the equivalent value of; **~wind** *m* headwind; ***wir haben ~*** there's a headwind (blowing); **~winkel** *m* ∢ opposite angle; **~wirkung** *f* reaction (***auf*** to), countereffect; ⚕ adverse reaction.

gegenzeichnen *v/i. u. v/t.* countersign; (*indossieren*) endorse; **Gegenzeichnung** *f* countersignature.

Gegen|zeuge *m* counterwitness; **~zug** *m* **1.** *Schach u. fig.*: countermove; ***im ~*** (***zu***) as a countermove (to), in reaction (to); **2.** 🚆 train coming from the other direction.

gegliedert *adj.* **1.** *Gliedmaßen etc.*: jointed; **2.** ⚙, ⌂ ***~e Bauweise*** sectionalized design; **3.** *fig.* organized, planned; structured.

Gegner *m* opponent (*a. Sport*), *stärker*: antagonist; (*Feind*) enemy, *lit.* foe; (*Angreifer*) assailant; (*Rivale*) rival, competitor; ⚖ opposing party, other side; ***ein ~ sein von*** (*e-r Sache*) be against, strongly oppose; ***sich j-n zum ~ machen*** make an enemy of s.o., antagonize s.o.; ***j-n zum ~ haben*** have s.o. as a rival *etc.*, have to compete against s.o.; **gegnerisch** *adj.* opposing, *stärker*: antagonistic; enemy ...; ***die ~e Mannschaft*** the opponents, the other side; **Gegnerschaft** *f* opponents *pl.*, opposition; (*Widerstand*) opposition, *stärker*: antagonism; (*Rivalität*) rivalry.

gegriffen *p.p. u. adj.* → ***greifen*** 1.

Gehabe *n* silly behavio(u)r, affectation; (*Getue*) fuss; **gehaben** *v/refl.*: *mst iro.* ***gehab dich wohl!*** farewell.

gehabt *adj.*: (***alles***) ***wie ~*** same as ever; ***es ist alles wie ~*** *a.* nothing's changed; ***wie ~*** *am Satzende*: *mst* as always, as usual; ***das bleibt wie ~*** that stays as it is.

Gehackte(s) *n* mincemeat, minced (*Am.* ground) meat; *vom Rind*: *Am. a.* hamburger.

Gehalt[1] *m* **1.** (*Inhalt*) content; (*Substanz*) substance; ***geistiger ~*** intellectual content; **2.** (*Anteil*) content, *prozentualer*: percentage; ⚗ *a.* concentration (***alle an*** of); *Wein*: body; ***~ an Öl*** oil content.

Gehalt[2] *n* salary, pay; ***ein ~ beziehen*** draw a salary; ***mit vollem ~*** on full pay.

gehalten *adj.* **1.** ***~ sein zu*** *inf.* be expected to *inf.*; ***ich bin ~ zu*** *inf.* I'm constrained (*od.* under an obligation) to *inf.*; **2.** (*zurückhaltend*) restrained, subdued.

gehaltlos *adj.* **1.** *Nahrung*: insubstantial; *Wein*: lacking body; **2.** *fig.* empty, lacking in substance; (*bedeutungslos*) meaningless.

Gehalts|abrechnung *f* salary statement, pay slip; **~abstufung** *f* salary scale; **~abzug** *m* deduction from salary; **~angleichung** *f* salary adjustment; **~ansprüche** *pl.* salary expectations; **~auszahlung** *f* payment of salary (*od.* salaries); **~empfänger** *m* salaried employee; **~erhöhung** *f* (pay) rise; salary increase; **~forderung** *f* salary claim; **~fortzahlung** *f* continued payment of salary; **~grenze** *f* salary limit; **~gruppe** *f*, **~klasse** *f* salary bracket; **~konto** *n* salary account; **~kürzung** *f* salary cut; **~liste** *f* payroll; **~streifen** *m* pay slip; **~stufe** *f* salary bracket; **~vorschuss** *m* advance; **~zahlung** *f* payment of salary; **~zulage** *f* bonus.

gehaltvoll *adj.* **1.** *Nahrung*: substantial, nourishing; *Wein*: full-bodied; **2.** *fig. work etc.* of substance; (*tief*) profound.

gehandikapt *adj.* handicapped.

Gehänge *n* **1.** (*Blumen≈*) festoon(s *pl.*); **2.** (*Schmuck≈*) pendants *pl.*; (*Ohr≈*) ear drops *pl.*; **3.** *sl.* (*männliche Geschlechtsteile*) *sl.* accoutrements *pl.*, (family) jewels *pl.*

geharnischt *adj.* **1.** *Antwort etc.*: withering; ***ein ~er Brief*** a strongly-worded reply, F a nasty letter; **2.** (*gepanzert*) (clad) in armo(u)r, armo(u)r-clad.

gehässig *adj.* spiteful; **Gehässigkeit** *f* spitefulness; (*Bemerkung*) spiteful remark; ***aus reiner ~*** out of sheer spite.

gehäuft I. *adj. Löffel*: heaped; ***ein ~er Teelöffel*** one heaped teaspoonful; **II.** *adv. zeitlich*: frequently, at frequent intervals, repeatedly; ***die Anschläge sind in letzter Zeit ~ vorgekommen*** there's been a spate of attacks recently.

Gehäuse *n* casing, case; *e-s Geräts*: cabinet; *phot.* body; *zo.* (*Schnecken≈ etc.*) shell; *e-s Insekts*: case; ⚘ case, (*Frucht≈*) pericarp, (*Apfel≈ etc.*) core.

gehbehindert *adj.*: ***sie ist ~*** she can't walk properly.

geheftet *adj. Buch*: stitched, sewn.

Gehege *n* enclosure; *für Tiere*: *a.* pen; (*Pferde≈*) paddock, *Am.* corral; *Jagd*: *a. fig.* preserve; *fig.* ***j-m ins ~ kommen*** F get under s.o.'s feet; ***komm mir ja nicht ins ~!*** just keep out of my way.

geheim *adj.* secret; (*vertraulich*) confidential, private; (*verborgen*) hidden; (*heimlich, unerlaubt*) clandestine, surreptitious; *Lehre etc.*: occult; ***im ≈en*** secretly (*a. im Innersten*), in secret; ***~!*** *auf Dokumenten*: Restricted!; ***streng ~*** top secret; **≈abkommen** *n* secret agreement; **≈agent** *m* secret agent; **≈akte** *f* secret (*od.* classified) document; *pl.* secret files; **≈auftrag** *m* secret mission; **≈befehl** *m* secret order; **≈bund** *m* secret society; **≈dienst** *m* secret service; **≈dokument** *n* secret document; **≈fach** *n* secret drawer; hidden safe.

geheim halten *v/t.* keep *s.th.* secret (F under wraps); (*vertuschen*) hush *s.th.* up; ***et. vor j-m ~*** keep s.th. a secret from s.o.; ***wir müssen es vor ihm ~*** *a.* he mustn't find out (about it); **Geheimhaltung** *f* (observance of) secrecy; (*Verschweigen*) concealment; ***zur ~ verpflichtet sein*** be sworn to secrecy.

Geheimhaltungs... *in Zssgn* ⚔, *pol.* security *measures etc.*; **~pflicht** *f* (imposed) secrecy; **~stufe** *f* security classification (*od.* grade); ***die ~ e-s Dokuments*** *etc.* ***aufheben*** declassify a document.

Geheim|konto *n* **1.** secret account; **2.** numbered account; **~lehre** *f* **1.** esoteric doctrine; **2.** occult doctrine; **~mittel** *n* secret remedy.

Geheimnis *n* secret; (*Rätselhaftes, Verborgenes*) mystery; ***ein*** (***kein***) ***~ aus et. machen*** make a secret out of s.th. (make no secret of s.th.); ***ein öffentliches*** (*od.* ***offenes***) ***~*** an open secret; ***die ~se der Physik*** the mysteries of physics; F ***das ist das ganze ~*** that's all there is to it; **~krämer** *m*: ***er ist ein richtiger ~*** a) he likes to make a mystery out of things, b) he likes to make out he knows things that other people don't; **~krämerei** *f*: ***hör doch auf mit dieser ~*** stop making such a big secret out of it; **~träger** *m* bearer of official secrets; **~tuer** *m* → ***Geheimniskrämer***; **~tuerei** *f* → ***Geheimniskrämerei***; **≈umwittert** *adj.* surrounded by mystery, mysterious; (*rätselhaft*) enigmatic; → *a.* **≈umwoben** *adj.* shrouded in mystery; **≈voll** *adj.* mysterious; (*rätselhaft*) *a.* enigmatic; (*obskur*) arcane; ***tu nicht so ~!*** don't be so secretive, don't make such a big secret out of it.

Geheim|nummer *f* secret number; *teleph.* ex-directory (*Am.* unlisted) number; **~organisation** *f* secret organization; **~polizei** *f* secret police; **~polizist** *m* member of the secret police; ***er ist ~*** *a.* he's from the secret police.

Geheimrat *m hist.* privy councillor; **Geheimratsecken** *pl.*: ***er hat ~*** his hair is receding at the temples, F he's got a widow's peak.

Geheim|rezept *n* secret recipe; **~sache** *f* secret matter; *pol.*, ⚔ security matter; **~schrift** *f* secret code; **~sender** *m* secret transmitter; **~sitzung** *f* secret meeting; **~sprache** *f* secret language; *contp.* jargon; **~tinte** *f* invisible ink; **~tipp** F *m* F hot tip; *beim Wetten etc.*: insiders' tip; ***dieser Ort ist mein ~*** this is a place I don't like to tell everyone about; **~tür** *f* secret door; **~versteck** *n* secret hiding place; **~vertrag** *m* secret treaty; **~waffe** *f* secret weapon; *n* **~zahl** *f für Geldabhebungen*: PIN (*od.* personal identification) number; **~zahlungen** *pl.* secret payments; **~zeichen** *n* secret sign; (*Chiffre*) code, cipher.

Geheiß *n*: ***auf j-s ~*** (***hin***) at s.o.'s behest.

gehemmt *adj.* inhibited; (*befangen*) *a.* self-conscious; (*scheu*) *a.* shy; ***~ sein*** feel inhibited, be (*od.* feel) self-conscious *od.* shy; **Gehemmtheit** *f* inhibition; (*Befangenheit*) self-consciousness, shyness.

gehen I. *v/i.* **1.** (*a. v/t.*) (***zu Fuß ~***) walk, go (on foot); ***schwimmen*** *etc.* ***~*** go swimming *etc.*; ***j-n suchen ~*** (go and) look for s.o.; ***mit j-m zum Bahnhof*** *etc.* ***~*** see s.o. to the station *etc.*; ***mit*** *e-m Freund, Mädchen* ***~*** go out with, *bsd. Am.* go steady with; ***~ als*** (*arbeiten als*) work as, (*verkleidet sein als*) go as; ***ganz in Weiß*** *etc.* ***~*** wear white *etc.*, be all in white *etc.*; **2.** (*fort~, abreisen, abfahren*) go, leave; (*verkehren*) go, run (***nach, bis*** to, as far as); (*führen*) *Weg*: go, lead (to); (*reichen*) go (***um*** *die Taille etc.* round); (*aus e-r Stellung scheiden*) go, leave, *aus e-m Amt*: *a.* resign; ***j-n ~ lassen*** let s.o. go, *ungestraft*: let s.o. off; → *a.* ***gehen lassen***; ***er ist gegangen*** he's (= he has) gone *od.* left; F ***er ist gegangen worden*** F he was sacked (*od.* fired); ***er ist von uns gegangen*** (*ist tot*) he has passed away; F *fig.* (***ach,***) ***geh!*** come on!, go on!; ***geh mir doch mit d-n faulen Ausreden!*** I don't want to hear any of your excuses; **3.** (*funktionieren*) ⚙ go, work; *fig.* (*klappen*) work; (*möglich sein*) be possible; (*erlaubt sein*) be allowed; *die Uhr* ***geht nicht*** has stopped, (*ist kaputt*) is broken; *das Gedicht, Lied* ***geht so*** goes like this; ***wie geht es Ihnen?, wie gehts?*** how are you?, *zu e-m Kranken*: how are you feeling?; F ***wie gehts, wie stehts?*** how are things?, how's life (with you)?, how's life treating you?; ***es geht*** (*nicht übel*) not too bad(ly), (it) could be worse, (*ich brauche keine Hilfe*) I can manage, (*es funktioniert*) it works; ***es geht nicht*** (*ist unmöglich*) it can't be done, it's impossible, F nothing doing, no way, (*genügt nicht*) it just won't do, (*funktioniert nicht*) it doesn't work; ***es wird schon ~*** it'll be all right (*Am.* alright); ***es geht auch so*** (*ohne das*) we can manage without (it); ***es geht*** (***eben***) ***nicht anders*** it can't be helped(, I'm afraid); ***mir ist es genauso gegangen*** it was the same with me, F same here; ***mir geht es genauso*** I feel exactly the same way, F same here; ***ihm ist es*** (***auch***) ***nicht besser gegangen*** he didn't do (*od.* fare) any better; ***so geht es, wenn man*** *nicht aufpasst etc.*: that's what comes of *ger.*; ***das geht nun schon seit Jahren so*** that's been going on for years; ***wie ~ die Geschäfte?*** how's business?; ***so gehts nicht!*** you can't just go about it like that; → *a.* ***gut gehen, schlecht gehen***; **4.** *Ware*: sell (***gut*** well), go (well); ***die Stiefel ~ überhaupt nicht*** nobody's buying (*od.* interested in) the boots, the boots aren't selling at all; **5.** *Klingel*: ring, go; *Türklingel*: ring; *Radio*: be on; *Puls*: beat; *Teig*: rise; *Wind*: blow; **6.** *mit prp.*: ***~ bis an*** (*rei-*

chen) go as far as, reach *od.* come up (*od.* down) to; *das Erbteil* **ging an ihn** went (*od.* fell) to him; **an die Arbeit** *etc.* ~ get down to work *etc.*; **geh mir ja nicht an m-e Sachen** don't you (dare) touch (*od.* interfere with) my things; **wenns ans Trinken geht** when it comes to drinking; ~ **auf** go (*od.* climb) up to, (*das Dach*) climb onto, (*die Straße*) go out into; *das Fenster* **geht auf die Straße (hinaus)** looks out onto the street; **es geht auf zehn** it's getting on for ten; **das geht auf dich** that's meant for you; **auf e-n Zentner ~ 50 Kilogramm** 50 kilogram(me)s make a (metric) hundredweight; **das geht auf die Leber** *etc.* it's bad for your liver *etc.*, it takes its toll on your liver *etc.*; **s-e Kritik ging dahin, dass** his criticism was to the effect that, what his criticism boiled down to was that; ~ **durch** go (*od.* pass) through, *fig.* (*sich ziehen durch*) run through; ~ **gegen** (*j-n, j-s Gewissen*) go against; ~ **in** go into, enter, (*passen in*) go (*od.* fit) in(to), (*die Schule etc.*) go to (*a. ins Theater*), *Treppe*: lead (up *od.* down) to, *Leitung*: lead into; *der Schaden* **geht in die Millionen** runs into millions; **die Kämpfe ~ in den vierten Tag** fighting has entered its fourth day; **es ~ 200 Personen in den Saal** the hall holds (*od.* seats) two hundred people; **in die Industrie** ~ go into industry; **in sich** ~ do a bit of soul-searching; **wie oft geht fünf in neunzig?** how many times does five go into ninety?; ~ **nach** (*sich richten nach*) go by; *das Fenster* **geht nach Norden** faces (*od.* looks) north; **wenn es nach mir ginge** if I had my way; ~ **über** go (*od.* walk) over, (*die Straße*) cross; *die Brücke* **geht über e-e Schlucht** spans (*od.* goes over) a ravine; *der Zug etc.* **geht über Berlin** goes via Berlin; **das geht ihm über alles** it means everything to him; **nichts geht über ...** there's nothing like ...; **es geht ihm nur ums Geld** he's just interested in the money; **mir gehts nicht ums Geld** it's not a question of money, I'm not interested in the money; **es geht hier um ...** we're talking about (*od.* looking at) ...; **es geht um** *den Frieden, sein Leben etc.*: ... is at stake; **worum geht es?** what's the problem?; **es geht darum zu** *inf.* it's a question (*od.* matter) of *ger.*; **darum geht es hier (gar) nicht** that's not the point; ~ **vor** *a. fig.* go before; **vor sich ~** happen; **was geht hier vor sich?** what's going on here?; **zu j-m ~** join s.o., *mit e-r Frage etc.*: go up to s.o., (*besuchen*) go and see s.o.; → **Auge** 1, **Begriff** 1, **Bett, Bord, Grund** 1 *etc.*; → *a.* **vonstatten, weit** II; **II.** ≈ *n* **1.** *a. Sport*: walking; **das ~ fällt ihm schwer** he finds it hard to walk; **2. zum ~ bringen** (*Gerät etc.*) get *s.th.* going; **gehen lassen** *v/refl.*: **sich ~** *unmanierlich*: let o.s. go, (*die Beherrschung verlieren*) lose one's temper.

Geher *m Sport*: walker.

Gehetze *n* rush(ing); *weitS.* rat-race; **ich kann dieses ~ nicht ausstehen** I can't stand having to rush round like an idiot all the time; **gehetzt** *adj.* hunted (*a. Blick etc.*); *fig. Person*: harassed.

geheuer *adj.*: **nicht ~** (*unheimlich*) eerie, F creepy, spooky, scary; (*verdächtig*) fishy, strange; (*dubios*) dubious; **es ist dort nicht ganz ~** it's a funny place; **mir ist dieser Ort nicht ~** this place gives me the creeps; **er (die Sache** *etc.*) **ist mir nicht ~** I've got a funny feeling about him (it *etc.*); **ihm war nicht ganz ~ zumute** he felt very uneasy.

Geheul *n* howling, howls *pl.*; **Geheule** F *n* howling; **hör mit dem ~ auf!** stop your howling now.

gehext *adj.*: **wie ~** as if by magic; *der Haushalt* **läuft wie ~** seems to run itself.

geh|fähig *adj.* able to walk; **≈fehler** *m* limp; **≈gips** *m* walking cast.

Gehilfe *m* assistant; (*Aushilfe*) someone to help out; (*Laden≈*) shop assistant; (*Büro≈*) clerk; (*Handwerks≈*) journeyman; ⚖ accessory (before the fact); *contp.* henchman.

Gehirn *n* brain; F *fig.* brain(s *pl.*), mind; **~...** *in Zssgn* brain, cerebral, *nachgestellt*: of the brain; → *a.* **Hirn...**; **~akrobatik** F *f* mental acrobatics (*od.* gyrations) *pl.*; **≈amputiert** F *hum. adj.* F dead from the neck up; **~blutung** *f* brain (*od.* cerebral) h(a)emorrhage; **~chirurg** *m* brain surgeon; **~chirurgie** *f* brain surgery; **~durchblutung** *f* blood flow (*od.* circulation) in the brain; **es fördert die ~** *a.* F it gets your brain cells working; **~erschütterung** *f* concussion; **e-e ~ haben** have (*od.* be suffering from) concussion; → **schwer** I; **~erweichung** *f a. fig.* softening of the brain.

Gehirnhaut *f* cerebral membrane; **~entzündung** *f* meningitis.

Gehirn|kasten F *m* F skull; **streng d-n ~ an!** use your brains (F noddle)!; **~lappen** *m* lobe of the brain; **~nerv** *m* cranial nerve; **~quetschung** *f* cerebral contusion; **~rinde** *f* cerebral cortex; **~schlag** *m* stroke; **~schmalz** F *n* F (little) grey (*Am.* gray) cells *pl.*; **dafür habe ich e-e Menge ~ verschwendet** that cost me a few grey (*Am.* gray) cells; **bei dir reicht wohl das ~ nicht aus** F have you got sawdust between your ears?; **~schwund** *m* atrophy of the brain; **~tätigkeit** *f* cerebral activity; **die ~ hat ausgesetzt** the brain has stopped functioning; **~tod** *m* brain death; **~tumor** *m* brain tumo(u)r; **~verletzung** *f* brain injury; **~wäsche** *f* brainwashing; **j-n e-r ~ unterziehen** brainwash s.o.

Gehminute *f*: **es ist nur ein paar ~n von hier** it's only a few minutes' walk away (*od.* from here).

gehoben *adj. Stellung*: high, senior; *Stil*: elevated; **~e Stimmung** high spirits *pl.*; **~e Ansprüche** expensive tastes; ✝ **Güter des ~en Bedarfs** luxuries and semi-luxuries.

Gehöft *n* farm(stead).

Gehölz *n* wood, copse; (*Dickicht*) thicket.

Gehör *n* (sense of) hearing; ears *pl.*; (*Empfinden*) ear; 𝄞 hearing; **feines (scharfes) ~** sensitive (keen) ear; **nach dem ~** by ear; **~ haben für** have an ear for; **j-m ~ schenken** listen to what s.o. has to say; *e-r Sache* **kein ~ schenken** turn a deaf ear to, *e-r Person*: refuse to listen to; **(j-n) um ~ bitten** request a hearing (from s.o.); **~ finden** get a hearing; **sich ~ verschaffen** make o.s. heard; ⚖ **j-n ohne rechtliches ~ verurteilen** sentence s.o. without a hearing; → **absolut** I; **~bildung** *f* aural training.

gehorchen *v/i.*: **j-m (nicht) ~** (dis)obey s.o.; **du musst d-r Mutter ~** you must do as your mother tells you; → **Wort.**

gehören I. *v/i.* belong to (*a. fig.*); **~ zu** belong to (*a. als Mitglied*), (*e-n Teil bilden von*) *a.* be part of, (*zählen zu*) rank (*od.* be) among; **unter** *e-e Rubrik etc.* ~ come (*od.* fall) under; **wem gehört das Buch?** whose book is this?, who does this book belong to?; **gehört der Handschuh dir?** is this your glove?; **er gehört zu den besten Spielern** he's one of the best players; **die Sachen ~ in den Schrank** these things go into the cupboard; **das Fahrrad gehört nicht in die Wohnung!** the flat is no place for a bike; **es gehört zu s-r Arbeit** it's part of his job; **das gehört nicht zur Sache** that's not relevant; **er gehört nicht zu dieser Sorte** he's not like that, he's not that sort of person; **dazu gehört Geld** you need money for that, **Zeit:** that kind of thing takes time; **Mut:** it takes a lot of courage; **es gehört nicht viel dazu** it doesn't take much; **dazu gehört schon einiges** that takes a lot of doing, *an Frechheit*: you've got to be pretty cheeky to do that; **du gehörst ins Bett** you should be in bed; F **er gehört tüchtig verprügelt** what he wants is a good hiding; **er gehört auf den Fußballplatz** he ought to be playing football; **II.** *v/refl.*: **das gehört sich nicht** it's not done; **so gehört es sich auch** that's the way it should be; **er weiß, was sich gehört** he knows how to behave; **wie es sich gehört** properly; *ihr habt ja e-n tollen Wagen* - **wie sichs gehört** what do you expect?

Gehör|fehler *m* hearing defect; impaired hearing; **~gang** *m* auditory canal.

gehörig I. *adj.* **1.** (*gebührend*) right, due, proper; (*notwendig*) necessary; **mit dem ~en Respekt** with due respect; **2.** F (*tüchtig*) decent; **e-e ~e Portion Kartoffelbrei** a decent serving (F a good dollop) of mashed potatoes; **dazu gehört e-e ~e Portion Frechheit** that takes a fair bit of cheek; **e-e ~e Tracht Prügel** a good hiding; **ein ~er Schluck** a decent gulp (F swig); **3. j-m (e-r Sache) ~ sein** belong to s.o. (s.th.); **(nicht) zur Sache ~** (ir)relevant; **II.** *adv.* duly, properly; **ich habe es ihm ~ gegeben** F I really let him have it.

Gehörknöchelchen *n anat.* ossicle.

Gehörleiden *n* hearing defect.

gehörlos *adj.* deaf; **Gehörlosenschule** *f* school for the deaf; **Gehörlosigkeit** *f* deafness.

Gehörn *n* horns *pl.*; (*Geweih*) antlers *pl.*

Gehörnerv *m* auditory nerve.

gehörnt *adj.* horned; F *fig.* **~er Ehemann** cuckold.

Gehörprüfung *f* hearing test.

gehorsam I. *adj.* obedient (**gegen** to); *Bürger*: law-abiding; (*folgsam*) submissive; *die Kinder* **sind sehr ~** always do as they're told; **II.** ≈ *m* obedience (**gegen[über]** to); **blinder ~** blind (*od.* unquestioning) obedience; **j-m ~ leisten** obey s.o.; **j-m den ~ verweigern** disobey s.o., refuse to carry out s.o.'s orders; **sich bei j-m ~ verschaffen** force s.o. to obey; **Gehorsamsverweigerung** *f* disobedience; ⚔ insubordination.

Gehör|schaden *m* hearing defect; impaired hearing; **~sinn** *m* sense of hearing; **~verlust** *m* loss of hearing.

Gehrock *m* frock coat.

Gehrung *f* ⚙ mit|re (*Am.* -er); bevel.

Gehsteig *m* pavement, *Am.* sidewalk.

Gehudel F *n* sloppiness; *konkret*: sloppy (*od.* messy) piece of work.

gehuft *adj.* hoofed.

gehüllt *adj.* → **hüllen.**

Gehupe *n* honking (of car horns), tooting; blaring horns *pl.*

G

gehupft *p.p.* → ***hupfen.***
Gehuste *n* (endless) coughing, F coughing and spluttering.
Geh|versuch *m* attempt to walk; *fig.* ***erste literarische*** *etc.* **~e** first attempt to write *etc.*, first literary *etc.* effort; **~weg** *m* footpath; (*Bürgersteig*) pavement, *Am.* sidewalk.
Geier *m* vulture (*a. fig.*); F ***hols der ~!*** F to hell with it!; F ***weiß der ~!*** God knows.
Geifer *m* (*Speichel*) dribble, slaver; (*Schaum*) foam, froth; *fig.* venom, spite; **Geiferer** *m* vituperator; **geifern** *v/i.* dribble, slaver; ***vor Wut ~*** froth at the mouth; *fig.* ***~ gegen*** rail at.
Geige *f* violin; ***~ spielen*** play the violin; (***die***) ***erste*** (***zweite***) ***~ spielen*** play first (second) violin, *fig.* play first (second) fiddle; **geigen I.** *v/i.* play the violin, F fiddle; **II.** *v/t.* play *s.th.* on the violin, F fiddle *a tune*; F *fig.* ***es j-m ~*** F tell s.o. what's what.
Geigen|bau *m* violin making; **~bauer** *m* violin maker; **~bogen** *m* violin bow; **~harz** *n* rosin; **~kasten** *m* violin case; **~spiel** *n* violin playing; **~spieler** *m* violinist; **~stimme** *f* violin part; **~strich** *m* stroke (of the bow).
Geiger(in *f*) *m* violinist.
Geigerzähler *m* Geiger counter.
geil *adj.* **1.** (*sexuell gereizt*) F randy, horny; (*wollüstig*) lecherous; F ***~er alter Bock*** F randy (*od.* dirty) old man, *sl.* lech; F *fig.* ***~ sein auf*** (*verrückt sein nach*) F be crazy about, *e-n Job etc.*: be burning to get, *sl.* lech after; **2.** F (*toll*) *sl.* brill, ace; **3.** *Pflanzen*: rank, luxuriant *vegetation*; **geilen** *v/i.*: ***~ nach*** lust after (*od.* for).
Geisel *f* hostage; ***j-n als ~ nehmen*** take s.o. hostage; **~befreiung** *f* freeing (*od.* release) of (the) hostages; **~drama** *n* hostage drama (*od.* crisis); kidnapping drama; **~gangster** *m* violent kidnapper; **~haft** *f* captivity as a hostage; ***nach drei Jahren ~*** *a.* after three years of being held hostage; **~nahme** *f* taking of hostages (*od.* a hostage); kidnapping; **~nehmer** *m* hostage-taker, kidnapper, captor.
Geisha *f* geisha (girl).
Geiß *f* (nanny) goat; (*Ricke*) doe; **~bock** *m* billy goat.
Geißel *f* **1.** whip; *fig.* scourge; **2.** *biol.* flagellum; **geißeln** *v/t.* whip; *eccl.* flagellate (***sich*** o.s.); *fig.* castigate (o.s.), chastise (o.s.); **Geißeltierchen** *n* flagellate; **Geißelung** *f* flagellation; *fig.* castigation; (*Kritik*) severe condemnation.
Geist *m* **1.** (*Verstand*) mind; (*Intellekt*) intellect; (*Sinn, Gemüt*) mind; (*Witz*) wit; (*Seele*) spirit; (*geistige Verfassung*) morale, spirit; (*Denker*) thinker; ***~ und Körper*** mind and body, body and spirit; ***der ~ des Christentums*** *etc.* the spirit of Christianity *etc.*; ***ein großer ~*** a great thinker; ***Mann von ~*** man of wit; ***der ~ ist willig, aber das Fleisch ist schwach*** the spirit is willing but the flesh is weak; ***im ~e*** in one's mind's eye; ***im ~e sah sie sich schon als Siegerin*** she already imagined (*od.* saw) herself as the winner; ***wir werden im ~e bei euch sein*** our thoughts will be with you; ***in j-s ~e handeln*** act in the spirit of s.o.; ***daran sieht man, wes ~es Kind er ist*** it says a lot about him; ***sie ist ein unruhiger ~*** she's a restless person, she can't sit still for one moment, F she's up and down like a yoyo; F ***das geht mir auf den ~*** F it really gets on my wick, it's driving me spare; F *der Wagen etc.* ***hat den ~ aufgegeben*** F has given up the ghost, has conked out; → ***scheiden*** III; **2.** *überirdischer*: spirit; (*Gespenst*) ghost; (*Erscheinung*) apparition; ***böser ~*** evil spirit, demon; *eccl.* ***der böse ~*** the Evil One; *fig.* ***j-s guter ~*** s.o.'s good genius; ***hier geht ein ~ um*** this place is haunted; ***bist du denn von allen guten ~ern verlassen?*** are you out of your (F tiny little) mind?; → ***heilig.***
Geister|bahn *f* ghost train; **~beschwörer** *m* (*der Geister ruft*) necromancer; (*der sie austreibt*) exorcist; **~beschwörung** *f* necromancy; (*Austreibung*) exorcism; **~bild** *n TV* ghosting, F shadow(s *pl.*); **~erscheinung** *f* apparition; **~fahrer** *m* wrong-way driver; ***plötzlich kam uns ein ~ entgegen*** suddenly a car was driving towards us in the wrong direction; **~geschichte** *f* ghost story; **~glaube** *m* belief in ghosts; (*Aberglaube*) superstition.
geisterhaft *adj.* ghostly, F spooky.
Geister|hand *f*: ***wie von ~*** as if by magic; **~haus** *n* **1.** haunted house; **2.** *Buddhismus etc.*: spirit house.
geistern *fig. v/i.*: ***~ durch*** flit around; ***~ über*** *Licht etc.*: flit across; ***die Idee geistert immer noch in ihren Köpfen*** they still haven't managed to get that idea out of their heads.
Geister|reich *n* realm of spirits; **~schiff** *n* phantom ship; **~schloss** *n* haunted castle; **~schreiber** *m* ghostwriter; **~stadt** *f* ghost town; **~stimme** *f* spooky voice; *TV* voice-over; **~stunde** *f* witching hour; **~welt** *f* realm (*od.* world) of the supernatural; → *a.* ***Geisterreich***; **~zug** *m* empty train.
geistesabwesend I. *adj.* absent, distracted; **II.** *adv.* absent-mindedly; (*nachdenklich*) absently; **Geistesabwesenheit** *f* distractedness; (*Zerstreutheit*) absent-mindedness.
Geistes|anstrengung *f* mental effort; **~arbeit** *f* brainwork; **~arbeiter** *m* brainworker; **~bildung** *f* cultivation of the mind; ***ein Mann von großer ~*** a highly educated man; **~blitz** *m* flash of inspiration; (*konkrete Idee*) F brainwave; **~freiheit** *f* intellectual freedom; **~gaben** *pl.* intellectual gifts.
Geistesgegenwart *f* presence of mind; **geistesgegenwärtig I.** *adj. Person*: alert, F on the ball; *a. Antwort, Reaktion etc.*: quick; **II.** *adv.*: ***~ riss er das Kind weg*** he had the presence of mind to pull the child away.
Geistesgeschichte *f* history of thought (*od.* ideas); ***die deutsche*** *etc.* ***~*** the history of German *etc.* thought.
geistesgestört *adj.* mentally disturbed; **Geistesgestörte(r** *m*) *f* mentally disturbed person; **Geistesgestörtheit** *f* mental imbalance (*stärker*: derangement).
Geistes|haltung *f* attitude, mentality; **~kräfte** *pl.* mental faculties.
geisteskrank *adj.* mentally ill (*od.* disordered); **Geisteskranke(r** *m*) *f* mental patient; *pl. the* mentally ill (*pl.*); **Geisteskrankheit** *f* mental disease.
Geistes|leben *n* intellectual life; **~produkt** *n* (intellectual) product, brainchild; **~richtung** *f* school of thought; **~schärfe** *f* acuity of mind; keen intellect.
geistesschwach *adj.* feebleminded; **Geistesschwäche** *f* feeblemindedness.
Geistes|störung *f* mental disorder; **~trägheit** *f* mental sluggishness; **~verfassung** *f* frame of mind, (mental) state.
geistesverwandt *adj.* congenial (***mit*** to), kindred ...; ***~e Menschen*** kindred spirits; **Geistesverwandtschaft** *f* (spiritual) affinity.
Geistesverwirrung *f* confused state of mind.
Geisteswissenschaft *f* arts subject; ***die ~en*** the arts, the humanities; **Geisteswissenschaftler** *m* arts scholar (F person, man); (*Student*) arts student; **geisteswissenschaftlich** *adj.* arts ...; *Forschung etc., nachgestellt*: in the arts, in the (field of) humanities.
Geistes|zerrüttung *f* mental derangement, dementia; **~zustand** *m* mental state; ***j-n auf s-n ~ (hin) untersuchen*** give s.o. a mental examination; F ***du solltest dich mal auf d-n ~ untersuchen lassen!*** F you need your head testing (*od.* tested).
geistig I. *adj.* (*seelisch, nicht körperlich*) spiritual; (*die Denkkraft betreffend*) intellectual, mental; *Mensch*: intellectual; ***~e Entwicklung*** spiritual (*od.* intellectual) development; ***~es Eigentum*** intellectual property; → ***Diebstahl***; ***~er Austausch*** exchange of ideas; ***~e Arbeit*** *etc.* → ***Geistesarbeit*** *etc.*; ***~er Vater*** spiritual father; F ***~e Getränke*** spirits, alcohol; → ***Auge*** 1; **II.** *adv.* mentally *etc.*; → I; ***~ anspruchsvoll*** highbrow; ***~ behindert*** mentally handicapped; ***~ aktiv sein*** a) have an active mind, b) exercise one's mind, c) have a lot of intellectual pursuits; ***ich kann ~ nicht mehr folgen*** I'm lost, you've *etc.* lost me; **Geistigkeit** *f* intellectuality; spirituality.
geistig-seelisch *adj.* mental and spiritual.
geistlich *adj.* religious; *Musik etc.*: *a.* sacred; (*2e betreffend*) clerical; (*kirchlich*) ecclesiastical; (*nicht weltlich*) spiritual; ***~es Amt*** ministry; ***~er Orden*** religious order; → ***Stand*** 3; **Geistliche(r)** *m* clergyman; minister; (*Priester*) priest; ⚔ chaplain, padre; ***die Geistlichen*** → **Geistlichkeit** *f the* clergy.
geistlos *adj.* (*langweilig*) dull; (*flach*) insipid, vapid; (*dumm*) stupid; **Geistlosigkeit** *f* insipidity; (*Äußerung*) banality, platitude.
geistreich *adj.* witty, clever; ***e-e nicht gerade ~e Bemerkung*** not the most profound remark; **geistreicheln** *v/i.* try to be clever, display one's wit.
geist|sprühend *adj.* sparkling, scintillating; **~tötend** *adj.* deadly boring; *Beschäftigung*: *a.* mind-dulling, mind-numbing, F brainless; ***es war ~*** *a.* F it was a crushing bore; **~voll** *adj.* → ***geistreich***; (*tief*) profound.
Geiz *m* stinginess, miserliness; ***aus lauter ~ macht er die Heizung nicht an*** he's too stingy to turn the heating on; **geizen** *v/i.*: ***~ mit*** be mean with; ***nicht ~ mit*** be very generous with, not to stint (on); ***mit Worten ~*** be very sparing with words; ***mit s-r Zeit ~*** plan one's time very carefully; ***er geizt mit jeder Mark*** he turns every mark round in his pocket; **Geizhals** *m* skinflint, (old) miser; **geizig** *adj.* stingy, tight-fisted, miserly; **Geizkragen** *m* skinflint, (old) miser.
Gejammer *n* moaning, whining.
Gejaule *n* howling.
Gejohle *n* shouting.
gekachelt *adj.* tiled.
Gekeife *n* squawking.

Gekicher *n* giggling.
Gekläff *n* yapping, barking.
Geklapper *n* rattling, clatter.
Geklatsche *n* clapping; ***dieses ~ geht mir auf die Nerven*** I wish they wouldn't keep clapping.
Geklimper *n* tinkling.
Geklingel *n* ringing; *von Glöckchen etc.*: tinkling, jingling.
Geklirr(e) *n* tinkling; *von Geschirr*: clattering; *von Ketten etc.*: rattling.
geklont *adj.* cloned.
Geklopfe *n* knocking, banging.
Geknatter *n* crackling; *e-s Mofas*: put-put(ting).
geknickt *fig. adj.* crestfallen, crushed.
Geknister *n* crackling; *von Papier*: rustling.
geknüppelt F *adv.*: ***~ voll*** F jampacked, chock-a-block.
Geknutsche F *n* necking.
gekocht *adj.* boiled; (*Ggs. roh*) cooked; ***~es Gemüse*** boiled (*od.* cooked) vegetables; ***~es Obst*** stewed fruit.
gekonnt I. *adj.* skil(l)ful; (*meisterhaft*) masterly; ***das war ~!*** *a.* it was brilliant; **II.** *adv.*: ***das hat sie ~ gemacht*** *a.* she made an excellent job of it.
gekoppelt *adj.* linked (***an*** to, with).
Gekrakel *n* scrawl; ***das ist ja ein furchtbares ~*** *a.* it looks as if a spider's walked all over it.
gekränkt *adj.* hurt, offended (***über*** at, by); *Stolz*: injured.
gekräuselt *adj. Haar etc.*: curly; *Wasser*: rippled; *Stoff*: gathered.
Gekreisch(e) *n* screeching, screaming.
Gekreuzigte(r) *m*: *eccl.* ***der Gekreuzigte*** Christ on the cross, Christ crucified.
Gekritzel *n* scrawling, scribbling; (*Schrift*) scrawl.
gekrönt *adj.*: ***~e Häupter*** crowned heads; *fig.* ***von Erfolg ~*** crowned with success.
gekröpft *adj.* ⚙ cranked, goosenecked; △ angulate.
Gekröse *n* **1.** *gastr.* tripe; **2.** *anat.* mesentery.
gekrümmt I. *adj.* curved; (*hakenartig ~*) hooked; (*gebogen, gebeugt*) bent; (*verzogen, verworfen*) warped; **II.** *adv.*: ***sie geht ganz ~*** she's almost bent double.
gekünstelt *adj.* artificial, affected; *Stil*: *a.* stilted, contrived; *Lachen*: forced.
Gel *n* gel.
Gelaber(e) *n* drivel.
Gelächter *n* laughing, laughter; ***in schallendes ~ ausbrechen*** roar with laughter; ***j-n (et.) dem ~ preisgeben*** expose s.o. (s.th.) to ridicule, (*j-n*) *a.* make s.o. a laughing stock, *gen.*: make s.o. the laughing stock of.
gelackmeiert *adj.*: ***sich ~ fühlen*** feel one has been had (*od.* conned); ***ich bin der ≈e*** I've been had (*od.* taken for a ride), F I'm the sucker (*od.* mug).
geladen *adj.* **1.** loaded; ⚡ charged; *Draht*: live; F *fig.* (*wütend*) fuming, F mad; F *fig.* ***auf j-n ~ sein*** F have it in for s.o.; ***~ mit*** brimming with; **2.** *Gast*: invited.
Gelage *n* feast; ***wildes ~*** wild carousal.
gelagert *fig. adj.*: ***anders ~*** different; ***das hängt davon ab, wie der Fall ~ ist*** that depends on the particular case; ***in besonders ~en Fällen*** in special cases.
gelähmt *adj.* paralyzed (*fig.* ***vor*** with); ***einseitig*** (***doppelseitig***) ***~*** paralyzed on *od.* down one side (both sides) of one's body, □ hemiplegic (paraplegic); ***rechtsseitig*** (***linksseitig***) ***~*** paralyzed on the right (left) *od.* down one's right (left) side; ***wie ~ dastehen*** stand rooted to the spot, stand transfixed; ***sie war vor Angst wie ~*** she was petrified (*od.* paralyzed with fear).
Gelände *n* area; (*Boden*) ground, terrain; (*Bau≈, Grundstück*) site; (*Areal*) grounds *pl.*, complex; (***ein***) ***hügeliges ~*** hilly ground; (***ein***) ***offenes ~*** open country (*od.* terrain); (***ein***) ***schwieriges ~*** difficult terrain; **~aufnahme** *f* topographical survey; (*Luftbild*) aerial photograph; **~ausbildung** *f* ⚔ field training; **~erkundung** *f* ⚔ terrain reconnaissance; **~fahrrad** *n* BMX bike, (BMX) fun bike; **~fahrt** *f* cross-country drive; **~fahrzeug** *n* cross-country (*od.* off-road) vehicle, F off-roader; all- (*od.* four-)wheel drive; **≈gängig** *adj.* cross-country *vehicle etc.*; **~karte** *f* ground map; **~kunde** *f* topography; **~lauf** *m* cross-country run (*Wettlauf*: race); **~läufer** *m* cross-country runner; **~marsch** *m* cross-country march.
Geländer *n* railing(s *pl.*); (*Treppen≈*) banister(s *pl.*).
Gelände|reifen *m mot.* cross-country tyre (*Am.* tire); **~sport** *m* field sports *pl.*; **~übung** *f* field exercise; **~wagen** *m* → ***Geländefahrzeug.***
gelangen *v/i.*: ***~ an*** (*od.* ***nach, zu***) reach, get to; ***zum Ziel ~*** reach (*od.* arrive at) one's destination, *fig.* reach one's goal; ***zu et. ~*** gain *power etc.*, acquire *a fortune, great wealth etc.*, reach (*od.* come to) *an agreement, an understanding*; ***zu Ehren ~*** make a name for o.s.; ***in j-s Hände ~*** get into s.o.'s hands; ***in den Besitz von et. ~*** come into the possession of s.th.; ***zu der Ansicht ~, dass*** come to the conclusion that, decide that; ***zum Abschluss ~*** be finished, be completed, come to an end; ***zur Aufführung ~*** be put on stage; ***zur Ausführung ~*** be carried out; → ***Erkenntnis, Macht, Schluss*** 2 *etc.*
gelangweilt I. *adj.* bored; *Gesichter*: *a.* bored-looking; *fig.* ***zu Tode ~*** bored to death (*od.* tears); **II.** *adv.*: ***sie hörten ~ zu*** they listened, completely bored.
gelassen I. *adj.* calm; (*gefasst*) composed; (*besonnen*) cool; (*unerschütterlich*) imperturbable; ***~ bleiben*** keep (one's) cool; ***sich ~ geben*** act cool; F ***~er Typ*** F laid-back sort of guy; **II.** *adv.*: ***et. ~ hinnehmen*** take s.th. calmly, (*unberührt*) take s.th. in one's stride; ***~ s-m Schicksal entgegensehen*** calmly await one's fate; **Gelassenheit** *f* calm(ness); composure; coolness; imperturbability; → ***gelassen.***
Gelatine *f* gelatin(e).
geläufig *adj.* **1.** (*allgemein bekannt*) familiar, common; ***das Wort ist mir*** (***nicht***) ***~*** I've heard (of) the word, (*sehr ~*) I know the word (I've never heard [of] the word, I don't know the word); **2.** (*fließend*) fluent; **Geläufigkeit** *f* **1.** widespread use, currency; **2.** (*Gewandtheit*) ease (***beim Spielen*** with which one plays).
gelaunt *adj.*: ***gut*** (***schlecht***) ***~ sein*** be in a good (bad) mood; ***ich bin dazu nicht ~*** I'm not in the mood (for it), I don't feel like it; ***wie ist sie heute ~?*** what kind of mood is she in today?; *iro.* ***wie bist du wieder ~!*** in a bad mood, are we?
Geläut(e) *n* ringing (of bells); (*die Glocken*) bells *pl.*, chime(s *pl.*).
geläutert *adj.* ⚙ refined; *fig.* purified, chastened.
gelb I. *adj.* yellow; *Verkehrsampel*: amber; *Teint*: sallow; ***~e Seiten*** yellow pages; *fig. contp.* ***die ~e Gefahr*** the yellow peril; ***der ~e Sack*** the (yellow) bag for recyclable waste; ***~ vor Neid*** green with envy; → ***Karte***; **II.** ≈ *n* yellow; ***bei ~ über die Kreuzung fahren*** cross when the lights are at (*od.* on) amber; **~braun** *adj.* yellowish- (*od.* yellowy-)brown.
Gelbe(s) *n vom Ei*: yolk; F *fig.* ***das ist auch nicht gerade das Gelbe vom Ei*** that's not exactly brilliant either, is it?
Gelb|fieber *n* yellow fever; **~filter** *m, n phot.* yellow filter; **≈grün** *adj.* yellowish- (*od.* yellowy-)green; **~körper** *m anat.* corpus luteum.
gelblich *adj.* yellowish, yellowy.
Gelblicht *n Verkehrsampel*: amber.
Gelbstich *m phot.* yellow cast; **gelbstichig** *adj.*: ***~ sein*** have a yellow cast.
Gelbsucht *f* ⚕ (yellow) jaundice; **gelbsüchtig** *adj.* jaundiced; ***~ sein*** have (yellow) jaundice.
Gelbwurz *f* ⚘ turmeric.
Geld *n* money, F cash, *sl.* brass; **~er** money, funds; (*Einlagen*) deposits; ***billiges ~*** easy money; ***teures ~*** hard-earned money; ***großes ~*** notes; ***kleines ~*** small change; ***~ zurück*** money back; F ***~ machen*** make money; F ***das große ~ machen*** make big money; ***zu ~ kommen*** get hold of some money, (*reich werden*) F strike (it) rich, hit the jackpot; ***wenn ich wieder bei ~ bin*** when I'm in the money (F black) again; ***~ spielt keine Rolle*** money is no object; ***er ist nur auf ~ aus*** all he (ever) thinks of is money; ***die wollen nur dein ~*** all they're after is your money; ***et. für sein ~ bekommen*** get one's money's worth; F ***rausgeschmissenes ~*** money down the drain; F ***sie hat ~ wie Heu*** F she's rolling in money (*od.* it); F ***mit s-m ~ um sich schmeißen*** F spend one's money like it's going out of style; ***schade ums ~!*** what a waste of money; ***von dem bisschen ~ kann doch keiner leben*** how are you supposed to live on a pittance like that?; ***ins ~ gehen*** run into a lot of money; ***das geht ins ~*** *a.* F that's going to cost me *etc.* a pretty packet; ***es*** (***er***) ***ist für ~ nicht zu haben*** it's not for sale (you can't buy him); ***sie ist nicht mit ~ zu bezahlen*** she's worth her weight in gold, she's priceless; ***was machst du mit dem vielen ~?*** what do you do with all that money of yours?; ***zu ~ machen*** turn into cash; ***~ stinkt nicht*** money's money, money talks; ***~ regiert die Welt*** money makes the world go round; ***~ allein macht nicht glücklich*** money's not everything; ***nicht für ~ und gute Worte*** not for love or money; **~abfindung** *f* cash settlement; **~abfluss** *m* outflow of money; **~abwertung** *f* (currency) devaluation; **~adel** *m* moneyed aristocracy, plutocracy; **~angelegenheit** *f* money matter; **~anlage** *f* investment; **~anleger** *m* investor; **~anleihe** *f* loan; **~anweisung** *f* money order; **~aufwand** *m* expenditure(s *pl.*); **~aufwertung** *f* (currency) revaluation; **~ausgabe** *f* expenditure, expense; **~auslage** *f* (financial) outlay; **~automat** *m* cash dispenser (F machine), autoteller, automated teller machine, ATM; **~bedarf** *m* cash requirements *pl.*; *Geldmarkt*: currency demands *pl.*; **~bestand** *m* monetary holdings *pl.* (*od.* stock); **~betrag** *m* amount, sum;

G

~beutel *m* purse, *Am.* money purse; *fig.* (***nicht***) ***für jeden*** **~** (not) within everybody's means *od.* reach; **~bombe** *f* night safe container; **~buße** *f* fine; ***zu e-r ~ verurteilt werden*** be fined; **~dinge** *pl.*: ***in ~n*** in money (*od.* monetary) matters, when it's a question of money; **~einlage** *f* **1.** deposit; **2.** ☤ investment, capital invested; **~einnahmen** *pl.* receipts; **~einwurf** *m am Automaten*: (coin) slot; **~empfänger** *m* payee; **~entschädigung** *f* compensation; **~entwertung** *f* inflation; **~erwerb** *m* moneymaking; ***zum ~*** to make money; ***auf ~ ausgehen*** (try to) earn a living; **~forderung** *f* money due; outstanding debt; monetary claim; **~frage** *f* financial matter; ***e-e*** (***reine***) **~** (just) a question of money; **~geber** *m* financial backer; *engS.* sponsor; **~geschäft** *n* **1.** money transaction; **2.** banking (business); **~geschenk** *n* (gift of) money; *größeres*: donation.

Geldgier *f* greed for money, avarice; **geldgierig** *adj.* greedy for money, obsessed with money.

Geld|hahn *m*: ***j-m den ~ zudrehen*** cut off s.o.'s money supply; ***e-m Institut*** *etc.* ***den ~ zudrehen*** axe an institute's *etc.* funds; **~heirat** *f* money match, marriage for money; **~herrschaft** *f* plutocracy; **~hilfe** *f* financial aid; **~institut** *n* financial institution; **~kassette** *f* cash box; **~klemme** F *f*: ***in e-r ~ sein*** F be hard up (for cash), be in a tight spot (financially); **~knappheit** *f* shortage of money, F money crunch; **~kreislauf** *m* money circuit; **~krise** *f* monetary crisis; **~kurs** *m* (*Kaufkurs*) buying rate; *der Börse*: bid price; **~leistung** *f* payment; **~leute** F *pl.* **1.** financiers; **2.** rich people.

geldlich *adj.* financial, monetary.

Geld|macherei F *f* moneymaking, money-spinning; **~macht** *f* financial power; **~makler** *m* money broker; **~mangel** *m* lack of money; **~mann** F *m* **1.** financier; **2.** rich man; **~markt** *m* money market; **~menge** *f* ☤ money supply; **~mensch** F *m* **1.** money-minded (F money-mad) person; **2.** → ***Geldmann***; **~mittel** *pl.* means, funds, (financial) resources; **~münze** *f* coin; **~not** *f* shortage of money; **~politik** *f* monetary policy; **~prämie** *f* bonus; **~preis** *m Sport*: cash prize; **~protz** F *m*: ***er ist ein ~*** he likes to flash his money around; **~quelle** *f* source of money; **~reform** *f* monetary reform; **~reserve** *f* money reserve; **~rolle** *f* roll of coins; **~rückgabe** *f* money back; **~sache** *f* money matter; **~sack** *m* **1.** moneybag; *mit Inhalt*: bag of money; **2.** F (*reicher Mann*) F moneybags (*sg.*); **~sammlung** *f* collection; **~satz** *m* money rate; **~schein** *m* (bank-) note, *Am.* bill; **~schöpfung** *f* creation of money.

Geldschrank *m* safe; **~knacker** F *m* F safecracker.

Geld|schuld *f* (money) debt; **~schwemme** *f* glut of money; **~schwierigkeiten** *pl.* financial difficulties (*od.* straits); **~sendung** *f* cash remittance; **~sorgen** *pl.* money worries; → *a.* ***Geldschwierigkeiten***; **~sorten** *pl.* notes and coins; **~spende** *f* donation; **~spritze** F *f* (fiscal) shot in the arm, cash injection; **~strafe** *f* fine; ***zu e-r ~ verurteilen*** fine; **~stück** *n* coin; **~summe** *f* sum (of money); **~tasche** *f* money bag; **~theorie** *f* monetary theory; **~transport** *m* transport(ing) of money; **~transporter** *m* security van; **~überhang** *m* ☤ money surplus; surplus money; **~überweisung** *f* remittance, (money) transfer; **~umlauf** *m* circulation of money; **~umsatz** *m* turnover; **~umtausch** *m* currency exchange; **~unterstützung** *f* financial support; **~verdienen** *n* moneymaking; earning a living; ***sich ans ~ machen*** start earning some money; **~verdiener** *m* money-earner; **~verknappung** *f* monetary restraint; **~verlegenheit** *f*: ***in ~ sein*** be pushed for money; → *a.* ***Geldklemme***; **~verleiher** *m* moneylender; **~verlust** *m* financial loss.

Geldvermögen *n* financial assets *pl.*; **Geldvermögenswert** *m* financial asset.

Geld|verschwendung *f* **1.** waste of money; **2.** wasting of money; extravagance; **~volumen** *n* money supply; **~vorrat** *m* funds *pl.*; cash reserve; (*Kassenbestand*) cash in hand; *am Geldmarkt*: supply of money; → *a.* ***Geldbestand***; **~vorschuss** *m* (cash) advance; **~währung** *f* currency; **~waschanlage** *f* money laundry (*od.* laundering outfit); **~wäsche** *f* money laundering; **~wechsel** *m* currency exchange; *Schild*: Bureau de Change; **~wechsler** *m* moneychanger; **2wert** *adj.*: ***~e Vorteile*** benefits in money's worth; **~wert** *m* cash value; ☤ value of (the) currency; **~wesen** *n* monetary system, finance.

Geldwirtschaft *f* money economy; **geldwirtschaftlich** *adj.* monetary.

Geld|wucher *m* usury; **Geld-zurück-Garantie** *f* money-back guarantee; **~zuwachsrate** *f* rate of money growth; **~zuwendung** *f* **1.** *dauernde*: allowance; **2.** *einmalige*: appropriation of funds; **3.** → ***Geldgeschenk.***

geleast *adj.* leased.

geleckt *adj.*: ***wie ~ aussehen*** be spick and span, F be squeaky clean; *Person*: be all spruced up.

Gelee *n, m* jelly.

Gelege *n* nest of eggs.

gelegen *adj.* **1.** lying, situated, located; **2.** (*passend*) convenient, suitable; (*günstig*) opportune; ***es kommt mir ganz ~*** *Termin etc.*: that suits me just fine, *Sache*: that's just what I need; ***du kommst mir gerade ~*** you're just the person I wanted to see; ***ihm ist*** (***sehr***) ***daran ~ zu*** *inf.* he's keen (anxious) to *inf.*; ***es ist ihr sehr daran ~*** it's very important to her, it matters a lot to her, *allgemein*: *a.* she sets great store by it; ***mir ist sehr daran ~, dass er es tut*** I'm very anxious *od.* keen for him to do it (*od.* that he should do it); ***mir ist nichts daran ~*** I don't care one way or the other; ***was ist daran ~?*** what difference does it make?

Gelegenheit *f* opportunity, chance; (*Anlass*) occasion; ***bei ~*** a) some time, b) when I *etc.* get a chance; ***bei dieser ~ lernte ich ihn kennen*** that's when I got to know him; ***bei dieser ~ möchte ich ...*** I'd like to take this opportunity to *inf.*, ***bemerken*** *etc.*: in this connection I'd like to note *etc.*; ***bei der ersten ~*** at the first best opportunity; ***bei solchen ~en*** at such times; ***~ haben zu*** *inf.* have the opportunity (*od.* chance) to *inf.*; ***die ~ ergreifen*** (*od.* ***wahrnehmen, nutzen***) ***zu*** *inf.* take the opportunity to *inf.*; ***die ~ ungenutzt verstreichen lassen*** pass up the opportunity; ***j-m ~ geben zu*** *inf.* give s.o. the opportunity to *inf.* (*od.* of *ger.*), give s.o. a (*od.* the) chance to *inf.*; ***es bot sich eine ~*** an opportunity came up (*od.* presented itself); ***~ macht Diebe*** opportunity makes the thief; ***~ zum 3:0*** *Sport*: chance to make it 3-0 (= three nil); → ***Schopf.***

Gelegenheits|arbeit *f* casual labo(u)r, F odd jobs *pl.*; **~arbeiter** *m* casual labo(u)rer; **~dieb** *m* sneak thief; **~diebstahl** *m* casual theft; **~gedicht** *n* occasional poem; **~job** F *m* occasional job (*od.* work); **~kauf** *m* bargain; **~käufer** *m* chance buyer; **~raucher** *m* occasional smoker; ***er ist ~*** *a.* he has the occasional cigarette; **~trinker** *m* occasional drinker.

gelegentlich I. *adj.* occasional; (*zufällig*) chance ...; (*unverbindlich*) casual; (*zeitweilig*) temporary; ***~e Anrufe*** *etc.* the occasional (*od.* odd) phone call *etc.*; **II.** *adv.* occasionally, now and then, from time to time; (*bei Gelegenheit*) when you get (*od.* she gets *etc.*) a chance; (*irgendwann*) some time; ***~ e-e Tasse Kaffee trinken*** have the occasional cup of coffee.

gelehrig *adj.* receptive; *Tier*: docile; (*klug*) quick; **Gelehrigkeit** *f* receptiveness; docility; quickness.

Gelehrsamkeit *f* erudition, learning, scholarship.

gelehrt I. *adj.* learned, erudite; (*wissenschaftlich*) scholarly; ***~e Abhandlung*** scholarly treatise; ***die ~e Welt*** the world of scholarship; **II.** *adv.*: F ***sich ~ ausdrücken*** F speak in tongues; **Gelehrte(r)** *m* scholar; ***die Gelehrten*** *a.* (the world of) scholarship *od.* academe.

Gelehrten|dasein *n the* life of a scholar, scholarly existence; **~kreis** *m* scholarly circle, circle of scholars; *pl.* scholarly circles; ***in ~en*** *a.* among scholars; **~streit** *m* academic (*od.* scholarly) dispute *od.* debate; **~vereinigung** *f* scholarly society, society for intellectuals.

Gelehrtheit *f* → ***Gelehrsamkeit.***

Geleier *n* (endless) droning.

Geleise *n* → ***Gleis.***

geleistet *adj.*: ***~e Arbeitsstunden*** hours worked (*od.* put in); ***~e Zahlungen*** payments made.

Geleit *n* escort; ⚔ convoy; → *a.* ***Gefolge***; ***j-m das ~ geben*** escort s.o.; ***j-m freies*** (*od.* ***sicheres***) ***~ geben*** give s.o. safe conduct; ***j-m das letzte ~ geben*** pay s.o. one's last respects; ***Zum ~*** *in Büchern*: Foreword; **~boot** *n* escort vessel; **~brief** *m* letter of safe conduct.

geleiten *v/t.* accompany; ⚔ *u. schützend*: escort; ***an die Tür ~*** see *s.o.* to the door.

Geleit|fahrzeug *n* escorting vehicle; ⚓ escort vessel; **~schutz** *m* escort; ***unter ~*** under escort, escorted; ***~ geben*** escort; **~wort** *n* foreword.

Gelenk *n* joint (*a.* ⚙); (*Hand2*) wrist; (*Fuß2*) ankle; ⚘ articulation, joint; **~bus** *m* articulated bus; **~entzündung** *f* ⚕ synovitis; **~fahrzeug** *n* articulated vehicle, *Brit. a.* F artic.

gelenkig *adj.* supple; (*flink, gewandt*) agile; (*geschmeidig*) lithe, lissom; **Gelenkigkeit** *f* suppleness; agility; litheness; → ***gelenkig.***

Gelenk|kapsel *f anat.* articular capsule; **~kopf** *m* **1.** ⚙ swivel head; **2.** *anat.* condyle; **~pfanne** *f anat.* socket; **~rheumatismus** *m* ⚕ rheumatoid arthritis; **~schmerzen** *pl.* pains in one's joints; painful joints; **~schmiere** *f* synovial fluid; **~stange** *f* ⚙ toggle link.

gelenkt *adj.* controlled; *Rakete etc.*: guided; ***~e Wirtschaft*** planned economy.

Gelenk|verbindung *f* ⚙ link joint; **~versteifung** *f* stiffening of the joints; stiff joints *pl.*; **~welle** *f* ⚙ cardan shaft.
gelernt *adj.* qualified; *Arbeiter*: skilled; *Handwerker etc.*: trained.
Geliebte(r *m*) *f* **1.** lover, *f mst* F mistress; **2.** *obs. Anrede*: love, sweetheart.
geliefert F *adj.*: **~ sein** F have had it, have had one's chips; **wenn sie das erfährt, bin ich ~** *a.* F if she finds out she'll have my guts for garters.
gelieren *v/i.* gel.
Gelier|mittel *n* gelling agent; **~zucker** *m* preserving sugar.
gelind(e) **I.** *adj.* mild (*a. fig.*); *Schmerz, Kälte etc.*: slight; *Feuer*: slow; (*mäßig*) moderate, slight; F **gelinde Zweifel** some doubt; **mich packte e-e gelinde Wut** I got really angry; **da packt einen ein gelindes Grauen** it sends shivers down your spine; **II.** *adv.*: **gelinde gesagt** to put it mildly.
gelingen **I.** *v/i.* succeed, be successful; **es gelang ihm** he managed (it), he succeeded, **zu** *inf.*: he managed to *inf.*, he succeeded in *ger.*; **es gelang ihm nicht** *a.* he failed (**zu** *inf.* to *inf.*); **es gelingt mir einfach nicht zu** *inf.* I just don't seem to be able to *inf.*; **ist dir der Auftrag gelungen?** were you successful with the assignment?, did you manage all right (*Am.* alright) with the assignment?; **m-e Fotos (Aufsätze, Pläne) ~ nie** my photos never turn out (my essays never turn out well, my plans never work out); *die Ausstellung etc.* **gelang gut** turned out well, was a success; **das Badezimmer** *etc.* **ist dir gut gelungen** you've made a good job of (*od.* done a good job on) the bathroom *etc.*; **der Kuchen ist mir nicht ganz gelungen** the cake hasn't quite turned out as I'd hoped (*od.* intended); → **gelungen**; **II.** ≈ *n* success; successful outcome; **zum ~ e-r Sache beitragen** help (*od.* do one's bit) to make s.th. a success; **gutes ~!** (the) best of luck.
gell[1] *adj.* shrill, piercing.
gell[2] *int.* → **gelt.**
gellen *v/i.* ring out; (*gellend schreien*) scream; (*widerhallen*) ring (**von** with); **mir ~ die Ohren, es gellt mir in den Ohren** my ears are ringing; **gellend** *adj.* shrill, piercing; **~es Geschrei** screaming, high-pitched screams.
geloben *v/t.* solemnly promise (**j-m et.** s.o. s.th.); *feierlich, eidlich*: vow, pledge; **sich ~ zu** *inf.* solemnly resolve to *inf.*; **Gelöbnis** *n* (solemn) promise; pledge, vow; **gelobt** *adj.*: **das ≈e Land**, *a. fig.* **das ~e Land** the Promised Land.
gelockt *adj.*: **~es Haar** curly hair, curls.
gelöst *fig. adj.* relaxed; **er machte e-n ~en Eindruck** he seemed very relaxed; **Gelöstheit** *f* relaxed manner (*od.* mood *etc.*).
Gelotologie *f* gelotology, humo(u)r physiology.
gelt *int.*: **sie ist ziemlich reich, ~?** she's quite rich, isn't she?; **so was würdest du nicht machen, ~?** you wouldn't do a thing like that, would you?; **das hat dich überrascht, ~?** I bet that surprised you.
gelten *v/t. u. v/i.* be worth *two points etc.*; (*gültig sein*) be valid; (*zählen*) *Fehler, Treffer etc.*: count; *Gesetz etc.*: be effective; *Regel etc.*: apply; **der Pass gilt nicht mehr** the passport is invalid (*od.* has run out); **etwas ~** *Person*: carry weight; **nicht viel ~** not to count for much (**bei** with); **wenig ~** rate low; **j-m ~** *Schuss, Vorwurf etc.*: be meant for s.o., *Sympathie etc.*: be for s.o.; **~ für** (*od.* **als**) (*angesehen werden als*) be considered to be; **~ für** (*sich anwenden lassen auf*) apply to, go for; **das gilt auch für dich** the same goes for (*od.* applies to) you too; **~ lassen** (*akzeptieren*) accept, allow, (*nicht beanstanden*) let *s.th.* pass; **~ lassen als** let *s.th.* pass for; **das will ich ~ lassen!** I'll grant you that; ⚖ *in Zweifelsfällen* **gilt die englische Fassung** the English version shall prevail; **was er sagt, gilt** what he says goes, his word is the law; **es gilt!**, *a.* **die Wette gilt!** you're on!; **das gilt nicht** (*ist nicht erlaubt*) that's not allowed (*od.* not fair), (*zählt nicht*) that doesn't count; **jetzt gilts!** this is it; **es gilt zu** *inf.* it's a matter of *ger.*; **es gilt e-n Versuch** we should give it a try, it's worth a try; **es gilt, rasch zu handeln** we've got to act quickly, immediate action is called for; **da galt kein Zaudern** there was no time for hesitation; **es galt unser Leben** it was a matter of life and death; → **Prophet.**
geltend *adj.* valid, *Gesetz etc.*: *a.* in effect; *Preise etc.*: current; (*allgemein anerkannt*) accepted; (*vorherrschend*) prevailing; **~ machen** (*Ansprüche, Rechte*) assert, (*Gründe*) advance; **~ machen, dass** argue that; **wieder ~ machen** reassert; **als Entschuldigung** *etc.* **~ machen** plead; **sich ~ machen** make itself felt, be felt; → **Einfluss**; **Geltendmachung** *f von Ansprüchen etc.*: assertion; *von Einfluss*: exercise; *von Gründen etc.*: advancing.
Geltung *f* (*Wert*) value; (*Gültigkeit*) validity; (*Wichtigkeit*) importance, *e-r Person*: *a.* prestige; (*Achtung*) respect, recognition; **~ haben** *Gesetz etc.*: be valid; (*akzeptiert sein*) be accepted *od.* recognized (**bei** by); (*Einfluss haben*) carry (a great deal of) weight (**bei** with); **zur ~ bringen** (*Einfluss etc.*) bring to bear, (*hervorheben*) accentuate, bring out; **zur ~ kommen** (begin to) tell, be (*od.* make itself) felt, *Einfluss etc.*: come into play, (*herausragen*) stand out, (*wirkungsvoll erscheinen*) be (very) effective, show to advantage; **das Bild kommt dort nicht richtig zur ~** the picture's in the wrong place (there); **er kam in der Masse nicht zur ~** he was swallowed up by the crowd; **sich ~ verschaffen** assert o.s., (*Ansehen gewinnen*) gain prestige, (*Bedeutung erlangen*) gain importance; **e-m Gesetz (e-r Maßnahme** *etc.*) **~ verschaffen** enforce a law (a measure *etc.*) (**bei** [up]on); **e-r Ansicht** *etc.* **~ verschaffen** get a view *etc.* (generally) accepted (**bei** by); **~ erlangen** gain acceptance (*Ansehen*: recognition).
Geltungs|bedürfnis *n* → **Geltungsdrang**; **~bereich** *m* scope; area of applicability; ⚖ jurisdiction; *e-s Gesetzes*: scope, purview; **in den ~ e-s Gesetzes fallen** come within the purview of a law; **~dauer** *f* (period of) validity; *e-s Patents etc.*: life; *e-s Vertrags*: term; **e-e ~ von ... haben** be valid for ...; **~drang** *m*, **~trieb** *m* craving for recognition; **e-n ~ haben** crave recognition.
Gelübde *n* vow; **ein ~ ablegen** take (*od.* make) a vow.
Gelump F *n* rubbish.
gelungen *adj.* **1.** very good, successful, *pred. a.* a success; (*wirkungsvoll*) effective; **das Bild ist gut ~** the picture has turned out well; *p.p.* → **gelingen**; **2.** (*drollig*) funny; **das war ja ~!** it was brilliant, F what a scream.
Gelüst(e) *n* craving (**nach** for); *sinnliches*: desire, appetite; **gelüsten** *v/impers. mst hum.*: **es gelüstet mich** (*od.* **mich gelüstet**) **nach** I'm craving for; **es gelüstet mich sehr zu** *inf.* I'd love to *inf.*
Gemach *n* room, chamber; *hum.* **sich in s-e Gemächer zurückziehen** retire to (*od.* withdraw into) one's closet.
gemächlich **I.** *adj.* leisurely (*a. Leben*); slow; **~es Tempo** leisurely (*od.* relaxed) pace; **~en Schrittes** at a leisurely pace; **II.** *adv.* without any hurry, in one's own time; **wir gingen ~ nach Hause** *a.* we slowly strolled home.
gemacht *adj.* → **machen** IV.
Gemahl *m* husband; **grüßen Sie Ihren Herrn ~** say hello to Mr N from me.
gemahlen *adj. Kaffee etc.*: ground.
Gemahlin *f* wife, spouse; **Ihre Frau ~** Mrs *u. Familienname*, your wife.
gemahnen *lit.* **I.** *v/t.*: **j-n ~ an** remind s.o. of; **II.** *v/i.*: **~ an** recall, remind us (*od.* them) of.
Gemälde *n* painting; *fig.* portrait; **~ausstellung** *f* exhibition of paintings, art exhibition; **~fälscher** *m* art forger; **~galerie** *f* art (*od.* picture) gallery; **~sammlung** *f* collection of paintings, art collection.
gemasert *adj.* veined; *Holz*: grained; *Marmor*: marbled.
gemäß **I.** *prp.* (*entsprechend*) according to, in accordance with; (*in Übereinstimmung mit*) in compliance (*od.* conformity) with; **~ Ihren Anweisungen** *a.* as you had instructed, ✝ *etc.* as per your instructions; **II.** *adj.* (*angemessen*) appropriate (*dat.* to), in keeping (with); (*passend*) suited (to); (*entsprechend*) commensurate (with).
gemäßigt *adj.* **1.** moderate; **~e Politik** policy of moderation; **die ~e Rechte** the cent|re (*Am.* -er) right; **die ~e Linke** the cent|re (*Am.* -er) left; **~er Optimismus** guarded optimism; **2.** *Zone*: temperate; *Klima*: *a.* moderate; **Gemäßigte(r)** *m* moderate; (*Konservativer, in GB*) *a.* F wet.
Gemäuer *n* walls *pl.*; **altes ~** ruins.
Gemecker *n* → **Meckerei.**
gemein **I.** *adj.* **1.** (*boshaft*) mean, nasty; *von Frauen*: *a.* F bitchy; *Bemerkung etc.*: mean, (*abfällig*) snide; (*ordinär*) vulgar; (*roh*) coarse; F *Verletzung etc.*: nasty; **~er Kerl** nasty guy; **~e Lüge** F rotten (*od.* dirty, filthy) lie; **~er Streich** dirty trick; **das ≈e daran** the nasty thing about it, the nasty part (of it); **das ist ~!** that's not fair, that's mean; **wie kann man nur so ~ sein?** how can anyone be so mean (*od.* nasty, cruel)?; F *die Prüfung, das Interview etc.* **war ~** F was really tough, was a real stinker; **2.** (*gewöhnlich*) common; (*öffentlich*) public; **der ~e Mann** the man in the street; **das ~e Volk** the common people; **das ~e Wohl** the common good (*lit.* weal); **für das ~e Wohl** *a.* for the good (*od.* benefit) of all; A **~er Bruch** vulgar fraction; **3.** **et. ~ haben mit** have s.th. in common with; **sie haben nichts miteinander ~** they have nothing in common; **das hat mit Nächstenliebe nichts ~** that's got very little to do with brotherly love; **sich ~ machen mit** start to have dealings

G

with, F get chummy with; **4.** *zo.*, ♀ common; **II.** F *adv.*: ~ ***kalt*** really (F rotten) cold; ***es tut ~ weh*** F it hurts like hell.

Gemeinbesitz *m* public property.

Gemeinde *f* municipality; (*Verwaltung*) local authority; (*Land*♀) rural commune; (*Kirchen*♀) parish; (*Kirchgänger*) congregation; (*Gemeinschaft*) community; F ***auf die ~ gehen*** *oft* go to the town hall, *Am.* go to city hall; **~abgaben** *pl.* rates, *Am.* local taxes; **~amt** *n* local authority; **~betrieb** *m* communal enterprise; **~bezirk** *m* (municipal) district.

gemeindeeigen *adj.* municipal, communal(ly-owned).

Gemeinde|haus *n eccl.* parish hall; **~haushalt** *m* municipal (*od.* local government) budget; **~helfer(in** *f*) *m* parish worker; **~mitglied** *n eccl.* parishioner, member of the parish; **~ordnung** *f* municipal code; *Brit. a.* byelaws *pl.*; **~rat** *m* **1.** local council; **2.** (*Person*) municipal council(l)or; **~saal** *m eccl.* church (*od.* parish) hall; **~schwester** *f* district nurse; **~steuer** *f* local tax; (*Grundsteuer*) rates *pl.*

gemeindeutsch *adj.* standard German; ***das*** ♀***e*** standard German.

Gemeinde|vertreter *m* local counci(l)lor; **~vertretung** *f* local council; **~verwaltung** *f* local government; **~vorstand** *m eccl.* **1.** parish council; **2.** (*Person*) chairman of a (*od.* the) parish council; **~wahl** *f* local election(s *pl.*); **~zentrum** *n* community cent|re (*Am.* -er).

Gemein|eigentum *n* common property; *e-r Gemeinde*: communal property; ♀**gefährlich I.** *adj.* dangerous to the public, *pred. a.* a public danger, a danger to the public; ***~er Verbrecher*** dangerous criminal, *Am. a.* public enemy; **II.** *adv.*: ~ ***handeln*** endanger the public safety; **~geist** *m* public spirit; ♀**gültig** *adj.* (generally) accepted, recognized; **~gut** *n* common property (*a. fig.*); *fig.* ***zum ~ (der Deutschen) gehören*** be part of our *etc.* common heritage (be part of Germany's heritage); ***zum ~ gehören*** *Wissen*: be common knowledge.

Gemeinheit *f* meanness, nastiness; ***aus ~*** out of (sheer) spite, just to be nasty; ***es war e-e ~ zu*** *inf.* it was really mean of him *etc.* to *inf.*; ***die ~ dabei*** the mean thing about it; ***so e-e ~*** what a nasty thing to do (*od.* say, happen).

gemeinhin *adv.* commonly, generally.

Gemeinkosten *pl.* overheads *pl.*

Gemeinnutz *m the* common good, *the* public interest; **gemeinnützig** *adj.* for the public welfare; (*wohltätig*) charitable, welfare ...; (*genossenschaftlich*) cooperative; *Organisation*: non-profit(-making); **Gemeinnützigkeit** *f e-r Organisation*: charitable (*od.* non-profit) status.

Gemeinplatz *m* commonplace, platitude.

gemeinsam I. *adj.* common (*dat.* to); *Erklärung etc.*: joint, mutual; *Konto*: joint, shared; (*zusammengenommen*) combined; (*gegenseitig*) mutual; ***~e Anstrengung*** concerted effort; ***~es Eigentum*** joint (*od.* common) property; ***~e Eigentümer*** joint owners; ***~er Freund*** mutual friend; ***~e Überzeugung*** shared belief; ***~es Ziel*** common goal; ♀***er Markt*** Common Market; ***allen ~*** common to all; ***vieles ~ haben*** have a lot in common; ***sie haben ein ~es Zimmer*** *etc.* they share a room *etc.*; → ***Nenner, Sache***; **II.** *adv.* together; jointly; ***~ vorgehen*** take joint action; **Gemeinsamkeit** *f* common interest; ***sie haben viele ~en*** they have a lot (of things) in common.

Gemeinschaft *f* community (*a. pol.*); (*Vereinigung*) association; (*Verkehr, Verbindung*) association (**mit** with); → *a.* ***Gemeinschaftsgefühl, -geist***; ***Europäische ~*** European Community; *eccl.* ***~ der Heiligen*** community of saints; ***in ~ mit*** together (*od.* jointly, in conjunction) with; ***in enger ~ leben*** live in close companionship (**mit** with), ***arbeiten*: work in close association (with); gemeinschaftlich** *adj. u. adv.* → ***gemeinsam.***

Gemeinschafts|abkommen *n* ♆ joint venture agreement; **~aktion** *f* cooperative action; **~anlagen** *pl.* communal installations; **~anschluss** *m teleph.* party line; **~antenne** *f* communal aerial (*od.* antenna); **~arbeit** *f* teamwork, (*a. Ergebnis*) joint effort; ***es ist in ~ entstanden*** it's the result of a joint effort; **~besitz** *m* joint ownership; *konkret*: joint property; **~finanzierung** *f* group financing; **~gefühl** *n* sense of community; (*Solidarität*) (sense of) solidarity; **~geist** *m* team spirit; public spirit; **~grab** *n* communal grave; **~haushalt** *m EG*: Community budget; **~kasse** *f* F kitty; **~konto** *n* joint account; **~küche** *f* communal (*od.* shared) kitchen; (*Kantine*) canteen; **~kunde** *f ped.* social studies *pl.*; **~leben** *n* communal living; **~praxis** *f* joint (*od.* group) practice; **~produktion** *f* coproduction; **~programm** *n TV, Radio*: joint program(me); **~raum** *m* common room; **~sauna** *f* mixed sauna; **~schule** *f* interdenominational school; **~sendung** *f* joint program(me); **~verpflegung** *f* canteen meals *pl.* (*od.* food); **~werbung** *f* joint advertising; *konkret*: joint advertisement; **~zelle** *f* communal cell.

Gemein|schuldner *m* bankrupt; **~sinn** *m* public spirit; **~sprache** *f* standard language; ♀**verständlich I.** *adj.* generally intelligible; **II.** *adv.*: ***sich ~ ausdrücken*** express o.s. in a way that everyone can (*od.* will) understand, express o.s. in plain English *etc.*; **~wesen** *n* community; (*Staat*) polity; **~wirtschaft** *f* social economy; ♀**wirtschaftlich** *adj.* non-profit; ***~er Nutzungsbetrieb*** public utilities *pl.*; **~wohl** *n* public welfare (*od.* interest); *lit.* public (*od.* common) weal.

Gemenge *n* **1.** mixture; **2.** → ***Handgemenge.***

Gemengsel *n* mishmash.

gemessen *p.p. u. adj.* measured (*a. Schritte, Worte,* ♪); (*feierlich*) grave, solemn; (*würdevoll*) dignified; ***~en Schrittes*** *lit.* at a measured pace; ***~en Schrittes dem Sarg folgen*** pace slowly behind the coffin; ***mit ~en Worten*** with well-considered words; ***~ an*** compared with.

Gemetzel *n* bloodbath, carnage, slaughter; massacre.

Gemisch *n* mixture (*a.* ⚗, *mot.*); *fig.* (*Durcheinander*) jumble; F *gastr.* F concoction.

gemischt I. *adj.* mixed (*a. Tennis*); *Kekse etc.*: assorted; F *fig.* (*zweifelhaft*) dubious; (*nicht besonders gut*) patchy; ***~e Gesellschaft*** mixed company; ***~er Teller*** mixed plate; → ***Gefühl***; **II.** *adv.*: F ***es ging sehr ~ zu*** all sorts of things were going on; F ***jetzt wirds ~*** things are really happening now; F ***mir gehts ziemlich ~*** I'm not doing too well; ♀**bauweise** *f* composite construction; **~wirtschaftlich** *adj.* mixed (-enterprise ...).

Gemme *f* cameo.

gemoppelt F → ***doppelt*** II.

Gemotze F *n* moaning.

Gems(...) → ***Gams(...), Gäms(...).***

Gemse *f* → ***Gämse.***

Gemunkel *n* whisperings *pl.*; (*Gerücht*) rumo(u)r(s *pl.*), gossip, talk.

Gemurkse F *n* **1.** messing around; **2.** (*Pfuscharbeit*) mess.

Gemurmel *n* murmuring; muttering, mumbling.

Gemüse *n* vegetable; *coll.* vegetables *pl.*, greens *pl.*; F *fig.* ***junges ~*** youngsters; **~(an)bau** *m* vegetable (♆ market) gardening, *Am.* truck farming; **~beet** *n* vegetable bed; **~eintopf** *m* vegetable stew; **~garten** *m* vegetable garden; **~gärtner** *m* market gardener, *Am.* truck farmer; **~gärtnerei** *f* market garden, *Am.* truck farm; **~händler** *m* greengrocer; **~konserven** *pl.* tinned (*bsd. Am.* canned) vegetables; **~laden** *m* greengrocer's; **~markt** *m* vegetable market; **~pflanze** *f* vegetable; **~saft** *m* vegetable juice; **~stand** *m* vegetable stand; **~suppe** *f* vegetable soup.

gemüßigt *adj.*: ***sich ~ sehen zu*** *inf.* feel compelled to *inf.*

gemustert *adj.* patterned.

Gemüt *n* mind; (*Gefühl*) feeling; (*Seele*) soul; (*Herz*) heart; (*Gemütsart*) nature, disposition; F (*Person*) soul; **~er** (*Personen*) people; ***sonniges ~*** sunny disposition (*od.* nature); ***das deutsche ~*** the German mentality (*od.* soul); ***in s-m kindlichen ~*** in his childlike innocence, in his naive way; ***etwas fürs ~*** something for the soul; ***sich et. zu ~e führen*** take *s.th.* to heart, F (*Essen etc.*) treat o.s. to, indulge in; ***es schlägt ihm aufs ~*** it's getting him down; ***die ~er bewegen*** (*od.* ***erregen***) cause quite a stir, *stärker*: stir the blood; ***wenn sich die ~er wieder beruhigt haben*** when things have calmed down (again); → ***erhitzen.***

gemütlich I. *adj.* **1.** (*behaglich*) comfortable, F comfy; cosy, *Am.* cozy; (*angenehm*) pleasant; (*entspannt*) relaxed; (*gemächlich*) leisurely; ***es sich ~ machen*** make o.s. at home, relax; *iro.* ***der macht sichs aber ~*** you'd think he owned the place; ***~es Beisammensein*** cosy (*Am.* cozy) get-together; ***jetzt beginnt der ~e Teil des Abends*** this is where the fun starts; ***jetzt wirds doch erst richtig ~*** the fun's only just started; **2.** (*ungestört*) quiet; ***e-e ~e Tasse Tee trinken*** have a nice (quiet) cup of tea; **3.** *Mensch*: easygoing; **II.** *adv.* cosily *etc.*; → I; (*ungestört*) in peace and quiet; (***ganz***) ***~ et. tun*** take one's time doing (*od.* over) s.th.; ***jetzt können wir*** (***ganz***) ***~ e-n Kaffee trinken*** we've got plenty of time for a nice cup of coffee now; ***~ dasitzen*** sit and relax; ***~ durch die Stadt*** (***nach Hause***) ***schlendern*** saunter through town (slowly make one's way home); **Gemütlichkeit** *f* (*Behaglichkeit*) cosiness, *Am.* coziness; cosy (*Am.* cozy) atmosphere; gemütlichkeit; (*Gemächlichkeit*) leisureliness; ***in aller ~ et. tun*** take one's time doing (*od.* over) s.th.; ***in aller ~ frühstücken*** have breakfast in peace, have a nice long(-drawn-out) breakfast; F ***da hört doch die ~ auf!*** that's the limit!

gemütsarm *adj.* lacking in feeling; cold.

Gemüts|art *f* disposition, temperament,

nature; **~bewegung** *f* emotion; ***sie zeigte keine ~ a.*** there was no trace of emotion in her face, she didn't flinch; **~erregung** *f* agitation, excitement; *psych.* affect; ***die Nachricht löste bei ihm e-e heftige ~ aus*** the news gave him quite a turn, *sichtbar*: he reacted visibly to the news.
gemütskrank *adj.* emotionally disturbed; (*schwermütig*) depressed, depressive; F ***da wird man ja ~*** F it's enough to drive you insane; **Gemütskrankheit** *f* emotional disorder; (*Schwermut*) depression.
Gemüts|krüppel F *m* F emotional cripple; **~lage** *f* mood, frame of mind; **~leben** *n* emotional life; **~leiden** *n* → ***Gemütskrankheit***; **~mensch** *m* good- -natured (*od.* imperturbable) person; *iro.* ***du bist ein ~!*** you've got a nerve; anything else?; **~regung** *f* emotion; **~ruhe** *f* composure, calmness; ***in aller ~*** with the greatest of calm; (*gemütlich*) unhurriedly; (*eiskalt*) calmly, as cool as you please; ***er trank in aller ~ sein Bier aus*** *a.* he took his time over his beer; **~verfassung** *f*, **~zustand** *m* frame of mind.
gemütvoll *adj.* warmhearted; emotional.
gen *lit. prp.* to, toward(s); ***~ Osten*** eastward; ***~ Himmel*** heavenward.
Gen *n biol.* gene; **~abdruck** *m* genetic (*od.* DNA) fingerprint; **~änderung** *f* gene mutation.
genannt *adj.* (*oben erwähnt*) (the) said, *schriftlich*: *a.* (the) above-mentioned.
genarbt *adj. Leder*: grained; *Haut etc.*: *a.* ⚘ pitted.
genau I. *adj.* exact, accurate; ⚙ *a.* true; (*exakt*) exact, precise; (*streng*) strict; (*sorgfältig*) careful, thorough, *stärker*: meticulous; (*ins Einzelne gehend*) detailed; (*eigen, peinlich ~*) particular; ***die ~e Zeit*** the exact time; ***~er Bericht*** detailed account, full report; ***et. 2es*** s.th. definite; ***2eres*** further details *pl.*; ***weißt du 2eres?*** do you know any more about it?; **II.** *adv.* exactly *etc.*; → I; ***~!*** exactly, that's it; ***stimmt ~!*** (you're) absolutely right; ***~ dasselbe*** (exactly) the same thing; ***~ das wollte ich auch sagen*** that's exactly (*od.* just) what I was going to say; ***~ überlegt*** carefully considered; ***~ um 4 Uhr*** at exactly 4 o'clock, at 4 o'clock on the dot; ***~ in der Mitte*** right in the middle; ***~ der Mann, den wir brauchen*** just the man we want; ***~ aufpassen*** pay close attention, (*zusehen*) *a.* watch closely (*od.* carefully); ***~ hinhören*** listen closely (*od.* carefully); *Vorschriften* ***~ befolgen*** follow closely; ***~ gehen*** *Uhr*: keep good time; ***~ kennen*** know inside out; ***~ passen*** be a perfect fit, ***j-m***: fit s.o. perfectly; ***ich weiß es noch nicht ~*** I'm not sure yet; ***ich weiß es ~*** I know (for sure); ***merk dir das ~*** make sure you don't forget it; ***et. ~ nehmen*** (*wörtlich*) take s.th. literally; ***es ~ nehmen*** be very particular *od.* strict (***mit*** about); ***es mit der Disziplin*** (***der Wahrheit*** *etc.*) ***~ nehmen*** be a stickler for discipline (the truth *etc.*); ***es mit der Etikette ~ nehmen*** stand on etiquette; ***du darfst es nicht so ~ nehmen*** a) you mustn't take it so seriously, b) (*pedantisch*) you've got to stretch a point here and there; ***aufs 2este*** to a T; → ***genauso.***
genau genommen *adv.* strictly speaking; (*eigentlich*) actually.
Genauigkeit *f* accuracy; precision; strictness; care, meticulousness; → ***genau***; (*Wiedergabetreue*) fidelity; ***mit ~*** accurately; **Genauigkeitsgrad** *m* ⚙ (degree of) accuracy.
genauso *adv.* **1.** exactly (*od.* just) the same (way); ***ich sehe es ~*** I see it the same way; ***ich denke darüber ~*** I feel the same way about it; **2.** *vor adj.*: just as *good etc.*; ***~ wie*** just like *his father etc.*
genauso| gern *adv.*: ***er mag Äpfel ~*** he likes apples just as much; ***ich fahre ~ morgen*** I can just as easily go tomorrow; ***~ gut*** *adv.* (just) as well; ***~ lange*** *adv.* just as long; ***~ oft*** *adv.* just as often; ***~ viel*** *adv. u. pron.* just as much (*pl.* many); ***~ wenig*** *adv. u. pron.* just as little; *a. pl.* no more (***wie*** than); ***es waren ~ da wie am Montag*** *Leute*: *a.* the numbers were just as low as on Monday.
Genbank *f* gene bank.
Gendarm *östr. m* policeman; **Gendarmerie** *f* police station.
Gendatei *f* DNA file.
Genealoge *m* genealogist; **Genealogie** *f* genealogy; **genealogisch** *adj.* genealogical.
genehm *adj.* convenient, agreeable (*dat.* to); ***wann es ihm ~ ist*** when it suits him.
genehmigen *v/t.* (*Antrag etc.*) approve; (*bewilligen*) grant, give; (*einwilligen in*) agree (*od.* consent) to; (*Vorschlag etc.*) accept; (*Vertrag etc.*) ratify; ***amtlich genehmigt*** (officially) approved; ***er hat es mir genehmigt*** *a.* F he's okayed it; F ***sich*** *et.* ***~*** treat o.s. to; F ***sich einen ~*** F have a wee drop; **Genehmigung** *f* (*Billigung*) approval (*gen.* of); (*Bewilligung*) granting (of); *e-s Vertrags etc.*: ratification; (*Erlaubnis*) permission; (*Ermächtigung*) authorization; (*behördliche Zulassung*) permit; ***mit freundlicher ~ von*** by courtesy of; ***j-m e-e ~ erteilen*** give s.o. permission (*od.* authorization, ♆ *a.* licen|ce [*Am.* -se]); ***j-m die ~ erteilen zu*** *inf.* give s.o. permission to *inf.*, authorize s.o. to *inf.*; ***j-m die ~ verweigern*** refuse s.o. permission (***zu*** *inf.* to *inf.*).
Genehmigungspflicht *f* licen|ce (*Am.* -se) requirement; ***es besteht ~ für*** a licen|ce (*Am.* -se) is required for (*od.* to *inf.*); **genehmigungspflichtig** *adj.* subject to authorization; ***~ sein*** *a.* require official approval, ♆, *Radio, TV etc.*: require a licen|ce (*Am.* -se).
geneigt *adj.* **1.** ***~ sein zu*** *inf.* feel inclined to *inf.*, feel like *ger.*; ***du scheinst dazu nicht sehr ~ zu sein*** you don't seem to be very keen (on it); ***ich bin dazu überhaupt nicht ~*** it's the last thing I feel like doing; **2.** *lit.* ***j-m ~ sein*** *formell*: be well-disposed towards s.o.; ***j-m ein ~es Ohr schenken*** lend s.o. a willing ear; ***~er Leser*** gentle reader; **3.** (*abschüssig*) sloping.
General *m* general; **~agent** *m* general agent; **~amnestie** *f* general amnesty; **~angriff** *m* all-out attack; **~anwalt** *m* advocate general; **~bass** *m* (basso) continuo; **~bevollmächtigte(r)** *m pol.* plenipotentiary; ♆ universal agent, *im Betrieb*: general manager; **~bundesanwalt** *m* Chief Federal Prosecutor; **~debatte** *f* policy (review) debate; F *fig.* ***wir wollen keine ~ daraus machen*** we don't want a full-scale debate about it; **~direktion** *f* executive board; **~direktor** *m* general manager, chairman, *Am.* president; ***stellvertretender ~*** *Am.* executive vice president; **~gouverneur** *m* governor general; **~inspekteur** *m* ⚔ Chief of Staff (of the German Armed Forces); **~inspektion** *f* general inspection; **~intendant** *m thea. etc.* director.
generalisieren *v/t. u. v/i.* generalize; **Generalisierung** *f* generalization.
Generalität *f* ⚔ *the* generals *pl.*
General|klausel *f* blanket clause; **~kommando** *n* chief command; (*Hauptquartier*) command headquarters *pl.* (*a. sg. konstr.*); **~konsul** *m* consul general; **~konsulat** *n* consulate general; **~leutnant** *m* lieutenant general; ✈ *Brit.* air marshal; **~linie** *f* general policy; *e-r Partei*: party line; **~major** *m* major general; ✈ *Brit.* air vice marshal; **~nenner** *m* 𝔄 *u. fig.* common denominator; ***auf e-n ~ bringen*** reduce to a common denominator, *fig. a.* bring *things* down to a common denominator; **~oberst** *m hist.* colonel general; **~pause** *f* ♪ tacit; **~probe** *f* (final) dress rehearsal; *thea. a.* full dress rehearsal; *fig.* dress rehearsal; **~sekretär** *m* secretary general; **~staatsanwalt** *m* chief public prosecutor.
Generalstab *m* ⚔ general staff (*a. pl. konstr.*).
Generalstabs|chef *m* chief of staff; **~karte** *f* ordnance survey map; **~offizier** *m* general staff officer.
Generalstreik *m* general strike.
generalüberholen *v/t.* ⚙ (give *s.th.* a complete) overhaul; **Generalüberholung** *f* major overhaul.
General|untersuchung *f* ⚕ general checkup; **~versammlung** *f* ♆ shareholders' meeting; *pol.* general assembly; **~vertreter** *m* general agent; **~vertretung** *f* general agency; **~vollmacht** *f* ⚖ full power of attorney.
Generation *f* generation (*a. fig.*); ***die ~ unserer Eltern*** our parents' generation; *Computer etc.* ***der dritten ~*** third-generation ...; ***seit ~en*** for generations.
Generationenvertrag *m* contract between the generations.
Generations|konflikt *m* generation gap; **~problem** *n* **1.** generation gap; problems *pl.* between the generations; **2.** problem of (*od.* specifically connected with) the younger *etc.* generation; **~unterschied** *m* difference in generation; **~wechsel** *m* **1.** ⚘ alternation in generations; **2. *es hat ein ~ stattgefunden*** a new generation has taken over.
generativ *adj.* **1.** ⚘ reproductive; **2. *~e Transformationsgrammatik*** generative transformational grammar.
Generator *m* ⚡ generator, (*Gleichstrom2, Licht2*) dynamo, (*Wechselstrom2*) alternator.
generell *adj.* general(ly *adv.*).
generieren *v/t.* generate.
generisch *adj.* generic(ally *adv.*).
generös *adj.* generous, liberal; (*edelmütig*) magnanimous; **Generosität** *f* generosity; (*Edelmut*) magnanimity.
genervt F *adj.*: ***~ sein*** be at the end of one's tether; ***er ist zur Zeit ziemlich ~*** *a.* he's having a very trying time.
Genese *f biol. u. fig.* genesis.
genesen *v/i.* recover (***von*** from), get well; **Genesende(r** *m*) *f* convalescent.
Genesis *f* genesis; *bibl.* ***die ~*** Genesis.
Genesung *f* recovery, *allmähliche*: convalescence (***von*** from).
Genesungs|heim *n* convalescent home; **~prozess** *m* (process of) recovery; convalescence; **~urlaub** *m* sick leave.
Genetik *f* genetics *pl.* (*als Fach sg. konstr.*); **Genetiker** *m* geneticist; **gene-**

G

tisch *adj.* genetic(ally *adv.*); ***~er Fingerabdruck*** *m* genetic fingerprint.

Genfaktor *m* unit factor.

Genforschung *f* genetic research, genetics *pl.* (*als Fach sg. konstr.*).

genial *adj.* ingenious, brilliant; ***e-e ~e Leistung*** the work of a genius; ***ein ~er Einfall*** a stroke of genius; ***ein ~er Mensch*** (*od.* ***Kopf***) a genius; ***er ist ~, er hat e-e ~e Begabung*** he's a genius; ***er hat etwas ~es*** he has a touch of genius about him; **genialisch I.** *adj.* brilliant; ***er hat ein ~es Talent*** he has a touch of genius; **II.** *adv.* with a touch of genius; **Genialität** *f* genius; brilliance.

Genick *n* (back of the) neck, nape (of the neck); ***steifes ~*** stiff neck; ***(sich) das ~ brechen*** break one's neck; *fig.* ***das brach ihm das ~*** that was his ruin (*od.* undoing); ***du wirst dir noch mal das ~ brechen*** you'll get yourself into trouble one of these days; ***j-m im ~ sitzen*** be breathing down s.o.'s neck; **~bruch** *m* neck fracture; broken neck; **~schuss** *m* shot in the back of the neck.

Genie *n* genius; ***sie hat ~*** she's a genius; ***er ist ein ~ im Kreuzworträtsellösen*** he's a genius at (*od.* when it comes to) solving crossword puzzles; *iro.* ***er ist nicht gerade ein ~*** he's not exactly an Einstein; → ***verkannt.***

genieren I. *v/refl.*: ***sich ~*** feel embarrassed *od.* awkward (***vor*** in front of, with ... there), (*scheu sein*) be shy (with, in front of); ***ich geniere mich vor ihm*** *a.* he makes me feel awkward (*od.* uncomfortable); ***sich ~, et. zu tun*** be too shy to do s.th.; ***~ Sie sich nicht*** make yourself at home, *beim Essen*: help yourself; ***du brauchst dich nicht zu ~*** *beim Ausziehen etc.*: no need to be shy (*stärker*: prudish); ***er genierte sich nicht zu*** *inf.* he had the nerve to *inf.*; **II.** *v/t.* (*stören*) bother; (*verlegen machen*) embarrass; ***das geniert ihn nicht*** he doesn't mind, that doesn't bother him; **genierlich** *adj.* **1.** (*lästig*) awkward; (*peinlich*) *a.* embarrassing; ***es war ihm ~*** (*peinlich*) he felt awkward about it; **2.** (*schüchtern*) shy, bashful.

genießbar *adj.* eatable, (*unschädlich*) edible; *Getränk*: drinkable; F *fig.* enjoyable; *Buch*: *a.* readable; *Person*: bearable; ***nicht ~*** → ***ungenießbar***; ***das Essen ist ja fast nicht ~*** F how are you supposed to eat this food?; **genießen** *v/t.* enjoy (*a. Ruf, Vorteil etc.*); (*Nahrung*) take, (*essen*) eat, (*trinken*) drink; (*richtig ~*) relish, savo(u)r (*a. fig.*); (*schwelgen in*) revel in; ***nicht zu ~*** → ***ungenießbar***; ***kaum zu ~*** (virtually) inedible; ***er genoss es zu*** *inf.* he enjoyed *ger.*; ***j-s Vertrauen ~*** be in s.o.'s confidence; ***e-e gute Erziehung ~*** receive a good education; *iro.* ***ich hab die Armee gründlich genossen*** I've had enough (*od.* just about all I can take) of the army; → ***Vorsicht***; **Genießer** *m* epicure; *des Lebens*: bon vivant; *im Essen*: gourmet; ***er ist ein stiller ~*** he knows how to enjoy life in his own quiet way; **genießerisch I.** *adj.* appreciative; **II.** *adv.* with (great) relish.

Geniestreich *m* stroke of genius; *iro. a.* bright idea, *stärker*: inspired blunder.

genital *adj.* genital; **Genitalbereich** *m* genitals *pl.*; ***im ~*** around (*od.* on) the genitals, in the genital area; **Genitalien** *pl.* genitals.

Genitiv *m* genitive; **~objekt** *n* genitive object.

Genius *m* genius; ***guter ~*** guardian angel.

Gen|manipulation *f* genetic engineering; **~manipuliert** *adj.* genetically engineered (*od.* manipulated *od.* modified); **~marker** *m* gene marker; **~material** *n* genetic material; **~mutation** *f* gene mutation.

Genom *n biol.* genome.

Genörgel *n* niggling, moaning.

genormt *adj.* standardized.

Genosse *m* **1.** *pol.* comrade; ***liebe Genossinnen und ~n*** comrades; **2.** F (*Kumpel*) F mate; *contp.* ***Kruse und ~n*** Kruse and co., Kruse and his ilk; **3.** *obs.* (*Kamerad*) companion; **4.** ✝ *obs.* ***Braun und ~n*** Braun and associates.

Genossenschaft *f* association; ✝ cooperative (society); ***landwirtschaftliche ~*** farmers' cooperative; **Genossenschaftsbank** *f* cooperative bank.

Genossin *f* → ***Genosse.***

genötigt → ***nötigen.***

Genotyp *m* genotype; **genotypisch** *adj.* genotypic(al).

Genozid *m* genocide.

Genre *n* genre; **~bild** *n* genre painting; **~maler** *m* genre painter; **~malerei** *f* genre painting.

Gen|technik *f* genetic engineering; **~technikfrei** *adj.* GM-free; **~technisch** *adj. u. adv.* genetic(ally *adv.*); ***~ manipuliert*** (*od.* ***verändert***) genetically manipulated (*od.* engineered, modified, changed); ***~ verändertes Getreide*** GM crops; ***~ veränderte Kartoffeln*** (***Lebensmittel***) GM potatoes (foods); ***~ veränderter Mais*** GM maize; **~technologie** *f* **1.** gene technology; **2.** → ***Gentechnik***; **~test** *m* DNA test; **~therapie** *f* gene therapy.

Gentleman *m* gentleman; ***ein wahrer*** (*od.* ***echter***) ***~*** a real gentleman.

Gentransfer *m* gene transfer.

Genuese *m*, **Genuesin** *f*, **Genueser(in** *f*) *m* Genoese; **genuesisch** *adj.* Genoese.

genug *adv. u. adj.* enough; a sufficient amount (*od.* number) of; ***das ist ~ für mich*** that's enough (*od.* that'll do) for me; ***gut ~*** good enough; ***~ (davon)!*** enough (of that)!, that'll do!; ***ich hab ~ davon*** (*mir reichts*) I've had enough, I'm fed up; ***ich hab' ~*** (*kann nicht mehr*) I've had enough, F I've had it; ***das ist wenig ~*** it's precious little as it is; ***er kann nie ~ kriegen*** he just can't get enough; ***nicht ~ (damit), dass ich Überstunden mache, der Chef verlangt neuerdings Wochenendarbeit*** not only am I doing overtime, the boss wants me to work at the weekends as well; ***sag, wenn es ~ ist!*** *beim Einschenken etc.*: say when; → ***betonen.***

Genüge *f* **1.** ***zur ~*** only too well; **2.** ***~ tun*** (*od.* ***leisten***) (*j-m*) give *s.o.* satisfaction, (*Anforderungen etc.*) → ***genügen*** 2.

genügen *v/i.* **1.** be enough (*dat.* for); ***das genügt (mir)*** that's enough, that'll do for me; ***das genügt für eine Woche*** that'll do for a week; ***Anruf genügt!*** just give me (*od.* us) a call; **2.** (*Anforderungen etc.*) come up to, meet; **genügend** *adj.* enough, sufficient(ly *adv.*); (*mehr als genug*) plenty of; (*befriedigend*) satisfactory; (*Zeugnisnote*) fair.

genügsam *adj.* easily satisfied, easy to please; *a. Pflanze, Tier etc.*: undemanding; (*mäßig*) moderate, *im Essen*: frugal; (*bescheiden*) modest; ***er ist sehr ~*** *a.* he doesn't make many demands, (*lebt ~*) he gets by on very little; **Genügsamkeit** *f* modesty; frugality.

genugtun *v/i.* (*e-r Sache*) satisfy, (*j-m*) *a.* please; ***er kann nicht ~, es zu loben*** he can't praise it enough; **Genugtuung** *f* **1.** (*Wiedergutmachung*) satisfaction (***für*** for); ***~ leisten*** make amends (***für*** for); ***~ verlangen*** demand satisfaction; **2.** (*Befriedigung*) satisfaction (***über*** at); ***ich habe mit großer ~ vernommen, dass*** I was gratified to hear that, *a. bei Schadenfreude*: it gave me great satisfaction to hear that; ***~ über et. empfinden*** feel (particularly) satisfied at (*od.* about) s.th.

genuin *adj.* genuine.

Genus *m* **1.** *biol.* genus. **2.** *ling.* gender.

Genuschel *n contp.* mumbling.

Genuss *m* **1.** *von Nahrung*: consumption, (*Essen*) *a.* eating, (*Trinken*) *a.* drinking; ***übermäßiger ~ von*** too much *alcohol etc.*, too many *sweet things etc.*, (*Völlerei*) overindulgence in; **2.** (*Freude*) pleasure, delight; (*das Genießen*) enjoyment; ***es war ein ~*** *a.* it was a (real) treat, *Buch etc.*: I really enjoyed it; ***mit ~*** with relish; *et.* ***mit ~ essen (trinken, sehen, hören*** *etc.*) enjoy; **3.** ***in den ~*** *e-r Sache* ***kommen*** get (the benefit of), *weitS. e-s Konzerts etc.*: be treated to; **~aktie** *f* bonus share; **~freudig** *adj.* pleasure-loving.

genüsslich I. *adj.* voluptuous; (*Genuss erzeugend*) pleasurable; **II.** *adv.* with (great) relish.

Genüssling *m* → ***Genussmensch.***

Genuss|mensch *m* pleasure-seeker, epicure; **~mittel** *n* semi-luxury; *anregendes*: stimulant; **~reich** *adj.* enjoyable; **~schein** *m* ✝ participating certificate.

Genusssucht *f* hedonism; **genusssüchtig** *adj.* hedonistic; sybaritic; **Genusssüchtiger** *m* → ***Genussmensch.***

genussvoll *adj. u. adv.* → ***genüsslich.***

Geochemie *f* geochemistry.

Geodäsie *f* geodesy; **Geodät** *m* geodesist; **geodätisch** *adj.* geodetic(al), geodesic(al).

Geodreieck *n* set square.

geöffnet *adj.* open; ***nur vormittags ~*** open mornings only; ***von 9–18 h ~*** open 9 a.m. – 6 p.m.; ***bis wann haben sie ~?*** how long are they open till?; *das Geschäft* ***ist ab 9 h ~*** opens at 9; ***wir haben über Mittag ~*** we are open at lunchtime.

Geograf *m*, **Geografie** *f*, **geografisch** *adj.* → ***Geograph, Geographie, geographisch.***

Geograph *m* geographer; **Geographie** *f* geography; **geographisch** *adj.* geographic(al).

Geologe *m* geologist; **Geologenhammer** *m* geologist's hammer; **Geologie** *f* geology; **geologisch** *adj.* geologic(al).

geölt *p.p.* → ***ölen.***

Geomagnetismus *m* geomagnetism.

Geometrie *f* geometry; **geometrisch** *adj.* geometric(al).

Geophysik *f* geophysics *pl.* (*sg. konstr.*); **Geophysiker** *m* geophysicist.

Geopolitik *f* geopolitics *pl.* (*als Fach sg. konstr.*); **geopolitisch** *adj.* geopolitical.

geordnet *adj.* tidy, orderly; systematic; ***in ~en Verhältnissen leben*** a) live in well-ordered circumstances, b) *finanziell*: have a steady income; ***aus ~en Verhältnissen stammen*** come from a perfectly respectable family (*od.* background); → ***ordnen.***

Geosphäre *f* geosphere.

geostationär *adj. Satellit*: geostationary.

geothermal *adj.* geothermal.

Geowissenschaften *pl.* earth sciences.
geozentrisch *adj.* geocentric(ally *adv.*).
Gepäck *n* luggage, *bsd.* ✈ *u. Am.* baggage; ***mit leichtem ~ reisen*** travel light; ***ich habe nie viel ~ dabei*** I never take much with me (when I'm travel[l]ing); **~abfertigung** *f* luggage (*od.* baggage) counter; ✈ baggage check-in; **~ablage** *f* 🚂 *etc.* luggage (*od.* baggage) rack; **~annahme** *f* luggage (*od.* baggage) counter; **~aufbewahrung(sstelle)** *f* left-luggage (office), *Am.* checkroom; **~ausgabe** *f* **1.** ✈ baggage claim; **2.** → ***Gepäckannahme***; **~ermittlung** *f* baggage tracing; **~förderband** *n* baggage conveyor; **~identifizierung** *f* baggage identification; **~kontrolle** *f* luggage (*od.* baggage) check; **~netz** *n* luggage (*od.* baggage) rack; **~raum** *m* luggage (*bsd.* ✈ baggage) hold; *mot.* boot, *Am.* trunk; **~schalter** *m* → ***Gepäckannahme***; **~schein** *m* luggage ticket, *Am.* baggage check; **~schließfach** *n* luggage (*od.* baggage) locker; **~stück** *n* piece *od.* item of luggage (*od.* baggage); **~träger** *m* **1.** *am Fahrrad*: carrier; *mot.* (*Dach~*) roofrack; **2.** (*Person*) porter; **~versicherung** *f* luggage (*od.* baggage) insurance; **~wagen** *m* luggage van, *Am.* baggage car.
gepan(t)scht *adj.*: ***~er Wein*** adulterated wine.
gepanzert *adj.* **1.** *mot.* armo(u)red; **2.** *zo.* mailed; *mit Hornhaut*: sclerodermic.
Gepard *m* cheetah.
gepfeffert F *adj. Preis etc.*: steep, *Rechnung*: *a.* hefty; *Brief, Strafe etc.*: stiff; *Kritik etc.*: biting; *Prüfung, Frage*: tough; *Witz etc.*: spicy.
Gepfeife *n* (awful) whistling.
gepflegt I. *adj.* very neat; *Sache*: well-looked-after; *Garten etc.*: well-kept, *Rasen*: *a.* manicured; *Sprache, Stil etc.*: cultivated, refined; *Atmosphäre*: cultivated; *Wein*: select; ***er hat sehr ~e Hände*** *etc.* he takes good care of his hands *etc.*; **II.** *adv.*: ***sich ~ ausdrücken*** be well-spoken; ***sich ~ unterhalten*** have a good (*od.* decent) conversation; ***dort kann man sehr ~ essen*** it's a very nice place to eat; **Gepflegtheit** *f* **1.** (a) neat appearance; **2.** refinement *of speech etc.*
Gepflogenheit *f* habit; (*Brauch*) custom; *bsd.* ⚕ practi|ce (*Am. a.* -se).
gepfropft *adv.*: F ***~ voll*** F jampacked, chock-a-block.
geplagt *p.p. u. adj.*: ***~ von*** *Problemen etc.*: dogged by, *a. Schmerzen etc.*: plagued by; ***von Sorgen ~*** beset with worries; ***von Zweifeln ~*** racked with doubts; ***von der Hitze ~*** wilting under the heat; ***er ist ein ~er Mann*** F he's got a lot on his plate.
Geplänkel *n* skirmish; *fig.* tit for tat, *humorvolles*: banter.
Geplapper *n a. contp.* babbling.
Geplärr *n* (terrible) bawling.
Geplätscher *n* **1.** *e-s Bachs etc.*: babbling; **2.** F *contp.* (shallow) chit-chat.
geplättet F *adj.* F floored; ***er war ziemlich ~*** *a.* that floored him.
Geplauder *n* chat(ting); chit-chat.
gepolstert *adj.* **1.** *Möbel*: upholstered; *Kleidung etc.*: padded; **2.** F *fig.* ***gut ~*** F well-padded.
Gepräge *n* **1.** impression, stamp; **2.** *fig.* character; (*Aussehen*) *a.* look; ***e-r Sache sein ~ geben*** leave one's stamp on s.th.; ***das ~*** *j-s od. e-r Sache* ***aufweisen*** bear the imprint (*od.* stamp) of.
geprägt *adj.* → ***prägen.***
Geprahle *n* boasting, F big talk.
Gepränge *n* pomp, splendo(u)r.
gepresst *adj.* pressed (*a. Oliven*); *Zitrone etc.*: squeezed; ***~er Zitronensaft*** *etc. a.* fresh(ly squeezed) lemon juice *etc.*; *fig.* ***mit ~er Stimme*** in a choked voice.
gepunktet *adj.* dotted; *Kleid etc.*: with dots, polka-dot ...
Gequake *n von Fröschen*: croaking; *von Enten*: quacking; *vom Kind*: grizzling; *von e-r Person*: F whing(e)ing; *vom Radio etc.*: squawking.
Gequäke *n* squawking.
gequält *adj. Gesichtsausdruck*: pained, *stärker*: anguished; *Lächeln*: forced; → *a.* ***quälen.***
Gequassel F *n*, **Gequatsche** F *n* blather(ing), F yak-yakking.
Gequieke *n* squeaking.
Gequietsche *n* squeaking; *von Autoreifen etc.*: squealing; *a. von Metall*: screeching.
gerade I. *adj.* straight; *Haltung etc.*: *a.* erect; *Zahl*: even; *fig.* (*aufrichtig*) honest, upright; (*unumwunden*) outspoken; ***in ~r Linie abstammen von*** be a direct descendant of; **II.** *adv.* straight; (*eben, genau*) just, exactly; ***das ist es ja ~*** that's just it, that's the point; ***~ gegenüber*** directly opposite; ***~ entgegengesetzt*** diametrically opposed; ***~ das Gegenteil*** the exact opposite; ***~ in dem Augenblick*** just then, at that very moment; ***ich bin ~ gekommen*** I've just arrived; ***sie wollte ~ gehen*** she was just about (*od.* going) to leave; ***ich war ~ beim Lesen*** I was just reading, I was in the middle of reading; ***er ist ~ unterwegs*** he's out just (*od.* right) now; ***könntest du ~ mal runterkommen?*** could you come down (-stairs) for a minute?; ***ich war ~*** (*zufällig*) ***dort*** I happened to be there (at the time); ***~ heute!*** today of all days; ***warum ~ heute?*** *a.* why does it have to be today?; ***~ im Winter*** *ist es am schlimmsten etc.*: in winter especially; ***dass ich ~ dich treffe!*** fancy bumping into you of all people!; ***warum ~ ich?*** why me (of all people)?; ***das hat mir ~ noch gefehlt*** that's all I needed; ***ich habs ~ noch geschafft*** *a. zeitlich*: I only just made it; ***ich hab ihn ~ noch erwischt*** I caught him just in time; ***das ging ~ noch gut*** that was close (*od.* a close shave); ***wir haben ~ noch genug*** we've got just about enough; ***sie ist nicht ~ e-e Schönheit*** she's not exactly what you might call beautiful; ***das ist*** (***nicht***) ***~ das Richtige*** that's just what we need (it's not quite what we're looking for); ***da wir ~ von Kindern sprechen*** speaking of children; ***~ zur rechten Zeit*** just in time (***um zu*** *inf.* to *inf.*), *Hilfe etc.*: *a.* not a moment too soon, F in the nick of time; → ***recht*** II; **III.** ~ *f* 𝔸 straight line; *Renn-, Laufsport*: straight; → ***Zielgerade***; ***linke*** (***rechte***) ***~*** *Boxen*: straight left (right).
geradeaus I. *adv.* straight on (*od.* ahead); ***fahren Sie*** (***200 Meter***) ***~*** go straight on *od.* ahead (for about 200 yards); ***immer ~!*** just keep going straight on (*od.* ahead); **II.** *fig. pred. adj.* (*direkt*) very outspoken.
geradebiegen *v/t.* F *fig.* straighten *s.th.* out, put *s.th.* right.
gerade| biegen *v/t.* straighten; ***~ halten*** *v/refl.*: ***sich ~*** sit (up) straight, stand up straight.
geradeheraus I. *adv.* straight out; (*unumwunden*) bluntly, point-blank; **II.** *adj. pred.* open, outspoken.
gerade| legen, ~ machen, ~ richten *etc. v/t.* straighten (out).
gerädert F *adj.*: (***wie***) ***~*** absolutely shattered, F whacked.
geradeso *adv.* → ***genauso, ebenso*** 1.
geradestehen *v/i. fig.* ***~ für*** answer for, (*verantwortlich sein für*) take the responsibility for, (*s-e Überzeugung etc.*) stand up for.
gerade stehen *v/i.* stand up straight; ***ich konnte*** (***vor Müdigkeit***) ***kaum noch ~*** (I was so tired) I could hardly stand up *od.* stand on my feet.
geradewegs *adv.* **1.** straight, directly; ***~ auf et. losgehen*** head straight for, make a beeline for, *fig.* (*Problem etc.*) get straight down to; **2.** (*sofort*) straightaway.
geradezu *adv.* **1.** → ***geradeheraus***; **2.** (*praktisch*) virtually; (*fast*) almost; (*nichts anderes als*) absolute(ly); (*wirklich*) really; ***es machte ~ Spaß*** we actually (*od.* even) enjoyed it; ***es wäre ~ ein Wunder*** it would be nothing short of a miracle.
Geradheit *f* **1.** straightness; **2.** *fig.* honesty, uprightness; (*Unumwundenheit*) outspokenness.
geradlinig I. *adj.* **1.** straight; 𝔸 *a.* rectilinear; *Abstammung*: direct *descent*; **2.** *fig.* straight; **II.** *adv.* in a straight line; **Geradlinigkeit** *f* **1.** straightness; 𝔸 *a.* linearity; **2.** *fig.* straightness.
gerammelt F *adv.*: ***~ voll*** F jampacked, chock-a-block.
Gerangel F *n* wrangling, dispute, *internes*: *a.* infighting (***um*** over), F free-for-all (for); (*Gedrängel*) scramble (for).
Geranie *f*, **Geranium** *n* ✿ geranium.
Gerät *n* (*Vorrichtung*) device, gadget; (*Apparat*) *a. pl. coll.* apparatus; *feinmechanisches*: instrument; (*Radio, Fernseher*) set; (*Haushalts~*) appliance; (*Ausrüstung*) equipment, *kleineres*: *a.* outfit; (*Werkzeug*) tool, implement; (*Turn~*) piece of apparatus, *coll. u. pl.* apparatus (*sg.*); ***er hat so viele ~e in s-m Zimmer*** F he's got so many bits and pieces of equipment in his room.
Gerätemedizin *f* high-tech(nology) medicine.
geraten[1] *v/i.* **1.** (*ausfallen*) turn out *well etc.*; *der Kuchen* ***ist mir nicht ~*** hasn't turned out (properly); ***die Suppe ist ein bisschen salzig ~*** the soup's a bit on the salty side; ***j-m zum Vorteil ~*** turn out to s.o.'s advantage; ***ihm gerät alles*** everything turns out right with him; **2.** ***nach j-m ~*** *Kind*: take after s.o.; ***er gerät ganz nach s-m Vater*** he really takes after his father, *negativ*: he's getting to be just like his father; **3.** (*gelangen, kommen*) *mit prp.*: get; ***an et. ~*** (*erlangen*) come by, get hold of, (*stoßen auf*) come across; ***an j-n ~*** meet, come across, *feindlich*: fall foul of; ***da sind Sie*** (***bei mir***) ***an den Falschen ~*** you've come to the wrong person, I'm afraid; F ***wie bist du denn an den ~?*** F where did you find him (*od.* pick him up)?; ***in j-s Hände ~*** fall into s.o.'s hands; ***in Gefahr ~*** run into danger; ***in*** *e-n Sturm etc.* ***~*** get caught in; ***in e-n Stau ~*** get into (*od.* get stuck in) a traffic jam; ***in Besorgnis ~*** get worried; ***unter ein Auto ~*** be (*od.* get) run over by a car; ***unter j-s Einfluss ~*** come under s.o.'s influence (*od.* sway) → ***Abweg, Adresse, außer*** I, ***Brand*** 1, ***Wut*** *etc.*

G

geraten² *adj.* (*ratsam*) advisable; (*vorteilhaft*) advantageous; ***es scheint mir ~ zu** inf.* I think it would be advisable to *inf.*, the best policy would seem to be to *inf.*; ***ich halte es nicht gerade für ~ zu** inf.* I don't really think it would be a good idea to *inf.*

Geräte|schuppen *m* (tool)shed; **~stecker** *m* ⚡ plug connector; **~turnen** *n* apparatus gymnastics *pl.*

Geratewohl *n*: ***aufs ~*** at random, haphazardly; ***es aufs ~ tun*** take a chance (on it), do it on the off-chance; ***sich aufs ~ bewerben*** apply on the off-chance of getting a job.

Gerätschaften *pl.* equipment *sg.*; (*Werkzeuge*) tools; (*Instrumente*) instruments.

Geräucherte(s) *n* smoked meat.

Geraufe *n* fighting, scuffling, F tussling.

geraum *adj.*: (**e-e**) ***~e Zeit*** a fairly long time; ***seit ~er Zeit*** for quite a long time, for a while now.

geräumig *adj.* spacious, roomy, large; **Geräumigkeit** *f* spaciousness, roominess; *Tasche etc.*: capaciousness.

Geräusch *n* noise, sound; *Radio etc.*: noise; *pl. thea., Film*: sound effects; **~archiv** *n* sound effects library; **≈arm** *adj.* quiet; (*schallgedämpft*) *a.* soundproof; *Cassette*: low-noise ...; **≈dämmend** *adj.* noise-reducing; **~dämpfer** *m* noise suppressor; **~dämpfung** *f* noise reduction.

Geräuschemacher *m Film, Funk*: foley, sound effects technician.

geräuschempfindlich *adj.* sensitive to noise.

Geräuschkulisse *f* background noise; *thea., Film*: sound effects *pl.*

geräuschlos *adj.* silent, quiet (*a.* ⚙); **Geräuschlosigkeit** *f* silence, quietness.

Geräuschminderung *f* noise reduction.

Geräuschpegel *m* noise level; **~messer** *m* noise level detector (*od.* meter).

geräuschvoll *adj.* noisy, loud; (*lärmend*) boisterous.

gerben *v/t.* tan; (*Stahl*) refine; *fig.* ***j-m tüchtig das Fell ~*** give s.o. a good hiding; **Gerber** *m* tanner; **Gerberei** *f* tanner's trade; (*Anlage*) tannery; **Gerberviertel** *n* tanners' quarter (*od.* district); **Gerbsäure** *f* tannic acid, tannin.

gerechnet *p.p. u. adj.* → ***rechnen.***

gerecht I. *adj.* just, fair; (*unparteiisch*) impartial; (*berechtigt*) justified; (*verdient*) (well-)deserved; *Strafe*: just; (*rechtschaffen*) good, righteous; *iro.* ***~er Lohn*** one's just deserts *pl.*; ***~e Sache*** good cause; ***~er Zorn*** righteous anger; ***~ werden*** (*j-m od. e-r Sache*) do justice to (*a. fig.*), (*Anforderungen, Bedingungen, Wunsch*) meet, (*Erwartungen*) meet, come up to, (*s-m Ruf, Namen*) live up to; ***e-r Aufgabe ~ werden*** (be able to) cope with a task; ***allen Seiten** e-s Problems etc.* ***~ werden*** deal with all aspects; ***allen*** (***Leuten***) ***~ werden*** please everybody; **II.** *adv.*: ***~ teilen*** share *s.th.* (out) properly, share *s.th.* out fairly; divide *s.th.* (up) fairly; **Gerechte(r)** *m bibl.* righteous man; ***die Gerechten*** the righteous (*pl.*); ***den Schlaf des Gerechten schlafen*** sleep the sleep of the just; **gerechterweise** *adv.* justly; *einräumend*: in fairness; **gerechtfertigt** *adj.* justified, justifiable.

Gerechtigkeit *f* **1.** justice; (*Billigkeit*) fairness, justness; (*Rechtmäßigkeit*) legitimacy; ***~ walten lassen*** be just; → ***ausgleichen*** 1; **2.** (*Rechtschaffenheit*) righteousness.

Gerechtigkeits|fanatiker *m* (fanatical) stickler for justice; **~fimmel** *m*: ***e-n ~ haben*** be obsessed with justice; **~gefühl** *n* sense of justice; **~liebe** *f* love of justice, fair-mindedness; **≈liebend** *adj.* fair-minded.

Gerede *n* talk; (*Klatsch*) *a.* gossip; (*Gerücht*[*e*]) rumo(u)r(s *pl.*); ***ins ~ kommen*** get o.s. talked about; ***sie ist ins ~ gekommen*** people have started (*od.* are) talking about her; ***j-n ins ~ bringen*** start people talking about s.o.; ***dummes ~*** nonsense; ***hör dir das ~ der Leute nicht an*** don't listen to what people say (*od.* are saying); → ***leer*** I.

geregelt *adj.* (*regelmäßig*) regular (*a. Leben*); (*ordentlich*) orderly; ⚙ control(l)ed; *mot.* ***~er Katalysator*** three-way catalytic converter (*od.* catalyst).

gereichen *v/i.*: ***es gereicht ihm zur Ehre*** it's a credit to his name; ***es gereicht mir zur Freude*** it gives me great pleasure; ***es gereicht ihm zum Vorteil*** it's to his advantage.

gereift *adj.* ripe; *fig.* mature; ***in ~en Jahren*** at a mature (F ripe old) age.

gereizt *adj.* irritated (*a.* ⚕); (*reizbar*) irritable, edgy; *Atmosphäre*: tense, strained; **Gereiztheit** *f* irritability.

Gerenne *n* running (around); ***~ nach*** (*Ansturm*) rush for.

Geriatrie *f* ⚕ (*a. Abteilung*) geriatrics *pl.* (*sg. konstr.*); ***in der ~ arbeiten*** work in geriatrics; **geriatrisch** *adj.* geriatric; → *a.* ***Alters...***

Gericht¹ *n* dish; (*Mahlzeit*) meal; (*Gang*) course.

Gericht² *n* ⚖ (*Gerichtshof, a. Gerichtsgebäude*) (law) court(s *pl.*); *mst lit. u. fig.* tribunal; (*die Richter*) *the* judges *pl.*; (*Verhandlung*) hearing, *im Strafverfahren*: trial; (*Rechtsprechung*) jurisdiction; (*Urteil*) judg(e)ment; *eccl.* ***Jüngstes ~*** Last Judg(e)ment; ***Tag des*** (***Jüngsten***) ***~s*** Day of Judg(e)ment; ***ordentliches ~*** ordinary court (of law); ***~*** (***ab***)***halten*** hold court, sit; ***vor ~ bringen*** take *s.o.* to court; ***vor ~ gehen*** go to court; ***vor ~ kommen*** *Sache*: come before the court(s), *Person*: go on trial; ***vor ~ laden*** summon before a (*od.* the) court; ***vor ~ stehen*** be up for trial, be on trial; ***vor ~ aussagen*** testify before a (*od.* the) court; ***vor ~ vertreten*** represent *s.o. od. s.th.* in court; ***sich vor ~ verantworten*** stand trial; ***Hohes ~!*** Your Lordship (*Am.* Your Honor), Members of the Jury; *fig.* ***mit j-m scharf ins ~ gehen*** take s.o. to task, haul s.o. over the coals; ***~ halten über*** sit in judg(e)ment on *s.o.*; **gerichtet** *p.p. u. adj.* → ***richten***; **gerichtlich I.** *adj.* judicial, legal; court ..., of the court; ***~e Medizin*** forensic medicine; ***~e Untersuchung*** judicial inquiry; ***~es Verfahren*** legal proceedings; ***~e Verfügung*** court order; ***~e Verfolgung*** prosecution; **II.** *adv.* judicially, legally; by order of the court; ***j-n ~ belangen, gegen j-n ~ vorgehen*** take legal action against s.o.; ***et. ~ austragen*** fight s.th. through the courts; ***~ vereidigt*** sworn *interpreter etc.*

Gerichts|akten *pl.* court records; **~arzt** *m* forensic pathologist; **≈ärztlich** *adj.* medico-legal; **~assessor** *m* junior barrister.

Gerichtsbarkeit *f* jurisdiction.

Gerichts|beamte(r) *m* court official; **~befehl** *m* writ, court order; **~berichterstatter** *m* courtroom reporter; **~beschluss** *m* court order, decree of the court; **~bezirk** *m* court circuit, juridical district; **~diener** *m* (court) usher, *Am. a.* marshal; **~entscheid(ung** *f*) *m* court decision, judicial ruling; **~ferien** *pl.* vacation *sg.*, *Am.* recess *sg.*; **~gebäude** *n* law court(s *pl.*), *Am.* courthouse; **~hof** *m* court of justice, law court; *mst lit. od. fig.* tribunal; ***Oberster ~*** supreme court; **~kosten** *pl.* legal costs.

Gerichtsmedizin *f* forensic medicine; **Gerichtsmediziner** *m* forensic pathologist; **gerichtsmedizinisch** *adj.* forensic; ***~e Untersuchung*** forensic tests.

gerichtsnotorisch *adj.* known to the court(s).

Gerichts|ordnung *f* rules *pl.* of the court; **~person** *f* member of the court; **~präsident** *m* presiding judge; **~referendar** *m* junior lawyer; **~saal** *m* courtroom; **~schreiber** *m* clerk; **~sitzung** *f* session, hearing; **~stand** *m* (legal) domicile; **~:** ***Berlin*** *a.* any disputes arising hereunder will be settled before a competent Berlin court of law; **~tag** *m* day of hearing; ***~ halten*** be in session; **~urteil** *n* verdict; (*Richterspruch*) judg(e)ment; (*Strafe*) sentence; **~verfahren** *n formal*: court procedure; *konkret*: legal proceedings *pl.*, lawsuit; (*Strafverfahren*) trial; ***ein ~ einleiten gegen*** institute legal proceedings against; **~verfassung** *f* **1.** constitution of the courts; **2.** judiciary; **~verhandlung** *f* (judicial) hearing; (*Strafverhandlung*) trial; **~vollzieher** *m* bailiff, *Am.* marshal; F ***du wirst bald den ~ im Haus haben*** F you'll have the bailiffs at your door before long; **~vorsitzende(r)** *m* presiding judge; **~weg** *m*: ***auf dem ~*** by legal action, through the courts; ***den ~ einschlagen*** take legal action; **~wesen** *n* judicial system, judiciary.

gerieben F *adj.* sly; ***das ist ein ~er Kerl*** he's a sly one.

Geriesel *n* trickling; *von Schnee*: soft fall.

geriffelt *adj.* grooved, fluted; (*gerippt*) ribbed; (*eng gewellt*) corrugated; (*gezahnt*) serrated.

gering I. *adj. bsd. bei Mengen*: small; (*wenig*) little, *pl.* few; → ***geringer, geringst***; (*unbedeutend*) insignificant, negligible, minor *amount etc.*; (*wenig, schwach*) slight, little; (*bescheiden*) modest; (*beschränkt*) limited; (*minderwertig*) inferior, poor, low *quality*; *Preis, Temperatur, Druck*: low; *Herkunft etc., a. Ansehen, Meinung*: low; *Einkommen*: low, modest; *Entfernung*: short; ***~e Chancen*** slim prospects; ***die Chancen sind ~*** *a.* there isn't much chance (*od.* hope); ***~es Interesse*** little interest; ***~e Kenntnisse*** scant knowledge; ***e-e ~e Meinung haben von*** have a low opinion of, not to think much (*od.* too highly) of; ***mit ~er Verspätung*** slightly late, *Zug etc.*: with a slight delay; ***in ~er Höhe*** fairly low (down); ***in ~er Tiefe*** not too deep (down); ***nichts ≈es*** no small matter; ***um ein ≈es*** (*ein wenig*) a little *better etc.*, (*fast*) very nearly, (*billig*) cheaply; **II.** *adv.* a little; ***~ geschätzt*** at least, at a conservative estimate; ***zu ~ einschätzen*** *konkret*: underestimate, *ideell*: underrate.

gering achten *v/t.* **1.** → ***gering schätzen***; **2.** (*Gesundheit etc.*) place little value on, not to care (much) about; (*Gefahr*) disregard; **Geringachtung** *f* **1.** → ***Geringschätzung***; **2.** disregard (*gen.* of, for).

geringelt *adj. Socken*: ringed; *Pullover*

etc.: striped, with stripes going across, F strip(e)y.
geringer *adj.* smaller; (*weniger*) less; (*niedriger*) lower; *Qualität etc.*: inferior; ***in ~em Maße*** to a lesser extent; ***das ~e von zwei Übeln*** the lesser of two evils; ***nichts 2es als*** nothing (*od.* no) less than; ***kein 2er als*** no less than; ..., no less.
geringfügig I. *adj.* slight; (*unbedeutend*) negligible, insignificant; *Unterschied etc.*: minor, marginal; *Vergehen*: petty *crime*; **II.** *adv.* very slightly, marginally; **Geringfügigkeit** *f* (*Unwichtigkeit*) insignificance, trivial nature; (*Banalität*) triviality; (*Kleinigkeit*) trifle, little thing.
geringhaltig *adj.* base, low-grade ...
gering schätzen *v/t.* have a low opinion of, not to think much (*od.* very highly) of; (*et.*) *a.* hold cheap, set little store by; (*verachten*) despise; (*unbeachtet lassen*) ignore.
geringschätzig I. *adj.* disdainful, contemptuous; (*herabsetzend*) deprecatory, disparaging; ***~e Geste*** dismissive gesture; **II.** *adv.* disdainfully *etc.*; ***j-n ~ behandeln*** treat s.o. with contempt; ***et. ~ abtun*** dismiss s.th.; **Geringschätzigkeit** *f* disdain, contempt; deprecatory (*od.* disparaging) manner; **Geringschätzung** *f* contempt (*gen.* of, for), disdain (of, for); (*Geringachtung*) scant regard (for).
geringst *adj.* least; slightest; minimum; smallest; ***nicht im 2en*** not in the least (*od.* slightest); ***das interessiert mich nicht im 2en*** *a.* that doesn't interest me one bit; ***nicht das 2e*** not a thing; ***die ~e Kleinigkeit*** the least little thing; ***bei der ~en Kleinigkeit*** at the drop of a hat; ***wir haben nicht die ~e Aussicht*** we haven't got the slightest chance (F the *od.* a ghost of a chance); ***er hat nicht die ~e Ahnung*** he has no idea, he hasn't got the faintest (F foggiest) idea, *bsd. contp.* F he hasn't got a clue; ***nicht den ~en Zweifel*** not the slightest doubt, not the shadow of a doubt; ***das ist m-e ~e Sorge*** that's the least of my worries; ***beim ~en Anzeichen*** *gen.* at the first sign of; **geringstenfalls** *adv.* at the very least; **geringstmöglich** *adj.* least possible.
geringwertig *adj.* inferior, of inferior quality.
gerinnen *v/i.* ⚗ coagulate, clot, *durch Kälte*: congeal; *Blut*: clot; *Milch*: curdle; *fig.* ***ihm gerann das Blut in den Adern*** his blood ran cold; ***j-m das Blut in den Adern ~ lassen*** make s.o.'s blood curdle (*od.* run cold); ***zu et. ~*** *Erlebnis etc.*: congeal into.
Gerinnsel *n* (blood)clot.
Gerinnung *f* coagulation; *Blut*: *a.* clotting.
gerinnungs|fähig *adj.* coagulable; **2faktor** *m* coagulation (*od.* clotting) factor; **~hemmend** *adj.* anticoagulant; **2mittel** *n* clotting agent, coagulant.
Gerippe *n* skeleton; F (*dürrer Mensch*) F bag of bones; ⚠ framework, shell; *fig.* (*Gliederung*) skeleton, outline.
gerippt *adj.* ribbed (*a.* ⚙); *Gewebe*: corded; *Säule*: fluted; *Papier*: laid.
gerissen F *adj.* (*schlau*) sly, crafty; ***ein ~er Geschäftsmann*** *etc.* a (shrewd,) calculating businessman *etc.*; ***ein ~er Bursche*** *a.* a shrewd operator.
geritzt F *adj.*: ***die Sache*** (*od.* ***das***) ***ist ~*** that's settled, then.
Germ *bsd. östr. f* yeast.
Germane *m*, **Germanin** *f* Teuton, ancient German; ***die alten Germanen*** *a.* the ancient Germanic peoples (*od.* tribes); **germanisch** *adj.* Germanic, Teutonic.
Germanismus *m* Germanism; **Germanist** *m* **1.** Germanist; **2.** student of German (language and literature), German student; **Germanistik** *f* German(ic) philology, German (studies *pl.*), German language and literature.
Germknödel *bsd. östr. m* dumpling made of yeast dough.
gern(e) *adv.* gladly; (*bereitwillig*) willingly; ***~!*** of course, *stärker*: I'd love to; ***ich helfe ~*** I'll be glad to help; ***~ haben*** (*od.* ***mögen***) like *s.o. od. s.th., doing s.th.*, F be keen on (*ger.*); ***~ tun*** *a.* enjoy *ger.*; ***ich würde es ganz ~ tun*** I wouldn't mind (doing it); *nach dem Essen* ***ging er ~ spazieren*** he would go for a walk; ***er kommt ~ um diese Zeit*** he usually comes (*od.* turns up) around this time; ***Erlen wachsen ~ am Fluss*** alders tend to grow (*od.* are usually found) along riverbanks; ... ***wird ~ gekauft*** sells well, is in demand; ***das glaube ich ~*** I can believe that; ***das kannst du ~ haben*** you're welcome to it; ***du kannst ~ kommen*** you're welcome to come; ***ich möchte ~ wissen*** I'd (really) like to know, (*a. ich frage mich*) I wonder; ***ich hätte ~ Herrn X gesprochen*** could I speak to Mr X, please?; ***du weißt, du bist bei uns immer ~ gesehen*** you know you're always welcome here; ***er*** (***es***) ***ist nicht ~ gesehen*** he's not welcome around here *etc.* (it's frowned [up]on); ***er sieht es nicht ~, wenn du ...*** he doesn't like you *ger.*; ***~ geschehen!*** you're welcome; ***das haben wir ~!*** *iro.* that's just great; F ***du kannst mich ~ haben!*** F you know what you can do; → ***Leben.***
Gernegroß *m*: ***das ist so ein kleiner ~*** he likes to act the big shot.
Geröll *n* gravel; (*Steinchen*) pebbles *pl.*; *größeres*: boulders *pl.*; (*Bruch*) rubble, *geol.* debris, detritus; **~halde** *f* scree.
Gerontologe *m* gerontologist; **Gerontologie** *f* gerontology; **gerontologisch** *adj.* gerontological.
gerötet *adj.* red(dened); (*entzündet*) inflamed; → ***Augenrand.***
Gerste *f* barley.
Gersten|graupen *pl.* pearl barley *sg.*; **~korn** *n* **1.** barleycorn; **2.** ⚕ *am Auge*: sty(e); **~saft** *hum. m* (*Bier*) F juice of the barley, amber liquid.
Gerte *f* switch; (*Reit2*) riding crop; **gertenschlank** *adj.* very slender, willowy.
Geruch *m* **1.** smell; (*Duft*) scent, fragrance; ***übler ~*** bad (*od.* unpleasant) smell *od.* odo(u)r, *stärker*: stench; → ***Körper-, Mundgeruch***; **2.** → **Geruchssinn**; **3.** *fig.* reputation; ***in dem ~ stehen zu*** *inf.* be said to *inf.*, *allgemein*: *a.* have the reputation of *ger.*; ***in schlechtem ~ stehen*** be in bad odo(u)r (***bei*** with); ***im ~ der Heiligkeit stehen*** have an odo(u)r of sanctity; **2frei** *adj.* odo(u)rless; **2los** *adj.* odo(u)rless; inodorous *gas etc.*; *Seife etc.*: unscented; *die Blume* ***ist ~*** has no scent.
Geruchs|belästigung *f* offensive smell; **2empfindlich** *adj.* sensitive to smell; ***~ sein*** *a.* have a sensitive nose; **~nerv** *m* olfactory nerve; **2neutral** *adj.* unscented, fragrance-free; non-odiferous; **~sinn** *m* sense of smell; ***feiner ~*** *a.* F good nose; **~stoff** *m* odorous substance.
Gerücht *n* rumo(u)r; ***es geht das ~, dass*** there's a rumo(u)r that, rumo(u)r has it that; F ***das halte ich für ein ~*** I have my doubts about that, *stärker*: I don't believe that for one minute.
Gerüchte|küche *f* rumo(u)r factory (*od.* mill); **~macher** *m* rumo(u)r-monger.
geruchtilgend *adj.* deodorizing.
gerüchtweise *adv.*: ***~ verlautet, dass*** rumo(u)r has it that; ***ich habe es nur ~ gehört*** I only know it from hearsay, I heard it on the grapevine.
gerufen *p.p.* → ***rufen*** II.
geruhen *v/i.*: ***~ zu*** *inf. bsd. iro.* deign to *inf.*
gerührt *fig. adj.* touched, moved; ***zutiefst ~*** deeply moved (*od.* touched); ***zu Tränen ~*** moved to tears.
geruhsam I. *adj.* (*ruhig*) quiet, peaceful; (*gemütlich*) leisurely; **II.** *adv.*: ***~ frühstücken*** have a leisurely breakfast.
Gerümpel *n* junk.
Gerundium *n ling.* gerund.
Gerüst *n* (*Bau2*) scaffold(ing); (*Gestell*) trestle; (*Dach2*, *Brücken2*) truss; (*Schau2*, ⚙ *Arbeitsbühne*) stage, platform; *biol.* stroma, reticulum; *fig.* framework; (*schriftlicher Entwurf*) outline; **~bau** *m* scaffolding; **~bauer** *m* scaffolder.
gerüstet *fig. adj.* ready, prepared, *iro.* armed (***für*** for); ***für den Kampf ~*** ready for the fray (*od.* to do battle).
Ges *n* ♪ G flat.
gesagt *adj.*: ***~, getan*** no sooner said than done; → *a.* ***sagen*** I.
gesalzen *adj.* salted; *fig. Preis*: steep, *Rechnung*: *a.* hefty; *Brief etc.*: stiff; *Witz*: spicy.
gesammelt *adj.*: ***~e Werke*** complete works.
gesamt *adj.* whole, entire; all *his money etc.*; (*vollständig*) complete; *Summe etc.*: total, overall; → *a.* **ganz; Gesamte(s)** *n* *the* whole, *the* total; ***im Gesamten*** all in all, all told; → *a.* ***insgesamt***; ... ***beträgt im Gesamten ...*** amounts to a total of, ... totals.
Gesamt|absatz *m* ⚚ total sales *pl.*; **~ansicht** *f* general view; **~aufkommen** *n* total revenue; **~auflage** *f e-r Zeitung*: total circulation; *e-s Buchs*: total number of copies published; **~aufnahme** *f* **1.** *Film*: long shot; **2.** *Schallplatte*: complete (*od.* full-length) recording; **~ausfall** *m* total failure; **~ausgabe** *f e-s Buchs*: complete edition (*od.* works *pl.*); **~ausgaben** *pl.* ⚚ total expenditure *sg.*; **~bedarf** *m* total requirements *pl.*; **~bestand** *m* total stock; **~betrag** *m* total (amount), grand total, sum total; **~bevölkerung** *f* total population; **~bild** *n* overall picture; **2deutsch** *adj. pol.* all-German; **~eigentum** *n* joint property; **~eindruck** *m* general impression; **~einkommen** *n* total income; **~einnahme** *f* total revenue; **~entwicklung** *f* general trend; **~erbe** *m*, **~erbin** *f* sole heir; **~erlös** *m* total revenue; **~ergebnis** *n* overall result; **~ertrag** *m* total proceeds *pl.*; ⚘ total yield; **2europäisch** *adj.* Europe-wide, European-wide, pan-European; **~fläche** *f* total area; **~gewicht** *n* total weight.
Gesamtheit *f* totality; *the* whole; *the* entirety; ***in s-r ~*** in its entirety.
Gesamt|hochschule *f etwa* polytechnic; **~höhe** *f* total (*od.* overall) height; **~kapital** *n* total capital; **~katalog** *m* union catalog(ue); **~konzept(ion** *f*) *n* overall

plan (*od.* idea, design); master plan; **~kosten** *pl.* total cost *sg.*; **~kunstwerk** *n* total art work; **~lage** *f* general (*od.* overall) situation; ***wirtschaftliche ~*** state of the economy; **~länge** *f* overall length; **~leistung** *f Betrieb etc.*: total output; *Person, Maschine*: overall performance; **~note** *f ped.* overall mark (*od.* grade); **~plan** *m* master plan; **~planung** *f* overall planning; **~preis** *m* total price; **~produktion** *f* total output; **~rahmen** *m* overall framework; **~regelung** *f* general arrangement; ⚖ overall settlement; **~schaden** *m* total loss; **~schuld** *f* joint liability (*od.* debt); **~schuldner** *m* co-debtor; *bei Bürgschaft*: joint guarantor; **~schule** *f* (*a.* ***integrierte ~***) comprehensive (school); **~sieger** *m* final winner; **~summe** *f* → ***Gesamtbetrag***; **~titel** *m* overall (*od.* general) title; **~überblick** *m*, **~übersicht** *f* overall idea (*od.* picture); **~umsatz** *m* total turnover; **~unterricht** *m ped.* integrated-curriculum teaching; **~urteil** *n* overall assessment (*od.* rating); **~verantwortung** *f* overall responsibility; ***die ~ liegt bei*** overall responsibility lies with; **~verband** *m* general association; **~verbrauch** *m* total consumption; **~vermögen** *n* total assets *pl.*; **~vollmacht** *f* ⚖ joint power of attorney; **~werk** *n* complete works *pl.*; **~wert** *m* total value; ***im ~ von ...*** totalling ... (in value); **~wertung** *f* overall placing(s *pl.*); ***in der ~ führen*** have the overall lead; **~wetterlage** *f* overall (weather) conditions *pl.* (*od.* outlook); **~wirkung** *f* general effect; **~wirtschaft** *f* national (*od.* overall) economy; **≈wirtschaftlich I.** *adj.* national (*od.* overall) economic ...; **II.** *adv.*: ***~ gesehen*** seen from an overall economic point of view; **~zahl** *f* total number.

Gesandte(r) *m pol.* envoy; *rangmäßig*: minister; (*Botschafter*) ambassador; ***päpstlicher Gesandter*** (papal) nuncio; **Gesandtschaft** *f* legation; (*Botschaft*) embassy.

Gesang *m* (*Singen*) singing; ♪ vocal music; *als Fach*: voice; (*Lied*) song; (*Teil e-r Dichtung*) canto, book; ***~ studieren*** study voice (***bei*** with); **~buch** *n* songbook; *eccl.* hymnbook, hymnal.

gesanglich *adj.* singing ...; ***~e Begabung*** talent for singing, good voice; ***~e Leistung*** singing, vocal performance.

Gesangprobe *f* audition.

Gesangs|einlage *f* vocal number; **~kunst** *f* (art of) singing.

Gesang(s)|lehrer(in *f*) *m* singing teacher; **~stunde** *f* singing lesson (*od.* class).

Gesangstechnik *f* singing technique.

Gesang(s)|unterricht *m* singing lessons (*od.* classes) *pl.*; **~verein** *m* (*mst* male) choir, *Am.* glee club; choral society.

Gesäß *n* buttocks *pl.*; F behind; *e-r Hose od.* F: seat; **~backe** *f* buttock; **~knochen** *m* ischium; **~muskel** *m* gluteal muscle; **~tasche** *f* back (*od.* hip) pocket.

gesät *adj.*: ***dünn ~*** few and far between.

gesättigt *adj.* full; ⚗ *Lösung*, *a. fig. Markt*: saturated.

Gesaufe F *n* F boozing.

geschaffen *p.p.* → ***schaffen*** 1.

geschafft F *adj.* (*erschöpft*) F whacked, bushed; ***ich bin ~*** *a.* F I've had it; → *a.* ***schaffen*** 4.

Geschäft *n* business; (*Transaktion*) transaction, F deal, *coll.* business, *Börse*: trading; (*Handel*) trade, business; (*Angelegenheit*) business, affair; (*Arbeit*) work; (*Beschäftigung*) trade, line, job; (*Aufgabe*) duty; (*Firma*) business, firm, company; (*Laden*) shop, *bsd. Am.* store; ***gut gehendes ~*** thriving business; ***dunkles ~*** F racket; ***~ in Wolle*** wool trading; ***~e machen mit*** (*j-m*) do business with, (*et.*) deal in; ***wie gehen die ~e?*** how's business?; ***die ~e gehen gut*** (***schlecht***) business is good (slack); ***~ ist ~*** business is business; (***groß***) ***ins ~ kommen*** make (a lot of) money (***mit*** out of); ***sie versucht, aus allem ein ~ zu machen*** she tries to make money out of everything; ***s-n ~en nachgehen*** go about one's business; ***er versteht sein ~*** he knows what he's doing; ***das ~ mit der Angst*** exploiting (*od.* playing on) people's fear and insecurity; F *fig.* ***sein ~ verrichten*** (*Notdurft*) F do one's business; F ***kleines*** (***großes***) ***~*** F small (big) job.

geschäftehalber *adv.*: ***~ unterwegs*** away on business; ***~ mit j-m zu tun haben*** have business dealings with s.o.

Geschäftemacher *contp. m* profiteer, F wheeler-dealer; **Geschäftemacherei** *contp. f* profiteering, profit-seeking.

geschäftig *adj.* busy, active; **Geschäftigkeit** *f* activity; (*Unruhe, Betriebsamkeit*) bustle, bustling.

geschäftlich I. *adj.* business ...; ***~e Angelegenheit*** business matter; **II.** *adv.* on business; ***~ unterwegs*** away on business; ***~ verhindert*** prevented by business; ***~ zu tun haben mit*** (*j-m*) do business with; ***~ in Köln zu tun haben*** a) have business (to do) in Cologne, b) be in Cologne on business; ***~ geht es ihm gut*** (***schlecht***) his business is doing well (isn't doing too well).

Geschäfts|abschluss *m* (business) transaction (F deal); **~adresse** *f* business address; **~anteil** *m* share, business interest; ***maßgeblicher ~*** control(l)ing interest; **~anzeige** *f* business advertisement; **~aufgabe** *f* closing of a business; retirement from business; ***Räumungsverkauf wegen ~*** closing-down sale; **~bank** *f* commercial bank; **~bedingungen** *pl.* terms of business; **~bereich** *m* scope of business; ⚖ jurisdiction; *pol.* portfolio; ***Minister ohne ~*** minister without portfolio; **~bericht** *m* business report; ***jährlicher ~*** annual report, *über die Marktlage*: market report; **~betrieb** *m* **1.** business (activity); **2.** (*Firma*) business; **~beziehungen** *pl.* business relations; **~brief** *m* business letter; **~bücher** *pl.* account books.

geschäftserfahren *adj.* experienced in business; ***~ sein*** *a.* have had business experience; **Geschäftserfahrung** *f* business experience.

Geschäftseröffnung *f* **1.** opening of a shop (*od.* store); **2.** starting-up of (*od.* starting up) a business.

Geschäftsessen *n* business lunch (*od.* dinner).

geschäftsfähig *adj.* legally competent (to contract); ***voll*** (***beschränkt***) ***~*** with full (restricted) legal capacity; **Geschäftsfähigkeit** *f* legal (*od.* contractual) capacity.

Geschäfts|frau *f* businesswoman; **~freund** *m* a) business friend, b) business associate.

geschäftsführend *adj.* managing, executive; *pol.* ***~e Regierung*** caretaker government; **Geschäftsführer** *m* manager; *e-s Vereins*: secretary; *pol. e-r Partei*: party chairman; **Geschäftsführung** *f* management (*a. Personal*).

Geschäfts|gang *m* **1.** (*Ablauf*) (run of) business; business routine; **2.** (*Besorgung*) errand; ***e-n ~ machen*** run an errand; **~gebaren** *n* business policy (*od.* practi|ces [*Am. a.* -ses] *pl.*); ***anständiges ~*** fair practi|ces (*Am. a.* -ses); ***unlauteres ~*** unfair (trade) practi|ces (*Am. a.* -ses); **~geheimnis** *n* trade secret; **~grundlage** *f* basis of a (*od.* the) transaction; **~haus** *n* firm, company; (*Gebäude*) business premises *pl.*; (*Bürogebäude*) office building; **~inhaber(in** *f*) *m* proprietor; **~interesse** *n* business interest; ***in j-s ~*** in the interests of s.o.'s business; **~jahr** *n* business year; *der Regierung*: financial (*od.* fiscal) year; **~jubiläum** *n* company anniversary; **~karte** *f* business card; **~kosten** *pl.* business expenses; ***auf ~*** on expense account; **~kreise** *pl.* business circles; **~lage** *f* business situation; **~leben** *n* business; ***ins ~ eintreten*** go into business; **~leiter** *m*, **~leitung** *f* → ***Geschäftsführer, -führung***; **~leute** *f* businessmen, business men and women.

geschäftsmäßig *adj.* businesslike; (*unpersönlich*) *a.* impersonal.

Geschäfts|moral *f* business ethics *pl.*; **~ordnung** *f* **1.** *parl.* standing orders *pl.*; **2.** rules *pl.* (of procedure); (*Tagesordnung*) agenda; **~papiere** *pl.* business papers; **~partner** *m* business partner; **~politik** *f* company (*od.* corporate) policy; **~räume** *f* business premises; **~reise** *f* business trip; *pl. a.* business travel *sg.*; **~reisende(r)** *m* business travel(l)er; travel(l)ing businessman; **~risiko** *n* business risk; **~rückgang** *m* decline in business.

geschäftsschädigend *adj.* ⚖ damaging to business (interests); **Geschäftsschädigung** *f* trade libel, injurious malpractice.

Geschäfts|schluss *m* closing time; ***nach ~*** *a.* after business (*od.* office) hours; **~sinn** *m* (a) head for business; **~sitz** *m* place of business; registered office; **~sprache** *f* commercial language, F commercialese; *pol.* official language; **~stelle** *f* office; *e-r Bank etc.*: branch; **~straße** *f* shopping street; **~stunden** *pl.* business (*od.* office) hours; *von Läden*: opening hours; **~tätigkeit** *f* business activity; **~teilhaber(in** *f*) *m* partner; **~ton** *m*: (***im ~*** in a) businesslike tone; **~träger** *m pol.* chargé d'affaires; ☤ representative.

geschäftstüchtig *adj.* efficient; (*gerissen*) smart; ***er ist sehr ~*** *a.* he's a good businessman; **Geschäftstüchtigkeit** *f* business acumen; (*Gerissenheit*) smartness.

Geschäfts|übergabe *f* handing over of a (*od.* the) business (***an*** to); **~übernahme** *f* (business) takeover; **~umfang** *m* **1.** volume of business; **2.** scope of business.

geschäftsunfähig *adj.* legally incapacitated (*od.* incompetent); **Geschäftsunfähigkeit** *f* legal incapacity.

Geschäfts|unkosten *pl.* business expenses; (*Gemeinkosten*) overheads; **~unterlagen** *pl.* business papers; **~verbindung** *f* business contacts *pl.*; ***in ~ stehen mit*** do business with; ***in ~ treten mit*** enter into business relations with; **~verkehr** *m* business (dealings *pl. od.* transactions *pl.*); **~viertel** *n* business quarter, commercial district; (*Läden*) shopping cent|re (*Am.* -er); **~vollmacht** *f* power of attorney; **~wagen** *m* company car; **~welt** *f* business world (*od.* community); **~wert** *m* goodwill; **~zeichen** *n* reference (*od.* file) number; **~zeit** *f* → ***Geschäftsstunden***; **~zimmer** *n* office; **~zweig** *m* line (of business).

Geschäker F *n* flirting.

geschätzt *adj.* **1.** estimated; **2.** *fig.* respected, *formell*: esteemed; *Freund*: valued; (*beliebt*) well-liked.

gescheckt *adj.* piebald *horse etc.*; *Kuh*: brindled; *Katze*: tabby.

geschehen I. *v/i.* happen; (*sich ereignen*) *a.* occur; (*stattfinden*) take place; (*widerfahren*) happen (***j-m*** to s.o.); (*getan werden*) be done; ***~ lassen*** let *s.th.* happen, allow, (*wegschauen*) turn a blind eye to; ***es geschieht ihm recht*** it serves him right; ***was geschieht, wenn*** what happens if; ***was soll damit ~?*** what am I *etc.* supposed to do with it?; ***es muss etwas ~*** something must be done about it; ***es wird dir nichts ~*** nothing will happen to you, you'll be all right (*Am.* alright), *weitS.* they won't do anything to you; ***es geschieht in d-m Interesse*** it's for your own good (*od.* sake); ***er wusste nicht, wie ihm geschah*** he didn't know what was happening to him; ***es ist um sie ~*** that's the end of her, F she's done for, she's had it; ***Dein Wille geschehe*** Thy will be done; ***~ ist ~*** it's no use crying over spilt milk; ***2es kann man nicht rückgängig machen*** you can't put the clock back; → ***gern***(***e***), ***Unrecht*** II; **II.** 2 *n* events *pl.*; ***in das ~ eingreifen*** intervene; ***das ~ auf der Straße faszinierte ihn*** he was fascinated by what was going on in the street.

Geschehnis *n* event, incident; ***die ~se der letzten Tage*** the events of the past few days, what has been happening in the past few days.

gescheit *adj.* clever; (*aufgeweckt*) bright; (*vernünftig*) sensible; F (*ordentlich*) *Portion etc.*: F decent; ***sei doch ~!*** be sensible; ***du bist wohl nicht ~*** you must be mad; ***ich werde nicht ~ daraus*** I can't make head or tail of it, I don't get it; ***das ist immer am ~sten*** that's always the best policy; F ***nichts 2es*** nothing (doing F); ***das ist doch nichts 2es*** that's no good; ***er weiß nichts 2es mit sich anzufangen*** he doesn't know what to do with himself; ***wie soll aus dir was 2es werden?*** what is to become of you?; ***etwas 2es zu essen*** a decent bite to eat, a decent meal; ***etwas 2es zu trinken*** a decent drink, *Alkohol*: *a.* a good stiff drink; ***hier gibts nichts 2es zu essen*** there's nothing worth eating here.

gescheitelt *adj.*: ***das Haar ~ tragen*** have a parting, part one's hair.

gescheitert *adj.*: ***ein ~er Versuch*** an unsuccessful (*od.* a failed) attempt.

Geschenk *n* present, gift; (*Werbe2*) free gift; (*Schenkung*) donation; ***j-m et. zum ~ machen*** give s.o. s.th. as a present; *fig.* ***~ des Himmels*** godsend; **~abonnement** *n* gift subscription.

Geschenkartikel *pl.* gifts; **~laden** *m* gift shop.

Geschenk|etui *n* presentation case; **~gutschein** *m* gift voucher; **~idee** *f* gift idea, idea for a present; **~korb** *m* (gift) hamper; **~packung** *f* gift wrapping; presentation box; ***in ~*** gift-wrapped; **~paket** *n* **1.** present; box of presents; **2.** → ***Geschenksendung***; **~papier** *n* (gift) wrapping paper; **~sendung** *f* gift parcel (*Am.* package).

geschenkt *p.p. u. adj.*: ***das ist ja*** (***fast***) ***~!*** F it's a snip (*od.* giveaway, *Am. a.* steal); ***ich möchts nicht einmal ~ haben*** I wouldn't take it if you paid me for it; F ***~!*** forget it!; → ***Gaul.***

geschert F *dial. adj.* ignorant; ***~er Lackel*** ignorant oaf.

Geschichte *f* **1.** story; (*Märchen etc.*) *a.* tale; F ***immer die alte ~!*** it's the same old story every time; F ***erzähl mir keine ~n!*** don't give me any of your nonsense; **2.** *als Wissenschaft*: history; *weitS. e-r Person od. Sache*: story; ***die ~ des X*** the X story, the story of X; ***~ machen*** make history; ***in die ~ eingehen*** go down in history; ***das ist*** (***bereits***) ***~*** that's (already) part of history; **3.** F (*Angelegenheit, Sache*) affair, business; ***e-e dumme ~*** (such) a stupid thing; ***e-e schöne ~!*** a fine mess; ***die ganze ~*** the whole business; ***da haben wir die ~!*** there you are; ***mach keine ~n!*** a) don't make such a fuss, b) don't be a fool; ***das ist e-e böse ~ mit s-m Knie*** that's a nasty business he's got with his knee.

Geschichten|buch *n* storybook; **~erzähler** *m* storyteller.

geschichtlich I. *adj.* historical; (***~*** *bedeutsam*) historic; ***von ~er Bedeutung*** historically important, of historic(al) importance; **II.** *adv.* historically; **Geschichtlichkeit** *f* historicity.

Geschichts|atlas *m* historical atlas; **~auffassung** *f* view of history (*od.* the past); **~bewusstsein** *n* sense of history (*od.* the past), historical awareness (*od.* consciousness); **~bild** *n* view of history; **~buch** *n* history book; **~deutung** *f* interpretation (*od.* view) of history; **~drama** *n* historical play (*od.* drama); *pl.* historical plays (*od.* drama *sg.*); **~epoche** *f* period of history, historical period (*od.* era); **~fälschung** *f* falsification of history; corruption of historical fact(s); **~forscher** *m* historian; **~forschung** *f* historical research; **~kenntnis**(**se** *pl.*) *f* knowledge (*sg.*) of history; **~klitterung** *f* **1.** bias(s)ed historical account; **2.** → ***Geschichtsfälschung***; **~lehrer**(**in** *f*) *m* history teacher.

geschichtslos *adj.* without (a) history; *Bewusstsein*: ahistorical.

Geschichts|lüge *f* historical fabrication; **~philosophie** *f* philosophy of history; **~quelle** *f* historical source; **~roman** *m* historical novel; **~schreiber** *m* historian; **~schreibung** *f* historiography, *the* writing of history; **~stunde** *f* history class (*od.* lesson).

geschichtsträchtig *adj. Ort, Stätte etc.*: steeped in history, (very) historical, historically important; *Moment, Ereignis etc.*: historic; ***dies ist ein ~es Ereignis*** *a.* this event will go down in history.

Geschichts|unterricht *m* **1.** history class(es *pl.*) *od.* lessons *pl.*; **2.** *the* teaching of history; **~verständnis** *n* conception of history; **~werk** *n* historical work; **~wissenschaft** *f* history; **~wissenschaftler** *m* historian.

Geschick[1] *n* **1.** (*Schicksal*) fate; ***trauriges ~*** sad fate (*od.* lot); ***schweres ~*** cruel fate; **2.** *pl.* (*Belange*) destiny *sg.*, fortunes.

Geschick[2] *n* **1.** (*Begabung*) talent (***zu*** for); F knack; ***er hat nicht das ~ dazu*** he hasn't got the knack, he hasn't got what it takes; *iro.* ***ein*** (***besonderes***) ***~ haben zu*** *inf.* have the knack of *ger.*, have a special knack for *ger.*; **2.** → ***Geschicklichkeit.***

Geschicklichkeit *f* skill; *bsd. körperliche*: dexterity, *der Finger*: *a.* deftness.

Geschicklichkeits|fahren *n mot.* skill tests *pl.*, *Am.* gymkhana; **~prüfung** *f* test of skill; **~spiel** *n* game of skill; **~übung** *f* exercise in skill.

geschickt I. *adj.* skil(l)ful (***in*** at); (*fingerfertig*) *a.* dext(e)rous, deft; *geistig*: clever, quick; ***er ist besonders ~ in*** he has a knack for (*ger.*); → ***Zug*** 12; **II.** *adv.* skil(l)fully *etc.*; ***~ vorgehen*** play one's cards well; → ***Affäre.***

Geschiebe *n* **1.** pushing, F shoving; pushing and shoving; **2.** *geol.* glacial drift.

geschieden *adj.* divorced; *Ehe*: dissolved; ***~er Mann, 2er, ~e Frau, 2e*** divorcee; ***die Zahl der 2en*** the number of divorced people; *fig.* ***wir sind ~e Leute*** F we're through, I'm through with you (*od.* him *etc.*).

Geschimpfe F *n* ranting and raving; (*Fluchen*) cursing and swearing.

geschirmt *adj.* ⚡ shielded.

Geschirr *n* **1.** crockery, F crocks *pl.*; (*Porzellan*) china; (*Tee2*) tea things *pl.*; (*Küchen2*) kitchen things *pl.*, pots and pans *pl.*, ✝ kitchenware; ***~ spülen*** do (*od.* wash) the dishes; ***das ~ abräumen*** clear the dishes away, clear the table; ***das ~ einräumen*** put the dishes away; **2.** (*Pferde2*) harness; (*Wagen u. Gespann*) horse and carriage; ***sich ins ~ legen*** pull hard, *fig.* put one's back into it; **~schrank** *m* (china) cupboard, F cupboard where the plates are (kept); **~spüler** *m* (*a. Person*) dishwasher; **~spülkorb** *m* dish drainer; **~spülmaschine** *f* dishwasher; **2spülmaschinenfest** *adj.* dishwasher-safe; **~spülmittel** *n* washing-up liquid, detergent; **~tuch** *n* tea towel, drying-up cloth, *Am.* dish towel.

geschlagen *p.p. u. adj.*: ***sich ~ geben*** give in, admit defeat; ***ein ~er Mann*** a broken man; ***zwei ~e Stunden*** (***lang***) (for) two solid hours; → *a.* ***schlagen*** I.

geschlaucht F *adj.* F whacked, bushed, dead beat; ***ich bin ~*** *a.* F I've had it.

Geschlecht *n* **1.** sex; ***das andere ~*** the opposite sex; ***das starke ~*** the strong sex; ***das schwache*** (***schöne***) ***~*** the weaker (fair) sex; ***beiderlei ~s*** of both sexes; **2.** (*Gattung*) species; ***das menschliche ~*** the human race, mankind; **3.** (*Familie*) family; (*Fürsten2*) dynasty; (*Abstammung*) descent, lineage; **4.** (*Generation*) generation; ***die kommenden ~er*** generations to come; **5.** *ling.* gender; ***welches ~ hat das Wort?*** what gender is the word?; **6.** *lit.* (*Geschlechtsteil*) *lit.* sex.

Geschlechter|rolle *f* sex (*od.* gender) role; **~trennung** *f* segregation of the sexes.

geschlechtlich I. *adj.* sexual, sex ...; *biol. a.* (*gattungsmäßig*) generic; **II.** *adv.*: ***mit j-m ~ verkehren*** have (sexual) intercourse with s.o.; **Geschlechtlichkeit** *f* sexuality.

Geschlechts|akt *m* sex(ual) act; ***der ~*** *a.* coitus; **~bestimmung** *f* sex determination; **~chromosom** *n* sex chromosome; **~drüse** *f* gonad; **2gebunden** *adj. biol.* sex-linked; **~hormon** *n* sex hormone; **2krank** *adj.* VD *patients etc.*; ***~ sein*** have venereal disease (*od.* VD);

~krankheit *f* venereal disease, VD; **~leben** *n* sex life; **≈los** *adj.* sexless, *a. biol.* asexual; *ling.* neuter; **~merkmal** *n* sex characteristic; **~organ** *n* sex(ual) organ, *pl. a.* genitals; **~partner** *m* (sexual) partner; **≈reif** *adj.* sexually mature; **~reife** *f* sexual maturity; ***die ~ erlangen*** reach sexual maturity; **≈spezifisch** *adj.* sex-specific; **~teil** *n, m* genitals *pl.*; **~trieb** *m* sex(ual) drive; **~umwandlung** *f*: (***e-e ~ durchmachen*** have a) sex change (operation); **~unterschiede** *pl.* differences between the sexes; **~verhältnis** *n* sex ratio; **~verirrung** *f* sexual perversion; **~verkehr** *m* (sexual) intercourse, sex; **~wort** *n ling.* article; **~zugehörigkeit** *f* sex; ***Benachteiligung aufgrund der ~*** sex discrimination.

geschliffen *fig. adj.* polished, *Manieren*: refined.

geschlossen I. *adj.* closed (*a. ling. Vokal, ⚡ Stromkreis*); (*in sich ~*) self-contained *unit, whole*; *Gruppe, Einheit etc.*: cohesive; *Arbeit, Leistung*: well-rounded, finished; (*einheitlich*) uniform; *Formation, Reihen*: closed, serried *ranks*; (*vereint*) united; ***~e Gesellschaft*** (***Vorstellung***) private party (performance); ***~e Ortschaft*** built-up area; ***~e Wolkendecke*** overcast skies; ***e-e ~e Front bilden*** form a united front; ⚖ ***in ~er Sitzung*** in camera; **II.** *adv.* (*alle gemeinsam*) all together; (*einstimmig*) unanimously; ***~ hinter j-m stehen*** be solidly behind s.o.; ***sie waren ~ dafür*** (***dagegen***) they were unanimously in support of it (against it), they were unanimous in their support for it (opposition to it); **Geschlossenheit** *f* (*Einheit*) unity, solidarity; (*Einstimmigkeit*) unanimity.

Geschlürfe *n* (loud) slurping.

Geschmack *m* **1.** *von Essen etc.*: taste (*a. ~sempfindung*); (*Aroma*) *a.* flavo(u)r; ***ich habe gar keinen ~ mehr*** I've got no sense of taste, I can't taste anything any more; **2.** (*ästhetisches Empfinden*) taste; (*Vorliebe*) taste, liking (**an** for); ***~ haben*** have (good) taste; ***keinen ~ haben*** have no (sense of) taste; ***e-n teuren ~ haben*** have expensive tastes; ***es ist nicht jedermanns ~*** it's not everyone's taste; ***~ finden an*** (get *od.* come to) like; ***den ~ verlieren an*** lose one's taste for; ***auf den ~ kommen*** acquire a taste for it, get to like it, F get hooked; ***j-n auf den ~ bringen*** whet s.o.'s appetite (for s.th.); *drohend*: ***wir werden dich schon auf den ~ bringen!*** you'll get to like it soon enough; *mst iro.* ***ist es nach d-m ~?*** is it to your liking (*od.* taste)?; (***das ist***) ***ein Mann nach m-m ~!*** that's the kind of man I like, that's my kind of man; ***jeder nach s-m ~*** everyone to his own taste; ***die Geschmäcker sind verschieden, über ~ lässt sich streiten*** *a.* there's no accounting for tastes; ***was hat sie für e-n musikalischen ~?*** what are her musical tastes (*od.* tastes in music)?; ***es zeugt nicht gerade für s-n ~*** it doesn't say much for his taste(s); ***der ~ von heute*** today's tastes (*od.* fashions); ***ohne ~*** → ***geschmacklos***; ***mit ~*** → ***geschmackvoll.***

geschmacklich *adv.*: ***~ verschieden sein*** taste different; ***~ verfeinern*** improve the taste of; *fig.* ***~ unmöglich*** *Einrichtung etc.*: absolutely tasteless.

geschmacklos *adj.* tasteless (*a. fig.*); *fig. a.* in bad taste; (*taktlos*) tactless; ***das war äußerst ~*** that was in very bad taste; **Geschmacklosigkeit** *f* tastelessness; *fig. a.* bad taste; (*Taktlosigkeit*) tactlessness; (*Geschmackssünde*) offen|ce (*Am.* -se) against good taste; (*geschmacklose Bemerkung*) tasteless remark; ***das war e-e ~*** that was in bad taste.

Geschmacks|frage *f* → ***Geschmackssache***; **~knospe** *f* taste bud; **~nerv** *m* gustatory nerve; **≈neutral** *adj.* tasteless; **~organ** *n* organ of taste; **~probe** *f* **1.** tasting; **2.** (*kleine Menge*) sample; **~richtung** *f* taste; **~sache** *f* (a) matter of taste; **~sinn** *m* (sense of) taste; **~störung** *f* impaired taste; **~verirrung** *f* insult to good taste; (*Gegenstand der ~*) *a.* (definite) mistake; F ***sie leidet an ~*** she's never heard of the word taste; **~verstärker** *m* flavo(u)r enhancer; **≈widrig** *adj.* in bad taste; ***~ sein*** *a.* go against good taste; **~zusatz** *m* flavo(u)r(ing); ***mit ~*** flavo(u)red.

geschmackvoll I. *adj.* tasteful, in good taste; elegant, stylish; ***das war nicht sehr ~ von ihm*** that wasn't very tactful of him, that was in bad taste; **II.** *adv.*: ***er kleidet sich ~*** he's very well dressed, he has good dress sense.

geschmeidig *adj.* (*glatt*) smooth (*a. Haar*); (*elastisch*) elastic, pliant; *Leder*: soft; *Körper*: lithe; *fig. Geist*: elastic *mind*; (*gewandt*) adroit; (*aalglatt*) smooth, F slick; *Zunge*: glib; **Geschmeidigkeit** *f* smoothness; elasticity, pliancy; softness; litheness; glibness; → ***geschmeidig.***

Geschmeiß *n a. fig. contp.* vermin.

Geschmetter *n* flourish *of trumpets etc.*; *contp.* blaring.

Geschmier(e) *n* smearing; (*Gekritzel*) scribble; (*schlechtes Bild*) daub; (*Aufsatz etc.*) hotchpotch.

geschmiert *p.p.* → ***schmieren*** 1.

Geschmorte(s) *n* stewed (*od.* braised) meat.

Geschmunzel *n* smirk(ing).

Geschmuse *n* (kissing and) cuddling; *Liebespaar*: *a.* F smooching.

Geschnarche *n* snoring.

Geschnatter *n von Enten*: quacking; *von Gänsen*: cackling; *fig.* chatter(ing).

geschniegelt *adj.* (*a. ~ **und gebügelt***) (*pred.* all) spruced up.

Geschnörkel *n* curlicues *pl.*; F fiddly (*od.* fancy) bits *pl.*

Geschnüffel *n* sniffling, sniffing; *fig.* snooping (around).

Geschöpf *n* **1.** creature; F ***süßes*** (***armes***) ***~*** lovely (poor) creature *od.* thing; **2.** (*erdichtete Gestalt etc.*) creation (*gen.* of).

Geschoss[1], *östr.* **Geschoß** *n* (*Stockwerk*) stor(e)y, floor; ***im ersten ~*** on the first (*Am.* second) floor; ***im oberen*** (***unteren***) ***~*** upstairs (downstairs).

Geschoss[2], *östr.* **Geschoß** *n* missile (*a. Wurf≈*); (*Kugel≈*) bullet; (*Granate*) shell; **~bahn** *f* trajectory; **~hagel** *m* hail of bullets (*od.* shells).

geschraubt I. *adj.* ⚙ screwed, bolted; *fig. Stil*: stilted, affected, artificial; **II.** *adv.*: ***~ reden*** talk like a book; **Geschraubtheit** *f des Stils etc.*: affectation, artificiality.

Geschrei *n* shouting, *stärker*: screaming; shouts *pl.*, screams *pl.*; *anfeuerndes*: cheering; *fig.* howls *pl.* of protest, hue and cry; (*Aufhebens*) huge (F almighty) fuss; ***ein großes ~ machen*** raise a hue and cry, (*Getue*) make a huge fuss (***um, wegen*** about).

Geschreibsel *n* scrawl, scribble; *fig.* scribblings *pl.*

geschunden *adj.* maltreated.

geschuppt *adj.* scaly; *Ziegel*: scalloped.

Geschütz *n* gun; ***schweres ~*** heavy gun, *coll.* heavy artillery; *fig.* ***schweres ~ auffahren*** bring in the big guns (***gegen*** against); **~feuer** *n* gunfire, shelling; **~führer** *m* gunner.

geschützt *adj.* protected; (*sicher*) safe, secure; (*wind~ etc.*) sheltered; ***~e Tierart*** protected species; ***patentamtlich ~*** patented; (***gesetzlich***) ***~es Warenzeichen*** registered trademark; → ***urheberrechtlich.***

Geschwader *n* ⚓ squadron; ✈ group, wing; F *fig.* troop.

Geschwafel F *n* drivel.

Geschwätz *n* talk, prattle; nonsense; (*Klatsch*) gossip; ***leeres ~*** hot air; **geschwätzig** *adj.* talkative, garrulous; gossipy; ***er ist ein ~er Typ*** he talks an awful lot, he never stops talking; **Geschwätzigkeit** *f* talkativeness; gossiping.

geschwefelt *adj.* sulphonated, *Am.* sulfonated.

geschweift *adj.* curved; ***~e Klammern*** braces; ***~ sein*** *Komet etc.*: have a tail.

geschweige *cj.*: ***~ denn*** let alone, never mind, much less.

geschwellt *adj.*: ***von Stolz ~*** puffed up (with pride).

geschwind I. *adj.* fast; **II.** *adv.* quickly; ***~!*** quick!

Geschwindigkeit *f* speed; (*Lauftempo etc.*) pace; *phys.* velocity; (*Maß der Fortbewegung*) rate; (*Schwung*) momentum; ***mit e-r ~ von*** at a rate (*od.* speed) of; ***mit größter ~*** full speed, at top speed; F ***er macht es mit e-r ~!*** he does it so fast (*od.* at such speed).

Geschwindigkeits|abfall *m* loss of speed; **~begrenzung** *f*, **~beschränkung** *f* speed limit; **~kontrolle** *f* speed check; **~messer** *m mot.* speedometer; **~rausch** *m* thrill of speed; ***im ~*** drunk with speed; **~rekord** *m* speed record; **~überschreitung** *f* speeding.

Geschwirr *n* whirring, buzz(ing).

Geschwister *pl.* brother(s) and sister(s); *bsd. formell*: siblings; ***haben Sie noch ~?*** have you got any brothers or sisters?; **Geschwisterchen** *n* little (*od.* baby) brother *od.* sister; **geschwisterlich** *adj.* brotherly, sisterly.

Geschwister|liebe *f* brotherly (*od.* sisterly) love; **~paar** *n* brother and sister.

geschwollen *adj.* swollen; *fig. Rede*: pompous, inflated.

geschworen *adj.*: ***~er Gegner*** (*od.* ***Feind***) sworn enemy.

Geschworene(r *m*) *f* ⚖ **1.** *in angelsächsischen Ländern*: juror, member of the jury; ***die Geschworenen*** the jury (*sg.*); **2.** *obs.* lay judge.

Geschworenen|bank *f*: (***auf der ~*** in the) jury box; **~gericht** *n* jury court.

Geschwulst *f* ⚕ growth, tumo(u)r; (*Knoten*) *a.* lump; **≈artig** *adj.*: ***~e Gewebebildung*** tumescent growth.

geschwungen *adj.* curved, *weit*: sweeping.

Geschwür *n* ⚕ ulcer; *auf der Haut*: sore; (*Furunkel*) boil; **≈artig** *adj.* ulcerous.

gesegnet *adj.* blessed (***mit*** with); ***~e Mahlzeit!*** enjoy your meal; ***~es neues Jahr!*** Happy New Year!; ***im ~en Alter von*** at the ripe old age of.

Geselchte(s) *dial. n* smoked meat.

Geselle *m* **1.** (*Handwerker*) journeyman (*z. B.* ***Schneider≈*** journeyman tailor); **2.** F (*Bursche*) lad; *bsd. contp.* type.

gesellen *v/refl.* **1.** ***sich ~ zu*** join *s.o. etc.*; ***zu uns gesellte sich e-e junge Dame*** we were joined by a young lady; → ***gleich*** 1; **2.** ***dazu gesellten sich noch andere Probleme*** in addition to that other problems cropped up.

Gesellen|brief *m* apprenticeship diploma; **~prüfung** *f* (apprentices') final examination; **~stück** *n* diploma piece.

gesellig *adj.* **1.** sociable, *a. Tiere*: gregarious; ***~es Wesen*** social being; **2.** ***~es Beisammensein*** (little) get-together; ***~er Abend*** *a.* pleasant evening together; **Geselligkeit** *f* sociability; (*Umgang*) socializing.

Gesellschaft *f* **1.** society; ***die feine ~*** high society; ***e-e Dame der ~*** a society lady; ***sich in guter ~ bewegen*** move in high circles; *iro.* ***du bewegst dich ja in guter ~!*** you don't mix with the hoi polloi, do you?; *iro.* ***benimm dich, wir sind hier in guter ~!*** (watch your manners -) we're not at home now; **2.** (*Zusammensein mit anderen*; *Besucher*, *Gäste*) company; ***gute*** (***schlechte***) ***~*** good (bad) company; ***in schlechte ~ geraten*** get in with the wrong crowd; ***in j-s ~*** in the company of s.o.; ***j-m ~ leisten*** keep s.o. company, ***bei***: join s.o. in (*ger.*); ***komm, leiste mir ein bisschen ~*** come and talk to me; ***hier hast du ~*** here's someone to keep you company; ***wir kriegen ~*** look who's coming; *fig. iro.* ***sich in guter ~ befinden*** (*unter Leidensgenossen etc.*) be in good company; ***da bist du ja in guter ~!*** *a.* join the club; **3.** *fig. contp.* lot, bunch, crowd; ***ihr seid ja e-e langweilige ~!*** what a boring lot you are; **4.** (*geselliges Beisammensein*) social gathering; (*Party*) party; ***e-e ~ geben*** have (*od.* give) a party; **5.** (*Vereinigung*) society, association; ☤ company, *Am. a.* corporation; (*Teilhaberschaft*) partnership; *eccl.* ***~ Jesu*** Society of Jesus; → ***Aktiengesellschaft, Handelsgesellschaft, Haftung*** 2.

Gesellschafter *m* **1.** ***er ist ein guter ~*** he's good company; **2.** ☤ partner, associate; → *a.* ***Aktionär***; ***stiller ~*** sleeping (*Am.* silent) partner; **~versammlung** *f* ☤ corporate (*od.* general) meeting.

gesellschaftlich I. *adj.* social; ***~e Entwicklung*** development of society; ***~es Gefüge*** social fabric, fabric of society; **II.** *adv.* socially; ***~ gewandt*** (*od.* ***sicher***) ***sein*** have plenty of savoir-faire, move easily in society; ***sich ~ unmöglich machen*** disgrace o.s. in public; ***so kann man sich ~ nicht benehmen*** you can't behave like that in society.

Gesellschafts|abend *m* (dinner) party; **~anzug** *m* formal suit; ***~ erbeten*** black tie; **≗fähig** *adj.* socially acceptable; *a. Kleidung*: presentable, respectable; ***nicht ~*** *Witz etc.*: risqué, near the knuckle; ***in der Hose bist du nicht ~*** you can't go out in those trousers; **≗feindlich** *adj.* **1.** ***~ sein*** *Entwicklungen etc.*: threaten (*od.* be a threat to) society; **2.** *Einstellung etc.*: antisocial; **~form** *f* social system; **~kapital** *n* ☤ corporate capital; (*Grundkapital*) joint stock, share capital; **~klasse** *f* (social) class; **~kritik** *f* social criticism; **~kritiker** *m* social critic; **≗kritisch** *adj.* sociocritical; *Person etc.*: socially critical, critical of society; **~kunde** *f* social studies *pl.*; **~lehre** *f* sociology; **~ordnung** *f* social order; **~politik** *f* sociopolitics *pl.* (*als Fach sg. konstr.*); **≗politisch** *adj.* sociopolitical; **~raum** *m* party room; *im Hotel etc.*: lounge; **~reise** *f* group tour; **~roman** *m* social novel; **~schicht** *f* (social) class; **~spiel** *n* party (*od.* parlo[u]r) game; **~struktur** *f* social structure; structure of society; **~stück** *n thea.* drawing-room comedy; *Kunst*: genre painting; **~system** *n* social system; **~tanz** *m* ballroom dance; **~vermögen** *n* company assets *pl.*; **~vertrag** *m* **1.** *pol., phls.* social contract; **2.** ☤ articles *pl.* of association.

gesengt *adj.* → ***Sau*** 2.

Gesenk *n* ⚙ die.

Gesetz *n* law (*a. fig.*); ⚖, *parl. a.* act; (*Gesetzesvorlage*) bill; (*Vorschrift*, *a. fig. Prinzip*) rule, principle; *coll.* ***das ~*** the law; ***gegen das ~*** against the law, illegal; ***nach dem ~*** under the law; ***im Namen des ~es*** in the name of the law; ***zum ~ werden*** become law; ***mit dem ~ in Konflikt geraten*** come up against the law, F get tangled up with the law; ***es steht im ~, dass*** the law says (that); F ***das steht nicht im ~*** there's no law about that; → ***aufheben*** 4, ***erlassen*** 3, ***Hüter*** *etc.*; ***das ~ des Dschungels*** the law of the jungle, jungle law; ***das ~ der Serie*** the law of continuity; *fig.* ***das oberste ~ der Werbung ist*** the first rule of advertising is; ***sich et. zum obersten ~ machen*** make s.th. a cardinal rule; **~blatt** *n* law gazette; **~buch** *n* code (of law); statute book; **~entwurf** *m parl.* bill.

Gesetzes|hüter *iro. m* guardian of the law; **≗konform** *adj. u. adv.* within the law; **~kraft** *f* legal force; ***~ erlangen*** become law; **~lücke** *f* gap (*od.* loophole) in the law; **~missachtung** *f* defiance of the law; **~novelle** *f* amendment; **~sammlung** *f* statute book; **≗treu** *adj.* law-abiding; **~übertretung** *f* offen|ce (*Am.* -se); violation of the law; **~vorlage** *f* bill; **~werk** *n* body of law.

gesetzgebend *adj.* legislative; ***~e Gewalt*** legislature; ***~e Körperschaft*** legislative (body); **Gesetzgeber** *m* legislator, lawmaker; **Gesetzgebung** *f* legislation; **Gesetzgebungswerk** *n* body of law.

gesetzlich I. *adj.* legal, (*~ bestimmt*) *a.* statutory; (*rechtmäßig*) lawful; *Forderung*: legitimate; (*gesetzgeberisch*) legislative; ***~es Alter*** legal age; ***~es Rentenalter*** compulsory retirement age; → ***Feiertag***; **II.** *adv.* legally *etc.*; ***~ bestimmt*** prescribed by law, statutory; ***~ geschützt*** patented, *Warenzeichen etc.*: registered; ***~ zulässig*** legal, lawful; ***~ verboten*** prohibited (by law); ***~ verpflichtet*** bound by law; **Gesetzlichkeit** *f* legality; (*Rechtmäßigkeit*) legitimacy.

gesetzlos *adj.* lawless; anarchic(al); **Gesetzlosigkeit** *f* lawlessness; anarchy.

gesetzmäßig *adj.* legal, lawful; *Anspruch etc.*: *a.* legitimate; *fig.* regular, following a set pattern; **Gesetzmäßigkeit** *f* legality; lawfulness; legitimacy; *phys.* conformity with a natural law; *fig.* (inherent) law(s *pl.*), regularity; (predetermined) pattern(s *pl.*).

Gesetzsammlung *f* statute book.

gesetzt I. *adj.* (*ruhig*, *ernsthaft*) staid; (*nüchtern*) sober; (*würdig*, *ernst*) dignified; (*älter*, *reif*) mature; ***~es Alter*** mature age; *ein Herr* ***in ~em Alter*** of mature years; **II.** *cj.*: ***~ den Fall, dass*** suppose, supposing, let's assume; **Gesetztheit** *f*: ***~ des Alters*** staidness of old age.

gesetzwidrig *adj.* illegal; **Gesetzwidrigkeit** *f* unlawful (*od.* illegal) act.

Geseufze *n* sighing.

gesichert *adj.* secured (***vor, gegen*** against), safe (from), protected (from); ⚙, *a.* ☤ secured; *Schusswaffe*: at safe; *Existenz etc.*: secure; *Einkommen*: stable, secure.

Gesicht *n* face (*a. fig. Person*); (*Miene*) *a.* expression; *fig.* (*Aussehen*) look; *lit.* (*Charakter*) character; ***~er machen*** (*od.* ***schneiden***) make (*od.* pull) faces; ***ein böses ~ machen*** scowl; ***er machte ein langes ~*** *enttäuscht*: his face fell, *trotzig*: he pulled a face; ***was machst du für ein ~?*** what are you pulling (such) a face for?; ***mach nicht so ein ~!*** stop pulling such a face, wipe that look off your face; ***mach nicht so ein dummes ~!*** don't look so stupid, wipe that stupid look off your face; ***das sieht man ihm am ~ an*** you can tell by the look on his face; ***es steht ihm im ~ geschrieben*** it's written all over his face; ***j-m*** (***gerade***) ***ins ~ sehen*** look s.o. (straight) in the eye; ***e-r Gefahr*** *etc.* ***ins ~ sehen*** face up to a danger *etc.*; ***den Tatsachen ins ~ sehen*** face the facts; ***ich kann ihm nicht mehr ins ~ sehen*** I can't look him in the face (*od.* eye) any more; ***j-m ins ~ schlagen*** slap s.o. in the face; ***j-m et. ins ~ sagen*** say s.th. to s.o.'s face; ***j-m ins ~ lügen*** lie to s.o.'s face; ***das springt einem doch ins ~*** it stares you in the face, it's so obvious; ***ich hätte ihm ins ~ springen können*** I could have strangled him; ***zu ~ bekommen*** (*erblicken*) catch sight of, *kurz*: catch a glimpse of, (*sehen*) set eyes (up)on, see; *lit.* ***aus dem ~ verlieren*** lose sight of; ***er ist s-m Vater wie aus dem ~ geschnitten*** he's the spitting image (*od.* spit and image) of his father, F he's a chip off the old block; ***das ~ wahren*** save (one's) face; ***das ~ verlieren*** lose face; ***sein wahres ~ zeigen*** show its true face, *Person*: *a.* show one's true colo(u)rs; ***ein anderes ~ bekommen*** take on a new (*od.* different) look *od.* complexion; ***das gibt der Sache ein anderes ~*** that puts a new (*od.* different) light *od.* complexion on the matter.

Gesichts|ausdruck *m* (facial) expression; **~creme** *f* face cream; **~farbe** *f* complexion; **~feld** *n opt.* range of vision; **~haar** *n* facial hair; **~hälfte** *f* side of the face; **~haut** *f* (facial) skin; **~kontrolle** F *f* appearance (*od.* face) check; ***so kommst du nie durch die ~*** they'll never let you in like that; **~kreis** *m* **1.** *fig.* (*Horizont*) horizon(s *pl.*); ***das liegt außerhalb ihres ~es*** it's beyond her horizon; **2.** (*Blickfeld*) view; ***in den ~ treten*** come into view; ***aus dem ~ verschwinden*** *a. fig.* disappear from view; *fig.* ***ich habe sie aus m-m ~ verloren*** I've lost touch with her, I've lost sight of her; **~lähmung** *f* Bell's palsy.

gesichtslos *adj.* faceless.

Gesichts|maske *f* mask; *des Chirurgen*: (face) mask; (*Schutzmaske*) face guard; *Fechten*: fencing mask; → ***Gesichtspackung***; **~massage** *f* facial massage; **~milch** *f Kosmetik*: cleansing milk; **~muskel** *m* facial muscle; **~nerv** *m* facial nerve; **~operation** *f* plastic surgery; **~packung** *f* face pack, facial; **~partie** *f* area (of the face); **~pflege** *f* skin (*od.* face) care; **~plastik** *f* facial surgery,

G

plastic surgery on the face; **~puder** *m* face powder; **~punkt** *m* point of view, angle; (*Faktor*) factor; ***unter dem ~*** *gen. a.* in terms of; ***von diesem ~ aus gesehen*** seen from this angle (*od.* point of view); **~seife** *f* facial (*od.* face) soap; **~straffung** *f* facelift; **~verlust** *m* loss of face; ***e-n ~ erleiden*** lose face; **~wasser** *n* face lotion; **~winkel** *m opt.* visual angle; *fig.* angle; **~züge** *pl.* features.

Gesims *n* ⚠ (*Zierleiste*) mo(u)lding; (*Kranz*≈) cornice; (*Kamin*≈) mantelpiece; (*Fenster*≈) sill; *geol.* ledge.

Gesindel *n* rabble, good-for-nothings *pl.*

gesinnt *adj. in Zssgn* ...-minded, ...-oriented; (*freundlich ~ etc.*) *well-*disposed *etc.*; ***feindlich ~*** hostile; ***anders ~ sein*** have different views (***als*** from); ***fortschrittlich ~ sein*** be (a) progressive, be in favo(u)r of progress; ***sozialistisch ~ sein*** have socialist leanings (*od.* views); ***wie ist sie politisch ~?*** where does she stand politically?, what are her political leanings?

Gesinnung *f* mentality; (*Denkart*) way of thinking; (*Ansichten*) opinions *pl.*, views *pl.*; (*Einstellung*) attitude; (*Überzeugung*) conviction, persuasion; (*Charakter*) character; ***edle ~*** noble-mindedness; ***von edler ~*** noble-minded; ***treue ~*** loyalty; ***ein Mann mit liberaler (demokratischer) ~*** a liberal-minded (democratically minded) man; ***s-e wahre ~ zeigen*** show one's true colo(u)rs.

Gesinnungsgenosse *m* fellow-communist *etc.*; *iro.* kindred spirit; *contp.* crony; (*Anhänger*) adherent, supporter.

gesinnungslos *adj.* unprincipled, lacking in character; (*treulos*) disloyal; **Gesinnungslosigkeit** *f* lack of principles.

Gesinnungslump *m* timeserver, opportunist; **Gesinnungslumperei** *f* opportunism, timeserving.

Gesinnungs|schnüffelei F *f* ideological spying (F snooping); *etwa* McCarthyism; **~täter** *m* politically *etc.* motivated offender; **≈treu** *adj.* loyal; **~treue** *f* loyalty; **~wandel** *m*, **~wechsel** *m* change of heart; *bsd. pol.* about-turn, volte-face.

gesittet *adj.* civilized; (*moralisch*) moral; (*wohlerzogen*) well-mannered; (*höflich*) polite, courteous.

Gesocks F *n* rabble, F shower.

Gesöff F *n* F brew.

gesondert *adj.* separate.

gesonnen *adj.*: ***~ sein zu*** *inf.* be inclined to *inf.* (*od.* towards *ger.*); ***er scheint nicht ~ zu*** *inf. a.* he doesn't seem willing *od.* prepared to *inf.* (*od.* keen on *ger.*).

Gesottene(s) *n* boiled meat.

gespalten *adj.* split; *Partei etc.*: *a.* divided; ***~er Gaumen*** cleft palate; *psych.* ***~e Persönlichkeit*** split personality.

Gespann *n* team; (*Pferde*≈) horse and cart; *fig.* team, (*Paar*) pair, duo, tandem; *die beiden* ***bilden ein ideales (merkwürdiges) ~*** make a perfect team (make strange bedfellows).

gespannt **I.** *adj.* **1.** *Seil*: taut; *Muskel*: tense; **2.** *fig. Beziehungen*: strained; *Lage*: tense; (*neugierig*) curious; ***ich bin ~ auf*** I can't wait to see (*od.* find out *etc.*), ***das Konzert:*** I wonder what the concert's going to be like; ***ich bin ~, ob*** I wonder if (*od.* whether); F ***ich bin ~ wie ein Regenschirm*** I (just) can't wait, I can hardly wait, the suspense is killing me, F I'm dying (*od.* bursting) to find out *etc.*; ***et. mit ~er Aufmerksamkeit verfolgen*** follow s.th. closely (*od.* with keen interest); ***sie steht mit ihm auf ~em Fuß*** she doesn't get on (very well) with him; **II.** *adv.* (*aufmerksam, konzentriert*) intently; ***~ zusehen*** watch closely, be riveted; ***er hörte ~ zu*** he listened intently, he was all ears; ***wir warten schon ganz ~*** we can't wait (to hear *etc.*); **Gespanntheit** *f* (*gespannte Erwartung*) expectation, *stärker*: excited anticipation; (*Aufmerksamkeit*) intentness; (*Spannungszustand*) tension; ***man konnte die ~ im Saal spüren*** the hall was buzzing with expectation (*od.* anticipation, excitement).

Gespenst *n* ghost; *fig.* (*Gefahr*) spect|re (*Am.* -er); F ***du siehst ja ~er!*** you're seeing (*od.* imagining) things; ***wie ein ~ aussehen*** look like a ghost; ***da gehen ~er um*** the place is haunted; *fig.* ***das ~ der Anarchie*** *etc.* ***an die Wand malen*** raise (*od.* conjure up) the spect|re (*Am.* -er) of anarchy *etc.*

Gespenstergeschichte *f* ghost story.

gespensterhaft *adj.* ghostly; *fig.* (*unheimlich*) uncanny.

Gespenster|schiff *n* phantom ship; **~stunde** *f* witching hour.

gespenstisch *adj.* ghostly, eerie; F (*unglaublich*) incredible.

gesperrt **I.** *adj.* **1.** closed (***für*** to); (*verschlossen*) locked; ✝ blocked; *Scheck*: stopped; ***für den Verkehr ~*** closed to all traffic; **2.** *typ.* spaced; **II.** *adv.*: ***~ gedruckt*** spaced out.

gespickt *adj.* **1.** *Braten*: larded; **2.** F *fig.* ***~ mit*** *Fehlern*: bristling with, *Zitaten etc.*: interlarded with; ***s-e Brieftasche war ~*** F his wallet (*od.* he) was loaded.

Gespiele *m*, **Gespielin** *f lit. u. iro.* playmate.

gespielt *adj.*: ***~e Gleichgültigkeit*** *etc.* studied indifference *etc.*

Gespinst *n* spun yarn; (*Gewebe*) web, tissue; *der Raupe*: cocoon; *der Spinne*: web; *fig.* web *of lies etc.*

gesponnen F *adj.*: ***alles ~es Zeug*** he's *etc.* made it all up.

Gespons *hum. m, n* spouse.

gesponsert *adj.*, **gesponsored** *adj.* sponsored.

Gespött *n* mockery, ridicule; ***sich zum ~ (der Leute) machen*** make a fool of o.s., make o.s. into a laughing stock; ***zum ~ der Leute werden*** become a laughing stock; **Gespöttel** *n* (constant) mocking *od.* mockery.

Gespräch *n* conversation (***über*** about, on); (*Diskussion*) discussion; (*Zwie*≈) dialog(ue); *pol.* talks *pl.*; (*Telefon*≈) telephone conversation, (*Anruf*) call; ***ein ~ führen mit*** have a conversation with; ***~e führen mit*** talk to, *bsd. pol.* have talks with; ***ins ~ kommen mit*** get into conversation with, get talking to, *fig.* make contact with; ***es ist im ~*** (*wird erwogen*) it's being considered, it's under discussion (*od.* consideration), (*wird beredet*) it's a talking point; ***das ~ bringen auf*** bring the conversation round to; ***mit j-m im ~ bleiben*** keep in contact with s.o., keep up contacts (*od.* the contact) with s.o.

gesprächig *adj.* talkative; (*mitteilsam*) communicative; ***sie ist nicht sehr ~*** *a.* she doesn't say much; ***heute bist du ja nicht sehr ~*** *a.* you haven't got much to say for yourself today, have you?; **Gesprächigkeit** *f* talkativeness.

gesprächsbereit *adj. bsd. pol.* ready for talks; prepared (*od.* willing) to have talks; ready (*od.* prepared, willing) to negotiate; **Gesprächsbereitschaft** *f* willingness to have talks; desire for talks (*od.* negotiations).

Gesprächs|dauer *f*: *teleph.* ***bei e-r ~ von fünf Minuten*** a five-minute call *will cost etc.*; **~einheit** *f teleph.* unit; **~fetzen** *pl.* snatches of (a *od.* the) conversation; **~form** *f*: ***in ~*** in the form of a conversation *od.* dialog(ue); **~gegenstand** *m* topic (*od.* subject) of conversation; **~grundlage** *f* basis for talks; **~klima** *n pol.* atmosphere of the talks; **~leiter(in** *f*) *m Radio, TV*: host; *bei Konferenzschaltung*: *a.* anchorman, *f* anchorwoman; **~leitung** *f*: ***die ~ hat ...*** hosting the discussion we have ...; **~partner** *m*: ***er ist ein guter ~*** you can have good conversations with him; ***mein ~ war ...*** I was talking to ...; ***sie braucht e-n ~*** she needs someone to talk to; ***unsere ~ heute Abend sind ...*** with us here this evening (to talk about it) are ...; *pol.* ***sein ~*** his partner in the talks; ***er trifft sich mit s-m ~ X*** he'll be meeting X for talks; **~pause** *f* lull in the conversation; **~runde** *f pol.* round of talks; **~stoff** *m* topic(s *pl.*) of conversation; ***genügend ~ haben*** have plenty to talk about; → ***ausgehen*** 3; **~thema** *n* topic (of conversation); topic of discussion; ***~ Nummer eins*** topic number one; ***es ist zur Zeit ~ Nummer eins*** everyone's talking about it; ***das ist für mich kein ~*** that's not something I'm even prepared to discuss; **~therapie** *f* counsel(l)ing.

gesprächsweise *adv.* in conversation; *konkret*: in the course of (the) conversation.

gespreizt *adj.* spread-out; *Wellenbereich*: spread; *fig.* affected; *Stil*: *a.* stilted; **Gespreiztheit** *f* affectation.

gesprenkelt *adj.* speckled; (*gescheckt*) mottled.

gespritzt *adj. Getränk*: ... with soda; ***~er Whisky*** whisk(e)y soda.

Gespritzte *dial. m* wine with soda water, spritzer.

gesprungen *adj. Vase etc.*: cracked; ***die Tasse ist ~*** *a.* the cup's got a crack.

Gespür *n* (*Gefühl*) feeling (***für*** for); (*Wahrnehmungsvermögen*) sense (of); ***feines ~*** *a.* antenna, nose (***für*** for); ***sie hat ein ~ dafür*** she picks that kind of thing up straightaway.

gespurt *adj. Loipe*: tracked, prepared.

Gestade *lit. n des Meeres*: shore, *flaches*: beach.

gestaffelt *adj. Preise, Steuern, Zinsen*: graduated, sliding scale ...; ***~e Arbeitszeiten (Urlaubszeiten)*** staggered working hours (holidays); ***~er Zinssatz*** progressive (interest) rate.

Gestagen *n* progestin.

Gestalt *f* **1.** (*undeutlich wahrgenommener Mensch*) figure, form; (*Ding*) form, shape; *fig.* (*komische ~*) character; ***dunkle ~*** dark shape (*od.* figure), *fig.* shady character; **2.** (*äußere ~*) shape, form; ***(feste) ~ annehmen*** take shape, materialize, be shaping up; ***die ~ e-r Pyramide haben*** be shaped like a pyramid; ***e-r Sache ~ geben*** give s.th. shape; ***in ~ von*** in the form (*od.* shape) of; ***in s-r jetzigen ~*** in its present shape (*od.* form); **3.** (*Körperbau*) build, frame; ***von hagerer ~*** of lean build, lean-built; ***sie ist e-e zierliche ~*** she's gracefully built; **4.** (*Persönlichkeit*) personality, figure; (*literarische ~*) figure, character; **5.**

(*Verkörperung*) shape, form; (*Tarnung*) *a.* guise; ***in der ~ des Teufels*** in the shape (*od.* guise) of the devil, disguised as the devil; ***sich in s-r wahren ~ zeigen*** reveal one's true character; **6.** *psych.* gestalt.

gestalten I. *v/t.* form, shape; *Bildhauerei etc.*: model; (*entwerfen, künstlerisch ~, a.* ⚙) design; (*schöpferisch ~*) create, produce, make; (*schmücken*) decorate; (*einrichten*) arrange; ***et. interessanter*** *etc.* ~ make s.th. more interesting *etc.*; ***et. abwechslungsreich ~*** lend s.th. variety, lend (some) variety to s.th.; ***et. dramatisch ~*** dramatize s.th., lend s.th. a dramatic element; ***et. zu et. ~*** make s.th. out of s.th., turn s.th. into s.th.; **II.** *v/refl.*: ***sich ~*** take shape; (*sich entwickeln*) develop; ***sich gut*** *etc.* ~ go (*od.* turn out) well *etc.*; ***sich zu*** *e-m Erfolg etc.* ~ prove, turn out (to be), be; **Gestalter** *m* designer; (*Organisator*) organizer; (*Schöpfer*) creator; **gestalterisch** *adj.* design ...; artistic; creative; organizational; → ***gestalten.***

gestaltlos *adj.* shapeless, amorphous; **Gestaltlosigkeit** *f* shapelessness.

Gestaltpsychologie *f* gestalt psychology.

Gestaltung *f* (*künstlerische ~*) creation, production; (*Formgebung*) shaping, *a.* ⚙ designing; (*Organisierung*) organization, arrangement; (*Gestalt*) shape; form; structure; (*Merkmale*) features *pl.*; (*Stil, Zuschnitt*) style, *a.* ⚙ design; (*Entwicklung*) development.

Gestaltungs|kraft *f* creative power; **~trieb** *m* creative impulse.

Gestammel *n* stuttering, stammering; *contp.* (*unverständliche Wörter*) F gobbledygook; ***was war denn das für ein ~?*** what was all that about?

gestanden *adj.*: ***ein ~er Mann, ein ~es Mannsbild*** a man who's made it (*od.* got somewhere) in life; ***ein ~er Politiker*** a seasoned politician.

geständig *adj.*: ***~ sein*** (*gestehen*) confess, own up, (*gestanden haben*) have confessed (*od.* owned up), have made a confession.

Geständnis *n a.* ⚖ confession; (*Einℒ*) admission; (*Bekenntnis*) avowal; ***ein ~ ablegen*** make a confession, confess (***über et.*** s.th.); ***j-m ein ~ abringen*** get s.o. to confess (*od.* make a confession); ***ich muss dir ein ~ machen*** there's something I have to tell (*od.* confess to) you.

Gestank *m* smell, *stärker*: stench, stink.

gestatten *v/t.* allow, permit; (*gewähren*) grant; ***Rauchen*** (***Fotografieren***) ***nicht gestattet*** no smoking (no photographs); ***j-m et. ~*** allow s.o. to do s.th.; ***~ Sie, dass ich rauche?*** do you mind my smoking (*od.* if I smoke)?; ***~ Sie mir zu*** *inf.* allow me to *inf.*; ***~ Sie?*** may I?; ***heute gestatte ich mir ...*** today I'm going to allow myself (*od.* treat myself to) ...

Geste *f* gesture (*a. fig.*); ***mit lebhaften ~n*** gesticulating wildly; *fig.* ***~ der Versöhnung*** conciliatory gesture, F peace offering; ***als ~ der Höflichkeit*** as a matter of politeness.

Gesteck *n* flower arrangement.

gesteckt *adv.*: F ***~ voll*** (F jam)packed, F chock-a-block.

gestehen I. *v/t.* admit, *a.* ⚖ confess; ***ich muss ~, dass*** I must confess (*od.* admit) that; ***offen gestanden*** to be quite honest; **II.** *v/i.* confess, make a confession (*a.* ⚖), own up.

Gestehungskosten *pl.* cost price *sg.*

Gestein *n* rock(s *pl.*); ⚒ rock, stone.

Gesteins|art *f* type of rock; **~bildung** *f* rock formation; **~kunde** *f* petrology, mineralogy; **~masse** *f* rocky mass; **~probe** *f* rock sample; **~schicht** *f* stratum.

Gestell *n* rack; (*Regal*) shelves *pl.*; (*Ständer*) stand; (*Stütze*) support; (*Bock*) trestle; (*Beine*) legs *pl.*; (*Fassung, Rahmen*) frame (*a. Brillenℒ, Fahrradℒ*); (*Sockel*) pedestal; → ***Bett-, Fahrgestell*** *etc.*

gestellt *adj.* **1.** *Bild etc.*: posed; *Szene*: acted; *weitS.* (*unnatürlich*) artificial, unnatural; ***es ist ~*** *Szene*: they're (just) acting; **2. *gut* (*schlecht*) *~ sein*** be well (badly) off; ***er ist nicht besonders gut ~*** he doesn't do too well (moneywise); ***auf sich selbst ~ sein*** have to fend for o.s., have to paddle one's own canoe.

gestelzt I. *adj.* affected; *Stil*: *a.* stilted; **II.** *adv.*: ***~ reden*** *a.* talk like a book.

gestern *adv.* yesterday; ***~ früh, ~ Morgen*** yesterday morning; ***~ Abend*** last night; ***~ vor e-r Woche*** yesterday week, a week ago yesterday; ***von ~*** yesterday's; *fig.* ***er ist nicht von ~*** he wasn't born yesterday, he's nobody's fool.

gestiefelt *adj.* in boots; ***der ℒe Kater*** Puss-in-Boots; *fig.* ***~ und gespornt*** ready and waiting, *iro.* raring to go.

gestielt *adj.* stemmed *vase etc.*; ✿ stalked.

Gestik *f* gestures *pl.*; (*Zeichensprache*) sign language; (*Körpersprache*) body language; ***e-e lebhafte ~ haben*** gesticulate a lot, use one's hands a lot; ***sich durch ~ verständigen*** communicate through sign language, signal to s.o. (*od.* to one another).

gestikulieren I. *v/i.* gesticulate, wave one's hands about (in the air); **II.** ℒ *n* gesticulation.

Gestirn *n* (*Stern*) star(s *pl.*); (*Sternbild*) constellation; **gestirnt** *adj.* starry.

Gestöber *n* (snow)drift, (snow) flurry.

gestochen I. *adj. Handschrift*: very neat (*od.* clear); **II.** *adv.*: ***~ scharf*** *Fotos etc.*: pin-sharp.

gestohlen *adj.* stolen; ***~e Ware*** stolen goods; F *fig.* ***der*** (***das***) ***kann mir ~ bleiben*** *sl.* to hell with him (it).

Gestöhn(e) *n* moaning, moans *pl.*

gestopft I. *adj.* stuffed; *Socken etc.*: darned; **II.** *adv.*: F ***~ voll*** F jampacked, chock-a-block.

gestört *adj.* disturbed; ***~er Schlaf*** *a.* broken sleep; ***~er Empfang*** bad reception; ***~e Leitung*** faulty line; ***~e Ehe*** unstable marriage; ***~e Erziehung*** troubled upbringing; ***Kinder aus ~em Elternhaus*** (*od.* ***Umfeld***) children from unstable homes (*od.* backgrounds); ***~es Verhältnis*** ambivalent (*od.* uneasy, *stärker*: shaky) relationship (***zu*** with); ***sie haben ein ~es Verhältnis*** *a.* it's not a straightforward relationship; ***er hat ein ~es Verhältnis zu sich selbst*** he finds it hard to come to terms with himself; ***geistig ~*** mentally disturbed (*od.* imbalanced).

Gestotter *n* stuttering.

Gestrampel *n* kicking (and struggling).

gestrandet *adj.* stranded.

Gesträuch *n* bushes *pl.*, shrubbery.

gestreckt *adj.* stretched; ***in ~em Galopp*** at full gallop.

gestreift *adj.* striped, F strip(e)y; ***rotblau ~*** with blue and red stripes, blue-and-red striped *jumper etc.*

gestreng *adj.* → ***streng.***

gestresst F *adj.* stressed (out), under a lot of pressure (*stärker*: stress); ***er ist zur Zeit ziemlich ~*** *a.* F he's got an awful lot on his plate at the moment.

gestreut *adj.* scattered; ✝ diversified.

gestrichelt *adj.*: ***~e Linie*** broken (F dotted) line.

gestrichen I. *adj.* (*bemalt*) painted; → ***frisch*** II; *typ.* deleted; ♪ bowed; ***drei ~e Teelöffel*** three level teaspoons(ful); **II.** *adv.*: ***~ voll*** filled to the brim; F *fig.* ***ich hab die Nase ~ voll*** F I'm fed up to the back teeth (with it).

gestriegelt *adj.* (*a.* ***~ und gebügelt***) (*pred.* all) spruced up.

gestrig *adj.* yesterday's; ***am ~en Tage*** yesterday; ***am ~en Abend*** last night; ***unser ~es Schreiben*** our letter of yesterday; ***auf unser ~es Gespräch zurückkommend*** coming back to what we were saying yesterday, *im Brief*: with reference to our conversation of yesterday; ***ewig ℒe*** (*pol.* political) diehards, F old fogeys.

Gestrüpp *n* brushwood, scrub; (*Unterholz*) underbrush; *fig.* jungle, maze.

gestuft *adj. Haarschnitt etc.*: layered.

Gestühl *n* chairs *pl.*, seats *pl.*; *in der Kirche*: pews *pl.*; (*Chorℒ*) stalls *pl.*

Gestümper *n* bungling; *konkret*: F botch-up.

gestürzt *adj. Regierung etc.*: overthrown; *Staatsoberhaupt*: *a.* ex-...

Gestüt *n* stud farm; **~buch** *n* studbook; **~hengst** *m* stallion; **~stute** *f* stud mare.

gestylt *adj.* designer ...; styled.

Gesuch *n* (*Bittschrift*) petition; (*Antrag, Bewerbung*) application.

gesucht *adj.* **1.** (*begehrt*) (much) sought-after; ***~ sein*** *a.* be in demand; ***sehr ~ sein*** be in great demand, be very much in demand; **2.** (*benötigt*; *in Inseraten*; *polizeilich ~*) wanted; **3.** *fig.* (*absichtlich*) studied; (*geziert, gekünstelt*) affected; *Ausdruck, Vergleich*: labo(u)red.

Gesudel *n* scrawl.

Gesumm(e) *n* hum, humming (noise).

Gesums F *n* fuss (and bother).

gesund *adj.* healthy (*a. Appetit, Klima, Opposition etc.*); *Person*: *pred. a.* (very) well; (*fit*) fit; *fig. Firma, Instinkt*: sound; *Ansichten*: sound, healthy; ***~e Nahrung*** good(, wholesome) food; ***Ihre Leber*** *etc.* ***ist ~*** *a.* is in (perfectly) good shape; ***~ und munter*** alive and kicking; ***Obst ist ~*** fruit is good for you; ***Schokolade ist für die Zähne nicht ~*** chocolate is bad for your teeth; ***wir machen dich schon wieder ~*** we'll get you back on your feet again; ***bleib*** (***schön***) ***~!*** look after yourself; ***~er Menschenverstand*** (sound) common sense; ***ein ~es Urteil*** sound judg(e)ment; *fig.* ***das ist ganz ~ für ihn*** it'll do him good; *iro.* ***sonst bist du ~?*** apart from that you're fine, are you?; → ***gesund machen, gesundstoßen.***

gesundbeten *v/t.* cure *s.o.* by faith healing; **Gesundbeter** *m* faith healer; **Gesundbeterei** *f* faith healing.

Gesundbrunnen *fig.* *m* fountain of youth.

gesunden *v/i.* recover (*a. fig.*), get well.

Gesundheit *f* health; (*Zuträglichkeit*) healthiness; ***bei bester ~*** in the best of health; ***e-e eiserne ~ haben*** have an iron constitution; ***vor ~ strotzen*** be the

G

picture of health; ***auf j-s ~ trinken*** drink to s.o.'s health; ***auf Ihre ~!*** your health!; ***~!*** *beim Niesen*: bless you!, *Am. a.* gesundheit!

gesundheitlich I. *adj.* health ...; (*gesundheitsfördernd*) healthy; ***~er Zustand*** state of health; **II.** *adv.* healthwise; ***wie gehts ~?*** how are things healthwise?, how's your health?

Gesundheits|amt *n* health cent|re (*Am.* -er); **~apostel** *m* health freak; **~artikel** *m* health product; **~attest** *n* health certificate; **~beamte(r)** *m* public health officer; **~behörde** *f* public health authority; **⁀bewusst** *adj.* health-conscious; **~dienst** *m* public health service; **~erziehung** *f* health education; **~fanatiker** *m* health freak; **~farm** *f* health farm; **⁀fördernd** *adj.* healthy, good for one's health; **~fürsorge** *f* health care; **⁀gefährdend** *adj.* noxious; ***~ sein*** *a.* be a health hazard; **~gefährdung** *f* health hazard; **~gründe** *pl.*: ***aus ~n*** → ***gesundheitshalber.***

gesundheitshalber *adv.* for health reasons, for reasons of health.

Gesundheits|industrie *f* health (care) industry; **~minister** *m* health minister, minister for health; *in GB*: Health Secretary, Secretary of State for Health; *in den USA*: Secretary of Health; **~ministerium** *n* health ministry (*od.* department); *in GB*: Health Department, *a. in den USA*: Department of Health; **~pflege** *f* health care; **~politik** *f* health policy; **~reform** *f* health service reform(s *pl.*); **~risiko** *n* health hazard; **~schaden** *m* health injury; *pl. a.* damage *sg.* to one's health; ***... kann zu Gesundheitsschäden führen*** ... can damage your health; **⁀schädlich** *adj.* bad for one's health; *Gas etc.*: noxious; ***~e Auswirkungen*** adverse health effects; **~schuh** *m* orthop(a)edic shoe; **~schutz** *m* health protection; **~vorsorge** *f* health care; **~wesen** *n* (*öffentliches ~*) public health system; **~zeugnis** *n* health certificate; **~zustand** *m* (state of) health, physical condition.

gesund| machen *v/refl.* → ***gesundstoßen***; ***~ pflegen*** *v/t.* nurse *s.o.* back to health.

gesundschreiben *v/t.*: ***j-n ~*** pass s.o. fit.

gesundschrumpfen I. *v/t.* (*Firma etc.*) pare (*od.* whittle) down, shake up; **II.** *v/refl.*: ***sich ~*** be pared (*od.* whittled) down, have a shake-up; **Gesundschrumpfung** *f* shakeout, shake-up.

gesundstoßen F *v/refl.*: ***sich ~*** F make a packet (***an*** on, with); ***mit dem Geschäft hat er sich gesundgestoßen*** *a.* F he got rich in that racket.

Gesundung *f* recovery (*a. fig.*).

getäfelt *adj.* panel(l)ed.

getan *p.p. u. adj.*: ***gesagt, ~*** no sooner said than done; ***nach ~er Arbeit*** when the day's work is done, after work.

getaucht *adj.*: ***in Licht ~*** bathed in light; ***in Dunkelheit*** (***Nebel***) ***~*** shrouded *od.* enveloped in darkness (fog).

geteilt *adj.* divided (*a. pol. Land*); ✿ *Blatt*: parted; ⚙, ✝ split; ***~er Meinung sein*** disagree; ***da sind wir ~er Meinung*** *a.* our opinions differ on that; ***die Meinungen sind ~*** opinions differ (*od.* are divided); ***~es Leid ist halbes Leid*** a sorrow shared is a sorrow halved; ***~e Freude ist doppelte Freude*** a joy shared is a joy doubled.

Getier *n* animals *pl.*; (*Insekten u. Kleintiere*) creatures *pl.*

getigert *adj.* striped.

getönt *adj.* tinted.

Getöse *n* din, F racket; (*Krachen*) crash; *e-r Menge etc.*: uproar; *des Windes, der Wellen*: roaring.

getragen *adj. Kleidung*: old; *fig.* (*feierlich*) solemn; ♪ portato (*a. adv.*).

Getrampel *n* trampling about.

Getränk *n* drink.

Getränke|automat *m* drinks machine; **~industrie** *f* beverage industry; **~karte** *f* list of beverages; wine list; **~kellner** *m* wine waiter; **~steuer** *f* beverage tax; *tax on alcoholic beverages consumed in public.*

getränkt *adj.*: ***mit Alkohol*** *etc.* ~ soaked in alcohol *etc.*

Getratsche *n* gossip.

getrauen *v/refl.* **1.** ***sich ~*** dare (***et. zu tun*** [to] do s.th.); **2.** ***das getraue ich mich*** (***nicht***) I (don't) think I could do that.

Getreide *n* grain, cereals *pl.*, *Brit. a.* corn; **~anbau** *m* growing of cereals; **~art** *f* cereal, (type of) grain; **~börse** *f* grain exchange; *in England*: corn exchange; **~ernte** *f* grain harvest; **~export** *m* export(ing) of grain(s); **~feld** *n* cornfield, *Am.* grainfield; **~händler** *m* grain merchant; **~import** *m* import(ing) of grain(s); **~korn** *n* grain; **~land** *n* grain-growing country; **~lieferungen** *pl.* grain supply *sg.* (*od.* supplies) (***an*** to); **~mehl** *n* flour; *grob*: meal; **~mühle** *f* grain mill; **~produkte** *pl.* cereal products; **~silo** *m, n*, **~speicher** *m* granary; silo, *Am. a.* (grain) elevator; **~stärke** *f* cereal starch; **~vorrat** *m* grain supply (*od.* supplies *pl.*).

getrennt *adj. u. adv.* separate(ly); ***~ leben*** be separated (***von*** from), live apart; ***~ schlafen*** have separate bedrooms; *Begriffe* ***~ halten*** distinguish between; *Wort* ***~ schreiben*** write as two words; ***mit ~er Post*** under separate cover; ***~e Kasse machen*** go Dutch, go halves on s.th., (*getrennte Konten haben*) have separate accounts; ***im*** *Urlaub* ***machen wir ~e Kasse*** *a.* we each pay for ourselves; ***wir zahlen ~*** *im Restaurant*: could we have separate bills?; **⁀schreibung** *f*: ***die ~ findet man häufiger*** it's usually written as two (*od.* three *etc.*) words.

getreu *lit. adj.* faithful, loyal (*dat.* to); ***~e Abschrift*** true copy; ***~e Übersetzung*** faithful translation; ***~ s-m Eid*** *etc.* true to his oath *etc.*; ***sich selbst ~ bleiben*** remain true to o.s.; **Getreue(r** *m*) *f* follower, loyal supporter; **getreulich** *lit. adj.* faithful (*a. fig. genau*), loyal.

Getriebe *n* **1.** ⚙ gear unit; *mot. etc.* transmission; (*Räderkasten*) gearbox; (*Antrieb*) drive; *e-r Uhr etc.*: clockwork; **2.** *fig.* machinery; → ***Sand***; **~...** *in Zssgn mst* transmission ...; **~bremse** *f* gear brake; **~gehäuse** *n*, **~kasten** *m* gearbox.

getrieben *adj. Metall*: embossed; ***~e Arbeit*** *a.* chased work.

Getriebe|rad *n* gear wheel; **~schaden** *m* transmission trouble (*totaler*: failure); **~welle** *f* shaft.

getrimmt *adj.*: ***~ für*** trained for, (*e-e Prüfung etc.*) in form for; ***auf gutes Benehmen*** *etc.* ~ trained to behave well *etc.*; ***auf alt ~*** done up to look old; (***sie ist***) ***auf jugendlich ~*** F mutton dressed up as lamb.

getroffen *adj.* **1.** ***auf dem Foto bist du gut ~*** it's a good photo of you; **2.** ***sich ~ fühlen*** feel hurt.

getrost *adv.* (*sicher, ohne Risiko*) safely; (*leicht, ohne weiteres*) easily; (*vertrauensvoll*) confidently; ***das kannst du ~ tun*** there's no reason why you shouldn't do it, (*Erlaubnis erteilend*) *a.* go ahead (and do it), feel free (to do so); ***du kannst ~ nach Hause gehen*** just go home, it'll be all right (*Am.* alright); ***ihr kannst du es ~ sagen*** you needn't worry about telling her; ***man kann ~ behaupten, dass*** one can safely say that.

Getto *n a. fig.* ghetto; *hist.* ***das Warschauer*** (***Prager***) ***~*** the Warsaw (Prague) Ghetto.

Getue *n* **1.** fuss (***um*** about, over); ***was soll das ganze ~?*** what's the big fuss (all about)?; **2.** (*dummes ~*) silly behavio(u)r; **3.** (*Gespreiztheit*) acting.

Getümmel *n* tumult, hurly-burly; ***sich ins ~ stürzen*** enter (*od.* throw o.s. into) the fray.

getunt F *adj. mot.* F souped up.

getüpfelt, getupft *adj.* spotted; *Kleid etc.*: with dots, polka-dot ...; ***gelb ~*** with yellow dots (*od.* spots).

geübt *adj.* practi|sed (*Am.* -ced); skilled, experienced; trained (*a. Auge*); ***er ist*** (***darin***) ***~*** he's had plenty of practi|ce (*Am. a.* -se) (at it); **Geübtheit** *f* practi|ce (*Am. a.* -se), experience.

Geviert *n*: ... ***im ~ ...*** square.

Gewächs *n* (*Pflanze*) plant; (*Erzeugnis*) produce; (*Wein*) wine, (*Jahrgang*) vintage; ⚕ growth; ***unser eigenes ~*** our own produce; ***ein edles ~*** (*Wein*) a choice wine.

gewachsen *adj.* **1.** grown; *Erde*: natural, undisturbed; *fig. Traditionen etc.*: deep-rooted; ***wie aus dem Boden ~ erscheinen*** suddenly appear (as if) from nowhere; **2.** *fig.* ***j-m ~ sein*** be a match for s.o.; ***e-r Sache ~ sein*** be up to s.th.; ***der Sache ~ sein*** *a.* be equal to the task; ***sich der Lage ~ zeigen*** rise to the occasion.

Gewächshaus *n* greenhouse, hothouse; **~pflanze** *f* hothouse plant.

gewagt *adj.* (*gefährlich*) risky; (*kühn*) daring; *Kleid etc.*: *a.* risqué (*a. Witz*); ***~es Unternehmen*** risky business (*od.* venture); **Gewagtheit** *f* riskiness; (*Kühnheit*) daring.

gewählt I. *adj. Sprache etc.*: refined; *Gesellschaft*: select; **II.** *adv.*: ***sich ~ ausdrücken*** talk well, choose one's words well, be very articulate; **Gewähltheit** *f*: ***~ des Ausdrucks*** careful choice of words.

gewahr *adj.*: ***e-r Sache ~ werden*** notice; (*entdecken*) *a.* discover; (*Gefahr etc.*) realize; (*sehen*) catch sight of, see.

Gewähr *f* guarantee, ⚖, ✝ *a.* security; ***diese Angaben erfolgen ohne ~*** no responsibility is accepted for the correctness of this information; ***~ bieten*** (*od.* ***leisten***) ***für*** guarantee.

gewähren *v/t.* (*bewilligen*) grant; (*einräumen*) allow; (*geben, darbieten*) give, offer; ***j-n ~ lassen*** let s.o. have his way, (*in Ruhe lassen*) leave s.o. alone; ***j-m Einlass ~*** let s.o. in, admit s.o.; ***es gewährt e-n Einblick*** it affords an insight (***in*** into).

gewährleisten *v/t.* (*garantieren*) guarantee; (*sichern*) ensure; **Gewährleistung** *f* guarantee, *a.* ✝ warranty.

Gewahrsam *m* (*Obhut*) care; safekeeping; (*Haft*) custody, detention; ***et. in ~ haben*** have s.th. in safekeeping; ***j-n in ~ halten*** keep s.o. in custody; ***in ~ nehmen*** (*Sache*) take charge of, (*Person*) take into custody; place under detention; ***in sicherem ~*** in safekeeping, *Person*: in custody.

Gewährsmann *m* authority, source; (*Bürge*, *a.* **Gewährsträger** *m*) guarantor.

Gewährung *f* granting.

Gewalt *f* (*Macht*) power (**über** over); *durch Amt etc.*: *a.* authority; (*Herrschaft*) control (of, over); (*zwingende Kraft*) force, power; (*~tätigkeit*, *~anwendung*) violence, force; (*Kraft*) strength, might; (*Wucht*) force, impact; *pol.* ***die drei ~en*** the three powers; ***höhere ~*** an act (*od.* acts) of God, force majeure; (***die***) ***nackte*** *od.* ***rohe ~*** brute force; ***mit ~*** by force, using force, forcibly; ***mit nackter*** (*od.* ***roher***) ***~*** by brute force, through sheer force; ***mit ~ öffnen*** force (*od.* break) open, (*Tür*) *a.* break down; ***mit sanfter ~*** (by) using gentle force; ***mit aller ~*** for all he's *etc.* worth; ***sie will es mit aller ~ schaffen*** she desperately wants to make it; ***er hat es mit aller ~ abgestritten*** he vehemently denied it; ***sich in der ~ haben*** have o.s. under control; ***die ~ verlieren über*** lose control over (*a. über den Wagen*), lose one's grip on; ***er verlor die ~ über den Wagen*** *a.* the car went out of control; ***in s-e ~ bringen*** gain control of, (*Flugzeug etc.*) take command of, *weitS.* hijack; ***j-n in s-r ~ haben*** have s.o. under one's thumb (*od.* in one's sway); ***sich in der ~ haben*** be in control of o.s.; → ***antun*** 1, ***anwenden***; **~akt** *m* act of violence; *fig.* tour de force; **~androhung** *f*: (***unter ~*** under) threat of violence; **~anwendung** *f* (use of) force; (*Gewalttätigkeit*) (use of) violence; ***unter ~*** by force, using force; **~ausbruch** *m* eruption of violence; **~ausübung** *f* use of force; **2bereit** *adj.* ready to resort to (*od.* to use) violence; **~bereitschaft** *f* readiness to resort to violence; **~demonstration** *f* violent demonstration.

Gewalten|teilung *f*, **~trennung** *f pol.* separation of powers.

gewaltfrei *adj. Protest etc.*: nonviolent; *Politik*, *Zeit*: peaceful; **Gewaltfreiheit** *f* absence of violence.

Gewalt|herrschaft *f* despotism, tyranny; **~herrscher** *m* despot.

gewaltig I. *adj.* powerful; (*heftig*) vehement, violent; (*ungeheuer*) enormous, immense, stupendous; (*riesig*) gigantic, *a. Gebiet*, *Anlage*: huge, vast; F tremendous, terrific; ***~er Irrtum*** big(, big) mistake; ***~e Leistung*** tremendous feat (*od.* achievement); ***~e Lüge*** great big lie; ***~e Menge*** huge (*od.* vast) amount; ***~er Unterschied*** vast difference; ***~er Schlag*** powerful blow; ***e-n ~en Hunger haben*** be ravenous; ***e-n ~en Eindruck hinterlassen*** make a big (*od.* deep) impression (**bei** on); ***die 2en*** the people in power, ***der Industrie*** *etc.*: the big names in industry *etc.*; **II.** *adv.* enormously *etc.*; → I; → *a.* ***irren*** II.

Gewalt|kriminalität *f* violent crime(s *pl.*); **~kur** *f* ⚕ *etc.* drastic cure; *zum Abnehmen*: crash diet; *fig.* drastic measures *pl.*; *fig.* ***das ist e-e ziemliche ~*** that's a bit drastic; **~leistung** *f* tour de force.

gewaltlos *adj. Politik*: nonviolent; *Übernahme etc.*: *a.* bloodless (*a. Revolution*); **Gewaltlosigkeit** *f* absence of violence; *bsd. als Prinzip*: nonviolence.

Gewalt|lösung *f* drastic solution; **~marsch** *m* forced march; **~maßnahme** *f* drastic (*od.* violent) measure; **~mensch** *m* brutal person; **~monopol** *n* monopoly on the use of force.

gewaltsam I. *adj.* violent; (*drastisch*) drastic; (*erzwungen*) forcible; ***e-s ~en Todes sterben*** die a violent death; ***~es Vorgehen*** *der Polizei etc.*: use of force; **II.** *adv.* violently; (*mit Gewalt*) by force; **Gewaltsamkeit** *f* violence; force; (*Tat*) act of violence.

Gewalt|schuss *m Fußball*: F rocket; **~streich** *m* coup de main; **~tat** *f* act of violence; → ***terroristisch***; **~täter** *m* violent criminal.

gewalttätig *adj.* violent; **Gewalttätigkeit** *f* brutality, violence; (*Tat*) act of violence.

Gewalt|verbrechen *n* violent crime; **~verbrecher** *m* violent criminal; **~verherrlichung** *f* glorification of violence; ***~ in den Medien*** overexposure of violence in the media; **~verzicht** *m* non-aggression; renunciation of force.

Gewaltverzichts|abkommen *n* non-aggression pact; **~klausel** *f* non-aggression clause; **~vertrag** *m pol.* non-aggression treaty.

Gewand *n* garment; *wallendes*: robe, gown; *eccl.* robe, vestment; *dial.* (*Anzug*) suit; (*Kleid*) dress; *fig.* look; *fig.* ***im ~*** *gen.* in the guise of; *die Zeitschrift etc.* ***erscheint in neuem ~*** has had a facelift.

gewandt *adj.* (*flink*) quick, agile, nimble; (*geschickt*) skil(l)ful, clever (*beide a. fig.*); (*tüchtig*) efficient; (*raffiniert*) clever, smart; *Umgangsformen*, *Stil etc.*: elegant, *a. contp.* smooth; *Redner*: fluent; ***~ sein in*** *a.* be good at; ***~ sein im Umgang mit*** have a way with; **Gewandtheit** *f* agility; skill; efficiency; smartness; elegance; smoothness; fluency.

gewappnet *adj.* armed (***gegen*** against), prepared (for).

gewärtig *adj.*: *e-r Sache* ***~ sein*** be aware of; (*erwarten*) expect, reckon with; (*erkennen*) realize; (*vorbereitet sein auf*) be prepared for.

Gewäsch F *n* F twaddle, hogwash.

Gewässer *n* body of water; *pl. im Binnenland*: lakes and rivers; *im Meer*: waters; **~kunde** *f* hydrology; **~reinigung** *f* cleaning up of rivers and lakes; **~schutz** *m* water pollution control; **~verschmutzung** *f*, **~verunreinigung** *f* water pollution.

Gewebe *n* (*Stoff*) fabric, textile; (*Webart*) texture; *anat.* tissue; *fig.* web; **~flüssigkeit** *f* tissue (*od.* lymph) fluid; **~kultur** *f* tissue culture; **~probe** *f* tissue sample; **~schicht** *f* layer of tissue; **2schonend** *adj.* kind to fabrics; **~stoffwechsel** *m* tissue metabolism; **~verpflanzung** *f* tissue transplant(s *pl.*); **~verträglichkeit** *f* tissue tolerance.

Gewehr *n* gun; rifle; *pl.* (*Feuerwaffen*) (fire)arms; *fig.* ***~ bei Fuß stehen*** be ready for battle; **~feuer** *n* rifle fire; **~granate** *f* rifle-launched grenade; **~kolben** *m* (rifle) butt; **~kugel** *f* (rifle) bullet; **~lauf** *m* barrel; **~mündung** *f* muzzle (of a gun *od.* rifle); **~munition** *f* rifle (*od.* small-arms) ammunition; **~patrone** *f* cartridge; **~salve** *f* volley of gunfire; **~schuss** *m* rifle shot.

Geweih *n* antlers *pl.*

geweiht *adj.* consecrated; *Priester*: ordained; *j-m od. e-r Sache* ***~*** dedicated to, devoted to; ***dem Tode ~*** doomed to die; ***dem Untergang ~*** doomed.

Gewerbe *n* (*Erwerbszweig*) trade, business; (*Handwerk*) craft; (*Industriezweig*) branch of industry, trade; *fig.* trade; ***ehrliches ~*** honest trade; ***dunkles ~*** shady business; *hum.* ***das älteste ~ der Welt*** the oldest profession in the world; **~aufsichtsamt** *n* trade supervisory board; **~ausstellung** *f* trade exhibition; **~betrieb** *m* business enterprise; **~freiheit** *f* freedom of trade; **~gebiet** *n* industrial (*od.* trading) estate, *Am.* industrial (*od.* trade) park; **~gesetz** *n* trade law; **~ordnung** *f* trade regulations *pl.*; **~schein** *m* trading licen|ce (*Am.* -se); **~schule** *f* trade school; **~steuer** *f* trade tax; **~tätigkeit** *f* commercial activity.

gewerbetreibend *adj.* engaged in a trade, trading; industrial, manufacturing; **Gewerbetreibende(r)** *m* businessman; (*Hersteller*) manufacturer; (*Handwerker*) craftsman, artisan.

Gewerbezweig *m* trade, branch of industry; line (of business).

gewerblich I. *adj.* industrial, commercial, trade ...; business ...; ***~e Einfuhr*** industrial imports; ***~es Fahrzeug*** commercial vehicle; ***~e Räume*** business premises; ***~e Wirtschaft*** trade and industry; **II.** *adv. betreiben etc.*: commercially, on a commercial basis; ***~ tätig sein*** carry on (*od.* out) a trade; ***~ genutzt*** (used) for commercial purposes; ***~ genutzte Räume*** business premises.

gewerbsmäßig I. *adj.* professional (*a.* ⚖); ***~e Unzucht*** prostitution; **II.** *adv.* professionally, on a commercial basis.

gewerbstätig *adj.* → ***gewerbetreibend.***

Gewerkschaft *f* (trade) union, *Am.* labor union; **Gewerkschaft(l)er** *m* trade unionist; (*Funktionär*) (trade) union official; **gewerkschaftlich I.** *adj.* (trade) union ...; **II.** *adv.*: (***sich***) ***~ organisieren*** form a union; ***~*** (***nicht***) ***organisiert*** (not) unionized, (non-)union ...

Gewerkschafts|beiträge *pl.* union dues; **~bewegung** *f* trade unionism, trade union movement; **~boss** F *m* union leader; **~bund** *m* federation of trade unions; **2feindlich** *adj.* anti-union ...; **~führer** *m* union (*od.* labo[u]r) leader; **~funktionär** *m* (trade) union official; **~mitglied** *n* (trade) union member; **~sprecher** *m* union spokesman; **~verband** *m* federation of trade unions; **~wesen** *n* trade unionism; **~zugehörigkeit** *f* union membership.

gewesen *adj.* former, one-time.

Gewicht *n* **1.** weight (*a. als Maß*); (*Last*, *Belastung*) *a.* load; *e-r Waage*: weight; ***fehlendes ~*** short weight; ⊙ ***totes ~*** (*Eigen2*) dead weight; → ***spezifisch*** *etc.*; ***nach ~*** by weight; **2.** *fig.* weight, importance, significance; *e-r Sache* ***großes*** (***wenig***) ***~ beimessen*** attach great (little) importance to; ***~ erhalten, an ~ gewinnen*** gain in importance (*od.* significance); *e-r Sache* ***~ geben*** (*od.* ***verleihen***) lend weight to; ***~ haben*** carry weight (***bei*** with); ***~ legen auf*** set great store by, (*betonen*) place great emphasis on; ***das ~ legen auf*** put the emphasis on, emphasize, stress; ***die ~e haben sich verlagert*** the emphasis has (*od.* the priorities have) shifted; ***ins ~ fallen*** count, matter (a lot); ***nicht ins ~ fallen*** make no difference; ***fällt das überhaupt ins ~?*** *a.* is it important?; ***an ~ verlieren*** lose in (*od.* its) importance *od.* significance.

gewichten *v/t. Statistik*: weight; *fig.* assess; *fig.* **neu ~** reassess, have another look at.

Gewichtheben *n* weight-lifting; **Gewichtheber** *m* weight-lifter.

gewichtig *adj.* weighty, heavy; *fig.* weighty; *Entscheidung*: *a.* momentous; (*einflussreich*) influential; *Auftreten, Person*: imposing; (*wichtigtuerisch*) self-important; *fig.* **e-e ~e Person** (*od.* **Persönlichkeit**) a) an influential figure, b) *hum.* a person of some weight; **ein ~es Wort mitzureden haben** have a big say in the matter.

Gewichts|abnahme *f* loss of weight, weight loss; **~analyse** *f* gravimetric analysis; **~angabe** *f* ☤ declared weight; *e-r Waage*: weight; **~einheit** *f* unit of weight; **~grenze** *f* weight limit; **~klasse** *f Sport*: weight (class); **~kontrolle** *f* weight check.

gewichtslos *adj.* weightless; **Gewichtslosigkeit** *f* weightlessness.

gewichtsmäßig *adj.* in (terms of) weight.

Gewichts|satz *m* set of weights; **~training** *n* weight training; **~unterschied** *m* difference in weight; **~verhältnis** *n* weight ratio; **~verlagerung** *f* shifting of weight; *fig.* shift of emphasis; **~verlust** *m* loss of weight; **~zunahme** *f* increase in weight.

Gewichtung *f Statistik*: weighting; *fig.* assessment; (*Festlegen von Schwerpunkten*) prioritization, establishing priorities.

gewieft F *adj.* (*schlau*) smart, clever; (*gerissen*) shrewd; (*durchtrieben*) sly; (*erfahren*) experienced; *im täglichen Konkurrenzkampf*: streetwise, streetsmart.

gewillt *adj.* willing; (*bereit*) prepared; (*entschlossen*) determined.

Gewimmel *n* swarming, bustle; (*Menge*) swarm, teeming crowd, mass of people.

Gewimmer *n* whimpering.

Gewinde *n* **1.** (*Blumen*♀) garland; (*Kranz*) wreath; **2.** ⚙ (*Schrauben*♀) thread; **3.** *Schneckenhaus*: spire; *Muschel*: whorl; **~bohrer** *m* tap; **~fräsen** *n* thread milling; **~gang** *m* (turn of a) thread; **~schleifen** *n* thread grinding.

Gewinn *m* (*Spiel*♀) winnings *pl.*; (*Lotterie*♀) prize; (*Profit*) profit; (*Ertrag*) yield, returns *pl.*; (*Erlös*) proceeds *pl.*; (*Verdienst*) earnings *pl.*; *fig.* profit, gain; (*Vorteil, Nutzen*) advantage, benefit; (*Bereicherung*) improvement, enhancement; **~e** *bei e-r Wahl*: gains; **reiner ~** net profit; **~ bringen** yield a profit; **am ~ beteiligt sein** have a share in the profits; **~ erzielen** net a profit; **mit ~ verkaufen** (**arbeiten**) sell (work) at a profit; *fig.* **~ ziehen aus** profit from; **die Reise war ein ~ für mich** I really profited from (*od.* got a lot out of) the trip; **~abführung** *f* transfer of profits; **~abschöpfung** *f* skimming-off of excess profits; **~anteil** *m* share in (the) profits; dividend; **~ausschüttung** *f* dividend payout; **~aussichten** *pl.* profit prospects; **~beschränkung** *f* control of profits; **~beteiligung** *f* profit sharing.

gewinnbringend, Gewinn bringend I. *adj.* profitable (*a. fig.*), lucrative; **II.** *adv.*: **Geld ~ anlegen** invest money profitably.

Gewinnchancen *pl.* chances of winning; odds.

gewinnen I. *v/t.* **1.** win; (*Preis*) *a.* get; (*Vorteil, Vorsprung*) gain; (*erwerben*) get, obtain; (*verdienen*) earn, make; *fig.* (*Einblick, Eindruck, j-s Zutrauen etc.*) gain; **j-n für sich** (**et.**) **~** win s.o. over (to s.th.); **j-n für s-e Pläne** *etc.* **~** win s.o.'s support for one's plans *etc.*; **j-s Herz ~** win s.o.'s heart; **was ist damit gewonnen?** what good will it do?; **damit ist nichts gewonnen** it won't do any good; **wie gewonnen, so zerronnen** easy come, easy go; → **Oberhand, Spiel** 1 *etc.*; **2.** ⚒ *etc.* win, obtain, extract; *aus Altmaterial*: recover, reclaim (**aus** from); ⚗ extract, derive; **II.** *v/i.* **3.** win, be the winner(s); win the match *etc.*; **~ gegen** beat; **gegen ihn kannst du nicht ~** *a.* he's unbeatable; **knapp ~** *Sport*: scrape home; → **spielend**; **4.** an *Bedeutung, Klarheit etc.* **~** gain (in); **an Boden ~** gain ground; **5.** *durch Vergleich od. Kontrast etc.*: gain, improve; **~ durch** profit by, benefit from; **sie gewinnt bei näherer Bekanntschaft** she's not so bad when you get to know her; **durch den Bart gewinnt er** the beard improves him, he definitely suits a beard; **gewinnend** *fig. adj.* winning, engaging.

Gewinnentnahme *f* withdrawal of profits.

Gewinner(in *f*) *m* winner.

Gewinn|gemeinschaft *f* profit pool; **~liste** *f* list of winners; **~los** *n* winning ticket (*od.* number), winner; **~nummer** *f* winning ticket (*od.* number), winner; **♀orientiert** *adj.* profit-minded; **~quote** *f* ☤ profit margin; *Lotterie etc.*: prize; *Fußballtoto*: dividend; **♀reich** *adj.* profitable; **~schwelle** *f* breakeven point; **~spanne** *f* profit margin; *im Handel*: *a.* trade margin; **~strähne** *f* lucky streak; **~streben** *n* pursuit of gain (*od.* profit).

Gewinnsucht *f* profit-seeking; greed; **gewinnsüchtig** *adj.* profit-seeking, grasping, profiteering; ⚖ **in ~er Absicht** with the object of gain.

gewinnträchtig *adj.* high-profit ..., high-yield ..., lucrative.

Gewinn-und-Verlust-Rechnung *f* profit and loss account.

Gewinnung *f von Bodenschätzen etc.*: production, extraction; (*Fördermenge*) output; *von Neuland*: reclamation; ⚗ preparation, extraction.

Gewinn|verteilung *f* distribution of profits; **~zahl** *f* winning number; **~zuschlag** *m* profit markup.

Gewinsel *n* whining.

Gewirr *n* tangle, snarl; *von Straßen etc.*: maze; (*Durcheinander*) jumble, confusion.

gewiss I. *adj.* **1.** (*sicher*) certain, positive, sure; **eines ist ~** there's one thing for sure; **der Preis ist ihm ~** he's certain to win; **sich s-r Sache ~ sein** be sure of one's facts; **m-e Unterstützung ist ihm ~** he can count on my support; **man weiß nichts Gewisses** nothing definite is known, nobody knows anything for sure; **2.** (*nicht näher bestimmt*) certain; **ein gewisser Herr X** a certain (*od.* one) Mr X; **ein gewisses Etwas** a certain something; **in gewissem Sinne** in a sense (*od.* way); **in gewisser Hinsicht** in a way, in some ways; **in gewissen Fällen** in certain (*od.* some) cases; **II.** *adv.* certainly; (*zweifellos*) no doubt; **~ nicht** definitely not; **das weiß ich ganz ~** I know that for sure; **~!** certainly; yes, indeed; **aber ~!** yes, of course.

Gewissen *n* conscience; **ein reines** (*od.* **gutes, ruhiges**) **~** a clear conscience; **ein schlechtes ~** a bad (*od.* guilty) conscience; **ein schlechtes ~ haben wegen** *a.* feel bad about (*ger.*); **soziales ~** social conscience; **ihn plagt sein ~** he's got a bad conscience; **sein ~ erleichtern** ease one's conscience; **j-m ins ~ reden** have a serious talk with s.o.; **j-n** (**et.**) **auf dem ~ haben** have s.o. (s.th.) on one's conscience; **das hast du auf dem ~** you've got to answer for that; **das musst du mit d-m ~ ausmachen** you'll have to settle that with your conscience; **sich kein ~ machen zu** *inf.* have no scruples about *ger.*; **sie macht sich kein ~ daraus** *a.* it doesn't bother (*od.* worry) her in the slightest; **das kannst du mit gutem ~ behaupten** you can say that with a safe conscience; → **Wissen.**

gewissenhaft *adj.* conscientious; (*gründlich*) thorough; (*übergenau*) scrupulous; **Gewissenhaftigkeit** *f* conscientiousness; thoroughness; scrupulousness; → **gewissenhaft.**

gewissenlos *adj.* unscrupulous; (*verantwortungslos*) irresponsible; *Tat*: *a.* unconscionable; **Gewissenlosigkeit** *f* unscrupulousness; irresponsibility; → **gewissenlos.**

Gewissens|angst *f* (terrible) qualms *pl.* (about s.th.); **~bisse** *pl.* pangs (*od.* pricks) of conscience; **~ bekommen** get a guilty conscience, start to feel guilty (**wegen** about); **sich ~ machen** have a guilty conscience, feel guilty (**wegen** about); **er macht sich überhaupt keine ~ deswegen** it doesn't bother (*od.* worry) him in the slightest; **~entscheidung** *f* moral decision; **~frage** *f* matter of conscience; **~freiheit** *f* freedom of conscience; **~gründe** *pl.*: **aus ~n** for reasons of conscience; **Wehrdienstverweigerer aus ~n** conscientious objector; **~konflikt** *m* moral conflict; **~not** *f* moral dilemma; **~pflicht** *f* moral obligation (*od.* duty); **es ist e-e ~ zu** *inf.* we *etc.* have a moral duty to *inf.*, we're *etc.* under a moral obligation to *inf.*; **~qualen** *pl.* terribly bad conscience; **~sache** *f* matter of conscience; **~zwang** *m* moral constraint; *religiöser*: religious despotism; **~zweifel** *pl.* moral doubts.

gewissermaßen *adv.* as it were; so to speak; (*in gewissem Maße*) in a way; to a certain extent.

Gewissheit *f* certainty; (*innere* **~**) assurance; **mit ~** for certain, with certainty; **zur ~ werden** become certain (*od.* a certainty); **~ erlangen über** become certain of (*od.* about); **sich ~ verschaffen über** make sure about (*od.* of), find out for certain about; **die ~ haben, dass** know for sure (*od.* certain) that; **ich muss ~ haben** I want to be sure (of *od.* about it).

Gewitter *n* (thunder)storm; **schweres ~** heavy *od.* severe (thunder)storm; **wie ein reinigendes ~ wirken** clear the air; **~fliege** *f* thunder fly; **~front** *f* stormy front.

gewitterig *adj.* → **gewittrig.**

Gewitterluft *f*: **es ist ~** there's a storm in the air.

gewittern *v/impers.*: **es gewittert** there's a storm on its way.

Gewitter|neigung *f* possibility of thunderstorms; **~regen** *m*, **~schauer** *m* thundery shower; **~störungen** *pl. Radio*: static *sg.*; **~sturm** *m* thunderstorm; **~wolke** *f* thundercloud.

gewittrig *adj.* thundery; **es sieht ~ aus** it looks as though we're in for a storm.

Gewitzel *n* joking, (silly) jokes *pl.*
gewitzigt *adj.*: **~ sein** have learnt from experience.
gewitzt *adj.* smart, clever, shrewd.
gewogen *adj.* (*j-m od. e-r Sache*) well-disposed to(wards); **Gewogenheit** *f* goodwill (**gegenüber** towards); (*Zuneigung*) affection (for).
gewöhnen I. *v/refl.*: **sich ~ an** get used (*od.* accustomed) to; **sich daran ~ zu** *inf.* get used to *ger.*, get into the habit of *ger.*; **du wirst dich daran ~ müssen** *a.* you'll have to learn to put up with it; **man wird sich daran ~ müssen** it'll take a bit of getting used to; **II.** *v/t.*: **j-n an et. ~** get s.o. used to s.th.; (*vertraut machen mit*) familiarize s.o. with s.th.; **gewöhnt (sein)** → **gewohnt** 2.
Gewohnheit *f* habit; **aus (alter) ~** out of habit; **aus lauter ~** out of sheer habit, from force of habit; **das macht die ~** a) it's (a) habit, b) that's what habit can do (to you); **aus der ~ kommen** get out of practi|ce (*Am. a.* -se); **die ~ haben zu** *inf.* be in the habit of *ger.*, have a habit of *ger.*; **j-m zur ~ werden** become a habit with s.o.; **in die ~ verfallen zu** *inf.* get into the habit of *ger.*; **sich et. zur ~ machen** make s.th. (into) a habit; **zur ~ werden** become (*od.* grow into) a habit; **ich komme aus der ~ nicht heraus** I can't break (*od.* get out of) the habit, I can't stop doing it; **wie es s-e ~ war** as he was in the habit of doing, *formell u. iro.*: as was his wont; → **ablegen** 3, **Macht.**
gewohnheitsmäßig I. *adj.* habitual (*a.* ⚖); usual; **II.** *adv.* habitually, out of habit.
Gewohnheits|mensch *m* creature of habit; **~recht** *n* customary law; (*ungeschriebenes Gesetz*) common law; (*ersessenes Recht*) prescriptive right; *weitS.* established right; **~sache** *f* matter of habit; **~täter** *m* habitual (*od.* persistent) offender; **~tier** *n* creature (*od.* slave) of habit; **~trinker** *m* habitual drinker; **~verbrecher** *m* habitual criminal.
gewöhnlich I. *adj.* (*üblich*) usual; (*normal*) normal; (*alltäglich*) ordinary, everyday; (*herkömmlich*) conventional; (*einfach*) plain; (*durchschnittlich*) average; (*mittelmäßig*) mediocre; (*unfein*) common, vulgar; **unter ~en Umständen** under ordinary (*od.* normal) circumstances; **der ~e Sterbliche** we ordinary mortals; **im ~en Leben** in everyday life; **mein ~es Pech!** my usual luck; **~ aussehen, ein ~es Aussehen haben** look (rather) common; **II.** *adv.* usually *etc.*; (*normalerweise*) *a.* **für ~** as a rule, generally, normally; **wie ~** as usual; **gewöhnlicherweise** *adv.* → **gewöhnlich** II.
gewohnt *adj.* **1.** usual; (*vertraut*) familiar; **in ~er** (*od.* **auf ~e**) **Weise** (in) the usual way; **zu ~er Stunde** at the usual time; → **Gang** 3; **2. et. ~ sein** be used (*od.* accustomed) to s.th. (*od. ger.*); **~ sein zu** *inf.* be used (*od.* accustomed) to *ger.*, (*die Gewohnheit haben*) be in the habit of *ger.*; **ich bin ~, früh aufzustehen** I'm used to getting up early.
gewöhnt *adj.*: **an et. ~ sein** be used (*od.* accustomed) to s.th.; **es** (*od.* **daran**) **~ sein zu** *inf.* be used (*od.* accustomed) to *ger.*; **ich bin ja viel ~, aber ...** I've seen a lot (of things) in my time, but ...
gewohntermaßen *adv.* usually; **wie ~** as usual.
Gewöhnung *f* **1. ~ an** getting used to; adaptation to; **die ~ daran wird lange dauern** it'll take a long time to get used to it; **2.** ⚕ **~ an** becoming habituated to; addiction to; *Kokain etc.* **führt zur ~** is a habit-forming drug; **3.** *an ein Klima*: acclimatization.
Gewölbe *n* vault (*a. fig. des Himmels*); (*Keller*) vaults *pl.*; **~bogen** *m* arch (of a *od.* the vault); **~pfeiler** *m* pier (of a *od.* the vault).
gewölbt *adj.* vaulted, arched; *Stirn etc.*: domed; ⚙ convex, curved.
Gewölk *n* clouds *pl.*
gewollt I. *adj.* (*absichtlich*) deliberate; *Höflichkeit etc.*: studied; (*gekünstelt*) artificial; **II.** *adv.* deliberately; **~ gelassen** with studied calm; **~ ungezwungen** with forced casualness; **sich ~ naiv** *etc.* **geben** act (*od.* pretend to be) naive *etc.*
Gewühl *n* (*Durcheinander*) turmoil; (*Menschenmenge*) crowd, crush.
gewunden I. *adj.* winding, twisting; *fig. Redeweise etc.*: roundabout, tortuous; **II.** *adv.*: **sich ~ ausdrücken** express o.s. in a roundabout way, beat about (*od.* around) the bush.
gewünscht *adj.* desired, wished-for; (*erwartet*) expected; (*erhofft*) hoped-for.
gewürfelt *adj. Stoff*: checked.
Gewürz *n* spice; (*Zutat*) seasoning; **~bord** *n* spice rack; **~essig** *m* aromatic vinegar; **~gurke** *f* gherkin, *Am.* pickle; **~handel** *m* spice trade; **~kräuter** *pl.* (pot) herbs; **~mischung** *f* mixed spices *pl.*; **~nelke** *f* clove; **~regal** *n*, **~ständer** *m* spice rack.
gewürzt *adj.* seasoned, spiced; *fig.* spiced, spicy.
Gewürztraminer *m* gewürztraminer.
Geysir *m* geyser.
gezackt *adj.* jagged; *bsd.* ⚘, ⚙ serrated.
gezahnt, gezähnt *adj.* toothed (*a.* ⚙); (*gekerbt*) notched; *biol.*, ⚘ dentate; *Briefmarke*: perforated.
Gezänk(e) *n* squabbling, bickering.
Gezappel *n* fidgeting, wriggling (about).
gezeichnet *adj.* drawn; (*unterschrieben*) signed; *fig. Gesicht etc.*: marked (**von** by); **schön ~es Fell** beautifully patterned fur; *fig.* **realistisch ~** *Charaktere etc.*: realistically portrayed; **fürs Leben ~** scarred (*als Krimineller etc.*: branded) for life; **vom Tod ~** bearing the stamp of death; **sie ist von der Krankheit ~** the illness has left its mark (on her).
Gezeiten *pl.* tide *sg.*; **~..., den ~ unterworfen** tidal; **~energie** *f* tidal energy; **~hafen** *m* tidal habour (*od.* port); **~kraftwerk** *n* tidal power plant; **~strom** *m*, **~strömung** *f* tidal current; **~wechsel** *m* turn of the tide, changing tide.
Gezeter *n* yelling; (*Zetergeschrei*) hue and cry.
gezielt I. *adj. Schuss*: well-aimed; *fig.* selective; *Frage*: specific; *Maßnahme*: calculated; *Werbung*: targeted; *Bemerkung*: pointed; **~er Versuch** *contp.* deliberate attempt (**zu** *inf.* to *inf.*); **durch e-n ~en Einsatz der Polizei** through a concerted effort on the part of the police; **II.** *adv.*: **~ schießen** shoot to kill; *fig.* **~ fragen** ask specifically, F ask *s.o.* straight; **~ vorgehen** take calculated measures (*od.* steps); **das müssen wir ganz ~ angehen** we've got to plan our approach carefully.
geziemen I. *v/i.*: **j-m ~** befit s.o.; **II.** *v/refl.*: **es geziemt sich nicht** it's not done, it's not (considered) good form, it's not considered proper; **wie es sich geziemt** as is proper (*od.* fitting); **geziemend** *adj.* proper; (*anständig*) decent; (*gehörig*) due, proper *respect etc.*; respectful *distance*.
geziert *adj.* affected; **tu nicht so ~!** stop putting it on; **Geziertheit** *f* affectation.
gezinkt *adj.* **1.** *Holz*: dovetailed; **2.** *Spielkarten*: marked; *fig.* **mit ~en Karten spielen** play with a stacked deck.
Gezischel *n* whispering; (*Tratsch*) gossip; **was soll das ~?** what's all this (secret) whispering going on?
gezogen *adj. Waffe, a.* ⚙ *Draht etc.*: drawn; *Gewehrlauf*: rifled.
gezuckert *adj.* **1.** sugared; **2.** *phot.* **~e Leinwand** glass-beaded screen.
Gezwinker *n* winking.
Gezwitscher *n* chirping, twittering.
gezwungen I. *adj.* (*unnatürlich*) unnatural; (*geziert*) affected; (*steif*) stiff; *Lächeln etc.*: forced; *Gespräch etc.*: strained; **~ sein (sich ~ sehen), zu** *inf.* be (find o.s., feel) compelled *od.* constrained to *inf.*; **II.** *adv.*: **~ lachen** give a forced laugh, force a laugh; **gezwungenermaßen** *adv.*: **~ et. tun** be forced to do s.th.; **Gezwungenheit** *f* affectation; (*Steifheit*) stiffness.
Ghanaer(in *f*) *m*, **ghanaisch** *adj.* Ghanaian.
Ghetto *n* → **Getto.**
Gibbon *m* gibbon.
Gibraltarer(in *f*) *m*, **gibraltarisch** *adj.* Gibraltarian.
Gicht[1] *f* ⚕ gout.
Gicht[2] *f metall.* furnace top; (*Einsatz*) furnace charge.
Gichtanfall *m* attack of gout.
gichtig *adj.* gout-ridden.
Gichtknoten *m* chalkstone.
gichtkrank *adj.*: **~ sein** suffer from (*od.* have) gout; **Gichtkranke(r** *m*) *f* gout sufferer.
Giebel *m* gable; (*Zier*⌂) pediment; **~dach** *n* gable(d) roof; **~feld** *n* tympanum; **~fenster** *n* gable window; **~seite** *f* side, gable end, end wall.
Gier *f* greed (**nach** for); *vorübergehende, bsd. nach Essen*: craving (for).
gieren[1] *v/i.*: **~ nach** crave, lust for (*od.* after).
gieren[2] *v/i.* ⚓, ✈ yaw.
gierig I. *adj.* greedy (**nach, auf** for); (*gefräßig*) *a.* gluttonous; **II.** *adv.*: **~ essen** eat greedily; **~ verschlingen** bolt down, (*a. fig. Buch*) devour; **~ lesen** read avidly; **es** (*die Nachricht etc.*) **~ in sich aufnehmen** F lap it up; **~ ansehen** look at *s.o. od. s.th.* with lust in one's eyes (*od.* with lustful eyes).
Gießbach *m* torrent.
gießen I. *v/t.* **1.** pour; (*verschütten*) spill; **2.** (*Blumen*) water; **3.** ⚙ (*Gussstücke*) cast; **II.** *v/impers.*: **es gießt** it's pouring; **es gießt in Strömen** (F **wie aus Kübeln**) F it's coming down in buckets.
Gießer *m* ⚙ caster; founder; **Gießerei** *f* foundry; (*Tätigkeit*) casting.
Gießform *f* mo(u)ld; *Spritzguss*: die.
Gießkanne *f* watering can; **Gießkannenprinzip** *n* watering-can principle; **Gelder** *etc.* **nach dem ~ verteilen** *a.* try to give everyone a slice of the cake.
Gift *n* poison; ⚗, *biol.* toxin; *fig.* poison; (*Bosheit*) venom; *fig.* **das ist das reinste ~ für ihn** that's sheer poison for him, that's the worst thing you could give him, **für die Beziehung** *etc.*: that could kill off relations; **darauf kannst du ~**

G

nehmen F you can bet your bottom dollar on that; ***er spuckte ~ und Galle*** F he was really fuming; F ***blondes ~*** F blonde bombshell; **~ampulle** *f* poison phial; **~becher** *m* cup of poison; **~beere** *f* poisonberry; **~blase** *f zo.* poison sac; **~drüse** *f* poison gland.

giften I. *v/t.* (*ärgern*) rile, (really) get to *s.o.*; **II.** *v/i.*: ***~ über*** say (really) nasty things about; **III.** *v/refl.*: ***sich ~*** get het up *od.* mad (***über*** about); ***gifte dich nicht darüber*** *a.* don't let it get to you.

Gift|fass *n* toxic waste drum; **~flasche** *f* bottle of poison; **~gas** *n* poison gas; **~gasgranate** *f* gas-filled (*od.* poison gas) artillery shell; **≈grün** *adj.* bright green; **≈haltig** *adj.* toxic.

giftig I. *adj.* poisonous; ⚗ toxic; ⚕ virulent, contagious; *fig.* (*bösartig*) vicious, (really) nasty; *Antwort etc.*: vitriolic; **II.** *fig. adv.* viciously; ***j-n ~ ansehen*** look daggers at; **Giftigkeit** *fig. f* (*Bosheit*) viciousness.

Gift|körper *m* toxic agent; **~kröte** F *f sl.* narky bastard, (*Frau*) *sl.* bitch; **~küche** F *fig. f* hotbed of gossip (and intrigue); **~kunde** *f* toxicology; **~mischer** *m* **1.** poison brewer; **2.** F *fig.* (*Apotheker*) F poison peddler; **3.** F *fig.* ***er ist ein richtiger ~*** (*Intrigant*) he's always stirring up trouble; **~mord** *m* (murder by) poisoning; **~mörder(in** *f*) *m* poisoner, *a.* assassin; **~müll** *m* toxic waste; **~mülldeponie** *f* toxic waste dump; **~nudel** F *f* (*Frau*) F (*old*) *shrew*, *sl.* bitch; **~pfeil** *m* poison arrow (*Blasrohr*: dart); **~pflanze** *f* poisonous plant; **~pilz** *m* poisonous mushroom; toadstool; **~schlange** *f* poisonous snake; F *fig.* F (old) shrew; **~schrank** *m* poison cabinet; **~spinne** *f* poisonous spider; **~stachel** *m* poison sting; *von Fischen*: venomous spine.

Giftstoff *m* poison(ous substance); ⚕ *u. Umwelt*: toxin, toxic agent; (*Abgas etc.*) pollutant; **~beseitigung** *f* disposal of toxic substances (*od.* wastes).

Gift|wirkung *f* effect of the poison; **~zahn** *m* poison fang; **~zentrale** *f* public laboratory; **~zwerg** F *m* F nasty little man.

Gigabyte *n* gigabyte.

Gigant *m* giant; *fig. a.* heavyweight; *fig.* ***~en der Politik*** political giants (*od.* heavyweights); **gigantisch** *adj.* huge, gigantic; *Leistung etc.*: tremendous; ***~es Unternehmen*** *a.* momentous undertaking; **Gigantismus** *m* gigantism; **Gigantomanie** *f* megalomania.

Gigolo *m* gigolo.

Gigue *f* ♪ gigue; (*Tanz*) jig.

Gilde *f* guild; **~haus** *n* guildhall.

Gimpel *m zo.* bullfinch; F *fig.* F dimwit; **~fang** F *m* F con (job[s *pl.*]); ***auf ~ ausgehen*** F go out on the con game.

Ginster *m* ♣ broom; (*Stech≈*) gorse.

Gin Tonic *m* gin and tonic.

Gipfel *m* **1.** summit, (mountain) peak, mountain top; *e-s Baumes*: top; *e-r Kurve*: peak; **2.** *fig.* (*Höhepunkt*) peak, height; ***auf dem ~*** *gen.* at the peak (*od.* height) of *one's power etc.*; ***der ~ der Frechheit*** the height of cheek; *fig.* ***den ~ erreichen*** reach the summit; ***das ist der ~ der Geschmacklosigkeit*** *a.* for tastelessness that's hard to beat; ***das ist ja der ~!*** that really is the limit, *Brit. a.* F that takes the biscuit; **3.** *pol.* → ***Gipfelkonferenz***; **~abkommen** *n pol.* summit agreement; **~diplomatie** *f pol.* summitry; **~gespräch** *n pol.* summit talks *pl.*; **~konferenz** *f pol.* summit (conference); **~leistung** *f* peak (performance); (*Rekord*) record.

gipfeln *v/i.* culminate (***in*** in); *Unruhen etc.*: *a.* escalate (into); *Karriere, Rede etc.*: climax (in), culminate (in).

Gipfel|punkt *m* highest point; *fig.* high point, culmination; *fig.* ***s-n ~ erreichen*** *a.* reach one's zenith; **~stürmer** *m* mountaineering fanatic; *fig.* high flier; **~teilnehmer** *m pol.* summiteer; **~treffen** *n pol.* summit (meeting).

Gips *m* **1.** *min.* gypsum, calcium sulphate; **2.** plaster (of Paris); ⚕ ***das Bein in ~ legen*** put s.o.'s leg in plaster (*od.* in a [plaster] cast); **~abdruck** *m* plaster cast; **~bein** *n*: ***ein ~ haben*** have one's leg in plaster (*od.* in a [plaster] cast); **~binde** *f* plaster bandage; **~büste** *f* plaster bust; **~decke** *f* plaster ceiling.

gipsen *v/t.* plaster (*a. Wein u.* ⚕).

Gips|figur *f* plaster figure; **~kopf** F *fig. m* F blockhead; **~marmor** *m* imitation marble; **~maske** *f* face mask; (*Totenmaske*) death mask; **~mehl** *n* powdered plaster; **~mörtel** *m* gypsum mortar; **~verband** *m* ⚕ plaster cast; ***e-m Bein e-n ~ anlegen*** put a leg in plaster (*od.* in a [plaster] cast).

Giraffe *f* giraffe.

girieren *v/t.* ⚓ endorse, indorse (***auf*** on).

Girlande *f* garland; (*Papierkette*) paper chain.

Giro *n* **1.** *e-s Wechsels etc.*: endorsement, indorsement; **2.** (*Überweisung*) bank (*od.* giro) transfer; **~abteilung** *f* giro department; **~auftrag** *m* credit transfer order; **~bank** *f* clearing bank; **~guthaben** *n* current account balance; **~konto** *n* current account; *bsd.* ☎ giro account; **~kunde** *m* current account customer (*od.* holder); **~überweisung** *f* giro transfer; **~verkehr** *m* clearing; **~zentrale** *f* clearing house, central giro institution.

girren *v/i.* coo (*a. fig.*).

Gis *n* ♪ G sharp.

Gitarre *f* guitar; **Gitarrenspieler** *m*, **Gitarrist** *m* guitar player, guitarist.

Gitter *n* grating; *an Tür, Fenster*: *a.* grille; (*Gatterwerk*) trellis; (*Eisen≈*) (iron) bars *pl.*; (*Tor, Schutz≈*) gate; *am Kinderbett*: bars *pl.*; *vor e-m Kamin*: guard; (*Rost*) grate; (*Draht≈*) screen; (*Zaun*) fence; (*Geländer*) railing; *electron.* grid; *geogr. auf Karten*: grid; *phys.* grating; *fig.* ***hinter ~n*** behind bars; ***hinter ~ kommen*** be locked up; **≈artig** *adj.* latticed; **~bett** *n* cot, *Am.* crib; **~draht** *m* wire netting; ⚡ grid wire; **~fenster** *n* lattice window; *mit Eisenstangen*: window with iron bars; **~netz** *n Karte*: grid; **~rost** *m* **1.** grating; **2.** *im Backofen*: grill; **~spannung** *f* grid voltage; **~stab** *m* bar; **~tor** *n* iron gate; **~werk** *n* latticework; **~zaun** *m* palings *pl.*; *gekreuzt*: lattice fence.

Glacéhandschuhe, Glaceehandschuhe *pl.* kid gloves; *fig.* ***mit ~n anfassen*** handle *s.o.* with kid gloves.

Glacéleder, Glaceeleder *n* glacé (*od.* kid) leather.

glacieren *v/t. gastr.* glaze.

Gladiator *m* gladiator.

Gladiole *f* ♣ gladiola, gladiolus.

Glanz *m* shine, lust|re (*Am.* -er); *funkelnder*: brilliance, sparkle; *strahlender*: radiance, glow; (*Glitzern*) glitter; (*blendender Schein*) glare; (*Politur, Oberfläche*) shine, polish; *des Haars*: shine; *auf Stoffen*: sheen; *fig.* splendo(u)r; (*Ruhm*) glory; (*Gepränge*) pomp; (*Flitter*) glitter, tinsel; *fig.* ***äußerer ~*** gloss; ***in vollem ~*** *a. iro.* in all one's glory; (***die Prüfung***) ***mit ~*** (***und Gloria***) ***bestehen*** pass (the exam) with flying colo(u)rs; F ***mit ~ und Gloria*** *untergehen etc.*: F in style; *iro.* ***welcher ~ in m-r Hütte*** what gives me the hono(u)r?

glänzen I. *v/i.* shine; be shiny; (*funkeln*) glitter, sparkle, *Sterne*: *a.* twinkle; *Person*: (*strahlen*) beam (***vor*** with); *durch Leistungen, Geist*: shine; ***~ in*** be brilliant at; ***~ wollen*** like (*od.* want) to impress, ***mit s-m Wissen*** *etc.*: like (*od.* want) to show off one's knowledge *etc.*; → ***Abwesenheit, Gold***; **II.** *v/t.* ⚙ polish; (*Leder, Papier, Stoff*) glaze; **glänzend I.** *adj.* shining, shiny, bright, gleaming; (*funkelnd*) glittering, sparkling; *Person*: radiant; *phot.* glossy; *fig.* brilliant, excellent; ***~es Haar*** glossy hair; ***~e Idee*** brilliant (*iro. a.* bright) idea; ***in ~er Form*** in top form; ***~e Kritik*** glowing (F rave) review; ***~es Comeback*** blistering comeback (***in*** to); **II.** *fig. adv.* brilliantly; extremely well; ***die Prüfung ~ bestehen*** pass (the exam) with flying colo(u)rs, do brilliantly (in the exam); ***sie verstehen sich ~*** they get on like a house on fire; ***ihm gehts ~*** he's doing very well (*od.* just fine), *gesundheitlich*: *a.* F he's in the pink; ***~ aussehen*** look tremendous (F great); ***sich ~ amüsieren*** have a great time (of it), F have a whale of a time.

Glanz|foto *n* glossy print; **~idee** *f a. iro.* brilliant idea; **~lack** *m* brilliant varnish; **~leder** *n* patent leather; **~leistung** *f* brilliant feat (*od.* performance); ***es war nicht gerade e-e ~*** it wasn't exactly brilliant (*od.* a brilliant performance *etc.*); **~licht** *n Gemälde*: highlight; *fig.* ***e-r Sache ~er aufsetzen*** add a few highlights to s.th.

glanzlos *adj.* dull; *bsd. Augen u. fig.*: *a.* lacklust|re (*Am.* -er); (*ruhmlos*) inglorious.

Glanz|nummer *f* highlight; *e-s Artisten etc.*: piece de résistance, F party piece; **~papier** *n* glazed paper; **~parade** *f Sport*: brilliant save; **~partie** *f* **1.** brilliant performance; **2.** → ***Glanzrolle***; **~periode** *f* → ***Glanzzeit***; **~punkt** *m* highlight; (*Höhepunkt*) climax; **~rolle** *f thea.* star role; (*erfolgreichste Rolle*) best role; **~seide** *f* glossy silk; **~stelle** *f an der Hose etc.*: shiny patch; **~stück** *n* **1.** *e-r Sammlung etc.*: showpiece; **2.** → ***Glanzleistung, -nummer***; **≈voll** *adj. Fest, Karriere etc.*: glittering; → *a.* ***glänzend***; **~zeit** *f* heyday; (*Epoche*) golden age.

Glas[1] *n* glass (*a. Gefäß*); *ohne Fuß*: *a.* tumbler; (*Einweck≈*) jar; *opt.* (*Brillen≈*) lens; (*Fern≈*) binoculars *pl.*; (*Opern≈*) opera glasses *pl.*; (*Spiegel*) mirror; ***Gläser*** (*Brille*) glasses; ***hinter ~*** *Bild etc.*: behind glass, *Exponat etc.*: (*a.* ***unter ~***) in a glass case; ***zwei ~ Wein*** two glasses of wine; ***bei e-m ~ Wein besprechen*** discuss over a glass of wine; F ***er hat zu tief ins ~ geguckt*** he's had a drop too many, F he's had one over the eight.

Glas[2] *n* ⚓ (*1/2 Stunde*) bell; ***acht ~en*** eight bells.

Glas|auge *n* glass eye; **~ballon** *m* demijohn; ⚗ balloon (flask); **~bläser** *m* glass blower; **~bläserei** *f* **1.** (*Gewerbe*) glass blowing; **2.** (*Betrieb*) glassworks *pl.* (*oft sg. konstr.*), glass factory; *kleinere*: glass blowing workshop.

Glasbodenboot *n* glass-bottomed boat.

Gläschen *n*: ***ein ~ zu viel*** a drop too many; ***sich ein ~ genehmigen*** F have a wee drop.

Glas|container *m* bottle bank; **~dach** *n* glass roof.

Glaser *m* glazier; **Glaserei** *f* **1.** glazier's workshop; **2.** (*Handwerk*) glazing; **Glaserkitt** *m* (glazier's) putty.

gläsern *adj.* (made of) glass; *fig.* ***~e Augen*** glazed eyes; ***~er Blick*** glassy stare; ***~er Klang*** tinkling sound; ***~e Stimme*** brittle voice.

Glasfabrik *f* → ***Glashütte.***

Glasfaser *f* fibreglass, *Am.* fiberglass; **~kabel** *n* fibre-optic (*Am.* fiber-optic) cable; **~optik** *f* fib|re (*Am.* -er) optics *pl.* (*sg. konstr.*).

Glas|fenster *n* glass window; **~fiber** *f* → ***Glasfaser***; **~flasche** *f* glass bottle; **~flügler** *m zo.* clearwing; **~geschirr** *n* glassware; **~harfe** *f*, **~harmonika** *f* glass harmonica; **ℒhart** F *adj.* (as) hard as rock; *Schlag, Schuss*: cracking ...; **~haus** *n* greenhouse; ***wer im ~ sitzt, soll nicht mit Steinen werfen*** people in glass houses shouldn't throw stones; **~hütte** *f* glassworks *pl.* (*oft sg. konstr.*), glass factory.

glasieren *v/t.* glaze; (*lackieren*) enamel; *gastr.* frost, ice; (*Früchte*) candy.

glasig *adj.* glassy; *Auge*: *a.* glazed; *Zwiebeln, Speck, beim Braten*: transparent; *Kartoffeln etc.*: waxy.

Glas|industrie *f* glass industry; **~kasten** *m* glass case; F *contp.* (*Gebäude*) F glass box; **~keramikkochfeld** *n* glass ceramic cooking zone, ceramic hob; **ℒklar** *adj.* crystal-clear (*a. fig.*); **~kolben** *m* **1.** ⚗ (glass) flask; **2.** ⚡ (glass) bulb; **~körper** *m anat.* vitreous body; **~kugel** *f* glass ball; **~malerei** *f* painting on glass; *konkret*: stained glass (window[s *pl.*]); **~nudeln** *pl.* glass noodles, vermicelli; **~palast** F *contp. m* F glass box; **~papier** *n* glass paper; **~perle** *f* (glass) bead; **~platte** *f* sheet of glass; (*Abdeckplatte*) glass top; **~röhre** *f* glass tube, *pharm. a.* vial; **~sammelcontainer** *m* bottle bank; **~schale** *f* glass bowl; **~scheibe** *f* pane (of glass); **~scherbe** *f* piece of (broken) glass; *pl.* broken glass *sg.*; **~schleifer** *m* glass grinder (*od.* cutter); **~schneider** *m* glass cutter; (*Diamant*) glazier's diamond; **~schrank** *m* glass cabinet; **~schüssel** *f* glass bowl; **~splitter** *m* splinter of glass; **~tür** *f* glass door.

Glasur *f Keramik*: glaze; *auf Metall etc.*: gloss; *für Backwerk*: icing, *Am.* frosting.

Glas|veranda *f* glass veranda, *Am.* sun parlor; **~waren** *pl.* glassware *sg.*; **~watte** *f* glass wool.

glasweise *adv.* by the glass.

Glas|wolle *f* glass wool; **~ziegel** *m* glass tile; (*Baustein*) glass brick.

glatt I. *adj.* smooth; *Haut*: *a.* soft; *Haar*: (*nicht kraus*) straight; (*eben*) level; *Meer*: calm; (*poliert*) polished; (*glitschig*) slippery, *Straße*: *a.* icy; *Schnitt, Bruch*: clean; *Zahl*: even; *fig.* (*gefällig, gewandt*) smooth; *Worte, Zunge*: *a.* glib; (*reibungslos*) smooth; F *Unsinn etc.*: downright; ***~e Landung*** smooth landing; ***Vorsicht, hier ist es ~!*** mind you don't slip (*mot.* skid); *fig.* ***~e Absage*** flat refusal; (***ein***) ***~er Beweis*** proof positive; ***e-e ~e Eins*** a straight A; ***~e Lüge*** downright (*od.* absolute) lie; ***~er Sieg*** straight win; F *es kostete mich* ***~e 1000 Dollar*** F a quick thousand (dollars); **II.** *adv.* smoothly; *fig.* (*ohne Zwischenfall*) *a.* without a hitch; (*ganz*) completely; ***~ anliegen*** fit closely, ***an der Wand*** *etc.*: be flush with the wall *etc.*; ***~ durchschneiden*** cut clean through; *fig.* ***~ ablehnen*** (***ableugnen***) flatly refuse (deny); ***~ gewinnen*** win hands down; F ***~ heraussagen*** say *s.th.* (straight) to s.o.'s face; F ***er kam ~ zu spät*** he had the nerve to turn up late; F***~ vergessen haben*** have completely (F clean) forgotten; ***~ verlaufen*** go off smoothly (*od.* without a hitch); F ***ich könnte ~ ...*** F I've a good mind (*od.* half a mind) to *inf.*; **glatt bügeln** *v/t.* iron; *fig.* (*Probleme*) iron out.

Glätte *f* smoothness; (*Schlüpfrigkeit*) slipperiness; (*Politur*) polish; *fig. e-r Person*: smoothness.

Glatteis *n* ice; *mot. oft* black ice; ***es ist ~*** (***auf den Straßen***) the roads are icy (*od.* iced over); *fig.* ***j-n aufs ~ führen*** put s.o. in a tricky situation; ***er war aufs ~ geraten*** he was skating on thin ice; **~gefahr** *f* (*a.* ***auf den Straßen ~***) icy roads *pl.*, ice on the roads.

glätten I. *v/t.* smooth out; (*Haar etc.*) smooth (down); (*Falten*) take out; (*Hautfalten*) smooth away; ⚙ smooth, give *s.th.* a smooth finish; (*polieren*) polish, (*Metall*) *a.* burnish; (*Holz*) plane; *fig.* polish; **II.** *v/refl.*: ***sich ~*** smooth (itself) out; *Haut*: become smooth; *Gesicht*: relax; *Meer*: calm down; *fig. Erregung etc.*: blow over; ***das Hemd wird sich von alleine ~*** *a.* the creases will come out (of the shirt) by themselves.

glatterdings *adv.* absolutely *impossible etc.*; flatly *refuse etc.*

glatt| feilen *v/t.* file *s.th.* smooth; **~ gehen** F *v/i.* go off smoothly (*od.* without a hitch); ***es geht eben nicht immer alles glatt*** it can't be plain sailing all the time.

glatthaarig *adj.* straight-haired; *Hund etc.*: smooth-haired.

Glattheit *f* → ***Glätte.***

glatt hobeln *v/t.* plane *s.th.* smooth.

glattmachen *v/t.* ☤ settle.

glatt| machen *v/t.* → ***glätten***; **~ rasiert** *adj.* clean-shaven; **~ rühren** *v/t.* beat until smooth; **~ schleifen** *v/t.* polish.

glattstellen *v/t.* ☤ settle, square, even up; **Glattstellung** *f* settlement.

glatt streichen *v/t.* smooth out; (*Haar*) smooth (down).

glattweg F *adv.* just like that; (*rundheraus*) *a.* point-blank; (*völlig*) absolutely; ***~ ablehnen*** flatly refuse; ***er hat ~ behauptet*** he literally said.

glattzüngig *adj.* smooth-tongued.

Glatze *f* bald head, *hum.* bald pate; (*kahle Stelle*) bald patch; F ***die ~n*** skinheads; **Glatzkopf** *m* **1.** bald head; **2.** bald man, F baldie, slap-head; **glatzköpfig** *adj.* bald(-headed).

Glaube *m* belief (***an*** in); (*festes Vertrauen*) faith, trust (in); (*Bekenntnis*) creed; (*Religion*) (religious) faith *od.* belief, religion; (*Überzeugung*) conviction; ***~ an die Zukunft*** faith in the future; ***fester ~*** firm belief; ***in gutem ~n*** in good faith; ***im ~n, dass*** believing (that), under the impression that; ***~n schenken*** *dat.* believe; ***den ~n verlieren*** lose (one's) faith (***an*** in); ***des*** (***festen***) ***~ns sein, dass*** firmly believe (that); ***j-n in dem ~n lassen, dass*** let s.o. go on believing (that); ***lass sie doch in dem ~n*** let her believe it, don't spoil her illusion(s); ***ich möchte Sie nicht von Ihrem ~n abbringen*** (, ***dass***) I wouldn't like to disillusion you (about ... *ger.*).

glauben I. *v/t.* believe; (*meinen, annehmen*) *a.* think; ***das glaube ich gern*** I can (well) believe that; F ***es ist nicht zu ~*** it's incredible (*od.* unbelievable); ***das ist kaum zu ~*** it's hard to believe; ***er glaubt alles*** he'll believe anything; ***ob du es glaubst oder nicht*** believe it or not; ***und das soll ich ~?*** you don't expect me to believe that, do you?; ***ich glaube dir kein Wort*** I don't believe a word (you're telling me); ***das glaubst du ja wohl selber nicht*** F tell me another one; F ***wers glaubt, wird selig*** F that's a good one; ***er glaubte sich unbeobachtet*** he didn't think anyone was looking; ***ich glaubte, er sei Arzt*** I thought he was a doctor; **II.** *v/i.* believe (***j-m*** s.o.; ***an*** in); ***~ an*** (*Vertrauen haben zu*) have faith in; ***ich glaube schon*** I think so; ***sie ~ fest daran*** they swear by it; ***du kannst mir ~*** take my word for it; F ***dran ~ müssen*** F come a cropper; F ***jetzt musst du dran ~*** (*bist du dran*) you can't get out of it now; F ***e-s Tages müssen wir alle dran ~*** F we've all got to go one of these days; **III.** ℒ *m* → ***Glaube.***

Glaubens|artikel *m* article of faith; **~bekenntnis** *n* **1.** (*Formel*) creed; **2.** (*Konfession*) confession; **3.** *pol. etc.* creed; ***sein politisches ~ ablegen*** lay down one's political creed; **~bewegung** *f* religious movement; **~bruder** *m* → ***Glaubensgenosse***; **~eifer** *m* religious zeal; **~frage** *f* **1.** matter of faith; **2.** religious question; **~freiheit** *f* religious freedom, freedom of religion; **~gemeinschaft** *f* religious community; **~genosse** *m* fellow Christian (*od.* Moslem, Socialist *etc.*); **~krieg** *m* religious war; **~lehre** *f* religious doctrine, dogma; dogmatics *pl.* (*sg. konstr.*); **~sache** *f* matter of faith; **~satz** *m* dogma; **~spaltung** *f* schism; **ℒstark** *adj.* deeply religious; **~streit** *m* religious controversy; **~strenge** *f* (strict) orthodoxy; **~treue** *f* (religious) faith; **~verfolgung** *f* religious persecution; **~wechsel** *m* change of faith; **ℒwert** *adj.* credible; **~zwang** *m* religious coercion, intolerance; **~zweifel** *m a. pl.* (religious) doubt.

glaubhaft I. *adj.* plausible; ⚖ ***~ machen*** substantiate; ***j-m et. ~ machen*** convince (*od.* persuade) s.o. of s.th.; → ***glaubwürdig***; **II.** *adv.*: ***~ nachweisen*** satisfactorily show; **Glaubhaftigkeit** *f* credibility, plausibility.

gläubig *adj.* **1.** religious; (*fromm*) *a.* devout; **2.** (*vertrauend*) trusting; *Anhänger*: faithful, loyal; (*leicht~*) gullible.

Gläubige(r)[1] *m* (true) believer; ***die Gläubigen*** the faithful (*pl.*).

Gläubiger[2] *m* ☤ creditor; (*Bürgschaftsℒ*) guarantor; (*Hypothekenℒ*) mortgagee; **~ausschuss** *m* creditor's committee; **~staat** *m* creditor country (*od.* nation); **~versammlung** *f* meeting of creditors.

Gläubigkeit *f* (unquestioning) faith; (*Frömmigkeit*) devoutness; (*Vertrauen*) trustfulness; (*Leichtℒ*) gullibility.

glaublich *adj.*: ***kaum ~*** hard to believe.

glaubwürdig *adj.* plausible; *Quelle etc.*: reliable; *Person*: (*zuverlässig*) trustworthy; ***~er Zeuge*** credible witness; ***aus ~er Quelle*** on good authority; **Glaubwürdigkeit** *f* plausibility, credibility; reliability; trustworthiness; → ***glaubwürdig***; ***Mangel an ~*** credibility gap; **Glaubwürdigkeitskrise** *f* credibility

G

crisis; **Glaubwürdigkeitsverlust** *m* loss of credibility.
Glaukom *n* ⚕ glaucoma.
glazial *adj.* glacial; **≈landschaft** *f* glacial landscape; **≈zeit** *f* ice age, glacial period.
gleich I. *adj.* **1.** (*identisch*) *pred. the* same; identical; *zahlenmäßig etc.*: equal (*a. Rechte, Bezahlung etc.*); (*~ bleibend*) constant; (*einheitlich*) uniform; ***fast ~*** very similar; ∡ ***~e Winkel*** equal angles; ***in ~em Abstand voneinander*** equidistant from each other; ***x ist ~ y*** x equals y; ***7–2 ist ~ 5*** 7–2 is (*od.* leaves) 5; ***in ~er Weise*** (in) the same way; ***zu ~en Teilen*** equally; ***zu ~er Zeit*** at the same time, simultaneously; ***es geht uns diesmal allen ~*** we're all in the same boat this time; ***das sieht ihm ~*** that's just like him; ***ins ≈e bringen*** settle; ***≈ und ≈ gesellt sich gern*** birds of a feather (flock together); ***das ≈e*** (*od.* ***≈es***) ***gilt für*** the same applies to (F goes for); ***er ist nicht mehr der ≈e*** he's not the Peter *etc.* I (*od.* we) used to know, he's really changed, you wouldn't recognize him any more; ***es kommt aufs ≈e hinaus*** it boils down to the same thing; ***≈es mit ≈em vergelten*** give *s.o.* tit for tat, F an eye for an eye; ***alle Menschen sind ~, nur einige sind ~er als die anderen*** all people (*od.* men) are equal, only some are more equal than others; → ***gleich bleiben***; **2.** (*egal*) ***es ist mir ~*** it's all the same to me; ***ganz ~, wann*** *od.* ***wo*** *etc.* whenever *od.* wherever *etc.* (it is), no matter when *od.* where *etc.* (it is); ***es ist ganz ~ wann*** *od.* ***wo*** *etc.* it doesn't matter (*od.* make any difference) when *od.* where *etc.*; ***das soll dir doch ~ sein*** why should you care?; **II.** *adv.* **3.** alike, equally; ***~ alt*** (***groß*** *etc.*) the same age (size *etc.*); **4.** (*unmittelbar*) right, straight, just, directly; (*sofort*) straightaway, immediately; ***~ zu Beginn*** right at the outset; to start off with; ***~ daneben*** right beside (*od.* next to) it; ***~ gegenüber*** just opposite; ***~ als*** as soon as; ***~ nach***(***dem***) right (*od.* straight) after; ***ich ging ~ hin*** I went straight there; ***es muss nicht ~ sein*** there's no hurry; ***~*** (***jetzt***) right now, this minute; (***ich komme***) ***~!*** (I'm) coming!, I'm on my way!; ***Kollege kommt ~*** *im Restaurant*: you'll be served right away; ***~!*** *hinhaltend*: just a minute, F give us a chance; ***ich bin ~ wieder da*** I won't be long, (*sofort*) I won't be a minute; ***bis ~!*** see you in a minute (*od.* later); ***geh doch nicht ~ in die Luft*** there's no need to get angry; ***das haben wir ~*** it won't take a minute, we'll have that done (*od.* fixed) in no time; ***das dachte ich mir doch ~*** I thought so (*od.* as much); ***habe ich es nicht ~ gesagt?*** what did I say?; ***es ist ~ zehn*** (***Uhr***) it's nearly ten (o'clock); **5.** *als Füllwort*: ***wie heißt er ~?*** what's (*od.* what was) his name again?; ***was wollte ich ~ sagen?*** what was I going to say?; ***wo war es ~?*** where was it now?; ***das hört sich ~ ganz anders an!*** that's better, that's more like it; ***willst du ~ den Mund halten!*** will you shut up!; ***es muss nicht ~ … heißen*** it doesn't mean to say (that), ***sein:*** it doesn't (necessarily) have to be; **III.** *prp.*: ***~ e-m König*** like a king.
gleichaltrig *adj.* (of) the same age.
gleichartig *adj.* of the same kind; (*ähnlich*) similar; **Gleichartigkeit** *f* homogeneity; (*Ähnlichkeit*) similarity.
gleichauf *adv.*: ***~ liegen*** *Sport*: be on level pegging.
gleichbedeutend *adj.* **1.** synonymous (***mit*** with); ***~e Wörter*** synonyms; **2.** equivalent (***mit*** to); ***das ist ~ mit e-r Annahme*** (***Absage***) it means you've *etc.* been accepted (turned down, it amounts to a refusal).
Gleichbehandlung *f* equal treatment.
gleichberechtigt I. *adj.* equal; ***~ sein*** *a.* have equal rights; **II.** *adv.*: ***~ behandeln*** treat *people etc.* on an equal basis, *Vorgesetzter etc.*: treat *s.o.* as an equal; **Gleichberechtigung** *f* equality; ***~ der Frau*** *etc.* equal rights *pl.* for women *etc.*
gleich| bleiben *v/i. u. v/refl.* (***sich ~***) stay the same; ***er wird sich immer ~*** he'll never change; ***das bleibt sich gleich*** it doesn't make any difference, it comes (*od.* boils) down to the same thing; ***~ bleibend*** *adj.* always the same; (*unveränderlich*) constant, invariable; steady (*a.* ☂ *u. Barometer*).
gleich denkend *adj.* like-minded.
gleichen *v/i.* (*ähnlich sein*) be (*od.* look) like, resemble (***j-m*** s.o.); (*nahe kommen*) come close to; ***er gleicht s-r Mutter*** *a.* he takes after his mother; → ***Ei*** 1.
gleichermaßen *adv.* **1.** equally; ***~ … wie …*** both … and …, at one and the same time … and …; **2.** → ***gleicherweise*** *adv.* in the same way.
gleichfalls *adv.* likewise; ***danke, ~!*** thanks, and (to) you.
gleichfarbig *adj.* (of) the same colo(u)r.
gleichförmig *adj.* uniform; (*unveränderlich*) steady, constant, unchanging; (*eintönig*) monotonous; **Gleichförmigkeit** *f* uniformity; (*Unveränderlichkeit*) steadiness; (*Eintönigkeit*) monotony.
gleich geartet *adj.* of the same kind; (*ähnlich*) similar.
gleich|gerichtet *adj.* **1.** *Ziele, Interessen etc.*: similar, parallel; **2.** ⚙ synchronous; ⚡ unidirectional; **~geschlechtlich** *adj.* homosexual; *Zwillinge*: (of) the same sex.
gleich gesinnt *adj.* like-minded; ***~e Leute*** people with the same kind of interest (*od.* outlook *etc.*); **Gleichgesinnte(r)** *m* kindred spirit.
gleichgestellt *adj.* on an equal footing (*dat.* with); *gesellschaftlich*: on the same social level.
gleich gestimmt *adj.* ♪ tuned to the same pitch; *fig.* in tune (with one another); ***~e Seelen*** kindred spirits.
Gleichgewicht *n a. fig.* balance, equilibrium; ***~ der Kräfte*** balance of power (*phys.* of forces); ***ökologisches ~*** balance of nature, ecological balance; ***seelisches ~*** inner harmony; ***im ~*** balanced; ***aus dem ~ kommen, das ~ verlieren*** lose one's balance, *fig.* be thrown (off balance); ***aus dem ~ bringen*** (*et.*) unbalance, (*j-n*) put *s.o.* off balance, *fig. a.* throw *s.o.* (off balance); ***das ~*** (***be***)***halten*** *od.* ***wahren, sich im ~ halten*** keep one's balance, *fig.* stay on an even keel; ***das ~ halten*** *dat.* counterbalance *s.o. od. s.th.*; ***sich das ~ halten*** *a. fig.* balance each other out; ***sich wieder ins ~ bringen*** steady o.s., *fig.* get back on an even keel; *fig.* ***et. wieder ins ~ bringen*** put s.th. back on an even keel; ***das ~ wiederherstellen*** redress the balance.
Gleichgewichts|lage *f* balanced position; *fig.* balance; **~organ** *n anat.* organ of equilibrium; **~sinn** *m* sense of balance; **~störung** *f* imbalance; ***sie leidet unter ~en*** her sense of balance is upset.
gleichgültig I. *adj.* indifferent (***gegen*** to); (*leichtfertig*) careless; (*lässig*) *a.* casual; (*teilnahmslos*) listless; apathetic (about); (*gefühllos*) unfeeling, callous; (*belanglos*) unimportant, trivial; ***es ist mir*** (***vollkommen***) ***~*** it's all the same to me, I don't care (a bit, *stärker*: F a damn), I couldn't really care less; ***Sport ist mir ~*** I'm not interested in sports, sports don't interest me; ***er ist mir ~*** he means nothing to me; ***ich bin dir wohl ~*** I don't suppose you care about me at all; ***es lässt ihn ~*** it leaves him cold; ***es ist völlig ~*** it doesn't make any difference (at all); (***ganz***) ***~, was du tust*** whatever you do, no matter what you do; **II.** *adv.*: ***~ zusehen*** (just) stand there and do nothing, (just) stand and watch; ***sie reagierte ~*** she didn't seem to care (*od.* be bothered); **Gleichgültigkeit** *f* indifference (***gegen*** to[wards]); (*Unbekümmertheit*) apathy, couldn't-care-less attitude.
Gleichheit *f* equality; *völlige*: identity, identical nature; (*Ähnlichkeit*) similarity; (*Einheitlichkeit*) uniformity; (*Übereinstimmung*) conformity; (*Gleichartigkeit*) homogeneity; (*Gleichwertigkeit*) equivalence; *von Flächen etc.*: evenness; ***~ vor dem Gesetz*** equality before the law.
Gleichheits|prinzip *n* principle of equality; **~zeichen** *n* ∡ equals sign.
Gleichklang *m* unison; *ling.* consonance; *fig.* (***im ~*** in) harmony, unison.
gleichkommen *v/i.* **1.** (*erreichen, dat.*) come up to, compare with; ***an … kommt ihr*** (***so schnell***) ***keiner gleich*** there's no-one to touch her (she's hard to beat) when it comes to …; **2.** (*auf dasselbe hinauslaufen, dat.*) amount to, *negativ*: *a.* be nothing short of.
Gleichlauf *m* ⚙, ⚡, *TV* synchronism, synchronized operation; ∡ *etc.* parallelism; **gleichlaufend** *adj.* parallel (***mit*** to, with); ⚙ synchronous, synchronized; **Gleichlaufschwankungen** *pl. Tonband etc.*: wow and flutter *sg.*
gleich lautend *adj. Text*: identical, with the same wording; *Inhalt*: to the same effect; *Wörter*: homonymic, *bei verschiedener Schreibung*: homophonic; ***~es Wort*** a) homonym, b) homophone; ***~e Abschrift*** true copy.
gleichmachen *v/t.* make equal (*dat.* to); (*einebnen*) level (with *od.* to); (*vereinheitlichen*) standardize, *negativ*: reduce to the same level, rob of its (*od.* their) individuality; ***dem Erdboden ~*** raze to the ground; ***j-n*** (***et.***) ***e-r Sache ~*** turn s.o. (s.th.) into s.th.; ***der Tod macht alle gleich*** death is the great level(l)er (*od.* equalizer); **Gleichmacher** *m* level(l)er, egalitarian; **Gleichmacherei** *f* level(l)ing, egalitarianism; **gleichmacherisch** *adj.* egalitarian.
Gleichmaß *n* symmetry; harmony; (*Regelmäßigkeit*) regularity; → *a.* ***Gleichmäßigkeit, Gleichgewicht***; **gleichmäßig I.** *adj.* (*regelmäßig*) regular; (*ohne Schwankung*) *a.* steady, even; (*gleich bleibend*) consistent; (*wohlproportioniert*) well-proportioned; (*symmetrisch*) symmetrical; *Züge*: (very) regular; **II.** *adv. verteilen etc.*: evenly; ***~ gut*** consistently good; **Gleichmäßigkeit** *f* regularity; steadiness, evenness; consistency; symmetry; → ***gleichmäßig.***
Gleichmut *m* equanimity; ***heiterer ~*** serenity; ***stoischer ~*** stoicism; **gleichmü-**

G

tig *adj.* (*ruhig*) calm, composed; (*unerschütterlich*) imperturbable; (*gleichgültig*) indifferent; **Gleichmütigkeit** *f* equanimity; (*Ruhe*) calmness, composure; (*Unerschütterlichkeit*) imperturbability; stoicism; (*Gleichgültigkeit*) indifference.
gleichnamig *adj.* of the same name; *phys.* like *poles etc.*; ⩓ *Brüche*: with a common denominator; ⩓ ~ ***machen*** (*Brüche*) bring down to a common denominator.
Gleichnis *n* **1.** *a. bibl.* parable; **2.** *Rhetorik*: simile; (*Bild*) image; **gleichnishaft** *adj.* allegorical; (*symbolisch*) symbolic(ally *adv.*).
gleichrangig *adj.* ⚔ *etc.* of equal rank; *leistungsmäßig*: on the same level, on a par; (*gleich wichtig*) of equal importance.
gleichrichten *v/t.* ⚡ rectify; **Gleichrichter** *m* rectifier; **Gleichrichtung** *f* rectification.
gleichsam *adv.* as it were, so to speak; ~ ***als wollte er sagen*** as if (*od.* as though) he wanted to say.
gleichschalten *v/t.* **1.** ⚙ synchronize; **2.** *fig.* bring into line, *pol. a.* impose political (and economic *etc.*) conformity on; **Gleichschaltung** *f* **1.** ⚙ synchronization; **2.** *fig.* enforced (political *etc.*) conformity, *pol. a.* gleichschaltung.
gleich|schenk(e)lig *adj.*: ⩓ ~***es Dreieck*** isosceles triangle; ≗**schritt** *m*: ***im*** ~ (marching) in step, *fig.* in step (**mit** with); ***im*** ~***, marsch!*** forward, march!; ~**sehen** *v/i.* **1.** resemble, look (*od.* be) like (*dat. s.o., s.th.*); **2.** ***das sieht ihm gleich*** that's just like him; ~**seitig** *adj.* ⩓ equilateral.
gleichsetzen *v/t. a.* ⩓ equate (*dat. od.* **mit** with); (*vergleichen*) *a.* compare (with); (*auf dieselbe Ebene stellen*) identify, put on a level (with); **Gleichsetzung** *f* identification, equation; (*Vergleich*) comparison.
Gleichspannung *f* ⚡ DC voltage.
Gleichstand *m Sport*: tie; **gleichstehen** *v/i.* be on a par *od.* level (*dat.* with); ***sie stehen gleich*** *Sport*: they're drawing, *in der Tabelle*: they're level on points.
gleichstellen *v/t.* put in the same category (*dat.* as); compare (with).
Gleichstrom *m* ⚡ direct current (*abbr.* DC); *in Zssgn* direct-current ..., DC ...
gleichtun *v/t.*: ***es j-m*** ~ emulate s.o.; *in der Leistung*: match s.o.; ***es j-m*** ~ ***wollen*** vie with s.o.; ***an ... tuts ihm keiner gleich*** there's no match for him (*od.* there's no-one to touch him) when it comes to ...
Gleichung *f* equation; *fig.* ***die*** ~ ***ging nicht auf*** it (*od.* things) didn't work out.
gleichviel *adv.* all the same; ~**, ob** *etc.* no matter if *etc.*; ~**, wo** no matter where, wherever.
gleichwertig *adj.* equivalent (*dat.* to); equally good; *fig.* equal (*dat.* to), on a par (with).
gleichwie *cj. u. adv.* (just) as.
gleichwink(e)lig *adj.* with equal angles, 🕮 equiangular.
gleichwohl *obs. adv.* nevertheless, all the same; yet, however.
gleichzeitig I. *adj.* simultaneous; (*zusammenfallend*) concurrent; **II.** *adv.* at the same time, simultaneously; **Gleichzeitigkeit** *f* simultaneousness; concurrence.
gleichziehen *v/i. Sport*: (*einholen*) draw even (**mit** with), catch up (with) (*beide a. fig.*); (*ausgleichen*) equalize.
Gleis *n* rails *pl.*, track; (*Bahnsteig*) platform; *fig.* rut; ***einfaches*** ~ single track; ***aus dem*** ~ ***springen*** jump the rails; *fig.* ***das alte*** ~ the same old rut; ***aus dem*** ~ ***werfen*** (*od.* ***bringen***) throw *s.o.* (completely); ***wieder ins rechte*** ~ ***bringen*** set (*od.* put) to rights again; ***auf ein falsches*** ~ ***geraten*** get onto the wrong track; ***auf ein totes*** ~ ***schieben*** (*Sache*) shelve, (*Person*) put on the shelf, put out to pasture; ~**anlage** *f* track system; ~**anschluss** *m* works siding; ~**anzeige** *f* platform indicator.
Gleiskette *f* track chain; **Gleiskettenschlepper** *m* crawler tractor.
Gleiskörper *m* track.
gleißen *v/i.* gleam; (*blenden*) glare; **gleißend** *adj.*: ~***e Sonne*** glaring sun; ~***e Hitze*** searing heat; ~***es Licht*** glaring (*stärker*: blinding) light, strong glare.
Gleit|bahn *f* (*Rutschbahn*) slide, (*Rinne*) *a.* chute; ⚓ slipway; ✈ glide path; ~**boot** *n* hydroplane.
gleiten *v/i.* glide (**über** across); (*rutschen*) slide; (*schlüpfen*, *a. ausrutschen*) slip; *mot.* skid; ⚓ glide; *Boot*: skim (across); *Hände*: pass, run (over); *Lächeln*: pass (over *s.o.'s face*); ~ **über** *Blick*: scan; **et.** ~ ***lassen*** slide *od.* slip s.th. (**in** into); ***es ist mir aus der Hand geglitten*** it slipped out of my hand; ***die Hand*** ~ ***lassen über*** run one's hand over; **gleitend** *adj.* gliding; *a. Maschinenteile*, *fig. Skala etc.*: sliding; ~***e Arbeitszeit*** flexible working hours, flexitime.
Gleit|fläche *f* sliding surface; ~**flug** *m* glide; ~**flugzeug** *n* glider; ~**klausel** *f* ✝ escalator clause; ~**komma** *n* floating point; ~**lager** *n* ⚙ slide bearing; ~**laut** *m ling.* glide; ~**schiene** *f* slide bar, guide; *Schreibmaschine*: carriage rail.
Gleitschirm *m* paraglider; ~**fliegen** *n* paragliding; ~**flieger** *m* paraglider.
Gleitschritt *m Tanz*: glissade; *Skisport*: gliding step.
Gleitschutz *m* **1.** anti-skid protection; **2.** → ~**vorrichtung** *f* anti-skid device.
Gleitsegeln *n* hang-gliding; **Gleitsegler** *m* hang-glider.
gleitsicher *adj.* non-skid.
Gleit|sitz *m Rudern*: sliding seat; ~**tag** *m* flexiday; ~**wachs** *n* gliding wax; ~**winkel** *m* gliding angle; ~**zeit** *f* flexible working hours *pl.*, flexitime; ~ ***haben*** be on flexitime.
Gletscher *m* glacier; ~**bach** *m* glacial stream; ~**bildung** *f* glacier formation; ~**boden** *m* glacial soil; ~**brand** *m* glacial sunburn; ~**brille** *f*: (**e-e** ~ a pair of) (high protection) snow goggles *pl.*, glacier goggles *pl.*; ~**eis** *n* glacial ice; ~**kunde** *f* glaciology; ~**mühle** *f* moulin; ~**spalte** *f* crevasse; ~**tal** *n* glacial valley; ~**tor** *n* mouth of a (*od.* the) glacier; ~**wanderung** *f* glacier tour; ~**wasser** *n* glacier water.
Glibber *m* slime; **glibb(e)rig** *adj.* slimy; slippery.
Glied *n* (*Körper*≗) limb; (*Gelenk*) joint; (*Penis*) penis, (male) member; (*Ketten*≗, *a. fig.*) link; *bibl.* generation; ⚔ rank; *ling.* → *Satzteil*; ⩓, *Logik*: term; ***künstliches*** ~ artificial limb; ***an allen*** ~***ern zittern*** tremble like a leaf; ***s-e*** ~***er strecken*** stretch (o.s.); ***ich konnte kein*** ~ ***rühren*** I couldn't move (*od.* budge an inch); ***der Schreck fuhr ihm in alle*** ~***er*** it gave him quite a turn; ***der Schreck sitzt mir noch in den*** ~***ern*** I'm still re-covering (*stärker*: reeling) from the shock.
Glieder|armband *n* adjustable bracelet; ~**füßer** *m zo.* arthropod; ~**kette** *f* link chain; ≗**lahm** *adj.* worn out; ***ich bin*** ~ I can hardly walk (*od.* move); ~**lähmung** *f* paralysis.
gliedern I. *v/t.* (*anordnen*) arrange; (*aufbauen*) structure; *in Teile*: divide (**in** into), (*unterteilen*) subdivide (into); *nach Sachgebieten etc.*: arrange, classify; ⚔ organize, *taktisch*: deploy; **II.** *v/refl.*: ***sich*** ~ ***in*** be made up of; be divided into.
Glieder|puppe *f* jointed doll; (*Marionette*) puppet; *für Maler*: lay figure; *für Kleider*: mannequin; ~**reißen** *n*, ~**schmerz** *m* pains *pl.* in one's arms *od.* legs (*od.* arms and legs); ~**tier** *n* articulate.
Gliederung *f* (*Anordnung*) arrangement; (*Plan*) plan; (*Muster*) pattern; (*Aufbau*) structure, organization; (*Einteilung*) division (**in** into); *nach Sachgebieten etc.*: classification; *e-s Aufsatzes*: plan; ⚔ organization; *zo.*, ⚘ segmentation.
Glied|maßen *pl.* limbs; ~**satz** *m ling.* subordinate clause; ~**staat** *m* member state.
glimmen I. *v/i. Feuer*: smo(u)lder (*a. fig.*); (*glühen*) glow (*a. Zigarette*, *fig. Augen etc.*); (*schimmern*) glimmer, gleam; *fig. Hoffnung*: flicker; **II.** ≗ *n* smo(u)ldering (*a. fig.*); faint glow; gleam, glimmer.
Glimmer *m min.* mica.
glimmern *v/i.* glimmer.
Glimm|lampe *f* glow lamp; ~**stängel,** ~**stengel** F *obs. m* F smoke stick.
glimpflich I. *adj.* mild; **II.** *adv.*: ~ ***davonkommen*** get off lightly; ***es ist noch einmal*** ~ ***abgelaufen*** we *etc.* were lucky; ***j-n*** ~ ***behandeln*** be lenient with s.o., not to be too hard on s.o.
glitschen F *v/i.* slip; **glitschig** *adj.* slippery; (*schleimig*) slimy.
glitzern *v/i.* glitter; *Augen*: glisten.
global I. *adj.* worldwide, global; (*umfassend*) overall; *Wissen*: exhaustive; (*allgemein*) general; **II.** *adv.* worldwide, globally; (*im Ganzen*) as a whole; ~ ***gesehen*** a) seen on a global scale, b) seen from a broader perspective; ≗**abkommen** *n* overall (*od.* global) agreement; ≗**betrag** *m* ✝ overall amount.
Globalisierung *f* globalization.
Global|kürzung *f* across-the-board cut; ~**steuerung** *f* overall control; ~**strategie** *f* global strategy; ~**vereinbarung** *f* → ***Globalabkommen***; ~**versicherung** *f* blanket insurance; ~**vertrag** *m* global contract.
Globetrotter *m* globetrotter.
Globulin *n* (*Eiweißkörper*) globulin.
Globus *m* globe; ***sie ist um den ganzen*** ~ ***gereist*** she's been all around the globe (*od.* all over the world).
Glöckchen *n* little bell.
Glocke *f* bell; *e-r Lampe*: globe; (*Käse*≗ *etc.*) cover; ⚗ bell (jar); *der Klingel*: gong; *fig. von Dunst etc.*: blanket, thick layer; *fig.* ***et. an die große*** ~ ***hängen*** make a big thing about (*od.* of) s.th.; ***du solltest es nicht an die große*** ~ ***hängen*** I would keep quiet about it if I were you; ***er weiß, was die*** ~ ***geschlagen hat*** he knows what to expect (*od.* what he's in for).
Glocken|blume *f* bluebell; ≗**förmig** *adj.* bell-shaped; ~**geläut** *n* **1.** ringing of bells; **2.** bells *pl.*; *abgestimmtes*: chime(s *pl.*), chiming; ~**gießer** *m* bell founder; ~**gießerei** *f* bell foundry; ≗**hell** *adj. u. adv.* (as) clear as a bell; ~**hut** *m* cloche;

G

~klang *m* peal of bells; **≗rein** *adj. u. adv.* → ***glockenhell***; **~rock** *m* flared skirt; **~schlag** *m* stroke of the clock; ***mit dem*** (*od.* ***auf den***) ***~*** (*pünktlich*) on the dot; **~seil** *n* bell rope; **~spiel** *n* chime(s *pl.*); ♪ glockenspiel, carillon; **~turm** *m* bell tower, belfry; **~zeichen** *n* bell signal; **~zug** *m* bell pull.

Glöckner *m* bell ringer; (*Kirchendiener*) sexton; ***der ~ von Notre-Dame*** the hunchback of Notre Dame.

Glorie *f* glory; **Glorienschein** *m* halo; **glorifizieren** *v/t.* glorify; **Gloriole** *f* halo; **glorios, glorreich** *adj.* glorious; *iro.* ***~e Idee*** bright idea; ***wer ist denn auf die ~e Idee gekommen?*** whose bright idea was that?

Glossar *n* glossary (of terms).

Glosse *f ling.* gloss; (*Texterläuterung*) commentary, marginal note; *in der Presse*: commentary; ***Gegenstand zahlreicher ~n werden*** become the subject of endless commentaries; *fig.* ***s-e ~n machen über*** sneer (*od.* scoff) at; **glossieren** *v/t.* (*Text*) gloss; *in der Presse*: write (*Radio*: do) a commentary on; *fig.* make fun of.

glottal *adj. ling.* glottal; **Glottal(laut)** *m* glottal (sound).

Glotzauge *n* goggle eye; ⚕ exophthalmos; **glotzäugig** *adj.* goggle-eyed.

Glotze F *f*, **Glotzkasten** F *m* F *the* box, *Am. a.* F (boob) tube.

glotzen F *v/i.* stare; *mit offenem Mund*: gape, F gawk; ***glotz nicht so blöd!*** stop gawking like an idiot.

Glück *n* luck; (*Glücksfall, glücklicher Zufall*) (good) luck, stroke of (good) luck; (*Glücksgefühl*) happiness; ***eheliches ~*** domestic (*od.* marital) bliss; ***zum ~*** fortunately; ***~ haben*** be lucky, be in luck; ***kein ~ haben*** be out of luck; ***das ~ haben zu*** *inf.* be lucky enough to *inf.*, have the good fortune to *inf.*; ***da hast du ~ gehabt*** you were lucky (there); ***da kannst du von ~ sagen*** you can count yourself lucky; ***damit wirst du bei ihr kein ~ haben*** that won't get you anywhere with her, that won't cut any ice with her(, I'm afraid); ***ein ~, dass*** thank goodness (that); ***ein ~, dass du da warst*** *a.* it's lucky (*od.* a good thing) you were there; ***j-m ~ wünschen*** wish s.o. luck; ***(ich wünsch dir) viel ~!*** good luck!, F best of luck!; ***es soll ~ bringen*** it's supposed to bring you (good) luck; ***sein ~ machen*** make one's fortune; ***sein ~ versuchen*** try one's luck (***bei*** with), ***mit et.:*** *a.* F have a shot at s.th.; ***auf gut ~*** on the off-chance; ***wir sind auf gut ~ nach Florenz gefahren*** we went to Florence on the off-chance of finding a room (*od.* finding some good weather *etc.*); ***nochmal ~ gehabt!*** F that was a close shave; ***ich hatte ~ im Unglück*** I was lucky things didn't turn out worse; ***er (sie) hat viel ~ bei den Frauen (Männern)*** he's (she's) a great success with the ladies ([the] men); ***mancher hat mehr ~ als Verstand*** Fortune favo(u)rs fools; ***dein ~!*** lucky for you; F ***das hat mir gerade noch zu m-m ~ gefehlt*** that's all I wanted (*od.* needed).

glückbringend, Glück bringend *adj.* lucky *charm etc.*

Glucke *f* mother hen (*a. fig.*), *brütende*: sitting hen; **glucken** *v/i.* cluck.

glücken *v/i.* succeed, be successful, turn (*od.* work) out well, F come off; ***es glückte ihm zu*** *inf.* he succeeded in *ger.*, he managed to *inf.*; ***ihm glückt aber auch alles*** some people have all the luck; ***es wollte ihm nicht ~*** he just couldn't manage it, *a.* he just couldn't get it right; ***es ist ihm gut geglückt*** he did a good job of it; ***nichts wollte ~*** everything went wrong.

gluckern I. *v/i.* gurgle; **II.** F *v/t.* (*Getränk*) F swill down.

Gluckhenne *f* → ***Glucke.***

glücklich I. *adj.* (*froh*) happy; (*vom Glück begünstigt*) lucky, fortunate; (*treffend*) most appropriate, happy; *Entscheidung, Wahl etc.*: good, fortunate; inspired; ***der ~e Gewinner*** a) *im Lotto etc.*: the lucky winner, b) (*a.* ***der ~e Sieger***) the happy winner(s); ***ein ~er Wurf*** a smart move; ***nicht sehr ~*** *Auswahl etc.*: a bit unfortunate; ***~ sein*** be (*od.* feel) happy; ***du kannst dich ~ schätzen*** (*od.* ***preisen***) you can count yourself lucky; ***e-e ~e Hand haben*** have the right touch (***bei*** for, when it comes to); ***du ≗er!*** F you lucky thing; ***wer ist denn der (die) ≗e?*** who's the lucky man (lady *od.* girl), then?; **II.** *adv.* happily *etc.*; → I; (*gut*) well; (*erfolgreich*) successfully; *iro.* F (*endlich*) finally; ***~ ankommen*** arrive safely; ***~ enden*** have a happy end(ing); F ***jetzt hat er ~ auch noch ...*** F to cap it all he's ...; F ***jetzt ist er ~ weg*** F thank goodness he's gone; **glücklicherweise** *adv.* fortunately, luckily.

Glücksache *f* → ***Glückssache.***

Glücks|botschaft *f* good news (*sg.*); **~bringer** *m* (*Anhänger etc.*) lucky charm; (*Teddybär etc.*) mascot; ***du bist ein ~!*** you've brought me good luck.

glückselig *adj.* blissful, happy, *pred. a.* overjoyed; **Glückseligkeit** *f* bliss(fulness), happiness; ***ewige ~*** eternal bliss.

glucksen *v/i. Henne*: cluck; *Wasser*: gurgle; (***~d*** *lachen*) chortle (***vor*** with).

Glücks|fall *m*: (***durch e-n ~*** by a) stroke of luck; (*glücklicher Umstand*) *a.* lucky coincidence; ***es war ein reiner ~, dass ich ihm begegnete*** it was pure luck that I ran (*od.* should have run) into him; **~fee** *f a. fig.* fairy godmother, good fairy; **~gefühl** *n* feeling of happiness; *kurzes*: blissful sensation; **~göttin** *f*: ***die ~*** (F Dame) Fortune, F Lady Luck; **~güter** *pl. the* blessings (*od.* good things) in life; **~kind** *n*: ***sie ist ein ~*** she was born under a lucky star; **~klee** *m* four-leaf (*od.* four-leaved) clover; **~pfennig** *m* lucky penny; **~pille** F *f* mood drug; **~pilz** *m* F lucky devil; ***ist das ein ~!*** *a.* some people have all the luck; **~rad** *n* wheel of fortune; **~ritter** *obs. m* soldier of fortune; **~sache** *f* a matter of luck; ***~!*** luck!; ***reine ~*** pure luck; **~spiel** *n* game of chance; *coll.* gambling; *fig.* gamble; **~spieler** *m* gambler; **~stern** *m* lucky star; **~strähne** *f* streak *od.* run of (good) luck, lucky streak; **~tag** *m* lucky day; ***das ist für mich ein ~!*** this is my lucky day.

glückstrahlend *adj.* radiant(ly happy), beaming all over one's face.

Glücks|treffer *m* fluke, lucky shot (*a. Sport*); *fig.* stroke of luck; (*Geldgewinn*) windfall; **~zahl** *f* lucky number.

glückverheißend, Glück verheißend *adj.* propitious.

Glückwunsch *m* congratulations *pl.* (***zu*** on); good wishes *pl.*; ***herzlichen ~!*** congratulations!, *bei Prüfung etc.*: *a.* F well done!; → ***Geburtstag***; **~karte** *f* greetings card; **~telegramm** *n* greetings telegram.

Glucose *f* glucose.

Glüh|birne *f* (light) bulb; **~draht** *m* ⚡ filament.

glühen I. *v/i.* glow, *Metall*: be red-hot; *fig. Gesicht*: burn; *Berge etc.*: glow; *fig.* ***vor Zorn*** *etc.* ***~*** burn with anger *etc.*; **II.** *v/t.* (*zum Glühen bringen*) make *s.th.* red-hot; (*Stahl*) anneal; **glühend** *adj.* glowing; (*rot* ***~***) red-hot; *Kohlen*: live; *Zigarette*: burning; *fig.* burning; *Berge etc.*: glowing; *Anhänger etc.*: fervent, ardent; ***~e Hitze*** scorching heat; *fig.* ***in ~en Farben schildern*** paint *s.th.* in glowing colo(u)rs, paint a glowing picture of *s.th.*; → ***Farbe, Kohle***; **glühend heiß** *adj.* red-hot; *fig.* ***ein ~er Tag*** F a (real) scorcher.

Glüh|faden *m* ⚡ filament; **~kerze** *f mot.* glow plug; **~lampe** *f* electric light bulb; **~wein** *m* mulled wine, glühwein; **~würmchen** *n* glow-worm.

Glukose *f* glucose.

Glupschaugen F *pl.* F goggle eyes; ***~ machen*** goggle; **glupschäugig** F *adj.* F goggle-eyed.

Glut *f* embers *pl.*; (*Hitze*) (scorching *od.* blazing) heat; (*Röte*) glow; *fig. der Leidenschaft etc.*: fervo(u)r, fire.

Glutamat *n* glutamate.

Glutamin *n* glutamine; **~säure** *f* glutamic acid.

glutäugig *lit. adj.* fiery-eyed; ***mit ~em Blick*** with blazing eyes, *lit.* with eyes ablaze.

Gluten *n* gluten; **≗frei** *adj.* gluten-free.

glutrot *adj.* fiery red; ***~ werden*** *im Gesicht*: turn crimson.

Glykol *n* (ethylene) glycol.

Glyzerin *n* glycerine.

Gnade *f* (*Barmherzigkeit*) mercy; *eccl. a.* grace; (*Gunst*) favo(u)r; (*Segnung*, ***~ des Himmels***) blessing; ***ohne ~*** merciless(ly); ***um ~ bitten*** beg for mercy; ***e-e ~ gewähren*** grant a favo(u)r; ***~ vor Recht ergehen lassen*** be lenient; *obs.* ***j-m auf ~ oder Ungnade ausgeliefert sein*** be at s.o.'s mercy; ***~ finden vor*** find favo(u)r with; ***bei j-m in (hohen) ~n stehen*** be in s.o.'s good graces; ***Euer ~n*** Your Grace; *iro.* ***hättest du die ~ zu*** *inf.* do you think you could lower yourself to *inf.* (*od. ger.*); ***sie hatte die ~ zu*** *inf.* she (actually) condescended to *inf.* (*od. ger.*); → ***Gott***; F ***ein Künstler*** *etc.* ***von eigenen ~n*** a self-styled artist *etc.*; **gnaden** *v/i.*: ***dann gnade dir Gott*** God help you.

Gnaden|akt *m* act of mercy (*od.* clemency); **~beweis** *m*, **~bezeigung** *f* show of favo(u)r (*od.* mercy, clemency); **~bild** *n eccl.* miraculous image of the Virgin Mary *etc.*; **~brot** *n*: ***bei j-m das ~ essen*** live on s.o.'s charity; **~erlass** *m* amnesty; **~frist** *f* reprieve; ✝ ***e-e ~ von fünf Tagen (e-r Woche)*** five days' (one week's) grace; **~gesuch** *n* plea for clemency.

gnadenlos *adj.* merciless, pitiless.

gnadenreich *adj.* **1.** *Zeit*: happy; **2.** *R.C.* blessed, *Maria*: full of grace.

Gnaden|stoß *m* coup de grâce; **~tod** *m*: ***der ~*** (*konkret*: death by) euthanasia; **~weg** *m*: ***auf dem ~*** by special grace.

gnädig I. *adj.* (*gunstvoll, a. iro. herablassend*) gracious (***gegen[über]*** to); (*freundlich*) kind, benevolent; (*barmherzig*) merciful; *Urteil*: lenient, mild; *als Titel*: gracious *king*; *obs.* ***~e Frau, ~es Fräu-***

lein, *a. iro.* (***die***) **2ste** Madam, *Am.* Ma'am; *iro.* ***wärst du wohl so ~ zu*** *inf.* do you think you might just be able to *inf.* (*od.* just lower yourself to *inf. od. ger.*); ***das war ja noch ~*** we *etc.* got off lightly there, it could have been a lot worse; ***Gott sei ihm ~!*** God have mercy on him; **II.** *adv.* graciously *etc.*; ***noch ~ davonkommen*** get off lightly; ***machs ~*** don't be too hard (on us *etc.*); **gnädigerweise** *adv.*: *iro.* ***~ et. tun*** condescend to do(ing) s.th.

Gneis *m min.* gneiss.

Gnom *m* gnome; F *contp. a.* dwarf; **gnomenhaft** *adj.* gnomic.

Gnostiker *m*, **gnostisch** *adj.* Gnostic.

Gnu *n* gnu.

Go *n* (*Brettspiel*) go.

Goanese *m*, **Goanesin** *f* Goan, Goanese; **goanesisch** *adj.* Goanese.

Gobelin *m* tapestry, Gobelin.

Gockel(hahn) *m* cock, rooster.

Gokart *m* go-kart.

Gold *n* gold (*a. fig.*); *fig.* ***sie ist nicht mit ~ zu bezahlen*** (*od.* ***aufzuwiegen***) she's priceless, she's worth her weight in gold; ***er hat ein Herz aus ~, er ist treu wie ~*** he's got a heart of gold; ***~ in der Kehle haben*** have a voice of gold; ***~ gewinnen*** win gold (*od.* a gold medal); ***zweimal ~ gewinnen*** win two golds (*od.* two gold medals); → *a.* ***olympisch***; ***es ist nicht alles ~, was glänzt*** all that glitters is not gold; **~ader** *f* vein of gold; **~ammer** *f zo.* yellowhammer; **~amsel** *f zo.* golden oriole; **~anleihe** *f* ☤ gold loan; **~auflage** *f* gold plating; **~barren** *m* gold ingot; ☤ *pl. mst* bullion *sg.*; **~barsch** *m* rosefish, ocean perch; ☤ Norway haddock; **~bestand** *m* gold reserves *pl.*; **2bestickt** *adj.* embroidered with gold; **~blatt** *n* gold leaf; **~blättchen** *n* (piece of) gold leaf; **~blech** *n* gold foil; **2blond** *adj.* golden(-haired); **2braun** *adj.* golden-brown; **~brokat** *m* gold brocade; **~buchstabe** *m* gold letter; ***mit ~n*** in gold lettering; **~deckung** *f* ☤ gold backing; **~devisenwährung** *f* gold exchange standard; **~dublee** *n* gold plate; ***es ist ~*** *a.* it's gold-plated; **2durchwirkt** *adj.* interwoven with gold.

golden *adj.* (of) gold; *fig.* golden; *fig.* ***~e Hochzeit*** golden wedding; ***~er Mittelweg*** golden mean; ***~e Regel*** golden rule; ***~e Schallplatte*** gold disc; Δ ***~er Schnitt*** golden section; ***~es Zeitalter*** golden age; ***die ~e Jugendzeit*** golden youth; ***die 2en Zwanziger*** the roaring (*od.* golden) twenties; ***das 2e Buch*** the visitors' book; ***sich ins 2e Buch*** (***der Stadt***) ***eintragen*** sign the visitors' book; F ***sich e-e ~e Nase verdienen*** F make (*od.* earn) a mint (***an*** with); F ***sich den ~en Schuss setzen*** *sl.* OD oneself; → ***Brücke, Käfig*** *etc.*

Gold|erz *n* gold ore; **~esel** F *m*: ***ich bin doch kein ~*** F I'm not made of money(, you know); **~faden** *m* gold thread; **~farbe** *f* gold colo(u)r; **2farben, 2farbig** *adj.* gold-colo(u)red, golden; **~fasan** *m* golden pheasant; **~feder** *f* gold nib; **~fink** *m* goldfinch; **~fisch** *m* goldfish; **~füllung** *f* gold filling; **~gehalt** *m* gold content; **2gelb** *adj.* yellow(y)-gold; *Wein*: *a.* golden; **~gewicht** *n* troy (weight); **~gräber** *m* gold digger; **~grube** *f* goldmine; *fig. a.* F moneyspinner; **~grund** *m Kunst*: gold (back)ground; **2haltig** *adj.* auriferous, gold-bearing; **~hamster** *m* golden hamster.

goldig *adj.* lovely, cute, (*a. nett*) sweet.

Gold|junge F *m* F blue-eyed boy; **~käfer** *m* rose chafer; **~kette** *f* gold chain; **~kind** *n* (little) darling; **~klumpen** *m* gold nugget; **~kurs** *m* price of gold; **~legierung** *f* gold alloy; **~markt** *m* gold market; **~medaille** *f* gold medal.

Goldmedaillen|gewinner(in *f*) *m*, **~inhaber(in** *f*) *m* gold medal(l)ist.

Gold|mine *f* goldmine; **~münze** *f* gold coin; **~papier** *n* gold foil; **2plattiert** *adj.* gold-plated; **~plombe** *f* gold filling; **~rahmen** *m* gold (*od.* gilt) frame; **~rand** *m* gilt edge; ***mit ~*** gilt-edged; **~rausch** *m* gold fever; *hist.* gold rush; **~regen** *m* ⚘ laburnum.

goldrichtig F **I.** *adj.* exactly (*od.* just) right; *Sache*: *a.* F spot on; **II.** *adv.* exactly (*od.* just) right; ***~ handeln*** do just the right thing.

Gold|ring *m* gold ring; **~schatz** *m* treasure of gold; F *fig.* darling; **~schmied** *m* goldsmith; **~schmiedearbeit** *f* (piece of) goldsmith's work; **~schnitt** *m Buch*: gilt edge; ***mit ~*** gilt-edged; **~standard** *m* gold standard; **~staub** *m* gold dust; **~stück** *n* gold coin; F *fig.* (*Person*) gem; **~sucher** *m* gold prospector; **~tresse** *f* gold braid; **~uhr** *f* gold watch; **2umrandet** *adj.* gilt-edged, edged in gold; **~vorkommen** *n* gold deposits *pl.*; **~vorrat** *m* gold reserves *pl.*; **~waage** *f* gold balance (*od.* scales *pl.*); *fig.* ***jedes Wort auf die ~ legen*** (*genau überlegen*) weigh every word, (*zu ernst nehmen*) take everything to heart; **~währung** *f* gold standard; **~waren** *pl.* gold articles, jewellery *sg.*, *bsd. Am.* jewelry *sg.*; **~wäscher** *m* gold washer; **~wert** *m* gold value; (*Goldpreis*) price of gold; **~zahn** *m* gold tooth.

Golf[1] *m geogr.* gulf.

Golf[2] *n Sport*: golf; **~ball** *m* golf ball; **~klub** *m* golf club; **~mütze** *f* golfing (*od.* golfer's) cap; **~platz** *m* golf course, *bsd. an der Küste*: golf links *pl.*; **~schläger** *m* golf club; **~spiel** *n* **1.** golf; **2.** game of golf; **~spieler(in** *f*) *m* golfer.

Golf|staat *m* Gulf state; **~strom** *m* Gulf Stream.

Goliath *fig. m* giant.

Gondel *f* gondola, *e-s Ballons*: *a.* basket; **~bahn** *f* cable railway, gondola (ski) lift, F bubble lift.

gondeln *v/i.*: F *fig.* ***~ durch*** wander through (*od.* around in), (*fahren*) F cruise around in.

Gondoliere *m* gondolier.

Gong *m* gong; *Sport*: bell; **gongen I.** *v/i.* sound the gong; **II.** *v/impers.*: ***es gongt*** there's the gong; **Gongschlag** *m*: ***beim ~ ist es 6 Uhr*** *etwa* at the first stroke it will be 6 a.m.

gönnen *v/t.*: ***j-m et. ~*** (*nicht neiden*) not to grudge s.o. s.th., (*zukommen lassen*) allow s.o. s.th.; ***ich gönne es ihm*** (***von Herzen***)***, das sei ihm*** (***auch wirklich***) ***gegönnt*** I'm really glad for him, he deserves it, *iro.* (it) serves him right; ***ich gönne ihm das Vergnügen*** I don't grudge him the pleasure (at all); ***er gönnt sich keine Pause*** he never stops for a minute; ***ich gönn mir jetzt e-e kleine Pause*** I'm going to allow myself (*od.* have) a little break now; ***gönn dir doch mal e-n Urlaub*** you really should have a holiday (- for your own sake); ***gönns ihm doch!*** a) (go on,) let him; don't be so hard (on him), b) don't be so grudging; ***sie gönnte ihm keinen Blick*** she didn't so much as look at him; ***er gönnt ihr kein gutes Wort*** he hasn't got a good (*od.* nice) word to say about her.

Gönner *m* patron; (*Wohltäter*) benefactor; **gönnerhaft** *adj.* patronizing; ***er tut so ~*** he's so patronizing, he has such a patronizing manner; **Gönnerhaftigkeit** *f*, **Gönnermiene** *f*: (***mit ~*** with a) patronizing air; **Gönnerschaft** *f* patronage.

Gonorrhö(e) *f* ⚕ gonorrh(o)ea.

Goodwill *m* goodwill; (*Ruf*) good name (*od.* reputation); **~besuch** *m* goodwill visit; **~reise** *f*, **~tour** *f* goodwill tour.

Gör F *n* F kid; *contp.* little minx.

gordisch *adj.*: ***den ~en Knoten zerhauen*** cut the Gordian knot.

Göre F *f* → ***Gör.***

Gorilla *m* gorilla (*a.* F *Leibwächter*).

Gosche F *dial. f* F mush; ***halt die ~!*** F shut up!

Gosse *f* gutter (*a. fig.*); *fig.* ***in der ~ enden*** land (*od.* end up) in the gutter; ***j-n aus der ~ ziehen*** drag s.o. out of the gutter; ***j-n durch die ~ ziehen*** drag s.o.'s name through the mud (*od.* mire).

Gote *m* Goth.

Gotik *f* **1.** (*Stil*) Gothic (style); **2.** (*Epoche*) Gothic period; **gotisch I.** *adj.* Gothic; *typ.* ***~e Schrift*** Gothic (type); **II. Gotisch** *n ling.* Gothic.

Gott *m* (*Gottheit*) god, deity; *im Christentum, Judentum, Islam*: God; ***~ der Herr*** the Lord God; ***~ der Allmächtige*** God (*od.* the) Almighty; ***der liebe ~*** God; F ***ach du lieber ~!, großer ~!*** F oh God!, oh no!; ***ach ~*** *als Füllsel*: well; ***~ bewahre!*** God forbid; ***~ sei Dank!*** thank goodness, (*glücklicherweise*) *a.* fortunately; ***leider ~es*** unfortunately; ***um ~es willen!*** for heaven's sake!, *betroffen*: (oh,) goodness!, oh no!; ***dann machs in ~es Namen!*** do it then, if you must, *ungeduldig*: then for God's sake do it; ***so wahr mir ~ helfe!*** so help me God; ***weiß ~, wo er steckt*** God (*od.* heaven) knows where he is; ***das wissen die Götter*** God knows, *a.* don't ask me; ***es ist weiß ~ nicht einfach*** *etc.* God knows it isn't easy *etc.*; ***von ~es Gnaden*** by the grace of God; ***um ~es Lohn*** for nothing; ***den lieben ~ e-n guten Mann sein lassen*** live for the day; ***den lieben ~ spielen*** play God; ***wie ~ in Frankreich leben*** F live the life of Riley, live (*od.* be) in clover; ***er kennt ~ und die Welt*** he knows the world and his brother; ***über ~ und die Welt reden*** talk about everything under the sun; ***dein Wort in ~es Ohr!*** let's hope so; ***ein Bild für die Götter*** a sight for sore eyes.

gottähnlich *adj.* godlike.

gottbegnadet *adj.* gifted, inspired.

Gottchen *int.*: (***ach***) ***~!*** goodness!

Gotterbarmen *n*: ***zum ~*** pitiful(ly).

Götter|bild *n* statue (*od.* picture *etc.*) of a god, idol; **~bote** *m* messenger of the gods; ***der ~*** (*Merkur*) Mercury, (*Hermes*) Hermes; **~dämmerung** *f* twilight of the gods; **~gabe** *f* gift of the gods; **~gatte** F *hum. m* F lord and master.

gottergeben *adj.* resigned to (one's) fate; (*fromm*) pious.

Götter|geschlecht *n* (race of) gods *pl.*; **~glaube** *m* belief in (the) gods; **2gleich** *adj.* godlike; like a god; **~leben** *n*: ***ein ~ führen*** F live the life of Riley, live (*od.* be) in clover; **~liebling** *m* favo(u)rite of the gods; **~mahl** *n* feast for the gods; **~sage** *f* myth; **~sitz** *m myth.* seat (*od.* home) of the gods; **~speise** *f* **1.** *myth.* ambrosia; **2.** *gastr.* jelly; **~trank** *m* nec-

G

tar; **~welt** *f* **1.** realm of the gods; **2.** *the* gods *pl.*
Gottes|acker *m* graveyard; **~anbeterin** *f zo.* praying mantis; **~beweis** *m* proof of the existence of God; **~dienst** *m* (church) service.
Gottesfurcht *f* fear of God; (*Frömmigkeit*) piety; **gottesfürchtig** *adj.* God-fearing; pious.
Gottes|gabe *f* gift of God; *unverhoffte*: godsend; **~geißel** *f* scourge of God; **~gelehrte(r)** *obs. m* theologian; **~gericht** *n* → ***Gottesurteil***; **~geschenk** *n* gift of God (*od.* of the gods); **~glaube** *m* belief in God; **~haus** *n* house of God, church; **~lamm** *n* lamb of God.
Gotteslästerer *m* blasphemer; **gotteslästerlich** *adj.* blasphemous; **Gotteslästerung** *f* blasphemy.
Gottes|lohn *m*: ***für*** (*od.* ***um***) **~** for charity; **~mutter** *f* Mother of God; **~sohn** *m* Son of God; **~staat** *m* theocracy; **~urteil** *n* trial by ordeal; **~wort** *n* Word of God.
gott|gegeben *adj.* god-given; **~geweiht** *adj.* dedicated to God; *Boden etc.*: consecrated; **~gewollt** *adj.* divinely-ordained; **~gleich** *adj.* godlike.
Gottheit *f* deity, divinity; god, goddess.
Göttin *f* goddess.
Gottkönig *m* divine king (*od.* monarch); **~tum** *n* divine kingship (*od.* monarchy).
göttlich *adj.* divine; (*e-m Gott ähnlich*) *a.* godlike; heavenly; F *fig.* (*herrlich*) divine, heavenly; ***das* ~e** the divine; ***~e Ordnung*** divine order; F *fig.* ***ein ~er Anblick*** a sight for sore eyes; ***das war ein ~er Spaß*** it was hilarious; **Göttlichkeit** *f* divinity; godliness.
gottlob *int.* thank God (*od.* goodness); ***es war ~ nichts Ernstes*** *a.* thankfully it wasn't anything serious.
gottlos *adj.* godless, ungodly; (*sündhaft*) sinful, wicked; F *Sache*: ungodly; **Gottlosigkeit** *f* ungodliness, irreligion; (*Sündhaftigkeit*) wickedness.
Gottseibeiuns F *m* F Old Nick.
gottserbärmlich, gottsjämmerlich *adj.* pitiful.
Gottvater *m* God the father.
gottvergessen *adj.* → ***gottlos.***
gottverlassen F *adj.* godforsaken.
Gottvertrauen *n* faith in God.
Götze *m* idol (*a. fig.*).
Götzen|bild *n* idol; **~dienst** *m* idolatry; ***~ treiben*** worship idols; *fig.* ***~ treiben mit*** make an idol *od.* idols (out) of.
Götzzitat *n*: ***er antwortete mit dem ~*** F he told him *etc.* where to go.
Gouache *f* gouache.
Gourmand *m* **1.** (*Schlemmer*) gourmand, gormandizer; **2.** → **Gourmet** *m* gourmet.
Gouvernante *f* governess; **gouvernantenhaft** *adj.* schoolmarmish.
Gouverneur *m* governor.
G-Punkt *m anat.* G-spot.
Grab *n* grave; *lit.* (*a.* **~mal**) tomb; (*Gruft*) sepulch|re (*Am.* -er); ***am ~*** at the graveside; ***zu ~e tragen*** *a. fig.* bury; ***j-m ins ~ folgen*** follow s.o. to the grave; ***er nahm sein Geheimnis mit ins ~*** he took his secret with him into the grave, his secret died with him; ***bis ins ~*** unto (*od.* till) death; ***über das ~ hinaus*** beyond the grave; ***er ist verschwiegen wie ein ~*** his lips are sealed; *fig.* ***er bringt mich noch ins ~*** he'll be the death of me yet; ***mit einem Bein*** (*od.* ***Fuß***) ***im ~(e) stehen*** have one foot in the grave; ***sein eigenes ~ graben*** (*od.* ***schaufeln***) be digging one's own grave; ***sich im ~e umdrehen*** turn in one's grave; **~beigabe** *f* burial object.
grabbeln *v/i.* grope (*od.* rummage) around (***nach*** for); **Grabbeltisch** F *m* bargain counter.
graben I. *v/i.* dig (***nach*** for); *Tier*: burrow; **II.** *v/t.* dig; (*Loch*) *a.* burrow; (*Schacht*) sink; ⚒ (*Fundament*) dig out, excavate; (*schneiden*) carve (***in*** into); ⚙ engrave, cut; F *fig.* (*Hände in die Taschen etc.*) dig; → *a.* ***eingraben***; **III.** *v/refl.*: ***sich ~ in*** dig into; bury o.s. into; *fig.* ***sich in j-s Gedächtnis ~*** engrave itself on s.o.'s memory.
Graben *m* ditch, *bsd.* ⚔ trench; (*Abzugs*≈) drain, culvert; (*Burg*≈) moat; *geol.* rift valley, *im Meer*: trench; ***e-n ~ ziehen*** dig a ditch; *e-n Wagen* ***in den ~ fahren*** ditch, run *a car* into a ditch; **~bruch** *m geol.* rift valley; **~krieg** *m* trench war (-fare).
Gräber|feld *n* burial ground, necropolis; **~fund** *m* grave find.
Grabes|dunkel *n* sepulchral darkness; ***es herrschte ~*** it was as dark as the tomb; **~stille** *f* deathly silence; ***es herrschte ~*** there was (a) deathly silence; **~stimme** *f* sepulchral voice.
Grab|geläut(e) *n* (death) knell (*a. fig.*); **~gesang** *m* funeral song, dirge; **~gewölbe** *n* burial vault, crypt; **~hügel** *m* burial mound; **~inschrift** *f* inscription (on a *od.* the gravestone); epitaph; **~kammer** *f* burial chamber; **~kapelle** *f* funeral chapel; **~legung** *f* burial; *eccl., Kunst*: **~** (***Christi***) *the* Entombment (of Christ); **~mal** *n* tomb; (*Ehrenmal*) monument; → *a.* ***Grabstein***; **~pflege** *f* looking after (*od.* care of) a grave *od.* graves; **~platte** *f* ledger; *aus Marmor*: *a.* marble slab; **~räuber** *m* grave robber; **~rede** *f* funeral address (*eccl.* sermon); **~relief** *n* tomb relief; **~schänder** *m* **1.** desecrator of graves; **2.** grave robber; **~schändung** *f* **1.** desecration of graves; **2.** grave robbery; **~stätte** *f*, **~stelle** *f* burial place; (*Grab*) grave, tomb; **~stein** *m* gravestone, tombstone; **~stichel** *m* ⚙ graving tool, chisel.
Grabung *f* excavation; **Grabungsfund** *m* arch(a)eological find; **Grabungsstätte** *f* arch(a)eological site.
Graburne *f* (funeral) urn.
Grad *m* degree (*a.* Ѧ, *phys., geogr., univ.*); (*Ausmaß*) *a.* extent; (*Stufe*) stage; ⚔ rank; ***bei ... ~*** at (a temperature of) ... degrees; ***es sind ... ~*** it's ... degrees, the temperature is ... degrees; ***... ~ Wärme*** (***Kälte***) ***...*** degrees above (below) zero; ***... ~*** (***Fieber***) ***haben*** have a temperature of ...; ***40 ~ nördlicher Breite*** 40° (= forty degrees) north (latitude); ***Verbrennung zweiten ~es*** second-degree burn; ***Vetter ersten ~es*** first cousin; ***dritter ~*** *bei Verhör*: third degree; ***bis zu e-m gewissen ~*** up to a point, to some extent; ***in hohem ~e*** to a high degree, highly, (*weitgehend*) largely, to a great extent; ***in höchstem ~e*** extremely, highly; ***in geringem ~e*** slightly; ***in dem ~e, dass*** to such a degree that; **~bogen** *m* graduated arc; **~einteilung** *f* graduation, scale.
Gradient *m* Ѧ, *phys.* gradient.
gradieren *v/t.* graduate; **Gradierung** *f* graduation.
gradlinig *adj.* → ***geradlinig.***
Grad|messer *m* yardstick, measure, indication (*gen.* of); **~netz** *n Landkarte*: grid; **~strich** *m* graduation (mark).
Graduale *n R.C.* gradual.
graduell I. *adj.* gradual; *Unterschied etc.*: of degree; **II.** *adv.* gradually, by degrees; *verschieden*: in degree.
graduieren I. *v/t.* **1.** ⚙ graduate; **2.** *univ.* confer a degree on; **II.** *v/i. univ.* graduate; **Graduierte(r** *m*) *f univ.* graduate.
Gradunterschied *m* difference in degree.
gradweise *adv.* by degrees.
...graf(...) → *a.* ***...graph(...).***
Graf *m* count, *als Titel*: Count; *in GB*: earl.
Grafen|geschlecht *n* lineage of counts (*in GB*: earls); **~krone** *f* count's (*in GB*: earl's) coronet.
Graffel *dial. n* rubbish, junk.
Graffiti *pl.* graffiti.
Grafik *f* **1.** graphic arts *pl.*; ☤ commercial art; **2.** *Kunst*: print; **3.** (*grafische Gestaltung*) layout, artwork; **4.** (*grafische Darstellung*) graph, diagram; **5.** *Computer*: graphics *pl.*; **~bildschirm** *m* graphics screen; **~cursor** *m* graphics cursor; **~drucker** *m* graphics printer.
Grafiker *m* graphic designer, commercial artist.
grafikfähig *adj*: ***~ sein*** *Computer*: have graphics capabilities; **Grafikfähigkeit** *f* graphics capability.
Grafik|karte *f Computer*: graphics card (*od.* board); **~modus** *m* graphics mode; **~programm** *n* graphics software; **~tablett** *n* graphics (*od.* digitizing) tablet; **~zeichen** *n* graphic character; **~zeichensatz** *m* graphic character set.
Gräfin *f* countess.
grafisch *adj.* graphic(ally *adv.*); ***~e Darstellung*** → ***Grafik*** 4; ***~e Gestaltung*** → ***Grafik*** 3.
Grafit *etc.* → ***Graphit*** *etc.*
gräflich *adj.* count's, countess's; *in GB*: earl's; of a count(ess), of an earl.
Grafschaft *f* county.
Grahambrot *n* wheatmeal bread.
gräko... *in Zssgn* Gr(a)eco-...
Gral *m*: ***der Heilige ~*** the (Holy) Grail.
Grals|burg *f* Castle of the Grail; **~hüter** *m* keeper of the Grail; *fig. a.* guardian; **~ritter** *m* Knight of the Grail; **~suche** *f* quest for the (Holy) Grail.
gram *pred. adj.*: ***j-m ~ sein*** bear s.o. a grudge; be angry with s.o.
Gram *m* grief, sorrow; ***vor ~ vergehen*** pine away; ***vor ~ sterben*** die of grief, die of a broken heart.
grämen I. *v/refl.*: ***sich ~*** grieve (***über*** over), (*sich sorgen*) fret (about); ***sich zu Tode ~*** pine away, die of a broken heart; **II.** *lit. v/t.* trouble *s.o.* (deeply).
gram|erfüllt *adj. Person*: grief-stricken; *Leben*: beset with grief; **~gebeugt** *adj.* bowed down with grief; **~gefurcht** *adj.* careworn.
grämlich *adj.* morose, surly.
Gramm *n* gramme, *Am.* gram.
Grammatik *f* grammar; (*Buch*) grammar (book); **grammatikalisch** *adj.* grammatical; **Grammatiker** *m* grammarian.
Grammatik|fehler *m* grammar (*od.* grammatical) mistake; **~regel** *f* rule of grammar, grammatical rule.
grammatisch *adj.* grammatical, grammar ...
Grammophon (*TM*) *obs. n* gramophone, *Am.* phonograph.
Granat *m* **1.** *min.* garnet; **2.** *zo.* shrimp, prawn; **~apfel** *m* pomegranate.
Granate *f* shell; (*Gewehr*≈, *Hand*≈) grenade.
Granat|feuer *n* ⚔ shellfire, shelling;

~splitter *m* piece of shrapnel; *pl.* shrapnel *sg.*; **~trichter** *m* shell crater.
Grand *m Skat*: grand.
Grande *m* grandee.
Grandezza *f* grandeur.
grandios *adj.* grand, magnificent; F *fig.* brilliant; ***~er Auftritt*** *a.* heroic performance; ***~e Einbildung*** grand delusion.
Granit *m min.* granite; *fig.* ***auf ~ beißen*** bang one's head against a brick wall; ***bei ihm wirst du auf ~ beißen*** you'll be banging your head against a brick wall with him, you won't get anywhere with him; **~felsen** *m* granite rock; **~gebirge** *n* granite mountains *pl.*; **~gestein** *n* granite (rock).
Granne *f* ⚘ awn, beard, arista.
Grant *dial. m* ill humour, bad temper; ***einen ~ haben*** be in a bad mood.
grantig *dial. adj.* F grumpy, grouchy, crabby.
Granulat *n* granules *pl.*; **granulieren** *v/t. u. v/i.* granulate.
Grapefruit *f* grapefruit; **~saft** *m* grapefruit juice.
Graph *m* A, *phys.*, *ling.* graph.
Graphem *n ling.* grapheme.
Graphik *etc.* → ***Grafik*** *etc.*
graphisch *adj.* → ***grafisch.***
Graphit *m min.* graphite; **~stift** *m* lead (*od.* graphite) pencil.
Graphologe *m* graphologist; **Graphologie** *f* graphology; **graphologisch** *adj.* graphological.
grapschen F *v/t. u. v/i.* grab (***nach*** at).
Grapscher F *m* F groper.
Gras *n* grass; *fig.* F ***er hört das ~ wachsen*** a) he reads too much into things, he overinterprets, *contp.* F he thinks he's got a hot line to Heaven, b) he's got an answer for everything; F ***ins ~ beißen*** F bite the dust; ***über et. ~ wachsen lassen*** let the dust settle (on s.th.); ***darüber ist längst ~ gewachsen*** that's dead and buried; **ℒbewachsen** *adj.* grassy; **~büschel** *n* tuft of grass.
grasen *v/i.* graze.
Gras|fläche *f* patch of grass; (*Rasen*) lawn; **~fleck** *m* grass stain.
Gras fressend *adj. zo.* grass-eating; ***~es Tier*** → ***Grasfresser.***
Gras|fresser *m* grass-eater; **~frosch** *m* grass frog; **~futter** *n* grass fodder; **ℒgrün** *adj.* bright green; **~halm** *m* blade of grass; **~hüpfer** *m* grasshopper.
grasig *adj.* grassy.
Gras|karpfen *m* grass carp; **~land** *n* grassland; **~mücke** *f* warbler; **~narbe** *f* turf, sod; **~pflanze** *f* grass plant; **~platz** *m Tennis*: grass court; **~samen** *m* grass seed(s *pl.*).
grassieren *v/i.* rage; *bsd. Verbrechen*: be rife, be rampant; *Unsitte*: take hold; *Gerücht*: spread; **grassierend** *adj.* widespread; *stärker*: raging, rampant.
grässlich I. *adj.* horrible, terrible, awful (*alle a.* F *fig.*); (*scheußlich*) hideous; **II.** *adv.*: F ***~ faul*** *etc.* terribly (F incredibly) lazy *etc.*; **Grässlichkeit** *f* (*Untat*) terrible thing to do, *stärker*: atrocity.
Gras|steppe *f* grassy plains *pl.*; **~streifen** *m* strip of grass; **ℒüberwachsen, ℒüberwuchert** *adj.* overgrown with grass.
Grat *m* (sharp) edge; (*Bergrücken*) ridge; ⚙ bur(r), *stärker*: flash, (*Gussnaht*) fin; △ arris, (*Gewölbeℒ*) groin.
Gräte *f* (fish)bone.
Gräten|muster *n* herringbone pattern; **~schritt** *m Skisport*: herringbone.

Gratifikation *f* gratuity; (*Weihnachtsℒ etc.*) bonus.
grätig *adj.* **1.** *Fisch*: full of bones; **2.** F *fig.* F grumpy, crabby.
gratinieren *v/t. gastr.* gratiné, gratinate.
gratis *adv.* free (of charge); for nothing; *als Dreingabe*: into the bargain; **ℒaktie** *f* ☤ bonus share; **ℒbeilage** *f* free supplement; **ℒexemplar** *n* free copy; **ℒprobe** *f* free sample.
Grätsche *f* **1.** straddle; ***in die ~ gehen*** do the splits; **2.** (*Sprung*) straddle vault; ***e-e ~ machen*** do a straddle (vault); **3.** *Fußball*: slide tackle; ***e-e ~ machen*** slide-tackle.
grätschen *v/t. u. v/i.* straddle; *im Spagat*: do the splits; **Grätschsprung** *m* straddle vault.
Gratulant *m* well-wisher; **Gratulation** *f* congratulations *pl.* (***zu*** on); **gratulieren** *v/i.* congratulate (***j-m zu et.*** s.o. on s.th.); ***j-m zum Geburtstag ~*** wish s.o. a happy birthday; ***ich gratuliere!*** congratulations; F *fig.* ***da kannst du dir ~!*** you can count yourself lucky, *iro.* you'll regret it.
Gratwanderung *f* ridge walk; *fig.* tightrope walk; *fig.* ***sich auf e-r ~ befinden*** be walking a tightrope.
grau I. *adj.* grey, *Am.* gray; *fig.* (*trostlos*) dark, gloomy; ***~ werden*** turn *od.* go grey (*Am.* gray); ***sie hat schon ~e Haare bekommen*** she's going grey (*Am.* gray) already; ***~er Star*** cataract(s); F ***die ~en Zellen*** the little grey (*Am.* gray) cells, one's grey (*Am.* gray) matter; ***~ in ~*** *Wetter*: dismal; *fig.* ***er sieht*** (*od.* ***malt***) ***alles ~ in ~*** he's so negative about everything; ***~er Alltag*** *the* daily grind; ***ich lass mir darüber keine ~en Haare wachsen*** I'm not going to lose any sleep over it; ***~er Markt*** grey (*Am.* gray) market; ***~er Flugscheinmarkt*** bucket shop system; ***e-e ~e Maus*** a mousy person; ***in ~er Vorzeit*** in the dim and distant past; ***in ~er Zukunft*** (*od.* ***Ferne***) in the (long) distant future; ***das liegt noch in ~er Zukunft*** (*od.* ***Ferne***) that's still a long way off; ***das ist alles ~e Theorie*** it's all theory; → ***Eminenz***; **II.** ℒ *n* grey, *Am.* gray; **ℒbart** F *m* (*alter Mann*) greybeard, *Am.* graybeard; **~blau** *adj.* greyish- (*Am.* grayish-)blue; **ℒbrot** *n* mixed-grain bread.
Graubündner *m* inhabitant of Grisons (*od.* Graubünden); ***~ sein*** *mst* come from Grisons (*od.* Graubünden).
Gräuel *m* horror (***vor*** of); (*~tat*) atrocity, outrage; ***er*** (***es***) ***ist mir ein ~*** I loathe him (it); ***es ist mir ein ~ zu*** *inf.* I loathe *ger.*, I loathe having to *inf.*; **~geschichte** *f*, **~märchen** *n* horror story; **~propaganda** *f* horror stories *pl.*; **~szene** *f* scene of horror; **~tat** *f* atrocity.
grauen[1] **I.** *v/i. Tag*: dawn, be dawning; ***der Tag*** (*od.* ***Morgen***) ***graut*** day is (*od.* it's) dawning; **II.** ℒ *n*: ***beim ~ des Tages*** at daybreak.
grauen[2] **I.** *v/impers.*: ***es graut mir*** (*od.* ***mir graut***) ***vor*** I shudder at the thought of, (*e-r Prüfung etc.*) I dread, I'm dreading; **II.** ℒ *n* dread, horror (***vor*** of); ***~ empfinden vor*** be horrified of, shudder at the thought of; ***j-m ~ einflößen*** fill s.o. with horror; ***vom ~ gepackt*** seized (*od.* filled) with horror; ***ein Bild des ~s*** (***bieten***) (be) a horrific sight *od.* scene, (be) a scene of horror.
grauenerregend, Grauen erregend, grauenhaft, grauenvoll *adj.* horrific, ghastly, gruesome; F *fig.* dreadful, terrible.
Graugans *f* greylag (goose), *Am.* graylag (goose).
grauhaarig *adj.* grey-haired, *Am.* gray-haired.
graulen *v/refl.*: ***sich ~*** be scared (***vor*** of), dread (*s.th.*); → *a.* ***grauen***[2].
gräulich[1] *adj.* greyish, *Am.* grayish.
gräulich[2] **I.** *adj.* horrible, terrible, awful (*alle a.* F *fig.*); (*scheußlich*) hideous; **II.** *adv.*: F ***~ faul*** *etc.* terribly (F incredibly) lazy *etc.*
grau meliert *adj.* **1.** *Haar*: greying, *Am.* graying; grizzled; **2.** *Stoff etc.*: mottled grey (*Am.* gray).
Graupe *f* barley; ⚒ grain.
Graupel *f meteor.* (soft) hail, *Am.* sleet (*beide a.pl.*); **graupeln** *v/impers.*: ***es graupelt*** it's hailing (*Am.* sleeting); **Graupelschauer** *m* hail, *Am.* sleet (*beide a. pl.*).
Graus *m* horror, dread; *obs. u. iro.* ***o ~!*** (oh) horrors!; ***es ist ein ~*** it's horrible; ***das*** (***er***) ***ist mir ein ~*** I can't stand it (him); ***es ist ein ~ mit ihm*** he's impossible.
grausam I. *adj.* cruel (***gegen*** to); F (*schlimm*) terrible, awful; **II.** *adv.*: ***~ zu Tode kommen*** die a horrible death; **Grausamkeit** *f* **1.** cruelty; **2.** (*Gräueltat*) atrocity.
Grau|schimmel *m* grey (horse), *Am.* gray (horse); **~schleier** *m* **1.** *vor den Augen*: grey (*Am.* gray) haze; **2.** *in der Wäsche*: greyness, *Am.* grayness; ***e-n ~ haben*** be grey (*Am.* gray).
grauschwarz *adj.* grey(ish)-black, *Am.* gray(ish)-black.
grausen *v/impers.*: ***es graust mir*** (*od.* ***mir graust***) ***vor*** I shudder at the thought of, (*e-r Prüfung etc.*) I dread, I'm dreading, (*Schlangen etc.*) I'm terrified of.
grausig *adj.* → ***Grauen erregend.***
Grau|tier F *n* donkey; **~ton** *m* shade of grey (*Am.* gray); **~wal** *m* Californian grey (*Am.* gray) whale; **~zone** *fig. f* grey (*Am.* gray) area, twilight zone.
Graveur *m* engraver.
gravieren *v/t.* engrave.
gravierend *adj.* serious, grave.
Graviernadel *f* engraving needle.
Gravierung *f* engraving.
gravimetrisch *adj.* gravimetric(ally *adv.*).
Gravis *m ling.* grave (accent).
Gravitation *f phys.* gravitation, gravity.
Gravitations|feld *n* gravitational field; **~gesetz** *n* law of gravity.
gravitätisch *adj.* (*u. adv.*) *a. iro.* solemn(ly), grave(ly); ***mit ~em Ernst*** very solemnly.
gravitieren *v/i.* gravitate (***zu, nach*** towards).
Gravur *f*, **Gravüre** *f* engraving.
Grazie *f* **1.** grace(fulness); ***mit ~*** → ***graziös*** II; **2.** ***die drei ~n*** the three Graces.
grazil *adj.* delicate(ly built); (*biegsam*) willowy; *Kunst etc.*: delicate; graceful.
graziös I. *adj.* graceful; **II.** *adv.* gracefully; *a. fig.* elegantly.
Greif *m myth.* griffin.
Greif|arm *m zo.* tentacle; ⚙ grip(per) arm; **~bagger** *m* grab dredger.
greifbar *adj.* **1.** (*a.* ***in ~er Nähe***) handy, within easy reach; ☤ available, in stock; **2.** *fig.* tangible, (*konkret*) *a.* concrete; (*offenkundig*) obvious; ***er ist nie ~*** you just can't get hold of him; ***~e Gestalt annehmen*** assume a definite form; ***in ~e Nähe rücken*** a) get closer (and

closer), b) become a distinct possibility; ***e-e Lösung schien in ~er Nähe*** a solution seemed close at hand.

greifen I. *v/t.* **1.** take; *fest*: grasp; (*packen*) grab (hold of); ♪ play, (*Saite*) hold down, (*Tonloch*) stop; F (*j-n*) F grab; *fig.* ***das ist*** (***völlig***) ***aus der Luft gegriffen*** he's *etc.* made it up; ***die Zahl ist zu hoch gegriffen*** that's a very high estimate; F ***sich j-n ~*** F nab s.o.; **II.** *v/i.* **2. an** *den Hut etc.* **~** touch; ***sich an die Stirn*** *etc.* **~** clutch one's brow (*od.* forehead) *etc.*; **~ *in*** reach into; **~ *nach*** reach for, *hastig*: snatch at, *klammernd*: clutch at; ***zu et. ~*** reach for, *fig.* resort to; ***zu den Waffen ~*** take up arms, *Volk*: *a.* rise in arms; ***zu e-m Buch*** *etc.* **~** pick up a book *etc.*; *ein Buch etc.* ***zu dem man immer wieder*** (***gerne***) ***greift*** to which one will always return (with pleasure), one wouldn't like to miss; ***es war zum ≈ nah*** (*fig.* you felt) you could almost touch it; *fig.* ***mit beiden Händen ~ nach*** jump at, F grab *the opportunity etc.*; ***zum Äußersten ~*** go to extremes; ***um sich ~*** *Unsitte etc.*: spread, proliferate; ***um sich ~d*** rampant; → ***Feder, Flasche, Strohhalm*** *etc.*; **3.** *Räder etc*: grip; **4.** *fig.* (*zu wirken beginnen*) (begin to) take effect, (*wirksam sein*) be effective; (*ankommen*) catch on.

Greifer *m* gripping device; (*Klaue*) claw; *Bagger, Kran*: grab.

Greif|fuß *m zo.* prehensile foot; **~klaue** *f*, **~kralle** *f* claw; **~vogel** *m* bird of prey; **~zange** *f*: (***e-e*** a pair of) tongs *pl.*; **~zirkel** *m* outside cal(l)ipers *pl.*

greinen F *v/i. Kind*: F grizzle; *Erwachsener*: (*jammern*) F whinge.

Greis I. *m* old man; **II.** ≈ *adj.* old; (*grau*) grey, *Am.* gray; *iro.* ***er schüttelte sein ~es Haupt*** he shook his wise old head.

Greisenalter *n*: ***im ~*** as an old man, at a ripe old age.

greisenhaft *adj.* senile (*a.* ✱), *the face etc.* of an old man (*od.* woman); **Greisenhaftigkeit** *f* senility.

Greisin *f* old woman (*od.* lady).

grell I. *adj. Farbe*: garish, loud, very bright; *Ton*: shrill, piercing; (*blendend hell*) dazzling, glaring; *Licht*: *a.* harsh; *fig. Kontrast etc.*: stark; **II.** *adv.*: ***~ gegen et. abstechen*** form a sharp (*od.* stark) contrast to s.th.

grell beleuchtet *adj.* blindingly bright, glaring.

grell|bunt *adj.* gaudy; **~gelb** (**~grün**, **~rot**) *adj.* bright yellow (green, red).

Gremium *n* committee; (*Körperschaft*) body.

Grenadine *f Stoff, Sirup*: grenadine.

Grenz|abfertigung *f* customs clearance; **~aufsicht** *f* border surveillance; **~bahnhof** *m* border station; **~beamte(r)** *m* border official; **~befestigungen** *pl.* frontier fortifications; **~belastung** *f* ⚙ critical load; **~bereich** *m* **1.** border area; **2.** (*Zwischenzone*) intermediate zone; **3.** (*äußerste Grenze*) limits *pl.*; **~bereinigung** *f*, **~berichtigung** *f* frontier revision; **~bevölkerung** *f* border population; **~bewohner** *m* border dweller; **~bezirk** *m* border district.

Grenze *f* boundary, border; (*Landes≈*) border, frontier; *fig.* limit(s *pl.*); *fig.* ***~n der Bescheidenheit, des Möglichen etc.***: bounds; ***s-e ~n kennen*** know one's limitations; ***keine ~n kennen*** know no bounds; ***der Applaus kannte keine ~n*** the applause just wouldn't stop; ***du kennst wohl keine ~n*** you just don't know when to stop; ***~n setzen*** (*od.* ***stecken***) set limits (*dat.* to); ***e-e*** (***scharfe***) ***~ ziehen*** draw a (sharp) line; ***in ~n bleiben, sich in ~n halten*** keep within (reasonable) limits, (*erträglich sein*) be tolerable; ***s-e Begeisterung hielt sich in ~n*** he wasn't overly enthusiastic; ***die ~n überschreiten*** go too far, overstep the mark; ***es ist an der ~*** F it's pushing it (a bit); ***alles hat s-e ~n*** there's a limit to everything; ***dem sind nach oben keine ~n gesetzt*** there's no upper limit, F the sky's the limit; ***ohne ~n*** → ***grenzenlos***.

grenzen *v/i.*: **~ *an*** border on; *Garten etc.*: *a.* be right next to, adjoin, abut on; *fig.* border on, verge on, come close to, be little short of.

grenzenlos I. *adj.* boundless, unbounded; (*unermesslich*) immeasurable; ***e-e ~e Frechheit*** the height of impudence; ***ins ≈e gehen*** be endless, be never-ending; **II.** *adv.* (*unermesslich*) immeasurably; ***~ glücklich*** deliriously happy; ***~ dumm*** stupid beyond belief, F incredibly stupid; ***j-n ~ lieben*** love s.o. with all one's being.

Grenzer *m* **1.** border guard; **2.** → ***Grenzbewohner***.

Grenz|ertrag *m* ✝ marginal returns *pl.*; **~fall** *m* borderline case; **~fläche** *f* interface; **~formalitäten** *pl.* border formalities; **~gänger** *m* **1.** cross-border commuter; **2.** *illegaler*: illegal border crosser; **3.** (*Schmuggler*) smuggler; **4.** *fig.* (*Musiker etc.*) crossover artist; **~gebiet** *n* border area; (*Fachgebiet*) interdisciplinary subject; **~graben** *m* boundary ditch; **~jäger** *m* border patrolman; **~kämpfe** *pl.* border fighting *sg.*; **~konflikt** *m* border dispute; **~kontrolle** *f* border control; ***erleichterte ~n*** relaxation of border controls; **~kosten** *pl.* ✝ marginal cost *sg.*; **~krieg** *m* border war(fare); **~land** *n* **1.** border area; **2.** bordering country; **~lehre** *f* ⚙ limit ga(u)ge; **~linie** *f* border; *pol.* demarcation line; *Sport*: line; **~maß** *n* ⚙ (*Passung*) limiting size; **~mauer** *f* boundary wall; **~nutzen** *m* marginal utility; **~ort** *m* border town (*od.* village); **~pfahl** *m* boundary post; **~polizei** *f* border police; **~posten** *m* border guard; **~punkt** *m* limit; **~schutz** *m* **1.** frontier protection; **2.** *coll.* border guard; **~situation** *f* borderline situation; **~sperre** *f* **1.** closing of the border(s); **2.** (*Hindernis*) (frontier) barrier; **~stadt** *f* border town; **~station** *f* frontier station; **~stein** *m* boundary stone; **~streife** *f* border patrol; **~übergang** *m* **1.** border crossing point; **2.** (border) crossing; **≈überschreitend** *adj.* cross-border ...; international; *Probleme etc.*: of international significance; **~überschreitung** *f*, **~übertritt** *m* border crossing; **~verkehr** *m*: (***kleiner ~*** local) border traffic; **~verlauf** *m* border; **~verletzung** *f* border violation; **~wache** *f*, **~wächter** *m* border guard; **~wert** *m* limit, threshold value; **~winkel** *m* critical angle; **~ziehung** *f* **1.** creation of the frontier (*od.* of frontiers); **2.** frontier(s) created; **~zoll** *m* customs duty; **~zone** *f* border zone; **~zwischenfall** *m* border incident; *pl. mst* border clashes.

Gretchenfrage *f the* big question, F *the* sixty-four thousand dollar question.

Greuel *etc.* → ***Gräuel*** *etc.*

greulich *adj.* → ***gräulich***^{2}.

Grieben *pl.* greaves, crackling *sg.*; **~schmalz** *n* dripping (with greaves *od.* crackling).

Grieche *m* **1.** *a.* **Griechin** *f* Greek; **2.** F Greek restaurant; ***zum ~n gehen*** F go to a Greek place; ***in der Nähe ist ein ~*** there's a Greek place near here.

griechisch I. *adj.* Greek; △ *u. Kunst*: *a.* Grecian; **II.** ≈ *n ling.* Greek; **~-orthodox** *adj.* Greek Orthodox; **~-römisch** *adj.* Gr(a)eco-Roman.

Griesgram *m* F (old) grouch; **griesgrämig** *adj.* F grumpy, grouchy, crabby; **Griesgrämigkeit** *f* grumpiness.

Grieß *m gastr.* semolina; (*Sand*) grit; ✱ gravel; **~brei** *m* semolina; **~kloß** *m*, **~klößchen** *n* semolina dumpling.

Griff *m* **1.** (*das Greifen*) grasping (**nach** at), *schneller*: snatching (at), *klammernd*: clutching (at); (*Hand≈*) movement (of the hand); *Ringen*: hold; *Turnen*: grip; *Bergsteigen*: (hand)hold; ♪ stop; (*Akkord*) chord; ***sicherer ~*** sure touch; ***e-n ~ nach et. tun*** reach for s.th., *schnell*: grasp at s.th.; ***mit einem ~*** with one swift movement, *fig.* in no time; *fig.* ***e-n guten ~ tun*** make a good choice, strike lucky (***mit*** with); ***e-n schlechten ~ tun*** make a bad choice, pick the wrong man *etc.*; ***im ~ haben*** have got the hang of, (*unter Kontrolle haben*) have *s.th.* under control, (*Person, Tier*) *a.* have a good grip on (*a. Thema etc.*); ***in den ~ bekommen*** (F ***kriegen***) get the hang of, (*Situation etc.*) get a grip on; ***kühner ~*** bold stroke; ***~ nach der Macht*** attempt to seize power; **2.** (*Koffer≈, Messer≈ etc.*) handle; → ***Türgriff*** *etc.*; **3.** *von Stoff etc.*: feel; **≈bereit** *adj.* handy; **~brett** *n* ♪ fingerboard.

Griffel *m* **1.** slate pencil; *hist.* stylus; **2.** ⚘ pistil; **3.** F *Finger*: ***nimm deine ~ weg*** F take your (dirty) paws (*od.* mitts) off.

griffig *adj.* **1.** **~ *sein*** *Werkzeug etc.*: handle (*od.* hold) well; *Reifen, Fahrbahn etc.*: have a good grip; *Stoff*: have a good feel; **2.** *Mehl*: coarse-grained; **3.** *fig. Schlagwort etc*: catchy; **Griffigkeit** *f mot.* grip, traction.

Griff|loch *n* ♪ fingerhole; **~stück** *n* grip; **~übung** *f* ♪ fingering exercise.

Grill *m* grill, *Am.* barbecue; ***... vom Grill*** roast *chicken etc.*

Grille *f zo.* cricket; *fig.* silly idea; *fig.* ***~n fangen*** mope; ***~n im Kopf haben*** be full of silly ideas; ***j-m ~n in den Kopf setzen*** put ideas into s.o.'s head.

grillen I. *v/t.* grill, *Am. a.* barbecue, broil; **II.** *v/i.* (have a) barbecue; **III.** F *v/refl.*: ***sich in der Sonne ~*** F roast in the sun.

Grillenfänger *m* moody person.

grillenhaft *adj.* (*seltsam*) strange, *Person*: *a.* eccentric; (*launisch*) moody; (*mürrisch*) F grumpy.

Grill|fest *n* barbecue, *abbr.* BBQ, F barbie; **~fleisch** *n* **1.** grilled meat; **2.** meat for grilling; **~kohle** *f* charcoal; **~party** *f* barbecue, *abbr.* BBQ, F barbie; **~platte** *f gastr.* mixed grill; **~platz** *m* barbecue site; **~rost** *m* grill, rack; **~spieß** *m* spit.

Grimasse *f* grimace, face; ***~n schneiden*** pull faces.

Grimm *m* wrath, fury; **Grimmdarm** *m* colon; **grimmig** *adj.* **1.** fierce; *Lachen etc.*: grim; (*schlecht gelaunt*) in a bad mood; **2.** *Kälte, Schmerzen etc.*: severe.

Grind *m* ✱ scab; (*Kopf≈*) scurf; *vet.* mange; ⚘ scurf; **grindig** *adj.* scabby.

grinsen I. *v/i.* grin; *spöttisch*: smirk, *stärker*: sneer (***über*** at); ***er grinste bis über***

beide Ohren his grin was ear to ear; **II.** ℒ *n* grin; *höhnisches*: sneer; ***dir wird das ~ schon noch vergehen*** I'll *etc.* wipe that grin off your face(, don't you worry).

grippal *adj.*: ⚕ ***~er Infekt*** influenza.

Grippe *f* influenza, flu; **~epidemie** *f* flu epidemic; **~impfung** *f* flu vaccination; **~mittel** *n* flu remedy; ***kannst du mir irgendein ~ mitbringen?*** do you think you could get me something for this cold (*od.* flu) of mine?; **~virus** *m* flu virus; **~welle** *f* flu epidemic.

Grips F *m* F nous.

grob I. *adj.* coarse; (*rau*) *a.* rough (*a. Stimme*); (*unverarbeitet*) raw, crude; (*unfertig*) unfinished; (*~körnig*) coarse-grained; *Arbeit*: rough; *Person, Benehmen*: coarse; (*ungehobelt*) uncouth; (*roh*) very rough, brutal; (*unhöflich, beleidigend*) rude; (*geradeheraus*) bluff, blunt; (*ordinär*) crude; ⚖ gross; ***~e*** (*ungefähre*) ***Entfernung*** approximate distance; ***~e Fahrlässigkeit*** gross negligence; ***~er Fehler*** grave mistake; ***~e Lüge*** downright (*od.* flagrant) lie; ***~e Skizze*** rough sketch; ***~es Vergehen*** grievous offen|ce (*Am.* -se); ***in ~en Zügen*** very roughly; ***~ werden*** be rude (***gegen*** to), get offensive (towards); ***der gröbste Dreck*** the worst of the dirt; ***aus dem Gröbsten heraus sein*** be out of the wood(s), *bei Arbeit etc.*: have broken the back of it; → ***Holz, Schnitzer*** 2 *etc.*; **II.** *adv.* coarsely *etc.*; → I; ***~ gerechnet*** roughly, at a rough estimate; *et.* ***~ schätzen*** make a rough guess at; ***~ geschätzt*** at a rough guess; *et.* ***~ umreißen*** give a rough outline of; ***j-m ~ kommen*** be rude to s.o., get offensive towards s.o.; ⚖ ***~ fahrlässig*** grossly negligent; **ℒeinstellung** *f* ⚙ coarse adjustment; **~faserig** *adj.* coarse-fibred (*Am.* -fibered); *Holz*: coarse-grain(ed); **ℒfeile** *f* ⚙ rough file.

grob| gehackt *adj.* coarsely chopped; **~ gemahlen** *adj.* coarse-ground.

Grobheit *f* coarseness; roughness; crudeness; → ***grob***; *fig.* (*grobes Benehmen*) rudeness; ***~en*** abuse; ***j-m ~en an den Kopf werfen*** be rude to s.o.

Grobian *m* boor.

grobklotzig *adj.* clumsy, hamfisted.

grob|knochig *adj.* big-boned; **~körnig** *adj.* coarse-grained; *phot.* grainy.

gröblich I. *adj.* gross; **II.** *adv.*: ***j-n ~ beleidigen*** grossly insult s.o.

grob|maschig *adj.* wide-meshed; **ℒraster** *m* coarse screen; **~schlächtig** *adj.* uncouth; **ℒschnitt** *m* (*Tabak*) coarse cut.

Grog *m* hot grog.

groggy F *adj.* shattered, F whacked, pooped.

grölen *v/i. u. v/t.* bellow; *Menge*: roar; ***~de Menge*** noisy crowd.

Groll *m* rancour, resentment; (*eingewurzelter Hass*) animosity; ***e-n ~ gegen j-n hegen*** bear a grudge against s.o.; **grollen** *v/i.* **1.** *Donner etc.*: rumble; **2.** ***j-m ~*** bear s.o. a grudge; ***er grollt seit Tagen*** it (*od.* something) has been galling him for days; **grollend** *adj.* angry.

Grönländer(in *f*) *m* Greenlander; **grönländisch** *adj.* Greenland ..., from Greenland.

Gros[1] *n* ☤ gross.

Gros[2] *n the* vast (*od.* great) majority.

Groschen *m* **1.** (*österreichischer ~*) groschen; **2.** F ten-pfennig piece, ten pfennigs *pl.* (*mst sg. konstr.*); *fig.* ***keinen ~ wert*** not worth a penny (*od.* cent); ***sich ein paar ~ dazuverdienen*** earn a bit of pocket money (on the side); ***der ~ ist gefallen!*** the penny has dropped; **~blatt** *n* F rag; **~roman** *m* penny dreadful, *Am.* dime novel.

groschenweise *adv.* bit by bit, a little bit at a time.

groß I. *adj.* big (*bsd. gefühlsbetont*), *etwas gehobener*: large; *Person*: tall, (*~ gebaut*) big; *Baum, Gebäude etc.*: (*hoch*) tall; (*riesig*) huge; (*weit*) vast; *Entfernung*: long, great; (*erwachsen*) grown-up; *an Wert etc.*: great; (*bedeutend*) great, major, important; *Fehler*: big; *Hitze*: great, intense; *Kälte*: severe; *Schmerz*: great; *Verlust*: heavy; ***größer*** (*ziemlich ~*) quite big *etc.*; ***~er Buchstabe*** capital letter; ***~e Ferien*** summer holiday(s), long vacation; ***ein ~es Gebäude*** a big(, tall) building; ***~e Mehrheit*** great majority; ***~e Schwester*** big sister; ***ein ~er Tag*** a great day; ***der größere Teil*** most of it (*od.* them); ***zum ~en Teil*** largely; ♪ ***~e Terz*** major third; ***~er Unterschied*** big (*od.* great) difference; ***e-e ~e Zahl von*** a large number of, a great many; ***~e Zehe*** big toe; ***gleich ~*** the same size; ***so ~ wie ein Fußballfeld*** the size of a football pitch; ***~ werden*** *Kinder*: grow up; ***zu ~ werden für*** outgrow *s.th.*; ***wie ~ ist er?*** how tall is he?; ***er ist ... ~*** he's ... (tall); *das Grundstück* ***ist ...*** m^2 ***~*** is ... met|res (*Am.* -ers) square; ***~en Hunger haben*** be very hungry, *stärker*: be starving; F ***ganz ~*** F great; F ***im Rechnen ist er ganz ~*** he's really good (*od.* he's brilliant) at arithmetic; ***ich bin kein ~er Tänzer*** *etc.* I'm not much of a dancer *etc.*; *unser Umsatz* ***war dreimal so ~ wie der der Konkurrenz*** was three times that of our rivals; ***Friedrich der ℒe*** Frederick the Great; ***Karl der ℒe*** Charlemagne; → ***Auge*** 1, ***Bär*** 2, ***Glocke*** *etc.*; → *a.* ***Große(r), Große(s)***; **II.** *adv.*: ***~ auftreten*** act big; F ***~ angeben*** a) talk big, b) throw one's weight around (*od.* about); ***er sah mich ganz ~ an*** he just stared at me; F ***~ ausgehen*** have a real night out; F ***er kümmert sich nicht ~ darum*** he doesn't really bother about it; F ***was ist schon ~ dabei?*** so what's the problem?; F ***was gibt es da ~ zu sagen?*** what can you say?; F ***er ist ganz ~ angekommen*** the audience *etc.* loved him; ***~ und breit*** *dastehen etc.*: as large as life; → ***herausbringen*** *etc.*

Groß|abnehmer *m* ☤ bulk buyer; **~admiral** *m* ⚓ Admiral of the Fleet; **~aktion** *f* major (*od.* large-scale) campaign *od.* operation; **~aktionär** *m* major shareholder; **~alarm** *m* red (*od.* major) alert.

groß angelegt *adj.* large-scale, full-scale.

Groß|angriff *m* ⚔ major offensive, all-out attack, ✈ air blitz; **~anschaffung** *f* major purchase (*od.* investment).

großartig I. *adj.* tremendous, great; (*ausgezeichnet*) *a.* excellent; brilliant; (*wunderbar*) wonderful, magnificent; (*spektakulär*) grand; (*großspurig*) pompous; ***du warst ~!*** you were tremendous (*od.* just great); **II** *adv.*: ***~ tun*** put on airs; ***sie haben ~ gespielt*** they played really well; ***sich ~ amüsieren*** have a great time.

Groß|aufnahme *f phot., Film*: close-up (shot); **~auftrag** *m* ☤ large-scale order; **ℒäugig** *adj.* big-eyed, wide-eyed; **~bank** *f* big bank; **~bauer** *m* (big) farmer; **~baustelle** *f* major building site; **~betrieb** *m* large concern (⛏ farm).

Großbildkamera *f* large-format camera.

Groß|bildschirm *m* large screen; **~brand** *m* big fire; **~buchstabe** *m* capital (letter); *typ.* uppercase letter; ***in ~n*** *a.* uppercase, F in caps.

großbürgerlich *adj.* upper middle class; **Großbürgertum** *n* upper middle class (-es *pl.*).

großdeutsch *adj.* pan-German.

Großdruckausgabe *f* large-print edition.

Große(r *m*) *f* **1.** ***die Großen der Welt*** (***des Films***) the great people of this world (the big names in the film industry); **2.** *pl.* (*Erwachsene*) grown-ups; **3.** (*ältestes Kind*) *our etc.* eldest, oldest.

Große(s) *n* **1.** ***Großes*** great things (*od.* deeds) *pl.*; ***es hat sich nichts Großes ereignet*** nothing important happened; **2.** ***im Großen*** (*im großen Maßstab*) on a large scale, large-scale ...; ☤ *buy etc.* wholesale, (in) bulk; ***im Großen wie im Kleinen*** at all levels; → ***ganz*** II, ***Ganze(s)***.

Größe *f* **1.** size (*a. Nummer*); (*Körperℒ*) height; (*Geräumigkeit*) spaciousness, (*Weite*) vastness; (*Menge, bsd.* ⚗) quantity; (*Größenordnung*) order; (*Ausmaß*) extent; (*Bedeutsamkeit*) significance, *e-r Kultur etc.*: *a.* greatness; *e-s Vergehens*: enormity; *ast.* magnitude; ***dieselbe ~ haben*** be the same size (*Person*: height); ***er hat ungefähr d-e ~*** he's about your height; ***welche ~ haben*** (*od.* ***tragen***) ***Sie?*** what size do you take?; ***in voller ~*** full-size, *weitS.* (as) large as life; ***von mittlerer ~*** medium-sized, *Person*: of medium height; ***Stern erster ~*** star of the first magnitude; **2.** (*menschliche Größe*) magnanimity, largesse, *Am.* largess; **3.** (*berühmte Person*) celebrity, important figure, *bsd. iro.* worthy; *thea., Sport*: star; (*Wissenschaftler*) authority; ***politische ~*** political heavyweight; ***(un)bekannte ~*** (un)known quantity; ***e-e vergangene ~*** a has-been.

Groß|einkauf *m* **1.** ***e-n ~ machen*** do a big shop; **2.** ☤ a) bulk buying, b) bulk purchase; **~einsatz** *m* large-scale (*od.* major) operation; ***~ der Polizei*** large police deployment; **~eltern** *pl.* grandparents; **~enkel** *m* great-grandson; *pl.* great-grandchildren; **~enkelin** *f* great-granddaughter.

Größen|klasse *f* size; **~ordnung** *f* order (of magnitude; *a. ast.*); *Unternehmen etc.* ***von dieser ~*** of that scale; ***es liegt in der ~ von*** it's somewhere in the order (*od.* region) of.

großenteils *adv.* largely, to a great extent.

Größenverhältnis *n* ratio; (*Proportionen*) proportions *pl.*, dimensions *pl.*; (*Maßstab*) scale; ***das ~ stimmt nicht*** it's out of proportion (*od.* scale).

Größenwahn *m* megalomania; delusions *pl.* of grandeur; **größenwahnsinnig** *adj.*, **Größenwahnsinnige(r)** *m* megalomaniac.

größer(e)nteils *adv.* largely, for the large part, to a large extent.

Groß|erzeuger *m* large-scale producer (*od.* manufacturer); **~fahndung** *f* dragnet operation; **~familie** *f* extended family; **~feuer** *n* big fire; **ℒflächig** *adj.* extensive; *Gesicht*: wide; **~flughafen** *m* international (*od.* major) airport; **~format** *n* large size; *phot. etc.* large format; ***im ~*** → **ℒformatig** *adj.* large-format; **~fürst** *m* grand duke; **~fürstentum** *n* grand duchy; **~fürstin** *f* grand duchess; **2füttern** F *v/t.* bring up; ***wir haben ihn großgefüttert*** *a.* we fed and clothed him all those years; **~garage** *f* **1.** big garage; *öffentliche*: (underground) car park; **2.** major service station.

groß| gedruckt *adj.* in large letters (*od.* print); **~ gewachsen** *adj.* tall, big.

Großgrund|besitz *m* large estate(s *pl.*); **~besitzer** *m* big landowner.

Großhandel *m* wholesale trade (*od.* trading); (*Großmarkt*) wholesaler's, wholesale store; ***im ~*** (*ver*)*kaufen*: wholesale, (in) bulk.

Großhandels|geschäft *n* **1.** wholesale business; **2.** wholesaler's, wholesale store; **~preis** *m* wholesale price; **~rabatt** *m* bulk discount.

G

Großhändler *m* wholesaler; **Großhandlung** *f* wholesale firm (*od.* business).

großherzig *adj.* magnanimous; **Großherzigkeit** *f* magnanimity.

Groß|herzog(in *f*) *m* grand duke (*f* duchess); **~herzogtum** *n* grand duchy.

Großhirn *n anat.* cerebrum; **~rinde** *f* cerebral cortex.

Groß|industrie *f* big industry; **~industrielle(r)** *m* big industrialist, F tycoon; **~inquisitor** *m* Grand Inquisitor, Inquisitor General.

Grossist *m* wholesaler.

großjährig *adj.* of age; ***~ werden*** come of age; **Großjährigkeit** *f* majority.

großkalibrig *adj.* large-calib|re (*Am.* -er).

Groß|kampftag *fig. m* tough (*od.* hard) day; **~kapital** *n* high finance, big business; *coll.* big financiers *pl.*; **~kapitalist** *m* capitalist.

groß kariert *adj.* large-checked.

Groß|katze *f* big cat; **~klima** *n* macroclimate; **~konzern** *m* big concern.

Großkopferte *dial. m* F big shot.

großkotzig F *adj. Person*: full of o.s.; *Sache*: flashy; ***er ist so ~*** *a.* he's such a show-off.

Groß|kraftwerk *n* large(-scale) power station (*od.* plant); **~küche** *f* large kitchen; *weitS.* canteen; **~kundgebung** *f* mass rally.

Großmacht *f* great power; superpower; **~politik** *f* superpower politics *pl.*; **~stellung** *f* position of power.

Großmama F *f* grandma, granny; *als Anrede*: Grandma, Granny.

Großmannssucht *f*: ***er leidet unter ~*** he always has to act the big shot, he likes to play lord of the manor.

Groß|markt *m* **1.** wholesale market (*od.* store); **2.** hypermarket; **2maschig** *adj.* wide-meshed; **~mast** *m* ⚓ mainmast.

Großmaul F *n* F loudmouth; **großmäulig** F *adj.* F loudmouthed.

Groß|meister *m* grand master; **~mogul** *m hist.* Grand (*od.* Great) Mogul; **~mufti** *m* grand mufti.

Großmut *f* magnanimity, largesse, *Am.* largess; **großmütig** *adj.* magnanimous.

Großmutter *f* grandmother; **großmütterlich** *adj.* one's grandmother's; *fig.* grandmotherly; **großmütterlicherseits** *adv.* on one's grandmother's side.

Groß|neffe *m* grand-nephew; **~nichte** *f* grand-niece; **~offensive** *f* major offensive; **~onkel** *m* great-uncle; **~packung** *f* large (*od.* economy) pack; **~papa** F *m* F grandpa; *als Anrede*: Grandpa.

Großraum *m*: ***der ~ München*** the Munich area, Munich and its surrounding areas; **~büro** *n* open-plan office; **~flugzeug** *n* wide-bodied jet.

großräumig *adj.* spacious; *weitS.* extensive; ***ortskundige Fahrer werden gebeten, den Stau ~ zu umfahren*** *etwa* motorists are advised to keep well away from the congested area.

Großraumwagen *m* 🚃 open-plan carriage.

Groß|razzia *f* large-scale raid (F swoop); **~reinemachen** F *n* big clean-up, big cleaning-up session; *bsd. im Frühjahr*: spring-clean(ing session); *fig.* purge.

großschnauzig, großschnäuzig F *adj.* F loudmouthed.

großschreiben *v/t.* capitalize; ***schreibt man das groß?*** does that have a capital (letter)?

groß schreiben *fig. v/t.*: ***groß geschrieben werden*** rate very highly, (*knapp sein*) be very much in demand; ***bei ihm wird Pünktlichkeit groß geschrieben*** *a.* he sets great store by punctuality.

Großschreibung *f* capitalization; ***er hat Probleme mit der Groß- und Kleinschreibung*** he has problems with capitalization.

Groß|segel *n* mainsail; **~sender** *m* high-power transmitter (*weitS.* broadcasting station).

Großsprecher *m* loudmouth; **Großsprecherei** *f* bragging; loudmouthed behavio(u)r; **großsprecherisch** *adj.* loudmouthed.

großspurig *adj.* high and mighty; (*wichtigtuerisch*) pompous.

Großstadt *f* big town (*od.* city), city; (*Weltstadt*) metropolis; **Großstädter(in** *f*) *m* city-dweller; *contp.* city-slicker; **großstädtisch** *adj.* urban, (big-)city ...

Großstadt|lärm *m* big-city noise, noise (*od.* hubbub) of the (big) city; **~leben** *n* (big-)city life, life in the city; **~luft** *f* city air; **~mensch** *m* big-city person (*od.* man, woman); *contp.* city-slicker; ***ich bin ein ~*** *a.* I grew up in the city; **~mentalität** *f* big-city mentality; **~rummel** *m* bustling city life (*od.* life of the city), hubbub of the city; **~verkehr** *m* (big-)city traffic; traffic in the cities.

Großtankstelle *f* (large) service station.

Großtante *f* great-aunt.

Großtat *f* great feat.

Großteil *m a* large part, *the* majority, *the* bulk (*gen.* of).

größtenteils *adv.* mainly, for the most part.

Größtmaß *n* **1.** maximum (size); *Passung*: maximum limit; **2.** → ***Höchstmaß.***

größtmöglich *adj.* greatest possible; *the* utmost *effort, care etc.*

Großtuer *m* show-off; **Großtuerei** *f* showing off; **großtuerisch** *adj.* boastful; **großtun I.** *v/i.* act big, show off; **II.** *v/refl.*: ***sich mit et. ~*** show s.th. off; *verbal*: brag about s.th.

Groß|unternehmen *n* big business; **~unternehmer** *m* big businessman.

Großvater *m* grandfather; **großväterlich** *adj.* one's grandfather's; *fig.* grandfatherly; **großväterlicherseits** *adv.* on one's grandfather's side.

Großvater|sessel *m* (big,) comfy armchair; **~uhr** *f* grandfather clock.

Groß|veranstaltung *f* big event; *bsd. pol.* mass rally; **~verbraucher** *m* bulk consumer; **~verdiener** *m* big(-income) earner; **~versuch** *m* large-scale test (*od.* experiment); **~vieh** *n* cattle and horses *pl.*; **~wetterlage** *f* general weather situation; *fig.* general situation.

Großwildjagd *f* big-game hunt(ing).

Großwürdenträger(in *f*) *m* high dignitary.

großziehen *v/t.* bring up, raise.

großzügig *adj.* **1.** generous; **2.** *Ansichten, Charakter etc.*: liberal, broadminded; (*alles erlaubend*) permissive; **3.** *Anlage, Planung etc.*: large-scale, generous; (*weiträumig*) spacious; **Großzügigkeit** *f* generosity; liberality, broadmindedness; bold conception (*od.* design).

grotesk I. *adj.* grotesque; (*extrem*) *a.* gross; (*lächerlich*) absurd; **II.** 2 *f typ.* grotesque; **Groteske** *f Literatur*: grotesque; ⚠, *Kunst*: grotesque(rie); *fig.* farce; **Groteskschrift** *f typ.* grotesque.

Grotte *f* grotto.

Groupie *sl. n* F groupie.

Grübchen *n Wange etc.*: dimple; ⚕, *zo.* fossule; ⚙ pit.

Grube *f* pit; ⚒ *a.* mine, (*Kohlen2*) *a.* colliery; (*Höhlung*) hollow; (*Loch*) hole; *fig.* ***j-m e-e ~ graben*** set (up) a trap for s.o.; ***wer andern e-e ~ gräbt, fällt selbst hinein*** you've got to watch you don't fall into your own trap (*od.* watch you're not hoist with your own petard).

Grübelei *f a. pl.* brooding; **grübeln I.** *v/i.* brood (**über** over, about); ***~ über*** *ein akademisches Problem etc.*: mull over; **II.** 2 *n*: ***ins ~ kommen*** start brooding.

Gruben|arbeiter *m* miner; **~brand** *m* pit fire; **~explosion** *f* explosion in a (*od.* the) mine; **~gas** *n* pit gas, firedamp; **~lampe** *f* miner's lamp; **~schacht** *m* mineshaft; **~unglück** *n* mining accident (*od.* disaster), pit disaster.

Grübler(in *f*) *m* broody person; (*Denker*) reflective person; **grüblerisch** *adj.* brooding, broody; (*nachdenklich*) introspective.

gruezi *schweiz. int.* hello, hi.

Gruft *f* tomb; (*Krypta*) crypt; *poet.* grave; **Grufti** F *m* F crumbly, wrinkly, oldster.

grün I. *adj.* green; (*unreif*) *a.* unripe; *fig. Person*: green, (still) wet behind the ears; *pol.* green, ecology ...; ***Aal ~*** stewed eel; ***die Ampel ist ~*** the lights are green, it's green; ***~e Heringe*** fresh herrings; ***die 2e Insel*** (*Irland*) the Emerald Isle; ***der ~e Punkt*** the green dot (on recyclable packaging); ***~er Salat*** lettuce; *die Bananen etc.* ***sind noch zu ~*** aren't ripe yet; *fig.* ***~er Junge*** greenhorn; ***j-m ~es Licht geben*** give s.o. the go-ahead (F thumbs up); ***~e Lunge*** green lung; ***~ vor Neid*** green with envy; ***~e Weihnachten*** snow-free Christmas; ***~ und blau schlagen*** (*od.* ***dreschen***) beat *s.o.* black and blue; ***sich ~ und blau ärgern*** F be really mad; ***ich hab mich ~ und blau geärgert*** (*über mich selbst*) I could have kicked myself; ***ich komme auf keinen ~en Zweig*** I'm just not getting anywhere; ***er wird nie auf e-n ~en Zweig kommen*** he'll never get anywhere in life; F ***sie ist mir nicht ~*** she doesn't like me; → ***Bohne, Minna, Star, Tisch, Welle*** *etc.*; **II.** 2 *n* green; ***im ~en*** out in the open; *Fahrt* ***ins ~e*** into the countryside; ***die Ampel steht auf ~*** the lights are green; ***bei ~*** at green; ***geht bitte nur bei ~ über die Straße*** don't cross the road until the lights are green; F ***das ist dasselbe in ~*** it's six of one and half a dozen of the other; **2anlage** *f* green space; (*Grünfläche*) green; **~n** green spaces; **~blau** *adj.* greenish-blue; **~blind** *adj.* green-blind.

Grund *m* **1.** (*Boden*) ground; (**~besitz**) land, property; *von Gewässern, Gefäßen* *etc.*: bottom; △ (*Fundament*) foundations *pl.*; (*Bauplatz*) plot; (*Hinter*~) background; (*Grundierung*) priming (coat); (*Kaffeesatz*) ground; ***~ und Boden*** land, property; ⚓ ***auf ~ geraten*** (*od.* ***laufen***) run aground; *fig.* ***den ~ legen zu*** lay the foundations of; ***e-r Sache auf den ~ gehen*** get to the bottom of s.th.; ***im ~e s-s Herzens*** at (the bottom of his) heart; ***von ~ aus*** (*od.* ***auf***) completely, ... through and through; ***im ~e*** (***genommen***) basically, (*eigentlich*) really; ***j-n in ~ und Boden reden*** talk s.o. into the ground; ***in ~ und Boden verdammen*** condemn outright; ***ich habe mich in ~ und Boden geschämt*** I wished the earth would open up and swallow me; **2.** (*Vernunfts*~) reason (***zu*** *inf.* to *inf.*, for *ger.*); (*Ursache, Anlass*) *a.* cause (***für*** of); (*Beweis*~) argument; ***Gründe für und wider*** arguments for and against, *the* pros and cons; ***auf ~ von*** a) (*wegen*) on account of, because of, on grounds of, b) (*auf der Grundlage von*) on the basis of; ***aus gesundheitlichen*** (***familiären***) ***Gründen*** for health (family) reasons, for reasons of health; ***aus diesem ~*** that's (*od.* that was) why; ***aus welchem ~?*** why?; ***aus dem einfachen ~, dass*** for the simple reason that; ***mit*** (***gutem***) ***~*** with good reason; ***ein ~ mehr zu*** *inf.* all the more reason to *inf.*; ***aus diesem oder jenem ~*** for one (*od.* some) reason or another; ***ich habe m-e Gründe dafür*** I have my reasons; ***es hat schon s-e Gründe*** he knows *etc.* what he's *etc.* doing; ***nicht ohne ~*** not without reason; ***ohne jeden ~*** for no apparent reason; ***jeden*** (***keinen***) ***~ haben zu*** *inf.* have every (no) reason to *inf.*; ***es besteht*** (***kein***) ***~ zu der Annahme, dass*** we *etc.* have (no) reason to suppose that; ***Gründe anführen*** state one's case (***für*** for); ***kein ~ zur Besorgnis*** no need to get worried, there's no cause for concern; ***zu Grunde*** → ***zugrunde***; **~akkord** *m* ♪ basic chord; **~anschauung** *f* basic outlook.

grundanständig *adj.* really decent.

Grund|anstrich *m* first coat(ing); **~ausbildung** *f* basic training; **~ausstattung** *f* basic equipment; **~bau** *m* foundations *pl.*; **~baustein** *m* **1.** *phys.* elementary particle; **2.** basic component; **~bedarf** *m* basic needs (*od.* requirements) *pl.*; **~bedeutung** *f* primary (*od.* basic) meaning; **~bedingung** *f* basic condition; **~bedürfnis** *n* basic requirement (*od.* need); **~begriff** *m* **1.** *pl.* (*Grundkenntnisse*) basics; **2.** basic concept; **~besitz** *m* property, real estate; (*Immobilien*) immovables *pl.*; **~besitzer** *m* landowner; **~bestandteil** *m* basic component; **~betrag** *m* basic sum; **~buch** *n* real estate register.

grundehrlich *adj.* absolutely honest.

Grund|eigenschaft *f* basic (*od.* fundamental) characteristic; essential aspect (*od.* quality); **~eigentum** *n* → ***Grundbesitz***; **~eigentümer** *m* → ***Grundbesitzer***; **~einheit** *f* absolute unit; **~einkommen** *n* basic income; **~einstellung** *f* basic attitude (*od.* outlook); **~eis** *n* **1.** ground ice; **2.** V ***ihm geht der Arsch mit ~*** *sl.* he's got the wind up, V he's scared shitless.

gründen I. *v/t.* found, (*einrichten*) establish, set up; (*schaffen*) create; ✝ (*Gesellschaft*) form, found; (*Geschäft*) start (up), set up; (*einleiten*) launch; ***et. ~ auf*** base (*od.* found) s.th. on; **II.** *v/refl.*: ***sich ~ auf*** be based on.

Gründer *m* founder; (*Schöpfer*) originator, creator; ✝ founder, promoter; **~aktien** *pl.*, **~anteile** *pl.* founders' shares (*Am.* stock *sg.*).

Grund|erfahrung *f* basic experience; **~erfordernis** *n* basic requirement.

Gründerjahre *pl. period of industrial expansion in Germany from 1871 on.*

Gründervater *m* founding father.

Grunderwerb *m* acquisition of land; **Grunderwerbssteuer** *f* land transfer tax.

Gründerzeit *f* → ***Gründerjahre.***

grundfalsch *adj.* absolutely (*od.* completely) wrong; ***was du machst, ist ~*** *a.* you're doing the completely wrong thing, you couldn't do worse.

Grund|farbe *f* **1.** primary colo(u)r; **2.** (*Grundanstrich*) first coat; **~fehler** *m* basic *od.* fundamental mistake (*od.* error); **~festen** *fig. pl.* foundations; ***an den ~ des Staates*** *etc.* ***rütteln*** rock the foundations of the state *etc.*; ***et. in den*** (*od.* ***s-n***) ***~ erschüttern*** shake s.th. to its (very) foundations; **~fisch** *m* groundfish; **~fläche** *f* (surface) area; **~form** *f* basic form; *ling.* infinitive; **~formel** *f* basic formula; **~frage** *f* basic question; **~freiheiten** *pl. pol.* (basic) civil rights, basic freedoms; **~gebühr** *f* basic charge, flat rate; **~gedanke** *m* basic (*od.* fundamental) idea.

Grundgehalt[1] *m* basic content.

Grundgehalt[2] *n* basic salary.

grundgescheit *adj.* very intelligent (*od.* bright).

Grund|gesetz *n* basic law; *pol.* Basic Law; **~haltung** *f* basic attitude.

grundhässlich *adj.* really ugly, ugly as sin (F hell).

Grundidee *f* basic idea.

grundieren *v/t. Malerei*: ground; ⚙ *mst* prime; (*Holz, Papier*) stain; **Grundierfarbe** *f* primer; **Grundierung** *f* **1.** (*Grundierfarbe*) primer; **2.** (*das Grundieren*) priming; **3.** (*Spachtel*) filler.

Grund|irrtum *m* fundamental error; **~kapital** *n* ✝ capital stock; **~kenntnisse** *pl.* basic knowledge *sg.* (***in*** of), basics; **~kosten** *pl.* basic cost *sg.*; **~kurs** *m* basic (*od.* beginners') course.

Grundlage *f* basis; F *für Alkohol*: base; **~n** *e-r Wissenschaft etc.*: fundamentals, basics; ***die ~ bilden für*** form the basis of, be (*od.* constitute) the basis for; ***die ~n schaffen für*** lay the foundations for; ***jeder ~ entbehren*** be completely unfounded; ***jeder gesetzlichen ~ entbehren*** have no legal basis *od.* authority (whatsoever); F ***für heute Abend wirst du e-e gute ~ brauchen*** F you'll have to line your stomach well (*od.* you'll need a good lining) for tonight; **Grundlagenforschung** *f* basic research.

grundlegend I. *adj.* basic, fundamental; (*wichtig*) essential; **II.** *adv.* fundamentally; ***~ verändern*** *a.* radically change, change the whole face of.

gründlich I. *adj.* thorough; (*sorgfältig*) *a.* careful; (*anständig*) proper; ***e-e ~e Arbeit*** a good piece of work; ***~e Kenntnisse haben in*** be well-grounded in; **II.** *adv.* thoroughly *etc.*; F (*sehr*) *a.* properly; ***sich ~ vorbereiten*** prepare o.s. well; ***ich habe mich ~ vorbereitet*** I'm well-prepared; ***er hat s-e Sache ~ gemacht*** he's done a very thorough job, *iro.* he's made a thorough job of it; ***j-m ~ die Meinung sagen*** give s.o. a piece of one's mind; ***da hast du dich ~ getäuscht*** you're very much mistaken there; ***ich habe mich in ihr ~ getäuscht*** I completely misjudged her; ***er hat sich ~ blamiert*** he made a real (F right, proper) fool of himself; **Gründlichkeit** *f* thoroughness; carefulness.

Grundlinie *f* Ⱥ base; *Sport*: base line; *pl. fig.* outline *sg.*

Grundlinien|schlag *m* base-line shot; **~spiel** *n* base-line game.

Grundlohn *m* basic wage(s *pl.*).

grundlos I. *adj.* **1.** (*ohne Boden*) bottomless; **2.** *Weg*: muddy; **3.** *fig.* (*unbegründet*) unfounded; **II.** *adv.* for no reason (at all).

Grund|mauer *f* foundation wall; **~metall** *n* base metal; **~modell** *n* standard model; **~nahrungsmittel** *n* staple, basic (*od.* staple) food.

Gründonnerstag *m* Maundy Thursday.

Grund|ordnung *f e-s Staates etc.*: fundamental order; **~pfeiler** *m* main support; *fig.* mainstay, bedrock; **~position** *f* basic point of view; **~preis** *m* basic price; **~prinzip** *n* basic (*od.* key) principle; **~problem** *n* basic (*od.* fundamental) problem; **~rechenart** *f*, **~rechnungsart** *f* basic (arithmetical) operation; **~rechte** *pl.* basic (*od.* fundamental) rights; **~regel** *f* basic rule; *fürs Leben etc.*: maxim; **~rente** *f* **1.** (*Altersversorgung*) basic pension; **2.** *Immobilien*: ground rent; **~richtung** *f* general tendency; **~riss** *m* **1.** △ ground plan; (*Anlageplan*) layout; **2.** *fig.* outline, sketch; (*Abriss*) outline(s *pl.*).

Grundsatz *m* principle; (*Lebensregel*) *a.* maxim; *bsd. phls.* axiom; (*Lehrsatz*) tenet; ***nach dem ~, dass*** on the principle that; ***es sich zum ~ machen*** make it a rule; ***er ist ein Mann mit Grundsätzen*** he's a man of principle, he's got his principles; **~debatte** *f* debate on basic principles; *pol.* policy debate; **~entscheidung** *f* fundamental (*od.* basic) decision; ⚖ landmark decision; ***wir müssen e-e ~ treffen*** *a.* we've got to make a decision and stick by it; **~erklärung** *f* policy statement; **~frage** *f* basic issue; key question.

grundsätzlich I. *adj.* fundamental, basic; (*prinzipiell*) *nachgestellt*: on principle; **II.** *adv.* fundamentally; (*im Grunde*) basically; (*prinzipiell*) on principle, as a matter of principle; (*immer*) always, invariably; *weitS.* (*absolut*) absolutely.

Grundsatz|programm *n pol.* (basic) policy statement; (*Plattform*) party platform; **~rede** *f pol.* keynote speech (*od.* address); **~urteil** *n* leading decision.

Grund|schlag *m* ♪ beat; **~schrift** *f typ.* main type; **~schulbildung** *f* primary education; **~schuld** *f* land charge; **~schule** *f* primary school, *Am.* elementary (*od.* grade) school; **~schüler(in** *f*) *m* primary pupil; *Am. a.* elementary (*od.* grade) school student.

grundsolide *adj.* absolutely dependable, rock solid.

Grundstein *m* foundation stone; *fig.* cornerstone; ***den ~ legen zu*** lay the foundation stone of, *fig.* lay the foundations for; **~legung** *f* laying of the foundation stone; *feierliche*: cornerstone ceremony.

Grund|stellung *f Tanzen*: starting position; *Turnen*: normal position; *Boxen*: on-guard position; ⚔ position of attention; **~steuer** *f* land tax; **~stimmung** *f* general mood; *von Gesprächen etc.*: tenor; **~stock** *m* basis; (*Kern*) core.

Grundstoff *m phys.* element; (*Rohstoff*)

raw material; **~industrie** *f* basic industry.

Grund|stoffwechsel *m physiol.* basal metabolism; **~stück** *n* piece (*od.* plot) of land; (*Besitz*) property; (*Bauplatz*) (building) site.

Grundstücks|makler *m* estate agent, *Am.* realtor; **~markt** *m* property market; **~spekulant** *m* land jobber; **~spekulation** *f* land speculation.

Grund|studium *n* foundation course; **~stufe** *f* **1.** elementary stage; **2.** *Schule*: junior school; **3.** *ling.* positive degree; **~substanz** *f* basic substance; **~tarif** *m* base (*od.* basic) rate; **~tendenz** *f* general tendency (*od.* direction); **~text** *m* original text; **~ton** *m* **1.** ♪ *e-r Tonleiter*: tonic, *e-s Dreiklangs*: root; **2.** *e-r Farbe*: bottom shade; **3.** *fig.* general mood; **~tugend** *f* cardinal virtue; **~übel** *n* basic problem; ***das ~ ist ...*** *a.* the root of all the other problems is ..., all the other problems go back to ...; **~überzeugung** *f* fundamental conviction; **~umsatz** *m* **1.** ☤ basic turnover; **2.** *physiol.* basal metabolic rate.

Gründung *f* foundation; ☤ *e-r Gesellschaft*: formation; (*Errichtung*) establishment, setting-up, *e-s Geschäfts*: *a.* opening, starting (up).

Gründünger *m* green manure.

Gründungs|feier *f* inaugural celebrations *pl.* (*feierliche*: ceremony); **~jahr** *n* year of foundation; **~kapital** *n* initial capital stock; **~mitglied** *n* founder member; **~urkunde** *f* corporate charter; **~vertrag** *m* founding treaty.

Grund|unterschied *m* fundamental (*od.* basic) difference; **~ursache** *f* primary cause.

grundverkehrt *adj.* totally wrong; ***es wäre ~ zu*** *inf.* it would be a big mistake to *inf.*

Grundvermögen *n* **1.** ☤ basic assets *pl.*; **2.** → ***Grundbesitz.***

grundverschieden *adj.* totally (*od.* fundamentally) different; **~ *sein*** *Personen*: be totally different personalities, F be poles apart.

Grundversorgung *f* basic supply, basics *pl.*

Grund|voraussetzung *f* basic (*od.* absolute) prerequisite; **~wachs** *n Ski*: base wax; **~wahrheit** *f* fundamental (*od.* basic) truth.

Grundwasser *n* (under)ground water; **~spiegel** *m*, **~stand** *m* water table.

Grund|wert *m* basic (*od.* core) value; **~wissen** *n* basic knowledge (***in*** of); **~wissenschaft** *f* fundamental science; **~wort** *n ling.* primary word, 🕮 etymon; **~wortschatz** *m* basic vocabulary; **~zahl** *f* cardinal number; *Logarithmus*: base radix; *Potenz*: base; **~zug** *m* characteristic (feature), main feature; ***Grundzüge*** *der Physik etc.*: fundamentals, outline; ***in s-n Grundzügen*** in outline.

Grüne(r *m*) *f pol.* Green; ***die Grünen*** the Greens, the German ecology party.

Grüne(s) *n* → ***grün*** II.

grünen I. *v/i.* be green (*od.* verdant); (*grün werden*) turn green; *fig.* flourish, blossom; **II.** *v/impers.*: ***es grünt*** (***und blüht***) everything's beginning to flower (again).

Grün|fäule *f* green rot; **~fink** *m* greenfinch; **~fläche** *f* **1.** green, lawn; **2.** *pl.* green spaces, *größer*: unspoilt countryside *sg.*; **~futter** *n* green fodder; **2gelb** *adj.* greenish-yellow; **~gürtel** *m* green belt; **~kern** *m* unripe spelt grain; **~kohl** *m* kale; **~land** *n* grassland.

grünlich *adj.* greenish.

Grünlicht *n* green light; ***bei ~*** when the lights are (*od.* were) green, at green.

Grünling *m* **1.** (*Vogel*) greenfinch; **2.** (*Fisch*) greenling; **3.** ⚘ green agaric; **4.** F *fig.* greenhorn.

Grün|pflanze *f* non-flowering plant; **~schnabel** *fig. m* (*Neuling*) greenhorn; **~span** *m* verdigris; **~stich** *m phot.* green cast; **2stichig** *adj.*: **~ *sein*** have a green cast; **~streifen** *m Autobahn*: centre (*Am.* median) strip.

grunzen I. *v/i. u. v/t.* grunt; **II. 2** *n* grunt(ing).

Grünzeug F *n* raw (green) vegetables *pl.*

Gruppe *f* group; *von Häusern etc.*: *a.* cluster; *von Bäumen*: *a.* clump; *von Arbeitern etc.*: team, crew; (*Klasse*) group, category; ⚔ section, *Am.* squad; ✈ *Brit.* wing, *Am.* group; ☤ group, concern.

Gruppen|abend *m* group get-together (*od.* meeting); **~akkord** *m* group piece work; (*Lohnsatz*) group piece rate; **~arbeit** *f* teamwork; *ped. a.* group work, work in groups; **~aufnahme** *f* → ***Gruppenbild***; **2bewusst** *adj.* group-conscious; **~bewusstsein** *n* group consciousness (*od.* awareness); group (*od.* collective) identity; **~bild** *n* group portrait (*od.* photo, shot), photo of the (*od.* a) group; **~bildung** *f* formation (*od.* forming) of groups, grouping; **~dynamik** *f psych.* group dynamics *pl.* (*sg. konstr.*); **2dynamisch** *adj.* group-dynamic; **~egoismus** *m* sectional self-interest; **~foto** *n* group photo (*od.* shot), photo of the (*od.* a) group; **~führer** *m* group leader; ⚔ *Brit.* section leader, *Am.* squad leader; **~leiter** *m* group manager; **~praxis** *f* group (*od.* joint) practice; **~reise** *f* **1.** group (*od.* organized) tour; **2.** *pl.* group travel *sg.*; **~sex** *m* group sex; **~sieger** *m* group winner(*s pl.*); **~therapie** *f* group therapy; **~unterricht** *m* group instruction.

gruppenweise *adv.* in groups.

Gruppenzwang *m* (peer) group pressure.

gruppieren I. *v/t.* group, arrange in groups; **II.** *v/refl.*: ***sich ~*** form a group (*od.* groups), group (o.s.) (***um*** round); (*sich sammeln*) assemble; *Sport*: line up; **Gruppierung** *f* **1.** (*das Gruppieren*) forming of groups; **2.** (*Anordnung*) grouping; **3.** (*Gruppe*[*n*]) group(*s pl.*); *von Häusern etc.*: *a.* cluster; *pol. etc.* group(ing).

Grus *m Kohle*: slack; *geol.* debris.

Gruselfilm *m* horror film; (*Monsterfilm*) *a.* monster movie; **Gruselgeschichte** *f* horror story; **gruselig** *adj.* creepy, F scary; *Geschichte*: *a.* spine-chilling; **gruseln I.** *v/t.*, *v/i.*, *v/impers.*: ***mich od. mir gruselt*** (***es***) I'm scared, this is creepy, this is giving me the creeps; ***mich*** (*od.* ***mir***) ***gruselt vor diesem Haus*** this place gives me the creeps; **II. 2** *n the* creeps *pl.*; ***dabei kann man das ~ lernen*** it's enough to give you the creeps.

Gruß *m* **1.** greeting, *formell*: salutation; ***Grüße*** *übermittelte*: regards, *sehr vertraulich*: love (***an*** to); ***schöne Grüße aus ...*** greetings from ...; (***sag*** *od.* ***bestell ihm***) ***e-n schönen ~ von mir!*** give him my regards (*sehr vertraulich*: my love), *vertraulich*: *a.* say hello to him from me; ***herzliche Grüße*** *in Briefen*: Kind regards, Best wishes, *sehr vertraulich*: (With) Love; ***mit freundlichem ~*** Yours sincerely; **2.** ⚔ salute; **~adresse** *f*, **~botschaft** *f* message of greeting.

grüßen I. *v/t.* greet, say hello (*od.* good morning *etc.*) to; ⚔ *u. feierlich*: salute; *fig.* greet; ***grüß dich!*** hello!, F hi!; ***~ Sie ihn von mir!*** give him my regards (*vertraulich*: my love), *vertraulich*: *a.* say hello to him from me; ***er lässt Sie ~*** he sends his regards; **II.** *v/i.* greet s.o., say hello (*od.* good morning *etc.*); ⚔ salute; ***kannst du nicht ~?*** *zu Kindern*: have you forgotten how to say hello?; ***er hat überhaupt nicht gegrüßt*** he didn't even say hello.

Gruß|formel *f* salutation (*a. am Briefbeginn*); *am Briefende*: complimentary close, ending; ***welche ~n benutzt man in englischen Briefen?*** how do you address people and sign off in English letters?; **~karte** *f* greetings card.

grußlos *adv.* without a word (of greeting *od.* of goodbye), without (even) saying hello *od.* goodbye.

Gruß|telegramm *n* greetings telegram; **~wort** *n* word(*s pl.*) of welcome, opening words *pl.*

Grütze *f* **1.** groats *pl.*, *Am.* grits *pl.*; (*Grützbrei*) porridge; ***rote ~*** *dessert of semi-liquid red fruit*; **2.** F (*Verstand*) brains *pl.*

Gschaftlhuber *dial. m*: ***er ist ein richtiger ~*** he has to get himself involved in everything.

gschamig *dial. adj.* shy.

G-Schlüssel *m* ♪ treble clef.

GSM-Modem *n teleph.*, *Computer*: GSM modem.

Guatemalteke *m*, **Guatemaltekin** *f*, **guatemaltekisch** *adj.* Guatemalan.

gucken F **I.** *v/i.* look; *heimlich*: *a.* peep; (*starren*) stare; ***guck mal!*** look!; ***guck mal, der Wagen da!*** look at that car; ***nicht ~!*** no looking, no peeping; ***lass mich mal ~!*** let me (F let's) have a look; ***guck nicht so skeptisch*** don't look so sceptical (*Am.* skeptical); **II.** *v/t.*: ***Fernsehen ~*** watch (the) television (*od.* TV, F telly); **Gucker** F *m* **1.** (*Fernglas*) telescope; (*Opernglas*) opera glasses *pl.*; **2.** *pl.* (*Augen*) F peepers.

Guckfenster *n* peephole.

Gucki F *m* (*Diabetrachter*) (slide) viewer.

Guckkasten *m* peep show (box); **~bühne** *f* picture-frame stage, proscenium (stage).

Guckloch *n* peephole.

Guerilla *m* guer(r)illa; **~einheit** *f* guer(-r)illa unit; **~kämpfer** *m* guer(r)illa (fighter); **~krieg** *m* guer(r)illa warfare (*konkret*: war).

Gugelhupf *östr.*, *südd. m* ring cake.

Güggeli *schweiz. n* roast chicken.

Guillotine *f*, **guillotinieren** *v/t.* guillotine.

Gulasch *n* goulash; **~kanone** *f* ⚔ field kitchen; **~suppe** *f* goulash soup.

Gülle *f* liquid manure.

Gully *m* drain.

gültig *adj.* valid (*a. fig.*); (*in Kraft*) effective, in force; (*gesetzlich, zulässig*) legal; *Münze*: good; *Fahrkarte*: valid, good (***drei Tage*** for three days); (***für***) **~ *erklären, ~ machen*** declare valid; **~ *sein*** → ***gelten***; **Gültigkeit** *f* validity (*a. fig.*); *e-s Gesetzes*: *a.* legal force; *von Geld*: currency; (*Zulässigkeit*) legality; ***s-e ~ verlieren*** cease to be valid, *Vertrag, Pass etc.*: expire; **~ *haben*** → ***gelten.***

Gültigkeits|bereich *m* range of validity, scope; **~dauer** *f* (period of) validity; *e-s Vertrags*: *mst* term; *e-s Patents etc.*: life.

Gummi 1. *m*, *n* rubber; (*Klebstoff*) gum; **2.** *m* (*Radier2*) rubber, eraser; **3.** *n* (**~*ring***) rubber band; (**~*band***) elastic band, *in*

Kleidung: elastic; **4.** F *m* (*Kondom*) F rubber; **~absatz** *m* rubber heel; **≈artig** *adj.* rubbery; **~ball** *m* rubber ball; **~band** *n* elastic band; **~bär(chen** *n*) *m* gummi (*od.* jelly) bear; **~baum** *m* gumtree; *im Zimmer*: rubber plant; **~begriff** *m* elastic concept; **~beine** F *pl.*: **~ haben** F have wobbly knees; ***ich habe plötzlich ~ bekommen*** F my knees went all wobbly, *bsd. vor Angst*: my knees turned to jelly; **~boot** *n* rubber dinghy; **~dichtung** *f* rubber seal.

gummieren *v/t. klebrig*: gum; ⊕ rubberize; **gummiert** *adj.* gummed; ⊕ rubberized.

Gummi|geschoss, *östr.* **~geschoß** *n* rubber bullet; **~hammer** *m* rubber mallet; **~handschuh** *m* rubber glove; **~harz** *n* gum resin; **~höschen** *n*: (***ein ~*** a pair of) rubber pants *pl.*; **~klausel** F *f* elastic (*od.* catch-all) clause; **~knüppel** *m* (rubber) truncheon; **~linse** *f phot.* zoom lens; **~löwe** *fig. m* paper tiger; **~mantel** *m* rubber coat; **~matte** *f* rubber mat; **~paragraph** F *m* elastic (*od.* catch-all) clause; **~puppe** *f* rubber doll; **~reifen** *m* (rubber) tyre (*Am.* tire); **~ring** *m* rubber band; *für Einmachgläser*: sealing ring; *zum Spielen*: rubber ring, quoit; **~schlauch** *m* rubber hose; *für Reifen*: inner tube; **~schuhe** *pl.* galoshes, rubber overshoes, *Am. a.* rubbers; **~schürze** *f* rubber apron; **~sohle** *f* rubber sole; **~stempel** *m* rubber stamp; **~stiefel** *m* wellington, rubber boot; **~stöpsel** *m* rubber stopper; **~strumpf** *m* elastic stocking; **~tier** *n* rubber animal; **~unterlage** *f* rubber sheet; **~zelle** *f* padded cell; **~zug** *m* elastic.

Gunst *f* favo(u)r; (*Wohlwollen*) goodwill; ***in j-s ~ stehen*** be in s.o.'s good graces (F good books); ***um j-s ~ werben*** court (*od.* try to win) s.o.'s favo(u)r, *im Wahlkampf etc.*: woo s.o.; ***j-s ~ verlieren*** fall out of favo(u)r with s.o.; ***zu m-n ~en*** in my favo(u)r; ***Saldo zu Ihren ~en*** balance in your credit; ***die ~ des Augenblicks nutzen*** make hay while the sun shines; ***zu Gunsten*** → ***zugunsten***; **~beweis** *m*, **~bezeigung** *f* (mark of) favo(u)r.

Gunstgewerblerin *hum. f* prostitute, lady of pleasure.

günstig I. *adj.* favo(u)rable (**für** to); (*positiv*) *a.* positive; *Moment*: opportune, good *time*; (*viel versprechend*) promising; (*gut*) good (*a. Angebot*); ***e-n ~en Augenblick abwarten*** wait for the right moment; ***j-n ~ stimmen*** put s.o. in (*od.* get s.o. into) the right mood; ***bei ~em Wetter*** weather permitting; ***im ~sten Fall*** at best; ***sich im ~sten Licht zeigen*** show o.s. off to one's best advantage; ⚕ ***zu ~en Bedingungen*** on easy terms; **II.** *adv.* favo(u)rably; positively; ***~ gesinnt*** well-disposed (*dat.* towards); ***~ abschneiden*** come off well (**bei** in); ***sich ~ entwickeln für j-n*** work out well for s.o.; ***dort kann man ~ einkaufen*** they're quite cheap; **günstigstenfalls** *adv.* at best; *bei Geldbeträgen etc.*: *a.* at (the) most.

Günstling *m* favo(u)rite; *contp.* minion; **Günstlingswirtschaft** *f* favo(u)ritism.

Gurgel *f* throat; ***j-n bei der ~ packen*** grab s.o. by the throat; ***j-m an die ~ springen*** jump at s.o.'s throat; ***j-m die ~ zudrücken*** (*od.* ***abdrücken***) *a. fig.* strangle s.o.; F *fig.* ***sein Geld durch die ~ jagen*** F guzzle all one's money away;

gurgeln *v/i. u. v/t.* gargle; *Stimme, Wasser*: gurgle; **Gurgelwasser** *n* gargle.

Gurke *f* **1.** cucumber; (*kleine Essig≈*) gherkin; ***saure ~n*** pickled cucumbers, *Am.* pickles; **2.** F (*Nase*) F conk, beak; ***e-n auf die ~ kriegen*** F get a bonk (*od.* biff) on the nose; **Gurkensalat** *m* cucumber salad.

gurren *v/i.* coo.

Gurt *m* (*Gürtel*) belt; (*Trage≈ etc.*) strap; (*Hosen≈ etc.*) waistband; *mot.*, ✈ seatbelt; *am Fallschirm*: harness; ⚠ flange.

Gürtel *m* belt (*a. Sport u. Grün≈ etc.*); *geogr.* zone; (*Polizei≈, Absperrung*) cordon; (*Taille*) waist(line); *fig.* ***den ~ enger schnallen*** tighten one's belt; **~flechte** *f* → ***Gürtelrose***; **~linie** *f* waistline; ***unter der ~*** *Boxen u. fig.*: below the belt; **~reifen** *m mot.* radial-ply tyre (*Am.* tire); **~rose** *f* ⚕ shingles (*sg.*); **~schlaufe** *f* loop (of a *od.* the belt); **~schnalle** *f* belt buckle; **~tasche** *f* bum bag, belt bag (*od.* pouch), *Am.* fanny pack; **~tier** *n zo.* armadillo.

gurten I. *v/t.* (*anschnallen*) strap; ⚠ brace; **II.** *v/i. mot.* put one's seatbelt on, strap o.s. in.

Gurt|muffel F *m* seatbelt offender; ***ein ~ sein*** *a.* hate wearing seatbelts; **~straffer** *m mot.* seatbelt tensioner; **~zeug** *n am Fallschirm*: harness.

Guru *m a. fig.* guru.

Guss *m* **1.** (*Strahl*) jet of water *etc.*; (*Regen≈*) shower, *stärker*: downpour; **2.** ⊕ (*Gießen*) founding, casting (process); (*Gussstücke*) castings *pl.*; *typ.* fount, *Am.* font; ***aus einem ~*** made in one casting; *fig.* ***es ist*** (***wie***) ***aus einem ~*** it's a completely rounded piece of work; **3.** *gastr.* glaze, (*Zucker≈*) icing; **~asphalt** *m* poured asphalt; **~beton** *m* cast concrete; **~eisen** *n* cast iron; **≈eisern** *adj.* cast-iron ... (*a. fig.*); **~form** *f* mo(u)ld.

Gusto *m*: ***nach j-s ~ sein*** be to s.o.'s taste (*od.* liking); ***et. nach s-m ~ machen*** do s.th. (just) as one likes (*od.* fancies); ***e-n ~ haben auf*** feel like *s.th.*; ***mit ~*** with (great) relish *od.* gusto.

gut I. *adj.* good; ***mein ~er Anzug*** my good (*od.* best) suit; ***aus ~er Familie stammen*** come from a good family; ***sie spricht ein ~es Englisch*** she speaks good English; ***ganz ~*** not bad; ***das ist ganz ~ so, auch ~*** that's all right (*Am.* alright); ***schon ~!*** it's all right (*Am.* alright), *verärgert*: okay, okay, (*es genügt*) that'll do; ***sei so ~ und*** do me a favo(u)r and ..., will you?; ***es ist ganz ~, dass*** it's good that; (***es ist***) ***nur ~, dass*** a good thing (that); ***so ~ wie unmöglich*** virtually impossible; *der Prozess ist* ***so ~ wie gewonnen*** as good as won; ***so ~ wie fertig*** virtually (*od.* more or less) finished; ***so ~ wie kein*** practically (*od.* virtually) no; ***so ~ wie nichts*** next to nothing; ***zu ~er Letzt*** finally; → ***zugute***; ***e-e ~e Stunde*** a good hour; ***er ist ein ~er Läufer*** he's a good runner, he's good at running; ***~ sein für*** (*od.* ***gegen***) be good for *a cold etc.*; ***wozu soll das ~ sein?*** what's that for (F in aid of)?; ***mir ist nicht ~*** I don't feel well; ***nicht mehr ~ sein*** *Lebensmittel*: have gone off (*od.* bad), *Milch*: have gone off (*od.* sour), have turned sour; ***dafür ist er sich zu ~*** he thinks he's above that sort of thing, he thinks it would be beneath him (*od.* his dignity); ***~ werden*** turn out all right (*Am.* alright) *od.* well; ***es wird schon wieder ~*** it'll all work out in the end; ***~ finden*** like; ***er ist kein besonders ~er Tänzer*** *etc.* he's not much of a dancer *etc.*; *iro.* ***du bist ~!*** I like that!, (*das soll wohl ein Witz sein*) you're joking, of course; → ***Ding*** 1, ***Glaube, Glück, Gute(s)*** *etc.*; **II.** *adv.* well; (*mindestens*) *a.* ***~ und gern*** at least, easily; ***~ riechen*** (***schmecken***) smell (taste) good; ***~ aussehen*** look good, *Person, grundsätzlich*: be good-looking; *gesundheitlich*: look well; ***da kennt sie sich ~ aus*** she knows all about that, *in e-m Ort*: she really knows her way around there; ***~ so!*** good!, well done!; ***pass ~ auf!*** a) watch carefully (now), b) (*auf dich*) watch yourself; ***dort hatte er es ~*** he was doing all right (*Am.* alright) (for himself) there; ***du hasts ~!*** it's all right (*Am.* alright) for some, you don't know how lucky you are; ***ich kann ihn nicht ~ darum bitten*** I can't really ask him; ***er täte ~ daran zu gehen*** it would be a good idea if he went; ***du hast ~ reden*** (***lachen***) you can talk (laugh, well may you laugh); ***das fängt ja ~ an*** that's a great start; ***das kann ~ sein*** that's quite possible, that may well be; → ***genauso gut, gut gehen, gutmachen, gut tun, halten*** I, III, ***machen*** I *etc.*

Gut *n* **1.** (*Besitz*) property; **Güter** goods, products; 🚂 freight; (*Vermögensstücke*) assets; ***Hab und ~*** → ***Habe***; (***un***)***bewegliche Güter*** (im)movables; ***nicht für alle Güter der Welt*** not for all the money in the world; ***das höchste ~*** the greatest good; **2.** (*Land≈*) estate, farm.

Gutachten *n* expert's opinion; (*Zeugnis*) certificate, testimonial; ***ärztliches ~*** medical certificate; **Gutachter** *m* expert; *Versicherung*: *a.* surveyor; (*Schätzer*) valuer; (*Berater*) consultant.

gutartig *adj.* good-natured, *a. Krankheit*: harmless; ⚕ *Tumor etc.*: benign.

gut| aussehend *adj.* good-looking, attractive; **~ besetzt** *adj. Stück*: well-cast; ***~es Haus*** full house; **~ betucht** F *adj.* F well-heeled; **~ bezahlt** *adj.* well-paid.

gutbürgerlich *adj.* middle-class; ***~e Küche*** home cooking, *bei Werbung*: *a.* traditional fare.

gut dotiert *adj.* well-paid.

Gutdünken *n*: ***nach*** (***eigenem***) ***~*** at one's own discretion, as one sees fit.

Gute(r *m*) *f* good woman (man); ***die Guten*** the good (*pl.*), *bibl.* the righteous (*pl.*); F the goodies.

Gute(s) *n*: ***etwas Gutes*** (***zu essen***) something nice to eat; ***Gutes und Böses*** good and evil; ***Gutes tun*** do good; ***das Gute daran ist*** the good thing about it is; ***die Sache hat auch ihr Gutes*** there's a good side to it too; ***des Guten zu viel tun*** overdo it; ***das ist des Guten zu viel*** that's too much of a good thing; ***sich zum Guten wenden*** change for the better; ***Gutes verheißen*** augur well; ***ich ahne nichts Gutes*** I have a strange feeling (something has gone wrong *od.* is going to go wrong); ***alles Gute!*** all the best; ***daraus wird nichts Gutes*** nothing good will come of it; ***im Guten*** amicably, on friendly terms; ***wir sind im Guten auseinander gegangen*** *a.* we parted as friends.

Güte *f* **1.** goodness, kindness; (*Großzügigkeit*) generosity; *Gottes*: (God's) grace; ***in*** (***aller***) ***~*** amicably; ***haben Sie die ~ zu*** *inf.* would you be so kind as to *inf.*; ***durch die ~ des Herrn X*** through the kindness of Mr X; F (***ach, du***) ***meine ~!***

goodness me!, (my) goodness!; good God!; **2.** (*Qualität*) quality; (*~grad*) *a.* grade, class; (*Vortrefflichkeit*) superior quality; (**von**) ***erster ~*** first-class, first-rate, top-quality ...; *iro. Idiot etc.* ***erster ~*** of the first order; **~grad** *m* quality, grade; **~klasse** *f* class, grade; ~ ***1*** Grade A quality; prime ...; **~kontrolle** *f* quality control.

Gutenacht|geschichte *f* bedtime story; **~kuss** *m* goodnight kiss; ***j-m e-n ~ geben*** kiss s.o. goodnight.

Güter|abfertigung *f* (*Vorgang*) dispatch of goods; (*Stelle, a.* **~annahme** *f*) goods (*Am.* freight) office; **~bahnhof** *m* goods (*Am.* freight) station; **~fernverkehr** *m* long-haul transportation; **~gemeinschaft** *f* ⚖ community of property; joint property; ***in ~ leben*** have joint property, share one's property; **~halle** *f* warehouse.

gut erhalten *adj.* in good condition.

Güter|kraftverkehr *m* road haulage; **~markt** *m* commodity market; **~nahverkehr** *m* short-haul transportation; **~transport** *m* transport of goods; **~trennung** *f* separation of property; ***in ~ leben*** have separate property; **~verkehr** *m* goods (*Am.* freight) traffic; **~versand** *m* goods shipment; **~verteilung** *f* distribution of goods; **~wagen** *m* 🚂 goods wag(g)on, *Am.* freight car; **~zug** *m* goods (*Am.* freight) train.

Güte|siegel *n* seal of quality; **~stempel** *m* quality stamp; *Edelmetalle*: hallmark (*a. fig.*); **~zeichen** *n* quality label; seal of approval; *Edelmetalle*: hallmark (*a. fig.*).

gut| geartet *adj.* good-natured; ~ **gebaut** *adj.* well-made; *Person*: well-built; ~ **gefedert** *adj. Matratze*: well-sprung.

gut gehen *v/i.* **1.** (*gut verlaufen*) go well, turn out all right (*Am.* alright); ***das konnte nicht ~*** it was bound to go wrong; ***das kann ja nicht ~*** F there's no way it's going to work; ***wenn das nur gut geht!*** well, let's just hope for the best; ***das ist noch einmal gut gegangen*** that was close (*od.* a close thing), F talk about lucky; **2.** ***mir gehts gut*** I'm fine, *geschäftlich etc.*: I'm doing fine; ***es sich ~ lassen*** have a good time, enjoy o.s.; **gut gehend** *adj. Geschäft etc.*: flourishing, thriving.

gut| gelaunt *adj.* in a good mood; ~ **gemeint** *adj.* well-meant; ~ **gepflegt** *adj.* well-looked-after; ~ **gepolstert** *adj.* well-padded; ~ **gesinnt** *adj.* well-meaning.

gutgläubig I. *adj.* gullible, credulous; *bsd.* ⚖ acting (*od.* done) in good faith, bona fide ...; **II.** *adv.* gullibly, credulously; ⚖ in good faith, bona fide; **Gutgläubigkeit** *f* gullibility, credulity; ⚖ good faith.

Guthaben I. *n* balance; (*Vermögen*) assets *pl.*; **II.** ↯ *v/t.* have *s.th.* in hand; ⚕ have credit for; ***du hast bei mir noch ein Essen gut*** I still owe you a meal.

gutheißen *v/t.* approve of, sanction.

gutherzig *adj.* kind(hearted); **Gutherzigkeit** *f* kindheartedness.

gütig I. *adj.* good, kind (**gegen** to); kindhearted; (*wohlmeinend*) well-meaning; ***mit Ihrer ~en Erlaubnis*** with your kind permission; *iro.* ***zu ~*** too kind (of you); *iro.* ***würdest du so ~ sein zu*** *inf.* would you be so kind as to *inf.*; **II.** *adv.* kindly; ***wollen Sie mir ~st gestatten, dass ich ...*** *a. iro.* (will you) kindly allow me to *inf.*

gütlich I. *adj.* amicable; **II.** *adv.*: ***sich ~ einigen*** come to (*od.* reach) a friendly agreement, **über**: settle *s.th.* amicably; ***sich ~ tun*** have a good time, enjoy o.s., **an**: eat (*od.* drink) one's fill of; ***sie taten sich an s-n Zigarren ~*** they helped themselves to his cigars.

gutmachen *v/t.* make up for (*a. wieder gutmachen*), (*gewinnen*) make *10 dollars etc.*, (*Abstand, Zeit*) make up.

gutmütig *adj.* good-natured; **Gutmütigkeit** *f* good-naturedness.

gutnachbarlich *adj.* neighbo(u)rly; ***zwischen ihnen bestehen ~e Beziehungen*** they get on well (enough) with each other.

gutsagen *v/i.* vouch (**für** for).

Gutsbesitzer(in *f*) *m* landowner.

Gutschein *m* voucher; (*Geschenk*↯) gift token.

gutschreiben *v/t.* credit; ***j-m e-n Betrag ~*** credit a sum to s.o.; ***e-n Betrag e-m Konto ~*** credit an account with an amount, credit an amount to an account; **Gutschrift** *f* credit entry; (*Beleg*) credit slip.

Guts|haus *n* manor house; **~herr(in** *f*) *m* **1.** *hist.* lord (*f* lady) of the manor; **2.** estate owner; owner of the estate; **~hof** *m* estate; (*Bauernhof*) farm.

gut situiert *adj.* well-off, well-to-do, moneyed.

gut sitzend *adj.*: ***ein ~er Anzug*** a suit that fits properly (*od.* well).

gutstehen *v/i.* → ***gutsagen.***

gut tun *v/i.* (*j-m, e-r Sache*) do *s.o. od. s.th.* good; *j-m od.* ***bei*** *e-r Sache* ~ be good for; ***sehr ~*** do a lot of good; ***das tut gut!*** that's just what I need, that feels good, *bei Erleichterung*: that's better, *stärker*: what a relief; ***das tut ihm gut!*** *a. iro.* he could do with that; ***j-m nicht ~*** *Arznei etc.*: disagree with s.o.; ***das tut d-m Magen nicht gut*** it's no good for your stomach, it won't do your stomach any good.

guttural *adj.* guttural; ↯**(laut)** *m ling.* guttural (sound).

gut unterrichtet *adj.* well-informed.

gut verdienend *adj.*: ***er ist ein ~er Mann*** he earns a good (*od.* decent) salary.

gut verträglich *adj. Medikament etc.*: well-tolerated; *weitS.* kind to the stomach; (*hautverträglich*) gentle, gentle-action ...; (*allergiegetestet*) hypoallergenic.

gutwillig I. *adj.* willing; (*gefällig*) obliging; (*freiwillig*) voluntary; **II.** *adv.* willingly *etc.*; of one's own accord (*od.* free will).

Gymnasial|bildung *f etwa* grammar (*Am.* high) school education; **~lehrer(in** *f*) *m etwa* grammar (*Am.* high) school teacher.

Gymnasiast(in *f*) *m etwa* grammar (school) pupil, *Am.* high school student.

Gymnasium *n etwa* grammar (*Am.* high) school.

Gymnastik *f* exercises *pl.*; gymnastics *pl.* (*als Disziplin sg. konstr.*); ***~ machen*** a) do gymnastics, b) (*gymnastische Übungen machen*) do (one's) exercises; ***die tägliche ~*** *a.* F one's daily dozen; **~lehrer(in** *f*) *m* PE (= physical education) instructor.

gymnastisch *adj.* gymnastic; ***~e Übungen*** physical exercises.

Gynäkologe *m* gyn(a)ecologist, F gyny; **Gynäkologie** *f* gyn(a)ecology; **Gynäkologin** *f* (woman) gyn(a)ecologist, F gyny; **gynäkologisch** *adj.* gyn(a)ecological.

Gyroskop *n* gyroscope.

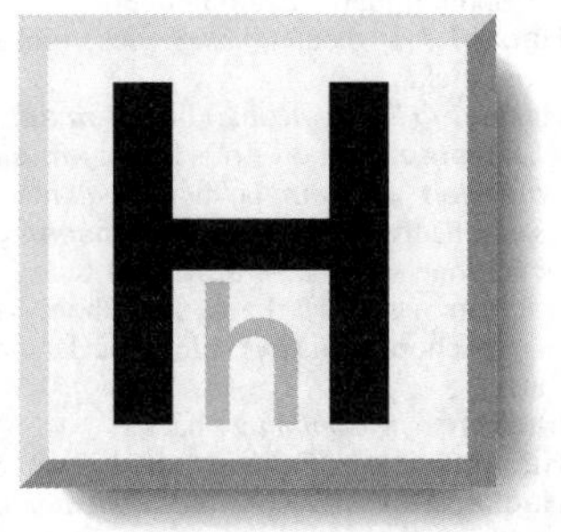

H, h *n* H, h; ♪ B.

ha *int.* **1.** ah!, aha!; **2.** *bei Genugtuung*: ha!

hä *int.* **1.** eh?; **2.** *bei Schadenfreude*: heh(, heh)!

Haar *n* hair (*a.* ⚕); ***sich die ~e schneiden lassen*** get a haircut, have one's hair cut; ***du musst dir mal die ~e schneiden lassen*** it's time you had a haircut; ***j-n an den ~en ziehen*** pull s.o.'s hair; *fig.* ***sich die ~e (aus-) raufen*** tear one's hair (out); ***ich könnte mir die ~e ausraufen*** I could kick myself; ***aufs ~*** to a T; ***sich aufs ~ gleichen*** look absolutely identical, *Personen*: *a.* be as alike as two peas in a pod; ***um ein ~ wäre ich überfahren worden*** I just missed being run over by the skin of my teeth; ***um ein ~ hätten wir uns verpasst*** we very nearly missed each other; ***um ein ~ hätte er gewonnen*** *etc.* he came within a whisker of winning *etc.*; ***um kein ~ besser*** not a bit better; ***~e spalten*** split hairs; ***j-m kein ~ krümmen*** not to touch a hair on s.o.'s head; ***er ließ kein gutes ~ an ihm*** he picked (*od.* pulled) him to pieces, he didn't have a good word to say about him; ***an e-m ~ hängen*** hang by a thread; ***sie hat ~e auf den Zähnen*** she's a tough one (*sl.* bitch); ***sich in die ~e geraten*** get into each other's hair; ***sich in den ~en liegen*** be at each other, be at loggerheads; ***(immer) ein ~ in der Suppe finden*** (always) find s.th. to criticize (*od.* quibble about); ***an den ~en herbeigezogen*** far-fetched; ***die ~e standen mir zu Berge, mir sträubten sich die ~e*** it made my hair stand on end; ***lass dir deshalb keine grauen ~e wachsen*** don't lose any sleep over it; ***schwer ~e lassen (müssen)*** *finanziell etc.*: suffer heavy losses, (*a. leiden müssen*) pay dearly, (*eins abbekommen*) take a real beating, F cop it hard; **~ansatz** *m* hairline; **~ausfall** *m* hair loss, 🕮 alopecia; **~balg** *m* hair follicle; **~band** *n* hairband; (*Schleife*) (hair) ribbon; **~boden** *m* scalp; **~breit** *fig. n* **1.** ***nicht ein ~ (weichen*** *od.* ***nachgeben)*** not (to give *od.* budge) an inch; **2.** → ***Haaresbreite***; **~bürste** *f* hairbrush; **~büschel** *n* tuft of hair.

haaren *v/i. u. v/refl.* (**sich ~**) lose (*od.* shed) one's hair; *Pelz etc.*: lose (*od.* shed) hairs.

Haar|entferner *m* depilatory (cream); **~ersatz** *m* false hair; wigs and toupets *pl.*

Haaresbreite *f*: ***um ~*** by a hair's breadth; ***nicht um ~*** not an inch; → *a.* (***um ein***) ***Haar.***

Haareschneiden *n* haircut.

Haar|farbe *f* colo(u)r of hair; ***was hat er für e-e ~?*** what colo(u)r hair has he got?; **~faser** *f* capillary fib|re (*Am.* -er); **~feder** *f* ⚙ hairspring.

haarfein *adj.* **1.** ***~er Riss*** *etc.* hairline crack *etc.*; **2.** *fig.* subtle.

Haar|festiger *m* setting lotion; **~filz** *m für Hüte*: fur felt; **~follikel** *m* hair follicle; **~gefäß** *n* capillary (vessel).

haargenau I. *adj.* exact, (very) precise; **II.** *adv.* exactly, (very) precisely; to a T; ***das stimmt ~*** that's exactly right, F (that's) spot on; ***et. ~ kennen*** know s.th. like the back of one's hand.

haarig *adj.* **1.** hairy, *formell*: hirsute; ⚕ pilous; **2.** F (*schlimm, gefährlich*) F hairy.

Haar|kamm *m* (hair)comb; **~klammer** *f* → ***Haarklemme***; **~kleid** *n* coat of hair.

haarklein F *adv. beschreiben etc.*: down to the last detail; *berechnen*: down to the last cent.

Haar|klemme *f* hair clip, *Am. a.* bobby pin; **~krankheit** *f* hair disease; **~kranz** *m um e-e Glatze*: fringe of hair; **~locke** *f* curl; *bsd. abgeschnittene od. herunterhängende*: lock.

haarlos *adj.* hairless; (*kahlköpfig*) bald.

Haar|mittel *n* hair restorer; **~mode** *f* **1.** hairstyle; **2.** hair fashion(s *pl.*).

Haarnadel *f* hairpin; **~kurve** *f* hairpin bend.

Haar|netz *n* hairnet; **~öl** *n* hair oil.

Haarpflege *f* hair care; **~mittel** *n*, **~produkt** *n* hair-care product.

Haarriss *m* hairline crack; *Keramik*: craze.

haarscharf I. *adj.* (*deutlich*) very clear; (*genau*) very precise; *Unterschied*: very fine *distinction*; **II.** *adv.*: *der Wagen* ***fuhr ~ an mir vorbei*** missed me by an inch; ***~ e-m Unfall entgehen*** just miss having an accident; ***das hat er ~ erkannt*** he spotted it right away; ***das hast du ~ beobachtet*** very clever of you to notice that; ***~ unterscheiden*** make a very fine distinction (between); → *a.* ***haargenau.***

Haar|schleife *f* (hair) ribbon, bow; **~schmuck** *m* hair accessories *pl.*; ***sie trägt nie ~*** she never wears anything in her hair; **~schneiden** *n* haircut; **~schnitt** *m* haircut; **~schopf** *m voller*: shock of hair; **~schuppen** *pl.* dandruff *sg.*; **~sieb** *n* hair sieve.

Haarspalter *m*: ***ein ~ sein*** like to split hairs; **Haarspalterei** *f a. pl.* splitting hairs; ***das ist reine ~*** that's just splitting hairs; ***~ treiben*** split hairs; **haarspalterisch** *adj.* hair-splitting.

Haar|spange *f* (hair) slide, *Am.* barrette; **~spliss** *m* split (hair) ends; **~spray** *n, m* hairspray; **~strähne** *f* strand of hair.

haarsträubend *adj.* dreadful; (*unglaublich*) incredible; (*skandalös*) outrageous; ***das ist ja ~*** it's enough to make your hair stand on end.

Haar|strich *m* hairstroke; **~studio** *n* hair stylist's; hairdresser's; **~teil** *n* hairpiece; **~tracht** *f* hairstyle; **~trockner** *m* hair drier; **~verpflanzung** *f* hair transplant; **~waschen** *n* **1.** *beim Friseur*: shampoo, wash; **2.** washing one's hair; ***bei jedem ~*** every time you wash your hair; **~waschmittel** *n* shampoo; **~wasser** *n* hair tonic; **~wuchs** *m* growth of (the) hair; (*Haare*) hair; **~wuchsmittel** *n* hair restorer; **~wurzel** *f* root of a (*od.* the) hair; *fig.* ***bis zu den ~n erröten*** blush to the roots of one's hair.

Hab: ***all sein ~ und Gut*** everything (he owns *od.* owned).

Habakuk *m bibl.* Habakkuk.

Habe *f* (*Eigentum*) property, possessions *pl.*; *persönliche*: personal effects *pl.*; ***bewegliche ~*** movables; ***unbewegliche ~*** immovables, real estate.

haben I. *v/t.* have (got); ***sie will es so ~*** that's the way she wants it; ***das werden wir gleich ~!*** no problem, *bei Reparatur etc.*: we'll have that done (*od.* fixed) in no time; ***ich habs bald*** (I'm) nearly finished; ***hast dus bald?*** *ungeduldig*: how much longer are you going to take?; ***hinter sich ~*** have been through *s.th.*; ***das hätten wir hinter uns*** well, that's that; ***das ~ wir noch vor uns*** that's still to come, we've still got that to come;

unter sich ~ be in charge of, (*befehligen*) command; F ***es im Hals ~*** have a sore throat; F ***ich habs nicht mit ihr*** (***mit Pizza***) I don't like *od.* get on with her (I don't go for pizzas); ***zu ~*** *Ware*: available, *Haus*: up for sale; ***ist es noch zu ~?*** *a.* is it still going?; F ***sie ist noch zu ~*** F she's still up for grabs; F ***ich habs!*** (I've) got it!; F ***da hast dus!*** there you are, (*ich hab's ja gesagt*) I told you so; ***was hast du?*** what's up (*od.* wrong)?; F ***und damit hat sichs!*** and that's final; F ***er hats ja!*** he can afford it; ***er hat Geburtstag*** it's his birthday; ***wir ~ April*** it's April; ***welche Farbe ~ s-e Augen?*** what colo(u)r are his eyes?; F ***hat man den Dieb schon?*** have they caught the thief yet?; ***es hat viel für sich*** there's a lot to be said for it; ***ich habe an ihm e-n Freund*** I have a friend in him; ***e-n Italiener zum Chef ~*** have an Italian boss; ***er hat etwas Überspanntes an sich*** there's something eccentric about him; ***er hat das so an sich*** that's just the way he is; F ***es hat sich was damit*** it's not that easy; F ***hat sich was!*** some hope; F ***et. mit e-m verheirateten Mann ~*** be involved with a married man; F ***hat sie was mit ihm?*** is there something going on between them?; F ***die Sache hat es in sich*** it's not easy, F it's a tough one; ***er hat viel von s-m Vater*** he takes after his father; ***woher hast du das?*** where did you get that from?, (*Nachricht etc.*) where did you hear that?; ***was hast du gegen ihn?*** what have you got against him?; ***jetzt ~ wirs nicht mehr weit*** not far to go now; ***dafür bin ich nicht zu ~*** you can count me out, *generell*: that's not (really) my thing; ***für ein Bier bin ich immer zu ~*** I'm always game for a beer; ***was habe ich davon?*** what do I get out of it?, F what for?; ***das hast du jetzt davon*** see?; ***das hast du davon, wenn*** that's what you get from *ger.*; → ***Anschein, Auge*** 1, ***gehabt, gern*** *etc.*; **II.** F *v/refl.*: ***hab dich nicht so*** don't make such a fuss, (*führ dich nicht so auf*) don't take on like that; ***der hat sich vielleicht mit s-n Platten*** what a fuss he makes about his records; ***und damit hat sichs!*** and that's that; **III.** *v/aux.* have; ***hast du ihn gesehen?*** have you seen him?; ***du hättest es mir sagen sollen*** you should have told me; ***er hätte es machen können*** he could have done it.

Haben *n* ☤ credit (side); ***Soll und ~*** credit and debit.

Habenichts *m* have-not (*pl.* have-nots).

Haben|saldo *m* credit balance; **~seite** *f* credit side; **~zinsen** *pl.* credit interest *sg.*, interest *sg.* on deposits.

Haberer *östr. m* **1.** admirer; **2.** mate.

Habgier *f* greed, avarice; **habgierig** *adj.* greedy, grasping.

habhaft *adj.*: ***~ werden*** (*e-r Sache*) get hold of, (*e-r Person*) *a.* seize, catch.

Habicht *m* hawk; **Habichtsnase** *f* hooked nose.

Habilitation *f univ.* habilitation; *postdoctoral qualification*; **Habilitationsschrift** *f postdoctoral thesis*; **habilitieren** *v/i. u. v/refl.* (**sich ~**) habilitate; *obtain one's postdoctoral qualification.*

Habitat *n zo.* habitat.

habituell I. *adj.* habitual; **II.** *adv.* habitually, as a habit.

Habitus *m* **1.** bearing, deportment; *geistiger*: disposition; **2.** *zo.* habit.

Habseligkeiten *pl.* belongings, F bits and pieces.

Habsucht *f*, **habsüchtig** *adj.* → ***Habgier, habgierig.***

Hachse *f zo.* hock; *gastr.* knuckles *pl.*; F *pl.* (*Beine*) F pins, ham hocks.

Hack|beil *n* chopper; **~block** *m* chopping block; **~braten** *m* meat loaf; **~brett** *n* **1.** chopping board; **2.** ♪ dulcimer.

Hacke[1] *f* ⛏ hoe, (*Picke*) pick, pickaxe, *Am.* pickax.

Hacke[2] *f* (*Ferse, Absatz*) heel; ***j-m auf die ~n treten*** tread on s.o.'s heels; ***j-m dicht auf den ~n sein*** be hard (*od.* hot) on s.o.'s heels; ***die ~n zusammenschlagen*** click one's heels; → ***ablaufen*** 6.

hacken[1] *v/t. u. v/i.* hack; ⛏ *a.* hoe; (*Holz etc.*) chop; (*picken*) pick, peck (***nach*** at).

hacken[2] *v/i. Computer*: hack.

Hackentrick *m Fußball*: backheeler.

Hackepeter *m raw minced meat mixed with onions and spices.*

Hacker *m Computer*: hacker.

Hack|fleisch *n* minced (*Am.* ground) meat, mincemeat; *vom Rind*: *Am. a.* hamburger; F *fig.* ***aus j-m ~ machen*** F make mincemeat of s.o.; **~messer** *n* chopper; **~ordnung** *f biol. u. fig.* pecking order.

Häcksel *m, n* ⛏ chaff, chopped straw.

Hacksteak *n* beefburger, hamburger.

Hader *m* quarrel(l)ing; (*Zwietracht*) discord; **hadern** *v/i.* quarrel (***mit*** with).

Hafen[1] *m* harbo(u)r, (*Handels*≈) port; (*~anlagen*) dock(s *pl.*); *fig.* haven; *fig.* ***in den ~ der Ehe einlaufen*** be joined in holy matrimony.

Hafen[2] *dial. m* (*Topf*) pot.

Häfen *östr.* F *m* F clink, *Am.* slammer.

Hafen|anlagen *pl.* docks; **~arbeiter** *m* docker, *Am.* longshoreman; **~becken** *n* harbo(u)r basin, (wet) dock; **~behörde** *f* port authorities *pl.*; **~damm** *m* pier, jetty; **~einfahrt** *f* harbo(u)r entrance; **~gebühren** *pl.* harbo(u)r dues; **~kapitän** *m*, **~meister** *m* harbo(u)r master; **~mole** *f* mole; **~polizei** *f* harbo(u)r police; **~rundfahrt** *f* (boat) trip around a (*od.* the) harbo(u)r; **~schleuse** *f* dock gate(s *pl.*); **~sperre** *f* barrage; (*Sanktion*) embargo; (*Blockade*) blockade; **~stadt** *f* (sea)port; **~viertel** *n* dock area, docklands *pl.*

Hafer *m* oats *pl.*; *fig.* ***dich sticht wohl der ~*** *iro.* are you feeling all right (*Am.* alright)?; **~brei** *m* porridge, *Am.* (cooked) oatmeal; **~brot** *n* oatmeal bread; **~flocken** *pl.* porridge oats, *Am.* oatmeal *sg.*; **~grütze** *f* groats *pl.*, grits *pl.*; **~kleie** *f* oat bran.

Haferl, Häferl *östr., südd. n* mug.

Hafer|mehl *n* oatmeal; **~schleim** *m*, **~schleimsuppe** *f* gruel.

Haff *n* lagoon.

Haft *f* (*Gewahrsam*) custody; *bsd. pol.* detention; (*Gefängnis*≈) imprisonment; ***strenge ~*** close confinement; ***in ~*** under arrest, in custody; ***zu drei Jahren ~ verurteilt werden*** be sentenced to three years' imprisonment (*od.* three years in prison), be given a three-year (prison) sentence; ***aus der ~ entlassen*** release (from custody); ***in ~ behalten*** detain, hold in custody; ***in ~ nehmen*** take into custody, *bsd. pol.* place under detention; **~anstalt** *f* prison; detention cent|re (*Am.* -er); **~aussetzung** *f* suspended prison sentence.

haftbar *adj.* responsible, ⚖ liable (***für*** for); ***~ sein*** (***für***) → ***haften*** 2; ***j-n ~ machen für*** make s.o. liable for, (*verantwortlich*) hold s.o. responsible for; **Haftbarkeit** *f* responsibility, liability.

Haft|bedingungen *pl.* prison conditions; **~befehl** *m* arrest warrant; ***e-n ~ gegen j-n erlassen*** issue a warrant for s.o.'s arrest; **~beschwerde** *f*: (***~ einlegen*** lodge *od.* make an) appeal against (a) remand in custody; **~dauer** *f* term of confinement.

haften *v/i.* **1.** cling, (*kleben*) stick (***an*** to); *fig.* ***~ an*** *Gedanken*: focus on, revolve around; ***im Gedächtnis ~*** stick (in one's mind); **2.** ⚖ (*bürgen*) be liable, be responsible, answer (*alle* ***für*** for); be held responsible (for); ***~ für*** (*garantieren*) guarantee; **haften bleiben** *v/i.* → ***haften*** 1; ***bei ihr bleibt nichts haften*** F it's in one ear and out (of) the other (with her).

Haft|entlassene(r *m*) *f* released prisoner; **~entlassung** *f* release (from prison *od.* custody); **~entschädigung** *f* compensation for wrongful imprisonment.

haftfähig *adj.* **1.** adhesive; ***~ sein*** *a.* stick; **2.** ⚖ fit to undergo detention; **Haftfähigkeit** *f* **1.** adhesive power(s *pl.*); **2.** ⚖ fitness to undergo detention.

Häftling *m* prisoner; ***politischer ~*** *a.* political detainee.

Häftlings|kleidung *f* prison clothes *pl.*; **~revolte** *f* prison(ers') revolt.

Haft|lokal *n* detention room; ⚔ guard room, *Am.* guardhouse; **~notiz** *f* self--stick note.

Haftpflicht *f* liability; **haftpflichtig** *adj.* liable (***für*** for); **Haftpflichtversicherung** *f* third party insurance.

Haft|psychose *f* prison psychosis; **~pulver** *n für Gebiss*: denture fixative; **~richter** *m* committing magistrate; **~schale** *f opt.* contact lens; **~schicht** *f* adhesive surface; **~sitz** *m* ⚙ tight fit; **~strafe** *f* prison sentence.

haftunfähig *adj.* ⚖ unfit to undergo detention; **Haftunfähigkeit** *f* unfitness to undergo detention.

Haftung *f* **1.** adhesion; ⚗ absorption; **2.** ⚖ liability; (*Bürgschaft*) guarantee; ***beschränkte*** (***persönliche***) ***~*** limited (personal) liability; ***Gesellschaft mit beschränkter ~*** private limited (liability) company.

Haftungs|beschränkung *f* restriction of liability; **~verhältnisse** *pl.* contingent liabilities.

Hafturlaub *m* prisoner's leave.

Haftvermögen *n* adhesive power(s *pl.*).

Haftzettel *m* stick note.

Hagebuche *f* ⚘ hornbeam.

Hagebutte *f* ⚘ rose hip; **Hagebuttentee** *m* rose hip tea.

Hagedorn *m* ⚘ hawthorn.

Hagel *m* hail; *fig. a.* shower; *von Schimpfwörtern etc.*: volley, torrent; ***ein ~ von Protesten*** a volley of protest; ≈**dicht** *fig. adv.* thick and fast; **~korn** *n* hailstone.

hageln *v/i. u. v/t.* hail (*a. fig.*); *fig.* ***die Schläge hagelten auf ihn nieder*** the blows rained down on him; ***es hagelte Vorwürfe*** there was a volley of reproaches, ***auf ihn:*** he was showered with reproaches.

Hagel|schaden *m* damage caused by hail; **~schauer** *m* hailstorm; **~schlag** *m* **1.** (heavy) hail(storm); **2.** damage caused by hail; **~schloße** *f* hailstone; **~sturm** *m* hailstorm; **~versicherung** *f* hail insurance; **~wetter** *n* hailstorm(s *pl.*).

hager *adj.* lean, gaunt.
Hagestolz *obs. m* old (*od.* confirmed) bachelor.
Haggai *m bibl.* Haggai.
Hagiographie *f* hagiography.
haha *int.* ha ha!
Häher *m* jay.
Hahn *m* **1.** cock, (*Hausℒ*) *a.* rooster; (*Wetterℒ*) weathercock; ***junger ~*** cockerel; *fig.* ***~ im Korb*** cock of the walk; ***es kräht kein ~ danach*** F nobody cares two hoots about it; **2.** ⚙ tap, *Am. a.* faucet; (*Fassℒ*) spigot; (*Ventil*) valve; ***den ~ aufdrehen*** (***zudrehen***) turn the tap on (off); *fig.* ***j-m den ~ zudrehen*** stop giving (*od.* sending) s.o. money; ***e-m Institut*** *etc.* ***den ~ zudrehen*** axe (*Am.* ax) an institute's *etc.* funds; **3.** (*Gewehrℒ*) hammer.
Hähnchen *n* chicken; ***ein halbes ~*** half a chicken.
Hahnen|fuß *m* ⚘ crowfoot; **~kamm** *m a.* ⚘ cockscomb; **~kampf** *m* cockfight; **~schrei** *m*: *fig.* ***mit dem ersten ~*** at the crack of dawn; **~sporn** *m* cockspur; **~tritt** *m* **1.** *im Ei*: cock tread; **2.** (*Muster*) dog's-tooth check.
Hahnrei *obs. m* cuckold; ***zum ~ machen*** cuckold.
Hai(fisch) *m* shark; **Haifischflossensuppe** *f* sharkfin soup.
Hain *lit. m* grove.
Haitianer(in *f*) *m*, **haitianisch** *adj.* Haitian.
Häkchen *n* small hook; *beim Abhaken*: tick, *Am.* check; *ling.* apostrophe.
Häkelarbeit *f*, **Häkelei** *f* crochet work; **häkeln** *v/t. u. v/i.* crochet; **Häkelnadel** *f* crochet needle (*od.* hook).
Haken I. *m* hook; (*Kleiderℒ*) peg; *auf e-r Liste etc.*: tick, *Am.* check; ***~ und Öse*** hook and eye; F *fig.* ***mit ~ und Ösen spielen*** *Sport*: play dirty; ***linker*** (***rechter***) ***~*** *Boxen*: left (right) hook; ***e-n ~ schlagen*** *Hase etc.*: double back; *fig.* ***die Sache muss doch e-n ~ haben*** there must be a catch to it (somewhere); F *fig.* ***wo ist der ~?*** what's the catch?; ***der ~ daran ist*** the (only) problem *od.* thing is; ***ohne ~*** no strings attached; ***da sitzt der ~*** that's where the problem is (*od.* lies); **II.** ℒ *v/t.* hook (**an** onto *od.* into); ***sich ~ an*** catch (*od.* be caught) on *od.* in; **III.** ℒ *v/i.* (*klemmen*) get (*od.* be) stuck *od.* jammed; **ℒförmig** *adj.* hooked; **~kreuz** *n* swastika; **~nase** *f* hooked nose; **~wurm** *m* hookworm.
Halali *n Jagd*: death halloo, mort; ***das ~ blasen*** sound the mort.
halb I. *adj.* half; ***e-e ~e Stunde*** half an hour; ***~ drei*** half past two; ***~ Deutschland*** half of Germany; ♪ ***~e Note*** minim, *Am.* half note; ♪ ***~e Pause*** minim (*Am.* half note) rest; ***auf ~er Höhe*** halfway (up); ***die ~e Summe*** half the amount; ***zum ~en Preis*** for half the price, (at) half-price; ***nichts ℒes und nichts Ganzes*** neither fish nor fowl; ***keine ~en Sachen machen*** not to do anything by halves; ***die ~e Wahrheit*** a half-truth; ***mit ~em Herzen*** half-hearted(ly); ***j-m auf ~em Wege entgegenkommen*** meet s.o. halfway; ***sich auf ~em Wege einigen*** meet halfway; ***er hörte nur mit ~em Ohr zu*** he was only half listening, he was just listening with one ear; F ***es dauert e-e ~e Ewigkeit*** F it's taking an age and a half; **II.** *adv.* half; (*fast*) almost; virtually; ***~ so viel*** half as much; ***~ und ~*** half and half, (*zum Teil*) partly, (*a.* ***~e-~e***) fifty-fifty; ***~e-~e machen mit*** *j-m*: go halves with; ***es ist ~ so schlimm*** (*od.* ***wild***) it's not as bad as all that (*od.* as we *etc.* thought); ***~ herausfordernd, ~ abwehrend*** half in challenge, half in defen|ce (*Am.* -se); ***~ Mensch, ~ Tier*** half-human, half-beast; ***das ist ja ~ geschenkt*** that's a giveaway; ***sich ~ totlachen*** F (nearly) kill o.s. laughing; ***damit war die Sache ~ gewonnen*** that was half the battle; ***ich wünsche ~, dass*** I half wish (that); ***ich dachte mir schon ~*** I half suspected, I had a feeling; ***es war mir nur ~ bewusst*** I was only half aware of it.
Halb|achse *f* A semiaxis; ⚙ half axle; **~affe** *m* lemur; **ℒamtlich** *adj.* semi-official; ***~e Meldung*** unconfirmed report; **~ärmel** *m* half-sleeve; **~automat** *m* semi-automatic machine(ry *a. pl.*); **ℒautomatisch** *adj.* semi-automatic; **~band** *m Buch*: half-binding.
halb bekleidet *adj.* half-dressed.
halb|bewusst *adj.* semiconscious; **ℒbildung** *contp. f* superficial knowledge, semiliteracy; **~bitter** *adj.* plain *chocolate.*
halb blind *adj.* semi-blind, partially blind.
Halbblut *n* (*Person*) half-caste; (*Pferd*) half-breed; **Halbblüter** *m* (*Pferd*) half-breed; **halbblütig** *adj.* half-breed *horse.*
Halb|brille *f*: (***e-e ~*** a pair of) half-moon glasses *pl.*; **~bruder** *m* half-brother; **~cousin** *m*, **~cousine** *f* second cousin; **~drehung** *f* half-turn; **ℒdunkel** *adj.* dusky; *Zimmer*: dimly-lit; **~dunkel** *n* semi-darkness, twilight; **ℒdurchlässig** *adj.* semi-permeable, semi-porous; **ℒdurchsichtig** *adj.* translucent.
Halbe *f* pint (of beer).
Halbedelstein *m* semi-precious stone.
...halben, ...halber *in Zssgn* (*wegen*) on account of, due to; (*um ... willen*) for the sake of; (*zwecks*) for; ***gesundheitshalber*** *etc.* for reasons of health *etc.*, for health *etc.* reasons, on grounds of health *etc.*
halb erfroren *adj.* half-frozen, F frozen to death.
halberhaben *adj. u. adv.* (in) half relief.
halb erstickt *adj.* half-suffocated; *Stimme*: choked.
halb|erwachsen *adj.* almost grown-up; ***~e Kinder*** *a.* teenage children; **ℒerzeugnis** *n* semi-finished product.
halb| fertig *adj.* half-done, half-finished; ⚙ semi-finished; *fig. Person*: half-baked; **~ fest** *adj.* semi-solid; *Eis*: soft.
halb|fett *adj.* **1.** *Käse etc.*: medium-fat; **2.** *typ.* semi-bold; **ℒfinale** *n* semi-final; **ℒfliegengewicht(ler** *m*) *n* light flyweight.
halb flüssig *adj.* semi-liquid.
Halbformat *n phot.* half-frame.
halb gar *adj.* underdone, rare.
halb|gebildet *adj.* half-educated, semi-literate; **ℒgebildete(r)** *m* F half-wit; *pl. a.* bunch *sg.* of half-wits, uneducated lot *sg.*; **ℒgefrorene(s)** *n gastr.* parfait, soft ice; **ℒgeschoss**, *östr.* **ℒgeschoß** *n* △ mezzanine; **ℒgeschwister** *pl.* half-brothers, half-sisters; half-brother(s) and -sister(s); ***er und sie sind ~*** he's her half-brother; she's his half-sister; **ℒgott** *m* demigod; F *fig.* ***~ in Weiß*** (*Arzt*) F white-coated wizard, miracle-worker (in white); **ℒgöttin** *f* demigoddess.
Halbheit *f* half measure; ***er mag keine ~en*** he doesn't like doing things by halves (*od.* in half measures).
halb|herzig *adj.* half-hearted(ly *adv.*); **~hoch I.** *adj.* medium-high (*od.* -sized); *Tisch etc.*: low; *Sport*: hip-high *shot*; **II.** *adv.*: ***~ gefüllt*** half full, **mit:** half-full with, half-filled with; **ℒidiot** *contp. m* F cretin.
halbieren *v/t.* halve (*a. Summe*), cut in half, divide in half (*od.* in two), F split in half (*od.* in two); *Zeit, Kosten etc.*: halve, cut by (*od.* in) half; A bisect; **Halbierung** *f* halving; ⚘, A bisection.
Halbierungs|ebene *f*, **~fläche** *f* A bisecting plane; **~linie** *f* A bisecting line, bisector.
Halb|insel *f* peninsula; **~invalide** *m* semi-invalid; **~jahr** *n* half-year; (period of) six months *pl.*
Halbjahres... *in Zssgn mst* half-yearly; six-month; **~bericht** *m* ☤ semi-annual report; **~zeugnis** *n* half-yearly report.
halbjährig *adj. Dauer*: six-month ..., of six months; *Alter*: six-month-old ...
halbjährlich I. *adj.* half-yearly, semi-annual(ly *adv.*); **II.** *adv.* every six months, twice a year.
Halbkonsonant *m* semi-consonant.
Halbkreis *m* semicircle; **ℒförmig I.** *adj.* semicircular; **II.** *adv.* in a semicircle.
Halbkugel *f* hemisphere; **ℒförmig** *adj.* hemispherical.
Halbkusine *f* second cousin.
halblang *adj.* medium-length ...; *Rock, Hosen*: knee-length ...; *Laut*: half-long; F ***nu mach mal ~!*** F hold on a minute!, *sl.* hang about!
halblaut I. *adj.* low, subdued; **II.** *adv.* in an undertone, in undertones.
Halbleder *n* half leather; ***in ~ gebunden*** half-leather ...; **~band** *m* half-leather binding; (*Buch*) half-leather volume.
halb leer *adj.* half-empty.
Halbleinen I. *n* half-linen (cloth); ***in ~ gebunden*** half-cloth; **II.** ℒ *adj.* half-linen; **~band** *m* half-cloth binding; (*Buch*) half-cloth volume.
Halbleiter *m electron.* semiconductor; **~technik** *f* semiconductor technology.
halbmast *adv.*: (***auf ~*** at) half-mast (*a. fig. Hosen*); ***auf ~ stehen*** be (flying) at half-mast; ***auf ~ hissen*** hoist to half-mast.
Halb|messer *m* radius; **~metall** *n* semi-metal; **ℒmilitärisch** *adj.* paramilitary; **~mittelgewicht(ler** *m*) *n* light middleweight.
halbmonatlich I. *adj.* half-monthly; **II.** *adv.* half-monthly, fortnightly; **Halbmonatsschrift** *f* fortnightly publication (*od.* periodical).
Halbmond *m* half-moon, (*a. Islamsymbol*) crescent; **ℒförmig** *adj.* crescent-shaped.
halb nackt *adj.* half-naked.
Halbnelson *m Ringen*: half nelson.
halb offen *adj.* half-open (*a. ling.*).
halboffiziell *adj.* semi-official.
halbpart *adv.*: ***~ machen*** go halves, F go fifty-fifty.
Halb|pension *f* half-board; **~profi** *m* semi-pro (*od.* -professional); **~profil** *n* three-quarters profile; **ℒreif** *adj.* half-ripe; **~relief** *n* half relief.
halbrund I. *adj.* semicircular; **II.** ℒ *n* semicircle.
Halb|schatten *m* half-shade; *ast., Kunst u. fig.*: penumbra; **~schlaf** *m* doze; ***ich habs im ~ gehört*** I heard it just as I was dozing off (*od.* beginning to wake up); **~schluss** *m* ♪ imperfect cadence; **~schuh** *m* (low) shoe; **~schwerge-**

H

wicht(ler *m*) *n Sport*: light heavyweight; **~schwester** *f* half-sister.

Halbseide *f* half-silk; **halbseiden** *adj.* half-silk; *fig. contp.* shady.

halbseitig I. *adj.* **1.** *typ.* half-page ...; **2.** ⚕ unilateral; **~e Lähmung** 🕮 hemiplegia; **II.** *adv.* on one side; **~ gelähmt** paralyzed on one side, 🕮 hemiplegic.

Halbstarke(r) F *m* F yob(bo).

Halbstiefel *m* ankle boot.

halbstündig *adj.* half-hour ...; **halbstündlich I.** *adj.* half-hourly; **II.** *adv.* every half-hour.

Halbtageskarte *f* half-day pass.

halbtägig I. *adj.* half a day's ..., half-day ...; **II.** *adv.* → **halbtags.**

halbtags *adv.* (for) half the day; **~ arbeiten** work half-days, have a part-time job; **~ geöffnet** open in the mornings (*od.* afternoons); **2arbeit** *f* half-day (*od.* part-time) job (*od.* employment); **2beschäftigte(r** *m*) half-day (*od.* part-time) worker (*od.* employee), part-timer; **2job** F *m* half-day job; **2kraft** *f* → **Halbtagsbeschäftigte(r).**

Halbton *m* **1.** ♪ semitone, *Am.* half tone; **2.** *phot., typ.* half-tone.

halb tot *adj.* half-dead.

Halb|totale *f Film*: medium long shot; **~trauer** *f* half mourning; **2trocken** *adj. Wein etc.*: medium dry.

halb| verdaut *adj.* half-digested (*a. fig.*); **~ verfault** *adj.* rotting; **~ verhungert** *adj.* starving.

Halb|vetter *m* second cousin; **~vokal** *m* semivowel.

halb| voll *adj.* half-full; **~ wach** *adj.* half-awake, dozing.

Halb|wahrheit *f* half-truth; **~waise** *f*: **er ist ~** he('s) lost his father (*od.* mother).

halbwegs *adv.* halfway; *fig.* (*leidlich*) fairly, reasonably; (*in etwa*) more or less; *fig.* **ich möchte e-n ~ anständigen Wagen** *a.* I don't want just any old car; **kannst du dich nicht mal ~ normal benehmen?** can't you try and act like a human being for a change?; **wie gehts? - so ~** how are things? - oh, all right (*Am.* alright).

Halbwelt *f* demimonde; **~dame** *f* demimondaine.

Halbweltergewicht(ler *m*) *n* light welterweight.

Halbwert(s)zeit *f phys.* half-life (period).

halb wild *adj.* half-wild; *Völker*: semi-barbarian.

Halbwissen *n* superficial (*od.* bitty) knowledge.

halbwöchentlich *adj.* half-weekly, twice-weekly.

halbwüchsig *adj.* teenage ...; **Halbwüchsige(r** *m*) *f* adolescent, teenager.

Halbwüste *f* semi-desert.

Halbzeit *f* **1.** *Sport*: *first, second* half; (*Pause*) half-time; **nach der ~** in the second half; **zur ~ steht es 2:1** the half-time score is 2-1, the score at half-time is 2-1; **2.** *phys.* half-life (period); **~ergebnis** *n* half-time score; **~pause** *f* half-time; **~stand** *m* half-time score.

Halde *f* slope, hillside; slagheap; **auf ~ stehen** *Autos etc.*: be in the storage yard.

Halfpipe *f Skate-, Snowboardfahren*: half-pipe.

Hälfte *f* half; **die ~ (davon)** half of it; **gib mir die ~** give me half (of it); **die ~ der Leute** half the people; **die ~ m-r Zeit** half my (*od.* the) time; **um die ~ teurer sein** cost half as much again; **bis zur ~ zahlen** pay half; **(nur) die ~ zahlen** pay (only) half-price; **Kosten** *etc.* **zur ~ tragen** pay (*od.* bear) half the costs *etc.*; **sich je zur ~ beteiligen** go half-shares (**an** in); **wir habens bis zur ~ geschafft** we're halfway there; **zur ~** half (of it *od.* them); F **m-e bessere ~** F my better half.

Halfter 1. *m, n* (*Zaum*) halter; **2.** *f, n* (*Pistolen2*) holster; **halftern** *v/t.* halter.

hälftig *adj., adv.*: **~ teilen** divide (*od.* split) in half (*od.* halves).

Hall *m* sound; (*Wider2*) echo.

Halle *f* hall; (*Vorhalle*) *a.* entrance hall; *Hotel*: foyer, lobby; (*Werks2*) shop; (*Turn2*) gymnasium, gym; *Tennis*: covered court; ✈ hangar; **in der ~ (spielen** *etc.*) *Sport*: (play *etc.*) indoors.

Halleluja I. *n* hallelujah; **II.** 2 *int.* hallelujah!

hallen *v/i.* echo, resound (**von** with).

Hallen|bad *n* indoor (swimming) pool; **~fußball** *m* five-a-side; **~handball** *m* (indoor) handball; **~meisterschaft** *f* indoor championship(s *pl.*); **~rekord** *m* indoor record; **~schwimmbad** *n* indoor (swimming) pool; **~sport** *m* indoor sports *pl.* (*od.* athletics); **~tennis** *n* indoor tennis; **~turnier** *n* indoor tournament (*Leichtathletik*: *a.* meeting).

Hallig *f small island off Schleswig-Holstein.*

halli hallo *int.* **1.** yoo hoo!; **2.** (*Begrüßung*) well, hello there!

hallo I. *int.* hello, F hi; **~(, Sie)!** excuse me; **II.** 2 *n* **1.** hello; **2.** (*Aufregung*) fuss, hullabaloo; **es gab ein großes ~, als sie ankam** everyone made a big fuss (*od.* there was a great hullabaloo) when she arrived.

Hallodri *dial. m* F scallywag, *Am.* scalawag.

Halluzination *n* hallucination; **halluzinatorisch** *adj.* hallucinatory; **halluzinieren** *v/i.* hallucinate; **halluzinogen I.** *adj.* hallucinogenic; **II.** 2 *n* hallucinogen, hallucinogenic drug.

Halm *m* (*Gras2*) blade; (*Getreide2*) stalk; (*Stroh2*) straw.

Halma *n* halma.

Halo *m ast.*, ⚕ halo.

Halogen I. *n* halogen; **II.** 2 *adj.* halogenous; **~lampe** *f* halogen lamp; **~licht** *m* halogen light; **~scheinwerfer** *m mot.* halogen headlight (*od.* headlamp).

Hals *m* neck; (*Schlund, a. äußere Kehle*) throat; ⚙ neck, collar; *e-r Flasche, Geige etc.*: neck; ♪ *e-r Note*: tail; **steifer ~** stiff neck; **j-m in den ~ schauen** (have a) look at s.o.'s throat; F **ich habs im ~** I've got a sore throat; **sich den ~ brechen** break one's neck; **j-m um den ~ fallen** fling one's arms around s.o.'s neck; **bis an den ~** up to one's neck (*fig. a.* eyes, ears); **er hat es in den falschen ~ bekommen** it went down (*fig.* he took it) the wrong way; **aus vollem ~(e) schreien (lachen)** scream at the top of one's voice (roar with laughter); *fig.* **et. (j-n) auf dem ~ haben** be lumbered with s.th. (s.o.); **sich et. auf den ~ laden** lumber o.s. with s.th., get o.s. lumbered with s.th.; **j-m die Polizei** *etc.* **auf den ~ hetzen** get the police *etc.* onto s.o.; **j-m den ~ umdrehen** wring s.o.'s neck; **sich j-m an den ~ werfen** throw o.s. at s.o.; **sich** *et. od. j-n* **vom ~(e) schaffen** get rid of; **~ über Kopf** (*hastig*) headlong, **verliebt sein**: be head over heels in love; **e-r Flasche den ~ brechen** crack a bottle; **das kann ihn den ~ kosten** that could cost him his head; **das Wort blieb mir im ~(e) stecken** the word stuck in my throat; **es hängt mir zum ~ heraus** F I'm fed up to the back teeth with it, I'm sick (and tired) of it; **er kann den ~ nicht voll kriegen** he can't get enough (of it); **schaff es (ihn) mir vom ~** a) get it (him) out of here (*od.* out of my sight), b) I don't want to have anything to do with it (him), F get it (him) off my back; **bleib mir damit vom ~!** I don't want to know about it; → **ausrenken, Herz** *etc.*

Halsabschneider *m* shark; **halsabschneiderisch** *adj.* extortionate; *a. Person*: cutthroat ...

Hals|ausschnitt *m am Kleid*: neckline; **tiefer ~** low neck(line); **~band** *n* necklace; *für Hunde*: collar.

halsbrecherisch *adj.* hair-raising; breakneck *speed etc.*; **mit ~er Geschwindigkeit** at breakneck speed.

Hals|entzündung *f* ⚕ sore throat; **~kette** *f* necklace; **~kragen** *m* collar (*a. zo.*); **~krause** *f* ruff; ⚕ neck brace; **~länge** *f*: **um e-e ~** by a neck; **~manschette** *f* ⚕ neck brace, orthop(a)edic collar; **~muskel** *m* neck muscle, muscle in one's neck; **~-Nasen-Ohren-Spezialist** *m* ear, nose and throat (*od.* ENT) specialist, otolaryngologist; **~partie** *f* neck (area), throat (area); throat and neck *pl.*; **~schlagader** *f* carotid (artery); **~schmerzen** *pl.* sore throat; **~ haben** have a sore throat.

halsstarrig *adj.* stubborn; **Halsstarrigkeit** *f* stubbornness.

Hals|tuch *n* neckerchief; (*Schal*) scarf; **~- und Beinbruch** *int.* F break a leg!; **~weh** *n* → **Halsschmerzen**; **~weite** *f* collar size; **was haben Sie für e-e ~?** what size collar do you take?; **~wirbel** *m anat.* cervical vertebra (*pl.* vertebrae).

halt I. *int.* stop!, don't move!; wait!; (*es genügt*) that'll do; (*Moment mal!*) wait a minute; **~! Keine Bewegung!** freeze!; **~, wer da?** halt, who goes there?; **II.** F *adv.* (*eben*) just; you know; **das ist ~ so** that's the way it is; **da kann man ~ nichts machen** there's nothing you can do (about it); **dann tus ~** do it then(, if you must).

Halt *m* **1.** (*Griff, Stand*) hold, *für die Füße*: *a.* foothold; (*Stütze, Abstützung*) support (*a. fig.*); *fig.* (*innere Festigkeit*) (moral) stability; *Mensch* **ohne ~** a) weak, unstable, b) helpless, disoriented; **j-m ein ~ sein** be a (great) support to s.o.; **an j-m ~ finden** find support in s.o.; **2.** (*Aufenthalt, Pause*) stop; *j-m, e-r Sache* **~ gebieten** call a halt to, halt, stop; → **Halt machen.**

haltbar *adj.* **1.** *Lebensmittel*: non-perishable; *Milch etc.*: long-life ...; **~ sein** *mst* keep (for a long time); **~ machen** preserve; **~ bis** best before; **2.** *Material*: hardwearing, durable; (*fest, stabil*) strong, solid; ⚙ *a.* wear-resistant; **3.** *Farbe*: fast; **4.** *fig.* lasting; *Argument etc.*: tenable, valid; **sich als nicht ~ erweisen** prove untenable; **5. das war ein ~er Schuss** *Sport*: he could have saved that (one); **Haltbarkeit** *f Ware*: shelf life; *Material*: durability; stability (*a.* 🏗); ⚙ *a.* resistance to wear; service life; *Farbe*: fastness; **Haltbarkeitsdatum** *n* best-by (*od.* best-before) date, *Am.* pull (*od.* sell) date, *bsd. Brit. a.* sell-by date.

Halte|bogen *m* ♪ tie; **~bucht** *f* lay-by, *Am.* rest stop; **~griff** *m* strap.

halten I. *v/t.* (*fest~*) hold; (*stützen*) hold (up), support; (*in e-m Zustand ~*) keep;

(*ab~, Versammlung etc.*) hold, (*Hochzeit, Messe*) *a.* celebrate; (*Mahlzeit*) have, take; ♪ (*Ton*) hold; (*ent~, fassen*) hold, contain; (*Preise*) hold, maintain; (*ein~, erfüllen*) keep; *Sport*: (*Schuss*) hold, stop, save, (*den Ball*) *in den eigenen Reihen*: hold onto; (*Gegner*) (*auf~*) stop, *beim Boxen, unfair*: hold; (*Rekord, Titel*) hold; (*Personal, Wagen etc., mst* ***sich*** *et.* ~) keep, (*Zeitung*) take; ✝ (*Ware*) *auf Lager*: (keep in) stock; ***j-n an der Hand*** ~ hold s.o.'s hand; ***ans Licht*** ~ hold to the light; ***den Kopf hoch*** ~ hold one's head up; ***frisch*** (***warm***) ~ keep fresh (warm); ***das Zimmer ist in Blau gehalten*** the colo(u)r scheme in the room is blue; ***was hältst du von ...?*** what do you think of ...?, *auffordernd*: how about ...?; ***was hältst du davon?*** what do you think (of it)?; ***viel*** ~ ***von*** think highly (*stärker*: the world) of; F ***er hält e-e ganze Menge von dir*** F he thinks you're great; ***ich halte nicht viel davon*** I don't think much of it, (*Idee, Gemälde etc.*) *a.* I'm not keen on it; ***er hält nichts vom Sparen*** he doesn't believe in saving; ***ich halte es mit m-m Lehrer, der immer sagte*** I go by (*od.* I set great store by) what my teacher always used to say; ~ ***für*** consider (to be), think *s.o.* is, *irrtümlich*: (mis)take for; ***er hält ihn für den Besitzer*** *mst* he thinks he's the owner; ***ich halte es für richtig, dass er absagt*** I think he's right to refuse, I think it's right that he should refuse; ***ich hielte es für gut, wenn wir gingen*** I think we should go, I think it would be a good idea if we went; ***für wie alt hältst du ihn?*** how old do you think he is?; ***wofür*** ~ ***Sie mich*** (***eigentlich***)***?*** who do you think I am?; ***das kannst du ~, wie du willst*** please yourself; ***wie hältst du es mit ...?*** what do you usually do about ...?; ***so haben wir es immer gehalten*** we've always done it that way; *diese These* ***lässt sich nicht*** ~ is untenable; ***er ließ sich nicht ~, er war nicht zu*** ~ there was no stopping him, you couldn't hold him back; → *a.* ***gehalten***; → ***Daumen, Gang*** 4, ***laufend*** I *etc.*; **II.** *v/i.* (*festsitzen, fest sein*) hold; (*Halt machen*) stop, *Fahrzeug*: *a.* draw up, pull up; (*Bestand haben*) last; *Lebensmittel etc.*: keep; *Wetter*: hold; *Fußball etc.*: save; ***links*** (***rechts***) ~ keep left (right); ~ ***auf*** (*achten auf*) pay attention to, (*Wert legen auf*) set great store by, (*bestehen auf*) insist on; ***auf sich*** ~ be very particular about one's appearance, *gesundheitlich*: look after one's health; ***jeder Handwerker, der*** (***etwas***) ***auf sich hält*** any self-respecting craftsman; ***wir*** ~ ***nicht auf Formen*** we don't stand on ceremony; ***zu j-m*** ~ stand by (F stick to) s.o., *parteinehmend*: side with s.o.; ***an sich*** ~ control o.s.; ***ich musste an mich ~, um nicht zu*** *inf.* I could hardly stop myself (from) *ger.*; **III.** *v/refl.*: ***sich*** ~ *Lebensmittel etc.*: keep; *Schuhe etc.*: last; *Wetter*: hold; (*stand~*) hold out; ***sich an*** *et.* ~ (*fest~*) hold onto; ***sich*** ~ ***an*** (*die Tatsachen etc.*) keep to, stick to, (*j-n; sich verlassen auf*) rely on, *wegen Schadenersatz*: hold *s.o.* liable; ***sich*** (***auf*** *e-m Posten*, ***in*** *e-r Firma etc.*) ~ last; ***sich*** ~ ***als*** maintain one's position as; ***sich warm*** (***fit*** *etc.*) ~ keep warm (fit *etc.*); ***sich in Form*** ~ keep in form, *körperlich*: *a.* keep fit; ***sich bei guter Gesundheit*** (***Laune***) ~ stay healthy (keep up one's good mood), manage to stay healthy (cheerful); ***sich gut*** ~ *Lebensmittel, Medikamente*: keep well, *Person*: (*a.* ***sich wacker*** ~) hold one's own (***gegen*** against), do well; ***sie hat sich gut gehalten*** (*ist wenig gealtert*) she looks good for her age; ***sich links*** (***rechts***) ~ keep to the left (right); ***sich südlich*** ~ keep on south, keep going in a southerly direction; ***sich nicht*** (*od.* ***kaum***) ***mehr*** ~ ***können vor Freude*** (***Zorn*** *etc.*) be beside o.s. with joy (anger *etc.*); ***sich*** (***vor Lachen***) ***nicht mehr*** ~ ***können*** F be rolling about, be creasing (*od.* creased) up; **IV.** ♀ *n*: ***da gab es kein*** ~ ***mehr*** there was no holding them *etc.* (back).

Halte|platz *m* stopping place; **~punkt** *m* (*Haltestelle*) stop; *phys.* critical point; *beim Schießen*: point of aim.

Halter *m* **1.** (*Haltevorrichtung*) holder; (*Griff*) handle; **2.** (*Eigentümer*) owner.

Halterung *f* fixture.

Halte|schild *n mot.* stop sign; **~seil** *n* safety rope; **~signal** *n* stop signal; **~stelle** *f* stop.

Halteverbot *n auf Schild*: no stopping; ***absolutes*** ~ a) *Vorschrift*: no stopping, b) *Ort*: no stopping zone; ***eingeschränktes*** ~ a) *Vorschrift*: no waiting, b) *Ort*: no waiting zone; **Halteverbotsschild** *n* "no-stopping" sign.

Haltevorrichtung *f* ⚙ (clamping *od.* holding) fixture.

haltlos *adj.* **1.** *Mensch*: disoriented, (completely) insecure, completely adrift, *stärker*: floundering; **2.** *Theorie etc.*: untenable; (*unbegründet*) unfounded; **Haltlosigkeit** *f* **1.** lack of orientation; **2.** lack of foundation, untenable nature (*gen.* of).

Halt machen (make a) stop; *fig.* ***er macht vor nichts Halt*** he'll stop at nothing.

Haltung *f* **1.** (*Körper*♀) posture; (*Körperstellung*) *a. Sport*: position; (*Pose*) pose; ***e-e gute*** ~ ***haben*** have good posture; **2.** (*Grundeinstellung*) outlook (***zu*** on), approach (to); *zu et. Bestimmtem*: attitude (***gegenüber*** towards); ***politische*** ~ political outlook (*od.* views *pl.*); ***e-e konservative*** *etc.* ~ ***einnehmen*** take a conservative *etc.* approach (*od.* line); **3.** (*Auftreten*) bearing, manner; ***ihre ganze*** ~ *a.* the way she comes across; **4.** (*inneres Gleichgewicht*) poise, composure; (*Selbstbeherrschung*) self-possession; ~ ***bewahren*** keep a stiff upper lip, *im Zorn etc.*: retain one's composure, F keep one's cool; ***um*** ~ ***ringen*** try to keep one's composure (F one's cool); **5.** *von Tieren etc.*: keeping; **Haltungsfehler** *m* **1.** ⚕ bad posture; **2.** *Sport*: style fault.

Halunke *m* rogue; (*Kind*) rascal.

Häme *f* malice; **hämisch I.** *adj.* malicious; ***~e Bemerkung*** snide remark; **II.** *adv.* maliciously; ~ ***grinsen*** sneer (***über*** at).

Hammel *m* **1.** wether; (*~fleisch*) mutton; **2.** F *fig.* lout, boor; ***blöder*** ~ (F blithering) idiot; **~beine** *pl.*: F ***j-m die*** ~ ***lang ziehen*** F give s.o. a good going over; **~braten** *m* joint of mutton; *gebraten*: roast mutton; **~fleisch** *n* mutton; **~keule** *f* leg of mutton; **~kotelett** *n* mutton chop; **~ragout** *n* mutton stew; **~rippchen** *n* mutton chop; **~sprung** *m parl.* (vote by) division.

Hammer *m* **1.** hammer (*a.* ♪, *Sport u. Auktion*); (*Holz*♀) mallet; *parl. etc.* gavel; ~ ***und Sichel*** hammer and sickle; *fig.* ***unter den*** ~ ***kommen*** come under the hammer; **2.** F *Sport*: (*scharfer Schuss*) F hammer; **3.** F (*Fehler*) F boo-boo; ***das ist ein ~!*** (*ist toll*) F that's great, (*ist unerhört*) F that's incredible, that really takes the biscuit; ***du hast wohl e-n*** ~ F you must be off your nut; **~hai** *m* hammerhead (shark); **~klavier** *n* pianoforte, fortepiano.

hämmern I. *v/i.* hammer (*a. fig.*); *Herz*: pound; *fig.* ~ ***auf*** hammer away at; **II.** *v/t.* hammer; (*schmieden*) forge; *fig.* ***j-m et. in den Kopf*** ~ hammer s.th. into s.o.

Hammer|schlag *m* hammer blow, blow of the hammer; **~werfen** *n* hammer throwing; **~werfer** *m* hammer thrower; **~zeh(e** *f*) *m* ⚕ hammer toe.

Hammondorgel *f* Hammond organ.

Hämoglobin *n* h(a)emoglobin.

Hämophile(r) *m* ⚕ h(a)emophiliac; **Hämophilie** *f* h(a)emophilia.

Hämorrhoiden, Hämorriden *pl.* ⚕ h(a)emorrhoids, F piles.

Hampelmann *m* jumping jack; F *fig.* F wimp; **hampeln** F *v/i.* jump around; (*zappeln*) fidget.

Hamster *m* hamster; **~backen** F *pl.* fat (F pudgy) cheeks; **~käufe** *pl.* hoarding *sg.*; (*Panikkäufe*) panic buying *sg.*; ~ ***machen*** hoard (food *etc.*), stock up (on food *etc.*).

hamstern *v/t. u. v/i.* hoard.

Hamster|preise *pl.* inflated prices; **~ware** *f* hoarded goods *pl.*

Hand *f* hand (*a. ~schrift, Kartenspiel*); ***mit der*** ~ *machen etc.*: by hand; ***mit der*** ~ ***gemacht*** handmade; ***von*** ~ ***gemalt*** handpainted; ***j-m die*** ~ ***geben*** (*od.* ***schütteln***) shake hands with s.o.; ***j-n an die*** ~ ***nehmen*** take s.o.'s hand; ***Hände hoch!*** hands up!; *parl.* ***durch Heben der Hände*** by a show of hands; *fig. j-s* ***rechte*** ~ right-hand man (*od.* woman); ***öffentliche*** ~ authorities, state; ***an*** ~ ***von*** with the help of, (*auf der Grundlage von*) on the basis of, in the light of; ***aus bester*** ~ on good authority; ***aus erster*** ~ first-hand; ***ich habs aus erster*** ~ I got it straight from the horse's mouth; ***aus zweiter*** ~ *kaufen etc.*: second-hand, *fig. Erlebnis, erleben*: vicarious(ly); ***aus der*** ~ ***geben*** part with, (*Posten etc.*) *a.* give up; ***er gibt es nicht aus der*** ~ *a.* he won't let go of it, he won't let anyone else have it (*od.* take it from him); ***aus der*** ~ ***legen*** put aside; ***bei der ~, zur*** ~ at hand, handy; ***sie hat immer e-e Antwort zur*** ~ *a.* she's always got an answer pat, she's never at a loss for words; ***mit vollen Händen*** liberally, ***sein Geld ausgeben:*** throw one's money about; ***unter der*** ~ (*nicht offiziell*) through unofficial channels, (*privat*) *kaufen etc.*: privately, (*heimlich, illegal*) under the counter, (*nebenbei*) on the side; ***von langer*** ~ long beforehand; ***zu Händen*** *auf Brief*: c/o (= care of), *amtlich*: att., Attention; ***zur rechten*** (***linken***) ~ on the right-hand (left-hand) side; ~ ***anlegen*** lend a hand, (*sich ins Zeug legen*) put one's shoulder to the wheel; ~ ***an sich legen*** commit suicide; ***letzte*** ~ ***an*** *et.* ***legen*** add the finishing touches to; ***j-n an der*** ~ ***haben*** have contacts with s.o.; ~ ***in*** ~ ***gehen*** walk hand in hand, *fig.* go hand in hand, go together (***mit*** with); ~ ***in*** ~ ***arbeiten*** work together, cooperate (closely); ~ ***und Fuß haben*** *Plan etc.*: make sense, hold water; ***was er macht, hat*** ~ ***und Fuß*** he doesn't do things in half measures; ***alle*** (*od.* ***beide***) ***Hände voll*** (***zu***

tun) **haben** have one's hands full, have a lot on one's plate; **e-e offene ~ haben** be open-handed, be generous; **e-e glückliche** (*od.* **geschickte**) **~ haben** have the right touch (**mit** for), **mit:** *a.* know how to handle, *bei Menschen, Pflanzen etc.*: have a way with; **er hat e-e leichte ~** a) (*a.* **die Arbeit geht ihm flott von der ~**) he's a fast worker, b) (*schafft alles mühelos*) things come easily to him, c) (*ist oberflächlich*) he doesn't take his time over things, he doesn't take things seriously enough; **et. in die Hände bekommen** get hold (*od.* control) of s.th.; **et. in die Hände nehmen** take charge of s.th.; **die Sache in die Hände nehmen** take the initiative; **j-m aus der ~ fressen** eat out of s.o.'s hand; *j-m* **die ~ reichen** *zur Ehe*: marry; **einander die ~ geben** *Ereignisse etc.*: follow hard on each other's heels, happen in close succession; **die Ereignisse gaben einander die ~** *a.* one thing led to another; **die beiden können einander die ~ reichen** (*od.* **geben**) they're two of a kind, *contp. a.* they're as bad as each other; **j-m** (**et.**) **in die Hände spielen** play (s.th.) into s.o.'s hands; **j-m freie ~ lassen** give s.o. a free hand; **j-n auf Händen tragen** wait on s.o. hand and foot; **j-n in der ~ haben** have s.o. in one's grip; **j-m in die Hände fallen** fall into s.o.'s hands; **mit beiden Händen zugreifen** jump at the chance; **es ist mit beiden Händen zu greifen** F it sticks out a mile (*od.* like a sore thumb); **mit leeren Händen weggehen** go away (*od.* be left) empty-handed; **s-e ~ im Spiel haben** have a hand in it; **s-e ~ ins Feuer legen für** put one's hand into the fire for; **sich mit Händen und Füßen wehren** fight tooth and nail; **von der ~ in den Mund leben** live from hand to mouth; **von der ~ weisen** (*verwerfen, abtun*) dismiss, (*leugnen*) deny; **es ist nicht von der ~ zu weisen** it can't be denied, there's no denying (*od.* getting away from) it, **dass**: there's no denying (*od.* getting away from) the fact that; **es liegt in s-r ~** *Entscheidung*: it's up to him; **es liegt klar auf der ~** it's (so) obvious; **e-e ~ wäscht die andere** you scratch my back and I'll scratch yours; **sie ist in festen Händen** she's accounted for, F she's booked; **sich** (**fest**) **in der ~ haben** have everything under (firm) control, have a firm grip on o.s.; **wir haben die Lage fest in der ~** we've got everything under control; **er ist zu schnell bei der ~ mit s-r Kritik** he's always very quick to criticize; → **drücken** 1, **gebunden** 2, **link** 1, **Hand voll,** *etc.*

Handapparat *m Bibliothek*: (set of) reference works *pl.*

Handarbeit *f* **1.** handicrafts *pl.*; (*Nadelarbeit*) needlework; (*Gegenstand*) *a. pl.* handiwork; **2.** (*Handanfertigung*) handmade article; **feine ~** skilled handiwork; **3.** (*manuelle Arbeit*) manual work; **Handarbeiter** *m* **1.** manual worker; **2.** craftsman; **Handarbeitsunterricht** *m* needlework (classes *pl.*).

Hand|aufheben *n*: *parl.* **durch ~** *abstimmen*: by a show of hands; **~auflegen** *n*, **~auflegung** *f eccl.* laying on of hands; **~ball** *m* (*Am.* team) handball; **~ballen** *m anat.* ball of the thumb; **~beil** *n* hatchet; **~besen** *m* (hand)brush; **~betrieb** *m* manual operation; hand control; **mit ~** manual *set etc.*, hand-operated; **~bewegung** *f* movement (*schwungvolle*: sweep) of the hand, gesture; **durch e-e ~ auffordern** motion (**zu** *inf.* to *inf.*); **~bibliothek** *f* reference library; **~bohrer** *m* ⚙ gimlet; **~bohrmaschine** *f* hand drill; **2breit** *adj. a* hand's breadth; **~ offen stehen** *Tür*: be ajar; **~breit(e)** *f* hand's breadth; **~bremse** *f* hand brake, *Am.* emergency (*od.* parking) brake; **~buch** *n* textbook; (*Anweisungen*) manual, handbook; **~creme** *f* handcream.

Händchen *n*: **~ halten** hold hands; **j-m ~ halten** hold s.o.'s hand; **Händchen haltend** *adv.* hand in hand, holding hands.

Hände|druck *m* handshake; **et. mit e-m ~ bekräftigen** shake hands on s.th.; **~klatschen** *n* clapping, applause.

Handel *m* **1.** trade, commerce, *bsd. Börse*: trading (**mit** in); (*Markt*) market; (*Geschäft*) (business) transaction, deal; (*Tausch2*) barter; **~ und Gewerbe** trade and industry; **im ~** on the market; **im ~ sein** *a.* be available; **nicht mehr im ~** off the market, no longer available; **in den ~ bringen** (**kommen**) put on (come onto) the market; **~ treiben** trade, **mit et.:** deal in s.th., **mit j-m:** do business with s.o.; **2.** (*Sache, Vorfall*) affair, business.

Händel *pl.*: **in ~ geraten mit** start squabbling (*od.* arguing) with, *handgreiflich*: get involved in a scuffle with.

handeln I. *v/i.* **1.** act; (*in Aktion treten*) take action; (*verfahren*) proceed; (*sich verhalten*) behave; **2.** ✝ trade (**mit** with *s.o.*; in *goods*), deal (in *goods*); (*feilschen*) bargain (**um** for *goods*, over *a price*), *contp.* haggle (over); **mit sich ~ lassen** be open to offers, *fig.* be prepared to discuss things, be open to persuasion; **3.** *fig.* **~ von** be about, *sachlich*: *a.* deal with; **II.** *v/t.*: **an der Börse gehandelt werden** be traded (*od.* listed) on the stock exchange; **III.** *v/impers.*: **es handelt sich um** it's a question (*od.* matter) of, it concerns; **es handelt sich um Folgendes** the thing (*od.* situation *etc.*) is (this); **es handelt sich darum, ob** *etc.* the question is whether *etc.*; **gerade darum handelt es sich ja** that's (just) the point; **wenn es sich darum handelt zu helfen** *etc.* when it comes to helping *etc.*; **worum handelt es sich?** a) what's it about?, b) what's the problem?; **IV. 2** *n* action.

Handels|abkommen *n* trade agreement; **~attaché** *m* commercial attaché; **~bank** *f* commercial (*od.* merchant) bank; **~barriere** *f* trade barrier; **~bericht** *m* trade (*od.* market) report; **~beschränkungen** *pl.* trade restrictions; **~betrieb** *m* commercial enterprise, business; **~bezeichnung** *f* trade name; **~beziehungen** *pl.* trade relations; **~bilanz** *f* balance of trade; **~blatt** *n* trade journal; **~bücher** *pl.* account books; **~defizit** *n* trade deficit; **~delegation** *f* trade delegation; **~einheit** *f Börse*: unit of trading.

handelseinig, handelseins *adj.*: **~ werden** come to (*od.* reach) an agreement (**mit** with).

Handelsembargo *n* trade embargo.

handelsfähig *adj.* negotiable.

Handels|flagge *f* merchant flag; **~flotte** *f* merchant fleet; **~freiheit** *f* freedom of trade, *weitS.* free trade.

handelsgängig *adj.* marketable.

Handels|geist *m* commercialism; **~gericht** *n* commercial court; **~gesellschaft** *f* (trading) company, *Am.* (business) corporation; **~gewerbe** *n* trade, business; **~gewicht** *n* avoirdupois; **~hafen** *m* commercial port; **~hochschule** *f* commercial college, *Am.* business school; **~kammer** *f* chamber of commerce; **~kapital** *n* trading capital; **~kette** *f* chain (of stores), supply chain; **~klasse** *f* grade; **~korrespondent** *m* commercial correspondent; **~korrespondenz** *f* commercial correspondence; **~kredit** *m* business loan; **~krieg** *m* trade war(fare); **~luftfahrt** *f* commercial aviation; **~macht** *f* trading nation; **~marine** *f* merchant navy; **~marke** *f* trademark; **~metropole** *f* commercial capital, cent|re (*Am.* -er) of commerce; **~minister** *m* minister (*Am.* secretary) of commerce; *in GB*: Secretary of State for Trade and Industry; *in den USA*: Secretary of Commerce; **~ministerium** *n* department of commerce; *in GB*: Department of Trade and Industry; *in den USA*: Department of Commerce; **~monopol** *n* trade monopoly; **~name** *m* trade name; **~nation** *f* trading nation; **~niederlassung** *f* **1.** business establishment; **2.** ⚖ registered seat; **3.** (*Zweigstelle*) branch; **~partner** *m* trading partner; **~platz** *m* trading cent|re (*Am.* -er).

Handelspolitik *f* commercial policy; **handelspolitisch** *adj.* trade ...

Handelsrecht *n* commercial law; **handelsrechtlich I.** *adj.* in accordance with (*od.* relating to) commercial law; **II.** *adv.* under (*od.* according to) commercial law.

Handels|register *n* commercial (*od.* trade) register; **ins ~ eintragen** register *a firm*; **~reisende(r)** *m* → **Handlungsreisende(r)**; **~schiff** *n* merchant ship, trading vessel; **~schifffahrt** *f* merchant shipping; **~schule** *f* commercial (*od.* business) school; **~spanne** *f* profit margin, markup; **~sperre** *f* embargo; **~stadt** *f* commercial cent|re (*Am.* -er); **~straße** *f* trade route; **~streit** *m* trade dispute; **~stützpunkt** *m* trading base; **~teil** *m e-r Zeitung*: financial pages *pl.* (*od.* section); **~überschuss** *m* trade surplus.

handelsüblich *adj.* usual in the trade; commercial; **~e Qualität** commercial quality; **~e Bezeichnung** trade name; **~e Verpackung** standard packaging.

Handels|unternehmen *n* commercial enterprise; **~verbindung** *f* **1.** trade route; **2. ~en** trade relations; **~verkehr** *m* trading; commerce; **~vertrag** *m* trade agreement; **~vertreter** *m* travel(l)ing salesman; **~vertretung** *f* commercial agency; *pol.* trade mission; **~volk** *n* trading nation, nation of traders; **~ware** *f* commodity; *pl.* merchandise *sg.*; **~wechsel** *m* trade bill; **~weg** *m* trade route; **~wert** *m* market value; **~zentrum** *n* commercial cent|re (*Am.* -er); **~zweig** *m* line of business.

Handel treibend *adj.* trading.

hände|ringend *adv.* (*flehentlich*) imploringly; (*verzweifelt*) despairingly; **j-n ~ anflehen** implore s.o.; **2schütteln** *n* shaking of hands, handshake; **2trockner** *m* drier.

Hand|exemplar *n* personal copy; **~feger** *m* (hand)brush; **~fertigkeit** *f* manual skill, dexterity; **2fest** *adj.* sturdy, strong; *fig.* (*greifbar*) tangible, concrete; hard *evidence etc.*; *Drohung*: serious; *Skandal, Konflikt etc.*: full-blown; **~e Mahlzeit** good, square meal; **~e Lüge** out and out lie; **~feuerlöscher** *m* fire extinguisher; **~feuerwaffe** *f* portable firearm; *pl. mst* small arms; **~fläche** *f* palm (of one's hand); **℘gearbeitet** *adj.* handmade; **~gebrauch** *m*: **zum ~** for everyday use; **℘gefertigt** *adj.* handmade; **℘geknüpft** *adj.* handwoven; **~geld** *n* **1.** ✝ earnest money; **2.** *Sport*: signing-on fee; **~gelenk** *n* wrist; F *fig.* ***aus dem ~*** off the cuff, (*leicht*) just like that; ***ich kann keine Rede so einfach aus dem ~ schütteln*** I can't come up with a speech just like that; **℘gemacht** *adj.* handmade; **℘gemalt** *adj.* handpainted; **℘gemein** *adj.*: ***~ werden*** come to blows (***mit j-m*** with s.o.); **~gemenge** *n* brawl, scuffle; ***es kam zu e-m ~*** scuffling (*od.* scuffles) broke out; **℘genäht** *adj.* hand-sewn; **~gepäck** *n* hand luggage (*Am.* baggage), carry-on luggage (*Am.* baggage); **℘gerecht** *adj.* handy; (*praktisch*) *a.* practical; **℘geschnitzt** *adj.* hand-carved; **℘geschrieben** *adj.* handwritten; **℘gestickt** *adj.* hand-embroidered; **℘gestrickt** *adj.* hand-knitted; F *fig.* homemade; **℘gewebt**, **℘gewirkt** *adj.* hand-woven; **~granate** *f* hand grenade.

handgreiflich I. *adj.* *Auseinandersetzungen etc.*: violent *clashes*, *dispute*; *fig.* palpable; (*offensichtlich*) evident, manifest; ***~ werden*** a) turn (*od.* get) violent, lash out, F get rough, *mehrere*: *a.* come to blows, b) F *sexuell*: F start pawing; **II.** *adv.*: ***j-m et. ~ vor Augen führen*** show s.o. s.th. quite plainly.

Handgriff *m* **1.** grip, handle; **2.** (*Art des Zugreifens*) movement, manipulation; ***~e im Haushalt etc.***: mechanical jobs; ***mit e-m ~*** with a flick of the wrist, (*schnell*) in no time, just like that; ***er tut keinen ~*** he doesn't lift a finger.

handgroß *adj.* *nachgestellt*: the size of a hand.

Handhabe *f* grounds *pl.* (***um et. zu tun*** for doing s.th.); (*Beweise*) proof, evidence; ***gesetzliche ~*** legal grounds; ***e-e gesetzliche ~ haben gegen*** have a case against *s.o.*; ***keinerlei ~ gegen j-n haben*** F have nothing on s.o.; ***er hat keinerlei ~*** he hasn't got a leg to stand on.

handhaben *v/t.* **1.** (*Werkzeug etc.*) use, go about with; (*Maschine*) operate; **2.** *fig.* handle, deal with; (*anwenden*) apply; ***das wurde immer so gehandhabt*** it's always been done like that; **Handhabung** *f* use; operation; *fig.* handling.

Handheld *n* **1.** *Computer*: handheld (computer); **2.** handheld *camera etc.*

Handikap *n* handicap; (*Nachteil*) *a.* drawback.

Hand|kante *f* side of the hand; ***Schlag mit der ~*** chop; **~karren** *m* handcart; **~koffer** *m* small suitcase; **~kuss** *m*: ***j-m e-n ~ geben*** kiss s.o.'s hand; *fig.* ***er hat es mit ~ angenommen*** he was only too glad to have (*od.* accept) it.

Handlanger *m* odd-job man; *contp.* dogsbody; (*Komplize*) accomplice; *pol. etc.* henchman, F stooge; F ***den ~ machen*** F do the donkey (*od.* dirty) work, ***für j-n***: act as s.o.'s servant; **~dienste** *pl.* donkey (*od.* dirty) work *sg.*; ***j-m ~ leisten*** fetch and carry for s.o., *bei Verbrechen etc.*: do the dirty work (for s.o.).

Händler *m* trader, merchant; (*Einzel℘*) retailer, dealer; (*Laden℘*) shopkeeper; ***wenden Sie sich an Ihren ~*** ask at your local dealer's; **~preis** *m* trade price; **~rabatt** *m* trade discount.

Handlesekunst *f* palmistry; **Handleser(in** *f*) *m* palmist.

Handleuchte *f* (portable) lamp.

handlich *adj.* handy; convenient; (*praktisch*) *a.* practical; (*kompakt*) compact; *Auto etc.*: easy to handle.

Handling *n* handling.

Handlung *f* **1.** (*Tat*) act, action; **2.** *e-s Romans etc.*: action, story, *im Grundriss*: plot (*a. thea.*); ***Ort der ~*** scene (of action); ***Ort der ~ ist ...*** the scene (*od.* story *etc.*) is set in ..., the action (*od.* story *etc.*) takes place in ...; **3.** (*Geschäft*) *in Zssgn* business, shop, *bsd. Am.* store.

Handlungs|ablauf *m* sequence (*od.* course) of events; *thea. etc.* plot; **℘arm** *adj.*: ***ein ~er Roman*** *etc.* a novel *etc.* without much action (*od.* much of a plot); **~bedarf** *m*: ***es besteht kein (dringender) ~*** there's no (urgent) call for action; **~bevollmächtigte(r)** *m* (authorized) agent, proxy.

handlungsfähig *adj.* ⚖ capable of acting; *weitS. Regierung etc.*: working; functioning; **Handlungsfähigkeit** *f* ⚖ legal capacity; *weitS.* capacity to act.

Handlungs|freiheit *f* freedom of action; ***j-m ~ geben*** *a.* give s.o. a free hand; **~kette** *f* chain of events; **℘reich** *adj.* *Geschichte etc.*: full of action, action-packed; ***es ist e-e ~e Geschichte*** *etc. a.* there's plenty of action in the story *etc.*; **~reisende(r)** *m* travel(l)ing salesman; **~schema** *n* plot; **~spielraum** *m* room for manoeuvre (*Am.* maneuver); **~strang** *m* strand (of the plot).

handlungsunfähig *adj.* ⚖ incapable of acting; *weitS. Regierung etc.*: immobilized; **Handlungsunfähigkeit** *f* ⚖ legal incapacity; *weitS.* immobilization.

Handlungs|verlauf *m* sequence (*od.* course) of events; *thea. etc.* plot; **~vollmacht** *f* limited authority to act and sign; **~weise** *f* (*Verhalten*) behavio(u)r, conduct; (*Verfahren*) procedure; (*Methoden*) methods *pl.*

Hand|mikrofon *n* hand microphone; **~mühle** *f* hand mill.

Hand-out *n* (‚*Paper*') handout.

Hand|pflege *f* hand care, care of the hands; manicure; **~presse** *f* hand press; **~pumpe** *f* hand pump; **~puppe** *f* (hand) puppet; **~reichung** *f a. pl.* help; (*Empfehlung*) tip, suggestion; ***~en tun*** help out; **~rücken** *m* back of the (*od.* one's) hand; **~säge** *f* hand saw.

handsam *adj.* (*umgänglich*) amenable.

Hand|satz *m typ.* hand composition; **~schelle** *f* handcuff; ***j-m ~n anlegen*** handcuff s.o.; **~schlag** *m* handshake; ***durch ~ bekräftigen*** shake hands on; **~schreiben** *n* handwritten letter.

Handschrift *f* **1.** handwriting, hand; ***e-e gute ~*** good (*od.* nice) handwriting, a nice hand; *fig.* ***es trägt s-e ~*** it carries his trademark; **2.** (*Manuskript*) manuscript.

Handschriften|abteilung *f* manuscript section (*od.* department); **~deutung** *f* graphology; **~kunde** *f* pal(a)eography; **~probe** *f* specimen of s.o.'s handwriting.

handschriftlich I. *adj.* **1.** handwritten; **2.** manuscript ...; **II.** *adv.* in writing.

Handschuh *m* glove; (*Faust℘*) *a.* mitten; *fig.* ***j-m den ~ hinwerfen*** throw down the gauntlet to s.o.; ***den ~ aufheben*** take up the gauntlet; **~fach** *n* glove compartment; **~nummer** *f* glove size.

Hand|setzer *m typ.* (hand) compositor; **℘signiert** *adj.* autographed, signed (*Gemälde etc.*: by the artist); **~skizze** *f* rough sketch; **~spiegel** *m* hand mirror; **~spiel** *n Fußball*: hand ball, hands; **~stand** *m* handstand; ***e-n ~ machen*** do a handstand; **~steuerung** *f* ⚙ manual control; **~stickerei** *f* hand embroidery; **~streich** *m* surprise attack; (*Staatsstreich*) coup; ***im ~ nehmen*** take in a surprise attack; ***durch ~ stürzen*** overthrow by coup; ***durch ~ an die Macht kommen*** come to power in a coup; **~tasche** *f* handbag, *Am. a.* purse; **~teller** *m* palm (of one's hand).

Handtuch *n* towel; ***das ~ werfen*** *Boxen u. fig.*: throw in the towel; **~automat** *m* towel dispenser; **~halter** *m*, **~ständer** *m* towel rack.

Hand|umdrehen *n*: ***im ~*** in no time; **℘verlesen** *adj.* handpicked (*a. fig.*).

Hand *f* **voll** handful (*a. fig.*).

Hand|waffe *f* → ***Handfeuerwaffe***; **~wagen** *m* handcart; **℘warm** *adj.* lukewarm; **~waschbecken** *n* hand basin; **~wäsche** *f* hand wash(ing).

Handwerk *n* craft, trade; ***das ~*** (*Berufsstand, a. coll.*) the craft, the trade; ***ein ~ lernen*** learn a trade; ***sein ~ verstehen*** *a. fig.* know one's business (F stuff); *fig.* ***j-m das ~ legen*** throw a spanner (*Am.* monkey wrench) into the works, put a stop to s.o.('s game); ***j-m ins ~ pfuschen*** meddle in s.o. else's affairs; ***ich möchte Ihnen nicht ins ~ pfuschen*** I wouldn't like to tread on your toes; **Handwerker** *m* **1.** workman; ***morgen kommen die ~*** *a.* we're having (the) workmen in tomorrow; **2.** *künstlerischer*: craftsman; **handwerklich** *adj.* (handi-) craft ...; ***~er Beruf*** skilled trade; ***~e Fähigkeiten*** craft skills.

Handwerks|geselle *m* journeyman; **~kammer** *f* chamber of handicrafts; **~kasten** *m* tool box; **~meister** *m* master craftsman; **~zeug** *n* tools *pl.*; *fig.* tools *pl.* of the trade, stock-in-trade.

Handwörterbuch *n* concise dictionary.

Handwurzel *f* wrist, 🕮 carpus; **~knochen** *m* wristbone, carpal bone.

Handy *n* mobile (phone); *bsd. Am.* cellular (phone), cellphone.

Hand|zeichen *n* (*Signal*) sign; *parl.* show of hands; *e-s Analphabeten*: cross; **~zeichnung** *f* sketch; **~zettel** *m* leaflet.

hanebüchen *adj.* incredible.

Hanf *m* hemp.

Hänfling *m zo.* linnet.

Hanf|öl *n* hempseed oil; **~samen** *m* hempseed; **~seil** *n* hemp rope.

Hang *m* **1.** slope (*a. Ski℘*); **2.** *Turnen*: hang; **3.** *fig.* (natural) inclination (**zu** to *stoutness etc.*, to *do*); bent (for *language etc.*, for *doing*); tendency (towards *s.th.*, *doing*, to *do*); propensity (to *do*, for *doing*, to *s.th.*), penchant (for *s.th.*); (*Vorliebe*) partiality (for *s.th.*), (*a. Zuneigung*) fondness (for, of *s.th.*); (*Anfälligkeit*) proneness (to *s.th.*).

Hangar *m* ✈ hangar.

Hänge|arsch V *m* **1.** drooping buttocks *pl.*; **2.** (*Hose*) F droopy drawers *pl.*; **~backen** *pl.* flabby cheeks; **~bahn** *f* suspension railway; **~bauch** *m* paunch, pot belly, flabby stomach; **~brücke** *f* suspension bridge; **~brust** *f*, **~busen** *m* sagging breasts *pl.*; **~lager** *n* ⚙ hanging bearing; **~lampe** *f* hanging lamp.

hangeln *v/i.* work one's way along *s.th.* (with one's hands).

Hängematte *f* hammock.

Hangen *n*: ***mit ~ und Bangen*** in anxious anticipation; (*knapp*) barely; ***mit ~ und Bangen bestehen*** scrape through.

hängen I. *v/i.* hang (**an** on; **von** from), be

suspended (from); (*haften*) cling, stick (**an** to), ⚙ catch, stick; (*festsitzen*) be caught; △ (*durch~*) sag; (*schief stehen etc.*) slope; F *fig.* (*nicht weiterkommen*) be stuck; **es hängt schief (zu tief** *etc.*) it's not straight (it's too low *etc.*); **voller Früchte ~** *Baum*: be laden with fruit; **voller Bilder ~** *Wand*: be covered in paintings, *Haus*: be full of paintings; *fig.* **~ an** (*e-m Brauch, am Leben etc.*) cling to, (*j-m*) be very attached (*stärker*: devoted) to, (*abhängen von*) depend on; **die ganze Arbeit hängt an mir** a) I'm responsible for all the work, b) F I've been lumbered with all the work; F **er hängt dauernd am Telefon** he's on the phone all day, he's never off the phone; F **er hängt dauernd vor dem Fernseher** he can't take his eyes off the TV, F he's glued to the TV most of the time; → *a.* **Faden, Lippe**; **~ über** *Schicksal etc.*: hang over; F *ped.* **sie hängt in Latein** she's not very good at Latin, Latin's her weak subject; **woran hängts?** what's the problem?; **~ lassen** → **Flügel, Kopf** 5; → **hängen lassen**; **II.** *v/t.* hang (**an** [up] on *the wall*, from *the ceiling*), suspend (from); (*befestigen*) fix, fasten, attach (**an** to); (*anhaken*) hook on(to); (*hinrichten*) hang; **gehängt werden** be hanged; *fig.* **sich an j-n ~** cling to s.o., *Laufsport*: drop in behind s.o.; **sein Herz an et. ~** set one's heart on s.th.; → **Glocke, Mantel, Nagel**; **III.** ≈ *n*: F **mit ~ und Würgen** only just, **et. schaffen**: only just manage (s.th.), **die Prüfung bestehen**: scrape through (the exam).

hängen| bleiben *v/i.* get (*od.* be) caught (**an** on), catch (on, in); get (*od.* be) stuck (**in** in); ⚙ jam, stick; *fig.* stick (**im Gedächtnis** in one's mind); (*aufgehalten werden*) be held up; *Sport*: be stopped (**an** by); **~ in** (**bei**) (*landen*) end up in (at); **~ an** *e-m Detail etc.*: get stuck on; **an mir bleibt alles hängen** F I get lumbered with everything, I end up having to do everything; **von dem Vortrag ist bei mir nicht viel hängen geblieben** I can't remember much of (what was said in) the talk; **~ lassen I.** *v/t.* (*Wäsche*) leave on the line; (*vergessen*) leave (hanging); F *fig.* **j-n ~** (*im Stich lassen*) leave s.o. in the lurch; **II.** *v/refl.*: **sich ~** let o.s. go.

Hänge|ohren *pl.* drooping (*od.* floppy) ears; **~partie** *f Schach*: adjourned game; **~pflanze** *f* hanging plant.

Hänger *m* (*Kleid*) loose dress; smock; (*Mantel*) loose coat.

Hänge|reck *n* trapeze; **~schloss** *n* padlock; **~schrank** *m* wall cupboard; **~weide** *f* weeping willow.

Hanglage *f* hillside location.

Hansa *f* → **Hanse.**

Hänschen *n*: **was ~ nicht lernt, lernt Hans nimmermehr** you can't teach an old dog new tricks.

Hansdampf F *m*: **er ist ein richtiger ~ in allen Gassen** he's a jack-of-all-trades, *weitS.* he's got his finger in every pie.

Hanse *f hist.* Hansa, Hanseatic League; **hanseatisch** *adj.* Hanseatic.

Hänselei *f* teasing; **hänseln** *v/t.* tease.

Hansestadt *f* Hansa (*od.* Hanseatic) city; **~ Hamburg** the Hanseatic city of Hamburg.

Hanswurst *m* clown; *thea.* pantaloon; F fool, idiot, buffoon; **den ~ machen für** do the donkey work for.

Hantel *f* dumbbell.

hantieren *v/i.* bustle around (*od.* about); *gemütlich*: potter around (*od.* about); **~ mit** work with, handle, F (*Werkzeug etc.*) *gefährlich*: wield; **~ an** work on, *contp.* fiddle with, mess around with.

hapern F *v/impers.*: **es hapert mit** (*od.* **bei**) there are problems with; **es hapert an ...** the problem is ..., *a.* there isn't (*od.* aren't) enough ...; **woran haperts?** what's the problem?; **bei uns haperts am Geld** the problem (with us) is money; **im Englischen haperts bei ihm** English is his weak point.

Häppchen *n* titbit, *Am.* tidbit; small snack; (*Bissen*) gobbet, *kleines*: morsel.

Happen *m* bite (to eat); → **Häppchen**; *fig.* (*Beute*) catch; **großer ~** hunk; **e-n ~ essen** have a bite to eat; *fig.* **fetter ~** good catch (*od.* haul).

Happening *n* (art) happening.

happig F *adj. Preis, Ansprüche etc.*: F steep; (*schwierig*) F stiff; **das ist ganz schön ~** *a.* F that's a bit much.

happy F *adj.* (as) pleased as Punch, F over the moon, high; **Happy End** *n* happy end(ing).

Harakiri *n*: (**~ machen** commit) harakiri.

Härchen *n* little (*od.* tiny) hair; *biol.* cilium; → *a.* **Haar.**

Hardcoreporno *m* hard-core porn.

Hardcover *n Buch*: hardcover; **~ausgabe** *f* hardcover edition.

Hardliner(in *f*) *m* hardliner.

Hardware *f Computer*: hardware.

Harem *m* harem; **Haremsdame** *f* member of a (*od.* the) harem.

hären *adj.* (made of) hair; **~es Gewand** hairshirt.

Häresie *f* heresy; **Häretiker** *m* heretic; **häretisch** *adj.* heretical.

Harfe *f* harp; **Harfenist(in** *f*) *m*, **Harfenspieler(in** *f*) *m* harpist.

Harke *f* rake; *fig.* **j-m zeigen, was e-e ~ ist** tell s.o. what's what; **harken** *v/t.* rake.

Harlekin *m* harlequin.

Harm *m* (*Kummer*) grief, sorrow; (*Kränkung*) injury.

härmen *v/refl.* → **grämen.**

harmlos I. *adj.* harmless; (*unschädlich*) *a.* innocuous; *Medizin etc.*: *a.* (perfectly) safe; *Prüfung etc.*: easy; (*unbedeutend*) insignificant; *Miene*: innocent, *Vergnügen etc.*: *a.* harmless; (*ohne Bosheit*) guileless; **er ist ein ~er Typ** he's harmless, you needn't worry about him; **der Film ist eher ~** it's a harmless sort of film; **das ist ja noch ~!** that's nothing; **II.** *adv.*: **~ verlaufen** *Krankheit etc.*: not to be very dangerous (*od.* serious); **ganz ~ fragen** ask in all innocence.

Harmonie *f* harmony (*a. fig.*); **~lehre** *f* harmony.

harmonieren *v/i.* **1.** ♪ harmonize (**mit** with); **2.** go (well) together; *Personen*: get on well (together); *Paar*: *a.* make a good couple.

Harmonika *f* ♪ accordion; *kleinere*: concertina; (*Mund*≈) mouthorgan, harmonica; **er spielt ~** he plays the accordion *etc.*

harmonisch I. *adj.* ♪ harmonic (*a.* 𝔄), *a. fig.* harmonious; *Wein*: well-balanced, harmonious; **~e Schwingungen** harmonics; **II.** *adv.*: (**vollkommen**) **~** *zusammenleben etc.*: in (perfect) harmony; **~ ablaufen** go (off) smoothly (*od.* without a hitch).

harmonisieren *v/t.* harmonize.

Harmonium *n* ♪ harmonium.

Harn *m* urine, F water; **~ lassen** pass water; **~analyse** *f* urinalysis; **~blase** *f* bladder; **~drang** *m* urge to pass water; **~gang** *m* ureter; **~grieß** *m* gravel.

Harnisch *m* (suit of) armo(u)r; *fig.* **j-n in ~ bringen** infuriate s.o., raise s.o.'s hackles; **in ~ geraten** get (really) furious.

Harn|leiter *m* ureter; **~probe** *f* urine sample; **~röhre** *f* urethra; **~säure** *f* uric acid; **~stein** *m* urinary calculus; **~stoff** *m* urea; **≈treibend** *adj.* (*a.* **~es Mittel**) diuretic; **~untersuchung** *f* urinalysis; **~wege** *pl.* urinary tract *sg.*; **~zwang** *m* strangury.

Harpune *f* harpoon; **harpunieren** *v/t.* harpoon.

harren *v/i.* wait (*gen. od.* **auf** for), (*hoffen*) hope (for); **~** *gen.* (*od.* **auf**) *a.* await; **der Dinge ~, die da kommen sollen** wait and see what happens, await events.

harsch *adj.* **1.** *Schnee*: crusted; **2.** *Stimme, Art etc.*: harsh; **Harsch(schnee)** *m* crusted snow.

hart I. *adj.* **1.** hard; (*fest*) firm, solid; *Brot*: stale; *Ei*: hard-boiled; *fig.* hard; (*zäh*) tough; (*abgehärtet*) hardened; (*streng*) hard, severe, F tough; (*schwierig*) hard, F tough; *Licht, Ton, Stimme, Aussprache etc.*: harsh; **~e Droge** hard drug; F **die ~en Sachen** (*Alkohol*) F the hard stuff; **~es Geld** hard cash; **~e Währung** hard currency; **~es Los** hard lot; **~er Schlag** (**Verlust**) heavy blow (loss); **~es Spiel** *Sport*: tough game; **~e Strafe** severe (*od.* harsh) punishment; **~e Tatsachen** hard facts; **~er Winter** hard (*od.* severe) winter; **~e Worte** harsh words; **~e Zeiten** hard times; **~ machen** (*od.* **werden**) harden; **j-n ~ machen** F toughen s.o. up; **er blieb ~** he was adamant, he wouldn't relent; **durch e-e ~e Schule gegangen sein** have learnt it the hard way; **e-n ~en Stand haben** have no easy time of it; **mit** (*od.* **zu**) **j-m ~ sein** be hard on s.o.; F **das ist ganz schön ~** F it's tough (going); **II.** *adv.* **2.** hard; **~ arbeiten** work hard; **~ bestrafen** punish *s.o.* hard (*od.* severely); **j-n ~ anfassen** be firm (F tough) with s.o.; **es kommt ihn ~ an** it's hard on him, he's finding it hard; **j-n ~ treffen** hit s.o. hard; **~ aneinander geraten** come to blows, F go at each other hammer and tongs; **~ aufsetzen** ✈ *etc.* land with a bump; **es ging ~ auf ~** it was a pitched battle, *bei Verhandlungen*: *a.* both sides were driving a hard bargain; **es kommt ~ auf ~** it's one problem after another; **3. ~ an** (*dicht, nah an*) hard by, close to; **~ vorbeistreifen an** graze; **~ am Wind segeln** sail close to the wind.

Härte *f* hardness; *des Stahls*: *a.* temper; *fig.* (*Zähigkeit; Brutalität, Aggressivität*) toughness; *Sport*: tough play; (*Strenge*) severity; (*Stabilität*) stability; (*Unbill*) hardship; *phot.* contrast; *der Aussprache, des Tons etc.*: harshness; **soziale ~** social hardship; ⚖ **unbillige ~** undue hardship; **mit aller ~** extremely hard, (*verbissen*) fiercely, (*erbarmungslos*) relentlessly, (*drastisch*) drastically; **es traf sie in s-r ganzen ~** it hit her with all its force; **~ausgleich** *m* hardship allowance; **~bad** *n* ⚙ hard-treating (*metall.* tempering) bath; **~fall** *m* case of hardship; (*Person*) hardship case; **~fonds** *m* hardship fund; **~grad** *m* degree of hardness; *von Stahl*: temper; **~klausel** *f* ⚖ hardship clause; **~mittel** *n* hardening agent, hardener.

härten I. *v/t.* harden; (*Stahl*) temper; **II.** *v/i.* harden, grow hard.
Härte|ofen *m* ⚙ hard-treating (*metall.* tempering) furnace; **~posten** *m* hardship post; **~skala** *f* scale of hardness; **~test** *m* endurance test; *fig.* acid test.
Hartfaserplatte *f* hardboard, *Am.* fiberboard.
Hartfutter *n* grain fodder.
hart| gefroren *adj.* frozen; *pred. a.* frozen solid (*od.* hard); **~ gekocht** *adj.* hard-boiled.
Hart|geld *n* hard cash, coins *pl.*; **≈gelötet** *adj.* ⚙ hard-soldered.
hartgesotten *fig. adj. Verbrecher etc.*: hardened.
hart gesotten *adj.* hard-boiled.
Hart|glas *n* hard(ened) glass; **~gummi** *n, m* hard rubber; ⚕ vulcanite.
hartherzig *adj.* hard-hearted, unfeeling, callous; **Hartherzigkeit** *f* hard-heartedness, callousness.
Hart|holz *n* hardwood; (*Schichtholz*) laminated wood; **~käse** *m* hard cheese; **≈löten** *v/t. u. v/i.* ⚙ hard-solder; **~metall** *n* hard metal; ⚙ cutting metal.
hartnäckig *adj.* stubborn (*a. Krankheit*); (*beharrlich*) persistent, *Versuch etc.*: *a.* dogged; *Problem etc.*: intractable; **Hartnäckigkeit** *f* stubbornness; persistence, doggedness; intractability; → ***hartnäckig.***
Hartplatz *m Tennis*: hard court.
Hartschalenkoffer *m* hardtop case.
Härtung *f* hardening, *Stahl*: *a.* tempering; **Härtungsmittel** *n* hardening agent.
Hartwährung *f* hard currency.
Hartweizen *m* durum wheat; **~grieß** *m* semolina.
Hartwurst *f* dry sausage.
Harz *n* resin; *in festem Zustand*: (*a.* ♪ *Bogen≈*) rosin; *mot.* (*Benzinrückstand*) gum; **harzig** *adj.* resinous.
Harz|lack *m* resin varnish; **~säure** *f* resin acid.
Hasardeur *m* gambler (*a. fig.*); **hasardieren** *v/i.* gamble, take a risk (*od.* risks); **Hasardspiel** *n* game of chance; *fig.* gamble.
Hasch F *n* F hash, pot.
Haschee *n gastr.* hash.
haschen[1] **I.** *v/t.* catch; ***sich ~*** *Spiel*: play catch; **II.** *v/i.*: ***~ nach*** grasp at, try to catch; *fig.* strive after; *fig.* ***nach Anerkennung*** (***Komplimenten***) ***~*** strive for recognition (fish for compliments).
haschen[2] F *v/i.* (*Haschisch rauchen*) F smoke pot.
Häschen *n* young hare, leveret; F bunny.
Häscher *contp. m* bloodhound.
Hascherl *dial. n*: ***armes ~*** poor little thing (*od.* mite).
Haschisch *n* hashish, cannabis; **~zigarette** *f* joint.
Hase *m* hare; (*Kaninchen*) rabbit; F (*Tempomacher*) F rabbit; ***junger ~*** leveret; ***männlicher ~*** buck (hare); *gastr.* ***falscher ~*** meat loaf; F *fig.* ***alter ~*** old hand; F ***sehen, wie der ~ läuft*** see how things develop; F ***da liegt der ~ im Pfeffer*** that's the real problem; F ***mein Name ist ~(, ich weiß von nichts!)*** F search me.
Hasel|busch *m* hazelnut (tree), hazel; **~maus** *f* dormouse.
Haselnuss *f* **1.** hazelnut; **2.** → ***Haselstrauch***; **≈braun** *adj.* hazel; **≈groß** *adj. nachgestellt*: the size of a hazelnut.
Haselstrauch *m* hazelnut (tree), hazel.
Hasen|braten *m* roast hare; **~fuß** *fig. m* coward; **~jagd** *f* hare hunt(ing); **~klein** *n*, **~pfeffer** *m gastr. etwa* jugged hare, *Am.* hasenpfeffer; **≈rein** F *adj.*: ***nicht ganz ~*** F a bit fishy, not quite kosher; **~rücken** *m gastr.* saddle of hare; **~scharte** *f* ⚕ hare lip.
Häsin *f* female hare, doe.
Haspe *f* hasp.
Haspel *f* (*Garn≈*) reel; (*Winde*) windlass, winch; ⚓ capstan; **haspeln I.** *v/t.* **1.** reel; **2.** (*hastig sprechen*) splutter (out); **II.** *v/i.* (*hastig sprechen*) splutter.
Hass *m* hatred, hate (***auf, gegen*** for); (*Erbitterung*) animosity; (*Abscheu*) loathing; (*Feindschaft*) enmity; ***aus ~*** out of hatred; ***e-n ~ haben auf*** really hate; F ***e-n ~ kriegen*** see red, F go wild; **~briefe** *pl.* hatemail *sg.*
hassen *v/t.* hate; (*verabscheuen*) *a.* loathe, detest; → ***Pest***; **hassenswert** *adj.* hateful, *stärker*: odious.
hass|erfüllt I. *adj.* full of hatred, *Person*: *a.* seething with hatred; **II.** *adv.*: ***j-n ~ anblicken*** give s.o. a look of hatred, look daggers at s.o.; **≈gefühle** *pl.* feelings of hatred, ranco(u)r *sg.*; **≈gesang** *m* litany of hate.
hässlich I. *adj.* ugly; (*scheußlich*) hideous; (*unschön*) unsightly; *fig. Person, Handlung, Wetter etc.*: nasty; (*unangenehm*) ugly, unpleasant; ***~er Anblick*** ugly sight, (real) eyesore; **II.** *adv.*: ***sich ~ benehmen*** be nasty, behave nastily; ***~ über j-n reden*** say nasty things about s.o.
Hass|liebe *f* love-hate relationship (***für j-n*** with s.o.); ***mit e-r Art ~ an j-m hängen*** have a (kind of) love-hate relationship with s.o.; **~objekt** *n* object of hate; F ***bevorzugtes ~*** pet hate; **~tirade** *f* vitriolic attack.
Hast *f* hurry(ing); *des Lebens*: mad rush; ***ohne ~*** without hurrying (*od.* rushing); ***sich ohne ~ fertig machen*** *a.* take one's time getting ready; ***in großer ~*** in a great hurry, *lit.* in great haste; ***nur keine ~!*** no need to rush; **hasten** *v/i.* hurry; (*rennen*) *a.* rush, race; **hastig I.** *adj.* hurried, rushed; (*voreilig*) rash; (*schlampig*) slapdash; **II.** *adv.* quickly, in a hurry; ***nicht so ~!*** just a minute!; (***noch***) ***~ et. aufschreiben*** jot s.th. down quickly.
Hätschelkind *n* pampered child, *a.* Mummy's boy (*od.* girl); **hätscheln** *v/t.* pamper, mollycoddle, spoil; (*liebkosen*) (kiss and) cuddle, (*Tier*) pet; ***sie hätschelt das Kind*** (***den Hund***) ***dauernd*** *a.* she smothers that child (dog), she's all over that child (dog).
hatschen *dial. v/i.* shuffle along; (*hinken*) limp.
Hatscher *dial. m* **1.** worn-down shoe; **2.** long tiring walk.
hatschi *int.* achoo!, atishoo!
Hatz *f* hunt, chase.
hatzi *int.* → ***hatschi.***
Haube *f* **1.** bonnet; (*Kapuze*) hood; *hist.* coif; (*Sturm≈*) helmet; *eccl.* (*Schwestern≈*) cornet; *fig.* ***unter die ~ bringen*** find a husband for, get *one's daughter etc.* married; ***unter die ~ kommen*** get married, *gezwungenermaßen*: be married off; **2.** *mot.* bonnet, *Am.* hood; ✈ cowling; **3.** ⚙ cover, cap, dome; *am Plattenspieler*: dust cover; **4.** (*Trocken≈*) hair drier; **5.** *der Vögel*: crest; *des Falken*: hood; **6.** *von Wiederkäuern*: second stomach, bonnet.
Hauben|lerche *f* crested lark; **~meise** *f* crested tit(mouse); **~taucher** *m* (great) crested grebe.
Haubitze *f* ⚔ howitzer; F *fig.* ***voll wie e-e ~*** F drunk to the gills, plastered.
Hauch *m* breath; (*Luft≈*) breath (of wind), breeze; (*Duft≈*) whiff; *ling.* aspiration; *fig.* (*Anflug*) trace, touch, (*a. von Farbe*) tinge, hint; (*Schicht*) (thin) film; (*Atmosphäre*) air; *fig.* ***ein ~ von Ironie*** a touch of irony; ***nicht der leiseste ~ von*** not a trace of; **≈dünn** *adj.* wafer-thin; *Gewebe*: flimsy; *Strumpf, Kondom*: sheer; *Porzellan*: eggshell ...; *fig. Mehrheit, Vorsprung*: very slim, wafer-thin; ***~er Sieg*** knife-edge victory; ***~ schneiden*** cut into very fine (*od.* wafer-thin) slices.
hauchen I. *v/i.* breathe; (***sich***) ***in die Hände ~*** blow on one's hands; **II.** *v/t.* (*flüstern*) breathe, whisper; *ling.* aspirate.
hauch|fein *adj.* wafer-thin; *Gewebe*: flimsy; *fig. Unterschied*: very fine, subtle; **≈laut** *m ling.* aspirate; **~zart** *adj.* very delicate.
Haudegen *m* broadsword; *fig.* (*a.* ***alter ~***) (*Soldat*) old trooper, (*Politiker etc.*) old warhorse.
Haue[1] *f* (*Hacke*) hoe.
Haue[2] *dial. f*: ***~ kriegen*** get a smack (*od.* spanking).
hauen I. *v/t.* (*j-n*) hit, *wiederholt*: beat; (*Kind*) smack; (*hacken*) chop; (*Bäume*) chop down; (*Statue etc.*) hew, make (***aus*** from); (*Loch etc.*) *mit Werkzeug*: cut, make; (*schmeißen*) throw, *auf den Tisch etc.*: bang (down); ***sich ~*** (have a) fight; ***haut ihn!*** F let him have it!; ***j-m et. auf den Kopf ~*** hit s.o. over the head with s.th.; ***e-n Nagel in die Wand ~*** bang a nail into the wall; F ***et.*** (***die Wohnung, j-n***) ***kurz und klein ~*** F smash s.th. to pieces (tear the place apart, make mincemeat of s.o.); **II.** *v/i.*: ***~ nach*** lash out at; ***um sich ~*** hit out in all directions; ***j-m ins Gesicht ~*** hit (*od.* slap) s.o. in the face; ***auf den Tisch ~*** bang (one's fist on) the table; ***mit dem Kopf an die Tür ~*** knock (*od.* bang) one's head against the door; ***nicht ~!*** don't hit me (*od.* him *etc.*)!; → ***Pauke***; **III.** *v/refl*: ***sich ~*** (*sich stoßen*) knock o.s., hit o.s.; → ***Ohr.***
Hauer *m* **1.** ⚒ face worker; **2.** (*Eckzahn des Keilers*) tusk; **3.** *östr.* vintner, wine grower.
Hauerei F *f* fight(ing), F scrap(ping).
Häufchen F *n* **1.** (*Kot*) (pile of) dog's *etc.* muck; **2.** ***wie ein ~ Unglück*** (*od.* ***Elend***) the picture of misery.
häufeln *v/t.* heap up.
Haufen *m* pile, *mst größer*: heap; (*Ansammlung, Häufung*) mass; *Holz etc.*: stack; *fig.* (*Schwarm*) swarm, crowd; ***zu e-m ~ zusammenkehren*** sweep into a pile; F ***ein ~*** (*große Menge*) F piles (*gen.* of), masses (of); ***ein ~ Arbeit*** a pile (*od.* piles) of work; ***ein ~ Geld*** F heaps (*od.* stacks) of money; ***e-n ~*** (***Geld***) ***verdienen*** F rake it in, *einmalig*: F make a pile; ***es hat e-n ~ Geld gekostet*** F it cost a packet; *contp.* ***der große ~*** the rabble; ***auf e-m ~*** *sitzen etc.*: in a big group; ***auf e-n ~*** *kommen etc.*: all at the same time; F ***j-n über den ~ rennen*** (***schießen***) F (nearly) knock s.o. flying (bump s.o. off); F ***über den ~ werfen*** a) (*Pläne etc., durcheinander bringen*) mess up, (*zunichte machen*) *Unvorhergesehenes etc.*: put paid to, *Person*: F scupper, (*eigene Pläne*) throw overboard, b) (*Theorie etc.*) upset, *stärker*: explode.

H

häufen I. *v/t.* pile up, heap up; **~ auf** pile (up) on, pile onto; → **gehäuft** I; **II.** *v/refl.*: **sich ~** (*sich anhäufen*) pile up, accumulate, mount; (*sich mehren*) multiply, increase; (*sich verbreiten*) spread; (*öfter vorkommen*) happen (*od.* occur) more and more often, be on the increase; **die Beschwerden ~ sich** more and more complaints are being made (*od.* are coming in); **die Todesfälle ~ sich** the number of deaths is going up (*od.* is on the increase); **die Hinweise ~ sich** evidence is mounting; → **gehäuft** II.

haufenweise *adv.* in piles; (*scharenweise*) in droves; **wir kriegen ~ Beschwerden** we get an endless stream of complaints; **Platten hat er ~** F he's got masses (*od.* piles) of records.

Haufenwolke *f* cumulus (cloud); **geschichtete ~** stratocumulus.

häufig I. *adj.* frequent; (*verbreitet*) widespread; **ein ~er Fehler** a common mistake; **~er werden** (be on the) increase, be increasing; **II.** *adv.* frequently, (quite) often, F a lot; **das ist ~ so** that's often the case; **Häufigkeit** *f* frequency; *von Verbrechen, Krankheit etc.*: incidence.

Häufigkeits|kurve *f* frequency curve; **~verteilung** *f* frequency distribution.

Häuflein *n* → **Häufchen.**

Häufung *f* accumulation (*gen.* of); (*Verbreitung*) spread(ing) (of); (*Wiederholung*) increase (in, of), increased number (of).

Haupt *n* head (*a. fig.*); *lit.* **zu Häupten** *gen.* at the head of; *fig.* **an ~ und Gliedern reformieren** reform root and branch.

Haupt... *in Zssgn mst* main, chief, principal; **~abnehmer** *m* ✝ biggest buyer (*od.* importer); **~abschnitt** *m* 🚆 *etc.* main stretch; **~absicht** *f* main intention (*od.* purpose); **~abteilungsleiter** *m* (senior) head of department; **~achse** *f* main axis; *fig.* (*Straße*) main thoroughfare; **~ader** *f* ⚒ master lode; **~aktionär** *m* ✝ principal shareholder (*Am.* stockholder); **~akzent** *m ling.* primary stress; *fig.* main emphasis; *fig.* **der ~ liegt auf** the main emphasis is on; **~altar** *m* high altar; **≈amtlich I.** *adj.* full-time; **II.** *adv. a.* on a full-time basis; **~angeklagte(r)** *m* principal defendant; **~angriffsziel** *n* main (*od.* chief) target; **~anklagepunkt** *m* main (*od.* principal) charge; **~anliegen** *n* main (*od.* chief) concern; **~anschluss** *m teleph.* main line; **~anteil** *m* ✝ principal share; *fig.* lion's share (**an** of); **~arbeit** *f* **1. die ~** most (*od.* the main part) of the work; **2.** → **Hauptaufgabe**; **~argument** *n* main (*od.* chief) argument; **~artikel** *m* ✝, ⚖ main article; *e-r Zeitung*: leader, lead story; **~attraktion** *f* main (*od.* chief) attraction; *bei Veranstaltung etc.*: *a.* big draw; **~aufgabe** *f* main (*od.* chief) task; **~augenmerk** *n*: **sein ~ richten auf** focus (one's) attention on; **~ausgang** *m* main exit; **~aussage** *f* main statement (*od.* point); **~ausschuss** *m* central committee; **~bahnhof** *m* main (*od.* central) station; **~bedeutung** *f ling.* primary meaning; *fig. e-s Ereignisses etc.*: main (*od.* primary) significance; **~bedingung** *f* main (*od.* principal) condition; **~belastungszeuge** *m* chief witness for the prosecution.

Hauptberuf *m* main job; **hauptberuflich I.** *adj.* full-time ...; **II.** *adv.* as one's main job; *work* full-time; **~ ist er Lehrer** his main job is teaching; **was machen Sie ~?** what's your main job?

Haupt|beschäftigung *f* main job; **~bestandteil** *m* main constituent (*bsd.* ⚙ component); **~beteiligte(r)** *m* principal party (*od.* person) concerned; *aktiv*: *a.* chief protagonist; **~betrieb** *m* **1.** main office(s *pl.*) *od.* plant; **2.** *zeitlich*: peak period; **~beweggrund** *m* main reason; **~beweis** *m* main proof (*od.* evidence); **~büro** *n* head office; **~darsteller(in** *f*) *m* leading actor (*f* actress), lead; → *a.* **Hauptrolle**; **~datei** *f Computer*: master file; **~deck** *n* ⚓ main deck; **~eigenschaft** *f* chief characteristic; **~einfahrt** *f*, **~eingang** *m* main entrance; **~einkaufszeit** *f* peak shopping hours *pl.*; **~einnahmequelle** *f* chief (*od.* main) source of income; **~einschaltquote** *f* highest viewer (*od.* listener) rating; **~einwand** *m* main (*od.* principal) objection.

Häuptelsalat *östr. m* lettuce.

Haupt|erbe *m*, **~erbin** *f* chief heir(ess *f*); **~erfordernis** *n* chief requirement; **~erzeugnis** *n* main product; **~fach** *n* main subject, *Am.* major; **was hast du als ~?** what's your main subject (*Am.* major, what do you major in)?; **~faktor** *m* main factor; **~fehler** *m* chief mistake; (*Schwäche*) main fault; **~feind** *m* chief enemy; **~feldwebel** *m* ⚔ *etwa* staff sergeant, *Am.* sergeant major; **~figur** *f* main (*od.* central) figure; *thea. etc.* main character; hero, *f* heroine; protagonist; **~filiale** *f* main branch; **~film** *m* main feature; **~frage** *f* main question (*od.* issue); **~funktion** *f* main function (*od.* purpose); **~gang** *m* **1.** *gastr.* main course; **2.** main corridor; *im Fuchsbau etc.*: main passage; **~gebäude** *n* main building; **~gedanke** *m* main idea; **~gefahr** *f* main (*od.* primary) danger; **~gefreite(r)** *m* ⚔ lance corporal, *Am.* private 1st class; **~gericht** *n gastr.* main course; **~geschäft** *n* **1.** *a.* **~geschäftsstelle** *f* head office; **2.** *a.* **~geschäftszeit** *f* **1.** peak business hours *pl.*; **2.** → **Haupteinkaufszeit**; **~gesichtspunkt** *m* main (*od.* major) consideration; **~gesprächsthema** *n* main topic of conversation, conversation topic number one; **~gewicht** *fig. n* main emphasis; **~gewinn** *m* first prize; ✝ main profit; **~gläubiger** *m* principal creditor; **~grund** *m* main reason; **~hahn** *m* main tap (*Am.* faucet); **~handlung** *f thea. etc.* main plot; **~hindernis** *n* main obstacle (*od.* hurdle); **~inhalt** *m* essence; **~interesse** *n* main interest; **sein ~ gilt ...** he's mainly (*od.* primarily) interested in ...; **~interessengebiet** *n* main area (*od.* field) of interest; **~kasse** *f* main cash desk; *thea.* box office; **~katalog** *m* main catalog(ue); **~kläger** *m* principal plaintiff; **~last** *f* main burden; brunt (of it); **die ~ zu tragen haben** have to bear the brunt (of it); **~leidenschaft** *f* great(est) passion; **~leidtragende(r)** *m* main victim; **der Hauptleidtragende** *a.* the one to suffer most; **die Hauptleidtragenden** those who suffer most; **~leitung** *f* mains *pl.*; **~lieferant** *m* main (*od.* chief) supplier.

Häuptling *m* headman; (*Stammes≈*) *a.* tribal chief; (*Indianer≈*) (Indian) chief; F (*Anführer*) boss.

Haupt|mahlzeit *f* main meal (of the day); **~mangel** *m* main fault (*Schwäche*: weakness); **~mann** *m* ⚔ captain; (*Anführer*) leader; **~masse** *f* bulk, main body; **~menü** *n Computer*: main menu; **~merkmal** *n* main feature, chief characteristic; **~mieter** *m* main tenant; **~motiv** *n* **1.** main motive (*od.* motivation); **2.** *Kunst*: central motif (*od.* theme); **~nachricht** *f* **1.** lead story; **2.** *pl.* main news (*sg.*); **~nahrung(smittel** *n*) *f* staple (food), *pl. a.* staple diet *sg.*; **~nenner** *m* ⊼ *u. fig.* common denominator; *fig.* **um es auf e-n ~ zu bringen** to bring it down to a common denominator; **~niederlassung** *f* ✝ head (*od.* central) office, headquarters *pl.* (*a. sg. konstr.*); **~person** *f* → **Hauptfigur**; **er will immer die ~ sein** he always wants to be number one (*od.* the cent|re [*Am.* -er] of attention); **~portal** *n* main entrance (*gen.* of, to), main door(way) (of, into); **~post(amt** *n*) *f* main (*Am.* general) post office; **~probe** *f thea.* dress rehearsal; ♪ general rehearsal; **~problem** *n* main problem; **~punkt** *m* main point (*od.* issue); **~quartier** *n* headquarters *pl.* (*a. sg. konstr.*); **~rechner** *m Computer*: mainframe (computer); **~redner** *m* main speaker; **~regel** *f* principal (*od.* most important) rule, rule number one; **~reisezeit** *f* (peak) tourist season; **~richtung** *f* **1.** main (*od.* general) direction; **2.** (*Trend*) major (*od.* main) trend; **~rolle** *f* leading role, main part, lead; (*Titelrolle*) title role; **die ~ spielen** *thea.* play the lead(ing role) *od.* main part, *fig. Person*: be the central figure, *aktiv*: *a.* be the chief protagonist, *Sache*: play the most important role, be the most important thing.

Hauptsache *f* **1.** main (*od.* most important) thing; **das ist die ~** *a.* that's what matters most; **~ sie gewinnt** the main thing is that she wins (*od.* is for her to win); **in der ~** mainly, in the main, for the main part; **2.** ⚖ main issue; **hauptsächlich I.** *adj.* main ..., most important, essential; **II.** *adv.* mainly, chiefly, essentially; (*vor allem*) above all; **worauf es ~ ankommt, ist** what matters most is, the most important thing is.

Haupt|saison *f* peak season; **~satz** *m* **1.** *ling.* main clause; **2.** *phys. etc.* first principle (*od.* law); **~schalter** *m* **1.** ⚡ main (*od.* master) switch; **2.** *Bank etc.*: main desk (*od.* counter); 🚆 *etc.* main booking office (*od.* ticket desk, ticket counter); **~schiff** *n* △ nave; **~schlagader** *f anat.* aorta; **~schlüssel** *m* master key; **~schuld** *f* **1. er trägt die ~ daran** it's mainly his fault, he's mostly to blame (for it); **2.** ✝ principal debt; **~schuldige(r)** *m* major offender; **~schuldner** *m* principal debtor; **~schule** *f etwa* secondary modern school; **~schwierigkeit** *f* main (*od.* chief, major) difficulty; **~seminar** *n* (advanced) seminar; **~sendezeit** *f TV* peak viewing hours *pl.*, prime time; **~sicherung** *f* ⚡ main fuse; **~sitz** *m* ✝ head office, headquarters *pl.* (*a. sg. konstr.*); **s-n ~ in X haben** be based in X; **~sorge** *f* main (*od.* chief) concern, main worry; **~speicher** *m Computer*: main memory, random access memory, *abbr.* RAM; **~speise** *f* main course; **~stadt** *f* capital (city); **~stamm** *m* chief tribe; **~stärke** *f* strong point, main (*od.* chief) strength; **~stoßrichtung** *f* general thrust (of the attack); **~straße** *f* main street; → *a.* **Hauptverkehrsstraße**; **~strecke** *f* main route; 🚆 main line; **~streitpunkt** *m* main issue (*od.* point of contention); **~strom** *m* ⚡ main current; **~strömung** *f* main current (*od.* trend); **~stütze** *fig. f* mainstay; **~täter** *m* ⚖ principal offender; **~tätigkeit** *f* main job; (*Pflicht*) main duty (*od.* function);

~teil *m* main part; **der ~** (*das meiste*) most of it, the greater part; **~thema** *n* main subject; ♪ principal theme; **~ton** *m* main stress; ♪ keynote; **~tor** *n* main gate; **~treffer** *m* first prize, F jackpot; **den ~ gewinnen** hit the jackpot; **~treppe** *f* main (*od.* grand) staircase; **~tribüne** *f* grandstand; **~triebfeder** *f* mainspring (*a. fig.*); **~triebkraft** *fig. f* prime mover (*gen.* of), (*a. Person*) powerhouse (behind); **~triebwerk** *n* main rocket engine; **~tugend** *f* cardinal virtue; **~unterschied** *m* main difference; **~ursache** *f* main cause; **die ~ ist ...** *a.* at the bottom of it all is ...; **~verantwortung** *f* chief (*od.* prime) responsibility; **die ~ übernehmen** take chief (*od.* prime) responsibility (**für** for); **~verdiener** *m* chief earner (F breadwinner); **~verdienst**[1] *m* main income; **~verdienst**[2] *n* major (*od.* greatest) achievement; **~verhandlung** *f Strafprozess*: trial, hearing; *Zivilprozess*: main proceedings *pl.*; **~verkehr** *m* **1.** rush-hour traffic; **2. der ~** (*der meiste Verkehr*) most of the traffic.

Hauptverkehrs|straße *f* main road; (*Durchgangsstraße*) main thoroughfare; **~zeit** *f* rush hour; peak traffic hours *pl.*

Haupt|versammlung *f* ✝ general meeting; **~vertreter** *m* general agent; **~verwaltung** *f* head office, headquarters *pl.* (*a. sg. konstr.*); **~verzeichnis** *n Computer*: root directory; **~vorstand** *m* governing board; **~wachtmeister** *m* police sergeant; ⚔ → ***Hauptfeldwebel***; **~waschgang** *m* main wash; **~werk** *n* major work; (*Fabrik*) main plant; **~wohnsitz** *m* main (place of) residence; **~wort** *n ling.* noun; **~zeuge** *m* chief witness; **~ziel** *n* main objective; **~zug** *m* **1.** 🚂 regular train; **2.** (*Eigenschaft*) main (*od.* chief) characteristic; *e-r Person*: main (character) trait; ***et. in s-n Hauptzügen schildern*** outline s.th., give an (*od.* a rough) outline of s.th.; **~zweck** *m* main (*od.* chief, primary) purpose.

hau ruck *int.* heave-ho!

Haus *n* **1.** house (*a. ast. u. fig. die ~bewohner*); (*Gebäude*) building, (*Häuserblock*) *a.* block (of flats); (*Heim*) home, *fig.* (*Familie*) *a.* family; (*Geschlecht*) dynasty; *parl.* House; (*Hotel*) hotel; (*Restaurant*) restaurant; (*Geschäft*) shop, store; ***im ~*** inside; ***zu ~e*** at home; ***zu ~e sein*** *a.* be in; ***wieder zu ~e sein*** be back home again; ***nach ~e*** home; ***j-n nach ~e bringen*** take (*od.* see) s.o. home; ***er ist in X zu ~e*** his home is (in) X, he comes from X; ***bei uns zu ~e*** a) in my family, F at our place, b) where I come from; ***er ist außer ~e*** he's out, he's not in, he's gone out; ✝ ***außer ~ geben*** contract out; ***von ~ zu ~*** from door to door; ***ein ~ weiter*** a) next door, b) in the next block (of flats); ***zwei Häuser weiter*** a) next door but one, b) two blocks (further) down *od.* up; ***~ an ~ wohnen*** live next door to each other, be next-door neighbo(u)rs, ***mit j-m***: live next door to s.o.; ***tut, als ob ihr zu ~e wäret*** make yourselves at home; ***ein offenes ~ haben*** have an open door; ***das kommt mir nicht ins ~!*** I'm not having that in the (*od.* my) house; ✝ ***frei ~*** carriage paid; *thea.* ***volles ~*** full house; ***immer volle Häuser haben*** always be sold out; ***das ganze ~ tobte*** the audience went wild, *a.* they nearly brought the house down; ***das erste ~ am Platz(e)*** the best hotel (*od.* restaurant, store) in town, the number one hotel *etc.* around here; ***~ und Hof*** house and home; *fig.* ***aus gutem ~e sein*** come from a good family; ***sein ~ bestellen*** (*od.* ***beschicken***) put one's house in order; ***in e-r Sache zu ~e sein*** be well up in s.th.; ***auf ihn kann man Häuser bauen*** he's rock solid; ***es stehen Neuwahlen ins ~*** elections are coming up, there are elections ahead (*od.* on the doorstep); ***ihm steht e-e Versetzung ins ~*** he's got a posting coming up, he's in for a posting; ***von ~ aus*** (*eigentlich*) actually, (*ursprünglich*) originally; ***er ist von ~ aus Chirurg*** he's (actually) a qualified surgeon, he was originally a surgeon; **2.** *hum.* ***altes ~*** old chap; ***fideles ~*** cheerful type; **~altar** *m* family altar; **~angestellte** *f* domestic (servant); maid; **~antenne** *f* roof aerial (*od.* antenna); **~apotheke** *f* medicine cabinet (*od.* chest); **~arbeit** *f* housework; *ped. a. pl.* homework; **~arrest** *m*: (***unter ~ stellen*** place under) house arrest; **~arzt** *m* family doctor, *etwa* GP (= general practitioner); **~aufgabe** *f a. pl.* homework.

hausbacken *adj.* homemade; *fig. Person*: homely; *Sache*: plain, prosy, F boring.

Haus|ball *m* private ball, dinner and dance; **~bar** *f* cocktail cabinet; *mit Theke*: bar; **~bau** *m* house building; **~bedarf** *m* household requirements *pl.*; ***für den ~*** for the home, *weitS.* for (your *etc.* own) private use; **~besetzer** *m* squatter; **~besetzung** *f* squatting; **~besitzer(in** *f*) *m* house owner; (*Vermieter*) landlord (*f* landlady); **~besuch** *m des Arztes etc.*: home visit; ***~e machen*** *a.* be on (*od.* doing) one's rounds; **~bewohner(in** *f*) *m* occupant; (*Mieter*) tenant; **~bibliothek** *f* private library; **~boot** *n* houseboat; **~brand** *m* domestic fuel.

Häuschen *n* small house; cottage; (*Pförtner≗, Jagd≗*) lodge; → ***Hütte***; F (*Abort*) F loo, *Am.* F john; F *fig.* (***ganz***) ***aus dem ~ geraten*** F flip one's lid, throw a wobbly; F ***ganz aus dem ~ sein*** be all excited, (*glücklich*) *a.* F be over the moon, ***vor:*** F be wild with *excitement etc.*

Haus|dame *f* housekeeper; **~detektiv** *m* store detective; **~drachen** F *m* battleax(e); **~durchsuchung** *f* house search; **~eigentümer(in** *f*) *m* → ***Hausbesitzer(in)***; **~eingang** *m* entrance (to a *od.* the house), front door (*od.* entrance).

hausen *v/i.* **1.** (*wohnen*) live; **2.** *contp.* wreak havoc; ***sie haben dort wie die Wandalen gehaust*** *a.* F they wrecked the place.

Häuser|block *m* block (of houses); **~flucht** *f* row of houses; **~front** *f* **1.** housefront; **2.** row of houses; **~makler** *m* estate agent, *Am.* realtor; **~meer** *n* sea of houses; ***ein ~*** *a.* houses as far as the eye can see.

Hausflur *m* hall(way).

Hausfrau *f* housewife; *Am. a.* homemaker; *weitS.* lady of the house; (*Hauswirtin*) landlady; **Hausfrauendasein** *n* life of a housewife; ***das ~ satt haben*** be fed up of being (just) a housewife; **hausfraulich** *adj.* housewifely; domestic; ***~e Pflichten*** duties of a housewife; ***ich habe keine ~en Fähigkeiten*** I'm (*od.* I'd be) no good as a housewife.

Hausfreund *m* friend of the family; *iro.* boyfriend, F man.

Hausfriedensbruch *m* ⚖ trespass; illegal entry of s.o.'s house.

Haus|gebrauch *m*: ***für den ~*** for use in the home; F *fig.* for (one's own) pleasure; F *fig.* ***für den ~ reichen*** be enough to get by on, be good enough for one's own simple needs (*od.* requirements); **~gehilfin** *f* maid; **≗gemacht** *adj.* homemade (*a.* F *fig.*); **~gemeinschaft** *f* **1.** tenants *pl.*; **2.** community, household; ***wir haben e-e nette ~*** we have nice neighbo(u)rs, we all get on with each other (in our block of flats).

Haushalt *m* **1.** household; (*Haushaltung*) housekeeping; ***den ~ führen*** run the household, *j-m*: *a.* keep house *for s.o.*; ***im ~ helfen*** help (out) in (*od.* around) the house; **2.** *pol.* budget.

haushalten *v/i.*, **Haus halten** (*wirtschaften*) economize; ***~ mit*** be economical with, (*sehr sparsam sein*) economize on, *a. fig. mit der Gesundheit*: F go easy on; *fig.* ***mit der Zeit*** (***s-r Energie***) ***~*** divide one's time (energies) up sensibly.

Haushälterin *f* housekeeper; **haushälterisch I.** *adj.* economical; **II.** *adv.*: ***~ umgehen mit*** → ***Haus halten.***

Haushalts|artikel *m* household article; **~ausschuss** *m parl.* budget(ary) committee; **~debatte** *f* budget(ary) debate, debate on the budget; **~defizit** *n* budget deficit; **~entwurf** *m* budget proposals *pl.*; **~experte** *m* budget expert; **~führung** *f* housekeeping; **~geld** *n* housekeeping money; **~gerät** *n* household appliance; **~gesetz** *n* budget law; **~jahr** *n* fiscal (*od.* financial) year; **~loch** F *n* budget deficit; **~mitglied** *n* member of a (*od.* the) household; **~mittel** *pl.* budgetary means; *gebilligte*: appropriations; **~packung** *f* economy pack; **~plan** *m parl.* budget; **~planung** *f* budgeting; **~politik** *f* budgetary policies *pl.*; **≗politisch** *adj.* budgetary; **~überschuss** *m* budget surplus; **~vorlage** *f* budget proposals *pl.*; **~vorstand** *m* head of a (*od.* the) household; **~waren** *pl.* household articles.

Haushaltung *f* **1.** housekeeping; **2.** (*Haushalt*) household; **Haushaltungskosten** *pl.* household expenses.

Haus-Haus-Verkehr *m* 🚂 door-to-door service.

Hausherr *m* head of a (*od.* the) household; (*Gastgeber*) host; → ***Hausbesitzer***; **Hausherrin** *f* lady of the house; (*Gastgeberin*) hostess; → ***Hausbesitzerin.***

haushoch I. *adj.* very high, huge; *fig.* vast, enormous; ***haushohe Niederlage*** shattering (*od.* crushing) defeat; ***haushoher Sieg*** walkover, *Am.* walkaway; **II.** *adv.*: ***~ gewinnen*** win hands down; ***~ schlagen*** trounce, *Sport*: *a.* play *s.o.* into the ground; ***~ verlieren*** suffer a crushing defeat, F be thrashed; *j-m, e-r Mannschaft etc.* ***~ überlegen sein*** be more than a match for, *bsd. Einzelperson*: *a.* be head and shoulders above, *in Wissen, Erfahrung etc.*: be streets ahead of, *zahlenmäßig*: outnumber by far; ***sie ist ihm ~ überlegen*** *a.* he's no match for her, he can't hold a candle to her.

Haus|huhn *n* domestic fowl; **~hund** *m* (domestic) dog.

hausieren *v/i.* hawk, *a. fig.* peddle (**mit et.** s.th.); ***Betteln und ≗ verboten!*** no hawkers; *fig.* ***~ mit*** (*e-r Geschichte etc.*) tell the whole world (about); **Hausierer** *m* hawker, peddler; door-to-door salesman.

Haus|industrie *f* cottage industry; **≗intern** *adj.* internal, in-house ...; **~jurist** *m* company (*od.* corporate) lawyer; **~kapelle** *f* **1.** private chapel; **2.** ♪ resident band (*od.* orchestra); **~katze** *f* (domestic cat; **~käufer** *m* home buyer; **~klingel** *f* (front) doorbell; **~konzert** *n* private (*od.* house) concert; **~korrektur** *f typ.* house corrections *pl.*; **~lehrer** *m* private tutor.

häuslich I. *adj.* domestic (*a. Glück etc.*); household ..., family ...; (*gern zu Hause bleibend*) domesticated; ***er ist ein ~er Typ*** *a.* he's quite happy to be at home (with the family) *od.* around the house; **II.** *adv.*: ***sich ~ einrichten*** (*od.* ***niederlassen***) make o.s. at home (***bei j-m*** in s.o.'s flat *etc.*), F camp down (at s.o.'s place); **Häuslichkeit** *f* (*Familienleben*) family life; (*Liebe zum Haus*) domesticity; (*Heim*) home.

Hausmacherart *f*: ***nach ~*** traditional-style ...

Hausmädchen *n* maid.

Hausmann *m* house husband; **Hausmannskost** *m* good plain cooking.

Haus|marder *m zo.* beech marten; **~marke** *f* own brand; (*Wein*) house wine; F *weitS. one's* favo(u)rite brand; **~meister** *m* caretaker, *Am.* janitor; **~mittel** *n* household (*od.* home) remedy; **~müll** *m* household waste; **~müllaufkommen** *n* volume of household waste; **~musik** *f* music-making in the home.

Hausmutter *f* matron; **Hausmütterchen** F *n* F homebody; **hausmütterlich** *adj.* homely.

Haus|nummer *f* house number, number of the house; **~ordnung** *f* rules *pl.* (for residents); *iro.* ***die ~ besagt, dass*** the rules in this house say that; **~personal** *n* domestic staff (*mst pl. konstr.*) *od.* servants *pl.*; **~pflege** *f* ⚕ home nursing; *Sozialwesen*: home care; **~post** *f* internal (*od.* in-house) mail; **~putz** *m* spring-clean(ing); ***~ machen*** give the house a spring-clean.

Hausrat *m* household effects *pl.*; **~versicherung** *f* household contents insurance.

Haus|sammlung *f* door-to-door collection; **~schlachtung** *f* home slaughtering; **~schlüssel** *m* (front) doorkey, key to the (front) door; **~schuh** *m* slipper; **~schwalbe** *f* (house) martin; **~schwamm** *m* house fungus; ***Echter ~*** dry rot; **~schwein** *n* (domestic) pig.

Hausse *f* ✝ *Börse*: bull market; ✝ (*Boom*) boom; ***auf ~ spekulieren*** bull the market.

Haussegen *m*: F ***der ~ hängt*** (***bei ihnen***) ***schief*** F they've been having a row.

Hausse|markt *m* ✝ bull(ish) market; **~spekulation** *f* ✝ bull operation.

Haussier *m* ✝ bull operator.

Haussprechanlage *f* intercom; ***über die ~*** on the intercom.

Hausstand *m* household; ***e-n ~ gründen*** set up house.

Hausstaubmilbe *f* dust mite; **Hausstaubmilbenallergie** *f* ⚕ house dust-mite allergy.

Haussuchung *f* house search; **Haussuchungsbefehl** *m* search warrant.

Haus|telefon *n* intercom; **~tier** *n* **1.** domestic animal; **2.** (*Heimtier*) pet.

Haustür *f* front door; **~schlüssel** *m* front doorkey.

Haus|tyrann *m* household tyrant; **~vater** *m* warden; **~verbot** *n* order to stay away; ***er hat bei ihnen ~*** he's been told to stay away, they're not letting him into the house (*od.* building *etc.*); **~verstand** *m* common sense; **~verwalter** *m* **1.** property manager, *Am.* superintendent; **2.** (*Hausmeister*) caretaker, *Am.* janitor; **~verwaltung** *f* property management; **~wand** *f* outside wall, (outer) wall of a (*od.* the) house; **~wirt** *m* landlord; **~wirtin** *f* landlady.

Hauswirtschaft *f* housekeeping; *als Lehrfach*: domestic science; **hauswirtschaftlich** *adj.* domestic, household ...; **Hauswirtschaftslehre** *f* domestic science, home economics *pl.* (*sg. konstr.*).

Hauszeitschrift *f* company *od.* in-house magazine (F rag).

Haut *f* skin (*a.* ✈ *etc.*; *a. Wurst*2 *etc. u. auf der Milch*); (*abgezogene Tier*2, *a.* ⚙) hide; *e-r Frucht*: skin, *mst entfernt*: peel; (*dünne Schicht, auf Flüssigkeiten*) film; ***obere ~*** epidermis; ***dünne ~*** membrane (*a.* ⚘); ***bis auf die ~ durchnässt*** soaked to the skin; ***auf bloßer ~ tragen*** wear next to one's skin; ***er trägt die Jacke auf der bloßen ~*** *a.* he's got nothing on under his jacket; ***e-m Tier die ~ abziehen*** skin an animal; ***sich die ~ aufschürfen*** graze o.s., ***an den Knien*** *etc.*: skin (*od.* graze) one's knees *etc.*; *fig.* F ***e-e ehrliche*** (***gute***) ***~*** an honest (a good) soul; F ***mit ~ und Haaren*** completely, F hook, line and sinker; F ***auf der faulen ~ liegen*** take it easy, have an easy time of it; F ***aus der ~ fahren*** F go through (*od.* hit) the roof; F ***das ist ja zum Aus-der-~-Fahren*** F it's enough to drive you spare; F ***e-e dicke ~ haben*** have a thick skin, be thick-skinned; F ***mit heiler ~ davonkommen*** come out of it unscathed (*unverletzt*: *a.* F in one piece); F ***s-e*** (***eigene***) ***~ retten*** save one's skin (F *hum.* bacon); F ***sich s-r ~ wehren*** defend o.s. (with all one's might); F ***ihr ist nicht wohl in ihrer ~*** she feels (rather) uncomfortable (*od.* uneasy); F ***ich möchte nicht in s-r ~ stecken*** I wouldn't like to be in his shoes; F ***er ist nur noch ~ und Knochen*** he's just skin and bones; F ***es kann eben keiner aus s-r ~*** a leopard can't change its spots; F ***das geht einem unter die ~*** it gets under your skin; F ***s-e ~ zu Markte tragen*** (*sein Leben riskieren*) risk one's neck, (*sich verkaufen*) sell o.s., *Frau*: sell one's charms; → ***heil*** I; **~abschürfung** *f* abrasion, graze; **~absonderung** *f* skin secretion; **~arzt** *m* dermatologist, skin specialist; **~atmung** *f* cutaneous respiration; **~ausschlag** *m* (skin) rash.

Häutchen *n* (*Überzug*) thin coat(ing); *auf Flüssigkeiten*: film; *anat.*, ⚘ membrane.

Haut|creme *f* skin cream; **~drüse** *f* cutaneous gland.

Haute Couture *f* (*a.* ***die ~***) haute couture.

häuten I. *v/t.* skin, flay; **II.** *v/refl.*: ***sich ~*** shed one's skin, *Schlangen etc.*: slough off; F *nach Sonnenbrand*: peel.

hauteng *adj. Kleidung*: skintight, body-hugging.

Hautentzündung *f* inflammation of the skin; (*Ausschlag*) skin rash.

Hautevolee *f* F upper crust; top knobs *pl.*

Haut|falte *f* skin fold; *kleine*: wrinkle; **~farbe** *f* colo(u)r (of one's skin); *Gesicht*: complexion; **2farben** *adj.* flesh-colo(u)red, *Kosmetik*: skin-colo(u)red; **~farbstoff** *m* (skin) pigment; **~fetzen** *m* piece of skin; **~flügler** *m zo.* hymenopteron; **2freundlich** *adj.* kind to the skin; → *a.* ***hautverträglich***; **~gift** *n* skin (*od.* contact) poison, ⚕ vesicant.

Hautgout *m* **1.** *gastr.* high flavo(u)r; ***~ haben*** be high; **2.** *fig.* shadiness; shady touch.

Haut|jucken *n* itching, irritation of the skin, *stärker*: pruritus; **~krankheit** *f* skin disease; **~krebs** *m* skin cancer.

hautnah I. *adj. Sport*: close, tight; *fig. Beschreibung etc.*: graphic, vivid; **II.** *adv. Sport*: closely; *fig.* ***j-n ~ berühren*** affect s.o. directly, *emotional*: go straight to the core, get under s.o.'s skin; ***wir haben es ~ miterlebt*** it happened right in front of our eyes; ***durch das Fernsehen kann man das Weltgeschehen ~ miterleben*** television brings world events right into your living room.

Haut|nerv *m* cutaneous nerve; **~öl** *n* skin oil.

Hautpflege *f* skin care; **~mittel** *n* skin care product.

Haut|pilz *m* **1.** skin (*od.* cutaneous) fungus; **2.** (*Krankheit*) fungal infection; **~plastik** *f* dermoplasty; **~reizung** *f* skin irritation; **~rötung** *f* red (patch of) skin; **~salbe** *f* skin ointment; **~schere** *f* cuticle scissors *pl.*; **~transplantation** *f* skin graft(ing); **~typ** *m* skin type; ***was für e-n ~ hat sie?*** what type of skin has she got?; ***für jeden ~*** for all skin types.

Häutung *f der Schlange etc.*: sloughing.

Haut|unreinheit *f* (skin) blemish; (*Pickel*) spot; **~en** *a.* spots and blackheads; **~verletzung** *f* superficial wound, (skin) lesion; **~verpflanzung** *f* skin graft(ing); **2verträglich** *adj.* non-irritant, hypoallergenic; **~wunde** *f* → ***Hautverletzung***; **~zipfel** *m* skin tag.

Havanna(zigarre) *f* Havana (cigar).

Havarie *f* (*Schaden*) damage, average; (*Unfall*) accident; **~kommissar** *m* average adjuster, claims agent.

Hawaii|gitarre *f* Hawaiian guitar; **~toast** *m gastr.* toast Hawaii.

Haxe *f* → ***Hachse.***

H-Bombe *f* H-bomb.

HD-Diskette *f* HD (*od.* high density) diskette.

he *int.* hey!, *sl.* oy!

Headhunter(in *f*) *m* headhunter.

Hearing *n* hearing.

Hebamme *f* midwife.

Hebe|arm *m*, **~baum** *m* lever; **~bühne** *f mot.* hydraulic lift; **~kran** *m* hoist(ing crane).

Hebel *m* lever (*a. fig.*); *am Automat etc.*: handle; (*Kurbel*) crank; *fig.* ***den ~ ansetzen*** get things moving; ***alle ~ in Bewegung setzen*** do everything in one's power, move heaven and earth, leave no stone unturned; ***am längeren ~ sitzen*** have more pull; ***an den ~n der Macht sitzen*** be at the controls; **~arm** *m* lever arm; **~gesetz** *n phys.* lever law; **~griff** *m Sport*: lever hold; **~kraft** *f*, **~moment** *n* leverage; **~stützpunkt** *m* fulcrum; **~waage** *f* beam scale; **~werk** *n* lever gear; **~wirkung** *f* leverage; ***e-e ~ haben*** have a levering effect.

heben I. *v/t.* lift (*a. Sport*); (*höher stellen*) raise (*a. das Glas*); (*hochwinden*) hoist; (*Auto aufbocken*) jack up; (*Schatz, Wrack*) raise; *fig.* (*Niveau, Qualität etc.*) raise; (*vermehren*) increase; (*verbessern*) improve; (*Stimme*) raise; (*Wirkung etc.*) add to; ***j-s Moral*** (***Selbstbewusstsein***) ***~*** boost s.o.'s morale (self-confidence); F ***einen ~*** F hoist one; **II.** *v/refl.*: ***sich ~*** rise, go up; *Vorhang, Nebel etc.*: lift; *fig.* (*sich verbessern*) improve; *Stimme*: rise; ***sich ~ und senken*** rise and fall; → ***Angel***[2], ***Himmel*** *etc.*; **III.** 2 *n* (*Gewicht*2) weight lifting.

Heber *m phys.* (*Saug*2) siphon; (*Stech*2)

pipette; (*Spritze*) syringe; ⚙ *bsd. in Zssgn* ...-lifter, ...-raiser; *mot.* jack.

Hebe|satz *m* rate of assessment; **~schiff** *n* salvage ship; **~vorrichtung** *f* lifting gear, hoisting apparatus; *an Werkzeugmaschinen*: elevating mechanism; (*hydraulische Hebeflasche*) hydraulic jack; **~zeug** *n* lifting gear, hoist.

Hebräer *m* Hebrew; ***Brief an die ~*** → **~brief** *m*: *bibl.* ***der ~*** the (*od.* St Paul's) Epistle to the Hebrews, Hebrews *pl.* (*sg. konstr.*).

hebräisch *adj.*, **Hebräisch** *n ling.* Hebrew.

Hebung *f* **1.** lifting, raising; *des Geländes*: elevation, rise; **2.** *fig.* improvement; increase; **3.** *Metrik*: stress; (*Silbe*) stressed syllable.

Hechel *f* hackle, flax comb; **Hechelei** F *f a. pl.* (malicious) gossip; **hecheln** *v/i.* **1.** *Hund etc.*: pant; **2.** F (*klatschen*) gossip.

Hecht *m* **1.** pike; *fig.* F ***ein toller ~*** F some guy; ***er ist der ~ im Karpfenteich*** he really stirs things up; **2.** F (*Tabakqualm*) F fug.

hechten *v/i. Schwimmen*: do a racing dive; *Turnen*: do a long-fly; *Fußball etc.*: dive (full-length).

Hecht|sprung *m Schwimmen*: racing dive; *Turnen*: long-fly; *Fußball etc.*: (flying) dive; **~suppe** *f*: F ***hier ziehts wie ~*** F it's like a gale-force wind blowing in here.

Heck *n* ⚓ stern; *mot.* rear; ✈ tail; (*Zaun*) fence; (*Gattertür*) gate; **~antrieb** *m mot.* rear-wheel drive.

Hecke *f* hedge (*a. Reitsport*); (*Busch*~) hedgerow.

hecken *v/t. u. v/i.* hatch; *Säugetiere*: breed.

Hecken|rose *f* dogrose; **~schere** *f*: (***e-e ~*** a pair of) hedge clippers *pl.*, hedge trimmer; **~schütze** *m* ⚔ sniper; **~zaun** *m* hedge(s *pl.*), hedge fencing.

Heck|fenster *n mot.* rear window; **~flosse** *f mot.* tailfin; **~klappe** *f mot.* tailgate; **~lastig** *adj.* ✈ *u. mot.* tail-heavy; **~licht** *n* ✈ *u. mot.* tail-light.

Heckmeck F *m* **1.** fuss; ***mach keinen ~*** stop making such a fuss; **2.** (*dummes Zeug*) rubbish.

Heck|motor *m mot.* rear(-mounted) engine; **~scheibe** *f mot.* rear windscreen; **~scheibenwischer** *m mot.* rear (windscreen) wiper; **~spoiler** *m mot.* back spoiler; **~tür** *f mot.* tailgate.

heda *int.* hey(, you there)!

Hederich *m* ⚘ wild radish; (*Unkraut*) wild mustard.

Hedonismus *m* hedonism; **Hedonist** *m* hedonist; **hedonistisch** *adj.* hedonistic(ally *adv.*).

Heer *n* army; *fig. a.* huge crowd.

Heeres|bestände *pl.* military stores; **~dienst** *m* military service; **~führung** *f* army command; ***Oberste ~*** *the* Supreme Command; **~macht** *f* (military) forces *pl.*, army.

Heer|fahrt *f* expedition; **~führer** *m* **1.** military leader; **2.** commander (of the army); **~schar** *f* host; *bibl.* ***himmlische ~en*** heavenly hosts.

Hefe *f* yeast; *Bäckerei*: (baker's) yeast, *für Sauerteig*: leaven; *Brauerei*: (brewer's) yeast; (*Bodensatz*) dregs *pl.*; *fig.* ***die ~ des Volkes*** the scum of the earth; **~extrakt** *m* yeast extract; **~gebäck** *n* yeast pastries *pl.*; **~kloß** *m gastr.* yeast dumpling; F *fig.* ***er ist aufgegangen wie ein ~*** he's really put on weight, F he's like a balloon; **~kuchen** *m* yeast cake; **~pilz** *m* yeast fungus; **~präparat** *n* yeast preparation; **~teig** *m* yeast dough.

hefig *adj.* yeasty; *Wein*: full of dregs.

Heft *n* **1.** (*Schreib*~) notebook; (*Übungs*~) exercise book; **2.** (*Zeitschrift*) magazine; (*Lieferung*) number; (*Exemplar*) copy; *e-r Zeitung*: number, issue; **3.** *fig.* ***das ~ fest in der Hand haben*** have things firmly under control; ***das ~ aus der Hand geben*** hand over control (*od.* the controls, the reins); ***j-m das ~ aus der Hand nehmen*** seize control from s.o.

Heftchen *n* (*Briefmarken*~ *etc.*) book.

heften I. *v/t.* fix; *mit Stecknadeln, Reißzwecken*: pin; *Näherei*: baste, tack, (*a. Buch*) stitch, sew (*alle* ***an*** to); → ***geheftet***; *fig.* ***s-e Augen*** (***s-n Blick***) ***~ auf*** fix one's eyes (one's gaze) on; **II.** *fig. v/refl.*: ***sich ~ auf*** *Augen*: a) fix (themselves) on, b) be glued to; ***sich an j-s Fersen ~*** stick hard on s.o.'s heels; **Hefter** *m* **1.** (*Ordner*) file; **2.** (*Heftmaschine*) stapler.

Heft|faden *m*, **~garn** *n* tacking thread.

heftig I. *adj.* violent; (*stürmisch*) *a.* vehement; (*wild, erbittert*) fierce; (*leidenschaftlich*) passionate; (*reizbar*) hot-tempered; (*wütend*) furious; (*stark*) intense, intensive; *Kälte etc.*: sharp, severe (*a. Kritik*); *Erkältung*: bad, severe; *Worte*: angry; ***~er Regen*** heavy rain(fall) *od.* showers; ***~es Kopfweh*** a severe (*od.* splitting) headache; ***~e Kämpfe*** fierce fighting; ***~ werden*** *Person*: lose one's temper; ***sei doch nicht gleich so ~*** calm down, no need to get upset; **II.** *adv.* violently *etc.*; → I; ***es stürmt ~*** there's a real storm going (*od.* outside); ***der Wind bläst ~*** there's a strong wind blowing.

Heft|klammer *f* paper clip; *der Heftmaschine*: staple; **~maschine** *f für Fadenheftung*: stitching machine, stitcher; *für Drahtheftung*: (*a. Büro*~) stapler; **~pflaster** *n* (sticking) plaster; **~stich** *m* tack.

heftweise *adv. Buch*: in fascicles.

Heftzwecke *f* drawing pin, *Am.* thumbtack.

Hege *f* care, preservation.

Hegemonialanspruch *m* claim to hegemony; **Hegemonie** *f* hegemony, supremacy.

hegen *v/t.* look after; (*schützen*) protect; (*Pflanzen*) tend, look after; (*Künste, Beziehungen*) cultivate; (*Gefühle, Hoffnung*) cherish, entertain; (*Verdacht, Zweifel etc.*) have; ***Hass*** (***e-n Groll***) ***gegen j-n ~*** harbo(u)r hatred (bear a grudge) against s.o.; ***~ und pflegen*** take great care of, look after *s.th.* well, (*j-n*) attend to *s.o.'s* every need.

Hehl *n, m*: ***kein*** (*od.* ***keinen***) ***~ machen aus*** make no secret of, make no bones about; ***kein*** (*od.* ***keinen***) ***~ daraus machen, dass*** make no secret of the fact that, make no bones about the fact that (*od.* about *ger.*).

Hehler *m* ⚖ receiver of stolen goods, F fence; **Hehlerei** *f* receiving (of) *od.* accepting stolen goods.

hehr *lit. adj.* sublime, noble; *Person*: noble, august.

heia: ***~ machen*** *Kindersprache*: go bye-byes; **Heia** *f*: ***in die ~ gehen*** go to beddy-byes, go bye-byes; **Heiabett** *n* bed, beddy-byes.

Heide[1] *m* heathen; *bsd. in der klassischen Antike*: pagan; *bibl.* (*Nichtjude*) gentile.

Heide[2] *f* **1.** heath(land), (*~moor*) *a.* moor(-land); **2.** → **~kraut** *n* heather.

Heidelbeere *f* ⚘ bilberry, blueberry.

Heidemoor *n* moorland.

Heiden|angst F *f*: ***e-e ~ haben*** be scared to death, F be scared stiff (***vor*** of); **~arbeit** F *f a* huge (*sl.* hell of a) job; ***das war e-e ~*** *a.* F that was a real sweat; **~geld** F *n*: ***ein ~*** a fortune, F a packet, pots (*od.* stacks) of money; **~lärm** F *m* F dreadful racket (*od.* din); ***ihr macht ja e-n ~!*** *a.* you'll bring the roof down in a minute.

heidenmäßig F *adv.*: ***~ viel Geld*** F pots (*od.* stacks) of money; ***~ schreien*** F scream blue murder, scream one's head off.

Heiden|respekt F *m*: ***e-n ~ haben vor*** have a healthy respect for, *stärker*: be scared to death of; ***sie haben e-n ~ vor ihm*** *a.* they wouldn't dare put a foot wrong when he's around; **~spaß** F *m*: ***e-n ~ haben*** F have a whale of a time (***an*** with).

Heidentum *n* heathenism; *klassisch*: paganism; (*die Heiden*) heathendom; *the* pagans *pl.*

Heideröschen *n* briar-rose.

Heidin *f* → ***Heide***[1]; **heidnisch** *adj.* heathen; *klassisch*: pagan; ***~e Bräuche*** pagan customs (*od.* rites).

Heidschnucke *f zo.* (North German) moorland sheep.

heikel *adj.* **1.** *Angelegenheit etc.*: awkward, *a. Problem*: tricky; ***heikles Thema*** delicate subject; **2.** (*wählerisch*) fussy, hard to please; (*anspruchsvoll*) choosy; ***sie ist im Essen ~*** she's fussy about her food (*od.* what she eats), she's a fussy eater.

heil I. *adj.* (*unversehrt*) *Person*: unhurt, unharmed, safe and sound; *Sache*: undamaged, intact; (*geheilt*) healed, cured; ***~e Welt*** intact (*od.* ideal, *iro.* sugarcoated) world; ***et. ~ überstehen*** come through (s.th.) unscathed; *iro.* ***da bist du noch mal mit ~er Haut davongekommen*** you got off lightly this time; ***wieder ~ machen*** fix, mend, (*e-n verletzten Finger etc.*) *Kindersprache*: make *s.th.* better; ***wieder ~ sein*** be better; *die Vase etc.* ***ist ~ geblieben*** didn't break, is still intact (*od.* in one piece); **II.** ~ *n* welfare, well-being; *eccl.* salvation; ***sein ~ in der Flucht suchen*** take flight; ***sein ~ bei j-m*** (***mit et.***) ***versuchen*** try one's luck with s.o. (s.th.); **III.** *int. hist.* hail!

Heiland *m eccl.* Savio(u)r.

Heil|anstalt *f* sanatorium; (*Nerven*~ *etc.*) (mental) home; **~anzeige** *f* ⚕ indication; **~bad** *n* **1.** (*Kurort*) health resort, spa; **2.** (*Bad*) therapeutic bath.

heilbar *adj.* curable; ***nicht ~*** incurable; ***es ist nicht ~*** *a.* it can't be cured; **Heilbarkeit** *f* curability.

heilbringend *adj.* salutary.

Heilbrunnen *m* mineral spring.

Heilbutt *m* halibut.

heilen I. *v/t.* (*Krankheit, j-n*) cure; (*Wunde*) heal; *fig.* ***j-n ~ von*** cure s.o. of; ***jetzt ist er für immer geheilt*** that seems to have cured him (good and proper *od.* once and for all); **II.** *v/i.* heal; *Wunde*: *a.* heal up; **heilend** *adj.* healing; curative.

Heil|erde *f* healing earth; **~erfolg** *m* successful cure (*od.* treatment), success; ***damit hat man gute ~e erzielt*** it has proved a successful cure; **~fasten** *n* **1.** fasting (cures *pl.*); **2.** (*Kur*) fasting cure.

heilfroh F *adj.* really glad; (*erleichtert*) *a.* relieved; ***ich war ~, als ich wegkam*** I was glad (*od.* relieved) to get away.

Heil|gymnast(in *f*) *m* physiotherapist; **~gymnastik** *f* physiotherapy.

heilig *adj.* holy; (*Gott geweiht*) sacred; (*geheiligt, geweiht*) hallowed; (*fromm*) pious, devout; (*feierlich*) solemn; (*unverletzlich*) sacred, inviolable, sacrosanct; (*ehrwürdig*) venerable; *vor Eigennamen*: Saint (*abbr.* St); ***der ~e Antonius*** St Anthony; ***2er Abend*** Christmas Eve; ***das 2e Römische Reich*** the Holy Roman Empire; ***der 2e Geist*** (***Stuhl, Vater***) the Holy Spirit *od.* Ghost (See, Father); ***das 2e Grab*** the Holy Sepulchre; ***das 2e Land*** the Holy Land; ***die 2e Schrift*** the Bible, the Scriptures *pl.*; ***~e Pflicht*** sacred duty; ***ihm ist nichts ~*** nothing is sacred to him; ***schwören bei allem, was ~ ist*** swear by all that is holy; F ***~ tun*** act the saint; → ***Jungfrau, Kuh***; **2abend** *m* Christmas Eve.

heiligen *v/t.* hallow, sanctify; (*heilig halten*) hold *s.th.* sacred; → ***Zweck.***

Heiligen|bild *n* depiction (*od.* picture, statue) of a saint; **~figur** *f* figure (*od.* statue) of a saint; **~leben** *n* life of a saint; **~legende** *f* life (*od.* legend) of a saint; **~schein** *m* halo, gloriole; **~verehrung** *f* worship of saints.

Heilige(r *m*) *f* saint (*a. weitS.*).

heilig halten *v/t.* hold *s.th.* sacred; (*Sonntag etc.*) keep *s.th.* (holy), observe.

Heiligkeit *f* holiness, sanctity, sacredness; *Person*: saintliness; ***Seine ~*** (*der Papst*) His Holiness.

heilig sprechen *v/t.* canonize.

Heiligsprechung *f* canonization.

Heiligtum *n* (*Stätte*) (holy) shrine; (*Gegenstand*) (sacred) relic; *fig.* something sacred; F *hum.* (*Zimmer*) sanctum.

Heiligung *f* hallowing, sanctification (*a. fig.*).

Heilklima *n* healthy climate.

Heilkraft *f* healing power(s *pl.*); **heilkräftig** *adj.* curative.

Heil|kraut *n* medicinal herb; **~kunde** *f* medicine, therapeutics *pl* (*sg. konstr.*).

heillos F **I.** *adj.* dreadful, F unholy; ***dort herrscht ein ~es Durcheinander*** F the place is an absolute shambles, it's absolutely chaotic there; **II.** *adv.* hopelessly; ***~ verschuldet*** up to one's neck in debt.

Heilmethode *f* (method of) treatment, therapy, cure.

Heilmittel *n* remedy, cure (***gegen*** for; *a. fig.*); medicine; **~kunde** *f*, **~lehre** *f* pharmacology.

Heil|pflanze *f* medicinal plant (*od.* herb); **~pflaster** *n* healing (*od.* medicated) plaster; **~praktiker** *m* non-medical practitioner; **~quelle** *f* mineral spring; **~salbe** *f* healing ointment.

heilsam *fig. adj.* salutary; *iro.* ***das wäre sehr ~ für ihn*** that would do him good, he could do with (s.th. like) that; **Heilsamkeit** *fig. f* salutary nature (*od.* effect).

Heils|armee *f* Salvation Army; **~botschaft** *f* gospel (*a. fig.*).

Heil|schlaf *m* healing sleep; (*Verfahren*) hypnotherapy; **~serum** *n* ⚕ antiserum.

Heils|geschichte *f eccl.* history of salvation, Heilsgeschichte; **~lehre** *f eccl.* doctrine of salvation.

Heil|stätte *f* sanatorium, *Am.* sanitarium; **~trank** *m* medicinal potion; **~- und Pflegeanstalt** *f* **1.** sanatorium, *Am.* sanitarium; **2.** mental home (*od.* institution).

Heilung *f* cure; (*das Heilen*) curing, *von Wunden*: healing; (*Genesung*) recovery.

Heilungs|aussichten *pl.*, **~chancen** *pl.* chances of recovery; **~prozess** *m* healing process; (*Genesung*) recovery; **~quote** *f* cure rate.

Heil|verfahren *n* (medical) treatment, therapy; **~wasser** *n* healing water(s *pl.*); **~wirkung** *f* therapeutic effect.

Heim I. *n* **1.** home (*a. Anstalt*); **2.** (*Studenten2*) students' hostel, *bsd. auf dem Universitätsgelände*: hall of residence, *Am.* dormitory; **3.** (*Vereins2*) club(house); (*Erholungs2*) recreation cent|re (*Am.* -er); **4.** (*Obdachlosen2*) hostel; **II.** 2 *adv.* home; **~abend** *m* social (evening); **~arbeit** *f* homework, outwork; *weitS.* cottage industry; **~arbeiter(in** *f*) *m* homeworker, outworker.

Heimat *f* home; (*~land*) *a.* home country; (*~stadt*) *a.* home town; ⚘ habitat; ***zweite ~*** second home, F home from home; **~adresse** *f*, **~anschrift** *f* home address; **~dichter** *m* regional writer; **~dichtung** *f* regional literature; **~erde** *f* native soil; **~film** *m* (*sentimental*) *film with a regional background*; **~forscher** *m* local historian; **~forschung** *f* local heritage studies *pl.*; **~hafen** *m* home port; **~kunde** *f ped.* local studies *pl.*; **~land** *n* home country, homeland.

heimatlich *adj.* home ...; (*~ anmutend*) like home, *Am.* hom(e)y; ***~er Boden*** *one's* native soil; ***~e Klänge*** familiar sounds; ***das sind ~e Klänge*** *a.* it sounds just like home.

heimatlos *adj.* homeless; (*ausgestoßen*) outcast; (*entwurzelt*) uprooted.

Heimat|museum *n* local heritage museum; **~ort** *m* home town (*od.* village); **~recht** *n* right of abode; **~roman** *m novel set in a regional background*; **~sprache** *f* native language (*od.* tongue), mother tongue; **~staat** *m* native country, country of origin; **~stadt** *f* home town; **~verband** *m* homeland association; *association of regional compatriots stemming from Germany's former eastern territories*; **2verbunden** *adj.* tied to one's roots; **~vertriebene(r** *m*) *f* displaced person, expellee (*from one of Germany's former eastern territories*).

heim|begeben *v/refl.*: ***sich ~*** make one's way home; **~begleiten, ~bringen** *v/t.* see (*od.* take) *s.o.* home.

Heimchen *n* **1.** *zo.* (house) cricket; **2.** *contp.* ***ein ~*** (***am Herd***) (just a) housewife, an ordinary housewife.

Heimcomputer *m* home computer.

heimelig *adj.* cosy, *Am.* cozy, hom(e)y.

Heimerziehung *f* upbringing in an institution, institution upbringing.

heimfahren *v/i.* go home; *nach Urlaub*: *a.* go back; *mot.* (*a. v/t.*) drive home (*od.* back); **Heimfahrt** *f* ride (*länger*: journey) back *od.* home, return journey (*länger*: *a.* trip); ***auf der ~*** *a.* on the (*od.* our *etc.*) way back.

Heimfall *m* ⚖ reversion, escheat; **heimfallen** *v/i.* revert (***an*** to).

heim|finden *v/i.* find one's way home; **~führen** *v/t.* **1.** take *s.o.* home; **2.** *obs. als Frau*: marry; **2gang** *m* (*Tod*) death, decease; **2gegangene(r** *m*) *f* departed, deceased; **~gehen** *v/i.* **1.** go home; **2.** *fig.* (*sterben*) die, pass away; **~geigen** F *v/i.*: ***j-m ~*** (*zurechtweisen*) F tell s.o. what's what, (*abweisen*) F tell s.o. where to go; ***der soll sich gleich ~ lassen*** F he can go jump in the lake; **~gesucht** *p.p. u. adj.* → ***heimsuchen***; **~holen** *v/t.* fetch home; *fig.* ***heimgeholt werden*** (*sterben*) be called to one's Maker; **2industrie** *f* cottage industry.

heimisch *adj.* home ...; ⚘ *etc.* native, indigenous; ***~e Gewässer*** home waters; ***~ sein in*** be indigenous to, (*wohnen, leben*) live in, *a. fig.* be at home in; ***~ werden*** acclimatize o.s. (***in*** to); ***sich ~ fühlen*** feel at home; *auch nach 5 Jahren* ***fühlte er sich nicht ~*** *a.* he didn't feel he belonged (there), he felt no sense of belonging.

Heimkehr *f* return, homecoming; **heimkehren** *v/i.* come (*od.* return) home, come back; **Heimkehrer** *m* homecomer; (*Kriegsgefangener etc.*) returnee.

Heim|kind *n* institution child; **~kino** *n* cine-projector, movie-projector; (*Vorführung*) movie-night; (*Fernseher*) F *the* box; **2kommen** *v/i.* → ***heimkehren***; **~kunft** *f* → ***Heimkehr***; **~leiter(in** *f*) *m* director (of a home); *Internat*: a) warden, b) headmaster, *f* head-mistress; **2leuchten** F*fig. v/i.*: ***j-m ~*** (*zurechtweisen*) F tell s.o. what's what, (*abweisen*) F tell s.o. where to go.

heimlich I. *adj.* (*geheim*) secret; (*verborgen*) *a.* hidden; (*verstohlen*) surreptitious, furtive; (*verboten*) clandestine; (*getarnt*) undercover ...; **II.** *adv.* secretly *etc.*; → I; F on the quiet (*a.* ***~, still und leise***); (*innerlich*) inwardly; ***j-n ~ anblicken*** steal a (furtive) glance at s.o.; ***sich ~ entfernen*** sneak (*od.* slip) away; **Heimlichkeit** *f* secrecy; ***~en*** secrets.

Heimlichtuer *m* mystery-monger; **Heimlichtuerei** *f* secretiveness, mysteriousness.

heimlich tun *v/i.* be very secretive (***mit*** about), make a mystery (out of).

heim|müssen *v/i.* have to go home; **~nehmen** *v/t.*: *j-n od. et.* ***mit ~*** take *s.o. od. s.th.* home; **2niederlage** *f Sport*: home defeat; **2orgel** *f* electric organ.

Heimreise *f* journey home, return trip (*od.* journey); ***auf der ~*** *a.* on the (*od.* our *etc.*) way home; ***die ~ antreten*** set off (for) home; **heimreisen** *v/i.* go (*od.* drive, fly *etc.*) home.

heim|schicken *v/t.* send home; **2sieg** *m Sport*: home win; **2sonne** *f* sun-ray (*od.* UV) lamp; **2spiel** *n Sport*: home game; **2stätte** *f* home; (*Land*) *a.* homeland; ***nationale ~*** national home.

heimsuchen *v/t.* hit, strike, *bibl.* visit; (*zerstören*) ravage; *Geister*: haunt (*a. fig. das Gemüt*); *Ungeziefer*: descend on (*a. hum. besuchen*); ***heimgesucht von*** struck *etc.* by; ***heimgesucht werden von*** *a.* suffer *severe drought etc.*, *e-r Krankheit*: come down with; ***von Dürre*** (***Krieg***) ***heimgesucht*** drought-stricken (war-torn); ***vom Streik heimgesucht*** strike-ridden; **Heimsuchung** *f* disaster; ***~ Gottes*** divine retribution; *eccl.* ***~ Mariä*** *the* Visitation.

heimtragen *v/t.* carry home; ***wie wollen wir das ~?*** how are we going to get it home?

Heimtrainer *m Gerät*: home exerciser.

Heimtücke *f* (*Hinterlist*) insidiousness; (*Boshaftigkeit*) malice, maliciousness; (*Verrat*) treachery; **heimtückisch** *adj.* insidious (*a. fig. Krankheit*); (*boshaft*) malicious; *Tat*: treacherous (*a. fig. Straße etc.*).

Heimvorteil *m a. fig.* home advantage.

heimwärts *adv.* homeward(s), home; ***sie gingen gerade ~*** they were on their (*od.* the) way home.

Heim|weg *m* way home; ***auf dem ~*** on the (*od.* my *etc.*) way home; ***sich auf***

den ~ machen set off (for) home; **~weh** *n* homesickness; ***~ haben*** be homesick; ***~ haben nach*** *a.* pine for (*od.* after), (*a. j-m*) yearn for; **~werken** *n* do-it-yourself, *abbr.* DIY; **~werker** *m* do-it-yourselfer, DIYer, handyman.
heimzahlen *v/t.*: ***j-m et.*** *~* get one's own back on s.o. for s.th.
Hein *m*: ***Freund*** *~* the Grim Reaper, Death.
Heini F *contp. m* idiot, F twerp; ***komischer*** *~* F queer customer.
Heinzelmännchen *pl. etwa the* little people, fairies.
Heirat *f* marriage; ***gute*** *~* (*Partie*) good match; **heiraten I.** *v/i.* get married, marry; **II.** *v/t.* marry, get married to.
Heirats|absichten *pl.* marriage plans; ***~ sich mit ~ tragen*** be thinking of getting (*od.* be planning to get) married; **~alter** *n*: **(*durchschnittliches*** *~* average) age at marriage; **~annonce** *f* marriage ad; **~antrag** *m* (marriage) proposal; ***j-m e-n ~ machen*** propose to, F pop the question to; **~anzeige** *f* **1.** marriage announcement; **2.** → ***Heiratsannonce***; **≗fähig** *adj.* marriageable; ***in ~em Alter*** of marriageable age; **~institut** *n* marriage bureau; **~kandidat** *m* **1.** groom-to-be; **2.** eligible young man; **~kandidatin** *f* **1.** bride-to-be; **2.** marriageable young woman; **≗lustig** *adj.* keen to get married; **~markt** *m* **1.** *Zeitung*: marriage ads *pl.*; **2.** marriage (*contp.* F cattle) market; **~muffel** F *m* confirmed bachelor; **~pläne** *pl.* → ***Heiratsabsichten***; **~schwindel** *m* marriage fraud; **~schwindler(in** *f*) *m* marriage impostor; fortune hunter; **~urkunde** *f* marriage certificate; **~urlaub** *m* wedding leave; **~vermittler(in** *f*) *m* marriage broker; **~vermittlung** *f* marriage brokerage (*od.* bureau); **~ziffer** *f* marriage rate.
heischen *v/t.* (*erbitten*) ask for; (*fordern*) demand.
heiser *adj.* hoarse; (*belegt*) husky; (*krächzend*) croaky; ***sich ~ reden*** **(*schreien*)** talk (shout) o.s. hoarse; **Heiserkeit** *f* hoarseness; huskiness.
heiß I. *adj.* hot; *Zone*: torrid; *fig.* (*leidenschaftlich*) fiery, *Liebesaffäre*: *a.* passionate; (*heftig*) vehement, fierce; (*inbrünstig*) fervent; (*brünstig*) on heat; ***glühend ~*** red-hot, *Sonne etc.*: scorching; ***~es Blut*** hot blood (*od.* temper); ***~er Krieg*** shooting war; F ***~e Musik*** hot sounds (*od.* rhythms); ***~er Sommer*** *fig.* long, hot (*od.* turbulent) summer; ***~e Spur*** hot trail; ***~es Thema*** (highly) controversial issue; ***~er Tipp*** hot tip; F ***~er Typ*** F hunk; ***~e Ware*** hot goods; ***~ machen*** heat (up); ***~e Tränen weinen*** weep bitterly; ***mir ist ~*** I'm hot; ***mir wird ~*** I'm getting hot; ***ihm wurde ~ und kalt*** **(*vor Angst*)** he went hot and cold (with fear); ***das Kind ist ganz ~*** the baby feels hot; ***sie haben sich die Köpfe ~ geredet*** they talked themselves silly, they talked till they were blue in the face, (*haben sich gestritten*) F they went at it hammer and tongs; ***was ich nicht weiß, macht mich nicht ~*** ignorance is bliss; ***es wird nichts so ~ gegessen, wie es gekocht wird*** things are never as bad as they look; F ***ganz ~ sein auf*** F be wild about; *sl.* ***echt ~!*** *sl.* brill!; → ***Draht, Eisen, Hölle*** *etc.*; **II.** *fig. adv.* (*leidenschaftlich*) fervently, ardently; ***~*** **(*und innig*) *lieben*** love *s.o.* madly, (*a. Sache*) adore, F be wild about; *et.* ***~ ersehnen*** long for (fervently); ***~ begehrt sein*** ✝ *etc.* be in great demand; ***die Stadt ist ~ umkämpft*** fierce battles are being fought over the town; F ***den haben sie wohl zu ~ gebadet*** F they must have dropped him on his head when he was a baby; → ***hergehen*** 2.
heiß begehrt *adj.* coveted.
heißblütig *adj.* (*impulsiv*) hot-blooded; (*leidenschaftlich*) passionate, fiery.
heißen[1] **I.** *v/i.* be called; (*bedeuten*) mean; ***ich heiße ...*** my name is ...; ***wie heißt du?*** what's your name?; ***wie heißt das?*** what's that called?; ***wie heißt das auf Englisch?*** what's that (called) in English?; ***wie heißt ... auf Englisch?*** *a.* what's the English (word *od.* expression) for ...?; ***das heißt*** (*abbr.* ***d.h.***) that is (to say) (*abbr.* i.e.); ***das hieße*** (*od.* ***würde*** *~*) that would mean; ***das will (et)was ~*** that's saying something; ***das will nicht viel ~*** that doesn't mean much; ***was heißt das schon?*** so?, that doesn't mean a thing; ***es heißt, dass*** they say that, apparently; ***es heißt in dem Brief*** it says in the letter, the letter says; ***das soll nicht ~, dass*** that doesn't mean (to say) that; ***es soll nicht ~, dass*** I don't want it to be said that; ***damit es nicht (nachher) heißt, ...*** so that nobody can say ...; ***nun heißt es handeln*** *etc.* the situation calls for action *etc.*, it's time to act *etc.*; ***soll das ~, dass ...?, das heißt also, dass ...*** does that mean (that) ...?, do you mean to say (that) ...?; ***das heißt doch nicht etwa, dass ...?*** you don't mean to say (that) ...?; ***was soll das eigentlich ~?*** what's this all about?, F what's the big idea?; **II.** *lit. v/t.* (*nennen*) call; ***j-n et. tun ~*** tell s.o. to do s.th.; ***das heiße ich e-e gute Nachricht*** that's what I call good news; → ***willkommen.***
heißen[2] *v/t.* ⚓ hoist.
heiß| ersehnt *adj.* longed-for; *Brief etc.*: *a.* long-awaited; ***~ geliebt*** *adj.* dearly (*stärker*: passionately) loved; ***~e(r) ...*** dearly beloved ...
Heißhunger *m* (sudden) craving (***auf, nach*** for); **heißhungrig** *adj.* ravenous, *bsd. fig.* voracious.
heißlaufen *v/i. u. v/refl.* (***sich ~***) overheat; ***der Motor ist heißgelaufen*** the engine is overheated.
Heißluft *f* hot air; **~ballon** *m* hot-air balloon; **~behandlung** *f* hot-air treatment; **~herd** *m* convection oven; fan-assisted oven.
Heißsporn *fig. m* hothead.
heiß| umkämpft *adj.* embattled; *fig.* much sought-after; ***~ umstritten*** *adj.* highly controversial; (*Thema etc.*) *a.* hotly debated.
Heißwasserbereiter *m* water heater, *Brit. a.* geyser.
heiter *adj.* (*sonnig*) bright; (*fröhlich*) cheerful; (*amüsant*) amusing, funny; humorous *story etc.*; (*abgeklärt, gelassen*) serene; F (*beschwipst*) F merry; ***~ bis wolkig*** fair to cloudy; ***~(er) werden*** *Wetter*: brighten up; ***wie aus ~em Himmel*** completely out of the blue; *iro.* ***das ist ja ~!*** F that's just (*od.* really) great; ***das kann ja ~ werden*** F looks like we're in for some fun and games; **heiter-besinnlich** *adj. Film etc.*: serio-comic, amusing but thought-provoking; ***~er Film*** *a.* contemplative (*od.* serious) comedy; **Heiterkeit** *f* cheerfulness; (*Belustigung*) amusement; (*Gelächter*) *a.* mirth; ***zur allgemeinen ~*** to everybody's amusement; **Heiterkeitserfolg** *m*: ***damit hatte er e-n ~*** it gave everyone a good laugh.
Heiz|anlage *f* heating system; **~apparat** *m* heater.
heizbar *adj.* heatable; *Zimmer*: with heating; *mot.* ***~e Heckscheibe*** heated rear windscreen (*Am.* windshield).
Heiz|decke *f* electric blanket; **~draht** *m* heating wire; **~element** *n* heating element.
heizen I. *v/t.* heat; (*Ofen*) fire; **II.** *v/i.* put (*od.* have) the heating on; *der Ofen* ***heizt gut*** heats well, gives off plenty of heat; **III.** *v/refl.*: ***sich gut ~*** *Zimmer*: get warm quickly; **Heizer** *m* boilerman; 🚂 *etc.* stoker, *Am.* fireman.
Heiz|fläche *f* heating surface; **~gebläse** *n* fan heater; **~gerät** *n* heating appliance, heater; **~kessel** *m* boiler; **~kissen** *n* electric pad.
Heizkörper *m* heater; (*Radiator*) radiator; **~verkleidung** *f* radiator cover.
Heizkosten *pl.* heating costs; **~abrechnung** *f* heating bill.
Heiz|kraftwerk *n* thermal power station; **~lüfter** *m* fan heater; **~material** *n* fuel; **~ofen** *m* stove; (electric, oil *etc.*) heater; **~öl** *n* heating oil; **~periode** *f* heating period; **~platte** *f* hotplate; **~schlange** *f* heating coil; **~sonne** *f* electric fire; **~strahler** *m* (heater-)reflector; **~strom** *m* heating current.
Heizung *f* (central) heating; (*Heizkörper*) radiator.
Heizungs|anlage *f* heating system; **~bauer** *m* heating engineer; **~keller** *m* boiler room; **~monteur** *m* heating engineer; **~rohr** *n* heating pipe; **~technik** *f* heating engineering.
Heizwert *m phys.* thermal (*od.* calorific) value.
Hektar *n* hectare.
Hektik *f des Lebens*: mad rush, frantic pace; *im Büro etc.*: commotion, hectic atmosphere; *e-r Person*: nervousness; ***in der ~*** *habe ich m-e Tasche liegen lassen*: in the general rush; ***nur keine ~!*** (just) take your time, F take it easy; ***das machen wir ohne ~*** we'll take our time, we'll take it nice and easy; ***wozu die ~?*** what's the rush?; ***sie bringt viel ~ hinein*** she makes everybody nervous; ***das ist e-e ~ heute*** it's one of those days, it's all go; **Hektiker** *m*: ***er ist ein absoluter ~*** he's always rushing around like a madman; **hektisch** *adj.* hectic; *Betriebsamkeit*: frantic *activity*; *Atmosphäre*: excited, *stärker*: frenzied; *Person*: nervous; ***~es Treiben*** hustle and bustle, *stärker*: frantic activity; ***ein paar ~e Stunden*** a few frantic hours.
Hektoliter *m, n* hectolit|re (*Am.* -er).
Held *m* hero; *thea., e-s Romans etc.*: protagonist; (*Vorkämpfer*) champion; *fig.* ***~ des Tages*** man of the moment; F ***er ist kein ~ in Mathematik*** F he's not the world's best mathematician; ***den ~en spielen*** *thea.* play the hero, *fig. iro.* act the hero('s part); *iro.* ***das ist vielleicht ein ~!*** some hero he is.
Helden|dichtung *f* epic poetry; **~epos** *n* epic (poem).
heldenhaft *adj.* heroic(ally *adv.*).
Heldenmut *m* bravery, heroism; **heldenmütig** *adj.* heroic(ally *adv.*).
Helden|rolle *f thea.* part of a (*od.* the) hero; **~sage** *f* saga; **~stück** *n* → **~tat** *f* heroic deed; F ***nicht gerade e-e ~*** F nothing to write home about; **~tenor** *m* heroic tenor, Heldentenor; **~tod** *m* he-

H

roic death; ⚔ death in action; ***den ~ sterben*** die a hero's death, ⚔ be killed in action.

Heldentum *n* heroism.

Heldenverehrung *f* hero worship.

Heldin *f* heroine (*a. thea.*).

heldisch *adj.* heroic(ally *adv.*).

helfen *v/i.* help (***j-m*** s.o.; ***bei*** with); (*behilflich sein*) *a.* lend *s.o.* a hand; (*nutzen*) help, be of use; ***j-m et. tun ~*** help s.o. (to) do s.th.; ***kann ich irgendwie ~?*** is there anything I can do?, can I (be of any) help?; ***im Haushalt ~*** help (out) with the housework; ***~ gegen*** (*od.* ***bei***) *et.*: be good for; ***j-m über die Straße ~*** help s.o. across the road; ***j-m aus dem*** (***in den***) ***Mantel ~*** help s.o. off (on) with his (*od.* her) coat; ***j-m aus e-r Verlegenheit ~*** help s.o. out of a difficulty; ***j-m bei der Arbeit ~*** help s.o. with his (*od.* her) work; ***da ist nicht zu ~*** there's nothing you can do (about it); ***das hilft mir wenig*** that's not much help; ***hats was geholfen?*** was it any use (*a. Mittel*: good)?; ***es hat nichts geholfen*** it was no good, *a. Mittel, Tadel etc.*: it didn't help, it didn't do any good; ***er weiß sich zu ~*** he can cope, he can look after himself; ***er weiß sich immer zu ~*** he's never at a loss as to what to do; ***er weiß sich nicht*** (***mehr***) ***zu ~*** he's at a loss as to what to do, *stärker*: he's at his wits' end; ***sie lässt sich von niemandem ~*** she won't accept anybody's help, she won't let anybody help her; ***es hilft nichts*** it's no use; ***da hilft kein Jammern*** it's no use complaining; ***da hilft nur eins*** there's only one thing for it; ***was hilft es, wenn*** what's the use of *ger.*; ***es hilft alles nichts, wir müssen gehen*** we've got to go whether we like it or not; ***ich kann mir nicht ~*** I can't help it; ***ich kann mir nicht ~, ich muss einfach lachen*** I can't help laughing (about it); ***ihm ist nicht*** (***mehr***) ***zu ~*** there's no hope for him, *iro. a.* he's hopeless, F he's a dead loss; *iro.* ***ihm werd ich schon ~*** I'll show him; ***dir werd ich ~!*** *warnend*: just you try; ***das half*** (*wirkte*) that worked, F that did the trick.

Helfer *m* helper; (*Gehilfe*) assistant; *fig.* (*Hilfe*) help; ***ein ~ in der Not*** a friend in need.

Helfershelfer *m* accomplice, F stooge.

Helikopter *m* helicopter.

Heliograph *m* heliograph; **Heliographie** *f* heliography.

Helioskop *n* helioscope.

Heliotrop *n* heliotrope.

heliozentrisch *adj.* heliocentric(ally *adv.*).

Helium *n* helium.

hell I. *adj. Licht, Himmel*: bright; (*leuchtend*) shining; *Farbe*: light (*a. Haarfarbe*); *Hautfarbe*: fair; *Kleidung*: light-colo(u)red; *Klang*: clear; *Vokal*: bright; *fig.* (F *a.* ***helle***) bright, clever; ***~es Bier*** *etwa* lager; ***es wird ~*** *morgens*: it's getting light, *nach Regen etc.*: it's brightening up (again); ***es ist schon ~*** it's light (already), the sun's up (already); ***er ist ein ~er Kopf*** F he's a bright young spark; ***er hatte s-e ~e Freude daran*** he really enjoyed it; ***das ist ja ~er Wahnsinn*** that's (sheer) madness, F that's (absolutely) crazy; ***in ~er Verzweiflung*** out of sheer desperation; **II.** *adv. leuchten, Lampe etc.*: brightly, *Mond etc.*: bright; → *a.* ***hellauf.***

hellauf *adv.*: ***sie waren ~ begeistert*** they thought it was tremendous, *von e-r Idee etc.*: they were all for it.

hellblau *adj.*, **Hellblau** *n* light blue.

hellblond *adj.* very fair.

Helldunkel *n Kunst*: chiaroscuro.

helle F *adj.* bright, clever.

Helle *f* (bright) light; brightness.

Helle(s) F *n etwa* lager.

Hellebarde *f hist.* halberd.

Hellene *m* Hellene, (ancient) Greek; **Hellenentum** *n* Hellenism, Hellenic culture; **hellenisieren** *v/t.* Hellenize; **Hellenismus** *m* Hellenism; **Hellenist** *m* Hellenist, Greek scholar; **Hellenistik** *f* ancient (*od.* classical) Greek, Greek studies *pl.*; **hellenistisch** *adj.* Hellenistic.

Heller *m*: ***es ist keinen ~ wert*** it's not worth a cent; ***er besitzt keinen roten ~*** he hasn't got a penny to his name, *Am.* he doesn't have a red cent; ***auf ~ und Pfennig*** down to the last penny (*od.* cent).

hell|farbig *adj.* light(-colo[u]red); **~gelb** *adj.* pale (*od.* straw) yellow; **~grün** *adj.* light green; **~haarig** *adj.* fair-haired; **~häutig** *adj.* light-skinned, fair-skinned; **~hörig** *adj.* **1.** *Person*: (*empfänglich*) sensitive (***für*** to); (*aufmerksam*) alert (to); ***~ sein*** *a.* have keen senses; ***~ werden*** prick up one's ears; ***da wurde er ~*** that made him sit up straight (*od.* prick up his ears); ***sie ist für solche Dinge sehr ~*** she picks that kind of thing up very quickly; **2.** *Wand*: wafer-thin; *Haus etc.*: badly soundproofed; ***die Wand ist sehr ~*** *a.* you can hear (virtually) everything through that wall; ***das Haus ist sehr ~*** *a.* the house has got very thin walls, you can hear (virtually) everything in this house.

hellicht *adj.* → ***helllicht.***

Helligkeit *f* brightness (*a. TV*); *phys.* light intensity.

Helligkeits|regelung *f*, **~regler** *m TV* brightness control.

Helling *f* ⚓ slip(way); ✈ (assembly) cradle.

hell| klingend *adj.* clear-sounding; **~ leuchtend** *adj.* bright(ly shining).

helllicht *adj.*: ***am ~en Tage*** in broad daylight.

hell|rosa *adj.* pale pink; **~rot** *adj.* light red.

hellsehen I. *v/i.* have second sight (*od.* psychic powers), be clairvoyant, be psychic; **II.** ≗ *n* clairvoyance; **Hellseher(in** *f*) *m*, **hellseherisch** *adj.* clairvoyant, psychic.

hellsichtig *adj.* perceptive; (*klug*) shrewd; **Hellsichtigkeit** *f* perceptiveness; (*Klugheit*) shrewdness.

hellwach *adj.* wide-awake (*a. fig.*).

Helm *m* **1.** (*Schutz*≗ *etc.*) helmet; **2.** ⚠ cap, *spitzer*: *a.* spire; **~dach** *n* helm roof.

Helvetismus *m ling.* Helveticism.

Hemd *n* shirt; (*Unter*≗) vest, *Am.* undershirt; *fig.* ***j-m sein letztes ~ geben*** give s.o. the shirt off one's back; ***er hat kein*** (***ganzes***) ***~ mehr auf dem Leib*** he hasn't got a shirt to his back; ***j-n bis aufs ~ ausziehen*** fleece s.o.; F ***mach dir nicht ins ~!*** F no need to wet yourself; **~bluse** *f* shirt; **~brust** *f* shirt front; **~kleid** *n* shirtwaister.

Hemdsärmel *m* shirt sleeve; ***in ~n*** in one's shirt sleeves; **hemdsärmelig** *adj.* shirt-sleeved; *fig.* casual, shirt-sleeve ...; **Hemdsärmeligkeit** *f* (over)casual manner.

Hemisphäre *f* hemisphere.

hemmen *v/t.* (*aufhalten*) stop; (*behindern*) impede, hamper; (*Fortschritt*) *a.* check; (*Entwicklung*) hold back; *seelisch*: inhibit; (*Leidenschaften*) check, restrain; ⚕ (*Blut*) sta(u)nch; ***sich gegenseitig ~*** hold each other back; → ***gehemmt***;

hemmend *adj.* obstructive; hampering, impeding; *psych. etc.* inhibitory; **Hemmer** *m biol., physiol. etc.* inhibitor; **Hemmnis** *n* obstacle.

Hemm|schuh *m* brake shoe; *fig.* obstacle (***für*** to), impediment (to); **~schwelle** *f psych.* inhibition threshold; ***e-e ~ überwinden*** overcome one's inhibitions.

Hemmung *f* **1.** (*Scheu*) inhibition; (*Skrupel*) scruple; ***~en haben*** be inhibited; ***ohne ~en*** uninhibited(ly); ***nur keine ~en!*** don't be shy!; ***~en haben zu*** *inf.* have inhibitions (*od.* scruples) about *ger.*, (*sich genieren*) feel awkward about *ger.*; ***keine ~en haben zu*** *inf.* have no compunction (*od.* inhibitions, scruples) about *ger.*; ***die haben überhaupt keine ~en*** F they don't give a damn; **2.** hampering; checking *etc.*; → ***hemmen***; **3.** (*Lade*≗) jam, stoppage; **4.** ⚙ stop, catch; *e-r Uhr*: escapement.

hemmungslos *adj.* (*skrupellos*) unscrupulous; (*ungezügelt*) unrestrained; ***~ sein*** (*ohne Skrupel*) *a.* have no scruples, (*ohne Scham*) have no sense of shame; **Hemmungslosigkeit** *f* shamelessness; shameless behavio(u)r.

Hendl *dial. n* chicken.

Hengst *m* stallion; F *fig.* stud; **~fohlen** *n*, **~füllen** *n* colt.

Henkel *m* handle; **~krug** *m* jug; **≗los** *adj.* without a handle; **~mann** F *m* **1.** (*Topf*) F canteen; **2.** (*tragbare Hi-Fi-Anlage*) F ghetto-blaster.

henken *v/t.* hang; **Henker** *m* executioner; F ***scher dich zum ~!*** F go to hell!; F ***zum ~!*** F to hell with it!; F ***wer zum ~?*** F who the hell?

Henkers|beil *n* executioner's axe; **~knecht** *m* executioner's assistant; *fig.* henchman; **~mahlzeit** *f* condemned man's breakfast (*od.* last meal); *fig.* final binge.

Henna *f*, *n* henna; **≗rot** *adj.* henna(-colo[u]red), hennaed.

Henne *f* hen.

Hepatitis *f* ⚕ hepatitis.

her *adv.* **1.** ***von ... ~*** from; ***er ist von weit ~ gekommen*** he's come a long way; ***von oben ~*** from above; ***von links ~*** from the left; → ***herhaben*** **2.** ***~ sein*** a) ***es ist drei Tage ~*** it was three days ago, it's three days now, ***dass***: it's three days since, it was three days ago that; ***wie lange ist es schon ~?*** how long ago was it?, how long has it been now?; b) ***wo ist er ~?*** where is he from?, where does he come from?; c) F ***hinter*** *j-m od. et.* ***~ sein*** be after (*a. Frau, Mann*), be trying to get hold of; d) F ***mit ihm*** (***dem Roman***) ***ist es nicht weit ~*** F he's (the novel's) no great shakes; **3.** ***j-n von früher ~ kennen*** know s.o. from before; **4.** ***~ damit!*** give it to me!, hand it over!; **5.** ***um mich ~*** around me, round about me; **6.** *fig.* ***von ... ~*** from the point of view of; ***vom Technischen ~*** from a technical point of view, technically (speaking); ***vom Inhalt ~*** as far as the content goes, F contentwise.

herab *adv.* → *a.* ***hinab, herunter***; *in Zssgn mst* ... down; ***von oben ~*** from above, *fig.* from on high, condescendingly; **~blicken** *v/i.* → ***herabsehen***; **~brechen** *v/t.* break off; **~gesetzt** *adj. Preise*: reduced, cut-rate ...; *Ware*: reduced, cut-price ...; ***zu ~en Preisen*** at reduced prices, cut-rate ...; **~hängen** *v/i.* → ***herunterhängen***; **~kommen** *v/i.* → ***herunterkommen.***

herablassen I. *v/t.* let down, lower; **II.** *fig. v/refl.*: ***sich ~*** lower o.s., **zu:** deign (*od.* condescend, stoop) to *talk to s.o. etc.*; **herablassend** *adj.* (*u. adv.*) condescending(ly); ***~e Art*** condescending attitude (*od.* approach); **Herablassung** *f* condescension; ***j-n mit ~ behandeln*** patronize s.o., be (very) patronizing towards s.o.

herab|mindern *v/t.* reduce, diminish; (*Wert, Leistung etc.*) belittle; (*bagatellisieren*) minimize; **~sehen** *v/i.*: ***~ auf*** *a. fig.* look down on.

herabsetzen *v/t.* (*verringern*) reduce, lower; ⚕ reduce (in price); (*kürzen*) cut (back); *fig.* (*j-n*) disparage, run down; (*Leistung*) belittle; → ***herabgesetzt***; **herabsetzend** *adj.* (*u. adv.*) disparaging(ly); **Herabsetzung** *f* lowering, reduction (*a.* ⚕); (*Kürzung*) *a.* cut (**von** in); *fig.* disparagement.

herab|steigen *v/i.* descend, walk (*od.* climb, come) down; *vom Pferd*: dismount; **~stürzen** → ***herunterstürzen;*** **~tropfen** *v/i.* drip (onto the ground *od.* floor *etc.*); ***von e-m Baum ~*** drip from a tree.

herabwürdigen *v/t.* degrade (**sich** o.s.), lower (o.s.); **herabwürdigend I.** *adj.* disparaging; **II.** *adv.* disparagingly; ***~ behandeln*** *a.* treat with disdain; **Herabwürdigung** *f* degradation.

Heraldik *f* heraldry; **heraldisch** *adj.* heraldic.

heran *adv.* near, close; ***~ an*** up (*od.* close, next) to; ***mehr links ~*** more (*od.* closer) to the left; ***nur ~!*** come closer!; **~arbeiten** *v/refl.*: ***sich ~ an*** work one's way forward to (*od.* through towards, *fig.* towards); **~bilden I.** *v/t.* **1.** train (**zu** to be); **II.** *v/refl.*: ***sich ~*** **2.** be in the making; **3.** train (**zu** to be); **~bringen** *v/t.* bring (**an** [up] to); *fig.* → ***heranführen***; **~drängen** *v/refl.*: ***sich ~*** push forward (**an** towards); **~fahren** *v/i.* drive up (**an** to); **~führen** *v/t.* lead, take (**an** to); (*Werkzeug etc.*) bring (to); *fig.* ***j-n*** **(*langsam*)** ***an et. ~*** introduce s.o. to s.th. (gradually); **~gehen** *v/i.*: ***~ an*** go up to; *fig.* approach, tackle; ***geh nicht so nah heran*** don't go too close; **~holen** *v/t.* fetch, get; *phot.* zoom in on; **~kämpfen** *v/refl.*: ***sich ~*** *Sport*: close in (**an** on), pull up (to); **~kommen** *v/i.* come up, approach; ***~ an*** come up to; *mit der Hand*: reach, get hold of; (*Zugang haben zu*) (*Stelle etc.*) be able to get (through) to, (*j-n, et.*) be able to get at (*od.* get hold of); *fig.* (*heranreichen an*) come up to, (*e-e Zahl etc.*) come near, approach; ***die Sache*** (*od.* ***es***) ***an sich ~ lassen*** wait and see; ***er*** (***es***) ***kommt nicht an ... heran*** *a.* he (it) can't touch ...; ***er kommt an sie nicht heran*** *a.* he can't hold a candle to her; **~lassen** *v/t.*: ***er lässt niemanden an sich*** (***s-e Bücher***) ***heran*** he won't let anyone (come) near him (touch his books); → *a.* ***ranlassen***; **~machen** *v/refl.*: ***sich ~ an*** (*et.*) set to work on, get going on; (*j-n*) sidle up to, *fig.* approach, *schmeichelnd*: make up to, *beeinflussend*: start working on; **~nahen I.** *v/i.* approach, draw near; **II.** ≈ *n* approach; **~pirschen** *v/refl.*: ***sich ~ an*** stalk (up on), (*j-n*) stalk (*od.* creep, sneak) up on; **~reichen** *v/i.*: ***~ an*** reach, *Wasser etc.*: *a.* come up to; *fig. leistungsmäßig*: come up to, equal; (*angrenzen an*) come (very) close to; ***sie reicht ihm bis an die Schulter heran*** she comes up to his shoulders; *fig.* ***sie reicht lange nicht an ihn heran*** she can't touch him, she can't hold a candle to him; ***der Film reicht lange nicht an s-n letzten heran*** the film isn't nearly as good as his last one (*od.* isn't a patch on his last one); **~reifen** *v/i. Früchte etc.*: ripen; *fig. Plan etc.*: mature; *Person*: grow up (**zu** into); *fig.* ***er reift zu e-m wahren Profi heran*** he's fast becoming a real professional; **~rücken I.** *v/t.* move (*od.* push) nearer; (*Stuhl*) pull up; **II.** *v/i.* approach, draw near (*beide a. zeitlich*); ***an j-n ~*** move up (close) to s.o.; **~schleichen** *v/refl.*: ***sich ~*** sneak (*od.* creep) up (**an** to, *j-n*: on); **~stürmen** *v/i.* come rushing up (*od.* along); **~tasten** *v/refl.*: ***sich ~ an*** grope one's way towards, *fig.* feel one's way towards, (*ein Problem etc.*) cautiously approach; **~tragen** *v/t.* bring (over); *fig.* ***et. an j-n ~*** (*Bitte, Wunsch etc.*) approach s.o. with s.th.; **~trauen** *v/refl.*: ***sich ~*** dare to go near (*od.* approach), **an:** dare to go near (*Hund etc.*: *a.* up to); ***sich nicht ~ an*** (*Hund etc., a. fig. Person*) be scared of; ***ich trau mich an die Maschine nicht heran*** I wouldn't like to tinker with the machine, *stärker*: I daren't touch the machine; *fig.* ***ich trau mich an das Projekt nicht heran*** I don't think I can handle the project; ***er hat sich schon an schlimmere Probleme herangetraut*** he's tackled (*od.* had to deal with) worse problems than that; **~treten** *v/i.* approach (***an j-n*** s.o., *a. fig.*); ***~ an*** go (*od.* step) up to; ***es traten einige Probleme an ihn heran*** he had to face up to (*od.* was confronted with) a number of problems.

heranwachsen *v/i.* grow up; ***~ zu*** grow (up) into; ***die ~de Jugend*** the youth of today; **Heranwachsende(r** *m*) *f* adolescent; ⚖ young person.

heran|wagen *v/refl.* → ***herantrauen***; **~winken** *v/t.* wave *s.o.* over, *aus der Nähe*: motion *s.o.* to come nearer; (*Taxi*) hail; **~ziehen I.** *v/t.* **1.** pull up; **2.** (*aufziehen*) raise; (*Nachwuchs etc.*) train; **3.** *fig.* (*interessieren*) draw; *zu Diensten*: call on, enlist *s.o.('s* services), (*Arbeitskräfte etc., a.* ⚔) mobilize, recruit (**zu** for); (*Arzt, Fachmann*) consult, call in; (*Gelder etc.*) draw on, use; (*sich berufen auf*) cite, quote; **II.** *v/i.* approach, draw near; ⚔ *a.* advance; *Wolken*: gather.

herauf *adv.* up, upwards; (*hier~*) up here; ***den Berg ~*** up the hill, uphill; ***den Fluss ~*** up the river, upstream; ***die Treppe ~*** up the stairs, upstairs; (***von***) ***unten ~*** from below; *in Zssgn mst* ... up; → *a.* ***empor...***; **~arbeiten** *v/refl.*: ***sich ~*** *a. fig.* work one's way up; **~begeben** *v/refl.*: ***sich ~*** go up(stairs); **~beschwören** *v/t.* **1.** (*verursachen*) bring on, provoke; ***wir wollen es nicht ~*** let's not tempt fate; **2.** (*Vergangenes*) evoke, recall, conjure up; **~bitten** *v/t.* ask *s.o.* (to come) up; **~blicken** *v/i.* look up (**zu** at); **~bringen** *v/t.* bring up(stairs); **~dämmern** *v/i. Tag*: dawn; *Morgen*: break; **≈dämmern** *fig. n* dawning; **~dringen** *v/i. Duft*: waft up; ***der Lärm drang von unten herauf*** the noise could be heard from below; **~kommen** *v/i.* come up(stairs); *Gewitter*: come up; ***die Straße ~*** come up (*od.* along) the street; **~schalten** *v/i. mot.* shift into higher gear, shift up; **~sehen** *v/i.* look up (**zu** at); **~setzen** *v/t.* raise, put up; **~steigen** *v/i.* go (*od.* climb) up; *Dämpfe etc.*: rise; *Unwetter*: come up, be brewing; **~ziehen I.** *v/t.* pull up; **II.** *v/i. Unwetter*: come up, be brewing.

heraus *adv.* out; (***~ aus***) out of; ***zum Fenster ~*** out of the window, *Am. a.* out the window; ***nach vorn ~ wohnen***: at the front; ***von innen ~*** from inside; ***aus einem Gefühl*** *der Verlassenheit etc.* ***~*** from (*od.* out of) a sense of; ***~ mit ihm!*** out with him; ***~ damit!*** (come on,) out with it; ***~ mit der Sprache!*** out with it!; ***da ~*** out there; ***geht es da ~?*** is that the way out?; ***frei*** (*od.* ***gerade, offen, rund***) ***~*** openly, (*schonungslos*) bluntly, point-blank; F ***~ sein*** F (*bekannt*) be out; ***jetzt ist es ~!*** *a.* now the secret's out, now the cat's been let out of the bag; ***es ist noch nicht ~, ob*** it's still open as to whether; → ***fein*** II; → ***heraushaben***; *in Zssgn mst* ... out; **~arbeiten I.** *v/t.* work out; *aus Stein, Holz*: carve out; *fig.* (*Gedanken*) work out, *kunstvoll, umständlich*: elaborate; **II.** *v/refl.*: ***sich ~*** work one's way out (**aus** of), struggle out (of); *fig.* manage to get out (of); **~bekommen** *v/t.* **1.** get out (**aus** of); (*Geheimnis*) find out, **aus**: get out of; (*Rätsel etc.*) work out, solve; (*den Sinn*) make (*od.* figure) out; **2. *sein Geld wieder ~*** get one's money back; ***etwas*** (***Wechselgeld***) ***~*** get some change; ***Sie bekommen zwei Mark heraus*** you get two marks change; **~bringen** *v/t.* bring out, (*herausbekommen*) get out (**aus** of); *fig.* (*Fabrikat*) bring out, (*Buch*) *a.* publish; (*Schallplatte*) release; *thea.* produce; ***groß ~*** give *s.o. od. s.th.* a big buildup; ***sie brachte kein Wort heraus*** she couldn't say a word; **~bügeln** *v/t.* iron out; **~destillieren** *v/t.* ⚗ top, remove through distillation; *fig.* distil (**aus** from); **~drücken** *v/t.* squeeze out (**aus** of); (*die Brust*) stick out; **~fahren I.** *v/i.* come (*od.* drive) out (**aus** of); *fig. Worte*: slip out; **II.** *v/t.* drive out (**aus** of); **~fallen** *v/i.* fall out; *Sache*: *a.* drop out; **~filtern** *v/t.* filter out (*a. fig.*); **~finden I.** *v/t.* find out; (*finden*) find; **II.** *v/i. u. v/refl.* (***sich ~***) find one's way out (**aus** of); *fig.* get out (of); **~fischen** *v/t. a. fig.* fish out (**aus** of); **~fliegen** *v/i. u. v/t.* fly out (**aus** of); → ***hinausfliegen***; **~fließen** *v/i.* flow out (**aus** of).

Herausforderer *m* challenger; *pol.* rival candidate, opponent; **herausfordern** *v/t.* challenge (**zu** to); (*provozieren*) provoke (into *ger.*); ***das Unglück ~*** court disaster; ***das Schicksal ~*** tempt fate; ***zur Kritik ~*** invite criticism; ***das fordert geradezu heraus zu*** *inf.* that's an open invitation to (*doing*) *s.th.*; **herausfordernd I.** *adj.* challenging; (*trotzig*) defiant; (*aufreizend*) provocative; (*anmaßend*) arrogant; (*lockend*) inviting; ***~er Blick*** (*einladend*) F come-hither look; **II.** *adv.*: ***j-n ~ ansehen*** give s.o. a challenging look; **Herausforderung** *f* challenge (*a. fig. Aufgabe etc.*); (*Provokation*) provocation.

herausfühlen *v/t.* sense, feel; ***ich fühle es aus s-m Verhalten heraus*** I can sense from (*od.* tell by) his behavio(u)r.

Herausgabe *f* ⚖ surrender; (*Auslieferung*) delivery; *e-s Buches*: publication; **herausgeben I.** *v/t.* hand over; (*zurückgeben*) give back, return; (*Buch etc.*) publish, *als Bearbeiter*: edit; (*Briefmar-*

H

ken, Vorschrift etc.) issue; (***j-m***) ***zwei Mark ~*** give s.o. two marks change; **II.** *v/i.* give s.o. change; ***können Sie ~?*** can you change this?; **~ *auf*** give change for; **Herausgeber(in** *f*) *m* publisher; (*Redakteur, Verfasser*) editor.

heraus|gehen *v/i.* go out; *Fleck*: come out; *fig.* ***aus sich ~*** come out of one's shell; **~greifen** *v/t.* pick out; (*Beispiele*) cite; ***sich*** *ein Opfer etc.* **~** single out; **~gucken** *v/i.* **1.** look out (**aus** of); **2.** (*zu sehen sein*) peep out; **~haben** *v/t.* have got *s.th.* out; (*festgestellt haben*) have found *s.th.* out; (*Rätsel etc.*) have solved (*od.* got) *s.th.*; ***jetzt hat er es heraus*** (*Handgriff etc.*) he's got (the hang of) it now; **~halten I.** *v/t.*: ***j-n*** (***et.***) ***aus et. ~*** keep s.o. (s.th.) out of s.th.; **II.** *v/refl.*: ***sich ~*** keep out of it; ***sich aus et. ~*** keep out of s.th.; ***halt dich da heraus*** don't get involved; **~hängen** *v/t. u. v/i.* hang out; **~hauen** *v/t.* knock out; (*meißeln*) carve out; *fig.* ***j-n*** (***sich***) **~** get s.o. (o.s.) out (**aus** of *a difficulty etc.*); **~heben** *v/t.* lift (*od.* take) out; *fig.* → ***hervorheben***; **~helfen** *v/i.*: ***j-m ~*** help s.o. out (*a. fig.*); **~holen** *v/t.* get out (*a. fig. retten*; **aus** of); (*herausbringen*) bring (*od.* fetch) out; *fig.* (*Gewinne, Erfolge etc.*) gain, F notch up; (*herausarbeiten*) bring out; *fig.* **~ *aus*** (*erfragen, a. verdienen etc.*) get out of; ***was*** (***wie viel***) ***hast du herausgeholt?*** what did you manage to achieve? (how much did you get out of it?); ***alles aus sich ~*** give everything one has got; → ***letzt*** II; **~hören** *v/t.* hear; *fig.* detect (**aus** in); *fig.* ***es war deutlich herauszuhören*** it was obvious to anyone with ears, you couldn't overhear it; **~interpretieren** *v/t.* deduce, derive (**aus** from); **~kehren** *fig. v/t.* act, play *the expert etc.*; (*zeigen*) show, display, *stärker*: parade; **~kommen** *v/i.* come out (**aus** of); (*erscheinen*) appear, emerge (from); (*wegkommen*) get out (of); *fig. aus e-r Schwierigkeit*: get out (of); (*bekannt werden*) come out; *Erzeugnis*: come out, *Buch etc.*: *a.* be published, appear, *Briefmarken etc.*: be issued; ♈ be the result; ***groß ~*** (*erfolgreich sein*) be a great success; ***komisch*** *etc.* **~** (*sich anhören*) sound funny *etc.*; F ***mit*** *et.* **~** come out with, (*gestehen*) admit; → *a.* ***herausrücken, herausspringen***; ***es kommt aufs Gleiche*** (*od.* ***auf dasselbe***) ***heraus*** it boils (*od.* comes) down to the same thing; **~ *bei*** (*resultieren*) come (out) of *s.th.*; ***es kommt nichts dabei heraus*** it's not worth it, it doesn't pay; ***dabei ist nichts Gutes herausgekommen*** nothing good has come (out) of it; ***was ist dabei herausgekommen?*** what was the outcome?, *a.* what was decided?; ***ist irgendetwas dabei herausgekommen?*** was it any good?, did you *etc.* achieve anything (F get anywhere)?; ***wir kamen aus dem Lachen*** (***Staunen***) ***nicht mehr heraus*** we just couldn't stop laughing (we couldn't believe our eyes); **~können** *v/i.* be able to get out (**aus** of); ***ich kann nicht heraus*** I can't get out, (*hänge fest*) *a.* I'm stuck; **~kriegen** F *v/t.* → ***herausbekommen***; **~kristallisieren I.** *v/refl.*: ***sich ~*** crystallize (**aus** out of, *a. fig.* from; ***zu*** into); **II.** *v/t.* crystallize (**aus** out of, from); *fig.* distil, extract (from); **~lassen** *v/t.* let out; (*weglassen*) leave out; **~laufen** *v/i.* run out; **~legen** *v/t.* put out (*dat.* for); **~lesen** *v/t.* **1.** pick out; **2.** (*erfahren*) gather (**aus** from); (*herausdeuten*) read (into); **~locken** *v/t.* lure out; *fig.* ***aus j-m ~*** worm *s.th.* out of s.o.; ***j-n aus s-r Reserve ~*** draw s.o. out of his (*od.* her) shell; **~lügen** *v/refl.*: ***sich ~*** lie one's way out (**aus** of); **~machen I.** *v/t.* take out; **II.** F *fig. v/refl.*: ***sich ~*** be coming along well, improve; *nach e-r Krankheit*: be doing nicely; **~müssen** *v/i. Zahn etc.*: have to come out; *aus e-r Wohnung etc.*: have to get out; *nach draußen*: have to go out(side); *aus dem Bett*: have to get up; ***das musste noch heraus*** (*musste gesagt werden*) it had to be said, I *etc.* had to say it.

herausnehmbar *adj.* removable; **herausnehmen** *v/t.* take out (**aus** of); *weitS.* (*entfernen*) remove (from); ***sich den Blinddarm*** *etc.* **~ *lassen*** have one's appendix *etc.* (taken) out; *mot.* ***den Gang ~*** go into neutral, put the gear in neutral; *fig.* ***sich et. ~*** (*sich anmaßen*) arrogate s.th. (to o.s.); ***sich Freiheiten ~*** take liberties (***j-m gegenüber*** with s.o.); ***sich zu viel ~*** go too far, overstep the mark; ***nimm dir ja nicht zu viel heraus!*** watch you don't overdo it (*od.* overstep the mark).

heraus|platzen *v/i.* burst out (*lachend*: laughing); ***mit*** *der Wahrheit etc.* **~** blurt out; **~pressen** *v/t.* press (*od.* squeeze) out; **~putzen** *v/t.* spruce (***sich*** o.s.) up; **~quetschen** *v/t.* squeeze out (*a. fig.*).

herausragen *v/i.* jut out; *Haus etc.*: tower, rise (**aus** above); *fig.* stand out; **herausragend** *fig. adj.* outstanding.

heraus|reden *v/refl.*: ***sich ~*** talk one's way out of it, wriggle out of it, **aus:** talk one's way out of, wriggle out of; **~reißen** *v/t.* pull out; (*Papier etc.*) tear out; *fig.* tear s.o. (**aus** from); (*befreien*) get out (of); (*aufrütteln*) shake out (of); F (*retten*) save; F *fig. diese Leistung* ***hat ihn noch herausgerissen*** saved him (from the worst); F ***das reißt alles*** (***wieder***) ***heraus*** that makes up for it; **~rücken I.** *v/t.* push (*od.* move) out; F *fig.* (*hergeben*) → **II.** F *v/i.*: **~ *mit*** come out with; (*Geld*) F fork out, cough up; ***mit der Sprache ~*** talk, (*gestehen*) come out with it; ***jetzt rück mal heraus*** (***mit der Sprache***) come on, out with it; **~rufen** *v/t.* call out; *thea.* call for, call before the curtain; **~rutschen** *v/i.* slip out (*a. fig.*); *fig.* ***das ist mir so herausgerutscht*** it just slipped out; **~sagen** *v/t.* (*mst* ***frei ~***) say *s.th.* straight out; → *a.* ***heraus***; **~schaffen** *v/t.* take (*od.* move, carry) out; **~schälen** *fig.* **I.** *v/t.* **1.** (*Idee etc.*) sift out; **II.** *v/refl.* **2.** F ***sich aus s-n Sachen ~*** F peel one's clothes off; **3.** ***sich ~*** emerge; **~schauen** *v/i.* look out; *fig.* → ***herausspringen*** 2; **~schinden** F *v/t.* → ***herausschlagen*** 2; **~schlagen I.** *v/t.* **1.** knock out (**aus** of); **2.** *fig.* get (**aus** out of); ***Geld ~ aus*** make money out of; ***möglichst viel ~*** get as much as one can (**aus** out of); ***e-n Vorteil ~*** wangle an advantage (**aus** out of); **II.** *v/i. Flamme*: leap out (**aus** of); **~schleudern** *v/t.* **1.** throw (*od.* hurl, catapult) out; ***aus e-m Auto herausgeschleudert werden*** be thrown (*od.* hurled) out of a car; **2.** (*Worte, Anklage etc.*) burst out with; **~schlüpfen** *v/i.* slip out; **~schmecken** *v/t.* taste; ***et. ~ aus*** taste s.th. in *the sauce etc.*; **~schmeißen** *v/t.* throw out (**aus** of); → *a.* ***rausschmeißen***; **~schneiden** *v/t.* cut out; **~schöpfen** *v/t. mit Löffel etc.*: ladle out; (*Wasser*) scoop out; *aus e-m Boot*: bale out (*alle* **aus** of); **~schrauben** *v/t.* unscrew (**aus** from); **~schreiben** *v/t.* copy (**aus** from, out of); **~schütteln** *v/t.* shake out (**aus** of); **~schütten** *v/t.* pour out (**aus** of); **~schwindeln** *v/refl.*: ***sich ~*** wriggle (one's way) out of it, **aus:** wriggle out of; **~sehen** *v/i.* look out; **~sickern** *v/i.* seep (**aus** out of); (*tröpfeln*) trickle (out of); **~springen** *v/i.* **1.** jump out (**aus** of); **2.** F *fig.* ***was springt für mich dabei heraus?*** what's in it for me?; **~spritzen** *v/i.* squirt out; **~sprudeln I.** *v/i.* bubble out; *fig. Worte*: come spluttering out; **II.** *fig. v/t.* splutter out; **~stechen** *v/i. Farbe etc.*: stand out; **~stehen** *v/i.* stand out; stick out; *scharf*: jut out; **~stellen I.** *v/t.* **1.** put out(side); **2.** *fig.* (*betonen*) emphasize, underline, bring out (clearly); (*an die Öffentlichkeit bringen*) publicize; *in der Werbung etc.*: highlight, feature (*a. thea.*), bring out; (*abheben*) set off, throw into (sharp) relief; ***et. klar und deutlich ~*** make s.th. quite clear; → *a.* ***hinausstellen***; **II.** *v/refl.*: ***sich ~ als*** turn out (to be); ***es hat sich herausgestellt, dass*** it turned out (that), ***er ein Drogenschmuggler ist***: he turned out to be (*od.* it turned out he was) a drug smuggler; ***es hat sich herausgestellt, dass er sehr kompetent ist*** *a.* he proved (to be) very competent; ***das hat sich erst später herausgestellt*** that only came out (*od.* came to light) later; **~strecken** *v/t.* (*Kopf etc.*) stick out (**aus** of); → ***Zunge***; **~streichen I.** *v/t.* cross out (**aus** of), delete (from); *fig.* praise to the skies; **II.** *v/refl.*: ***sich ~*** blow one's own trumpet; **~strömen** *v/i. a. fig.* pour out (**aus** of); **~stürzen** *v/i.* fall out (**aus** of); (*eilen*) rush (*od.* storm) out (of), come rushing (*od.* storming) out (of); **~suchen** *v/t.* choose, pick out; **~tragen** *v/t.* carry out (**aus** of); **~trennen** *v/t.* detach, remove (**aus** from); **~treten** *v/i.* step (*od.* come) out (**aus** of); → *a.* ***hervortreten***; **~wachsen** *v/i.*: **~ *aus*** grow out of, (*den Kleidern*) *a.* outgrow; F ***das wächst mir zum Hals heraus*** I'm sick and tired of it; **~wagen** *v/refl.*: ***sich ~*** venture out(-side); **~waschen** *v/t.* wash out; **~werfen** *v/t.* throw out (**aus** of); **~winden** *fig. v/refl.*: ***sich ~*** wriggle out of it, **aus:** wriggle out of; **~winken I.** *v/t.* (*Auto*) flag down; **II.** *v/i.*: ***aus dem Fenster*** *etc.* **~** wave from the window *etc.*; **~wirtschaften** *v/t.* get (**aus** out of); ***e-n Gewinn ~*** make a profit (**aus** out of); **~wollen** *v/i.* want to get out; *fig.* ***er will nicht mit der Sprache heraus*** he won't open up, he's clammed up; **~ziehen** *v/t.* pull out (**aus** of); (*Zahn*) *a.* extract (from) (*a.* ⚕ *u. fig. Inhalt*); (*schleppen*) drag out (of); ⚔ (*Truppenteil*) withdraw (from), pull out (of); (*Notizen*) *aus Büchern etc.*: cull (from).

herb *adj.* sour, tart; *Wein*: dry; *Duft*: tangy; *fig.* harsh, severe; *Enttäuschung, Niederlage etc.*: bitter; *Schönheit, Stil*: austere.

Herbarium *n* herbarium.

Herbe *f* → ***Herbheit.***

herbei *adv.* here; ***...*** *in Zssgn* → *a.* ***her(an)...***; **~eilen** *v/i.* come running (up); **~führen** *v/t.* (*verursachen*) cause, bring about; (*bewirken*) lead to; (*erzwingen*) force; *bsd.* ⚕ induce; **~holen** *v/t.* fetch; (*Arzt etc.*) *a.* call (*od.* send) for; **~kommen** *v/i.* come along; **~laufen** *v/i.* come running (along); **~locken** *v/t.* attract, lure; **~reden** *v/t.* (*Krise etc.*) provoke; ***wir wollen es nicht ~*** let's not tempt fate; **~rufen** *v/t.* call over; (*Arzt etc.*) call (*od.* send) for; **~schaffen** *v/t.* fetch; (*besorgen*) provide, get; (*Beweise etc.*) produce; **~schleppen** *v/t.* drag along (*od.* in); **~sehnen** *v/t.* long for; ***sie sehnt den Frühling (ihre Kinder) herbei*** *a.* she can't wait for spring (she wishes her children were there *od.* with her); **~strömen** *v/i.* flock to the scene; come in crowds; ***~ zu*** flock to; ***die Menschen sind herbeigeströmt*** crowds of people came; **~stürzen** *v/i.* rush up (to the scene); **~winken** *v/t.* beckon *s.o.* to come; (*Taxi*) hail, flag down; **~wünschen** *v/t.*: **(*sich*) *et.* ~** long for s.th.; ***sich j-n ~*** wish s.o. were (*od.* was) there; → *a.* ***herbeisehnen***; **~zaubern** *v/t.* conjure up; **~ziehen** *v/t.* pull near; (*Stuhl*) pull up; *fig.* → ***Haar***; **~zitieren** *v/t.* send for, ask *s.o.* to come and see one.

her|bekommen *v/t.* get (hold of); **~bemühen I.** *v/t.*: ***j-n ~*** ask s.o. to come (there *od.* here); **II.** *v/refl.*: ***sich ~*** take the trouble to come; ***Sie haben sich leider umsonst herbemüht*** I'm afraid you've come all this way for nothing; **~beordern** *v/t.* summon.

Herberge *f* (*Gasthaus*) inn; (*Jugend*≈ *etc.*) (youth *etc.*) hostel; (*Obdach*) shelter (*a. fig.*), hostel; **Herbergsmutter** *f*, **Herbergsvater** *m* warden.

her|bestellen *v/t.* ask *s.o.* to come; send for; (*Taxi*) order; **~beten** *v/t.* reel (*od.* rattle) off.

Herbheit *f* sourness; *Wein*: dryness, dry quality; *fig.* severity; bitterness; *Schönheit*, *Stil*: austerity.

herbitten *v/t.* ask *s.o.* to come.

Herbizid *n* herbicide.

herbringen *v/t.* bring (along); → ***hergebracht.***

Herbst *m* autumn, *Am. a.* fall; **~anfang** *m* beginning of autumn (*Am. a.* fall); **~blume** *f* autumn flower; **~färbung** *f* autumn(al) colo(u)rs *pl.*; **~ferien** *pl.* autumn break *sg.*; **~kollektion** *f* autumn collection.

herbstlich I. *adj.* autumn(al); **II.** *adv.*: ***~ kühles Wetter (kühler Abend*** *etc.*) cool autumn weather (evening *etc.*).

Herbst|monat *m* autumn month; **~punkt** *m ast.* autumn equinox; **~rose** *f* hollyhock; **~tag** *m* autumn day; **~wetter** *n* autumn weather; **~wind** *m* autumn(al) wind; **~zeitlose** *f* ⚘ meadow saffron, naked lady.

Herd *m* **1.** (*Küchen*≈) stove, cooker; *aus Eisen*: range; (*Ofen*) oven; *fig.* hearth, home; *fig.* ***den ganzen Tag am ~ stehen*** stand in the kitchen all day long; ***am häuslichen ~*** at home; ***eigener ~ ist Goldes wert*** there's no place like home; **2.** *fig.* (*Ausgangspunkt*) cent|re (*Am.* -er); focus (*a.* ⚕); *e-s Erdbebens*: epicent|re (*Am.* -er).

Herde *f* **1.** herd; (*Schaf*≈) flock; ***in der ~ leben*** *Tierart*: live in herds; **2.** *fig.* herd, masses *pl.*; ***mit der ~ laufen*** (just) follow the herd; ***aus der ~ ausbrechen*** break away from the others, go one's own way.

Herden|geist *m* herd mentality; **~instinkt** *m* herd instinct; **~mensch** *m* sheep; **~tier** *n* **1.** gregarious animal; **2.** *fig. contp.* sheep; **~trieb** *m* herd (*fig. a.* sheep) instinct; **~vieh** *fig. contp. n the* herd.

herdenweise *adv.* in herds (*a. fig.*).

Herd|infektion *f* focal infection; **~platte** *f* hotplate.

hereditär *adj.* hereditary.

herein *adv.* in; ***von draußen ~*** from outside; ***~!*** come in!; **~bekommen** *v/t. a.* ⚕ get in; (*Außenstände*) recover; **~bitten** *v/t.* ask *s.o.* to come in; **~blicken** *v/i.* look in(side); ***~ in*** look into (*od.* inside); **~brechen** *fig. v/i. Nacht*: fall; *Sturm*: break; *Winter*: set in; ***~ über*** hit, strike, *Unglück*, *Schicksal etc.*: *a.* befall; **~bringen** *v/t.* bring in, *mit Mühe*: get in; **~dringen** *v/i.* → ***eindringen***; **~fallen** *v/i. Licht etc.*: come in; *fig.* be taken in (***auf*** by), (*a.* ***darauf ~***) F fall for it; ***~ auf*** *a.* fall for; ***mit*** *et. od. j-m* ***~*** make a mistake with; **~führen** *v/t.* show in(to ***in***); **~gehen** *v/i.* → ***hineingehen***; **~holen** *v/t.* fetch (*od.* bring) in; ⚕ (*Aufträge*) get (in); *fig.* (*Verluste etc.*) recoup; (*aufholen*) make up for; **~kommen** *v/i.* come in(side); walk in; *mühsam*: get in; ⚕ come in; ***~ in*** come into (*od.* inside); **~langen I.** *v/t.* pass *s.th.* in(to ***in***); **II.** *v/i.* (*a.* ***~ in***) reach inside; **~lassen** *v/t.* let in; **~legen** *v/t.* F take *s.o.* for a ride, *a. finanziell*: take *s.o.* in; **~locken** *v/t.* lure in(side); **~nehmen** *v/t.* take in; **~platzen** *v/i. in ein Zimmer*: burst in(to ***in***); **~regnen** *v/impers.*: ***es regnet herein*** it's raining in, the rain's coming in (*od.* through the roof *etc.*); ***~ in*** rain into; **~reichen I.** *v/t.*: ***j-m et. ~*** hand s.th. in to s.o.; **II.** *v/i.*: ***~ in*** reach as far as; **~reißen** F *v/t.*, **~reiten** F *v/t.* get (*od.* land) s.o. in a (real) mess; ***j-n in et. ~*** land s.o. in s.th., drag s.o. into s.th.; **~rufen** *v/t.* call in; **~schauen** *v/i.* look in; F (*vorbeischauen*) look in, drop by (***bei*** at); ***~ in*** look into; ***zur Tür ~*** pop one's head around the door; **~schmuggeln** *v/t.* smuggle in(to ***in***); **~schneien I.** *v/impers.*: ***es schneit herein*** it's snowing in, the snow's coming in (*od.* through the door *etc.*); ***~ in*** snow into; **II.** F *fig. v/i.* F blow in, breeze in; **~sehen** *v/i.* → ***hereinschauen***; **~spazieren** *v/i.* stroll in, walk in; ***hereinspaziert kommen*** come waltzing (*od.* strolling) in; ***hereinspaziert kam(en) ...*** in strolled ..., in walked ..., who should walk in but ...; ***hereinspaziert!*** come in!, come in!; **~strömen** *v/i.* pour in (*a. fig.*); **~stürmen** *v/i.*, **~stürzen** *v/i.* rush in(to ***in***); **~treten** *v/i.* come in, walk in, enter; ***~ in*** come into, enter; **~ziehen I.** *v/t.* pull in; *fig.* → ***hineinziehen***; ***~ in*** pull into (*od.* inside); **II.** *v/i.* → ***einziehen.***

herfahren I. *v/t.* bring (*od.* drive) here; bring by car; **II.** *v/i.* drive (here); come by car; ***hinter*** *j-m od. et.* ***~*** drive behind; follow; ***vor*** *j-m od. et.* ***~*** drive in front (*od.* ahead) of; **Herfahrt** *f* journey (*od.* trip) here; ***auf der ~*** on the (*od.* my *etc.*) way here.

her|fallen *v/i.*: ***~ über*** pounce on, attack; F (*kritisieren*) F have a (real) go at; F (*Essen*) F go for, pitch into; **~finden** *v/i.* find one's way here; **~führen I.** *v/t.* bring here; ***was führt Sie her?*** what brings you here?; **II.** *v/i.*: ***neben et. ~*** *Straße etc.*: run *od.* go along(side) s.th.

Hergang *m* sequence of events; (*Umstände*) circumstances *pl.*, details *pl.*; ***den ~ schildern*** describe exactly what happened.

her|geben I. *v/t.* (*zurückgeben*) give (*od.* hand) back; (*weggeben*) give away; ***gib her!*** give it to me, hand it over; ***gib mal her!*** (*lass mich mal sehen*) let me have a look; ***ich gebe es nicht gerne her*** I don't like to part with it; ***s-n Namen ~ zu*** associate o.s. with; *fig.* ***e-e Menge ~*** F be pretty good, *weitS.* be well worth the effort; ***es gibt nichts her*** it's not much use, (*lohnt sich nicht*) it's not worth it, *Buch*, *Thema etc.*: there isn't much to it; **II.** *v/refl.*: ***sich zu et. ~*** get involved in s.th., *stärker*: stoop to s.th.; ***sich dazu ~ zu*** *inf.* lower o.s. to *inf.*, stoop to *ger.*; ***dazu gebe ich mich nicht her*** *a.* I'm not going to have anything to do with that (*od.* be a party to that); **~gebracht** *adj.* usual, customary; (*alt*~) traditional, old; **~gehen** *v/i.* **1.** ***hinter*** *j-m od. et.* ***~*** follow, walk behind; ***vor*** *j-m od. et.* ***~*** walk in front (*od.* ahead) of; **2.** ***es ging heiß her*** things got pretty lively, *Party*: they were having a great time; ***hier geht es hoch her*** there's plenty of action (*od.* plenty going on) around here; ***es ging lustig her*** it was great fun; **3.** ***über j-n ~*** pull s.o. to pieces; **~geholt** *adj.*: ***weit ~*** far-fetched; **~gehören** *v/i.* → ***hierher gehören***; **~gelaufen** *contp. adj.*: ***jeder ~e Kerl*** any (old) Tom, Dick or Harry; ***du kannst doch nicht einfach diesen ~en Kerl heiraten*** you can't just marry the first man who happens to come your way; **~haben** *v/t.*: ***wo hast du das her?*** where did you get that (from)?; **~halten I.** *v/t.* hold out; **II.** *v/i.*: ***~ müssen*** F have to take the rap; **~holen** *v/t.* fetch, get; ***~ lassen*** send for; → ***hergeholt***; **~hören** *v/i.* listen; ***hört mal alle her!*** listen, everyone.

Hering *m* **1.** *zo.* herring; F *fig.* (*dünner Mensch*) F matchstick; ***wie die ~e zusammengedrängt*** packed like sardines; **2.** (*Zeltpflock*) tent peg.

Herings|fischerei *f* herring fishery; **~hai** *m* mackerel shark; **~milch** *f* herring milt; **~salat** *m* pickled herring salad.

herjagen I. *v/i.*: ***~ hinter*** (*j-m*) chase after, (*e-r Sache*) *a.* try to chase up; **II.** *v/t.*: ***vor sich ~*** drive *an animal etc.* along in front of one.

herkommen I. *v/i.* come (here); (*sich nähern*) approach; ***~ von*** *a. fig.* come from; ***wo kommt er her?*** where does he come from?; **II.** ≈ *n* **1.** → ***Herkunft***; **2.** tradition; **herkömmlich** *adj.* (*gebräuchlich*, *üblich*) customary; *Brauch*: traditional; *Waffen etc.*: conventional.

Herkulesarbeit *fig. f* Herculean task.

herkulisch *adj.* Herculean.

Herkunft *f* origin; *e-r Person*: *a.* background; *e-s Wortes*: origin, derivation; ***der ~ nach*** by origin; ***er ist chinesischer ~*** he's of Chinese origin (*od.* descent), he has a Chinese background; ***es ist kanadischer ~*** it comes from Canada.

Herkunfts|bezeichnung *f* ⚕ mark of origin; **~land** *n* ⚕ country of origin; **~ort** *m* ⚕ place of origin.

her|laufen *v/i.* run (here); ***hinter*** *j-m od. et.* ***~*** run (*od.* chase) after; → ***hergelaufen***; **~leiern** *v/t.* reel off.

herleiten I. *v/t.* (*ableiten*) derive (***von*** from); *logisch*: deduce (from), infer (from); **II.** *v/refl.*: ***sich ~ von*** derive (*od.* be derived) from; go back to; *genealogisch*: descend (*od.* be descended) from; **Herleitung** *f e-s Wortes etc.*: derivation.

her|locken *v/t.* lure (over here); **~machen I.** *v/refl.*: ***sich ~ über*** (*Arbeit*, *Buch etc.*) tackle, F get stuck into; (*Essen etc.*)

H

F go for, pitch into; (*j-n*) F have a (real) go at; → *a.* ***herfallen***; **II.** *v/i.*: ***etwas*** (***viel***) ~ be quite (very) impressive, *Kleidung etc.*: look good (great); ***es macht nicht viel her*** F it's not up to much, it's not much to look at.

Hermaphrodit *m* hermaphrodite; **hermaphroditisch** *adj.* hermaphroditic(al).

Hermelin[1] *n zo.* ermine, stoat.

Hermelin[2] *m* (*~pelz*) ermine.

Hermesbürgschaft *f* export credit guarantee.

hermetisch I. *adj.* hermetic, airtight; **II.** *adv.* hermetically; ~ ***verschlossen*** (*od.* ***abgeriegelt***) hermetically sealed.

hermüssen *v/i.* have to come (here); ***das Buch muss her!*** we must get hold of (*od.* get our hands on) that book.

hernach *dial. adv.* afterwards; later (on).

hernehmen *v/t.* **1.** get (**von** from), find; **2.** F (*stark fordern*) put *s.o.* through the mill; (*schelten*) F give *s.o.* a good going over; ***den muss ich mir mal*** ~ I'll have to have words with him.

Hernie *f* ⚕ hernia, rupture.

heroben *dial. adv.* up here.

Heroenkult *m* hero worship.

Heroin *n* heroin; ~ ***spritzen*** shoot heroin.

Heroine *f thea.* heroine.

Heroin|opfer *n* → ***Herointote(r)***; **~sucht** *f* heroin addiction; **≈süchtig** *adj.* addicted to heroin; **~süchtige(r** *m***)** *f* heroin addict; **~tote(r** *m***)** *f* heroin victim; ***die Zahl der Herointoten*** *a.* the number of heroin deaths.

heroisch *adj.* heroic(ally *adv.*); **Heroismus** *m* heroism.

Herold *m* herald; *fig.* (*Vorbote*) *a.* harbinger.

Heros *m* hero.

Herpes *m* ⚕ herpes.

herplappern *v/t.* rattle off.

Herr *m* **1.** (*Mann*) man, *sehr höflich*: gentleman; *vor Eigennamen*: Mr; ***die ~en N. und M.*** Messrs N and M; ~ ***Doktor*** (***Professor*** *etc.*) doctor (professor *etc.*); ~ ***Präsident!*** Mr Chairman, *im Unterhaus*: Mr Speaker, *zum Präsidenten der USA*: Mr President; ***der ~ Präsident*** the Chairman *etc.*; ***meine*** (***Damen und***) ***~en!*** (ladies and) gentlemen!; ***Sehr geehrter ~ N.*** *in Briefen*: Dear Sir, *vertraulicher*: Dear Mr N; ***Ihr ~ Vater*** your father; ***~en*** *Toilette*: Gentlemen, Men; ***bei den ~en*** *Sport*: in the men's event (*od.* finals *etc.*); ***meine ~en!*** *als Ausruf*: would you believe it; **2.** (*Gebieter*) master (*a. e-s Hundes*), (*bsd. Adliger*) lord; (*Herrscher*) ruler; ***mein ~ und Gebieter*** my lord and master; ***s-n ~n und Meister finden in*** meet one's match in; ***aus aller ~en Länder*** from the four corners of the earth; ***sein eigener ~ sein*** be one's own boss; ~ ***im eigenen Hause sein*** be master (*od.* have the say) in one's own house; ***zwei ~en dienen*** serve two masters; ~ ***der Lage sein*** have everything under control; ~ ***über Leben und Tod sein*** have power over life and death; ~ ***werden*** *gen.* get *s.th.* under control, (*Problemen*) get on top of; ***s-r Gefühle ~ werden*** get a grip of oneself; ***den*** (***großen***) ***~n spielen*** play lord of the manor, F act the big shot; ***wie der ~, so's Gescherr*** like master, like man; **3.** (*Gott, Christus*) Lord; ***Gott, der ~*** the Lord God; ***der ~ Jesus*** the Lord Jesus; ***im Jahre des ~n*** in the year of our Lord.

Herrchen F *n e-s Hundes*: master; ***komm zu ~!*** come to Daddy!

Herreise *f* → ***Herfahrt***; **herreisen** *v/i.* come (*od.* get) here.

Herren|abend *m* stag party; **~anzug** *m* man's suit; **~artikel** *pl.* men's accessories; **~ausstatter** *m* men's outfitter, *Am.* haberdasher; **~begleitung** *f*: ***in ~*** accompanied by a man, in male company, with a man; **~bekleidung** *f* men's clothing, menswear; **~besuch** *m* male visitor(s *pl.*); **~doppel** *n Tennis etc.*: men's doubles *pl.* (*Match*: *sg. konstr.*); **~einzel** *n Tennis*: men's singles *pl.* (*Match*: *sg. konstr.*); **~fahrrad** *n* men's bicycle; **~friseur** *m* men's hairdresser, barber; (*Geschäft*) men's hairdresser's, barber's, barber('s) shop; **~gesellschaft** *f* **1.** stag party; **2.** → ***Herrenbegleitung***; **~größe** *f* men's size; **~hemd** *n* man's shirt; **~hof** *m* manor; **~hose** *f*: (***e-e ~*** a pair of) men's trousers (*Am.* pants) *pl.*; **~hut** *m* men's hat; **~kleidung** *f*, **~konfektion** *f* men's clothing, menswear; **~leben** *n* life of luxury; ***ein ~ führen*** live like a lord.

herrenlos *adj.* abandoned; *Tier*: stray; ***~e Güter*** unclaimed property.

Herren|magazin *n* men's magazine; **~mannschaft** *f* men's team; **~mode** *f* men's fashion(s *pl.*); **~oberbekleidung** *f* menswear; **~rasse** *f* master race; **~schirm** *m* men's umbrella; **~schneider** *m* men's tailor; **~sitz** *m* **1.** (*Gut*) manor; **2.** ***im ~ reiten*** *Reitsport*: ride astride; **~toilette** *f* men's lavatory (*od.* toilet, *Am.* restroom); *Aufschrift*: Gentlemen, Men; **~unterwäsche** *f* men's underwear; **~volk** *n* master race; **~welt** *f the* men *pl.*; **~witz** *m* dirty joke.

Herrgott *m* God, *the* Lord (God); → ***Gott***; **Herrgottsfrühe** *f*: ***in aller ~*** at the crack of dawn, at an (*od.* some) unearthly hour.

herrichten I. *v/t.* (*bereiten*) get ready; (*ordnen*) tidy up; (*renovieren*) do up; **II.** *dial. v/refl.*: ***sich ~*** get ready, *fein*: smarten o.s. up, get all spruced up.

Herrin *f* **1.** mistress, lady; **2.** (*Herrscherin*) ruler.

herrisch *adj. Person, Benehmen*: domineering, imperious (*a. Ton*), *stärker*: dictatorial; *Stimme etc.*: commanding; (*hochmütig*) arrogant, overbearing.

herrlich I. *adj.* wonderful, marvel(l)ous; *Wetter*: *a.* beautiful, glorious; (*prächtig*) splendid; **II.** *adv.* marvel(l)ously *etc.*; ~ ***und in Freuden leben*** live in clover; **Herrlichkeit** *f* magnificence; (*Pracht*) splendo(u)r; *der Landschaft etc.*: (great) beauty; ***~en*** wonderful things, (*Schätze*) treasures; ***die ~ Gottes*** the glory (*od.* majesty) of God; F ***das war die ganze ~*** that was it.

Herrschaft *f* rule; (*Regierung*) government, *e-s Fürsten*: reign; (*Gewalt*) power (*a. fig.*); (*Vor≈*) supremacy; *fig.* (*Kontrolle*) control (**über** of); ***meine ~en!*** ladies and gentlemen; ***hohe ~en*** dignitaries, F *iro.* F top nobs; ***unter j-s ~ fallen*** (***kommen***) fall (come) under s.o.'s sway; *fig.* ***die ~ verlieren über*** lose control of; F ~ (***noch mal***)***!*** damnation!; **herrschaftlich** *adj.* manorial; *Rechte*: territorial; (*erstklassig*) grand.

Herrschafts|anspruch *m* claim to power (*od.* the throne); ***e-n ~ geltend machen*** a) make a territorial claim (***auf*** on), b) lay claim to the throne; **~bereich** *m* **1.** sphere of control; **2.** territory; **~form** *f* form (*od.* system) of rule; **~instrument** *n* instrument of power; **~struktur** *f* power structure; **~system** *n* system of rule (*od.* government).

herrschen *v/i.* **1.** rule (**über** over); (*regieren*) govern (***über e-n Staat*** *etc.* a state *etc.*); *Monarch*: reign (over); *fig.* rule (*s.th., s.o.*), be in control (of); **2.** (*vorhanden sein*) be; (*vor~*) prevail; *Krankheit*: be raging, be rife; (*in Mode sein*) be the fashion; *fig.* ~ ***über*** *a.* control; ***es herrscht ...*** *oft* there is ...; ***bei uns herrscht ...*** we have ..., we're having ...; ***es herrschte e-e gute Stimmung*** a) everyone was in good spirits, b) the general mood was positive; **herrschend** *adj.* ruling, in power; (*vor~*) prevailing (*a. Meinung*), prevalent, current; (*gegenwärtig*) present; *Mode*: current, latest; ***~e Ansichten*** *a.* climate of opinion; ***die ~en Gesellschaftsschichten*** the ruling (*od.* governing) classes; ***nach der ~en Meinung ...*** current opinion has it that ...; ***unter den ~en Verhältnissen*** (*od.* ***Umständen***) under the present circumstances, conditions being as they are.

Herrscher *m* ruler; (*Monarch*) monarch, sovereign; **~blick** *m* imperious look; **~geschlecht** *n* dynasty; **~gewalt** *f* sovereign power; **~haus** *n* **1.** dynasty; **2.** *regierendes*: ruling house.

Herrscherin *f* → ***Herrscher.***

Herrscher|kult *m* ruler cult; **~miene** *f* commanding air; **~paar** *n* ruler (*od.* sovereign) and his *od.* her consort; **~stab** *m* scept|re (*Am.* -er).

Herrschsucht *f* lust (*od.* thirst) for power; *fig.* domineering (*stärker*: tyrannical) nature; **herrschsüchtig** *adj.* power-mad; *fig.* domineering, *stärker*: tyrannical.

her|rücken I. *v/i.* move up (*od.* closer); **II.** *v/t.* (*Tisch etc.*) move closer; **~rufen** *v/t.* call (over); **~rühren** *v/i.*: ~ ***von*** come (*od.* stem, result, derive) from, be due to; **~sagen** *v/t.* recite; (*Gebet, Aufgabe*) say; (*herunterleiern*) reel off; **~schaffen** *v/t.* get here; get hold of; → *a.* ***herbeischaffen***; **~schenken** *dial. v/t.* give away; **~schicken** *v/t.* send here (*od.* over); **~schieben** *v/t.* push over (here), push this way; ***vor sich ~*** push (along), *fig.* keep putting off; **~schleichen** *v/i. u. v/refl.* (***sich ~***) sneak over; **~schleppen** *v/t.* drag *od.* lug over (here); *über größere Entfernung*: drag (*od.* lug) all the way here; **~sehen** *v/i.* look (here *od.* this way); **~setzen I.** *v/t.* put (*od.* place) here; **II.** *v/refl.*: ***sich zu j-m ~*** sit (down) next to (*od.* beside) s.o.; ***setz dich zu mir her!*** come and sit down next to (*od.* beside) me; **~stammen** *v/i.* **1.** ~ ***von*** come from; **2.** → ***herrühren.***

herstellbar *adj.*: ***leicht*** (***schwer***) ~ easy (difficult) to make *od.* produce; **herstellen I.** *v/t.* **1.** put here; **2.** (*erzeugen*) produce, make; (*bauen*) build; prepare; **3.** (*wieder~*) restore, repair; *gesundheitlich*: restore to health; **4.** (*schaffen, zustande bringen*) establish; **II.** *v/refl.*: ***sich ~*** **5.** come and stand over here; ***stell dich her zu mir!*** come and stand over here (*od.* next to me, beside me); **6.** (*zustande kommen*) come about, be established; **Hersteller** *m* **1.** manufacturer; **2.** *im Verlag*: production man (*od.* manager); **Herstellung** *f* production; *von Beziehungen etc.*: establishment; (*Wieder≈*) restoration, repair.

Herstellungs|betrieb *m* manufacturing *od.* production firm (*od.* plant); **~kosten** *pl.* production costs (*od.* cost *sg.*); (*Selbst-*

kosten) prime cost *sg.*; **~land** *n* producer country; (*Ursprungsland*) country of origin; **~preis** *m* production price, cost of manufacture; **~verfahren** *n* manufacturing process.

her|stürzen *v/i.* **1.** rush here (*od.* over); **2.** → ***herfallen***; **~tragen** *v/t.* carry here; **~treiben** *v/t.*: ***vor sich ~*** drive along (in front of one); F ***was treibt dich her?*** what brings you here?

Hertz *n phys.* hertz, cycle per second.

herüben *dial. adv.* over here, (over) on this side.

herüber *adv.* (over) here; ***~ und hinüber*** to and fro; **~...** *in Zssgn mst* ... over, ... across; **~bitten** *v/t.* ask *s.o.* (to come) over; **~blicken** *v/i.* look (*od.* glance) over; **~bringen** *v/t.* bring over (*od.* round); ***über*** *e-e Grenze etc.* ***~*** take across; **~dringen** *v/i.* find its (*od.* their) way over; *Töne etc.*: carry over (**an** to); **~eilen** *v/i.* hurry (*od.* rush) over; **~fliegen** *v/i.* fly over; **~gelangen** *v/i.* get over; **~helfen** *v/i.*: ***j-m ~*** help s.o. (to get) over; **~holen** *v/t.* fetch (over); → ***herbeiholen***; **~klettern** *v/i.* climb over; **~kommen** *v/i.* come over (*od.* round); ***über*** *e-e Straße etc.* ***~*** get across; **~lassen** *v/t.* let *s.o.* (come) over; **~laufen** *v/i.* come running over; **~reichen I.** *v/t.* hand (over), pass (across); **II.** *v/i. a. Person*: reach (across); *die Schnur etc.* ***reicht nicht herüber*** won't reach, isn't long enough; **~retten** *v/t.* → ***hinüberretten***; **~schwimmen** *v/i.* swim over; **~springen** *v/i.* jump over; **~wechseln** *v/i.* change sides; ***auf die linke Fahrbahn ~*** switch to the left(-hand) lane; **~wehen I.** *v/i. Duft etc.*: waft over (*od.* across); *Papier etc.*: be blown over (*od.* across); **II.** *v/t.* blow over (*od.* across).

herum *adv.* **1.** *ziellos*: (a)round, about; ***~ um*** (a)round; (*rings~, rund~*) round about, (all) around; ***hier ~!*** this way!; ***gleich um die Ecke ~*** just (a)round the corner; **2. *um ... ~*** (*ungefähr*) about; in the region of; ***er ist um die vierzig ~*** he's about forty, he's fortyish; ***um zehn Uhr ~*** (at) about ten o'clock; ***um Weihnachten ~*** round about Christmas (time); **3.** (*vorbei*) over; ***die Zeit ist ~*** time's up; **~...** *in Zssgn mst* ... round; → *a.* ***umher...***, ***hierherum***; **~albern** *v/i.* fool around; **~ärgern** *v/refl.*: ***sich ~ mit*** battle with, *dauernd*: be having a constant battle with; **~balgen** *v/refl.*: ***sich ~*** romp around; *fig.* ***sich ~ mit*** wrangle with; **~basteln** *v/i.* tinker around; ***~ an*** tinker *od.* fiddle (around) with; **~bekommen** F *v/t.* → ***herumkriegen***; **~brüllen** *v/i.* shout one's head off, yell; ***was brüllt der so herum?*** what's he shouting (his head off) about?; **~bummeln** *v/i.* **1.** (*schlendern*) stroll around; (*sich herumtreiben*) gad about (the place); ***in Indien ~*** gad about India; **2.** (*langsam arbeiten*) mess around; **~deuteln I.** *v/i.*: ***~ an*** quibble (*od.* split hairs) over; **II.** *v/t.*: ***daran ist nichts herumzudeuteln*** it's perfectly plain; **~dirigieren** *v/t.* boss around; **~doktern** F *v/i.*: ***~ an*** tinker *od.* fiddle (around) with, (*j-m*) tinker around with, treat *s.o.* like a guinea pig; **~drehen** *v/t. u. v/refl.* (***sich ~***) turn (a)round; (*Liegendes*) *a.* turn over; **~drücken** F *v/refl.* **1. *sich ~*** hang (a)round (*in a place*); **2. *sich ~ um*** try to get out of; ***sich um das wahre Problem ~*** (try to) avoid the issue; **~drucksen** F *v/i.* hum and haw; **~experimentieren** *v/i.* experiment (**mit** with); *contp.* experiment around (with); **~fahren** *v/i.* drive (*od.* ride, ⚓ sail) (a)round; ***um die Stadt ~*** drive round the outskirts of the town; ***in der Stadt ~*** drive around (the) town; ***um e-e Ecke ~*** drive round (*od.* turn) a corner; **~fingern** *v/i.*: ***~ an*** fiddle around with, (*betasten*) touch, finger; **~fliegen** *v/i.* fly (a)round (***um et.*** s.th.); **~fragen** *v/i.* ask (a)round; **~fuchteln** *v/i.* gesticulate; ***mit*** *et.* ***~*** wave *s.th.* around, *drohend*: brandish, wield; **~führen I.** *v/t.* **1.** show *s.o.* (a)round (***in*** *a place*); → ***Nase***; **2. *e-n Graben*** *etc.* ***~ um*** run a ditch *etc.* (a)round; **II.** *v/i.*: ***~ um*** *Straße etc.*: go (*od.* run) (a)round; F *fig.* ***da führt kein Weg (drum) herum*** there's no getting round it; **~fuhrwerken** F *v/i.* bustle about; ***mit et. ~*** wield s.th. about; **~fummeln** F *v/i.*: ***~ mit*** fiddle (*od.* mess) around with; **~gehen** *v/i.* walk around; (*herumgereicht werden*) be passed (a)round; (*verlaufen*) *Graben etc.*: run round; *Zeit*: pass; ***~ um*** walk (*od.* go) (a)round; ***~ in*** walk around *a place*; ***~ lassen*** pass *s.th.* (a)round; *fig.* ***im Kopf ~*** go round and round in one's head; **~geistern** F *v/i.* F flit around (***in*** *a place*); ***in j-m*** (*od.* ***j-s Kopf***) ***~*** *Idee etc.*: dart about in s.o.'s head, *stärker*: haunt s.o.; ***in den Köpfen ~*** be on people's minds; **~gondeln** F *v/i.* F coast (*od.* swan) around (***in*** *a place*); **~hacken** F *v/i.*: ***auf j-m ~*** pick on s.o., go on at s.o.; **~hängen** F *v/i.* hang (a)round; ***~ in*** hang around (in) *a place*; **~hantieren** *v/i.*: ***~ mit*** fiddle around with; **~hetzen I.** *v/i.* run around (like mad); **II.** *v/t.* chase *s.o.* (a)round, keep *s.o.* on the run; **~horchen** *v/i.* keep one's ears open, ask around (**ob** to see whether, in case); **~huren** *v/i.* whore around; **~irren** *v/i.* wander around *od.* about (lost *od.* like a lost soul), ***in:*** wander around *a place*; **~kommandieren** *v/t.* boss around (*od.* about); **~kommen** *v/i.* **1.** (*a.* ***~ um***) come (a)round *the corner etc.*; F *aus dem Nachbarhaus*: come round (*od.* over); **2.** (*weit ~*) get around; *Gerücht*: spread; **3. *um et. ~*** get (a)round s.th. (*a. fig.*); *fig.* ***du kommst um die Tatsachen (Prüfung) nicht herum*** there's no getting away from the facts (around the exam); **~krebsen** F *v/i.* struggle along; **~kriegen** F *v/t.* **1.** (*j-n*) get (*od.* talk, bring) *s.o.* round; ***j-n dazu ~ zu*** *inf.* get s.o. to *inf.*, get s.o. round to *ger.*, talk s.o. into *ger.*; **2.** (*Zeit*) pass; ***wie kriegen wir den Abend (die Stunde) herum?*** what are we going to do all evening (for the next hour)?; **~kritisieren** *v/i.*: ***~ an*** keep finding fault with, pick (*od.* keep picking) holes in; **~kurven** F *v/i.* F cruise around (***in*** *a place*); **~kutschieren** F **I.** *v/t.* chauffeur (F cart) *s.o.* around (the place); **II.** *v/i.* F drive (*od.* chauffeur people) around the place; **~laufen** *v/i. ziellos*: run (a)round; ***um et. ~*** run (a)round s.th.; ***~ mit*** (*e-m Schnurrbart etc.*) sport; **~liegen** *v/i.* lie around; ***um et. ~*** surround; **~lümmeln** F *v/i.* lounge around, F loll about; **~lungern** F *v/i.* hang (a)round; **~machen** F *v/i.* **1. *~ an*** fiddle around with; **2. *~ an*** (*j-m*) go on at, (*e-r Sache*) go on about; **3.** (*überlegen*) ***mach nicht so lang herum*** a) F stop dawdling, b) make up your mind; **~mäkeln** F *v/i.* find fault (**an** with), ***an:*** *a.* pick holes in; **~meckern** F *v/i.* moan (about everything), keep moaning, F whinge; **~murksen** F *v/i.* mess around; **~nörgeln** F *v/i.* find fault (**an** with), ***an:*** *a.* pick holes in; **~pfuschen** *v/i.*: ***~ an*** fiddle around with, *unerlaubt*: tamper with; **~plagen** *v/refl.*: ***sich ~ mit*** a) have a hard time with, b) have to mess around with; **~quälen** *v/refl.*: ***sich ~ mit*** a) be plagued by, (*Krankheit etc.*) *a.* go around with, try to fight off, b) → ***herumplagen***; **~rasen** *v/i.* rush around (like a madman *od.* an idiot); **~rätseln** *v/i.* rack one's brains (**an** over); ***an et. ~*** *a.* try to figure (*od.* work) s.th. out; **~reden** *v/i.*: ***um et. ~*** talk round s.th.; ***darum ~*** beat around (*od.* about) the bush, avoid the issue; **~reichen** *v/t.* hand (*od.* pass) round; **~reisen** *v/i.* travel around (***in e-m Land*** *etc.* a country *etc.*); **~reiten** *v/i.* ride around; *fig.* ***~ auf*** harp (*od.* go) on about *s.th.*; **~rutschen** *v/i.* slide around; **~scharwenzeln** F *v/i.*: ***~ um*** F suck up to; **~schlagen** *v/refl.*: ***sich ~ mit*** scuffle with; *fig.* grapple with; **~schleppen** *v/t.* drag around; **~schmeißen** F *v/t.* throw around; **~schnüffeln** *v/i.* snoop around (***in*** *a place*); **~schubsen** F *v/t.* push *s.o.* around; **~schwänzeln** F *v/i.*: ***~ um*** F suck up to; **~schwirren** *v/i.* **1.** (*a.* ***~ um***) buzz around, *lautlos*: fly around; ***~ um*** *a.* circle; **2.** *fig. Menschen*: mill around *od.* about (**in** in); *einzelne Person*: flit around (the place); **~sitzen** *v/i.* sit around (doing nothing); **~spielen** *v/i.* play around (**mit, an** with); **~spionieren** *v/i.* snoop around; **~sprechen** *v/refl.*: ***sich ~*** get around; ***es sprach sich herum*** *a.* word got out; **~stehen** *v/i.* stand (a)round; **~stöbern** *v/i.* poke around; ***~ in*** dig around in, (*herumschnüffeln*) nose around in; **~stochern** *v/i.*: ***~ in*** poke around in; ***im Essen ~*** pick at one's food; **~stolzieren** *v/i.* strut around (***in*** *a place*); **~stoßen** *v/t. a. fig.* push *s.o.* around; **~streichen** *v/i.*, **~streifen** *v/i.* prowl (***in den Straßen*** the streets), roam around (***in*** *a place*); **~streiten** *v/refl.*: ***sich ~*** argue; ***ich will mich mit dir nicht ~*** *a.* I don't want to waste time arguing with you; **~streunen** *v/i. Hund etc.*: roam around, wander around (the streets *etc.*); **~suchen** *v/i.* look (*stärker*: hunt) around (**nach** for); **~tanzen** *v/i.* dance around (***um et.*** s.th.); → ***Nase***; **~tappen** *v/i.*, **~tasten** *v/i.* grope (*od.* feel) around (**nach** for); **~telefonieren** *v/i.* ring up all over the place; ***den ganzen Tag ~*** spend the whole day on the phone (*od.* ringing people up); **~toben** *v/i.*, **~tollen** *v/i.* romp around; **~tragen** *v/t.* carry (a)round; *fig.* (*Nachrichten*) spread; *fig. Kummer etc.* ***mit sich ~*** nurse; **~trampeln** *v/i.* trample around (***auf*** on), *laut*: stamp around (on); *fig.* ***~ auf*** (*j-s Gefühlen etc.*) trample on, (*j-m*) treat *s.o.* like a doormat.

herumtreiben *v/refl.*: ***sich ~*** roam around (***in*** *a place*); *in Lokalen etc.*: hang out (in); ***wo hast du dich wieder herumgetrieben?*** what have you been up to then?; **Herumtreiber** *m* loafer; (*Vagabund*) tramp.

herum|trödeln *v/i.* dawdle (**mit** over); **~turnen** *v/i. Kinder*: scramble about; **~wälzen I.** *v/t.* turn (*od.* roll) over; **II.** *v/refl.*: ***sich ~*** turn (a)round; *schlaflos*: toss and turn; **~wandern** *v/i.* wander (a)round (***in*** *a place*); **~werfen I.** *v/t.* throw (*od.* toss) around; (*Steuerrad*) pull round; **II.** *v/refl.*: ***sich ~*** *im Schlaf*: toss and turn; **~wickeln** *v/t.* wrap (*Schnur*: tie) (a)round; **~wirbeln** *v/t. u. v/i.* spin *od.* whirl (*s.o.*) (a)round; **~wirtschaften** F *v/i.* potter about; **~wühlen** *v/i.* rummage (**in** [around] in); *fig. in j-s Vergangenheit etc.*: dig around (in); **~wursteln** F *v/i.* mess around (**an** with); **~zanken** *v/refl.*: **sich ~** argue, squabble; **~zeigen** *v/t.* show (a)round; **~zerren I.** *v/t.* (*Steuerrad etc.*) pull (F yank) round; *durch die Gegend*: drag (a)round; **II.** *v/i.*: **~ an** tug at.

herumziehen I. *v/t.* drag around; **II.** *v/i.* wander about; *fig.* **~ mit** F hang around with; **herumziehend** *adj. Volk*: nomadic; *Händler*: itinerant; *Schauspieler*: strolling *player*.

herumzigeunern *v/i.* rove around.

herunten *dial. adv.* down here.

herunter *adv.* down; **die Treppe ~** down the stairs, downstairs; **~ von dem Bett!** get off the bed!; F **~ sein:** a) *gesundheitlich, a. Betrieb etc.*: be run-down; **er ist mit den Nerven ~** his nerves are shot; b) *Fieber*: have gone down; *in Zssgn* → *a.* **herab...**; **~bekommen** *v/t.* get *s.th.* down, (*wegbekommen*) get *s.th.* off; **~beten** F *v/t.* reel off, rattle off; **~blicken** *v/i.* look down (**auf** at); **~bringen** *v/t.* bring down (*a. fig. Preise, Temperatur etc.*); *mühsam*: get down; *fig.* (*j-n, Wirtschaft etc.*) ruin; **~drücken** *v/t.* press down; (*Taste*) press; *fig.* (*Preise*) bring (*stärker*: force) down; **~fahren I.** *v/i. allg.* go (*od.* come) down, *im Auto*: drive down, *auf Motorrad*: ride down; **II.** *v/t.* (*Straße*) go (*od.* come) down; → I; (*Reaktor, Computer*) (*abschalten*) shut down; (*Reaktor*) (*e-n Teil der Leistung reduzieren*) reduce the output (of); (*verringern*) cut down; **die Zahl der ... ~** cut down on the number of ...; **~fallen** *v/i.* fall (down); **~ von** fall (*od.* drop) off *s.th.*; **fall nicht herunter!** mind you don't fall; **~gehen** *v/i.* **1.** go down; *Temperatur etc.*: *a.* drop (**bis auf** to); *Preise*: *a.* fall, drop; ✈ *a.* descend; **~ mit** reduce, lower *prices, speed etc.*; **2.** *Weg etc.*: go down (**zu** to); **3. ~ von** (*e-m Tisch etc.*) get off; **~gekommen** *adj. Person*: (*schäbig*) dowdy, down-at-heel, scruffy; *sittlich*: dissolute; *gesundheitlich*: in bad shape; *Bauernhof etc.*: run-down, neglected, (*verfallen*) dilapidated; *Betrieb etc.*: run-down; **~ sein** *Haus, Betrieb etc.*: *a.* be going to rack and ruin; **~handeln** *v/t.* (*Preis, j-n*) beat down (**auf** to); (*Summe*) get *20 marks etc.* knocked off (**vom Preis** the price); **et. ~** (manage to) get s.th. cheaper; **et. um 20 Mark ~** get 20 marks knocked off s.th., get s.th. 20 marks cheaper; **~hängen** *v/i.* hang down; *baumelnd*: dangle (**von** from); **~hauen** *v/t.* → **runterhauen**; **~helfen** *v/i.*: **j-m ~** help s.o. (to get) down; **~holen** *v/t.* fetch (*od.* get) down; ⚔ shoot down; **~klappen** *v/t.* turn down; **~klettern** *v/i.* climb down (**von** from); **~kommen I.** *v/i.* **1.** come down; *kletternd etc.*: get down (**von** from); **~ von** (*e-m Bett etc.*) *a.* get off; **2.** *fig.* (*sich verschlechtern*) go downhill; *stärker, Betrieb, Wirtschaft etc.*: go to rack and ruin; *Person, wirtschaftlich*: come down in the world, *sittlich*: go to the dogs, sink low; → **heruntergekommen**; **II.** *v/t.* (*die Straße etc.*) come down; **die Treppe ~** *a.* come downstairs; **~kriegen** F *v/t.* **1.** → **herunterbekommen**; **2. ich kriegs nicht herunter** (*Essen etc.*) I can't eat (*od.* drink) it, I can't get it down; **~kurbeln** *v/t.* (*Autofenster etc.*) roll down; **~laden** *v/t.* download; **Informationen aus dem Internet ~** download information from the Internet; **~lassen** *v/t.* let down, lower; drop; **~laufen I.** *v/t.* (*die Straße etc.*) walk (*rennen*: run) down; **II.** *v/i. Wasser etc.*: run down (**an der Wand** *etc.* the wall *etc.*); **~leiern** *v/t.* rattle off, reel off; **~machen** *v/t.* **1.** lower; (*Kragen*) turn down; **2.** *fig.* (*j-n*) run down, pull to pieces; **~nehmen** *v/t.* take down; **~ von** take down from, take off; **die Füße vom Tisch ~** take one's feet off the table; **~prasseln** *v/i. Regen*: pelt down; *Münzen, Perlen etc.*: scatter all over the floor; **~purzeln** *v/i.* fall (*od.* tumble) down; **~putzen** F *v/t.*: **j-n ~** give s.o. a dressing down, lambast s.o., F blow s.o. up; **~reichen I.** *v/i.* reach down (**bis** to, as far as); **II.** *v/t.* hand (*od.* pass) *s.th.* down; **~reißen** *v/t.* pull down; *fig.* → **heruntermachen**; **~rutschen** *v/i.* slide (*od.* slip) down; **~schalten** *v/i. mot.* change (*Am.* shift) down; **~schicken** *v/t.* send down; **~schlagen** *v/t.* **1.** knock down; **2.** (*Kragen etc.*) turn down; **~schlucken** *v/t.* swallow (*a. fig.*); **~schmeißen** F *v/t.* throw down; (*umstoßen*) knock down; **~schütteln** *v/t.* shake down (*od.* off); **~sehen** *v/i.* look down (**auf** at, *fig.* on); **~spielen** *v/t.* **1.** ♪ rattle off, rush through; **2.** *fig.* (*bagatellisieren*) play down; **~springen** *v/i.* jump down; **~spülen** *v/t.* wash off (**von** *s.th.*), wash down (from); *den Abfluss herunter*: wash *s.th.* down the sink; F (*Essen*) F wash down; **~steigen** *v/i. u. v/t.* climb down; **die Treppe ~** *a.* come down the stairs, come downstairs; **~stoßen** *v/t.* knock down; **~stürzen** *v/i.* fall down, *stärker*: come crashing down; **~tragen** *v/t.* carry *od.* take down(stairs); **~tropfen** *v/i.* drip (down); **~werfen** *v/t.* throw down; **~wirtschaften** *v/t.* mismanage, run down; **~ziehen** *v/t.* pull down; *fig. contp.* drag *s.o.* down (**auf** to *a lower level etc.*); *fig.* **j-n zu sich ~** drag s.o. down to one's own level.

hervor *adv.* out; **~ aus** out of; **hinter ... ~** from behind ...; **unter ... ~** from under ...; **~blicken** *v/i.* (*sichtbar sein*) peep out (**hinter, unter** of), appear; **hinter e-m Baum** *etc.* **~** peep from behind a tree *etc.*; **~brechen** *v/i.* burst out (*od.* through); ⚔ rush forward; **~bringen** *v/t.* produce (*a. Nachkommen*); (*schaffen*) create; (*bewirken*) cause, give rise to; (*Worte*) utter; **~dringen** *v/i.* come out (**von** of); **~ aus** *Geräusche etc.*: come (*od.* penetrate) from; **~gehen** *v/i.*: **~ aus** (*stammen aus*) come (*od.* emerge) from; (*sich entwickeln aus*) develop (*od.* arise) from; (*sich als Folge ergeben aus*) result from; **daraus geht hervor, dass** it follows that, this shows that; **aus dem Brief geht nicht hervor, ob** the letter doesn't indicate whether; **wie aus der Umfrage hervorgeht, ...** the survey shows that ...; **als Sieger ~** emerge victorious; **~gucken** F *v/i.* peep out.

hervorheben *fig.* **I.** *v/t.* emphasize, underline, stress; (*Schrift etc.*) set off, bring out; **II.** *v/refl.*: **sich ~** stand out (**aus** against); **Hervorhebung** *f* emphasis; **unter** (**besonderer**) **~** *gen.* with (special) emphasis on.

hervor|holen *v/t.* produce; take (*od.* pull) out (**aus** of); **~kehren** *v/t.* **1.** (*betonen*) emphasize; **2.** (*herauskehren*) act, play *the big boss etc.*; **~kommen** *v/i.* come out (**hinter** from behind); (*auftauchen*) appear, emerge (**aus** from); **~kramen** F *v/t.* F fish out, dig up; *fig.* (*Erinnerungen etc.*) F dredge up; **~leuchten** *v/i.* shine (*a. fig.*); **~locken** *v/t.* lure out; **~quellen** *v/i.* **1.** *Flüssigkeit etc.*: well up (**aus** out of, from); *stärker*: gush out (of); **~ aus** *a.* well (*od.* gush) from; **2.** *Rauch etc.*: pour (**aus** from); **3.** *Augen, Bauch etc.*: bulge, protrude.

hervorragen *v/i.* **1.** jut (*od.* stick) out (**aus** of); project (from); **~ aus** (*sich erheben*) rise (*od.* tower) above; **2.** *fig.* stand out (**durch** by); **hervorragend I.** *adj.* excellent, outstanding, first-rate; **sie hat ≈es geleistet** she has achieved some outstanding things; **II.** *adv.* extremely well, outstandingly.

hervor|rufen *v/t.* **1.** *fig.* (*bewirken*) cause, give rise to; (*Ärger, Protest etc.*) provoke; (*Eindruck*) create; **bei j-m Gelächter** (**e-e Reaktion** *etc.*) **~** make s.o. laugh (react *etc.*); **2.** *thea.* call for; **~springen** *v/i.* **1.** jump out (**aus** of); **2.** *Felsen, Kinn*: jut out; **~der Felsen** protruding rock; **~des Kinn** (**~de Nase**) prominent chin (nose); **sie hat ein ~des Kinn** *a.* her chin juts out; **3.** *fig.* → **hervorstechen.**

hervorstechen *fig. v/i.* stand out (**aus** against); be prominent; be conspicuous; **hervorstechend** *adj.* prominent; (*auffallend*) striking; (*vorherrschend*) (pre-) dominant.

hervorstehen *v/i.* jut (*od.* stick) out; *Augen*: protrude, bulge; *Ohren*: stick out; **~de Backenknochen** high cheekbones; **~de Zähne** buck teeth.

hervortreten *v/i.* **1.** come out (**aus** of; **hinter** from behind); *aus e-m Versteck etc.*: *a.* emerge (from); **2.** *fig. Augen*: bulge, protrude; (*sich abheben*) stand out; (*in Erscheinung treten*) emerge; *Person*: make o.s. a name (**als** as); **mit** *e-m Roman etc.* **~** come out with; **hervortretend** *adj.* striking, prominent; *Augen*: protruding.

hervor|tun *v/refl.*: **sich ~ 1.** distinguish o.s.; **2.** (*angeben*) show off; **sich mit et. ~** *a.* flaunt s.th.; **~wagen** *v/refl.*: **sich ~** venture out, dare to appear; **~zaubern** *v/t.* conjure up (*a. fig.*); **~ziehen** *v/t.* pull out (**aus** of), *zum Vorzeigen*: *a.* produce (out of, from).

herwagen *v/refl.*: **sich ~** dare to come (*od.* put in an appearance) here.

Herweg *m*: **auf dem ~** on the way here.

Herz *n* heart (*a. fig.*); (*Seele*) *a.* soul; (*Kartenfarbe*) hearts *pl.*, (*Einzelkarte*) heart; (*Mittelpunkt*) heart, core, cent|re (*Am.* -er); **er hats am ~en** he has heart trouble (*od.* a heart condition); *fig.* **aus tiefstem ~en** from the bottom of one's heart; *ein Mann* **nach m-m ~en** after my own heart; **von ~en** sincerely; **von ~en kommend** sincere, heartfelt; **von ganzem ~en** with all one's heart; **ich bedanke mich von ganzem ~en** I'm deeply grateful (to you); **et. auf ~ und Nieren prüfen** put s.th. through its paces; **es lässt die ~en höher schlagen** a) it makes your heart swell, b) it gets you going; **er lässt die ~en höher schlagen** he makes the ladies swoon (*od.* go weak in the knees); **sein ~ schlug höher** his heart leapt; **mir schlug das ~ bis zum Hals** my heart was in my mouth; **mir fiel das ~ in die Hosentasche** my heart sank; **et. auf dem ~en haben** have s.th. on one's mind; **j-m et.** (**besonders**) **ans ~ legen** a) urge s.o. to do s.th., b) entrust s.o. with the task of doing s.th.; **j-m zu ~en gehen** move s.o.; ***j-n in sein ~ schließen*** grow very fond of s.o., become very attached to s.o.; ***j-s ~ brechen*** (***gewinnen, stehlen***) break (win, steal) s.o.'s heart; ***sein ~ an et. hängen*** set one's heart on s.th.; ***sein ganzes ~ hängt daran*** it means the world to him; ***sein ~ auf der Zunge tragen*** wear one's heart on one's sleeve; ***sich ein ~ fassen*** pluck (F screw) up some courage; ***sich et. zu ~en nehmen*** take s.th. to heart; ***Hand aufs ~!*** cross my heart; ***es liegt mir am ~en*** it means a lot to me (***zu*** *inf.* to be able to *inf.*), ***zu*** *inf.*: *a.* I'm (very) anxious to *inf.*; ***mit ganzem ~en*** *dabei sein etc.*: heart and soul; ***er ist mit ganzem ~en bei der Arbeit*** his heart's in his work; ***es tut dem ~en wohl*** it does you good; ***ich kann es nicht übers ~ bringen*** I can't bring myself to do it, I haven't got the heart (to do it); ***mein ~ blutete*** my heart bled (***für ihn*** for him; ***bei dem Anblick*** at the sight); ***alles, was das ~ begehrt*** everything your heart desires, everything you could possibly wish for; ***ein ~ für Kinder*** (***Tiere*** *etc.*) a place in one's heart for children (animals *etc.*); ***ein ~ u. eine Seele sein*** be inseparable; → ***ausschütten*** 2, ***Fleck, gebrochen, leicht*** 1, ***schwer*** 1 *etc.*; **~anfall** *m* heart attack; **~as** *n* ace of hearts; **~asthma** *n* cardiac asthma.

herzaubern *v/t.* conjure up.

Herzbeschwerden *pl.* heart trouble *sg.*

Herzbeutel *m* pericardium; **~entzündung** *f* pericarditis.

herzbewegend *adj.* (deeply) moving, heart-rending.

Herz|blatt *n* **1.** *pl. Salat etc.*: heart *sg.*; **2.** ⚘ grass-of-Parnassus; **3.** F sweetheart; **~blut** *fig. n one's* lifeblood; ***et. mit s-m ~ machen*** put one's entire heart into s.th.; **~bube** *m* jack of hearts.

Herzchen *n* **1.** *Kosewort*: darling, sweetheart; **2.** *iro.* (*naiver Mensch*) simple soul.

Herz|chirurg *m* heart surgeon; **~chirurgie** *f* heart (*od.* cardiac) surgery; **~dame** *f* queen of hearts.

herzeigen *v/t.* show, let *s.o.* see *s.th.*; ***zeig mal her!*** *a.* let's have a look.

herzen *v/t.* hug, cuddle.

Herzens|angelegenheit *f* matter of the heart; ***das ist mir e-e ~*** (*besonders wichtig*) it is a matter dear to my heart; **~brecher** *m* lady-killer; **≈froh** *adj.* overjoyed, very happy; **~grund** *m*: ***aus tiefstem ~*** from the bottom of one's heart; **≈gut** *adj.* very kind(hearted); ***ein ~er Mensch*** *a.* a good soul; **~güte** *f* kindheartedness; **~lust** *f*: ***nach ~*** to one's heart's content; **~wunsch** *m* great desire; *one's* dearest wish.

Herz|entzündung *f* carditis; **≈erfrischend** *adj.* heart-warming, very refreshing; **≈ergreifend** *adj.* deeply moving; **≈erquickend** *adj.* → ***herzerfrischend***; **≈erwärmend** *adj.* heart-warming; **≈erweichend** *adj.* heart-rending; **~erweiterung** *f* dilatation of the heart; **~fehler** *m* heart defect; **~flattern** *n* **1.** F *fig.* palpitations *pl.*; ***dabei kriege ich ~*** *a.* F it makes my heart go pitter-patter; **2.** → **~flimmern** *n* heart flutter; (*Herzkammerflimmern*) ventricular fibrillation; **≈förmig** *adj.* heart-shaped; **~gegend** *f* cardiac region; ***in der ~*** *a.* around the heart; **~geräusch** *n* cardiac murmur.

herzhaft I. *adj.* good, decent; *Essen*: substantial, robust; *Händedruck*: firm; *Wein*: hearty; ***~er Kuss*** big kiss, F smack on the cheek (*od.* lips); **II.** *adv.*: ***~ lachen*** have a good laugh; ***~ zulangen*** F dig in.

herziehen I. *v/t.* **1.** pull (*od.* draw) up; ***hinter sich ~*** pull along; **II.** *v/i.* **2.** ***~ hinter*** follow; **3.** come to live here, move here (*od.* to this place); **4.** F *fig.* ***~ über*** run down, pull to pieces.

herzig *adj.* cute.

Herz|infarkt *m* heart attack, coronary, □ cardiac infarction; **~insuffizienz** *f* heart failure, □ cardiac insufficiency; **~jagen** *n* tachycardia; **~kammer** *f* ventricle; **~katheter** *m* cardiac catheter.

Herzklappe *f* (heart) valve; **Herzklappenfehler** *m* valvular defect.

Herz|klopfen *n* **1.** ⚕ palpitations *pl.*; **2.** ***mit ~ ging ich hinein*** my heart was thumping when I went in; **~kollaps** *m* heart failure; **~könig** *m* king of hearts.

herzkrank *adj.*: ***~ sein*** suffer from a heart disease (*od.* condition); **Herzkranke(r)** *m* heart (*od.* cardiac) patient; **Herzkrankheit** *f* heart disease (*od.* complaint).

Herzkranzgefäß *n* coronary vessel.

Herz-Kreislauf|-Erkrankung *f* cardiovascular disease (*od.* complaint); **~-System** *n* cardiovascular system.

Herzleiden *n* heart disease (*od.* complaint).

herzlich I. *adj.* warm; (*innig empfunden*) heartfelt, sincere; (*liebevoll*) affectionate; *im Brief*: ***~e Grüße*** best regards, *vertraulich*: love; ***~en Dank*** many thanks (indeed), I'm much obliged; ***~en Glückwunsch!*** congratulations! (***zu*** on); ***~es Beileid*** I'm so sorry (to hear about your father *etc.*); ***ich habe e-e ~e Bitte an dich*** I wonder if you could do me a big favo(u)r; **II.** *adv.* warmly *etc.*; ***~ gern*** gladly, with pleasure; ***~ schlecht*** pretty bad; ***~ wenig*** not very much at all, ***verdienen***: earn a pittance; ***~ lachen*** have a good laugh; ***~ empfangen werden*** be given a warm welcome; ***ich gratuliere ~!*** congratulations! (***zu*** on); ***ich danke Ihnen ~*** many thanks indeed, I'm much obliged to you; **Herzlichkeit** *f* warmth; sincerity.

Herzlinie *f* **1.** cardioid; **2.** *Handlesen*: heart line.

herzlos *adj.* heartless, unfeeling; **Herzlosigkeit** *f* heartlessness.

Herz-Lungen-Maschine *f* heart-lung machine.

Herz|massage *f* cardiac massage; **~mittel** *n* cardiac stimulant; **~muschel** *f* cockle.

Herzmuskel *m* cardiac muscle; **~entzündung** *f* myocarditis; **~störung** *f* (*Insuffizienz*) myocardiac insufficiency; (*Schaden*) myocardiac lesion.

Herzneurose *f* cardiac neurosis.

Herzog *m* duke; **Herzogin** *f* duchess; **herzoglich** *adj.* ducal; **Herzogtum** *n* duchy.

Herz|operation *f* heart surgery (*od.* operation); **~patient** *m* heart (*od.* cardiac) patient; **~pflaster** *n* nitrate (*od.* angina) patch; **~rhythmusstörungen** *pl.* irregular heartbeat *sg.*, cardiac arrhythmia (*od.* dysrhythmia) *sg.*; **~risikopatient** *m* coronary-risk patient; **~schaden** *m* heart (*od.* cardiac) defect; **~scheidewand** *f* septum of the heart; **~schlag** *m* **1.** heartbeat; *weitS.* pulse; **2.** (*Herztod*) heart failure; **~schmerzen** *pl.* pains (*od.* pain *sg.*) in the chest; **~schrittmacher** *m* pacemaker; **~schwäche** *f* cardiac insufficiency; *momentane*: syncope; **~spezialist** *m* heart specialist, cardiologist; **≈stärkend** *adj.* cardiotonic; ***~es Mittel*** cardiac stimulant; **~stillstand** *m* cardiac arrest; **~stück** *fig. n* heart, core; **~tätigkeit** *f* cardiac activity; ***Aussetzen der ~*** cardiac arrest; **~tod** *m* cardiac (*od.* heart-related) death; ***den ~ sterben*** die of heart failure; **~töne** *pl.* cardiac sounds; **~transplantation** *f* heart transplant.

herzu(...) → ***herbei(...), hinzu(...).***

Herz- und Kreislaufkrankheiten *pl.* cardiovascular diseases.

Herz|verfettung *f* fatty degeneration of the heart; **~vergrößerung** *f* cardiac enlargement; **~verpflanzung** *f* heart transplant; **~versagen** *n* heart failure; **~vorkammer** *f* atrium; **~wand** *f* cardiac wall; **≈zerreißend** *adj.* heart-rending.

Hesekiel *m bibl.* Ezekiel.

Hesse *m*, **Hessin** *f* Hessian; ***~ sein*** *a.* come from Hesse; **hessisch** *adj.* Hessian.

hetero F **I.** *adj.* F straight; **II.** ≈ *m*, *f* F het.

heterogen *adj.* heterogeneous; **Heterogenität** *f* heterogeneity.

heteronym I. *adj.* heteronymous; **II.** ≈ *n* heteronym.

Heterosexualität *f* heterosexuality; **heterosexuell** *adj.* heterosexual; **Heterosexuelle(r** *m*) *f* heterosexual.

Hethiter *m hist.* Hittite; **~reich** *n* Hittite Empire.

Hetz *östr. f* fun.

Hetz|artikel *m* inflammatory article; **~blatt** *n* smearsheet.

Hetze *f* **1.** (*Eile*) rush, *des Lebens*: *a.* F rat race; ***was soll die ~?*** what's the big rush?; **2.** (*Hetzfeldzug*) smear campaign; (*Aufhetzung*) agitation; ***~ gegen die Juden*** *etc.* Jew-baiting *etc.*; **3.** → ***Hetzjagd*** 1; **hetzen I.** *v/t.* **1.** (*antreiben*) rush; ***j-n ~*** *bei der Arbeit*: *a.* breathe down s.o.'s neck; ***ich lasse mich nicht ~*** I won't be rushed; ***gehetzt werden*** (***von***) a) be put under pressure (by), b) be under pressure (from); **2.** (*Tiere*) hunt (with hounds), chase; **3.** *j-n od. ein Tier* ***~ auf*** set on(to); → *a.* ***aufhetzen***; **4.** *fig.* (*verfolgen, jagen*) chase, hunt; ***zu Tode ~*** hound to death, *weitS.* (*Witz etc.*) flog to death; **II.** *v/i.* **5.** *a. v/refl.* (***sich ~***) (*eilen*) rush; ***du brauchst*** (***dich***) ***nicht zu ~*** there's no (great) rush; ***hetz nicht so!*** not so fast!; **6.** *fig.* (*Hetzreden führen*) stir (things up); ***~ gegen*** stir up hatred against; ***~ zu*** agitate for *s.th.*; **Hetzer** *m* agitator, rabble-rouser; **Hetzerei** *f* → ***Hetze*** 1 *u.* 3; **hetzerisch** *adj.* inflammatory; rabble-rousing.

Hetz|jagd *f* **1.** hunt(ing) (with hounds); **2.** *fig.* (*Verfolgung*) hunt, chase; **3.** *fig.* (mad) rush; **4.** → **~kampagne** *f* smear campaign; **~parole** *f* demagogic slogan; **~rede** *f* inflammatory (*od.* rabble-rousing) speech; **~tirade** *f* inflammatory harangue.

Heu *n* hay; *fig.* ***Geld wie ~ haben*** have money to burn; **~ballen** *m* bale of hay; **~boden** *m* hayloft.

Heuchelei *f* hypocrisy; (*Verstellung*) dissimulation; (*Unaufrichtigkeit*) insincerity; (*Falschheit*) deceit; **heucheln I.** *v/i.* (*scheinheilig sein od. tun*) be hypocritical; (*unaufrichtig sein*) be insincere; (*scheinheilig reden*) cant; (*sich verstellen*) (dis)simulate, dissemble; **II.** *v/t.* feign, affect, F fake; **Heuchler(in** *f*) *m* hypocrite; **heuchlerisch** *adj.* hypocritical;

H

(*falsch*) deceitful, insincere; **Heuchlermiene** *f* hypocritical air.
heuer *dial. adv.* this year.
Heuer *f* ⚓ pay; **heuern** *v/t.* ⚓ sign on; F *weitS.* (*a.* ***sich j-n*** ~) hire.
Heu|ernte *f* hay harvest; (*Erntezeit*) haymaking season; **~fieber** *n* hay fever; **~gabel** *f* pitchfork; **~haufen** *m* haystack.
Heulboje *f* whistling buoy.
heulen I. *v/i.* howl (*a. Wind*); *Eule*: hoot; *Sirene*: wail; *Bombe etc.*: scream; *weinen*: cry, *laut*: howl; ***er heulte vor Wut*** he wept with rage; **II.** ♀ *n* howling *etc.*; → I; (*Heulerei*) crying, howling; ***es ist zum*** ~ it's enough to make you weep; *bibl.* ~ ***und Zähneklappern*** weeping and gnashing of teeth; **Heuler 1.** F ***das ist ja der letzte*** ~***!*** a) would you believe it, b) *anerkennend*: *sl.* it's (absolutely) brill; **2.** (*junger Seehund*) baby seal, seal pup; **Heulerei** *f* crying, howling; ***hör auf mit der*** ~***!*** stop howling!
Heul|suse F *f* F crybaby; **~ton** *m* wailing sound; sound of a siren.
Heupferd *n zo.* grasshopper; *schädliches*: locust.
heurig *dial. adj.* this year's (*od.* season's), new; **Heurige(r)** *m* **1.** new wine; **2.** (Austrian) wine tavern (*selling new wine*).
Heu|schnupfen *m* hay fever; **~schober** *m* haystack.
Heuschrecke *f* grasshopper; *schädliche*: locust; **Heuschreckenplage** *f* plague of locusts.
heute I. *adv.* today; ~ ***Abend*** this evening, tonight; ~ ***früh,*** ~ ***Morgen*** this morning; ~ ***Nacht*** tonight, (*letzte Nacht*) last night; ~ ***in acht Tagen*** a week (from) today, today week; ~ ***in einem Jahr*** a year from today; ~ ***vor acht Tagen*** a week ago (today); ***von*** ~ ***an, ab*** ~ from today, as of today; ***von*** ~ ***auf morgen*** overnight, from one day to the next; ***lieber*** ~ ***als morgen*** the sooner the better; ***(noch) bis*** ~ to this day; ***er hat bis*** ~ ***(noch) nicht bezahlt*** he hasn't paid to this day, I'm *etc.* still waiting for him to pay (up); ... ***von*** ~ ***...*** of today, today's ..., *weitS.* present-day ...; ***(die) Ausgabe von*** ~ today's issue; ***das Amerika von*** ~ present-day America, America today; ***die Frau von*** ~ today's women, the women of today; → *a.* ***heutzutage***; **II.** ♀ *n*: ***das*** ~ the present.
heutig *adj.* today's; (*gegenwärtig*) *a.* present(-day...), of today, modern; ***der*** ~***e Tag*** today; ***die*** ~***e Zeitung*** today's paper; ***bis zum*** ~***en Tag*** to this day; ***in der*** ~***en Zeit*** → ***heutzutage.***
heutzutage *adv.* these days, nowadays, today.
Heuwagen *m* haycart, haywag(g)on.
hexadezimal *adj.* hexadecimal; **♀system** *n* hexadecimal system; **♀zahl** *f* hexadecimal number.
Hexagon *n* ⩓ hexagon; **hexagonal** *adj.* hexagonal.
Hexameter *m* hexameter.
Hexe *f* witch; *fig. contp.* old hag; **hexen** *v/i.* practi|se (*Am.* -ce) witchcraft; ***ich kann doch nicht*** ~ I can't perform miracles; → ***gehext.***
Hexen|einmaleins *n* magic square; **~glaube** *m* belief in witches; **~häuschen** *n* gingerbread house; **~jagd** *fig. f* witch-hunt(ing); **~kessel** *m* **1.** witch's (*od.* witches') cauldron; **2.** *fig.* chaos; *bsd. pol.* inferno; *pol.* ***mitten im*** ~ ***sitzen*** be sitting on a powder keg; **~küche** *f* witches' kitchen; **~kunst** *f a. pl.* witchcraft; **~meister** *m* wizard, sorcerer; **~prozess** *m* witch('s) trial; **~sabbat** *m* witches' sabbath; *fig.* inferno; **~schuss** *m* ⚕ lumbago; **~verbrennung** *f* burning of witches (*od.* of a witch); **~verfolgung** *f* witch-hunt(ing).
Hexerei *f* witchcraft, sorcery; (*Zauberei*) magic.
Hexzahl *f* hex number.
Hickhack F *n* wrangling, squabbling.
hie *adv.*: ~ ***und da*** now and then; (*stellenweise*) here and there.
Hieb *m* **1.** (*Schlag*) blow, *mit der Faust*: *a.* punch; *mit der Peitsche*: lash; *Fechten*: cut; (~*wunde*) cut, gash; *fig.* (*Anspielung*) dig (**auf** at); **~e** (*Prügel*) beating; ***j-m e-n*** ~ ***versetzen*** *a. fig.* deal s.o. a blow; *fig.* ***auf den ersten*** ~ first time round; ***der*** ~ ***saß*** that hit home; F ***e-n (leichten)*** ~ ***haben*** F be (slightly) cracked; **2.** (*Baum*♀) felling; **3.** *der Feile*: cut.
hieb- und stichfest *adj. Argumente etc.*: watertight; *Beweise, Garantie etc.*: cast--iron ...
hier I. *adv.* **1.** here; (*an diesem Ort*) *a.* in this place; ~ ***(drüben)*** over here; ~ ***draußen (drinnen)*** out (in) here; ~ ***oben (unten)*** up (down) here; ~ ***entlang*** this way; ~***!*** *Appell*: present!, here!; *teleph.* ~ ***(spricht) John B.*** (this is) John B speaking; ***ich bin auch nicht von*** ~ I'm a stranger here myself; ***das Haus*** ~ this house; ~ ***und da*** now and then, *örtlich*: here and there; ~ ***und jetzt*** here and now; ***wann sollte er*** ~ ***sein?*** when was he supposed to come (*od.* be here)?; F ***es steht mir bis*** ~ F I'm fed up to the back teeth with it; F ***nicht ganz*** ~ F not all there; **2.** (*in diesem Fall*) here, in this case; (*zu diesem Zeitpunkt*) at this point; ~ ***ist nichts mehr zu machen*** there's nothing more we can do; **II.** ♀ *n*: ***das*** ~ ***und Jetzt*** the here and now; ***im*** ~ ***und Jetzt*** here and now.
hier... *in Zssgn* → *a.* ***da...***
hieran *adv.* at (*od.* by, in, on, to) this; ***wenn ich*** ~ ***denke*** when I think of this; ***er wird sich*** ~ ***erinnern*** he'll remember this; ~ ***kann ich es erkennen*** I can recognize it by that; ~ ***wird sich entscheiden, ob*** this will decide whether; ~ ***schließt sich ... an*** following this is (*od.* are) ...
Hierarchie *f* hierarchy; **hierarchisch** *adj.* hierarchical.
hieratisch *adj.* hieratic.
hierauf *adv.* on this (*od.* that), here; *zeitlich*: then, thereupon.
hieraus *adv.* from (*od.* out of) this; ~ ***geht hervor, dass*** it follows (*od.* would appear) from this that.
hier behalten *v/t.* keep here.
hierbei *adv.* (*bei dieser Gelegenheit*) here, on this occasion; (*in diesem Zusammenhang*) in this connection; (*in diesem Fall*) in this case; (*währenddessen*) during this, while doing so.
hier bleiben *v/i.* stay here; ***hier geblieben!*** don't you move!, you just stay put!
hierdurch *adv.* **1.** *örtlich*: through here, this way; **2.** *ursächlich*: this way; because of this; *am Satzbeginn*: *a.* that's how.
hierein *adv.* in here.
hierfür *adv.* for this (*od.* it).
hiergegen *adv.* against this (*od.* it); (*im Vergleich*) in comparison.
hierher *adv.* here; this way, over here; **(komm)** ~***!*** come here!; ***bis*** ~ up to here, this far; ***bis*** ~ ***und nicht weiter*** this far and no (*od.* not a step) further; ~***...*** *in Zssgn* → *a.* ***her...***
hierherauf *adv.* up here.
hierher| bemühen I. *v/t.* trouble *s.o.* to come here; **II.** *v/refl.*: ***sich*** ~ take the trouble to come here; ~ **bringen** *v/t.* bring here.
hierherein *adv.* in here; ~***!*** this way, please.
hierher| gehören *v/i.* belong here; ***er gehört hierher*** *a.* this is where he belongs; ***das gehört nicht hierher*** (*ist unangebracht*) it's out of place, (*ist abwegig*) it's irrelevant; ~ **kommen** *v/i.* come here; come this way; ~ **passen** *v/i.* fit, look right; *fig. a.* be appropriate; ***es passt nicht hierher*** *a.* it looks out of place; ~ **tragen** *v/t.* carry *s.th.* here.
hierherum *adv.* this way round; (*ungefähr hier*) somewhere (a)round here.
hierherunter *adv.* down here.
hierher wagen *v/refl.*: ***wie kannst du dich*** ~***?*** how dare you come near this place?
hierhin *adv.* here, this way.
hierhinauf *adv.* up here, this way.
hierhinaus *adv.* out here, this way.
hierhinein *adv.* in here, this way.
hierin *adv.* **1.** in here, in it; **2.** (*in diesem Punkt*) here, in this.
hiermit *adv.* with this; (*mit diesen Worten*) with these words, with this, saying this; ~ ***ist die Sache erledigt*** that settles that; ~ ***bin ich einverstanden*** I'll agree to that, that's all right (*Am.* alright) by me; ~ ***wird bescheinigt*** this is to certify; ~ ***geht unsere Sendung zu Ende*** that brings us to the end of our program(me); ~ ***möchte ich mich verabschieden*** and that's all from me (for today *etc.*).
hiernach *adv.* **1.** after this; **2.** (*dementsprechend*) according to this.
Hieroglyphe *f* hieroglyph; **Hieroglyphenschrift** *f* hieroglyphic writing (*od.* script); **hieroglyphisch** *adj.* hieroglyphic.
Hierokratie *f* hierocracy; **hierokratisch** *adj.* hierocratic(ally *adv.*).
hierüber *adv.* **1.** (*über dieses Thema*) about this (*od.* it), on this (*od.* it), on this (*od.* the) subject; **2.** (*währenddessen*) in the process; **3.** *örtlich*: over here; over this (*od.* it).
hierum *adv.* **1.** (a)round here; **2.** (*um diese Sache*) about this (*od.* it); ~ ***geht es nicht*** that's not the point.
hierunter *adv.* **1.** (*unter dieser Menge*) (included) among them *od.* these; **2.** *verstehen etc.*: by that; ~ ***verstehe ich*** *a.* by that I mean; **3.** *örtlich*: under(neath) this (*od.* it).
hiervon *adv.* **1.** of *od.* from this (*od.* it, these, them); **2.** (*hierüber*) about it (*od.* this).
hiervor *adv.* → ***davor.***
hierzu *adv.* (*zu diesem Zweck*) for this (purpose); (*zu diesem Punkt*) concerning this, on this score; (*zu dieser Kategorie etc.*) to this (*od.* these).
hierzulande, hier zu Lande *adv.* in this country, in these parts, around here, (over) here.
hierzwischen *adv.* between them (*od.* these, the two); in between.
hiesig *adj.* local, ... (around) here; **Hiesige(r)** *m* local.
hieven *v/t.* ⚓ heave (*a. fig.*), hoist.
Hi-Fi *n* hi-fi; **~-Anlage** *f* stereo (system), hi-fi (system); **~-Fan** *m* stereo fan, audiophile; **~-Gerät** *n* piece of hi-fi

equipment; *pl.* hi-fi equipment *sg.*; **~-Turm** *m* rack system.

high *sl. adj.*: ***~ sein*** (*von Drogen*) be high (**von** on).

Highlife F *n* high life; ***~ machen*** F live it up.

Hightech *n* high tech, hi tech; **Hightech...** *in Zssgn*: high-tech, hi-tech.

Hilfe *f* help (*a. Person*); (*Beistand*) *a. finanziell etc.*: *a.* aid, assistance; (*Unterstützung*) support; (*Mitwirkung*) cooperation; *mst pl.* (*Hilfsmittel, Stützen*) *teaching etc.* aids; ***(j-n) um ~ bitten*** ask for help (ask s.o. to help one, ask for s.o.'s help); ***erste ~ (leisten)*** (give) first aid; ***~!*** help!; ***mit ~*** *gen.* (*od.* **von**) with *s.o.'s* help, by means of *s.th.*; ***ohne ~*** (*selbstständig*) without any help, single-handed, (by) himself *etc.*; ***~ suchen*** seek help; *et.* ***zu ~ nehmen*** make use of; ***j-m ~ leisten*** help s.o.; ***j-m zu ~ kommen*** come to s.o.'s assistance (*od.* aid); ***um ~ rufen*** call (*od.* shout) for help; *iro.* ***du bist mir e-e schöne ~*** you're a great help(, I must say); **~gesuch** *n* request for help; **~leistung** *f* help, *a. finanzielle*: assistance, aid; **~ruf** *m*, **~schrei** *m* call (*od.* cry) for help (*a. fig.*); **~stellung** *f Turnen*: support; ***j-m ~ leisten*** support s.o., give s.o. support, *fig. a.* back s.o. up.

Hilfe| suchend *adj. nachgestellt*: seeking help; *Blick*: beseeching; **~ Suchende** *pl.* those seeking (*od.* in need of) help.

Hilfetaste *f Computer*: help key.

hilflos I. *adj. a. fig.* helpless (**gegenüber** in the face of); *j-m od. e-r Sache* ***gegenüber völlig ~ sein*** be at a complete loss as to what to do with (*od.* about); **II.** *adv.*: *j-m od. e-r Sache* ***~ ausgeliefert sein*** be at the mercy of; **Hilflosigkeit** *f* helplessness.

hilfreich I. *adj.* helpful; (*Unterstützung bietend*) supportive; ***es wäre ~, wenn wir wüssten ...*** it would be helpful to know ..., it would help if we knew ...; **II.** *adv.*: ***j-m ~ zur Seite stehen*** help s.o. out, *in Krise etc.*: *a.* support s.o.

Hilfs... *in Zssgn oft* auxiliary, emergency; temporary; relief; assistant, junior; → *a.* ***Behelfs..., Not...***; **~aktion** *f* relief campaign; **~arbeiter** *m* unskilled worker (*od.* labo[u]rer); *pl.* unskilled labo(u)r *sg.*; **~assistent** *m univ.* graduate lecturer.

hilfsbedürftig *adj.* in need of help; (*Not leidend*) needy.

hilfsbereit *adj.* (very) helpful; *im Dienst*: *a.* cooperative; **Hilfsbereitschaft** *f* helpfulness; cooperativeness.

Hilfs|bremse *f* auxiliary brake; **~dienst** *m* auxiliary service; (*Notdienst*) emergency service; **~fonds** *m* relief fund; **~gelder** *pl.* subsidies; ***~ zahlen an*** subsidize; **~güter** *pl.* aid supplies; **~kasse** *f* relief fund; **~komitee** *n* action committee; **~kraft** *f* temporary worker; (*bsd. Sekretärin*) F temp; *wissenschaftliche etc.*: assistant; **~linie** *f* ♪ leger line; ⩓ *etc.* auxiliary line; **~maßnahmen** *pl.* aid *sg.*; *im Notfall*: *a.* emergency measures; **~menü** *n Computer*: help menu; **~mittel** *n* aid (*a.* ⚙; *a. pl.*, *nach Katastrophe etc.*); *weitS.* remedy; (*Maßnahme*) measure; (*Notbehelf*) expedient; (***finanzielle ~*** financial) aid; ***~*** *pl.* ***für den Unterricht*** teaching aids; **~motor** *m* auxiliary engine (⚡ motor); **~organisation** *f* relief organization, aid agency; **~paket** *n* aid package; **~personal** *n* ancillary staff; **~polizei** *f* auxiliary police; **~polizist** *m* special constable; **~prediger** *m* curate; **~programm** *n* aid program(me); **~quelle** *f* **1.** (natural) resource; **2.** ✝ financial resources *pl.*; **3.** *wissenschaftliche*: source; **~tätigkeit** *f* auxiliary work; ***e-e ~ ausüben*** help out; **~truppen** *pl.* ⚔ reinforcements; **~verb** *n* auxiliary verb; **~vorrichtung** *f* auxiliary device; **~werk** *n* welfare (*od.* relief) organization; **~wissenschaft** *f* auxiliary science; **~zeitwort** *n* auxiliary verb.

Himbeere *f* raspberry.

Himbeer|eis *n* raspberry ice cream; **~geist** *m* raspberry brandy; **~saft** *m* raspberry juice; **~strauch** *m* raspberry bush.

Himmel *m* sky; *meteor. a.* skies *pl.*; *lit.* heavens *pl.*; (*~reich*) heaven; (*Bett*≗ *etc.*) canopy; ***am ~*** in the sky; ***im ~*** (*~reich*) in heaven; ***unter freiem ~*** in the open air; ***unter südlichem ~*** under southern skies; *fig.* ***der ~ auf Erden*** heaven on earth; ***den ~ auf Erden haben*** live in paradise; ***~ und Hölle in Bewegung setzen*** move heaven and earth; ***aus allen ~n fallen*** be crushed; ***in den ~ heben*** praise to the skies; ***im sieb(en)ten ~ sein*** be on cloud nine, be walking on air, be in the seventh heaven; ***ihm hängt der ~ voller Geigen*** he thinks life's a bed of roses; ***wie vom ~ fallen*** appear from nowhere; ***(wie) aus heiterem ~*** (completely) out of the blue; ***das schreit*** (F ***stinkt***) ***zum ~*** it's a scandal; ... ***fallen nicht vom ~ ...*** don't grow on trees; ***es ist noch kein Meister vom ~ gefallen*** everyone has to learn; ***ein neuer Stern am musikalischen (literarischen) ~*** a new star on the music (literary) scene; ***Wolken am politischen ~*** clouds on the political horizon; ***du lieber ~!*** my goodness!, good Heavens!; ***um ~s willen!*** for Heaven's (*od.* God's) sake!; ***weiß der ~*** God knows; **≗angst** F *adj.*: ***mir wurde ~*** I was scared to death; **~bett** *n* four-poster (bed); **≗blau** *adj.*, **~blau** *n* sky-blue, azure; **~donnerwetter** F *int.* F damnation!

Himmelfahrt *f eccl.* **1.** (*a.* ***Christi ~***) the Ascension (of Christ); ***Mariä ~*** the Assumption (of the Blessed Virgin); **2.** → ***Himmelfahrtstag.***

Himmelfahrts|kommando *n* **1.** suicide mission; **2.** suicide squad; **~nase** F *f* snub nose; **~tag** *m* Ascension Day.

himmel|hoch I. *adj.* sky-high, soaring; **II.** *adv.* high in the sky; *fig.* ***~ jauchzend, zu Tode betrübt*** up one minute, down the next; **≗reich** *n* (Kingdom of) Heaven; **~schreiend** *adj.* outrageous; *Unsinn etc.*: blatant.

Himmels... *in Zssgn oft* heavenly; celestial; **~erscheinung** *f* celestial phenomenon; **~gabe** *f* gift from heaven; **~globus** *m* celestial globe; **~karte** *f* star chart, map of the night sky; **~körper** *m* celestial body; **~kugel** *f* sphere; **~kunde** *f* astronomy; **~leiter** *f* Jacob's ladder (*a.* ⚘); **~pforte** *f* gates *pl.* of Heaven, F pearly gates *pl.*; **~reklame** *f* skywriting, aerial advertising; **~richtung** *f* **1.** point of the compass, cardinal point; **2.** direction; ***aus allen ~en*** from everywhere, from all four corners of the earth; ***in alle vier ~en deuten*** point north, south, west and east; ***in alle ~en zerstreut werden*** be scattered to the four winds; **~schlüssel** *m* ⚘ cowslip; **~schreiber** *m* skywriter; **~schrift** *f* skywriting; ***in ~*** skywritten; **~spion** F *m* spy satellite, F spy in the sky; **~tor** *n*, **~tür** *f* → ***Himmelspforte;*** **~zelt** *n* firmament.

himmelwärts *adv.* heavenward(s).

himmelweit *fig. adj.* (*u. adv.*) vast(ly), enormous(ly); ***~ voneinander entfernt*** worlds apart.

himmlisch *adj.* heavenly; (*göttlich*) divine; F (*herrlich*) (absolutely) wonderful, *Kleid etc.*: *a.* gorgeous; ***~er Vater*** Our Father in Heaven; ***~e Geduld*** *the* patience of Job.

hin I. *adv.* **1.** there; **auf** (*od.* **nach, zu**) ***... ~*** towards, to; ***bis ~ zu*** as far as, up to; *fig.* including (even); ***über ... ~*** over; ***an ... ~*** (*entlang*) along; ***~ und her*** to and fro, back and forth (→ *a.* II); ***~ und zurück*** there and back; ***zweimal Kiel ~ und zurück*** two returns (*Am.* round-trip tickets) to Kiel; ***bis ... ist noch (ist nicht mehr) lange ~ ...*** is still a long way off (... isn't far away now); ***bis Weihnachten sind noch einige Wochen ~*** we've still got a few weeks to go before Christmas, Christmas is still a few weeks off; ***et. ~ und her überlegen*** turn s.th. over in one's mind; ***wir haben ~ und her überlegt*** we to-ed and fro-ed; ***Freundschaft ~ oder her*** friendship or no; ***ein paar Mark ~ oder her*** give or take a couple of marks, ***das macht nichts:*** a few marks more or less aren't going to make any difference; ***~ und wieder*** now and then, *örtlich*: here and there; ***vor sich ~*** *in Zssgn*, *gehen*: along, *murmeln*, *weinen etc.*: to o.s.; ***ich muss ~*** I've got to go (there); ***nichts wie ~!*** what are we waiting for?; ***wo ist er ~?*** where has he gone?, (*wo hat er sich versteckt?*) *a.* where has he got to?; ***wo willst du ~?*** a) where are you going?, b) where do you want to go?; **2.** ***auf*** *et.* ***~*** as a result of, following, (*in Beantwortung*) in reply to, on, (*hinsichtlich*) concerning; ***auf die Gefahr ~ zu*** *inf.* at the risk of *ger.*; ***auf s-n Rat ~*** on his advice; ***auf*** *e-e Zielgruppe etc.* ***~ konzipiert*** designed for ..., with ... in mind; ***j-n auf Krebs ~ untersuchen*** test s.o. for cancer; → ***Verdacht***; **3.** F ***~ sein:*** (*kaputt*) be broken; (*zerschlagen*) *a.* be smashed; (*verloren*) be gone (*od.* lost); (*ruiniert*) be ruined, F be done for; (*erschöpft*) F be done in, be all in; (*tot*) be dead, F be dead and gone; (*hingerissen*) F be gone; ***er (es) ist ~*** (*kaputt, ruiniert, erschöpft od. tot*) *a.* F he's (it's) had it; **II.** ≗ *n*: ***~ und Her*** coming and going, to-ing and fro-ing; *fig.* (*Wenn u. Aber*) ifs and buts; *fig.* ***nach vielem ~ und Her*** (*Verhandeln*) after much discussion (*od.* talk[ing], bargaining), (*Herumprobieren*) after many attempts, after much experimentation, (*Überlegung*) after a lot of to-ing and fro-ing.

hinab(...) → ***hinunter(...)***

hinarbeiten I. *v/i.*: ***~ auf*** work towards; ***darauf ~ zu*** *inf.* work towards *ger.*, *angestrengt*: strive to *inf.*; **II.** *v/refl.*: ***sich ~ zu*** work one's way towards.

hinauf *adv.* up, upwards; up there; ***bis ~ zu*** up to; ***den Berg ~*** up the hill; ***die Treppe ~*** up the stairs, upstairs; → *a.* ***empor..., hoch...***; **~arbeiten** *v/refl.*: ***sich ~*** work one's way up (*a. fig.*); **~begeben** *v/refl.*: ***sich ~*** go up(stairs); **~blicken** *v/i.* look up (**zu** at, *fig.* to); **~bringen** *v/t.* bring (*od.* carry, take) up(stairs); **~fahren I.** *v/i.* drive up, go up; **II.** *v/t.* take (*od.* drive) up; **~führen I.** *v/t.* **1.** take *s.o.* up(stairs); **2.** *Weg etc.*:

lead (*od.* go) up *the mountain etc.*; **II.** *v/i.* go up (there); **~gehen I.** *v/i.* **1.** go (*od.* walk) up; (*die Treppe* **~**) go upstairs; **2.** (*hinaufführen*) go up (there); **3.** *fig. Preise*: go up, rise; **II.** *v/t.* **4.** (*e-n Berg etc.*) go up, walk up; **5.** *Weg etc.*: go up *the mountain etc.*; **~klettern I.** *v/t.* climb (up); **II.** *v/i.* climb up; **~kommen** *v/i.* come up; (*es schaffen*) make it; **~laufen** *v/i. u. v/t.* run up (*s.th.*); **~reichen I.** *v/t.* pass *s.th.* up (**j-m** to s.o.); **II.** *v/i.* reach (**bis zu** [as far as, up to]), reach up (to); **~schicken** *v/t.* send up; **~schrauben** F *v/t.* (*Preise etc.*) push (*od.* force) up; (*Produktion etc.*) step up, F up; **~sehen** *v/i.* look up (**zu** at); **~setzen** *v/t.* (*Preis etc.*) put up; **~steigen I.** *v/t.* climb (up); (*Treppe*) go up, *mit Mühe*: climb (up); **II.** *v/i.* climb up; **~tragen** *v/t.* carry *od.* take up(stairs); **~treiben** *v/t.* (*Preise*) push (*od.* force) up; **~ziehen I.** *v/t.* pull up; **II.** *v/i.* move up; **III.** *v/refl.*: ***sich* ~** pull o.s. up; ***sich* ~ *bis*** (*reichen*) stretch up to.

hinaus *adv.* out, out there; (*nach außen*) outside; **~ *aus*** out of; ***nach hinten* (*vorn*) ~** *wohnen*: at the back (front); ***über ...* ~** beyond, past, (*höher als*) above, more than; ***zum Fenster* ~** out of the window, *Am. a.* out the window; ***ein Zimmer zur Straße* (*zum Hof*) ~** a room facing *od.* overlooking the street (overlooking *od.* looking into a courtyard); *fig.* ***er weiß nicht wo* ~** he doesn't know which way to turn; ***auf Jahre* ~** for years (to come); ***über die nächste Woche* ~** till (at least) the week after next; ***~!*** get out!; **~ *mit ihm!*** throw him out!; **~ *damit*** out with it; ***über et.* ~ *sein*** be past s.th.; ***ich bin längst darüber* ~ *zu*** *inf.* I'm long past *ger.*; ***über die vierzig* ~ *sein*** be over forty; ***darüber ist er* ~** he's got over that; ***über das Alter ist sie* ~** she's grown out of it; → ***darüber*** 4; **~befördern** *v/t. mst iro.* F kick *s.o.* out; **~begleiten** *v/t.* see *od.* show *s.o.* out (*od.* to the door); **~beugen** *v/refl.*: ***sich* ~** lean out (***aus, zu*** of); **~blicken** *v/i.* look out (***aus, zu*** of); **~bringen** *v/t.* bring *od.* take out(side); see *s.o.* out; **~ekeln** F *v/t.* F freeze out; **~fahren** *v/i.* drive out (*a. v/t.*); ⚓ sail out, put to sea; **~fallen** *v/i.* fall out (***aus, zu*** of); **~finden** *v/i.* find one's way out; ***allein* ~** find one's own way out; **~fliegen** *v/i.* **1.** fly out; **2.** F be kicked out; *aus e-r Stellung*: *a.* F get the sack; **~führen I.** *v/t.* take out; **II.** *v/i. Weg*: lead out; **~ *auf*** *Tür*: open onto, lead to; **~gehen** *v/i.* go (*od.* walk) out, leave; *das Zimmer* ***geht auf den Park*** (*od.* ***nach hinten***) ***hinaus*** looks out onto the park (*od.* is at [*od.* faces] the back); **~ *über*** go beyond, *Sache*: *a.* surpass; **~ *auf*** *Absicht*: aim at; **~geleiten** *v/t.* see (*od.* show) *s.o.* out; **~greifen** *fig. v/i.*: **~ *über*** go beyond; **~jagen** *v/t. a. fig.* chase out; *fig.* (*entlassen*) F kick out; **~katapultieren** *v/t. mit Schleudersitz*: eject; F *fig.* F chuck (*od.* kick) out; **~kommen** *v/i.* come out; (*hinauskönnen*) get out; *fig.* → ***hinauslaufen*** 2; *fig.* **~ *über*** get beyond, get further than, *in der Leistung*: manage (*od.* do) more than; **~komplimentieren** *iro. v/t.* get rid of, see *s.o.* off the premises; **~lassen** *v/t.* let out; **~laufen** *v/i.* **1.** run (*od.* rush) out; **2.** *fig.* **~ *auf*** (*bedeuten*) come (*od.* boil) down to, (*enden in*) end up in; ***es läuft auf dasselbe hinaus*** it comes (*od.* amounts) to the same thing; **~lehnen** *v/refl.*: ***sich* ~** lean out (***aus, zu*** of); ***nicht* ~!** *Aufschrift im Zug*: do not lean out (of the window); **~müssen** *v/i.* have to go out; ***ich muss mal eben hinaus an die frische Luft*** I must just go out for (*od.* to get some) fresh air; **~posaunen** *v/t.* broadcast *s.th.*; **~ragen** *v/i.* jut out; **~ *über*** *Gebäude etc.*: tower above (*a. fig.*); **~reichen I.** *v/t.* reach (*od.* hand) *s.th.* out; **II.** *v/i.*: **~ *über*** reach (*od.* stretch) beyond; *zeitlich*: last more than; **~schaffen** *v/t.* take (*od.* get) out; **~schauen** *v/i.* look out (***aus, zu*** of); **~schicken** *v/t.* send out; **~schieben** *v/t.* **1.** push out; **2.** *fig.* put off, postpone; (*verzögern*) delay; **~schießen** *v/i.*: **~ *über*** overshoot (***das Ziel*** the mark); **~schleichen** *v/i.* sneak out; **~schleppen** *v/t.* drag *s.o. od. s.th.* out (***aus, zu*** of); **~schlüpfen** *v/i.* slip out, *heimlich*: *a.* sneak out (***aus*** of); **~schmeißen** F *v/t.* → ***hinauswerfen***; **2schmiss** F *m* → ***Hinauswurf***; **~sehen** *v/i.* look out; **~setzen** *v/refl.*: ***sich* ~** (go and) sit outside *od.* out in the open; **~stehlen** *v/refl.*: ***sich* ~** steal (*od.* sneak) out (***aus*** of); **~stellen** *v/t.* put out(side); *Sport*: send off; **~stoßen** *v/t.* push out (***aus*** of); **~stürzen I.** *v/i.* rush out; **II.** *v/refl.*: ***sich*** (***zum Fenster***) **~** jump out *od.* throw o.s. out (of the window); **~torkeln** *v/i.* stagger out; **~tragen** *v/t.* carry out; **~treiben** *v/t.* drive out; (*verjagen*) chase away; ***es treibt mich hinaus*** I've got to get out of (*od.* away from) here; **~trompeten** *v/t.* broadcast *s.th.*; **~wachsen** *v/i.*: **~ *über*** grow bigger than; *fig.* outgrow *s.th.*; surpass *s.o.*; ***der Baum ist über die Garage hinausgewachsen*** the tree's taller than the garage now; *fig.* ***über sich selbst* ~** rise above o.s.; **~wagen** *v/refl.*: ***sich* ~** venture out; **~weisen I.** *v/t.* show *s.o.* the door, *höflicher*: ask *s.o.* to leave; **II.** *v/i.*: **~ *über*** (*Augenblicksprobleme etc.*) point (*od.* go, reach) beyond; **~werfen** *v/t.* throw out (***aus*** of); (*j-n, entlassen*) *a.* F (give the) sack, fire; *Geld* ***zum Fenster* ~** squander; **~wollen** *v/i.* **1.** want to get out (***aus*** of); **2.** *fig.* **~ *auf*** drive at; ***worauf will er hinaus?*** *a.* what's he getting at?; ***hoch* ~** aim high, be ambitious; ***höher* ~ *als*** have set one's sights further than; **2wurf** *m*: ***j-m mit dem* ~ *drohen*** threaten to throw (F kick) s.o. out; **~ziehen I.** *v/t.* **1.** pull out; **2.** *fig.* draw (*od.* drag) out; **3.** *fig.* ***es zog ihn hinaus*** (***in die Welt***) he felt he had to go out into the big wide world; **II.** *v/i.*: ***aufs Land* ~** move out into the country; **III.** *v/refl.*: ***sich* ~** drag on; (*sich verzögern*) be delayed; **~zögern I.** *v/t.* put off; (*in die Länge ziehen*) drag (F spin) out; **II.** *v/refl.*: ***sich* ~** be delayed; take longer than expected.

hin|begeben *v/refl.*: ***sich* ~** go there; ***sich* ~ *zu*** go to, make one's way to; **~bekommen** *v/t.* → ***hinkriegen***; **~bemühen I.** *v/t.* ask *s.o.* to go there; **II.** *v/refl.*: ***sich* ~** take the trouble to go there; **~biegen** F *v/t.* (*wieder gutmachen*) put straight (*od.* right), straighten out; (*ausbügeln*) iron out; → *a.* ***hindrehen, hinkriegen***; **~blättern** F *v/t.* (*Geld*) F shell out; **2blick** *m*: ***im* ~ *auf*** in view of; (*hinsichtlich*) regarding; (*vorausschauend auf*) with the prospect of, with ... in mind (*od.* view); **~blicken** *v/i.* look (***zu*** at); **~bringen** *v/t.* **1.** take there; ***wo darf ich Sie* ~?** where would you like to go?; **2.** (*Zeit*) spend, pass (away); ***s-e Zeit mit Schreiben* ~** spend one's time writing; **3.** (*fertig bringen*) manage; **~brüten** *v/i.*: ***vor sich* ~** brood; **~dämmern** *v/i.*: ***vor sich* ~** doze; **~deichseln** F *v/t.* sort out; → ***hinbiegen, hindrehen, hinkriegen***; **~denken** *v/i.*: ***wo denkst du hin?*** say that again?, you've got to be joking.

hinderlich *adj.* obstructive (*dat.* to); (*lästig*) troublesome; (*unbequem*) inconvenient (to); ***j-m* ~ *sein*** (*störend*) be in s.o.'s way.

hindern *v/t.* hinder; (*Verkehr*) block, obstruct; ***j-n an et.* ~, *j-n*** (***daran***) **~ *zu*** *inf.* stop (*od.* prevent) s.o. from *ger.*

Hindernis *n* **1.** barrier; *Laufsport*: hurdle; *Reitsport*: fence; **2.** *fig.* obstacle (**für** to); (*Schwierigkeit*) difficulty; ***kein* ~ *für*** no obstacle to; ***auf* ~*se stoßen*** run into difficulties; ***j-m* ~*se in den Weg legen*** throw obstacles into s.o.'s path; **~lauf** *m*, **~rennen** *n* steeplechase.

Hinderung *f* obstruction; **Hinderungsgrund** *m* reason (*for not coming etc.*); (*Argument dagegen*) argument (*for not coming etc.*); (*Ausrede*) excuse; ***das ist für mich kein* ~** *a.* that's not going to stop me; ***ich sehe darin keinen* ~** I don't see why that should stop me *etc.*

hindeuten *v/i.*: **~ *auf*** point to (*od.* at); *fig.* point to, indicate.

Hindi *n ling.* Hindi.

hin|drängen I. *v/t.*: *j-n od. et.* **~ *zu*** push towards; *fig.* ***es drängt ihn zu*** *j-m od. et.* ***hin*** he feels drawn to(wards); **II.** *v/refl.*: ***sich* ~ *zu*** push (one's way) towards *od.* (through) to; **III.** *v/i.*: **~ *zu*** (*od.* ***nach***) push (one's way) towards *od.* (through) to; *fig.* **~ *auf*** *Person*: urge, press for *reform etc.*, *Sache*: move irresistibly towards; ***zu et.* ~** (*e-n Drang zu et. fühlen*) feel drawn to(wards) s.th.; **~drehen** F *v/t.* **1.** (*fertig bringen*) sort out, manage, *negativ*: F wangle; **2.** ***et. so* ~, *dass*** twist s.th. so that, ***alle glauben ...***: twist s.th. to make everyone believe ...; ***er dreht alles so hin, wies ihm gerade passt*** he twists everything to suit his purposes.

Hindu *m* Hindu; **Hinduismus** *m* Hinduism; **hinduistisch** *adj.* Hindu.

hindurch *adv.* **1.** *örtlich*: through; (*darüber*) across; ***durch et.* ~** through s.th.; ***mitten* ~** right *od.* straight through (the middle); **2.** *zeitlich*: through(out), during; ***den ganzen Tag* ~** all day (long); ***die ganze Nacht* ~** all night (long), the whole night long; ***das ganze Jahr* ~** all year round, the whole year; *in Zssgn* → ***durch...***

hin|dürfen *v/i.* be allowed to go (there); **~eilen** *v/i.* hurry there.

hinein *adv.* in; **~ *in*** into, in(side); ***bis*** (*od.* ***mitten***) **~ *in*** right into (the middle of); ***bis in den Mai*** (***die Nacht***) **~** well (*od.* right) into May (the night); ***bis tief in die Nacht* ~** till the (wee) small hours; ***nur* ~!** go on in; **~ *mit dir!*** in you go!; *in Zssgn mst* ... in(to ***in***); **~arbeiten** *v/refl.*: ***sich* ~** work one's way in(to ***in***); *fig.* get in(to); **~beißen** *v/i.*: **~ *in*** bite into; take a bite of; **~bekommen** *v/t.* get *s.th.* in(to ***in***); **~bringen** *v/t.* take *od.* bring in(to ***in***); *mühsam*: get *s.th.* in(to); F ***ich bring nichts mehr hinein*** (*bin satt*) I couldn't eat another thing; **~denken** *v/refl.*: ***sich* ~ *in*** (*j-n*) put o.s. in *s.o.'s* place (*od.* position); (*Zeit, Umgebung etc.*) imagine one is in; (*Vergangenes*) think back to; **~deuten** *v/t.* → ***hineininterpretieren***; **~drängen I.** *v/t.* (*et.*) squeeze *od.* force in(to ***in***); (*j-n*) force *od.* push in(to), (*Menge*) *a.* herd in(to); **II.** *v/refl.*: ***sich* ~** push one's way in(to *in*); **~fallen** *v/i.* **1.** fall in(to *in*); **2.** → **hereinfallen**; **~finden I.** *v/i.* (*a.* **sich ~**) find one's way in(to *in*); **II.** *fig. v/refl.*: **sich ~ in** get into; **~geheimnissen** *v/t.*: **et. in et. ~** try to read s.th. into s.th., try to find a hidden meaning in s.th.; **viel in et. ~** read all sorts of things into s.th., try to find all sorts of things in s.th.; **~gehen** *v/i.* go in(to *in*); **in den Kanister gehen ... hinein** *a.* the container holds ...; **in den Saal gehen ... hinein** *a.* the hall seats ... *persons*; **~geraten** *v/i.*: **~ in** get into; (*verwickelt werden in*) *a.* get (o.s.) involved in; (*Unangenehmes etc.*) *a.* get caught up in; **2grätschen** *n Fußball*: sliding tackle; **~halten** *v/t.* put *s.th.* in; **~ in** put in(to); **~hängen I.** *v/t.* **1.** hang *s.th.* inside (*od.* in there); **~ in** hang *s.th.* in *the wardrobe etc.*; **II.** *v/i.* **2.** hang (**in** in *the water etc.*); **III.** F *v/refl.* **3. sich ~** → **hineinknien**; **4. sich ~ in** (*einmischen*) F stick one's nose into; **~horchen** *v/i.* **1. in sich ~** do some soul-searching; **2. in** *e-n Text etc.* **~** try to grasp the meaning of; **~interpretieren** *v/t.*: **et. ~ in** read s.th. into; **~knien** *v/refl.*: **sich ~** put one's back into it, **in et.**: get down to s.th.; **~kommen** *v/i.* come in; (*gelangen, geraten*) get in(to *in*); **das kommt hier** (**dort**) **hinein** that goes in here (there); *fig.* **ins Reden** *etc.* **~** start talking *etc.*; **~kriechen** *v/i.* creep in(to *in*); **~lachen** *v/i.*: **in sich ~** laugh (*od.* chuckle) to o.s.; **~langen** *v/i.*: **~ in** reach into; **nicht ~!** hands off!; **~lassen** *v/t.* let in; **~laufen** *v/i.* run inside (*od.* in there); **~ in** run inside (*od.* into); F *fig.* **in j-n ~** run (*od.* bump) into s.o.; **~legen** *v/t.* **1.** put in(to *in*) *od.* inside; **2.** F *fig.* → **hereinlegen**; **~lesen** *v/t.*: **et. ~ in** read s.th. into; **~leuchten** *v/i.* **1.** shine in(to *in*); **mit e-r Taschenlampe** *etc.* **~ in** shine a torch (*Am.* flashlight) *etc.* into; **2.** *fig.* **~ in** (*untersuchen*) probe into, (try to) throw light on; **~manövrieren** *v/t.* manoeuvre (*Am.* maneuver) in(to *in*) *od.* inside; **~mischen** *v/refl.*: **sich ~** → **einmischen**; **~passen** *v/i.* fit in(to *in*), *platzmäßig*: *a.* go in(to); **es passt nicht hinein** it won't fit (in) *od.* go in; **~pfuschen** *v/i.* meddle (**in** in, with), interfere (in, with); **~platzen** *v/i.* burst in(to *in*); **~pressen** *v/t.* press in(to *in*); **~ in** (*ein Schema etc.*) force into; **~projizieren** *v/t.*: **~ in** project onto; **~pumpen** *v/t.* pump in(to *in*) (*a.* F *fig.*); **~quetschen** *v/t.* squeeze in(to *in*); **~reden** *v/i.*: **~ in** interfere with, (*ein Gespräch*) interrupt; **~reichen I.** *v/t.* pass in; **II.** *v/i.* reach in(side); **~rennen** *v/i.* run in(to *in*); *fig.* **in sein Verderben ~** rush headlong into disaster; **~riechen** F *v/i.*: **~ in** (*e-e Firma etc.*) take a look at, (*e-e Arbeit etc.*) have a go at; **~scheinen** *v/i.* shine in(to *in*); **~schlittern** F *v/i.*: **~ in** drift into, get involved in; **~spielen** *v/i.* be involved, play a role (*od.* part), figure (**in** in); **~stecken** *v/t.* put in(to *in*); *fig.* **Geld ~ in** put (✝ sink) money into; → **Nase**; **~steigern** *v/refl.*: **sich ~ in** a) work o.s. up into *a rage etc.*, b) get all worked up over *a problem etc.*, c) get completely wrapped up in *one's work etc.*, go completely overboard for *an idea etc.*, get completely involved (*od.* caught up) in *a role etc.*; **~stopfen** *v/t.* **1.** stuff in(to *in*) (*a.* F *fig.*); **2.** F *Schokolade etc.* **in sich ~** F stuff o.s. with, *sl.* feed one's face with; **~stoßen** *v/t.* **1.** push in(to *in*); **2.** ♪ **~ in** *ein Horn etc.*: blow into; **~stürmen** *v/i.* storm in(side); **~ in** storm into (*od.* inside); **~stürzen I.** *v/i.* fall in(to *in*); *in ein Zimmer etc.*: burst in(to); **II.** *v/t.* push *s.o.* in(to *in*); *fig.* **~ in** *e-e unangenehme Lage etc.*: plunge *s.o.* into; **III.** *v/refl.*: **sich ~** jump in(to *in*), plunge in(to); *fig. ins Treiben etc.*: throw o.s. into the fray; **sich in die Arbeit ~** throw o.s. into one's work; **~tappen** *v/i.*: **~ in** walk into (*a. fig. e-e Falle*); *fig.* get (o.s.) involved in, get caught up in *a difficult situation etc.*; **~tun** *v/t.* put in(to *in*); *fig.* **e-n Blick ~ in** take a look at; **~versetzen** *v/refl.* → **versetzen** II, **hineindenken**; **~wachsen** *v/i.*: **~ in** grow into; **~wagen** *v/refl.*: **sich ~** venture in; **ich wagte mich nicht hinein** I didn't dare (to) go in; **~wehen** *v/i.* blow in(to *in*); *Brise*: *a.* waft in(to); **~werfen** *v/t.* throw in(to *in*); *fig.* **e-n Blick ~** (**in**) take *od.* have a quick look (at), **in ein Buch** *etc.*: *a.* glance at a book; **~wollen** *v/i.* want to go (*od.* get) in; **das will mir nicht in den Kopf hinein** I just can't understand it; **~ziehen** *v/t.* **1.** pull in(to *in*); **2.** *fig.* **j-n in et. ~** (*verwickeln*) drag s.o. into s.th.; **~zwängen** *v/t.* squeeze (*od.* force) in(to *in*).

hinfahren I. *v/t.* **1.** drive (*od.* take) *s.o. od. s.th.* there; **~ nach** (*od.* **zu**) drive (*od.* take) to; **II.** *v/i.* **2.** drive (*od.* go) there; **~ nach** (*od.* **zu**) drive (*od.* go) to; **3.** *fig.* **mit der Hand über et. ~** run one's hand over s.th.; **Hinfahrt** *f* journey there; **auf der ~** on the (*od.* our *etc.*) way there.

hinfallen *v/i.* fall (down); *Person*: (*stürzen*) *a.* fall over.

hinfällig *adj.* **1.** (*gebrechlich*) frail; **2.** (*ungültig*) invalid; **~ machen** invalidate; **damit wird die Sache ~** that disposes of that (*od.* the matter); **Hinfälligkeit** *f* **1.** (*Gebrechlichkeit*) frailty; **2.** (*Ungültigkeit*) invalidity.

hin|finden *v/i.* find the way (*od.* one's way there); **~fläzen, ~flegeln** F *v/refl.*: **sich ~** F sprawl all over the place, **auf**: sprawl all over.

Hinflug *m* outward flight; **auf dem ~** *a.* flying over, on the way there.

hinführen I. *v/t.* take there; **II.** *v/i.* go there; **~ nach** (*od.* **zu**) lead (*od.* go) to; *fig.* **wo soll das ~?** where will it all end?; **wo soll** (*od.* **würde**) **das ~, wenn ...** where would we all be if ...

Hingabe *f* devotion (**an** to); **mit** (*od.* **voller**) **~** devotedly, (*begeistert*) *a.* passionately, (*selbstvergessen*) with abandon; **hingeben I.** *v/t.* (*weggeben*) give away; (*opfern*) sacrifice; **sein Leben ~** lay down one's life; **II.** *v/refl.*: **sich ~** *dat.* devote (*od.* dedicate) o.s. to; (*Lastern etc.*) indulge in; (*Hoffnungen, Illusionen etc.*) cherish; (*sich unterwerfen*) surrender to; **sie gab sich ihm hin** she gave herself to him; **sich s-m Schmerz** *etc.* **~** abandon o.s. to one's grief *etc.*; **Hingebung** *f* → **Hingabe**; **hingebungsvoll** *adj.* (*u. adv.*) devoted(ly); → *a.* (**mit**) **Hingabe.**

hingegen *adv.* however, on the other hand.

hin|gegossen *adj.*: F **wie ~ auf der Couch liegen** F lie draped over the settee; **~gehen** *v/i.* **1.** go (*Straße*: *a.* lead) there; **zu j-m ~** go up to s.o., (*besuchen*) go to (see) s.o., go and see s.o.; **wo gehst du hin?** where are you going?; F **wo kann man hier ~?** (*ausgehen*) what sort of places can you go to around here?; **2.** *Zeit*: pass (by); **3.** *fig.* (*durchgehen, gelten*) pass; **~ lassen** let *s.th.* pass, (*übersehen*) overlook; **~gehören** *v/i.* belong; **wo gehört das hin?** where does that belong (*od.* go)?; **~gelangen** *v/i.* get there; **~geraten** F *v/i.* F land, end up; **wo ist sie ~?** *a.* what became of her?; **~gerissen I.** *adj.* fascinated; enthralled; **hin- und hergerissen sein** be torn (**zwischen** between), F (*begeistert*) be absolutely delighted (**von** with, by), (*gebannt*) be entranced *od.* mesmerized (by); **ich bin hin- und hergerissen** *a.* I just can't decide; **II.** *adv.*: **~ lauschen** listen with rapt attention; **~ der Musik lauschen** *a.* be transported (*od.* carried away) by the music; **~geworfen** *adj. Bemerkung etc.*: casual.

hinhalten *v/t.* **1.** hold out (*dat.* to); **2.** *fig.* (*j-n*) put off; (*warten lassen*) keep *s.o.* hanging; **hinhaltend** *adj.* delaying *action etc.*; **Hinhaltepolitik** *f*, **Hinhaltetaktik** *f* delaying (*od.* stalling) tactics *pl.*

hin|hauen F **I.** *v/i.* **1.** hit; **2.** *fig.* (*klappen*) work; (*stimmen*) work out (just) right; **II.** *v/t.* **3.** (*hinwerfen*) slam *od.* bang down (**auf** on); **4.** *fig.* (*schnell u. schlampig erledigen*) F knock off; (*schreiben*) F reel off; **III.** *v/refl.*: **sich ~** (*schlafen gehen*) F hit the sack (*od.* hay); **sich aufs Bett ~** flop down on the bed; **~hocken** *v/refl.*: **sich ~** squat (down); F **hock dich hin!** F plonk yourself down; **~hören** *v/i.* listen.

hinken *v/i.* limp; *permanent*: have a limp; *fig.* **der Vergleich hinkt** the metaphor doesn't work.

hin|knallen F **I.** *v/t.* slam *od.* bang down (**auf** on); **II.** *v/i.* crash down (**auf** onto); **~knien** *v/i. u. v/refl.* (**sich ~**) kneel down; **~kommen** *v/i.* **1.** come (*od.* get) there; **2.** → **hingeraten**; **3.** *fig.* **wo kämen wir hin, wenn ...** where would we be if ...; **4.** F (*auskommen*) manage, get along (**mit** with); *zeitlich*: make it; **5.** (*hingehören*) go, belong; **6.** F *fig.* → **hinhauen** 2; **~kriegen** F *v/t.* **1.** (*fertig bringen*) do, manage; **das hast du gut hingekriegt** you've done a good job of it; **2.** (*oft* **wieder ~**) (*reparieren*) fix, (*a. j-n, heilen*) put right, *notdürftig*: patch up; (*wieder gutmachen*) put right (*od.* straight); **das werden wir wieder ~** (*reparieren*) *a.* we'll have that fixed again no problem; → *a.* **hinbiegen, hindrehen**; **~langen** *v/i.* **1.** reach out (**nach** for); **~ nach** (*anfassen*) touch; **2.** F (*sich an die Arbeit machen*) F get stuck in; (*tüchtig arbeiten*) put one's shoulder to the wheel; **3.** *finanziell etc.*: take what one can get; **er hat ganz schön hingelangt** he didn't exactly hold back.

hinlänglich *adj.* (*u. adv.*) sufficient(ly), adequate(ly); *adv.* **~ bekannt** sufficiently well-known.

hin|laufen *v/i.* **1.** run (there); **2.** walk (there); **~legen I.** *v/t.* lay (*od.* put) down; (*Kind*) put to bed; **II.** *v/refl.*: **sich ~** lie down; **~lenken** *v/t.*: **~ auf** (*Gespräch etc.*) direct to(wards), (*Aufmerksamkeit*) *a.* draw to; **~lümmeln** *v/refl.* → **hinfläzen**; **~machen** F **I.** *v/t.* **1.** put (there); **2.** (*kaputtmachen*) smash (up); **3.** (*j-n erledigen*) F finish off, burn out; **II.** *v/i. Hund etc.*: F do something; **III.** *v/refl.*: **sich ~** F burn o.s. out; **~nehmen** *v/t.* accept, take; (*dulden*) take; put up with; *widerstandslos*: take *s.th.* lying down; → **selbstverständlich** I.

hinneigen I. *fig. v/i.*: **~ zu** be inclined (*od.* incline) towards; **zu der Auffassung** (*od.* **Überzeugung, Meinung**) **~, dass** be inclined to believe that; **ich neige zu der Meinung hin, dass** *a.* I rather think

H

that; **II.** *v/refl.*: ***sich ~ zu*** lean (over) towards; *Gelände etc.*: be inclined towards; **III.** *v/t. den Kopf etc.* ***~ zu*** bow (*od.* incline) towards; **Hinneigung** *f* inclination, leanings *pl.* (***zu*** towards).

hin|opfern *v/t.* sacrifice; **~passen** *v/i.* fit (in); *platzmäßig*: fit; **~pflanzen** *v/t.* **1.** plant; **2.** F plonk (***sich*** o.s.) down; **~plappern** F *v/t.*: ***das hat er nur so hingeplappert*** he just said it without (really) thinking (about it); **~raffen** *v/t. Tod*: snatch away.

hinreichen I. *v/t.* hand, give; **II.** *v/i.* (*genügen*) be enough, do; ***~ bis*** reach to (*od.* as far as); **hinreichend I.** *adj.* enough, sufficient; (*angemessen*) adequate; (*reichlich*) ample; **II.** *adv.* sufficiently, enough; adequately.

Hinreise *f* trip there; outward journey; ***auf der ~*** on the way there; **hinreisen** *v/i.* travel (*od.* go) there.

H

hinreißen *v/t.* **1.** snatch; **2.** *fig.* (*begeistern*) enthral(l); ***sich ~ lassen*** let o.s. be carried away (***von*** by); ***sich*** (***dazu***) ***~ lassen zu*** *inf.* let o.s. be carried away and *do s.th.*; ***das Stück riss zu Beifallsstürmen hin*** the play received rapturous applause; → ***hingerissen***; **hinreißend I.** *adj.* fascinating; marvel(l)ous; **II.** *adv.*: ***~ schön*** *Person*: stunningly beautiful; ***sie hat ~ gespielt*** she played beautifully, it was a wonderful performance.

hinrichten *v/t.* **1.** execute, put to death; *auf dem elektrischen Stuhl*: electrocute; *durch den Strang*: hang; **2.** (*herrichten*) get ready; (*bereitlegen*) put out (ready); **Hinrichtung** *f* execution.

Hinrichtungs|befehl *m* orders *pl.* for execution; **~kommando** *n* execution squad.

Hinrunde *f* **1.** first half of the season; **2.** (*Hinspiel*) *corresponding match in the first half of the season.*

hin|schaffen *v/t.* take (*od.* get) there; **~schauen** *v/i.* → ***hinsehen***; **~schicken** *v/t.* send (there); **~schielen** *v/i.* sneak a glance (***nach, zu*** at); ***~ nach*** (*od.* ***zu***) *a.* squint at; **~schlachten** *v/t.* slaughter; **~schleppen I.** *v/t.* drag along; **II.** *v/refl.*: ***sich ~*** drag o.s. along; *fig. Zeit, Verhandlungen, Prozess etc.*: drag (on); **~schmeißen** F *v/t.* throw down; *fig.* F chuck in; **~schmieren** *v/t.* (*hinschreiben*) scribble, scrawl; (*hinmalen*) daub; **~schreiben** *v/t.* write down; **~sehen I.** *v/i.* look; **II.** ℒ *n*: ***vom bloßen ~ wird mir übel*** it makes me feel sick just to look (at it); **~setzen I.** *v/t.* put (down); **II.** *v/refl.*: ***sich ~*** sit down.

Hinsicht *f*: ***in dieser ~*** on that score; ***in gewisser ~*** in a way; ***in einer ~*** in one sense; ***in mancher ~*** in some ways; ***in jeder ~*** in every respect; ***in keiner ~*** in no respect (*od.* way); ***in politischer ~*** politically; ***in ~ auf*** → **hinsichtlich** *prp.* concerning, regarding, with regard to; as to.

Hinspiel *n Sport* **1.** first leg; **2.** away leg (*od.* tie).

hin|sprechen *v/t.*: (***nur so***) ***~*** say *s.th.* without thinking; ***vor sich ~*** talk to o.s.; **~stellen I.** *v/t.* put (down); *fig.* ***~ als*** make out to be; **II.** *v/refl.*: ***sich ~*** stand (up); ***sich ~ vor*** *etc.* stand in front of *etc.*; *fig.* ***sich ~ als*** make o.s. out to be, pose as; **~steuern** *v/i.*: ***auf*** *et.* ***~*** steer towards, make (*od.* head) for (*a. fig.*); *fig. auf ein Ziel*: be aiming at; **~streben** *v/i.*: ***~ zu*** (*od.* ***nach***) make (*od.* head) for; *fig.* strive for (*od.* after); *phys. u. fig.* gravitate towards; **~strecken I.** *v/t.* **1.** (*Hand*) stretch *od.* hold out (*dat.* to); **II.** *v/refl.*: ***sich ~*** **2.** *Person, Tier*: lie down, stretch out; **3.** (*sich erstrecken*) stretch (out), extend (***über Meilen*** for miles); **~strömen** *v/i.* throng there; **~stürzen** *v/i.* fall; ***~ nach*** rush to.

hintan|setzen *v/t.* (*zuletzt berücksichtigen*) put last; (*vernachlässigen*) neglect; (*ignorieren*) disregard, ignore; **~stehen** *v/i.* come last (*od.* second); **~stellen** *v/t.* → ***hintansetzen.***

hinten *adv.* at the back; (*am Ende*) *a.* at the end; ***~ in*** *dat.* in (*od.* at) the back of; ***nach ~*** (to the) back; ***nach ~ gelegenes Zimmer*** room at the back; ***von ~*** from behind; ***~ anfügen*** add; ***sich ~ anstellen*** join (*od.* go to the back of) the queue (*Am.* line); F *fig.* ***~ und vorn***(***e***) left, right and cent|re (*Am.* -er); F ***es stimmt ~ und vorn***(***e***) ***nicht*** *Rechnung etc.*: it's totally wrong, (*es ist gelogen*) F it's a pack of lies; F ***ich weiß nicht mehr, wo ~ und vorn***(***e***) ***ist*** I don't know whether I'm coming or going; ***ziemlich weit ~ sein*** (*im Rückstand*) be a long way behind; F ***ich hab doch ~ keine Augen*** I haven't got eyes in the back of my head; **~an** *adv.* behind, at the back; **~herum** *adv.* (a)round the back; *fig. erfahren*: through the grapevine; *beschaffen*: under the counter.

hinter[1] *prp.* behind, at the back of; *Folge*: after; ***~ m-m Rücken*** behind my back; ***~ dem Hügel hervor*** from behind the hill; ***~*** *et.* ***kommen*** find out about, (*verstehen*) get the hang of; → ***dahinter***; ***~*** *et.* ***stecken*** be at the bottom of (*od.* behind); ***~*** *e-r Sache* ***stehen*** be behind, (*unterstützen*) *a.* back; ***~ sich bringen*** get *s.th.* over (and done) with; ***et. ~ sich haben*** a) (*erledigt haben*) have got s.th. out of the way (*od.* over [and done] with), b) (*mitgemacht haben*) have been through s.th.; ***viel ~ sich haben*** have been through a lot; ***er hat gerade e-e Niereninfektion ~ sich*** he's just got over a kidney infection; ***das Schlimmste haben wir ~ uns*** we've got over the worst part (of it), we're out of the wood(s) now; *j-n od. et.* ***~ sich lassen*** leave behind; ***sich ~*** *et.* ***machen*** get down to; ***~ et. kommen*** find s.th. out.

hinter[2] *adj.* rear, back; ***~es Ende*** far end; ***die ~en Bänke*** the back benches; ***die ~en Räume*** *etc. a.* the rooms *etc.* at the back (*od.* rear); 🚂 ***die ~en Wagen*** the rear coaches; ***die ℒen*** those (*od.* the ones) at the back.

Hinterachsantrieb *m* rear-axle drive; **Hinterachse** *f* rear axle.

Hinter|ansicht *f* rear view; **~ausgang** *m* rear (*od.* back) exit; **~backe** *f* buttock; **~bänkler** *m parl.* backbencher; **~bein** *n* hind leg; ***sich auf die ~e stellen*** *Tier*: stand on its hind legs, *fig.* put up a fight, not to take it (*od.* things) lying down.

Hinterbliebene(r *m*) *f* dependant, dependent; ***die Hinterbliebenen*** *in Traueranzeigen*: the bereaved (*pl.*); **Hinterbliebenenrente** *f* survivor's pension (*od.* benefit[s *pl.*]).

hinter'bringen *v/t.*: ***j-m et. ~*** inform s.o. about s.th.

Hinterdeck *n* ⚓ afterdeck.

hintereinander *adv.* one behind the other; (***~*** *her*) one after the other, one by one; (*ohne Unterbrechung*) in a row, at a stretch; ***drei Tage ~*** three days running (*od.* in a row); ***an drei Tagen ~*** on three consecutive days; ***et. ~ tun*** (*abwechselnd*) do s.th. in turns, take turns (to do s.th.); ***dicht ~*** close together; ***~ gehen*** *v/i.* walk in single file.

Hintereingang *m* back (*od.* rear) entrance.

hinterfotzig F *adj.* false, F two-faced; **Hinterfotzigkeit** F *f* **1.** falseness, F two-facedness; **2.** *konkret*: dirty trick.

hinterfragen *v/t.* question, *stärker*: scrutinize; try to get to the bottom of.

Hinter|fuß *m* hind foot; *von Hund, Katze*: hind paw; **~gebäude** *n* back building; **~gedanke** *m negativer*: ulterior motive; ***ohne ~n*** *a.* quite innocently; ***mein ~ dabei war ...*** what was at the back of my mind was ...

hinter'gehen *v/t.* deceive, go (*od.* do s.th.) behind s.o.'s back; (*Ehepartner etc.*) deceive, be unfaithful to; ***er fühlt sich von s-m Bruder hintergangen*** he thinks his brother should have come to him about it (and not done it behind his back); **Hintergehung** *f* deception.

Hinterglasmalerei *f* glass painting.

Hintergrund *m* background (*a. Kunst u. fig.*); *thea. u. fig.* backdrop; *fig.* ***die Hintergründe*** *e-r Tat etc.*: the background (*gen.* of), what's behind *s.th.*; ***den ~ e-r Sache bilden*** form the background to s.th.; ***sich vor dem ~ e-s Krieges*** *etc.* ***abspielen*** take place against a backdrop of war *etc.*; ***in den ~ treten*** F take a back seat; ***sich im ~ halten*** keep out of the way, *beobachtend*: watch from the sidelines; ***j-n in den ~ drängen*** push s.o. into the background, force s.o. onto the sidelines; ***et. im ~ haben*** (*geheimen Plan etc.*) have s.th. up one's sleeve; **hintergründig** *fig. adj.* enigmatic; (*fein, subtil*) subtle; (*tief*) profound; (*heimlich*) hidden.

Hintergrund|information *f* piece of background information; **~en** *pl.* some background information; **~musik** *f* background music; **~rauschen** *n Hi-Fi etc.*: background noise.

Hinterhalt *m*: ***in e-n ~ geraten*** be ambushed; ***aus dem ~ überfallen*** waylay, ambush; ***im ~ liegen*** lie in ambush; *fig.* ***et. im ~ haben*** have s.th. up one's sleeve; **hinterhältig** *adj.* underhanded, *Methoden*: *a.* underhand; (*tückisch*) insidious.

Hinter|hand *f* **1.** *Pferd*: hindquarters *pl.*; **2.** *Kartenspiel*: (***in der ~ sein*** be the) youngest hand; *fig.* ***et. in der ~ haben*** have s.th. up one's sleeve; **~haus** *n* **1.** back (part) of the house; **2.** house at the back.

hinterher *adv.* **1.** *örtlich*: after, behind; **2.** *zeitlich*: afterwards; *fig.* when it's (*od.* it was) too late; **3.** F ***~ sein: j-m ~ sein*** be after s.o., be on s.o.'s heels; ***~ sein mit*** *der Arbeit etc.*: be behind with; ***~ sein, dass*** (*achten auf*) see (to it) that, make sure that; ***~ sein bei*** *e-r Sache*: see (to it) that *s.th.* is done, *j-m*: keep an eye on *s.o.*, F make sure *s.o.* does his (*od.* her) stuff; **~gehen** *v/i.* follow; **~hinken** *fig. v/i.* lag behind; **~kommen** *v/i.* come on later; **~laufen, ~rennen** *v/i.* run behind; ***j-m ~*** run (*bsd. fig.* chase) after s.o.; *fig.* ***e-r Sache ~*** chase after s.th.; **~schicken** *v/t.*: ***j-n j-m ~*** send s.o. after s.o.; **~tragen** *v/t.*: ***j-m et. ~*** (*Vergessenes*) run after s.o. with s.th.

Hinter|hirn *n* hind brain; **~hof** *m* backyard; **~kopf** *m* back of the head; *fig.* ***et. im ~ haben*** have s.th. at the back of one's mind; **~lader** *m* breech-loader; **~land** *n* hinterland.

hinterlassen I. *v/t.* leave (behind); *fig.* (*Eindruck etc.*) leave; (*Person, nach eigenem Tod*) leave behind, be survived by; ***j-m et.*** **~** *letztwillig*: leave s.th. to s.o.; ***e-e Nachricht*** **~** leave a message; **II.** *adj. Werke*: posthumous; **Hinterlassenschaft** *f* estate; *fig.* bequest.

Hinterlauf *m zo.* hind leg.

hinterlegen *v/t.* deposit (***bei*** with); **Hinterlegung** *f*: ***gegen*** **~** *gen.* on depositing *s.th.*, (*Bezahlung*) *a.* against payment of.

Hinterleib *m zo.* hindquarters *pl.*; *von Insekten etc.*: abdomen.

Hinterlist *f* (*Verschlagenheit*) cunning, deceit; (*Tücke*) underhandedness; **hinterlistig** *adj.* cunning, deceitful; underhanded; *Methoden*: *a.* underhand.

Hinter|mann *m* person behind (me, him *etc.*); *fig.* wirepuller, *the* brains behind it; **~mannschaft** *f Sport*: defen|ce (*Am.* -se).

Hintern F *m* F backside, bottom, behind; ***du kriegst gleich ein paar auf den*** **~** you'll get your bottom smacked; *fig.* ***ich hätte mich in den*** **~** ***beißen können*** I could have kicked myself; ***j-m in den*** **~** ***treten*** F give s.o. a kick up the backside; ***j-m in den*** **~** ***kriechen*** F suck up to s.o.

Hinterpfote *f* hind paw.

Hinterrad *n* back (*od.* rear) wheel; **~achse** *f* rear axle; **~antrieb** *m* rear-wheel drive; **~bremse** *f* rear-wheel brake.

Hinterreifen *m* back (*od.* rear) tyre (*Am.* tire).

hinterrücks *adv.* from behind; *fig.* behind s.o.'s back.

Hinterseite *f* back; reverse.

Hintersinn *m* deeper (*od.* hidden) meaning; **hintersinnig** *adj. story etc.* with a deeper (*od.* hidden) meaning; **~*er Gedanke*, ~*e Absicht*** ulterior motive; → ***hintergründig***.

Hintersitz *m* back seat.

hinterst *adj.* (very) last; **~*e Reihe*** *a.* back row; ***der ~e Baum*** *etc. a.* the tree *etc.* right at the back; ***das ~e Ende*** the tail end; ***die* ~*en*** those (*od.* the ones) (right) at the back.

Hinter|stübchen *n*: ***et. im*** **~** ***haben*** have s.th. at the back of one's mind; **~teil** *n* back (part); F (*Hintern*) F backside, behind; **~treffen** *n*: ***im*** **~** ***sein*** be at a disadvantage, (*nachhinken*) lag behind, ***mit*** *et.*: have fallen behind with; ***ins*** **~** ***geraten*** (*od.* ***kommen***) fall behind.

hintertreiben *v/t.* obstruct, thwart, prevent *s.th.* (from being carried out *od.* taking place *etc.*); *durch Gegenlist*: counteract; (*torpedieren*) torpedo; **Hintertreibung** *f* obstruction.

Hintertreppe *f* back stairs *pl.*

Hintertreppen|politik *f* backstairs politics *pl.*; **~roman** *m* F penny dreadful, *Am.* F dime novel.

Hinter|tupfing(en) F *n* F: (***in*** **~** at) the back of beyond; **~tür** *f* back door; *fig. a.* loophole; *fig.* ***sich e-e*** **~** ***offen halten*** leave o.s. a way out; ***durch die*** **~** ***wieder hereinkommen*** come back in through the back door; **~wäldler** *m* country bumpkin (*od.* yokel), *Am. a.* hick.

hinterziehen *v/t.* (*Steuern*) evade; **Hinterziehung** *f tax* evasion.

Hinterzimmer *n* back room.

hin|tragen *v/t.* carry (*od.* take) there; **~träumen** *v/i.*: ***vor sich*** **~** daydream; **~treten** *v/i.* step, tread; ***vor j-n*** **~** go up to s.o., *fig.* stand before s.o.; **~tun** *v/t.* put (there); ***wo soll ich es ~?*** where shall I put it?; F *fig.* ***ich weiß nicht, wo ich ihn*** **~** ***soll*** I can't place him.

hinüber *adv.* over (there); to the other side; ***über ...*** **~** over, across; F **~** ***sein***: (*verdorben*) be bad, be off; (*kaputt*) be broken, (*zerschlagen*) *a.* be smashed; (*erschöpft*) F be done in, be all in; (*tot*) be dead; (*ohnmächtig*) have passed (F conked) out; ***er ist*** **~** *a.* F he's had it; **~blenden** *v/i. Film*: **~** ***nach*** cut to, *bei Fernsehdiskussion etc.*: switch over to; **~blicken** *v/i.* look over *od.* across (***zu*** to); ***er blickte zu mir hinüber*** *a.* he looked my way; **~bringen** *v/t.* take over (*od.* across); **~fahren I.** *v/t.* drive (*od.* run, take) over; **II.** *v/i.* go *od.* drive over (***nach*** to); ***über*** *die Grenze* **~** cross; **~führen I.** *v/i. Weg etc.*: go across (***nach*** to); ***es führt hinüber nach*** *a.* it takes you across to; **II.** *v/t.* take (*od.* lead) *s.o.* across; **~gehen** *v/i.* go over, walk across; *fig.* pass away; **~** ***über*** cross; **~geleiten** *v/t.* walk *s.o.* across; **~helfen** *v/i.*: ***j-m*** **~** help s.o. across (*od.* over); **~kommen** *v/i.* get over (*od.* across); **~lassen** *v/t.* let *s.o.* over (*od.* across); **~müssen** *v/i.* have to go *od.* get across (*od.* over); **~reichen I.** *v/t.* pass (*od.* hand) over *od.* across; **II.** *v/i.* reach (across); **~retten** *v/t.* save, salvage; (*Werte*) ensure the survival of *s.th.* (***in*** into *the next century etc.*); ***j-n über die Grenze*** **~** get s.o. over the border; **~schauen** *v/i.* → ***hinüberblicken***; **~schlummern** *v/i.* (*oft* ***friedlich*** **~**) pass away peacefully; **~schwimmen** *v/i.* swim across *od.* over (***zu*** to); **~sehen** *v/i.* → ***hinüberblicken***; **~spielen** *fig. v/i.*: **~** ***in*** (*e-e Farbe*) verge on, have a tinge of, (*ein anderes Gebiet*) border on; **~springen** *v/i.* jump over (*od.* across); F (*hinüberlaufen*) run over *od.* across (***zu*** to); **~tragen** *v/t.* carry over *od.* across (***zu*** to); **~wechseln** *v/i.* cross over (***zu*** to); *fig.* switch over (to), go over (to); **~werfen** *v/t.* throw over (*od.* across); **~wollen** *v/i.* want to go over (there); **~ziehen I.** *v/t.* pull across (*od.* over); **II.** *v/i.* move across (*od.* over).

Hinundher|gerede *n* talk; ***was soll das ganze ~?*** all this talk isn't going to get you *etc.* anywhere; **~überlegen** *n* indecision, humming and hawing.

hinunter *adv.* down; ***den Hügel*** **~** down the hill; ***die Treppe*** **~** down the stairs; ***da*** **~** down there, down that way; *in Zssgn mst ...* down; **~blicken** *v/i.* look *od.* glance down (***auf*** at); **~bringen** *v/t.* take down; **~fahren** *v/i.* drive (*od.* go) down; **~fallen** *v/i.* fall down; **~führen I.** *v/t.* take down; **II.** *v/i. Treppe*: lead down, *Weg*: *a.* run down; **~gehen** *v/i.* **1.** go (*od.* walk) down; **2.** (*hinunterführen*) go *od.* lead down (***zu*** to); **~helfen** *v/i.*: ***j-m*** **~** help s.o. down; **~lassen** *v/t.* let down, lower; **~müssen** *v/i.* have to go down(-stairs); **~reichen I.** *v/t.* hand down; **II.** *v/i.*: **~** (***bis***) ***auf*** *od.* ***zu*** reach down to; **~schauen** *v/i.* → ***hinunterblicken***; **~schlingen** *v/t.* bolt (*od.* wolf) down; **~schlucken** *v/t.* swallow (*a. fig.*); **~sehen** *v/i.* → ***hinunterblicken***; **~springen** *v/i.* jump down; **~spülen** *v/t.* wash down; *fig.* ***s-n Kummer*** (***mit Alkohol***) **~** drown one's sorrows in drink; **~stürzen I.** *v/i.* **1.** fall down, *schwerer Gegenstand*: crash down, *a.* crash to the floor (*od.* ground); *fig.* plummet; **~** ***von*** fall off, *vom Fenster*: fall out of; **2.** (*die Treppe hinunterrasen*) rush (*od.* run) downstairs *od.* down the stairs; **II.** *v/t.* **3.** ***die Treppe*** **~** → 2; ***den Berg*** **~** fall down the mountainside; **4.** (*Glas Bier etc.*) F knock back; (*Tasse Kaffee etc.*) gulp down; **~tragen** *v/i.* take *od.* carry down(stairs); **~werfen** *v/t.* throw down; **~wollen** *v/i.* want to go down(stairs); **~würgen** *v/t.* choke (*od.* force) down; **~ziehen I.** *v/t.* pull down; **II.** *v/i.* move down.

hinwagen *v/refl.*: ***sich*** **~** ***zu*** dare to go to (*od.* near), venture near.

Hinweg *m*: ***auf dem*** **~** on the way there.

hinweg *adv.* **1.** away; **2.** ***über et.*** **~** over (*od.* across) s.th.; F ***über et.*** **~** ***sein*** be past s.th., *über ein Erlebnis etc.*: have got over s.th.; **3.** *fig.* ***über Jahre*** **~** for years (and years); ***über alle Unterschiede*** **~** despite (*stärker*: transcending) all differences; **~bringen** *v/t.*: ***j-n über e-n Verlust*** *etc.* **~** help s.o. (to) get over a loss *etc.*; ***dies wird uns über die kritische Zeit*** **~** this will see us through the critical period; **~gehen** *v/i.*: ***über et.*** **~** pass over s.th.; *lachend*: laugh s.th. off; *gleichgültig*: shrug s.th. off; (*auslassen*) skip s.th.; (*ignorieren*) ignore s.th.; **~helfen** *v/i.*: ***j-m*** **~** ***über*** help s.o. (to) get over *s.th.*, *a. finanziell*: tide s.o. over *the winter etc.*; **~kommen** *v/i.*: **~** ***über*** get over; ***ich komme nicht darüber hinweg, dass*** I can't get over the fact that, *weitS.* I can't get it into my head that; **~raffen** *lit. v/t.* snatch away; **~reden** *v/i.*: **~** ***über*** ignore, pretend *s.th.* doesn't exist; **~sehen** *v/i.*: **~** ***über*** see over, (*blicken*) look over; *fig.* overlook, turn a blind eye to; **~setzen I.** *v/i.*: ***über*** *ein Hindernis* **~** jump (over); **II.** *fig. v/refl.*: ***sich*** **~** ***über*** ignore, *gleichgültig*: shrug *s.th.* off; ***sich rücksichtslos über et.*** **~** ride roughshod over s.th.; **~täuschen I.** *v/t.*: ***j-n*** **~** ***über*** mislead s.o. as to; **II.** *v/i.*: ***über et.*** **~** obscure the fact *that*; **III.** *v/refl.*: ***sich*** **~** ***über*** ignore, be blind to; ***sich nicht darüber*** **~*, dass*** not to have any illusions about (*od.* as to) the fact that; **~trösten I.** *v/t.*: ***j-n*** **~** ***über*** help s.o. get over *s.th.*; ***das tröstet mich nicht darüber hinweg*** that's no consolation to me, that doesn't make up for it; **II.** *v/refl.*: ***sich*** **~** ***über*** (try to) get over.

Hinweis *m* (*Rat*) tip, *some* advice; (*Anhaltspunkt*) clue, pointer; (*Andeutung*) indication, (*Anhaltspunkt*) *a.* evidence (*a. pl.*); (*Verweis*) reference; (*Bemerkung*) remark; ***anonymer*** **~** *an die Polizei*: anonymous tip-off; ***mit*** (*od.* ***unter***) **~** ***auf*** referring to; **hinweisen I.** *v/t.* **1.** ***j-n*** **~** ***auf*** point *s.th.* out to s.o.; ***ich möchte Sie nochmals auf die Gefahren*** **~** I'd like to remind you once again of the dangers; **II.** *v/i.* **2.** **~** ***auf*** point to; (*anspielen*) allude to; (*verweisen*) refer to; ***darauf*** **~*, dass*** point out that, *nachdrücklich*: stress (*od.* emphasize, underline) that; **3.** **~** ***auf*** *mit dem Finger etc.*: point to (*od.* out); **Hinweisschild** *n* sign.

hin|wenden I. *v/refl.* **1.** ***sich*** **~** ***zu*** turn to(wards), turn round to; **2.** *fig.* ***sich*** **~** ***an*** turn to, (*e-e Dienststelle*) *a.* go to; ***ich wusste nicht, wo ich mich*** **~** ***sollte*** I didn't know which way to turn; **II.** *v/t.*: ***den Kopf*** **~** ***zu*** turn (one's head) round to; ***die Augen*** **~** ***zu*** turn to look at; **~werfen I.** *v/t.* **1.** throw down; ***e-m Hund et.*** **~** throw a dog s.th., throw s.th. to a dog; **2.** *fig.* (*aufgeben*) give up, F chuck in; → ***Kram***; **3.** *fig.* (*Bemerkung etc.*) (casually) drop, throw in; → ***hingeworfen***; **II.** *v/refl.*: ***sich*** **~** throw o.s. down (*od.* onto the floor *od.* ground).

H

hinwieder *obs. adv.* on the other hand, in turn; **hinwiederum** *adv.* **1.** *zeitlich:* once again; **2.** → ***hinwieder.***
hin|wirken *v/i.*: ~ ***auf*** work towards; ***darauf ~, dass j-d et. tut*** try and bring s.o. to do s.th.; ***darauf ~, dass sich die Lage verbessert*** work towards improving the situation; **~wollen** *v/i.* want to go (there); ***wo willst du hin?*** where are you going?
Hinz *m*: ~ ***und Kunz*** every (*od.* any old) Tom, Dick and Harry.
hin|zählen *v/t.* count out; **~zaubern** F *v/t.* conjure up; (*bsd. Essen*) *a.* F whip up; **~zeigen** *v/i.* point there; ~ ***auf*** point at; **~ziehen I.** *v/t.* **1.** pull there; *fig.* ***sich hingezogen fühlen zu*** be drawn to (-wards); **2.** *fig.* (*verzögern*) draw (*od.* drag) out; **II.** *v/refl.*: ***sich*** ~ **3.** *zeitlich:* drag on, ***bis zu:*** *a.* go on until (*od.* till); ***sich über Jahre*** ~ go on for years (and years); ***die Entscheidung wird sich noch*** ~ it will be some time (yet) before a decision is reached; **4.** *räumlich:* stretch (***bis*** to, as far as); ***sich*** ~ ***an*** *der Küste etc.*: stretch along; **III.** *v/i.* move; ***wo zieht ihr hin?*** where are you moving (to)?; **~zielen** *v/i.*: ~ ***auf*** aim at; *Bemerkung:* be directed at, be meant for.
hinzu|addieren *v/t.* add on; **~bekommen** *v/t.* get *s.th.* on top of it (*od.* into the bargain); **~denken** *v/t.* (try to) imagine (there is *od.* are), (try to) visualize; ***das Übrige können Sie sich*** ~ I'm sure you can fill in (*bsd. visuell:* imagine) the rest, I'll leave the rest to your imagination.
hinzufügen *v/t.* add (*dat.* to); (*beilegen*) enclose; *als Nachtrag:* append; **Hinzufügung** *f* addition; ***unter*** ~ ***von*** (by) adding.
hinzu|gesellen *v/refl.*: ***sich*** ~ join the group (*od.* us, them *etc.*); **~kommen** *v/i.* **1.** come along; **2.** (*sich anschließen*) join (***zu*** *s.o. od. s.th.*); ***zur Mannschaft kamen noch zwei neue Spieler hinzu*** the team was joined by two new players; **3.** ***hinzu kommt noch, dass*** on top of this (is the fact that), and we mustn't forget that; ***es kommen noch die Heizkosten hinzu*** we've *etc.* got to add the heating costs (to that), and we *etc.* mustn't forget the heating costs, on top of that there are the heating costs; ***es kamen weitere Probleme hinzu*** more problems cropped up; **~nehmen** *v/t.* add (***zu*** to), (*Person*) *a.* include (in); **~setzen I.** *v/t.* add (***zu*** to); **II.** *v/refl.*: ***sich zu j-m*** ~ join s.o.; **~treten** *v/i.* → ***hinzukommen***; **~tun** F *v/t.* add (***zu*** to); **~zählen** *v/t.* add (***zu*** to).
hinzuziehen *v/t.* **1.** (*Arzt etc.*) call in, (*a. Hilfsmittel etc.*) consult; **2.** (*mit einbeziehen*) include; **Hinzuziehung** *f*: ***unter*** ~ ***von*** with the help of.
Hiob *m bibl.* Job; ***das Buch*** ~ (the Book of) Job.
Hiobs|bote *m* bearer of bad tidings; **~botschaft** *f* bad news (*sg.*); **~geduld** *f the* patience of Job (*od.* of a saint).
Hippie *m* hippy, hippie.
Hippodrom *n* hippodrome.
hippokratisch *adj.* ⚕ Hippocratic *oath etc.*
Hirn *n* brain; *gastr. u. fig.* (*Verstand*) brains *pl.*; *fig.* (*Kopf*) mind; → *a.* ***Gehirn(...)***; **~anhangdrüse** *f* pituitary (gland); **~arbeit** *f* brainwork; **~blutung** *f* cerebral (*od.* brain) h(a)emorrhage; **~erweichung** *f* softening of the brain; **~forscher** *m* brain researcher; **~funktion** *f* function(ing) of the brain; **≈geschädigt** *adj.* brain-damaged; **~gespinst** *n* crazy idea; (*Einbildung*) delusion; (*Utopie*) pipe dream; **~hälfte** *f*: ***rechte*** (***linke***) ~ right (left) half of the brain.
Hirnhaut *f* cerebral membrane; **~entzündung** *f* meningitis.
Hirni F *m* F screwball.
Hirnkasten F *m*: ***nichts im*** ~ ***haben*** F have (nothing but) sawdust between one's ears.
hirnlos F *adj.* F brainless; **~*er Mensch*** *a.* F moron, cretin; **Hirnlosigkeit** F *f* **1.** F brainlessness; **2.** *konkret:* F crazy thing to do.
Hirn|masse *f* cerebral matter; **~quetschung** *f* contusion of the brain; **~rinde** *f* cerebral cortex.
hirnrissig F *adj.* F crazy, whacky.
Hirn|schaden *m* brain damage; **~schale** *f* cranium; **~schlag** *m* stroke; **~schmalz** F *n* F grey (*Am.* gray) matter; **~schwund** *m* shrinking of the brain; **~substanz** *f* cerebral matter; ***graue*** ~ grey (*Am.* gray) matter; ***weiße*** ~ white matter; **~tod** *m* brain death; **~trauma** *n* brain (*od.* cerebral) trauma; **~tumor** *m* brain tumo(u)r.
hirnverbrannt F *adj.* mad, F crazy, cracked.
Hirn|verletzung *f* brain injury; **~zelle** *f* brain cell.
Hirsch *m* **1.** stag; *weitS.* (red) deer; **2.** *gastr.* venison; **3.** F (*Idiot*) F clod; **~brunft** *f* rutting season; **~geweih** *n* (stag's) antlers *pl.*; **~horn** *n* staghorn, buckhorn; **~jagd** *f* stag hunt(ing); **~käfer** *m* stag beetle; **~kalb** *n* fawn, calf; **~kuh** *f* hind.
Hirschleder *n*, **hirschledern** *adj.* buckskin (...).
Hirse *f* millet; **~brei** *m* millet gruel; **~korn** *n* **1.** millet (seed); **2.** ⚕ sty; **~mehl** *n* millet flour.
Hirt *m* herdsman; (*Schaf≈, a. fig. Seelen≈*) shepherd; *eccl.* ***der Gute ~e*** the Good Shepherd.
Hirten|amt *n eccl.* pastorate; **~brief** *m eccl.* pastoral letter; **~dichtung** *f* pastoral poetry; **~gedicht** *n* pastoral poem, eclogue; **~junge** *m*, **~knabe** *m* shepherd boy; **~leben** *n* pastoral life; **~lied** *n* pastoral song; **~mädchen** *n* (young) shepherdess; **~spiel** *n* pastoral play; **~stab** *m* shepherd's crook; *eccl.* crosier, crozier; **~täschel(kraut)** *n* ⚘ shepherd's purse; **~volk** *n* pastoral tribe.
His *n* ♪ B sharp.
Hisbollah *f* Hezbollah, Hizbollah, Hizbullah.
hissen *v/t.* hoist (up), raise.
Histamin *n* histamine.
Histologie *f* ⚕ histology.
Histörchen *n* anecdote, little story.
Historien|maler *m* historical painter; **~malerei** *f* historical painting.
Historiker *m* historian.
Historiograph *m* historiographer; **Historiographie** *f* historiography.
historisch I. *adj.* historical; (*geschichtlich bedeutsam*) historic; **~*es Verständnis*** sense (*od.* understanding) of history; **II.** *adv.*: ~ ***bedeutend sein*** be historically significant, be of historical significance; **~-kritisch** *adj.* historicocritical.
historisieren *v/t.* historicize; **Historismus** *m* historicism; **historistisch** *adj.* historicist; **Historizismus** *m* → ***Historismus.***
Hit *m* hit.
Hitler|gruß *m* Nazi salute; **~jugend** *f hist.* Hitler Youth; **~junge** *m hist.* member of the Hitler Youth; **~zeit** *f hist.* Hitler era; ***in der*** ~ *a.* at the time of Hitler, in Hitler's time.
Hit|liste *f* hit parade, top twenty, top one hundred *etc.*; ***auf Platz 1 der*** ~ ***sein*** be number one in the hit parade *etc.*; **~parade** *f* hit parade *etc.*; → ***Hitliste.***
Hitze *f* heat (*a. fig.*); ***das ist heute e-e ~!*** it's sweltering (*od.* really hot) today; ***hier drinnen ist aber e-e ~!*** it's like an oven in here; ***bei dieser*** ~ in this heat; *fig.* ***in*** ~ ***geraten*** get all worked up; ***in der*** ~ ***des Gefechtes*** in the heat of the moment; **~ausschlag** *m* ⚕ heat rash.
hitzebeständig *adj.* heat-resistant, heat-proof; *Glas:* *a.* oven-proof; **Hitzebeständigkeit** *f* heat-resistance.
Hitze|bläschen *pl.* heat blisters; **~einwirkung** *f* effect of (the) heat; **≈empfindlich** *adj.* heat-sensitive, sensitive to heat; **≈fest** *adj.* → ***hitzebeständig***; **≈frei** *adj.*: ~ ***haben*** be off school because of the heat; **~grad** *m* temperature; **~mauer** *f* wall of heat; **~periode** *f* hot spell; **~schild** *m Raumfahrt:* heat shield; **~schweif** *m e-r Rakete:* exhaust plume; **~wallung** *f* ⚕ hot flush; **~*en haben*** have (*od.* get) hot flushes; **~welle** *f* **1.** heat wave; **2.** **~*n*** ⚕ hot flushes.
hitzig *adj.* quick-tempered; (*vorschnell*) rash; (*heftig*) violent; *Debatte:* heated; ~ ***werden*** flare up; ***nicht so ~!*** don't get excited.
Hitzkopf *m* hothead; **hitzköpfig** *adj.* hotheaded.
Hitzschlag *m* heatstroke.
HIV|-Infektion *f* HIV infection; **~-negativ** *adj.* HIV-negative; **~-positiv** *adj.* HIV-positive; **~-Positive(r)** *m* HIV-carrier; **~-Test** *m* HIV test.
Hiwi *m univ.* assistant.
hm *int.* **1.** *überlegend:* um; **2.** *zustimmend:* mm; **3.** *verwundert:* huh?
H-Milch *f* long-life milk.
HNO-Arzt *m* ear, nose and throat doctor, *bsd. Am.* ENT specialist.
Hobby *n* hobby; **Hobby...** *in Zssgn:* amateur ...; *begeistert:* keen ...
Hobby|gärtner *m* amateur gardener; **~keller** *m* workshop (in the cellar); **~koch** *m* keen cook; **~raum** *m* hobby room, workroom.
Hobel *m* ⚙ plane; *gastr.* slicer; **~bank** *f* carpenter's bench, workbench; **~eisen** *n* plane iron; **~maschine** *f* planer, planing machine; **~messer** *n* plane iron.
hobeln *v/i. u. v/t.* plane; *fig.* polish; → ***Span.***
Hobelspäne *pl.* (wood) shavings; *Stahl:* facings.
hoch I. *adj.* → ***höher, höchst***; high; *Gestalt, Baum, Haus etc.*: tall; *Leiter etc.*: long; *Einkommen:* big, high; *Strafe:* heavy, severe; *Posten:* high, important; (*edel*) noble; (*groß*) great; ***3 Meter*** ~ ***sein*** be 3 met|res (*Am.* -ers) high, *Schnee, Wasser:* be 3 met|res (*Am.* -ers) deep; ♪ ***zu*** ~ sharp; ***hoher Adel*** nobility, *Brit. a.* peerage; ***hohes Alter*** great (*od.* advanced) age; ***ein hohes Alter erreichen*** *a.* live to be very old (*od.* to a ripe old age); ***hohe Ehre*** great hono(u)r; ***hoher Gast*** distinguished guest, VIP; ***hohe Geburt*** high birth; ***hohes Gericht*** high court, *in der Anrede:* Your Lordship (*Am.* Your Honor), Members of the Jury; ***das hohe Mittelalter*** the High Middle Ages; ***der hohe Norden*** the far north; ***hoher Offizier*** *etc.* high-ranking officer *etc.*; ***hohe***

Politik high politics; ***ein hohes Lied singen auf*** sing the praises of; ***e-e hohe Meinung haben von*** think very highly of; ***das ist mir zu ~*** (*zu schwierig*) that's above my head (*od.* beyond me); ***s-e Rede war zu ~ für sie*** he was talking over their heads; → ***Ansehen, höchst*** I, ***Kante, Ross*** *etc.*; **II.** *adv.* high(ly); (*überaus, äußerst*) *a.* extremely; ***drei Mann ~*** three of them; ***~ oben*** high up, (*weit*) a long way up, ***im Norden***: far up in the north; ***~ und heilig versprechen*** promise solemnly, swear; ***~ in den Achtzigern*** (F ***in die achtzig***) ***sein*** be well into one's eighties; ***~ spielen*** play (for) high (stakes) (*a. fig.*); ***~ verehren*** esteem highly; ***zu ~ singen*** (***spielen***) sing (play) sharp; ***zwei Treppen ~*** (***höher***) ***wohnen*** live on the second (*Am.* third) floor (live two floors up); ***zu ~ einschätzen*** overestimate, overrate; ***~ verschuldet*** heavily (*od.* deep) in debt; ***das ist zu ~ gegriffen*** (*überschätzt*) that's a bit high, (*übertrieben*) that's an exaggeration; ***wenn es ~ kommt*** at (the) most; ***j-m et. ~ anrechnen*** respect s.o. for (doing) s.th.; ***er rechnet dir das ~ an*** *a.* F that really impressed him; ***Hände ~!*** hands up!; ***Kopf ~!*** chin up!; ***~ lebe ...!*** three cheers for ...!; ***~ lebe der König!*** long live the King!; → ***hergehen*** 2, ***höchst*** II *etc.*; **III.** ⅌ *prp.*: ***4 ~ 5*** four to the fifth (power).

Hoch *n* **1.** (*~ruf*) cheers *pl.* (**auf** for); ***ein ~ für*** three cheers for; **2.** *fig.* (*~stand*) high, peak; **3.** *meteor.* high(-pressure area).

hoch achten *v/t.* greatly respect, hold in high esteem.

Hochachtung *f* (great) respect (***vor*** for); (*Bewunderung*) admira-tion (for); ***bei aller ~ vor*** with all respect to; ***mit vorzüglicher ~*** *Briefschluss*: Yours faithfully, *bsd. Am.* Yours very truly; **hochachtungsvoll** *adv. Briefschluss*: Yours sincerely, *bsd. Am.* Yours truly.

Hoch|adel *m* higher nobility; **≈aktuell** *adj.* highly topical; up-to-the-minute; very much in the news; **≈alpin** *adj.* alpine; **~altar** *m* high altar; **~amt** *n* high mass.

hoch angesehen *adj.* highly regarded; very distinguished *personality.*

hoch|anständig *adj.* very decent; **≈antenne** *f* outdoor aerial (*od.* antenna); **~arbeiten** *v/refl.*: ***sich ~*** work one's way up.

hoch aufgeschossen *adj.* lanky.

hochauflösend *adj. phot.* high-resolution; *TV* high-definition; ***~es Fernsehbild*** high-definition TV (screen), HDTV.

hoch aufragend *adj.* towering.

Hoch|bahn *f* elevated railway (*Am.* railroad); **~barock** *m, n* high baroque (period).

Hochbau *m* building construction; → ***Hoch- und Tiefbau***; **~amt** *n* municipal building department; **~ingenieur** *m*, **~techniker** *m* structural engineer.

hoch|bedeutsam *adj.* highly significant; **~befriedigt** *adj.* very (*od.* extremely) satisfied.

hoch begabt *adj.* very (*od.* highly) gifted.

hoch|beglückt *adj.* extremely (*od.* blissfully) happy; **~beinig** *adj.* long-legged; **~berühmt** *adj.* very famous.

hoch besteuert *adj.* heavily taxed.

hoch|betagt *adj.* (very) advanced in years; ***~ sterben*** die at a very old age, die a very old man (*od.* woman); **≈betrieb** *m* **1.** ***es herrscht ~, wir*** *etc.* ***haben ~*** things are really busy, F it's all go; **2.** (*Stoßzeit*) rush hour, peak hours *pl.*; **3.** (*Hochsaison*) peak season.

hoch bezahlt *adj.* highly paid.

hoch|binden *v/t.* tie up; **~blicken** *v/i.* look up; **≈blüte** *f* **1.** ❀ ***in ~ stehen*** be in full bloom; **2.** *fig. kulturelle etc.*: golden age; (*Glanzzeit*) heyday; ***die ~ des Mittelalters*** (***der italienischen Malerei*** *etc.*) the flowering of the Middle Ages (of Italian painting *etc.*); ***e-e*** (***s-e***) ***~ erleben*** experience a peak (have its heyday); ***e-e wirtschaftliche ~ erleben*** go through a period of economic power (*od.* prosperity, expansion); **~bringen** *v/t.* bring up (*a.* ⚕ *speien*); (*heben*) lift, get up; *fig.* ***e-e Firma*** (***e-n Kranken***) ***wieder ~*** get a company (a sick person) back on its (his *od.* her) feet; ***j-n ~*** (*ärgern*) raise s.o.'s hackles, F get s.o.'s back up; **~brisant** *fig. adj.* highly charged, explosive; **≈burg** *fig. f* stronghold.

hochdeutsch *adj.*, **Hochdeutsch** *n ling.* standard (*engS.* High) German.

hoch dotiert *adj.* highly paid.

Hochdruck *m* high pressure (*a. meteor.*); ⚕ high blood pressure; *fig.* ***mit ~ arbeiten*** work flat out.

hochdrücken *v/t.* press *od.* push up (-wards).

Hochdruck|gebiet *n* high(-pressure area); **~keil** *m* wedge of high pressure; **~kern** *m* high-pressure cent|re (*Am.* -er) *od.* core; **~zone** *f* → ***Hochdruckgebiet.***

Hoch|ebene *f* plateau; **≈elegant** *adj.* very elegant.

hoch| empfindlich *adj.* highly sensitive; *Film*: high-speed ..., fast; F *Person*: hypersensitive, (*leicht reizbar*) *a.* very touchy; **~ entwickelt** *adj.* highly developed, sophisticated; *Technik etc.*: *a.* very advanced.

hocherfreut *adj.* delighted (**über** at).

hoch erhoben *adj.*: ***~en Hauptes*** with one's head (*od.* nose) in the air.

hoch|erstaunt *adj.* (absolutely) amazed; **~explosiv** *adj.* highly explosive.

hochfahren I. *v/i.* **1.** *allg.* go (*od.* come) up, *im Auto*: drive up, *auf Motorrad*: ride up; **2.** *erschreckt*: start; *zornig*: flare up; **II.** *v/t.* **2.** (*Straße*) go (*od.* come) up; → 1.; **3.** drive *s.o. od. s.th.* up (there); **4.** (*Computer*) boot up, bootstrap; **5.** (*Reaktor*) (*Betrieb starten*) start up; *nach Leistungsverminderung*: resume normal output (of); **hochfahrend** *adj.* overbearing, arrogant.

hochfein *adj.* first-class, top quality; *Familie etc.*: very refined.

Hochfinanz *f* high finance.

hochfliegen *v/i. Vogel*: soar (up); (*explodieren*) blow up, explode.

hochfliegend *fig. adj.* ambitious; (*übertrieben*) high-flown.

Hoch|flut *f* high tide; *fig.* flood, deluge; **~form** *f*: ***in ~*** in top form; **~format** *n* upright format; ***Foto im ~*** upright photo.

hochfrequent *adj.* high-frequency ...

Hochfrequenz *f* ⚡ radio frequency; **~bereich** *m* radio-frequency range; **~technik** *f* radio-frequency engineering.

Hochgarage *f* multi-stor(e)y car park.

hoch geachtet *adj.* highly esteemed.

hochgebildet *adj.* (very) erudite.

Hochgebirge *n* high mountain region(s *pl.*); **Hochgebirgs...** *in Zssgn* high mountain, alpine.

hoch geehrt *adj.* highly hono(u)red.

Hoch|gefühl *n* feeling of elation; ***das ist ein ~*** it's a wonderful feeling; **≈gehen** *v/i.* **1.** go up; *Vorhang, Preise etc.*: *a.* rise; **2.** F (*explodieren*) blow up; (*wütend werden*) flare up, F hit the roof; ***~ lassen*** (*Sprengsatz etc.*) blow up, F (*Bande etc.*) F bust; **≈geistig** *adj.* (highly) intellectual, *iro.* highbrow.

hoch gelegen *adj.* high-up, high up in the mountains.

hoch|gelehrt *adj.* very learned, erudite; **≈genuss** *m* absolute delight, real treat.

hoch geschätzt *adj.* highly esteemed.

hochgeschlossen *adj. Kleidung*: high-necked, with a high neckline.

hoch geschraubt *adj. Erwartungen*: high, exaggerated; *Ambitionen*: high-flown.

Hochgeschwindigkeits|strecke *f* high-speed rail link; **~zug** *m* high-speed train.

hoch|gesinnt *adj.* high-minded; **~gespannt** *adj.* ⚙ high-pressure ...; ⚡ high-voltage ...; *fig. Erwartungen*: great, high; *Pläne*: ambitious.

hoch gesteckt *adj.* high-flown; ***~es Ziel*** *a. iro.* lofty mission.

hochgestellt *adj. Zahl etc.*: superior, superscript; ***~es Zeichen*** *typ.* superscript.

hoch gestellt *adj.* high-ranking *personality.*

hoch|gestimmt *adj.* elated; (*erwartungsvoll*) expectant; **~gestochen** F *adj. Person*: F jumped-up; *Art, Redeweise*: F high-falutin; *Buch etc.*: highbrow.

hoch gewachsen *adj.* lanky.

hoch|gezüchtet *adj.* high-bred; ⚙ sophisticated; *Rennwagen etc.*: F souped up; **~giftig** *adj.* highly toxic.

Hochglanz *m* high polish; ***auf ~ polieren*** give *s.th.* a high polish; *fig.* ***auf ~ bringen*** spruce up; **~abzug** *m phot.* glossy print; **~papier** *n phot.* glossy paper; **~politur** *f* mirror finish.

Hoch|gotik *f* High Gothic period; ***das ist ~*** that's High Gothic, that's from the High Gothic period; **≈gradig I.** *adj.* extreme; intense; ⚗ highly concentrated; *Unsinn*: utter *nonsense*; **II.** *adv.* extremely, to a high degree; **≈gucken** *v/i.* look up; **≈hackig** *adj.* high-heeled *shoes*; **≈halten** *v/t.* hold up; *fig.* hono(u)r; (*Andenken, Gefühl*) cherish; (*Traditionen etc.*) uphold, preserve; (*Ehre*) uphold; ✝ (*Preise*) keep up; **~haus** *n* block of flats, *höher*: high-rise, tower block; **≈heben** *v/t.* lift (up); *parl.* ***durch ≈ der Hände*** by show of hands; **≈heilig** *adj.* (most) holy; **≈herrschaftlich I.** *adj.* grand; **II.** *adv.*: ***dort geht es ~ zu*** they live in grand style; **≈herzig** *adj.* high-minded; (*großzügig*) magnanimous; **~herzigkeit** *f* high-mindedness; (*Großzügigkeit*) magnanimity.

hoch industrialisiert *adj.* highly industrialized.

hoch|intellektuell *adj.* highly intellectual; **~intelligent** *adj.* very (*od.* highly) intelligent; **~interessant** *adj.* very (*od.* most) interesting; **~jagen** *v/t.* **1.** rouse; **2.** (*Motor*) rev up; **~jubeln** F *v/t.* F crack up; **~kämmen** *v/t.* comb (*od.* sweep) *one's hair* up; **~kant(ig)** *adv.* on end; ***~ stellen*** upend; F *fig.* ***~ hinausfliegen*** F be turned out on one's ear, *aus e-m Job etc.*: *a.* F get the boot; F ***j-n ~ hinauswerfen*** F kick s.o. out, F give s.o. the boot; **≈kapitalismus** *m* heyday of capitalism; **~karätig** *adj.* high-carat ...; *fig.* high-calib|re (*Am.* -er), top-flight ...;

∼kippen *v/t.* tilt up; **2kirche** *f in GB*: High Church.

hochklappbar *adj.* tip-up ...; *Bett*: folding ...; **hochklappen** *v/t.* (*Kragen*) turn up; (*Bett*) fold up, (*Sitz*) *a.* tip up.

hoch|klettern *v/i.* climb up (*a. fig.*); **∼ an** climb (up); *fig.* **langsam ∼** *Zinsen etc.*: creep up; **∼komfortabel** *adj.* luxury *flat etc.*; **∼kommen** *v/i. nach oben*: come up; (*aufstehen*) get up, get on one's feet; *fig.* get on (*od.* ahead); *nach Schwierigkeit etc.*: get back on one's feet; F **mir kam alles wieder hoch** I brought everything up again, *fig. Erinnerungen etc.*: it all came (flooding) back; **wenn es hochkommt** at (the) most, at best; **2konjunktur** *f* ☤ (economic) boom; **∼ haben** be going through (*od.* experiencing) an economic boom.

hoch konzentriert I. *adj.* highly concentrated; **II.** *adv. lesen etc.*: with great concentration, very concentratedly.

hoch|krempeln *v/t.* roll up; *fig.* **die Ärmel ∼** roll up one's sleeves, F get down to it; **∼kriegen** *v/t.* **1.** get *s.o. od. s.th.* up; **2.** F **einen ∼** (*e-e Erektion haben*) *sl.* get (*od.* have) a hard on; F **er kriegt keinen hoch** *sl.* he can't get it up; **∼kultiviert** *adj.* highly civilized; *Person etc.*: highly cultivated (*od.* cultured); **2kultur** *f* advanced civilization; **∼kurbeln** *v/t.* wind up; **∼lagern** *v/t.* (*Beine*) put *one's legs* up; (*Kopf*) prop *s.o.'s head* up; **2land** *n* uplands *pl.*; (*Gebirge*) mountains *pl.*; **∼leben** *v/i.*: **er lebe hoch!** three cheers!; **j-n ∼ lassen** give s.o. three cheers.

Hochleistung *f* top performance; ⚙ *a.* high output.

Hochleistungs... ⚙ *in Zssgn* high-capacity, high-output, high-performance, high-power(ed); **∼motor** *m* high-performance engine; **∼sport** *m* high-performance sport(s *pl.*); **∼sportler(in** *f*) *m* top sportsman (*f* sportswoman); (*Leichtathlet*) top athlete.

Hoch|leitung *f* ⚡ overhead wire; **2löblich** *adj. bsd. iro.* most esteemed; **∼mittelalter** *n* High Middle Ages *pl.*; **2modern I.** *adj.* very modern, ultramodern; **II.** *adv.*: **sich ∼ kleiden** wear the latest fashions; **e-e ∼ eingerichtete Küche** a kitchen with all the latest mod cons; **∼moor** *n* moor, sphagnum bog.

Hochmut *m* arrogance, pride; **∼ kommt vor dem Fall** pride goes before a fall; **hochmütig** *adj.* haughty, arrogant.

hochnäsig *adj.* F stuck-up, snooty, snotty-nosed; **Hochnäsigkeit** *f* F snootiness.

Hochnebel *m* low stratus; **∼decke** *f* extended low stratus; **∼felder** *pl.* patches of low stratus.

hoch|nehmen *v/t.* (*hänseln*) pull *s.o.'s* leg; (*übervorteilen*) fleece, F do; (*Verbrecherbande etc.*) F bust; **∼notpeinlich** *iro. adj.* (*streng*) severe; (*genau*) scrutinizing; **2ofen** *m* blast furnace.

hoch organisiert *adj.* highly organized.

hoch|päppeln *v/t.* (*j-n*) get *s.o.* back on his (*od.* her) feet; *weitS.* feed *s.o.* up; (*Pflanze etc.*) nurse *a plant etc.* back to life; **2parterre** *n* raised ground floor; **2plateau** *n* plateau; **∼politisch** *adj.* highly political; **∼prozentig** *adj. Alkohol*: high-proof.

hoch qualifiziert *adj.* highly qualified (*od.* trained).

hoch|radioaktiv *adj.* highly radioactive (*od.* contaminated); **∼ragen** *v/i.* tower *od.* rise (up); **∼rangig** *adj.* high-ranking; **∼ranken** *v/refl.*: **sich ∼** climb (up), **an:** climb (*od.* creep) up; **∼rappeln** *v/refl.* → **aufraffen**; **∼rechnen I.** *v/t.* project; **II.** *v/i.* make a projection; **2rechnung** *f* projection; *bei Wahlen*: computer prediction; *aufgrund von Umfrage*: exit poll; **die ersten ∼en haben ergeben ...** early indications point to ...; **∼recken I.** *v/refl.*: **sich ∼** stretch up; **II.** *v/t.* (*die Arme etc.*) stretch up (into the air); **∼reichen** *v/t.* pass *s.th.* up; **2relief** *n* high relief; **2renaissance** *f* High Renaissance; **∼rot** *adj.* bright red, crimson (*beide a. Gesicht*); **∼rutschen** *v/i.* **1.** *Kleid etc.*: ride up; **2.** *Person*: move up; **2saison** *f*: (**in der ∼** in the) peak season, (at the) height of the season.

hoch schätzen *v/t.* think (very) highly of.

hoch|schaukeln *v/t.* play up; **sich** (**gegenseitig**) **∼** get each other (all) worked up; **∼schieben** *v/t.* push up; **∼schießen** *v/t. u. v/i.* shoot up; **∼schlagen I.** *v/t.* (*Kragen etc.*) turn up; **II.** *v/i. Wellen*: be high; *fig. Gefühle*: run high; **∼schnellen** *v/i.* jump up; *Preise*: soar, F go sky-high, skyrocket.

hoch schrauben *v/t.* (*Preise etc.*) push (*od* force) up; (*Erwartungen*) raise.

hochschrecken *v/t.* (*Tier*) startle, frighten (away), disturb.

Hochschulabschluss *m* (university) degree; **Hochschulabsolvent(in** *f*) *m* (university *od.* college) graduate; **Hochschule** *f* university; (*Akademie*) college; **technische ∼** college of advanced technology, *Am.* institute of technology; **pädagogische ∼** college of education.

Hochschul|gesetz *n legislation governing higher education*; **∼lehrer(in** *f*) *m* (university *od.* college) lecturer; **∼reform** *f* higher education reforms *pl.*; **∼reife** *f* university entrance qualification(s *pl.*).

hochschwanger *adj.* highly pregnant; **∼sein** *a.* be at an advanced stage of pregnancy.

Hochsee *f* high sea(s *pl.*), open sea; **∼fischerei** *f* deep-sea fishing; **∼flotte** *f* **1.** deep-sea fishing fleet; **2.** navy fleet; **∼jacht** *f* ocean yacht.

Hochseil *n* tightrope, high wire; **∼akrobat** *m* tightrope artist; **∼akt** *m* tightrope (*od.* high-wire) act; *fig.* tightrope walk.

Hochsicherheits|gefängnis *n* top-security prison; **∼trakt** *m* security wing.

Hochsitz *m* (*Jagd2*) raised hide (*Am.* blind).

Hochsommer *m* middle of summer; **hochsommerlich** *adj.* summery; **∼e Temperaturen** temperatures in the (high) eighties.

Hochspannung *f* **1.** ⚡ high voltage; **2.** *fig.* great suspense; **es herrscht ∼** things are very tense.

Hochspannungs|leitung *f* ⚡ power line; **∼mast** *m* ⚡ pylon.

hoch spezialisiert *adj.* highly specialized.

hochspielen *v/t.* (*Sache*) play up, *stärker*: blow up; (*Film etc.*) build up.

Hochsprache *f*: **die deutsche ∼** standard German; **hochsprachlich** *adj.* standard (German *etc.*) ...

hochspringen *v/i.* jump up (in the air); **Hochspringer(in** *f*) *m* high-jumper; **Hochsprung** *m* high jump.

hochspülen *v/t.* wash up to the surface; *fig.* bring to the surface.

höchst I. *adj.* highest; *fig.* (*größt*) greatest, utmost; *fig.* **∼e Instanz** highest authority; **∼er Punkt** peak; **∼e Vollkommenheit** peak of perfection; **in den ∼en Tönen loben** praise to the skies; **es ist ∼e Zeit** it's high time *you went to bed etc.*; **von ∼er Wichtigkeit** extremely important; **das ist das ∼e der Gefühle** it's the most wonderful feeling, it's an amazing experience; → **äußerst, Höchste**; **II.** *adv.* (*a.* **aufs 2e**) highly; greatly, extremely, most; **2alter** *n* age limit; **das ∼ überschritten haben** be over the age limit, be too old; **2angebot** *n* highest offer; *Ausschreibung etc.*: highest bid.

hochstämmig *adj.* tall.

Hochstapelei *f* **1.** confidence trickery, swindling; (*Einzelfall*) confidence trick; **2.** (*Übertreibung*) overstatement, exaggeration; (*Angeberei*) boasting; **geistige ∼** intellectual fraud; **hochstapeln** *v/i.* **1.** swindle (s.o. *od.* people); **2.** (*übertreiben*) exaggerate, overstate things (*od.* the case *etc.*); (*angeben*) boast; **Hochstapler** *m* **1.** F con man; **2.** fake.

Höchst|belastung *f* ⚙ peak stress (*a.* ⚡ load); **∼betrag** *m* maximum (amount), limit; **∼bietende(r)** *m* highest bidder.

Höchste *n*: **das ∼** (*Äußerste*) the (ut-)most; **das ist ja das ∼!** that's the limit.

hoch stehend *adj. Kragen*: turned-up; *Haar*: F sticking-out, *nachgestellt*: standing up; *typ.* superior; *fig.* **∼e Persönlichkeit** leading figure, distinguished personality, VIP.

hochsteigen I. *v/i.* **1.** *Preise, Zahlen etc.*: go up; rise; **2.** climb up; **3.** *fig. Wut etc.*: well up (**in j-m** inside s.o.); **II.** *v/t.* (*Treppe, Berg etc.*) climb (up).

höchst|eigen *hum. adj.*: **in ∼er Person** in person; **der Präsident in ∼er Person** *a.* the president himself(, no less); **∼eigenhändig** *hum. adj.* personally.

hochstellen *v/t.* **1.** put *s.th.* up; **2.** (*hochkant stellen*) stand *s.th.* upright (*od.* on end); **3.** (*Heizung etc.*) turn up.

hoch stellen *v/t.* (*Heizung etc.*) turn up; **die Heizung** (**etwas**) **höher stellen** turn up the heating (a bit).

hochstemmen I. *v/t.* lift (*od.* heave) up; **II.** *v/refl.*: **sich ∼** push o.s. up.

höchstens *adv.* at (the) most, at the outside; (*ausschließlich*) only; **er ist ∼ zwanzig** he can't be more than twenty; **es ist ∼ neun Uhr** it can't be later than nine o'clock; **ich trinke ∼ mal ein Bier** very occasionally I might have a beer; **das gibt es ∼ noch in ...** the only place you might find it is (in) ...; **das gibt es ∼ im Fachhandel** you might find it at a specialist's; **∼, wenn** only unless; **∼ ein Wunder würde ...** only (*od.* nothing short of) a miracle would ..., it would take a miracle to ...

Höchst|fall *m*: **im ∼** → **höchstens**; **∼form** *f*: **in ∼** in top form; **∼gebot** *n* highest offer; **∼geschwindigkeit** *f* maximum (*od.* top) speed; *mot.* **zulässige ∼** speed limit; **∼gewicht** *n* maximum weight; **∼gewinn** *m* maximum win (-nings *pl.*); **∼grenze** *f* limit, ceiling; **e-e ∼ festsetzen für** put a ceiling on.

hochstilisieren *v/t.* build up; **∼ zu** turn *s.o. od. s.th.* into, make *s.o. od. s.th.* out to be.

Hochstimmung *f* high spirits *pl.*; **in ∼ sein** *a.* be excited.

Höchst|last *f* maximum load; **∼leistung** *f* top performance, ⚙ *a.* maximum output; *Sport*: record (performance); *wissenschaftliche etc.*: great achievement; **∼lohn** *m* maximum wage(s *pl.*) *od.* salary; **~maß** *n* maximum (**an** of); *Geduld etc.*: great deal (of); **~menge** *f* maximum (amount); **&möglich** *adj.* highest possible; **~note** *f Sport*: top score, top marks *pl.*; **&persönlich I.** *adj.* strictly personal; **II.** *adv.* himself (*f* herself), in person, personally; **~preis** *m* top (*od.* maximum) price, price ceiling.

Hoch|straße *f* **1.** mountain road; **2.** elevated highway; **&strebend** *adj.* soaring; *fig.* ambitious; **&strecken** *v/t.* (*Arm etc.*) stretch up (into the air).

höchst|richterlich *adj.*: ***~e Entscheidung*** decision by the supreme court; **&satz** *m* maximum rate; **&stand** *m* highest level, all-time high; *Wasser*: high-water mark; **&strafe** *f* maximum penalty (*od.* sentence); **&summe** *f* maximum sum (*od.* amount); **&temperaturen** *pl.* maximum temperatures; **~wahrscheinlich** *adv.* very probably (*od.* likely), in all probability; **&wert** *m* maximum value; **&zahl** *f* maximum (figure); **~zulässig** *adj.* maximum (permitted).

Hochtal *n* high-lying valley.

hoch technisiert *adj.* sophisticated; high-tech ..., hi-tech ...

Hochtechnologie *f* high tech(nology), hi-tech.

Hochtemperaturreaktor *m* high-temperature reactor.

hoch|tönend *adj.* high-sounding, grandiloquent; **&töner** *m Hi-Fi*: tweeter; **&touren** *pl.*: ***auf ~ sein*** be running at full power (*mot.* speed), F *fig. Person*: be working flat out, *Sache*: be in full swing, *bsd. Projekt etc.*: be going full steam ahead; (*wütend sein*) *sl.* be freaking out; F ***j-n auf ~ bringen*** F make s.o. wild; **~tourig** *adv.*: ***~ fahren*** run at high revs; **~trabend** *adj.* pompous, high-falutin, high-sounding; **~treiben** *v/t. bergauf*: drive up; (*Preise etc.*) force up.

hoch treiben *v/t.* (*Preise etc.*) force up; ***die Preise immer höher treiben*** keep on forcing up prices.

Hoch- und Tiefbau *m* structural and civil engineering.

hoch|verdient *adj. Person*: meritorious, of great merit; *Sieg etc.*: well-deserved, well-earned; **~verehrt** *adj.* esteemed, greatly respected; *in der Anrede*: dear; **&verrat** *m* high treason; **&verräter** *m* traitor.

hoch verzinslich *adj.* yielding high interest, high-interest-bearing.

Hochwald *m* timber forest.

Hochwasser *n e-s Flusses*: high water; *der See*: high tide; (*Überschwemmung*) flood(s *pl.*); ***~ haben*** (*od.* ***führen***) be swollen; F *fig.* ***er hat ~*** F his trousers are at half-mast; **~hosen** F *pl.*: ***er trägt immer ~*** F he always wears his trousers at half-mast; **~katastrophe** *f* flood disaster; **~schaden** *m* flood damage; **~stand** *m* high-water level.

hoch|werfen *v/t.* throw up (in the air); **~wertig** *adj.* high-grade ..., high-quality ...; ***~e Nahrungsmittel*** highly nutritive food; **~wichtig** *adj.* highly important; **&wild** *n* big game; **~willkommen** *adj.* most welcome; **~winden I.** *v/t.* hoist up; **II.** *v/refl.*: ***sich ~*** *Weg etc.*: wind its way up (**am** *od.* **den Berg** the mountain); **~wirksam** *adj.* highly effective; **~wohlgeboren** *obs. adj.*: ***Euer*** (*od.* ***Eure***, *abbr.* ***Ew.***) ***&!*** Your Hono(u)r; **~wohllöblich** *iro. adj.* highly-esteemed; **~wuchten** *v/t.* heave up; *mit Hebel*: lever up; **&würden:** ***Eure*** (*od.* ***Euer***) ***~!*** Reverend (Father); ***Seine ~*** the Most Reverend (*mit Titel u. vollem Namen*); **&zahl** *f* ℞ exponent; **~zeilig** *adj.* TV high-definition.

Hochzeit[1] *f* wedding; ***~ feiern*** a) get married, b) have a wedding; ***wann feiert ihr denn ~?*** *a. iro.* when's the wedding (*od.* big) day then?; *fig.* ***man kann nicht auf zwei ~en tanzen*** a) you can't be in more than one place at the same time, b) you can't have your cake and eat it.

Hochzeit[2] *f* (*Blütezeit*) golden age.

Hochzeits|feier *f*, **~fest** *n* wedding (reception); **~flug** *m zo.* nuptial flight; **~foto** *n* wedding photo; **~gast** *m* wedding guest; **~geschenk** *n* wedding present; **~kleid** *n* wedding dress; **~kuchen** *m* wedding cake; **~nacht** *f* wedding night; **~paar** *n* bride and groom, F happy couple; **~reise** *f* honeymoon; ***auf ~ sein*** be on one's honeymoon, F be honeymooning; **~strauß** *m* bridal bouquet; **~tag** *m* wedding day; (*Jahrestag*) (wedding) anniversary; **~torte** *f* wedding cake; **~video** *n* wedding video.

hochziehen I. *v/t.* pull up; (*Hose*) hitch up; (*Beine*) draw up; (*Augenbrauen*) raise; (*Mauer etc.*) build, erect; ✈ pull up; ***die Nase ~*** sniff; **II.** *v/refl.*: ***sich ~*** pull o.s. up (**an** by); *fig.* ***sich ~ an*** a) get a thrill out of, b) make a fuss about; **III.** *v/i. Gewitter*: come up.

Hochzinspolitik *f* policy of high interest rates.

hoch zivilisiert *adj.* highly civilized.

hochzüchten *v/t.* breed selectively; *fig.* (*Motor*) F soup up; (*Gefühle etc.*) nurture.

Hocke *f Turnen etc.*: crouch, squatting position; ***in die ~ gehen*** crouch down, squat (down).

hocken I. *v/i.* squat, crouch; F (*sitzen*) sit; *untätig*: sit around; ***~ über*** be poring over; **II.** *v/refl.*: ***sich ~*** squat down; F (*sich setzen*) F plonk o.s. down; **hocken bleiben** F *v/i. ped.* have to repeat a year.

Hocker *m* stool.

Höcker *m* (*Buckel*) hump (*a. zo.*); (*Beule*) bump.

Hockergrab *n* crouched burial.

höckerig *adj.* bumpy.

Hockey *n* hockey; **~schläger** *m* hockey stick; **~spieler(in** *f*) *m* hockey player.

Hockstellung *f* squatting position.

Hode *m*, *f* → ***Hoden.***

Hoden *m anat.* testicle; **~sack** *m* scrotum.

Hodometer *m* (h)odometer.

Hof *m* **1.** yard; (*Innen&*) courtyard; (*Hinter&*) backyard; (*Schul&*) playground; **2.** (*Fürsten&*) court; ***bei*** (*od.* ***am***) ***~e*** at court; *fig.* ***j-m den ~ machen*** court s.o.; **3.** (*Bauern&*) farm; **4.** *um Sonne, Mond*: halo (*a. opt. u.* ✇), corona; *anat.* areola; **~dame** *f* lady-in-waiting; **~dichter** *m in GB*: Poet Laureate; **&fähig** *adj.* socially acceptable; *engS.* presentable.

Hoffart *f* haughtiness, pride.

hoffen I. *v/t. u. v/i.* hope (**auf** for); ***~ auf*** *a.* set (*od.* pin) one's hopes on; ***~ wir das Beste*** let's hope for the best; ***ich hoffe es*** (***sehr***) I (sincerely *od.* certainly) hope so; ***das will ich doch ~!*** (*dass er es macht*) *drohend*: he'd better; ***ich hoffe nicht*** I hope not; ***verzweifelt ~*** hope against hope; **II.** *& n* hoping, hope.

hoffentlich *adv.* hopefully, I hope ...; *in Antworten*: I hope so, let's hope so; ***~ nicht*** I hope not, let's hope not.

Hoffnung *f* hope (**auf** for, of); (*Erwartung*) *a.* expectation; (*Aussicht*) prospect; ***in der ~ zu*** *inf.* in the hope of *ger.*, hoping to *inf.*; ***die ~ verlieren*** lose hope; ***die ~ aufgeben*** give up (*od.* abandon) hope; ***man darf die ~ nie aufgeben*** *a.* never say die; ***j-m ~(en) machen, in j-m ~(en) erwecken*** raise s.o.'s hopes; ***sich ~en machen*** be hopeful, be hoping; ***j-m ~ machen, dass*** lead s.o. to believe (*od.* expect) that; ***j-m ~en auf et. machen*** hold out the prospect of s.th. to s.o.; ***mach dir keine allzu großen ~en*** don't be too hopeful, don't expect too much; ***ich habe keine große ~, dass*** I don't hold out much hope that (*od.* of *ger.*); ***s-e ~en setzen auf*** pin one's hopes on, place one's hopes in, bank on; ***es besteht noch ~*** there's still hope, there's hope yet; ***ist*** (*od.* ***besteht***) ***noch ~?*** is there any hope (left)?; ***er*** (***es***) ***ist unsere letzte ~*** he's (it's) our last hope; ***er ist unsere große ~*** we're pinning all our hopes on him, he's our great hope.

hoffnungslos *adj.* hopeless (*a.* F *fig.*); (*verzweifelt*) desperate; F ***ein ~er Fall*** a hopeless case; F ***ein ~er Romantiker*** an eternal romantic; **Hoffnungslosigkeit** *f* hopelessness; despair.

Hoffnungs|schimmer *m* glimmer of hope; **~träger** *m* F *the* great white hope; **&voll** *adj.* hopeful; (*viel versprechend*) promising.

Hof halten hold court.

hofieren *v/t.*: ***j-n ~*** court s.o.'s favo(u)r.

höfisch *adj.* courtly.

Hof|kapelle *f* **1.** court chapel; *königliche*: chapel royal; **2.** ♪ court orchestra; **~leben** *n* life at court; **~leute** *pl.* courtiers.

höflich I. *adj.* polite, courteous (**zu** to[-wards]); ***~, aber bestimmt*** polite but firm; **II.** *adv.* politely *etc.*; ***wir bitten Sie ~ zu*** *inf.* may we ask you to *inf.* (*od.* request that you ...); ***~, aber bestimmt*** politely but firmly; **Höflichkeit** *f* politeness, courtesy; (*Kompliment*) compliment; *iro.* ***darüber schweigt des Sängers ~*** *wissentlich*: we won't say any more about that, *aus Unwissenheit*: that will have to remain a mystery.

Höflichkeits|besuch *m* courtesy call; **~bezeugung** *f* mark of respect; **~floskel** *f*, **~formel** *f* polite phrase; *im Briefschluss*: complimentary close.

Hoflieferant *m* purveyor to the court (*in GB*: to His *od.* Her Majesty).

Höfling *m* courtier.

Hof|maler *m* court painter; **~mann** *m* courtier; **~narr** *m* court jester; **~prediger** *m* court chaplain; **~rat** *m in GB*: Privy Councillor; (*östr. Titel*) Hofrat; **~staat** *m* royal (*od.* princely) household (*Gefolge*: retinue); **~zeremoniell** *n* court etiquette.

HO-Geschäft *n hist. DDR*: state-owned store; *pl. coll.* state-owned store chain *sg.*

hohe(r, -s) *adj.* → ***hoch.***

Höhe *f* height; *ast.*, *geogr.*, ✈ altitude; (*An&*) hill, elevation; (*Gipfel*) summit, top; *fig.* (*Niveau*) level; (*Ausmaß*) extent; (*Bedeutung*, *Größe*) importance, magnitude; (*Höhepunkt*) height, peak; ♪ (*Ton&*) pitch; *phys.* (*Stärke*) intensity; *e-r Summe*: size, amount; *e-r Strafe*: severity; ***in e-r ~ von*** *1000 Metern* at a height (✈ an altitude) of; *Summe* ***in ~ von*** (to the amount) of, F to the tune of; *Bevölkerungszuwachs etc.* ***in ~ von*** at the rate of; ***e-e Strafe bis zu e-r ~ von ...*** a maximum of ...; ***auf der ~ von*** on the same latitude as *London*, ⚓ off *Dover*; ***auf gleicher ~ mit*** on a level with; ***aus der ~*** from above; ***in die ~*** up, upwards;

H

in die ~ gehen go up, increase; ***in die ~ treiben*** force up; ***trotz der ~ s-s Alters*** despite his (advanced *od.* great) age *od.* advanced years; *fig.* ***die ~n und Tiefen des Lebens*** the ups and downs of life; ***auf der ~*** *s-s Ruhms etc.*: at the height (*od.* peak) of; ***auf der ~ sein*** be in good form, *der Zeit*: be up to date; ***sich nicht ganz auf der ~ fühlen*** not to feel quite up to the mark; ***e-e gewaltige ~ erreichen*** reach great heights; F ***in die ~ gehen*** F hit the roof; F ***das ist ja wohl die ~!*** F that really is the limit!

Hoheit *f* **1.** *pol.* sovereignty; **2.** *Titel*: *His etc.* Highness; *Anrede*: Your Highness; ***Seine (Ihre) Königliche ~*** His (Her) Royal Highness; **3.** *fig. e-r Person*: dignity; *von Bergen etc.*: grandeur, majesty; **hoheitlich** *adj.* sovereign.

Hoheits|akt *m* sovereign act; **~bereich** *m* **1.** jurisdiction (*of the state etc.*); **2.** → **~gebiet** *n* (sovereign) territory; ***deutsches ~*** German territory; **~gewalt** *f* sovereignty; **~gewässer** *pl.* territorial waters; **~recht** *n* sovereign right; **2voll** *adj.* majestic(ally *adv.*); (*gebieterisch*) imperious; **~zeichen** *n* national emblem.

Hohelied *n* **1.** *bibl.* Song of Solomon, Song of Songs; **2.** *fig.* hymn (*gen.* in praise of).

Höhen|angst *f* fear of heights; **~flosse** *f* ✈ stabilizer; **~flug** *m* high-altitude flight; *fig.* ***geistiger ~*** flight of fancy; ***der ~ des Dollars*** the soaring dollar; **~kabine** *f* pressurized cabin; **~karte** *f* relief map; **~klima** *n* mountain climate; **~krankheit** *f* altitude sickness; **~kurort** *m* high-altitude health resort; **~lage** *f* altitude; ***in den ~n*** at higher altitudes; **~leitwerk** *n* ✈ horizontal tail; **~luft** *f* mountain air; **~messer** *m* altimeter; **~messung** *f* measurement of altitude; **~rausch** *m* high-altitude euphoria; **~regler** *m Radio etc.*: treble control; **~rekord** *m* altitude record; **~ruder** *n* ✈ elevator; **~schreiber** *m* altigraph; **~sonne** *f* **1.** mountain sun; **2.** (*Lampe*) sun-ray lamp; **~strahlung** *f* cosmic radiation; **~training** *n* high-altitude training; **~unterschied** *m* difference in altitude; **~verlust** *m* ✈ loss of altitude; **2verstellbar** *adj.* height-adjustable; **~wind** *m* upper wind; **~zug** *m* ridge.

Hohepriester *m* high priest.

Höhepunkt *m* climax (*a. sexuell*); *e-s Festes etc.*: *a.* highlight; *der Macht*: height *of* (*one's*) *power*; (*entscheidende Phase*) critical stage; *e-r öffentlichen Karriere etc.*: high-water mark; ***auf dem ~*** *gen.* at the height of; ***s-n ~ erreichen*** culminate (***in*** in), climax (in), *Verkaufszahlen etc.*: peak, reach its (*od.* their) peak.

höher I. *adj.* higher; ***~e Bildung*** higher education; ***~es Dienstalter*** seniority; ***~e Instanz*** ⚖ higher court, *Verwaltung*: higher authority; ***~e Mathematik*** higher mathematics (*sg.*); → ***Gewalt, Schule***; **II.** *adv.* higher, more highly; (*weiter* [*nach*] oben) higher up; ***immer ~*** higher and higher; ***~ bewerten*** rate higher (*od.* more highly).

höher| besteuert *adj.* more heavily taxed; **~ bezahlt** *adj.* better (*od.* more highly) paid.

Höhere *fig. n*: ***das ~*** higher things.

höher| entwickelt *adj.* more highly developed; **~ gelegen** *adj.* higher, *pred. a.* situated higher (*od.* further) up; **~ gestellt** *adj.* higher(-ranking); **~ liegend** *adj.* → ***höher gelegen***; **~ qualifiziert** *adj.* more highly qualified; **~ schrauben** F *v/t.* (*Preise etc.*) push up; (*Ansprüche*) step up; **~ stehend** *adj.* higher(-ranking); *biol.* more highly developed; **~ stufen** *v/t.* upgrade.

Höherversicherung *f* increased insurance.

hohl *adj.* hollow (*a. Zahn*); *Augen, Wangen*: *a.* sunken; *Nuss*: empty; *Hand*: cupped; *opt.* concave; *fig.* (*leer*) hollow, empty; *Klang*: hollow; ***e-e ~e Hand machen*** cup one's hand; ***et. in der ~en Hand halten*** hold s.th. cupped in one's hand (*od.* in the hollow of one's hand); F *fig.* ***e-n ~en Kopf haben*** F have nothing but sawdust in one's head; F ***das ist was für den ~en Zahn*** that's not enough to keep a sparrow alive; **~äugig** *adj.* hollow-eyed; **2block(stein)** *m* hollow block; **~brüstig** *adj.* pigeon-chested.

Höhle *f* cave; (*Höhlung*) hollow; (*Grotte*) grotto; *von Raubtieren*: den, lair (*beide a. fig.*), *von Füchsen, Kaninchen etc.*: burrow; *anat.* cavity; (*Augen2*) socket; F *contp.* (*Wohnung, Zimmer*) F hole, hovel; *fig.* ***sich in die ~ des Löwen wagen*** venture into the lion's den; F *fig.* ***sich in s-e ~ verkriechen*** retreat into one's den.

Hohleisen *n* gouge; (*Meißel*) spoon chisel.

Höhlen|bewohner *m* cave-dweller, caveman, *bsd. prähistorischer*: *a.* troglodyte; **~forscher** *m* cave explorer, spel(a)eologist; *unterirdisch*: *a.* potholer; **~forschung** *f* spel(a)eology; **~fund** *m* cave find; **~kunde** *f* spel(a)eology; **~malerei** *f* cave painting; **~mensch** *m* caveman; **~zeichnung** *f* cave drawing.

hohl|erhaben *adj. phys.* concavo-convex; **~geschliffen** *adj.* concave; **2glas** *n* hollow glass(ware).

Hohlheit *f* hollowness; *fig. a.* emptiness.

hohl klingend *adj.* hollow-sounding.

Hohlkopf *m* F numskull; **hohlköpfig** *adj.* empty-headed.

Hohl|körper *m* hollow body; **~kreuz** *n* hollow back; **~kugel** *f* hollow sphere; **~maß** *n* measure of capacity; *für Korn etc.*: dry measure; **~meißel** *m* gouge; **~nadel** *f* ⚕ cannula; **~raum** *m* hollow (space), *a. anat.*, ⚕, *metall.* cavity; **~raumversiegelung** *f mot.* vacuum sealing; **~rücken** *m* hollow back; **~saum** *m* hemstitch; **2schleifen** *v/t.* grind *s.th.* hollow; **~schliff** *m* hollow grinding; **~spiegel** *m* concave mirror; **~tier** *n* zoophyte, *pl.* coelenterata.

Höhlung *f* hollow, *a. anat.* cavity.

hohl|wangig *adj.* hollow-cheeked; **2weg** *m* hollow; (*Schlucht*) ravine, gorge; (*Engpass*) narrow pass; **2ziegel** *m* hollow brick; (*Dachziegel*) hollow tile.

Hohn *m* (*Verachtung*) scorn, disdain; (*Verspottung*) mockery, derision, scoffing, sneering; (*Sarkasmus*) sarcasm; ***der reinste ~*** sheer mockery; ***zum ~(e)*** *gen.* in defiance of; ***ein ~ auf et. sein*** make a mockery of; ***nur ~ und Spott ernten*** be(come) a laughing stock; **höhnen** *v/i.* sneer, mock, scoff (*alle* ***über*** at).

Hohngelächter *n* derisive laughter.

höhnisch *adj.* (*geringschätzig*) disdainful; (*spöttisch*) sneering, mocking, derisive; (*hämisch*) gloating; ***~es Lächeln*** sneer.

hohnlächeln, Hohn lächeln I. *v/i.* sneer (***über*** at); **II. Hohnlächeln** *n* sneer; **hohnlächelnd, Hohn lächelnd I.** *adj.* sneering; **II.** *adv. a.* with a sneer.

hohnlachen, Hohn lachen I. *v/i.* laugh derisively (***über*** *j-n*: at, *et.*: about); **II. Hohnlachen** *n* derisive laughter.

hohnsprechen, Hohn sprechen *v/i.* make a mockery (*dat.* of).

Höker *m* street trader.

Hokuspokus *m* **1.** *Zauberformel*: abracadabra; **2.** (*fauler Zauber*) mumbo-jumbo; **3.** (*Schwindel*) eyewash; **4.** (*Unfug*) nonsense.

hoi *int.* hey!

hold I. *adj.* **1.** *poet.* (*lieblich*) lovely, sweet, fair; **2.** ***j-m (e-r Sache) ~ sein*** be well-disposed towards s.o. (s.th.); ***das Glück war ihm ~*** fortune smiled upon him, he was in luck; **II.** *adv.*: ***~ lächeln*** *etc.* smile *etc.* sweetly.

Holdinggesellschaft *f* ☤ holding company.

holdselig *adj.* → ***hold*** 1.

holen *v/t.* (go and) get, fetch; go for; (*ab~*) call for, pick up; (*nehmen*) take; (*Preis etc., a.* ***sich ~***) get, win, take *first prize etc.*; ***~ lassen*** send for, call *s.o.*; ***j-n ans Telefon ~*** get s.o. (to come) to the phone; ***j-n aus dem Bett ~*** get s.o. out of bed, wake s.o. up; ***sich*** *et.* ***~*** get, F *fig.* (*sich zuziehen*) *a.* catch; ***sich bei j-m Rat ~*** ask s.o.'s advice; F ***hier ist nichts zu ~*** there's nothing going here; → ***Atem, Luft.***

Holismus *m* holism; **holistisch** *adj.* holistic(ally *adv.*).

Holländer *m* **1.** Dutchman; ***die ~*** the Dutch; **2.** Dutch cheese; **Holländerin** *f* Dutchwoman; **holländisch** *adj.*, **Holländisch** *n ling.* Dutch.

Hollandrad *n* (heavy-duty) town bike.

Hölle *f* hell; ***in der ~*** in hell; ***in die ~ kommen*** go to (*od.* end up in) hell; *fig.* ***die ~ auf Erden*** hell on earth; ***j-m die ~ heiß machen*** (*Angst machen*) put the fear of death into s.o.; (*zusetzen*) give s.o. a hard time, make things unpleasant for s.o.; ***j-m die ~ heiß machen, dass er et. tut*** keep on at s.o. to do s.th., put s.o. under pressure to do s.th.; ***j-m das Leben zur ~ machen*** make life hell for s.o.; ***die ~ war los*** it was sheer pandemonium; F ***zur ~ damit!*** F to hell with it.

Höllen|angst F *f*: ***e-e ~ haben*** F be scared stiff; **~fahrt** *f eccl.* Christ's Descent into Hell; **~feuer** *n* hellfire; **~gestank** F *m* diabolical smell; **~hitze** F *f*: ***es war e-e ~*** the heat was unbearable, *sl.* it was hot as hell; **~lärm** F *m* F terrible racket, almighty din; **~qualen** F *pl.*: ***~ ausstehen*** go through hell; **~spektakel** F *n* → ***Höllenlärm***; **~tempo** F *n*: ***in e-m ~*** at breakneck speed.

Holler *dial. m* elder.

höllisch I. *adj.* (*teuflisch*) devilish; F *fig.* dreadful, F hellish; (*extrem*) incredible; ***e-e ~e Arbeit*** a hellish job; **II.** F *fig. adv.*: ***~ schwer*** F hellishly difficult; ***es tut ~ weh*** *sl.* it hurts like hell; ***du musst ~ aufpassen*** you've really got to watch out.

Hollywoodschaukel *f* swing seat.

Holocaust *m*: (***atomarer ~*** nuclear) holocaust.

Hologramm *n* hologram; **Holographie** *f* holography; **holographisch** *adj.* holographic(ally *adv.*).

holp(e)rig I. *adj.* rough; *Weg*: *a.* bumpy; *fig. Stil*: clumsy; ***sie spricht ein ~es Englisch*** her English is very shaky; **II.** *adv.* (*stockend*) haltingly; (*ungeschickt*) clumsily; ***et. ~ vorlesen*** (*od.* ***vortragen***) stumble through s.th.; **holpern** *v/i.* bump (along); *fig. Vers etc.*: be clumsy; *Person*:

stumble (along); **Holperschwelle** *f mot.* sleeping policeman.

holterdiepolter *adv.* (*überstürzt*) helter-skelter.

Holunder *m* elder; **~beere** *f* elderberry; **~strauch** *m* elder.

Holz *n* wood (*a. Gehölz*); (*Nutz~*) timber; ***aus ~*** made of wood, wooden; F ***ich bin doch nicht aus ~*** I've got feelings too, you know; *fig.* ***sie sind*** (***er ist***) ***aus demselben ~ geschnitzt*** they're two of a kind (*wie der Vater*: he's a chip off the old block); ***aus anderem ~ geschnitzt sein*** be made of different stuff; ***aus grobem ~ geschnitzt*** rough and insensitive; F ***~ sägen*** (*schnarchen*) F saw wood; F ***wie ein Stück ~ dastehen*** F stand there (*od.* around) like a lemon; F ***~ vor der Hütte haben*** F be well-stacked; **~apfel** *m* crab apple; **~arbeit** *f* **1.** woodwork; **2.** *konkret*: piece of woodwork; (*Figur*) wood carving, wooden figure; **~art** *f* (kind of) wood; **~asche** *f* wood ashes *pl.*; **~auge** *n*: F ***~, sei wachsam!*** F keep your eyes peeled; **~balken** *m* wooden beam; **~bank** *f* wooden bench; **~baracke** *f* wooden hut; **~bau** *m* **1.** wooden structure; **2.** → **~bauweise** *f* timber construction; **~bein** *n* wooden leg; **~birne** *f* wild pear; **~bläser** *m* ♪ woodwind player; ***die ~*** the woodwind (*pl.*); **~blasinstrument** *n* woodwind (instrument); **~block** *m* **1.** block of wood; **2.** ♪ woodblock; **~bock** *m* **1.** *zo.* (wood) tick; **2.** (*Sägebock*) sawhorse, *Am. a.* sawbuck; **~boden** *m* wooden floor; **~bohrer** *m* wood drill; (*Handbohrer*) gimlet; **~brett** *n* wooden board; *großes*: wooden plank; **~decke** *f* wooden ceiling; **~druck** *m* woodblock print(ing).

holzen F *v/i. Fußball*: kick everything above the grass.

hölzern *adj.* wooden (*a. fig. Bewegung, Interpretation etc.*); *fig.* (*ungeschickt*) awkward.

Holzfäller *m* woodcutter, *bsd. Am.* lumberjack.

Holzfaser *f* wood fib|re (*Am.* -er); (*Struktur*) grain; **~platte** *f* wood fibreboard (*Am.* fiberboard).

Holz|fäule *f* dry rot; **~figur** *f* wood carving, wooden figure; **~floß** *n* (wooden) raft; **~frei** *adj. Papier*: wood-free; **~fußboden** *m* wooden floor; **~gerüst** *n* wooden scaffolding; **~getäfelt** *adj.* wood-panel(l)ed, wainscot(t)ed; **~gewächs** *n* woody plant; **~hacken** *n* wood chopping, chopping wood; **~hacker** *m* **1.** woodchopper; → *a.* ***Holzfäller***; **2.** *Fußball*: butcher; **~haltig** *adj.* ligneous; *Papier*: woody; **~hammer** *m* mallet; **~hammer...** F *in Zssgn* sledge-hammer *method, diplomacy*; **~handel** *m* wood (*od.* timber) trade; **~haus** *n* wooden house; **~hütte** *f* wooden hut.

holzig *adj.* woody; *Rettich etc.*: stringy.

Holz|industrie *f* wood (*od.* timber) industry; **~kiste** *f* wooden box (*od.* crate); **~klotz** *m* **1.** block of wood; **2.** → **~klötzchen** *n* (*Spielzeug*) wooden brick.

Holzkohle *f* charcoal; **Holzkohlengrill** *m* charcoal grill.

Holz|konstruktion *f* **1.** wood (*od.* timber) construction; **2.** *konkret*: wooden structure; **~kopf** F *m* F blockhead; **~lager** *n* timber yard; **~leim** *m* wood glue; **~leiste** *f* strip (*od.* thin piece) of wood; **~löffel** *m* wooden spoon; **~maserung** *f* wood grain, grain of the wood; **~nagel** *m* wooden nail (*od.* peg); **~ofen** *m* wood-burning stove; **~pantoffeln** *pl.* clogs; **~papier** *n* wood(-pulp) paper; **~plastik** *f* wooden figure (*größer*: statue); **~platte** *f* wooden board; **~puppe** *f* wooden doll; **~rahmen** *m* wooden frame; **~schädling** *m* wood pest; **~schale** *f* wooden bowl; **~scheit** *n* piece of wood; **~schliff** *m* (mechanical) wood pulp; **~schnitt** *m* woodcut; **~schnitzer** *m* wood carver; **~schnitzerei** *f* wood carving; **~schraube** *f* wood screw; **~schuh** *m* clog; **~schuppen** *m* **1.** wooden shed; **2.** *für Holz*: woodshed; **~schutzmittel** *n* wood preserver; **~schwamm** *m* dry rot; **~sorte** *f* (kind of) wood; **~späne** *pl.* wood shavings; **~spanplatte** *f* (wood) chipboard; **~spiritus** *m* wood alcohol; **~splitter** *m* splinter (of wood); **~stapel** *m* pile of wood; **~stich** *m* wood engraving; **~stift** *m* wooden peg; **~stock** *m* woodblock; **~täfelung** *f* wood panel(l)ing, wainscot(t)ing; **~teer** *m* wood tar; **~teller** *m* wooden plate; **~treppe** *f* wooden staircase; **~tür** *f* wooden door.

Holz verarbeitend *adj.*: ***~e Industrie*** wood-processing industry.

Holz|verarbeitung *f* **1.** woodworking; **2.** → **~veredelung** *f* wood processing; **~verkleidung** *f* wood panel(l)ing, wainscot(t)ing; **~verschalung** *f* timber facing, boarding; **~verschlag** *m* wooden partition; **~ware** *f* wooden article(s *pl.*); **~weg** *m*: *fig.* ***auf dem ~ sein*** a) be barking up the wrong tree, b) be very much mistaken; **~wirtschaft** *f* wood (*od.* timber) industry; **~wolle** *f* excelsior; **~wurm** *m* woodworm; **~zaun** *m* wooden fence; *aus Brettern*: hoarding; **~zellstoff** *m* wood cellulose.

Homburg *m* Homburg (hat).

Homebanking *n per Computer*: home banking.

Homecomputer *m* home computer.

Homepage *f Internet*: home page.

homerisch *adj.* Homeric; ***~es Gelächter*** Homeric laughter.

Homeshopping *n* home shopping.

Hometrainer *m Sportgerät*: exerciser.

Homiletik *f* homiletics *pl.* (*sg. konstr.*).

Hominide *m biol.* hominid.

homo... *in Zssgn* homo.

Homo F *m* F gay, *contp.* queer.

Homoerotik *f* homoeroticism; **homoerotisch** *adj.* homoerotic.

homogen *adj.* homogeneous; **homogenisieren** *v/t.* homogenize; **Homogenität** *f* homogeneity.

Homograph *n* homograph.

Homonym *n* homonym.

Homöopath *m* ⚕ hom(o)eopath; **Homöopathie** *f* hom(o)eopathy; **homöopathisch** *adj.* hom(o)eopathic(ally *adv.*).

Homophon *n ling.* homophone.

Homosexualität *f* homosexuality; **homosexuell** *adj.* homosexual; **Homosexuelle(r** *m* **)** *f* homosexual.

Honig *m* honey; F *fig.* ***j-m ~ um den Bart schmieren*** F butter s.o. up; **~biene** *f* honey bee; **~farben, ~gelb** *adj.* honey-colo(u)red; **~klee** *m* sweet clover; **~kuchen** *m* honey cake; **~melone** *f* sugar (*od.* honeydew) melon; **~schlecken** *fig. n*: ***das ist kein ~*** it's no bed of roses; **~schleuder** *f* honey extractor; **~seim** *m* honey; **~süß** *adj.* honey-sweet, (*a. adv.*) as sweet as honey; **~wabe** *f* honeycomb; **~wein** *m* mead.

Honorar *n* fee; *e-s Autors etc.*: royalties *pl.*; **~frei** *adj.* free of charge; **~konsul** *m* honorary consul; **~professor** *m* honorary professor.

Honoratioren *pl.* local dignitaries.

honorieren *v/t.* (*et.*) pay for; (*j-n*) pay, remunerate (**für** for); ✝ (*Wechsel*) hono(u)r; *fig.* (*anerkennen*) acknowledge, (*belohnen*) reward; *fig.* ***es wird überhaupt nicht honoriert*** you get no credit (*od.* thanks) for it; **Honorierung** *f* remuneration, payment; *fig.* acknowledg(e)ment, (*Belohnung*) reward.

Hooligan *m* (*Randalierer bei Sportveranstaltungen*) hooligan.

Hopfen *m* ♣ hop; ✓ *coll.* hops *pl.*; F *fig.* ***an ihm ist ~ und Malz verloren*** F he's a dead loss; **~anbau** *m* hop growing; **~bauer** *m* hop farmer; **~bier** *n* hopped beer; **~ernte** *f* hop picking; hop-picking time (*od.* season); **~klee** *m* hop clover; **~stange** *f* **1.** hop pole; **2.** F (*Person*) F beanpole.

hopp *int.* jump!; (*schnell*) quick!; ***nun mal ~!*** F get a move on!, chop, chop!; ***~, raus aus dem Bett!*** come on, up you get!

hoppeln *v/i.* hop; *Wagen etc.*: jolt (along), bump along.

hopphopp I. *int.* chop, chop!; **II.** *adv.*: ***bei ihr muss alles ~ gehen*** she wants everything done in double-quick time.

hoppla *int.* (wh)oops(-a-daisy)!; F ***~, jetzt komm ich!*** F look out, here I come!; **hopplahopp** F *adv.* (*schlampig*) slap-dash; (*schnell-schnell*) chop-chop; ***so ~ geht das nicht*** you can't rush these things, it takes time.

hops F *adj.*: ***~ sein*** → ***hin: hin sein.***

hopsa(ssa) *int.* (wh)oops(-a-daisy)!

hopsen F *v/i.* hop, skip, hop and skip; **Hopser** F *m* hop; ***e-n ~ machen*** give a little hop; **Hopserei** F *f* jumping around.

hops|gehen F *v/i.* (*sterben*) F snuff it, pop one's clogs; (*verloren gehen*) get lost; *Geld etc.*: F go down the drain; (*verhaftet werden*) F get nabbed; **~nehmen** F *v/t.* F nab *a thief etc.*

Hörapparat *m* hearing aid.

hörbar *adj.* audible; ***sich ~ machen*** make o.s. heard; **Hörbarkeit** *f* audibility.

hörbehindert *adj.* partially deaf; **Hörbehinderung** *f* impaired hearing; partial deafness.

Hör|bereich *m* auditory range; *e-s Senders*: broadcasting range; **~bibliothek** *f* audio library; **~bild** *n* radio feature; **~buch** *n* talking book.

horchen *v/i.* listen (**auf** to); *heimlich*: *a.* eavesdrop.

Horde[1] *f* **1.** *contp.* horde, mob; **2.** *Völkerkunde*: (wandering) tribe.

Horde[2] *f* (*Gestell*) rack.

hordenweise *adv.* in hordes.

hören I. *v/t. u. v/i.* hear; (*zufällig mit an~*) overhear; (*zuhören*) listen; ***hör mal!*** listen; ***Radio ~*** listen to the radio; ***an et. ~*** be able to tell by; ***~ auf*** listen to; ***auf den Namen ... ~*** answer to the name of ...; ***gut ~*** have good ears (*od.* hearing); ***schwer*** (*od.* ***schlecht***) ***~*** be slightly deaf, be hard of hearing; ***ich hör dich so schlecht*** I can't hear you very well; ***du hörst wohl schlecht?*** are you (going) deaf?; ***bei Professor B. Geschichte ~*** go to Professor B.'s history lectures; ***~ von*** (*erfahren*) hear of (*od.* about); ***ich habs von ihr gehört*** I heard it from her, she told me; ***ich habe von ihm gehört*** I've heard of him, (*habe e-n Brief etc. bekommen*) I've heard from him; ***ich habe schon viel von ihm gehört*** I've heard a lot about him; ***ich habe gehört, dass*** they say (that); ***ich will davon nichts ~*** I don't want to hear about it; ***das ist das Erste, was ich höre*** that's the first I've heard of it; ***soviel ich gehört habe*** as far as I've heard; ***nach allem, was ich höre*** from what I've heard; ***was muss ich da ~?*** what's this you're telling me?; F ***ich glaube, ich höre nicht recht*** did I hear (you) right?, F say that again; ***er hat nichts von sich ~ lassen*** he hasn't written (*od.* phoned), we *etc.* haven't heard from him at all; ***man hörte nie mehr etwas von ihm*** he was never heard of again; ***lasst mal von euch ~*** keep in touch; ***ich lasse von mir ~*** I'll let you know; ***Sie werden noch von mir ~!*** *drohend*: you haven't heard the last of this!; ***das lässt sich ~*** that doesn't sound too bad at all; ***er hört sich gerne reden*** he likes the sound of his own voice; ***man höre und staune*** would you believe it; ***wer nicht ~ will, muss fühlen*** that's what you get for not listening; **II.** ℒ *n*: ***beim ~ des Vortrags*** while listening to the lecture; ***ihm verging ~ und Sehen*** (***dabei***) F he almost passed out; ***..., dass dir ~ und Sehen vergeht*** *drohend*: ... that you'll wish you were never born; **ℒsagen** *n*: ***vom ~*** by hearsay.

Hörer *m* **1.** (*a. Radio*ℒ) listener; *univ.* student; ***liebe ~innen und ~!*** *zum Sendebeginn*: hello everybody, hello to our listeners everywhere, *im Satz, verstärkend*: dear listeners; **2.** (*Telefon*ℒ) receiver; ***den ~ abheben*** pick up (*wenn es klingelt*: *a.* answer) the phone; ***den ~ auflegen*** put the phone down; **~brief** *m* letter (from a listener); *pl.* listeners' letters; **~kreis** *m*, **~schaft** *f* listeners *pl.*, audience; **~wunsch** *m* request (from a listener); *pl.* (listeners') requests.

Hör|fähigkeit *f* hearing ability; **~fehler** *m* **1.** misunderstanding; **2.** ⚕ hearing defect; impaired hearing; **~frequenz** *f* audio frequency; **~funk** *m* sound broadcasting, radio; **~gerät** *n* hearing (*od.* deaf) aid; **ℒgeschädigt** *adj.* hard of hearing, partially deaf; **~hilfe** *f* → ***Hörgerät.***

hörig *adj.* (*abhängig, a. sexuell*) dependent (*dat.* on); ***j-m ~ sein*** *als Sklave*: be in bondage to s.o.; **Hörigkeit** *f* (total) dependence (***gegenüber*** on), *a. hist.* bondage (to).

Horizont *m* horizon (*a. geol. u. fig.*); ***am ~*** on the horizon; ***die Sonne sank unter den ~*** the sun sank (*od.* disappeared) behind the horizon; *fig.* ***beschränkter*** (*od.* ***enger***) ***~*** narrow horizons; ***großer*** (*od.* ***weiter***) ***~*** broad view (*od.* horizon); ***s-n ~ erweitern*** broaden one's horizons; ***das erweitert den ~*** it broadens your horizons (*od.* the mind); ***das geht über m-n ~*** that's beyond me.

horizontal *adj.* horizontal; F ***das ~e Gewerbe*** F the oldest profession in the world; **Horizontale** *f* horizontal; F ***sich in die ~ begeben*** F *iro.* (go and) recline.

Horizontal|konzern *m* ♆ horizontal group; **~lage** *f* horizontal position.

Hormon *n* hormone; **hormonal** *adj.* hormonal.

Hormon|behandlung *f* hormonal treatment; course of hormone tablets (*od.* injections); **~drüse** *f* hormone gland.

hormonell I. *adj.* hormonal; hormone ...; **II.** *adv. behandeln etc.*: with hormones.

Hormon|haushalt *m* hormone balance; **~mangel** *m* lack of hormones; **~präparat** *n* hormone preparation; **~spiegel** *m* hormone level; **~spritze** *f* hormone injection, F shot of hormones.

Hörmuschel *f teleph.* earpiece.

Horn *n* **1.** *zo.* horn (*a. Material*); *der Schnecke*: feeler; *fig.* ***die Hörner einziehen*** pull in one's horns; ***j-m Hörner aufsetzen*** cuckold s.o.; ***sich die Hörner abstoßen*** sow one's wild oats; → ***Stier*** 1; **2.** ♪ (French) horn; ⚔ bugle; ***ins ~ stoßen*** blow one's horn; *fig.* ***ins gleiche ~ stoßen*** play the same tune, be of one mind (in the matter), ***mit j-m:*** chime in with s.o., go along with s.o. (wholeheartedly); **3.** *mot.* (*Hupe*) horn.

Hornberger Schießen *n*: ***ausgehen wie das ~*** be a complete flop.

Horn|blende *f min.* hornblende; **~brille** *f*: (***e-e ~*** a pair of) horn-rimmed glasses *pl. od.* spectacles *pl.*

Hörnchen *n* **1.** (*Gebäck*) croissant; **2.** *zo.* squirrel.

hörnern *adj.* horn ..., made of horn.

Hörnerv *m* auditory nerve.

Hornhaut *f* **1.** callus(es *pl.*); **2.** *des Auges*: cornea; **~entzündung** *f* inflammation of the cornea, keratitis; **~trübung** *f* nebula; **~verletzung** *f* injured cornea.

hornig *adj. Haut*: horny.

Hornisse *f* hornet; **Hornissennest** *n* hornets' nest.

Hornist *m* (French) horn player.

Hornochse F *m* idiot, F clod.

Hörorgan *n* organ of hearing.

Horoskop *n* horoscope.

Hör|probe *f* audition; *bei Tonaufnahme*: test recording; **~prüfung** *f* ⚕ hearing test.

horrend *adj. Preis etc.*: shocking, ridiculous; ***e-e ~e Dummheit*** sheer lunacy.

Hörrohr *n* **1.** ear trumpet; **2.** ⚕ stethoscope.

Horror *m* **1.** ***e-n ~ haben vor*** F have a thing about, (*j-m, e-r Prüfung, Spinnen etc.*) be terrified of; ***ich habe e-n ~ vor Spinnen*** *etc. a.* I can't stand spiders *etc.*; **2.** ***es ist der reinste ~*** it's excruciating, F it's sheer hell; **~film** *m* horror film (*od.* movie); **~geschichte** *f* horror story; **~szene** *f* scene of horror; *im Film*: horror (*od.* horrific) scene; **~video** *n* video nasty.

Hör|saal *m* lecture hall, auditorium; **~schaden** *m* hearing defect (*od.* impairment); impaired hearing; **~schärfe** *f* hearing acuity; **~schwelle** *f* auditory threshold; **~spiel** *n* radio play.

Horst *m* **1.** nest; (*Adler*ℒ) eyrie; **2.** (*Gehölz*) thicket; **3.** ✈ air base.

Hörsturz *m* acute hearing loss; sudden deafness.

Hort *m* **1.** *poet.* (*Schatz*) treasure; (*sicherer Ort*) safe retreat, refuge; **2.** (*Kinder*ℒ) after-school care cent|re (*Am.* -er); **horten** *v/t.* hoard; (*Rohstoffe*) stockpile.

Hortensie *f* ⚘ hydrangea.

Hörtest *m* hearing test; ***e-n ~ machen lassen*** have one's ears tested.

Hortung *f* hoarding; *von Rohstoffen*: stockpiling.

Hör|vermögen *n* hearing; **~weite** *f*: ***außer*** (***in***) ***~*** out of (within) earshot.

Höschen *n* **1.** (*Damenslip*): (***ein ~*** a pair of) panties *pl.*; **2.** (*Kinderhose*): (***ein ~*** a pair of) short trousers *pl.*

Hose *f*: (***e-e ~*** a pair of) trousers (*Am.* pants) *pl.*; ***kurze ~(n)*** (pair of) shorts *pl.*; ***in die ~ machen*** a) wet o.s. (*a.* F *fig.*), b) fill (*od.* make a mess in) one's pants; F ***die ~n*** (***gestrichen***) ***voll haben*** F be in a blue funk; F ***j-m die ~n stramm ziehen*** give s.o. a good hiding; F ***die ~n anhaben*** wear the trousers (*Am.* pants); F ***es ist in die ~n gegangen*** (*war ein Misserfolg*) F it was a flop (*od.* washout), (*ist schief gegangen*) it didn't work out, F it was a bit of a disaster, (*ist nicht angekommen*) *Witz etc.*: nobody got it, it didn't come over; *sl.* ***tote ~ sein*** F be a washout, *Ort etc.*: F be a dump.

Hosea *m bibl.* Hosea.

Hosen|anzug *m* trouser (*Am.* pants) suit; **~aufschlag** *m* turn-up, *Am.* cuff; **~bein** *n* trouser leg; **~boden** *m* seat of the *od.* one's trousers (*bsd. Am.* pants); F *fig.* ***sich auf den ~ setzen*** (*still halten*) sit down (F and shut up), (*fleißig sein*) F knuckle under; F ***j-m den ~ versohlen*** F tan s.o.'s hide; **~bügel** *m* trouser (*Am.* pants) hanger; **~bund** *m*, **~gurt** *m* waistband; **~latz** *m* flies *pl.*, fly; **~matz** F *m* F little guy; **~rock** *m*: (***ein ~*** a pair of) culottes *pl.*; **~scheißer** F *m* F scaredy-pants, scaredy-cat; **~schlitz** *m* flies *pl.*, fly; **~tasche** *f* trouser pocket; F *fig.* ***et. wie s-e ~ kennen*** know s.th. like the back of one's hand; **~träger** *m*: (***ein ~*** a pair of) braces (*Am.* suspenders) *pl.*

Hospitant *m* auditor; **hospitieren** *v/i.* sit in (***bei*** on).

Hospiz *n* **1.** hospice; **2.** Christian-run hotel.

Hostess *f* hostess (*a. euphem.*); ✈ air hostess.

Hostie *f eccl.* host.

Hot Dog *m Speise*: hot dog.

Hotel *n* hotel; ***~ garni*** bed and breakfast hotel; ***in welchem ~ seid ihr?*** which hotel are you (staying) at?; **~angestellte**(r *m*) *f* hotel employee; **~bar** *f* hotel bar; **~besitzer** *m* hotel owner; **~bett** *n* **1.** hotel bed; **2.** ***hier gibt es wenig ~en*** hotel accommodation here is limited; **~direktor** *m* hotel manager; **~fach** *n* hotel business; **~fachschule** *f* school for hotel management; **~führer** *m* hotel guide; **~gast** *m* hotel guest; **~gewerbe** *n* hotel trade (*od.* industry); **~halle** *f* foyer, (hotel) lobby.

Hotelier *m* hotelier.

Hotel|kette *f* hotel chain; **~koch** *m* hotel chef; **~küche** *f* hotel kitchen; **~lobby** *f* hotel lobby; **~nachweis** *m* **1.** hotel information service; **2.** list of hotels; **~pension** *f* residential hotel, boarding house; **~personal** *n* hotel staff (*mst pl. konstr.*); **~portier** *m* (hotel) doorman; **~- und Gaststättengewerbe** *n* catering trade; **~verzeichnis** *n* list of hotels; **~zimmer** *n* hotel room.

Hotkey *m Computer*: hotkey.

Hotline *f teleph.* hotline.

hott *int.* gee!; → ***hü.***

hu *int. bei Ekel*: ugh!; *bei Hitze etc.*: whew!; *bei Kälte*: brrr!; *zum Erschrecken*: boo!

hü *int.* (*vorwärts*) gee up!; (*links*) wo hi!; *fig.* ***~ oder hott!*** make up your mind; ***einmal sagt er ~, einmal hott*** first he says one thing and then he says something completely different.

Hub *m* ⚙, *mot.* stroke; *des Ventils, e-s Krans*: lift.

Hubbel *dial. m* bump; **hubbelig** *dial. adj.* bumpy.

Hubbrücke *f* lift bridge.

hüben *adv.* on this side; ***~ und*** (*od.* ***wie***) ***drüben*** on either side.

Hub|kraft *f*, **~leistung** *f* lifting capacity;

mot. output per unit of displacement; **~raum** *m* cubic capacity; → ***Hubvolumen.***

hübsch I. *adj.* **1.** pretty; *Junge*: nice-looking; *Mann*: good-looking, handsome; **2.** *weitS.* nice; **3.** F (*beträchtlich*) F nice; ***e-e ~e Summe*** F a tidy sum; ***ein ~es Stück Weg*** quite a way; *iro.* ***~e Aussichten*** nice prospects; *iro.* ***e-e ~e Angelegenheit!*** a fine state of affairs; **4.** F (*freundlich, nett*) nice; **II.** *adv.* **5.** nicely; **6.** F (*ziemlich, sehr*) F pretty; **7.** F ***das wirst du ~ sein lassen*** you'll do nothing of the sort; ***sei ~ artig!*** be a good boy (*od.* girl); ***immer ~ der Reihe nach!*** one after the other, please.

Hubschrauber *m* helicopter; **~landeplatz** *m* heliport; **~pilot** *m* helicopter pilot.

Hub|stapler *m* forklift truck; **~volumen** *n* piston displacement; **~weg** *m* piston travel.

huch *int.* ooh!

Hucke F *f*: ***j-m die ~ voll hauen*** give s.o. a good hiding; ***sich die ~ voll saufen*** F get plastered; ***j-m die ~ voll lügen*** F tell s.o. a pack of lies; ***sich die ~ voll lachen*** F kill o.s. (laughing).

huckepack *adv.* piggyback; **2verkehr** *m* piggyback transport (*od.* traffic), piggybacking.

Hudelei F *f* sloppiness; *konkret*: sloppy work; **hudelig** F *adj.* sloppy; **hudeln** F *v/i.* be sloppy; do a sloppy job; **Hudler** F *m* sloppy person (*od.* worker).

Huf *m* hoof.

Hufeisen *n* horseshoe; **~bogen** *m* ⚠ horseshoe arch; **2förmig** *adj.* horseshoe ..., horseshoe-shaped; **~magnet** *m* horseshoe magnet.

Huf|lattich *m* ⚘ coltsfoot; **~nagel** *m* horseshoe nail; **~schlag** *m* **1.** hoofbeat; **2.** (horse's) kick; **~schmied** *m* blacksmith; **~spur** *f* hoof mark.

Hüft|bein *n* hip-bone, 🕮 ilium; **~beuge** *f* groin.

Hüfte *f* hip; *von Tieren*: haunch; ***sich in den ~n wiegen*** sway one's hips; ***mit den ~n wackeln*** wiggle one's hips; ***die Arme in die ~n stemmen*** put one's hands on one's hips; ***die Arme*** (*od.* ***mit den Armen***) ***in den ~n*** *a.* (with) arms akimbo; ***bis an die ~ reichend*** → ***hüfthoch.***

Hüft|gelenk *n* hip joint; **~halter** *m* suspender belt; **2hoch** *adj.* waist-high; *Wasser*: waist-deep.

Huftier *n* hoofed animal.

Hüft|knochen *m* hip-bone; **~leiden** *n* hip complaint; **~weite** *f* hip measurement.

Hügel *m* hill; *kleiner*: hillock; **~grab** *n* burial mound; *in GB*: barrow, *in Schottland*: cairn; *in Europa*: tumulus; *in den USA*: mound.

hügelig *adj.* hilly.

Hügel|kette *f* range of hills; **~landschaft** *f* hill(y) country.

Hugenotte *m*, **hugenottisch** *adj.* Huguenot.

Huhn *n* chicken; (*Henne*) hen; *fig.* ***verrücktes ~*** F (real) nutcase; F ***mit den Hühnern zu Bett gehen*** (***aufstehen***) go to bed early (get up at the crack of dawn); F ***da lachen ja die Hühner!*** don't make me laugh.

Hühnchen *n* chicken; (*Brat2*) roast chicken; *fig.* ***mit j-m ein ~ zu rupfen haben*** have a bone to pick with s.o.

Hühnerauge *n* corn; F ***j-m auf die ~n treten*** (*j-n beleidigen*) tread on s.o.'s toes (*od.* corns); (*j-n erinnern*) (*a.* ***j-m auf die ~n steigen***) give s.o. a subtle reminder; **Hühneraugenpflaster** *n* corn plaster.

Hühner|brühe *f* chicken broth; **~brust** *f* chicken breast; ⚕ pigeon chest; F *fig.* ***e-e ~ haben*** F be pigeon-chested.

Hühnerei *n* hen's egg; **2groß** *adj.* the size of an (*od.* a chicken's) egg.

Hühner|farm *f* poultry (*od.* chicken) farm; **~fleisch** *n* chicken (meat); **~frikassee** *n* chicken fricassee; **~futter** *n* chicken feed; **~habicht** *m* goshawk; **~haus** *n* henhouse; **~hof** *m* **1.** chicken run; **2.** → ***Hühnerfarm***; **~jagd** *f* partridge shoot(ing); **~leber** *f* chicken liver (*gastr.* livers *pl.*); **~leberpastete** *f* chicken liver pâté; **~leiter** *f* chicken ladder; **~pastete** *f* chicken pie; **~pest** *f* fowl pest; **~schlag** *m*, **~stall** *m* chicken coop; **~stange** *f* perch, (chicken) roost; **~steige** *f* chicken ladder; **~suppe** *f* chicken soup; **~vögel** *pl.* gallinaceous birds; **~zucht** *f* **1.** chicken farming; **2.** chicken farm; **3.** chickens *pl.*, hens *pl.*

hui *int. erstaunt*: ooh!; *beeindruckt*: wow!; ***außen ~, innen pfui*** it's all right (*Am.* alright) until you take the wrappings off.

Huld *f* grace, favo(u)r; (*Güte*) benevolence; ***in j-s ~ stehen*** be in s.o.'s good graces; ***j-m s-e ~ schenken*** bestow one's favo(u)r on s.o.; **huldigen** *v/i.* (*j-m*) pay tribute (*od.* homage) to; (*e-r Anschauung etc.*) subscribe to *a way of thinking*; (*e-m Laster etc.*) indulge in; (*e-m Glauben etc.*) hold; (*der Mode etc.*) follow, worship; **Huldigung** *f* tribute (**an** to); (*Beifall*) applause; **huldreich, huldvoll** *adj. a. iro.* gracious.

Hülle *f* cover; (*Schallplatten2*) (record) sleeve; (*Buch2*) cover, jacket; (*Ausweis2*) cover; (*Futteral, Gehäuse*) case; (*Schleier*) veil; *des Elektrons*: shell; *fig.* ***sterbliche*** (*od.* ***irdische***) ~ mortal remains; ***... in ~ und Fülle ...*** galore, plenty of; ***die ~ des Schweigens über et. breiten*** draw a veil of silence over s.th.; F *hum.* ***s-e ~n abstreifen*** F peel off; **hüllen** *v/t.*: ***~ in et.*** wrap (up) in; *fig.* ***in Flammen gehüllt*** enveloped in flames; ***in Dunkel*** (***Nebel***) ***gehüllt*** shrouded in darkness (mist); ***in Wolken gehüllt*** covered in clouds; ***sich in Schweigen ~*** remain silent (**über** about); ***er hüllt sich in Schweigen*** *a.* his lips are sealed; **Hüllenelektron** *n phys.* orbital electron; **hüllenlos** *adj.* naked; F *hum.* stark naked, F starkers; ***er stand ~ da*** *a.* F he stood there without a stitch on.

Hülse *f* husk; (*Schale*) shell; (*Schote*) pod; (*Kapsel*) capsule; ⚙ case, sleeve; (*Röhre*) tube; *e-s Füllhalters*: cap; (*Etui*) case; **Hülsenfrucht** *f* legume; *pl.* pulses.

human *adj.* human, humane; F (*anständig*) decent; **2biologe** *m* human biologist; **2biologie** *f* human biology; **2genetik** *f* human genetics *pl.* (*sg. konstr.*); **2genetiker** *m* human geneticist.

humanisieren *v/t.* make more human.

Humanismus *m* humanism; **Humanist** *m* humanist; (*Altphilologe*) classicist; **humanistisch** *adj.* humanist; ***~e Bildung*** classical education; ***~es Gymnasium*** grammar school (*emphasizing the study of the classics*).

humanitär *adj.* humanitarian.

Humanität *f* humanitarianism; **Humanitätsduselei** *f* sentimental humanitarianism.

Human|kapital *n* human resources *pl.* (*od.* capital); **~medizin** *f* human medicine; **~mediziner** *m* doctor (of medicine); **~versuch** *m* human experiment; **~wissenschaften** *pl.* human sciences (*od.* studies).

Humbug *m* nonsense; (*Schwindel*) humbug.

Hummel *f* bumblebee.

Hummer *m* lobster; **~cocktail** *m* lobster cocktail; **~fleisch** *n* lobster (meat); **~gabel** *f* lobster fork; **~gericht** *n* lobster dish; **~krabben** *pl.* king prawns; **~schere** *f* lobster claw.

Humor *m* humo(u)r; (*Sinn für ~*) sense of humo(u)r; ***er hat keinen ~*** he has no sense of humo(u)r, (*versteht keinen Spaß*) *a.* he can't take a joke; ***et. mit ~ ertragen*** take s.th. in good humo(u)r; *iro.* ***du hast*** (***vielleicht***) ***~!*** you've got a nerve; ***das kann einem wirklich den ~ verderben*** F it can really get to you.

Humoreske *f* humorous sketch (*od.* story); ♪ humoresque.

humorig *adj.* humorous.

Humorist *m* humorous writer; (*Komiker*) comedian; **humoristisch** *adj.* humorous.

humorlos *adj.* humo(u)rless, unfunny; ***~ sein*** have no sense of humo(u)r; ***sei doch nicht so ~!*** don't take everything so seriously; can't you take a joke?; **Humorlosigkeit** *f* lack of humo(u)r; ***an ~ leiden*** have no sense of humo(u)r.

humorvoll *adj.* humorous, funny.

humpeln *v/i.* hobble; (*hinken*) limp, *permanent*: have a limp.

Humpen *m* tankard.

Humus *m* humus; **~boden** *m* humus soil; **~erde** *f* humus; **~schicht** *f* humus layer.

Hund *m* **1.** dog; (*Jagd2*) *a.* hound; ***junger ~*** puppy; → ***bissig*** 1; **2.** F *fig.* (***gemeiner***) ***~*** *sl.* (rotten) swine; ***armer*** (***schlauer, fauler***) ***~*** F poor (sly, lazy) devil; ***blöder ~!*** idiot!, F cretin!; ***so ein blöder ~!*** *a.* V what a stupid bastard; ***auf den ~ bringen*** ruin; (***ganz***) ***auf dem ~ sein*** be in a real mess, *gesundheitlich*: *a.* be a wreck; ***mit den Nerven auf dem ~ sein*** be a nervous wreck; ***vor die ~e gehen*** go to the dogs; ***wie ~ und Katze leben*** fight like cat and dog; ***da liegt der ~ begraben*** that's why; ***er ist bekannt wie ein bunter ~*** everybody knows him; ***er ist mit allen ~en gehetzt*** he knows all the tricks of the trade; ***das ist ein dicker ~*** F that's a bit thick; ***damit kann man keinen ~ hinter dem Ofen hervorlocken*** who's interested in that?; ***~e, die*** (***viel***) ***bellen, beißen nicht*** barking dogs seldom bite.

Hunde|augen *pl.*: *fig.* ***treue ~*** big faithful eyes; ***j-n mit traurigen ~ ansehen*** give s.o. a hangdog look; **~ausstellung** *f* dog show; **~besitzer** *m* dog owner; **~biss** *m* dog bite; **~blick** *m* → ***Hundeaugen***; **~dreck** F *m* F dog's muck; **~dressur** *f* dog training; **2elend** F *adj.*: ***sich ~ fühlen*** feel rotten (F lousy); **~fänger** *m* dog-catcher; **~fraß** F *m* F muck; ***das ist ja ein ~*** it's not fit for a dog; **~futter** *n* dogfood; **~gebell** *n* (sound of) barking dogs (*od.* a dog barking), barking; **~haare** *pl.* dog's hair *sg.* (*od.* hairs); **~halsband** *n* dog collar; **~halter** *m* dog owner; **~hütte** *f* (dog) kennel, *Am.* doghouse; **~kälte** F *f*: ***es ist e-e ~*** it's absolutely freezing; **~kot** *m* dog('s) dirt, F dog's muck; **~krankheit** *f* dog's disease; **~kuchen** *m* dog biscuit; **~leben** *n*: F ***ein ~ führen*** lead a dog's life; **~leine** *f* lead, leash; **~liebhaber** *m*

H

dog-lover; **~marke** *f* dog tag (*a.* F ⚔ *etc.*); **~meute** *f* pack of dogs; **≗müde** F *adj.* F dog-tired, *sl.* zonked; **~narr** *m* F dog freak; ***er ist ein ~*** he's crazy about dogs; **~pflege** *f* dog care; **~rasse** *f* breed (of dog); **~rennen** *n* dog (*od.* greyhound) racing.

hundert **I.** *adj.* a (*betont u. Am.* one) hundred; **II.** ≗ *n* hundred; ***fünf vom ~*** (*abbr.* ***v.H.***) five per cent (*od.* percent); ***~e*** (*od* ***≗e***) ***von Menschen*** hundreds of people; ***zu ~en*** (*od.* ***≗en***) by the (*od.* in their) hundreds; ***in die ~e*** (*od.* ***≗e***) ***gehen*** *Kosten etc.*: run into the hundreds; **III.** ≗ *f* hundred; **~achtzig:** F ***auf ~ sein*** F be hitting the roof, *sl.* be freaking out.

Hunderter *m* ♣ *the* hundred; (*die Ziffer 100*) hundred; (*dreistellige Zahl*) three-digit number; F (*Geldschein*) hundred-mark *etc.* note (*Am.* bill).

hunderterlei *adj.* hundreds of different *things etc.*

hundertfach **I.** *adj.* a hundredfold; ***die ~e Summe*** a hundred times the sum; ***in ~er Vergrößerung*** enlarged (*od.* magnified) a hundred times; **II.** *adv.* a hundred times; **Hundertfache** *n*: ***das ~*** a hundred times that (*od.* as much).

hundertfünfzigprozentig F *adj.* ultra ...; ***so ein ≗er*** one of those fanatics.

Hundertjahrfeier *f* centenary, *Am.* centennial.

hundertjährig *adj.* *a* hundred-year-old ..., *pred.* a hundred years old; a hundred years of *fighting, experience etc.*; ***~es Jubiläum*** centenary, *Am.* centennial; *hist.* ***der ≗e Krieg*** the Hundred Years' War; **Hundertjährige(r** *m***)** *f* centenarian.

hundertmal *adv.* a hundred times.

Hundertmarkschein *m* hundred-mark note (*Am.* bill).

Hundertmeterlauf *m the* 100 (= hundred) met|res (*Am.* -ers).

hundertprozentig **I.** *adj.* a hundred per cent (*od.* percent); *Alkohol*: pure; *fig. a.* one hundred per cent ..., out-and-out ...; ***~e Tochtergesellschaft*** wholly-owned subsidiary; **II.** *fig. adv.* a (*od.* one) hundred per cent *od.* percent; (*vollkommen*) *a.* absolutely; ***das weiß ich ~*** *a.* I know that for sure; ***ich stimme ~ mit Ihnen überein*** I couldn't agree with you more.

Hundertsatz *m* percentage.

Hundertschaft *f* contingent of a hundred police *etc.*, hundred-strong police *etc.* contingent; ***mehrere ~en*** several hundred police *etc.*

hundertst *adj.* hundredth; *fig.* ***wir kamen vom ≗en ins Tausendste*** one thing led to another; we just got talking and couldn't stop; ***das geht vom ≗en ins Tausendste*** it just goes on forever, there's no end to it; **Hundertstel** *n* hundredth.

hunderttausend *adj.* a (*od.* one) hundred thousand; ***~e*** (*od.* ***≗e***) ***von Exemplaren*** hundreds of thousands of copies.

hundertweise *adv.* by the hundred, in (their) hundreds.

Hunde|salon *m* dog (F pooch) parlo(u)r; **~scheiße** *sl.* *f* F dog's muck, V dog shit; **~schlitten** *m* dog sleigh (*od.* sled); **~schnauze** *f* dog's nose; F ***kalt wie e-e ~*** (as) cold as a fish; **~sohn** *contp. m sl.* bastard, *bsd. Am. sl.* son of a bitch; **~steuer** *f* dog licen|ce (*Am.* -se) fee; **~typ** *m* kind of dog; **~wetter** F *n* nasty weather; **~zucht** *f* dog breeding; (*Zwinger*) kennel (of dogs); **~züchter** *m* dog breeder; **~zwinger** *m* (dog) kennel(s *pl.*).

Hündin *f* bitch.

hündisch *fig. contp.* **I.** *adj.* servile; ***~e Ergebenheit*** abject devotion; **II.** *adv.*: ***~ ergeben*** abjectly (*od.* utterly) devoted (*dat.* to).

hundsgemein F **I.** *adj.* really mean, *a. Lüge, Bemerkung etc.*: nasty; ***~er Kerl*** *a. sl.* bastard; ***er*** (***sie***) ***kann ~ werden*** *sl.* he (she) can be a real bastard (bitch); **II.** *adv.* nastily; (*sehr, verdammt*) F damn, *sl.* bloody *cold etc.*; ***es tut ~ weh*** *sl.* it hurts like hell; **Hundsgemeinheit** F *f* **1.** nastiness; **2.** *konkret*: F dirty trick.

hundsmiserabel F *adj.* F lousy.

Hunds|rose *f* dogrose; **~stern** *m* Sirius, Dog Star; **~tage** *pl.* dog days.

Hüne *m* giant; ***er ist ein ~*** *a.* he's gigantic (*od.* huge); **Hünengrab** *n* megalithic grave, dolmen; **hünenhaft** *adj.* giant, gigantic.

Hunger *m* hunger; (*Esslust*) appetite; (*Hungersnot*) famine; *fig.* hunger, thirst (***nach*** for); ***~ haben*** (***bekommen***) be (get) hungry (***auf*** for); ***ich habe ~ auf ...*** *a.* I feel like ..., F I (could just) fancy ...; ***~ leiden*** starve; ***vor ~ sterben*** die of starvation, starve to death; F *fig.* ***ich sterbe vor ~*** F I'm famished, I'm ravenous; ***~ ist der beste Koch*** hunger is the best sauce; **~blockade** *f* hunger blockade; **~dasein** *n* miserable existence; ***ein ~ fristen*** eke out a living; **~gefühl** *n* hungry feeling; ***starkes ~*** hunger pangs, gnawing hunger; **~jahr** *n* year of famine; *pl.* lean years; **~künstler** *m* professional faster; **~kur** *f* starvation diet; **~leben** *n* life of want; → *a.* ***Hungerdasein***; **~leider** F *m* pauper; **~lohn** *m* pittance; ***für e-n ~*** *a.* for peanuts.

hungern **I.** *v/i.* go hungry, *stärker*: starve; (*fasten*) fast; *fig.* ***~ nach*** hunger (*od.* long) for; **II.** *v/refl.*: ***sich zu Tode ~*** starve o.s. to death; **hungernd** *adj.* hungry, starving.

Hungersnot *f* famine; ***es herrscht ~ in ...*** there is a (*od.* widespread) famine in ...

Hunger|streik *m* hunger strike; ***in den ~ treten*** go on hunger strike; **~tod** *m* (death from) starvation; ***den ~ sterben*** die of starvation, starve to death; **~tuch** *n*: ***am ~ nagen*** be on the breadline.

hungrig *adj.* hungry; (*ausgehungert*) starving, famished; *fig.* hungry (*a. Blick etc.*), starved (***nach*** for).

Hunne *m* Hun; **Hunnenkönig** *m* king of the Huns.

Hupe *f mot.* horn; ***auf die ~ drücken*** sound (F toot, beep) one's horn; **hupen** *v/i.* hoot, honk; sound (F toot, beep) one's horn; **Huperei** *f* honking, tooting.

hupfen *v/i.* → ***hüpfen***; F ***das ist gehupft wie gesprungen*** F it's six of one and half a dozen of the other.

hüpfen *v/i.* hop; (*springen*) jump (***vor Freude*** for joy); *fig.* ***sein Herz hüpfte ihm vor Freude*** his heart leapt for joy; **Hüpfer** *m* hop, (little) jump; ***e-n ~ machen*** give a hop (*od.* little jump).

Hup|konzert F *n* barrage of honking, F car-horn (⚓ foghorn) opera; **~signal** *n* hoot; ***j-m ein ~ geben*** hoot (*od.* toot one's horn) at s.o.; **~ton** *m* sound of a horn; ***ein anhaltender ~*** prolonged tooting; **~verbot** *n Hinweis*: no horn signals; **~zeichen** *n* → ***Hupsignal.***

Hürde *f* **1.** *Sport*: hurdle (*a. fig.*); ***e-e ~ nehmen*** take (*od.* clear) a hurdle; **2.** (*Pferch*) fold, pen.

Hürden|lauf *m* hurdles *pl.*; **~läufer** *m* hurdler.

Hure *f* whore; **huren** *v/i.* whore around.

Huren|bock *contp. m* lecher; **~sohn** *contp. m sl.* son of a bitch; **~viertel** F *n* red-light district.

Hurerei *f* whoring.

hurra *int.* hooray!; **Hurra** *n* hooray, cheer.

Hurrapatriot *m* jingoist, flag-waver; **hurrapatriotisch** *adj.* jingoistic; **Hurrapatriotismus** *m* jingoism.

Hurraruf *m* cheer(s *pl.*), hooray(ing).

Hurrikan *m* hurricane.

hurtig *adj.* swift, quick; (*flink u. gewandt*) nimble.

Husar *m* hussar; **Husarenuniform** *f* hussar's uniform.

husch *int. verscheuchend*: shoo!; (*schnell!*) quick!; ***~ ins Bett!*** off to bed with you!; **huschen** *v/i.* dart, flit, F whizz, *Am.* whiz; whoosh.

hüsteln **I.** *v/i.* give a little cough; (*e-n leichten Husten haben*) have a slight cough; **II.** ≗ *n* slight cough(ing).

husten **I.** *v/i.* cough; ***stark ~*** have a bad cough; F *fig.* ***ich huste drauf*** F I couldn't give a damn (about it); **II.** *v/t.* (*aus~*) cough (*od.* bring) up; ***Blut ~*** spit blood; F *fig.* ***sich die Gedärme*** (*od.* ***die Seele***) ***aus dem Leib ~*** cough one's heart out, *sl.* cough one's guts up; F ***ich werde dir was ~*** F you'll be lucky, you know what you can do; **III.** ≗ *m* cough; ***e-n*** (***schlimmen*** *od.* ***bösen***) ***~ haben*** have a (bad *od.* nasty) cough.

Husten|anfall *m* coughing fit; **~bonbon** *m, n* cough sweet (*od.* drop); **~mittel** *n* cough medicine; **~reiz** *m* tickle in one's throat; **~saft** *m*, **~sirup** *m* cough mixture; **≗stillend** *adv.*: ***~ wirken*** relieve coughs; **~tee** *m* bronchial tea; **~tropfen** *pl.* cough drops.

Huster F *m* cough.

Hut[1] *m* hat; *des Pilzes*: cap; *fig.* ***vor j-m den ~ ziehen*** take one's hat off to s.o.; ***~ ab!*** I take my hat off; F ***unter einen ~ bringen*** (*Meinungen etc.*) reconcile, (*Personen*) *a.* get *people* to agree (*od.* cooperate *etc.*), (*koordinieren*) coordinate, sort out, (*Termine, Pläne etc.*) fit in; F ***s-n ~ nehmen müssen*** have to go; F ***mit Politik*** *etc.* ***habe ich nichts am ~*** politics *etc.* isn't my cup of tea, I'm not very politically-minded *etc.*, I don't know the first thing about politics *etc.*; F ***ein alter ~*** F old hat; F ***ihm ging der ~ hoch*** F he blew his top (*sl.* stack); F ***eins auf den ~ kriegen*** F get a rap across the knuckles; F ***das kannst du dir an den ~ stecken!*** *sl.* you can stick that.

Hut[2] *f* **1.** (*Obhut*) care, keeping; (*Schutz*) protection; **2.** ***auf der ~ sein*** be on one's guard (***vor*** against), look (*od.* watch) out (for), be on the lookout (for), be careful (***nicht zu*** *inf.* not to *inf.*); ***nicht auf der ~ sein*** be off one's guard.

Hut|ablage *f* hat rack; **~abteilung** *f* hat (*für Damen*: *a.* millinery) department; **~band** *n* hatband.

hüten **I.** *v/t.* guard, protect (***vor*** from); (*bewachen*) watch (over); (*Vieh*) tend; (*Kind*) look after; (*Geheimnis*) keep, guard; **II.** *v/refl.*: ***sich ~*** → *auf der* ***Hut***[2] *sein*; ***sich ~ zu*** *inf.* be careful not to *inf.*, take care not to *inf.*; ***sich ~ vor*** watch out for; ***hüte dich vor ihm*** *a.* be careful of him; F ***ich werd mich ~!*** I'll make sure I don't, F I'll be blowed if I do, *auf Frage*: F not likely!; ***er soll sich ~(, das zu tun)*** he'd better not (try); **Hüter** *lit.* *m* custodian; *hum.* ***der ~ des Gesetzes*** the arm of the law.

Hut|geschäft *n* hat shop; *für Damen*: *a.* milliner's (shop); **~größe** *f* hat size; ***welche ~ haben Sie?*** what size hat do you take?; **~krempe** *f* brim (of a *od.* the hat); **~laden** *m* → ***Hutgeschäft***; **~macher** *m* hat maker; *für Damen*: *a.* milliner; **~nadel** *f* hatpin; **~schachtel** *f* hatbox; **~schnur** *f* hat string; F *fig.* ***das geht mir über die ~*** F that's a bit much; **~ständer** *m* hatstand.

Hütte *f* **1.** hut; *elende*: hovel, shack; (*Berg*≈) alpine hut; (*Schutz*≈) refuge; (*Jagd*≈) hunting lodge; **2.** *metall.* steelworks *pl.* (*a. sg. konstr.*); (*Schmelz*≈) smelting works *pl.* (*a. sg. konstr.*); (*Glas*≈) glassworks *pl.* (*a. sg. konstr.*).

Hütten|arbeiter *m* (iron-and-)steelworker; **~betrieb** *m* metal plant (*od.* factory); **~fest** *n bibl.* Feast of Tabernacles; **~industrie** *f* iron and steel industry; **~ingenieur** *m* metallurgical engineer; **~käse** *m* cottage cheese; **~kunde** *f* metallurgy; **~schuhe** *pl.* slipper socks; **~wesen** *n* metallurgy.

hutz(e)lig *adj.* shrivel(l)ed, withered; *Person*: *a.* wizened *old woman etc.*

Hyäne *f zo.* hyena.

Hyazinth *m min.* hyacinth.

Hyazinthe *f* ⚘ hyacinth.

hybrid *adj.*, **Hybride** *f*, *m* hybrid.

Hybris *f* hubris.

Hydra *f* hydra.

Hydrant *m* fire hydrant.

Hydrat *n* hydrate.

Hydraulik *f phys.* hydraulics *pl.* (*als Fach sg. konstr.*); **hydraulisch** *adj.* hydraulic(ally *adv.*); ***~es Getriebe*** hydrodynamic drive.

Hydro... *in Zssgn* hydro... (→ *a.* ***Wasser...***).

Hydrodynamik *f phys.* hydrodynamics *pl.* (*sg. konstr.*).

hydroelektrisch *adj.* hydroelectric.

Hydrographie *f* hydrography.

Hydrokultur *f* hydroponics *pl.* (*sg. konstr.*).

Hydrologie *f* hydrology.

Hydrolyse *f* hydrolysis; **hydrolytisch** *adj.* hydrolytic.

Hydrometer *n* hydrometer.

Hydrophobie *f* ⚕ hydrophobia.

Hydrosphäre *f* hydrosphere, hydrospace.

Hydrostatik *f* hydrostatics *pl.* (*als Fach sg. konstr.*); **hydrostatisch** *adj.* hydrostatic(ally *adv.*).

Hydrotechnik *f* hydraulic engineering.

Hydrotherapie *f* ⚕ hydrotherapy.

Hygiene *f* hygiene; ***mangelnde ~*** lack of hygiene, unhygienic conditions; **~artikel** *pl.* toiletries; **~vorschriften** *pl.* rules of hygiene.

hygienisch *adj.* hygienic(ally *adv.*).

Hygrometer *n* hygrometer.

Hygroskop *n* hygroscope.

Hymen *n anat.* hymen.

Hymnar *n* hymnal, hymn book.

Hymne *f* hymn (**an** to); (*Gedicht*) *a.* ode (to); (*National*≈) national anthem.

Hymnen|dichter *m* hymn composer (*od.* writer); **~melodie** *f* melody of a (*od.* the) hymn; **~sammlung** *f* book of hymns.

hymnisch *adj.* hymnic; *fig.* eulogistic, panegyrical.

Hyperbel *f* ⩓ hyperbola; *ling.* hyperbole; **hyperbolisch** *adj.* hyperbolic(al).

hyper|genau *adj.* overexact, extremely meticulous; **~korrekt** *adj.* hypercorrect; ***~er Mensch*** stickler for etiquette (*od.* form); **~kritisch** *adj.* hypercritical.

Hyperlink *m Internet*, *in Software*: hyperlink.

hyper|modern *adj.* ultramodern, hypermodern; **~schick** *adj.* hypertrendy; **~sensibel** *adj.* hypersensitive, *auf nervöse Art*: highly strung.

Hypertonie *f* ⚕ *Blutdruck*: hypertension; *Muskel*, *Auge*: hypertonia; **Hypertoniker** *m* hypertension sufferer.

hypertroph *adj.* ⚕ hypertrophied; *fig.* exaggerated; **Hypertrophie** *f* ⚕ hypertrophy; **hypertrophiert** *adj.* hypertrophied (*a. fig.*).

Hypnose *f* hypnosis; ***in ~ versetzen*** hypnotize, put under hypnosis; ***unter ~*** in a state of hypnosis, in a hypnotic state; ***aus der ~ erwachen*** come out of one's hypnosis, F wake up again; **Hypnotherapie** *f* hypnotherapy; **hypnotisch** *adj.* hypnotic(ally *adv.*); **Hypnotiseur** *m* hypnotist; **hypnotisieren** *v/t.* hypnotize; *fig.* mesmerize; **hypnotisiert** *adj.* hypnotized; *fig.* (*a.* ***wie ~***) mesmerized (**von** by); **Hypnotismus** *m* hypnotism.

Hypochonder *m* hypochondriac; **Hypochondrie** *f* hypochondria; **hypochondrisch** *adj.* hypochondriac.

Hypophyse *f anat.* pituitary (gland).

Hypostase *f ling.*, *phls.* hypostasis.

Hypotenuse *f* hypotenuse.

Hypothek *f* mortgage; *fig.* burden; ***e-e ~ aufnehmen*** take out a mortgage (**auf** on); ***mit e-r ~ belasten*** mortgage; **hypothekarisch I.** *adj.* mortgage ...; **II.** *adv.*: ***~ belasten*** mortgage; ***~ belastet*** mortgaged; ***~ belastbar*** mortgageable; ***~ gesichert*** secured by a mortgage.

Hypotheken|bank *f* mortgage bank; **~brief** *m* mortgage (deed); ~darlehen *n* mortgage loan; **≈frei** *adj.* unencumbered; **~gläubiger** *m* mortgagee; **~pfandbrief** *m* mortgage bond; **~schuld** *f* mortgage debt; **~schuldner** *m* mortgagor; **~zinsen** *pl.* mortgage interest *sg.*

Hypothese *f* hypothesis, supposition; **hypothetisch** *adj.* hypothetical.

Hypotonie *f* ⚕ *Blutdruck*: hypotension; *Muskel*, *Auge*: hypotonia; **Hypotoniker** *m* hypotension sufferer.

Hysterektomie *f* ⚕ hysterectomy.

Hysterie *f* hysteria; **Hysteriker(in** *f*) *m* hysterical person; **hysterisch** *adj.* hysterical; ***e-n ~en Anfall bekommen*** ⚕ have a hysterical fit, F *fig.* (*a.* ***~ werden***) go hysterical, go into hysterics; F ***werd nicht gleich ~!*** F keep your hair on.

H

I i

I, i I. *n* I, i; → ***Tüpfelchen***; **II.** *int.* ***i!*** *bei Ekel*: ugh!; F ***i wo!*** oh no, F get away.

iberisch *adj.* Iberian; ***die ℒe Halbinsel*** the Iberian Peninsula.

ibid., ibidem *adv.* ibid.

Ibis *m* ibis.

IC *m* intercity (train); ***mit dem ~ fahren*** travel (*od.* go) by intercity, go intercity.

ich I. *pers. pron.* I; ***~ bins!*** it's me; ***wer, ~?*** who, me?; ***~ nicht*** not me; *wer will es? - **~!*** me!, I do!; ***immer ~!*** why (always) me?; ***~ selbst würde es nicht machen*** personally, I wouldn't do it; if you ask me, I wouldn't do it; ***~ Idiot!*** how stupid can you get, what an idiot I am; ***du und ~, wir machen uns e-n schönen Abend*** you and me, we're going to have a nice evening together; ***hier bin ~!*** here I am!, *eingebildet u. iro.*: hi everybody, it's me!; **II.** ℒ *n* self; *psych., phls.* ego; ***mein zweites*** (*od.* ***anderes***) ~ my other self, (*guter Freund*) my alter ego; ***sein besseres ~*** his better self; ***das liebe ~*** one's own sweet self.

ichbezogen *adj.* egocentric, self-centred (*Am.* self-centered); **Ichbezogenheit** *f* self-centredness (*Am.* -centeredness).

Icherzähler *m* first-person narrator; **Icherzählung** *f* first-person narrative.

Ichform *f*: ***Roman in der ~*** novel written in the first person (singular).

Ichgefühl *n* consciousness (*od.* perception) of the self.

Ichmensch *m* self-centred (*Am.* -centered) person; ***ein ~ sein*** *a.* be totally self-centred (*Am.* -centered).

Ichthyologie *f* ichthyology.

Ichthyosaurus *m* ichthyosaurus.

IC-Netz *n* 🚆 intercity network.

Icon *n Computer*: icon.

IC-Zug *m* intercity (train).

Id *n psych.* id.

ideal I. *adj.* **1.** ideal, perfect; (*vorbildlich*) *a.* model *husband etc.*; **2.** *phls.* ideal; (*gedanklich*) conceptual; **3.** (*ideell*) idealistic; **II.** ℒ *n* ideal; F (*Wunsch*) *a.* dream.

Ideal|bild *n* ideal; **~fall** *m* ideal case; ***im ~*** ideally; **~figur** *f the* perfect figure; **~gewicht** *n* optimum weight.

idealisieren *v/t.* idealize; **Idealisierung** *f* idealization.

Idealismus *m* idealism; **Idealist** *m* idealist; **idealistisch** *adj.* idealistic(ally *adv.*).

Ideal|lösung *f* ideal solution; **~typ** *m*: ***der ~ des Lehrers*** the ideal teacher, *konkret*: a model teacher; **~vorstellung** *f* ideal; (*Illusion*) idealistic view; **~zustand** *m* ideal (state of affairs).

Idee *f* **1.** idea; (*Gedanke*) *a.* thought; (*Begriff*) concept; ***gute ~*** good idea; ***ich habe keine ~*** (I've) no idea; ***ich kam auf die ~ zu*** *inf.* it occurred to me to *inf.* (*od.* that I could ...), I (suddenly) had the idea to *inf.*; ***wie kamst du auf die ~?*** what made you think of it?, what made you decide that?; ***wie kamst du auf die ~ zu*** *inf.?* what made you think of *ger.* (*od.* decide to *inf.*)?; ***das ist die ~!*** that's it, that's the answer; ***ein Mann mit ~n*** a man of ideas; ***allein die ~!*** even just to think of it; F ***ich hab so 'ne ~, dass*** I have an idea (*od.* a feeling) that; ***es war nur so e-e ~*** it was just a fantasy; → ***fix*** 1; → *a.* ***Gedanke***; **2.** F ***eine ~*** (*ein bisschen*) just a (F a wee) bit *darker etc.*

ideell *adj.* **1.** (*Ggs. materiell*) non-material(istic), idealistic; *Werte*: *a.* spiritual; (*ethisch*) moral, ethical; ***~er Wert*** *e-s Gegenstandes*: sentimental value; **2.** ***der ~e Gehalt e-s Buches*** *etc.* the ideas in (*od.* behind) a book *etc.*; **3.** *phls. u.* ⚖ ideal.

ideenarm *adj.* lacking in ideas; unimaginative; **Ideenarmut** *f* lack of ideas (*od.* imagination).

Ideen|assoziation *f* association of ideas; **~austausch** *m* exchange of ideas; **~drama** *n* drama of ideas; **~geschichte** *f* history of ideas; **~lehre** *f phls.* ideology; ***Platos ~*** Plato's theory of ideas.

ideenlos *adj.* → ***ideenarm***; **Ideenlosigkeit** *f* → ***Ideenarmut.***

ideenreich *adj.* full of ideas, very (*od.* highly) imaginative; *Person*: *a.* inventive; **Ideenreichtum** *m* wealth of ideas; (*Fantasie*) inventiveness.

Ideenwelt *f* (world of) ideas *pl.*

identifizierbar *adj.* identifiable; **identifizieren I.** *v/t.* identify (*a. gleichsetzen*; ***mit*** with); **II.** *v/refl.*: ***sich ~ mit*** identify with, relate to; **Identifizierung** *f* identification.

identisch *adj.* identical (***mit*** with).

Identität *f* identity.

Identitäts|krise *f* crisis of identity; **~nachweis** *m* proof of (one's) identity; **~verlust** *m* loss of identity.

Ideogramm *n ling.* ideogram.

Ideologe *m* ideologist; *contp.* ideologue; **Ideologie** *f* ideology; **ideologisch** *adj.* ideological; **ideologisieren** *v/t.* ideologize.

Idioblast *m biol.* idioblast.

Idiolatrie *f* idiolatry.

Idiolekt *m* idiolect.

Idiom *n* (*Spracheigenheit u. Wortprägung*) idiom; (*Sprache*) language; **Idiomatik** *f* idioms (and phrases) *pl.*; (*Phraseologie*) phraseology; **idiomatisch** *adj.* idiomatic(ally *adv.*); ***~e Wendung*** idiom, idiomatic phrase (*od.* expression).

Idiot *m* idiot.

Idiotenarbeit F *f* mindless work (*od.* job), F donkeywork.

idiotenhaft *adj.* idiotic, ridiculous.

Idiotenhügel F *m Skisport*: nursery slope, F dope slope.

idiotensicher F *adj.* foolproof.

Idiotie F *f*: ***e-e ~*** (sheer) lunacy.

idiotisch *adj.* idiotic, ridiculous.

Idol *n* idol; (*Jugend*ℒ *etc.*) *a.* hero, *weiblich*: heroine; ***ein ~ der sechziger Jahre*** *a.* an icon of the sixties; **Idolatrie** *f* idolatry.

Idyll *n* idyll; **Idylle** *f* idyll; *in der Malerei*: *a.* pastoral scene; (*Hirtengedicht*) pastoral poem; **idyllisch** *adj.* idyllic.

Igel *m* hedgehog.

igittigitt *int.* ugh!, F yuk!

Iglu *n* igloo.

ignorant *adj.* ignorant; **Ignorant** *m* ignorant person; **Ignorantentum** *n* ignorance; **Ignoranz** *f* ignorance.

ignorieren *v/t.* ignore, take no notice of; (*j-n schneiden*) *a.* cut *s.o.* dead.

ihm *pers. pron.* (*dat. von* **er** *u.* **es**) **1.** (to) him; *von Dingen*: (to) it; (*für ihn*) for him; ***ich habs ~ gesagt*** (***gegeben***) I told him (I gave it to him, I gave him it); ***wie gehts ~?*** how is he?; **2.** *nach prp.*: him, *z.B.* ***von ~*** from him; ***ein Freund von ~*** a friend of his, one of his friends.

ihn *pers. pron.* (*acc. von* **er**) him, *von Dingen*: it.

ihnen *pers. pron.* (*dat. pl. von* **er, sie, es**) **1.** (to) them; ***ich habs ~ gesagt*** (***gegeben***) I told them (I gave it to them, I gave them it); ***wie gehts ~?*** how are they?; **2.** *nach prp.*: them; ***bei ~*** with them; at their place; **3.** **♀** (*dat. von* ***Sie***) (to) you.

ihr I. *pers. pron.* **1.** (*dat. von* ***sie*** *sg.*) (to) her, *von Dingen*: (to) it; (*für sie*) for her; ***ich habs ~ gesagt*** (***gegeben***) I told her (I gave it to her, I gave her it); ***wie gehts ~?*** how is she?; **2.** (*nom. pl. von* ***du***; *im Brief*: **♀**) you; **II.** *poss. pron.* (→ *a.* ***sein***[2] I); **3.** *adjektivisch*: *sg.* her, *von Dingen*: its; *pl.* their; ***einer ~er Verwandten*** one of her (*pl.* their) relatives, a relative of hers (*pl.* theirs); **4.** *substantivisch*: ***der*** (***die, das***) ***~(ig)e*** (*od.* **♀*(ig)e***) hers (*pl.* theirs, *Anrede*: **♀** yours).

ihrerseits *adv.* as far as she's (*pl.* they're, **♀** you're) concerned.

ihresgleichen *pron.* her (*pl.* their, **♀** your) equals *pl.*, *contp.* the likes of her (*pl.* them, **♀** you), her (*pl.* their, **♀** your) sort.

ihret|halben *obs. adv.* → ***~wegen*** *adv.* **1.** (*wegen ihr etc.*) because of her (*pl.* them, **♀** you), on her (*pl.* their, **♀** your) account; (*ihr etc. zuliebe*) because of her (*pl.* them, **♀** you), for her (*pl.* their, **♀** your) sake; **2.** (*in ihrer etc. Sache*) on her (*pl.* their, **♀** your) behalf; ***~willen*** *adv.*: (***um***) **~** for her (*pl.* their, **♀** your) sake; (*in ihrer etc. Sache*) on her (*pl.* their, **♀** your) behalf.

ihrige → ***ihr*** 4.

Ikone *f* icon; **Ikonenmalerei** *f* **1.** icon painting, painting of icons; **2.** → ***Ikone.***

Ikonographie *f* iconography.

Ikonoklasmus *m* iconoclasm; **Ikonoklast** *m* iconoclast; **ikonoklastisch** *adj.* iconoclastic.

Ikonostase *f* iconostasis.

Ilias *f* Iliad.

illegal *adj.* illegal; **Illegalität** *f* **1.** illegality; **2.** (*Zustand*) illegal status; **3.** (*Handlung*) illegal act.

illegitim *adj.* illegitimate; **Illegitimität** *f* illegitimacy.

Illumination *f* **1.** illumination; **2.** *konkret*: illuminations *pl.*, lights *pl.*; **illuminieren** *v/t.* illuminate.

Illusion *f* illusion; (*Wahn*) *a.* delusion; ***das ist e-e reine ~*** that's an illusion, that's pure illusion; ***sich ~en machen*** delude o.s., fool o.s., ***über***: *a.* be under an illusion about; ***darüber mache ich mir keine ~en*** I have no illusions about that; ***mach dir keine ~en!*** don't fool (F kid) yourself!; ***lass ihm doch s-e ~en*** let him dream; **illusionär** *adj.* illusory; **Illusionismus** *m Kunst, phls. etc.*: illusionism; **Illusionist** *m* illusionist; **illusionslos** *adj.* **1.** free from illusions; *Einschätzung etc.*: realistic, sober; ***~ sein*** *a.* have no illusions; **2.** disillusioned; **illusorisch** *adj.* illusory; ***das ist doch ~!*** that's an illusion, you're fooling yourself.

illuster *adj.* distinguished.

Illustration *f* illustration, picture; ***zur ~*** to illustrate (what I mean); **illustrativ** *adj.* illustrative; **Illustrator** *m* illustrator; **illustrieren** *v/t.* illustrate, *fig. a.* demonstrate; **illustriert** *adj.* illustrated; ***ist es ~?*** *a.* has it got illustrations (*od.* pictures)?; **Illustrierte** *f* (glossy) magazine, F glossy.

im (= ***in dem***) → ***in.***

Image *n* image; ***~pflege*** *f* image cultivation (*od.* building).

imaginär *adj.* imaginary.

Imago *f psych. u. zo.* imago.

Imam *m* imam.

Imbiss *m* **1.** snack, F bite to eat; **2.** → ***Imbissstand, -stube***; ***~stand*** *m* snack booth; *a. etwa* hot-dog stand (*od.* stall); ***~stube*** *f* snack bar.

Imitation *f* imitation; (*Nachbildung*) *a.* copy; (*Fälschung*) fake; **Imitator** *m* imitator; *von Personen*: impersonator; **imitieren** *v/t.* **1.** imitate; (*Politiker etc.*) impersonate; **2.** (*nachbilden*) copy.

Imker *m* bee-keeper, *formell*: apiarist; **Imkerei** *f* **1.** bee-keeping; **2.** (*Betrieb*) apiary.

immanent *adj.* inherent (*dat.* in); *phls.* immanent; **Immanenz** *f* immanence.

immateriell *adj.* immaterial; ***~es Vermögen*** † intangible assets *pl.*

Immatrikulation *f univ.* enrol(l)ment; **immatrikulieren** *v/t. u. v/refl.* (***sich ~***) enrol(l), register (***an*** at).

immens *adj.* tremendous, vast.

immer *adv.* **1.** always; (*jedes Mal*) *a.* every time; (*fortwährend*) *a.* constantly, all the time; ***~ noch, noch ~*** still; ***es ist ~ noch nicht da*** it still hasn't arrived; ***er ist ~ noch*** (*immerhin*) ***dein Chef*** he is your boss after all; ***~ wenn*** every time, whenever; ***für ~*** *weggehen etc.*: for good; ***~ wieder*** over and over again, time and again; ***et. ~ wieder tun*** (*zu wiederholten Malen*) do s.th. over and over again, (*dauernd*) keep (on) doing s.th.; ***es ist ~ wieder dasselbe*** it's the same (thing) every time; ***~ weiter reden*** keep (on) talking, F go on and on; ***~ und ewig*** for evermore; F ***~ zu!*** don't stop!; F ***~ mit der Ruhe!*** F (take it) easy now; **2.** *vor comp.*: ***~ besser*** better and better; ***~ schlimmer*** worse and worse; ***~ größer werdend*** ever-increasing; **3.** F (*jeweils*) at a time; ***~ den dritten Tag*** every third day; ***~ zu zweit*** in twos; **4.** *verallgemeinernd*: ***wann auch ~*** whenever; ***was auch ~*** whatever; ***wer auch ~*** whoever; ***wie auch ~*** however, ***du es machen willst*** *etc.*: whichever way you choose *etc.*; ***wo auch ~*** wherever; ***wann*** (***wo*** *etc.*) ***auch ~ ich ...*** *a.* it doesn't matter when (where *etc.*) I ..., no matter when (where *etc.*) I ...

immerfort *obs. adv.* continually, all the time.

immergrün *adj.*, **Immergrün** *n* ⚘ evergreen.

immerhin *adv. einräumend*: still, *am Satzende*: though; (*doch*) after all; (*wenigstens*) at least; ***~!*** a) not bad, considering, b) well, that's something at least; ***das ist ~ etwas*** well, it's better than nothing, I suppose; ***es war ~ das zweitbeste Ergebnis*** it was the second-best score; ***er ist ~ dein Chef*** he is your boss, after all; don't forget he's your boss.

immer während *adj.* perpetual; (*ewig*) eternal.

immerzu *adv.* all the time; ***et. ~ tun*** *a.* keep (on) doing s.th.

Immigrant *m* immigrant; **Immigration** *f* immigration; **Immigrationsbestimmungen** *pl.* immigration laws; **immigrieren** *v/i.* immigrate.

Immission *f* (harmful effects *pl.* of) noise *od.* pollutants *pl. etc.*

Immobilien *pl.* real estate *sg.*, *a. Zeitungsrubrik*: property *sg.*; ***~händler*** *m* → ***Immobilienmakler***; ***~magnat*** *m* property giant; ***~makler*** *m* estate agent, *Am.* realtor; ***~markt*** *m* property market.

immobilisieren *v/t.* immobilize.

Immortelle *f* ⚘ everlasting (flower), immortelle.

immun *adj. a. fig.* immune (***gegen*** to, *Diplomat etc.*: from); ***~ machen*** → ***immunisieren.***

Immunbiologie *f* immunobiology.

Immundefizienz *f* immunodeficiency.

immunisieren *v/t.* make immune (***gegen*** against, to); immunize (against).

Immunität *f* immunity (***gegen*** to, against, *diplomatische etc.*: from); *parl. a.* (parliamentary) privilege.

Immunkörper *m* antibody.

Immunologe *m* immunologist; **Immunologie** *f* immunology.

Immun|reaktion *f* immunological reaction, immunoreaction; ***~schwäche*** *f* immunodeficiency; ***~schwächekrankheit*** *f* immune deficiency syndrome; ***~system*** *n* immune system; ***~therapie*** *f* immunotherapy.

Impedanz *f* ⚡ impedance.

Imperativ *m ling.* imperative (mood); *phls.* ***kategorischer ~*** categorical imperative; **imperativisch** *adj.* imperative.

Imperfekt *n ling.* imperfect (tense).

Imperialismus *m* imperialism; **Imperialist** *m* imperialist; **imperialistisch** *adj.* imperialist(ic).

Imperium *n* empire (*a. fig.*).

impertinent *adj.* impertinent, insolent; **Impertinenz** *f* impertinence; *konkret*: *a.* impertinent remark (*od.* thing to do).

Impf|aktion *f* vaccination program(me); ***~anstalt*** *f* vaccination clinic (*od.* cent|re [*Am.* -er]).

impfen *v/t.* vaccinate, inoculate; *fig.* → ***einimpfen*** 1; ***sich ~ lassen*** be vaccinated, get a vaccination.

Impf|narbe *f* vaccination scar; ***~pass*** *m* vaccination card; ***~pistole*** *f* vaccination gun; ***~schein*** *m* vaccination certificate; ***~stoff*** *m* vaccine, serum.

Impfung *f* vaccination, inoculation.

Impfzwang *m* compulsory vaccination.

Implantat *n* ⚕ implant; **Implantation** *f* implantation; **implantieren** *v/t.* implant.

Implikation *f* implication; **implizieren** *v/t.* imply; ***es impliziert(, dass)*** *a.* it would indicate *od.* suggest (that).

implizit *adj.* implicit.

implizite *adv.* implicitly.

implodieren *v/i.* implode; **Implosion** *f* implosion.

Imponderabilien *pl.* imponderables.

imponieren *v/i.* (*j-m*) impress; (*Achtung einflößen*) command *s.o.'s* respect; **imponierend** *adj.* impressive; ***~es Auftreten*** commanding presence; **Imponiergehabe** *n* **1.** showing off, posturing, exhibitionism; attempt to impress; ***der mit s-m ~!*** he's just trying to impress (people); **2.** *zo.* display behavio(u)r.

Import *m* † import(ing); *konkret*: (*a. pl.*) imports *pl.*; → *a.* ***Einfuhr***; ***~abgabe*** *f* import duty; ***~artikel*** *m* import, imported article; *pl. a.* imported goods; ***~beschränkung*** *f* import restriction.

Importeur *m* importer.

Import|firma *f* importer, importing company; ***~geschäft*** *n* **1.** import trade; **2.** → ***Importfirma.***

importieren *v/t.* import (*a. Daten*).

Import|kontingent *n* import quota; ***~stopp*** *m* ban on imports; ***~ware*** *f* imported goods *pl.*; ***~zoll*** *m* import duty.

imposant *adj.* impressive; *Gebäude, Figur etc.*: imposing; (*auffallend*) striking.

impotent *adj.* impotent; **Impotenz** *f* impotence.

imprägnieren *v/t.* impregnate; (*bsd. Webstoffe*) waterproof; **Imprägniermittel** *n* impregnating agent; **Imprägnierung** *f* impregnation; waterproofing.

impraktikabel *adj.* impracticable.

Impresario *m* impresario, agent.
Impressionen *pl.* impressions.
Impressionismus *m* Impressionism; **Impressionist** *m* Impressionist; **impressionistisch** *adj.* impressionist(ic); *Kunstrichtung*: Impressionist.
Impressum *n typ.* imprint; *e-r Zeitung*: *a.* masthead.
Imprimatur *typ.* **1.** *n* imprimatur; ***das ~ erteilen für*** pass *s.th.* for press; **2.** *int.* ***~!*** ready for press.
Impromptu *n* ♪ impromptu.
Improvisation *f* improvisation; **Improvisator** *m* improviser; **improvisieren** *v/t. u. v/i.* improvise (*a. fig.*); ♪, *beim Reden etc.*: *a.* ad-lib, extemporize; **improvisiert** *adj.* improvised; *Rede*: *a.* off-the-cuff ...; (*schnell zusammengestellt*) improvised, F instant ..., *pred.* thrown together.
Impuls *m* **1.** impulse; (*Idee*) *a.* idea; *a. pl.* inspiration (*sg.*); ***e-r Sache neue ~e geben*** give a fresh impetus to s.th.; **2.** (*Drang*) impulse; ***aus e-m ~ heraus, e-m plötzlichen ~ folgend*** on an (*od.* a sudden) impulse; **3.** *electron.* impulse.
impulsiv **I.** *adj.* impulsive; spur-of-the-moment *decision etc.*; **II.** *adv.*: ***~ handeln*** act on impulse (*od.* on the spur of the moment); **Impulsivität** *f* impulsiveness.
Impulskauf *m* impulse purchase; *pl. a.* impulse buying *sg.*
imstand(e), im Stand(e) *pred. adj.*: ***~ sein zu*** *inf.* (***zu et.***) be capable of *ger.* (of s.th.), be in a position to *inf.* (to do s.th.); ***nicht ~ zu*** *inf.* unable to *inf.*, incapable of *ger.*; ***er ist nicht ~ aufzustehen*** *a.* he just can't get up; ***sie ist durchaus ~, das zu tun*** she's perfectly capable of doing it, there's nothing to stop her doing it; *iro.* ***dazu ist er glatt ~*** I wouldn't put it past him; ***er ist ~ und ...*** he's quite capable of *ger.*; ***er ist zu allem ~*** he'll stop at nothing.
in **I.** *prp.* **1.** *räumlich*: (*wo?*) in, at; *e-r Stadt*: in, *e-m kleineren Ort*: *a.* at; (*innerhalb*) within; (*wohin?*) into, in; ***im Haus*** in(side) the house, indoors; ***im ersten Stock*** on the first (*Am.* second) floor; ***~ der (die) Kirche (Schule)*** at (to) church (school); ***im (ins) Theater*** at (to) the theat|re (*Am. a.* -er); ***~ England*** in England; ***waren Sie schon ~ England?*** have you ever been to England?; **2.** *zeitlich*: in; (*während*) during; (*innerhalb*) within; *Dauer*: ***~ drei Tagen*** in three days; ***~ diesem (im letzten, nächsten) Jahr*** this (last, next) year; ***heute ~ acht Tagen*** a week (from) today; ***im Jahr 1990*** in (the year) 1990; ***im (Monat) Februar*** in (the month of) February; ***im Frühling (Herbst)*** in (the) spring (autumn, *Am.* fall); ***~ der Nacht*** at night, during the night; ***~ letzter Zeit*** lately; **3.** *Art u. Weise*: ***~ größter Eile*** in a great rush; ***im Kreis*** in a circle; **4.** ***im Alter von*** at the age of; ***~ Behandlung sein*** be having treatment; ***~ Vorbereitung*** being prepared, F in the pipeline; ***~ e-m Klub*** *etc.* ***sein*** be in a club *etc.*, belong to a club *etc.*; ***~ Biologie ist er schwach*** he's not very good at biology; **II.** F *adj.*: ***~ sein*** F be in, be the fashion.
inadäquat *adj.* (*nicht passend*) inappropriate; (*nicht ausreichend*) unsatisfactory, inadequate.
inaktiv *adj.* inactive; ⚗ *a.* inert; *Mitglied*: non-active; **inaktivieren** *v/t.* inactivate.
inakzeptabel *adj.* unacceptable.
Inangriffnahme *f* *e-s Projekts etc.*: launching; *e-r Arbeit*: tackling; ***seit ~ des Projekts*** since the project was launched (*od.* started); ***seit ~ der Arbeit*** since the job *od.* work was started (*od.* taken up).
Inanspruchnahme *f* (laying) claim (*gen.* to); (*Benutzung*) use (of), utilization (of); (*Zuhilfenahme*) *e-s Rechtes etc.*: resort (to); (*Beanspruchung*) demands *pl.* (on); *zeitliche*: claims *pl.* on *s.o.'s* time; (*Belastung*) strain (on); ☤ ***~ von Kredit*** availment of credit.
Inaugenscheinnahme *f* inspection.
Inbegriff *m* epitome (*gen.* of); ***der ~ von Qualität*** *etc.* a byword for quality *etc.*
inbegriffen **I.** *pred. adj.* included; ***Mahlzeiten ~*** meals included, including meals; **II.** *prp.* including, inclusive of.
Inbesitznahme *f* appropriation, seizure; *von Land, Gebäude*: *a.* occupation.
Inbetriebnahme *f*, **Inbetriebsetzung** *f* opening; *e-r Maschine etc.*: starting up; (*Einschalten*) switching on; ***vor ~*** *gen.* before starting (*od.* switching on) ...
Inbrunst *f* ardo(u)r, fervo(u)r; **inbrünstig** **I.** *adj.* ardent, fervent; **II.** *adv.*: ***~ hoffen, dass*** *a.* hope and pray that.
indeklinabel *adj.* indeclinable.
indelikat *adj.* indelicate; (*taktlos*) tactless.
indem *cj.* **1.** *Gleichzeitigkeit*: as, while; ***~ er mich ansah, sagte er*** looking at me he said; ***~ er dies sagte,*** *zog er sich zurück*: saying this, with these words; **2.** *Mittel*: by (*ger.*); ***er gewann, ~ er mogelte*** he won by cheating.
Inder *m* **1.** *a.* **Inderin** *f* Indian; **2.** F Indian restaurant; ***zum ~ gehen*** F go to an Indian; ***in der Nähe ist ein ~*** there's an Indian place near here.
indes, indessen **I.** *adv.* (*mittlerweile*) meanwhile, in the meantime; (*dennoch*) nevertheless; (*dessen ungeachtet*) still; **II.** *cj.* (*wohingegen*) whereas.
Index *m* index; 𝔄 *a.* exponent; *eccl. Bücher* ***auf den ~ setzen*** put on the Index; **indexieren** *v/t.* index.
Index|lohn *m* ☤ index-linked wages *pl.*; **~preis** *m* index-linked price; **~währung** *f* ☤ index-based currency; **~zahl** *f*, **~ziffer** *f* index (number).
Indianer(in *f*) *m* Native American, *früher*: (Red *od.* American) Indian.
Indianer|häuptling *m* Indian chief; **~reservat** *n*, **~reservation** *f* Indian reservation; **~sprache** *f* American Indian language; **~stamm** *m* Indian tribe; **~zelt** *n* wigwam.
indianisch *adj.* (Red) Indian.
indifferent *adj.* indifferent (***gegenüber*** to); *phys.*, ⚗ *a.* neutral; *Gas*: inert; **Indifferenz** *f* indifference (***gegenüber*** to).
indigniert *adj.* indignant (***über*** at).
Indigo *m* indigo; **~blau** *n* ⚗ indigo.
Indikation *f* ⚕ indication; **Indikationsmodell** *n etwa* grounds *pl.* for legal abortion.
Indikativ *m ling.* indicative (mood).
Indikator *m* indicator; **~en** *a.* indications.
Indio *m* South American Indian.
indirekt **I.** *adj.* indirect; *Antwort, Anspielung etc.*: *a.* oblique; ***(die) ~e Rede*** indirect (*od.* reported) speech; **II.** *adv.* indirectly; obliquely; *ausdrücken*: *a.* in a roundabout way.
indisch *adj.* Indian.
indiskret *adj.* indiscreet; tactless; **Indiskretion** *f* indiscretion; *konkret*: *a.* tactless remark (*od.* thing to do).
indiskutabel *adj.* not worth considering; *Theorie etc.*: out of court; (*nicht infrage kommend*) out of the question; (*unmöglich*) appalling, impossible.
indisponiert *adj.* indisposed.
Individualbereich *m* personal sphere.
individualisieren *v/t.* individualize.
Individualismus *m* individualism; **Individualist** *m* individualist; **individualistisch** *adj.* individualist(ic).
Individualität *f* individuality.
Individual|psychologie *f* individual psychology; **~recht** *n* right(s *pl.*) of an (*od.* the) individual; **~verkehr** *m mot.* personal (*od.* private) transport.
individuell **I.** *adj.* individual; personal; (*originell*) original; ***die ~e Note*** the personal touch; **II.** *adv.*: ***~ gestalten*** do (*od.* arrange *etc.*) according to one's own tastes *etc.*, (*e-e persönliche Note geben*) individualize, personalize; ***das ist ~ verschieden*** that varies from person to person; ***man kann es sich ~ aussuchen (zusammenstellen)*** you can choose whatever you like *od.* whatever suits you best (you can arrange it whichever way you like *od.* as it suits you best).
Individuum *n* individual (*a. fig.*).
Indiz *n* **1.** indication, sign; **2.** ⚖ ***Indizien*** circumstantial evidence.
Indizien|beweis *m* ⚖ *a. pl.* circumstantial evidence; **~kette** *f* chain of evidence; **~prozess** *m trial based on circumstantial evidence.*
indizieren *v/t.* **1.** indicate; **2.** (*Buch etc.*) index; *eccl.* put on the Index; **indiziert** *adj.* ⚕ *u. fig.* indicated.
indoeuropäisch *adj.* Indo-European.
indogermanisch *adj.* Indo-European.
Indogermanistik *f* Indo-European studies *pl.*
Indoktrination *f* indoctrination; **indoktrinieren** *v/t.* indoctrinate; **Indoktrinierung** *f* indoctrination.
indolent *adj.* indolent, idle; **Indolenz** *f* indolence.
Indologe *m* Indologist; **Indologie** *f* Indology.
Indonesier(in *f*) *m*, **indonesisch** *adj.* Indonesian.
Indossament *n* ☤ endorsement; **Indossant** *m* endorser; **Indossat** *m* endorsee; **indossieren** *v/t.* endorse.
Induktion *f phls. u.* ⚡ induction.
Induktions|beweis *m phls.* inductive proof; **~motor** *m* induction motor; **~spule** *f* induction coil; **~strom** *m* induced current.
induktiv *adj.* inductive; **Induktivität** *f* inductivity, inductance.
industrialisieren *v/t.* industrialize; **Industrialisierung** *f* industrialization.
Industrialismus *m* industrialism.
Industrie *f* industry; *einzelne*: (branch of) industry; ***in der ~ (tätig) sein*** be (employed) in industry; **~abfälle** *pl.* industrial waste *sg.*; **~abgase** *pl.* industrial emissions (*od.* waste gases); **~abwässer** *pl.* industrial sewage (*od.* effluent) *sg.*; **~anlage** *f* industrial plant; **~arbeiter(in** *f*) *m* industrial worker; **~archäologie** *f* industrial arch(a)eology; **~berater** *m* industrial consultant; **~betrieb** *m* industrial concern; (*Anlage*) industrial plant; **~boss** F *m* captain of industry; **~erzeugnis** *n* industrial product; **~gebiet** *n* **1.** industrial area; **2.** → **~gelände** *n* industrial estate (*od.* site); industrial park; **~gesellschaft** *f* industrial society; **~gewerkschaft** *f* industrial (*od.* industry-wide) union; ***~ Metall*** Metal Work-

ers' Union: **~gigant** *m* industrial giant; **~kaufmann** *etwa* industrial clerk; sales clerk; purchase clerk; **~komplex** *m* industrial complex; **~konzern** *m* industrial concern; **~land** *n* industrial (*od.* developed) nation; **~landschaft** *f* industrial landscape; **~lärm** *m* industrial noise.

industriell *adj.* industrial; **Industrielle(r)** *m* industrialist.

Industrie|macht *f* industrial power; **~magnat** *m* industrial magnate, captain of industry, tycoon; **~messe** *f* industrial fair; **~müll** *m* industrial waste; **~nation** *f* industrialized nation; ***die ~en*** *a.* the developed world; **~norm** *f* industrial standard; ***Deutsche ~*** German Standard Specification; **~park** *m* industrial park; **~potenzial** *n* industrial potential (*od.* capacity); **~produkt** *n* industrial product; **~roboter** *m* industrial robot; **≗schwach** *adj.* under-industrialized; **~spion** *m* industrial spy; **~spionage** *f* industrial espionage; **~staat** *m* industrial nation; **~stadt** *f* industrial town (*od.* city); **~technik** *f* industrial engineering; **~- und Handelskammer** *f* Chamber of Industry and Commerce; **~verband** *m* confederation of industries; **~viertel** *n* industrial area (*od.* part of town); **~werk** *n* industrial plant; **~werte** *pl.* industrials; **~wirtschaft** *f* industry; **~zeitalter** *n* industrial age; **~zentrum** *n* industrial cent|re (*Am.* -er); **~zweig** *m* (branch of) industry.

induzieren *v/t.* induce (*a. phys.*).

ineffizient *adj.* **1.** (*unwirksam*) ineffective; **2.** (*unwirtschaftlich*) uneconomical; *Methode etc.*: inefficient.

ineinander *adv.* in(to) one another; *zwei*: *a.* in(to) each other; *in Zssgn a.* inter...; ***~ verliebt*** in love (with each other).

ineinander| flechten *v/t.* intertwine; **~ fließen** *v/i.* merge (into one another); *Farben*: *a.* run; **~ fügen** *v/t.* fit together, fit *things* into each other, join; **~ geschachtelt** *adj.* fitted into each other; *Kartons etc.*: *a.* nested; *Häuser etc.*: closely interlocking; *Sätze*: encapsulated; **~ greifen** *v/i.* interlock; *fig. Tatsachen etc.*: be interconnected; **~ greifend** *adj.* interlocking; *fig.* interconnected; **~ passen** *v/i. u. v/t.* fit together (*od.* into each other); **~ schachteln** *v/t.* fit *things* into each other; **~ schieben** *v/t. u. v/refl.* (***sich ~***) telescope; **~ stecken** *v/t.* fit *things* together; **~ wachsen** *v/i.* grow together.

inexakt *adj.* inaccurate.

infam *adj.* disgraceful, shameless; F *fig.* awful; ***~e Lüge*** *a.* disgusting lie.

Infanterie *f* infantry; **Infanterist** *m* infantryman.

infantil *adj.* childish, infantile, puerile; **Infantilität** *f* childishness; childish (*od.* infantile, puerile) behavio(u)r.

Infarkt *m* ⚕ **1.** infarct; **2.** (*Herz≗*) heart attack, coronary, 📖 cardiac infarction; **≗gefährdet** *adj.* coronary-risk *patient etc.*; **~persönlichkeit** *f* coronary-risk type.

Infekt *m*, **Infektion** *f* ⚕ infection.

Infektions|abteilung *f* isolation ward; **~erreger** *m* pathogen; **~gefahr** *f* risk of infection; **~herd** *m* focus of infection; **~krankheit** *f* infectious disease; **~träger** *m* (infection) carrier; **~weg** *m* path of infection.

infektiös *adj.* infectious, *durch Kontakt*: *a.* contagious.

infernalisch *adj.* **1.** (*teuflisch*) infernal; *Gelächter*: fiendish; **2.** (*unangenehm*) dreadful *smell etc.*; ***~er Krach*** terrible din.

Inferno *n* inferno (*a. fig.*).

Infiltration *f* infiltration (*a. fig.*); **infiltrieren** *v/t. u. v/i.* infiltrate (*a. fig.*).

infinit *adj. ling.* non-finite.

Infinitesimalrechnung *f* infinitesimal calculus.

Infinitiv *m* infinitive; **~satz** *m* infinitive clause.

Infix *n ling.* infix.

infizieren I. *v/t.* infect; ***j-n*** (***mit et.***) **~** *a.* pass s.th. on to s.o.; **II.** *v/refl.*: ***sich ~*** get an infection; *bei et.*: infect o.s. *doing s.th.*; **Infizierung** *f* infection.

in flagranti *adv.*: ***~ ertappt werden*** be caught in the act (*Dieb*: *a.* red-handed).

Inflation *f* inflation; **inflationär, inflationistisch** *adj.* inflationary.

Inflations|ausgleich *m* inflationary adjustment; **~bekämpfung** *f* fight against inflation; **~erscheinung** *f* symptom of inflation; **~gefahr** *f* risk of inflation; **≗hemmend** *adj.* anti-inflationary; **~politik** *f* inflationary policies *pl.*; **~rate** *f* rate of inflation, inflation rate; **~rückgang** *m* easing-off of inflation, drop in the inflation rate; **≗sicher** *adj.* inflation-proof; **≗treibend** *adj.* inflationary; **~zeit** *f* time of inflation; inflationary period.

inflexibel *adj.* inflexible; *ling.* invariable.

Info F *n* **1.** F *a. pl.* info, *sl.* gen; **2.** (*Informationsblatt*) F info sheet; **~dienst** F *m* information service.

infolge *prp.* as a result of.

infolgedessen *adv.* as a result (of this), consequently.

Informant *m* source; *in der Forschung*: *a.* informant (*a. für die Regierung etc.*); (*Denunziant*) informer.

Informatik *f* computer (*od.* information) science, *seltener* informatics *pl.* (*sg. konstr.*); **Informatiker(in** *f*) *m* computer (*od.* information) scientist.

Information *f* **1.** *a. pl.* information (**über** on, about); ***zu Ihrer ~*** for your information; **2.** (*Stelle*) information (*od.* inquiry) desk; **informationell** *adj.* informational.

Informations|austausch *m* exchange of information; **~besuch** *m* fact-finding mission; **~blatt** *n* information leaflet (*od.* sheet); news sheet; **~büro** *n* inquiry office; **~dienst** *m* information service; **~fluss** *m* flow of information; **~flut** *f* information explosion; **~freiheit** *f* freedom of information; **~gehalt** *m* informational content; **~gesellschaft** *f* informed (*od.* information) society; **~gespräch** *n* exchange of information; **≗hungrig** *adj.* starved for information; **~lücke** *f* information gap; **~material** *n* information; (*Prospekte etc.*) information leaflets *pl.*; **~netz** *n* information network; **~politik** *f* information policy; **~quelle** *f* source (of information); **~recht** *n* right to be informed; **~reise** *f* fact-finding tour (*od.* mission); **~schalter** *m* information desk; **~sendung** *f* informational program(me); **~stand** *m* **1.** ***nach dem neuesten ~*** according to the latest information (available); **2.** *auf e-r Messe etc.*: information stand (*od.* desk); **~technik** *f*, **~technologie** *f* information technology, *abbr.* IT; **~wert** *m* informational value; **~wissenschaft** *f* information science; **~wissenschaftler** *m* information scientist; **~zeitalter** *n* information age; **~zentrum** *n* information cent|re (*Am.* -er).

informativ *adj.* informative, instructive.

informatorisch *adj.* informational.

informell *adj.* informal.

informieren I. *v/t.* **1.** (*in Kenntnis setzen*) let *s.o.* know (**über** about), tell *s.o.* (about), *offiziell*: *a.* notify *s.o.* (of); ***j-n*** (***über et.***) **~** F fill s.o. in (on s.th.); ***falsch ~*** misinform; **2.** (*belehren*) inform (**über** about, of); **3.** (*anweisen*) instruct; *bsd.* ⚔ brief; **II.** *v/refl.*: ***sich ~*** find out, inform o.s., *generell*: keep informed (*alle* **über** about); ***sich ~ über*** *durch Lesen*: *a.* read up on; **informiert** *adj.* informed; *über Sachverhalt*: *a.* in the picture; ***~e Kreise*** well-informed circles; ***er ist gut ~*** he knows a lot (**über** about), **über**: *a.* he's well up on; ***ich bin darüber ~*** I've been told (*od.* I know) about it; **Informiertheit** *f* (extent of) knowledge; ***ich war erstaunt über ihre ~*** I was amazed at how much they knew (*od.* how well-informed they were).

Infostand *m* information stand.

Infotainment *n TV etc.*: infotainment.

infrage, in Frage *adv.*: ***~ kommen*** be a possibility, ***für*** *e-e Stelle etc.*: be considered for, be under consideration for; ***er kommt nicht ~*** he's not the right man (for the job *etc.*), *stärker*: he's out of the question; ***das kommt nicht ~*** that's out of the question; ***~ kommend*** possible, *Person*: *a.* eligible; ***~ stellen*** (call into) question, query, *stärker*: challenge; (*gefährden, unsicher machen*) jeopardize, make *s.th.* uncertain.

Infragestellung *f* questioning, calling in question; (*Gefährdung*) jeopardizing.

infrarot *adj.*, **Infrarot** *n* infrared.

Infrarot|bestrahlung *f* infrared heat treatment; **~film** *m* infrared film; **~fotografie** *f* infrared photography; **~kamera** *f* infrared camera; **~lampe** *f* infrared lamp.

Infraschall *m* infrasound.

Infrastruktur *f* infrastructure.

Infusion *f* infusion, F *the* drip.

Infusionstierchen *pl.*, **Infusorien** *pl.* infusoria.

Ingangsetzung *f* starting (up).

Ingenieur *m* engineer; **~büro** *n* consulting engineers *pl.*; engineering office; **~schule** *f* school of engineering.

Ingredienz(i)en *pl.* **1.** *gastr.* ingredients; **2.** *pharm. etc.* constituents, components, constituent parts.

Ingrimm *obs. m* (terrible) wrath.

Ingwer *m* ginger; **~stäbchen** *n* ginger stick.

Inhaber(in *f*) *m* owner, proprietor; *e-r Urkunde, e-s Titels, e-s Amts etc., a. Sport*: holder; *e-s Wechsels, Wertpapiers etc.*: holder, bearer.

Inhaber|aktie *f* bearer share; **~scheck** *m* cheque (*Am.* check) to bearer; **~schuldverschreibung** *f* bearer bond; **~zertifikat** *n* bearer certificate.

inhaftieren *v/t.* arrest, take into custody; **Inhaftierung** *f* imprisonment.

Inhalation *f* inhalation; **Inhalationsapparat** *m* inhaler; **inhalieren** *v/t. u. v/i.* inhale.

Inhalt *m* **1.** *e-s Pakets etc.*: contents *pl.*; **2.** (*Raum≗*) capacity; (*Körper≗*) volume; (*Flächen≗*) area; **3.** (*gedanklicher ~*) content; (*Handlungsablauf*) plot, (*a. behandelter Stoff*) contents *pl.*; (*Thematik*) subject matter; (*das Wesentliche*) essence, substance; ***den ~ e-s Romans erzählen*** summarize the contents of a novel, give a summary of what happens

in a novel; **4.** (*Lebens*≈ *etc.*) meaning; ***ein Leben ohne*** ~ a meaningless life; **inhaltlich I.** *adj.* (*den Text betreffend*) textual; ***~e Zusammenfassung*** summary of the plot (*od.* contents); ***~e Analyse*** analysis of the content (*Handlung*: plot); **II.** *adv.* in content; as far as the content (*Handlung*: plot) is concerned; ***~ ist der Film gut*** the film has a good storyline.
inhaltlos *adj.* → ***inhaltslos.***
inhaltreich *adj.* → ***inhaltsreich.***
Inhalts|angabe *f* **1.** summary, synopsis; ***e-e ~ machen von*** summarize; **2.** → ***Inhaltsverzeichnis;*** **≈arm** *adj.* lacking in substance, shallow; *handlungsmäßig*: thin on plot; **~erklärung** *f Warensendung*: description of contents; **≈gleich** *adj.* ∢ equal; **≈leer, ≈los** *adj. a. Leben*: empty, meaningless; *Buch etc.*: lacking in substance, shallow; **≈reich** *adj. Buch etc.*: rich in content, F meaty; (*bedeutsam*) weighty, momentous; *Leben*: full, rich; **≈schwer** *adj.* fraught with meaning; (*bedeutsam*) momentous; **~übersicht** *f* **1.** summary, synopsis; *e-r wissenschaftlichen Arbeit*: *mst* abstract; **2.** → **~verzeichnis** *n* list (*Buch*: table) of contents; *Computer*: directory.
inhärent *adj.* inherent (*dat.* in); **Inhärenz** *f* inherence.
inhuman *adj.* inhuman; **Inhumanität** *f* inhumanity; (*Tat*) inhuman act, act of inhumanity (*od.* cruelty).
Initiale *f a. Buchmalerei*: initial.
Initialzündung *f* **1.** booster; **2.** *fig.* (*zündende Idee*) initial (*od.* original) idea; ***die ~ kam von ihr*** it was her idea that sparked it all off.
Initiativbewerbung *f um e-e Stelle*: speculative application.
Initiative *f* **1.** initiative; ***die ~ ergreifen*** take the initiative; ***auf s-e ~ hin*** on his initiative; ***aus eigener ~*** on one's own initiative, of one's own accord; **2.** (*Bürger*≈ *etc.*) action group; **Initiativgruppe** *f* action group; **Initiator** *m* initiator; ***er war der ~*** *a.* he was behind it all, he got the whole thing going; **initiieren** *v/t.* initiate, start *s.th.* off.
Injektion *f* injection.
Injektions|nadel *f* hypodermic needle; **~spritze** *f* hypodermic syringe.
injizieren *v/t.* inject.
Inka *m hist.* Inca; **~kultur** *f*: ***die ~*** Inca civilization; **~reich** *n* Inca Empire.
Inkarnation *f eccl.* incarnation; *fig. a.* embodiment.
Inkasso *n* ☤ collection; ***zum ~*** for collection; **≈bevollmächtigt** *adj.* authorized to collect; **~büro** *n* collection agency; **~vollmacht** *f* authority to collect; **~wechsel** *m* bill for collection.
Inklusion *f* ∢, ⚕, *min.* inclusion.
Inklusivangebot *n* all-in package.
inklusive I. *prp.* including, inclusive of; ☤ ***~ Verpackung*** packing included; **II.** *adv.*: ***bis zum 3. Mai ~*** up to and including May 3rd; ***Montag bis ~ Freitag*** Monday to Friday, *Am.* Monday through Friday.
Inklusivpreis *m* inclusive (*od.* all-in) price.
inkognito I. *adv. reisen etc.*: incognito; **II.** ≈ *n* disguise; ***sein ~ wahren*** (manage to) hide one's true identity; ***sein ~ lüften*** reveal one's true identity, drop one's mask.
inkompatibel *adj.* incompatible; **Inkompatibilität** *f* incompatibility.
inkompetent *adj.* incompetent; **Inkompetenz** *f* incompetence.
inkongruent *adj.* ∢ incongruent; *fig.* incongruous; **Inkongruenz** *f* incongruity.
inkonsequent *adj.* **1.** *im Verhalten etc.*: inconsistent; **2.** (*unlogisch*) illogical, not logical; **Inkonsequenz** *f* **1.** inconsistency; **2.** illogicality, lack of logic.
Inkontinenz *f* ⚕ incontinence; **~einlage** *f* incontinence pad.
inkorrekt *adj.* (*unrichtig*) incorrect; (*ungenau*) inaccurate; *Benehmen, Kleidung etc.*: inappropriate, *stärker*: improper.
Inkraftsetzung *f e-s Gesetzes*: introduction, enactment; **In-Kraft-Treten** *n*: ***bei ~ des Gesetzes*** *etc.* when the law *etc.* comes into effect (*od.* is introduced); ***Tag des ~s*** effective date.
inkrementell *adj.* incremental; ***~e Suche*** incremental search.
inkriminieren *v/t.* incriminate.
Inkubationszeit *f* incubation (⚕ *a.* latency) period.
Inkubator *m* incubator.
Inkubus *m* incubus.
Inkunabel *f* incunabulum (*pl.* incunabula), cradle book, incunable; early printed book.
Inland *n* (*Ggs. Ausland*) home; ***im In- und Ausland*** at home and abroad; ***im ~ hergestellt*** domestic *product etc.*; ***für das ~ bestimmt*** for home consumption; *in Zssgn mst* home; internal; domestic; **~eis** *n* ice sheet; **~flug** *m* domestic (*od.* internal) flight.
inländisch *adj.* home ..., domestic ...; *Verkehr*: internal.
Inlands|absatz *m* ☤ domestic sales *pl.*; **~abteilung** *f* domestic (sales) department; **~auftrag** *m* domestic order; **~brief** *m* inland (*Am.* domestic) letter; **~handel** *m* domestic trade; **~markt** *m* home (*od.* domestic) market; **~porto** *n* inland (*Am.* domestic) postage; **~post** *f* inland (*Am.* domestic) mail; **~presse** *f* domestic press; **~tarif** *m* inland (*Am.* domestic) rate; **~telegramm** *n* inland (*Am.* domestic) telegram; **~wechsel** *m* inland (*Am.* domestic) bill of exchange.
Inlay *n* inlay.
Inlett *n* ticking.
Inliner *m* **1.** (*Rollschuh*) inliner; **2.** *Person*: inline skater; **Inline Skater(in** *f*) *m*, **Inlineskater(in** *f*) *m Sport*: inline skater, inliner; **Inline Skates** *pl.*, **Inlineskates** *pl. Sport*: inline skates; **Inline Skating** *n*, **Inlineskating** *n Sport*: inline skating.
in medias res: ***~ gehen*** get straight to the point, *formell*: plunge in medias res.
inmitten I. *prp.* in the middle (*lit.* midst) of; **II.** *adv.*: ***~ von*** (*umgeben von*) among(st), surrounded by.
in natura *adv.* in real life; *Person*: *a.* in the flesh.
inne *adv.*: ***e-r Sache ~ sein*** be aware of s.th.
inne|haben *v/t.* (*Amt, Stelle, Rekord*) hold; **~halten** *v/i.* stop, pause.
innen *adv.* (on the) inside; ***~ und außen*** inside and out(side); ***nach ~*** *tragen etc.*: inside, **(zu):** inwards; ***die Tür geht nach ~ auf*** the door opens inwards (*od.* into the hall *etc.*); ***nach ~ gekehrt*** *Mantel*: inside-out, *Pelzfutter etc.*: on the inside, facing inwards, *fig. Person*: introspective, *stärker*: introverted; ***von ~*** from (the) inside; ***hast du das Haus von ~ gesehen?*** have you been inside the house?; ***hast du ein Filmstudio*** (***Fernsehgerät***) ***schon einmal von ~ gesehen?*** *a.* have you ever seen a film studio (TV set) from the inside?, F have you ever seen the insides of a film studio (TV set)?
Innen|abmessungen *pl.* inside measurements (*od.* dimensions); **~ansicht** *f* interior view; **~antenne** *f* indoor aerial (*od.* antenna); **~arbeiten** *pl. beim Bau*: indoor work *sg.*; **~architekt** *m* interior designer; **~architektur** *f* interior design; **~aufnahme** *f phot.* indoor (*Film*: studio) shot; **~ausschuss** *m* committee on internal affairs; **~ausstattung** *f e-r Wohnung*: décor; *mot.* interior fittings *pl.*; ✈ inside furnishings *pl.*; **~bahn** *f Sport*: inside lane; **~beleuchtung** *f* interior lighting; **~dienst** *m* office work; ***im ~ tätig sein*** work in the office (F at base); **~dimensionen** *pl.* interior (*od.* inside) dimensions; **~durchmesser** *m* inside diameter; **~einrichtung** *f* → ***Innenausstattung***; **~fläche** *f* inside surface; *der Hand*: palm; **~futter** *n* inside lining, liner; **~hof** *m* (inner) courtyard; **~kante** *f* inside (*od.* inner) edge; **~lage** *f Skisport*: inward lean; **~leben** *n* **1.** inner life; *iro.* ***erzähl mir etwas aus d-m*** (***reichen***) ***~*** tell me what's been going on in that mind of yours; **2.** *fig. e-r Uhr etc.*: internal *od.* inner mechanism (*od.* workings *pl.*), F insides *pl.*; → *a.* ***Innereien*** 2; **~leitung(en** *pl.*) *f* internal wiring (*sg.*); **~leuchte** *f mot.* courtesy light; **~minister** *m* minister of the interior; *in GB*: Home Secretary; *in den USA*: Secretary of the Interior; **~ministerium** *n* interior ministry; *in GB*: Home Office; *in den USA*: Department of the Interior; **~ohr** *n* inner ear; **~politik** *f* domestic policy (*od.* policies *pl.*); **≈politisch I.** *adj.* domestic (political), internal, home *affairs*; ***~e Auseinandersetzung*** dispute over domestic policy; **II.** *adv.* on the domestic front; ***~ gesehen*** as far as domestic policy is (*od.* home affairs are) concerned; **~raum** *m* **1.** interior; **2.** *e-r Stadt*: cent|re (*Am.* -er), central part (*od.* area); **~seite** *f* inside; **~ski** *m* inside ski; **~spiegel** *m mot.* inside mirror; **~stadt** *f* town (*od.* city) cent|re (*Am.* -er), *Am. a.* downtown; ***in der ~ leben*** *Am.* live downtown; **~tasche** *f* inside pocket; **~temperatur** *f* inside (*im Haus etc.*: indoor) temperature; **~tür** *f* inside door; **~verkleidung** *f* inside (*od.* interior) lining; **~wand** *f* inside wall; **~widerstand** *m* ⚡ internal resistance; **~winkel** *m* ∢ internal angle.
inner *adj.* (*auf der Innenseite*) inside; *pol.* internal, domestic; (*seelisch*) inner; (*geistig*) mental; ⚕ internal *bleeding, medicine etc.*; ***das ~e Auge*** one's mind's eye; ***ohne ~en Halt*** very insecure; ***~er Konflikt*** inner conflict; ***e-n ~en Konflikt haben*** be torn; ***~er Monolog*** interior monolog(ue); ***~e Ordnung*** internal order; ***~e Unruhe*** agitation; ***~e Uhr*** body clock, 📖 circadian rhythms; ***~e Ruhe*** peace of mind; ***~e Stimme*** inner voice, voice inside (*od.* within) one; ***~er Wert*** intrinsic value; ***~er Widerspruch*** contradiction in itself, *weitS.* inconsistency; **~betrieblich** *adj.* ☤ internal; in-company *training etc.*; **~deutsch** *adj.* **1.** German, domestic, internal; **2.** *hist.* German-German, inter-German; ***~e Grenze*** inner-German border.
Innere[1] *n* interior (*a. geogr.*), inside; (*Mitte*) heart, core, cent|re (*Am.* -er); *fig. e-s Menschen*: inner being, (*Geist*) mind, heart, soul; ***im ~n*** inside, *e-s Landes*: in

the interior, *pol.* on the home front; *fig.* at heart, secretly; ***Minister des ~n*** → ***Innenminister***; *fig.* ***tief im ~n*** deep down (inside); *ich würde gern wissen*, ***was in s-m ~n so vor sich geht*** what's going on inside him, what's going through his mind (*od.* head).

Innere[2] F *f* ⚕ **1.** internal medicine; **2.** ***in der ~n arbeiten*** (***liegen***) F be in medical.

Innereien *pl.* **1.** innards; *von Geflügel*: *a.* giblets; *von Fisch*: guts; **2.** F *fig.* F insides, innards, entrails.

innerhalb I. *prp.* inside, within (*a. fig.*); *zeitlich*: within, in; (*während*) within, during; ***~ e-r Woche*** within a week; **II.** *adv.*: ***~ von*** within; *zeitlich*: *a.* within a period of.

innerlich I. *adj.* **1.** ⚕ internal; **2.** *Gefühle etc.*: inner; (***~*** *veranlagt*) introspective; (*gefühlsmäßig, gefühlsbetont*) emotional; **II.** *adv.* **3.** ⚕ internally; *pharm.* ***~*** (***anzuwenden***) for internal use (only); **4.** *betroffen etc.*: inwardly; (deep down) inside; (*insgeheim*) secretly; ***~ lachen*** laugh to o.s.; **Innerlichkeit** *f* sensitivity; (*Tiefe*) depth; (*nach innen gekehrtes Wesen*) introspection.

inner|parlamentarisch *adj.* intra-parliamentary; **~parteilich** *adj. pol.* inner-party ..., internal; ***~e Kämpfe*** (party) infighting; **~politisch** *adj.* → ***innenpolitisch.***

innerst *adj.* innermost; *fig. a.* inmost; ***die ~en Gedanken*** (***Wünsche***) one's most secret thoughts (desires).

inner|staatlich *adj.* internal; **~städtisch** *adj.* urban, inner-city ...

Innerste *n* the innermost part; (*Mittelpunkt*) heart, core; ***im ~n des Waldes*** in the heart of the forest; *fig.* ***bis ins ~*** to the heart (*od.* core); ***in s-m ~n, im ~n s-r Seele*** deep down (inside), in his heart of hearts.

innert *schweiz. prep. mit gen. od. dat.* **1.** *zeitlich*: within; **2.** *seltener räumlich*: inside (of), in.

inne|werden *v/i.*: ***e-r Sache ~*** become aware of s.th.; **~wohnen** *v/i.*: ***e-r Sache ~*** be inherent in s.th.; **~wohnend** *adj.* inherent (*dat.* in), innate (in).

innig I. *adj.* (*zärtlich*) tender, affectionate; (*glühend*) ardent, fervent; (*herzlich*) heartfelt, sincere; *Freundschaft etc.*: close; **II.** *adv.* tenderly *etc.*; → ***heiß*** II; **Innigkeit** *f* tenderness; ardo(u)r; sincerity; closeness; → ***innig*** I; **inniglich** *adv.* → ***innig*** II; **innigst** *adj.*: ***mein ~er Wunsch*** my greatest desire.

Innovation *f* innovation; **innovationsfeindlich** *adj.* hostile to (any form of) innovation, unwilling to adapt (to the times); **innovationsfreudig** *adj.* innovative; **Innovationsschub** *m* innovative advance, wave of innovations; **innovativ** *adj.* innovative; **innovatorisch** *adj.* innovational; **innovieren** *v/t. u. v/i.* innovate.

in nuce *adv.* in nuce, in a nutshell, in short, in a word.

Innung *f* (trade) guild; F *fig.* ***die ganze ~ blamieren*** F let the side down; **Innungsverband** *m* association of trade guilds.

inoffiziell *adj.* unofficial; off-the-record *statement*; (*zwanglos*) informal *talks etc.*

inoperabel *adj.* ⚕ inoperable; ***es ist ~*** *a.* it can't be operated on.

inopportun *adj.* inopportune.

in petto *adv.*: ***et. ~ haben*** have s.th. up one's sleeve.

in puncto *prp.* when it comes to, where (*od.* as far as) ... is (*od.* are) concerned, in matters of, as regards.

Inquisition *f hist.* Inquisition; *fig.* inquisition; **Inquisitionsgericht** *n* Court of Inquisition; **Inquisitor** *m* inquisitor.

ins (= ***in das***) → ***in.***

Insasse *m*, **Insassin** *f e-s Autos etc.*: passenger; *e-s Gefängnisses*: inmate; **Insassenversicherung** *f mot.* passenger insurance (cover).

insbesondere *adv.* particularly, (e)specially, in particular.

Inschrift *f* inscription; *auf Gräbern etc.*: *a.* epigraph.

Insekt *n* insect, *bsd. Am.* bug.

Insekten|bekämpfung *f* insect (*od.* pest) control; **~bekämpfungsmittel** *n* insecticide; **~forscher** *m* entomologist; **~fraß** *m* insect damage.

Insekten fressend *adj.* insectivorous.

Insekten|fresser *m* insectivore, insect-eater; **~gift** *n* **1.** *von Insekten*: insect poison; **2.** *gegen Insekten*: insecticide; **~kunde** *f*, **~lehre** *f* entomology; **~plage** *f* plague of insects; **~schutz**(**mittel** *n*) *m* insect repellent; **~spray** *m, n* insect spray; **~staat** *m* insect state; **~stich** *m* insect bite; **~vertilgungsmittel** *n* insecticide.

Insektizid *n* insecticide.

Insel *f* island (*a. fig. u. Verkehrs*~); *poet.* isle; ***die ~ Wight*** the Isle of Wight; ***die Britischen ~n*** the British Isles; **~bewohner**(**in** *f*) *m* islander.

Inselchen *n* islet.

Insel|gruppe *f* group of islands, archipelago; **~kette** *f* string of islands; **~lage** *f* island position; **~meer** *n* archipelago; **~paradies** *n* island (*od.* tropical) paradise; **~republik** *f* island republic; **~staat** *m* island state; **~volk** *n* (nation of) islanders *pl.*; **~welt** *f* (group of) islands *pl.*

Inserat *n* advertisement, ad, *Brit. a.* advert; ***ein ~ aufgeben*** → ***inserieren*** II; **Inserent** *m* advertiser; **inserieren I.** *v/t.* advertise; **II.** *v/i.* advertise, place an ad *od.* advertisement (in the *od.* a paper).

insgeheim *adv.* secretly; behind s.o.'s back.

insgemein *obs. adv.* generally; on the whole.

insgesamt *adv.* altogether, in all; (*als Ganzes*) as a whole; ***er erhielt ~ 500 Briefe*** he received a total of 500 letters; ***s-e Schulden betragen ~ ...*** his debts total ...

In-sich-Gehen *n* soul-searching.

Insider *m* insider; **~geschäfte** *pl.* insider trading *sg.*, insider dealings (*od.* dealing *sg.*); **~information** *f* insider information.

Insignien *pl.* insignia.

insistieren *v/i.* insist (***auf*** on); ***darauf ~, dass*** insist that; ***er insistierte darauf, dass ich komme*** *a.* he insisted on my coming.

insofern I. *adv.* (*in dieser Hinsicht*) as far as that goes (*od.* is concerned), from that point of view; **II.** *cj.*: ***~*** (***als***) in so far as, insofar as, inasmuch as, in that; (*wenn, falls*) if; ***er hat ~ Recht, als*** he's right in so far as *etc.*

insolvent *adj.* ✝ insolvent; **Insolvenz** *f* insolvency; → ***Bankrott.***

insoweit *adv. u. cj.* → ***insofern.***

in spe *adj.* ...-to-be, future ...; ***ein Arzt ~*** *a.* a doctor in the making.

Inspekteur *m* inspector; ⚔ Chief of Staff.

Inspektion *f* **1.** inspection; **2.** *mot.* service; ***zur ~ bringen*** put *the car* in for a service; **3.** (*Amt*) inspectorate; **Inspektionsgang** *m* inspection round.

Inspektor *m* inspector.

Inspiration inspiration; **inspirieren** *v/t.* inspire; ***j-n zu e-m Gedicht*** (***e-m Gemälde*** *etc.*) ***~*** inspire s.o. to write a poem (paint a picture *etc.*); ***j-n zu e-r Idee ~*** give s.o. an idea; ***sich ~ lassen von*** draw inspiration from; F ***lass dich mal ~!*** see if you can come up with something; F ***ich muss mich mal ~ lassen*** I'll have to go away and think about it; **inspiriert** *adj.* inspired.

Inspizient *m thea.* stage manager.

inspizieren *v/t.* inspect; examine.

instabil *adj.* unstable; *Konstruktion*: *a.* not stable; **Instabilität** *f* instability.

Installateur *m* plumber; *für Gasanlagen*: gas fitter; ⚡ electrician; **Installation** *f* **1.** (*das Installieren*) installation; **2.** (*Anlage*) installation; (*Wasserleitungen*) plumbing; **installieren I.** *v/t.* put in, fit, instal(l); **II.** *v/refl.*: ***sich ~*** instal(l) o.s.

instand, in Stand *adv.*: ***~ halten*** keep in good condition (*od.* repair); maintain, service; ***~ setzen*** repair, (*renovieren*) renovate, (*Gerät etc.*) recondition; ***j-n ~ setzen zu*** *inf.* enable s.o. to *inf.*, put s.o. in a position to *inf.*

instand besetzen, in Stand besetzen *v/t.* occupy and refurbish; **Instandbesetzung** *f* squatter-renovation.

Instandhaltung *f* upkeep, maintenance; ⚙, *mot.* servicing; **Instandhaltungskosten** *pl.* maintenance costs.

inständig I. *adj.* urgent; **II.** *adv.*: *j-n* ***~ bitten*** implore; **Inständigkeit** *f e-r Bitte etc.*: urgency.

Instandsetzung *f* repair; (*Renovierung*) renovation; **Instandsetzungsarbeit** *f* repair work, repairs *pl.* (***an*** on).

Instanz *f* (*Dienststelle*) authority; ⚖ instance; ***höhere ~en*** higher authorities (⚖ courts); ⚖ ***in erster ~*** at first instance; ***Gericht erster ~*** court of first instance, (*Strafgericht*) *a.* trial court; ***in letzter ~*** without further appeal, ***entscheiden:*** make the final decision, *fig.* have the final say, ultimately decide; **Instanzenweg** *m* ⚖ (successive) stages *pl.* of appeal; → *a.* ***Dienstweg***; ***auf dem ~*** through the prescribed channels.

Instinkt *m* instinct; *weitS. a.* feeling; ***aus ~*** instinctively; ***s-m ~ folgen*** follow one's instincts (F one's nose); ***mein ~ sagt mir*** my instinct tells me, I have an instinctive feeling; ***e-n ~ haben für*** (*Gefahr etc.*) have an instinctive feel for, F have a nose for; ***sich an die niederen ~e richten*** appeal to the baser human instincts; **instinkthaft** *adj.* instinctive; **Instinkthandlung** *f* instinctive act (*od.* reaction); **instinktiv I.** *adj.* instinctive, intuitive; *Reaktion*: *a.* visceral; *Angst etc.*: instinctive, innate; ***~e Begabung*** natural talent; **II.** *adv.* instinctively, intuitively; ***et. ~ genau wissen*** know s.th. at gut level; **instinktlos** *adj.* lacking in instinct; *weitS.* (*taktlos*) tactless, insensitive; **instinktmäßig I.** *adj.* instinctive; **II.** *adv.* instinctively, on (an) instinct; **instinktsicher I.** *adj.*: ***~ sein*** have a good (*od.* an unerring) instinct, F have a good nose; **II.** *adv.*: ***~ handeln*** rely on one's instincts; ***er hat wieder einmal ~ gehandelt*** his instinct proved him right again.

Institut *n* institute; **Institution** *f* institution (*a. fig.*); **institutionalisieren** *v/t.* institutionalize; **institutionell** *adj.* institutional(ly *adv.*).

instruieren *v/t.* give *s.o.* instructions (**über** on); *a.* ⚔ brief (on); (*unterrichten*) inform (about); **Instruktion** *f* instruction; (*Anweisung*) *a.* directions *pl.*; **instruktiv** *adj.* instructive.

Instrument *n* instrument; (*Gerät*) *a.* tool, implement; **instrumental** *adj.* instrumental.

Instrumental|aufnahme *f* instrumental version; **~begleitung** *f* instrumental accompaniment.

instrumentalisieren *v/t.* **1.** ♪ (*Gesangsstück*) arrange for instruments; **2.** (*ausnutzen*) exploit, harness.

Instrumental|musik *f* instrumental music; **~stück** *n* instrumental piece; *modernes*: instrumental.

Instrumentarium *n* ♪ *u. fig.* instruments *pl.*

Instrumenten|bau *m* instrument making; **~bauer** *m* instrument maker; **~beleuchtung** *f mot.* dashboard lighting; **~brett** *n* instrument panel; *mot. a.* dashboard; ✈ *a.* control panel; **~flug** *m* instrument flying (*od.* flight).

instrumentieren *v/t.* ♪ arrange (for instruments); **Instrumentierung** *f* arrangement (for instruments), instrumentation.

Insubordination *f* insubordination.

Insuffizienz *f bsd.* ⚕ insufficiency.

Insulaner(in *f*) *m* islander.

Insulin *n* insulin; **~mangel** *m* insulin deficiency; **~schock** *m* insulin (*od.* hypoglycaemic) shock; **~spritze** *f* insulin injection (F jab).

inszenieren *v/t. thea.* stage, put on stage, produce, (*a. Sendung*) mount; (*Film*) produce, *als Regisseur*: direct; *fig.* (*Aufruhr, Streik etc.*) stage, (*Ärger*) *a.* F kick up *a row*; (*Intrige*) conduct, (*Kampagne etc.*) *a.* orchestrate; **Inszenierung** *f* production; **~: X** produced by X.

intakt *adj.* intact (*a. Verhältnis*); *Organe etc.*: *a.* in good shape; *Motor etc.*: *a.* in good working order; **das Dach ist ~ geblieben** the roof is still intact (*od.* in one piece).

Intarsien *pl.* inlaid work *sg.*, marquetry *sg.*

integer *adj. man* of integrity.

integral *adj.* 𝔄 integral; **≈bauweise** *f* integral construction; **≈gleichung** *f* integral equation; **≈rechnung** *f* integral calculus; **≈zeichen** *n* integral sign.

Integration *f* integration; **Integrationsprozess** *m* process of integration.

integrieren I. *v/t.* 𝔄 *u. fig.* integrate (**in** into); **II.** *v/refl.*: **sich ~** integrate (o.s.), become integrated (**in** into); **integriert** *adj.* integrated; **~er Schaltkreis** integrated circuit.

Integrität *f* integrity (*a. e-s Staates*).

Intellekt *m* intellect; **intellektuell** *adj.* intellectual, F highbrow; *Stoff, Person*: (*durchgeistigt*) *a.* cerebral; **Intellektuelle(r** *m*) *f* intellectual, F highbrow.

intelligent *adj.* intelligent, bright.

Intelligenz *f* **1.** intelligence; **künstliche ~** artificial intelligence; **2.** (*~schicht*) intelligentsia; **~bestie** F *f* F brain(box); **das ist e-e ~** F he's (*od.* she's) a real brain; **~grad** *m* level of intelligence.

Intelligenzija *f* intelligentsia.

Intelligenzleistung *f* feat of (human) intelligence.

Intelligenzler F *m* F egghead.

Intelligenz|quotient *m* intelligence quotient, IQ; **~test** *m* intelligence test.

Intendant *m thea. etc.* director; **Intendanz** *f* **1.** directorship; **die ~ von ... übernehmen** take over as director of ...; **2.** (*Büro*) director's office(s *pl.*).

intendieren *v/t.* (*beabsichtigen*) intend; (*hinarbeiten auf*) aim at, plan.

Intensität *f* intensity; **intensiv I.** *adj.* intensive; *Gefühl, Interesse, Schmerz etc.*: intense; (*gründlich*) intensive, thorough; **II.** *adv.* intensively; intensely; **sich ~ bemühen** try very hard, make a great (*od.* tremendous) effort; **sich ~ auf e-e Prüfung vorbereiten** study hard for an exam, F swot away; **~ nachdenken** think hard; **j-n ~ ansehen** give s.o. a long, hard look; **intensivieren** *v/t.* intensify; (*Bemühungen*) *a.* step up; **Intensivierung** *f* intensification; *von Bemühungen*: *a.* stepping up *of efforts*.

Intensiv|interview *n* (in-)depth interview; **~kurs** *m* crash course; **~station** *f* ⚕ intensive care unit, *abbr.* ICU; *Am. a.* critical care unit.

Intention *f* intention.

Interaktion *f* interaction; **interaktiv I.** *adj. CD-ROM etc.*: interactive; **~e Anwendung** (**Software**) interactive application (software); **~es Programm** interactive program; **II.** *adv.* interactively; **~ ausgelegt** for interactive use.

Intercity *m* intercity (train); → *a.* **IC**; **~express(zug)** *m* intercity express (train); **~zug** *m* intercity train.

Interdentalbürste *f Zahnpflege*: interdental (*od.* ID) brush.

Interdikt *n eccl.* interdict.

interdisziplinär *adj.* interdisciplinary.

interessant I. *adj.* interesting; *Geschäft etc.*: attractive; **das ≈e daran** the interesting thing about it; **er will sich bei ihr bloß ~ machen** he's just trying to impress her; **das ist überhaupt nicht ~** (*irrelevant*) that's totally irrelevant; **II.** *adv.*: **er kann ~ erzählen** he's a good story-teller; **interessanterweise** *adv.* interestingly, it's interesting that ...

Interesse *n* interest (**an, für** in); **das ~ verlieren** lose interest; **~ zeigen** show an (*od.* some) interest (**für** in); **~ haben an** (*od.* **für**) be interested in; **es ist für mich nicht von ~** it's of no interest to me; **sein besonderes ~ gilt** he's particularly interested in, his special area of interest is; **in j-s ~ sein** be in s.o.'s interest; *ich tat es* **in d-m ~** for your sake; **im öffentlichen ~** in the public interest; **es besteht kein ~ an** nobody's interested in, (*e-m Artikel etc.*) there's no demand for; **interessehalber** *adv.* out of interest, as a matter of interest.

interesselos *adj.* uninterested, indifferent; **Interesselosigkeit** *f* indifference, *stärker*: apathy.

Interessen|ausgleich *m* balancing of interests; **~gebiet** *n* field (*od.* area) of interest; **~gegensatz** *m* conflict of interests; **~gemeinschaft** *f* **1.** interest group; ♆ (*Vereinbarung*) pooling agreement; (*Vereinigung*) combine, pool; (*Kartell*) syndicate; **2.** (*gemeinsames Interesse*) common interest(s *pl.*); **~kollision** *f* clash of interests; **~konflikt** *m* conflict of interests; **~lage** *f* interests *pl.*; **die ~ erforderte es, dass** it was in their *etc.* interests to *inf.*; **~schwerpunkt** *m* focus of interest; **~sphäre** *f* sphere of influence.

Interessent *m* **1.** *für e-e Ware etc.*: prospective buyer; **wir haben schon drei ~en** *a.* there are already three people interested, three people have rung up *etc.* already; **2.** *für e-n Kurs etc.*: interested person; **~en** *sollen sich melden etc.*: anyone (*od.* those) interested; **3.** (*Bewerber*) applicant; **4.** *für e-e Sache*: interested party; **Interessentenkreis** *m* group of interested people, those *pl.* interested; ♆ prospective buyers *pl.*, market.

Interessen|verband *m* pressure group, lobby; **~vertreter** *m* representative, spokesman, spokesperson; **~vertretung** *f* representation (of interests); (*Gruppe, Körperschaft*) representative body; **~wahrnehmung** *f* safeguarding of interests.

interessieren I. *v/refl.* **1. sich ~ für** be interested in; **sich gar nicht ~ für** *a.* take no interest in; **er interessiert sich für nichts** he's not interested in anything; **II.** *v/t.* **2. das Buch** *etc.* **interessiert mich nicht** I'm not interested in the book *etc.*, the book *etc.* doesn't interest me; **das interessiert mich überhaupt nicht** I'm not in the least bit interested, I couldn't care less; **es wird dich ~ zu erfahren** you'll be interested to know; **3. j-n für et. ~** interest s.o. in s.th., get s.o. interested in s.th.; **III.** *v/i.* **das interessiert nicht** that's of no interest, that's irrelevant; **interessiert I.** *adj.* interested (**an** in); **politisch** *etc.* **~** interested in politics *etc.*, politically *etc.* aware; **musikalisch ≈e** the musically minded, music lovers; **sehr daran ~ sein, dass es klappt** *etc.* be keen to see it work out *etc.*; **II.** *adv.*: **~ zuhören** (**zuschauen**) listen (watch) intently.

Interface *n Computer*: (*Schnittstelle*) interface.

Interferenz *f phys. u. ling.* interference; **~erscheinung** *f* interference phenomenon.

Interferon *n* interferon.

interfraktionell *adj. pol.* inter-party; *pred.* on an inter-party basis.

Interieur *n* interior.

Interim *n* **1.** (*Übergangsregelung*) temporary arrangement, interim solution; **2.** (*Zwischenzeit*) interim; **interimistisch** *adj.* interim ...

Interims|abkommen *n* temporary agreement; **~lösung** *f* interim (*od.* stopgap) solution; **~regierung** *f* caretaker (*od.* interim, transitional) government.

Interjektion *f* interjection.

interkonfessionell *adj.* interdenominational.

interkontinental *adj.* intercontinental; **≈flug** *m* intercontinental flight; **≈rakete** *f* intercontinental ballistic missile.

interlinear *adj.*, **≈...** interlinear.

Interludium *n* ♪ interlude.

Intermezzo *n* ♪ intermezzo, interlude (*a. fig.*).

intermittierend *adj.* intermittent.

intern I. *adj.* internal; **das ist e-e ~e Sache** *a.* that's something that concerns us (*od.* them *etc.*); **II.** *adv.* internally; (*unter uns etc.*) among ourselves (*od.* themselves *etc.*); (*a.* **~ gesehen**) seen from the inside, on the inside.

internalisieren *v/t.* internalize; **Internalisierung** *f* internalization.

Internat *n* boarding school.

international I. *adj.* international; **II.** *adv.*: **~ bekannt** internationally known.

Internationale *f* International(e).

internationalisieren *v/t.* internationalize; **Internationalisierung** *f* internationalization.

Internationalismus *m* internationalism;

internationalistisch *adj.* internationalistic.
Internationalität *f* international character; *e-r Gemeinde etc.*: *a.* mix of nationalities, international mix.
Internats|schule *f* boarding school; **~schüler(in** *f*) *m* boarder.
Interne(r *m*) *f* boarder.
Internet *n* Internet; ***im ~*** on the Internet; ***im ~ surfen*** surf the Internet; **~anschluss** *m* connection to the Internet; ***hast du (e-n) ~?*** are you connected to the Internet?; **~-Café** *n* Internet café; **~-Einzelhändler** *m* e-tailer.
internetfähig *adj. Computer*: Internet-enabled.
Internet|generation *f* Internet generation; **~handel** *m* Internet commerce, i-commerce, e-commerce; **~-Provider** *m* Internet (service) provider; **~seite** *f* Internet site, Web page; **~surfer(in** *f*) *m* Internet surfer; **~user(in** *f*) *m* Net user, Internet user; **~verbindung** *f* Internet connection; **~zugang** *m* Internet access; **~zugriff** *m* Internet access.
Interngespräch *n teleph.* internal call.
internieren *v/t.* intern; ⚕ isolate; **Internierte(r** *m*) *f* internee; **Internierung** *f* internment; **Internierungslager** *n* detention camp.
Internist *m* ⚕ internist; **internistisch** *adj.* internal(-medical).
interparlamentarisch *adj.* interparliamentary.
Interpellant *m parl.* questioner; **Interpellation** *f* (parliamentary) question; **interpellieren** *v/i.* ask (*od.* put) a question (in parliament).
interplanetarisch *adj.* interplanetary.
Interpolation *f* interpolation; **interpolieren** *v/t. u. v/i.* interpolate.
Interpret *m* **1.** interpreter; *e-r Theorie etc.*: *a.* exponent; **2.** ♪ performer; (*Sänger*) singer; ***er ist ein bekannter Schubert~*** he's famous for his Schubert interpretations (*od.* performances); **Interpretation** *f* interpretation; ♪, *Gedicht etc.*: *a.* rendering; **interpretieren** *v/t.* interpret (*a.* ♪); (*auffassen*) *a.* understand; ⚖ construe; ***~ als*** interpret *s.th.* as, take *s.th.* as *an insult etc.*
Interpunktion *f* punctuation.
Interpunktions|fehler *m* punctuation mistake; **~zeichen** *n* punctuation mark.
Interrailkarte *f* 🚃 Interrail ticket.
Interregio(zug) *m fast train serving longer distances than regional express trains.*
interrogativ *adj. ling.* interrogative; **~pronomen** *n* interrogative pronoun; **~satz** *m* interrogative clause.
Intervall *n* interval (*a.* ♪); ***in regelmäßigen ~en wiederkehren*** occur at regular intervals; **~training** *n Sport*: interval training.
intervenieren *v/i.* intervene; **Intervention** *f* intervention.
Interventions|krieg *m* war of intervention; **~recht** *n* right to intervene, right of intervention.
Interview *n* interview; **interviewen** *v/t.* interview; **Interviewer** *m* interviewer.
Inthronisation *f* enthronement.
intim *adj.* intimate (*a. Kenntnisse*); *Raum*: *a.* cosy, *Am.* cozy; *Freundschaft*: close; (*plumpvertraulich*) F chummy; (*erotisch* ~) intimate, sexual; ***im ~en Kreis*** with close friends (and relatives); ***ich bin mit ihnen nicht so ~*** I don't know them that well; ***~er Kenner*** → ***Intimkenner***; ***mit j-m ~ sein*** *sexuell*: F sleep with s.o.; ***miteinander ~ sein*** sleep together (*od.* with each other).
Intim|bereich *m* **1.** genitals *pl.*; **2.** → ***Intimsphäre***; **~feind** *m* personal enemy number one; **~hygiene** *f* → ***Intimpflege.***
Intimität *f* (*Vertraulichkeit*) familiarity; *e-r Freundschaft*; closeness; *e-s Raums etc.*: intimacy; ***~en*** liberties.
Intim|kenner *m* expert (*gen.* on), connoisseur (of); ***er ist ein ~ von*** *a.* he has an intimate knowledge of; **~kontakt** *m* sexual contact; **~leben** *n* sex (*od.* love) life; **~pflege** *f* intimate hygiene; *bei Frauen*: *a.* feminine hygiene; **~sphäre** *f* private sphere, privacy; ***in j-s ~ eindringen*** invade (*od.* encroach on) s.o.'s privacy; **~spray** *m, n* vaginal (*od.* feminine) spray.
Intimus F *m* F best buddy.
Intimverkehr *m* intercourse.
intolerant *adj.* intolerant (***gegen[über]*** towards, *Sache*: *a.* of); **Intoleranz** *f* intolerance (***gegen[über]*** towards, *Sache*: *a.* of).
Intonation *f* ♪, *ling.* intonation; **intonieren** *v/t.* intonate.
intramuskulär *adj.* ⚕ intramuscular.
Intranet *n Computer*: (*lokales od. Firmennetz*) Intranet.
intransitiv *adj. ling.* intransitive.
Intrauterinpessar *n* intrauterine device, IUD.
intravenös *adj.* ⚕ intravenous.
intrigant *adj.* scheming; **Intrigant(in** *f*) *m* schemer; **Intrige** *f* intrigue, scheme; ***~n spinnen*** plot and scheme; **Intrigenspiel** *n*, **Intrigenwirtschaft** *f* plotting and scheming; *intern*: *a.* infighting; **intrigieren** *v/i.* (plot and) scheme.
Introversion *f* introversion; **introvertiert** *adj.* introverted; ***~er Mensch*** introvert; **Introvertiertheit** *f* introversion.
Intuition *f* **1.** intuition; **2.** (*plötzliches Erfassen*) (sudden) intuition; (*Eingebung*) (flash of) inspiration; **intuitiv** *adj.* intuitive.
intus F *adv.*: ***~ haben*** (*Essen*) F have put away, (*Getränke*) F have downed, (*Alkohol*) *a.* F have knocked back; ***jetzt, wo ich drei Tassen Kaffee ~ habe*** *a.* with three cups of coffee inside me; *fig.* ***jetzt hab ichs ~*** (*Grammatikregel etc.*) F it's finally sunk in, I've got it now.
Invalide *m* invalid.
Invaliden|rente *f* disability pension; **~versicherung** *f* disability insurance.
Invalidität *f* disablement, disability.
invariabel *adj.* invariable.
Invasion *f* invasion (*a. fig.*); **Invasionskrieg** *m* war of invasion; **Invasoren** *pl.* invaders, invading forces.
Inventar *n* (*Verzeichnis*) inventory; (*Gegenstände*) stock; ***~ aufnehmen*** → ***inventarisieren***; ***festes ~*** fixture(s), (*Büroeinrichtung*) office furniture and equipment; F *fig.* ***zum ~ gehören*** *Person*: F be one of the fixtures; **inventarisieren I.** *v/i.* take inventory (*od.* stock); **II.** *v/t.* take an inventory of.
Inventar|liste *f*, **~verzeichnis** *n* inventory.
Inventur *f* ⚜ inventory, stocktaking; ***~ machen*** take inventory (*od.* stock); **~ausverkauf** *m* stocktaking sale.
Inversion *f* inversion; **Inversionslage** *f meteor.* temperature inversion.
investieren I. *v/t.* invest (***in*** in); *fig.*(*Zeit, Mühe etc.*) put (into), invest (in); ***Geld ~ in*** *a.* F sink money into; **II.** *v/i.* invest; **Investierung** *f* investment; **Investition** *f* ⚜ investment; (*Kapitalaufwand*) capital expenditure.
Investitions... *in Zssgn mst* investment *loan, bank etc.*; **~abgabe** *f* investment tax; **~anreiz** *m* investment incentive; **~beihilfe** *f* investment grant; **~güter** *pl.* capital goods; **~kraft** *f* investment potential; **~programm** *n* investment program(me); **~tätigkeit** *f* investment activity; **~volumen** *n* investment volume; **~zulage** *f* capital investment bonus.
Investitur *f* investiture; **~streit** *m hist.*: ***der ~*** the investiture controversy.
Investment|anteil *m* investment share; **~fonds** *m* investmend fund **~gesellschaft** *f* investment company.
In-vitro-Fertilisation *f* (*künstliche Befruchtung im Labor*) in vitro fertilization.
inwendig *adv.* → ***auswendig.***
inwiefern *cj.* in what way, how;→ *a.* ***inwieweit.***
inwieweit *cj.* to what extent.
Inzahlungnahme *f* part exchange, trade-in.
Inzest *m* incest; **inzestuös** *adj.* incestuous.
Inzucht *f* intermarriage, *a. zo.* inbreeding.
inzwischen *adv.* **1.** (*in der Zwischenzeit*) in the meantime, meanwhile; (*bis dahin*) *a.* before (*od.* till, until) then; (*bis spätestens dann*) by then; ***ich mache ~ das Mittagessen*** (meanwhile) I'll be getting on with the lunch; **2.** (*nunmehr*) now; (*schon*) already; ***ich habe ~ an die 600 Münzen*** I've managed to collect about 600 coins so far.
Ion *n phys.* ion; **Ionenaustauscher** *m* ion(ic) exchanger; **Ionisator** *m* ionizer; **ionisieren** *v/t.* ionize; **Ionisierung** *f* ionization; **Ionosphäre** *f* ionosphere.
Iota *n* → ***Jota.***
i-Punkt *m* dot over the i; *fig.* ***bis auf den ~*** down to the last detail.
Iraker *m* Iraqi; **Irakerin** *f* Iraqi (woman); **irakisch** *adj.* Iraqi.
Iraner *m* Iranian; **Iranerin** *f* Iranian (woman); **iranisch** *adj.* Iranian.
irden *adj.* earthenware.
irdisch *adj.* earthly; (*zeitlich*) temporal; (*weltlich*) worldly; (*sterblich*) mortal; → ***Hülle***; **Irdische** *n*: ***den Weg alles ~n gehen*** go the way of all flesh.
Ire *m* Irishman; ***die ~n*** the Irish (*pl.*).
irgend *adv.* **1.** ***wenn es ~ geht*** if (it's) at all possible, if I *etc.* possibly can; ***wann (wo) es ~ geht*** whenever (wherever) it might be possible; ***wer nur ~ geeignet ist*** anyone who is even remotely qualified; ***so rasch wie ~ möglich*** as soon as at all possible; **2.** ***~ so ein Politiker*** one of those politicians, some politician or other; **~ein(e)** *indef. pron.*: ***irgendeine Tasse*** a cup; (*egal welche*) some cup or other; ***nimm irgendeine Tasse*** take any cup, it doesn't matter what (sort of) cup; ***irgendein anderer*** someone else, *in Fragen*: *a.* anyone else; (*egal wer*) anyone else; ***besteht irgendeine Hoffnung?*** is there any hope at all?; **~eine(r, -s)** *indef. pron.* **1.** (*Person*) somebody, someone; *in Fragen*: *a.* anybody, anyone; (*egal welche*[*r, -s*]) anybody, anyone; **2.** (*Ding*) something, *in Fragen*: *a.* anything; (*egal welche*[*r, -s*]) anything; **~einmal** *adv.* → ***irgendwann***; **~eins** *indef. pron.* → ***irgendeine(r, -s)***; **~etwas** *indef. pron.* something, *in der Frage*: *a.* anything; (*egal was*) anything; ***nicht ~!*** not just anything; **~jemand** *indef. pron.* somebody, someone, *in Frage*: *a.* anybody,

I

anyone; (*egal wer*) anybody, anyone; ***er ist ja (schließlich) nicht* ∼** (I mean,) he isn't just anybody (F any old Joe Bloggs); **∼wann** *adv.* sometime (or other), (*egal wann*) *a.* any time, whenever you like *etc.*, whenever it suits you *etc.*; **∼was** *indef. pron.* something, *in Fragen*: *a.* anything; (*egal was*) anything; ***nicht* ∼!** not just anything; **∼welche** *indef. pron.* any; ***ohne* ∼ *Kosten*** without any expense (at all); **∼wer** *indef. pron.* somebody, someone, *in Fragen*: *a.* anybody, anyone; (*egal wer*) anybody, anyone; ***er ist ja (schließlich) nicht* ∼** (I mean,) he isn't just anybody (F any old Joe Bloggs); **∼wie** *adv.* somehow (or other); (*egal wie*) any old how; **∼wo** *adv.* somewhere (or other), *in Fragen*: *a.* anywhere; (*egal wo*) anywhere; **∼ *anders*** somewhere else, *in Fragen*: *a.* anywhere else; **∼woher** *adv.* from somewhere (or other), *in Fragen*: *a.* from anywhere; (*egal woher*) from anywhere; **∼wohin** *adv.* somewhere (or other), *in Fragen*: *a.* anywhere; (*egal wohin*) anywhere.

Irin *f* Irishwoman; ***sie ist* ∼** she's Irish.

Iris *f anat.*, ⚘ iris.

irisch I. *adj.* Irish; ***die* 2*e Republik*** the Irish Republic, Eire; **II.** 2 *n ling.* Irish.

irisierend *adj.* iridescent.

Irländer *m* → ***Ire***; **Irländerin** *f* → ***Irin.***

Irokese *m* Iroquois (Indian); **Irokesenschnitt** *m* (*Frisur*) Mohican (haircut).

Ironie *f* irony (***des Schicksals*** of fate); **Ironiker** *m* ironist; **ironisch** *adj.* ironic(ally *adv.*); ***das* 2*e daran war*** the irony of it was, the ironic thing about it was; **ironisieren** *v/t.* treat with irony.

irrational *adj.* irrational; **Irrationalismus** *m* irrationalism; **Irrationalität** *f* irrationality, irrational nature (*gen.* of).

irr(e) I. *adj.* **1.** (*verrückt, geistesgestört wirkend*) mad, F crazy; *Blick*: wild, crazed *look*; *Lachen*: mad, F crazy; ***irres Lächeln*** crazy grin, wild sneer; ***irres Zeug reden*** rave; F ***wie irre schuften*** *etc.* F work *etc.* like mad (*od.* like a madman, *sl.* like crazy); ***in e-m irren Tempo fahren*** drive like a maniac; **2.** ⚕ (*geisteskrank*) mad, insane, demented; **3.** F (*sagenhaft, ungewöhnlich*) F incredible; ***ein irrer Typ*** *a.* F an amazing guy; ***es ist irre*** *a.* F it's unreal; **4.** (*verwirrt*) (totally) confused; → *a.* ***irremachen, irrewerden***; **II.** *adv.* **6.** *verstärkend*: F incredibly; *schwitzen etc.* F like mad (*sl.* crazy, hell).

Irre *f*: ***in die* ∼ *führen*** lead *s.o.* astray; → *a.* ***irreführen; in die* ∼ *gehen*** go astray.

Irre(r *m*) *f* madman (*f* madwoman); F *fig.* F lunatic; F ***wie ein Irrer*** F like an idiot (*od.* a maniac).

irreal *adj.* **1.** unreal; **2.** unrealistic.

irreführen *v/t.* mislead; (*täuschen*) *a.* deceive; ***sich* ∼ *lassen*** be deceived (***von*** by); **irreführend** *adj.* misleading; **Irreführung** *f* (*Täuschung*) deception; F pulling the wool.

irregehen *v/i.* **1.** (*sich täuschen*) be mistaken; ***gehe ich irre in der Annahme, dass ...?*** am I wrong in assuming that ...?; **2.** *lit.* (*in die Irre gehen*) go astray.

irregeleitet *adj.* misguided.

irregulär *adj.* irregular.

irreleiten *v/t.* misguide, *stärker*: lead astray.

irrelevant *adj.* irrelevant (***für*** to); **Irrelevanz** *f* irrelevance.

irremachen *v/t.* **1.** totally confuse, F throw; **2.** ***j-n an et.* ∼** have s.o. wondering about s.th.; → *a.* ***beirren.***

irren I. *v/i.* **1.** wander (*a. Blick*), roam; **2.** → **II.** *v/refl.*: ***sich* ∼** be wrong, be mistaken; ***sich in j-m od. et.* ∼** be wrong about, *engS. im Datum etc.*: get *s.th.* wrong, *in der Tür etc.*: go to the wrong *door etc.*, *in der Telefonnummer*: get (*od.* dial) the wrong number; ***sich um tausend Mark* ∼** be out by a thousand marks, be a thousand marks out; ***ich kann mich (auch)* ∼** I may be wrong; ***wenn ich mich nicht irre*** if I'm not mistaken, I think I'm right in saying (that); ***da irrst du dich aber gewaltig*** you couldn't be more wrong, that's where you make your big mistake; *wenn sie glaubt, dass ich das mache etc.*, ***dann irrt sie sich gewaltig*** she's got another think coming; **III.** 2 *n*: **∼ *ist menschlich*** we all make mistakes, *lit. u. iro.* 'tis human to err.

Irren|anstalt *f* mental asylum; **∼haus** *n*: F *fig.* ***hier gehts zu wie im* ∼** F it's like a madhouse (here), it's (sheer) bedlam; ***er ist reif fürs* ∼** F he ought to be certified.

irreparabel *adj.* irreparable.

irrereden *v/i.* rave.

irreversibel *adj.* irreversible.

irrewerden *v/i.*: **∼ *an*** begin to have one's doubts about.

Irr|fahrt *f* wild-goose chase, *längere*: odyssey; **∼flug** *m* odyssey (in the air); **∼garten** *m* maze, labyrinth; **∼glaube(n)** *m* misconception, delusion; (*Ketzerei*) heresy.

irrig *adj.* wrong, mistaken, erroneous; **∼*e Ansicht*** *a.* misconception; **irrigerweise** *adv.* wrongly, erroneously.

irritierbar *adj.*: ***leicht* ∼** (*verärgert*) easily annoyed, (*verwirrt*) easily put off (F thrown), (*abgelenkt*) easily distracted; **irritieren** *v/t.* irritate, get on *s.o.'s* nerves, (*ärgern*) *a.* annoy; (*ablenken*) irritate, distract; (*unsicher machen*) put *s.o.* off (***bei*** *s.th.*), F throw; ***sich* ∼ *lassen*** be put off, F be thrown (***durch*** by).

Irr|läufer *m* **1.** (*Brief etc.*) stray (*od.* misdirected) letter *etc.*; **2.** (*Satellit*) rogue satellite; **∼lehre** *f* false doctrine, heresy; **∼licht** *n* will-o'-the-wisp (*a. fig.*).

Irrsinn *m* madness (*a. fig.*); **irrsinnig I.** *adj.* insane, mad; F *fig.* F crazy, mad; F (*toll*) F incredible; **II.** F *adv. verstärkend*: F incredibly; **Irrsinnige(r** *m*) *f* → ***Irre(r).***

Irrtum *m* mistake; (*Missverständnis*) misunderstanding; ***im* ∼ *sein, sich im* ∼ *befinden*** be mistaken, be wrong, be in the wrong (***über*** about); **∼ *vorbehalten*** errors (and omissions) excepted; **irrtümlich I.** *adj.* wrong; **II.** *adv.* wrongly; ***ich war* ∼ *der Meinung*** I was wrong in thinking; **irrtümlicherweise** *adv.* by mistake, mistakenly.

Irrweg *m fig.*: ***auf e-n* ∼ *geraten sein*** be on the wrong track completely; ***j-n auf e-n* ∼ *führen*** lead s.o. astray.

Irrwisch *m* **1.** will-o'-the-wisp; **2.** (*Kind*) jack-in-the-box; ***er ist ein richtiger* ∼** *a.* he's up and down like a yo-yo, he can't sit still for one minute.

irrwitzig *adj.* ridiculous, absurd, F crazy, hare-brained.

ISBN-Nummer *f* ISBN number.

Ischias *m, n, f* ⚕ sciatica; **∼nerv** *m* sciatic nerve.

ISDN|-Anschluss *m teleph.* ISDN connection; **∼-Karte** *f teleph.* ISDN card; **∼-Nummer** *f teleph.* ISDN number.

Islam *m* Islam; **islamisch** *adj.* Islamic; **islamisieren** *v/t.* convert to Islam, Islamize; **Islamisierung** *f* Islamization.

Isländer(in *f*) *m* Icelander; **isländisch** *adj.* Icelandic.

Ismus F *iro. m* F ism.

Isobar(e *f*) *n* isobar.

Isoglosse *f* isogloss.

Isogon *n* A isogon.

Isolation *f* **1.** *pol.* isolation; **2.** ⚡, ⚙ insulation.

Isolationismus *m pol.* isolationism; **Isolationist** *m* isolationist; **isolationistisch** *adj.* isolationist.

Isolationshaft *f* solitary confinement.

Isolator *m* insulator.

Isolierband *n* insulating tape.

isolieren I. *v/t. pol. etc.* isolate (*a.* ⚖); ⚡, ⚙ insulate; **II.** *fig. v/refl.*: ***sich* ∼** isolate o.s., cut o.s. off; **III.** *v/i.*: ***gut* ∼** insulate well, be a good insulator.

Isolier|haft *f* solitary confinement; **∼kanne** *f* thermos jug (*TM*); **∼lack** *m* insulating varnish (*od.* paint); **∼masse** *f* insulating compound; **∼material** *n* insulating material; **∼schicht** *f* insulating layer; **∼schutz** *m* (thermal) insulation; **∼station** *f* ⚕ isolation ward.

isoliert I. *adj.* isolated, cut off; ⚕, *Häftling*: isolated, in isolation; **∼*e Fälle*** isolated cases; **II.** *adv.*: **∼ *betrachten*** view *s.th.* in isolation; ***man darf es nicht* ∼ *betrachten*** *a.* you've got to see it in context; **Isoliertheit** *f* isolation.

Isolierung *f* **1.** isolation; **2.** ⚡, ⚙ insulation.

Isolierwirkung *f* insulating action.

Isomatte *f* thermomat, Karrimat (*TM*), *aus Schaumstoff*: foam mattress.

isometrisch *adj.* isometric; **∼*e Übungen*** isometric exercises.

isomorph *adj.* isomorph.

Isotop *n* isotope.

isotrop *adj.* isotropic.

Israeli *m*, **israelisch** *adj.* Israeli.

Israelit(in *f*) *m*, **israelitisch** *adj.* Israelite.

Istbestand *m* ☤ actual stock.

Isthmus *m geogr.* isthmus.

Ist|leistung *f* ☤ actual output; **∼stärke** *f* ⚔ effective (*od.* actual) strength; **∼wert** *m* actual (*od.* true) value.

Itaker *contp. m* F dago, wop, Eyetie.

Italiener *m* **1.** *a.* **Italienerin** *f* Italian (woman); **2.** F Italian place; ***lass uns zum* ∼ *gehen*** F let's go to an Italian; ***um die Ecke ist ein* ∼** F there's an Italian (place) round the corner; **italienisch I.** *adj.* Italian; ***die* ∼*e Schweiz*** Italian-speaking Switzerland; **II.** 2 *n ling.* Italian.

Italowestern F *m* F spaghetti western.

I-Träger *m* I-beam.

i-Tüpfelchen *n* → ***i-Punkt.***

J, j *n* J, j.

ja I. *adv.* **1.** yes; F yeah, yep; *parl.* aye, *Am.* yea; *bei der Trauung*: I do; *beim Nachdenken, als Pausenfüller*: um, er, (*na ja*) well; **~?** (*tatsächlich?*) really?, F oh yeah?, *teleph.* (*hallo?*) hello?; **wenn ~** if so; 2 (*od.* **~**) **sagen** say yes, (*zustimmen*) *a.* agree (**zu** to); *wird er kommen?* – **ich glaube ~** I think so; **aber ~!** *beruhigend*: yes, of course; *ungeduldig*: yes, yes, *zum Ehepartner etc.*: *iro.* yes, dear; **2.** (*schließlich*) **er ist ~ mein Freund** I mean, he's a friend (after all); **dazu ist es ~ da** that's what it's (there) for (after all); **es ist ~ nicht so schlimm** it's not that bad; **du kennst ihn ~** you know what he's like; **3.** *einleitend*: **~, wissen Sie** well, you know; **4.** *feststellend*: **da bist du ~!** there you are!; **da haben wirs ~!** there we are, isn't that (just) what I said?; **ich sagte es dir ~** didn't I tell you?; **das ist ~ unglaublich** that's really incredible; **5.** *einschärfend*: **sags ihm ~ nicht** don't you tell (*od.* go telling) him; **lass sie ~ in Ruhe** just (*od.* you'd better) leave her alone; **bring es ~ mit** make sure you bring it; **6.** *überrascht*: **~, weißt du denn nicht, dass** do you mean to say you didn't know (that); **~, so e-e Überraschung!** well, this really is a surprise; **7.** *einschränkend*: **ich würde es ~ gern tun, aber** I'd really like to do it, but; **8.** *verstärkend*: **du weißt ~ gar nicht …** you have no idea; **das sag ich ~** that's what I mean; **9.** *steigernd*: **er genießt die Filme, ~ verschlingt sie** he really enjoys the films, or rather devours them (*od.* or devours them is more like it); **10.** *nachgestellt*: **du kommst doch später, ~?** you are coming later on, aren't you?; **gibst dus mir, ~?** will you give it to me(, please)?, *Zusicherung erhoffend*: are you going to give it to me then?; **II.** 2 *n* yes; *parl.* aye, *Am.* yea; **mit ~ oder Nein antworten** answer yes or no; **mit ~ (be)antworten** say yes (to); **er (es) bleibt bei s-m ~** he's said yes and he means it; → *a.* **Jawort.**

Jacht *f* yacht; **~klub** *m* yacht club.

Jacke *f* jacket, *Am. a.* coat; (*Strick*2) cardigan; F **das ist ~ wie Hose** it's much of a muchness, it's (a case of) six of one and half a dozen of the other; F **j-m die ~ voll hauen** give s.o. a good hiding.

Jackenkleid *n* two-piece dress.

Jacketkrone *f* jacket crown.

Jackett *n* jacket, *Am. a.* coat.

Jade *m, f min.* jade; **2grün** *adj.* jade(-colo[u]red).

Jagd *f* **1.** hunt(ing), *mit der Flinte*: *a.* shoot(ing); (**~***gesellschaft*) hunting (*od.* shooting) party; **auf (die) ~ gehen** go hunting; **auf der ~ sein** be hunting; *ein Tiger etc.* **bei der ~** hunting for prey; **2.** *fig.* (*Verfolgung*) chase, pursuit; **die ~ auf** *Terroristen etc.*: the hunt for; **~ machen auf** chase (after), hunt for, try to track down; **3.** *fig.* (*Streben*) pursuit (**nach** of), chasing (after *money etc.*); **e-e wilde ~** a mad scramble *od.* rush (**nach** for); **die ~ hat begonnen** the race (*od.* chase) is on; **~aufseher** *m* gamekeeper.

jagdbar *adj.* fit for hunting; **~es Wild** fair game.

Jagd|beute *f* bag; **~bomber** *m* ✈ fighter bomber; **~fieber** *n* hunting fever; **~flieger** *m* ✈ fighter pilot; **~flinte** *f* shotgun; **~flugzeug** *n* ✈ fighter (jet, plane, aircraft); (*Abfangjäger*) interceptor (aircraft); **~frevel** *m* poaching; **~gebiet** *n* hunting ground; **~gesellschaft** *f* hunting party; **~gesetz** *n* game law; **~gewehr** *n* shotgun; **~gründe** *pl.* hunting grounds; **in die ewigen ~ eingehen** go to the happy hunting grounds; **~haus** *n* (hunting) lodge; **~horn** *n* hunting horn, bugle; **~hund** *m* hound; (*Rasse*) short-haired pointer; **~hütte** *f* (hunting) lodge; **~leidenschaft** *f* passion for hunting; **~messer** *n* hunting knife; **~pacht** *f* (tenancy of a) shoot; **~recht** *n* **1.** hunting rights *pl.*; **2.** (*Gesetz*) game law; **~rennen** *n* steeplechase; **~revier** *n* hunting ground; **~ruf** *m* hunting call; **~schein** *m* shooting licen|ce (*Am.* -se); F *fig.* **er hat den ~** F he needs certifying; **~schloss** *n*, **~schlösschen** *n* hunting lodge; **~staffel** *f* ✈ fighter squadron; **~stück** *n Kunst*: hunting scene; **~stuhl** *m* shooting stick; **~szene** *f* → **Jagdstück**; **~tasche** *f* game bag; **~trieb** *m* hunting instinct; **~trophäe** *f* hunting trophy; **~waffe** *f* hunting weapon; **~wild** *n* game, game animal(s *pl.*); **~zeit** *f* hunting (*od.* shooting) season.

jagen I. *v/t.* **1.** hunt; (*treiben*) drive; (*verfolgen*) chase; *mit Hunden*: hound; (*schießen*) shoot; **2.** *fig.* (*verfolgen*) chase (after); (*suchen*) hunt for; **aus dem Bett** *etc.* **~** chase out of bed *etc.*; **in die Luft ~** blow up, F blow *s.th.* sky-high; F **j-m e-e Nadel in den Arm ~** stick a (F whopping great) needle into s.o.'s arm; F **j-m ein Messer in den Leib ~** run a knife into s.o.; F **j-m (sich) e-e Kugel durch den Kopf ~** put a bullet through s.o.'s (one's) head, *sl.* blow s.o.'s (one's) brains out; **den Ball ins Netz ~** *Fußball*: slam (*od.* drive) the ball home; **ein Ereignis jagt(e) das andere** things are really happening *od.* starting to happen (things were happening really fast); F **damit kannst du mich ~!** F I wouldn't touch it with a bargepole; → **Gurgel**; **II.** *v/i.* **3.** go hunting, go shooting, hunt; **4.** *fig.* (*rasen*) race, tear; *Wind etc.*: sweep; *Wolken*: scud *across the sky*; **~ nach** chase after; **III.** 2 *n* hunt(ing), shooting; → *a.* **Jagd.**

Jäger *m* **1.** huntsman; (*Förster*) ranger; (*Wildhüter*) gamekeeper; *Völkerkunde*: hunter; **2.** ⚔ rifleman; **3.** ✈ fighter (jet, plane, aircraft); **ein ~ vom Typ F117** an F117 fighter jet (*od.* plane); **Jägerei** *f* hunting; **Jägerin** *f* huntress, huntswoman.

Jäger|latein *n* cock-and-bull story (*od.* stories *pl.*); **~meister** *m* professional huntsman; **~schnitzel** *n gastr.* escalope alla cacciatora.

Jaguar *m zo.* jaguar.

jäh I. *adj.* **1.** (*plötzlich*) sudden, abrupt; (*ungestüm*) impetuous; (*vorschnell*) rash; **~er Aufbruch** abrupt departure; **~es Erwachen** *a. fig.* rude awakening; **~er Schmerz** sudden sharp pain; **~er Tod** sudden death; **~e Wendung** sudden (*od.* unexpected) turn *for the worse etc.*; **2.** (*abschüssig*) steep; **~er Abhang** sheer drop, precipice; **II.** *adv.* **3.** (*plötzlich*) all of a sudden; abruptly; (*kopfüber*) headlong; **4.** (*steil*) precipitously; **~ abfallend** precipitous; **dort fällt die Straße nach rechts ~ ab** at that point the road drops away to the right (*od.* there's a sheer drop to the right).

Jahr *n* year; **ein halbes ~** six months; **anderthalb ~e** a year and a half, eighteen months; **im ~ 1996** in (the year)

1996; ***bis zum 31. Dezember d. J.*** (= ***dieses Jahres***) until December 31st of this year; ***Anfang der achtziger ~e*** in the early eighties; ***~ 2000*** Y2K; ***~-2000-Umstellung*** Y2K (*od.* year 2000) conversion; ***alle ~e*** every year; ***auf ~e hinaus*** for years to come; ***im Lauf der ~e*** through (*od.* over) the years; ***in die ~e kommen*** be getting on (a bit); ***in diesem*** (***im nächsten***) ~ this (next) year; ***mit den ~en*** with (the) years; ***mit*** (*od.* ***im Alter von***) ***20 ~en*** at the age of twenty; ***nach ~en*** after (many) years; ***nach ~ und Tag*** after a very long time, (many) years later; ***seit ~ und Tag*** for a long time, for many years; ***heute vor einem ~*** a year ago today; ***von ~ zu ~*** from year to year, *weitS.* as the years go by; ***~ für ~*** year after year; ***in den besten ~en sein*** be in the prime of life; → Buckel 2, ***Dreivierteljahr.***

jahraus *adv.*: ***~, jahrein*** year in, year out.

Jahrbuch *n* yearbook; (*Almanach*) almanac.

Jährchen F *n* year; ***ein paar ~ noch*** another year or two, another couple of years.

jahrelang I. *adj.* longstanding; ***~e Erfahrung*** years of experience; ***ein ~er Kampf*** *a.* years of struggle (*od.* struggling); ***e-e ~e Freundschaft*** *a.* a friendship that goes back a long time; **II.** *adv.* for years (and years), for years on end.

jähren *v/refl.*: ***2020 jährt sich die Erfindung des … zum 200. Mal*** 2020 will see the 200th anniversary (*od.* the bicentennial) of the invention of …; ***heute*** (***morgen***) ***jährt sich sein Todestag*** it's a year today since he died, it's a year ago today that he died (it'll be a year ago tomorrow that he died).

Jahres… *in Zssgn mst* annual, yearly; **~abonnement** *n* annual subscription; *thea. etc.* yearly season ticket; **~abrechnung** *f*, **~abschluss** *m* ⚕ annual (statement of) accounts *pl.*; ***den ~ prüfen*** audit accounts; **~anfang** *m*: (***zu*** at the) beginning of the year; **~ausgleich** *m* annual tax adjustment; **~beginn** *m*: (***zu*** at the) beginning of the year; **~beitrag** *m* annual subscription (*od.* contribution); **~bericht** *m* annual report; **~bestleistung** *f* best performance of the year (so far); **~bestzeit** *f* best time of the year (so far); **~bilanz** *f* annual balance (sheet); **~einkommen** *n* yearly income; **~ende** *n* end of the year; **~etat** *m* annual budget; **~fehlbetrag** *m* annual deficit, net loss for the year; **~frist** *f*: ***binnen ~*** within a year; ***nach ~*** after one year; **~gehalt** *n* annual salary; **~hälfte** *f*: ***erste*** (***zweite***) ~ first (second) half of the year; **~hauptversammlung** *f* annual general meeting, AGM; **~haushalt** *m* annual budget; **~hoch** *n* annual high; **~karte** *f* yearly season ticket; **~mitte** *f* middle of the year; … ***zur ~*** mid-year …; **~mittel** *n* yearly average; **~ring** *m* ⚘ annual ring; **~rückblick** *m* review of (*od.* *a* look back at) the year's events; **~schluss** *m* end of the year; ***zum ~*** at (***bis:*** by) the end of the year, year-end …; **~tag** *m* anniversary; **~temperatur** *f*: ***mittlere ~*** annual mean temperature; **~tief** *n* annual low; **~überschuss** *m* net earnings *pl.*; **~umsatz** *m* annual turnover; **~urlaub** *m* annual holiday (allowance), *Am.* annual vacation (allowance); **~verdienst** *m* annual income (*od.* earnings *pl.*); **~versammlung** *f* annual meeting; **~vertrag** *m* one-year contract; **~wagen** *m* employee('s) car; **~wechsel** *m*, **~wende** *f* turn of the year; (*Fest*) New Year; **~wirtschaftsbericht** *m* annual economic report; **~zahl** *f* date, year; ***ich kann mir keine ~en merken*** I'm hopeless at dates.

Jahreszeit *f* season, time of the year; ***zu jeder ~*** (in) any season, in all seasons; **jahreszeitlich I.** *adj.* seasonal; **II.** *adv.* seasonally; ***~ bedingt*** seasonal.

Jahreszins *m* ⚕ annual interest; ***effektiver ~*** annual percentage rate, *abbr.* APR.

Jahrgang *m* (*Altersklasse*) age group, 📖 cohort; *ped.* year; *Wein*: vintage (*a. fig.*), year; *Zeitschriften*: volume, year; ***der ~ 1968*** those born in 1968, *Wein*: the 1968 vintage; ***wie ist der ~ 1997?*** *Wein*: what's the 1997 (vintage) like?; ***wir sind derselbe ~*** we're the same age, we were born in the same year; ***was ist er für ein ~?*** what year was he born (in)?; ***ich bin ~ 85*** I was born in (19)85.

Jahrhundert *n* century; **jahrhundertealt** *adj.* centuries-old; ancient; **jahrhundertelang I.** *adj.* centuries of …; **II.** *adv.* for centuries, for hundreds of years.

Jahrhundert|ereignis *n* **1.** event (*od.* happening) of the century; **2.** once-in-a--lifetime event; **~feier** *f* centenary, centennial; **~hälfte** *f*: ***erste*** (***zweite***) ~ first (second) half of the century; **~mitte** *f*: (***um die ~*** around the) middle of the century; **~wein** *m* vintage of the century; rare vintage; **~wende** *f*: (***um die ~*** around the) turn of the century.

jährlich I. *adj.* yearly, annual; **II.** *adv.* every year, yearly, once a year; *1,000 dollars* a year, per annum.

Jährling *m zo.* yearling.

Jahrmarkt *m* fair; *fig.* ***~ der Eitelkeiten*** vanity fair; **Jahrmarktschreier** *m* fairground barker; **Jahrmarktstreiben** *n* fairground (hustle and) bustle.

Jahr|milliarden *pl.*: ***vor ~*** thousands of millions of years ago, billions of years ago; ***seit ~*** for thousands of millions of years, for billions of years; **~millionen** *pl.*: ***vor ~*** millions of years ago; ***seit ~*** for millions of years.

Jahrtausend *n* millennium; **~-Bug** F *m* millennium bug; **⁓fähig** *adj.* *Computer*: millennium-compliant; **~feier** *f* millennium celebration; **~wechsel** *m*, **~wende** *f* turn of the millennium, millennium change(over).

Jahr-2000|-fähig *adj.* *Computer*: year 2000 (*od.* Y2K) compliant; **~-Fähigkeit** *f* year 2000 (*od.* Y2K) compliance; **~-Fehler** *m* millennium bug; **~-fest** *adj.* → ***Jahr-2000-fähig***; **~-Kompatibilität** *f* *Computer*: year 2000 (*od.* Y2K) compatibility; **~-Problem** *n* *Computer*: millennium bug; **~-tauglich** *adj.* → ***Jahr-2000-fähig***; **~-Tauglichkeit** *f* → ***Jahr-2000-Fähigkeit***.

Jahrzehnt *n* decade, ten years *pl.*; **jahrzehntelang I.** *adj.* decades of …; **II.** *adv.* for decades.

Jähzorn *m* **1.** (*Eigenschaft*) violent temper; **2.** (*Anfall von ~*) sudden (outburst of) rage; **jähzornig I.** *adj.* hot-tempered; ***er ist ein ~er Mensch*** *a.* he's got a violent temper, he tends to flare up; **II.** *adv.* angrily, in a temper.

Jakob *m*: F ***nicht gerade der wahre ~*** not quite what I *etc.* want.

Jakobiner *m* **1.** *hist. pol.* Jacobin; **2.** *eccl.* Dominican (friar), Jacobin.

Jakobs|leiter *f* ⚓ *u. bibl.* (***die ~***) Jacob's ladder; **~muschel** *f* scallop shell.

Jakobus *m bibl.* James; ***Brief des ~*** → **~brief** *m*: *bibl.* ***der ~*** (the Epistle of St) James.

Jalousie *f* (Venetian) blind(s *pl.*).

Jamaikaner(in *f*) *m*, **jamaikanisch** *adj.* Jamaican.

Jambe *f*, **Jambus** *m* iamb(us).

Jammer *m* (*Elend*) misery; (*Verzweiflung*) despair; (*Wehklagen*) lamentation; ***es ist ein ~*** it's such a shame; ***der ~ ist, dass*** the trouble is that; ***es ist immer derselbe ~*** it's the same old story every time; **~bild** *n* pitiful sight, (*Person*) *a.* picture of misery; **~geschrei** *n* wailing; **~gestalt** *f* miserable wretch (*a. fig. contp.*); **~lappen** F *m* F spineless jellyfish.

jämmerlich I. *adj.* miserable, wretched, pitiful (*alle a. fig. contp.*); (*verächtlich*) deplorable; (*herzzerreißend*) heart-rending; ***~ aussehen*** look wretched; ***ihm war ~ zumute*** he felt utterly miserable; **II.** *adv.*: ***~ weinen*** weep bitterly, *bsd.* *Kind*: cry one's eyes out; ***~*** (***schlecht***) *singen etc.*: miserably; ***~ frieren*** be dreadfully cold, be freezing, freeze; ***~ vernachlässigt werden*** be woefully neglected.

jammern I. *v/i.* **1.** moan, *laut*: *a.* wail; (*wimmern*) whimper; ***~ nach*** (*der Mutter etc.*) cry for; **2.** (*sich beklagen*) moan, F bellyache; **II.** *v/t.*: ***es jammert mich zu sehen*** it breaks my heart to see; ***er jammert mich*** I feel sorry for him; **III.** ⁓ *n* moaning, wailing; → ***jammern*** I.

jammerschade *adj.*: ***es ist ~*** it's such a shame (***um*** about), F it's too bad (about).

Jammertal *lit. n lit.* vale of tears.

Janker *m bsd. östr., südd. m* a) cardigan, b) traditional jacket.

Jänner *östr. m* January.

Januar *m* January; ***im ~*** in January.

januskӧpfig *fig. adj.* two-sided, Janus--faced.

Japaner *m* Japanese; **Japanerin** *f* Japanese (woman); **japanisch** *adj.*, **Japanisch** *n ling.* Japanese.

Japanologe *m* Japanologist; **Japanologie** *f* Japanese studies *pl.*, Japanology.

Japanseide *f* Japanese silk.

Japs(e) F *contp. m* (*f*) F Nip, slit-eye.

japsen *v/i.* gasp (***nach Luft*** for breath), pant.

Jargon *m* jargon; slang.

Jasager *m* yes-man.

Jasmin *m* jasmin(e); **~öl** *n* jasmine oil; **~tee** *m* jasmine tea.

Jaspis *m min.* jasper.

Jastimme *f parl.* aye, *Am.* yea.

jäten I. *v/t.* weed (out); (*Beet etc.*) weed; ***Unkraut ~*** pull out (the) weeds; **II.** *v/i.* weed (the garden), pull out (the) weeds.

Jauche *f* liquid manure; F *fig.* swill; **~grube** *f* manure pit.

jauchen *v/t. u. v/i.* manure, dung.

jauchzen I. *v/i.* cheer; shout for joy, whoop with joy; **II.** ⁓ *n* cheers *pl.*; *lit.* jubilation; **jauchzend** *adj.* cheering; exultant, jubilant; **Jauchzer** *m* (loud) whoop, shout of joy; ***e-n ~ ausstoßen*** give a loud whoop, whoop with joy.

jaulen *v/i.* howl; *Gitarre*: *a.* whine, scream.

Jause *östr. f* snack; ***e-e ~ machen*** have a snack (*od.* bite to eat).

Javamensch *m*: ***der ~*** Pithecanthropus, Java Man.

Javaner(in *f*) *m*, **javanisch** *adj.* Javanese.

jawohl *adv.* yes; will do; ⚔ *etc., a. iro.* yes, Sir!, yessir!
Jawort *n*: ***sie gab ihm das ~*** she said yes.
Jazz *m* jazz; **~band** *f* jazz band; **~festival** *n* jazz festival; **~kapelle** *f* jazz band; **~musik** *f* jazz (music); **~musiker** *m* jazz musician; **~sänger** *m* jazz singer.
je[1] *int.*: ***ach ~!*** oh no!, oh dear!
je[2] *adv. u. cj.* **1.** → **eh** 2; **2.** (*jemals*) ever; ***ohne ihn ~ gesehen zu haben*** without ever having seen him; ***hast du ~ so etwas gehört?*** did you ever hear (of) such a thing?; **3.** ***~ sechs*** six each; ***sie kosten ~ einen Dollar*** they cost a dollar each; ***er gab den Jungen ~ einen Apfel*** he gave each of the boys an apple, he gave the boys an apple each; ***für ~ zehn Wörter*** for every ten words; ***in Schachteln mit ~ zehn Stück*** in boxes of ten; ***~ zwei und zwei*** in twos; **4.** ***~ nach*** according to; ***~ nachdem*** *als adv.*: it (all) depends, *als cj.*: according to, depending on *what he says etc.*; **5.** *mit comp.*: ***~ ... desto ...*** the ... the ...; ***~ länger, ~ lieber*** the longer the better.
Jeans *pl., a. f*: (***e-e ~*** a pair of) jeans; **~anzug** *m* denim suit; **≈farben** *adj.* denim(-colo[u]red); **~jacke** *f* denim jacket; **~stoff** *m* denim.
jeck *dial. adj.* mad, F crazy; ***bist du ~?*** *a.* have you gone mad?
jede, jeder, jedes *indef. pron.* **1.** *adjektivisch*: (*~ insgesamt*) every; (*~ einzelne*) each; *betonend*: each and every; (*~ beliebige*) any; *von zweien*: either; (*alle*) all; ***jeder einzelne ...*** every single ...; ***jeder zweite ...*** every other ...; ***ohne jeden Zweifel*** without (any) doubt; (***zu***) ***jeder Zeit*** any time; ***sie kann jeden Moment da sein*** she could be here any minute; ***um jeden Preis*** whatever the cost (*od.* price); ***bei jedem Wetter*** in any weather; ***fern jeder Zivilisation*** far away from civilization; → ***Fall*** 2; **2.** *substantivisch*: (*Personen*) everyone, (*~ Einzelne*) every single one (*od.* person), (*~ Beliebige*) anyone; (*Dinge*) every (*od.* each) one, (*~ Beliebige*) any (of them); → *a.* ***jedermann***; ***jeder von ihnen*** all (*od.* each) of them; ***alles und jedes*** everything (under the sun); ***jeder hat seine Fehler*** we all have our faults; ***da kann jeder machen, was er will*** you can do what(ever) you like there.
jedenfalls *adv.* **1.** (*wie besprochen*) anyway, in any case, at any rate; **2.** (*was immer auch sei*) at any rate, at all events; **3.** (*wie dem auch sei*) be that as it may; **4.** (*wenigstens*) at least, at any rate; ***ich bin es ~ nicht*** it's not me, anyway; (*nicht überrascht etc.*) I for one am not.
jederlei *adj.* all sorts (*od.* kinds) of ...
jedermann *indef. pron.* everyone, everybody; (*jeder Beliebige*) anyone, anybody; ***nicht ~s Sache*** not everybody's cup of tea; *thea.* ***Jedermann*** Everyman.
jederzeit *adv.* **1.** any time, always; **2.** (*jeden Moment*) any minute (now); (*jeden Tag*) any day (now); ***er rechnet ~ mit s-r Entlassung*** he's waiting to be given notice any day now.
jedesmal *adv.* → (*jedes*) ***Mal.***
jedoch *adv.* however, still; *nachgestellt*: though.
jedwede, jedweder, jedwedes *indef. pron.* every single; *Freude, Bedauern etc.*: all; ***ohne jedweden ...*** without a trace of, bar all, devoid of (all); ***ihm fehlt jedweder Sinn für Humor*** *etc.* he hasn't got the slightest sense of humo(u)r *etc.*
Jeep (*TM*) *m* jeep (*TM*).
jegliche, jeglicher, jegliches *indef. pron.* → ***jedwede, jedweder, jedwedes.***
jeher *adv.*: ***von ~*** always; all along; (*seit alters*) from time immemorial, ever since I *etc.* can remember.
jein *adv.* yes and no.
Jelängerjelieber *n, m* ⚘ honeysuckle.
jemals *adv.* ever.
jemand I. *indef. pron.* somebody, someone; *fragend*: *a.* anybody, anyone; *verneinend*: anybody, anyone; ***es kommt ~*** somebody's coming; ***ist ~ da?*** is there anybody here (*od.* home)?; ***~ anders*** somebody (*od.* anybody) else; ***sonst noch ~?*** anyone else (*iro.* while I'm at it)?; → ***irgendjemand***; **II.** ≈ *m*: ***ein gewisser ~*** a certain somebody.
Jemenit(in *f*) *m*, **jemenitisch** *adj.* Yemenite, Yemeni.
jemine *int.*: **o** (*od.* **ach**) ***~!*** oh dear!
jener, jene, jenes *dem. pron.* **1.** *adjektivisch*: that, *pl.* those; ***seit jenem Tag*** from that day on; **2.** *substantivisch*: that one, *pl.* those; (*der, die, das vorher Erwähnte*) the former; → ***dieser, diese, dieses*** 2.
jenseitig *adj.* **1.** on the other side; ***am ~en Ufer*** on the opposite bank; **2.** *fig.* otherworldly.
jenseits I. *prp.* on the other side of, across, beyond; **II.** *adv.* on the other side; ***~ von*** beyond; F ***~ von gut und böse*** F past it; **III.** ≈ *n the* hereafter; F ***ins ~ befördern*** F send *s.o.* up the river.
Jeremia *m bibl.* Jeremiah; ***das Buch ~*** (the Book of) Jeremiah; ***die Klagelieder ~s*** the Lamentations of Jeremiah; **Jeremiade** *f* jeremiad, lamentation.
Jersey *m* jersey.
Jesaja *m bibl.* Isaiah.
Jesses *int.* (*a.* ***~ Maria!***) good Lord!
Jesuit *m* Jesuit.
Jesuiten|drama *n* Jesuit play; *coll.* Jesuit plays *pl.* (*od.* drama); **~orden** *m* Jesuit Order, Order of Jesuits; Jesuits *pl.*; **~schule** *f* Jesuit school.
jesuitisch *adj.* Jesuit ..., Jesuitic(al); *contp.* jesuitical.
Jesus *m* Jesus; ***~ Christus*** Jesus Christ; ***der Herr ~*** the Lord Jesus; **~kind** *n*: ***das ~*** the infant (*od.* child) Jesus, *Kindersprache*: (the) baby Jesus; **~latschen** F *pl.* F Jesus sandals; (*Zehensandalen*) (leather) thongs.
Jet *m* ✈ jet; **Jetlag** *m* ✈ (*Zeitverschiebung*) jet lag..
Jeton *m* chip.
Jetset, Jet-Set *m* jet set.
jetten *v/i.*: ***~ nach*** jet off to.
jetzig *adj.* present; current; (*bestehend*) existing; (*vorherrschend*) prevailing; ***in der ~en Zeit*** these days, nowadays.
jetzt I. *adv.* **1.** now; (*heutzutage*) these days, nowadays; ***erst ~*** only now; ***gleich ~*** right now; ***noch ~*** even now, to this day; ***ich habe ~ keine Zeit*** I haven't got (any) time right now; **2.** *bei lebhafter Erzählung*: ***~*** (*da*) ***erhob er sich*** then he got up; **3.** *nach prp.*: ***bis ~*** so far, *bei Verneinung*: *a.* as yet; ***von ~ an*** from now on; **4.** ***wo hab ichs ~ hingetan?*** where did I put it now?; ***was hast du denn ~?*** what's wrong now (*od.* this time)?; **II.** ≈ *n* → ***Hier***; **≈zeit** *f* present (time).
jeweilig I. *adj.* respective; (*gegeben, spezifisch*) particular; (*relevant*) relevant; (*vorherrschend*) prevailing; ***der ~e Präsident*** the president in office; ***der ~e Abteilungsleiter*** the head of department in each case; ***den ~en Umständen nach*** according to the circumstances (at the time); **II.** *adv.* → **jeweils** *adv.* **1.** (*gleichzeitig*) *two etc.* at a time; **2.** (*jedes Mal*) always; a time; ***sie kommt ~ am Montag*** she comes every Monday (*od.* on Mondays); ***er gibt ~ zwei Stunden Geschichte*** he does two hours of history a time; **3.** (*je*) each; *Übungen* ***mit ~ 20 Fragen*** with twenty questions each; **4.** (*jeweilig*) in each case; ***die ~ erforderlichen Maßnahmen*** the relevant (*od.* appropriate) measures.
jiddisch *adj.*, ≈ *n ling.* Yiddish.
Jiu-Jitsu *n* j(i)ujitsu.
Job *m* job; *Computer*: (*Druckauftrag etc.*) job; **jobben** *v/i.* job around; *Student*: work during the vac; F (*e-n Beruf ausüben*) work, have a job; **Job-Sharing** *n* job sharing.
Joch *n* **1.** yoke (*a.* ⚡ *u. fig.*); *fig.* ***unter das ~ bringen*** bring under one's yoke (*od.* sway); **2.** (*Berg*≈) saddleback; **3.** ⚠ bay; → **~balken** *m* crossbeam, girder; **~bein** *n anat.* cheekbone.
Jockei *m*, **Jockey** *m* jockey.
Jod *n* ⚗ iodine.
jodeln *v/i. u. v/t.* yodel.
jodhaltig *adj.*: ***~ sein*** contain iodine.
jodieren *v/t.* ⚗ iodinate; ⚕ *u. phot.* iodize.
Jodler *m* **1.** (*Person*) yodel(l)er; **2.** (*Ruf*) yodel.
Jod|lösung *f* iodine solution; **~präparat** *n* iodine preparation; **~salbe** *f* iodine ointment; **~salz** *n* iodized salt; **~silber** *n* silver iodide; **~tinktur** *f* iodine tincture, tincture of iodine.
Joel *m bibl.* Joel.
Joga *m, n* yoga; **~übung** *f* yoga exercise.
joggen *v/i.* jog, go jogging; **Jogger** *m* jogger.
Jogging *n* jogging; **~anzug** *m* tracksuit; **~hose** *f* tracksuit trousers (*od.* bottoms) *pl.*; **~schuhe** *pl.* running shoes.
Jog(h)urt *m, n* yog(h)urt.
Johannes *m bibl.* John; ***~ der Täufer*** John the Baptist; → ***Offenbarung*** 2; ***1.*** (***2.***) ***Brief des ~*** → **~brief** *m*: *bibl.* ***der 1.*** (***2., 3.***) ***~*** the 1st (2nd, 3rd) Epistle of St John, John I (II, III); **~evangelium** *n*: ***das ~*** (the Gospel of) St John, St John's Gospel.
Johannisbeere *f*: ***Rote ~*** redcurrant; ***Schwarze ~*** blackcurrant.
Johannis|brot *n* carob; **~feuer** *n* Midsummer Eve bonfire; **~käfer** *m* glow-worm; **~kraut** *n* ⚘ St John's wort; **~nacht** *f* Midsummer Eve (*od.* Night), Eve of St John; **~trieb** *m* **1.** ⚘ lammas shoot; **2.** F *fig.* late love.
Johanniterorden *m* Order of (the Knights of) St John of Jerusalem.
johlen I. *v/i.* bawl, yell; **II.** ≈ *n* bawling, yelling.
Joint *sl. m sl.* joint.
Joker *m* joker; *fig.* trump card.
Jolle *f* dinghy.
Jona *m bibl.* Jonah.
Jongleur *m* juggler; **jonglieren** *v/t. u. v/i.* juggle (***mit*** [with] *s.th.*; *a. fig.*).
Joppe *f* jacket.
Jordan *m* (River) Jordan; *fig.* ***über den ~ gehen*** go to meet one's Maker, pass on.
Jordanier(in *f*) *m*, **jordanisch** *adj.* Jordanian.
Josephsehe *f* unconsummated marriage.

J

Josua *m bibl.* Joshua; ***das Buch ~*** (the Book of) Joshua.
Jota *n*: *fig.* ***kein ~*** not one jot (or tittle); ***kein ~ nachgeben*** not to budge (*od.* give) an inch.
Joule *n phys.* joule.
Journal *n* journal, magazine; **Journalismus** *m* journalism; **Journalist** *m* journalist; **Journalistendeutsch** *n*, **Journalistenstil** *m* journalese; **Journalistik** *f* journalism; **journalistisch** *adj.* journalistic(ally *adv.*).
jovial *adj.* genial, affable; **Jovialität** *f* geniality; affability.
Joystick *m Computerspiele*: joystick.
Jubel *m* cheering, cheers *pl.*; (*Freude*) rejoicing; ***es herrschte allgemeiner ~*** there was great rejoicing; ***es herrschte ~, Trubel, Heiterkeit*** there was much merrymaking; **~feier** *f*, **~fest** *n* anniversary (celebration[s *pl.*]); **~geschrei** *n* cheering; **~greis** F *m* sprightly old fellow; **~jahr** *n* jubilee year; F ***alle ~e einmal*** F once in a blue moon.
jubeln *v/i.* cheer, shout for joy; (*sich freuen*) rejoice; ***zu früh ~*** rejoice too soon; F *fig.* ***j-m et. unter die Weste ~*** (*andrehen*) fob s.th. off on s.o., (*aufhalsen*) F land s.o. with s.th.
Jubilar(in *f*) *m person celebrating an anniversary*; (*Geburtstags~*) F birthday boy (*od.* girl).
Jubiläum *n* anniversary.
Jubiläums|ausgabe *f* anniversary edition; **~feier** *f* anniversary celebration(s *pl.*).
jubilieren *v/i.* **1.** rejoice (**über** over), *schadenfroh*: *a.* gloat (over); **2.** *Vogel*: trill, carol.
juchhe *int.* whoopee!
Juchten *n* Russia leather; (*Duft*) Russian leather; **~leder** *n* Russia leather.
juchzen *v/i.* → ***jauchzen***; **Juchzer** *m* → ***Jauchzer.***
juckeln F *v/i.* **1.** fidget (F twitch) around; ***hör doch auf mit dem ~*** *a.* F have you got ants in your pants?; **2.** *Auto*: chug along.
jucken I. *v/t. u. v/i.* itch; ***mich juckts*** I'm itching; ***es juckt mich am Arm*** my arm's itching; ***der Pullover juckt*** the pullover's scratchy; *fig.* ***es juckt(e) mich zu*** *inf.* I'd love to *inf.* (I was tempted to *inf.*); ***dir juckt wohl das Fell*** what's got into you all of a sudden?; ***das juckt mich nicht*** why should I care?; ***es scheint ihn nicht zu ~*** it doesn't seem to bother him (in the slightest); ***wen juckts?*** who cares?; ***das juckt niemanden*** nobody could care less (F give a damn); **II.** F *v/refl.*: ***sich ~*** (*sich kratzen*) scratch o.s.; **III.** *~ n* itch(ing).
Juck|pulver *n* itching powder; **~reiz** *m* itch(ing), itchiness.
Judaika *pl.* Judaica.
Judaismus *m* Judaism; **Judaistik** *f* Jewish (*od.* Judaic) studies *pl.*
Judas *m bibl.* Judas; *fig. a.* traitor; ***Brief des ~*** → ***Judasbrief***; **~baum** *m* ♀ Judas tree; **~brief** *m*: *bibl.* ***der ~*** (the Epistle of) Jude; **~kuss** *m* Judas kiss; ***der ~*** *Kunst*: the Betrayal; **~lohn** *m* traitor's reward, (*one's*) thirty pieces of silver.
Jude *m* Jew.
Juden|stern *m* Star of David; **~tum** *n* **1.** ***das ~*** Judaism; **2.** (*das Volk*) *the* Jews *pl.*, *the* Jewish people, *modern etc.* Jewry; **~verfolgung** *f* persecution of the Jews; **~viertel** *n* Jewish quarter.
Judikative *f* judiciary.
Jüdin *f* Jew, *selten*: Jewess.
jüdisch *adj.* Jewish.
Judo *n* judo; **~anzug** *m* judo outfit; **~griff** *m* judo hold; **~hose** *f* judo pyjamas (*Am.* pajamas) *pl.*; **~jacke** *f* judo jacket.
Judoka *m* judoka.
Judowurf *m* judo throw.
Jugend *f* **1.** youth; (*Kindesalter*) childhood; ***in m-r ~*** when I was young; ***von ~ auf*** since I was (*od.* you were *etc.*) young *od.* a child; **2.** (*Jugendlichkeit*) youth(fulness); **3.** *coll.* ***die ~*** young people, the younger generation, *heutige*: *a.* the youth of today, today's youth; ***die deutsche ~*** the young Germans (of today); **4.** → ***Jugendmannschaft***; **~alter** *n*: (***im ~*** in) adolescence; **~amt** *n* youth welfare office; **~arbeitslosigkeit** *f* youth unemployment; **~arrest** *m* ⚖ *short-term detention for young offenders*; **~bande** *f* gang of youths; **~bewegung** *f* youth movement; **~bild(nis)** *n*: ***ein ~ von X*** a portrait of X as a young man (*od.* woman); → ***Jugendfoto***; **~buch** *n* book for young people (*od.* adolescents); **~bücherei** *f* junior library, library for young people; **~elf** *f* youth team; **~erinnerungen** *pl.* memories of one's youth; **~foto** *n*: ***ein ~ von X*** a photo of X as a young man (*od.* woman), a photo of X when he (*od.* she) was young; **~frei** *adj. Film*: suitable for all ages, U-certificate, *Am.* G-rated; ***nicht ~*** for adults only; **~freund(in** *f*) *m* friend from one's youth; ***er ist ein Jugendfreund von mir*** *oft* we've been friends ever since we were young; **~frische** *f* youthfulness; **~gefährdend** *adj.* harmful (to young people); **~gefängnis** *n* → ***Jugendstrafanstalt***; **~gericht** *n* juvenile court; **~gruppe** *f* youth group; **~haft** *f* youth custody; **~heim** *n* youth cent|re (*Am.* -er); **~herberge** *f* youth hostel.
Jugendherbergs|mutter *f*, **~vater** *m* youth hostel warden; **~verband** *m* Youth Hostel Association.
Jugend|hilfe *f* youth welfare (services *pl.*); **~jahre** *pl.*: ***die ~*** one's youth; ***in m-n ~n*** in my youth, when I was young, when I was a young lad (*od.* girl); **~kammer** *f* ⚖ juvenile division; **~klasse** *f Sport*: youth class; **~klub** *m* youth club (*od.* cen|tre, *Am.* -ter); **~kriminalität** juvenile delinquency; **~lager** *n* youth camp.
jugendlich *adj.* youthful (*a. Aussehen, Kleidung etc.*); (*jung*) young; ⚖ *a.* juvenile; ***~er Leichtsinn*** youthful abandon (*Ahnungslosigkeit*: innocence); ***~er Täter*** youth offender; ***~ aussehen*** look young; ***~ wirken*** *a.* come across as quite young; ***sich ~ geben*** act young; **Jugendliche(r** *m*) *f* young person, *m a.* youth, ⚖ *a.* juvenile; **Jugendlichkeit** *f* youthfulness.
Jugend|liebe *f* **1.** (*Person*) old flame; **2.** puppy love; **~literatur** *f* books *pl.* for young people, young adult literature; **~mannschaft** *f* youth team; **~meister** *m* youth champion; **~meisterschaft** *f* youth championships *pl.*; **~organisation** *f* youth organization; **~pflege** *f* youth welfare; **~pfleger** *m* youth welfare worker; **~recht** *n* juvenile law (*od.* legislation); **~richter** *m* juvenile court judge.
Jugendschutz *m legal protection for children and young persons*; **~gesetz** *n in GB*: Children and Young Persons Act.
Jugend|sprache *f* teenage slang; **~stil** *m* Jugendstil, *a.* art nouveau; **~strafanstalt** *f* youth custody unit, remand centre, *Am.* reform school; **~streich** *m* youthful escapade (*od.* exploit); **~sünde** *f* sin (*od.* transgression) of one's youth; → **~torheit** *f* youthful escapade (*od.* exploit), folly of one's youth; **~traum** *m* childhood dream; ambition of one's youth; ***es ist ein ~ von mir (gewesen)*** *a.* it's something I've always dreamt of (doing); **~verbot** *n*: *der Film* ***hat ~*** is for adults only; **~werk** *n* early work; **~zeit** *f* → ***Jugend*** 1; **~zeitschrift** *f* teenage magazine; **~zentrum** *n* youth cent|re (*Am.* -er).
Jugoslawe *m* **1.** *a.* **Jugoslawin** *f* Yugoslav; **2.** F (*Restaurant*) F Yugoslavian place; **jugoslawisch** *adj.* Yugoslav.
Juli *m* July; ***im ~*** in July.
Jumbo(-Jet) *m* jumbo (jet).
jung *adj.* young; (*jugendlich*) youthful; ***~es Unternehmen*** new company; ***~er Wein*** new wine; ***~es Glück*** new-found happiness; ***von ~ auf*** from childhood; ***~ und Alt*** young and old; ***~ heiraten*** (***sterben*** *etc.*) marry (die *etc.*) young *od.* at an early age; ***die ~en*** the young ones, the young(er) generation; ***die ~en und die Alten*** young and old; → ***jünger, jüngst*** I, ***Gemüse, Hund*** 1 *etc.*
Jung|brunnen *m* fountain of youth; **~demokrat** *m* Young Democrat.
Junge *m* boy; F (*junger Mann*) F lad; F (*Spielkarte*) jack; ***dummer ~*** silly little boy; ***armer ~*** poor lad; F ***~, ~!*** F boy oh boy; → ***schwer*** I.
Junge(s) *n zo.* F baby; (*Hund*) puppy; (*Kätzchen*) kitten; (*Raubtier~*) *oft* cub; (*Kalb, Elefant, Robbe*) calf; ***Junge werfen*** (*od.* ***bekommen***) have young (*od.* a litter), *Hündin*: have puppies, *Katze*: have kittens, *Kuh etc.*: calve, *Reh, Rotwild*: fawn.
Jungengesicht *n* boy's face; boyish face.
jungenhaft *adj.* boyish; **Jungenhaftigkeit** *f* boyishness.
Jungen|klasse *f* boys' class; **~schule** *f* boys' school; **~streich** *m* schoolboy prank.
jünger *adj.* younger; *weitS.* (*ziemlich jung*) youngish; (*zeitlich näher*) more recent, later; ***der ~e*** (***d. J.***) the Younger; ***~en Datums*** more recent; ***sie sieht ~ aus als sie ist*** she looks younger than her age, she doesn't look her age.
Jünger *m* disciple; *fig. a.* follower; **Jüngerschaft** *f* (body of) followers *pl. od.* disciples *pl.*
Jungfer *f*: ***alte ~*** old maid.
Jungfern|fahrt *f* maiden (*od.* inaugural) voyage; **~flug** *m* maiden (*od.* inaugural) flight; **~häutchen** *n anat.* hymen; **~öl** *n* virgin oil; **~rede** *f* maiden speech; **~zeugung** *f biol.* parthenogenesis.
Jungfrau *f* **1.** virgin; ***sie ist noch ~*** she's still a virgin; ***die ~ Maria*** the Virgin Mary; ***die Heilige ~*** the Blessed Virgin; ***eiserne ~*** Iron Maiden; ***die ~ von Orleans*** the Maid of Orleans, Joan of Arc; F ***er ist dazu gekommen wie die ~ zum Kind*** it just (F sort of) fell into his lap; **2.** (*Sternzeichen*) Virgo; (***e-e***) ***~ sein*** be (a) Virgo; **Jungfrauengeburt** *f bibl.* Virgin Birth; **jungfräulich** *adj.* (*keusch*) chaste; (*unberührt*) virginal; *fig.* virgin ...; **Jungfräulichkeit** *f* virginity; (*Keuschheit*) chasteness.
Junggeselle *m* bachelor, single man; ***eingefleischter*** (***alter***) ***~*** confirmed (old)

bachelor; ***er ist noch ~*** he's still a bachelor, he's still single.

Junggesellen|bude F *f* F bachelor pad; **~dasein** *n* life of a bachelor, bachelor life; **~haushalt** *m* bachelor household; **~leben** *n* → ***Junggesellendasein***; **~tum** *n* bachelorhood; **~wirtschaft** *f* bachelor household; **~zeit** *f* bachelor years (*od.* days) *pl.*

Junggesellin *f* single girl (*od.* woman), unmarried woman; *Amtssprache*: spinster.

Jüngling *m* youth; *contp.* stripling; **Jünglingsalter** *n*: (***im ~*** in one's) youth, (in) adolescence; **jünglingshaft** *adj.* youthful, *nachgestellt*: of youth.

Jung|pflanze *f* seedling, young plant; **~sozialist** *m* Young Socialist.

jüngst I. *adj.* youngest; *zeitlich*: latest; ***≈er Tag*** Day of Judg(e)ment; ***Vorgänge der ~en Vergangenheit*** recent events; ***sein ~es Werk*** his latest work; F ***sie ist auch nicht mehr die ≈e*** she's not getting any younger, F she's no spring chicken any more; ***unser ≈er, unsere ≈e*** our youngest (one *od.* child); ***in ~er Zeit*** → **II.** *adv.* recently; the other day.

Jung|steinzeit *f* Neolithic Age; **~tier** *n* young animal; *Jagd*: young deer (*od.* doe); **~türke** *m pol.* Young Turk; **~unternehmer** *m* young entrepreneur (*od.* businessman).

jung|verheiratet, ~vermählt *adj.* newly-wed.

Jung|vieh *n* young stock; **~wähler** *m* young voter.

Juni *m* June; ***im ~*** in June.

junior I. *adj.* **1.** junior; ***X ~*** X junior, young X; **II.** ≈ *m* **2.** *Sport u.* F *e-r Familie etc.*: junior; **3.** ⚕ a) owner's son, b) *a. Juniorchef m* junior partner.

Junioren... *in Zssgn Sport*: junior *class etc.*

Juniorpass *m* 🚂 young persons' railcard.

Junker *m* **1.** (young) nobleman; (*Land*≈) (country) squire; **2.** *hist. in Preußen*: Junker; **Junkertum** *n* **1.** squir(e)archy; **2.** *hist. in Preußen*: Junkerdom.

Junkie F *m* F junkie.

Junkmail *f Computer*, *Internet*: spam, junk mail.

Junktim *n pol.* nexus.

Juno *m* June; ***im ~*** in June.

Junta *f pol.* junta.

Jupe *schweiz. m* skirt.

Jura[1] *pl.* law *sg.*

Jura[2] *m geol.* Jurassic (period); **~formation** *f* Jurassic system.

Jura|student *m* law student; **~studium** *n* law studies *pl.*; study of law; law degree.

Jurazeit *f geol.* Jurassic period.

Jurisprudenz *f* jurisprudence.

Jurist *m* lawyer; (*Student*) law student.

Juristen|deutsch *n*, **~sprache** *f* legalese.

juristisch *adj.* legal; ***~e Fakultät*** faculty of law, law school; ***~e Laufbahn*** career in law, legal career; ***~e Person*** legal entity.

Jury *f* **1.** jury, (panel of) judges *pl.*; *Ausstellung*: selection committee; **2.** ⚖ jury.

Jurymitglied *n* **1.** panel(l)ist; **2.** ⚖ member of the jury.

Jus *n* law.

Juso *m* young member of the SPD.

just *obs. adv. a. hum.* just; ***~ als*** just as; ***~ in dem Moment*** at that very moment, just then; ***~ er*** him of all people.

Justage *f* adjustment; justification; **justierbar** *adj.* adjustable; **justieren** *v/t.* adjust, set; (*Gewehr etc.*) true up; (*eichen*) calibrate; *typ.* justify; **Justierung** *f* adjustment; calibration.

Justitia *f* Justice; goddess of justice.

justitiabel *adj.* justiciable.

Justitiar *m* legal adviser.

Justiz *f* justice; *the* law; **~beamte(r)** *m* judicial officer; **~behörde** *f* legal authority; **~gebäude** *n* law courts *pl.*; **~gewalt** *f* judiciary (power).

Justiziar *m* legal adviser.

Justiz|irrtum *m* error of justice; **~minister** *m* justice minister; *in GB*: *etwa* Lord Chancellor; *in den USA*: *etwa* Attorney General; **~ministerium** *n* ministry of justice; *in den USA*: *etwa* Department of Justice; **~mord** *m* judicial murder; **~palast** *m* (central) law courts *pl.*; **~verwaltung** *f* **1.** administration of justice; **2.** *konkret*: legal administrative body; **~vollzugsanstalt** *f* prison; **~wesen** *n* judicial system, judiciary.

Jute *f* jute.

Jüte *m* Jute.

Jute|faser *f* jute fib|re (*Am.* -er); **~leinen** *n*, **~leinwand** *f* burlap; **~pflanze** *f* jute plant; **~tasche** *f* jute bag.

Juwel *n* jewel (*a. fig. Bauwerk etc.*); *fig.* (*Person*) gem; **~en** jewellery, *bsd. Am.* jewelry; (*Edelsteine*) precious stones.

Juwelen|händler *m* jewel(l)er; **~schmuck** *m* jewellery, *bsd. Am.* jewelry.

Juwelier *m* jewel(l)er; **~geschäft** *n* jewel(l)er's shop.

Jux F *m* (practical) joke; ***aus ~*** for fun, for a laugh, F for (*od.* as) a lark; ***er macht nur ~*** F he's just kidding; ***sich e-n ~ machen*** have a lark; ***sich e-n ~ daraus machen zu*** *inf.* have a bit of fun ger.

jwd F *hum. adv.*: ***~ wohnen*** F live at the back of beyond, live out in the sticks (*Am. a.* boondocks).

K, k *n* K, k.

Kabarett *n* (political) revue; **Kabarettist(in** *f*) *m* revue artist; (political) satirist; **kabarettistisch** *adj.* cabaret ...

Kabäuschen F *n* (*Pförtnerloge*) (gatekeeper's) cabin; (*Zimmer*) cubbyhole; (*Kommentatorenbox*) commentary box; (*Glaskabine*) booth.

Kabbala *f* cabbala, kabbala; **Kabbalistik** *f* cabbalism; **kabbalistisch** *adj.* cabbalistic.

kabbelig *adj.*: ***~e See*** choppy water (*od.* seas).

Kabel *n* ⚡, ⚙ cable; **~ader** *f* cable core; **~anschluss** *m* cable connection; **~baum** *m* ⚡ cable harness; **~brand** *m*: ***das Feuer entstand durch ~*** the fire was caused by an electrical fault; **~fernsehen** *n* cable TV; **~fernsehzentrale** *f* cablehead.

Kabeljau *m* cod.

Kabel|kanal *m* cable TV channel; **~klemme** *f* cable terminal; **~mantel** *m* cable sheath; **~netz** *n* cable network; **~rundfunk** *m* cable broadcasting; **~schnur** *f* flex; **~trommel** *f* cable drum; **~tuner** *m* cable decoder (*od.* tuner); **~verbindung** *f* cable link.

Kabine *f* cabin; ⚓ (*Luxus*2) stateroom (*a. Am.* 🚗); *im Schwimmbad, beim Arzt*: cubicle; *Sport*: dressing room; *Seilbahn*: car; *teleph.* telephone booth; *im Sprachlabor etc.*: booth.

Kabinen|bahn *f* cable railway; **~personal** *n* cabin staff (*mst pl. konstr.*).

Kabinett *n* **1.** *pol.* cabinet; **2.** Kabinett wine.

Kabinetts|beschluss *m* cabinet decision; **~bildung** *f* formation of a cabinet; **~justiz** *f* **1.** *hist.* star-chamber justice; **2.** *fig.* arbitrary government; **~krise** *f* cabinet crisis; **~liste** *f* list of cabinet members; **~mitglied** *n* cabinet member; **~sitzung** *f* cabinet meeting; **~tisch** *m*: ***auf den ~ kommen*** be put before the cabinet.

Kabinettstück *n* **1.** *Kunst*: showpiece; **2.** *fig., a.* **~chen** *n* masterstroke; (*brillanter Einfall*) flash of genius, *Sport*: *a.* F beautiful little trick.

Kabinetts|umbildung *f* cabinet reshuffle; **~vorlage** *f* cabinet bill.

Kabinettwein *m* Kabinett wine.

Kabrio(lett) *n* convertible.

Kabuff F *n* cubbyhole.

Kachel *f*, **kacheln** *v/t.* tile.

Kachel|ofen *m* tiled stove; **~wand** *f* tiled wall.

Kacke V *f* V shit; ***die ~ ist am Dampfen*** V the shit's really flying now; **kacken** V *v/i.* V shit.

Kadaver *m* (*Aas*) carcass (*a. fig.*); (*Leiche*) corpse; **~gehorsam** *m* slavish obedience; **~verwertung** *f* animal waste processing.

Kadenz *f* ♪ cadence.

Kader *m* ⚔, *pol. etc.* cadre; *Sport*: pool *of players etc.*; **~schmiede** *f* cadre training unit; *weitS.* elite training cent|re (*Am.* -er).

Kadett *m* cadet.

Kadettenanstalt *f* cadet school.

Kadi *m*: F ***j-n vor den ~ schleppen*** have s.o. up (***wegen*** for); ***zum ~ laufen*** go to court.

Kadmium *n* ⚗ cadmium; **~gelb** *n*, **~sulfid** *n* cadmium sulphide (*od.* yellow).

kaduzieren *v/t.* ☿ cancel; ***kaduzierte Aktie*** forfeited share.

Käfer *m* beetle (*a.* F *VW*).

Kaff F *n* F hole, dump.

Kaffee *m* coffee; ***~ kochen*** make (some *od.* the) coffee; ***e-e Tasse ~*** a cup of coffee; ***~ mit*** (***ohne***) ***Milch*** white (black) coffee; F ***das ist kalter ~*** F that's old hat; **~anbau** *m* coffee growing; **~automat** *m* coffee machine; **~bohne** *f* coffee bean; **2braun** *adj.* coffee-colo(u)red; **~-Ersatz** *m* coffee substitute, ersatz coffee; **~fahrt** *f type of magical mystery tour involving sales promotion*; **~filter** *m* **1.** coffee filter; **2.** (*Papierfilter*) filter, paper cone; **~geschirr** *n* coffee things *pl.*; (*Service*) coffee service.

Kaffeehaus *n* café, coffee house; **~literat** *m* coffee-house writer; *pl.* coffee-house literati; **~philosoph** *m* coffee-house philosopher.

Kaffee|kanne *f* coffee pot; **~klatsch** F *m* coffee party, *Am.* F coffee klatch; **~löffel** *m* teaspoon; **~maschine** *f* coffee machine (*od.* maker); **~mühle** *f* coffee grinder; **~pause** *f* coffee break; **~plantage** *f* coffee plantation; **~sahne** *f* (coffee) cream; **~satz** *m* coffee grounds *pl.*; **~service** *n* coffee service; **~tante** F *f* F coffee freak (*od.* addict); **~tasse** *f* coffee cup; **~trinker** *m*: ***ich bin*** (***kein***) ***~*** I (don't) drink coffee; **~wasser** *n*: ***das ~ aufsetzen*** put the kettle on for some coffee; **~weißer** *m* coffee whitener (*Am.* creamer).

Kaffer F *m* (F blithering) idiot.

Käfig *m* cage (*a.* ⚡, ⚙); *fig.* ***im goldenen ~ sitzen*** be a bird in a gilded cage; **~haltung** *f* caging of animals.

kafkaesk *adj.* Kafkaesque.

Kaftan *m* caftan.

kahl *adj.* bald, (*geschoren*) shorn; *fig. Felsen etc.*: bare; *Baum*: bare, leafless; *Landschaft*: barren, bleak; *Wand*: bare (*schmucklos*) plain; (*leer*) empty; ***~ werden*** go bald.

Kahlfraß *m* complete defoliation.

kahl fressen *v/t.* strip (of its *od.* their leaves).

kahl geschoren *adj.* shaven.

Kahlkopf *m* bald head; F (*Person*) F baldy, slap-head; **kahlköpfig** *adj.* bald (-headed); **Kahlköpfigkeit** *f* baldness.

kahl rasieren *v/t.* shave.

Kahlschlag *m* complete deforestation (*Stelle*) clearing, deforested area; *weitS.* (*Zerstörung*) eradication; *fig.* wiping the slate clean; **~sanierung** *f* wholesale redevelopment.

Kahlweiden *n* overgrazing.

Kahn *m* **1.** (rowing *od.* fishing) boat (*Last*2) barge; F (*altes Schiff*) F tub; **2.** F *fig.* ***in den ~ gehen*** F turn in; **3.** F ***Kähne*** (*Schuhe*) F beetle-crushers; **~fahrt** *f* boat trip.

Kai *m* quay(side), wharf; **~anlage** *f* wharf wharves *pl.*; **~arbeiter** *m* docker.

Kaiman *m zo.* cayman.

Kaimauer *f* quayside.

Kainsmal *n* mark of Cain.

Kaiser *m* emperor; ***der deutsche ~*** the German Emperor, (*1871-1918*) *a.* the Kaiser; *fig.* ***sich um des ~s Bart streiten*** squabble over little things; ***gebt dem ~, was des ~s ist*** render unto Caesar the things that are Caesar's; **~adler** *m* imperial eagle; **~haus** *n* imperial dynasty.

Kaiserin *f* empress.

Kaiserkrone *f* **1.** imperial crown; **2.** ✿ crown imperial.

kaiserlich *adj.* imperial.

Kaiser|reich *n* empire; **~schmarr(e)n** *m shredded pancake with sugar and raisins*; **~schnitt** *m* ⚕ C(a)esarean (section); ***durch ~ zur Welt kommen*** be born by C(a)esarean.
Kaisertum *n* **1.** (*Staatsform*) imperial rule; **2.** (*Kaiserwürde*) imperial status.
Kaiser|wetter *n* glorious weather; ***das ist ja ein ~ heute*** what a glorious day; **~würde** *f* imperial status; ***die ~ erlangen*** become emperor.
Kajak *m, n* kayak.
Kajal *n* kohl; **~stift** *m Kosmetik*: kohl (eye) pencil.
Kajüte *f* ⚓ cabin.
Kakadu *m* cockatoo; F *fig.* F chatterbox.
Kakao *m* **1.** cocoa; F ***durch den ~ ziehen*** (*hänseln*) make fun of, F kid, (*schlecht machen*) pull to pieces; **2.** → **~baum** *m* ⚘ cocoa tree, cacao tree; **~bohne** *f* cocoa bean; **~pulver** *n* cocoa (powder).
Kakerlak *m* cockroach, *Am.* roach.
Kakophonie *f* cacophony.
Kaktee *f*, **Kaktus** *m* ⚘ cactus; *pl.* cacti, cactuses.
Kalamität *f* difficulty.
Kalander *m* calender, roller; **kalandern** *v/t.* calender, roll.
Kalauer *m* (*Wortspiel*) low pun; (*dummer Witz*) corny joke; **kalauern** *v/i.* pun; (*Witze machen*) tell corny jokes.
Kalb *n* calf; (*~fleisch*) veal; *fig.* ***der Tanz um das Goldene ~*** the pursuit of mammon; F ***dummes ~*** F silly goose; **kalben** *v/i.* calve.
kalbern, kälbern F *v/i.* fool around; ***hör auf zu ~*** F stop acting the goat.
Kalb|fell *n* calfskin; **~fleisch** *n* veal.
Kalbs|braten *m* joint of veal; *gebraten*: roast veal; **~bries** *n* sweetbread; **~brust** *f* breast of veal; **~filet** *n* fillet of veal; **~frikassee** *n* veal fricassee; **~haxe** *f* knuckle of veal; **~keule** *f* leg of veal; **~kopf** *m* **1.** calf's head; **2.** F *fig.* (*dummer Mensch*) F stupid oaf (*od.* twit); **~kotelett** *n* veal cutlet (*od.* chop); **~leber** *f* calf's liver.
Kalbsleder *n* calf (leather); ***in ~ gebunden*** calfbound; **kalbsledern** *adj.* calfskin.
Kalbsschnitzel *n* veal cutlet.
Kaldaunen *pl. gastr.* tripe *sg.*
Kalebasse *f* **1.** calabash; **2.** ⚘ (bottle) gourd.
Kaleidoskop *n* kaleidoscope; **kaleidoskopisch** *adj.* kaleidoscopic.
kalendarisch *adj.* calendrical, calendar ...; (*nach dem Kalender*) according to the calendar.
Kalender *m* calendar (*a. weitS.*); ***et. rot im ~ anstreichen*** mark s.th. down as a red-letter day, *iro.* put s.th. on the record; **~blatt** *n* page of a (*od.* the) calendar; **~jahr** *n* calendar year.
Kalfakter *m*, **Kalfaktor** *m* handyman, odd-job man; *im Gefängnis*: trusty.
kalfatern *v/t.* ⚓ caulk.
Kali *n* potash (*a.* ⚒); (***kohlensaures***) **~** potassium carbonate; ***salpetersaures ~*** potassium nitrate.
Kaliber *n Gewehr*: calib|re (*Am.* -er) (*a. fig.*), bore; ⚙ ga(u)ge; *fig. a.* type, sort; *fig.* ***kleineren*** (***größeren***) ***~s*** *Ausmaß*: small-scale (large-scale), *Bedeutung*: low-calibre (high-calibre).
Kalibergwerk *n* potassium mine.
kalibrieren *v/t.* ⚙ calibrate, ga(u)ge.
Kalidünger *m* potash fertilizer.
Kalif *m hist.* caliph; **Kalifat** *n hist.* caliphate.
Kalifornier(in *f*) *m*, **kalifornisch** *adj.* Californian.
Kaliko *m* calico; *Buch*: cloth (binding).
Kali|lauge *f* potash lye; **~salpeter** *m* potassium nitrate, saltpet|re (*Am.* -er); **~salz** *n* potassium salt.
Kalium *n* potassium; **~chlorat** *n* potassium chlorate.
Kalk *m* ⚗ lime; (*~stein*) limestone, chalk; ⚕ calcium; ***gelöschter ~*** slaked lime; F *fig.* ***bei ihm rieselt schon der ~*** F he's past it; **~ablagerung** *f geol.* lime deposit (*a. in Kaffeemaschine etc.*); ⚕ a) calcification, b) calcium deposit; **2arm** *adj.* deficient in lime (⚕ calcium); **~boden** *m* chalky soil; **~brennerei** *f* limekiln; **~dünger** *m* lime (fertilizer).
kalken *v/t.* ⚒ lime; (*tünchen*) whitewash.
Kalk|gebirge *n* limestone mountains *pl.*; **~grube** *f* limepit; **2haltig** *adj. Wasser*: hard; *Erde*: chalky; **~hütte** *f* limekiln.
kalkig *adj.* **1.** → ***kalkhaltig***; **2.** *Farbe*: chalky.
Kalk|mangel *m* ⚕ calcium deficiency; **~ofen** *m* limekiln; **~stein** *m* limestone; **~stickstoff** *m* calcium cyanamide.
Kalkül *n* calculation; (***mit***) ***ins ~ ziehen*** take into consideration (*od.* account).
Kalkulation *f* calculation; (*Kostenberechnung*) estimate; **Kalkulationsfehler** *m* miscalculation; **Kalkulationsprogramm** *n*, **Kalkulationstabelle** *f Software*: spreadsheet; **Kalkulator** *m* cost accountant; **kalkulierbar** *adj.* calculable; ☿ ***~e Risiken*** insurable risks; **kalkulieren** *v/t. u. v/i.* calculate; **kalkuliert** *fig. adj.* (*bewusst*) studied *nonchalance etc.*
Kalligraphie *f* calligraphy.
Kalmar *m* squid.
Kalme *f meteor.* calm; **Kalmengürtel** *m* calm belt; ***äquatorialer ~*** *the* doldrums.
Kalorie *f* calorie.
kalorien|arm *adj.* low-calorie, low in calories; **2bedarf** *m* calorie requirement; **~bewusst** *adj.* calorie-conscious; **2bombe** *f* fattener; **~reduziert** *adj.* low-calorie; **~reich** *adj.* high-calorie, high in calories; **2tabelle** *f* calorie chart; **2wert** *m* calorific value; **2zufuhr** *f* calorie intake.
Kalorimeter *n* calorimeter.
kalt I. *adj.* **1.** cold; *Wetter etc.*: *a.* chilly; ***mir ist ~*** I'm cold; ***mir wird ~*** I'm getting cold; ***~ werden*** get cold, (*sich abkühlen*) cool down; **2.** *psych. u. Zone*: frigid; **3.** *fig. Person, Farbe etc.*: cold; *Blick, Empfang*: cool; ***~!*** *im Spiel*: cold; ***j-m die ~e Schulter zeigen*** give s.o. the cold shoulder; ***j-n ~ erwischen*** F catch s.o. with his pants down; → ***Dusche, Fuß*** 1, ***Küche*** *etc.*; **II.** *adv.* coldly; ***~ stellen*** put in a cool place, *in den Kühlschrank*: put in the fridge; ***wir zahlen ~ 1200 Mark*** we pay 1200 marks without heating; → ***Rücken.***
kalt bleiben *fig. v/i.* keep cool.
Kaltblut *n* draught (*Am.* draft) horse; **Kaltblüter** *m* cold-blooded animal.
kaltblütig I. *adj. zo. u. fig. Mord etc.*: cold-blooded; *fig.* (*ruhig*) cool; **II.** *adv. umbringen etc.*: in cold blood; (*gelassen*) calmly; **Kaltblütigkeit** *f* cold-bloodedness; (*Beherrschtheit*) calmness, sangfroid.
Kälte *f* **1.** cold; ***drei Grad ~*** three degrees below zero; ***draußen in der ~*** (out) in the cold; ***vor ~ zittern*** shiver with cold; **2.** *psych.* frigidity; **3.** *fig. e-r Person, Farbe etc.*: coldness; **~anlage** *f* refrigerating plant; **~behandlung** *f* ⚕ cryotherapy; **2beständig** *adj.* cold-resistant; **~chirurgie** *f* cryosurgery; **~einbruch** *m* cold snap, sudden cold spell; **2empfindlich** *adj.* sensitive to (the) cold; **~gefühl** *n* cold feeling; **~grad** *m* temperature (below zero); **~hoch** *n* cold-weather high; **~maschine** *f* refrigerating machine; **~mittel** *n* refrigerant; **~periode** *f* cold spell; **~sturz** *m* cold snap, sudden drop in temperature; **~technik** *f* refrigeration engineering; **~therapie** *f* ⚕ cryotherapy; **~tod** *m* (death through) hypothermia; ***den ~ sterben*** die of hypothermia (*draußen*: *a.* exposure), freeze to death; **~welle** *f* cold spell.
Kalt|front *f* cold front; **2gepresst** *adj. Öl*: cold-pressed; **2herzig** *adj.* cold-hearted, unfeeling.
kalt lächelnd F *fig. adv.* without turning a hair.
Kaltlagerung *f* cold storage.
kalt lassen *v/t.*: ***das lässt mich kalt*** that leaves me cold.
Kaltluft *f* cold air; **~einbruch** *m* cold snap; **~masse** *f* cold air mass; **~schneise** *f* fresh air corridor.
kalt|machen F *v/t.* (*töten*) F bump off; **2miete** *f* basic rent (without heating); **2schale** *f* iced fruit soup; **~schmieden** *v/t.* cold-hammer; **~schnäuzig** F *adj.* callous; (*frech*) cheeky; **2start** *m a. fig.* cold start, *Computer a.* cold boot; **~stellen** F *fig. v/t.* neutralize; **2verpflegung** *f* cold dishes *pl.*; **~walzen** *v/t.* cold-roll.
Kaltwasser|behandlung *f* cold-water treatment, hydrotherapy; **~kur** *f* cold-water therapy (*od.* cure).
Kaltwelle *f* (*Dauerwelle*) cold wave.
Kalvarienberg *m*: ***der ~*** Calvary.
Kalvinismus *m* Calvinism; **Kalvinist(in** *f*) *m* Calvinist; **kalvinistisch** *adj.* Calvinist(ic).
kalzinieren *v/t.* calcine.
Kalzium *n* calcium; **~chlorid** *n* calcium chloride; **~karbonat** *n* calcium carbonate; **~mangel** *m* ⚕ calcium deficiency; ***unter ~ leiden*** have a calcium deficiency, be low on calcium; **~spiegel** *m* calcium level.
Kamarilla *f* camarilla.
Kambodschaner(in *f*) *m*, **kambodschanisch** *adj.* Cambodian.
Kamee *f* cameo.
Kamel *n* camel; F *fig.* idiot; ***eher geht ein ~ durchs Nadelöhr*** it's easier for a camel to go through the eye of a needle; **~garn** *n* mohair; **~haar** *n*, **~haar...** *in Zssgn* camelhair; **2haarfarben** *adj.* camel(-colo[u]red).
Kamelie *f* ⚘ camellia.
Kamellen *pl.*: F ***olle ~*** F old hat, (*Witze, Geschichten*) F old chestnuts; ***das sind doch olle ~*** *Witze etc.*: *a.* they're as old as the hills.
Kameltreiber *m* camel driver.
Kamera *f* camera; **~ausrüstung** *f* photographic equipment.
Kamerad *m* companion, F mate; → ***Schul-, Spielkamerad.***
Kameradenschwein *contp. n sl.* dirty rat; ***~e können wir nicht gebrauchen*** F we don't like people who do the dirty on us.
Kameradschaft *f* comradeship; loyalty; **kameradschaftlich I.** *adj.* friendly; ***rein ~*** purely platonic; ***unser Verhältnis ist rein ~*** *a.* we're just good friends; ***das war nicht sehr ~ von dir*** that wasn't very nice of you, a fine friend 'you are; **II.** *adv.* as a friend; **Kameradschaftsgeist** *m* esprit de corps.
Kamera|einstellung *f* **1.** camera position

K

(*od.* angle); *Film*: *a. long etc.* shot; **2.** camera setting; **~frau** *f* camerawoman; **~führung** *f Film*: camera work, photography; **~gehäuse** *n* camera body; **~mann** *m* cameraman; **2scheu** *adj.* camera-shy; **~schwenk** *m* pan; *vertikal*: tilt; **~tasche** *f* camera case (*größere*: holdall); **~team** *n* camera team (*od.* crew); **~wagen** *m* dolly.

Kameruner(in *f*) *m*, **kamerunisch** *adj.* Cameroonian.

Kamikaze|flieger *m hist.* kamikaze pilot; **~unternehmen** *fig. n* suicide mission, kamikaze operation.

Kamille *f* ⚘ camomile.

Kamillentee *m* camomile tea.

Kamin *m innen*: fireplace; (*Schornstein*) chimney (*a. geol.*); ***am ~ sitzen*** sit in front of the fire; ***offener ~*** open fireplace; *fig.* ***in den ~ schreiben*** write *s.th.* off; ***das kannst du dir in den ~ schreiben*** *a.* you can wave goodbye to that (*od.* forget that); **~feuer** *n* (open) fire; ***am ~*** by the fireside; **~kehrer** *m* chimney sweep; **~sims** *m* mantelpiece.

Kamm *m* comb; (*Gebirgs2*) ridge; (*Wellen2*) crest; *orn.* comb, crest; (*Rad2*) cog; → ***Kammstück***; *fig.* ***man kann nicht alle(s) über e-n ~ scheren*** you can't just lump them all (everything) together; ***ihm schwoll der ~*** it went to his head.

kämmen *v/t.* comb; ***sich ~*** comb one's hair.

Kammer *f* **1.** small room; (*Abstellraum*) cubbyhole; **2.** *pol.* chamber; ⚖ division; **3.** *anat.* (*Herz2 etc.*) ventricle, chamber; **4.** ⚘ valve; **~chor** *m* chamber choir; **~diener** *m* valet.

Kämmerei *f* finance department; **Kämmerer** *m* treasurer.

Kammer|frau *f*, **~fräulein** *n hist.* lady-in-waiting; **~gericht** *n* Court of Appeal (in Berlin); **~jäger** *m* pest controller; **~konzert** *n* chamber concert; (*Musikstück*) chamber concerto.

Kämmerlein *n*: F ***im stillen ~*** in private; ***das lese ich im stillen ~*** F I'll read that when I'm locked up in my little closet.

Kammer|musik *f* chamber music; **~orchester** *n* chamber orchestra; **~sänger(in** *f*) *m title conferred on singer of outstanding merit*; **~spiel** *n* **1.** society play; **2.** *pl.* (*Theater*) studio theat|re (*Am. a.* -er); **~ton(höhe** *f*) *m* concert pitch; **~zofe** *f* lady's maid.

Kamm|garn *n* worsted; **~gebirge** *n* ridged mountains *pl.*; **~lagen** *pl.*: ***in den ~*** on the peaks; **~muschel** *f* scallop; **~stück** *n vom Rind etc.*: neck.

Kampagne *f* campaign; ***e-e ~ starten*** launch a campaign.

Kampf *m* fight; (*Schlacht*) battle; *fig.* fight, battle, *schwerer*: struggle (*alle* ***um*** for; ***gegen*** against); (*Konflikt*) conflict (*a. pol.*); (*Fehde*) feud; (*Rivalität*) rivalry; (*innerer, seelischer ~*) struggle, battle (with o.s.), inner conflict; (*Wett2*) contest; (*Spiel*) match; (*Boxen*) fight; ***~ ums Dasein*** fight for survival; ***~ dem Hunger*** *etc.* war on hunger *etc.*; ***~ auf Leben und Tod*** life-and-death struggle; ***j-m den ~ ansagen*** challenge s.o.; **~abstimmung** *f* crucial vote; *Gewerkschaft*: strike ballot; **~ansage** *f* challenge (***an*** to); **~anzug** *m* ⚔ battle dress; **~ausbildung** *f* combat training; **~ausrüstung** *f der Polizei*: riot gear; **~bahn** *f Sport*: stadium; **~befehl** *m* order to attack; **2bereit** *fig. adj.* ready to do battle, ready for the fray; **2betont** *adj. Sport*: tough, hard; **~bund** *m* pressure (*od.* action) group; **~einheit** *f* ⚔ combat unit; **~einsatz** *m* operational mission; ***zum ~ kommen*** be sent into action, see action.

kämpfen I. *v/i.* fight (***für, um*** for; *a. fig.*); (*ringen, a. fig.*) struggle (***mit*** with; ***gegen*** against), wrestle (***mit*** with); ***~ gegen*** fight (against); *fig.* ***~ mit*** *a.* fight (against), contend (*od.* grapple) with, (*Schwierigkeiten*) be up against, (have to) face; ***mit dem Schlaf ~*** struggle to keep awake; ***mit den Tränen ~*** fight back one's tears; **II.** *v/t.*: ***e-n schweren Kampf ~*** *a. fig.* fight a hard battle; **III.** *v/refl.*: ***sich durch et. ~*** *a. fig.* fight (*od.* battle) one's way through s.th.; *fig.* ***sich nach oben ~*** fight one's way to the top; **IV.** 2 *n* → ***Kampf.***

Kampfer *m* camphor.

Kämpfer *m* **1.** ⚔ combatant; **2.** *fig.* champion (***für*** of), fighter (for); **3.** *Sport*: contestant, (*Boxer*) fighter, (*Ring2*) wrestler.

kampf|erfahren, ~erprobt *adj.* battle-hardened; *fig.* seasoned, *a. Sport*: veteran ...

kämpferisch *adj.* combative; (*aggressiv*) belligerent, aggressive; *pol. etc.* militant; *Sport*: physically strong; ***~e Maßnahmen*** combative measures.

Kämpfernatur *f* fighter.

kampffähig *adj.* ⚔ fit for action, *a. Sport*: fighting fit.

Kampf|fahrzeug *n* combat vehicle; **~flieger** *m* combat (*hist.* bomber) pilot; **~flugzeug** *n* fighter aircraft; *hist.* bomber; **~gas** *n* war gas; **~gebiet** *n* conflict area; **~gefährte** *m* comrade-in-arms; **~geist** *m* fighting spirit; ***~zeigen*** put up a good fight; **~gemeinschaft** *f* activist group; **~gericht** *n Sport*: *the* judges *pl.*; **~geschehen** *n* fighting, action; ***Ort des ~s*** scene of the fighting; **~getümmel** *n* fighting; ***sich ins ~ stürzen*** throw o.s. into the fray; **~gewicht** *n Sport*: fighting weight; ***sein ~ ist 60 kg*** *bei Wettkampf*: he has weighed in at 60 kilos; **~hahn** *m* **1.** fighting cock; **2.** F *fig.* (*Person*) F pugnacious so-and-so; ***er ist ein richtiger ~*** *a.* he's always looking for a fight; ***guck dir die zwei Kampfhähne an*** look at those two fighting like cat and dog; **~handlung** *f* ⚔ *a. pl.* action, fighting; **~hubschrauber** *m* (helicopter) gunship; **~hund** *m* fighting dog; **~kraft** *f* (fighting) strength; **~lied** *n* **1.** battle song; **2.** revolutionary song.

kampflos *adj. u. adv.* without a fight; ***~er Sieg*** walkover, *Am.* walkaway; ***~ e-e Runde weiterkommen*** reach the next round by default.

Kampflust *f* aggressiveness, pugnacity; **kampflustig** *adj.* belligerent.

Kampf|maßnahme *f* ⚔ *a. pl.* military (*pol.* militant) action; **~moral** *f* morale (of the soldiers *od.* troops); **2müde** *adj.* battle-weary; **~pause** *f* lull in the fighting; **~platz** *m* battleground; *Sport*: arena; *fig.* scene of the action; **~preis** *m* ✝ cut-rate price; **~richter** *m* judge; (*Schiedsrichter*) referee, *Tennis, Schwimmen*: umpire; **~schrift** *f* pamphlet, political broadside; **~sport** *m* combative sports *pl.*; (*Judo, Karate etc.*) martial arts *pl.*; **2stark** *adj.* ⚔ *u. Sport*: strong; **~stoff** *m*: ***chemischer (biologischer) ~*** chemical (biological) weapon; **~strategie** *f* tactics *pl.*; **~tag** *m*: ***am dritten*** *etc.* ***~*** on the third *etc.* day of action; **~truppe** *f* combat troops *pl.*; **2unfähig** *adj.* out of action; ***~ machen*** *a. Sport*: put out of action; **~verband** *m* combat unit; **~weise** *f* tactics *pl.*, strategy; **~ziel** *n* objective; **~zone** *f* fighting zone.

kampieren *v/i.* camp; F *fig.* ***bei j-m ~*** sleep (F crash out) on s.o.'s floor (*od.* sofa).

Kanadier[1] *m*, **Kanadierin** *f*, **kanadisch** *adj.* Canadian.

Kanadier[2] *m* Canadian (canoe); ***~-Einer (-Zweier)*** Canadian single (double).

Kanaille *contp. f* **1.** (*Pack*) mob, rabble; **2.** (*Schuft*) *sl.* swine.

Kanake *m* **1.** Kanaka; **2.** *contp.* (*Ausländer*) *sl.* bloody foreigner, wog.

Kanal *m* canal; *natürlicher*: channel (*a. fig.*); (*Abwasser2*) drain; *anat.* duct; *Radio, TV*: channel; ***der ~*** (*Ärmel2*) the (English) Channel; *fig.* ***diplomatische Kanäle*** diplomatic channels; ***roter (grüner) ~*** *am Flughafen*: red (green) channel; F ***den ~ voll haben*** a) F be fed up to the back teeth, b) *von Alkohol*: F be full to the gills; **~arbeiter** *m* **1.** sewage worker; **2.** F *fig. pol.* F backroom boy; **~deckel** *m* manhole cover; **~gebühren** *pl.* canal dues.

Kanalisation *f* sewage system; *e-s Flusses*: canalization; **Kanalisationsnetz** *n* sewage system; network of sewers.

kanalisieren *v/t.* (*Stadt*) provide with sewers; (*Fluss*) canalize; *fig.* channel.

Kanal|schleuse *f* canal lock; **~schwimmer** *m* (cross-)Channel swimmer; **~system** *n zur Bewässerung*: irrigation system; *zur Entwässerung*: drainage system; **~tunnel** *m Ärmelkanal*: Channel tunnel, F Chunnel; **~wähler** *m TV* channel selector.

Kanapee *n* **1.** *gastr.* canapé; **2.** (*Sofa*) sofa.

kanarien|gelb *adj.* canary yellow; **2vogel** *m* canary.

Kandare *f* bit; *fig.* ***j-n an die ~ nehmen*** keep a tighter rein on s.o., bring s.o. to heel (*od.* into line).

Kandelaber *m* candelabra.

Kandidat *m* candidate (*a. fig.*), contender; *pol.* ***vorgeschlagener ~*** nominee; **Kandidatenliste** *f* list of candidates; *e-r Partei*: *Am.* party ticket; **Kandidatur** *f* candidature; **kandidieren** *v/i.* stand *od.* run for election (*od.* an office *etc.*); ***für das Amt des Präsidenten (Bürgermeisters) ~*** run for the presidency (the office of mayor); ***erneut ~*** run for re-election, stand (for election) again.

kandieren *v/t.* crystallize; **kandiert** *adj.* candied, glacé.

Kandis(zucker) *m* sugar (*od.* rock) candy.

Kaneel *m* cinnamon.

Känguru, Känguruh *n* kangaroo.

Kaninchen *n* rabbit; **~bau** *m* burrow; **~fell** *n* rabbit skin; **~stall** *m* rabbit hutch; **~züchter** *m* rabbit breeder.

Kanister *m* canister, can.

Kannbestimmung *f* ⚖ discretionary clause.

Kännchen *n* jug; ***ein ~ Kaffee*** a pot of coffee.

Kanne *f* (*Krug*) jug; (*Kaffee2 etc.*) pot; (*Öl2 etc.*) can; (*große Milch2*) churn.

kanneliert *adj.* fluted; **Kannelierung** *f* fluting.

kannenweise *adv.* **1.** in cans; **2.** ***~ Kaffee trinken*** F drink pots of coffee, drink coffee by the gallon.

Kannibale *m* cannibal; *fig.* savage; **kannibalisch I.** *adj.* cannibal ...; *fig.* brutal, savage; **II.** *adv.*: F *fig.* ***sich ~ wohl***

fühlen feel terrific (*od.* on top of the world); **Kannibalismus** *m* cannibalism.

Kannvorschrift *f* ⚖ discretionary clause.

Kanon *m* **1.** (*Maßstab, Regel*) canon, code; **2.** *bibl., eccl.*, ⚖, *a.* A canon; **3.** ♪ canon, round.

Kanonade *f* cannonade; *fig. von Schimpfwörtern*: volley, salvo *of abuse.*

Kanone *f* **1.** gun; cannon; *sl.* (*Revolver*) *sl.* iron, *Am. sl.* rod; → ***Spatz***; **2.** F *fig.* (*Könner*) wizard, *bsd. Sport*: ace; **3.** F *fig.* ***unter aller ~*** F lousy, *sl.* the pits.

Kanonenaufschlag *m Tennis*: powerful serve.

Kanonenboot *n* gunboat; **~diplomatie** *f* gunboat diplomacy.

Kanonen|futter *fig. n* cannon fodder; **~kugel** *f* cannonball; **~ofen** *m* cylindrical stove; **~rohr** *n* gun barrel; **~schlag** *m* (*Feuerwerk*) cannon cracker; **~schuss** *m* cannon shot; ***man hörte die Kanonenschüsse*** you could hear the guns being fired.

Kanonier *m* gunner.

kanonisch *adj.* canonical; *eccl.* ***~es Recht*** canon law; **kanonisieren** *v/t.* canonize.

Kanossa *n*: *fig.* ***nach ~ gehen*** pocket one's pride; **~gang** *m*: ***es war für ihn ein ~*** he had to pocket his pride.

Känozoikum *n geol.* Cenozoic (era).

Kantate *f* ♪ cantata.

Kante *f* edge; (*Web*~) selvage; F *fig.* ***etwas auf die hohe ~ legen*** put something aside for a rainy day; ***etwas auf der hohen ~ haben*** have something tucked away (somewhere).

kanten I. *v/t.* tilt; (*Ski*) carve; ☿ ***nicht ~!*** this side up; **II.** *v/i. Skisport*: carve.

Kanten *m Brot*: crust.

Kantenball *m Tischtennis*: (table-)edge deflection.

Kanter *m* canter; **~sieg** *m Sport*: runaway victory, walkover, *Am.* walkaway.

Kanthaken *m*: F *fig.* ***j-n beim ~ kriegen*** F give s.o. a good going-over.

kantig *adj.* **1.** squared; *Gesicht*: angular; *Kinn*: square; **2.** *fig. Mensch*: difficult, awkward.

Kantine *f* canteen.

Kantinen|essen *n* canteen meal(s *pl.*); **~fraß** F *contp. m* F canteen slop.

Kanton *m* canton.

Kantonist *m*: F *fig.* ***unsicherer ~*** F fly-by-night.

Kantor *m* choirmaster.

Kanu *n* canoe; **~sport** *m* canoeing.

Kanüle *f* ⚕ can(n)ula, (drain) tube.

Kanute *m* canoeist.

Kanzel *f* **1.** pulpit; ***auf der ~*** in the pulpit; **2.** ✈ cockpit; **~rede** *f* sermon.

kanzerogen *adj.* carcinogenic.

Kanzlei *f* (*Amt, Büro*) office; **~deutsch** *n* officialese.

Kanzler *m pol.* chancellor; *univ.* vice-chancellor; *hist.* ***der Eiserne ~*** (*Bismarck*) the Iron Chancellor; **~amt** *n* **1.** chancellorship; **2.** (*Einrichtung*) chancellor's office, chancellery; **~amtsminister** *m* chancellery minister; **~kandidat** *m* candidate for the chancellorship.

Kaolin *n min.* kaolin.

Kap *n geogr.* cape.

Kapaun *m* capon.

Kapazität *f phys.*, ⚙, ⚡ *u. fig.* capacity; *fig.* (leading) authority (***auf dem Gebiet*** *gen.* on, in the field of).

Kapazitäts|abbau *m* cutback(s *pl.*) in capacity; **~auslastung** *f*, **~ausnutzung** *f* capacity utilization; **~erweiterung** *f* increase in capacity.

Kapee: F ***schwer von ~*** F a bit dense (*od.* slow on the uptake).

Kapelle *f* **1.** *eccl.* chapel; **2.** ♪ band; (*Orchester*) orchestra.

Kapellmeister *m* **1.** director of music; **2.** (*Dirigent*) conductor; **3.** *beim Chor*: chorusmaster, choral director; **4.** ⚔ bandmaster.

Kaper[1] *f* ❦ caper.

Kaper[2] *m* ⚓ (*a.* **~schiff** *n*) privateer.

kapern *v/t.* ☿ capture, seize; F *fig.* F nab.

Kapernsoße *f* caper sauce.

kapieren F **I.** *v/t.* F get, twig; ***ich kapier das nicht!*** I (just) don't get it; **II.** *v/i.* catch on, F twig; *bei Drohung etc.*: *a.* get the message; ***kapiert?*** got it?, *bei Drohung etc.*: do you read me?

kapillar *adj.* capillary; **Kapillare** *f* ⚕, *phys.* capillary (tube); **Kapillargefäß** *n anat.* capillary (tube); **~netz** *n* capillary network.

Kapital I. *n* **1.** capital; (*Geldmittel*) *a.* funds *pl.*; (*Grund*~) capital stock; ***flüssiges ~*** available funds; **2.** *fig.* asset; ***~ aus et. schlagen*** capitalize on s.th., cash in on s.th.; **II.** ~ *adj.* **3.** ***ein ~er Fehler*** an absolute (*od.* a colossal) blunder; **4.** *Hirsch etc.*: royal; **~abfindung** *f* lump-sum compensation; **~abfluss** *m*, **~abwanderung** *f* capital outflow.

Kapitalanlage *f* (capital) investment; **~gesellschaft** *f* investment trust.

Kapital|anleger *m* investor; **~anteil** *m* capital share; **~aufstockung** *f* capital increase; **~aufwand** *m* capital expenditure; **~ausfuhr** *f* capital exports *pl.*; **~bedarf** *m* capital requirements *pl.*; **~beschaffung** *f* raising of funds; **~besitz** *m* capital holdings *pl.*; **~beteiligung** *f* **1.** participation; **2.** *konkret*: stake; ***er hält e-e ~ von 27%*** he has a 27% stake (***an*** in); **~bilanz** *f* balance of capital transactions; **~bildung** *f* accumulation of capital.

Kapitälchen *n typ.* small capital (F cap).

Kapital|einlage *f* capital contribution; **~erhöhung** *f* capital increase.

Kapitalertrag *m* capital yield; **~steuer** *f* capital gains tax.

Kapital|flucht *f* flight of capital; **~geber** *m* sponsor; **~gesellschaft** *f etwa* corporation.

Kapitalgewinn *m* capital gains *pl.*; **~steuer** *f* capital gains tax.

Kapital|güter *pl.* capital goods; **~hilfe** *f* financial aid; **~intensiv** *adj.* capital-intensive.

kapitalisieren *v/t.* capitalize; **Kapitalisierung** *f* capitalization.

Kapitalismus *m* capitalism; **Kapitalist** *m* capitalist; **kapitalistisch** *adj.* capitalist(ic).

Kapital|knappheit *f* shortage of capital; **~konto** *n* capital account; **~kraft** *f* financial strength; **~kräftig** *adj.* well-funded, (financially) powerful; **~mangel** *m* lack of capital; **~markt** *m* capital (*od.* money) market; **~mehrheit** *f* majority shareholding, controlling interest; **~rücklage** *f* capital reserve(s *pl.*); **~spritze** *f* cash injection, (fiscal) shot in the arm; **~übertragung** *f* capital transfer; **~übertragungssteuer** *f* capital transfer tax, *abbr.* CTT; **~verbrechen** *n* capital crime (*od.* offen|ce, *Am.* -se); **~verbrecher** *m* dangerous criminal; **~verkehr** *m* turnover of capital; **~vermögen** *n* capital assets *pl.*; **~wert** *m* capital value; **~zins** *m* interest on capital; **~zufluss** *m* influx of capital; **~zuwachs** *m* capital gain.

Kapitän *m* **1.** ⚓, ✈ captain; *bsd. auf kleinem Handelsschiff*: skipper; **2.** *Sport*: captain, F skipper.

Kapitänspatent *n* master's certificate.

Kapitel *n* **1.** chapter (*a. eccl.*); **2.** *fig. der Geschichte etc.*: chapter; (*Sache*) story; ***das ist ein ~ für sich*** that's another story.

Kapitell *n* △ capital.

Kapitulation *f* capitulation, surrender; **kapitulieren** *v/i.* capitulate, surrender; *fig.* give in (*od.* up).

Kaplan *m* chaplain.

Kaposisarkom *n* ⚕ Kaposi's sarcoma.

Kappe *f* cap; (*Verschluss*) *a.* top; *des Schuhs*: (toe)cap; *fig.* ***et. auf s-e ~ nehmen*** take (the) responsibility for s.th., ***müssen***: *a.* have to carry the can for s.th.

kappen *v/t.* (*Tau*) cut; (*Baum*) lop, top; (*Hahn*) capon; (*Verbindungen*) cut off.

Kappes *dial. m* (*Unsinn*) rubbish, F rot, *Am.* F garbage.

Käppi *n* cap; ⚔ forage (*Am.* garrison) cap.

Kappnaht *f* French seam.

Kapriole *f* (*Luftsprung*) caper; (*Streich*) prank; *Reitsport*: capriole.

kaprizieren *v/refl.*: ***sich ~ auf*** insist on (*ger.*).

kapriziös *adj.* capricious.

Kapsel *f anat.*, ❦, *pharm.* capsule; (*Raum*~) *a.* module; (*Behälter*) case; (*Kappe, Deckel*) cap; (*Spreng*~) detonator; **~entzündung** *f* ⚕ capsulitis; **~förmig** *adj.* capsule-shaped.

kapseln *v/t.* ⚙ encase, enclose; *Kernphysik*: jacket.

Kapsikum *n* capsicum.

kaputt F *adj.* **1.** broken; (*außer Betrieb*) *a.* not working; ***die Birne ist ~*** the light bulb's gone; *fig.* ***was ist denn jetzt schon wieder ~?*** what's up now?; **2.** *Firma*: F bust; *Ehe etc.*: broken; ***ein ~es Elternhaus*** a broken home; **3.** *Organ etc.*: bad, F no good (any more); *Leber*: *a.* ruined; **4.** (*erschöpft*) shattered; ***~er Typ*** (human) wreck; ***ich bin nervlich ~*** my nerves are shot; ***er ist seelisch ~*** he's emotionally drained, *stärker*: he's a broken man; **~arbeiten** F *v/refl.*: ***sich ~*** work o.s. to death; **~ärgern** F *v/refl.*: ***ich hab mich kaputtgeärgert*** F I was really mad, *über mich selbst*: F I could have kicked myself; **~drücken** F *v/t.*: ***j-n vor Liebe ~*** F squeeze s.o. to death; **~fahren** F *v/t.* smash up, wreck *a car*; ***sein Auto ~*** *a.* crash one's car; **~gehen** F *v/i.* get broken, break; (*bankrott gehen*) F go bust; *Ehe, Freundschaft*: break up; *Person*: go to pieces, crack up; **~lachen** F *v/refl.*: ***sich ~*** F kill o.s. laughing; **~machen** F **I.** *v/t.* break; (*Teller etc.*) *a.* smash; **II.** *v/refl.*: ***sich ~*** kill o.s. *doing s.th.*; **~schlagen** F *v/t.* smash.

Kapuze *f* hood; (*Mönchs*~) cowl.

Kapuzen|jacke *f* hooded jacket; **~mantel** *m* hooded coat; **~pulli** *m* hooded sweater.

Kapuziner *m* Capuchin (monk); **~kresse** *f* ❦ nasturtium; **~mönch** *m* Capuchin monk; **~orden** *m* Capuchin Order.

Kar *geol. n* cirque.

Karabiner *m* **1.** carbine; **2.** → **~haken** *m* karabiner, snaplink.

Karabiniere *m* carabiniere.

Karacho *n*: F ***mit ~*** F like a bomb.

Karaffe *f* carafe, *für Wein*: *a.* decanter.

Karambola *f Obst*: carambola, star fruit.

K

Karambolage *f Billard*: cannon, *Am.* carom; F (*Zusammenstoß*) collision, crash; **karambolieren** *v/i. Billard*: cannon, *Am.* carom.
Karamel *etc.* → ***Karamell*** *etc.*
Karamell *m* caramel; **Karamellbonbon** *m, n,* **Karamelle** *f* caramel (sweet); **karamellisieren** *v/t.* caramelize.
Karaoke *n* karaoke.
Karat *n* carat.
Karate *n* karate.
Karateka *m* karateka.
Karate|kämpfer *m* karate expert; **⁓kurs** *m* karate course; ***e-n ⁓ machen*** take karate lessons; **⁓schlag** *m* karate chop.
...karäter *m in Zssgn*: *z.B.* ***Zweikaräter*** two-carat diamond (*od.* sapphire *etc.*).
...karätig *adj. in Zssgn*: *z.B.* ***achtzehn⁓es Gold*** 18-carat gold.
Karawane *f* caravan.
Karawanenstraße *f* caravan route.
Karawanserei *f* caravanserai.
Karbid *n* carbide; **⁓lampe** *f* carbide lamp.
Karbol *n,* **⁓säure** *f* carbolic acid; **⁓seife** *f* carbolic soap.
Karbon *n geol.* Carboniferous (period).
Karbonade *f* → ***Kotelett.***
Karbonat *n* ⚗ carbonate.
karbonisieren *v/t.* carbonize.
Karbunkel *m* ⚕ carbuncle.
Kardamom *m, n* cardamom.
Kardan|antrieb *m* ⚙ Cardan drive; **⁓gelenk** *n* universal joint.
kardanisch *adj.* Cardan(ic).
Kardan|tunnel *m* transmission tunnel; **⁓welle** *f* drive (*od.* propeller) shaft.
Kardiakum *n* ⚕ cardiac stimulant.
kardial *adj.* ⚕ cardiac.
Kardinal *m* cardinal (*a. Vogel*).
Kardinal|fehler *m* cardinal error; **⁓frage** *f* essential question.
Kardinalshut *m* red (cardinal's) hat.
Kardinal|tugend *f* cardinal virtue; **⁓zahl** *f* cardinal number.
Kardiogramm *n* ⚕ cardiogram.
Kardiologe *m* heart specialist, cardiologist; **Kardiologie** *f* cardiology.
Karenz|tag *m* unpaid day of sick leave; **⁓zeit** *f Versicherung*: waiting period; ☤ *Konkurrenzklausel*: period of restriction; ⚕ period of rest.
Karfiol *östr. m* cauliflower.
Karfreitag *m*: (**am** ⁓ on) Good Friday.
Karfunkel *m min. u.* ⚕ carbuncle.
karg *adj.* meag|re (*Am.* -er), *stärker*: paltry; *Essen, Leben*: frugal; *Boden, Landschaft*: barren; *Raum*: bare; ***⁓ sein mit*** → **kargen** *v/i.*: ***⁓ mit*** be sparing of; ***nicht ⁓ mit*** lavish; **Kargheit** *f* meagreness, *Am.* meagerness; paltriness; frugality; barrenness; bareness; → ***karg.***
kärglich *adj.* → ***karg***; ***die ⁓en Reste*** the paltry remains.
Kargo *m* cargo.
Karibe *m* Caribbean, Carib.
karibisch *adj.* Caribbean; ***der ⁓e Raum*** the Caribbean (basin).
Karibu *m, n* caribou.
kariert *adj.* **1.** checked; *Papier*: squared; **2.** F ***⁓es Zeug reden*** F talk rot.
Karies *f* ⚕ tooth decay, caries.
Karikatur *f* caricature (*a. fig.*); (*Witzzeichnung*) *mst* cartoon; **Karikaturist** *m* caricaturist; cartoonist; **karikaturistisch** *adj.*: ***⁓e Darstellung*** cartoon, *e-r Person*: *a.* caricature; **karikieren** *v/t.* caricature.
kariös *adj.* ⚕ decayed, F bad, *stärker*: rotten.
karitativ *adj.* charitable; ***es dient ⁓en Zwecken*** it's for a good cause, it's for charity.
Karkasse *f* **1.** *gastr.* bones *pl.*, *Geflügel*: *a.* (chicken) carcass; **2.** *e-s Reifens*: casing.
Karma *n* karma.
Karmeliter *m* Carmelite (monk); **Karmeliterin** *f* Carmelite (nun).
karmesin(rot) *adj.* crimson.
Karmin *n,* **ℒrot** *adj.* crimson.
Karneol *m min.* carnelian.
Karneval *m* carnival; **karnevalistisch** *adj.* carnival ...
Karnevals... → *a.* ***Faschings...***; **⁓(um)zug** *m* carnival procession.
Karnickel *n* **1.** rabbit; **2.** F *fig.* (*Dummkopf*) stupid idiot.
karnivor *adj. zo. u.* ⚘ carnivorous; **Karnivore I.** *m zo.* carnivore; **II.** *f* ⚘ carnivorous plant, carnivore.
Kärntner(in *f*) *m,* **kärntnerisch** *adj.* Carinthian.
Karo *n im Stoff*: check, square; (*Kartenfarbe*) diamonds *pl.*, (*Einzelkarte*) diamond; ***⁓... in Zssgn*** → ***Herz...***
Karolinger *m,* **karolingisch** *adj. hist.* Carolingian.
Karomuster *n* check(ed) pattern.
Karosse *f* state coach.
Karosserie *f* (car) body, coachwork; **⁓bauer** *m* panel-beater.
Karotin *n* carotin.
Karotte *f* carrot.
Karpfen *m* carp; **⁓teich** *m* carp pond; → ***Hecht*** 1.
Karre *f* → ***Karren.***
Karree *n* square; (*Wohnblock*) block; ***ums ⁓ gehen*** go for a walk round the block.
Karren I. *m* cart; F ***alter ⁓*** F old banger; ***ein ⁓ voll Äpfel*** a cartload of apples; *fig.* ***den ⁓ in den Dreck fahren*** mess things up; ***den ⁓ aus dem Dreck ziehen*** straighten things out; ***den ⁓ (einfach) laufen lassen*** let things go; ***j-n vor s-n ⁓ spannen*** F rope s.o. in; ***ich lass mich nicht vor s-n ⁓ spannen*** I'm not going to be his dogsbody; **II.** ℒ *v/t. a.* F *fig.* cart.
Karriere *f* **1.** career; ***⁓ machen*** get ahead (*od.* to the top); **2.** *Reitsport*: full gallop; **ℒbewusst** *adj.* career-minded; **⁓diplomat** *m* career diplomat; **⁓frau** *f* career girl (*od.* woman); **⁓koffer** *m* VIP briefcase; **⁓leiter** *fig. f* career ladder; ***auf der ⁓ nach oben klettern*** move up (*od.* climb [up]) the career ladder; ***auf der ⁓ schnell nach oben kommen*** climb the career ladder fast; ***sich auf der ⁓vorankämpfen*** forge ahead on the career ladder; **⁓macher** *m,* **⁓typ** *m* careerist.
Karrierist *m* careerist.
Karsamstag *m* Easter Saturday.
Karst *m geol.* karst; **⁓landschaft** *f* karstland, *größeres Gebiet*: karst country; *a.* rocky desert.
Kartäuser *m* Carthusian (monk); **Kartäuserin** *f* Carthusian (nun).
Karte *f* card; (*Land*ℒ) map; (*See*ℒ) chart; (*Eintritts*ℒ, *Fahr*ℒ) ticket; (*Speise*ℒ) menu; (*Wein*ℒ) wine list; ***gelbe (rote) ⁓*** yellow (red) card; ***⁓n spielen*** play cards; ***gute (schlechte) ⁓n haben*** have a good (bad) hand; ***⁓n geben*** deal; ***j-m die ⁓n legen*** tell s.o.'s fortune (from the cards); *fig.* ***alles auf e-e ⁓ setzen*** put all one's eggs in one basket; ***auf die falsche ⁓ setzen*** bet on the wrong horse; ***mit offenen ⁓n spielen*** put one's cards on the table; ***mit verdeckten ⁓n spielen*** play one's cards close to one's chest.
Kartei *f* card index; ***⁓ führen über*** keep a file on; **⁓karte** *f* index card; **⁓kasten** *m* card-index box; **⁓zettel** *m* index slip (*od.* card).
Kartell *n* ☤, *pol.* cartel; **⁓absprache** *f* cartel agreement; **⁓amt** *n* Federal Cartel Office; **⁓gesetz** *n* antitrust law; **⁓recht** *n* antitrust law; **⁓verbot** *n* ban on cartels; **⁓wesen** *n* cartel system.
Karten|blatt *n*: ***gutes (schlechtes) ⁓*** good (bad) hand; **⁓haus** *n* **1.** house of cards; *fig.* ***wie ein ⁓ einstürzen*** fold up like a house of cards; **2.** ⚓ chart house; **⁓kunststück** *n* card trick; **⁓legen** *n* reading the cards; **⁓leger(in** *f*) *m* fortune-teller; **⁓netz** *n* map grid; **⁓spiel** *n* **1.** card game, game of cards; **2.** (*Karten*) pack of cards; **⁓spieler(in** *f*) *m* card player; **⁓telefon** *n* cardphone; **⁓tisch** *m* **1.** card table; **2.** map table; **⁓verkauf** *m* **1.** sale of tickets; **2.** (*Stelle*) box office; **⁓vorverkauf** *m* **1.** advance booking; **2.** (*Stelle*) box office; **⁓zeichen** *n* sign *od.* symbol (on a map); **⁓zeichner(in** *f*) *m* cartographer.
kartesisch *adj.* Cartesian.
kartieren *v/t.* map; ⚓ chart.
Kartoffel *f* potato; F *fig.* ***(sich) die ⁓n von unten ansehen*** F be pushing up the daisies; ***j-n wie e-e heiße ⁓ fallen lassen*** F drop s.o. like a hot potato; **⁓brei** *m* mashed potatoes *pl.*; ***⁓ mit ...*** *a.* F ... and mash; **⁓chips** *pl.* potato crisps (*Am.* chips); **⁓ernte** *f* potato harvest; (*Ertrag*) potato crop; **⁓fäule** *f* potato rot; **⁓feld** *n* potato field; **⁓gratin** *n* gratinée potatoes *pl.*; **⁓käfer** *m* Colorado beetle; **⁓kloß** *m,* **⁓knödel** *m* potato dumpling; **⁓puffer** *m* potato fritter; **⁓püree** *n* mashed potatoes *pl.*; **⁓salat** *m* potato salad; **⁓schalen** *pl.* potato peels; **⁓schäler** *m* potato peeler; **⁓stampfer** *m* potato masher; **⁓stock** *schweiz. m* mashed potatoes *pl.*; **⁓suppe** *f* potato soup.
Kartograph *m* cartographer; **Kartographie** *f* cartography; **kartographisch** *adj.* cartographic(ally *adv.*).
Karton *m* **1.** (*Pappe*) cardboard, *stärker*: pasteboard; **2.** (*Schachtel*) cardboard box; **3.** (*Skizze*) cartoon; **Kartonagen** *pl.* (cardboard) packaging materials; **kartoniert** *adj.* hardcover.
Kartothek *f* card index.
Kartusche 1. ⌂ cartouche; **2.** ⚔ cartridge.
Karussell *n* roundabout, merry-go-round, *Am.* car(r)ousel; *fig.* merry-go-round; F *fig.* ***mit j-m ⁓ fahren*** haul s.o. over the coals.
Karwoche *f* (*a.* ***die ⁓***) Holy Week.
Karzer *m* **1.** *hist.* detention room; **2.** (*Strafe*) detention.
karzinogen I. *adj.* carcinogenic; **II.** ℒ *n* carcinogen; **Karzinom** *n* carcinoma.
Kaschemme *contp. f* F (low) dive.
kaschieren *v/t.* **1.** (*verdecken*) hide, cover up; **2.** (*Papier*) laminate; *thea.* mo(u)ld.
Kaschmir *m* cashmere; **⁓ziege** *f* Kashmir goat.
Käse *m* **1.** cheese; **2.** F *fig.* (*Unsinn*) F rubbish, *Am.* F garbage; (*dumme Sache*) stupid business; **⁓auflauf** *m* cheese soufflé; **⁓aufschnitt** *m* assorted cheese slices *pl.*; (*Käseplatte*) cheese platter; **⁓blatt** F *n* F (local) rag; **⁓brot** *n* (open) cheese sandwich; **⁓ecke** *f* cheese triangle; **⁓fondue** *n* cheese fondu; **⁓füße** F *pl.* smelly (F cheesy) feet; **⁓gebäck** *n* cheese savo(u)ries *pl.*; **⁓glocke** *f* cheese cover.
Kasein *n* ⚗ casein.

Käsekuchen *m* cheesecake.
Kasematte *f hist.* casemate.
Käse|messer *n* cheese knife; **~milbe** *f* cheese mite; **~platte** *f* cheese platter; **~rinde** *f* cheese rind.
Kaserne *f* barracks *pl.*
Kasernenarrest *m*: ***~ haben*** be confined to barracks.
Kasernenhof *m* parade ground; **~drill** *m* parade-ground drill, F square-bashing; **~ton** *m* parade-ground voice (*od.* manner).
kasernieren *v/t.* barrack.
Käse|schmiere *f bei Neugeborenen*: vernix caseosa; **~stange** *f* cheese straw; **~torte** *f* cheesecake; **2weiß** *adj.* (as) white as a sheet; **~würfel** *pl.* diced cheese *sg.*
käsig *adj.* **1.** cheesy; **2.** (*blaß*) pale.
Kasino *n* **1.** ⚔ officers' mess; **2.** (*Speiseraum*) cafeteria; **3.** (*Spiel2*) casino.
Kaskade *f* cascade (*a. phys.*, ⚡); **Kaskadenschaltung** *f* ⚡ cascade connection.
Kaskadeur *m* (circus) acrobat.
Kaskoversicherung *f* **1.** *mot. insurance against damage to one's own vehicle*; **2.** ⚓ hull insurance.
Kasper *m* **1.** → ***Kasperl(e)***; **2.** F *fig.* clown; **Kasperl(e)** *n*, *m etwa* Punch; **Kasperl(e)theater** *n etwa* Punch and Judy show; **kaspern** F *v/i.* fool around.
Kassa *östr. f* → ***Kasse***.
Kassa|geschäft *n* ☤ spot transaction; **~kurs** *m* spot price.
Kassation *f* ⚖ annulment; **Kassationshof** *m* court of cassation (*od.* appeal).
Kassazahlung *f* ☤ cash payment.
Kasse *f* **1.** (*Laden2*) till, (*Registrier2*) cash register; (*Kassentisch*) cash desk; *Supermarkt*: checkout (counter); **2.** (*Zahlstelle*) cashier's office; *e-r Bank*: counter; *thea. etc.* box office; *Sport*: ticket window; *Kartenspiel etc.*: pool; ***j-n zur ~ bitten*** present s.o. with the bill; **3.** → ***Krankenkasse***; **4.** (*Einnahmen*) takings *pl.*, receipts *pl.*; **5.** (*Bargeld*) cash; F ***gut*** (***knapp***) ***bei ~ sein*** F be flush (a bit hard up); ☤ ***~ machen*** cash up, F a) F check one's accounts, b) (*schwer verdienen*) F be raking it in; → ***getrennt.***
Kasseler *n gastr.* smoked pork.
Kassen|anweisung *f* order for payment; **~arzt** *m* panel doctor; **~automat** *m* (car park) pay machine; **~bericht** *m* cash report; **~bestand** *m* cash balance; **~bilanz** *f* cash balance; **~bon** *m* receipt; **~brille** *f*: (***e-e ~*** a pair of) national health glasses *pl.* (*Brit.*); **~buch** *n* cashbook; **~defizit** *n* cash shortfall; **~eingänge** *pl.* cash receipts, takings; **~erfolg** *m* box-office hit; **~magnet** *m* crowd-puller, draw; box-office hit; **~obligation** *f* ☤ medium-term bond; **~patient** *m* health plan patient, non-private patient; *in GB*: NHS patient; *in den USA*: Medicaid patient; ***er nimmt keine ~en*** *a.* he only takes private patients; **~prüfung** *f* cash audit; **~schalter** *m* counter; **~schlager** *m* **1.** → ***Kassenerfolg***; **2.** money-spinner; **~stunden** *pl.* business hours; **~sturz** *m*: F ***~ machen*** count one's cash; **2trächtig** *adj.* lucrative, money-spinning ...; **~wart** *m* treasurer; **~zettel** *m* receipt; **~zwang** *m* compulsory medical insurance.
Kasserolle *f* casserole.
Kassette *f* (*Audio2*, *Video2*) cassette; (Geld2) cashbox; (*Schmuck2*) case, box; *für Bücher*: slipcase; *mit Schallplatten*: box set; *phot.* cassette, cartridge; △ coffer.
Kassetten|deck *n* cassette deck; **~decke** *f* △ coffered ceiling; **~rekorder** *m*, **~spieler** *m* cassette recorder (*od.* player).
Kassiber *sl. m sl.* stiff.
kassieren I. *v/t.* **1.** collect; **2.** F (*verlangen*) charge; (*nehmen*) take; (*verdienen*) make; **3.** F (*einstecken*) F pocket; (*Schlag*) take; **4.** F (*verhaften*) F nab; **5.** ⚖ (*Urteil*) quash; **II.** *v/i.* take (*od.* collect) the money; ***dürfte ich jetzt ~?*** *im Lokal*: do you mind if I give you the bill now?; F ***ganz schön ~*** F be raking it in; F *iro.* ***und er kassiert*** F and he pockets it all; **Kassierer(in** *f*) *m* cashier; *Bank*: teller.
Kassler *n gastr.* smoked pork.
Kastagnette *f* castanet.
Kastanie *f* chestnut; (*Roß2*) (horse) chestnut; ***essbare ~*** (sweet) chestnut.
Kastanien|baum *m* chestnut (tree); **2braun** *adj.* chestnut (brown).
Kästchen *n* small box; *Zeitung*, *Formular*: box; *Papier*: square.
Kaste *f* caste.
kasteien *v/refl.*: ***sich ~*** chastise o.s.; (*sich enthalten*) deny o.s.; **Kasteiung** *f* self-chastisement.
Kastell *n* fortress, citadel; **Kastellan** *m* castle warden.
Kasten *m* **1.** box; (*Behälter*, *Kiste*) case; (*Bier2 etc.*) crate; (*Brief2*) letterbox; *Turnen*: box; (*Schau2*) showcase; *in Zeitungen etc.*: box; *dial.* → ***Schrank***; **2.** F *fig.* (*Auto*, *Flugzeug*) F crate; (*Gebäude*, *a. Fernseher*) F box; (*Gefängnis*) F jug, clink; (*Körper*) body, *großer*: hulk; ***er hat was auf dem ~*** he's not daft; ***er hat nicht viel auf dem ~*** F he's a bit thick; F ***im ~ sein*** *Film*: F be in the can; **~brot** *n* square (*od.* tin) loaf; **~drachen** *m* box kite; **~form** *f* loaf tin; **2förmig** *adj.* box-shaped; **~geist** *m* caste spirit; **~wesen** *n* caste system.
Kastrat *m* eunuch; ♪ castrato.
Kastration *f* castration; *e-s Pferdes etc.*: *a.* gelding.
Kastrations|angst *f* fear of castration; **~komplex** *m psych.* castration complex.
kastrieren *v/t.* castrate; (*Pferd etc.*) *a.* geld; (*weibliche Tiere*) spay.
Kasuistik *f* casuistry; **kasuistisch** *adj.* casuistic(ally *adv.*).
Kasus *m* case; **~endung** *f* case ending.
Katafalk *m* catafalque.
Katakombe *f* catacomb.
Katalane *m*, **Katalanin** *f*, **katalanisch** *adj.* **Katalanisch** *n ling.* Catalan.
Katalog *m* catalog(ue); *fig. von Maßnahmen etc.*: package; *fig.* ***ein ganzer ~ von Fragen*** a long list of questions; **~preis** *m* list price; **~wert** *m* catalog(ue) price.
Katalysator *m* catalyst (*a. fig.*); *mot. a.* catalytic converter; **Katalysatorauto** *n* catalyst (*od.* catalyser) car, F cat car; **katalysieren** *v/t.* catalyse; **katalytisch** *adj. a. fig.* catalytic.
Katamaran *m* catamaran.
katapultieren I. *v/t.* catapult; *fig. a.* propel (***in, auf*** [in]to); *fig.* ***~ in*** (*e-e Karriere*) launch into; **II.** *fig. v/refl.*: ***sich an die Spitze ~*** shoot to the top.
Katapult|sitz *m* ejector seat; **~start** *m* catapult takeoff.
Katarakt *m* cataract (*a.* ⚕).
Katarr(h) *m* catarrh.
Kataster *m*, *n* land register; **~amt** *n* land registry.
katastrophal *adj. a. fig.* disastrous.
Katastrophe *f* disaster (*a. fig.*), catastrophe; (*Natur2 großen Ausmaßes*) *a.* cataclysm.
Katastrophen|alarm *m* red alert; **~dienst** *m* emergency relief organization; **~einsatz** *m* emergency help, (*Großeinsatz*) emergency operation; **~fall** *m* emergency; ***im ~*** in an emergency, in the event of a disaster; **~gebiet** *n* disaster area; **~hilfe** *f* disaster relief; **~medizin** *f* disaster medicine; **~schutz** *m* disaster control; **~stimmung** *f* doomsday atmosphere; **~tourismus** *m* disaster tourism.
Kat-Auto F *n* F cat car.
Kate *f* cottage.
Katechese *f* catechesis; **Katechet** *m* catechist; **Katechismus** *m* catechism.
Kategorie *f* category; **kategorisch** *adj.* categorical; **kategorisieren** *v/t.* categorize; **Kategorisierung** *f* categorization.
Kater[1] *m* tom(cat); ***der Gestiefelte ~*** Puss in Boots.
Kater[2] F *m* hangover, *fig. a. the* morning after; **~frühstück** F *n* hangover cure; **~stimmung** F *f* morning-after feeling.
Katharsis *f* catharsis; **kathartisch** *adj.* cathartic(ally *adv.*).
Katheder *n*, *m* (teacher's *od.* lecturer's) desk; **~weisheit** *f* academic (*od.* bookish) knowledge.
Kathedrale *f* cathedral.
Katheter *m* ⚕ catheter.
Kathode *f* ⚡ cathode.
Kathoden|röhre *f* cathode ray tube; **~strahlen** *pl.* cathode rays.
Kathole F *m* F papist.
Katholik(in *f*) *m*, **katholisch** *adj.* (Roman) Catholic; **Katholizismus** *m* Catholicism.
Katode *etc.* → ***Kathode*** *etc.*
Kattun *m* calico, *weitS.* cotton; *grob*: dungaree.
Katz *f*: *fig.* ***~ u. Maus spielen mit*** play cat and mouse with; (***alles***) ***für die ~!*** I don't know why I bothered; **2balgen** *v/refl.*: ***sich ~*** **1.** F scrap, tussle; **2.** (*streiten*) squabble; **2buckeln** *v/i.* bow and scrape (***vor*** before).
Kätzchen *n* kitten; ⚘ catkin.
Katze *f* **1.** cat; *fig.* ***falsch wie e-e ~*** as false as they come; ***die ~ aus dem Sack lassen*** let the cat out of the bag, give the show away; ***wie die ~ um den heißen Brei gehen*** beat about (*od.* around) the bush; ***die ~ im Sack kaufen*** buy a pig in a poke; ***zäh wie e-e ~ sein*** have as many lives as a cat; ***die ~ lässt das Mausen nicht*** a leopard can't change his spots; ***wenn die ~ aus dem Haus ist, tanzen die Mäuse auf dem Tisch*** when the cat's away the mice will play; → ***Katz***; **2.** ⚙ → ***Laufkatze.***
katzen|artig *adj.* catlike, feline; **2auge** *n* **1.** cat's eye (*a. fig. u. min.*); **2.** (*Rücklicht*) reflector, *am Straßenrand etc.*: cat's eye; **2buckel** *m*: ***e-n ~ machen*** arch one's back; **2dreck** *m* cat's droppings *pl.*; F *fig.* ***ein ~*** (*Kleinigkeit*) nothing, (*Geld*) F chickenfeed; **2fell** *n* catskin; **~freundlich** *adj.* sugary; **2geschrei** *n* yowling cats *pl.*; **~haft** *adj.* catlike, feline; **2hai** *m* dogfish; **2jammer** *m* hangover (*a. fig.*); (*depressive Stimmung*) *the* blues *pl.*; **2kopf** *m* (*Pflasterstein*) cobble(stone); **2musik** *f* caterwauling; **2mutter** *f* mother cat; **2pfötchen** *n* cat's paw; ⚘ cat's foot; **2sprung** *fig. m a* stone's throw; **2streu** *f* cat litter; **2tisch** *m*: F ***am ~ essen müssen*** have to eat at the little table; **2wäsche** F *f* F a lick and a

K

promise; ~ ***machen*** give o.s. a lick and a promise, (just) splash o.s.; ***hast du wieder mal ~ gemacht?*** you've hardly got yourself wet; **≈zunge** *f* (*Süßigkeit*) langue de chat.

Kauapparat *m anat.* masticatory organs *pl.* (*od.* apparatus).

Kauderwelsch *n* gibberish; (*unverständliche Fachsprache*) jargon; **kauderwelschen** *v/i.* talk gibberish.

kauen *v/t. u. v/i.* chew; ***an den Nägeln ~*** bite one's nails; *fig.* ~ ***an*** chew *s.th.* over.

kauern *v/i. u. v/refl.* (***sich ~***) crouch *od.* squat (down).

Kauf *m* purchase, F buy; (*das Kaufen*) purchasing, buying; ***günstiger ~*** bargain, F good buy; ***zum ~ anbieten*** offer for sale; *fig.* ***mit in ~ nehmen*** accept; **~angebot** *n* bid; **~anreiz** *m* incentive to buy; **~auftrag** *m* buying order; **~bedingungen** *pl.* conditions of sale; **~boom** F *m* high-street boom.

kaufen I. *v/t.* **1.** buy; F *fig.* ***dafür kann ich mir nichts ~*** F a fat lot of use that is; → ***teuer*** I; **2.** (*bestechen*) bribe, buy; **3.** F ***den werde ich mir ~*** F I'll tell him what's what; **II.** *v/i.* (*einkaufen*) shop; ~ ***bei*** *gewohnheitsmäßig*: go to.

Käufer(in *f*) *m* buyer; (*Kunde*) customer.

Käufer|forschung *f* buyer research; **~gewohnheiten** *pl.* buying habits; **~gruppe** *f* group of buyers; **~markt** *m* buyer's market; **~schicht** *f* group of buyers.

Kauf|frau *f* businesswoman; **~gelegenheit** *f* opportunity (to buy); **~gewohnheiten** *pl.* buying habits; **~halle** *f* small department store.

Kaufhaus *n* department store; **~detektiv** *m* store detective; **~kette** *f*, **~konzern** *m* (department) stores group.

Kauf|interesse *n* (buyer) demand; **~interessent** *m* prospective buyer.

Kaufkraft *f* buying (*od.* purchasing) power; *des Käufers*: spending power; **kaufkräftig** *adj.* well-funded; *Währung*: strong; **Kaufkraftschwund** *m* dwindling purchasing power.

Kaufläche *f Zahnmedizin*: masticatory surface.

Kauf|laden *m* shop, *bsd. Am.* store; **~leute** *pl.* → ***Kaufmann.***

käuflich I. *adj.* for sale; *fig.* (*bestechlich*) open to bribery; ***~e Liebe*** venal love; **II.** *adv.*: ~ ***erwerben*** purchase; **Käuflichkeit** *f* (*Bestechlichkeit*) corruptibility.

Kauflust *f* urge to spend; spending; ♆ demand for consumer goods; **kauflustig** *adj.*: ***~e Touristen*** tourists with plenty of money to spend, *engS.* dollar-happy (*od.* pound-happy) tourists.

Kaufmann *m* businessman; (*Händler*) trader; (*Einzelhändler*) shopkeeper, *Am.* storekeeper; **kaufmännisch I.** *adj.* commercial; business *qualities etc.*; ***~er Angestellter*** clerk; ***~er Betrieb*** business enterprise; ***~es Personal*** office staff; **II.** *adv.*: ~ ***ausgebildet sein*** have had business training; **Kaufmannsladen** *m für Kinder*: (toy) shop.

Kauf|objekt *n* article, object; **~orgie** F *f* F splurge; **~preis** *m* purchase price; **~rausch** *m*: ***sie ist im ~*** she can't stop buying things, F she's having a big splurge; **~unlust** *f* lack of spending; ♆ lack of demand for consumer goods; **~verhalten** *n* buying patterns *pl.*; **~vertrag** *m* contract for sale; **~wert** *m* purchase value; **~wut** *f* buying craze; → *a.* ***Kaufrausch***; **~zwang** *m*: ***kein ~*** no obligation.

Kaugummi *m* chewing gum.

Kaukasier(in *f*) *m*, **kaukasisch** *adj.* Caucasian.

Kaulquappe *f* tadpole.

kaum *adv.* hardly; (*nur gerade*) only just, barely; (*mit Mühe*) with great difficulty; ~ ***je*** hardly ever; ~ ***hatte er ...*** (*od.* ~ ***dass er ... hatte***), ***als*** he had hardly ... when, no sooner had he ... than; (***wohl***) ***~!*** hardly, I doubt it very much; ***es ist ~ zu sehen*** you can hardly see it.

Kaumuskel *m* masticatory muscle.

kausal *adj.* causal; **≈begriff** *m* causal concept; **≈beziehung** *f* causal connection; **≈gesetz** *n* law of causality, law of cause and effect.

Kausalität *f* causality; **Kausal(itäts)prinzip** *n* principle of causality.

Kausal|satz *m ling.* causal clause; **~zusammenhang** *m* causal connection.

kaustisch *adj.* ⚗ *u. fig.* caustic(ally *adv.*).

Kautabak *m* chewing tobacco.

Kaution *f* ♆ security; ⚖ *mst* bail; *für Wohnung etc.*: deposit; ***gegen ~ entlassen*** release on bail; ***gegen ~ freigelassen werden*** be granted bail; ***j-n durch ~ freibekommen*** bail s.o. out.

Kautionssumme *f* (amount of) security *od.* bail.

Kautschuk *m* (India) rubber; **~baum** *m* rubber tree; **~milch** *f* latex; **~paragraph** F *m* elastic clause.

Kauwerkzeuge *pl.* masticatory organs.

Kauz *m* **1.** *zo.* (*a.* **Käuzchen** *n*) tawny owl; **2.** F *fig.* ***komischer ~*** F strange customer, *sl.* weirdo; **kauzig** *adj.* strange, odd.

Kavalier *m* gentleman; ***ein ~ der alten Schule*** a (*od.* the) perfect gentleman; **≈mäßig** *adj.* gentlemanly, F chivalrous.

Kavaliersdelikt F *n* peccadillo, harmless crime; ***es gilt als ~*** *a.* it's considered a (national) sport.

Kavalier(s)start *m* racing start.

Kavalkade *f* cavalcade.

Kavallerie *f* cavalry; **Kavallerist** *m* cavalryman.

Kaventsmann F *m* (*Mann*) F great hulk; (*Fisch etc.*) F whopper.

Kaviar *m* caviar(e); ~ ***fürs Volk*** caviar(e) to the general.

Kavität *f* ⚕ cavity.

Kebab *m gastr.* kebab.

keck *adj.* (*frech*) cheeky, (*a. fig. Hut etc.*) saucy; (*forsch*) bold (as brass).

Kefir *m* kefir.

Kegel *m* **1.** *zum Spiel*: skittle, pin; **2.** *bsd.* ⩘ *u.* ⚙ cone; (*verjüngtes Teil*) taper; → ***Kind***; **~abend** *m* bowling evening; ***Dienstag ist ~*** Tuesday's bowling night; **~bahn** *f* bowling alley; **~bruder** F *m* **1.** F bowling mate; **2.** (*begeisterter Kegler*) F bowling freak; **≈förmig** *adj.* conical; **~getriebe** *n* ⚙ bevel gear; **~klub** *m* bowling club; **~kugel** *f* bowling ball.

kegeln I. *v/i.* bowl; go bowling; **II.** ≈ *n* bowling.

Kegelprojektion *f* conical projection.

Kegelrad *n* bevel gear; **~antrieb** *m* bevel drive.

Kegel|schnitt *m* ⩘ conic section; **~spiel** *n*, **~sport** *m* bowling; **~stumpf** *m* ⩘ truncated cone; **~ventil** *n* ⚙ cone valve.

Kegler *m* bowler.

Kehldeckel *m anat.* epiglottis.

Kehle *f* **1.** *anat.* throat; (*Luftröhre*) windpipe; ***aus voller ~*** at the top of one's voice; ***j-m das Messer an die ~ setzen*** put a knife to s.o.'s throat, *fig.* point a gun at s.o.'s head; *fig.* ***er hat es in die falsche ~ bekommen*** F he got the wrong end of the stick; ***ihm gehts an die ~*** he's in for it now; F (***immer***) ***e-e trockene ~ haben*** F be a bit of a tippler; ***sich die ~ anfeuchten*** F wet one's whistle; F ***et. durch die ~ jagen*** F sluice s.th. down the hatch; → ***zusammenschnüren***; → *a.* ***Hals***; **2.** ⩓ chamfer, *a.* ⚙ flute.

Kehlkopf *m* larynx; **~entzündung** *f* laryngitis; **~krebs** *m* cancer of the larynx; **~mikrofon** *n* throat microphone; **~schnitt** *m* laryngotomy; **~spiegel** *m* laryngoscope; **~spiegelung** *f* laryngoscopy.

Kehl|laut *m ling.* guttural (sound); **~leiste** *f* ⩓ mo(u)lding.

Kehraus *m* last dance; *fig.* (grand) finale.

Kehre *f* (*Kurve*) (sharp) bend; (*Wendeplatz*) turning space, loop (*a.* 🚇); *Turnen*: rear vault, (*Abgangs≈*) back dismount; ✈ *u. Skisport*: turn.

kehren[1] *dial. v/i. u. v/t.* sweep (up); *fig.* ***er soll mal vor der eigenen Tür ~*** he should put his own house in order (first).

kehren[2] **I.** *v/t.* **1.** turn; ***j-m den Rücken ~*** *a. fig.* turn one's back on s.o.; *fig.* ***in sich gekehrt*** withdrawn; **II.** *v/refl.* **2.** ***sich ~ gegen*** turn against; ***sich zum Besten ~*** turn out all right (*Am.* alright) in the end; **3.** ***sich nicht ~ an*** pay no attention to; **III.** *v/i.*: ⚔ ***kehrt!*** about turn!

Kehricht *m*, *n* dirt; F *fig.* ***das geht dich e-n feuchten ~ an*** F that's none of your (bloody) business; **~eimer** *m* rubbish bin, *Am.* trashcan; **~haufen** *m* (pile of) dirt; **~schaufel** *f* dustpan.

Kehr|maschine *f* **1.** road sweeper; **2.** (*Teppich≈*) carpet sweeper; **~reim** *m* refrain; **~schaufel** *f* dustpan; **~seite** *f* other side, reverse; F (*Hintern*) F backside; F ***j-m s-e ~ zuwenden*** turn one's back on s.o.; *fig.* ***die ~ der Medaille*** the other side of the coin; ***die ~ des Lebens*** the seamy side of life.

kehrt|machen *v/i.* turn back; *plötzlich*: turn on one's heels, do an about-turn (*fig. a.* about-face); **≈wendung** *f*: (***e-e ~ machen*** do a[n]) about turn, U-turn, *fig. a.* about-face.

Kehrwert *m* reciprocal.

keifen *v/i.* nag.

Keil *m* wedge (*a. meteor.*); (*Hemm≈*) chock; (*Zwickel*) gusset; ⚔ spearhead; *fig.* ***e-n ~ treiben zwischen*** drive a wedge between; **~absatz** *m* wedge heel.

Keile *f*: ~ ***kriegen*** get a hiding.

keilen I. *v/t.* **1.** wedge; **2.** F (*j-n gewinnen*) F rope *s.o.* in (***für*** for); **II.** F *v/refl.*: ***sich ~*** fight, scuffle, F tussle.

Keiler *m zo.* wild boar.

Keilerei *f* fight, scuffle, F tussle, scrap.

Keil|flosse *f* ✈ vertical tail fin; **~form** *f* ✈ V-formation; **≈förmig** *adj.* wedge-shaped; *Buchstabe, Schrift*: cuneiform; **~hose** *f*: (***e-e ~*** a pair of) stretch trousers *pl.* (*Am.* pants *pl.*); **~kissen** *n* (wedge-shaped) bolster; **~riemen** *m* ⚙ V-belt; **~schrift** *f* cuneiform (script).

Keim *m* ⚕ germ; ⚘ (*Schössling*) shoot; (*Trieb*) sprout; (*Frucht≈*) embryo; *fig.* seed(s *pl.*); ***~e treiben*** germinate; *fig.* ***im ~ ersticken*** nip in the bud, (*Gerücht*) scotch; **~blatt** *n* ⚘ cotyledon; *biol.* germ layer; **~boden** *m biol.* substratum.

Keimdrüse *f* gonad; **Keimdrüsenhormon** *n* sex hormone.

K

keimen *v/i.* germinate; (*treiben*) sprout; (*knospen*) bud; *fig.* grow; (*sich regen*) stir.

keim|fähig *adj.* germinable, viable; **~frei** *adj.* sterile; ***~ machen*** sterilize.

Keimling *m* seedling.

Keim|plasma *n* germ plasm; **≈tötend** *adj.* antiseptic; **~träger** *m* ⚕ (germ) carrier; **~zelle** *f* germ cell, gamete; *fig.* nucleus.

kein *indef. pron.* **1.** *adjektivisch*: **~(e)** no, not any; ***er hat ~ Auto*** he hasn't got a car; ***sie hat ~e Freunde*** she hasn't got any friends; ***~ anderer als*** none other than; ***sie ist ~ Ungeheuer*** she's not a (*od.* no) monster; **2.** *substantivisch*: **~er, ~e, ~(e)s** *von Sachen*: none, not any; *von Personen*: no-one, nobody; *hast du welche gesehen?* - ***nein, ~e*** no, I didn't see any; ***~er (~e, ~s) von beiden*** neither (of them); ***~er von uns*** *beiden*: neither of us, *bei mehreren*: none of us; F ***uns kann ~er*** F there are no flies on us, you can't catch us out (as easily as that).

keinerlei *adj.* no ... at all; ***~ Schmerzen*** *a.* no pain whatsoever; ***auf ~ Weise*** in no way.

keines|falls *adv.* under no circumstances, on no account; (*auf keine Weise*) (in) no way; *als Antwort*: certainly not, F no way; **~wegs** *adv.* not at all; (*alles andere als*) anything but.

keinmal *adv.* not once, never.

Keks *m, n* biscuit, *Am.* cookie; F *fig.* ***j-m auf den ~ gehen*** F get on s.o.'s wick.

Kelch *m* cup, goblet; *eccl.* chalice, communion cup; ⚘ calyx; ***der ~ ist noch einmal an uns vorübergegangen*** we've been spared, F that was close; **~blatt** *n* sepal; **≈förmig** *adj.* cup-shaped; ⚘ calyciform; **~glas** *adj.* (crystal *od.* glass) goblet.

Kelle *f* ladle; (*Maurer≈*) trowel; (*Signal≈*) signal(l)ing disc.

Keller *m* cellar (*a. weitS. Weine*); *bewohnt*: basement; *fig.* ***in den ~ fallen*** hit rock bottom; **~assel** *f zo.* woodlouse; **~bar** *f* cellar bar.

Kellerei *f* wine cellars *pl.*

Keller|falte *f* box pleat; **~geschoss,** *östr.* **~geschoß** *n* basement; **~gewölbe** *n* (underground) vault, cellar; **~kind** *n* **1.** deprived child; **2. ~er** *Sport*: bottom-of-the-table team(s); **~lokal** *n* cellar restaurant (*od.* bar); **~meister** *m* cellarer; **~temperatur** *f* cellar temperature; **~treppe** *f* cellar steps (*aus Holz*: stairs) *pl.*; **~wechsel** *m* ⚚ dummy bill; **~wohnung** *f* basement (flat).

Kellner *m* waiter; **Kellnerin** *f* waitress; **kellnern** F *v/i.* work (*od.* job around) as a waiter (*od.* waitress).

Kelte *m* Celt.

Kelter *f* wine press; **Kelterei** *f* press house; **keltern** *v/t.* press.

Keltin *f* Celt; **keltisch** *adj.* Celtic.

Kendo *n* kendo.

Kenianer(in *f*) *m*, **kenianisch** *adj.* Kenyan.

Kenn|buchstabe *m* code letter; **~daten** *pl.* data.

kennen *v/t.* know; (*erkennen*) recognize (**an** by); ***das ~ wir!*** we know all about that!; ***wir ~ uns schon*** we 'have met; ***du kennst mich schlecht*** you don't know me (at all) yet; ***kennst du mich noch?*** remember me?; ***er kannte sich nicht mehr vor Wut*** he was beside himself with anger; ***kennst du den*** (***Witz***) ***vom ...*** did you hear the one about ...?; ***die ~ keine Rücksicht*** they're absolutely ruthless; **kennen lernen** *v/t.* get to know, (*begegnen*) meet; ***als ich ihn kennen lernte*** when I first met him; ***näher ~*** get to know *s.o. od. s.th.* better; F ***der soll mich noch ~!*** F he hasn't seen anything yet.

Kenner *m* connoisseur; (*Fachmann*) expert (*gen.* on), *stärker*: authority (on).

Kennerblick *m*: (***mit ~*** with an *od.* one's) expert eye.

kennerhaft, kennerisch *adj.* discerning.

Kennermiene *f*: ***mit ~*** with the air of a connoisseur.

Kennerschaft *f* expertise.

Kenn|farbe *f* identifying colo(u)r; **~karte** *f* identity card; **~linie** *f* A, *phys.* characteristic curve; **~marke** *f* identity tag.

kenntlich *adj.* recognizable; (*unterscheidbar*) distinguishable; (*wahrnehmbar*) discernible; (*bezeichnet*) marked; ***~ machen*** mark, (*etikettieren*) label; ***sich ~ machen*** make o.s. known.

Kenntnis *f* **1.** knowledge (*gen. od.* **von** of); ***~ haben von*** know (about), be aware of; ***j-n in ~ setzen von et.*** inform s.o. of s.th., bring s.th. to s.o.'s attention; ***~ nehmen von*** take note of; ***es ist uns zur ~ gelangt, dass*** we have learned (*od.* been informed) that; ***das entzieht sich m-r ~*** I don't know anything about it; ***zur ~, zu Ihrer ~*** for your information, *abbr.* f.y.i.; **2. ~se** (*Wissen*) knowledge (*gen. od.* **in** of); (*Erfahrung*) experience (in, of); (*Verständnis*) understanding (of); ***gute ~se haben in*** be well grounded in; **~nahme** *f*: ***zu Ihrer ~*** for your attention; ***mit der Bitte um ~*** please take note; **≈reich** *adj.* knowledgeable, *a. Schriftstück*: well-informed; **~stand** *m* state of knowledge (*od.* information).

Kennung *f* identification; ⚓, ✈ route marking; *EDV* answer-back code.

Kenn|wort *n* password, *a.* ⚚ *etc.* code word; *Inserat*: box number; ***Zuschriften unter dem ~ X*** mark your letters (*od.* envelopes) X; ***bitte geben Sie Ihr ~ ein*** *Computer etc.*: please enter your password; **~zahl** *f* **1.** *teleph.* (area) code, *Am.* prefix; **2.** → ***Kennziffer.***

Kennzeichen *n* (distinguishing) feature, characteristic; (*Abzeichen*) badge, emblem; (*Eigentumszeichen*) brand; *mot.* registration (*Am.* license) number; ✈ aircraft marking; ***besondere ~*** *Pass*: distinguishing marks; ***ein sicheres ~, dass*** a sure sign that; **kennzeichnen** *v/t.* **1.** mark, identify, (*etikettieren*) label; (*Weg*) signpost; (*Tiere*) brand; **2.** (*charakteristisch sein für*) reflect; ***j-n ~ als*** show s.o. to be; **3.** (*darstellen*) describe, (*j-n*) *a.* portray; **kennzeichnend** *adj.* characteristic, typical (**für** of); (*unterscheidend*) distinguishing.

Kennziffer *f* code number; A characteristic, index (*of logarithm*); *Statistik*: index (number); *Inserat*: box number.

Kenotaph *n* (*Grabmal*) cenotaph.

kentern *v/i.* capsize.

Keramik *f* (*Kunst*) pottery; (*Ware*) ceramics *pl.*, pottery; (*Stück*) piece of pottery; **keramisch** *adj.* ceramic.

Kerbe *f* notch, (*Nut*) groove; *fig.* ***in dieselbe ~ hauen*** do (*od.* say) exactly the same thing.

Kerbel *m* ⚘ chervil.

kerben *v/t.* notch; (*rändeln*) knurl.

Kerb|holz *n*: *fig.* ***etwas auf dem ~ haben*** have done s.th. wrong; ***einiges auf dem ~ haben*** have quite a record; **~tier** *n* insect.

Kerker *m* jail, *Brit. a.* gaol, prison; (*Verlies*) dungeon; ⚖ → **~haft** *f* imprisonment; **~meister** *m* jailer, *Brit. a.* gaoler.

Kerl F *m* F bloke, guy; ***armer ~*** F poor devil; ***ein ganzer ~*** a real man; ***ein anständiger ~*** F a decent sort; ***sie ist ein feiner ~*** F she's a good sort; ***blöder ~*** idiot.

Kern *m* **1.** *von Kernobst*: pip, seed; *von Steinobst*: stone; (*Nuss≈*) kernel; **2.** ◎, ⚡, *a. e-s Reaktors*: core; 📖 (*a. Atom≈*) nucleus; **3.** *fig.* core, (*das Wichtigste*) *a.* essence; (*Keimzelle*) nucleus; (*Stadt≈ etc.*) cent|re (*Am.* -er), heart; ***der ~ der Sache*** the heart (*od.* core) of the matter; ***bis zum ~ e-r Sache dringen*** get to the core of s.th.; ***harter ~*** hard core; ***im ~ verdorben*** rotten to the core; ***sie hat e-n guten ~*** she's good at heart; **~arbeitszeit** *f* core time; **~bereich** *m* **1.** (*Kernzone*) cent|re (*Am.* -er), central part; **2.** (*Hauptgebiet, -bereich*) fundamental (*od.* key) area; ***die ~e*** *pl.* ***der Informatik*** the fundamentals of computer science; **~brennstoff** *m* nuclear fuel; **~chemie** *f* nuclear chemistry.

Kernenergie *f* nuclear energy; **~programm** *n* nuclear energy program(me); **~risiko** *n* nuclear (energy) risk.

Kern|explosion *f* nuclear explosion; **~fach** *n ped.* core subject; **~familie** *f* nuclear family.

Kernforschung *f* nuclear research; **Kernforschungsanlage** *f* nuclear research plant.

Kern|frage *f* hard-core issue; **~fusion** *f* nuclear fusion; **~gedanke** *m* central idea; **~gehäuse** *n* core; **≈gesund** *adj.* (as) fit as a fiddle.

kernig *adj.* **1.** *Obst*: full of pips; **2.** *fig.* (*markig*) pithy; (*kraftvoll*) robust, vigorous; (*derb*) earthy; **3.** *Wein*: sturdy; **4.** *Leder*: full.

Kernkraft *f* nuclear power (*od.* energy); **~befürworter** *m* pro-nuclear lobbyist; **~gegner** *m* antinuclear protester (*od.* campaigner); **~werk** *n* nuclear power plant.

Kernladung *f* nuclear charge; **Kernladungszahl** *f* atomic number.

Kernland *n*: ***die Kernländer der EU*** the core countries of the EU.

kernlos *adj.* ⚘ seedless.

Kern|modell *n* nuclear model; **~obst** *n* pomaceous fruit, pome(s *pl.*); **~physik** *f* nuclear physics *pl.* (*sg. konstr.*); **~physiker** *m* nuclear physicist; **~punkt** *m* essential (*od.* central) point; **~reaktion** *f* nuclear reaction; **~reaktor** *m* nuclear reactor; **~schatten** *m* deepest shadow; *ast.* umbra; **~schmelze** *f* core meltdown; **~seife** *f* curd soap; **~spaltung** *f* nuclear fission; **~speicher** *m Computer*: core memory; **~spintomographie** *f* ⚕ magnetic resonance; **~spruch** *m* pithy saying; **~stück** *n* main item; *e-r Sammlung etc.*: piece de résistance; **~technik** *f* nuclear technology.

Kernwaffe *f* nuclear weapon; **kernwaffenfrei** *adj.*: ***~e Zone*** nuclear-free zone; **Kernwaffenversuch** *m* nuclear test.

Kern|zeit *f* core time; **~zone** *f* cent|re (*Am.* -er); *geol.* nucleus.

Kerosin *n* kerosene.

Kerze *f* **1.** candle (*a.* ⚡, *Lampe u. Messeinheit*); (*Zünd≈*) spark(ing) plug; **2.** *Turnen*: shoulder stand; ***e-e ~ fabrizieren***

K

(*od.* ***produzieren***) *Fußball*: sky one's clearance.

kerzengerade *adj. u. adv.* (as) straight as an arrow; *Person*: (as) straight as a ramrod; (*aufrecht*) bolt upright.

Kerzen|halter *m am Baum*: candleholder; **~leuchter** *m* candelabrum, *für eine Kerze*: candlestick; *an der Wand*: sconce; **~licht** *n*: (***bei ~*** by) candlelight; ***Essen bei ~*** a candlelight dinner; **~stecker** *m mot.* spark-plug cap; **~stummel** *m* candle stub.

Kescher *m* net; *für Fische*: landing net.

kess F *adj.* pert, saucy.

Kessel *m* **1.** kettle; *großer*: ca(u)ldron; (*Dampf≈*) boiler; **2.** (*Vertiefung*) hollow; (*Wasserbecken*) basin; (*Tal≈*) basin; **3.** ⚔ pocket; **~flicker** *m* tinker; **~haus** *n* boiler house (*od.* room); **~pauke** *f* kettledrum; **~schlacht** *f* battle of encirclement, cauldron battle; **~stein** *m* fur, scale; ***den ~ entfernen von*** descale; **~treiben** *n Jagd*: battue; *fig. pol.* witch-hunt (***gegen*** against).

Kessheit *f* pertness, sauciness.

Ketchup *m, n* → ***Ketschup.***

Keton *n* ⚗ ketone.

Ketsch *f* ⚓ ketch.

Ketschup *m, n* (tomato) ketchup, tomato sauce.

Kette *f* **1.** chain (*a.* ⚗, ⚘); (*Hals≈*) *mst* necklace, (*Arm≈*) chain, bracelet; *fig. mst* **~n** chains, fetters; ***an die ~ legen*** (*Hund*) put on the chain, *fig.* (*j-n*) put *s.o.* on a short leash, *Sport*: mark *s.o.* out of the game; **2.** *e-s Kettenfahrzeugs*: track; **3.** *Weberei*: warp; ***~ und Schuss*** warp and woof; **4.** *von Bergen etc.*: chain, range; *von Seen*: chain, string; *fig. von Ereignissen etc.*: chain, series, *der Beweisführung, von Gedanken etc.*: chain; (*Absperrung*) cordon; ***e-e ~ bilden*** form a cordon, *zum Weiterreichen*: form a line, *a. Demonstration*: form a human chain.

ketten *v/t.* chain (***an*** to) (*a. fig.*).

Ketten|antrieb *m* ⚙ chain drive; **~armband** *n* chain bracelet; **~brief** *m* chain letter; **~bruch** *m* ℞ continued fraction; **~brücke** *f* suspension bridge; **~fahrzeug** *n mot.* tracked vehicle; **~förderer** *m* ⚙ chain conveyor; **≈förmig** *adj.* ⚗ aliphatic; **~gebirge** *n* mountain range; **~gelenk** *n*, chain (*mot.* track) link; **~geschäft** *n* chain store; **~glied** *n* chain link; **~hund** *m* watchdog; **~karussell** *n* chairoplane; **~laden** *m* chain store; **~panzer** *m* coat of mail; **~rad** *n* ⚙ sprocket wheel; **~rauchen** *n* chain smoking; **~raucher** *m* chain smoker; **~reaktion** *f phys. u. fig.* chain reaction; **~restaurant** *n* chain restaurant; **~säge** *f* chain saw; **~schluss** *m phls.* chain syllogism, sorites; **~schutz** *m am Fahrrad*: chain guard; **~stich** *m* chain stitch; **~vertrag** *m* chain contract.

Kettfaden *m* warp.

Ketzer(in *f*) *m* heretic; **Ketzerei** *f* heresy; **Ketzergericht** *n hist.* (court of) inquisition; **ketzerisch** *adj.* heretical.

keuchen *v/i.* pant, *pfeifend*: wheeze; *vor Schreck etc.*: gasp; *Zug etc.*: puff.

Keuchhusten *m* ⚕ whooping cough.

Keule *f* **1.** club, cudgel, *hist.* mace; *e-s Mörsers*: pestle; **2.** *zo.* haunch; *gastr.* leg, haunch, *Geflügel*: leg, drumstick; **3.** ***chemische ~*** chemical mace.

Keulen|schlag *m* cudgel blow; *fig.* ***es traf ihn wie ein ~*** it came as a tremendous blow to him; **~schwingen** *n Sport*: (Indian) club swinging.

keusch *adj.* chaste; (*jungfräulich*) virginal; **Keuschheit** *f* chastity.

Keuschheits|gelübde *n* vow of chastity; **~gürtel** *m* chastity belt.

Keyboard *n* ♪, *Computer*: keyboard.

Kfz → ***Kraftfahrzeug***; **~...** *in Zssgn* → *a.* ***Kraftfahrzeug...***; **~-Kennzeichen** *n* car registration (*Am.* license) number; **~-Mechaniker** *m*, **~-Schlosser** *m* (car) mechanic; **~-Steuer** *f* road (*Am.* automobile) tax; **~-Versicherung** *f* car insurance; **~-Werkstatt** *f* garage; **~-Zulassungsstelle** *f* vehicle registration cent|re (*Am.* -er).

Khaki *m, n* khaki.

khmer *adj.* Khmer.

Khmer[1] *m* Khmer; ***die ~*** the Khmer (people); ***die Roten ~*** the Khmer Rouge.

Khmer[2] *n ling.* Khmer.

Kibbuz *m*: (***in e-m ~*** in *od.* on a) kibbutz.

Kiberer *östr. m* detective.

Kichererbse *f* chickpea.

kichern I. *v/i.* giggle; *spöttisch*: snigger; **II.** ≈ *n* giggling; sniggering.

Kick F *m* **1.** kick, buzz; ***j-m e-n ~ geben*** give s.o. a (real) kick (*od.* buzz); **2.** game; **Kickboard** *n Sport* (*Roller*) kickboard (scooter), skate scooter; **kicken** F **I.** *v/t.* kick; **II.** *v/i.* play football; **Kicker** F *m* (*Spieler*) (football) player.

Kickstarter *m mot.* kickstarter.

Kid *sl. n* (*Jugendlicher*) kid.

kidnappen *v/t.* kidnap; **Kidnapper(in** *f*) *m* kidnapper.

Kiebitz *m zo.* peewit, lapwing; F (*Zuschauer*) F kibitzer; **kiebitzen** F *v/i.* F sneak a look; *Kartenspiel etc.*: F kibitz.

Kiefer[1] *m* jaw(bone); *Insekt*: mandible.

Kiefer[2] *f* ⚘ pine (tree); (*Holz*) pine(wood).

Kiefer|bruch *m* ⚕ fractured jaw; **~chirurgie** *f* oral surgery.

Kieferhöhle *f* (maxillary) sinus; **Kieferhöhlenentzündung** *f* (maxillary) sinusitis.

Kiefer|klemme *f* lockjaw; **~knochen** *m* jawbone.

Kiefern|holz *n* pine(wood); **~nadel** *f* pine needle; **~öl** *n* pine oil; **~wald** *m* pinewood; **~zapfen** *m* pine cone.

Kiefer|orthopäde *m* orthodontist; **~orthopädie** *f* orthodontics *pl.* (*sg. konstr.*).

kieken F *dial. v/i.* → ***gucken***; **Kieker** *m*: F ***j-n auf dem ~ haben*** *a. misstrauisch*: have one's eye on s.o., (*es auf j-n abgesehen haben*) F have it in for s.o.

Kiel *m* **1.** ⚓, ✈ keel; ***auf ~ legen*** (*Schiff*) lay down; **2.** (*Feder≈*) quill; **~flosse** *f* ✈ tail fin; **~linie** *f* **1.** line ahead; **2.** *e-s Schiffs*: keel line; **≈oben** *adj.* bottom up; **~raum** *m* bilge; **~wasser** *n* wake; ***im ~ fahren*** *a. fig.* follow in the wake (*gen.* of).

Kieme *f zo.* gill.

Kiemen|atmung *f* gill breathing; **~deckel** *m* gill cover; **~spalte** *f* gill slit.

Kien *m* resinous (pine)wood; **~apfel** *m* pine cone; **~span** *m* pine(wood) chip; **~zapfen** *m* pine cone.

Kiepe *f* pannier.

Kies *m* **1.** gravel; (*Straßen≈ etc.*) *a.* grit; ***grober ~*** shingle; **2.** *min.* pyrite; **3.** F (*Geld*) F lolly; **~beton** *m* gravel concrete; **~boden** *m* gravelly soil.

Kiesel *m* pebble; **~alge** *f* diatom; **~erde** *f* silica; **≈sauer** *adj.* siliceous; **~säure** *f* silicic acid; **~stein** *m* pebble.

Kiesgrube *f* gravel pit.

kiesig *adj.* gravelly.

Kies|strand *m* shingle (*od.* pebble) beach; **~weg** *m* gravel path.

Kiez *m* **1.** area, quarter; **2.** *sl.* (*Bordellviertel*) red-light district.

kiffen *sl. v/i.* F smoke pot.

kikeriki *int.*, ≈ *n* cock-a-doodle-doo.

killekille F *int.* tickle-tickle.

killen F *v/t.* F bump off; **Killer** F *m* F hit man, killer, hatchet man.

Killer|kommando F *n* F hit squad; **~satellit** F *m* (hunter-)killer satellite.

Kilo *n* kilogram(me); **~byte** *n* kilobyte; **~gramm** *n* kilogram(me); **~hertz** *n* kilocycle (per second), kilohertz; **~kalorie** *f* kilocalorie.

Kilometer *m, n* kilomet|re (*Am.* -er); ***60 ~ (in der Stunde) fahren*** do 60 kilomet|res (*Am.* -ers); **~fresser** F *m* F speed merchant; **~geld** *n etwa* mileage allowance; **≈lang I.** *adj.* stretching for miles, miles (and miles) of ...; **II.** *adv.* for miles (and miles); **~pauschale** *f etwa* flat mileage rate; **~stand** *m mot. etwa* mileage (reading); **~stein** *m etwa* milestone; **≈weit** *adj.* → ***meterlang***; **~zahl** *f mot. etwa* mileage; ***unbegrenzte ~*** unlimited mileage; **~zähler** *m etwa* mileometer, mileage indicator.

Kilo|ohm *n* kilohm, *a* thousand ohms *pl.*; **~pond** *n* kilogram(me) weight; **~tonne** *f* kiloton.

Kilovolt *n* kilovolt; **~ampere** *n* kilovolt-ampere.

Kilowatt *n* kilowatt; **~stunde** *f* kilowatt hour.

Kilt *m* kilt.

Kimber *m hist.* Cimbrian; ***die ~n*** the Cimbri; **kimbrisch** *adj.* Cimbrian.

Kimm *f* ⚓ **1.** visual horizon; **2.** (*Schiffsbauch*) bilge.

Kimme *f* notch.

Kimono *m* kimono.

Kind *n* child; (*Baby*) baby; *fig. des Geistes*: product; ***sie ist kein ~ mehr*** she's not a little kid any more; ***ein großes ~*** a big baby; ***ein ~ bekommen*** (*od.* ***erwarten***) be pregnant, be expecting a baby; ***von ~ auf*** (ever) since I was (*od.* you were *etc.*) a child; ***das ist nichts für kleine ~er*** you're too young for that; ***~er, ~er!*** my goodness!; ***eure ~er und Kindeskinder*** your children and children's children; ***das weiß doch jedes ~!*** any child knows that; (***ein***) ***gebranntes ~ scheut das Feuer*** once bitten, twice shy; F *fig.* ***wie sag ichs m-m ~e?*** a) how shall I put it now?, b) *schonend*: how am I going to put it to him (*od.* her)?; F ***wir werden das ~ schon schaukeln*** we'll work it out (somehow); ***das ~ mit dem Bade ausschütten*** throw the baby out with the bathwater; ***ein Berliner ~*** a Berliner born and bred; ***sich lieb ~ machen bei j-m*** try to get into s.o.'s good books; ***sie sind mit ~ und Kegel losgezogen*** the whole clan went off; ***das ~ beim rechten Namen nennen*** call a spade a spade; ***~er, hört mal!*** *an Erwachsene*: listen (to this), folks.

Kindbett *n* childbed; ***im ~ liegen*** be lying in; ***im ~ sterben*** die in childbed; **~fieber** *n* childbed (*od.* puerperal) fever.

Kindchen *n* small child; *iro.* ***aber ~!*** my dear child!

Kinder|arbeit *f* child employment, *bsd. manuelle*: child labo(u)r; **~arzt** *m*, **~ärztin** *f* p(a)ediatrician; **~bett** *n* cot, *Am.* crib; **~buch** *n* children's book; **~chor** *m* children's choir; **~dorf** *n* children's village; → ***SOS-Kinderdorf***; **~ermäßigung** *f* reduction for children, children's rate; **~erziehung** *f* bringing up children;

~fahrkarte *f* child's ticket, F half; **~fahrrad** *n* children's bicycle; **2feindlich** *adj.*: **~ sein** hate children; **~fernsehen** *n* children's TV (program[me]s *pl.*); **~fest** *n* children's party; **~film** *m* children's film; **~frau** *f* child minder; **~freibetrag** *m* child allowance; **~freund** *m*: **ein ~ sein** be very fond of children; **2freundlich** *adj.* very fond of children; *Umgebung etc.*: suitable for children; **ein ~es Hotel** *etc.* a hotel *etc.* that welcomes children; **~funk** *m* children's TV (*od.* radio); **~garten** *m* kindergarten; **~gärtnerin** *f* kindergarten teacher; **~geld** *n* child benefit, *Brit. a.* children's allowance; **~gesicht** *n* child's face; *weitS.* babyface; **~gottesdienst** *m* children's service; **~heilkunde** *f* p(a)ediatrics *pl.* (*sg. konstr.*); **~heim** *n* children's home; **~hort** *m* after-school care cent|re (*Am.* -er); **~kanal** *m TV* children's channel; **~karussell** *n* roundabout, merry-go-round, *Am.* car(r)ousel; **~kleidung** *f* children's wear; **~klinik** *f* children's hospital; **~krankenschwester** *f* p(a)ediatric nurse, F sick children's nurse; **~krankheit** *f* ⚕ children's illness; *fig.* **~en** teething troubles; **~krebs** *m* childhood cancer; **~kriegen** *n*: F **es ist zum ~** it's enough to drive you up the wall; **~krippe** *f* crèche, day nursery; **~laden** *m* **1.** children's shop; **2.** (antiauthoritarian) playgroup; **~lähmung** *f* ⚕ polio, 🕮 poliomyelitis; **2leicht** *adj.* really (F dead) easy; **es ist ~** *a.* it's a pushover (F cinch); **2lieb** *adj.* very fond of children; **~lied** *n* children's song; *engS.* nursery rhyme.

kinderlos *adj.* childless; **Kinderlosigkeit** *f* childlessness; inability to have children.

Kinder|mädchen *n* nanny; **~mode** *f* children's fashions *pl.*; (*Kleidung*) children's wear; **~mord** *m* child murder; ⚖ infanticide; *bibl.* **der ~ zu Bethlehem** the massacre of the innocents; **~mörder(in** *f*) *m* child murderer; **~mund** *fig. m* things *pl.* children say; **~ tut Wahrheit kund** out of the mouths of babes and sucklings; **~nahrung** *f* baby food; **~narr** *m*: **ein ~ sein** F be crazy about children, go potty over children; **~pflegerin** *f* nursery school teacher; **~popo** F *m*: **glatt wie ein ~** (as) smooth as a baby's bottom; **~porno** F *m* F child-porn (*od.* kiddy-porn) video; **~pornographie** *f* child pornography; **~psychologe** *m* child psychologist; **~puder** *m* baby powder; **2reich** *adj.*: **~e Familie** large family; **~reim** *m* nursery rhyme; **~schänder** *m* child abuser; **~schreck** *m* bogeyman; **~schuhe** *pl.* children's shoes; *fig. das Unternehmen* **steckt noch in den ~n** is still in its infancy; **er steckt politisch** *etc.* **noch in den ~n** he's still in his political *etc.* nappies; **~schutzbund** *m* child welfare association; **~schwester** *f* children's nurse; **~sendung** *f* children's program(me); **2sicher** *adj.* childproof; **~sicherung** *f* child lock; **~sitz** *m* child seat; **~spiel** *n* children's game; *fig.* pushover; **das ist für ihn ein ~** *a.* that's child's play for him; **~spielplatz** *m* children's playground; **~spielzeug** *n* (children's) toys *pl.*; **~sprache** *f* children's language; *von Erwachsenen*: baby talk; **~star** *m* child star; **~station** *f* children's ward, p(a)ediatric ward; **~sterblichkeit** *f* child (*jünger*: infant) mortality; **~stube** *fig. f* upbringing; **er hat keine** (**e-e gute**) **~** he's got no manners (he's been brought up well); **~stunde** *f TV* children's program(me); **~tagesstätte** *f* day nursery, day care cent|re (*Am.* -er); **~teller** *m im Restaurant*: children's portion; **~wagen** *m* pram, *Am.* baby carriage; **~zimmer** *n* children's room; *für Kleinkinder*: playroom; **~zuschuss** *m* child benefit.

Kindes|alter *n* childhood; *frühes*: infancy; **~aussetzung** *f* abandoning of a child (*od.* children); **~beine** *pl.*: **von ~n an** from childhood; **~entführung** *f* child kidnapping; **~kind** *n* → **Kind**; **~misshandlung** *f* child abuse; **~mord** *m* infanticide; **~mörder(in** *f*) *m* child murderer; **~mutter** *f* child's mother; **~tötung** *f* infanticide; **~vater** *m* child's father.

Kind|frau *f* **1.** nymphet; **2. sie ist e-e ~** (*Mädchenfrau*) she's like a young girl; **2gemäß I.** *adj.* suitable for children (*od.* a child); **II.** *adv.*: **et. ~ ausdrücken** express s.th. in children's terms; **2gerecht** *adj.* suitable for children (*od.* a child).

Kindheit *f* childhood; *frühe*: infancy; **von ~ an** from childhood.

Kindheits|erinnerung *f* childhood memory; **~erlebnis** *n* childhood experience; **~traum** *m* childhood dream.

kindisch *adj.* childish.

kindlich *adj.* childish; childlike; (*unschuldig*) innocent; (*naiv*) naive.

Kinds... *in Zssgn* → *a.* **Kind(es)...**; **~kopf** *m*: F **er ist ein richtiger ~** he's just like a little boy; **~lage** *f* ⚕ presentation; **~taufe** *f* christening, baptism; **~tod** *m*: **plötzlicher ~** cot death, 🕮 sudden infant death syndrome, F Sids.

Kinemathek *f* film library.

Kinematographie *f* cinematography; **kinematographisch** *adj.* cinematographic(ally *adv.*).

Kinetik *f phys.* kinetics *pl.* (*sg. konstr.*); **kinetisch** *adj.* kinetic(ally *adv.*).

King F *m* F top dog.

Kinkerlitzchen F *pl.* (*Kleinigkeiten*) odds and ends; (*Flausen*) F monkey business *sg.*

Kinn *n* chin; **~backe** *f*, **~backen** *m* jaw; **~bart** *m* goatee; **~haken** *m* hook to the chin; **~lade** *f* jaw; **er ließ die ~ fallen** his jaw dropped; **~riemen** *m* chinstrap; **~stütze** *f Geige etc.*: chin rest.

Kino *n* (*Gebäude*) cinema, *Am.* movie theater; (*Institution*) cinema, *bsd. Am. the* movies *pl.*; *weitS. the* screen; **ins ~ gehen** go to the cinema (*Am.* movies), go and see a film (*Am.* movie); **~...** *in Zssgn* → *a.* **Film...**; **~besucher** *m* cinemagoer, *Am.* moviegoer; **~film** *m* (cinema) film; **~hit** *m* film hit; **~programm** *n* cinema program(me); **~publikum** *n* cinema audience(s *pl.*); **~reklame** *f* **1.** cinema (*od.* screen) advertising; **2.** *für Film(e)*: film publicity.

Kintopp F *m the* movies *pl.*

Kiosk *m* kiosk; (*Zeitungsstand*) *a.* newsstand.

Kipferl *dial. n* croissant.

kippbar *adj.* tiltable, hinged.

Kipp|bewegung *f* tipping movement; **~bühne** *f* tilting stage.

Kippe *f* **1.** F (*Zigarettenstummel*) cigarette butt (*od.* end), F fag end; **2. er** (**die Firma**) **steht auf der ~** it's touch and go with him (the company's on the verge of bankruptcy); **3.** (*Müll2*) dump.

kippelig F *adj.* wobbly.

kippeln F *v/i.* **1.** *Stuhl etc.*: be wobbly; **2.** *auf e-m Stuhl*: go back on one's chair.

kippen I. *v/i.* tip over; *Boot*: capsize; → **Latsche**[2]; **II.** *v/t.* tip up; (*Fenster*) tilt; (*Wasser etc.*) tip, pour (**aus** out of); **nicht ~!** *Aufschrift*: (please) do not tilt; F **einen ~** (*trinken*) F have a quick one; → *a.* **umkippen.**

Kipper *m* **1.** ⚙ dumper; **2.** → **Kippwagen.**

Kipp|fenster *n* tilting window; **~hebel** *m* tilting lever; **~schalter** *m* toggle switch; **~schaltung** *f* ⚡ trigger circuit; **2sicher** *adj.* stable; **~vorrichtung** *f* tipping device; **~wagen** *m mot.* tipper lorry, *a. Am.* dump truck.

Kirche *f* church; (*Gottesdienst*) *a.* service; **in der ~** at church; **in die** (*od.* **zur**) **~ gehen** go to church; *fig.* **wir wollen die ~ im Dorf lassen** let's not get carried away.

Kirchen|älteste(r) *m* elder; **~amt** *n* church office; **~bank** *f* pew; **~bann** *m* excommunication; **~besuch** *m* **1.** church attendance; **2.** → **Kirchgang**; **~besucher** *m* churchgoer; **~buch** *n* parish register; **~chor** *m* (church) choir; **~diener** *m* sexton; **2feindlich** *adj.* anticlerical; **~fenster** *n* church window; **~führer** *m* church leader; **~funk** *m* religious broadcasting; **~fürst** *m* church dignitary; **~gemeinde** *f* parish; *in der Kirche*: congregation; **~geschichte** *f* church history; **~gestühl** *n* pews *pl.*; **~glocke** *f* church bell; **~jahr** *n* ecclesiastical year; **~kalender** *m* ecclesiastical calendar; **~kampf** *m* struggle between church and state; **~konzert** *n* church concert; **~latein** *n* Church Latin; **~lehre** *f* church doctrine; **~lied** *n* hymn; **~mann** *m* churchman; **~maus** *f*: *fig.* **arm wie e-e ~** (as) poor as a church mouse; **~musik** *f* sacred (*od.* church) music; **~politik** *f* church policy; **~raub** *m* theft from a church (*od.* churches); **er wurde wegen ~s verurteilt** he was sentenced for stealing from a church; **~recht** *n* canon law; **2rechtlich** *adj.* canonical; **~schändung** *f* sacrilege; **~schiff** *n* nave; **~spaltung** *f* schism; **~staat** *m* **1.** *hist.* Papal States *pl.*; **2.** (*Vatikanstaat*) *the* Vatican City; **~steuer** *f* church tax; **~tag** *m* church congress; **~tonart** *f* church mode; **~vater** *m hist.* church father; **die Kirchenväter** the Early Fathers (of the Church); **~vorstand** *m* parish council.

Kirch|gang *m*: **der ~ am Sonntag war Familientradition** (**Pflicht**) going to church on Sundays was a family tradition (we had to go to church on Sundays); **~gänger** *m* churchgoer.

Kirchhof *m* churchyard.

Kirchhofs|frieden *fig. m* uneasy peace; **~ruhe** *f* **1.** peace of the graveyard; *fig.* **es herrschte e-e ~** it was silent as the grave; **2.** → **Kirchhofsfrieden.**

kirchlich I. *adj.* church ... (*a. Trauung etc.*); ecclesiastical; (*Geistliche betreffend*) clerical; (**~** *gesinnt*) religious, devout; **II.** *adv.*: **sich ~ trauen lassen** have a church wedding.

Kirchturm *m* (church) steeple, spire; *ohne Spitze*: church tower; **~politik** *f* parish-pump politics *pl.*; **~spitze** *f* (top of a) church spire; **~uhr** *f* church clock.

Kirchweih *f* (parish) fair.

Kirchweihe *f* consecration of a church.

Kirmes *f* fair.

kirre F *adj.* (*a.* **~ machen**) tame.

Kirsch *m* kirsch; **~baum** *m* cherry tree; (*Holz*) cherrywood; **~blüte** *f* cherry blossom.

Kirsche *f* cherry; **saure ~** sour cherry,

K

morello; *fig.* ***mit ihm ist nicht gut ~n essen*** F he's a tough customer.
Kirsch|kern *m* cherry stone; **~likör** *m* cherry brandy; **2rot** *adj.*, **~rot** *n* cherry(-red), cerise; **~saft** *m* cherry juice; **~torte** *f* cherry gateau; **~wasser** *n* kirsch.
Kissen *n* cushion; (*Kopf2*) pillow; **~bezug** *m*, **~hülle** *f* cushion cover; (*Kopf2*) pillowcase, pillowslip; **~schlacht** *f* pillow fight.
Kiste *f* **1.** box; (*Truhe*) chest; ☤ case; (*Latten2*) crate; **2.** F *mot.*, ✈ F crate; ***alte ~*** F old banger; **3.** F (*Sache*) business, job; ***faule ~*** fishy business; **kistenweise** *adv.* in crates; by the crate.
Kithara *f* cithara.
Kitsch *m* kitsch; (*Waren etc.*) trash, junk; **kitschig** *adj.* kitschy; trashy; **Kitschroman** *m* trashy novel.
Kitt *m* (*Fenster2*) putty; (*Kleb2*) cement; (*Dichtmasse*) sealing cement; (*Füllmasse*) filling compound.
Kittchen F *n* F clink, jug, *Am.* F slammer; ***im ~ sitzen*** be in clink (*od.* jug), *Am.* be in the slammer.
Kittel *m* overall, *Am.* workcoat, white coat; (*Arzt2 etc.*) coat; (*Bluse*) smock; **~schürze** *f* overall.
kitten *v/t.* cement; *Glaserei*: putty; *weitS.* glue together; F *fig.* patch up.
Kitz *n*, **Kitze** *f* kid; (*Reh2*) fawn.
Kitzel *m* tickle, tickling; *fig.* thrill, F kick; (*Verlangen*) F itch (**nach** for); **kitzeln** *v/t. u. v/i.* tickle (*a. fig.*); ***mich kitzelts am Fuß*** (***im Hals***) my foot's tickling (I've got a tickle in my throat); *fig.* ***es kitzelte ihn zu*** *inf.* he was itching to *inf.*
Kitzler *m anat.* clitoris.
kitzlig *adj.* ticklish (*a. fig. heikel*).
Kiwi[1] *m zo.* kiwi.
Kiwi[2] *f* (*Frucht*) kiwifruit.
Klabautermann *m* hobgoblin.
Klacks F *m* F blob; *Sahne etc.*: (small) dollop; *fig.* ***das ist doch nur ein ~*** that's nothing.
Kladde *f* **1.** (rough) notebook; (scribbling) pad; ☤ waste book; **2.** (*Entwurf*) rough draft.
kladderadatsch F **I.** *int.* bang!; **II.** 2 *m* crash; *fig.* mess; (*Skandal*) scandal, F to-do; ☤ crash.
klaffen *v/i. Abgrund, Spalte, a. Wunde, Kleid etc.*: gape.
kläffen *v/i.* yap, yelp; F *fig.* (*murren*) F whinge; **klaffend** *adj.* gaping; **Kläffer** *m Hund*: yelper, F noisy little critter; F *fig.* F whinger.
Klafter *m*, *n* **1.** *hist.* fathom (*a.* ⚓); **2.** *Holzmaß*: cord.
klagbar *adj.* actionable; *Anspruch*: suable.
Klage *f* **1.** complaint; (*Weh2*) lament; **2.** (*Beschwerde*) complaint; (***keinen***) ***Grund zur ~ haben*** have (no) cause for complaint; **3.** ⚖ suit, action; ***~ erheben gegen*** file a suit against, sue (***wegen*** for); → *a.* ***Anklage***; **~abweisung** *f* ⚖ dismissal of action; **~erhebung** *f* ⚖ filing of an action; **~geschrei** *n* wailing; **~grund** *m* ⚖ cause of action; **~laut** *m* moan; **~lied** *n* dirge; *fig.* lamentation; *fig.* ***ein ~ anstimmen*** set up a wail; → ***Jeremia***; **~mauer** *f*: ***die ~*** the Wailing Wall.
klagen I. *v/i.* **1.** complain (***über*** about, of; ***bei*** to); (*weh~*) wail, lament; ***~ über*** (*leiden an*) complain of; **2.** ⚖ bring an action (***gegen*** against; ***auf, wegen*** for), go to court (***auf, wegen*** about), sue (for); → *a.* ***Klage*** 3; **II.** *v/t.*: ***j-m sein Leid ~*** pour one's heart out to s.o.; ***j-n ~*** *östr.* → ***verklagen***; **klagend** *adj.*: ⚖ ***der ~e Teil*** the plaintiff(s *pl.*).
Kläger(in *f*) *m* ⚖ plaintiff; (*bsd. Berufungs2*) complainant; *in Scheidungssachen*: petitioner.
Klage|schrift *f* ⚖ statement of claim; **~weg** *m* ⚖ litigation; ***auf dem ~*** by taking legal action; **~weib** *n* professional mourner.
kläglich I. *adj. Blick etc.*: pitiful; *Dasein, Lage etc.*: *a.* miserable, wretched; **II.** *adv.*: ***~ versagen*** fail miserably (*od.* abysmally); ***~ weinen*** cry pitifully, F howl; ***der Gewinn ist ~ ausgefallen*** we *etc.* made a pittance.
klaglos *adv.* without complaining.
Klamauk F *m* **1.** (*Lärm*) F row, racket; (*Getue*) F to-do; **2.** *thea.* slapstick.
klamm *adj.* clammy; (*erstarrt*) numb.
Klamm *f geol.* gorge.
Klammer *f* (*Büro2*) clip, (*Heft2*) staple; (*Wäsche2*) peg; ⚕ clip; (*Zahn2*) brace; → *a.* ***Haarklammer*** *etc.*; ⚙ clamp; *typ.* bracket, *a. Am.* parenthesis; ***eckige ~*** square bracket, *Am.* bracket; ***~ auf*** (***zu***) open (close) brackets (*Am.* parentheses); **~affe** *m* **1.** *zo.* spider monkey; *fig.* ***er ist ein ~*** he's like a leech; **2.** F *typ.* (@) at-sign; **~beutel** *m* peg bag; F *fig.* ***mit dem ~ gepudert sein*** F be off one's head; **~griff** *m* (tight) grip.
klammern I. *v/t.* clip, attach (***an*** to); **II.** *v/refl.*: ***sich ~ an*** *a. fig.* cling to; **III.** *v/i. Boxen*: clinch.
Klammernentferner *m Gerät*: staple remover.
klammheimlich F *adv.* F on the quiet.
Klamotte F *f* **1.** **~n** (*Kleider*) F things, *sl.* gear, clobber; **2.** **~n** (*Sachen*) F things, stuff; **3.** (*alter Film*) F oldie.
Klamottenkiste *f*: F *fig.* ***das hast du wohl aus der ~*** F where did you dig that up?
Klampe *f* ⚓ cleat; *für Rettungsboote*: chock.
Klampfe F *f* guitar.
klamüsern *v/t.* → ***auseinander klamüsern***, ***ausklamüsern***.
Klang *m* sound; *von Gläsern*: *a.* clinking, *heller*: tinkling; *von Geld*: chinking; *von Metall*: clanking; (*Ton*) tone; (*~farbe*) timbre; (*Widerhall*) resonance; *fig.* ring; ♪ **Klänge** strains, sounds; ***zu den Klängen von*** to the sound (*od.* strains) of; *fig.* ***sein Name hat e-n guten ~*** he's got a good reputation; **~bild** *n* sound; **~effekt** *m* (sound) effect; **~farbe** *f* timbre; **~figuren** *pl.* sound figures; **~fülle** *f* sonority; **~körper** *m* orchestra; **~lehre** *f* acoustics *pl.* (*sg. konstr.*).
klanglich *adj.* tonal, tone ...; sound ...
klanglos *adj.* toneless; → ***sang- und ~***.
Klang|regler *m* tone control; **2rein** *adj.*: ***~ sein*** have a pure sound (*od.* tone); **~spektrum** *n* range of sound(s); **2voll** *adj.* sonorous; melodious; *fig.* illustrious; **~welle** *f* sound wave; **~wiedergabe** *f* sound reproduction.
Klapp|bett *n* folding bed; **~box** *f Verpackung*: folding box; **~brücke** *f* bascule bridge; **~deckel** *m* hinged lid.
Klappe *f lose*: flap (*a. am Briefumschlag, an Tasche etc.*); (*Deckel*) lid; ⚙ shutter; *am Lastwagen*: tailboard, *seitlich*: drop side; (*Tisch2*) leaf; (*Ventil*) flap valve; ♪ key; *Film*: clapper board(s *pl.*); ⚘, *zo.* valve; ***die ~ fällt am ...*** *Film*: shooting starts on (the) ...; ***nach der letzten ~*** *Film*: when shooting finishes (*od.* finished); F ***bei mir ist die ~ runtergegangen*** I don't want to hear any more about it; F ***~ zu, Affe tot!*** (thank goodness) that's the end of that; F ***halt die ~!*** F shut up; F (***immer***) ***die ~ aufreißen, e-e große ~ haben*** have a big mouth; F ***in die ~ gehen*** F hit the sack (*bsd. Am.* hay).
klappen I. *v/t.* **1.** fold; ***der Sitz lässt sich nach hinten ~*** the seat folds back; **II.** *v/i.* **2.** *Tür etc.*: click; **3.** F (*gut gehen*) work; go off well; ***es klappt nicht*** it won't work; ***wenn alles klappt*** if all goes well; (***es***) ***wird schon ~!*** it'll work out all right (*Am.* alright).
Klappen|fehler *m* ⚕ valvular defect; **~text** *m im Buch*: blurb.
Klapper *f* rattle; ♪, *R.C.* clapper; **2dürr** F *adj.*: ***~ sein*** F be a bag of bones; **~gestell** F *n* **1.** (*Person*) F bag of bones; **2.** → ***Klapperkasten***.
klapperig *adj.* → ***klapprig***.
Klapper|kasten F *m*, **~kiste** F *f mot.* F old banger, boneshaker; ✈ F crate, boneshaker.
klappern I. *v/i.* (*a.* ***mit et. ~***) rattle; *Geschirr etc.*: clatter; *Schuhe*: clip-clop; *Stricknadeln*: click; *Storch*: clatter; ***er klapperte*** (***vor Kälte***) ***mit den Zähnen*** his teeth were chattering (with cold); **II.** 2 *n* rattling, rattle, clatter(ing) *etc.*; → I; ***~ gehört zum Handwerk*** puff is part of the trade.
Klapper|schlange *f zo.* rattlesnake; **~storch** *m* stork; ***er glaubt noch an den ~*** *Kind*: he doesn't know about the birds and the bees yet, *iro. Erwachsener*: he still thinks the earth is flat.
Klapp|hut *m* crush hat, opera hat; **~messer** *n* jack-knife; **~rad** *n* folding bicycle.
klapprig *adj.* shaky; *bsd. ältere Person*: F doddery; *Stuhl etc.*: rickety.
Klapp|sitz *m* jump (*od.* folding) seat; **~stuhl** *m* folding chair; **~tisch** *m* folding table; *mit Seitenteilen*: drop-leaf table; *im Zug etc.*: foldaway table; **~ventil** *n* flap valve; **~verdeck** *n mot.* folding hood (*Am.* top).
Klaps *m* **1.** smack; **2.** F ***e-n ~ haben*** F have a screw loose; **~mühle** F *f* F funny farm, nut-house, *Am. a.* F booby hatch.
klar I. *adj.* **1.** clear (*a. Himmel, Stimme, Suppe etc.*); *Schnaps*: colo(u)rless, white; ***~er Blick*** open, honest look; **2.** (*deutlich*) clear; (*offenkundig*) *a.* plain; ***bei ~em Bewusstsein sein*** be fully conscious, know (exactly) what's going on; ***~er Augenblick*** lucid moment; ***er hat e-n ~en Blick*** (*denkt nüchtern*) he knows what he's doing; ***e-n ~en Kopf behalten*** keep a clear head, (*nicht in Panik geraten*) keep one's wits about one; ***sie ist ein ~er Kopf*** F she's got her head screwed on the right way; **3.** *Entscheidung, Ziel etc.*: clear(-cut), definite; (*geordnet*) clear, straight; ***~e Verhältnisse schaffen*** get things straight; ***zwischen ihnen ist alles ~*** they've settled everything; **4.** *Sport etc.*: clear *victory etc.*; **5.** *Wendungen*: ***es ist ~, dass*** it's obvious that; ***es ist mir ~, dass, ich bin mir darüber ~, dass*** I realize that; ***es ist mir nur zu ~, dass,*** I'm only too well aware that; ***ich bin mir noch nicht ~*** (***darüber***), ***was ich tun soll*** I'm not quite sure what to do; ***ist das ~?*** is that clear?, *bsd. drohend*: have you got that straight?; F (***na***) ***~!*** of course, oh yes; ***sich im 2en sein über et.*** realize s.th., be aware of s.th.; → ***Kloßbrühe***; → *a.* ***klarkommen, klarmachen*** *etc.*; **6.** ⚓, ✈ clear, ready; ***~***

zum Gefecht ready for action, *als Kommando*: clear the decks; **II.** *adv.* clearly; ***~ und deutlich*** quite clearly; ***~ zutage treten*** be obvious; ***er brachte es ~ zum Ausdruck, dass*** he made it quite clear that.

Klär|anlage *f* sewage (*od.* water treatment) plant; **~becken** *n* clearing tank.

klarblickend *adj.* clear-sighted.

klar denkend *adj.* clear-thinking.

Klare(r) *m* schnapps.

klären I. *v/t.* **1.** (*reinigen*) purify; **2.** (*Sache*) clear up, clarify; **II.** *v/i.* **3.** *Sport*: clear; **III.** *v/refl.*: ***sich ~*** **4.** *Himmel etc.*: clear (up); **5.** *Frage*: be settled; *Problem*: be solved.

klargehen F *v/i.*: (***es***) ***geht klar!*** F it's okay.

Klärgrube *f* cesspit.

Klarheit *f* clearness; *strahlende*: brightness; (*Durchsichtigkeit*) transparency; *fig.* clarity; *des Stils etc.*: *a.* lucidity; ***~ gewinnen, sich ~ verschaffen*** get things straight (***über*** concerning).

klarieren *v/t.* ⚓ clear; **Klarierung** *f* clearance.

Klarinette *f* clarinet; **Klarinettist** *m* clarinettist.

klar|kommen F *v/i.* manage (***mit et.*** s.th.); ***~*** (***mit***) (*verstehen*) understand; ***mit j-m ~*** get along with s.o.; **~kriegen** F *v/t.* F sort *it* out; **~legen** *v/t.*: ***j-m et. ~*** explain s.th. to s.o.; **~machen** *v/t.* **1.** ***j-m et. ~*** make s.th. clear to s.o., explain s.th. to s.o.; ***sich et. ~*** get s.th. straight in one's (own) mind; **2.** ⚓ *etc.* (*a. v/i.*) clear, get ready (***zu*** for).

Klär|mittel *n* clarifier; **~schlamm** *m* (sewage) sludge.

Klarschriftleser *m Computer*: (optical) character reader.

klar sehen F *v/i.* see the light.

Klarsicht|folie *f* cling film, *Am.* plastic wrap; **~hülle** *f* plastic cover; *mit zwei offenen Seiten*: plastic wallet; **~packung** *f* transparent pack.

Klar|spüler *m*, **~spülmittel** *n* (liquid) rinse; **~stellen** *v/t.*: ***et. ~*** get s.th. straight; **~text** *m* text in clear; *fig.* ***im ~*** in plain English; ***mit j-m ~ reden*** level with s.o., F talk turkey with s.o.

Klärung *f* purification; *fig.* clarification.

klar werden *v/i.* become clear (***j-m*** to s.o.); ***es wurde mir klar*** I realized, *langsam*: it dawned on me; ***sich über et. ~*** realize s.th.; ***sich ~*** (*sich entscheiden*) make up one's mind (***über*** about).

Klasse I. *f* **1.** *ped.* class, *Am. a.* grade; *Brit. in Zssgn* form (*z.B.* ***zweite ~*** second form); (*~nzimmer*) classroom; **2.** class; ✝ grade, quality; *Fußball*: division, league; (*Gehalts-, Steuer~*) bracket; ***Fahrkarte erster ~*** first-class ticket; ***erster ~ reisen*** travel first-class; ***er ist e-e ~ für sich*** he's in a class of his own; **II.** F *int., attr., pred.*: ~(***!***), (***ganz große***) ***~***(***!***) F great, fantastic; **~frau** F *f*: ***das ist e-e ~*** F she's a real smasher.

Klassement *n Sport*: rankings *pl.*

Klassen|älteste(r) *m* oldest (pupil) in the class; **~arbeit** *f* (class) test; **~beste(r)** *m*: ***~ sein*** be top of the class; **~bewusst** *adj.* class-conscious; **~bewusstsein** *n* class consciousness; **~buch** *n* register; **~durchschnitt** *m* class average; **~feind** *m* class enemy; **~gesellschaft** *f* class society; **~hass** *m* class hatred; **~herrschaft** *f* class rule; **~justiz** *f* class justice; **~kamerad(in** *f*) *m* class-mate; **~kampf** *m* class struggle; **~lehrer(in** *f*) *m*, **~leiter(in** *f*) *m* form teacher, form master (*f* mistress).

klassenlos *adj.* classless.

Klassen|schranken *pl.* class barriers; **~sprecher(in** *f*) *m* form captain, *bsd. Am.* class president; **~treffen** *n* class reunion; **~unterschiede** *pl.* class differences; **~ziel** *n*: ***das ~ erreichen*** complete the school year successfully, *fig.* make the grade; **~zimmer** *n* classroom.

klassieren *v/t.* classify; **Klassifikation** *f* classification; **klassifizieren** *v/t.* classify; **Klassifizierung** *f* classification.

Klassik *f* **1.** classical period (*od.* age); ***die antike ~*** classical antiquity; ***die deutsche ~*** the classical period of German literature; ♪ ***die Wiener ~*** the Vienna classical period (of music); **2.** (*Musik*) classical music.

Klassiker *m* **1.** classical author; ***die antiken ~*** the classical authors of antiquity; **2.** *fig.* (*großer Künstler, Autor etc.*) great artist (*od.* author *etc.*); (*Werk*) classic.

klassisch *adj.* **1.** classical (*a.* ♪); **~es *Werk*** classic; **2.** *fig.* classic (*a. Fehler, Beispiel etc.*); **3.** (*herkömmlich*) classical.

Klassizismus *m* classicism; **Klassizist** *m* classicist; **klassizistisch** *adj.* classicistic.

klatsch *int.* bang!; *Brei etc.*: splat!; *ins Wasser*: splash!

Klatsch *m* **1.** *Brei etc.*: splat; *ins Wasser*: splash; *Buch etc.*: thud; **2.** (*Geschwätz*) gossip; **~base** F *f* (old) gossip; **~blatt** F *n* F gossip sheet.

Klatsche *f* **1.** (*Fliegen~*) fly swat(ter); **2.** F (*Petze*) F sneak; **3.** (*Hilfsmittel*) F crib.

klatschen I. *v/i.* **1.** smack; *Regen etc.*: splash; *Tuch etc.*: flap; **2.** (*Beifall ~*) clap; **3.** F *fig.* (*schwatzen*) gossip (***über*** about); **II.** *v/t.* **4.** (*Fliege*) swat; **5.** (*schmeißen*) bang (***auf*** on); **6. *Beifall ~*** applaud.

Klatschgeschichte *f* piece of gossip.

klatschhaft *adj.* gossipy.

Klatsch|kolumne *f* gossip column; **~kolumnist** *m* gossip columnist; **~maul** F *n* F old gossip; **~mohn** *m* corn poppy; **~nass** *adj.* soaking (wet), drenched, soaked (to the skin); **~spalte** *f* gossip column; **~tante** F *f*, **~weib** F *n* F old gossip.

klauben *dial.* *v/t.* (*sammeln*) collect; (*sortieren*) sort out; *fig.* ***Worte ~*** split hairs.

Klaue *f* **1.** claw, *der Raubvögel*: *a.* talon; (*Pfote*) paw (*a. contp. Hand*); *der Füchse, Wölfe etc.*: foot; *einzelne*: claw; *fig.* ***in j-s ~n geraten*** fall into s.o.'s clutches; ***die ~n des Todes*** the jaws of death; **2.** F (*schlechte Handschrift*) F scrawl; ***was ist denn das für e-e ~?*** what a dreadful scrawl, it looks as if a spider's been all over this.

klauen F **I.** *v/t.* steal, F pinch, snitch, swipe; **II.** *v/i.* steal (things).

Klauen|fuß *m* claw foot; **~seuche** *f* foot-and-mouth disease.

Klause *f* (*Einsiedelei*) retreat; (*Zelle*) cell; F (*Bude*) F den; (*Bergpass*) defile.

Klausel *f* ⚖ clause; (*Vorbehalt*) proviso; (*Bedingung*) stipulation.

Klausner(in *f*) *m* hermit, recluse.

Klaustrophobie *f* claustrophobia; ***klaustrophobisch*** *adj.* claustrophobic.

Klausur *f* **1.** *univ.* test, exam; **2.** *eccl.* enclosure; F ***in ~ gehen*** F retreat (from the world); **~tagung** *f* closed conference; ***dreitägige ~*** three-day retreat.

Klaviatur *f* keyboard, keys *pl.*; *Orgel*: manual.

Klavichord *n* clavichord.

Klavier *n* piano; ***~ spielen*** (***können***) play the piano; **~abend** *m* piano recital; **~auszug** *m* piano score; **~bauer** *m* piano maker; **~bearbeitung** *f* piano arrangement; **~begleitung** *f* piano accompaniment; **~duo** *n* piano duet; **~hocker** *m* piano stool; **~konzert** *n* piano concert (*od.* recital); (*Stück*) piano concerto; **~lehrer(in** *f*) *m* piano teacher; **~musik** *f* piano music; **~quartett** *n* piano quartet; **~quintett** *n* piano quintet; **~saite** *f* piano string; **~schule** *f* piano tutor; **~sonate** *f* piano sonata; **~spiel** *n* piano playing; **~spieler(in** *f*) *m* pianist; **~stimmer** *m* piano tuner; **~stück** *n* piano piece, piece for piano; **~stuhl** *m* piano stool; **~stunden** *pl.* piano lessons; **~taste** *f* piano key; **~trio** *n* piano trio; **~unterricht** *m* piano lessons *pl.*; **~verleih** *m* piano rental (shop).

Klebe|band *n* adhesive (*od.* sticky) tape; **~bindung** *f typ.* perfect binding; **~folie** *f* adhesive foil; **~mittel** *n* adhesive.

kleben I. *v/i.* **1.** stick (***an*** to); (*klebrig sein*) be sticky; *fig.* (***am ganzen Körper***) ***~*** be hot and sticky; ***m-e Haare ~ vor Schweiß*** my hair's (all) sticky with sweat; ***m-e Schuhe ~ vor Dreck*** my shoes are plastered with mud; *fig.* ***an j-m ~*** cling to s.o. (like a leech), *Sport*: mark s.o. very closely; ***an s-m Posten ~*** cling to one's job; ***am Buchstaben ~*** stick to the letter (of the law); ***an j-s Stoßstange ~*** tailgate s.o.('s car), hang on s.o.'s tail; **2.** F *obs.* (*Sozialversicherung bezahlen*) pay stamps; **II.** *v/t.* glue, stick; (*Film*) splice; F ***j-m e-e ~*** F give s.o. a wallop, land s.o. one; ***~ bleiben*** *v/i.* get stuck (*a. fig.*); stay stuck; *fig.* ***an Einzelheiten ~*** get stuck on details; ***das wird an ihm ~*** he won't be allowed to forget that for a long time to come; → ***sitzen bleiben.***

klebend *adj.* adhesive.

Klebepflaster *n* sticking plaster.

Kleber *m* **1.** glue; **2.** ⚗ gluten.

Klebe|stift *m* glue stick; **~streifen** *m* **1.** sticky (*od.* adhesive) tape; **2.** *auf Umschlag etc.*: adhesive strip; **~verband** *m* adhesive dressing; **~zettel** *m* adhesive label.

Klebfestigkeit *f* adhesive strength, sticking power.

klebrig *adj.* sticky; (*zähflüssig*) viscous.

Kleb|stelle *f* joint; *Film*: splice; **~stoff** *m* glue; (*Kleister*) paste; **~stoffschnüffeln** *n* glue sniffing.

Kleckerfritze F *m* F mucky pup.

kleckern F **I.** *v/i.* **1.** make a mess; *Farbe*: drip; **2.** *fig.* *Arbeit*: trickle along; **3.** → ***klotzen***; **II.** *v/t.* spill *soup etc.* (***auf*** on), drip *ice-cream etc.* (on).

kleckerweise *adv.* in bits and pieces, *eintreffen etc.*: in dribs and drabs.

Klecks *m* mark, blotch; (*kleine Menge*) blob.

klecksen I. *v/i.* make a mess, spill something.; *Füller*: blot; **II.** *v/t.* splash.

Klee *m* clover; F ***über den grünen ~ loben*** praise to the skies.

Kleeblatt *n* **1.** cloverleaf; *irisches Nationalzeichen*: shamrock; ***vierblättriges ~*** four-leaf(ed) clover; **2.** *fig.* threesome, trio; **3.** (*Straßenkreuzung*) cloverleaf junction; **~bogen** *m* ⚠ trefoil arch.

Kleid *n* dress; **~er** (*Kleidung*) clothes; ***~er machen Leute*** fine feathers make fine birds.

kleiden I. *v/t.* dress; ***j-n*** (***gut***) ***~*** suit s.o.; *fig.* ***in Worte ~*** put into words; **II.** *v/refl.*:

K

***sich* ~** dress; ***sich modern** etc.* **~** wear fashionable *etc.* clothes.

Kleider|ablage *f* coat rack, (*Ständer*) coat stand; (*Raum*) cloakroom, *Am.* check-room; **~bad** *n* dry clean(ing); **~bügel** *m* (coat) hanger; **~bürste** *f* clothes brush; **~haken** *m* coat hook; *pl. coll.* coat rack *sg.*; **~ordnung** *f* dress regulations *pl.*; **~sack** *m* garment bag; **~schrank** *m* wardrobe; F *fig.* (*großer Mann*) F gorilla, great hulk; **~ständer** *m* coat stand; *im Kaufhaus*: clothes rack.

kleidsam *adj.* flattering.

Kleidung *f* clothes *pl.*; F *mst iro.* garb; *lit.* attire; ***warme* ~** warm clothing (*od.* clothes); ***komische* ~** strange garb; ***in voller* ~** fully clothed; **Kleidungsstück** *n* piece (*od.* article) of clothing; *pl. a.* clothing *sg.*

Kleie *f* bran.

klein I. *adj.* small (*a.* **~***gewachsen*); *bsd. attr. u. gefühlsbetont*: little (*a. nach e-m anderen Adjektiv, z.B.* ***ein hässlicher* ~*er Mann*** an ugly little man); (*winzig*) tiny; (*unbedeutend*) small, little; *Fehler, Vergehen etc.*: little, minor; *Buchstabe, Stimme*: small; *Finger, Zehe*: little; ♪ minor *third etc.*; *Pause etc.*: short; *Unterbrechung*: brief; **~*er Bruder*** little (*od.* younger) brother; **~*er Bauer*** (***Geschäftsmann***) small farmer (businessman); ***es ist ein* ~*er Anfang*** it's a start; ***als ich noch* ~ *war*** when I was a little boy (*od.* girl); ***er ist doch noch* ~** he's only a (little) child, *zu e-m Kind*: he's much smaller than you, remember; ***von* ~ *auf*** from an early age, since childhood, since I was *etc.* a child; ***s-e* ~*en Intrigen*** (***Launen***) his little intrigues (moods); ***der* ~*e Mann*** the man in the street; **~*e Leute*** ordinary people; ***das* ~*e Schwarze*** the little black dress; ***da wurde er ganz* ~** that shut him up; ***könnt ihr euch* ~ *machen?*** can you squeeze up a bit?; ***im* ≈*en*** on a small scale, *engS.* in miniature; ***bis ins* ≈*ste*** down to the last detail; **~*e Augen haben*** (*müde aussehen*) look tired; ***aus* ~*en Verhältnissen stammen*** come from a humble background; ***und er hat daran kein* ~*es Verdienst*** and it's no small thanks to him; F ***es* ~ *haben*** have the right change; **~, *aber fein*** the best things come in small packages; F **~, *aber oho!*** F a mighty midget, *Person*: *a.* a pocket dynamo; → ***Übel***; **II.** *adv.* small; **~ *anfangen*** start off small; **~ *denken*** be small-minded.

Klein|aktie *f* midget share (*Am.* stock); **~aktionär** *m* small shareholder; **~anzeigen** *pl.* small (*od.* classified) ads; **~arbeit** *f* finicky work; ***in mühevoller* ~** painstakingly; **≈asiatisch** *adj.* of (*od.* from) Asia Minor; **~bauer** *m* small farmer; **≈bekommen** *v/t.* → ***kleinkriegen***; **~betrieb** *m* small business; ***landwirtschaftlicher* ~** smallholding; **~bildkamera** *f* 35 mm (= thirty-five millimet|re, *Am.* -er) camera; **~buchstabe** *m* small (*typ.* lowercase) letter.

Kleinbürger *m*, **kleinbürgerlich** *adj.* petty (*od.* petit) bourgeois; **Kleinbürgertum** *n* petty bourgeoisie.

Klein|bus *m* minibus, *Am.* passenger van; **~darsteller** *m* bit player, small part actor.

klein drehen *v/t.* turn down.

Kleineleutemilieu *n* kitchen-sink environment (*od.* setting); ***der Film spielt im* ~** it's a kitchen-sink film.

Kleine(r *m*) *f*: ***der*** (***die***) ***Kleine*** the little boy (girl); F ***m-e Kleine*** (*Freundin*) my girl; ***die Kleinen*** the little ones; ***hallo, Kleine(r)!*** hello my little girl (lad)!

Klein|erzeuger *m* small(-scale) producer; **~familie** *f* nuclear family; **~format** *n*: ... ***im* ~** small-format ...; **~gärtner** *m* allotment gardener; **~gebäck** *n* (fancy) biscuits *pl.*, *Am.* cookies *pl.*

klein gedruckt *adj. u. adv.* in small print.

Kleingedruckte(s) *n* small print.

klein gehackt *adj.* (finely) chopped.

Kleingeld *n* (small) change; ***das nötige* ~** the wherewithal.

klein gemustert *adj.* with a small pattern, small-patterned.

klein|gewachsen *adj.* small, short; **≈gewerbe** *n* small trade; *coll.* small-scale industries *pl.*; **~gläubig** *adj.* of little faith.

klein hacken *v/t.* chop (up).

Kleinhandel *m* retail trade; **Kleinhandelspreis** *m* retail price; **Kleinhändler** *m* retailer.

Kleinheit *f* smallness.

Klein|hirn *n anat.* cerebellum; **~holz** *n* firewood; F *fig.* **~ *machen aus*** (*et.*) smash to pieces, (*j-m*) F make mincemeat of.

Kleinigkeit *f* little thing; (*Einzelheit*) minor detail; (*Geschenk*) *a* little something; (*Imbiss*) bite; ***das ist e-e* ~** that's nothing; *es kostet* ***die* ~ *von zwei Millionen Dollar*** a mere two million dollars; ***e-e* ~ *zu lang*** a little bit on the long side; ***e-e* ~ *essen*** have a bite to eat; ***ich habe noch ein paar* ~*en zu erledigen*** I've still got a few (little) things to see to; ***musst du bei jeder* ~ *heulen?*** do you have to cry about every little thing?

Kleinigkeitskrämer *m* pedant.

Kleinkalibergewehr *n* small-bore rifle.

klein|kalibrig *adj.* small-bore ...; **~kariert** *fig. adj.* small-minded; **≈kind** *n* toddler, small child; *formell*: infant.

Kleinkleckersdorf F: ***in* ~** F out in the sticks, at the back of beyond, *Am. a.* in hicksville.

Klein|klima *n* microclimate; **~kram** *m* trivia *pl.*; **~kredit** *m* personal loan; **~krieg** *m* guer(r)illa war(fare); **≈kriegen** F *v/t.* (*Geld*) get through; (*j-n*) cut down to size; ***ich lasse mich nicht* ~** I'm not going to let them *etc.* get to me; ***nicht kleinzukriegen sein*** be indestructible, keep bouncing back; **~kriminalität** *f* petty offences *pl.*; **~kunst** *f* minor arts *pl.*; **~kunstbühne** *f* cabaret; **~künstler** *m* minor artist; **≈laut I.** *adj.* subdued; ***da wurde er ganz* ~** that shut him up; **II.** *adv.* meekly; **~lebewesen** *n* microorganism.

kleinlich *adj.* petty; (*sehr genau*) pedantic, fussy; (*geizig*) stingy.

kleinmachen *v/t.* (*Vermögen etc.*) get through.

klein machen *v/t.* (*Holz*) chop; (*Geldschein*) change.

Kleinmöbel *pl.* small pieces of furniture.

Kleinmut *m* faint-heartedness; (*Niedergeschlagenheit*) despondency; **kleinmütig** *adj.* faint-hearted; despondent.

Kleinod *n a. fig.* jewel, gem.

klein schneiden *v/t.* cut up (into small pieces); → ***klein hacken.***

kleinschreiben *v/t.* (*Wort*) write with a small letter.

klein schreiben *v/t.*: *Höflichkeit etc.* ***wird bei ihr klein geschrieben*** is not one of her priorities.

Klein|schreibung *f* → ***Großschreibung***; **~sparer** *m* small saver.

Kleinstaat *m* small state; **Kleinstaaterei** *f* particularism.

Kleinstadt *f* small town; **Kleinstädter** *m* small-towner; **kleinstädtisch** *adj.* small-town ..., provincial.

klein| stampfen *v/t.* crush; **~ stellen** *v/t.* (*Herd etc.*) turn down, put on low.

Kleinst|betrieb *m* small business, F hole in the wall; **~format** *n*: ***Radio*** *etc.* ***im* ~** miniature (*od.* minute) radio *etc.*; **~kind** *n* baby; **≈möglich** *adj.* smallest possible.

Klein|tier *n* small (farm) animal; **~transporter** *m* (pickup) van, *Am.* pickup (truck); **~verdiener** *m* low earner; *pl. coll.* low income bracket *sg.*; **~vieh** *n* small livestock; *fig.* **~ *macht auch Mist*** every little thing (*od.* penny *etc.*) counts; **~wagen** *m* runabout; **~wild** *n* small game.

Kleinwuchs *m* stunted growth, 📖 hyposomia; **kleinwüchsig** *adj.* small.

Kleister *m* paste; F *fig.* F goo.

kleistern *v/t.* paste; F *fig.* ***j-m e-e* ~** F paste s.o. one, give s.o. a clip round the ears.

Klementine *f* clementine.

Klemmbrett *n für Papier, als Schreibunterlage*: clipboard.

Klemme *f* **1.** clamp; ⚡ terminal; → *a.* ***Haarklemme***; **2.** F *fig.* ***in der* ~ *sein*** (*od.* ***sitzen***) F be in a fix (*od.* tight spot).

klemmen I. *v/t.* **1.** (*quetschen*) squeeze; (*zwängen*) wedge, jam (***hinter*** behind); (*stecken*) stick, tuck *under one's arm etc.*; ***sich den Finger* ~** jam one's finger; **2.** F (*stehlen*) F swipe; **II.** *v/i.* be stuck, be jammed; **III.** F *fig. v/refl.*: ***sich hinter et.* ~** F get cracking on s.th.; ***sich hinter die Arbeit* ~** put one's shoulder to the wheel, F get stuck in; ***sich hinter j-n* ~** get to work on s.o.

Klemm|lampe *f* clamp-on lamp; **~zange** *f* ⚕ blunt forceps.

Klempner *m* plumber; **Klempnerei** *f* **1.** plumbing; **2.** plumbing shop.

Klepper *m* (old) nag.

kleptoman *adj.*, **Kleptomane** *m*, **Kleptomanin** *f* kleptomaniac, F klepto; **Kleptomanie** *f* kleptomania; **kleptomanisch** *adj.* kleptomaniac, F klepto.

klerikal *adj.*, **Klerikale(r)** *m* clerical; **Klerikalismus** *m* clericalism; **Kleriker** *m* clergyman, cleric; **Klerus** *m* clergy.

Klette *f* burr; *fig.* ***sich wie e-e* ~ *an j-n hängen*** cling to s.o. like a leech.

Klettenverschluss *m* → ***Klettverschluss.***

Klettenwurzel *f* burr root.

Kletterei *f* climbing.

Kletterer *m* climber.

Kletter|gerüst *n* climbing frame; **~max(e)** *m*: ***er ist ein richtiger* ~** (*Kind*) he climbs all over the place.

klettern I. *v/i.* climb (*a.* ⚘ *u. fig.*); **~ *auf*** climb (up) *a tree, mountain etc.*; *mit Mühe*: clamber (*od.* scramble) up; **II.** **≈** *n* climbing.

Kletter|partie *f* climbing tour; **~pflanze** *f* climbing plant; **~schuhe** *pl.* (rock-) climbing shoes; **~seil** *n* climbing rope; **~stange** *f* climbing pole; **~tour** *f* climbing tour.

Klettverschluss *m* Velcro (*TM*), velcro fastening.

klick *int.*, **Klick** *n* click.

klicken I. *v/i.* click; ***erst* ~, *dann starten!*** clunk, click, every trip; **II.** **≈** *n* click; *wiederholt*: clicking.

Klient(in *f*) *m* client; **Klientel** *f* clientele.

Kliff *n* cliff.

Klima *n* climate; *fig. a.* atmosphere; **~änderung** *f* change in climate; **~anlage** *f* air conditioning; **~behandlung** *f* climatotherapy; **~forscher** *m* climatologist; **~forschung** *f* climatology; **~gürtel** *m* climatic zone; **~kammer** *f* climatic chamber; **~katastrophe** *f* climatic upheavals *pl.*
klimakterisch *adj.* ⚕ climacteric, menopausal; **Klimakterium** *n* menopause, change of life.
Klimaschutz *m* protection of the atmosphere.
Klimatechnik *f* air-conditioning technology.
klimatisch *adj.* climatic(ally *adv.*); **klimatisieren** *v/t.* air-condition; **klimatisiert** *adj.* air-conditioned; ***der Raum ist ~*** the room has air conditioning; **Klimatologie** *f* climatology.
klimaverträglich *adj.* climatically sustainable.
Klimawechsel *m* change in climate (*a. fig.*).
Klimax *f* climax.
Klimazone *f* climatic zone.
Klimbim F *m* (*Getue*) fuss; (*a. lautes Treiben*) F to-do; (*Kram*) rubbish; ***der ganze ~*** F the whole caboodle.
klimmen *v/i.* climb.
Klimmzug *m*: (***e-n ~ machen*** do a) chinup; F *fig.* ***geistige Klimmzüge machen*** go into mental contortions.
Klimperkasten F *m* F honky-tonk, *sl.* joanna.
klimpern *v/i.* jingle (*a.* **~ *mit*** *et.*); tinkle (away) *on the piano*; strum *on the guitar*, strum away *at the guitar*.
Klinge *f* blade; *fig.* ***mit j-m die ~n kreuzen*** cross swords with s.o.; ***über die ~ springen lassen*** get rid of, (*wirtschaftlich ruinieren*) ruin, F squeeze out.
Klingel *f* bell; **~beutel** *m* collection bag.
klingeling *int.* dingaling!, ding, ding!
Klingelknopf *m* bell (push).
klingeln I. *v/i.* ring; ***es hat geklingelt*** there's somebody at the door, *in der Schule etc.*: the bell's gone, F *fig.* F the penny's dropped; **II.** *v/t.*: ***j-n aus dem Schlaf ~*** get s.o. out of bed; **III.** ♀ *n* ring; *anhaltend*: ringing; *weitS.* bell.
Klingel|zeichen *n* ring; **~zug** *m* bell pull.
klingen *v/i.* sound (*a. fig.*); *Metall, Glocke*: (*a.* **~ *lassen***) ring; *Glas*: clink; ***es klingt bis zu uns herüber*** you can hear it all the way over here; ***die Gläser ~ lassen*** clink glasses; ***mir ~ die Ohren*** my ears are ringing; ***es klingt verrückt*** it sounds crazy; ***das klingt nach schlechtem Gewissen*** it sounds as if she's *etc.* got a guilty conscience; ***das klingt schon besser*** that's more like it; **klingend** *adj. Stimme etc.*: ringing, resounding; ***schön ~e Worte*** nice-sounding words; → ***Münze.***
Klinik *f* clinic, hospital; **Kliniker** *m* **1.** (*Arzt*) clinician; **2.** (*Student*) houseman, *Am.* intern; **Klinikum** *n* **1.** *Medizinstudium*: pre-registration (period), F pre-reg year; *Am.* internship; **2.** clinic; **3.** *Großkrankenhaus*) medical cent|re (*Am.* -er); **klinisch I.** *adj.* clinical; **II.** *adv.*: **~ *tot*** clinically dead.
Klinke *f* (door-)handle; ⚙ (*Sperr*♀) pawl, catch; F *fig.* ***die Bewerber gaben sich die ~ in die Hand*** there was an endless queue of applicants.
Klinkenputzer *m* (*Hausierer*) hawker; (*Vertreter*) door-to-door salesman.

Klinker *m* clinker; **~stein** *m* clinker (brick).
Klinomobil *n* mobile clinic.
Klinostat *m biol.* clinostat.
klipp *adv.*: **~ *und klar*** in no uncertain terms; (*schonungslos*) point-blank, straight out.
Klipp *m* clip; (*Ohr*♀) earclip.
Klippe *f* cliff; (*Fels*) rock; *fig.* obstacle; *fig.* ***alle ~n umschiffen*** (*überwinden*) clear all the hurdles, *in e-r Prüfung etc.*: get round all the tricky bits, (*vermeiden*) steer clear of any difficult topics *etc.*
Klippen|küste *f* rocky coast(line); **♀reich** *adj.* rocky.
Klipper *m* clipper.
Klippfisch *m* dried cod.
klipp, klapp *int.* click-clack, *Hufschlag*: clip-clop.
klirren *v/i. Ketten etc.*: jangle; *Schlüssel etc.*: jingle, *schwere*: jangle; *Teller, Fensterscheiben etc.*: rattle; *Waffen*: clash; **klirrend** *adj.*: *fig.* ***~e Kälte*** icy (*od.* arctic) cold, biting frost, F brass monkey weather; ***heute ist e-e ~e Kälte*** *a.* it's bitter(ly) cold today.
Klirrfaktor *m* harmonic distortion.
Klischee *n* **1.** stereotype, (*a. Wort*) cliché; **2.** *typ.* (printing) block; **~figur** *f* stereotype.
klischeehaft *adj.* stereotyped; ***es ist so ~*** *a.* it's such a cliché.
Klistier *n* enema; **klistieren** *v/t.* give *s.o.* an enema; **Klistierspritze** *f* enema syringe.
klitoral *adj.* clitoral; **Klitoris** *f* clitoris.
klitsch(e)nass *adj.* → ***klatschnass.***
klitschig *adj. Brot*: soggy, doughy.
klittern *v/t.* throw *s.th.* together; ***Tatsachen ~*** lump all the facts together.
klitzeklein F *adj.* tiny (little ...), *bsd. Kindersprache*: F teeny weeny; *Am.* F itty bitty.
Klo F *n* F loo, *Am.* F john; ***aufs*** (***im, auf dem***) **~** to (in) the loo (*Am.* john); ***ich muss*** (***dringend***) ***aufs ~*** I've got to go (I'm dying to go) to the loo (*Am.* john).
Kloake *f* **1.** sewer; **2.** *zo.* cloaca.
Klobecken F *n* toilet bowl.
klobig *adj.* **1.** bulky; *Schmuck*: chunky; *Schuhe etc.*: heavy; ***~e Schuhe*** *a.* F clodhoppers; **2.** (*ungeschickt*) clumsy; (*grob*) rough, uncouth.
Klo|brille F *f* toilet (F loo) seat; **~bürste** F *f* toilet (F loo) brush; **~deckel** F *m* toilet lid; **~fenster** F *n* toilet (F loo) window; **~frau** F *f* toilet (F loo) attendant.
Klon *m biol.* clone; **klonen** *v/i. u. v/t.* clone; **Klonen** *n* cloning.
klönen F *dial. v/i.* F (have a) natter.
Klonschaf *n* cloned sheep.
Klopapier F *n* F loo paper, (*Rolle*) F loo roll.
klopfen I. *v/i.* knock (*a. mot.*); *sanft*: tap (***an, auf*** at, on); *Herz*: beat, *stark*: thump (***vor*** with); ***es klopft*** there's somebody (knocking) at the door; ***j-m auf die Schulter ~*** *anerkennend*: give s.o. a pat on the back; **II.** *v/t.* (*Fleisch, Kleider, Teppich*) beat; (*Steine*) break; ***e-n Nagel in die Wand ~*** knock a nail into the wall; **III.** ♀ *n* knock(ing); *leises*: tap(ping); *mot.* knocking.
Klopfer *m* (*Tür*♀) doorknocker; (*Teppich*♀) carpet beater; (*Fleisch*♀) mallet; *teleph.* sounder.
klopffest *adj. mot.* antiknock ...; **Klopffestigkeit** *f mot.* antiknock rating.
Klopf|sauger *m* vacuum cleaner (with beating action); **~sprache** *f* tapping code; **~zeichen** *n* tap, knock.
Klöppel *m e-r Glocke*: tongue; (*Spitzen*♀) (lace) bobbin; **klöppeln** *v/i.* make lace; **Klöppelspitzen** *pl.* bone lace *sg.*; **Klöpplerin** *f* lacemaker.
Klops *dial. m* meatball.
Klosett *n* toilet, F loo, *Am.* F john; **~becken** *n* toilet bowl; **~brille** *f* toilet seat; **~bürste** *f* toilet brush; **~deckel** *m* toilet lid; **~fenster** *n* toilet window; **~frau** *f* toilet (*od.* lavatory) attendant; **~papier** *n* toilet paper; **~sitz** *m* toilet seat; **~tür** *f* toilet door.
Kloß *m* **1.** clump, clod (of earth); **2.** *gastr.* dumpling, *mit Fleisch*: meatball; *fig.* ***e-n ~ im Hals haben*** have a lump in one's throat; **~brühe** *f*: F ***klar wie ~*** (as) clear as daylight.
Kloster *n* monastery; (*Nonnen*♀) convent; ***ins ~ gehen*** go into a monastery (*od.* convent), *Nonne*: *a.* take the veil; *iro.* ***da kann ich ja gleich ins ~ gehen*** I may as well join a monastery (*od.* convent); **~anlage** *f* monastery (*od.* convent) complex *od.* grounds *pl.*; **~bruder** *m* monk; **~garten** *m* monastery (*od.* convent) gardens *pl.*; **~gemeinschaft** *f* monastic community, community of monks (*od.* nuns); **~kirche** *f* monastery (*od.* convent) church.
klösterlich *adj.* monastic; *fig. a.* secluded.
Kloster|regel *f* monastic rule; **~schule** *f* monastic (*für Nonnen*: convent) school.
Klotür F *f* toilet (F loo) door.
Klotz *m* block of wood; (*Baumstumpf*) stump; *fig.* (*Rüpel*) lout; *fig.* **~ *am Bein*** handicap, millstone round *s.o.'s* neck.
klotzen F *v/i.* **1.** F go the whole hog; **~, *nicht kleckern!*** think big!, we don't want any half measures; **2.** (*hart arbeiten*) F slog away, put in some hard graft.
klotzig I. *adj. Möbelstück etc.*: unwieldy; **II.** *adv.*: F **~ *viel Geld*** F stacks of money.
Klub *m* club; *östr.* parliamentary party; **~haus** *n* clubhouse; **~jacke** *f* blazer; **~mitglied** *n* (club) member; **~obmann** *östr. m* party leader *Am.* floor leader; **~sessel** *m* armchair.
Kluft[1] *f* (*Spalt*) gap, crevice, fissure; (*Abgrund*) chasm, abyss; *fig.* gulf; (*Feindschaft*) rift.
Kluft[2] F *f* (*Kleidung*) F gear, get-up.
klug *adj.* clever, *a. Gesicht etc.*: intelligent; (*schlau*) clever, smart; (*weise*) wise; (*verständig*) sensible; (*aufgeweckt*) bright; → *a.* ***schlau***; ***es wäre das Klügste zu*** *inf.* the best idea would be to *inf.*
klugerweise *adv.* sensibly; **~ *schwieg er*** *a.* he had the good sense not to say anything.
Klugheit *f* cleverness, intelligence; wisdom; good sense; smartness; → ***klug.***
klug reden *v/i.* F play the wise guy; always know the answer; ***hör doch auf, klug zu reden*** stop acting clever.
klug|scheißen V *v/i. sl.* shoot one's mouth off; **♀scheißer** V *m* V smart arse.
klug schnacken *dial. v/i.* → ***klug reden.***
Klumpen *m* lump; (*Blut*♀) clot; (*Gold*♀) nugget; F (*Haufen*) heap; (*Gruppe*) huddle; **~ *Erde*** clod of earth.
Klumpfuß *m* clubfoot.
klumpig *adj.* lumpy.
Klüngel *m* clique, crowd; ***er und sein ~*** F him and his cronies; **Klüngelei** *f* **1.** F cronyism; **2.** *dial.* dawdling; **klüngeln** *v/i.* **1.** band together; **2.** *dial.* dawdle.
Kluniazenser *m* Cluniac (monk); **kluniazensisch** *adj.* Cluniac.

K

Klunker(n) F *pl.* F rocks, (*Diamanten*) *a.* F ice *sg.*

Klüse *f* ⚓ hawse.

Klüver *m* ⚓ jib; **~baum** *m* jib boom.

Klysma *n* ⚕ enema.

Klystron *n* klystron.

Knabbereien *pl.* nibbles.

knabbern *v/i. u. v/t.* nibble (**an** at); *fig.* ***daran wird er noch lang zu ~ haben*** he'll be chewing on that for a while to come.

Knabe *m* boy; F ***alter ~*** F old chap.

Knaben|alter *n* boyhood; ***im ~*** as a boy; **~chor** *m* boys' choir.

knabenhaft *adj.* boyish.

Knabenstimme *f* ♪ treble.

Knäckebrot *n* crispbread.

knacken I. *v/i.* crack; *Zweig etc.*: snap; *Feuer, Radio*: crackle; *metallisch*: click; **II.** *v/t.* (*Nüsse, Geldschrank etc.*) crack (open); (*Auto*) break into; (*Schloss*) break open; (*Geheimkode etc.*) crack; *fig.* ***j-m e-e harte Nuss zu ~ geben*** give s.o. s.th. to chew on.

Knacker F *m* **1.** ***alter ~*** F old fogey; **2.** → ***Knackwurst.***

knackfrisch *adj.* (nice and) crisp, crunchy.

Knacki F *m* F con, jailbird.

knackig F *adj. Brötchen etc.*: crisp, crunchy; *fig.* (*jugendlich frisch*) F ripe; *Po*: taut, firm.

Knacklaut *m ling.* glottal stop.

Knackpunkt F *m* sticking point.

Knacks *m* **1.** crack; **2.** (*Riss*) crack; **3.** F *fig.* ***er hat e-n ~ weg*** *gesundheitlich*: his health has taken a bad knock, *seelisch*: something's snapped; ***ihre Ehe*** (*od.* ***Freundschaft*** *etc.*) ***hat e-n ~*** there's a rift between them; ***e-n leichten ~ haben*** F be slightly cracked.

Knackwurst *f etwa* frankfurter, *Am. a.* F frank.

Knall *m* bang; (*Aufprall*) thud; (*Explosion*) loud bang, (*the* sound of an) explosion; (*Schuss*) shot; *Korken*: pop; (*Düsen≈*) (sonic) boom; F *fig.* (*Streit*) row, flare-up; *fig.* (***auf***) ***~ und Fall*** just like that, without a word of warning; F ***du hast wohl 'nen ~*** F you must be off your nut; **~bonbon** *m, n* cracker; **≈bunt** *adj.* brightly colo(u)red, *contp.* gaudy, garish; **~effekt** *fig. m* sensation.

knallen I. *v/i.* bang; ***mit der Peitsche ~*** crack one's whip; ***plötzlich knallte es*** suddenly there was a loud bang (*Schuss*: shot); ***ins Schloss ~*** *Tür*: bang shut; F ***gegen*** *et.* ***~*** crash into; F ***sonst knallts!*** F or else (you'll cop it)!; **II.** *v/t.* (*schießen*) fire, shoot; (*werfen*) fling; (*hauen*) slam, bang; ***den Ball ins Tor ~*** slam the ball home; F ***er knallte ihm eine*** F he gave him a wallop.

Knaller *m* **1.** → ***Knallkörper***; **2.** F (*Pistole*) gun.

Knall|erbse *f* (toy) torpedo; **~frosch** *m* jumping jack; **≈hart** F *adj.* (as) hard as rock; *Mensch*: (as) hard as nails; (*brutal*) brutal; *Gegner etc.*: tough; ***~er Bursche*** F tough guy; *der Film etc.* ***ist ~*** doesn't pull any punches; **≈heiß** F *adj.* scorching.

knallig F *adj. Farbe*: loud.

Knall|kopf F *m* F blockhead; **~körper** *m* banger; **≈rot** *adj.* bright red; **~tüte** F *f* F twerp; **≈voll** F *adj.* **1.** F chock-a-block; **2.** (*betrunken*) F paralytic, *sl.* pissed out of one's mind.

knapp I. *adj. Kleider*: tight; *Stil*: concise, terse; *Worte*: brief; (*kärglich*) meag|re (*Am.* -er); (*beschränkt*) limited, *Gelder*: *a.* scarce, tight *funds*; ***~*** (***bei Kasse***) short (of cash), F hard up; ***~e fünf Jahre*** just under (*od.* not quite) five years; ***~e Mehrheit*** slim majority; ***~ sein*** *Lebensmittel etc.*: be in short supply, be scarce; ***~ werden*** run short; ***mit ~er Not*** only just; ***er ist mit ~er Not entkommen*** F it was a close shave; **II.** *adv.* (*kaum*) only just; (*dicht*) narrowly; ***~ bemessen*** (*Dosis etc.*) measure *s.th.* too short, (*Ration etc.*) *contp.* be stingy with; ***das ist ~ bemessen*** (***berechnet***) that's a bit on the short (low) side; ***m-e Zeit ist ~ bemessen*** I'm pushed for time; ***er starb ~ 65-jährig*** he died shortly after his 65th birthday; F ***und nicht zu ~!*** F and how!; **knapp halten** *v/t.* **1.** ***j-n ~*** keep s.o. short (***mit*** on); **2.** (*Ware*) keep in short supply.

Knappheit *f an Vorräten*: shortage; *des Ausdrucks*: conciseness.

Knappschaft *f* ⚒ body of miners; **Knappschaftskasse** *f* miners' social security fund.

knapsen F *v/i.* be stingy; ***~ mit*** *a.* F be tight with.

Knarre *f* rattle; F (*Gewehr*) gun.

knarren *v/i.* creak; ***~de Stimme*** grating (*od.* rasping) voice.

Knast F *m* (*Gefängnis*) jail, F clink, *Am.* F slammer; ***im ~ sitzen*** F be in clink (*od.* the slammer); **~bruder** F *m* F jailbird.

Knaster F *m* cheap(, smelly) tobacco.

Knatsch F *m* row; ***es gab ~*** we *etc.* had a row; **knatschen** F *v/i.* F grizzle; **knatschig** F *adj.* F grumpy.

knattern *v/i. mot.* put-put; *Maschinengewehr*: rat-a-tat-tat; *Fahne*: flap.

Knäuel *m, n* ball *of wool etc.*; *fig.* tangle; *von Leuten*: *a.* cluster.

Knauf *m* knob; (*Degen≈*) pommel; △ capital.

Knauser F *m* F skinflint; **knauserig** *adj.* stingy, mean; ***~ mit*** *a.* F tight with; **knausern** *v/i.* be stingy, be mean; ***~ mit*** *a.* F be tight with.

Knaus-Ogino-Methode *f* rhythm method.

knautschen F *v/t. u. v/i.* crumple up, crease.

Knautsch|lack(leder *n*) *m* wet-look leather; **~zone** *f mot.* crumple zone.

Knebel *m* (*Mund≈*) gag; ⚙ (*Hebel*) lever; *am Dufflecoat etc.*: toggle; **~bart** *m* handlebar moustache.

knebeln *v/t.* gag.

Knebelverband *m* tourniquet.

Knecht *m* farmhand; (*Stall≈*) stableboy; (*Diener*) servant; (*Unfreier*) slave (*a. fig.*); (*Leibeigener*) serf; **knechten** *v/t.* enslave; (*tyrannisieren*) tyrannize, oppress; (*unterjochen*) subjugate; **Knechtschaft** *f* slavery, bondage.

kneifen I. *v/t.* **1.** pinch; **II.** *v/i.* **2.** *Kleidung*: pinch; **3.** F (*sich drücken*) shirk (***vor*** *s.th.*), *feige*: F chicken out (of *s.th.*); ***hier wird nicht gekniffen!*** no shirking now.

Kneifer *m* **1.** (*Zwicker*) pince-nez; **2.** F (*Drückeberger*) shirker.

Kneifzange *f*: (***e-e ~*** a pair of) pincers *pl.*

Kneipe *f* pub, *Am.* bar; **Kneipenwirt** *m*, **Kneipier** F *m* pub-owner, *Am.* barkeeper.

kneippen *v/i.* take a Kneipp cure; **Kneippkur** *f* Kneipp cure.

Knete *f* plasticine; F (*Geld*) F dough; **kneten** *v/t.* (*Teig, Körper*) knead; (*Wachs etc.*) mo(u)ld; **Knetmassage** *f* pummel(l)ing massage; **Knetmasse** *f* plasticine.

Knick *m* (*Falte*) crease; (*Eselsohr*) dog-ear; *in Draht etc.*: kink; *im Metall*: buckle; (*Winkel*) angle (*a.* △); (*Kurve*) sharp bend; *in grafischer Kurve*: blip; (*Riß*) crack; *fig. in der Karriere etc.*: setback (***in*** to, in); *im Selbstbewusstsein etc.*: dent; **knicken I.** *v/i.* bend; (*brechen*) break, snap; *Knie, Metall*: buckle, give way; **II.** *v/t.* bend; (*Papier*) crease; (*brechen*) break, snap; *fig.* (*j-s Selbstbewusstsein, Stolz etc.*) dent, *stärker*: (*a. j-n*) crush; → ***geknickt.***

Knicker F *m* F skinflint.

Knickerbocker *pl.* plus fours.

knickerig F *adj.* stingy, mean.

Knick|festigkeit *f* ⚙ buckling strength; **~flügel** *m* ✈ cranked wing; *nach unten geknickt*: *a.* gull wing; **~fuß** *m* ⚕ skew foot.

Knicks *m* curts(e)y; ***e-n ~ machen*** → **knicksen** *v/i.* curts(e)y (***vor*** to).

Knie *n* knee; (*Biegung*) bend; ⚙ (*Rohrstück*) elbow, knee; ***auf den ~n bitten*** beg *s.o.* on bended knee; ***auf die ~ fallen*** fall to one's knees; ***in die ~ gehen*** bend one's knees, *tiefer*: crouch on one's knees, *fig.* go to the wall; *fig.* ***j-n auf die ~ zwingen*** force s.o. to his (*od.* her) knees; F ***j-n übers ~ legen*** give s.o. a good hiding; ***et. übers ~ brechen*** rush s.th.; F ***ich wurde ganz weich in den ~n*** F my legs turned to jelly; **~beuge** *f* **1.** *Turnen*: knee-bend; **2.** *eccl.* genuflection; **~bundhose** *f*: (***e-e ~*** a pair of) knee breeches *pl.*; **~fall** *m*: ***e-n ~ vor j-m machen*** *a. fig.* go down on one's knees before s.o.; **≈frei** *adj.*: ***~er Rock*** skirt that goes above the knee; ***ich trage meistens ~e Röcke*** I usually wear my skirts above the knee; **~gelenk** *n* knee joint; **≈hoch** *adj.* up to one's knees, knee-high; *Schnee, Wasser*: knee-deep; **~kehle** *f* hollow of the knee; ***in der ~*** *a.* at the back of one's knee; **≈lang** *adj.* knee-length.

knien *v/i.* kneel, be on one's knees; (*nieder~*) kneel down, go down on one's knees.

Knie|reflex *m* knee jerk; **~rohr** *n* elbow pipe.

Kniescheibe *f* kneecap; **Kniescheibenreflex** *m* knee jerk.

Knie|schoner *m*, **~schützer** *m* knee pad; **~strumpf** *m* (knee-length) sock; **~stück** *n* ⚙ bend, elbow; **≈tief** *adj.* knee-deep; *adv.* up to one's knees; **~welle** *f Turnen*: knee circle.

Kniff *m* **1.** (*Kneifen*) pinch; **2.** (*Falte*) crease; *im Hut*: dent; **3.** *fig.* (*Kunstgriff*) trick.

kniff(e)lig F *adj.* tricky.

Knigge *m*: ***er hat s-n ~ nie gelesen*** he doesn't know his etiquette.

Knilch F *m* F creep.

knipsen I. *v/i.* **1.** take photos; ***hast du schon geknipst?*** have you taken it already?; **2.** ***mit den Fingern ~*** snap one's fingers; **II.** *v/t.* **3.** take a picture (*od.* shot) of; ***hast dus geknipst?*** have you got it?; **4.** (*Fahrkarte*) punch.

Knirps *m* little lad; *contp.* F squirt.

knirschen *v/i. Kies, Sand etc.*: crunch; ***mit den Zähnen ~*** grind one's teeth.

knistern I. *v/i. Papier etc.*: rustle; *Feuer*: crackle; *fig.* ***es knisterte vor Spannung*** the atmosphere was electric; F ***zwischen den beiden knistert es*** F there is a real spark between them; **II.** ≈ *n* rustling; crackling.

Knittelvers *m* doggerel.

Knitter *m* crease; **knitterfrei** *adj.* non-crease; **Knitterlook** *m* crumple look; **knittern** *v/t. u. v/i.* crease.
Knobelbecher *m* **1.** dice cup; **2.** F *pl.* (*Stiefel*) jackboots.
knobeln *v/i.* throw dice; toss (**um** for); *fig.* **~ an** puzzle over.
Knoblauch *m* garlic; **~baguette** *f*, *n* garlic baguette; **~brot** *n* garlic bread; **~butter** *f* garlic butter; **~kapsel** *f* garlic pill; **~majonäse** *f* garlic mayonnaise; **~presse** *f* garlic press; **~pulver** *n* garlic powder; **~salz** *n* garlic salt; **~zehe** *f* clove of garlic.
Knöchel *m* **1.** (*Fußℒ*) ankle; **2.** (*Fingerℒ*) knuckle; **ℒlang** *adj.* ankle-length *dress*; **ℒtief I.** *adj.* ankle-deep; **II.** *adv.* up to one's ankles.
Knochen *m* bone; *fig.* ***mir tun sämtliche ~ weh*** every bone in my body is aching; ***nass bis auf die ~*** soaked to the skin; ***es ist ihm in die ~ gefahren*** it really got to him; ***es sitzt mir noch in den ~*** I still haven't got over it (completely); ***sich bis auf die ~ blamieren*** make an absolute fool of o.s.; F ***fauler ~*** F lazybones; F ***harter ~*** F tough job; **~arbeit** F *f* F hard graft; **~bau** *m* bone structure.
Knochen bildend *adj.* bone-building.
Knochen|bildung *f* bone formation; **~bruch** *m* fracture; **~entzündung** *f* inflammation of the bones; 🕮 ostitis; **~erweichung** *f* softening of the bones; 🕮 osteomalacia; **~gerüst** *n* skeleton; **~gewebe** *n* bone tissue; **ℒhart** *adj.* (as) hard as rock; *fig. Sport*: tough.
Knochenhaut *f* periosteum; **~entzündung** *f* periostitis.
Knochenkrebs *m* bone cancer.
Knochenmark *n* bone marrow; **~entzündung** *f* osteomyelitis; **~krebs** *m* bone-marrow cancer.
Knochen|mehl *n* bonemeal; **~mühle** F *f* **1.** F sweatshop; **2.** (*Auto*) F boneshaker; **~naht** *f* bone suture; **~säge** *f* butcher's (*od.* bone) saw; **~schinken** *m* ham on the bone; **~schwund** *m* atrophy of the bone(s); **~splitter** *m* bone fragment, -piece of bone; **ℒtrocken** F *adj.* bone-dry; **~tumor** *m* bone tumo(u)r; **~verletzung** *f* bone injury.
knöchern *adj.* bony; *aus Knochen*: made of bone, bone ...
knochig *adj. Person*: skinny; *Gesicht etc.*: bony.
knock-out *adj.*, *adv.*, **Knock-out** *m* knockout; → ***k. o., K. o.***
Knödel *m* dumpling.
Knofel F *m* garlic.
Knöllchen F *n* parking ticket.
Knolle *f* ⚘ *Kartoffel etc.*: tuber; *Zwiebel etc.*: bulb; *Baum*: node.
Knollen *m* **1.** lump; → *a.* ***Knolle***; **2.** F (parking) ticket; **~blätterpilz** *m* amanita; **~nase** *f* bulbous nose; **~sellerie** *m* celeriac; **~wurzel** *f* tuberous root.
knollig *adj.* (*knotig*) knotty; (*klumpig*) lumpy; ⚘ bulbous.
Knopf *m* **1.** button (*a. Schalterℒ*); (*Türℒ etc.*) knob; ***auf den ~ drücken*** press the button; **2.** F (*Kerl*) chap, *Am.* guy; **~augen** *pl.* big brown eyes; **~druck** *m*: ***auf ~*** at the touch of a button, *fig. a.* at the flick of a switch.
knöpfen *v/t.* button (up); ***falsch geknöpft*** buttoned up the wrong way.
Knopfloch *n* buttonhole; F *fig.* ***aus allen Knopflöchern platzen*** be bursting at the seams; ***ihm scheint die Neugier*** (***Eitelkeit***) ***aus allen Knopflöchern*** he's just bursting with curiosity (he just oozes vanity); *iro.* ***mit e-r Träne im ~*** with a tear in my *etc.* eye; **~chirurgie** F *f* F keyhole surgery.
Knopfzelle *f* (*Batterie*) round cell.
knorke F *obs. adj.* F great, *sl.* brill.
Knorpel *m* cartilage; *in Wurst etc.*: gristle; **knorpelig** *adj.* gristly.
Knorren *m* knot; **knorrig** *adj.* knotty, gnarled; *Person*: gruff.
Knospe *f* ⚘ bud; *fig. der Liebe*: tender bud; ***~n treiben*** → **knospen** *v/i.* bud, *weitS.* sprout; *fig.* bud.
Knötchen *n* ⚕ nodule.
Knoten I. *m* knot (*a. Geschwindigkeit*); (*Haarℒ*) *a.* bun; ⚘ joint, *a. phys.*, *ast.* node; ⚕ lump; *fig. e-s Dramas etc.*: plot; ***e-n ~ ins Taschentuch machen*** tie a knot in one's handkerchief; *thea.* ***der ~ schürzt*** (***löst***) ***sich*** the plot thickens (unravels); → ***gordisch***; **II.** ℒ *v/t. u. v/i.* knot, make knots (in *a rope etc.*); **~punkt** *m von Straßen etc.*: junction; ⚙, *opt.*, *phys.* nodal point; *Handel etc.*: cent|re (*Am.* -er); (*Mittelpunkt*) hub; **~schrift** *f* quipu; **~stock** *m* gnarled (walking) stick.
Knöterich *m* ⚘ knotgrass.
knotig *adj.* knotty; ⚕ nodular.
Know-how *n* know-how, expertise, expert knowledge, F savvy; ***geschäftliches*** (***technisches*** *etc.*) ~ *a.* business (technical *etc.*) skills.
Knülch F *m* F creep.
knülle F *adj.* (*betrunken*) F tight.
knüllen I. *v/i.* crumple; crease; **II.** *v/t.* crease; (*Papier*) screw up.
Knüller F *m* sensation (*a. Meldung*); (*Zeitungsℒ*) scoop; (*Film*, *Buch etc.*) F blockbuster; (*Schallplatte*) F smash hit.
knüpfen I. *v/t.* (*Knoten*, *Netz*) tie, make; (*Teppich*) knot; (*befestigen*) attach, fasten (**an** to); *fig.* ***ein Bündnis*** (***e-e Freundschaft***) **~** form an alliance (a friendship); ***~ an*** (*Hoffnungen*) pin *one's hopes* on, (*Bedingungen*) attach *conditions* to; **II.** *v/refl.*: ***sich ~ an*** (*Vorstellungen etc.*) be tied up with, (*Bedingungen*) be attached to; (*folgen aus*) arise from; ***daran ~ sich für mich glückliche Erinnerungen*** it holds happy memories for me.
Knüppel *m* (heavy) stick, club; (*Polizeiℒ*) truncheon; ✈ (*Steuerℒ*) control stick, F joystick; *fig.* ***j-m e-n ~ zwischen die Beine werfen*** put a spoke in s.o.'s wheels.
knüppeldick F *adj. u. adv.*: ***es kommt immer gleich ~*** it never rains but it pours; ***dann kams ~*** then it came thick and fast (*od.* with a vengeance), then things really started happening, then it was just one thing after another; ***ich habs ~*** (***satt***) F I'm fed up to the back teeth; ***er hats ~ hinter den Ohren*** F he knows all the tricks of the trade.
knüppeldickevoll F *adj.* F chock-a-block, jampacked.
knüppeln *v/t.* beat (with a stick *etc.*).
Knüppelschaltung *f mot.* floor shift.
knüppelvoll F *adj.* F chock-a-block, jampacked.
knurren *v/i.* growl; *fig.* (*grunzen*) grunt, (*murren*) grumble (**über** at); *Magen*: rumble.
Knurrhahn *m* (*Fisch*) gurnard.
knurrig F *adj.* F grumpy.
Knusperhäuschen *n* gingerbread house.
knusp(e)rig *adj.* crunchy; *Brötchen*, *Braten*: crisp.
Knute *f*: *fig.* ***unter j-s ~*** under s.o.'s thumb; **knuten** *fig. v/t.* oppress.
knutschen F *v/i.* F snog; **Knutschfleck** F *m* F lovebite, *Am.* F hickey.
k. o. I. *adj.* **1.** knocked out, k.o.; **2.** F (*erschöpft*) F whacked, bushed; **II.** *adv.*: ***j-n ~ schlagen*** knock s.o. out, k.o. s.o.; **K.o.** *n* knockout, k.o.
koagulieren *v/i. u. v/t.* coagulate.
Koala(bär) *m* koala (bear).
koalieren *v/i.* form a coalition; **Koalition** *f* coalition; ***große ~*** grand coalition.
Koalitions|partei *f* coalition party; **~partner** *m* coalition partner; **~recht** *n* right of association; **~regierung** *f* coalition government; **~zwang** *m* obligatory compliance with a coalition agreement.
Koautor(in *f*) *m* co-author.
koaxial *adj.* coaxial; **ℒkabel** *n* coaxial cable.
Kobalt *n* cobalt; **~blau** *n* cobalt blue; **~bombe** *f* cobalt bomb.
Koben *m* (pig)sty.
Kobold *m* (hob)goblin; F *fig.* F imp.
Kobra *f* cobra.
Koch *m* cook; (*Küchenchef*) chef; ***viele Köche verderben den Brei*** too many cooks spoil the broth; **~anleitung** *f* cooking instructions *pl.*; **~apfel** *m* cooking apple; **~beutel** *m*: ***Reis*** *etc.* ***im ~*** boil-in-the-bag rice *etc.*; **~buch** *n* cookery book, cookbook; **~ecke** *f* kitchenette.
köcheln *v/i.* simmer.
Köchelverzeichnis *n* ♪ Köchel catalog(ue); **~ *421*** (*abbr.* ***KV 421***) Köchel (number) 421 (*abbr.* K 421).
kochen I. *v/i.* cook, do the cooking; *Speise*: be cooking, *Flüssiges*: be boiling; *fig. vor Wut*: be seething with rage; ***sie kocht gut*** she's a good cook; **II.** *v/t.* (*Gemüse*, *Fleisch*) cook; *im Ggs. zu braten etc.*: boil; (*Eier*, *Wasser*, *Wäsche*) boil; (*Kaffee*, *Tee*) make; ***das Essen ~*** make (*od.* cook) the dinner; → ***gekocht***; **III.** ℒ *n* cooking, cookery; ***zum ~ bringen*** bring to the boil, *fig.* (*j-n*) make *s.o.'s* blood boil; ***et. am ~ haben*** have s.th. on the boil (*a.* F *fig.*); **kochend heiß** *adj.* boiling hot, scalding.
Kocher *m* cooker, (*Kessel*) boiler.
Köcher *m* quiver; *phot.* lens case.
Koch|feld *n* hob, cooking zone; **ℒfertig** *adj.* (ready) prepared; (*ofenfertig*) oven--ready; *in Vakuumtüte etc.*: boil-in-the--bag ...; **ℒfest** *adj.* boil-wash ...; **~fett** *n* cooking fat; **~gelegenheit** *f* cooking facilities *pl.*; **~geschirr** *n* cooking (*od.* kitchen) utensils *pl. od.* things *pl.*; ⚔ mess kit; **~herd** *m* cooker, stove.
Köchin *f* cook.
Koch|käse *m* cooking cheese; **~kunst** *f* cookery, (art of) cooking; **~kurs** *m* cookery course; **~löffel** *m* wooden spoon; **~nische** *f* kitchenette; **~platte** *f* hot plate; **~rezept** *n* recipe.
Kochsalz *n* table salt; **~lösung** *f* salt solution.
Koch|schinken *m* boiled ham; **~topf** *m* saucepan; **~wäsche** *f* boil wash; **~-wasser** *n* cooking water.
Kode *m* code.
Kodein *n* codeine.
Köder *m* bait (*a. fig.*); *fig.* ***auf den ~ anbeißen*** fall for (*od.* swallow) the bait; **ködern** *v/t.* bait; *fig.* lure, entice.
Kodex *m* codex, manuscript; ⚖ code; (*Ehrenℒ etc.*) code *of hono(u)r etc.*
kodieren *v/t.* (en)code; **Kodierung** *f* (en-)coding.
kodifizieren *v/t.* codify.
Koedukation *f* coeducation.
Koeffizient *m* coefficient.

K

Koexistenz *f bsd. pol.* coexistence; **koexistieren** *v/i.* coexist.
Koffein *n* caffeine; **≈frei** *adj.* decaffeinated; **~er Kaffee** *a.* F decaf.
Koffer *m* suitcase; (*Instrumenten≈ etc.*) case; *pl.* → *a.* ***Gepäck***; ***s-e ~ packen*** pack (one's bags), *fig.* pack one's bags (and leave); *fig.* ***aus dem ~ leben*** live out of a suitcase; ***noch e-n ~ in Berlin haben*** still have half a foot in Berlin; **~anhänger** *m* address tag; **~gerät** *n* portable (set); **~kleid** *n* travel(l)ing dress; **~kuli** *m* trolley; **~radio** *n* transistor radio; **~raum** *m* boot, *Am.* trunk.
Kogge *f hist.* ⚓ cog.
Kognak *m* brandy, cognac; **~schwenker** *m* brandy balloon.
kognitiv *adj.* cognitive.
Kohabitation *f* cohabitation.
Kohärenz *f* coherence.
Kohäsion *f* cohesion; **Kohäsionskraft** *f* cohesive force.
Kohl *m* cabbage; F *fig.* rubbish, F rot, *Am.* F garbage; *fig.* ***s-n ~ anbauen*** cultivate one's garden; F ***alten ~ aufwärmen*** dig up old stories; ***das ist doch alter ~*** F that's old hat; → *a.* ***Kraut***; **~dampf** F *m*: ***~ haben*** F be starving.
Kohle *f* coal; ⚗, ⚡ carbon; *zum Zeichnen*: charcoal; F (*Geld*) F cash, readies *pl.*; *fig.* ***glühende ~n auf j-s Haupt sammeln*** heap coals of fire on s.o.'s head; (***wie***) ***auf*** (***glühenden***) ***~n sitzen*** be on tenterhooks; **~hydrat** *n* → ***Kohlenhydrat***; **~kraftwerk** *n* coal(-fired) power station.
Kohlen|bergbau *m* coal-mining (industry); **~bergwerk** *n* coalmine, colliery; **~brenner** *m* charcoal burner; **~dioxid** *n* carbon dioxide; **~eimer** *m* coal scuttle; **~feuerung** *f* coal firing; **~flöz** *n* coal seam; **~förderung** *f* extraction of coal; (*Produktionsvolumen*) coal output; **~gas** *n* coal gas; **~grube** *f* coal pit; **~halde** *f* coal dump; **~händler** *m* coal merchant; **~heizung** *f* coal heating; **~hydrat** *n* carbohydrate; **~lager** *n* **1.** ☤ coal depot; **2.** *geol.* coal bed; **~meiler** *m* charcoal pile; **~(mon)oxid** *n* carbon monoxide; **~monoxidvergiftung** *f* carbon monoxide poisoning; **~pott** F *m the* Ruhr coal basin.
kohlensauer *adj.* carbonic; ***kohlensaures Salz*** carbonate; ***kohlensaures Kali*** potassium carbonate; **Kohlensäure** *f* carbonic acid; ***ohne ~*** *Getränke*: still, flat, *Am.* non-carbonated; ***mit ~*** → **kohlensäurehaltig** *adj.* fizzy, sparkling, *Am.* carbonated.
Kohlen|schacht *m* coal pit; **~schaufel** *f* coal shovel; **~schicht** *f* coal bed; **~schippe** *f* → ***Kohlenschaufel***; **~staub** *m* coal dust; **~stoff** *m* ⚗ carbon.
Kohlenwasserstoff *m*, **~gas** *n* hydrocarbon; **~verbindung** *f* carbohydrate compound.
Kohlenzeche *f* coalmine.
Kohle|ofen *m* coal stove; **~papier** *n* carbon paper; **~pfennig** *m* coal subsidy levy (on electricity bills); **~präparat** *n* ⚕ medicinal charcoal.
Köhler *m* **1.** charcoal burner; **2.** (*Fisch*) coalfish.
Kohle|stift *m zum Zeichnen*: piece of charcoal; ⚡ carbon rod; **~tablette** *f* charcoal tablet; **~veredelung** *f* coal conversion; **~verstromung** *f* coal-based electricity generation; **~vorkommen** *n* coal deposit(s *pl.*); **~zeichnung** *f* charcoal drawing.
Kohl|kopf *m* (head of) cabbage; **~meise** *f* great tit; **≈rabenschwarz** *adj.* jet-black; *Himmel*, *Nacht*: pitch-black; **~rabi** *m* kohlrabi; **~rouladen** *pl. gastr.* stuffed cabbage leaves; **~rübe** *f* swede, *Am. a.* rutabaga; **~sprossen** *östr. pl.* (*Rosenkohl*) Brussels sprouts; **~weißling** *m* cabbage white butterfly.
Kohorte *f Soziologie u. hist.*: cohort.
koitieren *v/i.* have sexual intercourse, copulate; **Koitus** *m* coitus, sexual intercourse.
Koje *f* ⚓ bunk, berth.
Kojote *m* coyote.
Kokain *n* cocain(e); **~süchtige(r** *m*) *f* cocain(e) addict.
kokett *adj.* coquettish, F flirty; **kokettieren** *v/i. a. fig.* flirt (***mit*** with).
Kokken *pl.* cocci.
Kokolores F *m* rubbish, F rot, *Am.* F garbage.
Kokon *m* cocoon.
Kokos|baum *m* coconut tree (*od.* palm); **~fett** *n* coconut fat; **~flocken** *pl.* desiccated coconut *sg.*; **~makrone** *f* macaroon; **~matte** *f* coconut mat(ting); **~milch** *f* coconut milk; **~nuss** *f* coconut; **~öl** *n* coconut oil; **~palme** *f* coconut palm (*od.* tree); **~raspeln** *pl.* desiccated coconut *sg.*
Koks *m* **1.** coke; **2.** *sl.* (*Kokain*) *sl.* coke; **koksen** *sl. v/i. sl.* take (*od.* sniff) coke; **Koksfeuerung** *f* coke firing.
Kolanuss *f* cola nut.
Kolben *m mot.* piston; (*Gewehr≈*) butt; (*Flasche*, *a.* ⚗) flask; ⚡ (*Birne*) bulb; (*Tauch≈*) plunger; ⚘ spike; (*Mais≈*) cob; F (*Nase*) F conk; **~antrieb** *m* piston drive; **~fresser** F *m*: ***ich hatte e-n ~*** the engine seized (up); **~hub** *m* piston stroke; **~motor** *m* piston engine; **~stange** *f* piston rod; **~verdichter** *m* reciprocating compressor.
Kolchose *f* kolkhoz, collective farm.
Kolibakterien *pl.* coli.
Kolibri *m* humming bird.
Kolik *f* colic.
Kolkrabe *m* (common) raven.
kollabieren *v/i.* ⚕ collapse.
Kollaborateur *m pol.* collaborator; **kollaborieren** *v/i.* collaborate.
Kollagen *n* collagen.
Kollaps *m*: (*a.* ***e-n ~ erleiden***) collapse.
kollateral *adj.* collateral.
Kolleg *n* **1.** *etwa* sixth-form college; **2.** *R.C.* theological college.
Kollege *m* **1.** colleague; **2.** fellow student (*od.* cyclist *etc.*); **3.** F *als Anrede*: F mate.
Kollegen|kreis *m*: ***im ~*** among colleagues; ***im ~ behauptet man*** *etc.* colleagues maintain *etc.*; **~rabatt** *m* trade discount.
kollegial *adj.* friendly; helpful; loyal; ***das war nicht sehr ~ von dir*** that wasn't very nice of you; **Kollegialität** *f* helpfulness; loyalty (to one's colleagues).
Kollegin *f* → ***Kollege.***
Kollegium *n* committee; (*Lehrkörper*) teaching staff (*mst pl. konstr.*).
Kolleg|mappe *f* document case; **~stufe** *f ped. etwa* sixth-form college, *Am.* junior college.
Kollekte *f* (*Sammlung*) collection; (*Gebet*) collect.
Kollektion *f* ☤ collection, range.
kollektiv *adj.*, **≈** *n* collective; **≈bedürfnis** *n* collective need; **≈bewusstsein** *n* collective consciousness.
Kollektivismus *m* collectivism.
Kollektiv|schuld *f* collective guilt; **~versicherung** *f* group insurance; **~vertrag** *m* collective agreement (*pol.* treaty); **~wirtschaft** *f* collective economy.
Kollektor *m* **1.** ⚡ commutator; **2.** (*Transistor*) collector; **3.** → ***Sonnenkollektor.***
Koller F *fig. m* tantrum; ***e-n ~ kriegen*** F flip one's lid.
kollern *v/i.* **1.** (*rollen*) roll; **2.** *Puter*: gobble; *Taube*: coo; *Magen*: rumble.
kollidieren *v/i.* collide; *fig.* clash.
Kollier *n* necklace; (*Pelz*) necklet.
Kollision *f* collision; *fig.* clash, *a.* ⚖ conflict; **Kollisionskurs** *m*: ***auf ~ sein*** *a. fig.* be on a collision course.
Kollokation *f* collocation.
Kolloquium *n* colloquium.
Kollusion *f* ⚖ collusion.
Kölnischwasser *n* eau de Cologne.
Kolon *n ling.*, *anat.* colon.
Kolonial... *in Zssgn* colonial; **~herren** *pl.* colonial masters; **~herrschaft** *f* colonial rule.
Kolonialismus *m* colonialism.
Kolonial|krieg *m* colonial war; **~macht** *f* colonial power; **~stil** *m* colonial style; **~zeit** *f* colonial age; ***in der ~*** *a.* in colonial times, in the colonial days.
Kolonie *f* colony (*a. biol.*); **Kolonisation** *f* colonization; **Kolonisator** *m* colonizer; **kolonisieren** *v/t.* colonize; **Kolonist** *m* colonist, settler.
Kolonnade *f* colonnade.
Kolonne *f* column; *von Fahrzeugen*: convoy; (*Arbeiter≈*) crew; *pol.* ***Fünfte ~*** Fifth Column; *mot.* ***~ fahren*** drive in line.
Kolonnen|springer F *m mot.* F queue-jumper; **~verkehr** *m* single-line traffic.
Kolophonium *n* rosin, 📖 colophony.
Koloratur *f* ♪ coloratura; **~sängerin** *f* coloratura; **~sopran** *m* coloratura soprano.
kolorieren *v/t.* colo(u)r; (*Film*) colo(u)rize; **Kolorierung** *f* colo(u)ring; *Film*: colo(u)rization.
Kolorimeter *n* colorimeter; **Kolorimetrie** *f* colorimetry.
Kolorismus *m Kunst*: colo(u)rism.
Kolorit *n* colo(u)r(ing); *fig. e-s Orts etc.*: local colo(u)r, atmosphere.
Koloss *m* colossus; *fig. a.* giant.
kolossal *adj.* gigantic; *Aufgabe etc.*: mammoth ...; **≈film** *m* screen epic, (Hollywood) spectacular; **≈gemälde** *n* monumental painting; **≈schinken** F *m* **1.** → ***Kolossalfilm***; **2.** → ***Kolossalgemälde***; **≈statue** *f* giant statue.
Kolosser *m hist.* Colossian; ***Brief an die ~*** → **~brief** *m*: *bibl.* ***der ~*** the (*od.* St Paul's) Epistle to the Colossians, Colossians *pl.* (*sg. konstr.*).
Kolostrum *n* colostrum, first milk.
Kolportage *f* **1.** *in der Presse*: sensationalism; *konkret*: trash; **2.** *von Gerüchten*: rumo(u)r-mongering; **~literatur** *f* trashy literature; **~roman** *m* trashy novel.
Kolporteur *m* rumo(u)r-monger.
kolportieren *v/t.* spread.
Kolumbianer(in *f*) *m*, **kolumbianisch** *adj.* Colombian.
Kolumne *f typ.* column; **Kolumnentitel** *m* running title (*od.* headline); **Kolumnist** *m* columnist.
Koma *n* ⚕ coma; ***im ~ liegen*** be in a coma.
Kombi F *m* → ***Kombiwagen.***
Kombinat *n hist. DDR* collective combine.
Kombination *f* **1.** combination (*a. Schach*, ⚗, ⚙ *etc.*; *a. e-s Schlosses*); (*Kleidung*) matching jacket and trousers (*od.* skirt *etc.*) *pl.*; (*Arbeitsanzug*) overalls *pl.*; **al-**

pine (***nordische***) ~ Alpine (Nordic) combined; ***e-e tolle*** ~ *Fußball etc.*: a lovely move; **2.** (*Folgerung*) deduction; (*Vermutung*) conjecture.

Kombinations|gabe *f* power(s *pl.*) of deduction; **~lauf** *m Skisport*: combined event; **~möbel** *pl.* **1.** add-on furniture *sg.*; **2.** all-purpose furniture *sg.*; **~präparat** *n* compound preparation *sg.*; **~schloss** *n* combination lock; **~spiel** *n* teamwork; **~zange** *f* → ***Kombizange.***

kombinieren I. *v/t.* combine (***mit*** with); ***das lässt sich gut miteinander*** ~ *Kleidung etc.*: they go together very well, *Termine etc.*: we *etc.* could combine that very nicely; **II.** *v/i.* (*folgern*) deduce.

Kombi|wagen *m* estate car, *Am.* station wagon; **~zange** *f*: (***e-e*** ~ a pair of) combination pliers *pl.*

Kombüse *f* galley.

Komet *m* comet; **kometenhaft** *adj.*: ***~er Aufstieg*** meteoric rise; **Kometenschweif** *m* tail of a (*od.* the) comet.

Komfort *m* conveniences *pl.*; (*Luxus*) luxury; ***mit allem*** ~ *Wohnung*: with all the conveniences (*Gerät etc.*: extras).

komfortabel *adj. Leben*: comfortable; *Wohnung*: well-appointed, *Hotel*: *a.* good; *Wagen, Sofa etc.*: plush.

Komfortwohnung *f* luxury apartment.

Komik *f* humo(u)r; (*das Komische an e-r Sache*) *the* funny side (***an*** of); ***voller*** ~ very funny.

Komiker *m* comedian, comic (*beide a. fig.*); (*Schauspieler*) comic actor; *fig. contp.* idiot; **Komikerin** *f* comedienne; (*Schauspielerin*) comic actress; **Komikerpaar** *n* comedy duo.

komisch *adj.* funny (*a. merkwürdig*); *thea.* comic *opera etc.*; F ***~er Vogel*** F funny guy; ***das ~e daran*** the funny thing about it; ***mir ist so*** ~ I feel really funny; **komischerweise** *adv.* funnily enough.

Komitee *n* committee; body.

Komma *n* comma; *im Dezimalbruch*: decimal point; ***sechs ~ vier*** six point four; ***null ~ fünf*** (nought) point five; ***hier fehlt ein*** ~ there's a comma (*Zahl*: decimal point) missing here (*od.* somewhere); **~bazillus** *m* comma bacillus; **~fehler** *m* comma mistake.

Kommandant *m* commander, commanding officer (*abbr.* CO); *e-r Festung*: commandant; **Kommandantur** *f* **1.** commander's office; **2.** garrison headquarters *pl.* (*a. sg. konstr.*).

Kommandeur *m* commander.

kommandieren *v/t. u. v/i.* (*befehligen, führen*) command, be in command (of); (*befehlen*) command, order; give the orders; F (*herum~, nur v/t.*) boss *s.o.* about; ~ ***zu*** detach to, (*einteilen*) detail to (*od.* for).

Kommanditgesellschaft *f* limited partnership.

Kommanditist *m* limited partner.

Kommando *n* (*Befehl*) command, order; (*Befehlsgewalt*) command; (*~behörde*) command, headquarters *pl.* (*a. sg. konstr.*); (*Abteilung*) detachment; (*~einheit, mit Sonderauftrag*) commando (unit); ***das ~ führen*** be in command; ***auf*** ~ on command; ***wie auf*** ~ as if by command, as if he *etc.* had rehearsed it; ***ich kann nicht auf ~ lachen*** *etc.* I can't just turn it on; ~ ***zurück!*** hold it!; **~brücke** *f* ⚓ bridge; **~gewalt** *f* power of command; **~kapsel** *f Raumfahrt*: command module; **~sprache** *f Computer*: command language; **~stelle** *f* command post; **~ton** *m*: (***im*** ~ in a *od.* one's) sergeant-major's voice; **~trupp** *m* command unit; **~truppe** *f* Commandos *pl.*, *Am.* Rangers *pl.*

Kommazeichen *n* comma.

kommen I. *v/i.* **1.** come; (*an~*) *a.* arrive; (*gelangen*) get (***bis*** to); (*eintreten*) come, (*geschehen*) *a.* happen; ***komm schon!*** come on!, hurry up!; ***ich komme schon!*** I'm coming; ***er wird bald*** ~ he won't be long; ***es kommt ein Gewitter*** there's a storm coming up; ***der Morgen kommt*** it's nearly morning, it's starting to get light; ***spät*** ~ come (*od.* be) late; ***angelaufen*** *etc.* ~ come running *etc.* along (*od.* up); ***j-n ~ lassen*** send for s.o.; *drohend*: ***er soll nur ~!*** (just) let him come; ***et. ~ lassen*** (*bestellen*) send for (*od.* order) s.th.; ***et. ~ sehen*** (*voraussehen*) see s.th. coming; ***wie weit bist du gekommen?*** how far did you get?; ***es ist so weit gekommen, dass*** things have got to the stage where; ***es wird noch so weit ~, dass er rausgeschmissen wird*** he'll be thrown out one of these days; ***wenn Sie mir so*** ~ if you talk to me like that; ***komm mir ja nicht so frech!*** I don't want any of your cheek; F ***na, komm schon!*** come on(, now)!; ***komme, was da wolle*** come what may; ***es wird noch ganz anders*** ~ there's worse to come (yet); ***das musste ja so*** ~ it had to (*od.* was bound to) happen; ***wie kommt das?*** how come?; ***wie*** (*od.* ***woher***) ***kommt es, dass*** how is it that, how come; ***das kommt daher, dass*** it's because; ***es kam mir*** (***der Gedanke***), ***dass*** it occurred to me that; ***es kommt mir e-e Idee*** I've got an idea, I know what we can do; ***wer zuerst kommt, mahlt zuerst*** first come, first served; *iro.* ***mir ~ die Tränen*** don't make me weep; **2.** *mit prp.*: ~ ***an*** (*gelangen zu*) come (*od.* get) to, arrive at; (*j-m zukommen*) go (*od.* fall) to; ***an j-s Stelle*** ~ take s.o.'s place; → *a.* ***Reihe*** *etc.*; ~ ***auf*** (*herausfinden*) think of, hit upon *the idea*; (*sich erinnern*) think of, remember; ***auf*** *soundso viel* ~ come to, total; ***auf*** *die Rechnung* ~ go (*od.* be put) on; ***das kommt*** (*steht*) ***auf Seite 12*** that comes (*od.* is) on page 12; ***auf et. zu sprechen*** ~ get onto the subject of; ***wie kommst du darauf?*** what makes you say that?, what gives you that idea?; ***darauf wäre ich nie gekommen*** it would never have occurred to me; ***ich komme nicht darauf!*** I just can't think of it; ***darauf komme ich gleich*** I'll be coming to that; ***auf 100 Einwohner kommt ein Arzt*** there's a (*od.* one) doctor for every 100 inhabitants; ***ich lasse nichts auf ihn*** ~ I won't have anything said against him; ***durch*** *e-e Stadt etc.* ~ pass (*od.* come) through; ***hinter et.*** ~ find s.th. out; ~ ***in*** come (*od.* go) into, enter; ***das Buch kommt ins oberste Regal*** (***ins Arbeitszimmer***) the book goes on the top shelf (into the study); ***komm mir nur nicht mit diesen Ausreden*** spare me your excuses; ***damit kannst du mir nicht*** ~ you don't expect me to believe that, do you?; ***komm mir nicht dauernd mit der Geschichte*** I wish you wouldn't keep going on (*od.* I wish you'd shut up) about that business; ***er kommt einfach mit diesen Ideen*** he just trots out these ideas; ***e-e Sache, die mit dem Alter kommt*** a thing that develops with age; ~ ***nach*** come (*od.* get) to; *in der Reihenfolge*: come after; ***wie komme ich nach ...?*** how do I get to ...?; ~ ***über*** (*reisen über*) come via *Berlin*; (*e-n Zaun etc.*) get over; *Gefühl etc.*: come over *s.o.*; *Fluch*: come upon *s.o.*; ***um et.*** ~ be done out of s.th.; ***ums Leben*** ~ die, (*getötet werden*) *a.* be killed; ~ ***unter*** (*e-e Überschrift etc.*) go under; ***das kommt davon!*** see?, what did I tell you?; ~ ***vor*** come (*od.* go) before; ***vors Gericht*** ~ *Sache*: come up before the court; ***zu et.*** ~ come (*od.* get) to s.th.; (*bekommen*) come by s.th., get hold of s.th., (*erben*) come into *a fortune*; ***zur Ansicht ~, dass*** come to the conclusion that, decide that; ***zur Sprache*** ~ come up (for discussion); (***wieder***) ***zu sich*** ~ come to (*od.* round); ***wie kamst du bloß dazu***(***, das zu tun***)***?*** what on earth made you do that?; ***es kam zum Streit*** they (*od.* we *etc.*) ended up arguing; ***es kam zu Kämpfen zwischen ...*** fighting broke out between ...; ***ich komme einfach nicht zum Lesen*** I just don't get the time to read anything; ***ich komme aber erst morgen dazu*** I won't get round to it (*od.* manage it) before tomorrow; ***wie ~ Sie dazu?*** how dare you?; → *a.* ***Kraft*** 1, ***Sache*** *etc.*; **II.** ~ *n* arrival; ***ein ständiges ~ und Gehen*** a constant coming and going; ***es ist ein ständiges ~ und Gehen*** people are in and out all day, there's a constant stream of traffic (*od.* of people going in and out); ***im ~ sein*** *Ideologie etc.*: be on the ascendancy; *breitere Schlipse etc.* ***sind wieder im*** ~ are coming in again; ***dieser Dirigent ist im*** ~ he's an up-and-coming (young) conductor; **kommend** *adj.* coming; (*zukünftig*) *a.* future; (*baldig*) forthcoming; ***im ~en Jahr*** next year; ***in*** (***den***) ***~en Jahren*** in (the) years to come; ***die ~e Generation*** the rising (*od.* up-and--coming) generation; ***~e Geschlechter*** future generations; ***~er Mann*** F up-and--comer.

kommensurabel *adj.* commensurable.

Kommentar *m* commentary; (*Stellungnahme*) comment; *in der Zeitung*: opinion column; ***e-n ~ zu et. geben*** comment on s.th.; ***er muss ständig s-n ~ abgeben*** he always has to have his say; ***kein ~!*** no comment; **kommentarlos** *adv.* without comment; **Kommentator** *m* commentator; **Kommentatorenbox** *f im Stadion etc.*: commentary box; **kommentieren** *v/t.* comment on; *ausführlich*: give (*od.* write) a commentary on; (*Texte*) annotate.

Kommerz *m* commerce; ***reiner*** ~ pure commercialism; ***nur auf ~ aus sein*** be out for profit; **kommerzialisieren** *v/t.* commercialize; **Kommerzialisierung** *f* commercialization; **kommerziell** *adj.* commercial.

Kommilitone *m*, **Kommilitonin** *f* fellow student; ***m-e Kommilitonen*** the other students.

Kommissar *m* **1.** commissioner; *hist. in Russland*: commissar; **2.** (*Polizei~*) (police) superintendent; (*Kriminal~*) (detective) superintendent; **Kommissariat** *n* (*Amt*) commissionership; (*Behörde*) commissioner's *etc.* office; → ***Kommissar;*** *östr.* (*Polizeirevier*) police station.

kommissarisch *adj.* (*vorübergehend*) provisional, temporary.

Kommission *f* (*Ausschuss*; ⚕ *Auftrag, Provision*) commission; ***et. in ~ geben*** a) *e-m Händler*: give s.th. (to a dealer)

K

for sale on commission, b) *e-m Architekten, Künstler, Hersteller*: commission s.th.; ***et. in ~ nehmen*** (*od.* ***haben***) *Händler*: take (*od.* have) s.th. on commission; **Kommissionär** *m* ✝ commission agent.

Kommissions|basis *f*: ***auf ~*** on commission; **~gebühr** *f* commission; **~geschäft** *n* commission business; **~lager** *n* consignment stock; **~verkauf** *m* sale on commission; **~ware** *f* consigned goods *pl.*

kommissionsweise *adv.* on commission.

Kommittent *m* ✝ consigner.

kommod *dial. adj. Stuhl etc.*: comfortable; *Zeit etc.*: convenient; *Atmosphäre etc.*; cosy, *Job*: cushy.

Kommode *f* chest of drawers, *Am.* bureau.

Kommodore *m* commodore.

kommunal *adj.* municipal, communal, local; **2abgaben** *pl.* (local) rates, *Am.* local taxes; *in GB*: council tax *sg.*; **2anleihe** *f* municipal loan; **2bank** *f* municipal bank; **2beamte(r)** *m* municipal civil servant; **2politik** *f* local politics *pl.*; **2steuer** *f* → ***Kommunalabgaben***; **2verwaltung** *f* local government; **2wahlen** *pl.* local elections.

Kommunarde *m* **1.** *hist.* Communard; **2.** ***~ sein*** live in a commune.

Kommune *f* (*Gemeinde*) community; (*Wohngemeinschaft*) commune.

Kommunikant *m R.C.* communicant.

Kommunikation *f* communication.

kommunikations|fähig *adj.* able to communicate; **2fähigkeit** *f* ability to communicate; **2fluss** *m* flow of communication, intercommunication; ***gestörter ~*** communications breakdown; **2forschung** *f* communications research; **2lücke** *f* communications gap; **2mittel** *n* means (*sg.*) of communication; (*Radio, TV etc.*) media; **2satellit** *m* communications satellite; **2schwierigkeiten** *pl.*: ***es gab ~*** we *etc.* had difficulty communicating, *oft* we *etc.* had difficulty getting across; **2system** *n* communications system; **2wissenschaft** *f* communication(s) science; **2zentrum** *n* meeting place; *städtisches etc.*: community cent|re (*Am.* -er).

kommunikativ *adj.* communicative.

Kommunikee *n* communiqué.

Kommunion *f R.C.* (Holy) Communion.

Kommuniqué *n* communiqué.

Kommunismus *m* communism; **Kommunist(in** *f*) *m* communist; (*Parteimitglied*) Communist; **kommunistisch** *adj.* communist.

kommunizieren *v/i.* communicate; **kommunizierend** *adj.*: ***~e Röhren*** communicating tubes.

Komödiant(in *f*) *m* **1.** actor (*f* actress); ***er ist ein echter Komödiant*** he's a full-blooded actor; **2.** *fig. contp.* play-actor; (*Heuchler*) hypocrite; **komödiantisch** *adj.* acting ...

Komödie *f* comedy; *fig.* farce; (*Verstellung*) play-acting; **komödienhaft** *adj.* theatrical, histrionic; **Komödienschreiber** *m* comedy writer, comic playwright.

Kompagnon *m* partner.

kompakt *adj.* compact.

Kompaktanlage *f* music cent|re (*Am.* -er), compact (stereo) system.

Kompaktheit *f* compactness.

Kompakt|kamera *f* compact camera; **~ski** *m* compact ski; **~wagen** *m* compact car.

Kompanie *f* ⚔ company; **~chef** *m*, **~führer** *m* company commander.

komparabel *adj.* comparable.

Komparatist *m* comparatist; **Komparatistik** *f* comparative literature (*od.* studies *pl.*).

Komparativ *m*, **2** *adj. ling.* comparative.

Komparse *m* bit player, *Film*: *a.* extra.

Kompass *m* compass; **~nadel** *f* compass needle.

kompatibel *adj.* compatible; **Kompatibilität** *f* compatibility.

Kompendium *n* compendium.

Kompensation *f a.* ⚡, ⚕, *psych.* compensation; **Kompensationsgeschäft** *n* barter transaction.

Kompensator *m* ⚡ compensator, potentiometer.

kompensatorisch *adj.* compensatory.

kompensieren *v/t.* compensate for (*a. psych.*); ⚡, ℞ compensate.

kompetent *adj.* competent; (*zuständig*) responsible; (*befähigt*) qualified.

Kompetenz *f* competence; (*Zuständigkeit*) responsibility; ***in die ~*** *gen.* ***fallen*** be the responsibility of; ***s-e ~en überschreiten*** exceed one's authority; **~bereich** *m* area (*od.* sphere) of authority; **~konflikt** *m*, **~streit** *m* conflict of powers; *Gewerkschaft*: demarcation dispute; ⚖ jurisdictional dispute.

Kompilation *f* compilation; **Kompilator** *m* compiler; **kompilieren** *v/t.* compile.

komplementär I. *adj.* complementary; **II. 2** *m* ✝ general partner; **2farbe** *f* complementary colo(u)r.

komplementieren *v/t.* complement.

Komplet[1] *n* matching dress and coat (*od.* jacket).

Komplet[2] *f eccl.* (*Gebetsstunde*) compline.

komplett *adj.* complete; F *contp. a.* utter *nonsense etc.*; **komplettieren** *v/t.* complete.

Komplex I. *m* complex (*a. psych.*, ℞, ⚗ *etc.*); ***voller ~e*** complex-ridden, full of complexes; **II. 2** *adj.* complex; **komplexbeladen** *adj. psych.* full of complexes; **Komplexität** *f* complexity.

Komplikation *f* complication; **komplikationslos I.** *adj.* straightforward, uncomplicated; **II.** *adv. ablaufen etc.*: without a hitch.

Kompliment *n* compliment; (***mein***) ***~!*** congratulations!; ***j-m ~e machen*** pay s.o. compliments; **komplimentieren** *v/t. in ein Zimmer etc.*: escort; *euphem.* ***j-n zur Tür ~*** usher s.o. out.

Komplize *m* accomplice.

komplizieren *v/t.* complicate; ***das kompliziert die Sache*** that complicates matters; **kompliziert** *adj.* complicated; complex *character etc.*; (*verwickelt*) *a.* intricate; ⚕ ***~er Bruch*** compound fracture; **Kompliziertheit** *f* complexity.

Komplott *n* plot, conspiracy; ***ein ~ schmieden*** plot, conspire (***gegen*** against), hatch a plot.

Komponente *f* component; *fig. a.* element.

komponieren *v/t. u. v/i.* compose (*a. Farben etc.*), write *a song etc.*; **Komponist** *m* composer; **Komposition** *f* composition (*a. e-s Gemäldes etc.*); *typ.* page make-up, layout; **Kompositionslehre** *f* (theory of) composition; **kompositorisch** *adj.* compositional; ***sein ~es Werk*** his musical works.

Kompositum *n ling.* compound.

Kompost *m* compost; **~haufen** *m* compost heap.

kompostierbar *adj.* bio-degradable.

kompostieren *v/t.* compost; (*Erde, Beet*) put compost on, add compost to; **Kompostierung** *f* composting.

Kompott *n* stewed fruit; **~schale** *f*, **~schüssel** *f* dessert bowl.

Kompresse *f* compress.

Kompression *f* ⚙ compression; **Kompressionsverband** *m* pressure bandage.

Kompressor *m* ⚙ compressor; *mot.* supercharger.

komprimieren *v/t.* compress; (*Gase etc., a. fig. Buch etc.*) condense; **komprimiert I.** *adj.* condensed; *Stil*: concise; **II.** *adv.*: ***et. ~ ausdrücken*** put s.th. concisely.

Kompromiss *m* compromise; *bei Verhandlungen*: *a.* tradeoff; ***e-n ~ schließen*** (make a) compromise (***über*** on); **2bereit** *adj.* willing to compromise; **~formel** *f* compromise (solution).

Kompromissler *m* compromiser; **kompromisslerisch** *adj.* too ready to make concessions; ***~e Haltung*** *bsd. pol.* softly-softly approach.

kompromisslos *adj.* uncompromising; *pol. a.* hard-line ...; (*unerbittlich*) relentless.

Kompromiss|lösung *f* compromise solution; **~vorschlag** *m* compromise proposal.

kompromittieren *v/t.* compromise (***sich*** o.s.).

Komtess *f*, **Komtesse** *f* countess.

Komtur *m* commander (of an order).

Kondensat *n* condensate.

Kondensation *f* condensation.

Kondensator *m* ⚡ capacitor, *bsd.* ⚙, ⚗ condenser; **~mikrofon** *n* condenser microphone.

kondensieren *v/t.* condense; **Kondensierung** *f* condensation.

Kondens|milch *f* evaporated (*od.* condensed) milk; **~streifen** *m* ✈ condensation (*od.* vapo[u]r) trail; **~wasser** *n* condensation.

Kondition *f* condition; ***e-e gute*** (***keine***) ***~ haben*** be very fit (have no stamina).

Konditional *m*, **2** *adj. ling.* conditional; **~satz** *m* conditional clause.

konditionell *adv.* stamina-wise; ***~ am Ende*** on one's last legs; ***~ ganz oben*** in top form.

konditionieren *v/t.* condition.

Konditions|mangel *m* → ***Konditionsschwäche***; **2schwach** *adj.*: ***~ sein*** have no stamina, be very unfit; **~schwäche** *f* lack of stamina; ***an ~ leiden*** be very unfit; **2stark** *adj.* very fit; **~training** *n* fitness training.

Konditor *m* pastry cook; **Konditorei** *f* cake shop; (*Café*) café.

Kondolenz|besuch *m* visit of condolence; **~brief** *m* letter of condolence; **~buch** *n*: ***sich ins ~ eintragen*** sign the condolences book; **~schreiben** *n* letter of condolence.

kondolieren *v/i.*: ***j-m ~*** express one's condolences to s.o. (***zu*** on).

Kondom *n* condom.

Kondominium *n* condominium.

Kondor *m* condor.

Konfekt *n* (*Pralinen*) chocolates *pl.*

Konfektion *f* (manufacture of) ready-to-wear clothing.

konfektionieren *v/t.* mass-produce; **konfektioniert** *adj.* mass-produced, *Kleidung*: off-the-peg.

Konfektions|anzug *m* ready-made (*od.* off-the-peg) suit; **~geschäft** *n* clothes shop; **~größe** *f* size; **~n** clothes sizes.

Konferenz *f* conference; **~dolmetscher**

m conference interpreter; **~raum** *m*, **~saal** *m* conference room; **~schaltung** *f* conference circuit; **~sendung** *f* hook-up; **~teilnehmer(in** *f*) *m* conference member; **~tisch** *m* conference table; ***am ~*** *a. fig.* at the round table.

konferieren *v/i.* **1.** confer (***über*** on); **2.** (*a. v/t.*) *thea.* compere.

Konfession *f* religion, (religious) denomination; ***welcher ~ gehören Sie an?*** what (religious) denomination (*od.* religion) are you?; **konfessionell** *adj.* denominational; **konfessionslos** *adj.* non-denominational; **Konfessionsschule** *f* denominational school.

Konfetti *n* confetti; **~parade** *f* ticker-tape parade.

Konfiguration *f* configuration.

Konfirmand *m*, **Konfirmandin** *f* confirmand; **Konfirmandenunterricht** *m* confirmation classes *pl.*

Konfirmation *f eccl.* confirmation.

konfirmieren *v/t.* confirm.

konfiszieren *v/t.* confiscate, seize; **Konfiszierung** *f* confiscation.

Konfitüre *f* jam.

Konflikt *m*: (***bewaffneter, innerer ~*** armed, inner) conflict; ***in ~ geraten*** come into conflict (***mit*** with), ***mit***: *a.* clash with; → ***Gesetz***; **~bewältigung** *f* conflict management; **~forschung** *f* conflict studies *pl.*; **⁀frei** *adj.* peaceful; **⁀freudig** *adj.* belligerent; **~herd** *m* cent|re (*Am.* -er) of conflict; trouble spot; **~potenzial** *n* potential for conflict(s *pl.*); **⁀reich** *adj.* conflict-ridden; **⁀scheu** *adj.*: ***er ist ~*** he hates any sort of confrontation; **~situation** *f* conflict situation; **~stoff** *m* seeds *pl.* of conflict; **⁀trächtig** *adj. Situation*: (potentially) explosive; ***die Situation ist ~*** *a.* the least thing could spark off a conflict.

Konföderation *f* confederation, confederacy; **konföderieren** *v/i. u. v/refl.* (***sich ~***) form a confederation (***mit*** with); **Konföderierte(r)** *m* confederate.

konform *adj.* conforming (***mit*** *od. dat.* to), in conformity (with); ***~ gehen*** be in agreement, concur (***mit*** with); ***unsere Meinungen sind da*** (***nicht***) ***~*** we see it the same way (we don't see eye to eye on it); **Konformismus** *m* conformism; **Konformist** *m*, **konformistisch** *adj.* conformist.

Konfrontation *f* confrontation; face-off; **Konfrontationskurs** *m* collision course; ***sich auf ~ befinden*** be on a collision course; **konfrontieren** *v/t.* confront (***mit*** with).

konfus *adj.* confused, *Gedanken etc.*: *a.* muddled; ***~es Zeug reden*** rave; **Konfusion** *f* confusion, muddle.

kongenial *adj. Partner*: ideal; *Übersetzung, Interpretation etc.*: very sensitive; *zwei Sachen, Personen*: perfectly matched; ***~er Geist*** kindred spirit, (spiritual) soulmate.

Konglomerat *n* ✝, *geol.* conglomerate; *fig.* conglomeration.

Kongress *m* congress; (*Fach⁀*) conference; *Am.* (*a. Partei⁀ etc.*) convention; *Am. pol.* ***der ~*** Congress; **~halle** *f* convention hall; **~teilnehmer(in** *f*) *m* conference member.

kongruent *adj.* ⩓ congruent, perfectly equal; **Kongruenz** *f* congruence, congruency.

K.-o.-Niederlage *f* knockout.

Konifere *f* conifer.

König *m* king; *eccl.* ***die Heiligen Drei ~e*** the Three Wise Men (from the East), the Magi; ***zum ~ machen*** make *s.o.* king; *bibl.* ***das 1.*** (***2.***) ***Buch der ~e*** the 1st (2nd) Book of Kings, Kings I (II).

Königin *f* queen; **~mutter** *f* queen mother; **~pastete** *f gastr.* chicken vol--au-vent.

königlich I. *adj.* royal; *Haltung etc.*: regal; *Geschenk etc.*: princely; *Mahl*: sumptuous; **II.** *adv.*: ***j-n ~ bewirten*** entertain s.o. lavishly; ***sich ~ amüsieren*** have a marvel(l)ous time.

Königreich *n* kingdom (*a. eccl.*), *lit.* realm.

Königs|adler *m* golden eagle; **~bauer** *m Schach*: king's pawn; **⁀blau** *adj.* royal blue; **~haus** *n* royal dynasty; **~hof** *m* royal court; **~kerze** *f* ⚘ mullein; **~krone** *f* royal crown; **~macher** *m* kingmaker; **~paar** *n* royal couple; **~schloss** *n* royal castle; **~tiger** *m zo.* Bengal tiger; **⁀treu** *adj.* loyal (to the king), loyalist, royalist; **~wasser** *n* ⚗ aqua regia, nitrohydrochloric acid.

Königtum *n* monarchy.

konisch *adj.* conical; *Werkzeug etc.*: tapering, tapered.

Konjugation *f* conjugation; **konjugieren** *v/t.* conjugate (*a.* ⩓, ⚘, ⚡).

Konjunktion *f ling.* conjunction; **Konjunktionalsatz** *m* conjunctive clause.

Konjunktiv *m ling.* subjunctive.

Konjunktur *f* ✝ (*Wirtschaftslage*) economic situation; (*Wirtschaftstätigkeit*) business activity; (*~kreislauf*) trade cycle; (*Hoch⁀*) boom; *fig.* ***~ haben*** *Ware, Handwerker etc.*: be in great demand, *Kleidung etc.*: be in fashion, F be in; ***dieses Modell hat im Moment ~*** *a.* everyone's buying this model right now; **⁀abhängig** *adj.* cyclical; **~abschwächung** *f* downward trend, downturn, downswing; **~aufschwung** *m* upward trend, upturn, upswing, (business) revival; **~aussichten** *pl.* economic outlook *sg.*; **~barometer** *n* business barometer; **⁀bedingt** *adj.* cyclical; **~belebung** *f* business revival; **~bewegung** *f* cyclical movement; **~daten** *pl.* economic data.

konjunkturell *adj.* cyclical; economic, business *trend etc.*

Konjunktur|entwicklung *f* economic trend; **~flaute** *f* economic slowdown; **~forschung** *f* business research; **~krise** *f* economic depression; **~lage** *f* economic situation; **~phase** *f* trade cycle; **~politik** *f* trade cycle policy; **⁀politisch** *adj.* economic(ally *adv.*); **~prognose** *f* economic (*od.* business) forecast; **~programm** *n* program(me) of economic measures, stimulus program(me); **~ritter** *m* opportunist; **~rückgang** *m* → ***Konjunkturabschwächung***; **~rückschlag** *m* (economic) slump; **~schwankungen** *pl.* cyclical (*od.* business) fluctuations; **~spritze** F *f* F shot in the arm; **~verlauf** *m* business cycle; economic trend; **~zyklus** *m* business (*od.* trade) cycle.

konkav *adj.* concave; *Tastatur*: sculptured; **⁀linse** *f* concave lens.

Konklave *n R.C.* conclave.

Konkordanz *f* concordance.

konkret I. *adj.* concrete; (*greifbar*) *a.* tangible; (*genau*) specific; (*bestimmt*) actual; ***~e Poesie*** concrete poetry; **II.** *adv.*: ***was willst du ~ damit sagen?*** what do you actually mean by that?; **konkretisieren I.** *v/t.* put in concrete terms; **II.** *v/refl.*: ***sich ~*** take shape, materialize; *Idee*: gel.

Konkubinat *n* concubinage; **Konkubine** *f* concubine.

Konkurrent *m* competitor, rival; *pl. a.* competition *sg.*

Konkurrenz *f* **1.** (*Wettbewerb*) competition, *stärker*: rivalry; ***j-m ~ machen*** compete with s.o.; ***außer ~ stehen*** be unrival(l)ed; **2.** (*Konkurrent, mst coll. die Konkurrenten*) competitor(s *pl.*), rival(s *pl.*), *coll.* competition; **3.** *Sport*: (*Wettkampf*) event, competition, contest; ***außer ~*** as a non-official competitor; **4.** ⚖ concurrence; **~angebot** *n* rival offer; **~blatt** *n* rival newspaper; **~denken** *n* competitive mentality; **~druck** *m* competitive pressure; **~erzeugnis** *n* rival product; **⁀fähig** *adj.* competitive, able to compete; **~fähigkeit** *f* competitiveness; **~firma** *f*, **~geschäft** *n* rival firm; **~kampf** *m* competition; *stärker*: rivalry; **~klausel** *f* restraint clause.

konkurrenzlos *adj.* unrival(l)ed, unbeatable; *Preise*: unmatched.

Konkurrenz|neid *m* professional jealousy; **~produkt** *n* rival product; **~verbot** *n* (agreement on) restraint of trade; **~waren** *pl.* competing goods.

konkurrieren *v/i.* compete (***mit*** with; ***um*** for); **konkurrierend** *adj.* competing, rival ...

Konkurs *m* ✝ bankruptcy; ***~ anmelden*** file for bankruptcy; ***in ~ gehen*** (*od.* ***geraten***), ***~ machen*** go bankrupt; **~antrag** *m* petition in bankruptcy; **~delikt** *n* bankruptcy offen|ce (*Am.* -se); **~erklärung** *f* declaration of insolvency; **~gericht** *n* bankruptcy court; **~gläubiger** *m* bankrupt's creditor; **~masse** *f* bankrupt's estate, assets *pl.*; **~verfahren** *n*: ***das ~ eröffnen*** open bankruptcy proceedings; **~verwalter** *m* receiver, liquidator; *von Gläubigern eingesetzter*: trustee (in bankruptcy).

können I. *v/t.*, *v/i.*, *v/aux.* **1.** (*vermögen*) be able to *inf.*, (*fähig sein zu*) be capable of *ger.*; be in a position to *inf.*; ***ich kann es*** (***nicht***) I can('t) do it; ***er hätte es tun ~*** he could have done it; ***sie kann mit ihm machen, was sie will*** she's got him twisted round her little finger; ***du kannst machen, was du willst*** (*es nützt nichts*) it's like banging your head on a brick wall; ***ich kann nicht mehr*** (*bin erschöpft*) F I've had it, (*bin satt*) I couldn't eat another thing, *psychisch*: I can't take any more; F ***wir konnten nicht mehr*** *vor Lachen*: F we were rolling about; ***ich kann das nicht mehr hören*** I can't take it any more; ***er tut, was er kann*** he does his best; ***man kann nie wissen*** you never know; ***das war ein Reinfall, kann ich dir sagen*** what a disaster; **2.** (*dürfen*) be allowed to *inf.*; ***er kann gehen*** he can go; ***Sie ~ es mir glauben*** take my word for it; F ***kannst du machen!*** go ahead; I don't mind; **3.** (*Möglichkeit, Wahrscheinlichkeit*) ***das kann*** (***schon***) ***sein*** it's possible, (*es kann stimmen*) that may be true; ***das kann nicht sein*** (that's) impossible; ***wer kann es gewesen sein?*** who could it have been?; ***ich kann mich auch täuschen*** I may be wrong, of course; ***du könntest Recht haben*** you may (well) be right; ***es kann*** (***könnte***) ***etwas länger dauern*** it could (*od.* might) take a while; **4.** ***er kann schwimmen*** he can (*od.* knows how to) swim; ***er kann es*** (***gut***) he can do it (well); ***er kann Spanisch*** he knows (*od.* speaks) Spanish; ***sie kann gut Eng-***

lisch she speaks good English; ***er kann gar nichts*** he's useless; ***man kann alles, wenn man will*** you can do anything if you put your mind to it; F ***er kanns mit ihm*** he gets on all right (*Am.* alright) with him; F ***du kannst mich mal*** F you know what you can do; **5.** ***ich kann nichts dafür*** I can't help it; ***er kann nichts dafür, dass er ...*** he can't help *ger.*; **II.** ♀ *n* ability, skill(s *pl.*); ***sportliches*** ~ athletic prowess.

Könner *m* expert, F ace.

Konnex *m* connection; *mit Personen*: contact.

Konnossement *n* ⚓ bill of lading.

Konnotation *f* connotation.

Konrektor *m* deputy headmaster; **Konrektorin** *f* deputy headmistress.

konsekutiv *adj.* consecutive; **♀dolmetscher** *m* consecutive interpreter; **♀satz** *m* consecutive clause.

Konsens *m* consensus; (*Einwilligung*) consent; **~bildung** *f* reaching a consensus.

konsequent *adj.* (*folgerichtig*) logical; (*beständig*) consistent; (*kompromisslos*) uncompromising; (*beharrlich*) firm, persistent; (*entschlossen*) resolute; (*gründlich*) thorough; ~ ***bleiben*** remain firm, F stick to one's guns; **konsequenterweise** *adv.* logically; to be consistent.

Konsequenz *f* (*Zielstrebigkeit*) persistence; (*Entschlossenheit*) determination; (*Folge, Ergebnis*) consequence; ***mit eiserner*** ~ doggedly; ***bis zur äußersten*** ~ a) to the bitter end, b) regardless of the consequences; ***die ~en tragen*** bear the consequences; ***die ~en ziehen*** take the necessary steps; ***er zog die ~ und trat zurück*** he had no alternative but to resign; ***die*** (***logische***) ~ ***aus et. ziehen*** draw the logical conclusion from s.th.

Konservatismus *m* conservatism; **konservativ** *adj. a. weitS.* conservative; *Partei(mitglied) etc.*: Conservative, *in GB*: *a.* Tory; **Konservative(r** *m*) *f* conservative; (*Parteimitglied*) Conservative, *in GB*: *a.* Tory.

Konservator *m* curator.

Konservatorium *n* ♪ music academy, conservatory; *bsd. auf dem europäischen Festland*: *a.* conservatoire.

Konserve *f* **1.** tin, can; *pl.* tinned (*od.* canned) foods; **2.** (*Blut♀*) unit of (stored) blood; **3.** F ***Musik aus der*** ~ F canned music.

Konserven|büchse *f*, **~dose** *f* tin, can; **~fabrik** *f* canning factory, *bsd. Am.* cannery.

konservieren I. *v/t.* preserve (*a. Blut, Leiche, Gebäude etc.*), conserve; *in Büchsen*: tin, can; (*Traditionen etc.*) preserve, uphold; **II.** *v/refl.*: ***sich*** ~ preserve (itself), F *fig. Person*: F preserve o.s.; F *fig.* ***du hast dich gut konserviert*** *a.* you've kept yourself in good shape.

Konservierung *f* preservation; conservation.

Konservierungs|maßnahmen *pl.* conservation measures; **~mittel** *n* preservative; **~stoff** *m* preservative.

Konsignant *m* ⚓ consigner.

Konsignationsware *f* consigned goods *pl.*

Konsilium *n* consultation.

Konsistenz *f* consistency.

Konsole *f* ⚠, ⚙ console, bracket, support.

konsolidieren I. *v/t.* consolidate; **II.** *v/refl.*: ***sich*** ~ be consolidated, consolidate; **Konsolidierung** *f* consolidation.

Konsonant *m ling.* consonant.

Konsonanz *f* ♪ consonance, concord.

Konsorte *m* **1.** F *contp.* ***Lehmann u. ~n*** F Lehmann and co., Lehmann and his lot; ***gib dich ja nicht mit solchen ~n ab*** I should keep away from that crowd; **2.** ⚓ consortium (*od.* syndicate) member.

Konsortial|bank *f* consortium bank; **~geschäft** *n* syndicate transaction.

Konsortium *n* syndicate, group.

Konspiration *f* conspiracy; **konspirativ** *adj.* conspiratorial; ***~e Wohnung*** safe flat (*od.* house), terrorist hideout.

konstant I. *adj.* steady; *Kosten, Einkommen*: fixed; *phys.* constant; *Leistung*: steady, *Sport*: *a.* consistent; ***~e Größe*** constant; ~ ***halten*** maintain; **II.** *adv.* consistently; **Konstante** *f* Ꭿ, *phys.* constant; *fig.* constant factor.

konstatieren *v/t.* (*wahrnehmen*) note; (*erklären*) state; (*ermitteln*) ascertain.

Konstellation *f ast.*, ⚘ *u. fig.* constellation.

konsterniert *adj.* completely taken aback, flabbergasted.

Konstipation *f* constipation.

Konstituente *f ling.* constituent.

konstituieren I. *v/t.* constitute; (*gründen*) *a.* establish; **II.** *v/refl.*: ***sich*** ~ *parl.* assemble, convene; (*gegründet werden*) become established.

Konstitution *f pol.*, ⚘ constitution; **konstitutionell** *adj.* constitutional.

konstruieren *v/t.* (*bauen*) construct (*a.* Ꭿ *u. Gedankensystem etc.*); *ling.* construe; (*herstellen*) create; (*erfinden*) fabricate; **konstruiert** *adj.* (*gezwungen*) contrived.

Konstrukt *n* working model; (*Erfindung*) creation.

Konstrukteur *m* designing engineer.

Konstruktion *f* construction (*a. ling.*); (*Entwurf, Bauart*) design.

Konstruktions|büro *n* drawing office; **~fehler** *m* constructional flaw; faulty design; **~merkmal** *n* constructional feature; **♀technisch** *adj.* constructional; **~teil** *n* structural component, element; **~zeichner** *m* draughtsman, *Am.* draftsman; designer.

konstruktiv *adj.* **1.** constructive; ***~e Kritik*** constructive criticism; **2.** ⚙ constructional, design ...

Konsul *m* consul.

Konsular... *in Zssgn*, **konsularisch** *adj.* consular.

Konsulat(sgebäude) *n* consulate; **Konsulatsgebühren** *pl.* consular fees.

Konsultation *f* consultation.

konsultativ *adj.* consultative; **♀pakt** *m pol.* consultative pact.

konsultieren *v/t.* consult; (*Arzt*) *a.* see.

Konsum *m* consumption (*a. fig.*); *von Alkohol*: *a.* intake; **~artikel** *m* consumer article (*pl.* goods); **~denken** *n* consumer mentality; consumerism.

Konsument *m* consumer; **Konsumentennachfrage** *f* consumer demand.

Konsum|forschung *f* consumer research; **~genossenschaft** *f* consumers' cooperative; **~gesellschaft** *f* consumer society; **~güter** *pl.* consumer goods; **~herrschaft** *f* consumerism.

konsumieren *v/t.* consume (*a. fig.*).

Konsum|klima *n* buyer demand; ***das ~ ist gut*** (***schlecht***) buyer demand is up (down); **~müll** *m* consumer waste; **~terror** *m* → ***Konsumzwang***; **~verhalten** *n* consumer behaviour; **~verweigerer** *m* anti-consumerist; **~zwang** *m* hard sell, aggressive marketing.

Kontakt *m* contact (*a.* ⚡); ***enger*** ~ close contact(s); ***mit j-m ~ aufnehmen*** get in touch with s.o.; ***mit j-m in ~ stehen*** be in contact (*od.* touch) with s.o.; *pol.* ***die ~e abbrechen*** break ties (***mit*** with); **~abzug** *m phot.* contact print; **~anzeige** *f* personal (ad); **~n** *Rubrik*: personal column; **♀arm** *adj.*: ***er ist*** ~ a) he's not a mixer, b) he hasn't got many friends; **~aufnahme** *f*: ***bei der ersten*** ~ when I *etc.* first took up contact (*od.* got in touch with him *etc.*); **~bildschirm** *m Computer*: touch screen; **~büro** *n pol.* liaison mission.

Kontakter *m Werbung*: contact man.

Kontakt|fläche *f* contact area; **~frau** *f* (*Agentin etc.*) contact; **♀freudig** *adj.* sociable, gregarious; **~gespräche** *pl.* initial talks; **~gift** *n* contact poison.

kontaktieren *v/t.* contact.

Kontakt|linse *f* contact lens; ***~n tragen*** wear contact lenses; **~mangel** *m*: ***sie leidet unter*** ~ she hasn't got many friends; **~mann** *m* (*Agent etc.*) contact; **~person** *f bsd.* ⚘ contact; **~pflege** *f* human relations *pl.*; **~schalter** *m* contact switch; **♀scheu** *adj.* shy; ***er ist*** ~ *a.* he shies away from social contact; **~schwierigkeiten** *pl.*: ~ ***haben*** be shy, be introverted, find it hard to make friends; **~sperre** *f* ⚖ incommunicado confinement; **~stelle** *f* contact point; **~studium** *n* refresher course.

Kontamination *f* contamination; **kontaminieren** *v/t.* contaminate.

Kontemplation *f* contemplation; *religiöse etc.*: meditation.

Konter F *m Sport*: counterattack.

Konteradmiral *m* rear admiral.

Konterfei *n* portrait; *auf Münzen*: effigy.

konterkarieren *v/t.* go against; (*durchkreuzen*) thwart.

kontern *v/t. u. v/i. Boxen u. fig.*: counter; *Fußball*: counterattack; *fig.* ***er versteht es immer wieder zu*** ~ he's never at a loss for a reply; ***gut gekontert!*** touché!

Konter|revolution *f* counter-revolution; **~schlag** *m* counterblow; *fig. a.* counterattack.

Kontext *m*: (***im*** ~ in) context; ***aus dem ~ gerissen*** (taken) out of context.

Kontinent *m* continent; ***der*** (***europäische***) ~ the Continent.

kontinental *adj* continental; **~europäisch** *adj.* Continental; **♀klima** *n* continental climate; **♀sockel** *m* continental shelf; **♀verschiebung** *f* continental drift.

Kontingent *n bsd.* ⚔ contingent; ⚓ *a.* quota; **kontingentieren** *v/t.* fix (*od.* impose) a quota on, subject to quota; (*Waren*) *a.* ration; (***nicht***) ***kontingentierte Einfuhren*** (non-)quota imports; **Kontingentierung** *f* quota fixing; output limitation.

kontinuierlich I. *adj.* continuous; (*beständig*) steady; **II.** *adv.* continuously; steadily; *arbeiten*: *a.* solidly, without interruption.

Kontinuität *f* continuity.

Kontinuum *n* continuum.

Konto *n* account; (*Bank♀*) bank account; ***auf ~ von*** chargeable to the account of; ***die Getränke gehen auf mein*** ~ the drinks are on me; *fig.* ***das geht auf sein*** ~ that's his doing; **~auszug** *m* bank statement; **~auszugsdrucker** *m* bank statement printer; **~eröffnung** *f* opening of an account; **~führungsgebühr** *f* service charge; **~inhaber** *m* account holder;

K

~korrent *n* current account; **~nummer** *f* account number.
Kontor *n* (*Niederlassung*) branch (office); *fig.* ***das war ein Schlag ins ~*** it came like a bombshell.
Kontorist *m* clerk.
Kontostand *m* balance (of account); ***wie ist der ~?*** how does the account stand?
kontra I. *prp., adv.* against; *bsd.* ⚖ *u. fig.* versus (*abbr.* vs.); ***er ist immer ~*** he always has to take the opposite line, he's a contrarian; **II.** 2 *n*: ***~ geben*** *Kartenspiel*: double; *fig.* ***j-m ~ geben*** hit back at s.o.; → ***pro*** II; **2alt** *m* ♪ contralto; **2bass** *m* ♪ double bass.
Kontradiktion *f* contradiction.
Kontrahent *m* ⚖ contracting party; *Sport etc.*: opponent; **kontrahieren** *v/t. u. v/i.* contract.
Kontraindikation *f* ⚕ contraindication.
Kontrakt *m* contract, agreement; ***e-n ~ (ab)schließen*** make (*od.* conclude) a contract.
Kontraktion *f* contraction.
Kontrapunkt *m* ♪ counterpoint; **kontrapunktierend** *adj.*, **kontrapunktisch** *adj.* contrapuntal.
konträr *adj.* opposing, antithetical; *Charaktere*: (completely) opposite; *Ziele*: contrary.
Kontrast *m* contrast; ***e-n ~ bilden zu*** → ***kontrastieren***; **2arm** *adj. phot.* low-contrast ...; **~brei** *m* ⚕ barium meal; **~farbe** *f* contrasting colo(u)r; **~figur** *f* foil.
kontrastieren *v/i.*: ***~ mit*** contrast with, form a contrast to.
Kontrast|mittel *n* ⚕ contrast medium; **~regler** *m* contrast control; **2reich** *adj.* varied, colo(u)rful; *phot. etc.* high-contrast ..., contrasty.
Kontribution *f* contribution.
Kontrollabschnitt *m* counterfoil, stub.
Kontroll|ausschuss *m pol.* supervisory committee; **~beamte(r)** *m* inspector.
Kontrolle *f* (*Aufsicht*) supervision; (*Prüfung*) *a. von Gepäck etc.*: check(ing), ⚙ *u. von Lebensmitteln etc.*: inspection; (*Überwachung, a. Beherrschung*) control; (*Kontrollpunkt*) checkpoint; (*Pass2*) passport control; (*Zoll*) customs *sg.*; ***unter ärztlicher ~*** under medical supervision; ***unter ~ bringen*** (***haben, halten***) get (have, keep) under control; ***die Inflation*** *etc.* ***unter ~ halten*** *a.* F keep the lid on inflation *etc.*; ***die ~ verlieren über*** lose control of; ***er verlor die ~ über s-e Leute*** his men got out of hand; ***er verliert leicht die ~ über sich*** he's quick to lose his temper, he tends to flare up (very quickly).
Kontrolleur *m* inspector.
Kontroll|funktion *f* controlling function; **~gang** *m* round; *Polizei*: beat; **~gerät** *n* monitor; **~gruppe** *f bsd.* ⚕ control group.
kontrollierbar *adj.* checkable; controllable; ***schwer ~*** difficult to check (*od.* to keep a check on).
kontrollieren *v/t.* **1.** (*beaufsichtigen*) supervise; *punktuell*: check, (*j-n*) *a.* check up on; ***hör auf, mich dauernd zu ~!*** I wish you'd stop checking up on me all the time!; **2.** (*nachprüfen, a. Gepäck etc.*) check, ⚙ (*a. Lebensmittel etc.*) inspect; **3.** (*beherrschen, regeln, steuern*) control.
Kontroll|karte *f* time card; **~lampe** *f*, **~leuchte** *f* pilot light; (*Warnlampe*) warning light; **~liste** *f* checklist; **~maßnahmen** *pl.* control(ling) measures; **~nummer** *f* code number; **~organ** *n pol.* controlling body; **~punkt** *m* checkpoint; **~schirm** *m* monitor; **~stelle** *f* checkpoint; **~stempel** *m* inspection stamp; **~turm** *m* control tower; **~uhr** *f* time clock; **~versuch** *m* control test; **~zentrum** *n* control cent|re (*Am.* -er), *Raumfahrt a.* mission control; **~zettel** *m* check slip.
kontrovers *adj.* controversial; ***~e Frage*** *a.* contentious issue.
Kontroverse *f* controversy, dispute.
Kontur *f* **1.** ***~en*** contours, outline; **2.** *fig.* ***an ~ gewinnen*** (begin to) take shape, *als Politiker etc.*: (begin to) make a name for o.s., begin to make one's mark.
konturenlos *adj.* shapeless, flat.
Konturen|schärfe *f phot.* definition; **~stift** *m* liner.
Konus *m* cone; ⚙ *a.* taper.
Konvaleszent *m* convalescent; **Konvaleszenz** *f* convalescence.
Konvektor *m* convector, convection heater.
Konvent *m* **1.** convention; **2.** (*Kloster*) monastery; (*Frauenkloster*) convent.
Konvention *f* convention; *gesellschaftliche*: *a. pl.* (social) convention.
Konventionalstrafe *f* contract penalty.
konventionell *adj.* conventional.
konvergent *adj.* convergent; **Konvergenz** *f* convergence; **Konvergenzkriterien** *pl. EU* convergence criteria; **konvergieren** *v/i.* converge.
Konversation *f* conversation.
Konversations|lexikon *n* encyclop(a)edia; **~stück** *n thea.* comedy of manners.
Konverter *m* converter.
konvertibel *adj.*, **konvertierbar** *adj.* convertible.
konvertieren I. *v/t.* convert (**zu** to); **II.** *v/i.* convert; ***zum Protestantismus*** *etc.* ***~*** convert to Protestantism *etc.*, become a Protestant *etc.*, turn Protestant *etc*; **Konvertierung** *f EDV* conversion.; **Konvertit** *m* convert.
konvex *adj.* convex; **2linse** *f* convex lens.
Konvoi *m* convoy.
Konvulsion *f* convulsion; **konvulsiv** *adj.* convulsive.
konzedieren *v/t.* concede (**j-m** to s.o.).
Konzentrat *n* concentrate; *fig.* résumé.
Konzentration *f* concentration.
Konzentrations|fähigkeit *f* powers *pl.* of concentration; **~lager** *n* concentration camp; **~mangel** *m* : ***unter ~ leiden*** have difficulty concentrating; **~schwäche** *f* lack of concentration.
konzentrieren *v/t. u. v/refl.* (***sich ~***) concentrate (***auf*** upon); (*Aufmerksamkeit*) *a.* focus (on); **konzentriert** *adj.* concentrated; **Konzentriertheit** *f* concentration.
konzentrisch *adj.* concentric(ally *adv.*).
Konzept *n* (rough) draft, *für e-e Rede*: *a.* notes *pl.*; (*Plan*) plan(s *pl.*); ***aus dem ~ kommen*** lose the thread; ***j-n aus dem ~ bringen*** put s.o. off; ***das passt ihm nicht ins ~*** it doesn't fit in with his plans, (*gefällt ihm nicht*) he doesn't like it.
Konzeption *f* concept; (*Entwurf*) plan; ⚕ conception; **konzeptionell** *adj.* conceptual; **konzeptionslos** *adj.*: ***~ sein*** have no concept.
Konzeptpapier *n* notepaper.
Konzern *m* ☿ group; **~multi** *m* multinational group.
Konzert *n* concert; (*Solovortrag*) recital; (*Musikstück*) concerto; ***ins ~ gehen*** go to a concert; **~agentur** *f* concert agency.
konzertant *adj.*: ***~e Aufführung*** concert performance.
Konzert|besucher *m* concertgoer; ***die ~ waren begeistert*** the audience was delighted; **~flügel** *m* classical grand; **~gitarre** *f* classical guitar; **~halle** *f* concert hall, auditorium.
konzertieren *v/i.* give a concert (*od.* concerts).
konzertiert *adj.*: ***~e Aktion*** concerted action.
Konzert|meister *m* leader (of the *od.* an orchestra), *bsd. Am.* concertmaster; **~pianist(in** *f*) *m* concert pianist; **~programm** *n* **1.** (*a. Heft*) (concert) program(me); **2.** *e-r Saison*: program(me) of concerts; **~publikum** *n* concert audience; **~reihe** *f* series of concerts; **~reise** *f* concert tour; **~saal** *m* concert hall; **~saison** *f* concert season; **~sänger(in** *f*) *m* concert singer; **~tournee** *f* concert tour; ***auf ~*** on (a concert) tour; **~veranstalter** *m* (concert) promoter; **~veranstaltung** *f* concert.
Konzession *f* **1.** (*Gewerbeerlaubnis*) licence, *Am.* license, franchise; (*a. Öl2 etc.*) concession; **2.** (*Zugeständnis*) concession (**an** to); ***~en machen*** make concessions (*dat. od.* **an** to); **konzessionieren** *v/t.* grant a licen|ce (*Am.* -se) to.
konzessions|bereit *adj.* willing to make concessions, conciliatory; **2inhaber** *m* concessionaire.
konzessiv *adj.* concessive; **2satz** *m* concessive clause.
Konzil *n eccl.* council.
konziliant *adj.* conciliatory.
konzipieren *v/t.* plan; ⚙ design; (*Schriftliches*) prepare a draft for; ***konzipiert für*** designed for.
Kooperation *f* cooperation; **Kooperationsnetz** *n* collaborative network; **Kooperationsvertrag** *m* cooperative agreement; **kooperativ** *adj.* cooperative; **Kooperative** *f* cooperative; **kooperieren** *v/i.* cooperate.
kooptieren *v/t.* coopt.
Koordinate *f* coordinate; **Koordinatensystem** *n* system of coordinates.
Koordination *f* coordination; **Koordinator** *m* coordinator; **koordinieren** *v/t.* coordinate; **Koordinierung** *f* coordination.
Köper *m* twill; **~bindung** *f* twill weave.
Kopeke *f* kopeck.
Kopf *m* **1.** head (*a. von Sachen u.* ⚙); (*Brief2*) letterhead; *e-r Seite etc.*: top; *e-r Pfeife*: bowl; ***~ an ~*** closely packed, *beim Rennen etc.*: neck and neck; ***es steht auf dem ~*** it's upside down; ***von ~ bis Fuß*** from head to foot, from top to toe; **2.** (*Sinn, Verstand, Urteil*) head, mind; (*Willen*) head; (*Gedächtnis*) memory; ***aus dem ~*** *hersagen*: from memory, by heart; ***im ~ ausrechnen*** work out in one's head; **3.** *fig.* (*Geist, Denker*) (great) thinker; (*Führer*) head, leader; (*treibende Kraft*) mastermind, driving force; ***der ~ von et. sein*** mastermind s.th.; **4.** (*einzelne Person*) person, head; (*Stück*) piece; ***pro ~*** a head, per person, each; **5.** *Wendungen*: ***s-n eigenen ~ haben*** have a mind of one's own; ***s-n ~ retten*** save one's skin; ***mir steht der ~ nicht danach*** I don't really feel like it; ***den ~ hängen lassen*** hang one's head; ***den ~ in den Sand stecken*** hide one's head in the sand; ***den ~ oben behalten*** F keep one's pecker up; ***~ hoch!*** F chin up!; ***den ~***

(**nicht**) **verlieren** lose one's head (keep one's cool); **e-n roten ~ bekommen** go red, blush; **er ist nicht auf den ~ gefallen** he's no fool; **ich weiß nicht, wo mir der ~ steht** I don't know whether I'm coming or going; **j-m den ~ verdrehen** turn s.o.'s head; **~ und Kragen riskieren** risk one's neck; **j-m den ~ zurechtrücken** straighten s.o. out; F *Geld* **auf den ~ hauen** F blow; **auf den ~ stellen** turn *s.th.* upside down; F **die Bude auf den ~ stellen** a) turn the place upside down, b) (*ausgelassen feiern*) F have a wild fling; **Tatsachen auf den ~ stellen** twist things (*od.* the facts); **ich habe andere Dinge im ~** I've got other things on my mind (*od.* to think about); **den ~ voll haben** have a lot (*od.* too much) on one's mind; **er hat nur Fußball im ~** all he ever thinks about is football; **das kannst du dir aus dem ~ schlagen** you can forget (about) that; **das will mir nicht aus dem ~** I can't get it out of my mind; **sich et. durch den ~ gehen lassen** think s.th. over; **er hat es sich in den ~ gesetzt, es zu tun** he's determined to do it, F he's dead set on doing it; **j-m in den ~** (*od.* **zu ~**) **steigen** go to s.o.'s head; **immer mit dem ~ durch die Wand wollen** be pigheaded; **bis über den ~ in Schulden stecken** be up to one's neck (F eyeballs) in debt; **j-m über den ~ wachsen** outgrow s.o., *Arbeit etc.*: get too much for s.o.; **über s-n ~ hinweg** over his head; **j-n vor den ~ stoßen** F put s.o.'s nose out of joint; **j-m Beleidigungen an den ~ werfen** hurl insults at s.o.; **wie vor den ~ geschlagen** speechless; **Köpfe werden rollen** heads will roll; **er ist nicht ganz richtig im ~** F he's got a screw loose somewhere; **da fasst man sich doch an den ~** it really makes you wonder; **und wenn du dich auf den ~ stellst** you can do what you like, *a.* you can talk until you're blue in the face.

Kopf-an-Kopf-Rennen *n* neck-and-neck (*od.* close) race.

Kopf|arbeit *f* brainwork; **~arbeiter** *m* brainworker; **~bahnhof** *m* terminus; **~ball** *m Sport*: header; **~bedeckung** *f* headgear; **mit ~** with something on one's head; **ohne ~** bareheaded.

Köpfchen F *n*: **~, ~!** F it's brains you need.

köpfen I. *v/t.* **1.** behead, cut (*od.* chop) off *s.o.'s* head; (*Bäume*) top; **2.** (*Fußball*) head; **II.** *v/i. Fußball*: head.

Kopf|ende *n* head; 🚗 front; **~form** *f*: **runde** *etc.* **~** round(-shaped) *etc.* head; **~freiheit** *f mot.* head room; **~geld** *n* (*Belohnung*) reward; *weitS.* blood money; **~grippe** *f* head cold; **~haar** *n* hair (on one's head); **≈hängerisch** *adj.* down (in the dumps); **~haut** *f* scalp; **~hörer** *m*: (**ein ~** a pair of) headphones *pl.*; **~jäger** *m* headhunter (*a. fig.*); **~jucken** *n an* itchy scalp.

Kopfkissen *n* pillow; **~bezug** *m* pillowcase, pillowslip.

Kopf|lage *f bei Geburt*: head presentation; **~länge** *f*: **um e-e ~** by a head; **≈lastig** *adj.* top-heavy; ✈ nose-heavy; **~laus** *f* head louse; **~leiste** *f typ.* headpiece.

Köpfler *östr. m* **1.** *Sport*: header; **2.** dive (head first).

kopflos *adj.* headless; *fig.* (*erschreckt*) panic-stricken; **~e Flucht** stampede; **Kopflosigkeit** *fig. f* panic; (*Übereiltheit*) rashness.

Kopf|massage *f* scalp massage; **~mensch** *m* cerebral person; **~nicken** *n* nod(ding); **~nuss** F *f* **1.** F biff on the head; **2.** (*Denkaufgabe*) brainteaser; **~rechnen** *n* mental arithmetic; **~salat** *m* lettuce; **≈scheu** *adj.* timid; **j-n ~ machen** intimidate s.o.

Kopfschmerzen *pl.* headache *sg.*; **~ haben** have a headache; F fig. **j-m ~ bereiten** give s.o. a headache; **was mir am meisten ~ bereitet** my biggest headache; **Kopfschmerztablette** *f* headache pill (*od.* tablet).

Kopfschuss *m* shot in the head.

Kopfschütteln *n* shaking (*od.* shake) of the head; **allgemeines ~** general disapproval; **kopfschüttelnd** *adv.* shaking one's head; *verneinen etc.*: with a shake of the head.

Kopf|schutz *m* protective headgear; (*Helm*) helmet; **~sprung** *m*: **e-n ~ machen** dive (headfirst); **~stand** *m* headstand; ✈ nose-over; **e-n ~ machen** → **Kopf stehen.**

Kopf stehen *v/i.* stand on one's head; ✈ nose over; *Sache*: be upside down; F *fig.* go mad (**wegen** over).

Kopf|steinpflaster *n*, **~pflasterung** *f* cobblestone pavement, cobblestones *pl.*; **~steuer** *f hist.* poll tax; **~stimme** *f* head voice; *weitS.* falsetto; **~stoß** *m Boxen*: butt; *Fußball*: header; **~stütze** *f* headrest; *mot. a.* head restraint; **~teil** *m*, *n des Betts*: headboard; **~tuch** *n* (head)scarf.

kopfüber *adv.* headfirst (*a. fig.*).

Kopf|verletzung *f* head injury; **~wäsche** *f* hairwash; F *fig.* dressing down; **~weh** F *n* → **Kopfschmerzen**; **~wunde** *f* head wound; **~zahl** *f* number of persons; **~zeile** *f Computer*: header; **~zerbrechen** *n*: **es hat uns viel ~ bereitet** we really had to rack our brains (over it), it gave us quite a headache; **mach dir kein ~ darüber** don't lose any sleep over it.

Kopie *f* copy (*a. fig.*); (*Zweitschrift*) *a.* duplicate; *Kunst*: copy, *Gemälde*: *a.* reproduction, *Plastik*: *a.* replica.

Kopieranstalt *f* print lab.

Kopierdienst *m* copy shop (*od.* service), photocopying service.

kopieren *v/t.* copy; (*nachahmen*) *a.* imitate; *phot.* print; **Kopierer** *m* copier.

Kopier|gerät *n* photocopier; **~papier** *n* (*Foto≈*) photocopying paper; **~schutz** *m Computer*: copy protection; **~stift** *m* indelible pencil.

Kopilot *m* copilot.

Kopist *m* copyist; (*Nachahmer*) copier, imitator.

Koppel[1] *f* **1.** (*Pferdegehege*) paddock; (*Einfriedung*) enclosure; **2.** (*Riemen*) leash; **3.** (**~** *Hunde*) pack.

Koppel[2] *n* ⚔ belt.

koppeln *v/t.* **1.** link up (*a. Raumschiffe*); (*Fahrzeuge*) couple; **2.** (*Tiere*) tie (*od.* leash) together; **3.** (*Sache*) couple (**mit** with).

Koppler *m Radio*: coupler.

Kopplung *f* coupling.

Kopplungs... *in Zssgn* ⚡ coupling; **~geschäft** *n* tie-in sale; **~manöver** *n Raumfahrt*: docking.

Koproduktion *f* coproduction, joint production; **Koproduzent** *m* coproducer.

Kopte *m* Copt; **koptisch** *adj.* Coptic.

Kopulation *f* **1.** copulation; **2.** *Gartenbau*: whip graft(ing).

kopulieren I. *v/t.* ❀ splice-graft; **II.** *v/i.* (*koitieren*) copulate.

Koralle *f* coral.

Korallen|insel *f* coral island; **~kette** *f* coral necklace; **~riff** *n* coral reef.

Koran *m* Koran; **~schule** *f* Koranic school; **~schüler** *m* student of the Koran.

Korb *m* basket; (*Bienen≈*) hive; (*Förder≈*) cage; *Sport*: basket; F *fig.* **j-m e-n ~ geben** turn s.o. down, F give s.o. the brush-off; **e-n ~ bekommen** be turned down, F be given the brush-off; **~ball** *m* netball; **~blütler** *m* ❀ composite.

Körbchen *n* **1.** (*Hunde≈ etc.*) basket; *fig.* **ab ins ~!** off to bed with you; **2.** *von BH*: cup.

körbeweise *adv.*: **~ pflücken** *etc.* pick *etc.* basketfuls of.

Korb|flasche *f* demijohn; **~geflecht** *n* wickerwork; **~macher** *m* basket maker; **~möbel** *pl.* wicker furniture *sg.*; **~sessel** *m* wicker chair; **~sofa** *n* wicker settee; **~stuhl** *m* wicker chair; **~wagen** *m für Kinder*: bassinet, wicker pram; **~waren** *pl.* wickerwork *sg.*; **~weide** *f* osier, basket willow.

Kord *m* corduroy.

Kordel *f* cord.

Kordelzug *m* drawstring; **Kapuze mit ~** drawstring hood; **~bund** *m* drawstring waist.

Kord|hose *f*: (**e-e ~** a pair of) cords *pl.* *od.* cord(uroy) trousers *pl.*; **~jacke** *f* cord(uroy) jacket.

Kordon *m* cordon; **e-n ~ ziehen** form a cordon (**um** around), **um**: *a.* cordon off.

Koreaner(in *f*) *m*, **koreanisch** *adj.*, **Koreanisch** *n ling.* Korean.

Koriander *m* coriander.

Korinthe *f* currant; **Korinthenkacker** F *m* pedant, F nitpicker.

Korinther *m* Corinthian; **Brief an die ~** → **~brief** *m*: *bibl.* **der 1.** (**2.**) **~** the (*od.* St Paul's) 1st (2nd) Epistle to the Corinthians, Corinthians I (II).

Kork *m* ❀ cork; **~eiche** *f* cork oak.

Korken *m* cork.

Korkenzieher *m* corkscrew; **~locken** *pl.* corkscrew curls.

Korkgeschmack *m*: **e-n ~ haben** *Wein etc.*: be corked.

Korkmundstück *n* cork tip; **mit ~** cork-tipped.

Kormoran *m* cormorant.

Korn[1] *n von Sand, Getreide, Leder, phot.*: grain; (*Samen≈*) seed; (*Getreide*) grain; (*Roggen*) rye; (*Weizen*) wheat; *fig.* **aufs ~ nehmen** attack, (*anvisieren*) take aim at.

Korn[2] F *m* (*~schnaps*) schnapps.

Kornblume *f* cornflower; **kornblumenblau** *adj.* cornflower (blue).

Körnchen *n* small grain; *fig.* **~ Wahrheit** grain (*od.* modicum) of truth.

körnen I. *v/i. Salz, Zucker etc.*: granulate; **II.** *v/t. metall.* granulate, (*a. Leder, Schießpulver*) grain.

Körner|fresser F *contp. m* F muesli freak; **~frucht** *f* cereal; **~futter** *n* grain feed.

Kornett *n* ♪ cornet.

Kornfeld *n* cornfield, *Am.* grainfield.

körnig *adj.* grainy; *Reis etc.*: al dente; *in Zssgn.* ...-grained.

Korn|kammer *f* granary (*a. fig.*); **~rade** *f* ❀ corn cockle; **~speicher** *m* granary.

Körnung *f* grain.

Korona *f ast.*, ⚡ corona; F (*Personenkreis*) F crowd, bunch.

Koronar|erkrankung *f* coronary disease; **~gefäß** *n* coronary vessel; **~insuffizi-**

enz *f* coronary failure; **~thrombose** *f* cardiac infarction, coronary (thrombosis).

Körper *m* body; *phys.*, A body, *fester*: solid; (*~schaft*) body; *von Farbe, Wein*: body; ***am ganzen ~ zittern*** tremble from head to foot (*od.* all over); **~bau** *m* build, physique; **~beherrschung** *f* body control; **&behindert** *adj.* (physically) disabled, handicapped; **~behinderte(r** *m*) *f* handicapped person; *pl. the* handicapped, handicapped people; **~behinderung** *f* (physical) disability *od.* handicap; **~bewegung** *f* (body) movement; ***~en*** *Gymnastik*: motions.

Körperchen *n biol.* corpuscle.

körpereigen *adj.* endogenic; ***die ~en Abwehrkräfte*** *etc.* the body's own (*od.* in-built) defen|ces (*Am.* -ses) *etc.*

Körper|fülle *f* corpulence; **~funktion** *f* bodily function; **&gerecht** *adj. Sitz etc.*: contoured; **~geruch** *m* body odo(u)r, b.o., BO; **~gewicht** *n* (body) weight; **~größe** *f* height; **~haare** *pl.* bodily hair *sg.*; **~hälfte** *f*: ***die rechte*** (***linke***) ***~*** the right (left) half (*od.* side) of the body; ***die obere*** (***untere***) ***~*** the upper (lower) part (*od.* half) of the body; **~haltung** *f*: (***e-e gute, schlechte ~*** good, bad) posture; **~kontakt** *m* physical (*od.* bodily) contact; *Sport*: body (*od.* bodily) contact; **~kraft** *f* physical strength.

körperlich *adj.* physical; (*fleischlich*) carnal; (*stofflich*) corporeal; material; A solid; ***~e Arbeit*** physical (*od.* manual) labo(u)r *od.* work; ***~e Betätigung*** physical exercise; ***~e Genüsse*** physical (*od.* carnal) pleasures *od.* delights, pursuits of the flesh; ***~e Gewalt*** physical violence; ***~e Züchtigung*** corporal punishment.

körperlos *adj.* disembodied; *Sport*: without bodily contact.

Körper|maße *pl.* (body) measurements; **~öffnung** *f* orifice; **~pflege** *f* personal hygiene; **~puder** *m* talcum powder; **&reich** *adj. Wein*: full-bodied; **~säfte** *pl.* body juices.

Körperschaft *f* corporation, body; ***gesetzgebende ~*** legislative (body); **körperschaftlich** *adj.* corporate; **Körperschaftssteuer** *f* corporation tax.

Körper|schwäche *f* physical weakness; **~sprache** *f* body language, *formell*: non-verbal communication; **~spray** *m, n* deodorant (spray); **~teil** *m* part of the body; **~temperatur** *f* body temperature; **~verletzung** *f* (physical) injury; ⚖ (***schwere ~*** grievous) bodily harm; **~wärme** *f* body heat.

Korporal *m* corporal.

Korporation *f* corporation; *univ.* fraternity; **korporativ** *adj.* corporate.

Korps *n* corps.

korpulent *adj.* corpulent, stout; **Korpulenz** *f* corpulence.

Korpus[1] F *m* (*Körper*) body.

Korpus[2] *n* **1.** (*Werksammlung, EDV, ling.*) corpus; **2.** ♪ resonance box; **~linguistik** *f* corpus linguistics *pl.*

Korreferat *n* follow-up paper; **Korreferent(in** *f*) *m* **1.** follow-up speaker; **2.** (*Prüfer*) coexaminer.

korrekt I. *adj.* (*richtig*) correct; (*angemessen*) *a.* proper; (*fair*) fair; (*ehrlich*) honest, *Verhalten*: above board; ***~es Benehmen*** (social) etiquette, the right behavio(u)r; ***j-m ~es Benehmen beibringen*** teach s.o. to behave in public; ***er ist sehr ~*** *im Benehmen*: he knows the rules of etiquette; ***er ist ~ wie ein Beamter*** he's a stickler for the rules; **II.** *adv.*: ***sich ~ verhalten*** do the right thing; **korrekterweise** *adv.* by rights, as a matter of courtesy; F so as not to offend anyone; **Korrektheit** *f* correctness.

Korrektiv *n* corrective.

Korrektor *m typ.* proofreader.

Korrektur *f* correction; ***~ lesen*** proofread, read (the) proofs, do (the) proofreading; **~abzug** *m* (galley) proof; **~band** *n* correction tape; **~bogen** *m* page proof; **~fahne** *f* galley (proof); **~flüssigkeit** *f* correction fluid, *bsd. Am. a.* whiteout; **~taste** *f* correction key; **~zeichen** *n* proofreader's mark, correction mark.

Korrelat *n* correlative; **Korrelation** *f* correlation; **korrelieren** *v/i.* (*a.* ***miteinander ~***) correlate.

korrepetieren *v/i.* ♪, *thea.* coach; ***~ mit*** coach; **Korrepetitor** *m* repetiteur.

Korrespondent(in *f*) *m* correspondent; **Korrespondentenbericht** *m* correspondent's report.

Korrespondenz *f* correspondence.

korrespondieren *v/i.* **1.** correspond (***mit*** with), write (to); **2.** *Sache(n)*: correspond (***mit*** to).

Korridor *m* (*Flur*) hall; (*Gang*) corridor.

korrigieren *v/t.* correct; (*justieren*) adjust; (*Fahnen*) read *the proofs.*

korrodieren *v/t. u. v/i.* corrode.

Korrosion *f* corrosion.

korrosions|fest *adj.* non-corroding; **&mittel** *n* corrosive; **&schutz** *m* corrosion protection; **~verhütend** *adj.* anti-corrosive.

korrumpierbar adj. corruptible.

korrumpieren *v/t.* corrupt.

korrupt *adj.* corrupt.

Korruption *f* corruption; (*Bestechung*) bribery; **Korruptionsaffäre** *f* corruption scandal.

Korsage *f* corsage.

Korsar *m* corsair.

Korse *m* Corsican.

Korsett *n* corset (*a.* ⚕).

korsisch *adj.* Corsican.

Korso *m* **1.** parade, procession; **2.** (*Prachtstraße*) corso, boulevard.

Kortex *m* cortex.

Kortikoid *n* corticosteroid, corticoid.

Kortisol *n* hydrocortisone, cortisol.

Kortison *n* cortisone.

Korvette *f* ⚓ corvette.

Koryphäe *f* luminary (*gen.* of); great authority (***auf*** *e-m Gebiet*: on), F big name (in).

Kosak *m* Cossack.

koscher *adj.* kosher (*a. fig.*).

K.-o.-Schlag *m* knockout blow, F finisher.

Koseform *f* affectionate form.

kosen *v/i. u. v/t.* caress; (***miteinander***) ***~*** kiss and cuddle.

Kose|name *m* pet name; **~wort** *n* term of affection.

Kosinus *m* A cosine.

Kosmetik *f* **1.** (*Kosmetika*) cosmetics *pl.*, makeup; **2.** (*Schönheitspflege*) beauty treatment; **3.** *fig.* cosmetics *pl.*; ***geschickte ~*** skil(l)ful patching-up; **Kosmetika** *pl.* cosmetics, makeup *sg.*; **Kosmetikerin** *f* beautician.

Kosmetik|industrie *f* cosmetics industry; **~koffer** *m* vanity case; **~salon** *m* beauty parlo(u)r (*od.* salon, *Am. a.* shop); **~tasche** *f* makeup bag; **~tuch** *n* paper tissue.

kosmetisch *adj.* cosmetic(ally *adv.*); *fig. a.* just for show (*od.* effect).

kosmisch *adj.* cosmic(ally *adv.*).

Kosmogonie *f* cosmogony.

Kosmologie *f* cosmology.

Kosmonaut *m* cosmonaut.

Kosmopolit *m*, **kosmopolitisch** *adj.* cosmopolitan.

Kosmos *m* universe.

Kosovar(in *f*) *m* Kosovar; **kosovarisch** *adj.* Kosovar.

Kosovoalbaner(in *f*) *m* Kosovo Albanian.

Kost *f* food; *lit. u. fig.* fare; (*Verpflegung*) board; ***magere ~*** low-fat diet, *fig.* meag|re (*Am.* -er) offerings; ***leichte ~*** light food(s), *fig.* light fare, (*Lektüre*) light reading; *fig. das Buch etc.* ***ist schwere ~*** is heavy-going; → ***Logis.***

kostbar *adj.* precious, valuable (*a. fig. Zeit etc.*); (*teuer*) expensive; **Kostbarkeit** *f* **1.** *konkret*: precious object, treasure; **2.** (*Wert*) (great) value.

kosten[1] *v/t.* (*Speisen*) taste, (*probieren*) *a.* try (*a. fig.*); *fig.* (*genießen*) enjoy; (*Negatives*) get a taste of.

kosten[2] *v/t.* cost (***j-n*** s.o.); (*Mühe, Zeit*) *a.* take; ***was kostet es?*** how much is it?; ***es kostete ihn sein Leben*** (***od. den Kopf***) it cost him his life, he paid for it with his life; ***er ließ es sich viel ~*** he spent a lot of money on it; ***koste es, was es wolle*** whatever it costs.

Kosten *pl.* cost(s *pl.*) *sg.*; (*Spesen*) expenses; (*Gebühren*) fees, charges, ⚖ costs; ***auf anderer Leute*** (***eigene***) ***~*** *a. fig.* at other people's (one's own) expense; ***auf ~ der Allgemeinheit*** at the public expense; ***ohne ~*** at no cost (***für*** to); ***die ~ tragen*** bear (*od.* pay) the costs; ***~ zuweisen*** ☤ allocate costs; ***keine ~ scheuen*** spare no expense; ***sie scheuen die ~*** they're not prepared to spend the money (*od.* pay that kind of money); ***auf s-e ~ kommen*** cover one's expenses, *fig.* get one's money's worth; *fig.* ***das geht auf ~ der Gesundheit*** it'll take its toll on your health; **~anschlag** *m* estimate; quotation; **~anstieg** *m* increase in costs; **~aufwand** *m* expenditure; ***mit e-m ~ von*** at a cost of; **~berechnung** *f* costing; **~beteiligung** *f* cost sharing; **&bewusst** *adj.* cost-conscious; **~dämpfung** *f* curbing (of) costs; **&deckend I.** *adj.* cost-covering; **II.** *adv.*: ***~ arbeiten*** break even; **~deckung** *f* breaking even; **~druck** *m* ☤ rising costs *pl.*; **&effizient** *adj.* cost-effective; **~entscheidung** *f* ⚖ order for costs; **~ersparnis** *f* (cost) saving; **~erstattung** *f* refund (of expen-ses); **~explosion** *f* runaway costs *pl.*; **~faktor** *m* cost factor; **~frage** *f* question of cost; **&frei** *adj.* free (of cost); **&günstig I.** *adj.* (very) reasonable, cheap; **II.** *adv.* at (*od.* for) a reasonable price, cheaply; **~lawine** *f* spiral(l)ing (*od.* escalating) costs *pl.*

Kosten-Leistungs-Verhältnis *n* cost- (*od.* price-)performance ratio.

kostenlos *adj. u. adv.* free (of charge), *get s.th. etc.* for nothing.

Kosten-Nutzen|-Analyse *f* cost-benefit analysis, *abbr.* CBA; **~-Verhältnis** *n* cost-benefit ratio.

kostenpflichtig I. *adj. Person*: liable to pay the costs; **II.** *adv. abschleppen etc.*: at the owner's expense; ⚖ *e-e Klage* ***~ abweisen*** dismiss with costs.

Kosten|planung *f* expense budgeting; **~preis** *m* ☤ cost price; ***unter dem ~*** below cost, at a loss; **~punkt** *m* **1.** → ***Kostenfrage***; **2.** ***~?*** how much?; ***~: 7000 Mark*** cost: 7,000 marks; **~rechnung** *f* cost accounting; **&senkend,** ***~***

K

senkend *adj.* cost-cutting; **~senkung** *f a. pl.* reduction in costs.
kostensparend, Kosten sparend *adj.* cost-saving.
Kosten|steigerung *f* increase in costs; **~treiber** *m* cost factor; **~verteilung** *f* cost distribution; **~voranschlag** *m* estimate; quotation; **~vorschuss** *m* advance on costs.
Kost|gänger *m* boarder, lodger; **~geld** *n* board, F keep.
köstlich I. *adj.* delicious; (*erlesen*) exquisite; (*reizend*) delightful, wonderful; (*sehr unterhaltsam*) highly amusing; **II.** *adv.*: ***sich ~ amüsieren*** enjoy o.s. immensely, F have a great time; **Köstlichkeit** *f gastr. etc.* titbit, *Am.* tidbit.
Kostprobe *f* sample; *fig. a.* taste.
kostspielig *adj.* expensive; *durch Aufwand*: sumptuous.
Kostüm *n* **1.** costume, *beim Kostümfest*: *a.* fancy dress; *hist.* dress (*a. pl.*), costume; **2.** (*Damen*≈) suit; **~ball** *m* fancy-dress ball; **~bildner** *m* costume designer; **~fest** *n* fancy-dress ball.
kostümieren *v/refl.*: ***sich ~*** dress up.
Kostüm|probe *f thea.* dress rehearsal; **~verleih** *m* costume rental.
Kostverächter *m*: F ***er ist kein ~*** he's a bit of a bon vivant.
K.-o.-System *n* knockout system.
Kot *m* excrement, f(a)eces *pl.*; *von Tieren*: *a.* F muck; *fig.* ***in den ~ ziehen*** drag through the mud.
Kotangens *m* ⊿ cotangent.
Kotau *m*: ***vor j-m e-n ~ machen*** kowtow to s.o.
Kotelett *n* **1.** chop, cutlet; **2. ~en** (*Backenbart*) sideburns.
Köter *contp. m* cur.
Kotflügel *m mot.* mudguard, *Am.* fender.
kotig *adj.* mucky.
Kotzbrocken V *m sl.* nasty piece of work.
Kotze V *f sl.* puke.
kotzelend V *adj.*: ***sich ~ fühlen*** F feel like death warmed up.
kotzen V *v/i. sl.* puke, spew, throw up; ***es ist doch zum*** ≈ it's absolutely sickening.
kotz|langweilig V *adj. sl.* boring as hell; **~übel** V *adj.*: ***mir ist ~*** *sl.* I think I'm going to puke (*od.* throw up).
Krabbe *f zo.* crab; (*Garnele*) shrimp, *größere*: prawn.
Krabbelalter *n*: (***im ~*** at the) crawling stage; **krabbeln I.** *v/i.* crawl; **II.** F *v/t.* (*kitzeln*) tickle; (*kratzen*) scratch.
Krabbencocktail *m* prawn cocktail.
Krach I. *m* noise, F racket; (*Knall, Schlag*) crash; F (*Streit*) F row; ✝ crash; ***~ machen*** make a noise (*od.* racket); F ***~ bekommen mit*** get into trouble with; ***bei denen gibts ständig ~*** F they're always having rows; **II.** ≈ *int.* crash!, bang!
krachen *v/i.* crash (*a. Donner*); *Feuer, Radio*: crackle; *Tür etc.*: bang, slam; (*bersten*) burst, explode; *Eis*: crack; ✝ crash; ***~ gegen*** (*od.* ***in***) crash into; ***auf der Straße kracht es dauernd*** there's one accident after another on that road; F ***du tust, was ich dir sage, sonst krachts*** F you'll do as I tell you, or else; F ***dass es nur so krachte*** F like crazy.
Kracherl *östr. n* sparkling mineral water; fizzy lemonade.
krachledern *adj.* rough and ready; blunt and outspoken; ***~er Typ*** *a.* robust personality; **Krachlederne** *dial. f* lederhosen *pl.*

krächzen *v/i. Krähe*: caw; *Papagei*: squawk; F *fig. Person*: F croak; ***~de Stimme*** croaking voice.
Krackverfahren *n* ⚗ cracking (process).
kraft *prp.* by virtue of; on the strength of.
Kraft *f* **1.** strength (*a. fig.*); (*Natur*≈, *a. phys.*) force; (*Macht, a.* ⚙, ⚡) power; (*Tat*≈, *a. phys.*) energy; *in Rede, Schrift etc.*: force, power, F punch; (*politische ~, Machtgruppe*) force, power; *phys.* ***~ u. Masse*** force and mass; ***heilende ~*** healing power; ***überirdische Kräfte*** supernatural forces; *pol.* ***dritte ~*** third force; ***treibende ~*** driving force, *fig. a.* powerhouse; ***rohe ~*** brute force; ***am Ende s-r Kräfte*** at the end of his tether; ***bei Kräften*** on one's feet; ***aus eigener ~*** under one's own steam; ***mit aller ~*** with all one's might; ***mit frischen Kräften*** with renewed strength (*od.* vigo[u]r); ***mit letzter ~*** with one's last ounce of strength; ***volle ~ voraus*** full speed ahead; ***nach besten Kräften*** to the best of one's ability; ***das geht über m-e Kräfte*** that's more than I can handle; ***Kräfte sammeln*** gather strength; ***wieder zu Kräften kommen*** get back on one's feet; ***~ verleihen*** give strength (*dat.* to), *fig.* lend force (to *an argument etc.*); → ***Spiel*** 1, ***vereint*** *etc.*; **2.** ***in ~ sein*** be in force, be effective; ***in ~ setzen*** put into force, enforce; ***in ~ treten*** come into effect (*od.* force), become effective; ***außer ~ setzen*** annul, (*Gesetz*) repeal, (*Vertrag etc.*) cancel, (*Regel*) *a.* overrule; *zeitweilig*: suspend; ***außer ~ treten*** expire; **3.** (*Arbeits*≈) employee, *pl. a.* personnel (*pl.*).
Kraft|akt *m* strong-man act; *fig.* great feat, tour de force; **~anstrengung** *f* effort, exertion; **~antrieb** *m* power drive; ***mit ~*** power-driven; **~aufwand** *m* energy involved; effort; **~ausdruck** *m* expletive, swearword; **~brühe** *f* beef tea.
Kräfte|ausgleich *m pol. etc.* balance of power; **~dreieck** *n* triangle of forces.
kräftemäßig *adv.* physically; ***~ gehts mir gut*** I feel quite strong (*od.* fit).
Kräfte|messen *n* trial of strength; **~parallelogramm** *n* parallelogram of forces; **~spiel** *n* interplay of forces; **~verfall** *m* loss of strength; **~verhältnis** *n* relative strength.
Kraftfahrer *m* driver, motorist.
Kraftfahrzeug *n* motor vehicle; → *a.* ***Auto(...), Kfz...***; **~bau** *m* **1.** car (*od.* automobile) manufacturing; **2.** → ***Kraftfahrzeugindustrie***; **~brief** *m* vehicle registration document; **~halter** *m* (registered) car owner; **~industrie** *f* car (*od.* automobile) industry; **~mechaniker** *m* (car) mechanic; **~schein** *m* vehicle registration document; **~steuer** *f* road (*Am.* automobile) tax; **~steuermarke** *f* tax sticker; **~versicherung** *f* car insurance.
Kraft|feld *n phys.* field (of force); **~futter** *n* concentrate(d feed).
kräftig I. *adj.* strong; *Motor etc.*: powerful; *Schlag*: heavy, powerful; (***~ gebaut***) big; *Kleinkind*: bouncing *baby*; (*gesund*) healthy; (*nahrhaft*) nourishing, *Mahlzeit*: *a.* robust, F decent *meal*; *Farbe*: bright, strong; *Händedruck*: firm; *meteor.* strong *high etc.*; *Wein*: robust; ***e-n ~en Durst haben*** be really thirsty; ***~er Schluck*** F good (old) swig; **II.** *adv.*: ***~ schütteln*** give *s.th.* a good shake, *als Anweisung*: shake well; ***j-m ~ die Hand schütteln*** give s.o. a firm handshake; ***~ zuschlagen*** hit out, *fig. beim Essen*: tuck in, F get stuck in.
kräftigen *v/t.* strengthen (*a. fig.*); (*stählen*) harden, steel; (*erfrischen*) refresh, revive;
kräftigend *adj.* (*erfrischend*) refreshing; (*belebend*) invigorating, *Luft*: *a.* bracing; ***~es Mittel*** tonic; ***das wirkt ~*** that'll give you strength.
Kräftigung *f* strengthening; (*Erholung*) recovery; **Kräftigungsmittel** *n* ⚕ tonic.
Kraft|leistung *f* feat of strength; *fig.* great feat, tour de force; **~linien** *pl. phys.* lines of force.
kraftlos *adj.* weak (*a. fig.*); *Glieder*: *a.* limp; **Kraftlosigkeit** *f* lack of energy; ***sie klagt über ~*** she complains that she has no energy.
Kraftmaschine *f* engine.
Kraftmeier F *m* muscle man; **Kraftmeierei** F *f* swaggering.
Kraft|mensch *m* F strong guy; **~probe** *f* trial of strength; **~protz** *m* F gorilla, bruiser; **~quelle** *f* source of power (*fig.* strength); **~rad** *n* motorcycle; **~reserve(n** *pl.*) *f* (energy) reserves *pl.*; **~sport** *m* strength events *pl.*; **~sprüche** *pl.* big words.
Kraftstoff *m* fuel; → *a.* ***Benzin***; **~anzeiger** *m* fuel ga(u)ge; **~-Luft-Gemisch** *n* fuel-air mixture.
kraftstoffsparend, Kraftstoff sparend *adj.* fuel-efficient.
Kraftstoffverbrauch *m* fuel consumption.
Kraftstrom *m* power current.
kraftstrotzend *adj.* bursting with energy.
Kraft|stück *n* strong-man act; **~übertragung** *f* power transmission; **~verschwendung** *f* waste of energy.
kraftvoll *adj.* strong, powerful (*a. Stil*).
Kraft|wagen *m* motor vehicle; **~werk** *n* ⚡ power station; **~wort** *n* swear word.
Kragen *m* collar (*a.* ⚙); *fig.* ***j-n beim ~ nehmen*** collar s.o.; ***jetzt gehts ihm an den ~*** he's had it now; ***j-m den ~ umdrehen*** wring s.o.'s neck; ***da platzte mir der ~*** that was the last straw; **~knopf** *m* collar stud; (*oberster Hemdknopf*) top button; **~stäbchen** *n* collar stiffener; **~weite** *f* collar size; F *fig.* ***das ist nicht m-e ~*** F it's not my cup of tea
Kragstein *m* △ console, corbel stone.
Krähe *f* crow; (*Saat*≈) rook.
krähen *v/i.* crow; *fig. Baby*: coo.
Krähen|füße *pl.* **1.** (*Fältchen*) crow's feet; **2.** (*Schrift*) scrawl *sg.*; **~nest** *n* crow's nest (*a.* ⚓).
Krähwinkel *n* (sleepy) backwater, *Am.* F hick town.
Krake *m zo.* octopus; *myth.* kraken.
Krakeel F *m* F row; (*Lärm*) *a.* F racket; **krakeelen** *v/i.* make (*streiten*: have) a row; **Krakeeler** *m* brawler.
krakelig *adj.*: ***~e Schrift*** spidery handwriting; **krakeln** *v/t. u. v/i.* scrawl.
Kral *m, n* kraal.
Kralle *f* claw (*a. fig. u.* F *Fingernagel*); *fig.* ***die ~n zeigen*** bare one's teeth; ***j-n fest in den ~n haben*** have s.o. in one's clutches; **krallen I.** *v/refl.*: ***sich an et. ~*** cling to, clutch (at); *Tier*: dig its claws into; ***sich in et. ~*** dig one's feet (*od.* nails *etc.*) into; **II.** *v/t.*: ***die Finger*** (*od.* ***Nägel***) ***in et. ~*** dig one's nails into; F *fig.* ***sich j-n ~*** collar s.o.
Kram F *m* rubbish; (*Sache*) business; ***der ganze ~*** F the whole caboodle; ***den ganzen ~ hinschmeißen*** F chuck the whole thing; ***das passt mir überhaupt nicht in den ~*** F that's the last thing

could do with; ***soll er s-n ~ alleine machen*** let him get on with it(, then).

kramen *v/i.* rummage (***in, unter*** in; ***nach*** for); *fig.* ***in s-n Erinnerungen ~*** take a trip down memory lane, (*schwelgen*) revel in memories.

Krämergeist *m* **1.** petty-mindedness; **2.** petty-minded person.

Kramladen *contp. m* junk shop.

Krampe *f* ⚙ staple.

Krampf *m* **1.** ⚕ (*Muskel~, Magen~ etc.*) cramp; (*Zuckungen*) spasm, convulsions *pl.*; (*Anfall*) fit; ***epileptische Krämpfe*** an epileptic fit; F *fig.* ***Krämpfe kriegen*** F have a fit; **2.** F ***so ein ~*** *Aufgabe etc.*: F what a bind; *das Konzert etc.* ***war der reinste ~*** F was diabolical; **~ader** *f* ⚕ varicose vein.

krampfartig *adj.* spasmodic, convulsive.

krampfen I. *v/refl.*: ***sich ~*** cramp up; **II.** *v/t.* clench (***um*** around).

krampfhaft *adj.* convulsive (*a. Lachen, Schluchzen*); *fig.* (*gezwungen*) forced; *Anstrengung etc.*: desperate.

Krampf|husten *m* convulsive cough; **~lösend** *adj.*, **~stillend I.** *adj.* antispasmodic; **II.** *adv.*: *das Mittel* ***wirkt ~*** a) eases cramps, b) will ease the cramps.

Kran *m* crane; **~arm** *m* jib; **~brücke** *f* gantry (bridge); **~führer** *m* crane driver.

Kranich *m zo.* crane.

krank *adj.* sick (*a. psychisch*); *pred. a.* ill, not well; *Organe u.* ⚕: diseased; *Zahn, Mandeln*: bad; *fig. Fantasie, Geist*: sick mind; *Wirtschaft etc.*: sick, ailing; ***~ werden*** fall ill (*od.* sick); ***~ spielen*** malinger, pretend to be sick; ***j-n ~ machen*** make s.o. ill, *fig.* get s.o. down; ***er macht mich ~*** F he's driving me round the bend; *fig.* ***~ vor Sorge*** sick with worry; **Kranke(r)** *m* sick person; *im Krankenhaus*: *a.* patient; ***die Kranken*** the sick (*pl.*).

kränkeln *v/i.*: ***sie kränkelt seit einiger Zeit*** (***schon immer***) she hasn't been in the best of health lately (she's never been the healthiest of people).

kranken *fig. v/i.*: ***~ an*** suffer from.

kränken *v/t.* offend, hurt *s.o.'s* feelings; ***das kränkt*** that hurts; ***es kränkt mich, dass*** it upsets me that; → *a.* ***gekränkt.***

Kranken|anstalt *f* hospital; **~bahre** *f* stretcher; **~bericht** *m* medical report; bulletin; **~besuch** *m* visit (to the hospital); *des Arztes*: visit, *pl.* rounds; **~bett** *n* sickbed; ***am ~*** at the bedside; ***Unterricht am ~*** bedside teaching; ***ans ~ gefesselt*** bedridden; **~blatt** *n* doctor's notes *pl.*, medical record; **~geld** *n* sickness benefit; **~geschichte** *f* medical history; **~gymnast(in** *f*) *m* physiotherapist; **~gymnastik** *f* physiotherapy.

Krankenhaus *n* hospital; ***im ~ liegen*** be in hospital; ***ins ~ gebracht werden*** be taken to hospital; **~aufenthalt** *m* stay in hospital; **~behandlung** *f* hospital treatment; **~bett** *n* hospital bed; **~kosten** *pl.* hospital fees; **~reif** *adj.*: ***~ schlagen*** F hospitalize, F *fig.* beat *s.o.* to pulp.

Krankenhaustagegeld *n* (hospital) daily benefit; **~versicherung** *f* (hospital) daily benefits insurance.

Krankenkasse *f* **1.** *Versicherung*: health (*od.* medical) insurance scheme; **2.** *als Firma*: health (*od.* medical) insurance company.

Kranken|kost *f* light foods *pl.*; *weitS.* convalescent diet; **~lager** *n* → ***Krankenbett***; **~pflege** *f* nursing; **~pfleger** *m* auxiliary, orderly; *staatlich ausgebildet*: male nurse; **~pflegerin** *f* nurse; **~saal** *m* ward; **~schein** *m* health insurance certificate; **~schwester** *f* nurse; **~trage** *f* stretcher; **~träger** *m* stretcher bearer; ambulance man; **~transport** *m* ambulance service(s *pl.*); **~urlaub** *m* sick leave.

krankenversichern I. *v/t.* take out medical insurance for; **II.** *v/refl.*: ***sich ~*** take out medical (*od.* health) insurance; **krankenversichert** *adj.* medically insured; ***sind Sie ~?*** do you have medical (*od.* health) insurance?; **Krankenversicherung** *f* health insurance; ***private ~*** private health insurance.

Kranken|wagen *m* ambulance; **~wärter** *m* (medical) orderly; **~zimmer** *n* sick bay.

krankfeiern F *v/i.* malinger, go sick, F skive, take a sicky.

krankhaft *adj.* **1.** pathological; **2.** (*übertrieben, anormal*) abnormal, obsessive.

Krankheit *f* illness, sickness; *bestimmte*: disease (*a.* ⚘ *u. fig.*); (*Leiden*) complaint; ***psychische ~*** *mst* psychological disorder.

Krankheits|bericht *m* medical report (*od.* bulletin); **~bild** *n* syndrome; **~erregend** *adj.* pathogenic; **~erreger** *m* germ, 📖 pathogen; **~erscheinung** *f* symptom; **~fall** *m* case (of illness).

krankheitshalber *adv.* owing to illness.

Krankheits|herd *m* focus of a (*od.* the) disease; **~keim** *m* germ; **~lehre** *f* pathology; **~träger** *m* carrier; **~übertragung** *f* transmission of a (*od.* the) disease; **~verlauf** *m* course of an (*od.* the) illness; **~zeichen** *n* symptom.

kranklachen F *v/refl.*: ***sich ~*** F kill o.s. (laughing).

kränklich *adj.* frail; **Kränklichkeit** *f* sickliness, infirmity.

krankmachen F *v/i.* → ***krankfeiern.***

krank|melden *v/refl.*: ***sich ~*** ring in sick; **~meldung** *f* notification of sickness.

krank|schreiben *v/t.*: ***j-n ~*** give s.o. a sick note; **~schreibung** *f* sick note.

Kränkung *f* insult.

Kranwagen *m* **1.** crane truck; **2.** (*Abschleppwagen*) breakdown lorry, *Am.* tow truck.

Kranz *m* garland; *als Grabschmuck*: wreath; △ cornice; ⚙ (*Rad~*) rim; (*Scheiben~*) face; *fig.* ring (*a. Kuchen*); *von Leuten*: circle.

Kränzchen *n* (*Gesellschaft*) F hen party.

kränzen *v/t.* crown (with a wreath, garland *etc.*).

Kranz|gefäß *n* coronary artery; **~gesims** *n* △ cornice; **~niederlegung** *f* (ceremonial) laying of a wreath; wreath-laying ceremony; **~spende** *f* wreath, flowers *pl.*; ***es wird gebeten, von ~n abzusehen*** no flowers please.

Krapfen *m* doughnut.

krass *adj.* (*unverblümt*) crass (*a. Beispiel*); *Widerspruch, Unterschied etc.*: *a.* stark; *Fall, Lüge*: blatant; *Übertreibung etc.*: gross; ***dazwischen ist ein krasser Unterschied*** *a.* there's a world of difference (between them); ***krasser Außenseiter*** rank outsider.

Krater *m* crater; **~landschaft** *f* crater landscape; **~see** *m* crater lake.

Kratzbürste *f* wire brush; F *fig.* ***sie ist e-e richtige ~*** she's vicious; **kratzbürstig** F *adj.* vicious.

Krätze *f*: ⚕ ***die ~*** scabies.

kratzen I. *v/t.* scratch; (*schaben*) scrape; ***sich die Nase ~*** scratch one's nose; F *fig.* ***das kratzt mich nicht*** that doesn't worry me; **II.** *v/i.* scratch; (*scharren*) scrape; *Rauch etc.*: get to one's throat; ***mir kratzt der Hals*** I've got a tickle in my throat; F ***auf der Geige ~*** F saw away at the violin; **III.** *v/refl.*: ***sich ~*** scratch o.s.; ***sich am Ohr*** *etc.* ***~*** scratch one's ear *etc.*; **IV ~** *n* scratching (noise); tickle (in one's throat).

Kratzer *m* scratch; (*Gerät*) scraper.

kratzfest *adj.* non-scratch, scratchproof.

Kratzfuß F *m*: ***e-n ~ machen*** bow and scrape.

kratzig *adj.* scratchy.

Kratzputz *m* **1.** scratchwork; **2.** *Kunst*: sgraffito.

Kraul *n* (*Schwimmstil*) crawl.

kraulen[1] *v/i.* (*Schwimmstil*) do the crawl.

kraulen[2] *v/t.*: ***e-n Hund*** *etc.* ***~*** ruffle a dog's *etc.* fur (*od.* neck); ***j-m das Haar ~*** run one's fingers through s.o.'s hair; ***sich den Kopf ~*** scratch one's head.

Kraulstil *m* crawl.

kraus *adj. Haar*: very curly, *stärker*: frizzy, F fuzzy; *Kleidung etc.*: crinkly; *Gedanken etc.*: muddled, confused; ***die Stirn ~ ziehen*** knit one's brow.

Krause *f* ruffle; (*Hals~*) ruff.

Kräuselkrepp *m* crepe.

kräuseln I. *v/t.* (*Haar*) frizz; *mit Lockenstab*: crimp; (*Stoff*) gather; (*Nase*) screw up; ***die Stirn ~*** frown; **II.** *v/refl.*: ***sich ~*** *Wasser*: ripple; *Rauch*: curl up; *Haar*: curl.

krausen *v/t.* → ***kräuseln.***

Kraus|haar *n* very curly (*stärker*: frizzy) hair; **~kopf** *m* curlyhead.

Kraut *n* leaves *pl.*, *von Gemüse*: top(s *pl.*); *gastr.*, ⚘ herb; (*Kohl*) cabbage; (*Unkraut*, F *Tabak*) weed; ***ins ~ schießen*** run to leaf, *fig.* run riot; *fig.* ***das macht das ~ auch nicht fett*** that's not going to make any difference; ***wie ~ und Rüben*** (***durcheinander***) a complete muddle (*od.* mess); ***dagegen ist kein ~ gewachsen*** there's no cure for that yet.

Kräuter|buch *n* herbal (book); **~butter** *f* herb-flavo(u)red butter; **~essig** *m* aromatic vinegar; **~garten** *m* herb garden; *am Fensterbrett etc.*: potted herbs *pl.*; **~käse** *m* herb-flavo(u)red cheese; **~likör** *m* herb-flavo(u)red liqueur; **~tee** *m* herb(al) tea.

Krautsalat *m etwa* coleslaw.

Krawall F *m* **1. ~e** riot(s), rioting; **2.** (*Krach*) F row; → *a.* ***Krach*** (*machen, schlagen*); **~macher** F *m* rioter.

Krawatte *f* tie.

Krawatten|muffel F *m*: ***er ist ein ~*** a) he hates wearing a tie, b) he always wears the same tie; **~nadel** *f* tiepin; **~zwang** *m* collar and tie compulsory.

Kraxe *dial. f* pannier.

kraxeln *dial. v/i.* **1.** climb, go climbing; **2.** scramble (***auf*** up).

Kreation *f* creation, design.

kreativ *adj.* creative; **Kreativität** *f* creativity; **Kreativurlaub** *m* activity holiday.

Kreatur *f* creature; *fig. contp.* creature, minion.

Krebs *m* **1.** *zo.* crustacean; *gastr.* crayfish; (*Taschen~*) crab; ***e-n ~ fangen*** *Rudern*: catch a crab; **2.** ⚕ cancer; **3.** (*Sternzeichen*) Cancer; (***ein***) ***~ sein*** be (a) Cancer, be a Cancerian; **~angst** *f* fear of cancer; **~behandlung** *f* treatment of cancer; **~bekämpfend** *adj.*: ***~e Mittel*** anti-cancer drugs; **~bekämpfung** *f the* fight against cancer.

krebsen F *v/i.* (*mühsam kriechen*) F crawl.

krebserregend, Krebs erregend *adj.* cancer-causing, carcinogenic.

K

Krebs|erreger *m* carcinogen; **~forschung** *f* cancer research; **~früherkennung** *f* early cancer diagnosis; **~gang** *m* retrogression; ***im ~ gehen*** be going downhill; **~geschwulst** *f*, **~geschwür** *n* carcinoma; **~klinik** *f* cancer clinic; **≈krank** *adj.*: ***er ist ~*** he's got cancer; ***~e Kinder*** children with (*od.* suffering from) cancer; **~kranke(r** *m*) *f* cancer patient; **~krankheit** *f*, **~leiden** *n* cancer(ous disease); **≈rot** *adj.* (as) red as a lobster; **~spezialist** *m* cancer specialist; **~station** *f* cancer ward; **~suppe** *f* crayfish soup; **~tier** *n* crustacean; **~verdacht** *m*: ***es besteht ~*** (there are fears) it may be cancer, F suspected cancer; **~vorsorge** *f* cancer prevention; F → **~vorsorgeuntersuchung** *f* cancer screening (test), *pl. coll.* cancer screening *sg.*; **~zelle** *f* cancer(ous) cell.

kredenzen *v/t.*: ***j-m et. ~*** offer s.o. s.th.

Kredit *m* ☤ credit; (*Darlehen*) *a.* loan; *fig.* standing; ***auf ~*** on credit, F on tick; ***e-n ~ aufnehmen*** take out a loan; ***j-m e-n ~ gewähren*** grant s.o. a loan; ***e-n ~ kündigen*** call in a loan; *fig.* ***du hast bei mir keinen ~ mehr*** F I'm through with you; **~abbau** *m* loan repayment; **~abteilung** *f* loan department; **~anstalt** *f* credit bank; **~antrag** *m* loan applica-tion; **~aufnahme** *f* borrowing; **~auftrag** *m* credit order; **~auszahlung** *f* loan payout; **~bank** *f* credit bank; **~bedarf** *m* borrowing requirement(s *pl.*); **~bedingungen** *pl.* credit terms; **~beschränkungen** *pl.* lending restrictions; **~brief** *m* letter of credit; **~eröffnung** *f* opening of a credit (***bei*** with).

kreditfähig *adj.* sound, solvent; **Kreditfähigkeit** *f* (*Aufnahmefähigkeit*) borrowing power; (*geschätzte ~*) credit standing (*Am.* rating).

Kredit|geber *m* lender; **~geschäft** *n* **1.** credit transaction; **2.** lending business; **~hai** F *m* F loan shark.

kreditieren *v/t.*: ☤ ***j-m et. ~*** credit s.o.('s account) with s.th.; **Kreditierung** *f* (*Gutschrift*) crediting; (*Anzeige*) credit advice; (*Aufgabe*) credit note.

Kredit|institut *n* credit institute (*od.* bank); **~karte** *f* credit card; **~kauf** *m* credit sale; **~knappheit** *f* credit crunch; **~laufzeit** *f* credit period; **~limit** *n* overdraft limit; **~linie** *f* credit line; **~markt** *m* credit market; **~nehmer** *m* borrower; **~politik** *f* lending policy; **~posten** *m* credit item; **~risiko** *n* credit risk; **~rückzahlung** *f* repayment of a loan; **~schöpfung** *f* credit formation; **~schraube** *f* F credit screw; **~seite** *f* credit side; **~sperre** *f* credit freeze; **~spritze** *f* credit injection; **~system** *n* credit system; *Ratenzahlung*: instal(l)ment plan; **~vereinbarung** *f* credit agreement; **~verkehr** *m* credit transactions *pl.*; **~wirtschaft** *f* paper economy.

kreditwürdig *adj.* creditworthy; *fig.* credible; **Kreditwürdigkeit** *f* creditworthiness, credit rating (*od.* standing); *fig.* credibility.

Kreditzins *m* lending rate.

Kredo *n eccl. u. fig.* creed; *Messe*: Credo.

Kreide *f* chalk; *fig.* ***tief in der ~ sitzen*** be up to one's ears (F eyeballs) in debt, ***bei j-m:*** owe s.o. a lot of money; **≈bleich** *adj.* (as) white as a ghost (*od.* sheet); **~fels(en)** *m* chalk cliff; **≈haltig** *adj.* chalky, 📖 cretaceous; **~stift** *m* (piece of) chalk; **~strich** *m* chalk line; **≈weiß** *adj.* → ***kreidebleich***; **~zeichnung** *f* chalk drawing; **~zeit** *f* Cretaceous period.

kreidig *adj.* chalky; *geol. a.* cretaceous.

kreieren *v/t.* create; *Mode*: *a.* design.

Kreis *m a.* ∡ *u. fig.* circle; (*Ring*) ring; *ast.* orbit; ⚡ (*Strom≈*) circuit; (*~lauf*) cycle; (*Gruppe*) circle; (*Wirkungs≈*) sphere; (*Bezirk*) district; ***im ~*** in a circle; ***mir dreht sich alles im ~*** my head's spinning; ***e-n ~ schließen um*** form a circle around; ***sich im ~ drehen*** revolve, rotate, *Kind*: spin round (in circles), *Diskussion etc.*: go round in circles; ***~e ziehen*** *Vogel etc.*: circle; ***immer weitere ~e ziehen*** *Gerücht*: spread further and further (afield), *Affäre etc.*: have far-reaching implications; ***in weiten ~en*** widely; ***in den besten ~en verkehren*** move in the best circles; ***der ~ schließt sich*** we've come full circle; **~abschnitt** *m* ∡ segment (of a circle); **~amt** *n* district administration; **~ausschnitt** *m* ∡ sector (of a circle); **~bahn** *f ast.* orbit; ∡ circular path; **~behörde** *f* district authority; **~bewegung** *f* rotation, circular motion; **~bogen** *m* ∡ arc (of a *od.* the circle).

kreischen *v/i. u. v/t.* screech (*a. Bremsen etc.*); *vor Vergnügen etc.*: squeal *with pleasure etc.*; **kreischend** *adj. Stimme*: shrill.

Kreis|diagramm *n* circular (*od.* pie) chart; **~durchmesser** *m* diameter.

Kreisel *m* (spinning) top; ⚙ gyroscope; ⚓, ✈ gyro stabilizer; **~bewegung** *f* gyration; **~kompass** *m* gyrocompass.

kreiseln *v/i.* **1.** play with a top; **2.** (*sich drehen*) spin (around).

Kreiselpumpe *f* centrifugal pump.

kreisen I. *v/i.* circle (**um** around); revolve, rotate, *schnell*: spin; *Blut, Geld*: circulate; ***~ lassen*** (*Flasche etc.*) pass round; ***~ um*** *Gedanken*: revolve around; **II.** *v/t. Turnen*: ***die Arme ~*** swing one's arms around; **III.** ≈ *n* rotation; *der Gestirne*: revolution.

Kreis|fläche *f* ∡ area of a circle; **≈förmig I.** *adj.* circular; **II.** *adv.*: ***~ angeordnet*** arranged in a circle; **~inhalt** *m* → ***Kreisfläche***; **~kegel** *m* circular cone; **~kolbenmotor** *m* rotary-piston engine.

Kreislauf *m biol.*, *des Lebens etc.*: cycle; (*Blut≈*, *a. von Geld etc.*) circulation; **~kollaps** *m* circulatory failure (*od.* breakdown, collapse); ***ich hatte e-n ~*** F I fainted (*od.* passed out, collapsed); **~mittel** *n* circulatory preparation; **~störungen** *pl.* bad circulation *sg.*, problems *pl.* with one's circulation; **~versagen** *n* circulatory failure (*od.* breakdown, collapse).

kreisrund *adj.* circular.

Kreissäge *f* circular saw.

Kreißsaal *m* delivery room.

Kreis|stadt *f* district town, *Brit. etwa* county town; **~umfang** *m* ∡ circumference (of a circle); **~verkehr** *m Straße*: roundabout, *Am.* traffic circle, rotary; *Verkehr*: roundabout (*Am.* rotary) traffic; ***im ~*** on a roundabout (*Am.* rotary, traffic circle).

Krem *f* → ***Creme.***

Krematorium *n* crematorium, *Am.* crematory.

Krempe *f* brim.

Krempel F *m* → ***Kram.***

krempeln *v/t.*: ***die Ärmel*** *etc.* ***nach oben ~*** roll up one's sleeves *etc.*

Kren *dial. m* horseradish.

Kreole *m*, **Kreolin** *f*, **kreolisch** *adj.* Creole.

krepieren *v/i.* **1.** *Tier*: die, perish; F *Person*: die a wretched death; **2.** *Geschoss*: burst, explode.

Krepp *m* crepe.

Krepppapier *n* crepe paper.

Krepp|seide *f* crepe de Chine; **~sohle** *f* crepe sole.

Kresse *f* cress.

Kreter *m* Cretan.

Krethi und Plethi *pl.* every Tom, Dick and Harry.

Kretin *m* cretin; *contp. a.* moron.

kretisch *adj.* Cretan.

Kreuz I. *n* cross; (*Kruzifix*) crucifix; *anat.* lower back, small of the back, 📖 sacrum; (*Autobahn≈*) intersection; (*Kartenfarbe*) clubs *pl.*, (*Einzelkarte*) club, *in Zssgn* → ***Herz...***; ♪ sharp; *typ.* dagger; *fig.* cross; ***über ~*** crosswise; ***das ~ schlagen*** make the sign of the cross, *über sich*: *a.* cross o.s. (*a. fig.*); ***das Eiserne ~*** the Iron Cross; *ast.* ***~ des Südens*** Southern Cross; F ***ich habs wieder im ~*** F my back's playing me up again; *fig.* ***sein ~ auf sich nehmen*** (***tragen***) take up (bear) one's cross; ***zu ~e kriechen*** eat humble pie, *Am. a.* eat crow; ***er ist mit ihm über(s) ~*** they've fallen out (with each other); ***es ist ein ~ mit ihm*** it's one thing after another with him; F ***j-n aufs ~ legen*** F take s.o. for a ride; F ***j-m et. aus dem ~ leiern*** F scrounge s.th. off s.o.; ***ich hab drei ~e gemacht*** I was glad to see (*od.* hear) the last of that; **II.** ≈ *adv.*: ***~ und quer*** *liegen etc.*: all over the place; ***~ und quer durch die Stadt*** all over town; **~abnahme** *f* descent from the cross; **~altar** *m* lay altar; **~band** *n* **1.** *anat.* crucial ligament; **2.** (*Streifband*) wrapper; **~bein** *n anat.* sacrum; **~blütler** *m* ⚘ crucifer; **≈brav** F *adj.* very virtuous.

kreuzen I. *v/t.* **1.** (*Linie, Straße etc.*) cross, intersect; ***die Beine ~*** cross one's legs; ***die Arme ~*** fold one's arms; **2.** *biol.* cross(breed), interbreed; **3.** ***sich ~*** cross; *fig. Interessen etc.*: clash; *Blicke*: meet; **II.** *v/i.* ⚓, ✈ cruise.

Kreuzer *m* ⚔ cruiser; (*Jacht*) (cabin) cruiser.

Kreuzestod *m* (death by) crucifixion; ***den ~ sterben*** die on the cross.

Kreuz|fahrer *m hist.* crusader; **~fahrt** *f* cruise; **~feuer** *n* crossfire (*a. fig.*); *fig.* ***ins ~ geraten*** come under fire, F come in for a shelling; ***im ~ der Kritik stehen*** be under fire; **≈fidel** F *adj.* F very chirpy (*Am.* chipper); **≈förmig** *adj.* crossshaped, cruciform; **~gang** *m* cloisters *pl.*; **~gelenk** *n* ⚙ universal joint; **~gewölbe** *n* ⌂ cross (*od.* groined) vault.

kreuzigen *v/t.* crucify (*a. fig.*), *eccl. a.* nail to the cross; **Kreuzigung** *f* crucifixion.

kreuz|lahm F *adj.*: ***jetzt bin ich aber ~*** a) F I'm shattered, b) my back!; **≈otter** *f zo.* adder; **≈probe** *f* 💉 cross-matching; ***die ~ machen*** cross-match; **≈reim** *m* alternate rhyme; **≈rippengewölbe** *n* ribbed vault.

Kreuzritter *m* **1.** crusader; **2.** Teutonic Knight; **~orden** *m* Teutonic Order of Knights.

Kreuz|schiff *n e-r Kirche*: transept; **~schlitzschraube** *f* cross-recessed screw, Phillips (*TM*) screw; **~schlitzschraubenzieher** *m* Phillips (*TM*) screwdriver; **~schmerzen** *pl.* backache *sg.*; **~schnabel** *m zo.* crossbill; **~spinne** *f* cross (*od.* garden) spider; **~stich** *m* cross-stitch.

Kreuzung *f* **1.** crossroads *pl.* (*sg. konstr.*), *bsd. Am.* intersection; **2.** *biol.* a) (*Züchtung*) cross-breeding, b) (*Produkt*) cross (-breed).
kreuzungs|frei *adj.* non-intersecting; **ℒpunkt** *m* point of intersection.
Kreuz|verhör *n* ⚖ cross-examination; *weitS.* interrogation, F grilling; ***ins ⁓ nehmen*** cross-examine, *weitS.* F give *s.o.* a grilling; **⁓verweis** *m* cross-reference; **⁓weg** *m* **1.** crossroads *pl.* (*sg. konstr.*; *a. fig.*); **2.** *eccl.* stations *pl.* of the Cross; **⁓weh** *n* backache; **ℒweise** *adv.* crosswise, across; *sl.* ***du kannst mich mal ⁓*** *sl.* you know what you can do; **⁓worträtsel** *n* crossword (puzzle); **⁓zeichen** *n eccl.* sign of the cross; **⁓zug** *m* crusade (*a. fig.*).
Krevette *f* shrimp (*Am. a. pl.*); **Krevettencocktail** *m* shrimp cocktail.
kribb(e)lig *adj.* nervous, F jittery; *pred.* on edge; ***das macht mich ganz ⁓*** *a.* F it gives me the heebie-jeebies.
kribbeln I. *v/i.* **1.** (*prickeln*) tickle; (*jucken*) itch; ***mir kribbelts in den Fingern*** I've got pins and needles in my fingers, *fig.* I'm itching to do it *etc.*; **2.** ***es kribbelt von Ameisen*** *etc.* the place is crawling with ants *etc.*; **II.** ℒ *n* tingling, pins and needles *pl.*
Kricket *n* cricket; **⁓spieler** *m* cricket player.
kriechen *v/i.* crawl; *verstohlen*, *Schutz suchend*: creep; *Schlange*, *Schnecke etc.*: crawl, slither; *fig.* (*sich langsam fortbewegen*) crawl, *mot. a.* creep; ***⁓de Pflanze*** creeper; *fig.* ***vor j-m ⁓*** F toady to, suck up to.
Kriecher *m* F toady; **kriecherisch** *adj.* bootlicking ...; ***ich kann s-e ⁓e Art nicht ausstehen*** F I can't stand the way he sucks up to people.
Kriech|pflanze *f* creeper; **⁓spur** *f* **1.** *mot.* crawler (*od.* slow) lane; **2.** *zo.* trail; **⁓strom** *m* ⚡ (surface) leakage current; **⁓tempo** *n*: ***sich im ⁓ fortbewegen*** crawl along; **⁓tier** *n* reptile.
Krieg *m* war (*a. fig.*); (*⁓führung*) warfare; (*Fehde*, *a. fig.*) feud; ***Kalter ⁓*** cold war; ***totaler ⁓*** total warfare; ***im ⁓*** at war (***mit*** with); ***vom ⁓ verwüstet*** war-torn; ***⁓ führen gegen*** a) make war on, b) be at war with; ***e-m Land den ⁓ erklären*** declare war on a country; *fig.* ***j-m (e-r Sache) den ⁓ ansagen*** declare war on s.o. (s.th.).
kriegen F *v/t.* get; (*erwischen*) *a.* catch *a criminal*, *a train etc.*; (*Krankheit*) get, come down with, *ansteckende*: *a.* catch, (*Herzinfarkt etc.*) have; ***j-n dazu ⁓, et. zu tun*** get s.o. to do s.th.; ***das werden wir schon ⁓!*** we'll sort that out, don't you worry; ***ich kriege es nicht über mich zu*** *inf.* I can't bring myself to *inf.*; ***er kriegt was von mir zu hören!*** I'll have something to say to him; ***gleich kriegst du was!*** *drohend*: just watch your step; → *a.* ***bekommen.***
Krieger *m* warrior; (*Soldat*) soldier; *hum.* ***alter ⁓*** old campaigner; *pol.* ***kalter ⁓*** cold warrior; **⁓denkmal** *n* war memorial.
kriegerisch *adj.* warlike, *a. fig.* belligerent; *Konflikt etc.*: military, armed; ***⁓e Auseinandersetzung(en)*** armed conflict.
Kriegerwitwe *f* war widow.
Krieg führend *adj.* warring *nations etc.*
Kriegführung *f* strategy; ***biologische*** *etc.* ⁓ biological *etc.* warfare.
Kriegs|anleihe *f* war loan; **⁓ausbruch** *m* outbreak of (the) war; ***bei ⁓*** when the war broke out; **⁓auszeichnung** *f* war decoration; **⁓beil** *n*: *fig.* ***das ⁓ begraben*** bury the hatchet; **⁓bemalung** *f* war paint; F *fig.* ***in voller ⁓*** F with her war paint on; **⁓berichterstatter** *m* war correspondent; **ℒbeschädigt** *adj.* war-disabled; **⁓beschädigte(r)** *m* disabled veteran; **⁓beute** *f* spoils *pl.* of war; **⁓braut** *f* war bride.
Kriegsdienst *m* military service; **⁓verweigerer** *m* conscientious objector; **⁓verweigerung** *f* conscientious objection.
Kriegs|drohung *f* threat of war; **⁓ende** *n* end of the war; ***bei (nach, vor) ⁓*** *a.* when (after, before) the war ended; **⁓entschädigung** *f* reparations *pl.*; **⁓erklärung** *f* declaration of war; **⁓erlebnis** *n* wartime experience; **⁓fall** *m*: ***im ⁓*** in the event of (a) war; **⁓film** *m* war film; **⁓flotte** *f* navy; **⁓freiwillige(r)** *m* war volunteer; **⁓fuß** *m*: ***auf ⁓ stehen mit*** (*j-m*) be at loggerheads with, (*et.*) be having a hard time (*od.* a real struggle) with; **⁓gebiet** *n* war zone; **⁓gefahr** *f* threat of war; **⁓gefangene(r)** *m* prisoner of war (*abbr.* POW); **⁓gefangenschaft** *f* captivity; ***in ⁓ geraten*** be put into a prisoner-of-war camp; ***aus der ⁓ heimkehren*** return from a prisoner-of-war camp; **⁓gegner** *m* **1.** wartime enemy; **2.** pacifist; **⁓generation** *f* war generation; **⁓gericht** *n* court martial; ***vor ein ⁓ gestellt werden*** be tried by court martial; **⁓geschrei** *n* battle cry; **⁓gesetz** *n* martial law; **⁓gewinnler** *m* war profiteer; **⁓gott** *m* god of war; **⁓göttin** *f* goddess of war; **⁓gräberfürsorge** *f* War Graves Commission; **⁓gräuel** *pl.* war atrocities; **⁓hafen** *m* naval port; **⁓held** *m* war hero; *hist.* great warrior; **⁓herr** *m*: ***oberster ⁓*** commander-in-chief, supreme commander; *weitS.* warlord; **⁓hetze** *f* warmongering; **⁓hetzer** *m* warmonger; **⁓hinterbliebene** *pl.* war widows and orphans, surviving dependants; **⁓industrie** *f* war industry; **⁓invalide** *m* disabled veteran; **⁓jahr** *n* year of (the) war; **⁓kamerad** *m* wartime comrade; ***wir sind ⁓en*** *a.* we fought together in the war; **⁓maschinerie** *f* machinery of war; **⁓material** *n* matériel; **ℒmüde** *adj.* war-weary.
Kriegsopfer *n* war victim; **⁓rente** *f* war pension.
Kriegs|pfad *m*: ***auf dem ⁓ sein*** be on the warpath; **⁓potenzial** *n* military resources *pl.*; **⁓propaganda** *f* war propaganda; **⁓rat** *m*: *fig.* ***⁓ halten*** have a conference (*od.* pow-wow); **⁓recht** *n* ⚖ law of war; ⚔ martial law; **⁓roman** *m* war novel; **⁓schaden** *m* war damage; **⁓schauplatz** *m* theat|re (*Am. a.* -er) of war; **⁓schiff** *n* warship; *hist.* man-of-war; **⁓schuld** *f* war guilt; **⁓schulden** *pl.* war debts; **⁓spielzeug** *n* toy weapons *pl.*; **⁓stärke** *f* wartime strength; **⁓tagebuch** *n* war diary; **⁓tanz** *m* war dance; **⁓teilnehmer** *m* (*Soldat*) combatant; *ehemaliger*: (war) veteran; (*Land*) warring nation; **⁓tote** *pl.* war dead (*pl.*); ***30 000 ⁓*** *a.* 30,000 killed in action; **⁓treiber** *m* warmonger; **⁓verbrechen** *n* war crime.
Kriegsverbrecher *m* war criminal; **⁓prozess** *m* war crimes trial.
Kriegs|verbündete(r) *m* wartime ally; **⁓verletzung** *f* war injury; **⁓versehrte(r)** *m* disabled veteran; **⁓veteran** *m* war veteran; **⁓waffe** *f* weapon of war; **⁓waise** *f* war orphan; **⁓wirtschaft** *f* wartime economy; **⁓zeit** *f* wartime; ***in ⁓en*** in times of war; **⁓zustand** *m* (state of) war; ***im ⁓*** at war.
Krimi F *m* **1.** (*Roman*) crime thriller; detective novel; **2.** (*Film*) crime thriller; (*Sendereihe*) crime series; **3.** F (*spannendes Fußballspiel etc.*) F nailbiter.
Kriminalbeamte(r) *m*, **Kriminale(r)** F *m* detective.
Kriminal|film *m* crime thriller; **⁓geschichte** *f* **1.** history of crime; **2.** → ***Krimi*** 1; **⁓inspektor** *m* detective inspector.
kriminalisieren *v/t.* criminalize.
Kriminalist *m* detective; (*Kriminologe*) criminologist; **Kriminalistik** *f* criminology; **kriminalistisch** *adj.* criminal.
Kriminalität *f* crime.
Kriminal|kommissar *m* detective superintendent; **⁓komödie** *f* comedy thriller; **⁓polizei** *f* criminal investigation department (*abbr.* CID), F plainclothes police *pl.*; **⁓psychologie** *f* psychology of crime, criminal psychology; **⁓roman** *m* crime thriller, detective novel; *pl. coll.* crime (*od.* detective) fiction *sg.*; **⁓soziologie** *f* criminology, sociology of crime; **⁓statistik** *f* crime statistics *pl.*; *engS.* crime figures *pl.*; **⁓stück** *n thea.* detective play, crime thriller; **⁓technik** *f* forensic science; **ℒtechnisch** *adj.* forensic.
kriminell *adj.*, **Kriminelle(r** *m*) *f* criminal.
Kriminologe *m* criminologist; **Kriminologie** *f* criminology; **kriminologisch** *adj.* criminological.
Krimmer *m* lambskin, astrakhan.
Krimskrams F *m* junk, odds and ends *pl.*; (*Einzelstück*) piece of junk.
Kringel *m* ring (*a. Gebäck*); *Schrift*: squiggle.
kringeln *v/refl.*: ***sich ⁓*** curl (up); F ***sich (vor Lachen) ⁓*** F crease up (laughing).
Krinoline *f* crinoline.
Kripo F *f* → ***Kriminalpolizei.***
Krippe *f a. bibl.* manger; (*Weihnachts*ℒ) crib; (*Kinder*ℒ) crèche, day nursery; *fig.* ***an der ⁓ sitzen*** be in clover.
Krippen|figur *f* nativity figure; **⁓spiel** *n* nativity play.
Krise *f* crisis.
kriseln F *v/impers.*: ***es kriselt*** there's something in the air, *stärker*: there's trouble brewing; ***in der Partei (in ihrer Ehe*** *etc.*) ***kriselt es*** the party's (they're *etc.*) going through a bit of a sticky patch, *iro.* all is not well in the party (their marriage).
krisen|anfällig *adj.* unstable, crisis-prone; **ℒbeschwörer** *m* alarmist; **ℒbewältigung** *f* crisis management; **⁓fest** *adj.* stable; **ℒgebiet** *n* trouble spot; **⁓geschüttelt** *adj.* crisis-ridden; **ℒherd** *m* trouble spot; **ℒmanagement** *n* crisis management; **ℒplan** *m* contingency plan; **ℒsituation** *f* crisis (situation); **ℒsitzung** *f* crisis meeting; **ℒstab** *m* crisis management group, F crisis squad; **ℒstimmung** *f* apprehensive climate; **ℒzeit** *f* time of crisis.
Kristall 1. *m* crystal; **2.** *n* (*Glasware*) crystal; **⁓bildung** *f* crystallization.
kristallen *adj.* crystal; *fig. Wasser etc.*: crystal clear.
Kristall|gitter *n* ⚒ crystal lattice; **⁓glas** *n* crystal; (*Gefäß*) crystal glass.
Kristallisation *f* crystallization.
kristallisieren *v/t.*, *v/i. u. v/refl.* (***sich ⁓***) crystallize (*a. fig.*); **Kristallisierung** *f* crystallization.

kristall|klar *adj.* crystal clear; **2kugel** *f* crystal ball; **2leuchter** *m* crystal chandelier.

Kristallnacht *f hist.* kristallnacht, Night of the Broken Glass.

Kristall|waren *pl.* crystal(ware) *sg.*; **~zucker** *m* (refined) sugar crystals *pl.*

Kriterium *n* criterion.

Kritik *f* **1.** (*das Kritisieren*) criticism, criticizing; (*konkrete* **~**) criticism (**über, an** of), (*Tadel*) *a.* censure; F ***unter aller ~*** beneath contempt; ***~ üben*** (**an**) → ***kritisieren***; **2.** (*Rezension*) review, write-up; ***gute ~en haben*** have a good press; ***was sagt die ~?*** what do the critics say?; → ***glänzend*** I; **3.** (*kritische Abhandlung, Rede etc.*) critique (**über** of).

Kritikaster *contp. m* faultfinder; (*Rezensent*) hack critic.

Kritiker *m* critic; (*Rezensent*) *a.* reviewer.

Kritikfähigkeit *f* critical faculties *pl.*; (*Unterscheidungsvermögen*) powers *pl.* of discernment.

kritiklos *adj.* uncritical; **Kritiklosigkeit** *f* uncriticalness; (*mangelndes Unterscheidungsvermögen*) lack of discrimination.

kritisch *adj.* **1.** critical (***gegenüber*** of); (*fein urteilend*) *a.* discriminating, discerning; **2.** (*bedenklich*) critical (*a. phys.*, ⚙); ***~er Augenblick*** critical moment.

kritisieren *v/t.* criticize; (*rezensieren*) review; ***er hat an allem etwas zu ~*** he's always got something to criticize.

Krittelei *f* F nitpicking; **kritteln** *v/i.* find fault (**an** with).

Kritzelei *f* scribbling; *konkret*: scribble; **kritzeln** *v/i.* scribble; *malend*: doodle.

Kroate *m*, **Kroatin** *f*, **kroatisch** *adj.*, **Kroatisch(e)** *n* (*Sprache*) Croatian.

Krocket *n* croquet.

Krokant *m* cracknel.

Kroketten *pl. gastr.* croquettes.

Kroko F *n* crocodile, F croc.

Krokodil *n* crocodile; **~leder** *n* crocodile (skin).

Krokodilstränen F *fig. pl.* crocodile tears; ***ein paar ~ weinen*** squeeze a tear.

Krokus *m* ⚘ crocus.

Krone *f* **1.** crown; (*Adels2*) coronet; ***die päpstliche ~*** the papal tiara; **2.** *fig.* climax; *des Lebenswerks etc.*: crowning glory; ***die ~ der Schöpfung*** the pride of creation; ***e-r Sache die ~ aufsetzen mit*** crown s.th. with; ***das setzt allem die ~ auf*** that beats everything; F ***das ist ihm in die ~ gestiegen*** it's gone to his head; F ***was ist ihm in die ~ gefahren?*** what's up with him?; F (***ganz schön***) ***e-n in der ~ haben*** have had one too many; ***dir wird kein Stein*** (*od.* ***Zacken***) ***aus der ~ fallen, wenn*** it won't kill you to *inf.*; ***brech dir keinen Stein*** (*od.* ***Zacken***) ***aus der ~!*** don't put yourself out!; **3.** ⚘ (*Blumen2*) corolla; (*Baum2*) top; (*Zahn2*) crown; (*Damm2*) top; (*Mauer2*) coping; *e-r Uhr*: winder.

krönen *v/t.* **1.** crown; ***j-n zum König ~*** crown s.o. king; **2.** *fig.* (*vollenden*) crown, cap; (*Veranstaltung etc.*) round off; → ***gekrönt.***

Kronen|korken *m* crown cork; **~mutter** *f* castle nut; **~verschluss** *m* crown cap.

Kron|erbe *m* heir to the throne (*od.* crown); **~gut** *n* crown estate; **~juwelen** *pl.* crown jewels; **~kolonie** *f* crown colony; **~land** *n* crown estate; **~leuchter** *m* chandelier; F ***mir geht ein ~ auf*** F I've seen the light; **~prinz** *m* crown prince; *in GB*: Prince of Wales; **~prinzessin** *f* crown princess; *in GB*: Princess Royal.

Krönung *f* coronation; *fig.* climax, high point; crowning moment (*od.* event); *fig.* ***zur ~ des Ganzen*** to crown (*od.* top) it all.

Krönungs|eid *m* coronation oath; **~feier** *f* coronation (ceremony).

Kronzeuge *m* chief witness; (*geständiger Mittäter*) state witness, accomplice witness; ***als ~ auftreten*** *in GB*: turn Queen's (*od.* King's) evidence.

Kropf *m* ✤ goit|re (*Am.* -er); *zo.* crop; F ***überflüssig wie ein ~*** F as useful as a hole in the head.

kröpfen *v/t.* (*Gänse*) stuff.

Kroppzeug F *n* **1.** (*Gesindel*) F dregs *pl.*, scum, peasants *pl.*; **2.** (*Kram*) F junk.

kross *adj.* crisp.

Krösus *fig. m*: ***ich bin doch kein ~!*** I'm not made of money, you know.

Kröte *f* toad; *fig.* ***giftige ~*** (*Frau*) *sl.* nasty bit of stuff, (*Mann*) F nasty customer; F ***freche ~*** (*Kind*) little rascal; F ***m-e letzten ~n*** (*Geld*) my last few pennies (*od.* cents).

Krötenwanderung *f* migration of toads.

Krücke *f* **1.** crutch; (*Griff*) handle; ***an ~n gehen*** walk on crutches; **2.** F *fig.* (*Versager*) F dead loss, washout; **3.** *fig.* support; (*menschliche Stütze*) shoulder to lean on.

Krückstock *m* walking stick.

Krug *m* jug; (*Bier2*) beer mug, *mst Am.* stein, *aus Metall*: tankard; (*Vase*) vase; ***der ~ geht so lange zum Brunnen, bis er bricht*** *Unrecht*: you *etc.* won't get away with that forever, *Geduld*: there's a limit to everything, *drohend*: you do that one more time.

Krümchen *fig. n* tiny bit; ***er zeigte kein ~ Interesse*** he wasn't the least bit interested.

Krume *f* crumb; ⚒ topsoil.

Krümel *m* crumb; **krümelig** *adj.* crumbly; (*voller Krümel*) full of crumbs; **krümeln** *v/i.* be crumbly; ***bitte nicht ~!*** no crumbs on the floor, please.

krumm *adj. u. adv.* **1.** crooked (*a. Nase*); (*verbogen*) bent; (*gewunden*) winding; (*verdreht*) twisted; ***e-e ~e Haltung*** bad posture, a stoop; ***~ gehen*** stoop; ***~ biegen*** bend; ***alt und ~*** bowed down with age; **2.** F *fig.* ***~e Finger machen*** F walk off with s.th.; ***~e Sachen machen*** F get up to no good, get onto the wrong side of the law; ***es auf die ~e Tour machen*** (***versuchen***) F (try to) pull a fast one; **~beinig** *adj.* bandy- (*od.* bow-)legged.

krümmen **I.** *v/t.* bend; *Katze etc.*: (*den Rücken*) arch; → ***Finger, Haar***; **II.** *v/refl.*: ***sich ~*** *Straße*: curve, *Fluss*: bend; *über längere Strecke*: be very windy, *Fluss*: wind its way, meander; *Holz*: warp; *Wurm*: wriggle; *fig.* ***sich ~ vor*** *Schmerzen, Lachen*: be doubled up (*od.* convulsed) with, *Verlegenheit*: squirm with embarrassment.

Krümmer *m* ⚙ elbow, bend.

Krummhorn *n* ♪ crumhorn.

krummlachen F *v/refl.*: ***sich ~*** F crease up (laughing), split one's sides laughing.

krumm legen F *v/refl.*: ***sich ~*** F scrimp and save, have to count every penny.

krummlinig *adj.* 𝔄 curvilinear.

krumm nehmen F *v/t.*: (***j-m***) ***et. ~*** take offen|ce (*Am.* -se) at s.th.

Krumm|säbel *m* scimitar; **~stab** *m* crook; *eccl.* crosier, crozier.

Krümmung *f* (*a. Straßen2*) bend; 𝔄, ✤, *phys.* curvature; (*Windung*) twist.

Krupp *m* ✤ croup.

Kruppe *f des Pferdes*: croup.

Krüppel *m* cripple; F *fig. contp.* F cretin; ***zum ~ machen*** cripple, maim; ***zum ~ werden*** be crippled; **krüppelig** *adj.* deformed, crippled.

Krupphusten *m* barking cough.

Kruste *f a.* ✤, *geol.* crust.

Krustentier *n* crustacean.

Krux *f* → ***Crux.***

Kruzifix *n* crucifix.

Kryochirurgie *f* cryosurgery.

Krypta *f* crypt.

Krypton *n* krypton.

Kubaner *m*, **Kubanerin** *f*, **kubanisch** *adj.* Cuban.

Kübel *m* bucket; *größerer*: tub; ***es gießt wie aus ~n*** it's coming down in buckets; **~wagen** *m* jeep (*TM*); **2weise** *adv.* by the bucket(load).

kubieren *v/t.* 𝔄 cube.

Kubik|inhalt *m* cubic content; **~maß** *n* cubic measure; **~meter** *m*, *n* cubic met|re (*Am.* -er); **~wurzel** *f* 𝔄 cube root; **~zahl** *f* 𝔄 cube number.

kubisch *adj.* cubic.

Kubismus *m* cubism; **Kubist** *m* cubist; **kubistisch** *adj.* cubist.

Kubus *m* 𝔄 cube.

Küche *f* kitchen; ⚓, ✈ galley; (*Kochart*) cooking, cuisine; ***kalte ~*** cold dishes; ***warme ~*** hot meals; ***französische ~*** French cuisine; → ***gutbürgerlich, Teufel.***

Kuchen *m* cake.

Küchen|abfälle *pl.* kitchen waste *sg.*, (*Essensabfälle*) kitchen scraps; **~benützung** *f*: ***mit ~*** *Anzeige*: use of kitchen.

Kuchenblech *n* baking tin (*od.* tray).

Küchen|chef *m* chef; **~dienst** *m Brit.* ⚔ *sl.* spud bashing; ***du hast heute ~*** it's your turn to do the washing-up (*od.* cooking); **2fertig** *adj. Gemüse etc.*: pre-cooked.

Kuchen|form *f* cake tin; **~gabel** *f* pastry (*od.* cake) fork.

Küchen|gerät *n elektrisches*: kitchen appliance; **~herd** *m* (electric *od.* gas) cooker; **~hilfe** *f* kitchen help; **~latein** *n* dog Latin; **~maschine** *f* food processor; **~meister** *m* chef; **~messer** *n* kitchen knife; **~personal** *n* kitchen staff *sg.* (*mst pl. konstr.*); **~schabe** *f* cockroach, *Am.* roach.

Kuchenschlacht F *f* (*Kuchenessen*) cake orgy.

Küchenschrank *m* kitchen cupboard.

Kuchen|teig *m* cake mixture; **~teller** *m* dessert plate.

Küchen|uhr *f* kitchen clock; **~waage** *f* (***e-e ~*** a pair of) kitchen scales *pl.*; **~wecker** *m* timer; **~zeile** *f* kitchen units *pl.*

kucken *dial. v/i.* → ***gucken.***

Kuckuck *m* cuckoo; F *des Gerichtsvollziehers*: bailiff's seal; F ***zum ~!*** damn it!; ***wo*** (***wie*** *etc.*) ***zum ~ ...?*** where (how *etc.*) the devil ...?; → *a.* ***Teufel.***

Kuckucks|ei *n* cuckoo's egg; **~uhr** *f* cuckoo clock.

Kuddelmuddel F *m*, *n* muddle; *von Dingen*: jumble, mess.

Kufe *f* (*Schlitten2*) runner; ✈ skid.

Küfer *m* cooper; (*Kellermeister*) cellarman.

Kugel *f* 𝔄 sphere; *für Spiele*: ball (*a Billard2, Leder2*); (*Stoß2*) shot; *anat. e-s Knochens*: head; (*Geschoss*) bullet (*Weihnachts2*) bauble; ***die ~ stoßen*** *Sport*: put the shot; ***die Erde ist e-e ~*** the earth is a sphere; F ***e-e ruhige ~ schieben*** have a cushy job (F number);

~abschnitt *m* ⩓ spherical segment; **~bakterien** *pl.* cocci; **~blitz** *m* ball lightning; **~fang** *m* butt; **≈fest** *adj.* bullet-proof; **~fisch** *m* puffer, globefish.
kugelförmig, kugelig *adj.* spherical.
Kugel|gelenk *n anat.*, ⚙ ball-and-socket joint; **~hagel** *m* hail of bullets.
Kugelkopf *m Schreibmaschine*: golfball; **~maschine** *f* golfball typewriter.
Kugellager *n* ⚙ ball bearing.
kugeln I. *v/t. u. v/i.* roll; **II.** *v/refl.*: ***sich ~*** roll about (*a.* F ***vor Lachen***); **III.** ≈ *n*: F ***es war zum ~*** F it was a scream.
Kugel|regen *m* hail of bullets; **≈rund** *adj.* perfectly round; F (*dick*) F like a balloon; **~schreiber** *m* ballpoint (pen), *Brit. a.* biro (*TM*); F pen; **~segment** *n* ⩓ spherical segment; **≈sicher** *adj.* bulletproof; ***~e Weste*** bulletproof vest; **~stoßen** *n Sport*: shot-put(ting); **~stoßer(in** *f*) *m* shot-putter.
Kuh *f* cow; *fig.* ***heilige ~*** sacred cow; ***melkende ~*** mealticket; *sl.* ***blöde ~*** *sl.* silly old cow; **~augen** F *pl.* F goggle eyes; **~dorf** F *n* backwater, *Am.* F hick town; **~fladen** *m* cowpat; **~glocke** *f* cow bell; **~handel** F *fig. m bsd. pol.* horse trading; **~haut** *f* cowhide; *fig.* ***das geht auf keine ~*** F it's just incredible; **~hirt(e)** *m* cowherd.
kühl I. *adj.* cool (*a. fig.*); *Wetter, Raum etc.*: *a.* chilly; ***~es Bier*** cold beer; ***~ werden*** cool (down); ***e-n ~en Kopf bewahren*** keep one's cool; ***mir ist ~*** I feel a bit chilly; ***~ stellen*** (*Wein etc.*) chill, (*Speisen*) let *s.th.* cool down; **II.** *adv.* coolly; ***~ aufbewahren*** (*od.* ***lagern***)***!*** keep in a cool place; **≈aggregat** *n* cooling aggregate; **≈anlage** *f* cold-storage plant; *mot. etc.* cooling system; **≈becken** *m* ⚙ cooling pond; **≈box** *f* cool (*od.* ice) box.
Kühle *f* coolness (*a. fig.*); *der Nacht etc.*: cool.
kühlen *v/t.* cool; (*erfrischen*) refresh; (*Lebensmittel*) refrigerate; (*Wein etc.*) chill.
Kühler *m* cooler; *mot.* a) radiator, b) bonnet, *Am.* hood; **~figur** *f* radiator emblem (*od.* mascot); **~grill** *m* radiator grille; **~haube** *f* bonnet, *Am.* hood.
Kühl|fach *n* freezing compartment; **~flüssigkeit** *f* coolant; **~-Gefrier-Kombination** *f* (*Kühl- u. Gefrierschrank*) fridge-freezer; **~haus** *n* cold store; **~kette** *f* cold chain; **~lagerung** *f* cold storage; **~luft** *f* cooling air; **~mittel** *n* coolant; **~raum** *m* cold room (*od.* store); **~rippen** *pl.* cooling ribs; **~schiff** *n* refrigerator ship; **~schlange** *f* cooling coil; **~schrank** *m* fridge, refrigerator; **~stoff** *m* coolant; **~system** *n* cooling system; **~tasche** *f* ice box; **~theke** *f* refrigerated counter (*od.* cabinet); **~truhe** *f* (deep) freeze, (chest) freezer; **~turm** *m* cooling tower.
Kühlung *f* cooling; ⚙ *a.* refrigeration; (*Anlage*) cooling system; (*Kühle*) coolness.
Kühl|wagen *m* 🚃 refrigerator van (*Am.* car); *mot.* refrigerator lorry (*bsd. Am.* truck); **~wasser** *n* coolant.
Kuh|milch *f* cow's milk; **~mist** *m* cow dung.
kühn *adj.* bold (*a. Entwurf etc.*); (*riskant*) daring; (*dreist*) audacious; ***j-s ~ste Träume übertreffen*** go beyond s.o.'s wildest dreams; **Kühnheit** *f* boldness; daring; audacity; → ***kühn.***
Kuh|pocken *pl.* cowpox *sg.*; **~stall** *m* cowshed; **≈warm** *adj.* still warm (from the cow); **~weide** *f* cow pasture.

Küken *n* **1.** chick; F *fig.* (*Mädchen*) F young thing; **2.** ⚙ plug.
kulant *adj.* † accommodating; *Preis, Bedingungen*: fair; **Kulanz** *f* goodwill; fairness; *die Reparatur* ***geht auf ~*** will be carried out at the firm's expense.
Kuli[1] *m* coolie; *fig.* slave.
Kuli[2] F *m* → ***Kugelschreiber.***
kulinarisch *adj.* culinary; ***~e Genüsse*** culinary delights.
Kulisse *f* **1.** *thea.* set; *einzelne*: flat; (*Hintergrund*) backdrop; *pl.* wings; *fig.* background (*a.* ♪); (*Rahmen*) setting; (*Fassade*) façade, front; ***hinter die*** (***den***) ***~n*** backstage, *bsd. fig.* behind the scenes; ***e-n Blick hinter die ~n werfen*** take a look behind the scenes (***auf*** at), ***auf:*** *a.* take a backstage look at; **2.** † unofficial market.
Kulissenschieber *m* scene-shifter.
Kulleraugen F *pl.* big wide eyes; ***~ machen*** goggle.
kullern *v/i.* roll; ***mit den Augen ~*** roll one's eyes.
Kulmination *f* culmination; **Kulminationspunkt** *m ast.* culmination point, *fig. a.* apex; **kulminieren** *v/i. a. fig.* culminate (***in*** in).
Kult *m* cult; ***e-n ~ treiben mit*** make a cult out of, idolize; **~figur** *f* cult figure; **~film** *m* cult film; **~handlung** *f* rite.
kultisch *adj.* ritual.
kultivierbar *adj.* arable; **kultivieren** *v/t.* cultivate; **kultiviert** *adj. Sprache, Atmosphäre etc.*: cultivated; *Person*: *a.* cultured; *Volk, Land etc.*: civilized; **Kultivierung** *f* cultivation.
Kult|stätte *f* place of worship; **~tanz** *m* ritual dance.
Kultur *f* **1.** culture; (*Ggs. Barbarei*) civilization; ***die antike*** (***abendländische***) ***~*** ancient (western) civilization; ***die römische*** (***griechische***) ***~*** Roman (ancient Greek) civilization, the civilization of Rome (ancient Greece); **2.** (*Bildung*) culture; ***er hat ~*** he's got education; F ***etwas für die ~ tun*** F (try and) educate oneself; **3.** ***~ des Essens*** (***Wohnens***) cultivated eating habits (living); **4.** (*das Anbauen*) cultivation; **5.** (*Bakterien≈*) culture; **~abkommen** *n* cultural agreement; **~arbeit** *f* cultural activities *pl.*; **~attaché** *m* cultural attaché; **~austausch** *m* cultural exchange; **~banause** *contp. m* philistine; **≈beflissen** *adj.* (very) culturally-minded; **~betrieb** *m* cultural scene; **~beutel** *m* toilet bag; **~boden** *m* **1.** cultivated soil; **2.** ***uralter ~*** site of an ancient culture; **3.** *biol.* culture medium; **~denkmal** *n* (*Gebäude etc.*) cultural monument; (*Gemälde etc.*) work of art; *pl. e-s Landes etc.*: *a.* cultural heritage *sg.*; ***die Kulturdenkmäler Ägyptens*** *a.* the Egyptian antiquities, (*Bauten etc.*) *a.* the ancient Egyptian monuments.
kulturell *adj.* cultural.
Kulturerbe *n* cultural heritage.
Kulturfeind *m* philistine, cultural Bolshevik; **kulturfeindlich** *adj.* philistine.
Kulturführer *m* cultural guide.
Kulturgeschichte *f* **1.** *des Menschen*: history of civilization (*a. Buch*); **2.** cultural history *of Denmark etc.*; **3.** (*Wissenschaft*) history of culture; **kulturgeschichtlich** *adj.* cultural-historical.
Kultur|güter *pl.* cultural assets; **~hoheit** *f* cultural and educational autonomy; **~kanal** *m Radio, TV*: cultural channel; **~kreis** *m* society; **~landschaft** *f* man-made landscape; **~leben** *n* cultural life.
kulturlos *adj.* uncultured.
Kultur|magazin *n* arts journal; **~metropole** *f* cultural capital; **~papst** *m* cultural guru; **~pessimismus** *m* pessimistic view of civilization; **~pflanze** *f* cultivated plant.
Kulturpolitik *f* cultural and educational policy; **kulturpolitisch** *adj.* politico-cultural.
Kultur|programm *n* program(me) of cultural events; **~raum** *m* area of culture; ***im südostasiatischen ~*** in the South-east Asian cultural area; **~redakteur** *m* arts (features) editor; **~referent** *m* head of cultural affairs; **~revolution** *f* cultural revolution; **~schande** *f* **1.** disgrace to (civilized) society; **2.** F eyesore; **~schock** *m* culture shock; **≈spezifisch** *adj.* culture-specific; **~staat** *m* civilized nation; **~szene** *f* cultural scene; **~volk** *n* civilized race (*od.* people); **~zentrum** *n* **1.** cultural cent|re (*Am.* -er); **2.** (*Einrichtung*) arts cent|re (*Am.* -er).
Kultus|minister *m* minister (*Am.* secretary) of education and cultural affairs; **~ministerium** *n* ministry of education and cultural affairs.
Kultwagen *m* cult car.
Kümmel *m* **1.** caraway (seed); ⚘ (***echter ~***) cumin; **2.** (*Schnaps*) kümmel.
Kummer *m* worry, worries *pl.*, problems *pl.*; ***~ haben*** have problems; ***j-m ~ machen*** (*od.* ***bereiten***) cause s.o. a lot of worry; ***du machst mir ~*** I'm worried about you; ***s-n ~ herunterspülen*** drown one's sorrows; ***das ist mein geringster ~*** that's the least of my worries; **~bund** *m* cummerbund; **~falten** *pl.* worry lines.
Kummerkasten F *m* complaints box; **~tante** F *f* F agony aunt.
kümmerlich I. *adj.* miserable; *Lohn etc.*: measly, paltry; (*verkümmert*) stunted; **II.** *adv.*: ***sich ~ durchschlagen*** just manage to get by.
Kümmerling *m* weakling; (*Pflanze*) stunted plant (*od.* specimen); F pathetic little specimen.
kümmern I. *v/refl.*: ***sich ~ um*** **1.** look after, take care of, (*et.*) *a.* see to; ***ich muss mich um alles ~*** I have to see to everything; ***du musst dich um Karten ~*** you'll have to see about getting tickets; **2.** (*sich Gedanken machen über*) worry about; ***ich kümmere mich nicht um solche Sachen*** I don't have (the) time to worry about that sort of thing; → ***Dreck***; **3.** (*beachten*) pay attention to; ***sich nicht ~ um*** not to bother about, ignore, (*vernachlässigen*) neglect; **4.** *contp.* (*sich einmischen in*) poke one's nose into; ***kümmere dich um d-e eigenen Angelegenheiten*** just mind your own business; **II.** *v/t.*: ***was kümmerts mich?*** it's not my problem (F pigeon).
Kummer|speck F *m*: ***~ ansetzen*** put on weight with worry; **≈voll** *adj.* sorrowful.
Kumpan F *m* **1.** F mate; **2.** (*Mittäter*) partner; **Kumpanei** F *f* **1.** (*Gruppe*) crowd, F lot; **2.** (*Kameradschaft*) camaraderie.
Kumpel *m* **1.** ⚒ miner; **2.** F (*Kamerad*) F mate, *Am.* F buddy; **kumpelhaft** *adj.* F pally.
Kumulation *f* accumulation; **kumulativ** *adj.* cumulative; **kumulieren** *v/t. u. v/i.* accumulate.
Kumulus(wolke *f*) *m* cumulus (cloud).
kündbar *adj.* terminable; *Anstellung, Mie-*

te etc.: subject to notice; ✝ *Kapital*: callable; *Anleihe*: redeemable; ***wir sind jederzeit ~*** we can be given notice at any time.

Kunde[1] *m* **1.** customer; *für Dienstleistungen*: client; (*Stamm*≈ *e-s Ladengeschäfts*) patron; ***fester ~*** regular customer; ***„Nur für ~n"*** For Patrons Only; ***der ~ ist König*** the customer is always right; **2.** F *fig.* F customer; ***merkwürdiger*** (***übler***) ***~*** queer (nasty) customer.

Kunde[2] *f* (*Kenntnis*) knowledge; ***~*** (*Zeugnis*) ***geben von*** bear witness to; ***frohe ~*** good news (*sg.*), *lit.* glad tidings.

künden *lit.* **I.** *v/t.* announce (*dat.* to), tell (*s.o.*) of; **II.** *v/i.*: ***~ von*** tell of; bear witness to.

Kunden|beratung *f* customer advisory service (*Stelle*: office); **~besuch** *m* (customer) call; **~datei** *f* customer database; **~dienst** *m* **1.** after-sales service; **2.** (customer) service; ***das gehört zum ~*** it's (all) part of the service; **3.** (*Stelle*) service department; (*Person*[*en*]) technician(s *pl.*); ***morgen kommt der ~ wegen m-s Kühlschranks*** they're sending someone (*od.* someone's coming) to have a look at my fridge tomorrow; **~fang** *m* touting; **≈freundlich** *adj.* customer-friendly; **~kartei** *f* customer file; **~kredit** *m* consumer credit; **~kreditkarte** *f* storecard, *Am.* charge card; **~kreis** *m* customers *pl.*, clients *pl.*, clientele; **≈spezifisch** *adj.* customized; **~stamm** *m* regular customers *pl.*; **~werbung** *f* canvassing (of customers).

kundgeben *v/t.* make known (*dat.* to), announce (to); (*erklären*) declare; **Kundgebung** *f pol.* rally; demonstration.

kundig *adj.* (well-)informed; (*sachverständig*) expert (*gen.* in); (*geschickt*) skil(l)ful.

kündigen I. *v/i.* hand (*od.* give) in one's notice (***bei*** *e-r Firma*: to; ***zum*** *1. Mai*: for); ***j-m ~*** (*e-m Arbeitnehmer*) give s.o. notice (F the sack), (*e-m Mieter*) give s.o. (his *etc.*) notice; **II.** *v/t.* (*Vertrag etc.*) cancel, *formell*: terminate; (*Anleihe, Geldeinlage etc.*) call in; ***er hat uns die Wohnung gekündigt*** he's told us we have to leave the flat (*Am.* apartment); ***wir haben die Wohnung gekündigt*** (we've given notice that) we're moving out of the flat (*Am.* apartment).

Kündigung *f* notice; (*Entlassung*) dismissal; *e-r Anleihe etc.*: calling in; ***s-e ~ erhalten*** be given notice (F the sack); ***mit monatlicher ~*** at (*od.* subject to) a month's notice.

Kündigungs|frist *f* period of notice; ***mit halbjähriger ~*** at six months' notice; **~grund** *m* grounds *pl.* for giving notice; **~recht** *n* right to give notice; **~schreiben** *n* written notice; *des Arbeitgebers*: letter of dismissal; **~schutz** *m* protection against unlawful dismissal; *für Mieter*: protection against unwarranted eviction; **~termin** *m* (last) date for giving notice.

Kundin *f* (female) customer *etc.*; → ***Kunde***[1].

Kundschaft *f* **1.** ✝ customers *pl.*, clients *pl.*; clientele; *als Verhältnis*: patronage; F (*Kunde*) customer; **2.** ***auf ~ gehen*** go scouting; **3.** (*Botschaft*) news (*sg.*), *obs.* tidings *pl.*

Kundschafter *m* scout, spy.

kund|tun *v/t.* → ***kundgeben***; **~werden** *v/i.* become known; ***e-r Sache ~*** find out about s.th.

künftig I. *adj.* future; *Generationen etc.*: *a.* (up-and-)coming, *nachgestellt*: ... to come; ***in ~en Zeiten*** in times to come; ***in e-m*** (***im***) ***~en Leben*** in a future life (in the next life); **II.** *adv.* in future, from now on.

Kungelei *f* wheeling and dealing; **kungeln** *v/i.* fiddle (things).

Kunst *f* (*schöne ~*) art; (*Geschicklichkeit*) *a.* skill; (*Kniff*) trick; ***die schönen*** (***freien***) ***Künste*** the fine (liberal) arts; ***die griechische ~*** Greek art; ***die bildende ~*** the graphic arts; ***die ~ zu schreiben*** (***der Liebe***) the art of writing (of love); ***alle Künste der Überredung*** all the tricks of persuasion; ***jetzt bin ich mit m-r ~ am Ende*** I give up, I've tried everything; ***nach allen Regeln der ~*** F good and proper; ***das ist keine ~!*** F that's no great shakes, F big deal; F ***was macht die ~?*** F how's things?; → ***brotlos***; **~akademie** *f* academy of arts, art college; **~auge** *n* artificial eye; *aus Glas*: *a.* glass eye; **~auktion** *f* art auction; **~ausstellung** *f* art exhibition; **~banause** *contp. m* philistine; ***er ist ein ~*** *a.* he doesn't know the first thing about art; **~beilage** *f* art supplement; **~bewegung** *f* art movement; **~blatt** *n* **1.** art print; **2.** (*Heft*) art journal; **~blume** *f* artificial flower; **~buch** *n* art book; **~darm** *m* (artificial) sausage skin; **~denkmal** *n* art monument; great work of art; **~dieb** *m* art thief.

Kunstdruck *m* **1.** art reproduction; **2.** art printing; **~papier** *n* art paper.

Kunst|dünger *m* artificial fertilizer; **~eis** *n* artificial ice.

Künstelei *f* artificiality; (*Geziertheit*) affectation; **künsteln** *v/t.* → ***gekünstelt.***

Kunst|erzieher *m* art teacher; **~erziehung** *f* art education; **~experte** *m* art connoisseur; **~fälschung** *f* art forgery, fake; **~faser** *f* man-made fib|re (*Am.* -er); **~fehler** *m* ⚕ professional (*od.* medical) blunder; *pl. a.* medical malpractice *sg.*

kunstfertig *adj.* skilled; skil(l)ful, expert; **Kunstfertigkeit** *f* (artistic *od.* technical) skill; craftsmanship.

Kunst|flieger *m* stunt pilot; **~flug** *m* aerobatics *pl.* (*mst sg. konstr.*); **~form** *f* art form; **~freund** *m* art lover; **~führer** *m* art guide; **~galerie** *f* art gallery; **~gattung** *f* art form, genre; **~gegenstand** *m* art object, objet d'art; **~genuss** *m* **1.** enjoyment of art; **2.** (a)esthetic treat.

kunstgerecht *adj.* expert, professional.

Kunstgeschichte *f* history of art, art history; **Kunstgeschichtler** *m* art historian; **kunstgeschichtlich** *adj.* art-historical.

Kunst|gewerbe *n* arts and crafts *pl.*; (*angewandte Kunst*) applied art(s *pl.*); **~glied** *n* artificial limb; **~griff** *m* (clever) trick; ***ein ~*** (*Täuschungsmanöver*) *a.* sleight of hand; **~halle** *f* art gallery; **~handel** *m* art trade; **~händler** *m* art dealer; **~handlung** *f* art dealer('s); **~handwerk** *n* → ***Kunstgewerbe***; **~handwerker** *m* art-ist-craftsman; **~harz** *n* synthetic resin; **~herz** *n* artificial heart.

Kunsthistoriker *m* art historian; **kunsthistorisch** *adj.* art-historical.

Kunst|hochschule *f* art academy (*od.* college); **~honig** *m* artificial honey; **~kalender** *m* art calendar; **~kenner(in** *f*) *m* (art) connoisseur.

Kunstkopf *m Radio*: dummy head; **~aufnahme** *f* binaural recording.

Kunst|kritik *f* art criticism; (*die Kunstkritiker*) art critics *pl.*; **~kritiker** *m* art critic; **~leder** *n* imitation leather.

Künstler(in *f*) *m* artist; ♪, *thea.* *oft* performer; (*Zirkus*≈ *etc.*) artiste; *fig.* genius.

künstlerisch I. *adj.* artistic; ***~e Form*** art form; ***~er Leiter*** art director; ***~e Ader*** artistic vein; **II.** *adv.* artistically; ***ein ~ wertvoller Film*** a film of artistic merit.

Künstler|kolonie *f* artists' colony; **~leben** *n the* life of an artist; **~name** *m* stage name; *e-s Schriftstellers*: pseudonym, pen name, nom de plume; **~pech** F *n* bad luck.

Künstlertum *n* artistry; *coll. the* artistic world.

Künstler|viertel *n* artists' quarter; **~werkstatt** *f* studio.

künstlich I. *adj.* artificial (*a. Atmung, Blume, Befruchtung, Licht, See etc.*); *Zähne etc.*: *a.* false; *Leder etc.*: imitation ...; (*unecht*) fake; (*~ hergestellt*) synthetic; man-made; *Lächeln etc.*: artificial, *bsd. attr.* forced; ***~e Niere*** kidney machine; **II.** *adv.* artificially; ***~ in die Länge ziehen*** (deliberately) stretch out; F ***sich ~ aufregen*** F make a big thing out of it; **Künstlichkeit** *f* artificiality.

Kunstlicht *n* artificial light; **~film** *m* indoor film.

Kunst|liebhaber *m* art lover; **~lied** *n* lied.

kunstlos *adj.* simple, unsophisticated.

Kunst|maler(in *f*) *m* painter, artist; **~objekt** *n* art object, objet d'art; **~pause** *f* pause for effect; *iro.* awkward pause; ***e-e ~ machen*** pause for effect; **~preis** *m* art award (*od.* prize); **~rasen** *m* astroturf (*TM*); **~raub** *m* art theft; **~räuber** *m* art thief.

kunstreich *adj.* (very) artistic; (*reich geziert*) elaborate, ornate.

Kunst|richtung *f* style (of painting *etc.*); art movement, art school; **~sammler** *m* art collector; **~sammlung** *f* art collection; **~schätze** *pl.* art treasures; **~schmied** *m* ornamental iron-worker, artist blacksmith; **~schule** *f* art school; **~seide** *f* rayon; **~sprache** *f* artificial language; **~springen** *n* (springboard) diving; **~springer(in** *f*) *m* (springboard) diver.

Kunststoff *m* plastic; ***aus ~*** (made of) plastic; **~bahn** *f* artificial track; **≈beschichtet** *adj.* plastic-coated; **~industrie** *f* plastics industry; **~rasen** *m* artificial turf.

Kunst|stopfen *n* invisible mending; **~stück** *n* **1.** ***das ist schon ein ~*** that takes some doing; ***das ist kein ~*** (there's) nothing to it; *iro.* ***wie er wohl dieses ~ fertig gebracht hat*** how on earth did he manage that?; F *iro.* ***~!*** F big deal; **2.** (*Zauber*≈ *etc.*) trick; **~student(in** *f*) *m* art student; **~szene** *f* art scene; **~tischler** *m* cabinet-maker; **~turnen** *n* gymnastics *pl.* (*a. sg. konstr.*); **~turner(in** *f*) *m* gymnast; **~verein** *m* arts society; **~verstand** *m*, **~verständnis** *n* **1.** knowledge of art; **2.** (a)esthetic sense.

kunstvoll *adj.* very artistic; (*reich geziert*) elaborate, ornate; (*geschickt*) skil(l)ful.

Kunst|werk *n* work of art; **~wissenschaft** *f* (theory of) art; **~wort** *n* coinage; **~zeitschrift** *f* art journal (*od.* magazine).

kunterbunt I. *adj.* **1.** (*sehr bunt*) colo(u)rful; (*mehrfarbig*) multicolo(u)red; **2.** (*liederlich*) untidy; ***ein ~es Durcheinander*** a (real) mess; **3.** *Leben*: chequered, very varied; ***~e Mischung*** mixed bag; ***es gab ein ~es Programm*** there were all sorts of things going on (*od.* being shown *etc.*); **II.** *adv.*: ***alles ~ durcheinander werfen*** throw everything into a heap, *fig.* lump everything together; ***hier gehts ja ~ zu!*** what on earth's going on here?

Kupee *n* → ***Coupé.***

Kupfer *n* copper; **~bergwerk** *n* copper mine; **~blech** *n* sheet copper; **~dach** *n* copper roof; **~draht** *m* copper wire; **~druck** *m* copperplate engraving, print; **2farben** *adj.* copper-colo(u)red; **~geld** *n* copper coins *pl.*; **2haltig** *adj.* containing copper; **~kessel** *m* copper kettle; **~münze** *f* copper coin.

kupfern *adj.* (made of) copper.

kupfer|rot *adj.* copper-colo(u)red; **2schmied** *m* coppersmith; **2stecher** *m* copperplate engraver; **2stich** *m* copperplate engraving; **2sulfat** *n* copper sulphate (*Am.* sulfate); **2vergiftung** *f* copper poisoning.

kupieren *v/t.* (*Tier*) dock, (*Ohren etc.*) *a.* crop.

Kupon *m* **1.** coupon, voucher; (*Zinsschein*) (interest) coupon, dividend warrant; *im Scheckbuch*: counterfoil; **2.** *Textilien*: length (of material).

Kuppe *f* (*Berg2*) hilltop; (*Finger2*) fingertip; ⚙ (*Nagel2*) head.

Kuppel *f* dome, cupola; **~bau** *m* domed building; **~dach** *n* domed roof:

Kuppelei *f* ⚖ procuration.

kuppelförmig *adj.* dome-shaped.

kuppeln I. *v/t.* → ***koppeln***; **II.** *v/i. mot.* operate the clutch, (*ein~*) (let in the) clutch, (*aus~*) declutch.

Kuppelzelt *n* dome tent.

Kuppler *m* ⚖ procurer, pimp; **Kupplerin** *f* ⚖ procuress.

Kupplung *f* ⚙ coupling (*a.* 🚂, ⚡); *mot.* clutch; ***die ~ schleifen lassen*** let the clutch slip.

Kupplungs|automat *m* automatic clutch; **~belag** *m* clutch lining; **~pedal** *n* clutch pedal; **~scheibe** *f* clutch disc; **~seil** *n* clutch cable.

Kur *f* (course of) treatment; *am Kurort*: cure; ***e-e ~ machen*** be on (*od.* take) a cure; ***zur ~ gehen*** go for a cure.

Kür *f Sport*: voluntary exercise; → *a.* ***Kürlauf.***

Kürass *m* cuirass.

Kürassier *m hist.* cuirassier.

Kurat *m* curate.

Kurator *m* ⚖ trustee; *Museum, univ.*: curator; **Kuratorium** *n* board of trustees.

Kurbad *n* spa (town).

Kurbel *f* winder; ⚙ crank; **~dach** *n* (winding) sunroof; **~gehäuse** *n* crankcase; **~getriebe** *n* crank mechanism.

kurbeln I. *v/t.* wind (*od.* crank) up *etc.*; **II.** *v/i.* wind; *mot.* crank the engine; F ***ich musste*** (***mit dem Lenkrad***) ***ganz schön ~*** it was hard work steering.

Kurbel|stange *f* connecting rod; **~welle** *f* crankshaft.

Kürbis *m* pumpkin; F (*Kopf*) F nut; **~flasche** *f* gourd; **~kern** *m* pumpkin seed.

Kurde *m* Kurd; **kurdisch** *adj.* Kurdish.

kuren F *v/i.* take (*od.* be on) a cure.

küren *v/t.* choose.

Kürettage *f* ⚕ curettage; **Kürette** *f* curette.

Kurfürst *m* (prince) elector; **Kurfürstentum** *n* electorate; **Kurfürstin** *f* electress; **kurfürstlich** *adj.* electoral.

Kur|gast *m* visitor (at a health resort); **~haus** *n* casino (of a health resort); **~hotel** *n* health-resort hotel, spa hotel.

Kurie *f R.C.* curia; *the* papal Court.

Kurier *m* courier, messenger; *auf Motorrad*: dispatch rider; **~dienst** *m* courier service.

kurieren *v/t. a. fig.* cure (**von** of); *fig.* ***davon bin ich kuriert*** I've had my taste (*od.* share) of that.

kurios *adj.* strange, funny; **Kuriosität** *f* **1.** oddness; **2.** → ***Kuriosum***; **3.** (*Sammlungsstück*) curio, curiosity; **Kuriosum** *n* oddity, odd thing (*od.* fact); *konkret*: curiosity.

Kurklinik *f* sanatorium; *private*: *a.* health farm.

Kurkuma *n* (*Gewürz*) curcuma; **~papier** *n* ⚗ turmeric paper.

Kurlaub *m* holiday-cum-cure.

Kürlauf *m Eissport*: free skating.

Kur|ort *m* health resort, spa (town); **~packung** *f für die Haare*: conditioner; **~park** *m* health-resort gardens *pl.*, spa gardens *pl.*

Kurpfuscher *m* charlatan, F quack; **Kurpfuscherei** *f* charlatanism.

Kurs *m* **1.** ☤ price; (*Notierung*) quotation; *von Devisen*: exchange rate; ***zum ~ von*** at the rate of; ***hoch im ~ stehen*** be at a premium, *fig.* rate highly (**bei** with); ***in ~ setzen*** circulate; **2.** ⚓, ✈ course; (*Radar2*) track; (*Strecke*) route; *fig. pol.* course, line, policy; ***~ halten*** stay on course; ***vom ~ abweichen*** go off course; ***~ nehmen auf*** head for (*a. fig.*); *fig.* ***e-n neuen ~ einschlagen*** take a new line; **3.** → ***Kursus.***

Kursaal *m* kursaal, casino.

Kurs|abschlag *m* markdown; **~abschwächung** *f* easing off of (market) prices; **~abweichung** *f* ⚓ *etc.* deviation (from the route); **~änderung** *f* change of course; *fig. a.* policy change; **~anstieg** *m* rise in (market) prices; **~aufschlag** *m* markup; **~blatt** *n* stock market report; **~buch** *n* 🚂 (railway) timetable.

Kürschner *m* furrier; **Kürschnerei** *f* **1.** furrier's trade; **2.** furrier's (work)shop.

Kurs|einbruch *m* sudden fall in prices; **~einbuße** *f* price decline; **~entwicklung** *f* trends *pl.* in prices; **~erholung** *f* rally in prices; **~festsetzung** *f* fixing of the exchange rate (*Börse*: price); **~gewinn** *m* price gain.

kursieren *v/i.* circulate; *Gerüchte*: go round.

Kursindex *m* share prices index.

kursiv I. *adj.* italic; (*a. adv.*) in italics; **II.** 2 *n* italics *pl.*; ***in ~ setzen*** italicize.

Kursiv|druck *m* italics *pl.*; ***in ~ erscheinen*** appear in italics; **~schrift** *f* → ***kursiv*** II.

Kurs|korrektur *f* correction of course; *fig.* shift in policy; **~leiter(in** *f*) *m* instructor, teacher; **~makler** *m* official (*od.* inside) broker; **~notierung** *f* (price *od.* market) quotation.

kursorisch *adj.* cursory.

Kurs|rückgang *m* decline in prices; **~schwankungen** *pl.* price fluctuations; **~steigerung** *f* price increase; **~sturz** *m* sharp fall in prices; **~stützung** *f* price pegging; **~system** *n ped.* streaming; **~teilnehmer(in** *f*) *m* course participant; **~treiberei** *f* share pushing.

Kursus *m* course; (*Klasse*) *a.* class.

Kurs|verlust *m* exchange loss; **~wagen** *m* 🚂 through coach; **~wechsel** *m* change of course (*fig. a.* policy); **~wert** *m* market value; **~zettel** *m* stock exchange list.

Kurtage *f* → ***Courtage.***

Kurtaxe *f* health resort tax.

Kurtisane *f* courtesan.

Kür|turnen *n* free exercises *pl.*; **~übung** *f* free exercise.

Kurve *f* (*Bogen, a.* A *u. grafische ~*) curve; *e-r Straße etc.*: bend; F *hum.* **~n** *e-r Frau*: F curves; ***e-e ~ schneiden*** cut a corner; ***zu schnell in die ~ gehen*** take a (*od.* the) corner too fast; ✈ ***in die ~ gehen*** bank; F *fig.* ***die ~ kratzen*** F make a quick getaway; F ***ich hab die ~ nicht gekriegt*** I didn't quite make it; **kurven** *v/i.* drive round; ✈ circle; ***um die Ecke ~*** F zoom around the corner; F ***durch die Gegend ~*** *schnell*: F bomb around, *ziellos*: cruise around.

kurven|förmig *adj.* curved; **2lage** *f mot.* holding on bends; ***e-e gute ~ haben*** hold well on bends; **2lineal** *n* curve; **~reich** *adj.* winding, twisting, full of bends; F *Frau*: F curvaceous; **2schar** *f* A family of curves; **2schreiber** *m* plotter; **~sicher** *adj.*: ***der Wagen ist ~*** holds well on bends, corners well; **2star** *m* sex star, F blonde (*od.* brunette) bombshell; **2verhalten** *n mot.* → ***Kurvenlage***; **2vorgabe** *f Sport*: stagger.

kurvig *adj. Straße*: winding, twisting.

kurz I. *adj.* **1.** *räumlich*: short; ***~ und dick*** dumpy; ***~e Hose*** shorts (*pl.*); ***mit ~en Ärmeln*** short-sleeved; ***sie trägt ~es Haar*** she's got short hair; ***sich die Haare ~ schneiden lassen*** have one's hair cut short; ***hinten und an den Seiten ~*** *Haarschnitt*: short back and sides; ***die Hose ist ihm zu ~ geworden*** he's grown out of those trousers; ***die Röcke werden dieses Jahr ~ getragen*** hemlines are high this year; ***kürzer machen*** shorten; F ***~ und klein schlagen*** smash to pieces; ***alles ~ und klein schlagen*** F wreck the place; *fig.* ***den Kürzeren ziehen*** come off worst, lose out, F get the rough end of the stick, get the thin end of the wedge; **2.** *zeitlich od. in der Abfassung*: short, brief; (*schroff*) short, curt (**gegen** with); ***~e Darstellung*** (*od.* ***Zusammenfassung***) (brief) summary; ***~es Gedächtnis*** short memory; ***~er Blick*** quick glance; ***in ~en Worten*** in a few words; → ***Prozess*** 2; ***seit ~em geht es ihm besser*** he's been feeling better lately; ***vor ~em*** recently, not long ago; ***die Tage werden kürzer*** the days are getting shorter; **II.** *adv.* **3.** *räumlich*: ***er sprang zu ~*** he jumped too short, he didn't jump far enough; ***~ vor Lissabon*** just before (we *etc.* got to) Lisbon; ***es liegt ~ hinter der Post*** it's a little way up (*od.* just up) from the post office; *fig.* ***zu ~ kommen*** come off worst; ***sieh zu, dass du nicht zu ~ kommst*** make sure you get your fair share of the deal; ***das Problem ist viel zu ~ gekommen*** the problem didn't get the attention it deserved; F ***er ist mit dem Verstand zu ~ gekommen*** F he was at the back of the queue when brains were being handed out; → ***kurz halten, kurz treten***; **4.** *zeitlich od. in der Abfassung, im Ausdruck*: briefly; (*vorübergehend*) for a while; (*flüchtig*) for a moment; ***könntest du ~ herüberkommen?*** could you come over for a minute?; ***~ darauf*** shortly after (this); ***~ zuvor*** shortly before (this); ***über ~ oder lang*** sooner or later; ***~*** (***gesagt***)***, um es ~ zu sagen*** (*od.* ***zu machen***) to cut a long story short; ***~*** (***und bündig***) briefly, (*schroff*) curtly, (*schonungslos*) bluntly,

K

point-blank, *ablehnen*: flatly; ***~ angebunden*** short, curt (***gegen*** with); ***~ gesagt*** very briefly, in a word, in short; ***j-m ~ schreiben*** drop s.o. a line; ***~ nicken*** give a brief (*od.* quick) nod; ***lass mich mal ~ überlegen*** let me have a quick think; ***ich will ihn nur ~ anrufen*** I just want to give him a quick call; ***fasse dich ~!*** try to make it short; ***er wird ~ Will genannt*** he's called Will for short; → ***abfertigen*** 2.

Kurzarbeit *f* short-time work; **kurzarbeiten** *v/i.* work (*od.* be on) short time; **Kurzarbeiter** *m* short-time worker; ***~ sein*** *a.* be on short time.

kurz|ärmelig *adj.* short-sleeved; **~atmig** *adj.* short of breath, short-winded; **≈ausgabe** *f* abridged edition; **~beinig** *adj.* short-legged; **≈bericht** *m* brief report; summary; **≈biographie** *f* profile.

Kürze *f* shortness; *e-s Berichts etc.*: *a.* brevity; *des Stils*: conciseness; ***in ~*** shortly, soon; ***in aller ~*** very briefly; ***in der ~ liegt die Würze*** brevity is the soul of wit.

Kürzel *n* **1.** (*Abkürzung*) abbreviation (***für*** of); contraction (of); **2.** (*Stenozeichen*) shorthand symbol; *fig.* ***das ist ein ~ für ...*** that's shorthand for ...

kürzen *v/t.* shorten (***um*** by); (*Buch*) abridge; (*Film, Rolle etc.*) cut; (*Arbeitszeit, Gehälter etc.*) reduce, cut; A (*Bruch*) reduce; ***drastisch ~*** F slash.

K

kurzerhand *adv.* unceremoniously, F just like that; (*plötzlich*) *a.* there and then; ***~ leugnen*** flatly deny; ***~ abweisen*** reject *s.th.* out of hand.

kürzer treten *v/i. finanziell*: tighten one's belt; *aus Gesundheitsgründen*: slow down, take things a bit slower; ***~ mit*** go easy on.

Kurz|fassung *f* abridged version; **~film** *m* short; **~form** *f* short(ened) form; **~formel** *f*: ***auf e-e ~ bringen*** put *s.th.* in a nutshell; **≈fristig I.** *adj.* short-term ...; (*plötzlich*) sudden; (*sofortig*) immediate; **II.** *adv.* at short notice; *absagen*: *a.* at the last minute; (*rasch*) quickly.

kurz| gebraten *adj.* quick-fried; **~ gefasst** *adj.* brief.

Kurzgeschichte *f* short story.

kurz| geschnitten *adj.* short; **~ geschoren** *adj.* very short, close-cropped.

Kurz|haardackel *m* short-haired dachshund; **≈haarig** *adj.* short-haired; **~haarschnitt** *m* short hair; ***e-n ~ haben*** wear one's hair short.

kurz halten F *v/t.* keep *s.o.* on a tight rein (*od.* short leash); ***j-n mit Geld*** *etc.* ***~*** keep s.o. in short supply, stint s.o. of money *etc.*

Kurz|kommentar *m* brief commentary (*od.* analysis); **≈lebig** *adj.* short-lived (*a. fig. u. phys.*), ♣, *zo.* ephemeral; *Konsumgüter*: perishable; ***es war ziemlich ~*** *a.* it didn't last very long; **~lehrgang** *m* crash course.

kürzlich *adv.* recently, the other day; ***erst ~*** just the other day.

Kurz|mantel *m* short coat; **~meldung** *f* news flash; ***~en*** → ***Kurznachrichten***; **~mitteilungsdienst** *m teleph.* short message service, *abbr.* SMS; **~nachrichten** *pl.* news *sg.* in brief, summary *sg.* of the news, news briefing *sg.*; **~parker** *m* short-term parker; **~parkzone** *f* limited parking zone; **~pass** *m Sport*: short pass; **~referat** *n* short paper (*od.* talk); ***ein ~ halten über*** give a short talk on; **~rufnummer** *f teleph.* code number; **~schädel** *m* shorthead; **≈schädelig** *adj.* shortheaded.

kurzschließen *v/t.* ⚡ short-circuit.

Kurzschluss *m* ⚡ short circuit, F short; *seelischer*: moment of madness; **~handlung** *f* panic reaction.

Kurzschrift *f* shorthand, stenography.

kurzsichtig *adj.* shortsighted (*a. fig.*), ⚕ myopic; **Kurzsichtigkeit** *f* shortsightedness (*a. fig.*), ⚕ myopia.

Kurz|ski *m* short ski; **~start** *m* ✈ short takeoff; **~starter** *m* short takeoff aircraft.

Kurzstrecke *f* short haul.

Kurzstrecken|betrieb *m* short-haul traffic; **~flug** *m* short-haul flight; **~flugzeug** *n* short-haul aircraft; commuter plane; **~läufer(in** *f*) *m* sprinter; **~rakete** *f* short-range missile; **~waffe** *f* short-range weapon.

kurz treten *v/i.* **1.** (*sparsam sein*) go easy on the sugar *etc.*; **2.** (*sich schonen*) take things easy.

kurzum *adv.* in a word, to cut a long story short.

Kürzung *f e-s Buches etc.*: abridg(e)ment; *von Gehältern etc.*: cut, cutback (*gen.* in); A reduction; ***~en vornehmen in*** (*Film etc.*) cut, shorten, (*Personal etc.*) cut down on.

Kürzungspolitik *f* policy of retrenchment (*od.* low spending).

Kurz|urlaub *m* short trip, short-break holiday; **~wahl** *f teleph.* abbreviated dial(l)ing.

Kurzwaren *pl.* haberdashery *sg.*, *Am.* dry goods, notions; **~geschäft** *n* haberdashery, *Am.* dry goods store.

kurzweilig *adj.* entertaining.

Kurzwelle *f* short wave.

Kurzwellen|bereich *m* short-wave range; **~empfänger** *m* short-wave receiver; **~sender** *m* short-wave radio station (*od.* transmitter); **~therapie** *f* ⚕ short-wave therapy.

Kurzwort *n* contraction, abbreviation; (*Akronym*) acronym.

Kurzzeitgedächtnis *n* short-term memory.

kurzzeitig *adj.* short; (*kurzlebig*) short-lived.

Kurzzeitmesser *m* timer.

kuschelig *adj.* soft and cuddly; *Sessel etc.*: cosy, *Am.* cozy; **kuscheln I.** *v/refl.*: ***sich ~ an*** (*j-n*) snuggle (*od.* cuddle) up to, (*et.*) snuggle against; **II.** *v/t.*: ***s-n Kopf an*** (***in***) *et.* ***~*** nestle one's head against (bury one's head into); **III.** *v/i.* cuddle.

Kuschel|tier *n* soft (*od.* cuddly) toy; **≈weich** *adj.* soft and cuddly.

kuschen *v/i. Hund*: lie down; *fig.* knuckle under (***vor*** to).

Kusine *f* cousin.

Kuskus *m gastr.* couscous.

Küsschen *n* (little) kiss; *auf die Wange*: peck on the cheek; F ***~!*** F give us a kiss.

Kuss *m* kiss; ***Gruß u. ~*** *als Briefschluss*: love and kisses; **≈echt** *adj.* kiss-proof.

küssen *v/t.* kiss; ***sie küssten sich*** they kissed (each other); ***j-n zum Abschied ~*** kiss s.o. goodbye; ***j-n auf den Mund ~*** kiss s.o.'s lips, kiss s.o. on the lips.

Kusshand *f*: ***j-m e-e ~ zuwerfen*** blow s.o. a kiss; *fig.* ***mit ~*** gladly, with pleasure; ***ich würde es mit ~ nehmen*** *a.* I'd be only too glad to take it.

Küste *f* coast, shore.

Küsten|bewohner *m* coastal inhabitant; **~dampfer** *m* coaster; **~ebene** *f* coastal plain; **~fischerei** *f* inshore fishing; **~gebiet** *n* coastal area; **~gewässer** *pl.* coastal waters; **~handel** *m* coastal trade (*od.* trading); **≈nah** *adj.* coastal, offshore ..., near the coast; **~schifffahrt** *f* coastal shipping; **~schutz** *m* coastal protection (*od.* preservation); **~staat** *m* littoral state; **~stadt** *f* coastal town; **~straße** *f* coastal road (*od.* route); road along the coast; **~streifen** *m*, **~strich** *m* coastal strip; beach; **~verschmutzung** *f* coastal pollution; **~verteidigung** *f* coastal defen|ce (*Am.* -se); **~wache** *f* coastguard (station); **~wachschiff** *n* coastal patrol vessel.

Küster *m* sexton, sacristan.

Kustode *m*, **Kustos** *m im Museum*: curator, keeper.

Kutschbock *m* coach box.

Kutsche *f* coach; F *mot.* ***alte ~*** F old banger.

Kutscher *m* coachman.

kutschieren I. *v/i.* drive (*od.* ride) in a coach; (*selbst fahren*) drive (a coach); F *mot.* drive; **II.** *v/t.* drive; F ***ich habe keine Lust, sie durch die Gegend zu ~*** why should I act as her chauffeur?

Kutte *f* (monk's) habit.

Kutteln *pl.* tripe *sg.*

Kutter *m* ⚓ cutter.

Kuvert *n* **1.** (*Brief≈*) envelope; **2.** (*Gedeck*) cover.

Kuvertüre *f gastr.* (chocolate) coating.

Kuwaiter(in *f*) *m*, **kuwaitisch** *adj.* Kuwaiti.

Kybernetik *f* cybernetics *pl.* (*sg. konstr.*); **kybernetisch** *adj.* cybernetic(ally *adv.*).

Kyrie (eleison) *n eccl.* Kyrie (eleison).

kyrillisch *adj.* Cyrillic.

KZ *n* concentration camp; **KZ-Häftling** *m*, **KZler** F *m* concentration camp internee (*od.* inmate); **KZ-Methoden** *pl.* concentration camp methods.

L

L, l *n* L, l.

Lab *n biol., zo.* rennet, rennin.

labb(e)rig F *adj.* **1.** (*geschmacklos*) tasteless, insipid; (*wässerig*) *Pudding etc.*: runny, *Getränk, Suppe etc.*: watery; *Brot, Salat etc.*: soggy; ***das schmeckt total ~*** it tastes like nothing; ***dieses ~e Zeug kann ich nicht essen*** F I can't eat this mush; **2.** *Kleidung*: sloppy, shapeless, *Hose*: *a.* baggy; *Gummi etc.*: slack; **3.** *Händedruck*: limp; **4.** ***mir ist ganz ~*** I feel a bit queasy.

Label *n* label.

laben I. *v/refl.*: ***sich ~*** refresh o.s., revive o.s. (***an*** with); *fig.* ***sich ~ an*** relish, *mit Schadenfreude*: gloat over; ***sich an e-m Anblick ~*** feast one's eyes on; **II.** *v/t.* refresh, revive; **labend** *adj.* refreshing.

labern F *v/i.* F blather.

labial *adj.*, **Labial(laut)** *m ling.* labial.

labil *adj. Lage etc.*: unstable; *seelisch*: weak, (*beeinflussbar*) *a.* easily influenced, very impressionable; (*anfällig*) susceptible; *Kreislauf*: bad *circulation*; ***~e Gesundheit*** weak constitution; **Labilität** *f* instability; weakness; susceptibility; → ***labil.***

labiodental *adj.*, **Labiodental(laut)** *m ling.* labiodental.

labiovelar *adj.*, **Labiovelar(laut)** *m ling.* labiovelar.

Lab|kraut *n* ♀ bedstraw; **~magen** *m zo.* fourth stomach; 📖 abomasum.

Labor *n* laboratory, F lab; **Laborant(in** *f*) *m* laboratory assistant; **Laboratorium** *n* laboratory; **Laborbefunde** *pl.* test results; **laborgeprüft** *adj.* lab-tested.

laborieren F *v/i.*: ***~ an*** (*e-r Krankheit*) be suffering from, (*e-r Grippe*) be trying to shake off.

Labor|platz *m* lab place; **~techniker(in** *f*) *m* laboratory technician; **~untersuchung** *f* laboratory test; **~versuch** *m* laboratory experiment.

Labrador *m Hund*: Labrador (dog).

Labsal *n, f* (*Erfrischung*) refreshment; *fig.* (*Genuss*) treat, feast; (*Trost*) comfort; ***es war ein ~*** it was very refreshing, *fig.* (*Trost*) it was a great comfort, (*Genuss*) it was a treat.

Labyrinth *n Antike u. anat.*: labyrinth; (*Irrgarten*) maze; *fig.* maze, warren; **labyrinthisch** *adj.* labyrinthine.

Lachanfall *m* laughing fit, fit of laughter; ***e-n ~ kriegen*** go into fits (of laughter), burst out laughing.

Lache[1] *f* laugh; ***dreckige ~*** dirty laugh.

Lache[2] *f* pool; *nach Regen*: puddle.

lächeln I. *v/i.* smile (***über*** at); *spitzbübisch*: grin (at); *höhnisch*: sneer (at); ***immer nur ~!*** keep smiling!; ***über das ganze Gesicht ~*** be all smiles, be grinning from ear to ear; *fig. lit.* ***ihm lächelte das Glück*** fortune smiled (up)on him; **II.** & *n* smile; grin; *höhnisches*: sneer.

lachen I. *v/i. u. v/t.* laugh (***über*** at); (*lächeln*) smile; ***laut ~*** laugh out loud; ***leise vor sich hin ~*** chuckle (to o.s.); F ***sich e-n Ast ~*** F nearly die laughing, kill o.s. (laughing), crease up (with laughter); ***du hast gut ~*** you can laugh; ***dass ich nicht lache!, da kann ich nur ~!*** don't make me laugh; ***lach (du) nur!*** just you wait and see; ***es wäre doch gelacht, wenn*** it would be ridiculous if *we couldn't do it*; ***da gibts nichts zu ~*** it's not funny, *formell*: this is no laughing matter; ***was gibts da zu ~?*** what's so funny about that?; ***bei ihm hat sie nichts zu ~*** he really gives her a hard time; ***er hat nicht viel zu ~*** life's no bed of roses for him; ***du wirst ~, aber*** you won't believe this, but; ***wer zuletzt lacht, lacht am besten*** he who laughs last, laughs loudest; ***lach doch mal!*** (*lächle*) come on, give us a smile; *fig. die Sonne* ***lacht*** is smiling; *lit.* ***ihm lachte das Glück*** fortune smiled (up)on him; → ***Fäustchen***; **II.** & *n* laugh(ing), laughter; ***j-n zum ~ bringen*** make s.o. laugh; ***ich konnte ihn nicht zum ~ bringen*** I couldn't get him to laugh; ***in lautes ~ ausbrechen*** burst out laughing; ***sich biegen*** (*od.* ***ausschütten, kugeln*** *etc.*) ***vor ~*** F kill o.s. (laughing), split one's sides (laughing); ***das ist nicht zum ~*** it's no joke; ***das ist ja zum ~*** that's ridiculous; ***ich werde dir das ~ schon abgewöhnen*** I'll wipe that smile off your face; ***ihm wird das ~ schon noch vergehen*** he'll be laughing on the other side of his face before he knows it; ***~ ist gesund*** laughter is the best medicine; → ***verbeißen, zumute***; **lachend** *adj.* laughing; *fig. Sonne*: smiling; ***die ~en Erben*** the laughing heirs; ***der ~e Dritte*** the real winner; **Lacher** *m* **1.** ***er hatte die ~ auf seiner Seite*** he had the laugh on his side; **2.** (*Lachen*) laugh; **Lacherfolg** *m*: ***es war ein großer ~*** F it was a scream; ***~e ernten*** have everybody laughing.

lächerlich I. *adj.* ridiculous; (*unsinnig*) laughable, absurd; (*unbedeutend, geringfügig*) ridiculous, F piddling; ***~ machen*** ridicule; ***sich ~ machen*** make a fool of o.s.; ***~e Kleinigkeit*** trivial matter, *pl. a.* trivia; ***das &e daran*** the ridiculous thing about it; ***ins &e ziehen*** make fun of, ridicule; **II.** *adv.*: ***~ wenig*** *etc.* ridiculously little *etc.*, a ridiculously small amount *etc.*; **Lächerlichkeit** *f* **1.** ridiculousness; ***der ~ preisgeben*** make *s.o. od. s.th.* look ridiculous; **2.** (*et. Lächerliches, Unbedeutendes*) trivial matter, F piddling affair, *pl. a.* trivia.

Lach|falten *pl.* laughter lines; **~gas** *n* laughing gas.

lachhaft *adj.* ridiculous, laughable.

Lach|kabinett *n* crazy house; **~krampf** *m* laughing fit; ***e-n ~ bekommen*** (F ***kriegen***) start laughing uncontrollably, have a laughing fit; ***ich bekam e-n ~*** *a.* I couldn't stop laughing; F *iro.* ***ich krieg e-n ~*** F you're kidding; **~möwe** *f* laughing gull; **~muskel** *m* laughing muscle; **~reiz** *m* (sudden) urge to laugh, *the* giggles *pl.*; ***ein ~ überfiel ihn*** he suddenly got the giggles.

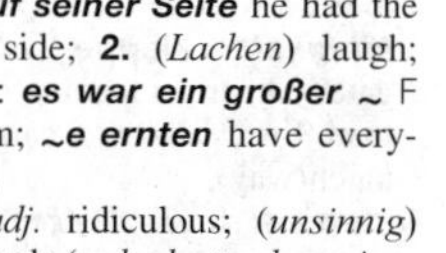

Lachs *m* salmon.

Lachsalve *f* peals *pl.* of laughter.

Lachs|ersatz *m* (thinly sliced) rock salmon; **~fang** *m* salmon fishing; **&farben, &farbig** *adj.* salmon(-colo[u]red), salmon pink; **~forelle** *f* salmon trout; **&rosa** *adj.* salmon pink, salmon-colo(u)red; **~schinken** *m smoked, rolled, lean ham.*

Lack *m* **1.** lacquer, varnish; (*Email le&*) enamel; **2.** *mot.* paintwork, *Am.* paint job; **3.** *fig.* veneer; ***fertig ist der ~!*** F hey presto!; and Bob's your uncle!; ***der ~ ist ab*** the novelty has worn off, the initial glamo(u)r has gone; **~affe** F *m* fop; **~arbeit(en** *pl.*) *f* lacquerwork (*sg.*).

Lackel F *m* F peasant; *ungeschickter*: F clumsy oaf.

lackieren *v/t.* varnish; *mot.* paint; F *fig.*

take *s.o.* in; ***sich die Fingernägel*** **~** put some nail varnish on, paint one's nails; ***der Lackierte sein*** → ***gelackmeiert***; **Lackierer** *m* varnisher; *mot.* body painter; **Lackierung** *f* (*Lackschicht*) varnish; (*Emaille*) enamel; *mot.* paintwork, *Am.* paint job.

Lack|kratzer *m* → ***Lackschaden***; **~leder** *n* patent leather; **~malerei** *f* lacquer painting; **~mantel** *m* patent leather coat.

lackmeiern F *v/t.* → ***gelackmeiert.***

Lackmus *n* ⚗ litmus; **~papier** *n* litmus paper.

Lack|schaden *m mot.* scratch (on the paintwork [*Am.* paint job]); **~schuhe** *pl.* patent leather shoes; **~stiefel** *pl.* patent leather boots.

Lade *obs. f* (*Truhe*) chest; (*Schub*~) drawer.

Lade|baum *m* derrick; **~brücke** *f* loading bridge; **~bühne** *f* loading platform; **~fähigkeit** *f* loading capacity; (*Schiff*) tonnage; ⚡ *Batterie*: storage capacity; **~fläche** *f* loading space; **~gerät** *n* ⚡ battery charger; **~gewicht** *n* maximum load; **~hemmung** *f* jam, stoppage; **~** ***haben*** *Gewehr etc.*: be jamming, F *fig. Person*: have a mental block, *engS.* not to be able to get a word out; **~kapazität** *f* → ***Ladefähigkeit***; **~klappe** *f mot.* tailboard, tailgate; **~kran** *m* loading crane; **~linie** *f* ⚓ load line; **~liste** *f* cargo list; **~luke** *f* hatch(way).

laden[1] *v/t.* load; ⚡ (*Akku*) charge, (*Motor*) supercharge, boost; (*Computer*) boot (up); (*Programm, Datei*) load; (*Gewehr etc.*) load; *fig.* ***auf sich*** **~** saddle o.s. with, (*Hass etc.*) incur; F *fig.* ***schwer geladen haben*** F have had one over the eight, be tight; → ***geladen.***

laden[2] *v/t.* (*ein*~) invite; ⚖ ***vor Gericht*** **~** summon before a court, *unter Strafandrohung*: subpoena.

Laden *m* **1.** shop, *bsd. Am.* store; **2.** F *fig.* (*Unternehmen*) business; ***den*** **~** ***hinschmeißen*** F chuck the whole thing; ***den*** **~** ***schmeißen*** a) F run the show, b) (*es schaffen*) F swing it; ***den*** **~** ***dichtmachen*** F shut up shop, *für immer*: *a.* F fold up; ***der*** **~** ***läuft*** F everything's hunky-dory; ***wie ich den*** **~** (***so***) ***kenne*** if you ask me; **3.** (*Fenster*~) shutter(s *pl.*); **~besitzer** *m* shop owner, proprietor; **~detektiv** *m* store detective; **~dieb** *m* shoplifter; **~diebstahl** *m* shoplifting; **~einbruch** *m* shopbreaking; **~einrichtung** *f* shop (*Am. a.* store) fittings *pl.*; **~fenster** *n* shop window; **~front** *f* shop (*Am. a.* store) front; **~hüter** F *m* F shelf-warmer; ☤ *pl.* soiled goods; **~inhaber** *m* → ***Ladenbesitzer***; **~kasse** *f* till; **~kette** *f* chain (of stores); **~passage** *f* shopping mall; **~preis** *m* retail price; *Bücher*: publisher's price; **~schild** *n* (shop) sign, facia, fascia.

Ladenschluss *m* closing time; ***nach*** **~** after hours; **~gesetz** *n* shop closing laws *pl.*; *in GB*: *etwa* shops act.

Laden|straße *f* shopping street; **~tisch** *m* counter; *fig.* ***unter dem*** **~** under the counter; **~verkauf** *m* retail (sale).

Ladeplatz *m* loading area.

Lader *m* ⚙ (*Maschine*) loader, charger; *mot.* (*Gebläse*) supercharger, booster; ⚡ battery charger.

Lade|rampe *f* loading ramp; **~raum** *m* loading (*od.* cargo) bay; ⚓ a) (ship's) hold, b) (*Kapazität*) tonnage; ✈ stowage compartment; **~schein** *m* ⚓ bill of lading; **~station** *f* ⚡ *für Akku*: base unit; **~strom** *m* ⚡ charging current; **~zone** *f* loading area (*od.* bay).

lädieren *v/t.* (*beschädigen*) damage; (*verletzen*) injure; **lädiert** *adj.* **1.** (*beschädigt*) damaged, battered; *Person*: injured; ***leicht*** **~** the worse for wear; ***er sah ziemlich*** **~** ***aus*** he looked as if he'd taken a bit of a beating (*od.* had a rough time); **2.** *fig. Ruf, Ansehen, Image etc.*: battered; *Stolz*: injured *pride*.

Ladiner(in *f*) *m*, **ladinisch** *adj.*, **Ladinisch** *n ling.* Ladin.

Ladung[1] *f* **1.** ☤ (*Fracht*) load, freight, ⚓, ✈ cargo, freight; (*Lieferung*) shipment; (*Wagen*~) truckload; **2.** ⚔ (explosive) charge; ⚡, *a. phys.* (*Atomkern*~) charge; **3.** F ***e-e*** **~** ***Sand etc.***: F a pile of, (*Hand voll*) a fistful of, *a. Wasser etc.*: F a load of; *fig.* ***e-e geballte*** **~** ***von Vorwürfen*** a volley of criticism.

Ladung[2] *f* ⚖ summons, *unter Strafandrohung*: subpoena.

Lady *f* (*Dame*) real lady.

Lafette *f* ⚔ (gun) carriage, mount.

Laffe F *m* fop.

Lage *f* **1.** (*räumliche* ~, *Standort, a.* ~ *des Körpers*) position; *e-s Gebäudes etc.*: site, location; *mot.* → ***Straßenlage***; *Haus* ***in schöner*** **~** beautifully situated; ***in höheren*** **~*****n*** higher up; **2.** *fig.* (*Lebens*~ *etc.*) situation; (*Umstände*) *a.* circumstances *pl.*, *mst unbefriedigende*: state of affairs; (*Zustand*) condition, state; ***rechtliche*** **~** legal position; ***wirtschaftliche*** (***finanzielle***) **~** economic (financial) situation; ***in allen*** **~*****n*** in any situation; ***nach*** **~** ***der Dinge*** as matters stand; ***die*** **~** ***der Dinge erfordert es, dass er zurücktritt*** the situation calls for his resignation; (***nicht***) ***in der*** **~** ***sein zu*** *inf.* be (un)able to *inf.*, (not to) be in a position to *inf.*; ***j-n in die*** **~** ***versetzen zu*** *inf.* enable s.o. to *inf.*, make it possible for s.o. to *inf.*; ***in der glücklichen*** **~** ***sein zu*** *inf.* be in the fortunate position *od.* be fortunate enough to (be able to) *inf.*; ***ich bin nicht in der*** **~** ***zu*** *inf.* I'm in no position to *inf.*; ***in derselben*** **~** ***sein*** *a.* be in the same boat; ***versetzen Sie sich in m-e*** **~** put yourself in my place (*od.* position); ***wenn ich in d-r*** **~** ***wäre*** if I were you, (if I were) in your position *od.* place; ***in e-r unangenehmen*** (*od.* ***unglücklichen***) **~** ***sein*** be in an awkward position (*od.* situation); ***Herr der*** **~** ***sein*** (***bleiben***) be (remain) in control of the situation (*od.* of things); → ***peilen*** I; **3.** (*Schicht*) layer, *geol. a.* stratum; *im Stapel*: tier; ⚙ *von Werkstoff*: ply; *Farbe*: coat; (*Satz*) set; *von Papier*: quire; *von Wurst etc.*: layer; **4.** ♪ (*Ton*~, *Stimm*~) register; *von Akkorden*: position; ***die höheren*** **~*****n*** the upper registers; **5.** (*Salve*) volley; **6.** ***e-e*** **~** ***Bier ausgeben*** buy (*od.* stand) a round of beer; **~bericht** *m* progress report; **~besprechung** *f* briefing.

Lagenstaffel *f Schwimmen*: medley relay.

Lageplan *m* layout plan.

Lager 1. ☤ warehouse, (*Raum*) storeroom; (*Warenbestand*) stock, stores *pl.*; ⚔ depot; ***auf*** **~** ***haben*** have in stock, *fig.* have up one's sleeve; ***das haben wir nicht auf*** **~** we haven't got it in stock, it's out of stock; ***ab*** **~** ex warehouse; *fig.* ***et. für j-n auf*** **~** ***haben*** (*Überraschung etc.*) have s.th. in store for s.o.; **2.** ⚔ (*a. Ferien*~, *Flüchtlings*~ *etc.*) camp; (*geheimes* ~ *von Waffen etc.*) cache; **3.** *fig.* (*Partei*) camp; ***im feindlichen*** **~** in the enemy camp; ***ins andere*** **~** ***überwechseln*** change sides; **4.** ⚙ (*Stütz*~, *Unterlage*) support; (*Kugel*~ *etc.*) bearing; **5.** *geol.* layer, deposit; **6.** *obs.* (*Bett*) bed; **~apfel** *m* winter apple; **~arbeiter** *m* warehouse employee; *im Betrieb*: storekeeper, storeman; **~bestand** *m* stock (on hand); ***den*** **~** ***aufnehmen*** take stock, do the stocktaking (*od.* inventory); **~bestandsaufnahme** *f* stocktaking, inventory; **~bier** *n* lager; **~buch** *n* stock book, stores ledger.

lagerfähig *adj.* storable; **Lagerfähigkeit** *f* shelf life; ***große*** (***geringe***) **~** long (short) shelf life.

Lagerfeuer *n* camp fire; **~romantik** *f* campfire romanticism.

Lager|gebühren *pl.* storage charges, storage *sg.*; **~halle** *f* warehouse; **~haltung** *f* stockkeeping; **~haus** *n* warehouse.

Lagerist *m* stockkeeper, storekeeper, storeman.

Lager|koller F *m* camp psychosis; **~kosten** *pl.* storage charges, storage *sg.*; **~leben** *n* camp life; **~liste** *f* stock list.

lagern I. *v/t.* **1.** store; keep; → ***kühl*** II; **2.** (*Holz etc.*) season; **3.** *bsd.* ⚕ (*Bein etc.*) rest (up); **4.** (*betten*) put, lay; **5.** ⚙ mount; (*abstützen*) support; (*in e-e bestimmte Lage bringen*) position; → ***gelagert***; **II.** *v/i.* **6.** (*rasten*) camp; **~** ***auf*** (*provisorischem Bett*) camp down on; **7.** *Waren*: be stored; **8.** (*ausreifen*) mature; **9.** ⚙ rest; **III.** *v/refl.*: ***sich*** **~** settle (down).

Lager|obst *n* storing fruit; **~platz** *m* **1.** place to spend the night; **2.** ☤ storage place; **~psychose** *f* camp psychosis; **~raum** *m* storeroom; **~schuppen** *m* storage shed; **~seuche** *f* camp epidemic; **~stätte** *f geol.* deposit.

Lagerung *f* **1.** ☤ storage; (*Alterung, Reifung*) seasoning; **2.** ⚙ mounting; *mot.* suspension; **3.** *geol.* stratification.

Lager|verwalter *m* storekeeper, stockkeeper; **~verzeichnis** *n* stock list; **~vorrat** *m* stock, supply.

Lagune *f* lagoon.

lahm *adj.* **1.** lame; ⚕ paralyzed; (*verkrüppelt*) crippled; **~** ***sein*** *a.* (have a) limp; **2.** F (*kraftlos*) limp; (*steif*) stiff; **3.** F *fig.* (*langsam, träge*) slow, sluggish; (*langweilig*) dull; *Ausrede etc.*: lame, poor; *Film, Witz, Abenteuer etc.*: tame; **~*****e Ente*** sluggard, (*Wagen*) crawler; **~*****er Verein*** F hopeless lot.

Lahmarsch *sl. m* F drip; ***diese Lahmärsche!*** F what a bunch of drips, what a hopeless lot; ***komm, du*** **~*****!*** *sl.* come on, get off that butt of yours!; **lahmarschig** *sl. adj.* slow; hopeless.

lahmen *v/i. Tier*: be lame (***auf*** in); *fig. Wirtschaft*: be ailing.

lähmen *v/t.* paralyze (*a. fig.*); → ***lahm legen, gelähmt***; **lähmend** *adj.* paralyzing (*a. fig. Angst*).

lahm legen *fig. v/t.* paralyze, cripple; bring to a standstill (*od.* halt, stop); ⚙ (*Gerät, Anlage*) knock out; **Lahmlegung** *f* paralyzing, crippling.

Lähmung *f* ⚕ paralysis; *fig.* paralyzing; ***einseitige*** (***doppelseitige***) **~** paralysis on *od.* down one side (both sides) of one's body, 📖 hemiplegia (paraplegia); **Lähmungserscheinung** *f* symptom of paralysis.

Laib *m* loaf.

La(i)berl *östr. n* **1.** *aus Fleisch*: a) round loaf, b) burger, c) (meat) rissole; **2.** *aus Fisch*: (fish) cake; **3.** a) (*rundes Brötchen*) roll, b) (*kleiner Brotlaib*) loaf.

Laich *m* spawn; **laichen** *v/i.* spawn.
Laich|platz *m a. pl.* spawning ground; **~zeit** *f* spawning season.
Laie *m eccl.* layman; (*Frau*) laywoman; *fig.* layman; *fig.* ***da bin ich absoluter ~*** I don't know the first thing about it; F ***da staunt der ~*** (***und der Fachmann wundert sich***) that's unbelievable, *stärker*: F that's too much.
Laien|bruder *m* lay brother; **~bühne** *f* amateur theat|re (*Am. a.* -er).
laienhaft I. *adj.* amateurish, unprofessional, dilettante; **II.** *adv.*: ***~ ausgedrückt*** (to put it) in layman's terms.
Laien|investitur *f* lay investiture; **~prediger** *m*, **~priester** *m* lay preacher; **~richter** *m* lay judge; **~spiel** *n thea.* amateur play; **~sprache** *f* layman's language; **~theater** *n* amateur theat|re (*Am. a.* -er) (group); **~theologe** *m* lay theologian.
Laientum *n* **1.** *coll.* laity; **2.** (*Art, Wesen*) laymanship.
Laienverstand *m* layman's way of thinking; ***das sagt mir schon mein ~*** even I as a layman realize (*od.* know) that.
Lakai *m* **1.** *hist.* lackey, footman; **2.** *contp.* minion, flunkey; **lakaienhaft** *adj.* servile, cringing.
Lake *f* brine, pickle.
Laken *n* sheet.
lakonisch *adj.* laconic(ally *adv.*).
Lakritze *f* liquorice; **Lakritzenstange** *f* liquorice stick, stick of liquorice.
Laktation *f* lactation.
Laktose *f* lactose.
lala F *adj. u. adv.*: ***so ~*** F so-so.
lallen *v/i. u. v/t. Baby*: babble; *Betrunkener*: blabber.
Lama[1] *n zo.* llama.
Lama[2] *m Buddhismus*: lama; **Lamaismus** *m* lamaism; **lamaistisch** *adj.* Lamais-t(ic); **Lamakloster** *n* lamasery.
Lamäng F *f*: ***aus der ~*** F off the top of one's head, just like that.
Lamawolle *f* llama (wool).
Lamé, Lamee *m* lamé.
Lamelle *f* ⚙ lamella; ⚡ (commutator) segment; *mot.* (*Kühler*2) rib; *phot. der Blende*: blade, leaf; *e-r Jalousie*: slat, blade; ⚘ *der Pilze*: gill; **lamellenförmig** *adj.* lamellar.
Lamellen|kupplung *f* multiple-disc clutch; **~verschluss** *m phot.* iris diaphragm, bladed shutter.
lamentieren *v/i.* complain, moan; **Lamento** *n* **1.** (*Gejammer*) (howl of) complaint; ***ein großes ~ anstimmen*** set up a howl of complaint (***über*** about), F kick up a big fuss (about); **2.** ♪ lament.
Lametta *n* **1.** *etwa* tinsel; **2.** F *fig.* (*Orden*) F fruit salad.
laminieren *v/t.* ⚙ laminate.
Lamm *n* lamb (*a. fig.*); ***das ~ Gottes*** the Lamb of God; **~braten** *m* roast lamb.
lammen *v/i.* lamb.
Lämmer|geier *m* lammergeyer, bearded vulture; **~wolken** *pl.* fleecy (*od.* cotton-wool) clouds.
Lammfell *n* lambskin; **~hausschuhe** *pl.* lambskin slippers; **~jacke** *f* lambskin (*od.* sheepskin) jacket; **~mantel** *m* lambskin (*od.* sheepskin) coat.
Lamm|fleisch *n* lamb; **2fromm** *adj.* (as) meek as a lamb; **~kotelett** *n* lamb chop.
Lämmlein *n* little lamb.
Lammrücken *m gastr.* saddle of lamb.
Lammsgeduld *f the* patience of Job (*od.* of a saint).
Lammwolle *f* lambswool.
Lämpchen *n* (small) lamp.
Lampe *f* lamp; *weitS.* light; (*Glüh*2) bulb.
Lampen|fassung *f* bulb socket; **~fieber** *n* stage fright; *bei der Premiere*: *a.* first-night nerves *pl.*; **~licht** *n* lamplight; **~schein** *m* lamplight, light of the lamp; **~schirm** *m* lampshade.
Lampion *m, n* Chinese lantern.
lancieren *v/t.* **1.** (*Produkt, Buch, Nachricht etc.*) launch; (*j-n*) build *s.o.* up; ***~ in*** (*Produkt, Person etc.*) launch *s.th. od. s.o.* into *the charts etc.*; **2.** ☤ (*Anleihe*) float; **Lancierung** *f* launch(ing); ☤ *von Anleihen*: flotation.
Land *n* **1.** (*Grund und Boden*) land, property; (*Ackerboden*) land, soil; (*Ggs. Wasser*) land; ***10 Hektar ~*** 10 hectares of land; ***~ in Sicht*** land ahead; ***an ~*** ashore; ***an ~ gehen*** go ashore, disembark; ***an ~ ziehen*** land, pull ashore, F *fig.* F land o.s., hook o.s. *a nice job etc.*; ***~ sehen*** see land; F *fig.* (***wieder***) ***~ sehen*** see the light at the end of the tunnel; ***ich sehe noch kein ~*** there's no end in sight yet; ***kein ~ mehr sehen*** be completely at sea, be floundering; → ***unter***[1]; **2.** (*Ggs. Stadt*) country; countryside; ***auf dem ~*** in the country; ***aufs ~ fahren*** go (*od.* drive) out into the country(side); ***aufs ~ ziehen*** move to the country(side); *fig.* ***ins ~ gehen*** *Zeit*: pass, elapse, go by; **3.** (*Gegend, Landschaft*) country; ***hügeliges ~*** hill(y) country; **4.** (*geographisches ~*) country; (*Staat*) *a.* nation, state; *lit.* land; → ***gelobt, heilig; andere Länder, andere Sitten*** *etwa* when in Rome, do as the Romans do; ***~ und Leute kennen lernen*** get to know the country (and its people); ***aus aller Herren Länder*** from all four corners of the earth; F *fig.* ***wieder im ~e sein*** be back again, (*unter den Leuten*) be back in circulation; F ***bist du wieder mal im ~e?*** F returned from your wanderings, have you?, *iro.* well hello there, stranger!; ***bei mir zu ~e*** where I come from; ***hier zu ~e*** in this country, in these parts, around here, (over) here; **5.** (*Territorium*) territory, land; (*Gebiet*) *a.* country; **6.** *pol. innerhalb Deutschlands*: (federal) state, Land (*pl.* Laender, Länder); *in Österreich*: province, Land (*pl.* Laender, Länder); ***das ~ Bayern*** the state of Bavaria; ***das ~ Kärnten*** the province of Carinthia; **7.** *fig.* ***~ der Träume*** *etc.* land of dreams *etc.*; **~adel** *m* (landed) gentry; **~arbeit** *f* farming; **~arbeiter** *m* farm worker; **~arzt** *m* country doctor.
Landauer *m* landau.
landauf *adv.*: ***~, landab*** up and down the country.
Landaufenthalt *m* stay in the country.
landaus *adv.*: ***~, landein*** all over the place, *ziehen etc.*: from country to country.
Land|bau *m* agriculture, farming; **~besitz** *m* landed property, ⚖ real estate; **~besitzer** *m* landowner; **~bestellung** *f* tillage; **~bevölkerung** *f* rural population; **~bewohner** *m* country dweller; *pl. a.* countryfolk *sg.*; **~bezirk** *m* rural district; **~brot** *n* farm bread; **~brücke** *f geol.* land bridge; **~butter** *f* farm butter.
Lande|anflug *m* landing approach (***auf*** to); **~bahn** *f* runway, *kleinere*: airstrip, landing strip; **~brücke** *f* landing stage, pier, jetty; **~deck** *n* ✈ landing (*od.* flight) deck; **~erlaubnis** *f* landing clearance, permission to land; ***die ~ erhalten*** be given permission to land.
Landeier *pl.* farm eggs.
landeinwärts *adv.* (further) inland.
Lande|klappe *f* ✈ landing flap; **~kopf** *m* ⚔ beachhead; **~licht** *n am Flughafen*: approach light; *am Flugzeug*: landing light; **~manöver** *n* landing approach.
landen I. *v/i.* ✈ land, touch down; *Raumkapsel*: land, splash down; *Schiff*: dock; (*sich ausschiffen*) disembark, go ashore; *fig. auf dem Boden etc.*: land; F (*ankommen*) arrive; F (*geraten*) F land (up), end up, wind up; ***auf dem dritten Platz ~*** *Sport*: come in third; F ***bei ihm kannst du*** (***damit***) ***nicht ~*** you won't get (that won't get you) anywhere with him; **II.** *v/t.* (*Truppen etc.*) disembark; (*e-n Schlag*) land *a blow*; **III.** 2 *n* landing; ***beim ~*** as we (*od.* the plane *etc.*) landed.
Landenge *f* isthmus.
Lande|piste *f* landing strip; **~platz** *m* ✈ airstrip; *für Boote*: pier, *für Schiffe*: wharf, quay; **~recht** *n* landing rights *pl.*
Ländereien *pl.* property *sg.*, land *sg.*
Länder|kampf *m Sport*: international competition; *Fußball etc.*: international match; **~kennzahl** *f teleph.* country; **~kunde** *f* geography; **~name** *m* name of a country; *pl.* names of countries, geographical names; **~spiel** *n* international match; **~vorwahl** *f teleph.* country code.
Landesbank *f* regional bank.
Landeschleife *f* circuit; ***~n ziehen*** be in a holding pattern, circle above an airport; ***wir mussten eine Stunde lang ~n ziehen*** *a.* we were stacked for an hour.
Landes|ebene *f*: ***auf ~*** on a regional level; **2eigen** *adj.* state-owned; **~erzeugnis** *n* domestic product; *pl. a.* home produce *sg.*; **~farben** *pl.* national colo(u)rs; **~flagge** *f* national flag; **~fürst** *m* → ***Landesherr***; **~gebiet** *n* national territory; **~grenze** *f* frontier, border; **~hauptmann** *österr. m* head of a (*od.* the) provincial government; **~hauptstadt** *f* capital; *e-s Bundeslandes*: (state) capital; *in Österreich*: (provincial) capital; **~herr** *m* sovereign; **~hoheit** *f* sovereignty; **~innere** *n* interior; **~kirche** *f* national church; *evangelische*: regional church; **~kunde** *f* background studies *pl.*; **~liste** *f pol.* state ticket; **~politik** *f* regional politics *pl.*; **~produkt** *n* → ***Landeserzeugnis***; **~regierung** *f* (central) government; *in Deutschland*: (state) government; *in Österreich*: (provincial) government; **~sitte** *f* national (*od.* local) custom; **~sprache** *f* (national) language, language of a country; *offizielle*: official language.
Landesteg *m* landing stage.
Landes|theater *n* regional theat|re (*Am. a.* -er); **~tracht** *f* national (*od.* local) costume.
Lande|strecke *f* landing run; **~streifen** *m* landing strip.
landesüblich *adj.* customary.
Landes|vater *iro. m* patron; sovereign; **~vermessung** *f* ordnance survey; **~verrat** *m* treason; **~verräter** *m* traitor; **~verteidigung** *f* national defen|ce (*Am.* -se); **~währung** *f* national (*od.* local) currency.
landesweit *adj.* nationwide.
Lande|trupp *m* ⚔ landing party; **~verbot** *n*: ***e-r Maschine ~ erteilen*** refuse an aircraft permission to land; ***wegen starken Nebels herrschte am Flughafen ~*** the airport was closed due to

L

heavy fog; **~zeit** *f* ✈ landing time; *Raumkapsel*: splashdown.
Landflucht *f* rural exodus, drift to the cities.
landfremd *adj.* foreign; ***ich bin hier ~*** I'm a stranger to the country (*od.* area).
Landfriede *m hist.* King's peace; **Landfriedensbruch** *m* breach of the peace.
Landfunk *m Radio*: farming programme.
Land|gemeinde *f* rural community; **~gericht** *n* district court.
landgestützt *adj.*: ***~e Rakete*** land-based missile.
Land|gewinnung *f* land reclamation; **~gut** *n* estate; **~haus** *n* country house, villa, *kleines*: cottage; **~karte** *f* map; **~kreis** *m* district.
landläufig I. *adj.* (*üblich*) current, common, generally accepted; (*volkstümlich*) popular; ***im ~en Sinn*** in the conventional sense (of the word); ***der ~en Meinung nach*** according to popular opinion (*od.* belief), conventional wisdom has it that; ***entgegen ~er Meinung*** contrary to popular opinion (*od.* belief); **II.** *adv.* commonly, in popular usage.
Landleben *n* country life, life in the country.
Ländler *m* ländler, country waltz.
Landleute *pl.* countryfolk (*pl.*).
ländlich *adj.* rural, country ...; (*einfach, bäuerlich*) rustic; (*verbauert*) F countrified; **Ländlichkeit** *f* rural nature (*od.* character); rural (*od.* country) atmosphere; **ländlich-sittlich** *hum. adj.* untouched by civilization.

L

Land|luft *f* country air; **~macht** *f* land power; **~marke** *f* landmark; **~maschinen** *pl.* agricultural machinery *sg.*, farming equipment *sg.*; **~masse** *f* landmass; **~mine** *f* landmine; **~nahme** *f* (conquest and) settlement; **~pfarrer** *m* country parson; **~plage** *f* **1.** serious plague, scourge; **2.** F *iro.* F nuisance, pest; **~pomeranze** *hum. f* F country miss.
Landrat *m* district administrator; **Landratsamt** *n* district administration.
Land|ratte F *f* F landlubber; **~regen** *m* continuous rainfall (*od.* showers *pl.*); **~reise** *f* (overland) journey; **~rücken** *m* ridge of land.
Landschaft *f* **1.** scenery; *aus der Ferne gesehen, a. geol.*: landscape; (*das Land, anmutige ~*) countryside; *fig., politische etc.*: scene, landscape; F *fig.* ***das passt nicht in die ~*** it doesn't fit into the picture; ***was stehst du in der ~ herum?*** what are you waiting (F hanging around) for?; **2.** (*~sbild*) landscape; **landschaftlich I.** *adj.* **1.** scenic *attractions etc.*; ***~e Unterschiede*** differences in the landscape (*od.* countryside); **2.** (*regional*) regional; **II.** *adv.* **3.** ***e-e ~ sehr schöne Gegend*** a beautiful area (*od.* part of the country), a beauty spot; ***dort ist es ~ sehr schön*** *a.* the countryside around there is beautiful; ***~ schöne Strecke*** scenic route (*od.* road); **4.** ***ein ~ gefärbter Akzent*** a slight regional accent; ***das ist ~ verschieden*** that varies from region to region.
Landschafts|architekt *m* landscape architect; **~architektur** *f* landscape architecture, landscaping; **~bild** *n* landscape (painting); **~gärtner** *m* landscape gardener; **~maler** *m* landscape painter (*od.* artist); **~malerei** *f* landscape painting; **~pflege** *f*, **~schutz** *m* conservation of the countryside; **~schutzgebiet** *n* nature reserve, conservation area.
Land|schildkröte *f* (land) tortoise; **~schulheim** *n schools field cent|re (Am. -er) in the country*; **~sitz** *m* country house (*od.* estate).
Landsknecht *m hist.* lansquenet; (*Söldner*) mercenary; F ***fluchen wie ein ~*** swear like a trooper.
Landsmann *m* (fellow) countryman, compatriot; ***was sind Sie für ein ~?*** where (*od.* which part of the world) do you come from?; **Landsmännin** *f* (fellow) countrywoman, compatriot; **Landsmannschaft** *f* homeland association; *association of regional compatriots stemming from Germany's former eastern territories.*
Land|spitze *f* point, promontory, headland; **~stadt** *f* country town; **~straße** *f* country road; ***wir sind über die ~ gefahren*** *a.* we took the road (*od.* route) through the country(side).
Landstreicher *m* tramp; **Landstreicherei** *f* ⚖ vagrancy.
Land|streifen *m* strip (of land); **~streitkräfte** *pl.* land forces; (*Ggs.* ✈) ground forces; **~strich** *m* region, district.
Landtag *m pol.* Landtag, state parliament; **Landtagswahlen** *pl.* state elections.
Land|tier *n* terrestrial animal; **~transport** *m* overland transport; **~truppen** *pl.* land forces; (*Ggs.* ✈) ground troops.
landumschlossen *adj.* landlocked.
Landung *f* landing; (*Ausschiffung*) disembarkation; ⚔ (*Angriffs~*) assault; (*Ankunft*) arrival; ***zur ~ ansetzen*** come in to land; ***zur ~ zwingen*** force down.
Landungs|boot *n* landing craft; **~brücke** *f*, **~steg** *m* gangway; **~trupp** *m* ⚔ landing party; **~truppen** *pl.* landing force *sg.*
Land|urlaub *m* ⚓ shore leave; **~vermesser** *m* (land) surveyor; **~vermessung** *f* ordnance survey; **~vogel** *m* land bird; **~volk** *n* rural population.
landwärts *adv.* landward(s).
Land|weg *m* **1.** country road (*od.* lane); **2.** overland route; ***auf dem ~*** by land, overland; **~wein** *m* vin ordinaire.
Landwirt *m* farmer; **Landwirtschaft** *f* agriculture, farming; (*Anwesen*) farm; **landwirtschaftlich** *adj.* agricultural; ***~er Betrieb*** farm; ***~e Maschinen*** agricultural machinery *sg.*, farm equipment *sg.*; ***~e Hochschule*** agricultural college.
Landwirtschafts... *in Zssgn* agricultural; **~hochschule** *f* agricultural college; **~minister** *m* minister of agriculture, farm minister; **~ministerium** *n* ministry (*od.* department) of agriculture.
Landzunge *f* promontory.
lang I. *adj. u. adv.* **1.** *räumlich*: long; *Mensch*: tall; ***zehn Meter ~ und vier Meter breit*** ten met|res (*Am.* -ers) by four; ***sie sind gleich ~*** they're the same length; ***das Haar ~ tragen*** have long hair; ***e-n ~en Hals machen*** crane one's neck, *Am.* rubberneck; *fig.* ***sich des ~en und Breiten*** (*od.* ***~ und breit***) ***über et. auslassen*** expatiate on s.th.; → ***Bank***[1] 1, ***Gesicht*** *etc.*; **2.** *zeitlich*: long, (for) a long time; ***~e Jahre*** for years; ***seit ~em*** for a long time; ***vor nicht allzu ~er Zeit*** not so long ago; ***in nicht zu ~er Zeit*** before long; ***nicht ~e darauf*** not long after(wards); ***mir wird die Zeit ~*** the days are beginning to drag; ***er braucht immer ~e*** it always takes him a while, *contp.* he's so slow; ***~ werden*** *Tage*: get longer; ***drei Jahre ~*** for three years; ***die ganze Woche ~*** all week long, the whole week; ***~ anhaltend*** long, continuous; ***~ entbehrt*** (*od.* ***vermisst***) sorely missed; F ***~e nicht gesehen*** F long time no see; ***das ist schon ~e her*** that was a long time ago; ***es ist schon ~e her, dass*** it's been a long time since, it's ages since; ***wie ~e lernen Sie schon Englisch?*** how long have you been learning English?; ***~e nicht*** (*bei weitem nicht*) not nearly ..., F not by a long chalk, nowhere near ...; (***noch***) ***~e nicht fertig*** (***gut genug*** *etc.*) not nearly ready (good enough *etc.*); *ist er fertig?* - ***noch ~e nicht*** F not by a long chalk, *iro.* you must be joking; ***so ~e wie*** as long as; ***so ~e bis*** till, until; ***da kannst du ~e warten*** F you can wait till the cows come home; ***du brauchst nicht ~e zu fragen*** you don't need to ask; ***er fragte nicht erst ~e*** he didn't stop to ask; ***das ist noch ~e kein Grund, um zu*** *inf.* that's no reason for *ger.*; ***deswegen brauchst du dir noch ~e nichts einzubilden*** don't imagine that's anything special; → ***dauern, kurz*** 4, ***länger, längst, Leitung*** 2, ***Lulatsch*** *etc.*; **II.** *dial. prp.* (*entlang*) along; ***die Straße ~*** along (*od.* down) the street.
langärmelig *adj.* long-sleeved.
langatmig *adj.* long-winded; *Schriftliches*: *a.* wordy; **Langatmigkeit** *f* long-windedness.
langbeinig *adj.* long-legged, F leggy.
lange *adv.* → ***lang*** 2.
Länge *f* **1.** length (*a. zeitlich*); (*Größe*) height; *geogr., ast.,* Ⱥ longitude; *ling. u. Metrik*: long; ***20 Meter in der ~, mit e-r ~ von 20 Metern*** 20 met|res (*Am.* -ers) long (*od.* in length); ***der ~ nach*** lengthwise, ***hinfallen:*** fall flat on one's face, go sprawling; ***in s-r vollen ~ senden*** *etc.* broadcast *etc.* in full; *fig.* ***in die ~ ziehen*** draw (*od.* drag) out, (*Erzählung*) spin out; ***sich in die ~ ziehen*** drag (on); F ***auf die ~*** in the long run; **2.** *Sport*: length; ***mit einer ~ gewinnen*** win by a length; **3.** (*langweilige Stelle*) longueur.
längelang *adv.*: ***~ hinfallen*** go sprawling (*od.* flying).
langen I. *v/i.* **1.** (*ausreichen*) be enough (***für*** for); ***das langt uns für die nächsten Tage*** *a.* that'll last us for the next few days; ***langt das?*** is that enough?, will that do?; F ***mir langts*** I've had enough; F ***jetzt langts mir aber!*** I've had enough of this (business), F that's it; **2.** (*auskommen*) ***damit lange ich e-e Woche*** that'll last me a week; **3.** ***~ nach*** reach for, *ungestüm*: grab at; ***~ in*** reach into; **4.** ***~ bis*** *räumlich*: reach to (*od.* as far as); **II.** *v/t.*: ***j-m et. ~*** (*reichen*) hand s.o. s.th.; F *fig.* ***j-m e-e ~*** (*j-n ohrfeigen*) F land s.o. one.
längen *v/t.* **1.** ⚙ lengthen, elongate; **2.** F (*Soße etc.*) thin down, (*strecken*) stretch.
Längen|einheit *f* unit of length; **~grad** *m* degree of longitude; **~kreis** *m* meridian; **~maß** *n* measure of length.
länger *adj. u. adv.* **1.** (*comp. von* ***lang***) longer; ***ich kann es nicht ~ ertragen*** I can't stand (*od.* take) it any longer; ***je ~, je lieber*** the longer, the better; ***~ machen*** make *s.th.* longer, lengthen, (*Kleid etc.*) *a.* let down; **2.** (*ziemlich lang*) fairly long; (*a.* ***~e Zeit***) (for) quite a while, (for [quite]) some time; ***über ~e Zeiträume*** for (*od.* over) prolonged periods (of time).
längerfristig I. *adj.* long(er)-term, for the

long(er) term; **II.** *adv. planen etc.*: for the long(er) term, for the future; *anlegen etc.*: on a long(er)-term basis; **~ *gesehen*** seen in the long term.

Langerhansinseln *pl. anat.* islets of Langerhans.

lang| erhofft *adj.* long-hoped-for; **~ ersehnt** *adj.* long-awaited; **~ erwartet** *adj.* long-awaited.

Langeweile *f* boredom; ***aus*** (*od.* ***vor***) ***Lange(r)weile*** out of (sheer) boredom; ***~ haben*** be (*od.* feel) bored, *länger*: suffer from boredom; ***sich die ~ vertreiben*** while away the time.

Langfinger F *m* thief; (*Taschendieb*) pickpocket; **langfingrig** *adj.* long-fingered; F *fig.* (*diebisch*) light-fingered.

langfristig I. *adj.* long-term; ☤ ***~e Anleihe*** long-term bond; ***~er Wechsel*** long(-dated) bill; **II.** *adv.*: (***~ gesehen*** seen) in the long term; ***~ investieren*** *etc.* invest *etc.* long term.

lang gehegt *adj. Hoffnung etc.*: long-cherished (*od.* -nourished, -nurtured).

langgehen F **I** *v/i.* **1.** *fig.* ***wissen, wos langgeht*** know what's what; ***j-m zeigen, wos langgeht*** show s.o. what's what, tell s.o. a few home truths; **2.** ***hier ~, bitte*** this way, please; **II** *v/t.* (*entlanggehen*) go (*od.* walk) along.

lang gestreckt *adj.* long, extended; *Gebirgszug etc.*: *a.* extensive.

Langhaardackel *m* long-haired dachshund.

langhaarig *adj.* long-haired.

Langhaarkatze *f* long-haired cat.

langhalsig *adj.* long-necked.

langjährig *adj.* longstanding; ***~e Freiheitsstrafe*** long prison sentence; ***~e Erfahrung*** (many) years of experience.

Langkornreis *m* long-grain rice.

Langlauf *m* cross-country skiing; **langlaufen** *v/i.* do (*od.* go) cross-country skiing; **Langläufer** *m* cross-country skier.

Langlauf|schuhe *pl.* cross-country skiing boots; **~ski** *m* cross-country ski; **~strecke** *f* cross-country trail (*od.* circuit).

langlebig *adj.* long-lived (*a.* ⚙ *u. fig.*); ☤ durable; *Erscheinung etc.*: lasting, long-lived; ***es war e-e ~e Angelegenheit*** it lasted (*od.* was around) for a long time; **Langlebigkeit** *f* longevity; ☤ durability.

langlegen F *v/refl.*: ***sich ~*** have a lie-down, stretch out on the bed (*od.* couch *etc.*).

länglich *adj.* long; *Kasten etc.*: oblong.

länglich rund *adj.* oval.

Langmut *f* patience, forbearance; **langmütig I.** *adj.* patient, longsuffering; **II.** *adv.* patiently; **Langmütigkeit** *f* → ***Langmut.***

langnasig *adj.* long-nosed.

Langobarde *m hist.* Langobard, Longobard; **langobardisch** *adj.* Langobardic, Longobardic, Lombard.

Langohr F *n* (*Hase*) *Kindersprache*: Mister Hare; (*Kaninchen*) bunny rabbit; (*Esel*) Neddy.

längs I. *prp.* along(side); **II.** *adv.* longwise.

Längsachse *f* longitudinal axis.

langsam I. *adj.* slow; (*träge*) sluggish; (*schwerfällig*) heavy, plodding; *geistig*: slow (on the uptake); ***~er werden*** slow down, *bei der Arbeit etc.*: *a.* slacken; **II.** *adv.* slowly *etc.*; (*allmählich*) gradually; ***~ treten*** slow down, take things easy; ***~, aber sicher*** slowly but surely, ***nähern wir uns dem Ziel***: we're getting there (slowly but surely); ***immer ~!*** not so fast, F easy does it; *mot.* ***~ fahren!*** *Schild*: slow down; ***es wird ~ Zeit, dass er anruft*** it's time he called up; ***es wird ~ Zeit, dass du gehst*** you'd better be thinking about going; ***es wird mir ~ zu viel*** it's getting too much for me, it's beginning to get on top of me; **Langsamkeit** *f* slowness; sluggishness; slackness.

Längs|aufriss *m* longitudinal view; **~balken** *m* longitudinal beam, stringer.

Langschädel *m* longhead; **langschädelig** *adj.* longheaded.

Lang|schiff *n e-r Kirche*: nave; **~schläfer** *m* late riser, F sleepyhead.

längs| gerichtet *adj.* longitudinal; **~ gestreift** *adj.*: ***~es Kleid*** dress with vertical stripes.

Langspielplatte *f* LP, long-playing record.

Längs|richtung *f* longitudinal direction; ***in der ~*** lengthways, lengthwise; **~schnitt** *m* longitudinal section; (*Bauzeichnung*) sectional elevation.

längsseits *adv. u. prp.* alongside *the ship etc.*

längst *adv.* (*seit langem*) long ago, long since; ***ich weiß es ~*** I've known that for a long time; ***das solltest du ~ wissen*** you really ought to know that; ***er sollte ~ da sein*** he should have been here long ago; ***das ist ~ vorbei*** (***vergessen***) that's long past (forgotten); ***als ich ankam, war er ~ weg*** when I arrived he had long since left; ***am ~en*** longest; → ***fällig***; ***~ nicht*** (*bei weitem nicht*) not nearly ..., F not by a long chalk, nowhere near ...; ***das ist ~ nicht so gut*** that's not nearly (F nowhere near) as good; ***er ist ~ nicht fertig*** he hasn't nearly finished yet, F he's nowhere near finished yet, he's still got a long way to go; **längstens** *adv.* (*spätestens*) at the latest; (*höchstens*) at (the) most.

langstielig *adj. Werkzeug*: long-handled; ✿ long-stemmed (*a. Glas*).

Langstrecke *f* long distance.

Langstrecken|flug *m* long-haul flight; **~flugzeug** *n* long-haul aircraft; **~komfort** *m mot.* long-distance comfort; **~lauf** *m* (long-)distance run *od.* race; **~läufer** *m* (long-)distance runner; **~rakete** *f* long-range missile; **~waffe** *f* long-range weapon.

Languste *f* rock lobster.

langweilen I. *v/t.* bore (***zu Tode*** to death, to tears, stiff); **II.** *v/refl.*: ***sich ~*** be (*od.* feel) bored; ***sich zu Tode ~*** be bored to death (*od.* to tears, stiff, F out of one's tiny little mind); **Langweiler** F *m* **1.** F bore; **2.** (*langsamer Mensch*) F slowcoach, *Am.* slowpoke; **langweilig** *adj.* boring, tedious; (*eintönig*) humdrum *life*; ***e-e ~e Sache*** *a.* F a drag; F ***~er Betrieb*** F slow show; F ***~er Verein*** F dull (*od.* boring) lot; ***es war so was von ~*** it was an absolute (F a crushing) bore; **Langweiligkeit** *f* boringness, boredom; tediousness, tedium.

Langwelle *f Radio*: long wave.

Langwellen|bereich *m* long-wave band; **~sender** *m* long-wave radio station (*od.* transmitter).

langwierig *adj.* long-drawn-out; lengthy, prolonged, protracted; (*mühselig*) tedious; ***es war e-e ~e Sache*** *a.* it dragged on for a long time; **Langwierigkeit** *f* lengthiness.

Langzeit|arbeitslose(r) *m* long-term unemployed; *pl.* the long-term unemployed (*pl.*); **~arbeitslosigkeit** *f* long-term unemployment; **~-EKG** *n* long-term ECG (*Am.* EKG); **~gedächtnis** *n* long-term memory; **~prognose** *f* long-term prediction (*od.* forecast); **~programm** *n* long-term program(me); **~studie** *f*, **~untersuchung** *f* long-term study; **~versuch** *m* long-term trial; **~wirkung** *f* long-term effect(s *pl.*).

Lanolin *n* lanolin.

Lanze *f* lance; (*Wurf~*) spear; *fig.* ***für j-n*** (***et.***) ***e-e ~ brechen*** go to battle (*od.* take up the cudgels) for s.o. (s.th.).

Lanzen|spitze *f* lancehead; spearhead; **~stechen** *n hist.* joust(ing).

Lanzette *f* ⚕ lancet.

Lanzettfischchen *n* lancelet.

lanzettförmig *adj.* lance-shaped.

La-Ola-Welle *f bei Sportveranstaltungen etc.*: Mexican wave.

Laote *m*, **Laotin** *f* Laotian; ***~ sein*** *a.* come from Laos; **laotisch** *adj.* Laotian, from Laos.

lapidar *adj.* terse, succinct.

Lapislazuli *m* lapis lazuli.

Lappalie *f* little (*od.* minor) thing, trivial matter, trifle.

Lappe *m* Lapp.

Lappen *m* **1.** (*Putz~*) cloth; (*Wasch~*) flannel, *Am.* washcloth; F *fig.* (*Kleid etc.*) rag; *sl.* (*Geldschein*) *sl.* smacker; F *fig.* ***j-m durch die ~ gehen*** *Person*: give s.o. the slip, *Sache*: slip right through s.o.'s fingers; **2.** *anat.*, ✿ lobe; **3.** ⚕ (*Hautfetzen*) flap.

läppern I. *v/t. u. v/i.* sip; **II.** F *v/refl.*: ***sich ~*** (*zusammen~*) add up; ***es läppert sich*** it all adds up.

lappig *adj.* **1.** (*schlaff*) limp; *Haut*: flabby; **2.** *anat.*, ✿ lobed.

Lappin *f* Lapp (woman).

läppisch *adj.* silly; (*lächerlich*) ridiculous; ***wegen ~er zehn Mark regt er sich auf*** F he makes a fuss about a measly ten marks.

Lappländer(in *f*) *m* Laplander; **lappländisch** *adj.* Lapp, from Lapland.

Lapsus *m*: ***e-n ~ begehen*** make a slip.

Laptop *m Computer*: laptop.

Lärche *f* larch.

Larifari *n* nonsense, rubbish.

Lärm *m* noise; (*Radau*) racket, din; ***macht nicht so e-n ~*** *a.* keep the noise down; ***bei dem ~ kann ich nicht schlafen*** I can't sleep with that noise (going on); ***~ am Arbeitsplatz*** workplace noise; *fig.* ***großen ~ um et. machen*** make a big fuss about s.th.; ***viel ~ um nichts*** much ado about nothing, (it's) just a lot of noise, ***machen***: make a big thing out of nothing; ***~ schlagen*** make a noise; **~bekämpfung** *f* noise abatement (*od.* control); **~belästigung** *f* noise pollution (*od.* nuisance); **~dämmend** *adj.* noise-absorbing; **~empfindlich** *adj.* sensitive to noise; ***sie ist sehr ~*** *a.* she's got very sensitive ears.

lärmen *v/i.* make a (lot of) noise; *Radio, Musik*: blare (away); **lärmend** *adj.* noisy.

larmoyant *adj.* maudlin, F soppy; *Stimme, Ton*: lachrymose, F whing(e)ing.

Lärm|pegel *m* noise (emission) level; **~schleppe** *f* ✈ noise footprint.

Lärmschutz *m* noise protection; **~wall** *m* noise barrier.

Lärm|taubheit *f* noise deafness; **~teppich** *m* sonic boom carpet; **~wand** *f* noise barrier; **~zone** *f* noise field.

Larve *f* **1.** *zo.* larva; **2.** (*Maske*) mask; *fig.* (*Gesicht*) face.

Laryngitis *f* ⚕ laryngitis; **Laryngologe** *m* laryngologist.

Lasagne *pl.* lasagna *sg.*, lasagne *sg.*

lasch *adj.* (*schlaff*) limp; (*lässig, disziplinlos*) slack, lax; *Essen*: tasteless, insipid; **~er Typ** F wimp.

Lasche *f* strap; *im Schuh*: tongue; (*Schlaufe*) loop; *am Umschlag*: flap.

Laser *m phys.* laser; **~abtastung** *f* laser scanning; **~chirurgie** *f* laser surgery; **~drucker** *m* laser (beam) printer; **~kopf** *m* laser head; **~medizin** *f* laser medicine; **~pistole** *f* laser gun; **~strahl** *m* laser beam; **~technik** *f* laser technology; **~waffe** *f* laser weapon.

lasieren *v/t.* glaze; **Lasierung** *f* glazing; (*Lasur*) glaze.

Läsion *f* ⚕ lesion, injury.

lassen I. *v/t.* **1.** let; ***j-n gehen*** (***schlafen*** *etc.*) **~** let s.o. go (sleep *etc.*); ***fallen ~*** drop; ***sehen ~*** show; ***lass mich mal sehen!*** let me see (*od.* have a look); ***lass ihn nur kommen!*** just let him come; ***lass mich nur machen!*** (just) leave it to me; ***er lässt sich nichts sagen*** he won't listen (to anyone); ***er ließ ihn ins Haus*** he let him in(to the house); ***Wasser in die Wanne ~*** run ([the] water into) the bath; *sl.* ***einen*** (***fahren***) **~** *sl.* let off; → ***bieten, schmecken*** II, ***sehen*** II, ***stören*** I, ***träumen*** II *etc.*; **2.** (*veran~*) ***j-n et. tun ~*** get s.o. to do s.th., *stärker*: make s.o. do s.th.; ***er ließ ihn versetzen*** he had him transferred; ***er ließ sich e-n Anzug machen*** he had a suit made (for himself); ***sich et. schicken ~*** have s.th. sent; ***sich e-n Zahn ziehen ~*** have a tooth (taken) out; ***er ließ den Arzt*** (***die Polizei***) ***kommen*** he sent for *od.* called the doctor (he called the police); ***er ließ mich warten*** he kept me waiting; ***ich habe mir sagen ~*** I've heard (*od.* been told); **~ *Sie mich wissen*** let me know; ***ich lass mich so nicht anreden*** I won't be spoken to like that, I won't have anyone speak to me like that; F ***ich lass mich doch nicht verarschen*** *a.* who do they *etc.* take me for (*od.* think I am)?; → *a.* ***laufen*** 1, 5, 7; **3.** *auffordernd*: ***lass(t) uns gehen!*** let's go; ***lasst*** (*od.* ***lasset***) ***uns beten*** let us pray; **4.** (*unter~*) ***lass es*** (***sein***) leave it, don't bother; ***lass das!*** don't!, (*hör auf*) *a.* stop it!; **~ *wir das*** enough of that; ***lass das Weinen*** stop crying; ***lass den Lärm*** stop that noise; ***ich kanns nicht ~*** I can't help it; ***er kann das Streiten nicht ~*** he 'will (*od.* 'must) argue; ***er kanns einfach nicht ~*** he 'will keep on doing it; **5.** (*in e-m Zustand belassen*) leave; ***alles so ~, wie es ist*** leave things as they are; ***die Tür offen ~*** leave the door open; *et. od. j-n* ***hinter sich ~*** leave behind; ***das Licht brennen ~*** leave the light(s) on; F ***das kann man so ~!*** (mm,) not bad; → ***Ruhe***; **6.** (*an e-m Ort etc. ~*) leave; ***wo soll ich mein Gepäck ~?*** where shall I leave (*od.* put) my luggage?; ***wo habe ich*** (***bloß***) ***m-n Schirm gelassen?*** where did I put (*od.* what's happened to) my umbrella?; **7.** ***j-m et. ~*** (*über~*) leave s.o. s.th., *fig.* leave s.th. to s.o.; ***ich lasse Ihnen das Bild für 400 Dollar*** you can have the picture for $400; ***j-m fünf Minuten ~*** give s.o. five minutes; ***das muss man ihm ~*** you've got to hand it to him; → ***Sorge, Vortritt, Wille, Zeit*** *etc.*; **8.** *poet.* (*ver~*) leave *one's country, wife etc.*; ***sein Leben ~*** lose one's life, be killed, die, ***für et.:*** die (*od.* lay down one's life) for s.th.; **II.** *v/refl.*: ***das lässt sich*** (***schon***) ***machen*** (*od.* ***einrichten***) I'm sure we could manage that; ***es lässt sich nicht beweisen*** it can't be proved; *das Wort* ***lässt sich nicht übersetzen*** is untranslatable; ***es lässt sich nicht leugnen, dass*** there's no denying that; ***es lässt sich vielfach verwenden*** it can be put to a number of uses; ***es lässt sich gut mischen*** (***drehen***) it mixes well (turns easily); F ***der Wein lässt sich trinken*** this wine's not bad at all; → ***einfallen*** 1, ***hören*** I, ***sehen*** II *etc.*; **III.** *v/i.*: ***von*** *j-m* **~** leave; ***von et. ~*** give up; **IV.** ♀ *n* → ***tun*** IV.

lässig I. *adj.* casual (*a. Kleidung*); (*unbekümmert*) *a.* nonchalant; F ***er ist total ~*** F he's so laid-back; **II.** *adv.* (*mühelos*) easily, F no problem; **~ *gekleidet*** dressed very casually, in casual dress; ***wir habens ~ geschafft*** F we did it no problem, *sl.* it was a cinch; **Lässigkeit** *f* casualness; (*Unbekümmertheit*) nonchalance, offhandedness; ***die ~, mit der er es macht*** *a.* the offhanded way (in which) he does it.

lässlich *adj.*: *eccl.* **~*e Sünde*** venial (*od.* pardonable) sin.

Lasso *m, n* lasso, *Am. a.* lariat.

Last *f* load (*a.* ⚓, ✈); (*Gewicht*) *a.* weight; (*Tragfähigkeit*) tonnage; *fig.* (*Bürde*) burden; ⚖ ***die ~ der Beweise*** the weight of evidence; ***steuerliche ~*** tax burden; ***soziale ~en*** welfare costs; ***zu ~en*** *gen.* ✝ payable by, *Bank etc.*: to the debit of *s.o.'s* account, *fig.* at the expense of; ***der Betrag geht zu ~en*** *gen.* the amount is payable by (*od.* will be debited to *s.o.'s* account); ***wir buchen es zu Ihren ~en*** we will debit (*od.* charge) it to your account; ***j-m zur ~ fallen*** (***werden***) be (-come) a burden to s.o., *belästigend*: bother s.o.; ***ich will Ihnen nicht zur ~ fallen*** I don't want to be a nuisance; ***sich selbst e-e*** *od.* ***zur ~ sein*** (***werden***) be(come) a burden to o.s.; ***j-m et. zur ~ legen*** charge s.o. with s.th.

Lastauto *n* → ***Lastkraftwagen.***

lasten *v/i.* **1. ~ *auf*** *Schnee, a. fig. Sorgen etc.*: weigh down; *fig.* ***die Verantwortung lastet auf ihr*** the (burden of) responsibility rests on her (shoulders), she bears the (burden of) responsibility; **2.** ***auf dem Grundstück lastet e-e Hypothek*** the property is encumbered by a mortgage.

Lasten|aufzug *m* goods lift, *Am.* freight elevator; **~ausgleich** *m* ✝ equalization of (war) burdens.

lastend *adj. Schwüle, Stille etc.*: oppressive.

lastenfrei *adj.* unencumbered.

Lastenverteilung *fig. f* burden-sharing.

Laster[1] F *m* lorry, *bsd. Am.* truck.

Laster[2] *n* **1.** vice; **2.** F ***langes ~*** F beanpole.

Lästerei *f* negative remarks *pl.* (***über*** about); ***hör auf mit der ~*** stop making such negative remarks, ***über d-n Nachbarn:*** *a.* stop running your neighbo(u)r down; **Lästerer** *m* **1.** (*Gottes*♀) blasphemer; **2.** → ***Lästermaul*** 2.

lasterhaft *adj.* (*ausschweifend, haltlos*) dissolute; (*unmoralisch*) profligate; (*verdorben*) corrupt; **Lasterhaftigkeit** *f* dissoluteness; profligacy; corruptness, corruption.

Laster|höhle *f* den of iniquity; **~leben** *n* life of sin.

lästerlich *adj.* blasphemous; **Lästermaul** F *n* **1.** vicious (*od.* wagging) tongue; **2.** ***er ist ein ~*** he's got a vicious tongue, he's always saying nasty things about people, *bsd. Am.* he's always bad-mouthing people; **lästern** F *v/i.* (*kritisieren*) criticize (***über*** *s.o., s.th.*); (*sich den Mund zerreißen*) gossip, spread gossip (about); ***über j-n ~*** *a.* F go on about s.o., *bösartig*: talk about s.o. behind his (*od.* her) back, say nasty things about s.o., *bsd. Am.* bad-mouth s.o.; *sl.* bitch about s.o.; **Lästerung** *f* blasphemy; **Lästerzunge** *f* vicious (*od.* wagging) tongue.

Last|esel *m* (pack) mule; *fig.* workhorse; **~fahrer** *m* → ***Lastwagenfahrer.***

lästig *adj.* annoying; troublesome; tiresome; (***j-m***) **~ *sein*** be a nuisance; ***ein ~er Mensch*** a pest; ***er ist einfach ~*** *a.* he just gets in the way; ***es wird mir langsam ~*** it's getting to be a nuisance, it's beginning to get on my nerves; **~*e Aufgabe*** tiresome (*od.* irksome) task; ***ist dir die Musik ~?*** does the music bother you (*stärker*: get on your nerves)?; ***ich will euch nicht ~ fallen*** I don't want to be a nuisance.

Last|kahn *m* barge; **~kraftwagen** *m* lorry, *bsd. Am.* truck.

Last-Minute-... *in Zssgn*: late availability ..., late booking ...: **~*-Flug*** late availability flight.

Last|pferd *n* pack horse; **~schiff** *n* freighter.

Lastschrift *f* ✝ (*Anzeige*) debit note; (*Buchung*) direct debit; **~verfahren** *n* direct debiting.

Lasttier *n* beast of burden.

Lastwagen *m* lorry, *bsd. Am.* truck; **~anhänger** *m* truck trailer; **~fahrer** *m* lorry (*od.* truck) driver, F trucker.

Last|widerstand *m* ⚡ load resistance; **~zug** *m mot.* truck trailer, *Am. a.* F rig.

Lasur *f* glaze; **~farbe** *f* transparent colo(u)r; **~lack** *m* clear (*od.* transparent) varnish.

lasziv *adj.* lascivious; **Laszivität** *f* lasciviousness.

Latein *n* Latin; *fig.* ***mit s-m ~ am Ende sein*** be at a loss as to what to do (next); ***ich bin mit m-m ~ am Ende*** *a.* I give up.

Lateinamerikaner(in *f*) *m*, **lateinamerikanisch** *adj.* Latin American.

lateinisch *adj.* Latin; ***auf*** ♀ in Latin; ***die ~e Schrift*** the Latin alphabet.

latent *adj.* latent; **Latenz** *f* latency; **Latenzzeit** *f* latency period.

Laterit *m geol.* laterite.

Laterne *f* lantern; (*Straßen*♀) streetlamp; F *fig.* ***solche Leute kannst du mit der ~ suchen*** there aren't many of that sort around.

Laternen|garage F *f* F kerbside garage; **~parker** F *m* F kerbside parker; **~pfahl** *m* lamppost; **~umzug** *m* lantern procession.

Latex *m* latex.

Latinum *n*: *ped.* ***großes ~*** Latin proficiency certificate; ***kleines ~*** intermediate Latin certificate.

Latrine *f* latrine.

Latrinen|gerücht F *n*, **~parole** F *f* latrine rumo(u)r.

Latsche[1] *f* ♣ dwarf pine.

Latsche[2] *f*, **Latschen** *m* (old) slipper; (*Schuh*) scruffy old shoe; F *fig.* ***aus den Latschen kippen*** (*ohnmächtig werden*) F

L

keel over; ***ich bin fast aus den Latschen gekippt*** *vor Überraschung etc.*: F I nearly fell over backwards.

latschen F **I.** *v/i.* traipse (*stärker*: slouch) along; ***latsch nicht so!*** walk properly!; **II.** *v/t.*: ***j-m eine*** ~ F land s.o. one; **latschig** F *adj.* **1.** *Gang etc.*: slouching, shuffling; **2.** (*schlaff, nachlässig*) slack; (*langsam*) slow.

Latte *f* slat; *Sport*: (cross)bar; ***~!*** it's hit the bar; F *fig.* ***lange ~*** (*Person*) F beanpole; F ***e-e*** (***lange***) ***~ von Fragen*** *etc.* F a whole string of questions *etc.*; F ***nicht alle auf der ~ haben*** F have a screw loose (somewhere); F ***j-n auf der ~ haben*** F have it in for s.o.

Latten|kiste *f* crate; **~rost** *m* duckboards *pl.*; ⚙ grid; *Bett*: slatted (bed)frame; **~schuss** *m*, **~treffer** *m Fußball*: shot against the bar; **~zaun** *m* picket fence, paling.

Lattich *m* ♣ lettuce.

Latwerge *f* electuary.

Latz *m* bib; (*Schürzchen*) pinafore; (*Hosen*≈) flap, fly; F ***j-m eine vor den ~ knallen*** F give s.o. a punch (*od.* thump).

Lätzchen *n* bib.

Latzhose *f*: (***e-e ~*** a pair of) dungarees *pl.*

lau *adj.* lukewarm (*a. fig.*); *Luft, Wetter*: mild.

Laub *n* foliage; leaves *pl.*; ***in ~ stehen*** be in leaf; **~baum** *m* deciduous tree.

Laube *f* **1.** arbo(u)r, bower; (*Gartenhäuschen*) summer house; F ***fertig ist die ~!*** F and Bob's your uncle!; **2.** ▲ (*Vorhalle*) porch; (*Säulengang*) portico; (*Bogengang*) arcade.

Lauben|gang *m* **1.** pergola; **2.** ▲ arcade, loggia, covered way; **~kolonie** *f* allotment area.

Laub|färbung *f* colo(u)r(s *pl.*) of the leaves (*od.* foliage); **~frosch** *m* tree frog; **~grün** *n* leaf green; **~holz** *n* hardwood; (*Baum*) deciduous tree.

Laubhüttenfest *n* Feast of Tabernacles.

Laubsäge *f* fretsaw; **~arbeit** *f* fretwork.

Laubsänger *m zo.* wood warbler.

Laub tragend *adj.* leafy, leafed.

Laub|wald *m* deciduous forest; *pl. a.* deciduous woodland *sg.*; **~werk** *n* foliage; *Kunst*: *a.* leafwork.

Lauch *m* ♣ leek.

Laudatio *f* eulogy.

Laudes *pl. eccl.* (*Gebetsstunde*) lauds (*a. sg. konstr.*).

Lauer *f*: ***auf der ~ sein nach*** be on the lookout for; ***auf der ~ liegen*** be lying in wait; **lauern** *v/i.* lie in wait (***auf*** for); *Gefahr*: lurk; *a.* ***auf*** *e-e Gelegenheit etc.* ~ be on the lookout for, watch out for; **lauernd** *adj. Gefahr etc.*: lurking; *Blick*: shifty.

Lauf *m* **1.** run(ning); (*Wett*≈) race; (*Durchgang*) heat, run; ***100-Meter-~*** hundred-met|re (*Am.* -er) sprint; ***in vollem ~*** F (at) full tilt; **2.** (*Bewegung*) movement, motion; *des Wassers*: flow; ⚙ action, running, operation; **3.** *fig.* (*Ver*≈, *Entwicklung*) course; ***s-n ~ nehmen*** take its course; ***freien ~ lassen*** (*e-r Sache*) let *s.th.* take its course, (*Gefühlen etc.*) allow free (*od.* full) rein to *s.th.*, *stärker*: let *one's emotions* run wild, (*der Fantasie*) let *one's imagination* run wild; ***der ~ der Ereignisse*** the course of events; ***der ~ der Geschichte*** the tide of history; ***das ist der ~ der Dinge*** that's the way things are, that's life; ***den Dingen ihren ~ lassen*** let things take their course; ***den ~ der Dinge aufhalten*** stop the course of events, *weitS.* hold up history; ***im ~e*** *des Monats, Gesprächs etc.*: in the course of; ***im ~e der nächsten Woche*** *a.* some time next week; ***im ~e der Jahre*** over the years; ***im ~e der Zeit*** in time, *Vergangenheit*: *a.* as time went on; **4.** ***am oberen*** (***unteren***) ***~ des Indus*** along the upper (lower) reaches of the Indus; **5.** ♪ run; *Koloratur*: roulade; **6.** (*Gewehr*≈ *etc.*) barrel; ***mit zwei Läufen*** double-barrel(l)ed; ***vor den ~ bekommen*** *Jagd u. fig.*: get *an animal etc.* in one's sights; **7.** *zo.* (*Bein*) leg, foot; **~achse** *f* ⚙ running axle; **~bahn** *f* career; ***gehobene ~*** *oft* profession; ***e-e ~ einschlagen*** choose (*od.* take up) a career; **~bursche** *m* errand boy (*a. fig. contp.*), *Am. a.* F gofer; *mst fig. contp.* ***für j-n den ~n machen*** (*od.* ***spielen***) run errands for s.o., fetch and carry for s.o.; **~disziplin** *f Sport*: running event.

laufen I. *v/i.* **1.** run, *in Eile*: *a.* rush, race; ***gelaufen kommen*** come running along; ***lauf!*** run!, quick!; ***ein Pferd ~ lassen*** *im Rennen*: run a horse; ***ein Schiff auf ein Riff*** *etc.* ***~ lassen*** run a ship onto a reef *etc.*; → *a.* 7; → ***Arm, Grund*** 1, ***Strand***; **2.** (*gehen*) walk, go (on foot); ***viel ~*** do a lot of walking; ***gern ~*** like walking; **3.** ⚙, *mot. etc.* run; (*funktionieren*) *a.* go, work; **4.** ***~ um*** (*Gestirn etc.*) revolve (*od.* move) round *the sun etc.*; **5.** *Linie, Weg etc.*: run (***durch*** through); *Flüssigkeit, a. Schweiß, Blut etc.*: run, *Tränen*: *a.* stream (***über j-s Gesicht*** down s.o.'s face); ***Wasser in et. ~ lassen*** run water into s.th.; → ***Rücken***; **6.** (*sich erstrecken*) run, stretch (***von ... bis*** from ... to); **7.** *fig.* (*im Gang sein*) be under way; *Film*: run, *im Programm*: *a.* be on, be showing; *Vertrag etc.*: be valid; ***~ bis*** (***über ... Jahre***) *a.* run until (for ... years); ***der Antrag läuft*** the application is being considered; ***das Abonnement läuft noch drei Monate*** the subscription runs (*od.* is valid) for another three months; ***das Stück lief drei Monate*** the play ran for three months (*od.* had a three-month run); ***die Dinge ~ lassen*** let things ride; ***die Sache ist gelaufen*** a) it's all over (*od.* settled), b) *gut*: everything's all right (*Am.* alright), c) (*kann nicht mehr geändert werden*) there's nothing you *etc.* can do about it now; F ***wie läuft es so?*** how are things?, how are you getting on?; F ***da läuft nichts!*** F nothing doing!; F ***das ist ein Ding, das nicht läuft*** it's just not on, you can forget it; → ***Name*** *etc.*; **8.** *Nase, Augen etc.*: run; *Wunde*: weep; *Kerze*: drip; *Gefäß*: leak; *Butter, Schokolade, Eis etc.*: melt; *Käse*: be runny; **II.** *v/t.* **9.** (*Strecke*) run, do; ***das Auto läuft 160 Stundenkilometer*** the car does 100 miles an hour; **10.** ***sich ein Loch in den Socken ~*** wear a hole into one's sock; ***sich Blasen*** (***an den Füßen***) ***~*** get blisters (on one's feet) from walking; → ***Gefahr, Sturm, wund*** *etc.*; **III.** *v/refl.*: ***sich müde ~*** wear o.s. out running; ***sich warm ~*** warm up, *Sport*: *a.* do a warm-up run; → ***heißlaufen***; **IV.** *v/impers.*: ***es läuft sich schlecht hier*** it's hard to walk (*od.* run *etc.*) along here, F it's hard going along here; ***es läuft sich gut*** (***schlecht***) ***in diesen Schuhen*** these shoes are very (un)comfortable to walk in; **V.** ≈ *n* running; (*Gehen*) walking; **laufend I.** *adj.* **1.** *Motor etc.*: running; ***bei ~em Motor*** with the engine running (*od.* on); **2.** (*jetzig*) current; (*ständig*) continuous; (*regelmäßig*) regular; (*in Gang befindlich*) ongoing; *Wechsel*: running, (*in Umlauf befindlich*) in circulation; *Patent*: pending; ***~en Monats*** of this month; ***~e Berichterstattung*** running commentary; ***~e Kosten*** overheads; ***~e Nummer*** (serial) number; ***~e Nummern*** consecutive numbers; ***~e Rechnung*** current account; ***~e Wartung*** (***Prüfung***) routine maintenance (check); ***auf dem ≈en sein*** be up to date (*od.* speed) (***über*** on), be in the picture (about); ***j-n*** (***sich***) ***auf dem ≈en halten*** keep s.o. informed *od.* posted (keep up with things); ***et. aufs ≈e bringen*** bring s.th. up to date, update s.th.; **II.** *adv.* (*ständig*) continuously; (*zunehmend*) increasingly; ***~ besser werden*** get better and better (all the time); ***~ zunehmen*** (***abnehmen***) *an Gewicht*: put on (lose) more and more weight; ***wir haben ~ zu tun*** there's (always) plenty of work to do, there's no shortage of work.

laufen lassen *v/t.*: ***j-n ~*** let s.o. go, *straflos*: let s.o. off; ***ein Tier ~*** let an animal go, set an animal free.

Läufer *m* **1.** *Sport*: runner; **2.** *Schach*: bishop; **3.** (*Teppich*) rug; (*Tisch*≈) runner; (*Treppen*≈) stair carpet; **4.** ⚡ rotor.

Lauferei *f* running around; *weitS.* ***j-m ~en bereiten*** cause s.o. a lot of bother (*od.* trouble).

Lauf|feuer *n* brush fire; *fig.* ***sich wie ein ~ verbreiten*** spread like wildfire; **~fläche** *f Reifen*: tread; *Ski*: running surface; **~geräusch** *n* running noise; **~geschirr** *n* walking harness; **~geschwindigkeit** *f* ⚙ running speed; **~gewicht** *n* sliding weight; **~gitter** *n* playpen.

läufig *adj.*: *zo.* ***~e Hündin*** bitch on heat.

Lauf|junge *m* → ***Laufbursche***; **~katze** *f* ⚙ crab; **~kran** *m* travel(l)ing crane; **~kundschaft** *f* casual customers *pl.*; passing trade.

Laufmasche *f* ladder, run; **laufmaschensicher** *adj.* ladderproof, runproof.

Lauf|nummer *f* serial (*od.* consecutive) number; **~pass** *iro. m*: ***j-m den ~ geben*** give s.o. his (*od.* her) marching orders (*Am.* the pink slip), F give s.o. the boot, (*Freund*[*in*]) F ditch (*od.* drop, jilt) s.o.; ***den ~ bekommen*** F get the boot, *Freund*(*in*): *a.* F be ditched (*od.* dropped, jilted); **~planke** *f* gangplank; **~rad** *n* running wheel; *Motor*: impeller; *Turbine*: runner; **~richtung** *f* direction (of movement); **~riemen** *m* drive belt; **~rolle** *f* ⚙ roller; **~rost** *m* duckboards *pl.*; **~schiene** *f* guide rail, track; **~schrift** *f Werbung*: moving screen; **~schritt** *m* run, jog; ⚔ double; ***im ~ ins Büro eilen*** (***die Straße überqueren***) run to the office (across the street); **~schuhe** *pl.* **1.** walking shoes; **2.** *Sport*: trainers; **~sohle** *f* outer sole, outsole; **~sport** *m* running; **~stall** *m* playpen; **~steg** *m* catwalk (*a. Mode*); **~stil** *m Sport*: running style; **~stuhl** *m* (baby) walker; **~training** *n* running; **~vogel** *m* running bird; **~werk** *n* ⚙ drive; *Computer*: *a.* disk drive; (*Mechanismus*) mechanism; 🚗 *etc.* running gear; F (*Beine*) F pins *pl.*; **~wettbewerb** *m* race; **~zeit** *f* **1.** *e-s Vertrages*: term, life; *e-r Anleihe*: repayment period; **2.** *Film etc.*: run; (*Spieldauer*) length, *a. CD etc.*: running time; **3.** ⚙ hours *pl.* of operation; (*Lebensdauer*) (service) life; **~zettel** *m Büro*: memo; *für Akten*: control slip.

Lauge *f* lye; (*Salz*≈) brine; (*Seifen*≈) suds

L

pl.; **laugen** *v/t.* lye; **laugenartig** *adj.* alkaline.

Laugen|bad *n* alkaline bath; **~brezel** *f* salt pretzel; **~salz** *n* alkaline salt.

Lauheit *f bsd. fig.* lukewarmness; *Wetter etc.*: mildness.

Laune *f* **1.** mood; ***guter*** **(*schlechter*)** **~** in a good (bad) mood; ***bester ~*** in a very good (F a great) mood, *stärker*: on top of the world; ***~n haben*** be moody, be subject to moods; ***er hat*** **(*so*)** ***s-e ~n*** he has his little moods; ***j-n bei ~ halten*** keep s.o. in a good (*od.* in the) mood, keep s.o. happy, (*j-s Launen nachgeben*) humo(u)r s.o.; ***du hast mir die ~ gründlich verdorben*** you've really spoilt my day; → ***Lust***; **2.** *plötzliche*: whim; ***aus e-r ~ heraus*** on a whim; ***aus e-r ~ heraus haben wir den Wagen gekauft*** *a.* we just decided on the spur of the moment to buy the car; ***es war nur so e-e ~ von mir*** it was just one of my (little) whims; ***~n des Schicksals*** *etc.* vagaries of fortune *etc.*; ***~ der Natur*** freak of nature.

launenhaft *adj.* moody, subject to moods; **Launenhaftigkeit** *f* moodiness.

launig *adj.* humorous; witty.

launisch *adj.* **1.** moody; **2.** (*unbeständig, sprunghaft*) fickle, capricious; **3.** *Wetter*: changeable.

Laus *f* louse (*pl.* lice); *fig.* ***dem ist wohl e-e ~ über die Leber gelaufen*** I wonder what's eating (*od.* biting) him.

Lausbub(e) *m* rascal; **lausbubenhaft** *adj. Gesicht etc.*: impish; **Lausbubenstreich** *m* schoolboy (*od.* silly) prank; **lausbübisch** *adj. Blick etc.*: mischievous.

Lausch|aktion *f*, **~angriff** *m* bugging operation, *a. pl.* electronic eavesdropping.

lauschen *v/i.* listen (*dat. od.* **auf** to); *angestrengt*: strain one's ears (for); *heimlich*: eavesdrop (on), listen (in on).

Lauschgerät *n* intercept set.

lauschig *adj.*: ***~es Plätzchen*** **(*~er Winkel*)** nice quiet spot (corner).

Lausejunge F *m* rascal, *stärker*: (little) devil.

lausekalt F *adj.* (absolutely) freezing.

Lausekerl F *m* real devil.

lausen *v/t. u. v/refl.*: ***j-n*** **(*sich*)** **~** pick s.o.'s (one's) lice, delouse s.o. (o.s.); → ***Affe.***

Lausepack F *n* bunch of good-for-nothings.

lausig F **I.** *adj.* dreadful, F lousy; ***wegen ~er 10 Mark!*** F for the sake of 10 measly marks; **II.** *adv.*: ***~ viel Geld*** F pots of money, ***haben***: *a.* F be rolling in it; ***~ kalt*** (absolutely) freezing.

laut[1] **I.** *adj.* (*Ggs. leise*) *Musik, Stimme, Gelächter etc.*: loud; (*lärmend, Ggs. ruhig*) *Straße, Person, Auto etc.*: noisy; *fig. Farbe*: loud; ***~er Schrei*** loud scream; ***~es Geräusch*** loud noise; ***~e Nachbarn*** noisy neighbo(u)rs; ***~ werden*** (*zornig werden*) raise one's voice, *stärker*: start shouting, *fig. Wünsche etc.*: be expressed, *Proteste*: be heard, *Geheimnis etc.*: get out; *fig.* ***es wurden Gerüchte ~, dass*** it was rumo(u)red that; ***lass das ja nicht ~ werden*** keep that to yourself; **II.** *adv.* loud(ly); (*geräuschvoll*) noisily; *reden etc.*: in a loud voice, loud; ***~ und deutlich*** loud and clear, (*offen*) openly; ***~ lesen*** read aloud; ***~ denken*** (*od.* ***überlegen***) think aloud; ***~er, bitte!*** speak up, please; *er schrie*, ***so ~ er konnte*** at the top of his voice; *fig.* ***das kannst du ~ sagen*** you can say that again.

laut[2] *prp.* according to; ✝ as per; ***~ Befehl*** as ordered, *gen.*: by order of; ***~ Vorschrift*** (*od.* ***Verordnung***) as prescribed (*gen.* by).

Laut *m* sound (*a. ling.*); ***keinen ~ von sich geben*** not to say a word (*od.* utter a sound); ***er gab keinen ~ mehr von sich*** *a.* F there wasn't another peep from him; ***~ geben*** *Jagdhund*: give tongue, F (*etwas sagen*) say something, *stärker*: speak up (*od.* out), (*reagieren*) react, (*sagen, was man will*) say what one wants.

Lautarchiv *n* sound archives *pl.*

lautbar *adj.*: ***~ werden*** become known.

Lautbildung *f* articulation.

Laute *f* ♪ lute.

lauten *v/i. Text*: read, run, *Zeile etc.*: go; *Antwort, Bitte, Meinung etc.*: be; (*klingen*) sound; ***wie lautet der Brief*** **(*die Antwort*)?** what does the letter say (what's the answer)?; *der Pass* ***lautet auf m-n Namen*** is in my name; ***das Urteil lautet auf ein Jahr Gefängnis*** the sentence is one year's imprisonment.

läuten I. *v/i.* ring (*a. klingeln*); (*feierlich*) toll; *Glöckchen*: tinkle; ***nach j-m ~*** ring for s.o.; *fig.* ***ich habe etwas davon ~ hören*** I heard something (*od.* noises) to that effect; **II.** *v/t.* ring; **III.** *v/impers.*: ***es läutet*** a) there's somebody at the door, b) *Schule etc.*: the bell's ringing; **IV.** ♀ *n* ringing.

Lautenist *m*, **Lautenspieler** *m* lute player, lutenist.

lauter I. *adj.* **1.** (*rein*) pure; *Flüssigkeit*: clear; (*durchsichtig*) transparent; *Edelstein*: flawless; (*echt*) genuine; **2.** *fig.* (*aufrichtig, ehrlich*) sincere, genuine; ***die ~e Wahrheit*** the plain truth; **II.** *adv.* (*nichts als, nur*) nothing but; ***~ Unsinn*** a lot of nonsense; ***aus ~ Bosheit*** out of sheer spite; ***aus ~ Dankbarkeit*** *ließ er ihn gehen*: he was so grateful (that); ***vor ~ Aufregung habe ich s-n Namen vergessen*** in (*od.* with all) the excitement I forgot his name; ***das sind ~ Lügen*** it's all lies; **Lauterkeit** *fig. f* sincerity, integrity.

läutern *v/t.* purify; *fig.* ***die Erfahrung hat ihn geläutert*** it was a salutary experience for him; **Läuterung** *f* purification; *fig.* purging; **Läuterungsprozess** *m* purification process; *fig.* cleansing process (*od.* experience).

Lautgesetz *n* sound (*od.* phonetic) law, law of sound (*od.* phonetics); **lautgesetzlich I.** *adj.* phonetic; **II.** *adv.* phonetically; according to the law(s) of sound (*od.* phonetics).

lauthals *adv.*: ***~ lachen*** **(*schreien*)** roar with laughter (scream at the top of one's voice).

Lautheit *f* loudness.

Lautlehre *f* phonetics *pl.* (*sg. konstr.*); *in e-r bestimmten Sprache*: phonology.

lautlich *adj.* phonetic(ally *adv.*).

lautlos I. *adj.* silent (*a. fig. wortlos, widerspruchslos*); (*geräuschlos*) *a.* noiseless, soundless; ***~e Stille*** complete (*od.* absolute) silence; **II.** *adv.* silently; (*geräuschlos*) *a.* noiselessly, without a sound; ***er brach ~ zusammen*** he just collapsed without a murmur; **Lautlosigkeit** *f* silence; noiselessness, soundlessness; → ***lautlos*** I.

Lautmalerei *f* onomatopoeia; **lautmalerisch** *adj.* onomatopoeic.

Lautschrift *f* **1.** phonetic transcription; **2.** phonetic alphabet; ***die internationale ~*** the international phonetic alphabet, IPA.

Lautsprecher *m* loudspeaker; **~anlage** *f*: ***öffentliche ~*** public address system, PA (system); **~box** *f* loudspeaker; (*Gehäuse*) loudspeaker cabinet; **~wagen** *m* loudspeaker van (*od.* car).

lautstark I. *adj. Protest, Forderung etc.*: loud, strident, vehement, *a. Person*: vociferous; ***~e Minderheit*** vocal minority; **II.** *adv.* loudly; *sprechen etc.*: *a.* in a loud voice; (*unüberhörbar*) so that everyone can (*od.* could) hear; ***~ schimpfen*** shout (at s.o.); ***~ protestieren*** protest loudly (*od.* vehemently); ***~ zustimmen*** express loud approval; ***~ argumentieren*** argue heatedly.

Lautstärke *f* volume; **~regelung** *f* volume control; **~regler** *m* volume control.

Laut|symbol *n ling.* phonetic symbol (*od.* character); **~system** *n* phonetic (*od.* phonological) system.

Lautverschiebung *f* sound shift; **Lautverschiebungsgesetz** *n* sound (shift) law.

Laut|wandel *m* phonetic change; **~zeichen** *n* → ***Lautsymbol.***

lauwarm *adj.* → ***lau.***

Lava *f* lava.

Lavabo *schweiz. n* washbasin.

Lava|gestein *n* lava rock; **~strom** *m* stream of (molten) lava.

Lavendel *m* ⚘ lavender; **♀blau** *adj.* lavender (blue).

lavieren[1] *v/i.* manoeuvre, *Am.* maneuver; ***~ zwischen*** tack between.

lavieren[2] *v/t. Kunst*: wash (over).

Lawine *f* avalanche; *fig. von Fragen etc.*: *a.* torrent, inundation; **lawinenartig** *adj. u. adv.* avalanche-like; ***~ anwachsen*** (*od.* ***anschwellen***) snowball.

Lawinen|gefahr *f* danger of avalanches; **♀gefährdet** *adj.*: ***~es Gebiet*** avalanche-prone (F avalanchy) area, area exposed to avalanches; **~hund** *m* avalanche search dog; **~opfer** *n* avalanche victim; **~unglück** *n* avalanche disaster; **~warnung** *f* avalanche warning.

lax *adj.* lax, loose; **Laxheit** *f* laxness, laxity.

Lay-out *n* layout; **layouten** *v/i.* **1.** do a (*od.* the) layout; **2.** do layouting; **Layouter(in** *f***)** *m* layout man (*f* girl, woman).

Lazarett *n* (military) hospital; **~flugzeug** *n* air ambulance; **~schiff** *n* hospital ship; **~zug** *m* hospital train.

LCD-Anzeige *f* LCD display, liquid crystal display; **LCD-Monitor** *m Computer*: LCD monitor.

Lean| Management *n* ✝ lean management; **~ Production** *f* ✝ lean production.

leasen *v/t.* lease; **Leasing** *n* leasing.

Lebedame *f* demi-mondaine.

Lebehoch *n* cheer(s *pl.*), three cheers *pl.*; ***ein ~ ausbringen*** give three cheers.

Lebemann *m* man about town.

leben I. *v/i.* live (*a. wohnen*); (*am Leben sein*) be alive; *Andenken etc.*: live on; ***man lebt nur einmal*** you only have one life to live; *die Statue* ***lebt*** is very (*od.* so) lifelike; ***das Stück lebt nicht*** there's no life in the play; ***~ nach*** (*e-m Grundsatz*) live by; ***~ von*** (*Nahrung*) live on (*od.* off), (*Tätigkeit etc.*) live from (*od.* off), make a living with (*od.* by *ger.*); ***vegetarisch ~*** be a vegetarian; ***makrobiotisch ~*** live on macrobiotic food(s); **(*un*)*gesund ~*** a) lead a healthy (an unhealthy) life, b) live in (un)healthy conditions; ***sie ~ ganz gut*** they don't do too badly (for themselves); ***~ und ~ lassen*** live and let live; ***er wird nicht mehr lange ~*** he hasn't got much longer to live; his days are numbered; *iro.* ***wir ~***

nicht mehr im 19. Jahrhundert this isn't the 19th century(, you know); ***wie lange ~ Sie schon hier?*** how long have you been living here?; ***so wahr ich lebe!*** I swear it; *iro.* ***lebst du noch?*** well, hello stranger; F *wie geht's?* - ***man lebt*** (***so eben***) surviving; ***es lebe ...!*** three cheers for ...!; ***es lebe der König*** (***die Königin***)***!*** long live the King (Queen)!; *obs.* ***~ Sie wohl*** *obs.* farewell; → ***Tag*** *etc.*; **II.** *v/t.*: ***ein angenehmes*** (***bequemes*** *etc.*) ***Leben ~*** lead a pleasant (comfortable *etc.*) life, have a pleasant (an easy *etc.*) lifestyle; ***sein Leben noch einmal ~*** live one's life (over) again; **III.** *v/impers.*: ***es lebt sich ganz angenehm*** (***bequem*** *etc.*) life's quite pleasant (comfortable *etc.*) enough; ***hier lebt es sich gut*** it's not a bad life here, life's not bad over (*od.* around) here.

Leben *n* life; (*Dasein*) *a.* existence; (*Sein*) being; (*Lebewesen pl.*) life; (*~szeit*) life (-time); (*~sweise*) (way of) life, *a. contp.* lifestyle; (*~skraft*) vitality; (*Lebhaftigkeit*) liveliness, *im Gesichtsausdruck*: animation; (*geschäftiges Treiben*) bustling activity, (hustle and) bustle; (*~sbeschreibung*) life, biography; ***das ~ in Australien*** life in Australia; ***auf dem Mond ist kein ~*** there's no life on the moon; ***so ist das ~*** (***nun einmal***) that's life, such is life, F that's the way the cooky crumbles; ***das einfache ~*** the simple life; ***am ~ sein*** be alive; ***am ~ bleiben*** stay alive, survive; ***mit dem ~ davonkommen*** survive, escape; ***am ~ erhalten*** keep alive; ***das ~ vor*** (***hinter***) ***sich haben*** have one's whole life ahead of one (have done with life); ***er hängt am ~*** he really enjoys life, *Todkranker*: he's not ready to die yet; ***~ in e-e Sache bringen*** put some life into s.th.; ***das Stück hat kein ~*** there's no life in the play; F ***~ in die Bude bringen*** liven (F hot) things up; ***et. für sein ~ gern tun*** love doing s.th., be a passionate golfer *etc.*; ***ich würde für mein ~ gern*** I'd give anything to *inf.*, I'd love to *inf.*; ***nie im ~!*** never, (*auf gar keinen Fall*) *a.* F not on your life; ***ins ~ rufen*** call into being, start (up); ***ins ~ treten*** step into the big, wide world; ***j-m das ~ schenken*** spare s.o.'s life; ***das ~ genießen*** enjoy life; ***mein ganzes ~*** (***lang***) all my life; ***das ~ ist schon schwer*** it's a hard life; ***wie das ~ so spielt*** life is full of surprises; ***sich das ~ nehmen*** commit suicide, take one's (own) life; ***ums ~ kommen*** be killed; → ***lassen*** 8; ***es geht um ~ und Tod*** it's a matter of life and death; ***nicht ums ~*** *möchte ich das*: not for anything (in the world); ***das Stück ist aus dem ~ gegriffen*** the play is a slice of life; ***ein Stück nach dem ~*** a play taken from real life, a slice of life; ***voll***(***er***) ***~*** full of life (F beans); ***~ zeigen*** show signs of life; → ***abschließen*** 4, ***erwecken*** 2, ***froh, nackt, passieren*** II *etc.*

lebend *adj.* (*lebendig*) living (*a. Sprache*); *biol.* live; ***~es Inventar*** livestock; ***~er Schild*** human shield; ***~e Ziele*** live targets; ***kein ~es Wesen*** not a living soul; ***der größte ~e Künstler*** the greatest artist alive; ***ein noch ~er Zeuge*** a surviving witness; **Lebende**(**r** *m*) *f* living person; ***die*** (***noch***) ***Lebenden*** the survivors; ***die Lebenden und die Toten*** the living and the dead; ***er nimmt's von den Lebenden*** he'd rob the dead.

lebend gebärend *adj. zo.* viviparous.

Lebend|geburt *f* ⚕ live birth; **~gewicht** *n* live weight.

lebendig *adj.* (*lebend*) living, *pred.* alive; *fig.* (*lebhaft*) lively, *Schilderung*: *a.* vivid; *Geist*: alert *mind*; *Fantasie*: lively *imagination*; *Farbe*: cheerful; *Glaube etc.*: living *faith etc.*; ***bei ~em Leibe*** (*od.* ***~en Leibes***) ***verbrannt werden*** be burnt alive; ***wieder ~ machen*** (***werden***) bring (come) back to life; ***sehr ~ wirken*** be very lifelike; *fig.* ***~ werden*** come to life, liven up; ***~ bleiben*** *Erinnerung etc.*: be kept alive, survive; ***~es Museum*** working museum; → *a.* ***lebend***; **Lebendigkeit** *f* → ***Lebhaftigkeit.***

Lebens|abend *m* old age; retirement; *lit. the* eve of (one's) life; **~abschnitt** *m* stage of (one's) life, period in one's life; **~ader** *fig. f* lifeline; **~alter** *n* age; phase; ***ein hohes ~ erreichen*** live to a ripe old age; **~angst** *f* angst, existential fear (*od.* anxiety); **~anschauung** *f* approach to life; philosophy (of life); **~art** *f* way of life, lifestyle; ***feine ~*** savoir-vivre; ***er hat keine ~*** he has no style; **~auffassung** *f* view (*od.* philosophy) of life; **~aufgabe** *f one's* purpose in life; ***es sich zur ~ machen zu*** *inf.* dedicate one's life to *ger.*; **~äußerung** *f* sign of life; **~baum** *m* tree of life; **~bedingungen** *pl.* living conditions.

lebensbedrohend *adj.* life-threatening; **Lebensbedrohung** *f* threat to (one's) life.

Lebensbedürfnisse *pl.* necessities of life.

lebensbejahend *adj.* life-affirming, positive(-minded); **Lebensbejahung** *f* positive approach to life.

lebensberechtigt *adj.*: ***~ sein*** have the right to live (*od.* exist); **Lebensberechtigung** *f* right to live (*od.* exist).

Lebens|bereich *m* area of life; **~beschreibung** *f* life, biography; **~bund** *m* lifelong union; **~chancen** *pl.* chances of survival; **~dauer** *f* lifespan; *fig.*, ⚙ *etc.* (*Haltbarkeit*) life; **~drang** *m* urge (*od.* will) to live, vital instinct.

lebensecht *adj.* true to life, lifelike.

Lebens|einstellung *f* take on life, approach to life; **~elixier** *n* elixir of life; **~ende** *n* end of one's life; ***bis an sein ~*** till the end of one's days; **~erfahrung** *f* experience of life.

lebenserhaltend *adj. Medikamente etc.*: life-saving; ***~e Maßnahmen*** measures to prolong life.

Lebens|erwartung *f* life expectancy; **~faden** *m*: ***j-m den ~ abschneiden*** cut the thread of s.o.'s life.

lebensfähig *adj. a. fig.* capable of surviving, viable; **Lebensfähigkeit** *f* viability; *fig. a.* ability to survive.

lebensfeindlich *adj.* hostile to life.

lebensfern *adj.* → ***lebensfremd.***

Lebens|form *f* **1.** way of life; **2.** *biol.* life form, form of life; **~frage** *f* vital issue.

lebensfremd *adj.* out of touch (with reality); remote from reality; unrealistic.

Lebens|freude *f* joie de vivre; animal spirits *pl.*; **~frist** *f* lease of life.

lebensfroh *adj.* full of the joys of life, full of joie de vivre.

Lebens|führung *f* life(style), *formell*: conduct of one's life; **~funke** *m* vital spark, spark of life; **~funktion** *f* vital function.

Lebensgefahr *f*: ***~!*** danger!; ***in ~ schweben*** be in a critical condition; ***außer ~ sein*** be out of danger, *im Krankenhaus*: be in a stable condition, be off the critical list; ***sie hat ihn unter ~ gerettet*** she risked her life to save him; **lebensgefährlich I.** *adj.* extremely dangerous; *Krankheit etc.*: very serious, life-threatening; **II.** *adv.*: ***~ verletzt*** very seriously hurt.

Lebens|gefährte *m*, **~gefährtin** *f* partner, (lifetime) companion, F lifemate; ⚖ common law husband (*f* wife); **~gefühl** *n* **1.** experience (*od.* enjoyment) of life; ***es war ein völlig neues ~*** it was a completely new experience for me *etc.*; **2.** attitude towards life; **~geister** *pl.*: ***j-s ~ wecken*** put some life (back) into s.o., F get s.o. going (again); ***nach dem Kaffee erwachten m-e ~ wieder*** after the coffee I felt revived (F I could feel the old adrenalin going again); **~gemeinschaft** *f* **1.** partnership; **2.** *biol.* symbiosis; **~genuss** *m* enjoyment of life; **~geschichte** *f* story of s.o.'s life; **~gewohnheiten** *pl.* **1.** way *sg.* of life, (day to day) habits; **2.** *e-s Volkes*: way *sg.* of life, customs; **~gier** *f* lust for life; **~glück** *n* happiness.

lebensgroß *adj.* life-size(d); **Lebensgröße** *f*: ***in ~*** in its actual size; ***in doppelter ~*** twice its actual size; ***Gemälde in ~*** full-length painting (*od.* portrait); F *fig.* ***in voller ~*** (*höchstpersönlich*) in the flesh.

Lebenshälfte *f*: ***in der ersten*** (***zweiten***) ***~*** during (*od.* in) the first (second) half of one's life.

Lebenshaltung *f* standard of living.

Lebenshaltungs|index *m* cost of living index; **~kosten** *pl.* cost *sg.* of living.

Lebenshauch *lit. m* breath of life.

Lebenshunger *m* hunger (*od.* thirst) for life; **lebenshungrig** *adj.* hungry (*od.* thirsting) for life.

Lebens|inhalt *m* purpose in life; ***sie hat keinen ~*** *a.* she's got nothing to live for; ***sich et. zum ~ machen*** make s.th. the focal point of one's life, dedicate one's life to s.th.; ***s-e Tiere sind sein einziger ~*** his animals are the only thing he lives for (*od.* are his only purpose in life), he only lives for his animals, his whole life revolves around his animals; **~jahr** *n*: ***im 50. ~*** at the age of 50; → ***vollendet***; **~kampf** *m* struggle (*od.* fight) for survival.

lebensklug *adj.* worldly-wise; **Lebensklugheit** *f* worldly wisdom.

Lebens|kraft *f* vitality (*a.* ⚕); **~krise** *f* (personal *od.* existential) crisis; **~kunst** *f* art of living (*od.* survival); **~künstler** *m* survivor; **~lage** *f* situation (in life).

lebenslang *adj.* lifelong ..., lifetime ...; ***~es Lernen*** lifelong learning (*od.* education); **lebenslänglich I.** *adj.* lifelong ..., lifetime ...; ***~e Freiheitsstrafe*** life sentence (*od.* imprisonment); **II.** *adv.* all one's life; ⚖ *etc.* for life; **Lebenslängliche**(**r**) *m* prisoner serving a life sentence, F lifer.

Lebens|lauf *m* **1.** *schriftlicher*: curriculum vitae, CV; *Am.* résumé, *one's* biodata *pl.* **2.** life (story); **~linie** *f an der Hand*: life line; **~lüge** *f* grand delusion.

Lebenslust *f* joys *pl.* of living, joie de vivre, zest for life; **lebenslustig** *adj.* full of joie de vivre (*od.* the joys of living); ***er ist sehr ~*** *a.* he's somebody who really enjoys life.

Lebens|maxime *f* maxim (of life); principle by which *s.o.* lives; **~mitte** *f* middle

L

(*od.* mid-point) of (one's) life, halfway stage of (one's) life.
Lebensmittel *pl.* food *sg.*, foodstuffs; **~abteilung** *f* food hall; **~bestrahlung** *f* food irradiation; **~chemie** *f* food chemistry; **~chemiker** *m* food chemist (*od.* analyst); **~geschäft** *n* food store, grocery (shop); **~gesetz** *n* (pure) food law; **~händler** *m* grocer; **~hilfe** *f* food aid; **~industrie** *f* food industry; **~karte** *f* (food) ration card; **~knappheit** *f* food shortage(s *pl.*); **~kontrolle** *f* food quality control; **~paket** *n* food parcel (*Am.* package); **~vergiftung** *f* food poisoning; **~versorgung** *f* food supplies *pl.*
Lebensmonat *m*: ***in den ersten ~en*** in (*od.* during) the first few months of life.
lebensmüde *adj.* tired of life; *weitS.* world-weary; ***~ sein*** *a.* have lost the will to live (*od.* go on living); F ***du bist wohl ~!*** are you trying to kill yourself?; **Lebensmüdigkeit** *f* tiredness of life; *weitS.* world-weariness.
Lebensmut *m* courage to face life; *weitS.* will to live; ***er hatte keinen ~ mehr*** *a.* he had lost all interest in life.
lebensnah I. *adj. Darstellung etc.*: true to life; *a. weitS.* realistic; **II.** *adv.* realistically; **Lebensnähe** *f* realism.
Lebensnerv *fig. m* nerve cent|re (*Am.* -er).
lebensnotwendig *adj.* vital, essential; **Lebensnotwendigkeit** *f* essential (for life), vital necessity.
Leben spendend *adj.* life-giving.
lebensprühend *adj.* brimming over with life.
Lebens|qualität *f* quality of life; **~raum** *m* **1.** living space; *pol.* lebensraum; **2.** *biol.* habitat; **~regel** *f* rule of life, maxim (of life).
lebensrettend *adj.* lifesaving; **Lebensretter** *m* lifesaver; ***mein(e) ~(in)*** *a.* the man (*od.* woman) who saved my life.
Lebensrettungs|maßnahmen *pl.* lifesaving measures; **~medaille** *f* lifesaving medal.
Lebens|rhythmus *m* rhythm (*od.* pace) of life; **~spanne** *f* lifespan; **~standard** *m* standard of living, living standard; **~stellung** *f* permanent post, lifetime job; **~stil** *m* lifestyle; **~traum** *m* lifetime dream, dream of one's life; ***mein ~*** *a.* my life's dream; **~trieb** *m* vital instinct; libido.
lebenstüchtig *adj.* fit for life, able to cope with life; ***sehr ~ sein*** *a.* cope very well with life; **Lebenstüchtigkeit** *f* ability to survive (*od.* cope with life).
Lebensüberdruss *m* world-weariness; (*Lebensmüdigkeit*) tiredness of life; **lebensüberdrüssig** *adj.* world-weary; (*lebensmüde*) tired of life.
Lebensumstände *pl.* circumstances of (*od.* surrounding) s.o.'s life.
lebensunfähig *adj.* non-viable; *a. fig.* unfit for life; **Lebensunfähigkeit** *f* non-viability; *a. fig.* inability to survive.
Lebensunterhalt *m* livelihood, living; (*~skosten*) living expenses *pl.*; ***(sich) s-n ~ verdienen*** earn (*od.* make) a living.
lebensuntüchtig *adj.* unfit for life, unable to cope with life; **Lebensuntüchtigkeit** *f* inability to cope with life.
Lebens|verhältnisse *pl.* **1.** living conditions; **2.** → ***Lebensumstände***; **~verlängerung** *f* **1.** ⚕ prolongation of life; **2.** increased longevity.
lebensverneinend *adj.* negative (towards life); ***~ sein*** *a.* negate life; **Lebensverneinung** *f* negation of life; negative attitude towards life.
Lebensversicherung *f* life insurance.
lebenswahr *adj.* true to life; realistic.
Lebens|wandel *m* life(style); **~weg** *m* (path through) life.
lebensweise *adj.* worldly-wise.
Lebensweise *f* way of life; (*Gewohnheiten*) habits *pl.*; ***sitzende ~*** sedentary life.
Lebensweisheit *f* **1.** worldly wisdom; **2.** (*Spruch*) maxim, aphorism.
Lebenswerk *n* life's work.
lebenswert *adj. a life* worth living; ***das Leben ~ machen*** a) make life more worthwhile, b) increase the quality of life.
lebenswichtig *adj.* essential; ⚕, *a. Frage etc.*: vital; ***~e Güter*** essentials; ⚕ ***~e Organe*** vital organs.
Lebens|wille *m* will to live; **~zeichen** *n* sign of life; (*Nachricht*) *a.* news (*sg.*); ***kein ~ von sich geben*** *a. fig.* show no sign of life; *fig.* ***wir haben kein ~ von ihr bekommen*** *a.* F we haven't heard a peep from her; **~zeit** *f* life(time); ***auf ~*** for life; ***Mitglied auf ~*** life member; **~ziel** *n*, **~zweck** *m* aim in life.
lebenzerstörend, Leben zerstörend *adj.* life-destroying.
Leber *f anat. u. gastr.* liver; *fig.* ***frei*** (*od.* ***frisch***) ***von der ~ weg reden*** speak one's mind, not to mince one's words; ***sich et. von der ~ reden*** get s.th. off one's chest; → ***Laus***; **~blümchen** *n* ✿ liverwort; **~fleck** *m* mole; **~käse** *m gastr. type of meat loaf made of ham and pork or veal, sometimes including liver.*
Leberknödelsuppe *f gastr.* liver dumpling soup.
leberkrank *adj.*: ***~ sein*** have (*od.* suffer from) a liver complaint; **Leberkrankheit** *f*, **Leberleiden** *n* liver complaint (*od.* disease).
Leber|pastete *f* liver pâté; **~punktion** *f* liver puncture; **~schaden** *m* damaged liver; **~schrumpfung** *f* → ***Leberzirrhose***; **~tran** *m* cod-liver oil; **~verfettung** *f* fatty degeneration of the liver; **~werte** *pl.* liver count *sg.*; **~wurst** *f* liver sausage, *Am.* liverwurst; → ***beleidigt***; **~zirrhose** *f* cirrhosis of the liver.
Lebewesen *n* living being; *kleines*: living organism; ***menschliches ~*** human being.
Lebewohl *lit. n lit.* farewell; ***j-m ~ sagen*** bid s.o. farewell.
lebhaft I. *adj.* lively (*a. Interesse, Fantasie etc.*); *Schilderung etc.*: vivid; *Diskussion*: *a.* animated, (*hitzig*) heated; *Beifall*: enthusiastic; *Persönlichkeit*: lively, buoyant; *Farbe*: bright, vivid; *Straße*: busy; *Stadt*: vibrant; *Verkehr*: heavy; ***~e Nachfrage*** brisk demand; ***~er Handel*** brisk (*od.* buoyant) trading; ***~e Börse*** buoyant trading on the stock market; ***es herrschte ~es Treiben*** there was a lot of activity (*od.* a lot going on); ***~en Anteil nehmen*** show a lively interest (***an*** in); **II.** *adv.* animatedly *etc.*; ***~ bedauern*** sincerely regret; ***~ begrüßen*** give a warm welcome to; ***~ darstellen*** vividly portray, paint a vivid portrait of; ***sich ~ erinnern an*** remember (quite) vividly; ***sich ~ unterhalten*** have a lively (*od.* an animated) conversation; ***das kann ich mir ~ vorstellen*** I can just imagine; **Lebhaftigkeit** *f* liveliness; vividness; animation; buoyancy; briskness *etc.*; → ***lebhaft.***
Lebkuchen *m etwa* gingerbread.
leblos *adj.* lifeless; *Materie etc.*: inanimate; (*langweilig*) dull; *Augen*: expressionless; *Gegend*: dead; ***die Gegend*** *etc.* ***ist ~*** *a.* there's no life in the place *etc.*; ***~ liegen bleiben*** lie there motionless; **Leblosigkeit** *f* lifelessness; *der Materie etc.*: inanimateness; *der Augen*: lack of expression; *e-r Gegend*: lack of life (*gen.* in).
Lebtag *m*: ***mein ~*** all (*verneint*: never in) my life.
Lebzeit *f*: ***zu s-n ~en*** a) in his time, b) when he was still alive.
lechzen *v/i.*: ***~ nach*** thirst after, F be dying for; **lechzend** *adj.* thirsty (***nach*** for), thirsting (after); ***mit ~er Zunge*** with one's (*od.* its) tongue hanging out.
leck I. *adj.* leaking, leaky; ***~e Stelle*** leak; **II.** ⚙ *n* leak; ⚓ ***ein ~ bekommen*** spring a leak.
lecken[1] *v/i.* (*undicht sein*) leak, be leaking.
lecken[2] *v/t. u. v/i.* lick (*a.* ***~ an***); *fig.* ***sich die Finger ~ nach*** F drool after; V ***leck mich doch!*** V piss off!; → ***Arsch, Blut*** 1, ***geleckt.***
lecker *adj.* tasty, *stärker*: delicious; F *fig. Mädchen etc.*: F yummy.
Lecker|bissen *m* tasty titbit (*Am.* tidbit), delicacy; *fig.* (real) treat, something to savo(u)r; **~maul** *n*, **~mäulchen** *n*: ***ein ~ sein*** have a sweet tooth.
LED-Anzeige *f* LED display.
Leder *n* leather (*a.* F *Fußball*); (*Fenster*⚙ *etc.*) chamois; ***aus ~*** (made of) leather; *fig.* ***vom ~ ziehen*** let fly, F let rip (***gegen*** against); → ***zäh*** I; **~arbeit** *f a. pl.* leatherwork; leather article (*pl. a.* goods).
lederartig *adj.* leathery.
Leder|ball *m* leather ball; **~band** *m* leatherbound book (*od.* volume); **~couch** *f* leather sofa; **~einband** *m* leather binding.
lederfarben *adj.* buff(-colo[u]red).
Leder|fett *n* dubbin; **~garnitur** *f* leather suite; **~gürtel** *m* leather belt; **~handschuh** *m* leather glove; **~haut** *f anat.* corium; *Auge*: sclera; **~hose** *f*: (***e-e*** ~ a pair of) leather trousers *pl. od.* lederhosen *pl.*; **~imitation** *f* imitation leather; **~jacke** *f* leather jacket; **~koffer** *m* leather suitcase; **~kombination** *f* leather two-piece; **~look** *m* leather-look; **~mantel** *m* leather coat; **~montur** F *f*: *Motorradfahrer* ***in ~*** F in (his *od.* her) leather gear.
ledern[1] *adj.* leather ..., made of leather; *fig.* (*fest, zäh*) leathery; (*langweilig*) dull.
ledern[2] *v/t.* (*polieren*) go over *s.th.* with a chamois.
Leder|riemen *m* leather strap (*od.* belt); **~sessel** *m* leather armchair; **~waren** *pl.* leather goods.
ledig *adj.* **1.** (*unverheiratet*) single, *a. Mutter*: unmarried; **2.** ***e-r Sache ~ sein*** be rid of s.th.
lediglich *adv.* merely, only; ***ich habe ~ gesagt*** *a.* all I said was.
Lee *f* ⚓ lee; ***nach ~*** leeward.
leer I. *adj.* empty (*a. fig.*); *Stelle*: vacant; *Blatt*: blank *sheet of paper*; (*unmöbliert*) unfurnished; (*ausdruckslos*) empty, blank *stare*; *Augen*: expressionless; (*unbegründet*) unfounded; *Drohung, Versprechen*: empty, idle; ***~es Gerede*** hot air, empty talk; 𝔄 ***~e Menge*** null set; ***die Batterie ist ~*** the battery has run out (*mot.* is dead); ***mit ~en Händen*** empty-handed;

sein Glas ~ trinken empty one's glass; ***s-n Teller ~ essen*** empty (*od.* clean) one's plate; *e-n Laden etc.* ***~ kaufen*** buy out, empty the shelves of; *den Tank* ***~ fahren*** run down; ***~ stehen*** be empty, be unoccupied; *e-e Zeile* ***~ lassen*** leave out; → ***ausgehen*** 8, ***Stroh***; **II.** *adv.*: ⚙ ***~ laufen*** idle, be idling.

Leer|darm *m anat.* jejunum; **~diskette** *f* blank disk(ette).

Leere[1] *n* (*leerer Raum*) empty space; ***ins ~ starren*** stare into space; ***ins ~ greifen*** clutch at thin air.

Leere[2] *f* (*luftleerer Raum*) vacuum; ***innere ~*** inner void; → ***gähnend***; **~gefühl** *n* feeling of emptiness.

leeren I. *v/t.* empty; (*ausschütten*) pour out; (*räumen*) clear out, *von Menschen*: clear, evacuate; **II.** *v/refl.*: ***sich ~*** empty, *Straße*: grow empty.

Leer|formel *f* empty formula; *weitS.* empty phrase; **~gang** *m* ⚙ idle motion; *mot.* neutral (gear).

leer gefegt *adj. Straßen*: empty, deserted; *Regale*: empty.

Leer|gewicht *n* dead weight; *Behälter, Fahrzeug etc.*: tare (weight); **~gut** *n* ⚚ empties *pl.*; ***~ bitte zurück*** please return empty container (*od.* bottles *etc.*); **~kassette** *f* blank tape (*od.* cassette).

Leerlauf *m* ⚙ idling, idle motion; *mot.* neutral (gear); *fig.* a) unproductive phase, running on the spot, b) slack (*od.* idle) period(s *pl.*), *Sport etc.*: boring patch(es *pl.*); ***~ haben*** a) be running on the spot, b) be having (*od.* going through) a slack (*od.* an idle) period, *Person*: have nothing to do; ***~...*** *in Zssgn* idle, idling; **leer laufen** *v/i.* run dry; ***~ lassen*** drain.

Leerpackung *f* ⚚ dummy.

leer| pumpen *v/t.* pump out; **~ stehend** *adj. Wohnung etc.*: empty, unoccupied.

Leer|stelle *f* blank (space); **~takt** *m mot.* idle stroke; **~taste** *f* space bar (*Computer*: *a.* key).

Leerung *f* emptying; *Briefkasten*: collection.

Leer|zeichen *n Computer*: blank (character), space (character); **~zeile** *f* space, empty line; ***zwei ~n lassen*** leave two lines free (*od.* two empty lines); **~zimmer** *n* unfurnished room.

Leeseite *f* lee(ward); **leewärts** *adv.* leeward.

Lefzen *pl. zo.* chaps.

legal *adj.* legal; ***auf ~em Weg erwerben*** obtain by legal means; **legalisieren** *v/t.* legalize; **Legalisierung** *f* legalization; **legalistisch** *adj.* legalistic; **Legalität** *f* legality.

Legasthenie *f* dyslexia; **Legastheniker** *m*, **legasthenisch** *adj.* dyslexic.

Legat[1] *m R.C.* legate.

Legat[2] *n* ⚖ legacy.

Legation *f* **1.** *R.C.* legation; **2.** *pol.* legation, mission; **Legationsrat** *m pol.* legation council(l)or.

Lege|batterie *f für Hennen*: laying battery; **~henne** *f* layer.

legen I. *v/t.* **1.** lay; (*bsd. stellen, setzen*) put; (*hinstrecken*) lay down; (*flachlegen*) lay flat; (*Teppich*) put down; (*Kabel etc.*) lay; (*Bombe*) plant, (*Mine*) lay; *Ringen*: pin to the floor; *beim Fußball etc.*: floor; ***e-e Tischdecke auf den Tisch ~*** spread (*od.* put) a tablecloth on the table; *ein Tuch* ***um die Schultern ~*** wrap round one's shoulders; ***Eier ~*** lay eggs; ***sich die Haare ~ lassen*** have a set; ***den Kopf ~ an*** rest one's head against; ***Feuer ~ an*** set fire to; → ***beiseite, Hand, Handwerk*** *etc.*; **II.** *v/refl.* **2.** ***sich ~*** lie down; ***sich schlafen ~*** go to bed; ***sich ~ auf*** *Mensch, Tier*: lie on, *Staub, Nebel etc.*: settle on; *fig.* ***sich aufs Gemüt ~*** get one down, be depressing; **3.** *fig.* ***sich ~*** *Sturm, Wind, Lärm, a. Begeisterung, Aufregung etc.*: die down; *Skandal, Streit etc.*: blow over; *Spannung*: ease off; *Schmerz*: ease, *völlig*: go away; **4.** *fig.* ***sich ~ auf*** (*e-e Tätigkeit*) take up, (*ein bestimmtes Fach*) specialize in; **III.** *v/i. Huhn etc.*: lay (eggs).

legendär *adj.* legendary (*a. fig.*); *fig.* ***~e Gestalt*** (*od.* ***Sache***) legend; **Legende** *f* **1.** legend (*a. fig.*); ***wie die ~ berichtet*** as legend has it; *fig.* ***er war schon zu Lebzeiten e-e ~*** he was a legend in his own lifetime; **2.** *Landkarte etc.*: legend; (*Schlüssel*) key; **Legendenbildung** *f* myth-making; **legendenhaft** *adj.* legendary; **legendenumwoben** *adj.* shrouded in legend; fabled.

leger *adj.* casual; *Ton, Benehmen etc.*: *a.* informal, *a. Person*: relaxed, F laid-back.

Leggin(g)s *pl.* leggings *pl.*

legieren *v/t.* **1.** *metall.* alloy; **2.** *gastr.* thicken; **legiert** *adj.* **1.** *metall.* alloy ..., alloyed; **2.** *gastr.* thickened; ***~e Suppe*** (***Sauce***) cream soup (sauce); **Legierung** *f* alloy.

Legion *f* legion; *fig.* ***~en von*** myriads of; ***ihre Zahl war ~*** their number was legion; **Legionär** *m* legionnaire; **Legionärskrankheit** *f* ⚕ legionnaire's disease.

Legislative *f pol.* legislative; legislative assembly (*od.* body).

Legislatur *f* legislation; **~periode** *f* **1.** session; ***die erste*** (***zweite***) ***Hälfte der ~*** the first (second) half of parliament; **2.** *für Minister*: term of office.

legitim *adj.* legitimate; *fig. a.* (perfectly) justified; **Legitimation** *f* legitimation; (*Identitätsnachweis*) proof of identity, credentials *pl.*; (*Berechtigung*) authority; **legitimieren I.** *v/t.* legitimize; (*berechtigen*) authorize; (*rechtfertigen*) justify; **II.** *v/refl.*: ***sich ~*** prove one's identity; show one's credentials; **Legitimierung** *f* legitimizing; justification; **Legitimität** *f* legitimacy.

Leguan *m zo.* iguana.

Lehen *n hist.* fief; ***j-m Land zu ~ geben*** enfeoff s.o.

Lehm *m* loam ; (*Ton*) clay; (*Dreck*) mud; **~boden** *m* loamy soil.

lehmfarben *adj.* loam-colo(u)red; **lehmgelb** *adj.* loam(y).

Lehmgrube *f* loam pit.

lehmhaltig *adj.*: ***~er Boden*** soil containing loam.

Lehmhütte *f* mud hut.

lehmig *adj.* loamy.

Lehmklumpen *m* lump of clay.

Lehmziegel *m* clay brick; *luftgetrocknet*: adobe; **~hütte** *f* clay-brick (*od.* adobe) hut.

Lehn|bedeutung *f ling.* semantic loan; **~bildung** *f* loan formation.

Lehne *f* (*Rücken*~) back; (*Arm*~) arm (-rest); **lehnen I.** *v/i. u. v/refl.* (***sich ~***) lean (***an*** against; ***auf*** on); ***sich aus dem Fenster ~*** lean out of (*Am. a.* out) the window; **II.** *v/t.* lean, rest, prop (***gegen*** against).

Lehnsdienst *m* feudal service.

Lehnsessel *m* easy chair.

Lehns|gut *n* manor; **~herr** *m* feudal lord; **~mann** *m* vassal, liege man; **~recht** *n* feudal law; *subjektives*: right of investiture.

Lehnstuhl *m* easy chair.

Lehnswesen *n* feudal system.

Lehn|übersetzung *f* loan translation; **~übertragung** *f* loan transference; **~wort** *n* loanword.

Lehramt *n* teaching profession (*Stelle*: post).

Lehramts|anwärter *m*, **~kandidat** *m* trainee teacher.

Lehr|anstalt *f* educational establishment; school, college; **~auftrag** *m* teaching assignment; *univ.* part-time lectureship.

lehrbar *adj.* teachable.

Lehr|beauftragte(r *m*) *f univ.* part-time lecturer; **~beruf** *m* teaching profession; **~brief** *m* certificate (of apprenticeship); **~buch** *n* textbook.

Lehre[1] *f* **1.** (*Erfahrung*) lesson; ***das war mir e-e ~*** that was a lesson (for me); ***lass dir das e-e ~ sein*** let that be a lesson to you; ***e-e ~ ziehen aus*** draw a lesson from, take a warning from; *weitS.* learn from; **2.** (*Ratschlag*) (piece of) advice; **3.** (*Anschauungssystem*) teaching, doctrine; tenets *pl.*; system; (*Wissenschaft*) science; (*Theorie*) theory; **4.** *e-r Geschichte*: moral; **5.** *e-s Lehrlings*: apprenticeship; ***bei j-m in die ~ gehen*** be an apprentice to s.o.; F *fig.* ***bei dem kannst du noch in die ~ gehen*** he can teach you a thing or two; ***e-e harte ~ durchmachen*** (***müssen***) (have to) pass through a tough school.

Lehre[2] *f* ⚙ ga(u)ge.

lehren *v/t. u. v/i.* teach; ***j-n et. ~*** teach s.o. (how to do) s.th.; ***j-n lesen ~*** teach s.o. to read; ***die Erfahrung lehrt, dass*** experience teaches us (*od.* shows [us], tells us) that; ***die Zeit wird es ~*** time will tell.

Lehrer(in *f*) *m* teacher; (*Fahr*~, *Ski*~ *etc.*) instructor; (*Privat*~) tutor; ***ist er noch Lehrer?*** does he still teach?, is he still in teaching?

Lehrer|ausbildung *f* teacher training; **~beruf** *m* teaching profession; **~fortbildung** *f* in-service training (for teachers).

lehrerhaft *adj.* schoolmasterly; *Frau*: F schoolmarmish.

Lehrer|handreichungen *pl.* teachers' notes; **~kollegium** *n* teaching staff (*mst pl. konstr.*), *Am. a.* faculty; **~konferenz** *f* staff meeting; **~mangel** *m* shortage of teachers.

Lehrerschaft *f* teachers *pl.*; *e-r einzigen Schule*: *a.* teaching staff (*mst pl. konstr.*), *Am. a.* faculty.

Lehrer|schwemme *f* glut (*od.* surplus) of teachers; **~zimmer** *n* staff room, *Am. a.* teachers' room.

Lehr|fach *n* **1.** subject; **2.** *als Beruf*: teaching profession; **~film** *m* educational film; **~gang** *m* course; **~gebäude** *n* system of theories; **~gegenstand** *m* subject of instruction; **~geld** *fig. n*: (***teures*** *od.* ***schwer***) ***~ bezahlen*** (***müssen***) (have to) pay (dearly) for s.th., *engS.* (have to) learn the hard way.

lehrhaft *adj.* instructive; *contp.* (*belehrend*) F know-(it-)all.

Lehr|jahr *n* year of one's apprenticeship; ***die ~e*** one's (period of) apprenticeship; *fig.* ***harte ~e*** a tough school; ***~e sind keine Herrenjahre*** we've all got to start small; **~junge** *m* apprentice; **~körper** *m* teaching staff (*mst pl. konstr.*), *Am. a.* faculty; **~kraft** *f* (qualified) teacher.

Lehrling *m* apprentice, trainee.

Lehr|mädchen *n* (female) apprentice;

~material *n* teaching material; **~meinung** *f* school of thought; **~meister** *m* **1.** master; **2.** *fig.* (*Person*) teacher, mentor; **~methode** *f* teaching method; **~mittel** *pl.* teaching aids; **~personal** *n* teaching staff (*mst pl. konstr.*); **~pfad** *m* (nature *etc.*) trail.

Lehrplan *m* syllabus; *über mehrere Jahre*: curriculum; **~entrümpelung** *f* curricular streamlining.

Lehrprobe *f* demonstration lesson.

lehrreich *adj.* instructive, informative; ***das war für mich sehr ~*** I found it very instructive (*od.* informative), I learnt a lot from it.

Lehr|saal *m* lecture hall; **~satz** *m* doctrine, tenet; *Philosophie*: *a.* dogma; ⩓ theorem, proposition; **~schwimmbecken** *n* beginners' pool; **~stelle** *f* apprenticeship; **~stoff** *m* material.

Lehrstuhl *m* chair (**für** of); **~inhaber(in** *f*) *m*: ***er ist Lehrstuhlinhaber an der Universität X*** he has (*od.* holds) a chair at the University of X (*od.* at X University).

Lehr|tätigkeit *f* teaching; (*Stelle*) teaching post (*od.* job); ***e-e ~ ausüben*** teach; **~tochter** *schweiz. f* (*weiblicher Lehrling*) apprentice; **~veranstaltung** *f* (*Vorlesung*) lecture; (*Seminar*) seminar; ***die ~en in diesem Semester*** this semester's courses (and lectures); **~werk** *n* (school) textbook; **~werkstatt** *f* training workshop; **~zeit** *f* apprenticeship; *fig.* ***harte ~*** hard school; **~zeugnis** *n* apprentice's diploma.

Leib *m* (*Körper*) body; (*Bauch*) abdomen; (*Rumpf*) trunk; (*Mutter*♀) womb; ***~ und Seele*** body and soul; ***ein ~ und eine Seele werden*** become one flesh; ***mit ~ und Seele*** heart and soul; ***der ~ des Herrn*** the body of Christ; ***e-e Gefahr für ~ und Leben*** a risk to life and limb; ***am ganzen ~e zittern*** tremble from head to toe; ***er hat kein Hemd auf dem ~e*** he hasn't got a penny to his name; ***et. am eigenen ~e erfahren*** experience s.th. oneself (*od.* first-hand); ***am eigenen ~e erfahren, was Armut heißt*** learn from experience (*od.* the hard way) what it means to be poor; ***ich habs am eigenen ~e erfahren*** (*od.* ***gespürt***) *a.* I know only too well; ***j-m*** (***hart***) ***auf den ~ rücken*** start breathing down s.o.'s neck; *j-m od. e-r Sache* ***zu ~e rücken*** (*od.* ***gehen***) tackle; ***die Rolle ist ihm auf den ~ geschrieben*** he was made for the part; ***sich j-n vom ~e halten*** keep s.o. at arm's length; ***sich et. vom ~e halten*** steer clear of s.th.; ***halt ihn mir bloß vom ~e*** just don't let him come near me; ***bleib mir damit vom ~e*** I don't want to hear about it; → ***Ehre, lebendig, Lunge*** *etc.*; **~arzt** *m* private physician; **~binde** *f* **1.** waistband, sash; **2.** ⚕ truss.

Leibchen *n* → ***Leiberl.***

leibeigen *adj.* in bondage; **Leibeigene(r)** *m* serf; **Leibeigenschaft** *f* serfdom.

leiben *v/i.*: ***das ist Michael, wie er leibt und lebt*** (*zum Verwechseln ähnlich*) that's Michael to a T, he's the spitting image (*od.* spit and image) of Michael, (*typisch für ihn*) that's Michael all over; → *a.* ***leibhaftig*** I.

Leiberl *östr. n* a) vest, *Am.* undershirt, b) *Sport*: shirt.

Leibes|erziehung *f* physical education; **~frucht** *f* f(o)etus; *poet.* fruit of the womb; **~kräfte** *pl.*: ***aus ~n*** with all one's might, *lit.* with might and main, *schreien*: at the top of one's voice; **~übungen** *pl.* exercises *pl.*; (*Turnen*) gymnastics *pl.* (*a. sg. konstr.*); **~umfang** *m* waist(line); (*Fülle*) corpulence; **~visitation** *f* body search; ***j-n e-r ~ unterziehen*** search s.o.

Leib|garde *f* bodyguard; **~gericht** *n* favo(u)rite food; ***Spaghetti sind mein ~*** *a.* I could live off spaghetti; **~getränk** *n* favo(u)rite drink.

leibhaftig I. *adj.* (*wirklich*) real(-life), F real live; ***ein ~es Gespenst*** *a.* F a ghost, would you believe; ***der ~e Teufel*** the devil incarnate; ***sie war die ~e Faulheit*** she was laziness in person (*od.* the epitome of laziness); ***er sah aus wie mein ~er Bruder*** he was the spitting image (*od.* spit and image) of my brother; ***wie der ~e Tod aussehen*** look like death warmed up, look like a corpse; **II.** *adv.*: ***da stand er ~ vor mir*** there he was in the flesh; ***ich seh ihn noch ~ vor mir*** (***stehen***) I can see him now, I can still see him in my mind's eye; **Leibhaftige(r)** *m*: ***der Leibhaftige*** the devil, Satan.

leiblich *adj.* bodily (*a. adv.*), physical; (*irdisch*) worldly; *Eltern, Erbe*: natural; ***~er Bruder*** blood brother; ***~e Mutter*** natural (*od.* biological) mother; ***ihr ~er Sohn*** her own son; → *a.* ***leibhaftig*** I; ***~e Genüsse*** physical comforts; ***die ~e Hülle*** *gen.* the mortal remains of; ***~es Wohl(ergehen)*** physical well-being, *weitS.* (*Genüsse*) creature comforts; *iro.* ***wir werden schon für dein ~es Wohl sorgen*** we'll make sure you don't go hungry; **Leiblichkeit** *f* physical nature, corporeality.

Leib|rente *f* life annuity; **~schmerzen** *pl.* stomache-ache *sg.*

Leib-Seele-Problem *n* body-mind problem; **leibseelisch** *adj.* body-mind ...; ⚕ *etc.* psychosomatic.

Leib-und-Magen-Gericht *n* → ***Leibgericht.***

Leib|wache *f* bodyguard(s *pl.*); team of bodyguards; **~wächter** *m* bodyguard; **~wäsche** *f* underwear.

Leiche *f* corpse, (dead) body; (*Tier*♀) carcass, cadaver; ***die Opfer konnten nur noch als ~n geborgen werden*** all help for the victims came too late; *fig.* ***sie sieht aus wie e-e wandelnde*** (*od.* ***lebende***) ***~*** she looks like death warmed up (*od.* like a corpse); ***er geht über ~n*** he'll stop at nothing; ***nur über m-e ~!*** over my dead body!

Leichen|befund *m* post-mortem findings *pl.*; **~begängnis** *n* funeral, burial; funeral service, *formell*: obsequies *pl.*; **~beschau** *f* inquest; **~beschauer** *m* coroner; **~bestatter** *m* undertaker, *Am.* mortician; *formell*: funeral director; **~bittermiene** *f* doleful expression.

leichenblass *adj.* deathly pale, (as) white as a sheet (*od.* ghost); **Leichenblässe** *f* deathly pallor.

Leichen|feier *f* funeral reception; **~fledderei** *f* body-stripping; **~fledderer** *m* body-stripper; **~frau** *f* layer-out; **~geruch** *m* smell of (decaying) corpses *od.* a (decaying) corpse; **~gift** *n* ptomaine.

leichenhaft *adj.* corpse-like, cadaverous; ***~e Blässe*** deathly pallor.

Leichen|halle *f*, **~haus** *n* mortuary; **~hemd** *n* shroud; **~öffnung** *f* postmortem (examination), autopsy; **~raub** *m* **1.** body-snatching; **2.** → ***Leichenfledderei***; **~räuber** *m* **1.** body-snatcher; **2.** → ***Leichenfledderer***; **~rede** *f* funeral oration; *fig.* ***e-e ~ halten*** have a postmortem; ***es hat keinen Sinn, ~n zu halten*** it's no use crying over spilt milk; **~redner** *m* funeral orator; person holding the funeral oration; **~reste** *pl.* remains of a (*od.* the) body *od.* of (the) bodies; **~sack** *m* body bag; **~schänder** *m* necrophiliac; **~schändung** *f* necrophilia; **~schau** *f* ⚖ (coroner's) inquest, postmortem (examination); **~schauhaus** *n* morgue; **~schmaus** *m* funeral reception (*od.* party), wake; *sl.* cold-meat party; **~starre** *f* rigor mortis; **~tuch** *n* shroud (*a. fig.*), winding sheet; **~verbrennung** *f* cremation; **~wagen** *m* hearse; **~zug** *m* funeral procession.

Leichnam *m* corpse, body; ***der ~ Christi*** the body of Christ; → *a.* ***Leiche.***

leicht I. *adj.* **1.** light (*a. Essen, Kleidung, Lektüre, Musik, Wein etc.*); *Zigarre*: mild; ⊙ light(weight); ***~en Fußes*** lightfootedly, nimbly, *fig.* with a spring in one's gait; ***~en Herzens*** happily, (*erleichtert*) relieved; (*ohne weiteres*) readily; ***jetzt ist mir ~er*** (***ums Herz***)***!*** what a relief!; ***er hat e-n ~en Schlaf*** he's a light sleeper; F ***danach war ich um hundert Mark ~er*** I came away a hundred marks lighter; → ***Kost***; **2.** (*sanft*) *Brise, Berührung etc.*: gentle; **3.** (*gering*) slight (*a. Erkältung*); *Entzündung, Gehirnerschütterung*: *a.* mild; *Verletzung*: minor; *Fehler*: minor, little; *Kratzer*: *mot.* surface, *a. am Körper*: little; ***~er Regen*** (***Schnee***) light rainfall (snowfall); ***ein ~er Fall*** (*Krankheit*) nothing serious, (*Kranker*) (a) straightforward case; ***er hat e-e ~e Bronchitis*** he has a mild case of (F a touch of) bronchitis; ***ein ~es Vergehen*** a petty crime; ***e-e ~e Strafe*** a mild punishment, ⚖ a mild sentence; **4.** (*nicht schwierig*) easy; ***~er Sieg*** walkover, *Am.* walkaway; ***nichts ~er als das!*** no problem (at all); ***mit ihm hat sies nicht ~*** she has a rough time with him; ***er nimmt es auf die ~e Schulter*** he's taking it very lightly; → ***leicht machen***; **5.** ***ein ~es Mädchen*** F a bit of a tart; **II.** *adv.* **6.** (*geringfügig*) slightly; ***~ berühren*** touch gently (*od.* carefully), *versehentlich*: brush against; ***das ist ~ übertrieben*** that's a slight (*od.* a bit of an) exaggeration; **7.** (*mühelos, schnell*) easily; ***es geht ganz ~*** it's (very) easy; ***~er gesagt als getan, das ist ~ gesagt*** easier said than done; ***du hast ~ reden*** it's all right (*Am.* alright) for you, 'you can talk; ***sie ist ~ gekränkt*** she's easily offended; ***er erkältet sich ~*** he catches cold very easily, he's always catching cold; ***so etwas passiert ~*** that (sort of thing) can happen very easily (*od.* before you know it); ***das wird so ~ nicht wieder passieren*** it's not likely to happen again; ***das wird mir so ~ nicht wieder passieren*** I'll make sure that doesn't happen again in a hurry; ***das wird er so ~ nicht vergessen*** I bet he won't forget that in a hurry; ***es ist ~ möglich*** that could well be, that's quite possible; ***du kannst dir ~ denken ...*** you can well imagine ...; ***die hats*** (***nicht gerade***) ***~*** she has (doesn't exactly have) an easy time of it; ***er könnte ~ sein Bruder sein*** he could easily be his brother; ***es ist ihm ein ♀es zu*** *inf.* it's no problem (F no big deal) for him to *inf.*

Leichtathlet(in *f*) *m* athlete; **Leichtath-**

letik *f* track-and-field sports *pl.*, athletics *pl.* (*oft sg. konstr.*); **leichtathletisch** *adj.* athletic, track-and-field ...

Leichtbau *m* lightweight construction; **~stoff** *m* lightweight construction material; **~weise** *f* lightweight construction.

leicht| bedeckt *adj.*: ***~er Himmel*** slightly overcast skies, slight cloud cover; **~ bekleidet** *adj.* lightly dressed; *spärlich*: scantily dressed (*iro.* clad).

Leichtbenzin *n* benzine.

leicht beschwingt *adj. Melodie*: lilting, lighthearted.

Leichtbeton *m* lightweight concrete.

leicht| bewaffnet *adj.* lightly armed; **~ beweglich** *adj.* easily transportable; *Maschinenteil etc.*: easily adjustable.

leichtblütig *adj.* lighthearted; **Leichtblütigkeit** *f* lightheartedness.

leicht entzündlich *adj.* highly inflammable (*bsd. Am. u.* ⚙ flammable).

Leichter *m* ⚓ lighter.

leicht fallen *v/i.* be easy (***j-m*** for s.o.); ***es fällt ihm nicht leicht*** it isn't easy for him (***zu*** *inf.* to *inf.*), he doesn't find it easy (*ger. od.* to *inf.*); ***so etwas fällt ihm leicht*** he finds that sort of thing easy, that sort of thing comes easily (F easy) to him, he has no difficulty with that sort of thing.

leichtfertig I. *adj.* (*unbedacht*) careless, thoughtless; (*fahrlässig*) irresponsible; (*frivol*) frivolous; (*oberflächlich*) facile; ***~es Gerede*** loose talk; **II.** *adv.*: ***~ abtun*** shrug *s.th.* off; ***~ aufs Spiel setzen*** gamble with *s.th.*; **Leichtfertigkeit** *f* carelessness *etc.*; → ***leichtfertig*** I.

Leichtflugzeug *n* light aircraft.

leichtfüßig *adj.* nimble, *lit.* fleet-footed.

leichtgängig *adj.* ⚙ smooth.

leicht geschürzt *hum. adj.* scantily clad.

Leichtgewicht *n Sport*: lightweight (*a.* F *leichte Person*); **Leichtgewichtler** *m* lightweight.

leichtgläubig *adj.* gullible, credulous; **Leichtgläubigkeit** *f* gullibility, credulity.

Leichtheit *f* lightness.

leichtherzig *adj.* lighthearted; *a. contp.* carefree; **Leichtherzigkeit** *f* lightheartedness; *contp.* carefree attitude (*od.* outlook on life *etc.*); nonchalance.

leichthin *adv.* casually, F just like that.

Leichtigkeit *f* **1.** (*Mühelosigkeit*) easiness, ease; ***mit*** (***größter***) **~** with (the greatest of) ease, effortlessly; ***es ist für ihn e-e ~*** it's no problem (F big deal, great shakes) for him, *stärker*: it's the easiest thing in the world for him; **2.** (*Leichtheit*) lightness.

Leichtindustrie *f* light industry.

leichtlebig *adj.* easygoing; (*unbekümmert*) happy-go-lucky; **Leichtlebigkeit** *f* easygoing (*od.* happy-go-lucky) attitude *od.* nature.

leicht löslich *adj.* easily soluble.

leicht machen *v/t.*: ***j-m et. ~*** make s.th. easy for s.o.; ***es sich ~*** take the easy way out; ***du machst es dir zu leicht*** you're taking things too lightly, *in diesem Fall*: it's not as easy as that.

Leichtmatrose *m* ordinary seaman.

Leichtmetall *n* light metal; **~bau** *m* light-metal construction; **~industrie** *f* light metals industry.

leicht nehmen *v/t.* take *s.th.* lightly; ***er nimmt es zu leicht*** he doesn't take it seriously enough; ***das Leben ~*** take life as it comes; F ***nimms leicht!*** don't worry about it.

Leichtsinn *m* carelessness; ***sträflicher ~*** criminal negligence; ***jugendlicher ~*** youthful abandon; ***purer ~*** sheer recklessness; **leichtsinnig I.** *adj.* careless; **II.** *adv.*: ***~ umgehen mit*** be careless with; → *a.* ***leichtfertig*** II; **leichtsinnigerweise** *adv.* carelessly; (*voreilig*) rashly, unthinkingly; **Leichtsinnsfehler** *m* careless mistake.

leicht tun *v/i. u. v/refl.*: ***sich ~ mit et.*** have no difficulties with s.th., have no difficulty doing s.th., *a. grundsätzlich*: find it easy to do s.th.; ***mit so etwas tut er sich leicht*** *a.* that sort of thing comes easily (F easy) to him.

leicht| verdaulich *adj.* easily digestible, *a. fig.* light; **~ verderblich** *adj.* perishable; ***~e Waren*** perishables; **~ verdient** *adj.*: ***~es Geld*** easy money.

leicht verletzt *adj.* slightly hurt (*od.* injured); **Leichtverletzte(r)** *m* minor casualty; slightly injured person.

leicht verständlich *adj.* easy to understand (*od.* follow); *Sprache*: *a.* (very) straightforward; ***~e Lektüre*** easy reading; ***in ~er Form*** in comprehensible (*od.* accessible) form.

leicht verwundet *adj.* slightly wounded; **Leichtverwundete(r)** *m* minor casualty.

leid *adj.*: ***ich bin es ~*** I've had enough of it, *stärker*: I'm sick and tired of it; ***ich habe es so ~*** *a.* I can't take it any more.

Leid *n* suffering; (*Trauer*) sorrow, grief; (*Schaden*) harm; ***j-m ein ~ zufügen*** harm s.o., *handgreiflich*: *a.* lay hands on s.o.; ***j-m tiefes ~ zufügen*** cause s.o. great suffering; ***es wird ihm kein ~ geschehen*** he won't come to any harm; ***j-m sein ~ klagen*** pour one's heart out to s.o.; *lit.* ***~ tragen*** mourn (***um*** for); (***es***) ***tut mir ~*** (I'm) sorry; ***das tut mir aber ~*** *mitfühlend*: I'm sorry to hear that; ***es tut mir ~, aber ...*** *bei Absage etc.*: I'm afraid ..., much as I'd like to, ...; ***es tut mir ~ um ihn*** I feel sorry for him; ***es tut mir um die Kinder*** (***Möbel***) **~** it's the children I feel sorry for (it's the furniture I'm worried about); ***es wird dir ~ tun*** you'll be sorry, you'll regret it; ***j-m et. zu ~(e) tun*** harm (*od.* hurt) s.o.; → ***geteilt, Fliege.***

Leideform *f ling.* passive (voice).

leiden I. *v/i.* suffer (***an, unter*** from); (*Schmerzen haben*) be in (considerable) pain; *fig. nach Kränkung etc.*: smart (***unter*** from); ***er leidet an e-r Leberkrankheit*** (***Herzkrankheit*** *etc.*) he's got a liver (heart *etc.*) condition; ***s-e Gesundheit litt darunter*** it took its toll on his health; ***der Motor hat stark gelitten*** the engine has been severely affected; ***die Bäume haben am meisten gelitten*** the trees have suffered most (*od.* have come off worst); **II.** *v/t.* (*Hunger, Not etc.*) suffer; *weitS.* (*ertragen*) put up with; (*aushalten*) stand, endure; ***gut ~ können*** like, (*j-n*) *a.* have a soft spot for; ***ich kann ihn*** (***es***) ***nicht ~*** I can't stand him (it); ***ich hab ihn*** (***es***) ***nie ~ können*** I've never liked him (it); ***er war dort nur gelitten*** he was tolerated there; **III.** ♀ *n* suffering(s *pl.*); (*Krankheit*) illness, ailment; *in Zssgn* condition (*z.B.* ***Leberleiden*** liver condition); ***es ist das alte ~*** it's the same old complaint; ***das ~ Christi*** the Passion; F *fig.* ***aussehen wie das ~ Christi*** F look like death warmed up; **leidend I.** *adj.* suffering; (*kränklich*) ailing; *Blick etc.*: woeful; ***~ aussehen*** look ill; **II.** *adv.*: ***j-n ~ ansehen*** give s.o. a woeful look.

Leidenschaft *f* passion; (*heftiges Gefühl*) (powerful) emotion; (*intensive Begeisterung*) ardo(u)r; (*Hingabe*) zeal, fervo(u)r; ***mit ~*** *tun etc.*: passionately, *stärker*: with a passion; ***Angeln ist s-e ~*** he's a passionate angler; ***Musik ist s-e ~*** music is his passion, *aktiv*: *a.* he's a passionate musician; ***ein Gärtner aus ~*** a dedicated gardener; **leidenschaftlich I.** *adj.* passionate; *Mensch. a.* very emotional; (*aufbrausend*) hotheaded; *Rede, Appell etc.*: impassioned; *Sehnsucht, Wunsch*: ardent; (*begeistert*) enthusiastic; (*heftig*) violent; ***er ist ein ~er Skifahrer*** he loves (*stärker*: adores) skiing; **II.** *adv. lieben, hassen etc.*: passionately; ***et. ~ gern tun*** love (*stärker*: adore) doing s.th.; ***~ gern ins Kino gehen*** love (going to) the cinema (*Am.* movies); ***ich esse ~ gern Schokolade*** I love chocolate, F I'm a chocolate addict (*od.* chocoholic); **Leidenschaftlichkeit** *f* passion(ateness); ardo(u)r; enthusiasm; → ***leidenschaftlich***; (*Heftigkeit*) vehemence; **leidenschaftslos** *adj.* unemotional, cool; (*gefühllos*) impassive; **Leidenschaftslosigkeit** *f* lack of emotion; coolness; impassiveness; → ***leidenschaftslos.***

Leidens|genosse *m* fellow sufferer; *stärker*: companion in distress; **~geschichte** *f* **1.** sad story (*od.* history); *iro.* tale of woe; **2.** *eccl. the* Passion; **~miene** *f* woeful look (*od.* expression); **~weg** *m* **1.** long ordeal; **2.** *eccl.* way of the Cross; **~werkzeuge** *pl. eccl.* instruments of the Passion; **~zeit** *f* time of suffering.

leider *adv.* unfortunately; ***~ müssen wir jetzt gehen*** *a.* I'm afraid we have to go now; ***~ ja!*** I'm afraid so; ***~ nicht!*** I'm afraid not; **~** (***Gottes***)***!*** unfortunately(, yes).

leid|erfüllt *adj.* grief-stricken; **~gebeugt** *adj.* bowed down with grief; **~geprüft** *adj.* sorely tried; ***das ist e-e ~e Familie*** that family has been through a lot.

leidig *adj.* (*ärgerlich*) annoying; (*lästig*) tiresome; (*verwünscht*) wretched; ***das ~e Geld*** filthy lucre; ***es ist e-e ~e Geschichte*** it's an unpleasant affair; ***immer diese ~en Kopfschmerzen*** these wretched headaches.

leidlich I. *adj.* bearable; (*halbwegs gut*) passable; ***sein Englisch ist ~*** his English isn't too bad; **II.** *adv.* (*halbwegs*) passably, tolerably, reasonably *clean etc.*; (*a.* ***~ gut***) not too bad(ly), reasonably good (well); ***er spielt ~ gut Violine*** *a.* he's a passable violin-player; *wie gehts? -* **~** fair to middling, F so-so.

Leidtragende(r *m*) *f*: ***der Leidtragende*** the one who suffers; ***die Leidtragenden*** the ones who suffer; ***er ist immer der Leidtragende*** *a.* he's always the one to suffer.

leidvoll *adj.* sorrowful *expression*; ***ein ~es Leben*** a life of sorrow.

Leidwesen *n*: ***zu m-m*** (***großen***) **~** much to my regret; ***zum ~*** *gen.* to the chagrin of.

Leier *f* **1.** (*Dreh*♀) barrel organ; ⚙ (*Kurbel*) crank; *fig.* ***immer die alte*** (*od.* ***dieselbe***) **~** (it's) the same old story every time, F can't he *etc.* change the record?; **2.** *ast.* Lyra.

Leierkasten *m* barrel organ; **Leier(kasten)mann** *m* organ grinder.

leiern F **I.** *v/t.* **1.** ***nach oben ~*** crank up;

L

nach unten ~ lower; **2.** (*Text*) rattle off, *eintönig*: drone out; **II.** *v/i.* **3.** *Rad etc.*: be wobbly; **4.** (*eintönig vortragen*) drone (on), rattle on.

Leih|amt *n* pawnshop; **~arbeit** *f* subcontracted labour *od.* work(ing); **~arbeiter** *m*, **~arbeitnehmer** *m von außerhalb*: subcontracted worker (*bzw.* employee); *innerhalb e-r Firma*: seconded worker (*bzw.* employee); **~arbeitsverhältnis** *n* secondment; **~bibliothek** *f*, **~bücherei** *f* lending library.

leihen *v/t.* **1.** (*aus~*) lend (out); (*Geld*) lend, loan; (*Gemälde etc.*) loan (*e-m Museum*: to); ***j-m et. ~*** lend (*Am. a.* loan) s.o. s.th. (*od.* s.th. to s.o.), lend s.th. (out) to s.o.; ***kannst du mir dein Auto ~?*** could you lend me your car?; *fig.* ***j-m sein Ohr ~*** lend s.o. one's ear; **2.** (*sich ~*) borrow; ***sich et. von j-m ~*** borrow (*mieten*: hire, *Am.* rent) s.th. from s.o.; ***es ist (nur) geliehen*** it's not mine, I (only) borrowed it, *Ausstellungsstück etc.*: it's on loan.

Leih|frist *f* lending period; **~gabe** *f Ausstellung etc.*: object (*od.* painting *etc.*) on loan; ***es ist e-e ~ von*** it's on loan from; **~gebühr** *f* rental fee; *für Bücher*: lending fee; **~geschäft** *n* lending business; **~haus** *n* pawnshop; **~mutter** *f* surrogate mother; **~mutterschaft** *f* surrogate motherhood, surrogacy; **~schein** *m* **1.** pawn ticket; **2.** *Bücherei*: borrowing slip; **~skier** *pl.* rental skis; *geliehene*: *a.* hired skis; **~stimme** *f*: ***wir haben keine ~n zu vergeben*** we can't afford to sacrifice any votes; **~wagen** *m* hire (*Am.* rented) car.

leihweise *adv.* on loan; (*gegen Miete*) on hire; ***j-m et. ~ überlassen*** lend (*Am. a.* loan) s.o. s.th.; ***könnten Sie es mir ~ geben?*** *a.* could I borrow it (for a while)?

Leim *m* glue; F *fig.* ***aus dem ~ gehen*** *a. Beziehung etc.*: fall apart, come apart at the seams, (*dick werden*) F balloon; F ***auf den ~ führen*** take *s.o.* for a ride; F ***j-m auf den ~ gehen*** (*od.* ***kriechen***) fall for s.o.'s line, be taken in by s.o.; **leimen** *v/t.* glue (together); F *fig.* ***geleimt werden*** be taken in (*od.* for a ride), F be had.

Leimfarbe *f* distemper.

leimig *adj.* gluey.

Leim|rute *f* lime twig; **~sieder** F *m* F slowcoach, *Am.* F slowpoke.

Lein *m* flax.

Leine *f* (thin) rope; (*Wäsche⁓*) clothes line; (*Hunde⁓*) lead, *a. Am.* leash; *fig.* ***j-n an der (kurzen) ~ haben*** *od.* ***halten*** keep s.o. on a short lead, keep a tight rein on s.o.; *sl.* ***zieh ~!*** *sl.* push off!

leinen *adj.* linen.

Leinen *n* linen; ***in ~ gebunden*** *Buch*: clothbound; **~band** *m* (*Buch*) clothbound book; **~betttuch** *n* (linen) sheet; **~einband** *m* cloth binding; **~hose** *f*: (***e-e ~*** a pair of) linen trousers *pl.*; **~sack** *m* burlap bag; **~schuhe** *pl.* canvas shoes; **~zeug** *n* linen; **~zwang** *m für Hunde*: mandatory leashing of dogs; ***dort herrscht ~*** dogs have to be kept on a lead (*od.* leash) there.

Leinöl *n* linseed oil.

Leinsamen *m* linseed; **~brot** *n* bread with linseed; **~öl** *n* linseed oil.

Leintuch *n* linen; (*Bettuch*) (linen) sheet.

Leinwand *f* **1.** (*Gewebe*) canvas; **2.** (*Maler⁓*) canvas; ***auf ~ malen*** paint on canvas; **3.** *Film*: screen; ***die Helden der ~*** the heroes of the silver screen; ***auf die ~ bannen*** preserve on celluloid; **~größe** *f* screen celebrity; **~held(in** *f*) *m* screen hero (*f* heroine).

leise I. *adj. Geräusch*: faint *noise*; *Ton, Stimme, Musik etc.*: soft; *Person*: quiet; *fig. Hoffnung*: faint; *Bewegung, Verdacht*: slight; ***mit ~r Stimme*** in a low voice; ***seid bitte ~!*** quiet, please; not so loud, please; F *iro.* can you turn the volume down, please; ***~r stellen*** turn down; ***wir müssen ~ sein*** we'll have to keep the noise (*od.* our voices) down; ***ich habe nicht die ~ste Ahnung*** I haven't the faintest idea; **II.** *adv. singen, klopfen etc.*: softly; *sprechen*: *a.* in a low voice; (*ruhig*) quietly; (*sanft, sacht*) gently; ***sprich ~(r)*** not so loud, keep your voice down (a bit); ***~ vor sich hin murmeln*** mumble away to oneself; ***~ (auf)treten*** tread softly, *fig.* sing small.

Leisetreter *m* pussyfooter; **Leisetreterei** *f* pussyfooting.

Leiste *f* **1.** (*Umrandung*) border; (*Latte*) strip of wood; (*Fußboden⁓*) skirting board; *Computer*: (*mit Icons etc.*) bar; *Maschine etc.*: (guide) rail; *Buch*: edge; *Weberei*: selvage; **2.** *anat.* groin.

leisten *v/t.* **1.** do; (*schaffen*) *a.* manage; (*vollbringen*) achieve, accomplish; ⚙ do; ***du hast aber nicht sehr viel geleistet*** you haven't come up with much; ***ich habe schon einiges geleistet*** I haven't been idle; ***was leistet der Wagen?*** what does (*od.* can) the car do?; ***gute Arbeit ~*** do a good job; ***da musst du schon was ~*** you've got to show what you can do; ***er hat Großes geleistet*** he has some remarkable achievements to his name, *bei e-r Aufführung etc.*: it was a great performance; → ***Dienst*** 2, ***Eid, Folge*** *etc.*; **2.** ***ich kann mich das nicht ~*** I can't afford that (*fig.* to do that); ***ich kann es mir nicht ~ zu*** *inf. a. fig.* I can't afford to *inf.*; ***leiste dir doch mal etwas*** give yourself a treat; ***heute leiste ich mir e-n Kognak*** I'm going to treat myself to (*iro.* splash out on) a brandy today; *fig.* ***was hast du dir da wieder geleistet?*** what have you been up to this time?; ***du leistest dir ja Dinge!*** you certainly get up to things(, don't you)?

Leisten *m* (*Schuh⁓*) shoe tree; *beim Schuster*: last; *fig.* ***alles über e-n ~ schlagen*** tar everything with the same brush.

Leisten|bruch *m* ⚕ hernia; **~gegend** *f* groin; **~zerrung** *f mst* groin injury; ***e-e ~ haben*** *a.* have pulled a groin muscle.

Leistung *f* **1.** (*Errungenschaft*) achievement; (*Großtat*) (great) feat; *einmalige, e-s Künstlers, Sportlers, Examenskandidaten etc.*: performance (*a. allg. e-s Schülers, Angestellten etc.*; *a. pl.*); (*geleistete Arbeit*) work; (*Resultat*) results *pl.*; ***e-e hervorragende ~!*** an excellent job; ***schwache ~!*** poor show; ***nach ~ bezahlt werden*** be paid by results; ***unter (über) der üblichen ~*** below (above) standard; **2.** *des Hirns etc.*: capacity; **3.** ⚙, ✝ performance; (*Kraft*) power; (*Kapazität*) capacity; (*Produktions⁓*) output; ⚡ power, *als Einheit*: wattage, *abgegebene*: output, *aufgenommene*: input; **4.** (*Dienst⁓*) service(s *pl.* rendered); (*Zahlung*) payment, *e-r Krankenkasse, Versicherung*: benefit; (*Beitrag*) contribution.

Leistungs|abfall *m* **1.** *ped.* deterioration in *a pupil's* work; *e-s Sportlers*: drop in performance; ⚕ loss of energy; **2.** ⚙ drop in efficiency (*od.* output); ⚡ power drop; **3.** ✝ drop in performance; **~angabe** *f* ⚙ power rating; **~anreiz** *m* achievement-oriented benefit; **~anspruch** *m* entitlement to benefits; **~anstieg** *m* **1.** *ped. etc.* improvement in *s.o.'s* work (*Sport*: performance); **2.** ⚙ increase in efficiency (*od.* output).

leistungsberechtigt *adj. Versicherung etc.*: entitled to benefits; **Leistungsberechtigung** *f* entitlement to (receive) benefits.

leistungsbezogen *adj.* performance-oriented.

Leistungs|bilanz *f* balance of payments; **~denken** *n* performance orientation, competitive thinking; **~druck** *m* pressure to perform; *ped.* pressure (to get higher marks *od.* grades); **~einheit** *f phys.* unit of power; **~empfänger** *m* beneficiary.

leistungsfähig *adj.* efficient (*a.* ⚙, ✝); *körperlich*: fit; *ped. etc.* capable; (*zahlungsfähig*) solvent; **Leistungsfähigkeit** *f* efficiency; ⚙ *a.* performance, output; *körperliche*: fitness; *ped. etc.* ability.

Leistungsfaktor *m* ⚙ power factor.

leistungsgerecht *adj.*: ***~e Bezahlung*** adequate pay.

Leistungs|gesellschaft *f* achievement- (*od.* performance-)oriented society, achieving society; **~grenze** *f* limit(s *pl.*) (of performance *etc.*); *bei Produktion*: maximum output; *e-r Person*: limits *pl.*; **~gruppe** *f* ability group; **~knick** *m* sudden drop in performance; **~kurs** *m ped.* special subject; ***ich bin im ~ Geschichte*** I'm taking history as a special subject; **~kurve** *f* performance chart; **~lohn** *m* incentive pay; **~mensch** *m* (high) achiever; **~nachweis** *m* certificate; **~niveau** *n* standard (of performance); *ped. a.* achievement level.

leistungsorientiert *adj.* achievement-oriented.

Leistungspflicht *f* ✝ liability; **leistungspflichtig** *adj.* liable to pay.

Leistungs|prämie *f* incentive bonus; **~prinzip** *n* achievement principle; **~prüfung** *f* performance (*ped.* achievement) test; **~rückgang** *m* → ***Leistungsabfall.***

leistungsschwach *adj.* ⚙ low-performance ...; *ped. etc.* weak; ***~er Schüler*** *a.* underachiever.

Leistungs|soll *n* target; **~sport** *m* serious sport(s *pl.*); **~sportler** *m* **1.** serious runner (*od.* athlete *etc.*); **2.** → ***Spitzensportler***; **~stand** *m* performance level.

leistungsstark *adj.* ⚙, *a. Wirtschaft etc.*: powerful; *ped. etc.* (more) capable; *Mannschaft*: strong; ***~er Schüler*** *a.* high achiever.

leistungssteigernd *adj.* performance-enhancing; **Leistungssteigerung** *f* increase in efficiency *etc.*; ⚙ *a.* increased output.

Leistungs|test *m* → ***Leistungsprüfung***; **~vermögen** *n* → ***Leistungsfähigkeit***; **~zentrum** *n* (exclusive) training cent|re (*Am.* -er); **~zwang** *m* → ***Leistungsdruck.***

Leitartikel *m* leader, leading article (*Am.* editorial); **Leitartikler** *m* leader (*Am.* editorial) writer.

Leitbild *n* (role) model.

leiten I. *v/t.* **1.** (*führen*) lead; *steuernd*: steer; (*Verkehr*) direct; *fig.* (*lenken*) guide; ***sich von s-n Gefühlen ~ lassen*** be guided (*od.* governed) by one's emotions; **2.** (*anführen*) head; (*Staat*) govern; (*Betrieb, Abteilung etc.*) run, be in charge of, (*Projekt*) *a.* head; (*beaufsichtigen*) supervise; (*Versammlung*, *Diskussion*) chair; ***wer leitet die Delegation?*** who is head of (*od.* heading) the delegation?; **3.** (*Orchester*) conduct; ***e-e Kapelle ~*** be leader of a (*od.* the) band, be (the) bandleader; **4.** (*Fußballspiel etc.*) referee; **5.** *phys.*, *physiol. etc.* conduct; **6.** (*Öl*, *Gas*) *in Röhren*: pipe; **7.** (*Brief etc.*) pass on(to ***an***), direct (to); **II.** *v/i.*: *phys. etc.* ***gut*** (***schlecht***) ~ be a good (bad) conductor; **leitend** *adj.* **1.** leading; ***~e Stellung*** managerial post; ***~er Angestellter*** managerial employee, *bsd. Am.* executive, *pl.* senior staff *sg.* (*mst pl. konstr.*); ***~er Ingenieur*** chief engineer; → ***Leitgedanke***; **2.** *phys.* conductive; ***nicht ~*** non--conductive.

Leiter[1] *m* **1.** *e-r Firma*: manager, director; *e-r Abteilung*: head of department: *e-s Projekts etc.*: head; *e-r Versammlung*: chairman; *e-s Orchesters*: conductor; *e-r Kapelle*, *Band*: leader; ***technischer ~*** technical director; ***~ sein von*** *a.* be in charge of; **2.** *phys.*, ⚡ conductor.

Leiter[2] *f* ladder (*a. fig.*); (*Steh*≈) (***e-e ~*** a pair of) steps *pl.*

Leiter|platte *f electron.* circuit board; **~wagen** *m* cart; *kleinerer*: handcart.

Leitfaden *m* **1.** main thread *od.* theme (running through s.th.); **2.** (*Buch*) guide (*gen.* to *zoology etc.*).

leitfähig *adj. phys.* conductive; **Leitfähigkeit** *f* conductivity.

Leit|feuer *n* beacon; **~figur** *f* model (to follow), F bellwether; **~fossil** *n geol.* index fossil; **~gedanke** *m* central theme; (*Prinzip*) guiding principle; **~hammel** *m* bellwether; F *fig.* leader of the pack; *fig.* ***manche Leute brauchen immer e-n ~*** some people always have to play follow--the-leader; **~idee** *f* central theme; **~kegel** *m mot.* traffic cone; **~linie** *f* **1.** (*Richtlinie*) guideline; **2.** *mot.* dotted line; **~motiv** *n* ♪ *u. fig.* leitmotif; **~planke** *f mot.* crash barrier, *Am.* guard rail; **~satz** *m* guiding principle; **~spruch** *m* motto; **~stelle** *f* central office; *der U-Bahn etc.*: control cent|re (*Am.* -er); **~stern** *m* lode star; *fig. a.* guiding star; **~studie** *f* pilot study; **~thema** *n* main (*od.* keynote) theme; leitmotif; (*Anliegen*) key issue; **~tier** *n* leader; **~ton** *m* ♪ leading note.

Leitung *f* **1.** *e-r Firma*: management; (*Verwaltung*) administration; *Arbeit*, *Projekt etc.*: (*Führung*) direction, (*Beaufsichtigung*) control, supervision; (*Organisation*) organization; (*Vorsitz*) chairmanship; *als Einrichtung*: management, *bei Veranstaltungen*: management committee; ... ***wurde ausgeführt unter der ~ von X ...*** was carried out under the direction of X; ♪ ***das ...orchester unter der ~ von X*** the ... orchestra conducted by X; ***die ~ haben*** be in charge (***von*** of), ♪ be the conductor (of), ***von:*** *a.* be conducting; ***unter der ~ stehen von*** (*od. gen.*) be directed (*od.* headed, supervised, ♪ conducted) by; **2.** (*Kabel*) lead; (*Draht*) wire; (*Stromkreis*) circuit; (*Rohr*≈) pipes *pl.*, (*Überland*≈) pipeline; (*Gas*≈, *Wasser*≈, *Elektrizitäts*≈) main(s *pl.*); (*Wasseranschluss*) tap; (*Leitkanal*) duct; *teleph.* ***in der ~ bleiben*** hold the line; ***die ~ ist besetzt*** the line is engaged (*od.* busy); F ***die ~ ist tot*** *teleph. etc.* F the line is dead; ***da ist jemand in der ~*** the lines seem to be crossed; F *fig.* ***e-e lange ~ haben*** be slow on the uptake; F ***du stehst wohl auf der ~*** F not quite with it today, are we?

Leitungs|draht *m* lead wire; **~mast** *m* (electricity) pylon; **~netz** *n* supply network; *öffentliches*: mains system; **~rohr** *n Wasser*: water pipe; *Gas*: gas pipe; **~wasser** *n* tap water; **~widerstand** *m* ⚡ line resistance.

Leit|vermögen *n phys.* conductivity; **~währung** *f* key currency; **~werk** *n* ✈ tail (unit); **~wert** *m* ⚡ conductance; **~wort** *n* motto; **~zahl** *f phot.* guide number; **~zins** *m* key interest rate, central bank discount rate.

Lektion *f* chapter, unit; *fig.* lesson; *fig.* ***j-m e-e ~ erteilen*** teach s.o. a lesson.

Lektor *m* **1.** *univ.* language assistant, F lektor; **2.** (*Verlags*≈) editor; **Lektorat** *n* **1.** *univ.* language teaching (*od.* assistant's) post, F lektorship; **2.** *im Verlag*: (editorial) department.

Lektüre *f* reading (matter), something to read; (*Bücher*) books *pl.*; ***leichte*** (***schwere*** *etc.*) ~ light (heavy *etc.*) reading; ***bei der ~ des Buchs*** *fand ich*: when I read (*od.* while I was reading) the book; ... ***ist keine geeignete ~ für ...*** isn't suitable (reading) for; ***das ist keine ~ für dich*** that's not the right (kind of) book for you, that's not the sort of book you want to be reading; ***was können Sie mir als ~ empfehlen?*** what can you recommend me to read?; ***sich et. als ~ mitnehmen*** take s.th. to read.

Lemming *m zo.* lemming.

Lemur(e) *m zo.* lemur.

Lende *f* **1.** *anat.* lumbar region, lower back; **2.** *gastr.* loin; **3.** *lit. pl.* loins.

Lenden|braten *m* roast loin, *vom Rind*: sirloin; **~gegend** *f* lumbar region; **~schurz** *m* loincloth; **~steak** *n* sirloin steak; **~stück** *n* (piece of) tenderloin; **~wirbel** *m* lumbar vertebra (*pl.* vertebrae).

Leninismus *m* Leninism; **Leninist** *m*, **leninistisch** *adj.* Leninist.

Lenkachse *f* steering axle.

lenkbar *adj. Person*: tractable; ⚙ manoeuvrable, *Am.* maneuverable; ***leicht ~*** *Person*: manageable; **Lenkbarkeit** *f e-r Person*: manageability; ⚙ manoeuvrability, *Am.* maneuverability.

lenken *v/t. mot.* steer (*a. Tier*); ✈ pilot, be at the controls of; (*wenden*) turn (***nach*** towards, to); (*Kutsche*) drive; *fig.* (*j-n od. et.*) guide; (*Staat*) govern; (*Wirtschaft*) control; ***die Aufmerksamkeit ~ auf*** draw attention to, ***sich:*** *a.* attract attention; ***s-n Blick ~ auf*** turn one's gaze to (-wards); ***das Gespräch ~ auf*** steer the conversation round to; ***s-e Schritte ~ nach*** turn one's steps to(wards); → ***gelenkt, Verdacht.***

Lenker *m* **1.** (*Lenkrad*) steering wheel; *Motorrad*, *Fahrrad*: handlebars *pl.*; **2.** *lit.* (*Staats*≈) ruler, *lit.* helmsman.

Lenker(in *f*) *m mot.* driver.

Lenkflugkörper *m* guided missile.

Lenkrad *n* steering wheel; **~schaltung** *f* steering-column change (*Am.* gearshift); **~schloss** *n* steering(-column) lock.

lenksam *adj.* manageable, tractable; **Lenksamkeit** *f* manageability, tractability.

Lenk|säule *f mot.* steering column; **~stange** *f* handlebars *pl.*

Lenkung *f* **1.** *mot.* steering system; (*das Lenken*) steering; **2.** guidance (*a. e-r Person*); *e-s Staats*: government; *der Wirtschaft*: control.

Lenkungsausschuss *m* steering committee.

Lenz *poet. m* spring; *fig. des Lebens*: prime (of life); ***er zählte zwanzig ~e*** he was twenty years of age; ***er zählte gerade zwanzig ~e*** he had just turned twenty; *fig.* ***sich e-n schönen*** (*od.* ***faulen***) ***~ machen*** take things easy, have an easy time of it.

lenzen ⚓ **I.** *v/t.* (*leer pumpen*) pump out; **II.** *v/i.* (*segeln*) scud.

Leopard *m zo.* leopard.

Leoparden|fell *n* leopardskin; **~mantel** *m* leopardskin coat.

Lepra *f* ⚕ leprosy; **~kolonie** *f* lepers' colony; ≈**krank** *adj.*: ***~ sein*** have (*od.* be suffering from) leprosy; **~kranke(r)** *m* leper.

leptosom *adj.*, **Leptosome** *m* leptosome.

Lerche *f* lark.

Lernbegier(de) *f* thirst for knowledge; **lernbegierig** *adj.* eager to learn; ***ein ~er Schüler*** a (very) keen pupil.

lernbehindert *adj.* learning-disabled; educationally subnormal; **Lernbehinderte(r)** *m* learning-disabled (*od.* educationally subnormal) child; **Lernbehinderung** *f* learning handicap.

Lerneifer *m* eagerness to learn; *e-s Schülers*: *a.* keenness; **lerneifrig** *adj.* eager to learn; *Schüler*: *a.* keen.

lernen I. *v/t.* learn; (*aufschnappen*) pick up; ***lesen ~*** learn (how) to read; ***j-n schätzen ~*** come to appreciate s.o.; ***j-n lieben ~*** grow (*od.* learn) to love s.o.; ***du wirst es nie ~*** you'll never learn; ***das will gelernt sein!*** it's not as easy as it looks; **II.** *v/i.* learn; (*studieren*) study; *für die Schule*: do (one's) homework; *für e-e Prüfung*: study, (*Stoff wiederholen*) *a.* revise, do one's revision; (*in der Ausbildung sein*) be a trainee; ***fleißig ~*** work (*od.* study) hard; ***schnell*** (***leicht***) ~ be a fast (good) learner; ***langsam*** (***schwer***) ~ be a slow (poor) learner; → ***gelernt***; **III.** *v/refl.*: ***das lernt sich leicht*** (***schwer***) that's easy (hard) to learn *od.* remember; ***das lernt sich schnell*** you'll learn that (*od.* pick that up) in no time; **IV.** ≈ *n* learning, studying; ***er tut sich mit dem ~ schwer*** he's not a good (*od.* he's a poor) learner; ***j-m beim ~ helfen*** help s.o. with his (*od.* her) homework *od.* studies.

lernfähig *adj.* educable; capable of learning; **Lernfähigkeit** *f* educability; learning ability (*od.* capacity).

Lernmittel *n* learning aid; **~freiheit** *f* free learning aids *pl.*

Lern|programm *n* **1.** *allg.* learning software (*od.* tool); ***multimediale ~e*** *pl.* multimedia(-based) learning tools; **2.** (*Anleitung zu e-r Computeranwendung*) tutorial; **3.** *auf Sprachen bezogen*: CALL application; **4.** (*Selbstlernprogramm*) self-study course; **~prozess** *m* learning process; **~psychologie** *f* psychology of learning; **~schwester** *f* trainee nurse; **~schwierigkeiten** *pl.* difficulties (with) learning; **~software** *f* learning (*od.* home-study, self-study) software; **~spiel** *n* educational game; **~stoff** *m* learning matter; **~vermögen** *n* learning ability; **~ziel** *n* (learning) objective *od.* target.

Lesart *f* reading, version; ***verschiedene ~en*** variants, variant readings.

lesbar *adj.* readable; (*leserlich*) *a.* legible; **Lesbarkeit** *f* readability; (*Leserlichkeit*) legibility.

Lesbe F *f* lesbian, *sl.* dike; **Lesbentreff** F *m* F lesbian hangout; **Lesbierin** *f*, **lesbisch** *adj.* lesbian.

Lese *f* (*Wein*≈) vintage; (*Ernte*) harvest.

L

Leseabend *m* (evening) reading session; (evening) play reading *od.* poetry reading.

leseblind *adj.* alexic; **Leseblindheit** *f* alexia.

Lese|brille *f*: (***e-e*** **~** a pair of) reading glasses *pl.*; **~buch** *n* reading book, reader; **~drama** *n* closet drama; **~ecke** *f* reading corner; **~gerät** *n Computer*: scanner; **≈geschützt** *adj. Computer*: read-protected; **~gewohnheiten** *pl.* reading habits *pl.*

Lesehunger *m* appetite for books; **lesehungrig** *adj.* starved for books.

Lese|kopf *m Computer*: reading head; **~kreis** *m* reading circle; **~lampe** *f* reading lamp.

lesen[1] **I.** *v/t.* read (*a. Computer*); (*mühsam entziffern*) make out; ***falsch*** **~** misread; *univ.* ***Geschichte*** *etc.* **~** teach history *etc.*; **II.** *v/i.* read; *univ.* **~** ***über*** teach, *a. zeitlich begrenzt*: lecture on; ***viel*** **~** read a lot, do a lot of reading; **III.** *v/refl.*: ***sich gut*** **~** be very readable, be a good read, (*leserlich sein*) be very legible, *Gedrucktes*: read well; ***sich schlecht*** **~** (*a. unleserlich sein*) be hard to read, F be tough going; ***es liest sich wie ein Roman*** (***Krimi***) it's like reading a novel (it makes for exciting reading); ***in diesem Licht liest es sich schlecht*** this light isn't good for reading (in); **IV.** **≈** *n* reading.

lesen[2] *v/t.* (*auf~*) gather; (*pflücken*) pick, (*Trauben*) *a.* harvest.

lesenswert *adj.* worth reading.

Lese|probe *f* **1.** *thea.* first rehearsal; **2.** *aus e-m Buch*: sample; **~publikum** *n* readership, readers *pl.*; **~pult** *n* lectern; *auf e-m Schreibtisch*: bookstand.

Leser *m* reader.

Leseratte *f* bookworm.

Leser|brief *m* letter (to the editor); **~e** *Zeitungsrubrik*: letters to the editor, *a.* letters page; **~echo** *n* reader(s') response; **~kreis** *m* (circle of) readers *pl.*; ***e-n weiten*** **~** ***haben*** be widely read.

leserlich I. *adj.* legible, readable; ***fein*** **~** nice and neat; **II.** *adv.* legibly; **Leserlichkeit** *f* legibility.

Leserschaft *f* readership, readers *pl.*

Leser|schicht *f* type of reader; readership (range); ***breite*** **~** broad readership (*od.* spectrum of readers); **~schwund** *m* declining circulation, drop in circulation; **~stamm** *m* regular readers *pl.*; **~stimme** *f* reader's opinion; *pl.* readers' opinions; **~umfrage** *f* survey among (our *etc.*) readers; **~zuschrift** *f* letter (to the editor).

Lese|saal *m* reading room; **~schutz** *m Computer*: read protection; **~speicher** *m Computer*: read-only memory, ROM; **~stoff** *m* reading (matter), something to read; **~stück** *n* **1.** *im Unterricht etc.*: reading passage; **2.** *Drama*: closet drama; **~übung** *f* reading exercise; **~wut** *f* reading mania; **~zeichen** *n* bookmark; **~zirkel** *m* magazine circle.

Lesung *f* **1.** *parl.* reading; ***in zweiter*** **~** on second reading; ***zur dritten*** **~** ***kommen*** come up for the third reading; **2.** (*Autoren≈ etc.*) reading, *von Gedichten*: *a.* recital; ***e-e*** **~** ***halten*** give a reading; **3.** *eccl.* lesson, reading.

letal *adj.* lethal; **Letaldosis** *f* lethal dose.

Lethargie *f* ⚕ lethargy (*a. fig.*); **lethargisch** *adj.* lethargic.

letschert *dial. adj.* (*geschmacklos*) tasteless, insipid; (*lustlos*) listless; (*welk*) wilted.

Lette *m* Latvian.

Letten *m* clay.

Letter *f* letter; (*Schriftzeichen*) character.

Lettin *f* Latvian (woman); **lettisch** *adj.*, **Lettisch** *n ling.* Latvian, Lettish.

Lettner *m* ♣ choir screen.

Letzt *f*: ***zu guter*** **~** a) finally, (*doch noch*) in the end, b) last but not least.

letzt I. *adj.* last; (*endgültig*) final; (*neuest*) latest; ***als*** **~*er Ausweg*** as a last resort; ***die*** **~*en Nachrichten*** the latest news (*sg.*), ***vom Tage***: the late-night news (*sg.*); ... ***vom*** **~*en Monat*** last month's ...; (***am***) **~*en Sonntag*** last Sunday; ***im*** **~*en Sommer*** last summer; ***in den*** **~*en Jahren*** in recent years; ***in*** **~*er Zeit*** lately; ***die*** **~*en Stunden*** *e-r Tagung etc.*: the closing hours; ***im*** **~*en Augenblick*** (*gerade rechtzeitig*) just in time, at the last minute; ***Änderungen im*** **~*en Augenblick*** last-minute changes; ***an*** **~*er Stelle liegen*** be last; ***bis auf den*** **~*en Platz gefüllt*** filled to capacity; ***m-e*** **~*en Ersparnisse*** the last of my savings; **~*en Endes*** in the end, when all is said and done, ultimately; → ***Ehre, Loch, Ölung*** *etc.*; **II.** *substantivisch*: ***der, die, das*** **≈*e*** the last (one); ***das*** **≈*e*** *a.* the last thing, (*das Äußerste*) the most (I can do *etc.*); ***der*** **≈*e des Monats*** the last day of the month; ***als*** **≈*er et. tun*** be the last to do s.th.; ***als*** **≈*er ins Ziel kommen*** come in last; ***es geht ums*** **≈*e*** it's a case of do or die, everything's at stake; ***sein*** **≈*es hergeben, das*** **≈*e aus sich herausholen*** make an all-out (*od.* a supreme) effort; F ***das ist ja wohl das*** **≈*e!*** F that really takes the biscuit; F ***er ist doch der*** **≈*e*** *sl.* he really is the pits; ***bis ins*** **≈*e*** down to the last detail; ***bis zum*** **≈*en*** (*sehr*) to the utmost, *sich bemühen etc.*: as far as is (humanly) possible; ***bis zum*** **≈*en gehen*** (*konsequent sein*) go all the way, F go the whole hog, (*vor nichts Halt machen*) stop at nothing.

letztendlich *adv.* in the end.

letztens *adv.* **1.** lastly, finally; **2.** (*neulich*) the other day, recently.

Letztere: **~*(r)*, ~*s*, *der, die, das*** **~** the latter.

letztgenannt *adj.* last-named.

letzthin *adv.* **1.** (*neulich*) recently; **2.** (*schließlich*) in the end.

letztjährig *adj.* last year's.

letztlich *adv.* **1.** (*letzten Endes*) in the end; (*nach reiflicher Überlegung*) in the final analysis; **2.** → ***letztens*** 2.

letztmalig *adj.* last; (*endgültig*) *a.* final; **letztmals** *adv.* (*zum letzten Mal*) for the last time.

letztmöglich *adj.* last possible ..., last ... possible.

letztwillig ⚖ **I.** *adj.* testamentary, by will; **~*e Verfügung*** last will and testament; **II.** *adv.*: **~** ***verfügen*** state in one's last will and testament (***dass*** that).

Leucht|anzeige *f* LED display; **~boje** *f* light buoy; **~bombe** *f* ✈ flare; **~buchstaben** *pl.* neon letters.

Leuchtdiode *f* light-emitting diode, LED; **Leuchtdiodenanzeige** *f* LED display.

Leuchte *f* light, lamp; *fig.* ***e-e*** (***keine***) ***große*** **~** a leading light (not exactly a shining *od.* leading light); ***er ist e-e*** (***keine***) **~** ***in Physik*** *a.* he's a brilliant physicist (he's not exactly the most brilliant physicist).

leuchten *v/i.* shine; (*glühen*) glow; *Kerze, Feuer*: burn; *fig. Mensch*: beam (***vor*** with); *Augen*: glow, (*aufleuchten*) light up; ***j-m*** **~** light the way for s.o.; ***mit e-r Kerze*** (***e-m Scheinwerfer*** *etc.*) **~** shine a candle (a spotlight *etc.*); ***die Lampe leuchtet nur schwach*** doesn't give off much light; ***unter das Bett*** **~** shine a light (*od.* torch) under the bed; **leuchtend** *adj. Farben*: vivid, brilliant; *Rot, Orange*: *a.* glowing; *fig.* **~*e Augen*** gleaming (*od.* sparkling) eyes; **~*es Beispiel*** (*od.* ***Vorbild***) shining example; ***et. in*** **~*en Farben schildern*** paint a glowing picture of s.th.

Leuchter *m* candlestick; (*Kron≈*) chandelier; (*Arm≈*) candelabra.

Leucht|faden *m* ⚡ filament; **~farbe** *f* luminescent paint; **~feuer** *n* flare; beacon; **~fisch** *m* lantern fish; **~käfer** *m* glow-worm; **~kompass** *m* luminous (-dial) compass; **~körper** *m* (source of) light; **~kraft** *f* (*Helligkeit*) brightness, luminosity; *e-r Farbe, e-s Edelsteins etc.*: brilliance; **~kugel** *f* flare; **~melder** *m* indicator light; **~patrone** *f* flare cartridge; **~pistole** *f* flare pistol; **~quarz** *m* luminous quartz; **~rakete** *f* flare; **~reklame** *f* neon lights (*od.* signs) *pl.*; **~röhre** *f* fluorescent lamp (*od.* tube); **~schirm** *m* fluorescent screen (*a.* ⚕); **~schrift** *f* illuminated letters *pl.*; **~signal** *n* flare signal; **~skala** *f* luminous dial.

Leuchtspur *f* tracer path; **~geschoss**, *östr.* **~geschoß** *n* tracer (bullet); **~munition** *f* tracer ammunition.

Leucht|stärke *f* candlepower; **~stift** *m zum Textmarkieren*: highlighter.

Leuchtstoff *m* illuminant; **~röhre** *f* fluorescent lamp (*od.* tube).

Leuchtturm *m* lighthouse; **~wärter** *m* lighthouse man.

Leucht|uhr *f* luminous clock (*od.* watch); **~zeiger** *m* luminous hand; **~zifferblatt** *n* luminous dial; **~ziffern** *pl.* luminous figures.

leugnen I. *v/t.* deny; **~, *et. getan zu haben*** deny having done s.th.; ***es ist nicht zu*** **~*(, dass*)** it can't be denied (that), it's undeniable (that), there's no denying it (there's no denying the fact that); **II.** *v/i.* deny everything; **III.** **≈** *n* denying; denial; ***da half kein*** **~** all his (*od.* her *etc.*) denials were useless.

Leukämie *f* ⚕ leuk(a)emia; **leukämisch** *adj.* leuk(a)emic.

Leukom *n* ⚕ leucoma.

Leukoplast (*TM*) *n* sticking plaster.

Leukozyt *m* leucocyte; **Leukozytenzählung** *f* white cell count.

Leumund *m* reputation, name; ***ihr*** **~** ***ist gut*** (***schlecht***) she's got a good (bad) reputation *od.* name; ***ein böser*** **~** ***behauptet ...*** there's some nasty gossip going round (to the effect) that ...; **Leumundszeugnis** *n* character reference.

Leute *pl.* **1.** people, *einzelne*: *a.* persons, individuals; ***die*** **~** people; ***m-e*** **~** (*Familie*) my people, F my folks; ***die*** **~** ***sagen*** people (*od.* they) say; ***was werden die*** **~** ***sagen?*** what will people say?; ***es gibt manche*** **~*, die ...*** some people ..., (*ganz bestimmte*) there are certain individuals who ...; ***unter die*** **~** ***bringen*** (*bekannt machen*) make *s.th.* public, F tell the world about *s.th.*, F (*Geld*) spend, F get rid of; ***unter die*** **~** ***gehen*** (*od.* ***kommen***) mix with people, socialize; ***vor allen*** **~*n*** in front of everyone (*od.* everybody); ***hört mal zu,*** **~*!*** listen, everyone (*od.* everybody)!; ***aber, liebe*** **~*!*** oh come on, now; → ***geschieden***; **2.** (*Personal*) staff *sg.* (*mst pl. konstr.*); (*Arbeiter*) workers;

e-r Mannschaft etc.: men (and women); **~schinder** *m* slave-driver.
Leutnant *m* second lieutenant (*Am. a.* ✈); ✈ *Brit.* pilot officer; **~ zur See** *Brit.* acting sub-lieutenant, *Am.* ensign.
leutselig *adj.* affable; **Leutseligkeit** *f* affability.
Levante *obs. f* Levant; **Levantiner(in** *f*) *m* Levantine; **~ sein** *a.* come from the Levant; **levantinisch** *adj.* Levantine.
Leviten *pl.*: **j-m die ~ lesen** read s.o. the riot act.
Levkoje *f* ⚘ gillyflower.
Lexem *n ling.* lexeme.
Lexik *f ling.* lexis.
lexikalisch *adj.* lexical.
Lexikograph *m* lexicographer; **Lexikographie** *adj.* lexicography; **lexikographisch** *adj.* lexicographic(al).
Lexikologe *m* lexicologist; **Lexikologie** *f* lexicology.
Lexikon *n* **1.** encyclop(a)edia; → **wandelnd**; **2.** (*Wörterbuch*) dictionary.
Lezithin *n* lecithin.
Liaison *f* liaison (*a. ling.*); (*Affäre*) affair.
Liane *f* liana.
Libanese *m*, **Libanesin** *f*, **libanesisch** *adj.* Lebanese.
Libelle *f* **1.** dragonfly; **2.** ⚙ bubble.
liberal *adj.* open-minded, liberal; (*tolerant*) *a.* tolerant; *pol.* Liberal; **Liberale(r** *m*) *f pol.* Liberal; **liberalisieren** *v/t.* liberalize; **Liberalisierung** *f* liberalization; **Liberalismus** *m* liberalism; *pol.* Liberalism; **Liberalität** *f* liberality.
Liberianer(in *f*) *m* Liberian; **liberianisch** *adj.* Liberian; **unter ~er Flagge** under a Liberian flag.
Libero *m* sweeper, libero.
libidinös *adj.* libidinous; **Libido** *f* libido.
Librettist *m* librettist; **Libretto** *n* libretto.
Libyer(in *f*) *m*, **libysch** *adj.* Libyan.
licht *adj.* (*hell*) bright; *Haar, Wald*: thin, sparse; (*kahl*) *Haupt, Stelle etc.*: bald; **~(er) werden** thin (out); **bei ~em Tage** in broad daylight; **~e Breite (Höhe)** clear breadth (height); **~e Weite** inside width, *Durchfahrt*: clearance width; **~er Augenblick** (*od.* **Moment**) lucid moment.
Licht *n* light; (*Helle*) brightness; (*Beleuchtung*) lighting; (*Lampe*) lamp; (*Verkehrs*&) light; (*Tages*&) daylight; F (*Strom*) electricity; **offenes ~** *an* open flame; **~ machen** turn on the lights; **gegen das ~ halten** hold up to the light; **j-m im ~ stehen** stand in the (*od.* s.o.'s) light; **j-m aus dem ~ gehen** get out of the (*od.* s.o.'s) light; *fig.* **ans ~ bringen** (**kommen**) bring (come) to light; **das ~ der Welt erblicken** see the light of day; **im ~e** *dieser Tatsachen etc.*: in the light of, *bsd. Am.* in light of; **~ bringen in, ein ~ werfen auf** shed (*od.* throw) light on; **ein schlechtes ~ werfen auf** throw a bad light on, reflect badly on, (*a.* **in e-m schlechten ~ zeigen**) show in a bad light; **ein neues ~ werfen auf** put a new complexion on; **et. ins rechte ~ rücken** *vorteilhaft*: put (*od.* show) s.th. in a favo(u)rable light, *richtig*: put (*od.* show) s.th. in its true light; **et. in e-m (un)günstigen ~ erscheinen lassen** make s.th. appear in a favo(u)rable (an unfavo[u]rable) light; **in ein schiefes** (*od.* **falsches**) **~ geraten** be put in the wrong light; **et. in ein schiefes** (*od.* **falsches**) **~ rücken, ein schiefes ~ auf et. werfen** put a wrong complexion on s.th., show s.th. in the wrong light; **bei ~e besehen** (*bei näherer Betrachtung*) on closer inspection, (*nüchtern betrachtet*) (seen) in the cold light of day; **das ~ scheuen** have something to hide; **j-n hinters ~ führen** pull the wool over s.o.'s eyes, lead s.o. up the garden path; **sich im wahren ~e zeigen** show one's true colo(u)rs; **in X gehen die ~er aus** things are beginning to look pretty grim in X; **es ging mir ein ~ auf** the truth began to dawn on me; F **j-m ein ~ aufsetzen** (*od.* **aufstecken**) put s.o. in the picture; F **er ist kein großes ~** he's no shining light; *bibl. u. hum.* **es werde ~** let there be light; → **grün** I.
Licht|aggregat *n* lighting set; **~anlage** *f* lighting system.
lichtarm *adj.* badly lit, dingy.
Licht|bad *n* ⚕ light bath; **~behandlung** *f* ⚕ phototherapy.
lichtbeständig *adj.* light-resistant; *Stoff*: non-fading.
Lichtbild *n* **1.** (*Passbild*) photo(graph); **2.** *obs.* (*Diapositiv*) transparency, slide; **Lichtbildervortrag** *m* slide talk (*od.* show).
lichtblau *adj.* light blue.
Lichtblick *m* something to look forward to (*od.* to brighten up one's life); bright spot on the horizon; **der einzige ~ in m-m Leben** the only bright spot in my life.
Lichtbogen *m* ⚡ arc; **~schweißung** *f* ⚙ arc welding.
lichtbrechend *adj. opt.* refractive; **Lichtbrechung** *f* refraction (of light).
Lichtbündel *n* light beam, pencil of rays.
lichtdicht *adj.* lightproof.
lichtdurchflutet *adj.* flooded with light, bathed in light.
lichtdurchlässig *adj.* translucent; *völlig*: transparent; **Lichtdurchlässigkeit** *f* translucency; *völlige*: transparency.
lichtecht *adj.* lightproof; *Stoff*: non-fading.
Licht|effekt *m* lighting effect; **~einfall** *m* **1.** incidence of light; **2.** (*Eindringen*) light leakage; **~einwirkung** *f* action of light.
lichtempfindlich *adj.* sensitive to light; *phys.* photosensitive; *phot.* sensitized *paper*; *Sonnenbrille*: self-adjusting; **~ machen** sensitize; **Lichtempfindlichkeit** *f* (light-)sensitivity; *e-s Films*: speed.
lichten[1] **I.** *v/t.* (*Wald*) clear; *fig.* thin out; **II.** *v/refl.*: **sich ~** thin out (*a. fig.*); (*heller werden*) clear up.
lichten[2] *v/t.*: ⚓ **den Anker ~** weigh anchor.
Lichter|baum *m* Christmas tree; **~fest** *n* Hanukkah, Festival of Lights.
lichterfüllt *adj. lit.* suffused with light.
Lichterglanz *m* bright lights *pl.*
Lichterkette *f* candle-lit rally.
lichterloh *adv.*: **~ brennen** be ablaze.
Lichtermeer *n* sea of lights.
Licht|filter *m, n* filter; **~geschwindigkeit** *f* speed of light; **~griffel** *m* light pen; &**grün** *adj.* light green; **~hof** *m* **1.** △ atrium; **2.** *phot.* halo; **~hupe** *f mot.* flasher; **die ~ betätigen** flash one's lights; **~jahr** *n* light year; **~kegel** *m* beam (of light); **~kreis** *m* circle of light; **~kuppel** *f* light dome, domed roof light; **~lehre** *f phys.* optics *pl.* (*sg. konstr.*).
lichtlos *adj.* (completely) dark; devoid of sunlight.
Lichtmaschine *f mot.* dynamo, *Am.* generator; (*Drehstrom*&) alternator.
Lichtmess *f*: *R.C.* (**Mariä**) **~** Candlemas.
Licht|messer *m* light meter; **~messung** *f* photometry; **~orgel** *f* lighting console; **~pause** *f* photocopy; (*Blaupause*) blueprint; **~punkt** *m* point of light; *fig.* bright spot; → *a.* **Lichtblick**; **~quelle** *f* source of light; **~reflex** *m* light reflection, reflection of light; **~regie** *f thea.* lighting control; **~ hatte ...** F on lights we had ...; **~schacht** *m* light well; **~schalter** *m* light switch; **~schein** *m* (beam of) light; &**scheu** *adj.* **1.** *fig.* **~er Mensch** shady character; **~es Gesindel** shady characters (F bunch); **2.** (*lichtempfindlich*) sensitive to light; **~e Tiere** *etc.* animals *etc.* that avoid (*od.* shun) the light; **~schimmer** *m* glimmer of light; **~schirm** *m* light screen; **~schleuse** *f* light trap.
lichtschluckend, Licht schluckend *adj.* light-absorbing.
Lichtschranke *f* light barrier; F magic eye.
Lichtschutz *m* protection against the light (*od.* sun); **~faktor** *m* sun protection factor.
lichtschwach *adj.* dim, faint.
Licht|seite *fig. f* bright side; **~signal** *n* light signal; *mot.* flashing lights *pl.*; **ein ~ geben** flash one's lights; **~spalt** *m* crack of light; **~spektrum** *n* light spectrum.
Lichtspielhaus *obs. n* cinema, *Am.* movie theater.
lichtstark *adj.* powerful; *Objektiv*: *a.* fast, high-speed ...; **Lichtstärke** *f* brightness; *e-s Objektivs*: F-number, speed.
Licht|strahl *m* ray (*od.* beam) of light; **~therapie** *f* ⚕ phototherapy.
lichtundurchlässig *adj.* opaque; **Lichtundurchlässigkeit** *f* opacity, opaqueness.
lichtunempfindlich *adj.* insensitive to light; **Lichtunempfindlichkeit** *f* insensitivity to light.
Lichtung *f* clearing.
Licht|verhältnisse *pl.* lighting conditions, lighting *sg.*; **~zelle** *f* photovoltaic cell.
Lid *n* eyelid; **~schatten** *m* eye shadow; **~spalt** *m anat.* palpebral fissure.
lieb I. *adj.* (*gütig*) kind, good; (*nett, freundlich*) nice; (*brav*) good; (*goldig*) sweet; (*teuer, geliebt*) dear; **ein ~er Kerl** a nice guy; **ein ~es Ding** a darling; **~er Herr N.** *im Brief*: Dear Mr N; **der ~e Gott** God; **~er Gott** dear God; **du ~er Himmel!** goodness me!; F **mein ~er Mann** (*od.* **Schwan**)**!** F I tell you!; **den ~en langen Tag** the whole day long; **~ sein zu** be nice to; **warst du auch ~?** have you been a good boy (*od.* girl)?; **es wäre mir ~, wenn** I'd appreciate it if; **sei ~!** be good!; **sei so ~ und ...** do me a favo(u)r and ...(, will you?); **sei so ~** do you mind?; **das ist ~ von dir** that's very sweet of you; **mehr, als ihm ~ ist** more than he really wanted; **alles, was ihr ~ war** all that was dear to her; **wenn dir dein Leben ~ ist** if you value your life; → **Not**; → **lieber, liebst**; **II.** *adv.* (*liebevoll*) lovingly, fondly; (*freundlich*) kindly; (*nett*) nicely; (*zärtlich*) tenderly; (*sanft*) gently; **j-n ~ behandeln** be nice to s.o.; **er hat es so ~ hergerichtet** *etc.* he took such a lot of care over it; **III.** *substantivisch*: **mein &er!** my dear man; **meine &e!** my dear (girl); **meine &en** my dears; **&es** love; **etwas &es** something nice; **j-m etwas &es tun** (*od.* **erweisen**) be very kind to s.o.; **kann ich dir irgend etwas &es tun?** is there anything I can do for you?; → **Liebste(r)**.

L

liebäugeln *v/i.*: ***mit et.*** ~ have one's eyes on s.th.; ***mit dem Gedanken*** (*od.* ***der Idee***) ~ ***zu*** *inf.* toy with the idea of *ger.*
Liebchen *obs. n* sweetheart.
Liebe *f* love (***zu*** *j-m*: *mst* for, *e-r Sache*: *mst* of); (*Zuneigung*) liking (for); (*sexuelle* ~) sex; (*Liebschaft*) love affair, romance; (*Geliebte*[*r*]) sweetheart; (*Angebetete*[*r*]) idol; ***m-e große*** ~ my idol, F my big crush, (*Hobby etc.*) my great passion; ***e-e alte*** ~ F an old flame; ***aus*** ~ for love; ***aus*** ~ ***zu*** for the love of; ***bei aller*** ~ much as I'd like to, *bei Kritik*: listen, my dear, *Mann zu Mann*: listen, mate; ***tu mir die*** ~ will you do it for me?; ***tu mir die*** ~ ***und ...*** be a dear and ...; do me a favo(u)r and ..., will you?; ***mit*** ~ ***gemacht*** *etc.* made (*od.* done) *etc.* with tender loving care; ***die*** ~ ***geht durch den Magen*** the way to a man's heart is through his stomach; → ***blind*** 1.
liebebedürftig *adj.*: ~ ***sein*** need (*stärker*: crave) love and affection.
liebeleer *adj.* loveless.
Liebelei *f* little affair.
lieben I. *v/t.* love; (*et. gern haben*) *a.* (really) like; *sexuell*: make love to; ***er liebt es zu*** *inf.* he loves *ger.* (*od.* to *inf.*); ***er liebt es nicht zu*** *inf.* he doesn't like *ger.* (*od.* to *inf.*); ***er liebt es nicht, wenn man zu spät kommt*** he doesn't like people to arrive late, he doesn't appreciate people arriving late, he doesn't like it when people arrive late; ***sich*** ~ love each other (*od.* one another), be in love (with each other); *sexuell*: make love; → ***lernen*** I; **II.** *v/i.* love; *sexuell*: make love; **liebend I.** *adj.* loving; **II.** *adv.*: ~ ***gern*** gladly; ***ich würde*** ~ ***gern*** I'd love to; ***er spielt*** ~ ***gern Schach*** he loves (to play) chess; ***ich esse*** ~ ***gern Kartoffeln*** I (just) love potatoes; **Liebende(r** *m*) *f* lover.
liebenswert *adj. Mensch*: lovely; *Art, Eigenschaft*: endearing; ***ein*** ~***er Mensch*** *a.* such a nice person.
liebenswürdig *adj.* (very) kind; (*gewandt u. höflich*) charming; ***wären Sie so*** ~ ***zu*** *inf.* would you be so kind as to *inf.* (*od.* kind enough to *inf.*); **liebenswürdigerweise** *adv.* (very) kindly; ***er hat es mir*** ~ ***geliehen*** *a.* he was kind enough to lend it to me; **Liebenswürdigkeit** *f* kindness; (*Eigenschaft*) charm, charming nature; ***hätten Sie die*** ~ ***zu*** *inf.* → ***liebenswürdig.***
lieber I. *adj.* (*comp. von* → ***lieb*** I); **II.** *adv.* ~ ***haben,*** ~ ***mögen*** like *s.th. od. s.o.* better, prefer; ***ich möchte*** ~ ***nicht*** I'd rather not; ***ich bleibe*** ~ ***zu Hause*** I'd rather stay at home; ***du solltest*** ~ ***gehen*** you'd (= you had) better go, it would be better if you left; ***das hättest du*** ~ ***nicht machen sollen*** you shouldn't (really) have done that; ***lass es*** ~ better leave it; ***machen wir es*** ~ ***gleich*** let's do it now, I think we should do it now; ***was wäre dir*** ~***?*** what would you prefer?; ***mir wäre*** ~***, wenn ...*** I'd prefer it if ..., I'd prefer us *etc.* to *inf.*; ***mir wäre nichts*** ~ ***als das*** there's nothing I'd rather do (*od.* have *etc.*), that for me would be perfect.
Liebes|abenteuer *n* amorous adventure (*od.* escapade); ~**affäre** *f* love affair; ~**akt** *m* sexual act; ~**bedürfnis** *n* need (*stärker*: craving) for love and affection; ≈**bedürftig** *adj.* → ***liebebedürftig***; ~**beziehung** *f* love relationship; *engS.* sexual relationship; ~**brief** *m* love letter; ~**dichtung** *f* love poetry; ~**dienst** *m* favo(u)r; ***j-m e-n*** ~ ***erweisen*** do s.o. a good turn; ~**entzug** *m* withdrawal of love (and affection); ***j-n mit*** ~ ***bestrafen*** punish s.o. by withdrawing one's love (and affection) from him (*od.* her); ~**erklärung** *f* declaration of love; (***j-m***) ***e-e*** ~ ***machen*** declare one's love (to s.o.); ~**erlebnis** *n* love affair; ~**film** *m* (filmed) love story; ~**freuden** *pl.* pleasures of love; ~**gedicht** *n* love poem; ~**geschichte** *f* love story; ~**glück** *n* joy(s *pl.*) of love; (*glückliche Liebe*) happy love affair; ~**gott** *m* god of love; Cupid, Eros; ~**göttin** *f* goddess of love; Venus, Aphrodite; ~**heirat** *f* love match; ≈**krank** *adj.* lovesick; ~**kummer** *m*: ~ ***haben*** have man (*od.* woman) problems; (*unglücklich verliebt sein*) be lovesick; ~**kunst** *f* art of love; ~**leben** *n* love life; ~**lied** *n* love song; ~**mühe** *f*: ***das ist vergebliche*** ~ that's a waste of time (and effort); ~**nacht** *f* night of love; ~**nest** *n* love nest; ~**objekt** *n* object of love; ~**paar** *n*, ~**pärchen** *n* couple; (two) lovers *pl.*; ~**roman** *m* love story; romance; ~**schwur** *m* lover's oath; ~**spiel** *n* loveplay; *zo.* mating ritual; ~**szene** *f* love scene; ≈**toll** *adj.* love-crazed; *lit.* love-stricken; ~**töter** F *pl.* F bloomers; ~**tragödie** *f* tragedy of love; ~**trank** *m* love potion; ≈**trunken** *adj.* besotted; ~**verhältnis** *n* relationship; ~**verlust** *m* deprivation of love; ~**vögel** *pl.*: *zo.* lovebirds; ~**werben** *n* wooing, courtship; ~**zauber** *m* spell of love; ~**zeichen** *n* token of love.
liebevoll I. *adj.* loving; (*herzlich*) very kind; **II.** *adv.* lovingly; ~ ***zubereitet*** prepared with loving care; ***er wird*** ~ ***umsorgt*** he's well looked after; ***j-n*** ~ ***ansehen*** give s.o. a. tender look (*od.* a look of affection).
lieb gewinnen *v/t.* grow fond of, come to like.
lieb geworden *adj.* cherished; ***ein mir*** ~***es Fleckchen*** a place I have come to cherish (*od.* have grown very fond of).
lieb haben *v/t.* like; *stärker*: love.
Liebhaber *m* **1.** lover; (*Verehrer*) admirer; *thea. obs.* ***erster*** ~ leading (gentle)man; *thea.* ***jugendlicher*** ~ juvenile lead; ***er ist ein guter*** (***schlechter***) ~ he's (not very) good in bed; **2.** ~ ***der Kunst*** *etc.* art *etc.* lover (F fan); **3.** (*Kenner*) connoisseur; ~**ausgabe** *f* de luxe (*od.* collector's) edition.
Liebhaberei *f* hobby; ***aus*** ~ as a hobby, for pleasure.
Liebhaber|preis *m* collector's price; ~**stück** *n* collector's item; ~**wert** *m* collector's value.
liebkosen *v/t.* caress; (*bsd. Kind*) *a.* kiss and cuddle; **Liebkosung** *f* caress.
lieblich I. *adj.* lovely, *Mädchen, Gesicht*: *a.* sweet; *Landschaft etc.*: lovely, charming, delightful; *Wein*: suave, pleasant; **II.** *adv.*: ~ ***duften*** (***klingen*** *etc.*) have a lovely smell (sound *etc.*), smell (sound *etc.*) lovely; **Lieblichkeit** *f* loveliness; sweetness; charm; pleasantness.
Liebling *m* darling; *als Anrede*: *a.* (my) love; (*Bevorzugte*[*r*]) favo(u)rite; ***der*** ~ ***der Damen*** the ladies' darling; ***er war ein*** ~ ***der Götter*** he was beloved of the gods.
Lieblings... *in Zssgn mst* favo(u)rite; ~**kind** *n* favo(u)rite child; *fig.* baby; ~**schüler** *m* teacher's pet; ***er ist ihr*** ~ he's the teacher's pet; ~**thema** *n* pet (*od.* favo[u]rite) subject; ***er ist wieder bei s-m*** ~ he's on his hobby-horse again he's onto his favo(u)rite (*od.* pet) subjec again, F he's away again.
lieblos I. *adj.* unkind; (*gefühllos*) cold *Eltern etc.*: uncaring; **II.** *adv.*: ***sie geh sehr*** ~ ***mit ihm um*** she doesn't treat hin very well; **Lieblosigkeit** *f* unkindness (*Kälte*) coldness; *von Eltern etc.*: lack o love; (*Interesselosigkeit*) couldn't-care-less attitude.
Liebreiz *m* charm, attractiveness.
Liebschaft *f* affair.
liebst I. *adj.* (*sup. von* → ***lieb*** I); ***m-e*** ~***e Pflanze*** *etc.* my favo(u)rite plant *etc.*; **II** *adv.*: ***am*** ~***en schwimme ich*** I like swimming best; ***am*** ~***en würde ich bleiben*** (***ihm eine runterhauen***) I'c really like to stay (I'd love to just hi him).
Liebste(r *m*) *f* (*a.* ***meine Liebste, mein Liebster***) darling, my love.
Liebstöckel *m, n* ⚘ lovage.
Lied *n* song; (*Melodie*) tune; (*Kunst*≈) lied; (*Gedicht*) poem; ballad; *fig.* ***es is immer das alte*** ~ it's the same old story every time; ***er kann dir ein*** ~ ***davon singen*** he can tell you a thing or two about that; ***das Ende vom*** ~ the upsho (of the whole affair); ***und das war das Ende vom*** ~ and that was that.
Lieder|abend *m* lieder recital; ~**buch** *n* songbook.
liederlich *adj.* **1.** untidy; *Aussehen*: *a.* sloppy, slovenly (*beide a. Arbeit*); **2** (*sittenlos*) dissolute; **Liederlichkeit** *f* **1** untidiness; sloppiness, slovenliness; **2** (*Sittenlosigkeit*) dissipation, dissolution.
Lieder|macher *m* singer-songwriter ~**sänger(in** *f*) *m* lieder singer; ~**zyklus** *m* song cycle.
Liedtext *m* lyrics *pl. od.* words *pl.* (of a *od.* the song).
Lieferant *m* supplier; **Lieferanteneingang** *m* tradesman's (*od.* goods) entrance.
Lieferauftrag *m* order.
lieferbar *adj.* available, in stock; ***nicht*** ~ not available, out of stock; ***sofort*** ~***e Waren*** spot goods.
Liefer|bedingungen *pl.* terms of delivery; ≈**bereit** *adj.* ready for delivery ~**engpass** *m* supply shortage; ~**firma** *f* supplier(s *pl.*); ~**frist** *f* delivery deadline; ~**kosten** *pl.* delivery charges; ~**land** *n* supplier country; ~**menge** *f* quantity delivered (*od.* ordered); ~**monopol** *n*: ***das*** ~ ***haben für*** have a monopoly on the supply of.
liefern *v/t. u. v/i.* deliver (*dat. od.* ***an*** to); (*beschaffen*) supply (***j-m et.*** s.o. with s.th.); (*erzeugen*) produce; (*Ertrag*) yield *fig.* (*Beweise etc.*) supply, provide, furnish, come up with; ***es lieferte uns genug Gesprächsstoff*** it gave us plenty to talk about; ***er lieferte e-n harten Kampf*** (***ein gutes Spiel***) he put up a good fight (he played well); → ***geliefert.***
Liefer|ort *m* place of delivery; ~**posten** *m* supply item, lot; ~**preis** *m* contract price; ~**schein** *m* delivery note, ~**sperre** *f* halt of deliveries; ~**tag** *m* delivery date; ~**termin** *m* **1.** delivery deadline; **2.** delivery date.
Lieferung *f* delivery, *Am. a.* shipment; (*Be*≈) supply; (*Sendung*) consignment, shipment; (*Teil*≈) instal(l)ment (*a. e-s Buchs*); ~ ***frei Haus*** free home delivery.
Lieferungs... *in Zssgn* → ***Liefer...***
Liefer|vertrag *m* supply contract; ~**wagen** *m* delivery van; *Am.* panel truck.

offener: pickup (truck); **~zeit** *f* delivery period; ***die ~ einhalten*** deliver on time.
Liege *f* couch; (*Garten*2) sunbed; (*Camping*2) campbed.
Liege|deck *n* ⚓ lounge deck; **~kur** *f* ⚕ rest cure.
liegen I. *v/i.* lie, be lying; *Kranker*: be in bed, *weitS.* (*krank sein*) be laid up; *Stadt*: lie, be (situated); *Gebäude*: be (situated *od.* located); ⚓ lie; ***~ müssen*** *Kranker*: have to stay in bed, *flach*: have to lie flat; ***er hat drei Wochen gelegen*** he was in bed (*od.* was laid up) for three weeks; ***der Boden lag voller Zeitungen*** the floor was strewn with newspapers; ***es lag viel Schnee*** there was a lot of snow (on the ground); ***liegt mein Haar richtig?*** is my hair all right (*Am.* alright)?; ***da liegt der Fehler*** that's where the trouble lies; ***wie die Sache jetzt liegt*** as matters (now) stand, as things are at the moment; ***das liegt mir nicht*** it's not my thing; ***er liegt mir überhaupt nicht*** he's not my type of person, *als Mann*: he's not my type; ***nichts liegt mir ferner*** nothing could be further from my mind; *mit prp.*: ***~ an*** be near, (*e-r Straße*, *e-m Fluss*) be on; (*dicht an*) be next to; *fig. Ursache*: be because of; ***an der Spitze*** *etc.* ***~*** be in front *etc.*; ***es liegt an dir*** it's your fault, *et. zu tun*: it's up to you; ***an mir solls nicht ~*** a) I'll certainly do my best, b) I won't stand in the way; ***an mir solls nicht ~,*** *wenn die Sache schief geht*: it won't be my fault (*od.* through any fault of mine); ***es liegt daran, dass*** it's because; ***es liegt mir daran zu*** *inf.* I'm keen to *inf.*; ***es liegt mir sehr viel daran*** it means a lot to me; ***es liegt mir nichts daran*** it doesn't mean much to me, ***zu gewinnen***: it doesn't make any difference to me whether I win or not; ***~ auf*** lie on, *Akzent*: be on; → ***Hand, Seele;*** *der Wagen* ***liegt gut*** (***auf der Straße***) holds (the road) well; ***es liegt Nebel auf den Feldern*** there's fog over the fields; *der Gewinn* ***liegt bei fünf Millionen*** amounts to five million; *die Temperaturen* ***~ bei 30 Grad*** are around 30 degrees; ***die Entscheidung liegt bei dir*** it's your decision, it's up to you; *fig.* ***es liegt hinter uns*** it's behind us; ***~ in*** *Stärke*, *Vorteil etc.*: lie in; ***in ihrer Stimme lag leise Ironie*** there was a hint of irony in her voice; ***die Schwierigkeit liegt darin, dass*** the problem is that; ***~ nach*** *Haus*: face, *Zimmer*: *a.* look out on, overlook; → ***Blut*** 1, ***Magen***; **II.** 2 *n* lying; (*Stellung*) lying position; ***im ~*** lying down; ***das ~ bekommt ihm nicht*** he can't take all this lying down.
liegen bleiben *v/i.* **1.** (*nicht aufstehen*) not to get up; (just) lie there; *im Bett*: *a.* stay in bed; *Boxen*: stay down; **2.** *Sachen*: be left (***auf*** on); *Schnee*: settle; (*vergessen werden*) be left (behind); *a. fig.* be forgotten; *fig. Arbeit*: be left unfinished; *fig.* ***das kann ~*** that can wait; **3.** ✝ *Waren*: be left unsold, F be left on the shelf; **4.** *Fahrzeug*: break down; ***wir sind unterwegs liegen geblieben*** we had a breakdown on the way.
liegend *adj.* **1.** (*ruhend*) resting; *Kunst*: reclining; ***auf dem Rücken ~*** lying on one's back; **2.** (*gelegen*) situated.
liegen geblieben *adj. books etc.* left behind; (*vergessen*) forgotten; *Auto etc.*: stranded, (*aufgegeben*) abandoned.
liegen lassen *v/t.* **1.** (*vergessen*) leave behind, forget; **2.** (*in Ruhe lassen*) leave alone; ***lass es liegen!*** don't touch it!; **3.** (*Arbeit*) leave (unfinished); ***die Arbeit ~*** (*unterbrechen*) stop work, *plötzlich*: leave everything lying, F down tools; **4.** (*nicht aufräumen*) leave *s.th.* lying around; → ***links*** I.
Liegenschaften *pl.* real estate *sg.*
Liege|sitz *m* reclining seat, recliner; **~stuhl** *m* deckchair; **~stütz** *m* press-up, *a. Am.* push-up; **~terrasse** *f* sun terrace; **~wagen** *m* 🚃 couchette car; **~wiese** *f* lawn.
Lieschen *n* **1.** F ***~ Müller*** the (average) woman in the street, F Mrs Average; **2.** ⚘ → ***fleißig*** I.
Lifestyledroge *f* lifestyle drug.
Lift[1] *m* lift, *Am.* elevator; (*Ski*2) (ski) lift.
Lift[2] *m*, *n Kosmetik*: facelift.
Liftboy *m* lift (*Am.* elevator) boy.
liften[1] *v/t.*: ***sich ~ lassen*** have a facelift.
liften[2] *v/i. Skifahren*: take the ski lift.
Liftkarte *f Skifahren*: lift ticket.
Liga *f* league (*a. Sport*); **~spiel** *n* league match (*od.* game).
Ligatur *f anat.*, *typ.* ligature; ♪ tie.
Lignit *m* lignite.
Liguster *m* ⚘ (common) privet; **~hecke** *f* privet hedge.
liieren *v/refl.*: ***sich ~*** get together, ✝ *etc.* join forces (***mit*** with); **liiert** *adj.*: (***fest***) ***~*** attached; ***mit j-m ~ sein*** be going out with s.o.
Likör *m* liqueur.
Lila *n*, **lilafarben** *adj.* purple; *hell*: lilac.
Lilie *f* ⚘ lily; *Heraldik*: *a.* fleur-de-lis; ***Gelbe ~*** gold lily; ***Weiße ~*** white (*od.* Madonna) lily; ***Blaue ~*** iris.
Liliputaner(in *f*) *m* midget.
Limette *f* lime.
Limit *n* limit; ✝ *a.* ceiling; *Auktion*: reserve (price); **limitieren** *v/t.* limit; ✝ *a.* put a ceiling on; **limitiert** *adj.* limited; ***nicht ~*** unlimited, open-ended.
Limo F *f*, **Limonade** *f* fizzy drink, *Am.* soda pop; (*Zitronen*2) lemonade; (*Orangen*2) orangeade.
Limone *f* lime.
Limousine *f mot.* saloon, *Am.* sedan.
lind *adj.* gentle, mild.
Linde *f* lime, linden; (*Lindenholz*) limewood; **Lindenbaum** *m* lime tree; **Lindenblütentee** *m* lime blossom tea; **Lindenholz** *n* limewood.
lindern *v/t.* alleviate; (*Schmerzen*) *a.* ease; (*Fieber*) bring down; (*Armut*) relieve; (*Strafe*) mitigate; **Linderung** *f* alleviation; easing; relief; mitigation; → ***lindern***; ***~ verschaffen*** bring relief (*j-m* to).
Lindwurm *m* dragon.
Lineal *n* ruler.
linear *adj.* linear; (*pauschal*) across-the-board.
Linear|beschleuniger *m phys.* linear accelerator; **~schrift** *f* linear script; **~zeichnung** *f* line drawing.
Linguist *m* linguist; **Linguistik** *f* linguistics *pl.* (*sg. konstr.*); **linguistisch** *adj.* linguistic(ally *adv.*).
Linie *f* **1.** line (*a. Reihe*, *im Gesicht*, ⚔, *Sport etc.*); *fig.* ***in erster ~*** first of all, in the first place; ***in vorderster ~ stehen*** be in the front line; ***auf der ganzen ~*** (right) down the line; **2.** (*Strecke*) route; ***die ~ 20*** (*Bus*) bus number 20, the number 20 (bus); ***auf der ~ Köln-Hamburg*** on the Cologne-Hamburg line (✈ route); **3.** (*Flug*2) airline; **4.** (*Tendenz*) trend; *pol.* course; (*Partei*2) party line; *e-r Zeitung*: editorial policy; ***e-e klare ~ haben*** (*fest umrissen sein*) be clear-cut, (*a.* ***e-e klare ~ einhalten***) be consistent; ***e-e mittlere ~ einschlagen*** (*od.* ***verfolgen***) follow a middle course; **5.** (*Taille*) figure, waistline; ***ich muss auf m-e*** (***schlanke***) ***~ achten*** *a.* I've got to watch what I eat; **6.** (*Stamm*, *Geschlecht*) line; ***in direkter ~ abstammen von*** be a direct descendant of.
Linien|blatt *n* (sheet of) lined paper; **~bus** *m* public service bus; **~dienst** *m* scheduled services *pl.*; ✈ *a.* regular flights *pl.*; **~flug** *m* scheduled flight; **~flugzeug** *n* → ***Linienmaschine***; **~führung** *f Zeichnen etc.*: flow of the lines; **~maschine** *f* scheduled aircraft (*od.* plane); **~netz** *n* (rail *etc.*) network; **~papier** *m* ruled (*od.* lined) paper; **~richter** *m Sport*: linesman; **~schiff** *n* liner; **~system** *n* ♪ staff, stave.
linientreu *adj. pol.* loyal; ***~ sein*** *a.* toe the line; 2**er** party liner; **Linientreue** *f* loyalty to the party line.
Linienverkehr *m* scheduled services *pl.*; ✈ scheduled air traffic.
lin(i)ieren *v/t.* rule, line; **lin(i)iert** *adj.* ruled, lined.
link *adj.* **1.** (*Ggs. recht*) left; ***~e Seite*** left-hand side, left; *fig.* ***zwei ~e Hände haben*** have two left hands; ***das mache ich mit der ~en Hand*** (F ***mit ~s***) I can do that no problem (*od.* with my hands tied); ***er ist wohl mit dem ~en Fuß*** (*od.* ***Bein***) ***zuerst aufgestanden*** he must have got out of the wrong side of the bed this morning; **2.** *pol.* left-wing, leftist; *Flügel*: left *wing*; **3.** F (*gemein*, *niederträchtig*) dirty, mean, nasty; (*hinterhältig*) underhand(ed); (*falsch*) two-faced; ***~e Tour*** a) underhand(ed) (*stärker*: dirty, mean) trick, b) (*a.* ***~e Touren***) underhand(ed) (*od.* fishy) dealings *pl.*; ***j-m auf die ~e Tour kommen*** (*für dumm verkaufen*) F try and play s.o. for a sucker, (*reinlegen*) F do the dirty on s.o.; ***komm mir ja nicht auf die ~e Tour!*** *a.* F just don't try it on me(, mate); ***~er Hund***, V ***~e Sau*** *sl.* two-faced swine (V bastard); ***~er Vogel*** V scheming bastard.
Link *m Computer*, *Internet*: link.
Linke *f* (*Hand*) left hand; *Boxen*: left; *pol. the* left, *e-r Partei*: left wing; ***zur ~n*** to (*od.* on) the left; ***zu s-r ~n*** to (*od.* on) his left.
Linke(r) *m pol.* leftist, left-winger; F leftie.
linken F *v/t.* (*hereinlegen*) F do the dirty on *s.o.*
linker Hand *adv.* on the left.
linkisch *adj.* clumsy, gauche; *Bewegung etc.*: awkward.
links I. *adv.* on the left(-hand side); (*nach* ***~***) (to the) left; (*verkehrt herum*) inside out; ***~ von*** to the left of; ***~ von ihm*** on (*od.* to) his left; ***~ oben*** (***unten***) on the top (bottom) left; ***drittes Regal ~*** third shelf on the left; ***~ abbiegen*** turn left; ***sich ~ halten, ~ fahren*** (*od.* ***gehen***) keep to the left; *pol.* ***~ stehen*** be on the left, be a left-winger; *fig.* ***~ liegen lassen*** completely ignore, (*j-n*) give *s.o.* the cold shoulder; ***ich weiß nicht mehr, was ~ und was rechts ist*** I'm totally confused, I don't know which way to turn; **II.** *prp.* (*mit gen.*) on (*od.* to) the left of; ***~ der Spree*** on the left bank of the Spree; *pol.* ***~ der Mitte*** left of cent|re (*Am.* -er); **III.** F *adj.* (***~händig***) left-handed.
Links|abbiegen *n*: ***~ verboten*** no left turn(s); **~abbieger** *m* car *etc.* turning

L

left, *pl.* traffic *sg.* turning left; **~abbiegespur** *f* left-hand turn(-off) lane; **~außen** *m Fußball*: outside left, left wing; *pol.* extreme left-winger; **⁓bündig** *adj. typ.* flush left; **~drall** *m* left-hand twist; *fig. pol.* leftist tendencies *pl.*; **~drehung** *f* anticlockwise rotation.
Linksextremist *m* left-wing extremist; **linksextremistisch** *adj.* (of the) extreme left.
Linksfüßler *m* left-footed player.
linksgerichtet *adj. pol.* left-wing.
Linkshaken *m Boxen*: left hook.
Linkshänder *m* left-hander; ***er ist ~*** he's left-handed; **linkshändig** *adj.* left-handed; *Schlag etc.*: left hand ...
linksherum *adv.* anticlockwise; (*nach links*) (to the) left.
Links|intellektuelle(r) *m* left-wing intellectual; **~katholizismus** *m* left-wing Catholicism; **~kurs** *m* leftist policy (*schwächer*: tendencies *pl.*); **~kurve** *f* left turn (✈ bank); *in der Straße*: left-hand bend.
linkslastig *adj.*: ***~ sein*** lean to the left, *fig.* lean towards the left, have leftist tendencies (*od.* leanings).
Linkslenker *m mot.* left-hand drive.
linksliberal *adj.* left-wing liberal.
linksorientiert *adj.* leftist; **Linksorientierung** *f* leftist tendencies *pl.*
Linkspartei *f* left-wing party.
linksradikal *adj.*, **Linksradikale(r)** *m* left-wing extremist.
Links|ruck *m*, **~rutsch** *m*, **~schwenkung** *f pol.* swing to the left.
linksseitig I. *adj.* left; on the left(-hand) side; **II.** *adv.* → ***gelähmt.***
Links|steuerung *f mot.* left-hand drive; **~verkehr** *m*: *mot.* ***in Großbritannien ist ~*** in Britain they drive on the left(-hand side); **~wendung** *f pol.* shift to the left.
Linoleum *n* linoleum, lino; **~boden** *m* lino(leum) floor.
Linol|säure *f* linoleic acid; **~schnitt** *m* linocut.
Linotype *f typ.* linotype.
Linse *f* **1.** ⚘ lentil; **2.** *anat. u. opt.* lens; F ***j-n vor die ~ kriegen*** F get s.o. into one's (camera) sights.
linsen F *v/i.* peep, F peek.
linsenförmig *adj.* lenticular.
Linsen|gericht *n* lentil dish; *fig.* ***et. für ein ~ hergeben*** sell s.th. for a song; **~suppe** *f* lentil soup; **~trübung** *f* ⚕ cataract.
Lipgloss *n* lip gloss.
Lipom *n* ⚕ lipoma, skin tag.
Lippe *f* lip; ⚘ labellum; ⚕ labium; ***von den ~n lesen*** lip-read; *fig.* ***sich auf die ~n beißen*** bite one's tongue; ***an j-s ~n hängen*** hang on s.o.'s every word; ***das bringe ich nicht*** (***nur schwer***) ***über die ~n*** I can't (I can hardly) bring myself to say it; ***das soll nicht über m-e ~n kommen*** I won't breathe a word, my lips are sealed; F ***e-e große*** (*od.* ***freche***) ***~ riskieren*** F shoot one's mouth off.
Lippenbekenntnis *n* lip service; ***ein ~ ablegen*** pay lip service.
Lippenblütler *m* ⚘ labiate.
lippenförmig *adj.* ⚘ *etc.* labiate.
Lippen|laut *m ling.* labial; **~pflegestift** *m* lipcare (*od.* lipsalve) stick; **~stift** *m* lipstick.
lippensynchron *adj.*, **Lippensynchronisation** *f*, **lippensynchronisieren** *v/t. u. v/i. Film*: F lip-sync.
liquid(e) *adj.* ✝ (*flüssig*) liquid *funds*; (*zahlungsfähig*) solvent; **Liquidation** *f* ✝ *e-r Firma*: liquidation, *bsd. Brit.* winding-up; *Börse*: settlement; ***in ~ treten*** go into liquidation; **Liquidator** *m* liquidator; **liquidieren** *v/t.* ✝ liquidate (*a. fig. j-n*), wind up; **Liquidierung** *f* liquidation (*a. fig.*); **Liquidität** *f* liquidity; (*Zahlungsfähigkeit*) solvency; **Liquiditätsengpass** *m* liquidity crisis; F cash problem.
lispeln I *v/i.* (have a) lisp; **II.** *v/t.* lisp; (*flüstern*) whisper.
List *f* cunning; (*Trick*) ruse, trick, ploy; ***zu e-r ~ greifen*** a) use (*od.* employ, resort to) a trick, b) use a bit of cunning; ***er steckt voller ~*** he's a sly old fox; ***mit ~ und Tücke*** with a great deal of cunning.
Liste *f* list; *amtliche*: register; *von Geschworenen, Kassenärzten*: panel; → ***Wahlliste***; ***schwarze ~*** black list; ***auf die schwarze ~ setzen*** blacklist.
Listen|platz *m* place; ***~ vier haben*** be in fourth place; **~preis** *m* ✝ list price.
listenreich *adj.* full of cunning.
listig *adj.* cunning, crafty, wily; *a. Blick*: sly.
Litanei *f eccl. u. fig.* litany; *fig.* ***die ganze ~ a.*** F the whole spiel; ***immer dieselbe ~*** the same old story every time.
Litauer(in *f*) *m*, **litauisch** *adj.* Lithuanian.
Liter *m*, *n* lit|re (*Am.* -er).
literargeschichtlich *adj.* literary historical; **Literarhistoriker** *m* literary historian; **literarhistorisch** *adj.* literary historical.
literarisch I. *adj.* literary; **II.** *adv.*: ***~ gebildet*** literate, well-read; ***~ tätig sein*** be a writer, write.
Literat *m* **1.** man of letters, belletrist; (*Schriftsteller*) writer, *bekannter*: *a.* literary figure; *pl.* literati, literary establishment *sg.*; **2.** *contp.* (*Schreiber*) scribe.
Literaten|café *n* literary café; **~kreise** *pl.*: ***in ~n*** in (*od.* among) literary circles.
Literatur *f* literature; **~agent** *m* literary agent; **~angabe** *f* bibliographical reference; *pl.* bibliography *sg.*; **~beilage** *f* literary supplement; **~betrieb** *m* literary scene (*contp.* mill); **~gattung** *f* literary genre; **~geschichte** *f* history of literature, literary history; **~hinweise** *pl.* recommendations for (F tips on) further reading; *als Überschrift*: further reading *sg.*; **~historiker** *m* literary historian; **~kritik** *f* literary criticism; **~kritiker** *m* literary critic; **~lexikon** *n* dictionary (*od.* encyclop[a]edia) of literature; **~nachweis** *m* bibliography; **~papst** F *m* literary guru; **~preis** *m* literary award; **~sprache** *f* written language; **~verzeichnis** *n* bibliography; **~wissenschaft** *f* literature, literary studies *pl.*; **~wissenschaftler** *m* literary scholar; ***er ist ~ an der Universität Wien*** he teaches literature at Vienna university; **~zeitschrift** *f* literary journal.
Literflasche *f* lit|re (*Am.* -er) bottle.
literweise *adv.* by the lit|re (*Am.* -er); F *fig.* ***sie saufen das Zeug ~*** F they knock the stuff back by the bottle.
Litfaßsäule *f* advertising column.
Lithium *n* ⚗, *pharm.* lithium.
Lithographie *f* lithography; (*Bild*) lithograph.
Lithotripter *m* ⚕ lithotripter.
Litschi *f* lychee.
Liturgie *f eccl.* liturgy; **liturgisch** *adj.* liturgical.
Litze *f* cord, braid; ⚡ flex.
live *adj. u. adv.* live.
Live|aufnahme *f* live recording; **~auftritt** *m* live performance; **~aufzeichnung** *f* → ***Liveaufnahme***; **~bericht** *m* **1.** *Sport etc.*: live commentary; **2.** → ***Livereportage***; **~berichterstattung** *f* **1.** *Sport*: live commentary; **2.** live (*od.* on-the-spot) reporting; **~reportage** *f* on-the-spot report; **~sendung** *f* live broadcast; **~übertragung** *f* live transmission.
Livländer(in *f*) *m*, **livländisch** *adj.* Livonian.
Livree *f* livery; **livriert** *adj.* liveried.
Lizenz *f* licen|ce (*Am.* -se); ***j-m die ~ erteilen zu*** *inf.* give s.o. a licen|ce (*Am.* -se) to *inf.*, licen|se (*Am. a.* -ce) s.o. to *inf.*; ***in ~*** under licen|ce (*Am.* -se); **~bau** *m* licen|sed (*Am. a.* -ced) manufacture; **~gebühr** *f* licen|ce (*Am.* -se) fee, royalty; **~inhaber** *m* licensee; **~spieler** *m Sport*: professional, F pro; **~vertrag** *m* licen|ce (*Am.* -se) agreement.
Lkw *m* lorry, *bsd. Am.* truck; **~-Fahrer** *m* lorry (*bsd. Am.* truck) driver, *bsd. Am. a.* F trucker.
Lob[1] *n* praise; (*Beifall*) approval; ***j-m ein ~ aussprechen*** praise s.o. (for s.th.); ***großes ~ ernten*** earn a great deal of praise; ***des ~es voll sein*** be full of praise (***über*** for), ***über j-n***: *a.* sing s.o.'s praises; ***über alles ~ erhaben*** beyond praise; ***zu s-m ~e*** to his credit.
Lob[2] *m Tennis*: lob.
lobbegierig *adj.* eager for praise; ***~ sein a.*** always be looking for (*od.* seeking) praise.
lobben *v/i. u. v/t. Tennis*: lob.
Lobby *f* lobby; **Lobbyismus** *m* lobbyism, lobbying; **Lobbyist** *m* lobbyist.
loben *v/t.* praise; *gegenüber anderen*: *a.* speak very highly of; (*rühmen*) extol; ***da lobe ich mir ...*** give me ... any time; → ***Abend***; **lobend I.** *adj.*: ***~es Wort*** word of praise; ***~e Erwähnung*** positive (*od.* hono[u]rable) mention; **II.** *adv.*: ***~ erwähnen*** give *s.o. od. s.th.* a positive (*od.* an hono[u]rable) mention; ***~ sprechen über*** be full of praise for; **lobenswert** *adj.* commendable, *stärker*: laudable.
Lobeshymne *f* hymn (*od.* song) of praise; *fig.* ***in ~n ausbrechen über*** praise *s.o. od. s.th.* to the skies.
Lobgesang *m* song of praise; *fig.* → ***Loblied.***
Lobhudelei *f a. pl.* adulation, sycophancy; **lobhudeln** *v/t. u. v/i.* (*j-m ~*) heap praise on, adulate; **Lobhudler** *m* sycophant.
löblich *adj.* commendable, creditable, *stärker*: laudable; *iro.* brilliant.
Loblied *n* hymn (*od.* song) of praise; *fig.* ***ein ~ auf j-n singen*** sing s.o.'s praises, praise s.o. to the skies.
lobpreisen *v/t.* praise, extol, glorify; **Lobpreisung** *f* praise; eulogy.
Lobrede *f* eulogy.
Loch *n* hole (*a. fig. elende Behausung, Stadt etc.*); (*Öffnung*) opening; (*Lücke*) gap; *Billard*: pocket; F *fig.* (*Gefängnis*) F clink, jug, *Am.* F slammer; V (*Vagina*) V cunt, hole; *fig.* ***auf dem letzten ~ pfeifen*** be on one's last legs; F ***j-m Löcher*** (*od.* ***ein ~***) ***in den Bauch fragen*** (***reden***) bombard s.o. with questions (go on and on at s.o.); F ***Löcher in die Luft starren*** (*od.* ***in die Wand stieren***) stare into space; ***j-m ein großes ~ in den Geldbeutel reißen*** burn a big hole in s.o.'s pocket; ***ein ~ mit dem anderen zustopfen*** rob Peter to pay Paul; F ***er säuft wie ein ~*** F he drinks like a fish.
Locheisen *n* ⚙ punch.

lochen *v/t.* punch; **Locher** *m* punch.
löch(e)rig *adj.* **1.** full of holes (*a. fig.*); F holey; **2.** ⚘ perforated; pitted.
löchern F *v/t.* (*j-n*) *mit Fragen etc.*: go on at *s.o.*, pester *s.o.*; ***sie löchert mich seit Tagen, wann wir wegfahren*** she's been pestering me (*od.* going on at me) for days about when we're going away.
Loch|karte *f* punchcard; **~säge** *f* keyhole saw; **~streifen** *m* ticker tape.
Lochung *f* punching; (*Perforierung*) perforation.
Loch|verstärker *m* paper reinforcement; **~zange** *f*: (***e-e*** **~** a pair of) punch pliers *pl.*; *für Fahrkarten*: punch; **~ziegel** *m* air brick.
Lockartikel *m* ✝ loss leader.
Locke *f* curl, *bsd. abgeschnittene od. herunterhängende*: lock; (***blonde***) ***schwarze ~n haben*** have curly blond (black) hair; ***das Haar in ~n legen*** put curlers in (one's hair).
locken[1] *v/t. u. v/refl.* (***sich ~***) curl; → ***gelockt.***
locken[2] *v/t.* **1.** (*Tier*) lure; (*rufen*) call; (*Fisch*) bait; **2.** *fig.* lure; *mit et.*: tempt; **~ *in*** (***aus***) lure into (out of); ***es lockt mich*** I feel tempted; ***das lockt mich sehr*** (***gar nicht***) *a.* I really like the idea (it doesn't interest me at all, F it doesn't grab me); ***mich würde Portugal ~*** I quite fancy Portugal; ***j-m das Geld aus der Tasche ~*** entice s.o. into spending his (*od.* her) money, *betrügerisch*: cheat s.o. out of his (*od.* her) money; **lockend** *fig. adj.* attractive, *stärker*: enticing.
Locken|kopf *m* (*Haar*) curly hair; (*Kopf*) curly head; (*Person*) curlyhead; **~stab** *m* curling tongs *pl.*; **~wickler** *m* curler.
locker I. *adj.* loose (*a. Erde*); (*nicht straff*) slack; *Teig etc.*: light; *fig. Haltung, Regelung etc.*: relaxed; *Person*: (*leger*) easygoing, F cool; *Moral*: lax *morals*; *Verhältnis*: (very) casual; ***e-e ~e Hand haben*** be quick to lash out; → ***Mundwerk***; **~ *machen*** (***werden***) → (***sich***) ***lockern***; **II.** *adv.* loosely; F *fig.* (*mit Leichtigkeit*) easily, F *do s.th.* no problem; ***et. ~ handhaben*** deal with s.th. very casually; ***es geht sehr ~ zu*** it's all very relaxed; ***bei ihm sitzt das Geld ziemlich ~*** he doesn't think twice when it comes to spending money; ***bei ihm sitzt das Geld nicht ~*** he has to go easy on his money, he has to count his pennies; ***das musst du etwas ~er sehen*** you mustn't see it so narrowly; F ***das schafft er ~*** *a. terminlich*: F he'll manage it no problem.
lockerlassen *v/i.*: ***nicht ~*** keep at it, keep going; ***nicht ~!*** don't give up!, (*nicht nachlassen*) no slacking now!; ***er ließ nicht locker, bis*** he wouldn't give up until.
lockermachen F *v/t.* (*Geld*) F fork out, cough up; ***bei j-m 20 Mark ~*** F get s.o. to fork out 20 marks.
lockern I *v/t.* loosen; (*Seil etc.*) slacken; (*Griff*) *a.* relax (*a. fig. Disziplin etc.*); (*Muskeln etc.*) loosen up; **II.** *v/refl.*: ***sich ~*** loosen, (*sich loslösen*) come loose; *Seil etc.*: slacken; *körperlich*: loosen up; *Sport*: limber up; *fig. Person, Moral etc.*: relax; *fig.* ***die Sitten haben sich gelockert*** morals have become lax (*od.* slack); **Lockerung** *f* loosening; relaxation; slackening; *Sport*: limbering-up; → ***lockern***; **Lockerungsübung** *f* loosening-up (*Sport etc.*: limbering-up) exercise.
lockig *adj.* curly.
Lock|mittel *n* bait; **~ruf** *m zo.* mating call; **~spitzel** *m* stool pigeon; *pol.* agent provocateur.
Lockung *f a. pl.* lure; (*Versuchung*) temptation.
Lockvogel *m a. fig.* decoy; **~angebot** *n* ✝ loss leader; **~werbung** *f* bait advertising.
Loddel F *m* (*Zuhälter*) F pimp.
Loden *m* loden; **~mantel** *m* loden coat.
lodern *v/i.* blaze; *Fackel*: burn, shine; *fig.* (*leuchten*) glow; *Augen, Leidenschaft*: burn; **lodernd** *adj.*: ***~e Flammen*** burning flames.
Löffel *m* spoon; ⚙ scoop (*a. Bagger*≗); F *fig. pl.* (*Ohren*) ears, *sl.* lugholes; F *fig.* ***den ~ weglegen*** (*sterben*) F kick the bucket, pop one's clogs; F ***er hat die Weisheit nicht mit ~n gefressen*** F he must have been at the back of the queue when they were handing brains out; ***mit e-m goldenen*** (*od.* ***silbernen***) ***~ im Mund geboren sein*** have been born with a silver spoon in one's mouth; F ***schreib dir das hinter die ~*** F and don't you forget it; F ***j-n über den ~ barbieren*** F play s.o. for a sucker, take s.o. for a ride; **~biskuit** *m, n* sponge finger.
löffeln *v/t.* spoon; *mit der Kelle*: ladle; (*mit dem Löffel essen*) spoon *s.th.* up.
Löffelstiel *m* spoon handle.
löffelweise *adv.* in spoonfuls, by the spoonful.
Logarithmentafel *f* log(arithmic) tables *pl.*; **logarithmieren I.** *v/t.* take the logarithm of; **II.** *v/i.* take the logarithm; **logarithmisch** *adj.* logarithmic; **Logarithmus** *m* logarithm.
Logbuch *n* log(book).
Loge *f* **1.** *thea.* box; **2.** (*Freimaurer*≗) lodge.
Logen|bruder *m* fellow mason; **~meister** *m* master of a (*od.* the) lodge; **~platz** *m* box seat.
Loggia *f* ⩓ loggia; (*Balkon*) recessed balcony.
Logierbesuch *m* (overnight) guest(s *pl.*); **logieren** *v/i.* stay (***bei*** with; ***in*** at).
Logik *f* logic; **Logiker** *m* logician.
Logis *n* lodgings *pl.*; ***Kost und ~*** board and lodgings.
logisch *adj.* logical; ***es ist doch völlig ~*** it stands to reason(, doesn't it?); ***ist doch ~!*** it's logical, isn't it (*hum.* innit)?, (*selbstverständlich*) of course!, (*na klar*) F you bet!; **logischerweise** *adv.* logically; obviously; ***~ muss er ...*** *a.* it's obvious (*od.* only logical) that he has to ...
Logistik *f phls. u.* ⚔ logistics *pl.* (⚔ *mst sg. konstr.*); **logistisch** *adj.* logistic(ally *adv.*).
logo *sl. int. sl.* sure thing!, *zustimmend*: *a.* F you bet!
Logo *n* ✝ logo.
Logopäde *m* speech therapist.
Logorrhöe *f* logorrh(o)ea.
Logotherapie *f* speech therapy, logotherapy.
Lohe *f Gerberei*: tan.
lohfarben *adj.* tan.
Lohn *m* (*Arbeits*≗) wage(s *pl.*), pay; (*Bezahlung*) payment; (*Belohnung*) reward; ***zum ~*** as a reward (***für*** for), *fig. a.* in return (for); ***bei j-m in ~ stehen*** be in s.o.'s pay (*od.* service); ***j-n um ~ und Brot bringen*** deprive s.o. of his (*od.* her) livelihood, take the bread out of s.o.'s mouth; *iro.* ***er hat s-n*** (***gerechten***) ***~ bekommen*** he got his just deserts; **~abbau** *m* wage cuts *pl.*
lohnabhängig *adj.* wage-earning ..., wage-dependent; **Lohnabhängige(r)** *m* wage earner.
Lohn|abkommen *n* wage agreement; **~abrechnung** *f* pay slip; (*Vorgang*) payroll accounting; **~abzug** *m* wage (*od.* salary) deduction; **~angleichung** *f* wage adjustment; **~anstieg** *m* rise in wages; **~arbeit** *f* paid labo(u)r; **~auftrag** *m* farming-out contract; ***e-n ~ vergeben*** farm out work to a subcontractor; **~ausfall** *m* loss of earnings; **~ausgleich** *m*: ***bei vollem ~*** without cuts in payment; **~auszahlung** *f* payment of wages; **~beschränkung** *f* wage restraint; **~buchhalter** *m* payroll clerk; **~buchhaltung** *f* **1.** payroll accounting; **2.** payroll department; **~differenz** *f* wages gap, wage differential; **~diktat** *n* imposed pay settlement; **~drift** *f* wage drift; **~empfänger** *m* wage earner; ***Lohn- und Gehaltsempfänger*** salaried and wage-earning employees.
lohnen I. *v/refl.* **1.** ***sich ~*** be worthwhile, be worth one's while, *bsd. materiell*: *a.* pay; ***es lohnt sich*** it's worth it, ***zu*** *inf.*: it's worth *ger.*, *generell*: *a.* it pays to *inf.*; ***es lohnt sich nicht*** it's not worth it, (*es bringt nichts*) it's no use; ***der Film lohnt sich*** it's a good film, the film's worth seeing, you should go and see the film; ***ein Versuch lohnt sich*** it's worth a try; ***die Mühe lohnt sich*** it's worth (making) the effort *od.* (taking) the trouble; **II.** *v/t.* **2.** ***j-m et. ~*** repay (*od.* reward) s.o. for s.th.; **3.** ***es lohnt die Mühe*** it's worth the effort.
löhnen F *v/i.* (*bezahlen*) F cough up, pick up the tab.
lohnend *adj.* worthwhile; (*dankbar*) rewarding; (*sehenswert etc.*) worth seeing *etc.*
Lohn|erhöhung *f* wage increase, pay rise (*Am.* raise); **~forderung** *f* wage claim; **~fortzahlung** *f* statutory sick pay, *abbr.* SSP, continued pay (in case of sickness); ***Anspruch auf ~ haben*** be entitled to (receive) statutory sick pay; **~front** *f*: (***an der ~*** on the) wages front; **~gefälle** *n* wage differential, wages gap; **~gruppe** *f* wage bracket; **~index** *m* wage index; **≗intensiv** *adj.* wage-intensive; **~kampf** *m* wage dispute; **~kosten** *pl.* labo(u)r costs; **~kürzung** *f* pay cut; ***~ im Krankheitsfall*** sick-leave cuts *pl.*; **~nachzahlung** *f a. pl.* back pay; **~nebenkosten** *pl.* non-wage labour costs, add-on costs; **~pause** *f* temporary wage freeze; **~politik** *f* wages policy; **~-Preis-Spirale** *f* wages-price spiral; **~runde** *f* round of wage talks, wage round; **~senkung** *f* cut in wages, wages cut; **~skala** *f* wage scale; **~staffelung** *f* graduated salary.
Lohnsteuer *f* income tax; **~jahresausgleich** *m* annual adjustment of income tax; ***s-n ~ machen*** do one's tax return; **~karte** *f* tax card.
Lohn|stopp *m* wage freeze, pegging of wages; **~streifen** *m* pay slip; **~tüte** *f* wage packet; **~vereinbarung** *f* wage (*od.* pay) agreement; **~verhandlungen** *pl.* wage negotiations (*od.* talks), wage round *sg.*; **~vorsprung** *m* wage differential; **~zettel** *m* pay slip.
Loipe *f Ski*: (cross-country) trail *od.* circuit.
Lok *f* engine.
Lokal I. *n* (*Gaststätte*) restaurant; (*Kneipe*) pub, bar, F *hum.* watering hole; ***ich kenne ein gutes ~*** *a.* F I know a good place; **II.** ≗ *adj.* local; **~es Rechnernetz** *Com-*

L

puter: local area network, *abbr.* LAN; **~anästhesie** *f* ⚕ local an(a)esthetic; **~anzeiger** *m* free paper, local freesheet (*od.* advertiser); **~bericht** *m* local report; **~blatt** *n* local paper; **~derby** *n* local derby.
Lokale(s) *n Zeitung*: local news (*sg.*).
Lokalfernsehen *n* local TV.
lokalisieren *v/t.* **1.** locate; *genau*: *a.* pinpoint; **2.** (*beschränken, eingrenzen*) localize.
Lokalität *f* place, locality.
Lokal|kolorit *n* local colo(u)r; **~matador** *m* local hero; **~nachrichten** *pl.* local news *sg.*; **~patriotismus** *m* local (*od.* regional) patriotism; **~presse** *f* local (*od.* regional) press; **~radio** *n* local radio; **~redakteur** *m* local (*od.* regional) news editor; **~redaktion** *f* local newsroom; **~runde** *f*: ***e-e ~ ausgeben*** (F ***schmeißen***) buy drinks for everyone (in the house); **~seite** *f* local news page (*od.* section); **~teil** *m* local news pages *pl.* (*od.* section); **~termin** *m* ⚖ visit to the scene of the crime; **~verbot** *n*: ***~ (erteilt) bekommen*** be barred from (entering) the place; ***er hat (hier) ~*** he's been barred from the place; **~verhältnisse** *pl.* local conditions; **~zeitung** *f* local paper.
Lokativ *m ling.* locative.
Lokführer *m* → ***Lokomotivführer.***
Loko|geschäft *n* ✝ spot transaction; **~handel** *m* spot trading.
Lokomotive *f* engine; **Lokomotivführer** *m* engine driver, *Am.* engineer.
Lokopreis *m* ✝ spot price.
Lokus F *m* F loo, *Am.* F john; ***er ist auf dem ~*** he's in (*od.* he's gone to) the loo (*Am.* john).
Lombard|kredit *m* ✝ collateral loan; **~satz** *m* Lombard rate.
Londoner(in *f*) *m* Londoner.
Looping *m* loop; ***e-n ~ drehen*** do a loop.
Lorbeer *m* **1.** ♣ laurel; **2.** (*Gewürz*) bay leaf (*od.* leaves *pl.*); **3.** → ***Lorbeerkranz***; **4.** *fig. pl.* laurels; ***sich auf s-n ~en ausruhen*** rest on one's laurels; ***die ersten ~en ernten*** win one's first laurels; ***damit wird sie keine ~en ernten*** that won't win her any laurels; **~baum** *m* laurel (tree), bay (tree); **~blatt** *n* bay leaf; **~kranz** *m* laurel wreath (*a. fig.*); **~zweig** *m* sprig of laurel.
Lore *f* tipper lorry, *a. Am.* dump truck.
Lorgnette *f* lorgnette.
los I. *pred. adj. u. adv.* **1.** → ***lose*** 1; **2.** (*ab, weg*) off; *Hund etc.*: loose, off the leash (*od.* lead); ***der Knopf ist ~*** the button is (*od.* has come) off; **3.** ***ich bins immer noch nicht ~*** I haven't got rid of it yet, *negatives Erlebnis*: I still haven't got over it; ***den wären wir endlich ~*** thank goodness he's gone; ***den Auftrag bist du ~*** you can say goodbye to that job; **4.** ***was ist (mit ihm) ~?*** what's wrong (with him)?; ***was ist denn schon wieder ~?*** what's the matter this time (*od.* now)?; ***da ist etwas ~*** there's something going on, (*etwas stimmt nicht*) there's something wrong, (*es ist etwas passiert*) something has happened; ***da war (schwer) was ~*** *Ärger, Streit*: the sparks were flying, *Stimmung, Trubel etc.*: things were really happening; ***da ist immer was ~*** there's always something going on there; ***hier ist nichts ~*** F nothing doing around here; ***wo ist hier was ~?*** where can you go around here?; ***mit ihm ist nicht viel ~*** he isn't up to much; ***heute ist mit ihr nichts ~*** you can forget her (for) today; → ***losgehen, Teufel*** *etc.*; **5.** ***er ist schon ~*** he's gone (*od.* left) already; ***willst du schon ~?*** are you going already?; **II.** *int.*: ***~!*** go on!, *beim Wettkampf etc.*: go!, (*mach schnell*) let's go!, come on!; ***jetzt aber ~!*** okay, let's go!, F go for it!.
Los *n* **1.** (*Lotterie*~) (lottery) ticket; ***das große ~ ziehen*** win first prize, *fig.* hit the jackpot; **2.** ***durchs ~*** *entscheiden etc.*: by drawing lots, by lot; *fig.* ***ihm fiel das ~ zu zu*** *inf.* it fell to his lot to *inf.*; ***das ~ fiel auf mich*** *iro.* I was the lucky one; **3.** (*Schicksal*) fate; ***ein schweres ~*** a hard lot; ***es war mein ~ zu*** *inf.* it was my lot (*od.* fate, destiny) to *inf.*; **4.** ✝ lot.
los|arbeiten *v/i.* (*anfangen zu arbeiten*) start working; (*darauf ~*) work away (***auf*** at); ***auf et. ~*** (*hinarbeiten*) start work(ing) on s.th.; **~ballern** F *v/i.* F start banging away.
lösbar *adj. a. fig.* soluble; ⚗ *etc. a.* solvable; **Lösbarkeit** *f* solubility.
los|beißen I. *v/t.* bite off (*od.* through); **II.** *v/refl.*: ***sich ~*** bite o.s. free; **~bekommen** *v/t.* get off (*od.* out); **~bellen** *v/i.* start barking; **~binden** *v/t.* untie; (*Gefangenen*) *a.* free; (*Hund etc.*) take *a dog* off the lead; (*wildes Tier*) set free; **~brausen** F *v/i.* F zoom off; **~brechen I.** *v/t.* break off; **II.** *fig. v/i. Sturm*: break; *Gelächter etc.*: break out; **~brüllen** *v/i.* start shouting (*stärker*: screaming).
Lösch|anlage *f* fire-fighting equipment; **~arbeiten** *pl.* fire-fighting operations (*od.* operation *sg.*); ***die ~ dauern noch an*** firemen are still fighting (*od.* trying to put out) the blaze.
löschbar *adj.* **1.** *Tonband etc.*: erasable; **2.** ***schwer ~*** *Feuer*: not easy to put out.
Lösch|blatt *n* (piece of) blotting paper; **~eimer** *m* fire bucket.
löschen *v/t.* **1.** (*Feuer*) put out; (*Kerze*) *a.* blow out; **2.** (*Kohle etc.*) douse; **3.** (*Licht*) put out, switch off; **4.** ***den Durst ~*** quench one's thirst; **5.** (*Geschriebenes*) take out, *Computer*: erase, delete; (*Eintrag etc.*) cross out, (*Namen e-r Firma etc.*) strike (*od.* cross) off (the list); (*Tonband*) erase, wipe everything off, (*Aufgenommenes*) erase, wipe off, (*überspielen*) *a.* tape over; (*Erinnerungen, Spuren etc.*) wipe out (***aus*** of), erase (from); ***aus dem Gedächtnis ~*** wipe out of (*od.* erase from) one's memory *od.* mind; **6.** (*tilgen*) cancel; (*Hypothek, Schuld etc.*) clear, pay off; (*Konto*) close; **7.** ✝ (*ausladen*) unload; **Löscher** *m* (*Feuer*~) fire extinguisher; (*Tinten*~) blotter.
Lösch|gerät *n* fire-extinguisher; *coll.* fire-fighting equipment; **~kalk** *m* quicklime; **~kommando** *n* fire-fighting squad; **~kopf** *m* erasing head; **~mannschaft** *f* fire-fighting team, fire brigade; **~papier** *n* blotting paper; **~schaum** *m* extinguishing foam; **~taste** *f Tonband etc.*: erase (*od.* record) button; *Computer*: delete key; *Schreibmaschine*: erase key; *Radio, CD-Spieler etc.*: clear button; **~trupp** *m* fire-fighting team (*od.* squad).
Löschung *f e-s Eintrags*: deletion; ✝ *e-r Forderung*: cancellation, *e-r Hypothek*: *a.* discharge; *e-r Firma*: striking off the register; *von Waren*: unloading.
Lösch|wagen *m* fire engine; **~zug** *m* fire brigade.
los|donnern *v/i.* **1.** start thundering; **2.** (*schimpfen*) explode; **3.** *Lastwagen etc.*: roar off; **~drehen** *v/t.* twist off; (*Schraube*) *a.* loosen; **~drücken** *v/i.* (*schießen*) pull the trigger.
lose I. *adj.* **1.** (*locker, unbefestigt*) loose; (*nicht straff*) *a.* slack; (*beweglich*) movable; ✝ (*unverpackt*) loose; ***~ Blätter*** loose leaves; ***~ Teile*** separate parts; **2.** *fig.* (*locker, unverbindlich*) loose *contact etc.*; ***in ~r Folge*** sporadically, at (varying) intervals; **3.** *fig.* (*zügellos*) loose; (*boshaft*) malicious; *hum.* (*schelmisch*) naughty, mischievous; F ***~s Maul*** (*od.* ***Mundwerk***) loose (*od.* nasty, malicious) tongue; ***~ Reden führen*** indulge in loose talk; ***~ Sitten*** loose morals; **II.** *adv.* loosely; ***die Haare ~ tragen*** wear one's hair down.
Loseblattausgabe *f* loose-leaf edition.
Lösegeld *n* ransom (money); **~forderung** *f* ransom demand.
loseisen F **I.** *v/t.* (*befreien*) get *s.o. od. s.th.* away (***von*** from), (*herauskriegen*) get *s.o. od. s.th.* out (of); ***et. von j-m ~*** get s.th. from (*Geld*: out of) s.o.; **II.** *v/refl.*: ***sich ~*** get away (***von*** from), (*herauskommen*) get out (of).
Lösemittel *n* solvent; **~frei** *adj.* non-solvent; **~haltig** *adj.* solvent-based.
losen I. *v/i.* draw lots (***um*** for); *mit e-r Münze*: toss (for); **II.** ~ *n*: ***beim ~ gewinnen (verlieren)*** win (lose) the toss.
lösen I. *v/t.* **1.** (*losbinden*) untie, (*aufbinden*) *a.* undo; **2.** (*lockern*) loosen; (*Bremse, Griff*) release (*a. Spannung*); (*Husten*) loosen (up); *fig.* ***j-m die Zunge ~*** loosen s.o.'s tongue; → ***gelöst; 3.*** (*entfernen*) remove; (*trennen*) separate (from s.th.); **4.** (*auf~*) dissolve; **5.** (*entwirren*) disentangle, *a. fig.* unravel; **6.** *fig.* (*Aufgabe, Rätsel, Schwierigkeit*) solve; (*Frage*) answer; (*Konflikt*) resolve, settle; **7.** *fig.* (*Verbindung, a. Verlobung*) break off; (*Ehe*) dissolve; **8.** (*Vertrag*) cancel; **9.** (*Fahrkarte etc.*) buy; **II.** *v/refl.*: ***sich ~*** **10.** *Knoten etc.*: come undone; **11.** (*sich lockern*) come loose; *Husten, fig. Zunge*: loosen up; *Spannung*: ease; **12.** (*sich loslösen*) come off (*a.* ***sich ~ von***); **13.** *fig.* ***sich ~ von*** (*verlassen*) leave; (*ausbrechen aus*) break away from; (*e-r Vorstellung etc.*) free o.s. of; **14.** (*sich auf~*) dissolve; **15.** *Problem etc.*: be solved, ***von alleine***: solve (*od.* resolve) itself; *Konflikt*: be settled.
los|fahren *v/i.* leave (*a.* 🚗), drive off; ***~ auf*** make *od.* head (straight) for, *fig.* (*j-n*) fly at; **~gehen** *v/i.* **1.** go, leave; ***ich geh jetzt los*** *a.* I'm off now; ***~ auf*** go up to, (*angreifen*) go for (*a. fig.*); ***aufeinander ~*** go for each other('s throats); **2.** F (*beginnen*) start; ***jetzt gehts los!*** here we go!, this is it (now)!; ***jetzt gehts schon wieder los*** here we go again; ***es kann ~*** we're (*od.* I'm *etc.*) ready; ***wann geht es endlich los?*** when is it going to start?, (*wann gehen wir?*) when are we going?; **3.** *Gewehr etc.*: go off; (*explodieren*) *a.* explode; *die Pistole* ***ist nicht losgegangen*** didn't fire; *fig.* ***nach hinten ~*** backfire (on one); **~gelassen** *adj.*: ***wie ~*** like mad (F crazy); **~gelöst I.** *adj. a. fig.* detached (***von*** from); (*einzeln*) separate, isolated (from); **II.** *adv.*: *fig.* ***~ betrachten (behandeln)*** view (treat) separately *od.* in isolation; **~haben** F *v/t.*: ***er hat was los*** he's not bad at all, he's got what it takes, (*weiß etwas*) he knows a thing or two, *fachlich etc.*: *a.* F he's on the ball; ***er hat in Physik viel (nichts) los*** he knows a thing or two about physics (he's not up to much *od.* F he's not

much cop when it comes to physics); **~haken** *v/t.* unhook; **~hauen** *v/i.* (*a.* ***drauf~***) start hitting out (**auf** at); **~hetzen** *v/i.* rush off (like mad); **~heulen** F *v/i.* start (*od.* burst out) crying, *Baby*: *a.* start screaming; **~kaufen** *v/t. u. v/refl.* → ***freikaufen***; **~ketten** *v/t.* take *a dog etc.* off the chain; **~kommen** *v/i.* get away; *fig.* ***~ von*** (*et. od. j-m*) tear o.s. away from, (*Drogen etc.*) get off; ***ich komme nicht los davon*** (*von e-r Angewohnheit*) I can't stop doing it, (*vom Alkohol etc.*) I can't kick the habit, (*von e-m Gedanken*) I can't get it out of my mind; **~kriegen** F *v/t.* (*wegkriegen*) get *s.th.* off; (*loswerden*) get rid of (*a. verkaufen*), shake off; **~lachen** *v/i.* burst out laughing; **~lassen** *v/t.* **1.** let go (*a. freilassen*); ***lass mich los!*** let go!; ***das Seil*** *etc.* ***~*** let go of the rope *etc.*; ***nicht ~!*** hold tight!, hang on!; ***der Gedanke*** *etc.* ***lässt mich nicht los*** I can't get it out of my mind; **2.** ***~ auf*** (*Hund*) set *the dog* on *s.o.*, (*j-n*) let *s.o.* loose on *s.o.*; F ***j-n auf die Menschheit ~*** unleash s.o. on an unsuspecting world; **3.** (*e-n Brief etc.*) let fly with; (*e-n Witz*) crack; **4.** V ***einen ~*** V let off; **~laufen** *v/i.* start running (**auf** towards); (*weglaufen*) run off; ***~ auf*** (*zulaufen auf*) run towards; **~legen** F *v/i.* **1.** (*anfangen*) F get cracking; **2.** ***dann legte er los*** (*redete, schimpfte*) then it all came out, *stärker*: then he really got going; ***leg los!*** F fire away!; ***~ gegen*** → ***losziehen.***

löslich *adj.* ⚗ soluble; ***leicht ~*** readily soluble; **Löslichkeit** *f* solubility.

los|lösen I. *v/t.* remove, detach; **II.** *v/refl.*: ***sich ~*** come off, (*sich abschälen*) *a.* peel off; *fig.* free o.s. (**von** of), cut o.s. loose (from), break away (from); → ***losgelöst***; **~machen I.** *v/t.* (*abnehmen*) take off; (*entfernen*) take away; (*Strick etc.*) untie, (*Knoten*) *a.* undo; (*Hund etc.*) take off the chain (*od.* lead); ⚓ unmoor; **II.** *v/refl.*: ***sich ~*** get free, free o.s. (**von** from), *fig.* get away (from), (*von j-m*) break away (from); **III.** F *v/i.*: ***mach jetzt endlich los!*** F get a move on!; **~marschieren** *v/i.* march off, *fig.* go off; ***~ auf*** march towards, *fig.* make (*od.* head) for.

Losnummer *f* (ticket) number.

los|platzen F *v/i.* **1.** *lachend*: burst out laughing; **2.** ***mit et. ~*** blurt s.th. out; **~rasen** *v/i.* zoom (*mot. a.* roar) off; **~reißen I.** *v/t.* tear (*od.* rip) off; **II.** *v/refl.*: ***sich ~*** break loose; free o.s.; *fig.* tear o.s. away (**von** from); **~rennen** *v/i.* → ***loslaufen.***

Löss, Löß *m geol.* loess.

lossagen *v/refl.*: ***sich ~ von*** renounce, *Familie*: *a.* disown; **Lossagung** *f* renunciation (**von** of), break (with).

los|sausen F *v/i.* F zoom off; **~schicken** *v/t.* send; (*Brief*) send off; **~schießen** F *v/i.* shoot, start shooting (**auf** at); (*rennen etc.*) F zoom off; F ***schieß los!*** F fire away!; **~schlagen I.** *v/t.* ⚚ (*Waren*) sell off; *Auktion*: knock down; **II.** *v/i. im Krieg*: strike; ***~ auf*** (*j-n*) start hitting, let fly at; **~schnallen I.** *v/t.* unstrap; **II.** *v/refl.*: ***sich ~*** unstrap o.s., ✈ *etc.* undo one's seatbelt; **~schrauben** *v/t.* unscrew.

lossprechen *v/t.*: ***~ von*** release from, *eccl.* absolve from; **Lossprechung** *f eccl.* absolution.

los|springen *v/i.* jump (off); F (*losrennen*) rush (*od.* run) off; ***~ auf*** leap at; **~steuern** *v/i.*: ***~ auf*** make for, *fig.* (*ein Ziel*) have set one's sights on, (*ein Examen etc.*) be working towards, (*e-e Katastrophe*) be heading for *disaster*; **~stürmen, ~stürzen** *v/i.* tear off; ***~ auf*** fly at; **~trennen** *v/t.* → ***abtrennen.***

Losung[1] *f* watchword; (*Erkennungswort*) password.

Losung[2] *f Jägersprache*: droppings *pl.*

Lösung *f* **1.** solution; (*Antwort*) *a.* answer (*gen.* to); ***zur ~ gen.*** to (help) resolve *the difficulty etc.*; ***zur ~ des Problems beitragen*** help solve the problem; **2.** ⚗ solution; **3.** (*Los~*) separation.

Lösungsmittel *n* solvent; *für Lacke etc.*: thinner; **~frei** *adj.* solvent-free.

Lösungs|vorschlag *m* suggested solution, suggestion; *bei Rätsel etc.*: answer; **~wort** *n* answer.

Losverfahren *n* decision by lot; ***im ~ entscheiden*** decide *s.th.* by lot (*od.* by drawing lots).

los|werden *v/t.* get rid of; (*verlieren*) lose; (*ausgeben*) spend; F ***ich bin dabei viel Geld losgeworden*** F it put me back a pretty penny; ***ich werde den Gedanken*** (***das Gefühl***) ***nicht los, dass*** I can't help thinking (feeling) that; **~ziehen** F *v/i.* set off; *fig.* ***~ gegen*** lash out at, F have a real go at.

Lot *n* (*Senkblei*) plumbline; ⚓ sounding line; ⩚ perpendicular; (*Lötzinn*) solder; ***aus dem ~*** out of plumb; ***im ~*** perpendicular, *fig.* all right, *Am.* alright; *fig.* ***aus dem ~ geraten*** come unstuck, *Person*: *a.* be thrown (off balance); ***wieder ins ~ bringen*** straighten out; ***wieder ins ~ kommen*** straighten itself out, *Person*: get o.s. sorted out, *a. gesundheitlich*: get back on one's feet again; **loten** *v/t.* plumb; ⚓ sound.

löten *v/t.* solder.

Lothringer *m* **1.** *hist.* Lotharingian; **2.** inhabitant of Lorraine; ***~ sein*** *a.* be (*od.* come) from Lorraine; **lothringisch** *adj.* Lotharingian (*a. hist.*); from Lorraine.

Lotion *f* lotion.

Löt|kolben *m* soldering iron; **~lampe** *f* blowlamp, blowtorch; **~metall** *n* solder.

Lotos *m*, **~blume** *f* lotus; **~säule** *f* lotus column; **~sitz** *m Joga etc.*: lotus position.

Lötpistole *f* soldering gun.

lotrecht *adj.* perpendicular.

Lotse *m* ⚓ pilot; *mot.* guide; → ***Flug-, Schülerlotse***; **lotsen** *v/t.* guide; ⚓ pilot; *fig.* (*j-n*) steer; *fig.* ***ins Kino etc. ~*** drag *s.o.* (off) to; ***~ durch*** (*e-e Schwierigkeit, Prüfung*) see *s.o.* through *s.th.*

Lotsen|boot *n* pilot vessel; **~dienst** *m mot.* driver-guide service.

Löt|spitze *f* (soldering) bit; **~station** *f* soldering station; **~stelle** *f* (soldered) joint.

Lotterie *f* lottery; **~gewinn** *m* win in the lottery; (*Preis*) lottery prize; **~los** *n* lottery ticket; **~spiel** *n* lottery; *fig.* gamble.

Lotterleben *n* dissolute life(style).

Lotto *n* **1.** lottery, lotto; ***im ~ gewinnen*** win the lottery (*od. Brit.* pools); **2.** (*Gesellschaftsspiel*) bingo; **~annahmestelle** *f* (local) lottery counter *od.* kiosk; **~gewinn** *m* **1.** win in the lottery; **2.** (*Summe*) lottery winnings *pl.*; **~schein** *m* lottery coupon; **~spieler** *m* lottery player (*od.* participant); **~zahlen** *pl.* (winning) lottery numbers.

Lotus *m* → ***Lotos.***

Lötzinn *n* solder.

Löwe *m* **1.** *zo.* lion; **2.** (*Sternzeichen*) Leo; (***ein***) ***~ sein*** be (a) Leo.

Löwen|anteil *m* lion's share; ***sich den ~ sichern*** make sure one gets the lion's share; **~bändiger** *m* lion tamer; **~grube** *f* lion's den; **~jagd** *f* lion hunt(ing); **~junge(s)** *n* lion cub; **~käfig** *m* lion's cage; **~mähne** *f* lion's mane; *fig.* (*wallendes Haar*) sweeping mane; **~maul** *n* ⚘ snapdragon; **~mut** *m* boldness (*od.* courage) of a lion; **~mutter** *f* mother lion; **~zahn** *m* ⚘ dandelion.

Löwin *f zo.* lioness.

loyal *adj.* loyal; **Loyalität** *f* loyalty.

LP *f* LP; **~-Sammlung** *f* collection of LPs, LP collection.

LSD *n* LSD; **~-süchtig** *adj.* addicted to LSD; **~-Süchtige(r)** *m* LSD addict.

Luchs *m zo.* lynx; *fig.* ***Augen wie ein ~*** eyes like a hawk; ***aufpassen wie ein ~*** watch like a hawk; **~augen** F *pl.*: (***~ haben*** have) eyes like a hawk.

luchsen F *v/i.* peep, F squint, *mit schweifendem Blick*: peer; *a. fig.* ***~ auf*** have an eye on; *fig.* ***auf s-n Vorteil ~*** be out for one's own advantage; ***auf jede Gelegenheit ~*** be ready to grab every opportunity that comes along.

Lücke *f* gap (*a. Wissens~ etc.*); (*schwache Stelle*) *im Gesetz etc.*: loophole; (*leere Stelle*) (empty) space; *fig.* (*Bedürfnis*) need; (*Leere*) void; ***e-e ~ ausfüllen*** (*od.* ***schließen***) fill a gap, *fig. a.* supply a need, *Person*: *a.* step into the breach; ***e-e ~ reißen*** make a gap, (*a.* ***e-e ~ hinterlassen***) leave a gap (*stärker*: void).

Lückenbüßer *m* stopgap; (*Person*) fill-in.

lückenhaft *adj.* full of gaps; *fig. a.* incomplete; (*fragmentarisch*) fragmentary; *Beweiskette etc.*: full of holes; *Gesetz etc.*: full of loopholes; ***~es Gebiss*** F gappy teeth.

lückenlos *adj.* complete; *Reihe etc.*: *a.* unbroken; *Alibi*: watertight; ***~er Lebenslauf*** complete CV; ***e-e ~e Beweisführung*** (*od.* ***Beweiskette***) a watertight case, an unbroken chain of evidence.

Lücken|springer *m mot.* lane-hopper; **~text** *m* completion exercise.

Luder *n* wretched woman, *jünger*: F hussy; ***freches ~*** F cheeky cow (*jünger*: F brat); ***armes ~*** poor thing; **~leben** *n* dissipated life(style).

Lues *f* ⚕ lues, syphilis; **luetisch** *adj.* luetic, syphilitic.

Luft *f* air; (*Atmosphäre*) atmosphere; (*Atem*) breath; *im Bauch*: wind; *fig.* (*Raum*) room; (*Spielraum*) room to move *od.* manoeuvre (*Am.* maneuver), *zeitlich*: leeway; ⚙ clearance; (*Atempause*) breathing space; F ***frische ~ schnappen, an die ~ gehen*** get some fresh air; ***er kommt zu wenig an die ~*** he doesn't get out into the fresh air enough; ***den ganzen Tag an der frischen ~ sein*** be out in the open all day; ***~ holen*** take a (*od.* draw) breath, *beim Sprechen etc.*: pause for breath; ***tief ~ holen*** take a deep breath, *fig. vor Erstaunen*: swallow hard; *fig.* ***da musste ich erst mal tief ~ holen*** I had to swallow hard; ***keine ~ haben*** be out of breath; ***ich bekam*** (***beinahe***) ***keine ~ mehr*** I couldn't breathe properly, I felt I was going to suffocate (I could hardly breathe); F ***nach ~ schnappen*** gasp for breath; ***wieder ~ bekommen*** get one's breath back (*a. fig.*); *fig.* ***mir blieb die ~ weg*** it took my breath away, F I just stood gaping; F *fig.* ***halt mal die ~ an!*** F give us a break; put a sock in it, will you; ***die ~ herauslassen aus*** let the air out of, (*Reifen etc.*) *a.* let down, F *fig.* uncork; ***in der ~*** (*über* *dem Boden) schwebend etc.*: in mid-air; ***es liegt ein Gewitter (etwas) in der ~*** there's a storm (something, *a. fig.*) in the air; ***vor Freude in die ~ springen*** jump for joy; ***in die ~ fliegen*** blow up, explode; F ***in die ~ jagen*** blow up; ***an die ~ hängen*** hang *s.th.* out (in the air); F *fig.* ***j-n an die ~ setzen*** throw s.o. out; ***j-n wie ~ behandeln*** act as if s.o. wasn't there; ***sie ist für mich ~*** she doesn't exist as far as I'm concerned; F ***in die ~ gehen*** F hit the roof; ***leicht in die ~ gehen*** be quick to lose one's temper; ***von der ~*** (F ***von ~ und Liebe***) ***leben*** live on air; *s-r Wut etc.* ***~ machen*** let out; ***sich*** (*od.* ***s-n Gefühlen***) ***~ machen*** let it all out; ***sich ~ machen*** *Gefühle*: get out; ***jetzt hab ich endlich wieder ~*** I can breathe again at last; ***ich muss mir ~ schaffen*** I've got to get some of this work *etc.* out of the way; ***sobald ich etwas ~ habe*** as soon as I've got a breathing space (*od.* a moment to spare); ***wir haben genügend ~*** there's plenty of time; F ***die ~ ist raus*** they're *etc.* finished; ***sich in ~ auflösen*** disappear into thin air, *Pläne etc.*: go up in smoke; ***das hängt*** (*od.* ***schwebt***) ***alles*** (***noch***) ***in der ~*** it's all up in the air; ***die ~ ist rein*** the coast is clear; → ***ausgehen*** 3, ***dick, greifen*** I, ***Loch*** *etc.*; **~abwehr** *f* air defen|ce (*Am.* -se); **~abwehr...** *in Zssgn* anti-aircraft; → *a.* ***Fliegerabwehr...***; **~abzug** *m* ⚙ air exhaust; **~akrobat** *m* trapeze artist; **~akrobatik** *f* high-wire act(s *pl.*); ✈ stunt flying; **~alarm** *m* air alert; **~angriff** *m* air attack (*od.* strike); **~ansicht** *f* aerial view; **~aufklärung** *f* aerial reconnaissance; **~aufnahme** *f* aerial photograph (*od.* shot, view); **~ballon** *m* balloon; **~befeuchter** *m* humidifier; **~bewegung** *f* flow of air; ***schwache ~*** light breeze(s).

Luftbild *n* aerial photograph (*od.* shot, view); **~archäologie** *f* aerial arch(a)eology; **~vermessung** *f* aerial survey.

Luft|bläschen *n*, **~blase** *f* air bubble; **~-Boden-Rakete** *f* air-to-surface missile; **~bremse** *f* ⚙ air brake; **~brücke** *f* ✈ airlift.

Lüftchen *n* breeze, breath of air (*od.* wind); ***es weht kein ~*** there's not a breath of wind (in the air).

Luftdetonation *f* airburst.

luftdicht I. *adj.* airtight; **II.** *adv.*: ***~ verschließen*** seal hermetically, airseal; ***~ verschlossen*** airtight, hermetically sealed; ***~ verpackt*** vacuum-packed.

Luftdichte *f phys.* atmospheric density.

Luftdruck *m meteor.* atmospheric pressure; (*Explosionsdruck*) blast; ⚙ air pressure; **~druck...** ⚙ *in Zssgn* → *a.* ***Druckluft...***; **~messer** *m* barometer.

luftdurchlässig *adj.* pervious to air; *Stoff*: cellular, breathing ...; **Luftdurchlässigkeit** *f* air permeability; *von Stoff*: breathing ability.

Luft|düse *f* air nozzle, air jet; **~embolie** *f* ⚕ air embolism.

lüften *v/t.* (*Raum etc.*) air; *mot.* (*Bremsen, Batterie*) bleed; (*heben*) lift; (*Hut*) raise; *fig.* (*Geheimnis*) reveal, F take the wraps off; ***hier muss mal gelüftet werden*** this place needs airing; *fig.* ***sein Inkognito ~*** drop one's mask; ***das Geheimnis ist gelüftet*** F the wraps are off; **Lüfter** *m* ⚙ fan, ventilator.

Luftfahrt *f* **1.** aviation, flying; **2.** *Wissenschaft*: aeronautics *pl.* (*sg. konstr.*); **~behörde** *f*: ***zivile ~*** civil aeronautics board; **~elektronik** *f* avionics *pl.* (*sg. konstr.*); **~gesellschaft** *f* airline (company); **~industrie** *f* aviation industry; **~ministerium** *n* ministry of aviation; **~recht** *n* aviation law(s *pl.*).

Luft|fahrzeug *n* aircraft; **~federung** *f* ⚙ air cushioning (*mot.* suspension).

Luftfeuchtigkeit *f* humidity; **Luftfeuchtigkeitsmesser** *m* hygrometer.

Luft|filter *m, n* air filter; **~flotte** *f* air fleet.

luftförmig *adj. phys.* aeriform.

Luftfracht *f* air cargo; (***per ~*** by) airfreight; ***per ~ schicken*** *a.* airfreight; **~brief** *m* air waybill.

Luft|gefecht *n* aerial battle; **~geist** *m* aerial spirit; **~gekühlt** *adj.* air-cooled; **~geschwindigkeit** *f* air speed; **~gestützt** *adj.*: ***~e Rakete*** air-launched missile; **~getrocknet** *adj.* air-dried; **~gewehr** *n* airgun; **~hauch** *m* breath of air; **~heizung** *f* hot-air heating; **~herrschaft** *f* air supremacy, control of the air; **~hoheit** *f* air sovereignty; **~hülle** *f* atmosphere.

Lufthunger *m* hunger for (fresh) air; **lufthungrig** *adj.* hungry for (fresh) air.

luftig I. *adj.* airy; *Platz etc.*: breezy; *Kleidung etc.*: light, cool; **II.** *adv.*: ***~ gekleidet sein*** be wearing light clothes.

Luftikus F *m* happy-go-lucky sort; ***er ist ein ~*** *a.* F he's easy come, easy go.

Luftkampf *m* air (*od.* aerial) combat; *zwischen Jägern*: dogfight.

Luftkissen *n* air cushion (*a.* ⚙); **~fahrzeug** *n* hovercraft.

Luft|klappe *f* ⚙ *etc.* air flap, *mot.* choke; **~korridor** *m* air corridor.

luftkrank *adj.* airsick; **Luftkrankheit** *f* airsickness.

Luft|krieg *m* aerial warfare (*od.* war); **~kühlung** *f* air cooling; **~kurort** *m* (climatic) health resort; **~landetruppen** *pl.* airborne troops, paratroops.

luftleer *adj.* (completely) airless; ***~ sein*** *a.* be a vacuum; ***~er Raum*** vacuum.

Luft|linie *f*: ***500 km ~*** 500 km as the crow flies; **~loch** *n* air hole, vent; ✈ air pocket; **~-Luft-Rakete** *f* air-to-air missile; **~macht** *f* air power; **~mangel** *m* lack of air; **~masche** *f Häkeln*: chain stitch; **~masse** *f* air mass; **~matratze** *f* air mattress, *Brit. a.* lilo (*TM*); **~mine** *f* aerial mine; **~not** *f*: ***Flugzeug in ~*** aircraft in distress; **~offensive** *f* air offensive; **~parade** *f* flypast; **~passagier** *m* air(line) passenger; **~perspektive** *f* **1.** aerial perspective; **2.** *in der Malerei*: degradation; **~pirat** *m* hijacker, *bsd. Am. a.* skyjacker; **~piraterie** *f* hijacking (of aircraft), *bsd. Am. a.* skyjacking; **~pistole** *f* air pistol; **~polster** *n* air cushion.

Luftpost *f* airmail; ***mit*** (*od.* ***per***) ***~*** (by) airmail; **~aufkleber** *m* airmail sticker; **~brief** *m* airmail letter; **~leichtbrief** *m* aerogram(me); **~paket** *n* airmail parcel (*Am.* package); **~papier** *n* airmail paper.

Luftpumpe *f* air (*od.* pneumatic) pump; *für Fahrrad*: bicycle pump.

Luftraum *m* airspace; **~überwachung** *f* air traffic control.

Luftreifen *m* pneumatic tyre (*Am.* tire).

Luftreinhaltung *f* air pollution control; **Luftreinhaltungsgesetz** *n* air cleanliness (*od.* clean air) law (*pl.* legislation *sg.*).

Luft|reinheit *f* purity of the air; air cleanliness; **~reiniger** *m* air filter; (*Raumspray*) deodorizer; **~reklame** *f* aerial advertisement (*od.* advertising); *mit Rauch*: skywriting; **~rettungsdienst** *m* air rescue service; **~röhre** *f anat.* windpipe.

Luftröhren|entzündung *f* tracheitis; **~schnitt** *m* tracheotomy.

Luft|sack *m* ✈ windsock; *mot.* air bag; *zo.* air sac; **~sauerstoff** *m* atmospheric oxygen; **~schacht** *m* ventilation (*od.* air) shaft; **~schadstoff** *m* air pollutant; **~schicht** *f* air layer; layer of the atmosphere, stratum.

Luftschiff *n* airship; **~fahrt** *f* aerial navigation.

Luft|schlacht *f* air battle; **~schlange** *f* streamer; **~schlauch** *m* inner tube; **~schleuse** *f* air lock; **~schloss** *n* pie in the sky, pipe dream; ***Luftschlösser bauen*** build castles in the air; **~schneise** *f* air lane.

Luftschutz *m ziviler*: civil air defen|ce (*Am.* -se); **~bunker** *m*, **~keller** *m*, **~raum** *m* air-raid shelter.

Luft|sicherung *f* air traffic control; **~sog** *m* air suction; *nach Explosion*: vacuum; **~spediteur** *m* air carrier; **~sperrgebiet** *n* restricted airspace; **~spiegelung** *f* mirage; **~sportart** *f* air sport; **~sprung** *m* (***vor Freude***) ***e-n ~ machen*** jump in the air (jump for joy); **~stickstoff** *m* atmospheric nitrogen; **~stoß** *m* gust of wind (*od.* air).

Luftstrahl *m* air jet; **~triebwerk** *n* jet engine.

Luft|strecke *f* air route; **~streitkräfte** *pl.* air force *sg.*; air combat forces; **~strom** *m* **1.** flow of air; **2.** → **~strömung** *f* current of air; *meteor.* airstream; **~stützpunkt** *m* air base; **~tanken** *n* in-flight refuel(l)ing; **~taxi** *n* air taxi; **~temperatur** *f* air temperature; **~transport** *m* air transport(ation *Am.*).

lufttrocknen *v/t.* air-dry.

lufttüchtig *adj.* ✈ airworthy; **Lufttüchtigkeit** *f* airworthiness.

Luft|überlegenheit *f* air superiority; **~überwachung** *f* air surveillance.

Luft- und Raumfahrtindustrie *f* aerospace industry.

Lüftung *f* **1.** airing, *künstliche*: ventilation; **2.** → ***Lüftungsanlage.***

Lüftungs|anlage *f* ventilation (system); **~rohr** *n* vent pipe; **~schacht** *m* ventilation (*od.* air) shaft.

Luft|ventil *n* air valve; **~veränderung** *f* change of air; **~verdichter** *m* (air) compressor.

Luftverkehr *m* air traffic; **Luftverkehrsgesellschaft** *f* airline (company).

Luft|vermessung *f* aerial survey; **~verpestung** *f*, **~verschmutzung** *f* air pollution; ***~ durch Abgase*** exhaust pollution; **~verteidigung** *f* air defen|ce (*Am.* -se); **~verunreinigung** *f* → ***Luftverpestung***; **~waffe** *f* air force; **~warnung** *f* air(-raid) warning; **~wechsel** *m* change of air; **~weg** *m* **1.** ✈ air route; *pl. a.* airways; ***auf dem ~*** by air; **2.** *pl.* (*Atemwege*) respiratory tract *sg.*; **~widerstand** *m* air resistance; ✈ *a.* drag; **~wirbel** *m* air eddy; **~wurzel** *f bot.* aerial root; **~ziegel** *m* air brick; **~zufuhr** *f* air supply; **~zug** *m* draught, *Am.* draft.

Lug *m*: ***~ und Trug*** lies and deception; ***es war alles ~ und Trug*** *a.* it was all lies (F a pack of lies).

Lüge *f* lie; ***alles ~*** all lies; *j-n od. et.* ***~n strafen*** give the lie to; ***j-n bei e-r ~ ertappen*** catch s.o. out, catch s.o. lying; ***~n haben kurze Beine*** your lies will always catch up with you in the end.

lugen *v/i.* peer; **~ *nach*** look out for, *fig.* have an eye on.

lügen I. *v/i.* lie, tell a lie (*od.* lies); ***er lügt*** he's lying, he's a liar; ***ich müsste ~, wenn*** I'd be lying (*od.* telling a lie) if; ***wer einmal lügt(, dem glaubt man nicht, und wenn er auch die Wahrheit spricht)*** once a liar always a liar; → ***Balken*** 1, ***gedruckt***; **II.** *v/t.*: ***das ist gelogen!*** that's a lie; ***alles gelogen!*** (it's) all lies, F it's a pack of lies; **III.** 2 *n* lying.

Lügen|detektor *m* lie detector, polygraph; **~geschichte** *f* fairy story; **~gespinst** *n* web of lies.

lügenhaft *adj. Geschichte etc.*: untrue, false, fabricated.

Lügen|kampagne *f* campaign of lies; **~märchen** *n* fairy story; **~propaganda** *f* propaganda lie(s *pl.*).

Lügner *m* liar; **lügnerisch** *adj. Behauptung*: untrue.

Lukasevangelium *n*: (***das ~*** the Gospel of) St Luke, St Luke's Gospel.

Luke *f* (*Dach*2) skylight; (*Einstiegs*2, *Lade*2) hatch.

lukrativ *adj.* lucrative.

lukullisch *adj. Gericht*: exquisite; (*üppig*) sumptuous; ***~e Leckerbissen*** gastronomic delights.

Lulatsch F *m*: ***langer ~*** F beanpole.

Lulle *sl. f* F ciggie, *sl.* fag.

lullen *v/t.*: ***in den Schlaf ~*** lull to sleep.

Lumen *n phys. u. biol.* lumen.

Lumineszenz *f phys.* luminescence.

Lümmel *m* lout; **Lümmelei** *f* **1.** (*Verhalten*) loutishness; **2.** (*Herumlümmeln*) lounging around (all day), lolling about; **lümmelhaft** *adj.* loutish; **Lümmelhaftigkeit** *f* loutishness; **lümmeln** *v/i. u. v/refl.* (***sich ~***) loll about; ***auf dem Sofa ~*** lie sprawled across the sofa.

Lump *m* rogue, F louse.

lumpen F **I.** *v/i.* F live it up, go (*od.* be) out on the tiles; **II.** *v/t.*: ***sich nicht ~ lassen*** do things (*od.* it) in style, be generous; ***wir wollen uns nicht ~ lassen*** we don't want it to be said that we're stingy.

Lumpen *m* **1.** *pl.* rags (*a. fig. Kleidung*); **2.** *dial.* (*Lappen*) rag.

Lumpen|bande F *f* F bunch of no-gooders; **~hund** F *m*, **~kerl** F *m* good-for-nothing, F louse; **~pack** F *n* → ***Lumpenbande***; **~proletariat** *n* lumpenproletariat; **~sammler** *m* **1.** rag-and-bone man; **2.** F *fig.* last bus (*od.* underground *etc.*).

Lumperei *f* mean (*od.* dirty) trick.

lumpig I. *adj.* **1.** *Gesinnung, Tat etc.*: shabby; **2.** (*heruntergekommen*) shabby; **3.** F ***wegen ~er zehn Mark*** because of a measly ten marks; **II.** *adv.*: ***~ gekleidet etc.*** shabbily dressed *etc.*; ***~ verpackt*** sloppily packed.

lunar *adj.* lunar.

Lunch *m* lunch; **lunchen** *v/i.* (have) lunch; **Lunchpaket** *n* packed (*Am.* box) lunch.

Lunge *f anat. als Organ*: lungs *pl.*; (*Lungenflügel*) lung; ***auf ~ rauchen*** inhale; ⚕ ***eiserne ~*** iron lung; ***er hat es auf der ~*** he's got lung trouble (*od.* trouble with his lungs); F *fig.* ***sich die ~ aus dem Leib schreien*** F scream one's head off.

Lungen|abteilung *f* respiratory (*od.* pulmonary) ward *od.* section; **~bläschen** *n* (pulmonary) alveolus (*pl.* alveoli); **~braten** *östr. m etwa*: fillet of beef; **~embolie** *f* embolism of the lung, pulmonary embolism; **~emphysem** *n* pulmonary emphysema; **~entzündung** *f* pneumonia; **~fisch** *m* lungfish; **~flügel** *m* (lobe of the) lung; ***rechter (linker) ~*** right (left) lung; **~gewebe** *n* lung tissue; **~heilanstalt** *f* sanatorium (*Am.* sanitarium) for lung patients; *bsd. früher*: tuberculosis sanatorium (*Am.* sanitarium).

lungenkrank *adj.*: ***~ sein*** have a lung disease; **Lungenkranke(r)** *m* lung patient; **Lungenkrankheit** *f* lung disease (*od.* complaint).

Lungen|kraut *n* ⚘ lungwort; **~krebs** *m* lung cancer; **~spitze** *f* apex of the lung; **~tuberkulose** *f* tuberculosis (of the lung); **~zug** *m*: ***e-n ~*** (*od.* ***Lungenzüge***) ***machen*** inhale.

Lüngerl *dial. n* hash of lung and heart.

lungern *v/i.* hang around.

Lunte *f* **1.** fuse; *fig.* F ***~ riechen*** (*Gefahr wittern*) sense danger, (*Verdacht schöpfen*) smell a rat; **2.** *e-s Fuchses*: brush.

Lupe *f* magnifying glass; *fig.* ***unter die ~ nehmen*** have a good look at, scrutinize; ***die kann*** (*od.* ***muss***) ***man mit der ~ suchen*** there aren't many of them around, they're not easy to get hold of; **lupenrein** *adj. Edelstein*: flawless; *fig.* (*perfekt*) perfect; *fig.* ***es ist ~*** *a.* you can't fault it; ***nicht ganz ~*** (*verdächtig*) F not quite kosher.

lüpfen *v/t.* lift; (*Hut*) raise.

Lupine *f* ⚘ lupin.

Lurch *m zo.* amphibian.

Lust *f* (*Wunsch, Verlangen*) desire; (*Genuss*) pleasure; (*Appetit*) *an* appetite (***auf*** for), *stärker*: (*Verlangen*) craving (for); (*sexuelle Begierde*) sexual appetite, *contp.* lust; (*sexuelles Vergnügen*) sensual (*od.* sexual) pleasure; ***ich habe (keine) ~ zu*** *inf.* I (don't) feel like *ger.*; ***ich hätte (große) ~ zu*** *inf.* I wouldn't mind *ger.* (I'd love to *inf.*); ***ich hätte ~ auf ein Bier*** I wouldn't mind a beer; ***ich habe keine ~ mehr (zu arbeiten)*** I've had enough (I don't feel like doing any more work); ***ich habe keine ~*** I don't feel like it, I'm not in the mood; ***ich hätte gute ~ zu*** *inf.* I've a good mind (*od.* half a mind) to *inf.*; ***alle ~ an et. verlieren*** lose all interest in s.th.; ***et. aus (purer) ~ tun*** do s.th. for the (sheer) fun of it; ***sie haben mir ~ gemacht*** they've whet my appetite, F they've got me at it; ***dabei kann einem die ~ vergehen*** it can really put you off; ***mir ist die ~ vergangen*** I don't feel like it any more, that's put me off (now); ***s-e ~ an et. haben*** F get a kick out of s.th.; ***(je) nach ~ und Laune*** as the mood takes you, just as you fancy; ***dort kannst du nach ~ und Laune schwimmen (malen)*** you can go swimming there whenever you feel like it *od.* as often as you like (you can paint [whenever and] whatever you like there); *er kann schlafen*, ***solange er ~ hat*** as long as he likes; ***es ist e-e wahre ~, ihr zuzusehen*** it's a pleasure to watch her; ***das ist für mich die höchste ~*** that for me is the ultimate; ***mit ~ und Liebe*** heart and soul.

Lustbarkeiten *obs. pl.* festivities; merrymaking (*sg.*).

lustbetont *adj.* hedonistic(ally *adv.*); pleasure-seeking.

Lustempfindung *f* pleasurable sensation.

Lüster *m* **1.** (*Kronleuchter*) chandelier; **2.** (*Glasur*) lust|re (*Am.* -er); **~klemme** *f* strip connector.

lüstern I. *adj.* greedy (***nach*** for); *sexuell*: lewd, lecherous; **II.** *adv.*: ***~ schauen nach*** (*j-m od. et.*) F lech after; **Lüsternheit** *f* greed; *sexuelle*: lecherousness.

Lust|garten *m* pleasure grounds *pl.*; **~gefühl** *n* **1.** pleasurable sensation; ***das ist ein ~!*** what a (wonderful) sensation; **2.** (feeling of) sexual pleasure; *one's* enjoyment of sex; **~gewinn** *m* (experience of) pleasure; ***nach ~ streben*** try to gain as much pleasure as possible; **~greis** F *m* F old lecher, dirty old man; **~haus** *n* summer house (*od.* mansion).

lustig I. *adj.* (*komisch*) funny; (*unterhaltend*) amusing; (*fröhlich*) merry; (*merkwürdig*) strange; ***es war sehr ~*** it was great fun; ***ein ~er Abend (Film*** *etc.*) a fun evening (film *etc.*); ***er ist ein ~er Typ*** he's good fun; ***das ist ja ~!*** (*merkwürdig*) that's strange; ***das kann ja ~ werden!*** *iro.* F looks like we're in for some fun and games; ***du bist ~!*** *iro.* F you're a right one, *bei naiver Bemerkung*: F don't make me laugh; ***sich ~ machen über*** laugh at, *offen*: *a.* make fun of; **II.** *adv.* funnily; amusingly; merrily; → I; (*sorglos*) blithely; ***er spielte ~ weiter*** (*unbekümmert*) he carried on playing as if nothing had happened; ***hier gehts ja ~ zu!*** they *etc.* seem to be having a good time, *iro.* we 'are having a good time, aren't we?; ***~ drauflossingen (drauflos-hämmern*** *etc.*) sing (hammer *etc.*) away; **Lustigkeit** *f* fun atmosphere; *e-r Person*: funny personality, (*Humor*) *a.* sense of humo(u)r; (*lustige Seite*) funny side (of it).

Lüstling *m* lecher.

lustlos I. *adj.* **1.** listless; uninterested; ***er ist völlig ~*** he's not interested in (*od.* he can't be bothered with) anything; **2.** ☤ *Börse*: inactive, *Tendenz*: dull, sluggish; **II.** *adv.* without any (*od.* much) enthusiasm; listlessly; *weitS.* half-heartedly; **Lustlosigkeit** *f* listlessness; lack of interest (*od.* enthusiasm); ☤ dullness, slackness.

Lust|molch F *m* lecher; *iro.* F sex-fiend; **~mord** *m* sex murder; **~mörder** *m* sex killer; **~objekt** *n* sex object, object of sexual desire (*od.* lust); **~prinzip** *n psych.* pleasure principle; **~schloss** *n* summer residence; **~spiel** *n* comedy.

lustvoll I. *adj.* joyful; *sigh etc.* of pleasure; (*wollüstig*) voluptuous; **II.** *adv.*: ***~ verspeisen*** *etc.* consume *etc.* with relish.

lustwandeln *v/i.* stroll; **Lustwandler** *m* stroller.

Lutheraner(in *f*) *m*, **lutheranisch** *adj.* Lutheran.

lutschen *v/i. u. v/t.* (*a.* ***an et. ~***) suck; ***am Daumen ~*** suck one's thumb; ***er ist dauernd am 2, dauernd lutscht er etwas*** he's always got something in his mouth; **Lutscher** *m* lollipop, F lolly.

Luv *f*, **luven** *v/i.*, **Luvseite** *f* ⚓ luff.

Lux *n phys.* lux.

Luxemburger(in *f*) *m* Luxemb(o)urger; **luxemburgisch** *adj.* Luxemb(o)urgian, from Luxemb(o)urg.

luxuriös I. *adj.* luxurious; *Auto etc.*: *a.* luxury ...; ***~es Leben*** life of luxury; **II.** *adv.*: ***~ ausgestattet*** luxuriously furnished, *Auto, Küche etc.*: with luxury fittings.

Luxus *m* luxury; ***im ~ leben*** live in luxury, live a life of luxury; ***das ist reiner ~*** that's sheer extravagance; ***sich den ~ erlauben zu*** *inf.* allow o.s. the luxury of *ger.*; ***den ~ kann ich mir nicht erlauben*** I can't afford that kind of

L

luxury (*weitS.* the luxury of *ger.*); **~apartment** *n* luxury flat (*Am.* apartment); **~artikel** *m* luxury article; *pl. a.* luxury goods; **~ausführung** *f* de luxe model; **~ausgabe** *f* de luxe edition; **~bus** *m* luxury coach; **~dampfer** *m* luxury liner; **~hotel** *n* five-star (*od.* luxury) hotel; **~jacht** *f* luxury yacht; **~kabine** *f* de luxe cabin; **~klasse** *f*: ... ***der ~*** luxury ...; **~limousine** *f* luxury sedan; **~restaurant** *n* top-class (*od.* three-star) restaurant; **~steuer** *f* luxury tax; **~villa** *f* luxury mansion; **~wagen** *m* luxury car; **~ware** *f* → ***Luxusartikel.***

Luzerne *f* ⚘ lucerne.

Lymphdrüse *f* lymph(atic) gland; **Lymphdrüsenschwellungen** *pl.* swollen lymph glands.

Lymphe *f* lymph; (*Impfstoff*) vaccine.

Lymphgefäß *n* lymph vessel.

Lymphknoten *m* lymph node; **~entzündung** *f* adenitis.

Lymphozyt *m physiol.* lymphocyte.

Lymphsystem *n* lymphatic system.

lynchen *v/t.* lynch; F *hum.* ***nächstes Mal werde ich dich ~!*** I'll strangle you if you do that again.

Lynch|justiz *f* mob law; **~mord** *m* lynching.

Lyra *f* ♪ lyre; *ast.* Lyra.

Lyrik *f* **1.** poetry; **2.** (*lyrische Beschaffenheit*) lyricism; **Lyriker** *m* (lyric) poet; **lyrisch** *adj.* lyrical.

M, m *n* M, m.

Mäander *m geol.* meander; **mäandrisch** *adj.* meandering.

Maar *n geol.* maar, crater lake.

Maat *m* ⚓ (ship's) mate.

Mach *n phys.* Mach.

Machart *f* make, style, design.

machbar *adj.* feasible, F doable; ***es müsste ~ sein*** it ought to be doable; **Machbarkeit** *f* feasibility.

Mache F *f* **1.** show; ***das ist alles nur ~*** it's all show, *Person*: *a.* it's just an act; **2.** ***in der ~ sein*** be in the pipeline; ***et. in der ~ haben*** have s.th. in the pipeline, (*Pläne etc.*) *a.* F be hatching s.th. out; ***et. (j-n) in die ~ nehmen*** take s.th. in hand (give s.o. a good going-over); **3.** F (*Machart*) mo(u)ld.

machen I. *v/t.* **1.** (*tun*) do; (*herstellen, schaffen*) make; (*Essen*) make, prepare; (*Bett*) make; ***was machst du?*** what are you doing?, *beruflich*: what do you do?; ***ein Foto ~*** take a photograph; ***das Zimmer ~*** do (*od.* tidy up) the room; ***Hausaufgaben ~*** do one's homework; ***e-e Prüfung ~*** take (*erfolgreich*: pass) an exam; ***e-n Spaziergang ~*** go for a walk; ***e-n Fehler ~*** make a mistake; ***e-n Kurs ~*** do (*od.* take) a course; ***e-e (un-) angenehme Erfahrung ~*** have a pleasant (an unpleasant) experience; ***j-n zum General ~*** make s.o. a general; ***den Schiedsrichter ~*** be (*od.* act as) umpire (*od.* referee); F ***der Wagen macht 160 km/h*** the car does 100 mph; ***4 mal 5 macht 20*** four times five is twenty, four fives are twenty; ***was macht das?*** how much is that?, F what's the damage?; ***das macht drei Mark*** that's (*od.* that'll be) three marks; ***j-n traurig (glücklich*** *etc.*) ***~*** make s.o. sad (happy *etc.*); ***das macht das Wetter*** it's the weather; ***so was macht man nicht*** that isn't done, you just don't do that; ***was macht das schon?*** does it really matter?, what difference does it make?, F so what?; ***das macht nichts*** never mind, it doesn't matter; ***es macht mir nichts (aus)*** I don't mind; ***da kann man nichts ~*** it's (just) one of those things; ***sie macht sich nichts (od. nicht viel) aus Geld*** she doesn't care much about money, money doesn't mean much to her, F she's not really bothered about money; ***er macht sich nicht viel aus Kuchen (Alkohol*** *etc.*) he doesn't care (much) for cake (alcohol *etc.*), he's not particularly keen on cake (alcohol *etc.*); ***mach dir nichts draus!*** don't worry about it; ***das macht Durst*** it makes you thirsty; ***was macht die Familie?*** how's the family (getting on)?; ***machs gut!*** see you, (*alles Gute*) all the best; ***das lässt sich schon ~*** that can be arranged, that's no problem; F *iro.* ***mit mir könnt ihrs ja ~!*** the things I put up with; F ***er wirds nicht mehr lange ~*** he's on his last legs; → ***Ferien, Hoffnung, Krach, Licht*** *etc.*; **II.** *v/refl.* **2.** ***sich (gut) ~*** *Person*: be coming along (well *od.* fine), be getting on fine; ***sich gut ~*** *Sache*: (*gut aussehen*) look good (***bei j-m*** on s.o.), (*gern gesehen werden*) make a good impression; ***sich schlecht ~*** a) not to look good, b) make a bad impression; ***er macht sich gut als ...*** he makes a good ...; ***wie macht sich der Kleine?*** how's the little one coming along (*od.* getting on)?; ***die Vase macht sich sehr gut in der Ecke*** the vase looks very nice in the corner; **3.** ***sich an et. ~*** get down to (doing) s.th.; → ***Weg***; **III.** *v/i.*: ***macht, dass ihr bald zurück seid!*** make sure you get back soon!; ***mach, dass du wegkommst!*** get out of here!; ***mach schon!*** hurry up!, F get a move on!; ***lass ihn nur ~*** (*lass ihm s-n Willen*) let him if he wants to, let him have his way, (*red ihm nichts ein*) just let him do it (*od.* get on with it), (*verlass dich auf ihn*) leave it to him; ✝ ***~ in*** deal in, sell; F ***in Politik ~*** be in politics; F ***er macht in Schriftstellerei*** he's some sort of writer; F ***auf et. ~*** (*et. spielen*) act (*od.* play) s.th., pretend to be s.th.; ***auf Künstler ~*** act (*od.* play) the artist, F do one's artist act; ***auf unschuldig (doof) ~*** act *od.* play the innocent (the fool), pretend to be innocent (stupid); **IV.** *p.p. u. adj.*: ***er ist ein gemachter Mann*** he's got it made; ***gut gemacht!*** well done!, good show!

Machenschaften *pl.* wheelings and dealings, machinations, intrigues; ***heimliche (od. dunkle) ~*** underhand dealings, *stärker*: dark machinations.

Macher *m* man of action, doer; **Macherin** *f* woman of action, doer.

Machete *f* machete.

Machiavellismus *m* Machiavellianism; **machiavellistisch** *adj.* Machiavellian.

Machismo *m* machismo.

Macho *m* macho.

Macht *f* **1.** (*Kraft*) power, strength, *bsd. lit.* might; ***mit aller ~*** with all one's might, *lit.* with might and main; **2.** (*Einfluss, Herrschaft*) power, authority; ***es steht nicht in m-r ~*** it's not within my power; ***wenn es in m-r ~ stünde(, es zu tun)*** if I had it within my power (to do so); ***~ der Gewohnheit*** force of habit; **3.** *pol.* (*Staat*) power; (*einflussreiche Gruppe*) *a.* force; ***die ~ ergreifen*** seize power; ***an die ~ kommen, zur ~ gelangen*** come (in)to power; ***an der ~ sein*** be in power; **4.** *metaphysische*: power, force; ***die ~ des Schicksals*** the force of destiny; ***die Mächte der Finsternis*** the powers of darkness; **~ablösung** *f* transfer of power; **~anhäufung** *f* accumulation (*od.* concentration) of power; **~anspruch** *m* claim to power; **~ausübung** *f* exercise of power; **~befugnis** *f* authority, power; **~bereich** *m* sphere of influence.

machtbesessen *adj.* power-crazed; **Machtbesessene(r)** *m* power maniac; **Machtbesessenheit** *f* power mania, obsession with power.

Macht|block *m* power bloc; **~entfaltung** *f* development (*od.* expansion) of power, growth in power; ***Ära der ~*** period of political growth (*od.* expansion); **~ergreifung** *f* **1.** seizure of power; **2.** *hist.* Hitler's seizure of power in 1933; **~frage** *f* question of who is (the) more powerful, question of superior strength; **~gefüge** *n* power structure.

Machtgier *f* lust for power; **machtgierig** *adj.* power-hungry.

Machthaber *m* ruler; *contp.* dictator; *iro.* ***die ~*** the powers that be.

Machthunger *f* lust for power; **machthungrig** *adj.* power-hungry.

mächtig I. *adj.* (*einflussreich*) powerful, *lit.* mighty; (*wichtig, gewaltig*) massive, huge, enormous, *lit.* mighty; *Stimme, Schlag etc.*: powerful; ***e-r Sprache ~ sein*** be able to speak (*od.* have a good command of) a language; ***der Sprache ~ sein*** be able to speak; *iro.* ***sind Sie der Sprache nicht ~?*** have you lost your tongue?; ***s-r selbst*** (***s-r Sinne***) ***nicht mehr ~ sein*** have lost control of oneself (one's senses); **II.** F *adv.* tremendously, F incredibly, *Am.* F mighty *proud etc.*; ***~ groß*** (really) huge, massive; ***~ schreien*** scream at the top of one's voice (F like mad); ***sich ~ anstrengen*** push (*od.* write *etc.*) for all one is worth (F like mad); **Mächtige(r)** *m* powerful figure; ***die Mächtigen dieser Erde*** the rulers of this world, the people who rule this world; **Mächtigkeit** *f* (*Größe*) massiveness, massive size; *geol.*, ⚒ thickness.

Macht|instrument *n* instrument of power; **~kampf** *m* power struggle, struggle for power.

machtlos *adj.* powerless, (*hilflos*) *a.* helpless; F ***da ist man ~*** there's nothing you can do (about it); **Machtlosigkeit** *f* powerlessness, (*Hilflosigkeit*) *a.* helplessness.

Macht|mensch *m* power-seeker; **~missbrauch** *m* abuse of power; **~mittel** *n* instrument of power; means (*sg.*) of enforcing power; **~monopol** *n* monopoly of power; **~organ** *n* organ of power.

Machtpolitik *f* power politics *pl.*; **Machtpolitiker** *m* power politician; **machtpolitisch** *adj.* power-political.

Macht|position *f* position of power; **~probe** *f* test of strength, F showdown, face-off; **~stellung** *f* position of power; **~streben** *n* striving for power; **~struktur** *f* power structure; **~übernahme** *f* assumption of power; **~vakuum** *n* power vacuum; **~verhältnisse** *pl.* balance *sg.* of power; *zwischen Individuen*: hierarchy *sg.* of power, F pecking order *sg.*; **~verteilung** *f* distribution of power.

machtvoll *adj.* powerful (*a. fig.*).

Macht|vollkommenheit *f* absolute power; ***aus eigener ~*** on one's own authority, at one's own discretion; **~wechsel** *m* changeover of power; **~wille** *m* will to power; **~wort** *n*: ***ein ~ sprechen*** F put one's foot down; **~zentrale** *f*, **~zentrum** *n* cent|re (*Am.* -er) of power, powerhouse.

Machwerk *n* (*a.* ***elendes ~***) miserable effort (*od.* piece of work), F lousy (*od.* botched-up) job.

Macke F *f* **1.** fault, defect; **2.** ***e-e ~ haben*** (*Person*) F have a screw loose.

Macker *sl. m* **1.** (*Mann*) F bloke, guy; *unbekannter*: *a.* F punter; (*Freund*) *sl.* fella, bloke; **2.** ***den großen ~ spielen*** throw one's weight around, act as if one owns the place.

Madagasse *m*, **Madagassin** *f*, **madagassisch** *adj.* Madagascan.

Madam F *hum. f* **1.** (*Hausherrin*) F madam, *the* mistress; **2.** (*Ehefrau*) F *the* missus; **3.** (*ältere Frau*) F old dame.

Mädchen *n* girl; (*Dienst*≈) maid; *fig.* ***~ für alles*** (general) dogsbody; **~alter** *n*: (***schon***) ***im ~*** as a girl.

mädchenhaft *adj.* girlish; **Mädchenhaftigkeit** *f* girlishness.

Mädchen|handel *m* white slave trade; **~händler** *m* white slave trader; **~name** *m* girl's name; *e-r Frau*: maiden name.

Made *f* maggot; ***wie die ~ im Speck leben*** be (*od.* live) in clover.

Madeira *m* Madeira.

Mädel *n* girl, lass.

Madera *m* Madeira.

madig *adj.* full of maggots, F maggoty; F *fig. j-n od. et.* ***~ machen*** run down, F knock; (*j-m*) ***et. ~ machen*** spoil s.th. (for s.o.), take the fun out of s.th. (for s.o.); ***mach mir doch nicht alles ~*** I wish you wouldn't keep spoiling things for me.

Madonna *f* Madonna.

Madonnenbild *n* (picture of the) Madonna; **madonnenhaft** *adj.* Madonna-like; **Madonnenkult** *m* worship of the Virgin Mary, *contp.* Mariolatry.

Madrigal *n* madrigal.

Maestro *m* maestro.

Mafia *f* Mafia; *fig.* mafia; **~boss** *m* Mafia boss; *e-r bestimmten Mafia*: *a.* head of the Mafia; **~methoden** *pl.* Mafia(-type) methods.

Mafioso *m* member of the Mafia, Mafioso.

Magazin *n* **1.** (*Lager*) warehouse; depot; (*Lagerraum*) storeroom; *in der Bibliothek*: stacks *pl.*; **2.** ⚙, *a. in Schusswaffen*: magazine; (*Fülltrichter*) hopper; (*Dia*≈) magazine, tray; **3.** (*Illustrierte*) magazine; *TV*, *Radio*: magazine program(me); **magazinieren** *v/t.* (put in) store.

Magd *lit. f lit.* maiden; (*Bauern*≈) farmgirl; *obs.* (*Dienst*≈) maid(servant).

Magen *m* stomach; ***mit leerem ~, auf nüchternen ~*** on an empty stomach; ***ich habe noch nichts im ~*** I haven't eaten a thing; ***ich habe mir den ~ verdorben*** (F ***verkorkst***) I've got an upset stomach; ***es liegt mir schwer im ~*** I'm having trouble digesting it, *fig.* it's really bothering me (F getting to me); ***dabei drehte es ihr den ~ um*** it turned her stomach, she felt sick; ***j-m auf den ~ schlagen*** *Erkältung etc.*: settle on s.o's stomach, *fig. Sorgen etc.*: get to s.o., *stärker*: (begin to) give s.o. ulcers; → ***knurren, Liebe***; **~beschwerden** *pl.* stomach trouble *sg.*; **~bitter** *m* bitters *pl.*; **~blutung** *f* ⚕ stomach bleeding.

Magen-Darm-Katarr(h) *m* ⚕ gastroenteritis.

Magen|drücken *n* stomach pains *pl.*; **~erweiterung** *f* dilation of the stomach; **~geschwür** *n* ⚕ stomach (*od.* peptic) ulcer; **~grube** *f* pit of one's stomach; **~knurren** *n* rumbling stomach; ***ich habe ~*** my stomach's rumbling; **~krämpfe** *pl.* stomach cramps; **≈krank** *adj.*: ***~ sein*** suffer from a stomach complaint; **~krankheit** *f* stomach disease (*od.* complaint); **~krebs** *m* stomach cancer; **~leiden** *n* stomach complaint (*od.* trouble); **~operation** *f* stomach operation; **~reizung** *f* gastric irritation; **~saft** *m* gastric juices *pl.*; **~säure** *f* gastric (*od.* stomach) acid.

Magenschleimhaut *f* stomach lining; **~entzündung** *f* gastritis.

Magen|schmerzen *pl.* stomach-ache *sg.*; **~sonde** *f* stomach probe; **~spiegel** *m* gastroscope; **~spiegelung** *f* gastroscopy; **~verstimmung** *f* indigestion, upset stomach; **~wand** *f* wall of the stomach; **~weh** *n* stomach-ache.

mager *adj.* **1.** *Person*: thin, F skinny; **2.** *Fleisch*: lean; *Diät, Joghurt etc.*: low-fat; **3.** (*dürftig*) meag|re (*Am.* -er), poor; (*Ernte*) *a.* lean; ***~e Jahre*** lean years; ***~es Lob*** scant praise; **4.** *typ.* ***~e Schrift*** light-face(d) type.

Mager|jog(h)urt *m* low-fat yoghurt; **~käse** *m* low-fat cheese; **~milch** *f* skimmed milk; **~motor** *m* lean-burn engine; **~quark** *m* low-fat curd cheese; **~sucht** *f* ⚕ anorexia (nervosa).

Maggikraut *n* ⚘ lovage.

Magie *f*: (***schwarze, weiße ~*** black, white) magic; **Magier** *m* magician; (*Zauberkünstler*) *a.* conjuror; **magisch I.** *adj.* magic; *Anziehungskraft, Atmosphäre etc.*: magical; ***~e Künste*** magic arts; **II.** *adv.* magically; by magic; ***j-n ~ anziehen*** have a magical attraction for s.o.

Magister *m etwa* Master's degree; ***~ Artium*** *etwa* Master of Arts (*abbr.* MA); ***den ~ machen*** do a (*od.* one's) MA *od.* Master's degree; **~arbeit** *f etwa* MA (*od.* Master's) thesis; **~prüfung** *f etwa* MA (*od.* Master's) exam.

Magistrat *m* municipal authorities *pl.*, town council.

Magma *n* magma.

Magnat *m* magnate, tycoon.

Magnesia *f* magnesia.

Magnesium *n* ⚗ magnesium.

Magnet *m* magnet (*a. fig.*), *natürlicher*: lodestone; **~aufzeichnung** *f* magnetic tape recording; **~bahn** *f* 🚆 maglev; **~band** *n* magnetic tape; **~bildverfahren** *n* videotape technique, video recording; **~feld** *n* magnetic field.

magnetisch *adj.* magnetic(ally *adv.*) (*a. fig.*).

Magnetiseur *m* mesmerist; **magnetisieren** *v/t.* magnetize; (*j-n, heil~*) *a. fig.* mesmerize; **Magnetisierung** *f* magnetization; **Magnetismus** *m* magnetism (*a. fig.*); (*Heil*≈) mesmerism.

Magnet|kamera *f* (electro)magnetic camera; **~karte** *f Computer*: magnetic card; **~kern** *m* magnet core; **~kompass** *m* magnetic compass; **~kopf** *m* magnetic head; **~nadel** *f* magnetic (*od.* compass) needle; **~platte** *f* magnetic disk; **~pol** *m* magnetic pole; **~schalter** *m mot.* solenoid switch; **~schwebebahn** *f* magnetic levitation train, maglev; **~streifen** *m* magnetic strip (*od.* stripe); **~tafel** *f* magnetic board; **~wirkung** *f* magnetic effect (*od.* attraction); **~zündung** *f* magneto ignition.

Magnolie *f* ⚘ magnolia.

Mahagoni *n* mahogany; **~baum** *m* mahogany (tree); **~holz** *n* mahogany.

Maharadscha *m* maharaja(h); **Maharani** *f* maharanee.

Mahd *f* **1.** mowing; hay harvest; **2.** cut grass.

Mähdrescher *m* combine (harvester).

mähen I. *v/t.* (*Rasen*) mow; (*Gras*) cut, (*Getreide*) *a.* reap; **II.** *v/i.* mow (the lawn *od.* grass); (*Getreide* ***~***) reap (the corn *etc.*); **Mäher** *m* **1.** mower; *Getreide*: reaper; **2.** → ***Mähmaschine.***

Mahl *n* meal; *festliches*: banquet.

mahlen I. *v/t.* **1.** mill; grind; → ***gemahlen***; **II.** *v/i.* **2.** grind; *fig.* ***wer zuerst kommt, mahlt zuerst*** first come first served; **3.** *Räder*: spin.

Mahlzeit *f* meal; ***~!*** afternoon!; F ***prost ~!*** F that's (just) great!, goodnight!

Mähmaschine *f* mower; reaper.

Mahn|bescheid *m* ⚖ default summons; **~brief** *m* reminder.

Mähne *f* mane; *fig.* (*iro.* sweeping) mane.

mahnen I. *v/t.* (*auffordern*) urge, exhort, admonish; (*erinnern*) remind (**an** of) (*a. Schuldner etc.*); *schriftlich*: send *s.o.* a reminder; ***j-n zur Vorsicht*** *etc.* ***~*** urge s.o. to be careful *etc.*; (***j-n***) ***zum Aufbruch ~*** remind s.o. that it's time to leave; **II.** *v/i.*: ***zur Vorsicht*** (***Geduld*** *etc.*) ***~*** urge caution (patience *etc.*); **mahnend I.** *adj.* admonishing, warning; ***~es Wort*** word of admonishment (*od.* warning); **II.** *adv.* in admonishment, in (*od.* as a) warning; ***~ den Finger heben*** raise a

M

warning finger; ~ ***die Stimme erheben*** raise one's voice in warning.

Mahn|gebühr *f* fine; **~mal** *n* memorial; **~predigt** *f* exhortatory sermon; **~ruf** *m* exhortation; **~schreiben** *n* reminder.

Mahnung *f* warning; *schriftliche*: reminder, *Bibliothek*: *a.* overdue notification.

Mahn|verfahren *n* ⚖ collection proceedings *pl.*; **~wache** *f* vigil; **~wort** *n* word of admonishment (*od.* exhortation, warning).

Mähre *f* (old) nag, jade.

mährisch *adj.* Moravian.

Mai *m* May; ***im*** ~ in May; ***der Erste*** ~ May Day; **~baum** *m* maypole.

Maid *obs. f obs.* maiden.

Mai|feier *f* May Day celebrations *pl.*; **~feiertag** *m* May Day, *Brit. a.* May Bank Holiday; **~glöckchen** *n* ⚘ lily of the valley; **~käfer** *m* cockchafer, maybug; **~kundgebung** *f* May Day rally.

Mailbox *f Internet*: mailbox.

Mailing *n* (*Werbesendung*) mailing, *Brit. a.* mailshot; **~liste** *f* mailing list.

Mais *m* maize, *Am.* corn; **~brot** *n* cornbread.

Maische *f Bier*: mash; **maischen** *v/t. Brauerei*: mash.

maisfarben *adj.* corn-colo(u)red.

Mais|feld *n* field of maize, *Am.* cornfield; **~flocken** *pl.* cornflakes; **≗gelb** *adj.* corn-colo(u)red; **~kolben** *m* (corn)cob; *gastr.* corn on the cob; **~mehl** *n* Indian meal, *Am.* cornmeal.

Maisonettewohnung *f* maisonette, *bsd. Am.* duplex apartment.

Maisstärke *f* cornflour, *Am.* cornstarch.

Maître de Plaisir F *hum. m* master of ceremonies.

Majestät *f* majesty (*a. fig.*); ***Seine*** (***Eure***) ~ His (Your) Majesty; **majestätisch** *adj.* majestic(ally *adv.*); **Majestätsbeleidigung** *f bsd. iro.* lèse-majesté.

Majolika *f* majolica.

Majonäse *f* → ***Mayonnaise.***

Major *m* major.

Majoran *m* ⚘ marjoram.

majorisieren *v/t.* outvote.

Majorität *f* majority.

Majoritäts|beschluss *m* majority vote; **~prinzip** *n* principle of majority rule.

Majuskel *f* capital (letter).

makaber *adj.* macabre, grim; F horrible.

Makel *m* **1.** *e-r Ware etc.*: flaw, defect, imperfection, fault; **2.** (*Charakterfehler*) flaw, blemish, taint; **3.** (*Schande*) stigma; ***e-n*** ~ ***tragen*** bear a stigma.

Mäkelei *f* fault-finding (**an** with), carping (at); **mäkelig** *adj.* fussy, finicky.

makellos *adj.* flawless, immaculate, perfect; *fig. a.* impeccable; *fig.* ***~e Vergangenheit*** blameless past; **Makellosigkeit** *f* flawlessness, immaculateness; impeccableness.

mäkeln *v/i.* find fault (**an** with); ~ ***an*** *a.* criticize, F pick holes in.

Make-up *n* make-up; **~-Unterlage** *f* make-up base.

Makkaroni *pl.* macaroni *sg.*

Makler *m* ✝ broker; (*Börsen*≗) stockbroker; (*Grundstücks*≗) estate agent, *Am.* realtor; → ***ehrlich*** I.

Mäkler *m* fault-finder, carper, *formell*: caviller.

Makler|firma *f* (firm of) brokers *pl.*, brokerage company (*od.* concern); **~gebühr** *f* broker's commission; **~geschäft** *n* broker's business.

Mako *f* maco, Egyptian cotton.

Makramee *n* macramé.

Makrele *f* mackerel.

Makro *n* **1.** *Computer*: macro; **2.** *phot.* macro (lens); **~aufnahme** *f* macro shot.

Makrobiotik *f* macrobiotics *pl.* (*sg. konstr.*); **makrobiotisch** *adj.* macrobiotic.

Makrofotografie *f* macrophotography.

Makrokosmos *m* macrocosm.

Makrone *f* macaroon.

Makroobjektiv *n* macro lens.

Makroökonomie *f* macroeconomics *pl.* (*sg. konstr.*).

Makrostruktur *f* macrostructure.

Makulatur *f* waste paper; *weitS.* useless stuff; F *fig.* (*Unsinn*) F rubbish, *bsd. Am.* F garbage, trash; F *fig.* ~ ***reden*** *a.* F talk (a lot of) rot.

mal *adv.* **1.** *beim Multiplizieren*: times, multiplied by; ***vier*** ~ ***zehn*** (***ist***) *a.* four tens (are); ***das Zimmer ist sechs*** ~ ***vier Meter*** the room is six met|res (*Am.* -ers) by four; ***sechs*** ~ ***vier*** six by four; **2.** ***guck*** ~ look; here, have a look at this; ***komm*** ~ ***her*** come here a minute(, will you?); → *a.* ***einmal***; **3.** ***er macht es*** ~ ***so,*** ~ ***so*** he does it differently every time; *iro.* ~ ***dies,*** ~ ***jenes*** it's something different every time; → *a.* ***einmal.***

Mal[1] *n* time; ***dieses eine*** ~ this once; ***beide*** ~(***e***) both times; ***ein Dutzend*** ~ dozens of times; ***ein paar*** ~ a few (F a couple of) times; ***ein anderes*** ~ some other time; ***das nächste*** ~, ***beim*** (*od.* ***zum***) ***nächsten*** ~ (the) next time (round); ***das erste*** ~ the first time; ***beim ersten*** ~ the first time, (*sofort*) *a.* straightaway, *et. schaffen etc.*: (the) first time round; ***zum ersten*** ~ for the first time; ***ich bin zum ersten*** ~ ***hier*** this is the first time I've been here, this is my first visit here; ***ich sehe ihn zum ersten*** ~ I've never seen (*od.* set eyes on) him before; ***das sehe ich zum ersten*** ~ *a.* I've never noticed that before; ***das höre ich zum ersten*** ~ that's the first I hear (*od.* I've heard) of it, that's news to me; ***beim letzten*** ~, ***letztes*** ~, ***das letzte*** ~ the last time; ***ein letztes*** ~ one last time; ***ein ums andere*** ~ time after time; ***das eine oder andere*** ~ now and then, now and again; ***einige*** ~(***e***) several times; ***etliche*** ~(***e***) quite a few times, a number of times; ***zum wiederholten*** ~ repeatedly; ***zu wiederholten*** ~***en*** repeatedly, time and again; ***von*** ~ ***zu*** ~ every time, all the time; ***ein einziges*** ~ just once; ***kein einziges*** ~ not once; ***für dieses*** ~ for now, for the time being; ***mit einem*** ~(***e***) all of a sudden; ***jedes*** ~ every time; (*immer*) always; ***jedes*** ~ ***wenn ...*** every-time ..., whenever ...

Mal[2] *n* **1.** (*Kennzeichen*) mark, sign; (*Hautfleck*) mark; (*Mutter*≗) birthmark; *fig.* stigma; **2.** (*Ehren*≗) monument, memorial; **3.** *Spiel*: (*Ablauf*≗) start; (*Ziel*) base, home.

Malachit *m min.* malachite.

Malaie *m*, **Malaiin** *f* **1.** Malay(an); **2.** (*Bewohner Malaysias*) Malaysian; **malaiisch** *adj.*, **Malaiisch** *n ling.* Malay (-an).

Malaria *f* malaria; **~anfall** *m* attack of malaria; **~erreger** *m* malaria parasite; **~gebiet** *n*, **~gegend** *f* malaria(l) (*od.* malaria-infested) territory; **~impfung** *f* malaria vaccination (*od.* inoculation); **≗krank** *adj.*: ~ ***sein*** be suffering from (*od.* have) malaria; **~kranke(r)** *m* malaria patient (*od.* victim); **~mücke** *f* malaria mosquito, 🕮 anopheles; **~prophylaxe** *f* malaria prophylaxis; course of malaria tablets.

Malaysier(in *f*) *m*, **malaysisch** *adj.* Malaysian.

Malbuch *n* colo(u)ring book.

Maleachi *m bibl.* Malachi.

malen I. *v/t.* paint (*a. Fingernägel etc.*); (*zeichnen*) draw; *fig.* portray, paint, depict; ***sich*** ~ ***lassen*** sit for a portrait; ***wie gemalt*** like a painting; *fig.* ***et. rosig*** (***schwarz***) ~ paint a rosy (black) picture of s.th.; **II.** *v/i.* paint; (*zeichnen*) draw; **III.** *fig. v/refl.*: ***sich*** ~ (*sich spiegeln*) be reflected, be mirrored; (*sich zeigen*) show (***auf j-s Gesicht*** in s.o.'s face).

Maler *m* painter (*a. Anstreicher*); artist; **~arbeiten** *pl.* painting *sg.* (jobs).

Malerei *f* painting.

malerisch I. *adj.* **1.** ***~e Tätigkeit*** work as a painter, artistic work; ***~es Talent*** artistic talent, gift for painting; **2.** (*pittoresk*) picturesque; **II.** *adv.*: ~ ***gesehen*** from an artistic point of view, as a painting.

Maler|leinwand *f* artist's canvas; **~meister** *m* master painter.

Malgrund *m* (*Fläche*) grounding; (*Grundiermasse*) *a.* primer.

Malheur *n*: (***kleines*** ~ slight) mishap, (little) accident.

maliziös *adj.* spiteful, malicious; ***~e Bemerkung*** *a.* snide remark.

Mal|kasten *m* paintbox; **~kunst** *f* art of painting.

malnehmen *v/t.* 𝔄 multiply.

Maloche *sl. f* F (hard) graft, grind; **malochen** *sl. v/i.* F slog away; **Malocher** *sl. m* workhorse.

Mal|stift *m* crayon; **~technik** *f* painting technique.

Malteser(in *f*) *m* Maltese.

Malteser|kreuz *n* Maltese cross; **~orden** *m* order of the Knights of Malta; **~ritter** *m* Knight of Malta, Hospitaller.

maltesisch *adj.* Maltese.

Maltose *f* maltose.

malträtieren *v/t.* ill-treat, mistreat, maltreat; (*a. Sache*) treat (*od.* handle) roughly.

Malve *f* ⚘ mallow; **malvenfarbig** *adj.* mauve.

Malz *n* malt; **~bier** *n* (low-alcohol) malt beer; **~bonbon** *n* malt(-flavo[u]red) sweet (*Am.* candy).

Malzeichen *n* 𝔄 multiplication sign.

mälzen *v/i.* malt; **Mälzer** *m* maltster; **Mälzerei** *f* malthouse.

Malz|extrakt *m* malt extract; **~kaffee** *m* malt coffee, ersatz coffee, coffee substitute (*made from malt*); **~zucker** *m* malt sugar, maltose.

Mama *f* mummy, mum; *Am.* mommy, mom; *in der Anrede*: Mummy, Mum; *Am.* Mommy, Mom.

Mammogramm *n* ⚕ mammogram; **Mammographie** *f* ⚕ mammography.

Mammon *m* mammon; ***schnöder*** ~ filthy lucre.

Mammut *n zo.* mammoth; **~...** *in Zssgn mst* mammoth, giant; **~bau** *m* megastructure; **~baum** *m* sequoia; **~film** *m* (screen) epic, (screen, *engS.* Hollywood) spectacular; **~konzern** *m* giant (*od.* mammoth) company; **~konzert** *n* giant concert; **~prozess** *m* marathon trial; **~sitzung** *f* marathon (F jumbo) session *od.* meeting; **~unternehmen** *n* giant (*od.* mammoth) enterprise.

mampfen F *v/i.* munch, F chomp.

man *indef. pron.* **1.** one, you, we; ~ ***weiß nie,*** ~ ***kann nie wissen*** there's no tell-

M

ing (*od.* knowing); ***wenn ∼ ihn so hört*** to hear him talk, the way he talks *you'd think ...*; ***∼ trägt wieder ... ...*** are in again, ... are back in fashion; ***∼ darf ja wohl noch fragen*** there's no harm in asking, is there?; **2.** (*andere Leute*) they, people; ***∼ hat mir gesagt*** I've been told; ***∼ sagt*** they say, people say; ***∼ holte ihn*** he was fetched; **3.** ***∼ nehme*** take; ***∼ wende sich an*** apply to; ***∼ lasse sich nicht täuschen*** don't be deceived.

Mänade *f myth. u. fig.* maenad.

Management *n* **1.** management; *fig.* executive floor; ***ins ∼ aufsteigen*** *a.* reach the boardroom; **2.** (*das Managen*) running *of foreign affairs etc.*; **∼beratung** *f* management consulting.

managen F *v/t.* **1.** (*schaffen*) manage, (*deichseln*) *a.* F wangle; **2.** (*Kampagne etc.*) run; **3.** (*Sportler, Musiker etc.*) be (the) manager of, be *s.o.'s* manager; **Manager** *m* manager; **Managerin** *f* manager(ess).

Manager|krankheit *f* executive stress; **∼typ** *m* management (*od.* executive) type.

manch(er, -e, -es) *adj. u. indef. pron.* many a; ***∼ eine(r)*** many (people), *lit.* many a one; ***in ∼em hat er Recht*** he's right about some things; ***so ∼er*** a number of people; ***so ∼es*** a fair bit; a thing or two; a few things; ***ich habe ∼es zu berichten*** (***kritisieren***) I've got a few things to report (criticize, I've got a fair number of criticisms to make); **manche** *pl.* some (people); quite a few (people).

mancherlei *adj.* (*vielerlei*) many, a good deal of, quite a few; (*verschiedene*) various; (*verschiedenartige, allerlei*) all sorts (*od.* kinds) of; *substantivisch*: a number of (*od.* quite a few, various) things, all sorts (*od.* kinds) of things.

manchmal *adv.* sometimes, occasionally.

Mandant(in *f*) *m* ⚖ client.

Mandarine *f* tangerine, mandarin.

Mandat *n* ⚖, *pol.*, *parl.* mandate; *des Anwaltes*: *a.* brief; *parl.* ***sein ∼ niederlegen*** resign (*od.* vacate) one's seat.

Mandatar *östr. pol. m* (*Gemeinde*∼) local councillor; (*Parlaments*∼) member of parliament, elected representative.

Mandats|gebiet *n* mandate; **∼macht** *f* mandatory power; **∼träger** *m* (political) representative.

Mandel *f* **1.** ⚘ almond; **2.** *anat.* tonsil.

mandeläugig *adj.* almond-eyed.

Mandel|baum *m* almond (tree); **∼entzündung** *f* tonsillitis.

mandelförmig *adj.* almond-shaped.

Mandel|kern *m* almond (kernel); **∼kleie** *f* almond meal; **∼öl** *n* almond oil; **∼operation** *f* tonsillectomy; ***sich e-r ∼ unterziehen*** have one's tonsils taken out, have a tonsillectomy; **∼splitter** *pl.* chopped almonds.

Manderl *östr. n* little man, manikin; ***∼ machen*** make things difficult.

Mandoline *f* ♪ mandolin.

Mandragora *f* ⚘ mandrake.

mandschurisch *adj.* Manchurian.

Manege *f* (circus) ring.

Mangan *n* manganese; **∼knollen** *pl.* manganese nodules; **∼sauer** *adj.* manganic; ***mangansaures Salz*** manganate.

Mangel[1] *f* ⚙ mangle; F *fig.* ***j-n durch die ∼ drehen, j-n in die ∼ nehmen*** F put s.o. through the mill, *bsd. bei Prüfungen*: F give s.o. a grilling.

Mangel[2] *m* (*Fehler*) defect, fault, flaw; (*Unzulänglichkeit*) shortcoming, imperfection, weakness; (*Knappheit*) lack, shortage, *lit.* dearth (***alle an*** of); *a.* ⚕ deficiency (***an*** in); ***aus ∼ an*** for lack (*od.* want) of; ***∼ leiden*** suffer hardship (*od.* privation); ***keinen ∼ leiden*** *a.* want for nothing; ***Mängel aufweisen*** be flawed, have (its) faults (*od.* shortcomings, imperfections); ***e-n ∼ beseitigen*** remedy a fault (*od.* defect); → *a.* ***Not.***

Mängelanzeige *f* notice of defect(s).

Mangelberuf *m* understaffed profession.

Mängelbeseitigung *f* correction of faults.

Mangelerscheinung *f* ⚕ deficiency symptom.

mangelfrei *adj.* faultless, free of faults (*od.* defects); **Mangelfreiheit** *f* flawlessness.

mangelhaft *adj.* *Waren*: faulty, defective; *Gedächtnis, Beleuchtung, Qualität*: poor; *Leistung, Note etc.*: unsatisfactory, poor; *Wissen*: imperfect, insufficient, inadequate; **Mangelhaftigkeit** *f* faultiness, defectiveness, poor quality *etc.*; → ***mangelhaft.***

Mängelhaftung *f* liability for defects.

Mangelkrankheit *f* deficiency disease.

Mängelliste *f* list of faults (*weitS.* complaints).

mangeln[1] *v/t.* (*Wäsche*) mangle.

mangeln[2] *v/impers.*: ***es mangelt an*** there's a lack (*od.* shortage) of; ***es mangelt mir an Geld*** *etc.* I'm short of (*od.* I need) money *etc.*; ***es mangelt ihm an Mut*** he lacks (*od.* is lacking in) courage; ***es mangelt ihr an nichts*** she's got everything she needs, *lit.* she wants for nothing; ***∼des Selbstvertrauen*** lack of self-confidence; ***wegen ∼der Nachfrage*** due to lack of demand.

Mängelrüge *f* ☤ notice of defects, complaint.

mangels *prp.* for lack (*od.* want) of; *bsd.* ⚖ in default of; ***∼ Beweisen*** in the absence of evidence; ***∼ Masse*** ⚖ for lack of assets, F for lack of money.

Mangelware *f* scarce commodity; ***∼ sein*** *a.* F *fig.* be scarce, be in short supply, be hard to come by, *weitS.* (*selten sein*) be rare.

Mango *f* mango.

Mangold *m* (Swiss) chard.

Mangostane *f* mangosteen.

Mangrove *f* mangrove; **Mangrovensumpf** *m* mangrove swamp.

Manichäer *m* Manich(a)ean; **manichäisch** *adj.* Manich(a)ean; **Manichäismus** *m* Manich(a)eanism.

Manie *f* mania; obsession; ***zur ∼ werden*** become a mania *od.* an obsession (***bei*** with).

Manier *f* **1.** manner, way (of doing s.th.); (*Kunststil*) style; ***in englischer ∼*** in the English style; ***in rembrandtscher ∼*** in the style of Rembrandt; → ***altbewährt***; **2.** *mst pl.* (*Benehmen*) manner(s *pl.*); ***gute*** (***schlechte***) ***∼en haben*** be well-mannered (bad-mannered); ***keine ∼en haben*** have no manners.

manieriert *adj.* affected, mannered; *Stil*: *a.* stilted; **Manieriertheit** *f e-s Stils*: mannerism; (*Verhaltensart*) mannered behavio(u)r, affectation.

Manierismus *m* mannerism; **Manierist** *m* mannerist; **manieristisch** *adj.* manner-ist(ic).

manierlich I. *adj.* well-behaved, well-mannered; *weitS. Preise etc.*: decent, acceptable; **II.** *adv.* properly, decently; ***sich ∼ benehmen*** behave o.s., behave well (*od.* properly).

Manifest I. *n* manifesto; **II.** ⚖ *adj.* manifest; **Manifestation** *f* manifestation; **manifestieren I.** *v/refl.*: ***sich ∼*** manifest itself, become manifest; come to the fore; **II.** *v/t.* manifest, show, display.

Maniküre *f* **1.** manicure; (*Person*) manicurist; **maniküren** *v/t. u. v/i.* manicure.

Manilahanf *m* Manila hemp.

Manipulation *f* manipulation; **Manipulator** *m* manipulator, fixer; **manipulierbar** *adj.* manipulable; ***sind sie ∼?*** *a.* can they be manipulated?; **Manipulierbarkeit** *f* manipulability; **manipulieren** *v/t.* manipulate (*a. pol.*), influence; (*Gerät etc.*) fiddle with; (*Markt, Wahlen etc.*) rig; (*Zahlen, Bericht etc.*) massage.

manisch *adj.* manic(ally *adv.*); **∼-depressiv** manic-depressive; ***∼-depressiv sein*** be a manic-depressive.

Manko *n* **1.** ☤ deficiency, shortage; (*Fehlbetrag*) deficit, shortfall; **2.** *fig.* (***entscheidendes ∼*** major) shortcoming, drawback.

Mann *m* man (*pl.* men); (*Ehe*∼) husband; ***der ∼ auf der Straße*** the man in the street, the ordinary man; ***∼ für ∼*** one after the other; ***ein Gespräch von ∼ zu ∼*** a man-to-man talk; ***wie ein ∼*** (*geschlossen*) as one; ***bis auf den letzten ∼*** to a man; ***wie ein ∼*** *ertragen etc.*: like a man; ***alle ∼ hoch*** the whole lot of us (*od.* them); ***alle ∼ mitmachen!*** come on, everyone!; ***wir waren drei ∼ hoch*** there were three of us; ***wir brauchen drei ∼*** we need three men (*od.* people); ***∼s genug sein für etwas*** be man enough for (*od.* to do) s.th.; ***an den ∼ bringen*** (*Ware*) place, (*Tochter*) find a husband for, F marry off, F (*Witz etc.*) find an audience for, (*Meinung*) get across; ***s-n ∼ stehen*** (*sich behaupten*) hold one's own, stand one's ground, (*ganze Arbeit leisten*) do a fine job; ***s-n ∼ gefunden haben*** have found one's match; ***der vierte ∼*** *Kartenspiel*: the fourth player; ⚓ ***alle ∼ an Deck!*** all hands on deck; ***da sind wir an den rechten ∼ gekommen*** he's the (right) man for us; ***ein ∼ von Welt*** a man with savoir-faire; ***ein ∼, ein Wort*** a promise is a promise; ***ein ∼ von Wort*** a man of his word; ***10 Euro pro ∼*** 10 Euros each (*od.* per head); ***∼ Gottes!*** for God's sake!; F ***∼!*** F wow!, *a. sich beschwerend*: F hey!; → ***selbst*** I, ***stark*** I, ***tot*** *etc.*

Manna *n, f bibl. u. fig.* manna (from heaven).

Männchen *n* little man, manikin; *zo.* male; (*Vogel*) cock; ***∼ machen*** *Tier*: stand on its hind legs; *Hund*: *a.* sit up and beg; F ⚔ snap to attention; F *Person*: grovel, bow and scrape; F ***∼ malen*** doodle.

Manndeckung *f* man-to-man marking.

Mannequin *n* model.

Männer (*pl. von* **Mann**); *in Zssgn* men's; *WC*: Men, Gentlemen; **∼bekanntschaft** *f* male (*od.* man) friend, boyfriend; **∼beruf** *m* male(-oriented *od.* -dominated) profession; **∼chor** *m* ♪ male(-voice) *od.* all-male choir; **∼fang** F *m*: ***auf ∼ ausgehen*** (***aus sein***) F go (be) manhunting.

männerfeindlich *adj.* anti-male, *pred. a.* anti-men; ***sie ist ∼*** *a.* she doesn't like men, she hates men, she's bias(s)ed against men (*od.* the male sex); **Männerfeindlichkeit** *f* hostility towards men, anti-male attitude.

Männer|gesellschaft *f* male(-dominated) society; **∼hass** *m* hatred towards men.

M

männermordend *hum. adj.* man-eating.

Männer|sache *f* a man's job (*od.* business); ***das ist ~!*** *a.* leave that to the men!; **~station** *f* men's ward; **~stimme** *f* man's (♪ male) voice; **~überschuss** *m* surfeit of men; **~welt** *f* **1.** *a* man's world; **2.** (*Gesamtheit der Männer*) men *pl.*, *the* male population; **~wirtschaft** F *f* **1.** (all-)male setup; **2.** male household; ***typische ~!*** you can tell it's a man (*od.* men) running the place; **~witz** *m* male joke.

Mannes|alter *n* manhood; ***im besten ~*** in one's prime; **~jahre** *pl.* years (*od.* period *sg.*) of manhood; **~kraft** *f* masculine strength; *bsd. sexuell*: virility.

mannhaft *adj.* manly, (*tapfer*) *a.* brave, valiant; (*entschlossen*) resolute; **Mannhaftigkeit** *f* manliness.

mannigfach *adj.* various, diverse, manifold.

mannigfaltig *adj.* varied, multifarious, manifold; **Mannigfaltigkeit** *f* diversity.

Männlein *n* little man; F ***~ und Weiblein*** men and women, boys and girls; F ***na ~!*** *zum Buben*: F well (*od.* hello), sonny.

männlich *adj. biol.*, ⚘, ⚙ male; *Wesen, Auftreten etc., a. Frau u. ling.*: masculine; (*mannhaft*) manly; ***~e Entsprechung*** male equivalent; **Männlichkeit** *f* masculinity; (*Mannhaftigkeit*) manliness, (*a. Potenz*) virility; **Männlichkeitswahn** *m* machismo.

Mannsbild F *n* man; ***ein stattliches ~*** a fine figure of a man.

Mannschaft *f* **1.** *Sport*: team; side; F squad; **2.** (*Besatzung*) crew; **3.** *fig.* (*Arbeits~ etc.*) *a. pol.* team, F squad; (*Gruppe*) group (of people); ***vor versammelter ~*** in front of everyone (*od.* the whole department *etc.*); **4.** ⚔ **~en** enlisted men, other ranks.

Mannschafts|aufstellung *f* *Sport*: (team) line-up; **~führer** *m* (team) captain, F skipper; **~geist** *m* team spirit; **~kampf** *m* team event; **~kapitän** *m* (team) captain, F skipper; **~spiel** *n* team game; **~sport** *m* team sport; **~wagen** *m* personnel carrier; *der Polizei*: police van; **~wertung** *f* *Sport*: team classification; **~wettbewerb** *m* *Sport*: team event.

mannshoch *adj. u. adv.* head-high.

mannstoll *adj.* oversexed, nymphomaniac; **Mannstollheit** *f* nymphomania.

Mannweib *n* **1.** *biol.* gynander; **2.** *contp.* F butch.

Manometer I. *n* ⚙ pressure ga(u)ge; **II.** F *int.* F wow!

Manöver *n* **1.** manoeuvre, *Am.* maneuver; *fig.* ***ein geschicktes ~*** a clever move; **2.** ⚔ manoeuvres *pl.*, *Am.* maneuvers *pl.*, exercise; **~gelände** *n* exercise area; **~kritik** *fig. f* postmortem(s *pl.*); ***~ halten*** have (*od.* hold) a postmortem.

manövrierbar → ***manövrierfähig***; **Manövrierbarkeit** *f* → ***Manövrierfähigkeit***; **manövrieren** *v/i.* manoeuvre, *Am.* maneuver (*a. mot. u. fig.*); **manövrierfähig** *adj.* manoeuvrable, *Am.* maneuverable; **Manövrierfähigkeit** *f* manoeuvrability, *Am.* maneuverability; **manövrierunfähig** *adj.* disabled.

Mansarde *f* attic; → ***Mansardenwohnung, -zimmer.***

Mansarden|dach *n* mansard roof; **~fenster** *n* dormer window; **~wohnung** *f* attic flat (*od.* apartment); **~zimmer** *n* attic room, room in the attic.

Mansch F *m* (*Essen*) F mush; (*Schlamm*) mud, slush; **manschen** F **I.** *v/t.* mash (up); **II.** *v/i.* mess about.

Manschette *f* cuff; ⚙ sleeve, collar; *um Blumentöpfe etc.*: frill; F *fig.* ***~n haben vor*** F be scared stiff of; F ***~n bekommen*** F get the wind up, (*es sich anders überlegen*) F get cold feet; **Manschettenknopf** *m* cufflink.

Mantel *m* **1.** coat; (*Umhang*) cloak; *fig.* cloak, mantle; ***im ~*** in a (*od.* one's) coat, wearing a coat; ***ohne ~*** without a coat (on); ***gib mir d-n ~*** a) let me take your coat, b) let me help you on with your coat; *fig.* ***~ der Nächstenliebe*** (*od.* ***Barmherzigkeit***) cloak of charity; ***den ~ nach dem Wind hängen*** swim with the tide, trim one's sails to the wind; → ***Verschwiegenheit***; **2.** ⚙ (*Rohr~*) jacket; (*Geschoss~*) *a.* casing (*a. Reifen~*).

Mäntelchen *n*: *fig.* ***e-r Sache ein ~ umhängen*** gloss over s.th., cover s.th. up; ***sich ein frommes ~ umhängen*** play the saint.

Mantel|gesetz *n* skeleton law; **~kleid** *n* coat dress; **~pavian** *m* sacred (*od.* grey, *Am.* gray) baboon; **~tarif(vertrag)** *m* collective agreement on working conditions.

Mantel-und-Degen|-Film *m* cloak-and-dagger film; **~-Stück** *n* cloak-and-dagger piece.

mantschen F *v/t.* mash (up).

Manual *n* **1.** ♪ manual, keyboard; **2.** (*Handbuch*) (reference *od.* user) manual.

manuell I. *adj.* manual; **II.** *adv.*: ***~ begabt sein*** be skilled with one's hands.

Manufaktur *f* **1.** (*Fabrik*) factory; **2.** (*Herstellung*) manufacture, manufacturing; **~waren** *pl.* piece goods; *engS.* textiles, *Am.* yard goods.

Manuskript *n* manuscript; *Film etc.*: script; ***ohne ~ sprechen*** speak without a script (*od.* notes); ***sie sprach ohne ~*** *a.* she didn't have any notes.

Mäppchen *n* case; (*Feder~*) pencil case.

Mappe *f* (*Aktentasche*) briefcase; (*Schul~*) *a.* schoolbag; (*Akten~*) folder, file; *für Zeichnungen etc.*: portfolio.

Mär *f* **1.** F *hum.* (*unwahre Erzählung*) (tall) story; **2.** *obs.* (*Märchen*) fairytale; F ***nur e-e fromme ~*** just an old fairytale.

Marabu *m zo.* marabou.

Maraschino(likör) *m* maraschino.

Marathon *m a. fig.* marathon; **~lauf** *m* marathon (race); **~läufer** *m* marathon runner; **~radrennen** *n* cycling marathon, F bikeathon; **~schwimmen** *n* swimming marathon, F swimathon; **~sitzung** *f* marathon (F jumbo) session *od.* meeting; **~strecke** *f* **1.** marathon route; **2.** marathon distance; **~tanz** *m* dance marathon, F danceathon.

Märchen *n* fairytale; *fig.* (tall) story, yarn; F ***erzähl doch keine ~!*** F pull the other leg; **~buch** *n* book of fairytales; **~dichter** *m* fairytale writer (*od.* author); **~erzähler** *m* teller of fairytales; F *fig.* storyteller; **~figur** *f*, **~gestalt** *f* fairytale character, figure from a fairytale.

märchenhaft *adj. a. fig.* magical, fairytale ...; *fig.* (*toll*) fantastic; ***~e Möglichkeiten*** (***Aussichten***) utopian possibilities (prospects).

Märchen|land *n* fairyland, land of fairytales; **~oper** *f* fairytale opera; **~prinz** *m* Prince Charming (*a. fig.*); **~sammlung** *f* **1.** collection of fairytales; **2.** → ***Märchenbuch***; **~stunde** *f* story time; **~welt** *f* **1.** → ***Märchenland***; **2.** *fig.* fairytale world.

Marder *m* marten; **~fell** *n* marten skin; **~pelz** *m* marten fur.

Margarine *f* margarine.

Marge *f* margin.

Margerite *f* ⚘ oxeye daisy.

Marginalie *f* marginal note.

Marien|bild *n* Madonna; **~käfer** *m* ladybird, *Am. a.* ladybug; **~kult** *m*, **~verehrung** *f* worship of the Virgin Mary, *contp.* Mariolatry.

Marihuana *n* marijuana, *sl.* pot.

Marille *östr. f* apricot.

Marimba *f* ♪ marimba.

Marinade *f* marinade.

Marine *f* (*Handels~*) merchant navy; (*Kriegs~*) navy.

marineblau *adj.*, **Marineblau** *n* navy (blue).

Marine|flieger *m* naval pilot; **~infanterie** *f* marines *pl.*; **~infanterist** *m* marine; **~offizier** *m* naval officer; **~soldat** *m* marine, member of the marines; **~streitkräfte** *pl.* naval forces; navy *sg.*; **~stützpunkt** *m* naval base; **~truppen** *pl.* marines.

marinieren *v/t.* marinate.

Marionette *f a. fig.* marionette, puppet; **marionettenhaft** *adj.* puppet-like, *a. adv.* like a puppet.

Marionetten|regierung *f* puppet government; **~spiel** *n* puppet show; **~spieler** *m* puppet player; **~theater** *n* puppet theat|re (*Am. a.* -er).

maritim *adj.* maritime.

Mark[1] *n* (*Knochen~*) marrow; *von Früchten etc.*: pulp; *im Stängel etc.*: pith; *fig.* (*Innerstes*) *a.* core; *fig.* ***j-m durch ~ und Bein*** (*od.* ***Knochen***) ***gehen*** set s.o.'s teeth on edge; ***j-n bis ins ~ treffen*** cut s.o. to the quick; ***faul*** (*od.* ***verderbt***) ***bis ins ~*** rotten to the core; ***j-m das ~ aus den Knochen saugen*** bleed s.o. white.

Mark[2] *f hist.* march; ***die ~ Brandenburg*** the Brandenburg Marches.

Mark[3] *f* (*Münze u. Währung*) mark; ***Deutsche ~*** German mark, deutschmark; ***zehn ~*** ten marks; F ***jede ~ umdrehen*** (***müssen*** have to) count every penny; → ***müde*** I.

markant *adj.* (*auffallend*) striking (*a. Gesichtszüge, Persönlichkeit, Beispiel etc.*); (*hervorstechend*) prominent; (*klar umrissen, ausgeprägt*) *Stil etc.*: clear-cut; (*eigenwillig*) distinctive; (*markig*) pithy; (*charaktervoll*) full of character; ***~er Wein*** wine with a distinctive flavo(u)r (*od.* character).

markdurchdringend *adj. Schrei etc.*: bloodcurdling.

Marke *f* **1.** (*Fabrikat*) make, type, (*bsd. Auto~*) *a.* marque; (*Sorte*) brand, sort; **2.** (*Messpunkt*) mark; **3.** (*Rekord*) record; **4.** F (*Person*) odd character; ***du bist mir e-e ~!*** you're a fine one!; **5.** → ***Brief-, Dienstmarke*** *etc.*

Marken|album *n* stamp album; **~artikel** *m* brand-name article; **~artikler** *m* producer of brand-name articles; **~bewusstsein** *n* brand awareness; **~butter** *f* best quality butter; **~erzeugnis** *n*, **~fabrikat** *n* brand-name article (*od.* product); **~gerät** *n* brand-name model (*od.* appliance *etc.*); **~heftchen** *n* stamp book; **~name** *m* trade (*od.* brand) name; **~sammler** *m* stamp collector; **~sammlung** *f* stamp collection; **~schutz** *m* trademark protection; **~treue** *f* brand loyalty; **~ware** *f* brand-name article (*pl. a.* goods); **~zeichen** *n a. fig.* trademark.

Marker *m* **1.** *ling. u. Genetik*: marker; **2.** (*Stift*) marker pen.

markerschütternd *adj.* bloodcurdling.

M

Marketender(in *f*) *m hist.* sutler.
Marketing *n* ✝ marketing; **~direktor(in** *f*) *m* (sales and) marketing director, marketing manager, director of marketing.
Markgraf *m* margrave; **Markgräfin** *f* margravine; **Markgrafschaft** *f* margrav(i)ate.
markieren I. *v/t.* **1.** (*kennzeichnen*) *a. Computer*: mark, highlight; ***den Text ~*** highlight the text; ***die Zelle ~*** mark the cell; **2.** (*hervorheben*) accentuate, underline; **3.** (*vortäuschen*) act, play, pretend to be; (*Krankheit etc.*) feign; ***e-e Kolik ~*** *a.* put on (*od.* pretend to be having) a colic; ***den starken Mann ~*** (try to) act tough; ***den Dummen ~*** play the fool; **4.** *Sport*: (*decken*) mark; (*e-n Treffer*) score; **II.** *v/i.* **5.** (*vortäuschen*) pretend, act, pose; ***sie markiert nur*** she's putting it on; **Markierstein** *m* marker; **markiert** *adj.* **1.** *a. Wanderweg etc.*: marked; **2.** (*gestellt*) put-on; ***es ist ~*** *a.* it's all an act; **Markierung** *f* marking; (*Zeichen*) mark.
Markierungs|fähnchen *n Sport*: (course) marker; **~linie** *f* (marked) line; **~punkt** *m* mark.
markig *fig. adj.* powerful (*a. Wein*); *Worte*: *a.* pithy.
Markise *f* sun blind; *e-s Geschäfts*: awning.
Mark|klößchen *n* marrow dumpling; **~knochen** *m* marrowbone.
Markstein *m* boundary stone; *fig.* landmark, milestone.
Markstück *n* (one-)mark piece.
Markt *m* (*Wochen≈, Geld≈, Absatzgebiet, Wirtschaftslage*) market; (*Handelsplatz*) *a.* trading cent|re (*Am.* -er); (*~platz*) marketplace, market square; (*Jahr≈*) fair; (*Handel, Geschäft*) trade, business; ***freier*** (***inländischer, schwarzer***) **~** free (home, black) market; ***auf dem ~*** at the market, in the marketplace, ✝ in (*od.* on) the market; ***auf den ~ bringen*** (put on the) market; ***auf den ~ kommen*** come on(to) the market; → ***gemeinsam***; **~absprache** *f* marketing agreement; **~analyse** *f* market analysis; **~anteil** *m* share of the market.
marktbeherrschend *adj.* dominant; ***~ sein*** *a.* control the market; ***~e Stellung*** dominant market role; **Marktbeherrschung** *f* control of the market, market control.
Markt|beobachter *m* market observer (*od.* analyst); **~bericht** *m* market report; **~bude** *f* market stall; **~chancen** *pl.* sales opportunities; **~entwicklung** *f* market trend; **≈fähig** *adj.* marketable, sal(e)able; ***ein ~es Produkt*** a marketable product; **~flecken** *m* (small) market town.
Marktforscher *m* market researcher; **Marktforschung** *f* market research; **Marktforschungsinstitut** *n* marketing research institute.
Markt|frau *f* market woman (*od.* vendor); **~führer** *m* market leader; **≈gängig** *adj.* marketable, sal(e)able; *Preis*: current; **≈gerecht** *adj.* in line with market requirements; **~halle** *f* covered market; **~lage** *f* market conditions *pl.*; **~lücke** *f* gap in the market; ***e-e ~ erkennen*** (*od.* ***finden***), ***auf e-e ~ stoßen*** spot (*od.* find) a gap in the market; ***e-e ~ füllen, in e-e ~ (vor)stoßen*** fill a gap in the market; **~neuheit** *f* novelty on the market; **~nische** *f* market niche; ***e-e ~ besetzen*** fill a gap in the market; **~ordnung** *f* market regulations *pl.*; **~platz** *m* market place (*od.* square); **~preis** *m* market *od.* going price (*od.* rate); **≈reif** *adj.* marketable.
Marktschreier *m* (fairground) barker; **marktschreierisch** *fig. adj.* ostentatious, loud.
Markt|schwankungen *pl.* market fluctuations; **~studie** *f* market analysis; **~tag** *m* market day; **~übersicht** *f* market survey; **~übersättigung** *f* market saturation; **≈üblich** *adj.*: ***~er Zins*** market interest rate; **~weib** *contp. n* fishwife; **~wert** *m* (current) market value, commercial value.
Marktwirtschaft *f* market economy; ***freie ~*** *a.* free enterprise; ***soziale ~*** social market economy; **marktwirtschaftlich** *adj.* free-enterprise ...
Markusevangelium *n*: ***das ~*** (the Gospel of) St Mark, St Mark's Gospel.
Marmelade *f* jam; *von Zitrusfrüchten*: marmalade.
Marmeladen|brot *n* jam sandwich, *Brit. a.* F jam butty; **~glas** *n* jam jar.
Marmor *m* marble; **~bild** *n* marble statue.
marmorieren *v/t.* marble; **Marmorierung** *f* marbling; marbled pattern.
Marmorkuchen *m* marble cake.
marmorn *adj.* marble ... (*a. fig.*), made of marble.
Marmor|platte *f* marble slab; (*Tischplatte*) marble top; **~säule** *f* marble column; **~statue** *f* marble statue; **~tafel** *f* marble plaque; **~treppe** *f* marble staircase (*od.* steps *pl.*).
marode F *adj.* **1.** *Wirtschaft etc.*: ailing; *Gesellschaft*: degenerate, rotten to the core; ***die Wirtschaft ist ~*** *a.* F the economy is on its last legs; **2.** (*erschöpft*) F *washed out, whacked.*
Marokkaner(in *f*) *m*, **marokkanisch** *adj.* Moroccan; **Marokkoleder** *n* Morocco (leather).
Marone *f* ♀ **1.** (sweet) chestnut; **2.** → **Maronenröhrling** *m* cep.
Marotte *f* (*Eigenart*) (strange) quirk; *vorübergehende*: fad.
Marquis *m* marquis, marquess; **Marquise** *f* marchioness, marquise.
Mars *m ast. u. myth.* Mars; **~bewohner** *m* Martian.
marsch *int.*: ⚔ ***vorwärts, ~!*** forward march!; ***~!*** (*mach schnell!*) hurry up!, F get a move on!, chop, chop!; ***~ ins Bett!*** off to bed with you!; ***~ an die Arbeit!*** F let's get cracking(, then)!
Marsch[1] *m* ⚔ march (*a.* ♪); (*das Marschieren*) marching; *weitS.* walk; *längerer*: trek; ***sich in ~ setzen*** march (*od.* move) off, *fig. a.* set out (*od.* off); *fig.* ***in ~ setzen*** get *s.o. od. s.th.* moving; F *fig.* ***j-m den ~ blasen*** F haul s.o. over the coals.
Marsch[2] *f* (*Land*) marsh.
Marschall *m* marshal; **~stab** *m* (field) marshal's baton.
Marschbefehl *m* marching orders *pl.*
marschbereit *adj.* ready to march.
Marschboden *m* marshy ground.
Marschflugkörper *m* cruise missile.
Marschgepäck *n* field kit.
marschieren *v/i.* **1.** ⚔ march (*a.* ***~ lassen***); **2.** (*laufen*) walk, *über längere Strecke*: trek; (*entschlossen schreiten*) stride, march (**nach, zu** off to); **3.** F *fig.* ***die Sache marschiert*** F things are moving along nicely.
Marsch|kolonne *f* route column; **~kompass** *m* prismatic compass.
Marschland *n* marsh(es *pl.*).
Marsch|lied *n* marching song; **~musik** *f* military marches *pl.*; **~ordnung** *f* march formation; **~route** *f* ⚔ route; *fig.* line of approach, tactics *pl.*; **~verpflegung** *f* ⚔ marching (*od.* travel) rations *pl.*; *fig.* provisions *pl.* (for the road).
Marssonde *f* Mars probe.
Marstall *m* (royal) stables *pl.*
Marter *f* torture; *fig. a.* ordeal, torment; **martern** *v/t.* torture; *fig. a.* torment.
Marter|pfahl *m* stake; ***am ~ sterben*** die at the stake; **~tod** *m* death by torture; *a.* martyr's death; **~werkzeug** *n* instrument(s *pl.*) of torture.
martialisch *adj.* martial.
Martins|fest *n* Martinmas; **~horn** *n* (police, ambulance *od.* fire-engine) siren; **~tag** *m* Martinmas.
Märtyrer *m* martyr; ***j-n (sich) zum ~ machen*** *a. iro.* make a martyr of s.o. (o.s.); *iro.* ***er macht sich gern zum ~*** *a.* he likes to act the martyr; **Märtyrertod** *m a* martyr's death; ***den ~ sterben*** die a martyr's death, die a martyr; **Märtyrertum** *n* martyrdom.
Martyrium *n* martyrdom; *fig.* ***ein (einziges) ~*** torture, torment, an ordeal, hell on earth.
Marxismus *m* Marxism; **Marxist** *m*, **marxistisch** *adj.* Marxist.
März *m* March; ***im ~*** in March.
Marzipan *n* marzipan; **~masse** *f* almond paste.
Masche *f* **1.** (*Strick≈*) stitch; *im Netz*: mesh; (*Lauf≈*) ladder, run; *fig.* ***durch die ~n des Gesetzes schlüpfen*** find a loophole in the law; ***j-m durch die ~n gehen*** slip through s.o.'s hands (*od.* fingers, net), give s.o. the slip; **2.** F (*Trick*) trick, ploy; (*Modeerscheinung*) fad, craze; ***es mit der sanften ~ versuchen*** F try a bit of soft soap (***bei j-m*** with s.o.); ***komm mir nicht mit der ~!*** don't try that one on me, don't try it on with me; ***das ist die ~!*** that's brilliant; ***auf die ~ ist er reingefallen*** F he fell for the line; ***die ~ raushaben*** have got the hang of it.
Maschendraht *m* wire netting.
Maschine *f* machine; (*Motor*) engine; (*Flugzeug*) plane; F (*Motorrad*) F bike; ***er fliegt mit der nächsten ~*** he's taking the next plane (*od.* flight); → ***Näh-, Schreibmaschine*** *etc.*
maschinegeschrieben *adj.* typewritten, typed.
maschinell I. *adj.* machine ...; **II.** *adv.* by machine, machine-...; ***~ bearbeiten*** machine; ***~ hergestellt*** machine-made.
Maschinen|anlage *f* plant, machinery; **~antrieb** *m* machine drive; ***mit ~*** machine-driven.
Maschinenbau *m* mechanical engineering; **Maschinenbauer** *m*, **Maschinenbauingenieur** *m* mechanical engineer.
Maschinen|fabrik *f* engineering works *pl.* (*a. sg. konstr.*); **~garn** *n* machine twist; **≈geschrieben** *adj.* typewritten, typed; **≈gestrickt** *adj.* machine-knitted; **~gewehr** *n* machine gun; **~halle** *f*, **~haus** *n* engine room; **~laufzeit** *f* machine running time; **≈lesbar** *adj.* machine-readable; **~meister** *m* machine minder; *thea.* stage machinist; *typ.* pressman; **~öl** *n* machine (*od.* lubricating) oil; **~park** *m coll.* machinery; **~pistole** *f* submachine gun; **~raum** *m* engine room; **~schaden** *m* mechanical breakdown; *mot.*, ✈ engine trouble; **~schlosser** *m* engine (*od.* machine) fitter.

Maschinenschreiben *n* typewriting, typing; *als Fähigkeit*: typing ability, typewriting skills *pl.*

Maschinenschrift *f* typescript; **in ~** typewritten; **maschinenschriftlich I.** *adj.* typewritten; **II.** *adv.* in typewritten form, in typescript.

Maschinenzeitalter *n* machine age.

Maschinerie *f* machinery (*a. fig.*).

Maschine schreiben *v/i.* type; **gut (schlecht) ~** be a good (bad, F hopeless) typist, be good (not very good, F hopeless) at typing.

Maschinist *m* machine operator; 🚂 engine driver, *Am.* engineer.

Maser *f im Holz*: vein; **feine ~n** fine grain; **maserig** *adj. Holz*: veined, streaked; **masern** *v/t.* grain.

Masern *pl.* ⚕ measles *sg.*

Maserung *f im Holz*: grain; *in Marmor*: veins *pl.*

Maske *f* mask (*a.* ⚕, *phot.*, *Computer*, *Schutz*~, *Maskierter*); *thea.* makeup; *fig.* mask, guise; *thea.* **in ~** (fully) made up; *fig.* **ihr Gesicht wurde zur ~** her face turned to stone; **in der ~** *gen.* under the guise of; **die ~ fallen lassen** show one's true face, drop one's mask; **j-m die ~ vom Gesicht reißen** unmask s.o.; F *hum.* **s-e ~ aufsetzen** (*sich schminken*) F put one's face (*od.* war paint) on.

Masken|ball *m* fancy-dress ball; **~bildner(in** *f*) *m* makeup artist.

maskenhaft *adj.* mask-like; expressionless.

Masken|spiel *n thea.* masque; **~zug** *m* masked procession.

Maskerade *f* **1.** (*Verkleidung*) costume; **2.** (*Fest*) masquerade, masked ball; **3.** *fig.* masquerade; **~ sein** *a.* be a preten|ce (*Am.* -se).

maskieren I. *v/t.* (*verkleiden*) dress up; (*verdecken*) disguise, conceal; **II.** *v/refl.*: **sich ~** dress up; (*sich unkenntlich machen*) disguise o.s.; (*e-e Maske aufsetzen*) put on a mask; **Maskierung** *f* **1.** (*Vorgang*) dressing up; **2.** *konkret*: disguise; (*Gesichts*~) mask.

Maskottchen *n* mascot.

maskulin *adj.*, **Maskulinum** *n ling.* masculine.

Masochismus *m* masochism; **Masochist** *m* masochist; **masochistisch** *adj.* masochistic(ally *adv.*).

Maß[1] *n* **1.** (*~einheit*) measure, unit of measurement; *fig.* **das ~ ist voll** enough is enough, *stärker*: I've had just about all I can take; **um das ~ voll zu machen** to cap it all; **das ~ aller Dinge** *lit.* the measure of all things; **das ~ überschreiten** overstep (*od.* overshoot) the mark; → **zweierlei**; **2.** (*Aus*~) extent, degree; **ein gewisses ~ (an)** a certain degree of, some; **ein gerüttelt ~ (an)** a fair bit of; **ein hohes ~ (an)** a high degree (*od.* measure) of; **in hohem ~e** to a great (*od.* high) degree, highly; **in höchstem ~e** to an extremely high degree, extremely; **in gleichem ~e** to the same extent; **in zunehmendem ~e** increasingly, to an increasing extent; **in dem ~e, dass** to such an extent that; **in dem ~e, wie sich die Lage verschlechtert, steigt die Zahl der Flüchtlinge** as the situation worsens, the number of refugees rises accordingly; **in besonderem ~e** especially; **in geringem ~e** to a minimal extent, minimally; **in beschränktem ~e** to a limited extent (*od.* degree); **in reichem ~e** in plenty; **Obst war in reichem ~e vorhanden** there was an abundance of fruit, there was fruit in plenty; **auf ein vernünftiges ~ reduzieren** bring *s.th.* down to an acceptable level; **über alle ~en** exceedingly, ... beyond all measure; **3.** (*Mäßigung*) moderation; **weder ~ noch Ziel kennen, ohne ~ und Ziel sein** know no bounds; **in ~en trinken** *etc.* drink *etc.* in moderation (*od.* moderately); **4.** *pl.* (*Körpermaße*) measurements; *e-s Zimmers, Kartons etc.*: *a.* dimensions; **sich ~ nehmen lassen** have one's measurements taken; **j-m ~ nehmen** take s.o.'s measurements; **et. nach ~ anfertigen lassen** have s.th. custom-built (*a. Kleidung*: custom-made); → **Messbecher, Metermaß** *etc.*

Maß[2] *f* litre (*Am.* liter) of beer.

Massage *f* massage; **~praxis** *f* physiotherapy practice; **~salon** *m a. euphem.* massage parlo(u)r; **~stab** *m* vibrator.

Massaker *n* massacre, bloodbath; **ein ~ anrichten** carry out a massacre (*od.* bloodbath); **massakrieren** *v/t.* massacre, slaughter; F *fig.* **den massakrier ich, wenn ich ihn sehe** F I'm going to tear him apart when I see him.

Maß|anfertigung *f* (*Kleidung*) made-to-measure (*od.* tailor-made, custom-made) item (*od.* shirt, shoes *etc.*); (*Möbel etc.*) specially-made (*od.* custom-made, custom-built) table (*od.* bookcase *etc.*); **~anzug** *m* tailor-made (*od.* custom-made) suit; **~arbeit** *fig. f* precision work (*od.* job).

Masse *f* **1.** (*Materie, ungeformter Stoff*) mass; **2.** (*große Menge von*) F masses (*od.* loads) *pl.* of; *von Dingen*: *a.* F heaps (*od.* piles) of; **in ~n** in masses; ... **in ~n** masses of ..., *Dinge*: *a.* loads (*od.* heaps, piles) of ...; **die ~ bringts** it's quantity that counts; **3.** (*Großteil*) bulk, majority; **4.** (*Menschen*~) crowd; **die breite ~** the masses; **mit der ~ gehen** F go with the flow; **5.** ⚡ earth, *Am.* ground; **et. an ~ legen** earth (*Am.* ground) s.th.; **6.** (*Brei*) mixture, (*Mischung*) compound; **7.** *phys.* mass; **8.** ⚖ → **Erb-, Konkursmasse** *etc.*; → **mangels.**

Maßeinheit *f* measure, unit of measurement.

Massekabel *n* earth (*Am.* ground) cable.

Massel F *m* (good) luck; **(e-n) ~ haben** be lucky; **da hast du aber (e-n) ~ gehabt** *a.* F talk about lucky.

Massen|abfertigung *f mst contp.* mass processing; **~abfütterung** *f contp.* feeding of the masses (F of the five thousand); **~absatz** *m* bulk selling; **~andrang** *m* **1.** (*Ansturm*) rush (of people *od.* visitors *etc.*); **2.** (*Menschenmenge*) huge crowd, crowds *pl.* of people; **~arbeitslosigkeit** *f* mass unemployment; **~artikel** *m* ☤ mass-produced article; **~aufgebot** *n* large (*od.* huge) force (**an** of); ⚔ levy en masse; **~ an Polizisten** *a.* large police presence; **~auflage** *f e-r Zeitung*: mass circulation; *e-s Buchs*: large circulation.

Massenbedarf *m* mass demand; **Massenbedarfsgüter** *pl.* mass market commodities.

Massen|beförderung *f* mass transportation; **~bewegung** *f* mass movement; **~blatt** *n* mass-circulation paper; **~demonstration** *f* mass demonstration; **~entlassung(en** *pl.*) *f* mass dismissals (*od.* redundancies) *pl.*; **~erzeugung** *f*, **~fabrikation** *f*, **~fertigung** *f* → **Massenproduktion**; **~flucht** *f* mass exodus; *panikartige*: stampede; **~gesellschaft** *f* mass society; **~grab** *n* mass grave.

Massengüter *pl. als Fracht*: bulk goods; (*Massenprodukte*) mass-produced goods; **~transport** *m* bulk haulage.

massenhaft I. *adj.*: **~es Auftreten von ... ...** in masses, vast numbers of ...; **es gab ~e Entlassungen** there were an enormous number of dismissals; **II.** *adv.* ... in masses; **et. ~ haben** F have masses (*od.* heaps, piles) of s.th.; **es gibt ~ ...** there are masses of ...; **~ töten** kill *cows etc.* in their hundreds (*od.* thousands); **es entstanden ~ neue Siedlungen** vast numbers of settlements arose.

Massen|hinrichtungen *pl.* mass executions; **~hysterie** *f* mass hysteria; **~karambolage** *f mot.* pileup, multiple crash; **~ auf der Autobahn** motorway pileup; **~kundgebung** *f* mass demonstration, rally; **~medium** *n* mass media (*a. pl.*); **~mord** *m* mass murder; **~mörder** *m* mass murderer; **~partei** *f* party of the masses; **~produktion** *f* mass production; **~psychologie** *f* crowd psychology; **~psychose** *f* mass hysteria; **~quartier** *n a. pl.* mass accommodation; **~schlägerei** *f* big punch-up, *größere*: riot; **~sport** *m* popular (*od.* mass-participant) sport; **~sterben** *n* widespread deaths *pl.* (*von Tieren*: dying-off, *fig. von Kinos etc.*: closures *pl.*); **~szene** *f Film etc.*: crowd scene; **~tierhaltung** *f* large-scale animal husbandry; *b.s.* battery farming; **~tourismus** *m* mass tourism; **~veranstaltung** *f* popular event; **musikalische ~** mammoth concert; **~verhaftungen** *pl.* mass arrests; **~verkehrsmittel** *n* means (*sg.*) of mass transportation; **~vernichtung** *f* mass extermination.

Massenvernichtungs|lager *n* extermination camp; **~mittel** *pl.* weapons of mass destruction; **~waffe** *f* weapon of mass destruction.

Massen|versammlung *f* mass meeting; **~wahn** *m* mass hysteria; **~ware** *f* mass-produced goods (*od.* articles).

massenweise *adj. u. adv.* → **massenhaft.**

massenwirksam *adj.*: **~ sein** have mass appeal.

Massen|wirkung *f* mass appeal; **~zusammenstoß** *m* → **Massenkarambolage; ~zustrom** *m* mass influx.

Masseur(in *f*) *m* masseur; **Masseuse** *f euphem.* masseuse.

Maßgabe *f*: **nach ~** *gen.* according to, in accordance with; **mit der ~, dass** provided that; **maßgebend** *adj.* (*wichtig*) important; *Meinung etc.*: definitive, authoritative; *Werk*: *a.* standard ...; *Persönlichkeit*: important, influential; **die ~en Personen auf diesem Gebiet** the leading authorities in this field; **das ist nicht ~** (*kein Maßstab*) that is no criterion; **maßgeblich I.** *adj.* (*entscheidend*) decisive; (*zuständig*) relevant, competent; ☤ **~e Beteiligung** controlling interest; **II.** *adv.*: **~ beteiligt sein** play a decisive role (**an** in); **es wird ~ davon abhängen, ob** it will largely depend on whether.

maßgerecht *adj.* **1.** true to size; **2.** true to scale; **~es Modell** (accurate) scale model.

maßgeschneidert *adj.* made-to-measure, tailor-made (*a. fig.*), custom-made.

maßhalten *v/i.*, **Maß halten** be moderate; **im Essen (Trinken** *etc.*) **~** be a moderate

eater (drinker *etc.*), eat (drink *etc.*) in moderation.
Maßhalten *n* moderation, *stärker*: restraint; *im Trinken*: *a.* temperance.
massieren[1] *v/t.* massage.
massieren[2] **I.** *v/t. u. v/refl.* (***sich*** ~) mass, concentrate; **II.** ≈ *n von Truppen*: massing, *a. von Waffen*: buildup; **Massierung** *f* → ***Massieren.***
massig I. *adj.* massive; *Person, Gegenstand*: *a.* bulky; **II.** F *adv.* F masses (*od.* heaps) of.
mäßig I. *adj. Genuss, Ansprüche, Preise, Tempo etc.*: moderate; *Trinken*: *a.* temperate; *Befinden*: F (fair to) middling; (*mittel*~) mediocre, (rather) poor; **II.** *adv.*: ~ ***trinken*** *etc.* drink *etc.* moderately (*od.* in moderation); **mäßigen I.** *v/t.* (*Meinungen, Ansprüche etc.*) moderate; (*Zorn, Hass etc.*) curb; (*Kritik, Worte*) tone down; ***das Tempo*** ~ slow down, reduce (one's) speed; **II.** *v/refl.*: ***sich*** ~ *Person*: restrain (*od.* control) o.s.; ***sich beim Essen*** *etc.* ~ cut down on food *etc.*; *iro.* ***könntest du dich etwas ~?*** could you exercise a bit of self-control (*od.* restraint)?; → ***gemäßigt.***
Massigkeit *f* massiveness; bulkiness.
Mäßigkeit *f* moderation; (*Mittel*≈) mediocrity.
Mäßigung *f* moderation, *stärker*: restraint.
massiv I. *adj.* **1.** *Metall, Holz etc.*: solid; **2.** (*stabil gebaut, wirkend*) solidly built; (*wuchtig*) massive, heavy; **3.** *fig. Widerstand, Angriff etc.*: heavy, massive; *Drohung, Kritik etc.*: severe, vehement; *Beleidigung, Vorwurf etc.*: grave; *Druck*: severe; *Forderungen*: excessive; F ~ ***werden*** F cut up rough; ***es kam zu e-m ~en Einsatz der Polizei*** the police arrived in force; **II.** ≈ *n geol.* massif.
Massiv|bau *m* **1.** massive structure; **2.** → ~**bauweise** *f* massive construction.
Massivität *f* **1.** *e-s Baus etc.*: solidity, solid nature; **2.** *fig.* massiveness; severity; vehemence; gravity; → ***massiv*** 3.
Maß|kleidung *f*, ~**konfektion** *f* made-to-measure (*od.* tailor-made, custom-made) clothes *pl.*
Maßkrug *m* lit|re (*Am.* -er) beer mug; *aus Keramik*: stein.
maßlos I. *adj.* **1.** *Person, Gewohnheit*: immoderate; intemperate; *Gefühle*: boundless, unrestrained; **2.** (*übertrieben*) excessive; F ***das ist ja e-e ~e Frechheit!*** F what an absolute cheek!; **II.** *adv.* **3.** (*unmäßig*) immoderately; (*übertrieben*) excessively, to excess; (*rückhaltlos*) without restraint; **4.** (*äußerst*) extremely, terribly; ~ ***empört*** (***erregt***) boiling *od.* seething with indignation (rage); ~ ***übertrieben*** grossly exaggerated; ~ ***enttäuscht*** deeply disappointed; ***sich ~ ärgern*** be (*od.* get) really annoyed; ***ich habe mich ~ geärgert*** (*über mich selbst*) *a.* F I could have kicked myself; **Maßlosigkeit** *f* (*Unmäßigkeit*) immoderateness, lack of moderation; intemperance; (*Übertriebenheit*) excessiveness; (*Haltlosigkeit*) lack of restraint; (*Grenzenlosigkeit*) boundlessness.
Maßnahme *f* measure, step; ***~n ergreifen*** *od.* ***treffen gegen*** take measures (*od.* steps, action) against; **Maßnahmenkatalog** *m* package of measures.
Maßregel *f* (*Richtlinie*) rule, guideline; ***strenge ~n treffen*** establish strict guidelines; **maßregeln** *v/t.* reprimand, take to task (***wegen*** for, about); (*strafen*) punish, discipline; *Sport*: penalize; **Maßregelung** *f* reprimand; disciplinary action; *Sport*: penalty.
Maßschneider *m* bespoke (*Am.* custom) tailor.
Maßstab *m* **1.** (*Richtlinie*) standard; (*Prüfstein*) yardstick, criterion, benchmark; ***e-n ~ setzen*** set a (*od.* the) standard; ***e-n strengen ~ anlegen*** apply a strict standard (***an*** to); ***j-n*** (***et.***) ***als ~ nehmen*** take s.o. (s.th.) as an example, model o.s. on s.o. (s.th.); ***das ist*** (***für mich***) ***kein ~*** that's no criterion (as far as I'm concerned); **2.** (*Karten*≈ *etc.*) scale; ***im ~ 1:5*** on a scale of 1:5; ***in großem*** (***kleinem***) ~ large- (small-)scale; ***in verkleinertem*** (***vergrößertem***) ***~ zeichnen*** draw to (*od.* on) a reduced (an enlarged) scale; **maßstabgerecht, maßstabgetreu I.** *adj.* (true) to scale; **II.** *adv.*: ~ ***vergrößern*** (***verkleinern***) scale up (down).
maßvoll I. *adj. Verhalten*: moderate, restrained; *Wünsche etc.*: moderate, reasonable; **II.** *adv.* moderately, with (*od.* in) moderation.
Mast[1] *m* (*a.* ~**baum** *m*) ⚓ mast; (*Stange, Flaggen*≈) pole; ⚡ pylon.
Mast[2] *f* **1.** (*das Mästen*) fattening; **2.** (*Mastfutter*) (fattening) feed.
Mastbetrieb *m* fattening farm.
Mastdarm *m anat.* rectum.
Mastektomie *f* ⚕ mastectomy.
mästen I. *v/t.* fatten; **II.** *v/refl.*: ***sich*** ~ gorge o.s., F stuff o.s.
Mast|ente *f* **1.** *gemästete*: fattened duck; **2.** *zum Mästen*: fattening (*od.* feeder) duck; ~**futter** *n* (fattening) feed.
Mastkorb *m* ⚓ crow's nest.
Mastochse *m* **1.** *gemästet*: fattened ox; **2.** *zum Mästen*: fattening (*od.* feeder) ox.
Mastodon *n* mastodon.
Mast|rind *n* beef cow; ~**schwein** *n* **1.** *gemästetes*: fattened pig, porker; **2.** *zum Mästen*: fattening (*od.* feeder) pig.
Mastspitze *f* masthead.
Mästung *f* fattening (process).
Masturbation *f* masturbation; **masturbieren** *v/i. u. v/t.* masturbate.
Mastverstärker *m Radio, TV*: masthead amplifier.
Mastvieh *n* fat stock.
Matador *m* **1.** matador; **2.** *fig.* (*Held*) hero, star.
Match *n* match, game; ~**ball** *m Tennis*: match point; ~**beutel** *m*, ~**sack** *m* duffle (*od.* duffel) bag.
Material *n* material; *coll.* materials *pl.*; ⚔ materiel; → *a.* ***Beweis-, Büromaterial*** *etc.*; ~**aufwand** *m* cost of materials; ~**ausgabe** *f* **1.** (*Raum*) stores *pl.*; **2.** (*Vorgang*) issue of stores; ~**bedarf** *m* material requirements *pl.*; ~**beschaffung** *f* obtaining (*od.* getting hold of) materials; *weitS.* availability of materials; ~**ermüdung** *f* material fatigue; ~**fehler** *m* material fault.
materialisieren *v/t.* materialize.
Materialismus *m* materialism; **Materialist** *m* materialist; **materialistisch** *adj.* materialist(ic); ~***es Weltbild*** materialistic outlook.
Material|knappheit *f* shortage (*od.* scarcity) of materials; ***es herrscht*** ~ materials are in short supply; ~**kosten** *pl.* cost *sg.* of materials, material costs; ~**krieg** *m* war of materiel; ~**lager** *n* stores *pl.*; ~**prüfung** *f* material test(ing); ~**sammlung** *f* gathering of material (*od.* information); ~**schaden** *m* material defect; ~**wert** *m* material value.
Materie *f* **1.** *phys., phls.* matter; **2.** (*Thema*) subject (matter); ***die ~ beherrschen*** F know one's stuff; **materiell I.** *adj.* material; *bsd. contp.* materialistic; **II.** *adv.*: ~ ***eingestellt*** materially-minded.
Mathe F *f* maths *pl.* (*sg. konstr.*), *Am.* math; **Mathematik** *f* mathematics *pl.* (*sg. konstr.*), maths *pl.* (*sg. konstr.*), *Am.* math; **Mathematiker** *m* mathematician; **mathematisch** *adj.* mathematical.
Matinee *f thea.* morning performance, matinee (performance).
Matjeshering *m* soused herring.
Matratze *f* mattress.
Matratzenlager *n* mattresses *pl.* on the floor.
Mätresse *f* mistress.
matriarchalisch *adj.* matriarchal; **Matriarchat** *n* matriarchy.
Matrikel *f* register.
Matrix *f biol., ling.,* ⚘ matrix; ~**drucker** *m typ.* (dot) matrix printer.
Matrize *f* **1.** ⚙, *typ.* matrix; **2.** (*Folie*) stencil; ***et. auf ~ schreiben*** stencil s.th.
Matrone *f* matron; **matronenhaft** *adj.* matronly.
Matrose *m* sailor, seaman; (*Dienstgrad*) ordinary sailor, *Am.* seaman recruit.
Matrosen|anzug *m* sailor suit; ~**lied** *n* (sea) shanty.
Matsch *m* **1.** (*Brei*) F mush; **2.** (*Schlamm*) mud; (*Schnee*≈) slush; **matschig** *adj.* **1.** *Obst etc.*: mushy; **2.** (*schlammig*) muddy; *Schnee*: slushy; **Matschwetter** *n* mucky weather.
matt I. *adj.* **1.** (*glanzlos*) dull; *Papier, Foto, Lack etc.*: matt; *Glas*: frosted; *Glühbirne*: pearl, opal; *Licht*: dim; **2.** *Person*: (*erschöpft*) exhausted, worn out; (*schwach*) feeble, weak; ~ ***vor Hunger*** faint (*od.* weak) with hunger; **3.** (*geistlos*) dull; (*charakterlos, farblos*) colo(u)rless, insipid; *Ausrede, Witz etc.*: feeble, lame; **4.** *Stimme, Lächeln*: faint, weak; **5.** ✝ dull, slack; **6.** *Schachspiel*: checkmate; ***j-n ~ setzen*** checkmate s.o.; **II.** ≈ *n Schach*: checkmate.
Matte[1] *f* mat; ***j-n auf die ~ legen*** *Sport*: floor s.o.; F *fig.* ***auf der ~ stehen*** be there, be ready for action.
Matte[2] *f* (alpine) meadow.
Matt|glanz *m* matt finish; ~**glas** *n* ground (*od.* frosted) glass; ~**gold** *n* dead gold.
Matthäi: F ***bei ihm ist ~ am Letzten*** F he's done for, (*er hat kein Geld*) F he's (stony) broke.
Matthäusevangelium *n*: ***das*** ~ (the Gospel of) St Matthew, St Matthew's Gospel.
Mattheit *f* **1.** dullness; *von Licht*: dimness; **2.** (*Energielosigkeit*) lack of energy, tiredness; (*Erschöpfung*) exhaustion.
mattieren *v/t.* matt; (*Glas*) frost; **Mattierung** *f* **1.** (*Vorgang*) matting; *von Glas*: frosting; **2.** *konkret*: matt finish; *von Glas*: frosting.
Mattigkeit *f* lack of energy, tiredness; (*Erschöpfung*) exhaustion.
Mattscheibe *f* **1.** F (*Fernseher*) F telly, box, *bsd. Am.* F tube; ***vor der ~ sitzen*** *a.* be glued to the telly *etc.*; **2.** *phot.* focus(s)ing screen; **3.** F *fig.* ***ich hab*** ~ F I'm not twigging, *momentan*: *a.* I've got a mental block.
mattschleifen *v/t.* dull-grind; (*Glas*) frost.
mattschwarz *adj.*, **Mattschwarz** *n* matt black.
mattvergoldet *adj.* dead-gilt.
mattweiß *adj.*, **Mattweiß** *n* matt white.
Matura *östr. f* → ***Abitur***; **maturieren** *östr.*

v/i. take one's school-leaving exam, *Brit. a.* take one's A-levels.
Matutin *f eccl.* (*Gebetsstunde*) matins *pl.* (*a. sg. konstr.*).
Matz F *m*: ***kleiner ~*** little lad (*od.* man).
Mätzchen F *pl.* **1.** (*Unsinn*) nonsense *sg.*; ***~ machen*** fool (*od.* mess) around; ***mach bloß keine ~!*** don't do anything stupid; **2.** (*Kniffe*) tricks; ***mach keine ~!*** none of your tricks!
Matze *f*, **Matzen** *m* matzo.
mau F *adj. u. adv.* bad(ly); ***mir ist ~*** I feel funny (*od.* queasy); ***die Wirtschaft ist ~*** the economy is in a bad way.
Mauer *f* wall (*a. fig. u. Sport*); *hist.* ***die (Berliner) ~*** the (Berlin) Wall; **~bau** *m hist.* building of the Berlin Wall; **~blümchen** F *fig. n* wallflower.
mauern *v/i.* **1.** build a wall *etc.*; **2.** *Sport*: play defensively; *Kartenspiel*: hold back; **3.** *fig.* stonewall, stall.
Mauer|schwalbe *f* swift; **~schwamm** *m* dry rot; **~segler** *m* swift; **~stein** *m* brick; **~vorsprung** *m* wall projection; **~werk** *n aus Stein*: masonry; *aus Ziegeln*: brickwork; **~ziegel** *m* brick.
Maul *n* **1.** *zo.* mouth; (*Kiefer*) jaws *pl.*; (*Schnauze*) muzzle, snout; **2.** *sl. von Menschen*: *sl.* trap, gob; ***ein großes ~ haben*** have a big mouth, be a big-mouth; ***ein böses (loses) ~ haben*** have a wicked (loose) tongue; ***das ~ (zu weit) aufreißen*** F shoot one's mouth off; ***das ~ halten*** keep one's mouth shut; ***halts ~!*** F shut up!; ***sich das ~ zerreißen*** gossip (***über*** about); ***darüber werden sie sich die Mäuler zerreißen*** that'll give them something to gossip about, that'll have plenty of tongues wagging; ***j-m das ~ stopfen*** F shut s.o. up; ***er hat sechs Mäuler zu stopfen*** he's got six hungry mouths to feed; ***dem Volk aufs ~ schauen*** listen to what people really say (*od.* think); → *a.* ***Mund.***
Maulaffen F *pl.*: ***~ feilhalten*** stand around gaping.
Maulbeerbaum *m* mulberry tree; **Maulbeere** *f* mulberry.
maulen F *v/i.* moan, F gripe.
Maulesel *m* mule.
maulfaul F *adj.* too lazy to talk; uncommunicative; ***~e Person*** F clam.
Maul|held F *m* F big-mouth; ***er ist ein ~*** *a.* it's all talk with him; **~korb** *m* muzzle; ***e-m Hund*** (*fig.* ***j-m***) ***e-n ~ anlegen*** muzzle a dog (s.o.); **~sperre** *f* lockjaw; **~tier** *n* mule; **~trommel** *f* ♪ Jew's harp.
Maul-und-Klauenseuche *f* foot-and-mouth disease.
Maulwurf *m* mole; **Maulwurfshügel** *m* molehill.
maunzen *v/i. Katze*: miaow.
Maure *m* Moor.
Maurer *m* bricklayer, F brickie; **~arbeit** *f* bricklaying; **~geselle** *m* journeyman bricklayer; **~handwerk** *n* bricklaying; **~kelle** *f* trowel; **~meister** *m* master bricklayer.
maurisch *adj.* Moorish.
Maus *f a. Computer*: mouse (*pl.* mice, *Computer a.* mouses); F *fig.* ***Mäuse*** (*Geld*) F lolly, *sl.* brass, bread; *hum.* ***weiße ~*** traffic policeman; ***weiße Mäuse sehen*** see pink elephants; F ***graue ~*** nondescript person; F ***da beißt die ~ keinen Faden ab*** there's no way round it, that's the way things are; → ***Katz***; ***Katze***; → *a.* ***Mäuschen*** 2.
mauscheln *v/i.* fiddle; (*schummeln*) cheat; (*undeutlich reden*) mumble.

Mäuschen *n* **1.** *dim. von* ***Maus***; F ***da möchte ich ~ sein*** I'd like to be a fly on the wall; **2.** F *als Kosewort*: love, pet, *Am.* honey, F hon; **≈still** *adj. Person*: (as) quiet as a mouse; ***es war ~*** you couldn't hear a sound.
Mäusebussard *m* (common) buzzard.
Mausefalle *f* mousetrap; *fig.* death-trap.
Mäuse|fang *m* mousehunting; ***auf ~ sein*** be mousehunting, be running after mice; **~fraß** *m* damage (done) by mice; **~gift** *n* mouse poison.
Mauseloch *n* mousehole; *fig.* ***am liebsten hätte ich mich in ein ~ verkrochen*** I just wished the ground would open up and swallow me.
Mäusemelken *n*: F ***es ist ja zum ~!*** F it's enough to drive you spare.
mausen F *v/t.* (*stibitzen*) F pinch.
Mauser *f* mo(u)lt, mo(u)lting period; ***in der ~ (sein*** be) mo(u)lting; **mausern I.** *v/i.* mo(u)lt; **II.** *v/refl.*: ***sich ~*** mo(u)lt; *fig.* shape up nicely; *fig.* ***sich ~ zu*** turn out (*od.* into), *bsd. Mädchen*: blossom (out) into.
mausetot F *adj.* F stone dead; (as) dead as a doornail.
mausgrau *adj.* mouse-colo(u)red.
mausig F *adj.*: ***sich ~ machen*** F get cheeky (*bsd. Am.* fresh).
Mausklick *m Computer*: mouse click.
Mausoleum *n* mausoleum.
Maus|steuerung *f Computer*: mouse control; **~taste** *f Computer*: mouse button; **~zeiger** *m Computer*: mouse pointer.
Maut(gebühr) *f* toll; **mautpflichtig** *adj.* toll *road etc.*
Maut|stelle *f* toll gate, *Am. a.* toll booth; **~straße** *f* toll road, *Am. a.* turnpike (road).
maximal I. *adj.* maximum; **II.** *adv.* maximally, at (the) most; *reach, amount to etc.* a maximum of.
Maximal... *in Zssgn mst* maximum; → *a.* ***Höchst...***; **~betrag** *m* maximum (amount); **~geschwindigkeit** *f* maximum (*od.* top) speed; ***zulässige ~*** maximum allowed speed; **~strafe** *f* maximum penalty (*od.* sentence).
Maxime *f* maxim.
maximieren *v/t.* maximize; **Maximierung** *f* maximization.
Maximum *n* maximum.
Maxisingle *f* maxi single.
Mayonnaise *f* mayonnaise, *Am. a.* F mayo.
Mäzen *m* patron; **Mäzenatentum** *n* patronage.
Mechanik *f phys.* mechanics *pl.* (*als Fach sg. konstr.*); ⚙ (*Triebwerk*) mechanism; **Mechaniker** *m* mechanic; **mechanisch I.** *adj.* mechanical (*a. fig.*); *fig.* ***~es Auswendiglernen*** rote learning; **II.** *adv.* mechanically; *fig.* ***~ herunterleiern*** reel (*od.* rattle) off (like an automaton).
Mechanisierung *f* mechanization.
Mechanismus *m* mechanism (*a. fig. u. psych., phls.*); → ***Uhrwerk***; *fig.* ***Mechanismen*** *a.* workings; **mechanistisch** *adj.* mechanistic(ally *adv.*).
Meckerei *f* grumbling, F grousing, griping; **Meckerer** *m* grumbler; **Meckerkasten** *m* suggestion box; **meckern** *v/i.* **1.** *Ziege*: bleat; **2.** *Person*: grumble, grouse, F gripe, bellyache.
Mecki|frisur F *f*, **~schnitt** F *m* crew cut.
Medaille *f* medal; → ***Kehrseite***; **Medaillengewinner(in** *f*) *m Sport*: medal(l)ist; **medaillenträchtig** *adj.*: ***~ sein*** be a medal hopeful (*od.* certainty).

Medaillon *n* medallion (*a. Kunst u. gastr.*); *Schmuckstück*: locket, *für Männer*: medallion.
Mediävist *m* medi(a)evalist, medi(a)eval scholar; **Mediävistik** *f* medi(a)eval studies *pl.*
Medien *pl.* media; **~forschung** *f* media research (*od.* studies *pl.*); **~fürst** *m* media magnate; **~konzern** *m* (multi)media group; **~landschaft** *fig. f* media scene (*od.* landscape); **~politik** *f* media politics *pl.* (*a. sg. konstr.*); **≈politisch** *adj.* media-political; **~rummel** *m*, **~spektakel** *n* media circus; **~verbund** *m* **1.** multimedia system; **2.** ***Unterricht im ~*** multimedia teaching; **≈wirksam I.** *adj.* effective (*campaign etc.*) in the media: ***ein ~es Ereignis*** an event of great interest to the media; **II.** *adv.*: ***et. ~ präsentieren*** present s.th. effectively before the media; **~zentrum** *n* multimedia information cent|re (*Am.* -er).
Medikament *n* drug, medicine, medicament; (*Pille*) *a.* tablet, pill; *pl. a.* medication *sg.*; **Medikamentenmissbrauch** *m* drug abuse; **medikamentös I.** *adj.* medicinal; ***~e Behandlung*** medication, *a.* course of tablets (*od.* drugs); **II.** *adv.*: ***~ behandeln*** treat with drugs (*od.* tablets); **Medikation** *f* medication.
Mediothek *f* media resource cent|re (*Am.* -er).
Meditation *f* meditation; **Meditationsübung** *f* meditation exercise; **meditativ I.** *adj.* meditative; **II.** *adv.*: ***~ veranlagt sein*** be a meditative type.
mediterran *adj.* Mediterranean; ***~er Typ*** *a.* Latin (*od.* Southern) type.
meditieren *v/i.* meditate (***über*** on).
Medium *n* medium; (*Massen≈*) media, *seltener*: medium; → ***Medien.***
Medizin *f* medicine; (*Arznei*) → *a.* ***Medikament***; ***Doktor der ~*** doctor of medicine (*abbr.* MD).
Medizinal|assistent *m* houseman, *Am.* intern; **~rat** *m etwa* senior medical officer.
Medizinball *m* medicine ball.
Mediziner *m* **1.** (*Student*) medical student, F medic; **2.** (*Arzt*) doctor, physician, F medic.
Medizingeschichte *f* history of medicine.
medizinisch *adj.* medical; (*arzneilich*) medicinal; **~-technische Assistentin** *f* medical laboratory assistant.
Medizin|mann *m* witchdoctor; *bsd. bei Indianern*: medicine man; **~schränkchen** *n* medicine cabinet; **~student** *m* medical student, F medic; **~studium** *n* medical studies *pl.*; degree in medicine.
Meer *n* sea (*a. fig.*), (*Welt≈*) ocean; ***das offene ~*** the high seas; ***am ~*** by the sea, *Urlaub*: *a.* at the seaside; ***auf dem ~*** (out) at sea; ***auf dem offenen ~*** on the high seas; ***über dem ~*** (*Meeresspiegel*) above sea level; **~aal** *m* conger (eel); **~äsche** *f Fisch*: grey (*Am.* gray) mullet; **~busen** *m* gulf; **~enge** *f* strait(s *pl.*).
Meeres|arm *m* arm of the sea, inlet; **~bergbau** *m* deep-sea mining; **~biologie** *f* marine biology; **~blick** *m* seaview; ***Zimmer mit ~*** room with (a) seaview; **~boden** *m* → ***Meeresgrund***; **~forschung** *f* marine research, oceanography; **~früchte** *pl.* seafood *sg.*; **~grund** *m* seafloor, bottom of the sea; **~kunde** *f* oceanography; **~luft** *f* **1.** sea air; **2.** *meteor.* Atlantic *etc.* wind(s *pl.*); **~nutzung**

M

f: ***die** ~* marine exploitation; **~oberfläche** *f* surface of the sea; **~schildkröte** *f* turtle; **~schnecke** *f* conch; **~spiegel** *m*: (***über dem** ~* above) sea level; **~streifen** *m* belt of sea; **~strömung** *f* ocean current; **~tiefe** *f* depth (of the sea); **~verschmutzung** *f* marine pollution.
Meer|gott *m* sea god; **⁓grün** *adj.* sea-green; **~jungfrau** *f* mermaid; **~katze** *zo. f* long-tailed monkey; **~rettich** *m* horseradish; **~salz** *n* sea salt.
Meerschaum *m* meerschaum; **~pfeife** *f* meerschaum pipe.
Meer|schweinchen *n* guinea pig; **~ungeheuer** *n* sea monster, *lit.* monster of (*od.* from) the deep; **~wasser** *n* sea water.
Meeting *n* meeting; *Sport*: *a.* meet.
Megabyte *n* megabyte.
Megafon *n* → ***Megaphon.***
Megahertz *n* megahertz, megacycle.
Megalith *m* megalith; **~kultur** *f* megalithic culture.
megaloman *adj.* megalomaniac; **Megalomanie** *f* megalomania.
Megaphon *n* megaphone.
Megäre *f* **1.** *myth.* Megaera; **2.** *fig.* termagant, virago.
Mega|star F *m* F megastar; **~tonne** *f* megaton; **~volt** *n* ⚡ megavolt; **~watt** *n* ⚡ megawatt.
Mehl *n* flour, *gröberes*: meal; (*Staub*) dust, powder; **mehlig** *adj. Äpfel etc.*: mealy.
Mehl|kloß *m*, **~knödel** *m* dumpling; **~sack** *m* flour bag; *gefüllt*: sack of flour; F ***wie ein** ~* like a sack of potatoes; **~schwitze** *f* roux; **~speise** *f* **1.** batter pudding; **2.** *östr.* (*Nachtisch*) sweet, pudding, dessert; **~tau** *m* mildew, blight; **~wurm** *m* mealworm.
mehr I. *indef. pron.* more; *~ **als genug*** more than enough; *~ **als 20 Leute*** more than (*od.* over) 20 people; ***und dergleichen** ~* and the like; ***je** ~ ..., **desto besser*** the more ..., the better; **II.** *adj.* more; *~ **und** ~* (*od.* ***immer** ~*) ***Tiere*** more and more animals; **III.** *adv.* more; *~ **oder weniger*** more or less; ***der Hahn tropft immer** ~* the tap is dripping more and more; ***je** ~ **er sich isoliert, desto** ~ **leidet er*** the more he isolates himself, the more he suffers; ***umso** ~* all the more; ***nicht** ~ zeitlich*: no longer, not any longer (*od.* more); ***nie** ~* never again; ***ich habe keins*** (*od.* ***keine** pl.*) *~* I haven't got any more; ***ich habe nichts** ~* I've got nothing left; ***was will er** ~?* what more does he want?; ***kein Wort** ~* not another word; ***das ist ein Grund** ~, **um zu** inf.* that's one more (*od.* another) reason to *inf.*; ***ich kann nicht** ~ beim Essen*: I couldn't eat another thing, (*bin erschöpft*) F I've had it, (*ertrage es nicht mehr*) F I can't take it any more; ***er ist** ~ **ein praktischer Mensch*** he's more of a practical man; → ***schmecken*** II; **IV.** ⁓ *n*: ***ein** ~ **an Zeit*** (***Erfahrung** etc.*) more *od.* extra time (experience *etc.*).
Mehrarbeit *f* extra work; (*Überstunden*) overtime.
mehratomig *adj.* polyatomic.
Mehr|aufwand *m* extra *od.* additional time (*od.* cost *etc.*); **~ausgaben** *pl.* additional *od.* extra expenditure *sg.* (*od.* expenses).
mehrbändig *adj.* multivolume ..., in several volumes.
Mehr|bedarf *m* extra (*od.* increased) demand; **~belastung** *f* additional (*od.* extra) load (*fig.* burden); **~bereichsöl** *n mot.* multigrade oil; **~betrag** *m* surplus; (*Zuschlag*) extra charge; **~bettzimmer** *n* twin- or multi-bedded room.
mehrdeutig *adj.* ambiguous; **Mehrdeutigkeit** *f* ambiguity.
mehrdimensional *adj.* multidimensional; **Mehrdimensionalität** *f* multidimensionality, multidimensional nature (*gen.* of).
Mehr|ehe *f* polygamous marriage; **~einnahmen** *pl.* surplus *sg.*, surplus earnings.
mehren I. *v/t.* increase, augment, add to; **II.** *v/refl.*: ***sich** ~* increase, grow; be on the increase; ***die Fälle*** (***Gründe** etc.*) *~ **sich*** there are an increasing number of cases (reasons *etc.*); ***die Anzeichen** ~ **sich, dass*** there is mounting evidence that.
mehrere I. *adj.* several; **II.** *indef. pron.* several; **~s** several (*od.* a number of) things.
mehrerlei I. *adj.* several *od.* various (kinds of); **II.** *indef. pron.* several (*od.* various) things.
Mehr|erlös *m* additional revenue; **~ertrag** *m* additional (*od.* surplus) yield.
mehrfach I. *adj.* (*wiederholt*) repeated; ***~e Verletzungen*** multiple injuries; ***in ~er Hinsicht*** in several respects; ***~er deutscher Meister*** several times German champion; ***ein ~er Millionär*** a multimillionaire, a millionaire several times over; **II.** *adv.* (*mehrmals*) several times; (*wiederholt*) repeatedly; *~ **vorbestraft sein*** have had several previous convictions; → ***ungesättigt.***
Mehrfach... *in Zssgn mst* multiple.
mehrfachbehindert *adj.* multiple-handicap ...; *~ **sein*** have more than one handicap, have several handicaps.
Mehrfach|belichtung *f phot.* multiple exposure; **~besteuerung** *f* multiple taxation.
Mehrfache(s) *n*: ***das Mehrfache** gen.*, ***ein Mehrfaches** gen.* several times the ...; ***das Mehrfache, ein Mehrfaches** absolut*: several times as much, several times over; ***ein Mehrfaches der Summe*** several times the amount.
Mehrfach|sprengkopf *m* multiple warhead; **~stecker** *m* multiple plug; **~talent** *n* multitalented person, man (*od.* woman) of many talents.
Mehrfamilienhaus *n house divided into flats*; *Am.* apartment house; *amtlich*: multiple dwelling (unit).
Mehrfarbendruck *m* **1.** (*Bild*) multicolo(u)r print; **2.** (*Vorgang*) multicolo(u)r printing.
mehrfarbig *adj.* multicolo(u)r ..., multicolo(u)red.
Mehr|gebot *n Versteigerung etc.*: higher bid; **~gepäck** *n* excess luggage (*od.* baggage).
mehrgeschossig *adj.* multistor(e)y ..., multistoried.
Mehr|gewicht *n* excess weight; **~gewinn** *m* additional (*od.* surplus) profits *pl.*
mehrgleisig *adj.* multitrack ..., multitracked.
mehrgliedrig *adj.* **1.** ⚙ multisectional; **2.** ⩚ polynomial.
Mehrheit *f* majority; *in Meinungsfragen*: *a.* mainstream; *parl.* ***mit absoluter*** (***einfacher, knapper, großer***) *~* by an absolute (a simple, narrow, large) majority; ***mit zehn Stimmen** ~* by a majority of ten; *... **wurde mit** ~ **beschlossen ...*** was carried by a majority of votes; ***die** ~ **auf sich vereinigen*** be supported by the majority of votes; → ***schweigend*** I;
mehrheitlich I. *adj.* majority *decision etc.*; **II.** *adv.* by a majority (of votes); *~ **getroffener Beschluss*** majority decision.
Mehrheits|aktionär *m* majority shareholder; **~beschluss** *m* majority decision; **~beteiligung** *f* ✝ majority holding; **~entscheidung** *f* majority decision.
mehrheitsfähig *adj.* capable of obtaining a majority.
Mehrheits|prinzip *n* principle of majority rule; **~verhältnis** *n* distribution of power; **~wahlrecht** *n*, **~wahlsystem** *n* majority vote system, F first past the post system.
mehrjährig *adj.* of (*od.* lasting, stretching over) several years; several years' ..., several years of ...
mehrköpfig *adj.*: ***~e Familie*** (***Delegation** etc.*) family (delegation *etc.*) consisting of several members.
Mehr|kosten *pl.* additional *od.* extra cost *sg.* (*od.* costs, expenses); (*Zuschlag*) extra charge *sg.*; **~leistung** *f* increased performance; → ***Leistung.***
mehrmalig *adj.* repeated; ***nach ~er Warnung*** (***~em Versuch** etc.*) after several warnings (attempts *etc.*); **mehrmals** *adv.* several times.
mehrmotorig *adj.* multi-engine ..., multi-engined.
Mehrparteiensystem *n* multiparty system.
Mehrpersonenhaushalt *m* multiperson household.
Mehrphasenstrom *m* multiphase current.
mehrphasig *adj.* multiphase ...
Mehrplatzrechner *m Computer*: multistation (*od.* multiuser) system.
mehrpolig *adj.* multipole ...
Mehrpreis *m* extra charge.
mehrschichtig *adj. a. fig.* multilayered.
mehrseitig *adj.* **1.** polygonal; **2.** *pol. Abkommen etc.*: multilateral.
mehrsilbig *adj.* polysyllabic; ***ein ~es Wort*** *a.* a word consisting of several syllables.
mehrspaltig *adj.* multicolumn ...; in several columns.
mehrsprachig I. *adj.* multilingual, *Person*: *a.* polyglot; **II.** *adv.*: *~ **aufwachsen*** grow up speaking several languages.
mehrspurig *adj.* **1.** *Tonband(aufnahme)*: multitrack ...; **2.** *mot.* multilane ...
Mehrstärkenglas *n Brille*: varifocal lens.
mehrstellig *adj. Zahl*: multidigit.
mehrstimmig I. *adj.* for several voices, polyphonic; ***~er Gesang*** part singing; ***~es Lied*** part song; **II.** *adv.*: *~ **singen*** (***spielen***) sing (play) in harmony, harmonize; ***et.** ~ **setzen*** set s.th. for several parts, *homophon*: *a.* harmonize s.th.; **Mehrstimmigkeit** *f* ♪ polyphony.
mehrstöckig *adj.* multistor(e)y ..., multistoried.
Mehrstufenrakete *f* multistage rocket.
mehrstündig *adj.* of (*od.* lasting) several hours; several hours' ..., several hours of ...
mehrtägig *adj.* of (*od.* lasting) several days; several days' ..., several days of ...
mehrteilig *adj.* **1.** *Gerät etc.*: consisting of several parts; **2.** *Film etc.*: in several parts.
Mehrung *f* increase, augmentation.
Mehrverbrauch *m* increased consumption.
Mehrweg... *in Zssgn*: reusable.
Mehrweg|flasche *f* returnable (*od.* de-

M

posit) bottle; **~verpackung** *f* reusable packaging.
Mehrwert *m* ✝ increase in value; appreciation; *nach Marx*: surplus value; **~steuer** *f* VAT, value-added tax, *bsd. Am.* sales tax.
Mehrzahl *f* **1.** (*Mehrheit*) majority; ***die ~ der Befragten*** the majority of those interviewed; **2.** *ling.* plural.
mehrzeilig *adj.* (consisting) of several lines; ***e-e ~e Notiz*** *a.* a note several lines long.
mehrzellig *adj.* multicellular, polycellular.
Mehrzweck... *in Zssgn* utility, multipurpose; **~fahrzeug** *n* utility vehicle.
meiden *v/t.* avoid, steer clear of, (*bsd. Person*) *a.* shun.
Meile *f* mile; → ***Seemeile***; **Meilenstein** *m* milestone; *fig. a.* landmark; **meilenweit I.** *adj.* miles and miles of; **II.** *adv.* for miles (and miles); ***~ entfernt von*** *a. fig.* miles (away) from; ***~ voneinander entfernt*** miles apart, *fig. a.* worlds apart.
Meiler *m* **1.** charcoal pile; **2.** (*Atom*♀) pile, nuclear reactor.
mein I. *poss. pron.* **1.** *adjektivisch*: my; ***e-r ~er Wagen*** one of my cars; ***e-r ~er Freunde*** (***Kollegen***) a friend (colleague) of mine, one of my friends (colleagues); ***~e Damen und Herren*** ladies and gentlemen; **2.** *substantivisch*: mine; ***~er, ~e, ~(e)s, der*** (***die, das***) ***~(ig)e*** (*od.* ***♀[ig]e***) mine; ***die ~(ig)en, die ♀(ig)en*** (*Familie*) my family; ***ich habe das ~(ig)e*** (*od.* ***♀[ig]e***) ***getan*** I've done my share (F bit), (*mein Möglichstes*) I've done my best (*od.* all I can); **II.** *pers. pron.* (*gen. von* **ich**) of me; ***gedenke ~(er)*** remember me.
Meineid *m* perjury; ***e-n ~ schwören*** swear a false oath; → *a.* ***meineidig*** (***werden***); **meineidig** *adj.* perjured; ***~ werden*** perjure o.s., ⚖ commit perjury.
meinen I. *v/t.* **1.** (*glauben, e-r Ansicht sein*) think, believe; ***was ~ Sie dazu?*** what do you think (*od.* say)?; ***ich meine überhaupt nichts*** it's all the same to me; ***~ Sie*** (***wirklich***)***?*** do you (really) think so?; ***das will ich ~!*** I should (jolly well) hope so; **2.** (*sagen wollen, beabsichtigen*) mean; ***wie ~ Sie das?*** how do you mean?, *schärfer*: what do you mean by that?; ***~ Sie das ernst?*** do you really mean it (*od.* that)?; ***so war es nicht gemeint*** she *etc.* didn't mean it (like that); ***sie meint es gut*** she means well; ***es war gut gemeint*** it was well-meant; ***sie meint es gut mit dir*** she's only thinking of (*od.* doing it for) your own good; ***er hat es nicht böse gemeint*** he meant no harm; **3.** (*j-n od. et. im Sinn haben*) mean; (*sprechen von*) *a.* refer to, speak of; ***meinst du ihn?*** do you mean him?; ***er meinte mich*** he meant me, he was referring to me; **4.** (*sagen*) say; ***was ~ Sie?*** what did you say?, *höflicher*: I beg your pardon?; **II.** *v/i.* ***wenn du meinst*** if you say so; ***wie Sie ~*** as you wish; ***ich meine ja nur*** it was just a thought.
meiner → **mein** 2, II.
meinerseits *adv.* for my part, as far as I'm (*od.* I was) concerned; ***ich ~*** I for one; ***ganz ~*** the pleasure is (*od.* has been) mine.
meinesgleichen *pron.* people like me; *iro.* my sort, the likes of me.
meinethalben *obs. adv.* → **meinetwegen** *adv.* **1.** (*wegen mir*) because of me, on my account; (*mir zuliebe*) because of me, for my sake; **2.** (*von mir aus*) I don't mind, it's all right (*Am.* alright) by (*od.* with) me, please yourself; ***~ kann er gehen*** he can go as far as I'm concerned, I don't mind if he goes; **3.** (*zum Beispiel*) let's say, shall we say; **meinetwillen** *adv.*: (***um***) ***~*** for my sake; (*in meiner Sache*) on my behalf.
meinige → **mein** 2.
Meinung *f* opinion (***über*** of, about, on); ***meiner ~ nach*** in my opinion; ***der ~ sein, dass*** think (believe, be of the opinion) that; ***ich bin auch der ~, dass*** I agree that, I also think (*od.* believe) that; ***e-e ~ äußern*** express (*od.* put forward) an opinion; ***derselben*** (***anderer***) ***~ sein*** agree (disagree); ***ganz meine(r) ~!*** I quite agree; ***s-e ~ ändern*** change one's views (*od.* opinion), (*sich et. anders überlegen*) change one's mind; ***sich e-e ~ bilden*** form an opinion (***über*** on, about); ***e-e hohe*** (***schlechte***) ***~ von j-m od. et. haben*** have a high (low) opinion of s.o. *od.* s.th.; ***ich habe keine ~ dazu*** I don't really have any thoughts on the matter; ***die allgemeine ~ geht dahin, dass*** opinion has it that, the conventional wisdom is that; ***j-m*** (***gehörig***) ***die ~ sagen*** give s.o. a piece of one's mind; → ***öffentlich*** I, ***vorgefasst***.
Meinungs|änderung *f* change of opinion; **~äußerung** *f* expression of one's opinion; ***freie ~*** freedom of expression; **~austausch** *m* exchange of views (***über*** on); **~befragung** *f* opinion poll.
meinungsbildend I. *adj.* opinion-forming; **II.** *adv.*: ***~ wirken*** help to shape public opinion; **Meinungsbildner** *m* opinion-maker (*od.* -former); **Meinungsbildung** *f* forming of an opinion; *öffentliche*: opinion-forming, shaping of public opinion.
Meinungsforscher *m* (opinion) pollster, poll-taker; **Meinungsforschung** *f* opinion research; **Meinungsforschungsinstitut** *n* polling institute.
Meinungs|freiheit *f* freedom of speech; **~führer** *m* opinion leader.
meinungslos *adj.* devoid of (all) opinion; ***~ sein*** *a.* have no opinion(s); ***~e Masse*** unthinking masses.
Meinungs|mache *f* manipulation of public opinion; **~macher** *m* opinion-maker; **~streit** *m* controversy, dispute; conflict of views (*od.* opinions); **~umfrage** *f* (public) opinion poll; **~umschwung** *m* shift in (*stärker*: swing of) opinion; **~verschiedenheit** *f* (*a. Streit*) difference of opinion, disagreement.
Meise *f zo.* tit(mouse); F ***du hast wohl 'ne ~?*** F you must be nuts.
Meißel *m* chisel; **meißeln** *v/t. u. v/i.* chisel; (*Statue etc.*) carve.
meist I. *adj.* **1.** most of, (the) most; ***die ~en Leute*** most people; ***die ~e Zeit*** most of the time; ***er hat das ~e Geld*** he's got (the) most money; **II.** *indef. pron.* **2.** ***das ~e*** (the) most, most of it; ***wer das ~e schreibt*** whoever writes (the) most; ***das ~e*** (***davon***) ***habe ich mir gemerkt*** I can remember most of it; **3.** ***die ~en*** (the) most, most (of them); ***sie ist ruhiger als die ~en*** she's quieter than most; ***die ~en*** (***davon***) ***kenne ich*** I know most of them; ***wer die ~en hat, gewinnt*** whoever has the most, wins; **III.** *adv.* **4.** ***am ~en*** (*Superlativ von* **viel**) (the) most, (*Superlativ von* **sehr**) most (of all), the most, *weitS.* (*am besten*) best (of all); ***er hat am ~en*** he's got (the) most; ***sie spricht am ~en*** she talks (the) most; ***das hat mich am ~en geärgert*** that annoyed me (the) most (*od.* most of all); ***am ~en bekannt*** best-known; ***am ~en verkauft*** best-selling; **5.** → ***meistens, meistenteils.***
meistbegünstigt *adj.* most-favo(u)red; ***~es Land*** most-favo(u)red nation, MFN; **Meistbegünstigung** *f* most-favo(u)red nation treatment; **Meistbegünstigungsklausel** *f* most-favo(u)red nation clause.
meistbietend I. *adj.*: ***~er Interessent*** highest bidder; **II.** *adv.*: ***~ verkaufen*** sell to the highest bidder; **Meistbietende(r)** *m* highest bidder.
meistdiskutiert *adj.*: ***~es Thema*** most popular topic of discussion, topic number one.
meistens *adv.* usually; (*die meiste Zeit*) most of the time; → **meistenteils** *adv.* mostly, for the most part.
Meister *m* **1.** (*Handwerks*♀) master (craftsman); (*Bäcker*♀ *etc.*) master baker *etc.*; ***s-n ~ machen*** take one's master craftsman's diploma; **2.** (*Künstler, Könner*) master (*a. fig., iro.*); ***alter ~*** ♪, *Kunst etc.*: past master; ***ein ~ im Lügen*** a master at (*od.* in the art of) lying; ***Übung macht den ~*** practi|ce (*Am. a.* -se) makes perfect; *fig.* ***s-n ~ finden*** find (*od.* meet) one's match; → ***Himmel***; **3.** *Sport etc.*: champion; (*Mannschaft*) champions *pl.*; **4.** *im Betrieb*: foreman; **5.** *als Anrede, vertraulich*: *sl.* guv, chief, *Am.* Mac; **~brief** *m* master craftsman's diploma; **~detektiv** *m* master detective; **~gesang** *m hist.* meistergesang.
meisterhaft I. *adj.* masterly; **II.** *adv.* in masterly fashion, brilliantly; ***es ~ verstehen zu mogeln*** be an expert at cheating, be an expert cheat; **Meisterhaftigkeit** *f* masterliness.
Meisterhand *f* master's touch; ***ein Werk von ~*** the work of a master.
Meisterin *f* qualified dressmaker (*od.* interior decorator *etc.*); (*Handwerks*♀) master crafts(wo)man; → ***Meister.***
Meister|klasse *f* master class; **~leistung** *f* superb feat (*od.* performance); ***technische ~*** engineering feat; ***musikalische*** (***künstlerische***) ***~*** superb feat of musicianship (artistry).
meistern *v/t.* master; (*Gefühle*) *a.* control; (*Schwierigkeit*) overcome; ***sein Leben ~*** cope with life.
Meisterprüfung *f examination for the master craftsman's diploma.*
Meisterschaft *f* **1.** (*Können*) mastery; ***es*** (***bis***) ***zur ~ bringen in*** become a master in, *formell*: attain mastery in; **2.** *Sport*: championship; (*Titel*) *a.* title; ***e-e ~ gewinnen*** win a championship, gain a title; **Meisterschaftsspiel** *n* championship game (*Fußball etc.*: *a.* match).
Meister|schüler *m* **1.** ♪, *Kunst etc.*: master-class pupil (*od.* student); ***ein ~ von X*** *weitS.* one of X's best pupils (*od.* students); **2.** *in der Schule*: model (*od.* prize) pupil; **~singer** *m hist.* meistersinger; **~spion** *m* master spy; **~stück** *n* **1.** (*Meisterleistung*) masterpiece; (*Handlung*) masterstroke; **2.** *work submitted for the master craftsman's diploma*; **~titel** *m* **1.** *Sport*: championship title; **2.** master craftsman's title.
Meisterung *f* mastery.
Meister|werk *n* masterpiece; **~würde** *f* → ***Meistertitel*** 2.

M

Meistgebot *n* highest bid.
meist|gebraucht *adj.* most widely (*od.* frequently) used; **~gefragt** *adj.* most popular, most sought-after; *nachgestellt*: most in demand; **~gekauft** *adj.* best-selling; **~gelesen** *adj.* most widely read; **~genannt** *adj.* most frequently cited; **~verkauft** *adj.* best-selling.
Mekka *fig. n* mecca (*gen.* of; **für** for, of).
Melancholie *f* melancholy; **Melancholiker** *m* melancholic; **melancholisch** *adj.* melancholy.
Melanzani *östr. pl.* (*Auberginen*) aubergines *pl.*, *Am. a.* eggplants *pl.*
Melde|amt *n* → ***Einwohnermeldeamt***; **~frist** *f* registration period (*od.* deadline).
melden I. *v/t.* **1.** (*berichten*) report; **2.** (*ankündigen, bekannt geben*) announce; ***würden Sie mich bei ihm ~?*** would you tell him I'm here?; ***wen darf ich ~?*** who shall I say is here?; **3.** *amtlich etc.*: notify the authorities *etc.* of, (*Geburt etc.*) *a.* register; (*Unfall, Vergehen etc.*) report (**der Polizei** *etc.* to the police *etc.*); ***j-m et. ~*** notify s.o. of s.th.; F ***nichts zu ~ haben*** have no say (in the matter); F ***du hast hier nichts zu ~!*** *iro.* we don't need any help from you(, thank you very much); **II.** *v/refl.*: ***sich ~*** **4.** *dienstlich*: report (**bei** to; ***zur Arbeit*** for work); **5.** *polizeilich*: register with the police; **6.** *teleph.* answer (the [tele]phone); ***es meldet sich keiner*** nobody's answering; **7.** *freiwillig*: volunteer (for s.th.); **8.** *Sache*: make itself felt; **9.** *in der Schule*: put one's hand up; **10.** *zum Examen etc.*: sign up (**zu** for); **11.** ***sich auf ein Inserat ~*** answer an ad (*od.* advertisement); **12.** ***er wird sich schon ~*** (*von sich hören lassen*) he'll be in touch, (*sich bemerkbar machen*) he'll shout (*od.* make himself heard); **13.** *wenn du mich brauchst*, ***melde dich*** let me know, just shout; → ***anmelden, krankmelden.***
Meldepflicht *f* obligatory registration; ⚕ duty of notification; **meldepflichtig** *adj.* subject to registration; ⚕ notifiable.
Melde|schluss *m* closing date (for entries); **~stelle** *f* registration office.
Meldung *f* **1.** (*Mitteilung*) announcement; *Computer*: message; **2.** (*Presse∽*) report; (*Nachricht*) news (*sg.*); (*kurze ~*) announcement; ***letzte ~en des Tages*** final news headlines (for today); **3.** (*Anzeige*) report; ***~ machen*** report (**bei** to); **4.** *bei e-r Behörde*: registration; **5.** *Sport*: entry.
meliert *adj.* mixed; *in der Farbe*: mottled; → ***grau meliert.***
Melisse *f* balm; **Melissengeist** *m* Carmelite spirit.
melken *v/t. u. v/i.* milk (*a. fig.*); ***~de Kuh*** → ***Melkkuh***; **Melker(in** *f*) *m* milker.
Melk|kübel *m* milk(ing) pail; **~kuh** *f* dairy cow; *fig.* milch cow; **~maschine** *f* milking machine.
Melodie *f* melody; (*Weise*) *a.* tune; **Melodik** *f* **1.** melody, melodic pattern; **2.** (*Lehre*) theory of melody; **melodiös** *adj.* melodious; **melodisch** *adj.* melodic(ally *adv.*).
Melodrama *n* melodrama (*a.* F *fig.*); **melodramatisch** *adj.* melodramatic(ally *adv.*).
Melone *f* (*Frucht*) melon; F (*Hut*) bowler (hat), *Am.* derby.
Membran(e) *f anat. u. phys.* membrane; *a.* ⚙ diaphragm.
Memento *n* warning, admonition.
Memme *f* coward, F cissy; **memmenhaft** *adj.* cowardly.
Memo F *n* memo.
Memoiren *pl.* memoirs.
Memorandum *n* memorandum, memo.
memorieren *v/t.* memorize, learn *s.th.* by heart.
Menage *f* **1.** *gastr.* cruet stand; **2.** *östr.* ⚔ rations *pl.*
Menetekel *n*: ***das ~ ist an der Wand*** the writing is on the wall.
Menge *f* **1.** quantity; amount; **2.** (*große ~*) a lot (of), F lots (of); ***e-e ~ Autos*** a lot (F lots) of cars; ***e-e ~ zu essen*** a lot (F lots) to eat; ... ***in ~n*** any amount of ...; ... ***in großen ~n*** large quantities of ..., *stärker*: vast amounts of ...; *Menschen etc.*: a large number of ..., crowds of ...; F ***jede ~ Geld, Geld in rauen ~n*** F piles (*od.* stacks, heaps) of money; **3.** (*Menschen∽*) crowd; *fig.* ***mit der ~ laufen*** follow the crowd; **4.** 𝔄 set; **mengen I.** *v/t.* mix; ***et. ~ in*** mix s.th. with (*od.* into) *s.th.*; **II.** *v/refl.*: ***sich ~ unter*** *Person*: mingle (*od.* mix) with *the crowd etc.*
Mengen|angabe *f* (indication of) quantity; **~lehre** *f* 𝔄 set theory.
mengenmäßig I. *adj.* quantitative; **II.** *adv.* quantitatively, in terms of quantity.
Mengenrabatt *m* bulk (*od.* quantity) discount.
Meniskus *m* meniscus; ***am ~ operiert werden*** have a cartilage operation; **~operation** *f* cartilage operation.
Mennige *f* minium, red lead.
Menopause *f* menopause.
Mensa *f univ.* refectory, canteen, *Am. a.* commons *pl.* (*sg. konstr.*).
Mensch I. *m* **1.** *als Gattung*: human being; ***der ~*** man; ***ich bin auch nur ein ~*** I'm only human; ***e-e Seele von ~ sein*** have a heart of gold; ***als ~*** *ist er in Ordnung etc.*: as a person (*od.* human being), from a personal point of view; ***mit j-m von ~ zu ~ reden*** have a heart-to-heart (talk) with s.o.; F ***sich anstellen wie der erste ~*** F act like one was born yesterday; **2.** ***der ~*** (*die Menschheit*) man, mankind; **3.** (*Person*) person, man, *weiblich*: woman; (***die***) ***~en*** people; ***gern unter ~en sein*** enjoy (human) company; ***kein ~*** nobody, not a soul; F ***~ Meier!*** → **II.** F *int. erstaunt*: goodness!, F wow!; *vorwurfsvoll*: for goodness' (*sl.* Christ's) sake!
Mensch ärgere dich nicht *n Spiel*: ludo.
menscheln F *v/i.*: ***es menschelt sehr*** a) there are lots of people around, b) *iro.* humans will be humans.
Menschen|affe *m* ape, anthropoid; **∽ähnlich** *adj.* manlike, anthropoid, hominoid; **~alter** *n* generation; (*Lebensspanne*) lifetime; **~ansammlung** *f* crowd (of people), *kleinere*: cluster of people; **~bild** *n* image of man (**des Mittelalters** *etc.* in the Middle Ages *etc.*).
Menschenfeind *m* misanthropist; **menschenfeindlich** *adj.* **1.** misanthropic(ally *adv.*); **2.** *Lebensbedingungen etc.*: hostile to man; (*unmenschlich*) inhuman; **Menschenfeindlichkeit** *f* **1.** misanthropy; **2.** *von Lebensbedingungen etc.*: hostility; inhumanity.
Menschenfleisch *n* human flesh.
Menschen fressend *adj.* cannibal ...; *Tier*: man-eating ...; **Menschenfresser** *m* cannibal; (*Tier*) man-eater.
Menschenfreund *m* philanthropist; **menschenfreundlich** *adj.* **1.** philanthropic(ally *adv.*); **2.** *Umwelt etc.*: humane, hospitable; **Menschenfreundlichkeit** *f* **1.** philanthrophy; **2.** *der Umwelt etc.*: hospitable (*od.* humane) nature (*gen.* of).
Menschen|führung *f* leadership; ***er versteht einiges von ~*** he's a good leader, he has good leadership qualities; **~gedenken** *n*: ***seit ~*** within living memory; from (*od.* since) time immemorial; **~geschlecht** *n*: ***das ~*** the human race, mankind; **~gestalt** *f*: ***in ~*** in human form; ***ein Teufel in ~*** a devil incarnate; **~hand** *f*: ***von ~ geschaffen*** made (*od.* created) by human beings (*lit.* by the hand of man); ***es liegt nicht in ~*** it is beyond the control of man; **~handel** *m* slave (*od.* body) trade; **~hass** *m* misanthrophy; hatred of people (*od.* mankind); **~hasser** *m* misanthropist; hater of men (*od.* of the human race); **~kenner** *m* good judge of character (*od.* human nature); **~kenntnis** *f* knowledge of (*od.* insight into) human nature; **~kette** *f* human chain; **~leben** *n* **1.** (human) life; ***~ sind nicht zu beklagen*** there were no fatalities; **2.** (*Lebenszeit*) lifetime; *weitS.* (*Leben*) life; **∽leer** *adj.* deserted; ***es war ~*** *a.* there was nobody (*od.* there wasn't a soul) in sight *od.* to be seen; **~liebe** *f* human kindness, charity; **~los** *n the* human lot; **~menge** *f* crowd (of people); **∽möglich** *adj.* humanly possible; ***das ∽e*** everything humanly possible; **~opfer** *n* **1.** *pl. im Krieg*: human sacrifice *sg.*, *a. bei e-m Unfall*: deaths, fatalities, casualties; ***es gab zahlreiche ~*** *a.* many lives were lost; ***zahlreiche ~ fordern*** take a huge toll on human life; **2.** *rituelles*: human sacrifice; **~pflicht** *f one's* duty as a human being; **~rasse** *f* race (of people); **~raub** *m* kidnapping, abduction.
Menschenrechte *pl.* human rights; **Menschenrechtler** *m* human rights activist.
Menschenrechts|abkommen *n* agreement on human rights; → *a.* ***Menschenrechtskonvention***; **~katalog** *m* catalog(ue) of human rights; **~kommission** *f* human rights commission; ***Europäische ~*** European Commission for Human Rights; **~konvention** *f* Human Rights Convention; **~verletzung** *f* human rights abuse, violation of human rights.
menschenscheu I. *adj.* shy; unsociable; **II.** ∽ *f* shyness; unsociableness.
Menschenschinder *m* slavedriver; **Menschenschinderei** *f* slavedriving.
Menschen|schlag *m* breed of people; **~seele** *f* human soul; ***keine ~*** not a living soul.
Menschenskind *int. erstaunt*: goodness!, good heavens!; *vorwurfsvoll*: for goodness' sake!
Menschen|sohn *m eccl.* Son of Man; **~stimme** *f* human voice; **~strom** *m* stream (*od.* flood) of people; **~typ** *m* **1.** type (*od.* sort) of person; **2.** 📖 (*a.* **~typus** *m*) anthropological type; **∽unmöglich** *adj.* humanly impossible; **∽unwürdig** *adj. Behandlung*: degrading, inhumane; *Zustände*: unfit for human beings; **~verächter** *m* misanthropist, *lit.* despiser of men; **∽verachtend** *adj.* ruthless, inhuman; **~verachtung** *f* contempt for human beings (*od.* humankind); **~verstand** *m* human intellect; ***gesunder ~*** common sense; ***das sagt einem schon der gesunde ~*** common sense will tell you that; **~werk** *n the* work of man.

M

Menschenwürde *f* (*a.* **die ~**) human dignity; **menschenwürdig I.** *adj. Behandlung*: humane; *Zustände*: fit for human beings; *Verhalten*: befitting a human being; **II.** *adv.*: ***j-n ~ behandeln*** treat s.o. like a human being.
Menschheit *f*: ***die ~*** mankind, humankind, humanity, the human race, man.
Menschheits|geschichte *f* history of man(kind) *od.* of the human race; **~ideal** *n* human ideal, *pl. a.* ideals of man.
menschlich I. *adj.* human; (*human*) *a.* humane; F (*erträglich*) tolerable; ***die ~e Natur*** human nature; ***nach ~em Ermessen*** as far as one can possibly judge; ***es ist nur ~, dass*** (*od.* ***wenn***) it's only human that (*od.* for *s.o. to inf.*); F ***ganz ~ aussehen*** F look halfway civilized; → ***Irren, Rühren***; **II.** *adv.*: ***~ behandeln*** treat *s.o.* like a human being, treat *s.o.* humanely; ***~ betrachten*** look at *s.th.* from a human point of view; ***rein ~ gesehen*** from a purely human point of view; ***sich ~ benehmen*** behave like a human being; **Menschlichkeit** *f* **1.** (*menschliche Schwächen*) human nature; **2.** (*Humanität*) humaneness, humanity; ***Verbrechen gegen die ~*** crime against humanity.
Menschwerdung *f* **1.** *eccl.* incarnation (***Christi*** of Christ); **2.** *biol.* anthropogenesis.
Menstruation *f* (*a.* **die ~**) menstruation.
Menstruations|beschwerden *pl.* **1.** (*Schmerzen*) period pains; **2.** (*Spannung etc.*) PMT, premenstrual tension (*od.* syndrome) *sg.*; **~zyklus** *m* menstrual cycle.
menstruieren *v/i.* menstruate.
Mensur *f* **1.** (*Fechtabstand*) distance; **2.** (*studentischer Kampf*) (students') duel; **3.** (*Schmiss*) fencing slash; **4.** ♪ scale; *Blasinstrumente*: bore; *Streichinstrumente*: stop.
mental *adj.* mental; **Mentalität** *f* mentality; way of thinking; **mentalitätsmäßig** *adj.* in (their *etc.*) mentality, in their *etc.* way of thinking.
Menthol *n* menthol; **~zigarette** *f* menthol(ated) cigarette.
Mentor *m* mentor; *univ.* adviser, tutor.
Menü *n* **1.** set meal, *mittags*: *a.* set lunch; **2.** *Computer*: menu; **~anzeige** *f Computer*: menu display.
Menuett *n* ♪ minuet.
menü|gesteuert *adj. Computer*: menu-driven; **≈leiste** *f Computer*: menu bar.
Mergel *m geol.* mar.
Meridian *m ast.* meridian; **~kreis** *m* meridian circle.
meridional *adj.* meridional.
Meringe *f*, **Meringue** *f* meringue.
Merino *n Gewebe*: merino; **~schaf** *n* Merino sheep; **~wolle** *f* Merino wool.
Meriten *pl.* merits; ***ein Mann mit zahlreichen ~*** a man of great merit (*od.* of many merits, with many merits to his name); ***sich große ~ erwerben um*** render great services to.
merkantil *adj.* mercantile; **Merkantilismus** *m* mercantilism; **Merkantilist** *m* mercantilist; **merkantilistisch** *adj.* mercantilist(ic).
merkbar *adj.* → ***merklich.***
Merkblatt *n* leaflet; *mit Erläuterungen*: *a.* instructions *pl.*
merken *v/t.* (*wahrnehmen*) notice; (*fühlen*) feel, sense; (*erkennen*) realize, see; (*sich e-r Sache bewusst sein*) be aware of, know; ***merkt man es?*** can you tell?, does it show?; ***man merkte es an s-r Stimme*** you could tell by his voice; ***ich habe nichts gemerkt*** I didn't notice a thing (*od.* anything), nothing struck me; ***er hat etwas gemerkt*** he smelled a rat; ***~ lassen*** show, F let on; *iro.* ***du merkst*** (***aber***) ***auch alles*** you don't miss a thing, do you?; ***sich et. ~*** remember s.th., make a mental note of s.th.; ***~ Sie sich das!*** (and) don't you forget it!; ***das werde ich mir ~!*** I shan't forget that (in a hurry); ***ihn wird man sich ~ müssen*** he's a man to watch.
Merk|fähigkeit *f* (powers *pl.* of) memory; **~heft** *n* notebook; *Schule*: *a.* rough book; **~hilfe** *f* mnemonic (aid).
merklich I. *adj.* noticeable; (*deutlich*) distinct, marked, (*sichtbar*) *a.* visible; (*beträchtlich*) considerable, appreciable; **II.** *adv.* noticeably; markedly; visibly; → I; ***es ist ~ kühler geworden*** it's gone really cold.
Merk|mal *n* characteristic feature; (*Symptom*) symptom; (*Zeichen*) sign; ***unterscheidendes ~*** distinctive mark (*od.* feature); ***besondere ~e*** distinguishing marks (*od.* features); **~satz** *m* **1.** mnemonic (phrase); **2.** maxim; **~spruch** *m* **1.** mnemonic (verse); **2.** maxim.
merkwürdig *adj.* strange, odd, *stärker*: curious, peculiar; **merkwürdigerweise** *adv.* strangely (*od.* oddly) enough; **Merkwürdigkeit** *f* **1.** strangeness, oddness, *stärker*: curiousness, peculiarity; **2.** (*merkwürdige Eigenschaft*) (strange) quirk.
Merkzeichen *n* mark(er).
merzerisieren *v/t.* (*Stoff*) mercerize.
meschugge F *adj.* F crazy, off one's head, nuts.
Meskalin *n pharm.* mescaline.
Mesner *m* sexton.
Mesolithikum *n* Mesolithic (period); **mesolithisch** *adj.* Mesolithic.
Mesozoikum *n* Mesozoic (period); **mesozoisch** *adj.* Mesozoic.
Messband *n* tape measure.
messbar *adj.* measurable; ***es ist nicht ~*** *a.* it can't be measured (*od.* ga[u]ged); **Messbarkeit** *f* measurability.
Mess|becher *m* measuring cup (*od.* jug); **~bereich** *m* (measuring) range.
Messbildverfahren *n* photogrammetry.
Messdaten *pl.* measuring data.
Messdiener *m R.C.* server.
Messe[1] *f R.C.* mass; (***die***) ***~ lesen*** say Mass.
Messe[2] *f* ⚔ mess.
Messe[3] *f* (*Ausstellung*) (trade) fair; **~amt** *n* fair office; **~ausweis** *m* fair pass; **~besucher** *m* visitor to a (*od.* the) fair; **~gelände** *n* exhibition site (*od.* cent|re, *Am.* -er); **~halle** *f* exhibition hall; **~hostess** *f* hostess (at a fair); **~leitung** *f* fair management.
messen I. *v/t.* measure; ⚙ *a.* ga(u)ge; *fig. mit Blicken*: size up; ***die Zeit ~*** do the timing, ***bei*** *e-m Wettlauf*: time; ***s-e Kräfte mit j-m ~*** pit one's strength against s.o.; → ***Fieber***; **II.** *fig. v/refl.*: ***sich mit j-m ~*** match o.s. against s.o., *geistig*: pit one's wits against s.o., *Sport*: compete against s.o.; ***sich nicht ~ können mit*** (*j-m*) be no match for, (*e-r Sache*) not to bear comparison with; **III.** *v/i.* measure, be ... long (*od.* high, wide *etc.*); *Person*: be ... (tall); → ***gemessen.***
Messeneuheit *f* newcomer to the market.
Messer *n* **1.** knife; *fig.* ***Kampf bis aufs ~*** fight to the death (*od.* finish); ***auf*** (***des***) ***~s Schneide stehen*** be hanging in the balance, be on a knife edge, be on the razor's edge; ***es steht auf ~s Schneide, ob ...*** it's touch and go whether ...; *fig.* ***j-n ans ~ liefern*** F put s.o.'s head on the block, (*verraten*) F blow the whistle on s.o.; ***ins offene ~ rennen*** F take it on the chin; → ***Kehle*** 1; **2.** ⚙ knife, blade; **3.** ⚕ scalpel, knife; ***unters ~ kommen*** come under the (surgeon's) knife; **~griff** *m* knife handle; **~haarschnitt** *m* razor cut; **~held** *m* knifer; **~klinge** *f* knife blade; **~rücken** *m* back of a (*od.* the) knife; **≈scharf I.** *adj.* razor-sharp; *fig.* (*scharfsinnig*) *a.* keen, acute; *fig.* ***~er Verstand*** razor-sharp mind; ***e-n ~en Verstand haben*** *a.* be razor-sharp; **II.** *adv.*: *iro.* ***das war ~ geschlossen!*** that was good thinking; **~schmied** *m* cutler; **~schnitt** *m* **1.** knife cut (*od.* wound); **2.** (*Haarschnitt*) razor cut; **~spitze** *f* knife point; ***e-e ~ Salz*** a pinch of salt.
Messerstecher *m* knifer; **Messerstecherei** *f* knife fight; stabbing; **Messerstich** *m* stab; (*Wunde*) stab wound.
Messe|schlager *m* highlight of the exhibition (*od.* trade fair); **~stadt** *f* exhibition cent|re (*Am.* -er); *town famous for its fairs and exhibitions*; **~stand** *m* exhibition stand; **~teilnehmer** *m* exhibitor; **~veranstalter** *m* fair organizer; **~zentrum** *n* exhibition cent|re (*Am.* -er).
Mess|gerät *n* measuring instrument; (*Lehre*) ga(u)ge; (*Zähler*) meter; **~glas** *n* measuring jug.
messianisch *adj.* messianic; **Messias** *m*: ***der ~*** the Messiah.
Messing *n* brass; **~blech** *n* sheet brass; **~draht** *m* brass wire; **~schild** *n* brass (name)plate.
Messinstrument *n* → ***Messgerät.***
Messkelch *m R.C.* (Communion) chalice.
Messlatte *f Landvermessung*: surveyor's pole.
Messner *m* sexton.
Messopfer *n R.C.* Sacrifice of the Mass.
Mess|schnur *f* measuring cord; **~stab** *m* **1.** *mot.* dipstick; **2.** → ***Messlatte***; **~technik** *f* metrology; **~uhr** *f* meter, dial ga(u)ge.
Messung *f* measurement; (*Ablesung*) reading; ***e-e ~ vornehmen*** take a measurement (*od.* reading).
Mess|verfahren *n* measuring method; **~warte** *f* survey (control) station.
Messwein *m R.C.* altar (*od.* sacramental) wine.
Mess|wert *m* measurement, reading; **~zahl** *f*, **~ziffer** *f* measurement; *Statistik*: index (number).
Mestize *m*, **Mestizin** *f* mestizo.
Met *m* mead.
metabolisch *adj.* metabolic; **Metabolismus** *m* metabolism.
Metall *n* metal; **~arbeiter** *m* metalworker; **~bearbeitung** *f* metalworking; **~beschläge** *pl.* metal fittings (*od.* mountings); **~börse** *f* metal exchange.
metallen *adj.* metal; metallic (*a. Stimme etc.*).
Metaller *m* metalworker.
Metall|ermüdung *f* metal fatigue; **~geld** *n* metallic currency; coins *pl.*
metallhaltig *adj.* metalliferous.
metallic *adj.* metallic; ***~-grün*** *etc.* metallic green *etc.*; **Metalliclackierung** *f* metallic finish.
Metallindustrie *f* metal (and engineering) industry.
metallisch *adj.* metallic.
Metall|kunde *f* metallurgy; **~oxid** *n* me-

M

tallic oxide; **~überzug** *m* metal coating.

Metallurgie *f* metallurgy; **metallurgisch** *adj.* metallurgic(al).

Metall verarbeitend *adj.* metal-processing *industry etc.*; **Metallverarbeitung** *f* metal processing.

Metallwaren *pl.* metal goods, hardware *sg.*

Metamorphose *f* metamorphosis; *fig. a.* transformation; *fig.* ***e-e ~ durchmachen*** undergo a metamorphosis (*od.* transformation, complete change).

Metapher *f* metaphor; **Metaphorik** *f* (use of) imagery; **metaphorisch** *adj.* metaphorical.

Metaphysik *f* metaphysics *pl.* (*sg. konstr.*); **Metaphysiker** *m* metaphysician; **metaphysisch** *adj.* metaphysical.

Metasprache *f* metalanguage; **metasprachlich** *adj.* metalinguistic.

Metastase *f* ⚕ secondary, 📖 metastasis.

Meteor *m* meteor; **meteorhaft** *fig. adj.* meteoric; ***~er Aufstieg*** meteoric rise; **Meteorit** *m* meteorite; **Meteoritenkrater** *m* meteor(ite) crater.

Meteorologe *m* meteorologist; *beim Wetterbericht*: weatherman; **Meteorologie** *f* meteorology; **Meteorologin** *f* meteorologist; *beim Wetterbericht*: weatherlady; **meteorologisch** *adj.* meteorological.

Meteorstein *m* meteorite.

Meter *n*, *m* met|re (*Am.* -er); *etwa* yard; **~dick** *adj.* a met|re (*Am.* -er) in diameter (*od.* thick), a yard in diameter (*od.* thick); metre- (*Am.* meter-)thick ..., yard-thick ...; **~hoch** *adj.* metre- (*Am.* meter-)high ..., yard-high ...; *Schnee*: waist-deep, three-foot deep ..., *pred.* three feet deep; **~lang** *adj.* metre- (*Am.* meter-)long ..., yard-long ...; *fig.* very long, F great long ...; **~maß** *n* (*Bandmaß*) tape measure; (*Stab*) measuring rod, rule; **~ware** *f* yard goods *pl.*

meterweise *adv.* by the met|re (*Am.* -er).

Methadon *n pharm.* methadone.

Methan(gas) *n* methane.

Methanol *n* methanol.

Methode *f* **1.** method; ***et. mit ~ machen*** do s.th. methodically; ***es hat ~*** there's method in (*od.* behind) it; ***er hat ~*** he's very methodical, he's a man of method; **2.** ***~n*** (*Verhalten*) ways, behavio(u)r; **Methodik** *f* **1.** (*Lehre*) methodology; **2.** (*Verfahrensweise*) method; **methodisch** *adj.* methodical.

Methodist *m*, **methodistisch** *adj.* Methodist.

Methodologie *f* methodology; **methodologisch** *adj.* methodological.

Methusalem *m bibl.* Methuselah; *fig.* ***so alt wie ~*** as old as Methuselah (*od.* as the hills).

Methylalkohol *m* methyl alcohol.

Metier *n* profession, job; (*Handwerk*) trade; *fig.* ***das ist nicht mein ~*** that's not my line.

Metrik *f* **1.** (*Lehre*) metrics *pl.* (*sg. konstr.*) (*a.* ♪), prosody; **2.** (*Metrum*) met|re (*Am.* -er); **metrisch** *adj. Maß etc.*: metric; ♪ *etc.* metrical.

Metronom *n* ♪ metronome.

Metropole *f* metropolis.

Metropolit *m eccl.* metropolitan.

Metrum *n* met|re (*Am.* -er).

Mette *f eccl.* → ***Früh-, Nachtmette.***

Mettwurst *f* smoked sausage spread.

Metzelei *f* slaughter, massacre; **metzeln** *v/t.* butcher, slaughter.

Metzger *m* butcher; ***zum ~ gehen*** go to the butcher's; **Metzgerei** *f* butcher's (shop); **Metzgergang** *fig. m*: ***(e-n ~ tun*** go on a) wild goose chase.

Meuchel|mord *m* treacherous killing; **~mörder** *m* murderer, assassin.

meuchlerisch *adj.* treacherous.

meuchlings *adv.*: ***j-n ~ umbringen*** murder s.o. treacherously, commit a treacherous murder against s.o.

Meute *f* **1.** pack (of hounds); **2.** *fig.* mob; F (*Gruppe von Freunden etc.*) F gang.

Meuterei *f* mutiny; **Meuterer** *m* mutineer; **meutern** *v/i.* mutiny; F *fig.* rebel.

Mexikaner(in *f*) *m*, **mexikanisch** *adj.* Mexican.

Mezzosopran *m* mezzo-soprano.

MG|-Salve *f* burst of machine-gun fire; **~-Schütze** *m* (machine-)gunner.

miau *int.* miaow!; **miauen** *v/i.* miaow.

mich I. *pers. pron.* (*acc. von* ***ich***) me; **II.** *refl. pron.* myself; *nach prp.* me; ***hinter ~*** behind me; *oft unübersetzt*: ***ich setzte ~*** I sat down.

Micha *m bibl.* Micah.

mick(e)rig F *adj. Sache*: measly, pathetic, *stärker*: F lousy; *Person*: puny, (*kränklich*) sickly.

Mickymausstimme *contp. f* squeaky voice.

Midlife-Crisis *f* midlife crisis, male menopause.

Mieder *n* bodice; **~höschen** *n* panty girdle; **~waren** *pl.* foundation garments.

Mief F *m* fug; (*Gestank*) F stink; *fig.* stuffy atmosphere; ***~ der Provinz*** provincial atmosphere; **miefen** F *v/i.* F pong, stink; ***das mieft aber!*** what a pong (*od.* stink); **miefig** F *adj.* stuffy, F frowsty.

Miene *f* expression; (*a. Gesicht*) face; ***überlegene*** (***unschuldsvolle***) ***~*** superior (innocent) expression *od.* air; ***e-e ernste ~ aufsetzen*** look serious; ***gute ~ zum bösen Spiel machen*** put on a brave face (*od.* front), F grin and bear it; ***~ machen, et. zu tun*** make as if to do s.th.; ***ohne e-e ~ zu verziehen*** without batting an eyelid, *bei Schmerz etc.*: without flinching; **Mienenspiel** *n* facial expressions *pl.* (*od.* play).

mies F *adj.* F lousy, rotten; ***~er Laune sein*** F be in a foul mood; → ***mies machen***; **Miesepeter** F *m* F (old) grouch, sourpuss.

mies machen F *v/t.*: ***j-n*** (***et.***) ***~*** run *od.* put s.o. (s.th.) down; ***er muss alles ~*** he's always running (*od.* putting) things down; ***er muss alle Leute ~*** he's always running (*od.* putting) people down, he hasn't got a good word to say about anyone; **Miesmacher** F *m* (*Meckerer*) moaner, F whinger; (*Beckmesser*) fault-finder; (*Spielverderber*) killjoy.

Miesmuschel *f zo.* mussel.

Miet|ausfall *m* loss of rent; **~auto** *n* hire(d) (*Am.* rented, rental) car; **~beihilfe** *f* rent allowance; **~dauer** *f* (period of) tenancy.

Miete[1] *f* rent; ***in*** (*od.* ***zur***) ***~ wohnen*** live in a rented flat (*Am.* apartment) *od.* house, *als Untermieter*: live in lodgings, rent a room; F *fig.* ***das ist ja schon die halbe ~*** that's half the battle.

Miete[2] *f unter der Erde*: pit; *über der Erde*: stack.

Mieteinnahme(n *pl.*) *f* rental income (*sg.*).

mieten *v/t.* (*Haus*) rent; (*Sachen*) *a.* hire; **Mieter** *m* tenant; (*Unter~*) lodger, *Am.* roomer.

Mieterhöhung *f* rent increase.

Mieterschutz *m* protection of tenants' rights; **~bund** *m* tenants' rights association; **~gesetz** *n Brit. etwa* Rent Act.

Mieterverband *m* tenants' association.

mietfrei *adj. u. adv.* rent-free; ***sie wohnt dort ~*** *a.* she doesn't have to pay any rent; **Mietfreiheit** *f* rent exemption.

Miet|kaution *f* deposit; **~objekt** *n* rental property; **~partei** *f* tenant.

Mietpreis *m* rent; *für Sachen*: rental (fee, *Am.* rate), *Brit. a.* hire charge; **~bindung** *f* rent control.

Miet|recht *n* laws *pl.* governing tenancy; **~rückstände** *pl.* rent arrears.

Miets|haus *n* block of flats, *Am.* apartment house; **~kaserne** *f* tenement block.

Miet|spiegel *m* rental table; **~verhältnis** *n* tenancy; **~verlängerung** *f* extension of one's (*od.* the) lease; **~vertrag** *m* lease; *für Sachen*: hire (*Am.* rental) contract; **~vorauszahlung** *f* advance rent.

Mietwagen *m* hire(d) (*Am.* rented, rental) car; **~buchung** *f* car hire booking; **~firma** *f* car hire (*od.* rental) firm (*od.* company); **~verleih** *m* car rental (service).

Miet|wert *m* rental value; **~wohnung** *f* (rented) flat, *Am.* apartment; **~wucher** *m* rack renting; **~zahlung** *f* payment of rent; **~zins** *m* rental (fee); **~zuschuss** *m* rent allowance.

Miez(e) F *f* **1.** F pussy(cat); **2.** *fig.* (*Mädchen*) F bird, *Am.* F chick.

Migräne *f* migraine; **~anfall** *m* migraine (attack).

Mikro F *n* F mike; → ***Mikrofon.***

Mikrobe *f* microbe.

Mikro|biologie *f* microbiology; **~chemie** *f* microchemistry; **~chip** *m* microchip; **~chirurgie** *f* ⚕ microsurgery; **~computer** *m* microcomputer; **~elektronik** *f* microelectronics *pl.* (*sg. konstr.*); **~fiche** *m*, *n* microfiche; **~film** *m* microfilm.

Mikrofon *n* microphone; **~buchse** *f* microphone jack.

Mikro|kosmos *m* microcosm; **~organismus** *m* microorganism; **~physik** *f* microphysics *pl.* (*sg. konstr.*); **~prozessor** *m* microprocessor.

Mikroskop *n* microscope; **mikroskopisch I.** *adj.* microscopic (*a. fig.* ***~ klein***); **II.** *adv.* microscopically; ***et. ~ untersuchen*** examine under the microscope.

Mikro|struktur *f* microstructure; **~verfilmung** *f* microfilming; **~welle** *f* (*a.* F *Herd*) microwave.

Mikrowellen|behandlung *f* microwave treatment; **~herd** *m* microwave oven.

Milbe *f* mite.

Milch *f* **1.** milk (*a. Reinigungs~ etc.*); **2.** 🌿 milk, juice; **3.** *e-s Fisches*: (soft) roe; **~bar** *f* milk bar; **~brei** *m* milk pudding; **~drüse** *f* mammary gland; **~eiweiß** *n* lactoprotein; **~fett** *n* milk fat; **~flasche** *f a. für Babys*: milk bottle.

milchfrei *adj.* non-milk ...

Milch|geschäft *n* dairy, creamery; **~gesicht** *contp. n* babyface; **~glas** *n* ⚙ frosted glass; **~händler** *m* dairyman.

milchig *adj.* milky.

Milch|kaffee *m* milky coffee; **~kännchen** *n* milk jug; **~kanne** *f* milk churn; *kleine*: milk can; **~kuh** *f* dairy cow; **~leistung** *f e-r Kuh*: milk yield.

Milchmädchenrechnung F *f* simple-minded reasoning.

Milch|mann *m* milkman; **~mixgetränk** *n* milkshake.

Milchner *m* (*Fisch*) milter.

Milch|produkte *pl.* milk (*od.* dairy) products; **~pulver** *n* powdered milk; **~reis**

m rice pudding; **~säure** *f* lactic acid; **~schorf** *m* ⚕ milk crust; **~shake** *m* milkshake.

Milchstraße *f ast.* Milky Way; **Milchstraßensystem** *n* galaxy.

Milch|trinker *m* milk drinker; **~vieh** *n* dairy cattle *pl.*; **~wirtschaft** *f* dairy farming; **~zahn** *m* milk tooth; **~zentrifuge** *f* (cream) separator; **~zucker** *m* milk sugar, lactose.

mild(e) **I.** *adj. a. Klima, Essen etc.*: mild; *Strafe, Richter etc.*: *a.* lenient; *Lächeln*: gentle, *ironisches*: wan *smile*; *Spirituosen*: smooth; *Licht, Farbe*: soft; ***e-e milde Gabe*** alms, something for charity; **II.** *adv.*: ***milde gesagt*** to put it mildly; *et.* ***~ beurteilen*** take a lenient view of; *iro.* ***da kann ich nur milde lächeln*** don't make me laugh; **Milde** *f* mildness; gentleness; (*Nachsichtigkeit*) leniency; → ***mild(e)***; ***~ walten lassen*** be lenient, show some leniency; **mildern** **I.** *v/t.* (*Schmerz*) soothe, ease, alleviate; (*Urteil*) moderate; (*Strafe*) mitigate; (*Aussage etc.*) qualify; (*Wirkung etc.*) reduce, soften; ⚖ ***~de Umstände*** extenuating (*od.* mitigating) circumstances; **II.** *v/refl.*: ***sich ~*** *Schmerz*: ease; *Emotionen*: cool off; **Milderung** *f von Schmerz*: alleviation; *e-r Strafe*: mitigation; *e-r Aussage etc.*: qualification; *e-r Ansicht*: moderation; **Milderungsgrund** *m* ⚖ extenuating cause.

mildtätig *adj.* charitable; **Mildtätigkeit** *f* charity.

Milieu *n* environment (*a. biol.*); surroundings *pl.*; (*soziale Herkunft*) background; **2bedingt** *adj.* due to environmental factors (*od.* social background); ***es ist ~*** *a.* it goes back to the environment he *etc.* grew up in; **2geschädigt** *adj.* maladjusted; **~schaden** *m* environmental disturbance; **~schilderung** *f* background description; **~theorie** *f* environmentalism.

militant *adj.* militant; **Militanz** *f* militancy.

Militär *n* **1.** armed forces *pl.*, military; (*Heer*) army; ***beim ~ sein*** be in the army; **2.** (*Soldaten*) military personnel, soldiers *pl.*; **~abkommen** *n* military agreement (*od.* pact); **~akademie** *f* military academy; **~arzt** *m* medical officer; **~attaché** *m* military attaché; **~berater** *m* military adviser; **~bündnis** *n* military alliance; **~dienst** *m* military service; **~diktatur** *f* military dictatorship; **~flugzeug** *n* military aircraft; **~gefängnis** *n* military prison; **~gericht** *n* military court; court martial; **~hoheit** *f* military authority; ***unter ~*** *a.* under military command.

militärisch *adj.* military; *Gebaren etc.*: martial.

militarisieren *v/t.* militarize; **Militarisierung** *f* militarization.

Militarismus *m* militarism; **Militarist** *m* militarist; **militaristisch** *adj.* militaristic.

Militär|junta *f* military junta; **~kapelle** *f* military band; **~macht** *f* military power; **~marsch** *m* ♪ military march; **~musik** *f* military marches *pl.* (*od.* music); **~polizei** *f* military police; **~putsch** *m* military putsch; **~regierung** *f* military government; **~regime** *n* military regime; **~seelsorger** *m* military chaplain; **~sprache** *f* military (*od.* forces) slang; **~sprecher** *m*: (***~ des Weißen Hauses*** White House) military spokesman; **~strafanstalt** *f* detention (*Am.* disciplinary) barracks *pl.* (*sg. konstr.*); **~stützpunkt** *m* military base; **~wissenschaft** *f* military science.

Military *f Reitsport*: three-day event; **~reiter** *m* three-day eventer.

Militärzeit *f* military service; ***während m-r ~*** when I was in the Army (*od.* Navy *etc.*).

Miliz *f* militia; **~soldat** *m* militiaman.

Mille F *n* F grand, K, thou, thou'; ***25 ~*** 25 grand, 25K, 25 thou (*od.* thou').

Millennium *n* millennium.

Milliardär *m* multimillionaire.

Milliarde *f* billion, *Brit. obs. a.* thousand million; ***in die ~n gehen*** run into billions (of dollars *etc.*).

Milliarden|betrag *m* billions (*Brit. obs. a.* thousands of millions) of pounds *etc.*; ***es sind Milliardenbeträge*** it runs into billions (*Brit. obs. a.* thousands of millions); **~höhe** *f*: ***Kredit in ~*** billion-dollar *etc.* loan; → *a.* ***Millionenhöhe***; **~loch** *n*: ***das ~ im Haushalt*** the billion-dollar *etc.* deficit.

milliardst *adj.* billionth, *Brit. obs. a.* thousand millionth; **Milliardstel** *n* billionth (part), *Brit. obs. a.* thousand millionth (part).

Millibar *n meteor.* millibar.

Millimeter *n, m* millimet|re (*Am.* -er); **~arbeit** *f a* precision job; **~papier** *n* graph paper.

Million *f* million; ***fünf ~en Dollar*** five million dollars; ***in die ~en gehen*** run into millions (of dollars *etc.*).

Millionär(in *f*) *m* millionaire, *f a.* millionairess.

Millionen|auflage *f Zeitung*: circulation of over a million (*od.* of several millions); ***das Buch hat inzwischen e-e ~ erreicht*** the book has sold over a million copies; **~betrag** *m* millions of pounds *etc.*; **~ding** F *n* million-dollar *etc.* deal.

millionenfach **I.** *adj.* millionfold; **II.** *adv.* a million times (over).

Millionen|geschäft *n* (*Unternehmen*) multimillion-pound (*od.* -dollar *etc.*) business (*Vertrag*: deal); **~gewinne** *pl.* profits running into millions; **~höhe** *f*: ***Kredit in ~*** (multi)million-dollar *etc.* loan; ***die Explosion verursachte e-n Schaden in ~*** the explosion caused damage running into millions of Euros *etc.*; **~schaden** *m* damage running into millions of Euros *etc.*; **2schwer** F *adj.* worth millions; **~stadt** *f* city of over a million inhabitants.

millionst *adj.* millionth; **Millionstel** *n* millionth (part).

Milz *f anat.* spleen; **~brand** *m vet.* anthrax.

Mime *m thea.* actor; **mimen** *v/t.* act, play (*beide a. fig.*); ***den Kranken*** (***Überraschung*** *etc.*) ***~*** pretend to be sick (surprised *etc.*), feign sickness (surprise *etc.*).

Mimik *f* facial play.

Mimikry *f biol.* mimicry.

mimisch *adj.* mimic.

Mimose *f* ⚘ mimosa; *fig.* sensitive creature; **mimosenhaft** *fig. adj.* (over)sensitive.

Minarett *n* minaret.

minder **I.** *adv.* less; ***nicht ~*** no less; **II.** *adj.* less(er); (*kleiner*) smaller; *an Ausmaß, Bedeutung*: *a.* minor; *an Güte*: inferior; ***Waren ~er Güte*** inferior (*od.* low-quality) goods.

Minder|ausgaben *pl.* reduced expenditure *sg.*; **~bedarf** *m* reduced demand, drop in demand; **2bedeutend** *adj.* less important (*od.* significant); **2begabt** *adj.* less gifted; **2bemittelt** *adj.* less well-off, needy; ***geistig ~*** mentally less gifted, F not very bright, a bit slow; **~betrag** *m* deficit; **~bewertung** *f* undervaluation; **~einnahme** *f* shortfall in receipts; **~ertrag** *m* reduced yield (⚘ profit); **~gewicht** *n* short weight.

Minderheit *f* minority.

Minderheiten|frage *f* minorities question; **~recht** *n* rights *pl.* of minorities; **~schutz** *m* protection of minorities.

Minderheitsregierung *f* minority(-party) government.

minderjährig *adj.* underage; **Minderjährige(r** *m*) *f* minor; **Minderjährigkeit** *f* minority.

mindern **I.** *v/t.* diminish, lessen, decrease; (*herabsetzen*) reduce, lower; (*Wert*) depreciate; **II.** *v/refl.*: ***sich ~*** diminish, decrease; (*Begeisterung etc.*) *a.* abate; **Minderung** *f* decrease, reduction; *des Wertes*: depreciation.

Minderwert *m* reduced value; **minderwertig** *adj.* inferior, of inferior quality, ⚘ *a.* low-grade ...; **Minderwertigkeit** *f* inferiority; ⚘ inferior quality.

Minderwertigkeits|gefühl *n* feeling of inferiority, sense of being inferior; → *a.* **~komplex** *m* inferiority complex.

Minderzahl *f*: (***in der ~ sein*** be in the) minority.

mindest *adj.* least; slightest; minimum ...; ***nicht im ~en*** (*od.* ***2en***) not in the least, not at all; ***nicht die ~e Chance*** not the slightest chance; ***ich habe nicht die ~e Ahnung*** I haven't the slightest idea, ***davon:*** I don't know the first thing about it; ***zum ~en*** (*od.* ***2en***) at least; ***das ~e*** (*od.* ***2e***) the very minimum (*od.* least); ***das wäre das ~e*** (*od.* ***2e***) ***gewesen*** that's the (very) least one could have expected; ***das ~e*** (*od.* ***2e***) ***wäre, dass du mich angerufen hättest*** you could have at least rung me up.

Mindest|alter *n* minimum age; **~anforderungen** *pl.* minimum requirements; **~betrag** *m* minimum amount.

mindestens *adv.* at least.

Mindest|forderung *f* minimum (wage) demand; **~gehalt** *n* minimum wage; **~gehalt** *m* minimum content; ***~ an Alkohol*** minimum alcohol content.

Mindesthaltbarkeitsdatum *n* best-before (*od.* best-by) date, *Am.* pull date.

Mindest|lohn *m* minimum wage; **~maß** *n* minimum; ***auf ein ~ herabsetzen*** reduce to a minimum; **~preis** *m* minimum price; **~strafe** *f* minimum penalty; **~tarif** *m* minimum wage; **~umtausch** *m* minimum currency exchange; **~verbrauch** *m* minimum consumption; **~wert** *m* minimum value; **~wortschatz** *m* minimum vocabulary; ***ein ~ von ...*** *a.* a minimum (number) of ... words; **~zahl** *f* minimum (number).

Mine *f* ⚒, ⚔, ⚓ mine; (*Bleistift2*) lead; (*Kugelschreiber2*) cartridge, (*Ersatz2*) refill; ***~n legen*** lay mines; ***auf e-e ~ laufen*** hit a mine.

Minen|arbeiter *m* ⚒ mineworker, miner; **~feld** *n* minefield; **~leger** *m* mine layer; **~räumboot** *n* minesweeper; **~sperre** *f* ⚓ mine barrier; (*Straßen2*) mine roadblock; **~suchboot** *n* mine hunter, minesweeper; **2verseucht** *adj.* mine-infested.

Mineral *n* mineral; **~bad** *n* mineral bath; (*Kurort*) spa; **~brunnen** *m* mineral spring; **~dünger** *m* mineral fertilizer.

mineralisch *adj.* mineral ...

Mineralkunde *f* mineralogy.

M

Mineraloge *m* mineralogist; **Mineralogie** *f* mineralogy; **mineralogisch** *adj.* mineralogical.

Mineralöl *n* mineral oil; **~...** *in Zssgn* → *a.* ***Erdöl...***; **~erzeugnis** *n* petroleum product; **~gesellschaft** *f* oil company; **~industrie** *f* oil industry; **~konzern** *m* oil company; **~steuer** *f* tax on oil.

Mineral|quelle *f* mineral spring; **~salz** *n* mineral salt; **~stoff** *m* mineral nutrient; **~vorkommen** *n* mineral deposit(s *pl.*); **~wasser** *n* mineral water.

Miniatur *f* miniature; *in Handschriften*: *a.* illumination; **~ausgabe** *f* miniature edition.

miniaturisieren *v/t.* miniaturize.

Miniatur|maler *m* miniaturist; **~malerei** *f* miniature painting.

Mini|bar *f* minibar; **~bus** *m* minibus; **~car** *m* minicab; **~format** *n* mini-format, tiny format; ... ***in ~*** mini-format ...

Minigolf *n* crazy golf; **~platz** *m* crazy golf course.

minimal *adj.* minimal, minimum ...; *fig.* insignificant; → *a.* ***Mindest...***

Minimal|betrag *m* minimum (amount); **~forderung** *f* minimum demand.

Minimalist *m* minimalist.

Minimalkonsens *m* minimum consensus.

Minimalprogramm *n* (basic) policy plan.

Minimum *n* minimum; ***auf ein ~ beschränken*** keep *s.th.* to a minimum.

Mini|notebook *n Computer*: mini notebook; **~pille** *f* minipill; **~rock** *m* miniskirt; **~slip** *m*: (***ein ~*** a pair of) bikini briefs *pl.*

Minister(in *f*) *m* minister (*gen.* of, for), *in GB*: Secretary of State (for), *in den USA*: Secretary (of).

Minister|amt *n* ministerial office; portfolio; **~anklage** *f* impeachment of a minister; **~bank** *f* government front bench; **~ebene** *f*: ***auf ~*** at cabinet level; ***Gespräche auf ~*** *a.* ministerial-level talks.

Ministerial|beamter *m* ministry official; **~bürokratie** *f* departmental red tape (*od.* bureaucracy); **~direktor** *m etwa* under-secretary (of state), *Am.* assistant secretary of state; **~erlass** *m* ministerial decree; **~rat** *m etwa* principal; **~zulage** *f* ministerial salary benefits *pl.*

ministeriell *adj.* ministerial; **Ministerium** *n* ministry, (government) department; **Ministeriumssprecher(in** *f*) *m* ministerial spokesman (*f a.* spokeswoman), spokesman (*f a.* spokeswoman) for the ministry.

Minister|konferenz *f* ministerial conference; **~posten** *m* ministerial post; **~präsident** *m* prime minister (*a. e-s Bundeslands*), premier; **~rat** *m* cabinet; *EU*: Council of Ministers.

Ministrant *m eccl.* server.

Minna F *f*: ***grüne ~*** F Black Maria, *Am.* paddy wagon; ***j-n zur ~ machen*** F give s.o. a roasting, bawl (*Am.* chew) s.o. out.

Minne *f* (*a.* ***hohe ~***) courtly love; **~sang** *m* minnesang; **~sänger** *m* minnesinger.

Minorität *f* minority; **Minoritätenfrage** *f* question of minorities.

minus I. *prp.* minus; **II.** *adv.*: ***~ 10 Grad*** 10 (degrees) below zero; **III.** ≈ *n* (*Fehlbetrag*) deficit; *auf dem Konto*: overdraft; *fig.* (*Nachteil*) disadvantage, drawback; ***~ machen*** make a loss; ***im ~ sein*** be in the red.

Minusbetrag *m* deficit.

Minuskel *f* small (*od.* lowercase) letter, minuscule.

Minus|pol *m* ⚡ negative pole (*od.* element); **~punkt** *m* **1.** penalty point; *Sport*: point against; **2.** disadvantage, drawback, minus factor; **~rekord** *m* record (*od.* all-time) low; **~seite** *f* ✝ *u. fig.*: (***auf der ~*** on the) debit side; **~stunde** *f* minus hour; **~zeichen** *n* minus sign.

Minute *f* minute (*a. ast.*, ⅌); ***auf die ~*** on the dot; ***es klappte auf die ~*** it was perfectly timed, the timing was perfect; ***in letzter ~*** at the last minute; ***bis zur letzten ~*** right up to the last minute; ***~ auf ~ verging*** the minutes passed by; ***auf die ~ kommt es nicht an*** a) it doesn't have to be timed down to the minute, b) you *etc.* don't have to be absolutely punctual (*od.* be there on the minute); → ***ruhig*** I; **minutenlang I.** *adj.* lasting several minutes; several minutes of ...; **II.** *adv.* for (several) minutes; **Minutenzeiger** *m* minute hand.

minutiös, minuziös *adj.* minutely detailed; scrupulously precise; (*sorgfältig*) meticulous.

Minze *f* ⚘ mint.

mir *pers. pron.* (*dat. von* **ich**) (to) me; (*a.* ***~ selbst***) myself; ***er gab es ~*** he gave it to me, he gave me it; ***~ ist kalt*** I feel cold; ***ein Freund von ~*** a friend of mine; ***du bist ~ ein schöner Freund*** a fine friend you are; ***lass ~ m-e Ruhe*** leave me alone; ***von ~ aus*** → ***meinetwegen***; ***wie du ~, so ich dir*** an eye for an eye; ***ich putzte ~ die Zähne*** I brushed my teeth; → ***nichts.***

Mirabelle *f* mirabelle, (small) yellow plum.

Misanthrop *m* misanthropist; **misanthropisch** *adj.* misanthropic(ally *adv.*).

mischbar *adj.* mixable; ***gut ~ sein*** mix well.

Misch|batterie *f* mixer tap; **~becher** *m* shaker; **~brot** *n* mixed-grain bread; **~ehe** *f* mixed marriage.

mischen I. *v/t.* **1.** *allg.* mix; (*Kaffee, Tabak etc.*) blend; ***et. in et. ~*** mix s.th. into s.th., add s.th. to s.th.; ***Gift ~*** concoct (*od.* mix) a poison; **2.** (*Karten*) shuffle; **3.** (*Tonaufnahmen etc.*) mix; **II.** *v/refl.* **4.** ***sich*** (***gut*** *etc.*) ***~*** mix (well *etc.*); **5.** ***sich ~ unter*** mix (*od.* mingle) with; ***sich ~ in*** interfere (*od.* meddle) in; (*dazwischenreden*) butt in on; ***sich in ein Gespräch ~*** join in the conversation; **III.** *v/i. beim Kartenspiel*: shuffle; → ***gemischt***; **Mischer** *m* mixer (*a. TV*).

Mischfarbe *f* compound colo(u)r; **mischfarbig** *adj.* of mixed (*od.* various) colo(u)rs.

Misch|form *f* **1.** *ling.* hybrid (form); **2.** mixture; ***e-e ~ zwischen ... und ...*** *a.* a fusion of ... and ...; **~futter** *n* mixed feed; **~gewebe** *n* mixed fabric, F mixture; **~hahn** *m* (*Wasserhahn*) mixer tap, *Am.* mixing faucet; **~haut** *f* combination skin; **~konzern** *m* conglomerate; **~kost** *f* mixed diet; **~kultur** *f* **1.** *soziologisch*: mixed(-race) culture; **2.** ⸝ mixed cultivation.

Mischling *m* hybrid (*a.* ⚘), crossbreed; (*Mensch*) half-caste, *bsd. contp.* half-breed.

Mischmasch F *m* hotchpotch; *contp. a.* jumble.

Mischmaschine *f* (cement) mixer.

Mischpoche F *contp. f* **1.** (*Sippschaft*) F clan; **2.** (*Gesindel*) F rabble, shower.

Misch|pult *n Radio, TV*: mixer, mixing console; **~rasse** *f* mixed race; *Tiere*: mixed breed, crossbreed; **~trommel** *f* ⚙ mixing drum.

Mischung *f* mixture (*a. fig.*); (*Tabak≈, Tee≈ etc.*) blend; (*Keks≈, Pralinen≈ etc.*) assortment; ***e-e ~ aus*** a mixture of; **Mischungsverhältnis** *n* mixing ratio.

Misch|wald *m* mixed forest; **~wort** *n* hybrid (word).

miserabel *adj.* terrible, dreadful, F lousy; *Wetter*: *a.* F rotten; ***miserable Leistung*** *a.* pathetic performance.

Misere *f* plight; *pol.*, ✝ *a.* malaise.

Mispel *f* ⚘ medlar (tree).

missachten *v/t.* (*nicht beachten*) ignore; (*Kunstwerk etc.*) neglect; (*gering schätzen*) disdain, despise; **Missachtung** *f* disregard (*gen.* of); *e-s Kunstwerkes etc.*: neglect (of); (*Verachtung*) disdain (for); ⚖ ***~ des Gerichts*** contempt of court.

missbehagen I. *v/t.*: ***es missbehagt mir*** I don't feel happy about it, I don't like the idea; ***es missbehagt mir zu*** *inf.* I don't feel happy about *ger.*, I'm not keen on (the idea of) *ger.*; **II.** ≈ *n* feeling of unease, uncomfortable feeling; (*Bedenken*) misgivings *pl.*; (*Unzufriedenheit*) displeasure, discontent.

Missbildung *f* deformity.

missbilligen *v/t.* disapprove (of); **Missbilligung** *f* disapproval; **Missbilligungsantrag** *m* motion of disapproval.

Missbrauch *m* abuse; (*falsche Anwendung*) misuse, *vorsätzlicher*: *a.* improper use; ***der ~ von Medikamenten*** drug abuse; ***~ e-s Amtes*** abuse of office; ***sexueller ~*** sexual abuse; ***unter ~ von*** by abusing (*od.* misusing); ***~ treiben mit*** abuse, (*falsch anwenden*) misuse, put *s.th.* to improper use; **missbrauchen** *v/t.* abuse (*a. sexuell*); (*falsch anwenden*) misuse; **missbräuchlich** *adj.*: ***~e Verwendung*** improper use, misuse.

missdeuten *v/t.* misinterpret, misconstrue; → *a.* ***missverstehen***; **Missdeutung** *f* misinterpretation.

missen *v/t.* (*nicht erleben etc.*) miss (out on); (*auskommen ohne*) do without; ***das möchte ich nicht ~*** I wouldn't like to do (*od.* be) without it, (*Erlebnis etc.*) I wouldn't like to miss out on it, (*Vergangenes*) I wouldn't like to have done (*od.* been) without it, (*Erlebnis etc.*) I wouldn't like to have missed out on it.

Miss|erfolg *m* failure; *e-s Buchs etc.*: *a.* flop; **~ernte** *f* bad harvest, crop failure.

Missetat *f* misdeed; **Missetäter** *m* malefactor, miscreant; *a.* ⚖ offender.

missfallen I. *v/i.*: ***er*** (***es***) ***missfällt ihr*** she doesn't like him (it); **II.** ≈ *n* displeasure, disapproval; ***j-s ~ erregen*** cause s.o. displeasure, *Person*: *a.* incur s.o.'s displeasure (*od.* disapproval); **Missfallensäußerung** *f* expression of disapproval; **missfällig I.** *adj. Äußerung etc.*: disparaging; **II.** *adv.*: ***sich ~ äußern über*** speak (rather) disparagingly about (*od.* of).

missgebildet *adj. Person*: deformed, *Körper*(*teil*): *a.* misshapen.

Missgeburt *f* **1.** (*Kind*) deformed child; (*Tier*) deformed animal; (*extreme ~*) freak; **2.** *fig.* (*Fehlschlag*) failure, flop; **3.** F *contp.* F obnoxious creature, *sl.* scab.

missgelaunt *adj.* bad-tempered ...; ***~ sein*** *mst* be in a bad mood.

Missgeschick *n* (*Pech*) bad luck, misfortune; (*Unfall*) mishap.

Missgestalt *f* misshapen figure; **missgestaltet** *adj.* misshapen, deformed.

missgestimmt *adj.* → ***missgelaunt.***

M

missglücken *v/i.* fail, be a failure, be unsuccessful, not to come off; ***der Plan ist ihm missglückt*** his plan failed, the plan turned out a failure *od.* didn't work out (for him), his plan didn't come off; ***der Kuchen ist mir missglückt*** the cake didn't turn out; **missglückt** *adj. Versuch*: unsuccessful; ***es war ein (völlig) ~er Plan*** the plan didn't come off (was a complete failure *od.* a disaster).

missgönnen *v/t.*: ***j-m et. ~*** (be)grudge s.o. s.th.

Missgriff *m* mistake; wrong move; (*schlechte Wahl*) mistake, bad choice; ***e-n ~ tun*** make a mistake (*od.* wrong move, bad choice); ***damit hat er e-n absoluten ~ getan*** that was a bad (*od.* fatal) mistake.

Missgunst *f* (*Missgönnen, Neid*) envy, jealousy; (*böser Wille*) ill will, malevolence; **missgünstig** *adj.* (*neidisch*) envious, jealous; (*böswillig*) malevolent.

misshandeln *v/t.* ill-treat, maltreat; **misshandelt** *adj.*: ***~es Kind (~e Frau)*** battered child (wife); **Misshandlung** *f* ill-treatment, maltreatment; ⚖ (*Tätlichkeit*) assault and battery.

Misshelligkeiten *pl.* **1.** (*Unstimmigkeiten*) differences (of opinion), disagreement *sg.*; **2.** (*Unannehmlichkeiten*) trouble *sg.*

Mission *f* mission; (*Abordnung*) delegation; **Missionar** *m* missionary; **missionarisch I.** *adj.* missionary; *fig.* ***mit ~em Eifer*** with a missionary zeal; **II.** *adv.*: ***~ tätig sein*** do missionary work; proselytize; **missionieren I.** *v/i.* do missionary work; proselytize; **II.** *v/t.* (*Land*) do missionary work in, take the Gospel *etc.* to; (*Volk*) proselytize; preach the Gospel *etc.* to, *weitS.* (*bekehren*) convert.

Missions|chef *m* head of a (*od.* the) mission; **~station** *f* mission; *entlegen*: *a.* missionary outpost.

Miss|klang *m* discordant note, *a. pl.* dissonance, discord; *fig. a.* note of discord; **~kredit** *m* discredit, disrepute; ***in ~ bringen*** bring discredit upon, bring dishono(u)r to; ***in ~ geraten*** fall into disrepute, get (o.s. *od.* itself) a bad name; **~laut** *m* harsh (*od.* grating) sound.

misslich *adj.* (*unangenehm*) disagreeable, awkward; (*schwierig*) difficult, awkward; (*unerfreulich*) unfortunate; ***~e Lage*** awkward (*od.* unpleasant) situation, predicament; **Misslichkeit** *f* disagreeable nature *of a situation etc.*; awkwardness; (*missliche Lage*) awkward (*od.* unpleasant) situation, predicament; **~en** unpleasant things (*od.* aspects), F little problems.

missliebig *adj.* unpopular; **Missliebigkeit** *f* unpopularity.

misslingen *v/i.* fail, be unsuccessful, turn out (to be) a failure; ***es misslang ihm*** he was unsuccessful (with it), he didn't manage it, ***zu*** *inf.*: he failed (in his attempt) to *inf.*, he was unsuccessful in *ger*; **misslungen** *adj. Versuch*: unsuccessful; ***~er Staatsstreich*** abortive coup.

Missmanagement *n* mismanagement.

Missmut *m* disgruntlement; **missmutig** *adj.* bad-tempered ..., *pred.* in a bad mood; (*unzufrieden*) disgruntled.

missraten I. *v/i. Versuch etc.*: fail; *Kuchen etc.*: turn out a failure, go wrong; ***es ist mir ~*** I've made a mess of it; ***der Kuchen ist mir ~*** the cake hasn't turned out; **II.** *adj. Kind*: wayward.

Missstand *m a. pl.* deplorable state of affairs; (*Missbrauch*) abuse; ***Missstände*** (*Misswirtschaft*) mismanagement; ***soziale Missstände*** social injustices; ***Missstände abschaffen*** remedy abuses *etc.*; ***es herrschen Missstände in ...*** *a.* things are not as they should be in ...

Missstimmung *f* bad (*od.* ill) feeling, note of discord; (*Unstimmigkeit*) (note of) disagreement.

Misston *m* discordant note; *kratzender*: grating note; *fig.* sour note, note of discord; **misstönend** *adj.* discordant; (*kratzend*) grating.

misstrauen I. *v/i.* (*j-m, e-r Sache*) distrust, mistrust; have no confidence in; ***ich misstraue der Sache*** I have my doubts (*od.* suspicions) about it; **II.** ♀ *n* distrust, mistrust (***gegen*** of); (*Verdacht*) suspicion (of); (*Zweifel*) doubt(s *pl.*) (concerning); ***voller ~ sein*** be very distrustful (*od.* suspicious, doubtful).

Misstrauens|antrag *m* motion of no-confidence; ***e-n ~ stellen*** propose a vote of no-confidence; **~votum** *n* vote of no-confidence.

misstrauisch *adj.* distrustful; (*argwöhnisch*) suspicious, wary; (*skeptisch*) sceptical, *Am.* skeptical.

Missvergnügen *n* annoyance, displeasure (***über*** at); (*Unzufriedenheit*) discontent (-ment) (at, about); **missvergnügt** *adj.* disgruntled (***über*** at, about), not (exactly) pleased (about), *stärker*: upset (at, about); (*unzufrieden*) discontented (at, about); (*schlecht gelaunt*) sullen, F grumpy; ***etwas ~ sein über*** *a.* not to be too happy about.

Missverhältnis *n* imbalance, disproportion; (*Diskrepanz*) discrepancy, disparity; ***in e-m ~ stehen*** be out of proportion (***zu*** to).

missverständlich *adj.* misleading, unclear; (*zweideutig*) ambiguous; **Missverständlichkeit** *f* **1.** misleading nature *of a statement*; (*Zweideutigkeit*) ambiguity; **2.** *konkret*: misleading (*od.* ambiguous) statement; **Missverständnis** *n* misunderstanding; (*Streit*) *a.* disagreement; **missverstehen** *v/t.* misunderstand; (*falsch auslegen*) misinterpret, misconstrue, (*j-s Absichten*) *a.* mistake; ***du hast mich missverstanden*** *a.* you've got me wrong.

Misswahl *f* beauty contest.

Misswirtschaft *f* mismanagement, bad management.

Mist *m* **1.** (*Kuh♀, Pferde♀*) dung; (*Tierkot*) droppings *pl.*; (*Dünger*) manure; F *fig.* ***das ist nicht auf m-m ~ gewachsen*** I had nothing to do with it; **2.** F (*Plunder*) rubbish, F junk; **3.** F (*Unsinn*) F rubbish, rot, *bsd. Am.* F trash, garbage; ***~ machen*** (*od.* ***bauen***) a) F (make a) boob, b) make a mess of it, F botch it (up), cock it up; ***mach keinen ~!*** don't do anything stupid; ***~ verzapfen*** F talk rot; ***(so ein) ~!*** F damn (it)!

Mistel *f* ♀ mistletoe; **~zweig** *m* sprig of mistletoe.

misten *v/t.* **1.** (*düngen*) manure; **2.** (*ausmisten*) muck out.

Mist|fink F *m sl.* dirty slob; **~gabel** *f* pitchfork; **~haufen** *m* manure heap; **~käfer** *m zo.* dung beetle; **~kerl** F *contp. m sl.* swine, bastard; **~kübel** *östr. m* (*Abfalleimer*) rubbish bin, *Am.* trashcan; **~stück** *n*, **~vieh** *n* F *contp.* (*Mann*) *sl.* bastard, (*Frau*) *sl.* bitch; **~wetter** F *n* rotten weather, F bloody awful weather; **~zeug** F *n* → ***Mist*** 2, 3.

mit I. *prp.* **1.** with; ***ein Mann ~ Hund*** a man with a dog; ***Tee ~ Rum*** tea with rum; ***Zimmer ~ Frühstück*** bed and breakfast; ***ein Korb ~ Obst*** a basket of fruit; **2.** (*mithilfe von*) with; ***~ der Bahn (Post*** *etc.*) by train (post *etc.*); ***~ Bleistift (Kugelschreiber)*** *schreiben*: in pencil (with a ballpoint, in pen); ***~ Gewalt*** by force; ***~ Bargeld (Scheck, Kreditkarte) bezahlen*** pay in cash (by cheque [*Am.* check], by credit card); ***~ dem nächsten Bus fahren (ankommen)*** take (arrive on) the next bus; **3.** *Art und Weise beschreibend*: with; ***~ Absicht*** intentionally; ***~ lauter Stimme*** in a loud voice; ***~ Verlust*** at a loss; ***~ einem Mal*** all of a sudden, suddenly; ***~ einem Wort*** in a word; ***~ 8 zu 11 Stimmen*** *beschließen*: by 8 votes to 11; ***~ e-r Mehrheit von*** by a majority of; **4.** *j-n od. et. betreffend*: ***was ist ~ ihm?*** what's the matter with him?; ***wie steht es ~ Ihrer Arbeit?*** how's your work getting on?; ***wie stehts ~ dir?*** how about you?; ***wie wärs ~ ...?*** how about ...?; ***~ mir nicht!*** don't (*od.* they *etc.* needn't) try it on with me; **5.** *zeitlich*: ***~ 20 Jahren*** at (the age of) twenty; ***~ dem 3. Mai*** as of May 3rd; → ***Zeit***; **II.** *adv.* also, too; ***~ dabei sein*** be there too; *er war* ***~ der Beste*** one of the (very) best; → ***mitgehen, -kommen*** *etc.*; → ***dazugehören.***

Mitangeklagte(r *m*) *f* codefendant.

mit ansehen *v/t.* witness, see; *fig.* (*dulden*) (*a.* ***es ~***) sit back and watch.

Mitarbeit *f* cooperation, collaboration; (*Hilfe*) *a.* assistance (***bei*** in); *weitS.* (*Arbeit*) work; ***ihre langjährige ~ bei ...*** her many years of work(ing) with (*od.* for) ...; **mitarbeiten** *v/i.* cooperate, collaborate; (*mithelfen*) help out; ***~ an*** work on *s.th.* (too), (*beitragen*) contribute to; *im Unterricht*: participate in, join in; **Mitarbeiter(in** *f*) *m* (*Angestellte*[*r*]) employee; *e-r Zeitung*: contributor (*gen. od.* ***bei*** to); ***freier Mitarbeiter*** freelance, *bei e-m Projekt*: collaborator; ***er war Mitarbeiter an dem Projekt*** he worked on (*od.* was involved in) the project; ***wie viele Mitarbeiter hat die Firma?*** how many people work for the company?; **Mitarbeiterstab** *m* staff (*mst pl. konstr.*), F team; ***sie gehört zu s-m engsten ~*** she's one of his closest collaborators.

Mitautor *m* co-author.

Mitbegründer *m* co-founder.

mitbekommen *v/t.* **1.** get (*od.* be given) *s.th.* (to take with one), *für unterwegs*: get (*od.* be given) *s.th.* for the road; *als Mitgift*: get *s.th.* as a dowry; **2.** F (*aufschnappen*) catch; (*hören*) hear; (*bemerken*) realize; (*verstehen*) F get.

mitbenutzen *v/t.* share (with s.o.); ***ich darf es ~*** I'm allowed to use it (too); **Mitbenutzer** *m* co-user; **Mitbenutzung** *f* joint (*od.* shared) use.

Mitbesitzer *m* co-owner, joint owner.

mitbestimmen I. *v/t. Person*: decide *s.th.* along with (the) others; *Sache*: have an influence on, influence; **II.** *v/i.*: ***(bei e-r Sache) ~*** have a say (in the matter); **Mitbestimmung(srecht** *n*) *f* co-determination; *der Arbeitnehmer*: *a.* worker participation.

Mitbewerber *m* competitor.

Mitbewohner *m* fellow occupant.

mitbringen *v/t.* bring (*od.* take) along (with one); *fig.* (*Fähigkeiten*) have, be endowed with; ***j-m etwas ~*** take something along for s.o., take s.o. a (little) present; ***hast du mir was mitgebracht?*** have you got (*od.* brought) anything for

M

me?; **Mitbringsel** *n* little present, F pressie; (*Andenken*) souvenir, memento.
Mitbürger *m* fellow citizen.
mitdenken *v/i.* **1.** show some initiative, think (things through); **2.** ***denk mal mit!*** help me (*od.* us) think; ***ich muss immer für andere ~*** I have to do all the thinking; ***er denkt nie mit*** he lets others do all the thinking, he leaves the thinking to others; **3.** follow s.o.'s train of thought.
mitdürfen *v/i.* be allowed to go *od.* come (with s.o.); ***darf ich mit?*** can I come *od.* go (too)?
Miteigentümer *m* joint owner, co-owner.
miteinander I. *adj.* with each other; (*zusammen*) together; ***alle ~*** everyone; ***~ verheiratet*** married; ***~ verwandt*** related; ***sie sind ~ bekannt*** they know each other; ***sie sind ~ zerstritten*** they've fallen out; **II.** *≈ n* coexistence; (*Auskommen*) getting along together.
mitempfinden I. *v/t.* share *s.o.'s troubles etc.*; **II.** *v/i.*: ***mit j-m ~*** feel for s.o., sympathize (with s.o.).
Miterbe *m*, **Miterbin** *f* co-heir(ess *f*), joint heir(ess *f*).
miterleben *v/t.* see (with one's own eyes); ***ich habs miterlebt*** *a.* I was there, I saw it happen, *längerfristig*: I was around at the time; ***sie hat den Krieg noch miterlebt*** she was still alive during the war; ***das wird er nicht mehr ~*** he won't live (*od.* be around) to see that (day); ***ich musste ~, wie er an Krebs starb*** I had to watch him die of cancer.
mitessen I. *v/i.* eat with us *etc.*; **II** *v/t.*: ***kann man die Schale*** *etc.* ***~?*** can you eat the peel *etc.* (too)?
Mitesser *m* ⚕ blackhead.
mitfahren *v/i.* drive (*od.* go, ride) with s.o.; ***j-n ~ lassen*** give s.o. a lift (*Am.* ride); ***darf ich ~?*** can you give me a lift (*Am.* ride)?
Mitfahr|gelegenheit *f* lift, *Am.* ride; ***biete ~ nach Köln*** lift (*Am.* ride) offered to Cologne; ***~zentrale*** *f* car pool(ing) service.
mitfliegen *v/i.* fly with s.o.; ***fliegt er mit?*** *a.* is he flying too?; ***mit derselben Maschine ~*** be on the same flight.
mitfreuen *v/refl.*: ***sich ~*** be (very) pleased for s.o.; ***wir haben uns alle mitgefreut*** *a.* we were all thrilled (at the news).
mitfühlen *v/t. u. v/i.* → ***mitempfinden***; **mitfühlend** *adj.* sympathetic, compassionate; understanding.
mitführen *v/t.* **1.** *Person*: have *s.th.* with (*od.* on) one; **2.** *Fluss etc.*: carry (along) with it.
mitgeben *v/t.*: ***j-m et. ~*** give s.o. s.th. (to take with him *od.* her), *fig.* (*Ratschlag, Erziehung etc.*) give s.o. s.th. (along the way); ***j-m j-n ~*** send s.o. along with s.o.
mitgefangen *adj.*: ***~, mitgehangen*** in for a penny(, in for a pound); **Mitgefangene(r)** *m* fellow prisoner; ***die Mitgefangenen*** the other prisoners.
Mitgefühl *n* sympathy; ***j-m sein ~ ausdrücken*** offer one's sympathies (*formell*: condolences) to s.o.; ***du hast mein ~*** *bsd. iro.* I sympathize, you have my (deepest) sympathy.
mitgehen *v/i.***1.** go (*od.* come) along (***mit j-m*** with s.o.); ***ich geh noch ein Stückchen mit*** I'll come along part of the way with you, I'll walk you part of the way; F ***et. ~ lassen*** F walk off with s.th.; **2.** *fig. Zuhörer etc.*: respond, (*mitspielen*) play along; ***~ mit*** *a.* go along with; ***begeistert ~*** respond wholeheartedly.
mitgenommen *adj.* the worse for wear (*a. Person*); (*ramponiert*) *a.* battered; *Person*: (*erschöpft*) exhausted, strained.
Mitgift *f* dowry; ***~jäger*** *m* fortune-hunter.
Mitglied *n* member; ***ordentliches (förderndes, zahlendes) ~*** full (supporting, subscribing) member; ***~ sein von*** be a member of, belong to; sit on *a committee.*
Mitglieder|versammlung *f* general meeting; ***~zahl*** *f* membership.
Mitgliedsbeitrag *m* (membership) fee (*Am.* dues *pl.*).
Mitgliedschaft *f* membership.
Mitgliedskarte *f* membership card.
Mitglieds|land *n* member country (*od.* nation); ***~staat*** *m* member state.
mithaben *v/t.*: ***et. ~*** have (brought) s.th. with one, (*Scheckkarte etc.*) have s.th. on (*od.* with) one.
mithaften *v/i.* be jointly liable.
Mithäftling *m* fellow prisoner.
mithalten *v/i.* keep up, keep pace; ***~ mit*** *a.* keep abreast of; ***wacker ~*** hold one's own.
mithelfen *v/i.* → ***helfen.***
Mitherausgeber *m* co-editor.
mithilfe, mit Hilfe *prp. u. adv.*: ***~*** *gen.* (*od.* ***von***) with *s.o.'s* help, by means of *s.th.*
Mithilfe *f* help, assistance, cooperation.
mithin *adv.* consequently, therefore, thus.
mithören I. *v/t.* **1.** *absichtlich*: listen in on, listen to; *heimlich*: *a.* eavesdrop on; *zufällig*: overhear; ***ich habs zufällig mitgehört*** I happened to hear it, *ungewollt*: I couldn't help overhearing it; ***man hört von oben alles mit*** you can hear everything that goes on upstairs; **2.** (*abhören*) monitor, listen in on; (*Funkverkehr*) intercept; **3.** (*Radiosendung etc.*) listen to, hear; **II.** *v/i.* **4.** listen in; *heimlich*: *a.* eavesdrop; **5.** (*abhören*) tap the wire.
Mitinhaber *m* joint owner (*od.* proprietor); ✝ partner.
mitkämpfen *v/i.* join in the struggle; ***mit j-m ~*** fight on s.o.'s side; **Mitkämpfer** *m* ⚔ fellow combatant, *lit.* comrade-in-arms; *fig.* *a.* fellow (*od.* militant) supporter (***für, in Sachen*** *gen.* of).
Mitkläger *m* co-plaintiff.
mitklingen *v/i.* → ***mitschwingen.***
mitkommen *v/i.* **1.** come (along); ***kommst du mit?*** are you coming (too)?; **2.** (*Schritt halten*) keep up; *geistig*: be able to follow; ***da komme ich (einfach) nicht mit*** *geistig*: it's above my head, I must be too stupid for that kind of thing; **3.** *in der Schule* ***gut ~*** do (*od.* get along) well; ***nicht ~*** do badly, lag behind.
mitkönnen *v/i.* **1.** be able to come *od.* go (too); **2.** *fig.* → ***mitkommen*** 2.
mitkriegen F *v/t.* → ***mitbekommen.***
mitlassen *v/t.* let *s.o.* go *od.* come along (too).
mitlaufen *v/i.* **1.** run (*od.* go) along too; ***~ mit*** run (along) with; **2.** *Wettläufer*: run (in the race); **3.** F *fig.* (*nebenher erledigt werden*) get done on the side (*od.* in between); **Mitläufer** *contp. m* hanger-on; (*Kommunist*) fellow travel(l)er.
Mitlaut *m* consonant.
Mitleid *n* pity, compassion; (*Mitgefühl*) sympathy; ***aus ~ für*** out of pity for; ***mit j-m ~ haben*** have (*od.* take) pity on s.o., pity s.o., feel sorry for s.o.
Mitleidenschaft *f*: ***in ~ ziehen*** (begin to) affect; spread to; take its toll on ... (as well).
mitleiderregend, Mitleid erregend *adj.* pitiful, pitiable, *lit.* piteous.
mitleidig *adj.* compassionate, sympathetic; ***ein ~es Lächeln*** a contemptuous smile; **mitleid(s)los** *adj.* unfeeling, pitiless; ***~ sein*** have no pity; **mitleid(s)voll** *adj.* full of pity, compassionate.
mitlesen *v/t. u. v/i.* read *s.th.* too (*od.* with s.o.); ***et. ~*** *leise*: read s.th. along with s.o.
mitmachen I. *v/i.* **1.** (*teilnehmen*) join in, take part (***bei*** in); F (*mitspielen*) play along, go along with it; ***da mach ich nicht mit*** you can count me out on that, (*bin nicht einverstanden*) I'm not going to go along with that; **2.** (*zusammenarbeiten*) cooperate; *fig.* ***wenn das Wetter mitmacht*** weather permitting; ***m-e Beine machen nicht mehr mit*** my legs are giving up (on me); ***der Motor macht nicht mehr mit*** the engine has packed up; **II.** *v/t.* **3.** (*teilnehmen bei*) take part in, join in; (*anwesend sein bei*) be at; **4.** (*die Mode*) follow, go with; **5.** (*erleben*) live through; (*erleiden*) go through, suffer; ***sie hat einiges mitgemacht*** *a.* she's got a few tales to tell; F ***da machst du was mit!*** it's a hard life.
Mitmenschen *pl.*: ***die ~*** one's fellow human beings; people; *iro.* ***die lieben ~!*** people!; **mitmenschlich** *adj.*: ***~e Beziehungen*** human relations; ***~e Kontakte*** social (*od.* human) contact.
mitmischen F *v/i.* F be in on it (*od.* s.th.); ***er muss immer ~*** he's always got to be in on everything.
mitmüssen *v/i.* have to go *od.* come (too).
Mitnahmepreis *m* cash and carry price.
mitnehmen *v/t.* **1.** take along (*od.* with one); (*fortnehmen*) take away; ***darf ich eins ~?*** can I take one?; ***j-n (im Auto) ~*** give s.o. a lift (*Am.* ride); ***zum*** *≈ Schild*: please take one; *Essen etc.* ***zum*** *≈* take-away ..., *Am.* carryout ..., ... to go; **2.** F *fig.* (*umstürzen, streifen*) F take *s.th.* along (as well); *iro.* ***wolltest du die Tür noch ~?*** are you going to leave the door here?; **3.** F (*stehlen*) F walk off with; **4.** (*erschöpfen*) exhaust, wear out, *a. emotional*: take it out of one; ***das hat ihn ziemlich*** (F ***schwer***) ***mitgenommen*** it hit him hard, it's really taken it out of him; → ***mitgenommen***; **5.** F (*nebenbei erledigen*) do *s.th.* on the side; (*Ort etc. besuchen*) take in (on the way), F do; (*Gelegenheit, ausnützen*) make the most of; ***jede Gelegenheit ~*** F grab every opportunity; ***alles ~, was man kann*** make the most of life.
mitnichten *adv.* certainly not.
Mitra *f* mitre, *Am.* miter.
mitrauchen I. *v/i.* **1.** *als Passivraucher*: breathe in the (cigarette) smoke; **II.** *v/t.* **2.** (*Rauch*) breathe in; **3.** ***rauchst du eine mit?*** will you have a cigarette with me?; **III.** *≈ n* passive smoking; **Mitraucher** *m* passive smoker; ***wir armen ~*** we poor people who have to breathe in all the smoke.
mitrechnen *v/t.* include, count (as well), count in; ... ***nicht mitgerechnet*** not counting ...
mitreden I. *v/i.* join in (the conversation); (*mitbestimmen*) have a say; ***da kann ich nicht ~*** I don't know anything about that; **II.** *v/t.*: ***etwas*** (*od.* ***ein Wörtchen***) ***mitzureden haben*** have a say (***bei*** in).
mitreisen *v/i.* travel (*od.* go, come) with s.o.; ***er reist mit*** *a.* he's going (*od.* coming) too; **Mitreisende(r** *m*) *f* fellow passenger (*od.* travel[l]er); *e-r Gruppenreise*: tour member (*od.* participant).

mitreißen *v/t.* drag (*od.* carry, sweep) along; *fig.* (*begeistern*) carry *od.* sweep along (*od.* away); **mitreißend** *fig. adj. Musik, Rede*: rousing; *Rhythmus, Applaus etc.*: infectious; *Spiel etc.*: exciting.

mitsamt *prp.* together (*od.* along) with.

mitschicken *v/t.* send (along); *in Briefen etc.*: enclose.

mitschleifen *v/t.* (*a.* F *fig. j-n*) drag along (with one).

mitschleppen *v/t.* (*Gepäck etc.*) F cart along (with one), (*Schweres*) *a.* F hump along; F *fig.* (*j-n*) drag along (with one); F *fig.* ***er hat die Kinder alle mitgeschleppt*** *a.* F he had all the kids in tow.

mitschneiden *v/t.* (*Sendung etc.*) record; **Mitschnitt** *m* recording.

mitschreiben I *v/t.* **1.** write (*od.* take) down, make notes on; **2.** (*Prüfung*) take part in, F do; **II.** *v/i.* make notes.

Mitschuld *f* share of the blame, *bsd.* ⚖ partial responsibility; ***ihn trifft e-e ~*** he is partly to blame (***an*** for), he is partly responsible (for), he has a share in the blame (for); **mitschuldig** *adj.*: ***~ sein*** be partly responsible (***an*** for), be partly to blame (for); **Mitschuldige(r** *m*) *f* accomplice (***an*** in).

Mitschüler(in *f*) *m* schoolmate; classmate.

mitschwingen *v/i.* resonate; *fig.* ***darin schwingt ... mit*** it has overtones of ...

mitsingen *v/i.* join in the singing, sing along; ***in*** *e-m Konzert* ***~*** sing in.

mitsollen *v/i.* be supposed to go *od.* come (too).

mitspielen *v/i.* **1.** join in, play with s.o.; *Sport*: play (***bei*** for), be on the team; *thea.* appear, have a part (in); **2.** (*et. unterstützen*) play along; **3.** (*mitwirken*) play a role *od.* part (***bei*** in); **4.** ***j-m übel*** (*od.* ***bös***) ***~*** be really hard (F tough) on s.o., *a. Sache*: give s.o. a really hard time; **Mitspieler(in** *f*) *m* player; *thea.* member of the (supporting) cast.

Mitspracherecht *n* right to a say (***bei*** in); ***wir haben kein ~*** we have no say (whatsoever); ***er hat hier kein ~*** he has no say in things (*Einzelfall*: in the matter); **mitsprechen I** *v/t.* **1.** say *s.th.* together with s.o.; ***alle sprachen den Eid mit*** they all said the oath together; **II.** *v/i.* **2.** → ***mitreden***; **3.** → ***mitspielen*** 3.

Mitstreiter *m* fellow combatant *od.* supporter (***für, in Sachen*** *gen.* of), *lit.* comrade-in-arms.

Mittachtziger(in *f*) *m* man (*f* woman) in his (her) mid-eighties; ***ein Mittachtziger sein*** *a.* be in one's mid-eighties.

Mittag *m* midday, noon(time); lunchtime; ***heute ~*** at noon (*od.* midday) today; ***zu ~ essen*** have lunch; ***et. zu ~ essen*** have s.th. for lunch, have some lunch; F ***~ machen*** have one's lunchbreak; ***wir haben über ~ geschlossen*** we close for lunch, we're closed at lunchtime; **~essen** *n* lunch; ***was gibts zum ~?*** what's for lunch?

mittäglich *adj.* midday, *Hitze etc.*: *a.* noonday; *Pause etc.*: lunchtime; **mittags** *adv.* at midday (*od.* noon); at lunchtime; ***von*** (***bis, gegen***) ***~*** from (until, around) noon.

Mittags|hitze *f* midday heat; **~müdigkeit** *f* afternoon low point; **~pause** *f* lunchbreak; lunchhour; **~ruhe** *f* **1.** afternoon quiet hour, afternoon rest period; **2.** → ***Mittagsschlaf***; **3.** *von Geschäften*: midday closing; ***von 12-14h ~*** *Schild*: closed for lunch 12-2 p.m.; **~schlaf** *m*, **~schläfchen** *n* afternoon nap, siesta; **~sonne** *f* midday sun; **~stunde** *f* noon, midday; **~temperaturen** *pl.* midday temperatures (*im Sommer*: *a.* highs); **~tisch** *m* dinner table; ***den ~ decken*** lay the table for lunch; ***am ~ sitzen*** be having lunch; **~zeit** *f* lunchtime; ***in*** (*od.* ***während***) ***der ~*** at lunchtime.

Mittäter *m* ⚖ accomplice; accessory (to the crime); **Mittäterschaft** *f* complicity.

Mittdreißiger(in *f*) *m* man (*f* woman) in his (her) mid-thirties; ***ein Mittdreißiger sein*** *a.* be in one's mid-thirties.

Mitte *f* middle; (*Mittelpunkt*) cent|re (*Am.* -er); *fig.* ***die goldene ~*** the golden mean, a (*od.* the) happy medium; *pol.* ***die ~*** the cent|re (*Am.* -er); ***e-e Politik der ~*** a policy of moderation; ***in unserer ~*** with us, in our midst; *lit.* ***er wurde aus unserer ~ gerissen*** *lit.* he was taken from our midst; ***in der ~ zwischen*** half-way between; ***~ Juli*** in the middle of July, (in) mid-July; ***~ des Jahres*** halfway through the year; ***~ der Woche*** midweek, in the middle of the week; ***~ nächster Woche*** in the middle of next week; ***in der ~ des 18. Jahrhunderts*** in the mid-18th century; ***~ dreißig*** in one's mid-thirties; ***wir nahmen ihn in die ~*** we took him between us, *beim Sitzen*: we sat down on either side of him, F we sandwiched him; F ***ab durch die ~!*** off you go!

mitteilbar *adj.* communicable; **mitteilen I.** *v/t.* **1.** ***j-m et. ~*** inform s.o. of s.th., tell s.o. s.th., *amtlich*: notify s.o. of s.th., ⚕ advise s.o. of s.th.; ***hiermit teilen wir Ihnen mit, dass ...*** this is to inform you that (*od.* of) ...; **2.** (*Wissen etc.*) impart (*dat.* to), (*a. Stimmung*) convey; **3.** *phys.* (*Energie, Bewegung etc.*) impart (*dat.* to); **II.** *v/refl.* **4.** ***sich j-m ~*** (*anvertrauen*) confide in s.o., open up to s.o.; **5.** ***sich ~*** *dat. Stimmung etc.*: spread to, (begin to) infect; **6.** *phys.* ***sich ~*** impart itself (*dat.* to); **mitteilenswert** *adj.* worth telling; ***~e Nachricht*** interesting piece of news; **mitteilsam** *adj.* communicative, forthcoming, open; talkative; **Mitteilsamkeit** *f* communicativeness, openness; talkativeness; **Mitteilung** *f amtliche*: communication; (*Benachrichtigung*) notification; (*Bekanntgabe*) announcement; (*Presse*~) report; ***~ machen → mitteilen.***

Mitteilungs|bedürfnis *n*, **~drang** *m* need *od.* urge to communicate (*od.* talk [to s.o.]).

Mittel *n* **1.** (*Hilfs*~) means (*sg.*) ([***um***] ***zu*** *inf.* of *ger.*); (*Verfahren*) method (for *ger.*), way (of *ger.*); (*Ausweg*) expedient; *fig.* (*Werkzeug*) tool, device; (*Waffe*) weapon; ***als letztes ~, wenn alle ~ versagen*** as a last resort; ***ihm ist jedes ~ recht*** he'll stop (F stick) at nothing, he'll go to any length(s); ***~ und Wege finden*** find ways and means ([***um***] ***zu*** *inf.* to *inf.*); ***über die ~ verfügen***(***, um***) ***zu*** *inf.* be in a position to *inf.*; ***kein ~ unversucht lassen*** try every possible means (*od.* avenue), leave no stone unturned; ***et. mit allen ~n tun*** go to great lengths (*od.* do one's utmost) to do s.th.; ***ich habs mit allen ~n versucht*** I tried everything (possible); → ***Zweck***; **2.** (*Heil*~) cure, remedy (***gegen*** for); (*Medizin*) medicine; (*Tabletten*) tablets *pl.*; (*Einreibe*~) ointment; (*Reinigungs*~, *chemisches* ***~*** *etc.*) agent; (*Putz*~) *a.* cleaner; ***ein ~ gegen Kopfschmerzen*** *etc.* something for a headache *etc.*; ***ein starkes ~*** a) strong medicine (*od.* tablets), b) a powerful agent; **3.** *pl.* (*Reserven*) *a. geistige*: resources; (*Geld*~) means, funds; ***aus öffentlichen ~n*** from the public purse; ***m-e ~ erlauben es nicht*** it's beyond my means; **4.** (*Durchschnitt*) average; (*Mittelwert*) mean.

mittel I. *adj.* → ***mittler***; **II.** F *adv.* (*mäßig*) (fair to) middling, so-so.

Mittelachse *f* central axis.

Mittelalter *n* **1.** Middle Ages *pl.*; ***im ~*** *a.* in medi(a)eval times; ***dunkles ~*** (*the*) Dark Ages; *fig.* ***dort herrscht dunkles ~*** they're going through a dark age; ***das sind Zustände wie im ~!*** it's like (going back to) the Dark Ages; **2.** F *e-r Person*: middle age; **mittelalterlich** *adj.* medi(a)eval (*a. fig. rückständig*); *fig.* ***~e Zustände*** *a.* conditions going back to the Middle (*od.* Dark) Ages.

Mittelamerikaner(in *f*) *m*, **mittelamerikanisch** *adj.* Central American.

Mittelarmlehne *f mot.* central arm rest.

mittelbar *adj.* indirect.

Mittel|bau *m* **1.** ⚠ central part (of a building); **2.** ⚕ middle range, middle-range positions *pl.*; *univ.* non-professorial staff (*pl. konstr.*); **~betrieb** *m* medium-size(d) business.

Mittelchen F *n* cure; *weitS.* (little) trick.

mitteldeutsch *adj.* **1.** *geogr.* Central German; **2.** *ling.* Central (*od.* Middle) German.

Mittelding *n* cross, something in between; ***ein ~ zwischen ...*** a cross between ...

Mitteleuropäer(in *f*) *m* Central European; **mitteleuropäisch** *adj.* Central European; ***~e Zeit*** (***MEZ***) Central European Time.

mittelfein *adj.* ⚕ medium-grade (*od.* -fine, -size).

Mittelfeld *n* centrefield, *Am.* center field; *Fußball*: midfield; **~spieler** *m* midfield player.

Mittelfinger *m* middle finger.

mittelfristig I. *adj. Kredit etc.*: medium-term ...; ***~e Anleihe*** medium-term bond; ***~es Ziel*** medium-range (*od.* intermediate) target; ***~e Prognose*** (***Planung***) medium-range forecast (planning); **II.** *adv.*: (***~ gesehen*** seen) in the medium term; ***~ planen*** plan for the medium term.

Mittelfuß *m anat.* metatarsus; **~knochen** *m* metatarsal.

Mittel|gang *m* (cent|re, *Am.* -er) aisle; **~gebirge** *n* highlands *pl.*; low mountain range; **~gewicht(ler** *m*) *n Boxen*: middleweight; **~glied** *n* middle (*od.* connecting) joint.

mittelgroß *adj.* middle-sized, medium-sized; **Mittelgröße** *f* medium size.

Mittelgrund *m Kunst*: middle ground.

Mittelhand *f anat.* metacarpus; **~knochen** *m* metacarpal.

Mittelhirn *n* midbrain, 🕮 mesencephalon.

mittelhochdeutsch *adj.*, **Mittelhochdeutsch** *n ling.* Middle High German.

Mitte-Links|-Bündnis *n* centre-left (*Am.* center-left) coalition; **~-Regierung** *f* centre-left (*Am.* center-left) government.

Mittelklasse *f* **1.** ⚕ medium price range; ***e-e Anlage*** *etc.* ***der ~*** a medium-range (*od.* mid-price) hi-fi system *etc.*; → ***Mittelklassewagen*** *etc.*; **2.** (*Mittelstand*) middle classes *pl.*; **~hotel** *n* mid-price hotel; **~wagen** *m* middle-of-the-market car.

M

Mittellage *f* central position, mid-position; ♪ middle voice.
mittelländisch *adj.* Mediterranean.
Mittellatein *n*, **mittellateinisch** *adj. ling.* Medi(a)eval Latin.
Mittel|lauf *m e-s Flusses*: middle course; **~linie** *f* halfway line, *a. Sport*: cent|re (*Am.* -er) line; *Tennis*: cent|re (*Am.* -er) service line; ⩓ median line.
mittellos *adj.* penniless, destitute, impoverished, *formell*: impecunious; **Mittellosigkeit** *f* impoverishment, destitution.
Mittelmaß *n* (*Durchschnitt*) average; *an* average performance; *contp.* (*Mittelmäßigkeit*) mediocrity; ***gutes ~*** above average; ***ein vernünftiges*** (*od.* ***gesundes***) **~** a (*od.* the) happy medium; **mittelmäßig** *adj. Leistung, Person*: mediocre; (*durchschnittlich*) average; F (*weder gut noch schlecht*) middling; **Mittelmäßigkeit** *f* mediocrity; mediocre standards *pl.* (*gen.* of).
Mittelmeer... *in Zssgn* Mediterranean; **~raum** *m* Mediterranean area; ***im ~*** *a.* around the Mediterranean.
Mittelohr *n* middle ear; **~entzündung** *f* inflammation of the (*od.* infection in one's) middle ear.
Mittelpfosten *m am Fenster*: mullion.
mittelprächtig F **I.** *adj.* **1.** ([*mittel*]*mäßig*) middling; **2.** (*beträchtlich*) quite a ...; **II.** F *adv.*: *wie gehts?* – **~** so-so, (fair to) middling.
Mittelpunkt *m* cent|re (*Am.* -er); *e-r Stadt etc.*: *a.* heart; *fig.* cent|re (*Am.* -er) of interest (*od.* attraction); (*Brennpunkt*) focus, *der Welt*: hub; *fig.* ***sie will immer im ~ stehen*** she always wants to be the focus of attention; ***er liebt es, im ~ zu stehen*** he loves being the cent|re (*Am.* -er) of attention; ***et. in den ~ e-r Rede*** *etc.* ***stellen*** focus on s.th. in a speech *etc.*, make s.th. the focal point of a speech *etc.*; ***in den ~ rücken*** move into cent|re (*Am.* -er) stage.
mittels *prp.* by (means of), through, with (the help of).
Mittel|scheitel *m* middle (*od.* cent|re [*Am.* -er]) parting; ***e-n ~ tragen*** have a middle parting, part one's hair in the middle; **~schicht** *f* middle classes *pl.*; **~schiff** *n* ⛪ nave; **~schule** *f* **1.** *Deutschland*: F für ***Realschule***; **2.** *Österreich, veraltet*: (*höhere Schule*) secondary school, *Am.* high school; **3.** *Schweiz*: secondary school, *Am.* high school.
Mittels|mann *m*, **~person** *f* mediator, go-between, *a.* ✝ middleman.
Mittelstadt *f* middle-sized town.
Mittelstand *m* middle classes *pl.*; **mittelständisch** *adj.* **1.** bourgeois; **2.** ***~e Betriebe*** small and medium-size(d) businesses; **Mittelständler** *m* member of the middle classes.
Mittelstands... *in Zssgn* middle-class; **~bürger** *m* middle-class citizen, member of the middle classes.
Mittel|station *f am Berg*: halfway station, mid-station; **~steinzeit** *f* Mesolithic period; **~stellung** *f* intermediate position; ***e-e ~ einnehmen zwischen*** be halfway between, *fig. a.* be a cross between.
Mittelstrecken|flug *m* medium-haul flight; **~flugzeug** *n* medium-haul aircraft; **~läufer** *m* middle-distance runner; **~rakete** *f* medium-range missile.
Mittel|streifen *m Autobahn*: central reservation, *Am.* median strip; **~stück** *n* middle part; *von Fleisch etc.*: middle, F middle bit; **~stufe** *f* **1.** intermediate stage; **2.** *ped. etwa* middle school, *Am.* junior high; **~stürmer** *m Fußball*: striker; **~teil** *m* → ***Mittelstück***; **~weg** *fig. m* middle course; ***der goldene ~*** the golden mean; ***e-n ~ einschlagen*** steer a middle course; **~welle** *f Radio*: medium wave.
Mittelwellen|bereich *m* medium-wave band; **~sender** *m* medium-wave radio station (*od.* transmitter).
Mittel|wert *m* average, mean (value); **~wort** *n ling.* participle; ***~ der Vergangenheit*** past participle.
mitten *adv.*: ***~ in*** (***an, auf, unter***) in the middle of, *betont*: *a.* right into (against, on, under), (*im Gewühl*) in the thick of; ***~ unter uns*** in our (very) midst; ***~ aus*** right out of; ***~ in et. hinein*** right into s.th.; ***~ entzwei*** right in two, clean through; ***~ im Winter*** in the middle (*lit.* depth) of winter; ***~ in der Nacht*** in the middle of the night; ***~ am Tag*** (*am hellichten Tag*) in broad daylight; ***er stand ~ im Leben*** a) he was living life to the full, b) he had firmly established himself in life; ***~ ins Herz*** right into the heart; ***~ im Satz*** in mid-sentence (*od.* -speech); ***~ in der Luft*** in mid-air; ***~ auf dem Meer*** in mid-ocean.
mittendrin F *adv.* right in the middle (of it).
mittendurch *adv.* right *od.* straight through (*od.* across); *brechen, schneiden etc.*: *a.* clean through.
Mitternacht *f* midnight.
mitternachtblau *adj.*, **Mitternachtblau** *n* midnight blue.
mitternächtlich *adj.* midnight ...; **mitternachts** *adv.* at (*od.* around) midnight.
Mitternachts|messe *f* midnight mass; **~sonne** *f* midnight sun.
Mittfünfziger(in *f*) *m* man (*f* woman) in his (her) mid-fifties; ***ein Mittfünfziger sein*** *a.* be in one's mid-fifties.
mittig *adj.* ⚙ concentric, *pred. a.* O.C., on cent|re (*Am.* -er).
mittler *adj.* middle, central; (*durchschnittlich*) average, medium; ⩓, *phys.*, ⚙ mean; (*mittelmäßig*) middling; ***von ~em Alter*** middle-aged; ***~er Beamter*** lower-grade civil servant; ***~es Einkommen*** middle income; ***von ~er Größe*** medium-sized; ***~e Leistungen*** average performance; ***~es Management*** middle management; ***2er Osten*** Middle East; ***~e Qualität*** medium quality; → ***Reife.***
Mittler *m* mediator; **~funktion** *f*, **~rolle** *f* role as (a) mediator.
mittlerweile *adv.* meanwhile, (in the) meantime; (*seitdem*) since.
Mittneunziger(in *f*) *m* man (*f* woman) in his (her) mid-nineties; ***ein Mittneunziger sein*** *a.* be in one's mid-nineties.
mittragen I *v/t.* **1.** help (to) carry; **2.** *fig.* (*Verantwortung etc.*) share, bear (*od.* carry) one's share of; **II.** *v/i.* help carrying, help with (the) carrying.
mittrinken *v/t. u. v/i.*: ***trinkst du*** (***einen***) ***mit uns mit?*** are you going to have a drink with us (*od.* join us for a drink)?
mittschiffs *adv.* ⚓ amidships.
Mittsechziger(in *f*) *m* man (*f* woman) in his (her) mid-sixties; ***ein Mittsechziger sein*** *a.* be in one's mid-sixties.
Mittsiebziger(in *f*) *m* man (*f* woman) in his (her) mid-seventies; ***ein Mittsiebziger sein*** *a.* be in one's mid-seventies.
Mittsommer *m* midsummer; **~nacht** *f* midsummer night.
Mittvierziger(in *f*) *m* man (*f* woman) in his (her) mid-forties; ***ein Mittvierziger sein*** *a.* be in one's mid-forties.
Mittwoch *m* Wednesday; (***am***) **~** on Wednesday; **mittwochs** *adv.* on Wednesdays.
Mittzwanziger(in *f*) *m* young man (*f* woman) in his (her) mid-twenties; ***ein Mittzwanziger sein*** *a.* be in one's mid-twenties.
mitunter *adv.* now and then, sometimes, occasionally.
mitunterzeichnen *v/t.* cosign; (*gegenzeichnen*) countersign; **Mitunterzeichner** *m* cosignatory.
mitverantwortlich *adj.* jointly responsible; **Mitverantwortlichkeit** *f* share of the responsibility; **Mitverantwortung** *f* joint responsibility.
mitverdienen *v/i.* be earning as well; **Mitverdiener** *m* second (*od.* extra) earner.
Mitverfasser *m* co-author.
Mitverschulden I. *n* ⚖ contributory negligence; **II.** 2 *v/t.* be partly responsible for.
Mitverschworene(r) *m* fellow conspirator.
mitversichern *v/t.* include in the insurance; **Mitversicherte(r)** *m* jointly insured party; **Mitversicherung** *f* coinsurance; *e-r Person*: joint insurance.
mitverursachen *v/t.* be partly responsible for; ***von et. mitverursacht sein*** be partly caused by s.th.
Mitwelt *f* society in which one lives; (*Zeitgenossen*) *one's* contemporaries *pl.*; F ***er präsentierte sich der staunenden ~ als ...*** to everyone's astonishment he appeared as ...
mitwirken *v/i.* **1.** (*mithelfen*) help (***bei*** in); (*teilnehmen*) take part (in); (*beteiligt sein*) play one's (*Sache*: its) part (in), ***bei***: *a.* play (*od.* have) a part in; **2.** *thea.* take part (***bei*** in), appear (in); *Musiker*: perform, play, sing (in); **Mitwirkende(r** *m*) participant; (*Ausführende*[*r*]) performer, *thea. a.* actor (*f* actress), player; ***die Mitwirkenden*** the cast; **Mitwirkung** *f* participation; cooperation, assistance; ***unter ~ von ...*** assisted by ..., *thea.* starring (*od.* featuring) ...
Mitwissen *n* knowledge; (*Einverständnis*) connivance; ***ohne mein ~*** without my knowledge, unbeknown(st) to me; **Mitwisser** *m* someone who is in on the secret; (*Vertrauter*) confidant; ⚖ accessory; ***es sind zu viele ~*** too many people know about it; **Mitwisserschaft** *f* connivance.
mitwollen *v/i.* want to go *od.* come (too).
mitzählen I. *v/i.* **1.** help (s.o.) count count as well; ***ich hab nicht mitgezählt*** I wasn't counting; **2.** (*von Belang sein*) count, be important; ***das zählt nicht mit*** (*gilt nicht*) that doesn't count, (*ist nicht wichtig*) that's not important; **II.** *v/t.* **3.** count (in), include; **4.** (*mitrechnen, miteinbeziehen*) include; (*berücksichtigen*) take into account.
mitziehen I. *v/i.* **1.** help (to) pull, help pulling; **2.** (*mitreisen*) travel (*od.* go) too; ***mit j-m ~*** travel (*od.* go) along with s.o.; **3.** (*sich anschließen*) follow suit; F (*mitmachen*) play along; ***~ mit*** *a.* go along with; **II.** *v/t.* **4.** help (to) pull; **5.** pull *s.th. od. s.o.* along with (*od.* behind) one.
Mix F *m* mix, mixture; **Mixbecher** *m* (cocktail) shaker; **mixen** *v/t.* mix; **Mixer** *m* **1.** (*Bar2*) bartender; **2.** *TV etc.* (*a. Person*) mixer; **3.** (*Küchen2*) blender liquidizer.
Mix|gerät *n* mixer; **~getränk** *n* mixed drink; *alkoholisches*: cocktail.

Mixtur *f* mixture.
MMC-Karte *f Computer*: MMC card, multimedia card.
Mnemotechnik *f* mnemonics *pl.* (*sg. konstr.*); **mnemotechnisch** *adj.* mnemonic(ally *adv.*); **~e *Hilfe*** mnemonic (aid).
Mob *m* mob.
mobben *v/t.*: ***j-n* ~** harass (*od.* bully) s.o. (at work); **Mobber(in *f*)** *m* bully; **Mobbing** *n* harassment (at work *od.* in the workplace), (workplace) bullying.
Möbel *n* piece of furniture; *pl.* furniture *sg.*; **~geschäft** *n* furniture shop (*bsd. Am.* store); **~händler** *m* furniture dealer; **~packer** *m* removal man; **~politur** *f* furniture polish; **~schreiner** *m* cabinet-maker; **~spediteur** *m* removal man; *pl.* → *a.* **~spedition** *f* removal firm; **~stoff** *m* furniture fabric; **~stück** *n* → ***Möbel***; **~tischler** *m* cabinet-maker; **~wagen** *m* furniture (*od.* removal) van, *obs.* pantechnicon; *Am.* furniture truck.
mobil *adj.* mobile; *Person*: *a.* flexible; (*munter*) active; (*rüstig*) sprightly; ⚔ *u. fig.* ***~e Streitmacht*** mobile force; ***~ machen*** mobilize.
Mobile *n* mobile.
Mobilfunk *m* cellular radio.
Mobiliar *n* furniture, furnishings *pl.*
Mobilien *pl.* movables, movable property *sg.*
mobilisieren *v/t. u. v/i.* ⚔ *u. fig.* mobilize; ⚚ realize (*v/i.* assets *od.* property); **Mobilisierung** *f* mobilization; ⚚ realization.
Mobilität *f* mobility; *geistig-seelische*: agility.
Mobilmachung *f* ⚔ *u. fig.* mobilization.
Mobiltelefon *n* mobile phone.
möblieren *v/t.* furnish; ***neu* ~** refurnish; **möbliert** *adj.* furnished; ***~es Zimmer*** furnished room, *Brit. a.* bedsit(ter).
möchte(n) *etc.* → ***mögen.***
Möchtegern... *in Zssgn* would-be, F wannabe *writer etc.*; **~-Autor** *m* wannabe author; **~-Rockstar** *m* wannabe rock star; **~-Star** *m* wannabe starlet.
modal *adj.* modal; **Modalität** *f* modality; ***~en*** *e-s Vertrags etc.*: details; (precise) terms; **Modalverb** *n* modal (verb).
Mode *f* fashion; ***die neueste* ~** the latest fashion; ***in* ~** in fashion; **~ *sein*** be in fashion, F be in; **(*die*) *große* ~ *sein*** be all the rage; ***in* (*aus der*) ~ *kommen*** come into (go *od.* fall out of) fashion; ***in* ~ *bleiben*** continue (to be) in fashion; ***mit der* ~ *gehen*** follow (*od.* keep up with) the (latest) fashions; *fig.* ***es ist* (*nicht*) ~ *zu*** *inf.* it's (not) the fashion to *inf.*, it's (not) considered fashionable to *inf.*; **~artikel** *m* fashionable article; *engS.* (*Neuigkeit*) novelty; **~ausdruck** *m* vogue expression (*od.* word), F in word; *pl. a. the* latest jargon *sg.*; **~beruf** *m* fashionable (F in) career; **Ձbewusst** *adj.* fashion-conscious, F trendy; **~branche** *f* fashion trade (*od.* industry), F rag trade; **~droge** *f* recreational drug; F in drug; **~farbe** *f this* season's colo(u)r, F in colo(u)r; **~fotograf** *m* fashion photographer; **~geschäft** *n* fashion shop; **~haus** *n* **1.** (*Unternehmen*) fashion house; **2.** → ***Modegeschäft***; **~journal** *n* fashion magazine; **~krankheit** *f* fashionable complaint, F the thing to have.
Modell *n* **1.** (*Muster*, *Modellkleid*) model; (*Nachbildung*) mock-up; **2.** *Kunst etc.*: model; **~ *stehen*** work as a model; ***j-m* ~ *stehen*** sit (*od.* pose) for s.o.; ***für ein Bild* ~ *stehen*** model for a painting; **3.** (*Ausführung*) model, design; **4.** (*Entwurf*) draft; **5.** *euphem.* (*Prostituierte*) call girl; **~bau** *m* model construction; making models; **~baukasten** *m* construction kit; **~eisenbahn** *f* model railway (*Am.* railroad); **~fall** *m* **1.** model case; **2.** (*typischer Fall*) classic case (*od.* example), case in point; **~flugzeug** *n* model aeroplane (*Am.* airplane).
modellieren *v/t.* (*Figur etc.*) model; (*Ton, Wachs etc.*) *a.* mo(u)ld.
Modellier|masse *f*, **~ton** *m* model(l)ing clay.
Modell|kleid *n* model (dress); **~schreiner** *m*, **~tischler** *m* pattern maker; **~versuch** *m* **1.** pilot experiment (*od.* scheme); **2.** *phys. etc.* experiment on (*od.* with) a model; **~zeichnung** *f Kunst*: drawing (*od.* sketch) of a model.
modeln *v/t.* model, mo(u)ld, form; (*ändern*) change.
Modem *n*, *m Computer*: modem.
Modenschau *f* fashion show.
Mode|püppchen F *n*, **~puppe** F *f* dolly bird.
Moder *m* mo(u)ld; (*Fäulnis*) decay, *stärker*: putrefaction.
Moderation *f TV* presentation, *Am.* moderation; ***die* ~ *hat ...*** the presenter (*Am.* moderator) is ...; **Moderator** *m TV* presenter, host, *Am.* moderator, anchorman; **Moderatorin** *f* presenter, host, *Am.* moderator, anchorwoman.
Modergeruch *m* mo(u)ldy (*od.* musty) smell; (*Fäulnisgeruch*) smell of decay (*stärker*: putrefaction).
moderieren *v/t. TV* present, *Am.* anchor, moderate.
mod(e)rig *adj.* mo(u)ldy; *Geruch*: *a.* musty; (*faulend*) decaying, putrid; **~ *riechen*** *Keller etc.*: be filled with a damp smell.
modern[1] *v/i.* mo(u)lder, rot (away).
modern[2] *adj.* modern; (*fortschrittlich*) progressive; *contp.* newfangled; (*auf dem Laufenden*) up-to-date ..., *pred.* up to date; (*modisch*) fashionable; **Moderne** *f* **1.** modern age; **2.**: *Kunst etc.* ***der* ~** modern(ist) art *etc.*; **modernisieren** *v/t.* modernize; (*Firma etc.*) *a.* F give *a company etc.* a facelift; (*auf den neuesten Stand bringen*) update, bring *s.th.* up to date; **Modernisierung** *f* modernization; F facelift; updating; → ***modernisieren***; **Modernismus** *m* modernism; **modernistisch** *adj.* modernistic(ally *adv.*); **Modernität** *f* modernity.
Mode|sache *f*: ***das ist* (*reine*) ~** it's (just) the fashion; **~salon** *m* fashion house; **~schmuck** *m* costume jewellery (*bsd. Am.* jewelry); **~schöpfer(in *f*)** *m* creator and designer; couturier, *f* couturière; **~schriftsteller** *m* fashionable writer (*od.* author), F in author; **~tanz** *m* latest (F in) dance; dancing craze; **~torheit** *f* fad; **~welt** *f* world of fashion; **~wort** *n* vogue expression, F in word; **~zeichner** *m* fashion designer; **~zeitschrift** *f* fashion magazine.
Modifikation *f* modification; (*Einschränkung*) *a.* qualification; **modifizieren** *v/t.* modify; (*Ausdruck*) *a.* qualify; **Modifizierung** *f* modification; (*Einschränkung*) *a.* qualification.
modisch *adj.* fashionable, stylish; fashion ..., F in ...
Modistin *f* (*Hutmacherin*) milliner.
modrig *adj.* → ***mod(e)rig.***
Modul *m* module (*a.* ⚡, ⚠ *etc.*).
Modulation *f* modulation; **modulieren** *v/t.* modulate.
Modus *m* **1.** (*Art u. Weise*) way, method; approach; **2.** ♪ mode; **3.** *ling.* mood.
Mofa *n* moped.
Mogelei F *f* cheating; **mogeln** F **I.** *v/i.* cheat; **II.** *v/refl.*: ***sich ins Konzert* ~** wangle one's way into the concert; **Mogelpackung** *f* **1.** cheat package; *pl. coll.* deceptive packaging *sg.*; **2.** F *fig.* cosmetic change; F *fig.* ***das ist wieder e-e ihrer ~en*** F they're trying to sell us short again.
mögen **I.** *v/i.* **1.** (*wollen*) want; ***ich mag nicht*** I don't want to, (*ich habe keine Lust*) I don't feel like it; ***ich möchte schon, aber*** I'd like to, but; **II.** *v/t.* **2.** (*wünschen*) want; ***was möchtest du denn?*** (*was ist?*) what is it you want?; **3.** (*gern* ~) like, be fond of; ***nicht* ~** not to like, not to be keen on, *stärker*: dislike; ***lieber* ~** like better, prefer; **III.** *v/aux.*: ***ich möchte ihn sehen*** I want (*höflicher*: I'd like) to see him; ***möchtest du mitkommen?*** do you want (*höflicher*: would you like) to come?; ***ich möchte wissen*** I'd like to know, (*ich frage mich*) I wonder; ***ich möchte lieber ins Kino gehen*** I'd rather go to the cinema; ***das möchte ich doch einmal sehen!*** I'd like to see that; ***er mag nicht nach Hause gehen*** he doesn't want to go home; *ich gehe jetzt spazieren* (*essen etc.*) - ***möchtest du auch?*** do you want to come too?; ***mag er sagen, was er will*** he can say what he wants; ***das mag* (*wohl*) *sein*** that may be (so); ***mag sein, dass*** perhaps, maybe; ***was ich auch tun mag*** whatever I do, no matter what I do; ***wo er auch sein mag*** wherever he may be; ***wie dem auch sein mag*** be that as it may; ***was mag er dazu sagen?*** I wonder what he'll say to that; ***was mag das bedeuten?*** what can it mean?, I wonder what it could mean?; ***sie mochte 30 Jahre alt sein*** she would have been (*od.* she looked) about 30; ***man möchte meinen ...*** you might think ...; ***man möchte verrückt werden!*** F it's enough to drive you up the wall.
Mogler F *m* cheat.
möglich *adj.* possible (***j-m*** for s.o.); (*durchführbar*) *a.* practicable, feasible; (*eventuell*) potential *reaction etc.*; ***alle ~en*** all sorts of; ***alles Ձe*** all sorts of things *etc.*; ***alles Ձe tun*** do everything possible; ***sein Ձstes tun*** do one's best (*od.* utmost), do everything in one's power; ***im Bereich des Ձen*** within the realm (*od.* bounds) of possibility; ***es* (*j-m*) ~ *machen zu*** *inf.* make it possible (for s.o.) to *inf.*; → *a.* ***ermöglichen***; ***nicht ~!*** I don't believe it!, F no kidding!; ***das ist* (*gut*) ~** that's (quite) possible; ***das ist eher* ~** that's more likely; ***es ist ~, dass er kommt*** he may come; ***es ist mir nicht* ~ *zu*** *inf.* I can't ..., *stärker*: I can't possibly ..., there's no way I can ...; ***es war mir nicht* ~** I wasn't able to do it, I didn't manage (to do) it; ***wenn es mir* (*irgendwie*) ~ *ist*** if I can (possibly) manage it; ***wenn irgend* ~** if at all possible; *a. iro.* ***wäre es ~, dass du mir hilfst?*** do you think you might possibly be able to help me?; ***man sollte es nicht für* ~ *halten*** would you credit it; ***so bald*** *etc.* ***wie* ~** → ***möglichst* (*bald*** *etc.*); **möglichenfalls** *adv.* **1.** if possible; **2.** → **möglicherweise** *adv.* possibly, it is possible that; (*vielleicht*) *a.* perhaps; ~

M

ist er schon da he may already be there; **Möglichkeit** *f* possibility; (*Gelegenheit*) opportunity; (*Aussicht, Chance*) chance, possibility; ***~en*** (*Entwicklungsmöglichkeiten, Potenzial*) potentialities; ***nach ~*** as far as possible; if possible; ***es besteht die ~*** there is a (*od.* that) possibility, ***dass:*** there is a (*od.* the) possibility that, it's possible that; ***es besteht die ~, dass sie uns verlässt*** *a.* there's a chance (*od.* possibility) of her leaving us, it's possible that she might leave us; ***ich sehe keine ~ zu*** *inf.* I don't see any chance of *ger.*; ***ist das die ~!*** would you credit it; **möglichst** *adv.*: ***~ bald*** *etc.* as soon *etc.* as possible; ***~ klein*** as small as possible, *attr. the* smallest possible ..., *a* minimum of *losses etc.*; ***~ wenig*** as little (...) as possible; ***ein ~ billiges Zimmer*** a very cheap room, a room at the cheap end, the cheapest possible room; ***ich brauche e-n ~ schnellen Wagen*** I need the fastest car available (*od.* you've got).
Mogul *m hist.* Mogul.
Mohair *m* mohair.
Mohammedaner(in *f*) *m*, **mohammedanisch** *adj.* Moslem, Muslim.
Mohär *m* mohair.
Mohikaner *m* Mohican; *fig.* ***der letzte ~*** the last of the Mohicans.
Mohn *m* ⚘ poppy; (*Mohnkörner*) poppy seed; **~blume** *f* poppy; **~brötchen** *n roll sprinkled with poppy seed*; **~kuchen** *m* poppy-seed cake; **~saft** *m* poppy juice; *weitS.* opium.
Mohr *obs. m obs.* Moor; *fig.* ***der ~ hat s-e Schuldigkeit getan, der ~ kann gehen*** now that I'm (*od.* he's *etc.*) not needed any more, I (*od.* he *etc.*) can just go.
Möhre *f* carrot.
Mohrenkopf *m gastr.* **1.** *spherical, chocolate-coated cream cake*; **2.** → ***Negerkuss.***
Möhrensaft *m* carrot juice.
Mohrenwäsche *f* whitewash attempt.
Mohrrübe *f* carrot.
Moiré *m, n* moiré.
mokant *adj.* mocking, *stärker*: sneering, sardonic(ally *adv.*).
Mokassin *m* **1.** (*bequemer Halbschuh*) slip-on; **2.** *der Indianer*: moccasin.
mokieren *v/refl.*: ***sich ~ über*** make fun of, *stärker*: sneer at.
Mokka *m* mocha (coffee); **~tasse** *f* demitasse.
Molch *m zo.* newt.
Mole *f* mole, jetty.
Molekül *n* molecule.
molekular *adj.*, **Molekular...** *in Zssgn* molecular *biology etc.*
Molke *f* whey.
Molkerei *f* dairy; **~butter** *f* standard (quality) butter; **~genossenschaft** *f* dairy cooperative; **~produkt** *n* dairy product.
Moll *n* ♪ minor (key); ***a-~*** A minor; **~akkord** *m* minor chord.
mollig F **I.** *adj.* **1.** *Person*: plump, F dumpy; **2.** (*gemütlich*) cosy, *Am.* cozy; (*warm*) *a.* snug (*a. Pullover etc.*); **II.** *adv.*: ***~ warm*** warm and cosy (*Am.* cozy).
Moll|tonart *f* minor key; **~tonleiter** *f* minor scale.
Molluske *f zo.* mollusc, *Am.* mollusk.
Moloch *fig. m* Moloch.
Molotowcocktail *m* Molotov cocktail, petrol (*Am.* gasoline) bomb.
Molybdän *n* ⚗ molybdenum.
Moment[1] *m* moment; instant; ***~!*** just a minute; ***~ mal!*** wait a minute!, F hang on (a minute)!; ***im ~*** at the moment, right now; ***im ~ nicht*** not at the moment, not just now; ***im ersten ~*** for a moment, at first; ***im letzten ~*** at the last minute, (*gerade rechtzeitig*) *a.* just in time; ***jeden ~*** any minute *od.* moment (now); → *a.* ***Augenblick.***
Moment[2] *n* (*Beweggrund*) motive; (*Faktor*) factor; ⚛ *e-r Kraft*: momentum; ***das auslösende ~ für et. sein*** trigger s.th. off.
momentan **I.** *adj.* **1.** (*vorübergehend*) momentary, *Übelkeit etc.*: *a.* passing; **2.** (*gegenwärtig*) present; ***die ~e Situation*** *a.* the situation at present (*od.* right now); **II.** *adv.* at the moment; for the time being.
Momentaufnahme *f phot.* snapshot (*a. fig.*); candid shot.
Monade *f* monad; **Monadenlehre** *f* theory of monads; **Monadologie** *f* monadology.
Monarch *m* monarch, sovereign; **Monarchie** *f* monarchy; **Monarchin** *f* → ***Monarch***; **monarchisch** *adj.* monarchic(al); **Monarchist** *m* monarchist; **monarchistisch** *adj.* monarchist.
monastisch *adj.* monastic; ***das ~e Leben*** *a.* the life of a monk.
Monat *m* month; ***der ~ Januar*** the month of January; ***im ~*** *verdienen etc.*: a (*od.* per) month, monthly; ***im dritten ~ sein*** be three months pregnant, be in the third month; **monatelang** **I.** *adj.* months (and months) of; **II.** *adv.* for months (on end); **monatlich** **I.** *adj.* monthly; **II.** *adv.* monthly, a month.
Monats|anfang *m* beginning of the month; **~einkommen** *n* monthly income; **~ende** *n* end of the month; **~erste** *m*: (***am ~n*** on the) first of the month; **~frist** *f* term (*od.* period) of one month; ***binnen ~*** within a month; **~gehalt** *n* monthly salary (*od.* pay); ***ein ~*** a (*od.* one) month's pay *od.* salary; **~karte** *f* monthly (season) ticket; **~lohn** *m* monthly wage(s *pl.*); **~miete** *f* monthly rent; ***eine ~*** a (*od.* one) month's rent; **~mitte** *f* middle of the month; **~name** *m* name of a (*od.* the) month; ***die ~n*** the names of the months; **~rate** *f* monthly instal(l)ment; **~schrift** *f* monthly (journal, periodical, publication); **~temperatur** *f*: ***durchschnittliche ~*** average monthly temperature.
monatsweise *adv.* monthly.
Mönch *m* monk; (*Bettel~*) friar; **mönchisch** *adj.* monastic; ***ein ~es Leben führen*** live the life of a monk.
Mönchs|kloster *n* monastery; **~kutte** *f* monk's habit; **~orden** *m* monastic order.
Mönch(s)tum *n* monkhood; monastic life, life of a monk.
Mönchszelle *f* monk's cell.
Mond *m* moon; (*Trabant*) *a.* satellite; F *fig.* ***hinter dem ~ leben*** F be way behind the times; ***du lebst wohl hinter dem ~!*** where have you been all your life?; ***ich könnte ihn auf den ~ schießen!*** F I could wring his neck; ***d-e Uhr geht nach dem ~*** *sl.* your watch is up the creek; ***in den ~ schreiben*** write off; ***in den ~ gucken*** be left (*od.* come away) empty-handed, be left out.
mondän *adj.* fashionable, chic; ***~e Frau*** society woman.
Mond|aufgang *m* moonrise; **~bahn** *f* lunar (*od.* moon's) orbit; **~beschienen** *poet. adj.* moonlit, *pred. a.* bathed in moonlight; **~fähre** *f* lunar module; **~finsternis** *f* eclipse of the moon, lunar eclipse; **~flug** *m* flight to the moon; **~gebirge** *n* lunar mountain range; **~gesicht** F *n* moonface; **~gestein** *n* lunar rock(s *pl.*), rocks *pl.* from the moon; **~globus** *m* lunar (*od.* moon) globe; **~hell** *adj. Nacht*: moonlit; ***es war ~*** the moon was shining brightly; **~jahr** *n* lunar year; **~kalb** F *n* simpleton, F dumbo; **~karte** *f* map of the moon, moon chart; **~krater** *m* lunar crater, crater on the moon; **~landefähre** *f* lunar module; **~landschaft** *f* lunar landscape, moonscape; **~landung** *f* moon landing, landing on the moon; **~licht** *n* moonlight.
mondlos *adj. Nacht*: moonless.
Mondnacht *f* moonlit night.
Mondphase *f* phase of the moon; **Mondphasenuhr** *f* moon-phase watch.
Mond|rakete *f* lunar rocket; **~schatten** *m* shadow of the moon.
Mondschein *m* moonlight; F *fig.* ***du kannst mir im ~ begegnen!*** F you can take a running jump; **~tarif** *m teleph.* cheap rate.
Mond|sichel *f* crescent (of the moon); **~sonde** *f* lunar probe; **~staub** *m* lunar dust; **~stein** *m* moonstone.
mondsüchtig *adj.* somnambulist ..., somnambulistic; *weitS.* moonstruck; ***~ sein*** *mst* sleepwalk, walk in one's sleep; **Mondsüchtige(r)** *m* sleepwalker, somnambulist.
Mond|umkreisung *f* lunar orbit; **~untergang** *m* moonset; ***e-n ~ beobachten*** watch the moon go down; **~viertel** *n*: ***erstes*** (***letztes***) ***~*** first (last *od.* third) quarter (of the moon).
Monegasse *m*, **Monegassin** *f* Monacan; ***~ sein*** *a.* come from Monaco; **monegassisch** *adj.* Monacan, Monegasque.
monetär *adj.* monetary.
Moneten F *pl.* F lolly *sg.*, *sl.* brass *sg.*, bread *sg.*
Mongole *m*, **Mongolin** *f* Mongolian; **mongolisch** *adj.* Mongol, Mongolian.
Mongolismus *m* ⚕ mongolism, Down's syndrome; **mongoloid** *adj.* mongoloid.
monieren *v/t.* complain about, criticize (***dass*** the fact that); (*Rechnung*) query; (*Sendung etc.*) make a complaint about.
Monitor *m TV*, ⚕ *etc.* monitor.
mono *adj.* mono.
Monoaufnahme *f* mono recording.
monochrom *adj.* monochrome.
Monoempfänger *m* mono receiver.
monogam *adj.* monogamous; ***~er Mann*** *a.* F one-woman man; **~ie** *f* monogamy.
Monogramm *n* monogram; ***... mit ~*** monogrammed ...
Monographie *f* monograph.
Monokel *n* monocle.
Monokultur *f* ⚒ monoculture.
Monolith *m* monolith; **monolithisch** *adj.* monolithic.
Monolog *m* monolog(ue); *thea.* soliloquy; **monologisieren** *v/i.* soliloquize, hold monolog(ue)s.
monoman *adj.* monomaniac, monomaniacal; **Monomanie** *f* monomania; **monomanisch** *adj.* → ***monoman.***
Monophthong *m ling.* monophthong.
Monopol *n* monopoly (***auf*** of); **monopolisieren** *v/t.* monopolize; **monopolistisch** **I.** *adj.* monopolistic; **II.** *adv.*: ***~ beherrschter Markt*** captive market.
Monopol|partei *f* dominant party; **~presse** *f* monopoly press; **~stellung** *f* monopoly; ***e-e ~ innehaben*** hold (*od.* have) a monopoly (***für*** on).
Monosendung *f* mono broadcast.

M

Monotheismus *m* monotheism; **Monotheist** *m* monotheist; **monotheistisch** *adj.* monotheistic.

monoton *adj.* monotonous; **Monotonie** *f* monotony.

Monowiedergabe *f* mono reproduction (*od.* sound).

Monoxid *n* monoxide.

Monster *n* monster; **Monster...** *in Zssgn mst* mammoth; **~film** *m* **1.** monster film; **2.** mammoth production.

Monstranz *f* monstrance.

monströs *adj.* monstrous; **Monstrosität** *f* monstrosity.

Monstrum *n* monster.

Monsun *m* monsoon; **~regen** *m* monsoon rain(s *pl.*); **~wald** *m* monsoon forest; **~zeit** *f* monsoon (period).

Montag *m* Monday; (**am**) ~ on Monday.

Montage *f* ⚙ (*Anbringung*) mounting, fitting; (*Aufstellung*) erection; *e-r Anlage*: installation; (*Zusammenbau*) assembly; *phot.*, *Film etc.*: montage; ***auf ~ sein*** be away on a construction job; **~anleitung** *f* assembly instructions *pl.*; **~halle** *f* assembly shop; **~werk** *n* assembly plant.

montags *adv.* on Mondays.

Montags|auto *n*, **~produktion** *f* Monday model; **~stimmung** *f* Monday (-morning) blues.

Montanindustrie *f* coal, iron and steel industries *pl.*

Monteur *m* ⚙ fitter; *mot.*, ✈ mechanic; ⚡ electrician; **~anzug** *m* overalls *pl.*

montieren *v/t.* ⚙ mount, fit; (*aufstellen*) set up; (*zusammenbauen*) assemble; (*Anlage etc., einrichten*) instal(l).

Montur *f* **1.** F (*Arbeitskleidung etc.*) F gear, (*Aufmachung*) *a.* F get-up; ***in voller ~*** fully clothed; **2.** *obs.* (*Uniform*) uniform.

Monument *n* monument (***für*** to); **monumental** *adj.* monumental.

Monumental... *in Zssgn mst* monumental; mammoth; epic; **~bau** *m* monumental structure; **~film** *m*, **~schinken** F *m* (screen) epic, (Hollywood) spectacular; **~werk** *n* monumental (*od.* epic) work.

Moor *n* moor, fen; (*Sumpf*) bog; **~bad** *n* mudbath; **~boden** *m* marshy ground; **~huhn** *n* grouse.

moorig *adj.* marshy, boggy.

Moor|land *n* moorland, marshland; **~landschaft** *f* moorland(s *pl.*), marshland, marshy landscape; **~leiche** *f* bog body; **~packung** *f* mudpack.

Moos *n* **1.** ♀ moss; **2.** (*Moor*) moor; (*Sumpf*) bog; **3.** *sl.* (*Geld*) *sl.* brass; **≈bedeckt** *adj.* moss-covered; **≈grün** *adj.* moss-green; **~röschen** *n* moss rose.

Mop *m* mop.

Moped *n* moped, motorbike.

Mopp *n* mop.

Mops *m* pug(dog).

mopsen F **I.** *v/t.* F pinch, snitch; **II.** *v/refl.*: ***sich ~*** be peeved.

Moral *f* **1.** morals *pl.*, moral standards *pl.*; ***doppelte ~*** double standards; ***~ predigen*** moralize; **2.** (*Sittenlehre*) morality, ethics *pl.* (*als Wissenschaft sg. konstr.*); **3.** (*Lehre*) moral; ***die ~ der Geschichte*** the moral of the tale; **4.** (*Kampf≈*, *Arbeits≈*, *Stimmung*) morale; ***die ~ der Mannschaft*** (***Truppen***) ***ist gut*** morale in the team (among the troops) is high; **~apostel** *m* moralizer; **~begriff** *m* concept of morality; *persönlicher*: *a.* moral (*od.* ethical) standards *pl.*

Moralin F *n* priggishness; **moralinsauer** F *adj.* priggish.

moralisch *adj.* moral; F ***e-n ≈en haben*** (*deprimiert sein*) be feeling down, F have the blues, (*verkatert sein*) F have a hangover, (*Gewissensbisse haben*) have pangs of remorse (*od.* conscience); ***er hat e-n ≈en*** (*Gewissensbisse*) *a.* his conscience is pricking him; **moralisieren** *v/i.* moralize, *contp. a.* preach; **Moralist** *m* moralist; **Moralität** *f* morality.

Moral|kodex *m* code of ethics; *persönlicher*: *a.* ethical standards *pl.*; **~prediger** *m* moralizer; **~predigt** *f iro.* sermon, lecture; ***j-m e-e ~ halten*** give s.o. a lecture, preach at s.o.; ***~en halten*** preach; **~theologie** *f* moral theology.

Moräne *f* moraine.

Morast *m* morass; *fig. a.* mire; *fig.* ***im ~ waten*** wallow in the mire.

Moratorium *n* moratorium.

morbid *adj.* **1.** (*dekadent*) decadent; *Geschlecht etc.*: degenerate, moribund; **2.** *Blässe etc.*: sickly, deathly *pallor etc.*; **Morbidität** *f* **1.** decadence; degeneracy; **2.** sickly nature, sickliness.

Morchel *f* ♀ morel (mushroom).

Mord *m* murder (***an*** of); ⚖ first-degree murder; ***e-n ~ begehen*** commit (a) murder; F *fig.* ***das gibt ~ und Totschlag*** F all hell will be let loose; ***es ist der reinste ~*** it's (sheer) murder; **~anklage** *f*: ***unter ~ stehen*** be charged with murder; ***j-n unter ~ stellen*** charge s.o. with murder; **~anschlag** *m* attempted murder (***auf*** of), brutal attack (on), (*Attentat*) *a.* assassination attempt (against, on); ***e-n ~ verüben*** carry out a brutal attack *od.* an assassination attempt (***auf*** on), ***auf j-n***: *a.* make an attempt on s.o.'s life; **~dezernat** *n* murder (*od.* homicide) squad; **~drohung** *f* death threat; ***~ gegen j-n*** *a.* threat on s.o.'s life.

morden I. *v/i.* commit murder, kill; **II.** *v/t.* murder; kill; **III.** ≈ *n* murder(ing), killing, *stärker*: slaughter(ing).

Mörder *m* murderer, killer; (*Attentäter*) assassin; **~bande** *f* gang of murderers; **~biene** *f* killer bee; **~hand** *f*: ***durch ~ sterben*** die at the hands of a murderer.

Mörderin *f* murderer, *a.* murderess; killer; (*Attentäterin*) assassin.

mörderisch I. *adj.* murderous; *fig. a.* deadly; *fig. Geschwindigkeit*: breakneck; *Konkurrenz*, *Preise*: cutthroat; **II.** *fig. adv. verstärkend*: dreadfully, F incredibly; ***~ heiß*** *a. sl.* hot as hell; ***~ schreien*** *sl.* scream blue murder; ***~ fluchen*** *sl.* swear like hell.

Mordgier *f* lust for murder (*od.* to kill); **mordgierig** *adj.* bloodthirsty.

Mord|instrument *n* murder weapon; **~kommando** *n* death squad; **~kommission** *f* murder (*od.* homicide) squad; **~opfer** *n* murder victim; **~prozess** *m* murder trial.

Mords... F *in Zssgn* (*enorm*) great, F terrific, fantastic; (*schrecklich*) dreadful, F terrific; **~angst** F *f*: ***e-e ~ haben*** F be in a flat panic (***vor*** about), be scared stiff (of); **~ding** F *n* F whopper, humdinger; **~durst** F *m*: ***e-n ~ haben*** be dying of thirst, *sl.* be thirsty as hell; **~glück** F *n* fantastic stroke of luck; **~hitze** F *f* scorching heat; ***es ist e-e ~ heute!*** F it's a real scorcher today; **~hunger** F *m*: ***e-n ~ haben*** be famished, be dying for something to eat (*od.* of hunger); **~kerl** F *m* F great guy; **~krach** F *m*, **~lärm** F *m* F dreadful row (*od.* racket).

mordsmäßig F **I.** *adj.* F terrific; **II.** *adv.* F like crazy (*sl.* hell); ***ich habe mich ~ gefreut*** I was thrilled to bits, F I was over the moon.

Mords|schreck(en) F *m sl. one* hell of a fright; ***e-n ~ bekommen*** *a.* be frightened out of one's skin; **~skandal** F *m* full-blown scandal; **~spaß** F *m*: ***e-n ~ haben*** have a great time; ***e-n ~ machen*** be great fun; **~spektakel** F *m* **1.** (*Lärm*) F hullabaloo, incredible racket, *Am.* ruckus; ***e-n ~ machen*** kick up an incredible racket; **2.** (*Zank*) F great (big) rumpus (*od.* row), *Am.* ruckus; ***e-n ~ machen*** kick up a great big row (*od.* rumpus); **3.** (*Aufsehen*) F hullabaloo, great palaver, hue and cry; **~wut** F *f*: ***e-e ~ (im Bauch) haben*** be seething, be ready to explode.

Mord|tat *f* murder(ous deed); **~verdacht** *m* suspicion of murder; ***unter ~ stehen*** be suspected of murder; **~versuch** *m* attempted murder; **~waffe** *f* murder weapon.

Mores *pl.*: ***j-n ~ lehren*** teach s.o. what's what.

morgen *adv.* tomorrow; ***~ früh*** (***Abend***) tomorrow morning (evening *od.* night); ***~ in acht Tagen*** a week (from) tomorrow, tomorrow week; ***~ vor acht Tagen*** a week ago tomorrow; ***~ um diese Zeit*** (by) this time tomorrow; ***~ ist auch noch ein Tag*** tomorrow's another day.

Morgen[1] *m* morning; *fig. a.* dawn(ing); ***am ~*** in the morning, (*jeden ~*) *a.* (in the) mornings; (***guten***) ***~!*** (good) morning!; ***es wird ~*** it's getting light; ***heute ~*** this morning.

Morgen[2] *obs. m unit of measurement comprising between 2,500 and 3,400 square met|res* (*Am. -ers*).

Morgen|andacht *f* morning service; **~ausgabe** *f* morning edition; **~dämmerung** *f* dawn, daybreak.

morgendlich *adj.* (early) morning ...

Morgen|essen *schweiz. n* breakfast; **~frische** *f* fresh morning air; **~grauen** *n*: ***beim*** (*od.* ***im***) ***~*** at dawn, at daybreak, *aufstehen etc.*: *a.* F at the crack of dawn; **~gymnastik** *f* morning exercises *pl.*, F *one's* daily dozen.

Morgenland *lit. n* Orient, East; **morgenländisch** *adj.* Eastern, from the East, Oriental; ***~e Märchen*** tales from the East.

Morgen|luft *f* morning air; *fig.* ***~ wittern*** see an opportunity coming up (*od.* up ahead); **~muffel** F *m*: ***er ist ein ~*** he's not a morning person; **~post** *f* morning post (*Am.* mail); **~rock** *m* dressing gown; **~rot** *n*, **~röte** *f* (red) dawn, sunrise.

morgens *adv.* in the morning; (*jeden Morgen*) *a.* (in the) mornings, every morning; ***um vier Uhr ~*** at four (o'clock) in the morning; ***~ als erstes*** first thing in the morning; ***von ~ bis abends*** from morning till night, all day long, *lit.* from dawn to dusk.

Morgen|sonne *f* (early) morning sun; **~spaziergang** *m* (early) morning walk; **~stern** *m* morning star; **~stunde** *f*: ***in den ~n*** in the morning(s); ***die frühen ~n*** the early morning hours; ***bis in die frühen ~n*** into the small *od.* wee (*od.* small wee) hours; ***Morgenstund hat Gold im Mund*** the early bird catches the worm; **~zeitung** *f* morning paper; **~zug** *m* morning train.

morgig *adj.* tomorrow's; ***der ~e Tag*** tomorrow.

M

Moritat *f* street ballad (*relating a usually horrific event*).
Mormone *m*, **mormonisch** *adj.* Mormon.
Morphem *n ling.* morpheme.
Morphin *n* morphine; **Morphinismus** *m* morphine addiction; **Morphinist** *m* morphine addict.
Morphium *n* morphine; **~spritze** *f* morphine injection.
Morphiumsucht *f* morphine addiction; **morphiumsüchtig** *adj.* addicted to morphine; **Morphiumsüchtige(r** *m*) *f* morphine addict.
Morphologie *f* morphology; **morphologisch** *adj.* morphological.
morsch *adj.* rotting, rotten; (*spröde*) brittle; ***~ werden*** (start to) rot; *fig.* ***alt und ~*** old and decrepit, ***sein***: *a.* F be slowly falling apart; **Morschheit** *f* rottenness; (*Brüchigkeit*) brittleness.
Morsealphabet *n*: ***das ~*** Morse code; **morsen** *v/t. u. v/i.* morse.
Mörser *m* mortar (*a.* ✕).
Morsezeichen *n* Morse signal.
Mortadella *f* mortadella, *Am.* baloney.
Mortalität *f* mortality (rate).
Mörtel *m* mortar; **~kelle** *f* trowel; **~trog** *m* hod.
Mosaik *n a. fig.* mosaic; **~arbeit** *f* **1.** mosaic (*regelmäßig*: tessel[l]ated) work; **2.** *konkret*: mosaic.
mosaikartig *adj.* tessel(l)ated, mosaic-like.
Mosaik|fußboden *m* mosaic (*regelmäßig*: tessel[l]ated) floor; **~stein(chen** *n*) *m* **1.** mosaic piece (*od.* stone); *regelmäßig*: tessera; **2.** piece of (*od.* from a) mosaic; **3.** *fig.* piece of a *od.* the (jigsaw) puzzle.
mosaisch *adj.* Mosaic; ***das ~e Gesetz*** Mosaic law.
Moschee *f* mosque.
Moschus *m* musk; **~geruch** *m* musky odo(u)r; **~ochse** *m* musk ox; **~ratte** *f* muskrat.
Mose(s): ***das 1.*** (***2.***, ***3.***, ***4.***, ***5.***) ***Buch ~*** (the Book of) Genesis (Exodus, Leviticus, Numbers, Deuteronomy); ***die 5 Bücher Mosis*** the Pentateuch.
Möse V *f* V cunt, *sl.* fanny, pussy.
mosern F *v/i.* grumble, F gripe, grizzle.
Moskito *m* mosquito; **~netz** *n* mosquito net; **~stich** *m* mosquito bite.
Moslem *m*, **moslemisch** *adj.* Moslem, Muslim.
Most *m* **1.** (*Süß≈*) fruit juice; (*Trauben≈*) (freshly-pressed) grape juice, *zur Weiterverarbeitung für Wein*: must; (*Apfel- bzw. Birnensüßmost*) apple (*od.* pear) juice; **2.** *vergorener*: fruit wine; *engS.* (*Apfel≈*) cider, (*Birnen≈*) perry; **~apfel** *m* cider apple; **~birne** *f* perry pear.
mosten *v/i.* make fruit juice *etc.*; → ***Most.***
Motel *n* motel.
Motette *f* ♪ motet.
Motiv *n* **1.** motive (***zu*** for); ***aus welchem ~ heraus hat er es getan?*** what made him (want to) do it?; **2.** *Kunst, Literatur,* ♪: motif ; *Film etc.*: *a.* theme; *phot.* subject; **Motivation** *f* motivation; incentive; **Motivforschung** *f* motivation research; **motivieren** *v/t.* **1.** (*anregen*) motivate; (*Tat*) *a.* be behind; ***was hat dich dazu motiviert?*** what made you (want to) do it?; ***ich konnte ihn nicht dazu ~*** I couldn't persuade (*od.* get) him to do it; **2.** (*begründen*) explain; **motiviert** *adj.* motivated; ***sehr ~*** highly motivated; ***sie sind nicht gerade ~*** *a.* they're not exactly keen (F raring to go); **Motiviertheit** *f* (degree of) motivation; **Motivierung** *f* motivation.
Motor *m* engine, *bsd.* ⚡ motor (*a. fig.*); **Motor...** *in Zssgn* engine, *bsd.* ⚡ motor; → *a.* ***Maschinen...***; **~block** *m* engine block; **~boot** *n* motorboat; **~bremse** *f* engine brake.
Motoren|lärm *m* noise (*stärker*: roar) of engines; **~öl** *n* engine oil.
Motor|geräusch *n* engine noise; **~haube** *f* bonnet, *Am.* hood; ✈ (engine) cowl.
Motorik *f physiol.* motor activity; **motorisch** *adj.* motor *nerve etc.*; ***~e Fähigkeiten*** motor skills.
motorisieren I. *v/t.* motorize, *bsd.* ✕ mechanize; **II.** *v/refl.*: ***sich ~*** become motorized, buy (o.s.) a car (*od.* motorbike); **motorisiert** *adj.* motorized, mobile; ***sind Sie ~?*** *a.* a) have you got a car?, b) did you come by car?; **Motorisierung** *f* motorization, *bsd.* ✕ mechanization.
Motor|jacht *f* motor yacht; **~kolben** *m* engine piston; **~leistung** *f* engine performance (*od.* power); **~öl** *n* engine oil; **~pumpe** *f* power pump.
Motorrad *n* motorbike, motorcycle; ***~ fahren*** ride a motorbike (*od.* motorcycle); **~fahrer** *m* motorcyclist; **~helm** *m* motorbike helmet; **~rennen** *n* **1.** motorbike race; **2.** (*Sportart*) motorbike (*od.* motorcycle) racing.
Motor|raum *m* engine compartment; **~roller** *m* (motor) scooter; **~säge** *f* power saw; **~schaden** *m* engine trouble; **~schlitten** *m* snowmobile; **~sport** *m* motor sport; **~wechsel** *m* engine replacement.
Motte *f* moth; ***von ~n zerfressen*** moth-eaten; F ***ach, du kriegst die ~n!*** F that's all I (*od.* we) needed!; **mottenfest** *adj.* mothproof.
Motten|fraß *m* moth damage; **~kiste** *f*: ***e-e Geschichte*** *etc.* ***aus der ~*** (***holen***) dig up) an old (*od.* ancient) story *etc.*; ***das gehört in die ~*** that should be dead and buried; **~kugel** *f* mothball; **~pulver** *n* moth powder.
mottenzerfressen *adj.* moth-eaten.
Motto *n* motto; ***nach dem ~***(, ***dass***) ***...*** according to the principle that ...; ***unter dem ~ ... stehen*** have as a motto ...
motzen F *v/i.* moan, F gripe, beef.
Mountainbike *n* mountain bike; **Mountainbiker(in** *f*) *m* mountain biker; **Mountainbiking** *n* mountain biking.
Mousepad *n Computer*: mousemat, mouse pad.
moussieren *v/i.* sparkle, fizz; be fizzy; **moussierend** *adj. Wein*: sparkling; *Limonade etc.*: fizzy.
Möwe *f* (sea)gull; **Möwenei** *n* gull's egg.
Mozartkugel *f rum truffle with marzipan.*
Mucke F *f* whim; *fig.* ***die Sache hat ihre ~n*** it's got its snags; ***er hat so s-e ~n*** he has his little moods; ***der Motor hat s-e ~n*** the engine's rather temperamental; ***j-m s-e ~n austreiben*** straighten s.o. out.
Mücke *f* mosquito, midge; *fig.* ***aus e-r ~ e-n Elefanten machen*** make a mountain out of a molehill.
Muckefuck F *m* coffee substitute, F kiddies' coffee.
mucken F *v/i.* grumble; ***ohne zu ~*** F without a peep.
Mücken|schwarm *m* swarm of mosquitoes; **~spray** *m, n* mosquito spray (*od.* repellant); **~stich** *m* mosquito bite.
Muckis F *pl.* (*Muskeln*) F pecs.
Mucks *m*: ***keinen ~ tun*** a) be as quiet as a mouse, b) not to budge (*od.* stir); ***sie haben keinen ~ getan*** *a.* we *etc.* didn't hear a peep from them; **mucksen** *v/i. u. v/refl.* (***sich ~***) stir, move, budge; → ***Mucks.***
mucksmäuschenstill F *adj.* → ***mäuschenstill.***
müde I. *adj.* tired; ***~s Lächeln*** weary smile; ***keine ~ Mark*** not a penny (*od.* cent, F tinker's cuss); ***e-r Sache ~ werden*** grow weary (*od.* tired) of s.th., get fed up with s.th.; ***ich bin es jetzt ~*** I've had enough (of it); ***nicht ~ werden zu*** *inf.* never tire of *ger.*; **II.** *adv.* wearily, tiredly; ***~ lächeln*** smile wearily, give a weary smile; ***~ abwinken*** give a weary gesture of refusal; **Müdigkeit** *f* tiredness; (*Erschöpfung*) fatigue, exhaustion.
Muff *m* muff.
Muffe *f* ⚙ sleeve, socket; (*Kupplungs≈*) coupling box.
Muffel F *m* **1.** (*Griesgram*) F sourpuss, *sl.* misery-guts; **2.** stick-in-the-mud; → ***Krawatten-, Partymuffel*** *etc.*; **muffeln** F *v/i.* **1.** (*riechen*) smell musty, *faulig*: smell mo(u)ldy; **2.** (*mürrisch sein*) F have the grumps; (*eingeschnappt sein*) F be in a huff.
Muffensausen F *n*: ***~ kriegen*** F get the wind up; ***~ haben*** F have the wind up, be in a flat panic.
muffig *adj.* **1.** *Luft*: musty, stuffy; *Keller etc.*: musty-smelling; *fig. contp.* (*spießig*) stuffy; **2.** (*mürrisch*) F grumpy; **Muffigkeit** *f* **1.** *der Luft*: mustiness; *fig. contp.* stuffiness; **2.** (*Mürrischkeit*) F grumpiness.
muh *int.* moo!; ***~ machen*** go moo.
Mühe *f* trouble; (*Anstrengung*) effort; ***mit Müh***(***e***) ***und Not*** with great difficulty, (*gerade noch*) just about; (***nicht***) ***die ~ wert*** (not) worth the effort; ***sich ~ geben*** (***mit et.***) take great trouble *od.* pains (over s.th.); ***sich große ~ geben*** (*od.* ***machen***) ***zu*** *inf.* go to great trouble (*od.* pains) to *inf.*; ***sich die ~ machen zu*** *inf.* go to the trouble of *ger.*; ***er machte sich nicht einmal die ~ zu*** *inf.* he couldn't even be bothered to *inf.*; ***keine ~ scheuen*** spare no effort *od.* pains (***zu*** *inf.* in *ger.*); ***machen Sie sich keine ~!*** don't go to any trouble; ***s-e*** (***liebe***) ***~ haben zu*** *inf.* have a hard time *ger.*
mühelos I. *adj.* effortless, easy; **II.** *adv.* easily, with ease; effortlessly; ***sie hat es ~ geschafft*** *a.* it didn't take much effort on her part; **Mühelosigkeit** *f* effortlessness, lack of effort, (great) ease, facility.
muhen *v/i.* moo, low.
mühen *v/refl.*: ***sich ~*** make an effort, try hard, take pains (***zu*** *inf.* to *inf.*).
mühevoll *adj.* difficult, hard; *Aufgabe, Weg etc.*: *a.* laborious.
Mühlbach *m* mill stream.
Mühle *f* **1.** mill; → ***Kaffeemühle*** *etc.*; **2.** *fig.* (*monotone Tätigkeit*) treadmill; ***in die ~ der Justiz*** (***Bürokratie***) ***geraten*** get caught up in the machinery *od.* labyrinth of the law (in the bureaucratic machine); F ***j-n durch die ~ drehen*** F put s.o. through the mill; → ***Wasser***; **3.** (*Spiel*) nine men's morris.
Mühl|rad *n* mill wheel; **~stein** *m* millstone.
Mühsal *f* (*Schufterei*) drudgery, toil (and trouble); (*Ungemach*) hardship; (*Strapaze*) strain.
mühsam I. *adj.* (*schwierig*) difficult; (*an-*

strengend) strenuous; (*ermüdend*) tiring; (*gezwungen*) labo(u)red *conversation etc.*; **II.** *adv.* with difficulty, after a lot of effort; ***sich ~ erheben*** struggle to one's feet; ***~ nährt sich das Eichhörnchen*** it's uphill all the way; **Mühsamkeit** *f* effort, strain (*gen.* of, involved in).

mühselig I. *adj.* laborious; *Leben etc.*: arduous, hard; ***~es Unterfangen*** uphill task; **II.** *adv.* laboriously; (*mit großer Sorgfalt*) painstakingly.

Mukoviszidose *f* ⚕ cystic fibrosis.

Mulatte *m*, **Mulattin** *f* mulatto.

Mulde *f* (*Vertiefung*) hollow; *geol. a.* depression; *Skifahren*: bowl.

Muli *dial. n* mule.

Mull *m* gauze, lint.

Müll *m* (*bsd. Haus*2) rubbish, *bsd. Am.* garbage, trash (*alle a.* F *fig. unnützes Zeug*); *formell*: refuse; *mit Betonung auf die Masse*: (*a. Sonder*2, *Industrie*2) waste; ***radioaktiver ~*** radioactive waste; ***et. in den ~ werfen*** throw s.th. in(to) the dustbin (*Am.* trashcan, garbage can); **~abfuhr** *f* **1.** refuse (*Am.* garbage) disposal; **2.** (*Müllmänner*) dustmen *pl.*, *Am.* garbage men (*od.* collectors *pl.*); **~abladeplatz** *m* → ***Mülldeponie***; **~aufbereitung** *f* waste disposal; **~auto** *n* → ***Müllwagen***; **~berg** *m* **1.** pile of rubbish (*Am.* garbage); *weitS.* mountain of rubbish (*Am.* garbage); **2.** (*künstlicher Berg*) artificial hill; **~beseitigung** *f* waste disposal (*od.* management); **~beutel** *m* (dust)bin liner, *Am.* garbage bag.

Mullbinde *f* gauze bandage.

Müll|container *m* rubbish (*od.* refuse) skip; **~deponie** *f* rubbish tip (*od.* dump), *Am.* (garbage) dump; dumping (*od.* waste disposal) site, landfill (site); **~eimer** *m* rubbish bin, *Am.* garbage can; **~entsorgung** *f* waste disposal.

Müller(in *f*) *m* miller.

Müll|fahrer *m* dustman, *Am.* garbage man (*od.* collector); **~grube** *f* refuse pit; **~halde** *f* → ***Mülldeponie***; *iro.* ***fließende ~*** (public) sewer; **~haufen** *m* rubbish (*Am.* garbage) heap; *fig.* scrapheap; *fig.* ***auf dem ~ landen*** end up on the scrapheap; **~kippe** *f* rubbish (*Am.* garbage) dump (*od.* tip); **~lawine** *f* mountain of rubbish (*Am.* garbage); **~mann** *m* → ***Müllfahrer***; **~notstand** *m* state of emergency in waste disposal; **~platz** *m* rubbish tip (*od.* dump), *Am.* (garbage) dump; → *a.* ***Mülldeponie***; **~sack** *m* **1.** (dust-)bin liner, *Am.* garbage bag; **2.** sack of rubbish (*Am.* garbage); **~schlucker** *m* rubbish (*Am.* garbage) chute, waste disposal unit; **~tonne** *f* dustbin, *Am.* trashcan, garbage can; **~trennung** *f* waste separation, separation of waste; **verbrennung** *f* waste incineration; **~verbrennungsanlage** *f* incinerator, (waste) incineration plant; **~verwertung** *f* recycling; **~wagen** *m* (dust)bin lorry, dustcart, *Am.* garbage (*od.* refuse) truck; **~zerkleinerung** *f* waste maceration; (*Zusammenstampfen*) waste compaction.

mulmig F *adj.* **1.** (*bedrohlich*) threatening; ***es sieht ziemlich ~ aus*** things aren't looking too good; **2.** ***mir ist ganz ~ zumute*** I feel weak in the knees, (*übel*) I feel a bit queasy, (*unbehaglich*) I've got a funny feeling in the pit of my stomach.

Multi F *m* multinational (concern).

multidisziplinär *adj.* multidisciplinary.

Multifunktionstastatur *f Computer*: multifunctional keyboard.

Multikulti F *contp. n* multiculturalism.

multikulturell *adj.* multicultural.

multilateral *adj.* multilateral.

Multimedia *n coll.* multimedia; **2fähig** *adj. Computer*: multimedia-compliant.

multimedial *adj.* multimedia ...

Multimedia|präsentation *f Computer*: multimedia presentation; **~produkt** *n* multimedia product; **~show** *f* multimedia show (*od.* presentation); **~veranstaltung** *f* multimedia show (*od.* event); **~zeitalter** *n* multimedia age.

Multimedienzentrum *n* multimedia cent|re (*Am.* -er).

Multimillionär(in *f*) *m* multimillionaire, *f a.* multimillionairess.

multinational *adj.* multinational.

Multiple-Choice-Verfahren *n* multiple choice method.

Multiplex *n* (*Kinozentrum*) multiplex (cinema).

Multiplikation *f* multiplication; **Multiplikator** *m* multiplier; **multiplizieren** *v/t.* multiply (***mit*** by).

Multitasking *n Computer*: multitasking.

Multivitamin|präparat *n* multivitamin preparation; **~saft** *m* multivitamin juice; **~tablette** *f* multivitamin tablet.

Mumie *f* mummy; **mumienhaft** *adj.* mummy-like; **Mumienschlafsack** *m* mummy (style) sleeping bag; **Mumifikation** *f* mummification; **mumifizieren** *v/t.* mummify; **Mumifizierung** *f* mummification.

Mumm F *m* **1.** (*Schneid*) gumption, F guts *pl.*, *sl.* bottle; **2.** (*Schwung*) drive, verve, F get-up-and-go, oomph.

Mummelgreis *m* old dodderer.

mummeln *v/t.* **1.** (*undeutlich reden*) mumble *s.th.* (into one's beard); **2.** (*einwickeln*) wrap *s.o.* up (***in*** into).

mümmeln F *v/t.* (*knabbern*) nibble (away) at; (*kauen*) chew away at, chew on.

Mummenschanz *m* masquerade.

Mumpitz F *m*, *f* F rubbish, poppycock; *Am.* F garbage.

Mumps *m* ⚕ mumps (*sg.*).

Mund *m* mouth; ***den ~ aufmachen*** open one's mouth, *fig.* speak up; ***machen Sie bitte den ~ auf*** open wide(, please); ***mit vollem ~ sprechen*** talk with one's mouth full; ***aus dem ~ riechen*** have bad breath; ***den ~ halten*** keep one's mouth shut; ***halt den ~!*** shut up!; *fig.* ***kriegst du den ~ nicht auf?*** have you lost your tongue?; ***sie hat den ~ nicht aufgekriegt*** she didn't say a word; ***den ~ voll nehmen*** talk big, F shoot one's mouth off; ***et. ständig im ~e führen*** never stop talking about s.th.; ***j-m et. in den ~ legen*** put words into s.o.'s mouth; ***j-m das Wort aus dem ~ nehmen*** take the words right out of s.o.'s mouth; ***j-m das Wort im ~ umdrehen*** twist s.o.'s words; ***j-m über den ~ fahren*** cut s.o. short; ***es ist in aller ~e*** everyone's talking about it, it's the talk of the town; ***nicht auf den ~ gefallen sein*** F have the gift of the gab; ***sich den ~ verbrennen*** put one's foot in it; ***so ein Wort würde er nie in den ~ nehmen*** he would never use such a word; ***und das aus s-m ~(e)*** fancy him saying that (*od.* such a thing); ***von ~ zu ~ gehen*** be passed on from one person to the next, F do the rounds; *in Redewendungen* → *a.* ***Maul***; → ***Blatt*** 1, ***Mund voll, stopfen*** 3, ***wässerig*** *etc.*

Mundart *f* dialect; **~dichtung** *f* dialect literature (*engS.* poetry); **~forscher** *m* dialectologist; **~forschung** *f* dialectology, dialect research.

mundartlich *adj.* dialect ..., dialectal.

Mundddusche *f* dental water jet, mouth rinse.

Mündel *n* ward; **mündelsicher** *adj.* ⚚ *etwa* gilt-edged; ***~e Papiere*** gilt-edged securities, gilts.

munden *v/i.* taste good, be delicious; ***es mundet mir*** it's delicious; ***sich et. ~ lassen*** savo(u)r s.th., relish s.th.

münden *v/i.*: ***~ in*** lead to (*a. fig.*); *Fluss*: flow (*od.* empty) into; *Straße*: lead into.

mundfaul *adj.* too lazy to open one's mouth.

Mund|fäule *f* ⚕ stomatitis; **~flora** *f* (bacterial) flora of the mouth.

mundgerecht *adj.* bite-sized; *fig.* ***j-m et. ~ machen*** make s.th. palatable for s.o.

Mund|geruch *m* (*a.* ***übler ~***) bad breath, halitosis; **~harmonika** *f* mouthorgan, harmonica; **~höhle** *f* oral cavity; **~hygiene** *f* oral hygiene.

mündig *adj.* ⚖ of age; *fig.* responsible, mature; ***~er Bürger*** responsible citizen; ***~ werden*** come of age; ***j-n (für) ~ erklären*** declare s.o. of age; **Mündige(r** *m*) *f* major; **Mündigkeit** *f* ⚖ (age of) majority; *fig.* maturity.

mündig sprechen *v/t.* declare *s.o.* of age.

mündlich I. *adj.* *Aussage etc.*: verbal; *Prüfung*: oral; ***~e Überlieferung*** oral tradition; ***~er Vertrag*** verbal agreement; **II.** *adv.* orally, verbally; ***et. ~ weitergeben*** pass s.th. on by word of mouth; ***alles Weitere ~*** I'll tell you the rest when I see you.

Mund|partie *f* area around the mouth; mouth and lips *pl.*; **~pflege** *f* oral hygiene; **~propaganda** *f*: (***durch*** by) word-of--mouth recommendation; **~raub** *m* petty larceny; **~schleimhaut** *f* mucous membrane of the mouth; **~schutz** *m* ⚕ mask; *Boxen*: gumshield.

M-und-S-Reifen *m* snow tyre (*Am.* tire).

Mundstück *n* ♪ mouthpiece; *e-r Zigarette*: tip.

mundtot *adj.*: ***~ machen*** silence, F shut *s.o.* up; *pol.* gag, muzzle.

Mündung *f* **1.** (*Fluss*2) mouth, *den Gezeiten unterworfene*: estuary; **2.** *e-r Röhre*, *a. anat.*: mouth; *e-r Feuerwaffe*: muzzle.

Mund *m* **voll** mouthful, gobbet; *Flüssigkeit*: mouthful, gulp.

Mund|vorrat *m* provisions *pl.*; **~wasser** *n* mouth wash, gargle; **~werk** F *n* mouth; ***ein loses*** (*od.* ***lockeres***) ***~ haben*** have a loose tongue; ***ein gutes ~ haben*** F have the gift of the gab; **~winkel** *m* corner of one's mouth; ***die ~ verziehen*** grimace.

Mund-zu-Mund-Beatmung *f* ⚕ mouth--to-mouth resuscitation, F kiss of life.

Mungo *m* mungo.

Munition *f* ammunition (*a. fig.*); ***s-e ~ verschießen*** use up one's ammunition, *fig.* shoot one's bolt; *fig.* ***j-m ~ liefern*** provide s.o. with (plenty of) ammunition.

Munitions|fabrik *f* munitions factory; *in GB*: *a.* Royal Ordnance factory; **~lager** *n* ammunition depot (*Stapelplatz*: dump).

Munkelei *f* talk, gossip, whisperings *pl.*; **munkeln I.** *v/i.* talk; **II.** *v/t.* say, whisper; ***man munkelt, dass*** people are saying (that).

Münster *n* (*Klosterkirche*) minster; (*Kathedrale*) cathedral.

munter I. *adj.* (*wach*) awake; (*auf*) up (and about); *fig.* (*lebhaft*) lively; (*vergnügt*) cheerful, F chirpy, *Am.* F chipper; ***~ werden*** wake up, perk up; ***j-n ~***

M

machen perk s.o. up, get s.o. going; ***Kaffee macht ~*** coffee gets you going; → ***gesund***; **II.** *fig. adv.* (*unbekümmert*) blithely; **Munterkeit** *f* (*Lebhaftigkeit*) liveliness; (*Vergnügtheit*) cheerfulness, high spirits *pl.*; **Muntermacher** *m* stimulant; (*Aufputschtablette*) pep pill.

Münz|anstalt *f* mint; **~automat** *m* slot machine.

Münze *f* **1.** coin; *fig.* ***klingende ~*** hard cash; ***et. für bare ~ nehmen*** take s.th. at face value; ***j-m mit gleicher ~ heimzahlen*** pay s.o. back in his (*od.* her) own coin; **2.** (*Münzanstalt*) mint.

Münz|einheit *f* monetary unit; **~einwurf** *m* coin slot.

münzen *v/t. u. v/i.* coin, mint; *fig.* ***auf j-n gemünzt sein*** be meant for s.o.

Münz|fernrohr *n* coin(-operated) telescope; **~fernsprecher** *m* pay phone; **~gewicht** *n* (standard) weight of a coin (*od.* coins); **~sammler** *m* coin collector, *formell*: numismatist; **~sammlung** *f* coin collection; **~stätte** *f* mint; **~tank(automat)** *m* coin-operated (petrol, *Am.* gas) pump; **~telefon** *n* pay phone; **~wäscherei** *f* laund(e)rette, *bsd. Am.* laundromat; **~wechsler** *m* change machine; **~zähler** *m* slot meter.

Muräne *f* (*Fisch*) moray.

mürbe *adj.* **1.** *Obst*: mellow, very ripe; *Fleisch*: tender, *gekochtes*: well-cooked; *Kuchen*: crumbly; *Holz*: rotten; **2.** *fig.* (*erschöpft*) worn-out, *pred.* worn out; ***ich bin ~*** *a.* my resistance has gone; ***~ machen*** wear *s.o.* down; ***j-n ~ kriegen*** break s.o.'s resistance.

Mürbeteig *m* short(-crust) pastry.

Mure *f geol.* mudflow.

Murks F *m* F botch-up; ***~ machen*** → **murksen** F *v/i.* F mess around; (*pfuschen*) make a mess of things.

Murmel *f* marble.

murmeln I. *v/i. u. v/t.* murmur, mutter; **II.** 2 *n* murmur.

Murmeltier *n* marmot, *Am. a.* woodchuck; *fig.* ***schlafen wie ein ~*** sleep like a log (*od.* top).

murren *v/i.* grumble (***über*** about).

mürrisch *adj.* sullen, F grumpy.

Mus *n* (*Brei*) mush; *aus Früchten etc.*: puree; (*Pflaumen*2) (plum) jam; F *fig.* ***zu ~ schlagen*** F beat to a pulp, make mincemeat out of.

Muschel *f* **1.** *zo.* mussel; (*~schale*) shell; **2.** *teleph.* (*Hör*2) earpiece, (*Sprech*2) mouthpiece; **~bank** *f* mussel (*od.* shell) bank; **2förmig** *adj.* shell-shaped; **~kalk** *m* muschelkalk; **~schale** *f* shell; **~tier** *n* mollusc, *Am.* mollusk.

Muschi *sl. f sl.* pussy.

Muscle-Shirt *n* muscle shirt.

Muse *f* Muse; *fig.* ***die leichte ~*** light entertainment; ***von der ~ geküsst werden*** be inspired by the muses.

museal *adj.* museum ...; *fig.* antiquated; ***~en Wert haben*** be a museum piece.

Musensohn *hum. m* poet.

Museum *n* museum.

Museums|führer *m* **1.** museum guide; **2.** (*Buch*) guide to a (*od.* the) museum; **2reif** *adj.*: ***~ sein*** belong in a museum; **~stück** *n* museum piece; **~wärter** *m* museum attendant; **~wert** *m*: ***~ haben*** be a museum piece, *contp.* belong in a museum.

Musical *n* musical.

Musik *f* **1.** music; ***~ machen*** play music; ***et. in ~ setzen*** set s.th. to music; ***die ~ schreiben zu et.*** write the music (*Film etc.*: *a.* score) for *od.* to s.th.; *fig.* ***~ im Blut haben*** be a born musician; ***das ist ~ in m-n Ohren*** that's music to my ears; **2.** (*Kapelle*) band; **~akademie** *f* academy of music, musical academy.

Musikalien *pl.* **1.** (printed) music *sg.*; **2.** musical instruments and accessories; **~handlung** *f* music shop.

musikalisch *adj.* musical; ***~es Talent*** musical talent, gift for music; *ling.* ***~er Akzent*** pitch accent; **Musikalität** *f* musicality.

Musikant *m* musician.

Musikantenknochen F *m* F funny bone.

musikbegeistert *adj.* very keen on music; ***~ sein*** *a.* love music; **Musikbegeisterung** *f* love of music.

Musik|begleitung *f* (musical) accompaniment; **~berieselung** *f* piped music, Muzak (*TM*); **~bibliothek** *f* music library; **~box** *f* juke box; **~drama** *n* music drama.

Musiker(in *f*) *m* musician.

Musik|erziehung *f* musical education (*od.* training); **~festspiele** *pl.* music festival *sg.*, festspiele; **~freund** *m* music lover; **~geschäft** *n* **1.** (*Laden*) music shop; **2.** music business; **~geschichte** *f* history of music; **~hochschule** *f* conservatory; **~instrument** *n* musical instrument; **~kapelle** *f* band; **~kassette** *f* music cassette; **~konserve** F *f a. pl. coll.* F canned music; **~kritiker** *m* music critic; **~lehrer(in** *f*) *m* music teacher; **~leistung** *f e-s Verstärkers*: music power.

Musikologe *m* musicologist; **Musikologie** *f* musicology.

Musik|pavillon *m* bandstand, music pavilion; **~saal** *m* music room; **~schule** *f* music school; **~stück** *n* piece of music; **~student** *m* music student, student of music; **~stunde** *f* music lesson; **~unterricht** *m* music lesson(s *pl.*).

Musikus F *m* musician, F music-man.

Musik|verlag *m* music publishers *pl.*; **~video** *n* music video; **~werk** *n* composition, musical work, piece of music; **~wissenschaft** *f* musicology; **~wissenschaftler(in** *f*) *m* musicologist.

musisch I. *adj. Person, Begabung*: artistic; ***~e Fächer*** fine arts (subjects); **II.** *adv.*: ***~ veranlagt sein*** have an artistic bent.

musizieren *v/i.* play music, play (the piano *etc.*); ***am Wochenende ~ wir gerne*** we like to get together to play music at the weekends; **Musizierweise** *f* style of playing.

Muskat *m* nutmeg; **~blüte** *f* mace.

Muskateller *m* (*Wein*) muscatel (wine); **~traube** *f* muscat (*od.* muskat) grape; **~wein** *m* muscatel wine.

Muskatnuss *f* nutmeg.

Muskel *m* muscle; ***s-e ~n spielen lassen*** flex one's muscles; **~kater** *m* sore (*od.* stiff) muscles *pl.*; **~kraft** *f* muscle power, F muscle, beef; **~krampf** *m* cramp, ⚕ muscle spasm; ***an Muskelkrämpfen leiden*** suffer from cramp, get cramp(s); **~paket** F *n*, **~protz** F *m* F muscleman, muscles (*sg.*); **~riss** *m* torn muscle; **~schwund** *m* ⚕ muscular atrophy (*od.* dystrophy); **~spiel** *n a. fig.* flexing of muscles; **~training** *n* muscle exercises *pl.*; **~zerrung** *f* pulled muscle; ***sich e-e ~ zuziehen*** pull a muscle.

Muskete *f* musket; **Musketier** *m* musketeer.

muskulär *adj.* muscular.

Muskulatur *f* muscular system, muscles *pl.*

muskulös *adj.* muscular.

Müsli *n* muesli; **~riegel** *m* cereal bar.

Muss *n*: ***es ist ein ~*** it's a (*od.* an absolute) must; **~bestimmung** *f* ⚖ mandatory provision.

Muße *f* leisure; (*Freizeit*) leisure time; ***mit ~*** at (one's) leisure; ***dazu habe ich nicht die ~*** I don't have the time (or the peace of mind) for that kind of thing.

Mussehe F *f* involuntary marriage; → *a.* ***Mussheirat.***

Musselin *m* muslin.

müssen I. *v/aux. bei äußerer Notwendigkeit, Verpflichtung*: have to, have got to; *bei innerer Überzeugung*: must; *bei* (*sicherer*) *Annahme*: must (*Vergangenheit*: must have); ***ich muss*** a) I have to, I've got to, b) I must; ***ich muss unbedingt*** I really must; ***ich musste*** I had to; ***ich werde ~*** I'll have to; ***ich müsste*** (***eigentlich***) I ought to; ***er muss nicht hingehen*** (*von außen bestimmt*) he doesn't have to go, (*weil ich es so bestimme*) he needn't go; ***er musste nicht gehen*** he didn't have to go; ***er hätte nicht gehen ~*** (*brauchen*) he needn't have gone; ***du musst doch nicht gleich die Wut kriegen*** there's no need to get angry; ***du musst dich nicht von ihm ärgern lassen*** don't let him annoy you (like that); ***er muss verrückt sein*** he must be mad; ***er muss es gewesen sein*** it must have been him; ***ich muss es vergessen haben*** I must have forgotten; ***es müsste sofort gemacht werden*** it ought to be done straightaway; ***man müsste mehr Zeit haben*** I wish we had more time, we could do with more time (for that sort of thing); ***sie ~ bald kommen*** they're bound to be here soon; ***der Zug müsste längst hier sein*** the train should have arrived long ago; → *a.* ***sollen*** 1; ***ich musste*** (***einfach***) ***lachen*** I couldn't help laughing, I just had to laugh; ***er hätte hier sein ~*** he ought to (*od.* should) have been here; *so wie es aussieht*, ***muss es bald regnen*** it looks as if we're in for some rain; ***er muss immer alles wissen*** he's always got to know about everything; ***was sein muss, muss sein*** that's just the way it is, that's life; ***muss das sein?*** is that really necessary?, (*hör doch auf*) do you have to?; ***wenn es*** (***unbedingt***) ***sein muss*** if there's no other way, if you *etc.* (absolutely) must; ***das musste ja passieren*** that was bound to (*od.* just had to) happen; *iro.* ***das musste natürlich jetzt passieren*** it 'would have to happen right now, trust it to happen right now; ***das muss man gesehen haben*** a) you've got to have seen it, b) you've got to see it to believe it; **II.** *v/i.* have to, (*gezwungen werden*) *a.* be forced to; *bei innerer Überzeugung*: must; ***ich muss!*** I've got no choice; ***ich muss nach Hause*** a) I have to go home, b) I must go home; ***er muss zur Schule*** he has to go to school; F ***ich muss mal*** (*aufs Klo*) F I must go to the loo (*Am.* bathroom); *Kindersprache*: I need the toilet.

Mußestunde *f* leisure hour; ***in e-r ~*** in a moment of leisure.

Mussheirat F *f* F shotgun wedding.

müßig I. *adj.* idle; (*sinnlos*) useless, futile; *Gedanken, Gerede*: idle; ***es ist ~ zu*** *inf.* it's no use *ger.*, it's useless *ger.*; **II.** *adv.*: ***~ dabeistehen*** stand idly by (and watch).

Müßiggang *m* idleness; ***~ ist aller Laster***

Anfang the devil finds work for idle hands; **Müßiggänger** *m* idler; **müßiggängerisch** *adj.* idle.

müßig gehen *v/i.* idle about; idle away one's life.

Mussvorschrift *f* mandatory provision.

Mustang *m* mustang.

Muster *n* **1.** (*Vorlage, Zeichnung*) pattern; ***nach e-m ~ arbeiten*** work from a pattern; **2.** (*Probe*) sample, specimen; ☤ ***~ ohne Wert*** sample; **3.** (*Verzierung*) pattern, design; **4.** (*Vorbild*) model; (*Beispiel*) example; ***sie ist ein ~ von e-r Lehrerin*** *etc.* she's a model teacher *etc.*; ***ein ~ an Tugend*** a paragon of virtue; ***nach dem ~ von*** following the example of; ***j-n als ~ hinstellen*** hold s.o. up as a paragon; **~beispiel** *n* classic example (***für*** of), case in point; **~betrieb** *m* model plant; **~bild** *n* → ***Muster*** 4; **~brief** *m* specimen letter; **~buch** *n* ☤ pattern book; samples folder; **~ehe** *f* perfect (*od.* ideal, model) marriage; **~exemplar** *n* **1.** sample, specimen; **2.** *typ.* specimen copy; **3.** *bsd. iro.* perfect example; **~fall** *m* model case; *weitS.* perfect (*od.* classic) example; **~gatte** *m* model (*od.* ideal) husband.

mustergültig *adj. u. adv.* → ***musterhaft***; **Mustergültigkeit** *f* → ***Musterhaftigkeit.***

musterhaft I. *adj.* exemplary, model ...; **II.** *adv.*: ***sich ~ benehmen*** behave impeccably, be on one's best behavio(u)r; **Musterhaftigkeit** *f* exemplariness, model nature (*gen.* of).

Muster|haus *n* showhouse; **~knabe** *m bsd. iro.* paragon, *contp.* prig, F goody-goody; **~koffer** *m* sample case; **~kollektion** *f* ☤ sample collection; **~leistung** *f a. iro.* brilliant achievement.

mustern *v/t.* **1.** study, scrutinize; (*j-n*) look *s.o.* up and down; (*Truppen*) inspect, review; **2.** ***j-n ~ für Wehrdienst***: give s.o. his (*od.* her) medical; **3.** (*Stoff*) pattern; → ***gemustert.***

Muster|prozess *m* ⚖ test case; **~schüler(in** *f*) *m* model pupil (*Am.* student); (*Streber*) F swot, *Am.* grind.

Musterung *f* **1.** inspection, scrutiny; *von Truppen*: review; **2.** *Wehrdienst*: medical.

Mut *m* **1.** (*Tapferkeit*) courage, bravery; (*Schneid*) pluck, F guts *pl.*; (*Verwegenheit*) daring; ***~ fassen*** take heart, *für et.*: pluck up courage; ***j-m ~ machen*** boost s.o.'s courage, (*a.* ***j-m ~ zusprechen***) give s.o. a few words of encouragement; ***j-m den ~ nehmen*** dishearten s.o.; ***den ~ verlieren*** (*od.* ***sinken lassen***) lose heart; ***es gehört schon ~ dazu*** it takes a bit of courage; ***mir fehlt einfach der ~*** (***dazu***) I just haven't got the courage (for it); ***nur ~!*** chin up!, F keep your pecker up!; → ***antrinken***; **2.** ***guten ~es sein*** be optimistic; **3.** ***mir ist*** (***nicht***) ***wohl zu ~e*** I (don't) feel good; ***mir ist nicht danach zu ~e*** I don't feel like it, I'm not in the mood; ***mir ist nicht zum Lachen zu ~e*** I'm in no mood for laughter; ***mir war zum Heulen zu ~e*** I felt like crying.

Mutagen *n biol.* mutagen; **Mutant** *m biol.* mutant; **Mutation** *f biol.* mutation.

Mütchen *n*: ***sein ~ kühlen*** let off steam, ***an j-m***: take it out on s.o.

mutieren *v/i.* **1.** *biol.* mutate; **2.** ***er mutiert*** (***gerade***) (*ist im Stimmbruch*) his voice is breaking.

mutig *adj.* brave, courageous, F gutsy; (*kühn*) bold; (*verwegen*) daring.

mutlos *adj.* disheartened; (*verzagt*) despondent; **Mutlosigkeit** *f* despondency; (*Verzweiflung*) despair.

mutmaßen *v/i.* guess, conjecture; **mutmaßlich** *adj.* (*wahrscheinlich*) probable; *Täter*: suspected, *a. Vater*: presumed; ***~er Mörder*** *a.* murder suspect; ***~er Terrorist*** *a.* terrorist suspect; **Mutmaßung** *f a. pl.* speculation; (*Verdacht*) suspicion; ***~en anstellen*** speculate (***über*** about, on).

Mutprobe *f* test of courage.

Muttchen *n* **1.** *in der Anrede*: Mummy, *Am.* Mommy; *iro.* Mummy dear, *Am.* Mommy dear; **2.** (*alte Frau*) little old lady, F old biddy.

Mutter *f* **1.** mother; ***werdende ~*** expectant mother; ***sie wird ~*** she's expecting (*od.* going to have) a baby; ***~ von zwei Kindern sein*** be a (*od.* the) mother of two children, be a mother of two; F ***wie bei ~(n)*** just like home; F ***es schmeckt wie bei ~(n)*** it tastes like Mum's (*Am.* Mom's) cooking; *fig.* ***~ Erde*** mother earth; **2.** ⚙ (*Schrauben*~) nut.

Mütterberatungsstelle *f* child welfare centre, *Am.* maternity center.

Mutter|bild *n psych.* mother image; **~bindung** *f psych.* attachment (*od.* ties *pl.*) to one's mother; **~boden** *m* ⚒ topsoil; **~brust** *f* mother's breast.

Mütterchen *n* **1.** *Anrede*: mother (dear); **2.** ***altes ~*** little old lady, F old biddy.

Mutter|erde *f* topsoil; **~ersatz** *m* substitute mother; **~freuden** *pl.*: ***~ entgegensehen*** be expecting a baby; **~gesellschaft** *f* ☤ parent company; **~gestein** *n* bedrock; **~gewinde** *n* ⚙ female thread; **~glück** *n* joy(s *pl.*) of motherhood; **~gottes** *f* (Virgin) Mary; (*Abbild*) Madonna.

Mütterheim *n* maternity home.

Mutter|herz *n* motherly feelings *pl.*; **~instinkt** *m* maternal (*od.* motherly) instinct(s *pl.*); **~kirche** *f eccl.* mother church; **~komplex** *m psych.* mother fixation; **~korn** *n* ⚘ ergot; **~kuchen** *m* placenta; **~land** *n* mother country; **~leib** *m* womb.

mütterlich I. *adj.* motherly; (*der Mutter eigen*) maternal; **II.** *adv.* like a mother; ***~ umsorgen*** (*od.* ***umhegen***) *a.* mother *s.o.*; **mütterlicherseits** *adv.* on one's mother's side; maternal *uncle etc.*; **Mütterlichkeit** *f* motherliness.

Mutterliebe *f* motherly love.

mutterlos *adj.* motherless; (*a. adv.*) without a mother.

Mutter|mal *n* birthmark; **~milch** *f* mother's milk; ***mit ~ genährt*** breast-fed; *fig.* ***et. mit der ~ einsaugen*** learn s.th. from the cradle; **~mord** *m* matricide; **~mörder** *m* matricide; **~mund** *m anat.* uterine orifice, 📖 os uteri.

Mutternschlüssel *m* ⚙ spanner, *Am.* wrench.

Mutter|pflichten *pl. one's* duties as a mother; **~recht** *n* matriarchy; **~schaf** *n* ewe.

Mutterschaft *f* motherhood.

Mutterschafts|geld *n* maternity benefit; **~urlaub** *m* maternity leave; **~vertretung** *f* maternity cover.

Mutterschutz *m legal protection for expectant mothers.*

mutterseelenallein *adj.* all alone, all on one's own, F on one's tod.

Muttersöhnchen *n* mummy's (*Am.* mommy's) boy *od.* darling; (*Weichling*) sissy, cissy.

Muttersprache *f* mother tongue, native language; **Muttersprachler** *m* native speaker.

Mutterstelle *f*: ***~ vertreten bei j-m*** be like a (*od.* a second) mother to s.o.

Müttersterblichkeit *f* maternal mortality.

Mutter|tag *m* Mother's Day; **~tier** *n zo.* dam; **~witz** *m* nous; (*Schlagfertigkeit*) natural wit.

Mutti *f* mum(my), *Am.* mom(my); *als Anrede*: Mum(my), *Am.* Mom(my).

Mutwille *m* (*absichtliche Bosheit*) wil(l)fulness; **mutwillig I.** *adj.* wil(l)ful; *Zerstörung etc.*: *a.* wanton; **II.** *adv.*: ***~ zerstören*** *a.* vandalize; **Mutwilligkeit** *f* wil(l)fulness; wantonness, wanton nature (*gen.* of).

Mütze *f* cap; (*Woll*~) wool(l)y hat; **Mützenschirm** *m* peak.

Mykologie *f* mycology.

Myokarditis *f* ⚕ myocarditis.

Myom *n* ⚕ myoma.

Myopie *f* ⚕ myopia; **myopisch** *adj.* myopic.

Myriade *f* myriad.

Myrr(h)e *f* myrrh.

Myrte *f* myrtle.

mysteriös *adj.* mysterious.

Mysterium *n* mystery; (*Geheimnis*) *a. formell*: arcanum (*pl.* arcana).

Mystifikation *f* mystification; **mystifizieren** *v/t.* make a mystery of.

Mystik *f* mysticism; **Mystiker** *m* mystic; **mystisch** *adj.* **1.** *Symbol, Lehre etc.*: mystic; (*die Mystik betreffend*) mystical; **2.** (*geheimnisvoll*) mysterious; **Mystizismus** *m* mysticism.

Mythe *f* myth; **mythisch** *adj.* mythical.

Mythologe *m* mythologist; **Mythologie** *f* mythology; **mythologisch** *adj.* mythological; **mythologisieren** *v/t.* mythologize.

Mythos *m* **1.** myth; **2.** (*Legende, a. Person*) legend; ***zu Lebzeiten zum ~ werden*** become a legend in one's own lifetime, become a living legend.

M

N, n *n* N, n.

na *int.* well!; *überrascht, verärgert*: hey!; **~, ~!** come on (now), *sl.* oy!; **~ also!, ~ bitte!** see?, there you are, what did I tell you?; **~ ja** well(, what can one say?), *verlegen*: well(, you know); **~, ich weiß nicht** (well,) I'm not so sure; **~ gut!, ~ schön!** all right, *Am.* alright; **~ gut** *konzessiv*: fair enough; **~, so was!** fancy that, F what do you know; **~ und?** so (what)?; **~ warte!** just you wait!; **~ endlich!** about time too; **~, du?** *zum Kind*: well(, what have you got to say for yourself)?; **~, wie gehts?** how are things, then?; **~, denn mal los!** let's get going, then!; **~ und ob!** F you bet!; → **nanu.**

Nabe *f* hub.

Nabel *m* navel; *fig.* **~ der Welt** cent|re (*Am.* -er) of the universe; **~bruch** *m* ⚕ umbilical hernia; **~schau** F *f* F navel gazing; **~ betreiben** do some navel gazing, *längerfristig*: be all bound (*od.* wrapped) up with o.s.; **~schnur** *f*, **~strang** *m* umbilical cord.

Nabenkappe *f* hub cap.

nach I. *prp.* **1.** *räumlich*: to; (*bestimmt* **~**) for, bound for, *Richtung*: *a.* towards; **~ rechts** to the right; **~ unten** down, *im Haus*: downstairs; **~ oben** up, *im Haus*: upstairs; **~ England reisen** go to England; **~ England abreisen** leave for England; **der Zug ~ London** the train to London; *das Schiff* **fährt ~ Australien** is bound for (*od.* is going to) Australia; **~ Hause** home; → *a.* **nachhause; das Zimmer geht ~ hinten** (**vorn**) **hinaus** the room faces the back (front); **der Balkon geht ~ Süden** the balcony faces south; **Balkon ~ Süden** south-facing balcony; **wir fahren ~ Norden** we're travel(l)ing north (*od.* northwards); **die Blume richtet sich ~ der Sonne** the flower turns towards the sun; **~ dem Arzt schicken** send for the doctor; **2.** *zeitlich*: after; **fünf** (**Minuten**) **~ eins** five (minutes) past (*Am. a.* after) one; **~ zehn Minuten** ten minutes later; **~ einer Stunde** *von jetzt an*: in an hour('s time); **~ Ankunft** (**Erhalt**) on arrival (receipt); **3.** *Reihenfolge*: after; **einer ~ dem anderen** one by one, one after the other; **der Reihe ~** in turn; **der Reihe ~!** take it in turns!, one after the other!; *fig.* **~ ihm kommt lange keiner** he's in a class of his own, he's streets ahead of the rest; **4.** (*entsprechend*) according to; → *a.* **gemäß**; **~ dem, was er sagte** *a.* going by what he said; **~ Ansicht** *gen.* in (*od.* according to) the opinion of; **~ Gewicht verkaufen** sell by weight; **~ Bedarf** as required; **s-e Uhr stellen ~** set one's watch by *the radio etc.*; **wenn es ~ mir ginge** if I had my way; **dem Namen ~** by name; **s-m Namen** (**Akzent** *etc.*) **~** judging *od.* going by his name (accent *etc.*); **~ Musik** *tanzen*: to music; **~ Noten** from music; **es ist nicht ~ s-m Geschmack** it's not to his taste; **riechen** (**schmecken**) **~** smell (taste) of; **~ s-r Weise** in his usual way; **~ bestem Wissen** to the best of one's knowledge; **~ Stunden** (**Dollar** *etc.*) **gerechnet** in (terms of) hours (dollars *etc.*); → **Ermessen, Meinung** *etc.*; **5. ~ j-m fragen** ask for s.o.; **die Suche ~ dem Glück** *etc.* the pursuit of (*od.* search for) happiness *etc.*; **II.** *adv.* after; **mir ~!** follow me!; **~ und ~** gradually, bit by bit; **~ wie vor** still, as ever.

nachäffen *v/t.* ape, mimic, take off; *verbal*: *a.* parrot; **Nachäfferei** *f* aping, mimicking; *verbal*: *a.* parroting.

nachahmen *v/t.* imitate, copy; (*zum Vorbild nehmen*) (try to) emulate; → *a.* **nachäffen**; **nachahmenswert** *adj.* exemplary; **~es Beispiel** example worth following (*od.* trying to follow); **Nachahmer** *m* imitator; **~ finden** be imitated (*od.* copied, emulated); **Nachahmung** *f* **1.** imitation; **zur ~ empfohlen!** it's an example worth following; **2.** (*Imitation*) imitation, copy; **Nachahmungstrieb** *m* imitative instinct.

nacharbeiten I. *v/t.* **1.** (*nachholen*) make up (for); **2.** (*nachbilden*) copy; **3.** *im Herstellungsprozess*: finish; (*ausbessern*) touch up; **II.** *v/i.* (*Arbeitszeit etc. nachholen*) make up for lost time, catch up (on one's working hours); (*länger arbeiten*) work late.

nacharten *v/i.*: **j-m ~** take after s.o.

Nachbar(in *f*) *m* neighbo(u)r (*a. fig.*); *im Nebenhaus*: *a.* next-door neighbo(u)r; *im Klassenzimmer etc.*: person (*od.* girl, boy *etc.*) sitting next to one; → **spitz** 4.

Nachbar|dorf *n* neighbo(u)ring village; **~garten** *m* neighbo(u)rs' (*od.* neighbo[u]r's, neighbo[u]ring) garden, garden next door; **~haus** *n* house next door; **im ~** next door; **~insel** *f* neighbo(u)ring island; *pl. a.* islands round about; **~land** *n* neighbo(u)ring country.

nachbarlich I. *adj.* **1.** (*gut~*) neighbo(u)rly; **2.** *Garten etc.*: next-door ..., *pred.* next door; **II.** *adv.*: **~ verkehren mit** be on (good) neighbo(u)rly terms with.

Nachbarort *m* nearby village (*od.* town, place).

Nachbarschaft *f räumlich*: neighbo(u)rhood; (*Nachbarn*) neighbo(u)rs *pl.*; (*Nähe*) vicinity; **Nachbarschaftshilfe** *f* **1.** neighbo(u)rly help; **2.** *Sozialwesen*: community aid.

Nachbars|familie *f* family next door; **~frau** *f* lady next door; **~kind** *n* boy (*od.* girl) next door, *pl.* children next door; **~leute** *pl.* neighbo(u)rs, people next door.

Nachbar|staat *m* neighbo(u)ring state; **~tisch** *m*: (**am ~** at the) next table; **~volk** *n* neighbo(u)ring people (*sg.*) *od.* nation; **~wissenschaft** *f* related discipline; **~zimmer** *n* next room, room next door.

Nachbau *m* copy, reproduction; ⚙ **~ unter Lizenz** construction under licen|ce (*Am.* -se); **nachbauen** *v/t.* copy, reproduce.

Nachbeben *n* aftershock.

nachbehandeln *v/t.* **1.** ⚕ give *s.o. od. s.th.* follow-up treatment, *nach schwerem Eingriff*: *a.* give *s.o.* aftercare; **2.** ⚙ *etc.* finish; (*ausbessern*) touch up; **Nachbehandlung** *f* **1.** ⚕ follow-up treatment; aftercare; **2.** ⚙ *etc.* finishing work; touching-up.

nachbekommen *v/t.* **1.** (*Essen*) get another helping (*od.* more helpings) of; **2.** (*Ersatzteile etc.*) get *s.th.* (later on), get hold of.

nachbereiten *v/t. ped.* go over.

nachbessern *v/t.* amend, touch up, do some touching-up on; *weitS.* repair, do up; **Nachbesserung** *f* finishing touches *pl.*; *weitS.* repairs *pl.*

nachbestellen *v/t.* order some more of; ✝ place a repeat order for; **Nachbestellung** *f* repeat order (*gen.* for).

N

nachbeten F *v/t.* parrot; **Nachbeter** *m* parrot.
nachbezahlen I. *v/t.* pay for *s.th.* afterwards (*od.* later); (*noch etwas*) pay the rest; **II.** *v/i.* pay afterwards (*od.* later).
nachbilden *v/t.* copy, reproduce; *genau*: replicate; **Nachbildung** *f* copy, reproduction; *genaue*: replica.
nachblicken *v/i.*: ***j-m ~*** gaze after s.o., watch s.o. go *etc.*
Nachblüte *f a. fig.* second flowering.
nachbluten *v/i.* start bleeding again; **Nachblutung** *f* ✱ *a. pl.* secondary bleeding.
nachbohren F *fig. v/i.* probe, dig deeper; ***bei j-m wegen et. ~*** *a.* F pump s.o. for s.th.; ***da muss ich mal ~*** I'll have to do a bit of probing.
nachbringen *v/t.* bring (*od.* take) *s.th.* later.
nachchristlich *adj.*: ***im ersten ~en Jahrhundert*** in the first century AD.
nachdatieren *v/t.* antedate.
nachdem *cj.* **1.** *zeitlich*: after, when; ***~ sie das gesagt hatte*** after she had said that, (after) having said that, after saying that; **2.** *kausal*: since, as, seeing as; ***~ er es nicht wollte*** since (*od.* as, seeing as) he didn't want it; **3.** ***je ~!*** it all depends; ***je ~, was er sagt*** depending on what he says.
nachdenken I. *v/i.* think (***über*** about); ***ich werde darüber ~*** I'll think about it, I'll think it over; ***denk mal nach*** think (hard); ***darüber ~, wie*** (***warum*** *etc.*) think about *od.* consider how (why *etc.*); **II.** ♀ *n* thinking; (*Überlegung*) reflection; ***Zeit zum ~ brauchen*** need time to think (it over); ***in ~ versunken*** lost in thought; ***nach einigem ~*** after thinking about it, after giving it some thought; **nachdenklich** *adj.* (*gedankenvoll, a. adv.* ***~ gestimmt***) pensive, thoughtful; (*abwesend*) lost in thought; ***~es Gesicht*** thoughtful expression; ***du machst aber ein ~es Gesicht*** what are you looking so thoughtful about?; ***j-n ~ machen*** set s.o. thinking, (*stutzig machen*) have s.o. wondering; ***er wurde ~*** it had him thinking (*stutzig*: wondering); **Nachdenklichkeit** *f* pensiveness; *weitS.* (*Vorbehalt*) reservations *pl.*, doubts *pl.*
nachdichten *v/t.* (freely) adapt; **Nachdichtung** *f* (free) adaptation, free rendering.
nachdrängen *v/i. Menge etc.*: push from behind; *fig.* build up.
nachdrehen *v/t.* (*Szene*) reshoot.
Nachdruck[1] *m* (*Betonung*) stress, emphasis; ***~ legen auf, ~ verleihen*** *dat.* stress, emphasize; ***mit ~ auf et. hinweisen*** make a point of stressing s.th.; ***et. mit ~ verfolgen*** strenuously (*od.* vigorously) pursue s.th.; ***mit ~ für et. eintreten*** press for s.th.
Nachdruck[2] *m typ.* reprint; ***~ verboten*** all rights reserved; **nachdrucken** *v/t.* reprint.
nachdrücklich I. *adj.* emphatic; (*beharrlich*) insistent; (*streng*) firm; (*ausdrücklich*) explicit; ***~e Warnung*** (***Bitte***) urgent warning (plea); **II.** *adv.* emphatically; ***et. ~ empfehlen*** strongly recommend s.th.; ***~ warnen*** give *s.o.* an urgent warning; ***~ dementieren*** strenuously deny; ***et. ~ verlangen*** insist on s.th.; ***er riet ~ davon ab*** he strongly advised against it; ***ich habe dir doch ~ gesagt, dass ...*** didn't I make it quite clear to you that ...?; **Nachdrücklichkeit** *f* emphasis; insistence; firmness; explicitness; urgency; → ***nachdrücklich.***
nachdunkeln *v/i.* darken, get darker.
Nachdurst *m* (alcohol-induced) dehydration.
nacheifern *v/i.*: ***j-m ~*** (strive to) emulate s.o., try to follow in s.o.'s footsteps; **Nacheiferung** *f* emulation.
nacheilen *v/i.*: ***j-m ~*** hurry (*od.* run) after s.o.
nacheinander *adv.* one after the other; *zeitlich*: *a.* in succession; ***drei Tage ~*** three days running (*od.* in a row); ***kurz ~*** in quick succession, at short intervals.
nachempfinden *v/t.* **1.** (*Gefühle etc.*) understand; (*Erlebnis etc.*) imagine what *s.th.* is like; ***ich kann es dir ~*** I can understand exactly how you feel, I can really sympathize with you; **2.** ***et. ~*** *dat. nachschaffend*: model (*od.* base) s.th. on; ***e-r Sache nachempfunden sein*** *a.* be an adaptation of s.th.; **nachempfunden** *adj. Gefühl etc.*: shared; *Vergnügen, Erlebnis etc.*: vicarious.
Nachen *poet. m* boat; (*Barke*) barge, *poet.* bark, barque.
nacherleben *v/t.* relive.
Nachernte *f* **1.** second harvest; **2.** (*Nachlese*) gleaning; *konkret*: gleanings *pl.*
nacherzählen *v/t.* (*wiedergeben*) retell; *ped.* give a summary of; (*Film etc.*) tell the story of; **Nacherzählung** *f* summary; retelling of a story (in one's own words); recall test.
Nachfahr(e) *m* descendant.
nachfahren *v/i.* follow on; ***j-m ~*** follow s.o., *im Auto etc.*: *a.* drive after s.o.
nachfärben *v/t.* re-dye.
nachfassen I. *v/i.* **1.** (*nachhaken*) go into it; ***bei j-m ~*** remind s.o. (***wegen*** about); ***da muss ich mal ~*** *a.* I'll have to (ring up and) ask what's going on; **2.** *beim Essen*: have (*od.* take) another helping; ***zum dritten Mal ~*** have one's third helping; **II.** *v/t.* (*Essen*) have (*od.* take) another helping of, help o.s. to some more.
Nachfasswerbung *f* follow-up publicity.
nachfeiern *v/t.* celebrate *s.th.* later; ***et. ~*** *a.* catch up with the celebrations later.
Nachfolge *f* succession; ***die ~ antreten*** succeed to the throne (*od.* title *etc.*); ***j-s ~ antreten*** succeed s.o.; ***ein Favorit für die ~ von X*** a favo(u)rite for the succession of X; ***~kandidat*** *m* successor candidate; ***~konferenz*** *f* follow-up conference.
nachfolgen *v/i.* (*nachreisen etc.*) follow on; ***j-m ~*** follow s.o.; ***e-r Sache ~*** follow (on from) s.th.; ***j-m im Amt ~*** succeed s.o. in office; **nachfolgend** *adj.* subsequent; (*jetzt ~*) following; (*sich ergebend*) subsequent, ensuing, resulting; ***~er Verkehr*** traffic coming from behind; ***~er Präsident*** *etc.* incoming president *etc.*; ***die ~en Generationen*** later (*zukünftig*: *a.* future, coming) generations; ***im ♀en*** below.
Nachfolgeorganisation *f* successor organization.
Nachfolger(in *f*) *m* successor.
Nachfolgeregelung *f* regulations *pl.* governing the succession.
Nachfolgestaat *m hist.* successor state.
nachfordern *v/t.* demand *s.th.* in addition; put in a claim for an extra *thousand Euros etc.*; **Nachforderung** *f* additional demand (*od.* charge).
nachforschen *v/i.* investigate, inquire (*od.* look) into the matter; make inquiries (*od.* enquiries); **Nachforschung** *f* investigation, inquiry, enquiry; ***~en anstellen*** → ***nachforschen.***
Nachfrage *f* **1.** (*Erkundigung*) inquiry, enquiry; ***danke der ~!*** kind of you to ask; **2.** ♆ demand (***nach*** for); ***starke*** (***geringe***) ***~*** great (little) demand; → ***Angebot***; **nachfragen** *v/i.* ask (***bei j-m*** s.o.; ***bei*** *e-m Amt etc.*: at; ***wegen*** about), inquire (at; about); **Nachfrageschub** *m* ♆ surge in demand.
Nachfrist *f* extension.
nachfühlen *v/t.* understand; ***das kann ich dir ~*** I know exactly how you (must) feel.
nachfüllen *v/t.* (*et. Leeres*) refill; (*et. halb Leeres*) top up; ***j-m das Glas ~*** fill (*od.* top) up s.o.'s glass; **Nachfüllpack** *m* refill (pack).
nachgären *v/i.* ferment again; **Nachgärung** *f* secondary fermentation.
nachgeben I. *v/i.* **1.** *Person*: give in (*dat.* to), yield (to), relent; ***zu schnell ~*** give in too easily; ***j-m zu viel ~*** be too soft with s.o.; **2.** *Material*: give; *Gemäuer etc.*: give way, *völlig*: collapse; **3.** ♆ *Kurse, Preise*: drop; **II.** *v/i. u. v/t.*: ***j-m*** (***et.***) ***~*** *beim Essen*: give s.o. another helping (of s.th.); ***j-m Kartoffeln*** *etc.* ***~*** *a.* give s.o. some more potatoes *etc.*; ***sich*** (***et.***) ***~ lassen*** have another helping (of s.th.); **III.** *fig. v/t.*: ***einander nichts ~*** (*ebenbürtig sein*) be equals, be just as good (*od.* bad *etc.*) as each other; ***j-m nichts ~*** be just as good as s.o.
nachgeboren *adj.* **1.** posthumous; **2.** (*jünger*) younger; (*spät geboren*) late-born.
Nach|gebühr *f* ✉ excess postage, (postal) surcharge; **♀geburt** *f* ✱ afterbirth, placenta.
nachgehen *v/i.* **1.** ***j-m ~*** follow (*od.* go after) s.o.; **2.** (*e-m Beruf*) pursue; (*Geschäften*) see to; (*s-n Neigungen*) indulge in; (*Vergnügen*) pursue; **3.** *fig.* ***j-m ~*** (*im Gedächtnis haften*) linger in s.o.'s mind, (*verfolgen*) haunt s.o.; (*j-s Gewissen belasten*) prey on s.o.'s mind, *stärker*: weigh heavily on s.o.'s conscience; ***die Sache geht ihm nach*** he's haunted by it; ***mir geht es ziemlich nach*** *a.* I can't get it out of my mind, I can't stop thinking about it; **4.** (*e-m Vorfall etc.*) look into, follow *s.th.* up, investigate; **5.** *Uhr*: be slow; ***jeden Tag zwei Minuten ~*** lose two minutes a day.
nach|gelassen *adj. Werk*: posthumous; ***~gemacht*** *adj.* (*gefälscht*) counterfeit; (*künstlich*) imitation ...; ***~geordnet*** *adj.* subordinate.
nachgerade *adv.* **1.** (*praktisch*) virtually; (*fast*) almost; (*nichts anderes als*) absolutely; (*wirklich*) really; **2.** (*inzwischen*) by now; **3.** (*allmählich*) slowly, gradually.
nachgeraten *v/i.*: ***j-m ~*** take after s.o.
Nachgeschmack *m* aftertaste (*a. fig.*); *fig.* ***es hinterlässt e-n*** (***unangenehmen***) ***~*** *a.* it leaves a bad taste in your mouth.
nachgestellt *adj. ling.* postpositive; ***~e Position*** postposition.
nachgewiesenermaßen *adv.* as has been proved (*od.* shown); ***er ist ~ ...*** he has been proved to be ...
nachgiebig *adj.* **1.** (*weich*) soft; (*elastisch*) pliable, flexible; **2.** *Person*: compliant; (*weich*) soft; **Nachgiebigkeit** *f* **1.** *e-r Sache*: flexibility, pliability; **2.** *e-r Person*: compliance.
nach|gießen *v/t.* (*Tee etc.*) pour (out) some more; *beim Kochen etc.*: add some

more; ***darf ich dir noch etwas Kaffee ~?*** can I pour you some more coffee?, can I top you up again?; **~glühen I.** *v/i.* continue to glow; **II.** ♀ *n* afterglow; **~grübeln** *v/i.* brood (***über*** over); **~gucken** *v/i.* → ***nachsehen*** I; **~haken** *v/i.* broach the subject again; go into it; do a bit of probing; ***bei j-m ~*** press s.o. (***in*** *e-r Sache*: on).

Nachhall *m* reverberation; *fig.* echo; **nachhallen** *v/i.* reverberate; *fig.* echo.

nachhaltig I. *adj.* lasting; ***~e Entwicklung*** sustainable development; ***~er Geschmack*** lingering aftertaste, *bei Wein*: long finish; **II.** *adv.* (*lange Zeit*) for a long time; (*stark, tief*) strongly, deeply; ***~wirken*** have a lasting (*od.* long-term) effect, *weitS. a.* make itself felt for a long time (*zukünftig*: to come); ***j-n ~ beeindrucken*** a) leave a lasting impression on s.o., b) deeply impress s.o.; ***~ beeinflussen*** have a lasting effect on.

nachhängen *v/i.* **1.** (*e-m Problem etc.*) dwell on; (*Träumen, Erinnerungen*) hang onto; **2.** (*nicht mitkommen*) lag behind.

nachhause *östr., schweiz.*, **nach Hause** *adv.* home; ***j-n ~ bringen*** take (*od.* see) s.o. home.

Nachhauseweg *m*: (***auf dem ~*** on the) way home.

nachhelfen *v/i.* **1.** *auf Personen bezogen*: help (out); ***j-m in et. ~*** help s.o. (out) with s.th., (*Nachhilfeunterricht geben*) *a.* coach s.o. in s.th., give s.o. private lessons in s.th.; F ***bei j-m ~*** help s.o. along, (*j-n antreiben*) push s.o. (along); F *iro.* ***j-m*** (*od.* ***j-s Gedächtnis***) ***ein wenig ~*** jog s.o.'s memory; **2.** *auf Sachen bezogen*: help things along, *mit zweifelhaften Mitteln*: use a trick or two; ***e-r Sache ~*** help s.th. along; ***den Dingen etwas ~*** steer things in the right direction; ***dem Zufall*** (***Glück***) ***~*** help fate (fortune) along the way, give fate (fortune) a helping hand.

nachher *adv.* afterwards; (*später*) later (on); ***bis ~!*** see you later!; ***pass auf, sonst passiert ~ was!*** watch out, otherwise there's going to be an accident (*od.* there'll be an accident before you know it).

Nachhilfe *f* → ***Nachhilfeunterricht***; **~lehrer(in** *f*) *m* coach, private tutor; **~schüler(in** *f*) *m* private pupil; **~stunde** *f* private lesson; **~unterricht** *m* private lessons *pl.*, coaching.

Nachhinein *n*: ***im ~*** afterwards; (*rückblickend*) in retrospect, with hindsight; (*wenn es zu spät ist*) after the event.

nachhinken *fig. v/i.* lag behind (*dat. s.th.*).

Nachholbedarf *m* ✝ *etc.* (unsatisfied) demand (***an*** for); *fig.* (unsatisfied) need (for); ***großen ~ haben*** have a lot of catching up to do, have to make up for lost time; **nachholen** *v/t.* **1.** fetch later; **2.** (*Versäumtes*) make up for; (*Schlaf, Lernstoff etc.*) catch up on; **Nachholspiel** *n* rescheduled match (*od.* game).

Nachhut *f* rearguard; ***die ~ bilden*** *a. fig.* bring up the rear.

nachimpfen *v/t.* give *s.o.* a booster; **Nachimpfung** *f* booster, reinoculation.

nach|jagen I. *v/i.* chase (after); run after; *fig.* (*dem Geld etc.*) chase after; **II.** *v/t.* (*j-m ein Telegramm etc.*) send after *s.o.*; **~jammern** *v/i.*: ***e-r Sache ~*** mourn the loss of s.th., mourn after s.th.

Nachklang *m* **1.** echo (in one's ear); **2.** *fig. von Vergangenem*: reminiscence; (*Wirkung*) (after)effect; ***unangenehmer ~*** unpleasant repercussions; **nachklingen** *v/i.* echo, *a. fig. Worte*: linger, ring in one's ears; *fig.* ***lange ~*** leave a deep impression (***in j-m*** on s.o.), linger on (in s.o.['s mind]).

Nachkomme *m* descendant; ***ohne ~n sterben*** *formell*: die without issue.

nachkommen *v/i.* **1.** (*später kommen*) follow (on) later; **2.** (*folgen*) follow; **3.** (*Schritt halten*) keep up (*dat.* with); **4.** (*e-m Wunsch, Befehl*) comply with; (*e-r Pflicht, e-m Versprechen*) fulfil(l), carry out.

Nachkommenschaft *f* descendants *pl.*

Nachkömmling *m* **1.** → ***Nachkomme***; **2.** (*Kind*) late arrival, *hum.* afterthought.

nachkontrollieren *v/t.* check *s.th.* again (*od.* to make sure); ***et. ~*** *a.* do a double check.

Nachkriegs|generation *f* postwar generation; **~geschichte** *f* postwar history; **~literatur** *f* postwar literature; **~wirren** *pl.* postwar turmoil *sg.*; **~zeit** *f* postwar era (*od.* years *pl.*).

nachladen *v/t. u. v/i.* reload; ⚡ (*Akku*) recharge.

Nachlass *m* **1.** (*Erbschaft*) estate; ***literarischer ~*** unpublished works; **2.** (*Preis*♀) discount (***auf*** on), reduction (on).

nachlassen I. *v/t.* **1.** (*lockern*) slacken; **2.** ***etwas ($ 10) vom Preis ~*** give a discount (of $10); **II.** *v/i.* (*sich vermindern*) decrease, diminish; (*schwächer werden*) weaken; (*schlechter werden*) deteriorate; *Interesse*: flag; *Tempo*: slacken; *Wind*: drop; *Sturm, Regen*: let up; *Augen, Gesundheit etc.*: deteriorate, begin to fail; *Schmerz*: ease; *Wirkung*: wear off; *Fieber*: go down; *Person*: slack; *Leistung, Preise, Produktion etc.*: drop; ***nicht ~!*** no slacking!; ***mein Gedächtnis*** (***Hirn***) ***lässt allmählich nach*** my memory (brain) is (slowly) going.

Nachlass|gericht *n* probate court; **~gläubiger** *m* creditor of the estate.

nachlässig *adj.* (*lässig*) careless, negligent; (*schlampig*) slovenly, sloppy; (*gleichgültig*) indifferent; **Nachlässigkeit** *f* negligence, carelessness; slovenliness; ***~en*** *pl.* sloppy practices; → ***nachlässig***.

Nachlass|steuer *f* estate tax; **~verwalter** *m* executor.

nachlaufen *v/i.* run after (*dat. s.o. od. s.th.*); (*e-m Mädchen*) chase (*od.* run, be) after; *fig.* (*dem Glück etc.*) chase after.

nachleben I. *v/i.* (*e-m Vorbild etc.*) live up to, emulate; **II.** ♀ *n* afterlife.

nachlegen I. *v/t.* put some more *coal etc.* on; **II.** *v/i.* put some more coal (*od.* wood *etc.*) on (the fire).

Nachlese *f* ✓ gleaning; *konkret*: gleanings *pl.*; *fig.* selection (of highlights), *literarische*: selection of previously unpublished works; **nachlesen** *v/t.* **1.** ✓ glean; **2.** *im Buch*: read (through), (*sich informieren*) read up on, (*nachschlagen*) check, look up.

nachleuchten I. *v/i.* continue to glow; **II.** ♀ *n* afterglow; *phys.* luminescence.

nachliefern *v/t.* send on (later), supply; **Nachlieferung** *f* later (*od.* additional) delivery.

nach|lösen *v/t.* (*u. v/i.*) buy (a ticket) on the train *etc.* (*od.* at the other end); **~machen** *v/t.* **1.** copy (***j-m et.*** s.th. s.o. does); (*nachäffen*) imitate, mimic, F take off; (*fälschen*) forge; ***das soll mir erst mal einer ~!*** I'd like to see anyone do better; ***so schnell macht ihm das keiner nach*** he's hard to beat (when it comes to that); **2.** (*nachholen*) do (later) ***~ müssen*** still have to do; **~malen** *v/t.* copy.

nachmalig *adj.* later, subsequent; **nachmals** *adv.* later, subsequently.

nachmessen *v/t.* measure (again), check (the measurements of).

Nachmieter *m* new tenant; next tenant; ***sein ~*** the person who took over his flat (*Am.* apartment); ***ich muss e-n ~ suchen*** I've got to find someone to take over the flat (*Am.* apartment).

Nachmittag *m* afternoon; ***am ~*** in the afternoon; ***am späten ~*** (in the) late afternoon; ***heute ~*** this afternoon; **nachmittäglich** *adj.* afternoon ...; **nachmittags** *adv.* in the afternoon(s), afternoons ***~ geschlossen*** open mornings only.

Nachmittagsvorstellung *f* matinee.

Nachnahme *f* cash (*Am.* collect) on delivery (*abbr.* COD); ***gegen*** (*od.* ***per***) ***~*** COD, to be paid for on delivery; ***per ~ schicken*** send COD; **~gebühr** *f* COD charge; **~sendung** *f* COD delivery (✝ *a.* consignment).

Nachname *m* surname, last name.

nach|nehmen *v/t.*: ***sich et. ~*** have (*od.* take) another helping of, have (*od.* take) some more; ***nimm dir noch etwas nach!*** have some more; **~plappern I.** *v/t.* parrot, repeat; **II.** *v/i.* parrot.

Nachporto *n* excess postage.

nachprägen *v/t.* (*kopieren*) copy; *illegal*: *a.* forge, counterfeit.

nachprüfbar *adj.* verifiable; **Nachprüfbarkeit** *f* verifiability; **nachprüfen** *v/t.* **1.** check; (*untersuchen*) investigate; **2.** *ped.* (*nochmals prüfen*) re-examine; (*später prüfen*) examine at a later date; **Nachprüfung** *f* **1.** check(ing); inspection; **2.** *ped.* (*Wiederholungsprüfung*) re-examination; (*spätere Prüfung*) examination at a later date.

nachrechnen *v/t. u. v/i.* check; ***ich muss erst ~*** (*überlegen*) let me think (*od.* try and work it out).

Nachrede *f*: ***üble ~*** malicious gossip, ⚖ defamation (of character), *mündlich*: *a.* slander; **nachreden** *v/t.* repeat; *contp. gedankenlos etc.*: parrot, echo; ***j-m et. ~*** say s.th. about s.o.; → *a.* ***nachsagen***.

Nachredner *m* follow-up (*od.* next) speaker.

nach|reichen *v/t.* **1.** (*Unterlagen etc.*) hand *s.th.* in (*od.* send *s.th.* on) later; **2.** *beim Essen*: serve some more; ***j-m et. ~*** *a.* give s.o. another helping of s.th.; **~reifen** *v/i.* carry on ripening; **~reisen** *v/i.* follow on (later), come on later; ***j-m ~*** join s.o. later; **~rennen** *v/i.* → ***nachlaufen***.

Nachricht *f*: (***e-e ~*** a piece of) news (*sg.*); (*Botschaft, Mitteilung*) message; ***~en*** *Radio, TV*: news (*sg.*); ***in den ~en*** in (*TV* on) the news; ***~en hören*** (***sehen***) listen to (watch) the news; ***die ~ vom Erdbeben*** *etc.* (the) news of the earthquake *etc.*; ***e-e gute*** (***schlechte***) ***~*** good (bad) news; ***~ bekommen von*** hear from; ***die ~ bekommen, dass*** be informed that, receive news of *s.o. od. s.th. ger.*; ***j-m ~ geben*** let s.o. know (***über*** about), inform s.o. (of); ***e-e ~ hinterlassen*** leave a message.

Nachrichten|agentur *f* news (*od.* press) agency, *Am. a.* wire service; **~austausch** *m* news exchange; **~beitrag** *m* news item; **~büro** *n* → ***Nachrichtenagentur***; **~dienst** *m* **1.** (*Geheimdienst*) intelligence service; **2.** *TV etc.* news service; **~industrie** *f* communications industry; **~magazin** *n* news magazine; **~netz** *n* communications network; **~quelle** *f* news (*od.* information) source; **~redaktion** *f* newsroom; **~satellit** *m* communications satellite; **~sendung** *f* news broadcast (*od.* program[me]), *Am.* newscast; **~sperre** *f* news blackout; ***e-e ~ verhängen*** impose a ban on all news; **~sprecher(in** *f*) *m* newsreader, news presenter, *Am.* newscaster; **~studio** *n* news studio; **~technik** *f* communications engineering; **~übermittlung** *f* news transmission; **~wesen** *n* communications *pl.*; **~zentrale** *f* news cent|re (*Am.* -er).

nachrücken *v/i.* **1.** move up (*a. fig.*); **2.** ⚔ follow on; **3.** *parl.* ***für j-n ~*** take over s.o.'s seat in parliament; **Nachrücker** *m parl.* successor (to a *od.* the parliamentary seat).

Nachruf *m* obituary (***auf*** on); **nachrufen I.** *v/i.*: ***j-m ~*** call (*lauter*: shout) after s.o.; **II.** *v/t.*: ***j-m et. ~*** call (*lauter*: shout) s.th. after s.o.

Nachruhm *m* posthumous fame; **nachrühmen** *v/t.*: ***ihm wird nachgerühmt, dass er ein guter Vermittler sei*** he's said to be (*od.* credited with being, known as) a good mediator.

nach|rüsten I. *v/i.* ⚔ stock up on arms, (try to) close the armaments gap; **II.** *v/t.* ⚙ *etc.* retrofit, *weitS.* extend, expand; (*Computer etc.*) upgrade; **~sagen** *v/t.* **1.** repeat; *contp. gedankenlos etc.*: parrot, echo; **2.** ***j-m et. ~*** claim s.th. of s.o.; ***j-m Schlechtes ~*** speak badly (*formell*: ill) of s.o., cast a slur on s.o.; ***j-m nur Gutes ~*** not to have a bad word to say about s.o.; ***man kann ihm nichts Schlechtes*** (***Gutes***) ***~*** there's nothing bad to be said about him (there's not a good word to be said for him); ***man sagt ihm nach, dass*** he's said to *inf.*; ***ihr wird Unehrlichkeit*** *etc.* ***nachgesagt*** she's said to be dishonest *etc.*; ***das lasse ich mir nicht ~!*** I won't have that said of me; ***ich lasse mir nichts ~*** I won't have anyone speak badly of me.

Nachsaison *f* low (*od.* off-peak) season.

nachsalzen *v/i. u. v/t.* add some more salt (to).

Nachsatz *m* **1.** additional (*od.* added) remark; *schriftlich*: *a.* postscript; ***et. in e-m ~ erwähnen*** mention s.th in addition; **2.** *ling.* final clause.

nach|schauen *v/i.* → ***nachsehen***; **~schenken** *v/t. u. v/i.* pour some more (wine *etc.*) out; ***darf ich dir*** (***etwas Wein***) ***~?*** can I pour you some more wine?, can I top you up again?; **~-schicken** *v/t.* **1.** → ***nachsenden*** 1, 2; **2.** ***j-n j-m ~*** send s.o. after s.o.; **3.** (*Bemerkung etc.*) add.

Nachschlag *m beim Essen*: second helping.

nachschlagen I. *v/t.* **1.** (*e-e Stelle, ein Wort*) look up; **II.** *v/i.* **2.** look s.th. (*od.* it) up; ***~ in*** *a.* check (it) in; **3.** ***j-m ~*** take after s.o.; **Nachschlagewerk** *n* reference book (*od.* work).

nach|schleichen *v/i.*: ***j-m ~*** creep after s.o.; (*beschatten*) shadow s.o.; **~schleifen** *v/t.* **1.** ⚙ regrind; **2.** (*Schal etc.*) trail (along) behind one; (*schleppen*) drag *od.* lug (behind one); (*Bein*) drag; **~schleppen** *v/t.* drag *od.* lug (behind one).

Nachschlüssel *m* duplicate key; (*Dietrich*) skeleton key.

nach|schmecken *v/i.* have (*od.* leave) an aftertaste; **~schmeißen** *v/t.* **1.** ***j-m et. ~*** throw s.th. after s.o.; **2.** *fig.* ***sie werden einem nachgeschmissen*** F they're ten a penny (*od.* dirt cheap); ***das ist ja nachgeschmissen*** that's dirt cheap, that's (next to) nothing; **~schminken** *v/t.*: ***j-n ~*** freshen up s.o.'s makeup; **~schreiben** *v/t. nach Diktat*: take down; (*abschreiben*) copy; *ped.* (*Arbeit etc.*) do later; ***e-e Arbeit zwei Wochen später ~*** do (*od.* sit) a test two weeks later.

Nachschrift *f in Briefen*: postscript (*abbr.* PS, P.S.).

Nachschub *m* **1.** ⚔ supplies *pl.*; (*Verstärkung*) reinforcements *pl.*; **2.** *fig.* supply (***an*** of), supplies *pl.* (of); ***für ~ sorgen*** keep the supplies coming (in), *an Arbeit*: make sure there's enough work to go round.

Nachschuss *m* **1.** *Sport*: follow-up shot; **2.** → ***~zahlung*** *f* additional payment.

nachschwatzen F *v/t.* parrot.

nachsehen I. *v/i.* **1.** (*nach et. sehen*) go and see, (go and) have a look, *zur Sicherheit*: *a.* go and check (*od.* make sure); ***da hätte ich ja als Erstes nachgesehen*** that would have been the first place to look, surely; **2.** ***j-m ~*** gaze after s.o., follow s.o. with one's gaze, *beim Weggehen*: watch s.o. go; ***e-m*** *Auto etc.* ***~*** follow *s.th.* with one's gaze, *beim Wegfahren etc.*: watch *s.th.* leave (*od.* fly off *etc.*); **3.** → ***nachschlagen*** II; **II.** *v/t.* **4.** (*prüfen*) examine, inspect; (*kontrollieren*) check; (*Schulhefte*) correct; **5.** ***j-m s-e Fehler*** *etc.* ***~*** overlook (*od.* turn a blind eye to) s.o.'s mistakes *etc.*; **III.** ≈ *n*: ***das ~ haben*** lose out, (*nichts bekommen*) *a.* go away empty-handed.

Nachsendeanschrift *f* forwarding address; **nachsenden** *v/t.* **1.** (*weiterleiten*) send on, forward; ***bitte ~!*** please forward; **2.** *später*: send on (later).

nachsetzen *v/i.*: ***j-m ~*** go (*od.* run) after s.o., chase (after) s.o., be after s.o., be at s.o.'s heels.

Nachsicht *f* forbearance; (*Geduld, Toleranz*) patience, tolerance; (*Milde*) leniency; ***~ üben*** be lenient; ***mit ~ behandeln*** show (some) leniency towards, make allowances for, not to be too hard on; ***da kenn ich keine ~*** I have no sympathy for that sort of thing; **nachsichtig** *adj.* indulgent (***gegenüber*** towards, with), *formell*: forbearing; (*geduldig, tolerant*) patient (with), tolerant (towards); **nachsichtsvoll** *adj.* → ***nachsichtig.***

Nachsilbe *f ling.* suffix.

nach|sinnen *v/i.* reflect (***über*** on), muse (over, on), ponder (over, on); **~sitzen** *v/i. Schule*: be kept in, have detention; ***j-n ~ lassen*** give s.o. detention.

Nach|sommer *m* late (*od.* Indian) summer; **~sorge** *f* ⚕ aftercare; **~spann** *m Film*: credits *pl.*; **~speise** *f* → ***Nachtisch***; **~spiel** *n* **1.** *thea.* epilog(ue); ♪ postlude; **2.** *fig.* sequel; ***es hatte ein ~*** there was a sequel (to it); ***es wird noch ein ~ geben*** the matter won't rest at that, there are bound to be consequences; **3.** *sexuelles*: afterplay.

nach|spielen I. *v/t.* ♪ play; ***j-m et. ~*** play s.th. after s.o., (*auf gleiche Weise*) play s.th. like s.o., *engS.* copy s.th. from s.o.; **II.** *v/i. Sport*: play time; ***~ lassen*** add time on for injuries; **~spionieren** *v/i.* spy (*dat.* on).

nachsprechen I. *v/t.* repeat (***j-m et.*** what s.o. has just said); **II.** *v/i.*: ***sprechen Sie mir nach*** repeat after me; **Nachsprechübung** *f* repetition drill.

nach|spülen I. *v/t.* **1.** rinse; **II.** *v/i.* **2.** rinse; *im Abfluss*: run water down the sink *etc.*; **3.** F wash everything (*od.* it) down (***mit*** with); **~spüren** *v/i.* **1.** ***j-m ~*** (*folgen*) follow (*od.* shadow) s.o.; (*nachspionieren*) spy on s.o.; **2.** (*e-m Problem, Verbrechen etc.*) look into, investigate; (*e-m Geheimnis etc.*) try to get to the bottom of.

nächst I. *adj. Reihenfolge, Zeit*: next; (*~gelegen*) nearest; ***~en Sonntag*** next Sunday, Sunday next; ***am ~en Tag*** the next (*od.* following) day; ***aus ~er Entfernung*** at close range; ***bei ~er Gelegenheit*** as soon as I get (*od.* he gets *etc.*) a chance, at the next best opportunity; ***im ~en Augenblick*** the next minute; ***in den ~en Tagen*** in the next few days; ***in ~er Zeit*** (some time) soon; ***~es Mal*** next time; → *a.* ***Mal*** 1; ***die ~en Verwandten*** s.o.'s nearest relatives; **II.** *substantivisch*: ***der, die, das ≈e*** the next one (*od.* person, thing *etc.*); ***was kommt als ≈es?*** what's next (on the agenda)?; ***der ≈e, bitte!*** next, please!; ***du bist als ≈er dran*** it's your turn next, you're next; → ***Nächste(r)***; **III.** *adv.*: ***am ~en*** nearest; ***fürs ≈e*** for the time being; ***j-m am ~en stehen*** be nearest to s.o.('s heart); ***e-r Sache am ~en kommen*** come closest to s.th.; **IV.** *prp.* next to, close to; *fig. im Rang etc.*: after; ***~ der Musik ist ihm die Lyrik am wichtigsten*** after (*od.* apart from) music, poetry is the most important thing for him.

nachstarren *v/i.*: ***j-m*** (***e-r Sache***) ***~*** stare after s.o. (s.th.); ***er starrte ihr einfach nach*** *a.* he couldn't take his eyes off her.

nächstbest *adj.* next best; (*irgendein*) *a.* F any old; ***ins ~e Restaurant*** *etc.* ***gehen*** *a.* go into the first restaurant *etc.* one happens to find (*od.* come across); ***bei der ~en Gelegenheit*** at the next best opportunity, as soon as I *etc.* get a chance; **Nächstbeste(r** *m*) *f*, **Nächstbeste(s)** *n* (*irgendein, -er, -e*) *the* next best person (*od.* thing, hotel *etc.*), *the* first hotel *etc.* one happens to find (*od.* come across).

Nächste(r) *m* (*Mitmensch*) fellow human being; *bibl.* neighbo(u)r; ***jeder ist sich selbst der Nächste*** charity begins at home; *bibl.* ***du sollst deinen Nächsten lieben wie dich selbst*** thou shalt love thy neighbo(u)r as thyself.

nachstehen *v/i.*: ***keinem ~*** be second to none; ***sie steht ihm in nichts nach*** she can take him on any time; **nachstehend** *adj.* following; ***siehe ~e Beschreibung*** see description below.

nachsteigen *v/i.* **1.** ***j-m ~*** climb (up) after s.o.; **2.** F be (*od.* run) after *a girl*.

nachstellen I. *v/t.* **1.** ⚙ (*justieren*) (re)adjust, reset; (*Uhr*) put back; **2.** *ling.* place after (s.th.); **II.** *v/i.*: ***j-m ~*** be after s.o., chase s.o., (*e-m Tier*) hunt; **Nachstellung** *f* **1.** ⚙ (re)adjustment; **2.** *ling.* postposition; **3.** *mst pl.* (*Verfolgung*) persecution; (*Annäherungsversuche*) advances *pl.*

Nächstenliebe *f* charity.

nächstens *adv.* soon, before long; F ***~ heiratet er sie noch!*** he'll be marrying her next (*od.* before we know it).

Nächster *m* → ***Nächste(r).***

nächst|folgend *adj.* following, next; **~gelegen** *adj.* nearest; **≈größere(r** *m*), *f*, **≈größere(s)** *n the* next size up; **~hö-**

N

her *adj.* next *position etc.* up; **~jährig** *adj.* next year's; **~liegend** *adj.* nearest; *fig.* ***das ≈e*** (*das Einleuchtendste*) the (most) obvious thing (to do *etc.*), *nach Priorität*: the next thing (to do *etc.*); **~möglich** *adj.* next possible, *zeitlich*: *a.* earliest possible; ***zum ~en Termin*** at the earliest possible date, as soon as possible.

nach|streben *v/i.* (*e-r Sache*) strive after, aspire to; (*j-m*) emulate; **~strömen** *v/i.* **1.** *Wasser, Gas etc.*: come gushing (out) after; **2.** *fig. Menschen etc.*: follow in their hundreds (*od.* thousands); **~stürzen** *v/i.* (*nachrennen*) rush after; **~suchen** *v/i.* **1.** have a (good) look, look and see; **2.** ***um et. ~*** apply for s.th.

Nachsynchronisation *f* post-dubbing, F post-sync; **nachsynchronisieren** *v/t.* (*Film*) post-dub, F post-sync.

Nacht *f* night; ***bei ~*** at night; ***bei ~ und Nebel, im Schutze der ~*** under cover of darkness, *weitS.* (*heimlich*) clandestinely; ***bis in die ~ arbeiten*** work till late in the night; ***bis tief in die ~*** until (*od.* right into) the small hours (of the night); ***heute ~*** (*letzte ~*) last night, (*kommende ~*) tonight; ***gestern ~*** last night; ***Freitag ~*** Friday night; ***in finsterer ~*** at the dead of night; ***gute ~!*** *a. iro.* goodnight!; ***die ganze ~*** (***hindurch***) all night (long); ***über ~*** overnight (*a. fig.*); ***die ~ zum Tage machen*** turn night into day; ***es wird ~*** it's getting dark; ***hässlich wie die ~*** ugly as sin; → ***mitten, Ohr, schwarz*** I.

nachtaktiv *adj. zo.* nocturnal.

nachtanken I. *v/i.* fill up (the tank), get some more petrol (*Am.* gas); **II.** *v/t.*: ***10 Liter ~*** put in another 10 lit|res (*Am.* -ers), put another 10 lit|res (*Am.* -ers) in the tank.

Nacht|arbeit *f* night work, night shift(s *pl.*); **~asyl** *n* night shelter; **~ausgabe** *f* late edition; **~beleuchtung** *f* dimmed lights *pl.* (*od.* lighting); **≈blau** *adj.* midnight blue.

nachtblind *adj.* night blind; **Nachtblindheit** *f* night blindness.

Nachtdienst *m* night duty (*od.* shift); ***~ haben*** *Apotheke etc.*: be open all night, (*Schichtdienst haben*) be on night duty (*od.* shift).

Nachteffektaufnahme *f Film*: day for night shot.

Nachteil *m* disadvantage (**an** of); (*Mangel*) *a.* drawback, shortcoming; *Sport u. fig.*: handicap; ***die Sache hat nur einen ~*** there's just one disadvantage in it; ***im ~ sein*** be at a disadvantage (***j-m gegenüber*** compared with s.o.); ***ich bin ihr gegenüber im ~*** *a.* she's got an advantage over me; ***von ~ sein*** be disadvantageous, be a disadvantage; ***zum ~ von*** to the detriment of; ***sich zu s-m ~ verändern*** change for the worse; ***j-m zum ~ gereichen*** be to s.o.'s disadvantage (*od.* detriment); ***e-r Sache zum ~ gereichen*** be to the detriment of s.th.; ***dadurch entstehen uns nur ~e*** it will only bring us disadvantages; ***es soll nicht dein ~ sein*** it won't be to your disadvantage, you only stand to gain by it; **nachteilig I.** *adj.* disadvantageous; (*schädlich*) detrimental; ***~e Folgen*** negative consequences; **II.** *adv.*: ***~ behandeln*** → ***benachteiligen***; ***~ beeinflussen, sich ~ auswirken auf*** have a detrimental (*od.* an adverse) effect on.

Nachteinsatz *m* ⚔ night mission, night (-time) operation.

nächtelang I. *adj.*: ***~e Gespräche*** *etc.* night after night of discussion(s) *etc.*; **II.** *adv.* for nights on end, night after night.

Nachteule F *fig. f* night owl.

Nachtfahrverbot *n* ban on nighttime driving; ***Lastwagen haben ~*** *a.* lorries (*bsd. Am.* trucks) aren't allowed on the roads at night.

Nachtfalter *m* moth.

Nachtflug *m* night flight; *pl. a.* night flying *sg.*; **~verbot** *n* ban on nighttime flying.

Nachtfrost *m* night(time) frost; *meteor.* ***strenger ~*** severe overnight frost; **~gefahr** *f* possible nighttime frost.

Nacht|gebet *n* evening prayer; *bsd. für Kinder*: bedtime prayer; **~gespenst** *n* ghost; F ***aussehen wie ein ~*** look like a ghost; **~hemd** *n* nightdress, F nightie; (*Männer≈*) nightshirt; **~himmel** *m* night sky, sky at night.

Nachtigall *f* nightingale; F ***~, ick hör dir trapsen*** F I get the picture (now), *engS.* so that's what he's *etc.* after(, is it?).

nächtigen *v/i.* spend the night; → *a.* ***übernachten.***

Nachtisch *m* dessert, sweet, F afters (*sg.*), pudding.

Nacht|kästchen *östr., südd. n* beside table; **~klub** *m* night club; **~lager** *n* place to sleep, place for the night; (*Bett*) bed; **~leben** *n e-r Stadt etc.*: night life; *e-r Person*: *a.* nighttime activities *pl.*

nächtlich *adj.* nightly, nocturnal; ***~e Ausgangssperre*** dusk-to-dawn (*od.* nighttime) curfew; ***~e Ruhestörung*** nighttime disturbance(s); ***~es Treiben*** *e-r Person*: night life, nighttime (*iro.* nocturnal) activities *pl.*; *e-r Stadt etc.*: bustling night life.

Nacht|licht *n* **1.** *für Kinder*: glowlight; **2.** F (*Person*) night owl; **~lokal** *n* night club, *Am. a.* nightspot; **~luft** *f* night air; **~mahl** *östr. n* evening meal; dinner; supper; **~mensch** *m* night owl; **~mette** *f* nocturn.

nachtönen[1] *v/i.* echo, linger; → *a.* ***nachklingen.***

nachtönen[2] *v/t. farblich*: retint.

Nacht|portier *m* night porter; **~programm** *n Radio etc.*: nighttime program(me)s *pl.*; **~quartier** *n* place for the night.

Nachtrag *m* supplement, addendum; *in e-r Rede, Diskussion etc.*: additional comment; (*Postskriptum*) postscript; (*Anhang*) appendix; ***Nachträge*** *im Buch*: addenda; ***ich hätte noch e-n ~ zu dem, was X sagte*** may I add something to what X said; **nachtragen** *v/t.* **1.** ***j-m et. ~*** (*hinterhertragen*) carry s.th. behind s.o.; (*nachträglich bringen*) go after s.o. with s.th.; **2.** *fig.* ***j-m et. ~*** hold s.th. against s.o., bear s.o. a grudge for s.th.; ***j-m ~, dass*** hold against s.o. the fact that, bear s.o. a grudge for *ger.*; **3.** *schriftlich*: add (later); **nachtragend** *adj.* unforgiving, resentful; **nachträglich I.** *adj.* (*ergänzend*) additional, supplementary; (*später*) later; (*verspätet*) belated; **II.** *adv.* (*hinterher*) afterwards; (*später*) later; ***~ herzliche Glückwünsche*** belated best wishes.

Nachtrags... *in Zssgn* additional, supplementary; **~haushalt** *m* supplementary budget.

nachtrauern *v/i.* mourn (*dat. s.o. od. s.th.*); ***ihm wird keiner ~*** they *etc.* won't be sorry to see him go, F they'll *etc.* be glad to see the back of him; ***dem trauere ich nicht nach*** *a.* F good riddance to bad rubbish(, is all I can say).

Nachtruhe *f* **1.** sleep; ***j-n in s-r ~ stören*** disturb s.o.'s sleep; **2.** nighttime peace; ***die ~ einhalten*** keep the peace at night.

nachts *adv.* at night, during the night, in the night; ***um ein Uhr ~*** (at) one o'clock at night (*od.* in the morning).

Nachtschattengewächs *n* ⚘ solanum; *pl.* Solanaceae.

Nachtschicht *f* night shift; ***~ haben*** be on night shift.

nachtschlafend *adj.*: ***zu ~er Zeit*** in the middle of the night.

Nacht|schränkchen *n* bedside locker, *Am.* nightstand; **~schwärmer** F *m* night owl; **~schwester** *f* night nurse; **~seite** *f ast.* nightside, *a. fig.* dark side; **~sichtgerät** *n* infrared binoculars *pl.* (*od.* telescope); **~speicherofen** *m* (night) storage heater; **~strom** *m* off-peak electricity.

nachtsüber *adv.* during (*od.* in) the night.

Nacht|tarif *m* off-peak (*od.* cheap) rates *pl.*; **~tisch** *m* bedside locker, *Am.* nightstand; **~tischlampe** *f* beside lamp; **~topf** *m* chamber pot, F jerry; **~tresor** *m* night safe.

nachtun *v/t.* → ***nachmachen.***

Nacht|-und-Nebel-Aktion *f* (dawn) swoop *od.* raid, nighttime raid; **~vorstellung** *f* late-night show (*od.* performance); **~wache** *f* night watch; **~wächter** *m* night watchman; F *contp.* F twit, dope.

nachtwandeln *v/i.* → ***schlafwandeln***; **nachtwandlerisch** *adj.* somnambulistic; → *a.* ***schlafwandlerisch.***

Nacht|zeit *f* night(time); ***zur ~*** at night; **~zeug** *n* overnight things *pl.*, F toothbrush and pyjamas (*Am.* pajamas) *pl. od.* nightie; **~zug** *m* (over)night train; **~zuschlag** *m* nighttime bonus.

nachuntersuchen *v/t.* give *s.o.* a further checkup, do a further checkup on *s.o.*; **Nachuntersuchung** *f* follow-up check, further checkup.

nachvollziehbar *adj.* understandable; ***es ist mir nicht ~*** I can't understand it, it's beyond me; **nachvollziehen** *v/t.* re-enact (in one's mind); (*verstehen*) understand, (*Tat etc.*) *a.* fathom; ***ich kann das nicht ~*** *a.* it's beyond me.

nachwachsen *v/i.* grow again; **nachwachsend** *adj.*: ***die ~e Generation*** the up-and-coming (*od.* rising, *bsd. Am.* upcoming) generation.

Nach|wahl *f parl.* by-election; **~wehen** *pl.* afterpains; *fig.* painful consequences (*od.* aftermath *sg.*).

nachweinen *v/i.* cry over the loss of; ***keine Träne ~*** → ***nachtrauern.***

Nachweis *m* proof (**für** of), evidence (of; *Theorie etc.*: for); (*Zeugnis*) certificate; ***der wissenschaftliche ~ für et.*** scientific proof (*od.* evidence) of s.th.; ***den ~ führen*** (*od.* ***erbringen***), ***dass*** prove that, furnish proof of *s.th.*, provide evidence of *s.th.*; **nachweisbar** *adj.* verifiable; ⚗ detectable; (*offenkundig*) evident; **nachweisen** *v/t.* (*beweisen*) prove, show; ***j-m et. ~*** prove that s.o. has done s.th.; ***j-m s-e*** (***Un***)***Schuld ~*** prove s.o.'s guilt (innocence), prove s.o. to be guilty (innocent); ***j-m e-n Irrtum ~*** a) show that s.o. has made a mistake, b) point out a mistake to s.o.; ***sie konnten ihm nichts ~***

they couldn't prove anything (against him) *od.* prove that he had done anything wrong; **nachweislich I.** *adj.* demonstrable; **II.** *adv.* demonstrably; ***sie war ~ da*** it has been proved (*od.* there is evidence) that she was there.

Nachwelt *f*: ***die ~*** posterity, future (*od.* later) generations; ***für die ~ festhalten*** record (*od.* preserve) for posterity.

nach|werfen *v/t.* **1.** ***j-m et. ~*** throw s.th. after s.o.; **2.** *fig.* → ***nachschmeißen***; **3.** *teleph.* ***noch e-e Münze ~*** put in another coin; **~winken** *v/i.*: ***j-m ~*** wave after s.o.

nachwirken *v/i.* **1.** ***die Tabletten*** *etc.* ***wirken lange nach*** it'll take a while before the effects of the tablets *etc.* wear off; **2.** ***lange ~*** *Erlebnis etc.*: leave a deep impression (on s.o.), have a lasting effect (on s.o.); **Nachwirkung** *f* aftereffect(s *pl.*); (*Folgen*) consequences *pl.*, *a. des Krieges*: aftermath.

Nachwort *n* epilog(ue).

Nachwuchs *m* **1.** *the* young (*od.* up-and-coming, *bsd. Am.* upcoming) generation; *beruflicher*: new blood; (*Rekruten*) recruits; ⚚ junior staff (*mst pl. konstr.*), trainees *pl.*; ***ärztlicher*** (***wissenschaftlicher***) *~ the* new generation (F breed) of doctors (academics), young doctors (academics); **2.** (*Kind[er]*) offspring (*sg. od. pl. konstr.*); (*Neuankömmling*) new arrival, addition to the family; ***sie bekommen ~*** they're going to have a baby, there's a baby on the way; **~autor** *m* up-and-coming (*bsd. Am.* upcoming) writer, promising young writer; **~bedarf** *m* need for recruits (*od.* young teachers *etc.*); **~kraft** *f* junior worker (*od.* employee); **~mangel** *m* **1.** shortage of recruits; **2.** dearth of young talent; **~schauspieler** *m* up-and-coming (*bsd. Am.* upcoming) (young) actor; **~sorgen** *pl.*: ***~ haben*** have difficulty (in) finding recruits (*od.* young talent); **~talent** *n* promising young talent.

nach|würzen *v/i. u. v/t.* season to taste; ***ihr müsst*** (***es***) ***vielleicht ~*** it might need some more salt and pepper *etc.*; **~zahlen** *v/t. u. v/i.* pay extra (*od.* later); **~zählen** *v/t.* check; (*Wechselgeld*) count; **∾zahlung** *f* additional (*od.* extra) payment; **~zeichnen** *v/t.* copy; (*pausen*) trace; **~ziehen I.** *v/t.* **1.** drag (*od.* pull) behind one; (*Fuß*) drag; *fig.* ***nach sich ziehen*** bring with it (*od.* in its wake); **2.** (*Strich*) trace; (*Augenbrauen*) pencil; **3.** (*Schraube*) tighten up; **II.** *v/i.* **4.** (*folgen*) follow; **5.** *Schach*: make the next move; *fig.* follow suit.

Nachzügler *m* **1.** straggler; latecomer; **2.** *hum.* (*Kind*) late arrival, *hum.* afterthought.

Nachzugsaktien *pl.* ⚚ deferred shares (*od.* stock *sg.*).

Nachzündung *f* ⚙, *mot.* retarded ignition.

Nackedei F *m* F nudie.

Nacken *m* nape (*od.* back) of the neck, neck; ***den Kopf in den ~ werfen*** throw back one's head; ***den Hut in den ~ schieben*** tilt one's hat back; *fig.* ***halt den ~ steif!*** chin up!, *Brit. a.* F keep your pecker up!; ***j-n im ~ haben*** have s.o. after one (*od.* hard on one's heels), *Druck ausübend*: have s.o. breathing down one's neck; ***ihm sitzt die Angst*** (***das Grauen***) ***im ~*** he's scared (terrified) out of his wits *od.* mind; ***mir sitzt die Prüfung*** (***der Termin***) ***im ~*** I'm under terrible exam (deadline) pressure; → ***Faust, Schalk***; **~haar** *n* neck hair, hair on the back of one's neck; **~rolle** *f* bolster; **~schlag** *fig. m* blow, knock; (*Rückschlag*) setback; ***e-n ~ erhalten*** (*od.* ***hinnehmen***) take a knock, suffer a setback; **~stütze** *f* headrest, *im Auto etc.*: *a.* head (*od.* neck) support; **~wirbel** *m* cervical vertebra (*pl.* vertebrae).

nackt *adj.* naked, *a. Kunst*: nude; *Beine, Arme etc.*: bare; *fig. Wand, Baum etc.*: bare, naked; ***~ sein*** *a.* be in the nude, have nothing on, F be in the raw; ***mit ~en Füßen*** barefoot; ***mit ~em Oberkörper*** stripped to the waist; ***sich ~ ausziehen*** strip (naked); ***~ baden*** swim in the nude (F the raw), *Am.* F skinnydip; ***j-n ~ malen*** paint s.o. (in the) nude; *fig.* ***die ~e Armut*** naked poverty; *fig.* ***mit dem ~en Auge*** with the (*od.* one's) naked eye; *fig.* ***auf dem ~en Boden*** on the bare ground; *fig.* ***mit dem ~en Leben davonkommen*** escape with one's bare life; *fig.* ***~e Tatsachen*** (cold,) hard facts; *fig.* ***die ~e Wahrheit*** the plain truth; → ***Gewalt.***

Nacktbaden *n* nude bathing, *Am.* F skinnydipping; **Nacktbadestrand** *m* nudist beach.

Nackt|foto *n* nude photograph; **~fotografie** *f* nude photography; **~frosch** F *m* (*Kind*) F nudie.

Nacktheit *f* nakedness, nudity.

Nackt|magazin *n* nude (F girlie) magazine; **~schnecke** *f* slug.

Nadel *f* needle (*a.* ⚕, ⚙, *Tannen∾ etc.*); (*Steck∾, Haar∾, Hut∾ etc.*) pin; (*Brosche*) brooch; (*Schallplatten∾*) stylus; *fig.* ***e-e ~ im Heuhaufen*** a needle in a haystack; (***wie***) ***auf ~n sitzen*** be on tenterhooks; F ***an der ~ hängen*** (*drogenabhängig sein*) F be on the needle, *sl.* be a junkie; F ***sie kommt von der ~ nicht los*** F she can't kick the (drugs) habit; **~abweichung** *f* magnetic deviation; **~baum** *m* conifer, coniferous tree; **~drucker** *m Computer*: dot matrix printer; **~hölzer** *pl.* conifers; **~kissen** *n* pin-cushion; **~kopf** *m* pinhead; **~lager** *n mot.* needle bearing.

nadeln *v/i. Baum*: lose (*od.* shed) its needles.

Nadel|öhr *n* eye of a (*od.* the) needle; *fig.* (*Engpass*) bottleneck; → ***Kamel***; **~stich** *m* pinprick (*a. fig.*); *Nähen*: stitch.

Nadelstreifenanzug *m* pinstripe suit.

Nadelwald *m* coniferous forest (*pl. a.* woodland *sg.*).

Nadir *m ast.* nadir.

Nagel *m* **1.** ⚙ nail; (*Stift*) tack; *fig.* ***ein ~ zu j-s Sarg*** a nail in s.o.'s coffin; ***et. an den ~ hängen*** give s.th. up, F chuck s.th. in; ***den ~ auf den Kopf treffen*** hit the nail on the head; ***Nägel mit Köpfen machen*** do a proper job of it (*od.* things), not to do things by halves; **2.** (*Finger∾, Zehen∾*) nail; ***an den Nägeln kauen*** bite (*od.* chew) one's nails; ***schwarze Nägel*** black (finger)nails; *fig.* ***es brennt mir unter den Nägeln*** I'm itching to get it out of the way; ***mir brennt die Zeit auf den Nägeln*** I haven't got a minute to spare; F ***er hat nicht das Schwarze unter dem ~*** he hasn't got a penny to his name; ***er gönnt ihm nicht das Schwarze unter dem ~*** he begrudges him the air he breathes; F ***sich et. unter den ~ reißen*** F swipe (*od.* pinch) s.th., walk off with s.th., (*Arbeit, Stelle etc.*) make sure one gets (hold of) s.th.

Nagelbett *n* nail bed; **~entzündung** *f* ⚕ onychitis.

Nagel|bohrer *m* gimlet; **~bürste** *f* nail brush; **~feile** *f* nail file; **~haut** *f* cuticle.

Nägelkauen *n* nailbiting.

Nagellack *m* nail varnish (*Am.* polish); **~entferner** *m* nail varnish (*Am.* polish) remover.

nageln I. *v/t.* nail (***an, auf*** to); (*zusammen~*) nail together; **II.** *v/i. Motor*: knock.

nagelneu *adj.* brand-new.

Nagel|pflege *f* nail care; (*Maniküre*) manicure; **~probe** *fig. f* **1.** litmus test; ***die ~ machen*** do a litmus test (***mit*** on); **2.** (*Prüfstein*) touchstone (***für*** of); **~schere** *f*: (***e-e ~*** a pair of) nail scissors *pl.*; **~schuh** *m* hobnail boot; **~zange** *f* **1.** (***e-e ~*** a pair of) nail clippers *pl.*; **2.** ⚙ (***e-e ~*** a pair of) pincers *pl.*

nagen *v/t. u. v/i.* gnaw, *knabbernd*: nibble (***an*** at); ***~ an*** *ätzend*: *a. geol.* eat into, corrode, *fig.* gnaw at; ***an e-m Knochen ~*** gnaw at a bone; ***an der Unterlippe ~*** bite one's (lower) lip; *fig.* ***an j-s Gesundheit ~*** undermine s.o.'s health; → ***Hungertuch***; **nagend** *adj. Hunger*: gnawing; *Schmerz, Zweifel etc.*: nagging; **Nager** *m*, **Nagetier** *n zo.* rodent.

nah I. *adj.* **1.** *pred.* near, close; *attr.* nearby ...; ***von ~em*** from close up; ***von ~ und fern*** from far and near (*od.* wide); ***∾er Osten*** Middle (*od.* Near) East; **2.** (*bevorstehend*) forthcoming, *unmittelbar*: imminent; **3.** *fig. Verwandter, Freund, Beziehung etc.*: close; ***sich sehr ~ sein*** be very close; **II.** *adv.* **4.** near, close, nearby; ***~ an*** (*od.* ***bei,*** *dat.*) near (to), close to; ***komm mir nicht zu ~!*** *drohend*: (just) keep your distance, *weil ich erkältet bin etc.*: don't get too close to me; **5.** *fig.* ***~ verwandt*** closely related; ***j-m zu ~e treten*** offend s.o., tread on s.o.'s toes; ***ich war ~e daran zu kündigen*** I very nearly handed in my notice, I was about to hand in my notice, I was (very) tempted to hand in my notice; → ***näher, nächst, nahe kommen, nahe liegen*** *etc.*; **III.** *prp.* near, close to (*a. fig.*); ***den Tränen ~*** on the verge of tears, ready to burst into tears; ***der Verzweiflung ~*** on the verge of despair, getting desperate; ***dem Tode ~*** on the point of death, approaching death, close to death.

Nah|angriff *m* ⚔ close-range attack; **~aufnahme** *f phot.* close-up (shot); **~bereich** *m* **1.** (*unmittelbare Nachbarschaft*) neighbo(u)rhood, vicinity; (*Umgebung*) surroundings *pl*; (*Vorstädte*) suburbs *pl.*, suburban area(s *pl.*); *weitS.* (*Region*) area, region; ***der ~ von München*** the Munich area; ***im ~*** *a.* nearby *shops etc.*, local *trains etc.*; **2.** *phot.* close -up range; ***im ~*** at close range; **~brille** *f*: (***e-e ~*** a pair of) reading glasses *pl.*

nahe *adj.* → ***nah.***

Nähe *f* nearness, proximity; (*Umgebung*) vicinity, neighbo(u)rhood; ***in der ~*** nearby; ***in der ~ von*** (*od. gen.*) near (to), quite close to; ***der Park in der ~*** the nearby park, the park nearby; ***bei uns in der ~*** near (to) where we live, not far from where we live; ***in der ~ der Stadt*** near the town; ***hier in der ~*** somewhere around here; ***in der ~ bleiben*** stay around; ***in s-r ~*** near (to) where he lives, *unmittelbar*: near (to) him; ***ich möchte in s-r ~ sein*** I'd like to be with (*od.* close to) him, I'd like to have him around me; ***aus der ~*** close up, at close

N

range; ***aus der ~ betrachten*** (***betrachtet***) take a close(r) look at (seen at close range, on closer view); ***menschliche ~*** human contact; → ***greifbar.***

nahebei *adv.* nearby, close by.

nahe| bringen *fig. v/t.* **1.** ***j-m et. ~*** make s.th. accessible to s.o., help s.o. to appreciate (*od.* understand) s.th.; **2.** ***Menschen einander ~*** bring people (close) together, create a bond between people; **3.** ***j-n der Verzweiflung*** (***dem Ruin***) ***~*** drive s.o. to the verge of despair (the brink of ruin); ~ **gehen** *fig. v/i.* (*j-m*) deeply affect, have a deep effect on; ~ **gelegen** *adj.* nearby; ***der ~e Wald*** the nearby woods, the woods nearby; ~ **kommen** *fig. v/i.* **1.** ***j-m ~*** get to know s.o.; ***einander*** (***sehr***) ***~*** get to know each other (grow close, develop a close relationship); **2.** (*e-r Sache*) come close to, approach; ***es kommt der Wahrheit ziemlich nahe*** it's (*od.* it comes) pretty close to the truth; ~ **legen** *fig. v/t.* suggest (***j-m et.*** s.th. to s.o.); ***j-m ~, et. zu tun*** urge s.o. to do s.th.; ***es legt den Verdacht nahe, dass*** it would seem to suggest that.

nahe liegen *fig. v/i.* be obvious, stand to reason; ***die Vermutung liegt nahe, dass*** it would appear that; **nahe liegend** *adj.* obvious.

Nahempfang *m Radio etc.*: short-distance reception.

nahen I. *v/i.* approach; *zeitlich*: *a.* draw near; *Frühling etc.*: *a.* be on its way; **II.** *v/refl.*: ***sich ~*** be approaching, (*bevorstehen*) be imminent; ***sich j-m ~*** approach s.o.

nähen I. *v/t.* sew; (*Loch, Riss*) *a.* stitch; ⚕ stitch (up); ***~ an*** (*od.* ***auf***) sew onto; ⚕ ***es muss genäht werden*** *a.* it'll have to have stitches; *fig.* ***doppelt genäht hält besser*** a) better safe than sorry, *bei nochmaliger Überprüfung*: *a.* just to make sure, b) two heads are better than one; **II.** *v/i.* sew; do needlework.

nahend *adj.* approaching; (*bevorstehend*) imminent, *Gefahr etc.*: *a.* impending.

näher I. *adj.* closer, nearer; *Weg*: shorter; (*genauer*) more detailed (*od.* precise), in greater detail; → ***Nähere(s)***; ***die ~e Umgebung*** the immediate vicinity; ***bei ~er Betrachtung*** on closer inspection, *fig.* on further consideration; **II.** *adv.* closer, nearer; ***~ treten*** come closer; ***treten Sie ~!*** a) come in!, this way, please!, b) come closer; (***immer***) ***~ rücken*** *a. zeitlich*: get closer (and closer); ***Weihnachten*** *etc.* ***rückt immer ~*** *a.* Christmas *etc.* is just around the corner; ***~ betrachten*** have a closer look at, look at *s.th.* more closely; ***sich ~ befassen mit*** go into *a matter*; ***et. ~ beschreiben*** be more precise (about s.th.); go into more detail (about s.th.); ***j-n ~ kennen*** know s.o. quite (*od.* fairly) well; ***kennen Sie ihn ~?*** how well do you know him?; ~ **bringen** *fig. v/t.*: ***j-m et. ~*** make s.th. (more) accessible to s.o., help s.o. to appreciate (*od.* understand) s.th. better.

Nähere(s) *n* (further) details *pl.*

Näherei *f* sewing; needlework.

Naherholungsgebiet *n* greenbelt recreation area.

Näherin *f* seamstress.

näher kommen *fig. v/i.* **1.** ***j-m ~*** get closer to s.o.; ***einander*** (*od.* ***sich***) ***~*** get closer; **2.** ***jetzt kommen wir der Sache näher!*** now we're getting there; ***das kommt der Wahrheit*** (*od.* ***den Tatsachen***) ***schon näher*** that's more like the truth.

näher liegen *fig. v/i.* (*wahrscheinlicher sein*) be more likely (*od.* obvious); (*vernünftiger sein*) be better, be more reasonable (*od.* sensible); ***es liegt näher zu*** *inf.* it would be better to *inf.*, (*bietet sich eher an*) the more obvious thing would be to *inf.*; **näher liegend** *adj.* more obvious *etc.*; → ***näher liegen***; ***das Näherliegende*** the (more) obvious thing (to do).

nähern I. *v/t.* bring near(er) (*dat.* to); **II.** *v/refl.*: ***sich ~*** approach (*dat. s.o. od. s.th.*) (*a. zeitlich*); go (*od.* come) up (*dat.* to); ***sich*** *e-r Frau* ***~*** try to approach; ***sich dem Ende ~*** draw to a close.

näherungs|weise *adv.* approximately; **~wert** *m* approximate value.

nahe stehen *fig. v/i.* **1.** ***j-m ~*** be close to s.o.; ***sich*** (*od.* ***einander***) ***~*** be very close; **2.** ***dem Liberalismus*** *etc.* ***~*** have liberal *etc.* sympathies; **nahe stehend** *adj.* **1.** close (*dat.* to); ***einander ~*** close; **2.** ***e-e den Konservativen ~e Zeitschrift*** a conservatively orien(ta)ted magazine, a magazine with conservative leanings.

nahezu *adv.* virtually, almost; ***~ unmöglich*** virtually (*od.* well-nigh) impossible; ***~ 10 Tage*** almost (F going on for) 10 days.

Näh|faden *m*, **~garn** *n* (sewing) cotton *od.* thread.

Nahkampf *m* ⚔ close combat, hand-to-hand fight(ing); ✈ dogfight(ing); *Boxen, Fechten*: infighting; **~mittel** *pl.* close-range weapons.

Näh|kästchen *n* sewing box; *fig.* ***aus dem ~ plaudern*** tell tales out of school, give away secrets; **~kasten** *m* sewing box; **~korb** *m* work basket; **~maschine** *f* sewing machine; **~nadel** *f* (sewing) needle.

Nahost... *in Zssgn*, **nahöstlich** *adj.* Middle Eastern, Near Eastern.

Nähr|boden *m für Bakterien*: culture medium; *fig.* breeding ground (***für*** of, for); **~creme** *f* nutrient cream.

nähren I. *v/t.* **1.** feed; **2.** *fig.* (*Hoffnung etc.*) nurture, (*Hass, Verdacht etc.*) *a.* fuel; **II.** *v/i.* be nourishing.

Nährflüssigkeit *f* nutrient fluid.

nahrhaft *adj.* **1.** nutritious, nourishing; ***~e Mahlzeit*** *a.* substantial (F good square) meal; **2.** F *fig.* lucrative.

Nähr|lösung *f* ⚕ nutrient solution; **~mittel** *pl.* cereal products; **~präparat** *n* nutrient (preparation), patent food; **~salz** *n* nutrient salt; **~stoff** *m* nutrient.

Nahrung *f* **1.** food; ***flüssige ~*** liquids; ***~ zu sich nehmen*** eat, take food; → ***verweigern***; **2.** *fig.* ***geistige ~*** food for the mind; ***~ geben*** *dat.* fuel; (***neue***) ***~ erhalten*** be fuel(l)ed, receive fresh impetus.

Nahrungs|aufnahme *f* eating, food intake; 📖 ingestion; → ***verweigern***; **~grundlage** *f* basic food; **~kette** *f* food chain; **~mangel** *m* food shortage; *e-r Person etc.*: lack of food.

Nahrungsmittel *pl.* food *sg.*, foodstuffs; **~chemie** *f* food chemistry; **~chemiker** *m* food chemist; **~industrie** *f* food industry; **~konzentrat** *n* food concentrate; **~vergiftung** *f* food poisoning.

Nahrungs|quelle *f* source of food; **~suche** *f* search for food; ***auf ~ gehen*** go in search of food, go (out) hunting for food, search for food; **~verweigerung** *f* refusal to eat; *weitS.* hunger strike; **~zufuhr** *f* food intake; 📖 ingestion.

Nährwert *m* nutritional value; ***e-n hohen ~ haben*** be highly nutritious; F *fig.* (***praktischer***) ***~*** practical value; ***das hat keinen ~*** that's a waste of time, that's useless.

Nahschnellverkehrszug *m* fast local train.

Nähseide *f* sewing silk.

Naht *f* seam; ⚙ *a.* joint, (*Schweiß*~) *a.* weld; *anat.*, ⚕ suture; ⚕ suture, stitches *pl.*; ***aus den*** (*od.* ***allen, sämtlichen***) ***Nähten platzen*** *a. fig.* be bursting at the seams; **nahtlos I.** *adj.* seamless; *fig.* ***~er Übergang*** smooth transition; ***~e Bräune*** all-over tan; **II.** *adv.*: ***~ ineinander übergehen*** run on smoothly from one another, merge into one another; **Nahtstelle** *f* **1.** ⚙ joint; (*Schweiß*~) *a.* weld; ⚕ suture; **2.** *fig.* interface.

Nahum *m bibl.* Nahum.

Nahverkehr *m* local traffic; 🚆 (*Vorortsverkehr*) suburban services *pl.*; **Nahverkehrszug** *m* commuter (*od.* local) train.

nah verwandt *adj.* closely related.

Nähzeug *n* sewing kit.

Nahziel *n* immediate *od.* short-term target (*od.* objective).

naiv *adj.* naive (*a. Kunst*); ***~er Maler*** *etc.* naive painter *etc.*; **Naive** *f thea.* the Ingénue; **Naivität** *f* naivety; **Naivling** *contp. m* simpleton.

Name *m* name; (*Ruf*) name, reputation; ***mit ~n ...*** by the name of ..., called ...; ***den ~n ... tragen*** go by the name of ..., be called ..., *Sache*: *a.* be known as ...; ***~n nennen*** mention names; ***s-n ~n nennen*** give one's name; ***j-n nach s-m ~n fragen*** ask s.o. his (*od.* her) name, ask s.o.'s name; (***nur***) ***dem ~n nach*** in name only; ***dem ~n nach kennen*** know *s.o. od. s.th.* by name; ***das Kind*** (*od.* ***die Dinge***) ***beim rechten ~n nennen*** call a spade a spade; F ***damit das Kind e-n ~n hat*** just to give it a name; ***sich e-n ~n machen*** make a name for o.s.; *die Rechnung etc.* ***geht auf m-n ~n*** is on me; ***es läuft unter s-m ~n*** it's in his name; ***im ~ von*** in the name of, on behalf of; F ***in Gottes ~n!*** F for heaven's sake!; → ***Hase, Schall.***

Namen|gebung *f* naming; **~gedächtnis** *n* memory for names; **~kunde** *f* onomastics *pl.* (*sg. konstr.*); **~liste** *f* list of names.

namenlos I. *adj.* **1.** anonymous, unnamed; ***~er Artikel*** (***~e Marke***) no-name product (brand); **2.** *fig.* (*unsäglich*) indescribable; **II.** *fig. adv.* (*unsäglich*) utterly, unspeakably.

namens I. *adv.* named, by the name of, called; **II.** *prp.* (*im Namen von*) in the name of, on behalf of.

Namens|aktie *f* registered share; **~änderung** *f* change of name; **~papier** *n* registered security; **~patron(in** *f*) *m* patron saint; **~recht** *n* right to a name; **~schild** *n* nameplate; *am Kleidungsstück* badge, name-tag; **~tag** *m* name day; **~verzeichnis** *n* list of names; **~vetter** *m* namesake; **~zug** *m* signature.

namentlich I. *adj.* **1.** ***~e Aufführung*** naming; *parl.* ***~e Abstimmung*** roll-call vote; **II.** *adv.* **2.** (*beim Namen*) by name; → ***erwähnen***; **3.** (*besonders*) especially, particularly, above all.

Namenverzeichnis *n* list of names.

namhaft *adj.* **1.** noted; (*berühmt*) renowned, famous; **2.** (*beträchtlich*) considerable, substantial; **3.** ***~ machen*** (*nennen*) name, (*identifizieren*) identify.

N

nämlich I. *adv.* namely, that is (to say), *nachgestellt*: to be precise (*od.* exact); ***er war ~ krank*** *begründend*: he was ill, you see; **II.** *adj.* *the* (very) same; ***der ~e Busfahrer*** the (very) same bus driver.

Nano|bot *m* ⚙ nano(ro)bot; **~roboter** *m* nanorobot; **~technik** *f*, **~technologie** *f* nanotech(nology).

nanu F *int.*: ***~, wo ist denn m-e Tasche?*** F wait a minute, what have I done with my bag?; ***~, was haben wir denn da?*** F (well, well,) what's this we've got here then?; ***~, da hat ja einer aufgeräumt!*** well, well, (it looks as if) somebody's been tidying up; ***~, was ist denn hier los?*** F hey, what's all this about?

Napalm *n* napalm; **~bombe** *f* napalm bomb.

Napf *m* bowl; *sehr flach*: dish; **~kuchen** *m* (tall) ring cake.

Naphthalin *n* naphthalene.

Nappa(leder) *n* nappa (leather).

Narbe *f* **1.** scar; ***es wird ohne ~ verheilen*** it won't leave a scar; *fig.* ***~n hinterlassen*** leave a scar (*od.* its scar[s]); **2.** ✿ stigma; **3.** ✓ topsoil; **narben** *v/t.* (*Leder*) grain.

Narben|bildung *f* scarring; **~gesicht** *n* scarred face; ***ein ~ haben*** *a.* have scars all over one's face.

narbenlos *adj.* unscarred, without a scar.

Narbenseite *f Leder*: grain side.

narbig *adj.* scarred.

Narde *f* ✿ nard.

Narkolepsie *f* ⚕ narcolepsy.

Narkose *f* (*Mittel*) an(a)esthetic; ***in ~*** under anaesthetic (*Am.* anesthesia); ***e-e ~ bekommen*** be given an an(a)esthetic; ***aus der ~ aufwachen*** come round (*od.* to); **~facharzt** *m* anaesthetist, *Am.* anesthesiologist; **~gewehr** *n* tranquil(l)izer gun.

Narkotikum *n* an(a)esthetic, (*bsd. Rauschgift*) narcotic; **narkotisch** *adj.* an(a)esthetic, narcotic; **narkotisieren** *v/t.* an(a)esthetize.

Narr *m* fool; *hist.* jester; *fig.* ***e-n ~en gefressen haben an*** F be wild (*od.* crazy) about; ***zum ~en halten*** → **narren** *v/t.* (*verspotten*) make a fool of; (*täuschen*) fool.

Narren|freiheit *f* fool's licen|ce (*Am.* -se); ***bei ihr hat er ~*** she lets him do what he likes; **~haus** *n* madhouse; **~kappe** *f* fool's cap; **~kostüm** *n* jester's outfit; **≗sicher** *adj.* foolproof; **~streich** *m* silly prank.

Narretei *f*, **Narrheit** *f a. pl.* tomfoolery; (*Dummheit[en]*) folly.

Närrin *f* fool.

närrisch *adj.* **1.** (*verrückt*) mad, F crazy (***auf*** about); **2.** ***~es Treiben*** carnival atmosphere; ***es herrscht ~es Treiben*** the carnival mood (*od.* atmosphere) has taken over.

Narzisse *f* ✿ narcissus; ***Gelbe ~*** daffodil.

Narzissmus *m* narcissism; **Narzisst** *m* narcissist; **narzisstisch** *adj.* narcissistic.

nasal *adj.* nasal; **nasalieren** *v/t.* nasalize; **Nasallaut** *m* nasal (sound).

naschen *v/i. u. v/t.* nibble (between meals); *heimlich*: eat (s.th. *od.* things) on the sly; ***gern ~*** like to nibble (things), (*Süßes*) have a sweet tooth; ***wer hat von den Pralinen genascht?*** who's been at the chocolates?; **Nascher** *m* nibbler; → *a.* **Naschkatze**; **Nascherei** *f* **1.** nibbling; eating on the sly; **2.** sweets (and chocolates) *pl.*, *Am.* candy; **naschhaft** *adj.*: ***~ sein*** love to nibble things, (*gern Süßes essen*) have a sweet tooth; **Naschkatze** F *f* nibbler; ***sie ist e-e richtige ~*** she's always nibbling things (*bei Süßem*: eating sweet things).

Nase *f* **1.** nose (*a.* ✈ *etc. u. Geruchssinn*); (*Schnauze*) *a.* snout; ***e-e gute ~ haben*** have a keen sense of smell, *fig.* have good instincts, ***für et.:*** *fig.* have a nose for s.th.; ***auf die ~ fallen*** *a.* F *fig.* fall flat on one's face; F ***eins auf die ~ kriegen*** get a punch on the nose, *fig.* F get a rap over the knuckles, *stärker*: F get it in the neck; F ***j-m eins auf die ~ geben*** give s.o. a punch on the nose, *fig.* F give s.o. a rap over the knuckles; *fig.* ***pro ~ 10 Dollar*** 10 dollars each (*od.* a head); ***j-m et. auf die ~ binden*** tell s.o. all about s.th.; ***j-n an der ~ herumführen*** lead s.o. up the garden path; ***j-m auf der ~ herumtanzen*** play s.o. up; ***j-m e-e lange ~ machen*** thumb one's nose at s.o., *triumphierend*: *a.* F cock a snook at s.o.; ***auf der ~ liegen*** be laid up; ***s-e ~ in alles (hinein)stecken*** poke one's nose into everything; ***er muss immer die ~ vorn haben*** he's always got to be one step ahead; ***j-n mit der ~ auf et. stoßen*** shove s.th. under s.o.'s nose; ***es j-m unter die ~ reiben*** F rub s.o.'s nose in it, rub it in; ***es j-m dauernd unter die ~ reiben*** keep rubbing it in; ***j-m auf der ~ herumtanzen*** do what one likes with s.o.; ***die ~ voll haben*** be fed up (to the back teeth) (***von*** with); ***j-m et. aus der ~ ziehen*** worm (*od.* winkle) s.th. out of s.o.; ***immer der ~ nach!*** just follow your nose; ***es liegt direkt vor d-r ~*** it's right under (*od.* in front of) your nose; ***der Zug fuhr uns vor der ~ weg*** we missed the train by seconds; ***j-m die Tür vor der ~ zumachen*** shut the door in s.o.'s face; ***j-m et. vor der ~ wegschnappen*** snatch s.th. from right under s.o.'s nose, *fig. a.* beat s.o. to s.th.; ***er sieht nicht weiter als s-e ~ (reicht)*** he can't see beyond the end of his nose; ***man kann es ihm an der ~ ansehen*** it's written all over his face; ***fass dich an d-e eigene ~!*** you can talk!; **2.** F (*Farbtropfen*) drip.

naselang F *adv.*: ***alle ~*** *zeitlich*: every few minutes, *weitS.* (*immer wieder*) over and over again; *räumlich*: every other step; ***er ruft alle ~ an*** *a.* he's forever ringing up.

näseln *v/i.* speak through one's nose (*od.* with a twang).

Nasen|affe *m* proboscis monkey; **~bein** *n* nosebone, nasal bone; **~bluten** *n* nosebleed(s *pl.*); **~bohren** *n* poking one's nose; **~flügel** *m* nostril; ***weite ~*** flared nostrils; **~gang** *m* nasal passage; **~haar** *n* nasal hair, F hairs *pl.* in one's nose; **~höhle** *f* nasal cavity; **~korrektur** *f* rhinoplasty, F nose job.

nasenlang F *adv.* → **naselang.**

Nasen|länge *f*: *fig.* ***um e-e ~*** by an inch; ***j-n um e-e ~ schlagen*** *a.* F beat s.o. by a whisker, pip s.o. at the post; **~loch** *n* nostril; **~plastik** *f* → **Nasenkorrektur**; **~ring** *m* nose ring; **~rücken** *m* bridge of the nose; **~scheidewand** *f* nasal septum; **~schleimhaut** *f* mucous membrane of the nose; **~schmuck** *m* nose jewellery (*bsd. Am.* jewelry); **~sonde** *f* nasal probe; **~spitze** *f* tip of the nose; F ***man siehts ihm an der ~ an*** you can tell (by the look on his face); **~spray** *m, n* nose (*od.* nasal) spray; **~stüber** *m* **1.** F biff on the nose; **2.** F *fig.* (*Zurechtweisung*) F rap over the knuckles, wigging; **~tropfen** *pl.* *pharm.* nose drops; **~wurzel** *f* base of the nose.

naserümpfend *adj. u. adv.* (*missbilligend*) disapproving(ly *adv.*); (*unwillig*) reluctant(ly); (*verächtlich*) disdainful(ly).

naseweis I. *adj.* (*neunmalklug*) F smart-alecky, know-(it-)all; (*vorlaut, frech*) F saucy, brassy; **II.** ≗ *m* **1.** (*Kind*) F saucy (*od.* cheeky) little brat; **2.** (*Neunmalkluger*) F smart aleck, know-(it-)all, wise guy, *Am.* F smarty pants.

Nashorn *n* rhinoceros, F rhino.

nass I. *adj.* wet (*a. Wetter etc.*); **triefend ~** dripping wet, soaking, drenched, wet through; ***~ machen*** wet; ***sich ~ machen*** wet o.s., *bsd. Kind*: *a.* wet his (*od.* her) pants; ***~ werden*** get wet; F *fig.* ***j-n ~ machen*** *Sport*: F give s.o. a thrashing; **II.** *adv.*: ***sich ~ rasieren*** wet-shave; **III.** ≗ *lit. n* **1.** water; F ***ins kühle ~ springen*** take a plunge; **2.** ***edles ~*** precious liquid (*od.* drop).

Nassauer F *m* sponger, F scrounger; **nassauern I.** *v/i.* sponge (***bei*** *j-m*: on), F scrounge (off); **II.** *v/t.* scrounge *s.th.* (***von j-m*** off s.o.).

Nässe *f* wet(ness); damp(ness), moisture; ☂ humidity; ***vor ~ schützen!*** keep dry (*od.* in a dry place); **~gefahr** *f mot.* slippery roads *pl.*

nässen I. *v/t.* wet; (*anfeuchten*) moisten; **II.** *v/i. Wunde etc.*: weep.

Nass|fäule *f* wet rot; **≗forsch** F *adj.* very forward, F cocky.

nass geschwitzt *adj.* soaked in sweat, dripping with sweat.

nass|kalt *adj.* cold and damp; ***~es Wetter*** cold, damp weather; **≗rasierer** *m* wet shaver; ***er ist ~*** *a.* he likes a wet shave; **≗rasur** *f* wet shave; **≗zelle** *f* (prefabricated) bathroom unit.

Nation *f* nation; **national** *adj.* national; ***~e Gesinnung*** nationalism; ***~e Minderheit*** ethnic minority.

National|bewusstsein *n* (feeling of) national identity; **~charakter** *m* national character; **~elf** *f* national team (*od.* side); ***Deutschlands ~*** the German team; **~farben** *pl.* national colo(u)rs; **~feiertag** *m* national (public) holiday; **~flagge** *f* national flag; **~gefühl** *n* national consciousness; patriotism; **~gericht** *n gastr.* national dish; **~heiligtum** *n* national shrine; **~held** *m* national hero; **~hymne** *f* national anthem.

nationalisieren *v/t.* **1.** (*verstaatlichen*) nationalize; **2.** (*einbürgern*) naturalize.

Nationalismus *m* nationalism; **Nationalist** *m* nationalist; **nationalistisch** *adj.* nationalist ..., nationalistic(ally *adv.*).

Nationalität *f* **1.** nationality; ***sie ist griechischer ~*** she's of Greek nationality, she's Greek; **2.** (*Minderheit*) ethnic minority.

Nationalitäten|frage *f* problem of ethnic minorities, ethnic issue (*od.* problem); **~konflikt** *m* ethnic conflict.

National|mannschaft *f Sport*: national team (*od.* side); ***die englische ~*** the English team; ***er spielt in der spanischen ~*** he plays for Spain; **~ökonomie** *f* economics *pl.* (*sg. konstr.*); **~park** *m* national park; **~rat** *österr. schweiz. m* **1.** National Assembly; **2.** member of the National Assembly.

Nationalsozialismus *m* National Socialism; **Nationalsozialist** *m* National Socialist; **nationalsozialistisch** *adj.* National Socialist.

National|spieler *m Sport*: international

N

(player); **~sport** *m* national sport; **~sprache** *f* national language.
Nationalstaat *m* nation state; **nationalstaatlich** *adj.* nation-state ...
National|stolz *m* national pride; **~trainer** *m*: ***Deutschlands ~ X*** German manager X; ***Englands ~ X*** England('s) manager X; **~versammlung** *f* National Assembly.
Nato *f*: ***die ~*** NATO, Nato; **~länder** *pl.* NATO (*od.* Nato) countries *od.* members; **~mitglied(sstaat** *m*) *n* member of NATO (*od.* Nato), NATO (*od.* Nato) member.
Natrium *n* ⚗ sodium; **~chlorid** *n* sodium chloride.
Natron *n* ⚗ sodium; ***kohlensaures ~*** sodium carbonate; **~lauge** *f* sodium hydroxide, caustic soda.
Natter *f zo.* adder, viper; *fig.* ***e-e ~ am Busen nähren*** nurse a viper in one's bosom; **Natternbrut** *fig. f*, **Natterngezücht** *fig. n* vipers' brood.
Natur *f* **1.** *bsd. abstrakt*: (*a.* ***die ~***) nature; *in e-r bestimmten Gegend*: natural surroundings *pl.*, *auf dem Land*: countryside; (*natürliche Umwelt*) natural environment; (*Mutter ~*) mother nature; ***in der freien ~*** out in the open, *Tiere*: in their natural habitat; ***er liebt die ~*** he's a real nature lover, *weitS.* he loves to be out in the open; **2.** ***es ist ~*** it's natural; ***Eiche ~*** natural oak; **3.** (*Gemütsanlage*) temperament, disposition; (*Charakter*) character; ***von ~ (aus)*** by nature; ***e-e gesunde ~ haben*** have a strong constitution; ***es liegt (nicht) in ihrer ~*** it's (not) in her nature; ***j-m zur zweiten ~ werden*** become second nature to s.o.; ***es geht ihm wider die ~*** it's not in (*od.* it's against) his nature (***zu*** *inf.* to *inf.*); ***die menschliche ~*** human nature; ***gegen die ~*** unnatural; **4.** (*Art, Beschaffenheit*) nature; ***Themen allgemeiner ~*** topics of a general nature; ***die Sache ist ernster ~*** it's a serious matter; ***es liegt in der ~ der Sache*** it's in the nature of it (*od.* of things).
natura: ***in ~*** *Bezahlung*: in kind; *et. od. j-n* ***in ~*** *sehen etc.*: in real life, (*Person*) *a.* in the flesh.
Natural|abgaben *pl.* contributions (*od.* payment *sg.*) in kind; **~bezüge** *pl.* remuneration *sg.* in kind.
Naturalien *pl.* **1.** natural produce *sg.*; ***in ~ bezahlen*** *etc.* pay *etc.* in kind; **2.** *naturwissenschaftliche*: natural history objects (*od.* specimens).
naturalisieren *v/t.* naturalize; **Naturalisierung** *f* naturalization.
Naturalismus *m* naturalism; **Naturalist** *m* naturalist; **naturalistisch** *adj.* naturalist(ic).
Natural|leistung *f* payment in kind; **~lohn** *m* wages *pl.* in kind; **~wert** *m* value in kind; **~wirtschaft** *f* barter economy.
Naturapostel F *m* F nature freak.
naturbelassen *adj.* (*im Naturzustand*) natural, in its (*od.* their) natural state; (*unbehandelt*) untreated; *Landschaft*: unspoilt, left in its natural (*od.* original) state; ***~e Nahrungsmittel*** untreated (*od.* conservation) food.
Natur|beobachtung *f* nature study; observation of one's natural surroundings; *Tiere*: wildlife observation; **~beschreibung** *f* description of nature; **~bursche** *m* nature boy; **~denkmal** *n* natural monument.
nature *adj. gastr.* plain, au naturel; *Schnitzel etc.*: unbreaded.
Naturell I. *n* temperament, disposition; **II.** ☆ *adj. gastr.* → ***nature.***
Natur|ereignis *n*, **~erscheinung** *f* natural phenomenon.
naturfarben *adj.* natural-colo(u)red.
Natur|faser *f* natural fib|re (*Am.* -er); **~film** *m* nature film; **~forscher** *m* naturalist; **~forschung** *f* (natural) science; **~freund** *m* nature lover.
naturgegeben *adj.* natural, decreed by nature; *Talent etc.*: a gift of nature.
naturgemäß I. *adj.* (*natürlich*) natural; (*organisch*) organic; **II.** *adv.* naturally; by definition; ***es ist ~ e-e gefährliche Sache*** *a.* it's in the nature of it that it's dangerous, it's bound to be dangerous.
Naturgeschichte *f* natural history; **naturgeschichtlich** *adj.* natural history ...
Natur|gesetz *n* law of nature; ☆**getreu** *adj.* true to nature; realistic(ally *adv.*); **~gewalten** *pl.* elements; **~gottheit** *f* god of nature, natural deity; **~haushalt** *m* balance of nature, ecological balance; **~heilkunde** *f* naturopathy; **~heilverfahren** *n* naturopathic treatment; *pl. a.* naturopathy *sg.*; ☆**identisch** *adj. Farbstoff etc.*: nature-identical; **~katastrophe** *f* natural disaster; **~kind** *n* child of nature; **~kosmetik** *f* natural makeup.
Naturkost *f* health food(s *pl.*); **~laden** *m* health food shop (*od.* store).
Naturkraft *f* natural force.
naturkraus *adj.* naturally frizzy; **Naturkrause** *f* naturally frizzy hair, F natural frizz.
Natur|kunde *f* (study of) natural history; *ped.* nature study; **~landschaft** *f* (*a.* ***e-e ~***) unspoilt (*od.* untouched, natural) countryside; **~lehrpfad** *m* nature trail.
natürlich I. *adj.* natural (*a. echt, angeboren, ungekünstelt etc.*); (*üblich*) normal; ***~e Größe*** actual (*od.* full) size; ***die ~ste Sache der Welt*** the most natural thing in the world; ***das ist doch ~*** it's only natural; ***e-s ~en Todes sterben*** die a natural death; ***das geht nicht mit ~en Dingen zu*** F there's something fishy about it; **II.** *adv.* naturally; *a. int.* of course; ***aber ~!*** but of course!; ***sich ~ verhalten*** act natural(ly); ***ich könnte ~ ...*** of course I could ..., I could always ...; **Natürlichkeit** *f* naturalness.
Natur|mensch *m* child of nature, *iro.* nature boy; ☆**nah I.** *adj.* close to nature; *fig.* realistic, lifelike; **II.** *adv.*: ***~ leben*** live in close touch with nature; **~park** *m* nature reserve; **~perle** *f* natural pearl; **~produkte** *pl.* natural products (*od.* produce *sg.*); **~recht** *n* natural law; ☆**rein** *adj.* pure, unadulterated; **~reis** *m* brown rice; **~schätze** *pl.* natural resources; **~schauspiel** *n* spectacle of nature; ***ein ~*** *a.* one of nature's spectacles; **~schönheit** *f* beauty spot, area of natural beauty.
Naturschutz *m* nature conservation; **Naturschützer** *m* conservationist; **Naturschutzgebiet** *n* nature reserve, conservation area.
Natur|schwärmerei *f* nature worship; **~seide** *f* natural silk; **~stoff** *m* natural substance; **~talent** *n* natural; ☆**trüb** *adj.* naturally cloudy.
naturverbunden *adj.* (*naturnah*) close to (*od.* in touch with) nature; (*naturliebend*) nature-loving ...; ***~ sein*** a) live in close touch with nature, b) be a nature lover; **Naturverbundenheit** *f* close relationship to nature; love of nature.
Naturvolk *n* primitive people.
Naturwissenschaft *f* (natural) science; **Naturwissenschaftler** *m* scientist; **naturwissenschaftlich** *adj.* scientific; ***~es Fach*** science subject.
Natur|wunder *n* natural wonder; (*Person*) prodigy; **~zustand** *m* natural state.
Nautik *f* navigation, nautical science; **nautisch** *adj.* nautical.
Navigation *f* navigation.
Navigations|balken *m Computer*: navigation bar; **~fehler** *m* navigational error; **~gerät** *n* navigation system; **~karte** *f* navigation chart; **~raum** *m* chart room; **~software** *f* navigation(al) software; **~system** *n* navigation system; ***~ fürs Auto*** car navigation system.
Navigator *m* navigator; **navigatorisch** *adj.* navigational; **navigieren** *v/i.* navigate.
Nazi *m* Nazi; **~herrschaft** *f* (*a.* ***die ~***) Nazi rule; **~regime** *n* Nazi regime.
Nazismus *m* Nazism; **nazistisch** *adj.* Nazi ...
Nazi|verbrechen *n* Nazi crime (*od.* atrocity); **~vergangenheit** *f* Nazi past; **~zeit** *f* Nazi era, (period of) Nazi rule; ***in der ~*** *a.* at the time of the Nazis (*od.* of Nazi rule).
ne F *adv.* → ***nicht*** 1.
Neandertaler *m* (*a.* ***der ~***) Neanderthal man.
Nebel *m* fog; *leichter*: mist; (*Dunst*) haze; *künstlicher*: smoke; *ast.* nebula; *fig.* mist, veil, cloud; ***bei (dichtem) ~*** in (thick) fog; F *fig.* ***fällt aus wegen ~!*** it's off(, I'm afraid); **~bank** *f* fog bank; **~bildung** *f* (formation *od.* buildup of) fog; **~decke** *f* fog cover; blanket of fog; **~feld** *n* fog bank; *kleineres*: patch of fog; **~fetzen** *pl.* fog patches, patchy fog *sg.*; ☆**feucht** *adj. Straße etc.*: wet with fog; *Wetter*: dank; **~fleck** *m ast.* nebula; **~glocke** *f* blanket of fog; **~granate** *f* smoke grenade.
nebelhaft *fig. adj.* hazy, dim, nebulous; fuzzy.
Nebelhorn *n* foghorn.
nebelig *adj.* → ***neblig.***
Nebel|kammer *f phys.* cloud chamber; **~lampe** *f*, **~leuchte** *f*, **~scheinwerfer** *m mot.* fog lamp; **~schleier** *m* veil of mist (*od.* fog), haze; **~schlussleuchte** *f mot.* rear fog lamp; **~schwaden** *pl.* patchy fog *sg.*, fog patches; **~wand** *f* fog bank; ⚔ smoke screen; **~wetter** *n* foggy weather.
neben *prp.* **1.** *örtlich*: next to, beside; by; **2.** (*verglichen mit*) compared with (*od.* to); **3.** (*nebst*) apart (*bsd. Am.* aside) from, besides; in addition to; ***~ anderen Dingen*** amongst other things.
Neben|abrede *f* collateral agreement; **~absicht** *f* secondary objective; (*Hintergedanke*) ulterior motive; **~akzent** *m* secondary stress; **~altar** *m* side altar.
Nebenamt *n* subsidiary office; *teleph.* branch exchange; **nebenamtlich I.** *adj.* part-time *job etc.*; **II.** *adv. e-e Stelle ausüben etc.*: part-time, on the side.
nebenan *adv.*: (***im Haus ~***) next door; (***im Zimmer ~***) *a.* in the next room; ***bei uns ~*** next-door to us.
Neben|anschluss *m*, **~apparat** *m teleph.* extension; **~arbeit** *f* **1.** job on the side, sideline; **2.** ***~en*** less important (*od.* secondary) jobs; **~arm** *m e-s Flusses*: branch; **~ausgaben** *pl.* extras; ☤ incidental expenses; **~ausgang** *m* side exit; **~bedeutung** *f ling.* connotation.

nebenbei *adv.* **1.** (*beiläufig*) in passing; **~ *bemerkt*** incidentally, by the way, apropos of nothing; ***das nur ~ bemerkt*** that's just by the way; **2.** (*nebenher*) on the side; **3.** (*außerdem*) *nachgestellt*: as well, besides.

Nebenbemerkung *f* aside.

Nebenberuf *m* sideline, job on the side; **nebenberuflich I.** *adj.*: **~*e Arbeit*** sideline, job on the side; **II.** *adv.* as a sideline, on the side.

Neben|beschäftigung *f* → ***Nebenarbeit, Nebenberuf***; **~betrieb** *m* branch; (*Fabrik*) *a.* subsidiary plant.

Nebenbuhler *m* rival.

Neben|darsteller *m thea. etc.* supporting actor; *pl.* supporting cast *sg.* (*a. pl. konstr.*); **~dinge** *pl.* trivialities; **~effekt** *m* side effect.

nebeneinander I. *adv.* next to each other; *a. fig.* side by side; *zeitlich*: at the same time, simultaneously; concurrently; **~ *bestehen*** coexist; **II.** ℒ *n*: *pol.* (***friedliches*** ~ peaceful) coexistence; **~her** *adv.* side by side.

nebeneinander| legen *v/t.* place *od.* lay next to each other (*od.* side by side); **~ liegen** *v/i.* lie next to each other (*od.* side by side); **~ sitzen** *v/i.* sit next to each other (*od.* side by side); **~ stellen** *v/t.* **1.** put *od.* place next to each other (*od.* side by side); **2.** (*vergleichen*) compare.

Neben|eingang *m* side entrance; **~einkommen** *n* extra income (on the side); **~einkünfte** *pl.* additional earnings; **~einnahmen** *pl.* extra income *sg.*; **~erscheinung** *f* side effect; ⚕ secondary symptom; **~erwerb** *m* extra income; job on the side; ***im ~*** as a sideline.

Nebenerwerbs|landwirt *m* part-time farmer; **~landwirtschaft** *f* part-time farming.

Neben|fach *n* **1.** *ped.* subsidiary (*od.* secondary) subject, F subsid; *Am.* minor (subject); **2.** *im Schrank etc.*: side compartment; **~figur** *f* minor character; **~flügel** *m* side wing; **~fluss** *m* tributary; **~form** *f* variant; **~frage** *f* side issue; **~frau** *f* concubine; **~gasse** *f* side street; **~gebäude** *n* building next door, next (-door) building; (*Anbau*) outbuilding, annex(e); **~gebühren** *pl.* extra charges; **~gedanke** *m* **1.** secondary consideration; ***es war nur ein ~*** *a.* it was just a thought that occurred to me; **2.** (*Hintergedanke*) ulterior motive; **~geräusch** *n* **1.** *a. pl.* (background) noise; *Radio*: *a.* interference; *HiFi*: background noise; **2.** ⚕ secondary murmur; **~gericht** *n* side dish; **~gleis** *n* siding; *Am.* sidetrack; *fig.* ***aufs ~ schieben*** sideline; **~handlung** *f* subplot; **~haus** *n* house (*od.* building) next door, next house (*od.* building).

nebenher *adv.* **1.** (*an der Seite*) alongside, by my *etc.* side; **2.** (*gleichzeitig*) at the same time; **3.** *verdienen etc.*: on the side; **~fahren** *v/i.* drive *od.* ride along beside s.o. (*od.* s.th.), drive (*od.* ride) alongside; **~laufen** *v/i.* run along beside s.o. (*od.* s.th.).

nebenhin *adv. bemerken etc.*: in passing, casually.

Nebenhoden *m* epididymis (*pl.* epididymides).

Nebenhöhle *f* sinus; **Nebenhöhlenentzündung** *f* sinusitis.

Neben|klage ⚖ *f* incidental action; **~kläger** *m* co-plaintiff; **~kosten** *pl.* extra costs (*od.* expenses), extras; ***es kostet £55 die Woche inklusive ~*** it's £55 a week including bills; **~linie** *f* **1.** *Genealogie*: collateral line; **2.** 🚆 branch line; **~mann** *m* person (sitting *etc.*) next to one; **~niere** *f* adrenal gland.

Nebennieren|hormon *n* adrenaline; **~rinde** *f* adrenal cortex.

nebenordnen *v/t.* coordinate; **Nebenordnung** *f* coordination.

Neben|person *f thea.* minor character; **~produkt** *n* by-product (*gen.* of); *konkret*: *a.* spin-off (from); **~raum** *m* **1.** side room; (*Abstellraum*) storeroom; **2.** (*Raum nebenan*) room next door, next room; **~rechte** *pl.* subsidiary rights; **~rolle** *f thea. etc.* minor part (*fig.* role); ***kleine ~*** bit part.

Nebensache *f* minor consideration; ***das ist ~*** that's not so important; **nebensächlich** *adj.* (*unwesentlich*) unimportant, *pred. a.* not important; irrelevant; **Nebensächlichkeit** *f konkret*: irrelevant matter, irrelevancy; triviality.

Neben|saison *f* low (*od.* off-peak) season; **~satz** *m ling.* subordinate clause; **~schilddrüse** *f* parathyroid (gland); **~schluss** *m* ⚡ *etc.* parallel connection; **ℒstehend** *adj. u. adv. am Rande*: in the margin; **~ (*abgebildet*)** opposite; **~stelle** *f* **1.** branch; **2.** *teleph.* extension; **~straße** *f* side street; *auf dem Land*: byroad; **~strecke** *f* 🚆 branch line; **~tätigkeit** *f* job on the side, sideline; **~tisch** *m*: (***am ~*** at the) next table; **~titel** *m* subtitle; **~ton** *m* **1.** *ling.* secondary stress; **2.** *pl.* ♪ secondary notes; **~tür** *f* side door; **~veranstaltung** *f* side show; *bei Festspielen etc.*: fringe event; **~verdienst** *m* extra earnings *pl.* (*od.* income); **~weg** *m* side road; **~winkel** *m* △ adjacent angle; **~wirkung** *f* side effect; *fig. pl.* fallout *sg.*; **~zimmer** *n* **1.** next (*od.* adjoining) room, room next door; **2.** *im Lokal etc.*: side room, *hinten*: room at the back; **~zweck** *m* secondary aim (*od.* objective).

neblig *adj.* foggy, misty; **~-trüb** misty and dull (*od.* overcast).

nebst *obs. prp.* together (*od.* along) with; (*einschließlich*) including.

nebulos, nebulös *fig. adj.* nebulous, hazy.

Necessaire *n* **1.** (*Reise*ℒ) toilet bag; **2.** (*Nagel*ℒ) manicure set.

necken *v/t.* tease; **neckisch** *adj.* (*schelmisch*) playful, *Bemerkung etc.*: *a.* teasing; (*kokett*) coquettish.

nee F *adv.* no, F na, *a. Am.* F nope; → *a.* ***nein.***

Neffe *m* nephew.

Negation *f* negation.

negativ I. *adj.* negative (*a. phys.*, △, ⚕, ⚡, *phot.*); **~*e Auswirkungen haben*** have an adverse effect (***auf*** on); ***das ℒe daran*** the negative side of it (*od.* thing about it); ***das ist nichts ℒes*** there's nothing wrong with it; ***er erzählt nur ℒes über sie*** he hasn't got a positive (*od.* good) word to say about her; **II.** *adv.* negatively; ***et. ~ beurteilen*** see s.th. negatively, take a negative view of s.th.; ***alles nur ~ sehen*** *a.* always look on the negative side (of things); ***sich ~ über et. äußern*** be rather negative about s.th.; **III.** ℒ *n phot.* negative.

Negativ|beispiel *n* negative example; **~bilanz** *f* debit balance; **~druck** *m* **1.** reverse printing; **2.** *konkret*: reverse print; **~film** *m* negative film; **~held** *m* antihero; **~image** *n* negative image; **~werbung** *f* negative advertising.

Neger *m* **1.** *neg.!* black; *anthropologisch*: negro; **2.** F *TV* F idiot board; **Negerin** *f neg.!* black (woman); *anthropologisch*: negro woman, negress.

Negerkuss *m small, cream-filled chocolate cake.*

negieren *v/t.* (*abstreiten*) deny; (*verneinen*) negate; **Negierung** *f* denial; negation.

Negligé, Negligee *n* negligee.

negroid *adj.* negroid.

Nehemia *m bibl.* Nehemiah; ***das Buch ~*** (the Book of) Nehemiah.

nehmen I. *v/t.* take; (*in Empfang* ~) receive; ⚔ take, capture; (*Hindernis*) take, clear; *mot.* (*Kurve*) take, negotiate; (*sich bedienen*) help o.s. to; (*benützen*) use; (*Beförderungsmittel*) take; (*kaufen*) take; (*als Zahlung fordern*) charge, take; (*anstellen*) take; (*in Anspruch nehmen*) (*Anwalt etc.*) take, get (hold of); (*rauben*) deprive of *hope, rights etc.*; ***j-m die Angst*** *etc.* ~ take away s.o.'s fear *etc.*; ***et. an sich ~*** take s.th.; ***zu sich ~*** have *a cup of tea etc.*, (*Person*) take *s.o.* in; ***man nehme*** *Rezept*: take; ***auf sich ~*** undertake, take upon o.s., (*Amt, Bürde*) assume, (*Verantwortung*) accept, take; ***die Folgen auf sich ~*** bear the consequences; **~ *wir den Fall, dass*** let's assume that, suppose that; ***das lasse ich mir nicht ~*** I won't be done out of that, (*ich bin davon überzeugt*) nobody's going to talk me out of that; ***er lässt es sich nicht ~ zu*** *inf.* he insists on *ger.*; ***woher ~ und nicht stehlen?*** where (on earth) am I supposed to get hold of that (*od.* them *etc.*)?; ***j-n zu ~ wissen*** know how to handle s.o.; ***er versteht es, die Kunden richtig zu ~*** he has a way with customers; ***wie mans nimmt*** it depends; **II.** ℒ *n*: ***er ist hart im ~*** he can take a lot (of punishment); → ***Geben*** 17.

Nehrung *f* spit.

Neid *m* envy (***auf*** *j-n*: of; ***auf*** *et.*: at); (*Missgunst*) jealousy; ***aus (purem) ~*** out of (sheer) envy; ***grün vor ~*** green with envy; ***vor ~ vergehen*** (*od.* ***erblassen,*** F ***platzen***) be eaten up with envy; ***das muss ihm der ~ lassen*** you have to hand it to him; ***das ist nur der ~ der Besitzlosen*** he's *etc.* just jealous because he *etc.* hasn't got one; → ***blass***; **neiden** *v/t.*: ***j-m et. ~*** envy s.o. s.th.; **Neider** *m* envious person; ***viele ~ haben*** be the envy of many; **neiderfüllt I.** *adj.* filled with envy, envious; **II.** *adv.* (filled) with envy, enviously; **Neidhammel** F *m* envious (*od.* jealous) person; **neidisch** *adj.* envious, jealous (***auf*** of); **neidlos** *adj. u. adv.* without envy, ungrudging(ly).

Neige *f* **1.** (*Abnahme*) decline; ***zur ~ gehen*** decline, wane, *Vorrat*: run low, *a.* ⚓ run short, *Tag, Leben etc.*: be drawing to an end; ***bis zur ~ auskosten*** savo(u)r to the last (*od.* the full); ***bis zur bitteren ~*** to the bitter end; **2.** *im Fass*: dregs *pl.*; ***den Kelch bis zur ~ leeren*** drain the cup to the last drop (*od.* to the dregs).

neigen I. *v/t.* bend, *formell*: incline; (*niederbeugen*) bow (down); (*kippen*) tilt, tip; **II.** *v/refl.*: ***sich ~*** bend, lean; *Ebene*: slant; *Boden*: slope; (*sich verbeugen*) bow; ***sich (dem Ende) ~*** be drawing to a close (*od.* an end); **III.** *fig. v/i.*: ***~ zu*** tend to *inf.*, have a tendency to *inf.* (*od.* towards *ger. od. s.th.*), (*anfällig sein*) be susceptible to *s.th.*, be prone to *s.th.* (*od. inf., ger.*); ***zu Unfällen ~*** be accident-

-prone; ***zum Kommunismus** etc.* ~ have communist *etc.* leanings; ***er neigt zu Übertreibungen*** he tends to exaggerate; ***ich neige zu der Ansicht, dass*** I'm inclined to think (that), I rather think (that); → ***geneigt***; **Neigung** *f* **1.** inclination; (*geneigte Fläche*) slope, incline; *Straße*: gradient; 𝔄 dip; **2.** *fig.* (*Hang*) inclination (***zu*** to, towards), propensity (to, for); (*Vorliebe*) liking, penchant, predilection (for); ☤, *pol.* tendency, trend (towards); (*Veranlagung*) disposition (for), *bsd. zum Negativen*: proclivity (for); (*Zu*2) affection (for), love (of); ***e-e ~ zur Kunst*** (***Philosophie*** *etc.*) ***haben*** have an artistic (a philosophical *etc.*) bent; ***ein Mensch mit künstlerischen*** (***philosophischen*** *etc.*) ***~en*** *a.* an artistically (philosophically *etc.*) inclined person; ***s-n ~en nachgeben*** (*od.* ***leben***) follow one's inclinations; ***wenig ~ zeigen zu*** *inf.* (*Lust*) show little inclination to *inf.*; ***er zeigt wenig ~ dazu*** (*Talent*) he shows little talent in that direction; **Neigungswinkel** *m* angle of inclination (*od.* tilt).

nein I. *adv.* no; ***~ und abermals ~!*** for the last time, no!; ***aber ~!*** *zusichernd*: of course not, *widersprechend*: no!; ***geht er? - ~*** is he going? - no, he isn't; ***haben Sie gerufen? - ~!*** did you call? - no, I didn't; ***~, ist das schön!*** oh, how beautiful that is!; **II.** 2 *n* no; (*Ablehnung*) refusal; ***ein klares ~*** a straight no; ***mit e-m ~ antworten*** say no, (*ablehnen*) *a.* refuse.

Nein|sager *m* obstructionist; **~stimme** *f parl.* no (*pl.* noes), *Am.* nay.

Nekrolog *m* obituary.

Nekromantie *f* necromancy.

Nekrophilie *f* necrophilia.

Nekropole *f* necropolis.

Nekrose *f* necrosis.

Nektar *m* **1.** ⚘ *u. myth.* nectar; **2.** (*Getränk*) fruit juice (*containing crushed fruit*).

Nektarine *f* nectarine.

Nelke *f* **1.** (*Blume*) carnation; **2.** (*Gewürz*2) clove; **Nelkenpfeffer** *m* allspice, pimento.

Nenn... *in Zssgn* nominal; ⚙ *mst* rated.

nennbar *adj.* nameable; (*nennenswert*) worth mentioning; *Summe*: appreciable.

Nennbetrag *m* nominal amount (*od.* sum).

nennen I. *v/t.* name, (*benennen*) *a.* call, *formell*: designate; *spottend*: dub; (*erwähnen*) mention; (*anführen*) quote; (*preisgeben*) reveal, give away; (*Kandidaten*) nominate; ***kannst du mir den höchsten Berg der Welt ~?*** can you name (*od.* what's) the highest mountain in the world?; ***das nenne ich e-e Überraschung!*** well, that really is a surprise!; ***das nenne ich ein gelungenes Buch*** that's what I call a well-written book; ***das nennst du e-n guten Wein?*** is that what you call a good wine?; ***~ wir mal ...*** let's take ...(, for example); **II.** *v/refl.*: ***sich ~*** be called; ***wie nennt sich ...?*** what's ... called?; *iro.* ***und das nennt sich Lehrer*** and he calls himself a teacher; ***und das nennt sich Kultur*** and that's supposed to be culture, and that goes by the name of culture, and they call it culture; → ***genannt***; **nennenswert** *adj.* worth mentioning; *Betrag etc.*: appreciable; ***kein ~er Musiker*** *etc.* no musician *etc.* to speak of; ***keine ~e Leistung*** F nothing to write home about.

Nenner 𝔄 *m* denominator; ***auf e-n gemeinsamen ~ bringen*** *a. fig.* bring down to a common denominator; *fig.* ***e-n gemeinsamen ~ finden für*** *ein Vorhaben etc.*: find some common ground on which to base ...

Nennleistung ⚙ *f* rated power (*od.* output).

Nennung *f* naming; (*Erwähnung*) mention; *Sport*: entry; *von Kandidaten*: nomination; ***bei der ~ ihres Namens*** when her name was mentioned (*od.* called out).

Nennwert *m* nominal (*od.* face) value; ☤ ***zum*** (***über, unter***) ***~*** at (above, below) par.

neo..., Neo... *in Zssgn* neo(-)..., Neo(-)...

Neofaschismus *m* neo-fascism, neo-Fascism; **Neofaschist** *m*, **neofaschistisch** *adj.* neo-fascist, neo-Fascist.

Neoklassizismus *m* neoclassicism; **Neoklassizist** *m* neoclassicist; **neoklassizistisch** *adj.* neoclassical.

Neolithikum *n* Neolithic period; **neolithisch** *adj.* Neolithic.

Neologismus *m* neologism.

Neon *n* neon.

Neonazi *m* neo-Nazi; **Neonazismus** *m* neo-Nazism; **neonazistisch** *adj.* neo-Nazi.

Neon|lampe *f*, **~leuchte** *f* neon light (*od.* lamp); **~licht** *n* neon light; **~reklame** *f* neon sign; **~röhre** *f* neon tube; *pl. a.* strip lighting *sg.*

Neoprenanzug *m* Neoprene (*TM*) (*diving etc.*) suit.

Nepalese *m*, **Nepalesin** *f* Nepalese, Nepali; **nepalesisch** *adj.* Nepali, Nepalese, Nepal ...

Nepp F *m* daylight robbery, F *a* rip-off; ***es ist der reinste ~*** it's a real rip-off; **~bude** F *f* → ***Nepplokal.***

neppen F *v/t.* F fleece, rip *s.o.* off; **Nepper** F *m* F rip-off artist.

Nepp|lokal F *n* F clip joint, rip-off place; **~preis** F *m* F rip-off price.

Nerv *m anat.* nerve; ⚘ *a.* vein; ***j-m auf die ~en fallen*** (*od.* ***gehen***)***, j-m den ~ töten*** (*od.* ***rauben***) F get on s.o.'s nerves; ***die ~en behalten*** keep calm (F one's cool); ***die ~en verlieren*** lose one's nerve (*od.* head), F snap, *im Zorn*: lose one's temper (F one's cool); ***er ist mit den ~en*** (***völlig***) ***fertig*** his nerves are (absolutely) shot, he's a(n absolute) nervous wreck, F his nerves have been worn to a frazzle; ***es kostet ~en*** it's nerve-racking, it takes it out on your nervous system; ***er hat ~en wie Drahtseile*** his nerves must be made of steel; ***den ~ haben zu*** *inf.* have the nerve to *inf.*; F ***der hat vielleicht ~en!*** F he's got a nerve (*od.* cheek); F ***d-e ~en möcht ich haben!*** I'd like to have some of your nerves; F ***dazu brauchts ganz schöne ~en!*** it takes a fair bit of nerve (to do that); **nerven** F *v/t.*: ***j-n ~*** get on s.o.'s nerves; ***der nervt mich vielleicht!*** F he doesn't half get on my nerves (*od.* wick); → ***genervt.***

Nerven|anspannung *f* nervous tension; **~arzt** *m* neurologist; **2aufreibend** *adj.* nerve-racking; **~bahn** *f* nerve tract; **~belastung** *f* nervous strain; **2beruhigend** *adj.*: ***~ sein*** (*od.* ***wirken***) calm the nerves; **~bündel** *n* **1.** F (*Person*) F bag (*od.* bundle) of nerves; **2.** *anat.* nerve fascicle; **~entzündung** *f* neuritis; **~faser** *f* nerve fib|re (*Am.* -er); **~gas** *n* nerve gas; **~gift** *n* nerve poison, neurotoxin; **~kitzel** *m* (*contp.* cheap) thrill(s *pl.*); **~klinik** *f* psychiatric clinic; **~kostüm** F *n* nerves *pl.*; ***schwaches ~*** weak nerves; **2krank** *adj.* neuropathic; (*neurotisch*) neurotic; (*geisteskrank*) mentally ill; **~krankheit** *f* nervous disease; **~krieg** *m* war of nerves; **~krise** *f* mental crisis; **~lähmung** *f* neuroparalysis; **~leiden** *n* nervous disease; **~probe** *f* ordeal; **~reiz** *m* nervous impulse; **~sache** *f*: (***es ist reine*** ***~*** it's all) a question of nerves; **~säge** F *f* F pain in the neck; ***sie ist e-e solche ~*** *a.* she really gets on your nerves, F she drives you up the wall; **~schmerz** *m a. pl.* neuralgia; **~schock** *m* nervous shock; **2schwach** *adj.*: ***~ sein*** have weak (*od.* bad) nerves; **~schwäche** *f* weak nerves *pl.*, ⚕ neurasthenia; **2stärkend** *adj.*: ***~es Mittel*** tonic; **~strang** *m* (peripheral) nerve; **~system** *n* nervous system; **~zentrum** *n* nerve cent|re (*Am.* -er) (*a. fig.*); **2zerrüttend** *adj.* nerve-shattering; **~zerrüttung** *f* shattered nerves *pl.*; **~zusammenbruch** *m*: (***e-n ~ erleiden*** have a) nervous breakdown.

Nerverl *östr. n* bag (*od.* bundle) of nerves.

nervig *adj.* **1.** *Arm etc.*: sinewy; **2.** F *Angelegenheit etc.*: nerve-(w)racking; *Person*: pesky.

nervlich I. *adj.* nervous; ***~e Belastung*** nervous strain, strain on the nerves; ***sein ~er Zustand*** (the state of) his nerves; **II.** *adv.*: ***~ bedingt*** nervous; ***es ist ~ bedingt*** *a.* it's my *etc.* nerves; ***sie ist ~*** (***völlig***) ***am Ende*** (F ***kaputt***) her nerves are (absolutely) shot, she's a(n absolute) nervous wreck, F her nerves have been worn to a frazzle; ***er ist ~ zerrüttet*** his nerves are shattered; ***j-n ~ belasten*** *Sache*: be a strain on s.o.'s nerves; ***j-n ~ fertig machen*** ruin s.o.'s nerves, F wear s.o.'s nerves to a frazzle, *weitS.* (*wahnsinnig machen*) F drive s.o. up the wall.

nervös *adj.* **1.** tense; (*unruhig*) fidgety, F twitchy; (*reizbar*) edgy, F uptight; (*aufgeregt*) on edge, *ängstlich*: nervous; ***e-n ~en Eindruck machen*** seem nervous (*od.* on edge); ***mach mich nicht ~!*** don't make me nervous, *weitS.* (*geh mir nicht auf die Nerven!*) stop getting on my nerves; **2.** ⚕, *biol.* nervous; **Nervosität** *f* tenseness; edginess; nervousness; → ***nervös.***

nervtötend *adj.* (*abstumpfend*) soul-destroying, mindless; *Lärm etc.*: nerve-racking; ***er ist einfach ~*** F he's such a pain in the neck, he drives you round the bend.

Nerz *m* **1.** *zo.* mink; **2.** mink (coat, stole *etc.*); **~mantel** *m* mink (coat); **~stola** *f* mink stole.

Nessel ⚘ *f* nettle; *fig.* ***sich in die ~n setzen*** F put one's foot in it; **~ausschlag** *m*, **~fieber** *n*, **~sucht** *f* nettle rash, hives (*sg.*).

Nessessär *n* → ***Necessaire.***

Nest *n* nest; *fig.* (*Heim*) *a.* home; F (*Kaff*) F one-horse town, (*elendes ~*) F dump, hole; F (*Bett*) bed; F ***ins ~ gehen*** F turn in, hit the sack (*bsd. Am.* hay); ***sein eigenes ~ beschmutzen*** foul one's own nest; ***das ~ leer finden*** find the bird has flown; ***da hat er sich aber ins gemachte*** (*od.* ***warme***) ***~ gesetzt*** he's done nicely for himself there, he's got everything laid on; **~bau** *m* nest-building; **~beschmutzer** *fig. m*: ***er ist ein richtiger ~*** he's always running his own family (*od.* company *etc.*) down.

nesteln *v/i.*: ***~ an*** fumble (around) with.

Nest|häkchen *fig. n* pet of the family;

N

~hocker *m* **1.** *fig.* stay-at-home; **2.** *zo.* nidiculus.
Nestor *m* doyen.
Nestwärme *fig. f* warmth and security (of the home).
Netiquette *f Internet*: netiquette.
nett *adj. a. iro.* nice (**von j-m** of s.o.); (*niedlich, hübsch*) *a.* sweet, pretty, cute; (*freundlich*) kind, nice; ***~, dass du kommst*** (it's) nice of you to come; ***sei so ~ und bring mir ein Bier*** do me a favo(u)r and get me a beer, will you?; **netterweise** *adv.* very kindly; ***könnten Sie mir ~ ...?*** do you think you could possibly ... (for me)?; **Nettigkeit** *f* **1.** ***die ~ haben zu*** *inf.* be kind enough to *inf.*; **2.** ***j-m ein paar ~en (ins Ohr) sagen*** say a few nice words to s.o.
netto ✝ *adv.* net, clear.
Netto|einkommen *n* net income; **~einnahmen** *pl.*, **~ertrag** *m* net proceeds (*pl.*); **~gehalt** *n* net salary; ***mein ~ ist ...*** *a.* I net ..., I take home ...; **~gewicht** *n* net weight; **~gewinn** *m* clear profit; **~kreditbedarf** *m* net borrowing requirement; **~lohn** *m* take-home pay; **~preis** *m* net price; **~umsatz** *m* net turnover (*od.* sales *pl.*).
Netz *n* net (*a.* ⛭ *u. fig.*); (*Geflecht*) netting, mesh; (*Gepäck*~) rack; ⛭, *teleph.*, *Computer etc.* network; (*Strom*~) mains *pl.*; ***soziales ~*** safety net (of social benefits); ***durchs ~ bummeln*** *Computer*: browse (*od.* surf) the (Inter)Net; ***ins ~ befördern*** *Fußball*: put *the ball* into the net; ***ins ~ gehen*** a) *Ball, Tennis*: hit the net, b) *Ball, Fußball*: go into the net, c) *Computer*: get connected to the (Inter)Net; ***ins ~ schlagen*** *Tennis*: send *the ball* into the net; ***ans ~ gehen*** a) *Tennis*: go up to the net, b) *Kraftwerk etc.*: go on line (*od.* stream); *fig.* ***j-m ins ~ gehen*** walk into s.o.'s trap; ***et. übers ~ bestellen*** *Computer*: order s.th. through the (Inter)Net, order s.th. online; ***s-e ~e auswerfen*** cast one's nets; ***sich im eigenen ~ verfangen*** get caught in one's own trap; ***sich im ~ s-r Lügen verstricken*** get caught up in a web of lies; **~anschluss** *m* ⚡ mains connection.
netzartig *adj.* net-shaped, *formell*: reticular.
Netz|aufschlag *m* let; **~augen** *pl.* compound eyes; **~ausfall** *m* power failure; **~ball** *m Tennis*: net (ball).
netzen *v/t.* wet, moisten.
Netz|fehler *m Volleyball*: net (contact); **~flügler** *m* neuropteran (*pl.* neuroptera); **~förmig** *adj.* → ***netzartig***; **~gerät** *n* mains appliance; **~gewölbe** *n* ⛭ net vault.
Netzhaut *f des Auges*: retina; **~ablösung** *f* detached retina; **~entzündung** *f* retinitis.
Netz|hemd *n* string vest; **~karte** *f* ⛭ *etc.* runaround ticket; **~magen** *m* reticulum; **~provider** *m Computer*: Internet service provider, *abbr.* ISP; **~roller** *m Tennis*: net cord; **~spannung** *f* ⚡ mains voltage; **~spiel** *n Tennis*: playing at the net; **~strümpfe** *pl.* fishnet stockings; **~teil** *n* power supply; *e-s Batteriegeräts*: mains adapter; **~werk** *n* network; **~zugang** *m Computer*: net access; Internet access, access to the Internet.
neu I. *adj.* new; (*~artig*) novel; (*kürzlich geschehen*) recent; (*~zeitlich*) modern; (*im Entstehen begriffen*) rising; (*erneut*) renewed; *Hemd etc.*: (*sauber*) clean; ***ganz ~*** brand-new; ***~er Anfang*** fresh start; ***~e Hoffnung*** renewed hope; ***~e Schwierigkeiten*** more (*od.* renewed) difficulties; ***~ere Literatur*** modern literature; ***~ere Sprachen*** modern languages; ***~eren Datums*** recent; ***in ~erer Zeit*** in recent times, of late; ***~este Nachrichten*** latest news (*sg.*); ***die ~este Mode*** the latest fashion(s); ***ein ~es Leben beginnen*** make a fresh start (in life); ***das ist mir ~!*** that's new(s) to me; ***das ist mir nicht ~*** that's nothing new to me; ***noch wie ~*** as good as new; ***seit ~estem*** of late, since very recently, ***kann man ...***: the latest thing is you can ...; **II.** *substantivisch*: ***aufs ~e, von ~em*** afresh, anew; ***von ~em anfangen*** start anew (*od.* afresh); → *a.* ***Neue(r), Neue(s)***; **III.** *adv.*: ***~ anfangen*** start anew (*od.* afresh); ***~ beleben*** revive; ***~ schreiben*** rewrite; ***~ entdeckt*** newly(-)discovered; ***sich ~ einkleiden*** get a new set of clothes; ***sich ~ eindecken*** get in fresh supplies.
Neu|ankömmling *m* newcomer; **~anschaffung** *f* **1.** recent purchase, new acquisition; *pl. Bibliothek*: recent acquisitions; ***letzte ~*** latest acquisition; ***es ist e-e ~*** *a.* we *etc.* only recently bought it; ***schon wieder e-e ~!*** something new again!; **2.** ***die ~ von Möbeln*** *etc.* buying new furniture *etc.*
neuartig *adj.* new, *a* new type of; **Neuartigkeit** *f* newness, novelty, novel aspect (*gen.* of).
Neu|auflage *f* **1.** new edition; (*Neudruck*) reprint; **2.** *e-r Schallplatte*: reissue; **3.** F *fig.* repeat (performance); **~ausgabe** *f* → ***Neuauflage*** 1.
Neubau *m* **1.** (*Gebäude*) new building; **2.** (*Vorgang*) reconstruction; **~siedlung** *f* modern estate; **~wohnung** *f* modern flat (*Am.* apartment).
neu bearbeitet *adj.* new(ly revised); **Neubearbeitung** *f* **1.** new (*od.* revised) version; (*Buch etc.*) revised edition; *thea. etc.* adaptation; **2.** (*Vorgang*) revision.
Neu|beginn *m* fresh start, new beginning; ***es ist ein ~*** *a.* it's the start of something new; **~belebung** *f* revival; **~besetzung** *f thea.* recasting; *konkret*: new cast (*a. pl. konstr.*); **~bewertung** *f* reappraisal, reassessment, revaluation; **~bildung** *f* **1.** *physiol.* regeneration; **2.** *fig.* new formation, reorganization; **3.** *ling.* neologism; **~druck** *m* reprint.
Neue(r) *m* new man *etc.*; (*Ankömmling*) newcomer.
Neue(s) *n*: ***das Neue daran*** what's new about it; ***das Neueste*** *Mode etc.*: the latest thing; ***weißt du schon das Neueste?*** have you heard the latest (news) *od.* the news?; ***nichts Neues*** nothing new; ***das ist mir nichts Neues, das ist nichts Neues für mich*** that's nothing new to me; ***was gibt es Neues?*** what's new?
Neu|einspielung *f* new recording; **~entdeckung** *f* (new) discovery; **~entwicklung** *f* (*konkret*: new) development.
Neuer *m* → ***Neue(r)***.
neuerdings *adv.* recently, as of late; ***~ gibt es ...*** a) there have (*od.* has) recently been ..., b) the latest thing is there are (*od.* is) ...; ***~ trinkt er wieder*** he's recently started drinking again, the latest (thing) is he's started drinking again.
Neuerer *m* innovator.
neuerlich I. *adj.* (*vor kurzem erfolgt*) recent; (*neu*) new, (*erneut*) *a.* repeated; (*weiter*) further; ***ein ~er Versuch*** *etc. a.* another attempt *etc.*; **II.** *adv.* recently, of late, for a while now.
Neu|eröffnung *f* opening; *nach Renovierung etc.*: reopening; **~erscheinung** *f* new *od.* recent book (*od.* publication); (*Schallplatte*) new (*od.* recent) release.
Neuerung *f* innovation; (*Änderung*) change; (*Besserung*) reform; **neuerungsfeindlich** *adj.* hostile *od.* opposed to (any form of) innovation (*od.* reform); **Neuerungsgeist** *m* spirit of innovation; **Neuerungssucht** *f* mania for innovation (*od.* reform); **neuerungssüchtig** *adj.* bent on innovation (*od.* reform); ***~ sein*** *a.* be a fanatical innovator (*od.* reformist).
Neuerwerb(ung *f*) *m* new acquisition; *pl. Bibliothek etc.*: recent acquisitions; → *a.* ***Neuanschaffung***.
Neues *n* → ***Neue(s)***.
Neufassung *f* revised version.
Neufundländer *m* Newfoundlander; (*Hund*) Newfoundland (dog).
neu gebacken F *adj.* → ***frisch gebacken***.
neugeboren *adj.* new-born (*a. fig.*); ***sich wie ~ fühlen*** feel a different person, *nach Krankheit*: *a.* feel as good as new.
Neugestaltung *f* **1.** (*Vorgang*) redesigning, reshaping; *organisatorisch*: reorganization; restructuring; **2.** *konkret*: new design (*od.* structure).
Neugier(de) *f* curiosity, inquisitiveness; ***aus (reiner) ~*** out of (sheer) curiosity; **neugierig** *adj.* curious (**auf** about); (*vorwitzig*) inquisitive, F nosy; ***j-n ~ machen*** arouse s.o.'s curiosity; ***bin ich aber ~ auf den neuen Wagen!*** I can't wait to see the new car; ***ich bin ~, ob*** I wonder whether (*od.* if); ***ich bin ~ darauf, was (wie*** *etc.*) *a.* I'll be interested to know what (how *etc.*); ***du bist aber ~!*** F you're a real nosy-parker.
Neugliederung *f* reorganization, restructuring.
Neugotik *f* Gothic Revival, neo-Gothic style (*od.* architecture); **neugotisch** *adj.* neo-Gothic.
neugriechisch *adj.*, **Neugriechisch** *n ling.* modern Greek.
Neu|gründung *f* **1.** new establishment; **2.** *erneute*: re-establishment; **3.** ***~ e-s Vereins*** *etc.* (recent) establishment of a new association *etc.*; **~gruppierung** *f* regrouping, *bsd. pol.* reshuffling.
neuhebräisch *adj.*, **Neuhebräisch** *n ling.* modern Hebrew.
Neuheit *f* **1.** (*Neusein*) novelty; ***der Reiz der ~*** the novelty value; ***den Reiz der ~ verlieren*** lose its novelty (**für** for), begin to pall (on); ***es hat den Reiz der ~ verloren*** *a.* the novelty has worn (*od.* begun to wear) off; **2.** (*Neuartiges*) new development (*od.* idea *etc.*); ***~en auf dem Modemarkt (Automarkt)*** the latest fashions (car models).
neuhochdeutsch *adj.*, **Neuhochdeutsch** *n ling.* New High German.
Neuigkeit *f* **1.** (***e-e ~*** a piece of) news (*sg.*); **2.** (*Gegenstand*) novelty.
Neuinszenierung *f thea.* new production.
Neujahr *n* New Year('s Day); ***Pros(i)t ~!*** Happy New Year!
Neujahrs|abend *m* New Year's Eve; **~ansprache** *f* New Year speech; **~botschaft** *f* New Year message; **~empfang** *m* New Year reception; **~grüße** *pl.* New Year greetings, greetings for the new year; **~tag** *m* New Year's day; **~wünsche** *pl.* (best) wishes for the new year.

N

Neuland *n* virgin soil; *fig.* new territory (*od.* ground); ~ **erschließen** *a. fig.* break new ground; *fig.* ~ **betreten** (**erobern**) enter unknown (conquer new) territory; ~**gewinnung** *f* land reclamation.
neulich *adv.* the other day, recently; not so long ago; ~ **abends** the other evening.
Neuling *m* novice, beginner, tyro; *contp.* greenhorn.
neumodisch *adj.* fashionable; *contp.* newfangled.
Neumond *m* new moon.
neun I. *adj.* nine; **alle ~e!** strike!; **II.** ≈ *f* nine; (*Buslinie etc.*) (number) nine.
Neunauge *n* (*Fisch*) lamprey.
neunbändig *adj.* nine-volume ..., in nine volumes.
Neuneck *n* nonagon.
neunfach *adj.* ninefold; **die ~e Menge** nine times the amount.
neunhundert *adj.* nine hundred.
neunjährig *adj.* **1.** nine-year-old ...; **2.** (*neun Jahre dauernd*) nine-year ...; **ein ~es ...** *a.* nine years of ...; **Neunjährige(r** *m*) *f* nine-year-old.
neunköpfig *adj. family etc.* of nine; **~e Delegation** *etc. a.* nine-member (*od.* nine-man) delegation *etc.*
neunmal *adv.* nine times.
neunmalklug *iro. adj.* F smart-alecky; **Neunmalkluge(r** *m*) *f* F know-(it-)all, smart aleck, *Am.* F smarty pants; **das ist so ein Neunmalkluger** *a.* he thinks he knows it all.
neunstellig *adj. Zahl*: nine-digit ...
neunstöckig *adj.* nine-stor(e)ye ...
neunstündig *adj.* nine-hour(-long) ...
neunt I. *adj.* ninth; **~es Kapitel** chapter nine; **am ~en April** on the ninth of April, on April the ninth; **9. April** 9th April, April 9(th); **II.** *adv.*: **wir waren zu ~** there were nine of us; **wir gingen zu ~ hin** nine of us went there.
neuntägig *adj.* **1.** nine-day(-long) ...; **2.** (*neun Tage alt*) nine-day-old ...
neuntausend *adj.* nine thousand.
Neunte(r) *m* (the) ninth; **er war Neunter** he was (*od.* came) ninth; **Papst Johannes IX.** Pope John IX (= Pope John the Ninth); **heute ist der Neunte** it's the ninth today.
neunteilig *adj.* nine-part ..., in nine parts.
Neuntel *n* ninth.
neuntens *adv.* ninth(ly), nine, in ninth place.
Neunter → **Neunte(r)**.
neunwöchig *adj.* **1.** nine-week ...; **2.** (*neun Wochen alt*) nine-week-old ...
neunzehn *adj.* nineteen; **neunzehnt** *adj.* nineteenth; **Neunzehntel** *n* nineteenth (part).
neunzig *adj.* ninety; **in den ~er Jahren** in the nineties; **er ist in den ≈ern** he's in his nineties; **Neunziger(in** *f*) *m* man (*f* woman) in his (her) nineties, *formell*: nonagenarian; F ninetysomething.
Neunzigerjahre *pl.* nineties.
neunzigjährig *adj. Person*: ninety-year-old ...; *Zeitraum*: ninety-year(-long) ...
neunzigst *adj.* ninetieth; **sie hat heute ihren ≈en** she's ninety today, it's her ninetieth birthday today.
Neu|ordnung *f* reform; ~**orientierung** *f* reorientation; ~**philologe** *m* student (*od.* teacher) of modern languages; ~**philologie** *f* modern languages *pl.*; ~**prägung** *f* recent coinage, neologism.
Neuralgie *f* ⚕ neuralgia; **neuralgisch** *adj.* neuralgic; *fig.* **~er Punkt** *e-r Person*: sore spot (*od.* point), touchy subject; *in e-m System etc.*: critical spot; *pol.* trouble spot; **das ist sein ~er Punkt** it's his sore spot (*od.* point), it's a sore spot (*od.* sore point, touchy subject) with him.
Neurasthenie *f* ⚕ neurasthenia; **Neurastheniker** *m*, **neurasthenisch** *adj.* neurasthenic.
Neu|regelung *f* revision; *organisatorische*: reorganization; ~**reiche(r** *m*) *f* nouveau riche; **die Neureichen** the nouveaux riches.
Neuritis *f* ⚕ neuritis.
Neurochirurg *m* neurosurgeon; **Neurochirurgie** *f* neurosurgery.
Neurologe *m* neurologist; **Neurologie** *f* **1.** neurology; **2.** (*Abteilung*) neurological wing (*od.* section); **neurologisch** *adj.* neurological.
Neurose *f* neurosis; **Neurotiker** *m a. fig.* neurotic; *fig.* **er ist ein ~** he's neurotic; **neurotisch** *adj.* neurotic(ally *adv.*).
Neu|schnee *m* fresh snowfall; ~**schöpfung** *f* **1.** new creation; **2.** *ling.* neologism.
Neuseeländer(in *f*) *m* New Zealander; **neuseeländisch** *adj.* New Zealand ..., from New Zealand.
Neusprachler *m* → **Neuphilologe**; **neusprachlich** *adj.* modern language *teaching etc.*; **~es Gymnasium** *grammar school with special emphasis on modern languages.*
Neustrukturierung *f* restructuring.
neutestamentlich *adj.* New Testament *theology etc.*
neutral I. *adj.* **1.** neutral (*a.* ⚗, ⚡); **geschmacklich ~ sein** have a neutral taste; **2.** *ling.* neuter; **II** *adv.*: **sich ~ verhalten** remain neutral; **Neutrale(r** *m*) *f pol.* neutral.
neutralisieren *v/t.* neutralize; **Neutralisierung** *f* neutralization.
Neutralität *f* neutrality.
Neutralitäts|abkommen *n* neutrality pact; ~**erklärung** *f* declaration of neutrality; ~**politik** *f* policy of neutrality; ~**verletzung** *f* violation of neutrality.
Neutronen|bombe *f* neutron bomb; ~**waffe** *f* neutron weapon; ~**zahl** *f* neutron count.
Neutrum *n* **1.** *ling.* neuter noun; **2.** *fig.* sexless person; **er ist ein ~** *a.* he's completely sexless.
Neu|verfilmung *f* remake; ~**verhandlung** *f* renegotiation.
neu vermählt *adj.* newly married (*od.* wed), newly-wed ...; **die Neuvermählten** the newly-weds.
Neu|verschuldung *f* new indebtedness; new borrowings *pl.*; ~**verteilung** *f* redistribution; ~**wahl** *f* **1.** election; **die ~ des Vorsitzenden** the election of a new chairman (*od.* chairperson); **2.** *pol.* **~en** elections.
Neuwert *m* value as new; **neuwertig** *adj.* as (good as) new; **Neuwertversicherung** *f* new for old insurance.
Neuwort *n* new word, neologism.
Neuzeit *f* modern age; **Geschichte** *etc.* **der ~** modern history *etc.*; **neuzeitlich** *adj.* modern.
Neu|züchtung *f* (*Pflanze*) new variety; (*Tier*) new breed; ~**zugang** *m* (*Sache*; *Sport*: *Person*) new acquisition; (*Klub*≈) new member; (*Student*, *Patient etc.*) new admission, *pl. a.* new intake *sg.* of students *etc.*, incoming students *etc.*; ~**zulassungen** *pl. mot.* new cars registered.
Newsgroup *f*, **Newsgruppe** *f Internet*: newsgroup.
newtonsch *adj.* Newtonian; **das ~e Gravitationsgesetz** Newton's law of gravity.
Nibelungentreue *f* undying (*od.* absolute, unquestioning) loyalty.
nicht *adv.* **1.** not; **er trinkt ~** *allgemein*: he doesn't drink; **ich ging ~** I didn't go; **~ füttern!** (please) do not feed; **willst du oder ~?** do you want to or not?; **ich ~** not me; *der Apparat* **wollte ~ funktionieren** wouldn't work; **gar ~** not at all; **das wollte ich doch gar ~** that's not what I wanted (at all), but I didn't want that; **~ doch!** (*lass doch!*) don't!, stop it!; **~ einmal** not even; **nur das ~!** anything but that!; **~ dass ich wüsste** not that I know of; **~ dass es mich überrascht hätte** not that I was surprised; **ich glaube ~** I don't think so, **dass:** I don't think (that); **ich kenne ihn auch ~** I don't know him either; *sie sah es* **~, und ich auch ~** and nor (*od.* neither) did I; *du kennst ihn* **~?** - **ich auch ~** nor do I; **er ist krank, ~ wahr?** he's ill, isn't he?; **du tust es, ~ wahr?** you 'will do it, won't you?; **du kennst ihn, ~ wahr?** you know him, don't you?; **dann eben ~** don't, then, *a. iro.* nobody's forcing you; **was du ~ sagst!** you don't say!; **wie oft hab ich ~ behauptet ...** how many times have I said ..., haven't I said a hundred times ...; **2.** *vor comp.*: no, *z.B.* **~ besser** no better; **~ mehr** no longer, not ... any more; **3.** *oft a.* in... (*z.B.* **~ ratsam** inadvisable); non-... (*z.B.* **~ abtrennbar** non-detachable); un... (*z.B.* **~ gefärbt** uncolo(u)red).
Nichtachtung *f* disregard (*gen.* of); **j-n mit ~ strafen** send s.o. to Coventry.
nichtadelig *adj.* common; **Nichtadelige(r** *m*) *f* commoner.
nichtamtlich *adj.* unofficial, non-official.
Nicht|anerkennung *f pol.* non-recognition; ~**angriffspakt** *m* nonaggression pact; ~**beachtung** *f*, ~**befolgung** *f* disregard (*gen.* of), failure to comply (with), non-compliance (with).
nichtberufstätig *adj.* non-employed; **Nichtberufstätige(r** *m*) *f* non-employed person.
Nicht|bestehen *n* **1.** (*Nichtvorhandensein*) non-existence; **2.** *e-r Prüfung*: failure; **das ~ der Prüfung** failure of (*od.* in) the exam(ination), failing (to pass) the exam(ination); ~**bezahlung** *f* non-payment.
Nichtchrist *m*, **nichtchristlich** *adj.* non-Christian.
Nichte *f* niece.
nichtehelich *adj. Kind*: illegitimate; **~e Lebensgemeinschaft** unmarried couple (*od.* partners).
Nicht|einhaltung *f* non-compliance (*gen.* with); ~**einlösung** *f*: **bei ~** *e-s Schecks*: if not cashed; ~**einmischung** *f* non-intervention; ~**erfüllung** *f* non-fulfil(l)ment, default; ~**erscheinen** *n* non-appearance, failure to attend; ⚖ *a.* default.
nichtexistent *adj.* nonexistent.
Nicht|fachmann *m* non-expert, layman; *engS.* non-professional; ~**gebrauch** *m*: **bei ~** when not in use; ~**gefallen** *n*: **bei ~** if not satisfied; **bei ~ Geld zurück** satisfaction or money back.
nichtig *adj.* **1.** (*belanglos*) trivial; *Freuden etc.*: vain; **2.** ⚖ invalid; **null und ~** null and void; **für ~ erklären** declare null and void; **Nichtigkeit** *f* **1.** triviality; **2.** (*Leere*) vanity; **3.** ⚖ nullity.

Nichtigkeits|erklärung *f* annulment, nullification; **~klage** *f* nullity action.

Nichtinanspruchnahme *f*: ***bei ~*** if not claimed.

nichtkommunistisch *adj.* non-Communist.

nicht Krieg führend *adj.* non-belligerent.

nicht leitend *adj.* ⚡ non-conducting; **Nichtleiter** *m* non-conductor.

Nichtmetall *n* non-metal.

Nichtmitglied *n* non-member; **Nichtmitgliedsstaat** *m* non-member (*od.* nonaligned) state.

Nichtnuklearstaat *m* non-nuclear state.

nichtöffentlich *adj.* private; ⚖ ***~e Sitzung*** session in camera.

nicht organisiert *adj.* non-unionized; ***~e Arbeitnehmer*** non-union(ized) workers.

Nichtraucher *m* non-smoker; ***ich bin ~*** I don't smoke.

Nichtraucher... *in Zssgn*: non-smoking ..., no-smoking ...

Nichtraucher|abteil *n* non-smoking compartment, F non-smoker; **~lokal** *n* non-smoking restaurant (*od.* bar *etc.*); **~zone** *f* non-smoking area.

nicht rostend *adj.* rustproof; *Stahl*: stainless.

nichts I. *indef. pron.* nothing; ***~ Neues*** nothing new; ***ich höre*** (***sehe*** *etc.*) ***~*** I can't hear (see *etc.*) a thing; ***~ als Ärger*** *etc.* nothing but trouble *etc.*; ***~ anderes als*** nothing but; ***~ ist schöner als*** there's nothing nicer than (*ger. od. to inf.*); ***es geht ~ über*** there's nothing like; ***~ dergleichen*** no such thing, nothing of the kind; ***gar ~*** nothing at all; ***fast gar ~*** hardly anything; ***für ~ und wieder ~*** all for nothing; ***mir ~, dir ~*** just like that, *weggehen etc.*: *a.* without so much as a word (of goodbye, of explanation *etc.*); ***so viel wie ~*** next to nothing; ***~ weiter, weiter ~*** nothing else, *zu diskutieren etc.*: *a.* nothing further; ***weiter ~?*** is that all?; ***daraus ist ~ geworden*** nothing came of it; ***daraus wird ~*** nothing will come of it, (*es geht nicht*) we'll have to forget about that(, I'm afraid); ***das geht dich ~ an*** it's none of your business; ***aus ~ wird ~*** you can't make something out of nothing; ***wie ~*** (*schnell*) F like nobody's business; ***das ist ~ für mich*** F that's not my thing; ***~ zu danken!*** not at all; don't mention it; ***es macht ~!*** it doesn't matter, never mind; ***~ zu machen!*** F nothing doing, (*es kann nicht geändert werden*) it can't be helped; ***er wird es zu ~ bringen*** he'll never get anywhere (in life); ***sich in ~ auflösen*** *Projekt etc.*: go up in smoke, *auf rätselhafte Weise*: vanish into thin air; ***ich komme zu ~*** I never get time for anything, I never get round to doing anything; F ***~ wie weg!*** run!, F let's move!; F ***~ wie raus!*** let's get out of here quick!; F ***~ wie hin!*** what are we waiting for?; **II.** ♀ *n* **1.** nothing(ness); (*Leere*) void; ***aus dem ~*** from nowhere; ***et. aus dem ~ schaffen*** create s.th. out of nothing; ***vor dem ~ stehen*** be left with nothing, (*ganz von vorne anfangen müssen*) have to start from scratch; **2.** ***ein ~*** (*Geringfügiges*) nothing; ***sich um ein ~ streiten*** fight over nothing (*od.* a triviality); **3.** *contp.* (*Person*) *a* nobody; ***ein ~ sein*** *a.* be totally insignificant.

nichts ahnend I. *adj.* unsuspecting; **II.** *adv.* unsuspectingly, not suspecting a thing.

Nichtschwimmer *m* non-swimmer; **~becken** *n* beginners' pool.

nichtsdestotrotz, nichtsdestoweniger *adv.* nevertheless, nonetheless.

Nichtsein *n* non-existence.

Nichtsesshafte(r) *m* person of no fixed abode, vagrant.

Nichtskönner *m* incompetent (person), F washout, dead loss; ***er ist ein ~*** *a.* he's not capable of anything, he's useless.

Nichtsnutz *m* good-for-nothing; **nichtsnutzig** *adj.* useless; **Nichtsnutzigkeit** *f* uselessness.

nichts sagend *adj. Worte etc.*: empty, meaningless; *Redensart*: *a.* trite; *Antwort*: vague; *Bemerkung, Bericht etc.*: vacuous; *Gesichtsausdruck*: vacant, blank; (*farblos*) colo(u)rless, dull; (*fad*) insipid; (*ohne besondere Note*) nondescript *face, person etc.*

nichtstaatlich *adj.* non-governmental; private.

Nichtstuer *m* idler, loafer, F layabout; **nichtstuerisch** *adj.* idle; **Nichtstun** *n* idleness; ***mit ~ verbringen*** idle away *one's time etc.*

Nichtswisser *m* ignoramus.

nichtswürdig *adj.* base; (*verächtlich*) contemptible; **Nichtswürdigkeit** *f* baseness; (*Verächtlichkeit*) contemptible nature (*gen.* of), contemptibility.

Nicht|tänzer *m* non-dancer; ***er ist ~*** he doesn't dance; **~teilnahme** *f* non-participation; **~trinker** *m* teetotal(l)er; ***ich bin ~*** I don't drink, I'm a teetotal(l)er; **~vorhandensein** *n* absence; **~wissen** *n* ignorance; **~zahlung** *f* non-payment (***von*** of), default (on); ***bei ~*** in default of payment; **~zutreffende(s)** *n*: ***Nichtzutreffendes streichen!*** delete where inapplicable.

Nickel *n* ⚒ nickel; **~brille** *f*: (***e-e ~*** a pair of) steel-rimmed glasses *pl.*, F granny glasses *pl.*

nicken I. 1. *v/i.* (*a.* ***mit dem Kopf ~***) nod (one's head); *zum Gruß*: give a nod; ***zustimmend ~*** nod in agreement; ***beifällig ~*** nod approvingly, nod (one's) approval; **2.** F (*leicht schlafen*) doze, F be having forty winks; **II.** ♀ *n* nod(ding).

Nickerchen F *n*: ***ein ~ machen*** take a nap, F have forty winks, get (*od.* have) a bit of shut-eye.

Nicki *m* velour top.

nie *adv.* never; ***fast ~*** hardly ever; ***~ wieder*** never again; ***noch ~*** never (before); ***man soll ~ „♀" sagen*** never say never; ***~ und nimmer!*** never in a lifetime!, never in my *etc.* life!

nieder I. *adj.* low; *Wert, Rang*: inferior; *Dienststelle etc.*: lower; (*gemein*) common, *Gesinnung*: low, base, mean; *biol. etc.* lower, primitive *orders, instincts, life forms etc.*, early *stage of evolution*; ***der ~e Adel*** the gentry; ***von ~er Geburt*** of low(ly) birth, low-born; → *a.* ***niedrig***; **II.** *adv.* low; (*herab*) down; ***auf und ~*** up and down; ***~ mit den Verrätern!*** down with the traitors!; **~beugen** *v/t.* **1.** *a. v/refl.* (***sich ~***) bend down; **2.** *fig.* weigh down; **~brennen I.** *v/i.* burn down (*od.* to the ground), be burnt down (*od.* to the ground); **II.** *v/t.* burn *s.th.* down (*od.* to the ground); **~brüllen** *v/t.* shout *s.o.* down; **~bügeln** F *v/t.* **1.** F make mincemeat of *s.o.*; **2.** *Sport*: F thrash, slaughter, clobber.

niederdeutsch *adj.*, **Niederdeutsch** *n ling.* Low German.

Niederdruck *m* low pressure.

niederdrücken *v/t.* **1.** press down; (*Taste, Hebel*) depress; **2.** *fig.* depress, weigh on *s.o.'s* mind.

Niedere *n*: ***das ~*** the baser instincts.

niederfallen *v/i.* fall down; ***auf die Knie ~*** fall down on one's knees, fall to one's knees.

Niederfrequenz *f* ⚡ low frequency; (*Tonfrequenz*) audio frequency; **Niederfrequenz...** *in Zssgn* low-frequency.

Niedergang *m* decline; *e-r Weltmacht etc.*: *a.* decline and fall, *weitS.* collapse.

niedergedrückt *fig. adj.* dejected; ***~ sein*** be feeling (very) dejected.

niedergehen *v/i.* **1.** *Lawine, Steinschlag etc.*: come down; *Regen etc.*: fall; *Gewitter*: break; *Vorhang etc.*: come down, drop; ✈ descend, (*landen*) touch down; **2.** *fig. Vorwürfe etc.*: rain down (***auf*** on).

niedergeschlagen *fig. adj.* depressed, dejected, F down in the dumps; **Niedergeschlagenheit** *f* dejection, despondency; F *the blues pl.*

nieder|hageln *v/i.* hail down (***auf*** on); *fig. Vorwürfe etc.*: rain down (on); **~halten** *v/t.* hold (*od.* keep) down; *fig.* (*unterdrücken*) suppress, oppress; **~hauen** *v/t.* cut down; **~holen** *v/t.* (*Flagge, Segel*) lower; **~kämpfen** *v/t. a. fig.* fight down, overcome; **~kauern** *v/refl.*: ***sich ~*** crouch (down); **~knallen** F *v/t.* F put a bullet through *s.o.*; **~knien** *v/i.* kneel down; **~knüppeln** *v/t.* club *s.o.* down.

niederkommen *v/i.* give birth (to a child); *formell, lit.*: ***~ mit*** be delivered of; **Niederkunft** *f* delivery, birth.

Niederlage *f* ⚔ *u. fig.* defeat; *bsd. Sport*: *a.* F drubbing, thrashing; ***e-e ~ erleiden*** (*od.* ***erleben***, F ***einstecken***) be defeated, *formell*: suffer defeat (***gegen*** at the hands of); ***j-m e-e ~ beibringen*** (*od.* ***zufügen***) inflict a defeat on s.o., defeat s.o.; ***e-e 0:1-~*** a 1-0 (= one-nil) defeat.

Niederländer *m* Dutchman; ***~ sein*** be a Dutchman, come from Holland (*od.* the Netherlands); **Niederländerin** *f* Dutchwoman; → *a.* ***Niederländer***; **niederländisch** *adj.*, **Niederländisch** *n ling.* Dutch.

niederlassen I. *v/t.* **1.** let down, lower; **II.** *v/refl.*: ***sich ~*** **2.** (*sich setzen*) sit down, take a seat; *Vogel*: settle, alight; **3.** (*e-n Wohnsitz nehmen*) take up residence, *langfristig*: settle; **4.** ***sich ~ als*** set o.s. up as *a lawyer etc.*; **Niederlassung** *f* **1.** (*das Niederlassen*) establishment (*gen.* of); **2.** ✝ *gewerbliche*: place of business; (*Filiale*) branch office; *e-r Bank*: branch.

Niederlassungs|freiheit *f* freedom of establishment; **~recht** *n* right of establishment.

niederlegen I. *v/t.* lay (*od.* put) down; *fig.* (*Amt*) resign from; (*Geschäft*) give up; ***die Waffen ~*** lay down one's weapons; ***die Arbeit ~*** (go on) strike, down tools, walk out; *et.* ***schriftlich ~*** set down, put down in writing; **II.** *v/refl.*: ***sich ~*** lie down; (*ins Bett gehen*) *a.* go to bed; **Niederlegung** *f* resignation (*gen.* from *office*); abdication (from *the throne*).

nieder|machen *v/t.* **1.** → ***niedermetzeln***; **2.** F (*abkanzeln*) F give *s.o.* a roasting, bawl *s.o.* out; **~mähen** *fig. v/t.* mow down.

niedermetzeln *v/t.* massacre, slaughter; **Niedermetzelung** *f* massacre, slaughter(ing).

nieder|prasseln *v/i.* **1.** pelt (*od.* lash) down; **2.** *fig. Beschimpfungen etc.*: rain down (***auf*** on); **~regnen** *v/i.* rain down; **~reißen** *v/t.* tear down (*a. fig. Schranken*

N

etc.); (*Gebäude etc.*) pull down, demolish.

niederrheinisch *adj.* from the Lower Rhine.

niederringen *fig. v/t.* overpower.

Niedersachse *m*, **Niedersächsin** *f* man (*f* woman) from Lower Saxony; ***~ sein*** *mst* come (*od.* be) from Lower Saxony; **niedersächsisch** *adj.* from Lower Saxony.

niederschießen I. *v/t.* shoot (*od.* gun) down; **II.** *v/i. vom Himmel*: shoot (*od.* swoop) down.

Niederschlag *m* **1.** *meteor.* rain(fall), *formell*: precipitation; ***radioaktiver ~*** nuclear fallout; **2.** ⚗ precipitate; (*Bodensatz*) deposit, sediment; **3.** *Boxen*: knockdown, *bis zehn*: knockout; **4.** *fig.* ***s-n ~ finden in*** (*s-n Ausdruck finden in*) find expression in, (*sich zeigen in*) show (itself) in, manifest itself in; (*sich wiederspiegeln in*) be reflected in; **niederschlagen I.** *v/t.* **1.** (*j-n*) knock down; *Boxen*: *a.* floor, *bis zehn*: knock out; **2.** (*die Augen*) cast down; **3.** (*unterdrücken*) suppress; (*Aufstand*) put down, crush, quell; **4.** ⚖ (*Verfahren*) quash; **II.** *v/refl.* **5.** ***sich ~*** ⚗ precipitate, deposit; **6.** *fig.* ***sich ~ in*** → ***Niederschlag*** 4; **niederschlagsarm** *adj.*: ***~es Gebiet*** *etc.* low-precipitation area *etc.*; **niederschlagsfrei** *adj.* dry; **Niederschlagsmenge** *f* rainfall, precipitation; **niederschlagsreich** *adj.*: ***~es Gebiet*** *etc.* high-precipitation area *etc.*

Niederschlagung *f* **1.** *e-s Aufstands etc.*: suppression, quelling; **2.** ⚖ quashing.

niederschmettern *v/t.* **1.** (*j-n*) floor; (*et.*) dash to the ground; **2.** *fig.* crush, shatter; **niederschmetternd** *adj.* shattering, crushing.

nieder|schreiben *v/t.* write (*od.* set) down, record; **~schreien** *v/t.* shout *s.o.* down.

Niederschrift *f* **1.** (*Vorgang*) writing (*od.* setting) down (*gen.* of), recording (of); **2.** (*Geschriebenes*) notes *pl.*; (*Protokoll*) minutes *pl.*

nieder|setzen I. *v/t.* put (*od.* set) down; **II.** *v/refl.*: ***sich ~*** sit down; **~sinken** *v/i.* sink (down); (*zusammenbrechen*) collapse.

Niederspannung *f* ⚡ low voltage.

nieder|stechen *v/t.* stab (to death); **~steigen** *v/i. u. v/t.* descend; **~stellen** *v/t.* put (*od.* set) down; **~stimmen** *v/t.* vote down; **~stoßen I.** *v/t.* knock down; **II.** *v/i.*: ***~ auf*** swoop down on; **~strecken** *v/t.* floor, knock down; **~stürzen** *v/i.* **1.** fall down, *Pferd*: *a.* stumble; *Gesteinsmassen etc.*: come (crashing) down; **2.** *a. v/refl.* (***sich ~***) swoop down (***auf*** on).

niedertourig *adv.*: ***~ fahren*** run at low revs.

Niedertracht *f* **1.** baseness, meanness; **2.** (*Handlung*) mean (*od.* base) deed, F dirty trick; **niederträchtig** *adj.* base, mean, low; *Motiv*: base, sordid; ***das war aber ~!*** what a base (*od.* mean) thing to do; **Niederträchtigkeit** *f* → ***Niedertracht.***

nieder|trampeln *v/t.* trample down (*lit.* underfoot); (*Menschen*) trample on; ***niedergetrampelt werden*** *Menschen*: be (*od.* get) trampled on, *zu Tode*: be trampled to death; **~treten** *v/t.* tread down; (*Blumen*) tread on, crush.

Niederung *f* **1.** depression; *pl.* low-lying areas; **2.** *fig.* ***die ~en des Lebens*** the seamy side of life; ***die ~en der Gesellschaft*** the dregs of society.

Niederwald *m* copse.

niederwalzen *v/t.* **1.** flatten, mow down; **2.** *fig.* steamroller.

niederwärts *adv.* downward(s).

niederwerfen I. *v/t.* **1.** throw (*od.* fling) down *od.* to the ground; *fig. von e-r Krankheit etc.* ***niedergeworfen werden*** be laid low; **2.** *fig.* (*Aufstand*) put down, crush, quell; **II.** *v/refl.*: ***sich vor j-m ~*** throw o.s. at s.o.'s feet; **Niederwerfung** *f e-s Aufstands*: quelling.

Niederwild *n* small game.

niederzwingen *v/t.* overpower, overcome; (*j-n*) *a.* bring to his (*od.* her) knees.

niedlich *adj.* sweet, cute.

Niednagel *m* hangnail.

niedrig *adj. a. Preise, Gehälter etc.*: low (*a. adv.*); *Qualität*: inferior, low; *von Stand*: low(ly), humble; *fig.* (*gemein*) low, mean, base; ***~ halten*** keep down; ***zu ~ angeben*** understate; *mot.* ***~er Gang*** low gear; *fig.* ***~e Instinkte*** base(r) instincts.

Niedrighaltung *f*: ***~ von Preisen*** *etc.* keeping down prices *etc.*

Niedrigkeit *f* lowness; *der Preise, Kurse*: low level; *von Stand*: humbleness; *charakterliche*: baseness.

Niedriglohn *m* low income; **~gruppe** *f* low-wage bracket; **~land** *n* low-wage (*od.* cheap labo[u]r) country.

Niedrigwasser *n* low tide (*od.* water).

niemals *adv.* never; ***~!*** *a.* F not on your life (*Brit. a.* nelly)!; → *a.* ***nie.***

niemand I. *indef. pron.* nobody, no-one; not ... anybody; ***~ anders*** nobody else; ***~ anders als*** none other than; **II.** ♀ *contp. m* (*unbedeutende Person*) *a* nobody.

Niemandsland *n* ⚔ *u. fig.* no-man's-land.

Niere *f* kidney; → ***künstlich***; F *fig.* ***j-m an die ~n gehen*** F get to s.o., (*j-n mitnehmen*) F take it out of s.o.; → *a.* ***Herz.***

Nierenbecken *n anat.* renal pelvis; **~entzündung** *f* ⚕ pyelitis.

Nierenentzündung *f* kidney infection, 📖 nephritis.

nierenförmig *adj.* kidney-shaped.

Nieren|kolik *f* renal colic; **♀krank** *adj.*: ***~ sein*** have kidney trouble (*od.* a kidney disease); **~krankheit** *f*, **~leiden** *n* kidney disease (*od.* trouble); **~schale** *f* kidney dish; **~spender** *m* kidney donor.

Nierenstein *m* kidney stone; **~zertrümmerer** *m* lithotripter.

Nieren|tasche *f* belt bag, F bum bag; **~tisch** *m* kidney-shaped table; **~transplantation** *f*, **~verpflanzung** *f* kidney transplant; **~versagen** *n* kidney failure; **~wärmer** *m* body belt.

nieseln *v/i.*, **Nieselregen** *m* drizzle.

niesen *v/i.* sneeze.

Nies|pulver *n* sneezing powder; **~reiz** *m* urge to sneeze; ***e-n ~ haben*** keep wanting to sneeze.

Nießbrauch *m* usufruct; **Nießbraucher** *m*, **Nießnutzer** *m* usufructuary.

Nieswurz *f* ⚘ hellebore.

Niet *m, n* ⚙ → ***Niete***[1].

Niete[1] *f* ⚙ rivet; *für Kleidung*: stud.

Niete[2] *f* (*Los*) blank; *fig.* (*Reinfall*) F flop, washout; (*Person*) F washout, dead loss; ***e-e ~ ziehen*** *a. fig.* draw a blank.

nieten *v/t.* rivet.

Nieten|gürtel *m* studded belt; **~hose** *f* jeans (with studs).

Niet|hammer *m* riveting hammer; **~kopf** *m* rivet head.

niet- und nagelfest F *adj.*: ***alles, was nicht ~ war*** everything that wasn't nailed down.

Nigerianer(in *f*) *m*, **nigerianisch** *adj.* Nigerian.

Nihilismus *m* nihilism; **Nihilist** *m* nihilist; **nihilistisch** *adj.* nihilistic.

Nikolaus(tag) *m* St Nicholas' Day.

Nikotin *n* nicotine; **nikotinarm** *adj.* low in nicotine; low-nicotine ...; **nikotinfrei** *adj.* nicotine-free; **Nikotingehalt** *m* nicotine content; **nikotinhaltig** *adj.*: ***~ sein*** contain nicotine; **Nikotinsäure** *f* niacin; **nikotinsüchtig** *adj.* addicted to nicotine; **Nikotinsüchtige(r)** *m* nicotine addict; **Nikotinvergiftung** *f* nicotine poisoning.

Nilpferd *n* hippopotamus, F hippo.

Nimbus *m* nimbus, halo; *fig.* aura; *fig.* ***der ~ des Mystischen*** *etc.* an aura of mysticism *etc.*; ***von e-m geheimnisvollen ~ umgeben*** surrounded by a (certain) mystique.

nimmer F *dial. adv.* never; → *a.* ***nie.***

nimmermüde *adj.* untiring, indefatigable.

nimmersatt I. *adj.* insatiable; **II.** ♀ *m* insatiable person; ***er ist ein ~*** *a.* he just can't get enough.

Nimmerwiedersehen *n*: ***auf ~*** for good.

Nippel *m* ⚙ fitting; *für Rohre*: nipple.

nippen *v/i. u. v/t.* sip (***an*** at).

Nippes *pl.*, **Nippsachen** *pl.* knick-knacks, *bsd. contp.* bric-a-brac *sg.*

nirgend(s), **nirgendwo(hin)** *adv.* nowhere, not ... anywhere.

Nirwana *n* nirvana, Nirvana; ***ins ~ eingehen*** enter into nirvana (*od.* Nirvana); *fig. iro.* (*sterben*) go to meet one's Maker.

Nische *f* niche (*a. fig.*); *e-s Raums*: recess.

Nisse *f* (*Lausei*) nit.

Nissenhütte *f* Nissen hut, *Am.* Quonset hut.

nisten *v/i.* (build a) nest.

Nist|kasten *m* nesting box; **~platz** *m* nesting place.

Nitrat *n* ⚗ nitrate; **~gehalt** *m* nitrate level (*im Boden*: *a.* levels *pl.*).

nitrieren *v/t.* **1.** ⚗ nitrate; **2.** → **nitrierhärten** *v/t. metall.* nitride; **Nitrierstahl** *m* nitriding steel.

Nitrit *n* ⚗ nitrite.

Nitroglyzerin *n* nitroglycerine.

Nitrolack *m* nitrocellulose paint.

Niveau *n* **1.** (*a. Preis*♀ *etc.*) level; **2.** (*Bildungs*♀ *etc.*) level, standard; ***unter dem ~*** not up to standard (F scratch); ***~ haben*** *Person*: have class (*od.* style), *Sache*: (*a.* ***ein hohes ~ haben***) be of a high standard, be on a high level; ***kein ~ haben*** *Person*: have no culture, be (totally) uncultured; ***der Film*** *etc.* ***hat kein ~*** it's a very ordinary (*od.* mediocre) film *etc.*; ***jemand von d-m ~*** someone of your calib|re (*Am.* -er); ***es ist unter s-m ~*** it's not his level, *stärker*: it's beneath him (*iro. a.* his dignity).

niveaulos *fig. adj.* mediocre; *Person*: uncultured; **Niveaulosigkeit** *f* mediocrity; *e-r Person*: lack of culture (*od.* style).

Niveau|unterschied *m* difference in level (*fig. a.* standard); **~verlust** *fig. m* drop in standard.

niveauvoll *adj.* (*anspruchsvoll*) of a high standard; (*kultiviert*) cultivated, *Person*: *a.* cultured, *weitS.* sophisticated.

nivellieren *v/t.* level.

Nivellier|gerät *n*, **~instrument** *n* (telescope) level; **~latte** *f* level(l)ing rod.

Nivellierung *f* level(l)ing.

Nixe *f* water nymph.

nobel *adj.* **1.** noble, high-minded; **2.** (*großzügig, freigebig*) generous; **3.** (*luxuriös*) F classy, posh.

N

Nobel|gegend *f* F posh area (*od.* part of town); **~herberge** F *f*, **~hotel** *n* high-class (F posh) hotel; **~karosse** F *f*, **~limousine** *f* F big flash(y) car.
Nobelpreis *m* Nobel Prize; **~träger(in** *f*) *m* Nobel Prize winner, Nobel laureate.
Nobelrestaurant *n* top-class (F classy, posh) restaurant.
Noblesse *obs. f e-r Person*: high-mindedness, noble-mindedness.
noch I. *adv.* **1.** still; ***immer ~***, ***~ immer*** still; ***~ nicht*** not yet; ***~ ist es nicht zu spät*** it's not too late yet; ***~ nie*** never (before); ***~ besser (mehr)*** even better (more); ***~ am selben Tag*** that (very) same day; ***~ gestern*** only yesterday; ***heute ~*** to this day; ***~ jetzt*** even now; ***~ im 11. Jahrhundert*** as late as the 11th century, ***benutzte man sie***: *a.* they were still in use in the 11th century; ***sie ist ~ jung*** she's only (*od.* still) young; ***er hat nur ~ 10 Dollar*** he's only got 10 dollars left; ***~ lange nicht*** F not by a long chalk; ***wir sind ~ lange nicht fertig*** *etc.* we're not nearly (*od.* nowhere near) ready *etc.*; ***wie heißt sie ~?*** what's (*od.* what was) her name again?; ***was hattest du ~ gesagt?*** what was it you said (again)?; ***auch das ~!*** that's all I *etc.* needed; F ***er hat Geld ~ und ~*** (*od.* ***nöcher***) F he's got piles (*od.* stacks) of money; ***sie redet ~ und ~*** she never stops talking; ***da haben wir ja ~ Glück gehabt*** we were lucky there; → ***fehlen*** 3, ***gerade*** II, ***schön*** I; **2.** (*mehr*) more; ***~ dazu*** on top of that; ***dazu kommt ~, dass er trinkt*** not only that - he drinks too; and then he drinks on top of it (all); ***~ einer*** one more, another one; ***~ ein Stück*** another (*od.* one more) piece; ***~ ein Bier*** *etc.* the same again; another beer *etc.*, please; ***~ (ein)mal*** once more, one more time, again, F *bei Versprecher*: let's try that (one) again; → ***gut gehen*** 1; ***~ einmal so viel*** as much again; ***und ~ etwas*** and another thing; ***~ etwas?*** anything else?; ***was wollen Sie ~?*** what more do you want?; ***wer kommt ~?*** who else is coming?; ***~ schlauer als du*** even smarter than you; *es klingt etc.* ***nur ~ verdächtiger*** even (*od.* all the) more suspicious; ***~ fünf Minuten*** five minutes to go, *a. bittend*: five more minutes, another five minutes; **3.** *einräumend*: ***sei es ~ so klein*** no matter how small it is, however small it may be; **II.** *cj.* → ***weder.***
nochmalig *adj.* renewed, second; ***~e Untersuchung*** re-examination; **nochmals** *adv.* once more (*od.* again), again; (*wieder ...*) *a.* re... (*z.B.* ***~ untersuchen*** reinvestigate).
Nocken *m* ⚙ cam; **~welle** *f* camshaft.
Nockerl *östr., südd. n* (semolina) dumpling.
nolens volens *adv.* like it or not, *formell*: willy-nilly.
Nomade *m* nomad.
Nomaden|leben *n* nomadic life, life of a nomad (*od.* nomads); **~stamm** *m* nomadic tribe.
Nomadentum *n* nomadism.
Nomaden|volk *n* nomadic tribe (*od.* people); **~zelt** *n* nomad('s) tent.
nomadisch *adj.* nomadic.
Nomen *n ling.* noun.
Nomenklatur *f* nomenclature.
nominal *adj.* nominal.
Nominaleinkommen *n* nominal income.
Nominalismus *m phls.* nominalism; **Nominalist** *m phls.* nominalist.
Nominal|verzinsung *f* nominal interest rate; **~wert** *m* nominal (*od.* face) value.
Nominativ *m ling.* nominative (case).
nominell *adj.* nominal.
nominieren *v/t.* nominate; **Nominierung** *f* nomination.
No-Name-Produkt *n* ✝ no-name product.
Nonchalance *f* nonchalance; **nonchalant** *adj.* nonchalant.
Non(e) *f* **1.** ♪ ninth; **2.** *eccl.* (*Gebetsstunde*) nones *pl.* (*a. sg. konstr.*).
Nonkonformismus *m* nonconformism; **Nonkonformist** *m*, **nonkonformistisch** *adj.* nonconformist.
Nonne *f* nun.
Nonnen|haube *f* coif; **~kloster** *n* convent; *lit.* nunnery; **~orden** *m* order of nuns.
Nonplusultra *n*: ***das ~*** the ultimate (***was ... angeht*** in ...).
Nonsensdichtung *f* nonsense verse (*od.* poem); *pl.* nonsense poetry (*od.* verse) *sg.*
Nonstop|flug *m* nonstop flight; **~kino** *n* continuous performance cinema.
Nord *m*: ***von*** (*od.* ***aus***) ***~*** from the north; ***Duisburg ~*** the north of Duisburg; ***Eingang ~*** the north entrance.
Nordafrikaner(in *f*) *m*, **nordafrikanisch** *adj.* North African.
Nordamerikaner(in *f*) *m*, **nordamerikanisch** *adj.* North American.
Nordatlantikpakt *m pol.* North Atlantic Treaty.
norddeutsch *adj.* North German; ***im ~en Raum*** in the north of Germany, in Northern Germany; **Norddeutsche(r** *m*) *f* North German.
Norden *m* north; (*nördlicher Landesteil*) North; ***nach ~*** north(wards), *Verkehr, Straße etc.*: northbound; ***von ~*** from the north; ***der kalte ~*** the cold north; ***im kalten ~*** up in the cold north; → ***hoch.***
nordenglisch *adj.* northern (*od.* Northern) English.
Nordeuropäer(in *f*) *m*, **nordeuropäisch** *adj.* North (*od.* Northern) European.
Nord|halbkugel *f* northern hemisphere; **~hang** *m* northern (*od.* north-facing) slope.
Nordire *m*, **Nordirin** *f* man (*f* woman) from Northern Ireland; ***~ sein*** *mst* come (*od.* be) from Northern Ireland.
nordisch *adj.* northern; (*skandinavisch*) Nordic.
Nordistik *f* Scandinavian studies *pl.*
Nordkoreaner(in *f*) *m*, **nordkoreanisch** *adj.* North Korean.
Nordküste *f* north coast; ***an der ~*** on the north coast.
Nordländer *m* Northerner; Nordic type; **nordländisch** *adj. Klima etc.*: northern, *Typ*: *a.* Nordic.
nördlich I. *adj.* northern, north ...; *Wind*: northerly; ***in ~er Richtung*** north (-wards); *Verkehr, Straße etc.*: northbound; **II.** *adv.* (to the) north (***von*** of); **nördlichst** *adj.* northernmost.
Nordlicht *n* **1.** northern lights *pl.*, aurora borealis; **2.** F (*Person*) Northerner.
Nordost(en) *m* (***NO***) northeast (*abbr.* NE); **nordöstlich I.** *adj.* northeast(ern); *Wind*: northeasterly; **II.** *adv.* (to the) northeast.
Nordpol *m* North Pole.
Nordpolar|gebiet *n* Arctic; **~kreis** *m* Arctic Circle.
Nordpolexpedition *f* expedition to the North Pole.
Nord|seite *f* north (*od.* northern) side; **~staaten** *pl.* *der USA*: *the* northern states; **~stern** *m* pole star, North Star.
Nord-Süd|-Dialog *m pol.* North-South Dialog(ue); **~-Gefälle** *n* north-south divide.
Nord-Süd-Richtung *f*: ***in ~ verlaufen*** run from north to south.
Nordwand *f e-s Bergs*: north face.
nordwärts *adv.* north(wards).
Nordwest(en) *m* (***NW***) northwest (*abbr.* NW); **nordwestlich I.** *adj.* northwest (-ern); *Wind*: northwesterly; **II.** *adv.* (to the) northwest.
Nordwind *m* north wind.
Nörgelei *f* grumbling, moaning; *e-s Kindes*: niggling, F grizzling; **nörgeln** *v/i.* grumble, moan; *Kind*: niggle, F grizzle; **Nörgler** *m* grumbler, moaner.
Norm *f* **1.** (*Richtschnur*) norm, standard; (*Regel*) *a.* rule; ***als ~ gelten*** be (considered) the norm; ***sich an die ~en halten*** stick to the norm; **2.** ⚙ *etc.* standard specification; ***technische ~en*** technical standards (*od.* specifications); **3.** (*Leistungssoll*) norm, (production) quota.
normal *adj.* normal; (*konventionell*) conventional; (*gewöhnlich*) ordinary; *Abmessungen etc.*: standard ...; ***das ist doch ganz ~*** that's perfectly normal (*od.* natural); ***das ist doch nicht mehr ~*** that's not normal; ***es ist ~, dass es heiß wird*** it's normal for it to get hot; ***jeder ~e Mensch*** any normal person, anyone in his right mind; ***du bist wohl nicht mehr ~!*** have you gone out of your mind?
Normal|ansicht *f Computer*: normal view; **~benzin** *n* regular petrol (*Am.* gas); **~bürger** *m the* average citizen, *the* man in the street.
normalerweise *adv.* normally; under normal circumstances.
Normal|fall *m* normal case; ***im ~*** normally; **~gewicht** *n* standard (*Person*: average) weight; **~größe** *f* normal (*od.* standard) size.
normalisieren I. *v/t.* normalize; (*Körperfunktionen*) regulate; **II.** *v/refl.*: ***sich ~*** return to normal; regulate itself; **Normalisierung** *f* normalization; **Normalität** *f* normality.
Normal|maß *n* **1.** standard measurement; **2.** *fig.* standard, norm; ***auf ein ~ bringen (zurückführen)*** bring (back) down to normal; **~null** *n etwa* sea level; **~spur** *f* 🚂 standard ga(u)ge; **~ton** *m* ♪ standard pitch; **~verbrauch** *m* average (*od.* standard) consumption; **~verbraucher** *m* average consumer; → ***Otto Normalverbraucher***; **~verdiener** *m* average wage earner; **~wert** *m* standard value; **~zeit** *f* standard time; **~zustand** *m* normal conditions *pl.*; F *iro.* ***das ist der ~*** that's the way things are; ***das ist kein ~*** things aren't usually like that.
Normanne *m*, **normannisch** *adj.* Norman.
normativ *adj.* normative.
Normblatt *n* standard specifications list.
normen *v/t.* standardize.
Normerfüllung *f* fulfil(l)ment of quotas.
normgerecht *adj.* complying with standards.
normieren *v/t.* standardize; **Normierung** *f*, **Normung** *f* standardization.
Norweger(in *f*) *m*, **norwegisch** *adj.*, **Norwegisch** *n ling.* Norwegian.
Nostalgie *f* nostalgia; **~welle** *f* wave of nostalgia.
Nostalgiker *m* nostalgic; **nostalgisch** *adj.* nostalgic(ally *adv.*).

N

Not *f* (*Mangel, Armut*) want, need, poverty; (*~lage*) plight, (*Elend*) *a.* misery; (*Schwierigkeit*) difficulty, trouble; (*Bedrängnis*) distress; (*Gefahr*) danger; **Nöte** difficulties, problems; ***wirtschaftliche ~*** economic plight; ***zur ~*** if necessary, if need be, (*gerade noch*) at a pinch, *stärker*: if the worst comes to the worst; ***wenn ~ am Mann ist*** if need be, *stärker*: if the worst comes to the worst; ***~ leiden*** suffer want (*od.* privation); ***in ~ sein*** be in trouble; ***in tausend Nöten sein*** be in real trouble (*od.* a real mess); ***in ~ geraten*** run into difficulties; ***in der Stunde der ~*** at the hour of need; ***für Zeiten der ~*** for a rainy day; ***s-e liebe ~ haben*** have a hard time (of it), ***mit:*** have a hard time with; ***es täte dir ~ zu*** *inf.* you would do well to *inf.*; what you really need is to *inf.*; ***aus der ~ e-e Tugend machen*** make a virtue of necessity; ***~ macht erfinderisch*** necessity is the mother of invention; ***in der ~ frisst der Teufel Fliegen*** any port in a storm, beggars can't be choosers; ***~ kennt kein Gebot*** necessity knows no law; → *a.* ***Mühe, knapp*** I *etc.*

notabene *obs. adv.* **1.** (*wohlgemerkt*) mind you; **2.** (*übrigens*) by the way.

Notanker *m a. fig.* sheet anchor.

Notar *m* notary; **Notariat** *n* notary's office; **notariell I.** *adj.* notarial, attested by (a) notary; **II.** *adv.* by (a) notary; ***~ beglaubigt*** attested by (a) notary.

Notarzt *m in der Notaufnahme etc.*: emergency doctor; *im Notdienst*: doctor on call; ***~wagen*** *m* emergency ambulance.

Notation *f* (system of) notation.

Notaufnahme *f* **1.** *im Krankenhaus*: emergency admission; (*Stelle*) casualty (department); **2.** *von Flüchtlingen etc.*: provisional accommodation; ***~lager*** *n* (refugee) transit camp, reception cent|re (*Am.* -er).

Not|ausgabe *f e-r Zeitung*: skeleton edition; ***~ausgang*** *m* emergency exit; fire exit (*od.* door); ***~ausstieg*** *m* escape hatch; ***~behelf*** *m* stopgap; ***~beleuchtung*** *f* emergency lighting; ***~bremse*** *f* emergency brake; 🚂 *Brit.* communication cord; ***die ~ ziehen*** apply the emergency brake(s), pull the communication cord, *fig.* call a halt before it's too late, *Sport*: commit a professional foul; ***~dienst*** *m* standby duty; ***~ haben*** be on standby, *Arzt*: *a.* be on call; *Apotheke*: be open all night.

Notdurft *f*: ***s-e ~ verrichten*** relieve o.s.

notdürftig I. *adj.* **1.** (*knapp*) scanty, meag|re (*Am.* -er); **2.** (*improvisiert*) makeshift; (*Not...*) emergency ...; (*provisorisch*) provisional, stopgap ...; **II.** *adv.* **3.** scantily *furnished etc.*; **4.** (*als Notbehelf*) as a makeshift (*od.* stopgap); (*irgendwie*) somehow or other; (*gerade eben*) just about; ***~ reparieren*** patch *s.th.* up (temporarily); ***sich ~ durchschlagen*** just about (manage to) scrape through.

Note *f* **1.** *ped.* mark, *bsd. Am.* grade; **2.** ♪ note; ***ganze ~*** semibreve, *Am.* whole note; ***halbe ~*** minim, *Am.* half note; ***~n*** *coll.* music; ***nach ~n singen*** sing from music; ***er kennt*** (*od.* ***kann***) ***keine ~n*** he can't read music; **3.** *pol.* memorandum; **4.** (*Prägung*) touch, note; ***e-e besondere*** (***persönliche***) ***~ verleihen*** add a special (personal) touch (*dat.* to); ***das ist s-e persönliche ~*** a) that's his particular way of doing things, b) that's his (personal) trademark.

Notebook *n Computer*: notebook.

Noten|austausch *m pol.* exchange of notes; ***~bank*** *f* central bank; ***~blatt*** *n* (sheet of) music; ***~durchschnitt*** *m* average mark (*bsd. Am.* grade); ***~gebung*** *f* → ***Benotung***; ***~heft*** *n* music book; ***~linien*** *pl.* ♪ lines; ***~papier*** *n* manuscript paper; ***~pult*** *n* music stand; ***~schlüssel*** *m* ♪ clef; ***~schrift*** *f* musical notation; ***~ständer*** *m* music stand; ***~system*** **1.** *ped.* marking (*od.* grading) system; **2.** ♪ system of notation; ***~wert*** *m* ♪ (time) value (of a *od.* the note).

Notepad *n Kleinstcomputer*: notepad

Notfall *m* emergency; ***im*** (***äußersten***) ***~*** in an emergency, if the worst comes to the worst; ***für den ~*** just in case; ***~ausweis*** *m* emergency ID.

notfalls *adv.* (*wenn nötig*) if need be, if necessary; (*zur Not*) at a pinch.

notgedrungen I. *adj.* (en)forced, involuntary; **II.** *adv.* of necessity; ***~ musste er*** he had no choice but to, he was forced to.

Not|geld *n* emergency money; ***~gemeinschaft*** *f* **1.** emergency action group; **2.** companions *pl.* in distress; ***wir bilden sozusagen e-e ~*** *a.* we're all in the same boat; ***~groschen*** *m* nest egg; (***sich***) ***e-n ~ beiseite legen*** save up (*od.* put some money aside) for a rainy day; ***~helfer*** *m* helper in (time of) need.

notieren I. *v/t.* make a note of, take down, *flüchtig*: jot down; ⚕ (*Kurse, Preise*) quote (***zu*** at); *Sport*: book; ♪ notate; **II.** *v/i.* ⚕ be quoted (***mit*** at); ***... notierte um vier Punkte weniger ...*** was four points down; **Notierung** *f* **1.** ♪ notation; **2.** *Börse*: quotation.

nötig *adj.* necessary; ***wenn ~*** if necessary, if need be; ***et.*** (***dringend***) ***~ haben*** (badly) need s.th., need s.th. (badly), be in (dire) need of s.th.; ***es ist nicht*** (***unbedingt***) ***~, dass du kommst*** there's no (real) need for you to come, you don't (really) need to (*od.* have to) come; ***es ist wohl nicht ~, dass ich euch sage*** I don't suppose there's any need for me to tell you (*od.* there's any need for you to be told); ***das war doch wirklich nicht ~*** *vorwurfsvoll*: did you *etc.* have to (do that)?; ***das wäre aber wirklich nicht ~ gewesen*** *anerkennend*: you really shouldn't have; ***er hielt es nicht mal für ~ zu*** *inf.* he didn't even think (*od.* consider) it necessary to *inf.*; *iro.* ***das habe ich nicht ~*** I can do very well without that(, thank you), (*muss ich mir nicht bieten lassen*) I don't have to stand for that; ***hast du das ~?*** do you really have to (do that)?; *iro.* ***du hast es*** (***gerade***) ***~!*** you of all people; ***mit dem ~en Respekt*** with due respect; **Nötige** *n*: ***das ~*** (***tun*** do) whatever is necessary; ***ich werde das ~ tun*** *weitS.* I'll see to it; ***das ~ veranlassen*** make the necessary arrangements; ***das Nötigste*** the essentials; ***nehmt nur das Nötigste mit*** take only what you absolutely need (*od.* what you need most).

nötigen *v/t.* (*drängen*) urge, press; (*zwingen*) force, compel; ***lassen Sie sich nicht ~!*** help yourself!; ***er lässt sich nicht lange ~*** he doesn't need much coaxing (*od.* encouragement); ***sich genötigt sehen zu*** *inf.* feel compelled to *inf.*

nötigenfalls *adv.* if need be, if necessary.

Nötigung *f* constraint, coercion, intimidation; ⚖ constraint, duress.

Notiz *f* **1.** (*Vermerk*) note; ***sich ~en machen*** make (*od.* take) notes (***über*** on); **2.** (*Zeitungs~*) item; **3.** *Börse*: quotation; **4.** ***~ nehmen von*** take note of; ***keine ~ nehmen von*** ignore, take no notice of; ***~block*** *m* notepad, *bsd. Am.* memo pad; ***~buch*** *n* notebook.

Not|jahre *pl.* lean years; ***~lage*** *f* predicament; (*Elend*) plight; *weitS.* (*schwierige Lage*) awkward (*od.* difficult) situation; ***wirtschaftliche ~*** economic plight; ***~lager*** *n* makeshift bed, F shakedown.

notlanden *v/i.* make a forced landing, force-land; **Notlandung** *f* forced (*od.* emergency) landing.

Not leidend *adj.* needy; **Notleidende(r), Not Leidende(r)** *m* needy person; ***die Not Leidenden*** the needy (*pl.*).

Not|leine *f* emergency cord; ***~lösung*** *f* stopgap (solution *od.* measure); *provisorische*: provisional (*od.* temporary) solution; (*Ausweg*) expedient; ***~lüge*** *f* white lie; ***~maßnahme*** *f* emergency (*od.* stopgap) measure, expedient; ***~nagel*** F *m* stopgap; (*Person*) *a.* fill-in; ***~operation*** *f* emergency operation; *a. pl. coll.* emergency surgery; ***~opfer*** *n* emergency tax.

notorisch *adj.* compulsive, habitual, addictive; *Lügner, Spieler*: *a.* notorious; ***~er Optimist*** incorrigible optimist.

Not|proviant *m* emergency rations *pl.*; ***~ration*** *f* emergency ration.

Notruf *m* **1.** *teleph.* emergency call; **2.** → ***~nummer*** *f* emergency number; ***~säule*** *f* emergency telephone.

Not|rutsche *f* ✈ emergency (*od.* escape) chute; ***~schlachtung*** *f* forced slaughter; ***~signal*** *n* distress signal; ***~situation*** *f* emergency (situation); → *a.* ***Notlage***; ***~sitz*** *m* jump seat.

Notstand *m* **1.** → ***Notlage***; **2.** *pol.* state of emergency; ***den ~ ausrufen*** declare a state of emergency.

Notstands|gebiet *n* **1.** *wirtschaftlich*: depressed area; **2.** (*Katastrophengebiet*) disaster area; ***~gesetze*** *pl.* emergency legislation *sg.*, emergency powers act *sg.*

Notstromaggregat *n* emergency generator.

Nottaufe *f* baptism in extremis; **nottaufen** *v/t.* baptize *a child* in extremis.

Not|testament *n* emergency will; ***~unterkunft*** *f* provisional accommodation (*a. pl.*); *für Obdachlose*: emergency shelter; ***~verband*** *m* emergency dressing; ***~verkauf*** *m* distress sale; ***~verordnung*** *f* emergency decree; ***~wasserung*** *f* crash-landing (in the sea).

Notwehr *f*: (***aus*** *od.* ***in ~*** in) self-defen|ce (*Am.* -se); ***~handlung*** *f* act of self-defen|ce (*Am.* -se); ***es war e-e ~*** he *etc.* acted in self-defen|ce (*Am.* -se).

notwendig I. *adj.* necessary; (*dringlich*) urgent; (*wesentlich*) essential; (*unerlässlich*) indispensable; (*unausbleiblich, unausweichlich*) inevitable; ***unbedingt ~*** absolutely vital; → *a.* ***nötig***; **II.** *adv.* (*dringend*) urgently; ***~ brauchen*** *a.* need badly, badly need; **notwendigenfalls** *adv.* if necessary, if need be; **notwendigerweise** *adv.* necessarily, of necessity; (*als unausweichliche Folge*) *a.* inevitably; **Notwendigkeit** *f* necessity; (*Sache*) *a.* requirement; (*Dringlichkeit*) urgency; ***e-e absolute ~*** a must.

Notzeiten *pl.* times (*od.* time *sg.*) of need.

Notzucht *f* rape; ***~ begehen an*** commit rape on; **notzüchtigen** *v/t.* rape, commit rape on.

Nougat *m, n* → ***Nugat.***

Novel Food *n* novel food(s *pl.*).

Novelle *f* **1.** novella; **2.** *parl.* amendment.

novellieren *v/t. parl.* amend; **Novellierung** *f* amendment.
Novellist *m* novella writer.
November *m* November; ***im ~*** in November.
Novität *f* novelty, something new; ♆ new article, F newcomer to the market; ***e-e ~ auf dem Buchmarkt (Plattenmarkt)*** a (brand-)new publication (release); ***e-e ~ auf dem Modemarkt*** the latest fashion (F thing).
Novize *m*, **Novizin** *f eccl. u. fig.* novice.
Novum *n* novelty, something new.
NS... *in Zssgn* Nazi; **~-Diktatur** *f* Nazi dictatorship; **~-Regime** *n* Nazi regime; **~-Verbrechen** *n* Nazi crime (*od.* atrocity); **~-Verbrecher** *m* Nazi war criminal; **~-Zeit** *f* Nazi era, (period of) Nazi rule.
nu I. *int.* → ***nun***; **II.** ♀ *m*: ***im ~*** in no time, in a flash, before you knew it.
Nuance *f* nuance, shade; *fig.* (*Spur*) trace, tinge, shade; ***um e-e ~ zu süß*** *etc.* a shade too sweet *etc.*; ***die (keine) ~n unterscheiden können*** recognize (be unable to distinguish) the subtleties *od.* subtle differences; **nuancenreich** *adj.* rich in nuance, finely nuanced, full of nuances; **Nuancenreichtum** *m* wealth of nuances; **nuancieren** *v/t.* nuance; **nuanciert** *adj.* subtle; finely (*od.* subtly) distinguished; *Farben*: subtly graded; **Nuanciertheit** *f* subtlety; subtle distinctions *pl.*; *von Farben*: subtle gradations *pl.*
nüchtern I. *adj.* **1.** (*Ggs. betrunken*) sober; ***wieder ~ werden*** sober up; ***vollkommen ~*** F stone cold sober; **2.** ***auf ~en Magen*** on an empty stomach; ***ich war ~*** I hadn't eaten anything; ⚕ ***kommen Sie bitte ~*** please don't eat or drink anything before you come; **3.** *Einrichtung, Bau etc.*: functional, austere; *Kleidung etc.*: sober; *Wand*: cold, bare; **4.** *Einstellung, Urteil etc.*: sober; *weitS.* (*sachlich*) *Person, Einschätzung etc.*: rational, down-to-earth; *Tatsachen*: plain, bare; **II.** *adv.* soberly; *weitS.* (*sachlich*) matter-of-factly; ***~ denkend*** realistic, sober(-minded); ***~ betrachtet*** seen in a sober light; **Nüchternheit** *f* sobriety; austerity; coldness *etc.*; → ***nüchtern.***
Nuckel *m* (*Sauger*) teat, *Am.* nipple; (*Schnuller*) dummy, *Am.* pacifier; **nuckeln** *v/i.*: ***~ an*** suck (at).
Nuckelpinne F *f* F phut-phut car.
Nudel *f* noodle; *pl.* (*~arten*) pasta *sg.*, pastas; F *fig.* ***ulkige ~*** F funny character; **~gericht** *n* pasta dish; **~holz** *n* rolling pin.
nudeln *v/t.* stuff, fatten; F ***wie genudelt sein*** F be (absolutely) stuffed.
Nudel|salat *m* noodle salad; **~suppe** *f* noodle soup.
Nudismus *m* nudism; **Nudist(in** *f*) *m* nudist.
Nugat *m, n sweet paste made from cocoa, sugar and crushed nuts.*
nuklear *adj.*, **Nuklear...** *in Zssgn* nuclear.
Nuklear|macht *f* nuclear power; **~medizin** *f* nuclear medicine; **~park** *m* nuclear park; **~stützpunkt** *m* nuclear base; **~unfall** *m* nuclear accident; **~waffe** *f* nuclear weapon.
Nukleinsäure *f* nucleic acid.
null I. *adj.* **1.** nought, *Am. u.* 🕮 zero; ⚗ *Brit.* nought; *nach Dezimalkomma*: O (*Aussprache*: əʊ); *teleph.* O (əʊ), *Am. a.* zero; *Sport*: nil, *Am.* zero; *Tennis*: love; ***~ Grad*** zero degrees; ***~ Fehler*** no (*Am.* zero) mistakes; ***zwei zu ~*** two-nil, *Am.* two-zero; ***um ~ Uhr zehn*** at ten past (*Am. a.* after) midnight, *formell*: at zero hours ten; *das Thermometer etc.* ***steht auf (über, unter) ~*** is at (above, below) zero; *fig.* ***die Stunde ~*** (the) zero hour; ***in der Stunde ~*** at (the) zero hour; F ***gleich ~*** nil; F ***in ~ Komma nix*** in next to no time; ***bei ~ anfangen*** start from scratch; **2.** → ***nichtig***; **II.** ♀ *f* **3.** (*Ziffer*) nought, *Am.* zero; *teleph.* O (*Aussprache*: əʊ), *Am. a.* zero; ***wie viel ~en hat ...?*** how many noughts (*Am.* zeros) are there in ... (*od.* has ... got)?; **4.** *contp.* (*Person*) nobody, (*Versager*) F dead loss, complete washout.
nullachtfünfzehn F *adj.*, **Nullachtfünfzehn-...** *in Zssgn* run-of-the-mill, nondescript.
Nulldiät *f* no-calorie (*od.* starvation) diet.
Nullleiter *m* ⚡ earth (wire), *Am.* ground (wire).
Nulllösung *f pol.* zero option.
Null|menge *f* null set; **~meridian** *m* prime (*od.* zero) meridian.
Null-Null F *n* F loo, *Am.* F john; *als Aufschrift*: WC.
Nullnummer *f e-r Zeitung etc.*: pilot issue.
Null|punkt *m* zero; (*Gefrierpunkt*) *a.* freezing point; *fig.* rock bottom; ***den ~ erreichen*** drop to zero (*od.* freezing point), *fig.* (*a.* ***auf dem ~ ankommen***) reach rock bottom; **~runde** *f* no salary increase, wage stop, (agreement on a) wage freeze: ***dieses Jahr gibt es eine ~*** this year the salary increase will be nil; **~summenspiel** *n* zero-sum game; **~tarif** *m Eintritt*: free admission; *Beförderung*: free fares; ***zum ~*** free; **~wachstum** *n* zero growth.
numerieren *etc.* → ***nummerieren*** *etc.*
numerisch *adj.* numerical.
Numerus clausus *m univ.* limited (*od.* restricted) admission.
Numismatik *f* numismatics *pl.* (*sg. konstr.*); **Numismatiker** *m* numismatist; **numismatisch** *adj.* numismatic.
Nummer *f* (*Zahl, Nr.*) number (*abbr.* No., *pl.* Nos.); *e-r Zeitung etc.*: number, issue; ♆ (*Größe*) size; (*Programm*♀, *Zirkus*♀ *etc.*) number, routine; *fig.* (*anonymer Mensch*) cipher; ***sie erreichen ihn unter der ~ ...*** you can ring (*od.* call) him on ...; ***laufende ~*** serial number; F *fig.* ***komische ~*** (*Person*) funny character, *stärker*: F weirdo; ***er ist die ~ eins*** he's number one; ***auf ~ Sicher*** (*od.* ***sicher***) gehen play it safe.
nummerieren *v/t.* number; **Nummerierung** *f* numbering.
Nummern|block *m auf Tastatur*: numeric keypad, number block; **~konto** *n* numbered (bank) account; **~scheibe** *f teleph.* dial; **~schild** *n mot.* number (*Am.* license) plate; **~skala** *f* graduated scale.
nun I. *adv.* (*jetzt*) now; (*also*) *zur Einleitung od. Fortsetzung der Rede*: well; ***von ~ an*** from now on, *formell*: henceforth; (*seitdem*) from that time (onwards); ***~ denn!*** *aufmunternd*: come on, then; ***~ ja*** *zögernd*: well(, you see); ***~ gut!*** all right, *Am.* alright; ***~?*** well?, (*wie geht's?*) well, how are things?; ***was ~?*** what now (*od.* next)?; ***was sagst du ~?*** what do you say to that (then)?; F ***~ sag bloß ...*** don't say ..., you don't mean to say ...; ***~ erst sah er ...*** only then did he see ...; ***wenn er ~ ...?*** what if he ...?; ***da es ~ einmal so ist*** since (*od.* being as) that's the way it is; ***er mag ~ kommen oder nicht*** whether he comes or not; → *a.* ***jetzt***; **II.** *obs. cj.*: ***~ (da)*** now that, since.
nunmehr *adv.* now; (*von nun an*) from now on; ***es läuft ~ zwei Jahre lang*** it's been going on for two years now.
Nuntius *m* nuncio.
nur I. *adv.* only; (*nichts als*) nothing but; (*bloß*) just; (*ausgenommen*) except; (*einfach*) simply; ***~ einmal*** just once; ***~ sie*** only she, she alone *knew etc.*; ***~ sie wusste*** *etc. a.* she was the only one to know *etc.*; ***~ weil*** just because; ***nicht ~, sondern auch*** not only, but also; ***wenn er ~ käme*** if only he would come; ***~, dass*** except (that), apart from the fact that; ***es ist ~, dass ...*** it's just that ...; ***in ~ zwei Jahren*** in just two (short) years, within two (short) years; ***~ aus Bosheit*** *etc.* out of sheer spite *etc.*; ***ohne auch ~ zu lächeln*** without so much as a smile; ***~ zu!*** go on!, F what are you waiting for?; ***na, warte ~!*** you just wait!; ***verkaufe es ~ ja nicht*** don't sell it whatever you do, just don't sell it; ***wie kam er ~ hierher?*** how on earth did he get here?; ***was will er damit ~ sagen?*** I wonder what he means (*od.* is driving at)?; ***das weißt du ~ zu gut*** you know very (*od.* perfectly) well; ***warum ist er ~ gegangen?*** what on earth made him go?, why (on earth) did he go?; ***was habe ich ~ getan?*** what (on earth) have I done?; ***wer kann es ~ gewesen sein?*** who (on earth) *od.* whoever can it have been?; ***wie hat er es ~ geschafft?*** how (on earth) did he manage that?; ***wo kann sie ~ sein?*** where (on earth) can she be?; ***was hat sie ~?*** I wonder what's up (*od.* wrong) with her; ***so viel ich ~ kann*** as much as I possibly can; ***so bald wie ~ möglich*** as soon as you *etc.* possibly can; ***es muss so schnell wie ~ möglich fertig werden*** it's got to be finished in the quickest possible time; *warum hast du ihn gehauen?* - F ***~ so*** I don't know; because I felt like it; F ***~ so*** *verstärkend*: *mst* F like mad; ***der Wind hat ~ so gepfiffen*** the wind was howling like mad; ***es hat ~ so gescheppert*** F there was an almighty crash; **II.** *cj.*: ***~ habe ich vergessen ...*** only I forgot ...
nuscheln *v/i. u. v/t.* mumble; (**et.**) ***in den Bart ~*** mumble *od.* mutter (s.th.) into one's beard.
Nuss *f* nut; *fig.* ***harte ~*** hard nut to crack, F tough one; F ***du dumme ~!*** F you twit!; F ***j-m e-e auf die ~ geben*** F bop s.o. on the head, *etwa* F give s.o. a biff on the nose; **~baum** *m* **1.** walnut (tree); **2.** (*Holz*) walnut; ♀**braun** *adj.* hazel(-colo[u]red); **~knacker** *m* nutcracker; **~schale** *f* nutshell; **~schokolade** *f* chocolate with nuts, nut chocolate.
Nüster *f* nostril.
Nut(e) *f* ⚙ groove; ***~ und Feder*** *Holz*: tongue and groove, *metall.* slot and key.
Nutte F *f sl.* tart, *Am. sl.* hooker; **nuttenhaft, nuttig** F *adj. sl.* tarty.
nutz *adj.*: ***zu nichts ~ sein*** be (completely) useless, F be a dead loss; ***es war wenigstens zu etwas ~*** at least it served some purpose; ***zu was soll das ~ sein?*** what's that supposed to achieve?
Nutz *m*: ***zu j-s ~ und Frommen*** to s.o.'s benefit; ***sich et. zu ~e machen*** make (good) use of; (*ausnützen*) take advantage of; **~anwendung** *f* practical use (*od.* benefit).
nutzbar *adj.* usable; (*nützlich*) useful; (*Gewinn bringend*) productive; ***~ machen*** utilize, ♆ *a.* exploit; (*Naturkräfte etc.*) harness; (*ausnützen*) take advantage of;

N

den Boden ~ machen cultivate the land; **Nutzbarkeit** *f* usability; usefulness; **Nutzbarmachung** *f* utilization; ✝ *a.* exploitation.

nutzbringend I. *adj.* profitable; **II.** *adv.*: ***~ anwenden*** turn to good account.

nutze, nütze *adj.* → ***nutz.***

Nutzeffekt *m* ✝ *etc.* efficiency; *weitS.* (*Nutzen*) (practical) use *od.* value; ***der ~ ist null*** it has (*od.* is of) no practical value (*od.* use) whatsoever.

Nutzen *m* use; (*Gewinn*) profit, gain; (*Vorteil*) advantage, *a.* ⚖ benefit; ***praktischer ~*** practical use (*od.* value); ***von ~*** useful, helpful; ***zum ~ von*** for the benefit of; ***~ bringen*** yield a profit; ***~ ziehen aus*** profit (*od.* benefit) from, capitalize on; ***davon habe ich wenig ~*** it's not much use to me.

nutzen, nützen I. *v/i.* be of use, be useful (***zu et.*** for s.th.; ***j-m*** to s.o.); (*vorteilhaft sein*) be of advantage *od.* benefit (to s.o.); ***j-m ~*** *a.* benefit s.o.; ***das nützt*** (***mir***) ***nichts*** that's no use *od.* good (to me); ***nützt*** (***dir***) ***das in irgendeiner Weise?*** is that any use (to you)?; ***das nützt wenig*** that doesn't help much, that's not much help; ***was nützt es, dass ...?*** what's the use (*od.* good) of (*s.o. od. s.th.*) *ger.?*; ***Heulen nützt nichts, es nützt nichts zu heulen*** it's no use crying; **II.** *v/t.* use, make use of; (*nutzbringend anwenden*) put to good use; (*Gelegenheit*) take advantage of, seize *the opportunity.*

Nutzen-Kosten-Analyse *f* cost-benefit analysis.

Nutzerendgerät *n Computer*: user terminal.

Nutz|fahrzeug *n* utility (*od.* commercial) vehicle; **~fläche** *f* usable area (✝ floor space); ⸙ agricultural acreage; **~garten** *m* kitchen garden; **~holz** *n* timber, *Am.* lumber; **~last** *f* payload; **~leistung** *f* effective output (*od.* power).

nützlich *adj.* useful; *Rat, Person etc.*: helpful; (*dienlich*) *a.* handy; ***sich ~ machen*** make o.s. useful; ***er*** (***es***) ***könnte dir ~ sein*** he (it) might be of some use to you; ***sich als ~ erweisen*** prove (to be) very useful; **Nützlichkeit** *f* usefulness.

Nützlichkeits... *in Zssgn mst* utilitarian; **~denken** *n* utilitarianism, utilitarian thinking; **~prinzip** *n* utility principle; **~standpunkt** *m* utilitarian point of view.

Nützling *m zo.* beneficial animal.

nutzlos *adj.* useless; (*vergeblich*) *a.* futile, *pred. a.* no use; ***es ist ~ zu*** *inf.* it's useless (*od.* pointless, no use) *ger.*; **Nutzlosigkeit** *f* uselessness; (*Vergeblichkeit*) futility.

Nutznießer *m* beneficiary; ***die ~ des neuen Gesetzes*** those who (will) reap the benefits of the new law; **Nutznießung** *f* ⚖ usufruct.

Nutz|pflanze *f* useful plant; **~tier** *n* domestic animal; (*Arbeitstier*) working animal.

Nutzung *f* use; utilization; *des Bodens etc.*: exploitation; (*Anwendung*) use, application.

Nutzungs|dauer *f* ✝ useful life; **~grad** *m* level of utilization; **~recht** *n* right of use.

Nylon *n* nylon; **~strümpfe** *pl.* nylon stockings, nylons.

Nymphe *f* nymph.

nymphoman *adj.* nymphomaniac, F nympho; **Nymphomanie** *f* nymphomania; **Nymphomanin** *f* nymphomaniac, F nympho.

O, o[1] *n* O, o; → ***A.***

o[2] *int.* oh!; ~ ***ja!*** oh yes!, yes, indeed!; ~ ***nein!*** oh no!, (*aber nein*) goodness, no!

Oase *f* oasis; *fig. a.* haven.

ob[1] *cj.* whether, if; ***als*** ~ as if, as though; ***nicht als*** ~ not that; ~ ***... oder nicht*** whether ... or not; **(*na*) *und*** ~**!** F you bet!; **(*ich frage mich,*)** ~ ***er wohl kommt?*** I wonder if he'll come; ***so tun, als*** ~ ***...*** pretend to *inf.* (*od.* that ...).

ob[2] *obs. prp.* on account of.

Obacht *dial. f* attention; ~**!** look (*od.* watch) out!, careful!; ~ ***geben*** (***auf***) *aufmerksam*: pay attention (to), *vorsichtig*: be careful (with), *achtsam*: look (*od.* watch) out (for).

Obadja *m bibl.* Obadiah.

Obdach *n* shelter.

obdachlos *adj.* homeless; ***Tausende wurden*** ~ thousands were left homeless; **Obdachlose(r** *m*) *f* homeless person; ***die Obdachlosen*** the homeless (*pl.*); ***Asyl für Obdachlose*** → **Obdachlosenasyl** *n*, **Obdachlosenheim** *n* shelter for the homeless; **Obdachlosigkeit** *f* homelessness.

Obduktion *f* ⚕, ⚖ postmortem, autopsy.

Obduktions|befund *m* postmortem findings *pl.*, autopsy result; ~**bericht** postmortem (*od.* autopsy) report.

obduzieren *v/t.* carry out a postmortem (*od.* an autopsy) on.

O-Beine F *pl.* bandy (*od.* bow) legs.

o-beinig, O-beinig *adj.* bandy-legged, bow-legged.

Obelisk *m* obelisk.

oben *adv.* at the top; (~*auf*) on (the) top; *im Haus*: upstairs; ~**!** *als Aufschrift*: this side up!; ***siehe*** ~ see above; ~ ***links*** on the top left, *im Bild*: in the top left-hand corner; ~ ***am Tisch*** at the head of the table; ***da*** ~ up there; ***hier*** ~ up here; ***nach*** ~ up(wards), *im Haus*: upstairs; ***von*** ~ from above, *im Haus*: from upstairs; **(*mit dem*) *Gesicht* (*Bauch* *etc.*) *nach*** ~ face (belly *etc.*) up; *fig.* ***von*** ~ ***herab*** condescendingly; ***von*** ~ ***bis unten*** from top to bottom, *Person*: from top to toe, from head to foot; ***sich*** ~ ***halten*** stay on top; ***jetzt ist er ganz*** ~ he's made it to the top now; F ***die da*** ~ F the powers that be; ***mir steht es bis hier*** ~ F I'm fed up to the back teeth (with it); ***er kommt von da*** ~ F he's from up north; ~ ***ohne*** topless.

obenan *adv.* at the top; **obenan stehen** *v/i.* be at the top; be in first place.

oben|auf *adv.* on (the) top; F *fig.* (***ganz***) ~ ***sein*** *wirtschaftlich etc.*: be on top, *stimmungsmäßig*: be on a high, *gesundheitlich*: F be in the pink; ~**drauf** *adv.* on top; ~**drein** *adv.* on top of everything, to top it all.

oben| erwähnt, ~ **genannt** *adj.* above (-mentioned), *nachgestellt*: mentioned above.

oben|herum *adv.* around the top (*am Körper*: chest); ~**hin** *adv.* superficially, perfunctorily; ~ ***bemerken*** remark casually (*od.* in passing).

Oben-ohne|-Badeanzug *m* topless swimsuit; ~**-Bedienung** *f* topless waitress; ~**-Lokal** *n* topless bar.

oben stehend *adj.* above(-mentioned), *nachgestellt*: above.

ober *adj.* upper; higher; → ***oberst, zehntausend.***

Ober *m* **1.** waiter; (***Herr***) ~**!** waiter; **2.** (*Spielkarte*) queen.

Oberarm *m* upper arm; ~**knochen** *m* humerus.

Ober|arzt *m* assistant medical director; ~**aufsicht** *f*: ***die*** ~ ***haben*** (*od.* ***führen***) have overall control (***über*** over), be in charge (of); ~**bau** *m* superstructure; ~**bauch** *m* upper abdomen.

Oberbefehl *m* supreme command (***über*** of); ***den*** ~ ***haben*** (*od.* ***führen***) be commander-in-chief (***über*** of); **Oberbefehlshaber** *m* supreme commander, commander-in-chief, F supremo.

Ober|begriff *m* **1.** generic term; **2.** (*Überschrift*) heading; ~**bekleidung** *f* outer garments *pl.*; ~**bett** *n* quilt; ~**bewusstsein** *n psych.* consciousness, conscious self; ~**bonze** F *m* F big boss, big shot; ***die*** ~***n*** *a.* the top brass (*sg. u. pl.*); ~**bundesanwalt** *m* chief public prosecutor; ~**bürgermeister** *m* mayor, *in GB*: Lord Mayor; ~**deck** *n* ⚓ upper deck.

oberdeutsch *adj.*, **Oberdeutsch** *n ling.* Upper (*od.* Southern) German.

oberfaul F *adj.* very strange (indeed).

Oberfeldwebel *m* ⚔ staff sergeant; ✈ flight (*Am.* master) sergeant.

Oberfläche *f* surface; ***an*** (***unter***) ***der*** ~ *a. fig.* on (below) the surface; (***wieder***) ***an die*** ~ ***steigen*** (re)surface.

Oberflächen|behandlung *f* surface treatment; ~**spannung** *f phys.* surface tension; ~**struktur** *f a. ling.* surface structure.

oberflächlich I. *adj.* superficial; *Mensch*: *a.* shallow; (*flüchtig*) perfunctory, cursory; ~***e Bekanntschaft*** casual (*od.* nodding) acquaintance; ***es ist bei ihm sehr*** ~ *a.* it doesn't go very deep with him; **II.** *adv.* superficially, perfunctorily, cursorily; ~ ***betrachtet*** on the surface; ***ich kenne sie nur*** ~ I don't know her very well; **Oberflächlichkeit** *f* superficiality; (*Seichtheit*) *a.* shallowness.

Oberförster *m* head forester.

obergärig *adj.* top-fermented.

Ober|gefreite(r) *m* ⚔ lance corporal, *Am.* private 1st class; ✈ leading aircraftman, *Am.* airman 3rd class; ~**geschoss,** *östr.* ~**geschoß** *n* upper floor (*od.* stor[e]y); ~**gewalt** *f*: (***die*** ~ ***ausüben*** have) supreme power; ~**grenze** *f* upper limit; ✝, *Statistik etc.*: *a.* ceiling.

oberhalb *prp.* above.

Ober|hand *f*: *fig.* ***die*** ~ ***haben*** have the upper hand; ***die*** ~ ***gewinnen*** get (*od.* gain) the upper hand (***über*** over), ***über*** *j-n*: *a.* get the better of, F get the jump on; ~**haupt** *n* head; ~ ***der Familie*** *a.* pater familias; ~**haus** *n parl.* Upper House, *in GB*: *a.* House of Lords; ~**haut** *f* epidermis; ~**hemd** *n* shirt; ~**herrschaft** *f* supremacy; ~**hitze** *f* top heat; (***nur***) ***mit*** ~ ***backen*** bake in the top oven; ~**hoheit** *f* supremacy; (*Souveränität*) sovereignty.

Oberin *f R.C.* Mother Superior; *im Krankenhaus*: head nursing officer, *Am.* head nurse.

Oberinspektor *m* chief inspector.

oberirdisch *adj.* surface ..., *pred. u. adv.* above ground; ⚡ ~***e Leitung*** overhead line.

Ober|kante *f* upper (*od.* top) edge; ~**kellner** *m* head waiter; ~**kellnerin** *f* head waitress; ~**kiefer** *m* upper jaw; ~**klasse** *f* **1.** *ped.* top form, *Am.* senior class; **2.** *gesellschaftlich*: upper class(es *pl.*); ~**kommandierende(r)** *m* → ***Oberbefehlshaber***; ~**kommando** *n* →

Oberbefehl; **~körper** *m* upper part of the body; (*Brust*) chest; **~land** *n* uplands *pl.*; ***Berner ~*** Bernese Oberland; **~landesgericht** *n* higher regional court.
oberlastig *adj.* top-heavy.
Ober|lauf *m e-s Flusses*: upper course; **~leder** *n* uppers *pl.*
oberlehrerhaft *adj.* schoolmasterly, *Frau*: schoolmarmish.
Oberleitung *f* **1.** (senior) management, direction, control; **2.** ⚡ overhead contact line; **Oberleitungsbus** *m* trolley bus.
Ober|leutnant *m* ⚔ (*Am.* first) lieutenant; ✈ flying officer, *Am.* first lieutenant; **~licht** *n* **1.** skylight; *über e-r Tür*: fanlight; **2.** (*Licht von oben*) light (falling in) from above; *phot.* top light(ing).
Oberlippe *f* upper lip; **Oberlippenbart** *m* moustache.
Ober|motz F *m* F top dog; **~priester** *m* hight priest; **~prima** *obs. f* top form, *in GB*: *etwa* Upper Sixth; *in den USA*: *etwa* senior grade; **~rabbiner** *m* chief rabbi.
oberrheinisch *adj.* from the Upper Rhine.
Obers *östr. n* cream.
Oberschenkel *m* thigh; **~hals** *m* head of the femur; **~knochen** *m* femur, thigh bone.
Oberschicht *f der Gesellschaft*: upper class(es *pl.*).
Oberschlesier(in *f*) *m* Upper Silesian; ***~ sein*** *mst* come from Upper Silesia; **oberschlesisch** *adj.* Upper Silesian, from Upper Silesia.
Ober|schule *f* secondary school, *Am.* high school; **~schwester** *f* senior nursing officer, *Am.* head nurse; **~seite** *f* top (*od.* upper) surface; **~seminar** *n* postgraduate seminar.
oberst *adj.* uppermost, topmost, highest; top ...; *fig.* chief ..., principal, highest; ***~e Aufsichtsbehörde*** supervisory authority; ***≈es Gericht*** High (*Am.* Supreme) Court; *fig.* ***das ≈e zuunterst kehren*** turn everything upside down.
Oberst *m* ⚔ colonel; *Brit. RAF* group captain.
Ober|staatsanwalt *m etwa* senior public prosecutor; **~stabsfeldwebel** *m* ⚔ warrant officer 1st class (*abbr.* WOI), *Am.* warrant officer; ✈ warrant officer, *Am.* chief master sergeant; **~stimme** *f* treble.
Oberstleutnant *m* ⚔ lieutenant colonel; ✈ *Brit.* wing commander.
Ober|stoff *m* outer fabric; **~stübchen** F *fig. n*: ***er ist nicht ganz richtig im ~*** F he's got a screw loose somewhere; **~studiendirektor** *m* headmaster, *Am.* principal; **~studienrat** *m etwa* senior teacher; **~stufe** *f ped.* higher grade, senior class(es *pl.*); **~teil** *n* upper part, top (*a. Kleidungsstück*); **~ton** *m* ♪ harmonic, overtone; **~verwaltungsgericht** *n* higher administrative court; **~wasser** *n Schleuse*: upper water; *Mühle*: overshot water; *fig.* ***~ haben*** have the upper hand, (*erfolgreich sein*) be riding high; ***~ bekommen*** get the upper hand; **~weite** *f* bust (measurement).
obgleich *cj.* (al)though.
Obhut *f* care; (*Schutz*) protection; ⚖ custody; ***in s-e ~ nehmen*** take charge of, (*j-n*) *a.* F take under one's wing.
obig *adj.* above(-mentioned).
Objekt *n* **1.** object (*a. ling., phls.*); **2.** ⚚ (*Vermögensgegenstand*) property; **3.** *phot.* subject.
objektiv I. *adj.* objective; (*unparteiisch*) *a.* impartial, *formell*: dispassionate, *Urteil etc.*: *a.* unbias(s)ed; (*tatsächlich*) actual; **II.** ≈ *n Mikroskop*: objective; *phot.* lens.
Objektiv|deckel *m* lens cap; **~fassung** *f* lens mount.
objektivieren *v/t.* objectivize; **Objektivierung** *f* objectivization.
Objektivismus *m phls.* objectivism; **Objektivist** *m* objectivist; **objektivistisch** *adj.* objectivistic(ally *adv.*).
Objekt|satz *m ling.* object clause; **~schutz** *m* property protection; **~träger** *m des Mikroskops*: slide.
Oblate *f* wafer.
obliegen *v/i.*: ***j-m ~*** *als Pflicht*: be incumbent on s.o.; **Obliegenheit** *f* obligation, duty.
obligat *adj.* **1.** obligatory; *iro.* (*unvermeidbar*) *a.* inevitable; **2.** ♪ obligato; ***mit ~er Violine*** with violin obligato.
Obligation *f* ⚚ bond, debenture (bond).
obligatorisch *adj.* obligatory (*a. iro.*), compulsory.
Obligo *n* ⚚ liability.
Obmann *m* (*Vorsitzender*) chairman; (*Vertrauensmann*) shop steward, (*Sprecher*) spokesman.
Oboe *f* ♪ oboe; **Oboist** *m* oboist, oboe-player
Obolus *m*: ***s-n ~ entrichten*** pay one's mite.
Obrigkeit *f the* authorities *pl.*, *iro. the* powers *pl.* that be (*od.* on high); (*Regierung*) government; ***weltliche und kirchliche ~*** temporal and spiritual authorities.
Obrigkeits|denken *n* blind faith in authority; **~staat** *m* authoritarian state.
Obrist *obs. m* colonel.
obschon *cj.* (al)though.
Observanz *f* **1.** (*Befolgung*) observance; **2.** (*Ausrichtung*) leanings *pl.*; (*Form, Prägung*) kind, type; ***ein ... strengster ~*** a ... of the strictest kind, *Person*: a hard-line ...
Observatorium *n ast.* observatory.
observieren *v/t.* (*heimlich beobachten*) keep *s.o.* under surveillance.
obskur *adj.* (*unklar, weithin unbekannt*) obscure; (*zweifelhaft*) dubious.
Obskurantismus *m* obscurantism; **Obskurantist** *m* obscurantist.
Obskurität *f* obscurity; (*Zweifelhaftigkeit*) dubiousness, dubious nature (*gen.* of).
Obst *n* fruit; **~bau** *m* fruit growing; **~bauer** *m* fruit grower (*od.* farmer); **~baum** *m* fruit tree; **~branntwein** *m* fruit schnapps; **~ernte** *f* (*Vorgang*) fruit harvest; (*Ergebnis*) *a.* fruit crop; (*Zeit*) fruit harvest(ing season); **~garten** *m* (fruit) orchard; **~händler** *m* fruiterer, fruit seller.
obstinat *adj.* obstinate.
Obstkuchen *m* fruit flan (*Am.* pie).
Obstler *m* fruit schnapps.
Obstmesser *n* fruit knife.
Obstruktion *f parl.* obstruction; **Obstruktionspolitik** *f* obstructionism, filibustering.
Obst|saft *m* fruit juice; **~salat** *m* fruit salad; **~tag** *m* fruit-only day; ***ich habe m-n ~*** I'm only eating fruit today; **~torte** *f* fruit flan (*Am.* pie); **~wein** *m* fruit wine.
obszön *adj.* obscene; *fig. Preise etc.*: disgusting; **Obszönität** *f a. konkret*: obscenity.
Obus *m* trolley bus.
obwohl *cj.* (al)though.
Ochse *m* ox (*pl.* oxen); bullock; F *fig.* oaf, dope; ***dastehen wie der ~ vorm Berg*** (*od.* ***Scheunentor***) be at a complete loss (as to what to do); *fig.* ***den ~en hinter den Pflug spannen*** put the cart before the horse.
ochsen F **I.** *v/i.* F cram, swot; **II.** *v/t.* F swot up (on), bone (*od.* mug) up on.
Ochsen|auge *n* **1.** (*Fenster*) bull's-eye (window); **2.** ❀ ox-eye (daisy); **3.** *dial. gastr.* fried egg (sunny side up *Am.*); **~fleisch** *n* beef; **~frosch** *m* bullfrog; **~gespann** *n* team of oxen; **~karren** *m* bullock cart.
Ochsenschwanzsuppe *f* oxtail soup.
Ochsentour F *f* **1.** (*Arbeit*) F hard graft; **2.** (*mühsamer Aufstieg*) F slow (uphill) grind; slow, hard road to the top.
Ocker *m, n* och|re (*Am.* -er); **ockerfarben, ockergelb** *adj.* (yellow) och|re (*Am.* -er).
Ode *f* ode (**an** to).
öde I. *adj.* **1.** (*verlassen, einsam*) deserted, desolate; **2.** (*fade, eintönig*) dull, tedious; **3.** (*freudlos*) bleak, dreary; **4.** *Gegend etc.*: barren; **II.** ≈ *f* **1.** waste(land); **2.** *fig.* dreariness; tedium.
Ödem *n* ⚕ (o)edema.
oder *cj.* or; → ***entweder***; ***~*** (***aber***) otherwise, (or) else, *drohend*: or else!; ***~ auch*** or rather; ***~ so*** or something like that, or something along those lines; ***du bleibst doch, ~?*** you 'are staying, aren't you?; ***gehen wir ins Bett, ~?*** let's go to bed, shall we?
ödipal *adj. psych.* oedipal.
Ödipuskomplex *m psych.* Oedipus complex.
Odium *n* odium.
Ödland *n* wasteland.
Odyssee *fig. f* odyssey.
Oeuvre *n* works *pl.*, life's work; ***das beethovensche ~*** Beethoven's works.
Ofen *m* stove; (*Back≈*) oven; (*Brenn≈, Dörr≈*) kiln; (*Hoch≈*) furnace; *mot. sl.* ***heißer ~*** F hot rod; *fig.* ***hinterm ~ hocken*** be a stay-at-home; F ***jetzt ist der ~ aus!*** F that's it, it's curtains (for us *etc.*); → ***Hund*** 2; **~bank** *f* bench by the stove; **≈fertig** *adj. gastr.* oven-ready; **≈frisch** *adj.* oven-fresh, hot from the oven; **≈getrocknet** *adj.* ⚙ *etc.* kiln-dried; **~heizung** *f* stove heating; **~kartoffel** *f* jacket potato; **~klappe** *f* damper; **~platte** *f* hot plate; **~rohr** *n* stovepipe; **~röhre** *f* oven; **~schirm** *m* fire screen; **~setzer** *m* stove fitter; **~trocknung** *f* ⚙ *etc.* kiln-drying; **~tür** *f* oven door.
off I. *adj. TV etc.* out of vision (*abbr.* OOV), off(-screen); **II.** ≈ *n*: ***im ~*** → ***off***; ***aus dem ~ sprechen*** *etc.* speak *etc.* off-screen.
offen I. *adj.* open; *Haare*: loose; *Stelle*: vacant; (*offenherzig, aufrichtig*) open, sincere, candid; (*ehrlich*) frank, open; (*aufgeschlossen*) open(-minded); ***~ für*** (*empfänglich*) open to; ***~e Abstimmung*** open vote; ***~e Anspielung*** broad allusion (**auf** to); ***~er Blick*** open (*od.* honest) face; ***~er Brief*** open letter; ***ein ~es Geheimnis*** an open (*od.* everybody's) secret; ***~es Gelände*** (wide) open country; ***~es Hemd*** open-necked shirt; ***~e Rechnung*** outstanding account; ***mit ~en Haaren*** with one's hair (hanging) loose; ***auf ~er See*** on the open sea; ***auf ~er Straße*** in the middle of the street; ***auf ~er Strecke*** on the open road, 🚂 between stations; ***bei ~em Fenster*** with the window open; ***~ und ehrlich*** *Sache*: open

and above-board; *mit ~em Mund* open-mouthed, with his (her *etc.*) mouth open; *mit ~em Mund dastehen* stand gaping; *es ist noch alles ~* nothing has been decided yet, it's all still up in the air; *ich will ganz ~ mit dir sein* I'll be quite frank with you; **II.** *adv.* openly *etc.*; *~ zugeben a.* admit (quite) frankly; *~ reden* talk openly (*freiheraus*: freely); *~ s-e Meinung sagen* speak one's mind (quite openly), *j-m*: be quite (*od.* perfectly) open *od.* frank with s.o.; *~ gestanden* frankly speaking, quite frankly; *~ zur Schau stellen* make no secret of, *stärker*: make a public exhibition of; → *offen lassen etc.*

offenbar I. *adj.* obvious, evident; (*klar*) clear; *Lüge, Absicht*: blatant; (*anscheinend*) apparent; **II.** *adv.* (*anscheinend*) evidently, it seems ..., it would seem ...;

offenbaren I. *v/t.* (*Geheimnis etc.*) reveal, disclose, unveil; (*zeigen*) show, manifest (*alle dat.* to); **II.** *v/refl.*: *sich ~* reveal o.s., (*j-m*) open one's heart to; **Offenbarung** *f* **1.** revelation, eye-opener; **2.** *bibl.* *die ~* (*Johannis*) Revelation, the Book of Revelations; **Offenbarungseid** *m* **1.** ⚖ oath of manifestation (*od.* disclosure); *den ~ leisten* swear an oath of manifestation (*od.* disclosure); **2.** *fig. political etc.* bankruptcy.

offen| bleiben *v/i.* **1.** stay open; **2.** *Frage etc.*: remain (*od.* be left) open *od.* unanswered; *~* **halten** *v/t.* **1.** (*Tür etc.*) hold open; (*Geschäft etc., a. Augen*) keep open; **2.** *fig.* (*Termin, Auftrag etc.*) keep open; (*Ausweg, a. Entscheidung etc.*) leave open; (*Möglichkeit*) leave (*od.* keep) open, reserve.

Offenheit *f* openness, frankness; (*Ehrlichkeit*) honesty.

offenherzig *adj.* open, frank, outspoken; (*aufrichtig*) sincere, candid; F *fig. Kleid*: F (rather) revealing; **Offenherzigkeit** *f* openness, frankness; sincerity; → *offenherzig.*

offenkundig *adj.* obvious, evident, clear, manifest; *Lüge*: patent, blatant; *es war ein ~er Irrtum etc.* it was obviously (*od.* clearly) a mistake *etc.*

offen| lassen *v/t. a. fig.* leave open; *fig. die Möglichkeit ~* not to discount the possibility (*gen.* of *s.th.*); *~* **legen** *fig. v/t.* disclose.

offensichtlich I. *adj.* obvious; (*sichtbar*) visible, (*klar*) clear, plain; **II.** *adv.* obviously; **Offensichtlichkeit** *f* obviousness.

offensiv *adj.* offensive; **Offensive** *f* offensive; *die ~ ergreifen* take the offensive.

Offensiv|krieg *m* offensive war(fare); *~***spiel** *n Sport*: offensive play (*konkret*: game); *~***spieler** *m* attacker; *~***waffe** *f* offensive weapon.

offen stehen *v/i.* **1.** be (*Tür*: *a.* stand) open; **2.** *Rechnung*: be outstanding, remain unsettled; **3.** *fig.* (*j-m*) be open to; *es steht ihm offen zu inf.* he's free to *inf.*; **offen stehend** *adj.* **1.** *Tür etc.*: open; *mit ~em Mund* open-mouthed; **2.** *Rechnung*: outstanding, unsettled.

öffentlich I. *adj.* public; *~e Anleihen* government securities; *~er Aufruhr* civil disturbance; *~e Bekanntmachung* public announcement; *~e Betriebe* public utilities; *~er Dienst* public sector; *Angestellter des ~en Dienstes* public (-sector) employee; *~e Hand the* authorities; *die ~e Meinung* public opinion; *~es Recht* public law; *in ~er Sitzung* in open session; *~e Versteigerung* sale by public auction; **II.** *adv.* publicly, in public; ⚖ in open session; *~ bekannt machen* make public, publicize; *~ machen* (*Missstände etc.*) bring *s.th.* to the public's attention; **Öffentlichkeit** *f* (*Bevölkerung*) (general) public; (*öffentliche Meinung*) public opinion; (*Öffentlichsein*) public nature (*gen.* of), publicity; *die breite ~* the public (*od.* people) at large; *in aller ~* in public, (*ganz offen*) quite openly; *an die ~ treten* appear before the public, *mit et.*: bring s.th. before the public, (*herausbringen*) come out with s.th.; *zum ersten Mal an die ~ treten* make one's first public appearance; *an die ~ bringen* bring before the public, (*enthüllen*) bring (out) into the open; *der ~ übergeben* (*einweihen*) inaugurate, (*veröffentlichen*) bring out, publish; *an die ~ dringen* leak out; → *Ausschluss.*

Öffentlichkeits|arbeit *f* public relations *pl.*; *der Polizei etc.*: community relations *pl.*; *≈***scheu** *adj.* publicity-shy; *er ist ~ a.* he doesn't like (any kind of) publicity.

öffentlich-rechtlich *adj.* under public law.

offerieren *v/t.* offer; **Offerte** *f* ☤ offer, *bsd. bei Ausschreibungen*: tender, bid.

Offizialverteidiger *m* ⚖ assigned counsel.

offiziell I. *adj.* official; (*förmlich*) *a.* formal; *Text*: accepted; *von ~er Seite ist bekannt gegeben worden* it has been officially announced; **II.** *adv.* officially; *~ bekannt geben, dass* make an official statement (to the effect) that.

Offizier *m* (commissioned) officer; *hoher ~* high-ranking officer.

Offiziers|anwärter *m* officer cadet; *~***kasino** *n* officers' mess; *~***laufbahn** *f* career as an officer, officer's career; *~***rang** *m* rank of an officer, officer's rank; *~***schule** *f* officer candidate school (*abbr.* OCS).

offiziös *adj.* semi-official.

Offkommentar *m TV etc.* voice-over.

offline *adv. Computer*: offline, off-line; *~ arbeiten* work off-line.

Offlinebetrieb *m Computer*: off-line mode.

öffnen I. *v/t. u. v/i.* (*a. v/refl.*: *sich ~*) open; *niemand öffnete* nobody answered (*od.* came to) the door; *sich j-m gegenüber ~* open up to s.o.; **II.** *≈ n*: *vor dem ~ schütteln* shake before use; **Öffner** *m* opener; **Öffnung** *f* opening (*a. fig. nach* to *the East etc.*); (*Loch*) hole; (*Lücke*) gap; (*Körper≈*) orifice; *zum Rauchabzug etc.*: vent; *e-r Höhle*: mouth (*gen.* of), entrance (to); **Öffnungszeiten** *pl.* opening (☤ business, *Bank*: banking) hours.

Offsetdruck *m* offset (printing).

Off|sprecher *m TV etc.* voice-over; *~***stimme** *f* voice off.

oft *adv.* often, frequently; *schon ~ a.* many times, *lit.* many a time; *ziemlich ~* quite often, quite a lot; *das ist mir schon so ~ passiert a.* I don't know how many times that's happened to me; **öfter** *adv.* **1.** more often; *je ~ ich ihn sehe, desto mehr ...* the more I see of him, the more ...; **2.** (*a. des ≈en*, F *~s*) (*wiederholt*) repeatedly; (*ziemlich oft*) quite often, quite a lot.

oftmalig *adj.* (*häufig*) frequent; (*wiederholt*) repeated; **oftmals** *adv.* often, frequently, many times; (*wiederholt*) repeatedly.

oh *int.* oh!; → **o²**.

Oheim *obs. m* uncle.

Ohm *n phys.* ohm; **ohmsch** *adj.* ohmic; *das ohmsche Gesetz* Ohm's law; **Ohmzahl** *f* ohmage.

ohne I. *prp.* without, F minus; (*ausschließlich*) *a.* not counting, excluding; → *a.* **...los**; *~ Zweifel* undoubtedly; *~ seine Schuld* through no fault of his (own); *~ mein Wissen* without my knowledge, unknown (*od.* unbeknown[st]) to me; *~ mich!* (you can) count me out!, not me!; *~ weiteres* just like that, (*mühelos*) *a.* without any (great) effort, (*ohne Probleme*) F no problem; *das machen wir ~ weiteres* we'll manage that easily enough (F no problem); *das kannst du ~ weiteres akzeptieren* (*bedenkenlos*) you needn't worry (*od.* hesitate) about accepting that; *das geht nicht so ~ weiteres* that's not so easy; F *das ist gar nicht so ~* F it's not bad, you know, (*ist schwieriger etc., als man denkt*) there's more to it than meets the eye, it's harder *etc.* than you think; → *oben*; **II.** *cj.*: *~ dass, ~ zu inf.* without *ger.*; *~ auch nur zu lächeln* without so much as a smile; *~ dass ich ihn gesehen hatte* without (my) having seen him.

ohnedem, ohnedies *obs. adv.* → *ohnehin.*

ohnegleichen *adj.* unequal(l)ed, unparalleled, *formell*: peerless; *contp. Sache*: unheard-of; *e-e Frechheit ~* the height of impudence.

ohnehin *adv.* anyhow, anyway.

Ohnmacht *f* **1.** ⚕ faint(ing fit); *in ~ fallen* (*od. sinken*) faint, pass out; *fig. ich bin fast in ~ gefallen* I nearly fainted (*od.* keeled over); **2.** (*Machtlosigkeit*) (sheer) helplessness, powerlessness, impotence (*gegenüber* in the face of); **ohnmächtig** *adj.* **1.** ⚕ (*bewusstlos*) unconscious; *~ werden* faint, pass out; *er ist ~* he's fainted (*od.* passed out); **2.** (*machtlos*) (utterly) helpless, powerless (*gegenüber* in the face of); **Ohnmachtsanfall** *m* fainting fit.

Ohr *n* ear (*a. fig. Gehör*); *ich habe es noch im ~* (*Musik etc.*) I can still hear it, *stärker*: it's still ringing in my ears; *fig. die ~en aufmachen* listen carefully; *die ~en spitzen, lange ~en bekommen* prick up one's ears; *ganz ~ sein* be all ears; *ein ~ haben für* have an ear for; *ein feines ~ haben für* have a good ear for; *ein offenes ~ für j-n haben* be prepared to listen to s.o.; *ein offenes ~ finden* find s.o. who will listen (to one); *j-m in den ~en liegen* pester s.o.; F *j-m eins hinter die ~n hauen* F give s.o. a clip round the ears; F *j-n übers ~ hauen* F rip s.o. off; F *sich die Nacht um die ~en schlagen* not to get a wink of sleep all night; F *sich aufs ~ legen* F get some shuteye; F *schreib dir das hinter die ~en!* and don't you forget it!; F *bis über die* (*od. beide*) *~en in Arbeit* (*Schulden etc.*) *stecken* be up to one's ears (*od.* eyeballs) in work (debt *etc.*); F *bis über die* (*od. beide*) *~en verliebt* head over heels in love; F *viel um die ~en haben* have an awful lot on one's plate; *mir klingen die ~en* my ears are burning; F *halt die ~en steif!* chin up!, *Brit. a.* F keep your pecker up!; *mir kam zu ~en, dass* I happened to hear that;

O

was kommt mir da zu ~en? what's this I hear?; ***ich traute m-n ~en nicht*** I couldn't believe my ears; ***es ist nichts für fremde ~en*** it's not for public consumption; ***er hört nur mit halbem ~ hin*** he's only half listening; F ***wasch dir mal die ~en!*** when was the last time you washed your ears out?; ***zum einen ~ hinein, zum andern hinaus*** in one ear, out the other; → ***faustdick*** I, ***taub*** 1, ***trocken*** I *etc.*

Öhr *n* eye.

ohrenbetäubend *adj.* deafening, earsplitting.

Ohren|klappe *f* earflap; **~sausen** *n* buzzing (*od.* ringing) in one's ear(s); **~schmalz** *n* ear wax; **~schmaus** *m* treat for the ears; **~schmerz(en** *pl.*) *m* earache; **~schützer** *pl.* earmuffs; **~sessel** *m* wing chair; **~spezialist** *m* ear specialist; **~spiegel** *m* ⚕ auriscope; **~zeuge** *m* earwitness.

Ohrfeige *f* box (F clip) round the ears; **ohrfeigen** *v/t.*: ***j-n ~*** box s.o.'s ears; F ***ich könnte mich ~!*** I could kick myself; **Ohrfeigengesicht** F*n* dull, brutish face.

Ohr|gehänge *n* pendant (F drop) earrings *pl.*; **~hörer** *m* earphone; **~klipp** *m* (ear-)clip; **~läppchen** *n* earlobe; **~muschel** *f* (outer) ear.

Ohropax (*TM*) *n* ear plugs *pl.*

Ohr|ring *m* earring; **~speicheldrüse** *f* parotid gland; **~stecker** *m* stud; **~wurm** *m* **1.** *zo.* earwig; **2.** F *fig.* catchy tune.

okay I. *int.* OK, okay, F okey-doke(y); **II.** ♀ *n* OK, okay; ***sein ~ geben*** give one's *od.* the OK (*od.* okay), give the go-ahead.

okkult *adj.* occult; **Okkulte** *n*: ***das ~*** the occult; **Okkultismus** *m* occultism; **okkultistisch** *adj.* occult ...

Okkupation *f* occupation; **okkupieren** *v/t.* occupy.

Öko|bauer *m* organic farmer; **~bewegung** *f* ecological movement; **~bilanz** *f* eco-balance; **~haus** *n* ecohome; **~kühlschrank** *m* ecofridge; **~laden** *m* health-food shop.

Ökologe *m* ecologist; **Ökologie** *f* ecology; **ökologisch** *adj.* ecological; ***~e Steuerreform*** 'ecological' tax reform; → ***Gleichgewicht.***

Ökonom *m* **1.** (*Wirtschaftswissenschaftler*) economist; (*Student*) *a.* economics student; **2.** (*Landwirt*) farmer; **Ökonomie** *f* **1.** (*Wirtschaftlichkeit*) economy; **2.** (*Wirtschaftswissenschaft*) economics *pl.* (*sg. konstr.*); **ökonomieverträglich** *adj.* economically sustainable; **ökonomisch** *adj.* economic; (*sparsam*) economical.

Ökopax F *m* campaigner for peace and the environment.

ökosozial *adj.* ecologically and socially sound.

Ökosteuer *f* ecotax, ecological tax.

Ökosystem *n* ecosystem.

Ökotop *n* ecotope.

Oktaeder *m* octahedron.

Oktan *n* octane; **~zahl** *f mot.* octane number (*od.* rating).

Oktav *n* **1.** ♪ octave; **2.** *typ.* octavo; **Oktave** *f* ♪ octave.

Oktett *n* ♪ octet.

Oktober *m* October; ***im ~*** in October.

Okular *n opt.* eyepiece.

okulieren *v/t.* ⚘ graft.

Ökumene *f eccl.* ecumenicalism; **ökumenisch** *adj.* ecumenical.

Okzident *m* Occident, West; **okzidental(isch)** *adj.* occidental, western.

Öl *n* oil; ***auf ~ stoßen*** strike oil; ***in ~ malen*** paint in oils; *fig.* ***~ ins Feuer gießen*** add fuel to the fire (*od.* flames); ***~ auf die Wogen gießen*** pour oil on troubled waters; **~bad** *n* ⚙ oil bath; **~baum** *m* ⚘ olive (tree); **~berg** *m bibl.* Mount of Olives; **~bild** *n* oil painting; **~bohrung** *f* oil drilling.

Oldie F *m* **1.** (*Schallplatte etc.*) F oldie; **2.** (*Person*) F old-timer.

Öldruck *m* **1.** *Kunst*: oleograph; **2.** ⚙ oil pressure; **~anzeiger** *m* oil-pressure ga(u)ge.

Oldtimer *m* **1.** *mot.* vintage (*vor 1905*: veteran) car; **2.** F (*Person*) F old-timer.

Oleander *m* ⚘ oleander.

Ölembargo *n* oil embargo.

ölen *v/t.* oil, ⚙ *a.* lubricate; (*salben*) anoint; ***wie geölt*** like clockwork; → ***Blitz.***

Öl|farbe *f* oil (paint); **~feld** *n* oilfield; **~feuerung** *f* oil firing; **~förderland** *n* oil-producing country; **~förderung** *f* oil production; **~gemälde** *n* oil painting; **~gewinnung** *f* oil production; **~götze** F *m*: ***wie ein ~*** like a stuffed dummy.

ölhaltig *adj.* **1.** oily; ***~ sein*** *a.* contain oil; **2.** ⚘ oleaginous.

Öl|handel *m* oil trade; **~haut** *f* (*Gewebe*) oilskin; **~heizung** *f* oil heating.

ölig *adj.* oily (*a. fig.*); *Wein*: rich; *fig.* ***~e Stimme*** soapy voice.

Oligarch *m* oligarch; **Oligarchie** *f* oligarchy; **oligarchisch** *adj.* oligarchic.

Olim: ***seit ~s Zeiten*** from (*od.* since) the year dot.

Ölindustrie *f* oil (*od.* petroleum) industry.

oliv *adj.* olive; **Olive** *f* ⚘ olive.

Oliven|baum *m* olive (tree); **~garten** *m*, **~hain** *m* olive grove; **~öl** *n* olive oil.

olivfarben *adj.* olive(-colo[u]red); **olivgrün** *adj.* olive(-green).

Öl|jacke *f* oilskin; **~kanister** *m* oil canister; **~kännchen** *n*, **~kanne** *f* oil can; **~katastrophe** *f* (*Tankerunglück*) oil spill; **~konzern** *m* oil company; **~krise** *f* oil crisis; **~lampe** *f* oil lamp.

Olle F *m, f*: ***der ~*** (*Vater, Ehemann*) F the (*sl.* me) old man; ***die ~*** (*Mutter*) F the (*sl.* me) old woman, (*Ehefrau*) *a.* F the missus.

Öl|leitung *f* oil pipeline; **~malerei** *f* oil painting; **~messstab** *m* dipstick; **~multi** *m* multinational oil corporation; **~ofen** *m* oil stove; **~papier** *n* oil paper; **~pest** *f* oil pollution; **~quelle** *f* oil well; **~raffinerie** *f* oil refinery; **~rückstände** *pl.* oil residues; **~sardinen** *pl.* (tinned, *Am.* canned) sardines; *weitS.* tin (*od.* can) *sg.* of sardines; **~scheich** *m* oil sheik(h); **~schwemme** *f* oil glut.

Ölstand *m mot.* oil level; **~anzeiger** *m* oil ga(u)ge.

Öl|tank *m* oil tank; **~tanker** *m* oil tanker; **~teppich** *m* oil slick.

Ölung *f* lubrication; *eccl.* anointment; ***die Letzte ~*** the last rites.

Öl|vorkommen *n* oil field(s *pl.*); (*Vorrat*) oil resources *pl.*; **~wanne** *f mot.* sump; **~wechsel** *m mot.* oil change; **~wirtschaft** *f* oil industry.

Olympiaauswahl *f* Olympic team.

Olympiade *f* **1.** (*Olympische Spiele*) Olympic Games *pl.*, Olympics *pl.*; **2.** (*Zeitraum*) olympiad.

Olympia|dorf *n* Olympic village; **~gelände** *n* Olympic complex (*od.* park); **~mannschaft** *f* Olympic team; **~sieger(in** *f*) *m* Olympic champion; **~stadion** *n* Olympic stadium; **~teilnehmer(in** *f*) *m* Olympic athlete (*od.* competitor).

Olympionike *m* Olympic athlete; (*Sieger*) Olympic champion.

olympisch *adj. Sport*: Olympic; ***♀e Spiele*** → ***Olympiade*** 1; ***~es Gold (Silber)*** Olympic gold (silver), ***gewinnen:*** win a gold (silver) medal at the Olympics; ***der ~e Gedanke*** the Olympic ideal.

Öl|zentralheizung *f* oil-fired central heating; **~zeug** *n* oilskin, oils *pl.*; **~zufuhr** *f* oil feed; **~zweig** *m* ⚘ olive branch.

Oma F *f* grandma, granny; *als Anrede*: Grandma, Granny.

Ombudsmann *m* **1.** *parl.* ombudsman; **2.** (*Vertrauensmann*) representative, spokesman.

Omelett *n*, **Omelette** *f* omelette.

Omen *n* omen; ***das ist ein gutes (schlechtes) ~*** *a.* that augurs well (badly).

Omi F *f* grandma, granny; *als Anrede*: Grandma, Granny.

ominös *adj.* ominous.

Omnibus *m* bus, (*bsd. Reise♀*) coach; **~...** *in Zssgn* → ***Bus...***

Omniplex *n* (*Kino*) omniplex.

Onanie *f* masturbation; **onanieren** *v/i.* masturbate.

Ondit *n*: ***e-m ~ zufolge ...*** rumo(u)r has it that ...

ondulieren *v/t.* crimp.

Onkel *m* uncle; (*Mann*) *Kindersprache*: (nice) man; ***der ~ Doktor*** the (nice) doctor; F *fig.* ***der dicke*** (*od.* ***große***) ***~*** one's big toe; ***über den großen ~ gehen*** (*od.* ***latschen***) be pigeon-toed; **onkelhaft** *adj.* avuncular.

online *adv. Computer*: online, on-line; ***~ bestellen*** order online.

Online|bank *f* online bank; **~-Banking** *n* online banking; **~betrieb** *m Computer*: on-line mode (*od.* service); **~datenbank** *f* online database; **~dienst** *m* on-line service (*od.* provider); **~einkauf** *m* online shopping; **~händler** *m* online trader (*od.* dealer); **~laden** *m* online store; **~-Publishing** *n* online publishing; **~shop** *m* online store; **~-Shopper** *m* online shopper; **~-Shopping** *n* online shopping; **~umsatz** *m* online turnover; **~-Zahlungssystem** *n* online payment method.

Onstimme *f TV etc.* voice on.

Ontologie *f* ontology; **ontologisch** *adj.* ontological.

Onyx *m* onyx.

OP *m* → ***Operationssaal.***

Opa F *m* grandpa, grandad; *als Anrede*: Grandpa, Grandad.

Opal *m min.* opal; **opalisierend** *adj.* opalescent.

Op-Art *f* op art.

OPEC-Land *n* OPEC country (*od.* nation).

Open-Air|-Festival *n* open-air festival; **~-Veranstaltung** *f* open-air event.

Open-End-Diskussion *f* open-ended discussion.

Oper *f* (*a.* ***die ~***) opera; (*Gebäude*) opera (house); ***komische ~*** comic opera; ***in die ~ gehen*** go to the opera.

operabel *adj.* ⚕ operable; **Operateur** *m* ⚕ surgeon; **Operation** *f* **1.** ⚕ operation; ***e-e ~*** *a.* surgery (*a. pl. coll.*); F *fig.* ***~ gelungen, Patient tot*** it was a perfectly organized disaster (F cock-up); **2.** ⚔ operation; **operationsfähig** *adj.* operable.

Operations|folgen *pl.* postoperative complications; ***an den ~ sterben*** die after the operation; **~kosten** *pl.* cost *sg.*

O

of an (*od.* the) operation; **~maske** *f* surgeon's mask; **~narbe** *f* scar from an (*od.* the) operation, ⚕ postoperative scar; **~saal** *m* ⚕ operating theatre (*Am.* room); **~schwester** *f* theatre nurse, *Am.* operating room nurse; **~team** *n* surgical team; **~tisch** *m* operating table.

operativ I. *adj.* **1.** ⚕ operative, surgical; ***ein ~er Eingriff*** surgery; **2.** ⚔ operational, strategic; **II.** *adv.*: ***et. ~ entfernen*** remove s.th. surgically (*od.* by surgery).

Operator *m Computer*: operator.

Operette *f* operetta; **operettenhaft** *contp. adj.* operatic(ally *adv.*).

operieren I. *v/t.* ⚕ **1.** ***j-n ~*** operate on s.o.; ***am Magen operiert werden*** have a stomach operation; ***sich ~ lassen*** have an operation; **II.** *v/i.* **2.** ⚔ operate; **3.** *fig.* (*vorgehen*) proceed; ***vorsichtig ~*** proceed with caution, handle matters carefully.

Opern|arie *f* operatic aria; **~ball** *m* opera ball; **~fan** *m* opera buff; **~film** *m* filmed opera, film of an opera; **~freund** *m* opera fan, opera-goer; **~glas** *n*: (***ein ~*** a pair of) opera glasses *pl.*

opernhaft *adj.* operatic(ally *adv.*) (*a. fig. contp.*).

Opern|haus *n* opera (house); **~komponist** *m* operatic composer; **~musik** *f* operatic music; **~sänger(in** *f*) *m* opera singer; **~stadt** *f* cent|re (*Am.* -er) for opera; **~text** *m* libretto.

Opfer *n* **1.** sacrifice (*a. fig.*); (*a.* **~gabe**) offering; (*der, die, das Geopferte*) victim; ***ein ~ bringen*** make a sacrifice; *fig.* ***~ bringen*** make sacrifices (*dat.* for); ***viele ~ an Zeit*** (***Geld*** *etc.*) ***bringen*** invest a great deal of time (money *etc.*) (***für*** into); ***keine ~ scheuen*** spare no sacrifice; ***unter großen ~n*** at great cost; **2.** (*Unfall*⁓ *etc.*) victim (*a. fig. e-s Betrugs etc.*), casualty; ***zahlreiche ~ fordern*** take a heavy toll on human life, cause heavy casualties, claim many victims; **~altar** *m* sacrificial altar.

opferbereit, opferfreudig *adj.* **1.** willing to make sacrifices; **2.** (*aufopfernd*) self-sacrificing; **Opferbereitschaft** *f*, **Opferfreudigkeit** *f* willingness to make sacrifices.

Opfer|gabe *f* sacrificial offering; **~gang** *fig. m* self-sacrifice; **~geist** *m* spirit of self-sacrifice; **~lamm** *n* sacrificial lamb; *fig.* innocent victim.

opfern I. *v/t.* sacrifice; (*Tier*) *a.* immolate; ***sein Leben ~*** give (*od.* lay down) one's life; **II.** *v/i.* (make a) sacrifice; **III.** *v/refl.*: ***sich ~*** sacrifice o.s. (*dat.*, ***für*** for).

Opfer|priester *m* sacrificial priest; **~stätte** *f* sacrificial site; **~stock** *m* offertory box; **~tier** *n* sacrificial animal; **~tod** *m* self-sacrifice; ***den ~ sterben*** a) be sacrificed (***für*** for), b) lay down one's life (for).

Opferung *f* sacrificing, sacrifice; *e-s Tieres*: *a.* immolation.

Ophthalmologie *f* ophthalmology; **ophthalmologisch** *adj.* ophthalmological.

Opi F *m* grandpa, grandad; *als Anrede*: Grandpa, Grandad.

Opiat *n* opiate.

Opium *n* opium; *fig.* ***~ fürs Volk*** opium for the masses (*od.* people); **~anbau** *m* **1.** opium growing; **2.** *konkret*: opium plantation(s *pl.*); **~höhle** *f* opium den.

Opiumsucht *f* opium addiction; **opiumsüchtig** *adj.* addicted to opium; **Opiumsüchtige(r)** *m* opium addict.

Opponent *m* opponent; **opponieren** *v/i.* oppose; (*sich wehren*) resist (***gegen et.*** s.th.).

opportun *adj.* opportune; ***nicht ~*** inopportune; ***das wäre im Augenblick nicht ~*** it's an inopportune time (*od.* it's not the right moment) for it; **Opportunismus** *m* opportunism; **Opportunist** *m* opportunist, timeserver; **opportunistisch** *adj.* opportunist, opportunistic(ally *adv.*).

Opposition *f* opposition (*a. pol.*); **oppositionell** *adj.* oppositional.

Oppositions|führer *m* opposition leader, leader of the opposition; **~geist** *m* spirit of opposition; **~partei** *f* opposition (party).

Optik *f* **1.** (*Lehre*) optics *pl.* (*sg. konstr.*); **2.** *e-r Kamera etc.*: optics *pl.*; (*Objektiv*) lens; **3.** ☤ optical industry, optical instruments *pl.*; **4.** *fig.* (*Einstellung, Standpunkt*) point of view; ***das ist e-e Frage der ~*** that depends on how you look at it; **5.** F *fig.* (*äußerer Eindruck, optische Wirkung*) visual effect, (*Image*) image; ***das ist nur für die ~*** that's just for show; ***das macht sich gut für die ~*** it makes a good impression; ***die ~*** *gen.* ***aufbessern*** improve the image of; **Optiker** *m* optician.

optimal *adj.* best (possible), optimum, *a.* optimal; *a. pred.* ideal; **optimieren** *v/t.* optimize.

Optimismus *m* optimism; ***vorsichtiger ~*** guarded optimism; **Optimist** *m* optimist; **optimistisch** *adj.* optimistic(ally *adv.*); ***~e Stimmung*** *a.* F upbeat mood; ☤ ***~e Börse*** bullish market.

Optimum *n* optimum.

Option *f* option; ☤ *a.* (right of) first refusal; **~en** *pl. Computer*: options.

Options|anleihe *f* optional bond; **~handel** *m* options trading; **~schein** *m* ☤ warrant.

optisch *adj.* optic(al); *Signal etc.*: visual; ***aus ~en Gründen*** for visual effect; ***~e Täuschung*** optical illusion.

Optoelektronik *f* optoelectronics *pl.* (*sg. konstr.*); **optoelektronisch** *adj.* optoelectronic(ally *adv.*).

Optometrie *f* optometry.

opulent *adj.* opulent, sumptuous; **Opulenz** *f* opulence, sumptuousness.

Opus *n* work; ♪ opus.

Orakel *n* oracle; **orakelhaft** *adj.* oracular; **Orakelspruch** *m* oracle.

oral *adj.* oral; **Oralsex** *m* oral sex; **Oralverkehr** *m* oral intercourse.

Orange *f* orange; **orange(farben)** *adj.* orange.

Orangeade *f* orangeade.

Orangen|haut *f* ⚕ orange skin; **~marmelade** *f* (orange) marmalade; **~saft** *m* orange juice; **~schale** *f* orange peel; *gastr. a. the* zest of an orange; **~scheibe** *f* slice of orange, orange slice.

Orangerie *f* orangery.

Orang-Utan *m* orang-utan(g).

Oratorium *n* ♪ oratorio.

Orchester *n* **1.** orchestra; *Jazz etc.*: *a.* band; **2.** → ***Orchestergraben***; **~begleitung** *f* orchestral accompaniment; **~fassung** *f* orchestra (*od.* orchestral) version; **~graben** *m* orchestra pit; **~musiker** *m* orchestra musician; **~sitz** *m thea.* stall, *Am.* orchestra (seat); **~stück** *n* orchestra piece, piece for orchestra; **~wart** *m* orchestra attendant.

orchestral *adj.* orchestral.

orchestrieren *v/t.* orchestrate; **Orchestrierung** *f* orchestration.

Orchidee *f* orchid; **Orchideenfach** *n* remote (*od.* luxury) subject.

Orden *m* **1.** *eccl. etc.* order; **2.** (*Auszeichnung*) decoration, medal.

Ordens|bruder *m* monk; **~geistliche(r)** *m* monk in holy orders; **~geistlichkeit** *f* regular clergy; **~priester** *m* monk in holy orders; **~ritter** *m* knight of an order; **~schwester** *f eccl.* sister, nun; **~tracht** *f* habit (of a religious order); **~verleihung** *f* conferral of an order.

ordentlich I. *adj.* **1.** (*geordnet*) tidy, neat, orderly; (*ordnungsliebend*) tidy, neat; **2.** (*geregelt*) *Leben etc.*: orderly; **3.** (*anständig*) respectable; **4.** (*planmäßig*) regular *job, contract etc.*; **5.** (*zufrieden stellend*) *Essen etc.*: decent; ***e-e ~e Leistung*** a good job (*od.* piece of work); ***in ~em Zustand*** in good order; **6.** ***~er Professor*** (full) professor; **7.** (*gehörig*) proper, decent; ***e-e ~e Tracht Prügel*** a sound thrashing; → ***Gericht***[2]; **II** *adv.* **8.** tidily, neatly, ***die Flaschen waren ~ aufgereiht*** the bottles stood in a neat row; **9.** (***ganz***) ~ quite (*od.* fairly) well; ***er hat es ganz ~ gemacht*** he did quite a good job of it; **10.** F (*sehr*) really; ***es hat ~ geschneit*** F there's a fair bit of snow on the ground; F ***ich habs ihm ~ gegeben!*** I really let him have it.

Order *f* order; ☤ ***an eigene ~*** to my own order; **ordern** *v/t.* order.

Ordinalzahl *f* ordinal (number).

ordinär *adj.* **1.** (*vulgär*) vulgar; *Witz, Lachen etc.*: dirty; **2.** *Person, Aussehen etc.*: common; **3.** (*billig*) cheap, F cheapo.

Ordinariat *n univ.* chair; **Ordinarius** *m* (full) professor.

Ordinate *f* △ ordinate; **Ordinatenachse** *f* axis of ordinates.

Ordination *f* **1.** *eccl.* ordination; **2.** ⚕ a) (*Verordnung*) prescription, b) *östr.* (*Arztpraxis*) medical practice, *Brit. a.* (doctor's) surgery; **ordinieren** *v/t.* **1.** *eccl.* ordain; **2.** ⚕ prescribe.

ordnen I. *v/t.* (*sortieren*) sort out, arrange; (*Gedanken*) sort out; (*Akten etc.*) file; (*Blumen*) arrange; (*regeln*) settle, (*sein Leben*) sort out, put in order; ***s-e Kleider ~*** tidy o.s. up; ***alphabetisch ~*** arrange alphabetically (*od.* in alphabetical order); ***nach Klassen ~*** classify; → ***geordnet***; **II.** *v/refl.*: ***sich zu et. ~*** form into; **Ordner** *m* **1.** (*Fest*⁓) steward; **2.** (*Hefter*) file; **3.** *Computer*: (*Dateiordner*) directory; **Ordnung** *f* **1.** (*das Ordnen*) ordering, putting in order *etc.*; → ***ordnen***; **2.** (*Zustand*) order; ***die öffentliche ~*** law and order; ***die göttliche ~*** the divine order; ***~ halten*** keep things in order; ***für ~ sorgen*** maintain order; ***~ schaffen*** sort things out, *im Zimmer etc.*: tidy up; ***in ~ bringen*** (*reparieren*) fix, (*erledigen*) settle, F fix, (*Problem etc.*) sort out; ***in ~ sein*** be all right (*Am.* alright); F ***er ist in ~*** he's all right (*Am.* alright), F he's okay; (***das ist***) ***in ~!, geht in ~!*** (that's) all right (*Am.* alright), F (that's) okay; ***es ist alles in bester ~*** everything's just fine; ***er ist nicht in ~*** *gesundheitlich*: he's not well; ***der Motor*** *etc.* ***ist nicht in ~*** there's something wrong with the engine *etc.*; *parl.* ***zur ~ rufen*** call to order; ***das finde ich nicht in ~*** I don't think that's right; **3.** (*Vorschriften*) rules *pl.*, regulations *pl.*; **4.** (*geordnete Lebensweise*) routine; **5.** (*Rang*) order; ***... erster ~*** ... of the first order, *a.* first-class (*od.* -rate) ...; ***Stern erster ~*** star of the first magnitude.

Ordnungs|amt *n* (municipal) public affairs office; **~fimmel** F *m* obsession with tidiness (*od.* orderliness); ***e-n ~ haben*** *a.* be obsessively tidy.
ordnungsgemäß I. *adj.* proper, according to the rules; **II.** *adv.* duly.
ordnungshalber *adv.* as a matter of form.
Ordnungshüter *m iro.* *the* law, representative of the law.
Ordnungsliebe *f* tidiness, (strong sense of) orderliness; **ordnungsliebend** *adj.* orderly, tidy.
Ordnungsmacht *f* law enforcement agency; *im Ausland*: peacekeeper.
ordnungsmäßig *adj. u. adv.* → ***ordnungsgemäß.***
Ordnungs|prinzip *n* system; **~ruf** *m parl.* call to order; **~sinn** *m* sense of order; **~strafe** *f* fine.
ordnungswidrig *adj.* against the regulations; **Ordnungswidrigkeit** *f* breach of the law.
Ordnungszahl *f* ordinal (number); *der Atome*: atomic number.
Ordo(n)nanz *f* ⚔ orderly.
Oregano *m* ⚘ oregano.
Organ *n* **1.** *anat.* organ; *fig.* ***kein (ein) ~ haben für*** have no (a) feeling for; **2.** F (*Stimme*) voice; ***die hat aber ein lautes ~!*** F she's got a voice like a foghorn; **3.** *fig.* (*Sprachrohr*) organ; **4.** (*Amt, Stelle*) authority; *pol.* ***ausführendes ~*** executive body; **~bank** *f* organ bank; **~empfänger** *m* organ recipient; **~handel** *m* sale of (transplant) organs.
Organisation *f* organization; **Organisationstalent** *n* organizational talent; **Organisator** *m* organizer; **organisatorisch** *adj.* organizational, organizing ...
organisch *adj. a. fig.* organic(ally *adv.*).
organisieren I. *v/t.* organize, arrange; (*Ausstellung*) mount; F (*beschaffen*) F rustle up; ***das organisierte Verbrechen*** organized crime; **II.** *v/refl.*: ***sich ~*** get together; → *a.* ***gewerkschaftlich.***
Organismus *m* organism.
Organist *m* organist.
Organ|konserve *f* stored organ; **~spende** *f* donation of an organ; **~spender** *m* organ donor; **~transplantation** *f*, **~verpflanzung** *f* organ transplant.
Orgasmus *m* orgasm, climax; **orgastisch** *adj.* orgasmic.
Orgel *f* ♪ organ; **~bauer** *m* organ builder; **~konzert** *n* **1.** organ recital; **2.** (*Werk*) organ concerto; **~musik** *f* organ music.
orgeln *v/i.* **1.** *Drehorgel*: grind a barrel organ; **2.** (*dröhnen*) roar.
Orgel|pfeife *f* organ pipe; ***wie die ~n*** in order of size; **~punkt** *m* organ point; **~register** *n* organ stop, register.
Orgie *f* orgy; ***~n feiern*** have orgies; **orgiastisch** *adj.* orgiastic(ally *adv.*).
Orient *m lit.* East; F Middle East; ***der Vordere ~*** the Middle East; **Orientale** *m*, **Orientalin** *f* person (*od.* man *od.* woman) from the Middle East; **orientalisch** *adj. lit.* Eastern; F Middle Eastern; **Orientalistik** *f* Middle Eastern studies *pl.*
orientieren I. *v/t.* **1.** (*informieren*) inform (**über** about), put *s.o.* in the picture (about), fill *s.o.* in (on); **2.** (*ausrichten*) orientate, *Am. a.* orient (**nach** according to); **II.** *v/refl.*: ***sich ~*** **3.** *in e-r Stadt etc.*: orient(ate) o.s. (**an** by), find one's bearings; ***sich nicht mehr ~ können*** have lost one's bearings; **4.** (*sich informieren*) inform o.s. (**über** about, on); → ***orientiert***; **5.** ***sich ~ an*** (*sich ausrichten*) orient(ate) o.s. by, model o.s. on; **orientiert** *adj. in Zssgn* ...-oriented (*z.B.* ***gewinnorientiert*** profit-oriented, ***verbraucherorientiert*** consumer-oriented); *pol.* **(*nach*) *links* (*rechts*) ~** oriented towards the left (right); ***gut ~*** (*informiert*) well-informed, in the picture; ***schlecht ~*** badly informed, uninformed; **Orientierung** *f* orientation (*a. fig.*; ***nach, auf*** towards); ***zu Ihrer ~*** for your guidance; ***die ~ verlieren*** *a. fig.* lose one's bearings.
Orientierungs|daten *pl.* ✈ guideline data; **~hilfe** *f a. pl.* guidance; *konkret*: guide; (*Orientierungspunkt*) landmark; (*Bezugspunkt*) reference point; **~lauf** *m* orienteering (race).
orientierungslos *adj.* disoriented; *fig.* ***~ sein*** *a.* be drifting; **Orientierungslosigkeit** *f* disorientation.
Orientierungs|punkt *m* landmark; (*Bezugspunkt*) reference point; **~sinn** *m* sense of direction; **~stufe** *f ped. two-year assessment stage after which pupils are allocated to appropriate secondary schools*; **~vermögen** *n* → ***Orientierungssinn.***
Orientteppich *m* oriental carpet.
Origano *m* ⚘ oregano.
Original *n* **1.** (*Bild etc.*) original; (*Schriftstück*) *a.* original copy; (*Tonband etc.*) master (copy); **2.** F (*Person*) F real character.
original I. *adj.* original; **II.** *adv.* (*~ Meißner etc.*) genuine.
Original|abfüllung *f Aufschrift*: estate-bottled; **~ausgabe** *f* first edition; **~fassung** *f* original version.
originalgetreu *adj.*: ***~e Nachbildung*** faithful copy.
Originalgröße *f* actual (*od.* original) size; ***... in ~*** full-size ...
Originalität *f* originality.
Original|packung *f* original packaging; ***in ~*** factory-packed; **~text** *m* original (text); **~ton** *m* original sound; *Film*: live sound(track); ***Aufnahmen im ~*** original sound recordings; ***~ X*** the original sound of X; **~übertragung** *f TV etc.* live broadcast.
originär *adj.* original.
originell *adj.* original; (*sonderbar, komisch*) funny; (*geistreich, witzig*) witty; F ***~er Typ*** F real character.
Orkan *m* hurricane; **orkanartig** *adj. Sturm*: violent; *Beifall*: thunderous; ***~e Winde*** gale-force winds; **Orkanstärke** *f* gale force.
Ornament *n* ornament, decoration; ***mit ~en*** decorated, ornamented; **ornamental** *adj.* ornamental; **Ornamentik** *f* **1.** ornamentation; **2.** *e-r Kunstepoche etc.*: decorative art.
Ornat *m, n* robes *pl.*, vestments *pl.*; F ***in vollem ~*** in full array.
Ornithologe *m* ornithologist; **Ornithologie** *f* ornithology; **ornithologisch** *adj.* ornithological.
Ort[1] *m* **1.** (*Platz, Stelle*) place; ***~ der Handlung* (*des Grauens*)** scene of the action (of horror); ***an ~ und Stelle*** on the spot, *fig.* (*sofort*) *a.* there and then; ***an ~ und Stelle gelangen*** get there, reach one's destination; ***es steht nicht an s-m ~*** it's not where it should be (*od.* usually is); ***vor ~*** (*an ~ u. Stelle*) on the spot, (*am Arbeitsplatz*) on the job, (*örtlich*) locally; ***Besichtigung vor ~*** on-site visit; *fig.* ***dies ist nicht der ~ für ...*** this is not the time or place for ...; ***höheren ~(e)s*** at a higher level; → ***Platz;*** **2.** (*Ortschaft*) place, (*Dorf*) *a.* village, (*Stadt*) *a.* town; ***von ~ zu ~*** from place to place.
Ort[2] *n* coalface; ***vor ~*** at the face.
Örtchen F *n* (*a.* ***stilles ~***) F loo, *Am.* F john.
orten *v/t.* ⚓, ✈ locate.
Orthodontie *f* orthodontics *pl.* (*sg. konstr.*).
orthodox *adj.* orthodox; **Orthodoxie** *f* orthodoxy.
Orthografie *f*, **orthografisch** *adj.* → ***Orthographie, orthographisch.***
Orthographie *f* orthography, spelling; **orthographisch I.** *adj.* spelling ...; 📖 orthographic(al); **II.** *adv.*: ***~ falsch* (*richtig*)** wrongly (correctly) spelt.
Orthopäde *m* orthop(a)edist; **Orthopädie** *f* orthop(a)edics *pl.* (*mst sg. konstr.*); **orthopädisch** *adj.* orthop(a)edic(ally *adv.*).
örtlich *adj.* local; → ***Betäubung***; **Örtlichkeit** *f* locality, place; ***die ~en kennen lernen*** familiarize o.s. with the place.
Ortsangabe *f* address, name of place.
ortsansässig *adj.* local; **Ortsansässige(r)** *m* local resident.
Orts|beschaffenheit *f* topography; **~bestimmung** *f* location.
ortsbeweglich *adj.* ⚙ *etc.* mobile.
Ortschaft *f* place, locality; (*Dorf*) village; ***geschlossene ~*** built-up area.
Orts|empfang *m* local reception; **≈fest** *adj.* ⚙ *etc.* stationary; **≈fremd** *adj.* non-local, outside ...; ***er ist hier ~*** he's a stranger here; **≈gebunden** *adj.* stationary; *Industrie*: resources-bound; *Person*: tied to one's place of work (*od.* residence); **~gespräch** *n teleph.* local call; **~gruppe** *f* local branch; **~kenntnis** *f*: ***~(se) besitzen*** know one's way around; **~krankenkasse** *f*: ***Allgemeine ~*** *general health insurance scheme*; **≈kundig** *adj.*: ***~ sein*** know one's way around; **~name** *m* place name; **~netz** *n teleph.* local exchange network; **~polizei** *f* local police; **~schild** *n* town sign; **~sender** *m* local transmitter; **~sinn** *m* sense of direction; **~tarif** *m*: *teleph.* (**zum ~** at) local rates *pl.*; **≈üblich** *adj.* local; ***das ist ~*** it's a local custom; **≈ungebunden** *adj. Person*: mobile, *weitS.* flexible; **~veränderung** *f* → ***Ortswechsel***; **~verein** *m* local association; **~verkehr** *m* local traffic (*a. teleph.*); **~wechsel** *m* **1.** change of location; **2.** *fig.* change of scenery; **~zeit** *f* local time; **~zuschlag** *m* weighting (allowance).
Ortung *f* location, locating; **Ortungsgerät** *n* position-finder.
Öse *f* eye; *Schuh*: eyelet.
Oskar *m*: F ***er ist frech wie ~*** F he's a cheeky devil.
osmanisch *adj.* Ottoman; ***das ≈e Reich*** the Ottoman Empire.
Osmose *f* osmosis.
Ossi F *m* citizen of the new East-German states.
Ost *m* east; **von** (*od.* **aus**) **~** from the east; ***München ~*** the east of Munich; ***Eingang ~*** the east entrance; *fig.* ***aus ~ und West*** from all four corners of the earth; **~agent** *m* **1.** *hist.* East-Bloc agent (*od.* spy); **2.** *engS.* Russian (*od.* KGB) spy; **~asiatika** *pl.* East Asian art *sg.* (*ältere*: *a.* antiquities).
Ostblock *m hist.* Eastern Bloc; **~staat** *m hist.* East(ern)-Bloc state.
ostdeutsch *adj.* East German; ***im ~en***

O

Teil in the eastern part of Germany, in Eastern Germany; **Ostdeutsche(r** *m*) *f* **1.** Eastern German; **~ *sein*** *a.* be from Eastern Germany; **2.** *hist. DDR*: East German.
Osten *m* east; (*östlicher Landesteil*) East; ***nach*** **~** east(wards); *Verkehr*, *Straße etc.*: eastbound; ***von*** **~** from the east; ***der*** **~** *e-r Stadt*: the East End (*Am.* Side); → ***fern*** I, ***mittler, nah*** 1.
ostentativ *adj.* (*unmissverständlich*) unmistakable, pointed; (*demonstrativ*) demonstrative.
Osteopathie *f* ⚕ osteopathy.
Osteoporose *f* ⚕ osteoporosis, brittle-bone disease.
Osterei *n* Easter egg; **Ostereiersuche** *f* Easter egg hunt; ***auf*** **~** ***sein*** be hunting for Easter eggs.
Oster|feiertag *m*: ***am ersten*** (***zweiten***) **~** on Easter Sunday (Monday); ***über die ~e*** over the Easter weekend; **~fest** *n* Easter; **~glocke** *f* ⚘ narcissus; **~hase** *m* Easter bunny; **~lamm** *n* paschal lamb.
österlich *adj.* Easter ...; ***es sieht sehr ~ aus*** it loooks (very much) like Easter.
Oster|marsch *m* Easter march (*od.* rally); **~montag** *m* Easter Monday.
Ostern *n*: (***an*** *od.* ***zu*** **~** at) Easter; ***frohe*** (*od.* ***fröhliche***) **~!** Happy Easter.
Österreicher(in *f*) *m*, **österreichisch** *adj.* Austrian.
Oster|sonntag *m* Easter Sunday; **~verkehr** *m* Easter traffic.
Osterweiterung *f pol.* eastward enlargement.
Osteuropäer(in *f*) *m*, **osteuropäisch** *adj.* East (*od.* Eastern) European.
Ostgote *m* Ostrogoth; **ostgotisch** *adj.* Ostrogothic; ***das ~e Reich*** the Ostrogothic Empire.
Ostinato *m*, *n* ♪ ostinato.
Ost|kirche *f* Eastern Orthodox Church; **~küste** *f* east coast; ***an der*** **~** on the east coast.
östlich I. *adj.* eastern, east ...; *Wind*: easterly; ***in ~er Richtung*** east(wards), *Verkehr*, *Straße etc.*: eastbound; **II.** *adv.* (to the) east (***von*** of); **östlichst** *adj.* easternmost.
Ost|mark *f hist.* (*Währung*) East German mark; **~politik** *f* ostpolitik; **≈preußisch** *adj.* East Prussian.
Östrogen *n* (o)estrogen; **~spiegel** *m* (o)estrogen level.
Ostseite *f* east(ern) side.
ostwärts *adj.* east(wards).
Ost-West|-Beziehungen *pl.* East-West relations; **~-Dialog** *m pol.* East-West dialog(ue).
Ost-West-Richtung *f*: ***in ~ verlaufen*** run from east to west.
Ostwind *m* east wind.
Ostzone *obs. f* Eastern (*od.* Soviet-occupied) zone.
Oszillator *m* oscillator; **oszillieren** *v/i.* oscillate.
Oszillograph *m* oscillograph.
Oszilloskop *n* oscilloscope, F scope.
O-Ton F *m* original sound; → *a.* ***Originalton.***
Otter[1] *f* viper, adder.
Otter[2] *m* (*Fischotter*) otter.
Otto *m*: F ***den flotten ~ haben*** F have the runs.
Ottomotor *m* internal combustion engine, petrol (*Am.* gas) engine.
Otto Normalverbraucher F *m* F Mr Average, Joe Blow, *Brit. a.* Joe Bloggs, the man on the Clapham omnibus, your high-street punter.
out *adv.*: **~ *sein*** *Mode etc.*: be out; ***das ist*** **~** *a.* F that's died a death.
Outdoor-Jacke *f* outdoor jacket.
outen 1. *v/reflex.* ***sich*** **~** come out, out o.s.; **2.** *v/t.* out (*s.o.*), declare (*s.o.*) to be a (*homosexual etc.*).
Outfit *n* outfit.
Outing *n* coming out.
outsourcen *v/t.* ⚚ outsource; **Outsourcing** *n* ⚚ outsourcing.
Ouvertüre *f* ♪ overture (*a. fig.*).
oval *adj.*, **Oval** *n* oval.
Ovation *f* ovation; ***j-m ~en bereiten*** give s.o. an ovation.
Overall *m* jump suit; (*Arbeits≈*) boiler suit, overalls *pl.*, *Am.* overall.
Overhead|folie *f* (overhead) transparency; **~projektor** *m* overhead projector.
Overkill *m* overkill (*a. fig.*); **~kapazität** *f* overkill capacity.
Ovulation *f physiol.* ovulation; **Ovulationshemmer** *m* ⚕ anovulant, ovulation inhibitor.
Oxid *n* ⚗ oxide; **Oxidation** *f* oxidation; **oxidieren** *v/i.* oxidize; **Oxidierung** *f* oxidization.
Oxyd *etc.* → ***Oxid*** *etc.*
Ozean *m* ocean; ***der Atlantische*** **~** the Atlantic; ***der Große*** (*od.* ***Stille***) **~** the Pacific; **~dampfer** *m* ocean liner.
ozeanisch *adj.* oceanic.
Ozeanographie *f* oceanography.
Ozeanüberquerung *f* ocean crossing.
Ozelot *m zo.* ocelot.
Ozon *n*, *m* ozone; **Ozonalarm** *m* ozone alert; **ozonfreundlich** *adj.* ozone-friendly; **ozonhaltig** *adj.* ozoniferous; **Ozonkiller** F *m* ozone killer; **Ozonloch** *n* ozone hole, hole in the ozone layer; ***das*** **~** *a. etwa* ozone depletion; **ozonreich** *adj.* high (*od.* rich) in ozone; **Ozonschicht** *f* ozone layer; **Ozonwerte** *pl.* ozone levels.

P, p *n* P, p.

Paar I. *n* pair (*a. Tanz~ u. iro.*); (*Ehe~, Liebes~*) couple; ***ein (zwei) ~ Socken*** a pair (two pairs) of socks; ***ein ~ Frankfurter*** two frankfurters; ***ein ~ sein*** F be an item; ***sich in ~en aufstellen*** line up in twos; ***sie treten immer als ~ auf*** you never see one without the other; → ***ungleich*** I; **II.** ~ *indef. pron.*: ***ein ~*** a few, some, F a couple of; ***ein ~ hundert*** a few hundred; ***vor ein ~ Tagen*** the other day; ***alle ~ Minuten*** every few minutes; ***die ~ Mark wirst du wohl noch ausgeben können*** surely you can spare a couple of marks; → ***Mal*** 1; ***Zeile***; **~bildung** *f phys.* pair production.

paaren I. *v/refl.*: ***sich ~*** **1.** *zo.* mate; **2.** *fig.* (*sich vereinigen*) combine, be combined; ***bei ihr paart sich Schnelligkeit mit Genauigkeit*** she's fast and very accurate at the same time, she combines speed with accuracy; **II.** *v/t.* **3.** *zo.* pair, mate; **4.** *fig.* (*Eigenschaften etc.*) combine, couple (***mit*** with); **5.** *Sport*: (*Mannschaften*) draw against each other.

Paarhufer *m* cloven-hoofed animal.

paarig *adj.* in pairs, paired.

Paar|lauf(en *n*) *m Sport*: pair skating; **~läufer(in** *f*) *m* pair skater.

Paarreim *m* rhyming couplets *pl.*; ***das ist ein ~*** it's rhyming couplets.

Paarung *f* **1.** *zo.* mating; **2.** *Sport*: match, tie; **3.** *fig.* combination.

Paarungs|trieb *m* mating urge; **~verhalten** *n* mating behavio(u)r; **~zeit** *f* mating season.

paarweise *adv.* in pairs, in twos; ***~ anordnen*** arrange in pairs.

Pacht *f* lease; (*~geld*) rent; ***et. in ~ haben*** have s.th. on lease(hold); ***et. in ~ nehmen*** take s.th. on lease; **~dauer** *f* duration of a (*od.* the) lease.

pachten *v/t.* (take on) lease; ***er tut so, als hätte er die Weisheit gepachtet*** he acts as if he was the only person in the world with any brains.

Pächter *m* leaseholder, tenant.

pachtfrei *adj.* rent-free.

Pacht|geld *n* rent; **~grundstück** *n* leasehold (property); **~gut** *n* (leasehold) estate, holding; **~hof** *m* (leasehold) farm; **~verlängerung** *f* renewal (*od.* extension) of a (*od.* the) lease; **~vertrag** *m* lease; ***ein ~ über 20 Jahre*** a 20-year lease; **~zeit** *f* term of lease; **~zins** *m* rent.

Pack 1. *m* (*Haufen*) pile; (*Bündel*) bundle; ***ein ~ Spielkarten*** a pack of cards; **2.** *contp. n* (*Lumpen~*) rabble.

Päckchen *n* parcel, *Postbezeichnung*: small packet; *Am.* package; ***~ Zigaretten*** pack(et) of cigarettes; *fig.* ***wir haben alle unser ~ zu tragen*** we all have our little crosses to bear.

Packeis *n* pack ice.

Packelei *östr. f* wheeling and dealing; sleaze.

packen I. *v/t.* **1.** (*Koffer, Sachen etc.*) pack; (*Paket*) wrap up; *Computer*: pack; *fig.* ***j-n ins Bett ~*** pack s.o. off to bed; **2.** (*derb fassen*) grab (hold of); **3.** *fig.* (*fesseln*) grip; ***von Furcht** etc.* ***gepackt*** gripped (*od.* seized) with fear *etc.*; ***mich packt die Wut, wenn ich höre, dass ...*** I get so angry when I hear that ..., it makes me so mad to hear that ...; ***mich hat der Film gepackt*** I was totally gripped by the film; F ***ihn hats gepackt*** *Krankheit*: F he's been laid low, *Liebe*: F he's smitten; **4.** F *fig.* (*schaffen*) manage; ***es ~*** (*et. erreichen, schaffen*) F make it, do it, (*zurechtkommen*) manage, cope; F ***wir haben es gerade noch gepackt*** we just made it (in time); **II.** F *v/refl.*: ***sich ~*** F clear off, beat it; **III.** *v/i.* pack; ***ich muss noch ~*** I still have to pack (my case), I've still got my packing to do; **packend** *fig.* **I.** *adj.* gripping, exciting, riveting; ***~er Bericht*** gripping account; **II.** *adv.* ***es ist ~ erzählt*** it's (*od.* it makes for) exciting reading.

Packen *m* (*Haufen, Stapel,* F *Menge*) pile; (*Bündel*) bundle; ***großer ~*** *gen. a.* F great wodge of.

Packer(in *f*) *m* packer; **Packerei** *f* packing department (*od.* office).

Pack|esel *m* (pack) mule; *fig.* packhorse; **~leinen** *n* sacking; **~material** *n* packing material; **~papier** *n* (brown) wrapping paper; **~pferd** *n* packhorse; **~raum** *m* packing room; **~sattel** *m* pack saddle; **~schnee** *m* hard-packed snow; **~tasche** *f* pannier; **~tier** *n* pack animal; **~tisch** *m* packing table.

Packung *f* **1.** (*Schachtel*) packet; ***~ Tee*** packet of tea; ***~ Zigaretten*** pack(et) of cigarettes; ***große ~*** large pack; **2.** (*Ver~*) package, (*Hülle*) wrapping; **3.** ⚕, *Kosmetik*: pack; **4.** *Sport*: beating; ***e-e ~ bekommen*** F get thrashed (*od.* slaughtered); **Packungsbeilage** *f* package insert, *Medikament*: patient information leaflet, F blurb.

Pack|wagen *m* luggage van, *Am.* baggage car; **~zettel** *m* packing slip.

Pädagoge *m*, **Pädagogin** *f* education(-al)ist, educator; **Pädagogik** *f* education(al theory), pedagogics *pl.* (*sg. konstr.*); **pädagogisch I.** *adj.* educational, pedagogical; ***~e Hochschule*** college of education, *Am.* teachers' college; ***~er Wert*** educational value; ***er hat keinerlei ~e Fähigkeiten*** he doesn't know the first thing about teaching; **II.** *adv.*: ***das ist ~ falsch*** that's not the way to teach children.

Paddel *n* paddle; **Paddelboot** *n* canoe; **paddeln** *v/i.* paddle.

Päderast *m* pederast; **Päderastie** *f* pederasty.

Pädiatrie *f* ⚕ pediatrics *pl.* (*sg. konstr.*).

paff *int.* bang!

paffen *v/i. u. v/t.* puff away (***s-e Pfeife** etc.* at one's pipe *etc.*).

Page *m* page; **Pagenkopf** *m* pageboy (hair)style.

paginieren *v/t.* paginate; **Paginierung** *f* pagination, page numbering.

Pagode *f* pagoda.

Paillette *f* sequin; **paillettenbesetzt** *adj.* sequined.

Paket *n* **1.** parcel, *Am.* package; (*Bündel*) bundle; **2.** (*große Packung*) large pack; **3.** *pol.* package; **4.** † (*Aktien~*) parcel (of shares); **~annahme** *f*, **~ausgabe** *f* parcels counter; **~bombe** *f* parcel bomb; **~karte** *f* (parcel) mailing form; **~post** *f* parcel post; **~schalter** *m* parcels counter; **~sendung** *f* parcel, *Am.* package; **~zustellung** *f* parcel delivery.

Pakistaner(in *f*) *m*, **Pakistani** *m*, **pakistanisch** *adj.* Pakistani.

Pakt *m* pact; ***e-n ~ schließen*** → **paktieren** *v/i.* make a deal (***mit*** with).

Palais *n* palace.

Paläolithikum *n* paleolithic age; **paläolithisch** *adj.* paleolithic.

Paläologe *m* paleologist; **Paläologie** *f* paleology; **paläologisch** *adj.* paleological.

Paläontologe *m* paleontologist; **Paläontologie** *f* paleontology; **paläontologisch** *adj.* paleontological.
Palast *m* palace; **~anlage** *f* palace complex; **≈artig** *adj.* palatial.
Palästinenser(in *f*) *m* Palestinian; **Palästinenserlager** *n* Palestinian refugee camp; **palästinensisch** *adj.* Palestinian.
Palast|revolte *fig. f* palace coup; **~wache** *f* palace guard.
palatal *adj.*, **Palatallaut** *m* palatal.
Palatschinken *dial. pl.* jam-filled pancake.
Palaver *n* palaver; (*Getue*) fuss; **palavern** *v/i.* F yak; **~ *über*** yak (on) about.
Paletot *m* overcoat.
Palette *f* **1.** *Kunst*: palette; **2.** *fig.* (***breite*** **~** wide) range; ***bunte*** **~** mixed bag; ***die ganze*** **~** the whole panoply; **3.** (*Laderost*) pallet.
paletti: F (***es ist***) ***alles*** **~** F everything's hunky dory.
Palimpsest *m, n* palimpsest.
Palindrom *n* palindrome.
Palisade *f* palisade; **Palisadenzaun** *m* stockade.
Palisander(holz *n*) *m* rosewood.
Pallawatsch *östr.* F *m* mess, muddle.
Palme *f* palm; F *fig.* ***j-n auf die*** **~** ***bringen*** F get s.o.'s goat; F ***auf die*** **~** ***gehen*** F lose (*sl.* blow) one's cool; F ***von der*** **~** ***herunterkommen*** F cool down.
Palmen|hain *m* palm grove; **~herzen** *pl. gastr.* heart *sg.* of palm; **~strand** *m* palm(-lined) beach.
Palm|kätzchen *n* catkin; **~öl** *n* palm oil; **~sonntag** *m* Palm Sunday.
Palmtop-Organizer *m Computer*: palmtop organizer.
Palmwedel *m* palm frond.
Pampa *f* pampas *pl.*; **~gras** *n* pampas grass.
Pampe *contp. f* stodge.
Pampelmuse *f* grapefruit.
Pampers (*TM*) *pl.* Pampers (*TM*) (*Wegwerfwindeln*).
Pamphlet *n* (political) pamphlet.
pampig F *adj.* **1.** F stroppy, (*stur*) F bolshy; ***werd nicht*** **~*!*** don't you get stroppy (*od.* bolshy) with me; **2.** *contp.* (*breiig*) stodgy.
pan..., Pan... *in Zssgn* pan(-)...
Panade *f Schnitzel etc.*: breadcrumb coating.
Panamaer(in *f*) *m* Panamanian; **Panamahut** *m* panama (hat); **panamaisch** *adj.* Panamanian.
panamerikanisch *adj.* Pan-American; **Panamerikanismus** *m* Pan-Americanism.
Panda(bär) *m* panda.
Pandora *f*: *fig.* ***die Büchse der*** **~** Pandora's box.
Paneel *n* panel, wainscot.
paneuropäisch *adj.* Pan-European.
Panflöte *f* panpipes *pl.*
päng *int.* bang!, pow!
panieren *v/t.* bread; **Paniermehl** *n* breadcrumbs *pl.*
Panik *f* panic; (*Schrecken*) scare; (*panikartige Flucht*) stampede; ***in*** **~** ***geraten*** panic, start panicking; ***er hat uns in*** **~** ***versetzt*** he had us panicking; ***keine*** **~*!*** don't panic; **≈artig I.** *adj.* panic ...; **II.** *adv.* in (a) panic; **~mache** *f* scaremongering, panicmongering; scare tactics *pl.*; ***das ist reine*** **~** that's just scare tactics, he's *etc.* just trying to scare people; **~macher** *m* alarmist; **~stimmung** *f*: ***in*** **~** ***geraten*** start panicking.
panisch *adj.* panic ...; **~*e Angst*** (feeling of) sheer terror, (mortal) terror; **~*e Angst haben*** be terrified (out of one's wits), be frightened out of one's mind; ***ich habe e-e*** **~*e Angst davor, dass mir der Computer abstürzt*** I live in terror of my computer crashing.
Pankreas *n anat.* pancreas.
Panne *f* breakdown; (*Reifen≈*) puncture (*a. Fahrrad*), blowout, flat tyre (*Am.* tire), *a. Am.* F flat; *fig.* (*Missgeschick*) mishap; (*Organisations≈*) hitch; *fig.* ***e-e kleine*** **~** a) a little accident, b) a slight hitch.
Pannen|dienst *m* breakdown service; **~koffer** *m* breakdown kit; **~kurs** *m* car maintenance course; **≈sicher** *adj.* failsafe.
Panoptikum *n* waxworks *pl.*
Panorama *n* panorama; **~bild** *n phot.* panoramic view; **~bus** *m* sightseeing bus (*od.* coach); **~fenster** *n* panoramic (*od.* observation) window; *in der Wohnung*: picture window; **~restaurant** *n* panoramic restaurant; (*Drehrestaurant*) revolving restaurant; **~scheibe** *f mot.* panoramic windscreen (*Am.* windshield); **~schwenk** *m Film*: pan(ning) shot.
panschen I. *v/t.* (*mit Wasser verdünnen*) water down; (*verfälschen*) adulterate; → ***gepanscht***; **II.** *v/i. im Wasser*: splash about.
Pansen *m* **1.** *zo.* rumen; **2.** F *fig.* belly; ***sich den*** **~** ***voll schlagen*** F stuff o.s.
Panter *m* panther.
Pantheismus *m* pantheism; **Pantheist** *m* pantheist; **pantheistisch** *adj.* pantheist(ic).
Panther *m* panther.
Pantine *f* clog; *fig.* → ***Latsche***[2].
Pantoffel *m* slipper; F *fig.* ***er steht unter dem*** **~** he's a henpecked husband; ***sie hat ihn unter dem*** **~*, sie schwingt den*** **~** she wears the trousers (*Am.* pants); **~blume** *f* slipperwort; **~held** F *m* henpecked husband; **~kino** F *n* F box, tube.
Pantolette *f* open-back shoe.
Pantomime 1. *f* (*stummes Spiel*) mime, dumb show; **2.** *m* (*Künstler*) mime (artist); **pantomimisch** *adj.* pantomime ...
pantschen *v/t. u. v/i.* → ***panschen.***
Panzer *m* **1.** ⚔ (*Kampfwagen*) tank; (*Stahlhülle*) armo(u)r plating; **2.** *hist.* (*Rüstung*) (suit of) armo(u)r; (*Ketten≈*) coat of mail; **3.** *fig.* wall *of silence etc.*; **4.** *zo.* shell, armo(u)r.
Panzerabwehr *f* antitank defen|ce (*Am.* -se); **~hubschrauber** *m* antitank helicopter; **~kanone** *f* antitank gun; **~rakete** *f* antitank missile (*od.* rocket).
Panzer|division *f* armo(u)red division; **~faust** *f* bazooka, antitank rocket launcher; **~glas** *n* bulletproof glass; **~graben** *m* antitank ditch; **~grenadier** *m* armo(u)red infantry rifleman; **~hemd** *n* coat of mail; **~jäger** *m* antitank gunner; **~kanone** *f* tank gun; **~kette** *f* (*Raupen*) tank track; **~kreuzer** *m* ⚓ armo(u)red cruiser.
panzern I. *v/t. a.* ⚙ armo(u)r-plate; → ***gepanzert*; II.** *fig. v/refl.*: ***sich*** **~** shield o.s., *im Voraus*: arm o.s.
Panzer|regiment *n* armo(u)red regiment; **~schiff** *n* armo(u)r-plated vessel; **~schrank** *m* safe; **~spähwagen** *m* armo(u)red scout car; **~truppen** *pl.* armo(u)red troops, tank corps *sg.*
Panzerung *f* **1.** (*Vorgang*) armo(u)ring; **2.** (*Schutz*) armo(u)r.
Panzerwagen *m* tank.
Papa *m* dad(dy), *Am. a.* pa; *als Anrede*: Dad(dy), *Am. a.* Pa.
Papagallo *m* beach romeo.
Papagei *m* parrot (*a. fig.*); **papageienhaft** *adj.* parrot-like.
Papageien|krankheit *f* ⚕ psittacosis; **~vogel** *m* (type of) parrot; ***es ist ein*** **~** *a.* it belongs to the parrot family.
Papaya *f Frucht*: papaya.
Papier *n* paper; (*Brief≈*) *a.* stationery; **~*e*** (*Urkunden*) papers, documents; (*Ausweispapiere*) (identity) papers; ✝ (*Wertpapiere*) securities; ***zu*** **~** ***bringen*** write down, commit to paper; ***das steht nur auf dem*** **~** it's a pure formality; ***die Ehe besteht nur auf dem*** **~** it's a marriage on paper only; ***s-e*** **~*e bekommen*** *bei Entlassung*: get one's cards (*Am.* pink slip); **~** ***ist geduldig*** the rubbish that ends up on paper; ***auf dem*** **~** ***sieht es leicht aus*** it looks easy on paper; **~abfälle** *pl.* waste paper *sg.*; **~block** *m* notepad; **~blume** *f* paper flower; **~brei** *m* pulp; **~deutsch** *n* officialese, bureaucratese; **≈dünn** *adj.* wafer-thin; **~einzug** *m* paper feed.
papieren *adj.* paper ..., made of paper; *fig. Stil*: prosy.
Papier|fabrik *f* paper mill; **~feile** *f* emery board; **~fetzen** *m* scrap of paper; **~flieger** *m* paper (aero)plane; **~format** *n* size of paper, paper size; ***welches*** **~** ***brauchst du?*** what size paper do you need?; **~geld** *n* paper money; notes *pl.*, *Am.* bills *pl.*; **~geschäft** *n* stationer's (shop); **~gewicht** *n* weight of paper; **~handtuch** *n* paper towel; **~korb** *m* wastepaper basket, *Am.* waste basket; *Computer*: recycle bin; **~kram** F *m* paperwork; **~krieg** *m* red tape; ***e-n*** **~** ***führen mit*** be involved in an endless stream of correspondence with; **~rand** *m* margin; **~schere** *f*: (***e-e*** **~** a pair of) paper scissors *pl.*; **~schlange** *f* streamer; **~schnitzel** *pl.* paper cuttings; **~serviette** *f* paper napkin; **~stau** *m im Fotokopierer*: jam; **~taschentuch** *n* paper tissue (F hankie); **~tiger** *m* paper tiger; **~tüte** *f* paper bag.
Papier verarbeitend *adj.* paper-processing; **Papierverarbeitung** *f* paper processing.
Papiervorschub *m* paper feed.
Papierwaren *pl.* stationery *sg.*; **~handlung** *f* stationer's (shop).
Papierzufuhr *f* paper source (*od.* feed).
papp F *int.*: ***ich kann nicht mehr*** **~** ***sagen*** I couldn't eat another thing.
Papp *m* **1.** (*Brei*) pap, *contp. a.* F goo; **2.** (*Klebstoff*) paste; **3.** → ***Pappschnee.***
Papp|band *m* hard paperback; **~becher** *m* paper cup; **~deckel** *m* (piece of) cardboard; *steifer*: (piece of) pasteboard.
Pappe *f* cardboard; F *fig.* ***das ist nicht von*** **~** it's not to be sniffed at; F ***er ist nicht von*** **~** he's a force to be reckoned with.
Pappel *f* poplar.
päppeln F *v/t.* feed up; *fig.* coddle, pamper; *fig.* ***j-s Eitelkeit*** **~** feed (*od.* pander to) s.o.'s vanity.
pappen I. *v/t.* paste, stick; **II.** *v/i. Schnee etc.*: stick.
Pappendeckel *m* → ***Pappdeckel.***
Pappenheimer *pl.*: F ***ich kenne meine*** **~** I know who I'm dealing with.
Pappenstiel F *m*: ***für e-n*** **~** for a song; ***das ist kein*** **~** F it's no chickenfeed; ***es ist keinen*** **~** ***wert*** F it's not worth a bean (*od.* a tinker's cuss).

P

papperlapapp *int.* rubbish!
pappig *adj.* sticky; *Brei*: stodgy.
Papp|kamerad *m* (cardboard) dummy, effigy; **~karton** *m* cardboard box, carton; **~maché, ~maschee** *n* papier mâché; *fig. in Zssgn* cardboard ...; **~nase** *f* false nose; **~schachtel** *f* cardboard box; **~schnee** *m* wet (*od.* sticky, heavy) snow; **~teller** *m* paper plate.
Paprika *m* **1.** (*Gewürz*) paprika; **2.** → **~schote** *f* pepper.
Papst *m* pope; **~krone** *f* (papal) tiara.
päpstlich *adj.* papal; *formell*: pontifical; ***2er Stuhl*** Holy See; ***~er als der Papst sein*** be more Catholic than the Pope.
Papstmesse *f* papal mass.
Papsttum *n* papacy.
Papstwahl *f* papal elections *pl.*, election of a new pope.
Papyrus *m* papyrus; **~handschrift** *f* papyrus manuscript; → *a.* **~rolle** *f* papyrus scroll; **~staude** *f* papyrus plant.
Parabel *f* **1.** parable; **2.** A parabola.
Parabolantenne *f* satellite dish, dish aerial (*od.* antenna).
parabolisch *adj.* parabolic.
Parabolspiegel *m* parabolic reflector.
Parade *f* **1.** ⚔ parade, review; (*Vorbeimarsch*) march-past; ***die ~ abnehmen*** take the salute; **2.** *Fechten, Boxen*: parry; *Reitsport*: halt; *Fußball etc.*: (***glänzende ~*** brilliant) save; *fig.* ***j-m in die ~ fahren*** cut s.o. short, (*Pläne durchkreuzen*) throw a spanner (*Am.* monkey wrench) in(to) the works; **~beispiel** *n* classic example; **~marsch** *m* **1.** march-past; **2.** → ***Paradeschritt***; **3.** ♪ military march; **~pferd** *n* showhorse; *fig.* showpiece; **~rolle** *f*: ***das ist s-e ~*** that's his party piece; ***das ist für sie e-e ~*** she was made (*od.* cut out) for the part; ***das war e-e ihrer ~n*** it was one of her classic (*od.* best, most famous, most successful) roles (*od.* parts); **~schritt** *m* drill step; (*Stechschritt*) goose-step; ***im ~*** in drill step; goose-stepping; **~stück** *fig. n* showpiece; **~uniform** *f* dress uniform.
Paradeiser *östr. m* tomato.
paradieren *v/i.* parade; *fig.* ***mit et. ~*** show off (with).
Paradies *n* paradise; *bibl.* Garden of Eden; ***ein ~ für Urlauber*** a holidaymaker's paradise; ***das verlorene ~*** paradise lost; ***das ~ auf Erden*** heaven on earth; ***ich fühle mich wie im ~*** (I feel as if) I'm walking on air; ***das ist das wahre ~*** it's absolute paradise; **paradiesisch I.** *adj.* heavenly; *lit.* paradisiacal; **II.** *adv.*: ***hier ist es ~ schön*** it's like paradise (here); **Paradiesvogel** *m* bird of paradise.
Paradigma *n* paradigm.
paradox I. *adj.* paradoxical; ***das 2e daran*** the paradoxical side of it; **II.** *2 n* paradox; **paradoxerweise** *adv.* paradoxically; **Paradoxon** *n* paradox.
Paraffin *n* paraffin, *Am.* kerosene.
Paragraph *m* ⚖ section, article; (*Absatz*) paragraph.
Paragraphen|dickicht *n* (jungle of) red tape; **~hengst** F *m* F legal eagle; **~reiter** *m* stickler for the rules.
Paraguayer(in *f*) *m*, **paraguayisch** *adj.* Paraguayan.
Parallaxe *f phys.* parallax.
parallel I. *adj.* parallel (***mit*** to, with); **II.** *adv.* parallel; ***~ laufen zu*** run parallel to.
Paralleldrucker *m* parallel printer.
Parallele *f* parallel (line); *fig.* parallel; *fig.* ***e-e ~ ziehen zu*** draw a parallel to.
Parallel|fall *m* parallel case; **~klasse** *f* parallel class.
Parallelogramm *n* parallelogram.
Parallel|schaltung *f* ⚡ parallel connection; **~schwung** *m Skifahren*: parallel turn; **~straße** *f* road (*od.* street) running parallel; ***es ist e-e ~ zur X-Straße*** it runs parallel to X Street; ***die nächste ~*** the road parallel to this one.
Paralympics *pl. Sport*: Paralympics *pl.*
Paralyse *f* paralysis; **paralysieren** *v/t.* paralyze; **Paralytiker** *m*, **paralytisch** *adj.* paralytic.
Parameter *m* parameter.
paramilitärisch *adj.* paramilitary.
Paranoia *f psych.* paranoia; **paranoid** *adj.* paranoid; **Paranoiker** *m*, **paranoisch** *adj.* paranoiac.
Paranuss *f* Brazil nut.
paraphieren *v/t.* initial.
Paraphrase *f*, **paraphrasieren** *v/t.* paraphrase.
Parapsychologe *m* parapsychologist; **Parapsychologie** *f* parapsychology.
Parasit *m* parasite (*a. fig.*); **parasitär** *adj.* parasitic(al); **Parasitendasein** *n* parasitic existence, parasitism; ***er führt ein ~*** he just lives off other people; **parasitisch** *adj.* parasitic(al).
parat *adj.* ready; ***immer ein Blatt Papier ~ haben*** always have a piece of paper at hand (*od.* at the ready); ***immer e-n Witz ~ haben*** always have a joke up one's sleeve; ***er hat immer e-e Antwort*** (***Ausrede***) ***~*** he's never at a loss for an answer (excuse).
Parataxe *f ling.* parataxis.
Pärchen *n* **1.** couple; ***ein ideales ~*** the ideal couple; ***so ein nettes ~*** what (*od.* such) a nice couple; **2.** (*Tier2*) pair.
Parcours *m Sport*: course.
Pardon I. *m, n*: ***kein(en) ~ kennen*** be (absolutely) ruthless; **II.** *int.* (I'm) sorry, *Am.* excuse me.
Parenthese *f* parenthesis; ***in ~ setzen*** put in parenthesis (*od.* parentheses); **parenthetisch I.** *adj.* parenthetical; **II.** *adv.* (*nebenbei*) in parenthesis.
Parforce|jagd *f* coursing; *konkret*: course, hunt; ***auf ~ gehen*** go coursing; **~ritt** *m* **1.** forced ride; **2.** (*Kraftakt*) feat.
Parfüm *n* perfume; (*Wohlgeruch*) *a.* scent; **~duft** *m* smell of perfume; *bestimmter*: scent.
Parfümerie *f* perfume shop (*Am.* store); **~abteilung** *f* perfume department.
Parfümflasche *f* perfume bottle.
parfümieren I. *v/t.* perfume, scent; **II.** *v/refl.*: ***sich ~*** put (some) perfume on; **parfümiert** *adj.* scented.
Parfüm|wolke *f* cloud of perfume; **~zerstäuber** *m* atomizer.
pari *adv.*, **Pari** *n* ☤ par; ***auf*** (*od.* ***al***) ***pari*** at par; ***über*** (***unter***) ***pari*** above (below) par.
Paria *m* pariah.
parieren I. *v/t. Fechten etc.*: parry (*a. fig. Frage etc.*); (*Pferd*) pull up; (*Ball*) save; **II.** *v/i. Fechten*: parry; *fig.* (*gehorchen*) knuckle under.
Parikurs *m* ☤ parity price.
Pariser I. *m* **1.** Parisian; **2.** F (*Kondom*) F rubber; **II.** *adj.* Parisian, (of) Paris.
Parität *f* parity (*a.* ☤); **paritätisch** *adj.* equal, on equal terms; parity ...
Park *m* **1.** park; **2.** (*Wagen2*) fleet (of cars).
Parka *m* parka.
Park-and-ride-System *n* park-and-ride.
Parkanlage *f* park.
Park|ausweis *m* parking ID; **~bahn** *f Raumfahrt*: parking orbit.
Parkbank *f* park bench.
Park|bucht *f* parking bay; *an der Straße*: lay-by; **~deck** *n im Parkhaus*: parking level.
parken I. *v/t.* park; **II.** *v/i.* park; *Auto*: be parked; ***2 verboten!*** no parking.
Parkett *n* **1.** parquet (floor); *fig.* (*Tanz2*) dance floor; *fig.* ***ein Tänzchen aufs ~ legen*** trip the light fantastic; ***sich auf dem ~ bewegen können*** be perfectly at ease in society, have plenty of savoir-faire; **2.** *thea.* stalls *pl.*, *Am.* orchestra; **~(fuß)boden** *m* parquet floor.
Park|gebühr *f* parking fee; **~(hoch)-haus** *n* multi-storey car park.
parkinsonsche Krankheit *f*: ***die ~*** Parkinson's disease.
Park|kralle *f* wheel clamp; **~leitsystem** *n* parking guidance system; **~leuchte** *f*, **~licht** *n* parking light; **~lücke** *f* parking space; **~möglichkeit** *f* place to park; **~en** room to park; parking provision; ***es gibt keine ~(en)*** there's nowhere (*od.* no place) to park; **~plakette** *f* parking sticker; **~platz** *m* **1.** → ***Parklücke***; **2.** car park, *Am.* parking lot; **~problem** *n* parking problem; **~scheibe** *f* parking disc; **~schein** *m* car park ticket, *Am.* parking slip (*od.* check); **~scheinautomat** *m* ticket machine; **~studium** *n* stopgap studies *pl.*; **~sünder** *m* parking offender; **~uhr** *f* parking meter; **~verbot** *n*: ***hier ist ~*** there's no parking here; **~verbotsschild** *n* no-parking sign; **~vergehen** *n* parking offen|ce (*Am.* -se); **~wächter** *m* car park (*Am.* parking lot) attendant.
Parlament *n* parliament; **Parlamentarier(in** *f*) *m* member of parliament; *altgediente(r)*: parliamentarian; **parlamentarisch** *adj.* parliamentary; **Parlamentarismus** *m* parliamentarianism.
Parlaments|abgeordnete(r *m*) *f* → ***Parlamentarier(in)***; **~auflösung** *f* dissolving (*od.* dissolution) of parliament; **~ausschuss** *m* parliamentary committee; **~debatte** *f* parliamentary debate; **~ferien** *pl.* (parliamentary) recess *sg.*; ***in die ~ gehen*** rise for the recess; **~gebäude** *n* parliament (building); *in London*: Houses *pl.* of Parliament; **~mehrheit** *f* parliamentary majority, majority in parliament; **~mitglied** *n* member of parliament; *in GB*: *a.* MP; **~präsident** *m* (parliamentary) president; *in GB*: Speaker; **~sitzung** *f* sitting of parliament; **~wahlen** *pl.* parliamentary elections; *in GB*: general election *sg.*
Parmaschinken *m* Parma ham.
Parmesan(käse) *m* Parmesan (cheese).
Parodie *f* parody (***auf*** on), F send-up (of); **parodieren** *v/t.* parody, F do a take-off (*od.* send-up) of; **Parodist** *m* parodist; **parodistisch** *adj.* parodistic.
Parodontose *f* periodontosis, F receding gums *pl.*
Parole *f* ⚔ password; *fig.* watchword, *pol. a.* slogan.
Paroli *n*: ***j-m*** (*od.* ***e-r Sache***) ***~ bieten*** stand up to s.o. (*od.* s.th.).
parsen *v/t. u. v/i. EDV* parse; **Parsen** *n EDV* parsing; **Parser** *m EDV Programm*: parser; **Parsing** *n EDV* parsing.
Part *m thea.*, ♪ part; (*Anteil*) share.
Partei *f* party (*a. pol.*, ⚖, *Vertrags2*); *Sport*: side; (*Miets2*) tenant(s *pl.*), household; ***hier wohnen vier ~en*** there are

P

four parties occupying this house (*od.* building); ***gegnerische ~*** opponent(s *pl.*), *Sport*: *a.* opposite side, opposing team; ***~ nehmen für j-n*** side with s.o.; ***gegen j-n ~ ergreifen*** take sides against s.o.; ***über den ~en stehen*** remain impartial; ***~ sein*** be bias(s)ed, be prejudiced; **~abzeichen** *n* party badge; **~apparat** *m* party machine; **~ausschluss** *m* expulsion from a party; **~austritt** *m* party defection; **~basis** *f* rank and file, grassroots (members) *pl.*; **~bonze** *m* party bigwig; **~buch** *n* party card; **~chef** *m* party leader; **~chinesisch** F *n* F party lingo; **~disziplin** *f* party discipline; ***sich der ~ beugen*** toe the party line.

Parteien|finanzierung *f* funding of political parties; **~landschaft** *f* party scene, political constellation; **~staat** *m* party state.

Partei|freund *m* fellow member (of the party); **~führer** *m* party leader; **~funktionär** *m* party official; **~gänger** *m* party liner; **~genosse** *m*, **~genossin** *f* party member; **~ideologe** *m* party ideologist (*od.* theorist); **≈intern I.** *adj.* (inner-) party ..., within the party; ***~e Querelen*** party in-fighting; **II.** *adv.* within the party.

parteiisch *adj.* bias(s)ed, prejudiced (**für** in favo[u]r of; ***gegen*** against).

Parteikasse *f* party funds *pl.*

parteilich *adj.* party ...

Parteilinie *f* party line.

parteilos *adj.* independent, non-party ...; **Parteilose(r** *m*) *f* independent.

Parteimitglied *n* party member.

Parteinahme *f* siding (**für** with); ***sich e-r ~ enthalten*** not to take sides, sit on the fence.

Partei|organ *n* party organ; **~politik** *f* party politics *pl.*; *konkret*: party policy (*od.* policies *pl.*); **~politiker** *m* party politician; **≈politisch** *adj.* party political; **~presse** *f* party press; **~programm** *n* (party) manifesto *od.* platform; **≈schädigend** *adj.* detrimental to the party (interests); **~schule** *f* party cadre training institution; **~spende** *f* party (political) donation; **~spendenaffäre** *f* party funding scandal; **~spitze** *f* party leadership (*od.* leaders *pl.*); **~tag** *m* party conference (*Am.* convention); **≈übergreifend** *adj.* cross-party ...; **~versammlung** *f* party meeting (*od.* rally); **~volk** *n* (party) rank and file; **~vorsitzende(r)** *m* party leader; **~vorstand** *m* party executive; **~zeitung** *f* party newspaper; **~zentrale** *f* party headquarters *pl.* (*a. sg. konstr.*); **~zugehörigkeit** *f* party affiliation; (*Mitgliedschaft*) party membership.

Parterre I. *n* ground floor, *Am.* first floor; *thea.* rear stalls *pl.*, *Am.* parquet; **II.** ≈ *adv.* on the ground (*Am.* first) floor; *thea.* in the stalls (*Am.* parquet); **~wohnung** *f* ground-floor flat, *Am.* first-floor apartment.

Partial... *in Zssgn mst* partial.

Partie *f* **1.** (*Teil*) part; ⚘ *a.* area, region; **2.** *Sport*, *Spiel*: game; **3.** *thea.*, ♪ part; **4.** ✝ consignment, batch; **5.** ***e-e gute ~*** a good match; ***e-e gute ~ machen*** marry well; **6.** ***mit von der ~ sein*** be in on it; ***ich bin mit von der ~!*** you can count me in.

partiell *adj.* partial.

Partikel *f* particle.

Partikularismus *m* particularism; **partikularistisch** *adj.* particularist(ic).

Partisan *m* partisan, guer(r)illa; **Partisanenkrieg** *m* partisan warfare.

Partitur *f* ♪ score.

Partizip *n ling.* participle; ***~ Präsens*** (***Perfekt***) present (past) participle.

Partizipial|konstruktion *f ling.* participial construction; **~satz** *m ling.* participial clause.

partizipieren *v/i.* participate (**an** in).

Partner(in *f*) *m* partner; → ***Gesprächspartner***; (*Freund*[*in*]) *a.* boyfriend (*f* girlfriend); ***als j-s ~ spielen*** *Sport*: play as partner of s.o., *Film etc.*: play opposite s.o.

Partner|beziehung *f* relationship (between two people); **~look** *m* matching clothes *pl.*; ***im ~*** wearing matching clothes; **~probleme** *pl.* problems with one's partner.

Partnerschaft *f* partnership; **partnerschaftlich** *adj.* fair; *Verhältnis*: based on partnership; ***~es Verhalten*** cooperation; ***auf ~er Basis*** on a joint basis, on a basis of (mutual trust and) cooperation; ***sie führen e-e ~e Ehe*** their marriage is more of a partnership.

Partner|stadt *f* twin town; ***Frankfurt hat Birmingham als ~*** Frankfurt is twinned with Birmingham; **~suche** *f* finding a (*od.* the right) partner, F finding a mate; ***auf ~ sein*** be looking for a partner (*od.* for someone, F for a mate); **~tausch** *m* wife (*od.* partner) swapping; **~vermittlung** *f* dating agency; marriage bureau; **~wahl** *f* choice of partner; ***bei der ~*** when choosing a partner (F mate); **~wechsel** *m* change of partners; changing partners; ***bei häufigem ~*** with (*od.* in the case of) frequently changing partners.

partout F *adv.*: ***sie wollte es ~ nicht machen*** she absolutely refused to do it; ***es wollte ~ nicht klappen*** it just wouldn't work.

Party *f* party; **~droge** *f* party drug; **~keller** *m* (basement) party room; **~löwe** F *m* F party lion; **~muffel** F *m* F party pooper; **~raum** *m* party room; **~service** *m* party (*od.* catering) service.

Parzelle *f* plot (of land), allotment, *bsd. Am.* lot; **parzellieren** *v/t.* divide into lots, *Am. a.* plot; **Parzellierung** *f* division of land.

Pascal *n phys.* pascal.

Pascha *m* pasha; *fig.* ***sich wie ein ~ bedienen lassen*** let o.s. be waited on hand and foot.

Pass *m* **1.** (*Reise*≈) passport; **2.** (*Gebirgs*≈) pass; **3.** *Sport*: pass; ***langer ~*** long ball; **4.** (*~gang*) amble.

passabel I. *adj.* passable, tolerable; ***ganz ~ a.*** all right, *Am.* alright; not too bad; **II.** *adv.* passably, reasonably well; ***er hat es ganz ~ gemacht*** *a.* he didn't do too bad a job of it.

Passage *f* **1.** (*Durchgang*) passage(way); (*Einkaufs*≈) shopping arcade; **2.** ♪, *Text*: passage; *Film*: sequence; **3.** (*Überfahrt*) crossing, passage; **4.** (*das Durchfahren*) passage.

Passagier *m* passenger; ***blinder ~*** stowaway; **~dampfer** *m* passenger steamer, liner; **~flugzeug** *n* passenger plane; **~gut** *n* luggage, *Am.* baggage; **~liste** *f* list of passengers.

Passah *n* Passover; **~fest** *n* Passover; **~mahl** *n* Passover meal.

Passamt *n* passport office.

Passant(in *f*) *m* passerby (*pl.* passersby), *pl. a.* people passing by; (*Fußgänger*) pedestrian; ***ein paar Passanten befragen*** interview a few people in the street.

Passat(wind) *m* trade wind.

Pass|bestimmungen *pl.* passport regulations; **~bild** *n* passport photo(graph).

passé, passee *adj.* passé(e), F out; ***das ist endgültig*** (***längst***) ***~*** F that's died a death (F that went out with the ark).

passen I. *v/i.* **1.** (*die richtige Größe haben*) fit (***j-m*** s.o.; ***auf et.*** s.th.); ***es passt genau*** it fits perfectly, it's a perfect fit; **2.** ***~ zu*** *j-m*: suit, *e-r Sache*: go with, (*farblich übereinstimmen mit*) match; ***die Hose passt gut zu dir*** the trousers suit you; ***die Krawatte passt nicht zur Jacke*** the tie doesn't go with the jacket; *fig.* ***das passt zu ihm*** that's just like him, that's him all over; ***das passt überhaupt nicht zu ihm*** that's not like him at all; **3.** (*harmonieren, für j-n od. et. geeignet sein*) fit; ***sie ~ gut zueinander*** they suit each other; ***j-d, der wirklich zu e-m passt*** s.o. you're really compatible with; ***er passt nicht in diese Kreise*** he doesn't fit (*od.* he's out of place) in these circles; ***die Bemerkung passt hier nicht*** that remark is out of place here; **4.** (*genehm sein*) suit (*dat. s.o. od. s.th.*), be suitable *od.* convenient (for *s.o. od. s.th.*); ***morgen passt es ihm nicht*** tomorrow doesn't suit him (*od.* is inconvenient for him); ***das passt mir gut*** that suits me fine; ***nur wenn es ihnen*** (F ***in den Kram***) ***passt*** only when they feel like it; F ***das passt mir überhaupt nicht in den Kram*** it doesn't suit me at all, that's the last thing I want; ***mein neues Zimmer passt mir*** (***überhaupt***) ***nicht*** I don't like (I'm not at all happy with) my new room; ***das könnte dir so ~!*** you'd like that, wouldn't you?; **5.** *Kartenspiel*: pass; ***ich passe!*** pass; *fig.* ***da muss ich ~*** F you've got me there; ***da musste er ~*** F he couldn't answer that one, that had him stumped; **6.** *Sport*: pass; **II.** *v/t.* ⚙ fit (**in** into); **passend** *adj.* suitable; *Zeit*: *a.* convenient (**für** to, for); *Bemerkung*: apt, fitting; *Wort*: right; *farblich*: matching; ***~ zu*** to go with, to match *the trousers etc.*; ***der ~e Augenblick*** the right moment; ***ich halte es nicht für ~, dass er ...*** I don't think it would be right (*od.* proper) for him to *inf.*; ***hast dus ~?*** have you got the right change?

Passepartout *n* mount.

Pass|fälschung *f* passport forgery; **~form** *f Kleidung*: fit; ***e-e gute ~ haben*** be a good fit; **~foto** *n* passport photo(graph); **~gang** *m* amble; ***im ~ gehen*** amble; **~gebühr** *f* passport fee.

Passierball *m Tennis*: passing shot.

passierbar *adj.* passable; **passieren I.** *v/t.* **1.** (*Ort, Stelle*) pass (by, through *etc.*); (*Brücke, Fluss*) cross; **2.** *Sport*, ⚓: clear; **3.** (*Gemüse etc.*) strain, pass through a sieve; **II.** *v/i.* (*sich ereignen*) happen; ***j-m ~*** (*zustoßen*) happen to s.o.; ***was ist passiert?*** what's wrong?, what('s) happened?; ***das kann jedem mal ~*** that can happen to the best of us; ***das kann auch nur dir ~*** it's just like you, isn't it?; ***das passiert mir zum ersten Mal*** (***im Leben***) that's the first time (ever) anything like that has happened to me; ***mir ist nichts passiert*** I'm all right (*Am.* alright); ***ist was passiert?*** is everything all right (*Am.* alright)?; ***mir ist gerade was Merkwürdiges passiert*** I just had a strange experience; F ***jetzt ist es passiert!*** that's done it (now); ...

P

sonst passiert was! *drohend*: ... or else!; ***was passiert mit diesem Zeug?*** what's to be done with this stuff?, where's this stuff supposed to go?; **Passierschein** *m* pass, permit.
Passion *f* **1.** passion; ***Schach ist s-e ~*** he's a passionate chess player; **2.** *eccl.*, ♪, *Kunst*: Passion; **passioniert** *adj.* (very) keen, enthusiastic, *stärker*: fanatical; ***er ist ein ~er Gärtner*** *a.* he's very keen on (*od.* he loves) gardening.
Passions|spiel *n* passion (*od.* Passion) play; **~woche** *f* Holy Week.
passiv I. *adj.* passive (*a. ling, Sport*, ⚘, ⚡, ☤); ***~er Widerstand*** passive resistance; ***~es Wahlrecht*** eligibility; ***~er Teilhaber*** sleeping partner; ***~ Handelsbilanz*** adverse balance of trade; **II.** *adv.*: ***sich ~ verhalten*** remain passive, *bsd. pol.* maintain a passive stance; ***man kann nicht einfach ~ zusehen*** you can't just sit back and watch (it all happen); **III.** 2 *n ling.* passive (voice).
Passiva *pl.* ☤ liabilities.
passivisch *adj. ling.* passive.
Passivität *f* passiveness, passivity (*a. Sport*); inaction; (*Teilnahmslosigkeit*) apathy; (*Trägheit*) inertia.
Passiv|posten *m* ☤ debit item; **~rauchen** *n* passive smoking; **~raucher(in** *f*) *m* passive smoker; **~satz** *m ling.* passive clause.
Pass|kontrolle *f* passport control; **~lesegerät** *n* passport scanner; **~stelle** *f* passport office; **~straße** *f* mountain pass.
Passus *m* passage.
Pass|verlängerung *f* extension (*od.* renewal) of a *od.* one's passport; **~wort** *n Computer*: password; **~zwang** *m* passport(s) required.
Pasta *f coll.* (*Nudeln*) pasta.
Paste *f a. gastr.* paste.
Pastell *n* pastel; ***in ~ gemalt*** painted in pastel colo(u)rs; **~bild** *n* pastel drawing; **~farbe** *f* **1.** pastel; **2.** (*Farbton*) pastel colo(u)r (*od.* shade); **~malerei** *f* pastel (drawing).
Pastete *f* pie, *feine*: pâté.
pasteurisieren *v/t.* pasteurize; ***pasteurisierte Milch*** pasteurized milk.
Pastille *f* lozenge, pastille.
Pastinake *f* parsnip.
Pastor(in *f*) *m* pastor, minister, *anglikanisch*: vicar; **pastoral** *adj.* (*a. ländlich*) pastoral; ***in ~em Ton*** solemnly.
Pate *m* **1.** (*Tauf*2) godfather, *pl.* godparents; ***bei j-m ~ stehen*** be s.o.'s godfather ~ (*f* godmother); *fig.* ***~ stehen bei*** *Dichtung etc.*: be the inspiration for, *Idee etc.*: be behind, *Zufall*: play an important part in; ***dabei hat die Überlegung ~ gestanden, dass*** the idea behind it was that; **2.** → ***Patenkind.***
Paten|kind *n* godchild; **~onkel** *m* godfather.
Patenschaft *f* **1.** godparenthood; **2.** *finanzielle, a. e-s Kindes*: sponsorship; ***e-e ~ übernehmen für*** *ein Kind*: sponsor.
Patensohn *m* godson.
Patent I. *n* **1.** patent (***auf*** for); ***ein ~ anmelden*** (***erteilen***) apply for (issue) a patent; ***~ angemeldet*** patent pending; **2.** ⚔ commission; ***sein ~ erwerben*** get one's commission; **II.** 2 F *adj. Idee etc.*: clever, *stärker*: brilliant; ***~er Kerl*** F great guy, (*a. Frau*) F good sort; ***sie ist e-e ~e Frau*** F she's all right (*Am.* alright), she's great; **~amt** *n* patent office; **~anmeldung** *f* (patent) application.
Patentante *f* godmother.
Patent|anwalt *m* patent agent (*Am.* attorney); **~dauer** *f* life of a patent; **~erteilung** *f* issue of a patent; **2fähig** *adj.* patentable; **~gesetz** *n* patent law.
patentierbar *adj.* patentable; **patentieren** *v/t.* patent; (***sich***) ***et. ~ lassen*** take out a patent for s.th..
Patent|inhaber *m* patentee; **~lösung** *fig. f* magic formula, nostrum, panacea; ***dafür gibt es keine ~*** there's no ready-made solution for that.
Patentochter *f* goddaughter.
Patentrecht *n objektives*: patent law; *subjektives*: patent right(s *pl.*); **patentrechtlich** *adj. u. adv.* under patent law; ***~ geschützt*** patented, protected (by patent).
Patent|rezept *n* → ***Patentlösung***; **~schutz** *m* patent protection; **~verletzung** *f* patent infringement.
Pater *m eccl.* father.
Paternalismus *m* paternalism; **paternalistisch** *adj.* paternalistic.
Paternoster 1. *n eccl. the* Lord's Prayer, paternoster; **2.** *m* (*Aufzug*) paternoster.
pathetisch *adj.* lofty, emotional; *contp.* dramatic.
pathogen *adj.* pathogenic.
Pathologe *m* pathologist; **Pathologie** *f* **1.** pathology; **2.** (*Abteilung*) pathology department; **pathologisch** *adj.* pathological (*a. fig.*).
Pathos *n* emotionalism; ***falsches ~*** bathos.
Patience *f* (game of) patience, *Am.* (game of) solitaire; ***e-e ~ legen*** play (a game of) patience (*Am.* solitaire).
Patient(in *f*) *m* patient.
Patienten|kartei *f* patients' file; **~überwachung** *f* monitoring of patients.
Patin *f* godmother.
Patina *f* patina (*a. fig.*); ***~ ansetzen*** develop a patina, *fig. contp.* wear thin; **patinieren** *v/t.* patinate.
Patnareis *m* Patna rice.
Patriarch *m* patriarch (*a. fig.*); **patriarchalisch** *adj.* patriarchal; **Patriarchat** *n* patriarchy, patriarchal society.
Patriot *m* patriot; **patriotisch** *adj.* patriotic(ally *adv.*); **Patriotismus** *m* patriotism.
Patrizier *m*, **patrizisch** *adj.* patrician.
Patron(in *f*) *m* patron(ess *f*); *eccl.* patron saint; F *contp.* ***übler Patron*** nasty customer.
Patronat *n* patronage.
Patrone *f* cartridge; *phot. a.* cassette.
Patronen|füller *m*, **~füllhalter** *m* cartridge pen; **~gurt** *m*, **~gürtel** *m* cartridge belt; **~hülse** *f* cartridge case; **~tasche** *f* ammunition pouch.
Patrouille *f* patrol; **Patrouillenboot** *n* patrol boat; **patrouillieren** *v/i.* patrol; *fig.* ***auf und ab ~*** pace up and down.
patsch *int.* splat!; *Schlag*: smack!
Patsche F *f*: (***ganz schön***) ***in der ~ sitzen*** F be in a real mess; ***j-m aus der ~ helfen*** get s.o. out of a tight spot, F bale s.o. out.
patschen *v/i. Wasser*: splash; (*schlagen*) smack; (***mit den Händen***) ***ins Wasser ~*** splash (the water about); (***in die Hände***) ***~*** clap (one's hands).
Patsch|hand *f*, **~händchen** *n* (little) hand *od.* F mitt.
patschnass *adj.* soaked to the skin, soaking (wet), drenched.
Patt *n*, **patt** *adj. Schach u. fig. pol.*: stalemate; *fig. a.* deadlock; **~situation** *f* deadlock, stalemate.
patzen F *v/i.* F fluff (it), make a boob; **Patzer** F *m* F (real) boob.
patzig F *adj.* F snotty; ***sei nicht so ~*** F don't you get fresh with me.
Pauke *f* kettledrum, *pl. a.* timpani; ***~ spielen*** play the kettledrums (*od.* timpani); *fig.* ***mit ~n und Trompeten durchfallen*** fail miserably, F make a real mess of it; F ***auf die ~ hauen*** (*feiern*) F have a real binge, (*prahlen*) F blow one's horn.
pauken I. *v/i.* **1.** ♪ play the timpani (*od.* [kettle]drums); **2.** F *ped.* F cram, swot; **II.** *v/t.* F (*Stoff*) F swot (*od.* bone) up on.
Pauken|höhle *f anat.* tympanum; **~schlag** *m* drumbeat; *fig.* ***mit e-m ~ beginnen*** (***enden***) get off to a dramatic start (come to a dramatic end *od.* finish); **~schlägel** *m* timpani (*od.* kettledrum) stick; **~schläger** *m* timpanist, drummer.
Pauker *m* **1.** ♪ timpanist, drummer; **2.** F *ped.* (*Lehrer*) F crammer; **Paukerei** F *f ped.* F cramming, swotting; **Paukstudio** F *n* F crammer.
Pausbacken *pl.* chubby cheeks; **pausbackig, pausbäckig** *adj.* chubby (-cheeked); ***sie hat ein ~es Gesicht*** she's got chubby cheeks.
pauschal I. *adj.* **1.** *Summe*: lump *sum*; *Preis etc.*: all-in ..., (all-)inclusive; ***~e Erhöhung*** across-the-board increase; **2.** *fig.* general; sweeping *statement*; **II.** *adv.* **3.** ***~ vergüten*** pay a lump sum (*od.* flat rate) for; ***~ festsetzen*** set a flat rate for; ***j-m et. ~ berechnen*** charge s.o. a flat rate for s.th.; ***es kostet ~ 3000 Mark*** it's 3,000 marks all in (*od.* [all-]inclusive); **4.** *fig.* ***~ verurteilen*** condemn *s.th.* wholesale; ***ich möchte es nicht ~ beurteilen*** I wouldn't like to draw any general conclusions (*od.* make any general statements on the matter).
Pauschalangebot *n* package deal.
Pauschale *f* lump sum; *im Hotel etc.*: all-inclusive price; → ***Pauschalgebühr.***
Pauschal|gebühr *f* flat rate; **~honorar** *n* flat-rate fee.
pauschalisieren I. *v/i.* generalize; F lump everything together, tar everything with the same brush; **II.** *v/t.*: ***man kann es nicht ~*** you can't generalize (*od.* make generalizations) like that.
Pauschal|reise *f* package tour; **~summe** *f* lump sum; **~urlaub** *m* package holiday; **~urteil** *fig. n* sweeping statement, (broad) generalization; **~wert** *m* overall value.
Pauschbetrag *m* lump sum.
Pause[1] *f* break; *beim Reden etc.*: pause; *Schule*: break, *Am.* recess; *thea.*, *Sport*: interval, *Am. u. Film*: intermission; ♪ rest; ***kleine ~*** short (*od.* quick, little) break; ***e-e ~ machen*** (*od.* ***einlegen***) take (*od.* have) a break, *beim Reden*: pause for a moment; ***sie gönnt sich keine ~*** she never lets up.
Pause[2] *f* **1.** (*Durchzeichnung*) tracing; **2.** copy; (*Blau*2) blueprint; **pausen** *v/t.* **1.** trace; **2.** copy.
Pausen|brot *n* breaktime snack; **~füller** *m* filler.
pausenlos *adj.* uninterrupted, incessant, nonstop ...; (*unerbittlich*) unrelenting.
Pausen|pfiff *m Sport*: half-time whistle; **~stand** *m Sport*: half-time score; **~taste** *f* pause button; **~zeichen** *n* ♪ rest; *Radio*: interval (*od.* station identification) signal.
pausieren *v/i.* take a break; ***~ müssen*** *Sport*: be out of action.
Pauspapier *n* tracing paper.
Pavian *m* baboon.

P

Pavillon *m* pavilion (*a.* ⚚ *Messe*ℒ).
Pay-TV *n* pay TV.
pazifisch *adj.* Pacific; ***der* ℒ*e Ozean*** the Pacific.
Pazifismus *m* pacifism; **Pazifist** *m*, **pazifistisch** *adj.* pacifist.
PC *m* (*Computer*) PC (= personal computer); **~-arbeitsplatz** *m* computer workplace; **~-Benutzer** *m* PC user.
Peanuts F *pl.* F peanuts.
Pech *n* **1.** (*Missgeschick etc.*) bad luck; ***~ haben*** be unlucky (***bei, mit*** with); ***großes ~ haben*** be really unlucky; ***~ gehabt!*** bad (F tough) luck; ***so ein ~!*** F that's too bad, *auf sich selber bezogen*: just my luck; ***er wird wirklich vom ~ verfolgt*** his bad luck never lets up, he seems to have been born unlucky; ***wie kann man nur so ein ~ haben!*** how can anyone be so unlucky?; ***sie hat ~ mit den Männern*** she has no luck with men, somehow she always seems to choose the wrong man; ***er hatte das ~, beide Mitarbeiter zu verlieren*** he was unlucky enough (*od.* he had the bad luck) to lose both colleagues; **2.** (*Masse*) pitch; F *fig.* ***wie ~ und Schwefel zusammenhalten*** be (as) thick as thieves; ℒ**schwarz** *adj. Haare*: jet-black; *Nacht*: pitch-dark; **~stein** *m* pitchstone; **~strähne** *f* run (*od.* streak) of bad luck; ***e-e ~ haben*** be down on one's luck, be going through an unlucky patch; **~vogel** *m* unlucky person; ***er ist ein richtiger ~*** some people are just born unlucky.
Pedal *n* **1.** pedal (*a.* ♪); ***in die ~e treten*** pedal hard (*od.* away), (*so schnell man kann*) pedal for all one is worth; ***tret mal aufs ~!*** step on it!; **2.** F *pl.* (*Füße*) F trotters.
Pedant *m* pedant, stickler; **Pedanterie** *f* pedantry; **pedantisch** *adj.* pedantic(ally *adv.*).
Peddigrohr *n* rattan.
Pedell *m univ.* porter; *Schule*: janitor, caretaker.
Pediküre *f* **1.** (*Fußpflege*) pedicure; **2.** (*Fußpflegerin*) pedicurist; **pediküren** *v/t.* pedicure; ***sich ~ lassen*** have a pedicure.
Peeling *n* (*a. Mittel*) facial (*od.* body) scrub.
Peep-Show *f* peep show.
Pegel *m* ⚙ *u. fig.* level; (*Wasserstandsmesser*) water ga(u)ge; **~anzeige** *f* level meter; **~regler** *m* level control; **~stand** *m* water level.
Peilanlage *f* direction finder.
peilen I. *v/t.*: ***ein Schiff etc. ~*** take a ship's *etc.* bearings; F *fig.* ***die Lage ~*** see how the land lies, *pol.* test the water; **II.** *v/i.* take one's bearings.
Peil|funk *m* radio direction finding; **~gerät** *n* direction finder; **~sender** *m* radio beacon.
Peilung *f* location; *Radio*, ✈: direction finding; (*Resultat*) bearing(s *pl.*).
Pein *f* suffering; *stärker*: torment; ***seelische ~*** mental anguish; **peinigen** *v/t.* torment, torture; (*plagen*) harass, pester; **Peiniger(in** *f*) *m* tormentor; **Peinigung** *f* torment, torture.
peinlich I. *adj.* **1.** (*unangenehm*) embarrassing, *Situation*: *a.* awkward; F painful; ***es war mir sehr ~(, dass ich es vergessen hatte)*** I was (*od.* felt) really embarrassed (at *od.* about having forgotten it); ***j-n in e-e ~e Lage bringen*** put s.o. in an awkward situation; **2.** (*sehr genau*) meticulous, painstaking; **II.** *adv.* **3.** ***j-n ~ berühren*** embarrass s.o.; **4.** ***~ sauber*** scrupulously clean; ***~ genau*** very exact (***bei*** about); ***bei e-r Sache ~ genau sein*** *a.* take s.th. very seriously; ***~st vermeiden zu*** *inf.* take great care to avoid *ger.*; **Peinlichkeit** *f* embarrassment; *konkret*: embarrassing remark (*od.* situation *etc.*).
peinsam *hum. adj.* → ***peinlich.***
Peitsche *f* whip; **peitschen** *v/t. u. v/i.* whip, *a. fig. Regen etc.*: lash (***gegen*** against); *fig.* ***~der Regen*** (***Wind***) lashing rain (winds); ***von Ehrgeiz gepeitscht*** spurred on by ambition.
Peitschen|hieb *m* lash (of the whip); **~knall** *m* crack of the whip; **~schlagverletzung** *f* whiplash (injury).
pejorativ *adj.* pejorative.
Pekinese *m* (*Hund*) Pekin(g)ese.
Pekingmensch *m*: ***der ~*** Peking man.
Pektin *n* pectin.
pektoral *adj.* pectoral.
pekuniär *adj.* financial.
Pelerine *f* cape.
Pelikan *m* pelican.
Pelle *f* peel, *a. von Wurst*: skin; F *fig.* ***j-m auf die ~ rücken*** crowd s.o.; ***j-m mit e-r Sache auf der ~ liegen*** keep pestering s.o. with s.th.; ***rück mir nicht so auf die ~*** F get off my back, will you; ***j-m mit e-m Messer auf die ~ rücken*** go for s.o. with a knife; **pellen I.** *v/t.* peel (*a. Ei*), skin; **II.** *v/refl.*: ***sich ~*** *Haut, Rücken etc.*: peel.
Pellkartoffeln *pl.* potatoes boiled in their skins.
Pelz *m* fur; *unbearbeitet*: skin, hide; (*~mantel*) fur (coat); ***j-m auf den ~ rücken*** crowd s.o.; **~besatz** *m* fur trimming; ℒ**besetzt** *adj.* fur-trimmed; **~futter** *n* fur lining; ℒ**gefüttert** *adj.* fur-lined; **~handel** *m* fur trade; **~händler** *m* furrier.
pelzig *adj.* furry; *Zunge*: furred; *Rettich*: stringy.
Pelz|jacke *f* fur jacket; **~kragen** *m* fur collar; **~mantel** *m* fur coat; **~mütze** *f* fur hat; **~stiefel** *m* fur boot; **~tiere** *pl.* fur-bearing animals, *coll.* furs; **~werk** *n* furs *pl.*
Pendant *n* matching piece; *fig.* (*Ergänzung*) complement; (*Gegenstück*) counterpart (*a. Person*); ***dies ist das ~ dazu*** *a.* this is the other piece (*od.* painting *etc.*) that goes with it.
Pendel *n* pendulum (*a. fig.*); *fig.* ***das ~ schlug zurück*** the pendulum swung back; **~bus** *m* shuttle bus; **~diplomatie** *f* shuttle diplomacy; **~flugzeug** *n* shuttle aircraft (*od.* plane).
pendeln *v/i.* **1.** swing, ⚛ oscillate; ***mit den Beinen ~*** dangle one's legs; (***mit dem Oberkörper***) ***~*** *Boxen*: weave; **2.** 🚂 *etc.*: shuttle; *Person*: commute; ***zwischen X und Y ~*** shuttle back and forth between X and Y, *Person*: commute from X to Y.
Pendel|tür *f* swing door; **~uhr** *f* pendulum clock; **~verkehr** *m* **1.** shuttle service; **2.** → ***Pendlerverkehr***; **~zug** *m* **1.** shuttle train; **2.** → ***Pendlerzug.***
Pendler(in *f*) *m* commuter.
Pendler|verkehr *m* (*Berufsverkehr*) commuter traffic; **~zug** *m* commuter train.
penetrant *adj.* **1.** *Geruch*: penetrating, pungent; **2.** F *Person*: insistent, F pushy; ***sie ist furchtbar ~*** *a.* she's a real nuisance (*od.* pest); **Penetranz** *f* **1.** *e-s Geruchs*: pungency; **2.** (*Aufdringlichkeit*) F pushiness.
Penetration *f* penetration; **penetrieren** *v/t.* penetrate.
peng *int.* bang!
penibel *adj.* meticulous; *contp.* fussy, pernickety (***alle in*** about); ***e-e penible Arbeit*** pernickety (*od.* fiddly) work.
Penis *m* penis; **~neid** *m psych.* penis envy.
Penizillin *n* penicillin.
Pennäler F *m* schoolboy.
Pennbruder F *m* → ***Penner*** 1; **Penne** F *f* school; **pennen** F *v/i.* F kip, have a kip; **Penner** F *m* **1.** (*Pennbruder*) tramp, down-and-out, F dosser; *Am.* hobo, bum; *pl. a.* street people; **2.** (*verschlafener Mensch*) F sleepyhead; (*unachtsamer Mensch*) F dope; ***er ist ein richtiger ~*** he spends most of his time asleep.
Pension *f* **1.** (*Ruhegehalt*) (old-age) pension; **2.** ***in ~ gehen*** retire; ***in ~ sein*** be retired, live in retirement; **3.** (*Fremdenheim*) boarding house, pension; **Pensionär(in** *f*) *m* pensioner; **Pensionat** *n* boarding school; **pensionieren** *v/t.* pension off; ***sich ~ lassen*** retire, go into retirement, *vorzeitig*: take early retirement; **pensioniert** *adj.* retired; **Pensionierung** *f* retirement; **Pensionierungstod** *m* retirement-induced death; **Pensionist(in** *f*) *m* pensioner.
Pensions|alter *n* retirement age; ***im ~ sein*** have reached retirement age; **~anspruch** *m* pension claim; ℒ**berechtigt** *adj.* eligible for a pension; **~kasse** *f* pension fund; ℒ**reif** *adj.* due for retirement.
Pensum *n* (work) quota; ***sein tägliches ~ schaffen*** F do one's daily stint.
Penthouse *n* penthouse; **~wohnung** *f* penthouse flat (*bsd. Am.* apartment).
Pep F *m* F zip.
Peperoni *f* chil(l)i.
Pepsin *n* pepsin.
Peptid *n* peptide.
per *prp.* per, by; ***~ Adresse*** care of (*abbr.* c/o); ***~ Bahn*** by train, by rail; ***~ Kreditkarte*** *bezahlen* by credit card; ***~ Luftpost*** airmail; ***~ pedes*** on foot, F on shanks's pony, under one's own steam; → ***du*** I.
perfekt I. *adj.* perfect; *pred. Vertrag etc.*: settled, F in the bag; ***e-e Sache ~ machen*** settle, F clinch *a deal*; ***~ im Kochen*** an expert cook; ***e-e ~e Gastgeberin*** the perfect hostess; ***ein ~es Verbrechen*** the perfect crime; ***der ~e Wagen*** the ultimate car; ***in Spanisch ist er fast ~*** his Spanish is near-perfect, he speaks almost perfect Spanish; **II.** *adv.*: ***er spricht*** (*od.* ***kann***) ***~ Englisch*** his (spoken) English is perfect, he speaks perfect English; **III.** ℒ *n ling.* perfect (tense); **Perfektion** *f* perfection; ***mit ~*** to perfection; ***et. bis zur ~ treiben*** do (*od.* practi|se, *Am.* -ce *etc.*) s.th. to the point of perfection; **perfektionieren** *v/t.* perfect; **Perfektionismus** *m* perfectionism; **Perfektionist** *m*, **perfektionistisch** *adj.* perfectionist.
perfid *adj.* insidious; *lit.* perfidious.
Perforation *f* perforation; *im Schmalfilm etc.*: sprocket holes *pl.*; **Perforationslinie** *f*: ***an der ~ abreißen*** tear along the perforation; **perforieren** *v/t.* perforate; **Perforierung** *f* perforation.
Pergament *n* parchment; *vom jungen Tier*: vellum; **~handschrift** *f* parchment (manuscript); vellum manuscript; **~papier** *n* greaseproof paper.
Pergola *f* bower, arbo(u)r.
Periode *f* **1.** period; ⚡ cycle; **2.** (*Menstrua-*

P

tion) period; ***m-e ~ ist ausgeblieben*** I've missed my period; **Periodenschmerz(en** *pl.*) *m* period pain(s *pl.*) *od.* cramps; **Periodensystem** *n* ⚗ periodic system; **Periodikum** *n* periodical; **periodisch I.** *adj.* periodic(al); *A* ***~er Dezimalbruch*** recurring decimal; **II.** *adv.*: ***~ auftretend*** periodically recurring; **periodisieren** *v/t.* divide (up) into periods; **Periodisierung** *f* division into periods.

Peripatetiker *m*, **peripatetisch** peripatetic.

peripher *adj.* peripheral.

Peripherie *f* periphery; *e-r Stadt*: *a.* outskirts *pl.*; *Computer*: peripherals *pl.*; **~gerät** *n Computer*: peripheral; *pl.* peripheral equipment *sg.*

Periskop *n* periscope.

Peristaltik *f* peristalsis.

Peritoneum *n anat.* peritoneum.

Perkussion *f a.* ⚕ percussion.

perkutan *adj.* percutaneous.

Perle *f* pearl; *aus Glas, Holz etc.*: bead; *fig. von Schweiß*: bead, drop; (*Sache od. Person*) gem; *fig.* ***~n vor die Säue*** (***werfen*** cast) pearls before swine; **perlen** *v/i.* **1.** *Getränk*: bubble, sparkle; **2.** ***~ von*** drip from; ***der Schweiß perlte ihr auf der Stirn*** her forehead was beaded with sweat; ***der Tau perlte auf den Blättern*** the leaves were beaded with dew.

Perlen|auster *f* pearl oyster; **~fischer** *m* pearl fisher (*od.* diver); **~kette** *f* pearl necklace; **~schnur** *f* string of pearls; **~stickerei** *f* beadwork; **~taucher** *m* pearl diver (*od.* fisher); **~zucht** *f* pearl cultivation.

perl|farben *adj.* pearl-colo(u)red; **~grau** *adj* pearl grey (*Am.* gray); **2huhn** *n* guinea fowl; **2leinwand** *f* beaded screen; **2muschel** *f* pearl oyster; **2mutt** *n*, **2mutter** *f* mother-of-pearl; **2schrift** *f* pearl; **2wein** *m* sparkling wine; **~weiß** *adj.* pearly white; **2zwiebel** *f* pearl onion.

permanent *adj.* permanent; **Permanentmagnet** *m* permanent magnet; **Permanenz** *f* permanence.

Permanganat *n* permanganate.

Permutation *f* (*Umstellung*) *a.* *A* permutation.

perplex *adj.* (*überrascht*) amazed; (*verwirrt*) bewildered, nonplussed.

Perron *schweiz. m* (*Bahnsteig*) platform.

Persenning *f* tarpaulin.

Perser *m* **1.** Persian; **2.** *a.* **~teppich** *m* Persian carpet.

Persianer *m* Persian lamb (coat).

Persiflage *f* satire (**auf** on), pastiche (on), F send-up (of); **persiflieren** *v/t.* satirize, burlesque, F send up.

Persilschein F *m* **1.** *hist.* denazification certificate; **2.** *fig.* clean bill of health.

persisch *adj.*, **2** *n ling.* Persian.

Person *f* person; (*Einzel2*) *a.* individual; *thea.* character; **~en** people; *ling.* ***erste ~*** first person; *10 Mark* ***pro ~*** each, a head; ***wir sind vier ~en*** there are four of us; ***e-e aus zehn ~en bestehende Gruppe*** a group of ten; ***für sechs ~en*** *Kochrezept*: serves six; ***keine einzige ~*** not one person, not a single person; ***ich für m-e ~*** I for my part; as for me, I ...; ***in*** (***eigener***) ***~*** in person, himself (*f* herself); ***Angaben zur ~*** personal data; ***sich in der ~ irren*** mistake s.o. for s.o. else; ***man muss die ~ von der Sache trennen*** you've got to keep personal factors out of it; ***so e-e freche ~!*** F cheeky old so-and-so; ***er ist die Geduld in ~*** he's the epitome of patience.

Personal *n* staff (*mst pl. konstr.*), employees *pl.*, personnel (*mst pl. konstr.*); (*Bedienstete*) staff, servants *pl.*; **~abbau** *m* cut(s *pl.*) *od.* cutback(s *pl.*) in staff, staff reduction(s *pl.*), manpower cuts *pl.*; **~abteilung** *f* personnel department; **~akte** *f* personal file; **~angaben** *pl.* particulars; **~angelegenheiten** *pl.* personnel matters; **~aufwand** *m* personnel costs *pl.*; **~ausweis** *m* identity card; **~bedarf** *m* manpower requirement(s *pl.*); **~beschaffung** *f* (personnel) recruitment; **~büro** *n* personnel department; **~chef** *m* personnel manager.

Personalcomputer *m* personal computer.

Personaldecke *f* staffing (*od.* manpower) level.

Personalien *pl.* particulars; ***~ aufnehmen*** take down *s.o.'s* particulars.

personalintensiv *adj.* labo(u)r-intensive.

Personal|kosten *pl.* payroll (*od.* personnel) costs; **~mangel** *m* manpower shortage, shortage of staff; ***an ~ leiden*** be understaffed; **~politik** *f* manpower policy; **~pronomen** *n ling.* personal pronoun; **~stand** *m* number of persons employed, staff number; **~standsreduzierung** *f* staff cuts *pl.*, manpower reductions *pl.*, demanning redundancies *pl.*; **~union** *f* **1.** *pol.* personal union; **2.** ***zwei Ämter in ~ ausüben*** hold two offices; ***er ist ... und ... in ~*** he is both ... and ..., he holds the office of ... and ... (concurrently); **~wechsel** *m* change in staff; (*Fluktuation*) staff turnover; **~wesen** *n* personnel.

Persönchen *n*: ***ein reizendes*** *etc.* ***~*** a charming *etc.* little creature.

personell *adj.* personnel ...

Personen|aufzug *m* lift, *Am.* elevator; **~beförderung** *f* passenger transport; **~beschreibung** *f* personal description; **~dampfer** *m* passenger steamer; **~fahndung** *f* manhunt; **~fähre** *f* passenger ferry; **2gebunden** *adj. Genehmigung etc.*: non-transferable; **~gedächtnis** *n* memory for (people and) faces; **~kennziffer** *f* identity number, personal code; **~kontrolle** *f* identity check; **~kraftwagen** *m* (*abbr.* **Pkw**) (motor)car, *Am. a.* auto(mobile); **~kreis** *m* circle; **~kult** *m* personality cult; **~register** *n* index of names; **~schaden** *m* personal injury; **~schutz** *m* personal protection; **~überprüfung** *f* identity check; **~verkehr** *m* passenger traffic; **~waage** *f*: (***e-e ~*** a pair of) scales *pl.*; *im Badezimmer*: *a.* (a pair of) bathroom scales *pl.*; **~wagen** *m* 🚂 passenger coach (*Am.* car); *mot.* → ***Personenkraftwagen***; **~zug** *m* **1.** passenger train; **2.** (*Ggs. Schnellzug*) local train.

Personifikation *f* personification; **personifizieren** *v/t.* personify.

persönlich I. *adj.* personal; *auf Briefen*: *a.* private, confidential; ***darf ich Ihnen e-e ~e Frage stellen?*** can (*od.* may) I ask you something personal?; ***~ werden*** get personal; **2es** *Zeitung*: personals; **II.** *adv.* personally, in person; himself (*f* herself); ***~ haften*** be personally liable; ***et. ~ nehmen*** take s.th. personally; ***das ist nicht ~ gemeint*** (please) don't take it personally; ***das ist für dich ~*** it's personal, *betont*: it's for you and you alone; **Persönlichkeit** *f* **1.** personality; → ***gespalten***; **2.** (*Person*) personality; ***öffentliche ~*** public figure; ***der Kleine ist schon e-e ~*** he's a real little personality.

Persönlichkeits|entfaltung *f* personality development; **~kult** *m* personality cult; **~spaltung** *f* split personality; **~struktur** *f* personality structure.

Perspektive *f* perspective (*a. fig.*); *fig.* (*Gesichtspunkt*) point of view, angle; (*Aussicht*) *a.* prospect(s *pl.*); ***hier stimmt die ~ nicht*** he's *etc.* got the perspective wrong; *fig.* ***enge ~*** narrow view (*od.* perspective); ***et. aus der richtigen ~ sehen*** see s.th. in perspective, get the right angle on s.th.; ***et. aus e-r anderen ~ betrachten*** look at s.th. from a different angle; **perspektivisch I.** *adj.* perspective ...; *Zeichnung etc.*: *pred.* in perspective; **II.** *adv.*: ***es stimmt ~*** (***nicht***) the perspective is right (wrong); **Perspektivlosigkeit** *f* lack of perspectives.

Peruaner(in *f*) *m*, **peruanisch** *adj.* Peruvian.

Perücke *f* wig.

pervers *adj.* perverse (*a. fig.*), F kinky; ***~es Hirn*** twisted mind; ***~er Mensch*** pervert; **Perversion** *f* perversion; **Perversität** *f* perverseness, perversity; **pervertieren** *v/t.* pervert.

Pessar *n* pessary; *zur Empfängnisverhütung*: *a.* diaphragm, cap.

Pessimismus *m* pessimism; **Pessimist** *m* pessimist; **pessimistisch** *adj.* pessimistic(ally *adv.*).

Pest *f* plague; ***ich hasse es wie die ~*** I can't stand it; ***er hasst ihn wie die ~*** *a.* F he hates his guts; ***wie die ~ meiden*** avoid like the plague; F ***das stinkt ja wie die ~*** F it stinks something awful, what a stench; **~beule** *f* (plague) boil; **~epidemie** *f* plague epidemic; **~gestank** *m* stench; **~hauch** *fig. m* miasma.

Pestizid *n* pesticide.

pestkrank *adj*: ***~ sein*** have (caught) the plague.

Petersilie *f* parsley; F *fig.* ***das hat ihm gründlich die ~ verhagelt*** that really messed things up for him, that really threw a spanner (*Am.* monkey wrench) in(to) the works (for him); **Petersilienkartoffeln** *pl.* parsley potatoes.

Peterwagen F *m* patrol car.

Petition *f* petition.

Petitions|ausschuss *m* committee on petitions; **~recht** *n* right to petition.

Petrochemie *f* petrochemistry; **petrochemisch** *adj.* petrochemical.

Petrodollar *m* petrodollar.

Petroleum *n* paraffin, *Am.* kerosene; **~kocher** *m* paraffin (*Am.* kerosene) stove; **~lampe** *f* paraffin (*Am.* kerosene) lamp.

Petrus *m bibl.* Peter; *an der Himmelspforte*: *mst* St Peter; ***1.*** (***2.***) ***Brief des ~*** → **~brief** *m*: *bibl.* ***der 1.*** (***2.***) ***~*** the 1st (2nd) Epistle of St Peter, Peter I (II).

petto: *et. in ~ haben* have s.th. up one's sleeve.

Petunie *f* ⚘ petunia.

Petze F *f* → ***Petzer***; **petzen** F *v/i.* tell on s.o., F sneak (on s.o.); *wiederholt*: tell tales; ***petz doch nicht!*** stop telling tales; **Petzer** F *m* F telltale, sneak.

peu à peu *adv.* gradually, bit by bit.

Pfad *m* path (*a. Computer u. fig.*); *fig.* ***auf dem ~ der Tugend wandeln*** keep to the straight and narrow; ***vom ~ der Tugend abweichen*** come off the straight and narrow.

Pfadfinder *m* boy scout; **Pfadfinderin** *f* (girl) guide, *Am.* girl scout.

P

Pfadname *m Computer*: pathname.
Pfaffe *contp. m* cleric, F *hum.* sky pilot, holy Joe.
Pfahl *m* stake; (*Pfosten*) post; *Bauwesen*: pile; *fig.* ***j-m ein ~ im Fleisch sein*** be a thorn in s.o.'s side (*od.* flesh); **~bau** *m* lake dwelling.
pfählen *v/t.* **1.** (*stützen*) prop up, support; (*Reben*) stake; **2.** *hist.* impale.
Pfahl|rost *m* pile grating; **~werk** *n* paling; ⚔ palisade.
Pfalz *f hist.* palatinate; *geogr.* ***die ~*** the (Rhineland) Palatinate; **Pfälzer(in** *f*) *m* Palatine; ***~ sein*** *mst* come from the Palatinate; **Pfalzgraf** *m hist.* Count Palatine; **pfälzisch** *adj.* Palatine, from the Palatinate.
Pfand *n* **1.** ✝ pledge; (*Bürgschaft*) security; ***als ~ für*** as a pledge for; ***als ~ geben*** pledge, pawn; ***sein Wort als ~ geben*** pledge one's word; **2.** (*Flaschen*≈ *etc.*) deposit; ***~ für et. zahlen*** pay a deposit on s.th.; **3.** *beim Pfänderspiel*: forfeit; **pfändbar** *adj.* ⚖ attachable, distrainable; **Pfandbrief** *m* ✝ debenture bond; **pfänden** *v/t.* ⚖ (*et.*) seize, distrain upon; **Pfänderspiel** *n* (game of) forfeits *pl.*; ***ein ~ machen*** play forfeits.
Pfand|flasche *f* deposit (*od.* returnable) bottle; ***keine ~*** no deposit no return; **~geld** *n* deposit; **~leihe** *f* pawnshop; **~leiher** *m* pawnbroker; **~recht** *n* lien; **~schein** *m* pawn ticket.
Pfändung *f* ⚖ seizure (*gen.* of); distraint (upon); **Pfändungsbefehl** *m* ⚖ warrant of distress.
Pfanne *f* **1.** *gastr.* (frying) pan; F ***ich werd mir ein paar Eier in die ~ hauen*** F I'm going to fry up a couple of eggs; F *fig.* ***j-n in die ~ hauen*** (*zurechtweisen, kritisieren*) F give s.o. a (real) roasting, haul s.o. over the coals; **2.** (*Dach*≈) pantile; **3.** *anat.* socket; **4.** F *fig.* ***et. auf der ~ haben*** have s.th. up one's sleeve.
Pfannen|gericht *n* fried dish; **~stiel** *m* (frying-pan) handle.
Pfannkuchen *m* pancake, *Am. a.* flapjack; ***Berliner ~*** *etwa* doughnut.
Pfarr|amt *n* rectory, vicarage; **~bezirk** *m* parish.
Pfarrei *f* → ***Pfarramt***; **Pfarrer** *m R.C.* (parish) priest; *anglikanisch*: vicar; *nonkonformistisch od. Am.*: minister.
Pfarrgemeinde *f* parish; **~rat** *m* parish council.
Pfarr|haus *n* parsonage; *anglikanisch*: rectory, vicarage; **~kirche** *f* parish church.
Pfau *m* peacock; ***wie ein ~ einherstolzieren*** strut about like a peacock.
Pfauen|auge *n* **1.** (*Schmetterling*) peacock butterfly; **2.** *in Pfauenfeder*: eye, 🕮 ocellus; **~feder** *f* peacock feather; **~henne** *f* peahen.
Pfeffer *m* pepper; ***geh hin, wo der ~ wächst!*** F get lost, jump in the lake; F ***~ im Hintern haben*** F have plenty of oomph; F ***dem muss man ~ geben*** (V ***~ in den Arsch blasen***) F he needs a real kick in the pants (*od.* up the backside); → ***Hase***; **~gurke** *f* gherkin.
pfefferig *adj.* peppery.
Pfeffer|korn *n* peppercorn; **~kuchen** *m* *etwa* gingerbread.
Pfefferminzbonbon *m, n* peppermint.
Pfefferminze *f* ⚘ mint.
Pfefferminz|likör *m* creme de menthe; **~tee** *m* mint tea.
Pfeffermühle *f* pepper mill.
pfeffern *v/t.* pepper; *fig.* (*Rede etc.*) spice; F (*werfen*) fling, F chuck; F ***j-m e-e ~*** F give s.o. a clout (round the ears); → ***gepfeffert***.
Pfeffer|steak *n* pepper steak, steak au poivre; **~streuer** *m* pepper caster.
Pfeife *f* **1.** (*Signal*≈) whistle; ♪ pipe; ⚔ fife; (*Orgel*≈) (organ) pipe; *fig.* ***nach j-s ~ tanzen*** dance to s.o.'s tune; **2.** (*Tabaks*≈) pipe; **3.** F (*Versager*) F dead loss; **pfeifen I.** *v/i.* whistle; *Polizist, Schiedsrichter etc.*: blow the whistle; *Wind, Geschoss*: whistle; *thea.* (*aus*~) hiss, boo; (*Fußballspiel etc. leiten*) (be) referee; ***vor sich hin ~*** whistle to o.s.; ***~des Geräusch*** whistling (sound); ***~der Atem*** wheezing; F *fig.* ***ich pfeif drauf!*** F I don't give a damn; ***ich pfeif aufs Geld*** F I don't give a damn (*od.* two hoots) about the money; ***ich pfeif auf die Meinung der Leute*** F I don't give a damn what people think; **II.** *v/t.* (*ein Lied*) whistle; (*ein Fußballspiel etc.*) referee; (*Freistoß etc.*) give, award *a free kick etc.*; F *fig.* ***ich werd dir was ~!*** F you know what you can do; ***dem werd ich was ~!*** F he can take a running jump.
Pfeifen|besteck *n* pipe knife; **~kopf** *m* pipe bowl; **~rauch** *m* pipe smoke; **~raucher** *m* pipe smoker; ***er ist ~*** *a.* he smokes a pipe; **~reiniger** *m* pipe cleaner; **~ständer** *m* pipe rack; **~stiel** *m* pipe stem; **~stopfer** *m* tobacco tamper; **~tabak** *m* pipe tobacco.
Pfeifer *m* whistler; ♪ piper.
Pfeif|konzert F *n* whistling and booing; **~ton** *m* **1.** whistling sound; *bsd. von Radio etc.*: high-pitched whine; **2.** *als Signal*: whistle.
Pfeil *m* arrow (*a. Richtungsweiser*); (*Wurf*≈) dart; *fig.* ***wie ein ~*** like a shot; ***alle s-e ~e verschossen haben*** have played all one's trumps.
Pfeiler *m* pillar (*a. fig.*); (*Brücken*≈) pier; **~brücke** *f* pier bridge.
Pfeil|flügel *m* ✈ swept-back wing; **≈gerade I.** *adj.* (as) straight as an arrow; **II.** *adv.* straight; *sitzen*: erect; ***er kam ~ auf uns zu*** he made a beeline for us; **~gift** *n* arrow poison; **~kraut** *n* ⚘ arrowhead; **~richtung** *f*: ***in ~*** in the direction of the arrow; **≈schnell** *adj. u. adv.* (as) quick as lightning; ***~ fuhr er weg*** he was off like a shot; **~spitze** *f* arrowhead; **~taste** *f Computer*: arrow key; **~wurfspiel** *n* darts *pl.*
Pfennig *m* pfennig; *fig.* ***er hat keinen ~*** he hasn't (got) a penny to his name; ***jeden ~ umdrehen (müssen)*** (have to) count every penny; ***s-n letzten ~ für et. ausgeben*** just manage to scrape together enough to buy s.th.; ***das ist keinen ~ wert*** it's not worth a bean; ***ich würde keinen ~ für ihn geben*** I wouldn't bet a penny on his chances; ***er hat keinen ~ Anstand*** he hasn't got an ounce of decency; ***wer den ~ nicht ehrt, ist des Talers nicht wert*** *etwa* look after the pennies and the pounds will look after themselves; **~absatz** *m* stiletto heel; **~artikel** *m* cheap article; **~beträge** *pl.*: ***das sind doch bloß ~*** F that's chickenfeed; **~fuchser** F *m* F penny-pincher, skinflint; **~kraut** *n* ⚘ moneywort.
Pferch *m* fold, pen; **pferchen** *v/t.* pen; *fig. a.* cram.
Pferd *n* horse; *Schach*: knight; *Turnen*: (vaulting) horse; ***aufs ~ steigen*** mount a horse; ***vom ~ steigen*** dismount; ***zu ~e*** on horseback, *Truppen etc.*: mounted; *fig.* ***aufs falsche (richtige) ~ setzen*** back the wrong (right) horse; ***das ~ beim Schwanz aufzäumen*** put the cart before the horse; ***er arbeitet wie ein ~*** he works like a Trojan; ***keine zehn ~e bringen mich dahin*** wild horses couldn't drag me there; ***mit ihr kann man ~e stehlen*** she's a good sport; ***er ist unser bestes ~ im Stall*** he's our best man; ***mit ihm gehen leicht die ~e durch*** he tends to fly off the handle; F ***immer langsam mit den jungen ~en!*** F hold your horses!; F ***ich glaub, mich tritt ein ~*** F well blow me; → *a.* ***Gaul, Ross***.
Pferde|äpfel F *pl.* horse droppings; **~decke** *f* horse blanket; **~dieb** *m* horse thief; **~dünger** *m* horse manure; **~fleisch** *n* horsemeat; **~fuhrwerk** *n* horse and cart; **~fuß** *m des Teufels*: cloven hoof; *fig.* drawback, snag; *fig.* ***die Sache hat e-n ~*** there's a snag (to it); **~futter** *n* (horse's) feed; **~gebiss** F *n* F horsy teeth *pl.*; ***er lächelte mit s-m ~*** F he gave a horsy grin; **~gesicht** F *n* F horsy face; **~haar** *n* horsehair; **~handel** *m* horse trade; **~händler** *m* horse dealer (*Am.* trader); **~knecht** *m* groom; **~koppel** *f* paddock; **~kuss** F *m Sport*: thigh knock; **~kutsche** *f* horse-drawn carriage; **~länge** *f* length; ***um zwei ~n gewinnen*** win by two lengths; **~liebhaber** *m* horse lover; **~narr** *m* F horse freak; **~natur** *f*: ***e-e ~ haben*** (*od.* ***sein***) have an iron constitution; **~pfleger** *m* groom; **~rennbahn** *f* racecourse, racetrack; **~rennen** *n* horseracing; (*einzelnes Rennen*) horserace; **~schlachter** *m* horse butcher; **~schlachterei** *f* horse butcher's; **~schlitten** *m* horse-drawn sleigh; **~schwanz** *m* horse's tail; (*Frisur*) ponytail; **~sport** *m* equestrian sports *pl.*; **~stall** *m* stable; **~stärke** *f* ⚙ horsepower (*abbr.* HP); **~transporter** *m* horsebox; **~wagen** *m* horse-drawn carriage; **~wette** *f* horseracing bet; **~zucht** *f* horse breeding; **~züchter** *m* horse breeder.
Pfiff *m* **1.** whistle; *pl. thea. etc.*: whistling *sg.*; **2.** F ***der Mantel hat ~*** that coat's got style; F ***es hat keinen ~*** it's boring; F ***der Sache den richtigen ~ geben*** give it that extra something; F ***das ist ein Ding mit ~*** there's a trick to it.
Pfifferling *m* ⚘ chanterelle; F *fig.* ***keinen ~ wert*** F not worth a bean (*od.* a tinker's cuss); F ***er schert sich keinen ~ drum*** F he doesn't care two hoots about it.
pfiffig *adj.* smart; **Pfiffikus** F *m* F crafty devil.
Pfingsten *n* Whitsun; *eccl. a.* Pentecost.
Pfingst|ferien *pl.* Whitsun holidays (*od.* holiday *sg.*, break *sg.*); **~montag** *m* Whit Monday; **~ochse** *m*: F ***geputzt wie ein ~*** dressed up to the nines; **~rose** *f* ⚘ peony; **~sonntag** *m* Whit Sunday; *eccl. a.* Pentecost.
Pfirsich *m* peach; **~baum** *m* peach tree; **~haut** *f* peach (*od.* peaches and cream) complexion; **~kern** *m* peach stone.
Pflanz *östr. m* nonsense; ***e-n ~ machen*** get up to nonsense; ***mach keinen ~*** don't be silly.
Pflanze *f* **1.** plant; **2.** F (*Person*) F character; ***komische ~*** odd character (*od.* sort); **pflanzen I.** *v/t.* plant (*a. fig.*); ***in Töpfe ~*** pot; → ***an-, auf-, einpflanzen***; **II.** F *v/refl.*: ***sich ~*** F plonk o.s. (down) (***auf*** on); **III.** *v/t. östr.* ***j-n ~*** tease s.o., (*täuschen*) fool s.o.

P

Pflanzen|eiweiß *n* vegetable albumin (*od.* protein); **~extrakt** *m* vegetable extract; **~farbstoff** *m* vegetable dye; **~faser** *f* plant (*od.* vegetable) fibre (*Am.* fiber); **~fett** *n* vegetable fat, *zum Backen*: vegetable shortening.

Pflanzen fressend *adj.* herbivorous; **Pflanzenfresser** *m* herbivore.

Pflanzen|gift *n* **1.** vegetable poison; **2.** (*Herbizid*) herbicide; **~kost** *f* vegetable diet; **~kunde** *f* botany; **~öl** *n* vegetable oil; **2reich** *adj.* rich in plant life; **~reich** *n* flora, vegetable kingdom; **~saft** *m* sap; **~schutz** *m* ⚘ crop protection; *gegen Ungeziefer*: pest control; **~schutzmittel** *n* pesticide; **~welt** *f* **1.** → ***Pflanzenreich***; **2.** *e-s bestimmten Gebiets*: flora, plant life.

Pflanzer *m* planter.

pflanzlich *adj.* vegetable ...

Pflänzling *m* seedling.

Pflanzung *f* **1.** (*das Pflanzen*) planting; **2.** (*Anlage*) plantation.

Pflaster *n* **1.** ⚕ plaster; **2.** (*Straßen2*) road (surface); *fig.* ***teures ~*** expensive strip (*Stadt*: place); ***heißes ~*** dangerous place; **~maler** *m* pavement (*Am.* sidewalk) artist; **~malerei** *f* **1.** pavement (*Am.* sidewalk) art; **2.** *konkret*: pavement (*Am.* sidewalk) drawing.

pflastern *v/t.* (*Straße*) surface; (*Bürgersteig*) pave.

Pflasterstein *m* paving stone.

Pflaume *f* plum; *gedörrte*: prune; F (*Mensch*) F twit.

Pflaumen|baum *m* plum tree; **2groß** *adj.* plum-sized; **~kern** *m* plum stone; **~kuchen** *m* plum flan (*Am.* pie); **~mus** *n* plum jam (*Am.* jelly); **~schnaps** *m* plum brandy; **2weich** *adj.* **1.** ***~es Ei*** soft-boiled egg; **2.** F ***er ist ~*** F he's a real softie.

Pflege *f* care (*a. der Haut, Zähne etc.*); *des Äußeren*: *a.* grooming; *e-s Kranken*: nursing care; *e-s Kindes*: care; *e-s Gartens*: tending; *der Künste, von Beziehungen*: cultivation; ⚙ maintenance; service; *von Datenbanken etc.*: keeping up, updating; ***viel ~ brauchen*** need a lot of care (*od.* attention); ***ein Kind in ~ nehmen*** take a child into one's care; ***ein Kind*** (***bei j-m***) ***in ~ geben*** put a child into (s.o.'s) care, farm a child out (to s.o.); **2bedürftig** *adj.* in need of care; **~dienst** *m* **1.** ⚙ servicing, service; **2.** *für Kranke etc.*: nursing service; **~eltern** *pl.* foster parents; **~fall** *m* invalid; **~familie** *f* foster family; **~geld** *n* nursing allowance; **~heim** *n* nursing home; **~kind** *n* foster child; **~kosten** *pl.* nursing fees; **2leicht** *adj.* *Kleidung*: easy-care; *fig.* *Person*: easy to get along with (*od.* to handle); ***ich bin ~*** I'll be (*od.* I'm) no trouble; **~mittel** *n* shoe-care (*od.* skin-care *etc.*) product; **~mutter** *f* foster mother.

pflegen I. *v/t.* **1.** look after; (*Kind, Kranken*) *a.* nurse; (*Daten*) manage, maintain; (*Blumen, Garten*) tend; (*Kunst, Freundschaft*) cultivate; ***sein Äußeres ~*** groom o.s., take care of one's appearance; **2.** ***zu tun ~*** be in the habit of doing; ***sie pflegte zu sagen*** she used to say, she would say; ***solche Versuche ~ fehlzuschlagen*** such attempts usually fail (*od.* tend to fail); **II.** *v/refl.*: ***sich ~*** look after o.s.; *äußerlich*: take care of one's appearance.

Pflegepersonal *n* nursing staff.

Pfleger(in *f*) *m* **1.** → ***Krankenpfleger(in)***; **2.** ⚖ curator, guardian.

Pflege|satz *m* hospital allowance; **~sohn** *m* foster son; **~tochter** *f* foster daughter; **~vater** *m* foster father; **~versicherung** *f* nursing care insurance.

pfleglich I. *adj.* careful; **II.** *adv.*: ***~ behandeln*** take good care of.

Pflegschaft *f für Kinder etc.*: guardianship; *für Vermögen*: trusteeship.

Pflicht *f* duty; *Sport*: compulsory exercise(s *pl.*); ***die ehelichen ~en*** one's marital duties, one's duties as a husband (*od.* wife); ***s-e ~ tun*** do one's duty; ***et. aus ~ tun*** do s.th. out of a sense of duty (*od.* moral obligation); ***es sich zur ~ machen zu*** *inf.* make it one's duty to *inf.*; ***die ~ ruft*** duty calls; ***j-n in die ~ nehmen*** take s.o. up on his (*od.* her) promise; **~beitrag** *m* compulsory contribution; **~besuch** *m* courtesy call; **2bewusst** *adj.* conscientious; **~bewusstsein** *n* sense of duty; **~eifer** *m* devotion to duty, zeal; **2eifrig** *adj.* zealous.

Pflichten|kollision *f* **1.** conflicting duties *pl.*; **2.** conflict of loyalties; **~kreis** *m* range of tasks.

Pflicht|erfüllung *f* discharge of duties; **~exemplar** *n* deposit copy; **~fach** *n* *ped.* compulsory subject; **~gefühl** *n* sense of duty; **2gemäß I.** *adj.* due, dutiful; **II.** *adv.* duly, dutifully; **~lauf** *m Eiskunstlauf etc.*: compulsory figures *pl.*; **~leistungen** *pl.* standard insurance benefits; **~lektüre** *f* required reading (*a. hum.*), set book(s *pl.*); *hum.* ***es ist ~*** *a.* you must read it, it's a must; **~mensch** *m* very zealous person; ***er ist ein ~*** *a.* he takes his duties very seriously; **~mitgliedschaft** *f* compulsory membership; **2schuldig** *adv.* dutifully; **~teil** *m, n* ⚖ legal portion (*od.* share), *Am.* statutory share; **~übung** *f Sport*: compulsory (*od.* set) exercise; *fig.* ***et. als*** (***reine***) ***~ tun*** do s.th. (purely) out of a sense of duty; **~unterricht** *m* compulsory class(es *pl.*); **2vergessen** *adj.* neglectful, irresponsible; **~verletzung** *f* breach of duty; **~versäumnis** *n a.* ⚖ neglect *od.* dereliction (of duty); **~versicherung** *f* compulsory insurance; **~verteidiger** *m* ⚖ assigned counsel; **~vorlesung** *f* compulsory lecture; **2widrig I.** *adj.* disloyal, contrary to (one's) duty; **II.** *adv.*: ***sich ~ verhalten*** go against one's duty; **~widrigkeit** *f* breach of duty.

Pflock *m* (*Zelt2*) peg; (*Pfahl*) post, stake.

pflücken *v/t.* pick; **Pflücker(in** *f*) *m* picker; **pflückreif** *adj.* ready for picking.

Pflug *m* plough, *Am.* plow; **~bogen** *m* *Skisport*: plough, *Am.* plow.

pflügen *v/t. u. v/i.* plough, *Am.* plow; **Pflüger** *m* ploughman, *Am.* plowman.

Pflugschar *f* ploughshare, *Am.* plowshare.

Pfortader *f anat.* portal vein.

Pforte *f* gate, door; ***s-e ~n öffnen*** open its gates; *fig.* gateway; *fig.* ***die ~n des Himmels*** (***der Hölle***) the gates of heaven (of hell).

Pförtner *m* gatekeeper; (*Portier*) porter, *a. Am.* doorman; **~haus** *n* gatekeeper's lodge, gatehouse; **~loge** *f* reception; *am Toreingang*: gatekeeper's cabin, F gate; ***in*** (*od.* ***an***) ***der ~*** at the gate.

Pfosten *m* post, *schmaler*: pole; (*Tor2*) (goal)post; **~schuss** *m* shot against the post; ***~!*** it's hit the post.

Pfote *f* **1.** paw; **2.** F *hum.* (*Hand*) F mitt, paw; ***~n weg!*** hands off!, F get your dirty mitts (*od.* paws) off!; ***er hat s-e ~n überall drin*** F he's into everything, *contp.* F he has to be in on everything; **3.** F (*Handschrift*) F scrawl.

Pfropf *m* plug (*a. Eiter2 u. Watte2*); (*Blut2*) (blood)clot; **pfropfen** *v/t.* **1.** (*zustöpseln*) plug, stop(per); (*Flasche*) stopper, *mit Korken*: cork; **2.** ⚘ graft; **3.** (*hineinstopfen*) cram (***in*** into); → ***gepfropft***; **Pfropfen** *m* stopper; (*Korken*) cork.

Pfründe *f eccl.* prebend; (*Kirchenamt*) benefice; *fig.* sinecure.

Pfuhl *m* murky pool; *fig.* slough.

pfui *int.* ugh!; *zum Hund od. Kind*: no!; *Sport etc.*: boo!; → ***Teufel***; **2ruf** *m* boo; *pl. a.* booing *sg.*

Pfund *n* **1.** (*Gewicht*) pound (*abbr.* lb, *pl.* lbs); ***vier ~ Butter*** four pounds of butter; ***ein halbes ~ Bohnen*** half a pound of beans; **2.** (*Währung u. Betrag*) pound; ***~ Sterling*** pound sterling (*abbr.* £).

pfundig F *adj.* F great.

Pfundnote *f* pound note.

Pfunds|idee F *f* brilliant idea; **~kerl** F *m* F great guy.

pfundweise *adv.* by the pound.

Pfundzeichen *n* pound sign.

Pfusch *m* **1.** → ***Pfuscherei***; **2.** *östr.* (*Schwarzarbeit*) illicit work, F moonlighting; **Pfuscharbeit** *f* → ***Pfuscherei***; **pfuschen** *v/i.* **1.** bungle; **2.** *östr.* (*schwarzarbeiten*) work on the side, F moonlight; → ***Handwerk***; **Pfuscher** *m* bungler; *im Beruf*: amateur; (*Gauner*) F cowboy; (*Kur2*) F quack; **Pfuscherei** *f* bungling; (*Ergebnis*) bad job, F botch-up.

Pfütze *f* puddle.

Phalanx *f* phalanx, *fig. a.* battery.

phallisch *adj.* phallic.

Phallus *m* phallus; **~symbol** *n* phallic symbol.

Phänomen *n* phenomenon (*a. fig.*); *fig.* (*Person*) *a.* real phenomenon; (*Rätsel*) *a.* mystery; **phänomenal** *adj.* phenomenal (*a. fig.*); **Phänomenologie** *f* phenomenology.

Phänotyp *m* phenotype.

Phantasie *etc.* → ***Fantasie*** *etc.*

Phantom *n* phantom; **~bild** *n* identikit (*TM*) (*od.* photofit) picture; **~glied** *n* phantom limb; **~schmerzen** *pl.* phantom pain *sg.*

Pharao *m hist.* Pharaoh.

Pharaonen|grab *n* Pharaoh's (*od.* Pharaonic) tomb; **~reich** *n* **1.** Pharaonic kingdom (*Herrschaft*: reign); **2.** ***das ~*** *coll.* Ancient Egypt.

Pharisäer *m* **1.** *hist.* Pharisee; **2.** *fig.* *selbstgerechter*: self-righteous person; *heuchlerischer*: hypocrite; *intoleranter*: bigot; ***er ist ein richtiger ~*** *a.* he's so holier-than-thou; **pharisäerhaft** *adj.* (*selbstgerecht*) self-righteous, holier-than-thou; (*heuchlerisch*) hypocritical; (*intolerant*) bigoted; **Pharisäertum** *n* self-righteousness, holier-than-thou attitude; (*Heuchelei*) hypocrisy; (*Intoleranz*) bigotry.

Pharmaindustrie *f* pharmaceutical(s) industry.

Pharmakologe *m* pharmacologist; **Pharmakologie** *f* pharmacology; **pharmakologisch** *adj.* pharmacological.

Pharma|konzern *m* pharmaceutical company; **~referent(in** *f*) *m* medical rep(resentative); **~unternehmen** *n* pharmaceuticals (*od.* drug) company.

Pharmazeut *m* pharmacist; **Pharmazeutik** *f* pharmaceutics *pl.* (*sg. konstr.*); **pharmazeutisch** *adj.* pharmaceutical.

Pharmazie *f* pharmaceutics *pl.* (*sg. konstr.*).
Phase *f* phase (*a. ast.*, ⚡); *e-r Entwicklung, e-s Prozesses*: *a.* stage (*a. e-r Krankheit*); ***in dieser ~*** during this phase (*od.* stage), at this stage; ***sich in e-r kritischen ~ befinden*** be going through a critical phase (*od.* stage); ***in die entscheidende*** (F ***heiße***) ***~ treten*** enter the (*od.* its, their) critical phase *od.* stage.
Phasen|diagramm *n* phase diagram; **2gleich** *adj.* in phase; **~messer** *m* phase meter; **~verschiebung** *f* phase displacement; **2verschoben** *adj.* out of phase; **~wandler** *m* phase adapter.
Phenol *n* phenol.
Pheromon *n biol.* pheromone.
Philanthrop *m* philanthropist; **Philanthropie** *f* philanthropy; **philanthropisch** *adj.* philanthropic(al).
Philatelie *f* philately; **Philatelist** *m* philatelist.
Philemon *m bibl.* Philemon; ***Brief an ~ → ~brief*** *m*: *bibl.* ***der ~*** the (*od.* St Paul's) Epistle to Philemon, Philemon.
Philharmonie *f* philharmonic orchestra; (*Konzertsaal*) philharmonic concert hall; **Philharmoniker** *pl.*: ***die Berliner*** *etc.* ***~*** the Berlin *etc.* Philharmonic (Orchestra).
Philipper *m hist.* Philippian; ***Brief an die ~ → ~brief*** *m*: *bibl.* ***der ~*** the (*od.* St Paul's) Epistle to the Philippians, Philippians.
Philippika *fig. f* philippic, tirade.
Philippiner(in *f*) *m* Filipino; **philippinisch** *adj.* Philippine, *bsd. der Menschen*: *a.* Filipino.
Philister *fig. m*, **philisterhaft** *adj.* Philistine, philistine.
Philologe *m*, **Philologin** *f* language and literature teacher (*od.* expert, F man, woman), *Am.* philologist; **Philologie** *f* (study of) language and literature, *Am.* philology; **philologisch** *adj.* language and literature ..., *Am.* philological.
Philosoph *m* philosopher; **Philosophie** *f* philosophy; **philosophieren** *v/i.* philosophize (***über*** on); **philosophisch** *adj.* philosophical; ***vom ~en Standpunkt*** from a philosophical point of view, looking at it philosophically; ***er ist ein ~er Mensch*** he has a philosophical mind (*od.* bent), he's a bit of a philosopher.
Phiole *f* phial, vial.
Phlegma *n* (*Gemütsart*) lethargy, apathy; **Phlegmatiker** *m* apathetic type; **phlegmatisch** *adj.* lethargic, apathetic.
pH-neutral *adj.* pH-balanced.
Phobie *f* phobia; **Phobiker** *m*, **phobisch** *adj.* phobic.
Phon *n phys.* phon.
Phonem *n ling.* phoneme.
Phonetik *f* phonetics *pl.* (*als Fach sg. konstr.*); **Phonetiker** *m* phonetician; **phonetisch I.** *adj.* phonetic; ***~e Schrift*** phonetic transcription; **II.** *adv.* phonetically; ***~ darstellen*** transcribe.
Phönix *m*: ***wie ein ~ aus der Asche steigen*** rise (like a phoenix) from the ashes.
Phönizier(in *f*) *m*, **phönizisch** *adj.* Phoenician.
Phono|eingang *m* phono input; **~eingangsbuchse** *f* phono input jack; **~kabel** *n* phono cable (*od.* cord).
Phonologe *m* phonologist; **Phonologie** *f* phonology.
Phonometrie *f* phonometry.
Phonotypistin *f* audiotypist.
Phosphat *n* ⚗ phosphate; **2frei** *adj.* phosphate-free; **2haltig** *adj.* containing phosphates; ***~ sein*** contain phosphates.
Phosphor *m* ⚗ phosphorus; **~bombe** *f* incendiary bomb.
Phosphoreszenz *f* phosphorescence; **phosphoreszieren** *v/i.* phosphoresce; **~d** phosphorescent.
phosphor|haltig *adj.* phosphoric; **2säure** *f* phosphoric acid; **2vergiftung** *f* phosphorus poisoning.
Photo(...) → *a.* ***Foto(...)***.
Photo|biologie *f* photobiology; **~chemie** *f* photochemistry; **~diode** *f* photodiode; **2elektrisch** *adj.* photoelectric, photovoltaic; **~element** *n* photovoltaic cell.
Photometrie *f* photometry.
Photon *n phys.* photon.
Photo|synthese *f* photosynthesis; **~zelle** *f* photoelectric cell, electric eye.
Phrase *f* phrase (*a.* ♪); (*abgedroschene Redensart*) *a.* cliché, platitude; *bsd. pol.* catchphrase; ***leere ~n*** empty talk, F claptrap; ***~n dreschen*** talk in platitudes, F beat the air.
Phrasen|drescher *m* phrasemonger; **~drescherei** *f* phrasemongering, F hot air.
phrasenhaft *adj.* empty, meaningless.
Phraseologie *f* phraseology; **phraseologisch** *adj.* phraseological.
phrasieren *v/t.* ♪ phrase.
pH-Wert *m* ⚗ pH, pH value (*od.* level *od.* factor).
Phylogenese *f biol.* phylogenesis; **phylogenetisch** *adj.* phylogenetic.
Physik *f* physics *pl.* (*als Fach sg. konstr.*); **physikalisch** *adj.* **1.** *Vorgang etc.*: physical; **2.** *die Physik betreffend*: physics ...; ***~es Gesetz*** law of physics; ***~es Institut*** institute (*od.* department) of physics; **3.** *Therapie etc.*: physical; ***~e Therapie*** *a.* physiotherapy; **Physiker(in** *f*) *m* physicist; **Physikum** *n* ⚕ preliminary medical examination.
Physiognomie *f* physiognomy; **physiognomisch** *adj.* physiognomical.
Physiologe *m* physiologist; **Physiologie** *f* physiology; **physiologisch** *adj.* physiological.
Physiotherapeut(in *f*) *m* physiotherapist, F physio; **Physiotherapie** *f* physiotherapy.
Physis *f* physical constitution.
physisch *adj.* physical.
Pi *n* 𝔄 pi.
Pianino *n* (*Klavier*) miniature upright.
Pianist(in *f*) *m* pianist.
Piano *n* ♪ piano.
Picador *m* picador.
picheln F **I.** *v/i.* tipple, F booze; ***er hat anständig gepichelt*** F he was knocking them back; **II.** *v/t.*: ***einen ~*** F wet one's whistle; ***ein paar Flaschen ~*** F knock back a few bottles.
Pick *östr. m* glue.
Picke *f* pick(axe), *Am.* pick(ax).
Pickel[1] *m* ⚕ spot, pimple.
Pickel[2] *m* ⚙ pick(axe), *Am.* pick(ax); (*Eis2*) ice pick.
Pickelgesicht *n* **1.** spotty face; **2.** spotty person; (*Junge*) pimply youth; *pl. a.* spotty (*od.* pimply) teenagers, F *the* acne brigade *sg.*
Pickelhaube *f* spiked helmet.
pickelig *adj.* spotty, pimply.
picken *v/t. u. v/i.* peck; ***et. aus et. ~*** pick s.th. out of s.th.
Pickerl *östr. n* sticker, toll label.
Picknick *n* picnic; ***ein ~ machen*** have (*od.* go for) a picnic; **picknicken** *v/i.* (have a) picnic; **Picknickkorb** *m* picnic basket (*größer*: hamper).
picobello F **I.** *adj.* perfect, F spot on; **II.** *adv.*: ***~ sauber*** *etc.* absolutely spotless *etc.*; ***~ gekleidet*** immaculately dressed; ***er hat die Wohnung ~ aufgeräumt*** he got the flat into shipshape order; ***das Zimmer war ~ aufgeräumt*** *a.* there wasn't a thing out of place (in the room).
Picowellenherd *m* picowave oven.
Piefke *m* **1.** F pompous ass; **2.** *östr.* overbearing German.
piek|fein F **I.** *adj.* smart, F posh; *bsd. Restaurant*: *a.* F swish; *Kleidung etc.*: (very) smart; **II.** *adv.*: ***sich ~ anziehen*** F put on one's Sunday best, *sl.* put some smart gear on; **~sauber** F *adj.* spotless, F squeaky clean.
piep I. *int.*: ***er sagte nicht mal ~*** F there wasn't a peep from him; ***er konnte nicht mehr ~ sagen*** it left him speechless, he just sat (*od.* stood) there gaping; **II.** 2 F *m* → ***Pieps.***
piepe, piepegal F *adj.*: ***das ist mir ~*** F I don't care two hoots, F I don't give a damn (*od.* a tinker's cuss).
piepen *v/i.* cheep, chirp; *Mäuse*: squeak; F ***bei dir piepts wohl*** F you must be off your rocker; ***es*** (***er***) ***war zum 2*** F it (he) was a scream.
Piepen F *pl.* (*Geld*) *sl.* brass *sg.*, bread *sg.*
Piepmatz F *m* F dickybird, birdie.
Pieps F *m* **1.** peep, cheep; ***er machte keinen ~*** F there was not a peep to be heard from him; ***ich will keinen ~ mehr hören!*** F I don't want to hear another peep out of you; **2.** ***du hast wohl einen ~*** F you must be off your rocker; **piepsen** *v/i.* **1.** → ***piepen***; **2.** *Gerät*: bleep; **Piepser** F *m* **1.** → ***Pieps*** 1; **2.** (*Funkrufempfänger*) F bleeper; **piepsig** *adj. Stimme*: squeaky; **Piepsstimme** *f* squeaky voice.
Pier *m*, *f* ⚓ pier.
piercen *v/t.* pierce; ***sich ~ lassen*** have one's *tongue* (*ears etc.*) pierced; **Piercing** *n* body piercing.
piesacken F *v/t.* torment; *mit Fragen etc.*: pester.
pieseln F *dial. v/i.* F have a pee; ***~ gehen*** F go for a pee.
Pietät *f* reverence, piety; **pietätlos** *adj.* irreverent; **pietätvoll** *adj.* reverent.
Pietismus *m* **1.** *hist.* Pietism; **2.** pietism; **Pietist** *m* **1.** *hist.* Pietist; **2.** pietist; **pietistisch** *adj.* **1.** *hist.* Pietist; **2.** pietistic(al).
piezoelektrisch *adj.* piezoelectric; **Piezoelektrizität** *f* piezoelectricity.
Pigment *n* pigment; **~fehler** *m* pigmentation defect; **~fleck** *m* pigmentation mark, F brown spot; → ***Altersfleck.***
pigmentieren *v/t.* (*a.* ***sich ~***) pigment; **Pigmentierung** *f* pigmentation.
Pik[1] *m* (*Groll*): ***e-n ~ auf j-n haben*** F have a grudge against s.o.
Pik[2] *n* (*Kartenfarbe*) spades *pl.*; (*Einzelkarte*) spade; *in Zssgn* → ***Herz...***
pikant *adj.* **1.** *gastr.* piquant (*a. Wein*), spicy; **2.** *Witz etc.*: off-colo(u)r, risqué; ***~es Thema*** delicate subject; **3.** *Gesicht etc.*: attractive; **Pikanterie** *f* **1.** piquancy; ***darin liegt e-e gewisse ~*** it has a certain piquancy; **2.** risqué remark (*od.* story *etc.*).
pikaresk *adj. Roman*: picaresque.
Pike *f*: *fig.* ***et. von der ~ auf lernen*** learn s.th. from scratch, start at the bottom.
pikiert *adj.* put out, piqued, F miffed.

P

Pikkolo *m* **1.** (*Sekt*) champagne miniature; **2.** ♪ (*Flöte*) piccolo; **3.** (*Kellner*) trainee waiter; **~flöte** *f* piccolo.
Piktogramm *n* pictograph, pictogram; (*Hinweisschild*) *a.* symbol.
Pilatus *m* → ***Pontius.***
Pilger(in *f*) *m* pilgrim; **Pilgerfahrt** *f* pilgrimage; **pilgern** *v/i.* go on a pilgrimage; F *weitS.* ***~ nach*** trail off to.
Pille *f* pill (*a. Antibaby*~), tablet; ***die ~ nehmen*** take (*od.* be on, go on) the pill; ***~ danach*** morning-after pill; *fig.* ***e-e bittere ~*** a bitter pill (to swallow); ***(j-m) die ~ versüßen*** sugar the pill (for s.o.); F ***da helfen keine ~n*** F it's hopeless; F ***bei ihm helfen keine ~n*** F he's a dead loss.
Pillen|knick *m* drop in the birthrate (*due to the introduction of the pill*), F baby bust; **~müde** F *adj.* tired of the pill, pill-weary; **~pause** *f*: ***e-e ~ einlegen*** go off (*od.* stop taking) the pill for a while; **~schlucker** F *m* F pill popper.
Pilot(in *f*) *m* pilot; **Pilotausgabe** *f* pilot edition; **Pilotenschein** *m* pilot's licen|ce (*Am.* -se).
Pilot|film *m* pilot film; **~projekt** *n* pilot project (*od.* scheme); **~sendung** *f* pilot broadcast; **~studie** *f* pilot study; **~ton** *m* pilot signal (*od.* tone).
Pils *n Biersorte*: pils (*bitter pale beer with a strong hop flavour*); **Pils(e)ner** *n Biersorte*: Pils(e)ner.
Pilz *m mst essbarer*: mushroom, *giftiger*: toadstool; 📖, a. ✻ fungus; → ***Fußpilz, Hautpilz, Pilzkrankheit*** *etc.*; *fig.* ***wie ~e aus dem Boden schießen*** shoot up like mushrooms, mushroom; **~gericht** *n* mushroom dish; **~krankheit** *f* fungus infection, 📖 mycosis; **~vergiftung** *f* mushroom (*od.* toadstool) poisoning.
Piment *m*, *n gastr.* allspice, pimento.
Pimmel *sl. m sl.* willy.
Pimpf F *m* F squirt.
pingelig F *adj.* fussy, F nitpicking ...
Pingpong *n* ping-pong.
Pinguin *m* penguin.
Pinie *f* (stone) pine; **Pinienkern** *m* pine nut.
pink *adj.*, **Pink** *n* shocking pink.
Pinke F *obs. f* F cash, *sl.* bread, brass.
Pinkel F *m*: ***feiner ~*** F toff, poser.
pinkeln F *v/i.* F (have a) piddle *od.* pee; ***~ gehen*** F go for a pee, *Mann*: *a. sl.* take a leak; **Pinkelpause** F *f unterwegs*: F loo stop, stop for a pee; ***machen wir mal ~*** F time for a pee.
pinnen F *v/t.* pin, F stick (**an, auf** on[to]); **Pinnwand** *f* pinboard.
Pinscher *m* pinscher; F *contp.* (*Person*) pipsqueak.
Pinsel *m* **1.** (paint)brush; **2.** F *contp.* (*Person*) F twit; ***eingebildeter ~*** F arrogant ponce; **~führung** *f* brushwork.
pinseln *v/i. u. v/t.* paint (*a.* ✻).
Pinsel|stiel *m* (paint)brush handle; **~strich** *m* brushstroke.
Pinzette *f*: (***e-e ~*** a pair of) tweezers *pl.*
Pionier *m* **1.** pioneer; **2.** ⚔ engineer; **~arbeit** *f* pioneering work; **~geist** *m* pioneering spirit; **~leistung** *f* pioneering feat; **~truppe** *f* ⚔ engineers *pl.*
Pipapo F *n*: ***und das ganze ~*** and all the rest (of it), and all that nonsense; *Auto etc.* ***mit allem ~*** with all the extras (*od.* trimmings).
Pipeline *f* pipeline.
Pipette *f* pipette.
Pipi F *n* F wee-wee(s *pl.*); ***~ machen*** F do a wee-wee.
Pipifax F *m* trifles *pl.*, trivialities *pl.*
Pirat *m* pirate.
Piraten|ausgabe *f* pirate edition; **~flagge** *f* Jolly Roger; **~sender** *m* pirate radio station; *pl. coll. a.* pirate radio *sg.*
Piraterie *f* piracy.
Pirouette *f*, **pirouettieren** *v/i.* pirouette.
Pirsch *f Jagd*: deerstalking, *Am.* still hunt; ***auf die ~ gehen*** → **pirschen** *v/i.* **1.** go deerstalking, stalk (the deer); **2.** (*schleichen*) (*a.* ***sich ~***) creep (**an** up to); **Pirschjagd** *f* → ***Pirsch.***
Pisse V *f*, **pissen** V *v/i.* V piss.
Pissoir *n* (men's) urinal.
Pistazie *f* pistachio; **Pistazienkern** *m* (shelled) pistachio.
Piste *f* (*Rennstrecke*) (racing) track; *Skisport*: piste, ski run; ✈ runway.
Pisten|rowdy F *m*, **~sau** F *f* ski hooligan, terror of the slopes; **~wache** *f* ski patrol.
Pistole *f* pistol, gun; *fig.* ***j-m die ~ auf die Brust setzen*** hold a gun to s.o.'s head; ***wie aus der ~ geschossen*** like a shot.
Pistolen|held F *m* F gunslinger; **~schuss** *m* pistol shot; **~tasche** *f* holster.
pitschnass F *adj.* dripping (wet), soaking (wet), wet through, drenched.
pittoresk *adj.* picturesque.
Pixel *n* ⚡ (*Bildpunkt*) pixel.
Pizza *f* pizza; **Pizzeria** *f* pizza house (F place), pizzeria.
Placebo *n* placebo; **~effekt** *m* placebo effect.
placieren *v/t. u. v/refl. etc.* → ***platzieren*** *etc.*
placken *v/refl.* → ***plagen*** II; **Plackerei** *f* drudgery, F grind.
plädieren *v/i.* plead (**auf, für** for) (*a.* ⚖).
Plädoyer *n* plea; ⚖ (final) speech; ***ein ~ halten für*** make a speech for.
Plafond *m* **1.** *östr.* ceiling; **2.** ✝ ceiling, upper limit.
Plage *f* (*Ärgernis*) (real) nuisance; (*Arbeit*) F (real) grind; *bibl.* plague; F ***man hat schon s-e ~ mit dir!*** you don't make life any easier; ***es macht das Leben zur ~*** it makes life unbearable (*od.* a misery); ***es ist ihr zur ~ geworden*** it's become a real problem for her; **~geist** *m* F pest.
plagen I. *v/t.* torment, F plague; *mit Bitten u. Fragen*: pester, plague; *Sorgen etc.*: worry, bother, dog; ***was plagt dich?*** what's eating at you?; → ***geplagt***; **II.** *v/refl.*: ***sich ~*** slave away (**mit** *e-r Arbeit* at); (*sich abmühen*) go to great lengths; ***er plagt sich mit s-n Zähnen*** (***mit ständigem Kopfweh***) his teeth are giving him a lot of trouble (his constant headaches are getting him down); ***sie plagt sich mit ihren Schülern*** her pupils give her a hard time.
Plagiat *n* plagiarism; ***ein ~ begehen*** plagiarize; **Plagiator** *m* plagiarist; **plagiieren** *v/t. u. v/i.* plagiarize.
Plakat *n* poster; *aus Pappe*: placard; **~farbe** *f* poster colo(u)r.
plakatieren *v/t.* placard.
plakativ *adj.* (*auffällig*) striking; *contp.* (*groß aufgemacht*) ostentatious, *stärker*: sensational; (*vordergründig*) simplistic.
Plakat|kleber *m* poster sticker; **~kunst** *f* poster art; **~maler** *m* poster artist (*od.* designer); **~säule** *f* advertising pillar; **~träger** *m* sandwich man; **~wand** *f* hoarding, *bsd. Am.* billboard; **~werbung** *f* poster advertising.
Plakette *f* (*Abzeichen*) badge; (*Aufkleber*) sticker.
plan I. *adj.* level; **II.** *adv.*: ***~ liegen*** lie flat (**auf** on, against).
Plan[1] *m* **1.** plan; (*Absicht*) *a.* intention; ***Pläne schmieden*** make plans, *b.s.* plot, scheme; ***voller Pläne stecken*** have all sorts of plans (*od.* ideas); ***ich habe noch keine konkreten Pläne*** I haven't made any definite plans yet; **2.** (*Entwurf*) plan; (*Zeichnung*) *a.* draft, design; (*grafische Darstellung*) diagram; **3.** (*Karte*) map, (*Lage*~, *Stadt*~) *a.* plan; **4.** (*Zeit*~, *Zahlungs*~ *etc.*) schedule, plan.
Plan[2] *m*: ***auf den ~ treten*** turn up, come onto the scene; ***auf den ~ rufen*** call into action.
Plane *f* tarpaulin; *als Überdachung*: awning.
planen I. *v/t.* **1.** plan; (*entwerfen*) *a.* design; **2.** (*vorhaben*) plan; ***ich habe nichts geplant*** I've got nothing planned; **II.** *v/i.* plan; *zeitlich*: plan ahead; *mit Geld*: budget; **Planer** *m* **1.** planner; ✝ policy maker; **2.** (*Terminkalender*) diary; **planerisch** *adj.* planning ...
Planet *m* planet; **planetarisch** *adj.* planetary; **Planetarium** *n* planetarium.
Planeten|bahn *f* orbit; **~system** *n* planetary system.
planieren *v/t.* level, (*Gelände*) *a.* grade; **Planierraupe** *f* bulldozer.
Planimetrie *f* plane geometry; **planimetrisch** *adj.* planimetric(al).
Planke *f* plank, board.
Plänkelei *f*, **plänkeln** *v/i.* banter.
plan|konkav *adj.* plano-concave; **~konvex** *adj.* plano-convex.
Plankosten *pl.* target cost *sg.*
Plankton *n* plankton.
planlos I. *adj.* aimless, haphazard; **II.** *adv.* aimlessly, haphazardly; **Planlosigkeit** *f* haphazardness, haphazard nature (*gen.* of).
planmäßig I. *adj.* planned; ✈ *etc.*: scheduled; (*systematisch*) systematic; **II.** *adv.* as planned; *work etc.* according to plan (*zeitlich*: schedule); *ankommen etc.*: on schedule; (*systematisch*) systematically.
Planquadrat *n* grid square.
Plansch(...) → ***Plantsch(...).***
Plan|soll *n* → ***Planziel***; **~spiel** *n* experimental game(s *pl.*); **~stelle** *f* (authorized *od.* established) post.
Plantage *f* plantation.
Plantagen|arbeiter *m* plantation worker; **~besitzer** *m* planter, owner of a (*od.* the) plantation.
Plantschbecken *n* paddling pool; **plantschen** *v/i.* splash (around); **Plantscherei** *f* splashing; ***hör auf mit der ~!*** stop splashing around.
Planung *f* **1.** planning *etc.*; → ***planen***; *zeitliche*: *a.* timing, scheduling; **2.** → ***Plan***[1] 2.
Planungs|abteilung *f* planning department; **~ausschuss** *m* planning committee; **~stadium** *n* planning stage; **~zeitraum** *m* planning period.
planvoll *adj.* systematic(ally *adv.*), methodical.
Planwagen *m* covered wagon.
Plan|wirtschaft *f* planned economy; **~ziel** *n* target; **~ziffer** *f* target (figure).
Plappermaul *n* chatterbox; ***er ist ein richtiges ~*** *a.* he never stops talking; **Plappern** *n* babble; **plappern** *v/i.* babble (on).
plärren F *v/i. u. v/t.* bawl; *Radio etc.*: blare.
Plasma *n* plasma; **~bildschirm** *m* plasma

P

display (*od.* screen); **~brenner** *m* plasma torch; **~physik** *f* plasma physics *pl.* (*sg. konstr.*); **~physiker** *m* plasma physicist; **~zelle** *f* plasma cell.

Plastik[1] *f* **1.** (*Kunst u. Kunstwerk*) sculpture; **2.** (*Eigenschaft*) plasticity; **3.** ⚕ plastic surgery.

Plastik[2] *n* (*Kunststoff*) plastic; **~besteck** *n* plastic cutlery; **~beutel** *m* plastic bag; *kleiner*: *a.* polythene bag; **~bombe** *f* plastic bomb; **~folie** *f* polythene sheet; **~geld** *n* plastic money; **~geschoss,** *östr.* **~geschoß** *n* plastic bullet; **~sprengstoff** *m* plastic explosive(s *pl.*); **~tüte** *f* plastic bag.

plastisch *adj.* **1.** *Kunst*: sculptural, plastic *arts*; **2.** (*räumlich*) three-dimensional; **3.** *Beschreibung etc.*: graphic, vivid; **4. ~e Chirurgie** plastic surgery.

Platane *f* plane (tree).

Plateau *n* plateau; **~sohle** *f* platform sole.

Platin *n* platinum; **&blond** *adj.* platinum blonde.

Platine *f* ⚡ (circuit) board.

Platitude *f* → **Plattitüde.**

platonisch *adj.* Platonic; *Liebe etc.*: platonic.

platsch *int.* splosh!; **platschen** *v/i.* splash.

plätschern *v/i. Regen*: patter (**gegen** against); *Wellen*: lap (against); *Brunnen*: splash; *Bach*: murmur, babble; *im Wasser*: splash about; F *fig. Gespräch*: (*a. vor sich hin* **~**) meander along.

platt I. *adj.* **1.** (*flach*) flat; (*eben*) level, even; **~ drücken** *etc.* flatten; F *mot.* **e-n &en haben** have a flat tyre (*Am.* tire), F have a flat; **2.** *fig.* (*nichts sagend*) trite, uninspired; **3.** *Lüge etc.*: downright, F rotten; **4.** F *vor Staunen*: flabbergasted, F floored; **ich war einfach ~** you could have knocked me down with a feather; **da bin ich aber ~!** F well blow me!; **II.** & *n ling.* → **Plattdeutsch.**

Plättbrett *n* ironing board.

Plättchen *n* small plate; *a. anat.* lamina; ⚙, ⚘ lamella; (*Blut&*) platelet.

plattdeutsch *adj.*, & *n ling.* Low German.

Platte *f* **1.** (*großer Teller*) dish; **kalte ~** cold cuts; **2.** (*Glas&, Metall& etc.*) sheet; (*Holz&*) board; (*Stein&*) slab; (*Kachel*) tile; **3.** (*Tisch&*) tabletop, *ausziehbar*: leaf; **4.** (*Herd&*) hotplate; **5.** (*Fels&*) ledge; **6.** (*Schall&*) record; F *fig.* **die ~ kenn ich schon** I've heard that one before; F **leg mal 'ne neue ~ auf** F can you put the other side on for a change?; F **der hat ganz schön was auf der ~** F he's on the ball, he's really with it; **7.** *Computer*: fixed disk; **8.** F (*Glatze*) F bald pate, (*kahle Stelle*) bald patch; **e-e ~ haben** be (going) bald.

Plätteisen *n* iron; **plätten** *v/t.* iron, press.

Platten|archiv *n* record library; **~aufnahme** *f* recording; **~bar** *f* record listening counter; **~cover** *n* record sleeve; **~firma** *f* record company; **~geschäft** *n* record shop; **~hülle** *f* record sleeve; **~industrie** *f* record industry; **~laufwerk** *n Computer*: disk drive; **~reiniger** *m* record cleaner; **~sammlung** *f* record collection; **~spieler** *m* record player, *Hi-Fi*: *a.* turntable; **~ständer** *m mst* LP rack; **~stapel** *m Computer*: disk pack; **~tektonik** *f geol.* plate tectonics *pl.* (*sg. konstr.*); **~teller** *m* turntable; **~wechsler** *m* record changer.

Plattfisch *m* flatfish.

Plattform *f* platform (*a. fig. pol.*); **&übergreifend** *adj. Computer*: cross-platform.

Plattfuß *m* flat foot; F *mot.* flat tyre (*Am.* tire), F flat; **plattfüßig** *adj.* flat-footed.

Plattheit *f* **1.** flatness; *geistige*: triteness; **2.** (*Floskel*) trite remark, platitude.

Plattitüde *f* platitude; **~n reden** talk in platitudes.

Plättli *schweiz. n* (*Kachel, Fliese*) tile.

plattnasig *adj.* flat-nosed.

Platz *m* **1.** (*Raum*) room, space; **~ machen** make room (**für** for), (*vorbeilassen, a. fig. den* **~** *räumen*) make way (for); **~ da!** move along, please!; **~ sparen** save space; **es ist kein ~ mehr** there's no room left; **es ist noch viel ~** there's plenty of room (left); **dafür finden wir noch ~** we'll fit (*od.* squeeze) that in somehow; **der Wagen bietet fünf Personen ~** the car has room for five (*od.* seats five); **der Saal bietet 300 Personen ~** the hall seats 300; **das Stadion hat ~ für 30000** the stadium holds 30,000; **das hat in s-m Leben keinen ~** there's no room for that in his life; **2.** (*Sitz&, a.* ✈ *etc.*) seat, place; **~ nehmen** sit down; **nehmen Sie doch ~!** have a seat, (do) sit down; **~!** *zum Hund*: down!, (*Sitz!*) sit!; **j-m s-n ~ anbieten** offer s.o. one's seat, give up one's seat for s.o.; **ist der ~ frei?** is this seat taken?; **bis auf den letzten ~ gefüllt** filled to capacity; **er hat s-n festen ~** he always likes to sit in the same place; **3.** (*Stelle, Standort*) place; *für Picknick, Urlaub etc.*: *a.* spot; **der Schlüssel hängt nicht an s-m ~** the key isn't where it should be; **die Ordner sind alle an ihrem ~** the files are all in their proper place; **auf die Plätze, fertig, los!** on your marks, get set, go!; **er wich nicht vom ~** he didn't budge (*od.* move from the spot); **dein ~ ist bei d-r Firma** your place is with your company, your company is where you belong; **ein ~ an der Sonne** *a. fig.* a place in the sun; **fehl am ~(e) sein** be out of place, *beruflich etc.*: *a.* be a square peg in a round hole; *Bemerkung, Reaktion etc.*: be uncalled for; **hier ist Vorsicht am ~** we've got to be careful here, this calls for great care; **4.** (*Lücke*) space; **hier ist noch ein ~ (frei) für den Koffer** here's a (an empty) space for the case; **5.** (*Ort, Stadt*) place; **das beste Restaurant am ~e** the best restaurant around here (*od.* in [the] town); **6.** (*Lage, a. Bau&, Zelt& etc.*) site; **7.** (*freier* **~**) open space; (*öffentlicher* **~**) square; *runder, in Zssgn*: Circus; **8.** (*Sportfeld*) field, pitch; (*Tennis&*) court; (*Golf&*) course; **vom ~ stellen** send off; **auf eigenem (gegnerischem) ~ spielen** play at home (away [from home]); *fig.* **vom ~ fegen** play into the ground; **9.** (*Studien&*) place (to study); **hast du schon e-n ~ gefunden?** have you been accepted anywhere?, have you got a place?; **10.** (*Stellung, Rang*) position; *Sport*: place; **den dritten ~ belegen** come third; **j-n auf den zweiten ~ verweisen** beat s.o. into second place; **s-e Gegner auf die Plätze verweisen** leave one's opponents trailing; **~angst** *f* F claustrophobia; ⚕ agoraphobia; **~anweiser(in** *f*) *m* usher(ette *f*); **~bedarf** *m* space required.

Plätzchen[1] *n* **1.** (little) place, spot; **2. ist hier noch ein ~ frei?** a) is there any room left for me?, b) is there a free seat anywhere?; **3.** *fig.* **sich ein ~ erobern** carve out a niche for o.s.

Plätzchen[2] *n* (*Gebäck*) biscuit, *Am.* cookie; **~form** *f* biscuit (*od.* cookie) cutter.

Platzdeckchen *n* place mat.

Platze F *f*: **da kriegt man ja die ~** *vor Wut etc.*: F it can drive you spare, *vor Lachen*: F what a scream.

platzen *v/i.* **1.** burst (*a. Naht, Reifen*); *Hosennaht*: split; (*reißen*) crack, split, ⚕ rupture; **ihm ist e-e Ader geplatzt** he burst a blood vessel; F *fig.* **ins Zimmer ~** burst into the room; **vor** *Ungeduld, Neugier etc.* **~** be bursting with; **vor Lachen ~** split one's sides; F **mir platzt die Blase!** F I'm dying to go to the loo; → **Kragen, Naht**; **2.** F *fig. Plan etc.*: fall through; *Verlobung*: be broken off; *Drogenring etc.*: be smashed; *Wechsel*: bounce; **~ lassen** (*Plan etc.*) upset, thwart, put an end to, (*Theorie etc.*) explode, (*Freundschaft etc.*) break up, (*Drogenring etc.*) smash, (*Wechsel*) bounce.

Platz|ersparnis *f* space saving; **aus Gründen der ~** for reasons of space; **~gründe** *pl.*: **aus ~n** for reasons of space; **wir sind aus ~n umgezogen** we moved because we needed more space; **~halter** *m Computer*: wildcard; **~hirsch** F *fig. m* F top dog.

platzieren I. *v/t.* place (*a. Sport*); **II.** *v/refl.*: **sich ~** position o.s.; *Sport*: be placed (**als Dritter** third); **platziert** *adj. Schuss*: well-placed; **Platzierung** *f Sport*: placing; place.

Platz|karte *f* 🚂 reservation (ticket); **~konzert** *n* promenade concert; **~mangel** *m* lack of space; **aus ~** for (*od.* due to) lack of space, because there isn't (*od.* wasn't) enough room; **~miete** *f* **1.** rental charge, rent; *Tennis*: fee; **2.** *thea.* subscription; **~ordner** *m Sport*: steward; **~patrone** *f* blank cartridge; **~regen** *m* cloudburst, downpour; **~reservierung** *f* reservation.

platzsparend, Platz sparend *adj.* space-saving.

Platz|sperre *f Sport*: *ban on playing on one's home ground*; **~verweis** *m Sport*: sending-off; **X erhielt e-n ~** X was sent off; **es gab im ganzen vier ~e** four players were sent off altogether; **~vorteil** *m Sport*: home advantage; **~wart** *m Sport*: groundsman; **~wechsel** *m* **1.** change of places (*Sport*: ends); **2.** ✝ local bill; **~wunde** *f* cut, ⚕ laceration.

Plauderei *f* chat; **Plauderer** *m* conversationalist; *contp.* gossip; **er ist ein netter ~** it's nice listening to him talk; **plaudern** *v/i.* (have a) chat; *fig.* **aus der Schule ~** F blab.

Plauder|stündchen *n*, **~stunde** *f* (pleasant) chat; **~ton** *m* chatty tone, (light) conversational tone; **im ~ schreiben** write in a chatty style.

Plausch *dial. m* chat, F natter; **plauschen** *v/i.* chat, F (have a) natter.

plausibel *adj.* plausible; **j-m et. ~ machen** make s.th. clear to s.o.; **es klingt ~** it sounds plausible (enough).

Play *n* play; **auf ~ drücken** press play (*od.* the play button).

Play-back *n* **1.** *TV etc.*: miming, (*Gesang*) *a.* singing to playback; **es ist ~** *a.* he's *etc.* (just) miming, it's a recording; **2.** (*Verfahren*) double-tracking, multiple-tracking.

Playboy *m* playboy.

Playtaste *f* play button.

Plazenta *f anat.*, ⚘ placenta.

Plazet *n* approval; **e-r Sache sein ~**

P

geben give one's approval for (*od.* blessing to) s.th.

plazieren *etc.* → ***platzieren*** *etc.*

Plebejer *contp. m* plebeian, F pleb; **plebejerhaft I.** *adj.* → ***plebejisch***; **II.** *adv.*: ***sich ~ benehmen*** F behave (*od.* act) like a pleb; **plebejisch** *adj.* plebeian, F plebby.

Plebiszit *n* plebiscite.

Plebs F *m* F plebs *pl.*

Pleistozän *n*, **pleistozän** *adj.* Pleistocene.

Pleite F **I.** *f* **1.** ✝ bankruptcy; ***~ machen*** go bankrupt, F go bust; **2.** *fig.* failure, F flop; **II.** ℒ *adj.* F broke; ***total ~*** F stone broke; **Pleitegeier** F *m*: ***über vielen Firmen schwebt der ~*** many firms are on the verge of bankruptcy (F about to go bust); ***der ~ schwebt über uns*** (*od.* ***ihnen***) *a.* the wolves are at the door; **Pleitier** F *m* bankrupt.

Plektron *n*, **Plektrum** *n* plectrum.

plemplem F *adj.* F nuts.

Plenar|debatte *f* debate of the full house; **~saal** *m* plenary assembly hall; **~sitzung** *f* plenary session; **~versammlung** *f* plenary assembly.

Plenum *n parl.* plenary assembly; ⚖ full court.

Pleonasmus *m* pleonasm; **pleonastisch** *adj.* pleonastic(ally *adv.*).

Pleuelstange *f* ⚙ connecting rod.

Pleuritis *f* ⚕ pleurisy.

Plexiglas (*TM*) *n* Perspex (*TM*).

Plexus *m anat.* plexus.

Plissee *n* pleats *pl.*; **~rock** *m* pleated skirt.

plissieren *v/t.* pleat; **plissiert** *adj.* pleated.

PLO *f* PLO (= Palestine Liberation Organization); **~-Führer** *m* PLO leader.

Plombe *f* **1.** ⚙ (lead) seal; **2.** (*Zahn*ℒ) filling; **plombieren** *v/t.* **1.** ⚙ seal, lead; **2.** (*Zahn*) fill.

Plotter *m Computer*: plotter.

plötzlich I. *adj.* sudden; → ***Kindstod***; **II.** *adv.* suddenly; all of a sudden; ***~ war er verschwunden*** *a.* before you knew it he had disappeared; ***~ war alles anders*** from one minute (*od.* day) to the next everything had changed; ***das kommt mir alles zu ~*** it's all happening too fast (for my liking); F ***aber ein bisschen ~!*** F and make it snappy!; **Plötzlichkeit** *f* suddenness.

Pluderhosen *pl.* harem pants, Turkish trousers; F *hum.* baggy breeches.

plump *adj.* (*unförmig*) ungainly; (*unbeholfen*) clumsy, awkward, *fig. a.* heavy-handed; (*unfein*) crude; (*taktlos*) (very) direct, blunt; *Lüge, Betrug etc.*: blatant, gross; ***das war e-e ~e Ausrede*** that was obviously just an excuse; → ***plumpvertraulich***; **Plumpheit** *f* ungainliness, clumsiness *etc.*; → ***plump.***

Plumps F **I.** *m* thud; *im Wasser*: plop; **II.** ℒ *int.* bang!; *ins Wasser*: plop!; **plumpsen** F *v/i.* (*fallen*) fall; *ins Wasser*: *a.* plop; **Plumpsklo** F *n* earth closet, F outdoor loo; *bsd.* ✗ latrine.

plumpvertraulich I. *adj.* pally, chummy; **II.** *adv.* in a pally way, as if we *etc.* were the best of pals.

Plunder *m* rubbish, F junk.

Plünderei *f* looting (and pillaging), plundering; **Plünderer** *m* looter, plunderer; **plündern** *v/t. u. v/i.* (*Stadt*) loot, plunder, pillage; F (*Kühlschrank, Konto etc.*) raid; (*Obstbaum, Weihnachtsbaum*) strip (bare); (*Buch*) scavenge; **Plünderung** *f* looting, plundering, pillaging.

Plural *m ling.* plural (number); **~bildung** *f* formation of the plural; **~endung** *f* plural ending; **~form** *f* plural form.

Pluralismus *m* pluralism; **pluralistisch** *adj.* pluralistic(ally *adv.*).

Pluralität *f der Meinungen etc.*: plurality.

Plus I. *n* **1.** plus; (*Mehrbetrag*) profit; ***ein ~ von 10 Stunden*** 10 hours plus (*od.* in hand); **2.** (*Vorteil*) asset, advantage; **II.** ℒ *prp.* plus; ***~/minus einen Tag*** give or take a day; ***~/minus null abschneiden*** break even.

Plüsch *m* plush; **~augen** F *pl.* dreamy eyes; **~tier** *n* soft (*od.* cuddly) toy.

Plus|pol *m* ⚡ positive (*od.* plus) pole, anode; **~punkt** *m* credit point, F *hum.* brownie point; *fig.* advantage, plus (point).

Plusquamperfekt *n ling.* pluperfect (tense), past perfect.

Plusseite *f* ✝ *u. fig.*: (***auf der ~*** on the) credit side.

plustern *v/t. u. v/refl.* → ***aufplustern.***

Pluszeichen *n* plus (sign).

Plutokrat *m* plutocrat; **Plutokratie** *f* plutocracy; **plutokratisch** *adj.* plutocratic.

Plutonium *n* ⚛ plutonium; **~bombe** *f* plutonium bomb.

Pneu *schweiz. m* (*Reifen*) tyre, *Am.* tire.

Pneumatik *f phys.* pneumatics *pl.* (*als Fach sg. konstr.*); **pneumatisch** *adj.* pneumatic(ally *adv.*).

Po F *m* → ***Popo.***

Pöbel *m* (*Masse Mensch*) *the* masses *pl.*, *the* hoi polloi; (*Mob*) mob, rabble; **Pöbelei** *f* **1.** *a. pl.* vulgar behavio(u)r; **2.** (*Anmerkung*) vulgar remark; **pöbelhaft** *adj.* vulgar, uncouth; **Pöbelherrschaft** *f* mob rule.

pochen *v/i.* knock, *leise*: tap; *Puls*: throb; *Herz*: beat, *stärker*: thump; *fig.* ***~ auf*** (*bestehen auf*) insist on; (*prahlen mit*) make a big thing out of.

pochieren *v/t. gastr.* poach.

Pocke *f* ⚕ pock; **~n** *n* smallpox *sg.*

Pocken|impfung *f* smallpox vaccination; **~narbe** *f* pockmark.

pockig *adj. Gesicht*: pockmarked.

Podest *n* **1.** platform; *fig.* ***j-n auf ein ~ erheben*** put s.o. on a pedestal; ***j-n von s-m ~ stoßen*** knock s.o. off his (*od.* her) pedestal; **2.** (*Treppenabsatz*) half-landing.

Podium *n* platform, rostrum; **Podiumsdiskussion** *f* panel (*od.* round-table) discussion.

Poesie *f* poetry (*a. fig.*); **~album** *n* autograph book.

Poet *m* poet; **Poeta laureatus** *m* poet laureate; **Poetik** *f* poetics *pl.* (*sg. konstr.*), poetic theory; **poetisch** *adj.* poetic(al), lyrical; ***~e Ader*** poetic vein.

Pogrom *n* pogrom.

Pointe *f e-r Geschichte*: point; *e-s Witzes*: punch line; **pointenreich** *adj.* very witty; **pointiert** *adj.* pointed.

Pointillismus *m Malerei*: pointillism; **Pointillist** *m* pointillist.

Pokal *m* cup, goblet; *Sport*: cup; ***~ der Landesmeister*** European (Champions') Cup; ***~ der Pokalsieger*** European Cup Winners' Cup; **~endspiel** *n*, **~finale** *n* cup final; **~runde** *f* round (of the cup); **~sieger** *m* cup winner; **~spiel** *n* cup tie (*od.* match); **~verteidiger** *m* cup holder(s *pl.*).

Pökel *m* brine, pickle; **Pökelfleisch** *n* cured meat; **pökeln** *v/t.* pickle.

Poker *n, m* poker; **~gesicht** *n* poker face; ***X mit s-m ~*** *a.* po-faced X.

pokern *v/i.* play poker; *fig.* gamble (**um** over); *fig.* ***sehr hoch ~*** gamble with high stakes.

Poker|spiel *n* **1.** poker; **2.** game of poker; **~spieler** *m* poker player.

Pol *m* pole, ⚡ *a.* terminal; *fig.* ***der ruhende ~*** the stabilizing element.

polar *adj.* polar (*a.* ⚡, ⚗); *meteor. a.* arctic; *fig.* ***in ~em Gegensatz zu*** diametrically opposed to; ℒ**achse** *f* polar axis; ℒ**eis** *n* polar (*od.* arctic) ice; ℒ**expedition** *f* polar (*od.* [Ant]Arctic) expedition, expedition to the Arctic (*od.* Antarctic); ℒ**forscher** *m* (Ant)Arctic explorer; ℒ**front** *f meteor.* polar front; ℒ**fuchs** *m* Arctic fox; ℒ**gebiet** *n* polar region(s *pl.*); ℒ**hund** *m* husky.

Polarisation *f* ⚗, *phys.* polarization (*a. fig.*); **Polarisationsfilter** *m, n* polarization filter; **polarisieren I.** *v/t.* polarize; **II.** *v/refl.*: ***sich ~*** become (more and more) polarized; **Polarität** *f* polarity (*a. fig.*).

Polar|kappe *f* polar (ice)cap; **~kreis** *m*: ***nördlicher*** (***südlicher***) ***~*** Arctic (Antarctic) Circle; **~licht** *n*: ***nördliches*** (***südliches***) ***~*** northern (southern) lights *pl.*, 📖 aurora borealis (australis); **~luft** *f* polar current; **~meer** *n*: ***nördliches*** (***südliches***) ***~*** Arctic (Antarctic) Ocean; **~nacht** *f* polar night; **~region** *f* polar region; **~route** *f* polar route; ***über die ~ fliegen*** take the polar route, fly over the North Pole; **~station** *f* polar research station; **~stern** *m* Pole Star; **~tief** *n* polar low; **~zone** *f* frigid zone.

Pole *m* Pole.

Polemik *f* **1.** (*das Polemisieren*) polemics *pl.* (*sg. konstr.*); **2.** (*Streit*) controversy, dispute; **3.** (*Schrift*) polemic (***gegen*** against), attack (on, against); **polemisch** *adj.* polemic(al); **polemisieren** *v/i.* polemicize (***gegen*** against).

polen *v/t.* ⚡ polarize.

Polente F *obs. f* F *the* cops (*sl.* fuzz) *pl.*

Polfilter *m, n phot.* polarization filter.

Police *f* (insurance) policy.

Polier *m* foreman.

polieren *v/t.* polish (*a. fig.*).

Polier|mittel *n* polish; **~tuch** *n* soft cloth.

Poliklinik *f* outpatients' clinic.

Polin *f* Pole, Polish woman.

Polio *f* polio; **~impfung** *f* polio vaccination; **~myelitis** *f* poliomyelitis.

Politbüro *n* Politburo.

Politesse *f* (woman) traffic warden, *Am.* F meter maid.

Politik *f* politics *pl.*; (*bestimmte Linie*) policy (***in Bezug auf, im Hinblick auf*** on; ***gegenüber*** towards); (*Taktik*) tactics *pl.*; (*Wissenschaft*) politics *pl.* (*sg. konstr.*); ***die internationale ~*** international politics (*od.* relations); ***~ der Härte*** hard-line policy (*od.* politics); ***in die ~ gehen*** go into politics; ***über ~ sprechen*** talk politics; → ***machen*** III; **Politiker(in** *f*) *m* politician; *führende(r)*: statesman (*f* stateswoman); **Politikum** *n* political issue.

Politik|verdrossenheit *f* disenchantment with politics; **~wissenschaft** *f* political science; **~wissenschaftler** *m* political scientist.

politisch I. *adj.* political; *fig.* (*klug*) judicious, politic; **II.** *adv.* politically; ***~ korrekt*** politically correct; ***~ tätig*** involved in politics, politically active; ***~ interessiert*** politically aware; ***~ Verfolgte(r)*** victim of political persecution; ***wie ist er ~ eingestellt?*** where does he stand politically?; **Politische(r** *m*) *f* political prisoner.

politisieren I. *v/i.* talk politics; **II.** *v/t.* politicize; (*j-n*) make politically aware.

Politologe *m* political scientist; **Politologie** *f* political science; **politologisch** *adj.* political; *Forschung etc.*: in (the field of) political science.

Polit|prominenz *f* political top brass, top brass politicians *pl.*; **~revue** *f* political revue; **~terror** *m* political terror; **~thriller** *m* political thriller.

Politur *f* **1.** (*Mittel*) polish; **2.** (*Glanz*) polish, finish.

Polizei *f* police (*pl. konstr.*); (*~truppe*) police force; ***bei der ~ sein*** a) be in the police force, b) be at the police station; F ***es mit der ~ zu tun kriegen*** get into trouble with the police; **~aktion** *f* police operation; **~apparat** *m* police force; **~arrest** *m* police custody; **~aufgebot** *n* police detachment; ***starkes ~*** *a.* large police presence; ***es gab ein starkes ~*** *a.* the police were out in force; **~auto** *n* police car; **~beamte(r)** *m* policeman, police officer, law enforcement officer; → *a.* ***Polizist***; **~beamtin** *f* policewoman, police officer, law enforcement officer; → *a.* ***Polizistin***; **≈bekannt** *adj.* known to the police; **~boot** *n* police launch; **~chef** *m* police chief; → *a.* ***Polizeipräsident;*** **~dienststelle** *f* police station; **~einsatz** *m* police action (*od.* intervention); ***unter starkem ~*** with (*od.* by) a large-scale intervention of the police; **~eskorte** *f* police motorcade; **~funk** *m* police radio; **~gewalt** *f*: ***die Menge wurde mit ~ auseinander getrieben*** the police dispersed the crowds by force; **~griff** *m* arm-lock; **~hund** *m* police dog; **~knüppel** *m* truncheon; **~kommissar** *m* (police) inspector; **~kontrolle** *f* police check; **~labor** *n* forensic laboratory.

polizeilich I. *adj.* (of *od.* by the) police; ***unter ~er Überwachung*** under police surveillance; **II.** *adv.*: ***sich ~ anmelden*** (***abmelden***) register with the authorities (inform the authorities that one is moving); ***~ verboten*** prohibited by law; ***er wird ~ gesucht*** the police are looking for (F are after) him; ***... wird ~ bestraft*** ... is punishable by law.

Polizei|präsident *m* chief of police; *in GB*: *etwa* chief constable, *e-r Großstadt*: *mst* police commissioner; **~präsidium** *n* police headquarters *pl.* (*a. sg. konstr.*); **~revier** *n* **1.** (*Bezirk*) (police) district, *Am.* (police) precinct; **2.** (*Dienststelle*) police station; **~schutz** *m* police protection; **~spitzel** *m* (police) informer, *sl.* stool pigeon; **~staat** *m* police state; **~streife** *f* police patrol; (*Trupp*) *a.* police squad; (*einzelner Beamter*) police patrolman; **~stunde** *f* closing time; ***um Mitternacht ist ~*** all restaurants and bars have to close at midnight; **~truppen** *pl.* security forces; **~uniform** *f* police uniform; **~wache** *f* police station.

Polizist *m* policeman, (police) constable; **Polizistin** *f* policewoman, ([woman] police) constable.

Polka *f* polka.

Polkappe *f* polar cap.

Pollen *m* ♣ pollen; **~analyse** *f* pollen analysis; **~anzahl** *f* pollen count; **~bericht** *m* (latest) pollen count; **~flug** *m* pollen count; **~korn** *n* pollen grain; **~krankheit** *f* pollinosis; **~menge** *f* pollen count; **~sack** *m* pollen sac; **~vorhersage** *f* → ***Pollenbericht.***

Poller *m* ⚓ bollard.

polnisch *adj.*, **≈** *n ling.* Polish.

Polo *n* polo; **~hemd** *n* polo shirt; **~schläger** *m* mallet; **~spieler** *m* polo player.

Polstärke *f* ⚡ pole strength.

Polster *n Sessel etc.*: upholstery; *Kleidung*: padding; *fig.* (*finanzielles ~*) reserves *pl.*; → ***Auftragspolster, Fettpolster***; **Polsterer** *m* upholsterer.

Polster|garnitur *f* living room (*od.* three-piece) suite; **~möbel** *pl.* **1.** upholstery *sg*; **2.** → ***Polstergarnitur.***

polstern *v/t.* upholster; (*Kleidung*) pad; → ***gepolstert.***

Polster|sessel *m* armchair, easy chair; **~stuhl** *m* upholstered chair; **~tür** *f* padded door.

Polsterung *f* upholstery.

Polter|abend *m* eve-of-the-wedding party; **~geist** *m* poltergeist.

poltern *v/i.* make a racket; (*fallen*) crash; (*sich polternd bewegen*) rumble (along); F (*schimpfen*) rant and rave.

Polwanderung *f* polar wandering.

Polyamid *n* ⚗ polyamide.

Polyandrie *f* polyandry.

Polyarthritis *f* ⚕ rheumatoid arthritis.

Polyäthylen *n* ⚗ polyethylene.

polychrom *adj.* polychrome.

Polyeder *n* ⩓ polyhedron.

Polyester *m* ⚗ polyester.

polygam *adj.* polygamous; **Polygamie** *f* polygamy.

polyglott *adj.*, **Polyglotte(r** *m*) *f* polyglot.

Polyhistor *m* polymath.

Polymer *n* ⚗ polymer.

polymorph *adj.* polymorphous, polymorphic.

Polynesier(in *f*) *m*, **polynesisch** *adj.*, **Polynesisch** *n ling.* Polynesian.

Polyp *m* **1.** *zo.* polyp; *obs.* (*Tintenfisch*) octopus; **2.** *pl.* (*Nasenpolypen*) adenoids; **3.** F (*Polizist*) F cop(per), *pl.* cops, *sl. the* fuzz (*pl.*)

polyphon *adj.* polyphonic; **Polyphonie** *f* polyphony.

Polysaccharid *n* ⚗ polysaccharide.

polysem *adj. ling.* polysemous; **Polysemie** *f* polysemy.

Polytheismus *m* polytheism; **polytheistisch** *adj.* polytheistic.

polyvalent *adj.* polyvalent.

Pomade *f* pomade; **pomadig** *adj.* **1.** *Haar*: slicked back (*od.* down); **2.** *fig.* (*schleimig*) smarmy; (*träge*) slow, sluggish.

Pomeranze *f* bitter orange.

Pommer *m* Pomeranian; ***~ sein*** be (a) Pomeranian, come from Pomerania; **pommersch** *adj.* Pomeranian.

Pommes F *pl.* chips, *Am.* fries; ***einmal ~, bitte*** bag of chips, please; *Am.* fries, please; **Pommes frites** *pl.* chips, *Am.* (French) fries; *auf der Speisekarte*: *a.* French fried potatoes.

Pomp *m* pomp; **pompös** *adj.* pretentious; *Rede*: bombastic; *Empfang etc.*: extravagant.

Pontifex *hist. m* pontiff; ***~ maximus*** Pontifex maximus.

Pontifikalamt *n* Pontifical mass; **Pontifikat** *n* papacy, pontificate.

Pontius *m*: ***von ~ zu Pilatus laufen*** run (*od.* chase) from pillar to post.

Ponton *m* pontoon; **~brücke** *f* pontoon bridge.

Pony[1] *n* pony.

Pony[2] *m Haar*: fringe, *Am.* bangs *pl.*; **~frisur** *f*: ***e-e ~ tragen*** have a fringe (*Am.* bangs).

Pop *m* **1.** pop art; **2.** pop (music).

Popanz *m* **1.** (*Schreckgespenst*) bogeyman; **2.** (*Marionette*) puppet.

Pop-Art *f* pop art.

Popcorn *n* popcorn.

Pope *m* **1.** (Greek [*unkorrekt*] *od.* Russian Orthodox) priest; **2.** *contp.* cleric, F holy Joe.

Popel F *m* F bog(e)y, V bit of snot; **popelig** F *adj.* (*dürftig*) F miserable; (*knauserig*) F stingy.

Popelin(e *f*) *m* poplin.

popeln F *v/i.* pick one's nose.

Pop|festival *n* pop festival; **~gruppe** *f* pop group; **~konzert** *n* pop concert; **~musik** *f* pop music.

Popo F *m* F bottom, backside; *zum Kind*: F bot(ty); **~scheitel** F *m* middle parting.

Popper *m*, **poppig** *adj.* mod.

Pop|star *m* pop star; **~szene** *f* pop scene; ***was tut sich in der ~?*** *a.* what's going on in the world of pop?

populär *adj.* popular; **popularisieren** *v/t.* popularize; **Popularität** *f* popularity; **populärwissenschaftlich** *adj.* popular(-ized), popular-science ...

Population *f* population; **Populationsdichte** *f* population density.

Populismus *m* populism; **populistisch** *adj.* populist.

Pore *f* pore; ***mir brach der Schweiß aus allen ~n*** *vor Angst*: I broke out into a cold sweat; **porig** *adj.* porous.

Porno F *m* F porn; **~film** *m* sex (*od.* porn) film, blue movie.

Pornographie *f* pornography; **pornographisch** *adj.* pornographic(ally *adv.*).

Porno|heft *n* porn(o) magazine, F porn mag; **~kino** *n* blue movie theat|re (*Am.* -er); **~laden** *m* sex (*od.* porn) shop; **~magazin** *n* → ***Pornoheft.***

porös *adj.* porous; **Porosität** *f* porosity.

Porphyr *m* porphyry.

Porree *m* ♣ leek; *gastr.* leeks *pl.*

Portal *n* main entrance, portal.

Portefeuille *n pol.* portfolio; ***Minister ohne ~*** minister without portfolio.

Portemonnaie *n* (*Am.* change) purse; F *fig.* ***ein dickes ~ haben*** F have wads of money.

Portier *m* porter, doorman.

Portion *f* **1.** *bei Tisch*: helping, serving; *Tee, Kaffee*: pot; ***e-e ~ Kaffee*** a pot of coffee; **2.** F *fig. Mut etc.*: good deal (F dose) *of courage etc.*; ***in kleinen ~en*** in small doses; **3.** F *fig.* ***halbe ~*** F shrimp, titch; **Portionierer** *m* scoop.

Portmonee *n* → ***Portemonnaie.***

Porto *n* postage (**für** on, for); **≈frei** *adj.* postage paid; **~kasse** *f etwa* petty cash; F *fig.* ***das zahlen die doch aus der ~*** F that's chickenfeed for them.

Porträt *n* portrait; **~aufnahme** *f* portrait (photograph); **~büste** *f* portrait bust; **~foto** *n* portrait (photograph); **~fotograf** *m* portrait photographer.

porträtieren *v/t.* paint a portrait of; *fig.* portray; **Porträtist** *m* portrait painter.

Porträt|maler *m* portrait painter; **~malerei** *f* portraiture; **~studie** *f* portrait study.

Portugiese *m*, **Portugiesin** *f*, **portugiesisch** *adj.*, **Portugiesisch** *n ling.* Portuguese.

Portwein *m* port.

Porzellan *n* porcelain, (*a. Geschirr*) china; *fig.* ***~ zerschlagen*** cause a lot of (unnecessary) trouble; **~erde** *f* china clay, kaolin; **~figur** *f* porcelain figure (*kleine*: figurine); **~geschirr** *n* china; **~laden** *m* china (*od.* porcelain) shop; → ***Elefant***;

P

~malerei *f* painting on porcelain; **~ware** *f* china(ware), porcelain.

Posaune *f* trombone; *fig.* trumpet; **posaunen I.** *v/i.* play the trombone; **II.** *fig. contp. v/t.* trumpet; **Posaunenbläser** *m*, **Posaunist** *m* trombonist.

Pose *f* pose; ***e-e ~ einnehmen*** take up a pose; *fig.* pose (**als** as); ***sich in ~ werfen*** put on one's best pose; ***er gefiel sich wieder einmal in der ~ des Beleidigten*** he put on his offended act again; ***es ist alles nur ~*** it's all part of an (*od.* the, his *etc.*) act; **Poseur** *m* poser; **posieren** *v/i.* pose.

Position *f* **1.** (*Stellung, Rang*) position; standing, status; ***gesellschaftliche ~*** social standing, position in society; **2.** *Sport*: place, position; ***in dritter ~ liegen*** be in third place (*od.* position); **3.** (*Posten*) position, post; **4.** (*Standort, Lage, Stellung*) position; ⚔ ***in ~ gehen*** take up one's position; ***~ einnehmen!*** *Film*: places, please!; **5.** (*Lage, Situation*) position; **6.** (*Haltung*) position; ***~ beziehen*** take a stand; ***e-e ~ vertreten*** maintain a standpoint (*od.* point of view); **7.** ✝ item; **positionieren** *v/t.* position.

Positions|anzeiger *m* position indicator; **~leuchte** *f mot.* side lamp; **~lichter** *pl.* ✈, ⚓ navigation lights.

positiv I. *adj.* positive (*a. phys.*, ⅌, ⚕, ⚡, *phot.*); (*bejahend*) *a.* affirmative; (*konkret*) concrete; ***das ist ja sehr ~*** that's excellent; ***~e Kritiken bekommen*** get a good press (*od.* good write-ups); ***das ~e daran*** the good (*od.* positive) thing about it, the positive side of it; ***er hat nur ~es über dich erzählt*** he only had positive things to say about you; **II.** *adv.* positively; ***sich ~ auf et. auswirken*** have a positive effect on s.th.; ***er hat sich ~ darüber geäußert*** he was quite positive about it, *befürwortend*: *a.* he was in favo(u)r of it; ***e-m Projekt*** *etc.* ***~ gegenüberstehen*** support (*od.* be in favo[u]r of) a project *etc.*; ***weißt du das auch ~?*** do you know that for certain (*od.* for sure)?; ***ich weiß es ganz ~*** it's a hundred per cent certain.

Positiv[1] *n phot.* positive.

Positiv[2] *m ling.* positive.

Positivismus *m phls.* positivism; **Positivist** *m* positivist; **positivistisch** *adj.* positivist(ic).

Positron *n phys.* positron.

Positur *f* pose; ***sich in ~ setzen*** strike a pose.

Posse *f thea.* farce (*a. fig.*), burlesque.

Possen *m* **1.** *pl.* (*Unsinn*) antics; ***~ reißen*** act the clown; **2.** ***j-m e-n ~ spielen*** play a trick on s.o.; **possenhaft** *adj.* farcical; **Possenreißer** *obs. m* clown.

possessiv *ling.* **I.** *adj.* possessive; **II.** ~ *n*, *a.* **Possessivum** *n* possessive (form); **Possessivpronomen** *n* possessive pronoun.

possierlich *adj.* droll, comical.

Post *f* post, *bsd. Am.* mail; (*~dienst*) postal service, (*a. ~amt*) post office; ***elektronische ~*** electronic mail; ***mit der ~*** by post, by mail; ***mit getrennter ~*** under separate cover; ***zur ~ geben, mit der ~ schicken*** post, mail; ***ist ~ für mich da?*** are there any letters for me?; ***ich lese gerade m-e ~*** I'm just reading (*od.* going through) my mail; ***ich warte auf die ~*** I'm waiting for the postman (*Am.* mailman), *im Betrieb*: I'm waiting for the mail (to come); ***bei der ~ arbeiten*** work for the post office; → ***ab*** 4; **~ablage** *f* correspondence file; **~agentur** *f* sub-post office.

postalisch *adj.* postal; ***auf ~em Weg*** by post, by mail.

Postament *n* pedestal, base.

Post|amt *n* post office; **~angestellte(r** *m*) *f* post office (*Am.* postal) employee; **~anschrift** *f* postal (*Am.* mailing) address; **~anweisung** *f* money (*od.* postal) order; **~ausgang** *m* outgoing mail; **~auto** *n* mail van; **~bank** *f* post office girobank; **~barscheck** *m* postal cheque (*Am.* check); **~beamte(r)** *m*, **~beamtin** *f* post office (*Am.* postal) clerk; **~bezirk** *m* postal district; **~bote** *m* postman, F postie; *Am.* mailman; **~botin** *f* postwoman, F postie; **~bus** *m* post office bus; **~dienst** *m* postal service; **~eingang** *m* incoming mail.

Posten *m* **1.** (*Wache*) sentry, guard; ***~ stehen*** (*od.* ***schieben***) be on guard duty; *fig.* ***auf dem ~ sein*** be on the alert, *gesundheitlich*: be in good form (F nick); ***wieder auf dem ~ sein*** be back on one's feet (again), be fighting fit again; ***nicht recht auf dem ~ sein*** be a bit under the weather; → ***verloren***; **2.** *beruflicher*: post, position; **3.** ✝ lot, batch; (*Rechnungs~*) item; (*Eintrag*) entry; **~jäger** *m* careerist, F go-getter; **~kette** *f* cordon; **~schacher** *m* scramble for posts.

Poster *n*, *m* poster.

Post|fach *n* post office box, PO box; **~fertig** *adj.* ready for posting (*od.* mailing); **~frisch** *adj. Briefmarke*: mint, in mint condition; **~gebühr** *f a. pl.* postage; ***~en*** *a.* postal rates (*od.* charges); **~geheimnis** *n* postal secrecy; **~gewerkschaft** *f* postal workers' union.

Postgiro *n* postal giro transfer; **~amt** *n* postal giro office; *in GB*: Girobank; *in den USA*: postal check office; **~konto** *n* (post office) giro account, *Am.* postal check account.

postglazial *adj. geol.* postglacial.

Posthorn *n hist.* post horn.

posthum *adj.* posthumous.

postieren I. *v/t.* position, place; ⚔ *a.* post; **II.** *v/refl.*: ***sich ~*** position o.s.

Postille *f* **1.** devotional book; **2.** *contp.* sheet.

Postillion *m hist.* stagecoach driver.

Postkarte *f* postcard; (*Ansichts~*) (picture) postcard.

Postkarten|größe *f*: ***in ~*** postcard-size(d); **~gruß** *m* postcard (greetings *pl.*).

Post|kasten *m* letterbox, postbox, *Am.* mailbox; **~kutsche** *f hist.* stagecoach.

postlagernd *adv.* poste restante, *Am.* (in care of) general delivery.

Postleitzahl *f* postcode, *Am.* zip code.

Postler F *m* post office worker.

Post|mappe *f* correspondence folder (*od.* file); **~minister** *m* postmaster general.

postmodern *adj.* postmodern(ist).

Postmoderne *f*: ***die ~*** postmodernism.

postnumerando *adv.*: ***~ bezahlen*** pay on receipt, *am Monatsende*: settle at the end of the month.

postoperativ *adj.* ⚕ post-operative.

Post|raum *m* post room; **~sack** *m* mailbag; **~schalter** *m* post office counter.

Postscheck *m* (post office) giro cheque, *Am.* postal check; **~amt** *obs. n* → ***Postgiroamt***; **~konto** *obs. n* → ***Postgirokonto.***

Post|schließfach *n* → ***Postfach***; **~sendung** *f* postal consignment; **~sparbuch** *n* post office (*Am.* postal) savings book; **~sparkasse** *f* post office (*Am.* postal) savings bank.

Postskript(um) *n* postscript.

Post|stelle *f* mail room; **~stempel** *m* postmark; ***„Datum des ~s"*** date as per postmark; **~überweisung** *f* postal (*od.* giro) transfer.

Postulat *n* **1.** (*Forderung*) imperative; **2.** *phls.* postulate, thesis; **postulieren** *v/t.* postulate.

postum *adj.* posthumous.

Post|verein *m* postal union; **~wagen** *m* 🚃 mail van, *Am.* postal car; **~weg** *m*: ***auf dem ~*** by post, by mail.

postwendend *adv.* by return (of post), by return mail; F *fig.* right away.

Post|wertzeichen *n* (postage) stamp; **~wesen** *n* postal system; **~wurfsendung** *f* bulk mail consignment; *pl. a.* bulk mail *sg.*; **~zensur** *f* postal censorship; **~zug** *m* mail train; **~zustellung** *f* postal delivery.

Pot F *n* (*Marihuana*) F pot, grass.

potent *adj.* **1.** *physiol.* virile; **2.** (*mächtig*) powerful; (*einflussreich*) *a.* influential; (*zahlungskräftig*) solvent.

Potentat *m* potentate.

Potential *n* → ***Potenzial.***

potentiell *adj.* potential.

Potentiometer *n* ⚡ potentiometer.

Potenz *f* **1.** ⅌ power; ***zweite ~*** square; ***dritte ~*** cube; ***acht in die zweite*** (***dritte***) ***~ erheben*** square (cube) eight; ***acht in die vierte*** (***fünfte*** *etc.*) ***~ erheben*** raise eight to the power of four (five *etc.*); **2.** *physiol.* virility; **3.** *fig.* ability; **~angst** *f* impotence-related anxiety.

Potenzial *n* **1.** (*Möglichkeit*[*en*]) potential; **2.** *e-r Anlage etc.*: capacity; **3.** (*Anzahl Personen*) pool (**an** of).

potenziell *adj.* potential.

potenzieren *v/t.* **1.** ⅌ raise to a higher power; **2.** *fig.* (*a. v/refl.*: ***sich ~***) multiply, intensify.

Potenz|pille *f* potency pill, anti-impotence pill (*od.* drug); **~steigernd** *adj.* potency *pills etc.*; **~störung** *f* virility problem, temporary impotence.

Poti F *n* ⚡ F pot.

Potpourri *n* ♪ potpourri (*a. fig.*), medley.

Pott *m* **1.** *dial.* (*Topf*) pot; *Sport*: (*Pokal*) cup; (*Nachttopf*) F jerry; (*Kinder~*) potty; F ***wir müssen mit diesem Projekt*** (***Vertrag***) ***zu ~e kommen*** we've got to get this project wound up (we've got to get this contract in the bag); F ***ich komm damit nicht zu ~e*** I'm not getting anywhere with it; **2.** F (*Schiff*) F tub.

Pottasche *f* potash.

Pottwal *m* sperm whale.

Poularde *f* poulard.

Power F *f* power; ***~ haben*** be powerful; ***ihm fehlt die richtige ~*** he's got no oomph.

PR PR, public relations *pl.*

Präambel *f* preamble (**zu** to).

PR-Abteilung *f* PR (*od.* public relations) department.

Pracht *f von Gebäuden, Gewändern etc.*: splendo(u)r; *von Farben*: richness; ***kalte ~*** cold splendo(u)r; ***die ~ bei Hofe*** courtly splendo(u)r; F ***es ist e-e ~*** F it's brilliant; F ***es ist e-e ~, wie er Klavier spielt*** it's a treat to hear him play the piano; **~ausgabe** *f* de luxe edition; **~bau** *m* stately building; **~entfaltung** *f* display of splendo(u)r; **~exemplar** *n* (very) fine specimen, F beauty, humdinger; F (*Person*) F cracker, humdinger.

prächtig I. *adj. optisch*: splendid, magnif-

P

icent; *Bau*: *a.* stately; *Wetter*: glorious; *Person*: F great; F (*großartig*) F brilliant, great; **II.** F *adv.*: ***sich ~ unterhalten*** F have a great conversation; ***sich ~ verstehen*** F get on like a house on fire; ***das hast du ~ gemacht!*** good work (F show).

Pracht|kerl F *m* F humdinger, cracker; (*Baby*) F bouncing baby; **~straße** *f* (splendid) boulevard; **~stück** *n* (very) fine specimen, F beauty; **≗voll** *adj.* (*ausgezeichnet*) splendid; *Wetter*: *a.* glorious; (*sehr schön, großartig*) wonderful.

Prädestination *f* predestination; **prädestinieren** *v/t.* predestine; ***prädestiniert zu*** *od.* ***für*** (*vorherbestimmt*) predestined for, (*geeignet*) cut out for; ***zum Lehrer*** *etc.* ***prädestiniert*** (*vorherbestimmt*) predestined to become a teacher *etc.*, (*geeignet*) cut out to be a teacher *etc.* (*od.* for teaching *etc.*), a born teacher *etc.*; ***er ist für diese Rolle prädestiniert*** he's made (*od.* cut out) for the part.

Prädikat *n ling.* predicate; (*Titel*) title; (*Wertung*) rating; (*Note*) mark, grade; ***der Film erhielt das ~ „wertvoll"*** the film was highly commended; ***Qualitätswein mit ~*** → ***Prädikatswein***; **Prädikatenlogik** *f* predicate logic; **Prädikatswein** *m* quality-tested wine (with special attributes).

prädisponiert *adj.*: ***~ für*** predisposed towards.

Präfekt *m a. hist.* prefect; **Präfektur** *f* prefecture.

Präferenz *f* preference; **~liste** *f* list of preferences; *Personen*: short list.

Präfix *n ling.* prefix.

Prägedruck *m* relief print(ing); (*Hochprägung*) embossing; (*Tiefprägung*) tooling; **prägen** *v/t.* stamp; (*Geld*) mint; (*Leder, Metall etc.*) emboss; *fig.* (*Wort etc.*) coin; (*j-n, j-s Charakter*) form, mo(u)ld; (*Sache*) set the tone of, determine *s.th.*; ***geprägt sein von*** be marked by, *positiv*: *a.* be characterized by; ***~der Einfluss*** formative influence; ***den Charakter ~*** form (*od.* mo[u]ld) one's personality; ***diese Jahre haben sie geprägt*** they were formative years for her; ***Wälder und Seen ~ die Landschaft*** woods and lakes lend the landscape its character (*od.* are the main features of this landscape); ***er ist von s-r Umwelt geprägt*** he's a product of his environment; **Prägestempel** *m für Münzen*: minting die; *typ.* stamping die.

präglazial *adj. geol.* preglacial.

Pragmatik *f* pragmatism; **Pragmatiker** *m* pragmatist; **pragmatisch** *adj.* pragmatic(ally *adv.*); **pragmatisieren** *östr.* give (*s.o.*) the status of a civil servant.

prägnant *adj.* concise, to the point; *Stil*: pithy; ***~es Beispiel*** perfect (*od.* telling) example; **Prägnanz** *f* conciseness, concision; *des Stils*: pithiness.

Prägung *f* stamping, minting; embossing; *e-s Wortes etc.*: coinage; *fig.* stamp, character; → ***prägen***; ***Demokratie englischer ~*** English-style democracy.

Prähistorie *f* prehistory; **Prähistoriker** *m* prehistorian; **prähistorisch** *adj.* prehistoric.

prahlen *v/i.* boast, brag (**mit** about); (*angeben*) show off (**mit et.** [with] s.th.); **Prahler** *m* boaster, braggart; **Prahlerei** *f* (*Prahlen*) boasting, bragging; **prahlerisch** *adj.* boastful; (*prunkend*) showy; **Prahlhans** *m* braggart; (*Protz*) F show-off.

präjudizieren *v/t.* prejudge.

präkolumbisch *adj.* pre-Columbian.

Praktik *f* practi|ce (*Am. a.* -se); *pl. a.* methods; ***unsaubere ~en*** underhand methods; **praktikabel** *adj.* practicable, feasible; ***nicht ~*** impracticable, not feasible; **Praktikant(in** *f*) *m* trainee; **Praktiker** *m* **1.** practical person; **2.** (*Ggs. Theoretiker*) practician (of the trade); ***ein alter ~*** an old hand; **3.** (*Arzt*) GP; **Praktikum** *n* practical training (period), traineeship; *in der Industrie*: *a.* (industrial) placement, *pl. a.* industrial training *sg.*; **Praktikus** F *m* practical man, handyman.

PR-Aktion *f* PR (*od.* public relations) campaign.

praktisch I. *adj.* practical (*a.* ***~ veranlagt***); (*bequem*) handy (*a.* *Gerät etc.*); (*tatsächlich*) actual; ***~er Arzt*** general practitioner, GP; ***~e Ausbildung*** practical (*od.* on-the-job, hands-on) training; ***~es Beispiel*** concrete example; ⊚ ***~er Versuch*** field test; ***im ~en Leben*** in real life; ***keinen ~en Wert haben*** be of no practical value; **II.** *adv.* practically; (*so gut wie*) *a.* virtually, more or less; (*in der Praxis*) in practi|ce (*Am. a.* -se); ***~ nie*** very rarely; ***~ nichts*** virtually (*od.* next to) nothing.

praktizieren I. *v/t.* carry out, put into practi|ce (*Am. a.* -se); (*Methode*) *a.* apply; (*Religion etc.*) practi|se (*Am.* -ce); **II.** *v/i.* practi|se (*Am.* -ce); ***als Arzt*** (***Anwalt***) ***~*** practi|se (*Am.* -ce) medicine (law), be a practi|sing (*Am.* -cing) doctor (lawyer, *Am.* attorney); ***~der Katholik*** practi|sing (*Am.* -cing) Catholic.

Prälat *m eccl.* prelate.

Praline *f*, **Pralinee** *östr., schweiz. n* chocolate; *pl. a.* box *sg.* of chocolates; **Pralinenschachtel** *f* chocolate box.

prall *adj.* **1.** *Ball, Luftballon*: hard; *Segel*: full; *Früchte*: firm; *Tasche etc.*: bulging; *Muskeln*: taut; *Schenkel, Brüste*: firm; *Backen*: chubby; **2.** *Sonne*: blazing.

prallen *v/i.* **1.** ***~ auf*** (*od.* ***gegen***) (*stoßen*) bang into, *stärker*: crash into; *Person*: bump into, *stärker*: run into; *mit dem Wagen*: crash into; *Ball*: hit; *Wellen etc.*: crash against; ***mit dem Kopf gegen et. ~*** hit one's head on (*od.* against) s.th.; **2.** *Sonne*: beat down (**auf** on).

Prallsack *m mot.* airbag.

prallvoll F *adj.* full to bursting; *Saal etc.*: *a.* F chock-a-block, jampacked.

Präludium *n* prelude.

prämenstruell *adj.* premenstrual; ***~e Beschwerden*** premenstrual tension, PMT; ***~es Syndrom*** ⚕ premenstrual syndrome, PMS.

Prämie *f* (*Preis*) award, prize; ✝ (*Versicherungs≗ etc.*) premium; (*Dividende, Leistungs≗*) bonus (*a. Sport*).

Prämien|anleihe *f* premium bond; **≗begünstigt** *adj.* bonus-linked; ***~es Sparen*** → ***Prämiensparen***; **≗frei** *adj.* paid-up *policy etc.*; **~sparen** *n* bonus savings scheme.

prämi(i)eren *v/t.* award a prize to; ***prämi(i)ert werden*** receive (*od.* get) an award *od.* a prize; **Prämi(i)erung** *f* **1.** awarding of a prize; ***die ~ der Gruppe mit e-m Grammy*** the awarding of a Grammy to the group; **2.** presentation (*od.* award, prize-giving) ceremony; **3.** award, prize.

Prämisse *f* premise; ***von falschen ~n ausgehen*** start out on the wrong premise.

pränatal *adj.* prenatal.

prangen *v/i.* **1.** ***~ an*** *od.* ***auf*** *Bild, Name etc.*: be emblazoned on (*od.* across); ***sein Gesicht prangte an allen Reklamewänden*** his face stared out from all the hoardings; **2.** *lit.* be resplendent (**mit** with); (*glänzen, leuchten*) shine; *Diamanten etc.*: sparkle, glitter; ***~ mit*** *Sternen etc.*: be studded with; ***das Dorf prangte im Festschmuck*** (***in der Abendsonne***) the village was resplendent with festive decorations (was aglow in the evening sun); ***an den Bäumen prangten rote Blüten*** the trees were ablaze with red blossoms; **3.** ***~ mit*** (*zur Schau tragen*) parade.

Pranger *m* stocks *pl.*; *fig.* ***an den ~ stellen*** pillory; ***am ~ stehen*** be in the pillory.

Pranke *f* paw; F *fig.* (*Hand*) F (huge) paw.

pränumerando *adv.* in advance.

Präparat *n pharm. etc.* preparation, compound; *Mikroskop*: slide preparation, *bsd. anat.* specimen; **präparieren** *v/t.* **1.** (*a.* ***sich ~***) prepare (**auf** for); **2.** (*sezieren*) dissect; **3.** (*konservieren*) preserve.

Präposition *f ling.* preposition; **präpositional** *adj.* prepositional.

Präraffaelit *m Kunst*: Pre-Raphaelite.

Prärie *f* prairie; **~hund** *m* prairie dog; **~wolf** *m* coyote.

Präsens *n ling.* present (tense).

präsent *adj.* (*gegenwärtig*) present; (*geistig ~*) fully alert, F with it; ***hast dus noch ~?*** (*im Kopf*) can you remember?, is it still there?; ***das Ganze ist mir noch ~*** it's all still fresh in my mind; ***es ist mir momentan nicht ~*** it escapes me (*od.* I can't think of it) right now.

Präsent *n* present, gift.

präsentabel *adj.* presentable; **Präsentation** *f* presentation; **Präsentator** *m TV* presenter; **präsentieren I.** *v/t.* present; ***stolz ~*** (*Auto, Bart etc.*) sport; *fig.* ***j-m die Rechnung ~*** make s.o. pay for (it); **II.** *v/refl.*: ***sich ~*** present o.s. (*dat.* to).

Präsentierteller *m*: F ***auf dem ~ sitzen*** F be on show (for all to see).

Präsentkorb *m* (food) hamper.

Präsenz *f* presence; **~bibliothek** *f* reference library; **~diener** *östr. m* conscript; **~dienst** *östr. m* military service; **~liste** *f* attendance list; *Schule*: (attendance) register; **~stärke** *f* ⚔ effective strength.

Präservativ *n* condom.

Präsident *m* president; (*Vorsitzender*) *a.* chairman; *des Parlaments*: speaker; ⚖ presiding judge; **Präsidentenwahl** *f* presidential election.

Präsidentschaft *f* presidency; **Präsidentschaftskandidat** *m* presidential candidate.

Präsidial|gewalt *f* presidential power(s *pl.*); **~system** *n* presidential democracy.

präsidieren *v/i.* preside (**über** over); **Präsidium** *n* **1.** presidency, chair(manship); **2.** → ***Polizeipräsidium*** *etc.*

prasseln *v/i. Regen, Hagel*: patter (**auf** on; *Fenster*: against), *stärker*: beat down (on), *aufs Fenster*: beat (against); *Schüsse, a. fig. Fragen etc.*: rain down (on); *Feuer*: crackle; ***~der Beifall*** thunderous applause.

prassen *v/i.* F live it up; ***mit dem Geld ~*** throw one's money about; ***mit den Vorräten ~*** squander one's reserves; **Prasserei** *f* carousing; lavish lifestyle; high life.

Prätendent(in *f*) *m* claimant (**auf** to); (*Thron≗*) *a.* pretender (to).

prätentiös *adj.* pretentious.

P

Präteritum *n ling.* preterite, past tense.

präventiv *adj.*, **≈...** *in Zssgn* preventive, ⚕ *a.* prophylactic; **≈krieg** *m* preventive war; **≈maßnahme** *f* preventive measure; ≈medizin *f* preventive medicine; **≈schlag** *m* ⚔ preemptive strike.

Praxis *f* **1.** practi|ce (*Am. a.* -se) (*a. Handhabung*); (*Brauch*) *a.* usage; (*Erfahrung*) experience; ***in der ~*** in practi|ce (*Am. a.* -se), in reality; ***in die ~ umsetzen*** put into practi|ce (*Am. a.* -se), (*Plan*) put into effect; ***nicht in die ~ umsetzbar*** impracticable; ***mir fehlt die ~*** I haven't got the experience, I need more experience; ***ein Beispiel aus der ~*** a concrete (*od.* real-life) example, *a.* a case I have experienced myself; **2.** *e-s Arztes etc.*: practice; (*Raum*) *a.* consulting room, *Brit.* ⚕ *a.* surgery, *Am.* doctor's office; **≈bezogen** *adj.* practically orient(at)ed; **≈fern** *adj.* theoretical, academic; **≈fremd** *adj. Studium etc.*: theoretical, academic; **~ *sein*** *Person*: have (had) no practical experience, have no idea of the practical demands of the job; **≈gerecht** *adj.* practical; **≈nah** *adj.* practical(ly orient[at]ed); realistic; **≈orientiert** *adj.* practically orient(at)ed; **~schock** *m* reality shock.

Präzedenzfall *m* precedent; ⚖ *a.* test case; ***e-n ~ schaffen*** establish a precedent.

präzise *adj.* precise, exact; **präzisieren** *v/t.* specify; ***können Sie es ~?*** can you specify what you mean?, can you be more precise?; **Präzision** *f* precision, accuracy.

Präzisions|arbeit *f* ⚙ *u. fig.* precision work; **~instrument** *n* precision instrument; **~uhr** *f* precision watch (*Standuhr*: clock); **~waage** *f* precision scale(s *pl.*).

predigen *v/i. u. v/t.* preach (*dat.* to, *fig.* at); *fig.* ***j-m Toleranz*** *etc.* **~** preach at s.o. about tolerance, preach tolerance to s.o.; ***j-m Vernunft ~*** try to make s.o. see reason (*od.* sense); **Prediger(in** *f*) *m* preacher; **Predigt** *f* sermon (*a.* F *fig.*); ***e-e ~ halten*** give (*od.* hold) a sermon (**über** on); *fig.* ***j-m e-e ~ halten*** give s.o. a lecture (**über** on).

Preis *m* **1.** price; (*Gebühr*) charge; (*Satz*) rate; ***j-m e-n guten ~ machen*** make s.o. a good offer; ***unter ~ verkaufen*** undersell; ***weit unter ~ verkaufen*** sell (at) cut-price; ***zum halben ~ verkaufen*** sell (at) half-price; ***hoch im ~ stehen*** fetch high prices; ***~e vergleichen*** *vor dem Einkauf*: shop around; ***es kommt nicht auf den ~ an*** it's not a question of money; *fig.* ***es hat alles s-n ~*** there's a price to pay for everything; ***um keinen ~*** not for anything in the world; ***ich muss es um jeden ~ schaffen*** I've got to make it, come what may (*od.* whatever happens); → ***drücken*** 4, ***stolz*** 2 *etc.*; **2.** *im Wettbewerb*: prize (*a. fig.*); *Film etc.*: *a.* award; ***der erste ~*** first prize; ***den zweiten ~ bekommen*** get second prize, come second; ***~ der Nationen*** *Reitsport*: Prix des Nations; **3.** (*Belohnung*) reward; ***e-n ~ auf j-s Kopf aussetzen*** put a price on s.o.'s head; **4.** (*Lob*) praise; **~absprache** *f* price agreement; **~änderung** *f* change in price; ***~en vorbehalten*** subject to change; **~angabe** *f* quotation (of prices); ***doppelte ~*** *EU* dual display; **~angebot** *n* offer; ☤ quotation; **~anstieg** *m* rise in prices; **~aufschlag** *m* markup; **~ausschreiben** *n* competition; **≈bewusst** *adj.* price-conscious; *adv.* ***~ einkaufen*** shop around; **~bindung** *f* retail price maintenance (*abbr.* RPM); **~brecher** *m* price cutter; **~differenz** *f* difference in price(s); **~disziplin** *f* price restraint; **~druck** *m* pricing pressure; **~einbruch** *m* → ***Preissturz.***

Preiselbeere *f* ⚘ cranberry.

Preisempfehlung *f* recommended price; ***unverbindliche ~*** recommended retail price.

preisen *v/t.* praise (*a. Gott*), extol; ***~ als*** *a.* hail as; → ***glücklich*** I.

Preis|entwicklung *f* price trend; **~erhöhung** *f* price increase; **~ermäßigung** *f* price reduction; **~frage** *f* **1.** prize question; sixty-four-thousand-dollar question; **2.** ***es ist e-e ~*** it's a question of price.

Preisgabe *f e-s Geheimnisses etc.*: revelation, unveiling; *e-s Gebiets etc.*: surrender; (*Verrat*) sellout; **preisgeben** *v/t.* (*Geheimnis, Namen etc.*) give away, reveal (*dat.* to); (*Heimat*) give up; (*Gebiet, Freiheit etc.*) surrender, give up; (*Prinzip, Ehre etc.*) sacrifice; (**sich**) *dem Gelächter etc.* **~** expose (o.s.) to; ***sich der Kritik*** (***dem Spott*** *etc.*) **~** *a.* lay o.s. open to criticism (ridicule); ***j-n dem Elend ~*** abandon s.o. to poverty; ***et. dem Verfall ~*** let s.th. go to rack and ruin; (**hilflos**) ***preisgegeben*** *dat.* at the mercy of.

preis|gebunden *adj.* price-controlled; **~gefälle** *n* price differential; **≈gefüge** *n* price structure; **~gekrönt** *adj.* prize-winning, *Film etc.*: *a.* award-winning; **≈gericht** *n* jury; **≈grenze** *f* price limit; ***obere ~*** *a.* ceiling; ***untere ~*** bottom price; **~günstig I.** *adj.* → ***preiswert***; **II.** *adv.*: ***er kauft immer sehr ~ ein*** he always shops around for bargains (*od.* manages to find bargains); **≈index** *m* price index; **≈kampf** *m* price war; **≈kategorie** *f*, **≈klasse** *f* price range; ***in der oberen*** (***unteren, mittleren***) **~** in the top (bottom, medium) price range *od.* bracket; ***ein Auto der mittleren ~*** *a.* a medium-priced car; **≈kontrolle** *f* price control; **≈krieg** *m* price war; **≈lage** *f* price range; ***in mittlerer ~*** medium-priced; ***in der gleichen ~*** F around the same price; **≈-Leistungs-Verhältnis** *n* price-performance ratio; F value for money.

preislich I. *adj.* price *differences etc.*; **II.** *adv.*: ***es ist ~ günstig*** it's a good price.

Preis|liste *f* price list; **~-Lohn-Spirale** *f* prices and wages spiral; **~nachlass** *m* discount, markdown; **~niveau** *n* price level; **~notierung** *f* quotation; **~politik** *f* prices policy; **~rätsel** *n* competition; **~recht** *n* pricing laws *pl.*, price legislation; **~richter** *m* judge; **~rückgang** *m* fall (*od.* drop) in prices; **~schild** *n* price tag; **~schlager** *m* bargain offer; **~schwankungen** *pl.* price fluctuations; **~senkung** *f* price cut; **~skala** *f* price range; **~spirale** *f* price spiral, spiral of rising prices; **~steigerung** *f* rise in prices; *pl. a.* rising prices; **~stopp** *m* price freeze; **~sturz** *m* steep fall in prices; **~träger(in** *f*) *m* prizewinner; **~treiberei** *f* profiteering; **~überwachung** *f* price control; **~überwachungsstelle** *f* price control board; **~unterschied** *m* difference in price(s); **~vereinbarung** *f* price agreement; **~verfall** *m* dramatic drop in prices; **~vergleich** *m* **1.** comparing prices; **2.** price comparison; **~verleihung** *f* presentation (of prizes); **~vorteil** *m* saving; **≈wert** *adj.* very reasonable; ***~ sein*** *a.* be good value (for money); **~zuschlag** *m* surcharge.

prekär *adj. Frage, Situation*: awkward, tricky; *stärker*: really difficult; ***~er Friede*** uneasy peace; ***~e Lage*** *e-s Landes etc.*: *a.* parlous state.

Prellbock *m* 🚂 *u. fig.* buffer; **prellen** *v/t.* **1.** (*betrügen*) cheat, swindle, F con (**um** out of); F ***die Zeche ~*** leave without paying, F do a bunk; **2.** ⚕ bruise; **Prellschuss** *m* ricochet; **Prellung** *f* bruise; ⚕ contusion; ***er hat e-e schlimme ~ abgekriegt*** he bruised himself badly, he got a bad bruise.

Premier *m* prime minister, premier.

Premiere *f* first (*od.* opening) night, première; ***das Stück hat heute ~*** the play is having its premiere today, it's the première of the play today.

Premieren|abend *m* first night, night of the première; **~fieber** *n* first-night nerves *pl.*; **~kino** *n* first-run cinema; **~publikum** *n* audience on the first night.

Premierminister *m* prime minister, premier.

Presbyterianer *m*, **presbyterianisch** *adj.* Presbyterian; **Presbyterianismus** *m* Presbyterianism.

preschen F *v/i. Person, Fahrzeug*: F whiz(z), zoom; *Pferd*: gallop.

pressant *dial. adj.* urgent; ***es ~ haben*** be in a hurry.

Presse *f* **1.** ⚙, *typ.* press; (*Saft≈*) squeezer; **2.** *Zeitungswesen*: press; ***die ausländische ~*** the foreign press, foreign newspapers and magazines; ***er ist von der ~*** he's from the press; ***es stand in der ~*** it was in the papers; ***sie wurde von der ~ überallhin verfolgt*** the press were at her heels wherever she went; ***er hatte e-e gute*** (***schlechte***) **~** he got *od.* had a good (bad) press; **~agentur** *f* press agency; **~amt** *n* press office; **~archiv** *n* press archives *pl.*; **~attaché** *m* press attaché; **~ausschnitt** *m* press (*od.* news) clipping; **~ausweis** *m* press card; **~bericht** *m* press report; **~büro** *n* press agency; **~chef** *m* press officer; **~dienst** *m* news service; **~empfang** *m* press reception; **~erklärung** *f* press release; **~fotograf** *m* press photographer; **~freiheit** *f* freedom of the press; **~gesetz** *n* press law; **~gespräch** *n* press interview; **~information** *f* → ***Pressemeldung***; **~jargon** *m* journalese; **~kabine** *f Sport*: press box; **~kampagne** *f* press campaign; **~kommentar** *m* press commentary; **~konferenz** *f* press conference; **~korrespondent** *m* newspaper correspondent; **~mann** F *m* F newspaper man, pressman; **~mappe** *f* press kit; **~meldung** *f* press report; ***e-r ~ zufolge*** according to a press report.

pressen *v/t.* **1.** (*Papier, Blumen etc.*) press; (*Stroh*) bale; (*Schallplatte*) press; (*Kunststoff*) mo(u)ld; (*Wein*) make; **2.** (*Trauben, Oliven etc.*) press; (*Zitrone etc.*) squeeze; ***den Saft aus e-r Zitrone ~*** squeeze (the juice out of) a lemon; *fig.* ***et. aus j-m ~*** squeeze (*od.* force) s.th. out of s.o.; **3. ~ *in*** force (*od.* squeeze, F stuff) into; ***~ gegen*** press against; ***an sich ~*** hold tightly, (*j-n*) *a.* hug hard (*od.* tightly); ***sich an die Wand ~*** press o.s. against the wall; ***sich flach an den Boden ~*** lie absolutely flat on the ground; ***j-m die Hand auf den Mund ~*** clasp one's hand over s.o.'s mouth; ***Luft durch et. ~*** force air through s.th.; *fig.*

j-n zu et.* ~** force s.o. to do s.th.; ***et. in ein System* ~** force s.th. into a system; → ***gepresst.

Presse|organ *n* (press) organ; **~recht** *n* press law; **~referent** *m* press officer; **~schau** *f* press review; **~sprecher** *m* press spokesman; **~stelle** *f* press office, public relations department; **~stimmen** *pl.* press (*od.* newspaper) comments; ***die ~ sind sich einig*** the newspapers agree; **~tribüne** *f* press stand (*parl.* gallery); **~verlautbarung** *f* press release; **~vertreter** *m* reporter, F pressman; **~zar** *m* press baron, newspaper tycoon; **~zensur** *f* press censorship; **~zentrum** *n* press cent|re (*Am.* -er).

Press|form *f* ⚙ compression mo(u)ld; **~glas** *n* pressed glass; **~hefe** *f* press yeast; **~holz** *n* laminated wood.

pressieren *dial. v/i.* be urgent; ***es pressiert mir*** I'm in a hurry; ***es pressiert nicht*** there's no hurry; ***es pressiert allmählich*** we're running out of time.

Pression *f* pressure; **(*e-r Fülle von*) *~en ausgesetzt sein*** be under pressure (from all sides).

Pressluft *f* compressed air; **~bohrer** *m* pneumatic drill; **~hammer** *m* pneumatic hammer.

Presssack *m gastr.* brawn, *Am.* headcheese.

Pressspan *m* pressboard.

Pressung *f Schallplatte*: pressing.

Presswehen *pl.* bearing-down pains.

Prestige *n* prestige; *berufliches, soziales*: *a.* status; ***an ~ verlieren* (*gewinnen*)** lose face (gain in prestige); ***hohes ~ genießen*** enjoy considerable prestige; ***sein ~ wahren*** save one's face; **~artikel** *m* prestige item; **~denken** *n* status mentality; **~frage** *f* matter of prestige; **~gewinn** *m* gain in prestige; **≈trächtig** *adj.* prestigious, prestige ...; **~verlust** *m* loss of prestige (*od.* face).

pretiös *adj. Stil*: stilted, affected.

Preuße *m hist.* Prussian; F *fig.* ***so schnell schießen die ~n nicht*** F hold your horses; **preußisch** *adj. a. fig.* Prussian; **Preußischblau** *n* Prussian blue.

preziös *adj. Stil*: stilted, affected.

prickeln I. *v/i.* **1.** *Haut etc.*: tingle; **2.** *Sekt etc.*: sparkle; ***auf der Zunge ~*** tickle one's tongue; **II.** ≈ *n* **3.** *in den Gliedern*: tingling (sensation), pins and needles *pl.*; **4.** *von Sekt*: prickle; **5.** *fig.* thrill; **prickelnd** *adj.* (*spannend*) exciting, *stärker*: thrilling; (*sinnlich erregend*) *a.* titillating; *fig.* ***es ist ein ~es Gefühl*** it gives you goosepimples, it sends a tingle (*od.* shiver) down your spine.

Priel *m* tideway.

Priem *m* quid, plug; **priemen** *v/i.* chew tobacco.

Priester *m* priest; **Priesteramt** *n* priesthood, ministry; **Priesterin** *f* priestess; **priesterlich** *adj.* priestly; **Priesterschaft** *f* priesthood; **Priesterseminar** *n* (Roman Catholic) seminary; **Priestertum** *n* priesthood; **Priesterweihe** *f* ordination; ***die ~ empfangen*** take (holy) orders.

Prim *f* **1.** ♪ prime; ***reine ~*** perfect unison; **2.** *eccl.* (*Gebetsstunde*) prime; (*Stundengebet*) prime (song); **3.** *Fechten*: prime.

prima F **I.** *adj.* F super, great; **II.** *adv.*: ***das hast du ~ gemacht*** well done, you've done a great job; ***wir haben uns ~ amüsiert*** we had a great time.

Prima *f ped.* **1.** *obs. last two years of grammar school*; *Brit. etwa* sixth form; **2.** *östr.* first year (of grammar school).

Primaballerina *f* prima ballerina.

Primadonna *f* prima donna (*a. fig.*).

Prima-facie-Beweis *m* prima facie evidence.

Primaner(in *f*) *m* **1.** *obs. pupil in the* (*second to*) *last year of grammar school*; *Brit. etwa* sixth former; **2.** *östr.* first year (grammar school pupil).

primär I. *adj.* primary; *Frage, Problem*: *a.* main; **II.** *adv.* primarily; ***es geht uns ~ darum, dass die Firma überlebt*** what concerns us primarily (*od.* our main concern) is that the company should survive.

Primar|arzt *östr. m*, **~ärztin** *östr. f* (senior) consultant, *Am.* medical director.

Primär|energie *f* primary energy; **~farbe** *f* primary colo(u)r; **~gestein** *n* primary rocks *pl.*

Primaria *östr. f* → ***Primarärztin***; **Primarius** *östr. m* → ***Primararzt.***

Primär|literatur *f* primary literature; **~quelle** *f* primary source; **~spannung** *f* ⚡ primary voltage; **~ton** *m* simple (*od.* primary) tone.

Primas *m eccl.* primate.

Primat *m, n* primacy (**über** over).

Primaten *pl. zo.* primates.

prima vista *adv.* ♪ at sight.

Primel *f* primrose; F *fig.* ***eingehen wie e-e ~*** F wilt away, *lit.* wither on the vine, *Sport*: F get a good drubbing.

primitiv *adj.* primitive (*a. Kunst*), *Werkzeug, Methode etc.*: *a.* crude; ***die ~sten Kenntnisse*** the absolute basics; ***gegen die ~sten Regeln des Anstands verstoßen*** *Person*: have absolutely no sense of decency; **Primitivismus** *m* primitivism; **Primitivität** *f* primitiveness; (*Einfachheit*) *a.* crudeness; **Primitivling** *contp. m* F peasant.

Primzahl *f* 𝔄 prime number.

Print|medium *n* print(ed) medium; ***die Printmedien*** *pl.* the print(ed) media *pl.*; **~produkt** *n* print(ed) product.

Prinz *m* prince.

Prinzessin *f* princess.

Prinzgemahl *m* prince consort.

Prinzip *n* **1.** principle; ***aus ~*** on principle; ***im ~*** basically, in principle; ***ein Mann mit ~ien*** a man of principle; ***sein ~ ist zu*** *inf.* it's his principle to *inf.*; ***sie hat es sich zum ~ gemacht zu*** *inf.* she makes a point of *ger.*; ***mir gehts ums ~*** it's the principle of the matter (*od.* thing); → *a.* ***Grundsatz***; **2.** (*Gesetz*) principle, law; ***es funktioniert nach dem ~*** *gen.* it works on the principle of; **prinzipiell I.** *adj. Frage, Unterschied*: fundamental; ***ich habe keine ~en Einwände*** I have no real objections; **II.** *adv.* (*im Prinzip*) basically, in principle; (*aus Prinzip*) on principle.

Prinzipien|frage *f* question of principle; **~reiter** F *m* stickler for principles; **~reiterei** *f* moralizing, harping on about principles; **~streit** *m* fight (*od.* battle) over principles *od.* fundamental issues.

Prior *m* prior; **Priorin** *f* prioress.

Priorität *f* priority (**über, vor** over) (*a.* ☤ *u. Patentrecht*); ***~en setzen*** establish priorities, take first things first, ***bei***: give priority to, prioritize; **Prioritätenliste** *f* list of priorities.

Prise *f* **1.** ***e-e ~ Salz*** (***Tabak*** *etc.*) a pinch of salt (snuff *etc.*); **2.** ⚓ prize.

Prisma *n* prism; **prismatisch** *adj.* prismatic(ally *adv.*); **Prismensucher** *m phot.* prismatic viewfinder.

Pritsche *f* **1.** (*Liegestätte*) wooden bed; **2.** *mot.* platform; **Pritschenwagen** *m* pick-up (truck).

privat I. *adj.* private; (*vertraulich*) *a.* confidential; (*persönlich*) *a.* personal; (*in Privatbesitz*) *a.* privately owned; ***das ist m-e ~e Meinung*** that's my personal opinion; **II.** *adv.* privately, in private; ***haben Sie ~ mit ihr zu tun?*** do you have any private contact with her?; **≈abkommen** *n* private agreement; **≈adresse** *f* private (*od.* home) address; **≈angelegenheit** *f* private matter; ***das ist m-e ~*** that's my affair; **≈audienz** *f* private audience; **≈ausgaben** *pl.* personal expenses; **≈auto** *n* private car; **≈bank** *f* private bank; **≈besitz** *m* private property; ***in ~*** privately owned; ***in ~ gelangen*** pass into private hands; *die Figur etc.* ***stammt aus ~*** is from a private collection; **≈bett** *n* ⚕ pay bed; **≈brief** *m* personal letter; **≈detektiv** *m* private detective (*od.* investigator); **≈dozent** *m* (unsalaried) lecturer, *Am. etwa* associate professor; **≈eigentum** *n* → ***Privatbesitz***; **≈fernsehen** *n* **1.** private (*od.* commercial) television *od.* TV; **2.** (*Fernsehanstalt*) private (*od.* commercial) TV station; **≈gebrauch** *m* private (*od.* personal) use; ***die sind für d-n ~*** *a.* they're for your own (personal) use; **≈gespräch** *n* private conversation; *teleph.* private call; **≈grundstück** *n*: ***ein ~*** private property; **≈hand** *f*: ***aus ~*** from a private collection; ***in ~*** privately owned.

Privatier *m* person of independent means; ***er ist ~*** he lives on a private income.

privatim *adv.* privately, in private; (*vertraulich*) confidentially.

Privat|industrie *f* private industry; **~initiative** *f* **1.** initiative; ***~ zeigen*** show some initiative; **2.** ☤ private venture.

privatisieren I. *v/t.* ☤ privatize; **II.** *v/i.* live on one's (*od.* a) private income; **Privatisierung** *f* privatization (*gen.* of).

Privat|klinik *f* private clinic (*od.* nursing home, hospital); **~korrespondenz** *f* private (*od.* personal) correspondence; **~krieg** *m* private feud; **~kunde** *m* private customer; **~leben** *n* private life; ***sich ins ~ zurückziehen*** retire from public life; ***ich habe kaum noch ein ~*** I hardly have any time for myself; **~lehrer(in** *f*) *m* private tutor; **~mittel** *pl.* private means; **~nummer** *f* private (*od.* home) number; **~patient** *m* private patient; **~person** *f* **1.** private individual; ***als ~*** *a.* in private; **2.** ***es gehört e-r ~*** it's privately owned; **~praxis** *f* private practi|ce (*Am. a.* -se); **~quartier** *n a. pl.* private accommodation.

Privatrecht *n* private (*od.* civil) law; **privatrechtlich** *adj.* under private law, private(-law) ...

Privat|sache *f* private matter; **~sammlung** *f* private collection; **~schule** *f* private school; **~sekretär(in** *f*) *m* private secretary; **~sphäre** *f* private sphere; privacy; **~station** *f* ⚕ private (patients') ward; **~straße** *f* private road; **~stunden** *pl.* private lessons (*od.* tuition *sg.*); **~unternehmen** *n* private firm; **~unterricht** *m* → ***Privatstunden***; **~verbrauch** *m* private (*od.* personal) consumption; **~vergnügen** *n*: ***das mache ich nicht als ~*** I'm not doing it for my own pleasure; ***was Sie hier machen, ist Ihr ~*** what you do here is your (own) busi-

P

ness; **~vermögen** *n* personal assets *pl.*; *großes*: personal fortune; **~weg** *m* private road (*Fußweg*: footpath); **~wirtschaft** *f* private enterprise; **~wohnung** *f* private flat (*Am.* apartment) *od.* home; **~zwecke** *pl.*: **für ~** for private use.

Privileg *n* privilege; ***ein ~ der Reichen*** a rich man's prerogative; **privilegieren** *v/t.* grant *s.o.* a privilege; **privilegiert** *adj.* (very) privileged.

PR-Manager *m* PR (*od.* public relations) manager.

pro I. *prp.* per; ***~ Jahr*** per annum, a year; ***~ Kopf*** per head; ***Einkommen ~ Kopf*** per capita income; ***~ Stück*** each, a piece; ***~ Stunde*** an (*od.* per) hour; ***fünf Mark ~ Person*** five marks each (*od.* a head, per person); **II.** ≈ *n*: ***~ und Kontra*** *the* pros and cons *pl.*

Proband *m* **1.** ⚕ *etc.* test person; **2.** ⚖ probationer.

probat *adj.* tried and tested.

Probe *f* (*Erprobung*) test, trial; (*~durchlauf*) trial run, practi|ce (*Am. a.* -se) run; (*Überprüfung*) check; *thea.*, ♪ *etc.* rehearsal, *Chor*: *a.* choir practi|ce (*Am. a.* -se); (*Sprech≈, Gesang≈*) audition; (*Muster, Beispiel, Blut≈ etc.*) sample; *iro.* (*Kost≈*) taste; ***zur ~*** on a trial basis, F just to try it out; ***e-e ~ machen*** do a test, *mit e-r Maschine, e-m Fahrzeug etc.*: do a trial run; ***auf die ~ stellen*** (put to the) test; ***die ~ bestehen*** stand (*od.* pass) the test; ***e-e ~** s-s Könnens, Mutes etc.* ***ablegen*** give a sample (*iro.* taste) of, prove; *thea.* **~n (ab)halten** have rehearsals, rehearse; ***ich muss zur ~*** I've got to go to rehearsals (*Chor*: choir practi|ce [*Am. a.* -se]); ⚙ ***~n nehmen*** take samples; ☤ ***die ~ machen*** check; ***j-n auf ~ einstellen*** employ s.o. on a trial basis (*od.* on probation); → ***Exempel***; **~abschuss** *m* test firing; **~abzug** *m typ.*, *phot.* proof; **~alarm** *m* practi|ce (*Am. a.* -se) alarm; **~arbeit** *f* **1.** trial work; **2.** (*Beispiel*) specimen (piece); **~aufnahme** *f Film*: screen test; *Schallplatte etc.*: test recording; **~bohrung** *f* trial drill; **~ehe** *f* trial marriage; **~entnahme** *f* **1.** sampling; **2.** sample; ***e-e ~ machen*** take a sample; **~exemplar** *n* specimen copy, sample (copy).

Probe fahren (*Auto*) give *a car etc.* a trial run, test-drive; *Person*: go for a trial run; **Probefahrt** *f* test (*od.* trial) run.

Probelauf *m* test run.

proben *v/t. u. v/i.* rehearse; (*üben*) practi|se (*Am.* -ce).

Probe|nummer *f* sample copy; **~seite** *f* specimen page; **~sendung** *f* sample sent on approval; **~stück** *n* sample.

probeweise *adv.* on a trial basis, *Person*: *a.* on probation.

Probezeit *f* probationary (*od.* trial) period; ***in der ~ sein*** be on probation.

probieren I. *v/t.* **1.** try; (*aus~*) try out; ***probier es noch mal*** try again, have another go; **et. (zu tun) ~** try (to do) s.th.; ***es ~ mit*** try *s.th., s.o. od. ger.*, have a try at *s.th. od. ger.*; F ***es bei j-m ~*** F try it on with s.o.; **2.** (*kosten*) try, taste; ***probier mal, ob (dir) das schmeckt*** see if that tastes all right (*Am.* alright) (see if you like it); **II.** *v/i.* **3.** try; ***probier doch mal*** try, try it (out), have a go; ≈ ***geht über Studieren*** the proof of the pudding is in the eating; **4.** (*kosten*) try, taste; ***kann ich mal ~?*** can I have a taste?

Problem *n* problem (*a.* ☤, *phls. etc.*); ***kein ~!*** no problem; ***vor e-m ~ stehen*** be faced with a problem; ***es ist nicht ohne ~e*** it's not without its (little) problems; *sie ist zu ungeduldig –* ***das ist ihr ~*** *a.* that's her trouble; ***er muss immer ein ~ draus machen*** he always has to make a problem out of it (F a thing of it); **Problematik** *f* problem(s *pl.*); ***die ~ der Arbeitslosigkeit*** the problems of (*od.* surrounding) unemployment; ***die ~ dieser Beziehung*** the problematic nature of this relationship; **problematisch** *adj.* problematic(al); (*fraglich*) questionable; **problematisieren** *v/t.* make a problem out of; ***man kann alles ~*** you can 'make problems.

Problem|fall *m* problem (case); **~haare** *pl.* problem hair *sg.*; **~haut** *f* problem skin; **~kind** *n* problem child; **~komplex** *m* complex of problems; **~kreis** *m* range (*od.* complex) of problems.

problemlos I. *adj.* (completely) unproblematic(al), problem-free; **II.** *adv.*: ***~ ablaufen*** go off without a hitch.

problemreich *adj.* (highly) problematic(al).

Problem|stellung *f* **1.** presentation of a problem; **2.** problem; **~stück** *n thea.* problem (*od.* issue, thesis) play.

Produkt *n* product (*a.* ☤); *pl.* (*Naturprodukte*) produce *sg.*

Produktenbörse *f* commodity exchange.

Produkthaftung *f* product liability.

Produktion *f* production; (*produzierte Menge*) *a.* output; ***die ~ aufnehmen*** go into production.

Produktions|abfall *m* drop in production; **~ablauf** *m* production run; **~anlage** *f* production plant; **~ausfall** *m* loss of production; **~breite** *f* horizontal range of production; **~genossenschaft** *f* **1.** producers' cooperative; **2.** ***landwirtschaftliche ~*** *hist. DDR*: collective farm; **~güter** *pl.* producer goods; **~kapazität** *f* production (*od.* productive) capacity; **~kosten** *pl.* production costs; **~leistung** *f* output capacity; **~leiter(in), ~manager(in)** production manager; **~mittel** *pl.* means of production; ≈**reif** *adj.* ready for production; **~rückgang** *m* fall in production; **~stätte** *f* production plant; **~standort** *m* production site (*od.* location); **~steigerung** *f* increase in production; increased productivity; **~technik** *f* production technology; **~tiefe** *f* vertical range of production; **~verfahren** *n* production process; **~weise** *f* production method; **~ziel** *n* production target; **~zweig** *m* line of production.

produktiv *adj.* productive; ***äußerst ~*** *Schriftsteller etc.*: *a.* prolific; **Produktivität** *f* productivity.

Produkt|palette *f* range of products, product range; **~pirat** *m* product pirate; **~piraterie** *f* product piracy.

Produzent *m* producer (*a. Film, Schallplatten etc.*), manufacturer, maker; **Produzentenhaftung** *f* product (*od.* manufacturer's) liability.

produzieren I. *v/t. allg.* produce; (*herstellen*) *a.* make; **II.** *v/refl.*: ***sich ~*** *contp.* show off, make an exhibition of o.s.

Prof F *m* F prof.

profan *adj.* **1.** profane, secular; **2.** (*alltäglich*) ordinary, everyday ...; ≈**architektur** *f* civic architecture; ≈**bau** *m* secular building.

profanieren *v/t.* profane.

Professionalismus *m* professionalism; **professionell** *adj.* professional; **Professionelle** F *f* (*Prostituierte*) F pro.

Professor(in *f*) *m* professor; ***sie ist Professorin für Erdkunde*** she's a geography professor, she's Professor of Geography; **professoral** *adj.*, **professorenhaft** *adj.* professorial; **Professorenschaft** *f* professorate; **Professur** *f* professorship, chair (**für** of).

Profi F *m* F pro; ***da waren ~s am Werk*** it looks like a professional job; **~boxen** *n* professional boxing; **~boxer** *m* professional boxer; **~fußball** *m* professional football (*od.* soccer); **~fußballer** *m* professional footballer (*od.* soccer player).

profihaft *adj.* (very) professional.

Profil *n* **1.** profile; ⚙ *a.* section; (*Reifen≈*) tread; ***im ~*** in profile; **2.** *fig.* profile; *e-r Person*: personality; ***kein ~ haben*** *Person*: have no personality, *Sache*: have no identity (*od.* profile); ***die Partei** etc.* ***hat ein starkes ~*** it's a high-profile party *etc.*; **~ansicht** *f* profile.

profilieren I. *v/t.* ⚙ profile, shape; *weitS.* streamline; *fig.* give *s.th.* a clear profile; **II.** *v/refl.*: ***sich ~*** *Politiker etc.*: distinguish o.s., make one's mark; **profiliert** *fig. adj.* (*scharf umrissen*) clearly defined, clear-cut; *Persönlichkeit*: distinguished; ***er ist ein ~er Politiker*** he's made his mark as a politician.

Profil|neurose F *f* image neurosis; ***er hat e-e ~, er leidet an e-r ~*** he's obsessed with his image, he's always got to be in the limelight; **~reifen** *m* nonskid tyre (*Am.* tire); **~sohle** *f* grip sole.

Profit *m* profit; → ***Gewinn.***

profitabel *adj.* profitable, *stärker*: lucrative.

Profit|denken *n* money-grubbing mentality; ≈**gierig** *adj.* profit-seeking, money-grubbing.

profitieren *v/i.* profit; ***er kann dabei nur ~*** he only stands to gain.

Profit|jäger *m* profiteer; **~streben** *n* profit-mongering.

pro forma *adv.* as a matter of form.

Pro-forma-Rechnung *f* ☤ pro forma invoice.

profund *adj.* profound.

Progesteron *n* progesterone.

Prognose *f* prediction; ☤ *u. Wetter*: forecast; *bsd.* ⚕ prognosis; ***ich möchte keine ~n stellen*** I wouldn't like to make any predictions (*od.* forecasts); ***alle ihre ~n trafen ein*** everything happened as she had predicted (*od.* foretold); **prognostizieren** *v/t.* forecast.

Programm *n* programme, *Am. u. Computer*: program; (*Zeitplan*) *a.* schedule; *pol.* (political) program(me), platform; ⚙ *e-r Waschmaschine etc.*: cycle; *TV* (*Kanal*) channel; ***im ersten ~*** on (channel) one; ***volles ~*** full schedule; ***mein ~ fürs Wochenende*** my weekend schedule; F ***was steht heute auf dem ~?*** F what's on the agenda today?; F ***das steht nicht auf unserem ~*** that's not on our list; F ***das passt mir überhaupt nicht ins ~*** that doesn't suit me at all; **~ablaufplan** *m Computer*: flow chart; **~änderung** *f* change of program(me).

programmatisch *adj.* programmatic(ally *adv.*); ***~e Rede*** keynote speech (*od.* address).

Programm|fehler *m Computer*: program error, bug; ≈**gemäß** *adj. u. adv.* according to program(me), as scheduled; **~gestaltung** *f* program(me) planning; ≈**gesteuert** *adj.* computer-controlled; **~heft** *n* program(me); **~hinweis** *m TV*: ***~e für heute Abend*** details about tonight's pro-

gram(me)s (*od.* viewing); ***hier noch ein ~*** a word about a program(me) coming up shortly.
Programmierbar *adj.* program(m)able; **programmieren** *v/t.* (*Computer*) program(me); **Programmierer(in** *f*) *m* program(m)er.
Programmier|fehler *m* program(m)ing error, bug; **~gerät** *n* program(m)er; **~sprache** *f* program(m)ing language.
Programmiert *adj.* program(m)ed; *fig.* ***auf Erfolg ~ sein*** be program(m)ed for success; **Programmierung** *f* program(m)ing.
Programm|kino *n* repertory cinema; **~musik** *f* program(me) music; **~platz** *m TV* program(me) slot; **~punkt** *m* item; *e-r Partei*: plank; **~steuerung** *f* program(me) control; **~taste** *f TV* channel selector button; *Waschmaschine etc.*: cycle setting button; **~vorschau** *f* preview; *Film*: trailer; **~wahl** *f TV* channel selection; *Waschmaschine etc.*: cycle selection; **~zeitschrift** *f* program(me) guide, TV guide.
Progression *f* progression; **progressiv** *adj.*, **Progressive(r** *m*) *f* progressive.
Prohibition *f* prohibition.
Projekt *n* project; **~gruppe** *f* task force.
Projektieren *v/t.* project, plan; ***projektierte Zahl*** target figure.
Projektil *n* projectile.
Projektion *f* projection (*a.* ℟, *psych.*).
Projektleiter *m* project manager.
Projektor *m* projector.
Projektstudie *f* feasibility study.
Projizieren *v/t.* project (**auf** onto, *a. psych.*).
Proklamation *f* proclamation; **proklamieren** *v/t.* proclaim.
Pro-Kopf|-Einkommen *n* per capita income; **~-Verbrauch** *m* per capita consumption.
Prokura *f* ☤ power of attorney; **Prokurist** *m* authorized signatory.
Prolet *contp. m* F pleb, prole.
Proletariat *n* proletariat; **Proletarier(in** *f*) *m*, **proletarisch** *adj.* proletarian.
Proletenhaft *contp. adj.* plebeian, F plebby.
Prolog *m* prolog(ue).
Prolongieren *v/t.* ☤ extend, renew.
Promenade *f* promenade.
Promenaden|deck *n* ⚓ promenade deck; **~mischung** F *f* mongrel.
Promenieren *v/i.* promenade.
Promille *n* per thousand (*od.* mil); F **~** (***Blutalkohol***) blood alcohol; **~grenze** *f* (blood) alcohol limit; **~sünder** *m* drink driver.
Prominent *adj.* prominent; ***~e Persönlichkeit*** well-known personality; **Prominente(r** *m*) *f* public figure, VIP; *bsd. Film etc.*: well-known personality, celebrity, F celeb.
Prominenten|mannschaft *f* celebrity team; **~spiel** *n* celebrity match.
Prominenz *f* **1.** VIPs *pl.*, big names *pl.*, F top nobs *pl.*, (*Funktionäre etc.*) *a.* F bigwigs *pl.*; ***die ganze ~*** *a.* all the important people; **2.** renown.
Promiskuität *f* promiscuity.
Promotion *f univ.* doctorate, PhD; **promovieren I.** *v/i.* do a *od.* one's doctorate (*od.* PhD); ***hat er promoviert?*** has he done a *od.* his doctorate (*od.* PhD)?, has he got a PhD?; **II.** *v/t.*: ***j-n ~*** award s.o. a doctorate (*od.* PhD).
Prompt I. *adj.* prompt, quick; **II.** *adv.* F *iro.* of course, needless to say; ***ich bin ~ drauf reingefallen*** of course I fell for it straightaway; ***als wir in Miami landeten, fing es ~ an zu regnen*** of course it had to start raining the minute we landed in Miami.
Pronomen *n ling.* pronoun; **pronominal** *adj.*, **Pronominal...** pronominal, pronoun ...
prononciert I. *adj.* pronounced; *Weigerung, Gegner etc.*: firm; *Anhänger*: firm, staunch; (*deutlich*) clear(-cut); ***~e Aussprache*** clear enunciation; **II.** *adv.*: ***sich ~ für*** (***gegen***) ***et. aussprechen*** take a firm stand in support of (against) s.th.; ***~ für et. eintreten*** give s.th. one's wholehearted support.
Propaganda *f* propaganda; ***~ für et. machen*** make propaganda for s.th., F beat the big drum for s.th.; **~apparat** *m* propaganda machine; **~chef** *m* propaganda chief; **~feldzug** *m* propaganda campaign; ☤ publicity (*od.* advertising) campaign; **~film** *m* propaganda film; **~flut** *f* flood of propaganda; **~instrument** *n* instrument of propaganda, propaganda medium; **~krieg** *m* propaganda war(fare); **~lüge** *f* propagandist lie; **~manöver** *n* propaganda move; **~material** *n* propaganda material; **~rummel** *m* F ballyhoo; ***e-n ~ um et. machen*** make a great ballyhoo about s.th.; **~schrift** *f* propaganda leaflet; **~sender** *m* propaganda station; **~sendung** *f* propaganda broadcast; **~trommel** *f*: ***die ~ rühren für*** drum up some support for, F beat the big drum for.
Propagandist *m*, **propagandistisch** *adj.* propagandist.
propagieren *v/t.* (*Idee etc.*) propagate; (*Sache*) promote, F push.
Propan(gas) *n* ⚗ propane.
Propeller *m* propeller, F prop; **~antrieb** *m*: ***Maschine mit ~*** → ***Propellermaschine***; **~blatt** *n*, **~flügel** *m* propeller blade; **~maschine** *f* propeller aircraft, F prop plane.
proper F *adj.* neat, clean and tidy.
Prophet *m* prophet; ***falscher ~*** false prophet; ***ich bin doch kein ~*** I can't read the stars; ***der ~ gilt nichts in s-m eigenen Lande*** a prophet is not without hono(u)r save in his own country; **Prophetengabe** *f* prophetic powers *pl.*, powers *pl.* (*od.* gift) of prophecy; ***man braucht keine ~, um das zu sehen*** you don't have to be a prophet to see that; **prophetisch** *adj.* prophetic(ally *adv.*); ***~e Gabe*** → ***Prophetengabe.***
prophezeien *v/t.* (*verkünden*) prophesy; (*vorhersagen*) *a.* predict, forecast; ***j-m Reichtum ~*** prophesy that s.o. will become rich; F ***das hab ich dir doch prophezeit*** I told you so, didn't I?; **Prophezeiung** *f* prophecy; (*Vorhersage*) *a.* prediction, forecast.
prophylaktisch *adj.* prophylactic, preventive; **Prophylaxe** *f* prophylaxis; ***zur ~ gegen*** as a precaution against.
Proportion *f* proportion; ***Besorgnis erregende ~en annehmen*** take on alarming proportions.
proportional *adj.* proportional; ***umgekehrt ~*** inversely proportional (**zu** to); **&schrift** *f* proportional spacing.
proportioniert *adj.*: (**gut ~** well-)proportioned.
Proporz *m* proportional representation.
proppenvoll F *adj.* F jampacked, chock-a-block.
Propst *m eccl.* provost.
Prosa *f* prose; **~dichtung** *f* **1.** prose work, work of prose; *coll.* prose writing; **2.** prose poem; *coll.* prose poetry; **~erzählung** *f* prose narrative; **~gedicht** *n* prose poem; *pl. a.* prose poetry *sg.*
Prosaiker *fig. m* matter-of-fact (sort of) person; **prosaisch** *adj.* prosaic(ally *adv.*); *fig.* (*nüchtern*) down-to-earth, matter-of-fact; (*alltäglich*) mundane; **Prosaist** *m* prose writer.
Prosa|text *m* prose text; *pl. a.* prose writings; **~übersetzung** *f* prose translation.
Proselyt *m* proselyte; **Proselytenmacher** *m* proselytizer.
Proseminar *n univ.* (introductory) seminar.
prosit I. *int.* your health!, F cheers!; ***~ Neujahr!*** happy New Year!; **II.** & *n*: ***ein ~ ausbringen auf*** toast *s.o.*
Prospekt *m* **1.** brochure, (*Faltblatt*) *a.* leaflet; **2.** (*Ansicht*) prospect.
prost *int.* cheers!; → ***Mahlzeit.***
Prostata *f anat.* prostate (gland); **~krebs** *m* cancer of the prostate; **~vergrößerung** *f* enlargement of the prostate (gland); enlarged prostate.
prostituieren *v/refl.*: ***sich ~*** prostitute o.s.; **Prostituierte** *f* prostitute; **Prostitution** *f* prostitution.
Proszenium *n thea.* proscenium.
Protagonist *m* protagonist; *fig.* (*Vorkämpfer*) *a.* champion (*gen.* of).
Protegé *m* protégé(e *f*); **protegieren** *v/t.* sponsor, promote.
Protein *n* protein; **&reich** *adj.* high (*od.* rich) in protein, high-protein ...
Protektion *f* patronage, sponsorship; **Protektionismus** *m* protectionism; **protektionistisch** *adj.* protectionist; **Protektionswirtschaft** *f* favo(u)ritism.
Protektor *m* protector; (*Gönner, Schirmherr*) patron; **Protektorat** *n* protectorate; (*Schirmherrschaft*) patronage; ***unter dem ~ von*** under the auspices of.
Protest *m* protest; ***öffentlicher ~*** *a.* public outcry; ***aus ~ gegen*** in (*od.* as a) protest against, in protest at; ***gegen et. ~ erheben*** protest against s.th., make a protest against s.th.; ***aus ~ weggehen*** leave in protest; ***aus ~ den Saal verlassen*** walk out (in protest); ☤ ***e-n Wechsel zu ~ gehen lassen*** protest a bill; **~aktion** *f* (public) protest; protest campaign.
Protestant(in *f*) *m*, **protestantisch** *adj.* Protestant; **Protestantismus** *m* Protestantism.
Protest|bewegung *f* protest movement; **~geschrei** *n* howls *pl.* of protest; **~haltung** *f* rebellious attitude.
protestieren *v/i.* protest (**gegen** against *s.th., Am. a. s.th.*); ***er protestiert dagegen, dass*** he's protesting against the fact that.
Protest|kundgebung *f* protest rally, demonstration; **~lied** *n* protest song; **~marsch** *m* protest march; **~note** *f pol.* protest note; **~sänger** *m* protest singer; **~schreiben** *n* written protest; letter of protest; **~sturm** *m* storm of protest, public outcry; **~versammlung** *f* protest meeting; **~wähler** *m* protest voter; **~welle** *f* wave of protest.
Prothese *f* **1.** artificial limb; (*Bein&*) artificial leg; (*Arm&*) artificial arm; **2.** (*Gebiss*) dentures *pl.*; **Prothesenträger** *m* **1.** person with an artificial limb; **2.** denture-wearer.
Protokoll *n* **1.** (*Sitzungs&*) minutes *pl.*;

(**das**) **~ führen** take (down) the minutes; **ins ~ aufnehmen** take down (in the minutes); ⚖ **et. zu ~ geben** give evidence of s.th., state s.th. in evidence; **et. zu ~ nehmen** take s.th. down in evidence, put s.th. on record; **2.** (**diplomatisches ~**) protocol; **3.** (*Strafmandat*) ticket; **4.** *Computer*: log; **protokollarisch I.** *adj.* **1.** recorded; ⚖ **~e Aussage** statement given in evidence; **2.** *pol.* **~e Bestimmungen** rules of protocol; **II.** *adv.*: **~ festhalten** take down (in the minutes), ⚖ take down as evidence; **Protokollführer** *m* minute-taker; ⚖ clerk of the court; **wer ist ~?** who's taking the minutes?; **protokollieren I.** *v/t.* take down (in the minutes); (*Sitzung*) take the minutes of (*od.* at); ⚖ take down (on record); (*Verhör*) record; **II.** *v/i.* take the minutes; ⚖ take the record.

Proton *n phys.* proton.

Protoplasma *n* protoplasm.

Prototyp *m* **1.** prototype; **2. der ~ e-s Kapitalisten** *etc.* the (F your) archetypal capitalist *etc.*; **prototypisch** *adj.* archetypal.

Protozoon *n* protozoon.

Protz F *m* F show-off; **protzen** F *v/i.* show off (**mit** [with] *s.th.*); **er protzt gern mit s-m Geld** he likes to flash his money around; **Protzerei** F *f* showing off; **protzig** F **I.** *adj. Geste*: ostentatious; *Sache*: *a.* F showy, swanky; *Wagen*: F flash(y); **II.** *adv.* ostentatiously; **er gab dem Kellner ~ e-n Fünfzigmarkschein** *a.* he made a (big) show of giving the waiter a fifty-mark note (*Am.* bill).

Provenienz *f* origin, provenance; **Waren italienischer ~** goods of Italian origin; **unbekannter ~** of unknown origin.

Proviant *m* provisions *pl.*, food; ⚔ rations *pl.*, food supply, supplies *pl.*

Provider *m Internet etc.*: provider.

Provinz *f* **1.** province (*a. fig.*); **2.** (*Ggs. Hauptstadt*) *the* provinces *pl.*; **aus der ~ stammen** come from the provinces (*od.* country); *contp.* **das ist ja hier tiefste ~** what a backwater this is; **sie leben in der hintersten ~** F they live at the back of beyond; **~blatt** *n* backwoods newspaper, F local rag.

Provinzhauptstadt *f* provincial cent|re (*Am.* -er).

Provinzialismus *m* provincialism.

provinziell *adj.* provincial.

Provinzler *m* provincial, F country yokel; **provinzlerisch** *adj.* provincial.

Provinz|nest F *n* backwater, *bsd. Am.* F hick town, one-horse town; **~stadt** *f* provincial town.

Provision *f* ☤ commission; **auf ~** on commission; **Provisionsbasis** *f*: **auf ~** on commission, on a commission basis.

provisorisch I. *adj.* provisional, temporary; (*behelfsmäßig*) makeshift ...; **~e Lösung** stopgap solution; **~e Regierung** caretaker (*od.* provisional) government; **II.** *adv.*: **et. ~ reparieren** do a makeshift job on s.th., patch s.th. up for the time being.

Provisorium *n* provisional (*od.* temporary) arrangement, stopgap.

provokant *adj.* provocative; **Provokateur** *m* troublemaker, agent provocateur; **Provokation** *f* provocation; **provokativ** *adj.*, **provokatorisch** *adj.* provocative; **provozieren I.** *v/t.* provoke; (*Tier*) torment; **~d** provocative; **II.** *v/i.* provoke; **er will nur ~** he's just trying to provoke (*od.* be provocative).

Prozedere *n* procedure.

Prozedur *f* procedure, process; F **das war vielleicht e-e ~!** what an ordeal (that was).

Prozent *n* per cent, percent; **~e** percentage, (*Rabatt*) a discount; **zu fünf ~** at five per cent (*od.* percent); **wie viel ~ Zinsen kriegt man? - fünf** what's the interest rate? - five per cent (*od.* percent); **hast du ~e bekommen?** (*Rabatt*) did you get (*od.* did they give you) a discount?; **ich kann Ihnen zehn ~ geben** (*Rabatt*) I can knock off ten per cent (*od.* percent); **...prozentig** *in Zssgn* ... per cent (*od.* percent).

Prozent|punkt *m* (percentage) point, per cent, percent; **sie haben sich bei der Wahl um fünf ~e verbessert** they've gained another (*od.* an extra) five per cent (*od.* percent) of the vote; **~rechnung** *f* percentages *pl.*; **~satz** *m* percentage.

prozentual *adj.* proportional; **~er Anteil** percentage.

Prozess *m* **1.** (*Vorgang, Verfahren*) process; → **Entwicklungs-, Lernprozess** *etc.*; **2.** ⚖ (*Rechtsstreit*) lawsuit; (*Strafverfahren*) trial; **e-n ~ gewinnen** (**verlieren**) win (lose) one's case; **gegen j-n e-n ~ anstrengen** bring an action against s.o., sue s.o.; **in e-n ~ mit j-m verwickelt sein** be involved in a lawsuit with s.o.; **j-m den ~ machen** take s.o. to court; *fig.* **mit j-m** (**et.**) **kurzen ~ machen** make short work of s.o. (s.th.); **≈fähig** *adj.* capable of suing or being sued; **≈freudig** *adj.* litigious; **~gegner** *m* opposing party.

prozessieren *v/i.* go to court; **gegen j-n ~** bring an action against s.o., take s.o. to court.

Prozession *f* procession.

Prozess|kosten *pl.* legal costs; **~kostenhilfe** *f* legal aid; **~lawine** *f*: **eine ~ auslösen** fill the courts with lawsuits.

Prozessor *m Computer*: processor.

Prozess|recht *n* adjective (*od.* procedural) law; **~steuerung** *f Computer*: process control; **≈unfähig** *adj.* incapable of suing or being sued; **~vollmacht** *f* power of attorney.

prüde *adj.* prudish; **ich bin** (**ja**) **nicht ~** I'm no prude; **tu doch nicht so ~** don't be such a prude; **Prüderie** *f* prudishness, prudery.

Prüfautomat *m* (automatic) testing equipment.

prüfen I. *v/t. ped.* examine, test, give *s.o.* an exam (*od.* test); (*feststellen*) check, test; (*erproben*) try (out), (put to the) test; ⚙ (*abnehmen*) inspect; *metall.* assay; (*untersuchen, genau betrachten*) examine, study; (*Vorfall, Beschwerde etc.*) investigate, look into; (*Vorschlag*) consider, have a close look at; (*nach~, über~*) check; ☤ (*Bücher*) audit; ⚖ (*Entscheidung*) review; (**auf Richtigkeit**) **~** verify, check; *der Antrag* **wird geprüft** is under consideration; **j-s Russischkenntnisse ~** test s.o.'s knowledge of Russian, *in e-r Prüfung*: give s.o. a Russian test; **damit wird logisches Denken geprüft** it's a test of logic; **et. auf s-e Echtheit hin ~** check to see whether s.th. is genuine (*od.* authentic); **j-n auf sein Reaktionsvermögen hin ~** test s.o.'s reactions; **er ist vom Leben schwer geprüft** he hasn't been spared much in life; **II.** *v/i.* examine; **er prüft sehr streng** he's a tough examiner; **es wird schriftlich und mündlich geprüft** there will be a writter and an oral test (*od.* exam); **III.** *v/refl.* **sich ~** do some soul-searching; **prüfenc** *adj.*: **~er Blick** searching look; **Prüfer** *m ped.* examiner; ⚙ *etc.* tester; *zur Abnahme*: inspector; *metall.* assayer; ☤ (*Wirtschafts≈*) auditor.

Prüfgerät *n* testing apparatus.

Prüfling *m* **1.** *ped.* candidate; **2.** ⚙ (test specimen.

Prüf|muster *n* specimen; **~spitze** *f* probe; **~stand** *m* ⚙ test bench, *mot. a* test block; *fig.* **auf dem ~ stehen** be under close scrutiny, be on trial; **es steht auf dem ~** *a.* it's being put to the test it's being tried and tested; **~stein** *fig.* touchstone (**für** of); **~stück** *n* specimen

Prüfung *f* **1.** *ped.* (**mündliche** oral **schriftliche** written) examination, exam test (*a. fig.*); → **ablegen** 5, **abnehmen** 4 **bestehen** 1 *etc.*; **2.** (*Untersuchung*) examination, investigation; *sehr sorgfältige* scrutiny; (*Nach≈, Über≈*) verification check(ing); ⚙ inspection; ☤ audit; ⚖ review; **3.** (*Erprobung*) trial, test; (*Heimsuchung*) trial, ordeal; *Sport*: event.

Prüfungs|anforderungen *pl.* examination requirements; **~angst** *f* exam nerves *pl.*; **~arbeit** *f* exam paper; **~aufgabe** exam question; **~ausschuss** *m* board of examiners, examining board; *bei Sachen* review board; **~ergebnis** *n* examination results *pl.*; ⚙ test result; **~fach** *n* exam subject; **~fahrt** *f* **1.** *für Auto*: test drive **2.** *für Fahrer*: driving test; **~frage** (exam) question; **~kandidat** *m* (exam candidate; **~kommission** *f* → **Prüfungsausschuss**; **~note** *f* exam mark **was hast du für e-e ~ bekommen?** what mark (*od.* grade) did you get in the exam?; **~ordnung** *f* exam(ination) regulations *pl.*; **~termin** *m* **1.** exam(ination date; **2.** ⚖ meeting of creditors; **~verfahren** *n* **1.** *ped.* exam(ination) procedure; **2.** test(ing) method; **~zeugnis** certificate, diploma.

Prügel *m* **1.** *fig. pl.* (*a.* **Tracht ~**) (good hiding *sg.*; **2.** (*Knüppel*) cudgel; **Prügele** *f* brawl, F scrap, free-for-all; **Prügelknabe** *m* scapegoat, F fall guy; **prügeln** *v/t mit Stock etc.*: beat; **sich ~** (have a) fight **sich ~ um** fight over; **Prügelstrafe** corporal punishment.

Prunk *m* splendo(u)r, magnificence; *e-Festzugs etc.*: pageantry; (*Gepränge* pomp; **~bett** *n* bed of state.

prunken *v/i.* be resplendent; **~ mit** flaunt (*prahlen mit*) boast about.

Prunk|gemach *n* state apartment; **≈liebend** *adj.*: **der ~e König Ludwig XIV** Louis XIV with his love of pomp (and splendo[u]r); **≈los** *adj.* plain, unostentatious; **~stück** *n* showpiece; **≈süchtig** *adj.* ostentatious; **≈voll** *adj.* splendid magnificent.

prusten *v/i. vor Wut etc.*: snort; *vor Erschöpfung*: pant, gasp for air; **vor Lachen ~** snort with laughter; **er kam ~d angelaufen** he came panting along.

PS[1] *n Brief*: PS.

PS[2] *n mot.* horsepower (*abbr.* HP).

Psalm *m* psalm; **Psalmist** *m* psalmist.

Psalter *m* psalter; *bibl.* **der ~** (the Book of) Psalms.

pseudo..., Pseudo... *in Zssgn* pseudo..., mock ...

Pseudokrupp *m* ⚕ pseudo-croup, mild croup.

Pseudonym *n* pseudonym; *e-s Schriftstellers*: *a.* pen name, nom de plume.

Pseudowissenschaft *f* pseudoscience; **pseudowissenschaftlich** *adj.* pseudoscientific.

PS-stark *adj.* high-horsepower, high-HP.

pst *int.* **1.** (*Ruhe!*) ssh!; **2.** (*he!*) psst!

Psyche *f* psyche; psychological makeup; mental state; state of mind; soul; (human) ego.

Psychiater *m* psychiatrist; **Psychiatrie** *f* **1.** psychiatry. **2.** psychiatric ward; **psychiatrisch** *adj.* psychiatric.

psychisch I. *adj.* psychological; *stärker*: mental; *Druck, Reaktion etc.*: emotional; ***~e Belastung*** mental strain; ***~e Krankheit*** mental disease; **II.** *adv.*: ***~ bedingt*** psychological, F all in the mind; ***~ belastet*** under mental strain; ***~ krank*** mentally disturbed.

Psychoanalyse *f* psychoanalysis; ***sich e-r ~ unterziehen*** have (*od.* go for) psychoanalysis; **Psychoanalytiker** *m* psychoanalyst, F analyst; *sl.* shrink; **psychoanalytisch I.** *adj.* psychoanalytic(al); **II.** *adv.*: ***~ behandeln*** psychoanalyze.

Psychodrama *n thea. u. psych.* psychodrama.

psychogen *adj.* psychogenic(ally *adv.*).

Psychogramm *n* (personality) profile.

Psychokrimi *m* psychological thriller.

Psychologe *m* psychologist; **Psychologie** *f* psychology; (*psychologisches Verständnis*) psychological insight; **psychologisch I.** *adj.* psychological; **II.** *adv.* psychologically, from a psychological point of view; ***~ hast du richtig gehandelt*** you did the right thing psychologically; **psychologisieren** *v/t.* psychologize.

Psychopath *m* psychopath; **psychopathisch** *adj.* psychopathic.

Psychopharmaka *pl.* psychiatric (*od.* mind) drugs.

Psychose *f* psychosis (*a. fig.*).

psychosomatisch *adj.* psychosomatic(ally *adv.*).

Psychoterror *m* psychological blackmail (*od.* intimidation).

Psychotherapeut *m* psychotherapist; **psychotherapeutisch** *adj.* psychotherapeutic; ***~e Behandlung*** psychotherapy; **Psychotherapie** *f* psychotherapy.

Psychothriller *m* psychological thriller.

Psychotiker *m* psychotic; **psychotisch** *adj.* psychotic(ally *adv.*).

pubertär *adj.* adolescent; ***~e Probleme*** problems of adolescence; ***~er Junge*** boy in puberty; ***es ist nur e-e ~e Erscheinung*** it's all part of puberty; **Pubertät** *f* puberty, adolescence; ***in die ~ kommen*** reach (the age of) puberty; **Pubertätsjahre** *pl.* (time of) puberty *sg.*; **pubertieren** *v/i.* be going through puberty.

Publicity *f* publicity; exposure.

publik *adj.* public; ***~ machen*** publicize; ***die Sache ist längst ~*** everybody knows about it.

Publikation *f* publication.

Publikations|rechte *pl.* publication rights, rights of publication; **~verbot** *n* ban on publication; ***e-n Autor mit ~ belegen*** ban an author from publishing his works.

Publikum *n* **1.** (*Öffentlichkeit*) *the* public; **2.** (*Zuschauer etc.*) audience; *Radio*: *a.* listeners *pl.*; *Sport*: spectators *pl.*, crowd; (*Leser*) readers *pl.*; ***er ist beim ~ gut angekommen*** the audience loved him; **3.** (*Gäste*) clientele; ***gemischtes ~*** a mixed crowd.

Publikums|erfolg *m* great success, hit; **~geschmack** *m* popular taste; **~liebling** *m* favo(u)rite; **~magnet** *m* crowd-puller; **~verkehr** *m* **1.** ***~ haben*** be open (to the public); ***keinen ~ haben*** be closed (for business); ***~ von 9 bis 12*** opening hours 9 to 12; **2.** ***~ haben*** *Angestellter*: deal directly with the public (*od.* with customers); ***heute ist aber viel ~*** there's a lot of coming and going today; **≈wirksam** *adj.* popular; ***~ sein*** *a.* have public appeal, appeal to the public.

publizieren *v/t.* publish; **Publizist** *m* journalist; **Publizistik** *f* journalism; **publizistisch** *adj.* journalistic.

Publizität *f* publicity.

Puck *m Eishockey*: puck.

Pudding *m etwa* blancmange; (*Mehlspeise*) pudding; F *fig.* ***das sind doch keine Muskeln, das ist nur ~*** that's not muscle, that's just flab; **~pulver** *n* pudding mixture.

Pudel *m* poodle; F ***wie ein begossener ~ dastehen*** look (quite) crestfallen; *fig.* ***das also ist des ~s Kern*** so that's what it's all about; **~mütze** *f* woolly hat; **≈nackt** F *adj.* stark naked, F starkers; ***er war ~*** *a.* F he didn't have a stitch on; **≈nass** F *adj.* soaking wet, drenched, soaked to the skin; **≈wohl** F *adj.*: ***sich ~ fühlen*** F feel great, feel on top of the world.

Puder *m* powder; **~dose** *f* powder compact.

pudern *v/t.* powder (***sich*** one's face).

Puder|quaste *f* powder puff; **~zucker** *m* icing (*Am.* confectioner's) sugar.

puff *int.* bang!

Puff[1] F *m* (*Bordell*) brothel.

Puff[2] *m* **1.** (*Stoß*) thump; *in die Rippen*: poke, F dig (in the ribs); *vertraulicher*: nudge; *fig.* ***er kann schon e-n ~ vertragen*** he can take a knock; **2.** (*Knall*) bang, pop.

Puff[3] *m* (*Wäsche≈*) linen basket.

Puffärmel *m* puffed sleeve.

puffen I. *v/t.* (*j-n*) thump, jostle; *vertraulich*: poke *s.o.* in the ribs, nudge; **II.** *v/i.* 🚂 puff.

Puffer *m* **1.** 🚂, *Computer u. fig.*: buffer; **2.** → ***Kartoffelpuffer***; **~batterie** *f* buffer battery.

puffern *v/t.* buffer.

Puffer|staat *m* buffer state; **~vorräte** *pl.* buffer stock *sg.*; **~zone** *f* buffer zone.

Puffmais *m* popcorn.

Puffmutter F *f* madam.

Puffreis *m* puffed rice.

puh *int.* **1.** phew!; **2.** *bei Gestank*: poo!

pulen *dial. v/i.*: ***~ an*** pick at; ***~ in*** poke around in; ***in der Nase ~*** *a.* pick one's nose.

Pulk *m* crowd, *a. Sport*: bunch; *von Fahrzeugen*: group, convoy; ✈ group.

Pulle F *f* bottle; *fig.* ***volle ~ fahren*** F drive flat out; ***die Anlage volle ~ aufdrehen*** F turn the stereo up full blast; ***volle ~ schreien*** scream at the top of one's voice; ***volle ~ spielen*** play for what one is worth.

pullen *v/t. u. v/i.* row.

pullern *dial. v/i.* F piddle.

Pulli F *m*, **Pullover** *m* sweater, pullover, *Brit. a.* jumper.

Pullunder *m* tank top.

Puls *m* pulse; ***hoher*** (***niedriger***) ***~*** high (low) pulse rate; ***j-m den ~ fühlen*** feel s.o.'s pulse, *fig.* sound s.o. out; **~ader** *f* artery.

Pulsar *m astr.* pulsar.

Pulsfrequenz *f* pulse rate.

pulsieren *v/i.* pulsate (*a. Blut*); *Schmerz*: throb; *fig.* pulsate; *fig.* ***~ mit*** throb (*od.* pulsate, vibrate) with; *fig.* ***~d*** pulsating, vibrant.

Puls|schlag *m* pulse; *einzelner*: pulse beat; (*Pulsfrequenz*) pulse rate; *fig.* vibrancy; *fig.* ***~ der Großstadt*** *a.* pulsating city life; **~zahl** *f* pulse rate.

Pult *n* desk; (*Redner≈*) lectern.

Pulver *n* powder; (*Schieß≈*) (gun)powder; F *fig.* (*Geld*) F cash, *sl.* brass, bread; *fig.* ***er hat das ~ nicht erfunden*** F he's not exactly an Einstein; ***sein ~ verschossen haben*** have shot one's bolt; ***es*** (***er***) ***ist keinen Schuss ~ wert*** it's not worth a bean (he's useless); **~fass** *n* powder keg (*a. fig.*); *fig.* ***auf e-m ~ sitzen*** be sitting on top of a volcano; **≈förmig** *adj.* powdered ..., in powder form.

pulverisieren *v/t.* pulverize.

Pulver|kaffee *m* instant coffee; **~schnee** *m* powder snow.

pulvrig *adj.* powdery.

Puma *m zo.* puma, *Am.* cougar.

Pummel F *m* F roly-poly; **pummelig** F *adj.* F dumpy, chubby.

Pump F *m*: ***auf ~ kaufen*** F buy on tick.

Pumpe *f* pump; F (*Herz*) F ticker; **pumpen** *v/t. u. v/i.* **1.** pump (***in*** into); **2.** F (*leihen*) lend, *bsd. Am.* loan; ***sich et. ~*** borrow s.th. (***bei j-m*** from *od.* F off s.o.); ***kannst du mir ein bisschen Geld ~?*** F can you lend me a bit of cash?; **3.** F do press-ups, *a. Am.* do push-ups.

Pumpernickel *m* pumpernickel.

Pumphose *f* baggy trousers *pl.*

Pumps *m* (*Schuh*) court shoe.

Pumpspray *m, n* pump-action spray; atomizer.

Punker *m* punk; **~haarschnitt** *m* punk hairstyle.

Punkrock *m* punk rock.

Punkt *m* (*Fleck*) dot, spot (*a. am Kleid*); *ling.* full stop, *Am.* period; (*Tüpfelchen*) dot; 𝔄 point; (*Stelle*) point, place, spot; (*Einzelheit*) item, point; (*Gesprächsthema*) point, subject, topic; (*Position*) point, position; *Sport etc.*: point; ***e-n ~ machen*** (***od. setzen***) put a full stop (*Am.* period); ***~e und Striche*** dots and dashes; ***ein kleiner ~ am Horizont*** a tiny dot (*od.* a speck) on the horizon; *fig.* ***dunkler ~*** dark chapter, skeleton in the cupboard (*Am.* closet); ***der grüne ~*** the green dot (*symbol of recyclable packaging*); ***der springende ~*** the point; ***wunder ~*** sore point; ***e-n schwachen ~ treffen*** find a weak spot; ***~ für ~*** point by point; ***~ zehn Uhr*** ten o'clock sharp; (***um***) ***~ 7.30 Uhr*** at 7:30 on the dot; ***bis zu e-m gewissen ~*** up to a point; ***in vielen ~en*** in many respects; ***in diesem ~ sind wir uns einig*** we agree on that point; ***e-n ~ hinter et. setzen*** bring s.th. to an end, settle s.th. (once and for all); ***ohne ~ und Komma reden*** talk nineteen to the dozen; ***nach ~en siegen*** (***verlieren***) *Sport*: win (lose) on points; F ***nun mach mal e-n ~!*** F give it a break; F ***sie bringt es auf den ~*** F she is spot on; → ***neuralgisch, strittig, tot***; **punkten** *v/i. Sportler*: collect (*od.* pick up) points; *Kampfrichter*: award points.

punktgenau I *adj.* precise; ***~e Landung*** precision landing; ***~er Treffer*** perfect hit; **II.** *adv.* precisely; ***~ treffen*** hit exactly *od.* precisely; ***~ landen*** make a precision landing.

P

punktgleich *adj.* level (on points); **Punktgleichheit** *f*: ***bei ~ entscheidet die Tordifferenz*** if teams are level on points, goal difference decides.

punktieren *v/t. a.* ♪ dot; ⚕ puncture; ***punktierte Linie*** dotted line; **Punktierung** *f* dotting; ⚕ (*a.* **Punktion** *f*) puncture.

Punktlandung *f* precision landing.

pünktlich I. *adj.* punctual; ***sie ist selten ~*** she's a bad timekeeper; **II.** *adv.* punctually, on time; ***~ um 10 Uhr*** at ten o'clock sharp; **Pünktlichkeit** *f* punctuality.

Punkt|niederlage *f* defeat on points; **~richter** *m Sport*: judge; **~sieg** *m* win on points; **~sieger** *m* winner on points; **~strahler** *m* spot(light); **~system** *n* points system.

punktuell I. *adj.* selective; **II.** *adv.* selectively; (*Punkt für Punkt*) point by point; ***~ Wirkung zeigen*** have its effect in places (*od.* here and there).

punktum *int.* full stop; ***und damit ~!*** and that's that.

Punkt|wertung *f* **1.** points system; **2.** → **~zahl** *f* score.

Punsch *m* punch.

Punzarbeit *f* embossing.

Pup F *m* F guff, V fart; **pupen** F *v/i.* F let off.

Pupille *f* pupil.

Pupillen|erweiterung *f* **1.** dilation of the pupil(s); **2.** enlarged pupil(s); **~verengung** *f* **1.** contraction of the pupil(s); **2.** contracted pupil(s).

Püppchen *n dim. von* ***Puppe.***

Puppe *f* doll (*a.* F *fig. Mädchen*); (*Marionette, a. fig.*) puppet, marionette; (*Kleider*2) dummy, mannequin; *zo.* pupa, chrysalis; *des Seidenspinners*: cocoon; F *fig.* ***bis in die ~n schlafen*** sleep till all hours; F ***bis in die ~n feiern*** celebrate into the small hours; F ***die ~n tanzen lassen*** F live it up, have a fling.

Puppen|gesicht *n* doll's face; **~haus** *n* doll's house; **~klinik** *f* doll's hospital; **~spiel** *n* puppet show; **~stube** *f* doll's house; **~theater** *n* **1.** puppet theat|re (*Am. a.* -er); **2.** → ***Puppenspiel***; **~wagen** *m* doll's pram, *Am.* doll carriage.

Pups F *m* → ***Pup***; **pupsen** F *v/i.* → ***pupen***; **Pupser** F *m* → ***Pup.***

pur *adj.* pure; (*bloß*) *a.* sheer; ***~er Unsinn*** pure nonsense; ***es war ~er Zufall*** it was sheer (*od.* pure) coincidence; ***aus ~er Neugier*** (***Bosheit***) from sheer curiosity (out of sheer malice); ***Whisky ~*** neat (*Am.* straight) whisk(e)y; ***s-n Whisky ~ trinken*** drink one's whisk(e)y neat (*Am.* straight).

Püree *n* puree, mash; **pürieren** *v/t. gastr.* mash, puree.

purifizieren *v/t.* purify; **Purifizierung** *f* purification.

Purismus *m* purism; **Purist** *m* purist; **puristisch** *adj.* purist(ic).

Puritaner(in *f*) *m* **1.** Puritan; **2.** *fig.* puritan; **puritanisch** *adj.* **1.** Puritan; **2.** *fig.* puritanical; **Puritanismus** *m hist.* Puritanism.

Purpur *m*, **purpurn** *adj.*, **purpurrot** *adj. etwa* crimson.

Purzelbaum *m* forward roll, somersault; ***e-n ~ schlagen*** do a forward roll (*od.* somersault); **purzeln** *v/i. a. fig.* fall, tumble; ***aus dem Bett ~*** *a.* roll out of bed.

pushen *v/t.* (*Drogen*) push; **Pusher** *m* (drugs) pusher.

Push-up-BH *m* push-up bra.

Pusselarbeit F *f* F fiddly *od.* finicky work (*od.* job); **Pusselei** F *f* **1.** F fiddling (*od.* tinkering) around; **2.** → ***Pusselarbeit***; **pusselig** F *adj. Person*: fussy; *Arbeit*: F fiddly, finicky; **pusseln** F *v/i. im Garten*: F potter around; *am Radio etc.*: F tinker (*od.* fiddle) around (**an** with).

Puste F *f* breath; ***ich hab keine ~ mehr*** F I'm puffed; → ***ausgehen*** 3; **~blume** F *f* dandelion; **~kuchen** F *int.* F no way; (*leider nicht*) F no such luck.

Pustel *f* pimple; ⚕ pustule.

pusten F *v/i.* (*blasen*) blow; ***erst ~!*** *zum Kind beim Essen*: blow on it first; *mot.* ***er musste ~*** he was breathalyzed (*od.* breath-tested); ***ins 2 kommen*** start puffing and panting.

Pute *f* turkey (hen); F *fig.* ***dumme ~*** F silly goose, stupid woman.

Puten|braten *m* roast turkey; **~brust** *f* turkey breast; **~fleisch** *n* turkey; **~schinken** *m* turkey ham.

Puter *m* turkey (cock); **2rot** *adj.* (as) red as a lobster, scarlet.

Putsch *m pol.* putsch, coup; **putschen** *v/i.* stage a coup; **Putschist** *m* insurgent; **Putschversuch** *m* attempted coup, coup attempt.

Putte *f Kunst*: putto.

putten *v/i. u. v/t.* putt.

Putz *m* △ plaster; ⚡ ***unter ~*** (***verlegt***) concealed; F *fig.* ***auf den ~ hauen*** (*viel Geld ausgeben*) F have a fling, (*Krach schlagen*) F kick up a row, (*angeben*) show off.

putzen I. *v/t.* clean (*a. Gemüse*); (*Schuhe*) *a.* polish, *Am.* shine; (*Silber*) clean; (*schmücken*) decorate; ***sich die Nase ~*** blow (*od.* wipe) one's nose; ***sich die Zähne ~*** brush one's teeth; **II.** *v/i.* clean; do the cleaning; ***~ gehen*** work as a cleaner; **III.** *v/refl.*: ***sich ~*** *Vogel*: preen itself (*od.* its feathers); *Katze etc.*: wash itself.

Putzerei *östr. f* dry-cleaner's.

Putz|fimmel F *m* cleaning mania; **~frau** *f* cleaner, cleaning lady; **~hilfe** *f* (part-time) cleaner.

putzig F *adj.* comical, funny, droll.

Putz|kolonne *f* cleaning crew (*od.* squad); **~lappen** *m* cloth; **~mittel** *n* cleaning agent; (*Poliermittel*) polish.

putzmunter F *adj.* (*wach*) wide-awake; (*vergnügt*) perky, *Am.* F chipper.

Putz|teufel F *m* cleaning maniac; **~zeug** F *n* F cleaning things *pl.*

puzzeln *v/i.* do a jigsaw puzzle; ***er puzzelt gerne*** he likes doing jigsaw puzzles; **Puzzlespiel** *n* jigsaw puzzle.

Pygmäe *m* pygmy.

Pyjama *m*: (***ein ~*** a pair of) pyjamas (*Am.* pajamas) *pl.*

Pylon *m Antike u.* ⚙: pylon.

Pyramide *f* pyramid (*a.* ⩓ *u. fig.*); **pyramidenförmig** *adj.* pyramid-shaped, in the shape of a pyramid; pyramidal.

Pyrit *m min.* pyrite.

Pyromane *m* pyromaniac.

Pyrotechnik *f* pyrotechnics *pl.* (*sg. konstr.*).

Pyrrhussieg *m* Pyrrhic victory.

pythagoreisch *adj.* Pythagorean; ***~er Lehrsatz*** Pythagoras's theorem.

Python *m*, **~schlange** *f* python.

P

Q, q *n* Q, q.

Quackelei *dial. f* **1.** (*Geschwätz*) jabber (-ing); **2.** (*Nörgelei*) grumbling, whing(e)ing; **3.** *e-s Kindes*: whining, grizzling; **quackeln** *dial. v/i.* **1.** (*schwatzen*) jabber (away); **2.** (*nörgeln*) grumble, whinge; **3.** *Kind*: whine, grizzle.

Quacksalber *m* quack, charlatan; **Quacksalberei** *f* quackery; **quacksalberisch** *adj. Methoden etc.*: quack ...; **quacksalbern** *v/i.* play the quack; ***er quacksalbert nur*** he's just a quack.

Quader *m* **1.** (*~stein*) ashlar; **2.** ⩓ rectangular parallelepiped; **~stein** *m* ashlar.

Quadrant *m* quadrant.

Quadrat *n* square; ***zwei Meter im ~*** two square met|res (*Am.* -ers), two met|res (*Am.* -ers) square; ***ins ~ erheben*** square; ***fünf zum ~*** five squared; **quadratisch** *adj.* square; ⩓ quadratic.

Quadrat|kilometer *m* square kilomet|re (*Am.* -er); **~latschen** F *pl.* **1.** (*Schuhe*) F boats, clodhoppers; **2.** (*Füße*) F big trotters; **~meter** *m* square met|re (*Am.* -er); **~meterpreis** *m* price per square met|re (*Am.* -er); **~schädel** F *m* **1.** square head, F block; **2.** ***er ist ein ~*** he's so pigheaded.

Quadratur *f* ⩓ quadrature; *fig.* ***es ist die ~ des Kreises*** it's like trying to square the circle.

Quadrat|wurzel *f* square root; ***die ~ ziehen aus*** get the square root of; **~zahl** *f* square number; **~zentimeter** *m* square centimet|re (*Am.* -er).

quadrieren *v/t.* ⩓ square.

Quadrophonie *f* quadraphonics *pl.* (*sg. konstr.*); **quadrophon(isch)** *adj.* quadraphonic.

quaken *v/i. Frosch*: croak; *Ente*: quack; *Kind*: whine, grizzle; *Person*: squawk, *nörgelnd*: whinge; *Plattenspieler*, *Radio*: squawk.

quäken *v/i. u. v/t.* squawk.

Quäker(in *f*) *m* Quaker; ***die ~*** *coll.* the Quakers, the Society of Friends.

Qual *f* torture, agony; *seelische*: *a.* (mental) anguish (*alle a.* **~en**); ***es ist e-e ~*** it's torture, it's agony, (*äußerst unangenehm*) it's unbearable; ***unter ~en*** in great (*od.* terrible) pain, (*mit Schwierigkeiten*) with great difficulty; ***zur ~ werden*** become (*od.* get) unbearable; ***ihr Leben war e-e ~*** life was unbearable for her; ***j-m das Leben zur ~ machen*** make s.o.'s life a misery; ***sein Rheuma hat ihm große ~en bereitet*** he went through agony with his rheumatism; ***die ~ der Ungewissheit*** the agony of not knowing; ***die ~en des Gewissens machen ihm zu schaffen*** he's tormented by a (*od.* his) bad conscience; ***wir haben die ~ der Wahl*** we're spoilt for choice, we just can't decide; ***es ist e-e ~, ihn singen zu hören*** it's painful listening to him sing; ***ein Tier von s-n ~en erlösen*** put an animal out of its misery.

quälen I. *v/t.* torment (*a. fig.*); (*foltern*) *a. fig.* torture; *fig.* (*plagen*) harass, torment; *mit Bitten, Fragen etc.*: pester, plague; ***j-n zu Tode ~*** torture s.o. to death; ***Hunger quälte ihn*** he was tormented by hunger; ***von Schmerzen gequält*** racked with (*od.* tormented by) pain; ***mich quält dieser Schnupfen schon lange*** this cold has been tormenting me for a long time; ***dieser Gedanke quält mich seit einiger Zeit*** the thought has been tormenting (*od.* haunting) me for some time; ***Zweifel quälten ihn*** he was torn by doubt; ***quäl ihn nicht so!*** stop tormenting him; F ***das Klavier ~*** F torture the piano; → ***gequält***; **II.** *v/refl.*: ***sich ~*** *mit Gedanken*: torment o.s.; *mit e-r Krankheit*: suffer; (*sich abmühen*) struggle; ***sich mit et. ~*** *a.* have a hard time with s.th.; ***sich durch den Schnee*** (***Regen***) ***~*** battle one's way through the snow (rain); ***sich durch ein Buch ~*** grapple with a book; ***sich ans Ziel ~*** *Sport*: struggle to the finish; ***sich aufs Dach ~*** struggle (to get) onto the roof; ***sich umsonst ~*** labo(u)r in vain; ***sich zu Tode ~*** worry o.s. to death; **quälend** *adj. Schmerz*: excruciating; *Gedanke*: agonizing; *Hitze*: unbearable; **Quälerei** *f* torment(ing), torture; *mit Bitten etc.*: pestering; (*Mühsal*) drudgery; ***Schreiben ist für mich e-e ~*** I can't stand writing; **Quälgeist** *m* F pest.

Qualifikation *f* qualification(s *pl.*); (*Eignung*) ability; **Qualifikationsrunde** *f Sport*: qualifying round.

qualifizieren I. *v/t.* **1.** qualify (***zu*** for; ***als*** as); **2.** (*einordnen*) classify, qualify; **3.** (*einschränken*) qualify; **II.** *v/refl.* **4.** ***sich ~ für*** get one's (*od.* the right) qualifications for; ***sich als Krankenschwester ~*** qualify as (*od.* to become) a nurse; **5.** ***sich ~*** *Sport*: qualify; **qualifiziert I.** *adj.* qualified; *Fachmann etc.*: *a.* highly trained; *Meinung etc.*: qualified; *Diskussion etc.*: serious; *pol.* ***~e Mehrheit*** qualified majority; **II.** *adv.*: ***sich ~ zu et. äußern*** make a qualified statement on s.th.

Qualität *f* quality; ⚜ *a.* (*~sstufe*) grade; ***erster ~*** first-rate; ***schlechte ~*** poor quality (*od.* workmanship); ***er hat auch s-e ~en*** he's got his good points.

qualitativ I. *adj.* qualitative; **II.** *adv.* qualitatively, in quality, from the point of view of quality.

Qualitäts|arbeit *f* high-quality workmanship; ***das ist ~*** *a.* they've *etc.* done an excellent job on that; **≈bewusst I.** *adj.* quality-conscious; **II.** *adv.*: ***~ einkaufen*** shop for quality; **~erzeugnis** *n* (high-) quality product; **~kontrolle** *f* quality control; **~management** *n* quality management; **~merkmal** *n* mark of quality; **≈mindernd** *adv.*: ***sich ~ auswirken*** have a devaluing effect (***auf*** on); **~minderung** *f* reduction in quality; **~norm** *f* quality standard; **~sicherung** *f* quality assurance; **~steigerung** *f* quality improvement; **~unterschied** *m* difference in quality; **~ware** *f* quality goods *pl.*; **~wein** *m* quality-tested wine.

Qualle *f* jellyfish.

Qualm *m* (thick) smoke; F *fig.* ***viel ~ machen*** make a big fuss; F ***bei ihnen herrscht ~ in der Bude*** they're having a row; **qualmen I.** *v/i.* smoke; F *Raucher*: *a.* F puff away (at a cigarette *etc.*); **II.** *v/t.* F puff away at; **Qualmerei** *f* smoking; **qualmig** *adj.* smoky, *Raum*: *a.* smoke-filled.

qualvoll *adj. Schmerzen*: excruciating, *seelisch*: agonizing; ***es war ~*** *a.* it was torture.

Quant *m phys.* quantum.

Quäntchen *n* tiny bit (of); ***ein ~ Salz*** *a.* a pinch of salt; *fig.* ***ein ~ Glück*** a little bit of luck; ***ein ~ Furcht*** (***Ehre***) a trace of fear (hono[u]r); ***ein ~ Vernunft*** a modicum of sense; ***ein ~ Mut*** (***Wahrheit***) a grain (*od.* an ounce) of courage (truth);

da ist kein ~ Wahrheit dran there isn't an ounce of truth to it.

quanteln *v/t. phys.* quantize.

Quanten F *pl.* **1.** (*Schuhe*) F boats, clodhoppers; **2.** (*Füße*) F big trotters.

Quanten|mechanik *f phys.* quantum mechanics *pl.* (*sg. konstr.*); **~physik** *f* quantum physics *pl.* (*sg. konstr.*); **~sprung** *m phys.* quantum leap (*od.* jump); *fig.* big step forward: **~theorie** *f* quantum theory.

quantifizierbar *adj.* quantifiable; **quantifizieren** *v/t.* quantify; **Quantifizierung** *f* quantification.

Quantität *f* quantity.

quantitativ *adj.* quantitative; *adv. a.* in quantity.

Quantum *n* quantity; amount; (*Anteil*) share, quota; F ***das tägliche ~ Alkohol*** *etc.* one's daily ration of alcohol *etc.*; F ***ich hab mein ~ schon gehabt*** F I've had my lot for today.

Quappe *f* **1.** (*Kaul≈*) tadpole; **2.** (*Aal≈*) burbot.

Quarantäne *f* quarantine; ***unter ~ stellen*** put in quarantine; **~bestimmungen** *pl.* quarantine regulations; **~station** *f* quarantine ward.

Quark[1] *m* **1.** skimmed milk, cream cheese, quark; **2.** F → ***Quatsch.***

Quark[2] *n phys.* quark.

Quarre *dial. f* **1.** grizzling child; **2.** (*Frau*) whinger; **quarren** *dial. v/i. Kind*: grizzle, whine, *Frau*: whinge.

Quart[1] *n* (*Hohlmaß*) quart; *typ.* quarto.

Quart[2] *f* **1.** ♪ fourth; **2.** *Fechten*: quart.

Quarta *f ped.* **1.** *obs.* third year (of grammar school); **2.** *östr.* fourth year (of grammar school).

Quartal *n* quarter (year), quarterly period.

Quartals... *in Zssgn* quarterly; **~ende** *n* end of a (*od.* the) quarter; ***sechs Wochen vor ~ kündigen*** give notice six weeks before the end of the quarter; **~säufer** F *m* F dipso.

quartal(s)weise *adj. u. adv.* quarterly.

Quartär *n geol.* Quaternary.

Quartband *m* quarto volume.

Quarte *f* ♪ fourth.

Quartett *n* ♪ quartet; (*Kartenspiel*) happy families *pl.* (*sg. konstr.*); *fig.* foursome.

Quartformat *n* quarto (format).

Quartier *n* **1.** accommodation; ***ein ~ für die Nacht*** accommodation (*od.* a room, a bed) for the night; ***j-m ~ geben*** put s.o. up; **2.** ⚔ quarters *pl.*; ***~ beziehen*** take up quarters, ***bei j-m in ~ liegen*** be billeted on so.; **~suche** *f*: ***auf ~ sein*** be looking for accommodation.

Quarz *m* quartz; ⚡ crystal, quartz; **≈gesteuert** *adj.* quartz(-controlled); **~glas** *n* quartz glass.

Quarzit *m* quartzite.

Quarz|kristall *m* quartz crystal; **~lampe** *f* quartz lamp; **~staublunge** *f* silicosis; **~uhr** *f* quartz clock; (*Armbanduhr*) quartz (wrist)watch; **~wecker** *m* quartz (alarm) clock.

Quasar *m ast.* quasar.

quasi I. *adv.* more or less; (*gleichsam*) as it were; **II.** **≈...** *in Zssgn* quasi-...

Quasselbude F *f* talking shop.

Quasselei F *f* **1.** F yakking, jabbering; **2.** (*Blödsinn*) F drivel, rubbish.

Quassel|fritze F *m*, **~kopf** F *m* F gasbag.

quasseln F *v/i.* F yak (away), gas.

Quasselstrippe F *f* **1.** (*Person*) F gasbag; **2.** (*Telefon*) F blower; ***an der ~ hängen*** be on the blower.

Quast *m* **1.** (*Maler≈*) (wide) brush; **2.** → **Quaste** *f* (*Troddel*) tassel; (*Puder≈ etc.*) powder *etc.* puff.

Quatsch F *m* F rubbish, *sl.* rot, *bsd. Am.* F garbage, trash; ***~ machen*** a) fool around, get up to nonsense, b) do something stupid; ***so ein ~*** what a lot (*sl.* load) of rubbish; ***lass den ~!*** stop it!, *sl.* cut it out!; ***red keinen ~!*** don't talk rubbish *etc.*, stop talking rubbish *etc.*, (*das ist doch nicht wahr*) F you're kidding; **quatschen** F *v/i.* **1.** (*dumm reden*) F blether, talk rubbish; (*plaudern*) F natter, *contp.* blather; (*tratschen*) gossip; **2.** *Boden, Schuhe*: squelch; **Quatschkopf** F *m* F driveller, windbag.

Quecke *f* ♣ crouch (*od.* quack) grass.

Quecksilber *n* mercury, quicksilver; *fig.* ***er ist das reinste ~*** he's a real live wire; **~barometer** *n* mercury barometer; **~gehalt** *m* mercury level; **≈haltig** *adj.*: ***~ sein*** contain mercury; ***~e Fischprodukte*** fish products containing mercury.

quecksilbern *adj.* **1.** *Farbe etc.*: mercury; **2.** → ***quecksilbrig.***

Quecksilber|säule *f* mercury (column); ***die ~ ist auf 30 Grad geklettert*** the mercury has risen to 30 degrees; **~vergiftung** *f* mercury poisoning.

quecksilbrig *adj.* very lively, live-wire *personality.*

Quell *lit. m* → ***Quelle.***

Quelldatei *f EDV* source file.

Quelle *f* **1.** spring; **2.** *e-s Flusses*: source; **3.** (*Ursprung*) source; ***aus sicherer ~*** on good authority; ***aus erster ~*** firsthand; ***du sitzt doch an der ~*** you're in the right place (for that), *für Informationen*: *a.* you're right at the source; *lit.* ***die ~ des Lebens*** (***Wissens***) the fountain of life (the fountain[head] of knowledge); **4.** (*Schrift≈*) source; ***du musst die ~n angeben*** you've got to quote your sources; **quellen I.** *v/i.* **1.** (*hervordringen*) *a. fig.* pour, *Blut*: *a.* gush (***aus*** out of, from); ***aus dem Boden ~*** well up from under the ground; ***über den Rand ~*** well (*Dickflüssiges*: rise) over the edge; **2.** ***die Augen quollen ihr fast aus dem Kopf*** her eyes were popping out of her head; **3.** (*anschwellen*) swell; **II.** *v/t.* (*einweichen*) soak.

Quellen|abzugsverfahren *n Steuer*: pay as you earn, PAYE; **~angabe** *f* reference; **~n** *coll.* list of sources, bibliography; **~forschung** *f* basic research; **~material** *n* source material; **~nachweis** *m* **1.** reference; **2.** list of sources, bibliography; **~steuer** *f* withholding tax; **~studium** *n* basic research; **~verzeichnis** *n* list of sources, bibliography.

Quell|fluss *m* headstream; **~gebiet** *n* headwaters *pl.*; **~kode** *n Computer*: source code; **~programm** *n Computer*: source program; **~wasser** *n* spring water.

Quengelei F *f* whining, niggling; *Erwachsener*: whing(e)ing; **quengelig** F *adj. Kind*: whining, niggly; *Erwachsener*: whing(e)ing; **quengeln** F *v/i.* whine, niggle; *Erwachsener*: whinge.

Quentchen *n* → ***Quäntchen.***

quer *adv.* crossways, crosswise; (*diagonal*) diagonally; (*rechtwinklig*) at right angles; ***~ über*** (straight) across; ***~ über die Straße gehen*** cross the road; ***~ durch*** (straight) through; ***~ gegenüber*** diagonally opposite; ***~ durch die Stadt laufen*** walk all over town; ***er lag ~ auf dem Bett*** he was lying across the bed; ***~ übereinander legen*** put crossways; ***~ durch die Parteien*** right across the parties; → ***Kreuz*** II; **≈achse** *f* transverse (axis); **≈balken** *m* crossbeam; *Tür*: lintel.

querbeet F *adv.* **1.** all over the place; (*querfeldein*) across country; ***~ über die Felder laufen*** run across the fields in any old direction; ***j-n ~ durch die Stadt führen*** take s.o. all over town; **2.** at random, indiscriminately; ***~ auswählen*** pick *things* out at random; ***~ alle Probleme erörtern*** go through the whole gamut of problems; ***sie hat ~ gefragt*** *in e-r Prüfung*: she covered the whole range (with her questions).

Querdenker *m* unconventional thinker; ***~ sein*** *a.* have an unconventional way of thinking.

Quere *f* **1.** width; ***der ~ nach*** widthwise; ***et. der ~ nach messen*** measure s.th.'s width; **2.** *fig.* ***j-m in die ~ kommen*** get in s.o.'s (*od.* the) way; ***ihm muss et. in die ~ gekommen sein*** a) something must have cropped up, b) something must be eating him.

Querelen *pl.* quarrel(l)ing *sg.*, squabbling *sg.*, bickering *sg.*; ***mit ~ enden*** end in a quarrel.

queren *v/t.* cross.

Querfalte *f* cross pleat.

querfeldein *adv.* across country; **≈lauf** *m Sport*: cross-country run(ning); **≈rennen** *n Sport*: cyclo-cross.

Quer|flöte *f* ♪ (transverse) flute; **~format** *n* horizontal format; ***Foto im ~*** landscape-size photo.

quer gestreift *adj.* horizontally striped.

Querhaus *n Kirche*: transept.

quer kommen F *v/i.*: ***j-m ~*** get in s.o.'s way.

Quer|kopf F *m* F awkward customer; ***er ist ein ~*** *a.* he likes being awkward, he likes to go against the grain; **~lage** *f* ⚕ transverse presentation; **~latte** *f Fußball* crossbar.

quer legen F *v/refl.*: ***sich ~*** be awkward.

Querleiste *f* ⚙ cross-rib.

quer liegend *adj. mot.* transverse-mounted *engine.*

Quer|linie *f* diagonal line; **~motor** *m* transverse-mounted engine; **~pass** *m Fußball*: cross pass; **~pfeife** *f* fife; **~ruder** *n* ✈ aileron.

quer schießen F *v/i.* F put a spanner (*Am* monkey wrench) in(to) the works.

Quer|schiff *n Kirche*: transept; **~schläger** *m* **1.** ricochet; **2.** F → ***Quertreiber.***

Querschnitt *m* cross-section (*a. fig* ***durch*** of); (*Zeichnung*) *a.* sectional view; *fig. Oper etc.*: highlights *pl.* (***durch*** of).

querschnitts|gelähmt *adj.* ⚕ paraplegic; paralyzed from the waist (*od.* neck) down; **≈lähmung** *f* ⚕ paraplegia.

Quer|straße *f* intersecting road; ***zweite ~ rechts*** second turning on the right; **~streifen** *m* horizontal stripe; **~strich** *m* horizontal line; **~summe** *f* sum of the digits; **~tal** *n* transverse valley.

Quertreiber *m* obstructionist; **Quertreiberei** *f* obstructionism.

Querulant(in *f*) *m* troublemaker, *Am* grouch; **Querulantentum** *n* querulousness.

Quer|verbindung *f* cross connection; *Fächer etc.*: link, connection; **~verweis** *m* cross-reference; **~wand** *f* partition.

quetschen I. *v/t.* squeeze; (*zer~*) crush, squash; ⚕ bruise; ***sich den Finger ~*** get one's finger squashed, ***in der Tür***: get one's finger caught in the door; ***et. in e-n Koffer ~*** squeeze (F cram) s.th. into a suitcase; ***Saft aus e-r Zitrone ~*** squeeze a lemon; ***die Nase an die Scheibe ~*** press one's nose against the window; ***zu Tode gequetscht werden*** be crushed to death; **II.** *v/refl.*: ***sich ~*** ⚕ bruise o.s.; ***sich in** e-n Wagen etc.* **~** squeeze (o.s.) into; ***sich durch die Menge ~*** squeeze (*od.* force) one's way through the crowd.

Quetsch|falte *f* box pleat; **~kommode** F *f* F squeeze-box.

Quetschung *f*, **Quetschwunde** *f* bruise, ⚕ contusion.

Queue *n* (billiard) cue.

Quiche *f gastr.* quiche.

Quickie F *m Sex*: F quickie, quick one.

quicklebendig *adj. Kind*: (very) lively; *ältere Person*: sprightly.

quiek(s)en *v/i.* squeak; *a. vor Schreck etc.*: squeal.

quietschen *v/i.* squeak; *a. Person*: squeal; *Bremse*: squeal, screech; ***sie quietschte vor Vergnügen*** she squealed with delight; **Quietscher** *m* squeak; *a. e-r Person*: squeal.

quietsch|fidel F *adj.*, **~vergnügt** F *adj.* F (very) chirpy, *Am.* F chipper.

Quint *f* **1.** ♪ fifth; **2.** *Fechten*: quinte.

Quinta *f ped.* **1.** *obs.* second year (of grammar school); **2.** *östr.* fourth year (of grammar school).

Quinte *f* ♪ fifth.

Quintessenz *f* essence; ***die ~ war*** *a.* what it boiled (*od.* came) down to was.

Quintett *n* quintet.

Quirl *m* **1.** beater; **2.** *fig.* (*Person*) live wire; **quirlen I.** *v/t.* (*Eier etc.*) whisk, beat; **II.** *v/i.* whirl; **quirlig** F *adj. Kind*: very lively; *Erwachsener*: bubbly; *Spieler*, *Temperament*: mercurial; ***~es Treiben*** hustle and bustle.

Quisling *m pol.* quisling, collaborator.

quitt *pred. adj.*: ***~ sein*** (***werden***) ***mit j-m*** be (get) quits (*od.* even) with s.o. (*a. fig.*); ***jetzt sind wir ~*** now we're quits; ***ich bin doch mit dir ~, oder?*** I've squared up with you, haven't I?, we're quits now, aren't we?

Quitte *f* ♣ quince; **Quittenbaum** *m* quince (tree); **quitte(n)gelb** *adj.* quince-yellow; *fig.* ***~ aussehen*** F look (a bit) green about the gills.

quittieren I. *v/t.* **1.** give (*od.* sign) a receipt for; ***den Empfang der Ware ~*** a) sign that one has received the goods, b) acknowledge receipt of the goods; *fig.* ***et. mit e-m Lächeln** etc.* **~** answer (*od.* meet) s.th. with a smile *etc.*; ***es wurde mit Beifall quittiert*** it was met with applause; **2. *den Dienst ~*** resign; **II.** *v/i.* sign.

Quittung *f* receipt; ***e-e ~ ausstellen über*** make a receipt out for; ***gegen ~*** on receipt; *fig.* ***das ist die ~ für d-n Leichtsinn*** that's what you get for (*od.* that's what comes of) being so careless; ***das ist die ~*** that's what you end up with; **Quittungsblock** *m* receipt book.

Quivive F *n*: ***auf dem ~ sein*** F be on the ball; ***bei dem musst du auf dem ~ sein*** you've got to be on the ball (*od.* you've got to watch things) with him; ***der ist auf dem ~!*** you can't fool him!

Quiz *n* quiz; **~master** *m* quiz-show host, quizmaster, question master; *bei Sendung mit Spielen*: gameshow host; **~sendung** *f* quiz show; *mit Spielen*: gameshow.

Quorum *n* quorum.

Quote *f* (*Verhältnismenge*) proportion, ratio; (*Rate*) rate; (*Anteil*) share; (*Gewinn*~) dividend; **Quotenfrau** *f* token (*od.* quota) woman; **Quotenregelung** *f* quota regulations *pl.* (*od.* regime).

Quotient *m* ℞ quotient.

quotieren *v/t.* **1.** *Börse*: quote; **2.** fix quotas for; **Quotierung** *f* **1.** *Börse*: quotation; **2.** fixing of quotas.

Q

R, r *n* R, r.
Rabatt *m* ✝ discount (***auf*** on); ***mit 10%*** ~ at a discount of 10 per cent (*od.* percent).
Rabatte *f* ⚘ border.
Rabattmarke *f etwa* trading stamp.
Rabatz F *m* (*Krach*) F row, racket; ~ ***machen*** (*protestieren*) F kick up a fuss, *stärker*: raise hell.
Rabauke F *m* hooligan.
Rabbi *m*, **Rabbiner** *m* rabbi; **rabbinisch** *adj.* rabbinical.
Rabe *m* raven; ***er stiehlt wie ein*** ~ he steals anything he can get his hands on.
Raben|eltern *pl.* uncaring parents; **~mutter** *f* uncaring mother; **∽schwarz** *adj. Haare*: jet-black, raven; *Nacht*: pitch-black; ***du bist ja ~!*** (*schmutzig*) you're black as coal!; *fig.* ***~er Tag*** black day.
rabiat *adj.* (*grob*) rough, brutal; (*rücksichtslos*) ruthless; (*rigoros*) drastic (*a. Maßnahmen*); *Ansichten*: radical; ***ein ~er Kerl*** a dangerous sort; ~ ***werden*** go wild; get violent.
Rache *f* revenge, *lit.* vengeance; (*Heimzahlung*) *a.* retribution, retaliation; ***Tag der*** ~ day of reckoning; ~ ***nehmen*** take revenge (***an*** on); ***aus*** ~ in (*od.* out of) revenge; ***auf ~ sinnen*** plot revenge; ***s-e ~ stillen*** (*od.* ***befriedigen***) satisfy one's desire (*od.* thirst) for revenge; ~ ***ist süß*** revenge is sweet; F ~ ***ist Blutwurst!*** just you wait!; ***das ist die ~ des kleinen Mannes*** it's the only way he can get his own back (*od.* get back at the system); **~akt** *m* act of revenge; **~engel** *m* avenging angel; **~feldzug** *m* retaliation campaign; **~gefühl** *n* desire for revenge; vindictive feeling.
Rachen *m* throat, 🕮 pharynx; *Tier*: mouth, jaws *pl.*; *fig.* (*Abgrund*) abyss; *lit.* ***der ~ des Todes*** the jaws of death; ***j-m Geld in den ~ werfen*** throw (even more) money at s.o.; ***j-m den ~ stopfen*** give s.o. s.th. to keep him (*od.* her) quiet; ***er kann den ~ nicht voll kriegen*** he just can't get enough.
rächen I. *v/t.* avenge; (*et.*) *a.* take revenge for; **II.** *v/refl.*: ***sich*** ~ get one's revenge, F get one's own back (***an j-m*** on s.o.); ***sich wegen et. an j-m*** ~ revenge o.s. (*od.* take revenge) on s.o. for s.th.; ***es wird sich bitter ~, dass*** we'll *etc.* have to pay dearly for *ger.*; ***s-e Essgewohnheiten rächten sich*** his eating habits took their toll; ***die Vernachlässigung der Umwelt wird sich an unseren Kindern*** ~ our children will have to pay (the penalty) for our neglect of the environment.
Rachen|abstrich *m* throat swab; **~höhle** *f* pharynx, pharyngeal cavity; **~katarr(h)** *m* pharyngitis; **~laut** *m* pharyngeal; **~mandel** *f* adenoids *pl.*, 🕮 pharyngeal tonsil; **~putzer** F *m* F rotgut, gutrot.
Rache|pläne *pl.*: ~ ***schmieden*** plot revenge; **~schwur** *m* oath of revenge; ***e-n ~ tun*** swear vengeance.
Rächer *m* avenger.
Rach|gier *f* thirst for revenge; vindictiveness; **∽gierig** *adj.* revengeful, vindictive.
Rachitis *f* ⚕ rickets *pl.* (*sg. konstr.*).
Rachsucht *f* → ***Rachgier***; **rachsüchtig** *adj.* → ***rachgierig***.
Rack *n* (*Regal*) rack.
Racker F *m* (*Kind*) F little rascal.
rackern F *v/i.* slave (F slog) away; ***ich musste schwer*** ~ *a.* F it was a hard slog.
Raclette *n od. f Gericht*: raclette.
Rad *n* wheel (*a. fig.*); (*Fahr∽*) bicycle, F bike; ***auf Rädern*** on wheels; ***mit dem ~ fahren*** go by bicycle (*od.* bike); → *a.* ***Rad fahren***; (***ein***) ~ ***schlagen*** *Pfau*: spread its tail, *Turnen*: turn (*od.* do) a cartwheel; ***unter die Räder kommen*** be run over, *fig.* go to the dogs; *fig.* ***das fünfte ~ am Wagen sein*** be the odd man out, *bei Paaren*: play gooseberry; *fig. lit.* ***das ~ der Zeit*** (***der Geschichte***) ***anhalten wollen*** try to stop the march of time (the course of history); *hist.* ***aufs ~ geflochten werden*** be broken on the wheel; **~achse** *f* ⚙ axle; **~antrieb** *m* wheel drive.
Radar *m*, *n* radar; **~anlage** *f* radar (unit); **~antenne** *f* radar aerial (*od.* antenna); **~bildschirm** *m* radar screen; **~echo** *n* radar echo; **~falle** *f* speed trap; **∽gelenkt** *adj.* radar-guided; **~gerät** *n* radar (set); **~kontrolle** *f* radar speed check; **~pistole** *f* radar gun; **~schirm** *m* radar screen; **∽sicher** *adj.* radarproof; **~station** *f* radar station; **~überwachung** *f* radar monitoring; **~verfolgung** *f* radar tracking.
Radau F *m* F row, racket; ~ ***machen*** (*Lärm machen*) make a racket, (*Krach schlagen*) F kick up a fuss (*od.* row); **~bruder** F *m* hooligan, (F lager) lout.
Radaufhängung *f* suspension.
Radaumacher F *m* → ***Radaubruder.***
Rädchen *n* **1.** small (*od.* little) wheel; *fig.* ***ein ~ im Getriebe sein*** be a cog in the wheel (*od.* machine); **2.** F (*Kinderfahrrad*) (little) bike.
Raddampfer *m* paddle steamer.
radebrechen *v/t.*: ***Englisch*** *etc.* ~ speak broken English *etc.*
radeln *dial.* F **I.** *v/i.* cycle, F bike; **II.** ∽ *n* cycling.
Rädelsführer *m* ringleader.
Räder|fahrzeug *n* wheeled vehicle; **~getriebe** *n* gearbox.
rädern *v/t. hist.* break on the wheel; → ***gerädert.***
Räderwerk *n* mechanism; *Uhr*: *a.* clockwork; (*Getriebe*) gearing; *fig.* machinery; ***ins ~ der Justiz geraten*** get caught in the meshes of the law.
radfahren *v/i.*, **Rad fahren** cycle, ride a bicycle (F bike), F bike; F *fig.* F suck up to people.
Radfahrer(in *f*) *m* cyclist; F *fig.* F toady, bootlicker; **Radfahrweg** *m* → ***Radweg.***
Radi *dial. m* mooli; (white) radish.
radial I. *adj.* radial; **II.** *adv.*: ~ ***angelegt*** radially arranged, arranged in the shape of a star; **∽bohrmaschine** *f* radial drill; **∽geschwindigkeit** *f ast.* radial velocity; **∽reifen** *m* radial (tyre, *Am.* tire).
Radiator *m* radiator.
Radicchio *m Salat*: radicchio.
radieren *v/t. u. v/i.* **1.** rub out, erase; **2.** *Kunst*: etch.
Radier|gummi *m* rubber, *bsd. Am.* eraser; **~kunst** *f* etching; **~messer** *n* erasing knife; **~nadel** *f* etching needle; **~stift** *m* pencil eraser.
Radierung *f* (*Bild*) etching.
Radieschen *n* radish; F ***sich die ~ von unten ansehen*** F be pushing up the daisies.
radikal I. *adj.* radical (*a. pol.*); *Änderung*: *a.* drastic, sweeping; *Maßnahmen etc.*: drastic, extreme; ***der ~e linke*** (***rechte***) ***Flügel der Partei*** the extreme left (right) wing of the party; ***in s-r Haltung sehr ~ sein*** have very radical views; ***er ist mit***

s-n Schülern sehr ~ he's very hard on his pupils; **II.** *adv.*: ***~ vorgehen gegen*** take drastic action (*od.* radical steps) against; ***~ mit der Vergangenheit brechen*** make a clean (*od.* radical) break with the past; **III.** ≈ *n* ⚗ radical; 𝔄 root.

Radikale(r) *m pol.* radical, extremist; **Radikalenerlass** *m ban on the employment of teachers and civil servants with radical political views.*

Radikalinski *contp. m* (political) firebrand *od.* extremist; (*Linker*) *a.* F lefty.

radikalisieren I. *v/t.* radicalize; **II.** *v/refl.*: ***sich ~*** become more and more radical (*od.* extreme).

Radikalismus *m* radicalism; **Radikalist** *m* radical, extremist.

Radikalkur *f* ⚕ drastic cure; *fig.* drastic measures *pl.*

Radio *n* radio, *Brit. a. obs.* wireless; (*Rundfunk*) radio, broadcasting; ***~ hören*** listen to the radio; ***im ~*** on the radio; ***im ~ übertragen*** broadcast (on the radio); → *a.* ***Rundfunk(...).***

radioaktiv *adj.* radioactive; ***~e Abfälle, ~er Müll*** radioactive waste; ***~er Niederschlag*** (radioactive) fallout; ***~e Strahlung*** (atomic) radiation; ***~e Verseuchung*** radioactive contamination; ***~e Wolke*** radioactive cloud (*od.* plume); ***~er Zerfall*** radioactive decay; ***~ machen*** (radio)activate; **Radioaktivität** *f* radioactivity.

Radio|antenne *f* radio aerial (*od.* antenna); **~apparat** *m* → ***Radiogerät***; **~astronomie** *f* radio astronomy; **~chemie** *f* radiochemistry; **~durchsage** *f* special announcement (on the radio); **~empfang** *m* radio reception; **~gerät** *n* radio (set); *Brit. a. obs.* wireless (set); **~hörer** *m* (radio) listener; *pl. a.* audience *sg.*; **~karbonmethode** *f* radio carbon dating.

Radiolarien *pl. zo.* radiolaria; **~schlamm** *m* radiolarian ooze.

Radiologe *m* radiologist; **Radiologie** *f* radiology; **radiologisch** *adj.* radiological.

Radiometrie *f* radiometry.

Radio|nachrichten *pl.* radio news *sg.*, news *sg.* on the radio; **~quelle** *f ast.* radio source; **~rekorder** *m* radio-cassette recorder; **~sender** *m* **1.** (*Station*) radio station; **2.** (*Gerät*) radio transmitter; **~sendung** *f* (radio) program(me), (radio) broadcast; **~station** *f* radio (*od.* broadcasting) station; **~teleskop** *n* radio telescope; **~übertragung** *f* (radio) broadcast; **~wecker** *m* clock radio; **~werbung** *f* radio advertising; *konkret*: radio advertisements (F ads) *pl.*, advertisements (F ads) *pl.* on the radio.

Radium *n* radium; **~behandlung** *f*, **~therapie** *f* radium treatment.

Radius *m* 𝔄 *u. fig.* radius.

Rad|kappe *f* hub cap; **~kasten** *m* wheel housing; **~kralle** *f* wheel clamp; **~kranz** *m* (wheel) rim; **~kreuz** *n* wheel wrench.

Radler(in *f*) *m* F *m* cyclist.

Radler|hose *f* cycling (*od.* lycra) shorts *pl.*; **~maß** *dial. f* large shandy.

Rad|mutter *f* wheel nut; **~nabe** *f* (wheel) hub.

Radon *n* ⚗ radon.

Rad|rennbahn *f* cycling track; **~rennen** *n* cycle race; **~rennfahrer** *m* racing cyclist; **~sport** *m* cycling; **~stand** *m mot.* wheel base; **~tour** *f* cycling tour, bicycle tour; **~wandern** *n* cycling tours *pl.*; **~wanderung** *f* → ***Radtour***; **~weg** *m* cycle track, bicycle path, cycleway.

raffen *v/t.* **1.** (*an sich* ~) snatch, grab; **2.** (*Geld*) amass; **3.** (*Kleid*) gather up; *Nähen*: gather; **4.** (*Bericht etc.*) concentrate, condense; **5.** F (*kapieren*) F get.

Raffgier *f* greed, *formell*: rapacity; **raffgierig** *adj.* greedy, grasping, *formell*: rapacious.

Raffinade *f* refined sugar.

Raffinement *n* finesse; *des Geschmacks etc.*: refinement.

Raffinerie *f* refinery.

Raffinesse *f* (*Schlauheit*) shrewdness, finesse; *des Geschmacks etc.*: refinement; ***er versuchte es mit allen ~n*** he tried all the tricks of the trade; ⚙ ***mit allen ~n*** with all the trimmings.

raffinieren *v/t.* refine; **raffiniert** *adj.* refined; *fig.* (*geschickt*) clever, ingenious; (*schlau*) shrewd, crafty; *Geschmack etc.*: sophisticated; ***~!*** very clever.

Rafting *n Sport* (white-water) rafting.

Rage *f* rage, fury; ***in ~ kommen*** get furious, F go wild; ***j-n in ~ bringen*** make s.o. furious (F wild).

ragen *v/i.* tower, loom (***über*** above); *aus et.*: rise (***aus*** from), *horizontal*: project (from, out of).

Raglan|ärmel *pl.* raglan sleeves; **~mantel** *m* raglan (coat); **~pullover** *m* raglan sweater.

Ragout *n* ragout.

Rah(e) *f* ⚓ yard.

Rahm *m* cream; ***den ~ abschöpfen*** skim off the cream, cream off the top of the milk, *fig.* skim (*od.* cream) off the best, F take the pick of the bunch.

Rahmen I. *m* frame (*a.* ⚙, *mot.*); (*Rand*) edge, border; (*Gefüge*) framework, structure; (*Bereich*) scope *of a law etc.*; (*Grenzen*) limits *pl.*; (*Kulisse*) setting; ***im ~ von*** within the scope of; ***im ~ des Möglichen*** within the realms of possibility; ***im ~ der geltenden Gesetze*** within the framework of existing legislation; ***im ~ e-s kurzen Artikels*** within the limitations of a short article; ***e-n zeitlichen ~ setzen*** fix a time limit; ***den ~*** *e-r Sache* ***sprengen*** go beyond the scope of; ***im ~ der Ausstellung finden ... statt*** the exhibition will include ...; ***im ~ bleiben*** a) stick to what's relevant, b) keep within bounds; ***aus dem ~ fallen*** a) (*ungewöhnlich sein*) be unusual, be out of the ordinary, b) (*sich schlecht benehmen*) step out of line, c) (*a.* ***nicht in den ~ passen***) be out of place, *Person*: *a.* be a square peg in a round hole; ***die Rede fiel ganz aus dem ~ des Üblichen*** it wasn't the sort of speech you hear every day; ***in engem (größerem) ~*** on a small (large) scale; ***e-e Feier in bescheidenem ~*** a modest little celebration (*od.* affair); ***den richtigen ~ abgeben für*** provide an appropriate setting for; ***e-r Sache den richtigen ~ geben*** do s.th. in style; ***der große ~ ist festgelegt*** the general outline (*od.* framework) has been fixed; **II.** ≈ *v/t.* (*Bild*) frame; **~abkommen** *n* outline agreement; **~antenne** *f* frame *od.* loop aerial (*od.* antenna); **~bedingungen** *pl.* **1.** general set-up *sg.*; **2.** *e-s Vertrags*: general conditions; **~erzählung** *f* frame story; **~gesetz** *n* skeleton law; **~kampf** *m Boxkampf*: supporting bout; **~programm** *n* supporting program(me); *bei Festspielen*: *a.* fringe events *pl.*; **~richtlinien** *pl.* overall policy *sg.*, general framework *sg.* (for regulations); **~vertrag** *m* outline agreement.

Rahm|käse *m* cream cheese; **~soße** *f* cream sauce.

Rahsegel *n* ⚓ square sail.

Rain *m* ba(u)lk.

räkeln *v/refl.*: ***sich ~*** → ***rekeln.***

Rakete *f* rocket; ✕ *a.* missile; ***e-e ~ abfeuern*** launch a rocket (✕ missile); ***mehrstufige ~*** multistage rocket (✕ missile); *fig.* ***wie e-e ~*** like a shot.

Raketen|abschussbasis *f* rocket launching site; **~abschussrampe** *f* (rocket) launching pad; **~abwehr** *f* antiballistic missile defen|ce (*Am.* -se); **~abwehrsystem** *n* antiballistic missile defen|ce (*Am.* -se) system; **~antrieb** *m* rocket propulsion; ***mit ~*** rocket-propelled; **~artillerie** *f* rocket (*od.* missile) artillery; **~aufschlag** F *m Tennis*: explosive (*od.* thundering) serve; **≈bestückt** *adj.* missile-carrying; **~geschoss,** *östr.* **~geschoß** *n* missile; **~kopf** *m*, **~spitze** *f* rocket (✕ missile) head; **~start** *m* lift-off, take-off; **~startplatz** *m* rocket (✕ missile) launching site; **~stufe** *f* (rocket) stage; **~stützpunkt** *m* missile base; **~treibstoff** *m* rocket fuel; **~triebwerk** *n* rocket engine; **~werfer** *m* rocket launcher; **~zeitalter** *n* missile age, age of the missile.

Rallye *f*, *n mot.* (motor) rally; **~fahrer** *m* rally driver; **~streifen** *m* go-faster stripe.

RAM *n Computer*: RAM, random access memory.

Ramasuri *dial. f* a) mess, muddle, b) (*Trubel*) hustle and bustle; frantic activity; (*Aufheben*) fuss, to-do.

Ramm|bär *m* ⚙ ram; **~bock** *m hist.* battering ram.

rammdösig F *adj.* F woozy.

Ramme *f* ⚙ ram(mer); (*Pfahl≈*) pile-driver.

rammeln *v/i.* **1.** *zo.* mate; **2.** (*stoßen*) jostle, F shove; **3.** F ***an der Tür ~*** rattle at the door; **4.** F (*koitieren*) V screw.

rammen *v/t.* **1.** (*Auto, Schiff*) ram; **2.** ***~ in*** (*Pfahl etc.*) ram (*od.* drive) into, (*Messer etc.*) drive (*od.* plunge) into.

Rammklotz *m* ⚙ ram.

Rammler *m* (*männlicher Hase*) buck.

Rampe *f* ramp; *thea.* apron (stage).

Rampenlicht *n* footlights *pl.*; *fig.* ***im ~ stehen*** be in the limelight; ***im ~ der Öffentlichkeit stehen*** *a.* be in the public eye.

ramponieren F *v/t.* (*Möbel, Auto etc.*) F knock *s.th.* about; (*Frisur etc.*) spoil, F mess up; **ramponiert** F *adj.* **1.** *Sessel etc.*: battered (old) *armchair etc.*; *Haus, Lokal*: run-down; ***~ aussehen*** be (*od.* look) the worse for wear; ***der Tisch ist ziemlich ~*** *a.* the table's seen better days; **2.** *fig. Selbstbewusstsein*: dented; *Ruf, Image*: tarnished.

Ramsch *m* junk; **~laden** *m* junk shop; **~verkauf** *m* jumble sale; **~ware** *f* cheap stuff.

RAM-Speicher *m* RAM, random access memory.

ran F *int.*: ***~ an die Arbeit (an den Speck)!*** F let's get on with it then!; *in Zssgn* → ***heran...***; → *a.* ***rangehen, ranhalten, ranlassen, rannehmen*** *etc.*

Rand *m* edge; *e-s Tellers, e-r Brille etc.*: rim; *e-s Hutes*: brim; (*Seiten≈*) margin; ***Ränder*** *unter den Augen*: (dark) rings, circles; ***bis zum ~ gefüllt*** *Glas*: filled to the top (*od.* brim); ***et. an den ~ schreiben*** write s.th. in the margin; ***am ~e des***

R

Waldes on the edge of the woods; ***am ~e der Stadt*** on the outskirts (of the town); *fig.* ***am ~e des Verderbens*** (***der Verzweiflung*** *etc.*) on the verge (*od.* brink) of ruin (despair *etc.*); ***am ~e der Gesellschaft*** on the fringe(s) of society; ***am ~e der Legalität*** just inside the law; ***an den ~*** (***des Geschehens*** *etc.*) ***geraten*** be marginalized; ***am ~e des Grabes stehen*** have one foot in the grave; ***am ~e erwähnen*** mention in passing; ***am ~e behandeln*** (*Problem*) deal with *a problem* in passing; ***es interessiert mich nur am ~e*** it's only of marginal interest to me; ***er hat es nur am ~e miterlebt*** he wasn't directly involved (*od.* affected by it); ***außer ~ und Band sein*** be going wild, *vor Freude etc.*: be beside o.s., ***geraten***: go wild (with joy); ***zu ~e kommen mit j-m*** get on with s.o., ***mit et.*** cope with s.th., get to grips with s.th.; F ***halt den ~!*** shut up!

Randale F *f*: ***~ machen*** go on the rampage; **randalieren** *v/i.* riot, go on the rampage; **Randalierer** *m* rioter; (*Rowdy*) hooligan, F lager lout.

Rand|bemerkung *f* **1.** marginal note; **2.** passing remark (*od.* comment); **~bevölkerung** *f* fringe population; **~erscheinung** *f* secondary (*od.* peripheral) phenomenon; (*Nebenwirkung*) spin-off (*gen.* from); **~figur** *f* fringe figure; *im Roman etc.*: secondary (*od.* peripheral) character; **~gebiet** *n e-s Staates*: border region; *e-r Stadt*: outskirts *pl.*; *fig.* peripheral (*od.* fringe) area; (*Fach*) fringe subject; ***in den ~en*** *gen.* on the fringes of (*a. fig.*); ***~ der Physik*** subsidiary area of physics; **~gruppe** *f soziale*: fringe group; ***radikale ~n*** *the* lunatic fringe; **2los** *adj. Brille*: rimless; *Foto*: without borders; **~notiz** *f* marginal note; **~problem** *n* side issue; **~schärfe** *f opt.* contour sharpness; **~siedlung** *f* suburban estate; **~staat** *m* border state; **2ständig** *adj. Personen*: marginal(ized); *Bevölkerung*: minority; **~stein** *m* kerbstone, *Am.* curbstone; **~steller** *m* margin stop; **~stellung** *f*: ***e-e ~ einnehmen*** be on the fringes (of society); **~streifen** *m* **1.** *Straße*: verge; *Autobahn*: hard shoulder, *Am.* shoulder; **2.** (*Papier2*) margin; **~tief** *n meteor.* surrounding ridge of low pressure; **2voll** *adj.* full to the brim, brimful; **~zone** *f* peripheral area; ***in den ~n*** *gen. a.* on the edges of.

Rang *m* **1.** rank; ⚔ (*Dienstgrad*) rank, *Am.* grade, rating (*a.* ⚓); *fig.* (*Stellung*) standing, status; (*Güte*) quality; *Lotto, Toto*: (dividend) class; ***ersten ~es*** first-class, first-rate; ***ein Offizier von hohem ~*** a high-ranking officer; *fig.* ***ein gesellschaftliches Ereignis von hohem ~*** a top-notch social occasion; ***e-n hohen*** (***den ersten, den gleichen***) ***~ einnehmen*** rank high (first, equally); ***j-m den ~ ablaufen*** outdo s.o., outstrip s.o.; ***j-m den ~ streitig machen*** challenge s.o.; ***ein Mann von*** (***ohne***) ***~ und Namen*** a distinguished personality (a nobody); ***alles, was ~ und Namen hat*** all the big names (F top nobs); **2.** *thea.* ***erster ~*** dress circle, *Am.* balcony; ***zweiter ~*** upper circle, *Am.* amphitheat|re (*od.* -er); ***dritter ~*** gallery; ***die Ränge*** *Sport*: the terraces; ***vor leeren Rängen spielen*** play to an empty stadium; **~abzeichen** *n* badge of rank; *pl.* insignia; **~älteste(r)** *m* senior; ⚔ senior officer.

rangehen F *v/i.*: ***an et. ~*** tackle s.th.; ***der geht aber ran!*** *bei* (*verbaler*) *Attacke*: F he's really laying into him *etc.*, *bei e-r Frau*: F he's a fast worker.

Rangelei F *f* wrangling (***um*** over); **rangeln** F *v/i.* (*sich balgen*) scuffle; *fig.* ***um et. ~*** wrangle about s.th., (*Position etc.*) jockey for s.th.

Rangfolge *f* order of precedence (*od.* priority); ranking.

ranghoch *adj.* top- (*od.* high-)ranking, senior; ***ranghoher Vertreter*** senior representative; **ranghöchst** *adj.* highest-ranking, most senior.

Rangierbahnhof *m* 🚂 shunting yard, *Am.* switchyard; **rangieren I.** *v/t.* 🚂 shunt, *Am.* switch; *mot. etc.* manoeuvre, *Am.* maneuver; **II.** *fig. v/i.*: ***~ vor*** rank above; ***an erster Stelle ~*** rank highest; **Rangierer** *m* 🚂 shunter, *Am.* switchman; **Rangiergleis** *n* siding, *Am.* switching track.

Rang|liste *f Sport etc.*: ranking list; ⚔ Army (⚓ Navy, ✈ Air Force) List; **~ordnung** *f* order of precedence (*od.* priority); ranking; (*Hackordnung, a. fig.*) pecking order; **~stufe** *f* rank; (*Vorrang*) priority; **~unterschied** *m* difference in rank.

ranhalten F *v/refl.*: ***sich ~*** *zeitlich*: F get a move on; *bei der Arbeit*: F get cracking, get on with it; (*nicht nachlassen*) F keep at it; (*beim Essen zugreifen*) F dig in.

rank *adj. Figur etc.*: lithe, lissom; *a. Birke*: slender; ***~ und schlank*** lithe and lissom.

Ranke *f* 🌿 tendril.

Ränke *obs. pl.* intrigues; ***~ schmieden*** plot and scheme.

ranken *v/refl.*: ***sich ~ um*** curl (a)round; *fig.* ***um die Familie ~ sich viele Geschichten*** a lot of stories have grown up around the family.

Rankengewächs *n* creeper.

Ranking *n* (*Rangordnung*) ranking.

ran|klotzen F *v/i.* (*anfangen zu arbeiten*) F get cracking, get stuck in; *beim Arbeiten*: F go at it hammer and tongs; **~kriegen** F *v/t.*: ***j-n ~*** *zur Arbeit*: F make s.o. knuckle under, *stärker*: F put s.o. through the mill; *zur Mitarbeit*: F make s.o. pull his (*od.* her) weight; *zur Verantwortung*: F get s.o. (to answer for s.th.); (*reinlegen*) F con s.o., take s.o. for a ride; **~lassen** F *v/t.*: ***j-n an et. ~*** let s.o. get at s.th.; ***sie lässt niemanden an sich ran*** she won't let anyone (come) near her; ***lass mich mal ran!*** let me have a go; ***sie sollten die Jüngeren ~*** *beruflich*: they should give the young ones a chance; **~machen** F *v/refl.*: ***sich an j-n ~*** make a pass at s.o.; **~nehmen** F *v/t.*: ***j-n ~*** put s.o. through his (*od.* her) paces, F (*zurechtweisen*) let s.o. have it.

Ranzen *m* (*Schul2*) satchel; → ***Wanst.***

ranzig *adj.* rancid.

Rap *m* ♪ rap.

rapid(e) I. *adj.* rapid; ***~er Anstieg*** rapid rise, surge (*gen.* in); **II.** *adv.*: ***~ ansteigen*** surge; ***~ sinken*** plummet; ***mit der Wirtschaft geht es ~ bergab*** the economy is going downhill fast.

Rapier *n* rapier.

Rappe *m* black horse; *fig.* ***auf Schusters ~n reiten*** go on shanks's pony, F hoof it.

Rappel F *m* (*Fimmel*) craze; ***e-n ~ haben*** F be off one's nut; ***e-n ~ kriegen*** F go mad.

rappeln F **I.** *v/i.* rattle; *fig.* ***bei ihm rappelts wohl!*** F he must be off his nut; **II.** *v/refl.*: ***sich aus dem Bett ~*** heave o.s. out of bed; ***sich in die Höhe ~*** struggle up, *fig.* struggle back onto one's feet.

rappelvoll F *adj.* F jampacked, chock-a-block.

Rappen *m Schweiz*: centime.

Rapport *m* **1.** (*Bericht*) report; ***sich zum ~ melden bei*** report to; **2.** *psych.* rapport.

Raps *m* 🌿 rape; (*Samen*) rapeseed; **~öl** *n* rapeseed oil.

Rapunzel *f* 🌿 *a. pl.* lamb's lettuce.

rar *adj.* rare, scarce; ***sich ~ machen*** make o.s. scarce; **Rarität** *f* rarity.

Raritäten|kabinett *n* curiosity cabinet; **~sammlung** *f* collection of curios.

rasant *adj.* **1.** *Wagen etc.*: fast; *Entwicklung*: rapid; ***in e-m ~en Tempo*** at breakneck speed; **2.** (*rassig*) F smashing; **3** (*schnittig*) racy; **Rasanz** *f* **1.** *e-r Entwicklung*: terrific (*od.* breakneck) speed; **2.** *e-r Show, Darstellung*: verve.

rasch I. *adj.* quick; *Handlung etc.*: swift; *Tempo*: fast; **II.** *adv.* quickly *etc.*; ***~ machen*** be quick (***mit et.*** about s.th.); ***~!*** hurry up!, quick!, F make it snappy!

rascheln I. *v/i.* rustle; **II.** 2 *n* rustling, rustle.

rasen *v/i.* **1.** F (*sehr schnell fahren od. laufen*) race (along), tear (along), speed (along); ***~ gegen*** run into, *Auto*: *a.* crash into; **2.** *vor Zorn, im Fieber, Wahnsinn*: rave; *Sturm, See*: rage; ***vor Zorn ~*** *a.* be wild with rage; ***vor Schmerz ~*** be delirious with pain; ***vor Begeisterung ~*** be wild with enthusiasm.

Rasen *m* lawn.

rasend I. *adj.* **1.** *Person*: raving; ***~er Durst*** raging thirst; ***~er Hunger*** ravenous hunger; ***e-n ~en Hunger haben*** be ravenous; ***~e Schmerzen*** searing (*od.* raging) pain; ***~e Kopfschmerzen*** a splitting (*od.* raging) headache; ***~e Wut*** violent rage; ***~er Applaus*** thunderous applause; ***~ werden*** go mad; ***er macht mich noch ~*** F he's driving me spare; **2** *Geschwindigkeit*: breakneck ..., terrific **II.** F *adv.*: ***~ verliebt*** madly in love besotted; ***er spielt ~ gern Backgammon*** he loves backgammon, he's mad (F wild) about backgammon.

Rasen|heizung *f* under-soil heating; **~mäher** *m* lawnmower; **~platz** *m Tennis* grass court; **~sprenger** *m* sprinkler.

Raser F *m mot.* F speeder, speedster speed freak, *Am. a.* hot rodder; **Raserei** *f* **1.** (*Wut*) rage, fury; (*Wahnsinn*) frenzy madness; ***j-n zur ~ treiben*** F drive s.o. round the bend; **2.** F *mot.* (reckless speeding.

Rasier|apparat *m* razor; ***elektrischer ~*** *a.* electric shaver; **~creme** *f* shaving cream.

rasieren *v/t.* **1.** (*a.* ***sich ~***) shave; **2.** *fig.* (*Gebäude etc.*) raze to the ground; **3.** F ***j-n ~*** (*betrügen*) F pull a fast one on s.o.

Rasier|klinge *f* razor blade; **~messer** *n* (straight) razor; **~pinsel** *m* shaving brush; **~schaum** *m* shaving foam; **~seife** *f* shaving soap; **~wasser** *n vor der Rasur*: pre-shave lotion; *nach der Rasur* aftershave (lotion); **~zeug** F *n* shaving things *pl.* (*od.* kit).

Räson *f*: ***j-n zur ~ bringen*** talk some sense into s.o., bring s.o. round; ***zur ~ kommen*** see reason; **räsonieren** *v/i.* **1** *dial.* (*nörgeln*) moan; **2.** (*weitschweifig reden*) hold forth (***über*** on).

Raspel *f* **1.** ⚙ rasp; (*Küchengerät*) grater **2.** (*Kokos2 etc.*) flake; **raspeln** *v/t.* rasp (*schaben*) grate; → ***Süßholz.***

R

rass *dial. adj. Käse etc.*: strong, sharp; *Gewürz, Gulasch etc.*: hot; *Alkohol*: strong; *Wind*: biting; *Witz*: crude.

Rasse *f* race (*a. fig.*); *Tierzucht*: *a.* breed; *fig. a.* class; F *fig.* **seltsame ~** strange breed; *contp.* **sie sind e-e ~ für sich** F they're an odd (*od.* a strange) lot; **~hund** *m* pedigree (*od.* pure-bred) dog.

Rassel *f* rattle; **~bande** F *f* F noisy lot; bunch of rascals.

rasseln *v/i.* rattle; *Wecker*: shrill; **~ mit** rattle, (*Schlüsseln*) *a.* jangle; **~des Geräusch** rattling (sound); F **gegen e-e Mauer ~** crash against (*Person, Auto*: into) a wall; F **durch e-e Prüfung ~** F flunk an exam.

Rassen|diskriminierung *f* racial discrimination; **~fanatiker** *m* racialist; **~frage** *f* racial problem; **~hass** *m* racial hatred; **~hetze** *f* racial aggression; **~ideologe** *m* racial theorist (*od.* ideologist); **~ideologie** *f* racial theory (*od.* ideology); **~integration** *f* racial integration; **~kampf** *m*, **~konflikt** *m* racial conflict; **~krawalle** *pl.* race riots; **~kreuzung** *f von Tieren*: crossbreeding; (*Tier*) crossbreed; **~kunde** *f* racial anthropology; **~mischung** *f Tiere*: crossbreeding; *Menschen*: interbreeding; **~politik** *f* racial policy; **~schranke** *f* colo(u)r bar; **~trennung** *f* (racial) segregation; **~unruhen** *pl.* race riots, racial unrest *sg.*; **~vermischung** *f* mixing of different races; **~vorurteil** *n* racial prejudice; **~wahn** *m* racial fanaticism.

Rasse|pferd *n* thoroughbred (horse); **~weib** F *n* F smasher.

rassig *adj. Pferd etc.*: thoroughbred; *Südländer*: fiery; *Frau*: hot-blooded; *Wein*: racy.

rassisch *adj.* racial.

Rassismus *m* racism; **Rassist** *m* racist; **rassistisch** *adj.* racist.

Rast *f* rest; (*Pause*) *a.* break; **~ machen** (*anhalten*) make a stop; *beim Wandern*: have a rest.

Rastafari *m* Rasta(farian).

Rastalocken *pl. Frisur*: dreadlocks *pl.*

rasten *v/i.* (take a) rest.

Raster[1] *m* **1.** *phot., typ.* screen; **2.** *fig.* pattern, scheme; **das fällt aus dem ~ heraus** it doesn't fit into any pattern (*od.* scheme).

Raster[2] *n TV, Computer*: raster; **~einheit** *f* raster unit; **~fahndung** *f* computer search.

rastern *v/t. phot.* print in halftone; *TV* scan.

rastlos I. *adj.* (*unermüdlich*) indefatigable; (*unruhig*) restless; **II.** *adv.*: **~ tätig sein** work nonstop, F be on the go all the time.

Rast|platz *m* place for a rest; *Autobahn*: lay-by, *Am.* rest stop; **~stätte** *f* **1.** motorway restaurant; **2.** (motorway) service area; *Schild*: Services *pl.*

Rasur *f* **1.** shave; **2.** (*Radieren, ausradierte Stelle*) erasure.

Rat *m* **1.** advice; (*Empfehlung*) recommendation; (*Vorschlag*) suggestion; (*Ausweg*) way out; **ein ~** a piece of advice, some advice; **ein guter ~** (some) good *od.* sound advice; **auf s-n ~ hin** on his advice; **j-n um ~ fragen** ask s.o. for advice, ask s.o.'s advice; **~ suchen** seek advice (**bei** from); **j-s ~ befolgen** take (*od.* follow) s.o.'s advice; **nicht auf j-s ~ hören** ignore s.o.'s advice; **mit sich zu ~e gehen** think things over; **j-n zu ~e ziehen** consult s.o., seek s.o.'s advice; **et. zu ~e ziehen** consult s.th.; **~ schaffen** find ways and means; **~ wissen** know what to do; **keinen ~ mehr wissen** be at a loss as to what to do; **da ist guter ~ teuer** it's hard to say what to do; **j-m mit ~ und Tat beistehen** give s.o. one's advice and support; → **Zeit**; **2.** (*Gremium*) council, board; **~ der EU** Council of Ministers; **3.** (*Ratsmitglied*) council(l)or; → **Gemeinderat** *etc.*

Rate *f* **1.** ⚕ instal(l)ment; **auf ~n kaufen** buy in instal(l)ments (*Brit. a.* on hire purchase); **2.** (*Quote*) rate; → **Wachstumsrate** *etc.*

raten[1] *v/t. u. v/i.* (*beraten*) advise (**zu et.** s.th.); **zu et. ~** *a.* recommend s.th.; **j-m ~, et. zu tun** advise s.o. to do s.th.; **er riet** (**mir**) **zur Vorsicht** he advised me to be careful, he advised caution; **ich rate dir zu diesem Modell** I would advise you to take (*od.* I think you should take) this model; **das möchte ich dir geraten haben** *drohend*: just as well (for your sake), F you'd damn well better (not); → *a.* **geraten**[2].

raten[2] *v/t. u. v/i.* (*erraten*) guess; **~ Sie mal!** (have a) guess; **gut geraten!** good guess!; **falsch geraten!** wrong!; **dreimal darfst du ~** I'll give you three guesses; **du darfst noch mal ~** have another guess; **das rätst du nie** you'll never guess; **das ist alles nur geraten** it's all guesswork.

Raten|kauf *m* hire purchase, *Am.* installment plan; **~kredit** *m* instal(l)ment credit; **²weise** *adv.* by instal(l)ments; **~zahlung** *f* payment by instal(l)ments; **auf ~ kaufen** buy in instal(l)ments (*Brit. a.* on hire purchase).

Ratespiel *n* guessing game.

Rat|geber *m* **1.** adviser, counsel(l)or; **2.** (*Buch*) guide (**über** to), self-help book (on), F how-to book (on); **~ für Arbeitslose** *etc. a.* tips for the unemployed *etc.*; **~haus** *n* town (*Am.* city) hall.

Ratifikation *f* ratification.

Ratifikations|klausel *f* ratification clause; **~urkunde** *f* ratification document; **~verfahren** *n* ratification proceedings *pl.*

ratifizieren *v/t.* ratify; **Ratifizierung** *f* ratification; **Ratifizierungs...** *in Zssgn* → **Ratifikations....**

Ratio *f*: **die ~** reason.

Ration *f* ration; (*Anteil*) allowance, share; **eiserne ~** emergency (*od.* iron) rations.

rational *adj.* rational (*a.* A).

rationalisieren *v/t.* ⚕ rationalize, streamline; **Rationalisierung** *f* rationalization; **Rationalisierungsmaßnahme** *f* efficiency measure.

Rationalismus *m* rationalism; **Rationalist** *m* rationalist; **rationalistisch** *adj.* rationalist(ic).

rationell *adj.* rational, reasonable; (*wirtschaftlich, produktiv*) efficient.

rationieren *v/t.* ration; **Rationierung** *f* rationing.

ratlos *adj.* helpless, at a loss; **Ratlosigkeit** *f* helplessness.

ratsam *adj.* advisable; (*klug*) wise; **ich halte es nicht für ~** I don't think it's (*od.* it would be) advisable *od.* a good idea; **Ratsamkeit** *f* advisability.

Ratsch F *m* F natter; **e-n ~ machen** → **ratschen**; **Ratsche** *f* **1.** rattle; **2.** F (*Schwätzerin*) F gasbag; (*Klatschtante*) (old) gossip; **ratschen** F *v/i.* F have a natter; (*klatschen*) gossip.

Ratschlag *m* (piece of) advice.

Rätsel *n* riddle, puzzle (*a. fig.*); (*Geheimnis*) mystery; **j-m ~ aufgeben** ask s.o. riddles, *fig.* puzzle s.o., *stärker*: baffle s.o.; *fig.* **in ~n sprechen** speak in riddles; **er ist mir ein ~** I can't make him out; **es ist mir ein ~, ich stehe vor e-m ~** it's a complete mystery to me, F it beats me; **vor e-m ~ stehen** be baffled; **das ist des ~s Lösung!** that's the answer; **~ecke** *f* puzzle corner (*od.* section); **~frage** *f* puzzling question.

rätselhaft *adj.* puzzling; (*geheimnisvoll*) mysterious; **es ist mir völlig ~** it's a complete mystery to me.

Rätselheft *n* puzzle book.

rätseln *v/i.* puzzle (**über** over), speculate.

Rätselraten *n* guessing games *pl.*; *fig.* speculation (**um** about, over, on).

Rats|herr *m* (town) council(l)or, alderman; **~keller** *m* rat(h)skeller; *town hall cellar-restaurant*; **~sitzung** *f* council meeting.

Rat suchend *adj.*: **~e Personen, Ratsuchende, Rat Suchende** those (*od.* anyone) seeking advice.

Ratsversammlung *f* **1.** council, assembly; **2.** → **Ratssitzung.**

Rattan *n* rattan; **~möbel** *pl.* rattan (*od.* cane) furniture.

Ratte *f* rat.

Ratten|fänger *m* ratcatcher; *fig. contp.* pied piper; **~gift** *n* rat poison; **~nest** *n* rat's nest; *fig.* lair, den of thieves *etc.*; **~schwanz** *m* **1.** rat's tail; **2.** F (*Frisur*) pigtail; **3.** *fig.* **ein** (**ganzer**) **~ von** a whole string of; **es zog e-n ~ von Problemen nach sich** it brought a whole string of problems with it.

rattern *v/i.*, **²** *n* rattle, clatter; *Maschinengewehr*: crackle; *Motor etc.*: roar.

ratzekahl F *adv.*: **alles ~ auffressen** F polish off the lot; **e-n Baum ~ abfressen** strip a tree clean (*od.* bare).

rau *adj.* rough (*a. Haut, See, Wetter, Ton etc.*); *Wind*: raw; *Kälte*: biting, bitter; *Winter*: severe; *Klima*: harsh, raw; *Land, Gegend*: desolate; *Fell etc.*: rough, coarse; *Hals*: sore, (*heiser*) hoarse; *Stimme*: harsh, grating, (*rauchig*) husky; *Leben*: tough, rough; (*streng*) harsh; (*grob*) coarse; **~e Behandlung** rough treatment; **~e Wirklichkeit** harsh reality; **der ~e Norden** the cold north; F **in ~en Mengen ...** galore, F heaps of ...; **~, aber herzlich** bluff.

Raub *m* **1.** robbery (*a.* ⚖); **2.** (*Beute*) booty, loot; **auf ~ ausgehen** *Tier*: hunt its prey, *Dieb*: go out on the prowl; *fig.* **ein ~ der Flammen werden** be destroyed by fire, be engulfed in flames; **~aufnahme** *f* pirate recording; **~ausgabe** *f* pirate edition; **~bau** *m* overexploitation (**an** of), uncontrolled exploitation (of); **~ an der Landschaft** despoliation of the countryside; **mit s-r Gesundheit ~ treiben** ruin one's health; **~druck** *m* pirate edition.

Raubein *n* rough diamond; **raubeinig** *adj.* bluff.

rauben I. *v/i.* rob, commit robbery; **II.** *v/t.* rob, steal; (*Kind*) kidnap; **j-m den Atem ~** take s.o.'s breath away; **j-m den Schlaf** *etc.* **~** rob *od.* deprive s.o. of his (*od.* her) sleep *etc.*; **es raubt mir zu viel Zeit** it takes away too much of my time.

Räuber *m* robber; (*Straßen²*) highwayman; **~ und Gendarm spielen** play cops and robbers; **~bande** *f* band of robbers;

R

~geschichte *f* story about robbers; F *fig.* F cock-and-bull story; **~höhle** *f* den of robbers (*od.* thieves); F ***hier siehts aus wie in e-r ~*** F this place is an absolute mess, it's like a pigsty in here.
räuberisch *adj. Tier*: predatory; *Person*: thieving; *Stämme etc.*: marauding; ***~e Erpressung*** extortion by means of force.
räubern F *fig. v/i.*: ***den Kühlschrank*** *etc.* ~ F raid the fridge *etc.*
Räuber|pistole *fig. f* F cock-and-bull story; **~zivil** F *n* F old togs; ***komm ruhig in ~*** come as you are.
Raubfisch *m* predatory fish.
Raubgier *f* rapacity; **raubgierig** *adj.* rapacious.
Raub|katze *f* big cat; member of the cat family; **~kopie** *f* pirate copy; **~krieg** *m* **1.** marauding war(fare); **2.** war of annexation; **~mord** *m* murder and robbery; **~mörder** *m* murderer and robber; **~platte** *f*, **~pressung** *f* F bootleg (record); **~ritter** *m hist.* robber baron; **~tier** *n* predator, (predatory) wild animal; **~überfall** *m*: (***bewaffneter ~*** armed) robbery, holdup; *auf Person*: *a.* mugging; **~vogel** *m* bird of prey; **~zug** *m* predatory attack.
Rauch *m* smoke; (*Dunst, von Säuren etc.*) fumes *pl.*; ***in ~ aufgehen*** go up in smoke (*a. fig.*); *fig.* ***kein ~ ohne Flamme*** there's no smoke without fire; **~abzug** *m* flue; **~bier** *n* smoked beer; **~bombe** *f* smoke bomb.
rauchen I. *v/i. u. v/t.* smoke, *bsd. Gase, Dämpfe*: fume; ***er raucht stark*** he's a heavy smoker, he smokes a lot; ***er raucht wenig*** he doesn't smoke very much; F *fig.* ***wir arbeiteten, dass es nur so rauchte*** F we were going at it hammer and tongs; ***mir rauchte der Kopf*** my head started spinning; F ..., ***sonst raucht es!*** F ... or you'll be in for it!; **II.** 2 *n* smoking; ***~ verboten!*** no smoking.
Raucher *m* **1.** smoker; **2.** (*a.* **~abteil** *n*) smoking compartment, F smoker.
Räucheraal *m* smoked eel.
Raucherbein *n* ⚕ smoker's leg, 🕮 claudication.
Räucher|gefäß *n* censer; **~hering** *m* smoked herring, kipper.
Raucherhusten *m* smoker's cough.
Räucherkerze *f* aromatic candle.
Raucherkrebs *m* smoker's (*od.* smoking-related) cancer.
Räucherlachs *m* smoked salmon.
räuchern I. *v/t.* **1.** (*Fleisch, Fisch etc.*) smoke, cure; **2.** *desinfizierend*: fumigate; **II.** *v/i.* burn incense.
Räucher|schinken *m* smoked ham; **~stäbchen** *n* joss stick.
Rauch|fahne *f* smoke trail; **~fang** *m* chimney hood; **2farben** *adj.* smoke-colo(u)red; **2frei** *adj.*: ***~e Zone*** *im Restaurant etc.*: no-smoking area (*od.* part); **~gas** *n* flue gas; **~geschmack** *m* taste of smoke; **2geschwärzt** *adj.* black with smoke; **~glas** *n* smoked glass.
rauchig *adj.* smoky (*a. Stimme*).
Rauch|kringel *m* smoke ring; **~melder** *m* smoke detector; **~pilz** *m* mushroom cloud; **~quarz** *m* smoky quartz, cairngorm; **~säule** *f* pillar of smoke; **~schwaden** *pl.* billows of smoke; **~schwalbe** *f* (barn) swallow; **~signal** *n* smoke signal; **~topas** *m* smoky topaz; **~verbot** *n* ban on smoking; ***hier herrscht ~*** there's no smoking allowed here; **~vergiftung** *f* smoke poisoning.
Rauchwaren[1] *pl.* tobacco products.
Rauchwaren[2] *pl.* (*Pelze*) furs.
Rauch|werk *n* → ***Rauchwaren***[2]; **~wolke** *f* cloud of smoke; **~zeichen** *n* smoke signal.
Räude *f vet.* mange; **räudig** *adj.* mangy.
rauen *v/t.* rough(en); (*Tuch*) tease, nap.
rauf F *adv.*, **rauf...** *in Zssgn* **1.** → ***herauf(...)***; **2.** → ***hinauf(...)***.
Raufasertapete *f* woodchip paper.
Raufbold *m* ruffian; **raufen I.** *v/t.* pull (out); → ***Haar***; **II.** *v/i. u. v/refl.*: (***sich ~***) scuffle, brawl, tussle; **Rauferei** *f* fight, brawl, scuffle; **rauflustig** *adj.* pugnacious; ***~ sein*** *a.* love to tussle.
rauh *etc.* → ***rau*** *etc.*
Rauhaardackel *m* wire-haired dachshund; **rauhaarig** *adj.* wire-haired.
Rauheit *f* roughness; severity; harshness; coarseness *etc.*; → ***rau.***
Raum *m* (*Platz*) space, room; (*Gegend, Gebiet*) area; (*Ausdehnung*) expanse; *phys., phls.* (*a. Welt2*) space; (*Volumen*) volume; (*Fläche*) area; (*Zimmer*) room; (*Spiel2*) scope, room; ***viel ~ beanspruchen*** take up a lot of space; ***auf engstem ~ leben*** live in cramped surroundings; ***freier ~*** *Sport*: open space; ***Spiel in den freien ~*** opening up the game; ***im ~ München*** in the Munich area; ***es nahm in der Diskussion e-n breiten ~ ein*** it occupied a large part of the discussion; ***die grenzenlosen Räume des Weltalls*** the limitless expanses of the universe; ***~ geben*** *od.* ***gewähren*** (*e-m Gedanken*) give way to, (*e-r Hoffnung*) entertain, (*e-r Bitte*) grant; ***das Problem steht im ~*** the problem demands an answer; ***e-e Frage im ~ stehen lassen*** leave a question unanswered; ***ich möchte die Frage einfach in den ~ stellen*** I'd just like to throw up the question for us to be thinking about it; **~akustik** *f* acoustics *pl.* (of a *od.* the room); **~anzug** *m* space suit; **~ausstatter** *m* interior decorator; **~ausstattung** *f* (*Vorgang*) interior decorating; (*Ergebnis*) *a.* interior (of a room); **~bedarf** *m* required space, space required.
Räumboot *n* minesweeper.
Raumdeckung *f Sport*: zone marking.
räumen I. *v/t.* **1.** (*fortschaffen*) clear away, remove; ***et. in den Schrank ~*** put s.th. away in the cupboard; ***aus dem Weg ~*** clear (*od.* get) *s.th.* out of the way, *fig.* (*Schwierigkeiten*) get rid of, (*Probleme*) *a.* solve; **2.** (*Wohnung*) move out of, *formell*: vacate; (*Hotelzimmer*) check out of; (*Saal etc., a. Unfallstelle etc.*) clear; (*Schublade, Schreibtisch etc.*) clear out; (*Gebiet*) evacuate, ⚔ (*aufgeben*) *a.* leave; ⚔ (*Stellung*) leave, retreat from; ⚓ (*Lager*) clear, sell off; ***j-m den Platz ~*** give s.o. one's seat, *fig.* make way for s.o.; ***den Saal ~ lassen*** *Richter*: have the court cleared; **II.** *v/i.* clear up.
Raum|fähre *f* space shuttle; **~fahrer** *m* astronaut, spaceman.
Raumfahrt *f* **1.** space travel; **2.** (*Wissenschaft*) astronautics *pl.* (*sg. konstr.*); **~behörde** *f* space agency; **~industrie** *f* space industry; **~medizin** *f* space medicine; **~programm** *n* space program(me); **~projekt** *n* space project; **~technik** *f* space technology; **~techniker** *m* space engineer; **~zentrum** *n* space cent|re (*Am.* -er).
Raum|fahrzeug *n* spacecraft, spaceship; **~flug** *m* space flight; **~forschung** *f* (aero)space research; **~gestalter** *m* interior decorator; **~gestaltung** *f* interior decorating; **~gleiter** *m Raumfahrt*: space shuttle; **2greifend** *adj.*: ***~e Schritte*** long strides; **~inhalt** *m* volume, capacity; **~kapsel** *f* space capsule; **~klang** *m* stereophonic sound; **~klima** *n* atmosphere (in a *od.* the room); **~labor** *n* space lab.
räumlich I. *adj.* spatial, space ...; three-dimensional; ***~e Wirkung*** *e-s Bilds*: depth, three-dimensionality; **II.** *adv.*: ***~ sehr beengt*** cramped (for space); ***~ gefällt mir die Wohnung*** I like the layout of the flat (*Am.* apartment); **Räumlichkeit** *f* **1.** (*Raum*) room; **~en** *a.* premises; **2.** *Malerei*: depth, three-dimensionality.
Raum|mangel *m* lack of space (*od.* room); restricted space; **~maß** *n* solid measure; **~not** *f* lack of space; cramped living conditions *pl.*; **~ordnungsplan** *m pol.* development plan; **~pflegerin** *f* cleaning lady; **~schiff** *n* spaceship; **~sonde** *f* space probe.
raumsparend, Raum sparend *adj.* space-saving.
Raum|station *f* space station (*od.* platform), *Am. a.* skylab; **~teiler** *m* partition; **~temperatur** *f* room temperature; **~ton** *m* stereophonic sound; **~transporter** *m* space shuttle.
Räumung *f* **1.** (*Wegschaffen*) removal; **2.** (*Leermachen*) clearing, *bsd.* ⚓ clearance; **3.** *e-r Wohnung etc.*: vacating, *zwangsweise*: eviction; ***die ~ der Wohnung muss bis ... erfolgen*** the flat must be vacated by ...; **4.** *e-s Gebiets, a.* ⚔: evacuation.
Räumungs|arbeiten *pl.* clear-up operation(s); **~befehl** *m* eviction order; **~klage** *f* action for possession (*Am.* eviction); **~verkauf** *m* clearance sale.
raunen *v/i. u. v/t.* whisper, murmur (*beide a. fig.*).
raunzen *dial. v/i.* grumble, moan.
Raupe *f* **1.** caterpillar; *von Käferlarve*: grub; **2.** ⚙ (*Planier2*) caterpillar (*TM*); → ***Raupenkette.***
Raupen|fahrzeug *n* tracked vehicle; **~kette** *f* track chain.
Raureif *m* white frost, hoarfrost.
raus F *adv.*, **raus...** *in Zssgn* **1.** → ***heraus(...)***; → *a.* ***rausschmeißen***; **2.** → ***hinaus(...)***; → *a.* ***rausfeuern, rausfliegen***; ***~!*** (get) out!, *sl.* scram!; ***~ mit euch!*** *in den Garten etc.*: (come on,) out you go, *aus dem Auto etc.*: (come on,) out you get; ***~ mit der Sprache!*** F (come on,) spit it out!
Rausch *m* intoxication, drunkenness (*Drogen2*) F high; *fig.* delirious state, (*a. Raserei*) frenzy; (*Glücks2 etc.*) rapture exhilaration; ***sich e-n ~ antrinken*** get drunk; ***e-n ~ haben*** be drunk; ***s-n ~ ausschlafen*** sleep it off; ***im ~*** under the influence of alcohol; ***im ~ des Glücks sein*** be deliriously happy; ***im ~ der Geschwindigkeit*** intoxicated (*od.* drunk) with speed; ***im ~ der Begeisterung*** carried away by one's enthusiasm in a fit of enthusiasm; ***im ~ des Erfolgs*** *etc.* carried away by success *etc.*; ***im ~ der Leidenschaft*** seized with (a burning) passion.
rauscharm *adj.* low-noise.
rauschen *v/i. Wasser*: rush; *Bach*: murmur; *Brandung, Sturm*: roar; *Blätter, Seide etc.*: rustle; *Beifall*: ring, thunder; *fig.* (*schwungvoll gehen*) sweep, sail; ***es rauscht im Radio*** there's (a lot of) interference (*od.* static) on the radio.
rauschend *adj.* rustling *etc.*; → ***rau-***

schen; ~***er Beifall*** rapturous applause; ~***es Fest*** lavish party (*od.* celebration).

Rausch|faktor *m* noise ratio; ~**filter** *n* noise suppressor.

Rauschgift *n* narcotic, drug; *coll.* narcotics *pl.*, drugs *pl.*; ~**bekämpfung** *f* fight against drugs; ~**dezernat** *n* narcotics (*od.* drugs) squad; ~**fahnder(in** *f*) *m* anti-drug (*od.* narcotics) agent; ~**handel** *m* drug trafficking; ~**händler(in** *f*) *m* drug dealer; ~**mafia** *f* drugs mafia; ~**sucht** *f* drug addiction; ≈**süchtig** *adj.* addicted to drugs; ~**süchtige(r** *m*) *f* drug addict.

Rausch|gold *n* gold foil; ~**sperre** *f Hi-Fi etc.*: noise gate; ~**unterdrückungssystem** *n* noise reduction system.

rausfeuern F *v/t.* (*entlassen*) fire, F give *s.o.* the sack (*od.* boot).

rausfliegen F *v/i.* F be kicked (*od.* booted, chucked, turfed) out; *aus e-r Stellung*: *a.* F get the sack (*od.* boot).

raushalten F **I.** *v/refl.*: ***sich*** ~ keep out of it, ***aus et.***: keep out of s.th.; ***halt dich da raus!*** *wohlmeinend*: don't get involved, I'd keep out of it if I were you; **II.** *v/t.* keep *s.o. od. s.th.* out of it; ~ ***aus et.*** keep *s.o. od. s.th.* out of s.th.

rauskriegen F *v/t.* → ***herausbekommen*** 1.

räuspern *v/refl.*: ***sich*** ~ clear one's throat.

rausreißen F *v/t.* → ***herausreißen.***

rausschmeißen F *v/t.* throw out, F chuck out, (*j-n*) *a.* F kick out (*alle* ***aus*** of); (*entlassen*) *a.* fire, F give *s.o.* the boot; **Rausschmeißer** F *m* F bouncer; **Rausschmiss** F *m* sacking, F *the* boot.

Raute *f* ⚘ rue; △ rhomb(us); *Heraldik*: lozenge; (*Kartenfarbe*) diamond; **rautenförmig** *adj.* diamond-shaped.

Rave(musik *f*) *m* rave; **Raver(in** *f*) *m* raver.

Ravioli *pl.* ravioli.

Razzia *f* (police) raid, police roundup, F swoop; ***e-e*** ~ ***machen*** make a raid (***auf*** on), ***auf***: *a.* raid, F swoop on.

Reagenz|glas *n* test tube; ~**papier** *n* test paper.

reagieren *v/i.* **1.** react (***auf*** to), *a. auf Behandlung etc.*: respond (to); ***nicht*** ~ ***auf*** (*nicht beachten*) ignore; ***sofort*** ~ respond immediately; ***sie reagierten überhaupt nicht*** *a.* there was no reaction (from them); ***ich bin gespannt, wie er drauf*** ~ ***wird*** I wonder what he'll say (*od.* how he'll take it); **2.** ⚗ react (***auf*** on).

Reaktion *f* **1.** reaction (***auf*** to); ⚕ *a.* response (to), (*Reflex*) reflex; ***s-e erste*** ~ ***war Wut*** his initial reaction was to get angry, at first he was angry; **2.** ⚗ reaction (***auf*** on); **3.** *pol.* reactionary forces *pl.*

reaktionär *adj.*, ≈ *m* reactionary.

Reaktions|fähigkeit *f* reactions *pl.*; ***es schränkt die*** ~ ***ein*** it slows down your reactions; ≈**schnell** *adj.*: ~ ***sein*** have fast reactions; ~**vermögen** *n* → ***Reaktionsfähigkeit***; ~**zeit** *f* reaction (*od.* response) time.

reaktivieren *v/t.* reactivate.

Reaktor *m* reactor; ~**block** *m* reactor block; ~**gebäude** *n* reactor housing (*od.* dome); ~**gift** *n toxic substance emanating from a nuclear reactor*; ~**kern** *m* reactor core; ~**sicherheit** *f* reactor safety; ~**unfall** *m* reactor accident; ~**unglück** *n* reactor disaster.

real *adj.* (*wirklich*) real; (*konkret*) concrete; (*realistisch*) realistic; ☤ real; ≈**einkommen** *n* real income.

Realien *pl.* **1.** facts, realities; **2.** (*Kenntnisse*) expert knowledge *sg.*

realisierbar *adj.* realizable; ***der Plan ist nicht*** ~ the plan can't be put into prac|ti|ce (*Am. a.* -se); **realisieren I.** *v/t.* realize (*a. begreifen*); ☤ *a.* convert into money; **II.** *v/refl.*: ***sich*** ~ materialize, be realized; **Realisierung** *f* realization.

Realismus *m* realism; **Realist** *m* realist; **realistisch** *adj.* realistic(ally *adv.*).

Realität *f* reality; *pl.* (*Tatsachen*) *a.* facts; ***in der*** ~ in real life, (*in Wirklichkeit*) in reality.

realitäts|bezogen *adj.* realistic; ~**fern** *adj.* unrealistic; *Person*: *a.* out of touch with reality; ~**fremd** *adj.* out of touch (with reality); ~**nah** *adj.* close to reality; *a. Person*: realistic; ≈**sinn** *m* sense of reality.

realiter *adv.* in reality.

Reallexikon *n* (specialist) encyclop(a)edia.

Realo *m pol.* pragmatic Green.

Real|politik *f* realpolitik; ~**politiker** *m* political pragmatist; ≈**politisch** *adj.* pragmatic; ~**schule** *f secondary school leading to intermediate qualification, Am. etwa* junior high school; ~**wert** *m* real value.

Realzeit *f Computer*: real time; ~**verarbeitung** *f* real-time processing.

Reanimation *f* ⚕ reanimation.

Rebe *f* (*Weinranke*) tendril, shoot; (*Weinstock*) vine; *poet.* grape.

Rebell *m* rebel (*a. fig.*); **rebellieren** *v/i.* rebel (*a. fig.*); ~***de Studenten*** rebel students; **Rebellion** *f* rebellion; **rebellisch** *adj.* rebellious (*a. fig.*); ~ ***werden*** be up in arms, *Kinder*: start to play up; ***j-n*** ~ ***machen*** have s.o. up in arms; ***die Leute etc.*** ~ ***machen*** *a.* cause an uproar.

Rebensaft *lit. m* juice of the vine.

Reb|huhn *n* partridge; ~**laus** *f* phylloxera; ~**stock** *m* vine.

Rechaud *m, n* **1.** (*Warmhalteplatte*) hotplate, plate warmer, warming plate; **2.** *Fondue*: (spirit) burner; **3.** *östr.*, *schweiz.*, *südd.* camping stove, gas cooker.

Rechen *m* rake; ≈ *v/t.* rake (up).

Rechen|anlage *f* computer; ~**aufgabe** *f* sum, *schwierige*: problem; ~**buch** *n* arithmetic book; ~**fehler** *m* mistake, miscalculation; ~**geschwindigkeit** *f Computer*: computing speed; ~**heft** *n* arithmetic book; ~**kapazität** *f Computer*: computing capacity; ~**künstler** *m* mathematical genius; ~**maschine** *f* calculator.

Rechenschaft *f*: (***j-m***) ~ ***ablegen über*** account (to s.o.) for; ***j-m*** ~ ***schuldig sein*** be answerable to s.o.; ***zur*** ~ ***ziehen*** call to account (***wegen*** for); **Rechenschaftsbericht** *m* report, statement.

Rechen|schieber *m* slide rule; ~**stift** *fig. m*: ***den*** ~ ***ansetzen*** do one's sums; ~**werk** *n Computer*: arithmetic unit; ~**zentrum** *n* computer cent|re (*Am.* -er).

Recherche *f* investigation, inquiry; ~***n anstellen über*** investigate, make investigations about (*od.* into); **recherchieren I.** *v/i.* investigate; *wissenschaftlich*: (do) research; **II.** *v/t.* (*Fall etc.*) investigate; (*Thema*) research, do research into.

rechnen I. *v/i.* calculate, make a calculation; *ped.* do sums, *bei schwierigen Aufgaben*: do one's arithmetic; (*zählen*) count; (*veranschlagen*) reckon, estimate; (*berechnen*) charge; (*sparsam sein*) economize; ***gut*** ~ ***können*** be good at figures; ***grob gerechnet*** at a rough estimate (*od.* guess); ***das ist großzügig gerechnet*** that's a generous estimate; ***du kannst ja selbst*** ~***!*** work it out for yourself; ***von Montag an gerechnet*** as from Monday; ***er kann nicht*** ~ (*mit Geld umgehen*) he doesn't know how to handle money; ***wir müssen sehr*** ~ we've got to watch the pennies (*od.* watch what we spend); ~ ***auf*** *od.* ***mit*** (*sich verlassen auf*) reckon (*od.* count, rely) on, (*erwarten*) reckon with, expect; ***ich rechne mit d-r Hilfe*** (***d-m Verständnis***) I'm counting on your help (I hope you'll understand); ***mit mir brauchst du nicht zu*** ~***!*** count me out; ***wir müssen damit*** ~***, dass er geht*** (***dass der Flug Verspätung hat***) we must reckon on his *od.* him leaving (on the flight being delayed); ***mit ihm wird man*** ~ ***müssen*** he's one to look out for in the future; ***alles rechnet mit e-m Sieg von X*** everyone expects X to win, all the bets are on X winning; ~ ***zu*** count (*od.* rank) among; **II.** *v/t.* calculate, work out; (*veranschlagen*) reckon (on), estimate; (*berücksichtigen*) take into account; ***ich habe zwei Tassen Kaffee für jeden gerechnet*** I've allowed for two cups of coffee each; ***wir*** ~ ***für die Fahrt vier Stunden*** we reckon it'll take us four hours, we should make it in four hours; ***die Kinder nicht gerechnet*** not counting the children; ***alles in allem gerechnet*** all in all; ***j-n*** ~ ***zu*** count (*od.* rank, rate) s.o. among; **III.** *v/refl.*: ***sich*** ~ be profitable, pay off; ***es rechnet sich nicht*** it doesn't pay off; **IV.** ≈ *n ped.* arithmetic.

Rechner *m* **1.** ***er ist ein guter*** (***schlechter***) ~ he's good (not very good) at figures; **2.** calculator; (*Computer*) computer; ≈**gesteuert** *adj.* computer-controlled; ≈**gestützt** *adj.* computer-aided.

rechnerisch I. *adj.* mathematical, arithmetical; **II.** *adv.* mathematically, arithmetically; by way of calculation; ***rein*** ~ ***gesehen*** in terms of figures.

Rechnung *f* **1.** (*Be*≈) calculation; ***die*** ~ ***geht nicht auf*** it doesn't work out; **2.** bill; *Am., im Gasthaus*: check; (*Waren*≈) invoice; ***auf*** ~ on account; ***j-m et. in*** ~ ***stellen*** charge s.th. to s.o.'s account; ***laut*** ~ as per invoice; ***e-e*** ~ ***begleichen*** settle an account, pay a bill; ***die*** ~ ***bezahlen*** pay the bill, F pick up the tab; *fig.* ***e-e alte*** ~ ***zu begleichen haben*** have an account to settle (***mit*** with); *fig.* ***et. in*** ~ ***stellen, e-r Sache*** ~ ***tragen*** take s.th. into account (*od.* consideration), make allowances for the fact that ...; ***das geht auf m-e*** ~ *im Gasthaus*: I'll see to that, F it's on me; *fig.* ***das geht auf s-e*** ~ that's his doing; *fig.* ***die*** ~ ***ohne den Wirt machen*** get one's sums wrong; ***ich werde ihm die*** ~ ***präsentieren*** I'll make him pay for that; ***jetzt bekommt er die*** ~ ***für s-e Faulheit präsentiert*** now he's having to pay for his laziness; → ***Strich, ausstellen*** 2 *etc.*

Rechnungs|abgrenzung *f* deferral; ~**betrag** *m* invoice amount (*od.* total); ~**buch** *n* accounts book; ~**einheit** *f* accounting unit; ~**hof** *m* audit office, *EU* Court of Auditors; ~**jahr** *n* financial (*od.* fiscal) year; ~**posten** *m* item, entry; ~**prüfer** *m* auditor; ~**prüfung** *f* audit; ~**summe** *f* amount payable; ~**wesen** *n* accountancy.

recht I. *adj.* (*Ggs. link*) right; (*richtig*) right; (*passend, angebracht*) right, proper, suitable; (*gesetzmäßig*) lawful,

R

legitimate; (*wirklich*) true, real; (*gut*) good; *pol.* right-wing, rightist; **~e Hand** right hand, *fig. a.* right-hand man; **am ~en Ort** in the right place; **ein ~er Narr** a right fool; **~er Winkel** right angle; **der ~e Augenblick** the right (*od.* a suitable) moment; **vom ~en Weg abkommen** lose one's way, *fig.* go off the rails, stray from the straight and narrow; **ich habe keinen ~en Appetit** I don't really feel like eating anything; **so ists ~** that's right, F that's the stuff; **mir ists ~** I don't mind, it's all right (*Am.* alright) with me, (it) suits me; **mir ist alles ~** it's all the same to me, I don't mind either way; **ihm ist jedes Mittel ~** he'll stop (F stick) at nothing; **das ist nur ~ und billig** it's only fair (*od.* right); **alles was ~ ist!** fair's fair, (*das geht zu weit*) you can go too far; **schon ~!** it's all right (*Am.* alright); **was dem einen ~ ist, ist dem andern billig** what's sauce for the goose is sauce for the gander; **nach dem ≈en sehen** make sure everything's all right (*Am.* alright); **es war nichts ≈es** it wasn't the real thing; → **Recht, Rechte, richtig, Ding** 2, **Licht, schlecht** II; **II.** *adv.* (*richtig*) properly; (*sehr*) very; (*ziemlich*) rather; **~ daran tun zu** *inf.* do right to *inf.*; **~ enttäuscht** rather disappointed; **~ geschickt** rather (*od.* very) clever; **~ gut** quite good (*od.* well); **es gefällt mir ~ gut** I quite (*stärker*: rather) like it; **erst ~** all the more (so); **es geschieht ihr ~** it serves her right; **man kann es nicht allen ~ machen** you can't please all men (*od.* all the people all of the time); **ich weiß nicht ~** I'm not sure, I really don't know; **wenn ich es mir ~ überlege** when I think about it; **ich werde nicht ~ klug daraus** I don't quite know what to make of it; **wenn ich Sie ~ verstehe** if I understand you rightly; **verstehen Sie mich ~!** don't get me wrong; **ich seh wohl nicht ~!** am I seeing things?; **ich hör wohl nicht ~!** say that again; would you mind repeating that?; **du kommst mir gerade ~** just the person I want, *iro.* you're the last person I wanted (to see).

Recht *n* (*Gesetze*) law; (*Anspruch, Berechtigung*) right; (*Vollmacht, Befugnis*) authority; **~ und Ordnung** law and order; **das ~ brechen** (*od.* **verletzen**) break the law; **~ muss ~ bleiben** the law's the law, *fig.* fair's fair; **nach geltendem ~** under existing law; **nach deutschem ~** under German law; **et. mit vollem ~ tun** have every right to do s.th.; **von ~s wegen** by rights, ⚖ by law; **~ sprechen** administer justice; **das ~ haben zu** *inf.* have the right (*od.* be entitled) to *inf.*, *Bevollmächtigter*: have power to *inf.*; **~ haben** be right; **j-m ~ geben** concede (*widerwillig*: admit) that s.o. is right; **da muss ich Ihnen ~ geben** I agree with you there; **im ~ sein, das ~ auf s-r Seite haben** be in the right; **das ~ auf Streik** the right to strike; **gleiches ~ für alle** equal rights for all; **sich selbst ~ verschaffen** take the law into one's own hands; **auf s-m ~ bestehen** assert one's rights; (**wieder**) **zu s-m ~ kommen** come into one's own (again); **ich nehme mir das ~ zu** *inf.* I take it upon myself to *inf.*; **mit welchem ~ tut er das?** what right has he got to do that?; **zu ~** rightly, *allein stehend*: rightly so.

Rechte *f* (*Hand*) right hand; *Boxen*: right; *pol. the* right, *e-r Partei*: right wing; **zur ~n** to (*od.* on) the right; **zu s-r ~n** to (*od.* on) his right.

Rechte(r) *m pol.* right-winger, rightist.

Rechteck *n* rectangle; **rechteckig** *adj.* rectangular.

rechtens: ~ sein be perfectly (*od.* quite) legal; **es war nicht ~, dass sie ihm kündigten** they weren't right (*od.* it wasn't right for them) to give him the sack.

rechter Hand *adv.* on the right.

rechtfertigen I. *v/t.* justify, (*berechtigen*) *a.* warrant; **nicht zu ~(d)** unjustifiable, indefensible; **das in einen gesetzte Vertrauen ~ wollen** aim to live up to the confidence placed in one; **II.** *v/refl.*: **sich ~** vindicate (*od.* justify) o.s.; give an account of o.s.; **Rechtfertigung** *f* justification; **zu m-r ~** in my defen|ce (*Am.* -se); **Rechtfertigungsgrund** *m* justification; **was lässt sich als ~ anführen?** what can be said in justification?

rechtgläubig *adj.* orthodox.

Rechthaberei *f* bigotry; know-it-all attitude; **rechthaberisch** *adj.* self-opinionated, dogmatic(ally *adv.*); **er ist ~** he always insists that he's in the right, *iro.* he's always in the right.

rechtlich I. *adj.* legal; (*rechtmäßig*) *a.* lawful, legitimate; **im ~en Sinne** in the legal sense; **II.** *adv.* legally *etc.*; **~ begründet** legally founded; **~ bindend** legally binding; **~ verpflichtet** bound by law; **er ist ~ verpflichtet zu** *inf.* he is under a legal obligation to *inf.*

rechtlos *adj.* without rights; (*vogelfrei*) outlawed; (*gesetzlos*) lawless.

rechtmäßig *adj.* lawful, legal; *Anspruch, Besitzer, Erbe*: legitimate, rightful; **Rechtmäßigkeit** *f* legality, legitimacy, lawfulness.

rechts I. *adv.* on the right(-hand side); (*nach* **~**) (to the) right; **~ von** to the right of; **~ von ihm** on (*od.* to) his right; **~ oben** (**unten**) on the top (bottom) right; **erste Querstraße ~** first turning on the right; **~ abbiegen** turn right; **sich ~ halten, ~ fahren** (**gehen**) keep to the right; **~ überholen** overtake on the right; *pol.* **~ stehen** be on the right, be a right-winger; **II.** *prp. mit gen.* on (*od.* to) the right of; **~ des Mains** on the right bank of the Main; *pol.* **~ der Mitte** right of cent|re (*Am.* -er); **≈abbieger** *m* car *etc.* turning right, *pl.* traffic *sg.* turning right; **≈abbiegespur** *f* right-hand turn(-off) lane.

Rechts|abteilung *f* legal department; **~angelegenheit** *f* legal matter; **~anschauung** *f* legal view; **~anspruch** *m* legal claim (**auf** on, to), (legal) right (to); title (to).

Rechtsanwalt *m*, **Rechtsanwältin** *f* lawyer, *Brit. a.* solicitor; *plädierender*: *Brit.* barrister, *Am.* attorney; **Rechtsanwaltschaft** *f the* bar; **Rechtsanwaltskammer** *f* law society; *in den USA*: Bar Association.

Rechtsausschuss *m* committee on legal affairs, judiciary committee.

Rechtsaußen *m* **1.** *Fußball*: right wing, outside right; **2.** *pol.* extreme right-winger.

Rechts|behelf *m* (legal) remedy; **~belehrung** *f* ⚖ **1.** → **Rechtsmittelbelehrung; 2.** *der Geschworenen*: directions *pl.*, *Am.* instruction (of the jury); **3.** *weitS.* legal information; **~berater** *m* legal adviser; **~beratungsstelle** *f* legal aid office; **~beschwerde** *f* appeal; **~beugung** *f* perversion of justice; **~brecher** *m* lawbreaker; **~bruch** *m* breach of law.

rechtsbündig *adj. typ.* flush right.

rechtschaffen I. *adj.* honest, upright; **II.** *adv.* honestly; F (*gehörig*) F really; **~ leben** live an honest life; **Rechtschaffenheit** *f* uprightness; *formell*: probity.

Rechtschreiben *n* spelling; **Rechtschreibfehler** *m* spelling mistake; **Rechtschreib(korrektur)programm** *n* spellchecker, spelling checker; **Rechtschreibprüfung** *f Computer*: spellcheck; **Rechtschreibreform** *f* spelling reform; **Rechtschreibung** *f* spelling; orthography.

Rechtsdrall *m* right-hand twist; *fig. pol.* rightist tendencies *pl.*

Rechts|einwand *m* objection, demurrer; **≈erheblich** *adj.* legally relevant.

Rechtsextremist *m* right-wing extremist; **Rechtsextremismus** *m* right-wing extremism; **rechtsextremistisch** *adj.* (of the) extreme right.

rechtsfähig *adj.*: **~ sein** have legal capacity.

Rechts|fall *m* (law) case; **~form** *f* legal form; **~frage** *f* legal issue; point of law; **~gefühl** *n* sense of justice.

rechtsgerichtet *adj. pol.* right-wing.

Rechts|geschäft *n* legal transaction; **~geschichte** *f* history of law; **~grund** *m* legal argument; **~grundlage** *f* legal grounds *pl.*; **≈gültig** *adj.* valid; *Vertrag etc.*: legally effective; → **rechtskräftig**; **~gut** *n* legally protected right; **~gutachten** *n* (legal) opinion, counsel's opinion.

Rechtshaken *m Boxen*: right hook.

Rechtshänder *m* right-hander; **er ist ~** he's right-handed; **rechtshändig** *adj.* right-handed; *Schlag etc.*: right-hand ...

Rechtshandlung *f* legal act.

rechtshängig *adj.* pending, sub judice.

rechtsherum *adv.* clockwise; (*nach rechts*) (to the) right.

Rechtshilfe *f* legal aid.

Rechtskraft *f* legal force, validity; **rechtskräftig** *adj.* legal(ly binding); *Urteil*: final; **~ werden** become effective.

rechtskundig *adj.* legally qualified.

Rechtskurs *m* rightist policy (*schwächer*: tendencies *pl.*).

Rechtskurve *f* right turn (✈ bank); *in der Straße*: right-hand bend.

Rechtslage *f* legal position (*od.* status).

rechtslastig *adj.*: **~ sein** lean to the right, *fig.* lean towards the right, have rightist tendencies (*od.* leanings).

Rechtslenker *m mot.* right-hand drive.

Rechtsmittel *n* legal remedy, relief; (right of) appeal; **~ einlegen** lodge an appeal; **~belehrung** *f* instructions *pl.* on rights of appeal.

Rechts|nachfolge *f* legal succession; **~nachfolger** *m* legal successor; **~norm** *f* legal norm; **~ordnung** *f* legal system.

rechtsorientiert *adj.* rightist; **Rechtsorientierung** *f* rightist tendencies *pl.*

Rechtspartei *f* right-wing party.

Rechts|pflege *f* administration of justice; **~pfleger** *m* judicial officer; **~philosophie** *f* philosophy of law.

Rechtsprechung *f* **1.** administration of justice; **2.** *die* **~** the judiciary.

rechtsradikal *adj.* extreme right wing; **Rechtsradikale(r)** *m f* right-wing extremist.

Rechtsreform *f* legal reform.

Rechts|ruck *m*, **~rutsch** *m pol.* swing to the right.

Rechtssache *f* (legal) case.
Rechtsschutz *m* legal protection; **~versicherung** *f* legal costs insurance.
Rechtsschwenkung *f* → ***Rechtsruck.***
rechtsseitig *adj.* right; on the right (-hand) side; *adv.* → ***gelähmt.***
Rechts|sicherheit *f* legal certainty; **~spruch** *m in Zivilsachen*: judg(e)ment, *in Strafsachen*: sentence; *von Geschworenen*: verdict.
Rechtsstaat *m* constitutional state; **rechtsstaatlich** *adj. u. adv.* constitutional(ly); **Rechtsstaatlichkeit** *f* rule of law.
Rechtsstellung *f* legal status (*od.* position).
Rechtssteuerung *f mot.* right-hand drive.
Rechts|streit *m* lawsuit, action, litigation; **~system** *n* judicial system; **~titel** *m* legal title; **≈ungültig** *adj.* invalid; **~unsicherheit** *f* legal uncertainty; **≈unwirksam** *adj.* (legally) ineffective; **≈verbindlich** *adj.* legally binding (**für** [up]on); **~verdreher** *m* pettifogging lawyer, F shyster; **~verfahren** *n* legal procedure; (*Prozess*) (legal) action *od.* proceedings *pl.*; **~verhältnis** *n* legal relationship.
Rechtsverkehr *m mot.*: ***in Kanada ist ~*** they drive on the right(-hand side) in Canada.
Rechts|verletzung *f* infringement (of a law); **~vertreter** *m* legal representative; (*Bevollmächtigter*) (authorized) agent; → *a.* ***Rechtsanwalt;*** **~weg** *m* course of law; ***den ~ beschreiten*** take legal action, go to court; ***der ~ ist ausgeschlossen*** *Wettbewerb*: the judge's decision is final; **~wendung** *f pol.* shift to the right; **~wesen** *n* legal system; **≈widrig** *adj.* illegal, unlawful, illicit; **≈wirksam** *adj.* → ***rechtskräftig***; **~wissenschaft** *f* law, *formell*: jurisprudence; **~wissenschaftler** *m* jurist.
rechtwink(e)lig *adj.* right-angled.
rechtzeitig I. *adv.* in time; (*pünktlich*) on time, punctually; (*gerade ~*) just in time; (*früh genug*) in good time; **II.** *adj.* (*zur rechten Zeit*) timely; (*pünktlich*) punctual.
Reck *n Turnen*: horizontal bar.
recken I. *v/t.* stretch; *mit Geräten*: rack; ***den Hals nach et. ~*** crane one's neck to see s.th., *Am.* rubberneck; **II.** *v/refl.*: ***sich ~ und strecken*** have a good stretch.
Recorder *m* → ***Rekorder.***
recycelbar *adj.* recyclable; **recyceln** *v/t.* recycle; **Recycling** *n* recycling; **recyclingfähig** *adj.* recyclable; **Recyclingpapier** *n* recycled paper.
Redakteur(in *f*) *m* editor; **Redaktion** *f* **1.** (*Tätigkeit*) editing, editorial work; **2.** (*Personal*) editorial staff (*mst pl. konstr.*), editors *pl.*; **3.** (*Büro*) editorial office (*od.* department); ***politische ~*** politics department; **redaktionell I.** *adj.* editorial; **II.** *adv.*: ***~ bearbeiten*** edit; **Redaktionsschluss** *m* copy deadline.
Rede *f* speech; (*Ansprache*) *a.* address; (*Redeweise*) speech, language; (*Äußerung*) remark; *ling.* **(in)*direkte ~*** (in)direct speech; ***die Kunst der ~*** the art of rhetoric; ***e-e ~ halten*** make a speech; **(*große*) *~n schwingen*** F talk big; ***die ~ bringen auf*** bring *s.th.* up; ***die ~ kam auf*** the conversation turned to; ***gerade war von dir die ~*** we were just talking about you; ***es war einmal die ~, dass*** it was said at one time that, there was talk at one time of (*s.o. ger.*); ***der langen ~ kurzer Sinn*** to cut a long story short, in short; ***davon kann keine ~ sein*** that's out of the question; ***davon ist nicht die ~*** that's not what I'm talking about; ***wovon ist die ~?*** what are you (*od.* they) talking about?; ***das ist ja m-e ~*** that's what I've been saying all along; ***j-m in die ~ fallen*** interrupt s.o. (in mid-speech); ***nichts als ~n!*** it's all just talk; ***ihm verschlug es die ~*** it left him speechless; ***es ist nicht der ~ wert*** it's hardly worth mentioning, *beim Danken*: don't mention it; ***~ (und Antwort) stehen*** justify o.s., ***über***: account for, answer for; ***j-n zur ~ stellen*** confront s.o., (*vornehmen*) take s.o. to task (***wegen*** for); **~duell** *n* battle of words; **~figur** *f* figure of speech; **~fluss** *m* flow of words; ***j-s ~ unterbrechen*** interrupt s.o.'s flow; **~freiheit** *f* freedom of speech; **≈gewaltig** *adj.*: ***~ sein*** be a powerful speaker; **≈gewandt** *adj.* articulate; *bsd. contp.* glib; ***~ sein*** *a.* know how to talk, F have the gift of the gab; **~kunst** *f* (art of) rhetoric.
reden I. *v/i. u. v/t.* speak (**mit** to, with); (*sich unterhalten*) talk (to, with), (*plaudern*) chat (to, with); ***~ über*** talk about, (*erörtern*) discuss; ***über Politik ~*** talk politics; ***über Gott und die Welt ~*** talk about everything under the sun; ***~ wir nicht mehr darüber*** let's forget it; ***man redet über sie*** people are talking about her; ***darüber lässt sich ~*** it's a possibility; ***im Schlaf ~*** talk in one's sleep; ***er hat kein Wort geredet*** he didn't say a word, he didn't open his mouth once; ***mit sich selbst ~*** talk to o.s.; ***er hört sich gern ~*** he likes the sound of his own voice; ***sie ~ nicht miteinander*** they're not speaking to each other, they're not on speaking terms; ***sie lässt nicht mit sich ~*** she won't listen (to anyone); ***unter ... lassen wir gar nicht mit uns ~*** under ..., we're not interested; ***von ... gar nicht zu ~*** not to mention ...; ***da wir gerade davon ~*** as we're on the subject; ***er redet, wie er denkt*** he says (exactly) what he thinks; ***er redet anders, als er denkt*** what he says and what he thinks are two different things; ***du hast gut ~*** you can talk; ***ich habe mit dir zu ~*** I'd like a word with you; ***wir ~ später*** we'll talk about it later; ***kannst du mal mit ihm ~?*** can you have a word with him?, (*ihn zur Vernunft bringen*) *a.* can you try and reason with him?; ***da redet man ja gegen e-e Wand*** it's like talking to a brick wall; ***er macht als Rennfahrer von sich ~*** he's made a name for himself as a racing driver; ***neulich hat er mit e-m Film von sich ~ gemacht*** he recently got into the news with a film; ***so lasse ich nicht mit mir ~*** I won't be spoken to like that; ***er redete sich in Zorn*** he went on and on until he got really angry; **II.** ≈ *n* talking; talk; ***j-n zum ~ bringen*** get s.o. to talk; ***mit dem ~ tut er sich nicht schwer*** he has no problems (*od.* inhibitions about) talking; ***all mein ~ war umsonst*** I may as well have been talking to a brick wall; ***~ ist Silber, Schweigen ist Gold*** silence is golden.
Redensart *f* expression; ***allgemeine ~*** common saying; ***bloße ~en*** empty phrases (*od.* talk).
Rederei *f* endless talk; → *a.* ***Gerede, Geschwätz.***
Rede|schlacht *f* battle of words; **~schwall** *m* torrent of words; **~strom** *m* flow of words; **~weise** *f* (manner of) speech, way of talking; **~wendung** *f* figure of speech; (*idiomatische ~*) idiom; ***feststehende ~*** set phrase; **~zeit** *f* time allowed (*od.* allotted); ***die ~ einhalten*** keep to the time allowed (*od.* allotted); ***die ~ nicht einhalten*** go over time.
redigieren *v/t.* edit.
redlich I. *adj.* honest; (*rechtschaffen*) *a.* upright; **II.** *adv.*: ***sich ~ bemühen*** do (*od.* give) one's best.
Redner *m* speaker; **~bühne** *f* rostrum, speaker's platform; **~gabe** *f* gift of rhetoric.
rednerisch *adj.* rhetorical.
Redner|liste *f* list of speakers; **~pult** *n* lectern.
Redoute *f* **1.** *hist.* ⚔ redoubt; **2.** fancy-dress ball; **3.** *obs.* grand hall.
redselig *adj.* talkative, *formell*: loquacious, *bsd. contp.* garrulous; **Redseligkeit** *f* talkativeness, *formell*: loquacity.
Reduktion *f* reduction.
Reduktions|mittel *n* ⚗ reducing agent; **~ofen** *m* smelting furnace.
redundant *adj.* redundant; **Redundanz** *f* redundancy, redundance.
reduzieren I. *v/t.* reduce (**auf** to); **II.** *v/refl.*: ***sich ~*** decrease (**auf** to); **Reduzierung** *f* reduction.
Reede *f* ⚓ roadstead, roads *pl.*; ***auf der ~ liegen*** be (lying) in the roads; **Reeder** *m* shipowner; **Reederei** *f* shipping company.
reell *adj.* **1.** *Person*: honest; *Firma*: solid, sound; *Gewinn*: solid; *Preis*: fair, realistic; ***~e Leistung*** solid accomplishment; **2.** (*echt, wirklich*) real; **3.** F (*ordentlich*) F decent.
Reetdach *n* thatched roof.
Referat *n* **1.** report (*a. mündlich*); (*Vortrag*) *a.* lecture, talk; *ped.* (seminar) paper; ***ein ~ halten*** → ***referieren***; **2.** (*Dienststelle*) department.
Referendar(in *f*) *m* **1.** (*Studien≈*) probationary teacher, *Am. a.* intern; **2.** (*Gerichts≈*) junior lawyer; **Referendarzeit** *f* probationary period.
Referendum *n* referendum.
Referent *m* **1.** (*Sprecher*) speaker; (*Berichterstatter*) *a.* reporter, ⚖, *parl.* referee; **2.** (*Sachbearbeiter*) *etwa* adviser, consultant.
Referenz *f* reference; (*Person*) referee; *pl.* (*Zeugnisse*) credentials; **~kurs** *m* ✝ reference (exchange) rate.
referieren *v/i.* report (**über** on); *in e-m Vortrag*: (give a) lecture (on); *bsd. univ.* give a paper (on).
reflektieren I. *v/t.* **1.** *phys.* reflect; **2.** ***et. kritisch ~*** consider s.th. very carefully; **II.** *v/i.* **3.** (*nachdenken*) reflect (**über** [up]on).
Reflektor *m* reflector (*a. mot.*).
Reflex *m phys.* reflection; *physiol., psych.* reflex; ***bedingter ~*** conditioned reflex; **~bewegung** *f* reflex (action); **~handlung** *f* reflex action.
Reflexion *f* **1.** *phys.* reflection; **2.** (*Nachdenken*) reflection (**über** [up]on); **Reflexionswinkel** *m* angle of reflection.
reflexiv *adj. ling.* reflexive; **≈pronomen** *n* reflexive (pronoun).
Reflexzonenmassage *f* **1.** reflexology; **2.** *konkret*: zone massage.
Reform *f* reform.
Reformation *f hist.* Reformation.
Reformations|fest *n*, **~tag** *m eccl.* Reformation Day.

R

Reformator *m* **1.** *hist.* Reformer; **2.** reformer, reformist.
reform|bedürftig *adj.* in need of reform; **2bestrebungen** *pl.* reformatory efforts; **2bewegung** *f* reform movement.
Reformer *m* reformer, reformist; **reformerisch** *adj.* reformist.
reformfeindlich *adj.* hostile to reforms.
reformfreudig *adj.* reform-minded.
Reformhaus *n* health food shop.
reformieren *v/t.* reform; **Reformierte(r** *m) f eccl.* reformist.
Reformkommunismus *m* reform communism.
Reformkost *f* health food(s *pl.*).
Reform|kurs *m* reformist course, policy of reform; **~politik** *f* reformist policy (*od.* politics *pl.*); **~programm** *n* reform package; program(me) of reform; **~stau** *m* reform jam; **~vorhaben** *n* proposed reforms *pl.*
Refrain *m* refrain, chorus.
Refugium *n* sanctuary.
Regal *n* shelves *pl.*; **~fach** *n* shelf; **~wand** *f* (large) wall unit; *nur Regale*: wall-to-wall shelving.
Regatta *f* regatta, boat race.
rege *adj.* (*lebhaft*) lively; (*geschäftig*) busy; *Person*: *a.* active; (*munter*) alert; *Beteiligung etc.*: active; *Briefwechsel*: active; *Diskussion*: animated; *Geist*: active, alert; *Interesse*: lively, keen, active; *Fantasie*: vivid, fertile; **~ *Geschäfte*** brisk (*od.* buoyant) trading; **~ *Nachfrage*** brisk demand; **~ *werden*** stir, *Gefühle*: awaken, be stirred up; ***er ist noch geistig ~*** he's still very much with it (*od.* very much on the ball).
Regel *f* **1.** rule; (*Norm*) *a.* norm; (*Gewohnheit*) *a.* habit; ***in der ~*** as a rule; ***nach allen ~n der Kunst*** *besiegen*: in style; ***zur ~ werden*** become a rule (*od.* habit); ***es sich zur ~ machen zu*** *inf.* make it a rule (*od.* habit) to *inf.*, make a habit of *ger.*; → ***Ausnahme***; **2.** (*Monats2*) period; *coll.* periods *pl.*; ***wann kommt d-e ~?*** when's your period due?
regelbar *adj.* controllable, adjustable.
Regel|blutung *f* monthly period; *coll.* menstruation; **~fall** *m* norm; ***im ~*** as a rule; **~kreis** *m* control circuit; **~leistung** *f Sozialversicherung*: minimum social security benefit.
regellos *adj.* disorderly; (*unregelmäßig*) irregular, erratic; ***es herrscht ein ~es Durcheinander*** it's absolutely chaotic; **Regellosigkeit** *f* disorderliness; irregularity, erratic nature (*gen.* of).
regelmäßig I. *adj.* regular; *zeitlich*: *a.* periodical; (*geordnet*) orderly, regulated; ***~er Gast*** regular (guest); **II.** *adv.* regularly; (*stets*) always, every time; **Regelmäßigkeit** *f* regularity.
regeln I. *v/t.* regulate; (*einstellen*) *a.* adjust; (*ordnen*) see to, (*erledigen*) settle; **II.** *v/refl.*: ***sich ~*** be regulated *od.* governed (***nach*** by); ***das wird sich schon ~*** it'll sort itself out; → ***geregelt.***
regelrecht I. *adj.* regular, proper; F (*ausgesprochen*) real, regular; **II.** F *adv.*: ***~ unmöglich*** *etc.* absolutely impossible *etc.*; ***er ist ~ reingefallen*** he really fell for it.
Regel|studienzeit *f* **1.** average period of study; **2.** maximum period of study; **~technik** *f* control engineering.
Regelung *f* **1.** (*das Regeln*) regulation; **2.** (*Bestimmung*) arrangement, settlement; *im Gesetz, Vertrag*: provision; (*Richtlinie*) rule; **Regelungsvorschlag** *m* draft regulation.
Regel|verstoß *m Sport*: → ***Regelwidrigkeit***; **~widerstand** *m* ⚡ variable resistor.
regelwidrig *adj.* irregular; *Sport*: against the rules; ***~es Spiel*** foul play; **Regelwidrigkeit** *f* irregularity; *Sport*: infringement, offen|ce (*Am.* -se); (*Foulspiel*) foul, unfair play.
regen I. *v/refl.*: ***sich ~*** stir, move; *Gefühl*: stir; ***reg dich!*** move!, F stir those stumps!; ***er regt sich schon lange nicht mehr*** (*meldet sich nicht*) I haven't heard (F had a peep) from him for ages; *lit.* ***kein Lüftchen regte sich*** there wasn't a breath of wind in the air; → *a.* ***rühren***; **II.** *v/t.* move; stir.
Regen *m* rain; ***heute kommt noch ~*** we're in for some rain today; ***wir sind in den ~ gekommen*** we got caught in the rain; *fig.* ***ein warmer ~*** a windfall; ***j-n im ~ stehen lassen*** leave s.o. in the lurch; ***vom ~ in die Traufe kommen*** jump out of the frying pan into the fire; ***auf ~ folgt Sonnenschein*** things always brighten up again; → ***sauer*** I; **2arm** *adj.* dry; 📖 low-precipitation ...
Regenbogen *m* rainbow; **~farben** *pl.* colo(u)rs of the rainbow; **2farben, 2farbig** *adj.* rainbow-colo(u)red; **~forelle** *f* rainbow trout; **~haut** *f anat.* iris; **~presse** F *f* trashy (women's) weeklies *pl*; **~trikot** *n Radsport*: rainbow jersey.
regendicht *adj.* rainproof, waterproof.
Regeneration *f* regeneration; **regenerieren I.** *v/t.* regenerate; ***s-e Kräfte ~*** recover one's strength; **II.** *v/refl.*: ***sich ~*** regenerate; (*sich erholen*) recover; **Regenerierung** *f* regeneration; **Regenerierungsfähigkeit** *f* regenerative powers *pl.*
Regen|fälle *pl.* rainfall *sg.*, showers; **~guss** *m* heavy shower, downpour; **~haut** *f* plastic mac; **~kleidung** *f* rainwear; **~mantel** *m* raincoat, F mac; **~menge** *f* (amount of) rainfall; **~messer** *m* rain ga(u)ge; **2reich** *adj.* wet; **~schauer** *m* shower; **~schirm** *m* umbrella; F ***ich bin gespannt wie ein ~*** I can't wait to find out (*od.* to hear what he says *etc.*).
Regent(in *f*) *m* sovereign, ruler, monarch; *stellvertretender*: regent.
Regen|tag *m* rainy day; **~tropfen** *m* raindrop.
Regentschaft *f* regency.
Regen|wahrscheinlichkeit *f* chance of rain; ***die ~ liegt bei 80%*** there's an 80 per cent chance of rain; **~wald** *m* rainforest; **~wasser** *n* rainwater; **~wetter** *n* rainy weather; **~wolke** *f* (rain)cloud; **~wurm** *m* earthworm; **~zeit** *f* rainy season; *in den Tropen*: *a. the rains pl.*
Reggae *m* ♪ reggae.
Regie *f thea., TV* production; *Film*: direction; (*Führung*) management; (*Verwaltung*) administration; ***~ führen*** direct (***bei et.*** s.th.); ***unter der ~ von*** directed by; ***~: ...*** *im Vorspann etc.*: Director: ...; *fig.* ***et. in eigener ~ machen*** do s.th. oneself (*od.* on one's own); ***et. in eigene ~ nehmen*** take personal charge (*od.* direct control) of s.th.; **~anweisung** *f* stage direction; **~assistent** *m Film*: assistant director; *thea.* assistant producer; **~fehler** *fig. m* mistake, slip-up; **~pult** *n TV* control desk.
regieren I. *v/t.* govern (*a. ling.*), rule; *Monarch etc.*: *a.* reign over; ***kommunistisch regiert*** communist-ruled; ***demokratisch regiert*** democratically ruled (*od.* governed); **II.** *v/i.* rule, govern; *Monarch etc.*: *a.* reign (*a. fig.*); **Regierung** *f* government; (***~szeit***) term of office, *e-s Königs etc.*: reign; ***unter der ~ von*** (*od gen.*) under; ***an der ~*** in power; ***die ~ übernehmen*** take power, *Kanzler etc.*: *a.* take office, *Monarch*: ascend (to) the throne; ***an die ~ kommen*** come to power, *Kanzler etc.*: *a.* come into office, *Monarch*: come to (*od.* ascend [to]) the throne; ***an der ~ sein*** be in power, *Kanzler etc.*: *a.* be in office.
Regierungs|abkommen *n* agreement between governments, international agreement; **~anhänger** *m* government supporter; **~antritt** *m* coming into power, taking office, *e-s Monarchen*: accession to the throne; ***bei ~ der Partei*** when the party came to power; ***bei s-m ~*** when he came to power (*od.* took office took over the reign), *Monarch*: when he ascended (to) the throne; **~auftrag** *m* government order; **~beamte(r)** *m* government official; **~bezirk** *m* administrative district; **~bildung** *f* formation of a government; **~bündnis** *n* coalition; **~chef(in** *f*) *m* head of government; **~delegation** *f* government delegation; **~ebene** *f*: ***auf ~*** on an intergovernmental level; **~erklärung** *f* government (*od.* policy) statement; **2fähig** *adj.* in a position to govern the country; ***~e Mehrheit*** working majority; **2feindlich** *adj.* oppositional, anti-government; **~form** *f* (form of) government; **2freundlich** *adj.* pro-government; **~gewalt** *f* governmental power; **~koalition** *f* ruling coalition; **~konferenz** *f EU* intergovernmental conference; **~kreise** *pl.* government circles; **~krise** *f* government crisis; **~neubildung** *f* formation of a new government; ***es kommt zu e-r ~*** there's going to be a change in government; **~partei** *f* ruling party; **~politik** *f* government policy; **~rat** *m etwa* senior executive officer; **~sachverständige(r)** *m* government expert; **~sitz** *m* seat of government; **~sprecher** *m* government spokesman; **~umbildung** *f* cabinet reshuffle; **~umzug** *m* move of the government *to Berlin etc.*; **~verantwortung** *f*: ***die ~ übernehmen*** take over the responsibility of government, assume power; **~viertel** *n e-r Hauptstadt*: government sector; **~vorlage** *f* (government) bill; **~wechsel** *m* change of government; **~zeit** *f* → ***Regierung.***
Regime *n* regime; **~gegner** *m* opponent of the regime; **~kritiker** *m* dissident.
Regiment *n* **1.** (*Herrschaft*) government rule; *fig.* ***das ~ führen*** be the boss, rule the roost; ***sie führt das ~ im Haus*** she wears the trousers (*Am.* pants); ***ein strenges ~ führen*** rule with a rod of iron; **2.** ⚔ regiment.
Regimentskommandeur *m* regimental commander.
Region *f* region; → ***schweben.***
regional *adj.* regional; **2ausgabe** *f* regional issue (*od.* edition); **2bahn** *f* local train; **2express** *m* 🚂 regional (fast) train; **2fernsehen** *n* regional (TV) programmes *pl.*, *Am.* local television; **2forschung** *f* regional studies *pl.*
Regionalismus *m* regionalism.
Regional|nachrichten *pl.* regional news *sg.*, *Am.* local news *sg.*; **~politik** *f* regional policy; **~programm** *n* regional programmes *pl.*, *Am.* local broadcasting.

R

~sendung *f* regional programme, *Am.* local broadcast.
Regisseur *m thea., TV* producer; *Film:* director.
Register *n* **1.** *im Buch:* index; → *a.* ***Daumenregister***; **2.** (*Verzeichnis*) register (*a. Computer*); **3.** ♪ *e-r Orgel:* stop; *fig.* ***alle ~ ziehen*** pull out all the stops; **4.** *typ.* register; **~tonne** *f* register ton.
Registratur *f* registry; *für Urkunden:* record office; (*Aktenschrank*) filing cabinet.
registrieren *v/t.* register (*a. fig.*); *a. Apparate:* record; (*eintragen*) enter; ***sich polizeilich ~ lassen*** register with the police; *fig.* ***sie registrierte alles genau*** she was taking everything in, she didn't miss a thing; ***es wurde von allen registriert*** everyone noticed (it); ***er hat es gar nicht registriert*** it didn't even register with him; ***Unbehagen** etc.* ***bei sich ~*** sense a certain (feeling of) discomfort *etc.*
Registrierkasse *f* cash register.
Registrierung *f* registration; entry; *an Geräten:* reading(s *pl.*).
Reglement *n* regulations *pl.*, rules *pl.*; **reglementieren** *v/t.* regulate, regiment; ***staatlich reglementierte Wirtschaft*** state-controlled economy; **Reglementierung** *f* regimentation.
Regler *m* ⚙ regulator; ⚡ control (knob).
reglos *adj.* motionless, still.
regnen *v/impers.* rain; ***es regnet stark*** it's pouring; *fig.* ***es regnete Kirschblüten*** it was raining cherry-blossom petals; ***es regnete Geschenke*** he was *etc.* showered with gifts; ***es regnete Beschwerden*** there was a flood of complaints, they were *etc.* inundated with complaints; **Regner** *m* sprinkler; **regnerisch** *adj.* rainy.
Regress *m* ⚖, ✝ redress, recourse; ***gegen j-n ~ nehmen*** have recourse against s.o.; **~anspruch** *m* claim of recourse.
Regression *f* regression.
regresspflichtig *adj.* liable to recourse.
regsam *adj.* active, alert.
regulär *adj.* regular; (*üblich*) usual, normal; (*gesetzlich*) legitimate.
regulativ *adj.*, ~ *n* regulative.
Regulator *m* regulator.
regulierbar *adj.* adjustable; **regulieren** *v/t.* (*einstellen*) adjust, set; (*regeln*) regulate; (*Rechnung, Schaden*) settle; **Regulierung** *f* regulation; ⚙ *a.* adjustment; ✝ settlement.
Regung *f* movement; (*Gefühls~*) stirring *of jealousy etc.*; (*Anwandlung*) impulse; ***e-r plötzlichen ~ folgend*** on a sudden impulse; ***keiner menschlichen ~ fähig*** void of all human feeling; ***den ~en des Herzens folgen*** do what one's heart tells one, follow the dictates of one's heart; **regungslos** *adj. u. adv.* motionless, still; ***~ daliegen*** lie there motionless (*od.* without stirring).
Reh *n allg.* (roe) deer; *gastr.* venison.
Rehabilitation *f* rehabilitation (*a.* ⚕ *u. sozial*); **Rehabilitationszentrum** *n* rehabilitation cent|re (*Am.* -er).
rehabilitieren *v/t.* rehabilitate; **Rehabilitierung** *f* → ***Rehabilitation.***
Reh|bock *m* roebuck; **~braten** *m* roast venison; **~geiß** *f* doe; **~kalb** *n* fawn; **~keule** *f gastr.* leg of venison; **~kitz** *n* fawn; **~rücken** *m gastr.* saddle of venison.
Reibach F *m*: ***e-n ~ machen*** F make a haul (*od.* killing); ***den ~ teilen*** divide the spoils.
Reibahle *f* reamer.
Reibe *f* ⚙ rasp; (*Küchen~*) grater.
Reibeisen *n* **1.** *obs.* grater; ***e-e Stimme wie ein ~*** a grating (*od.* gravelly) voice; F ***ich habe heute e-e Stimme wie ein ~*** my throat feels like sandpaper today; **2.** F *contp.* (*Frau*) F shrew.
Reibekuchen *m* potato pancake.
reiben I. *v/t. u. v/i.* rub; (*zerreiben*) grate; ***sich die Augen (Hände) ~*** rub one's eyes (hands); ***die Schuhe ~*** my shoes are chafing; **II.** *fig. v/refl.*: ***sich an j-m ~*** not to get on with s.o.; ***sich aneinander ~*** F rub each other up the wrong way.
Reiberdatschi *m od. pl. dial.* potato fritter(s *pl*).
Reibereien *pl.* friction *sg.*; brushes (**mit** with).
Reibfläche *f an Streichholzschachtel:* striking surface.
Reibung *f* rubbing; ⚙ friction (*a. fig.*).
Reibungs|elektrizität *f* frictional electricity; **~fläche** *f* → ***Reibungspunkt.***
reibungslos I. *adj.* smooth; **II.** *adv.*: ***~ verlaufen*** go off smoothly (*od.* without a hitch).
Reibungs|punkt *fig. m* cause of friction; **~wärme** *f* frictional heat; **~widerstand** *m* frictional resistance.
reich I. *adj.* rich (*a. Ernte, Farbe, Bodenschätze etc.*); (*wohlhabend*) *a.* wealthy, well-to-do; (*prächtig, üppig*) rich, *a. Mahl:* opulent; (*reichlich*) ample, abundant; *Leben:* full; *Fantasie:* rich, fertile; *Verzierungen:* rich, elaborate; ***~ an*** rich in; ***~e Auswahl*** wide selection; ... ***in ~em Maße*** plenty of ...; ***~ an Erfahrungen sein*** have experienced a lot (in one's life); ***~er an Erfahrungen geworden sein*** have learnt something new; ***ein Sport für ~e Leute*** a rich man's sport; **II.** *adv.* richly; ***~ beschenkt*** loaded with gifts; ***~ heiraten*** marry into money; ***~ illustriert*** richly (*od.* lavishly) illustrated.
Reich *n* empire (*a. fig.*); *lit.* realm (*a. fig.*); (*König~*) kingdom; *hist.* ***das Deutsche ~*** the (German) Reich; *hist.* ***das Dritte ~*** the Third Reich; ***das ~ Gottes*** the Kingdom of Heaven; *hist.* ***das ~ der Mitte*** China; *hist.* ***das Weströmische (Oströmische) ~*** the Western (Eastern) Empire; ***das ~ der Natur*** the world of nature; ***das ~ der Fantasie*** the world of fantasy; ***das entstammt dem ~ der Fantasie*** that belongs to the realm of fantasy; → ***Pflanzenreich, Tierreich.***
reich| bebildert *adj.* richly illustrated; **~ begütert** *adj.* rich, wealthy.
Reiche(r) *m* rich man; ***die Reichen*** the rich (*pl.*).
reichen I. *v/i.* **1.** ***~ bis*** reach (to), *hinauf:* reach (*od.* come) up to, *hinab:* reach (*od.* go) down to; → ***heranreichen, herankommen***; ***das Wasser reichte ihm bis zu den Schultern*** the water was (*od.* came) up to his shoulders; *fig.* ***~ von ... bis*** *zeitlich:* last (*od.* stretch) from ... till *od.* until; **2.** (*ausreichen, genügen*) be enough; ***die Zeit wird nicht ~*** there won't be enough time; ***das Geld muss noch e-e Woche ~*** the money has got to last another week; ***das Gehalt reicht kaum zum Leben*** you can hardly live off a salary like that; ***der Kaffee reicht nicht übers Wochenende*** there isn't enough coffee to see us through the weekend (*od.* to last us the weekend); ***der Kuchen soll für sechs Leute ~*** there's got to be enough cake for six people; ***es reicht für alle*** there's enough to go round (*od.* for everyone); ***das Licht reicht nicht zum Lesen*** you can't read in that light; ***dazu reicht m-e Geduld nicht*** I haven't got the patience for that (kind of thing); *es waren Hunderte da -* ***das reicht noch gar nicht*** it was a lot more than that; ***das reicht!*** that'll do, *rügend: a.* that's enough (of that)!; F ***mir reichts!*** F I've had enough; F ***jetzt reichts mir aber!*** F that's done it, that's it now; → *a.* ***auskommen*** 1, ***ausreichen***; **II.** *v/t.* (*anbieten*) offer; (*Essen*) serve; ***j-m et. ~*** hand (*od.* pass, give) s.o. s.th.; ***reichst du mir bitte das Salz*** could you pass (me) the salt, please; ***nach dem Essen wurden Getränke gereicht*** after the meal drinks were served; ***sich die Hände ~*** shake hands.
reichhaltig *adj.* **1.** *Essen:* rich; **2.** (*umfassend*) extensive; ***~e Informationen*** a wealth of information.
reichlich I. *adj.* ample, plentiful; plenty of *time, food etc.*; *Bezahlung:* liberal, generous; ***e-e ~e Stunde*** a good hour; **II.** *adv.* amply *etc.*; → I; F (*ziemlich*) F pretty; ***~ versehen sein mit*** have plenty of; F ***du kommst ~ spät*** *iro.* you're a bit late(, aren't you?).
Reichs|adler *m hist.* imperial eagle; **~apfel** *m hist.* orb; **~bahn** *f* **1.** *hist.* (German) national railway; **2.** *hist. DDR:* East German railway; **~gericht** *n hist.* supreme court of the (German) Reich; **~hauptstadt** *f hist.* German capital; **~kanzlei** *f hist.* Chancellery of the Reich; **~kanzler** *m hist.* Chancellor of the Reich; **~kleinodien** *pl. hist.* imperial insignia; **~mark** *f hist.* Reichsmark; **~stadt** *f hist.*: ***freie ~*** imperial free city; **~tag** *m hist.* Reichstag; *im Mittelalter:* imperial diet.
Reichtum *m* riches *pl.*, *a. fig.* wealth; *fig.* (*Fülle, Überfluss*) richness, abundance (**an** of); (*Vielfalt*) (great) variety.
Reichweite *f* reach; ⚔, *Funk etc.*: range; (*Bereich*) radius (of action); ***in (außer) ~*** within (out of) reach.
reif *adj. Obst etc.*: ripe; *Käse: a.* mature; *Mensch, Schönheit, Urteil, Plan:* mature; *Geschwür:* fully developed; ***~ werden*** → ***reifen***; ***in ~eren Jahren*** at a mature age; ***ein Mann von ~eren Jahren*** a man of mature age; ***im ~en Alter von*** at the ripe old age of; ***~ sein für*** be ready for; F ***~ fürs Irrenhaus*** F fit for the loony bin; F ***~e Leistung*** a) *Sport etc.*: spirited performance, b) *iro.* good show; F ***er ist ~*** F he's in for it.
Reif[1] *m lit.* (*Ring*) ring; (*Arm~*) bracelet.
Reif[2] *m* white frost, hoarfrost.
Reife *f von Obst etc.*: ripeness; *e-s Menschen, Plans etc.*: maturity; → *a.* ***Reifezeugnis***; *ped.* ***mittlere ~*** intermediate high school certificate, *in GB*: *etwa* GCSEs *pl.*
reifen *v/i. Obst etc.*: ripen; *Mensch, Plan etc.*: mature (**zu** into); ⚕ *Geschwür:* come to a head; ***in j-m ~*** *Gedanke etc.*: start to form in s.o.'s mind; ***zur Gewissheit ~*** grow into certainty.
Reifen *m mot.* (*a. Fahrrad~*) tyre, *Am.* tire; (*Fass~, Kinder~, Zirkus~*) hoop; → ***Armreif(en)***; *mot.* ***e-n ~ wechseln*** change a tyre (*Am.* tire); **~druck** *m* tyre (*Am.* tire) pressure; **~panne** *f* flat tyre (*Am.* tire), puncture, F flat; **~profil** *n* (tyre, *Am.* tire) tread; **~wechsel** *m* tyre (*Am.* tire) change.
Reife|prüfung *f* school leaving exam(s

R

pl.); → *a.* **Abitur**; **~zeit** *f* ripening period; *des Menschen*: adolescence, *weitS.* formative years *pl.*; **~zeugnis** *n* school leaving certificate; *in GB*: *etwa* GCE A-levels *pl.*, *in den USA*: (senior high school) graduation diploma.

Reifglätte *f mot.* slippery frost.

reiflich I. *adj.* careful; ***nach ~er Überlegung*** after careful consideration; **II.** *adv.* carefully; ***das würde ich mir ~ überlegen*** I'd be very careful about making any decisions on that.

Reifrock *obs. m* crinoline.

Reifung *f* ripening, maturing; *bsd. biol. u.* ⚘ maturation.

Reigen *m* round dance; ***den ~ eröffnen*** open the ball, *a. fig.* lead off.

Reihe *f* row, line; (*Sitz*~) row; (*Anzahl, Folge*) series (*sg.*); (*Aufeinanderfolge*) row, succession; (*Zeitschriften*~) series (*sg.*); ✗ progression, series (*sg.*); ***(sich) in e-r ~ aufstellen*** line up; ***in Reih und Glied aufgestellt*** standing neatly in a row; F ***e-e ganze ~ von*** a lot of, F a whole string of; ***e-e ~ von Indizien*** some evidence; ***aus den ~en*** *der Abgeordneten etc.*: from among; ***e-n Verräter in den eigenen ~n haben*** have a traitor in one's ranks; *fig.* ***die ~n lichten sich*** the ranks are thinning; ***warten, bis man an die ~ kommt*** wait one's turn; ***wer ist an der ~?*** whose turn is it?; ***(immer) der ~ nach*** one after the other; ***er ist an der ~*** it's his turn; ***ich kam außer der ~ dran*** *beim Arzt etc.*: they took me before (it was) my turn; ***erzähl der ~ nach!*** tell it from the beginning, start at the beginning; F ***aus der ~ kommen*** get muddled; F ***et. (wieder) auf die ~ kriegen*** get s.th. sorted out; F ***aus der ~ tanzen*** be different, (*anstoßen*) step out of line.

reihen I. *v/t.* line up; *beim Nähen*: tack; *Perlen* ***auf e-e Schnur ~*** string; **II.** *v/refl.*: ***eins reiht sich ans andere*** one thing follows another.

Reihen|eckhaus *n* end-of-terrace house; **~fertigung** *f* serial production; **~folge** *f* order, sequence; ***alphabetische (zeitliche) ~*** alphabetical (chronological) order; ***der ~ nach*** in order; ***in ununterbrochener ~*** in succession, in a row.

Reihenhaus *n* terrace(d) house, *Am.* row house; **~siedlung** *f* (terraced) housing estate, *Am.* row house development.

Reihen|schaltung *f* ⚡ series connection; **~untersuchung** *f* ⚘ mass screening.

reihenweise *adv.* in rows; *fig.* (*in großer Anzahl*) F by the dozen, (*hintereinander*) one after the other.

Reiher *m zo.* heron; *sl.* ***kotzen wie ein ~*** *sl.* spew one's guts out.

reihum *adv.* **1.** in turn; **2. *et. ~ gehen lassen*** pass s.th. round.

Reim *m* rhyme; *fig.* ***kannst du dir darauf e-n ~ machen?*** does it make any sense to you?, can you make any sense (*od.* make head or tail) of it?; ***ich mache mir so m-n ~ darauf*** I can put two and two together; **reimen** *v/t.*, *v/i. u. v/refl.* (***sich ~***) rhyme (***auf, mit*** with); *fig.* ***das reimt sich nicht*** that doesn't make sense; **reimlos** *adj.* unrhymed.

Reim|paar *n* rhyming couplet; **~schema** *n* rhyme pattern (*od.* scheme).

rein[1] **I.** *adj.* pure (*a.* ⚗, *biol., ling., Seide, Wein, Alkohol u. fig.*); (*sauber*) clean; (*klar*) *a. Gewissen*: clear; *metall.* unalloyed; (*unverfälscht*) unadulterated (*a. fig.*); *Gewinn*: net, clear; *Haut*: clear; *Blatt Papier*: clean; (*bloß*) pure, sheer *nonsense etc.*; ***~e Baumwolle*** pure (*od.* one-hundred per cent) cotton; F ***~ste Freude*** sheer (*od.* pure) joy; ***~e Lüge*** downright (*od.* barefaced) lie; F ***~er Wahnsinn*** sheer madness; ***die ~e Wahrheit*** the plain truth, ⚖ the truth, the whole truth, and nothing but the truth; ***~er Zufall*** pure coincidence; ***e-e ~e Arbeitergegend*** a real working-class area; ***~e Mathematik*** pure mathematics; ***e-e ~e Formalität*** a mere formality; F ***der ~ste Komiker*** a real comedian; *fig.* → ***Luft, Tisch, Vergnügen, Wein, Weste***; **II.** *adv.* purely; F (*gänzlich*) absolutely; ***~ pflanzliches Fett*** pure vegetable fat; ***~ gar nichts*** absolutely nothing (F nil); ***~ unmöglich*** absolutely impossible; ***~ verrückt*** totally mad; ***~ zufällig*** by pure accident (*od.* chance), purely by accident (*od.* chance); ***aus ~ persönlichen Gründen*** for purely personal reasons; ***et. ~ Persönliches*** a purely personal matter; **III.** *substantivisch*: ***ins ~e bringen*** clear up, sort out; ***mit j-m ins ~e kommen*** get things straightened out with s.o.; ***ins ~e kommen*** straighten things out (for o.s.); ***ins ~e schreiben*** make a fair copy of.

rein[2] F *adv.* **1.** → ***herein***; **2.** → ***hinein***; **rein...** *in Zssgn* **1.** → *a.* ***herein...***; **2.** → *a.* ***hinein...***

Reindl *dial. n* roasting pan.

Reineisenband *n* metal tape.

Reinemachefrau *f* cleaning lady; **Reinemachen** *n* cleaning.

Rein|erlös *m*, **~ertrag** *m* net proceeds *pl.*, net (*od.* clear) profit.

Reinfall F *m* F flop, washout; (*Enttäuschung*) F letdown; **reinfallen** F *v/i.* (*a.* ***drauf ~***) F fall for it.

Rein|gewinn *m* net profit; → ***erzielen***; **~haltung** *f*: ***die ~ der Luft*** *etc.* keeping the air *etc.* clean.

reinhängen F *v/refl.*: ***sich ~*** throw o.s. into it (*od.* s.th.), F give it all one has got; ***sich zu sehr ~*** get too involved, take it (*od.* s.th.) too seriously.

reinhauen F **I.** *v/i.* **1.** *beim Arbeiten*: F get cracking, get stuck in; *beim Essen*: F dig in; **2. *das haut voll rein!*** F that really knocks you for a six; **II.** *v/t.* **3. *sich et. ~*** (*Essen*) F polish off, (*Getränk*) F knock back; **4. *j-m e-e ~*** F clobber s.o.

Reinheit *f* purity, pureness, cleanness *etc.*; → ***rein***[1].

Reinheits|gebot *n* purity requirement; **~grad** *m* purity standard.

reinigen *v/t.* clean; (*Gesichtshaut*) *a.* cleanse; (*waschen*) wash; (⚗, ⚙ *Blut, Luft etc.*) purify; (*Gewässer etc.*) clean up; ***sich selbst ~*** *Fluss etc.*: clean itself; ***chemisch ~*** dry-clean; ***zum ~ bringen*** take to the cleaners; *fig.* ***die Atmosphäre ~*** clear the air; ***sich von e-m Verdacht ~*** clear o.s. of a suspicion; **Reiniger** *m* cleaning agent, cleaner; (*Haut*~) cleanser; **Reinigung** *f* cleaning *etc.*; → ***reinigen***; (*Firma*) (dry) cleaners *pl.* (*sg. konstr.*); ***chemische ~*** dry cleaning; ***in der ~*** *Kleidung*: at the cleaners.

Reinigungs|creme *f* cleansing cream; **~kraft** *f* cleaning (*od.* cleansing) power *od.* action; **~mittel** *n* cleaning agent, household cleaner.

Reinkarnation *f* reincarnation.

Reinkultur *f* pure culture; F *fig.* ***Kitsch in ~*** pure unadulterated rubbish.

reinlegen F *v/t.* → ***hereinlegen.***

reinlich *adj.* clean; *als Eigenschaft*: cleanly; (*schmuck*) neat, tidy; **Reinlichkeit** *f* cleanliness; (*Ordentlichkeit*) neatness, tidiness.

Reinmache... → ***Reinemache...***

reinrassig *adj. Hund etc.*: pedigree, pure-bred; *Pferd*: thoroughbred.

rein|reißen F *v/t.* **1.** F get *s.o.* into a real mess; **2.** *finanziell*: F set *s.o.* back a fair bit; **~riechen** F *v/i.* → ***reinschnuppern***; **~schlittern** F *v/i.*: ***in et. ~*** get o.s. involved in (*od.* with) s.th.; ***plötzlich war ich da reingeschlittert*** before I knew it I had got myself involved; **~schnuppern** F *v/i.*: ***in et. ~*** have a brief look at s.th., (*Themenbereich etc.*) get a taste of s.th.

Reinschrift *f* fair copy.

reinseiden, rein seiden *adj.* pure silk; **reinsilbern, rein silbern** *adj.* pure silver.

Reinverdienst *m* net earnings *pl.*

reinvestieren *v/t.* ✝ reinvest, plough (*Am.* plow) back.

rein waschen *fig. v/t.* whitewash, clear.

reinweg F *adv.* absolutely, completely.

reinwürgen F *v/t.* **1.** (*schlucken*) force down; **2. *j-m eins ~*** F let s.o. know about it.

Reis *n* ♣ twig.

Reis *m* rice; **~anbau** *m* growing (*od.* cultivation) of rice; **~auflauf** *m* baked rice pudding; **~beutel** *m* boil-in-the-bag rice; **~brei** *m* rice pudding.

Reise *f* trip; *längere*: *a.* journey, ⚓ voyage (*alle* ***nach*** to); (*Rund*~) tour (***in*** of); ***wie war die Ungarn~?*** how was your trip to Hungary?; ***gute ~!*** have a pleasant journey!, have a good trip!; ***viel auf ~n sein*** do a lot of travel(l)ing; ***er ist mal wieder auf ~n*** he's off on his trips again; ***wohin geht die ~?*** where are you off to?; *fig.* ***e-e ~ in die Vergangenheit*** a journey into the past, *persönliche*: a walk down memory lane; ***~ nach Jerusalem*** *Spiel*: musical chairs *pl.*; **~andenken** *n* souvenir; **~apotheke** *f* first-aid kit; **~bedarf** *m* travel(l)ing requisites *pl.*; **~begleiter(in** *f*) *m* **1.** travel companion; **2.** → ***Reiseleiter***; **~bekanntschaft** *f* trav-el(l)ing acquaintance; ***sie ist e-e ~*** I met her when I was on holiday; **~beschränkungen** *pl.* travel restrictions, restrictions on travel; **~beschreibung** *f* travelogue; (*Tagebuch*) travel diary; **~büro** *n* travel agency (*od.* agent['s]); **~bus** *m* coach; **~decke** *f* travel(l)ing rug; **~diplomat** *m* shuttle diplomat; **~diplomatie** *f* shuttle diplomacy; **~fieber** *n* holiday fever; **~führer** *m* (*Buch*) guide(book); (*Person*) (travel) guide; courier; **~gefährte** *m* travel companion.

Reisegepäck *n* luggage, *bsd. Am.* baggage; **~versicherung** *f* baggage insurance.

Reise|geschwindigkeit *f* cruising speed; **~gesellschaft** *f* **1.** (tourist) party; **2.** (*Veranstalter*) tour operator; **~gruppe** *f* tourist party; **~koffer** *m* suitcase; **~kosten** *pl.* travel expenses; **~krankheit** *f* travel sickness; **~land** *n* tourist country (*od.* destination); **~leiter** *m* courier; (travel) guide; **~lektüre** *f* holiday reading; *für die Hinreise*: something to read on the trip; **~literatur** *f* **1.** travel writing (*od.* literature, books *pl.*); **2.** → ***Reiselektüre.***

Reiselust *f*: ***mich packt mal wieder die ~!*** F I've got itchy feet again; **reiselustig** *adj.*: ***er ist sehr ~*** he's a keen travel(l)er.

reisemüde *adj.* travel-weary.

R

eisen I. *v/i.* travel (**nach** to); make a trip (to); (*ab~*) go, leave; ~ ***nach*** *a.* go to; ***ins Ausland*** ~ go abroad; ***wir ~ am Sonntag*** we leave on Sunday; ***er ist ein viel gereister Mann*** he's done a lot of travel(l)ing (in his time); **II.** ⁓ *n* travel(l)ing; travel; → ***bilden*** 6; **Reisende(r)** *m* **1.** travel(l)er; ***die Reisenden werden gebeten zu*** *inf.* passengers are requested to *inf.*; **2.** → ***Handlungsreisende(r).***

eise|pass *m* passport; **~prospekt** *m* travel brochure; **~route** *f* route, itinerary; **~ruf** *m* emergency call, police message; **~scheck** *m* traveller's cheque, *Am.* traveler's check; **~schreibmaschine** *f* portable typewriter; **~schriftsteller** *m* travel writer; **~spesen** *pl.* travel(l)ing (*od.* travel) expenses; **~tasche** *f* travel(l)ing bag, holdall, *Am.* carryall; **~unterlagen** *pl.* travel documents; **~veranstalter** *m* tour operator(s *pl.*); **~verkehr** *m* holiday traffic; **~vorbereitungen** *pl.* holiday preparations, preparations for the trip (*od.* holiday); ***die ~ machen mich immer fertig*** getting everything ready for the trip always exhausts me; **~wecker** *m* travel(l)ing alarm clock; **~welle** *f* wave of holidaymakers; **~wetter** *n* **1.** holiday weather; **2.** weather for travel(l)ing; **~wetterbericht** *m* holiday weather report; **~zeit** *f* holiday season; ***die beste*** ~ the best time to travel; **~ziel** *n* **1.** destination; **2.** ***Spanien ist ein beliebtes*** ~ a lot of people go to Spain for their holiday(s).

eisfeld *n* paddy (*od.* rice) field.

eisig *n* brushwood.

eis|korn *n* grain of rice; **~mehl** *n* rice flour; **~papier** *n* rice paper; **~salat** *m* rice salad.

eißaus F *m*: ~ ***nehmen*** take to one's heels, F clear off.

eißbrett *n* drawing board.

eisschüssel *f* rice bowl; *fig.* ***die ~ Asiens*** the rice bowl of Asia.

eißen I. *v/t.* **1.** tear; (*heraus~, ab~*) pull, (*Papier*) tear, rip; (*weg~*) snatch; (*mit sich ~*) drag, pull, *Fluten*: sweep; ⚕ rupture; ***e-e Seite aus e-m Buch ~*** tear (*od.* rip) a page out of a book; ***j-m et. aus der Hand ~*** snatch s.th. away from s.o. (*od.* out of s.o.'s hand); ***sich die Kleider vom Leibe ~*** tear (*od.* rip) off one's clothes; ***sich e-n Splitter in den Finger ~*** get a splinter into one's finger; ***aus dem Schlaf gerissen werden*** be rudely awakened; ***aus s-n Illusionen gerissen werden*** F come down to earth with a bump; ***die Macht an sich ~*** seize power; ***die Führung an sich ~*** *Sport*: take the lead, *weitS.* take over, take command; F ***das reißt mich nicht gerade vom Hocker*** F I can't say I'm thrilled, it's nothing to write home about; → *a.* ***hingerissen, Witz, Zote*** *etc.*; **2.** *Raubtier*: (*töten*) kill; **II.** *v/i.* **3.** tear; *Kette, Saite etc.*: break; *Lippen*: chap; *Nebel*: lift suddenly; ***~ an*** tear (*od.* tug) at; ***da riss ihm die Geduld*** his patience gave out (on him); → ***Strang, Strick***; **III.** *v/refl.* **4.** *fig.* ***sich ~ um*** fight (*od.* squabble) over; ***ich reiße mich nicht darum*** I can do without (it); ***ich reiße mich nicht darum, ihn kennen zu lernen*** I'm not exactly dying to get to know him; **IV.** ⁓ *n* **5.** tearing *etc.*; → ***reißen***; **6.** F (*Rheuma*) F rheumatics; **reißend** *adj. Fluss*: torrential; *Schmerz*: searing; *Tier*: rapacious; → ***Absatz*** 3.

eißer F *m* **1.** (*Buch, Film etc.*) thriller; **2.** (*Ware*) F winner, money-spinner; **reißerisch** *adj. Schlagzeilen*: sensational; *Farben, Werbung*: loud.

reißfest *adj.* tearproof; **Reißfestigkeit** *f* **1.** resistance to tearing; **2.** ⚙ tensile strength.

Reißleine *f Fallschirm*: ripcord.

Reißverschluss *m* zip, *Am.* zipper; ***mach den ~ an d-r Jacke zu*** (***auf***) zip up (unzip) your jacket; **~system** *n mot.* alternate filtering-in system.

Reißwolf *m* shredder.

Reißzwecke *f* drawing pin, *Am.* thumbtack.

Reiswein *m* rice wine, sake.

Reitanzug *m* riding habit.

reiten I. *v/i.* ride; ***gut*** (***schlecht***) ~ be a good (bad) rider; ***im Galopp*** ~ (ride at a) gallop; **II.** *v/t.* ride; ***ein Rennen ~*** ride (in) a race; ***sich wund ~*** get saddle-sore; *fig.* ***ein Thema zu Tode ~*** flog a subject to death; → ***Teufel*** *etc.*; **III.** ⁓ *n* riding; **reitend** *adj.* on horseback; **Reiter** *m* **1.** rider, horseman; → ***blau 1***; **2.** ⚙ rider; **3.** *auf Karteikarten*: rider, tab; **Reiterei** *f* cavalry; (*das Reiten*) riding; **Reiterin** *f* rider, horsewoman; **reiterlos** *adj.* riderless; *adv. a.* without a rider.

Reiter|regiment *n hist.* cavalry regiment; **~standbild** *n* equestrian statue.

Reit|gerte *f* riding crop; **~hose** *f*: (***e-e ~*** a pair of) (riding) breeches *pl.*; **~kappe** *f* riding cap; **~kunst** *f* horsemanship; **~lehrer** *m* riding instructor; **~peitsche** *f* riding whip; **~pferd** *n* saddle (*od.* riding) horse; **~schule** *f* riding school; **~sport** *m* riding, equestrian sport(s *pl.*); **~stall** *m* riding stable; **~stiefel** *m* riding boot; **~tier** *n* riding animal, mount; **~turnier** *n* horse show; **~unterricht** *m* riding lessons *pl.*; **~weg** *m* bridle path.

Reiz *m* **1.** *physiol., psych. u. fig.* stimulus, *pl.* stimuli; **2.** (*Wirkung, Anziehungskraft*) appeal, attraction; *e-r Landschaft etc.*: *a.* charm; ***der ~ des Neuen*** the novelty (appeal); ***der ~ des Verbotenen*** the lure of forbidden fruit; ***s-n ~ verlieren*** begin to pall (***für*** on); ***der ~*** (***an der Sache***) ***liegt in*** what is so fascinating about it is; ***darin liegt gerade der ~*** that's the whole fun of it; ***ich kann dem Film keinen ~ abgewinnen*** I can't (*od.* I fail to) see anything in that film; **3.** (*Charme*) charm; ***s-e ~e spielen lassen*** display one's charms.

reizbar *adj.* irritable, touchy, F uptight; (*jähzornig*) irascible; ***er ist so ~*** (*jähzornig*) he'll fly into a temper at the slightest thing; **reizen I.** *v/t.* **1.** (*ärgern*) annoy, rile; (*provozieren*) provoke; → ***gereizt***; **2.** ⚕ irritate; **3.** (*anregen*) (*Gefühle, Neugier etc.*) (a)rouse; (*Appetit*) stimulate, whet; (*Gaumen*) tickle; (*locken*) lure, tempt; ***es reizte ihn, et. ganz Neues zu machen*** he was tempted to do s.th. completely different; ***es würde mich zu*** *inf.* I wouldn't mind *ger.*, *stärker*: I'd love to *inf.*; F ***das kann mich nicht ~*** that doesn't appeal to me in the slightest, *sl.* it doesn't grab me (at all); **4.** *Kartenspiel*: bid; **II.** *v/i.* **5.** ⚕ irritate the skin (*od.* eyes *etc.*), be an irritant; **6.** *Kartenspiel*: bid; **reizend** *adj.* charming, delightful; ***~es Mädchen*** lovely (little) girl; ***das ist ja ~!*** how charming!, *iro.* charming(, I must say)!; ***das ist ja ~ von Ihnen*** how nice of you.

Reiz|gas *n* CS gas; **~husten** *m* dry cough; **~klima** *n* bracing climate.

reizlos *adj.* uninteresting, boring.

Reiz|mittel *n* **1.** ⚕ stimulant; **2.** → ***Reizthema*** 2; **~schwelle** *f* stimulus threshold; **~stoff** *m* irritant; **~thema** *n* **1.** explosive topic, emotive issue; *pol. a.* gut issue; **2.** *für Einzelne*: touchy subject; ***das ist für sie ein ~*** that's a touchy subject with her, that always gets her going; **~therapie** *f* ⚕ stimulation therapy; **~überflutung** *f* stimulus satiation; *durch Medien*: media saturation.

Reizung *f* irritation (*a.* ⚕); (*Auf*⁓) provocation; (*Anregung*) stimulation.

reizvoll *adj.* charming; (*verlockend*) tempting; ***~e Aufgabe*** interesting task.

Reiz|wäsche *f* sexy underwear; **~wort** *n* emotive (*psych.* test) word; ***Geld war bei ihr ein ~*** money was a touchy subject with her.

rekapitulieren *v/i. u. v/t.* recapitulate, sum up; ***ich rekapituliere*** to sum up (the main points again).

rekeln *v/refl.*: ***sich ~*** (*sich strecken*) stretch; (*sich lümmeln*) sprawl, lounge around, loll (about).

Reklamation *f* complaint; *bsd. Sport*: protest.

Reklame *f* (*Werbung*) advertising; (*Anzeige*) advertisement, F ad, *Brit. a.* advert; *TV, Radio*: *a.* commercial, *coll.* commercials *pl.*; ***~ machen für et.*** advertise s.th., promote s.th., *fig.* F plug s.th.; *in Zssgn* → ***Werbe...***; **~tafel** *f* billboard, *Brit. a.* hoarding.

reklamieren I. *v/t.* (*beanstanden*) complain about; (*Gekauftes*) *a.* take back to the shop; (*Rechnung*) query; (*nicht Erhaltenes*) enquire (*od.* inquire) about; **II.** *v/i.* complain, make (*od.* lodge) a complaint; *bsd. Sport*: protest.

rekonstruieren *v/t.* reconstruct; **Rekonstruktion** *f* reconstruction.

rekonvaleszent *adj.*, **Rekonvaleszent** *m* convalescent; **Rekonvaleszenz** *f* convalescence.

Rekord *m* record; *weitS. a.* record (*od.* all-time) high; ***e-n ~ aufstellen*** (***brechen***) set up (break) a record; ***e-n ~ halten*** hold a record; ***alle ~e brechen*** break all records; ***der ~ liegt bei*** the record is (*od.* stands at); **~besuch** *m* record attendance.

Rekorder *m* (tape, cassette *od.* video) recorder.

Rekord|ernte *f* bumper crop; **~halter** *m* record holder; **~hoch** *n Börse etc.*: record (*od.* all-time) high; **~inhaber(in** *f*) *m* record holder; **~leistung** *f* **1.** outstanding performance; **2.** record-beating performance; **~marke** *f* record; **~tief** *n Börse etc.*: record (*od.* all-time) low; **~versuch** *m* attempt on the record; **~zeit** *f* record time.

Rekrut *m* ⚔ recruit (*a. fig.*); **Rekrutenausbildung** *f* training of recruits; **rekrutieren I.** *v/t.* ⚔ (*u. Arbeitskräfte etc.*) recruit; **II.** *fig. v/refl.*: ***sich ~ aus*** be made up of; **Rekrutierung** *f* recruitment, recruiting.

rektal *adj.* ⚕ rectal.

Rektion *f ling.* government; case governed by a verb *etc.*

Rektor *m e-r Schule*: headmaster, *Am.* principal; *univ.* vice-chancellor, principal, *Am.* president; **Rektorat** *n* **1.** headmastership; *univ.* vice-chancellorship, principalship, *Am.* presidency; **2.** headmaster's office; *univ.* vice-chancellor's (*od.* principal's, *Am.* president's) office.

R

Rektum *n anat.* rectum.
rekursiv *adj.* ⚗, *ling.* recursive.
Relais *n* ⚡ relay; **~station** *f* relay station.
Relation *f* relation(ship); (*Mengen*2) proportion, ratio; ***das steht in keiner ~ zu s-m Einkommen*** it's out of all proportion to his income; **relational** *adj. Computer*: relational.
relativ I. *adj.* relative; **II.** *adv.* relatively, comparatively; ***das trifft nur ~ zu*** that's only partially true; ***es verlief ~ gut*** it went reasonably (*od.* relatively) well; **relativieren** *v/t.* **1.** put into perspective, see in perspective; **2.** (*einschränken*) qualify.
Relativität *f* relativity; **Relativitätstheorie** *f* theory of relativity.
Relativ|pronomen *n* relative pronoun; **~satz** *m* relative clause.
relaxen *v/i.* relax; **relaxed** *adj.*, **relaxt** *adj.* relaxed, laid-back; ***~ sein*** feel relaxed; ***e-e relaxte Atmosphäre*** a relaxed atmosphere.
relevant *adj.* relevant (***für*** to), pertinent (to); **Relevanz** *f* relevance (***für*** to, for).
Relief *n* relief; **~globus** *m* raised-relief globe; **~karte** *f* relief map.
Religion *f* religion (*a. fig.*); (*Glaube*) faith; *ped.* → ***Religionsunterricht.***
Religions|ausübung *f* religious practi|ce (*Am. a.* -se); ***freie ~*** freedom of worship; **~bekenntnis** *n* confession; **~ersatz** *m* substitute religion; **~freiheit** *f* freedom of worship; **~gemeinschaft** *f* confession; *kleinere*: religious community; **~krieg** *m* religious war; **~lehre** *f* religious education; **~lehrer(in** *f*) *m* RI (= religious instruction) teacher, RE (= religious education) teacher; **~stifter** *m* founder of a (*od.* the) religion; **~streit** *m* religious controversy; **~unterricht** *m ped.* religious instruction, RI; religious education, RE; **~wissenschaft** *f* (comparative) theology.
religiös *adj.* religious; (*fromm*) *a.* pious, devout; **Religiosität** *f* religiousness, religion, piety.
Relikt *n* **1.** relic (*gen.* of; ***aus*** from, of); (*Eigenschaft etc.*) *a.* F leftover (from); ***das ist noch ein ~ aus s-r Armeezeit*** *a.* that goes back to his army days; **2.** *biol.* relict.
Reling *f* ⚓ railing.
Reliquiar *n* reliquary; **Reliquie** *f* relic.
Reliquien|schrein *m* reliquary; **~verehrung** *f* worship of relics.
Remake *n Film*: remake.
remilitarisieren *v/t.* remilitarize, rearm; **Remilitarisierung** *f* remilitarization, rearmament.
Reminiszenz *f* reminiscence (***an*** of); (*Erinnerungsstück*) memento (of).
Remis I. *n* draw; **II.** 2 *adj.*: ***die Partie endete ~*** the game ended in a draw.
Remittende *f* return.
Remmidemmi F *n* wild celebration; ***~ machen*** a) F make a racket (*sl.* a hell of a noise), b) have a wild time of it; ***hier herrscht ~!*** F this is where it's at!
Remoulade *f* remoulade; tartar sauce.
Rempelei *f* jostling; *Sport*: pushing; **rempeln** *v/t.* jostle, bump into, F barge into; *Sport*: push, give *s.o.* a push, F shove.
REM-Phase *f* REM (= rapid eye movement) phase.
Ren *n zo.* reindeer.
Renaissance *f* **1.** *hist.* Renaissance; **2.** renaissance, revival; **~mensch** *m* (*a.* ***der ~***) Renaissance man.
Rendezvous *n* **1.** date, rendezvous; ***heimliches ~*** *bsd. iro.* tryst; **2.** *Raumfahrt*: docking; **~manöver** *n Raumfahrt*: docking manoeuvre (*Am.* maneuver).
Rendite *f* ✝ yield, profit.
Renegat *m* renegade.
Reneklode *f* ♣ greengage.
renitent *adj.* refractory.
Renn|bahn *f* racecourse, *Am.* race track; (*Pferde*2) *a.* turf; *mot.* circuit, speedway; *Laufsport*: track; **~boot** *n* speedboat.
rennen I. *v/i.* run; (*wett~*) race; (*rasen*) *a.* rush, tear; ***~ gegen*** run into; ***er rennt bei jeder Kleinigkeit zu s-r Mutter*** he goes running to his mother for every little thing; F ***er rennt zu jedem Popkonzert*** he goes to every pop concert that comes along, he can't miss any pop concert; F ***er musste die ganze Nacht ~*** he was up all night running to the toilet (*Am.* bathroom); *fig.* ***ins Verderben ~*** rush headlong into disaster; → ***Wette***; **II.** *v/t.* → ***Haufen***; **III.** 2 *n* run(ning); (*Wett*2) race; (*Pferde*2) *a.* race meeting, *pl.* races; (*Einzel*2) heat; ***totes ~*** dead heat; ***aus dem ~ fallen*** drop out of the running; ***aus dem ~ werfen*** put *s.o.* out of the running; ***das ~ machen*** come in first, *fig.* come out on top; *fig.* ***er liegt noch gut im ~*** he's still going strong, *bei Bewerbung etc.*: he's still in the running; ***das ~ ist gelaufen*** it's all over.
Renner *m* **1.** → ***Rennpferd***; **2.** F (*Erfolg*) hit; ✝ winner; ***das Buch wird ein ~*** we're *etc.* onto a winner with that book.
Rennerei *f* running around; ***diese ~!*** all this running around from place to place.
Renn|fahrer *m mot.* racing driver; *Fahrrad*: racing cyclist; **~läufer** *m Skisport*: professional skier, racer; **~lenker** *m* drop(ped) handlebars *pl.*; **~maschine** *f* racer; **~pferd** *n* racehorse; **~platz** *m* racecourse, *the* turf; **~rad** *n* racing cycle, racer; **~schuhe** *pl.* spikes; **~ski** *m* racing ski; **~sport** *m* racing; **~wagen** *m* racing car.
Renommee *n* reputation; (*Ruhm*) fame, renown; ***ein gutes ~ haben*** have a good name (*od.* reputation); **renommieren** *v/i.* boast (***mit*** of); **Renommiermarke** *f* prestige label; **Renommierstück** *n* showpiece; **renommiert** *adj.* famous, noted (***wegen*** for); (highly) acclaimed; *Institut etc.*: *a.* prestigious.
renovieren *v/t.* renovate, F do up; (*Innenraum*) redecorate; **Renovierung** *f* renovation; *Innenräume*: redecoration.
rentabel *adj.* ✝ profitable, viable; *weitS.* worthwhile; **Rentabilität** *f* profitability, viability.
Rentabilitäts|grenze *f*, **~schwelle** *f* breakeven point.
Rente *f* **1.** (*Alters*2 *etc.*) pension; ***in ~ gehen*** retire; **2.** (*Einkommen*) revenue; (*Jahres*2) annuity; (*Zins*) interest.
Renten|alter *n*: ***das ~*** retirement age; **~anpassung** *f* adjustment of pensions (to wages and prices); **~anspruch** *m* pension claim; **~basis** *f* annuity claim; **~berechnung** *f* calculation of pensions; **2berechtigt** *adj.* entitled to a pension: *Alter*: pensionable; **~erhöhung** *f* pension increase; **~markt** *m* ✝ bond market; **~papiere** *pl.* ✝ fixed-interest bonds; **~reform** *f* pension(s) reform; **~versicherung** *f* pension scheme; **~werte** *pl.* ✝ fixed-interest securities; **~zugangsalter** *n* pensionable age.
Rentier *n zo.* reindeer; (*Karibu*) caribou.
rentieren *v/refl.*: ***sich ~*** → ***lohnen*** I.
Rentner(in *f*) *m* (old age) pensioner, senior citizen; **Rentnerstress** *m* retirement stress.
reorganisieren *v/t.* reorganize.
reparabel *adj.* reparable.
Reparationen *pl.*, **Reparationszahlung** *f* reparations (*pl.*).
Reparatur *f* repair(s *pl.*); ***in ~*** in for repair, being repaired; ***in ~ geben*** have *s.th.* repaired; **2anfällig** *adj.*: ***~ sein*** keep breaking down; **~anfälligkeit** *f* tendency to break down; breakdown record; **~anleitung** *f* service manual; instructions *pl.* for repair; **2bedürftig** *adj.*: (***dringend ~***) in need of (urgent) repair; **~kosten** *pl.* (cost *sg.* of) repairs; **~werft** *f* repair yard; **~werkstatt** *f* workshop; *mot.* garage; **~schnelldienst** *m* fast repair service, while-you-wait repair service.
reparieren *v/t.* repair, mend, F fix; ***das ist nicht mehr zu ~*** it can't be repaired, it's beyond repair.
Repertoire *n* repertoire (*a. fig.*); **~stück** *n* repertory play; **~theater** *n* repertory theat|re (*Am. a.* -er).
repetieren I. *v/t.* (*Stoff*) revise; **II.** *v/i. ped.* repeat a year.
Repetiergewehr *n* repeating rifle, repeater.
Repetition *f* repetition; **Repetitor** *m univ.* coach; **Repetitorium** *n univ.* revision course.
Replik *f* **1.** reply (*a.* ⚖), rejoinder; **2.** *Kunst*: (*Originalkopie*) replica.
Report *m* report; **Reportage** *f* (*Bericht*) report, *a. Sport*: commentary; ***die ~n über ...*** *a.* coverage of ...; **Reporter(in** *f*) *m* reporter.
repräsentabel *adj.* presentable; (*eindrucksvoll*) impressive, *stärker*: prestigious.
Repräsentant(in *f*) *m* representative; *e-r Theorie etc.*: exponent; **Repräsentantenhaus** *n USA*: *parl.* House of Representatives.
Repräsentation *f* representation; ***der ~ dienen*** have a representational function; ***sehr auf ~ bedacht sein*** *Firma*: be very concerned with its image.
Repräsentations|aufwand *m* entertainment expenses *pl.*; **~bau** *m* prestige building; **~figur** *f* figurehead; **~pflichten** *pl.* representational duties; **~wagen** *m* prestige car.
repräsentativ *adj. a. pol.* representative (***für*** of); (*imposant*) impressive, imposing; *Auto etc.*: prestige ..., status ...; ***das Modell ist ihm nicht ~ genug*** that model isn't flashy enough for him; **2erhebung** *f* controlled sampling; **2system** *n pol.* representative government.
repräsentieren I. *v/t.* represent; (*ein Aushängeschild sein für*) be a calling card for; **II.** *v/i.* act in a representative capacity; ***gut ~ können*** be a good ambassador, *Gastgeberin*: be a good hostess.
Repressalie *f* reprisal; (*Vergeltung*) *a.* retaliation (*a. pl.*); ***~n ergreifen gegen*** take reprisals on, retaliate against.
Repression *f* **1.** *pol.* suppression; repression; **2.** *psych.* repression; **repressionsfrei** *adj.* free of suppression.
repressiv *adj.* repressive.
Reprint *m* reprint.
Reprise *f* **1.** *thea.* revival; *Film*: rerun, *TV a.* repeat; *Schallplatte*: re-release, reissue; **2.** ♪ recapitulation.

R

reprivatisieren *v/t.* reprivatize, denationalize; **Reprivatisierung** *f* reprivatization, denationalization.
Reproduktion *f allg.* reproduction; **reproduzieren** *v/t.* reproduce.
Reptil *n zo.* reptile.
Reptilienfonds *m pol.* secret funds *pl.*
Republik *f* republic.
Republikaner *m* **1.** republican; **2.** *USA: parl.* Republican; **3.** *BRD*: Republican; ***die ~*** the Republican Party; **republikanisch** *adj.* **1.** republican; **2.** *USA: parl.* Republican; **3.** *BRD*: Republican.
Requiem *n* requiem (mass).
Requisit *n* **1.** requisite; **2.** *thea.* **~en** (stage) props; **Requisite** *f thea.* **1.** props (department); **2.** → **Requisitenkammer** *f* props room; **Requisiteur** *m* props man.
resch *östr., südd. adj.* crunchy, crisp(y).
Reservat *n* **1.** (*Natur*②) (nature) reserve; **2.** *der Indianer etc.*: reservation; **3.** (*Sonderrecht*) prerogative, preserve.
Reserve *f* **1.** (*Vorrat*) reserve supply; ☤ ***stille ~n*** hidden reserves; ***in ~ halten*** keep in reserve; **2.** *Sport*: reserve team; ⚔ reserves *pl.*; **3.** (*Zurückhaltung*) reserve; ***j-n aus der ~ locken*** bring s.o. out of his (*od.* her) shell, draw s.o. out; **~bank** *f Sport*: (substitutes') bench; **~guthaben** *n* ☤ reserve holdings *pl.*; **~kanister** *m* jerry can; **~offizier** *m* ⚔ reserve officer; **~rad** *n* spare (wheel); **~reifen** *m* spare (tyre, *Am.* tire); **~spieler** *m Sport*: reserve, substitute; **~tank** *m* reserve tank; **~truppen** *pl.* reserves.
reservieren *v/t.* (*a.* ***~ lassen***) reserve; (*vorbestellen*) *a.* book; **reserviert** *adj.* reserved (*a. fig. zurückhaltend*); ***sich ~ verhalten*** keep one's distance; **Reservierung** *f* reservation.
Reservist *m* ⚔ reservist.
Reservoir *n* reservoir (*a. fig.*).
Residenz *f* **1.** residence; **2.** → **~stadt** *f* seat of (royal) power.
residieren *v/i.* reside.
Resignation *f* resignation; **resignieren** *v/i.* give up; resign; **resigniert** *adj.* resigned(ly *adv.*); ***ein ~es Lächeln*** a smile of resignation.
resistent *adj.* ⚕ resistant (***gegen*** to); **Resistenz** *f* ⚕ resistance (***gegen*** to).
resolut *adj.* resolute, determined; *Persönlichkeit*: forceful; **Resolutheit** *f* resoluteness, determination; forcefulness.
Resolution *f* resolution.
Resonanz *f* resonance; *fig.* response; *fig.* ***e-e gute*** (*od.* ***positive***) ***~ finden*** receive a positive response; *fig.* ***der Plan fand keine ~*** the plan didn't meet with any response; **~boden** *m* sounding board; **~körper** *m* sound box; **~saite** *f* sympathetic string.
resorbierbar *adj.* absorbable; ***nicht ~*** non-absorbable; **resorbieren** *v/t.* (re-)absorb.
resozialisieren *v/t.* rehabilitate; **Resozialisierung** *f* rehabilitation.
Respekt *m* respect (***vor*** for); ***~ haben vor*** respect; ***großen ~ haben vor*** have great respect for, hold *s.o.* in great respect, *stärker*: stand in awe of; ***die haben ganz schön ~ vor ihm*** *a.* they wouldn't dare put a foot wrong when he's around; ***aus ~ gegenüber*** out of respect for, *formell*: in deference to; ***sich bei j-m ~ verschaffen*** teach s.o. to respect one; ***bei allem ~*** with all due respect; → ***einflößen***; → *a.* ***Achtung***;
respektabel *adj.* respectable (*a. weitS. beachtlich*).
Respektfrist *f* ☤ period of grace.
respektieren *v/t.* respect.
respektive *adv.* **1.** and ... respectively; ***sie wurden nach Indonesien ~ Australien geschickt*** they were sent to Indonesia and Australia respectively; **2.** (*oder*) or (alternatively); (either ...) or (..., as the case may be); **3.** (*oder vielmehr*) or rather; **4.** (*und*) and.
respektlos *adj.* disrespectful.
Respektsperson *f* figure of authority; (*Vorgesetzter etc.*) person in authority.
respektvoll *adj.* respectful.
Ressentiment *n nachtragend*: ill feeling, hard feelings *pl.*, resentment; (*Vorurteil*) prejudice; ***persönliches ~*** personal grudge.
Ressort *n* department; *e-s Ministers*: *a.* portfolio; (*Zuständigkeit*) province, purview, preserve; ***das fällt nicht in mein ~*** that is not (within) my province; **~chef** *m*, **~leiter** *m* head of department.
Ressourcen *pl.* resources; (*Geldmittel*) *a.* funds.
Rest *m* rest; A remainder; ⛏, ⚙, ⚖ residue; **~e** ☤ (*Restbestände*) remainders, (*Stoffreste*) remnants, (*Speisereste*) leftovers, *e-s Gebäudes, e-r Kultur etc.*: remains; ***sterbliche ~e*** (mortal) remains; ***der letzte ~*** the last bit(s *pl.*); ***der letzte ~ an Kraft*** one's last ounce of strength; ***das ist mein letzter ~ Zucker*** that's the last of my sugar; ***von den hundert Mark ist mir nur noch ein ~ übrig*** there's very little left of the hundred marks; ***die ~e sozialer Gerechtigkeit*** the last vestiges of social justice; ***wenn du e-n ~ von Anstand hättest*** if you had the least bit of decency; F *fig.* ***das gab ihm den ~*** that finished him (off); **~alkohol** *m* residual alcohol; **~auflage** *f* remaindered stock.
Restaurant *n* restaurant; ***er isst oft im ~*** he eats out a lot.
Restauration *f pol., Kunst*: restoration; **Restaurationsarbeiten** *pl.* restoration work *sg.*; **Restaurator(in** *f*) *m* restorer; **restaurieren** *v/t.* restore; **Restaurierung** *f* restoration.
Rest|bestand *m* remaining stock; **~betrag** *m* balance, outstanding sum.
Resteessen *n* leftovers *pl.*
Restforderung *f* residual claim.
restituieren *v/t.* restore; **Restitution** *f* restitution.
restlich *adj.* remaining; ***der ~e Zucker*** (***Abend***) the rest of the sugar (evening).
restlos I. *adj.* complete, total; ***zu s-r ~en Zufriedenheit*** to his complete satisfaction; **II.** *adv.* completely, totally, absolutely; ***~ zufrieden*** *a.* entirely (*od.* perfectly) satisfied; ***~ glücklich*** perfectly happy; F ***~ erledigt*** F done for, (*erschöpft*) absolutely whacked; F ***ich bin ~ bedient*** I've had enough, F I've had about as much as I can take, that's finished me off.
Restposten *m* ☤ remainders *pl.*
Restriktion *f* restriction; ***j-m*** (***e-r Sache***) ***~en auferlegen*** place restrictions on s.o. (s.th.); **restriktiv** *adj.* restrictive; ***~e Finanzpolitik*** tight monetary policy.
Rest|risiko *n* residual risk; ***es bleibt ein ~*** an element of risk remains; **~spannung** *f* ⚡ residual voltage; **~strafe** *f* remaining sentence, *the* rest of the sentence; **~strom** *m* ⚡ residual (*od.* leakage) current; **~summe** *f* balance; **~urlaub** *m* holiday carried over, unused holiday, *formell*: residual holiday entitlement; ***ich habe noch*** (***zehn Tage***) ***~*** *a.* I've still got (ten days') holiday owing to me; **~wärme** *f* residual heat; **~zahlung** *f* final payment (*od.* instal[l]ment); payment of the balance.
Resultat *n* result, outcome; *Sport*: score, (*Renn*②) results *pl.*; **resultieren** *v/i.*: ***~ aus*** result from; ***~ in*** end up in.
Resümee *n* summary, résumé; **resümieren** *v/t. u. v/i.* sum up, summarize, recapitulate.
retardieren *v/t.* delay, retard; ***~des Moment*** *thea.* retarding element, *fig.* delaying factor; **retardiert** *adj. geistig*: retarded, backward.
Retorte *f* retort; ***aus der ~*** *Essen etc.*: synthetic; *Kind*: → ***Retortenbaby.***
Retorten|baby *n* test-tube baby; **~befruchtung** *f* in vitro fertilization; **~stadt** *f* new town, pre-planned city.
retour *dial. adv.* back; ***einmal ... und ~*** one return to ..., *Am.* a round-trip ticket to ...; **②kutsche** F *f* tit for tat; ***mit e-r ~ antworten*** (*od.* ***reagieren***) strike back; ***das war e-e gute ~!*** touché!
retroaktiv *adj.* retroactive.
Retrospektive *f* **1.** ***in der ~*** in retrospect, looking back; **2.** (*Ausstellung*) retrospective (exhibition) (*gen.* of).
Retrovirus *n*, F *a. m* ⚕ retrovirus.
retten I. *v/t.* save (*a. fig.*), *aus dem Feuer etc.*: *a.* rescue (***aus, vor*** from); (*bergen*) recover, *bsd.* ⚓ salvage (*a. fig.*); ***j-m das Leben ~*** save s.o.'s life; ***j-n vor dem Ertrinken ~*** save s.o. from drowning; ***j-n aus e-m brennenden Wagen ~*** rescue s.o. from a burning car; F ***bist du noch zu ~?*** F have you gone completely mad?; F ***er ist nicht mehr zu ~*** he's a lost cause, he's beyond help; **II.** *v/i. Sport*: make a save; ***den ~den Einfall haben*** come up with the answer, save the day; **III.** *v/refl.*: ***sich ~*** escape (***vor*** from); ***sich vor Arbeit*** *etc.* ***nicht mehr ~ können*** be snowed under with work *etc.*, be drowning in work *etc.*; *iro.* ***rette sich, wer kann!*** it's every man for himself; **Retter** *m* rescuer, *lit.* deliverer; ***ein ~ in der Not*** a friend in need, F *iro.* a knight in shining armo(u)r.
Rettich *m* mooli; (white) radish.
Rettung *f* rescue; (*Entkommen*) escape; (*Bergung*) recovery, *bsd.* ⚓ salvaging; ***das war s-e*** (***letzte***) ***~*** that was his salvation (*od.* last hope); ***es gab keine ~*** there was no hope, ***für ihn:*** *a.* he was past help (*od.* beyond salvation).
Rettungs|aktion *f* rescue operation (*a. fig.*); ☤ rescue bid; **~anker** *m* sheet anchor (*a. fig.*); **~boje** *f* lifebuoy; **~boot** *n* lifeboat; **~dienst** *m* rescue service; **~fahrzeug** *n* rescue vehicle; **~fallschirm** *m* emergency parachute; **~flugdienst** *m* air rescue service; **~hubschrauber** *m* rescue helicopter; **~insel** *f* (inflatable) life raft; **~leine** *f* lifeline.
rettungslos I. *adj.* hopeless; **II.** *adv.* hopelessly (*a. fig.*), beyond all hope; ***~ verloren*** *a.* irretrievably lost; ***~ verliebt*** hopelessly in love, F smitten.
Rettungs|mannschaft *f* rescue team; *pl. a.* relief workers; **~plan** *m* rescue plan; **~ring** *m* **1.** life belt (*Am.* preserver); **2.** F (*Bauch*) F spare tyre (*Am.* tire); **~schlitten** *m* rescue sledge, F bloodwagon; **~schwimmen** *n* life saving; **~schwimmer** *m* lifeguard; **~station** *f* first-aid post; **~versuch** *m* rescue attempt, at-

R

tempt to save s.o.'s life; **~wagen** *m* ambulance; **~weste** *f* life vest.
Return *m* **1.** ✝ (*Ertrag*) return, (*Profit*) returns *pl.*; **2.** *Computer*: return; **3.** *Tennis etc*: return; **~taste** *f Computer*: return key.
retuschieren *v/t.* touch up.
Reue *f* remorse (**über** for), *bsd. religiös*: repentance (for); ***keine ~ empfinden*** feel no remorse; **reuen** *v/impers. u. v/t.*: ***es reut mich, ihn beleidigt zu haben*** I regret having insulted him; ***das Geld*** (***die Zeit***) ***reut mich*** I regret the money (time) wasted; **reuevoll, reuig, reumütig** *adj.* repentant, full of remorse, contrite.
Reuse *f* creel, fish basket.
reüssieren *v/i.* be successful.
Revanche *f* revenge; ***j-m ~ geben*** give s.o. a chance to get even; ***~ fordern*** challenge s.o. to a return game (*Sport*: *a.* match); **~kampf** *m* **1.** *Boxen etc.*: return bout; **2.** → ***Revanchespiel***; **~krieg** *m* war of revenge; **~politik** *f* revanchist policy; **~spiel** *n* return match.
revanchieren *v/refl.*: ***sich ~*** take revenge (**an** on), F get one's own back (on), *als Dank*: return the favo(u)r, pay s.o. back.
Revanchismus *m pol.* revanchism; **Revanchist** *m* revanchist; **revanchistisch** *adj.* revanchist.
Reverenz *f* reverence, respect, deference; ***j-m s-e ~ erweisen*** a) show deference to s.o., b) pay s.o. one's respects.
Revers[1] *n, m* (*Aufschlag*) lapel.
Revers[2] *m e-r Münze*: reverse.
Revers[3] *m* (*Schreiben*) (written) declaration.
reversibel *adj.* reversible.
revidieren *v/t.* (*korrigieren*) revise; (*überprüfen*) check; ***ich muss m-e Meinung ~*** I'll have to revise my opinion (on that).
Revier *n* (*bsd. Polizei~*) district, *Am.* precinct; (*Runde*) beat, (*Wache*) police station; (*Forst~*) district, range, beat; (*Kohlen~*) area; (*Jagd~*) hunting ground; (*Vogel~ etc.*) territory; (*Kellner~*) tables *pl.*; *fig.* stamping ground.
Revirement *n pol.* reshuffle.
Revision *f* **1.** (*Überprüfung*) check; ✝ audit; *beim Zoll*: examination; **2.** *typ.* final proofreading; **3.** (*Änderung*) revision, change; **4.** ⚖ appeal; ***~ einlegen*** lodge an appeal; → *a.* ***Berufung(s...)***; **Revisionismus** *m* revisionism; **Revisor** *m* **1.** *typ.* reviser; **2.** ✝ auditor.
Revolte *f* revolt; **revoltieren** *v/i.* revolt; *fig. Magen*: protest, *stärker*: rebel.
Revolution *f* revolution; **revolutionär** *adj.*, **Revolutionär** *m* revolutionary (*a. fig.*); **revolutionieren** *v/t. bsd. fig.* revolutionize.
Revolutions|führer *m* revolutionary leader; **~gericht** *n* revolutionary tribunal; **~rat** *m* revolutionary council; **~regierung** *f* revolutionary government.
Revoluzzer *contp. m* would-be (*od.* small-time) revolutionary, radical.
Revolver *m* revolver, gun; **~blatt** F *n* sensational newspaper; **~held** *m* gunslinger; **~lauf** *m* (revolver) barrel; **~schnauze** F *f* F motormouth; **~trommel** *f* drum magazine.
Revue *f thea.* revue; *fig.* ***~ passieren lassen*** pass in review; **~film** *m* film musical; **~girl** *n* chorus girl.
Rezensent *m* critic; **rezensieren** *v/t.* review, write a review on; **Rezension** *f* review, write-up; ***gute*** (***schlechte***) ***~en bekommen*** *a.* get a good (bad) press.
Rezensions|exemplar *n*, **~stück** *n* review copy.
Rezept *n* ⚕ prescription; (*Koch~*) recipe; *fig.* cure, remedy (**gegen** for); ***nur auf ~ erhältlich*** available on prescription only, *attr.* prescription-only ...; *fig.* ***dafür gibt es kein allgemeines ~*** there's no general rule about that; **~block** *m* prescription pad; **~frei I.** *adj.* over-the-counter ..., non-prescription ...; **II.** *adv.*: ***~ bekommen*** get *s.th.* without a prescription (*od.* over the counter); **~gebühr** *f* prescription charge.
Rezeption *f* **1.** reception (desk); **2.** *in der Literatur etc.*: reception.
rezeptpflichtig *adj.* prescribable, available on prescription only; ***~e Arzneimittel*** prescription(-only) drugs.
Rezession *f* ✝ recession.
rezessiv *adj. biol.* recessive.
rezipieren *v/t.* (*Ideen etc.*) absorb; (*Buch etc.*) receive.
reziprok *adj.* reciprocal.
Rezitation *f* recitation, recital; (*öffentliche Lesung*) reading; **Rezitativ** *n* ♪ recitative; **Rezitator** *m* reciter; **rezitieren** *v/t.* recite.
R-Gespräch *n teleph.* reversed charges call, *Am. a.* collect call.
Rhabarber *m a. fig.* rhubarb.
Rhapsodie *f* rhapsody.
Rheinarmee *f*: ***die britische ~*** the British Army of the Rhine (*abbr.* BAOR).
Rheinländ|er(in *f*) *m* Rhinelander; **~isch** *adj.* Rhineland ..., from the Rhineland.
Rheinland-Pfälzer(in *f*) *m* man (*f* woman) from the Rhineland-Palatinate; ***~ sein*** *mst* come from the Rhineland-Palatinate; **rheinland-pfälzisch** *adj.* from the Rhineland-Palatinate; Rhenish.
Rheinwein *m* Rhine wine; *weißer*: *a.* hock.
Rhesus|affe *m* rhesus (monkey); **~faktor** *m* rhesus factor.
Rhetorik *f* rhetoric; **Rhetoriker** *m* orator; ***ein ausgezeichneter ~*** a brilliant speaker; **rhetorisch I.** *adj.* rhetorical (*a. Frage*); **II.** *adv.*: ***er ist ~ sehr begabt*** he has the gift of rhetoric.
Rheuma F *n* rheumatism; **Rheumadecke** *f* thermal blanket (*od.* quilt); **Rheumatiker** *m* rheumatic (sufferer); **rheumatisch** *adj.* rheumatic(ally *adv.*); **Rheumatismus** *m* rheumatism; **Rheumawäsche** *f* thermal underwear.
Rh-Faktor *m* Rh (*od.* rhesus) factor.
Rhinozeros *n* **1.** *zo.* rhinoceros, F rhino; **2.** F (*Dummkopf*) F dumbo, twit.
Rh-negativ *adj.* Rh (*od.* rhesus) negative.
Rhododendron *n, m* rhododendron.
rhombisch *adj.* rhombic; **Rhomboid** *n* rhomboid; **Rhombus** *m* rhombus.
Rh-positiv *adj.* Rh (*od.* rhesus) positive.
Rhythmik *f* rhythmics *pl.* (*sg. konstr.*); **rhythmisch** *adj.* rhythmic(al).
Rhythmus *m* rhythm; ***im ~ klatschen*** clap in time to the music, clap to the rhythm; **~gitarre** *f* rhythm guitar; **~gruppe** *f* rhythm section; **~instrument** *n* rhythm instrument.
Ribisel *östr. f* (*Johannisbeere*) a) redcurrant, b) blackcurrent.
Ribonukleinsäure *f* ribonucleic acid.
Richtantenne *f* directional aerial (*od.* antenna).
richten I. *v/t.* **1.** (*lenken, wenden*) direct, turn (**auf** towards); (*Gewehr, Kamera etc.*) point (at); (*Augen*) turn (towards); (*Aufmerksamkeit*) direct, turn (to); (*Brief, Frage etc.*) address (**an** to); (*Kritik*) direct, level (at); ***e-e Frage an j-n*** (***de[r] Sprecher***) ***~*** put a question to s.o. (ad[dress a question to the speaker]); ***das wa[r] gegen dich gerichtet*** that was directe[d] at (*od.* intended for, meant for) you; ***gerichtet auf*** ⚔ *Rakete*: targeted on; **2** *dial.* (*zurechtmachen*) (*Bett*) make; (*Zimmer*) tidy up; (*Haare*) do; (*vorbereiten, zubereiten*) get *s.th.* ready, prepare (*Tisch*) lay, get *the table* ready; (*ausbessern*) repair, fix; (*in Ordnung bringen*) see to; **3.** (*einstellen*) adjust; (*Uhr*) se[t] (**nach** by); **4.** (*gerade biegen*) straighten (*Bleche*) level; **5.** (*urteilen*) judge, ⚖ *a[lso]* pass sentence on; **II.** *v/refl.* **6.** ***sich ~ nach*** (*Regeln, Wünschen*) comply with (*abhängen von*) depend on; (*sich orientieren an*) take one's cue from, (*nach einem Vorbild*) follow *s.o.'s* example *Sache*: be model(l)ed after (*od.* on); ***sich nach der Mode ~*** follow the fashion ***sich nach den Vorschriften ~*** keep t[o] the regulations; ***nach der Uhr kannst du dich nicht ~*** you can't go by that clock ***ich richte mich*** (***ganz***) ***nach Ihner*** whatever suits you best; **7.** ***sich ~ a[n]*** (*od.* ***gegen***) be directed (*od.* aimed) at ***mein Verdacht richtet sich gegen ihn*** [I] suspect him; **III.** *v/i.* judge (***über j-n*** s.o.) pass judg(e)ment (on s.o.).
Richter *m* judge; ***Oberster ~*** suprem[e] judge; ***Herr ~!*** *Anrede*: Your Lordship *Am.* Your Honor; ***zum ~ ernannt werden*** be called to the bench; ***j-n vor der ~ bringen*** take s.o. to court; *fig.* ***sich zum ~ machen*** (*od.* ***aufwerfen***) set o.s up in judg(e)ment; *bibl.* (***das Buch der ~***) (the Book of) Judges; **~amt** *n* judicia[l] office.
richterlich *adj.* judicial.
Richterrobe *f* judge's gown *od.* robe(s *pl.*).
Richterskala *f* Richter scale; ***das Erdbeben erreichte Stärke acht auf der ~*** the earthquake registered eight on the Richter scale.
Richter|spruch *m* → ***Urteil*** 2; **~stuhl** *m* judge's seat; *fig.* judg(e)ment seat.
Richtfest *n* topping-out ceremony.
Richtfunk *m* directional radio.
Richtgeschwindigkeit *f* recommended speed.
richtig I. *adj.* right; (*fehlerfrei*) *a.* correct, (*echt, wirklich*) real, genuine; (*wahr*) true; (*angemessen*) appropriate; (*geeignet*) suitable; (*ordentlich*) proper, decent; (*gerecht*) fair, right; ***~e Aussprache*** correct pronunciation; ***ein ~er Engländer*** a real (*od.* true) Englishman; ***s-e ~e Mutter*** his real mother; ***das ist der ~e Mann!*** he's just the man we *etc.* need; ***es war ~ von dir, dass du*** you did right to *inf.*; ***das finde ich nicht ~*** I don't think it's right; F ***so ists ~!*** F that's the idea; → ***Kopf*** 5; **II.** *adv.* properly, correctly; the right way; F (*völlig*) thoroughly, really; (*wirklich*) really; ***mach es ~!*** do it properly; ***geht d-e Uhr ~?*** is your watch right?; ***e-e Sache ~ anpacken*** go about s.th. the right way; ***sehe ich das ~?*** am I right?; ***du kommst gerade ~!*** you've come just at the right moment, *iro.* you're the last person I (*od.* we) need; F ***ich fand ihn ~ nett*** I thought he was really nice; **III.** *substantivisch*: ***das ~e*** the right thing; ***er ist der ~e*** he's the right man; F ***du bist mir der ~e!*** you're a fine one; ***ich hatte drei ~e im Lotto*** I got three right in the lotto; → ***einzig*** II.

R

richtiggehend F *adv.*: **~ böse** *etc.* really angry *etc.*

richtig gehend *adj.* **1.** *Uhr*: accurate; **2.** F regular, real.

Richtigkeit *f* correctness; (*Fundiertheit*) soundness; **das hat schon s-e ~** it's all right (*Am.* alright).

richtig liegen *v/i.* a) be on the right track, b) (*genau* ~) be absolutely right; **mit d-r Vermutung liegst du richtig** you guessed right, your hunch was right; **bei mir liegen Sie richtig** you've come to the right person; **er liegt immer richtig** he always backs the right horse.

richtig stellen *v/t.* put *s.th.* right, correct, rectify; **et. ~ a.** set the record straight; **Richtigstellung** *f* rectification, correction.

Richtlinie *f* guideline; **~n** *a.* (general) directions, instructions; **Richtlinienkompetenz** *f bsd. pol.* policy-making power(s *pl.*).

Richt|mikrofon *n* directional microphone; **~preis** *m* recommended price; **~satz** *m* ⚕ standard rate; **~schnur** *fig. f* guiding principle; **~sender** *m* beam transmitter; **~strahler** *m* **1.** directional (*od.* beam) aerial *od.* antenna; **2.** → **Richtsender.**

Richtung *f* direction; (*Weg*) way; (*Kurs*) ⚓, ✈ course; *fig.* (*Denk♀*) line of thought; (*Lehrmeinung*) school of thought; (*Kunst♀*) school; (*Tendenz*) trend, *pol. a.* tendency, *e-s Einzelnen*: *a.* views *pl.*; *in e-r Partei*: faction; **die falsche ~** the wrong direction (*od.* way); **aus allen ~en** from all directions, from all around (*od.* all over the place); **in allen ~en** in all directions; **in ~ auf** in the direction of, towards; **in südlicher ~** south; **in welche ~ gehen Sie?** which way (*od.* direction) are you going?; **er kommt aus dieser ~** he'll be coming from that direction; **die ~ verlieren** lose (one's) direction; **e-e andere ~ einschlagen** go in a different direction, *fig.* take a different course, (**die ~ ändern**) change course; **♀gebend** *adj.* trend-setting; **~ sein für** point the way for.

Richtungs|änderung *f* change of direction (*od.* course, *a. fig.*); **~kämpfe** *pl. pol.* (fundamental) policy disputes.

richtungslos *adj. Existenz*: aimless; **~ sein** be drifting; **die Partei ist ~ geworden** the party has lost its sense of direction.

Richtungs|pfeil *m mot.* lane indication arrow; **~wechsel** *fig. m* change of course.

richtungweisend *adj.* landmark *decision etc.*; **~ sein** point the way ahead (*od.* to the future).

Richtwert *m* guide number.

riechen I. *v/i.* smell (**nach** of); **~ an** smell at, sniff at; **gut** (**übel**) **~** smell good (bad); **es riecht nach Gas** I can smell gas, there's a smell of gas; **die Luft riecht nach Schnee** I can smell snow in the air; *fig.* **~ nach** smack of; → **Mund**; **II.** *v/t.* smell; (*wittern*) scent; **ich rieche das Parfüm gern** I like the smell of that perfume; F *fig.* **ich kann ihn nicht ~** I can't stand him; F *fig.* **er hat es gerochen** F he got wind of it; F *fig.* **das konnte ich doch nicht ~!** how was I to know?; → **Braten, Lunte** 1.

Riecher F *m* nose; *fig.* **e-n guten ~ haben für** have a (good) nose for.

Riech|fläschchen *n* (bottle of) smelling salts *pl.*; **~nerv** *m* olfactory nerve; **~organ** *n* **1.** olfactory organ; **2.** F (*Nase*) F hooter.

Ried *n* **1.** reeds *pl.*; **2.** (*Moor*) marsh.

Riege *f Turnen u. fig.*: squad.

Riegel *m* bolt; *zum Einhaken*: latch; *Schokolade*: row, *Am.* strip; **den ~ vorlegen** bolt the door *etc.*; *fig.* **e-r Sache e-n ~ vorschieben** put a stop to s.th.; → **Schloss**[1]; **riegeln** *v/t.* bolt.

Riemen[1] *m* ⚓ oar; *fig.* **sich in die ~ legen** put one's back into it.

Riemen[2] *m* strap; ⚙ (*Treib♀*) belt; (*Gewehr♀*) sling; (*Abzieh♀*) strop; (*Schuh♀*) (leather) shoelace; *fig.* **den ~ enger schnallen** tighten one's belt; **sich am ~ reißen** pull o.s. together; **~antrieb** *m* ⚙ belt drive; **~scheibe** *f* ⚙ pulley.

Riese *m* giant (*a. fig.*).

rieseln *v/i. Wasser, Sand etc.*: trickle; *Regen*: drizzle; *Schnee*: fall softly; **ein Schauder rieselte ihr über den Rücken** a shiver ran down her spine.

Riesen... *in Zssgn* giant ..., gigantic, mammoth ..., colossal; *weitS. Anstrengung etc.*: tremendous, superhuman ...; **~appetit** *m* huge (*od.* tremendous, voracious) appetite; **ich habe e-n ~** I could eat a horse; **~arbeit** *f* mammoth task; **~baby** *n* huge baby; **~bau** *m* gigantic structure (*od.* building); **~blamage** *f* terrible disgrace; **das war e-e ~ für ihn** he made an absolute fool of himself; **~dummheit** *f* F real boo-boo; **das war e-e ~** *a.* that was really stupid; **~enttäuschung** *f* big (*od.* terrible) disappointment; **~erfolg** *m* huge success, *thea.*, *Film*: *a.* F smash hit; **~fehler** *m* huge blunder; **~garnele** *f* king prawn; **~gewinn** *m* **1.** huge profits *pl.*; **2.** huge winnings *pl.*; **e-n ~ erzielen** win a fortune; **♀groß** *adj.* → **riesig** I; **~hunger** *m*: **e-n ~ haben** be ravenous; **~kind** *n* **1.** F giant; **2.** (*Baby*) exceptionally large baby; **~konzern** *m* giant concern (*od.* company); **~krach** *m* **1.** racket; **2.** (*Streit*) huge row; **e-n ~ machen** F hit the roof; **~kraft** *f* tremendous strength; **Riesenkräfte entwickeln** summon up incredible strength; **~portion** *f* extra large portion; **e-e ~ Fleisch** a huge piece of meat; **~rad** *n* Ferris wheel; **~schlange** *f* boa constrictor; **~schritt** *m* giant stride (*od.* step); **sich mit ~en nähern** *zeitlich*: be approaching fast, be just around the corner; **~schwindel** *m* colossal fraud; **~skandal** *m* huge (*od.* full-blown) scandal; **~slalom** *m* giant slalom; **~spaß** *m*: **e-n ~ haben** have a great time; **die Kinder hatten e-n ~** *a.* the children had the time of their lives; **~stern** *m* giant star; **~weib** F *n* **1.** huge woman, F amazon; **2.** (*tolle Frau*) F smasher; **~wuchs** *m* gigantism.

riesig I. *adj.* gigantic, enormous, huge (*alle a. fig.*); F **das ist ja ~!** that's tremendous!; **II.** F *fig. adv.* (*sehr*) tremendously; **sich ~ freuen** be delighted, F be over the moon; **das amüsierte ihn ~** he was greatly amused.

Riesin *f* giantess.

Riesling *m* riesling.

Riff *n* reef.

Rigg *n*, **Riggung** *f* ⚓ rigging.

rigoros I. *adj.* (*streng*) severe, austere; (*unerbittlich*) adamant, unrelenting; **II.** *adv.*: **et. ~ ablehnen** adamantly refuse s.th.; **~ durchgreifen** take drastic action; **~ vorgehen gegen** take drastic measures against.

Rigorosum *n univ.* viva (voce).

Rikscha *f* ricksha(w).

Rille *f* groove.

Rind *n* (*Kuh*) cow; (*Stier*) bull; (*Fleisch*) beef; **~er** cattle (*pl.*); **100 ~er** 100 (head of) cattle.

Rinde *f* (*Baum♀*) bark; (*Brot♀*) crust; (*Käse♀*) rind.

Rinder|braten *m* joint of beef; *gebraten*: roast beef; **~brust** *f* brisket of beef; **~filet** *n* fillet of beef; **~herde** *f* herd of cattle; **~herz** *n* ox heart; **~lende** *f* beef tenderloin; **~pest** *f* cattle plague, rinderpest; **~talg** *m* beef dripping; **~wahn** (**-sinn**) *m* mad cow disease; **~zucht** *f* cattle farming.

Rindfleisch *n* beef; **~brühe** *f* beef tea.

Rind(s)leder *n* cowhide.

Rindvieh *n* **1.** cattle *pl.*; **2.** F (*Idiot*) F blockhead, stupid ass.

Ring *m* ring (*a.* 🔭, ❀, ⚙, *Boxen, Zirkus etc.*); (*Kreis*) circle; (*Dichtungs♀*) washer; (*Einweck♀*) rubber seal; (*Wurf♀*) quoit, ring; (*Straße*) ring road; (*Spionage♀, Verbrecher♀*) ring; (*Lese♀*) book club; **~e unter den Augen** bags (*od.* circles, [dark] rings) under one's eyes; **~ frei!** *Boxen*: seconds out!; *fig.* **der ~ ist frei für neue Verhandlungen** the way is clear for new negotiations; **der ~ schließt sich** the wheel comes full circle; **~bahn** *f* circular railway; **~buch** *n* ring (*od.* loose-leaf) binder.

Ringel *m* little ring; (*Locke*) ringlet; **~blume** *f* marigold; **~locke** *f* ringlet.

ringeln I. *v/t.* (*Haare, Schwanz*) curl; *um et. herum*: coil, twine; **II.** *v/refl.*: **sich ~** curl, coil o.s.; *schlängelnd*: wind, meander.

Ringel|natter *f* grass snake; **~piez** F *m*: **~ (mit Anfassen)** F hop; **~reihen** *m* ring-a-ring-o'-roses; **~spiel** *östr. n* roundabout, merry-go-round, *Am.* car(r)ousel; **~söckchen** *pl.* hooped (ankle) socks; **~socken** *pl.* hooped socks; **~taube** *f* wood pigeon.

ringen I. *v/t.* **1.** wring; **verzweifelt die Hände ~** wring one's hands (in despair); **j-m et. aus der Hand ~** wrench s.th. from s.o.'s hand; **II.** *v/i.* **2.** wrestle; **3.** *fig.* **~ mit** wrestle (*od.* grapple) with; **mit sich ~** wrestle with o.s.; **mit dem Tod ~** wrestle with death; **~ um** struggle (*od.* fight, vie) for; **um j-s Anerkennung** *etc.* **~** vie for s.o.'s recognition *etc.*; **die Verhandlungspartner ~ seit Stunden um e-e Entscheidung** the negotiators have been fighting over a decision for hours; **nach Atem ~** gasp for breath; **nach Fassung ~** try to regain one's composure; **nach Worten ~** struggle for words; **III.** **♀** *n* wrestling; *fig.* struggle (**um** for).

Ringer *m* wrestler.

Ring|fahndung *f* cordon search; **~finger** *m* ring finger; **♀förmig I.** *adj.* ring-shaped; **II.** *adv.*: **~ umschließen** encircle; **~graben** *m* moat; **~kampf** *m* **1. der ~** (*Sportart*) wrestling; **2.** (*einzelner Kampf*) wrestling match (*od.* bout); **~kämpfer** *m* wrestler; **~mappe** *f* ring binder; **~mauer** *f* ring wall; **~muskel** *m* sphincter muscle; **~ordner** *m* ring binder; **~richter** *m Boxen*: referee.

rings *adv.* (all) around; **~ um die Kapelle sind Pappeln** the chapel is surrounded by poplars.

Ring|scheibe *f* rifle target; **~sendung** *f Radio, TV*: linkup.

rings|herum, ~um, ~umher *adv.* **1.** all (a)round, all the way round; **ein Teich mit e-m Zaun ~** a pond surrounded by a

R

fence; **2.** (*überall*) on all sides, wherever you look(ed).

Ring|straße *f* ring road; **~tausch** *m* **1.** *bei Hochzeit*: exchange of wedding rings; **2.** *Wohnungstausch*: three- (*od.* four- *etc.*) way exchange (of flats *etc.*); **~vorlesung** *f series of lectures held by various speakers.*

Rinne *f* (*Fahr2*, *Bewässerungs2*) channel; (*Dach2*) gutter; (*Meeres2*) trough; ***e-e ~ im Eis freihalten*** keep a passage through the ice open.

rinnen *v/i.* run, flow; *Regen*: fall; *fig.* ***die Zeit rinnt*** (***dahin***) time is slipping by (*od.* away).

Rinnsal *n* rivulet; *von Blut, Schweiß, Farbe etc.*: trickle.

Rinnstein *m* gutter; *fig.* → ***Gosse.***

Rippchen *n* rib (of pork).

Rippe *f anat.*, ⚘, ⚙, ✈, ⌂, *von Stoff*: rib; (*Schokoladen2*) row, *Am.* strip; (*Kühl2*, *Heiz2*) fin, *mot. a.* gill; ***j-m in die ~n stoßen*** give s.o. a dig in the ribs; ***er hat nichts auf den ~n*** he's skin and bones; ***ich kann es mir nicht aus den ~n schneiden*** I can't just produce it out of thin air.

Rippenbruch *m* broken (*od.* fractured) rib(s *pl.*).

Rippenfell *n* pleura; **~entzündung** *f* ⚕ pleurisy.

Rippen|gewölbe *n* rib(bed) vault; **~shirt** *n* ribbed shirt; **~-Slip** *m* ribbed briefs *pl.*, *für Damen*: ribbed panties *pl.*; **~speer** *m gastr.*: ***Kasseler ~*** cured pork rib; **~stoß** *m* dig in the ribs, *heimlicher*: nudge; **~stück** *n* rib cut; ***vorderes ~ vom Lamm*** rack of lamb.

Rips *m* (*Stoff*) rep.

Risiko *n* risk (*a.* ⚚); ***auf eigenes ~*** at one's own risk; ***ein ~ eingehen*** take a risk (*od.* gamble).

risikobereit *adj.* prepared to take risks; **Risikobereitschaft** *f* venturesomeness; daring, risk taking.

Risiko|faktor *m* risk factor; **2freudig** *adj.* venturesome; **~gruppe** *f* high-risk group; **~kapital** *n* risk (*od.* venture) capital; **2los** *adj.* safe, free of risk; **2reich** *adj.* high-risk ...; **~schwangerschaft** *f* high-risk (*od.* potential risk) pregnancy; **~zuschlag** *m in Versicherung*: loading.

riskant *adj.* risky; *pred. a.* a risk.

riskieren *v/t.* risk; ***sein Geld ~ bei*** risk one's money on; ***s-e Stellung ~*** risk losing one's job.

Rispe *f* ⚘ panicle.

Riss *m in Stoff etc.*: tear; (*Spalt*) cleft, fissure; (*Sprung*) crack; *in der Haut*: chap; *fig.* rift, rupture; *fig.* ***innerhalb der Partei klafft ein ~*** there's a (deep) rift within the party; ***ihre Freundschaft hat e-n ~ bekommen*** their friendship has taken a beating.

rissig *adj.* cracked; *Haut*: chapped; ***~ werden*** *Stoff etc.*: tear; *Mauer etc.*: develop cracks (*od.* a crack), crack; *Haut*: chap.

Risswunde *f* gash, laceration.

Rist *m des Fußes*: instep; *der Hand*: back of one's hand.

Ritt *m* ride; ***e-n ~ machen*** go for a ride; *fig.* ***auf einen ~*** in one go.

Ritter *m* knight (*a. Ordensträger*); ***zum ~ schlagen*** knight; F *iro.* ***ein ~ ohne Furcht und Tadel*** F a knight in shining armo(u)r; **~burg** *f* knight's castle.

Rittergut *n hist.* manor; **Rittergutsbesitzer** *m hist.* lord of the manor.

Ritterkreuz *n* ⚔ Knight's Cross.

ritterlich *adj.* knightly; *fig.* chivalrous, gallant.

Ritter|orden *m* order of knights; **~roman** *m* chivalrous romance (*od.* epic); **~rüstung** *f* suit of armo(u)r.

Ritterschaft *f* **1.** *the* knights *pl.*; **2.** (*Stand*) knighthood.

Ritter|sporn *m* ⚘ larkspur; **~stand** *m* knighthood; ***in den ~ erheben*** knight; **~zeit** *f* age of chivalry.

rittlings *adv.* astride (***auf et.*** s.th.).

Rittmeister *m* ⚔ *hist.* (cavalry) captain.

Ritual *n* ritual; **~ismus** *m* ritualism; **~mord** *m* ritual murder.

rituell *adj.* ritual.

Ritus *m* rite.

Ritz *m* scratch.

Ritze *f* crack; (*Zwischenraum*) gap.

Ritzel *n* ⚙ pinion.

ritzen *v/t.* (*kratzen*) scratch; (*schneiden*) cut (*a. Glas*); (*schnitzen*) carve; → ***geritzt;*** **Ritzer** F *m* scratch.

Rivale *m*, **Rivalin** *f* rival; **rivalisieren** *v/i.* compete, vie (***mit*** with); ***~de Mächte etc.*** rival powers *etc.*; **Rivalität** *f* rivalry.

Rizinusöl *n* castor oil.

Robbe *f zo.* seal; **robben** *v/i.* crawl (on one's stomach).

Robben|fang *m* sealing; **~fänger** *m* sealer, seal hunter.

Robe *f* (*Abendkleid*) evening dress; (*Talar*) robe(s *pl.*).

roboten F *v/i.* slave away.

Roboter *m* robot (*a. fig.*); **~arm** *m* robotic arm; **~technik** *f* robotics *pl.* (*sg. konstr.*).

robust *adj.* robust, *Person*: *a.* sturdy; *Schuhe*: stout, sturdy; *Auto etc.*: rugged; **Robustheit** *f* robustness; stoutness, sturdiness.

Rochade *f Schach*: castling; *Sport*: changing of positions.

röcheln *v/i.* breathe noisily (*formell*: stertorously); wheeze; *Sterbender*: give the death rattle.

Rochen *m zo.* ray.

rochieren *v/i. Schach*: castle; *Sport*: change positions.

Rochus F *m*: ***e-n ~ auf j-n haben*** be furious with s.o.

Rock[1] *m* **1.** (*Frauen2*) skirt; ***die Röcke werden kürzer*** hemlines are going up; F ***hinter jedem ~ her sein*** (***od. herlaufen***) F chase after anything in a skirt; **2.** *dial.* (*Jacke*) jacket; **3.** *obs.* (*Uniform*) uniform.

Rock[2] *m* (*~musik*) rock.

Rockband *f* ♪ rock group (*od.* band).

rocken *v/i.* **1.** play rock music; **2.** dance to rock music.

Rocken *m* (*Spinn2*) distaff.

Rocker *m* rocker; **~bande** *f* gang of rockers.

Rock|gruppe *f* rock group (*od.* band); **~konzert** *n* rock concert.

Rocklänge *f* skirt length.

Rock|musik *f* rock music, rock; **~oper** *f* rock opera; **~sänger** *m* rock singer.

Rock|schoß *obs. m* coattail; *fig.* ***sich j-m an die Rockschöße hängen*** cling to s.o. (like a leech); ***er hängt an Mutters Rockschößen*** he's tied to his mother's apron strings, *bsd. Kleinkind*: he won't let his mother go anywhere without him; **~zipfel** *fig. m* → ***Rockschoß.***

Rodel *m* toboggan, sledge; *Am.* sled, toboggan; **Rodelbahn** *f* toboggan run; **rodeln** *v/i.* toboggan; go sledging (*a. Am.* tobogganing); **Rodelschlitten** *m* → ***Rodel.***

roden *v/t.* **1.** (*Land*) clear; **2.** (*Bäume etc.*) root out; **3.** (*ernten*) lift; (*Kartoffeln*) *a.* dig up, (*Rüben*) *a.* pull up.

Rodler *m* tobogganist.

Rodung *f* (*Vorgang*) clearing; (*Gebiet*) *a.* cleared woodland.

Rogen *m* roe.

Roggen *m* rye; **~brot** *n* rye bread.

roh *adj.* **1.** *Nahrungsmittel*: raw; → ***Ei*** 1; **2.** (*unbehandelt*) *Diamant*: rough, *a. Stein*: uncut; *Häute*: untreated; (*primitiv verarbeitet*) crude; *Entwurf, Daten etc.*: rough; **3.** (*derb, grob*) rough, coarse; → ***Gewalt***; **2bau** *m* ⌂ shell; ***im ~ fertig*** structurally complete; **2benzin** *n* petroleum; **2bilanz** *f* ⚚ trial balance; **2diamant** *m* rough (*od.* uncut) diamond; **2einnahme** *f* ⚚ gross receipts *pl.*; **2eisen** *n* pig iron.

Roheit *etc.* → ***Rohheit*** *etc.*

Roh|entwurf *m* rough draft; **~ertrag** *m* gross yield; **~erzeugnis** *n* raw product; **~faser** *f* raw fib|re (*Am.* -er); **~fassung** *f* rough draft; **~gewicht** *n* gross weight; **~gewinn** *m* gross profit.

Rohheit *f* **1.** (*Grobheit*) roughness, coarseness; **2.** (*rohe Handlung*) brutality, brutal act; **Rohheitsdelikt** *n* act of brutality (*od.* hooliganism).

Roh|kost *f* raw vegetables and fruit *pl.*; **~leder** *n* untreated leather, rawhide.

Rohling *m* **1.** brute, ruffian; **2.** *metall.* slug; *Gießerei*: blank.

Roh|material *n* raw material; **~metall** *n* crude metal; **~milch** *f* untreated milk.

Rohöl *n* crude oil; **~preise** *pl.* price *sg.* of crude oil.

Rohprodukt *n* raw product.

Rohr *n* **1.** (*Schilf2*) reed; (*Bambus2 etc.*) cane; **2.** ⚙ pipe; *bsd. als Materialbezeichnung*: piping; F ***volles ~ fahren*** F drive full tilt; **3.** *dial.* oven; **~blatt** *n* ♪ reed; **~bruch** *m* burst pipe.

Röhrchen *n* ⚗ test tube; F ***ins ~ pusten*** (***müssen***) be breath-tested, be breathalyzed.

Röhre *f* tube; (*Leitungs2*) pipe; *anat.* duct, canal, (*Luft2*, *Speise2*) pipe; ⚗ test tube; ⚡ valve, *bsd. Am.* tube; (*Leucht2*) (neon) tube; (*Brat2*) oven; *hunt.* (*Erd2*) gallery; F ***in die ~ gucken*** a) *fig.* (*leer ausgehen*) be left high and dry, b) *TV* F sit in front of (*od.* stare at) the box (*Am.* tube).

röhren *v/i.* **1.** *Hirsch*: bell; **2.** F *Auto etc.*: roar.

röhrenförmig *adj.* tubular.

Röhren|hose(n *pl.*) F drainpipe trousers *pl.*; **~knochen** *m* long bone; **~leitung** *f* → ***Rohrleitung***; **~pilz** *m* boletus.

Rohr|flöte *f* reed pipe; **~geflecht** *n* canework.

Röhricht *n* reeds *pl.*

Rohr|kolben *m* ⚘ cat's tail; **~krepierer** *m* ⚔ barrel burst; *fig.* damp squib, non-starter; **~leger** *m* pipe fitter; **~leitung** *f* pipe, piping; *für Kabel etc.*: conduit; (*Fernleitung*) pipeline; (*Versorgungsnetz*) mains *pl.*

Röhrling *m* boletus.

Rohr|möbel *pl.* wicker furniture *sg.*; → ***Stahlrohrmöbel***; **~netz** *n* piping, network of pipes (*od.* tubes); **~post** *f* pneumatic dispatch, air tube; **~schilf** *n* reed; **~spatz** *m* reed bunting; *fig.* ***schimpfen wie ein ~*** rant and rave; **~stock** *m* cane; **~stuhl** *m* wicker chair; **~zange** *f* pipe wrench; **~zucker** *m* cane sugar.

Rohseide *f* raw silk.

Rohstoff *m* raw material; **2arm** *adj.* lacking in raw materials; **~mangel** *m* shortage of raw materials; **~preise** *pl.* price

R

sg. of raw materials; **Ꝛreich** *adj.* rich in raw materials.
Roh|übersetzung *f* rough translation; **~zucker** *m* raw (*od.* unrefined) sugar; **~zustand** *m* **1.** natural (*od.* crude) state; **2.** ***im ~*** *Pläne etc.*: in draft form; ***mein Artikel ist noch im ~*** I've only done a rough version of the article (so far).
Rokoko *n* rococo; **~zeit** *f* rococo era (*od.* period).
Rolladen *m* → ***Rollladen.***
Roll|bahn *f* taxiway; **~band** *n am Flughafen etc.*: walkway; **~bild** *n* scroll painting; **~braten** *m* collared beef (*od.* pork *etc.*).
Rolle[1] *f* **1.** roll (*a. Geld*Ꝛ, *Papier*Ꝛ, *Tabak*Ꝛ *etc.*); (*Draht*Ꝛ, *Tau*Ꝛ) coil; (*Papyrus*Ꝛ) roll, scroll; ***~ Garn*** reel of cotton, *Am.* spool of thread; **2.** (*Walze*) roller, cylinder; *an Möbeln*: castor; (*Flaschenzug*Ꝛ) pulley; F *fig.* ***völlig von der ~ sein*** have lost one's grip on things, *Sport*: be completely out of touch; **3.** *Turnen*: roll.
Rolle[2] *f thea. u. fig.* role, part; ***kleine ~*** bit part, small role; ***führende ~*** lead; ***s-e ~ lernen*** learn one's part (*od.* lines); ***die ~n e-s Stückes besetzen*** cast a play; ***ein Stück mit verteilten ~n lesen*** do a play-reading; ***er ist in s-r ~ völlig aufgegangen*** he was completely taken over by the role; *fig.* ***e-e ~ spielen*** play a part *od.* role (**bei, in** in); ***e-e große ~ spielen*** play an important part (*od.* role), be a key player, *in e-r Firma etc.*: be in an influential position; ***e-e klägliche ~ spielen*** cut a poor figure; ***Spiel mit vertauschten ~n*** reversal of roles; ***das spielt keine ~*** it doesn't matter, it doesn't make any difference; ***Geld spielt keine ~*** money is no object; ***aus der ~ fallen*** step out of line, *stärker*: forget oneself.
rollen I. *v/i.* roll; *mot. a.* move; ✈ taxi; *See*: roll; *Donner*: rumble; 🚂 ***~des Material*** rolling stock; ***Tränen rollten ihm über die Wangen*** tears rolled down his cheeks; F ***die Sache rollt*** F we've got the ball rolling, we're on our way, *stärker*: F it's all systems go; → ***Kopf*** 5; **II.** *v/t.* roll; *auf Rädern*: *a.* wheel; ***die Augen ~*** roll one's eyes; ***das R ~*** roll one's r's; F *fig.* ***man kann sie ~*** F she's like a barrel, she's a real roly-poly; **III.** *v/refl.*: ***sich ~*** roll; *Haar, Papier etc.*: curl; ***sich im Gras ~*** *Kinder*: roll around in the grass; **IV.** Ꝛ *n* rolling; ***ins ~ kommen*** *Lawine etc.*: start moving, *fig.* get going, get under way; *fig.* ***die Sache ins ~ bringen*** get the ball rolling, get things moving.
Rollen|besetzung *f thea.* **1.** casting; **2.** (*die Darsteller*) cast (*a. pl. konstr.*); **~erwartung** *f* role expectation; **~fach** *n thea.* (type of) role; ***ins ~ gehen*** become a character actor; **~konflikt** *m* role conflict, conflict of roles.
Rollenlager *n* ⚙ roller bearing.
Rollen|spiel *n* **1.** role play; **2.** → ***Rollenverhalten***; **~tausch** *m* role swapping, reversal of roles; **~verhalten** *n* role behavio(u)r; **~verteilung** *f* **1.** → ***Rollenbesetzung***; **2.** *fig. the* various (*od.* respective) roles; ***die traditionelle ~ zwischen Mann und Frau*** the traditional male-female roles.
Roller *m* **1.** (*a. Kinder*Ꝛ) scooter; **2.** (*Brandungswelle*) (rolling) breaker, roller; **3.** (*Maler*Ꝛ) roller; **4.** → ***Rollsprung.***
Rollerskate *m* (*Rollschuh*) roller skate; **Rollerskating** *n Sport* roller skating.
Roll|feld *n* manoeuvring (*Am.* maneuvering) area; **~film** *m* roll film; **~gut** *n* rolling freight; **~hockey** *n* roller-skate hockey; **~kommando** *n* heavy squad, heavies *pl.*
Rollkragen *m* polo neck; **~pullover** *m* polo-neck (*Am.* turtleneck) jumper *od.* sweater; polo neck, *Am.* turtleneck.
Roll|kunstlauf *m* figure roller-skating; **~kur** *f* ⚕ *treatment for gastric disorders in which ingested medicine is distributed by slowly rotating the body*; **~laden** *m* shutters *pl.*; **~mops** *m* rollmop, rolled pickled herring.
Rollo *n* (roller) blind, *Am.* shade.
Roll-out *m* ✈ rollout: a) *Ausrollen nach der Landung*, b) *Präsentation e-s neuen Flugzeugs.*
Roll|schinken *m* rolled ham; **~schrank** *m* roll-front cabinet; **~schreibtisch** *m* roll-top desk.
Rollschuh *m* roller skate; ***~ laufen*** roller-skate; **~bahn** *f* roller-skating rink; **~läufer(in** *f*) *m* roller skater.
Roll|sitz *m Rudern*: sliding seat; **~splitt** *m* loose chippings *pl.*; **~sprung** *m* western roll; **~steg** *m* travelator.
Rollstuhl *m* wheelchair; **~fahrer** *m* **1.** wheelchair user; ***er ist ~*** he's in (*od.* confined to) a wheelchair; **2.** *Sport*: wheelchair athlete; **Ꝛgerecht** *adj.* suitable for wheelchairs.
Rolltreppe *f* escalator.
Rom *fig.*: ***~ wurde auch nicht an einem Tage erbaut*** Rome wasn't built in a day; ***viele Wege führen nach ~*** there isn't just one way of doing it, that isn't the only way of doing it (*od.* going about it); → ***Zustand.***
ROM *n Computer*: ROM, read only memory.
Roman *m* novel; *coll.* **~e** *a.* fiction; ***das gibt es nur in ~en*** it's the stuff of fiction (*od.* fairytales); F *fig.* ***erzähl doch keine ~e!*** a) F don't give me the whole saga (*od.* spiel), keep to the point, will you, b) (*unwahre Dinge*) F tell me another.
Romana(salat) *m* cos (lettuce).
Romancier *m* novelist.
Roman|figur *f* character (in a novel); **~held** *m* hero (of a *od.* the novel); **~heldin** *f* heroine (of a *od.* the novel).
Romanik *f* Romanesque (style); (*Epoche*) Romanesque period; **romanisch** *adj. ling. etc.* Romance *languages etc.*; *Kunst*: Romanesque; **Romanist** *m* student of (*od.* lecturer in) Romance languages and literature; **Romanistik** *f* Romance languages and literature, *a.* F French (and Italian *etc.*).
Romanschriftsteller(in *f*) *m* novel writer, novelist.
Romantik *f* **1.** *Kunst etc.*: Romanticism, *the* Romantic movement; **2.** *fig.* romanticism (*a. Veranlagung*), romance; **Romantiker** *m* Romantic; *fig.* romantic; **romantisch** *adj.* romantic(ally *adv.*); *Kunst etc.*: Romantic.
Romanze *f poet.*, ♪ *u. fig.* romance.
Romanzyklus *m* cycle of novels.
Römer *m* **1.** *a. hist.* Roman; **2.** (*Glas*) rummer; **~brief** *m*: *bibl.* ***der ~*** the (*od.* St Paul's) Epistle to the Romans, Romans *pl.* (*sg. konstr.*); **~reich** *n hist.*: Roman Empire; **~straße** *f* Roman road; **~topf** *m* chicken brick; **~zeit** *f hist.*: ***die ~*** Roman times *pl.*, Ancient Rome; ***bis in die ~ zurückreichen*** go back to Roman times.
Romfahrt *f* pilgrimage to Rome.
ROM-gesteuert *adj. Computer*: ROM-controlled, *Chip*: ROM-driven.
römisch *adj.* Roman; ***~e Ziffer*** Roman numeral; **~-katholisch** *adj.* Roman Catholic.
Rommé, Rommee *n* (*Kartenspiel*) rummy.
Rondell *n* **1.** ⚘ round (*od.* circular) flowerbed; **2.** *e-s Kreisverkehrs*: roundabout.
Rondo *n* ♪ rondo.
röntgen I. *v/t.* x-ray; **II.** Ꝛ *n* (*Einheit*) roentgen; **Ꝛapparat** *m* x-ray unit; **Ꝛäquivalent** *n* roentgen equivalent man (*abbr.* rem); **Ꝛarzt** *m* radiologist; **Ꝛaufnahme** *f* x-ray; **Ꝛbehandlung** *f*, **Ꝛbestrahlung** *f* x-ray treatment, radiotherapy; **Ꝛbild** *n* x-ray; **Ꝛdosis** *f* x-ray dose; **Ꝛdurchleuchtung** *f* radioscopy, fluoroscopy.
Röntgenologe *m* radiologist; **Röntgenologie** *f* radiology.
Röntgen|strahlen *pl.* x-rays; **~therapie** *f* → ***Röntgenbehandlung***; **~untersuchung** *f* x-ray (examination).
Rosa *n*, **rosa(farben, -rot)** *adj.* pink; ***die Dinge durch e-e rosa(rote) Brille sehen*** see the world through rose-colo(u)red (*od.* rose-tinted) spectacles *od.* glasses.
Rose *f* ⚘ rose; (*Fenster*Ꝛ) rose window; *fig.* ***er ist auch nicht auf ~n gebettet*** his life is no bed of roses.
rosé *adj.* pale pink.
Rosé[1] *n* pale pink.
Rosé[2] *m* rosé (wine).
Rosen|beet *n* bed of roses; **~garten** *m* rose garden; **~holz** *n* rosewood; **~kohl** *m* Brussels sprouts *pl.*; **~kranz** *m eccl.* rosary; ***den ~ beten*** say the Rosary; **~montag** *m* Monday before Lent; **~öl** *n* attar of roses; **~quarz** *m* rose quartz; **~stock** *m* rose tree; **~strauch** *m* rosebush; **~strauß** *m* bunch of roses; **~wasser** *n* rosewater; **~zucht** *f* rose-growing; **~züchter** *m* rose-grower.
Rosette *f* rosette; (*Fenster*) rose window; ⚙ rose.
rosig *adj.* rosy (*a. fig.*); *fig.* ***et. in ~en Farben schildern*** paint s.th. in rosy (*od.* bright) colo(u)rs, paint a rosy (*od.* bright) picture of s.th.; ***~e Zeiten brechen an*** it looks as if there are rosy times ahead; ***es sieht nicht gerade ~ aus*** things are looking pretty grim.
Rosine *f* raisin; F *fig.* gem; F *fig.* (***große***) ***~n im Kopf haben*** have big ideas; F ***sich die ~n herauspicken*** F take the pick of the bunch, pick out the plum jobs (*od.* sites *etc.*).
Rosinen|bomber F *m hist.* supply plane (*during the Berlin airlift*); **~brot** *n* raisin bread.
Rosmarin *m* ⚘ rosemary.
Ross *n* horse, *lit.* steed; *fig.* ***sich*** (***moralisch***) ***aufs hohe ~ setzen*** give o.s. airs (take the moral high ground); F ***komm runter von d-m hohen ~*** come down off your high horse; **~äpfel** F *pl.* F horse droppings; **~breiten** *pl. geogr.* horse latitudes.
Rösselsprung *m* **1.** *Schach*: knight's move; **2.** *type of crossword puzzle based on the knight's move.*
Rosshaar *n* horsehair; **~matratze** *f* hair mattress.
Ross|kastanie *f* horse chestnut; **~kur** *f* drastic cure.
Rosstäuscher F *m* F con man; **~trick** F *m* confidence trick, F con.
Rost[1] *m* rust (*a. fig.*); ***~ ansetzen*** get

R

rusty (*a. fig.*); ***von ~ zerfressen*** rust-eaten.
Rost² *m* (*Feuer≈, Kessel≈*) grate; (*Gitter≈*) grille, grating; (*Brat≈*) grill.
rostbeständig *adj.* rustproof.
Rost|braten *m* roast joint; **~bratwurst** *f* grilled sausage.
rostbraun *adj.* russet.
rosten *v/i.* rust, *a. fig.* get rusty.
rösten *v/t.* (*Fleisch*) roast, grill; (*Kaffee*) roast; (*Brot*) toast; (*Kartoffeln*) fry; **Röster** *m* toaster.
rost|farben *adj.* rust-colo(u)red, russet; **≈fleck** *m* patch of rust; **≈fraß** *m* corrosion; **~frei** *adj.* rustproof; *Stahl*: stainless.
Rösti *schweiz. f* fried potato cake.
rostig *adj.* rusty (*a. fig.*).
Röstkartoffeln *pl.* fried potatoes.
Rostlaube F *f* (*Auto*) F rust bucket.
Rostschutz *m* rust protection; **~farbe** *f* anti-rust paint; **~mittel** *n* anti-rust agent.
Roststelle *f* patch of rust.
rot I. *adj.* red (*a. Haar u. pol.*); ***≈e Armee*** Red Army; ***~e Gefahr*** communist threat; ***≈es Kreuz*** Red Cross; ***das ≈e Meer*** the Red Sea; ***der ≈e Platz (in Moskau*** Moscow's) Red Square; ***~es Haar haben*** *a.* be a redhead; ***e-n ~en Kopf bekommen*** *vor Anstrengung, Wut*: get red in the face, *vor Verlegenheit*: blush, go red; ***auf j-n wie ein ~es Tuch wirken*** be like a red rag to a bull for s.o., *Person*: get s.o.'s blood up, F get s.o.'s goat; ***in den ~en Zahlen stehen*** be in the red; → ***rotsehen, Faden, Karte, Welle***; **II.** ≈ *n* red; *Verkehrsampel*: red (light); ***bei ~*** at red; ***bei ~ durchfahren*** (*od.* ***über die Ampel fahren***) jump (F shoot) the lights.
Rotalgen *pl.* red algae.
Rotarier *m* Rotarian.
Rotarmist *m* Red Army soldier.
Rotation *f* rotation.
Rotations|achse *f* axis of rotation; **~druck** *m* rotary press printing; **~maschine** *f typ.* rotary press; **~system** *n* rotation system, system of rotation.
rot|bäckig *adj.* red- (*od.* rosy-)cheeked; **≈barsch** *m* rosefish, ocean perch; **~blond** *adj.* red(dish); ***~ sein*** *Person*: have red(dish) hair; **~braun** *adj.* reddish brown; *Pferd*: chestnut, sorrel ..., bay ...; **≈buche** *f* copper beech; **≈dorn** *m* pink hawthorn.
Rote(r) *m* **1.** *pol.* Red, F commie; **2.** (*Indianer*) redskin; **3.** (*Rothaariger*) redhead.
Röte *f* redness, red; *am Himmel*: *a.* red glow; *im Gesicht*: redness, *bei Fieber, Verlegenheit etc.*: flush; ***die ~ stieg ihm ins Gesicht*** he colo(u)red up, he flushed.
Rötel *m* **1.** red chalk; **2.** (*Stift*) red chalk crayon.
Röteln *pl.* ⚕ German measles (*sg. konstr.*), 📖 *rubella sg.*
Rötelzeichnung *f* red chalk drawing.
röten I. *v/t.* redden; **II.** *v/refl.*: ***sich ~*** turn red, redden, *Gesicht*: *a.* flush.
Rot|filter *m, n phot.* red filter; **~fuchs** *m* **1.** red fox; **2.** (*Pferd*) chestnut, sorrel, bay; **3.** F (*Person*) redhead, F carrot-top; **4.** (*Pelz*) fox (fur).
rot| gerändert *adj.* red-rimmed; ***~ glühend*** *adj.* red-hot.
Rot|glut *f* red heat; **~gold** *n* red gold; **≈grün** *adj. pol.*: ***~es Bündnis, ~e Koalition*** red-green coalition; **≈haarig** *adj.* red-haired; **~haarige(r** *m*) *f* redhead; **~haut** *f* (*Indianer*) redskin; **~hirsch** *m* red deer.

rotieren *v/i.* rotate, revolve; F *fig.* ***er fing an zu ~*** F he got into a flap; F ***ich bin am ≈*** F I don't know whether I'm coming or going; **rotierend** *adj.* rotating, revolving.
Rot|käppchen *n* (Little) Red Riding Hood; **~kehlchen** *n* robin (redbreast); **~kohl** *m*, **~kraut** *n* red cabbage.
Rotkreuz|flagge *f* Red Cross flag; **~schwester** *f* Red Cross nurse.
rot lackiert *adj.*: ***~e Fingernägel*** (bright) red fingernails.
rötlich *adj.* reddish; *Gesicht*: *a.* ruddy; **rötlich blond** *adj.* reddish-blond.
Rotlicht *n* red light (*a. phot.*); *Ampel*: red (traffic) light; ***bei ~ fahren*** jump (F shoot) the lights; **~bestrahlung** *f* infrared rays *pl.* (*od.* treatment); **~lampe** *f* infrared lamp; **~sünder** *m* red light offender; **~viertel** *n* red-light district.
Rotor *m* rotor.
Rotschwanz *m zo.* redstart, redtail.
rotsehen *v/i.* see red.
Rot|stift *m* red pencil; (*Kugelschreiber etc.*) red pen; ***mit ~ korrigieren*** correct (*od.* do corrections) in red; *fig.* ***den ~ ansetzen*** make cuts (***bei*** in); ***dem ~ zum Opfer fallen*** *Szene, Passage etc.*: fall victim to the censors, be cut out, *Projekt, Gelder etc.*: be axed, come in for the chop; **~tanne** *f* spruce.
Rotte *contp. f* horde, mob, gang; **Rottenführer** *m* foreman.
Rötung *f* reddening.
rot unterlaufen *adj. Augen*: bloodshot, red.
rotwangig *adj.* red-cheeked, rosy-cheeked.
Rotwein *m* red wine; (*bsd. Bordeaux*) claret; **~fleck** *m* (red) wine stain.
Rot|welsch *n* thieves' Latin; **~wild** *n* red deer; **~wurst** *f* black pudding.
Rotz V *m* (*Nasenschleim*) V snot; ***~ und Wasser heulen*** F bawl one's eyes out; **~bengel** V *m sl.* snotty little brat; **~fahne** V *f* V snotrag; **≈frech** F *adj.* F snotty.
rotzig V *adj.* (*a.* **rotznäsig**) F snotty; *fig. a.* F bolshy.
Rouge *n* rouge; ***~ auftragen*** put (some) rouge on.
Roulade *f gastr. etwa* beef olive.
Rouleau *n* (roller) blind, *Am.* shade.
Roulett(e) *n* roulette.
Roulettspieler *m* roulette player.
Roulettisch *m* roulette table.
Route *f* route.
Routine *f* routine; (*Erfahrung, Übung*) practi|ce (*Am. a.* -se), experience; ***zur ~ werden*** become (a matter of) routine; **~angelegenheit** *f* routine matter; **~arbeit** *f* routine (work); **≈mäßig I.** *adj.* routine; ***~e Untersuchung*** routine check-up; **II.** *adv.* routinely, as a matter of routine; **~sache** *f* **1.** routine affair (*od.* matter); **2. *es ist ~*** it's a question of routine (*od.* practi|ce, *Am. a.* -se).
Routinier *m* F old hand (*gen.* at).
routiniert *adj.* experienced, seasoned ..., veteran ...
Rowdy *m* lout, hooligan, hoodlum, F hood, lager lout; **Rowdytum** *n* hooliganism.
Royalismus *m* royalism; **Royalist** *m* royalist.
Rubbellos *n* scratchcard.
rubbeln *v/t. u. v/i.* rub; (*trocken~*) rub *s.o.* down; *auf e-m Los*: scratch; (*Rubbellose kaufen*) buy scratchcards.
Rübe *f* **1.** turnip; ***Rote ~*** beetroot; ***Gelbe ~*** carrot; **2.** F (*Kopf*) F conk, noddle, nut; ***j-m eins über die ~ geben*** F conk s.o. (one); ***eins auf die ~ kriegen*** F get bashed on the nut.
Rubel *m* rouble; ***der ~ rollt!*** the money's rolling in.
Rübenzucker *m* beet sugar.
rüber(...) F *adv.* **1.** → ***herüber(...)***; **2.** → ***hinüber(...)***; **~faxen** F *v/t.* fax *s.th.* through (***j-m*** to s.o.).
Rubikon *m*: ***den ~ überschreiten*** cross the Rubicon.
Rubin *m* ruby; **≈rot** *adj.* ruby(-red).
Rubrik *f* (*Spalte*) column; (*Kategorie*) category; *in e-r Handschrift*: rubric; ***unter der ~ ...*** under the heading *od.* category (of).
ruchbar *adj.*: ***~ werden*** become known; ***als der Vorfall ~ wurde*** *a.* when news of the incident got (a)round, when people found out about the incident.
ruchlos *adj.* wicked, contemptible; **Ruchlosigkeit** *f* profligacy; (*Handlung*) wicked act.
Ruck *m* jerk; *im Zug etc.*: jolt (*a. fig.*); *pol.* ***~ nach links*** swing to the left; ***mit e-m ~*** in one go; *fig.* ***sich e-n ~ geben*** pull o.s. together.
Rückansicht *f* rear view.
Rückantwort *f* reply; ***Postkarte mit ~*** reply-paid postcard; **~schein** *m* reply coupon.
ruckartig I. *adj.* jerky; **II.** *adv.* with a jerk; *fig.* (*plötzlich*) suddenly.
Rück|besinnung *f*: ***die ~ auf*** recalling, thinking back to, turning one's mind back to; **≈bezüglich** *adj. ling.* reflexive; ***~es Fürwort*** reflexive pronoun; **~bildung** *f* ⚕ regression; *biol.* degeneration; *ling.* back formation; **~blende** *f Film*: flashback.
Rückblick *m* review (***auf*** of); (*Bericht*) survey (of); ***e-n ~ werfen auf*** look back at; ***im ~*** in retrospect; ***im ~ auf*** looking back at, casting our eyes back on; **rückblickend I.** *adj.* retrospective; **II.** *adv.* in retrospect, looking back.
rück|datieren *v/t.* antedate; **≈einfuhr** *f* reimportation.
rücken I. *v/t.* move; (*schieben*) *a.* shift; (*weg~*) push (away); **II.** *v/i.* move; (*Platz machen, a.* ***ein Stückchen ~***) move over; ***näher ~*** move closer, move up, *zeitlich*: approach, draw near, *bedrohlich*: loom up; ***an j-s Stelle ~*** take s.o.'s place; ***er ist nicht von der Stelle gerückt*** he didn't (*od.* wouldn't) budge; → ***Blickfeld, greifbar, Leib, Pelz.***
Rücken *m* back (*a. Buch≈, Hand≈, Stuhl≈ etc.*); (*Berg≈*) ridge; ***~ an ~*** back to back; ***mit dem Wind im ~*** with a following wind; ***dabei lief es ihr (heiß und) kalt über den ~*** it sent shivers down her spine; ***j-m in den ~ fallen*** attack s.o. from behind, *fig.* stab s.o. in the back; ***j-n im ~ haben*** ⚔ have s.o. in the rear, *fig.* have s.o. behind one (*od.* backing one up); *fig.* ***j-m den ~ decken*** back s.o. up; ***sich den ~ freihalten*** cover o.s.; ***hinter j-s ~*** behind s.o.'s back; ***j-m (e-r Sache) den ~ kehren*** turn one's back on s.o. (s.th.); ***vor j-m den ~ beugen*** bow down to s.o.; ***mit dem ~ zur Wand*** with one's back to the wall; F ***auf den ~ fallen*** F be floored; **~deckung** *f* ⚔ rear cover; *fig.* backing, support; **~flosse** *f* dorsal fin; **≈frei** *adj. Kleid*: low-backed; **~lage** *f*: ***in ~*** (lying) on one's back; ***in ~ schwimmen*** do the backstroke; **~lehne** *f* back (rest).

R

Rückenmark *n* spinal cord (*od.* marrow); **Rückenmarksnerv** *m* spinal nerve.

Rücken|muskel *m* back muscle; **~nummer** *f Sport*: number (*on the back of a player's shirt*); **~panzer** *m zo.* carapace; **~schmerzen** *pl.* backache *sg.*, back pains (*od.* pain *sg.*); **~schwimmen** *n* backstroke; **~stärkung** *fig. f* backing, support; **~stück** *n gastr.* chine; *vom Hammel, Wild*: saddle; **~stütze** *f* back support.

Rückentwicklung *f* retrogression; ⚕ regression; *biol.* degeneration.

Rückenwind *m* following wind; ***~ haben*** have the wind behind one.

Rückerinnerung *f* reminiscence.

rückerstatten *v/t.* refund, reimburse; **Rückerstattung** *f* refund.

Rückfahr|karte *f* return ticket, *Am.* round-trip ticket; **~scheinwerfer** *m* reversing (*Am.* backup) light.

Rückfahrt *f* return journey (*od.* trip); ***auf der ~*** on the way back.

Rückfall *m* ⚕ relapse (*a. fig.*); ⚖ repeat offen|ce (*Am.* -se); **rückfällig** *adj.* ⚖ *Sache*: revertible; *Verbrecher*: reoffending ..., recidivist ...; ***~ werden*** ⚖ reoffend, *fig.* have a relapse; **Rückfälligkeit** *f* ⚖ recidivism.

Rückfall|kriminalität *f* ⚖ recidivism; **~quote** *f* ⚖ reoffending rate; **~täter** *m* ⚖ reoffending person, recidivist.

Rück|fenster *n mot.* rear window; **~flug** *m* return flight; **~fluss** *m* backflow, return flow; ⚚ reflux; **~forderung** *f* reclaim(ing).

Rückfrage *f* further inquiry (*od.* enquiry), query; ***bei j-m ~ halten*** → **rückfragen** *v/i.* inquire; ***bei j-m ~*** check with s.o.

Rück|front *f* back, rear; ***die Tür ist auf der ~*** the door's at the back; **~führung** *f* **1.** *von Truppen*: return; **2.** *von Völkern*: repatriation, return; **3.** ⚙ feedback; ***~ von Abgasen*** *mot.* exhaust gas recirculation; **4.** (*Rückverfolgung*) tracing back (***auf*** to).

Rückgabe *f* return; *Fußball*: back pass; **~recht** *n* right of return; ***et. mit ~ bestellen*** *a.* order s.th. on a sale or return basis; **~schalter** *m* return counter.

Rückgang *m* decline, drop; ***e-n ~ erleben*** experience a decline, go into decline; **rückgängig** *adj.*: ***~ machen*** (*Auftrag etc.*) cancel; (*Vertrag*) *a.* annul, rescind; (*absagen*) call off; *Computer*: undo.

rückgewinnen *v/t.* recover; (*Land*) reclaim; (*Rohstoffe*) recycle, recover; **Rückgewinnung** *f* recovery; *von Land*: reclamation; *von Rohstoffen*: recycling, recovery.

Rückgliederung *f* reintegration.

Rückgrat *n anat.* spine, vertebral column; *a. fig.* backbone; *fig.* ***j-m das ~ brechen*** a) break s.o.'s resistance, b) ruin s.o.; ***er hat kein ~*** he's got no backbone, F he's gutless; ***~ zeigen*** show some guts; **rückgratlos** *adj.* spineless; **Rückgrat(ver)-krümmung** *f* curvature of the spine.

Rückgriff *m* **1.** ***der ~ auf ...*** falling back on ..., going back to ...; ***der Stil stellt e-n ~ auf die Gotik dar*** the style goes back to (*od.* draws on) Gothic architecture *etc.*; **2.** *Computer*: retrieval.

Rückhalt *m* backing, support; ***ohne ~*** → **rückhaltlos I.** *adj.* (*bedenkenlos*) unreserved; (*offen*) open, frank; **II.** *adv.* unreservedly, without reserve; ***er sagte ~ s-e Meinung*** he didn't pull any punches.

Rückhand(schlag *m*) *f Tennis*: backhand (stroke).

Rückkampf *m* **1.** → ***Rückspiel***; **2.** *Boxen etc.*: return fight (*od.* bout).

Rückkauf *m* repurchase; **Rückkaufsrecht** *n* right of repurchase (*von Effekten*: redemption).

Rück|kehr *f* return (*a. fig.*); ***bei m-r ~*** on my return, when I got back; **~kopp(e)lung** *f* feedback; **~lage** *f* **1.** ⚚ reserve(s *pl.*); (*Ersparnisse*) savings *pl.*; **2.** *Skisport*: backward lean.

Rücklauf *m* **1.** *Videogerät etc.*: (fast) rewind; *Kamera*: rewind; **2.** ⚙ return stroke; **3.** *e-s Gewässers*: reflux; **rückläufig** *adj.* declining, downward, *a. ast.*, *biol.*, ⚕ retrograde; ⚚ ***~e Tendenz*** downward trend.

Rücklicht *n* rear light, tail-light.

rücklings *adv.* backwards; (*von hinten*) from behind; (*auf dem Rücken*) on one's back.

Rück|meldung *f* reporting back; *univ.* re-registration; *Funk*: reply; *electron.* feedback; **~nahme** *f* taking back; *e-r Behauptung etc.*: withdrawal; **~nahmeautomat** *m* bottle bank; **~pass** *m Sport*: back pass; **~porto** *n* return postage; **~prall** *m* rebound.

Rückreise *f* return (journey *od.* trip); **~welle** *f* homebound wave of traffic.

Rückrollbremse *f* hill-holder.

Rückruf *m*: ***auf j-s ~ warten*** wait for s.o. to ring (*od.* call) back; ***ich erwarte dann Ihren ~*** I'll be hearing from you then; **~aktion** *f* ⚚ recall.

Rückrunde *f* **1.** second half of the season; **2.** (*Rückspiel*) return match (*od.* leg).

Rucksack *m* rucksack; *großer*: backpack; **~tourismus** *m* backpacking; **~tourist** *m* backpacker.

Rückschlag *m* **1.** setback; ⚕ relapse; **2.** *Sport*: return; **3.** *e-s Gewehrs*: recoil; **~ventil** *n* check valve.

Rück|schluss *m*: ***Rückschlüsse ziehen aus*** draw conclusions from; **~schreiben** *n* reply.

Rückschritt *m* step back, backward (*od.* retrograde) step; **rückschrittlich** *adj.* reactionary.

Rückseite *f* back, rear; *e-s Blattes*, *e-r Münze etc.*: reverse; ***siehe ~!*** see overleaf.

rücksetzen *v/t.* ⚡, *Computer*: reset.

Rücksicht *f* consideration (***auf*** for); ***aus*** (*od.* ***mit***) ***~ auf*** out of consideration for; ***ohne ~ auf*** regardless of; F ***ohne ~ auf Verluste*** F regardless; ***auf j-n ~ nehmen*** show consideration for s.o.; ***auf et. ~ nehmen*** make allowances for s.th., take s.th. into account; ***keine ~ nehmen auf*** *a.* pay no heed to; **Rücksichtnahme** *f* consideration (***auf*** for); ***~ im Verkehr*** courtesy on the road; **rücksichtslos I.** *adj.* inconsiderate (***gegen*** towards), thoughtless; (*unbarmherzig*) ruthless; **II.** *adv.* inconsiderately *etc.*; ***~ fahren*** drive recklessly; ***~ vorgehen*** *Regierung etc.*: take drastic action *od.* measures (***gegen*** against); **rücksichtsvoll** *adj.* considerate (***gegenüber*** towards), thoughtful; (*schonend*) gentle; ***~es Verhalten*** thoughtfulness.

Rück|sitz *m* back seat; *Motorrad*: pillion; **~spiegel** *m mot.* rear-view mirror; **~spiel** *n Sport*: return match (*od.* leg); **~sprache** *f* consultation; ***mit j-m ~ halten*** confer with s.o., talk *s.th.* over with s.o.; ***nach ~ mit*** after consulting (*od.* talking to).

Rückspulautomatik *f phot.*, *Video*: automatic (film) rewind; **rückspulen** *v/t. u. v/i. Tonband, Video etc.*: rewind; **Rückspulknopf** *m phot.* winder; **Rückspultaste** *f* rewind key.

Rückstand *m* **1.** (*Rest*) remains *pl.*; ⚗ residue, (*Bodensatz*) sediment; **2.** ⚚ ***Rückstände*** outstanding debts; **3.** (*Liefer*~, *Arbeits*~) backlog; ***im ~ sein*** be behind; ***mit der Miete*** *etc.* ***im ~ sein*** be in arrears with one's rent *etc.*; ***mit zwei Toren im ~ sein*** *Fußball*: be two goals down; **rückständig** *adj.* out-of-date, antiquated, behind the times; (*unterentwickelt*) backward, underdeveloped; **Rückständigkeit** *f* backwardness.

Rückstau *m* **1.** *von Wasser*: backwater; **2.** *mot.* tailback.

Rückstelltaste *f* backspacer; **Rückstellung** *f* **1.** ⚚ transfer to reserve (fund); (*Summe*) reserve; **2.** ⚡, *Computer*: reset(ting).

Rück|stoß *m Gewehr*: recoil; *Rakete*: reaction; **~strahler** *m* reflector; **~strahlung** *f* reflection; **~strom** *m* **1.** ⚡ reverse current; **2.** ***~ von Urlaubern*** returning masses of holidaymakers; **~stufung** *f* downgrading; **~taste** *f Computer etc.*: backspace key, backspacer.

Rücktritt *m* **1.** *vom Amt*: resignation; *vom Vertrag*: withdrawal; ***s-n ~ erklären*** hand in one's resignation; **2.** *am Fahrrad*: → **~bremse** *f* backpedal (*Am.* coaster) brake.

Rücktritts|gebühr *f* cancellation charge (*od.* fee); **~gesuch** *n* resignation; ***sein ~ einreichen*** tender one's resignation; **~klausel** *f* escape clause; **~recht** *n* right to rescind (***vom Vertrag*** the contract).

rückübersetzen *v/t.* translate back (into English *etc.*); **Rückübersetzung** *f* retranslation.

rückvergüten *v/t.* refund, reimburse; **Rückvergütung** *f* refund, reimbursement.

rückversichern I. *v/t.* reinsure; **II.** *v/refl.*: ***sich ~*** reinsure o.s.; *fig.* play safe; **Rückversicherung** *f* reinsurance.

Rück|wand *f* back; *von Gebäuden*: back wall; **~wanderer** *m* returning emigrant; **~wanderung** *f* remigration.

rückwärtig *adj.* rear, back.

rückwärts *adv.* backwards; ***von ~*** from behind, from the back (*od.* rear); ***Salto ~*** backward somersault; *mot.* ***~ fahren*** back (up), reverse; ***~ aus der Garage fahren*** back (the car) out of the garage; **~bewegung** *f* backward movement; *fig.* decline, falling off; **~gang** *m mot.*: (***im ~*** in) reverse (gear).

rückwärts gehen *fig. v/i.* be on the decline, *Geschäft etc.*: *a.* go down, fall off.

Rückweg *m* way back (*od.* home); ***auf dem ~*** on the way back (*od.* home); ***den ~ antreten*** head for home.

ruckweise *adv.* jerkily, in jerks.

rückwirkend *adj.* retroactive; ***die Gehaltserhöhung gilt ~ ab April*** the salary increase will be backdated to April; **Rückwirkung** *f* **1.** repercussion; **2.** ⚖ ***mit ~ vom*** with retroactive effect from.

rückzahlbar *adj.* repayable; *Darlehen*: redeemable; **Rückzahlung** *f* repayment; *e-r Anleihe, von Effekten*: redemption.

Rückzieher *m* **1.** climbdown; ***e-n ~ machen*** climb down; **2.** *Fußball*: overhead kick.

ruck, zuck F *adv.* in no time, in a flash; ***jetzt aber ~!*** F make it snappy!

Rückzug *m* retreat, withdrawal; **Rück-**

R

zugsgefecht *n* ⚔ *u. fig.* rearguard action.

Rucola *f Salat*: *m* rocket (plant), rucola.

rüde I. *adj.* coarse, uncouth; ***∼r Kerl*** *a.* lout, F yob; **II.** *adv.*: ***sich ∼ benehmen*** behave rudely, *generell*: be uncouth.

Rüde *m zo.* **1.** dog; **2.** male (fox *od.* wolf).

Rudel *n von Hirschen etc.*: herd; *von Wölfen*: pack; *fig.* swarm, horde.

Ruder *n* oar, *kurzes*: scull; (*Steuer2*) helm, wheel; (*Blatt*) rudder; ***das ∼ herumwerfen*** *a. fig.* change course; ***aus dem ∼ laufen*** *a. fig.* go off course; *fig. pol.* ***am ∼ sein*** be in power, be at the helm; ***ans ∼ kommen*** come to power, take over at the helm, take over the reins; **∼blatt** *n* (oar) blade; (*Schiffs2*) rudder blade; **∼boot** *n* rowing boat.

Ruderer *m* rower; oarsman.

Ruder|gänger *m*, **∼gast** *m* ⚓ helmsman; **∼gerät** *n* rowing machine; **∼haus** *n* ⚓ wheelhouse; **∼klub** *m* rowing club.

rudern I. *v/t. u. v/i.* row; *fig.* ***mit den Armen ∼*** thrash one's arms around; **II.** *2 n* rowing.

Ruder|pinne *f* tiller; **∼regatta** *f* boat race, (rowing) regatta; **∼schlag** *m* oarstroke.

Rudiment *n* **1.** remnant; **2.** *biol.* vestigial organ; **3.** *obs.* **∼e** (*Grundlagen*) rudiments; **rudimentär** *adj.* rudimentary.

Rud(r)erin *f* rower, oarswoman.

Ruf *m* **1.** shout; ***anfeuernde ∼e*** shouts of encouragement; **2.** *von Vögeln etc., a. fig.*: call; *fig.* ***der ∼ nach Freiheit*** the call for freedom; ***dem ∼ s-s Herzens*** (***Gewissens***) ***folgen*** follow one's heart (conscience); **3.** ***e-n ∼ erhalten nach*** be offered an appointment (*univ.* a chair) at; ***er erhielt den ∼, das Präsidentenamt zu übernehmen*** he was called to the office of president; **4.** (*Leumund*) reputation; ***von ∼*** of high repute, of (some) standing; ***von schlechtem ∼*** of low repute; ***im ∼*** *e-r Autorität* ***stehen*** be reputed to be; ***sich e-n guten ∼ erwerben*** make a name for o.s.; ***besser als sein ∼ sein*** be better than one's reputation (*od.* than what people make one out to be), not to be as black as one is painted; ***in e-n schlechten ∼ kommen*** gain a bad reputation; ***j-n*** (***et.***) ***in e-n schlechten ∼ bringen*** give s.o. (s.th.) a bad name, bring s.o. (s.th.) into disrepute; **5.** *teleph.* ***∼ 363*** Tel. 363; **∼anlage** *f* paging system.

rufen I. *v/i.* **1.** shout; ***∼ nach*** call for; ***um Hilfe ∼*** cry (*od.* call) for help; **2.** *Vögel, a. fig.*: call; ***die Pflicht ruft*** duty calls; ***die Arbeit ruft*** I've got to get back to work, there's work waiting for me; *iro.* ***die Ferne ruft*** wanderlust has taken hold again, F I've got itchy feet; **II.** *v/t.* (*j-n*) call (*a. thea., Arzt etc.*); ***∼ lassen*** send for, (*Arzt etc.*) *a.* call; ***du kommst*** (***mir***) ***wie gerufen!*** you're just the person I need; → ***Gedächtnis, Leben*** *etc.*; **III.** *2 n* shouting, calling, shouts *pl.*, calls *pl.*; **Rufer** *m*: *fig.* ***der ∼ in der Wüste*** a voice (crying) in the wilderness.

Rüffel F *m* F dressing-down, tongue-lashing, wigging; **rüffeln** F *v/t.*: ***j-n ∼*** F give s.o. a dressing-down (*od.* tongue-lashing, wigging), bawl s.o. out.

Ruf|mord *m* character assassination; **∼name** *m* first name; ***wie ist Ihr ∼?*** what name are you called by?; **∼nummer** *f* telephone number; **∼säule** *f* (*Not2*) emergency (tele)phone; (*Taxi2*) taxi (telephone; **2schädigend** *adj. Bemerkung etc.*: defamatory; **∼schädigung** *f* defamation; **∼umleitung** *f teleph.* call forwarding; **∼weite** *f*: ***in ∼*** within earshot; **∼zeichen** *n* call sign (*od.* signal).

Rugby *n Sport* rugby (football), F rugger.

Rüge *f* rebuke, reprimand; (*Tadel*) reproach; *öffentliche*: censure; **rügen** *v/t.* reprimand, rebuke (***wegen*** for); (*kritisieren*) criticize; *öffentlich*: censure, denounce.

Ruhe *f* rest; (*Stille*) peace (and quiet); (*Friede*) peace, *innere*: *a.* peace of mind; (*Gelassenheit*) calm, composure; ⚙, *phys.* (*∼lage*) rest; ***∼ und Ordnung*** law and order; ***zur ∼ kommen*** *Pendel etc.*: come to rest, *Person*: settle down; ***∼ vor dem Sturm*** calm before the storm; ***ewige ∼*** eternal rest; ***in aller ∼*** very calmly; ***überlege es dir in aller ∼*** take your time over it; ***∼ bewahren*** (*sich nicht aufregen*) keep (one's) cool, (*still sein*) keep quiet; ***er kann keine ∼ finden*** he just won't calm down, (*kann nicht schlafen*) he can't (get to) sleep; ***sich zur ∼ begeben*** retire (to bed); ***angenehme ∼!*** sleep well; ***zur ∼ bringen*** quieten down, (*beruhigen*) calm down; ***∼!*** (be) quiet!; ***∼, bitte!*** quiet, please; ***gib doch endlich ∼!*** can't you be quiet?, (*a. hör auf damit*) give over, will you; ***es herrschte absolute ∼*** there wasn't a sound to be heard, *unter Zuhörern etc.*: there was dead silence; ***er lässt sie nicht in ∼*** he keeps pestering her, *Kind*: *a.* he gives her no peace; ***lass mich in ∼!*** leave me alone; ***lass mich damit in ∼!*** I don't want to hear about it; ***es ließ ihm keine ∼*** he couldn't stop thinking about it; ***er gönnt mir keine ∼*** he doesn't give me a minute's rest, he keeps me on the go nonstop; ***sich zur ∼ setzen*** retire, go into retirement; ***j-n zur letzten ∼ betten*** lay s.o. to rest; F ***immer mit der ∼!*** F (take it) easy!, keep your shirt on!; F ***er hat die ∼ weg*** he's unflappable, (*trödelt*) F he doesn't half take his time; F ***jetzt hat die liebe Seele ∼*** peace and quiet at last; **2bedürftig** *adj.* in need of (a) rest; **∼gehalt** *n*, **∼geld** *n* pension; **∼lage** *f* → ***Ruhestellung.***

ruhelos *adj.* restless; **Ruhelosigkeit** *f* restlessness.

ruhen *v/i.* rest (*a. Toter*); *Arbeit, Verkehr etc.*: be at a standstill; *Verhandlungen, Verfahren*: have been suspended; *Vulkan*: be dormant; ***∼ auf*** *Blick, Last, Verantwortung etc.*: rest on; ***etwas ∼*** (*ausruhen*) have a little rest; ***j-n nicht ∼ lassen*** *Gedanke etc.*: give s.o. no peace; ***er ruhte*** (***und rastete***) ***nicht, bis*** he didn't rest until; ***hier ruht*** here lies; ***er ruhe in Frieden*** may he rest in peace; **ruhend** *adj. Kapital*: idle, *a. Vulkan*: dormant; *Verkehr*: stationary; ***ein in sich ∼er Mensch*** an equable person.

ruhen lassen *v/t.* (*Vergangenheit etc.*) forget (about); (*Problem, Angelegenheit*) leave aside; (*Verfahren etc.*) suspend.

Ruhe|pause *f* rest, *kurze*: F breather; **∼platz** *m* resting place; **∼sitz** *m* retirement home; ***sie wählte Bad Tölz als ihren ∼*** she retired (*od.* decided to retire) to Bad Tölz; **∼stand** *m* retirement; ***im ∼*** (***i.R.***) retired; ***in den ∼ treten*** retire; ***in den ∼ versetzen*** retire, pension off; ***vorgezogener ∼*** early retirement; **∼stätte** *f* place of rest; *fig.* ***letzte ∼*** last (*od.* final) resting place; **∼stellung** *f* **1.** ⚙ neutral position; ***in ∼*** *Pendel etc.*: at rest; **2.** ⚔ ***in ∼*** behind the lines; **∼störer** *m* disturber of the peace; noisy person; **∼störung** *f* disturbance, noise; (***öffentliche ∼***) disturbance of the peace; **∼strom** *m* ⚡ closed-circuit current; **∼tag** *m* closing day; (*dienstfreier Tag*) day off; ***Montag ∼*** closed (on) Mondays; **∼zustand** *m* state of rest; ***im ∼*** (when) at rest.

ruhig I. *adj.* (*still*) quiet (*a. Farbe, Gegend etc.*, ✝ *Markt*), *pred.* (*a. bewegungslos*) still; (*friedlich, ungestört*) quiet, peaceful; (*geruhsam*) restful; (*gelassen*) calm; (*glatt, störungsfrei*) smooth; (*gemächlich*) leisurely (*a. adv.*); *See*: calm; *Überfahrt*: smooth; *Hand*: steady; *Nerven*: calm; *Gewissen*: clear; ***∼er Mensch*** quiet person; ***∼er Posten*** F cushy job (*od.* number); ***in ∼em Ton*** in a calm (tone of) voice; ***∼ und gefasst*** calm and collected; ***∼ werden*** quieten down; ***∼ bleiben*** keep calm; ***sei ganz ∼*** (*unbesorgt*) there's no need to worry; ***∼!*** quiet!; ***du bist ganz ∼!*** I don't want to hear another sound out of you; ***∼ Blut!*** just keep calm, calm down; ***ich habe keine ∼e Minute*** I don't get a moment's (*od.* minute's) peace (*od.* rest); **II.** *adv.* quietly *etc.*; ***∼ schlafen*** sleep soundly; ***∼ wohnen*** live in a quiet area; ***∼ verlaufen*** be uneventful, (*reibungslos*) go off smoothly (*od.* without a hitch); ***sie sahen ∼ zu, wie er den Hund quälte*** they just stood and watched him tormenting the dog; ***du kannst ∼ dableiben*** you can stay if you want; ***das können Sie ∼ tun*** feel free (to do so); ***du kannst mir ∼ glauben*** you can take my word for it; ***du könntest mir ∼ die Tür aufmachen*** you might open the door for me.

ruhig stellen *v/t.* ⚕ immobilize.

Ruhm *m* fame; glory; ***∼ erlangen*** win (*od.* gain) fame; F ***er hat sich nicht gerade mit ∼ bekleckert*** he didn't exactly cover himself in glory.

rühmen I. *v/t.* praise, *stärker*: extol, sing the praises of; ***sich e-r Sache ∼*** pride o.s. on s.th.; ***sich e-r Sache ∼ können*** boast s.th.; **rühmenswert** *adj.* praiseworthy, laudable, commendable, creditable.

Ruhmes|blatt *fig. n* glorious chapter (*gen.* in); F ***das war kein ∼ für ihn*** he didn't exactly distinguish himself (with that); **∼tat** *f* glorious deed.

rühmlich *adj.* praiseworthy, hono(u)rable, laudable; ***∼e Ausnahme*** notable exception; ***kein ∼es Ende nehmen*** come to a bad end.

ruhmlos *adj.* inglorious.

ruhmreich *adj.* glorious; (*berühmt*) famous, renowned.

Ruhr *f* ⚕ dysentery.

Rühr|besen *m* whisk; **∼eier** *pl.* scrambled eggs.

rühren I. *v/t.* **1.** (*um∼*) stir; **2.** (*bewegen*) move; → ***Finger, Trommel***; **3.** *fig. innerlich*: touch; (*ergreifen*) move; ***das rührte ihn wenig*** it left him cold; ***ich dachte, mich rührt der Schlag*** I nearly fell over backwards; → ***Donner, gerührt***; **II.** *v/i.* **4.** (*um∼*) stir; **5.** ***∼ an*** touch; *fig.* (*erwähnen*) touch on; *fig.* ***an diesen Punkt darf man bei ihm nicht ∼*** it's a sore point with him; ***lass uns nicht an Vergangenes ∼*** let's not stir up the past; **6.** ***∼ von*** come from, stem from; **III.** *v/refl.*: ***sich ∼*** **7.** (*sich bewegen*) stir, *a. Körperteil*: move; ***er rührte sich nicht vom Fleck*** he didn't budge; **8.** *fig.* (*tätig werden*) do something; ***er rührt sich nicht*** (*lässt andere arbeiten*) he doesn't lift a

R

finger; ***nebenan rührt sich gar nichts*** it's very quiet next door; ***du musst dich schon ~*** (*etwas unternehmen*) it's up to you to make a move, (*beeilen*) you'd better get a move on; **9.** *fig.* (*sich bemerkbar machen*) *Person*: say something; *Gefühl*: stir; ***wenn du was willst, musst du dich ~*** if you want anything, say so (*od.* let me *etc.* know); **IV.** 2 *n*: ***ein menschliches ~ verspüren*** be touched with pity; *hum.* (*Notdurft*) have to answer the call of nature; **rührend I.** *adj.* touching, moving; (*liebevoll*) very kind; ***das ist ja ~!*** that's really nice (*od.* sweet) of you; **II.** *adv.* touchingly; ***~ besorgt*** (very) solicitous (***um*** towards).

rührig *adj.* active; (*unternehmungslustig*) *a.* enterprising; ***~es Treiben*** bustling activity.

Rühr|löffel *m* stirring spoon; **~maschine** *f* mixer.

Rührmichnichtan *n* ⚘ touch-me-not.

rührselig *adj.* sentimental, maudlin; ***~es Zeug*** F sob stuff; ***~e Geschichte*** F sob story; ***~es Stück*** (***Buch*** *etc.*) F tearjerker.

Rühr|stück *n* sentimental drama; **~teig** *m* batter, cake mixture.

Rührung *f* emotion; ***vor ~ nicht sprechen können*** be choked (with emotion).

Rührwerk *n* mixer.

Ruin *m* ruin; *e-s Menschen*: *a.* undoing; ***vor dem ~ stehen*** be on the verge (*od.* brink) of ruin; ***das ist noch sein ~*** that will be the ruin (*od.* ruination) of him yet; **Ruine** *f* ruin, ruins *pl.*; *fig.* (*Person*) wreck; **Ruinenlandschaft** *f* **1.** expanse *od.* sea of ruins (*od.* rubble); **2.** *Kunst*: landscape with ruins; **ruinieren** *v/t.* ruin (***sich*** o.s.); (*die Wirtschaft*) *a.* undermine; **ruiniert** *adj.* ruined; **ruinös** *adj.* ruinous.

rülpsen F *v/i.*, **Rülpser** F *m* belch, F burp.

rum(...) F *adv.* → ***herum(...)***.

Rum *m* rum.

Rumäne *m*, **Rumänin** *f*, **rumänisch** *adj.*, **Rumänisch** *n ling.* Rumanian, Romanian.

Rumba *f* rumba.

Rumkugel *f* (rum) truffle.

Rummel F *m* **1.** (*Geschäftigkeit*) (hustle and) bustle; (*Aufheben*) fuss, F to-do; (*Schau*) F razz(a)matazz; ***e-n großen ~ um et. machen*** make a big fuss (*od.* to-do) about s.th.; **2.** (*Jahrmarkt*) fair; → *a.* **~platz** *m* fairground.

rumoren *v/i.* make a noise, *a. emsig*: bang around; ***es rumort in m-m Bauch*** (***Kopf***) my stomach's rumbling (my head's spinning); *fig.* ***es rumort in der Opposition*** there are rumblings in the opposition, there's trouble brewing among the opposition; ***es rumorte im Volk*** there was growing unrest among the people.

Rumpelkammer *f* lumber room; *fig.* ***das gehört in die ~*** that belongs in the dustbin (*Am.* garbage can), *Idee etc.*: that's (a lot of) rubbish (*bsd. Am.* garbage).

rumpeln *v/i.* rumble; bang around.

Rumpf *m* trunk; *e-r Statue*: torso; *e-s Schiffes*: hull; ✈ fuselage, body.

rümpfen *v/t.*: ***die Nase ~*** turn one's nose up (***über*** at).

Rumpsteak *n gastr.* rump steak.

rums *int.* bang!; **rumsen** F *v/i.* bang; ***mit dem Kopf gegen die Tür ~*** bang one's head against (*od.* on) the door.

Run *m* run (***auf*** on).

rund I. *adj.* round (*a. fig. Summe, Vokal, Zahl*); (*kreis~*) *a.* circular; (*dicklich*) plump, *Wangen*: round; (*abgerundet*) *Arbeit etc.*: well-rounded; *Wein*: mellow; *Feier*: perfect; ***ein ~es Dutzend*** a dozen or so; ***ein ~er Geburtstag*** a big "O"; ***Gespräche am ~en Tisch*** round-table talks; **II.** *adv.* (*ungefähr*) about, around, roughly; ***~ um*** (a)round; ***~ um die Welt*** (a)round the world; ***der Motor*** (*fig.* ***alles***) ***läuft ~*** the engine's (everything's) running smoothly; ***ein Buch ~ um die Raumfahrt*** a book all about (*od.* on every aspect of) space travel; → ***rundgehen, rundheraus, rundweg***; **2bau** *m* rotunda; **2blick** *m* panorama, panoramic view; **2bogen** *m* △ round arch; **2brief** *m* circular.

Runde *f* **1.** (*Gesellschaft*) group, circle, F crowd; **2.** (*Rundgang*) walk; *dienstlich*: round; *e-s Polizisten*: *a.* beat; ***e-e ~ drehen*** *zu Fuß*: go for a walk round the block, *mit dem Auto*: go for a spin; ***die ~ machen*** *Flasche, Nachricht etc.*: go the rounds, *Arzt*: do one's round; **3.** *Sport*: lap; *Boxen, Ringen etc.*: round; ***noch 3 ~n*** 3 laps to go; ***die nächste ~ erreichen*** get through to the next round; **4.** (*~ Bier etc.*) round; ***ich spendiere die nächste ~*** I'll stand you (*od.* buy) the next round; **5.** *fig.* (***gerade***) ***über die ~n kommen*** (just about) make it, *finanziell*: *a.* make ends meet; ***et. über die ~n bringen*** get s.th. over (and done) with; ***j-n über die ~n bringen*** tide s.o. over.

runden I. *v/t.* round; **II.** *v/refl.*: ***sich ~*** grow round; *fig.* (*Gestalt annehmen*) take shape; *fig.* ***das Bild rundet sich*** things are beginning to fall into shape.

Rund|erlass *m* circular (note); **2erneuern** *v/t. mot.* (*Reifen*) retread, *Brit. a.* remould; ***runderneuerter Reifen*** retread, *Brit. a.* remould; **~fahrt** *f* (sightseeing) tour; → *a.* ***Rundreise***; **~flug** *m* sightseeing flight; **~frage** *f* survey.

Rundfunk *m* broadcasting, radio; (*Gesellschaft*) broadcasting company; ***im ~*** on the radio (*od.* air); ***beim ~ sein*** work in broadcasting (*od.* for radio); ***im ~ übertragen*** broadcast; *in Zssgn* → *a.* ***Funk..., Radio...***; **~ansprache** *f* radio address; **~anstalt** *f* broadcasting company; **~empfänger** *m* radio (receiver); **~gebühr** *f* (radio and TV) licen|ce (*Am.* -se) fee; **~hörer** *m* **1.** (radio) listener; **2.** → ***Rundfunkteilnehmer***; **~netz** *n* radio network; **~orchester** *n* radio orchestra; **~programm** *n* radio program(me); (*Programmfolge*) radio program(me)s; (*Blatt etc.*) radio program(me) guide; **~satellit** *m* radio satellite; **~sender** *m* radio (*od.* broadcasting) station; **~sendung** *f* broadcast, (radio) program(me); **~sprecher** *m* (radio) announcer; **~teilnehmer** *m* radio set owner; **~übertragung** *f* → ***Rundfunksendung.***

Rund|gang *m* round, (*Besichtigungs2*) tour; **2gehen** *v/i. Gerücht etc.*: go the rounds; F ***heute gehts wieder rund!*** F it's all go; **~gespräch** *n* round-table discussion.

rundheraus *adv.* in plain terms, straight out, flatly, point-blank.

rundherum *adv.* round about, all (a)round; (*völlig*) absolutely.

Rundkornreis *m* round-grain rice.

Rundkurs *m Sport*: circuit.

rundlich *adj.* plump, chubby, F dumpy.

Rund|reise *f* tour (***durch*** of); ***Asien2*** tour of Asia; **~rücken** *m* hunchback, ⚕ kyphosis; **~schlag** *m* → ***Rundumschlag***; **~schreiben** *n* circular (letter).

Rundsichtfenster *n* wrap-round window.

Rund|strecke *f* circuit; **~stricknadel** *f* circular knitting needle; **~stück** *dial. n* roll; **~tanz** *m* round dance.

rundum *adv.* all (a)round; *fig.* completely; ***~ glücklich*** *a.* perfectly happy; **2erneuerung** *f* general overhaul; **2schlag** *m* **1.** *Sport*: roundhouse (blow); **2.** *fig.* sweeping attack (***gegen*** on); ***zum ~ ausholen*** lash out on all sides.

Rundung *f* curve (*a. hum. bei Frauen*).

rundweg *adv.*: ***~ leugnen*** flatly deny; ***~ ablehnen*** refuse point-blank; ***~ falsch*** absolutely wrong.

Rune *f* rune.

Runen|alphabet *n* runic alphabet; **~schrift** *f* runic characters *pl.*, runes *pl.*

Runkelrübe *f* mangel-wurzel.

runter(...) F *adv.* **1.** → ***herunter(...)***; **2.** → ***hinunter(...)***; **~hauen** F *v/t.* **1.** ***j-m eine ~*** F give s.o. a clip round the ears; ***ich hau dir gleich eine runter!*** you'll get a clip round the ears if you're not careful; **2.** (*schnell wegarbeiten*) F knock *s.th.* off; **~holen** *v/t.* **1.** get (*od.* fetch) *s.th.* down; **2.** V ***sich einen ~*** V jerk off; **~rutschen** *v/t.* → ***Buckel.***

Runzel *f* wrinkle; ***~n haben*** *Gesicht*: be wrinkled; **runz(e)lig** *adj.* wrinkled; **runzeln** *v/t.* wrinkle; ***die Stirn ~*** knit one's brow, frown.

Rüpel *m* lout, F yob; **Rüpelei** *f* loutish behavio(u)r; **rüpelhaft** *adj.* uncouth, rude.

rupfen *v/t.* (*aus~*) pull out; (*Huhn etc.*) pluck; F *fig.* ***j-n ~*** F fleece s.o.; → ***Hühnchen.***

Rupfen *m* burlap.

ruppig *adj.* (*grob*) gruff.

Rüsche *f* frill.

Ruß *m* soot; (*Lampen2*) lamp black.

Russe *m* Russian.

Rüssel *m* (*Elefanten2*) trunk; (*Schweins2*) snout; (*Insekten2*) proboscis; F (*Nase*) F conk, hooter; **~käfer** *m* weevil.

rußen I. *v/i. Lampe*: smoke; **II.** *v/t.* blacken; **rußig** *adj.* sooty.

Russin *f* Russian (woman); **russisch** *adj.*, **Russisch** *n ling.* Russian.

Rußpartikel *n od. f* soot particle.

rüsten I. *v/t.* **1.** prepare (***zu*** for); **II.** *v/i.* build up arms (*od.* one's arms stockpile); ***um die Wette ~*** be competing in (*od.* be involved in, be in on) the arms race; **III.** *v/refl.*: ***sich ~*** prepare, get ready (***zu, für*** for); (*sich wappnen*) arm o.s.; ⚔ arm (o.s.), build up arms (*od.* one's arms stockpile); ***sich ~ für*** *a.* F gear up for; → ***gerüstet.***

Rüster(holz *n*) *f* ⚘ elm.

rüstig *adj.* sprightly; (*tätig*) active.

rustikal *adj.* rustic, rural; ***~e Möbel*** country-style furniture.

Rüstung *f* **1.** ⚔ (*Vorgang*) arming, armament; *konkret*: armaments *pl.*; **2.** *hist.* (*Panzer*) armo(u)r.

Rüstungs|auftrag *m* armaments contract; **~ausgaben** *pl.* defen|ce (*Am.* -se) spending *sg.*; **~beschränkung** *f* arms limitation; **~betrieb** *m* armament factory; **~elektronik** *f* defen|ce (*Am.* -se) electronics *pl.* (*als Fach sg. konstr.*); **~etat** *m* defen|ce (*Am.* -se) budget; **~fabrik** *f* armaments factory; **~industrie** *f* armaments industry; **~kontrolle** *f* arms control; **~konzern** *m* armaments group; **~politik** *f* arms policy; **~stopp** *m* arms freeze; **~wettlauf** *m* arms race.

Rüstzeug *n* **1.** (*Werkzeuge*) tools *pl.*,

R

equipment; **2.** *fig.* stock-in-trade; (*Fähigkeiten*) qualifications *pl.*; ***sie hat nicht das ~ für diesen Posten*** *a.* she isn't equipped for the job, F she hasn't got what it takes.

Rute *f* switch, (*a. Zucht*≗) rod; *zo.* penis; *hunt.* (*Schwanz*) tail, *bsd. des Fuchses*: brush; ***mit eiserner ~ regieren*** rule with a rod of iron; → ***Wünschelrute.***

Ruten|bündel *n hist.* fasces; **~gänger** *m* diviner, dowser.

Ruth *f bibl.* Ruth; ***das Buch ~*** (the Book of) Ruth.

Rutsch *m* slide; (*Erd*≗) landslide; *hum.* (*kurzer Ausflug*) little trip, (*Spritztour*) jaunt; F ***in einem ~*** in one go; ***guten ~ (ins neue Jahr)!*** Happy New Year!; **~bahn** *f* slide (*a. Eis*≗), *Am.* chute; *fig.* (*glatte Straße*) skating rink.

rutschen *v/i.* slide; (*aus~*) slip; *mot.* skid; *Kupplung*: slip; *Hose*, *Rock*: be slipping; ***in die Höhe ~*** *Rock*: ride up; ***ins*** ≗ ***kommen*** start slipping, *Auto etc.*: go into a skid, start skidding; F ***rutsch mal ein Stück*** F can you move up a bit?; F ***schnell mal ins nächste Dorf ~*** F scoot along to the next village; F ***das Essen will nicht ~*** I just can't get this food down; **Rutscher** *dial. m* little trip; quick trip.

rutschfest *adj. Reifen*: non-skid; *Sohle*: non-slip; **Rutschfestigkeit** *f Reifen*: traction.

rutschig *adj.* slippery.

Rutschpartie F *f* (downhill) slide.

rütteln I. *v/t.* shake; **II.** *v/i.* shake (*a. fig.*); *Wagen*: jolt; ⚙ vibrate; ***an der Tür ~*** rattle at the door; *fig.* ***~ an*** shake; ***daran ist nicht zu ~*** that's the way it is.

R

S, s *n* S, s.

SA *f hist.* SA, (Nazi) stormtroops *pl. od.* stormtroopers *pl.*

Saal *m* hall; (*Gerichts≈*) courtroom; **~ordner** *m* steward; **~schlacht** *f* (pub-house) brawl; **~schutz** *m* stewards *pl*; **~tochter** *schweiz. f* waitress.

Saarländer(in *f*) *m* Saarlander; ***~ sein*** *a.* come from the Saarland; **saarländisch** *adj.* Saarland ..., from the Saarland.

Saat *f* (*Säen*) sowing; (*Same*) seed (*a. fig.*); (*Getreide*) crops *pl.*; ***die ~ geht auf*** the seed is coming up, *fig.* the results are beginning to show; **~gut** *n* seed(s *pl.*); **~kartoffel** *f* seed potato; **~korn** *n* seed (corn); **~krähe** *f* rook; **~zeit** *f* sowing time.

Sabbat *m* Sabbath; ***am ~, während des ~s*** on the Sabbath.

sabbeln F *v/i.* drivel, F blether.

sabbern F *v/i. Hund etc.*: dribble, slaver.

Säbel *m* sab|re (*Am.* -er); *fig.* ***mit dem ~ rasseln*** rattle one's sab|re (*Am.* -er); **~beine** F *pl.* bandy (*od.* bow) legs; **~fechten** *n Sport*: sab|re (*Am.* -er) fencing; **~hieb** *m* sab|re (*Am.* -er) thrust.

säbeln F **I.** *v/i.* F hack away; **II.** *v/t.* F hack (away at).

säbelrasselnd *adj.* sabre-rattling, *Am.* saber-rattling.

Sabotage *f* sabotage; ***~ begehen*** carry out an act (*od.* acts) of sabotage; ***die Ursache war vermutlich ~*** it is presumed to have been an act of sabotage; **Sabotageakt** *m* act of sabotage; **Saboteur** *m* saboteur; **sabotieren** *v/t.* sabotage (*a. fig.*).

Saccharin *n* saccharin(e).

Sachanlagen *pl.* ☤ tangible assets, tangibles.

Sacharin *n* saccharin(e).

Sacharja *m bibl.* Zachariah.

Sach|bearbeiter(in *f*) *m*: ***~ für Export etc.*** person who deals with exports *etc.*; **~beschädigung** *f* ⚖ damage to property; **≈bezogen** *adj.* pertinent; **~bezüge** *pl.* payment *sg.* (*od.* contributions) in kind.

Sachbuch *n* non-fiction book (*od.* work); **~autor** *m* non-fiction writer; **~verlag** *m* non-fiction publisher(s *pl.*).

sachdienlich *adj.* relevant, pertinent; (*nützlich*) helpful; ***~e Hinweise bitte an ...*** if you can help us in any way, please ring ...

Sachdiskussion *f* factual discussion.

Sache *f* (*Gegenstand*) thing; (*Angelegenheit*) affair, (*a. Vorfall*) matter, business; (*Aufgabe*) job, concern; (*Problem, Frage*) matter; ⚖ case, *weitS.* cause; F ***~n*** *allg.* things; (*Habseligkeiten*) *a.* belongings; ***das ist e-e ~ für sich*** a) that's a completely different matter, b) *iro.* that's another story; ⚖ ***in ~n A. gegen B.*** in the matter of A versus B; F ***in ~n Umwelt*** where the environment is concerned, in questions of environment; ***bei der ~ bleiben*** keep to the point; ***das gehört nicht zur ~*** that's got nothing to do with it; ***die ~ ist*** the thing is, it's like this; ***in eigener ~ sprechen*** speak on one's own behalf; ***wie ist die ~ mit dem Auto ausgegangen?*** how did that car business turn out?; ***die ~ steht gut*** things are looking good; ***die ~ macht sich*** things are (*od.* it's) coming along fine; ***das ist so e-e ~*** it's not so easy; ***das ist nicht jedermanns ~*** that's not everybody's cup of tea; ***er versteht s-e ~*** he knows his stuff; ***et. um der ~ willen tun*** do s.th. for its own sake; ***j-m sagen, was ~ ist*** (*worauf es ankommt*) put s.o. in the picture, (*die Meinung sagen*) tell s.o. what's what; ***er war nicht bei der ~*** he had his mind on other things, he wasn't concentrating; ***für e-e gute ~ kämpfen*** fight for a good cause; ***mit j-m gemeinsame ~ machen*** make common cause with s.o.; ***s-e ~ gut*** (***schlecht***) ***machen*** do a good (bad) job, make a good (bad) job of it; ***s-r ~ sicher sein*** be sure of oneself; ***zur ~ kommen*** get to the point, *weitS.* get down to business (F brass tacks); ***zur ~!*** can we get to the point?; ***das tut nichts zur ~*** that makes no difference; ***das ist s-e ~*** that's his problem (*od.* affair); ***das ist nicht m-e ~*** that's got nothing to do with me; ***es ist ~ des Gerichts zu entscheiden, ob*** it is for the court to decide whether; ***es ist Erziehungs≈*** *etc.* it's a matter of upbringing *etc.*; ***die ~ ist die, dass*** the point is that; F ***mach keine ~n!*** *erstaunt*: F you're kidding, *warnend*: no funny business; F ***~n gibts(, die gibts gar nicht)*** would you believe it; F ***was machst du denn für ~n?*** what have you been up to then?; ***was höre ich denn für (schöne) ~n?*** what's this I've been hearing then?; *mot.* F ***mit 160 ~n*** at a hundred (miles an hour); → ***laufen*** 7.

Sachenrecht *n* ⚖ law of property.

Sach|fehler *m* factual error; **~frage** *f* factual issue; **≈fremd** *adj.* irrelevant, extraneous; **~gebiet** *n* subject, field; **≈gemäß I.** *adj.* appropriate; (*fachmännisch*) proper; **II.** *adv.*: ***~ behandeln*** treat with due (*od.* proper) care; **~katalog** *m* subject catalog(ue); **~kenner** *m* expert; **~kenntnis** *f* expert knowledge; **~kunde** *f* **1.** expert knowledge; **2.** *ped.* general knowledge; **≈kundig** *adj. Urteil*: expert ...; *Person*: *a.* competent, well-informed; ***sich ~ machen*** inform o.s.; **~lage** *f* state of affairs, (present) situation, situation at present; ***bei dieser ~*** under these circumstances, the situation being as it is; **~leistung** *f* payment (*od.* contribution) in kind.

sachlich I. *adj.* (*objektiv*) objective; (*nüchtern*) matter-of-fact, down-to-earth; (*faktisch*) factual; (*zweckbetont*) functional; *Unterschied*: substantial, material; ***~ bleiben*** keep to the facts; **II.** *adv.*: ***~ hat er Recht*** in essence he's right.

sächlich *adj. ling.* neuter.

Sachlichkeit *f* (*Objektivität*) objectivity; (*Nüchternheit*) matter-of-factness; *e-s Bauwerks etc.*: functionalism; ***die Neue ~*** the New Realism.

Sach|mangel *m* ⚖ material defect; **~register** *n* subject index; **~schaden** *m* material damage.

Sachse *m a. hist.* Saxon; ***~ sein*** be (a) Saxon, come from Saxony; **sächseln** *v/i.* **1.** speak in (*od.* the) Saxon dialect; **2.** have a Saxon accent; **Sächsin** *f* → ***Sachse***; **sächsisch I.** *adj.* Saxon; *ling.* ***~er Genitiv*** Saxon genitive; **II.** ≈ *n* Saxon, the Saxon dialect.

Sachspende *f* donation in kind.

sacht I. *adj.* soft, gentle; **II.** *adv.* (*a.* **sachte**) softly, gently; (*behutsam*) cautiously; (*allmählich*) gradually; (*langsam*) slowly; ***~e!*** gently does it!; F ***immer ~e!*** easy does it!

Sachverhalt *m* facts *pl.*, circumstances *pl.*

Sachverstand *m* expertise; **Sachver-**

S

ständige(r) *m* expert; ⚖ expert witness.
Sachverständigen|gutachten *n* expert opinion; **~rat** *m* board of experts.
Sach|verzeichnis *n* index; **~walter** *m* (*Anwalt*) solicitor, counsel; (*Verwalter*) administrator; (*Treuhänder*) trustee; (*Vertreter*) agent, attorney; *fig.* advocate, champion (*gen.* of); **~wert** *m* real value; **~e** tangible assets; **~wissen** *n* expert knowledge; **~wörterbuch** *n* encyclop(a)edia, dictionary *of art etc.*; **~zwang** *m* force of circumstance; practical necessity, (practical) constraint; ***Sachzwängen unterliegen*** be constrained by a number of facts.
Sack *m* sack; V (*Hoden*) V balls *pl.*; F ***fauler ~*** *sl.* lazy bastard; *fig.* ***in ~ und Asche*** in sackcloth and ashes; ***ein ~ voller Lügen*** a pack of lies; ***mit ~ und Pack*** bag and baggage; F ***et. im ~ haben*** have s.th. in the bag; F ***j-n in den ~ stecken*** F knock spots off s.o.; F ***in den ~ hauen*** F chuck it; F ***den ~ zubinden*** wrap things up; ***der gelbe ~*** the yellow bag (for recyclable waste); → ***Katze*** 1; **~bahnhof** *m* terminus.
Säckel *m* moneybag; *fig.* ***tief in den ~ greifen*** dig deep into one's pockets.
sacken *v/i.* sink, *Boden etc.*: *a.* subside; *Person*: slump; ***zu Boden ~*** slump to the ground; ***er sackte in die Knie*** his knees gave way; → ***absacken.***
Sack|gasse *f* cul-de-sac, dead-end street; *fig.* dead end, *bsd. pol. etc.* impasse; *fig.* ***in e-e ~ geraten*** reach a dead end, *Gespräche*: reach deadlock; **~hüpfen** *n* sack race; **~kleid** *n* sack dress; **~leinen** *n* sacking, burlap.
Sadduzäer *m bibl.* Sadducee.
Sadismus *m* sadism; **Sadist** *m* sadist; **sadistisch** *adj.* sadistic(ally *adv.*).
Sadomaso F *m* → ***Sadomasochist***; **Sadomasochismus** *m* sadomasochism; **Sadomasochist** *m* sadomasochist; **sadomasochistisch** *adj.* sadomasochistic(ally *adv.*).
säen *v/t. u. v/i.* sow (*a. fig.*); → ***gesät.***
Safari *f* safari; **~park** *m* wildlife reserve, safari park.
Safe *m* safe; (*Banktresor*) *a.* safe-deposit box; **~knacker** F *m* safecracker, safebreaker; **~schlüssel** *m* key to the (*od.* a) safe.
Safran *m* saffron; **≈gelb** *adj.* saffron (-colo[u]red).
Saft *m* (*Obst≈, Fleisch≈, Körper≈*) juice; *von Bäumen etc.*: sap; F (*Strom etc.*) *sl.* juice; *fig.* ***j-n im eigenen ~ schmoren lassen*** let s.o. stew in his (*od.* her) own juice; ***ohne ~ und Kraft*** → ***saftlos*** 2; **~grün I.** *n* sap green; **II.** ≈ *adj.* sap green, verdant.
saftig *adj.* juicy, succulent; *Wiese, Grün*: lush; *fig. Witz etc.*: juicy, spicy; *Preise, Rechnung*: F (a bit) steep; *Kürzungen*: swingeing *cuts*; F ***das sind schon ~e Preise hier*** F they really slap it on here, don't they?; F ***~e Niederlage*** crushing defeat; F ***~e Ohrfeige*** hefty clout round the ears, real box on the ears.
Saftladen F *m* F hopeless joint; ***das ist ja ein ~ hier!*** *a.* what a place this is.
saftlos *adj.* **1.** juiceless, dry; **2.** → ***saft- und kraftlos.***
Saftpresse *f* fruit press.
Saftsack *sl. m sl.* jerk.
saft- und kraftlos *adj.* weak, insipid, lacklustre; *Rede*: *a.* wishy-washy; ***~ sein*** *a.* have no sparkle.
Saga *f* saga.
Sage *f* legend; *fig.* (*Gerücht*) rumo(u)r, myth.
Säge *f* saw; **~blatt** *n* saw blade; **~bock** *m* sawhorse; **~dach** *n* sawtooth roof; **~fisch** *m* sawfish; **~maschine** *f* machine saw; **~mehl** *n* sawdust; **~messer** *n* serrated knife; **~mühle** *f* sawmill.
sagen I. *v/t.* say; → ***Dank, Meinung, Wahrheit*** *etc.*; ***j-m et. ~*** say s.th. to s.o., (*mitteilen*) tell s.o. s.th.; ***sag ihm, er soll kommen*** tell him to come; ***da sag ich nicht Nein*** I won't say no; ***das sagt sich so leicht*** (it's) easier said than done; ***das kann ich dir ~!*** you can say that again, (*das kannst du mir glauben*) I can tell you; ***das kann man wohl ~*** you can say that again; ***sags frei heraus!*** out with it!; ***unter uns gesagt*** between you and me; ***du sagst es*** you said it; ***sag bloß*** you don't say; ***sag bloß, es regnet*** don't say it's raining; ***das kann jeder ~*** anyone can say that; ***das sagst du so einfach*** it's easy for you to say; ***das kann man nicht so ~*** it's not as simple as that; ***damit ist alles gesagt*** that says it all; ***was ich noch ~ wollte*** what I was going to say, *betonter*: there's something else I wanted to say; ***wer sagts denn*** what did I tell you; ***ich habs (dir) ja gleich gesagt!*** I told you so; ***etwas (nichts) zu ~ haben bei*** *e-r Sache*: have a (have no) say in; ***bei ihr hat er nichts zu ~*** he has no say when she's around; ***du hast mir nichts zu ~*** I won't have you telling me what to do; ***was willst du damit ~?*** what are you getting at?; ***sagt dir das etwas?*** does that mean anything to you?, F does that ring any bells?; *das Buch, Bild etc.* ***sagt mir nichts*** doesn't mean a thing to me; ***wie sagt man ... auf Englisch?*** what's the English for ...?, what's ... in English?, how do you say ... in English?; ***das hat nichts zu ~*** it doesn't mean anything; ***(das ist) schwer zu ~*** it's hard to say; ***es lässt sich nicht ~, ob (was)*** there's no telling whether (what); ***das sagt man nicht*** you shouldn't say things like that; ***ich habe mir ~ lassen*** I've been told; ***er lässt sich nichts ~*** he won't be told, he won't listen to anyone; ***lass dir das gesagt sein*** let that be a warning to you; ***man sagt, er sei im Ausland*** they say he's abroad, he's supposed to be abroad; ***was Sie nicht ~!*** you don't say; ***ich muss schon ~!*** I mean to say, I must say; F ***wem ~ Sie das?*** F you're telling me; ***wie man so (schön) sagt*** as the saying goes; ***~ wir*** *zehn Stück*: (let's) say; ***wer sagt das?*** says who?, who says?; ***(das) sagst du!*** that's what you say, F says you; ***sage und schreibe fünf Autos*** five cars, no less, F five cars, would you believe; ***ich wollte es nur gesagt haben*** I just wanted to mention it; ***es (od. damit) ist nicht gesagt, dass*** that doesn't mean (to say) that; ***wie gesagt*** *bestätigend*: as I said, *aufgreifend*: as I was saying; ***„Peter" sag ich schon*** *bei falschem Namen*: what am I talking about – "Peter"; **II.** ≈ *n*: ***das ~ haben*** have the (final) say (***bei, in*** in), *generell*: F call the shots; ***er hat das ~*** *a.* what he says goes.
sägen *v/t. u. v/i.* saw; F *fig.* (*schnarchen*) F saw wood.
Sagengestalt *f* mythical (*od.* legendary) figure.
sagenhaft I. *adj.* **1.** F *fig.* F incredible, fantastic; **2.** legendary, mythical; **II.** *adv.*: ***~ teuer*** *etc.* incredibly expensive *etc.*
Sagentier *n* mythical beast.
sagenumwoben *adj.* legendary; shrouded in legend.
Säge|späne *pl.* wood shavings; **~werk** *n* sawmill; **~zahn** *m a. electron.* sawtooth.
Sago *m* sago; **~baum** *m* sago palm.
Sahne *f* cream; F *fig.* ***allererste ~*** really great; **~bonbon** *m, n* toffee, *Am.* taffy; **~eis** *n* ice cream; **~jog(h)urt** *m* cream yoghurt; **~kännchen** *n* cream jug, *Am.* creamer; **~käse** *m* cream cheese; **~quark** *m* cream *od.* high-fat quark (*od.* curd cheese); **~torte** *f* cream gateau.
sahnig *adj.* creamy.
Saison *f allg.* season; **≈abhängig** *adj.* seasonal; **~arbeit** *f* seasonal work; **~arbeiter** *m* seasonal worker; **~artikel** *m* seasonal article; **~aufschlag** *m* seasonal charge (*od.* supplement); **~auftakt** *m*: ***zum ~*** to open (F kick off) the season, *weitS.* to get the season off to a good start; **~ausverkauf** *m* end-of-season sale; **~bedarf** *m* seasonal consumption; **≈bedingt** *adj.* seasonal; **~beginn** *m* beginning of the season; **≈bereinigt** *adj.* seasonally adjusted; **~beschäftigung** *f* seasonal employment; **~betrieb** *m* **1.** seasonal business; **2.** peak-season activity; **~ende** *n* end of the season; **~entlassungen** *pl.* seasonal layoffs; **~geschäft** *n* seasonal business; **≈mäßig** *adj.* seasonal; **~schwankungen** *pl.* seasonal fluctuations (*od.* fluctuation *sg.*); **~wanderung** *f* seasonal migration.
Saite *f* string; *fig.* ***andere ~n aufziehen*** take a tougher line.
Saiten|halter *m* tailpiece; **~instrument** *n* string(ed) instrument.
Sake *m* sake.
Sakko *m, n* (*sportlich*: sports) jacket.
sakral *adj.* **1.** *eccl.* religious, (*a. heilig*) sacred; **2.** *anat.* sacral; **≈bau** *m eccl.* sacred building; *pl. a.* sacred architecture *sg.*
Sakrament I. *n eccl.* sacrament; ***die ~e austeilen (empfangen)*** administer (receive) the sacraments; ***das heilige ~ der Ehe*** the holy sacrament of matrimony; **II.** *int.* damn!; **sakramental** *adj.* sacramental.
Sakrileg *n* sacrilege; ***ein ~ begehen*** *a. fig.* commit sacrilege.
Sakristan *m* sacristan; **Sakristei** *f* vestry.
sakrosankt *adj.* sacrosanct.
säkular *adj.* secular (*a. ast.*); **säkularisieren** *v/t.* secularize; **Säkularisierung** *f* secularization.
Säkulum *n* century.
Salamander *m* salamander.
Salami *f* salami; **~taktik** *f pol.* salami tactics *pl.*
Salär *schweiz. n* salary; (*Honorar*) fee.
Salat *m* (*Gericht*) salad; (*Kopf≈*) lettuce; F *fig.* ***da haben wir den ~!*** F now we're in a right mess; **~besteck** *n* salad servers *pl.*; **~gurke** *f* cucumber; **~kartoffeln** *pl.* potatoes (for potato salad); **~kopf** *m* (head of) lettuce; **~öl** *n* salad oil; **~platte** *f Restaurant*: salad; **~schüssel** *f* salad bowl; **~soße** *f* salad dressing.
Salbader *m* sanctimonious bore; **Salbaderei** *f* F sanctimonious blethering; **salbadern** *v/i.* prate.
Salbe *f* ointment, salve.
Salbei *m, f* ❀ sage.
salben *v/t. eccl.* anoint; **Salbung** *f* anointing, *a. fig.* unction; **salbungsvoll** *contp. adj.* unctuous.

S

saldieren *v/t.* † balance, settle.
Saldo *m* † balance; **per ~** on balance (*a. fig.*); **~übertrag** *m*, **~vortrag** *m* balance carried forward.
Saline *f* saltworks (*sg. od. pl. konstr.*).
Salm *m zo.* salmon.
Salmiak *m* ammonium chloride; **~geist** *m* ammonia solution, liquid ammonia; **~pastillen** *pl.* ammoniac pastilles.
Salmonellen *pl.* salmonellae; **~vergiftung** *f* salmonella poisoning.
Salomo(n) *m bibl.* Solomon; ***das Hohelied ~s*** the Song of Solomon; ***die Sprüche ~s*** (the Book of) Proverbs; **salomonisch** *adj.* Solomonic; *fig.* ***ein ~es Urteil*** a judg(e)ment of Solomon.
Salon *m* **1.** drawing room, *Am.* parlor; ⚓ saloon; (*Kosmetik2, Friseur2 etc.*) salon; **2.** (*Kunstausstellung*) art exhibition; **2fähig** *adj.* socially acceptable; *Kleidung etc.*: presentable, *Benehmen, Witz etc.*: respectable; ***nicht ~*** *Witz*: risqué, (a bit) near the knuckle; **~löwe** *m* society lion, lounge lizard; **~wagen** *m* Pullman (car).
salopp *adj.* (*ungezwungen*) casual; *Benehmen*: *a.* easygoing; *contp.* sloppy; *Ausdruck*: very colloquial, *stärker*: slangy.
Salpeter *m* ⚗ saltpetre, nitre, *Am.* saltpeter, niter; **salpeterhaltig** *adj.* nitrous, nitric; **salpeterig** *adj.* → ***salpetrig***; **Salpetersäure** *f* nitric acid; **salpetrig** *adj.*: ***~e Säure*** nitrous acid.
Salsa *m* ♪ salsa; **~musik** *f* salsa (music).
Salsasoße *f* salsa.
Salto *m* somersault; ***e-n ~ machen*** (*od.* ***drehen***) turn (*od.* do) a somersault, ***über***: *a.* somersault over; **~ mortale** *m Zirkus etc.*: death-defying leap.
Salut *m* salute; ***sieben Schuss ~*** seven-gun salute; ***~ schießen*** fire a salute; **salutieren** *v/i.* salute (***vor j-m*** s.o.); **Salutschuss** *m* gun salute; ***zehn Salutschüsse*** a ten-gun salute.
Salve *f* ⚔ volley, salvo; *Artillerie*: round; (*Ehren2*) salute; *fig. von Applaus*: burst of applause; *von Gelächter*: peals *pl. of* laughter; ***e-e ~ abgeben*** fire a volley (*od.* round).
Salz *n a. fig.* salt; ***et. in ~ legen*** salt s.th. down; *fig.* ***nicht das ~ zur Suppe haben*** live in dire poverty; ***das ~ in der Suppe*** that extra something; ***~ auf die Wunde streuen*** rub it in; ***wie e-e Suppe ohne ~*** like ham without eggs; **2arm** *adj.*: ***~e Kost*** low-salt diet; **~bergwerk** *n* salt mine; **~brezel** *f* pretzel.
salzen *v/t.* salt; (*pökeln*) *a.* pickle; *fig.* salt, season; → ***gesalzen.***
Salz|fässchen *n* saltcellar, *größer u. Am.*: salt shaker; **2frei** *adj.* salt-free; *Diät*: *a.* no-salt *diet*; **~gebäck** *n* savo(u)ry snacks *pl.*; **~gehalt** *m* salt content; **~glasur** *f Keramik*: salt glaze; **~gurke** *f* cucumber pickled in brine, *Am.* pickle; **2haltig** *adj.* saline; *Essen*: *a.* salty; ***~ sein*** *a.* contain salt; **~hering** *m* salted herring.
salzig *adj.* salty.
Salz|infusion *f* ⚕ saline drip; **~kartoffeln** *pl.* boiled potatoes; **~korn** *n* grain of salt; **~lake** *f*, **~lauge** *f* brine.
salzlos *adj.* salt-free, no-salt *diet.*
Salz|lösung *f* salt (*od.* saline) solution; **~mandeln** *pl.* salted almonds; **~pfanne** *f geol.* salt pan; **~pflanze** *f* halophyte; **~quelle** *f* saline spring; **~säule** *f*: *fig.* ***zur ~ erstarren*** be (*od.* stand) rooted to the spot; **~säure** *f* hydrochloric acid; **~see** *m* salt lake; **~stange** *f* salt (*Am.* pretzel) stick; **~straße** *f hist.* salt road; **~streuer** *m* saltcellar, *größer u. Am.*: salt shaker; **~wasser** *n* salt water; **~wüste** *f* salt flats *pl.*
SA-Mann *m hist.* (Nazi) stormtrooper.
Samariter *m*: (***barmherziger ~*** good) Samaritan; **~dienste** *pl.*: ***j-m ~ leisten*** be a good Samaritan to s.o.
Samba *f, m* samba.
Samen *m* seed (*a. fig.*); *physiol.* sperm, semen.
Samen|bank *f* sperm bank; **~erguss** *m* ejaculation; **~faden** *m* spermatozoon; **~flüssigkeit** *f* semen; **~händler** *m* seedsman; **~handlung** *f* seed shop; **~leiter** *m* vas deferens; **~spende** *f* sperm donation; **~spender** *m* sperm donor.
Samenstrang *m* spermatic cord; **~unterbindung** *f* vasoligature.
Samenzelle *f* sperm(atozoon).
Sämereien *pl.* seeds.
sämig *adj.* thick, creamy.
Sämling *m* seedling.
Sammel|aktion *f* fund-raising campaign (*od.* drive); *für Material*: collection; **~album** *n* scrapbook; **~anschluss** *m teleph.* private branch exchange; *privat*: party line; **~auftrag** *m* collective standing order; **~band** *m* anthology; **~becken** *n* reservoir, tank; *geogr.* catchment area; *fig.* repository (*gen.* of), rallying point (for); **~begriff** *m* generic term, collective noun; **~bestellung** *f* collective order; **~bezeichnung** *f* collective name; **~büchse** *f* collecting box; **~fahrschein** *m* 🚂 *für e-e Gruppe*: group ticket; (*Mehrfahrtenkarte*) multiple-ride ticket; **~gut** *n* collective consignment; **~konto** *n* collective account; **~lager** *n* assembly camp; **~linse** *f opt.* convex lens; **~mappe** *f* folder, file.
sammeln I. *v/t.* **1.** (*Münzen, Spenden, Altpapier etc.*) collect; (*Holz*) gather, (*Beeren, Pilze etc.*) *a.* pick; (*Stimmen*) canvass for; **2.** (*ver~*) gather; **3.** (*Erfahrungen, Material etc.*) gather; → ***gesammelt***; **II.** *v/refl.*: ***sich ~*** **4.** (*sich an~*) gather, accumulate, collect; *opt.* focus; **5.** (*sich ver~*) assemble, meet; **6.** (*sich konzentrieren*) collect one's thoughts (*a.* ***s-e Gedanken ~***); (*sich fassen*) compose o.s.; **III.** *v/i.* (*Geld ~*) collect money, *für j-n*: *a.* pass the hat (a)round; **IV. 2** *n* collecting; gathering; ***das ~ von Nachrichten*** news-gathering.
Sammel|name *m* collective noun; **~nummer** *f teleph.* collective number; **~platz** *m*, **~punkt** *m* **1.** meeting place, *bei Feuerausbruch etc.*: assembly point; **2.** (*Lager*) collecting point; **~stecker** *m* universal adapter plug; **~stelle** *f* → ***Sammelplatz*** 2; **~surium** *n* motley collection, F hotchpotch; **~taxi** *n* communal taxi; **~transport** *m* mass transportation; † collective transport; **~trieb** *m* collector's instinct; **~visum** *n* group visa; **~werk** *n* compilation; **~wut** *f* collectomania.
Sammler *m* **1.** collector; **2.** ***~ und Jäger*** hunter-gatherer; **~objekt** *n*, **~stück** *n* collector's item (*od.* piece); **~wert** *m* collector's value.
Sammlung *f* **1.** collection; *von Gedichten*: anthology; (*Museum*) museum; **2.** *fig.* (*Fassung, Ruhe*) composure.
Sampler *m* (*Schallplatte*) *a. Computermusik*: sampler.
Samstag *m* Saturday; (**am**) **~** on Saturday; ***langer ~*** Saturday-afternoon opening; ***morgen ist langer ~*** *a.* the shops are open all day tomorrow.
samstags *adv.* on Saturdays.
samt I. *adv.*: ***~ und sonders*** each and every one of them, F the whole lot; **II.** *prp.* together with, along with; ***ich gebs dir ~ allem Zubehör für ...*** you can have the lot for ...
Samt *m* velvet; (*Baumwoll2*) velveteen; ***weich wie ~*** soft as velvet; ***in ~ und Seide gekleidet*** dressed in silks and satins; **samtartig** *adj.* velvety; **samtbraun** *adj.* velvety brown; **samten** *adj.* **1.** (*aus Samt*) velvet; **2.** → ***samtartig***; **Samthandschuh** *m*: *fig.* ***j-n mit ~en anfassen*** handle s.o. with kid gloves; **Samthaut** *f* velvety skin; *Gesicht*: *a.* silken complexion; **samtig** *adj.* velvety (*a. Wein*); **Samtkleid** *n* velvet dress.
sämtlich I. *adj.* all; ***~e Anwesende(n)*** all those present; ***~e Werke*** the complete works; **II.** *adv.* all; ***sie haben ~ überlebt*** they all (*od.* all of them) survived.
Samuel *m bibl.* Samuel; ***das 1.*** (***2.***) ***Buch ~*** the 1st (2nd) Book of Samuel, Samuel I (II).
Sanatorium *n* sanatorium, *Am.* sanitarium.
Sand *m* sand; ⚓ ***auf ~ laufen*** run aground; *fig.* ***auf ~ bauen*** build on sand (*od.* shaky foundations); ***j-m ~ in die Augen streuen*** throw dust in s.o.'s eyes; ***~ ins Getriebe streuen*** throw a spanner (*Am.* monkey wrench) into the works; F ***et. in den ~ setzen*** F muff (*od.* bungle) s.th.; ***im ~e verlaufen*** come to nothing (*lit.* naught), *Pläne etc.*: *a.* F fizzle out; ***Antiken gab es wie ~ am Meer*** there were no end of antiques, antiques were two a penny.
Sandale *f* sandal; **Sandalette** *f* high-heeled sandal.
Sand|bahn *f* dirt track; **~bank** *f* sandbank; **~boden** *m* sandy soil; **~burg** *f* sandcastle; **~dorn** *m* sallow thorn; **~düne** *f* sand dune.
sandeln *östr. v/i.* a) not to do a stroke of work, b) (*patzen*) fluff it; bungle.
sand|farben *adj.* sandy; **~floh** *m* sand flea.
sandig *adj.* full of sand, sandy.
Sandkasten *m* sandpit, *Am.* sandbox; ⚔ sandtable; **~spiel** *n* ⚔ sandtable exercise.
Sand|korn *n* grain of sand; **~kuchen** *m* **1.** Madeira (*Am.* pound) cake; **2.** *im Sandkasten*: sand pie.
Sandler *östr.* F *m* F down-and-out, dosser.
Sand|mann *m*, **~männchen** *n* sandman; **~papier** *n* sandpaper (*a.* ***mit ~ abschmirgeln***); **~platz** *m Tennis*: clay court; **~sack** *m* sandbag; *Boxen*: punching bag.
Sandstein *m* sandstone; **~figur** *f* sandstone sculpture.
Sandstrahl *m* ⚙ sandblast; **2strahlen** *v/i. u. v/t.* sandblast; **~gebläse** *n* sandblaster.
Sand|strand *m* sandy beach; **~sturm** *m* sandstorm; **~uhr** *f* hourglass.
Sandwich *m, n* sandwich; ***~ mit Käse u. Gurke*** cheese and cucumber sandwich; **~bauweise** *f* sandwich construction.
Sandwüste *f* (sandy) desert.
sanft I. *adj. Berührung etc.*: soft, gentle; *Wesen, Augen*: gentle; *Farbe, Musik, Stimme etc.*: soft; *Regen, Brise*: light; *Hügel etc.*: gentle; *Druck, Gewalt etc.*: gentle; *Tod*: easy; ***mit ~er Stimme*** softly, gently, in a soft (*od.* gentle) voice; ***mit ~er Gewalt*** using gentle force; ***~e Revolution*** velvet revolution; ***sie ist ein ~es Wesen*** she's a gentle soul; F ***es auf die ~e Tour versuchen*** F try a bit of

S

soft soap; **II.** *adv.*: ***~ entschlafen*** pass away peacefully; ***ruhe ~*** rest in peace.

Sänfte *f* sedan (chair); **Sänftenträger** *m* sedan-chair carrier.

Sanftheit *f Berührung etc.*: softness, gentleness; *Wesen, Augen*: gentleness; *Farbe, Musik, Stimme etc.*: softness; *Regen, Brise*: lightness; *Hügel etc.*: gentleness; *Druck, Gewalt etc.*: gentleness; *Tod*: ease.

Sanftmut *f* gentleness, meekness; **sanftmütig** *adj.* gentle, meek.

Sang *m*: F ***mit ~ und Klang durchfallen*** fail miserably.

Sänger *m* **1.** singer; → ***Höflichkeit***; **2.** (*Vogel*) songbird; **~knabe** *m* choirboy.

Sanguiniker *m* sanguine person; **sanguinisch** *adj.* sanguine.

sang- und klanglos *adv.* quietly, without much ado; unceremoniously; ***~ verschwinden*** *a.* disappear without a word.

sanieren I. *v/t.* **1.** (*Stadtteil etc.*) redevelop, F clean up; (*Haus*) refurbish, F do up; **2.** (*Umwelt, Fluss etc.*) rehabilitate; **3.** ☤ revitalize; **II.** *v/refl.*: ***sich ~*** ☤ get back on one's feet again; F *fig.* line one's (own) pockets; **Sanierung** *f* **1.** *e-s Hauses*: refurbishment; *e-s Stadtteils*: redevelopment; *in Armengegenden*: slum clearance; **2.** *der Umwelt*: rehabilitation; **3.** ☤ revitalization.

Sanierungs|gebiet *n* (re)development area; **~maßnahmen** *pl.* **1.** redevelopment; ***~ einleiten*** begin redevelopment (work); ***im Stadtzentrum sind ~ erforderlich*** the city cent|re (*Am.* -er) is in need of redevelopment; **2.** ☤ rescue packages (*od.* package *sg.*); **~programm** *n* ☤ rescue package (*od.* scheme).

sanitär *adj.* sanitary; ***~e Anlagen*** sanitary facilities; **≈anlagen** *pl.* sanitary facilities.

Sanitäter *m* ambulance man, first-aid man, *Am. a.* medic; ⚔ medical orderly.

Sanitäts|dienst *m* medical service; **~flugzeug** *n* air ambulance; **~korps** *n* (*in GB*: Royal) Army Medical Corps; **~raum** *m* first-aid room; **~truppe** *f* → ***Sanitätskorps***; **~wagen** *m* ambulance.

Sank(r)a F *m* ⚔ (military) ambulance.

Sankt *adj.* (**St.**) Saint (*abbr.* St., St).

Sanktion *f* sanction; ***~en verhängen gegen*** (*od.* ***über***) impose (*od.* place) sanctions on; ***mit ~en drohen*** threaten (to impose) sanctions; **sanktionieren** *v/t.* sanction.

Sanktions|maßnahmen *pl.* sanctions; ***~ einleiten*** apply sanctions; **~paket** *n* package of sanctions.

Sankt-Nimmerleins-Tag F *m*: ***bis zum ~*** *warten etc.*: F till kingdom come.

Sanskrit *n* Sanskrit.

Saphir *m* **1.** sapphire; **2.** (*~nadel*) (sapphire) stylus.

Sarde *m* Sardinian.

Sardelle *f* anchovy; **Sardellenpaste** *f* anchovy paste.

Sardin *f* Sardinian.

Sardine *f* sardine, pilchard; **Sardinenbüchse** *f* sardine tin (*Am.* can); ***wie in e-r ~*** (packed) like sardines.

sardisch *adj.* Sardinian.

Sarg *m* coffin, *Am. a.* casket; → ***Nagel***; **~deckel** *m* coffin lid; **~nagel** *m* coffin nail; F *fig.* (*Zigarette*) F cancer stick, coffin nail; **~träger** *m* pallbearer.

Sari *m* sari.

Sarkasmus *m* sarcasm; **sarkastisch** *adj.* sarcastic(ally *adv.*).

Sarkom *n* ⚕ sarcoma.

Sarkophag *m* sarcophagus.

Satan *m* Satan; *fig.* satan, devil; **satanisch** *adj.* satanic.

Satans|braten F *m* (*freches Kind*) cheeky devil (*od.* rascal); (*üble Person*) blackguard; **~weib** F *n sl.* bitch.

Satellit *m ast. u. pol.* satellite; ***über*** (*od.* ***per***) ***~*** by (*od.* via) satellite.

Satelliten|bahn *f* satellite('s) orbit; **~bild** *n* satellite picture; **~fernsehen** *n* satellite TV; **~foto** *n* → ***Satellitenbild***; **~funk** *m* satellite broadcasting; **~laufbahn** *f* satellite('s) orbit; **~schüssel** *f* satellite dish; **~sender** *m TV* satellite (TV) station; **~staat** *m* satellite (state); **~stadt** *f* satellite town; **~system** *n* satellite system; **~technik** *f* satellite technology; **~träger** *m* satellite launcher; **~übertragung** *f* satellite transmission; **~verbindung** *f* satellite link.

Satin *m* satin; (*Baumwoll≈*) sateen.

Satire *f* satire (***auf*** on); **Satirezeitschrift** *f* satirical magazine; **Satiriker** *m* satirist; **satirisch** *adj.* satirical.

satt *adj. u. adv.* (*voll*) full; *Farbton*: deep, rich; *Klang*: full; *fig.* (*selbstzufrieden*) complacent; (*ansehnlich*) impressive; F (*großartig*) F terrific; ***sich ~ essen*** eat one's fill; ***sich an et. ~ essen*** fill o.s. with; ***ich bin davon nicht ~ geworden*** that wasn't enough for me; ***bist du ~?*** have you had enough (to eat)?; ***es fällt ihm schwer, s-e Familie ~ zu bekommen*** he finds it hard to feed his family; ***das macht ~*** that's very filling; *fig.* ***~e Preise*** steep prices; ***~e 200 km in der Stunde*** 200 km per hour, no less; ***e-e ~e Leistung*** quite a feat, some feat; ***es gab Kuchen ~*** there was plenty of cake; *et. od. j-n* ***gründlich ~ bekommen*** (***haben***) get (be) sick and tired of; F ***ich hab die Sache so ~*** I'm sick and tired of it, F I'm fed up to the back teeth with it; ***er konnte sich nicht ~ daran sehen*** he couldn't take his eyes off it; ***ich habe mich daran ~ gesehen*** I've seen enough (*od.* too much) of it, I've had my fill of that; ***nicht ~ werden zu*** *inf.* never tire of *ger.*

Sattel *m* **1.** (*Reit≈, a. mot.*) saddle; ***ohne ~ reiten*** ride bareback; ***aus dem ~ geworfen werden*** be thrown off (one's horse); *fig.* ***j-n in den ~ heben*** hoist s.o. into the saddle; ***j-n aus dem ~ heben*** oust s.o.; ***fest im ~ sitzen*** be firmly in the saddle; ***sich im ~ halten*** hold (firmly) onto the reins; ***in allen Sätteln gerecht sein*** be a good all-round player; **2.** (*Berg≈*) saddle; **3.** (*Nasen≈*) bridge; **4.** *Schneiderei*: yoke; **~dach** *n* saddleback (roof); **~decke** *f* saddlecloth; **≈fest** *adj.*: *fig.* ***in et. ~ sein*** be well up in, know one's *economics etc.*; **~gurt** *m* girth.

satteln *v/t.* saddle.

Sattel|nase *f* saddlenose; **~pferd** *n* saddle horse; **~platz** *m* paddock; **~schlepper** *m mot.* **1.** (*Sattelzug*) articulated lorry, F artic; *Am.* tractor-trailer, rig, F semi; **2.** (*Zugfahrzeug*) tractor; **~tasche** *f* saddlebag; **~zeug** *n* saddlery; **~zug** *m* articulated lorry, F artic; *Am.* tractor-trailer, rig, F semi.

Sattheit *f* **1.** ful(l)ness; sated feeling; **2.** *e-r Farbe*: richness; ***~ der Farben*** *a.* depth of colo(u)r; **3.** *contp.* complacency, smugness.

sättigen I. *v/t.* (*j-n*) feed, fill; (*Hunger*) satisfy (*a. fig.*); ⚗, ☤ (*den Markt*) saturate; → ***gesättigt***; **II.** *v/i. Nahrung*: be filling; **sättigend** *adj.* filling; **Sättigung** *f* (*Sattsein*) satiety; ⚗, ☤ *u. fig.* saturation.

Sättigungs|grad *m* degree of saturation; **~punkt** *m* ⚗, ☤ *u. fig.* saturation point.

Sattler *m* saddler; **Sattlerei** *f* saddlery.

sattsam *adv.* more than enough; ***es ist ~ bekannt*** it's a well-known fact; ***wir haben es ~ erörtert*** we've discussed it ad nauseam.

saturieren *v/t.* saturate; **saturiert** *adj.* *Bürgertum*: sated.

Satyr *m myth.* satyr.

Satz *m* **1.** sentence; *ling. a.* clause; **2.** *phls.* (*Lehr≈, Grund≈*) principle, tenet; **3.** 𝔄 theorem; ***der ~ des Euklid*** Euclid's theorem; **4.** *typ.* (*das Setzen*) (type)setting; (*gesetzter Text*) composition; **5.** (*~ Briefmarken etc.*) set *of stamps etc.*; **6.** ♪ movement; **7.** (*Boden≈*) sediment, dregs *pl.*; (*Kaffee≈*) grounds *pl.*; **8.** *Tennis*: set; ***mit 3:2 Sätzen gewinnen*** win 3 sets to 2; **9.** (*Preis, Tarif≈*) rate; ***zum ~ von*** at a rate of; **10.** (*Sprung*) leap, bound; ***e-n ~ machen*** (take a) leap; ***er war in vier Sätzen oben*** he was upstairs in four bounds; **~anweisung** *f typ.* printing (*od.* setting) instructions *pl.*; **~aussage** *f ling.* predicate; **~ball** *m Tennis*: set point; **~bau** *m* sentence construction; **~ergänzung** *f ling.* object; **~fehler** *m* misprint, printing error; **≈fertig** *adj. typ.* ready for setting; ***~ machen*** copy-edit; **~gefüge** *n* compound sentence; **~gegenstand** *m ling.* subject; **~melodie** *f* intonation; **~rechner** *m typ.* (typesetting) computer; **≈reif** *adj. typ.* ready for setting; **~spiegel** *m typ.* type area; **~teil** *m* part of a sentence; **~tisch** *m* occasional table.

Satzung *f* statute; ***~en*** *e-s Vereins etc.*: regulations, statutes and articles; **satzungsgemäß** *adj.* statutory, (*a. adv.*) in accordance with the statutes.

Satz|zeichen *n* punctuation mark; *pl. a.* punctuation *sg.*; **~zusammenhang** *m* context.

Sau *f* **1.** sow; **2.** F *contp. sl.* swine, (*Frau*) *sl.* bitch, slut; ***unter aller ~*** F lousy; ***et.*** (***j-n***) ***zur ~ machen*** F tear s.th. to pieces, (F let s.o. have it); ***bluten wie e-e ~*** bleed like a pig; ***die ~ rauslassen*** F let one's hair down, *sl.* have a (real) binge; ***keine ~ war da*** *sl.* not a sod was there; ***hier kennt sich doch keine ~ aus*** how are you supposed to find anything in this place; ***wie e-e gesengte ~*** like a lunatic, *fahren, rennen*: *a.* F like the clappers; **~arbeit** F *f* dirty work; (*schwere Arbeit*) *a* tough job.

sauber *adj.* clean; (*sorgfältig, ordentlich*) neat, *Arbeit*: *a.* decent; *Lösung, Plan etc.*: neat; (*anständig*) clean, decent; (*fehlerfrei*) perfect; *Sport*: *Schlag etc.*: clean; F *iro.* ***~!*** F (that's really) great; **sauber halten** *v/t.* (*a. Umwelt, Luft etc.*) keep *s.th.* clean.

Sauberkeit *f* cleanliness, cleanness; neatness; *fig. des Charakters*: integrity; **Sauberkeitsfimmel** *m* obsession with cleanliness (*od.* hygiene); (*Putzfimmel*) cleaning mania.

säuberlich I. *adj.* neat; *Trennung etc.*: *a.* clear, clean; **II.** *adv.* neatly; ***alles fein ~ ordnen*** a) put everything into its right place, b) make sure everything's neat and tidy.

sauber machen *v/t. u. v/i.* clean (up).

Saubermann *iro. m* Mr Clean.

S

säubern *v/t.* clean; (*Wunde*) cleanse; (*freimachen*) clear (**von** of); *fig.*, *a. pol.* purge; **Säuberung** *f* **1.** clean(s)ing; clearing; **2.** → ***Säuberungsaktion.***

Säuberungs|aktion *f pol.* purge; ⚔ mopping-up operation; **~welle** *f pol.* series *pl.* (*od.* wave) of purges.

saublöd F *adj.* → ***saudumm.***

Saubohne *f* broad bean.

Sauce *f* → ***Soße***; **Sauciere** *f* sauce boat.

Saudi *m*, **Saudi-Araber(in** *f*) *m*, **saudi--arabisch** *adj.* Saudi (Arabian).

saudumm F *adj. Person*: F as thick as they come; *Sache*: really stupid; ***er ist ~*** *a. sl.* he's a real thicko; ***das ist ja ~!*** what a (F bloody) stupid thing to happen.

sauen *v/i.* make a mess.

sauer I. *adj.* sour (*a. Boden, Geruch, Milch, Sahne*); ⚗ acid; *Gurke*: pickled; F (*verärgert*) annoyed (***auf j-n*** with, at), *stärker*: F mad (at); → ***Drops***; ***saurer Regen*** acid rain; ***~ werden*** a) turn sour, *Milch*: *a.* curdle, b) F *Person*: get cross; *fig.* ***ein saures Gesicht machen*** pull a long face; ***das ist ein saures Brot*** it's a hard life; ***es sich ~ werden lassen*** put a lot into it; → ***Apfel, Saures***; **II.** *adv.*: ***~ einlegen*** (*Heringe etc.*) pickle; ***es stößt mir ~ auf*** *Essen etc.*: it's giving me a sour taste in my mouth; *fig.* ***das wird ihm noch ~ aufstoßen*** that won't be the last he hears of it, he'll regret it yet; ***~ reagieren*** ⚗ give an acid reaction, *fig.* be annoyed *od.* mad (***auf*** at); *fig.* ***sein Brot ~ verdienen*** have to work hard for one's money; ***~ verdientes Geld*** hard-earned money; ***das wird mir ~ ankommen*** it's going to be tough; **≈ampfer** *m* ✿ sorrel; **≈braten** *m* sauerbraten; *marinated potroast.*

Sauerei *f* → ***Schweinerei.***

Sauer|kirsche *f* sour cherry; **~kohl** *m*, **~kraut** *n* sauerkraut.

Sauerländer(in *f*) *m* man (*f* woman) from the Sauerland; **sauerländisch** *adj.* Sauerland ..., from the Sauerland.

säuerlich *adj.* (slightly) sour (*a. fig.*); *bsd.* ⚗ acidulous.

Sauermilch *f* sour milk.

säuern *v/t.* (make) sour; (*Teig*) leaven.

Sauerrahm *m* sour cream.

Sauerstoff *m* ⚗ oxygen; **≈arm** *adj.* low in oxygen; *Luft*: *a.* rarefied; **~flasche** *f* oxygen cylinder; **~gerät** *n* oxygen apparatus; **≈haltig** *adj.* oxygenous; **~mangel** *m* oxygen starvation, ⚕ *a.* anox(a)emia; **~maske** *f* oxygen mask; **~schuld** *f Sport*: oxygen debt; **~zelt** *n* oxygen tent; **~zufuhr** *f* oxygen supply.

Sauerteig *m* sour dough, leaven.

Sauertopf F *m* F sourpuss; **sauertöpfisch** F *adj.* F grumpy.

Säuerung *f von Teig*: leavening.

Saufbruder F *m* **1.** → ***Säufer***; **2.** F drinking mate; **saufen** *v/t. u. v/i.* drink; V *Person*: F booze; (*Nichtalkoholisches*) F guzzle; ***~ wie ein Loch*** drink like a fish; **Säufer** *sl. m* F boozer, *sl.* dipso; **Sauferei** F *f* F boozing; → *a.* ***Saufgelage.***

Säufer|leber F *f* hobnail liver; **~nase** F *f* drinker's nose; **~stimme** F *f* F boozy voice.

Sauf|gelage *sl. n* drinking bout, F booze--up, soak; **~kumpan** *sl. m* F drinking mate.

Saufraß *sl. m* F muck.

Sauftour *sl. f sl.* binge.

Saugbagger *m* suction dredge(r).

saugen I. *v/i.* **1.** suck (***an et.*** [at] s.th.); *Baby*: *a.* suckle (at); **2.** (*Staub* ~) vacuum, *Person*: do the vacuuming; *der neue Staubsauger* ***saugt gut*** (***schlecht***) picks up the dirt well (doesn't pick up the dirt properly); **II.** *v/t.* **3.** suck; *Wurzeln etc.*: absorb (***aus*** from), draw (out of); → ***Finger***; **4.** (*Teppich*) vacuum; (*Dreck*) pick up; **III.** *v/refl.*: ***sich voll*** (***Wasser*** *etc.*) ~ soak up as much water *etc.* as it can.

säugen *v/t.* nurse, breastfeed.

Sauger *m* **1.** dummy, *Am.* pacifier; *an der Flasche*: teat, *Am.* nipple; **2.** ⚙ suction apparatus; **3.** → ***Staubsauger.***

Säuger *m*, **Säugetier** *n* mammal.

saugfähig *adj.* absorbent; **Saugfähigkeit** *f* absorptive capacity.

Saug|flasche *f* feeding bottle; **~glocke** *f* ⚙ suction bell; ⚕ *bei Entbindung*: vacuum extractor; **~haken** *m* suction hook; **~heber** *m* siphon.

Säugling *m* baby, *formell*: infant.

Säuglings|alter *n* infancy; ***im ~*** in infancy, at a very young age, in the first few months; **~nahrung** *f* baby food(s *pl.*); **~pflege** *f* baby care; **~schwester** *f* baby nurse; **~station** *f* neonatal care unit; **~sterblichkeit** *f* infant mortality.

Saug|napf *m zo.* sucker; **~reflex** *m* sucking instinct.

saugrob F *adj.* F bloody rude (*od.* rough).

Saug|rohr *n* suction pipe; **~rüssel** *m e-s Insekts*: proboscis; **~wirkung** *f* sucking action.

Sauhaufen *contp. m* F bunch of no--goods.

Sauigel V *m sl.* dirty swine; **sauigeln** V *v/i.* talk smut.

säuisch F *adj.* dirty, filthy; → *a.* ***saumäßig*** I.

saukalt F *adj.* F bloody cold.

Saukerl V *m sl.* swine, bastard.

Säule *f* **1.** column; *a. fig.* pillar; **2.** *mot.* (*Zapf≈*) pump.

Säulen|diagramm *n Statistik*: bar chart; **~gang** *m* colonnade; **~halle** *f* columned hall; (*Vorbau*) portico; **~heilige(r)** *m* stylite, pillar saint; **~kaktus** *m* ✿ candelabra cactus; **~kapitell** *n* capital (of a *od.* the pillar); **~ordnung** *f* (columnal) order; ***korinthische*** *etc.* **~** Corinthian *etc.* order; **~tempel** *m* colonnaded temple; **~vorbau** *m* portico.

Saulus *m bibl.* Saul; *fig.* ***vom ~ zum Paulus werden*** undergo a Damascus (*od.* Pauline) conversion.

Saum *m* hem; (*Naht*) seam; (*Rand*) *a. fig.* border, edge.

saumäßig F **I.** *adj. verstärkend*: F damned; (*schlecht*) *sl.* lousy; ***er hatte ~es Pech*** F he was damned (*od.* bloody) unlucky; **II.** *adv. sl.* lousily; ***er singt ~*** he's a lousy singer.

säumen[1] *v/t.* hem; *fig.* line, (*umgeben*) skirt.

säumen[2] *lit. v/i. lit.* tarry.

säumig *adj.* late, tardy; ***~er Zahler*** defaulter.

Säumnis *n* dilatoriness; (*Verzug*) delay; (*Nichterfüllung*) default; **~zuschlag** *m* extra charge (for late payment).

Saum|pfad *m* mule track; **~pferd** *n* packhorse.

saumselig *adj.* slow, sluggish; (*trödelnd*) dawdling; (*hinausschiebend*) dilatory; (*nachlässig*) negligent; (*lässig*) slack.

Saumtier *n* pack animal.

Sauna *f* sauna; ***in die ~ gehen*** have (*od.* go for) a sauna; **saunen** *v/i.*, **saunieren** *v/i.* have a sauna *od.* have saunas *pl.*

Säure *f* **1.** sourness, *a.* ⚕ *im Magen*: acidity; **2.** ⚗ acid; **3.** *fig.* acrimony; **~attentäter** *m* acid thrower; **~bad** *n* acid bath; **≈beständig, ≈fest** *adj.* acid--proof, acid-resistant; **≈frei** *adj.* non-acid; **~gehalt** *m*, **~grad** *m* acidity.

Saure-Gurken-Zeit F *f* off season; *Presse*: silly season.

säure|haltig *adj.* acid, acidic; **≈mantel** *m der Haut*: acid layer.

Saures *n*: F ***gib ihm ~!*** F let him have it!, *sl.* sock it to him!

Saurier *m* saurian.

Saus *m*: ***in ~ und Braus leben*** live on (*od.* off) the fat of the land.

Sause F *f* (*Zechtour*) F pub crawl; (*Trinkgelage*) F booze-up; ***e-e ~ machen*** a) go on a pub crawl, b) have a booze-up.

säuseln I. *v/i. Blätter*: rustle, *Wind*: murmur, whisper; **II.** *v/t. Person*: murmur.

sausen *v/i.* **1.** *Wind*: whistle, *stärker*: howl; *Geschoss etc.*: whistle, F whizz, *Am.* whiz; **2.** (*sich schnell bewegen*) rush, F whizz, *Am.* whiz; **3.** F ***durch e-e Prüfung ~*** fail (F flunk) an exam; **sausen lassen** F *v/t.* (*Gelegenheit*) pass up; (*Vorhaben*) give *s.th.* a miss; (*Person*) drop.

Sau|stall *m* pigsty (*a.* F *fig. Zimmer*); F *fig.* (*Unordnung*) absolute mess, *a* (F bloody) shambles; F *fig.* ***das ist ja ein ~ hier!*** this place is like a pigsty (*od.* is an absolute mess, a shambles); **~wetter** F *n* filthy (F bloody awful) weather; **~wirtschaft** F *f* complete chaos, *a* shambles; **≈wohl** F *adv.*: ***ich fühle mich ~*** F I feel really great.

Savanne *f* savanna(h).

Saxofon *n*, **Saxofonist** *m* → ***Saxophon, Saxophonist.***

Saxophon *n* saxophone; **Saxophonist** *m* saxophonist, sax(ophone) player.

S-Bahn *f* **1.** suburban train, *Am.* rapid transit; **2.** (*System*) suburban railway, *Am.* rapid transit; **S-Bahnhof** *m*, **S-Bahn-Station** *f* suburban train station, *Am.* rapid transit station.

SB|-Laden *m* **1.** self-service shop (*Am.* store); **2.** → **~-Markt** *m* (small) supermarket; **~-Tankstelle** *f* self-service petrol (*Am.* gas) station.

scannen *v/t. Computer*: scan; **Scanner** *m* scanner.

sch *int.* ssh!, shush!

Schabe *f zo.* cockroach, *Am.* roach.

Schabefleisch *n* minced meat, *Am.* ground meat, hamburger.

schaben *v/t.* scrape (*a.* ⚙); *auf Reibeisen*: grate, rasp; (*kratzen*) scratch; (*Felle*) shave.

Schaber *m mot.* scraper.

Schabernack *m* practical joke, prank(s *pl.*); ***~ treiben*** play pranks, get up to nonsense.

schäbig *adj.* **1.** (*abgenutzt*) shabby, tatty; (*armselig*) wretched, miserable; (*verkommen*) sleazy; **2.** (*geizig*) mean, stingy; (*gemein*) mean, rotten, shabby; *Trinkgeld etc.*: stingy, F pathetic.

Schabkunst *f* mezzotint.

Schablone *f* (*Mal≈*) stencil; ⚙ template; *fig. beim Reden u. Denken*: cliché; *beim Handeln*: set pattern, *beim Arbeiten*: *a.* fixed routine; *fig.* ***j-n in e-e ~ pressen*** pigeonhole s.o.

Schablonen|denken *fig. n* stereotyped thinking; **≈haft, ≈mäßig** *adj.* stereotyped; (*mechanisch*) mechanical; *nur attr.*

S

routine(ly *adv.*); **~zeichnung** *f* stencil drawing.

Schabmesser *n* scraping knife.

Schabracke *f* **1.** (*Decke*) saddle cloth; **2.** *über Fenster*: pelmet, *Am.* valance.

Schach *n* **1.** chess; **2.** (*~stellung*) check; ***~!*** check!; ***~ und matt!*** checkmate!; ***j-m ~ bieten*** check s.o., *fig.* make a stand against s.o.; ***in ~ halten*** hold in check (*a. fig.*), *fig. mit der Pistole etc.*: *a.* cover; **3.** → ***Schachspiel***; **~aufgabe** *f* chess problem.

Schachbrett *n* chessboard; **≈artig I.** *adj.* chequered, *Am.* checkered; **II.** *adv.*: ***~ angelegt*** set out (*od.* arranged) like a chessboard; **~muster** *n* chequered (*Am.* checkered) pattern; ***im ~*** chequered, *Am.* checkered.

Schachcomputer *m* chess computer.

Schacher *m*, **Schacherei** *f* haggling; *bsd. pol.* horse trading; **schachern** *v/i.* haggle (***um*** about, over); ***~ mit*** *et.* trade.

Schach|figur *f* chessman, piece; *fig.* pawn; **~großmeister** *m* chess grandmaster; **≈matt** *adj.* (check)mate; *fig.* (*erschöpft*) exhausted, F dead beat; ***~ setzen*** *a. fig.* checkmate; **~meister** *m* chess champion; **~meisterschaft** *f* chess tournament (*od.* championship[s *pl.*]); **~partie** *f* game of chess; **~spiel** *n* **1.** (game of) chess; **2.** (*Brett u. Figuren*) chess set.

Schacht *m* shaft, ⚒ *a.* pit; (*Mannloch*) manhole.

Schachtel *f* box (*a. Streichholz≈, Konfekt≈ etc.*); (*Papp≈*) *a.* carton, cardboard box; (*Schuhkarton*) shoebox; *für Hüte etc.*: bandbox; (*Zigaretten≈*) packet, *Am.* pack; F *fig.* ***alte ~*** F old crow; **~halm** *m* ⚘ horsetail; **~satz** *m* involved period.

Schach|turnier *n* chess tournament; **~uhr** *f* chess clock; **~weltmeister** *m* world chess champion; **~weltmeisterschaft** *f* world chess championships *pl.*; **~zug** *m* move; ***geschickter ~*** *a. fig.* clever move (*od.* gambit).

schade *pred. adj.*: (***es ist sehr***) ***~*** it's a (great *od.* real) pity, F (it's) too bad; ***wie ~*** what a pity (*od.* shame); ***es ist ~ drum*** it's (such) a shame *od.* waste; ***~, dass du schon gehen musst*** (it's a) pity you have to go so soon, *a.* can't you stay a bit longer?; ***dafür ist es*** (***er***) ***zu ~*** it's (he's) too good for that; ***es ist für ihn viel zu ~*** it'd be wasted on him; ***um das*** (***den***) ***ists nicht ~*** it's (he's) no great loss; ***es ist ~ um ihn*** it's a (real) shame (with him); ***dafür ist er sich zu ~*** he thinks he's above that kind of thing; ***er ist sich für nichts zu ~*** he's not too proud for anything.

Schade *m* → ***Schaden.***

Schädel *m* skull (*a.* F *Hirn, Kopf*); → *a.* ***Kopf***; F ***e-n dicken ~ haben*** be stubborn (as a mule); ***mir brummt der ~*** my head is spinning (*vor Schmerz*: throbbing); F ***j-m eins über den ~ geben*** hit s.o. over the head; → ***einschlagen*** 2; **~(basis)bruch** *m* ⚕ fracture of the (base of the) skull; **~decke** *f anat.* cranium; **~höhle** *f* cranial cavity; **~knochen** *m* cranial bone.

schaden I. *v/i.* (*j-m, e-r Sache*) damage, harm (*a. Ruf, Beziehung etc.*); be harmful to, *bsd. gesundheitlich, psychisch etc.*: have a harmful effect on; (*nachteilig sein*) *a.* be detrimental to; ***das schadet der Gesundheit*** it's bad for your health; ***es schadet mehr, als dass es nützt*** it does more harm than good; ***es kann doch nicht ~*** there's no harm in it, is there?, it won't do any harm, will it?; ***ein Versuch kann nicht ~*** there's no harm in trying; **II.** *v/t.*: ***das schadet nichts*** it doesn't do any harm, (*macht nichts*) it doesn't matter; ***das schadet ihm nichts*** it won't do him any harm; ***das schadet ihm gar nichts*** (*geschieht ihm recht*) it serves him right; ***es würde ihr*** (***gar***) ***nichts ~, wenn sie ...*** it wouldn't do her any harm at all to *inf.*, it would do her good to *inf.*; ***was schadet es schon, wenn ...*** what does it matter if ...

Schaden *m* damage (***an*** to); *bsd. körperlich*: injury, harm; (*Nachteil*) disadvantage; (*Verlust*) loss; (*Mangel*) defect; ***~ nehmen*** be damaged, *Person, Gesundheit etc.*: suffer; ***e-n ~ am Knie haben*** have a damaged knee, *bsd. nach Unfall*: have a knee injury; ***zu ~ kommen*** be hurt (*od.* injured); ***nicht zu ~ kommen*** not to come to any harm; ***Personen kamen nicht zu ~*** nobody was injured; ***j-m ~ zufügen*** do s.o. harm, → *a.* ***schaden; es soll dein ~ nicht sein*** it won't be to your disadvantage; ***wer den ~ hat, braucht für den Spott nicht zu sorgen*** the laugh's always on the loser; ***durch ~ wird man klug*** once bitten twice shy; F ***ab mit ~*** F good riddance.

Schadenersatz *m* compensation, indemnification; (*festgesetzte Geldsumme*) damages *pl.*; ***~ fordern*** (***leisten, erhalten***) claim (pay, recover) damages; ***auf ~*** (***ver***)***klagen*** sue for damages; **~anspruch** *m*, **~forderung** *f* claim for damages; **~klage** *f* action for damages; **~leistung** *f* compensation; **≈pflichtig** *adj.* liable for damages.

Schaden|feststellung *f* assessment of damage; **~freiheitsrabatt** *m* no-claims bonus; **~freude** *f* malicious glee, gloating, schadenfreude; **≈froh** *adj.* gloating(ly *adv.*); **~meldung** *f* claim.

Schadens|begrenzung *f* damage limitation; **~fall** *m* claim.

Schadenversicherung indemnity insurance.

schadhaft *adj.* damaged; (*fehlerhaft*) defective, faulty; *Gebäude*: out of repair; *Rohr, Leitung*: leaking; *Zähne*: decayed.

schädigen *v/t.* damage, impair (*a. Ruf*); (*j-n*) harm; → *a.* ***schaden***; **Schädigung** *f* damage (*gen.* to), impairment (of), injury (to).

schädlich *adj.* harmful, injurious (*dat. od.* ***für*** to); (*nachteilig*) detrimental (to); (*schlecht*) bad (for); *Stoffe, Gase etc.*: harmful, noxious; ***es ist ~ für die Gesundheit*** it's harmful to your health, it's a health hazard.

Schädling *m* pest; (*Pflanze*) *a.* destructive weed; **Schädlingsbekämpfung** *f* pest control; **Schädlingsbekämpfungsmittel** *n* pesticide.

schadlos *adj.*: ***sich ~ halten*** recoup o.s. (***für*** for), ***an***: recoup one's losses from *s.o.*, F make up for it with *s.th.*

Schadstoff *m* harmful (*od.* noxious) substance, pollutant; **≈arm** *adj.* low-emission, F clean *car*; **~ausstoß** *m* → ***Schadstoffemission***; **~belastung** *f* pollution level; **~emission** *f* noxious emission; *mot.* car emission; **≈frei** *adj.* emission-free; **~gehalt** *m* concentration of harmful substances; **~normen** *pl.*, **~richtlinien** *pl.* emission standards.

Schaf *n* sheep (*a. pl.*); *fig.* F (*dummer Mensch*) F twit; *fig.* ***schwarzes ~*** black sheep ([***in***] ***der Familie*** of the family); **~bock** *m* ram.

Schäfchen *n* lamb; F *fig.* (*Dummerchen*) F silly billy; *pl.* (*a.* **~wolken** *pl.*) fleecy (*od.* cotton-wool) clouds; *fig.* ***~ zählen*** count sheep; ***sein ~ ins Trockene bringen*** feather one's nest.

Schäfer *m* shepherd; **~hund** *m* sheepdog; (*Hunderasse*) Alsatian, German shepherd (dog).

Schäferin *f* shepherdess.

Schäferstündchen *n* (lovers') tryst.

Schaffell *n* sheepskin.

schaffen I. *v/t.* **1.** (*Bedingungen, Arbeitsplätze etc.*) create; (*Ärger, Unruhe, Verdruss etc.*) cause, *j-m*: *a.* give *s.o. trouble etc.*; ***Ordnung ~*** sort things out, *bsd. pol.* establish (some sort of) order; ***Ruhe ~*** get things under control, *bsd. pol.* establish order; ***Rat ~*** find a way (out); ***Linderung ~*** bring relief; ***Klarheit ~*** clarify the situation, *bei falscher Anschuldigung*: set the record straight; ***sich Freunde*** (***Feinde***) ***~*** make friends (enemies); ***e-n neuen Rekord ~*** set up a new record; ***Platz für j-n ~*** make room for s.o.; ***er ist zum Lehrer wie geschaffen*** he's a born teacher, he's made to be a teacher; ***er ist für den Posten wie geschaffen*** he's perfect (*od.* cut out) for the job; **2.** ***ich habe damit nichts zu ~*** I've got nothing to do with it, I wash my hands of it; ***mit ihm will ich nichts zu ~ haben*** I don't want anything to do with him; **3.** (*hinbringen*) take, (*hinstellen, -legen etc.*) *a.* put; ***wie ~ wir das Bett nach oben?*** how will we get the bed upstairs?; → ***Hals, Weg, Welt***; **4.** (*Aufgabe etc.*) manage, (*Schulaufgabe*) do; (*Prüfung*) pass; ***viel ~*** (manage to) get a lot done; F ***es ~*** F make (*od.* do) it; ***das wäre geschafft!*** *Arbeit*: done it!, that's that!; *rechtzeitig*: made it!; ***et. zeitlich ~*** get s.th. done in time; ***et. geldlich ~*** have the money for s.th.; ***ich schaffe das Essen nicht mehr*** I can't eat any more; ***er schafft es einfach nicht, pünktlich zu sein*** he just can't bring himself to be punctual; ***das hat noch keiner geschafft*** a) that was brilliant, b) (*Überraschendes*) that's a new one, c) *Unfähigkeit*: that's unbeatable, that must be a record; ***ihn schaffst du spielend*** he's no match for you, F you can beat him with your hands tied behind your back; **5.** F ***j-n ~*** (*erschöpfen*) take it out of s.o.; *nervlich*: get s.o. down; **II.** *v/i.* **6.** (*tätig sein*) be active, work (hard); **7.** *bsd. dial.* (*arbeiten*) work; **8.** ***sich zu ~ machen*** potter about, ***an*** *e-r Sache*: busy o.s. with, *e-m Gerät etc.*: tinker about with, *unbefugt*: *a.* tamper with; ***was habt ihr dort zu ~?*** what d'you think you're doing (*od.* you're up to) there?; **9.** ***j-m*** (***schwer***) ***zu ~ machen*** give s.o. a hard time, *gesundheitlich*: *a.* F play s.o. up; **III.** ≈ *n* work(s *pl.*); ***sein künstlerisches ~*** his artistic work, his (works of) art; ***frohes ~!*** *etwa* good luck, *iro. etwa* don't work too hard; **schaffend** *adj.*: ***der ~e Mensch*** creative man; ***der ~e Geist*** the creative spirit (*od.* mind).

Schaffens|drang *m* creative urge; (*Arbeitslust*) (great) urge to do s.th.; **~kraft** *f* **1.** creative power; **2.** energy and drive; **~periode** *f* artistic period; **~prozess** *m* creative process.

Schaffleisch *n* mutton; ♆ sheepmeat.

Schaffner *m* conductor, (*Zug≈*) *Brit.* guard; **Schaffnerin** *f* conductress.

Schaffung *f* creation *etc.*, → ***schaffen*** 1; (*Gründung*) *a.* establishment.

S

Schaf|garbe *f* ⚘ yarrow; **~herde** *f* flock of sheep; **~hirt** *m* shepherd; **~hürde** *f* sheepfold, sheepcote; **~leder** *n* sheepskin.
Schäflein *n* **1.** → **Schäfchen**; **2.** *pl. fig. e-s Pastors*: sheep, flock *sg.*
Schafott *n* scaffold; **j-n aufs ~ bringen** bring s.o. to the scaffold.
Schaf|pferch *m* sheepfold, sheepcote; **~schur** *f* sheepshearing.
Schaf(s)käse *m* sheep's milk cheese, feta cheese.
Schafskopf F *fig. m* F blockhead, numskull.
Schaf(s)|milch *f* sheep's milk; **~pelz** *m* sheepskin; *fig.* **Wolf im ~** wolf in sheep's clothing.
Schafstall *m* sheep shed.
Schaft *m* shaft; *e-s Gewehrs*: stock; *e-s Stiefels*: leg; *e-r Blume*: stalk; **~stiefel** *pl.* high boots.
Schaf|weide *f* sheep pasture; **~wolle** *f* sheep's wool; **~zucht** *f* sheep farming.
Schah *m hist.* Shah.
Schakal *m* jackal.
Schäkel *m* ⚙, ⚓ shackle.
schäkern *v/i.* joke around; (*flirten*) flirt.
schal *adj. Getränk*: flat; *fig.* (*abgeschmackt*) stale; (*reizlos*) dull, boring.
Schal *m* scarf.
Schälchen *n* (little *od.* small) bowl; dessert bowl.
Schale[1] *f von Eiern, Nüssen*: shell; *von Früchten*: skin, (*Abgeschältes*) peel; (*Hülse*) husk; *pl.* (*Kartoffel2n*) peelings; F **sich in ~ werfen** (*od.* **schmeißen**) dress up, put on one's finery; *fig.* **er hat e-e raue ~** he's a rough diamond.
Schale[2] *f* (*Gefäß*) bowl; *flache*: dish; (*Waag2*) (scale)pan.
schälen I. *v/t.* (*Obst, Kartoffeln etc.*) peel; (*Hülsenfrüchte*) shell; (*Tomate*) skin; (*Bäume*) bark; **II.** *v/refl.*: **sich ~** *Bäume*: exfoliate; *Haut, Lackierung etc.*: peel (off); **ich schäl mich auf dem Rücken** my back is peeling; **sich aus der Kleidung ~** peel off (one's clothes).
Schalen|bau(weise *f*) *m* ⚙ monocoque (⚠ shell) construction; **~obst** *n* nuts *pl.*; 🕮 indehiscent fruit; **~sitz** *m mot.* bucket seat; **~tier** *n* crustacean.
Schalk *m* rogue, (*bsd. Kind*) rascal; **er hat den ~ im Nacken** he's always up to tricks; **ihm schaut der ~ aus den Augen** he's always got a (mischievous) twinkle in his eye; **schalkhaft** *adj.* mischievous.
Schall *m* sound; *von Glocken*: ringing, peal; (*Widerhall*) echo; **Name ist ~ und Rauch** what's in a name?; **2absorbierend** *adj.* → **schalldämpfend**; **~aufzeichnung** *f* sound recording; **~becher** *m* ♪ bell; **~boden** *m* ♪ soundboard; **~dämmung** *f* → **Schalldämpfung**; **2dämpfend I.** *adj.* sound-absorbing; **II.** *adv.*: **~ wirken** act as a sound absorber; **~dämpfer** *m* sound absorber; *mot.* silencer, *Am.* muffler; *an Schusswaffen*: silencer; ♪ → **Dämpfer**; **~dämpfung** *f* sound damping (*od.* absorption); *Raum, Gebäude*: soundproofing, sound insulation; **2dicht** *adj.* soundproof (*a. v/t.* **~ machen**); **~druck** *m* sound pressure.
schallen *v/i.* resound; (*laut klingen*) ring; (*dröhnen*) boom; **schallend I.** *adj.* resounding; **~es Gelächter** loud laughter, peals (*spöttisch*: hoots) of laughter; **~e Ohrfeige** good box on the ears, *fig.* slap in the face; **II.** *adv.*: **~ lachen** roar with laughter.
Schall|geschwindigkeit *f* speed of sound; **~grenze** *f* → **Schallmauer**; **2isoliert** *adj.* soundproofed; **~leiter** *m* sound conductor; **~mauer** *f*: (**die ~ durchbrechen** break the) sound barrier; **~messung** *f* ⚔ sound ranging; *Akustik*: sound level measurement; **~pegel** *m* noise level.
Schallplatte *f* record.
Schallplatten... → *a.* **Platten...**; **~archiv** *n* record archives *pl.*; **~aufnahme** *f* (gramophone) recording; **~geschäft** *n* **1.** record shop; **2.** ♆ record business; **~industrie** *f* record industry; **~produktion** *f* **1.** recording; **2.** (*Verfahren*) record production, making records; **~ständer** *m* record rack; **~vertrag** *m* recording contract.
schall|schluckend *adj.* sound-absorbing; **2trichter** *m am Lautsprecher*: cone; ♪ bell; **2wand** *f* baffle (board); **2welle** *f* sound wave.
Schalmei *f* ♪ shawm.
Schalotte *f* ⚘ shallot.
Schalt|anlage *f* switchgear; **~bild** *n* ⚡ circuit diagram; *mot.* gear-changing (*Am.* gearshifting) diagram; **~brett** *n* ⚡ switchboard, control panel; ✈ instrument panel, *mot a.* dashboard.
schalten I. *v/i.* **1.** ⚙, ⚡ switch (**auf** to); *mit e-m Hebel*: shift the lever(s); *mot.* change (*od.* shift) gears; **auf Grün** *etc.* **~** *Ampel*: turn (*od.* change to) green *etc.*; ⚡ **in Reihe** (**parallel**) **~** connect in series (in parallel); **~ zu** *TV, Radio*: switch (*od.* go) over to; **2.** F *fig.* (*begreifen*) get the picture, catch on, F click; **ich hab zu langsam** (*od.* **spät**) **geschaltet** I was too slow, I didn't react quick(ly) enough; **langsam ~** (*dumm sein*) be slow on the uptake; **3.** (*handeln*) act; **frei ~ und walten können** be able to do as one likes (*od.* pleases); **j-n ~ und walten lassen** give s.o. a free hand; **II.** *v/t.* **4.** ⚙ switch, turn; (*bedienen*) operate; (*steuern*) control; *mot.* (*Gang*) change, shift; (*anlassen*) start; (*Hebel*) shift; (*Kupplung*) engage, (*aus~*) disengage; ⚡ a) (*um~*) switch, *durch Kabelführung*: wire, b) (*Verbindung herstellen*) connect; → **anschalten, ausschalten**; **5.** (*zusätzlich einfügen*) fit in; **6. e-e Anzeige ~** *in Zeitung*: place an ad.
Schalter[1] *m* ⚡, ⚙, *mot.* switch; ⚡ (*Aus2*) cutout.
Schalter[2] *m Post, Bank etc.*: counter; *Flughafen*: desk; 🚆 ticket window; **~beamte(r)** *m* counter clerk; man (*f* lady) at the counter; 🚆 booking clerk; **~dienst** *m* counter duty; **~halle** *f* (main) hall; **~schluss** *m* closing time; **~ ist um drei** banks *etc.* close (*od.* the bank *etc.* closes) at three; **~stunden** *pl.* business hours.
schalt|faul *adj.* slow to change gears; **~freudig** *adj.* quick to change gears; **2gespräch** *n* hook-up, link-up; **2hebel** *m mot.* gear stick, *bsd. Am.* gearshift; ⚙, ✈ control lever; ⚡ switch lever; *fig.* **an den ~n der Macht sitzen** hold the reins of power, be sitting at the controls; **2jahr** *n* leap year; **2kasten** *m* switchbox; **2knüppel** *m* gear lever, *bsd. Am.* gearshift, *Am.* stick shift; **2kreis** *m* ⚡ circuit; **2pause** *f* intermission; **2plan** *m* ⚡ circuit diagram; **2pult** *n* control desk; **2stelle** *f pol.* powerhouse; **2tafel** *f* → **Schaltbrett**; **2tag** *m* intercalary day; **2uhr** *f* timer.
Schaltung *f mot. als Bauteil*: gearshift assembly, *als Vorgang*: gear change, gearshift; ⚡ (*~saufbau*) circuitry, (*Verbindung*) connection(s *pl.*), (*Verdrahtung*) wiring.
Schaltzentrale *f* control cent|re (*Am.* -er); *fig.* nerve cent|re (*Am.* -er); *pol.* powerhouse.
Schaluppe *f* ⚓ sloop.
Schalwild *n* hoofed game.
Scham *f* **1.** shame; **keine ~ haben** have no (sense of) shame; **voller ~ über et. sein** be filled with shame at s.th.; **nur keine falsche ~!** no need to pretend you're shy, *beim Essen etc.*: no need to hold back; **vor ~ erröten** blush (*od.* go red) with shame; **2.** *anat.* genitals *pl.*, private parts *pl.*; **s-e ~ bedecken** *a. lit.* cover *od.* hide one's shame (*od.* nakedness).
Schamane *m* shaman; **Schamanismus** *m* shamanism; **schamanistisch** *adj.* shamanistic.
Scham|bein *n anat.* pubic bone; **~berg** *m* → **Schamhügel.**
schämen *v/refl.*: **sich ~** be *od.* feel ashamed (of o.s.); **sich wegen** (*od.* **für**) **et. ~** be ashamed of (having done) s.th.; **du solltest dich** (**was**) **~!** you ought to be ashamed of yourself; **schäm dich!, schämt euch!** shame on you!; **er schämt sich nicht zu** *inf.* he's not ashamed to *inf.*, he has no qualms about *ger.*, **es zuzugeben:** he's not ashamed to admit it, he admits it quite openly.
Scham|frist *f* period of grace; **~gefühl** *n* sense of shame; *körperliches*: (sense of) modesty; **j-s ~ verletzen** offend s.o.'s sense of decency; **~gegend** *f* pubic region; **~haare** *pl.* pubic hair *sg.*
schamhaft I. *adj.* bashful, *Mädchen*: *a.* blushing; (*prüde*) prudish; **II.** *adv.*: **~ erröten** blush with shame; *iro.* **das verschweigst du jetzt ~** you're keeping very quiet about that (now); **Schamhaftigkeit** *f* bashfulness; (*Prüderie*) prudishness.
Scham|hügel *m anat. der Frau*: mons veneris; *des Mannes*: mons pubis; **~lippen** *pl. anat.* labia, lips of the vulva.
schamlos *adj.* shameless; (*unsittlich*) indecent; *Beleidigung etc.*: brazen, *Lüge*: *a.* barefaced.
Schamott F *m* F junk.
Schamotte *f* fireclay.
Schampon *n*, **schamponieren** *v/t.* shampoo.
Schampus F *m* F champers, bubbly.
schamrot *adj.* red with shame (*od.* embarrassment); **~ werden** blush (with shame), go (very) red (with shame), colo(u)r up; **Schamröte** *f*: **die ~ stieg ihm ins Gesicht** he blushed with shame (*od.* embarrassment).
Schande *f* disgrace; (*Unehre*) *a.* shame; *j-m od. e-r Sache* **~ machen** be a disgrace to, bring shame on; F **mach uns keine ~!** F try not to disgrace us (*od.* the family name); **zu m-r ~ muss ich gestehen** I'm ashamed to admit; **zu ihrer ~ muss gesagt werden, dass sie ...** I'm afraid to admit (*od.* to have to say) that she ...; **es ist e-e ~, wie so viel Papier einfach weggeworfen wird** it's a disgrace (*od.* it's scandalous) to see all that paper just being thrown away; **zu ~n machen** ruin, wreck, destroy, (*Hoffnungen*) destroy, dash; **zu ~n werden** *Pläne etc.*: come to naught.
schänden *v/t.* **1.** (*Ansehen etc.*) disgrace, dishono(u)r, bring dishono(u)r upon; **2.**

S

(*entweihen*) desecrate, defile; **3.** *obs.* (*sexuell missbrauchen*) violate, abuse.

Schandfleck *m* stain, blot; (*scheußlicher Anblick*) eyesore; (*Gebäude*) (architectural) eyesore, carbuncle; ***ein ~ auf s-r Ehre*** *a. hum.* a blot on his escutcheon (*od.* in his copybook); ***er ist der ~ der Familie*** he's the black sheep of the family, he's a disgrace to his family; ***ein ~ in der Landschaft*** a blot on the landscape.

schändlich *adj.* shameful, disgraceful; (*schmachvoll*) ignominious; *Lüge etc.*: scandalous; F (*unerhört, sehr schlecht*) disgraceful; ***ein ~er Lohn*** a pittance (of a wage); ***es ist ~, wie*** *a.* it's a disgrace how (*od.* to see).

Schand|mal *n* → ***Schandfleck***; **~maul** *n* **1.** wicked (*od.* malicious) tongue; **2.** (*Person*) wicked (*od.* malicious) gossip, slanderer; **~tat** *f* evil deed; F ***er ist zu jeder ~ bereit*** F he's good for a lark.

Schändung *f* **1.** *der Ehre etc.*: disgrace (*gen.* to); **2.** (*Entweihung*) desecration, defilement (*gen.* of); **3.** *obs. sexuelle*: abuse, violation (*gen.* of).

Schani *östr. m* a) waiter, b) (*Handlanger*) dogsbody.

Schänke *f* inn, tavern.

Schank|erlaubnis *f*, **~konzession** *f* licen|ce (*Am.* -se) (to sell alcoholic drinks); **~raum** *m*, **~stube** *f* (public) bar; **~tisch** *m* bar.

Schanze *f* **1.** (*Sprung2*) ski jump; **2.** ⚔ entrenchment; **Schanzenrekord** *m Sport*: hill record.

Schar *f* (*Menge*) (great) crowd, swarms *pl. of people*; *von Vögeln*: flock, *von Rebhühnern*: covey; *von Damen, Rehen, Lerchen*: bevy; *von Ameisen*: army; *von Engeln*: host; ***e-e ~ von Kindern*** *etc. a.* hordes of children *etc.*; ***in*** (***hellen***) ***~en*** in droves; ***die Rockfans kamen in ~en an*** *a.* hundreds (*od.* thousands) of rock fans flocked there, rock fans came in their hundreds (*od.* thousands).

scharen I. *v/t.*: ***um sich ~*** rally (round one); **II.** *v/refl.*: ***sich ~*** assemble, rally; ***sich ~ um*** crowd round, (*j-n*) rally round.

scharenweise *adv.* in droves *etc.*; → ***Schar.***

scharf I. *adj. allg.* sharp (*a. fig.*); *Essen*: hot, spicy, highly seasoned; *Essig*: strong; *Geruch*: acrid, pungent; *Säure*: caustic; *Senf*: hot; *Käse*: strong; *Alkohol*: strong, (*brennend*) sharp; *Waschmittel*: aggressive; *Ton*: piercing, shrill; *Munition*: live; (*jäh, abrupt*) abrupt, sharp; (*genau*) sharp; (*deutlich*) sharp, clear; (*streng, zurechtweisend*) sharp, severe; (*heftig*) hard; F (*geil*) *sl.* randy; ***~es Auge, ~er Blick*** sharp (*od.* keen) eye(s), keen eyesight; ***ein ~es Auge haben für*** have an eye (*od.* a good eye) for; ***~es Gehör*** sharp ears, keen sense of hearing; ***~er Beobachter*** keen observer; ***~e Gesichtszüge*** clear-cut features; ***~e Kritik*** sharp (*od.* severe) criticism; ***~e Kurve*** sharp bend; ***~e Maßnahmen*** strict (*od.* stringent) measures; ***~er Protest*** fierce (*od.* sharp, vehement) protest; ***schärfsten Protest einlegen*** protest vehemently; ***~er Prüfer*** very strict (F tough) examiner; ***~er Ritt*** fast ride; ***~es Tempo*** hard (*od.* sharp) pace; ***~e Umrisse*** clear (*od.* sharp) outlines; ***~er Verstand*** keen (*od.* incisive) mind; ***~er Wind*** biting (*od.* cutting) wind; ***~e Zunge*** sharp tongue; F ***das ist vielleicht ein ~es Zeug*** it really burns your throat; F ***~e Klamotten*** (***~es Auto***) F snazzy clothes (car); F ***das ist ja ~*** *sl.* get a load of that; F ***~ sein auf*** *j-n od. et.* be keen on, *stärker*: F be wild about; F ***ganz ~ darauf sein zu*** *inf. sl.* be dead keen on *ger.* (*od.* to *inf.*); → *a.* ***gestochen***; **II.** *adv.* sharply *etc.*; sharp; ***~ ablehnen*** flatly reject; ***~ anbraten*** fry to seal; ***~ bremsen*** brake hard, slam on the brakes; *j-n* ***~ anfassen müssen*** have to be very strict with; ***~ bewachen*** keep a close guard (*fig.* watch, eye) on; ***~ aufpassen*** pay close attention; ***~ durchgreifen*** take tough action (***bei*** against), ***bei***: *a.* clamp down on; *phot.* ***~ einstellen*** focus; ***~ formuliert*** sharply-worded; ***~ nachdenken*** think hard, have a good think; ***denkt mal ~ nach*** put your thinking caps on (for a minute); ***~ schießen*** shoot with live ammunition; *fig.* ***in der Diskussion wurde ~ geschossen*** there were some sharp exchanges during the discussion; ***~ sehen*** (***hören***) have sharp eyes (ears); ***~ verurteilen*** severely condemn; ***~ ins Auge fassen*** fix *s.o.* with one's eyes, *fig.* take a close look at *s.o. od. s.th.*; ***~ nach rechts*** (***links***) ***gehen*** turn sharp right (left); ***~ rechts*** (***links***) ***fahren*** *unkontrolliert*: swerve *od.* veer to the right (left); → ***schärfen, scharfmachen.***

Scharfblick *m* perspicacity; **scharf blickend** *adj.* → ***scharfsichtig.***

Schärfe *f* sharpness *etc.*; → ***scharf***; *der Sinne, des Verstands*: keenness, acuity; *e-s Arguments*: stridency; *opt.* definition; ***in aller ~*** in all strictness.

Scharfeinstellung *f* focus(s)ing; (*Vorrichtung*) focus(s)ing control.

schärfen I. *v/t.* sharpen (*a. fig.*); **II.** *v/refl.*: ***sich ~*** *Blick etc.*: sharpen, become keener (*od.* more acute).

Schärfentiefe *f phot.* depth of field (*od.* focus).

scharfkantig *adj.* sharp-edged.

scharfmachen F *fig. v/t.* **1.** ***~ gegen*** set (*od.* stir up) against; **2.** *sexuell*: *sl.* turn on; **Scharfmacher** *m pol.* agitator, rabble-rouser, *pl. a.* ginger group *sg.*; **Scharfmacherei** *f* agitation.

Scharf|richter *m* executioner; **~schießen** *n* ⚔ live shooting; **~schütze** *m* marksman; ⚔ sniper; **2sichtig** *adj.* sharp-sighted; *fig.* perspicacious.

Scharfsinn *m* astuteness, shrewdness; *bsd. pol.*, ✝ acumen; **scharfsinnig** *adj.* astute, shrewd.

scharf umrissen *adj.* sharply defined; *fig.* clear-cut.

scharfzüngig *adj.* sharp-tongued.

Scharlach *m* **1.** (*Farbe*) scarlet; **2.** ⚕ scarlet fever; **2rot** *adj.* scarlet.

Scharlatan *m* charlatan, F fraud; (*Arzt*) charlatan, F quack.

Scharmützel *n* ⚔ *u. fig.* skirmish, brush.

Scharnier *n* hinge; **~gelenk** *n* hinge(d) joint.

Schärpe *f* sash.

scharren *v/t. u. v/i.* scrape (***mit den Füßen*** one's feet); scratch (*a. Huhn, Hund etc.*); *Pferd*: paw; → *a.* ***verscharren.***

Scharte *f* (*Kerbe*) notch, nick; → ***Schießscharte, Hasenscharte***; *fig.* ***e-e ~ auswetzen*** make amends.

scharwenzeln *v/i.* bow and scrape; ***um j-n ~*** dance attendance on s.o.

Schaschlik *n* kebab.

schassen F *v/t.* kick (F boot) out.

Schatten *m* **1.** (*kühlender ~, Dunkel*) shade; ***30 Grad im ~*** 30 degrees in the shade; ***~ spenden*** give (plenty of) shade; ***Licht und ~*** light and shade; ***im ~ stehen*** *a. fig.* be in the shade; ***in den ~ stellen*** put in(to) the shade, *fig. a.* outshine, eclipse, (*Erwartungen*) exceed; *fig.* ***ein ~ flog über sein Gesicht*** his face darkened; **2.** (*~bild*) shadow; ***e-n ~ werfen*** cast a shadow (***auf*** on; *a. fig.*); *fig.* ***große Ereignisse werfen ihre ~ voraus*** great events cast their shadows before; ***nicht der ~ e-s Verdachts*** not the slightest (cause for) suspicion; ***in j-s ~ stehen*** live in s.o.'s shadow; ***e-m ~ nachjagen*** chase butterflies; ***sich vor s-m ~ fürchten*** be frightened of one's own shadow; ***über s-n ~ springen*** overcome o.s.; ***man kann nicht über s-n eigenen ~ springen*** the leopard can't change its spots; ***er ist nur noch ein ~ seiner selbst*** he's a (mere) shadow of his former self; ***die ~ der Vergangenheit*** the spect|res (*Am.* -ers) (*od.* ghosts, shades) of the past; ***der ~ des Todes*** the shadow of death; ***j-m wie ein ~ folgen*** follow s.o. (around) like a shadow; **3.** (*Umriss, unklare Gestalt*) silhouette, (dark) shape; **4.** ⚕ *auf der Lunge etc.*: shadow (*a. unter den Augen*); **5.** (*ständiger Bewacher, Begleiter*) shadow; **6.** (*Geist*) shade; **~bild** *n* shadowgraph; **~boxen** *n* shadow-boxing; **~dasein** *n*: ***ein ~ führen*** (*od.* ***fristen***) live in the shadows; **~datei** *f Computer*: shadow file.

schattenhaft *adj.* shadowy; *fig.* ***~e Erinnerung*** vague (*od.* shadowy) recollection; ***~e Vorstellung*** vague idea.

Schattenkabinett *n pol.* shadow cabinet.

schattenlos *adj.* without shade.

Schattenmorelle *f* morello.

schattenreich *adj.* shady.

Schatten|reich *n myth.* realm of the shades; **~riss** *m* silhouette; **~seite** *f* shady side; *fig.* (*Nachteil*) drawback; ***die ~ des Lebens*** the dark side of life.

Schatten spendend *adj.* shady.

Schatten|spiel *n* shadow play; **~stelle** *f Radio*: blind spot; **~wirtschaft** *f* underground (*od.* black) economy.

schattieren *v/t.* shade; **Schattierung** *f* shading; (*Farbton*) shade, hue; *fig.* (*Nuance*) shade, nuance; *fig.* ***aller ~en*** of all shades (and colo[u]rs).

schattig *adj.* shady.

Schatulle *f* casket.

Schatz *m* **1.** treasure; **2.** *fig. pl.* (*Kunstschätze, persönliche Schätze etc.*) treasures; (*Reichtümer*) riches; **3.** ***ein ~ an Erfahrungen*** *etc.* a wealth of experience *etc.*; **4.** *als Kosewort*: love, darling, F sweetie; *Am.* honey, F hon; F ***du bist ein ~!*** you're an angel (*od.* a real dear); **~amt** *n* treasury; **~anweisung** *f* treasury note.

schätzbar *adj.* assessable; ***schwer ~*** difficult to assess.

Schätzchen F *n* → ***Schatz*** 4.

schätzen *v/t.* **1.** (*in etwa berechnen*) estimate, guess; ***ein Bild ~ lassen*** have a picture valued; ***et. auf 1000 Mark ~*** estimate s.th. at 1,000 marks; ***zu hoch ~*** overestimate; ***wie alt ~ Sie ihn?*** how old would you say he is?; ***ich hätte ihn älter geschätzt*** I'd have said he's older; ***schätz mal!*** (have a) guess!; ***grob geschätzt*** at a rough guess; **2.** F (*vermuten, annehmen*) reckon, *Am.* F guess; ***ich schätze, es dauert noch drei Tage*** I reckon (*od.* I'd say) it's going to take another three days; ***ich schätze, er ist***

bei s-r Familie I imagine he's (*od.* he's probably) with his family; **3.** (*hoch* ~) think highly of, hold *s.o.* in high regard (*od.* esteem); (*würdigen*) appreciate; ***ich weiß es zu ~*** I can appreciate it, (*j-s Hilfe etc.*) I really appreciate it, (*den Wert e-s Objekts etc.*) I know what it's worth; → ***glücklich*** I, ***geschätzt*** 2; **4.** ☤, ⚖ value, assess (**auf** at).

schätzen lernen *v/t.*: ***j-n ~*** come (*od.* begin) to appreciate what s.o. is worth; ***et. ~*** come *od.* begin to appreciate (*od.* value) s.th.

schätzenswert *adj.* commendable.

Schätzer *m* valuer; *Versicherung, Steuer*: assessor.

Schatzgräber *m* treasure hunter (*od.* seeker).

Schatzi(lein) *n* love, F sweetie(-pie), *Am.* honey, F hon.

Schatz|insel *f* treasure island; **~kammer** *f* treasury, treasure vault; **~kanzler** *m in GB*: Chancellor of the Exchequer, *in den USA*: Treasury Secretary; **~meister** *m* treasurer; *Schule, Universität*: bursar; **~papiere** *pl.* treasury certificates.

Schätzpreis *m* estimate, estimated price.

Schatz|suche *f* treasure hunt(ing); ***auf ~ gehen*** go on a treasure hunt, go treasure hunting; **~sucher** *m* treasure hunter (*od.* seeker).

Schätzung *f* **1.** estimate, guess; **2.** (*Würdigung*) appreciation; **3.** (*Hochachtung*) estimation, esteem; **4.** ☤, ⚖ valuation; *Versicherung, Steuer*: assessment; **schätzungsweise** *adv.* roughly; (*ich schätze*) I reckon, I would guess, I think; ***~ sieben Millionen Amerikaner*** an estimated seven million Americans; ***~ habe ich 300 Platten*** at a rough guess I'd say I had 300 records, I reckon I've got about 300 records; ***es werden ~ zehn Leute kommen*** there should be about ten people coming; ***wann wirst du es ~ fertig haben?*** when d'you think (*od.* reckon) you'll have it ready?

Schätzwert *m* estimated (*Steuer*: assessed) value.

Schau *f* (*Ausstellung*) show, exhibition; (*Fernsehℒ etc.*) show; *fig.* (*~effekte*) big show; ***nur zur ~*** only for show; ***zur ~ stellen*** (put on) display, exhibit; *fig.* (*Gefühle etc.*) display, parade; (*Wissen*) *a.* show off; F ***e-e ~ abziehen*** put on a big show; ***mach keine ~!*** stop showing off, (*stell dich nicht an*) don't make such a fuss, (*tu nicht so*) stop putting it on; ***alles an ihm ist ~*** he's all show; F ***er macht auf ~*** F he's just out to pull off a show; ***j-m die ~ stehlen*** steal the show from s.o., upstage s.o.; F ***der Wagen ist e-e ~*** the car's super; **~bild** *n* (*Diagramm*) diagram; (*vereinfachende Darstellung*) sketch; **~bude** *f* (show) booth; **~bühne** *f* stage.

Schauder *m* shudder; *vor Kälte*: shiver; ***ein ~ lief ihm den Rücken hinunter*** a shiver ran down his spine.

schaudererregend, Schauder erregend *adj.* horrific.

schauderhaft I. *adj.* horrible; dreadful (*a. fig. abscheulich*); **II.** F *adv.* (*sehr*) dreadfully; **schaudern** *v/i.* shudder (**vor** at); *vor Kälte*: shiver *with cold*; ***mich schaudert bei dem Gedanken*** I shudder at the thought, *stärker*: the thought of it sends shivers down my spine.

Schaueffekt *m* visual effect.

schauen *v/i.* → *a.* ***sehen, gucken, blicken***; **1.** look (**auf** at); ***~ auf*** *Fenster etc.*: look (out) onto; *fig.* (*auf Pünktlichkeit etc.*) set great store by; **2.** *böse etc.*: look; ***was schaust du so?*** what's up?, why are you looking like that?; ***die hat vielleicht geschaut!*** you should have seen (the look on) her face; **3.** *dial.* (*nachsehen*) have a look, look and see, go and see; ***schau mal, ob*** *a.* go and have a look (to see) whether; ***~ nach*** check up on, (*Blumen etc.*) look after, (*Kindern etc.*) keep an eye on; **4.** *dial.* (*zusehen*) ***schau, dass ...*** see (to it) that; ***schau, dass du fertig wirst*** *a.* F get a move on; ***die soll ~, dass sies selber macht*** she can get on with it herself; **5.** *dial.* ***schau*** **(*mal*)*, ...*** look ..., (you) see ...; **6.** *dial.* ***schau, schau!*** F well, what do you know!

Schauer *m* **1.** (*Regenℒ etc., a. fig.*) shower; **2.** → ***Schauder***; **ℒartig** *adj.*: ***~e Regenfälle*** showers, showery spells.

Schauergeschichte *f a. fig.* horror story; *fig. abschreckende*: *a.* scare story.

schauerlich *adj.* horrible, terrible (*a.* F *fig. schlecht*); (*markerschütternd*) *a.* blood-curdling.

Schauermann *m* docker, *Am.* longshoreman.

Schauermärchen *n* horror story; *fig. a.* scare story.

schauern *v/i.* → ***schaudern.***

Schauerroman *m* gothic novel.

schauervoll *adj.* → ***schauerlich.***

Schaufel *f* shovel, (*a. Kinderℒ*) spade; *für Zucker etc.*: scoop; (*Kehrichtℒ*) dustpan; (*Radℒ*) paddle; (*Baggerℒ*) scoop; (*Turbinenℒ*) vane; (*Geweihℒ*) palm; **~blatt** *n* (shovel) blade.

schaufeln *v/t. u. v/i.* shovel; (*Loch etc.*) dig; ***Schnee ~*** clear the snow away.

Schaufelrad *n* paddle wheel; *e-s Baggers*: bucket wheel; *e-r Turbine*: vane wheel.

Schaufenster *n* shop window; *fig.* showcase; ***im ~*** *mst* in the window; **~auslage** *f* window display; **~bummel** *m*: ***e-n ~ machen*** go window-shopping; **~dekorateur** *m* window dresser; **~dekoration** *f* window decorations *pl.*; **~diebstahl** *m* smash-and-grab raid; **~puppe** *f* dummy, mannequin; **~reklame** *f* shop-window advertising.

Schau|flug *m* aerial display; **~geschäft** *n* show business, F show biz; **~kampf** *m* *Sport*: exhibition fight; **~kasten** *m* showcase.

Schaukel *f* **1.** swing; **2.** (*Wippe*) seesaw; **~bewegung** *f* rocking motion.

schaukelig *adj.* **1.** *Überfahrt*: rough, *Autofahrt etc.*: *a.* bumpy; **2.** (*wacklig*) wobbly.

schaukeln I. *v/i.* swing (*a.* ***sich ~***); *im Wind*: sway; *Wiege, Schiff*: rock; (*wippen*) seesaw; **II.** *v/t.* swing; (*wiegen*) rock; F *fig.* (*zustande bringen*) F wangle; F *fig.* ***das ~ wir schon*** we'll manage (*od.* wangle) that somehow, we'll see to that (, don't you worry).

Schaukel|pferd *n* rocking horse; **~politik** *f* seesaw politics *pl.*; **~stuhl** *m* rocking chair.

Schaulaufen *n* exhibition skating.

Schaulust *f* curiosity, *contp.* sensation-seeking; **schaulustig** *adj.* curious; **Schaulustige(r** *m*) *f* onlooker, *contp.* gaper, gawker, sensation-seeker, *Am.* rubberneck; *pl. a.* crowds of onlookers.

Schaum *m* foam (*a.* ⚙, *Kunststoff*); (*Gischt*) spray; *auf Bier etc.*: froth, head; (*Geifer*) froth; (*Seifenℒ*) lather; ***zu ~ schlagen*** beat (to a froth); *fig.* ***~ schlagen*** talk big; ***ihm stand der ~ vor dem Mund*** he was foaming (*od.* frothing) at the mouth; **~bad** *n* bubble bath; **~beton** *m* aerated concrete; **~blase** *f* bubble.

schäumen *v/i.* foam, froth; *Getränke*: bubble; *Bier*: foam; *Seife etc.*: lather; *fig.* ***vor Wut ~*** F foam.

Schaum|festiger *m* (styling) mousse; **~gebäck** *n* meringue(s *pl.*); **ℒgebremst** *adj.*: ***~e Waschmittel*** low-sud detergents; **~gold** *n* Dutch metal (*od.* gold).

Schaumgummi *m* foam rubber; **~matratze** *f* foam (rubber) mattress.

schaumig *adj.* frothy (*a. Bier*); *Seife*: lathery; *See*: foaming; *gastr.* ***~ schlagen*** beat to a froth, beat until frothy.

Schaum|kelle *f* → ***Schaumlöffel***; **~krone** *f e-r Welle*: (white) crest; *auf Bier*: head, froth; **~löffel** *m* skimmer; **~löscher** *m*, **~löschgerät** *n* foam extinguisher.

Schaumschläger *m* **1.** → ***Schneebesen***; **2.** F *fig.* F big mouth, *sl.* wind-up merchant; **Schaumschlägerei** F *fig. f* hot air.

Schaumstoff *m* ⚙ foam (rubber); **~matratze** *f* foam (rubber) mattress.

Schaum|teppich *m* foam carpet; **~wein** *m* sparkling wine.

Schau|packung *f* dummy (pack); **~platz** *m* scene; (*Veranstaltungsort*) venue; ***~ der Handlungen ist*** a) the events are set (*od.* take place) in, b) the story (*od.* play, novel *etc.*) is set in; → ***Kriegsschauplatz***; **~prozess** *m* ⚖ show trial.

schaurig *adj.* spine-chilling; (*unheimlich*) weird, F creepy; F (*grässlich*) awful, dreadful, *stärker*: horrific.

Schauspiel *n* **1.** *thea.* play; drama; **2.** *fig.* spectacle, sight; ***ein ~ der Natur*** one of nature's spectacles.

Schauspieler *m* actor; *fig. contp.* (play-)actor; **~beruf** *m* acting career, career as an actor (*od.* actress); acting.

Schauspielerei *f* acting; *fig.* play-acting.

Schauspielerin *f* actress.

schauspielerisch *adj.* theatrical; acting *talent etc.*; ***ihre ~en Leistungen*** her theatrical achievement(s).

schauspielern *fig. v/i.* play-act, put on an act.

Schauspiel|haus *n* theat|re (*Am. a.* -er); **~kunst** *f* dramatic art; **~schule** *f* drama school; **~schüler** *m* drama student; **~unterricht** *m* drama lessons (*od.* classes) *pl.*

Schau|steller *m* (fairground) showman; **~stück** *n* showpiece; perfect example; **~tafel** *f* → ***Schaubild***; **~turnen** *n* gymnastic display.

Scheck *m* ☤ cheque, *Am.* check (**über** for); ***e-n ~ ausstellen*** (***einlösen***) write out (cash) a cheque (*Am.* check); **~betrug** *m* cheque (*Am.* check) fraud; ***wegen ~s*** *a.* for signing bad cheques (*Am.* checks); **~betrüger** *m* F cheque (*Am.* check) bouncer.

Scheckbuch *n* chequebook, *Am.* checkbook; **~journalismus** *m* chequebook (*Am.* checkbook) journalism.

Schecke *m* piebald.

Scheck|fälscher *m* cheque (*Am.* check) forger; **~formular** *n* cheque (*Am.* check) form; **~heft** *n* chequebook, *Am.* checkbook.

scheckig *adj.* *Pferd*: dappled; *Haut*: blotchy.

Scheck|karte *f* cheque (*od.* banker's, *Am.* check) card; **~verkehr** *m* cheque (*Am.* check) transactions *pl.*

S

scheel *adv.*: ***j-n ~ ansehen*** look askance at s.o.
Scheffel *m* bushel; *fig.* ***sein Licht unter den ~ stellen*** hide one's light under a bushel; **scheffeln** F *v/t.* (*Geld*) F rake in; ***das Geld ~*** *a.* be raking it in.
Scheibchen *n Käse etc.*: small (*od.* little) slice; **~weise** *fig. adv.* little by little, bit by bit.
Scheibe *f* disc (*a.* F *Schallplatte*); *Brot, Wurst etc.*: slice; (*Glas~*) pane; → ***einschmeißen***; (*Schieß~*) target; (*Hockey~*) puck; ⚙ disc, plate; (*Blättchen*) lamella; (*Schleif~, Töpfer~*) wheel; (*Dichtungs~*) gasket; (*Unterleg~*) washer; → ***Windschutzscheibe***; F ***schwarze ~n*** (*Schallplatten*) F vinyl; F ***~!*** F sugar!; ***manche Leute glauben heute noch, die Erde sei e-e ~*** some people still think the earth is flat; *fig.* ***von ihm kannst du dir e-e ~ abschneiden*** you could learn a thing or two from him, you could take a leaf out of his book.
Scheiben|bremse *f* disc brake; **~brot** *n* sliced bread; **~gardine** *f* net curtain; **~hantel** *f Sport*: barbell; **~heizanlage** *f* demister; **~honig** *m* **1.** comb honey; **2.** F *int.* → **~kleister** F *int.* F sugar!; **~kupplung** *f* disc clutch; **~schießen** *n* target practi|ce (*Am.* -se); **~waschanlage** *f*, **~wascher** *m mot.* windscreen (*Am.* windshield) washer.
scheibenweise *adv.* in slices.
Scheibenwischer *m mot.* windscreen (*Am.* windshield) wiper; **~blatt** *n mot.* windscreen (*Am.* windshield) wiper blade.
Scheich *m* sheik(h); F (*Freund*) F bloke, *sl.* fella; **Scheichtum** *n* sheik(h)dom.
Scheide *f* **1.** *anat.* vagina; **2.** (*Futteral*) sheath (*a.* ⚘); (*Schwert~*) *a.* scabbard; ***das Schwert aus der ~ ziehen*** draw one's sword.
scheiden I. *v/t.* (*trennen*) separate (*a.* ⚗), divide; ⚖ (*Eheleute*) divorce; (*Ehe*) dissolve; ***sich ~ lassen*** get a divorce, get divorced; ***sie will sich ~ lassen*** she wants a divorce; **II.** *v/i.* (*auseinander gehen*) part; (*abreisen*) depart, leave; ***aus dem Dienst ~*** retire from service, resign; ***aus dem Amt ~*** retire from office; ***aus dem Berufsleben ~*** retire from working life; ***aus dem Leben ~*** pass away; **III.** *v/refl.*: ***sich ~*** separate; *fig.* ***hier ~ sich die Geister*** (*od.* ***Meinungen***) opinions are divided on that; → ***geschieden.***
Scheidenabstrich *m* ⚕ (vaginal) smear test.
scheidend *adj.* outgoing *prime minister etc.*
Scheidenentzündung *f* inflammation of the vagina, vaginitis.
Scheide|wand *f* partition; *fig.* barrier; **~wasser** *n* ⚗ aqua fortis, nitric acid; **~weg** *m*: *fig.* ***am ~ stehen*** be standing at a crossroads, be faced with a difficult decision.
Scheidung *f* **1.** separation; **2.** ⚖ *e-s Ehepaares*: divorce; *e-r Ehe*: dissolution *of a marriage*; ***die ~ einreichen*** file for divorce; ***in ~ leben*** be separated, be getting a divorce.
Scheidungs|anwalt *m* divorce lawyer; **~grund** *m* grounds *pl.* for divorce; **~klage** *f* libel for divorce; **~prozess** *m* divorce proceedings *pl.* (*od.* suit); **~recht** *n* divorce legislation; **~richter** *m* divorce judge; **~urteil** *n* decree of divorce; **~vertrag** *m* separation (*od.* divorce) agreement.

Schein[1] *m* (*Licht*) light; *gedämpft*: glow; (*Lichtstrahl*) flash; → *a.* ***Glanz.***
Schein[2] *m* (*Zettel*) slip; (*Bescheinigung*) certificate; → *a.* ***Seminarschein***; (*Geld~*) (bank) note, *Am. a.* bill.
Schein[3] *fig. m* (*Anschein*) appearance; (*Aussehen*) air, look; ***et.*** (***nur***) ***zum ~ tun*** pretend to do s.th.: ***den ~ wahren*** keep up appearances; ***dem ~ nach*** (***zu urteilen***) to all appearances; ***der ~ trügt*** appearances are deceptive, you can't always go by appearances; → *a.* ***Anschein.***
Schein... *in Zssgn oft* apparent, mock; sham; *a.* ⚖ fictitious; *a.* ⚕ pseudo; **~amateur** *m Sport*: shamateur; **~angriff** *m* feint, *a. fig.* mock attack (**auf** on); **~argument** *n* specious argument; **~asylant(in** *f*) *m* non-genuine refugee, fake *od.* bogus) asylum seeker; *weitS.* economic refugee (*od.* migrant).
scheinbar I. *adj.* seeming, *a. Widerspruch*: apparent; (*vorgeblich*) *Interesse etc.*: feigned, *Grund etc.*: ostensible; **II.** *adv.* it seems ..., seemingly; on the face of it; → *a.* ***anscheinend***; ***es hat ihn ~ nicht berührt*** it didn't seem to bother him.
Schein|blüte *f der Wirtschaft*: sham boom; *der Kultur*: apparent heyday; ***e-e ~ durchlaufen*** go through what seems to be a heyday (*od.* boom); **~dasein** *n* excuse for living; **~ehe** *f* sham marriage.
scheinen[1] *v/i.* shine; (*glänzen*) gleam.
scheinen[2] *v/i.* (*den Anschein haben*) seem, appear; ***es scheint mir*** it seems to me, I have the impression; ***er scheint nicht zu wollen, mir scheint, er will nicht*** he doesn't seem to want to; ***es scheint nur so*** it only seems (*od.* looks) like it *od.* that way; ***er scheint da zu sein*** he seems to be there, it looks as if he's there; ***wie es scheint*** as it seems, *am Satzanfang*: it seems, it would seem.
Schein|firma *f* dummy (*od.* bogus) company; **~friede** *m* hollow peace; **~gefecht** *fig. n* pillow fight; **~geschäft** *n* bogus transaction.
scheinheilig *adj.* hypocritical; ***~ tun*** act the innocent; **Scheinheiligkeit** *f* hypocrisy; falseness.
scheinkrank *adj.*: ***~ sein*** pretend to be sick, malinger; **Scheinkranke(r)** *m* malingerer.
Schein|manöver *n* dummy manoeuvre (*Am.* maneuver); **~schwangerschaft** *f* false pregnancy; **~tod** *m* suspended animation, apparent death; **~tot** *adj.* in a state of suspended animation, seemingly dead; F ***er ist ja schon ~*** (*ziemlich alt*) F he's got one foot in the grave already; **~welt** *f* dream world.
Scheinwerfer *m* floodlight; *thea.* spotlight; (*Such~*) searchlight; *mot.* headlight, headlamp; **~licht** *n* spotlight; *fig.* limelight; *fig.* ***im ~ der Öffentlichkeit stehen*** be very much in the public eye (*od.* limelight).
Scheinwiderstand *m* ⚡ apparent resistance (*od.* impedance).
Scheiß... V *in Zssgn* F damn(ed), bloody, V fucking; **~dreck** V *m* → ***Scheiße*** 2.
Scheiße V *f* **1.** (*Kot*) V shit; **2.** *fig.* (*Mist*) *sl.* crap, V bullshit; (*Schlamassel*) F bloody (*Am.* goddam) mess; (*ärgerliche Situation*) F bloody (*Am.* goddam) nuisance; ***in der ~ sitzen*** F be in the soup; ***~!*** *sl.* bloody hell!, V shit!
scheißegal V *pred. adj.*: ***das ist*** (***mir***) ***~!*** F I don't give a damn (V shit)!

scheißen V *v/i.* V shit; ***scheiß drauf!*** F to hell with it!, V fuck it!; ***scheiß auf ...*** V sod ...; **Scheißer** V *m* → ***Scheißkerl***; ***kleiner ~*** V little bugger; **Scheißerei** V *f* (*Durchfall*) V *the* shits *pl.*
scheißfreundlich F *adj. sl.* (as) friendly as hell.
Scheiß|haus V *n* V shithouse; **~kerl** V *m sl.* (bloody) bastard, turd, *Am.* son of a bitch; **~wetter** F *n* F godawful weather; (***so ein***) ***~!*** *sl.* what bloody awful weather.
Scheit *n*: ***~ Holz*** piece of wood; *großes*: log.
Scheitel *m* (*Haar~*) parting; ***e-n ~ ziehen*** → ***scheiteln***; ***vom ~ bis zur Sohle*** from top to toe, every inch *a gentleman*; → ***Scheitelpunkt***; **~käppchen** *n* skullcap.
scheiteln *v/t.*: ***das Haar ~*** make a parting; → ***gescheitelt.***
Scheitelpunkt *m* ⩚ vertex, apex; *ast.* zenith; *fig.* peak, apex; *fig.* ***auf dem ~ s-s Ruhms*** at the height (*od.* summit) of his fame.
Scheiterhaufen *m* funeral pyre; *hist.* ***auf dem ~ verbrannt werden*** be burnt at the stake.
scheitern I. *v/i.* fail (**an** because of), come to grief; *Pläne*: *a.* come to nothing, be thwarted (**an** by); *Verhandlungen*: fail, break down; *Sport*: *a.* be defeated (**an** by); *Ehe*: break down, fail, *a. Unternehmen*: fall apart; ***daran ist er gescheitert*** that was his undoing; ***~ lassen*** (*Vertrag*) sink; → ***gescheitert***; **II.** **~** *n* failure, breakdown, defeat; → ***scheitern***; ***zum ~ bringen*** frustrate, thwart; ***zum ~ verurteilt*** doomed to fail(ure).
Schellack *m* shellac.
Schelle *f* **1.** (*Glöckchen*) bell; ♪ *pl.* sleighbells; **2.** ⚙ clamp, clip; **3.** *dial.* clip round the ears; **4.** **~n** *Kartenspiel*: diamonds; **schellen** *v/i.* ring (the bell); ***es hat geschellt*** the doorbell just rang, there's somebody at the door.
Schellen|baum *m* ♪ Turkish crescent, pavillon chinois; **~bube** *m Kartenspiel*: knave of diamonds; **~kappe** *f* fool's cap; **~könig** *m Kartenspiel*: king of diamonds; **~trommel** *f* tambourine.
Schellfisch *m* haddock.
Schelm *m* rogue, (*bsd. Kind*) rascal.
Schelmen|roman *m* picaresque novel; **~streich** *m* practical joke, prank.
schelmisch *adj.* roguish, *Kind*: impish.
Schelte *f* telling-off, scolding; *in Zssgn* bashing, *z. B.* **Gewerkschaftsschelte** union-bashing; ***~ bekommen*** get a telling-off (*od.* scolding); **schelten I.** *v/t. u. v/i.* scold (**wegen** for); ***j-n e-n Taugenichts ~*** call s.o. a good-for-nothing; **II.** F *v/refl.*: ***und er schilt sich Lehrer*** and he calls himself a teacher.
Schema *n* (*System*) pattern, system; (*Entwurf*) sketch, plan; (*grafische Darstellung*) diagram; ***nach e-m bestimmten ~ arbeiten*** work according to a fixed (*od.* set) pattern; ***es lässt sich in kein ~ pressen*** it doesn't fit into any pattern (*od.* scheme); ***nach ~ F*** without putting any real thought into it; ***ein Aufsatz*** *etc.* ***nach ~ F*** a very cut and dried essay *etc.*; **~brief** *m* sample letter.
schematisch I. *adj.* **1.** *Zeichnung etc.*: schematic; ***~e Darstellung*** *a.* diagram; **2.** *Arbeit etc.*: mechanical, rote ...; **II.** *adv.* **3.** ***~ darstellen*** illustrate in (*od.* by means of) a diagram, draw a diagram of; **4.** ***~ arbeiten*** *etc.* work *etc.* by rote;

S

schematisieren *v/t.* schematize; **Schematismus** *m* schematism.
Schemel *m* (foot)stool.
Schemen *m* **1.** silhouette, outline; (*Schatten*) shadow; ***man sah sie nur als ~*** you could only make out their general shape, you could only see them in outline; **2.** (*Gespenst*) spect|re (*Am.* -er); **schemenhaft I.** *adj.* shadowy; ghostly; **II.** *adv.*: ***sich ~ abzeichnen gegen*** be outlined (*od.* silhouetted) against.
Schenke *f* inn, tavern.
Schenkel *m* (*Ober*&) thigh; → ***Unterschenkel***; ⩘ *e-s Winkels*: side; *e-s Zirkels*: leg, *e-r Schere*: shank; ***sich auf die ~ schlagen*** slap one's thighs; **~bruch** *m* ⚕ fractured thigh; **~druck** *m Reitsport*: leg (*od.* knee) pressure; **~hals** *m anat.* neck of the femur; **~hilfe** *f Reitsport*: leg aid; **~knochen** *m* femur, thighbone.
schenken *v/t.* give (as a present); ⚖ donate; ***j-m et. ~*** give s.o. s.th. (as a present); ***et. geschenkt bekommen*** get s.th. (as a present); ***j-m et. zum Geburtstag*** *etc.* ***~*** get s.o. a birthday *etc.* present, get s.o. s.th. for his (*od.* her) birthday *etc.*; ***was soll ich ihm ~?*** what should I get (for) him?; ***sie ~ sich nichts zu Weihnachten*** they don't give each other Christmas presents; ***ich möchte nichts geschenkt haben*** I don't want any presents, *fig. a.* I don't want any special treatment; *fig.* ***sich et. ~*** (*weglassen*) F skip s.th., give s.th. a miss; F ***den Film kannst du dir ~!*** you can forget that film, you needn't bother about that film; ***ihm ist nichts geschenkt worden*** he had to fight for everything he's got; ***sie schenkten sich nichts*** *Rivalen etc.*: they went at it hammer and tongs, F they had a real go at each other; → ***Aufmerksamkeit, Gehör, geschenkt, Glaube, Leben, Vertrauen*** *etc.*; **Schenkung** *f* gift; ⚖ *mst* donation (***an*** to).
Schenkungs|steuer *f* capital transfer tax, gift tax; **~urkunde** *f* deed of donation.
scheppern F *v/i.* rattle, clatter; ***da hats gescheppert*** *Autounfall*: there's been a bit of a smash there; ***jetzt hats gescheppert*** *Streit*: *sl.* he's (*od.* she's) copped it now.
Scherbe *f* **1.** piece (of broken glass *etc.*); *pl. a.* broken glass *sg.* (*od.* pottery *sg.* *etc.*); ***in ~n schlagen*** smash (to pieces); ***in ~n gehen*** get broken, *fig. Ehe etc.*: break up; *fig.* ***die ~n zusammenkehren*** pick up the pieces; ***es hat ~n gegeben*** *beim Streit*: sparks flew; **2.** (*Ton*&) potsherd.
Scherben|gericht *n* ostracism; **~haufen** *m* pile of broken glass *etc.*; *fig. e-r Politik*: sad remains *pl.*
Scherblatt *n* shaving blade.
Schere *f* **1.** (***e-e ~*** a pair of) scissors *pl.*; **2.** *zo. e-s Krebses etc.*: claw, pincer; **3.** *Ringen, Turnen*: scissors *pl.*; *Fußball*: scissors kick; **4.** (*Preis*& *etc.*) scissors *pl.*
scheren[1] *v/t.* (*Schaf*) shear; (*stutzen*) trim; (*Haare*) *a.* cut; (*Hecke*) clip, prune; ***sich e-e Glatze ~*** shave one's head, shave all one's hair off.
scheren[2] F **I.** *v/t.* **1.** ***das schert mich nicht*** that doesn't worry me; ***was schert mich das?*** what do I care?, F so what?; **II.** *v/refl.* **2.** ***sich nicht um et. ~*** not to care (*od.* bother) about s.th., (*nicht beachten*) (completely) ignore s.th.; ***ich scher mich e-n Dreck darum*** F I don't give a damn; **3.** ***sich ~*** F clear off, *sl.* beat it; ***scher dich!*** *a.* F get lost!; ***scher dich zum Teufel!*** *a. sl.* go to hell!
Scheren|blatt *n* scissor blade; **~gitter** *n* ⚙ worm (*od.* snake) fence; **~schlag** *m* scissors kick; **~schleifer** *m* knife grinder; **~schnitt** *m* silhouette, cut-out.
Schererei F *f a. pl.* trouble; ***j-m viel ~en machen*** give s.o. no end of trouble; ***es gab wieder ~en*** there were the usual problems.
Scherflein *n* mite; ***sein ~ beisteuern*** give one's mite, *fig.* do one's bit.
Scherge *m* henchman.
Scher|kopf *m* shaving head; **~maschine** *f* shearing machine; **~maus** *östr., schweiz., südd. f* (*Maulwurf*) mole; **~messer** *n* shearing knife (*Klinge*: blade).
Scherz *m* joke; ***schlechter*** (*od.* ***übler***) ***~*** bad joke; ***~ beiseite*** seriously (now), (no,) seriously, though; (***ganz***) ***ohne ~*** F I'm not kidding, I kid you not; ***im ~, zum ~*** for fun, as a joke; (***s-n***) ***~ treiben mit*** make fun of; F ***mach keine ~e!*** F you're kidding; F ***und ähnliche ~e*** and what have you; **~artikel** *m* joke article; **~bold** *m* joker.
scherzen *v/i.* joke (***über*** about), make jokes (about); ***Sie ~!*** you're joking, of course; ***mit ihm ist nicht zu ~*** he's not to be trifled with; ***damit ist nicht zu ~*** it's not to be taken lightly; ***ich scherze nicht*** F I'm not kidding, I kid you not.
Scherzfrage *f* riddle, conundrum.
scherzhaft *adj.* joking; (*humorvoll*) humorous; (*komisch*) funny; ***das war nur e-e ~e Frage*** it wasn't (meant to be) a serious question.
Scherz|keks F *m* joker; **~name** *m* nickname.
Scherzo *n* scherzo.
Scherzwort *n* witticism, witty comment.
scheu I. *adj.* shy; (*ängstlich*) timid; (*zurückhaltend*) reserved; ***~ machen*** startle, frighten; ***~ werden*** *Wild*: take fright, *Pferd*: shy (***durch*** at); F ***mach mal nicht die Pferde ~!*** F keep your shirt on!; **II.** & *f* shyness; timidity; reserve; (*Ehrfurcht*) awe; ***sie zeigten keine ~*** *Tiere*: they weren't at all afraid.
scheuchen *v/t.* scare (off), frighten (away); (*wegjagen*) chase away; (*antreiben*) chase (after).
scheuen I. *v/i. Pferd etc.*: shy, take fright; **II.** *v/refl.*: ***sich ~, et. zu tun*** be afraid of doing (*od.* to do) s.th., (*zurückschrecken*) shy away (*od.* shrink) from doing s.th.; ***sich nicht ~ zu*** *inf.* not to be afraid to *inf.*, *contp.* dare to *inf.*, F have the nerve to *inf.*; ***er scheut sich vor nichts*** he's not afraid of anything, *contp.* he'd do anything; **III.** *v/t.* shun, avoid; (*fürchten*) shy away from; ***keine Kosten*** (***Mühe***) ***~*** spare no expense (pains); ***er scheute den langen Weg nicht*** he wasn't put off by the long walk (*od.* journey).
Scheuer|bürste *f* scrubbing brush; **~lappen** *m* floor cloth; **~leiste** *f* skirting board, *Am.* base board; **~mittel** *n* scouring agent.
scheuern I. *v/t.* scour, scrub; (*auf~*) chafe; F ***j-m eine ~*** F give s.o. a clout round the ears; F ***eine gescheuert kriegen*** get a clout round the ears; **II.** *v/i. Kragen etc.*: chafe; ***am Hals ~*** chafe at the neck.
Scheuer|sand *m* scouring powder; **~tuch** *n* floor cloth.
Scheuklappen *pl.* blinkers (*a. fig.*), *Am.* blinders; *fig.* ***~ vor den Augen haben*** have blinkers on, be blinkered; ***mit ~ herumlaufen*** (*od.* ***durchs Leben gehen***) go around with blinkers on; **~mentalität** *f* blinkered vision (*od.* mentality).
Scheune *f* barn.
Scheunen|drescher *m*: F ***essen wie ein ~*** eat like a horse; **~tor** *n* barn door; → ***Ochse.***
Scheusal *n* monster (*a. fig. Person*); (*bsd. Kind*) horror, little beast.
scheußlich I. *adj.* horrible, dreadful (*beide a.* F *fig.*); *Aussehen*: *a.* hideous; (*abstoßend*) *a.* revolting; F *Wetter etc.*: F awful, rotten; F ***e-e ~e Erkältung*** *etc. a.* the most awful cold *etc.*; ***es schmeckt ~*** *a.* it tastes something awful; **II.** F *adv. unbequem etc.*: dreadfully, terribly; ***~ kalt*** *a.* F rotten cold.
Schi(...) *m* → ***Ski(...)***.
Schicht *f* **1.** layer; *geol.* stratum (*pl.* strata); ⚒ bed; *Farbe*: coat(ing), layer; *Öl*: film; *phot.* emulsion; *fig.* (*Gesellschafts*&) class, *pl. a.* social strata; ***breite ~en*** *der Bevölkerung* large sections; ***die gebildete ~*** the educated classes; ***aus allen ~en*** from all walks of life; **2.** (*Arbeits*&, *Zeit u. Arbeiter*) shift; ***~ haben, auf ~ sein*** be on shift; ***~ arbeiten*** work (in) shifts; F ***~ machen*** call it a day, F knock off (work); **~arbeit** *f* shift work; **~arbeiter** *m* shift worker; **~betrieb** *m*: ***im ~ arbeiten*** work in shifts; **~dienst** *m* shift work.
schichten *v/t.* pile up; (*Holz etc.*) *a.* stack.
schichtenspezifisch *adj.* class-related, class ...
Schicht|führer *m* shift manager; **~holz** *n* stacked wood; ✝ laminated wood.
Schichtung *f* layers *pl.*; *geol. u. fig.* stratification.
Schicht|unterricht *m* teaching in shifts; **~wechsel** *m* change of shift; ***um sechs ist ~*** we *etc.* change shifts at six.
schichtweise *adv.* **1.** in layers; **2.** *bei der Arbeit*: in shifts.
schick I. *adj.* (very) smart; (*modisch, beliebt*) trendy; **II.** & *m* stylishness; *von Benehmen etc.*: style; ***sie hat ~*** she's got style; ***~ in die Sache bringen*** put the final touch(es) to it.
schicken I. *v/t.* **1.** send (***an, nach, zu*** to); ***ins Bett ~*** send to bed; **II.** *v/i.* **2.** ***nach j-m ~*** send for s.o.; **III.** *v/refl.* **3.** ***sich ~ für*** (*geziemen*) be befitting for; ***es schickt sich nicht für e-e Dame zu*** *inf. a.* it's not the done thing for a lady to *inf.*, *formell*: it doesn't befit a lady to *inf.*; ***das schickt sich nicht*** it's not done, it's not the done thing (***zu*** *inf.* to *inf.*); **4.** ***sich in et. ~*** resign o.s. to; **5.** *dial.* ***sich ~*** hurry up; ***schick dich!*** F step on it!
Schickeria F *f* F jet set, trendies *pl.*
Schickimicki F *m* F trendy type; *pl. a.* trendies, chiceria *sg.*
schicklich *adj.* proper, fitting; (*angemessen*) acceptable.
Schicklichkeitsgefühl *n* sense of propriety; (*Anstandsgefühl*) sense of decency.
Schicksal *n* fate, *dramatischer*: destiny; (*Los*) *a.* lot; ***das ~ herausfordern*** tempt fate (*od.* providence); ***sein ~ ist besiegelt*** his fate is sealed; ***es war sein ~ zu*** *inf.* he was destined to *inf.*; ***j-n s-m ~ überlassen*** leave (*od.* abandon) s.o. to his *od.* her fate; ***das ~ wollte es, dass*** fate would have it that; ***das ~ hat es anders entschieden*** fate had s.th. else in store; ***sich in sein ~ fügen*** submit

(*od.* resign o.s.) to one's fate; ***das ~ hat es gut mit ihr gemeint*** fortune has favo(u)red her; (***das ist***) **~** that's the luck of the draw, *dramatischer*: that's fate, (*das ist Pech*) *a.* that's hard luck; ***dort spielen sich manche ~e ab*** you can see some really tragic cases there; → *a.* ***Geschick***[1]; **schicksalhaft** *adj.* fateful.

Schicksals|frage *f* vital (*od.* fateful) question; **~fügung** *f* act of fate (*od.* providence); stroke of luck; **~gefährte** *m* companion in distress, fellow sufferer; **~gemeinschaft** *f* companions *pl.* in distress; ***e-e ~ bilden*** share a common destiny; **~glaube** *m* fatalism; **≗gläubig** *adj.* fatalistic; **~göttin** *f* goddess of fate; *myth.* ***die ~en*** the (three) Fates; **~schlag** *m* (tragic *od.* terrible) blow, stroke of fate; ***das war für ihn ein schwerer ~*** *a.* it was a real blow to him; ***Schicksalsschläge hinnehmen müssen*** be buffeted by fate; **≗schwer** *adj.* fateful; **~tragödie** *f thea.* tragedy of fate; **~wende** *f* change in fortune; turn of fate.

Schickse F *f* F floozy.

Schickung *f* → ***Schicksalsfügung.***

Schiebe|bühne *f thea.* sliding stage; **~dach** *n mot.* sliding roof, sunroof; **~fenster** *n* sliding window; *nach oben verschiebbar*: sash window.

schieben I. *v/t.* **1.** push; (*Fahrrad, Karren etc.*) push, wheel; *in die Tasche, in den Mund etc.*: put; ***wir mussten das Auto ~*** we had to push the car (*od.* give the car a push); ***den Riegel vor die Tür ~*** bolt the door; *e-e Arbeit* ***von einem Tag auf den anderen ~*** put off from one day to the next; *fig.* ***ihn muss man immer erst ~*** he always needs a push (F kick in the backside); → ***Bank***[1] 1, ***Wache*** *etc.*; **2.** *fig.* ***et. auf j-n ~*** (try to) blame s.o. for s.th., (try to) push s.th. onto s.o.; → ***Schuld***; **3.** *fig.* ***et.*** (***weit***) ***von sich ~*** deny all responsibility for s.th., claim innocence in the matter; **II.** *v/i.* **4.** push; ***kannst du mal ~?*** will you have a push?, will you push the buggy *etc.* for a bit?; **5.** (*sich drängeln*) push, shove; **6.** *fig.* **~ *mit*** (*Waren*) traffic in, (*Drogen*) push; **III.** *v/refl.*: ***sich nach vorn ~*** push (one's way) to the front, *Sport*: move to the top; ***sich durch die Menge ~*** push one's way through the crowd; ***sich nach oben ~*** slide up, *langsam*: work one's way up; ***Wolken schoben sich vor die Sonne*** clouds moved in front of the sun.

Schieber *m* **1.** ⚙ slide; **2.** (*Essgerät für Kinder*) pusher; **3.** F (*Geschäftemacher*) racketeer; (*Schwarzmarkthändler*) black marketeer; **4.** (*Tanz*) one-step; **5.** (*Bettpfanne*) bedpan.

Schieberegler *m Radio etc.*: slide control.

Schieber|geschäft *n* racket; *pl. a.* racketeering *sg.*; ***~e machen*** racketeer; **~mütze** *f* peaked cap.

Schiebe|sitz *m* sliding seat; **~tür** *f* sliding door; **~wind** *m* ✈ tailwind; *Sport*: following wind.

Schiebkarre(**n** *m*) *f* → ***Schubkarre***(***n***).

Schieblehre *f* cal(l)iper rule.

Schiebung *fig. f* manipulation, string-pulling; (*geheime Absprache*) F put-up job, *Sport*: *a.* F fix; ***es war ~*** *a.* it was rigged.

schiech *adj.* **1.** *östr., südd.* (*hässlich*) ugly; **2.** *östr.* (*zornig*) angry, furious.

schiedlich I. *adj.* amicable; **II.** *adv.* amicably.

Schiedsgericht *n* court of arbitration, arbitration board; ***internationales ~*** international tribunal; *Sport etc.*: jury; ***e-e Sache dem ~ unterbreiten*** submit a dispute to arbitration; **schiedsgerichtlich I.** *adj.* arbitral; **II.** *adv.* by arbitration.

Schiedsgerichts|hof *m* court of arbitration; ***Haager ~*** Hague Tribunal; **~klausel** *f* arbitration clause.

Schiedsrichter *m* **1.** *Fußball, Boxen etc.*: referee; *Tennis*: umpire; **2.** *bei Wettbewerben*: judge, *pl.* jury; **3.** ✝, ⚖ arbitrator; **~ball** *m* drop ball; **~beleidigung** *f* verbal abuse of a *od.* the referee (*Tennis*: umpire); ***wegen ~*** *a.* for insulting a (*od.* the) referee (*Tennis*: umpire); **~gespann** *n Fußball*: referee and linesmen.

schiedsrichterlich I. *adj.* arbitral; **II.** *adv.*: **~ *entscheiden*** settle by arbitration.

schiedsrichtern *v/i.* arbitrate; *Sport*: referee, *Tennis*: umpire.

Schieds|spruch *m* arbitral award, arbitration; ***e-n ~ fällen*** make an award; **~verfahren** *n* arbitration proceedings *pl.*

schief I. *adj.* crooked, not straight; (*nach e-r Seite hängend*) lop-sided, F skew-whiff; *fig.* (*verdreht*) distorted; *Urteil*: warped; ***~e Absätze*** worn-down heels; ***~e Schultern*** sloping shoulders; ***der ≗e Turm von Pisa*** the Leaning Tower of Pisa; *fig.* ***~er Blick*** mistrustful look; ***~er Vergleich*** lame comparison; ***~es Bild*** false picture, distorted view; ***ein ~es Gesicht machen*** pull a wry face; → ***Bahn*** 1, ***Ebene, Licht***; **II.** *adv.* crookedly *etc.*; *den Hut* **~ *aufsetzen*** tilt, cock; ***das Bild hängt ~*** the picture isn't hanging straight, the picture's lop-sided (F a bit skew-whiff); *fig.* **~ *ansehen*** (*j-n*) look askance at, (*et.*) misjudge; → *a.* ***schief gehen, schief gewickelt*** *etc.*

Schiefer *m* **1.** slate; shale, schist; **2.** *dial.* (*Splitter*) splinter; **≗blau** *adj.* slate-blue; **~bruch** *m* slate quarry; **~dach** *n* slate(d) roof; **≗farben** *adj.* slate-colo(u)red; **≗grau** *adj.* slate-grey (*Am.* -gray); **~platte** *f* slate; **~tafel** *f* slate.

schief| gehen F *v/i.* go wrong; ***es ist total schief gegangen*** everything went wrong, F it was a disaster; *hum.* ***es wird schon ~!*** it'll (*od.* you'll) be all right (*Am.* alright); **~ gewickelt** F *adj.*: **~ *sein*** be very much mistaken; ***da bist du aber ~*** *a.* F you're completely up the pole there.

schieflachen F *v/refl.*: ***sich ~*** F kill o.s. (laughing), crease up.

schief| liegen F *v/i.* be wrong; ***da liegst du total schief*** F you're way off there; **~ treten** *v/t.* (*Absätze*) wear down.

schiefwink(e)lig *adj.* oblique-angled.

Schielauge *n*: ***ein ~ haben*** squint, have a squint (in one eye); *fig.* ***~n machen nach*** ogle at; **schieläugig** *adj.* squinting, squint-eyed; *nach innen*: cross-eyed.

schielen *v/i.* squint, have a squint; *nach innen*: be cross-eyed; F *fig. über et., um die Ecke*: peer, *durch das Schlüsselloch*: *a.* squint; *fig.* **~ *auf*** (*od.* ***nach***) *heimlich*: squint at, sneak a glance at, *begehrlich*: ogle (at), (*e-m Posten etc.*) hanker after, have one's eye on.

Schienbein *n* shin(bone), 🕮 tibia; **~schützer** *m* shin guard (*od.* pad); **~verletzung** *f* shin injury.

Schiene *f* **1.** ⚙ bar, (*Führungs≗*) rail; *fig.* track; **2.** 🚂 ***~n*** rails, track; ***aus den ~n springen*** be derailed, jump the rails.

schienen *v/t.* ⚕ put in a splint (*od.* in splints).

Schienen|bus *m* railcar; **≗gebunden** *adj.* railbound; **≗gleich** *adj.*: 🚂 ***~er Übergang*** level (*Am.* grade) crossing; **~netz** *n* railway (*Am.* railroad) network *od.* system; **~räumer** *m* rail (*od.* obstruction) guard; **~strang** *m* stretch of track; **~verkehr** *m* rail traffic; **~weg** *m* railway (*Am.* railroad) line; ***auf dem ~*** by railway.

schier[1] *adv.* (*fast*) almost; (*geradezu*) virtually; **~ *unmöglich*** virtually (*od.* well-nigh) impossible.

schier[2] *adj.* (*rein*) pure; *fig. Wahnsinn etc.*: sheer, complete; ***~er Blödsinn*** *a.* utter nonsense.

Schierling *m* ♣ hemlock; **Schierlingsbecher** *m* (cup of) hemlock; *fig.* ***den ~ trinken*** poison o.s., *lit.* drain the hemlock cup.

Schießbefehl *m* order to fire (*od.* shoot).

Schießbude *f* shooting gallery; **Schießbudenfigur** *f* target (doll); F *fig.* ***er sieht aus wie e-e ~*** he looks as if he's run away from a circus.

Schießeisen F *n sl.* shooting iron.

schießen I. *v/i.* **1.** (*feuern*) shoot (*a. Sport*), fire; (*das Feuer eröffnen*) open fire; ***auf j-n ~*** shoot (*od.* fire) at; ***gut ~*** *Person*: be a good shot, *Sport*: have a good shot (on one), *Waffe*: shoot well; ***wild um sich ~*** shoot around wildly; ***aufs Tor ~*** *Sport*: shoot at goal; ***links ~*** *Sport*: a) be a left-footer (*od.* left-hander), b) take a left-foot (*od.* left-hand) shot; *fig.* ***gegen j-n ~*** have a go at s.o.; F ***schieß in den Wind!*** F scram!; → ***Pistole***; **2.** *fig.* (*sausen*) shoot; **~ *durch*** *Schmerz*: shoot through; ***plötzlich schoss mir der Gedanke durch den Kopf*** the thought suddenly occurred to me (*od.* flashed into my mind); **~ *aus*** *Blut, Wasser*: shoot (*od.* gush) from *od.* out of; ***das Blut schoss ihr ins Gesicht*** the blood rushed to her face; ***er kam um die Ecke geschossen*** he shot round the corner, *mit dem Auto*: *a.* he came zooming round the corner; ***in die Höhe ~*** *Pflanze, Kind etc.*: shoot up; → ***Boden, Kraut, Pilz***; **3.** *sl.* (*Rauschgift spritzen*) *sl.* shoot, mainline; **II.** *v/t.* shoot (*a. phot.*); (*Rakete*) blast; (*Fußball etc.*) kick; ***sich e-e Kugel durch den Kopf ~*** put a bullet through one's head; ***ein Tor ~*** score a goal; ***e-n Teddybären ~*** shoot o.s. a teddy bear; ***e-n Satelliten in die Umlaufbahn ~*** launch a satellite into orbit; *fig.* ***Blicke auf j-n ~*** look daggers at s.o.; **III.** ≗ *n* (*Wett≗*) shooting match; F ***es*** (***er***) ***ist zum ~*** F it's (he's) a (real) scream.

schießen lassen F *v/t.* (*Pläne etc.*) drop, F scupper.

Schießerei *f* gunfight, gun battle; *bsd. persönliche od. mit der Polizei*: shoot-out; *durch Amokschützen*: random shooting; (*unaufhörliches Schießen*) endless shooting.

Schieß|gewehr *n Kindersprache*: bang-bang gun; **~hund** *m*: F ***aufpassen wie ein ~*** watch like a hawk; **~platz** *m* ⚔ (shooting) range; **~pulver** *n* gunpowder; → *a.* ***Pulver***; **~scharte** *f* embrasure, loophole; (*Zinne*) crenel; **~scheibe** *f* target; **~sport** *m* shooting; **~stand** *m* shooting range; **~übung** *f* target practi|ce (*Am.* -se); **≗wütig** *adj.* trigger-happy.

Schiet *dial. m* → ***Scheiße.***

Schifahren *n* → ***Skilauf***(***en***).

Schiff *n* **1.** ship; *kleineres*: boat; ***auf dem***

~ on board ship; **2.** △ (*Mittel~*) nave; (*Seiten~*) aisle.
Schiffahrt *etc.* → **Schifffahrt** *etc.*
Schiffausflug *m* boat trip.
schiffbar *adj.* navigable; ~ **machen** canalize.
Schiffbau *m* shipbuilding (industry); **Schiffbauer** *m* shipbuilder.
Schiffbruch *m* shipwreck (*a. fig.*); *fig.* ~ **erleiden** founder, **mit:** come a cropper with; **schiffbrüchig** *adj.* shipwrecked; **Schiffbrüchige(r)** *m* shipwrecked person, *auf e-r einsamen Insel*: *a.* castaway.
Schiffchen *n* **1.** little boat; **2.** ⚙ shuttle; **3.** ⚔ (*Mütze*) forage cap.
schiffen V *v/i.* (*harnen*) V have a slash; (*regnen*) *sl.* piss down.
Schiffer *m* sailor; (*Schiffsführer*) navigator; (*Handelsschiffskapitän*) skipper; (*Fluss~*) boatman; **~klavier** *n* accordion; **~knoten** *m* sailor's knot.
Schifffahrt *f* navigation; shipping.
Schifffahrts|gesellschaft *f* shipping company; **~kunde** *f* navigation; **~linie** *f* shipping line; **~museum** *n* maritime museum; **~weg** *m* shipping route (*od.* lane).
Schiffs|arzt *m* ship's doctor; **~bauch** *m* ship's belly; **~besatzung** *f* (ship's) crew; **~brand** *m* fire on a ship; **~brücke** *f* bridge.
Schiffschaukel *f* swing boat.
Schiffs|eigentümer *m* shipowner; **~flagge** *f* ship's flag (*od.* colo[u]rs *pl.*); ⚔ ensign; **~journal** *n* logbook; **~junge** *m* ship's boy; **~katastrophe** *f* disaster at sea; **~koch** *m* ship's cook; **~küche** *f* galley; **~ladung** *f* shipload; (*Fracht*) cargo, freight; **~mannschaft** *f* (ship's) crew; **~modell** *n* model ship; **~offizier** *m* (ship's) officer; **~passage** *f* passage (on a ship); **~reise** *f* **1.** boat trip, cruise; *längere*: sea journey (*od.* voyage); **2.** (*Überfahrt*) (sea) crossing; **~schraube** *f* (ship's) propeller; **~tagebuch** *n* log book; **~taufe** *f* christening (*od.* naming) of a ship; **~unfall** *m* shipping accident; (*Zusammenstoß*) (ship) collision; **~verkehr** *m* shipping; **~werft** *f* shipyard; **~zwieback** *m* (ship's) biscuit.
Schiit(in *f*) *m*, **schiitisch** *adj.* Shiite.
Schikane *f* **1.** *a. pl.* harassment; **et. aus reiner ~ machen** do s.th. out of sheer spite; **2.** *Rennsport*: chicane; **3.** F *fig.* **mit allen ~n** (**ausgestattet**) with all the trimmings, *Küche, Haus*: with all the mod cons; **schikanieren** *v/t.* harass; (*Schüler, Angestellten etc.*) pick on.
Schikoree *m* → **Chicorée.**
Schild[1] *n* (*Aushänge~*) sign; (*Namens~*) nameplate; (*Firmen~*) firm's name, fascia, *kleines*: nameplate; (*Warn~*) sign; (*Wegweiser*) signpost; (*Verkehrs~*) road sign; (*Straßen~*) street sign; (*Etikett*) label, (*Anhänger*) tag.
Schild[2] *m* **1.** ⚔ shield; *fig.* **etwas im ~e führen** be up to something, be hatching something; **2.** *im Reaktor*: shield.
Schildbürger *m etwa* Gothamite; *weitS.* simpleton; **~streich** *m* piece of bungling, F cock-up.
Schilddrüse *f* thyroid gland.
Schilddrüsen|hormon *n* thyroxin(e); **~überfunktion** *f* hyperthyroidism; overactive thyroid.
schildern *v/t.* describe; (*erzählen*) *a.* relate; (*skizzieren*) outline, sketch; **j-m et. ~** *a.* tell s.o. (about) s.th.; **in düsteren Farben ~** paint a gloomy picture of; **detailliert ~** give a detailed account of;

Schilderung *f* description; (*Erzählung*) account.
Schilderwald *m* jungle of road signs.
Schildknorpel *m anat.* thyroid cartilage.
Schildkröte *f* (*Land~*) tortoise; (*Meeres~, Fluss~, See~*) turtle; **Schildkrötensuppe** *f* turtle soup.
Schild|laus *f* scale insect; **~patt** *n* tortoiseshell; **~wache** *obs. f* ⚔ sentry; (*Wachdienst*) sentry-go.
Schilf *n* ⚘ reed; *am Wasser*: reeds *pl.*; **im ~** among the reeds; **~matte** *f* rush mat; **~rohr** *n* → **Schilf.**
Schillerlocke *f* **1.** (*Fisch*) (*rolled*) *strip of smoked dogfish*; **2.** (*Gebäck*) cream horn.
schillern *v/i.* shimmer; (*glänzen*) sparkle; **ins Rötliche ~** have a reddish tinge; **schillernd** *adj.* **1.** iridescent, opalescent; *Stoffe*: shot; **2.** *fig. Begriff etc.*: equivocal, ambiguous; **~e Persönlichkeit** *negativ*: elusive character, *positiv*: colo(u)rful personality.
Schilling *m* (*österreichische Währung*) schilling.
schilpen *v/i.* chirp.
Schimäre *f* chimera; **schimärisch** *adj.* chimeric(al).
Schimmel[1] *m* white horse.
Schimmel[2] *m* ⚘ mo(u)ld, *bsd. auf Leder etc.*: mildew; **schimmelig** *adj.* mo(u)ldy, mildewy; **schimmeln** *v/i.* go mo(u)ldy (*od.* mildewy); **Schimmelpilz** *m* mo(u)ld.
Schimmer *m* **1.** glimmer, gleam, shimmer (*a. von Stoff*); **2.** *fig.* **ein ~ Hoffnung** a glimmer (*od.* flicker) of hope; **~ e-s Lächelns** flicker of a smile; F **er hat keinen** (**blassen**) **~** F he hasn't got the foggiest (*od.* a clue) (**von** about), **von:** *a.* he doesn't know the first thing about; **schimmern** *v/i.* gleam, glimmer, shimmer; *Mondlicht etc.*: shine.
Schimpanse *m* chimpanzee, F chimp.
Schimpf *m*: **mit ~ und Schande** ignominiously; **j-m e-n ~ antun** insult s.o.
schimpfen I. *v/i.* scold, rail; **~ über** complain about; **auf j-n ~** complain about s.o.; **mit j-m ~** tell s.o. off; **bitte nicht ~!** please don't shout at me!; **II.** *v/t.*: **er schimpfte ihn e-n Lügner** he called him a liar; **III.** F *v/refl.*: **und so was schimpft sich Lehrer** and he calls himself a teacher.
Schimpfkanonade *f* volley (*od.* stream, torrent) of abuse; **e-e ~ loslassen** let fly with (F let rip) a stream of abuse.
schimpflich *adj.* ignominious, shameful; (*demütigend*) *a.* humiliating.
Schimpf|name *m*: **j-m ~n geben, j-n mit ~n belegen** call s.o. names; **~wort** *n* **1.** *pl.* abuse *sg.*; **2.** (*Fluch*) swearword; **Schimpfwörter gebrauchen** use bad language, swear.
Schindanger *obs. m* knacker's yard.
Schindel *f* shingle; **~dach** *n* shingle roof.
schinden I. *v/t.* **1.** (*hart herannehmen*) drive hard; (*quälen*) maltreat, abuse; **2.** *obs.*(*totes Tier*) flay, skin; **3.** F (*Essen etc.*) F scrounge; **Zeit ~** play for time; **Eindruck ~** try to impress; **bei j-m Mitleid ~** try to make s.o. feel sorry for one; **II.** *v/refl.*: **sich ~** (**und plagen**) slave away; **Schinder** *m* slave driver; **Schinderei** *f* exploitation, slavery; (*schwere Arbeit*) drudgery; **das war e-e ~!** F that was a real grind.
Schindluder *n*: *fig.* **mit j-m ~ treiben** F play (merry) hell with s.o.; **mit s-r Gesundheit ~ treiben** play havoc with one's health.

Schindmähre F *f* F nag.
Schinken *m* **1.** ham; **2.** F (*riesiges Gemälde*) great daub; (*dickes Buch*) fat tome; **~brot** *n* ham sandwich, *offenes*: (piece of) bread with ham; **~brötchen** *n* ham roll; **~nudeln** *pl. noodles with pieces of ham*; **~speck** *m etwa* bacon; **~wurst** *f* ham sausage.
Schinto *m* Shinto; **Schintoismus** *m* Shintoism; **Schintoist** *m* Shintoist; **schintoistisch** *adj.* Shintoist, Shinto ...
Schippe *f* shovel; (*Spaten*) spade; F *fig.* **j-n auf die ~ nehmen** F pull s.o.'s leg, have s.o. on; F **e-e ~ ziehen** (*od.* **machen**) pout; **schippen** *v/t.* shovel; **e-e Grube ~** dig a hole; **Schnee ~** clear the snow away.
Schiri F *m* F ref.
Schirm *m* (*Regen~*) umbrella; (*Sonnen~*) parasol, sun shade; (*Lampen~*) shade; (*Fall~*) parachute; (*Mützen~*) peak; (*Wand~, Fernseh~, Bild~*) screen; (*Schutzvorrichtung*) shield, screen; **~bild** (**-aufnahme** *f*) *n* x-ray; **~herr(in** *f*) *m* patron(ess *f*); **~herrschaft** *f* patronage; **unter der ~ von** under the patronage (*od.* auspices) of; **die ~ übernehmen** (agree to) become patron; **~hülle** *f* umbrella cover; **~mütze** *f* peaked cap; **~ständer** *m* umbrella stand.
Schirokko *m* sirocco.
Schisma *n* schism; **Schismatiker** *m* schismatic, schismatist; **schismatisch** *adj.* schismatic.
Schispringen *n* → **Skispringen.**
Schiss V *m* **1.** V shit; **2.** *fig.* **~ haben** F be scared stiff, V have the shits; **~ kriegen** F get the jitters, V get the shits.
schizoid *adj. psych.* schizoid; **Schizoide(r** *m*) *f psych.* schizoid; **~ sein** be schizoid.
schizophren *adj.* **1.** *psych.* schizophrenic; **2.** (*widersprüchlich*) completely contradictory; **3.** (*absurd*) absurd, F crazy; **Schizophrene(r** *m*) *f psych.* schizophrenic; **Schizophrenie** *f* schizophrenia.
Schlabber... *in Zssgn Kleidung*: sloppy; **schlabb(e)rig** F *adj.* → **labb(e)rig**; **schlabbern** F **I.** *v/i. beim Essen*: slobber; (*schlürfen*) slurp; **II.** *v/t.* (*aufschlecken*) slurp.
Schlacht *f a. fig.* battle (**bei** of; *fig.* **um** over, for); *j-m* **e-e ~ liefern** *a. fig.* do battle with, battle against; **in die ~ ziehen** go into battle; **~bank** *f* shambles *pl.* (*mst sg. konstr.*); *fig.* **j-n** (**wie ein Lamm**) **zur ~ führen** lead s.o. (like a lamb) to the slaughter; **er ließ sich wie ein Lamm zur ~ führen** he went like a lamb to the slaughter.
schlachten *v/t. u. v/i.* kill, (*bsd. größere Tiere*) slaughter; *fig.* (*metzeln*) massacre, slaughter; F (*Schokolade etc.*) attack, (*verzehren*) devour; → **Sparschwein.**
Schlachtenbummler *m Sport*: fan, supporter.
Schlachter *m* butcher.
Schlächter *m a. fig.* butcher.
Schlachterei *f* butcher's (shop).
Schlächterei *f* **1.** butcher's shop; **2.** *fig.* (*Blutbad*) massacre, slaughter, bloodbath.
Schlacht|feld *n* battlefield; *fig.* **hier sieht es aus wie auf e-m ~** this place looks as if a bomb has hit it (*od.* as if it's been hit by a bomb); **~fest** *n social gathering at which meat and sausages from freshly slaughtered pigs are served*; **~getümmel** *n*, **~gewühl** *n a. fig.* melee; *fig.* **mitten im ~** in the thick of it; **sich ins ~ werfen** enter (*od.* join) the fray; **~hof**

m slaughterhouse, abattoir; **~messer** *n* butcher's knife; **~opfer** *n* (*Ritual*) sacrifice; (*Tier*) sacrificial animal; **~ordnung** *f* battle formation; **~plan** *m* plan of action (*a. fig.*); **~platte** *f gastr. bacon and sausages served with sauerkraut*; **≈reif** *adj.* ready for killing (*od.* the slaughter); **~ruf** *m a. fig.* battle (*od.* war) cry; **~schiff** *n* battleship; **~tier** *n* animal for slaughter.

Schlachtung *f* kill(ing).

Schlachtvieh *n* animals *pl.* for slaughter; (*Rinder*) beef cattle *pl.*

Schlacke *f* **1.** *metall.* slag, *a. fig.* dross; *geol.* (volcanic) slag; (*Asche*) cinders *pl.*; **2.** *pl.* (*Ballaststoffe*) roughage *sg.*, fib|re (*Am.* -er) *sg.*

Schlacken|diät *f* high-fib|re (*Am.* -er) diet; **≈frei** *adj.* non-clinkering; **~kost** *f* → ***Schlackendiät.***

schlackern *v/i.* wobble; *lose Kleidung etc.*: flap; ***~de Knie*** trembling knees; F *fig.* ***ich habe nur noch mit den Ohren geschlackert*** I couldn't believe my ears, I thought I was hearing things; ***da schlackert man nur noch mit den Ohren*** you just can't believe it, *stärker*: it's mind-boggling.

Schlaf *m* sleep (*a. fig.*); ***im ~*** *a. fig.* in one's sleep; ***e-n leichten*** (***festen***) ***~ haben*** be a light (sound) sleeper; ***er findet keinen ~*** he can't sleep, he can't get to sleep at nights; ***in tiefem ~ liegen*** be fast asleep; ***aus dem ~ gerissen werden*** wake up with a start, be rudely awakened; ***in den ~ singen*** (***wiegen***) lull (rock) to sleep; ***sich den ~ aus den Augen wischen*** rub the sleep from one's eyes; ***j-n um den ~ bringen*** give s.o. sleepless nights, rob s.o. of his (*od.* her) sleep; ***der ~ vor Mitternacht*** the hours (of sleep) before midnight; ***vom ~ übermannt*** overcome by sleep; → ***Gerechte***(***r***); **~anzug** *m*: (***ein ~*** a pair of) pyjamas (*Am.* pajamas) *pl.*; **~augen** *pl.* *e-r Puppe*: sleeping eyes; *e-s Autos*: visored headlights.

Schläfchen *n* nap, F snooze; (*Nickerchen*) catnap, F forty winks; ***ein ~ machen*** take a nap, F have forty winks (*od.* a snooze).

Schlafcouch *f* convertible sofa (*od.* settee), bed settee.

Schläfe *f* temple; ***graue ~n haben*** be greying (*Am.* graying) at the temples; ***sich e-e Kugel in die ~ jagen*** put a bullet through one's head.

Schlafebene *f* sleep stage.

schlafen *v/i.* sleep, be asleep; (*unaufmerksam sein*) *a.* not to pay attention; ***fest ~*** be fast (*od.* sound) asleep, (*a. e-n festen Schlaf haben*) sleep like a log (*od.* top); ***gut*** (***schlecht***) ***~*** sleep well (badly), be a sound (poor) sleeper; ***~ gehen, sich ~ legen*** go to bed, F turn in; *j-n* ***~ legen*** put to bed; ***lange ~*** have a (good,) long sleep; ***sonntags länger ~*** have a (good) lie-in on Sundays; ***bis weit in den Tag hinein ~*** sleep to all hours; ***sich gesund ~*** sleep o.s. back to health; ***~ Sie gut!*** sleep well!; ***~ Sie darüber!*** sleep on it; ***es ließ ihn nicht ~*** it gave him no peace, it wouldn't let him rest; ***mit offenen Augen ~*** (*sehr müde sein*) be dog-tired, (*träumen*) daydream; F ***schlaf nicht!*** wake up!, F wakey, wakey!; ***nicht ~*** (*sehr rege sein*) be on one's toes; ***Entschuldigung, jetzt habe ich geschlafen*** sorry, I was miles away; ***bei j-m ~*** (*übernachten*) sleep (*od.* spend the night) at s.o.'s place, stay overnight with s.o. (*od.* at s.o.'s place); ***~ mit*** (*Geschlechtsverkehr haben*) sleep with; ***mit jedem ~*** sleep around.

Schlafengehen *n*: ***vor dem ~*** before one goes to bed, just before bedtime.

Schlafenszeit *f* bedtime; ***es ist ~*** it's time for (*od.* to go to) bed.

Schlafentzug *m* sleep deprivation.

Schläfer *m* sleeper; ***er ist ein unruhiger ~*** he's very restless in bed.

schlaff *adj. Haut, Muskeln*: flabby; *Körper, Glieder, a. Händedruck*: limp, weak; *Seil*: slack, *Segel*: *a.* drooping; *Moral, Disziplin*: lax; *Party etc.*: lifeless, F dead boring; (*träge*) sluggish; F ***~er Typ*** wimp; F ***~es Glied*** F drooping member.

Schlaf|forscher *m* sleep researcher; **~forschung** *f* sleep research; **~gast** *m* overnight guest; **~gelegenheit** *f* place to sleep; ***wir haben genügend ~en*** we've got plenty of sleeping space; ***~ bieten für*** sleep *three persons etc.*

Schlafittchen F *n*: ***j-n beim ~ nehmen*** collar s.o.; *fig.* take s.o. to task.

Schlaf|koje *f* berth (*a.* 🚂, ✈); *für Matrosen*: bunk; **~krankheit** *f* sleeping sickness; **~kur** *f* ⚕ sleep therapy; **~lernmethode** *f* hypnop(a)edia; **~lied** *n* lullaby.

schlaflos *adj.* sleepless; **Schlaflosigkeit** *f* sleeplessness, ⚕ insomnia.

Schlaf|mangel *m* lack of sleep; **~mittel** *n* barbiturate; *als Tablette*: *a.* sleeping pill (*od.* tablet); F *fig.* ***das ist ja das reinste ~*** it's enough to send you to sleep, F talk about soporific.

Schlafmütze F *f* sleepyhead; (*unachtsamer od. träger Mensch*) F dope, *als Anrede*: dozy; **schlafmützig** F *adj.* F dop(e)y.

Schlafquartier *n* sleeping quarters *pl.*

schläfrig *adj.* sleepy (*a. Stimme, Augen*), drowsy.

Schlaf|ritual *n* bedtime ritual; **~rock** *m* dressing gown; *gastr.* ***Apfel im ~*** baked apple dumpling; **~saal** *m* dormitory.

Schlafsack *m* sleeping bag; **~tourist** *m* backpacker.

Schlaf|sessel *m* ✈ *etc.* reclining seat; **~stadt** *f* dormitory town; **~stätte** *f*, **~stelle** *f* place to sleep; **~störungen** *pl.* disturbed sleep *sg.*; sleep disorders; ***unter ~ leiden*** *a.* have trouble sleeping; **~sucht** *f* narcolepsy; **≈süchtig** *adj.* narcoleptic; ***~ sein*** *a.* suffer from narcolepsy; **~tablette** *f* sleeping pill (*od.* tablet); **~tier** *n* soft (*od.* cuddly) toy; **~trunk** *m* sleeping draught; F (*Schnäpschen*) F nightcap; **≈trunken** *adj.* drowsy, half-asleep ..., *pred.* half asleep; (*noch nicht wach*) dop(e)y, still half asleep.

Schlafwagen *m* 🚂 sleeper, sleeping car; **~fußball** F *m* slow-motion football.

schlafwandeln *v/i.* sleepwalk; **Schlafwandler** *m* sleepwalker, somnambulist; **schlafwandlerisch** *adj.*: ***mit ~er Sicherheit*** as to the manner born, as if he'd *etc.* been doing it all his *etc.* life.

Schlafzentrum *n* sleep cent|re (*Am.* -er).

Schlafzimmer *n* bedroom; **~blick** F *m* **1.** (*Augen*) F bedroom (*od.* come-hither) eyes *pl.*; **2.** (*Blick*) come-hither look; **~einrichtung** *f* bedroom furniture; **~schrank** *m* bedroom wardrobe (*od.* cupboard).

Schlag *m* **1.** *mit der Faust*: blow, punch; *dumpfer*: thump; *mit der offenen Hand*: blow, F whack, *klatschender*: slap, *bsd. bei Kindern*: smack; *leichter*: tap; *mit dem Stock*: whack; *mit der Peitsche*: lash *of the whip*; ⚡ (electric) shock; (*Geräusch*) thud; (*Ruder≈, Schwimm≈*) stroke; *Golf, Tennis etc.*: shot, stroke; (*Glocken≈*) chime, (*~ e-r Uhr*) *a.* stroke; (*~ des Herzens, Puls≈, Trommel≈*) beat; (*Donner≈*) clap (of thunder); ⚔ (*Angriff*) strike; *fig.* (*Schicksals≈, Unglück*) blow; ***Schläge bekommen*** *a. fig.* get a (good) hiding (*od.* drubbing); ***~ ins Gesicht*** *a. fig.* slap in the face; ***j-m e-n ~ versetzen*** deal s.o. a blow, *fig. a.* hit s.o. hard; ***zum entscheidenden ~ ausholen*** *a. fig.* move in for the kill; *fig.* ***~ ins Wasser*** F flop, washout; ***~ ins Kontor*** nasty shock (*od.* surprise); ***~ auf ~*** in quick succession; ***dann ging es ~ auf ~*** then things started happening (fast); ***auf einen*** (*od.* ***mit einem***) ***~*** (*auf einmal*) in one go, (*plötzlich*) suddenly, from one moment to the next; ***~ sechs Uhr*** on the stroke of six; F ***er tat keinen ~*** he didn't lift a finger; F ***sie hat e-n ~*** F she's got a screw loose somewhere; **2.** F ⚕ stroke; ***e-n ~ bekommen*** have a stroke; *fig.* ***sie waren wie vom ~ getroffen*** they just stood gaping; ***mich trifft der ~!*** F don't give me a heart attack; ***ich dachte, mich trifft der ~*** F I nearly died (*od.* had a heart attack); **3.** → ***Hühnerschlag, Taubenschlag***; **4.** *fig.* (*Art*) stock, breed (*beide a. zo.*), sort; ***vom gleichen ~ sein*** be made of the same stuff, *contp.* be tarred with the same brush; ***Leute s-s ~es*** men of his stamp; ***Männer vom gleichen ~*** birds of a feather; ***vom alten ~*** of the old school; **5.** F (*Portion*) helping; **6.** *östr.* (whipped) cream; **~abtausch** *m* **1.** *fig.* (hefty) exchange; ***erster ~*** (bit of a) skirmish; ***es kam zu e-m ~ zwischen ihnen*** they clashed (*od.* crossed swords, *stärker*: came to blows) (***über*** over); **2.** *Boxen*: exchange of blows; **~ader** *f* artery; **~anfall** *m* stroke; ***e-n ~ bekommen*** have a stroke.

schlagartig **I.** *adj.* sudden, abrupt; **II.** *adv.* suddenly, all of a sudden, from one minute (*od.* day) to the next.

Schlag|ball(spiel *n*) *m* rounders (*sg.*); **~baum** *m* barrier; **~bohrer** *m* hammer drill.

Schlägel *m* ♪ drumstick.

schlagen **I.** *v/t.* hit, (*wiederholt, verprügeln*) beat; *mit der Faust*: hit, punch; *mit der offenen Hand*: hit, F whack, *klatschend*: slap, (*bsd. Kinder*) smack; *mit dem Stock*: hit, beat; *mit der Peitsche*: whip; (*Eier etc.*) beat; (*Bäume*) fell, cut down; (*Tür*) bang, slam; (*übertreffen*) beat, (*besiegen*) *a.* defeat, *sl.* lick; ***sich*** (***gegenseitig***) ***~*** (have a) fight, ***um***: fight over; ***sich geschlagen geben*** admit defeat, give up; ***ich gebe mich geschlagen*** *a.* F okay, you win; ***an*** *die Wand etc.* ***~*** throw at; ***den Kopf ~ an*** hit (*od.* bump, knock, bang) one's head on *od.* against; ***e-e Notiz ans Brett ~*** put a notice up on the board, pin a notice (up) onto the board; ***mit et. auf*** (***gegen***) ***et. ~*** bang s.th. on (against) s.th.; ✝ ***auf den*** *Preis* ***~*** add on to; *j-n* ***zu Boden ~*** knock down, floor; ***die Augen zu Boden ~*** cast one's eyes down; *Erbsen etc.* ***durch ein Sieb ~*** pass through a sieve; *Nagel* ***~ in*** drive into; ***ein Loch in die Wand ~*** knock a hole into the wall; ***ein Ei in die Pfanne ~*** bang an egg into the pan; ***in Papier ~*** wrap up; ***die Zähne ~ in*** *Tier*: sink its teeth into; ***j-m et. aus der Hand ~*** knock s.th. out of s.o.'s hand; ***sich et. aus dem Kopf*** (*od.* ***Sinn***) ***~*** put s.th. out of one's mind, F forget (about) s.th.; ***die Uhr schlug zehn*** the clock struck ten; → ***Alarm, Brücke, Flucht*** 1, ***geschlagen, Glocke, Kapital*** I, ***Kreuz*** I, ***Schaum, Waffe, Wurzel***; **II.** *v/i.* hit (s.o. *od.* s.th.), strike; *Herz, Puls*: beat, *heftig*: throb; *Uhr*: strike; *Tür*: bang, slam; *Segel*: flap; *Rad*: run untrue; *Pferd*: kick; *Nachtigall*: sing; ***~ an*** (*od.* ***gegen***) hit, *Regen*: beat against; *Wellen*: beat (*od.* crash) against; ***gegen die Tür ~*** hammer at the door; ***mit dem Kopf an*** (*od.* ***gegen***) ***et. ~*** hit (*od.* bump, knock, bang) one's head against s.th.; ***j-m auf die Finger ~*** rap s.o.'s knuckles; ***auf*** *den Kreislauf etc.* ***~*** affect; *die Erkältung* ***schlug ihm auf den Magen*** *a.* settled on his stomach; ***~ aus*** *Flammen*: leap out of, *Rauch*: pour from (*od.* out of); *der Blitz* ***schlug in den Baum*** struck the tree; ***mit den Flügeln ~*** *Vogel*: beat its wings; ***sein Puls schlägt regelmäßig*** his pulse is regular; ***nach*** *j-m* ***~*** hit out at, (*arten nach*) take after; ***um sich ~*** lash out (in all directions), thrash about; *fig. die Arbeit etc.* ***schlägt mir auf den Magen*** is making me ill, is giving me ulcers; **III.** *v/refl.*: ***sich ~*** (have a) fight (***mit*** with); *fig.* ***sich gut ~*** hold one's own, give a good account of o.s.; ***sich auf j-s Seite ~*** side with s.o., *weitS.* go over to s.o.;

schlagend *adj.* **1.** (*treffend*) apt; (*überzeugend*) convincing, very sound; *Gründe*: cogent; (*unwiderlegbar*) irrefutable; ***~er Beweis*** *a.* conclusive evidence; **2.** *univ.* ***~e Verbindung*** duel(l)ing fraternity.

Schlager *m* ♪ pop song; (*Erfolgs≈*) hit (song *od.* tune); *thea.* box-office hit; (*Verkaufs≈*) winner, sales hit; (*Buch*) bestseller; (*tolle Sache*) hit, sensation.

Schläger *m* **1.** (*~typ*) thug; **2.** (*Baseball≈ etc.*) bat; (*Tennis≈*) racket, racquet; (*Golf≈*) club; (*Hockey≈*) stick; **3.** (*Schlagmann*) *Kricket*: batsman; *Baseball*: batter; **4.** *Boxen*: fighter; **~bande** *f* gang of thugs.

Schlägerei *f* fight(ing), brawl, F punch-up; *allgemeine*: *a.* free-for-all.

Schlager|festival *n* song contest; **~komponist** *m* pop composer; **~melodie** *f* pop tune (*od.* melody); **~musik** *f* pop music; **~parade** *f* hit parade; **~sänger(in** *f*) *m* pop singer; **~spiel** *n Sport*: match of the day; **~text** *m* (pop) lyrics *pl.*; words *pl.* of a (*od.* the) song.

Schlägertyp *m* thug, F bruiser, bully boy.

Schlagerwettbewerb *m* song contest.

schlagfertig *adj.* quick-witted, F quick on the return, quick off the mark; ***~ sein*** *a.* always come up with an answer just like that, be good at repartee; ***~e Antwort*** good retort (*od.* answer); **Schlagfertigkeit** *f* quick-wittedness; talent for repartee; ***sie ist für ihre ~ bekannt*** she's known for her repartee.

Schlaginstrument *n* ♪ percussion instrument; *pl. a.* percussion *sg.*

Schlagkraft *f Boxen*: punch; ⚔ fighting strength; *fig.* clout; *e-s Arguments*: force; **schlagkräftig** *adj.* powerful; *Beweis*: → ***schlagend*** 1.

Schlag|licht *n phot., Kunst*: highlight; *fig.* ***ein ~ werfen auf*** show up, spotlight, *positives*: highlight; **≈artig I.** *adj.*: ***~e Erhellung*** *e-s Problems*: spotlighting; **II.** *adv.*: ***~ erhellen*** show in a cold light; **~loch** *n* pothole; **~mann** *m Kricket*: batsman; *Baseball*: batter; *Rudern*: stroke; **~obers** *östr. n*, **~rahm** *m* → ***Schlagsahne***; **~ring** *m* knuckleduster, *Am.* brass knuckles *pl.*; **~sahne** *f* (whipped) cream; **~schatten** *m* shadow; **~seite** *f* ⚓ list; ***~ haben*** ⚓ list; F *fig.* F be a bit unsteady on one's feet, *stärker*: be reeling; **≈stark** *adj. Boxen*: hard-hitting; ***~ sein*** pack a powerful punch.

Schlagstock *m* baton, truncheon, *Am.* nightstick; ♪ drumstick; **~einsatz** *m* baton charge.

Schlag|uhr *f* chiming clock; **~wechsel** *m Boxen*: exchange of blows; **~werk** *n e-r Uhr*: striking mechanism, strike.

Schlagwetter *n* ⚒ **1.** firedamp; **2.** → **~explosion** firedamp explosion.

Schlagwort *n* catchword; (*Parole*) *a.* slogan; **~katalog** *m* subject catalog(ue).

Schlagzeile *f*: (***große ~*** banner) headline; ***~n machen*** make (*od.* hit) the headlines; ***für ~n sorgen*** make headlines; ***das wird für ~n sorgen*** that'll make good headline material (F stuff).

Schlagzeug *n* ♪ *in e-r Band*: drums *pl.*; *im Orchester*: percussion (instruments *pl.*); ***~ spielen*** a) play (the) drums, b) play percussion; **Schlagzeuger** *m* ♪ *in e-r Band*: drummer; *im Orchester*: percussionist.

schlaksig *adj.* lanky, (*ungeschickt*) gangling.

Schlamassel F *m* mess; (*Unordnung*) *a.* F dog's breakfast; ***da haben wir den ~!*** now we're in a real (F right) mess.

Schlamm *m* mud; *schleimiger*: sludge; *sandiger*: silt.

Schlamm|bad *n* ⚕ mudbath; **~boden** *m* muddy soil; **~flut** *f* river (*od.* sea) of sludge *od.* mud.

schlammig *adj.* muddy.

Schlämmkreide *f* whiting.

Schlamm|lawine *f* mudslide; **~massen** *pl.* sea *sg.* of mud; **~packung** *f* ⚕ mudpack; **~schlacht** *f* **1.** *pol. etc.* mudslinging; **2.** *Fußball*: mudbath.

Schlampe F *f* slut, *sl.* slag; **schlampen** F *v/i.* (*unordentlich sein*) be slovenly, be sloppy; *bei der Arbeit*: a) be a slovenly worker, b) do a slovenly (*od.* sloppy) job; *bsd. bei Schulaufgaben*: *a.* be careless; ***die haben wieder einmal geschlampt*** they made a mess of things (*stärker*: F botched things up) again; **Schlamperei** F *f* slovenliness, sloppiness; (*Nachlässigkeit*) carelessness; *konkret*: mess, (*Arbeit*) careless (*od.* slovenly, sloppy) work, slovenly (*od.* sloppy) job; **schlampig** F *adj.* slovenly, sloppy; *Arbeit*: *a.* slipshod; (*äußerlich ~*) slovenly, frowzy, untidy; *Frau*: *a.* slatternly.

Schlange *f* **1.** snake; *bibl.* serpent; *fig.* (***falsche***) ***~*** snake in the grass; **2.** *fig.* (*Menschen≈*) queue, *bsd. Am.* line; (*Auto≈*) line (of cars); ***e-e lange ~*** *a.* a long line of people; ***~ stehen, sich in e-e ~ stellen*** queue (up), *bsd. Am.* stand in line, line up (*alle* ***um, nach*** for).

schlängeln *v/refl.*: ***sich ~*** *Weg*: wind, *Fluss*: *a.* meander; *zuckend, hin u. her*: wriggle; ***sich ~ durch*** (*ein Loch etc.*) wriggle through, (*e-e Menge etc.*) weave (*od.* worm) one's way through.

Schlangen|beschwörer *m* snake charmer; **~biss** *m* snakebite; **~fraß** F *m* F muck; **~gift** *n* snake venom (*od.* poison); ~grube *f* snake pit (*a. fig.*); **~haut** *f* snakeskin; **~leder** *n* snakeskin; **~linie** *f* wavy (F wiggly) line; ***in ~n fahren*** weave, zigzag (along the road); **~mensch** *m* contortionist.

Schlangestehen *n* having to queue up (*Am.* stand in line); F ***dieses ewige ~!*** this endless queuing up (*Am.* standing in line).

schlank *adj.* slim; *auf elegante Art*: slender; ***~ werden*** a) slim, b) lose weight; ***~ machen*** *Kleidung*: make *s.o.* look slim; ***Obst*** *etc.* ***macht ~*** you don't (*od.* won't) put any weight on with fruit *etc.*; ***~e Produktion*** ⚚ lean production; → ***Linie*** 5.

Schlankheits|fimmel F *m* obsession with one's figure; **~kur** *f* (slimming) diet; ***e-e ~ machen*** go (*od.* be) on a diet.

schlank machend *adj.*: ***~e Kleidung*** *etc.* clothes *etc.* that make one look slimmer (F that hide one's extra pounds);

Schlankmacher *m* slimming agent.

schlankweg *adv.* point-blank.

schlapp *adj.* **1.** (*erschöpft*) F washed-out; (*ohne Schwung*) listless; (*geschwächt*) weak; *Körper, Glieder*: limp; → *a.* ***schlappmachen***; **2.** *Seil*: slack.

Schlappe *f* setback; ***e-e ~ einstecken müssen*** suffer a setback.

schlappen F **I.** *v/i. Schuhe*: flap; *Person*: (*latschen*) shuffle along; **II.** *v/t.* (*schlürfen*) lap (up); **III.** ≈ *m* (*Pantoffel*) slipper.

Schlapphut *m* slouch hat.

schlappmachen F *v/i.* slow down, (*ein Tief erreichen*) F hit a low; *körperlich*: *a.* F wilt; (*aufgeben*) give up; (*zusammenbrechen*) F flake out; ***in der Hitze ~*** *a.* succumb to the heat; ***viele haben schlappgemacht*** *a.* a lot of them couldn't stand the pace; ***nicht ~!*** *ermahnend*: no slacking!, *ermunternd*: come on, you can do it!; **Schlappmacher** F *m* slacker.

Schlapp|ohr *n* floppy ear; **~schwanz** F *m* weakling, F wimp, drip.

Schlaraffen|land *n* (land of) Cockaigne; *fig. a.* land of milk and honey; **~leben** *n* life of luxury, F cushy life.

schlau I. *adj.* (*klug*) clever; (*raffiniert*) *a.* crafty; F ***aus ihm werde ich nicht ~*** I can't make him out; F ***daraus werde ich nicht ~*** I can't make head or tail of it; F ***~es Buch*** F bible (***über*** on); *contp.* ***ein ganz ≈er*** → ***Schlauberger***; **II.** *adv.*: ***das hat er sich ~ ausgedacht!*** very clever (indeed); **Schlauberger** F *m* F clever dick, smart aleck, smarty pants (*sg.*).

Schlauch *m* **1.** tube; (*Wasser≈*) hose; (*Fahrrad≈, Auto≈*) (inner) tube; F ***auf dem ~ stehen*** F be (completely) clueless; **2.** F (*Strapaze*) F hard slog; ***das war ein ~!*** *a.* F that was tough going; **3.** *fig.* F ***das Zimmer ist ein ~*** the room's like a tunnel; **~boot** *n* rubber dinghy; (*Rettungsboot*) life raft, *Am.* inflatable (boat), *großes*: *a.* raft.

schlauchen F **I.** *v/t.* (*anstrengen*) take it out of *s.o.*; ⚔ *sl.* give s.o. hell; → ***geschlaucht***; **II.** *v/i.*: ***das schlaucht ganz schön*** F it really takes it out of you.

schlauchlos *adj. mot.* tubeless.

Schlauch|reifen *m* tyre (*Am.* tire) with an inner tube; **~trommel** *f* hose reel.

Schläue *f* cleverness, shrewdness; (*Listigkeit*) cunning.

schlauerweise *adv.* cleverly (enough); ***~ hat er nichts gesagt*** he was smart enough not to say anything.

Schlaufe *f* loop.

Schlaukopf F *m*, **Schlaumeier** F *m* → ***Schlauberger.***

Schlawiner F *m* rogue; (*Kind*) rascal.

schlecht I. *adj.* bad (*comp.* ***~er*** worse, *sup.* ***~est*** worst); (*boshaft*) *a.* wicked;

S

Augen, Gesundheit, Gedächtnis, Qualität, Leistung etc.: bad, poor; *Luft*: stale; ***nicht ~!*** not bad; ***~er Absatz*** poor sales; ***~e Aussichten*** poor (*od.* dim) prospects, glum outlook; ***~es Essen*** awful (F rotten) food; ***~e Führung*** bad conduct; ***e-e ~e Nachricht*** bad news (*sg.*); ***~e Zeiten*** bad (*od.* hard) times; ***~ sein in et.*** be bad (*od.* poor) at s.th.; ***~ werden*** go off; *die Milch* ***ist ~*** has gone off, is off; ***~er werden*** get worse, deteriorate; ***du bist ein ~er Lügner*** you're a hopeless liar; ***e-n ~en Augenblick wählen*** pick a bad (*od.* the wrong) moment; ***mir ist ~*** I feel sick; ***es kann einem ~ dabei werden*** it's enough to make you sick; → ***Laune*** 1, ***Tag*** *etc.*; **II.** *adv.* bad(ly); ***~ reden von*** talk negatively about, (*schlecht machen*) run down, *stärker*: say nasty things about; ***~ aussehen*** look bad, *gesundheitlich*: look ill; ***~ riechen*** smell bad; ***er hört*** (***sieht***) ***~*** he can't hear (see) very well (he's got bad eyesight); ***ich bin auf ihn ~ zu sprechen*** don't talk to me about him; ***~ daran sein*** be badly off; ***es steht ~ um ihn*** things aren't looking too good for him, *gesundheitlich*: he's in a bad way; ***damit würde ich mich nur ~er stellen*** I'd be worse off than (I was) before; ***es bekam ihm ~*** *Essen etc.*: it didn't agree with him, *fig.* it didn't do him any good; ***er kann es sich ~ leisten zu*** *inf.* he can't really afford to *inf.*; ***er hat nicht ~ gestaunt*** F he wasn't half surprised; ***das kann ich ~ sagen*** I can't really say; ***heute geht es ~*** (*passt nicht*) it's a bit awkward (*od.* difficult) today; ***ich verstehe dich ganz ~*** I can hardly hear what you're saying; ***ich kann ~ Nein sagen*** a) I can't say no, I find it hard to say no, b) I can hardly (*od.* I can't very well) say no; ***Sie wären ~ beraten zu*** *inf.* I wouldn't advise you to *inf.*, I would advise you against *ger.*; ***~ und recht*** after a fashion; ***er hats mehr ~ als recht getan*** *a.* he made a bit of a rough job of it; **Schlechte(s)** *n*: ***sich zum Schlechten wenden*** take a turn for the worse; ***er redet nur Schlechtes von ihr*** he hasn't got a good word to say about her; ***das Schlechte daran*** the bad (*od.* negative) side of it; **schlechterdings** *adv.* absolutely, simply.

schlecht gehen *v/i.*: ***es geht ihm schlecht*** he's having a hard time, *stärker*: things aren't looking too good for him, *gesundheitlich*: he's in a bad way, *finanziell*: he's in a bad way financially, F he's pretty hard up.

schlecht gelaunt *adj.* grumpy, in a bad mood.

schlechthin *adv.* (*geradezu*) absolutely; (*an sich*) per se, as such; ***der Renaissancemensch ~*** the epitome of the Renaissance man, the classic Renaissance man.

Schlechtigkeit *f* (*Bosheit, Verworfenheit*) wickedness; (*Verderbtheit*) depravity; (*Niedrigkeit*) baseness.

schlecht machen *v/t.* run down, F knock (***bei j-m*** in front of s.o.).

schlecht sitzend *adj. Anzug etc.*: badly-fitting.

schlechtweg *adv.* → ***schlechthin.***

Schlechtwetter|front *f* bad weather front; **~geld** *n* bad weather allowance; **~landung** *f* bad weather landing; **~periode** *f* spell of bad weather.

schlecken *v/t. u. v/i.* **1.** lick; (*auf~*) lap up; **2.** → ***naschen***; **Schleckerei** *f* **1.** titbit, *Am.* tidbit; F something to tickle one's tastebuds; (*Süßes*) something sweet, (*Bonbon*) sweet; **2.** (*Naschen*) constant eating (of sweets *etc.*); ***jetzt hört aber auf mit der ~!*** you've had far too many sweets *etc.* already; **Schleckermaul** *n*: ***der ist aber ein ~*** he's really got a sweet tooth, *contp.* F he's always stuffing sweets (and cakes) into his mouth.

Schlegel *m gastr.* leg; → *a.* ***Schlägel.***

Schlehdorn *m*, **Schlehe** *f* ⚘ sloe (tree), blackthorn; **Schlehenschnaps** *m* sloe gin.

Schlei *m* → ***Schleie.***

schleichen I. *v/i.* creep, sneak, *Dieb, Fuchs etc.*: prowl; *auf den Zehenspitzen*: tiptoe; *erschöpft, langsam*: crawl (*a. Auto*); ***ins Haus ~*** sneak (*od.* slip, steal) into the house; ***ums Haus ~*** creep (*Dieb*: prowl) around the house; **II.** *v/refl.*: ***sich ~*** creep, sneak; F ***schleich dich!*** get out of here!, F scram!; *fig.* ***sich in j-s Vertrauen ~*** worm one's way into s.o.'s confidence; **schleichend** *adj. Fieber, Krankheit*: lingering, (*tückisch*) insidious, (*chronisch*) chronic; ***~er Tod*** slow death; ***~e Inflation*** creeping inflation; **Schleicher** F *m* F slink(er).

Schleich|handel *m* illicit trade; **~weg** *m* hidden (*od.* secret) path *od.* route; *fig.* secret way (*od.* means); *fig.* ***auf ~en*** by indirect ways and means; **~werbung** *f* surreptitious advertising, F plugging; ***~ machen für*** F plug.

Schleie *f zo.* tench.

Schleier *m* veil; (*Nebel≈, Dunst≈*) haze; *phot.* fog(ging); *eccl.* ***den ~ nehmen*** take the veil; ***alles wie durch e-n ~ sehen*** see everything through a haze; *fig.* ***den ~*** (***des Geheimnisses***) ***lüften*** lift the veil of secrecy, unveil the secret, F reveal all; ***den ~ des Vergessens über et. breiten*** draw a veil of oblivion over s.th.; **~eule** *f* barn owl.

schleierhaft *adj.* (*rätselhaft*) mysterious; (*unbegreiflich*) incomprehensible; ***das ist mir*** (***völlig***) ***~*** it's a (complete) mystery to me.

Schleier|karpfen *m* → ***Schleie***; **~kraut** *n* ⚘ baby's-breath, babies'-breath; **~tanz** *m* veil dance.

Schleife *f* (*Haar≈*) ribbon; (*a. Band≈*) bow; (*Kurve*) loop, horseshoe bend; ✈, *a. Computer, Tonband etc.*: loop; ✈ ***~n ziehen*** circle (***über*** over, above).

schleifen[1] *v/t.* (*schärfen*) sharpen; (*wetzen*) *a.* whet; ⚙ (*glätten, abschmirgeln*) grind, abrade, *feiner*: smooth, polish (*a. fig.*); (*Edelsteine, Glas*) cut; ⚔ put through the mill; → ***geschliffen.***

schleifen[2] **I.** *v/t.* **1.** drag (along) (*a. fig. j-n*); (*Koffer etc.*) *a.* lug; *fig.* ***ins Konzert ~*** drag along to a concert; **2.** (*niederreißen*) pull down, demolish; **II.** *v/i. Schleppe etc.*: trail (***am Boden*** along the ground); (*reiben*) rub (***an*** against); ***~ lassen*** drag; ***die Füße ~ lassen*** drag one's feet, shuffle (one's feet); *mot.* ***die Kupplung ~ lassen*** let the clutch slip.

Schleifer *m* **1.** ⚙ grinder; (*Glas≈*) (glass) grinder *od.* cutter; (*Edelstein≈*) (gem) cutter; **2.** ♪ slide; **3.** ⚔ slave driver; **Schleiferei** *f* ⚙ grinding shop.

Schleif|kontakt *m* ⚡ sliding contact; **~lack** *m* polishing varnish; (*~ausführung*) eggshell finish; **~maschine** *f* grinding machine, grinder; **~mittel** *n* abrasive; **~papier** *n* → ***Schmirgelpapier***; **~rad** *n* grinding (*od.* polishing) wheel; **~riemen** *m* strop; **~ring** *m* ⚡ slip ring; **~scheibe** *f* → ***Schleifrad***; **~spur** *f* trail; **~stein** *m* whetstone; *drehbarer*: grindstone.

Schleim *m* slime; *physiol.* mucus, *bsd. der Atemwege*: phlegm; → ***Schleimsuppe***; **~absonderung** *f* mucous secretion.

Schleimbeutel *m anat.* bursa; **~entzündung** *f* ⚕ bursitis; *am Knie*: *a.* F housemaid's knee.

Schleimdrüse *f anat.* mucous gland.

schleimen *v/i.* **1.** *physiol.* produce mucus; **2.** F *contp.* F suck up (to people), toady up to people; **Schleimer** F *contp. m* F toady.

Schleimhaut *f anat.* mucous membrane.

schleimig *adj.* slimy (*a. fig. contp.*), mucous; (*zähflüssig*) viscous.

schleim|lösend I. *adj.* expectorant; **II.** *adv.*: ***es wirkt ~*** F it'll loosen up your *etc.* cough; **≈scheißer** V *m* → ***Schleimer***; **≈suppe** *f* gruel.

schlemmen I. *v/i.* gormandize; (*ein Schlemmermahl essen*) have a feast (*sl.* blowout); **II.** *v/t.* feast on, regale o.s. on; **Schlemmer** *m* (*Genüssling*) bon vivant; (*Feinschmecker*) gourmet; **Schlemmerei** *f* gormandizing, gluttony.

Schlemmer|lokal *n* gourmet restaurant; **~mahl** *n* feast, *sl.* blowout.

schlendern *v/i.* saunter, stroll; *contp.* crawl (along).

Schlender|schritt *m*: ***im ~ daherkommen*** come sauntering (F moseying) along; **~spaziergang** *m* leisurely stroll.

Schlendrian *m* **1.** (*alter Trott*) humdrum routine, rut; ***gegen den alten ~ ankämpfen*** try and get some action into the place; ***in den alten ~ zurückfallen*** fall back into one's old ways (*od.* the old rut); **2.** (*Bummelei*) dawdling; (*Wurstelei*) muddling through.

Schlenker *m* **1.** *e-s Autos etc.*: swerve; ***e-n ~ machen*** swerve; **2.** F (*Abstecher*) detour; **3.** F (*Abschweifung*) digression; **schlenkern I.** *v/t.* swing; **II.** *v/i.*: ***mit den Armen*** *etc.* ***~*** swing one's arms *etc.*; ***mit den Beinen ~*** *im Sitzen*: *a.* dangle one's legs.

schlenzen *v/t. Sport*: scoop.

Schlepp *m*: ***in ~ nehmen*** → ***Schlepptau***; **~angel** *f* troll; **~anker** *m* sea anchor; **~dampfer** *m* tug.

Schleppe *f e-s Kleides*: train.

schleppen I. *v/t.* drag (*a. fig. Person*), (*Koffer etc.*) *a.* lug; ⚓, ✈, *mot.* tow; F ***Kunden ~*** tout; F *fig.* ***j-n ins Konzert ~*** drag s.o. along to a concert; **II.** *v/refl.*: ***sich ~*** *Sache*: drag on (***seit Monaten*** *etc.* for months *etc.*); *Person*: drag o.s. (along); (*mühsam gehen*) *a.* trudge, plod (along); ***sich mit e-m schweren Koffer ~*** lug a heavy case around; *fig.* ***sich ~ mit*** (*Kummer etc.*) be weighed down by, (*e-r Erkältung*) be battling with; **schleppend I.** *adj.* (*träge, langsam*) sluggish, slow (*a.* ✝); (*mühsam*) labo(u)red; *Sprache*: slow, drawling; (*ermüdend*) tedious; ***mit ~en Schritten gehen*** shuffle along, drag one's feet; **II.** *adv.*: ***nur ~ vorangehen*** *Arbeit etc.*: make very slow progress, inch along, *Gespräche etc.*: be very slow to get off the ground; ***~ beginnen*** get off to a slow start; **Schlepper** *m* **1.** tractor; ⚓ tug; **2.** F (*Kundenwerber*) tout; **3.** refugee smuggler; **~bande** *f* (gang of) refugee smugglers.

Schlepp|fahrzeug *n* breakdown van, *Am.* tow truck; **~flugzeug** *n* towplane;

~kahn *m* barge (in tow), lighter; **~lift** *m* T-bar (lift), drag lift, ski tow; **~netz** *n* dragnet; (*Hochsee2*) trawl (net); **~schiff** *n* tug; **~seil** *n* towrope; **~start** *m* ✈ towed takeoff; **~tau** *n* towrope; ***ins ~ nehmen*** (***im ~ haben***) *a. fig.* take (have) in tow; *fig.* ***im ~ folgte ...*** in its (*od.* their) wake came ...; **~zug** *m* ⚓ train of barges.

Schlesier(in *f*) *m* Silesian; ***~ sein*** be (a) Silesian, come from Silesia; **schlesisch** **I.** *adj.* Silesian; **II.** *2 n ling.* Silesian.

Schleswig-Holsteiner(in *f*) *m* man (*f* woman) from Schleswig-Holstein; ***~ sein*** *a.* come from Schleswig-Holstein; **schleswig-holsteinisch** *adj.* Schleswig-Holstein ..., from Schleswig-Holstein.

Schleuder *f* **1.** catapult, *Am.* slingshot; *ohne Gestell*: sling; **2.** (*Wäsche2*) spin-drier; **3.** ⚙ centrifuge; **4.** (*Honig2 etc.*) extractor, separator; **~gang** *m e-r Waschmaschine*: spin; **~gefahr** *f Verkehrszeichen*: Slippery Road; **~honig** *m* strained (*od.* extracted) honey; **~maschine** *f* **1.** ⚙ centrifuge; **2.** *für Honig etc.*: extractor, separator.

schleudern **I.** *v/t.* **1.** fling, hurl; *mit e-r Schleuder*: sling; **2.** (*Wäsche*) spin-dry; **3.** ⚙ *mit e-r Schleudermaschine*: centrifuge; **4.** (*Honig etc.*) strain, extract; **II.** *v/i. mot.* skid, swerve; **III.** *2 n*: ***ins ~ kommen*** (go into a) skid, start skidding, *fig.* start floundering; *fig.* ***j-n ins ~ bringen*** throw s.o. (completely).

Schleuder|preis *m* giveaway (*od.* cut-rate) price; ***zu ~en verkaufen*** F sell dirt cheap, throw away, *ins Ausland*: dump; **~sitz** *m* ✈ ejection (*od.* ejector) seat; *fig.* hot seat; **~trauma** *n* ⚕ whiplash; **~ware** *f* giveaway articles *pl.*; F *contp.* cheap stuff; **~wäsche** *f*: ***ist das ~?*** are those clothes for spinning?

schleunig **I.** *adj.* quick, prompt, speedy; (*hastig*) hasty; **II.** *adv.* quickly, promptly; **schleunigst** *adv.* at once, without further ado; ***aber ~!*** on the double!; ***tu das ~ weg!*** put that away quick (*od.* right now).

Schleuse *f* sluice; *a. fig.* floodgate; (*Kanal2*) lock; *fig.* ***der Himmel öffnete s-e ~n*** the floodgates of heaven opened; **schleusen** *v/t.* **1.** (*Kanal, Schiff*) lock; **2.** *fig.* (*et.*) channel; (*j-n*) steer, (*Menschenmasse*) herd; ***über die Grenze*** (***durch den Zoll***) ***~*** smuggle (*od.* get) across the border (through customs).

Schleusen|tor *n* floodgate; **~treppe** *f* flight of locks; **~wärter** *m* lockkeeper; *an Staudämmen*: sluice keeper.

Schliche *pl.* tricks; ***j-m auf die ~ kommen*** find s.o. out, get wise to s.o.('s tricks); ***die kennen alle ~*** they know all the tricks (in the book).

schlicht **I.** *adj.* (*einfach*) plain, simple; (*anspruchslos*) modest, unassuming, unpretentious; (*ungekünstelt*) artless, ingenuous; *Tatsache, Wahrheit*: plain; ***~er Bericht*** straightforward account; ***~e Eleganz*** simple elegance; ***~es Essen*** a) plain food, b) simple (*od.* frugal) meal; ***~es Gemüt*** simple (*od.* naive) mentality, (*Person*) simple soul; ***~er Glaube*** simple faith; ***~e Menschen*** simple people; ***~e Schönheit*** unadorned beauty; ***~es Wesen*** simple nature, (*Person*) simple person; ***in ~en Verhältnissen leben*** be (*od.* live) in straitened circumstances; **II.** *adv.*: ***~ und einfach, ~ und ergreifend*** *falsch etc.*: absolutely, purely and simply, ***unsinnig:*** utter (*od.* pure, sheer, absolute) nonsense; ***ich habs ~ und ergreifend vergessen*** F I clean forgot (it).

schlichten **I.** *v/t. fig.* (*Streit*) settle; *durch Schiedsspruch*: settle by arbitration; **II.** *v/i.*: ***zwischen*** *zwei Parteien* ***zu ~ versuchen*** mediate between, try to smooth out the differences between; **Schlichter** *m* mediator, troubleshooter; *durch Schiedsspruch*: arbitrator.

Schlichtheit *f* plainness, simplicity *etc.*; → ***schlicht*** I.

Schlichtung *f* arbitration, settlement.

Schlichtungs|ausschuss *m* arbitration (*od.* conciliation) committee; **~stelle** *f* board (*od.* court) of arbitration; **~verfahren** *n* arbitration proceedings *pl.*; **~versuch** *m* attempt at arbitration.

schlichtweg *adv.* absolutely, purely and simply.

Schlick *m* sludge.

Schliere *f* **1.** ⚙ streak, glass bubble; **2.** *auf e-r Glasscheibe*: streak.

schließbar *adj.* lockable.

Schließe *f* fastening; *am Buch, Kleid, an der Handtasche etc.*: clasp.

schließen **I.** *v/t.* **1.** close, shut; *mit Schlüssel*: lock; *mit Riegel*: bolt; (*Betrieb, Laden, Schule etc.*) close, *für immer od. langfristig*: *a.* shut (*od.* close) down; (*Stromkreis*) close; *fig.* (*Bündnis*) form, enter into; (*Vergleich*) reach, come to; → ***Freundschaft, Frieden, Herz, Lücke, Vertrag*** *etc.*; ***e-n Hund an die Kette ~*** put a dog on the chain; ***das Geld in die Schublade ~*** lock the money away (*od.* up) in the drawer; *fig.* ***et. an et. ~*** follow s.th. up with s.th.; **2.** (*beenden*) close, end, conclude; (*Brief, Rede*) *a.* wind up (***mit den Worten*** by saying); (*Debatte, Versammlung*) close; **3.** (*folgern*) conclude (***aus*** from); ***kann ich daraus ~, dass*** *a.* do I take it that; **II.** *v/i.* **4.** shut, close; *Betrieb etc.*: close (*od.* shut) down, F fold up; ***der Schlüssel schließt nicht*** the key's jamming; ***das Schloss schließt etwas schwer*** the lock's a bit stiff; ***das Fenster schließt schlecht*** the window won't close properly; ***die Tür schließt von selbst*** the door closes by itself; **5.** (*enden*) (come to a) close; *bei e-r Rede etc.* → 2; ***~ mit*** *Börse*: close at; **6.** ***von et. auf et. ~*** infer s.th. from s.th.; ***von sich auf andere ~*** judge others by o.s.; ***auf et. ~ lassen*** suggest (*od.* point to) s.th.; ***es lässt darauf ~, dass*** it would suggest (*od.* point to the fact) that; **III.** *v/refl.*: ***sich ~*** close, shut; *Wunde*: close (up); *fig.* ***an den Vortrag schloss sich ein Dokumentarfilm*** the lecture was followed by a documentary; → ***Kreis***; **Schließer** *m* **1.** doorkeeper; *im Gefängnis*: jailer; **2.** (*Schnappschloss*) catch.

Schließfach *n Bahnhof etc.*: (left-luggage) locker; *Post*: post office box, PO box; *Bank*: safe deposit box.

schließlich *adv.* **1.** finally, eventually, in the end; (*endlich*) at last; ***~ und endlich*** when all is said and done; **2.** (*immerhin*) after all; ***~ bist du schon 18*** you 'are 18 after all, F I mean, you 'are 18.

Schließmuskel *m anat.* sphincter (muscle).

Schließung *f* closing, shutting; *e-s Betriebs etc.*: closure, shutdown, closing down; *e-r Debatte, Versammlung etc.*: closing; ⚡ *des Stromkreises*: closing; *e-s Kontakts*: closure.

Schließwinkel *m mot.* dwell angle.

Schliff *m* ⚙ (*Schleifen*) grinding; (*Schärfen*) *a.* sharpening; *Edelstein, Glas*: cutting, *konkret*: cut; *fig.* polish; ***der letzte ~*** the final touch; ***e-r Sache den letzten ~ geben*** put the finishing touch(es) to s.th.; ***ihm fehlt noch der ~*** he's still a bit rough and ready; ***ihm fehlt jeder ~*** he has no refinement.

schlimm *adj.* bad; → ***schlecht***; (*böse, verworfen*) evil, wicked; (*schwerwiegend*) bad, serious; (*sehr unangenehm*) bad, *stärker*: terrible; *Erkältung, Wunde etc.*: bad, nasty; ***~er Finger*** (***Hals***) sore finger (throat); ***~er Husten*** bad (*od.* nasty) cough; ***das ist ja e-e ~e Sache*** that's awful (*od.* terrible); ***es ist schon ~*** isn't it awful; ***das war ~*** it was awful (*od.* terrible); ***ist das denn so ~?*** what's so bad about it?; ***die letzte Zeit war ~*** it's been tough going lately; ***~e Zeiten*** hard times; ***mit ihm wird es noch ein ~es Ende nehmen*** he'll come to a bad end; ***es sieht ~ aus*** it looks (pretty) bad; ***das ist halb so ~!*** it's not as bad as all that, it's nothing to get upset about, *verzeihend*: it doesn't matter, don't worry about it; ***ist es ~, wenn ich nicht komme?*** would it be awful of me not to come (*od.* a nuisance if I didn't come)?; ***~er*** worse; ***~er machen, ~ werden*** → ***verschlimmern***; ***~er kann es nicht mehr werden*** things can hardly get any worse; ***es wird immer ~er*** things are going from bad to worse; ***umso ~er*** so much the worse; ***das 2(st)e an der Sache ist*** the awful (worst) thing about it is; ***sich zum 2en wenden*** take a turn for the worse; ***ich sehe nichts 2es darin*** I don't see anything wrong in it; ***es gibt 2eres*** things could be worse, worse things happen at sea; ***am ~sten*** worst of all; ***auf das 2ste gefasst sein*** be prepared for the worst; ***das 2ste haben wir hinter uns*** we've got over the worst; ***im ~sten Falle*** → **schlimmstenfalls** *adv.* if the worst comes to the worst; ***~ verlierst du die Anzahlung*** *etc. a.* the worst that can happen is for you to lose your deposit *etc.*

Schlinge *f* loop; *sich zusammenziehende*: noose; (*Arm2*) sling; (*Fang2*) snare; *fig.* (*Falle*) snare, trap; ***den Arm in der ~ tragen*** have one's arm in a sling; ***~n legen*** set snares; *fig.* ***sich aus der ~ ziehen*** wriggle out of it; ***j-m die ~ um den Hals legen*** place a noose around s.o.'s neck; ***bei j-m die ~ zuziehen*** tighten the noose around s.o.'s neck.

Schlingel *m* rascal, F scallywag, *Am.* scalawag.

schlingen[1] **I.** *v/t.* (*binden*) tie; (*Schal etc.*) wrap (***um*** around); ***die Arme um j-s Hals ~*** fling one's arms around s.o.'s neck; **II.** *v/refl.*: ***sich um*** *et.* ***~*** wind (*od.* twine, coil) (itself) around.

schlingen[2] **I.** *v/t.* gulp down, F gobble; → ***hinunter-, verschlingen***; **II.** *v/i.* bolt one's food, F gobble.

Schlingerbewegung *f* rolling motion; **schlingern** *v/i. Schiff*: roll, lurch; *Person*: stagger, totter.

Schlingpflanze *f* ✿ climbing plant, creeper.

Schlips *m* tie; F *fig.* ***j-m auf den ~ treten*** tread on s.o.'s toes; ***sich auf den ~ getreten fühlen*** F be miffed; ***j-n am ~ fassen*** take s.o. to task.

schlitteln *schweiz. v/i.* (*rodeln*) toboggan, go sledging (*Am.* sledding).

Schlitten *m* sledge, *Am.* sled; (*bsd. Pferde2*) sleigh; (*Rodel*) toboggan, sledge,

S

Am. sled; F ***toller ~*** F flash car; ***~ fahren*** go sledging (*od.* tobogganing); *fig.* ***mit j-m ~ fahren*** haul s.o. over the coals; **~fahrt** *f* sleigh-ride; **~hund** *m* husky, sledge (*Am.* sled) dog; **~partie** *f* sleigh-ride.
schlittern *v/i.* slide (**in** into; *a. fig.*); (*ausgleiten*) *a.* slip, *Auto*: skid; ***ins 2 kommen*** start to slip, *Auto*: (start to) skid, go into a skid.
Schlittschuh *m* ice-skate; ***~ laufen*** (*od.* ***fahren***) ice-skate, go ice-skating; **~bahn** *f* ice-rink; **~laufen** *n* ice-skating; **~läufer** *m* ice-skater.
Schlitz *m* slit (*a. im Kleid*); (*Hosen2*) fly; (*Einwurf2*) slot.
Schlitzauge *n* (*a. contp. Person*) slit-eye; **schlitzäugig** *adj.* slit-eyed.
schlitzen *v/t.* slit; → *a.* ***aufschlitzen.***
Schlitzohr F *n* F sly dog; (*Betrüger*) F crook; ***er ist ein richtiges ~*** he never misses a trick; **schlitzohrig** F *adj.* crafty, sly.
Schlitz|schraube *f* slotted screw; **~verschluss** *m phot.* focal-plane shutter.
schlohweiß *adj.* snow-white.
Schloss[1] *n* (*Tür2*, *Gewehr2*) lock; (*Vorhänge2*) padlock; *an e-m Buch, e-r Handtasche etc.*: clasp; ***ins ~ fallen*** slam shut; *fig.* ***hinter ~ und Riegel sitzen*** be (sitting) behind bars; ***j-n hinter ~ und Riegel bringen*** put s.o. behind bars (F in clink).
Schloss[2] *n* castle; (*Residenz, Palast*) palace; (*Herrenhaus*) mansion, *in Frankreich*: château; **~anlage** *f* castle (*od.* palace) grounds *pl.*; **2artig** *adj.* palatial; **~besichtigung** *f* tour of the (*od.* a) castle *od.* palace.
Schlosser *m für Schlösser*: locksmith; (*Auto2*) (car) mechanic; (*Maschinen2*) mechanic, fitter; **Schlosserei** *f* **1.** locksmith's *etc.* shop; **2.** (*Handwerk*) locksmith's *etc.* trade.
Schlosser|handwerk *n* → ***Schlosserei*** 2; **~meister** *m* master locksmith *etc.*; → ***Schlosser***; **~werkstatt** *f* → ***Schlosserei*** 1.
Schloss|fassade *f* castle (*od.* palace) front *od.* façade; **~führung** *f* guided tour of the (*od.* a) castle *od.* palace; **~garten** *m* castle (*od.* palace) gardens *pl. od.* grounds *pl.*; **~graben** *m* moat; **~herr(in** *f*) *m* lord (*f* lady) of the castle; **~hund** *m*: F ***heulen wie ein ~*** howl (one's head off); **~kapelle** *f* castle (*od.* palace, *oft* royal) chapel; **~konzert** *n* concert in a palace (*od.* castle); **~park** *m* castle (*od.* palace) grounds *pl.*; **~ruine** *f* ruined castle; ruins *pl.* of a (*od.* the) castle, castle ruins *pl.*; **~tor** *n* castle (*od.* palace) entrance, entrance to the (*od.* a) castle *od.* palace; **~vogt** *m* castellan; **~wache** *f* palace guard.
Schlot *m* chimney, smokestack; *e-s Vulkans*: chimney; F ***rauchen*** (*od.* ***qualmen***) ***wie ein ~*** smoke like a chimney.
schlott(e)rig *adj.* (*wacklig, zitternd*) shaky, wobbly; *vor Schwäche*: shaky; *vor Alter*: doddery, *attr. a.* doddering; *Kleidung*: baggy; **schlottern** *v/i.* (*zittern*) shake, tremble, *vor Kälte*: shake, shiver *with cold*; *Kleidung etc.*: hang loose(ly), flap; ***vor Angst ~*** tremble with fear; ***mit ~den Knien*** with shaking knees; ***mir schlotterten die Knie*** my knees were knocking (*od.* were like jelly); ***~de Hosen*** baggy trousers.
Schlucht *f* ravine, gorge; *große*: canyon; *kleine*: gully.
schluchzen I. *v/i.* sob; F ***schluchz!*** F sniff!; *fig.* ***~de Geigen*** *etc.* sighing violins *etc.*; **II.** **2** *n* sobbing, sobs *pl.*; **Schluchzer** *m* sob.
Schluck *m* gulp, mouthful; *kleiner*: sip; *tüchtiger, von Schnaps etc.*: F swig; ***ein ~ Kaffee*** (***Wein***) some (*od.* a drop of) coffee (wine); ***ich möchte e-n ~ zu trinken*** I'd like something to drink.
Schluckauf *m* hiccups *pl.*; ***~ haben*** have (the) hiccups.
Schluckbeschwerden *pl.* difficulty *sg.* (in) swallowing; ***er hat ~*** *a.* he can't swallow very well.
Schlückchen *n* sip, F drop, (*Alkohol*) *a.* F wee dram; ***trinkst du noch ein ~?*** will you have another drop?; **schlückchenweise** *adv.*: ***~ trinken*** sip.
schlucken I. *v/t.* swallow; *fig.* (*glauben*) swallow; (*Betrieb etc.*) swallow up; (*Tadel etc.*) take, swallow; (*Schall, Licht etc.*) absorb; F (*Geld*) swallow up; F (*Benzin*) F guzzle; F ***einen ~ gehen*** F go for a tipple; **II.** *v/i.* swallow; ***da musste ich erst einmal ~*** I had to swallow hard.
Schlucker *m*: F ***armer ~*** poor devil (*sl.* bastard).
Schluck|impfung *f* oral vaccination; **~specht** F *m* (*Trinker*) F boozer.
schluckweise *adv.* in sips, slowly.
schludern *v/i.* → ***schlampen***; **Schludrian** F *m* **1.** messy (*od.* chaotic) person; **2.** ***hier ist der ~ eingerissen*** things have got pretty chaotic in here; **schludrig** *adj.* slovenly, sloppy.
Schlummer *m* sleep, *lit.* slumber; → *a.* ***Schläfchen***; **~lied** *n* lullaby.
schlummern *v/i.* sleep, *lit.* slumber; *fig. a.* lie dormant; **schlummernd** *fig. adj.* dormant, *a. Talent, Krankheit*: latent.
Schlummer|rolle *f* bolster; **~stündchen** *n* nap.
Schlumpf *m* **1.** (*Comicfigur*) smurf; **2.** F *fig.* (*Zwerg*) dwarf, F midget.
Schlund *m* **1.** *anat.* (back of the) throat, 🕮 pharynx; *zo.* maw; **2.** *fig. e-s Vulkans etc.*: (yawning) chasm; ***der ~ der Hölle*** the jaws of hell.
Schlupf *m* ⚙ slip.
schlüpfen *v/i.* **1.** slip (**aus** out of); **2.** ***~ in*** slip into *one's coat etc.*; ***aus et. ~*** slip out of s.th., slip s.th. off; **3.** *Vögel etc.*: hatch (out).
Schlüpfer *m* (*Unterhose*) (***ein ~*** a pair of) underpants (*od.* pants) *pl.*
Schlupfloch *n* gap; (*Versteck*) hideout.
schlüpfrig *adj.* slippery (*a. fig.*); *fig. Witz etc.*: risqué, off-colo(u)r.
Schlupfwinkel *m* **1.** hideout; *weitS.* haunt; **2.** *von Tieren*: hiding place.
schlurfen *v/i.* shuffle, drag one's feet; *weitS.* slouch.
schlürfen *v/t. u. v/i.* slurp; *vorsichtig, a. mit Genuss*: sip.
Schluss *m* **1.** end; (*Abschluss*) conclusion; *e-s Buches, Films etc.*: ending; *parl. e-r Debatte*: closing, *auf Antrag*: closure, *Am.* cloture; (*Geschäfts2*) closing time; (*Redaktions2*) deadline; ***am ~ e-s Jahres*** at the end (*od.* close) of a year, (*nach Ablauf*) after a year; ***~ für heute!*** that's all for today; ***~ damit!*** stop it!, that'll do (now)!; ***und damit ~!*** and that's that, and that's the end of that; ***~ mit dem Unsinn!*** stop that nonsense, enough of that nonsense; ***am ~*** at the end, (*letztendlich*) in the end; ***irgendwann muss mal ~ sein*** you've got to call a halt somewhere; ***~ machen*** (*die Arbeit beenden*) finish work, F knock off (for the day); (*Selbstmord verüben*) put an end to it all; ***machen wir ~ für heute*** let's call it a day; ***~ machen mit*** (*et.*) stop, (*dem Rauchen etc.*) *a.* give up, (*j-m*) finish with; F ***er hat mit mir ~ gemacht*** *a.* F he dumped me; ***zum ~*** finally, to finish off; (*am Ende*) in the end; ***bis zum ~ bleiben*** stay to the end; ***zum ~ kommen*** come to a close; ***zum ~ möchte ich noch sagen*** in conclusion may I say; → *a.* ***Ende***; **2.** (*Folgerung*) conclusion; ***e-n ~ ziehen*** draw a conclusion, conclude (**aus** from); ***zu dem ~ kommen*** (*od.* ***gelangen***), ***dass*** come to the conclusion that, decide that; → ***voreilig, Weisheit***; **~abrechnung** *f* final account; **~abstimmung** *f* final vote; **~akkord** *m* ♪ final chord; **~akt** *m thea.* final act (*a. fig.*), last act *e-r Veranstaltung*: closing ceremony; **~akte** *f pol.* final act; **~bemerkung** *f* final comment, concluding remark; **~bilanz** *f* annual balance sheet; *fig.* ***wenn ich die ~ ziehe*** in the final analysis.
Schlüssel *m* key (*a. fig.*); ♪ clef; (*Chiffrier2*) key; (*Lösungsheft*) key; *Computer*: key; (*Verteilungs2*) ratio formula; ⚙ (*Schrauben2*) spanner, *Am.* wrench, *verstellbarer*: (adjustable) wrench, *Am.* monkey wrench; **~bart** *m* bit, ward; **~begriff** *m* **1.** key concept; **2.** key term (*od.* word).
Schlüsselbein *n* collarbone, 🕮 clavicle; **~bruch** *m* fractured (*od.* broken) collarbone.
Schlüssel|blume f cowslip, *gelbe*: primrose; **~brett** *n* key rack; **~bund** *m, n* bunch of keys; **~dienst** *m* locksmith; **~erlebnis** *n* crucial (*od.* formative) experience; **2fertig** *adj.* ready for occupancy, ready to move into; *bsd.* ✝ turnkey...; **~figur** *f* key figure; *pol. etc. a.* key player; **~gewalt** *f R.C.* power of the keys; ⚖ *der Ehefrau*: wife's agency (in domestic matters); **~industrie** *f* key industry; **~kind** F *n* latchkey child; **~loch** *n* keyhole; ***durchs ~ gucken*** peep through the keyhole; **~lochchirurgie** F *f* F keyhole surgery; **~position** *f* key position; **~reiz** *m psych.* key stimulus; **~ring** *m* key ring; **~rolle** *f* key (*od.* crucial) role; **~roman** *m* roman-à-clef; **~stellung** *f* key position (*a.* ⚔); ***Mann in e-r ~*** key man; **~szene** *f* crucial scene; **~übergabe** *f* completion; **~wort** *n* key word; *für Schloss*: combination.
Schlussfeier *f* celebration; *ped.* speech day, *Am.* commencement; *Sport*: closing ceremony.
schlussfolgern *v/i. u. v/t.*: ***~ aus*** conclude (*od.* infer) from; **Schlussfolgerung** *f* conclusion, inference.
Schlussformel *f Brief*: complimentary close; *Vertrag*: final clause.
schlüssig *adj.* **1.** (*folgerichtig*) logical, *Argument*: *a.* sound; ***~er Beweis*** conclusive evidence; **2.** ***sich ~ werden*** make up one's mind (**über** about), decide (about, on, as to); ***sich ~ sein*** have decided, have made up one's mind. **Schlüssigkeit** *f* conclusiveness.
Schluss|kapitel *n* final (*od.* last) chapter; **~kommuniqué** *n* final communiqué; **~kurs** *m Börse*: closing price, final quotation (*gen.* for); *Devisen*: closing rate (for); **~läufer** *m* anchor (man); ***als ~ laufen*** run the last leg; **~licht** *n* tail-light; *fig. Sport*: F tailender, (*Mannschaft*) bottom-of-the-table team; F *fig.* ***das ~ bilden*** bring up the rear; **~mann**

S

m **1.** → ***Schlussläufer***; **2.** *Fußball etc.*: goalkeeper, F goalie; **~notierungen** *pl. Börse*: closing rates; **~pfiff** *m* final whistle; **~plädoyer** *n* summing up, final speech; **~punkt** *m*: *fig.* ***e-n ~ unter et. setzen*** forget about s.th.; **~rede** *f* final speech (*od.* address), F wind-up speech; **~resolution** *f* final resolution; **~runde** *f* final(s *pl.*); **~satz** *m* concluding (*od.* closing) sentence; ♪ final movement; *Tennis*: final set; **~sprung** *m* hop; **~strich** *m* final stroke; *fig.* ***e-n ~ ziehen*** consider the matter closed, ***unter et.***: *a.* forget about s.th.; **~szene** *f* final scene; **~verkauf** *m* (end-of-season) sale; **~wort** *n* closing words *pl.*; (*Schlussrede*) closing speech; (*Nachwort*) epilogue; (*Zusammenfassung*) summary; **~zeremonie** *f a. Sport*: closing ceremony.

Schmach *f* (*Unehre*) disgrace, shame; (*Beleidigung*) insult, affront, *stärker*: outrage; (*Demütigung*) humiliation; ***et. als ~ empfinden*** find s.th. humiliating; ***sich mit ~ (und Schande) bedecken*** disgrace o.s., bring disgrace on o.s.

schmachten *v/i.* **1.** languish (***vor*** with); ***vor Durst ~*** be parched with thirst; **2.** (*sich sehnen*) yearn, languish, pine (***nach*** for); ***j-n ~ lassen*** keep s.o. on tenterhooks, F let s.o. sweat it out; **schmachtend** *adj.* languishing, yearning.

Schmachtfetzen F *m* F weepie, tearjerker.

schmächtig *adj.* of slight build; (*schwächlich*) delicate, frail; ***~er Körperbau*** slight frame.

Schmachtlocke F *f* kiss-curl, *Am.* spit curl.

schmachvoll *adj.* shameful, ignominious; (*demütigend*) *a.* humiliating.

schmackhaft *adj.* tasty, *lit.* savo(u)ry *dish*; *fig.* ***j-m et. ~ machen*** make s.th. sound appealing to s.o., whet s.o.'s appetite for s.th.

Schmäh *östr.* F *m* **1.** (*Trick*) F con; **2.** (*Wiener ~ etc.*) patter.

Schmähbrief *m* defamatory letter.

schmähen I. *v/t.* (*beschimpfen*) revile; (*schlecht machen*) disparage, F run down; **II.** *v/i.* (*lästern*) blaspheme.

schmählich I. *adj.* → ***schmachvoll***; **II.** *adv.* (*ungeheuerlich*) badly; ***~ versagen*** fail miserably; ***j-n ~ im Stich lassen*** leave s.o. in the lurch.

Schmäh|rede *f* **1.** defamatory speech, diatribe; **2.** ***~n gegen j-n führen*** heap abuse on s.o., run s.o. down; **~ruf** *m* shout of abuse; ***~e gegen j-n ausstoßen*** call s.o. names; **~schrift** *f* diatribe; (*Satire*) lampoon.

Schmähung *f a. pl.* invective, vituperation; (*Lästerung*) blasphemy; (*Verleumdung*) calumny.

schmal *adj.* narrow; (*dünn*) thin, *Mensch, Buch*: *a.* slim; *Hüften, Hände*: slim; *Lippen*: thin; *Augen*: narrow; *Gesicht*: narrow, thin; *fig.* (*gering*) meag|re (*Am.* -er); (*ungenügend*) poor; ***~es Buch*** (*od.* ***Büchlein***) *a.* slim volume; ***er ist ~er geworden*** he's lost weight; ***er ist ~ geworden*** *a.* he's gone thin.

schmalbrüstig *adj.* **1.** narrow-chested; **2.** *fig. Ansichten*: narrow(-minded), hidebound; *Film, Buch*: lowbrow.

schmälern *v/t.* (*einschränken, verringern*) curtail, reduce, diminish; (*beeinträchtigen*) impair (*a. Rechte*), detract from; (*Verdienst etc.*) belittle, do *s.th.* down; **Schmälerung** *f* curtailment, reduction; impairment; belittlement; → ***schmälern.***

Schmalfilm *m* cine-film, 8mm film; **~kamera** *f* cine-camera; **~projektor** *m* cine-projector, 8mm projector.

schmalhüftig *adj.* slim-hipped.

schmallippig *adj.* thin-lipped.

Schmalseite *f* short side, narrow end.

Schmalspur *f* narrow ga(u)ge; **~...** F *fig. in Zssgn* small-time; **Schmalspurbahn** *f* light railway; **schmalspurig** *adj.* narrow-ga(u)ge ...

schmalwüchsig *adj.* of slim build, very slim.

Schmalz[1] *n* lard; F *fig.* ***~ in den Knochen haben*** F have plenty of brawn; F ***das hat viel ~ gekostet*** F that took a bit of muscle.

Schmalz[2] F *m* (*Sentimentalität*) F schmaltz.

Schmalzbrot *n* bread and dripping.

schmalzig F *fig. adj.* sentimental, F schmaltzy.

Schmankerl *dial. n* tasty titbit (*Am.* tidbit), delicacy; *fig.* (real) treat, something to savo(u)r.

schmarotzen *v/i.* **1.** *zo.*, ⚘ be a parasite; ***~ auf*** live off; ... ***schmarotzt auf*** *a.* ... is a parasite that lives off; **2.** F *fig.* F scrounge, sponge; *grundsätzlich*: be a sponger (*od.* scrounger, *bsd. beim Staat*: parasite); ***~ bei*** sponge off (*od.* on), scrounge off (*od.* from), *bsd. beim Staat*: live off; ***schmarotzt sie wieder?*** is she on the scrounge again?; **Schmarotzer** *m* **1.** *zo.*, ⚘ parasite; **2.** F *fig.* (*Person*) scrounger, sponger, *bsd. beim Staat*: parasite; **Schmarotzertum** *n* parasitism (*a. fig.*).

Schmarr(e)n *östr., südd. m* **1.** scrambled pancake; **2.** F *fig.* F rubbish, rot, *bsd. Am.* garbage; ***so ein ~!*** what a load of rubbish *etc.*; ***das geht dich e-n ~ an*** that's none of your (F bloody) business.

Schmatz F *m* F smacker; **schmatzen** *v/i.* eat noisily; ***schmatz nicht so!*** close your mouth when you're eating; ***er schmatzt furchtbar*** he makes such a noise when he's eating; **Schmatzer** F *m* → ***Schmatz.***

schmauchen I. *v/i.* puff away; **II.** *v/t.* puff away at.

Schmaus *m* feast; *fig.* treat; **schmausen I.** *v/i.* feast; **II.** *v/t.* feast on, F tuck into.

schmecken I. *v/t.* (*kosten*) taste, try; (*herauskosten*) (be able to) taste; ***ich schmecke gar nichts*** I can't taste a thing; **II.** *v/i.*: ***~ nach*** taste of, *fig.* smack of; ***gut ~*** taste good; ***es sich ~ lassen*** tuck in; ***lass es dir ~!*** enjoy it, F enjoy!; ***ihm schmeckt es*** he likes it, (*er isst gern u. viel*) he likes his food; ***schmeckt es (dir)?*** do you like it?; ***es schmeckt nach nichts*** it's tasteless, it tastes like nothing; *hum.* ***es schmeckt nach mehr*** F I hope there's more where that came from; ***das hat aber geschmeckt!*** that was good; ***Nudeln ~ mir immer*** F give me noodles any time; ***es schmeckt mir heute nicht so recht*** I don't really feel like eating today; F *fig.* ***das (die Arbeit) schmeckt ihm nicht*** he doesn't like it (his job); ***das schmeckt mir gar nicht*** *a.* I don't like the sound (*od.* look) of that at all.

Schmeichelei *f a. pl.* flattery; **schmeichelhaft** *adj.* flattering (*a. fig.*); **schmeicheln** *v/i.* (*j-m*) flatter, *lobend*: compliment, *zärtlich*: cajole; (*lobhudeln*) adulate; (*einwickeln*) F butter up, soft-soap; ***das Foto ist aber geschmeichelt*** it's a very flattering photo (of you *etc.*); ***das schmeichelt s-r Eitelkeit*** it flatters (*od.* tickles) his vanity; ***ich schmeichle mir, ein guter Redner zu sein*** I flatter myself that (*od.* I like to think) I'm a good speaker; ***du brauchst (mir) gar nicht so zu ~*** flattery will get you nowhere; *fig.* ***~de Musik*** soft music; **Schmeichler** *m* flatterer; ***du ~!*** stop flattering me; **schmeichlerisch** *adj.* flattering; *contp.* smooth-tongued, (*anbiedernd*) ingratiating.

schmeißen F **I.** *v/t.* throw, F chuck; *heftiger*: fling, hurl; *fig.* (*aufgeben*) F chuck (in); ***gerade hats mich geschmissen*** F I went flying (*od.* sprawling) just now; *fig.* ***e-e Runde ~*** stand a round; ***den Laden ~*** run the show; ***die Sache ~*** manage (all right, *Am.* alright), F swing it; ***sie schmeißt schon den Haushalt*** she knows how to run a household; ***die Vorstellung ~*** F muff it; **II.** *v/i.*: ***mit Steinen (nach j-m) ~*** throw stones (at s.o.); ***mit Geld um sich ~*** throw one's money around; **III.** *v/refl.*: ***sich aufs Bett (in den Sessel) ~*** throw o.s. onto one's bed (drop into the armchair); ***sich in den Mantel ~*** get (*eilig*: dive) into one's coat, throw one's coat on; → ***Schale.***

Schmeißfliege *f* bluebottle.

Schmelz *m* **1.** enamel (*a. Zahn*≈); (*Glasur*) glaze; **2.** *von Klang*: melodiousness, mellowness.

schmelzbar *adj.* meltable, fusible.

Schmelze *f* **1.** (*Schnee*≈) thaw(ing period); **2.** ⚙ smelting; (*flüssiges Metall*) molten metal, (*flüssiges Glas*) molten glass, (*flüssiges Gestein*) liquid rock.

schmelzen I. *v/i.* melt; *in Flüssigkeiten*: *a.* dissolve; (*flüssig werden*) *a.* liquefy; *fig.* (*weich werden*) melt; (*schwinden*) dwindle; **II.** *v/t.* melt, (*bsd. Metalle*) smelt; (*flüssig machen*) liquefy; **schmelzend** *adj.* melting; ♪, *Stimme*: mellow, *iro.* dulcet *tones, voice*; *Blick*: melting; **Schmelzer** *m* ⚙ smelter; **Schmelzerei** *f* → ***Schmelzhütte.***

Schmelz|farbe *f* enamel paint; **≈flüssig** *adj.* molten; **~hütte** *f* (iron) foundry; **~käse** *m* cheese spread; *in Scheiben*: cheese slices; **~ofen** *m* (s)melting furnace; **~punkt** *m* (s)melting point; **~schweißen** *n* fusion welding; **~sicherung** *f* ⚡ fusible cut-out; **~tiegel** *m* melting pot (*a. fig.*); **~wasser** *n* melted snow and ice.

Schmerbauch *m* paunch, pot belly.

Schmerz *m* **1.** pain; *anhaltend, dumpf*: *a.* ache; ***~en haben*** be in pain; ***ich habe keine ~en*** I don't feel any pain; ***vor ~ aufschreien*** yell with pain; ***von ~en gepeinigt*** racked with pain; ***~en im Kreuz haben*** have a pain in one's back, have (a) backache; F *iro.* ***hast du sonst noch ~en?*** is that all?; **2.** *seelischer*: pain; (*Kummer*) *a. pl.* grief, sorrow, heartache; ***(j-m) ~en verursachen*** cause (s.o.) pain; ***tiefen ~ empfinden über*** be deeply grieved over (*od.* about); **≈empfindlich** *adj.* sensitive to pain.

schmerzen I. *v/i.* hurt; *Magen, Kopf*: ache; *Wunde*: be sore; *brennend*: smart; ***mir ~ alle Glieder*** all my limbs are aching; **II.** *v/t.* hurt (*a. fig.*); ***es schmerzt mich*** *a. fig.* it hurts (me); *fig.* ***es schmerzt mich, das mit ansehen zu müssen*** it hurts to have to stand by and see it happening; ***es schmerzt mich, dass sie nie angerufen hat*** it upsets me to think that she never rang up.

Schmerzens|geld *n* compensation (for

S

injuries suffered); **~mann** *m Kunst*: Man of Sorrow(s); **~mutter** *f Kunst*: mater dolorosa, Our Lady of Sorrows; **~schrei** *m* scream of pain.

schmerz|erfüllt *adj.* deeply grieved; **~forschung** *f* pain research; **~frei** *adj.* free of pain; *Behandlung*: painless; **~gefühl** *n* (sensation of) pain; **~grenze** *f* → ***Schmerzschwelle.***

schmerzhaft *adj.* painful; *fig. a.* distressing; ***~e Stelle*** sore place (*od.* area), tender spot.

schmerzlich *fig.* **I.** *adj.* painful; *Erinnerung, Verlust*: *a.* sad (*a. Lächeln*); ***~e Pflicht*** sad duty; ***~e Gewissheit*** painful knowledge (*od.* certainty); ***~es Verlangen*** (bitter) yearning; **II.** *adv.*: ***j-n ~ vermissen*** miss s.o. badly; ***~ berührt*** sad; ***es hat mich ~ berührt*** it made me very sad.

schmerzlindernd *adj.* analgesic (*a.* ***~es Mittel***); *Salbe*: *a.* soothing.

schmerzlos **I.** *adj.* painless; **II.** *adv.*: F ***mach es kurz und ~*** get it over and done with; F ***das war aber kurz und ~*** that was short and sweet.

Schmerz|mittel *n* painkiller, analgesic; **~schwelle** *f* pain threshold; **~stillend** **I.** *adj.* painkilling; analgesic; ***~es Mittel*** painkiller, analgesic; **II.** *adv.*: ***es wirkt ~*** it will ease the pain; **~tablette** *f* → ***Schmerzmittel***; **~therapie** *f* pain therapy; **~verzerrt** *adj.* contorted with pain; **~voll** *adj.* painful (*a. fig.*); **~zentrum** *n* pain cent|re (*Am.* -er).

Schmetterball *m Tennis*: smash.

Schmetterling *m* (*a. Schwimmstil*) butterfly.

Schmetterlings|netz *n* butterfly net; **~sammlung** *f* butterfly collection; **~stil** *m* butterfly (stroke).

schmettern **I.** *v/t.* **1.** smash (***in Stücke*** to pieces); ***~ gegen*** hurl at, (*Schiff gegen Felsen etc.*) dash against; **2.** *Tennis*: smash; **3.** F (*ein Lied*) F belt out; **II.** *v/i.* **4.** (*krachen*) crash; *Tür*: slam; **5.** *Tennis*: smash; **6.** (*erklingen*) resound; *Stimme*: ring (out); *Vogel*: warble; *Trompete, Musik etc.*: blare (out).

Schmetterschlag *m Tennis*: smash.

Schmied *m* smith.

Schmiede *f* blacksmith's shop, smithy; *in der Industrie*: forge; **~arbeit** *f* forging; (*Produkt*) wrought-iron work.

Schmiedeeisen *n* forging steel; *geschmiedet*: wrought iron; **schmiedeeisern** *adj.* wrought-iron ...

Schmiede|hammer *m im Industriebetrieb*: forge hammer; *im Handwerk*: blacksmith's hammer; **~kunst** *f* wrought-iron work; blacksmith's craft.

schmieden *v/t.* forge; → ***Eisen, Plan, Ränke.***

Schmiede|ofen forging furnace; **~presse** *f* forging press.

schmiegen **I.** *v/refl.*: ***sich an j-n ~*** cuddle up to s.o.; ***sich in et. ~*** nestle into s.th., ***in e-e Decke***: cuddle up inside a blanket; ***das Kleid schmiegt sich an ihren Körper*** the dress fits her snugly; **II.** *v/t.*: ***et. in*** (*od.* ***an***) ***et. ~*** nestle s.th. into s.th.

schmiegsam *adj.* pliant, flexible; *Leder etc.*: soft; (*geschmeidig*) supple, pliable, *Körper*: lithe; *fig.* (*anpassungsfähig*) adaptable.

Schmierdienst *m* lubrication service.

Schmiere *f* **1.** ⚙ grease, lubricant; (*Schmutz*) muck, *klebriger*: F goo; **2.** F (*schlechtes Theater*) second-rate theat|re (*Am. a.* -er); **3.** F ***~ stehen*** keep a lookout; **4.** *sl.* (*Polizei*) *sl. the* fuzz.

schmieren **I.** *v/t.* **1.** smear; ⚙ *mit Fett*: grease, *mit Öl*: oil, lubricate; (*Brot*) butter; (*Butter etc.*) spread; (*schlecht schreiben*) scribble, scrawl; ***sich ein Brot ~*** make o.s. a sandwich; ***schmierst du mir ein Brot mit Käse?*** can you make me a cheese sandwich (*od.* some bread with cheese on)?; *fig.* ***wie geschmiert laufen*** run (*od.* go) like clockwork; **2.** F ***j-m e-e ~*** paste s.o. one; **3.** F ***j-n ~*** (*bestechen*) F grease s.o.'s palm; **II.** *v/i. Kugelschreiber etc.*: smudge; *Person*: (*schlecht schreiben*) scribble, scrawl.

Schmierenkomödiant *m* ham (actor); *fig.* play-actor.

Schmiererei *f* smearing; (*Geschmiertes*) mess.

Schmier|fähigkeit *f* lubricity; **~fink** F *m* (*Kind*) F mucky pup; (*Kritzler*) scrawler; (*Journalist*) muckraker; **~geld** *n* bribe money (*a. pl.*), F payoff, payola.

schmierig *adj.* (*fettig*) greasy; (*schmutzig*) grubby; *Küche etc.*: grimy; *fig.* (*unanständig*) smutty; (*ölig*) *Person*: F smarmy.

Schmier|infektion *f* smear infection; **~käse** *m* cheese spread; **~mittel** *n* lubricant; **~nippel** *m* lubricating nipple; **~öl** *n* lubricating oil, lubricant; **~papier** *n* scrap (*Am.* scratch) paper; **~pistole** *f* grease gun; **~plan** *m* lubrication chart; **~seife** *f* soft soap; *grüne*: green soap; **~stelle** *f* lubrication point.

Schmierung *f* lubrication.

Schmierzettel *m* scrap of paper, piece of rough paper.

Schminke *f* makeup (*a. thea.*); **schminken** **I.** *v/refl.*: ***sich ~*** **1.** put one's (*od.* some) makeup on; F *hum.* put one's face on; **2.** *generell*: wear makeup; ***sich stark ~*** wear a lot of (*od.* heavy) makeup; **II.** *v/t.* **3.** make up; ***sich die Lippen ~*** put (some) lipstick on; ***sich die Augen ~*** put one's (*od.* some) eye makeup on, *generell*: wear eye makeup; **4.** *fig.* (*Bericht*) colo(u)r.

Schmink|koffer *m* vanity case; **~täschchen** *n* makeup bag; **~tisch** *m* dressing table; **~topf** *m* makeup jar.

Schmirgel *m* emery; **schmirgeln** *v/t.* sandpaper; **Schmirgelpapier** *n* sandpaper.

Schmiss *m* **1.** (*Hiebwunde*) gash; (*Narbe*) (duelling) scar; **2.** F *fig.* (*Schwung*) verve, F zip; ***~ haben*** *Person*: have plenty of go; ***die Musik hat ~*** F that music's got it in it; → *a.* ***Schwung*** 1; **schmissig** F *adj.* F zippy, *Musik*: dashing, *Marsch*: rousing.

Schmöker F *m a* good read; s.th. good to read; ***dicker ~*** thick tome; **schmökern** F *v/i.* **1.** *im Buchladen, in Büchern*: browse; ***~ in*** (*Büchern*) browse through, dip into, (*e-m Buch*) browse (*od.* leaf) through; **2.** have one's nose in a book, be buried in a book (*od.* in books); ***ab und zu schmökert er gern*** he likes a good read now and again; ***ich setz mich in den Garten und schmökere ein bisschen*** I'm going to sit in the garden and have a little read.

schmollen *v/i.* sulk; **Schmollmund** *m* pout (*a.* ***e-n ~ machen***); **Schmollwinkel** *m*: ***sich in den ~ zurückziehen*** go off in a huff; ***im ~ sitzen*** be in a huff, be sulking (in a corner somewhere).

Schmonzes F *m* F twaddle, tripe, *sl.* bilge.

Schmonzette *contp. f* F slush.

Schmorbraten *m* pot roast; **schmoren** **I.** *v/t. gastr.* braise, stew; **II.** *v/i. gastr.* stew; F *fig. in der Hitze*: roast, bake; F *fig.* ***j-n ~ lassen*** F let s.o. stew (in his *od.* her own juice), let s.o. sweat it out; **Schmortopf** *m* casserole.

Schmu F *m* (*Schwindel*) swindle; ***~ machen*** cheat, fiddle.

schmuck *adj.* neat; *Person*: smart, spruce; *Mann*: *a.* dapper; (*hübsch*) pretty.

Schmuck *m* **1.** (***~sachen***) jewellery, *bsd. Am.* jewelry; **2.** (*Verzierung*) ornamentation, decoration; *konkret*: ornament.

schmücken **I.** *v/t.* decorate (*a. Christbaum*); (*verzieren*) *a.* adorn, deck out; (*verschönern*) embellish (*a. fig. Rede etc.*); **II.** *v/refl.*: ***sich ~*** (*kleiden*) dress up.

Schmuckkästchen *n* jewellery (*bsd. Am.* jewelry) box; *fig.* gem; *fig.* ***das Haus ist ein ~*** it's a gem of a house.

schmucklos *adj.* plain; (*schlicht*) simple; (*nüchtern*) austere.

Schmuck|nadel *f* brooch; **~sachen** *pl.* jewellery *sg.*, *bsd. Am.* jewelry *sg.*; *billige*: trinkets; **~stück** *n* piece of jewellery (*bsd. Am.* jewelry); *fig.* gem, jewel; **~waren** *pl.* jewellery *sg.*, *bsd. Am.* jewelry *sg.*

schmuddelig F *adj.* grubby; (*schlampig*) slovenly; **schmuddeln** F *v/i. Kleidung etc.*: get dirty (*od.* soiled); **Schmuddelwetter** F *n* mucky weather.

Schmuggel *m* (*a.* **Schmuggelei** *f*) smuggling; ***~ treiben*** → **schmuggeln** **I.** *v/t.* smuggle; *fig. a.* sneak; **II.** *v/i.* smuggle; **Schmuggelware** *f* smuggled goods *pl.*, contraband.

Schmuggler *m* smuggler; **~bande** *f* ring of smugglers.

schmunzeln *v/i.* smile (to o.s.), grin.

Schmus F *m* F rubbish, twaddle.

schmusen F *v/i.* cuddle (***mit j-m*** s.o.); *Liebespaar*: kiss and cuddle, F smooch.

Schmutz *m* dirt; *fig.* filth, smut; *fig.* ***in den ~ ziehen*** drag through the mud; ***j-n mit ~ bewerfen*** sling mud at s.o.

schmutzabweisend, Schmutz abweisend *adj.* stain-resistant.

Schmutz|arbeit *f* dirty work; **~bürste** *f* cleaning brush.

schmutzen *v/i.* get dirty (*od.* soiled); ***leicht ~*** *a.* soil easily.

Schmutz|fänger *m* **1.** *am Auto*: mudflap; **2.** *in der Wohnung*: dust trap; **~fink** F *m* F pig; (*Kind*) F mucky pup; **~fleck** *m* dirty mark.

schmutzig *adj.* dirty; *fig.* (*unanständig*) *a.* smutty; (*anrüchig*) dirty; ***sich ~ machen*** get dirty, dirty o.s.; *fig.* ***~e Fantasie*** dirty mind; ***~es Lächeln*** dirty grin; → ***Wäsche.***

Schmutz|literatur *f* pornography, smut; **~schicht** *f* layer of dirt; **~stoff** *m* pollutant; **~streifen** *m* dirty streak; **~titel** *m typ.* half-title; **~wäsche** *f* dirty washing; **~zulage** *f* dirt money.

Schnabel *m* beak, bill; *e-r Kanne*: spout; F (*Mund*) mouth, *sl.* trap; F ***halt den ~*** shut up!; ***sie spricht, wie ihr der ~ gewachsen ist*** she doesn't mince her words; ***ihr steht der ~ nie still*** she never stops talking.

schnäbeln *v/i.* bill; *fig.* bill and coo.

Schnabel|tasse *f* feeding cup; **~tier** *n* duckbilled platypus.

schnabulieren F **I.** *v/i.* F have a good munch, munch away; *gierig*: F feed one's face; **II.** *v/t.* F munch, polish off.

Schnack *dial. m* **1.** (*Plauderei*) chat, F natter; **2.** (*Spruch*) phrase, saying; **3.** (*Un

sinn) F twaddle; **schnacken** *dial. v/i.* chat, F natter.
schnackeln *v/i.* **1.** ***mit den Fingern ~*** snap one's fingers; **2.** F ***bei ihm hats geschnackelt*** F it finally clicked (with him).
Schnake *f* daddy-longlegs; (*Stechmücke*) mosquito, midge.
Schnalle *f* **1.** buckle, clasp; **2.** F *dial.* ***blöde ~*** stupid woman; **3.** F (*Prostituierte*) F tart, *Am. a.* hooker; **schnallen** *v/t.* **1.** buckle; *mit Riemen etc.*: strap (**auf** onto); ***enger ~*** tighten; ***weiter ~*** loosen; → ***Gürtel***; **2.** F (*kapieren*) F get; ***sie hats nicht geschnallt*** *a.* F it just didn't get through (to her); **Schnallenschuh** *m* buckled shoe.
schnalzen *v/i.*: ***mit den Fingern ~*** snap one's fingers; ***mit der Zunge ~*** click one's tongue; ***mit der Peitsche ~*** crack one's whip.
Schnäppchen F *n* F snip; ***da hast du aber ein ~ gemacht!*** you got a real snip there; **~jagd** *f*: ***auf ~ gehen*** go bargain-hunting; **~jäger** *m* bargain hunter.
schnappen I. F *v/t.* **1.** (*fangen, erwischen*) catch, F nab; (*et.*) grab, (*weg~*) snatch; (**sich**) ***et. ~*** (*an sich nehmen*) grab s.th.; ***j-n am Arm ~*** grab s.o.'s arm; ***den werde ich mir ~!*** I'm going to nab him, I'll tell him what's what; **II.** *v/i.* **2.** ***nach et. ~*** snap (*od.* snatch, grab) at, *Hund*: snap at; → ***Luft***; **3.** *Schloss etc.*: click; *Schere*: snip; ***ins Schloss ~*** snap shut; ***nach hinten*** (***vorne***) ***~*** snap back (forward); ***nach oben ~*** spring up (*od.* open).
Schnapp|messer *n* flick knife, *Am.* switchblade; **~schloss** *n* spring lock; *an Ketten etc.*: spring catch; **~schuss** *m* snapshot (*a. fig.*), snap; ***e-n ~ machen von*** take a snap of; **~verschluss** *m* spring (*od.* snap) lock, spring catch.
Schnaps *m* **1.** spirits *pl.*; (*klarer ~*) schnapps; **2.** F (*Alkohol*) drink, F booze, *bsd. Am. a.* liquor; **~brenner** *m* distiller; **~brennerei** *f* distillery; **~bruder** F *m* F boozer, dipso; **~bude** F *f* F boozer.
Schnäpschen F *n* F snifter; *auf die Schnelle*: F quickie.
Schnaps|drossel F *f* F boozer, dipso; **~fahne** F *f*: ***e-e ~ haben*** F reek of alcohol (*od.* drink); **~flasche** *f* bottle of brandy (*od.* whisk[e]y *etc.*), F bottle of booze; *leere*: brandy (*od.* whisk[e]y *etc.*) bottle; **~glas** *n* shot glass; **~idee** F *f* crazy idea; **~nase** F *f* drinker's nose; **~zahl** *f* nice number.
schnarchen *v/i.* snore; **Schnarcher** *m* snorer; ***ein ~ sein*** *a.* snore.
schnarren *v/i.* rattle; *Klingel*: buzz; (*~d sprechen*) rasp; **Schnarrsaite** *f* snare.
Schnattergans F *f* F chatterbox; **schnattern** *v/i.* *Gans*: cackle; *Ente*: quack; *fig.* (*reden*) gabble (away), F yak; ***er schnatterte vor Kälte*** his teeth were chattering with cold.
schnauben *v/i. u. v/t.* *Tier*: snort (*a. Person, verächtlich ~*); ***sich*** (***die Nase***) ***~*** blow one's nose; ***vor Wut*** *etc.* ***~*** snort with rage *etc.*
schnaufen *v/i.* breathe hard; *pfeifend*: wheeze; (*keuchen*) (puff and) pant; F (*atmen*) breathe; F *Auto etc.*: chug (along); ***wir sind ganz schön ins 2 gekommen*** we were puffing and panting; **Schnaufer** F *m* breath; ***den letzten ~ tun*** F snuff it, croak.
Schnauferl F *dial.* (*altes Auto*) jalopy; (*Oldtimer*) veteran car.
Schnauz *dial. m* moustache, F mo.
Schnauzbart *m* moustache.
Schnauze *f* *Tier*: snout; *Hund*: muzzle, nose; ⚙ nozzle; V (*Mund*) *sl.* snout, trap; ***e-e große ~ haben*** have a big mouth (*sl.* trap); ***die ~ voll haben*** F be fed up to the back teeth (**von** with); ***halt die ~!*** F belt up!, *sl.* shut your trap!; ***auf die ~ fallen*** *a. fig.* fall flat on one's face; ***du kriegst gleich eins auf die ~*** F you'll have my fist in your jaw if you're not careful; F ***frei nach ~*** F any old how; → *a.* ***Mund.***
schnauzen F *v/i.* snap, bark.
schnäuzen *v/refl.*: ***sich ~*** blow one's nose.
Schnauzer *m* **1.** (*Hund*) schnauzer; **2.** F (*Schnurrbart*) moustache, F mo.
Schnecke *f* **1.** snail; (*Nackt2*) slug; *gastr.* snail, *in Gerichtsbezeichnungen*: *a.* escargot; ***er ist langsam wie e-e ~*** he's such a slowcoach (*Am.* slowpoke); F ***j-n zur ~ machen*** F come down on s.o. like a ton of bricks, have a real go at s.o.; **2.** (*Frisur*) earphone; **3.** *Verzierung, a. an Geige etc.*: scroll; **4.** (*Gebäck*) Chelsea bun; **5.** ⚙ endless screw, worm;
Schnecken|antrieb *m* ⚙ worm drive; **~förderer** *m* ⚙ screw (*od.* worm) conveyor; **2förmig** *adj.* spiral ..., winding ...; **~gehäuse** *n*, **~haus** *n* (snail) shell; *fig.* ***sich in sein ~ zurückziehen*** go (*od.* withdraw) into one's shell; **~muschel** *f* conch; **~post** F *f* *Ggs. zu E-Mail*: F snail mail; **~rad** *n* ⚙ worm gear; **~tempo** *n*: ***im ~*** at a crawl, at a snail's pace; ***im ~ fahren*** *a.* crawl along.
Schneckerl *dial. n* curl.
Schnee *m* **1.** snow; F ***schmelzen wie ~ an der Sonne*** *Geld etc.*: trickle away, just disappear; F ***und wenn der ganze ~ verbrennt*** come hell or high water; F ***das ist doch ~ von gestern*** F that's old hat (*od.* news); **2.** *gastr.* whipped egg whites *pl.*, froth; **3.** *sl.* (*Kokain*) *sl.* snow; **4.** *TV* snow.
Schneeball *m* snowball (*a.* ⚘); **~schlacht** *f* snowball fight; **~system** *n* ✝ snowball (*od.* pyramid) sales system.
schneebedeckt *adj.* snow-covered, snowy; *Berge*: *a.* snowcapped.
Schnee|bericht *m* snow report; **~besen** *m gastr.* whisk.
schneeblind *adj.* snow-blind; **Schneeblindheit** *f* snow blindness.
Schnee|bob *m* snowmobile; **~brett** *n* windslab; **~brille** *f*: (***e-e ~*** a pair of) snow goggles *pl.*; **~decke** *f* blanket of snow, snow covering; **~eule** *f zo.* snowy owl; **~fall** *m* snowfall; **~flocke** *f* snowflake; **~fräse** *f* snow blower.
schneefrei *adj.* **1.** *Straße etc.*: free (*od.* clear) of snow; **2.** ***~ haben*** be off school because of the snow.
Schneegestöber *n* snow flurry.
schneeglatt *adj.*: ***~e Fahrbahnen*** snow-slippery roads; **Schneeglätte** *f* packed snow; snow-slippery roads *pl.*
Schnee|glöckchen *n* ⚘ snowdrop; **~grenze** *f* snow line; **~huhn** *n* ptarmigan; **~kanone** *f* snow cannon; **~ketten** *pl.* snow chains; **~könig** *m*: F ***sich freuen wie ein ~*** F be tickled pink, be (as) pleased as punch; **~kugel** *f* snow dome, snowstorm globe; **~mann** *m* snowman; **~matsch** *m* slush; **~mensch** *m*: ***der ~*** the Abominable Snowman; **~mobil** *n* snowmobile; **~pflug** *m a.* *Skifahren*: snowplough, *Am.* snowplow; **~räumfahrzeug** *n* snowblower; **~raupe** *f* snowcat; **~regen** *m* sleet; **~reifen** *m mot.* snow tyre (*Am.* tire); **~schauer** *m a. pl.* snow(fall); **~schaufel** *f* snow shovel; **~schmelze** *f* thaw; **~schuh** *m* snowshoe.
schneesicher *adj.*: ***~es Gebiet*** *etc.* area *etc.* with snow guaranteed.
Schnee|sturm *m* snowstorm, blizzard; **~treiben** *n* (light) blizzard(s *pl.*); **~verhältnisse** *pl.* snow conditions; **~verwehung** *f*, **~wehe** *f* snowdrift; **2weiß** *adj.* snow-white; *im Gesicht*: (as) white as a sheet; **~wolke** *f* snowcloud.
Schneid F *m, f* pluck, courage, gumption, F guts *pl.*, *sl.* bottle; ***j-m den ~ abkaufen*** unnerve s.o.
Schneidbrenner *m* ⚙ blowtorch.
Schneide *f* edge; ⚙ cutting edge, blade; *fig.* → ***Messer***; **~brett** *n* chopping board; **~maschine** *f* cutting machine, cutter.
schneiden I. *v/t.* cut (**aus** out of); (*Gras*) *a.* mow; (*Braten*) carve; ⚕ cut, (*j-n*) operate on; (*Film etc.*) edit; (*Ball*) spin; (*Kurve*) cut *a corner*; (*j-n*) *beim Überholen*: cut in on; ***sich ~*** *Linien*: intersect; (***auf Tonband***) ***~*** tape, record; ***in Stücke ~*** cut up; F *fig.* ***j-n ~*** (*nicht grüßen*) cut s.o. dead; F ***hier ist e-e Luft zum 2!*** F what a fug!; → ***Gesicht, Grimasse, Haar*** *etc.*; **II.** *v/refl.*: ***sich ~*** cut o.s.; → ***Finger***; *fig.* ***da schneidet er sich aber*** (***gewaltig***) he's very much mistaken there; **III.** *v/i.* *Wind*: cut right through one; ⚕ operate; ***in die Hand ~*** *Band*: cut into one's hand; ***gut ~*** *Friseur*: be a good hairdresser (*od.* barber); ***j-m ins Herz ~*** *Trauer etc.*: cut s.o. to the quick; **schneidend** *adj.* *Schmerz*: sharp; *Kälte, Wind etc.*: piercing, biting; *Hohn etc.*: caustic; *Stimme, Ton*: piercing, shrill.
Schneider *m* tailor; (*Damen2*) dressmaker; F ***frieren wie ein ~*** be frozen to the bone; F ***aus dem ~ sein*** be out of the wood(s); **Schneiderei** *f* **1.** tailoring, tailor's trade; *für Damen*: dressmaking; **2.** tailor's (*od.* dressmaker's) shop; **Schneiderin** *f* dressmaker.
Schneider|kreide *f* tailor's chalk; **~meister** *m* master tailor.
schneidern I. *v/i.* do tailoring (*od.* dressmaking); *beruflich*: *a.* be a tailor (*od.* dressmaker); **II.** *v/t.* make, tailor, sew.
Schneider|puppe *f* tailor's dummy; **~sitz** *m*: ***im ~*** cross-legged.
Schneide|tisch *m* editing table; **~zahn** *m* incisor.
schneidig *adj.* (*zackig*) dynamic, F snappy; (*fesch*) dashing, F snappy; *fig.* *Musik*: spirited.
schneien *v/impers. u. v/i.*: ***es schneit*** it's snowing; F *fig.* ***ins Haus ~*** F blow in.
Schneise *f* (*Wald2*) open strip; ✈ (flying) lane.
schnell I. *adj.* quick; *Auto, Läufer etc.*: fast; *Puls, Bewegung*: quick, rapid; *Vogel, Flug*: swift; (*sofortig*) *Erwiderung, Maßnahme*: prompt, speedy; ✝ *Verkauf*: quick; (*plötzlich*) sudden, abrupt; (*hastig*) hasty; (*rasch u. flüchtig*) quick; (*geistig ~, fix*) quick, fast; ***~e Bedienung*** fast (*od.* quick, prompt) service, (*Person*) fast waiter (*od.* waitress); ***~er Blick*** quick glance; ***~er Umsatz*** quick returns, *a.* fast turnover; ***in ~er Folge*** in quick (*od.* rapid) succession; ***auf ~stem Wege*** as quickly as possible, by the quickest possible means; ***~er werden*** *Läufer*: get faster, *Zug etc.*: pick up speed; ***e-e ~e Entscheidung treffen*** make a quick

S

decision, ***müssen***: *a.* have to make up one's mind fast; ***das erfordert ~es Handeln*** that calls for swift (*od.* immediate) action; (***mach***) ***~!*** hurry up!, F get a move on!, step on it!; ***nicht so ~!*** not so fast!, F hang on!; → ***Truppe*** 1; **II.** *adv.* quickly, fast; rapidly; promptly *etc.*; → I; ***~ denken*** do some quick thinking; ***~ handeln*** act fast (*od.* without delay); ***das geht ~*** it doesn't (*od.* won't) take long; ***das ist ~ gegangen!*** that was quick!; ***~er ging es nicht*** I *etc.* couldn't do it any faster; ***~er gehts bei mir nicht*** I'm doing my best, I can't work *etc.* any faster than that; ***das geht mir zu ~*** things are happening too fast for my liking, (*ich begreife nicht*) I can't keep up; ***ich gehe eben ~ zum Bäcker*** I'm just going to pop round to the baker's; ***komm ~!*** come quick(ly)!; ***~ reich werden*** get rich quick; ***so ~ wie möglich*** as quickly as possible; ***er begreift ~*** he's quick (on the uptake); ***er liest ~*** he's a fast reader; ***sein Atem ging ~*** he was breathing fast; ***sprich nicht so ~!*** don't talk so fast, slow down; ***wir wurden ~ bedient*** the service was fast, we got served fast; ***das werden wir ganz ~ haben*** we'll have that (done) in no time; ***sie ist ~ verärgert*** (***beleidigt***) she gets annoyed very quickly (she's quick to take offen|ce [*Am.* -se]); ***noch ~ e-e Zigarette rauchen*** *etc.* F have a quick fag *etc.*; ***wie heißt er ~ noch?*** what's his name again?; → ***nachmachen*** 1.

Schnell|bahn *f* → ***S-Bahn***; **~boot** *n* speedboat; ⚔ high-speed launch; **~dienst** *m* express service; **~drucker** *m* high-speed printer.

Schnelle *f* **1.** → ***Schnelligkeit***; **2.** F ***et. auf die ~ machen*** do s.th. quickly, (*reparieren etc.*) *a.* do a quick job of it, *oberflächlich*: do s.th. in a hurry, rush s.th. (off); ***das geht nicht so auf die ~*** it takes time, you can't rush it off like that; ***wie krieg ich das Buch auf die ~ her?*** how can I get hold of the book fast?; **3.** → ***Stromschnelle.***

Schnelleingreiftruppe *f* rapid response (*od.* deployment) force.

schnellen I. *v/i.* shoot (up); ***in die Höhe ~*** *Kurse etc.*: skyrocket; **II.** *v/t.* flick.

Schnellfeuer *n* ⚔ rapid fire; **~pistole** *f* automatic pistol; **~waffe** *f* automatic firearm.

schnellfüßig *adj.* nimble, light-footed, *lit.* fleet.

Schnell|gang *m mot.* overdrive; ⚙ rapid power traverse; **~gaststätte** *f* cafeteria, snack bar, fast-food restaurant (F place); **~gefrierverfahren** *n* quick-freeze (method); **~gericht**[1] *n gastr.* quick meal; (*Fertiggericht*) ready-to-serve meal; *pl. a.* instant food *sg.*; **~gericht**[2] *n* ⚖ summary court; **~hefter** *m* folder, ring binder.

Schnelligkeit *f* quickness; fastness; swiftness; rapidity; promptness; suddenness *etc.*; → ***schnell*** I; (*Tempo*) speed, pace; *phys.* velocity; ***er macht es mit e-r ~!*** he does it so fast (*od.* with such speed); → *a.* ***Geschwindigkeit.***

Schnell|imbiss *m* snack bar, F fast-food place; **≈kochplatte** *f* high-speed plate; **~kochtopf** *m* pressure cooker; **~kurs** *m* crash course; **~laster** *m* high-speed lorry (*bsd. Am.* truck); **≈lebig** *adj. Insekt, Mode etc.*: short-lived; ***in unserer ~en Zeit*** in these fast-moving times; **~paket** *n* express parcel (*Am.* package); **~rechner** *m* (*Gerät*) high-speed computer; **~reinigung** *f* express dry cleaning; **~restaurant** *n* → ***Schnellgaststätte***; **~rücklauf** *m Video etc.*: fast rewind; **~schuss** F *m* rush job; instant book.

schnellstens *adv.* as quickly (*od.* soon) as possible.

schnellstmöglich *adj.* fastest (*od.* quickest) possible.

Schnell|straße *f* dual carriageway, *Am.* divided highway; **~transporter** *m* express van; **~verband** *m* ⚕ first-aid dressing; **~verfahren** *n* ⚖ summary proceedings *pl.*; ⚙ high-speed process; *et.* ***im ~ lernen*** do a crash course in; **~verkehr** *m* fast(-moving) traffic; **~vorlauf** *m Video etc.*: fast forward.

schnell wirkend *adj.*: ***~es Mittel*** *mst* fast-acting tablets.

Schnellzug *m* fast train.

Schnepfe *f* **1.** *zo.* snipe; **2.** F (*Prostituierte*) F tart, *Am. a.* hooker.

schnetzeln *dial. v/t.* shred.

schneuzen *v/refl.* → ***schnäuzen.***

Schnickschnack F *m* **1.** useless rubbish (*od.* bits and pieces *pl.*); (*Äußerlichkeiten*) trappings *pl.*; **2.** (*Unsinn*) F twaddle.

schniefen F *v/i.* sniff(le).

schnieke *dial. adj.* (*schick*) F snazzy.

schnipp *int.* snip!

Schnippchen *n*: ***j-m ein ~ schlagen*** (manage to) outwit, get the better of; (*der Polizei etc.*) F give *s.o.* the slip.

schnippeln F *v/i. u. v/t.* cut (***an*** at).

schnippen I. *v/i.* snip; *mit den Fingern*: snap one's fingers; **II.** *v/t.* (*weg~*) flick (off *od.* away *etc.*).

schnippisch *adj.* saucy.

Schnipsel *m, n* piece, bit; *von Papier*: *a.* scrap; **schnipseln** *v/t. u. v/i.* → ***schnippeln.***

schnipsen *v/t. u. v/i.* → ***schnippen.***

Schnitt *m* **1.** (*das Schneiden*) cutting; *Film*: editing; **2.** (*Ein≈*) cut; (*Wunde*) cut, *großer*: gash; ⚕ cut, incision; *typ.* cut; **3.** (*Fasson, Form*) shape, cut; *e-s Gesichts*: features *pl.*; *e-s Kleides*: style; **4.** (*~muster*) pattern; **5.** ⩓ intersection; **6.** (*Durch≈*) average (*a.* ***im ~ erreichen*** *etc.*); ***im ~*** on average; **7.** ⚙ (*Zeichnung*) section(al view); → ***Längsschnitt, Querschnitt***; **8.** F (*Gewinn*) profit; ***e-n guten ~ machen*** F make a packet.

Schnitt|blumen *pl.* cut flowers; **~bohnen** *pl.* green (*od.* string) beans, *Brit. a.* French beans.

Schnitte *f* slice; (*belegtes Brot*) (open) sandwich.

schnittfest *adj.* firm.

Schnittfläche *f* **1.** ⩓ section; **2.** *von Käse etc.*: cut end.

schnittig *adj.* sleek, F slick.

Schnitt|käse *m* cheese slices *pl.*; **~lauch** *m* ⚘ chives *pl.*; **~linie** *f* ⩓ (line of) intersection; *am Kreis*: secant; **~menge** *f* ⩓ intersection; **~muster** *n* pattern; **~punkt** *m* ⩓ (point of) intersection; **~stärke** *f Allesschneider*: slice thickness; **~stelle** *f Film etc.*: cut; *Computer*: interface; ***grafische ~*** graphical user interface, *abbr.* GUI; **~taste** *f Video*: edit button; **~wunde** *f* cut, *große*: gash.

Schnitz *m* slice.

Schnitz|altar *m* carved altar(piece); **~arbeit** *f* carving; **~bank** *f* carver's bench.

Schnitzel *n* **1.** *a. m* (*Papier≈*) piece, bit, scrap (of paper); (*Holz≈*) chip; **2.** *gastr.* veal (*od.* pork) cutlet; ***Wiener ~*** (wiener)schnitzel; **~jagd** *f* paperchase.

schnitzeln *v/t.* (*Gemüse etc.*) shred.

Schnitzelwerk *n* shredder.

schnitzen *v/t. u. v/i.* carve; → ***Holz***; **Schnitzer** *m* **1.** (wood *etc.*) carver; **2.** F *fig.* blunder, F boob; (*Bemerkung etc.*) gaffe, faux pas; ***grober ~*** real howler (F boob); terrible gaffe; **Schnitzerei** *f* (wood *etc.*) carving.

schnodd(e)rig F *adj.* F snotty; *bsd. Junge*: cocky; *bsd. Mädchen*: saucy.

schnöde I. *adj.* (*verächtlich*) contemptible, despicable; (*geringschätzig*) contemptuous; → ***Mammon***; **II.** *adv.*: ***j-n behandeln*** treat s.o. with disdain (*od.* contempt).

Schnorchel *m* ⚓ *u. Tauchen*: snorkel; **schnorcheln** *v/i.* snorkel, go snorkel(l)ing.

Schnörkel *m* curlicue; *an Säulen, Möbeln etc.*: scroll; *beim Schreiben*, *a. stilistisch*: flourish, (*Krakel*) squiggle; **~schrift** *f* fancy writing.

schnorren F *v/i. u. v/t.* F scrounge (***bei*** off, from), sponge (on, off); **Schnorrer** F *m* F scrounger, sponger.

Schnösel F *m* prig, F snot-nose.

schnuckelig F *adj.* cute; (*nett*) nice.

Schnüffelei F *f* F snooping; **schnüffeln I.** *v/i.* **1.** sniff (***an*** at); F (*Klebstoff etc.* ~) sniff glue (*od.* solvents); **2.** F *fig.* (*herumspionieren*) F snoop around; **II.** F *v/t.* **3.** (*Klebstoff etc.*) sniff; **III.** ≈ F *n* **4.** (*Schnüffelei*) snooping; **5.** *von Klebstoff etc.*: F glue-sniffing, *formell*: solvent abuse; **Schnüffler** F *fig. m* F snoop(er).

Schnuller *m* dummy, *Am.* pacifier.

Schnulze F *f* F tearjerker, *a. pl.* sobstuff; **Schnulzensänger** F *m* F crooner; **schnulzig** F *adj.* F soppy, schmaltzy.

schnupfen I. *v/i.* take snuff; **II.** *v/t.* (*Drogen*) snort.

Schnupfen *m* cold, F *the* sniffles.

Schnupfenmittel *n* cold remedy.

Schnupftabak *m* snuff; **Schnupftabak(s)dose** *f* snuffbox.

Schnupftuch *dial. n* handkerchief.

schnuppe F *pred. adj.*: ***das ist mir*** (***völlig***) ***~*** I couldn't care less (F give a damn).

schnuppern *v/i. u. v/t.* sniff; ***frische Landluft ~*** breathe in the fresh country air.

Schnupperpreis F *m* introductory offer.

Schnur *f* cord; (*Bindfaden*) (piece of) string; (*Angel≈*) (fishing) line; ⚡ flex, lead; (*Telefon≈*) cord.

Schnür|band *n* → ***Schnürsenkel***; **~boden** *m thea. the* flies *pl.*

Schnürchen *n*: *fig.* ***es klappte wie am ~*** it went like clockwork; ***bei ihm klappt es wie am ~*** he's got it down to a fine art.

schnüren I. *v/t.* (*Schuhe*) lace (up); **II.** *v/i. Verband etc.*: be too tight, *stärker*: stop the flow of blood.

schnurgerade I. *adj.* straight as a die, F dead straight; **II.** *adv.* F dead straight; → ***schnurstracks.***

schnurlos *adj.* cordless; **≈telefon** *n* cordless phone.

Schnürlregen *dial. m* drizzle.

Schnurrbart *m* moustache; **schnurrbärtig** *adj.* moustached, F *hum.* m(o)ustachioed.

Schnurre *f* amusing story; (*Posse*) farce.

schnurren *v/i. Katze, Stimme, Motor*: purr; (*summen*) hum; *Rad, Ventilator etc.*: whirr, *Am.* whir.

Schnür|riemen *m* strap; → *a.* ***Schnürsenkel***; **~schuh** *m* lace-up (shoe); **~senkel** *m* shoelace, *für Stiefel*: bootlace, *bsd. Am. a.* shoestring; ***sich die ~ binden*** tie one's laces; **~stiefel** *m* lace-up boot.

schnurstracks *adv.* (*direkt*) straight; (*sofort*) immediately, straightaway; ***~ zugehen auf*** go (*od.* make) straight for, make a beeline for.

schnurz F *pred. adj.* → **schnuppe.**

Schnute *dial. f* mouth, F mush; ***e-e ~ machen*** (*od.* ***ziehen***) pull a face.

Schober *m* haystack, rick; *überdachter*: shed, barn.

Schock *m a. fig.* shock; ***e-n ~ bekommen*** get a shock; ***e-n ~ haben*** be in a state of shock; ***unter ~ stehen*** be suffering from shock; **~anruf** *m teleph.* nuisance call; **~anrufer(in** *f*) *m* nuisance caller; **~behandlung** *f* shock treatment (*a. fig.*), (electro)shock therapy.

schocken F *v/t.* ⚕ *u. fig.* shock; **Schocker** F *m* (*Film, Roman etc.*) shocker, F (spine-)chiller.

Schockfarbe *f* garish colo(u)r; **schockfarben** *adj.* garish.

schockgefrieren *v/t.* shock-freeze.

schockieren *v/t.* shock; ***schockiert über*** shocked at; ***ich war richtig schockiert*** *a.* I was really taken aback; **schockierend** *adj.* shocking; *stärker*: horrifying; (*beängstigend*) frightening.

Schock|therapie *f* shock treatment (*a. fig.*), (electro)shock therapy; **~wirkung** *f* **1.** shock effect; **2.** ***unter ~ stehen*** be suffering from shock.

schofel(ig) F *adj.* (*gemein*) mean, F rotten, shabby; (*geizig*) mean, stingy.

Schöffe *m* ⚖ lay assessor; **Schöffengericht** *n* court of lay assessors.

Schogun *m* shogun, Shogun.

Schokolade *f* chocolate; ***heiße ~*** hot chocolate; **schokoladen** *adj.* chocolate ...; **schokoladenbraun** *adj.* chocolate (-colo[u]red), F chocolatey.

Schokoladen|ei *n* chocolate egg; **~eis** *n* chocolate ice cream, F choc-ice; **~fabrik** *f* chocolate factory.

Schokoladenfarbe *f* chocolate; **schokoladenfarben** *adj.* chocolate(-colo[u]red), F chocolatey.

Schokoladen|glasur *f* chocolate glazing; **~pudding** *m* chocolate pudding; **~seite** F *f Profil*: best side; *des Lebens*: sunny side; ***sich von s-r ~ zeigen*** show one's best side; **~soße** *f* chocolate sauce.

Schokoriegel *m* chocolate bar.

Scholastik *f* scholasticism; **Scholastiker** *m* scholastic; **scholastisch** *adj.* scholastic(ally *adv.*).

Scholle[1] *f* (*Erd*~) clod (of earth); (*Eis*~) (ice) floe.

Scholle[2] *f zo. a. pl.* plaice.

schon *adv.* **1.** (*bereits*) already; (*~ einmal, zuvor*) before; (*bis jetzt*) so far; *in Fragen*: yet, (*jemals*) ever; (*sogar*) even; ***~ damals*** even then; ***~ früher*** before, (*vor langer Zeit*) a long time ago; ***~ immer*** always, all along; ***~ oft*** often (enough); ***~ wieder*** again; ***~ wieder!*** not again!; ***~ nach fünf Minuten*** after only five minutes, five minutes later *he'd already gone etc.*; ***~ von Anfang an*** right from the start, F from the word go; ***es ist ~12 Uhr*** it's twelve o'clock already; ***ich habe ~ eins*** I've already got one; ***wenn du ~ (mal) da bist*** since you're here; ***~ am nächsten Tag*** the very next day; ***~ um 6 Uhr waren sie auf*** they were already up at 6 o'clock; ***~ im 16. Jahrhundert*** as early (*od.* as far back) as the 16th century, ***gab es die Krankheit***: the disease was already around in the 16th century; ***das war ~ vor zwanzig Jahren*** that was twenty (whole) years ago; ***wie lange sind Sie ~ hier?*** how long have you been here?; ***hast du ~ (einmal) ...?*** have you ever ...?; ***danke, ich habe ~*** *zu trinken etc.*: no thanks, I'm fine; ***da ist er ja ~ wieder*** he's (*iro.* look who's) back again; ***das kenne ich ~*** I know that, I've seen that before, *bei Entschuldigungen*: I've heard that one before; ***das kennen wir ~*** we know all about that, that's an old one; ***ich habe ~ bessere Weine getrunken*** I've tasted better wines in my time; ***ich habe ihn ~ (einmal) gesehen*** I've seen him before somewhere; ***hast du ~ gehört?*** have you heard?; ***sind Sie ~ (einmal) in Spanien gewesen?*** have you ever been to Spain?; ***hast du (jetzt) ~ mit ihm gesprochen?*** have you talked to him yet?; ***ist er ~ da?*** has he come yet?, is he here yet?, (*früher als erwartet*) is he here already?; ***was, (du bist) ~ zurück?*** what, back already?; ***werden Sie ~ bedient?*** are you being served?; ***ich komme (ja) ~!*** (I'm) coming!; ***da sind wir (ja) ~!*** here we are; ***was gibt es denn ~ wieder?*** what is it now (*od.* this time)?; ***ich verstehe ~*** I see; ***er wollte ~ gehen*** he was about (*od.* all set) to go; ***warum willst du ~ gehen?*** why are you leaving so early?; **2.** *versichernd, verstärkend*: ***sie wirds ~ schaffen*** she'll make it all right (*Am.* alright), *beruhigend*: *a.* don't worry, she'll make it; ***die Zinsen steigen ~ noch*** the interest rates are bound to go up, the interest rates will go up, you'll see; ***ich machs ~*** leave it to me; ***es wird ~ gehen*** it'll be all right (*Am.* alright), I'll *etc.* manage (somehow); ***das ist ~ möglich*** that could be, *betonter*: that's quite possible; ***das lässt sich ~ machen*** *mit Vorbehalt*: we *etc.* might be able to do that, it's doable, (*es ist kein Problem*) that's no problem, F no problem; ***wir können ~ mit ihm reden*** (*sind bereit*) we don't mind talking to him; ***ich kann mir ~ denken, was ...*** I can (just) imagine what ...; ***er ist ~ eingebildet*** he's certainly bigheaded; ***das war ~ Glückssache*** that really was a stroke of luck; ***das ist ~ e-e große Frechheit!*** that really is a bit much; ***~ gut!*** it's all right (*Am.* alright), never mind, (*das reicht*) that'll do; **3.** *auffordernd, ermunternd*: ***mach ~!*** F get a move on, will you?; ***komm ~!*** come on, then; ***geh ~!*** go on, then; ***nun sag ~, wies war*** come on, tell us (*od.* me) what it was like; **4.** *einräumend od. bedingend*: ***~, aber...*** yes, but ...; ***sie müsste sich ~ etwas mehr anstrengen*** she'd have to make more of an effort, of course; ***das ist ~ wahr, aber*** that's (certainly) true, but, that may be true, but; **5.** (*ohnehin*) ***es ist so ~ teuer genug*** it's expensive enough as it is; ***~ gar nicht*** least of all; ***morgen ~ gar nicht*** least of all tomorrow; **6.** (*allein*) ***~ s-e Stimme*** just to hear his voice, his voice alone; ***~ der Name*** the mere (mention of the *od.* his *etc.*) name, just to hear the (*od.* his *etc.*) name; ***~ der Anblick*** just to see it; ***~ der Gedanke*** the very idea, the mere thought (of it); ***~ deswegen*** if only for that (reason); ***~ ein Milligramm des Gifts kann tödlich sein*** just (*od.* even) one milligram(me) of the poison can kill you; ***~ wegen*** if only because of, *der Kinder etc.*: if only for the sake of; ***~ weil*** if only because; ***~ sie zu sehen*** (even) just to see her; ***ein Anruf hätte ~ genügt*** (just) a phone call would have been enough; **7.** *rhetorisch*: F ***na wenn ~!*** so what; so?; ***was macht das ~?*** what does it matter?; ***was heißt das ~?*** so?, that doesn't mean a thing; ***was verstehst du ~ davon?*** what do you know about it?; → **wennschon.**

schön I. *adj.* (very) nice (*a. angenehm, ansprechend*); (*ausgesprochen ~*) beautiful; *Frau*: *a.* pretty; *Mann*: handsome, good-looking; *Kind*: lovely; *Tier*: beautiful; (*gut*) good; (*nett*) nice; (*erlesen*) choice; (*angenehm*) nice, pleasant; ***~er heißer Tee*** nice hot (cup of) tea; ***ein ~er Erfolg*** quite a success; ***~e Schrift*** nice handwriting; ***ein paar ~e Stunden*** a few pleasant (*stärker*: happy) hours; ***die ~en Künste*** the fine arts; ***~er Tod*** easy death; ***~es Wetter*** good (*od.* nice, *bsd. meteor.* fine) weather; ***e-s ~en Tages*** one day, *zukünftig*: one of these days; ***~en Dank!*** many thanks, *abweisend*: no thank you, F thanks but no thanks; ***~es Wochenende!*** have a nice weekend!; ***war es ~ im Urlaub?*** did you have a nice holiday?; F ***ein ~es Stück*** (*od.* ***e-e ~e Strecke***) ***laufen*** walk quite a way (*od.* distance); F ***ein ~es Stück vorankommen*** make a fair bit of progress; ***er macht nur ~e Worte*** it's all talk with him; ***zu ~, um wahr zu sein*** too good to be true; ***~ wärs!*** would be nice; ***das ist ~ von ihm*** that's (very) kind *od.* nice of him; ***es ist ~, dass du wieder da bist*** it's good to have you back; ***das ist alles ~ und gut, aber*** that's all very well, but; ***es war sehr ~*** *auf dem Fest* it was very nice; F ***das sind mir ~e Sachen*** that's a fine kettle of fish; F ***du bist mir ein ~er Freund*** a fine friend you are; F ***das wäre ja noch ~er!*** F that'd be really great; F ***~!*** *als Zustimmung*: all right, *Am.* alright; okay; → **Aussicht, Bescherung** *etc.*; **II.** *adv.* (very) nicely, beautifully *etc.*; → **I.**; F (*sehr*) very, really, F pretty; → **schönmachen, schöntun**; ***du hast es ~!*** lucky you!; ***~ warm*** nice and warm; ***~ kalt*** F pretty cold; F *iro.* ***jetzt steh ich ~ da*** F I look a right fool now; F *iro.* ***da ist er aber ~ angekommen*** he got more than he had bargained for; F *iro.* ***da wärst du ~ dumm*** you'd be a fool; ***sei ~ brav!*** be a good boy (*od.* girl) now; ***bleib ~ ruhig*** *zum Kind*: you be quiet now, (*keine Aufregung*) just keep calm now; ***es ist ganz ~ schwer*** that's some weight, (*schwierig*) F it's pretty (*od.* not half) difficult; ***du hast mich ganz ~ erschreckt*** you gave me quite a start; ***ich habe mich ~ gelangweilt*** F I was bored stiff; F *iro.* ***es kommt noch ~er*** there's more to come; F ***wie man so ~ sagt*** as they say; ***wie es so ~ heißt*** as the saying goes.

Schonbezug *m* loose cover, *Am.* slipcover; *mot.* seat cover.

Schöne *f* (*Frau*) beauty, *mst iro.* lovely lady.

Schöne(s) *n*: ***das Schöne daran*** the nice thing about it; → **anrichten.**

schonen I. *v/t.* (*ver~*) spare; (*pfleglich behandeln*) (*Sachen*) take care of, look after; (*j-n*) take good care of; (*Augen, Kräfte, Vorrat*) save; (*j-n nachsichtig behandeln*) be easy on; ***j-s Gefühle ~*** spare s.o.'s feelings; ***ich wollte dich ~*** I didn't

S

want you to get upset; ***um ihren kranken Mann zu ~*** to make things easier on her sick husband; **II.** *v/refl.*: ***sich ~*** take it easy; ***du musst dich ~*** you must look after yourself, *arbeitsmäßig*: *a.* you mustn't take on so much.

schönen *v/t.* **1.** (*Wein etc.*) clarify, fine; **2.** (*Farben*) brighten; **3.** (*Zahlen, Tatsachen etc.*) massage, dress up.

schonend I. *adj.* careful, gentle; (*rücksichtsvoll*) considerate; (*nachsichtig*) indulgent; *Waschmittel etc.*: mild; **II.** *adv.*: ***j-m et. ~ beibringen*** break s.th. to s.o. gently; ***~ umgehen mit*** look after, take care of, (*j-m*) handle *s.o.* with kid gloves, *nachsichtig*: go easy on.

Schoner[1] *m* cover; (*Sofa2*) antimacassar.

Schoner[2] *m* ⚓ schooner.

schönfärben *fig. v/t.* gloss over; **Schönfärberei** *f* glossing over the facts.

Schon|frist *f* (period of) grace; **~gang** *m* **1.** *mot.* overdrive; **2.** (*Waschgang*) gentle wash, delicate cycle.

Schöngeist *m* (a)esthete, belletrist; **schöngeistig** *adj.* (a)esthetic; ***~e Literatur*** belles-lettres.

Schönheit *f* beauty (*a. Frau*); ***~en der Natur***: beauty spots.

Schönheits|chirurg *m* cosmetic (*od.* plastic) surgeon; **~chirurgie** *f* cosmetic (*od.* plastic) surgery; **~creme** *f* beauty cream; **~farm** *f* beauty farm; **~fehler** *m* blemish; *e-s Gegenstands*: flaw; *fig.* flaw, snag; **~fleck** *m* beauty spot; **~ideal** *n* ideal of beauty; **~königin** *f* beauty queen; Miss *America etc.*; **~konkurrenz** *f* beauty contest; **~korrektur** *f a. fig.* cosmetic change (*od.* improvement); **~operation** *f* cosmetic operation, cosmetic (*od.* plastic) surgery; **~pflästerchen** *n* beauty spot; **~pflege** *f* beauty care; **~reparatur** *f* basic repair; *mot.* touch-up job; **~salon** *m* → ***Kosmetiksalon***; **~sinn** *m* sense of beauty; (a)esthetic sense (*od.* sensitivity); **~wettbewerb** *m* beauty contest.

Schon|kaffee *m* mild coffee; **~klima** *n* temperate climate; **~kost** *f* ⚕ bland diet, light foods *pl.*

Schönling *contp. m* young adonis.

schönmachen I. *v/refl.*: ***sich ~*** dress up, F get done up; (*sich schminken*) put one's makeup (F face) on; **II.** *v/i. Hund*: sit up (and beg).

Schönredner *contp. m* smooth-talker.

Schönschreibdrucker *m* letter-quality printer.

Schönschrift *f*: ***et. in ~ schreiben*** write s.th. in neat.

Schöntuer *m* flatterer; **Schöntuerei** *f* flattery, F soft soap; **schöntun** *v/i.*: ***j-m ~*** flatter s.o., (*sich einschmeicheln*) play (F suck) up to s.o.

Schonung *f* **1.** (*Pflege*) care, *e-r Sache*: *a.* careful treatment; (*Ruhe*) rest; (*Schutz*) protection; (*Nachsicht*) indulgence, forbearance; (*Gnade*) mercy; ***er braucht ~*** he needs to take things easy; ***zur ~ der Leser*** so as not to offend (the) readers; **2.** (*Waldgebiet*) protected forest plantation; (*Jagdgehege*) preserve; **schonungsbedürftig** *adj.* in need of rest (*od.* care); **schonungslos I.** *adj.* unsparing (***gegen*** of); (*erbarmungslos*) merciless, pitiless; *weitS. a.* brutal; **II.** *adv.*: ***j-m ~ et. sagen*** tell s.o. s.th. straight out.

Schonwaschgang *m* → ***Schongang*** 2.

Schönwetter|lage *f* stable area of high pressure; **~periode** *f* spell of fine (*od.* good) weather, sunny spell; **~wolke** *f* cumulus cloud.

Schonzeit *f Jagd*: close season.

Schopf *m* (*Haar2*) shock *od.* mop (of hair); *von Vögeln*: tuft, crest; ***j-n beim ~ packen*** grab s.o. by the scruff of the neck; *fig.* ***die Gelegenheit beim ~ packen*** seize the opportunity, F jump at the chance; ***man sollte die Gelegenheit beim ~ packen*** make hay while the sun shines; ***ein Problem beim ~ packen*** deal head-on with a problem.

Schöpf|brunnen *m* draw well; **~eimer** *m* bucket; ⚙ *a.* scoop.

schöpfen *v/t.* **1.** scoop, *mit e-m Löffel*: ladle; (*Wasser*) draw, *aus dem Boot*: bale (out); **2.** *fig.* (*Kraft, Mut etc.*) draw, derive (**aus** from); ***neue Kräfte ~*** build up one's strength again; → ***Atem, Verdacht, voll*** I.

Schöpfer[1] *m* (*Schöpfkelle*) ladle.

Schöpfer[2] *m* creator; (*Gott*) *the* Creator; **~geist** *m* creative genius.

schöpferisch I. *adj.* creative; productive; ***e-e ~e Pause einlegen*** have a break to get back into a creative frame of mind, F *hum. kurze*: pause for inspiration; **II.** *adv.*: ***~ veranlagt sein*** be very creative, have a creative mind.

Schöpfer|kraft *f* creative power; **~tätigkeit** *f* creativity.

Schöpf|kelle *f*, **~löffel** *m* ladle; **~rad** *n* water wheel.

Schöpfung *f* (*Geschaffenes*) creation; (*Kunstwerk etc.*) *a.* work; (*Erzeugnis*) *a.* product; (*die Welt*) *the* universe, creation; *bibl. the* Creation; *iro.* ***die Herren der ~*** the lords of creation; → ***Krone*** 2.

Schöpfungs|akt *m* creative act; **~bericht** *m* story of creation; *bibl.* → **~geschichte** *f*: ***die ~*** Genesis.

Schoppen *m* glass of wine.

Schorf *m* ⚕ scab (*a.* ❀), crust.

Schorle *f* spritzer.

Schornstein *m* chimney, (*Fabrik2*) *a.* smoke stack; ⚓, 🚂 funnel; *fig.* F ***sein Geld zum ~ hinausjagen*** throw one's money out of the window (*od.* down the drain); F ***et. in den ~ schreiben*** say goodbye to s.th.; F ***der ~ muss rauchen*** the money has got to come from somewhere; **~feger** *m* chimney sweep.

Schose *f* → ***Chose.***

Schoß *m* lap; (*Mutterleib*) womb; *fig.* *der Familie etc.*: bosom; ***auf j-s ~ sitzen*** *mst* sit on s.o.'s knee; *fig.* ***die Hände in den ~ legen*** sit back and take things easy, (*Daumen drehen*) twiddle one's thumbs; ***in den ~ der Familie*** (***Kirche*** *etc.*) ***zurückkehren*** return to the fold; ***es ist ihm in den ~ gefallen*** it just fell into his lap; **~hund** *m* lapdog.

Schössling *m* ❀ shoot.

Schot *f* ⚓ sheet.

Schote *f* ❀ husk, *a. von Erbsen*: pod.

Schott *n* ⚓ bulkhead.

Schotte *m* Scot, Scotsman; ***die ~n*** the Scots, the Scottish (people).

Schotten|muster *n* tartan; **~mütze** *f* tam-o'-shanter, F tammy; **~rock** *m* **1.** *echter*: kilt; **2.** tartan (*od.* plaid) skirt; **~witz** *m* Scottish joke.

Schotter *m* ⚙ gravel; (*Straßen2*) *a.* (road) metal; *geol.* detritus; **Schotterdecke** *f* road-metal surface; **schottern** *v/t.* gravel; *Straßenbau*: *a.* metal; 🚂 ballast; **Schotterstraße** *f* gravel road.

Schottin *f* Scotswoman, Scot; **schottisch** *adj.* Scots, Scottish; ***~er Whisky*** Scotch (whisky).

schraffieren *v/t.* hatch; *Kartographie*: hachure; **Schraffierung** *f* hatching; *Kartographie*: hachures *pl.*

schräg I. *adj.* (*~ abfallend*) sloping (*a. Dach*), slanting (*a. Augen*); (*~ verlaufend*) diagonal, *Linie*: *a.* oblique; ***~er Bruch*** oblique fracture; ***~er Blick*** sidelong glance, *fig.* disapproving look; *fig.* ***~e Ansichten*** strange ideas; ***~e Musik*** off-beat music, *weitS.* (*Jazz*) hot jazz; F ***~er Vogel*** F queer fish; **II.** *adv. schneiden, stellen etc.*: at an angle; ***~ gestreift*** diagonally striped; ***~ gegenüber*** diagonally opposite; ***~ stehende Augen*** slanting eyes; ***~ parken*** park at an angle; ***j-n ~ ansehen*** give s.o. a sidelong glance, *fig.* look askance at s.o.; ***den Kopf ~ halten*** have one's head tilted (*od.* cocked) to one side.

Schrägdach *n* pitched roof.

Schräge *f* slant; (*Gefälle*) slope, incline.

Schräg|fahrt *f Skifahren*: traverse; **~heck** *n mot.* fastback; **~lage** *f* slant; ✈ bank(ing); ⚓ list; ⚕ *des Kindes*: oblique presentation; **~parken** *n* angle parking; **~schrift** *f* sloping hand(writing); *typ.* italics *pl.*; **~schuss** *m Fußball*: diagonal shot.

Schrägspur *f Video*: slant track; **~aufzeichnung** *f* slanted azimuth recording.

Schrägstrich *m* slash, oblique; ***umgekehrter ~*** backslash.

Schramme *f* scratch (*a. an Möbel, Auto etc.*); **schrammen** *v/t.* scratch, scrape; (*ein anderes Auto*) scratch, scrape (against); (*Haut*) *a.* graze.

Schrank *m* cupboard, *bsd. Am.* closet; (*Kleider2*) *oft* wardrobe; F (*großer Kerl*) F great hulk; **~bett** foldaway bed.

Schranke *f* barrier; 🚂 *a.* gate; ⚖ bar; *fig.* (*soziale ~, Handels2 etc.*) barrier, (*Grenze*) bounds *pl.*, limits *pl.*; ***vor den ~n des Gerichts erscheinen*** appear in court; *fig.* ***innerhalb der ~n des Gesetzes*** within the bounds of the law; *e-r Sache* ***~n setzen*** put a limit on; *e-r Sache* ***sind ~n gesetzt*** there are limits to; (***sich***) ***in ~n halten*** keep within bounds, restrain (o.s.); ***j-n in s-e ~n weisen*** put s.o. in his (*od.* her) place, cut s.o. down to size; ***j-n in die ~n fordern*** challenge s.o.; ***für j-n*** (***et.***) ***in die ~n treten*** stand up for s.o. (s.th.).

Schrankelement *n* cupboard unit.

schrankenlos *adj.* 🚂 unguarded; *fig.* boundless, unlimited; *negativ*: unbounded, unbridled.

Schrankenwärter *m* 🚂 gatekeeper.

Schränker *sl. m* safebreaker, safecracker.

Schrank|fach *n* compartment; **2fertig** *adj. Wäsche*: washed and ironed; **~koffer** *m* wardrobe trunk; **~wand** *f* large wall unit, wall-to-wall cupboard.

Schranze *contp. f* F toady.

Schrat *dial. m* goblin.

Schraubdeckel *m* screw top.

Schraube *f* screw; *mit Mutter*: bolt; ⚓, ✈ propeller; *Sport*: twist, (*~nsprung*) twist (*od.* spiral) dive; ***~ und Mutter*** bolt and nut; ***~ ohne Ende*** endless screw, *fig.* vicious (*od.* never-ending) spiral; ***e-e ~ anziehen*** tighten a screw; *fig.* ***die ~n anziehen*** put the screws on; F ***bei ihm ist e-e ~ locker*** he's got a screw loose somewhere; **schrauben I.** *v/t. u. v/i.* screw (**an** onto); (*drehen*) twist, wind; ***fester*** (***loser***) ***~*** tighten (loosen) the screw(s) of; ***höher*** (***niedriger***) ***~*** (*Bürostuhl etc.*) wind up (down), raise (lower); *fig.* ***niedriger ~*** lower, scale down; →

geschraubt; **II.** *v/refl.*: ***sich in die Höhe ~*** spiral upwards; *Auto*: wind its way up.

Schrauben|bolzen *m* bolt; **~dreher** *m* screwdriver; **~feder** *f* coil spring; **~förmig** *adj.* (cork)screw-shaped, spiral, helical; **~gang** *m* screw thread; **~getriebe** *n* worm gear; **~gewinde** *n* screw thread; **~kopf** *m* screwhead, bolthead; **~mutter** *f* nut; **~salto** *m Sport*: somersault with twist; **~schlüssel** *m* spanner, *Am.* wrench; *verstellbarer*: (adjustable) wrench, *Am.* monkey wrench; **~welle** *f* propeller shaft; **~winde** *f* jackscrew, screw jack; **~zieher** *m* screwdriver.

Schraub|stock *m* vice, *Am.* vise; ***wie ein ~*** *Griff*: like a vice (*Am.* vise); **~stollen** *m Fußballschuh*: screw-in stud; **~verschluss** *m* screw cap (*od.* top).

Schrebergarten *m* allotment (garden).

Schreck *m* **1.** fright; ***er hat e-n ~ bekommen*** he got a fright, it gave him a fright, (*es hat ihm Angst gemacht*) *a.* it gave him (*od.* he got) quite a scare; ***er ist mit dem ~en davongekommen*** he got a fright, that was all; ***zu m-m ~en hörte ich ...*** I was quite taken aback (*stärker*: I was shocked) to hear ...; F ***ach, du ~!*** goodness!, oh no!; F ***~, lass nach!*** F spare me!; → ***einjagen***; **2.** ***die ~en des Krieges*** *etc.* the horrors of war *etc.*

schrecken I. *v/t.* frighten, scare, *stärker*: terrify; (*auf~*) startle; **II.** *v/i.* start; ***aus dem Schlaf ~*** wake up with a start.

Schrecken *m* → ***Schreck.***

schreckens|blass, ~bleich *adj.* pale with fright, (as) white as a sheet.

Schreckens|botschaft *f* terrible news (*sg.*); **~herrschaft** *f* reign of terror; **~nachricht** *f* → ***Schreckensbotschaft***; **~nacht** *f* night of horrors; **~regime** *n* reign of terror; **~tat** *f* atrocity; **~wort** *n* scare word.

Schreckgespenst *fig. n* (*Sache*) bugbear, spect|re (*Am.* -er), nightmare; (*Buhmann*) bogeyman.

schreckhaft *adj.* nervous, jumpy.

Schrecklähmung *f* paralytic shock.

schrecklich I. *adj.* awful, terrible, dreadful, horrible; *Verbrechen, Benehmen etc.*: atrocious; ***~er Lärm*** terrible racket; **II.** F *fig. adv.* (*ungemein*) terribly, dreadfully, so, F incredibly *boring etc.*; ***sich ~ freuen*** *etc.* be terribly pleased *etc.*; ***er würde ~ gern mitkommen*** he'd really love to come, he'd do anything to be able to come; ***es tut mir ~ Leid*** I'm so sorry, I really am sorry (about that).

Schreck|reaktion *f* shock reaction; **~schraube** F *f* virago; *dem Aussehen nach*: scarecrow.

Schreckschuss *m a. fig.* warning shot; **~pistole** *f* blank (cartridge) pistol.

Schrecksekunde *f mot.* reaction time; *weitS.* moment of shock (*od.* terror); ***in der ersten ~*** when it first hits you.

Schrei *m freudiger, warnender etc.*: shout, cry; *brüllender*: yell; *durchdringender*: scream; *spitzer*: shriek; (*Brüll~*) *der Menge*: roar; *von Tieren*: screech(ing), (*Ruf*) call; *fig.* ***~ der Entrüstung*** outcry; ***der ~ nach Rache*** the cry for revenge; F ***das ist der letzte ~*** it's all the rage.

Schreib|arbeit *f* deskwork, *bsd. unerwünschte*: paperwork; **~befehl** *m Computer*: write command; **~block** *m* writing pad; **~dienst** *m* typing pool.

Schreibe F *f* writing; (*Stil*) style.

schreiben I. *v/t. u. v/i.* write (**über** on, about); (*verfassen*) write, compose; ⚖ (*Rechnung*) write out; ⚙ *Instrument*: record; ***j-m ~*** write to s.o., *Am. a.* write s.o.; (*Bekannten*) *a.* F drop s.o. a line; ***j-m et. ~*** write to s.o. about s.th.; ***sich*** (*od.* ***einander***) ***~*** write (to one another), *formell*: correspond; *et.* ***noch einmal ~*** rewrite; ***gut ~*** *Handschrift*: have a nice hand, have nice handwriting, *Stil*: be a good writer; ***er schreibt e-n guten Stil*** his style's good, he's got a good style; (***Bücher***) ***~*** be a writer; (***richtig***) ***~*** (*Wort*) spell (right *od.* correctly); ***falsch ~*** misspell; ***wie schreibt er sich?*** how do you (*od.* does he) spell his name?; ***an et. ~*** be working on s.th.; ***ins Reine ~*** make a fair copy of, write out neatly; ***mit Bleistift*** *etc.* ***~*** write in pencil *etc.*; ***mit der Maschine ~*** type (up); ***s-n Namen unter et. ~*** sign s.th., *formell*: put one's signature to s.th.; ***man schreibt uns aus Hamburg, dass*** we hear (*od.* are informed) from Hamburg that; ***der Brief, in dem Sie uns ~, dass*** the letter in which you inform us that; ***wie die Zeitung schreibt*** according to the paper; ***was schreibt die Zeitung?*** what do the papers say?; ***damals schrieb man das Jahr 1840*** it was in the year 1840; → ***Kamin, Leib, Ohr, Zeile*** *etc.*; **II.** ~ *n* writing; (*Brief*) letter, *kurzes*: note; ***Ihr ~ vom*** your letter of; **Schreiber** *m* **1.** writer; ***der ~ dieses Briefes*** the undersigned; **2.** ⚙ recorder; (*Stift*) (recording) stylus; **Schreiberei** *f* (endless) writing; paperwork; *contp.* scribbling; **Schreiberling** *contp. m* hack writer; **schreibfaul** *adj.* lazy about writing letters; ***er ist ziemlich ~*** *a.* he's not the greatest of letter-writers, he hates writing letters.

Schreib|feder *f* pen; (*Gänsefeder*) quill; **~fehler** *m* spelling mistake; (*Flüchtigkeitsfehler*) slip of the pen; **~gerät** *n* writing utensil; ⚙ recording instrument, recorder; **~geschützt** *adj. Computer*: write-protected; **~heft** *n* exercise book; **~kopf** *m Computer*: write head; **~kraft** *f* (shorthand) typist; *pl. a.* clerical staff *sg.*; **~krampf** *m* writer's cramp; ***ich habe e-n ~*** I've got writer's cramp; **~mappe** *f* writing case.

Schreibmaschine *f* typewriter; ***mit der ~ schreiben*** type (up); ***mit der ~ geschrieben*** typewritten, typed, in typescript; **Schreibmaschinenpapier** *n* typing paper.

Schreib|material(ien *pl.*) *n* writing materials (*pl.*), stationery (*sg.*); **~messgerät** *n* registering apparatus; **~papier** *n* writing paper; **~pult** *n* (writing) desk; **~reform** *f* spelling reform; **~schrift** *f* handwriting; *typ.* script; **~schutz** *m Computer*: write (*od.* file) protection; **~stelle** *f Computer*: cursor (*od.* character) position; **~stube** *f* ⚔ orderly room; **~tafel** *f* **1.** *hist.* tablet; **2.** (*Schiefertafel*) slate.

Schreibtisch *m* (writing) desk; **~arbeit** *f* desk work; **~garnitur** *f* desk set; **~lampe** *f* desk lamp; **~täter** *m* **1.** *iro.* wooly academic, pale theoretician; **2.** (*Verantwortlicher*) *the* person pulling the levers.

Schreibung *f* spelling; ***falsche ~*** misspelling.

Schreib|unterlage *f* desk pad; **~verbot** *n* ban on writing.

Schreibwaren *pl.* writing materials, stationery *sg.*; **~abteilung** *f* stationery department; **~geschäft** *n* stationer's, stationery shop; **~händler** *m* stationer('s).

Schreib|weise *f* spelling; (*Stil*) style; **~wut** *f* obsession with writing, manic urge to write; *vorübergehende*: writing fit; **~zentrale** *f* typing pool; **~zeug** *n* writing things *pl.*

schreien I. *v/i. u. v/t.* shout; *gellend*: yell; *kreischend*: scream, shriek; *quietschend*: squeal; (*brüllen*) roar (**vor Lachen** with laughter); *kleines Kind*: howl, *stärker*: scream; *Affe, Eule, Möwe*: screech; *Hahn*: crow; ***vor Schmerz ~*** scream with pain; ***sich heiser ~*** shout o.s. hoarse; ***schrei nicht so, ich bin nicht taub*** no need to shout, I'm not deaf; ***~ nach*** shout for; *fig.* ***nach Rache ~*** cry out for revenge; ***diese Zustände ~ nach Reform*** these conditions cry out for reform; → ***Himmel***; **II.** ~ *n* shouting, shouts *pl. etc.*; → I; F ***es*** (***er***) ***ist zum ~*** F it's (he's) a scream; **schreiend** *fig. adj. Farben*: garish, gaudy, loud; ***~es Unrecht*** glaring injustice; ***~er Gegensatz*** glaring contrast.

Schreier *m*, **Schreihals** F *m* loudmouth; (*Krakeeler*) brawler; (*Baby*) bawler; (*Kind*) F noisy brat.

Schreikrampf *m* screaming fit.

Schrein *m* chest; (*Reliquien~*) shrine; (*Sarg*) coffin, *Am. a.* casket.

Schreiner *m* joiner, carpenter; **Schreinerei** *f* joiner's (*od.* carpenter's) workshop; **Schreinermeister** *m* master joiner (*od.* carpenter); **schreinern I.** *v/i.* do carpentry; **II.** *v/t.* make.

schreiten *v/i.* step (**zu** up to); *mit langen Schritten*: stride; *feierlich*: walk; *stolz*: stalk; ***im Zimmer auf und ab ~*** pace up and down the room, pace the floor; *fig.* ***zu et. ~*** proceed to s.th.; ***zur Abstimmung ~*** (come to the) vote; ***zum Äußersten ~*** take drastic action; ***zur Tat ~*** set to work, F get cracking.

Schrieb F *m* F screed.

Schrift *f* **1.** (*Geschriebenes*) writing; (*Hand~*) *a.* handwriting, hand; (*~zeichen*) characters *pl.*, letters *pl.*, script; *typ.* script, type; → *a.* ***Schreibschrift***; ***in lateinischer ~*** in Roman characters (*od.* letters); ***kyrillische ~*** Cyrillic script; ***chinesische ~*** Chinese characters; *contp.* ***was ist denn das für e-e ~?*** what kind of scrawl is that?; **2.** (*Veröffentlichung*) publication; (*Abhandlung*) treatise, *kürzere*: paper; (*Werk*) work; (*~stück*) document; ***~en*** (*Werke*) *a.* writings; ***sämtliche ~en Kants*** Kant's complete works; → ***heilig***; **~art** *f* type(face); *Computer*: font; **~bild** *n* typeface; **~datei** *f Computer*: font file; **~deutsch** *n* written German; (*Hochdeutsch*) standard German.

Schriftenreihe *f* series.

Schrift|fälscher *m* (handwriting) forger; **~führer** *m* secretary; clerk; **~gelehrte(r)** *m hist.* scribe; **~grad** *m* type size; **~leiter** *obs. m* editor.

schriftlich I. *adj.* written, *nachgestellt*: in writing; ***~e Prüfung*** written exam(ination); ***darüber habe ich nichts ~es*** I have nothing in writing; **II.** *adv.* in writing; in black and white; ***~ niederlegen*** put down in writing; ***jetzt haben wir es ~*** now we have it in black and white; F ***das kann ich dir ~ geben!*** F I can guarantee you that.

Schrift|probe *f* handwriting specimen; *typ.* type specimen; **~quelle** *f* written source (*od.* document); **~rolle** *f* scroll; **~sachverständige(r)** *m* handwriting expert; **~satz** *m typ.* composition; ⚖ statement; **~setzer** *m typ.* typesetter, compositor; **~sprache** *f* written language; (*Hochsprache*) standard language.

Schriftsteller *m* author, writer; **Schrift-**

S

stellerei *f* writing; **schriftstellerisch I.** *adj.* literary; **II.** *adv.* as a writer; **schriftstellern** *v/i.* be a writer, be an author; ***nebenbei ~*** write on the side.

Schriftsteller|name *m* pen name, pseudonym, nom de plume; **~verband** *m* writers' union.

Schriftstück *n* paper, document.

Schrifttum *n* literature.

Schrift|verkehr *m*, **~wechsel** *m* correspondence; **~zeichen** *n* character, letter; **~zug** *m* (*einzelner Strich*) stroke; (*Handschrift*) (hand)writing.

schrill *adj.* shrill (*a. fig.*); **schrillen** *v/i. u. v/t.* shrill; ***~ durch*** *a.* pierce through.

Schrimps *etc.* → ***Shrimps*** *etc.*

Schrippe *dial. f* roll.

Schritt *m* **1.** step (*a. Tanz*ℒ), pace (*a. als Maß*); *langer*: stride; *hörbarer*: (foot-) step; *fig.* (*Maßnahme*) step, move, *bsd. pl.* measures; ***mit schnellen ~en*** briskly; ***e-n ~ zur Seite tun*** step aside; ***~ halten mit*** keep pace with, *fig. a.* keep abreast of; ***~ für ~*** step by step, *fig. a.* little by little, gradually; ***auf ~ und Tritt*** (*überall*) at every turn; ***j-m auf ~ und Tritt folgen*** dog s.o.'s footsteps; ***es sind nur ein paar ~e*** it's not far; *fig.* ***Politik der kleinen ~e*** step-by-step policy; ***der erste ~ zur Besserung*** a first step towards improvement; ***mit großen ~en*** with giant strides (*od.* steps); ***den ersten ~ tun*** take the first step, *vor j-d anderem*: make the first move; ***den zweiten ~ vor dem ersten tun*** put the cart before the horse; ***den entscheidenden ~ tun*** take the (final) plunge; ***wir sind keinen ~ weitergekommen*** we haven't made the slightest bit of progress (*od.* any headway at all); ***es ist ein großer ~ hin zu ...*** it's a huge step toward(s) ...; ***e-n ~ zu weit gehen*** overstep the mark; ***ich möchte noch e-n ~ weiter gehen*** I'd like to go one step further; F ***j-m drei ~ vom Leibe bleiben*** F give s.o. a wide berth; **2.** (*Tempo*) pace; ***im ~*** at a walking pace; ***~ fahren!*** dead slow; F ***e-n schnellen ~ am Leib haben*** be a fast walker; ***der hat aber e-n schnellen ~ am Leib!*** *a.* F you've got to run to keep up with him; **3.** *Hose*, *a.* F *anat.*: crotch.

Schritt|länge *f Hose*: inside leg; **~macher** *m Sport*: pacemaker (*a.* ⚕), pacer; *fig.* pacemaker; *in der Mode*: *a.* trendsetter; **~messer** *m* pedometer; **~motor** *m* ⚙ stepper motor; **~tempo** *n* walking speed; ***im ~ fahren*** crawl (along).

schrittweise *fig.* **I.** *adj.* gradual, step-by-step ...; **II.** *adv.* step by step, gradually, by degrees, little by little; ***~ einstellen*** phase out.

schroff *adj.* **1.** *Felsen*: jagged; (*steil, jäh*) steep, precipitous; **2.** *fig.* (*barsch*) gruff; (*kurz angebunden*) curt, *a. Verhalten*: brusque; (*unvermittelt*) abrupt; ***~e Ablehnung*** flat refusal; ***~er Gegensatz*** (***Widerspruch***) glaring contrast (contradiction); ***in ~em Gegensatz stehen zu*** contrast sharply with.

schröpfen *fig. v/t.* fleece, milk.

Schrot *m*, *n* **1.** wholemeal; **2.** *zum Schießen*: small shot, pellets *pl.*, buckshot; **3.** *fig.* ***von altem ~ und Korn*** of the old school; ***ein Sizilianer von echtem ~ und Korn*** a Sicilian born and bred; **~brot** *n* wholemeal bread.

schroten *v/t.* (*Getreide*) crush; bruise (*a. Malz*).

Schrot|flinte *f* shotgun; **~korn** *n*, **~kugel** *f* pellet; **~ladung** *f* round of shot.

Schrott *m* **1.** scrap metal; F ***ein Auto zu ~ fahren*** smash up a car; **2.** F (*kaputte Dinge*) junk; **3.** F (*Blödsinn, schlechter Film etc.*) rubbish; **~auto** *n* wrecked car; **~eisen** *n* scrap iron; **~händler** *m* scrap merchant; **~haufen** *m* scrap heap (*a. fig.*); **~platz** *m* scrapyard; ℒ**reif** *adj.* ready for the scrap heap; ***~ sein*** *a.* F have had it; *Auto* ***~ fahren*** F write off, *Am. sl.* total; **~wert** *m* scrap value.

schrubben *v/t.* scrub; **Schrubber** *m* scrubbing brush.

Schrulle *f* **1.** quirk; (*Idee*) F cranky idea; **2.** F (*Frau*) old crone; **schrullig** *adj.* cranky; *alte Menschen*: *a.* crotchety.

schrumpelig *adj.* (*runzelig*) wrinkled; (*eingeschrumpft u. faltig*) shrivel(l)ed; **schrumpeln** *v/i.* → ***schrumpfen.***

schrumpfen *v/i.* shrink (*a.* ⚙, ⚕); (*schrumpeln*) shrivel; *fig.* (*abnehmen*) shrink, dwindle.

Schrumpf|kopf *m* shrunken head; **~leber** *f* cirrhosis of the liver; **~niere** *f* cirrhosis of the kidney.

Schrumpfung *f* shrinking; *a.* ⚕, ⚙ shrinkage, contraction; ⚕ atrophy; *fig.* reduction; *beabsichtigte*: *a.* scaling-down.

Schub *m* **1.** *phys.*, ⚙ (*Schiebekraft*) thrust; (*Quer*ℒ) shear; **2.** (*Menge, Gruppe*) batch; **3.** ⚕ phase, (*Anfall*) attack; ***in Schüben verlaufend*** intermittent; **~düse** *f* thrust nozzle.

Schuber *m* slipcase.

Schub|fach *n* drawer; **~haft** *bsd. östr. f* custody prior to deportation; **~karre(n** *m*) *f* wheelbarrow, *Am. mst* push cart; **~kasten** *m* drawer; **~kraft** *f* thrust; (*Querschub*) shear(ing) force; **~lade** *f* drawer.

Schubladen|denken *n* pigeonholing, stereotyped thinking, F categoritis; **~system** *n CD-Spieler*: front drawer loading.

Schubs F *m* push, F shove.

Schubschiff *n* pusher tug, pushboat.

schubsen *v/t.* push, F shove.

schubweise *adv.* in batches; (*nach u. nach*) by degrees, F in bits and pieces; *ankommen*: *a.* F in dribs and drabs.

schüchtern *adj.* shy; (*verschämt*) bashful; (*zaghaft*) timid; ***~er Versuch*** hesitant attempt; **Schüchternheit** *f* shyness; bashfulness; timidity.

Schuft *m* F rotter, *sl.* bastard.

schuften *v/i.* slave (*od.* sweat) away; *sl.* work one's butt off; **Schufterei** *f* drudgery, F hard graft, grind, sweat.

schuftig *adj.* mean, low, F rotten.

Schuh *m* shoe (*a.* ⚙); *fig.* ***j-m et. in die ~e schieben*** pin (the blame) for s.th. on s.o.; ***wo drückt*** (***dich***) ***der ~?*** what's the trouble (*od.* problem)?; ***wissen, wo der ~ drückt*** know where the problem lies (*od.* problems lie); ***umgekehrt wird ein ~ daraus!*** it's the exact opposite; ***wem der ~ passt***(***, der ziehe ihn sich an***) if the cap fits wear it; **~absatz** *m* heel; **~anzieher** *m* shoehorn; **~band** *n* shoelace, *Am. a.* shoestring; **~bürste** *f* shoe brush; **~creme** *f* shoe cream, shoe polish, *Am. a.* shoeshine; **~fabrik** *f* shoe factory; **~geschäft** *n* shoe shop; **~größe** *f* shoe size; *fig.* → ***Kragenweite***; **~industrie** *f* footwear industry; **~karton** *m* shoebox; **~löffel** *m* shoehorn.

Schuhmacher *m* shoemaker, cobbler; **Schuhmacherei 1.** shoemaking, shoemaker's trade; **2.** shoemaker's shop.

Schuh|putzer *m* shoeshine boy, *Am.* bootblack; **~putzzeug** *n* shoe-cleaning things *pl.*; **~riemen** *m* shoelace; **~schrank** *m* shoe cabinet; **~sohle** *f* sole (of a *od.* the shoe); **~spanner** *m* shoe tree; **~spitze** *f* toe (*od.* tip) of a *od.* the shoe; **~verkäufer(in** *f*) *m* shoe shop assistant; **~werk** *n* footwear; shoes *pl.*, boots and shoes *pl.*; ***festes ~*** a sturdy pair of shoes.

Schukostecker *m* safety plug.

Schul|abgänger *m* school leaver, *Am.* highschool *etc.* graduate; **~abschluss** *m* secondary school qualifications *pl.*; **~alter** *n* school age; **~amt** *n* education authority; **~anfänger** *m* school beginner, reception child (*od.* pupil); **~arbeit** *f a. pl.* homework; ***~en machen*** do one's homework; ***hast du noch ~en?*** have you still got some homework to do?; **~arzt** *m* school medical officer; **~aufgabe** *f* **1.** → ***Schularbeit***; **2.** *süddeutsch*: → ***Klassenarbeit***; **~ausflug** *m* school outing; **~bank** *f* desk; F ***die ~ drücken*** go to school; F ***wir haben zusammen die ~ gedrückt*** we were at school together; **~beginn** *m* start of school; ***~ ist am 22.*** (***um acht***) school starts on the 22nd (at eight); **~beispiel** *n* classic example (***für*** of); **~besuch** *m* school attendance; **~bildung** *f* school education; ***höhere ~*** secondary education.

Schulbuch *n* textbook; **~verlag** *m* educational publisher(s *pl.*).

Schul|bus *m* school bus; **~chor** *m* school choir.

Schuld *f* **1.** (*Verantwortung*) blame; *bibl.* sin(s *pl.*); ***moralische ~*** moral guilt; ***~ und Sühne*** sin and atonement; ***er ist daran*** ℒ***, ihn trifft die ~ dafür*** he's responsible *od.* to blame (for it), it's his fault; ***ohne m-e ~*** through no fault of mine (*od.* my own); ***die ~ auf sich nehmen*** take the blame, take responsibility; ***j-m*** *od.* ***e-r Sache die ~ geben*** blame s.o. *od.* s.th. (for it), blame it on s.o. *od.* s.th.; ***die ~*** (***an e-r Sache***) ***auf j-n schieben, j-m die ~*** (***an e-r Sache***) ***zuschieben*** pin the blame on s.o. (for s.th.); ***er war sich s-r ~ bewusst*** he was aware of his wrongdoing; ***ich bin mir keiner ~ bewusst*** I don't feel that I'm in any way to blame; **2.** (*Geld*ℒ) *a. pl.* debt (*a. fig.*); (*Verbindlichkeit*) liability; ***~en haben, in ~en stecken*** be in debt; → *a.* ***Ohr***; ***~en machen*** run into debt; ***sich in ~en stürzen*** plunge into debt; ***in ~en geraten*** run into debt; ***s-e ~en bezahlen*** pay (*od.* settle) one's debts; ***bei j-m ~en haben*** owe s.o. (some) money; ***frei von ~en*** free from (*od.* of) debt, *Haus*: unencumbered; *fig.* ***in j-s ~ sein*** (*od.* ***stehen***) owe s.o. a debt of gratitude, be deeply indebted to s.o.; ***sich etwas zu ~en kommen lassen*** do (something) wrong; ***habe ich mir etwas zu ~en kommen lassen?*** *a.* am I guilty of some offen|ce (*Am.* -se)?; **~bekenntnis** *n* confession, admission of guilt; ℒ**beladen** *adj.* guilt-ridden, weighed down by guilt; **~beweis** *m* proof *od.* evidence of (s.o.'s) guilt.

schuldbewusst *adj.* **1.** *Miene etc.*: guilty; **2.** ***er war durchaus ~*** he was well aware of what he had done wrong (*od.* of his wrongdoing); **Schuldbewusstsein** *n* sense of guilt.

schulden *v/t.*: ***j-m et. ~*** owe s.o. s.th. (*a. fig. e-e Erklärung, das Leben etc.*); ***ich schulde dir noch 10 Mark*** *a.* you still get 10 marks from me; → ***Dank.***

S

Schulden|abkommen *n pol.* debt agreement; **~berg** *m* (huge) debt mountain; **~erlass** *m* waiving of debts; debt relief; **≈frei** *adj.* free from (*od.* of) debt; *Grundbesitz*: unencumbered; **~last** *f* debt burden; *auf Grundbesitz*: encumbrance; ***große ~ a.*** heavy debts; **~macher** *m* contractor of debts; **~masse** *f* ☤ (aggregate) liabilities *pl.*; **~rückzahlung** *f* debt repayment; **~tilgung** *f* liquidation of debts.

schuldfähig *adj.* criminally liable; **Schuldfähigkeit** *f* criminal liability (*od.* responsibility).

Schuld|forderung *f* claim; **~frage** *f*: ***die ~ klären*** establish who is responsible (*od.* to blame); **~gefühl** *n a. pl.* sense (*od.* feeling) of guilt, guilty feeling; guilty conscience; **~geständnis** *n* → ***Schuldbekenntnis.***

schuldhaft *adj.* culpable; *Verletzung etc.*: non-accidental.

Schuldienst *m* teaching; ***in den ~ treten*** go into teaching; ***im ~ sein*** be a teacher.

schuldig *adj.* **1.** guilty (*gen.* of) (*adv.* guiltily); *Zivilrecht*: *mst* at fault, responsible (for); ⚖ ***für ~ befinden*** find *s.o.* guilty (***e-s Verbrechens*** of a crime; ***e-r Anklage*** on a charge); ***j-n ~ sprechen*** pronounce s.o. guilty; ***das Gericht erkannte auf ~*** the court brought in a verdict of guilty; ***~ in allen Anklagepunkten*** guilty as charged; ***sich ~ bekennen*** plead guilty (***et. getan zu haben*** to doing s.th.); ***sich ~ machen an*** be guilty of; ***der ~e Teil*** → ***Schuldige(r)***; ***ich fühle mich ~*** I feel I'm to blame; ***~ geschieden*** divorced as the guilty party; **2.** *j-m* ***et. ~ sein*** → ***schulden***; ***das bist du ihm ~*** you owe it to him; ***das ist man ihm ~*** that's only his due; ***das bist du dir ~*** you owe it to yourself; ***(j-m) die Antwort ~ bleiben*** give (s.o.) no answer; ***(j-m) die Antwort nicht ~ bleiben*** hit back (at s.o.); ***Sie sind mir noch e-e Antwort ~*** I'm still waiting for an answer; ***sie blieb ihm nichts ~*** she paid him back in his own coin; ***was bin ich (Ihnen) ~?*** how much do I owe you?; ***ich muss dir das Geld ~ bleiben*** I'll have to owe you the money; **Schuldige(r)** *m* culprit; ⚖ guilty party, offender; **Schuldigkeit** *f* duty, obligation; → ***Pflicht.***

Schuldirektor(in *f*) *m* headmaster (*f* headmistress), head, *Am.* principal.

Schuld|klage *f* action for debt; **~komplex** *m* guilt complex.

schuldlos *adj.* innocent (**an** of), blameless; *a. adv.* without blame.

Schuldner *m* debtor; **~land** *n* debtor nation.

Schuld|recht *n* ⚖ law of obligations; **~schein** *m* promissory note, IOU (= "I owe you"); **~spruch** *m* ⚖ verdict of guilty, conviction; **~übernahme** *f* assumption of debt.

schuldunfähig *adj.* not criminally liable; **Schuldunfähigkeit** *f* absence of criminal liability (*od.* responsibility).

Schuld|verhältnis *n* ⚖ obligation; **~zuweisung** *f* apportioning of blame.

Schule *f* (*a. weitS. wissenschaftliche, künstlerische Richtung*) school; ***höhere ~*** secondary (*Am.* senior high) school; ***hohe ~*** *Reitsport*: manège, haute école; ***die hohe ~ des Kochens*** haute cuisine; ***auf*** (*od.* ***in***) ***der ~*** at school; ***zur*** (*od.* ***in die***) ***~ gehen*** go to school; ***e-e*** (*bestimmte*) ***~ besuchen*** go to a school; ***in welche ~ geht sie?*** which school does she go to (*od.* is she at)?; ***zur ~ kommen*** start school; ***noch zur ~ gehen*** still be at school; ***an e-r ~ unterrichten*** teach at a school; ***aus der ~ kommen*** come back from school; ***die ~ fängt um neun an*** school starts at nine; *fig.* ***er ist bei s-m Onkel in die ~ gegangen*** (*hat bei ihm sein Handwerk gelernt*) he learnt from (*od.* was trained by) his uncle; ***er ist bei den Impressionisten in die ~ gegangen*** he went through the Impressionist school; ***durch e-e harte ~ gehen*** learn the hard way; ***~ machen*** set a precedent; → ***plaudern, schwänzen.***

schulen *v/t.* train (*a. Auge, Gedächtnis*); *pol. a.* indoctrinate.

Schulenglisch *n* school English; ***dazu reicht mein ~ nicht*** the English I learnt at school isn't good enough for that.

Schüler(in *f*) *m* pupil, schoolboy (*f* schoolgirl); *höherer*: student; (*Jünger*) disciple, follower (*a. phls. etc.*).

Schüler|austausch *m* school exchange; **~lotse** *m* (*pupil acting as a*) school crossing patrol; **~mitverantwortung** *f*, **~mitverwaltung** *f* school council.

Schülerschaft *f* pupils *pl.*

Schüler|sprecher(in *f*) *m* → ***Schulsprecher(in)***; **~zeitung** *f* school magazine.

Schul|fach *n* subject; **~feier** *f* school function; **~ferien** *pl.* (school) holidays, vacations, vacation *sg.*; **~flugzeug** *n* trainer (plane); **~französisch** *n* school French; → *a.* ***Schulenglisch.***

schulfrei *adj.*: ***~ haben*** have the (*od.* a) day off; ***morgen ist ~*** there's no school tomorrow.

Schul|freund(in *f*) *m* schoolfriend, friend from school, schoolmate; **~funk** *m* school broadcasts *pl.*; **~gebäude** *n* (school) building; **~gelände** *n* school grounds *pl.*, *Am.* campus; **~geld** *n* school fees *pl.*, tuition (fees *pl.*); **~gottesdienst** *m* church service at school; *regelmäßig*: assembly; **~heft** *n* exercise book; **~hof** *m* playground, schoolyard.

schulisch *adj.* school ..., educational; ***~e Leistungen*** performance at school.

Schul|jahr *n* school year; **~e** school days; **~junge** *m* schoolboy; **~kamerad** *m* schoolfriend, schoolmate; **~kenntnisse** *pl.*: ***~ in Französisch*** *etc.* school(-level) French *etc.*; **~kind** *n* schoolchild (*pl.* schoolchildren); F schoolkid; **~klasse** *f* class, form; *Am.* class, grade; **~landheim** *n schools field cent|re* (*Am. -er*) *in the country*; **~lehrer(in** *f*) *m* teacher; **~leiter(in** *f*) *m* → ***Schuldirektor(in)***; **~mädchen** *n* schoolgirl; **~mappe** *f* schoolbag; **~medizin** *f* orthodox (school of) medicine; **~meinung** *f*: ***die ~*** received opinion.

schulmeistern *contp. v/i. u. v/t.* lecture.

Schul|orchester *n* school orchestra; **~ordnung** *f* school regulations *pl.*

Schulpflicht *f* compulsory education; **schulpflichtig** *adj.* of school age, school-age ...

Schul|politik *f* educational policy; **~psychologe** *m* educational psychologist; **~ranzen** *m* satchel; **~rat** *m* school inspector; **~sachen** *pl.* school things, things for school; ***s-e ~ packen*** get one's things ready for school; **~schiff** *n* school (*od.* training) ship; **~schluss** *m* end of school; *vor den Ferien*: end of term; ***wann habt ihr heute ~?*** when does school finish today?, when do you get out of school today?; **~schwänzer** F *m* truant; **~speisung** *f* school meals (*od.* lunches) *pl.*; **~sprecher(in** *f*) *m* head boy (*f* girl); **~stress** *m* pressures *pl.* of school, school stress; **~stunde** *f* lesson, class, period; **~system** *n* school system; **~tag** *m* school day; **~tasche** *f* schoolbag; (*Schultertasche*) satchel.

Schulter *f* shoulder (*a.* ⚙); ***~ an ~*** shoulder to shoulder (*a. fig.*), *beim Rennen*: neck and neck; ***mit den ~n zucken*** shrug (one's shoulders); ***j-m bis zur ~ reichen*** come up to s.o.'s shoulder; ***j-n an der ~ packen*** grab s.o. by the shoulder; *fig.* ***auf j-s ~n ruhen*** *Verantwortung*: rest on s.o.'s shoulders; ***j-n über die ~ ansehen*** look down one's nose at s.o.; → ***kalt, leicht*** 4, ***klopfen*** I; **~blatt** *n* shoulder blade; **~breite** *f* width of (the) shoulders; **≈frei** *adj. Kleid*: off-the-shoulder, (*trägerlos*) strapless; **~gelenk** *n* shoulder joint; **~halfter** *f*, *n* shoulder holster; **~höhe** *f*: (***in ~*** at) shoulder height; **~klappe** *f* ⚔ epaulet(te); **≈lang** *adj.* shoulder-length.

schultern *v/t.* **1.** (*Gewehr*) sling over one's shoulder; **2.** *Ringen*: shoulder.

Schulter|riemen *m* shoulder strap; **~schluss** *m* closing of ranks (**zwischen** between); close alliance (**von** between); ***sich im ~ befinden mit*** be standing shoulder to shoulder with; ***es kam zu e-m ~ zwischen*** there was a closing of ranks between; **~tasche** *f* shoulder bag.

Schul|träger *m*: ***~ ist ...*** the school is maintained by ...; **~tüte** *f cardboard cone filled with presents and sweets and given to children on their first day at school.*

Schulung *f* training, schooling; (*Übung*) practi|ce (*Am.* -se); (*Erziehung*) education; *pol. a.* indoctrination; (*Lehrgang*) → **Schulungskurs** *m* course (of training).

Schul|uniform *f* school uniform; **~unterricht** *m* tuition, lessons *pl.*, classes *pl.*; **~versuch** *m* educational experiment; **~weg** *m* way to school; ***er hat e-n langen ~*** he's got a long way to school; **~weisheit** *f* book learning; **~wesen** *n* school system; **~wissen** *n*: ***mein ~*** what I learnt (*od.* they taught me) at school; **~wörterbuch** *n* school dictionary; **~zeit** *f* school days *pl.*; ***während m-r ~*** back in my school days, when I was at school; **~zeugnis** *n* (school) report.

schummeln F *v/i. u. v/t.* **1.** cheat; ***das ist geschummelt*** that's cheating; ***es wird nicht geschummelt!*** no cheating!; **2.** *et.* ***~ in*** (*ein Haus etc.*) smuggle into, (*e-e Tasche etc.*) slip into.

schummerig *adj.* dim, dimly lit.

Schummerstunde *f* → ***Dämmerstunde.***

Schund *m* trash, rubbish; **~blatt** *n* rag; **~literatur** *f* pulp fiction, trashy novels *pl.*; **~roman** *m* trashy novel.

Schunkelmusik *f* jolly (*od.* singalong) music; **schunkeln** *v/i.* rock, sway; *zur Musik*: sway to the music.

Schuppe *f* scale; *pl.* (*Kopf≈n*) dandruff *sg.*, scurf *sg.*; *fig.* ***es fiel mir wie ~n von den Augen*** the scales fell from my eyes; **schuppen I.** *v/t.* scale; **II.** *v/refl.*: ***sich ~*** peel.

Schuppen *m* shed, *Am. a.* shack; (*Flugzeug≈*) hangar; F (*Lokal etc.*) *sl.* joint; F ***riesiger ~*** F huge place; F ***hässlicher ~*** real eyesore; F ***vornehmer ~*** *sl.* fancy joint.

Schuppen|flechte *f* ⚕ psoriasis; **≈förmig** *adj.* scale-like, *formell*: squamous; **~harnisch** *m* scale armo(u)r; **~tier** *n* pangolin, scaly anteater.

S

schuppig *adj.* scaly; *Haar*: dandruffy; **~es Haar haben** *a.* have dandruff.
Schur *f* **1.** shearing; *e-r Hecke*: clipping; **2.** (*Wolle*) fleece.
schüren *v/t.* (*Feuer*) poke, rake; *fig.* stir up, *formell*: foment.
schürfen I. *v/t.* (*Haut*) scrape, graze; **sich das Knie ~** scrape (*od.* graze) one's knee; **II.** *v/i.* prospect (**nach** for), dig (for); *fig.* **tiefer ~** dig below the surface.
Schürfwunde *f* graze, ⚕ abrasion.
Schürhaken *m* poker.
schurigeln F *v/t.* → **piesacken.**
Schurke *m* rogue.
Schurwolle *f*: (**reine ~** pure) virgin wool.
Schurz *m* apron; (*Lenden*2) loincloth.
Schürze *f* apron; *für Frauen u. Kinder*: *a.* pinafore, F pinny.
schürzen *v/t.* (*Kleid*) gather up.
Schürzen|band *n* apron string; **~jäger** F *m* womanizer, philanderer; **er ist ein richtiger ~** *a.* he's always chasing after women; **~zipfel** *m*: F *fig.* **der Mutter am ~ hängen** be tied to one's mother's apron strings.
Schuss *m* shot (*a. phot.*); *Fußball*: *a.* strike; (*Kugel*) bullet; (**~** *Munition*) round; *Weberei*: weft, woof; *Skisport*: schuss (*a.* **im ~ fahren**); F (*Drogeninjektion*) shot, *sl.* fix; **e-n ~ abgeben** fire (a shot), *Fußball*: shoot; **~ ins Schwarze** bull's-eye (*a. fig.*); **ein ~** *Wein etc.*: a dash of, *fig. Ironie etc.*: a touch of; **Orangensaft** *etc.* **mit ~** spiked orange juice *etc.*; *fig.* **~ vor den Bug** warning shot; F **ein ~ in den Ofen** a complete flop, F a dead loss; F **er kam nicht zum ~** he never got a chance; F **sich e-n ~ setzen** *Drogen*: shoot up; F **den goldenen ~ setzen** F OD (o.s.); F **in ~ bringen** (*Wohnung, Garten etc.*) F knock *s.th.* into shape, (*Auto, Uhr etc.*) get *s.th.* working, (*Geschäft etc.*) get *s.th.* going again, (*Person*) get *s.o.* into shape (*od.* trim); F **wieder in ~ kommen** *Garten, Person*: shape up again, *a. Auto*: get back into shape; F **sich gut in ~ halten** keep in good shape; F **gut in ~ sein** be in good shape; F **weit(ab) vom ~** well out of harm's way, *wohnen etc.*: right out of the way; → **Pulver**; **~bahn** *f* **1.** line of fire; **2.** *phys.* trajectory; **2bereit** *adj.* ready to fire (*od.* shoot, *a.* F *phot.*); *Waffe*: *a.* at the ready.
Schussel F *m* F dope; *zerstreuter*: *a.* scatterbrain.
Schüssel *f* bowl; (*Servier*2) *a.* dish; ⚕ (*Bett*2) bedpan.
schusselig F *adj.* F dop(e)y; (*zerstreut*) *a.* scatterbrained, F scatty.
Schuss|faden *m Weberei*: weft, woof; **~fahrt** *f Skisport*: schuss; **~feld** *n* field of fire; *fig.* **ins ~ (der Öffentlichkeit) geraten** come under fire (from the public); **2fest** *adj.* bulletproof; *vor Granateinwirkung*: shellproof; **~gefecht** *n* gun battle; **~gelegenheit** *f Sport*: chance of a goal; **~linie** *f* line of fire; *fig.* **in die ~ geraten** come under fire (**von** from); **in j-s ~ geraten** *a.* get into s.o.'s line of fire; **sich in die ~ begeben** walk right into the firing line; **~möglichkeit** *f Fußball*: scoring opportunity; **e-e ~ haben** *a.* be in a striking position; **~position** *f* shooting position; **~richtung** *f* direction of fire; **~waffe** *f* firearm; *pl.* (*Handfeuerwaffen*) small arms; **von der ~ Gebrauch machen** use one's weapon, shoot; **~wechsel** *m* exchange of fire, *stärkerer*: gun battle; *fig.* heated exchange; **sich e-n ~ liefern** exchange shots (*od.* fire), *heftigen*: have a shoot-out; **~weite** *f* range (of fire); **außer (in) ~** out of (within) range; **~wunde** *f* gunshot wound.
Schuster *m* shoemaker, cobbler; → **Rappe**; **schustern** *v/i.* **1.** mend shoes; **2.** F *fig.* (*pfuschen*) F bungle, botch it.
Schute *f* ⚓ barge, lighter.
Schutt *m* (*Abfall*) rubbish, *bsd. Am.* garbage; (*Stein*2) rubble, (*Trümmer*) *a.* debris, ruins *pl.*; *geol.* detritus; F *fig.* (*Untaugliches*) F (a load of) rubbish (*od.* trash, garbage); **in ~ und Asche legen** raze to the ground; **~abladeplatz** *m* rubbish (*Am.* garbage) dump, tip; **~ablagerung** *f geol.* detritus.
Schüttbeton *m* cast concrete.
Schüttel|becher *m* shaker; **~frost** *m* shivering fit, F *the* shivers *pl.*; **~lähmung** *f* Parkinson's disease.
schütteln I. *v/t.* shake; **den Kopf ~** shake one's head; **j-m die Hand ~** shake s.o.'s hand, shake hands with s.o.; → **Ärmel, Öffnen**; **II.** *v/refl.*: **sich ~** shudder (**vor Angst** *etc.* with fear *etc.*); **sich vor Kälte ~** shiver with cold; **ich musste mich ~** it made me shudder, F it gave me the creeps; F **er schüttelte sich vor Lachen** he shook with laughter.
Schüttelsieb *n* vibrating screen.
schütten I. *v/t.* (*gießen*) pour (*a.* ⚙); (*ver~*) spill; **auf e-n Haufen ~** heap up; **II.** F *v/impers.*: **es schüttet** (*regnet*) it's pouring, *Brit. a.* F it's bucketing (down).
schütter *adj. Haar*: thinning.
Schüttgut *n* bulk goods *pl.*
Schutt|halde *f* tip; *geol.* talus; **~haufen** *m* rubbish heap; *aus Steinen*: heap of rubble.
Schutz *m* protection (**gegen, vor** against, from); (*Geleit*) escort; (*Obdach, Zuflucht*) shelter, refuge; (*Obhut*) custody; (*Deckung*) cover; (*Erhaltung*) preservation, conservation; (*Wärme*2) insulation; (*Sicherung*) safeguard; **rechtlicher ~** legal protection; **~ der Privatsphäre** respect for privacy; **den ~ des Gesetzes genießen** be protected by law; **~ suchen** *vor dem Regen etc.*: look for (a) shelter, *fig.* seek refuge (**vor** from; **bei** with); **in ~ nehmen** protect, (*eintreten für*) come to *s.o.'s* defen|ce (*Am.* -se), back *s.o.* up; **da muss ich ihn in ~ nehmen** I have to take his side there; **er nimmt s-e Frau immer in ~** he won't let anything be said against his wife; **im ~e der Nacht** under cover of darkness; **zum ~ gegen Erkältungen** *etc.* to ward off colds *etc.*, to build up one's resistance against colds *etc.*; **zum ~ gegen Strahlung** to protect against radiation; *diese Medizin* **bietet ~ vor ...** protects against ...; **~anstrich** *m* protective coat(ing); ⚔ camouflage, ⚓ dazzle paint; **~anzug** *m* protective clothing; **2bedürftig** *adj.* in need of protection; **~behälter** *m* special container (for toxic waste *etc.*); **~behauptung** *f* defensive lie; **~blech** *n* guard; *mot.* mudguard, *Am.* fender; **~brief** *m mot.* accident and breakdown cover; **~brille** *f*: (**e-e ~** a pair of) safety goggles *pl.*; **~bündnis** *n* defensive alliance; **~dach** *n* protective roof, shelter; ⚙ canopy; (*Markise*) awning.
Schütze *m* **1.** (**guter ~** good) shot, marksman; *als Dienstgrad*: private; *Sport*: scorer; **2.** (*Sternzeichen*) Sagittarius; (**ein**) **~ sein** be (a) Sagittarius (*od.* a Sagittarian).
schützen I. *v/t.* protect, (*verteidigen*) defend (**gegen, vor** against, from); (*sichern, bewahren*) guard (against); *gegen Wetter etc.*: shelter (from); (*decken*) cover, *weitS.* shield; (*abschirmen*) screen, shield; (*geleiten*) escort; (*erhalten*) preserve, conserve, (*Umwelt etc.*) *a.* protect; (*bewachen*) watch over; **vor Hitze ~!** store away from heat; **vor Nässe ~!** keep dry, keep (*od.* store) in a dry place; **patentrechtlich ~** patent; **urheberrechtlich ~** copyright; **~d** protective; *fig.* **sich ~d vor j-n stellen** stand up for s.o.; **s-e ~de Hand über j-n halten** take s.o. under one's wing; → **geschützt**; **II.** *v/refl.*: **sich ~** protect o.s. (**gegen, vor** from); **sich ~ vor** *a.* guard against.
Schützen|fest *n* **1.** *fair with shooting competition*; **2.** F *Sport*: goal spree; **~feuer** *n* ⚔ rifle fire, (*selbstständiges Schießen*) independent fire.
Schutzengel *m* guardian angel.
Schützengraben *m* ⚔ trench; **~krieg** *m* trench warfare.
Schützen|hilfe *fig. f* support, backing; **j-m ~ leisten** back s.o. up; **~könig** *m* **1.** champion marksman; **2.** F *Sport*: top scorer; **~loch** *n* foxhole; **~panzer** *m* armo(u)red personnel carrier; **~verein** *m* rifle association.
Schutz|farbe *f* protective paint; ⚔ → **Schutzanstrich**; **~färbung** *f zo.* protective colo(u)ring, camouflage; **~film** *m* protective layer (*od.* coating); **~frist** *f* term of copyright; **~gebiet** *n* **1.** *pol.* protectorate; **2.** → **Naturschutzgebiet**; **~gebühr** *f* token fee; **~geist** *m* tutelary spirit; **~geld** *n* protection (money); **~gelderpressung** *f* protection racket; **~geleit** *n* escort; *Polizei*, ⚔: *a.* convoy; **~gewahrsam** *m* protective custody; **~gitter** *n* safety barrier; ⚡ screen (grid); *mot.* radiator grille; *vor dem Kamin*: fireguard; **~haft** *f pol.* preventive detention; **~heilige(r** *m*) *f* patron saint; **~helm** *m* (safety) helmet; *für Bauarbeiter etc.*: *a.* hard hat; **~herr** *m* (*Schirmherr*) patron; *pol.* protector; **~herrin** *f* (*Schirmherrin*) patron(ess); *pol.* protector, protectress; **~herrschaft** *f* protectorate; **~hülle** *f* (protective) cover; *Ausweis*: holder; *Buch*: dust cover (*od.* jacket); **~hütte** *f* shelter; **~impfung** *f* inoculation, *a. gegen Pocken*: vaccination.
Schützin *f* **1.** (**gute ~** good) shot, markswoman; **2.** *Sport*: scorer.
Schutz|kappe *f* protective cap, *für Objektiv a.*: lens cap; **~karton** *m* slipcase; **~klausel** *f* protective clause; **~kleidung** *f* protective clothing; **~kontakt** *m* earthing (*Am.* grounding) contact; **~leiste** *f* protective strip.
Schützling *m* charge, protégé(e *f*).
schutzlos I. *adj.* defenceless, *Am.* defenseless; *im Regen*: without shelter; **II.** *adv.*: **j-m ~ ausgeliefert sein** be at s.o.'s mercy.
Schutz|macht *f pol.* protecting power; protector; **~mann** *obs. m* policeman, constable; **~mantel** *m* ⚙ protective casing; *e-s Reaktors*: radiation shield; **~marke** *f*: (**eingetragene ~** registered) trademark, brand name; **~maske** *f* (protective) mask; **~maßnahme** *f* protective (*od.* safety) measure; precaution(ary measure); **~mauer** *f* protective (*od.* screen) wall; ⚔ defensive wall; **~mittel** *n* protective agent; ⚕ prophylactic; **~patron(in** *f*) *m* patron saint; **~polizei** *f* police *pl.*, constabulary; **~polizist** *m* → **Schutzmann**; **~raum** *m* (*Luft*2) air-raid

shelter; **~schicht** *f* protective layer (*od.* coating); **~schild** *m* (protective) shield; ***lebendiger*** (*od.* ***menschlicher***) **~** human shield; **~schirm** *m* (protective) screen, protective umbrella; **~staat** *m* protectorate; **~stoff** *m* ⚕ antibody; (*Impfstoff*) vaccine; **~umschlag** *m* dust cover, (dust) jacket; **~verband** *m* **1.** ⚕ protective bandage; **2.** protective association; **~vorrichtung** *f* safety device, guard; **~wirkung** *f* protective action.

Schutzzoll *m* protective duty; **~politik** *f* protectionism.

Schutzzone *f pol.* exclusion zone.

schwabbelig F *adj.* wobbly; *Körperteil*: flabby; **schwabbeln** F *v/i.* wobble.

Schwabe *m* Swabian; ***~ sein*** be (a) Swabian, come from Swabia; **schwäbeln** *v/i.* **1.** speak in (*od.* the) Swabian dialect; **2.** have a Swabian accent; **Schwabenstreich** *m* folly, foolish act; **Schwäbin** *f* → ***Schwabe***; **schwäbisch** **I.** *adj.* Swabian; **II.** ♀ *n* Swabian (dialect).

schwach I. *adj.* weak (*a. Argument, Augen, Brille, Charakter, Konstitution, Magen, Mannschaft, Nerven*; ✝ *Markt*; ⚗ *Lösung etc.*; *Getränk*; *ling. Deklination, Zeitwort etc.*); (*nachgiebig*) soft; F (*enttäuschend*) F hopeless; *Gesundheit, Gedächtnis, Gehör*: poor; *Stimme*: weak, faint; *Hoffnung, Lächeln*: faint; *Motor*: low-powered; *Batterie*: low; *Puls*: slow; *Ton, Geruch*: faint; *Licht*: dim; ***~e Ähnlichkeit*** remote resemblance; ***~es Anzeichen*** faint sign; ***~er Beifall*** half-hearted applause; ***~e Beteiligung*** poor turnout; ***~e Erinnerung*** faint (*od.* vague, dim) recollection; ***~er Esser*** poor eater; ***das ~e Geschlecht*** the weaker sex; ***~e Leistung*** poor (*od.* weak) performance; ***~es Lob*** scant praise; ***~e Seite*** → ***Schwäche*** 2; ***~e Stelle*** weak spot; ***e-e ~e Stunde*** a moment of weakness; ***~er Trost*** small consolation; ***~er Versuch*** feeble attempt; ***~e Vorstellung*** faint idea; ***e-n ~en Willen haben*** be weak-willed; ***~er Wind*** (s)light breeze; ***in Erdkunde ist sie ~*** geography is her weak subject, she's weak in (*od.* not very good at) geography; ***~ werden*** weaken, *fig.* (*nachgeben*) *a.* relent; (*erliegen*) succumb; *fig.* ***er wurde ~*** *a.* his resistance broke down; F ***bei dem Anblick wurde ich ~*** F I melted at the sight; ***sich ~ zeigen*** show one's weakness; ***schwächer werden*** weaken (further), grow weaker, *Nachfrage*: fall off, decrease, *Sehkraft*: fail, *Ton, Licht*: fade; → ***abflauen, nachlassen***; F ***mach mich nicht ~!*** F don't say things like that!; F ***nur nicht ~ werden!*** don't give in!; F ***mir wird ganz ~, wenn ich daran denke*** I go weak in the knees just at the thought (of it); F ***~ auf der Brust sein*** be out of pocket; **II.** *adv.*: ***~ spielen*** play badly; ***~ entwickelt*** underdeveloped; ***~ dekliniertes Substantiv (Adjektiv)*** weak noun (adjective).

schwach| besiedelt *adj.* sparsely populated; **~ betont** *adj.* weakly stressed; ***~ sein*** *a.* have a weak stress; **~ bevölkert** *adj.* sparsely populated.

Schwäche *f* **1.** weakness; (*~gefühl*) (feeling of) faintness; (*Erschöpfung*) exhaustion; *von Ton, Licht*: faintness; **2.** (*schwache Seite*) weak point, *des Charakters*: *a.* weakness, failing, shortcoming; ***menschliche ~n*** human frailty; **3.** (*Vorliebe*) weakness (**für** for), (*Zuneigung zu j-m*) soft spot (for); **4.** (*Leistungs*♀) weakness; bad performance; **5.** (*Nachteil, Fehler*) weakness, shortcoming; **~anfall** *m*: ***e-n ~ haben*** suddenly feel faint, (*zusammenbrechen*) faint, collapse; **~gefühl** *n* weak feeling; *dauerhaft*: *a.* lack of energy.

schwächen *v/t.* weaken (*a. fig.*); (*vermindern*) *a.* diminish, reduce; (*Gesundheit*) undermine, (*a. Sehkraft etc.*) impair; ***j-n ~*** *a.* sap s.o.'s energy.

Schwächezustand *m* weak condition, *formell*: debility.

Schwachheit *f* weakness (*a. fig.*); F *fig.* ***bilde dir nur keine ~en ein!*** F don't kid yourself.

Schwachkopf *contp. m* idiot, F blockhead, twit.

schwächlich *adj.* weakly; (*zart*) delicate, frail; (*kränklich*) vulnerable, *stärker*: sickly; *fig.* weak.

Schwächling *m* weakling (*a. fig.*).

schwachsichtig *adj.* weak-sighted; **Schwachsichtigkeit** *f* poor vision.

Schwachsinn *m* **1.** F (*Blödsinn*) nonsense; ***so ein ~!*** *a.* F what a load of rot, (*Handlung*) F what a crazy thing to do; **2.** ⚕ feeble-mindedness; **schwachsinnig** *adj.* **1.** F (*blödsinnig*) idiotic, inane, F crazy; **2.** ⚕ mentally deficient, feeble-minded; **Schwachsinnige(r** *m*) *f* **1.** F moron, nut; **2.** ⚕ imbecile.

Schwach|stelle *f* weak spot; **~strom** *m* ⚡ weak (*od.* low-voltage) current.

Schwächung *f* weakening; → *a.* ***Abschwächung.***

schwach windig *adj. meteor.* light winds.

Schwaden *m* cloud; *von Nebel*: *a.* patch; ***dicke ~*** dense *od.* thick clouds (*od.* patches *of fog*).

Schwadron *f* squadron.

schwadronieren *v/i.* bluster, F gas (**von** about).

Schwafelei F *f* F twaddle, blether(ing); **Schwaf(e)ler** F *m* F gasbag; waffler; **schwafeln** F **I.** *v/i.* F waffle; ***~ von*** waffle (on) about, go on about; **II.** *v/t.*: ***was schwafelt er denn wieder?*** F what's he waffling (*od.* going) on about now?

Schwager *m* brother-in-law; **Schwägerin** *f* sister-in-law.

Schwalbe *f* **1.** *Vogel*: swallow; *fig.* ***e-e ~ macht noch keinen Sommer*** one swallow doesn't make a summer; **2.** F *Fußball*: dive.

Schwalbennest *n* swallow's nest; **Schwalbennestersuppe** *f* bird's nest soup.

Schwalbenschwanz *m* (*Schmetterling*) swallow-tail; F (*Frack*) swallow-tails *pl.*, swallow-tailed coat.

Schwall *m von Wasser etc.*: huge splash, *stärker*: surge (*a. von Luft, Gas*); *fig. von Worten*: flood; *von Schimpfwörtern*: volley, torrent; *von Fragen*: barrage; *von Musik etc.*: burst.

Schwamm *m zo. u. weitS.* sponge; (*Haus*♀) dry rot; ***mit e-m ~ abwaschen*** sponge down; *fig.* ***~ drüber!*** (let's) forget it.

Schwammerl *dial. n* → ***Pilz.***

schwammig *adj.* **1.** spongy; *Körper*: flabby; *Gesicht*: *a.* puffy; **2.** *fig. Begriff etc.*: woolly.

Schwan *m* swan; F ***mein lieber ~!*** *überrascht*: F blimey!; *verstärkend*: F I tell you; *vorwurfsvoll, zum Kind*: and I'm not joking.

schwanen F *v/i. u. v/impers.*: ***mir schwant, es schwant mir*** something tells me, I have a feeling; ***mir schwant nichts Gutes*** I have a funny feeling something's gone wrong (*od.* something awful is going to happen *etc.*).

Schwanen|gesang *fig. m* swan song; **~hals 1.** ⚙ gooseneck; **2.** *fig. hum.* swan neck.

Schwang *m*: ***im ~ sein*** be the fashion, F be in.

schwanger *adj.* pregnant, *formell*: expectant; ***~ sein*** *a.* be expecting; ***im dritten Monat ~*** three months pregnant; F *fig.* ***~ gehen mit*** F be hatching (out) *great plans etc.*; **Schwangere** *f* pregnant woman, expectant mother.

Schwangeren|beratungsstelle *f* antenatal clinic; **~fürsorge** *f* antenatal care; **~gymnastik** *f* antenatal exercises *pl.*

schwängern *v/t.* make *s.o.* pregnant; *fig.* impregnate.

Schwangerschaft *f* pregnancy; ***während der ~*** during pregnancy, while (one is) pregnant.

Schwangerschafts|abbruch *m* abortion; **~gymnastik** *f* antenatal exercises *pl.*; **~streifen** *m an Bauch, Hüften*: stretch mark; **~test** *m* pregnancy test; **~unterbrechung** *f* abortion; **~verhütung** *f* → ***Empfängnisverhütung***; **~vorsorgeuntersuchung** *f* antenatal; **~zeichen** *n* sign of pregnancy.

Schwank *m* **1.** *thea.* farce; **2.** (amusing) story, anecdote; ***Schwänke aus s-r Jugend*** adventures of one's youth.

schwanken I. *v/i.* sway; *Boden, Gelände*: *a.* shake, tremble; *Boot*: rock (from side to side); (*taumeln*) sway (from side to side), totter, *bsd. Betrunkener*: *a.* stagger, reel; *fig.* (*unentschlossen sein*) vacillate, waver; (*sich ändern*) vary; *abwechselnd*: alternate; ✝ *Kurse, Preise*: fluctuate; *Temperatur*, ⚙ *Messwerte etc.*: fluctuate, vary; *fig.* ***ich schwanke noch*** I'm still undecided, I haven't made up my mind yet; ***ich schwanke noch zwischen Malta und Zypern*** I still can't decide whether to go to Malta or Cyprus; ***die Meinungen ~*** opinions are divided; ***er schwankte e-n Augenblick, bevor er...*** after a moment of indecision he ...; → *a.* ***wanken***; **II.** ♀ *n* swaying; variation; fluctuation *etc.*; → I; ***ins ~ geraten*** *Boot*: start to rock, *Boden*: start to sway (*od.* shake, tremble), *Person*: start to sway (*od.* totter), lose one's balance, *a. fig. Regierung etc.*: begin to teeter, *fig. Hoffnung etc.*: be shaken, begin to waver; ***bei dieser Frage geriet sie ins ~*** that question caught her off her guard (*od.* slightly flummoxed her, got her slightly flustered); **schwankend** *adj.* swaying *etc.*; → ***schwanken***; *fig.* (*unentschlossen*) undecided, irresolute, wavering; (*unbeständig*) unsteady, unstable (*a.* ✝); *Charakter*: unstable *personality*; **Schwankung** *f* variation (*gen.* in, of); fluctuation (in, of); (*Abweichung*) deviation; → *a.* ***Konjunkturschwankungen, Temperaturschwankung*** *etc.*; ***seelische ~en*** emotional ups and downs.

Schwanz *m zo.* tail (*a.* ✈ *etc.*; *a. ast.*); *fig.* (*Schluss*) (tail) end; (*Reihe*) string *of questions etc.*; *vom Wein*: lingering aftertaste; V (*Penis*) V prick, cock, dick; F ***den ~ einziehen*** F come down a peg or two; F ***mit eingezogenem ~ abziehen*** slink off with one's tail between one's legs; F ***kein ~*** *sl.* not a sod.

S

schwänzeln *v/i.* wag one's tail; *Person, beim Gehen*: mince (along); *fig.* ***um*** *j-n* **~** F toady to, suck up to.

schwänzen F *v/t. u. v/i.*: (***die Schule*** **~**) play truant (*Am.* hookey); (*Stunde*) skip, *Brit. a.* F skive.

Schwanz|ende *n* tip of the tail; ✈ tail; *fig.* tail end; **~feder** *f* tail feather; **~flosse** *f* tail fin; **≈lastig** *adj.* ✈ tail-heavy; **~stück** *n* tail piece (*a. vom Fisch*); *Rindfleisch*: rump.

schwappen *v/i.* slosh (around); (*über***~**) slop, spill (***auf*** onto).

Schwäre *f* abscess, boil; **schwären** *v/i.* fester, *formell*: suppurate.

Schwarm *m* **1.** *Insekten*: swarm; *Vögel*: flock, *auffliegender*: flush; *Fische*: shoal, school; *Personen*: crowd, swarm, F herd; **2.** F (*Person*) F heartthrob; **3.** (*sehnlicher Wunsch*) dream; **schwärmen** *v/i.* **1.** *Bienen, Menschen etc.*: swarm; **2.** enthuse (***von*** about), rave ([on] about); *träumerisch*: dream (of); ***für*** *et.* **~** be mad (F wild, crazy) about; ***für j-n*** **~** *a.* F have a crush on s.o.; ***ins*** **≈** ***geraten*** go into raptures; **Schwärmer** *m* **1.** (*Träumer*) dreamer; (*Romantiker*) romantic; (*Begeisterter*) enthusiast, *stärker*: fanatic, *bsd. pol. etc.* zealot; **2.** (*Abendfalter*) hawkmoth; **3.** (*Feuerwerkskörper*) squib; **Schwärmerei** *f* enthusiasm (***für*** for), *stärker*: passion (for), (*Fanatismus*) fanaticism (for); *romantische*: romantic zeal; (*Vergötterung*) idolization, worship (of); **schwärmerisch** *adj.* *Person*: gushing; *Worte, Gefühle*: *a.* effusive; (*verzückt*) enraptured; *Sekten etc.*: fanatical; **Schwarmgeist** *m* zealot.

Schwarte *f* rind, *a. zo.* skin; (*Speck***≈**) bacon rind, *gebratene*: crackling; F ***dicke*** **~** (*Buch*) F fat tome; **Schwartenmagen** *m gastr.* brawn.

schwarz I. *adj.* black (*a. Kaffee, Tee*); (*sonnenverbrannt*) brown (as a berry); F (*schmutzig*) black, filthy; *fig.* (*düster*) black, gloomy; (*ungesetzlich*) illicit, illegal, *Markt*: black *market*; F *pol.* (*konservativ*) conservative; **~*es Brett*** notice board, bulletin board; **~*er Humor*** black humo(u)r, *thea.* black comedy; ***der*** **~*e Mann*** the chimney sweep, (*Kinderschreck*) the bogeyman; **~*e Liste*** black list; *j-n* ***auf die*** **~*e Liste setzen*** blacklist; **~*e Magie*** Black Magic; **~*er Tag*** black day; ***du hast dich im Gesicht*** **~** ***gemacht*** you've dirtied your face; *fig.* **~*en Gedanken nachhängen*** (*auf Rache sinnen*) be plotting revenge, (*schwermütig sein*) be sunk in gloom (and despondency); ***j-m den*** **~*en Peter zuspielen*** F pass the buck to s.o.; ***sich*** **~** ***ärgern*** F be really mad; ***ich hab mich*** **~** ***geärgert*** (*über mich selbst*) F I could have kicked myself; **~** ***auf weiß*** in black and white, in cold print; ***aus*** **≈** ***Weiß machen wollen*** try to twist things; **~** ***werden*** (*schmutzig*) get dirty, *Silber*: tarnish, go black, *Kartenspiel*: not to get a single trick; ***mir wurde*** **~** ***vor Augen*** everything went black; *da kann er warten*, ***bis er*** **~** ***wird*** till he's blue in the face; **~** ***von Menschen*** *Straße etc.*: swarming with people; **~** ***wie die Nacht*** (as) black as night; ***wieder*** **~*e Zahlen schreiben*** be in the black again; → ***Schaf*** *etc.*; → *a.* ***schwarzfahren, schwarz malen*** *etc.*; **II.** *adv.*: **~** (***ver***)***kaufen*** buy (sell) on the black market; **~** ***über die Grenze gehen*** cross the border illegally; **III.** **≈** *n* black (*a. Farbe, Kleidung, a. beim Spiel*); ***in*** **~** ***gekleidet*** (dressed) in black, in mourning.

Schwarzafrika *n* black Africa; **schwarzafrikanisch** *adj.* black African.

Schwarzarbeit *f* illicit work, F moonlighting; ***et. in*** **~** ***machen*** do s.th. on the side (without declaring it); **schwarzarbeiten** *v/i.* work on the side, F moonlight; **Schwarzarbeiter** *m* illicit worker, F moonlighter.

schwarz|äugig *adj.* dark-eyed; **~blau** *adj.* bluish black, blue-black; **~braun** *adj.* brownish black.

Schwarz|brenner *m* moonshiner, illicit distiller; **~brot** *n* brown bread; (*Roggenbrot*) rye bread.

schwarzbunt *adj.* *Vieh*: black and white; **Schwarzbunte** *f* Friesian, *Am.* Holstein.

Schwarze *n Zielscheibe*: bull's eye; ***ins*** **~** ***treffen*** *a. fig.* hit the bull's eye; ***du hast ins*** **~** ***getroffen!*** spot on!

Schwärze *f* **1.** blackness (*a. fig.*); (*Dunkelheit*) darkness; **2.** (*Drucker***≈**) newsprint, printer's ink; (*Farbe*) black dye; **schwärzen** *v/t.* blacken (*a. fig.*), black; ***geschwärzt von*** black with.

Schwarze(r *m*) *f* **1.** black (man, *f* woman); **2.** F (*Katholik*) Catholic; (*Konservativer*) conservative; **3.** *östr.* black coffee.

schwarzfahren *v/i. im Bus etc.*: dodge the fare, ride without paying; *grundsätzlich*: be a fare dodger; *mot.* drive without a licen|ce (*Am.* -se); **Schwarzfahrer** *m im Bus etc.*: fare dodger, F deadhead.

schwarz| gerändert *adj.* *Umschlag etc.*: black-edged; *Augen*: dark-rimmed; **~ gestreift** *adj.* black-striped, with black stripes.

schwarz|grau *adj.* greyish (*Am.* grayish) black; **~haarig** *adj.* black-haired.

Schwarzhandel *m* black market; black marketeering; ***im*** **~** on the black market; **~** ***treiben*** be a black market operator; **Schwarzhändler** *m* black marketeer; (*Karten***≈**) (ticket) tout.

schwarzhören *v/i.* be a radio-licen|ce (*Am.* -se) dodger, have no radio licen|ce (*Am.* -se); **Schwarzhörer** *m* radio-licen|ce (*Am.* -se) dodger.

Schwarzkittel F *m* **1.** wild boar; **2.** (*Geistlicher*) cleric; **3.** *Sport*: referee.

schwärzlich *adj.* blackish.

schwarz malen I. *v/t.* paint a gloomy picture of; ***alles*** **~** always see the gloomy side of things; ***musst du immer alles*** **~*?*** *a.* do you have to be so pessimistic?; **II.** *v/i.* see the gloomy side of it; *grundsätzlich*: always see the gloomy side of things, take a very pessimistic view of things.

Schwarzmaler *m* pessimist, *stärker*: prophet of doom; **Schwarzmalerei** *f* pessimism; pessimistic view; (*Vorhersagen*) pessimistic (*od.* gloomy) forecasts *pl.*

Schwarz|markt *m* black market; **~rock** F *m* (*Geistlicher*) cleric.

Schwarz-Rot-Gold *n* black, red and gold; **schwarz(-)rot(-)gold(en)** *adj.* black, red and gold; ***die schwarzrotgoldene Fahne*** the black, red and gold (flag).

schwarzschlachten *v/i. u. v/t. in Notzeiten*: slaughter (a pig *etc.*) illegally; **Schwarzschlachtung** *f* illegal slaughtering.

schwarzsehen *v/i. TV* be a TV-licen|ce (*Am.* -se) dodger, have no TV-licen|ce (*Am.* -se).

schwarz sehen *v/i.* be pessimistic (***für*** about), take a dim view of things; *grundsätzlich*: always look on the dark side of things; ***da sehe ich aber schwarz*** I don't think there's much hope, things don't look too good; ***ich sehe schwarz für ihn*** *a.* I don't see (*od.* hold out) much hope for him.

Schwarzseher *m* **1.** pessimist, prophet of doom; **2.** *TV* TV-licen|ce (*Am.* -se) dodger; **schwarzseherisch** *adj.* pessimistic(ally *adv.*), alarmist.

Schwarzsender *m* pirate radio station.

Schwarzwald... *in Zssgn* Black Forest ...; **Schwarzwälder** *adj.*: **~** ***Kirschtorte*** Black Forest gateau.

schwarz(-)weiß I. *adj.* black and white, black-and-white ...; **II.** *adv.*: **~** ***fotografieren*** take black-and-white pictures.

Schwarzweiß|fernseher *m* black-and-white television (set) *od.* TV; **~film** *m* black-and-white (*od.* monochrome) film; **~foto** *n* black-and-white photo (*od.* print).

schwarz(-)weiß malen I. *v/i.* present (*od.* paint, see) things *od.* everything in (terms of) black and white; **II.** *v/t.* paint *s.th.* in black and white; **Schwarzweißmalerei** *f* seeing (*od.* painting) everything in terms of black and white; *im Einzelfall*: black-and-white depiction.

Schwarz|wild *n coll.* wild boar; **~wurzel** *f* black salsify.

Schwatz *m* chat, F natter; **schwatzen I.** *v/i.* (*plaudern*) chat, F natter; (*oberflächlich reden*) drivel, blather; (*klatschen*) gossip; (*et. ausplaudern*) F blab; **II.** *v/t.*: ***dummes Zeug*** **~** talk a lot of nonsense (F drivel); ***was schwatzt er schon wieder?*** F what's he going (*od.* babbling) on about?

schwätzen *v/i. u. v/t.* → ***schwatzen***; **Schwätzer** *m* F gasbag; (*Klatschtante*) gossip; **Schwätzerei** *f* F prattle, drivel; (*Klatsch*) gossip; (*das Schwatzen*) F yakking; gossiping.

schwatzhaft *adj.* talkative; **Schwatzhaftigkeit** *f* talkativeness.

Schwebe *f*: ***in der*** **~** ***sein*** be undecided (*od.* in the balance); ⚖ *Verfahren*: be pending; ***es ist noch in der*** **~** *a.* it hasn't been decided yet; **~bahn** *f* suspension (cable) railway; **~balken** *m Turnen*: (balance) beam.

schweben *v/i.* (*hängen*) be suspended, hang; *durch die Luft*: float, *Vogel*: glide; *über e-r Stelle*: hover (*a. Ton*); (*hoch dahin***~**) soar; (*gleiten*) glide (***über*** across); *fig.* (*unentschieden sein*) be undecided; → *a.* ***Schwebe; ihm war, als ob er schwebte*** he felt as if he was walking on air; *fig.* ***über den Wolken*** **~*, in höheren Regionen*** (*od.* ***Sphären***) **~** have one's head in the clouds; ***in Illusionen*** **~** live in a world of fantasy; ***j-m auf den Lippen*** **~** *Lächeln*: play around s.o.'s lips; ***noch im Raum*** **~** *Ton*: linger on; ***es schwebt mir auf der Zunge*** it's on the tip of my tongue; *j-m* ***vor Augen*** **~** → ***vorschweben***; ***in Gefahr*** **~** be in danger; ***in Ungewissheit*** **~** be (kept) in suspense; ***zwischen Furcht und Hoffnung*** (***Leben und Tod***) **~** hover between fear and hope (life and death); → ***Lebensgefahr***; **schwebend** *adj.* floating, hovering *etc.*; → ***schweben***; *Frage*, ⚖ *Verfahren etc.*: pending; **~*en Schrittes daherkommen*** come gliding along.

Schwebezustand *m* state of suspense; (*Zwischenstadium*) limbo; ***im*** **~** ***sein*** a) be in (a state of) suspense, b) be in limbo.

S

Schwebstoffe *pl.* ⚗ suspended matter *sg.*
Schwede *m*, **Schwedin** *f* Swede; **schwedisch I.** *adj.* Swedish; F *hum.* ***hinter ~en Gardinen*** behind bars; **II.** ≈ *n ling.* Swedish.
Schwefel *m* sulphur, *Am.* sulfur; **~bad** *n* **1.** ⚗ sulphur (*Am.* sulfur) bath; **2.** ⚕ (*Kurort*) sulphur (*Am.* sulfur) springs *pl.*; **~dioxid** *n* sulphur (*Am.* sulfur) dioxide; **~eisen** *n* iron (*od.* ferrous) sulphide (*Am.* sulfide).
schwefelhaltig *adj.* sulphur(e)ous, *Am.* sulfur(e)ous.
Schwefelkohlenstoff *m* carbon disulphide (*Am.* disulfide).
schwefeln *v/t.* ⚗ sulphurate, *Am.* sulfurate, *a.* ⚙ sulphurize, *Am.* sulfurize; (*ausräuchern*) fumigate with sulphur (*Am.* sulfur).
Schwefel|quelle *f* sulphur (*Am.* sulfur) spring; **≈sauer** *adj.* sulphuric, *Am.* sulfuric; sulphate (*Am.* sulfate) of; ***schwefelsaures Ammoniak*** ammonium sulphate (*Am.* sulfate); **~säure** *f* sulphuric (*Am.* sulfuric) acid; **~wasserstoff** *m* hydrogen sulphide (*Am.* sulfide).
schweflig *adj.* sulphurous, *Am.* sulfurous.
Schweif *m* tail (*a. ast.*); *fig.* train; *vom Wein*: lingering aftertaste.
schweifen *v/i.* wander, roam, rove; *fig.* ***den Blick (s-e Gedanken) ~ lassen*** let one's gaze (mind) wander; ***s-e Gedanken schweiften in die Vergangenheit*** his thoughts ranged over the past.
Schweige|geld *n* hush money; **~marsch** *m* silent (protest) march; **~minute** *f*: (***e-e ~*** a *od.* one) minute's silence, (a) one-minute silence (***zu Ehren*** *gen.* in memory of).
schweigen I. *v/i.* be (*od.* remain) silent; (*nicht antworten*) say nothing, not to say anything, not to say a word; (*et. für sich behalten*) F keep mum; (*aufhören*) *Lärm etc.*: stop, cease; ***plötzlich ~*** *a. Kanonen etc.*: fall silent; ***zu et. ~*** make no comment on; ***~ über*** keep silent about; ***auf e-e Frage ~*** say nothing in reply (to a question); ***zu j-s Vorwürfen ~*** not to try and defend o.s. (against s.o.'s reproaches); ***zu e-m Unrecht ~*** not to protest against an injustice; ***schweig bloß davon!*** don't talk about that; ***darüber schweigt das Gesetz*** the law says nothing about that; ***seit heute ~ die Waffen*** arms were laid down today, *lit.* the guns fell silent today; ***ganz zu ~ von*** let alone, never mind, to say nothing of; ***kannst du ~?*** can you keep a secret?; ***~ Sie!*** be quiet!, silence!; **II.** ≈ *n* silence; ***~ bewahren*** keep silent; ***das ~ brechen*** break the silence; ***zum ~ bringen*** reduce to silence, *a.* ⚔ silence, (*Kinder etc.*) shut up; → ***hüllen***; **schweigend I.** *adj.* silent; *pol.* ***~e Mehrheit*** silent majority; **II.** *adv.*: in silence, without a word; ***~ zuhören*** listen in silence; ***er ging ~ darüber hinweg*** he passed it over in silence.
Schweigepflicht *f* professional discretion (*od.* secrecy); ***die ärztliche ~*** medical confidentiality; ***der ~ unterliegen*** be bound to professional discretion.
Schweiger *m* taciturn person, man of few words.
schweigsam *adj.* quiet; (*wortkarg*) *a.* taciturn, uncommunicative; (*verschwiegen*) discreet; ***du bist heute aber sehr ~*** *a.* you're not saying very much today; **Schweigsamkeit** *f* quietness; taciturnity, uncommunicativeness; discretion.
Schwein *n* pig, *bsd. Am. a.* hog; (*Sau*) sow; (*~efleisch*) pork; F *contp.* (*schmutziger Kerl*) (filthy) pig; F *contp.* (*Lump*) *sl.* swine, bastard; F ***kein ~*** F not a blessed soul, *sl.* not a sod; F ***kein ~ hat mir geholfen*** *a.* nobody lifted a finger to help me; F ***das glaubt dir doch kein ~*** F you don't think anyone's going to buy that, do you?; F ***armes ~*** poor wretch, *sl.* poor sod (*od.* bastard); F ***~ haben*** be lucky (*od.* in luck); F ***da hast du aber ~ gehabt!*** F talk about luck!
Schweine|arbeit F *f* dirty work; (*schwierige Arbeit*) F tough job; **~bauch** *m* pork belly; **~braten** *m* joint of pork; *gebraten*: roast pork; **~filet** *n* fillet of pork; **~fleisch** *n* pork; **~fraß** *m*, **~futter** *n* pigfeed; F *fig.* F swill, muck; **~geld** F *n*: ***ein ~*** F heaps of money, ***verdienen***: F earn a packet (*od.* bomb), rake it in; **~hund** F *m sl.* swine, bastard; ***der innere ~*** one's baser instincts; **~kotelett** *n* pork chop; **~lende** *f* pork tenderloin; **~pest** *f* swine fever.
Schweinerei F *f* **1.** (*Unordnung*) mess; ***das ist ja e-e ~ hier!*** this place looks disgusting (*od.* like a pigsty); **2.** ***das ist e-e ~*** (*gemein*) that's disgusting (F really rotten); **3.** (*Zote*) dirty joke; obscenity, *pl.* smut *sg.*; **4.** (*Verhalten*) *a. pl.* obscenity, obscene behavio(u)r.
Schweine|schmalz *n* lard, dripping; **~schnitzel** *n* pork cutlet; **~stall** *m* pigsty (*a. fig.*), *Am. a.* pigpen, hogpen; **~zucht** *f* pig-breeding, *Am. a.* hog-raising; **~züchter** *m* pig-breeder, *Am. a.* hog-raiser.
Schweinigel F *m* **1.** F dirty pig, (*Kind*) mucky pup; **2.** (*unanständiger Kerl*) dirty old so-and-so, *sl.* dirty bugger; ***er ist ein ~*** *a.* he's got a one-track mind; **Schweinigelei** F *f* dirty joke; obscenity; **schweinigeln** F *v/i.* talk smut.
schweinisch *adj.* **1.** (*schmutzig*) filthy; **2.** *Witz etc.*: dirty, smutty; *Benehmen*: disgusting.
Schweinkram F *m* → ***Schweinerei*** 1, 3.
Schweins... → *a.* ***Schweine...***; **~augen** *pl.* piggy eyes; **~fuß** *m* → ***Schweinshaxe***; **~galopp** *m*: F ***im ~*** double-quick; **~haxe** *f* knuckle of pork; **~leder** *n* pigskin.
Schweiß *m* sweat, *formell*: perspiration; *Jagd*: blood; ***in ~ geraten*** get into a sweat; ***ihm stand der ~ auf der Stirn*** there were beads of sweat on his forehead; ***in ~ gebadet*** → ***schweißgebadet***; ***nach ~ riechen*** smell (of sweat), have b.o. (*od.* BO, body odo[u]r); *fig.* ***es hat viel ~ gekostet*** it was hard work (F a hard slog, *sl.* a real sweat); ***im ~e s-s Angesichts*** by the sweat of one's brow; **~absonderung** *f* perspiration; **~ausbruch** *m*: ***e-n ~ bekommen*** break out into a sweat; **~band** *n Sport*: sweatband; **≈bedeckt** *adj.* → ***schweißgebadet***; **~brenner** *m* welding torch; **~brille** *f*: (***e-e ~*** a pair of) welding goggles *pl.*; **~drüse** *f* sweat gland.
schweißen *v/t. u. v/i.* ⚙ weld; **Schweißer** *m* ⚙ welder.
Schweiß|fleck *m* sweat mark; **~füße** *pl.* sweaty (F smelly) feet; **≈gebadet** *adj.* soaked (*od.* bathed) in sweat, dripping with sweat; **~geruch** *m* smell of sweat, body odo(u)r; **~hände** *pl.* sweaty palms; **~hund** *m Jagd*: bloodhound.
schweißig *adj.* **1.** sweaty; **2.** *Jagd*: a) *Tier*: bleeding, b) *Fährte*: bloody.
Schweiß|naht *f* weld(ed joint), (welding) seam; **≈nass** *adj.* → ***schweißgebadet***; **~perle** *f* bead of perspiration; **~pore** *f* sweat pore; **~stelle** *f* ⚙ weld; **≈treibend** *adj.* ⚕ sudorific; ***~ sein*** *a.* make one sweat; **≈triefend** *adj.* → ***schweißgebadet***; **~tropfen** *m* bead of sweat (*od.* perspiration).
Schweißung *f* welding; (*Ergebnis*) weld.
schweißverklebt *adj.* sticky with sweat.
Schweizer I. *m* Swiss; ***die ~*** the Swiss (*pl.*); **II.** *adj.* Swiss; **≈deutsch** *adj.*, **~deutsch** *n ling.* Swiss German; **~franken** *m* Swiss franc; **~garde** *f* Swiss Guard.
Schweizerin *f* Swiss (woman).
schweizerisch *adj.* Swiss.
Schwelbrand *m* smo(u)ldering fire; **schwelen** *v/i.* smo(u)lder; *fig. a.* simmer.
schwelgen *v/i.* **1.** ***~ in*** revel in; *gröber*: wallow in; ***in Erinnerungen ~*** wallow in memories; **2.** (*essen u. trinken*) indulge o.s., F have a binge; **schwelgerisch** *adj.* overindulgent, extravagant; (*sinnlich*) voluptuous; (*ausschweifend*) debauched; *Essen*: opulent, sumptuous.
Schwelle *f* (*Tür≈*) threshold (*a. psych. u. fig.*), step; 🚂 sleeper, *bsd. Am.* tie; *fig.* ***sie soll keinen Fuß mehr über m-e ~ setzen*** she'd better not cross my threshold (*od.* darken my door) again; ***~ des Bewusstseins*** threshold of consciousness; ***an der ~ e-r neuen Zeit*** on the threshold of a new age; ***an der ~ des Grabes*** at death's door.
schwellen I. *v/i.* swell (*a. Lärm*); *Wasser*: *a.* rise; → *a.* ***anschwellen, geschwollen***; **II.** *v/t.* swell; (*Segel*) fill out, billow; *fig.* ***die Brust ~*** puff one's chest out.
Schwellen|angst *f psych.* fear of entering unfamiliar places, *etwa* fear of the unknown; **~land** *n* ✝ emerging country (*od.* nation); **~preis** *m* ✝ threshold price; **~reiz** *m* threshold stimulus; **~wert** *m* threshold value.
Schwellkörper *m anat.* erectile tissue.
Schwellung *f* swelling; (*Stelle*) *a.* swollen spot.
Schwellwerk *n* ♪ swell organ.
Schwemme *f* **1.** watering place; **2.** (*Bierlokal*) pub, (*Bierstube*) taproom; **3.** ✝ (*Überangebot*) glut (**an** of).
schwemmen *v/t.* wash (***an Land*** ashore).
Schwemmland *n* alluvial land (*od.* plain).
Schwengel *m* (*Glocken≈*) clapper, tongue; (*Pumpen≈*) handle.
Schwenk *m Film*: pan (shot) (**auf** of), *vertikal*: tilt (shot).
Schwenkarm *m* swivel arm.
Schwenkaufnahme *f* → ***Schwenk.***
schwenkbar *adj.* swivel ..., swivel(l)ing; *Kran etc.*: slewing, sluable; **schwenken I.** *v/t.* (*schwingen*) swing; (*Hut, Tuch etc.*) wave; (*Stock etc.*) brandish, flourish; ⚙ swivel; (*Kran*) slew; (*Filmkamera*) pan; (*schütteln*) shake, *gastr.* (*Kartoffeln etc.*) toss; (*ausspülen*) rinse; **II.** *v/i.* turn, swing (round); ⚔ wheel (about); *Filmkamera*: pan; ***nach links (rechts) ~*** *Auto*: turn left (right), *plötzlich*: swerve (to the) left (right); **Schwenker** *m* (*Kognak≈*) brandy balloon.
Schwenk|flügel *m* ✈ swing wing; **~glas** *n* → ***Schwenker***; **~hahn** *m* swivel tap; **~kartoffeln** *pl.* potatoes tossed in butter; **~kran** *m* swivel (*od.* slewing) crane.
Schwenkung *f* turn, swivel; *Kran*: slewing; ⚔ wheel; *taktische*: wheeling manoeuvre (*Am.* maneuver); *der Filmkamera*: pan; *fig.* change of heart, *pol.* change

of front, (*völlige Umkehrung*) turnabout, about-turn, volte-face.

Schwenkvorrichtung *f* swivel mechanism.

schwer I. *adj. gewichtsmäßig*: heavy (*a. fig. Angriff, Musik, Parfüm, Schritt, Unwetter, Verluste, Wein etc.*); (*anstrengend*) hard, F tough; (*schwierig*) hard, difficult, F tough; → *a.* ***schwierig***; (*schlimm*) bad; → *a.* ***schlimm***; *fig.* (*gewichtig*) weighty; (*drückend*) oppressive; *Amt, Pflicht*: onerous; *Unfall, Wunde*: bad, serious; *Krankheit, Fehler, Irrtum*: serious; *Verbrechen*: serious, grave; *Speise*: rich, (~ *verdaulich*) heavy; *Zigarre, Duft*: strong; *Buch*: heavy(-going); ***~er Atem*** labo(u)red breathing; ***~e Erkältung*** bad (*od.* heavy) cold; ***e-e ~e Gehirnerschütterung*** severe concussion; F ***~es Geld verdienen*** F make big money, make a packet; F ***~es Geld kosten*** F cost a packet; ***~es Gold*** solid gold; ***~en Herzens*** reluctantly, (*traurig*) with a heavy heart; F ***~er Junge*** thug, F heavy; ***ich habe e-n ~en Kopf*** my head's throbbing; ***~e Körperverletzung*** grievous bodily harm, GBH; ***~e Maschine*** powerful (*od.* heavy) machine; ***~es Schicksal*** hard lot; ***~er Schlaf*** deep (*od.* heavy) sleep; ***~er Schock*** bad (*od.* severe, terrible) shock; ***~e See*** heavy (*od.* rough) seas; ***~er Tag*** hard (F tough) day; ***heute war ein ~er Tag*** *a.* it was hard (F tough) going today; ⚗ ***~es Wasser*** heavy water; ***~e Zeit(en)*** hard times; ***~e Zunge*** heavy tongue; ***wie ~ bist du?*** how much do you weigh?; ***es ist zwei Pfund ~*** it weighs (*od.* it's) two pounds; ***ein drei Pfund ~er Braten*** *etc.* a three-pound roast *etc.*; ***ein mehrere Tonnen ~er Kran*** a crane weighing several tons; F ***etliche Millionen ~ sein*** be worth a few million; → ***Begriff*** 1, ***Blei*** 1, ***Geschütz*** *etc.*; **II.** *adv.* heavily *etc.*; (*sehr*) really; (*schlimm*) badly; ***~ arbeiten*** work hard; ***~ atmen*** have difficulty breathing; F ***~ aufpassen*** watch like a hawk; ***das ist ~ zu beantworten*** there's no easy answer to that, that's a good question; ***~ beleidigt*** deeply offended, *bsd. iro.* mortally wounded; ***~ bestrafen*** punish severely; ***~ betrunken*** very drunk, F drunk out of one's mind; ***das ist ~ zu beurteilen*** it's hard to say (*od.* judge); ***~ büßen*** pay dearly; ***~ enttäuscht*** really (*od.* deeply) disappointed; ***~ erkältet sein*** have a bad (*od.* heavy) cold; ***er hat es ~*** he has a hard time (of it); F ***das will ich ~ hoffen!*** I sincerely hope so, *drohend*: you'd *etc.* better!; ***~ hören*** be hard of hearing; ***~ leiden*** suffer badly; ***j-m ~ auf der Seele liegen*** prey on s.o.'s mind; F ***~ reich sein*** F be loaded; ***~ zu sagen*** hard to say; ***da hat er sich aber ~ getäuscht*** he's very much mistaken there; ***~ zu verstehen*** difficult to understand, hard to grasp; ***er ist ~ zu verstehen*** *akustisch*: it's difficult to hear what he's saying; → ***Magen, schwer fallen*** *etc.*

Schwerarbeit *f* heavy labo(u)r; **Schwerarbeiter** *m* heavy labo(u)rer.

Schwerathlet *m* weight lifter, wrestler, shot putter *etc.*; **Schwerathletik** *f* strength events *pl.*

schwer behindert *adj.* severely handicapped (*od.* disabled); **Schwerbehinderte(r)** *m* handicapped person; **Schwerbehindertenausweis** *m* disabled pass.

schwer beladen *adj. Laster etc.*: heavily laden, with a heavy load (✈ *etc.* cargo); *Person*: weighed down (***mit*** with).

schwer beschädigt *adj.* severely (*od.* badly) damaged; ⚕ (severely) disabled; **Schwerbeschädigte(r)** *m* disabled person.

schwer bewaffnet *adj.* heavily armed.

schwerblütig *adj.* ponderous.

Schwere *f* weight; *phys.* gravity; *von Bewegungen, Wein etc.*: heaviness; *fig.* (*Ernst*) seriousness, *a. e-s Verbrechens*: gravity; *e-r Strafe, e-s Unwetters etc.*: severity; (*Gewichtigkeit*) import, significance; **~feld** *n phys.* gravitational field.

schwerelos *adj.* weightless; **Schwerelosigkeit** *f* weightlessness.

Schwerenöter *m* ladykiller.

schwer erziehbar *adj.* difficult, recalcitrant; ***~es Kind*** *mst* problem child.

schwer fallen *v/i.* be difficult (*dat.* for), not to be easy (for); ***es fällt ihm schwer*** *a.* he finds it hard, *seelisch*: it's hard on him; ***auch wenns dir schwer fällt*** whether you like it or not; ***es fällt mir schwer, Ihnen sagen zu müssen*** I'm afraid I have to tell you.

schwerfällig *adj. Person*: ponderous, slow; (*unbeholfen, a. Bewegung*) awkward, clumsy; (*langsam, träge*) sluggish; *Stil*: labo(u)red, F stodgy; *Buch*: heavy-going; **Schwerfälligkeit** *f* ponderousness *etc.*; → ***schwerfällig.***

schwergängig *adj. Schaltung etc.*: stiff.

schwer geprüft *adj.* sorely tried.

Schwergewicht *n* heavyweight; *fig.* (main) emphasis; *fig.* ***das ~ lag auf*** the emphasis was (*od.* fell) on, the focus of attention was on; **Schwergewichtler** *m* heavyweight (*a.* F *schwere Person*).

schwerhörig *adj.* hard of hearing; **Schwerhörigkeit** *f* difficulty in hearing, partial deafness.

Schwer|industrie *f* heavy industry; **~kraft** *f phys.* (force of) gravity.

schwer krank *adj.* seriously (*od.* very, extremely) ill.

Schwerlaster *m* heavy lorry (*bsd. Am.* truck), juggernaut.

schwerlich *adv.* hardly, scarcely.

schwer löslich *adj.* ⚗ of low solubility, not easily soluble.

schwer machen *v/t.*: ***j-m et. ~*** make s.th. difficult for s.o.; ***j-m das Leben ~*** give s.o. a hard time.

Schwermetall *n* heavy metal.

Schwermut *f* melancholy; **schwermütig** *adj.* melancholy; *fig. Gemälde etc.*: *a.* gloomy.

schwer nehmen *v/t.* take *s.th.* seriously; (*zu Herzen nehmen*) take *s.th.* to heart; ***nimms nicht so schwer*** don't take it to heart.

Schweröl *n* heavy oil (*od.* fuel).

Schwerpunkt *m phys.* cent|re (*Am.* -er) of gravity; *fig.* (*Hauptgebiet*) main area; ***der ~ s-r Arbeit liegt in*** his work cent|res (*Am.* -ers) *od.* focus(s)es on; **~programm** *n* priority program(me) *od.* plan; **~streik** *m* selective (strike) action, pinpoint strike; **~thema** *n* main (discussion) topic.

Schwert *n* sword; *Segelboot*: centreboard, *Am.* centerboard; ***das ~ ziehen*** draw one's sword; ***die ~er kreuzen*** cross swords; *fig.* ***das ~ in die Scheide stecken*** bury the hatchet; **~fisch** *m* swordfish; **~lilie** *f* ⚘ iris.

Schwertransport *m* **1.** heavy load; **2.** → **Schwertransporter** *m* heavy lorry (*bsd. Am.* truck), juggernaut.

Schwert|schlucker *m* sword swallower; **~träger** *m zo.* swordtail.

schwer tun *v/i. u. v/refl.*: ***sich ~ mit et.*** have a hard time with s.th., *a. grundsätzlich*: find s.th. difficult; ***ich tu mich*** (*od* ***mir***) ***mit Fremdsprachen schwer*** *a.* I'm not very good at foreign languages; ***er tut sich mit s-r Schwester schwer*** he doesn't get on with his sister.

Schwerverbrecher *m* dangerous criminal, ⚖ felon.

schwer| verdaulich *adj.* indigestible, heavy; *fig.* heavy(-going); **~ verdient** *adj.* hard-earned; **~ verkäuflich** *adj.* hard to get rid of; ♆ non-selling ...

schwer verletzt *adj.* seriously hurt (*od.* injured); **Schwerverletzte(r)** *m* serious casualty; seriously injured person.

schwer| verständlich *adj.* difficult (*od.* hard) to understand; (*entstellt*) garbled *message etc.*; **~ verträglich** *adj. Medikament*: hard on the digestive system.

schwer verwundet *adj.* seriously wounded; **Schwerverwundete(r)** *m* major casualty.

Schwerwasser *n* ⚗ heavy water; **~reaktor** *m* heavy water reactor.

schwerwiegend *adj.* serious; *Vorwürfe*: *a.* grave; (*folgenschwer*) momentous *decision etc.*

Schwester *f* sister (*a. fig.*); (*Kranken*2) (hospital) nurse, (*Ober*2) sister; (*Ordens*2) sister; (*Kloster*2) nun; **Schwesterchen** *n* little sister.

Schwester|firma *f*, **~gesellschaft** *f* affiliated company; **~herz** *hum. n* dear sister; *als Anrede*: sister dear, F sis.

schwesterlich *adj.* sisterly.

Schwestern|helferin *f* auxiliary nurse; **~liebe** *f* sisterly love; **~paar** *n* two sisters *pl.*; ***das ~ X*** the X sisters; **~schule** *f* nursing college (*od.* school); **~wohnheim** *n* nurses' home.

Schwester|partei *f* sister party; **~schiff** *n* sister ship.

Schwieger|eltern *pl.* parents-in-law; **~mutter** *f* mother-in-law, *pl.* mothers-in-law; **~sohn** *m* son-in-law, *pl.* sons-in-law; **~tochter** *f* daughter-in-law, *pl.* daughters-in-law; **~vater** *m* father-in-law, *pl.* fathers-in-law.

Schwiele *f* callus; (*Strieme*) weal; **schwielig** *adj.* callous, horny.

schwierig *adj.* difficult, *bsd. pred. a.* hard; F tough; (*verwickelt*) complicated, intricate; (*unangenehm*) awkward; *Person*: difficult; ***~er Fall*** problem, difficult case, (*Person*) *a.* problem case; ***~e Frage*** difficult (*od.* tricky) question; ***~es Kind*** *a.* problem child; ***~e Lage*** difficult (*od.* awkward) situation, predicament, F fix; ***~er Punkt, ~e Sache*** problem; ***es wurde sehr ~*** things got very difficult; ***das macht alles noch ~er*** that makes things even more difficult, that complicates matters even more; ***in e-m ~en Alter sein*** be at an awkward age; ***das 2ste haben wir hinter uns*** the worst is over, we're out of the wood(s).

Schwierigkeit *f* difficulty; (*~sgrad*) level (of difficulty); ***~en haben, et. zu tun*** have difficulty (in) doing s.th.; ***j-m ~en machen*** (*od.* ***bereiten***) *Sache*: be a problem for s.o., cause s.o. problems, *Person*: make things difficult for s.o.; ***das Gehen machte ihm ~en*** *a.* he found it difficult to walk, he had trouble walking; ***sie haben wegen des Visums***

S

~en gemacht they made a fuss about the visa; ***unnötige ~en machen*** complicate matters unnecessarily; ***das bereitete ihm keinerlei ~en*** it was no trouble at all for him, he took it all in his stride; ***auf ~en stoßen*** run into difficulty (*od.* difficulties, problems); ***in ~en geraten*** run into trouble; ***~en bekommen*** get into trouble, (*Unannehmlichkeiten*) have trouble (***wegen*** because of); ***es ist nicht ohne ~en*** it's not without its difficulties.

Schwierigkeitsgrad *m* level (of difficulty).

Schwimm|bad *n* swimming pool; (*Hallenbad*) *a.* indoor pool, swimming baths *pl.*; **~bagger** *m* sand dredge(r); **~bahn** *f* lane; **~becken** *n* swimming pool; **~blase** *f e-s Fisches*: air bladder; **~brille** *f*: (***e-e ~*** a pair of) swimming goggles *pl.*; **~dock** *n* floating dock.

schwimmen I. *v/i.* swim (*a. v/t. e-e Strecke, e-n Rekord*); *auf der Oberfläche*: float; *Schiff*: be afloat; F (*sehr nass sein*) F be swimming, be flooded; *fig.* (*unsicher sein*) be floundering; ***~ gehen*** go swimming, go for a swim; ***auf dem Rücken ~*** do backstroke; ***Papierschiffe ~ lassen*** float paper boats (on the water); ***über den Kanal ~*** swim (across) the Channel; *fig.* ***in s-m Blut ~*** be lying in a pool of blood; ***ihre Augen schwammen (in Tränen)*** her eyes were filled with tears; ***im Geld ~*** be rolling in money; ***im Erfolg (Glück) ~*** wallow in success (good fortune); ***alles schwamm vor s-n Augen*** everything started dancing in front of his eyes; ***er schwimmt oben*** he's got everything going for him, *momentan*: he's riding on the crest of a wave; → ***Strom*** 1; **II.** ≈ *n* swimming; *fig.* ***ins ~ kommen*** *Schauspieler etc.*: start floundering, *Auto*: go into a skid; **schwimmend** *adj. Hotel, Restaurant, Garten etc.*: floating; ***~es Haus*** houseboat, floating home; ***in ~em Fett braten*** deep-fry; *fig.* ***~e Konturen*** blurred edges (*od.* contours).

Schwimmer *m* **1.** swimmer; **2.** *Angel*, ⚙, ✈, *mot.* float; **~becken** *n* swimmers' pool; **~ventil** *n* float valve.

schwimmfähig *adj.* buoyant, floatable.

Schwimm|fahrzeug *n* amphibious vehicle; **~flosse** *f* fin; *Sport*: flipper; **~flügel** *pl.* water wings; **~fuß** *m zo.* webbed foot; **~gürtel** *m* **1.** swimming belt; **2.** F (*Hüftspeck*) spare tyre (*Am.* tire); **~halle** *f* indoor (swimming) pool; **~haut** *f* webbing; **~kran** *m* floating crane; **~lehrer** *m* swimming instructor; **~meister** *m* swimming champion; **~panzer** *m* amphibious tank; **~reifen** *m* → ***Schwimmgürtel***; **~sport** *m* swimming; **~stil** *m* (swimming) style, stroke; **~verein** *m* swimming club; **~vogel** *m* water bird; **~weste** *f* life jacket, life vest, *Am.* life preserver.

Schwindel *m* **1.** dizziness, ⚕ vertigo; (*~anfall*) dizzy spell; **2.** F (*Betrug*) swindle, *coll.* swindling; (*Lüge*) lie, fib; ***den ~ kenne ich*** I know that trick; **3.** F ***der ganze ~*** F the whole caboodle; **~anfall** *m* dizzy spell; ***e-n ~ bekommen*** have a dizzy spell, suddenly feel dizzy.

Schwindelei F *f* swindling; (*das Lügen*) (constant) lying; *konkret*: lies *pl.*

schwindelerregend, Schwindel erregend I. *adj.* dizzy, giddy (*a. fig.*); *fig. Preise, Zahlen*: staggering; **II.** *adv.*: ***~ hoch*** *a. fig.* a) at a dizzying height, b) to dizzying heights; *Preise etc.*: staggering(ly high); *fig.* ***~ hoch steigen*** *Preise etc.*: go sky-high, skyrocket.

Schwindelfirma *f* bogus company.

schwindelfrei *adj.*: ***~ sein*** have a good head for heights; ***nicht ~*** afraid of heights.

Schwindelgefühl *n* dizzy feeling, dizziness.

Schwindelgeschäft *n* bogus transaction.

schwindelig *adj.* → ***schwindlig.***

Schwindelmanöver *n* deceitful trick.

schwindeln I. *v/i.* **1.** F (*lügen*) tell a fib (*od.* lie), tell fibs (*od.* lies), fib, lie; ***schwindel doch nicht!*** stop fibbing *etc.*; **2.** ***mir schwindelt*** I feel dizzy; ***ihm schwindelte (der Kopf) bei dem Gedanken*** his head reeled at the thought; **II.** *v/t.*: F ***das ist geschwindelt!*** that's a lie!; **III.** *v/refl.*: F ***sich durchs Examen ~*** bluff one's way through the exam; **schwindelnd** *adj.* → ***schwindelerregend***; ***in ~er Höhe*** at a dizzy height.

Schwindelpreis *m* exorbitant (F jacked-up) price.

schwinden I. *v/i. Einfluss, Macht*: dwindle, diminish; *Vorräte, Geld*: dwindle, run low; *Kräfte*: (begin to) fail (*od.* dwindle, seep away); *Farben, Schönheit, Radiosender*: fade; *Interesse*: dwindle, drop off; *Misstrauen*: disappear; ***aus dem Gedächtnis ~*** fade from memory; ***mein Interesse schwand*** I lost interest; ***sein Lächeln schwand*** his face dropped; ***ihm schwand der Mut (das Vertrauen, die Hoffnung)*** he lost courage (confidence, hope); ***ihr schwanden die Sinne*** she fainted (*od.* passed out); **II.** ≈ *n* dwindling *etc.*; → I; ***das ~ der Hoffnung*** *etc.* the dwindling hope *etc.*; ***im ~ begriffen*** dwindling, *Macht etc.*: on the wane; **schwindend** *adj.* dwindling, diminishing; ***~es Interesse*** *a.* loss of interest.

Schwindler F *m* swindler, F con man; (*Lügner*) liar.

schwindlig *adj. a. fig.* dizzy, giddy; ***mir wird ~*** I feel dizzy; ***mir wird immer ~, wenn*** I always get (*od.* feel) dizzy when; ***mir wurde ~*** I (suddenly) felt dizzy, I had a dizzy turn; → ***Schwindel erregend.***

Schwindsucht *obs. f* ⚕ consumption, tuberculosis; **schwindsüchtig** *obs. adj.*, **Schwindsüchtige(r)** *m* consumptive.

Schwinge *f* **1.** (*Flügel*) wing, *poet. a.* pinion; **2.** ⚙ rocker arm.

schwingen I. *v/t.* swing; *bsd. drohend*: brandish, wield; (*Fahne, Tuch etc.*) wave; → ***Rede, Tanzbein***; **II.** *v/refl.*: ***sich ~*** swing o.s. (***hinauf*** up), jump (***auf*** onto); ***sich in den Sattel ~*** swing o.s. into the saddle; ***sich über et. ~*** vault over s.th.; ***sich von Ast zu Ast ~*** swing from branch to branch; ***sich in die Höhe ~*** *Adler etc.*: soar (up) into the air; **III.** *v/i.* (*pendeln*) swing (*a. Turnen, Skisport etc.*); ⚙ oscillate; *Saite, Ton etc.*: vibrate, resonate; → ***geschwungen.***

Schwinger *m Boxen*: swing; ***wilder ~*** haymaker.

Schwing|kreis *m Radio*: oscillating circuit; **~metall** *n* rubber-bonded metal; **~quarz** *m* piezoelectric crystal; **~schleifer** *m* sander; **~tor** *n* up-and-over garage door; **~tür** *f* swing door.

Schwingung *f* ⚙ *u. Akustik*: vibration; *a.* ⚡ oscillation; *fig.* reverberation; ***in ~en versetzen*** set *s.th.* vibrating (*a. fig.*).

Schwingungs|dämpfer *m* vibration damper; **~dauer** *f* period (of oscillation); **≈frei** *adj.* free from vibration, non-vibrating; **~frequenz** *f* oscillation frequency; **~kreis** *m* oscillating circuit; **~weite** *f* amplitude; **~zahl** *f* oscillation frequency.

schwipp *int.* splash!; ***~, schwapp!*** splish-splosh!

Schwips F *m*: ***e-n ~ haben*** be (a bit) tipsy (F tiddly); ***sich e-n ~ antrinken*** get tipsy (F tiddly).

schwirren *v/i.* whirr, *Am.* whir; *Pfeil etc.*: *a.* F (*sausen*) whiz(z); *Insekten*: buzz; *Schneeflocken*: whirl; *fig.* ***von Gerüchten*** *etc.* ***~*** be buzzing with rumo(u)rs *etc.*; ***j-m durch den Kopf ~*** *Zahlen, Gedanken*: spin round in s.o.'s head; ***Fragen schwirrten durch den Saal*** questions came flying from all directions (of the hall); ***überall schwirrten Touristen*** the place was swarming with tourists; ***mir schwirrte der Kopf*** my head was buzzing (*od.* spinning).

Schwitz|bad *n* steam bath; **~bläschen** *pl.* heat blisters.

schwitzen I. *v/i.* sweat, *formell*: perspire; *Wände*: be damp; *Fenster*: steam up; *Käse etc.*: sweat; F (*sich anstrengen*) sweat away; ***am ganzen Körper ~*** be sweating all over, be covered in sweat, be soaked in (*od.* with) sweat; ***vor Angst*** *etc.* ***~*** sweat with fear *etc.*; F ***~ über*** (*e-r Arbeit etc.*) sweat over; F ***den lasse ich noch ein wenig ~*** F I'm going to let him sweat it out for a bit; **II.** *v/t.* (*Harz etc.*) sweat (out) *resin etc.*; ***et. nass ~*** sweat s.th. through, soak s.th.; *fig.* ***Blut (und Wasser) ~*** sweat blood; **III.** *v/refl.*: ***sich nass ~*** be soaked in (*od.* with) sweat, be dripping with sweat; **IV** ≈ *n* sweating; ***ins ~ kommen*** start sweating, *a. fig.* get into a sweat, *fig. a.* F get into a tizz(y).

Schwitz|kasten *m Ringen*: headlock; **~kur** *f* sweating cure; ***e-e ~ machen*** sweat it out; **~packung** *f* ⚕ hot pack.

Schwof F *m* F hop; **schwofen** F *v/i.* F shake a leg.

schwören *v/i. u. v/t.* swear; *vor Gericht*: take the oath; (*Rache, Treue etc.*) swear, vow; ***e-n Eid ~*** take an oath; ***auf die Bibel ~*** swear on the Bible; ***sich et. ~*** swear s.th. to o.s.; ***sich ~, dass man*** swear to *inf.*; ***ich schwöre es (dir)*** I swear (to God); *fig.* ***~ auf*** (*vertrauen auf*) swear by, (*et.*) *a.* F be sold on; F ***ich hätte geschworen, dass*** I could have sworn that; → ***geschworen.***

Schwuchtel *contp. f* (*Homosexueller*) *sl.* queen.

schwul F *adj.* F gay, *contp.* queer.

schwül *adj.* **1.** close, muggy, sultry, humid; **2.** (*beklemmend*) oppressive, stifling; **3.** (*sinnlich*) sensuous; **Schwüle** *f* **1.** stifling heat, muggy weather, sultriness; **2.** *Stimmung*: unease; **3.** (*Sinnlichkeit*) sensuousness.

Schwule(r) F *m* F gay, *contp.* queer.

Schwulen|bar *f* gay bar; gay pub; **~bewegung** *f* gay rights movement; **~kneipe** *f*, **~lokal** *n* gay pub (*od.* club); **~szene** *f* gay scene; **~treff** F *m* F gay hangout.

Schwulität F *f* F fix, scrape; ***in ~en kommen*** get into a fix.

schwullesbisch *adj.* lesbian-gay.

Schwulst *m Sprache*: bombast, fustian; *a. Kunst*: floridity.

schwulstig *adj. Lippen*: thick, swollen.

schwülstig *adj.* bombastic(ally *adv.*), pompous, inflated; *Kunststil*: florid.

S

schwumm(e)rig F *adj.* **1.** → ***schwindlig***; **2.** *fig.* ***mir wird ganz ~, wenn*** I get a strange feeling in the pit of my stomach when.
Schwund *m an Vorräten etc.*: dwindling; (*Verlust*) loss; *durch Schrumpfen, Eingehen*: shrinkage; *Radio*: fading; ⚕ atrophy; **~ausgleich** *m*, **~regelung** *f Radio*: gain (*od.* fading) control.
Schwung *m* **1.** swing (*a. Turnen, Skisport*); *nach vorne*: jump, leap; (*Armbewegung, Pendel~*) sweep; (*geschwungene Linie*) curve, sweep; (*Geschwindigkeit*) speed, (*Kraft*) force; *fig.* (*Antrieb*) impetus; (*Energie, Elan*) energy, drive, F punch, oomph; (*Schmiss*) verve, F oomph; ***~ holen*** *zum Springen*: take a running jump, (*ausholen*) take a (big) swing; ***mit e-m solchen ~*** *die Tür zuschlagen etc.*: with such force, (*laut*) with such a bang; *fig.* ***in ~ bringen*** get *s.o. od. s.th.* going; ***das bringt dich wieder in ~*** *nach Krankheit etc.*: that'll get you back on your feet again; ***~ in den Laden bringen*** get things going; ***~ in die Sache bringen*** liven things up; ***in ~ halten*** (*Betrieb, Kreislauf etc.*) keep *s.th.* going, (*Garten, Auto etc.*) keep up (*a. Fremdsprache etc.*), look after *s.th.*, F keep *s.th.* in good nick; **(*richtig*) *in ~ kommen*** get going, *Party, Diskussion etc.*: *a.* F hot up; ***langsam in ~ kommen*** *a.* F slowly move into gear, slowly pick up steam; ***in ~ sein*** be in full swing, F be going great guns; ***wenn er erst einmal in ~ ist*** once he gets going, once he gets into it (*od.* into the swing of things); → *a.* ***Fahrt*** 2; **2.** F (*Menge, Anzahl*) batch, F clutch; *von Leuten*: F bunch; *von Platten, Heften etc.*: F pile.
Schwungfeder *f zo.* pinion.
schwunghaft *adj. Handel*: brisk, flourishing; → *a.* ***schwungvoll.***
Schwungkraft *f* **1.** *phys.* momentum; **2.** *fig.* → ***Schwung*** 1.
schwunglos *fig. adj.* lifeless; without (any) life.
Schwungrad *n* ⚙ flywheel.
schwungvoll *adj.* (*energisch*) full of drive (F go); (*lebhaft*) lively, spirited; *Rede*: F punchy; *Stil*: racy; *Entwurf*: bold; *Melodie*: lively; (*unternehmungslustig*) enterprising; ***~ sein*** F have plenty of oomph.
schwupp *int.* (*im Handumdrehen*) hey presto!; ***~!, fiel mir die Seife aus der Hand*** and whoosh! the soap went flying; ***~!, fiel die Tasse auf den Boden*** and boing! the cup landed on the floor; ***~!, war er weg*** before you knew it (*od.* before you could blink) he was gone; **schwuppdiwupp** *int.* → ***schwupp.***
Schwur *m* oath; (*Gelübde*) vow; ***e-n ~ leisten*** take an oath; → *a.* ***Eid.***
Schwurgericht *n* **1.** *in Deutschland*: *court made up of three professional and two lay judges*; **2.** *in USA u. GB*: jury court; *obs.* (court of) assizes *pl.*; **Schwurgerichtsverfahren** *n* **1.** *in Deutschland*: *trial before a court made up of three professional and two lay judges*; **2.** *in USA u. GB*: trial by jury.
Science-Fiction *f* science fiction, F sci-fi, SF; **~-Literatur** *f* science fiction (writing); **~-Roman** *m* science fiction novel.
Scotchterrier *m* Scotch terrier, F scottie (dog).
scrollen *v/i. Computer*: scroll.
Séance *f* séance.
sechs I. *adj.* six; **II.** ~ *f* six; (*Note*) *etwa* F; (*Buslinie etc.*) (number) six; ***e-e ~ schreiben*** get an F.
Sechsachteltakt *m*: (***im ~*** in) six-eight time.
sechsbändig *adj.* six-volume ..., in six volumes.
Sechseck *n* hexagon; **sechseckig** *adj.* hexagonal.
Sechser F *m* **1.** → ***Sechs***; **2.** ***e-n ~ haben*** *Lotto*: have (got) six right.
Sechserpack *m* six-pack.
sechsfach *adj.* sixfold; ***die ~e Menge*** six times the amount; ***~er Sieger*** six-time winner (*od.* champion).
sechshundert *adj.* six hundred.
sechsjährig *adj.* **1.** six-year-old ...; **2.** (*sechs Jahre dauernd*) six-year ...; ***ein ~es ...*** *a.* six years of ...; **Sechsjährige(r** *m*) *f* six-year-old.
sechsköpfig *adj. family etc.* of six; ***~e Delegation*** *etc. a.* six-member (*od.* six-man) delegation *etc.*
Sechslinge *pl.* sextuplets.
sechsmal *adv.* six times.
sechsmonatig *adj.* **1.** six-month-old *baby*; **2.** six-month ...; ***nach e-m ~en Asienaufenthalt*** after six months (*od.* a six-month stay) in Asia; **sechsmonatlich I.** *adj.* six-monthly ..., half-yearly ...; **II.** *adv.* every six months.
Sechsmonatskind *n* ⚕ six-month baby.
Sechspfünder *m* six-pound baby *etc.*; (*Fisch*) six-pounder.
sechs|seitig *adj.* hexagonal; **~spurig** *adj.* six-lane ...; **~stellig** *adj. Zahl*: six-digit ...; **~stöckig** *adj.* six-stor(e)y ...; **~stündig** *adj.* six-hour(-long) ...
sechst I. *adj.* sixth; ***~es Kapitel*** chapter six; ***am ~en April*** on the sixth of April, on April the sixth; ***6. April*** 6th April, April 6(th); **II.** *adv.*: ***wir waren zu ~*** there were six of us; ***wir gingen zu ~ hin*** six of us went there.
Sechstagerennen *n* six-day race.
sechstägig *adj.* **1.** six-day(-long) ...; **2.** (*sechs Tage alt*) six-day-old ...
sechstausend *adj.* six thousand; **Sechstausender** *m* six-thousand met|re (*Am.* -er) peak.
Sechste(r) *m* (the) sixth; ***er war Sechster*** he was (*od.* came) sixth; ***Heinrich VI.*** Henry VI (= Henry the Sixth); ***heute ist der Sechste*** it's the sixth today.
sechsteilig *adj.* six-part ..., in six parts.
Sechstel *n* sixth.
sechstens *adv.* sixth(ly), six, in sixth place.
Sechster *m* → ***Sechste(r).***
sechswöchig *adj.* **1.** six-week ...; **2.** (*sechs Wochen alt*) six-week-old ...
Sechszylinder *m* (*Auto*) six-cylinder (car); (*Motor*) six-cylinder engine.
sechzehn *adj.* sixteen; **sechzehnt** *adj.* sixteenth; **Sechzehntel** *n* sixteenth (part).
Sechzehntel|note *f* ♪ semiquaver, *Am.* sixteenth note; **~pause** *f* ♪ semiquaver (*Am.* sixteenth note) rest.
sechzig *adj.* sixty; ***in den ~er Jahren*** in the sixties; ***er ist in den ~ern*** he's in his sixties; **Sechziger(in** *f*) *m* sexagenarian, man (*f* woman) in his (her) sixties; F sixtysomething.
Sechzigerjahre *pl.* sixties.
sechzigjährig *adj. Person*: sixty-year-old ...; *Zeitraum*: sixty-year(-long) ...
sechzigst *adj.* sixtieth; ***er hat heute s-n ~en*** he's sixty today, it's his sixtieth birthday today.
Secondhandladen *m* second-hand shop.
Sedativ(um) *n pharm.* sedative.
Sediment *n* sediment; **sedimentär** *adj.* sedimentary; **Sedimentgestein** *n* sedimentary rock.
See 1. *f* (*Meer*) sea, ocean; ***an der ~*** by the sea(side); ***an die ~ fahren*** go to the seaside; ***auf ~*** at sea; ***auf hoher ~*** on the high seas; ***in ~ gehen*** (*od.* ***stechen***) put to sea, *Segler*: *a.* set sail; ***zur ~ gehen*** go to sea (*a. Seemann werden*); ***zur ~ fahren*** be a sailor; → ***offen*** I; **2.** *m* (*Binnen~*) lake; ***am ~*** by a (*od.* the) lake; ***ein Haus am ~*** *a.* a lakeside home; **~aal** *m* **1.** *zo.* sea eel; *großer*: conger (eel); **2.** *gastr.* dogfish; **~adler** *m* sea eagle; *europäischer*: *a.* ern(e); **~anemone** *f zo.* sea anemone; **~bad** *n* seaside resort; **~bär** *m* fur seal; F *fig.* ***alter ~*** F seadog; **~beben** *n* seaquake; **~bestattung** *f* burial at sea; **~blick** *m* view of the sea (*od.* lake); ***Zimmer mit ~*** a) room with seaview, b) room overlooking the lake; **~blockade** *f* naval blockade; **~-Elefant** *m* elephant seal.
Seefahrer *obs. m* sailor, seaman; **~volk** *n* seafaring nation (*od.* people).
Seefahrt *f* seafaring, navigation; (*Seereise*) sea journey (*od.* voyage); (*Kreuzfahrt*) cruise; (*Überfahrt*) passage; **Seefahrtsschule** *f* nautical college.
seefest *adj.* **1.** *Schiff*: seaworthy; **2.** (***nicht***) ***~ sein*** *Person*: be a good (bad) sailor.
See|fisch *m* salt-water fish; **~fischerei** *f* (deep-)sea fishing; **~fracht** *f* ⚓ sea (*od.* ocean) freight; **~frachtbrief** *m* ⚓ bill of lading (*abbr.* B/*L*); **~funk** *m* marine radio; **~gang** *m* waves *pl.*; ***hoher ~*** rough seas; **~gebiet** *n* waters *pl.*; **~gefecht** *n* sea (*od.* naval) battle; **~gemälde** *n* seascape; **~gestützt** *adj. Rakete*: sea-based *missile*; **~gras** *n* eel grass; *zum Polstern*: sea grass; **~gurke** *f zo.* sea cucumber; **~hafen** *m* seaport; **~handel** *m* maritime trade; **~hecht** *m* hake; **~herrschaft** *f* naval supremacy; **~höhe** *f* sea level.
Seehund *m zo.* seal; **Seehundbaby** *n* baby seal, seal pup; **Seehundsfell** *n* sealskin.
See|igel *m zo.* sea urchin; **~jungfrau** *f* mermaid; **~kabel** *n* submarine cable; **~kadett** *m* naval cadet; **~karte** *f* nautical (*od.* sea) chart; **~klar** *adj.* ready to sail; **~klima** *n* maritime climate; **~krank** *adj.* seasick; ***leicht ~ werden*** be a bad sailor; **~krankheit** *f* seasickness.
Seekrieg *m* naval war; **~führung** *f* naval warfare.
See|kuh *f zo.* sea cow; **~lachs** *m* coalfish.
Seele *f* **1.** (*Gemüt*) *a. eccl., phls.* soul; (*psychische Verfassung*) state of mind, mental (*od.* emotional) state; (*Herz*) heart; ***e-e gute*** (***treue***) ***~*** a good (faithful) soul; ***e-e ~ von e-m Menschen*** a good soul; ***keine ~*** not a (living) soul; ***zwei ~n und ein Gedanke*** two minds and but a single thought; ***aus tiefster ~*** with all one's heart, *danken*: from the bottom of one's heart; ***in tiefster ~ ergriffen sein*** be deeply moved; ***er ist mit ganzer ~ dabei*** he's in it heart and soul (*od.* one hundred percent); ***er ist die ~ des Betriebs*** he's the life and soul of the company; ***j-m auf der ~ liegen*** weigh heavily on s.o.; ***sich et. von der ~ reden*** get s.th. off one's chest; ***sich die ~ aus dem Leib schreien*** shout o.s. hoarse; ***j-m die ~ aus dem Leib fragen*** riddle s.o. with questions; ***er*** (***es***) ***ist mir***

S

in tiefster ~ verhasst I absolutely despise him (it); ***es tat ihm in der ~ weh*** it cut him to the quick; ***es tut mir in der ~ weh zu sehen*** it grieves me to see; ***du sprichst mir aus der ~*** that's exactly how I feel (about it), *lit.* my sentiments exactly; ***zwei ~n wohnen in m-r Brust*** I'm completely torn; → ***Herz, Leib*** *etc.*; **2.** *e-r Waffe*: bore; *e-s Kabels*: core.

Seelen|amt *n R.C.* requiem; **~angst** *f* deep anxiety; **~arzt** *m* psychiatrist; *weitS.* counsel(l)or; **~drama** *n* psychological drama; **~friede(n)** *m* peace of mind; **~größe** *f* magnanimity; **~heil** *n* salvation; **~leben** *n* emotional life.

seelenlos *adj.* soulless; *Mensch*: *a.* unfeeling.

Seelen|massage F *f* (*Zuspruch*) F pep talk; ***e-e ~ brauchen*** F need bucking up; **~messe** *f* requiem; **~not** *f*, **~qual** *f* mental anguish.

Seelenruhe *f* peace of mind; *weitS.* calmness, coolness; ***in aller ~*** calmly, (*ungerührt*) without batting an eyelid; **seelenruhig** *adv.* calmly, (*ungerührt*) *a.* coolly, without batting an eyelid.

Seelen|stärke *f* strength of mind, fortitude; **~tröster** F *m* (*Schnaps*) F bracer; **2vergnügt I.** *adj.* happy as a lark; **II.** *adv.* quite happily; **~verkäufer** F *m* (*altes Schiff*) F old tub.

seelenverwandt *adj.* congenial: ***~ sein*** be kindred spirits, be soulmates; **Seelenverwandtschaft** *f* spiritual kinship.

seelenvoll *adj.* soulful (*a. fig. u. iro.*).

Seelen|wanderung *f* transmigration of souls, metempsychosis; **~wärmer** F *m* → ***Seelentröster***; **~zustand** *m* state of mind, emotional (*od.* mental) state.

Seeleute *pl.* sailors, seamen.

seelisch I. *adj.* mental, psychological; (*Gemüts...*) spiritual, emotional; ***~e Belastung*** mental (*od.* emotional) strain; ***es ist e-e ~e Belastung*** *a.* it takes it out of you emotionally; ***~es Gleichgewicht*** mental (*od.* emotional) equilibrium; ⚖ ***~e Grausamkeit*** mental cruelty; ***~er Tiefpunkt*** emotional low; **II.** *adv.*: ***~ bedingt*** emotional, psychological.

Seelöwe *m zo.* sea lion.

Seelsorge *f* pastoral care; spiritual welfare; **Seelsorger** *m* pastor, minister; **seelsorgerisch** *adj.* pastoral.

See|luft *f* sea air; **~macht** *f* naval (*od.* maritime) power.

Seemann *m* seaman, sailor; **seemännisch** *adj. Ausdruck, Ausbildung*: nautical; *Gang etc.*: sailor's *walk etc.*

Seemanns|gang *m* sailor's walk (*od.* gait); **~garn** F *n*: ***ein ~ spinnen*** F spin a yarn; **~heim** *n* sailors' home; **~lied** *n* (sea) shanty.

See|meile *f* nautical mile, sea mile; **~möwe** *f* seagull; **~muschel** *f* conch.

Seen|kunde *f* limnology; **~landschaft** *f* lake district.

Seenot *f* distress (at sea); ***Schiffe in ~*** distressed ships; **~dienst** *m* sea rescue service; **~flugzeug** *n* → ***Seenotrettungsflugzeug***; **~kreuzer** *m* sea rescue boat; **~rettungsflugzeug** *n* air-sea rescue plane (*od.* aircraft); **~ruf** *m* distress call (at sea).

Seenplatte *f* lake district.

See|offizier *m* naval officer; **~otter** *m* sea otter; **~pferd(chen)** *n* seahorse; **~promenade** *f* seafront promenade; *am See*: lakeside promenade.

Seeräuber *m* pirate; **Seeräuberei** *f* piracy; **Seeräuberschiff** *n* pirate ship.

See|recht *n* maritime law; **~reise** *f* **1.** sea journey (*od.* voyage); (*Kreuzfahrt*) cruise; **2.** (*Überfahrt*) (sea) crossing; **~rose** *f* ⚘ water lily; **~sack** *m* (sailor's) kitbag; **~sand** *m* sea sand; **~schifffahrt** *f* ocean shipping; (*Navigation*) ocean navigation; **~schlacht** *f* naval battle; **~schlange** *f zo.* sea serpent; **~schwalbe** *f* sea swallow, tern; **~seite** *f* seaward side; **~sieg** *m* naval victory; **~stadt** *f* seaside town; **~stern** *m zo.* starfish; **~straße** *f* sea route, shipping lane; **~streitkräfte** *pl.* naval forces; **~stück** *n Kunst*: seascape; **~stützpunkt** *m* naval base; **~tang** *m* seaweed; **~teufel** *m Fisch*: angler, monkfish; **~transport** *m* shipment by sea; **2tüchtig** *adj.* seaworthy; **~ufer** *n* lakeshore, lakeside; ***am ~*** *a.* on the shores of a (*od.* the) lake; **~ungeheuer** *n myth.* sea monster, monster from the seas; **2untüchtig** *adj.* unseaworthy; **~verbindung** *f* sea route; **~versicherung** *f* marine insurance; **~vogel** *m* sea bird; **~volk** *n* seafaring people (*od.* nation).

seewärts *adv.* seaward(s).

Seewasser *n* salt water; **~weg** *m* sea route; ***auf dem ~*** by sea.

Seewetter|bericht *m* shipping forecast; **~dienst** *m* maritime weather service.

See|wind *m* sea breeze; **~zeichen** *n* navigational aid; **~zunge** *f* sole.

Segel *n* sail; ***mit vollen ~n*** under full sail, *fig.* full tilt; ***~ hissen*** (*od.* ***setzen***) make sail; ***unter ~ gehen*** set sail; ***die ~ streichen*** strike sail, *fig. a.* give in, throw in the towel; → ***Wind***; **~boot** *n* sailing boat, *Am.* sailboat; *Sport*: yacht; **~fahrt** *f* sail(ing trip); **~fläche** *f* sail area.

Segelfliegen *n* gliding; **Segelflieger** *m* glider (pilot); **Segelflug** *m* **1.** *einzelner*: glider flight; **2.** → ***Segelfliegen***; **Segelflugplatz** *m* gliding field; **Segelflugzeug** *n* glider.

Segel|jacht *f* (sailing) yacht; **2klar** *adj.* ready to sail; **~klub** *m* yachting club; **~macher** *m* sailmaker.

segeln *v/i. u. v/t.* sail (*a. fig. Wolken*); ✈ glide, *Vögel*: *a.* soar; F ***durchs Examen ~*** F flunk (the exam).

Segel|ohren F *pl.* F bat ears; **~partie** *f* sailing trip; **~regatta** *f* (sailing) regatta; **~schiff** *n* sailing ship (*od.* vessel); **~schule** *f* sailing school; **~sport** *m* sailing.

Segeltuch *n* canvas (*a.* ⚓), sailcloth; **~schuhe** *pl.* canvas shoes.

Segel|werk *n* sails *pl.*; **~yacht** *f* → ***Segeljacht.***

Segen *m* blessing; *eccl. a.* benediction; (*Wohltat*) boon; (*Ertrag*) (rich) yield; (*Fülle*) abundance; ***den ~ geben*** *Priester*: give the benediction; *bei Tisch* ***den ~ sprechen*** say grace; F ***s-n ~ geben*** give one's blessing (**zu** to); ***es ist ein ~, dass*** what a blessing (that), thank God (that); ***ein wahrer ~*** a real blessing; *iro.* ***es war ein wahrer ~, dass sie nicht kam*** it was a mercy she didn't come; ***es ist kein reiner ~*** it's a mixed blessing; ***das bringt keinen ~*** no good will come of it; ***auf s-m Geschäft ruht kein ~*** he's not having much luck with his business; F ***der ganze ~*** F the whole caboodle.

segensreich *adj.* beneficial; *Leben*: full of blessings.

Segensspruch *m* blessing, *eccl. a.* benediction.

Segler *m* **1.** yachtsman; **2.** → a) ***Segelschiff, -boot,*** b) ***Segelflugzeug***; **3.** (*Vogel*) swift; **Seglerin** *f* yachtswoman.

Segment *n* segment; **segmentieren** *v/t.* segment.

segnen *v/t.* bless; (*das Kreuzeszeichen machen über*) cross (**sich** o.s.), make the sign of the cross over; ***Gott segne dich*** God bless you; *fig.* ***das Zeitliche ~*** depart this life; → ***gesegnet***; **Segnung** *f* blessing, benediction; *fig.* ***~en der Zivilisation*** blessings of civilization.

sehbehindert *adj.* partially sighted (*od.* blind), visually handicapped; **Sehbehinderte(r)** *m* partially sighted (*od.* blind) person; *pl. the* partially sighted *od.* blind (*pl.*); **Sehbehinderung** *f* eye defect; impaired vision.

Sehbeteiligung *f TV* viewing figures *pl.*, (TV) ratings *pl.*

sehen I. *v/i.* see (*a. einsehen*); (*hin~, blicken*) look; ***gut*** (***schlecht***) ***~*** have good (bad, weak) eyes *od.* eyesight; ***ich sehe nicht gut*** I can't see very well; ***auf s-e Uhr ~*** look at one's watch; ***sie konnte kaum aus den Augen ~*** she could hardly keep her eyes open; ***wenn ich recht gesehen habe*** if I saw right, if my eyes weren't deceiving me; ***das Fenster sieht auf die See*** the window looks out onto (*od.* faces) the sea; ***~ auf*** (*Wert legen auf*) set great store by, be (very) particular about; ***daraus ist zu ~, dass*** this shows that; ***~ nach*** (*sorgen für*) look after; ***nach dem Essen ~*** see to the dinner; ***sieh nur!, ~ Sie mal!*** look!; ***siehe oben*** (***unten***) see above (below); F ***siehe da!*** lo and behold!; F ***sieh mal einer an!*** F well, what do you know!; F ***na, siehst du!*** there you are; what did I tell you?, see?; ***wie ich sehe, ist er nicht hier*** I see he's not here; ***~ Sie, die Sache war so*** you see, it was like this; ***ich will ~, dass ich es dir verschaffe*** I'll see if I can (*od.* I'll try to) get it for you; ***sieh*** (***zu***)***, dass es erledigt wird*** see (to it) that it gets done; ***wir werden*** (***schon***) ***~*** we'll (*od.* we shall) see, let's wait and see; ***sehe ich richtig?*** am I seeing things?; ***lassen Sie mich ~*** let me see (*a. fig.*); → ***ähnlich, klar sehen***; **II.** *v/t.* see; (*betrachten*) look at; (*bemerken*) notice; ***kann ich das mal ~?*** could I have a look at it?; ***die Dinge ~, wie sie sind*** see things for what they are; ***er hat bessere Tage gesehen*** he's seen better days; ***das werden wir ja ~*** we'll see, *skeptisch*: *a.* we'll see about that; ***er sieht einfach alles*** he doesn't miss a thing; ***sich*** (*od.* ***einander***) ***~*** (*treffen*) see each other; ***wir ~ uns häufig*** we see quite a lot of each other, we see each other quite often; ***wir ~ uns zum ersten Mal*** we've never met before; ***flüchtig ~*** catch a glimpse of; ***gern ~*** like (to see); ***er sieht es gern, wenn man ihn bedient*** he likes being waited on; ***er sieht es nicht gern, wenn sie ausgeht*** he doesn't like her going out; ***zu ~ sein*** (*hervorlugen*) show, (*ausgestellt sein*) be on show; ***es war*** (***gab***) ***nichts zu ~*** you couldn't see a thing (there was nothing to see); ***niemand war zu ~*** there was nobody in sight; ***ich sah ihn fallen*** I saw him fall; ***ich habe es kommen ~*** I could see it coming; ***ich sehe schon kommen, dass er kündigt*** I can see him handing in his notice; ***sich ~ lassen*** put in an appearance, (*ankommen, auftauchen*) turn up; ***du hast dich lange nicht ~ lassen*** you haven't shown your face for a long time; ***lass dich mal***

S

wieder ~! come and see me (*od.* us) again some time; ***lass dich hier nie mehr ~!*** don't you dare show your face here again; ***sie kann sich ~ lassen*** she's very attractive, F she's not half bad; ***damit kannst du dich ~ lassen*** that looks quite respectable, *weitS., bei Leistung etc.*: that's something to be proud of, that's a feather in your hat; ***sich gezwungen ~ zu*** *inf.* find o.s. compelled to *inf.*; ***ich sehe mich nicht imstande*** (*od.* ***in der Lage***) ***zu*** *inf.* I don't see how I can possibly *inf.*; ***ich sehe die Sache anders*** I see it differently; ***er sieht es schon richtig*** he's got the picture, he's got it right; ***du siehst es falsch*** you've got it wrong; ***wie ich die Sache sehe*** as I see it; ***so darf man das nicht ~*** you've got to look at it differently; ***so gesehen*** in that light, from that point of view; ***rechtlich*** *etc.* ***gesehen*** from a legal *etc.* standpoint (*od.* point of view), legally *etc.*; ***da sieht man es mal wieder*** it all goes to show; ***hat man so etwas schon gesehen!*** did you ever see the like(s) of it!; F ***oder wie seh ich das?*** am I right?; ***sie kann ihn nicht mehr ~*** (*leiden*) she can't stand (the sight of) him; ***ich sehe in ihm ein ...*** I see him as a ...; **III.** ≈ *n* seeing; (*Sehkraft*) eyesight; (***nur***) ***vom ~*** (only) by sight; ***ich kenne ihn nur vom ~*** *a.* I've never actually spoken to him.

sehenswert, sehenswürdig *adj.* worth seeing; *Ort etc.*: *a.* worth a visit; (*lohnend*) worthwhile; **Sehenswürdigkeit** *f* place of interest; attraction; ***~en*** *e-r Stadt*: *a.* sights; ***die ~en besichtigen*** go sightseeing, see the sights.

Seher(in *f*) *m* seer, prophet(ess *f*); **Seherblick** *m* prophetic vision; **Sehergabe** *f* gift of prophecy, visionary powers *pl.*; **seherisch** *adj.* prophetic(ally *adv.*), visionary.

Seh|fehler *m* eye defect; **≈gestört** *adj.*: ***~ sein*** have an eye defect; **~gewohnheiten** *pl. TV* viewing habits; **~hilfe** *f* seeing aid; **~kraft** *f*, **~leistung** *f* vision, (eye)sight; **~loch** *n* pupil.

Sehne *f anat.* tendon, sinew; *e-s Bogens*: string; △ chord.

sehnen I. *v/refl.*: ***sich ~ nach*** long for, *stärker*: yearn for, *schmachtend*: pine for; ***er sehnte sich danach zu*** *inf.* he was longing to *inf.*; **II.** ≈ *n* → ***Sehnsucht.***

Sehnen|entzündung *f* tendinitis; **~riss** *m* torn tendon; **~scheidenentzündung** *f* ten(d)osynovitis; **~zerrung** *f* pulled tendon.

Sehnerv *m* optic nerve.

sehnig *adj.* sinewy; *Person*: *a.* wiry; *Fleisch*: stringy.

sehnlich I. *adj.* ardent, fervent; ***sein ~ster Wunsch wäre ein Eigenheim*** his greatest (*od.* most fervent) wish is to have a house of his own; **II.** *adv.* ardently, fervently; ***~ erwarten*** await eagerly; ***wir haben dich ~ erwartet*** *a.* we couldn't wait for you to come.

Sehnsucht *f* longing, yearning (***nach*** for); ***~ nach*** *a.* ardent desire for; ***~ haben nach*** long (*od.* yearn) for; ***mit ~ erwarten*** await eagerly; **sehnsüchtig, sehnsuchtsvoll** *adj.* longing, yearning; *Blick, Stimme*: *a.* wistful.

Seh|organ *n* organ of sight; **~probe** *f* **1.** → ***Sehprüfung***; **2.** (*~tafel*) eye test chart; **~prüfung** *f* eye test.

sehr *adv.* **1.** *vor adj. u. adv.*: very; (*höchst*) most, extremely; ***~ gern*** with pleasure; ***~ viel*** a lot, much *better, worse etc.*; → ***wohl*** 2; **2.** *mit Verb*: very much; ***~ vermissen*** miss badly (*od.* a lot); ***so ~, dass*** so much that; ***wie ~ auch*** however much, much as; ***ich freue mich ~*** I'm very glad; ***schneit es ~?*** is it snowing a lot?

Seh|rinde *f* visual cortex; **~rohr** *n* ⚓ periscope; **~schärfe** *f* vision, eyesight; ⚕ visual acuity; **~schwäche** *f* bad eyesight; **~störung** *f* eye defect; **~test** *m* eye test; **~vermögen** *n* vision, eyesight; **~weise** *f* (point of) view; **~weite** *f* visual range; ***in*** (***außer***) ***~*** within (out of) sight *od.* eyeshot.

seicht *adj.* shallow (*a. fig.*); *fig. Unterhaltung etc.*: *a.* insipid; **Seichtheit** *f*, **Seichtigkeit** *f* shallowness (*a. fig*).

Seide *f* silk; ***reine ~*** pure silk.

Seidel *n* (*Bier≈*) beer mug, (beer) stein.

Seidelbast *m* ⚘ daphne.

seiden *adj.* (made of) silk; → ***Faden.***

Seiden|atlas *m* silk satin; **~band** *n* silk ribbon; **~bau** *m* silkworm breeding, sericulture; **~bluse** *f* silk blouse; **~faden** *m*, **~garn** *n* silk thread; **~glanz** *m* silky sheen; **~kleid** *n* silk dress; **~krawatte** *f* silk tie; **~papier** *n* tissue paper.

Seidenraupe *f* silkworm; **Seidenraupenzucht** *f* silkworm breeding, sericulture.

Seiden|schal *m* silk scarf; **~spinner** *m zo.* silk moth; **~spinnerei** *f* silk mill; **~stickerei** *f* silk embroidery; **~stoff** *m* silk (fabric); **~straße** *f hist.* Silk Route (*od.* Road); **~strumpf** *m* silk stocking.

seidenweich *adj.* (as) soft as silk, silky.

seidig *adj.* silky.

Seife *f* soap; **seifen** *v/t.* soap.

Seifen|artikel *pl.* → ***Seifenwaren***; **~bad** *n* soap bath; **~blase** *f* soap bubble; *fig.* bubble; ***~n machen*** blow bubbles; *fig.* ***wie e-e ~ zerplatzen*** vanish into thin air; ***dann platzte die ~*** then the bubble burst; **~flocken** *pl.* soap flakes.

Seifenkiste *f* soapbox; **Seifenkistenrennen** *n* soapbox derby.

Seifen|lauge *f* soapsuds *pl.*; **~oper** *f TV* soap opera; **~pulver** *n* soap powder; **~schale** *f* soap dish; **~schaum** *m* lather; **~spender** *m* soap dispenser; **~waren** *pl.* (household soaps and) toiletries; **~wasser** *n* soapy water.

seifig *adj.* soapy.

seihen *v/t.* strain.

Seil *n* rope; *mot.* towrope; (*Tau*) cable; (*Hoch≈*) tightrope; *fig.* ***auf dem ~ tanzen*** be walking a tightrope; **~bahn** *f* cable railway; (*Stand≈*) *a.* funicular; **~hüpfen** *n* skipping.

Seilschaft *f* **1.** rope team; **2.** *fig. pol.* team, crew; ***die alten ~en sind noch intakt*** the old network (*od.* power structure) is still functioning.

Seil|springen *n* skipping; **~tanzen** *n* tightrope walking; **~tänzer** *m* tightrope walker; **~winde** *f* cable winch; **~ziehen** *n* tug-of-war (*a. fig.*).

sein[1] **I.** *v/i.* be; *als v/aux.*: *a.* have; ***sind Sie es?*** is that you?; ***ich bins*** it's me; ***sei(d) nicht so laut!*** don't be so loud, stop making such a noise; ***sei so gut und ...*** do me a favo(u)r and ..., will you?; ***ist was?*** is anything (*od.* something) wrong?, *a. provozierend* what's the problem?; ***was ist mit dir?*** what's the matter (*od.* what's wrong) with you?; ***mir ist, als kenne ich ihn schon*** I have a feeling (*od.* I'm sure) I know him; ***mir ist nicht nach Arbeiten*** I don't feel like working, I'm not in the mood for work; ***mir ist kalt*** I'm cold, I feel cold; ***so ist das nun mal*** that's the way it is; ***nun, wie ists?*** well, what about it (then)?; ***wie ist es mit dir?*** what about you?; ***wie ist der Wein?*** what's the wine like?; ***sei er auch noch so reich*** no matter how rich he is, however rich he may be; ***sei es, wie es sei*** be that as it may; ***wenn dem so ist*** if that's the case, in that case; ***wenn du nicht gewesen wärst*** if it hadn't been for you; ***keiner will es gewesen sein*** nobody's claiming responsibility; ***ich bin ihm schon begegnet*** I've met him before; ***die Sonne ist untergegangen*** the sun has gone down; ***er ist beim Lesen*** he's reading; *die Garage* ***ist im Bau*** is being built; *die Waren* ***sind noch zu senden an*** are to be sent to; ***es ist ein Jahr*** (***her***), ***seit*** it's a year since, it was a year ago that; ***er ist aus Mexiko*** he comes from Mexico; ***er ist nach Berlin gegangen*** he has gone to Berlin; ***ich bin bei meinem Anwalt gewesen*** I've been to see my lawyer; ***mit dem Urlaub war nichts*** the holiday didn't work out, the holiday fell through; ***was nicht ist, kann ja noch werden*** there's plenty of time yet; ***ich bin ja nicht so*** I'm not like that; ***lass es ~*** leave it alone, (*kümmere dich nicht drum*) don't bother; ***lass das ~!*** stop it!; ***muss das ~?*** do you have to?; ***es ist nun an dir zu*** *inf.* it's up to you to ... now; ***was soll das ~?*** what's that supposed to be?; (***das***) ***kann ~*** it's possible, F could be; ***es sei denn***(***, dass***) unless; ***sei es, dass ... oder dass ...*** whether ... or ...; ***wer ist dort*** (*od.* ***am Apparat***)***?*** who's speaking (*od.* calling)?; ***ist da jemand?*** is anybody there?; ***warst du mal in London?*** have you ever been to London?; ***wie wärs mit e-r Partie Schach?*** how (*od.* what) about a game of chess?; ***und das wäre?*** and what might that be?; ***5 und 2 ist 7*** five and two are (*od.* is, make[s]) seven; ***3 mal 7 ist 21*** three times seven is (*od.* are, make[s]) twenty-one; ***x sei*** let x be; **II.** ≈ *n* being; (*Dasein*) *a.* existence; ***~ und Schein*** appearance and reality; ***mit allen Fasern s-s ~s*** with every fib|re (*Am.* -er) of his being.

sein[2] **I.** *poss. pron.* **1.** *adjektivisch*: his; *Mädchen*: her; *Sache*: its; *Tier*: *mst* its, *Haustier*: his; *Schiff*: *oft* her; *unbestimmt*: one's; ***~ Glück machen*** make one's fortune; ***all ~*** (***bisschen***) ***Geld*** what (little) money he had; ***≈e Majestät*** His Majesty; ***es kostet*** (***gut***) ***~e tausend Dollar*** it'll put you back a good thousand dollars; **2.** *substantivisch*: his; ***~er, ~e, ~(e)s, der*** (***die, das***) ***~(ig)e*** (*od.* ***≈(ig)e***) his; *Mädchen*: hers; ***die ~(ig)en*** (*od.* ***≈(ig)en***) (*Familie*) his family; ***jedem das ≈e*** to each his own; ***das ≈(ig)e*** (*od.* ***~(ig)e***) ***tun*** do one's share (F bit), (*sein Möglichstes tun*) do one's best; **II.** *pers. pron.* (*gen. von* ***er*** *u.* ***es***) of him; *Mädchen*: of her; ***er war ~er nicht mehr mächtig*** he had lost control of himself completely.

seinerseits *adv.* as far as he's (*od.* he was, *Mädchen*: she's, she was) concerned; *Sache*: in its turn.

seinerzeit *adv.* (*damals*) then, at that time; in those days.

seinesgleichen *pron.* his equals *pl.*, F him and his kind *pl.*, the likes *pl.* of him, his sort *pl.*; *unbestimmt*: one's equals *pl.*, one's own kind *pl.*; *bei e-r*

S

Sache: its kind *pl.*; ***j-n wie ~ behandeln*** treat s.o. as an (*od.* one's) equal; ***er (es) hat nicht ~*** there is no-one (nothing) like him (it); ***~ suchen*** be hard to match, be unequal(l)ed.

seinetwegen *adv.* **1.** (*ihm zuliebe*) for his sake; **2.** (*in s-r Sache*) on his behalf; **3.** (*durch s-e Schuld etc.*) because of him.

seinige → ***sein***[2] 2.

Seismik *f geol.* seismology; **seismisch** *adj.* seismic.

Seismogramm *n geol.* seismogram.

Seismograph *m geol.* seismograph.

Seismologie *f geol.* seismology; **seismologisch** *adj.* seismological.

seit I. *prp. bei Zeitpunkt*: since; *bei Zeitraum*: for; ***~ 1985*** since 1985; ***~ neun Uhr*** since nine o'clock; ***~ gestern*** since yesterday; ***~ m-m Geburtstag*** since my birthday; ***~ dem Mittelalter*** since the Middle Ages; ***~ damals, ~ der Zeit*** → ***seitdem***; ***~ einer Stunde*** for an hour; ***~ drei Wochen*** for (the last) three weeks; ***~ einigen Tagen*** for a few days (now); ***~ langem*** for a long time; ***~ Jahren*** for years; ***~ wann?*** since when?, (*wie lange?*) how long (... for)?; ***~ wann*** (*wie lange*) ***warten Sie schon?*** how long have you been waiting (for)?; ***zum ersten Mal ~ Jahren*** for the first time in years; **II.** *cj.* since; ***es ist ein Jahr her, ~*** it's (been) a year since, it was a year ago that; → *a.* ***seitdem.***

seitdem I. *adv.* since then, since that time; *nachgestellt*: *a.* ever since; **II.** *cj.* since; ***~ er die neuen Tabletten nimmt, gehts ihm viel besser*** since he's been taking the new tablets he's been feeling much better; ***~ er umgezogen ist, ruft er nicht mehr an*** since he moved he hasn't rung up at all.

Seite *f* side (*a. pol., Sport, Charakterzug, Abstammung, Aspekt, Schallplatte, Münze*); (*Buch*~ *etc.*) page; ***schwache (starke) ~*** weak (strong) point; ***rechte (linke) ~*** *e-s Stoffes*: right (wrong) side; ***hintere (vordere) ~*** *e-s Hauses*: back (front); ***die Arme in die ~n gestemmt*** with arms akimbo; ***die ~n wechseln*** *Sport*: change ends, *a. fig.* change sides; ***an die*** (*od.* ***zur***) ***~ gehen*** step aside; ***an j-s ~*** at (*od.* by) s.o.'s side, *sitting* next to s.o.; ***~ an ~*** side by side; ***auf ~n*** *gen.* (*od.* ***von***) on the part of; ***auf der ~ landen*** land on its side; ***sich auf die ~ legen*** lie (down) on one's side; ***sie ist auf der rechten ~ gelähmt*** she's paralyzed on her right (side); ***auf der einen ~*** on the one side (*fig. mst* hand); ***auf väterlicher (mütterlicher) ~*** on one's father's (mother's) side; ***j-n auf seine ~ bringen*** (*od.* ***ziehen***) win s.o. over to one's side; ***auf welcher ~ stehst du?*** whose side are you on?; ***auf die ~ schaffen, zur ~ legen*** (*a. Geld*) put aside; F ***j-n auf die ~ schaffen*** F bump s.o. off; ***nach allen ~n*** in all directions; ***von allen ~n*** from all around, *fig.* on all sides; ***von offizieller ~*** from official quarters, ***bestätigt werden***: be officially confirmed; *fig.* ***von der ~*** (*missgünstig*) ***ansehen*** look askance at; ***j-m nicht von der ~ gehen*** not to leave s.o.'s side, F stick to s.o. like a leech; ***von dieser ~ betrachtet*** seen from that angle (*od.* standpoint, point of view), seen in that light; ***von der menschlichen ~ betrachtet*** from a human standpoint (*od.* point of view); ***sich von der besten ~ zeigen*** show o.s. at one's best, *bewusst*: put one's best foot forward; ***komm mir nicht von der ~*** don't try that one on me; ***von s-r ~ bestehen keine Bedenken*** there are no objections on his part (*od.* as far as he's concerned); ***j-m zur ~ stehen*** stand by s.o.; ***ganz neue ~n an j-m entdecken*** discover new sides to s.o.'s character; *e-r Sache* ***die beste ~ abgewinnen*** make the best (*od.* most) of; ***alles hat zwei ~n*** there are two sides to everything; ***von ~n*** → ***seitens.***

Seiten|altar *m* side altar; **~angabe** *f* page reference; **~ansicht** *f* **1.** side view; **2.** *Computer*: print preview; **~arm** *m e-s Flusses*: branch; **~aufprallschutz** *m mot.* side impact protection; **~ausgang** *m* side exit; **~blick** *m* sidelong glance; **~drucker** *m Computer*: page printer; **~eingang** *m* side entrance; **~fenster** *n* side window; **~fläche** *f* lateral surface (*od.* face); **~flügel** *m* **1.** wing; **2.** *Altarbild*: side panel; **~format** *n* page format; **~formatierung** *f Computer*: page formatting; **~gasse** *f* side street; *bsd. in Armenviertel*: backstreet; **~hieb** *m* side cut; *fig.* F sideswipe, dig (***gegen, auf*** at); **~lage** *f* side (*od.* lateral) position; ***in ~*** on one's (*od.* its) side.

seitenlang *adj. Bericht etc.*: lengthy; ***~e Briefe*** *etc.* ***schreiben*** write pages and pages; ***~e Beschwerden*** *etc.* pages and pages of complaints *etc.*

Seiten|länge *f* page length; **~layout** *n* page layout; **~lehne** *f* armrest; **~leitwerk** *n* ✈ rudder (assembly); **~linie** *f* **1.** 🚂 branch line; **2.** *e-r Familie*: collateral line; **3.** *Sport*: sideline; **~portal** *n* side portal (*od.* entrance); **~rand** *m* margin; **~riss** *m* ⚙ side elevation; **~ruder** *n* ✈ rudder.

seitens *prp.* on the part of, from; (*von*) by.

Seiten|scheitel *m* side parting; **~schiff** *n* (side) aisle; **~schneider** *m* wire (*od.* side) cutter; **~schritt** *m* side step; **~schutzleiste** *f mot.* side protector; **~schwimmen** *n* sidestroke; **~sprung** *fig. m* (extramarital) affair, F fling; **~stechen** *n* stitch (in one's side); **~straße** *f* side street; *bsd. im Armenviertel*: backstreet; **~streifen** *m* verge; *der Autobahn*: hard shoulder, *Am.* shoulder; ***~ nicht befahrbar*** soft verges (*Am.* shoulder); **~tal** *n* side valley; **~tasche** *f* side pocket; **~trakt** *m* side wing; **~tür** *f* side door (*od.* entrance); **~umbruch** *m* paging, page makeup; *Computer*: page break; ***e-n ~ einfügen*** insert a page break.

seitenverkehrt *adj.* the wrong way round, back to front.

Seiten|vorschub *m* page feed; **~wagen** *m* sidecar; **~wahl** *f Sport*: choice of ends; **~wand** *f* side wall; **~wechsel** *m* **1.** *Sport*: change of ends (*od.* sides); **2.** *Computer*: page break; **~weg** *m* side path; *fig.* ***~e gehen*** a) do s.th. in a very roundabout way, b) (*et. heimlich tun*) do s.th. on the side.

seitenweise *adv.* pages (and pages) of.

Seiten|wind *m* crosswind, side wind; **~zahl** *f* page number; *gesamte*: number of pages.

seither *adv.* since then (*od.* that time); *nachgestellt*: *a.* since.

seitlich I. *adj.* side ..., lateral; ***~er Zusammenstoß*** side-on collision; → *a.* ***Seiten...***; **II.** *adv.* at the side; (*zur Seite*) to the side; ***~ von*** to the side of.

Seitpferd *n Turnen*: pommel horse.

Seitrutschen *n Skisport*: side slipping.

seitwärts *adv.* (*zur Seite*) to the side; sideways; (*an der Seite*) on the side.

Sekante *f* 𝔄 secant.

sekkant *östr. adj.* annoying; troublesome; ***~ sein*** be a nuisance; **sekkieren** *östr. v/t.* annoy, F pester.

Sekret *n physiol.* secretion.

Sekretär *m* **1.** male secretary; (*Assistent*) assistant; **2.** (*Schreibtisch*) secretary, bureau; **3.** *zo.* secretary (bird); **Sekretariat** *n* (secretary's) office; **Sekretärin** *f* secretary.

Sekretion *f* ⚕ *geol.* secretion.

Sekt *m* sparkling wine, sekt, champagne.

Sekte *f* sect; **Sektenführer** *m* leader of a (*od.* the) sect.

Sekt|flasche *f* champagne bottle; **~flöte** *f* champagne flute; **~frühstück** *n* champagne breakfast; **~glas** *n* champagne glass.

Sektierer *m*, **sektiererisch** *adj.* sectarian; **Sektierertum** *n* sectarianism.

Sektion *f* **1.** (*Abteilung*) section, division, department; **2.** ⚕ *e-s Tiers*: dissection; (*Obduktion*) autopsy, postmortem; **Sektionsbefund** *m* ⚕ postmortem findings *pl*, results *pl.* of a (*od.* the) postmortem.

Sekt|kelch *m* champagne glass; **~kellerei** *f* champagne cellars *pl.*; **~korken** *m* champagne cork; **~kübel** *m*, **~kühler** *m* champagne bucket.

Sektor *m* sector; *fig. a.* area, field; **~diagramm** *n* pie chart.

Sekt|quirl *m* swizzle stick; **~schale** *f* champagne glass (*od.* saucer).

Sekund *f* → ***Sekunde*** 2.

Sekunda *f ped.* **1.** *obs. sixth and seventh year of grammar school*; **2.** *östr.* second year (of grammar school); **Sekundaner(in** *f*) *m ped.* **1.** *obs. pupil in the sixth or seventh year of grammar school*; **2.** *östr.* second year (grammar school) pupil.

Sekundant *m* second.

sekundär *adj.* secondary; ***das ist von ~er Bedeutung*** that's not so important, that's not the most important thing.

Sekundär... secondary; **~literatur** *f* secondary literature; **~spannung** *f* ⚡ induced (*od.* secondary) voltage; **~strom** *m* ⚡ induced (*od.* secondary) current.

Sekundarstufe *f ped.* secondary school (*Am.* high school) level; ***~ II*** *Brit. etwa* sixth form.

Sekundärwicklung *f* ⚡ secondary (winding).

Sekunde *f* **1.** second (*a.* 𝔄 *u.* ♪); ***zehn Uhr auf die ~*** ten o'clock on the dot; ***auf die ~ genau ankommen*** arrive right on time (*od.* on the dot); F (***eine***) ***~!*** just a second!; **2.** ♪ second; ***große (kleine) ~*** major (minor) second.

Sekunden|bruchteil *m* fraction of a second; **~kleber** *m* superglue, instant glue; **~lang I.** *adj.* lasting (*od.* of) several seconds; **II.** *adv.* for (several) seconds; **~schnelle** *f*: ***in ~*** in a matter of seconds; ***es geschah alles in ~*** it was all over in a matter of seconds; **~zeiger** *m* second hand.

sekundieren *v/i.* second (***j-m*** s.o.); *fig.* support (s.o.), back (s.o.) up.

sekündlich *adv.* every (*unbestimmt*: any) second.

selbe *adj.* same; ***zur ~n Zeit*** at the same time, simultaneously.

selber *pron.* → ***selbst*** I.

selbst I. *pron.*: ***ich ~*** I myself, ***er ~*** he himself *etc.*; ***sie möchte es ~ machen*** she wants to do it herself (*od.* on her

S

own); ***er möchte ~ kochen*** *a.* he wants to do his own cooking; ***das muss ich mir ~ ansehen*** I'll have to see that for myself; ***ich habe ihn nicht ~ gesprochen*** I didn't talk to him personally; ***der Autor war ~ anwesend*** the author was there in person (*od.* himself); ***er ist nicht mehr er ~*** he's not himself anymore, (*außer sich*) he's beside himself; ***mit sich ~ sprechen*** talk to o.s.; ***von ~*** (*eigenständig*) of one's own accord, *Sache*: (by) itself; ***~ ist der Mann*** (*od.* ***die Frau***)***!*** there's nothing like doing it yourself; ***das versteht sich*** (***doch***) ***von ~*** that goes without saying; ***es öffnet sich von ~*** it opens automatically (*od.* itself); *er war* ***die Höflichkeit ~*** politeness in person (*od.* itself); ***er ist die Ruhe ~*** he's unflappable; ***zu sich ~ kommen*** get back on an even keel; ***ich muss wieder zu mir ~ kommen*** *a.* I need some time to straighten out my thoughts; ***ich komme kaum mehr zu mir ~*** *vor Arbeit*: I hardly get time to think, I hardly get a minute to myself; *du bist ein Idiot -* ***~ einer!*** it takes one to recognize one; **II.** *adv.* even; ***~ er*** even he; ***~ wenn*** even if; **III.** ~ *n* self; ***wieder sein altes ~ sein*** be one's old self again; ***das ~ aufgeben*** give up one's personality.

Selbst|abholer *m*: ***Möbel für ~*** flatpack furniture; **~achtung** *f* self-esteem, self-respect; **~analyse** *f* self-analysis.

selbständig *etc.* → ***selbstständig*** *etc.*

Selbst|anklage *f* self-accusation, self-incrimination; **~ansteckung** *f* ⚕ autoinfection; **~anzeige** *f* self-denunciation; **~aufopferung** *f* self-sacrifice; **~aufzug** *m e-r Uhr*: self-winding mechanism; **~auslöser** *m phot.* (self-)timer.

Selbstbedienung *f* self-service; ***Restaurant mit ~*** self-service restaurant, cafeteria.

Selbstbedienungs|laden *m* self-service shop (*Am.* store); (small) supermarket; **~restaurant** *n* self-service restaurant, cafeteria.

Selbst|befriedigung *f* masturbation; **~behauptung** *f* self-assertion, self-assertiveness; **~beherrschung** *f* self-control; ***die ~ verlieren*** *a.* lose one's temper; **~bekenntnis** *n* confession; **~beköstigung** *f* self-catering; **~bemitleidung** *f* self-pity; **~beobachtung** *f* introspection, self-observation; **~bescheidung** *f*, **~beschränkung** *f* self-restraint; **~besinnung** *f* self-contemplation; **~bestätigung** *f* ego-boost; ***zu s-r ~*** to prove oneself, to boost one's confidence (*od.* ego); ***das war für ihn e-e ~*** that gave his confidence (*od.* ego) a boost; **~bestäubung** *f* ⚘ self-pollination.

Selbstbestimmung *f* self-determination; **Selbstbestimmungsrecht** *n* (right of) self-determination.

Selbst|beteiligung *f* percentage excess; **~betrug** *m* self-deception; ***das ist ~*** you're *etc.* deceiving yourself *etc.*; **~beweihräucherung** *f* self-adulation.

selbstbewusst *adj.* (self-)confident, self-assured; **Selbstbewusstsein** *n* self-confidence, self-assurance; *phls.* self-awareness.

selbstbezogen *adj.* self-cent|red (*Am.* -ered), egocentric; **Selbstbezogenheit** *f* self-centredness (*Am.* -centeredness), obsession with oneself.

Selbst|bild *n* self-image; *the* way one sees oneself; **~bildnis** *n* self-portrait; **~biographie** *f* autobiography; **~bräuner** *m Kosmetik*: self-tanning lotion (*od.* cream); **~darstellung** *f* self-projection; image cultivation; *contp.* showmanship; **~diagnose** *f Computer*: self-diagnosis; **~disziplin** *f* (self-)discipline; **~einschätzung** *f* self-assessment; *one's* image of oneself; *the* way one sees oneself; **~entfaltung** *f* self-development; self-fulfil(l)ment; **~entfremdung** *f phls.* alienation from self.

Selbsterfahrung *f* self-awareness; **Selbsterfahrungsgruppe** *f* consciousness-raising (*od.* self-awareness) group.

Selbsterhaltung *f* self-preservation; **Selbsterhaltungstrieb** *m* survival instinct.

Selbsterkenntnis *f* self-knowledge.

selbst ernannt *adj.* self-styled, self-proclaimed, would-be; *formell*: soi-disant.

Selbsterniedrigung *f* self-abasement.

selbst erworben *adj.*: ***sein Haus ist ~*** he bought his house himself.

Selbstfahrer *m* **1.** self-propelling wheelchair; **2.** *mot.* ***er ist ~*** he drives himself, he doesn't have a chauffeur; ***Autovermietung für ~*** self-drive car hire.

selbst| gebacken *adj.* homemade; **~ gebastelt** *adj.* homemade; ***ist das ~?*** did you make that yourself?; **~ gebraut** *adj.* home-brewed.

selbst gedreht *adj.*: ***~e Zigarette*** roll-up; **Selbstgedrehte** *f* roll-up; ***~ rauchen*** roll one's own.

selbstgefällig *adj.* complacent, self-satisfied, smug; **Selbstgefälligkeit** *f* complacency, smugness.

Selbstgefühl *n* → ***Selbstwertgefühl.***

selbst gemacht *adj.* homemade.

selbstgenügsam *adj.* contented, satisfied with one's lot; modest; ***er ist sehr ~*** *a.* he doesn't make any great demands (on life); **Selbstgenügsamkeit** *f* contentedness; modesty.

selbstgerecht *adj.* self-righteous, F holier-than-thou *attitude etc.*

selbst geschneidert *adj.* homemade; ***ist das ~?*** did you make that yourself?

Selbstgespräch *n* monolog(ue); soliloquy; ***~e führen*** talk to o.s.

selbst| gesteckt *adj.*: ***~e Grenzen*** self-imposed limits; **~ gestrickt** *adj.* **1.** homemade; ***ist das ~?*** did you knit that yourself?; **2.** *fig.* homespun.

Selbst|hass *m* self-hate; **~heilungskraft** *f* self-healing power; **~herrlich** *adj.* high-handed; (*überheblich*) overbearing.

Selbsthilfe *f* self-help; ***zur ~ schreiten*** take matters into one's own hands; **~gruppe** *f* self-help group.

Selbst|induktion *f* ⚡ self-induction; **~ironie** *f* self-irony; **~justiz** *f*: ***~ üben*** take the law into one's own hands.

Selbstklebefolie *f* adhesive foil; **selbstklebend** *adj.* (self-)adhesive; *Umschlag*: self-seal ...

Selbstkontrolle *f* self-control; *engS. u.* ⚙ self-check(ing); *der Medien*: self-censorship.

Selbstkostenpreis *m* cost price; ***zum ~*** at cost (price).

Selbstkritik *f* self-criticism; **selbstkritisch** *adj.* self-critical; ***er ist sehr ~*** *a.* he's very hard on himself.

Selbstladepistole *f* self-loading pistol, automatic (pistol).

Selbst|laut *m ling.* vowel; **~lernkurs** *m* self-study course; **~leuchtend** *adj.* luminous; **~lob** *n* self-praise.

selbstlos *adj.* selfless; **Selbstlosigkeit** *f* selflessness.

Selbst|medikation *f* self-medication; **~mitleid** *n* self-pity.

Selbstmord *m* suicide; ***~ begehen*** commit suicide; *fig.* ***das ist doch glatter ~*** that's sheer suicide; F ***~ auf Raten*** slow suicide; **Selbstmörder(in** *f*) *m* suicide (victim); **selbstmörderisch** *adj.* suicidal; *weitS. a.* breakneck *speed etc.*

Selbstmord|gedanken *pl.*: ***~ haben*** be contemplating suicide; **~gefährdet** *adj.* suicidal; ***~ sein*** have suicidal tendencies, be a potential suicide; **~kandidat** *m* potential suicide; **~klausel** *f* suicide clause; **~kommando** *n* **1.** suicide mission; **2.** (*Personen*) suicide squad; **~rate** *f* suicide rate; **~versuch** *m* attempted suicide; suicide attempt; ***e-n ~ machen*** try (*od.* attempt) to commit suicide; ***missglückter ~*** failed suicide attempt.

Selbstporträt *n* self-portrait.

Selbstquälerei *f* self-torment, self-torture; **selbstquälerisch** *adj.* self-tormenting.

selbst|regelnd *adj.* self-regulating; **~reinigend** *adj. Grill etc.*: self-cleaning; **~reinigungskraft** *f* self-purifying power (*a. fig.*); **~schließend** *adj.* self-closing.

Selbstschuss *m* spring gun; **~anlage** *f* automatic firing device.

Selbstschutz *m* self-defen|ce (*Am.* -se).

selbstsicher *adj.* self-confident, self-assured, very sure of oneself; **Selbstsicherheit** *f* self-confidence, self-assurance.

selbstständig I. *adj.* (*unabhängig*) independent; *wirtschaftlich*: self-supporting; *beruflich, Person*: independent, self-employed, *Journalist, Architekt etc.*: freelance ...; *Staat*: autonomous; ***an ~es Arbeiten gewöhnt*** used to working on one's own; ***sich ~ machen*** *im Beruf*: start up one's own business, *Journalist etc.*: go freelance; F (*verloren gehen*) F just walk off; **II.** *adv.* independently; (*ohne fremde Hilfe*) oneself, on one's own; ***~ denken*** think for o.s.; ***~ handeln*** act independently (*od.* on one's own initiative); **Selbstständige(r)** *m* (*Geschäftsmann etc.*) self-employed person; (*Journalist etc.*) freelance(r); **Selbstständigkeit** *f* independence (*a. im Verhalten*), *pol. a.* sovereignty, autonomy.

Selbst|steuerung *f* automatic control; **~studium** *n* self-study, private study; ***im ~*** *aneignen etc.*: through self-study (*od.* private study).

Selbstsucht *f* selfishness, ego(t)ism; **selbstsüchtig** *adj.* selfish, self-seeking, egotistic(al), egoistic(al).

selbsttätig *adj.* automatic(ally *adv.*).

Selbst|täuschung *f* self-delusion; **~tor** *n Sport*: own goal; **~überschätzung** *f* conceitedness; exaggerated opinion of oneself; ***an ~ leiden*** have a very high opinion of oneself; **~überwindung** *f* will-power; ***es kostete ihn viel ~*** it cost him quite an effort; **~verachtung** *f* self-contempt; **~verantwortung** *f* personal responsibility; **~verbrennung** *f* self-immolation.

selbst verdient *adj*: ***mit ~em Geld*** with one's hard-earned money.

selbstvergessen *adj.* lost in thought, oblivious to the world.

Selbst|verlag *m*: ***im ~*** published by the author; **~verleugnung** *f* self-denial.

selbstverloren *adj.* → ***selbstvergessen.***

Selbstverpflegung *f* self-catering.

selbstverschuldet *adj.*: ***~e Krise*** crisis of one's own making; ***der Unfall war***

~ he *etc.* caused the accident himself *etc.*
Selbstversorger *m*: ***sie sind ~*** they're self-sufficient; ***Appartements für ~*** self-catering flats (*a. Am.* apartments).
selbstverständlich I. *adj.* (*natürlich*) (perfectly) natural; (*offensichtlich*) obvious; ***das ist (doch) ~*** *a.* that goes without saying; ***es ist die ~ste Sache der Welt*** it's the most natural thing in the world; ***et. als ~ hinnehmen*** take s.th. for granted; **II.** *adv.* of course, naturally; (*ohne Bedenken*) *do s.th.* as a matter of course; ***~!*** of course!, *Am. a.* sure!; **Selbstverständlichkeit** *f*: ***es ist doch e-e ~, dass*** it goes without saying that, there's no question that, it's only natural that; ***es ist für sie e-e ~*** *a.* it's a matter of course for her, (*steht fest*) it's a foregone conclusion for her; ***mit e-r ~*** with a matter-of-factness; ***das war doch e-e ~!*** not at all!; ***er machte es mit e-r solchen ~*** he did it as if it was the most natural thing in the world; ***zwei Wagen sind für sie e-e ~*** they take it for granted that they should have two cars.
Selbst|verständnis *n one's* self-image, *the* image one has of oneself; ***nationales ~*** national identity; ***das ~ der Partei*** *a.* the way the party sees itself; **~verstümmelung** *f* self-mutilation; **~versuch** *m* self-experiment; ***e-n ~ machen*** experiment on oneself, use oneself as a guinea-pig; **~verteidigung** *f* self-defen|ce (*Am.* -se); **~vertrauen** *n* self-confidence, self-assurance; ***Mangel an ~*** *a.* diffidence.
Selbstverwaltung *f* autonomy, self-government; **Selbstverwaltungsrecht** *n* right to autonomy.
Selbst|verwirklichung *f* self-realization, *bsd. psych.* self-actualization; **~vorwurf** *m* self-reproach.
Selbstwählferndienst *m* STD, subscriber trunk dialling, *Am.* direct dialing.
Selbstwertgefühl *n* self-esteem; ***ein übertriebenes ~ besitzen*** have an exaggerated opinion of oneself.
Selbst|zensur *f* self-censorship; **~zerfleischung** *f* self-laceration; **≈zerstörerisch** *adj.* self-destructive; **~zeugnis** *n* self-portrayal.
selbstzufrieden *adj.* complacent, smug, self-satisfied; **Selbstzufriedenheit** *f* complacency, smugness.
Selbst|zweck *m* end in itself; ***als ~*** *a.* for its own sake; ***zum ~ werden*** become an end in itself; **~zweifel** *m* self-doubt.
selchen *dial. v/t.* smoke; **Selchfleisch** *dial. n* smoked meat.
selektieren *v/t.* select; **Selektion** *f* selection; **selektiv** *adj.* selective; **Selektivität** *f Radio*: selectivity.
Selen *n* ⚗ selenium; **~zelle** *f* selenium cell.
selig *adj.* (*gesegnet*) blessed; (*überglücklich*) thrilled (to bits), overjoyed; (*beglückend*) blissful; *obs.* (*verstorben*) late, deceased; F (*beschwipst*) F tiddly; *obs.* ***mein ~er Vater*** my late father; ***Gott hab ihn ~*** God rest his soul; → ***glauben*** I; **Seligkeit** *f* **1.** *eccl.* everlasting life, salvation; **2.** (*Glück*) perfect happiness, (sheer) bliss.
selig preisen *v/t.* **1.** *eccl.* bless; **2.** ***dafür ist sie selig zu preisen*** she can count herself (very) fortunate.
selig sprechen *v/t. eccl.* beatify; **Seligsprechung** *f* beatification.
Sellerie *m, f* celeriac; (*Stauden≈*) celery (stalks *pl.*); **~knolle** *f* celery root; **~salz** *n* celery salt.
selten I. *adj.* rare; (*knapp, spärlich*) scarce; (*außergewöhnlich*) rare, exceptional; F ***~er Vogel*** odd character, F queer fish; F ***~e Sorte*** rare breed; **II.** *adv.* rarely, seldom; ***~ findet man ...*** *a.* you don't often find ...; ***höchst ~*** very rarely, once in a blue moon; ***ein ~ schönes Exemplar*** an exceptionally beautiful specimen, a specimen of rare beauty; ***es kommt ~ vor, dass er*** he rarely ...; ***solche Menschen trifft man ~*** *a.* people like that are few and far between, there aren't many of that sort around; ***~ habe ich so e-n schönen Teppich gesehen*** *a.* I can't remember the last time I saw such a beautiful carpet; **Seltenheit** *f* **1.** rareness, scarcity; **2.** (*Sache*) rarity; **Seltenheitswert** *m* scarcity value.
Selters *f, n*, **~wasser** *n* mineral water, *Am. a.* seltzer.
seltsam I. *adj.* strange, odd, peculiar; ***es ist schon ~*** it's very strange; ***mir ist ganz ~*** I feel really strange; **II.** *adv.* strangely; ***j-n ~ ansehen*** look at s.o. in a strange way, give s.o. a strange look; ***es hat mich ~ berührt*** it moved me in a strange way; **seltsamerweise** *adv.* strangely (*od.* oddly) enough; **Seltsamkeit** *f* **1.** strangeness, oddness, peculiarity; **2.** (*Sache*) oddity.
Semantik *f* semantics *pl.* (*als Fach sg. konstr.*); **Semantiker** *m* semanticist; **semantisch** *adj.* semantic(ally *adv.*).
Semester *n* semester; ***er ist im dritten ~*** he's in his third semester; ***wie viel ~ musst du noch machen?*** how many semesters have you got to go?; ***während des ~s*** during term-time; **~arbeit** *f etwa* term paper; **~beginn** *m*: (***zu ~*** at the) beginning of the semester; **~ende** *n*: (***am ~*** at the) end of the semester; **~ferien** *pl.* vacation *sg.*, F vac.
Semifinale *n* → ***Halbfinale.***
Semikolon *n* semicolon.
Seminar *n* **1.** *univ.* seminar; (*Institut*) institute, department; **2.** (*Lehrer≈*) teacher training college; **3.** (*Priester≈*) seminary; **~arbeit** *f univ.* seminar paper; **~schein** *m* course attendance certificate; ***e-n ~ machen*** F do a seminar.
Semiotik *f* semiotics *pl.* (*als Fach sg. konstr.*); **Semiotiker** *m* semiotician.
Semit *m*, **Semitin** *f* Semite; **semitisch** *adj. a. ling.* Semitic.
Semmel *f* roll; F ***wie warme ~n weggehen*** be selling like hot cakes; **≈blond** *adj.* flaxen(-haired); **~brösel** *pl.* breadcrumbs; **~knödel** *m* bread dumpling; **~mehl** *n* breadcrumbs *pl.*
sempern *östr. v/i.* moan.
Senat *m pol., univ.* senate; *in den USA*: Senate; ⚖ panel; **Senator** *m* senator; *in den USA*: Senator.
Senats|ausschuss *m* senate (*od.* Senate) committee; **~beschluss** *m* decree by the senate (*od.* Senate); **~mitglied** *n* member of the senate (*od.* Senate), senator, Senator; **~sitzung** *f* senate (*od.* Senate) meeting; **~sprecher** *m USA*: Speaker of the Senate.
Sende|anlage *f* transmitter; **~anstalt** *f* broadcasting station; (*Fernseh≈*) television station; **~antenne** *f* transmitting aerial (*od.* antenna); **~beginn** *m*: ***~ ist um ...*** the program(me) begins at ...; **~bereich** *m* transmission range; service area; **~bericht** *m Fax*: journal; **~betrieb** *m* radio and television operations *pl.*; **~folge** *f* program(me)s *pl.*; **~frequenz** *f* transmitting frequency; **~gebiet** *n* transmission range; service area; **~leiter** *m* producer; **~mast** *m* transmitter mast.
senden *v/t. u. v/i.* send (***nach*** *j-m* for); (*übermitteln*) send, forward; *Funk*: transmit; *Radio, TV*: *a.* broadcast.
Sendepause *f* intermission, interval; *fig.* silence; *fig.* ***jetzt hast du mal ~!*** F put a sock in it, will you?; ***hoffentlich hat sie bald ~*** F I wish she'd shut up (*od.* put a sock in it).
Sender *m Funk, Radio*: transmitter; (*Rundfunk≈*) radio (*od.* broadcasting) station; (*Fernseh≈*) television station.
Senderaum *m* studio.
Senderdriften *n* fading.
Sende|rechte *pl.* broadcasting rights; **~reihe** *f* series (*sg.*).
Sender|netz *n* transmitter network; **~suchlauf** *m* automatic tuning.
Sende|schluss *m* closedown; **~störung** *f* break in transmission; **~studio** *n* broadcasting studio; **~turm** *m* radio (*TV* television) tower; **~zeichen** *n* call sign; **~zeit** *f* broadcasting time, time of transmission; *coll.* air time; ***die ~ überziehen*** overrun; **~zentrale** *f* broadcasting cent|re (*Am.* -er).
Sendung *f* **1.** (*Paket*) parcel, *Am.* package; ☿ consignment; **2.** *Radio, TV*: (*das Senden*) transmission, broadcasting; (*Programm*) program(me), *Radio*: *a.* broadcast; ***auf ~ sein*** be on the air; **3.** (*Mission*) mission; **Sendungsbewusstsein** *n* sense of mission.
Senegalese *m*, **Senegalesin** *f*, **senegalesisch** *adj.*, **Senegalesisch** *n ling.* Senegalese.
Senf *m* mustard (*a.* ✿); F ***s-n ~ dazugeben*** have one's say, F put in one's (own) two bits; F ***wenn ich m-n ~ dazugeben darf*** *a.* if I may offer my humble opinion; **≈farben, ≈farbig** *adj.* mustard; **~gas** *n* mustard gas; **~glas** *n* mustard jar; **~gurke** *f* gherkin (*pickled with mustard seeds*); **~korn** *n* mustard seed; **~pulver** *n* ground mustard seed; **~soße** *f* mustard sauce; **~topf** *m* mustard pot.
Senge *dial. pl.*: ***~ beziehen*** get a thrashing.
sengen I. *v/t.* singe; **II.** *v/i.* scorch: ***~de Hitze*** scorching heat.
senil *adj.* senile; **Senilität** *f* senility.
Senior I. *m* **1.** senior (*a. Sport*); **2.** **~en** (*Rentner*) senior citizens; **II.** ≈ *adj.* (**sen.**) senior (*abbr.* sen., Sr); **~chef** *m* senior partner.
seniorengerecht *adj.* suitable for the elderly.
Senioren|heim *n* → ***Seniorenwohnheim***; **~pass** *m* senior citizen's (rail) pass; **~wohnheim** *n* retirement home.
Seniorität *f* seniority.
Senkblei *n* plumb line; ⚓ plummet.
Senke *f geol.* depression, hollow.
senken I. *v/t.* **1.** (*sinken lassen*) lower (*a. Stimme, Fieber, Blutdruck*); (*die Augen*) *a.* cast *one's eyes* down; (*den Kopf*) bow *one's head*; (*Preise etc.*) lower, reduce, cut; (*Steuern*) reduce, cut; **2.** ⚙ sink (*a.* ⚒, *Brunnen*); **II.** *v/refl.*: ***sich ~*** **3.** *Stimme*: drop; **4.** *Temperatur*: fall, drop; **5.** *Mauer*: sag; *Boden, Haus*: give way, subside; *Straße*: dip, fall off; *Wasserspiegel*: drop, fall.
Senkfuß *m* fallen arches *pl.*; **~einlage** *f* arch support.
Senk|grube *f* cesspit; **~kasten** *m* ⚙ caisson.

S

Senkkopfschraube *f* countersunk screw.

senkrecht I. *adj.* vertical; Ꭿ *a.* perpendicular; ***die Mauer ist nicht ~*** *a.* the wall is out of plumb; **II.** *adv. Kreuzworträtsel*: down; **Senkrechte** *f* vertical; Ꭿ perpendicular; → *a.* ***Lot.***

Senkrecht|start *m* vertical takeoff; **~starter** *m* **1.** ✈ vertical takeoff plane, F jump jet; **2.** F *fig.* F whiz(z) kid, high flier.

Senkrücken *m vet.* swayback.

Senkung *f* **1.** *Preise*: lowering (*gen.* of), cut(s *pl.*) (in); **2.** *Fundament*: setting; *Mauer, Decke*: sagging; *Boden, Haus*: subsidence; **3.** ⚕ (*Blut≈*) sedimentation.

Senne[1] *m* Alpine dairyman.

Senne[2] *f* mountain pasture.

Sennerin *f* dairymaid.

Sensation *f* sensation; *in der Presse*: *a.* F splash; ***e-e ~ verursachen*** create a sensation, cause *od.* create (quite) a stir; ***die Zuschauer wollen ~en sehen*** the audience wants to see some action; **sensationell** *adj.* sensational.

Sensations|blatt *n* sensational newspaper; *pl. a.* sensational press *sg.*; **~darsteller** *m* stuntman; **~gier** *f* sensation-seeking; **~hascherei** *f* sensationalism; **~journalismus** *m* sensational journalism; **≈lüstern** *adj.* sensation-seeking (*od.* -hungry); **~mache** *f* sensationalism; **~meldung** *f* sensational news, F scoop; **~presse** *f* sensational (*od.* yellow) press; **~prozess** *m* sensational trial; **~stück** *n* sensation drama.

Sense *f* scythe; F ***jetzt ist aber ~ (bei mir)!*** that's enough of that! (I've had enough); **Sensenmann** *m the* Grim Reaper.

sensibel *adj.* sensitive; **sensibilisieren** *v/t.* sensitize (*a. phot.*); *j-n* ***~ für*** make sensitive to; **Sensibilität** *f* (*Feinfühligkeit*) sensitivity (*a.* ⚕), sensibility; (*Überempfindlichkeit*) hypersensitivity.

Sensor *m* ⚡ sensor; **Sensorbildschirm** *m Computer*: touch(-sensitive) screen; **sensorisch** *adj.* sensory; **Sensortaste** *f* feather touch key, light action key (*pl. a.* controls).

Sensualismus *m* sensualism; **Sensualität** *f* sensuality.

Sentenz *f* aphorism, saying; **sentenziös** *adj.* sententious.

sentimental *adj.* sentimental; **Sentimentalität** *f* sentimentality; *contp.* F slush; ***aus ~*** for sentimental reasons.

separat *adj.* separate; **≈frieden** *m* separate peace.

Separatismus *m pol.* separatism; **Separatist** *m*, **separatistisch** *adj.* separatist.

Separee, Séparée *n* booth.

Sephardim *pl.* Sephardi(m); **sephardisch** *adj.* Sephardic.

Sepia *f*, **sepia** *adj.* sepia.

Sepsis *f* ⚕ sepsis.

Sept(e) *f* → ***Septim*** 1.

September *m* September; ***im ~*** in September.

Septim *f* **1.** ♪ (*a.* **Septime**) seventh; ***große (kleine) ~*** major (minor) seventh; **2.** *Fechten*: septime.

septisch *adj.* ⚕ septic.

sequentiell *adj.* → ***sequenziell***; **Sequenz** *f* sequence; *Kartenspiel*: run, set; **sequenziell** *adj.* sequential.

Serbe *m*, **Serbin** *f*, **serbisch** *adj.* Serbian.

serbokroatisch *adj.* Serbian; *ling.* Serbo-Croat (*od.* -Croatian).

Serenade *f* ♪ serenade.

Serie *f* series (*sg.*); *Radio, TV*: *a.* serial; (*Satz*) set; ⚚ line, range; ***in ~ gehen*** go into production; ***in ~ hergestellt werden*** be mass-produced; **seriell** *adj.* serial.

Serien|ausstattung *f* standard fittings *pl.*; **~bau** *m* serial production; **~briefe** *pl.* serial letters, mass mailings; **~fahrzeug** *n* standard car; **~fertigung** *f*, **~herstellung** *f* serial production.

serienmäßig I. *adj.* production-line ...; ***~e Ausstattung*** standard fittings *pl.*; **II.** *adv.* in series; (*genormt*) as standard; ***~ herstellen*** mass-produce.

Serien|nummer *f* serial number; **≈reif** *adj.* ready to go into (mass) production; **~schaltung** *f* ⚡ series connection; **~unfall** *m* pile-up; multiple crash; *Am.* chain accident; **~wagen** *m* standard car.

serienweise *adv.* in series.

Serife *f typ.* serif; **serifenlos** *adj.* sans serif.

seriös *adj.* (*ernsthaft*) serious; (*anständig*) respectable; ⚚ *a.* reliable, honest, *Firma*: reputable; **Seriosität** *f* seriousness; respectability; reliability; → ***seriös.***

Sermon *contp. m* lecture; ***e-n ~ halten über*** *a.* hold forth on.

seropositiv *adj.* seropositive, *bei Aids*: *a.* HIV-positive.

Serpentine *f* (*Straße*) switchback, serpentine (*od.* winding) road; (*Straßenkehre*) double bend.

Serum *n* serum.

Server *m für Computernetwork*: server.

Service[1] *n* (*Geschirr*) dinner (*od.* tea, coffee) service.

Service[2] *m, n* **1.** (*Bedienung*) service; **2.** ⊛ (*Kundendienst*) after-sales service; **3.** *Sport*: service, serve; **≈freundlich** *adj.* serviceable.

servieren I. *v/t.* serve; ***et. zum Frühstück ~*** serve s.th. for breakfast; ***Wein zum Essen ~*** serve wine with a (*od.* the) meal; ***es ist serviert!*** dinner is served; F *fig.* ***Lügen*** *etc.* **~** give s.o. lies *etc.*; **II.** *v/i.* serve; (*aufwarten*) *a.* wait (at table); **Serviererin** *f* waitress.

Servier|tisch *m* serving table; **~wagen** *m* trolley.

Serviette *f* serviette, *formell*: (table) napkin; **Serviettenring** *m* serviette (*od.* napkin) ring.

servil *adj.* servile; **Servilität** *f* servility.

Servo|bremse *f* servo (*od.* power) brake; **~lenkung** *f* power steering, servo(-assisted) steering; **~motor** *m* servo motor.

Servus *int.* F see you!, *Am. a.* so long!

Sesam *m* sesame; ***~ öffne dich!*** open sesame; **~brötchen** *n* sesame roll; **~kern** *m* sesame seed; **~öl** *n* sesame oil.

Sessel *m* armchair, easy chair; F *fig.* ***an s-m ~ kleben*** cling to one's post (*od.* position); F ***nach j-s ~ trachten*** have one's eye on s.o.'s job; **~lift** *m* chair lift.

sesshaft *adj.* settled; (*ansässig*) resident; ***~ werden*** settle (down).

Set *n, m* **1.** set; **2.** (*Platzdeckchen*) place mat.

Setter *m* setter.

Set-up *n Computer*: set(-)up.

setzen I. *v/t.* **1.** (*hin~, hintun*) put; (*bsd. Dinge*) *a.* place; (*j-n*) *a.* sit; (*pflanzen*) plant, set; (*Mast*) put up; (*stapeln*) (*Holz, Briketts*) pile up; (*Denkmal*) erect, set up (*j-m* to s.o.); (*Ofen*) put in, fix; (*Segel*) set *sail*; (*Satzzeichen*) put (in); *bei Wetten*: bet, place (**auf** on); *beim Brettspiel*: (*Figur*) move; *Sport*: (*j-n, e-e Mannschaft*) seed; ***j-n an e-e Arbeit ~*** set s.o. to work doing s.th.; ***an Land ~*** put ashore; ***an die Lippen ~*** raise (*od.* set) to one's lips; F ***e-n Wagen an die Mauer ~*** drive a car into a wall; ***j-n auf e-e Liste ~*** put s.o. *od.* s.o.'s name (down) on a list; ***auf j-s Rechnung ~*** charge to s.o.'s account; *Arbeit, Geld* ***~ in*** put into; ***et. in die Zeitung ~*** put s.th. in the paper; ***ein Gedicht in Musik ~*** set a poem to music; ***Fische in e-n Teich ~*** stock a pond with fish; ***j-n über den Fluss ~*** take s.o. across the river; *fig.* ***j-n über j-n ~*** (*höher einschätzen*) think more (highly) of s.o. than of s.o., (*befördern*) promote s.o. above s.o.; ***unter Wasser ~*** submerge, (*mit Wasser füllen*) flood; ***s-e Unterschrift ~ unter*** put one's signature to, sign; → ***Druck***[1] 2, ***Erstaunen, Freiheit, Frist*** *etc.*; → *a.* ***gesetzt***; **2.** *typ.* set; **II.** *v/refl.* **3. *sich ~*** sit down; *fig.* (*sich senken*) sink; *Bodensatz, Schaum, Staub*: settle; ***sich auf e-n Ast ~*** *Vogel*: land on (*od.* fly onto) a branch; ***sich zu j-m ~*** sit down beside s.o.; ***darf ich mich zu Ihnen ~?*** may I join you?; ***sich ans Fenster ~*** sit down at (*od.* by, next to) the window; ***sich an die Arbeit ~*** set to work; ***sich vor j-n ~*** *Auto, Fahrer*: cut in on (*od.* in front of) s.o.; ***sich aufs Pferd ~*** mount a horse; ***~ Sie sich!*** sit down!, take (*od.* have) a seat!; **III.** *v/i.* **4. *~ über*** jump over, clear *a hurdle*, take *a ditch*; → ***übersetzen*** II; **5.** *bei Wetten*: place one's bet; *beim Brettspiel*: move; ***~ auf*** bet on, back; ***ich setze auf ihn!*** he's my man; **IV.** *v/impers.*: F ***gleich setzt es was*** F I can see trouble coming, *drohend*: you just watch your step.

Setzer *m typ.* compositor, typesetter; **Setzerei** *f* composing (*od.* case) room.

Setz|fehler *m* misprint, typographical error; **~kasten** *m* **1.** *typ.* letter case; **2.** ⚘ seedling box.

Setzling *m* **1.** ⚘ seedling; **2. ~e** (*Fische*) fry (*sg.*).

Setzmaschine *f* typesetting machine.

Seuche *f* epidemic (*a. fig.*); *fig. contp. a.* plague; **seuchenartig** *adj. u. adv.* epidemic; ***sich ~ ausbreiten*** spread like the plague.

Seuchen|bekämpfung *f* epidemic control; **~gebiet** *n* infested area; **~herd** *m* cent|re (*Am.* -er) of an *od.* the epidemic.

seufz F *int.* F sniff!

seufzen *v/i.* sigh (**über** at, over; **vor** with); **seufzend** *adv.* with a sigh.

Seufzer *m* sigh; ***e-n ~ (der Erleichterung) ausstoßen*** heave a sigh (of relief); **~spalte** F *f* agony column.

Sex *m* sex; **~-Appeal** *m* sex appeal; **~bombe** F *f* F sex bomb, sexpot; **~film** *m* sex film, F blue movie; **~idol** *n* sex idol (*od.* symbol).

Sexismus *m* sexism; **Sexist** *m*, **sexistisch** *adj.* sexist.

Sexologe *m* sexologist; **Sexologie** *f* sexology, sex studies *pl.*

Sexshop *m* sex shop.

Sext *f* **1.** ♪ sixth; ***große (kleine) ~*** major (minor) sixth; **2.** *eccl.* (*Gebetsstunde*) sext; **3.** *Fechten*: sixte.

Sexta *f ped.* **1.** *obs. first year of grammar school*; **2.** *österr.* sixth year (of grammar school); **Sextaner** *m ped.* **1.** *obs. first year grammar school pupil*; **2.** *österr.* sixth-year (grammar school) pupil, *Brit. etwa* sixth-former; **Sextanerblase** F *f* weak bladder.

S

Sexte *f* → ***Sext*** 1.
Sextett *n* sextet(te).
Sextourismus F *m* sex tourism.
Sexual... sexual, sex ...; **~aufklärung** *f* sex education; **~delikt** *n* sex offen|ce (*Am.* -se); **~erziehung** *f* sex education; **~ethik** *f* sexual ethics *pl.*; **~forscher** *m* sex researcher, sexologist; **~forschung** *f* sex(ual) research, sexology; **~hormon** *n* sex hormone.
Sexualität *f* sexuality.
Sexual|kunde *f ped.* sex education; **~leben** *n* sex life; **~moral** *f* sexual ethics *pl.*; **~mord** *m* sex murder; **~objekt** *n* sex object; **~partner(in** *f*) *m* sex partner; **~täter** *m* sex offender; **~trieb** *m* sexual drive; **~verbrechen** *n* sex(ual) crime; **~verbrecher** *m* sex offender; **~verkehr** *m* sexual intercourse; **~wissenschaft** *f* → ***Sexualforschung***; **~wissenschaftler** *m* → ***Sexualforscher.***
sexuell I. *adj.* sexual; → ***Belästigung, Missbrauch***; **II.** *adv.*: **~ *missbrauchen*** abuse (sexually); **~ *attraktiv*** sexually attractive, *bsd. Brit.* F dishy.
sexy F *adj.* sexy; *bsd. Brit.* F dishy.
Sezession *f* secession; ***Wiener* ~** Vienna Secession.
Sezessions|krieg *m* war of secession; **~stil** *m* Secessionist style.
sezieren *v/t.* dissect; *fig. a.* analyse, take apart.
Sezier|messer *n* scalpel; **~saal** *m* dissecting room.
Shakehands *n* shaking hands; **~ *machen*** shake hands.
Shampoo *n* shampoo.
Shareware *f Computer, Internet*: shareware.
Sherry *m* sherry.
Shifttaste *f Computer*: shift key; ***die* ~ *drücken*** *a.* press shift.
Shogun *m* shogun, Shogun.
Shop-Bot *m* (*elektronischer Einkaufshelfer*) shop bot.
Shorts *pl.* shorts.
Show *f* → ***Schau***; **~geschäft** *n* show business; ***im* ~ *sein*** be in show business; **~master** *m* host, emcee, MC.
Shrimps *pl.* shrimps, *Am.* shrimp *sg.*; **~cocktail** *m* shrimp cocktail.
Shuttlebus *m* shuttle bus.
Siamese *m*, **Siamesin** *f*, **siamesisch** *adj. hist.* Siamese; *fig.* ***siamesische Zwillinge*** Siamese twins.
Siamkatze *f* Siamese cat.
Sibirier(in *f*) *m*, **sibirisch** *adj.* Siberian; *fig.* ***sibirische Kälte*** arctic temperatures.
sich *pron.* oneself, yourself; *3. Person sg.*: himself, herself, itself; *pl.* themselves; *nach prp.*: *mst* him, her, it, *pl.* them; (*einander*) each other, one another; ***das Haus an* ~** the house itself; ***an* (*und für*) ~** actually, (*genau genommen*) strictly speaking, (*wenn man sich das überlegt*) when you think about it; *sie haben kein Geld* ***bei* ~** with (*od.* on) them; ***er kämpfte* ~ *durch die Menge*** he fought his way through the crowd; ***man muss* ~ *im Klaren darüber sein, dass*** you've got to be aware of the fact that; ***sie blickte um* ~** she looked around (her); ***hat er die Tür hinter* ~ *zugemacht?*** did he shut the door behind him?; ***vor* ~ *sah er*** in front of him he saw; ***sie kennen* ~** they know each other; ***von* ~ *aus*** of one's own accord, F off one's own bat; ***er hat es von* ~ *aus getan*** *a.* nobody prompted him; ***er lud sie zu* ~ *ein*** he invited them to his house; **~ *die Hände waschen*** wash one's hands; → ***auf*** 2, ***für*** I.
Sichel *f* sickle; (*Mond*~) crescent; **~förmig** *adj.* crescent-shaped, *nachgestellt*: in the shape of a crescent.
sicher I. *adj.* **1.** (*gesichert, geschützt, geborgen*) secure, safe (***vor*** from); (*gefahrlos*) safe (*a.* ⚙); (*fest*) firm; *Einkommen, Existenz etc.*: secure; *Ort, Versteck etc.*: *mst* safe; ***vor Neid ist keiner* ~** none of us is above envy; ***vor ihm ist keiner* ~** nobody's safe when he's around; **~ *ist* ~!** better safe than sorry; → ***Geleit***; **2.** (*gewiss*) certain, sure; (*zuverlässig*) reliable, *Verhütungsmittel etc.*: *a.* safe; **~*er Sieg*** certain victory; **~*e Methode*** safe (F surefire) method; ***das ist der* ~*e Tod*** that's certain death; **~*es Zeichen*** sure sign; ***so viel ist* ~:** this much is certain -; ***es ist nicht* ~, *ob*** we're *etc.* not absolutely sure whether, *a.* it hasn't been decided for sure whether; ***die Stelle ist ihm* ~** he's got the job in his pocket; → ***Amen, Nummer, Quelle*** *etc.*; **3.** (*geübt, fähig*) good, practi|ced (*Am.* -sed); (*zuverlässig*) reliable; (*selbst*~) sure of o.s.; **~*es Auftreten*** aplomb, self-assurance; **~*er Fahrer*** safe (*od.* good) driver; **~*er Geschmack*** reliable (*od.* sound) taste; **~*e Hand*** sure (*nicht zitternd*: steady) hand; **~*er Instinkt*** sure instinct; **~*er Schütze*** sure shot; **~*es Urteil*** unfailing judg(e)ment; **4.** (*überzeugt, wissend*) sure, certain; (*zuversichtlich*) positive, confident; ***e-r Sache* ~ *sein*** be sure of s.th.; ***s-r Sache* ~ *sein*** be absolutely sure about what one is doing; ***er ist s-r Sache sehr* ~** *kritisch*: he's very sure of himself; ***sind Sie* (*sich dessen*) ~?** are you sure (about that)?; *bist du sicher? –* ***ganz* ~** (I'm) positive; ***du kannst* ~ *sein, dass*** you can be sure (*od.* rest assured) that; **II.** *adv.* **5.** securely, safely *etc.*; **~ *fahren*** be a safe driver; ***et.* ~ *aufbewahren*** keep s.th. in a safe place; ***nicht* ~ *auf den Beinen stehen*** be a bit wobbly; → *a.* ***sichergehen, -stellen***; **6.** (*gewiss, bestimmt, wahrscheinlich*), *a. int.*: (***aber***) **~!**, (***ganz***) **~!** → ***sicherlich***; **7. *s-e Vokabeln* ~ *können*** have (*od.* know) one's vocabulary off pat; **8. ~ *auftreten*** have a self-confident manner, be very self-confident.
sichergehen *v/i.* play safe; make sure; ***um sicherzugehen*** to be on the safe side, to make sure.
Sicherheit *f* **1.** (*Sichersein, Schutz*) safety; *a. pol.*, ⚔ security; ***öffentliche* ~** public safety; *pol.* ***innere* ~** internal security; ***in* ~ *bringen*** (*Person*) get *s.o.* out of danger (*od.* into safety), (*Sache*) *a.* get *s.th.* into a safe place, (*retten*) rescue; ***sich in* ~ *bringen*** get out of danger, ***durch e-n Sprung:*** jump to safety; ***in* ~ *sein*** be safe (and sound); (***sich***) ***in* ~ *wiegen*** lull (o.s.) into a false sense of security; → ***Arbeitsplatz***; **2.** (*Gewissheit*) certainty; ***mit* ~** definitely; → *a.* ***sicherlich***; ***aber mit* ~!** no doubt about it, F you bet, you can bet your bottom dollar on that; ***ich weiß es mit* ~** I know for sure (*od.* for a fact); ***mit ziemlicher* ~** almost certainly; ***man kann wohl mit* ~ *sagen*** it would be safe to say; ***man kann mit* ~ *annehmen*** one may safely assume; **3.** (~ *im Auftreten, Selbst*~) (self-)confidence, self-assurance; *in e-r Sprache*: confidence *in English etc.*; **4.** (*sicheres Können*) competence; (*Zuverlässigkeit*) reliability; **5.** (*~leistung, Bürgschaft, Pfand*) security; ✝ *durch Deckung*: cover; **~ *leisten*** give security, ***für:*** secure *a loan*; ⚖ **~** (*Kaution*) ***stellen*** stand bail.
Sicherheits... *in Zssgn körperlich u.* ⚙ safety ...; *pol.*, ⚔, ✝, ⚖ security ...; **~abstand** *m* safe distance; ***den* ~ *einhalten*** keep a safe distance; **~beamte(r)** *m* security man (*od.* officer); **~beauftragte(r)** *m* security officer; **~berater** *m pol.* (national) security adviser; **~bestimmungen** *pl.* safety regulations; *am Flughafen etc.*: security (control) *sg.*, security regulations; **~bindung** *f Skisport*: safety binding; **~bügel** *m mot.* roll bar; **~debatte** *f pol.* debate on security; **~defizit** *n* security gap (*od.* breach); lapse in safety provision; **~dienst** *m* security agency; **~film** *m* safety film; **~glas** *n* safety (*od.* shatterproof) glass; **~gründe** *pl.*: ***aus* ~*n*** for reasons of safety, for safety's sake; **~gurt** *m* safety belt, *a.* ✈ seatbelt.
sicherheitshalber *adv.* for safety('s sake), as a precaution; (*um sicherzugehen*) (just) to be on the safe side.
Sicherheits|ingenieur *m* safety expert; **~kette** *f* safety chain; **~klausel** *f* escape clause; **~kontrolle** *f* security check; **~kopie** *f Computer*: backup (copy); **~kräfte** *pl.* security forces; **~lage** *f* a) public safety, b) internal security; **~lampe** *f* ⚒ safety lamp; **~leistung** *f* security; ⚖ bail; **~mangel** *m* → ***Sicherheitsdefizit***; **~maßnahme** *f* safety measure, precaution; *pol.* security measure; **~nadel** *f* safety pin; **~organe** *pl.* organs of security; **~pakt** *m* security pact; **~polizei** *f* security police *pl.*; **~rat** *m*: (**~ *der Vereinten Nationen*** United Nations) Security Council; **~risiko** *n pol.* (*a. Person*) security risk; **~schloss** *n* safety (*od.* security) lock; **~schwelle** *f* safety threshold; **~seil** *n* safety rope; **~sperre** *f* security barrier; **~streitkräfte** *pl.*, **~truppen** *pl.* security forces; **~überprüfung** *f* security check; **~ventil** *n* ⚙ safety valve; **~verstoß** *m* breach of security; security lapse; **~verwahrung** *f* ⚖ preventive detention; **~vorkehrung** *f* safety precaution; *pol. etc.* security measure; ***unter strengen* ~*en*** amid tight security; **~vorschriften** *pl.* safety regulations; **~zelle** *f mot.* safety cell (*od.* cage); **~zone** *f* safe zone.
sicherlich *adv. u. int.*: ***er hats* ~ *vergessen*** he must have forgotten (it), (*ganz bestimmt*) he's bound to have forgotten (it), F I bet he's forgotten (it) ; ***er hat* ~ *kein Geld*** (*wahrscheinlich*) he probably hasn't got any money; ***sie kommt* ~** I'm sure she'll come, she's bound to come; **~!** of course, *bsd. Am.* sure!
sichern I. *v/t.* **1.** safeguard (***vor, gegen*** against); (*schützen*) *a.* protect (from); **2.** (*gewährleisten*) guarantee; ensure; **3.** *Computer*: (*Datei abspeichern*) save; **4.** (*verschaffen*) get, secure; (*Karten etc.*) *a.* get hold of; **5.** (*Beweise, Spuren etc.*) secure; **6.** (*Schusswaffe*) lock; → ***gesichert***; **II.** *v/refl.*: ***sich* ~ *vor*** (*od.* ***gegen***) protect o.s. from, guard against.
sicherstellen *v/t.* **1.** (*beschlagnahmen*) seize; (*in Gewahrsam nehmen*) put in safekeeping; **2.** (*garantieren*) guarantee; *weitS. a.* ensure; **Sicherstellung** *f* **1.** seizure; **2.** (*Gewährleistung*) guarantee (-ing).
Sicherung *f* **1.** ⚡ fuse; ⚙ (*Vorrichtung*) safety device; *Schusswaffe*: safety catch; F *fig.* (***bei***) ***ihm ist die* ~ *durchgebrannt***

F he blew a fuse; **2.** (*das Sichern*) safeguarding, protection, securing *etc.*; **3.** *Computer*: (*Abspeichern*) saving, *als Extrakopie*: backup; → ***sichern.***

Sicherungs|diskette *f* backup disk; **~kasten** *m* ⚡ fuse box; **~kopie** *f Computer*: backup copy; **~verwahrung** *f* ⚖ preventive detention.

sicher wirkend *adj.* reliable, F surefire *method etc.*

Sicht *f* **1.** (*~weite*, *~verhältnisse*) visibility; → *a.* ***Sichtweite;*** (*Aus~*) view; ***gute*** (***schlechte***) ~ high (low *od.* poor) visibility; ***außer*** ~ out of sight; ***in*** ~ (with)in view, within eyeshot; ***in ~ kommen*** come into view; ***von hier hat man e-e weite*** ~ you can see for miles from here; *fig.* ***auf lange*** (*od.* ***weite***) ~ on a long-term basis, (*auf die Dauer*) in the long run; ***auf kurze*** ~ in the short term; ***aus s-r*** ~ from his point of view, as he sees it; ***es ist keine Besserung in*** ~ there's no prospect (*od.* hope) of improvement; ***es ist nichts in*** ~ there doesn't seem to be anything coming up (*od.* in the offing); **2.** ☤ ***auf*** (*od.* ***bei***) ~ at sight; (***zahlbar***) ***sechzig Tage nach*** ~ (payable) at sixty days' sight.

sichtbar I. *adj.* visible; (*freigelegt*) exposed; (*wahrnehmbar*) noticeable, perceptible; (*deutlich*) marked; (*offenbar, sichtlich*) obvious, evident, clear; ***ohne ~en Erfolg*** *a.* without appreciable success; ~ ***werden*** become visible *etc.*, appear, *fig. a.* become apparent; **II.** *adv.*: ***es*** (***er***) ***hat sich ~ gebessert*** there's been (he's shown) a marked improvement.

Sicht|behinderung *f* poor visibility (***durch*** due to); **~einlage** *f Bank*: sight deposit.

sichten *v/t.* **1.** (*sehen*) sight; **2.** (*durchsehen*) look (*od.* go) through, *prüfend, sortierend*: sift through; (*ordnen*) sort out.

Sicht|feld *n* field of vision; **~fenster** *n* window; **~flug** *m* ✈ contact flight; **~gerät** *n* visual display unit; **~grenze** *f* visibility limit; ***die ~ beträgt*** visibility is up (*od.* down) to; **~karte** *f* travel pass; season ticket.

sichtlich I. *adj.* visible; **II.** *adv.* visibly; (*offensichtlich*) evidently; ***er war ~ nervös*** he was clearly (*od.* visibly) nervous, you could tell he was nervous.

Sichtschutz *m* eye protection.

Sichtung *f* **1.** sighting; **2.** (*Überprüfung*) examination; (*Aussonderung*) sifting, screening.

Sicht|verbindung *f* visual contact; **~verhältnisse** *pl.*: (***gute, schlechte*** ~ high, low) visibility *sg.*; **~vermerk** *m* **1.** *im Pass*: visa; **2.** ☤ endorsement; **~wechsel** *m* ☤ bill payable on demand; **~weite** *f* range of vision; ***in*** ~ (with)in sight, within eyeshot; ***außer*** ~ out of sight.

Sickergrube *f* soakaway, *Am.* dry well.

sickern *v/i.* seep (***aus*** out of; ***in*** into); (*tröpfeln*) trickle (out of; into); *fig.* (*a.* ***an die Öffentlichkeit*** ~) leak out; → *a.* ***durch-, einsickern.***

Sickerwasser *n* seeping water; (*Grundwasser*) ground water.

siderisch *adj. ast.* sidereal.

sie I. *pers. pron.* **1.** *3. Person f/sg.*: she, *acc.* her; *Sache*: it; **2.** *3. Person pl.*: they, *acc.* them; **3.** *~ Anrede*: you (*a. acc.*); ***zu j-m ~ sagen*** → ***siezen***; **II.** *~ f* **4.** ***es ist e-e*** ~ *a. bei Tieren*: it's a she; **5.** *auf Badetüchern etc.*: hers.

Sieb *n* sieve; *für Flüssiges*: strainer; *für Gemüse*: *a.* colander; *für Sand etc.*: riddle, screen; *Gedächtnis* ***wie ein*** ~ like a sieve; **~druck** *m typ.* silk-screen print (*Verfahren*: printing).

sieben[1] *v/t.* (pass through a) sieve; (*Gemüse etc.*) *a.* strain, sift; (*Sand etc.*) riddle, screen; *fig.* sift through; *fig.* ***da wird ganz schön gesiebt*** they have a tough screening procedure, F they really pick and choose; → ***aussieben.***

sieben[2] **I.** *adj.* seven; **II.** *~ f* seven; (*Buslinie etc.*) number seven.

siebenbändig *adj.* seven-volume ..., in seven volumes.

Siebenbürger I. *m*, **Siebenbürgerin** *f* Transylvanian (German); *ethnic German from Transylvania*; **II.** *adj.*: ~ ***Sachse*** Transylvanian German; **siebenbürgisch** *adj.* Transylvanian.

Siebeneck *n* heptagon; **siebeneckig** *adj.* heptagonal.

siebenfach *adj.* sevenfold; ***~e Menge*** seven times the amount; ***~er Sieger*** seven-time winner (*od.* champion).

siebengescheit F *adj.* F smart-alecky.

Siebengestirn *n the* Pleiades *pl.*, *the* Seven Sisters *pl.*

Siebenhügelstadt *f* (*Rom*) City of the Seven Hills.

siebenhundert *adj.* seven hundred.

siebenjährig *adj.* **1.** seven-year-old ...; **2.** (*sieben Jahre dauernd*) seven-year ...; ***ein ~es ...*** *a.* seven years of ...

siebenköpfig *adj. family etc.* of seven; ***~e Delegation*** *etc. a.* seven-member (*od.* -man) delegation *etc.*

siebenmal *adv.* seven times.

Siebenmeilenstiefel *pl.* seven-league boots.

Siebenmonatskind *n* seven-month baby.

Siebenpfünder *m* seven-pound baby *etc.*; (*Fisch*) seven-pounder.

Siebensachen *pl.* (all one's) things; ***hast du d-e ~ zusammen?*** *a.* F have you got all your bits and pieces (together)?

Siebenschläfer *m* **1.** *zo.* dormouse; **2.** 27th June (*the weather on this day being said to determine that of the next seven weeks*); *etwa* St Swithin's Day.

sieben|stellig *adj. Zahl*: seven-digit ...; **~stöckig** *adj.* seven-stor(e)y ...; **~stündig** *adj.* seven-hour(-long) ...

sieb(en)t I. *adj.* seventh; ***~es Kapitel*** chapter seven; ***am ~en März*** on the seventh of March, on March the seventh; ***7. März*** 7th March, March 7(th); **II.** *adv.*: ***wir waren zu*** ~ there were seven of us; ***wir gingen zu ~ hin*** seven of us went.

siebentägig *adj.* **1.** seven-day(-long) ...; **2.** (*sieben Tage alt*) seven-day-old ...

siebentausend *adj.* seven thousand; **Siebentausender** *m* seven-thousand met|re (*Am.* -er) peak.

Sieb(en)te(r) *m* (the) seventh; ***er war Sieb(en)ter*** he was (*od.* came) seventh; ***Eduard VII.*** Edward VII (= Edward the Seventh); ***heute ist der Sieb(en)te*** it's the seventh today.

siebenteilig *adj.* seven-part ..., in seven parts.

Sieb(en)tel *n* seventh.

sieb(en)tens *adv.* seventh(ly), seven, in the seventh place.

siebt *etc.* → ***sieb(en)t*** *etc.*

siebzehn *adj.* seventeen; *~* ***und Vier*** (*Kartenspiel*) pontoon, *Am.* blackjack; **siebzehnt** *adj.* seventeenth; **Siebzehntel** *n* seventeenth (part).

siebzig *adj.* seventy; ***in den ~er Jahren*** in the seventies; ***sie ist in den ~ern*** she's in her seventies; **Siebziger(in** *f*) *m* septuagenarian, man (*f* woman) in his (her) seventies, F seventysomething.

Siebzigerjahre *pl.* seventies.

siebzigjährig *adj. Person*: seventy-year-old ...; *Zeitraum*: seventy-year(-long) ...

siebzigst *adj.* seventieth; ***sie hat heute ihren ~en*** she's seventy today, it's her seventieth birthday today.

siech *obs. adj.* infirm, ailing; ***alt und*** ~ old and infirm; **Siechtum** *n* infirmity.

siedeheiß *adj.* scalding (hot), boiling hot; **Siedehitze** *f* boiling heat.

siedeln *v/i.* settle.

sieden I. *v/i.* boil; (*simmern*) simmer; *fig. a.* seethe; ***es siedete in ihr*** she was seething (inside *od.* with rage, anger); **II.** *v/t.* boil, simmer; **siedend I.** *adj.* boiling; *fig. a.* seething (with); **II.** *adv.*: ~ ***heiß*** scalding (hot), boiling (*Essen*: piping) hot; F ***da fiel mir ~ heiß ein*** it suddenly struck me, I suddenly remembered with a shock.

Siedepunkt *m* boiling point (*a. fig.*); *fig. pol. a.* flashpoint; *fig.* ***den ~ erreichen*** reach boiling point (*od.* a flashpoint).

Siedler *m* settler.

Siedlung *f* **1.** settlement; **2.** (*Häuser~*) housing estate, *bsd. Am.* development.

Siedlungs|dichte *f* population density; **~gebiet** *n* settlement (area); **~politik** *f* settlement policies *pl.*

Sieg *m* victory; *Sport etc.*: *a.* win; *fig. des Guten etc.*: triumph; ***leichter*** ~ walk-over, *Am.* walkaway; ***den ~ davontragen*** carry (*od.* win) the day; ***am Ende den ~ davontragen*** win out in the end.

Siegel *n* seal (*a. fig.*); *fig.* ***ein Buch mit sieben ~n*** a closed book (*dat.* to); ***er hat es mir unter dem ~ der Verschwiegenheit erzählt*** he told me in the strictest confidence, he swore me to secrecy; **Siegellack** *m* sealing wax; **siegeln** *v/t.* seal (*a.* ©); **Siegelring** *m* signet ring.

siegen *v/i.* **1.** *im Wettkampf*: win; ~ ***über*** defeat, beat; **2.** ⚔ *etc.* win; be victorious (***über*** over); *fig. Gerechtigkeit etc.*: triumph (over), carry the day; *fig.* ***die Wahrheit siegte*** *a.* truth prevailed (*od.* won out in the end).

Sieger *m* **1.** *Sport etc.*: winner; *lit.* victor; ***zweiter*** ~ runner-up; **2.** ⚔ *etc.* victor; (*Land*) *a.* victorious nation; **~ehrung** *f Sport*: presentation ceremony; **~macht** *f* victorious power; ***die vier Siegermächte*** *des 2. Weltkriegs*: the four allied powers (*od.* allies); **~mannschaft** *f Sport*: winning team; **~podest** *n Sport*: victory rostrum; **~pokal** *m* (winner's) cup; **~pose** *f* victorious pose; **~treppchen** *n* → ***Siegerpodest;*** **~urkunde** *f* (winner's) certificate.

siegesbewusst *adj.* confident of victory; *fig.* confident, *contp.* cocksure.

Sieges|chance *f* chance of winning; **~feier** *f* victory celebration(s *pl.*).

siegesgewiss *adj.* → ***siegessicher.***

Sieges|göttin *f* goddess of victory; ***die*** ~ Victory; **~kranz** *m* laurel wreath; **~lorbeer** *lit. m* laurel wreath, victor's laurels *pl.*; **~prämie** *f* (winner's) prize, *Boxen*: (*Börse*) purse; **~preis** *m* prize; **~rausch** *m* flush of victory; **~säule** *f* triumphal (*od.* victory) column.

siegessicher *adj.* confident of victory; *fig.* confident, *contp.* cocksure.

Sieges|tor *n* **1.** triumphal arch(way); **2.**

→ **~treffer** *m* winning goal; **~trophäe** *f* **1.** (winner's) trophy; **2.** scalp, trophy.
siegestrunken *adj.* drunk (*od.* flushed) with victory, triumphant.
Sieges|wille(n) *m* will to win (*fig.* succeed); **~zug** *m* triumphal procession; *fig.* triumphant advance; *fig.* ***s-n ~ antreten*** set out to conquer the (film, literary *etc.*) world *etc.*
siegreich *adj.* **1.** *Sport etc.*: winning ...; *a. fig.* successful, *lit.* victorious; *adv.* *ein Turnier etc.* ***~ beenden*** win, *lit.* emerge victorious from; **2.** *Schlacht etc.*: victorious; *Heer*: *a.* triumphant; **Siegtreffer** *m Sport*: winning goal.
Siel *m, n* **1.** floodgate, sluice; **2.** (*Abwasserkanal*) sewer.
Siele *f*: *fig.* ***in den ~n sterben*** die with one's boots on.
Siesta *f* siesta, afternoon nap; ***~ halten*** have a (*od.* one's) siesta, have an (*od.* one's) afternoon nap.
siezen *v/t.* address *s.o.* as 'Sie', say 'Sie' to *s.o.*
Sigel *n* short form, abbreviation; 🕮 grammalog(ue).
Sightseeing *n* sightseeing; ***~ machen*** go sightseeing; **~tour** *f* sightseeing tour; ***e-e ~ machen*** go on a sightseeing tour.
Signal *n* signal; (*Zeichen*) sign; ***ein ~ geben*** (give a) signal; *mot.* ***~ geben*** sound one's horn; ***das ~ für Gefahr*** the danger signal, the signal for danger; ***das ~ zum Angriff*** the signal to attack; *fig.* ***das ~ zum Aufbruch*** the sign (for us *etc.*) to leave; ***alle ~e stehen auf ...*** all the pointers are in favo(u)r of ...; ***~e setzen*** point the way to the future; **~anlage** *f* signal(l)ing system; **~ausfall** *m* dropout; **~brücke** *f* 🚂 (signal) gantry; **~farbe** *f* striking colo(u)r; **~flagge** *f* signal flag; **~gast** *m* ⚓ signalman.
signalisieren *v/t.* signal; *fig. a.* signalize; be a sign of; *fig.* ***es signalisierte mir, dass*** it signalled to me that, it told me (that), I took it as a sign that.
Signal|lampe *f*, **~leuchte** *f* signal lamp; **~mast** *m* signal mast, semaphore; **~stärke** *f Radio etc.*: signal strength; **~wirkung** *f*: ***~ haben*** point the way to the future.
Signatarmacht *f* signatory (state *od.* power).
Signatur *f* (*Unterschrift*; *a.* ♪) signature; *typ.* signature (mark), *e-r Letter*: nick; *Bücherei*: shelfmark, *Am.* call number; *Landkarte*: conventional sign.
Signet *n* (publisher's) imprint, publisher's mark.
signieren *v/t.* sign; ***sie wird hinterher ihr neuestes Buch ~*** she'll be signing copies of her latest book afterwards; **signiert** *adj.* signed; ***~es Exemplar*** signed copy.
signifikant *adj.* (highly) significant; *Merkmale etc.*: significant; **Signifikanz** *f* significance, implications *pl.*
Sikh *m* Sikh; **Sikhismus** *m* Sikhism.
Silbe *f* syllable; *fig.* ***keine ~*** not a word; ***ich verstehe keine ~*** I can't understand a word, it's all Greek to me.
Silbentrennung *f* syllabification; *am Zeilenende*: word division, hyphenation; ***automatische ~*** *Computer*: auto-hyphenation; **Silbentrennungsprogramm** *n Computer*: hyphenation program(me).
Silber *n* silver; (*Tafel*2) *a.* silverware; ***aus ~*** (made of) silver; **~besteck** *n* silver (cutlery); **~blick** F *m* (slight) cast; **~distel** *f* ⚘ carline thistle; **~draht** *m* silver wire; **~erz** *n* silver ore; **2farben, 2farbig** *adj.* silver(y); **~fischchen** *n* silverfish; **~folie** *f* silver foil; **~fuchs** *m* silver fox; **~geld** *n* silver; **~geschirr** *n* silver (-ware); **2grau** *adj.* silver(y)-grey (*Am.* -gray); **2haltig** *adj.* containing silver, 🕮 argentiferous; **2hell** *adj.* *Ton, Stimme etc.*: silvery; **~hochzeit** *f* silver wedding; **~klang** *poet. m* silvery sound.
Silberling *m bibl.* piece of silver.
Silbermedaille *f* silver medal; **Silbermedaillengewinner(in** *f*) *m* silver-medal(l)ist.
Silber|möwe *f* silvery gull; **~münze** *f* silver coin.
silbern *adj.* silver; *Stimme etc.*: silvery.
Silber|papier *n* silver (*od.* tin) foil; **~pappel** *f* ⚘ white poplar; **~reiher** *m* great white heron; **~schmied** *m* silversmith; **~streifen** *m*: *fig.* ***~ am Horizont*** ray of hope; **~währung** *f* silver standard; **~waren** *pl.* silver(ware) *sg.*
silbrig *adj.* silvery, silver.
Silhouette *f* silhouette, outline; *e-s Berges etc.*: *a.* shadow, dark shape, contours *pl.*; *e-r Stadt*: skyline; ***sich als ~ abzeichnen gegen*** be silhouetted (*od.* outlined) against.
Silikat *n* ⚗ silicate.
Silikon *n* ⚗ silicone.
Silizium *n* ⚗ silicon; **~chip** *m* silicon chip.
Silo *m* silo; **~futter** *n* silage.
Silvester *m, n* New Year's Eve; ***zu ~*** on New Year's Eve; **~abend** *m* New Year's Eve; **~ball** *m* New Year's Eve ball; **~feier** *f* New Year's Eve party; **~nacht** *f* night of New Year's Eve.
Simmerring *m* ⚙ shaft seal.
simpel I. *adj.* simple; (*schlicht*) *a.* plain; (*einfältig*) simple(-minded); ***es fehlt an den ~sten Dingen*** some of the most basic things are missing; **II.** 2 F *m* simpleton, F dimwit.
Simplifikation *f* simplification; **simplifizieren** *v/t.* simplify; **Simplifizierung** *f* simplification.
Sims *m, n* ledge; ⚠ cornice; (*Kamin*2) mantelpiece.
Simsalabim *int.* abracadabra!
Simulant *m* malingerer; **Simulator** *m* ⚙ simulator; **simulieren I.** *v/t.* **1.** sham, feign (illness); **2.** ⚙, ⚔ simulate; **II.** *v/i.* sham, F put it on; *Krankheit*: *a.* malinger.
simultan *adj.* simultaneous; **2dolmetschen** *n* simultaneous translation; **2dolmetscher(in** *f*) *m* simultaneous translator; **2schach** *n* simultaneous chess; **2übertragung** *f Radio, TV*: simultaneous broadcast, simulcast.
sine tempore *adv.* → ***s.t.***
Sinfonie *f* symphony; **Sinfonieorchester** *n* symphony orchestra; **Sinfonietta** *f* sinfonietta; **sinfonisch** *adj.* symphonic(ally *adv.*); ***~e Dichtung*** tone poem.
Singapurer(in *f*) *m*, **singapurisch** *adj.* Singaporean.
Singdrossel *f* song thrush.
singen *v/i. u. v/t.* sing; (*Liturgie etc.*) chant; (*nur v/i.*) *Telegrafendrähte etc.*: buzz, hum; F (*die Polizei informieren*) F squeal; ***richtig*** (***falsch***) ***~*** sing in (out of) tune; ***~der Tonfall*** lilting voice; ***es singt mir im Ohr*** my ears are ringing; F ***das kann ich schon ~*** I suppose I'll never hear the end of that; → ***Blatt 1, Lied, Schlaf.***
Singhalese *m*, **Singhalesin** *f*, **singhalesisch** *adj.*, **Singhalesisch** *n ling.* Sin(g)halese.
Single[1] *f* (*Schallplatte*) single.
Single[2] *n Tennis*: singles *sg.*
Single[3] *m Person*: single person; single man (*od.* woman); *pl.* singles; ***ein ~ sein*** be single, *Mann*: *a.* be a bachelor; **~dasein** *n* life as a single, singledom, singlehood; **~haushalt** *m* one-person household; **~leben** *n* → ***Singledasein; ~lokal*** *n* singles bar; **~szene** *f* singles scene.
Singsang *m* low, monotonous singing; ***man hörte s-n leisen ~*** you could hear him quietly singing away to himself.
Singstimme *f* singing voice.
Singular *m ling.*: (***im ~*** in the) singular.
Singvogel *m* songbird.
sinken *v/i.* sink; *Schiff*: *a.* go down; *Aktien, Kurs, Preise, Temperatur etc.*: fall, drop, go down; *Boden, Erde, Hochwasser*: subside; *Nebel*: descend, come down; *fig. Ansehen, Einfluss*: diminish; *Hoffnung*: fade; ***j-m in die Arme ~*** fall into s.o.'s arms; ***zu Boden ~*** sink (*od.* drop) to the ground; ***auf die Knie ~*** drop to one's knees; ***ins Bett ~*** fall (*od.* collapse) into bed; ***in e-n Sessel ~*** sink (*od.* collapse) into an armchair; ***~ lassen*** lower, drop (*a. Stimme*); ***den Kopf ~ lassen*** hang one's head; *fig.* ***s-e Stimmung sank*** his spirits sank; ***er ist tief gesunken*** he has sunk very low; ***in j-s Achtung ~*** go down in s.o.'s opinion (*od.* esteem); → ***Mut, Ohnmacht*** 2, ***Wert*** *etc.*; **sinkend** *adj.* *Temperaturen, Preise etc.*: falling; ***ein ~es Schiff*** a sinking ship; ***die ~e Sonne*** the setting sun; *fig.* ***~es Glück*** flagging fortunes.
Sinn *m* (*Wahrnehmungs*2) sense; (*Denken, Gemüt*) mind; (*Verständnis, Empfänglichkeit*) sense (***für*** of), feeling (for); (*Bedeutung*) sense, meaning; (*Grundgedanke, eigentlicher ~*) (basic) idea; (*Zweck*) purpose; ***~e*** (*sexuelle Begierde*) lust *sg.*, desires, (*Bewusstsein*) consciousness *sg.*; ***sechster ~*** sixth sense; ***der ~ des Lebens*** the meaning of life; ***~ und Zweck*** the (whole) object *od.* purpose; ***ohne ~ und Verstand*** without rhyme or reason; ***aus den Augen, aus dem ~*** out of sight, out of mind; ***mit j-m eines ~es sein*** be of one mind with s.o., see eye to eye with s.o.; ***~ haben für*** (be able to) appreciate; ***sie hat keinen ~ dafür*** she has no appreciation for that kind of thing; ***dafür habe ich keinen ~*** it doesn't mean anything to me (F do anything for me), F it's not really my thing (*od.* my cup of tea); ***~ für Musik*** *an* ear for music; ***er hat keinen ~ für Musik*** *a.* he's completely unmusical; ***nur ~ für Geld haben*** only be interested in money; ***~ für das Schöne*** an eye for beauty, a sense of beauty; ***~ für das Ästhetische*** *an* (a)esthetic sense, (a)esthetic sensitivity; ***~ für Humor*** sense of humo(u)r; ***das ist so recht nach s-m ~*** that's exactly what he likes; ***mir steht der ~ nicht danach*** I don't feel like it; ***bist du von ~en?*** are you out of your (F tiny little) mind?; ***im ~ haben*** have in mind, ***zu*** *inf.*: plan (*od.* intend) to *inf.*; ***im wahrsten ~e des Wortes*** in the true sense of the word, (*buchstäblich*) literally; ***im engeren*** (***weiteren***) ***~e*** in the narrower (wider) sense; ***im ~e des Gesetzes etc.***: for the purposes of, as defined by; ***et. im ~ behalten*** keep (*od.* bear) s.th. in mind; ***sich im gleichen ~e äußern*** express o.s. along the same lines, say more or less the same (thing); ***ganz***

S

in m-m ~ a) that suits me fine, b) just as I would have done; ***in diesem ~e*** with this in mind, in this spirit, *beim Abschied*: on this note; ***es kam mir in den ~*** it occurred to me; ***es kam mir nie in den ~*** *a.* it never entered my head; ***es will mir nicht aus dem ~*** I can't get it out of my mind; ***das will mir nicht in den ~*** I just can't understand it; ***s-e fünf ~e beisammenhaben*** have one's wits about one; ***das gibt keinen ~*** that doesn't make sense; ***das hat keinen ~*** (*ist zwecklos*) it's no use; ***es hat keinen ~ zu*** *inf.* there's no point in *ger.*; ***was hat es für e-n ~ zu*** *inf.* what's the point of (*od.* in) *ger.*; ***ich kann keinen ~ darin sehen zu*** *inf.* I don't see the point of (*od.* in) *ger.*; ***das ist der ~ der Sache*** that's the whole point; ***das ist nicht der ~ der Sache*** that's not the object of the exercise; F ***das ist nicht im ~e des Erfinders*** that wasn't the object of the exercise, that's not really what we intended; → ***schlagen*** I, ***schwinden.***

Sinnbild *n* symbol (**für** of); (*Allegorie*) allegory (of); **sinnbildlich** *adj.* symbolic(ally *adv.*); (*allegorisch*) allegorical; ***~e Darstellung*** a) symbolic representation, b) allegory.

sinnen I. *v/i.* reflect (**über** [up]on), think (about); **~ *auf*** contemplate, plan, (*Böses*) plot *revenge*, plan *a murder etc.*; ***was sinnst du?*** what are you pondering over?; → ***gesinnt, gesonnen***; **II.** ≈ *n* reflection; ***sein ~ und Trachten auf et. richten*** concentrate one's thought and wish on s.th.; **sinnend** *adj.* pensive, thoughtful.

Sinnenfreude *f* sensual enjoyment, sensuality; **sinnenfreudig, sinnenfroh** *adj.* sensuous.

Sinnen|lust *f* sensual enjoyment, sensuality; **~mensch** *m* sensuous person; **~reiz** *m* sensual stimulus; **~rausch** *m* (sensual) passion.

sinnentleert *adj.* meaningless, hollow.

sinnentstellend *adj.* misleading; ***e-e ~e Übersetzung*** *etc.* a translation *etc.* which distorts the meaning.

Sinnenwelt *f* material world.

Sinnes|änderung *f* change of heart; **~art** *f* disposition; way of thinking; (mental) attitude; **~eindruck** *m* sensation, sense impression; **~nerv** *m* sensory nerve; **~organ** *n* sense organ; **~reiz** *m* sensory stimulus; **~täuschung** *f* hallucination; **~wahrnehmung(en** *pl.*) *f* sensory perception; **~wandel** *m* change of heart.

sinnfällig *adj.* obvious; *Darstellung*: clear; ***~er Vergleich*** apt comparison, good analogy.

Sinn|gebung *f* interpretation; **~gedicht** *n* epigram.

sinngemäß I. *adj.* **1.** ***~e Wiedergabe*** *etc.* rough summary *etc.*; **2.** (*folgerichtig*) logical; **II.** *adv.*: ***~ schreibt er*** the gist of what he writes is, basically what he writes is; ***~ übersetzt*** *etc.* roughly translated *etc.*

sinngetreu *adj.* faithful.

sinngleich *adj.* synonymous.

sinnieren *v/i.* muse, brood, ruminate (**über** on, about).

sinnig *adj. mst iro.* clever; (*passend*) appropriate.

sinnlich *adj.* sensuous; *Lippen etc.*: *a.* F sexy; (*sinnenfreudig*) sensuous; *phls.* sensuous; (*Ggs. geistig*) material; ***~e Liebe*** sensual love; ***ein ~er Mensch*** a very physical person; → ***Wahrnehmung*** 1; **Sinnlichkeit** *f* sensuality, *stärker*: voluptuousness; (*Sinnenfreude*) sensuousness, *contp.* voluptuousness.

sinnlos I. *adj.* (*zwecklos*) pointless, useless, futile, *pred. a.* no use; (*unsinnig*) stupid, senseless; (*bedeutungslos*) meaningless; ***~e Gewalttätigkeit*** mindless violence; ***es ist ~ zu*** *inf. a.* there's no point in *ger.*; ***das ist völlig ~*** (*es gibt keinen Sinn*) it doesn't make any sense at all; ***es ist alles so ~*** it's all so meaningless (*od.* pointless); **II.** *adv.*: ***sich ~ betrinken*** drink o.s. silly (*od.* into a stupor); ***~ betrunken*** blind drunk; **Sinnlosigkeit** *f* futility, pointlessness; senselessness; meaninglessness *etc.*; → ***sinnlos.***

sinnreich *adj.* **1.** (*zweckmäßig, durchdacht*) ingenious, clever (*a. iro.*); **2.** (*tiefsinnig*) profound.

Sinnspruch *m* aphorism; maxim.

sinnverwandt *adj.* synonymous; ***~es Wort*** synonym; **Sinnverwandtschaft** *f* synonymity.

sinnverwirrend *adj.* bewildering.

sinnvoll *adj.* **1.** (*vernünftig*) sensible, *pred. a.* a good idea; (*klug*) wise; (*zweckdienlich*) practical, useful; ***es wäre nicht sehr ~ zu*** *inf.* it wouldn't be a very good idea to *inf.*, *stärker*: it would be pointless to *inf.*; ***ökonomisch ~ sein*** make good economic sense; **2.** (*e-n Sinn habend od. ergebend*) meaningful.

sinnwidrig *adj.* absurd; **Sinnwidrigkeit** *f* absurdity.

Sinnzusammenhang *m* context.

Sinologe *m* sinologist; **Sinologie** *f* Chinese studies *pl.*, sinology.

Sintflut *f* deluge, flood (*a. fig.*); *bibl. the* Flood; F ***nach uns die ~!*** apres nous le déluge; **sintflutartig** *adj. Regenfälle etc.*: torrential *rain.*

Sinti *pl.* Sinti (gypsies).

Sinus *m* **1.** A sine; **2.** *anat.* sinus; **~kurve** *f* A sine curve; **~satz** *m* A sine theorem; **~schwingung** *f phys.* harmonic (*od.* sinusoidal) oscillation.

Siphon *m* **1.** soda siphon; **2.** (*Geruchsverschluss*) siphon.

Sippe *f* (*Familie*) family, F clan; (*Stamm*) tribe; → ***Sippschaft.***

Sippen|forschung *f* genealogical research; **~haft** *f liability of a family for* (*political*) *crimes or actions of one of its members.*

Sippschaft *contp. f* **1.** (*Familie*) F clan; ***mit der ganzen ~ ankommen*** come with the whole family (*od.* clan) in tow; **2.** (*Bande*) F riffraff, rabble.

Sirene *f myth. u.* ⚙ siren.

Sirenen|geheul *n* wailing (of) sirens *pl.*; ***man hörte das ~*** *a.* you could hear the sirens wailing; **~gesang** *m* siren song.

sirren *v/i.* buzz.

Sirup *m* treacle, *Am.* molasses (*sg.*); (*bsd. Frucht*≈) syrup.

Sisal *m* sisal; **~hanf** *m* sisal (hemp); **~teppich** *m* sisal mat.

Sisyphusarbeit *f* Sisyphean task.

Sitte *f* **1.** custom; ***~n und Gebräuche*** customs and way of life; ***es ist ~, dass der Ehemann ...*** it is the custom for the husband to *inf.*; ***die ~ verlangt, dass*** tradition (*od.* social etiquette) demands that; ***das ist bei uns nicht ~*** we don't do that around here (*od.* in these parts); F ***dort herrschen raue ~n*** F they're a rough lot; ***was sind denn das für ~n?*** where did you pick that up?, who taught you that?; ***das sind ja ganz neue ~n!*** things have changed around here; ***das verstößt gegen alle ~n*** that goes against all etiquette (*od.* public decency); ***lockere ~n*** loose morals; ***hier herrschen strenge ~n*** the rules are tough around here; **2.** F (*Sittenpolizei*) vice squad.

Sitten|apostel *m* moralizer; **~bild** *n* **1.** ***ein ~ der*** (***damaligen***) ***Zeit*** a portrayal of the customs and morals of the time; **2.** *Kunst*: genre painting; **~dezernat** *n* vice squad, public morals department; **~gemälde** *n* → ***Sittenbild***; **~kodex** *m* moral code, code of ethics, mores *pl.*; **~komödie** *f* comedy of manners; **~lehre** *f* ethics *pl.* (*sg. konstr.*), moral philosophy.

sittenlos *adj.* immoral, dissolute; **Sittenlosigkeit** *f* immorality, (complete) lack of morals.

Sitten|polizei *f* vice squad; **~prediger** *m* moralizer; **~richter** *m* moral censor; ***sich zum ~ aufwerfen*** set o.s. up as a moral censor.

sittenstreng *adj.* austere; *weitS.* puritanical; **Sittenstrenge** *f* austerity; high moral standards *pl.*; *weitS.* puritanism.

Sitten|strolch *m* (sexual) molester, sex offender; **~verfall** *m* moral decline.

sittenwidrig *adj.* immoral; ⚖ *a.* unethical.

Sittich *m zo.* parakeet.

sittlich *adj.* moral; ethical; ***ihm fehlt die ~e Reife*** he lacks maturity; **Sittlichkeit** *f* morality; (*sittliches Empfinden*) morals *pl.*

Sittlichkeits|delikt *n*, **~verbrechen** *n* sex crime, sex offen|ce (*Am.* -se); **~verbrecher** *m* sex offender.

sittsam *adj.* (*zurückhaltend*) demure; (*keusch*) chaste, modest; (*brav*) well-behaved; (*anständig*) decent; **Sittsamkeit** *f* demureness; chasteness, modesty; good manners *pl.*; decency.

Situation *f* situation; (*persönliche, finanzielle ~ etc.*) *a.* position; → *a.* ***Lage***; **Situationskomik** *f* situational humo(u)r.

situiert *adj.*: ***gut ~ sein*** be well off, be well to do; ***schlecht ~ sein*** be badly off.

Sit-up *n Sport*: sit-up, crunch; ***~s machen*** do sit-ups.

Sitz *m* seat (*a. fig. Amts*≈, *Bischofs*≈, *Familien*≈ *etc.*; *a. parl.*); *e-r Organisation, e-s Unternehmens*: *a.* headquarters *pl.* (*a. sg. konstr.*); (*Wohn*≈) (place of) residence, *formell*: domicile; ⚙, *a. Kleidung*: fit; ***e-n guten ~ haben*** *Kleidung*: fit well, sit well *on s.o.*; *Reitsport*: sit (the horse) well; ***die Zuschauer von den ~en reißen*** sweep the audience off their feet; **~bad** *n* hip bath, sitz bath; **~bank** *f* bench; *gepolstert*: seat; **~blockade** *f* sit-in, sit-down demonstration (F demo); **~ecke** *f* corner seating unit.

sitzen *v/i.* sit; (*sein*) *oft* be; *Kleidung*: (*passen*) fit, (*richtig angezogen sein*) be on properly; *Modell*: sit (***j-m*** for s.o.); F *im Gefängnis*: F do time; F (*treffen*) F hit home (*a. fig.*); ***~ in*** *Firma etc.*: have one's headquarters in; F ***im Gedächtnis ~*** have sunk in; ***~ bleiben*** remain (*od.* stay) seated, F *beim Tanz*: be left out; ***bleiben Sie ~!*** don't get up; stay in your seat(s); → *a.* ***sitzen bleiben, sitzen lassen***; ***bei j-m ~*** sit beside (*od.* next to, with) s.o.; ***~ Sie bequem?*** are you comfortable?; ***zu viel ~*** spend too much time sitting (F on one's backside); ***das viele ≈ ist nicht gut für dich*** sitting on a chair all day doesn't do you any good; ***lieber zu Hause ~*** prefer to stay at home; ***beim Essen ~*** be having one's dinner (*od.* lunch); ***im Parlament ~*** have a seat in Parliament, be an MP (*od.* a Member of Parliament); ***im Stadtrat ~*** be on the (town) council; ***im Ausschuss ~*** be on the committee; ***sie ~ immer noch*** they're still in the meeting; ***beim Arzt ~*** be at the doctor's; ***den ganzen Tag in der Kneipe ~*** sit around in the pub all day; ***stundenlang vor dem Fernseher ~*** spend hours (sitting) in front of the television, F be glued to the television for hours; ***ich habe lange daran gesessen*** I spent a lot of time on it; ***er sitzt auf s-m Geld*** he's sitting on his money; ***im Gefängnis ~*** be in jail (F clink); F ***er saß sechs Monate wegen Diebstahl(s)*** F he did six months for theft; ***über den Büchern ~*** be poring over one's books; F ***einen ~ haben*** F have had one too many; ***d-e Krawatte sitzt nicht richtig*** your tie's not straight; ***dein Hut sitzt schief*** your hat's cockeyed (F skew-whiff); ***wo sitzt der Schmerz?*** where does it hurt exactly?; ***da sitzt der Fehler!*** that's where the problem lies; ***die Angst*** (***der Hass***) ***sitzt tief*** the fear (hatred) runs *od.* goes deep; ***das hat gesessen!*** that hit home; ***die Vokabeln ~ gut*** (***schlecht***) he *etc.* knows his *etc.* vocabulary off pat (his vocabulary's shaky, he needs to work on his vocabulary); ***bei ihm sitzt jeder Handgriff*** he knows exactly what he's doing; *e-n Vorwurf etc.* ***nicht auf sich ~ lassen*** not to stand for (*od.* take); ***das lasse ich nicht auf mir ~*** *a.* I'm not just going to sit here and take that; → ***Patsche, Tinte*** *etc.*

sitzen bleiben F *v/i.* **1.** (*nicht aufstehen*) remain (*od.* stay) seated; **2.** *ped.* have to repeat a year, stay back a class; **3. *auf et. ~*** be left with (*od.* sitting on) s.th.; **4.** (*nicht geheiratet werden*) be left on the shelf.

sitzend *adj.* **1. *~e Lebensweise*** (***Tätigkeit***) sedentary life (occupation); **2. *~e Figur*** seated figure.

sitzen lassen F *v/t.* leave, desert, walk out on; (*Freund*[*in*]) leave, walk out on, jilt; (*versetzen*) stand *s.o.* up; (*im Stich lassen*) let *s.o.* down, leave *s.o.* in the lurch; ***sie ließ ihn einfach sitzen*** (*versetzte ihn*) *a.* she just didn't turn up.

Sitz|fläche *f* seat (*a.* F *Gesäß*); **~fleisch** *n* (*Ausdauer*) perseverance; stamina; ***er hat*** (***aber***) ***~*** he doesn't seem to be in a hurry to leave; ***er hat kein ~*** he can't sit still; *bei der Arbeit*: he can't stick to anything; **~garnitur** *f* living-room (*dreiteilig*: *a.* three-piece) suite; **~gelegenheit** *f* seat, place to sit; *pl.* seating *sg.*, seats; **~gruppe** *f* → ***Sitzgarnitur***; **~kissen** *n* (seat) cushion; **~ordnung** *f* seating arrangement(s *pl.*) *od.* plan; **~platz** *m* seat (*a.* ***Sitzplätze bieten für***); **~polster** *n* seat; **~reihe** *f* row (of seats); **~streik** *m* sit-in, sit-down strike.

Sitzung *f* (*Konferenz*) meeting, conference; *parl. etc.* session, sitting; ⚖ sitting, hearing; *beim Psychiater etc.*: session; *beim Maler etc.*: sitting; ***auf*** (*od.* ***bei, in***) ***e-r ~*** at a meeting.

Sitzungs|bericht *m* minutes *pl.* (of the meeting); **~periode** *f parl.* session; **~saal** *m* conference hall; *parl.* chamber; **~zimmer** *n* conference room.

Sitzverteilung *f parl.* distribution of seats.

Sixtinisch *adj.*: ***~e Kapelle*** Sistine Chapel.

Sizili(an)er(in *f*) *m*, **sizil(ian)isch** *adj.* Sicilian.

Skala *f* scale (*a.* ♪); *Thermometer*: *a.* range; *Radio, Armaturenbrett*: dial; (*Reihe*) range (*a. fig.*); *fig.* ***die ganze ~*** the whole gamut.

Skalen|beleuchtung *f* dial light (*od.* illumination); illuminated dial; **~einteilung** *f* graduation; **~reiter** *m Radio*: station marker.

Skalp *m* scalp.

Skalpell *n* ⚕ scalpel.

skalpieren *v/t.* scalp.

Skandal *m* scandal (**um** surrounding); (*Schande*) *a.* disgrace; ***es ist ein ~*** *a.* it's scandalous; **~blatt** *n* scandal sheet; **≈geplagt** *adj.* scandal-plagued; **~nudel** F *f* glutton for scandal; ***~ X*** scandal-ridden X.

skandalös *adj.* scandalous; (*empörend*) *a.* shocking, disgraceful.

Skandal|presse *f* gutter press; **≈süchtig** *adj.* scandal-seeking; ***~e Person*** scandalmonger; **≈umwittert** *adj.* scandal-ridden, surrounded by scandal.

Skandinavier(in *f*) *m*, **skandinavisch** *adj.* Scandinavian.

Skarabäus *m* scarab.

Skat *m* skat; ***~ spielen*** (F ***kloppen, dreschen***) play skat; **~abend** *m* **1.** skat night; **2.** *an* evening of skat; **~bruder** *m* skat mate.

Skateboard *n* skateboard; ***~ fahren*** (ride a) skateboard; **~fahren** *n* skateboarding; ***~ verboten!*** no skateboards; **~fahrer(in** *f*) *m* skateboarder.

Skatologie *f* scatology; **skatologisch** *adj.* scatological.

Skatpartie *f* round (*od.* game) of skat.

Skelett *n* skeleton (*a.* ✈, ⚠); ***zum ~ abgemagert sein*** be (just) skin and bones; **Skelettbauweise** *f* skeleton construction; **skelettieren** *v/t.* skeletonize.

Skepsis *f* scepticism, *Am.* skepticism; doubt; *j-m od. e-r Sache* ***mit ~ gegenüberstehen*** be sceptical (*Am.* skeptical) about, have one's doubts about; **Skeptiker** *m* sceptic, *Am.* skeptic; **skeptisch** *adj.* sceptical, *Am.* skeptical; ***ich bin da ~*** *a.* I'm not so sure (about it); **Skeptizismus** *m* scepticism, *Am.* skepticism.

Sketch *m thea.* sketch, skit.

Ski *m* ski; ***~ laufen*** (*od.* ***fahren***) ski (*pret. u. p.p.* skied); go skiing; **~anzug** *m* ski(ing) suit; **~ass** *n* skiing ace; **~ausrüstung** *f* skiing gear (F things *pl.*); **~bindung** *f* ski binding; *pl. a.* ski fittings; **~bob** *m* skibob; **~brille** *f*: (***e-e ~*** a pair of) skiing goggles *pl.*; **~fahrer** *m* skier; **~gebiet** *n* skiing area; **~gymnastik** *f* skiing exercises *pl.*; **~hang** *m* ski run; **~haserl** F *dial. n* F snow (*od.* ski) bunny; **~hose** *f*: (***e-e ~*** a pair of) skiing trousers *pl.*; **~hütte** *f* ski hut; **~kurs** *m* skiing course; **~lauf(en** *n*) *m* skiing; **~läufer** *m* skier; **~lehrer** *m* skiing instructor; **~lift** *m* ski lift; **~mütze** *f* skiing hat (*od.* cap).

Skinhead *m* skinhead, F skin.

Ski|paradies *n* skier's paradise; **~piste** *f* ski run; **~schanze** *f* ski jump; **~schule** *f* ski school; **~spitze** *f* (ski) tip; **~sport** *m* skiing; **~springen** *n* ski jumping; **~springer** *m* ski jumper; **~spur** *f* (ski) track; **~stiefel** *m* skiing boot; **~stock** *m* ski stick, ski pole; **~träger** *pl. am Auto*: ski rack *sg.*; **~unfall** *m* skiing accident; **~unterricht** *m* skiing instruction (*od.* lessons *pl.*); **~urlaub** *m* skiing holiday (*Am.* vacation); **~wachs** *n* skiing wax; **~wandern** *n* ski-hiking; **~zirkus** *m* ski circus (*od.* circuit).

Skizze *f* sketch (*a. literarisch*); (*Rohentwurf*) *a.* (rough) outline.

Skizzen|block *m* sketchpad; **~buch** *n* sketchbook.

skizzenhaft I. *adj.* sketchy, rough; **II.** *adv.*: ***man sah ~ angedeutet*** you could see the rough outlines of.

skizzieren *v/t.* sketch; *fig.* outline; *fig.* ***könnten Sie es kurz ~?*** could you give me a brief outline (of it)?

Sklave *m* slave (*a. fig.*); *fig.* ***ein ~ s-r Gewohnheiten sein*** be a slave to one's habits; ***j-n zum ~n machen*** make s.o. one's slave; **Sklavenarbeit** *f* slave labo(u)r; *fig.* drudgery, slavery.

Sklavenhalter *m* slave holder; **~gesellschaft** *f* slave-owning society.

Sklaven|handel *m* slave trade; **~händler** *m* slave trader; **~markt** *m* slave market; **~treiber** *m a. fig.* slavedriver.

Sklaventum *n*, **Sklaverei** *f* slavery; *fig. a.* slavedriving; *fig.* ***es ist e-e*** (*od.* ***die reinste***) ***Sklaverei*** it's sheer slavery, F it's a real sweat.

Sklavin *f* slave (*a. fig.*).

sklavisch *adj.* slavish; ***~e Nachahmung*** slavish copy (*od.* imitation); ***es ist e-e ~e Nachahmung von ...*** *a.* it has been painted *etc.* in slavish adherence to ...

Sklerose *f* ⚕: (***multiple ~*** multiple) sclerosis; **sklerotisch** *adj.* sclerotic.

skontieren *v/t.* ✝ give a (cash) discount on; **Skonto** *n*, *m* cash discount; ***geben Sie ~?*** do you give a cash discount?

Skooter *m* dodgem, bumper car.

Skorbut *m* ⚕ scurvy; **skorbutisch** *adj.* scorbutic.

Skorpion *m* **1.** *zo.* scorpion; **2.** (*Sternzeichen*) Scorpio; (***ein***) ***~ sein*** be (a) Scorpio.

Skribent *m* hack (writer), literary hack.

Skript *n* **1.** *Film etc.*: script; **2.** *univ.* lecture notes *pl.*; **~girl** *n* continuity girl.

Skrofulose *f* ⚕ scrofula.

Skrupel *m* scruple; ***~ haben, et. zu tun*** have scruples about doing s.th.; ***keine ~ haben, et. zu tun*** have no scruples (*od.* qualms) about doing s.th.; ***keine ~ kennen*** have no scruples, be totally unscrupulous; ***ohne jeden ~*** without the slightest scruple.

skrupellos *adj.* unscrupulous; **Skrupellosigkeit** *f* unscrupulousness.

Skullboot *n Sport*: scull; **skullen** *v/i.* scull; **Skuller** *m* sculler.

skulptieren *v/t.* sculpture, sculpt; **Skulptur** *f* sculpture.

Skulpturen|galerie *f* sculpture gallery; **~sammlung** *f* collection of sculptures; (*Museum*) sculpture collection (*od.* museum).

skurril *adj.* (*seltsam*) strange, bizarre; (*absurd*) absurd; (*grotesk, lächerlich*) ludicrous.

S-Kurve *f* double bend.

Slalom *m Sport*: slalom; ***e-n ~ fahren*** do (*od.* take part in) a slalom; *fig. mot.* ***~ fahren*** weave; **~läufer** *m* slalom racer.

Slang *m* **1.** slang; **2.** *technischer etc.*: jargon; **~ausdruck** *m* slang expression.

Slawe *m*, **Slawin** *f* Slav; **slawisch** *adj.* Slav, *a.* **Slawisch** *n ling.* Slavic; **Slawist** *m* Slavonicist; **Slawistik** *f* Slavonic studies *pl.*

Slip *m* (*Unterhose*): (***ein ~*** a pair of) briefs *pl.*, (*Damen*≈) panties *pl*; **~einlage** *f* panty liner.

Slipper *m* slip-on (shoe).

S

Slogan *m* slogan, catchphrase.
Slowake *m*, **Slowakin** *f*, **slowakisch** *adj.*, **Slowakisch** *n ling.* Slovak.
Slowene *m*, **Slowenin** *f*, **slowenisch** *adj.*, **Slowenisch** *n ling.* Slovene.
Slum *m* slum(s *pl.*); *in amerikanischen Großstädten*: ghetto; **~bewohner** *m* slum-dweller.
Smaragd *m* emerald; **≗grün** *adj.* emerald (green).
Smiley *n Internet, E-Mail*: smiley.
Smog *m* smog; **~alarm** *m* smog alert; **~warnung** *f* smog warning.
Smoking *m* dinner jacket, *Am.* tuxedo; **~hemd** *n* dress shirt.
Snack *m* snack, bite to eat.
Snob *m* snob; **Snobismus** *m* snobbishness, snobbery; **snobistisch** *adj.* snobbish.
Snow|board *n* snowboard; **≗boarden** *v/i.* snowboard; **~boarden** *n* snowboarding; **~boarder(in** *f*) *m* snowboarder; **~boarding** *n* snowboarding.
so I. *adv.* (*in dieser Weise*) like this *od.* that; *vor adv. u. adj.*: so *cold etc.*, *vergleichend*: as *bad etc.*; (**~** *sehr*) as much; (*ungefähr*) around, about; ***nicht ~ kalt*** *etc.* not so cold *etc.*, *vergleichend*: *a.* not as cold *etc.*; ***~!*** right!; *abschließend*: *a.* that's that!; ***~?*** is that right (*od.* so)?, really?; ***~, ~!*** I see, *interessierter*: well, well!; *er ist hier* - ***~!*** is he?; *er braucht Geld* - ***~!*** does he (now)?; ***~ ein*** such a; ***~ ein Idiot!*** what an idiot!; ***~ etwas*** something like that, *bei Frage*: *a.* anything like that, *bei Verneinung*: anything like that; ***~ etwas habe ich noch nie gesehen*** (***gehört***) I've never seen anything like it (I've never heard such a thing); ***danke, es geht schon ~*** I can manage, thanks; it's all right (*Am.* alright), thanks; F (***na***) ***~ was!*** really?, you don't say!, *zu sich selbst*: that's strange, *stärker*: would you believe it; *warum fragst du?* - ***nur ~*** I just wondered; *er war Regisseur* ***oder ~*** or something like that, or something along those lines; *er hieß Merkl* ***oder ~*** or something like that, or something to that effect; ... ***und ~ ...*** and so on; ***~ ... wie*** (*od.* ***als***) as ... as; ***ach ~!*** oh(, I see)!; ***~ ist es*** that's how it is, *bestätigend*: that's it, F you've got it; ***~ ist das Leben*** that's life, such is life; ***und ~ kam es, dass ...*** and so ..., that's how ...; ***wie du mir, ~ ich dir*** tit for tat; ***komm mir nicht ~!*** don't speak to me like that; ***~ oder ~*** one way or another, (*wie mans sieht*) whichever way you look at it, *verlierst du etc.*: *a.* whatever you do; ***~ geht das nicht*** that's just not on, *eingreifend*: oh no you don't!; ***er meint es nicht ~*** he doesn't (really) mean it (to be taken) like that; ***~ in einer Stunde*** in an hour or so, in about an hour; ***~ alle acht Tage*** every week or so; ***~ und ~ oft*** every so often; ***~ gut wie nichts*** next to nothing; ***~ gehts, wenn du nicht hörst*** that's what comes of not listening; ***ich habe ~ das Gefühl, dass*** I have a feeling that, something tells me that; ***er hat ~ s-e Stimmungen*** he has his little moods; ***tu doch nicht ~!*** stop putting it on; ..., ***~ der Präsident ...,*** according to the president; ...., so the president maintains; ***was treibst du ~?*** what are you up to these days?; ***wie geht es ihm ~?*** how is he then?; ***was kostet es denn ~?*** what sort of price were you thinking of (*od.* are they asking *etc.*)?; ***wie findest du ihn denn ~?*** what do you think of him then?; **II.** *cj.* (*folglich*) so; (*wie sehr*) however; ***~ schnell ich rannte, ...*** however fast I ran, ...; ***~ krank er auch ist*** however ill he may be; ***~ sehr, dass*** so much (so) that, to such an extent that; → *a.* ***sosehr, soviel, soweit, sowenig, umso; so dass*** → ***sodass.***
sobald *cj.*: **~** (***als***) as soon as, the moment *he arrived etc.*; ***~ es Ihnen möglich ist*** as soon as possible, ⚚ at your earliest convenience.
Söckchen *pl.* ankle socks; (*Kinder≗*) socks.
Socke *f* sock; F *fig.* ***sich auf die ~n machen*** F make tracks, *sl.* push off; F ***ich muss mich auf die ~n machen*** *a.* F I'd better get a move on (*od.* get my skates on); F ***er war von den ~n*** F he nearly fell over backwards (*od.* keeled over).
Sockel *m* **1.** base; *Säule, Statue etc.*: *a.* plinth, pedestal; **2.** ⚡ socket; **3.** ⚚ → **~betrag** *m* basic allowance; **~rente** *f* basic pension.
Soda *f*, *n* soda; ⚗ *a.* sodium carbonate.
sodann *obs. adv.* then, *lit.* thereupon.
sodass *cj.* so that, so as to *inf.*
Sodawasser *n* soda water.
Sodbrennen *n* heartburn.
Sode *f* piece of turf, sod.
Sodomie *f* buggery, bestiality.
soeben *adv.* just (now); (*in diesem Augenblick*) just, right now.
Sofa *n* sofa, settee; **~ecke** *f* sofa corner; **~kissen** *n* (sofa) cushion.
sofern *cj.* if, provided (that), as long as; ***~ er nicht absagt*** provided (*od.* as long as) he doesn't call it off, unless(, of course,) he calls it off.
Soffitte(nlampe) *f* tubular lamp.
sofort *adv.* straightaway, immediately, at once, right away; ***er ging ~ ins Bett*** *a.* he went straight to bed; (***ich komme***) ***~!*** I'll be with you right away (F in a sec); ***er kommt ~*** *a.* he's on his way; ***er war ~ tot*** he died instantly (*od.* straightaway), it was (an) instant death; *das Kind* ***fing ~ an zu schreien, als ich das Zimmer verließ*** started screaming the moment (*od.* minute) I left the room *od.* as soon as I left the room; ***~ lieferbar*** (***zahlbar***) spot delivery (payment).
Sofortbildkamera *f* instant camera.
Soforthilfe *f* emergency relief.
sofortig *adj.* immediate; *Lieferung*: *a.* prompt; → ***Wirkung.***
Sofort|maßnahmen *pl.* immediate steps; emergency measures; **~programm** *n pol.* crash program(me).
Softeis *n* soft ice.
Softie F *m* (real) softie.
Software *f* software; **~anbieter** *m* software provider; **~paket** *n* software package; **~technologie** *f* software engineering.
Sog *m* suction; ⚓, ✈ *a.* wake; (*Wirbel*) vortex; (*Unterströmung*) undertow; *fig.* vortex, whirlpool, maelstrom; *fig.* ***in den ~ der Großstadt*** *etc.* ***geraten*** get caught up in the maelstrom of big city life *etc.*
sogar *adv.* even; ***sie hat ~ den zweiten Platz erreicht*** she made second place, no less; ***sehr gut, ~ ausgezeichnet*** very good, excellent, in fact.
so genannt *adj.* **1.** so-called; (*angeblich*) *a.* would-be; → *a.* ***selbst ernannt***; **2.** *bei Neuprägungen*: so-called; ***das ~e ...*** *a.* what is known as ...
sogleich *obs. adv.* → ***sofort.***
Sohle *f* **1.** *Fuß u. Schuh*: sole; *fig.* ***auf leisen ~n*** on tiptoe, (*heimlich*) stealthily; **2.** (*Tal≗*, *Fluss≗*) bottom; **3.** ⚒ floor; **sohlen** *v/t.* (re)sole.
Sohn *m* son; ***ganz der ~ s-s Vaters*** a chip off the old block.
Sohnemann *hum. m* son, sonny; ***der ~*** junior.
soigniert *adj.* elegant; *Erscheinung*: *a.* soigné.
Soiree *f* soiree, soirée.
Soja(bohne) *f* soybean, soya (bean); **Sojabohnenkeimlinge** *pl.* soybean sprouts.
Soja|mehl *n* soybean flour; **~milch** *f* soybean milk; **~öl** *n* soybean oil; **~soße** *f* soy(a) sauce; **~sprossen** *pl.* soybean sprouts.
Sokratiker *m*, **sokratisch** *adj.* Socratic.
solang(e) *cj.* as long as; (*während*) *a.* while; *einschränkend*: as (*od.* so) long as; ***~ ich lebe*** for the rest of my life, (*bisher*) all my life; ***~ er nicht anruft, können wir nichts machen*** we can't do anything until he rings up.
solar *adj.* solar.
Solar|batterie *f* solar battery; **~energie** *f* solar energy.
Solarisation *f phot.* solarization.
Solarium *n* solarium.
Solar|jahr *n* solar year; **~kollektor** *m* → ***Sonnenkollektor***; **~kraftwerk** *n* solar energy plant, solar power station.
Solarplexus *m physiol.* solar plexus.
Solar|technik *f* solar technology; **~wind** *m* solar winds (*od.* storms) *pl.*
Solarzelle *f* solar cell; **Solarzellenbatterie** *f* solar battery.
Solbad *n* **1.** brine bath; **2.** (*Ort*) saltwater spa.
solch *pron. u. adj.* such, that kind (*od.* sort) of, ... like that; ***~ einer*** someone (*od.* a person) like that; ***~e Menschen*** that kind (*od.* sort) of person, people like that; ***als ~er*** as such; ***ich hatte ~e Angst*** I was so scared; ***ich habe ~e Kopfschmerzen*** I've got such a headache; ***es gibt eben ~e und ~e*** it takes all sorts to make a world; ***es gab ~e, die ..., und ~e, die ...*** there were those who ... and those (*od.* others) who ...; **solcherart I.** *adj.* such, that kind (*od.* sort) of, ... like that, ... of that kind (*od.* sort); **II.** *adv.* (*auf solche Art*) in that (*od.* this) way; *formell*: by that manner of means; **solcherlei** *adj.* such, that kind (*od.* sort) of, ... of that kind (*od.* sort).
Sold *m* ⚔ pay; *fig.* ***in j-s ~ stehen*** be in the employ of s.o., *contp.* be one of s.o.'s mercenaries (*od.* hirelings).
Soldat *m* soldier (*a. zo. Ameise etc.*), serviceman; ***er ist ~*** *mst* he's in the army; ***gedienter ~*** ex-serviceman, *Am.* veteran; ***der Unbekannte ~*** the Unknown Warrior (*od.* Soldier); ***~ werden*** join the army, join up.
Soldaten|beruf *m* military career (*od.* profession), army career, career in the army; **~friedhof** *m* military (*od.* war) cemetery; **~grab** *n* war (*od.* soldier's) grave; **~leben** *n* army life, life in the army, *a* soldier's life; **~sprache** *f* forces' (*od.* army, soldiers') slang; **~uniform** *f* soldier's (*od.* military) uniform.
Soldateska *contp. f* rabble of soldiers, marauding troops *pl.*
soldatisch *adj.* soldierly; (*militärisch*) military.
Söldling *contp. m* mercenary, hireling.
Söldner *m* mercenary; **~heer** *n* army of mercenaries; **~truppen** *pl.* mercenary troops.

Sole *f* saltwater, brine.

Solei *n* pickled egg.

Soli F *m* (*Solidaritätszuschlag*) solidarity tax.

Solidar|gemeinschaft *f Institution*: mutually supportive society; (*Beitragszahler*) contributors *pl.* (*to the public pension scheme, the medical insurance scheme, etc.*) **~haftung** *f* joint (and several) liability.

solidarisch I. *adj.* **1.** *Front etc.*: united; *Vorgehen etc.*: *a.* concerted *action*; ***sich ~ erklären mit*** declare one's solidarity with; **2.** ⚖ joint (and several); **II.** *adv.* **3.** ***~ handeln*** *etc.* act *etc.* in solidarity (***mit*** with); **4.** ⚖ jointly and severally; **solidarisieren** *v/refl.*: ***sich ~ mit*** declare one's solidarity with; **Solidarität** *f* solidarity.

Solidaritäts|beweis *m* show of solidarity; **~erklärung** *f* declaration of solidarity; **~gefühl** *n* feeling of solidarity; **~streik** *m* sympathy strike, *a. pl.* sympathetic action; **~schuldner** *m* joint debtor; **~zuschlag** *m* solidarity tax.

Solidarpakt *m* solidarity pact.

solide I. *adj. Person*: respectable; *Firma*: *a.* well-established ...; *Preise*: reasonable; *Verhältnisse*, *Kenntnisse*: sound; *Grundlage*: firm, sound; *Material etc.*: solid, robust, strong; ***e-e ~ Arbeit*** a sound piece of work, (*Möbelstück etc.*) a good, solid piece of workmanship; ***e-e ~ Mahlzeit*** a good square meal; ***~ Möbel*** (good,) solid furniture; ***er ist ~ geworden*** he's settled down; **II.** *adv.*: ***~ gebaut*** well-built, solidly built; **Solidität** *f* solidity; ✝ soundness; (*Achtbarkeit*) respectability.

Solist(in *f*) *m* soloist; *im Orchester*: principal; **solistisch** *adj.* soloistic; as a soloist.

Solitär *n Spiel*: solitaire.

Soll *n* ✝ debit; (*Liefer*≈) (fixed) quota; (*Produktions*≈) production quota; (*Liefer-, Produktionsziel*) target; ***~ und Haben*** debit and credit; **~bestand** *m* ✝ *an Werten etc.*: calculated assets *pl*; *an Vorräten*: authorized supplies *pl.*; **~bruchstelle** *f* ⚙ predetermined breaking point.

sollen *v/i.* **1.** *bei Aufgabe, Verpflichtungen etc.*: be to, be supposed to; *Mutti sagt*, ***du sollst nach Hause kommen*** you're to come home; ***er soll mich anrufen*** he's to ring me up, tell him to ring me up; ***ich soll erst abwaschen*** I have to (*od.* I'm to) do the dishes first; ***du solltest längst im Bett sein*** you're supposed to be in bed, you should have been in bed long ago; ***er sollte um zwei hier sein*** he was supposed to be here at two; ***ich soll dir ausrichten, dass*** I'm to tell you that; ***ich soll dir schöne Grüße von ihm bestellen*** he sends his regards, he asked me to give you his regards; ***soll ich mitkommen?*** shall I come?, do you want me to come?; ***du sollst ihn in Ruhe lassen!*** leave him alone!; ***wie oft soll ich dir das noch sagen?*** how many times do I have to tell you?; *bibl.* ***du sollst nicht töten*** thou shalt not kill; **2.** *bei Gedanken, Beabsichtigtem*: ***hier soll e-e Turnhalle gebaut werden*** a gymnasium is to be built here, there are plans to build a gymnasium here; ***er soll morgen ankommen*** he's due (*od.* supposed) to arrive tomorrow; ***das Buch soll Ihnen dabei helfen*** the book is designed to help you with this; **3.** *bei e-r bestimmten Vorstellung*: ***was soll das sein?*** what's that supposed to be?; ***es sollte ein Geschenk werden*** it was supposed (*od.* meant) to be a present; ***es sollte ein Witz sein*** it was meant as a joke; ***er sollte Arzt werden*** he was supposed to become a doctor, F the idea was for him to become a doctor; **4.** *bei Beschluss, Drohung, Herausforderung etc.*: ***du sollst es schon kriegen*** you'll get it, don't worry; I'll make sure you get it; ***er soll alles haben, was er will*** he's to have whatever he wants, *a.* let him have anything he wants; ***es soll nicht wieder vorkommen*** it won't happen again; ***das soll uns nicht stören*** we won't let that bother us; ***niemand soll sagen, dass*** I don't want it to be said that, never let it be said that; ***der soll nur kommen!*** just let him come!; ***das sollst du mir büßen!*** I'll make you pay for that; ***das soll mir mal einer nachmachen!*** I'd like to see anyone do better; **5.** *bei Ratschlag, Vorwurf etc.*: should, ought to; ***du solltest es mal sehen*** you should (*od.* ought to) see it; ***du hättest es sehen ~*** you should (*od.* ought to) have seen it; ***man hätte es ihm sagen ~*** he ought to (*od.* should) have been told; ***das hättest du sagen ~*** you should (*od.* ought to) have said so (*od.* said that); ***ich hätte es wissen ~*** I should have known; ***du solltest lieber nach Hause gehen*** I think you'd better (*od.* you ought to) go home; ***sie sagte, ich sollte erst zu Ende studieren*** she said I should (*od.* I ought to, I was to, I'm to) finish my degree first; ***warum sollte ich (auch)?*** why should I?, I don't see why I should; **6.** *bei Unentschlossenheit*: ***was soll ich tun?*** what shall (*od.* should) I do?, *verzweifelt*: *a.* what am I supposed to do?; ***er wusste nicht, was er machen sollte*** he didn't know what to do; ***sie wussten nicht, ob sie lachen oder weinen sollten*** they didn't know whether to laugh or cry; ***was soll ich sagen?*** what can I say?, *ratlos*: what am I supposed (*od.* meant) to say?; **7.** *bei e-r Möglichkeit*: ***falls er kommen sollte*** if he should come, in case he comes; ***falls es irgendwelche Probleme geben sollte*** if there should be (*od.* are) any problems; ***sollte er es gewesen sein?*** could it have been him?; ***man sollte annehmen*** you would think; **8.** *bei unbestätigten Gerüchten etc.*: be supposed to, be said to; ***sie soll sehr reich sein*** she's supposed (*od.* said) to be very rich, they say she's very rich; ***er soll es versteckt haben*** he's supposed (*od.* said) to have hidden it, they say he's hidden it; ***er soll e-e Autorität auf dem Gebiet sein*** *a.* apparently he's quite an expert on the subject; **9.** *bei Bestimmung, Schicksal*: be to; ***er sollte den Prozess gewinnen*** he was to win the case; ***sie sollte e-e berühmte Sängerin werden*** she was (destined) to become a famous singer; ***es hat nicht sein ~*** (*od.* ***~ sein***) it wasn't meant to be; ***ein Jahr sollte verstreichen, bis*** it was to be another year before, a whole year was to pass before; ***es sollte alles anders kommen*** things turned out (*od.* were to turn out) quite differently; ***er wusste nicht, dass er nie wiederkommen sollte*** he didn't know that he would never return (*od.* that he was never to return); **10.** ***was soll das?*** (*was bedeutet das?*) what's all this about?, (*wozu soll es nützen?*) what's that for?, *verärgert*: what's the idea?, what are you playing at?; ***wozu soll das gut sein?*** what's that in aid of?; ***was soll ich damit?*** what am I supposed to do with it?; ***was soll ich hier?*** can somebody tell me what I'm supposed to be doing here?; ***wo soll das hin?*** where's it supposed to go?, where do you want me *etc.* to put it?; ***soll er doch!*** let him; see if I care; ***was solls*** so what; who cares.

Soll|seite *f* debit side; **~stärke** *f* ✕ required strength; **~wert** *m* rated (*od.* desired) value; *Regeltechnik*: set point; **~zinsen** *pl.* debtor interest *sg.*

Solo I. *n* solo; **II.** ≈ *adv.* ♪ solo; F *a.* alone; **~geiger** *m im Orchester*: principal violinist; **~gesang** *m* (voice) solo; **~gitarre** *f* solo guitar; **~karriere** *f* career as a soloist; **~part** *m* ♪ solo (part); **~sänger** *m* solo singer, soloist; **~spieler** *m* solo player, soloist; **~stimme** *f* **1.** solo voice; **2.** (*Part*) solo part; **~stück** *n* solo (*a.* ♪); **~tänzer** *m* **1.** solo dancer; **2.** (*erster Tänzer*) principal (*od.* first) dancer.

solvent *adj.* solvent; **Solvenz** *f* solvency.

Somalier(in *f*) *m*, **somalisch** *adj.* Somali.

somit *adv.* thus, therefore, as a result; (*hiermit*) so.

Sommer *m* summer; ***im ~*** in (the) summer; **~abend** *m* summer evening; **~anfang** *m* beginning of summer; first day of summer; **~fahrplan** *m* summer timetable (*Am.* schedule); **~fell** *n* summer coat; **~ferien** *pl.* summer holidays (*bsd. Am.* vacation *sg.*); **~frische** *f* (*Ort*) summer resort; **~gerste** *f* spring barley; **~halbjahr** *n* summer (months *pl.*); *ped. etwa* summer term; **~haus** *n* summer house; **~hitze** *f* summer heat, heat of summer; **~kleidung** *f* summer clothing; ✝ summerwear; **~kollektion** *f* summer collection.

sommerlich I. *adj.* summery; (*für den Sommer üblich*) summer ...; **II.** *adv.*: *es wird* ***~ warm*** summer temperatures.

Sommer|loch F *n* silly season; **~mode** *f* summer fashions *pl.*; **~monat** *m* summer month; **~nacht** *f* summer('s) night; **~olympiade** *f* Summer Olympics *pl.*; **~pause** *f* summer break; *pol.* summer recess; **~regen** *m* summer shower(s *pl.*); **~reifen** *m* normal tyre (*Am.* tire); **~sachen** *pl.* summer clothes; **~schlussverkauf** *m* summer (*od.* June) sales *pl.*; **~schuhe** *pl.* summer shoes; **~semester** *n* summer semester (*od.* term); **~sitz** *m* summer residence; **~smog** *m* smog (during summertime); **~sonnenwende** *f* summer solstice; **~spiele** *pl.*: ***Olympische ~*** Summer Olympics.

Sommersprossen *pl.* freckles; **sommersprossig** *adj.* freckled.

Sommer|tag *m* summer('s) day; **~theater** *n* **1.** summer theat|re (*Am. a.* -er); **2.** F *bsd. pol.* silly season; **~urlaub** *m* → ***Sommerferien***; **~wetter** *n* summer weather; **~zeit** *f* **1.** summer(time); ***während der ~*** in summer(time); **2.** (*Uhrzeit*) summer time, daylight saving time; ***ab morgen gilt die ~*** we switch to summer time tomorrow, we put the clocks forward tomorrow.

somnambul *adj.* somnambulistic; **Somnambule(r)** *m* somnambulist.

Sonar(gerät) *n* sonar.

Sonate *f* ♪ sonata; **Sonatenform** *f* sonata form; **Sonatine** *f* sonatina.

Sonde *f* ⚕ probe (*a. fig.*); (*Radio*≈), *Radar, meteor.*: sonde; *Raumforschung*: probe; ✈ *Sicherheitskontrolle*: metal detector.

Sonder... special; **~abdruck** *m* → ***Sonderdruck***; **~abkommen** *n* special agreement; **~anfertigung** *f* special version (*od.* model); custom-made car *etc.*; ***es ist e-e ~ a.*** we *etc.* had it specially made; **~angebot** *n* special offer; ***et. im ~ kaufen*** get s.th. on special offer; **~auftrag** *m* special mission; **~ausführung** *f* → ***Sonderanfertigung***; **~ausgabe** *f* **1.** *Buch*: special edition; **2. ~n** *finanziell*: extra expenses; **~ausschuss** *m* select committee; (special) task force; **~ausstattung** *f* (optional) extra(s *pl.*); **~ausstellung** *f* special exhibition.

sonderbar *adj.* strange, odd; ***er ist heute ~*** he's acting very strangely today; **sonderbarerweise** *adv.* strangely (*od.* oddly) enough.

Sonder|beauftragte(r) *m* special commissioner; **~bedeutung** *f e-s Worts*: added (*od.* additional) meaning; **~befehl** *m* special order(s *pl.*); **~begabung** *f* special ability (*od.* aptitude); **~behandlung** *f* special treatment (*a. fig.*); preferential treatment; **~beilage** *f* (special) supplement; **~beitrag** *m TV etc.* special report; **~berichterstatter** *m* special correspondent; **~bestimmung** *f* special provision (*od.* rule, condition); **~bevollmächtigte(r)** *m* special agent; *pol.* plenipotentiary; **~botschafter** *m* special envoy; **~briefmarke** *f* → ***Sondermarke***; **~bus** *m* special (*od.* extra) bus; **~delegation** *f* special delegation (*od.* mission); **~deponie** *f* special waste dump; **~druck** *m* offprint; **~einheit** *f* task force; **~einsatz** *m* special action (*od.* operation); (*Auftrag*) special mission; **~erlaubnis** *f* special permission; *konkret*: special permit; **~ermäßigung** *f* special reduction; **~fahrt** *f* **1.** unscheduled (*od.* extra) run; **2.** *Aufschrift an Bussen*: a) not in service, b) special; **~fall** *m* special case; **~flug** *m* unscheduled (*od.* special) flight; **~genehmigung** *f* special permission; *konkret*: special permit; **~gericht** *n* special court; **~gesetz** *n* special law.

sondergleichen *adv.* unheard of; ***das ist e-e Frechheit ~*** I've never heard (of) such cheek.

Sonder|gremium *n* special panel; **~heft** *n* special issue; **~interessen** *pl.* special interests; **~kindergarten** *m* kindergarten for handicapped children; **~klasse** *f*: F ***der Auftritt*** *etc.* ***war ~*** it was a brilliant performance *etc.*; **~kommando** *n* special detachment; **~kommission** *f* special commission; **~konto** *n* special account; **~korrespondent** *m* special correspondent.

sonderlich I. *adj.* particular; ***kein ~es Vergnügen*** not much fun; ***ohne ~e Mühe*** without much effort; → *a.* ***sonderbar***; **II.** *adv.* particularly; ***nicht ~*** not particularly.

Sonderling *m* strange (*od.* odd) sort.

Sonder|marke *f* special stamp; *pl.* (*Satz ~n*) special issue *sg.*; **~maschine** *f* unscheduled (*od.* special) flight; ***in e-r ~ eintreffen*** arrive on a special flight; **~meldung** *f* special announcement; **~mission** *f* special mission.

Sondermüll *m* hazardous (*od.* special, toxic) waste; **~deponie** *f* special waste dump.

sondern[1] *cj.* but; ***er fährt nicht, ~ er fliegt*** he's not driving, he's flying; he's flying, not driving; ***das ist kein Chinesisch, ~ Japanisch*** that's not Chinese, that's (*od.* it's) Japanese; ***nicht nur, ~ auch*** not only, (but) also.

sondern[2] *v/t.* separate.

Sonder|nummer *f* special issue (*od.* edition); **~parteitag** *m* special party conference; **~preis** *m* special price; ***ich mache Ihnen e-n ~ a.*** I'll make you a special offer; ***T-Shirts zum ~ von*** T-shirts on special offer at (*od.* for); **~regelung** *f* special arrangement.

sonders *adv.* → ***samt*** I.

Sonder|schicht *f* special (*od.* extra) shift; **~schule** *f* special school; **~sendung** *f* special broadcast; **~sitzung** *f* special session; ***e-e ~ abhalten*** be in special session; **~stellung** *f* special position (*od.* status); **~stempel** *m* special postmark.

Sonderung *f* separation.

Sonder|urlaub *m* special leave; ✕ *a.* emergency leave, *im Todesfall etc.*: compassionate leave; **~verpackung** *f* special wrapping (*od.* packaging); **~vollmacht** *f* emergency powers *pl.*; **~vorstellung** *f* special performance; **~wunsch** *m* special request; **~zeichen** *n* special character, symbol; **~zubehör** *n* (optional) extras *pl.*; **~zug** *m* special train; *für Ausflüge*: excursion train; **~zulage** *f* special bonus.

sondieren *v/t.* **1.** (*erkunden*) sound out; ***die Lage ~*** see how the land lies; **2.** ⚕ probe; **3.** ⚓ sound; **Sondierung** *f* **1.** sounding out; **2.** ⚕ probe; **3.** ⚓ sounding; **~en** → **Sondierungsgespräch** *n a. pl.* exploratory talks *pl.*

Sonett *n* sonnet.

Sonnabend *m* Saturday; **(am) ~** on Saturday; **sonnabends** *adv.* on Saturday(s).

Sonne *f* sun; (*~nlicht*) sun(light); (*~nschein*) sun(shine); ***an der ~*** in the sun; ***ich gehe raus an die ~*** I'm going out into the sun(shine) (*od.* to get some sun[shine]); ***geh mir aus der ~*** get out of the sun; ***von der ~ beschienen*** sunlit; → ***Platz*** 3; **sonnen** *v/refl.*: ***sich ~*** sun oneself, bask (*od.* lie) in the sun; *fig.* ***sich ~ in*** bask (*od.* revel) in.

Sonnen|aktivität *f* solar activity; **~anbeter** *m* sun worshipper; **~anbetung** *f* sun worship; **≈arm** *adj.* lacking in sunshine; ***es ist e-e ~e Gegend*** you don't get much sun (around there *od.* here); **~aufgang** *m* sunrise; ***bei ~*** at sunrise, when the sun comes up; **~bad** *n*: ***ein ~ nehmen*** sunbathe, (go and) lie in the sun; **~bank** *f* sunbed, sun bench; **~batterie** *f* solar battery; **≈beheizt** *adj.* solar-heated; **~bestrahlung** *f* (exposure to) sunlight; **~blende** *f* **1.** *phot.* lens hood; **2.** *mot.* sun visor.

Sonnenblume *f* sunflower; **Sonnenblumenkern** *m* sunflower seed; **Sonnenblumenöl** *n* sunflower oil.

Sonnen|brand *m* sunburn; ***e-n ~ haben*** have sunburn; ***sich e-n ~ holen*** get sunburnt; **~bräune** *f* (sun)tan; **~brille** *f*: (***e-e ~*** a pair of) sunglasses (F shades) *pl.*; **~creme** *f* sun cream; **~dach** *n* sunblind, awning; *mot.* sliding (*od.* sun) roof; **~deck** *n* ⚓ sun deck; **~einstrahlung** *f* solar radiation; **~energie** *f* solar energy; **~ferne** *f astr.* aphelion; **~finsternis** *f* eclipse of the sun, solar eclipse; **~fleck** *m* sunspot; **≈gebräunt** *adj.* (sun)tanned, bronzed; **~geflecht** *n anat.* solar plexus; **≈gereift** *adj.* sun-ripened; **≈getrocknet** *adj.* sun-dried; **~glut** *f* blazing heat (of the sun); **~gott** *m* sun god; **~hitze** *f* heat of the sun; **≈hungrig** *adj.* hungry for the sun; *Touristen etc.*: sun-seeking ...; **~hungrige(r)** *m* sun-seeker; **~hut** *m* sunhat; **~jahr** *n* solar year.

sonnenklar F*adj.* (as) clear as daylight; ***~er Beweis*** glaring evidence.

Sonnen|kollektor *m* solar (collector) panel; **~könig** *m hist.*: ***der ~*** the Sun King, le Roi Soleil; **~kraftwerk** *n* solar power plant; **~kult** *m* sun cult; sun worship; **~licht** *n*: (***bei ~*** in) sunlight; **~liege** *f* → ***Sonnenbank.***

sonnenlos *adj.* sunless.

Sonnen|nähe *f ast.* perihelion; **~ofen** *m* solar furnace; **~öl** *n* suntan lotion (*od.* oil); **~paddel** *n Raumfahrt*: solar panel; **≈reich** *adj.* (very) sunny; ***es ist e-e ~e Gegend*** you get plenty of sunshine (around there *od.* here); **~schein** *m* sunshine; **~schirm** *m* sunshade; *leichter, a. für Damen*: parasol.

Sonnenschutz|creme *f* sun (filter) cream; **~faktor** *m* (sun) protection factor; **~mittel** *n* sunscreen; suntan lotion, sun cream.

Sonnen|seite *f* sunny side; ***die ~ des Lebens*** the sunny (*od.* bright) side of life; **~spektrum** *n* solar spectrum; **~stand** *m* position of the sun; **~stich** *m* sunstroke; ***e-n ~ haben*** (***bekommen***) have (get) sunstroke; **~strahl** *m* ray of sunshine, sunbeam, sunray; **~strand** *m* sunny beach; **~studio** *n* solarium, *Am.* tanning salon; **~system** *n* solar system; **~tag** *m* **1.** sunny day; **2.** *ast.* solar day; **~tempel** *m* temple of the sun; **~terrasse** *f* sunroof; **~tierchen** *n* heliozoan; **≈überflutet** *adj.* sun-drenched; **~uhr** *f* sundial; **~untergang** *m*: (***bei ~*** at) sunset (*Am. a.* sundown); **≈verbrannt** *adj. Mensch*: sunburnt; *Erde etc.*: scorched; **~wärme** *f* warmth of the sun; **~wende** *f* solstice; **~wind** *m phys.* solar wind; **~zeit** *f ast.* solar time; **~zelle** *f* solar cell.

sonnig *adj.* sunny (*a. fig.*).

Sonntag *m* Sunday; **(am) ~** on Sunday; **sonntags** *adv.* on Sunday(s); **sonntäglich I.** *adj.* Sunday ...; **II.** *adv.*: ***~ gekleidet*** dressed in one's Sunday best.

Sonntags|anzug *m one's* Sunday best, *one's* best suit; **~arbeit** *f* Sunday working; **~ausflug** *m* Sunday drive (*od.* trip); **~ausflügler** *m* weekend tripper; **~ausgabe** *f* Sunday edition; **~beilage** *f* Sunday supplement; **~braten** *m* Sunday roast; **~dienst** *m*: ***~ haben*** have to work on Sunday(s); *Apotheke*: be open on Sunday(s); **~fahrer** *contp. m* Sunday driver; **~gesicht** *n*: ***von j-m nur das ~ kennen*** only know s.o. from his (*od.* her) good side; **~gottesdienst** *m* Sunday service; **~kind** *n*: ***er ist ein ~*** he was born on a Sunday, (*Glückskind*) he was born under a lucky star; **~kleid** *n one's* Sunday best; **~maler** *m* Sunday painter; **~rede** *contp. f* fancy speech; ***~n halten*** make (*od.* deliver) fancy speeches; **~schule** *f* Sunday school; **~staat** F *m* F *one's* glad rags *pl.*; **~vergnügen** *n* Sunday treat; **~zeitung** *f* Sunday paper.

Sonnwendfeier *f* midsummer festival (*od.* celebrations *pl.*).

Sonnyboy F *m* sunshine boy.

sonor *adj.* sonorous.

sonst *adv.* (*andernfalls*) *a. drohend*: otherwise, or else, or; (*außerdem, im Übrigen*) otherwise, apart from that (*od.* him *etc.*); other than that; (*für gewöhnlich*) usually, normally; (*zu e-r anderen Zeit*) some other time; ***~ kam immer ihr Bruder*** her brother always used to come;

S

wer ~? who else?; ~ (***noch***) ***wer?*** anybody else?; ***wie*** ~ as usual; ***wie ~?*** how else?; ~ ***einmal*** some other day; ~ ***nirgends*** nowhere else; ***wenn es ~ nichts ist*** if that's all (it is); (***wünschen Sie***) ~ ***noch etwas?*** anything else?; *iro.* ~ ***noch was*** (***gefällig***)***?*** anything else while I'm at it?; ***besser als*** ~ better than usual; ***dieses ~ so ausgezeichnete Wörterbuch*** this otherwise excellent dictionary; ~ ***komme ich*** (***noch***) ***zu spät!*** or (else) I'll be late; ***iss das auf,*** ~ ***setzt es was!*** you'd better eat that up, or else!; *iro.* ***was denn ~?*** what do (*od.* did) 'you think?; **sonstig** *adj.* other; **~e** ***Kenntnisse*** *Lebenslauf etc.*: further skills; ***s-e ~e Geduld*** his usual patience; ***das ~e Essen*** the rest of the food; ***Sonstiges*** *als Überschrift*: Miscellaneous, *Tagesordnung etc.*: Other (business *od.* expenses *etc.*).

sonst| jemand F *pron.* somebody (*od.* someone) else; (*irgendeiner*) anybody, anyone; ***da könnte ja ~ kommen*** anyone could just come along; ***er glaubt, er sei*** ~ F he thinks he's the bee's knees; ~ **was** F *pron.* something else; (*irgendetwas*) anything; ***du kannst ~ machen*** you can do whatever you like; ***er kann mir ~ geben*** I don't care what he gives me; ~ **wer** F *pron.* → ***sonst jemand***; ~ **wie** F *adv.* some other way; ***mach es so oder ~*** do it whichever way you like; F ***er hat mich ~ angeredet*** you should have heard the way he spoke to me; ~ **wo** F *adv.* somewhere else; ***er könnte ~ sein*** he could be anywhere; ***er könnte in China sein oder ~*** he could be in China for all I know; ~ **wohin** F *adv.* somewhere else.

sooft *cj.* whenever, every time; ~ ***Sie wollen*** as often as you like; ~ ***ich es ihm sage, er hört einfach nicht*** I can tell him as often as I like, he never listens.

Soor(pilz) *m* ⚕ thrush.

Sophist *m* sophist; *contp. a.* quibbler; **Sophisterei** *f* sophistry; *contp. a.* quibbling, splitting (of) hairs.

Sopran *m* **1.** soprano (*a. Person*); ***den ~ singen*** sing soprano, be the soprano; **2.** (*~stimmen im Chor*) soprano section, sopranos *pl.*; **~blockflöte** *f* descant (*Am.* soprano) recorder.

Sopraninoblockflöte *f* sopranino recorder.

Sopranist(in *f*) *m* soprano.

Sopransaxophon *n* soprano saxophone.

Sorbe *m*, **Sorbin** *f* Sorb.

Sorbinsäure *f* sorbic acid.

sorbisch *adj.*, **Sorbisch** *n ling.* Sorbian.

Sorge *f* (*Besorgnis*) worry, concern (***um*** over, about); (*Angst*) fear(s *pl.*) (for; about); (*Mühe, Fürsorge, a.* ⚖) care (for); **~n** worries, problems; ***finanzielle ~n*** financial worries, money problems; ***j-m ~n machen*** (*beunruhigen*) worry s.o., (*Probleme bereiten*) cause s.o. trouble; ***sich ~n machen*** be worried (***um*** about); ***du machst dir zu viele ~n*** you worry too much; ***vor ~n graue Haare bekommen*** go grey (*Am.* gray) with worry; ***er ist frei von ~n*** he hasn't got any problems; ***da sind wir*** (***wenigstens***) ***e-e ~ los*** that's one problem less; ***ich komm aus den ~n nicht heraus*** it's just one problem (*od.* thing) after another; ***das ist m-e geringste ~*** that's the least of my worries; ~ ***tragen für*** see to, take care of; ***dafür ~ tragen, dass*** see to it that, make sure (that); → ***sorgen*** II; ***lass das m-e ~ sein*** leave that to me; ***das ist d-e ~*** that's your problem; ***j-m e-e ~ abnehmen*** take a problem off s.o.'s hands; ***keine ~!*** don't (you) worry; *iro.* ***d-e ~n möchte ich haben!*** if that's all you've got to worry about; *iro.* ***du hast ~n!*** you think 'you've got problems!

sorgen I. *v/refl.*: ***sich ~*** be worried, worry (***um, wegen*** about); **II.** *v/i.*: ~ ***für*** (*pflegen, betreuen*) look after; (*et. beschaffen*) provide; (*Sorge tragen für*) take care of, see to; (*sicherstellen*) ensure; ***für sich selbst ~*** fend for o.s.; ***er kann für sich selbst ~*** *a.* he can look after himself; ***dafür ~, dass*** see to it that, make sure (that); ***dafür werde ich ~*** I'll see to that, I'll make sure of that; ***für ihn ist gesorgt*** he's taken care of.

Sorgen|brecher F *m* problem solver, F cure of all ills; **~falten** *pl.* worry lines.

sorgenfrei *adj.* free from cares (*od.* worries); ~ ***sein*** *a.* have no worries.

Sorgen|kind *n* problem child; *fig. one's* biggest worry, problem number one; **~telefon** *n* helpline.

sorgenvoll I. *adj.* full of worries; ***~e Miene*** worried look; **II.** *adv.* anxiously, worriedly; ~ ***in die Zukunft blicken*** see the future with (great) concern.

Sorge|pflicht *f* parental responsibility; **~recht** *n* ⚖ custody (***für*** of).

Sorgfalt *f* care; (*Gewissenhaftigkeit*) *a.* scrupulousness; ***große ~ verwenden auf*** take great pains over; ***mit der größten ~*** with painstaking (*od.* the utmost) care; ***mehr ~ auf et. verwenden*** take more care over s.th.; **sorgfältig I.** *adj.* careful; (*gewissenhaft*) conscientious; (*gründlich*) thorough; **II.** *adv.* carefully *etc.*; with care.

sorglos I. *adj.* (*sorgenfrei*) free from worries; (*gedankenlos*) thoughtless; (*unachtsam*) careless; (*unbekümmert*) nonchalant, *stärker*: happy-go-lucky, devil-may-care; (*vertrauensselig*) very trusting; ***~e Einstellung*** carefree attitude; ***~es Dasein*** carefree existence; **II.** *adv.* thoughtlessly *etc.*; ~ ***mit et. umgehen*** handle (*od.* treat) s.th. very casually; ***er geht mit s-n Platten sehr ~ um*** he doesn't care how he treats his records; ~ ***in den Tag hineinleben*** live for the day; **Sorglosigkeit** *f* carelessness, nonchalance *etc.*; → ***sorglos.***

sorgsam I. *adj.* careful; (*fürsorglich*) solicitous; **II.** *adv. a.* with great care.

Sorte *f* **1.** (*Art*) sort, kind; (*Marke*) *a.* brand; ✝ (*Qualität*) quality, grade; ***beste*** (*od.* ***erste***) ~ finest (*od.* prime) quality; *ein Schwindler* ***übelster ~*** of the worst kind (*od.* sort); ***das ist e-e komische ~*** (***Mensch***) F they're a strange lot; → ***selten*** I; **2.** **~n** (*Devisen*) foreign exchange.

Sortierband *n* conveyor belt; **sortieren** *v/t.* sort (***nach*** according to); (*ordnen*) arrange; *nach Qualität*: grade; ***alphabetisch ~*** put into alphabetical order, alphabetize; ***in e-n Schrank*** *etc.* ~ tidy *things* away into a cupboard *etc.*; F ***ich muss erst m-e Gedanken ~*** I've got to straighten things out in my mind first; **Sortierer** *m a.* ⚙ sorter; **Sortiermaschine** *f* sorter, sorting machine; **sortiert** *adj.* **1.** ***gut ~*** well-stocked (***in*** with); ***gut ~ sein in*** *a.* have a wide selection (*od.* range) of; **2.** (*ausgewählt*) select, fine.

Sortiment *n* **1.** ✝ range; **2.** (*Buchhandel*) retail book trade.

Sortimenter *m*, **Sortimentsbuchhändler** *m* retail bookseller.

SOS *n* SOS; ***ein ~ funken*** send an SOS; **~-Kinderdorf** *n home for* (*mainly refugee*) *orphans, structured around family units*; **~-Ruf** *m* SOS (call *od.* message); **~-Signal** *n* SOS signal.

sosehr *cj.*: ~ (***auch***) however much, no matter how much; ~ ***er sich bemüht*** however hard he tries, he can try as hard as he likes.

soso F **I.** *adv.* F so-so; **II.** *int.* well, well!; *gleichgültig*: I see, *vorwurfsvoll*: 'I see.

Soße *f* sauce; (*Braten*~) gravy; (*Salat*~) dressing; F (*Brühe*) F goo.

Soßen|löffel *m* sauce (*od.* gravy) spoon; **~schüssel** *f* sauceboat, gravy boat.

Soubrette *f* ♪ soubrette.

Soufflé, Soufflee *n* soufflé.

Souffleur *m*, **Souffleuse** *f* prompter; **Souffleurkasten** *m* prompt box.

soufflieren I. *v/t.*: ***j-m et. ~*** prompt s.o. with s.th., *fig.* whisper s.th. to s.o., tell s.o. s.th.; **II.** *v/i.* prompt; be (*od.* work as) a prompter.

Sound *m* ♪ sound; **~karte** *f Computer*: sound card; **~track** *m Film*: soundtrack.

soundso F **I.** *adv.*: ~ ***viel*** so and so much; ~ ***viele*** so and so many; ~ ***oft*** (*sehr oft*) time and again; **II.** *adj.*: ***nach Paragraph*** ~ according to paragraph such and such (*od.* XYZ); ***Herr*** ~ Mr what's-his-name.

soundsovielt F *adj.* **1.** ***am ~en März*** on March the nth; ***am ~en*** on such and such a date; **2.** (*x-te*) F umpteenth; ***zum ~en Mal*** for the umpteenth (*od.* nth) time.

Souper *n* (evening) dinner.

Soutane *f eccl.* cassock.

Souterrain *n* basement; **~wohnung** *f* basement flat.

Souvenir *n* souvenir; **~laden** *m* souvenir shop; **~stand** *m* souvenir stall.

souverän I. *adj.* **1.** unflappable; in complete control (of the situation); ***er blieb ganz ~*** *a.* he remained unfazed; ***~e Beherrschung*** *e-s Gebiets*: commanding knowledge; ***~es Lächeln*** all-knowing smile; ***~!*** that was classy; **2.** *pol.* sovereign; **II.** *adv.* with the greatest of ease; (*gelassen*) unperturbed; (*großartig*) in superior style; ***er hat alles ~ gehandhabt*** *a.* he took it all in his stride, F he handled it like a pro; **III.** ~ *m* sovereign; **Souveränität** *f* sovereignty.

soviel *cj.*: ~ ***ich weiß*** as far as I know; ~ ***ich gehört habe*** from what I've heard.

so viel *adj. u. adv.* so much; ~ ***wie*** as much as; ~ ***du willst*** as much as you want (*od.* like); ***doppelt ~(e)*** twice as much (many); ~ ***ist gewiss*** one thing is certain; ~ ***für heute*** that's it for today; ***noch einmal ~*** as much again.

soweit *cj.* as far as; ~ ***ich es beurteilen kann*** as far as I can judge (*od.* tell); ~ ***er beteiligt ist*** insofar (*od.* in so far) as he's involved.

so weit *adv.* **1.** so far; ~ ***ganz gut*** not (so) bad; ***es geht ihm ~ gut*** he's (doing) quite well on the whole; **2.** ***wir sind ~*** we're ready (and waiting); ***endlich ist es ~*** we've *etc.* finally made it; ***es ist gleich ~*** we're *etc.* nearly there, any minute now; ***ich bin ~*** I'm ready; ***wenn es ~ ist*** when the time comes; ~ ***ist es nun gekommen?*** has it come to that?; ***es ist noch nicht ~, dass*** things haven't yet come to the point where; ***er ist ~***

genesen, dass er ... kann he's recovered to the extent of being able to *inf.*; ~ ***es reicht*** as far as it goes.
sowenig *cj.* however little, little as.
so wenig *adv.*: ~ ***wie*** (*od.* ***als***) as little as; ~ ***wie möglich*** as little as possible; ***ich bin ~ wie er daran interessiert*** I'm no more interested in it than he is.
sowie *cj.* **1.** (*neben*) as well as, and, plus; **2.** (*sobald*) as soon as, the moment, the minute *she gets here etc.*; *vergangenheitsbezogen*: *a.* just as.
sowieso *adv.* anyway, anyhow, in any case; (***das***) ~***!*** that goes without saying, absolutely; ***Herr*** 2 Mr what's-his-name.
Sowjet *m hist.* Soviet; ***Oberster*** ~ Supreme Soviet; ~**bürger** *m hist.* Soviet citizen.
sowjetisch *adj. hist.* Soviet.
sowjetisieren *v/t. hist.* sovietize.
Sowjet|regierung *f hist.* Soviet government; 2**russisch** *adj. hist.* Soviet(-Russian); ~**union** *f hist.* Soviet Union; ~**zone** *f hist.* Soviet-occupied zone.
sowohl *cj.*: ~ ***... als auch*** both ... and; ... as well as.
Sozi *contp. m* Socialist.
sozial I. *adj.* social; (~ *eingestellt*) socially-minded; ~***e Ausgaben*** social spending; ~***e Einrichtungen*** social services; ~***e Fürsorge*** social (*od.* welfare) work; ~***e Gegensätze*** class differences; ~***e Stellung***, ~***er Rang*** social rank, (social) status; ~***er Wohnungsbau*** *etwa* council housing; → ***Marktwirtschaft, Netz***; **II.** *adv.*: ~ ***denken*** be socially-minded.
Sozial|abbau *m* cutbacks in the social welfare system, dismantling of the welfare state; ~**abgaben** *pl.* social security contributions; ~**amt** *n* social welfare office; ~**arbeit** *f* social (*od.* welfare) work; ~**arbeiter** *m* social (*od.* welfare) worker.
Sozialdemokrat *m* social democrat; **Sozialdemokratie** *f* social democracy; **sozialdemokratisch** *adj.* social democratic.
Sozial|einrichtungen *pl.* social services; ~**fall** *m* welfare case; ~**fonds** *m* social capital; ~**gericht** *n* social court; ~**geschichte** *f* social history.
Sozialhilfe *f* income support; ~**empfänger** *m*: ~ ***sein*** be on social security.
sozialisieren *v/t.* ✝ nationalize; *psych.* rehabilitate; **Sozialisierung** *f* ✝ nationalization; *psych.* rehabilitation.
Sozialismus *m* socialism; **Sozialist** *m*, **sozialistisch** *adj.* socialist.
Sozial|kosten *pl.* social expenditure *sg.*; ~**kritik** *f* social criticism; 2**kritisch** *adj.* sociocritical; ~**kunde** *f* social studies *pl.*; ~**lasten** *pl.* social expenditure *sg.*; ~**leistungen** *pl.* social security contributions; *freiwillige*, *vom Arbeitgeber*: fringe benefits; ~**ökonomie** *f* social economics *pl.* (*sg. konstr.*); 2**ökonomisch** *adj.* socioeconomic; ~**ordnung** *f* social order; ~**pädagoge** *m* social education worker; ~**pädagogik** *f* social education; ~**partner** *pl.* employers and employees, *the* two sides of industry; ~**plan** *m* redundancy (payments) scheme; ~**politik** *f* social policy (*od.* policies *pl.*); 2**politisch** *adj.* sociopolitical, social; ~**prestige** *n* social prestige (*od.* standing); ~**produkt** *n* gross national product; ~**recht** *n* social legislation; ~**revolutionär** *m* social revolutionary; ~**staat** *m* welfare state; ~**struktur** *f* social structure.
Sozialversicherung *f* social security; **Sozialversicherungsbeitrag** *m* social security contribution.
sozialverträglich *adj.* socially acceptable.
Sozial|wesen *n* social services *pl.*; ~**wirtschaft** *f* social economics *pl.* (*sg. konstr.*); 2**wirtschaftlich** *adj.* socioeconomic; ~**wissenschaften** *pl.* social sciences; ~**wissenschaftler** *m* sociologist; ~**wohnung** *f etwa* council flat.
Soziogramm *n* sociogram.
Soziolekt *m* sociolect.
Soziolinguistik *f* sociolinguistics *pl.* (*sg. konstr.*).
Soziologe *m* sociologist; **Soziologie** *f* sociology; **soziologisch** *adj.* sociological.
Sozius *m* **1.** ✝ partner; **2.** *a.* ~**fahrer** *m* pillion rider; ~**sitz** *m* pillion seat; ***auf dem ~ mitfahren*** ride pillion.
sozusagen *adv.* as it were, so to speak; ***er ist ~ ...*** *a.* you might say he's ... (*od.* call him ...).
Spachtel *m* **1.** spatula; **2.** *a.* ~**masse** *f* filler.
spachteln I. *v/t.* ⚙ level out; (*Lackschäden*) surface; **II.** F *v/i.* (*tüchtig essen*) F dig in, tuck in.
Spagat *m*, *n the* splits *pl.*; ~ ***machen*** do the splits.
Spag(h)etti 1. *pl. gastr.* spaghetti *sg.*; **2.** *contp. sl. m* (*Italiener*) F wop, dago.
spähen *v/i.* peer, peep; ~ ***nach*** look out for, F keep an eye out for; **Späher** *m* scout (*a. Sport*); (*Ausguckposten*) lookout; *fig.* spy.
Späh|trupp *m* reconnaissance (*od.* scouting) party *od.* patrol; ~**wagen** *m* scout car.
Spalier *n* 🌱 trellis, espalier; *fig.* (*Reihe*) rows *pl.*; (*Ehren*2) guard of hono(u)r; ~ ***stehen*** form a guard of hono(u)r; ~**obst** *n* wall fruit.
Spalt *m* crack; (*Lücke*) gap; (*Schlitz*) slit; ***die Tür e-n ~ offen lassen*** leave the door open slightly (*od.* an inch or two, just a bit); → *a.* ***Spalte.***
spaltbar *adj. phys.* fissile, fissionable; ~***es Material*** fissile material.
Spaltbreit *m*: ***e-n ~ öffnen*** open slightly (*od.* just a bit).
Spalte *f* **1.** → ***Spalt***; **2.** *geol.* fissure, cleft, *große*: crevice; (*Gletscher*2) crevasse; **3.** (*Zeitungs*2 *etc.*) column.
spalten I. *v/t.* split (*a. Atom*); (*Holz*) chop; ⚗ (*zersetzen*) decompose; *fig.* split (up), divide; ***in zwei Teile*** ~ split in two; → *a.* ***Haar***; **II.** *v/refl.*: ***sich*** ~ split; *fig.* split (up), *passiv*: *a.* be divided (up) (***in*** into); → ***gespalten.***
spalterisch *adj.* fissile, breakaway ...
Spalt|fuß *m* 🐾 cleft foot; ~**pilz** *fig. m* (spirit of) discord; ~**produkt** *n phys.* fission product.
Spaltung *f* splitting; ⚗ separation, *e-r Verbindung*: decomposition; (*Atom*2) splitting, fission; *fig.* split (*a. e-r Partei*); *der Meinungen*, *e-s Landes*: division; *bsd. eccl.* schism.
Span *m mst pl.* **Späne** shavings; (*Metallspäne*) filings; *fig.* ***wo gehobelt wird, fallen Späne*** you can't make an omelette without breaking eggs; **spanabhebend** *adj.*: ~***e Werkzeuge*** cutting tools; ~***e Bearbeitung*** metal cutting; **spanen** *v/t.* cut, machine.
Spanferkel *n* sucking pig.
Spange *f* clasp; (*Schnalle*) buckle; (*Haar*2) hair slide; (*Schuhriemen*) strap; (*Arm*2) bangle; (*Zahn*2) brace; **Spangenschuh** *m* strap shoe.
Spanier(in *f*) *m* Spaniard; **spanisch I.** *adj.* Spanish; ~***e Wand*** folding screen; *fig.* ***das kommt mir ~ vor*** that's (very) strange *od.* odd; **II.** 2 *n ling.* Spanish.
Spankorb *m* chip basket.
spanlos *adj.*: ~***e Bearbeitung*** metal forming.
Spann *m anat.* instep.
Spann|beton *m* pre-stressed concrete; ~**betttuch** *n* fitted (*Am.* contour) sheet.
Spanne *f* **1.** *zeitlich*: ***e-e kurze*** ~ a short space of time; ***e-e ~ von fünf Tagen*** a five-day period; **2.** (*Gewinn*2) margin, *Am. a.* spread; **3.** (*Hand*2) span.
spannen I. *v/t.* stretch; (*straff* ~) tighten; (*Muskeln*) flex, tense; (*Bogen*) draw; ⚙ (*Werkstück*) clamp; (*Feder*) tighten, tension; (*Wäscheleine*) put up; (*Gewehr*, *Kamera*) cock; *fig.* (*Nerven*) strain; ***Leinwand auf e-n Rahmen*** ~ stretch a canvas over a frame; ***e-n Bogen*** (***Papier***) ~ ***in*** put a sheet of paper in(to); ***neue Saiten auf e-e Gitarre*** ~ restring a guitar; *Pferde* ***vor den Wagen*** ~ harness to the carriage; *fig. Erwartungen* ***hoch*** ~ pitch high; F ***er hats gespannt*** (*gemerkt*) he's caught on, (*kapiert*) *a.* he's got it, the penny's dropped; → ***Folter, gespannt***; **II.** *v/refl.*: ***sich*** ~ stretch (***über*** across, over); *Muskel*: flex; *Haut*: be taut (*od.* tight); ***sich über e-n Fluss*** ~ span a river; **III.** *v/i. Rock*, *Schuhe*: be (too) tight; *Haut*: be taut (*od.* tight); *fig.* ~ ***auf*** (*erwarten*) be anxiously waiting for, (*beobachten*) follow closely, have one's eyes fixed on.
spannend I. *adj.* exciting; *Buch*, *Film etc.*: *a.* suspenseful, full of suspense; (*fesselnd*) captivating, *stärker*: gripping; ***der Film war echt ~*** *a.* the film had us on (*od.* gripping) the edge of our seats; F ***machs nicht so ~!*** (come on,) get on with it; **II.** *adv.*: ***er schreibt*** ~ he writes in an exciting style, (*Sachbücher*) *a.* he knows how to hold your interest; ***das Buch ist ~ geschrieben*** it's a captivating (*stärker*: exciting) book.
Spanner[1] *m* (*Schuh*2) shoe tree; *für Hosen*, *Tennisschläger etc.*: press.
Spanner[2] *m zo.* geometrid.
Spanner[3] F *m* (*Voyeur*) peeping Tom.
Spann|futter *n* ⚙ chuck; ~**gardine** *f* net curtain; ~**kraft** *f* elasticity; *phys.* tension; *fig.* energy, vigo(u)r; ~**laken** *n* fitted (*Am.* contour) sheet; ~**rahmen** *m* ⚙ tenter (frame); ~**säge** *f* frame saw; ~**teppich** *m* wall-to-wall carpet(ing).
Spannung *f* **1.** ⚙ *mechanische*: tension; *elastische*: stress; *verformende*: strain; (*Druck*, *Gas*2) pressure; △ span, *im Material*: stress; ⚡ voltage; ⚡ ***unter*** ~ live; **2.** *fig.* excitement, tension; *nervliche*: tension, tenseness; (*Ungewissheit*, *Neugier*) suspense; (*Erwartung*) eager expectation; ~***en*** (*gespanntes Verhältnis*, *a. pol.*) tension, strained relations; (*gespannte Lage*, *Atmosphäre*) tension, tense atmosphere; ***es herrschen ~en in ihrer Ehe*** their marriage is under some strain at the moment, their relationship is rather strained at the moment; ***mit*** (*od.* ***voll***) ~ *erwarten etc.*: with bated breath; ***voll*** ~ *Buch etc.*: → ***spannend***; ***in ~ halten*** keep in suspense.
Spannungs|abfall *m* ⚡ voltage drop; ~**feld** *fig. n* field of tension (*od.* conflict); ~**gebiet** *n* → ***Spannungsherd***; 2**geladen** *adj.* (extremely) tense; *Roman*,

S

Film etc.: exciting, gripping, full of excitement; **~e *Situation*** *a.* cliffhanger situation; **~herd** *m pol.* trouble spot, area of tension (*od.* conflict), F hot spot; **~kopfschmerzen** *pl. a* tension headache *sg.*; **~messer** *m* ⚡ voltmeter; **~moment** *n* suspense factor; **~prüfer** *m* ⚡ voltmeter; **~regler** *m* ⚡ voltage regulator; **~verhältnis** *n* strained relationship (*pol. a.* relations *pl.*); **~wähler** *m* ⚡ voltage selector; **~zustand** *m* state of tension.

Spannweite *f Flügel*: spread, span; ⚠ span; *fig.* scope, range.

Spanplatte *f* chipboard.

Spar|aktion *f* economy drive; **~auto** *n* economy car; **~brief** *m* savings certificate; **~buch** *n* savings book, bankbook, passbook; **~büchse** *f* money box; **~budget** *n* austerity budget; **~einlagen** *pl.* savings deposits.

sparen I. *v/t.* (*Geld, Kosten, Kräfte, Mühe, Platz, Zeit*) save; ***ich habe mir einiges gespart*** I've managed to save (up) a bit; ***spar dir d-e Worte!*** save your breath; ***spar dir d-e Ratschläge!*** I can do without your advice, thank you very much; **~ *Sie sich solche Bemerkungen*** you'd be better off keeping such remarks to yourself; ***das hättest du dir ~ können*** you could have saved yourself the trouble (*od.* effort); **II.** *v/i.* save; (*sich einschränken*) cut down (expenses), economize; ***für*** (*od.* ***auf***) ***et. ~*** save up for s.th.; ***am falschen Ende ~*** save at the wrong end; **~ *an*** (*od.* ***mit***) be sparing with, *knauserig*: stint on, be stingy with; ***nicht ~ mit*** be lavish (*od.* very generous) with; *fig.* ***nicht mit Lob ~*** be lavish in one's praise; ***bei j-m nicht mit Lob ~*** lavish praise on s.o.; **III.** ℒ *n* saving; economizing; **Sparer** *m* saver.

Sparflamme *f* low flame; (*Zündflamme*) pilot light; F *fig.* ***auf ~ kochen*** go easy (on the money).

Sparförderungsmaßnahmen *pl.* savings incentive scheme *sg.*; **~ *ergreifen*** encourage people to save.

Spargang *m mot.* overdrive; *fig.* ***e-n ~ einlegen*** cut down on expenses.

Spargel *m* ⚘ asparagus; **~gericht** *n* asparagus dish; **~spitzen** *pl.* asparagus tips; **~suppe** *f* asparagus soup; **~zeit** *f* asparagus season.

Spar|groschen *m* nest egg; **~guthaben** *n* savings balance; **~haushalt** *m* austerity budget.

Sparkasse *f* savings bank; **Sparkassenbuch** *n* → ***Sparbuch***.

Sparkonto *n* savings account.

spärlich I. *adj.* (*wenig*) scanty, meag|re (*Am.* -er); *Lob, Kenntnisse etc.*: scant; (*dünn gesät*) *a.* sparse; (*dürftig, schlecht*) poor; ☤ *Nachfrage*: slack; *Haarwuchs*: thin; *Kleidung*: skimpy; **~er *Beifall*** a trickle of applause; **~es *Einkommen*** pittance (of a wage); **~e *Reste*** (a few) scraps; ***die Reaktionen waren ~*** the response was very thin; **II.** *adv.*: **~ *bekleidet*** scantily (*od.* skimpily) dressed, scantily clad; **~ *beleuchtet*** poorly (*od.* badly) lit; **~ *besucht*** poorly attended; **~ *bevölkert*** sparsely (*od.* thinly) populated.

Spar|maßnahmen *pl.* economy (*od.* austerity) measures; **~motor** *m* low-fuel consumption engine; **~packung** *f* economy size (*od.* pack); **~paket** *n pol.* cuts package; **~pfennig** *m* nest egg; **~politik** *f* policy of austerity; **~prämie** *f* savings premium; **~programm** *n* **1.** *pol.* cuts (*od.* austerity) program(me); **2.** *Waschmaschine*: economy cycle.

sparren *v/i. Boxen*: spar.

Sparren *m* rafter; F *fig.* ***e-n ~ locker haben*** have a screw loose (somewhere).

Sparring *n* sparring; **Sparringspartner** *m* sparring partner.

sparsam I. *adj.* economical, *Person*: *a.* thrifty; *Einrichtung etc.*: scant *furnishings etc.*; **~ *sein*** *Putzmittel etc.*: *a.* go a long way; **~ *im Verbrauch*** economical; ***er ist sehr ~*** *mst* he's (very) careful with his money; **~*en Gebrauch von et. machen*** use s.th. sparingly, make sparing use of s.th.; **II.** *adv.*: **~ *umgehen mit*** go easy on, be sparing with, *mit s-n Kräften*: save; **~ *auftragen*** apply sparingly; **~ *leben*** live very economically; **~ *möbliert*** scantily furnished; **Sparsamkeit** *f* thrift(iness); *e-s Wagens etc.*: economy; (*Einfachheit*) frugality, *strengste*: austerity; **Sparsamkeitsgrund** *m*: ***aus Sparsamkeitsgründen*** for economic reasons, for reasons of economy.

Spar|schwein(chen) *n* piggy bank; ***das ~ schlachten*** (***müssen***) (have to) rob the piggy bank; **~strumpf** *m* money sock.

spartanisch I. *adj.* Spartan; *fig.* spartan, austere; *fig.* **~*e Erziehung*** (***Verhältnisse***) spartan upbringing (conditions); **II.** *adv.*: **~ *leben*** lead a spartan life.

Spartarif *m teleph.* off-peak rate.

Sparte *f* **1.** field, line; **2.** (*Rubrik*) section, column.

Spar|vertrag *m* savings agreement; **~zins** *m* interest on savings; **~zulage** *f* (tax-free) savings bonus.

spasmodisch *adj.* spasmodic(ally *adv.*).

spasmolytisch *adj.* anti-spasmodic.

Spaß *m* (*Scherz*) joke; (*Vergnügen*) fun; (*Streich*) prank; ***Späße*** (*Streiche*) *a.* antics; **~ *machen*** *Person*: be joking, *Sache*: be (great) fun; ***er hat nur ~ gemacht*** he was only joking; ***sie versteht keinen ~*** she can't take a joke, *weitS.* she won't stand for any nonsense; ***in Geldsachen versteht er keinen ~*** he counts every penny; **~ *beiseite!*** seriously, though (*od.* now); joking aside; ***mach keine Späße!*** F you're kidding; ***da hört der ~ auf*** that's going beyond a joke; ***aus ~ wurde Ernst*** the fun didn't last very long; ***wenns dir ~ macht*** if you really want to; ***es macht ihm*** (***großen***) **~*, er hat s-n ~ daran*** he (really) enjoys it, F he gets a (big) kick out of it; ***es macht keinen ~*** it's no fun; ***es macht mir keinen ~ mehr*** I'm fed up with it, I don't enjoy it any more; ***sich e-n ~ daraus machen zu*** *inf.* enjoy *ger.*, F get a kick out of *ger.*; ***da ist uns der ~ vergangen*** it (really) spoilt things (for us), it put a damper on things; ***viel ~!*** have fun, enjoy yourself (*od.* yourselves); ***aus*** (*od.* ***im, zum***) **~** for fun; ***nur*** (***so***) ***zum ~*** just for the fun of it; ***was kostet der*** (***ganze***) **~*?*** how much is that going to set me back?; ***ein teurer ~*** an expensive business.

Späßchen *n* little joke; ***ich habe mir ein ~ erlaubt*** I was just having a little joke (*od.* a bit of fun).

spaßen *v/i.* joke; ***damit ist nicht zu ~*** it's no joke (*od.* joking matter); ***mit ihm ist nicht zu ~*** he won't stand for any nonsense (*od.* fun and games), you've got to watch what you say when he's around.

spaßeshalber *adv.* (just) for the fun of it, for fun.

spaßhaft, spaßig *adj.* funny.

Spaß|macher *m* comedian; *im Zirkus*: clown; **~verderber** *m* spoilsport; (*einer, der nicht mitmacht*) *a.* F wet blanket; **~vogel** *m* comedian.

Spastiker *m* ⚕ spastic; **spastisch I.** *adj.* spastic; **II.** *adv.*: **~ *gelähmt*** spastic.

spät I. *adj.* late; ***am ~en Nachmittag*** (in the) late afternoon, late in the afternoon; ***bis in die ~en Nachtstunden*** till late at night; ***es ist*** (***wird***) **~** it's getting late; ***wie ~ ist es?*** what time is it?; ***gestern Abend wurde es ~*** it went on (*od.* I was *etc.* up) till fairly late last night; ***heute Abend wirds wieder ~*** (*ich komme spät von der Arbeit*) I'll be home (*od.* back) late again tonight, it's going to be late again tonight; ***in den ~en dreißiger Jahren*** in the late thirties; ***ein ~er Rembrandt*** a late Rembrandt; ***der ~e Goethe*** the late(r) Goethe, Goethe in his later works; **II.** *adv.* late; *bsd. fig.* (*zu ~er Stunde*) at a late hour; (**~** *im Leben*) late (on) in life; ***zu ~ kommen*** be late (***zu*** for); ***er kam fünf Minuten zu ~*** he was five minutes late; ***du kommst zu ~*** (*für et.*) you're too late; **~ *in der Nacht*** late at night; ***von früh bis ~*** from morning till night; **~ *aufstehen*** get up late, (*gewöhnlich*) be a late riser; **~ *dran sein*** be (running) late.

spätabends *adv.* late at night.

Spät|antike *f*: ***die ~*** late antiquity; **~aufsteher** *m* late riser; **~aussiedler** *m* late repatriate; ℒ**barock** *adj.*, **~barock** *m, n,* late Baroque; **~dienst** *m*: (**~ *haben*** be on) late shift.

Spatel *m* spatula.

Spaten *m* spade; **~stich** *m* cut of the spade; *fig.* ***den ersten ~ tun*** *beim Baubeginn*: break ground.

Spätentwickler *m* late developer.

später I. *adj.* later (***als*** than); (*zukünftig*) *a.* future; (*nachfolgend*) subsequent, ... to come; ***ihr ~er Mann*** her future husband, her husband-to-be; **II.** *adv.* later; (**~*hin***) later on; ***früher oder ~*** sooner or later; ***erst ~ wurde mir klar ...*** it was only afterwards (*od.* much later) that I realized; **~ *wirst du vielleicht anders darüber denken*** some day (*od.* when you're older) you might see it differently; ***was willst du ~ einmal werden?*** what do you want to be when you grow up?; ***an ~ denken*** think of the future; ***jetzt, ein Jahr ~*** a year on; ***bis ~!*** see you later.

späterhin *adv.* later on.

spätestens *adv.* at the latest (*nachgestellt*); not later than; ***du kriegst sie ~ am Freitag*** you'll have them (by) Friday at the latest; ***er wird ~ in einer Stunde hier sein*** *a.* he'll be here within an (*od.* the) hour.

Spätgeburt *f* retarded (*od.* post-term) birth.

Spätgotik *f* ⚠ late Gothic (style); *in England*: *a.* Perpendicular style; *hist.* late Gothic period; **spätgotisch** *adj.* late Gothic, *in England*: ⚠ *a.* Perpendicular.

Spät|heimkehrer *m* late-repatriated prisoner of war, late returnee (from a prisoner-of-war camp); **~herbst** *m* late autumn (*Am.* fall).

Spätlese *f* **1.** (*Wein*) spätlese; late vintage wine; **2.** (*Ernte*) late vintage (*od.* harvest).

Spätling *m* **1.** late fruit; **2.** (*spät geborenes Kind*) latecomer, F afterthought.

Spätmittelalter *n* late Middle Ages *pl.*

Spätnachmittag *m* late afternoon; ***am ~***

S

→ **spätnachmittags** *adv.* in the late afternoon, late in the afternoon.

Spät|nachrichten *pl.* late(-night) news *sg.*; **~obst** *n* late fruit; **~programm** *n Radio, TV*: late-night program(me) (*od.* show); **~schäden** *pl.* long-term side effects, delayed effects, ⚕ late sequelae; **~schicht** *f*: (*~ haben* be on) late shift; **~sommer** *m* late summer; **~vorstellung** *f* late-night performance; **~werk** *n* late(r) work.

Spatz *m* sparrow; *fig.* F (*Kosewort*) darling, *bsd. zum Kind*: *a.* sweetie; *fig.* ***essen wie ein ~*** pick at one's food; ***mit Kanonen auf ~en schießen*** break a butterfly on the wheel; ***das pfeifen die ~en von allen Dächern*** it's all over town, everyone knows about it, it's everybody's secret; ***lieber den ~ in der Hand als die Taube auf dem Dach*** a bird in hand is worth two in the bush; **Spatzenhirn** F *n* F peabrain; ***ein ~ haben*** be peabrained, be as thick as two short planks.

Spät|zünder F *m* **1.** ***~ sein*** be slow on the uptake, be a bit slow; **2.** → ***Spätentwickler***; **~zündung** *f mot.* retarded ignition.

spazieren *v/i.* walk (around), stroll; ***wir waren im Wald ~*** we went for a walk in (*od.* through) the woods.

spazieren| fahren I. *v/i.* go for a ride (in the car), go for a run (F spin); **II.** *v/t.* take *s.o.* for a ride (in the car), take *s.o.* for a run (F spin); **~ führen** *v/t.* take *s.o.* (out) for a walk; ***den Hund ~*** *a.* walk the dog; *fig.* ***den neuen Mantel*** *etc.* **~** take one's new coat *etc.* for a walk, show off one's new coat *etc.*; **~ gehen** *v/i.* go for a walk (*od.* stroll); ***im Park ~*** *a.* take a walk (*od.* stroll) through *od.* in the park; ***er geht gern im Wald spazieren*** he likes to walk (*od.* go for walks) in *od.* through the woods.

Spazierengehen *n* walking, walks *pl.*

Spazier|fahrt *f* drive, ride, run, F spin; ***kurze ~*** *a.* run around the block; **~gang** *m* walk, stroll; *fig.* F doddle; ***e-n ~ machen*** go for a walk (*od.* stroll); ***machst du mit uns e-n ~?*** are you going to come for a walk with us?; **~gänger** *m* walker, stroller; *pl. a.* people out on a walk; **~stock** *m* (walking) stick, cane; **~weg** *m* (foot)path, walk.

Specht *m* woodpecker.

Speck *m* **1.** (*Schweine*2) bacon fat; (*durchwachsener ~ etc.*) bacon; F ***ran an den ~!*** F let's get stuck in(, then); ***mit ~ fängt man Mäuse*** good bait catches fine fish; → ***Made***; **2.** F (*Fettpolster*) F flab; ***~ ansetzen*** F put it on, put on the flab; **~bauch** F *m* fat belly, F pot-belly.

speckig *adj.* **1.** (*schmierig*) greasy; **2.** (*dick, fett*) fat.

Speck|nacken F *m* fat neck; **~scheibe** *f* bacon rasher; **~schwarte** *f* bacon rind; **~seite** *f* side of bacon, flitch.

Spediteur *m* forwarding (⚓ shipping) agent, haulage company; **Spedition** *f* **1.** forwarding; ⚓ shipping, haulage; **2.** (*Firma*) forwarding (⚓ shipping) agency, haulage company; **Speditionskaufmann** *m* forwarding (⚓ shipping) agent.

Speer *m* spear; *Sport*: javelin; **~spitze** *f* tip of a (*od.* the) spear; *a. fig.* spearhead; **~werfen** *n* (throwing the) javelin; **~werfer** *m* javelin thrower; **~wurf** *m* **1.** → ***Speerwerfen***; **2.** javelin throw.

Speiche *f* **1.** spoke; **2.** *anat.* radius.

Speichel *m* saliva, spittle, F spit; **~bildung** *f* salivation; **~drüse** *f* salivary gland; **~fluss** *m* flow of saliva, salivation; ***übermäßiger ~*** hypersalivation.

Speichellecker *contp. m* F toady, bootlicker; **Speichelleckerei** *contp. f* F toadying, sucking up.

speicheln *v/i.* salivate.

Speichenrad *n* spoke wheel.

Speicher *m* **1.** (*Lagerhaus*) warehouse; **2.** (*Korn*2) granary, silo, *bsd. Am.* (grain) elevator; **3.** (*Dachboden*) loft, attic; **4.** *Computer*: memory; ***virtueller ~*** virtual memory; **~adresse** *f Computer*: memory address; **~batterie** *f* accumulator, storage battery; **~becken** *n* reservoir; **~dichte** *f Computer*: bit density; **~erweiterung** *f Computer*: memory expansion; **~funktion** *f* memory function; **~kapazität** *f* storage capacity; *Computer*: memory capacity; **~kraftwerk** *n* storage power station; **~medium** *n Computer*: storage device.

speichern *v/t.* store (*a.* ⚡); *Computer*: (*ab~*) *a.* save (***auf*** on[to]); ***Dateien auf der Festplatte ~*** save files on the hard disk; ⚚ stockpile; *fig.* (*Gefühle*) store up.

Speicher|ofen *m* storage heater; **~platz** *m Computer*: a) (*Kapazität*) storage space; ***~ schaffen*** free up memory, b) (*Ort*) memory location; **~schutz** *m Computer*: memory protection.

Speicherung *f* storage, storing, *Computer a.* saving.

Speicherzugriff *m Computer*: memory access.

speien I. *v/t.* spit; *fig.* spew, belch; (*Wasser*) spout; ***Feuer ~*** spew (*od.* belch) flames, spew fire; **II.** *v/i.* (*sich erbrechen*) vomit, be sick.

Speise *f a. pl.* food; (*Gericht*) dish; ***warme und kalte ~n*** hot and cold dishes (*od.* meals); **~apfel** *m* eating apple, eater; **~eis** *n* ice cream; **~fett** *n* edible (*od.* cooking) fat; **~kammer** *f* pantry, larder; **~karte** *f* menu; ***die ~, bitte!*** could I (*od.* we) have the menu, please; **~lokal** *n* eatery, restaurant.

speisen I. *v/i.* eat, *formell*: dine, *lit. u. iro.* sup; ***zu Mittag ~*** (have) lunch; ***zu Abend ~*** have dinner, dine; ***wir haben sehr gut gespeist*** we had an excellent meal; **II.** *v/t.* (*verpflegen*) feed (*a.* ⚙, ⚡).

Speisen|aufzug *m* dumb waiter; **~folge** *f* order of courses.

Speise|öl *n* cooking oil; *für Salate*: salad oil; **~plan** *m this week's etc.* menu; **~reste** *pl.* leftovers; *zwischen den Zähnen*: food particles; **~röhre** *f anat.* (o)esophagus, F gullet; **~saal** *m* dining hall; *im Hotel*: dining room; *univ.*, *im Kloster etc.*: *a.* refectory; **~schrank** *m* food cupboard; **~service** *n* dinner service (*od.* set); **~wagen** *m* 🚃 dining (*od.* restaurant) car, *bsd. Am.* diner.

Speisung *f* feeding; ⚡ supply.

speiübel *adj.*: ***mir ist ~*** I feel sick, I think I'm going to be sick; *fig.* ***da wird e-m ~, wenn man das hört*** it's enough to make you sick, *stärker*: it churns your stomach to hear that kind of thing.

Spektakel[1] F *m* **1.** (*Lärm*) row, F racket; ***e-n ~ machen*** kick up a (real) racket; **2.** (*Zank*) rumpus; ***e-n ~ machen*** F kick up a row (*od.* rumpus); **3.** (*Aufsehen*) F palaver, to-do, fuss; ***so ein ~!*** what a palaver (*od.* to-do)!, what a fuss they made!

Spektakel[2] *n* spectacle; (*Medien*2) media event.

spektakulär *adj.* spectacular.

Spektral|analyse *f* spectrum analysis; **~bereich** *m* spectral range; **~farbe** *f* colo(u)r of the spectrum.

Spektrogramm *n* spectrogram.

Spektrograph *m* spectrograph.

Spektroskop *n* spectroscope.

Spektrum *n* spectrum (*a. fig.*); *fig.* (*Palette*) range; *fig.* ***großes ~*** a) broad spectrum, b) wide range.

Spekulant *m* speculator.

Spekulation *f* **1.** (*Vermutung*[*en*]) speculation; ***~en anstellen*** speculate; ***das sind ~en*** that's (just) speculation; **2.** *phls.* speculation; **3.** ⚚ speculation, venture.

Spekulations|geschäft *n* speculative transaction; *riskantes*: gamble; **~gewinne** *pl.* speculative gains; **~objekt** *n* object of speculation; **~verluste** *pl.* speculative losses.

Spekulatius *m thin, gingery biscuit* (*Am. cookie*) *usually eaten around Christmas time.*

spekulativ *adj.* speculative.

spekulieren *v/i.* speculate (***über*** on); ⚚ speculate (***in*** in), play the stock market; ***~ auf*** ⚚ speculate on, operate for; F (*haben wollen*) have one's hopes on; → ***Baisse, Hausse.***

Spekulum *n* ⚕ speculum.

Spelunke *contp. f* F (low) dive.

spendabel F *adj.* (very) generous.

Spende *f* donation; (*Beitrag*) contribution; ***bitte e-e kleine ~!*** would you like to give something to charity?; **spenden I.** *v/t.* **1.** (*Geld etc.*) give, donate (*a. Blut etc.*); **2.** (*Licht etc.*) give, provide; (*Wärme*) give out; **3.** (*Sakramente*) administer; **4.** (*Lob*) give, *lit.* bestow (*dat.* on); ***Trost ~*** offer (some) consolation; → ***Beifall***; **II.** *v/i.* give (*od.* donate) money, make a donation (***für*** to, in aid of); ***großzügig ~*** give *od.* donate freely (*od.* generously).

Spenden|aktion *f* fund-raising (*od.* charity) drive; **~aufruf** *m* appeal for funds; **~bescheinigung** *f* receipt for a donation to charity; **~konto** *n* donations account; **~sammlung** *f* → ***Spendenaktion.***

Spender *m* **1.** donator; (*Stifter, Blut*2, *Organ*2 *etc.*) donor; **2.** (*Automat*) dispenser; **~ausweis** *m* donor card; **~blut** *n* donor blood; **~herz** *n* donor heart; **~niere** *f* donor kidney.

spendieren F *v/t.*: ***j-m et. ~*** treat s.o. to s.th.; ***j-m ein Bier ~*** stand (*od.* buy) s.o. a beer; ***ich spendier den Wein*** *für eine Feier*: I'll buy (*od.* supply) the wine; **spendierfreudig** *adj.* generous; **Spendierhosen** F *pl.*: ***die ~ anhaben*** be in a generous mood.

Spengler *m bsd. südd., östr., schweiz.* plumber.

Sperber *m* sparrowhawk.

Sperenzchen F *pl.*: ***~ machen*** be awkward, cause trouble: (*Umstände machen*) make a fuss.

Sperling *m* sparrow.

Sperma *n* sperm.

Spermium *n* sperm cell.

Spermizid *n* ⚕, *pharm.* spermicide.

sperrangelweit F *adv.*: ***~ offen*** wide open; ***den Mund ~ aufmachen*** (*gaffen*) gape, F gawk.

Sperrbezirk *m* restricted area, *für bestimmte Personen*: *a.* no-go area.

Sperre *f* **1.** (*Schranke*) barrier; (*Straßen*2) road block; (*Barrikade*) barricade; **2.** ⚙ lock, locking device; **3.** (*Maßnahme*) ⚚, ⚓ embargo; (*Blockade*) blockade; *Sport*:

suspension; ***e-e ~ verhängen über*** impose a ban *etc.* on; → ***Ausgangssperre, Nachrichtensperre***; **4.** *fig.* ***e-e ~ haben*** have a mental block; ***ich habe e-e ~*** *a.* I can't think; **sperren I.** *v/t.* **1.** (*Straße*) block, *amtlich*: close (**für den Verkehr** to traffic), *durch Absperrmannschaften*: cordon off; (*Brücke, Hafen etc.*) close; **2.** (*schließen*) shut, close; *mit Schloss*: lock; (*verriegeln*) bolt; ⚙ lock; (*ein~*) lock up; **3.** *typ.* space (out); **4.** (*Warenverkehr*) embargo; (*Gas, Telefon, Strom etc.*) cut off; (*Löhne, Zahlungen*) stop, freeze; (*Konto*) block; (*Scheck*) stop; *fig.* (*verbieten*) ban, prohibit; → ***gesperrt***; **5.** *Sport*: block, *unfair*: obstruct; *durch Spiel- od. Startverbot*: suspend, disqualify; **2 *ohne Ball*** *Fußball*: obstruction; **II.** *fig. v/refl.*: ***sich ~*** ba(u)lk (***gegen et.*** at s.th.), resist (s.th.).

Sperr|feuer *n* ⚔ barrage; *fig.* ***ins ~ der Kritik geraten*** come under fire; **~frist** *f* waiting period; **~gebiet** *n* restricted area, *für bestimmte Personen*: *a.* no-go area; **~gepäck** *n* bulky luggage; **~gürtel** *m* (police) cordon; *pol.* cordon sanitaire; **~gut** *n* bulky goods *pl.*

Sperrholz *n* plywood; **~platte** *f* piece (*od.* sheet) of plywood.

sperrig *adj.* bulky; (*unhandlich*) unwieldy.

Sperr|klausel *f* restrictive clause; **~konto** *n* blocked account; **~kreis** *m Radio*: wave trap; **~minorität** *f* blocking minority.

Sperrmüll *m* bulk(y) rubbish (*od.* waste, refuse); **~abfuhr** *f* bulk(y) waste pickup.

Sperr|schrift *f* spaced writing; **~sitz** *m thea.* seat in the stalls (*od.* orchestra); **~stunde** *f* (*Ausgehverbot*) curfew; → ***Polizeistunde***; **~taste** *f* locking button.

Sperrung *f* **1.** obstruction; blocking (*a. Verkehr, Konto, Radar*); *e-r Straße, amtlich*: closing (off); **2.** ⚙ locking; **3.** → ***Sperre*** 3.

Sperr|ventil *n* lock(ing) valve; **~vermerk** *m* ✝ non-negotiability clause; **~vorrichtung** *f* ⚙ locking device, catch; **~zone** *f* → ***Sperrgebiet.***

Spesen *pl.* ✝ expenses; F ***außer ~ nichts gewesen*** (it was) a waste of time and energy; **2frei** *adj.* free of charge; **~konto** *n* expense account; **~ritter** *contp. m* expense-account rider.

Spezi *dial. m* **1.** pal, *Am.* buddy; **2.** *cola and lemonade mix.*

spezial *obs. adj.* → ***speziell.***

Spezial|ausbildung *f* special(ized) training; **~ausführung** *f* special model (*od.* design); **~einheit** *f* special unit, special task force; **~fach** *n* special subject; **~fahrzeug** *n* special-purpose vehicle; **~fall** *m* special case; **~gebiet** *n* special field (*od.* area), speciality, *Am.* specialty; **~geschäft** *n* specialist dealer('s), specialist(s *pl.*).

spezialisieren *v/refl.*: ***sich auf et. ~*** specialize in s.th.; **spezialisiert** *adj.*: ***sie sind ~ auf*** they specialize in, their speciality (*Am.* specialty) is; **Spezialisierung** *f* specialization.

Spezialist *m a.* ⚕ specialist; ***~ sein in*** specialize in.

Spezialität *f* speciality, *Am.* specialty.

Spezialitäten|geschäft *n* delicatessen shop; **~restaurant** *n* restaurant serving (local *od.* national) specialities (*Am.* specialties).

Spezial|kleidung *f* special clothing; **~slalom** *m* special slalom; **~training** *n* special training; **~wissen** *n* special(ized) knowledge; **~wörterbuch** *n* specialized dictionary.

speziell I. *adj.* special; (*individuell*) specific, particular; ***in diesem ~en Fall*** in this particular case; **II.** *adv.* specially, particularly; specifically; ***~ angefertigt*** made-to-measure (*od.* -order), *bsd. Am.* custom-made; ***~ gebaut*** purpose-built.

Spezies *f* species; *fig. contp.* breed; ***die menschliche ~*** the human species.

Spezifikation *f* specification.

Spezifikum *n* specific characteristic.

spezifisch *adj.* specific(ally *adv.*) (*a.* ⚕); ***~es Gewicht*** specific weight (*phys.* gravity); ***~ sein für*** be specific to.

spezifizieren *v/t.* specify; give details of; ***könnten Sie das etwas ~?*** could you be more specific?; **Spezifizierung** *f* specification.

Sphäre *f* sphere (*a. fig.*); → ***schweben***; **Sphärenharmonie** *f* harmony of the spheres; **sphärisch** *adj.* spherical; ***~e Musik*** music of the spheres.

Sphingenallee *f* avenue of sphinxes.

Sphinx *f* sphinx (*a. fig.*); ***wie e-e ~ lächeln*** give an enigmatic smile.

spicken I. *v/t. gastr.* lard; *fig.* (*Rede etc.*) interlard; F ***j-n ~*** (*bestechen*) F grease s.o.'s palm; → ***gespickt***; **II.** F *v/i.* (*abschreiben*) cheat, crib.

Spick|nadel *f* larding pin; **~zettel** F *m* crib, *Am. a.* pony.

Spiegel *m* mirror (*a. fig.*); ⚕ speculum; *opt.*, ⚙ reflector; *fig. e-r Flüssigkeit* (*a. Blutzucker2 etc.*) level; → ***Satzspiegel***; ***sich im ~ betrachten*** look at o.s. in the mirror; *fig.* ***j-m e-n ~ vorhalten*** hold a mirror up to s.o.; ***die Ereignisse der Woche im ~ der Presse*** the week's events as seen by the press; F ***das kannst du dir hinter den ~ stecken!*** and don't you forget it!

Spiegelbild *n* mirror image; *fig.* mirror, reflection; *fig.* ***sie ist das ~ ihrer Mutter*** she's the spitting image of her mother; **spiegelbildlich** *adj.* mirror-image ...

spiegelblank *adj.* shiny, gleaming; *weitS.* (*sauber*) F squeaky clean; ***~ putzen*** polish *s.th.* until it shines.

Spiegelei *n* fried egg, *Am.* fried egg sunny-side up.

Spiegelfechterei *fig. f* shadow-boxing; (*Vortäuschung*) bluff, eyewash.

spiegelfrei *adj.* non-glare, anti-dazzle.

Spiegelglas *n* mirror glass.

spiegelglatt *adj. Meer etc.*: glassy, (as) smooth as glass; *Straße*: like glass; *Parkett etc.*: (as) slippery as ice.

spiegeln I. *v/i.* shine; (*blenden*) reflect the light; *stärker*: dazzle; **II.** *v/t.* reflect (*a. fig.*); **III.** *v/refl.*: ***sich ~*** be reflected; *fig. a.* be mirrored.

Spiegelreflexkamera *f*: (***einäugige ~*** single-lens) reflex camera.

Spiegel|saal *m* hall of mirrors; **~schrank** *m* mirrored wardrobe; **~schrift** *f* mirror writing; *typ.* reflected face; **~teleskop** *n* reflector telescope.

Spiegelung *f* **1.** reflection; (*Luft2*) mirage; **2.** ⚕ endoscopy.

Spiel *n* **1.** (*das Spielen*) play(ing); *für Geld*: gambling; (*Gesellschafts2, Ball2, Glücks2, Partie*) game; (*Schau2*) play; (*~weise*) *thea.*, ♪ playing, performance, *Sport*: play, (*bsd. Mannschafts2*) match; (*Farben2 etc.*) play *of colo(u)rs etc.*; ***ein ~ Karten*** a pack (*od.* deck) of cards; ***ein ~ des Zufalls*** one of fortune's little tricks; ***~ des Schicksals*** *the* vagaries of fortune; ***ein seltsames ~ der Natur*** a freak of nature; ***ein ~ mit Worten*** a play on words; ***ein ~ mit dem Feuer*** playing with fire; ***ein ~ mit der Liebe*** trifling with love; ***das ~ von Licht und Schatten*** the play of light and shade; ***gefährliches ~*** *Fußball*: dangerous play, *fig.* (*a.* ***gewagtes ~***) gamble; ***dem ~ verfallen sein*** be an inveterate gambler; ***freies ~ haben*** have the field to o.s.; ***das ~ aufgeben*** throw in the towel; ***j-m das ~ verderben*** spoil things for s.o.; ***j-s ~ durchschauen*** see through s.o.'s (little) game; ***freies ~ der Kräfte*** free interplay of forces; ***auf dem ~ stehen*** be at stake; ***aufs ~ setzen*** (put at) risk; ***j-n (et.) aus dem ~ lassen*** leave s.o. (s.th.) out of it; ***lass mich aus dem ~*** count me out; ***ein doppeltes ~ mit j-m treiben*** double-cross s.o.; ***sein ~ mit j-m treiben*** play games with s.o.; ***gewonnenes ~ haben*** have the game in one's hand; ***im ~ sein*** *Ball*: be in play, *fig.* be involved (***bei*** in); ***es war e-e gehörige Portion Glück im ~*** there was a fair bit of luck involved; ***ins ~ bringen*** *Sport*: bring *s.o.* on, *fig.* bring *s.th.* into play, (*j-n*) get *s.o.* involved; ***aus dem ~ nehmen*** *Sport*: take *s.o.* off; ***das ~ bestimmen*** *Sport*: dictate the match; ***wie steht das ~?*** *Sport*: what's the score?; ***leichtes ~ haben*** win hands down, *fig.* have an easy job of it; ***das ~ ist aus*** the game's up; ***genug des grausamen ~s!*** that'll do!; ***die Hand im ~ haben*** have a finger in the pie; → ***abgekartet, Miene, olympisch*** *etc.*; **2.** ⚙ play; *erwünschtes*: clearance; *zulässiges*: allowance.

Spiel|art *f biol. u. fig.* variety; **~ausgang** *m Sport* result; **~automat** *m* gaming (*od.* amusement) machine; *mit Geldgewinn*: *a.* slot machine, F one-armed bandit; **~ball** *m* ball; *Tennis*: game point; *Billard*: cue ball; *fig.* plaything; *fig.* ***ein ~ der Wellen sein*** be at the mercy of the waves; **~bank** *f* (gambling) casino.

spielbar *adj.* playable.

Spiel|beginn *m* start of play; **~bein** *n* free leg; **~brett** *n* board; **~dauer** *f Kassette etc.*: playing time; → ***Spielzeit.***

spielen I. *v/i.* **1.** play (*a. weitS. Lächeln, Licht etc.*); *Wasser, Wellen*: *a.* lap; ***mit dem Bleistift ~*** fiddle (*od.* play) around with one's pencil; ***mit Worten ~*** play (around) with words; ***in allen Farben ~*** sparkle in all colo(u)rs, iridesce; ***ins Rötliche ~*** have a reddish tinge; **2.** *bei e-m Glücksspiel*: gamble (**um** for); ***falsch ~*** cheat; ***aus Leidenschaft ~*** have a passion for gambling; ***hoch (niedrig) ~*** play for high (low) stakes; ***sich um sein Vermögen ~*** gamble away one's fortune; *fig.* ***mit s-m Leben ~*** gamble with one's life, put one's life at risk; **3.** *Sport*: ***gut (schlecht) ~*** play well (badly); ***unentschieden ~ gegen*** draw with; ***A spielte gegen B*** A played B; **4.** *thea.* play, act; *Programm, Film*: be on (**in** at); ***~ in*** *Szene, Stück*: be set in; ***~ an*** *Stück*: be on at, *Schauspieler*: be (engaged) at; ***heute wird nicht gespielt*** there's no performance tonight; ***der Film spielt schon wochenlang*** the film has been running for weeks; **5.** ♪ ***falsch ~*** play a wrong note (*od.* the wrong note[s]); **6.** *fig.* ***mit j-m ~*** play (*od.* mess) around with; ***er lässt nicht mit sich ~*** he's not one to mess around (*od.* to be trifled) with; ***mit dem Gedanken ~ zu*** *inf.* toy

S

with the idea of *ger.*; **mit dem Feuer ~** play with fire; **7.** *fig.* **~ lassen** bring into play; **s-e Beziehungen ~ lassen** pull a few strings; **s-n Charme ~ lassen** use one's charms, *Mann*: *a.* turn on the charm; **II.** *v/t.* **8.** play (*a. Schach, Karten etc.*); **9.** ♪ **Klavier** *etc.* **~** play the piano *etc.*; **10. den Ball** *zu j-m* **~** *Sport*: pass the ball; **11.** (*Rolle etc.*) play, act; *fig.* **den Beleidigten ~** act (all) offended; **den Kranken ~** pretend to be sick; **bei ihr ist alles nur gespielt** it's all play-acting (*od.* an act) with her; F **was wird hier gespielt?** what's going on here?; **12.** (*aufführen*) play, perform; (*Film*) show; **was wird heute Abend gespielt?** what's on tonight?; **13.** *fig.* **j-m et. in die Hände ~** play s.th. into s.o.'s hands; → **Geige, gespielt, krank, Rolle**[2], **Theater, Wand** *etc.*; **spielend** *fig. adv.*: (**~ leicht**) easily, effortlessly; **es ist ~ leicht** it's child's play, F it's a doddle (*sl.* cinch); **er ist ~ damit fertig geworden** he took it all in his stride; **~ gewinnen** win hands down.

Spielende *n*: **gegen ~** towards the end of the game (*od.* match); **nach ~** after the game (*od.* match); **zehn Minuten vor ~** ten minutes from time (*od.* before the end).

Spieler *m* player; (*Glücks*ℒ) gambler.

Spielerei *f* **1.** (*Herumspielen*) messing (*od.* fooling) around; **Schluss mit der ~!** *a.* that's enough fun and games; **2.** hobby; **es ist für sie eher e-e ~** it's more of a hobby for her, she just does it for the fun of it; **3.** (*Leichtigkeit*) child's play; **4.** *technische etc.*: gadget, gimmick; toy; **~en** (*Schnickschnack*) *a.* bits and pieces.

spielerisch *adj.* **1.** *Sport*: playing ...; *thea.* acting ...; *adv.* **~ überlegen sein** be the better player(s); **2.** (*verspielt*) playful; **3. mit ~er Leichtigkeit** with the greatest of ease.

Spielernatur *f* born gambler.

Spielertrainer *m Sport*: player-manager.

Spielfarbe *f Karten*: suit.

Spielfeld *n* field, pitch; *Tennis*: court; **das ~ verlassen** *a.* go off; **~hälfte** *f* half (of the pitch, *Tennis*: of the court).

Spiel|figur *f* piece; **~film** *m* feature (film); **~fläche** *f thea.* stage floor; *Sport*: pitch, ground, (*Rasen*) lawn.

spielfrei *adj. thea.* **Montag ist ~** there's no performance on Monday; **das Wochenende ist ~** *Sport*: there are no matches this weekend.

Spiel|führer *m* (team) captain; **~gefährte** *m* playmate; **~geld** *n* **1.** (*Einsatz*) stake; **2.** → **Spielmarke**; **~gemeinschaft** *f* syndicate; **~hälfte** *f Sport*: half (of the match *od.* game); **~halle** *f* amusement arcade; **~hölle** *f* gambling den; **~kamerad** *m* pal, playmate; **~karte** *f* playing card; **~kasino** *n* (gambling) casino; **~klasse** *f Sport*: league, division; **~kleidung** *f Sport*: kit, *bsd. Fußball*: *a.* strip; **~leidenschaft** *f* passion for gambling; **~leiter** *m* **1.** → **Regisseur**; **2.** *TV* gameshow host, emcee; (*Quizmaster*) quiz master; **3.** *Sport*: organizer; **~macher** *m Sport*: best player; **~marke** *f* counter, chip; **~minute** *f* minute (of play); **in der 20. ~** in the 20th minute; **~pause** *f Sport*: **1.** half-time; interval; **2.** (*Sommer*ℒ *etc.*) break; **~plan** *m thea. etc.* program(me) (of events); **auf den ~ setzen** take up into (*od.* include in) the program(me); **auf dem ~ sein** be included in the program(me); **~platz** *m* playground; **~ratte** *f* (board) games freak; **sie ist e-e ~** *a.* she's mad about games; **~raum** *m* elbowroom, room to move; *beim Parken etc.*: room for manoeuvre (*Am.* maneuver); ⚙ clearance; *fig.* scope, latitude, elbowroom; *zeitlich*: time; (*Flexibilität*) leeway; ✝ (*Spanne*) margin; **~regel** *f* rule; *fig.* **~n** rules (of the game); **sich an die ~n halten** stick to the rules, *a. fig.* play the game; **~runde** *f* round; **~sachen** *pl. a. fig.* toys; **~schuld** *f* gambling debt; **~stand** *m* score; **~straße** *f* playstreet; **~tisch** *m* card table; *bei Glücksspielen*: gaming table; **~trieb** *m* play instinct; **~uhr** *f* musical clock; **~unterbrechung** *f* stoppage; **~verbot** *n Sport*: ban (on playing), suspension; **~ haben** have been banned (*od.* suspended); **~verderber** *m* spoilsport; **du bist ein alter ~!** you're an old killjoy!; **~verlängerung** *f* extra time; **~verlauf** *m* game; play.

Spielwaren *pl.* toys; **~abteilung** *f* toy department; *Schild*: toys (and games); **~geschäft** *n* toy shop (*Am.* store); **~industrie** *f* toy industry.

Spiel|weise *f* style of play(ing); **~werk** *n* ⚙ mechanism; *e-r Uhr*: chime; **~wiese** *f* playing field; F *fig.* playground; **~zeit** *f* **1.** *Sport*: playing time; **nach e-r ~ von 31 Minuten** 31 minutes into the game; **2.** (*Spielsaison*) season; *Film*: (*Laufzeit*) run, (*Länge*) duration; **der Film hat e-e ~ von zwei Stunden** the film lasts two hours.

Spielzeug *n* toy(s *pl.*) (*a. fig.*); **~eisenbahn** *f* model railway, train set; **~pistole** *f* toy pistol.

Spiel|zimmer *n* **1.** games room; **2.** (*Kinder*ℒ) playroom; **~zug** *m Sport*: move.

Spieß *m* (*Brat*ℒ) spit; (*Fleisch*ℒ) skewer; *hist.* spear; ⚔ *sl.* (*Hauptfeldwebel*) *etwa* sarge; *fig.* **den ~ umdrehen** turn the tables (**gegen** on); **schreien wie am ~** scream blue murder; → **braten** I; **~braten** *m* spit roast.

Spießbürger *m* petty bourgeois; philistine; **spießbürgerlich** *adj.* petty bourgeois, (very) middle-class; philistine.

spießen *v/t.* spear, lance; **~ in** stick into, *stärker*: thrust into.

Spießer F *m* → **Spießbürger.**

Spießgeselle *m* pal, mate, *bsd. contp.* crony.

spießig F *adj.* → **spießbürgerlich.**

Spießruten *pl.*: **~ laufen** run the gauntlet.

Spikes *pl.* **1.** *Sport*: spikes; **2.** *mot.* a) studs, b) → **~reifen** *pl.* studded tyres (*Am.* tires).

spinal *adj.* spinal; **~e Kinderlähmung** polio(myelitis).

Spinat *m* spinach.

Spinatwachtel *contp. f* F old crone.

Spind *m, n* locker.

Spindel *f* spindle (*a. biol.*, ⚘); ⛫ newel (post); (*Hydrometer*) hydrometer; ℒ**dürr** *adj.* (as) thin as a rake; *Arme etc.*: spindly, skinny.

Spinett *n* spinet.

Spinne *f* **1.** *zo.* spider; **2.** → **Wäschespinne.**

spinnefeind F *adj.*: **er ist ihr ~** F he can't stand (the sight of) her; **er ist allem Geschwafel** *etc.* **~** if there's one thing he can't stand it's waffle *etc.*

spinnen I. *v/t.* **1.** spin; *fig.* **ein Netz von Intrigen ~** weave a web of intrigue; **2.** F **es ist alles gesponnen** he's (*od.* she's) made it all up, F it's a load of rubbish; **II.** *v/i.* **3.** spin; **4.** F (*verrückt sein*) F be mad (*od.* nuts, crazy, off one's nut); (*Unsinn reden*) talk rubbish (F rot); **du spinnst wohl!** have you gone mad?, are you crazy?; **spinn ich?** am I imagining things?; **er fängt an zu ~** F he's (slowly) going mad (*od.* round the bend, off his rocker).

Spinnennetz *n* spider's web; (*Spinnwebe*) cobweb.

Spinner *m* **1.** *a.* **Spinnerin** *f* spinner; **2.** F (*Verrückter*) F crackpot, *bsd. Am.* F screwball; **3.** *zo.* silkworm moth; **Spinnerei** *f* **1.** spinning; (*Fabrik*) spinning mill; **2.** F *fig.* crazy (*od.* crackpot) idea; *modische*: fad, craze; (*Unsinn*) nonsense; **das ist bloß e-e ~ von ihm** it's just one of his crazy ideas.

spinnert *dial. adj.* F mad, crazy.

Spinn|gewebe *n* cobweb; (*Spinnennetz*) spider's web; **~rad** *n* spinning wheel; **~rocken** *m* distaff; **~stube** *f hist.* spinning room; **~webe** *f* cobweb; (*Spinnennetz*) spider's web.

spintisieren *v/i.* ruminate (**über** on).

Spion *m* **1.** spy; **2.** *an der Tür*: spyhole, peephole.

Spionage *f* spying, espionage; **~ treiben** (act as a) spy, **für**: *a.* be spying (*od.* a spy) for; **~abwehr** *f* counter-espionage, counter-intelligence; **~affäre** *f* espionage affair; **~dienst** *m* intelligence (*Brit. a.* secret) service; *in GB*: MI5; **~film** *m* spy film (*od.* thriller); **~flug** *m* reconnaissance flight, spying mission; **~flugzeug** *n* spy plane, F spy in the sky; **~netz** *n* spy network; **~organisation** *f* spy(ing) organization; **~ring** *m* spy ring; **~roman** *m* spy novel (*od.* thriller); **~satellit** *m* spy satellite, F spy in the sky; **~schiff** *n* spy ship; **~tätigkeit** *f* spying activities *pl.*; **~-U-Boot** *n* spy submarine; **~verdacht** *m*: **unter ~ stehen** be suspected of being a spy (*od.* of having spied *for* ...).

spionieren *v/i.* spy; *fig.* snoop around, **in**: *a.* nose around in; **~ für** (act as a) spy for, be spying for; → **ausspionieren.**

Spiralbohrer *m* ⚙ twist drill.

Spirale *f* **1.** spiral; ⩘ helix; **2.** (*Draht*ℒ) coil; **3.** (*Pessar*) coil, IUD; **4.** ✝ (*Preis*ℒ *etc.*) spiral.

Spiral|feder *f* coil spring; *Uhr*: mainspring; ℒ**förmig** *adj.* spiral(-shaped), helical; **~kabel** *n* coiled cord; **~nebel** *m ast.* spiral nebula.

Spiritismus *m* spiritualism, spiritism; **Spiritist** *m* spiritualist; **spiritistisch** *adj.* spiritualist.

spirituell *adj.* spiritual.

Spirituosen *pl.* spirits, *Am.* liquor *sg.*

Spiritus *m* spirit; **~kocher** *m* spirit stove; **~lampe** *f* spirit lamp.

Spital *n östr., schweiz.*: hospital.

spitz I. *adj.* **1.** pointed; *Bleistift etc.*: sharp; ⩘ *Winkel*: acute; **et. mit ~en Fingern anfassen** pick s.th. up with (a look of) disgust; **2.** *fig.* (*abgezehrt*) pinched, peaky; **3.** *fig.* (*bissig*) *Rede etc.*: pointed, *Person*: sarcastic; *Zunge*: sharp; **~e Bemerkung** pointed (*od.* cutting) remark, F dig; **4.** F *fig.* **~ sein auf** have one's eye on; **er ist ~ wie Nachbars Lumpi** F he's a randy old goat (*sl.* git); **II.** *adv.*: **~ zusammenlaufen** taper off; → *a.* **spitzkriegen.**

Spitz *m* Pomeranian, spitz.

Spitzbart *m* goatee (beard); **spitzbärtig** *adj.* with a goatee (beard).

Spitzbauch *m* paunch, F beer belly.

spitzbekommen F *v/t.* find out; F cotton on to, get wise to (***dass*** the fact that).

Spitzbogen *m* pointed arch.

Spitzbube *m* scoundrel; (*Kind*) rascal; **spitzbübisch** *adj.* impish, mischievous.

Spitzdach *n* pointed roof.

spitze F *adj. u. int.* F great, super, magic.

Spitze[1] *f* **1.** point; (*Berg~*) peak, top, summit; (*Baum~*) top; (*spitzes Ende, a. e-s Körperteils*) tip; (*Kinn~, Haar~*) end; (*Schuh~*) toe; *e-r Feder*: point; (*Turm~*) spire; (*Insel~*) tip; (*Zigaretten~*) (cigarette) holder; (*Pfeifen~*) mouthpiece; (*Zigarren~*) end; *e-s Zuges*: front; *e-r Kolonne*: head; ⚔ (*Angriffs~*) (spear)head; *Sport*: (*Führung*) lead; *Fußball*: (*Stürmer*) striker; (*Höchstwert*) peak, high; (*~ngeschwindigkeit*) top (*od.* maximum) speed; (*~nposition*) top position; *e-s Unternehmens etc.*: management; ***~n*** *der Partei etc.*: F top brass; ***die ~n der Gesellschaft*** the leading figures (F lights) of society; ***die ~ des Eisbergs*** *a. fig.* the tip of the iceberg; ***an der ~ des Staates*** (***Konzerns*** *etc.*) at the head of the state (company *etc.*); ***an der ~ sein*** *beruflich etc.*: have reached the top of the ladder; ***an die ~ kommen*** take over the lead, *pol.* take over the reins of power; ***an der ~ der Entwicklung*** *etc.* ***stehen*** be in the vanguard of progress *etc.*; ***an der ~ der Tabelle*** at the top of the table; ***an der ~ liegen*** *Sport*: be in the lead, *der Tabelle*: be at the top; ***sich an die ~ setzen*** take the lead, *der Tabelle*: go to the top; ***s-e ~ erreichen*** *zahlenmäßig etc.*; peak, reach its peak; ***die höchste ~ erreichen*** *Ausgaben etc.*: reach an all-time high; F ***es ist einsame ~*** F it's brilliant; ***auf die ~ treiben*** carry *s.th.* too far; ***~ auf Knopf stehen*** be touch and go; ***j-m die ~ bieten*** stand up to s.o.; ***j-s Worten die ~ nehmen*** take the sting out of s.o.'s words; ***j-s Argumenten die ~ abbrechen*** take the wind out of s.o.'s sails; **2.** (*bissige Bemerkung*) barb, sideswipe, F dig (***gegen*** at).

Spitze[2] *f* (*Gewebe*) lace.

Spitzel *m* informer, F stool pigeon, *sl.* nark; *im Betrieb*: company spy; (*Schnüffler*) snooper; **spitzeln** *v/i.* spy; (*herumschnüffeln*) snoop around.

spitzen I. *v/t.* (*Bleistift*) sharpen; ***den Mund ~*** purse one's lips; ***die Ohren ~*** prick up one's ears (*a. weitS. hellhörig werden*); **II.** *dial. v/i. u. v/refl.*: (***sich***) ***auf et. ~*** have one's eye on s.th.

Spitzen... *in Zssgn oft* top ..., front-rank ..., *beruflich*: top-flight ...; *qualitätsmäßig*: top ..., first-rate (*od.* -class) ...; *leistungsmäßig*: peak ...; **~auto** *n* → ***Spitzenwagen***; **~bedarf** *m* peak demand; **~belastung** *f* peak load.

Spitzen|bluse *f* lace blouse; **~deckchen** *n* lace doily.

Spitzen|einkommen *n* top income; **~erzeugnis** *n* top-quality product; **~fabrikat** *n* top-quality make (*od.* brand); **~form** *f* top form; **~gerät** *n* top(-of-the--range) model; **~geschwindigkeit** *f* top speed; **~gespräch** *n* top-level talks *pl.*; **~gruppe** *f* top bracket; *Sport*: leaders *pl.*; ***in die ~ aufrücken*** *Sport*: join the leaders.

Spitzenhöschen *n* lace panties *pl.*

Spitzen|kandidat *m* leading (*od.* number one) candidate, front runner; **~klasse** *f* top class; ***ein Cognac*** *etc.* ***der ~*** a high-quality (*od.* fine) cognac *etc.*; ***ein Läufer*** (***Auto***) *etc.* ***der ~*** a top-class runner (car) *etc.*; ***er gehört zur internationalen ~*** he's among the world's leading pianists (*od.* swimmers *etc.*).

Spitzen|klöppelei *f* lacemaking; **~klöpplerin** *f* lacemaker.

Spitzen|könner *m* top expert; *Sport*: top-class athlete; **~kraft** *f* highly qualified worker; ⚚ top-level executive; ***Spitzenkräfte*** top management (*od.* executives); **~last** *f* peak load; **~leistung** *f* outstanding performance; *in der Wissenschaft etc.*: outstanding achievement; *Sport*: record; ⚙ *Maschine, Fabrik*: peak output; *Auto*: peak performance; ↯ peak power; **~lohn** *m* top wage(s *pl.*); **~manager** *m* top (*od.* leading) executive; **~mannschaft** *f* top team; **~marke** *f* brand leader; **~modell** *n* top-of-the-line (*od.* -range) model; **~politiker** *m* leading (*od.* high-ranking, front-rank, top) politician; **~position** *f* top position; **~preis** *m* top price; **~produkt** *n* top quality product; **~qualität** *f* top quality; **~reiter** *m Sport u. fig.*: front runner; (*Auto etc.*) best-selling (*od.* most popular, number one) car *etc.*; (*Film etc.*) most popular (*od.* top-rated) film *etc.*; *der Hitparade*: number one hit; **~spieler** *m* top player; **~sportler(in** *f*) *m* top sportsman (*f* sportswoman); **~stellung** *f* top position; **~steuersatz** *m* maximum tax rate; **~tanz** *m* toe dance.

Spitzentaschentuch *n* lace(-edged) handkerchief.

Spitzen|technik *f*, **~technologie** *f* high tech(nology), hi tech, leading-edge technology; **~verband** *m* central (*od.* umbrella) organization; **~verdiener** *m* top earner; **~wagen** *m* top-of-the-range car; *emotional*: super car; **~wein** *m* vintage (*od.* fine) wine; **~wert** *m* peak value; **~zeit** *f* **1.** *Sport*: best (*od.* record) time; **2.** *Verkehr etc.*: peak period.

Spitzer *m* (pencil) sharpener.

spitzfindig *adj.* oversubtle; (*kleinlich*) pedantic; (*haarspalterisch*) hair-splitting ...; ***e-e ~e Unterscheidung*** a very fine distinction; **Spitzfindigkeit** *f* subtlety; ***das ist e-e ~*** that's splitting hairs.

Spitzgiebel *m* pointed gable.

spitzhaben F *v/t.* F have cottoned on to, have got wise to (***dass*** the fact that).

Spitz|hacke *f* pickaxe, *Am.* pickax; **~kehre** *f* **1.** hairpin bend; **2.** *Skisport*: kick turn.

spitzkriegen F *v/t.* F cotton on to, get wise to (***dass*** the fact that).

Spitz|marke *f typ.* (side) head; **~maus** *f* **1.** *zo.* shrew; **2.** F (*Person*) weasel-face; **~name** *m* nickname; **~wegerich** *m* ♣ ribwort; **~wink(e)lig** *adj.* ∆ acute; **~züngig** *adj.* sharp-tongued.

Spleen *m* (*Idee*) F cranky idea; (*Gewohnheit*) strange habit; ***du hast wohl e-n ~!*** F you must be off your nut!; **spleenig** *adj.* F cranky; ***~er Typ*** F crank, weirdo.

spleißen *v/t.* ⚓ splice.

splendid *adj.* generous.

Splint *m* ⚙ cotter pin.

Spliss *m* (*Haarspliss*) split (hair) ends *pl.*

Splitt *m* (loose) chippings *pl.*

splitten *v/t.* ⚚ (*a. Wahlstimmen*) split.

Splitter *m* splinter; (*Bruchstück, a. Granat~*) fragment; **~bombe** *f* fragmentation bomb; **~bruch** *m* ⚕ chip fracture.

splitterfasernackt F *adj.* stark naked, *sl.* starkers; ***er war ~*** *a.* F he didn't have a stitch on.

splitterfrei *adj.* shatterproof.

Splittergruppe *f pol.* splinter (*od.* breakaway) group.

splitterig *adj.* splintery.

splittern *v/i. u. v/t.* splinter; *Glas*: shatter.

splitternackt F *adj.* stark naked.

Splitterpartei *f pol.* splinter party.

Splitting *n* ⚚ splitting; *pol.* vote-splitting.

Spoiler *m mot.* spoiler.

sponsern *v/t.*, **Sponsor** *m* sponsor.

Sponsorenvertrag *m* sponsor's contract; **Sponsoring** *n* sponsorship.

spontan I. *adj.* spontaneous; *Entschluss*: *a.* off-the-cuff, spur-of-the-moment *decision*; **II.** *adv.* spontaneously; on the spur of the moment; **Spontaneität** *f* spontaneity.

Spontan|kauf *m* impulse purchase; *pl.* impulse buying *sg.*; **~käufer** *m* impulse buyer; **~urlaub** *m* impulse holiday.

sporadisch I. *adj.* sporadic; **II.** *adv.* sporadically; (*hin u. wieder*) *a.* every once in a while.

Spore *f* ♣ spore.

Sporen *pl. von* ***Sporn.***

Sporentierchen *n zo.* **1.** *pl.* (*Stamm*) sporozoa; **2.** (*Einzeltierchen*) sporozoon.

Sporn *m* spur (*a. zo. u. fig.*); ✈ tail skid; *e-m Pferd* ***die Sporen geben*** → ***spornen***; *fig.* ***sich die Sporen verdienen*** win one's spurs; **spornen** *v/t.* spur.

spornstreichs *obs. adv.* straightaway, *formell*: post-haste.

Sport *m* sport (*a. fig.*), sports *pl.*; (*~art*) sport; (*Fach*) sport, physical education; *fig.* (*Steckenpferd*) hobby; ***die Welt des ~s*** the world of sport; ***~ treiben*** do a lot of sport(s); **~abzeichen** *n* sports (achievement) badge; **~angler** *m* angler; **~anlage** *f* sports grounds *pl.*; **~anzug** *m* (*Freizeitanzug*) casual suit; **~art** *f* sport; **~artikel** *pl.* sports articles; **~arzt** *m* sports physician; **~ausrüstung** *f* sports equipment; **~begeistert** *adj.* keen on sports, *stärker*: sports-mad; ***~ sein*** *a.* be a sports fan; **~beilage** *f* sports (*od.* sporting) page(s *pl.*); **~bekleidung** *f* sportswear; **~bericht** *m* sports report (*od.* news); **~berichterstatter** *m* sports correspondent.

sporteln F *v/i.* do a bit of sport (on the side).

Sport|ereignis *n* sports event; **~fest** *n* sports meet, *in der Schule etc.*: sports day; **~fischer** *m* angler; **~flieger** *m* amateur pilot; **~flugzeug** *n* sports plane, two-seater; **~freund** *m* **1.** sports fan; **2.** *Sporttreibender*: (keen) sportsman; **3.** (*Partner*) sports pal; **~geist** *m* sportsmanship, sense of fairness; ***keinen ~ haben*** be very unsporting; ***zeig mal d-n ~!*** where's your good sportsmanship; **~gerät** *n* piece of apparatus; *pl.* apparatus *sg.*; **~gericht** *n* sports tribunal; **~geschäft** *n* sports shop (*Am.* store); **~halle** *f* gymnasium, F gym; **~hemd** *n* sports (*Am.* sport) shirt; **~herz** *n* ⚕ athlete's heart; **~hochschule** *f* college of physical education; **~internat** *n* special sports boarding school; **~invalide** *m* sports invalid.

sportiv *adj.* sporty.

Sport|jacke *f* sports jacket; **~journalist** *m* sports journalist, sportswriter; **~kleidung** sportswear; **~klub** *m* sports club; **~korrespondent** *m* sport correspondent; **~lehrer** *m* sports instructor; *in der Schule*: PE (= physical education) teacher.

Sportler(in *f*) *m* sportsman (*f* sportswoman), athlete.

Sportlerherz *n* ⚕ athlete's heart.

S

sportlich I. *adj. Veranstaltung etc.*: sports *event*, sporting *event*; *bsd. Mann, a. Aussehen*: athletic; *bsd. Frau*: sporty; *Kleidung*: casual, (*flott*) sporty; *fig.* (*fair*) sporting, sportsmanlike; **~ sein** *mst* do a lot of sports, be keen on sports; **II.** *adv.*: **sich ~ betätigen** do sport(s).

Sport|medizin *f* sports medicine; **~meldung** *f* sports item; **e-e ~** *a.* some sports news; **~nachrichten** *pl.* sports news *sg.*; **~platz** *m* sports grounds *pl.*; sports field, athletic track; **~redakteur** *m* sports editor; **~reportage** *f* sports report; **~reporter** *m* sports reporter; **~schuh** *m* **1.** sports shoe; **2.** casual shoe; **~seite** *f* sports (*od.* sporting) page; **~sendung** *f* sports program(me), sportscast.

Sports|freund F *m* **1.** F mate; **2.** → ***Sportfreund***; **~kanone** F *f* F (sports) ace.

Sport|stadion *n* sports stadium; **~stunde** *f* sports lesson; **~tauchen** *n* skin diving; *mit Atemgerät*: scuba diving; **~taucher** *m* skin diver; *mit Atemgerät*: scuba diver; **~teil** *m e-r Zeitung*: sports (*od.* sporting) section; **~übertragung** *f* sports broadcast, sportscast; **~unfall** *m* sports accident; **~unterricht** *m* **1.** sports lesson(s *pl.*); **2.** *the* teaching of sport; sport education; **~veranstaltung** *f* sporting (*od.* sports) event, sports meet(ing); **~verband** *m* sports association; **~verein** *m* athletics club, sports club; **~verletzung** *f* sports injury; **~wagen** *m* **1.** *mot.* sports car; **2.** (*Kinderwagen*) pushchair, *Am.* stroller; **~zeitung** *f* sports magazine; **~zentrum** *n* sports cent|re (*Am.* -er).

Spot *m* **1.** (*Werbe2*) commercial; **2.** → ***Spotlight.***

Spotlight *n* spotlight, F spot.

Spotmarkt *m* † spot market.

Spott *m* mockery, ridicule; *in der Schule etc., a. gutmütiger*: teasing; *verächtlicher*: scorn; ***j-n* (*et.*) *dem ~ preisgeben*** make s.o. (s.th.) a laughing stock, *formell*: hold s.o. (s.th.) up to ridicule; ***j-n mit Hohn und ~ überschütten*** heap scorn on s.o.; **~bild** *n* mockery; **2billig** *adj.* dirt cheap; **~drossel** *f* mockingbird.

Spöttelei *f* mockery; (*Bemerkung*) gibe, jibe; **spötteln** *v/i.* mock, gibe (**über** at).

spotten *v/i.* laugh (**über** at); (*sich lustig machen*) make fun (of); *fig.* ***jeder Beschreibung ~*** defy (*od.* beggar) description; ***es spottet jeder Beschreibung*** *a.* I can't find words to describe it.

Spötter *m* mocker; **Spötterei** *f* → ***Spott.***

Spott|figur *f* joke figure, butt of ridicule; **~gedicht** *n* satirical poem; **~geld** *n* ridiculous(ly low) sum (*od.* price); ***das ist ja ein ~*** *a.* F that's peanuts; ***für ein ~*** *a.* for next to nothing.

spöttisch *adj.* mocking; (*höhnisch*) sneering; (*verächtlich*) derisive, derisory.

Spott|lied *n* satirical song; **~name** *m* (nasty) nickname; **~preis** *m* ridiculous (-ly low) price, giveaway price; ***zum ~*** dirt cheap, for next to nothing; **~vogel** *m zo.* mockingbird; *fig.* mocker, scoffer.

Sprach|atlas *m* linguistic atlas; **~ausgabe** *f Computer*: speech (*od.* voice) output; **~barriere** *f* language barrier; **2begabt** *adj.* good at languages, linguistically talented; **~begabung** *f* gift (*od.* talent) for languages, linguistic talent; **2behindert** *adj.*: ***~ sein*** have a speech defect; **~computer** *m* computer with speech synthesizer; interactive voice response, *abbr.* IVR; (*Nachschlagewerk*) pocket electronic dictionary.

Sprache *f e-s Volkes*: language (*a. fig.*), *bsd. lit.* tongue; (*Sprechfähigkeit*) speech; (*Ausdrucksweise*) language, speech, way of speaking; (*Aussprache*) articulation, diction; ***alte ~n*** ancient languages; ***in deutscher ~*** in German; ***Publikationen etc. in deutscher ~*** German-language publications *etc.*; ***der ~ nach kommt er aus Berlin*** judging by his accent he comes from Berlin; ***die gleiche ~ sprechen*** *a. fig.* speak the same language; *fig.* ***e-e andere ~ sprechen*** (*Gegensätzliches bezeugen*) tell a different story; ***e-e deutliche ~ sprechen*** speak for itself (*od.* themselves); ***zur ~ bringen*** bring *s.th.* up, raise, moot; ***zur ~ kommen*** come up; ***die ~ verlieren*** *durch Schock etc.*: lose one's speech; ***hast du die ~ verloren?*** have you lost your tongue?; ***heraus mit der ~!*** (come on,) out with it!; ***endlich fand er die ~ wieder*** he finally found his tongue again; ***mir blieb die ~ weg*** I was speechless; → ***beherrschen*** 3, ***herausrücken*** II, ***verschlagen***[1] 4 *etc.*

Sprach|ebene *f* speech level, register; **~eingabe** *f Computer*: speech (*od.* voice) input; **~empfinden** *n* feeling for (the) language.

Sprachen|gewirr *n* confusion of tongues; **~schule** *f* language school.

Sprach|erkennung *f Computer*: speech (*od.* voice) recognition; **~erkennungsprogramm** *n Computer*: voice recognition program (*od.* software); **~erwerb** *m* language acquisition; **~familie** *f* family of languages; ***die germanische ~*** the Germanic (family of) languages; **~fehler** *m* ⚕ speech impediment (*od.* defect); **~forscher** *m* linguist; **~forschung** *f* linguistic studies *pl.* (*od.* research); **~führer** *m* phrasebook; **~gebiet** *n* speech area; ***deutsches ~*** (a) German-speaking area; **~gebrauch** *m* usage; ***im allgemeinen ~*** in everyday usage; **~gefühl** *n* feeling for (the) language; **~gemeinschaft** *f* speech community; **~gemisch** *n* linguistic mix, mixture of languages; **~genie** *n* linguistic genius; **~geschichte** *f* **1.** history of language, language history; *e-r bestimmten Sprache*: history of the language; **2.** (*Fachgebiet*) linguistic history; **~gesellschaft** *f a. hist.* language society; **~gesetz** *n* linguistic law; **2gestört** *adj.* ⚕ aphasic; ***~ sein*** *mst* have a speech disorder (*od.* impediment); **~gewalt** *f* eloquence; **2gewaltig** *adj.* eloquent: **2gewandt** *adj.* articulate; *in Fremdsprachen*: proficient in languages; ***~ sein*** *bsd. contp. a.* F have the gift of the gab; **~grenze** *f* language (*od.* linguistic) boundary; **~insel** *f* linguistic island; **~kenner** *m* linguist; **~kenntnisse** *pl.* knowledge *sg.* of languages; knowledge *sg.* of a (*od.* the) language; ***englische ~*** knowledge (*od.* command) of English; ***gute englische ~ erwünscht*** good command of English desirable; **~kompetenz** *f* linguistic ability (*od.* performance); **~kultur** *f* linguistic sophistication (*od.* standards *pl.*); **~kunst** *f* literary artistry; way with words; **~künstler** *m* word genius; ***ein ~ sein*** *a.* have a way with words; **~kurs** *m* language course; **~labor** *n* language laboratory (F lab); **~laut** *m* speech sound; **~lehre** *f* grammar; (*Buch*) grammar (book); **~lehrer** *m* language teacher; **~lenkung** *f* language manipulation; manipulation of a (*od.* the) language.

sprachlich I. *adj.* language ..., linguistic; (*grammatisch*) grammatical; (*stilistisch*) stylistic; ***~er Fehler*** language mistake, mistake in the language; ***~e Kommunikation*** verbal communication, communicating through language; **II.** *adv.* linguistically *etc.*; *wertend*: from a language point of view.

sprachlos *adj.* speechless; ***da war er ~*** it left him speechless; ***ich bin ~*** I don't know what to say.

Sprach|melodie *f* speech melody, intonation; **~minderheit** *f* linguistic minority; **~niveau** *n* level of language; **~norm** *f* linguistic norm(s *pl.*); prescribed usage; **~pflege** *f* maintaining linguistic standards; (*Purismus*) purism; **~philosophie** *f* philosophy of language; **~psychologie** *f* psychology of language; **~raum** *m* → ***Sprachgebiet***; **~reform** *f* language (*od.* linguistic) reform(s *pl.*); reforming a (*od.* the) language; **~regelung** *f pol.* official version; ***nach offizieller ~ ...*** the official version is ...; **~reise** *f* language tour; **~rohr** *n* megaphone; *fig.* mouthpiece; (*Zeitschrift etc.*) organ; **~schnitzer** *m* (linguistic) howler; *stilistischer*: solecism; (*Wortverwechslung*) malapropism; **2schöpferisch** *adj.* linguistically creative; **~schranke** *f* language barrier; **~schule** *f* language school; **~schwierigkeiten** *pl.* difficulty with a (*od.* the) language; **~steuerung** *f Computer*: voice control; **~störung** *f* speech impediment; **~studium** *n* language studies *pl.*; *univ. konkret*: language degree, degree in languages; **~talent** *n* **1.** gift (*od.* talent) for languages; **2.** (*Person*) (good) linguist; ***sie ist ein ~*** *a.* she has a way with words; **~unterricht** *m* language teaching; ***englischer ~*** English lessons; **~verarbeitung** *f Computer*: speech (*od.* voice) processing; **~vergleichung** *f* comparative linguistics *sg.*; **~verhalten** *n* speech behavio(u)r; **~vermögen** *n* faculty of speech; **~wissenschaft** *f* linguistics *sg.*; **~wissenschaftler** *m* linguist; **2wissenschaftlich** *adj.* linguistic(ally *adv.*); **~zentrum** *n anat.* speech cent|re (*Am.* -er).

Spray *m, n* spray; **~deodorant** *n* deodorant spray; **~dose** *f* spray can.

sprayen *v/t. u. v/i.* spray; **Sprayer** *m* spray artist.

Sprech|akt *m* speech act; **~anlage** *f* intercom; *an der Haustür*: entryphone; **~blase** *f* (speech) balloon, bubble; **~chor** *m* **1.** chorus; ***im ~ rufen*** chant; **2.** (*Text*) chorus, chant, chanted slogan; **3.** (*Personen*) *mst* chorus of demonstrators.

sprechen I. *v/t. u. v/i.* speak (**mit** to, with; **zu** to; **über, von** *mst* about); (*reden, sich unterhalten*) talk; (*sagen*) say; (*aus~*) pronounce; (*e-e Rede halten*) speak, give a speech *od.* talk (**über** on); (*konsultieren*) see, talk to; (*e-e Sprache*) speak; (*ein Gebet, Wort*) say; (*Nachrichten*) read; ***im Fernsehen ~*** speak on television; ***et. auf Tonband ~*** record s.th. on tape; ***s-e ersten Worte ~*** *Baby*: say its first few words; ***er spricht nicht viel*** he doesn't say much; ***~ für*** *als Vertreter*: speak for (*od.* on behalf of), *vermittelnd*: put in a good word for, *befürwortend*: plead for, argue in favo(u)r of; ***~ gegen*** (*e-e Sache*) argue (*stärker*: speak out) against; ***das spricht für ihn*** that says something for him; ***das spricht für s-e Unschuld*** that would seem to indicate

S

he's innocent; ***das spricht für sich selbst*** it speaks for itself; ***vieles spricht dafür*** there's much to be said for it, ***dass:*** it seems very likely that; ***alles spricht dafür, dass sie es war*** all the evidence points to the fact that it was her (*od.* towards her having done it); ***vieles spricht dagegen*** there are lots of reasons against (*od.* not to *etc.*), ***dass:*** it seems very unlikely that; ***was spricht dafür?*** give me some good reasons why (we should do it *etc.*); ***was spricht dagegen?*** is there any reason why we shouldn't do it *etc.*?; ***man spricht davon, dass er bankrott sei*** there's talk of his being bankrupt; ***jeder spricht davon*** everybody's talking about it, it's the talk of the town; ***er spricht nicht gern darüber*** he doesn't like to talk about it; ***j-n zu ~ wünschen*** wish to see s.o.; ***ich muss erst mit m-m Anwalt ~*** I'll have to see my lawyer (*Brit. a.* solicitor) first; ***kann ich Sie kurz ~?*** can I have a (quick) word with you?; ***für ihn bin ich nicht zu ~*** I'm not in for him, if he calls I'm not here; ***ich bin heute für niemanden zu ~*** I'm not available (*od.* in) for anybody today; I'm not here today, no matter who calls; ***sie ~ nicht miteinander*** they're not talking (*od.* speaking) to each other, they're not on speaking terms; ***sie ist nicht gut auf ihn zu ~*** he's in her bad books; ***das Urteil ~*** pronounce judg(e)ment; ***über Politik*** (***Geschäfte***) ***~*** talk politics (business); ***sprich mal mit ihm darüber*** have a word with him about it; ***mit sich selbst ~*** talk to oneself; ***von etwas anderem ~*** change the subject; ***wir kamen auf Indien zu ~*** the subject of India came up; ***vor e-r großen Zuhörerzahl ~*** speak before (*od.* to) a large audience; ***unter uns gesprochen*** between you and me; ***da wir gerade von ... ~*** talking of ...; ***aus s-n Worten spricht der Neid*** you can tell he's jealous by the way he speaks, *stärker*: there's envy in every word; ***die Kosten, sprich Anschaffung und Versicherung, ...*** the costs, i.e. (*od.* that is to say) purchase and insurance, ...; ***allgemein gesprochen*** generally speaking; ***sprich!*** spit it out!; ***wir ~ uns noch!*** *drohend*: you haven't heard the last of this; → ***Anzeichen, Band***[2], ***Recht, schuldig*** *etc.*; **II.** 2 *n* speaking, talking; ***j-n zum ~ bringen*** get s.o. to talk, (*zwingen*) make s.o. talk; ***das ~ fällt ihm schwer*** he finds it hard to speak (*wegen Hemmungen etc.*: talk); **sprechend** *fig. adj. Augen, Gesten*: (very) expressive; (*überzeugend*) convincing; **~es Beispiel** graphic illustration.

Sprecher *m* (*Redner*) speaker; (*Ansager*) announcer; (*Nachrichten*2) newsreader, *bsd. Am.* newscaster; (*Erzähler*) narrator; (*Wortführer, Vertreter*) spokesman, spokesperson (*gen.* for); *parl.* Speaker.

Sprech|erziehung *f* speech training; **2faul** *adj.* **1.** (very) taciturn; *contp.* too lazy to open one's mouth; **2. ~ *sein*** *Kind*: be a late (*od.* lazy) talker.

Sprechfunk *m* **1.** radiotelephony (*abbr.* R/T); ***über ~ in Verbindung stehen mit*** be in radio contact with; **2.** → **~gerät** *n* radiotelephone; *tragbar*: walkie-talkie.

Sprech|gerät *n* → ***Sprechanlage***; **~gesang** *m* sprechgesang, speech song; **~muschel** *f* mouthpiece; **~probe** *f bei Lautsprecheranlage*: sound check; **~puppe** *f* talking doll; **~platte** *f* spoken-word record; **~rhythmus** *m ling.* speech rhythm; **~rolle** *f thea.* speaking part; **~stimme** *f* (speaking) voice.

Sprechstunde *f* office hours *pl.*; *des Arztes*: consulting (*od.* surgery) hours *pl.*, *Am.* office hours *pl.*; ***wann hat er ~?*** when are his office (*od.* surgery) hours?, ⚕ *a.* when does he have surgery?; ***ich soll zu ihr in die ~*** she wants to see me (personally), ⚕ *a.* she wants me to come to the surgery; **Sprechstundenhilfe** *f* doctor's assistant; *nur beim Empfang*: (doctor's) receptionist.

Sprech|übung *f* speech (*od.* elocution) exercise; **~unterricht** *m* elocution lessons *pl.*; **~werkzeuge** *pl.* speech organs, organs of speech; **~zeit** *f* **1.** *im Gefängnis etc.*: visiting time; **2.** *am Telefon*: call time; **3.** → ***Sprechstunde***; **~zimmer** *n* consulting room, surgery, *Am. a.* (doctor's *etc.*) office.

spreizen I. *v/t.* spread, (*Beine*) *a.* straddle; **II.** *v/refl.*: ***sich ~*** (*sich zieren*) play hard to get; (*sich aufblähen*) give o.s. airs; → ***gespreizt.***

Spreiz|fuß *m* splayfoot; **~hose** *f* T-splint.

Spreng|arbeiten *pl.* blasting operations; **~bombe** *f* high-explosive (*abbr.* HE) bomb, demolition bomb.

Sprengel *m e-s Pfarrers*: parish; *e-s Bischofs*: diocese.

sprengen[1] *v/t.* **1.** (*bespritzen*) sprinkle, spray; (*Pflanzen*) water; **2.** (*auf~*) burst open; (*Tür*) *a.* force; (*Fesseln, Griff etc.*) break; *mit Dynamit etc.*: blast; (*in die Luft ~*) blow up; **3.** (*Versammlung*) break up; (*Menschenmenge*) disperse; (*Spielbank*) break; → ***Rahmen*** I.

sprengen[2] *v/i.* gallop, ride hard.

Sprenger *m* (*Rasen*2) sprinkler.

Spreng|kapsel *f* detonator; **~kommando** *n* demolition squad; *zur Bombenentschärfung*: bomb disposal unit; **~kopf** *m* warhead; **~körper** *m* explosive (device); **~kraft** *f* explosive force; **~ladung** *f* explosive charge; **~meister** *m* blaster; **~satz** *m* explosive charge.

Sprengstoff *m* explosive; *fig.* dynamite; **~anschlag** *m*, **~attentat** *n* bomb attack; **~munition** *f* explosive ammunition; **~paket** *n* parcel bomb; **~täter** *m* bomb layer, bomber.

Sprengtrupp *m* → ***Sprengkommando.***

Sprengung *f* **1.** blasting; **2.** *e-r Versammlung*: breaking-up, dispersion.

Spreng|wagen *m* sprinkler truck; **~wirkung** *f* explosive effect.

Sprenkel *m* spot, speck(le); **sprenkeln** *v/t.* spot, speck(le).

Spreu *f* chaff; *a. fig.* ***die ~ vom Weizen trennen*** separate the grain (*od.* wheat) from the chaff.

Sprichwort *n* proverb, (proverbial) saying; ***wie das ~ sagt*** as the saying goes; **sprichwörtlich** *adj.* proverbial (*a. fig.*); ***ihre Gastfreundschaft ist ~*** they're a byword for hospitality; ***sein Geiz ist schon ~*** he's got a real reputation for being mean; ***das war die ~e Katze im Sack*** it was (a case of) your proverbial pig in a poke.

sprießen *v/i.* shoot (up), come up; (*keimen*) germinate; *fig. Liebe etc.*: awaken, burgeon.

Spring|blende *f phot.* automatic diaphragm; **~brunnen** *m* fountain.

springen I. *v/i.* jump (*a. Reitsport, Skisport etc.*); *weit*: leap; *hüpfend*: hop, skip; *Raubtier, beim Fang*: pounce; *Stabhochsprung*: vault; *Ball etc.*: bounce; *Wasser, Blut*: spurt; F (*rennen*) run, dash; (*eilfertig zu Diensten sein*) jump; (*für j-n einspringen*) act as stand-in, *im Moment*: be standing in; *Brettspiel*: jump; (*zer~*) crack; *Saite*: break; ***~ von*** *Knopf*: come off, pop off; ***vom Pferd ~*** dismount, jump (*od.* leap) off one's horse; ***vom fahrenden Zug ~*** jump out of a moving train; ***zur Seite ~*** jump out of the way; ***aus den Gleisen ~*** jump the rails (*od.* track); ***j-m an den Hals ~*** go for s.o. (*od.* s.o.'s throat); ***in tausend Stücke ~*** smash into smithereens; ***die Tasse ist gesprungen*** the cup is cracked; ***von e-m Thema zum anderen ~*** jump around from one subject to another; ***j-n für sich ~ lassen*** have s.o. at one's beck and call; ***sie braucht nur zu winken, dann springt er schon*** he's at her beck and call; F *Geld* ***~ lassen*** F fork out, cough up; ***etwas ~ lassen*** be generous; ***et. für j-n ~ lassen*** treat s.o. to s.th.; → ***Auge*** 1, ***Klinge, Punkt, Stück***; **II.** 2 *n* jumping; (*Stabhochsprung*) pole-vaulting; *Schwimmsport*: diving.

Springer *m* **1.** *Sport*: jumper; *Schwimmsport*: diver; **2.** *Schach*: knight; **3.** *in e-r Firma*: stand-in.

Spring|flut *f* spring tide; **~form** *f* (*Kuchenform*) springform; **~insfeld** *m* harum-scarum; **~kraut** *n* ⚘ touch-me-not; **2lebendig** *adj.* full of beans; **~maus** *f* jerboa; **~messer** *n* flick knife, *Am.* switchblade; **~pferd** *n* show jumper; **~reiten** *n* show jumping; **~reiter** *m* show jumper; **~rollo** *n* roller blind; **~seil** *n* skipping rope.

Sprint *m*, **sprinten** *v/i.* sprint; **Sprinter** *m* sprinter.

Sprit *m* **1.** F (*Benzin*) F juice, *bsd. Am.* gas; ***~ tanken*** fill up with petrol (*Am.* gas); **2.** (*Alkohol*) spirit; **~verbrauch** *m* petrol (*Am.* gas) consumption.

Spritz|apparat *m* spray gun; **~beton** *m* gun(ned) concrete; **~beutel** *m* piping bag; **~blech** *n mot.* splashboard; **~düse** *f* spray nozzle.

Spritze *f* (*Hand*2) syringe (*a.* ⚕); ⚕ (*Einspritzung*) injection, F jab; (*Feuer*2) hose; F (*Maschinenpistole*) sub-machine gun; F *fig.* (*Geld*2) shot in the arm, cash injection; ***e-e ~ bekommen*** get (*od.* have, be given) an injection; F *fig.* ***der erste Mann an der ~ sein*** be at the controls; *sl.* ***an der ~ hängen*** *sl.* be on the needle.

spritzen I. *v/t.* **1.** (*e-e Flüssigkeit*) squirt; (*größere Menge*) spray (*a. Parfüm, Pflanzenmittel*); ***nass ~*** spray (with water), *ungewollt*: *a.* make *s.th. od. s.o.* wet; ***sich et. aufs Hemd ~*** spatter (*od.* splash, spray) s.th. on one's shirt, spatter *etc.* one's shirt with s.th.; **2.** (*sprengen*) spray, sprinkle (***mit*** with); (*Garten, Pflanzen*) water; **3.** ⚕ (*Mittel*) inject; (*Person*) *a.* give *s.o.* an injection; (*Rauschgift*) *sl.* shoot (up), mainline; ***sich ~*** give o.s. an injection, inject o.s.; ***sich ~ lassen*** go for (*od.* have, get) an injection; **4.** (*Getränk*) mix with (soda) water; **5.** (*Auto etc.*) spray; **6.** ⚙ (*Metall*) die-cast; (*Plastik*) inject; **II.** *v/i.* **7.** *Wasser etc.*: splash, spray, *Blut*: spurt, *stärker*: gush; *heißes Fett*: spray; **8.** ⚕ give (s.o.) an injection; F (*Rauschgift ~*) *sl.* shoot up, mainline; **9.** F (*eilen*) F zoom, nip (***nach, zu*** round to).

Spritzer *m* **1.** splash, drop; (*Schuss*) dash; **2.** *Parfüm etc.*: spray; **3.** *von Schmutz etc.*:

splash; ***voller*** (***Farb***)~ ***sein*** be spattered (with paint).

Spritz|fahrt F *f* → ***Spritztour***; **~gebäck** *n* shortbread biscuits (*Am.* cookies) *pl.*; **~guss** *m* ⚙ *Metall*: die-casting; *Kunststoff*: injection mo(u)lding.

spritzig *adj.* **1.** *Wein*: crisp, tangy; **2.** *fig. Dialog, Theaterstück etc.*: sparkling, witty; full of sparkling wit; F zippy; **3.** *Spiel*: F zippy; **4.** *Auto*: F nippy.

Spritz|lack *m* spray paint; **~mittel** *n* spray; **~pistole** *f* spray gun; **~tour** F *f* spin, jaunt (through the countryside); ***e-e ~ machen*** go for a spin (*od.* jaunt [through the countryside]).

spröde *adj.* brittle (*a. Fingernägel, Haare*); *Haut*: rough, chapped; *Stimme*: grating; *fig.* (*abweisend*) stand-offish; *bsd. Mädchen*: demure; **Sprödheit** *f*, **Sprödigkeit** *f* brittleness; *fig.* aloofness; *bsd. e-s Mädchens*: demureness.

Spross *m* **1.** ✿ shoot; **2.** *fig.* (*Nachkomme*) offspring, *lit.* scion; F ***das ist unser jüngster ~*** he's our youngest, F he's the latest addition.

Sprosse *f e-r Leiter*: rung (*a. fig.*); (*Fenster*2) window bar; *Geweih*: tine.

sprossen *v/i.* → ***sprießen.***

Sprossen|fenster *n* lattice window; **~leiter** *f* ladder; **~wand** *f Turnen*: wall bars *pl.*

Sprössling F *m* offspring, *sl.* sprog; (*Sohn*) *a.* F junior; → *a.* ***Spross*** 2.

Sprotte *f* sprat.

Spruch *m* saying; (*Lehr*2) dictum; (*Weisheits*2) *a.* aphorism, maxim; (*Sinn*2) epigram; (*Bibel*2) quotation, verse; saying (from the Bible); (*Wahl*2, *Losung*) slogan; (*Schieds*2) ruling; ⚖ (*Urteils*2) judg(e)ment, *in Strafsachen*: sentence, *der Geschworenen*: verdict; F (***große***) ***Sprüche machen*** (*od.* ***klopfen***) talk big, *sl.* shoot one's mouth off; F (***das sind***) ***alles Sprüche!*** it's all talk, it's just hot air; → ***Salomo***(***n***).

Spruchband *n* banner; ▲ banderole.

Sprüche|klopfer F *m*, **~macher** F *m* big talker.

Sprüchlein *n*: ***sein ~ hersagen*** say one's little piece (*od.* party piece), F come out with the usual spiel.

spruchreif *adj.*: ***die Sache ist noch nicht ~*** it's not official yet.

Sprudel *m* (sparkling) water, (sparkling) mineral water; *gesüßt*: lemonade.

sprudeln *v/i. Quelle etc.*: bubble; *Wasser, aus der Erde etc.*: bubble up (***aus*** out of, from), *stärker*: gush (out of); (*kochen*) bubble (away); *Getränke*: fizz, be fizzy; ***aus der Flasche ~*** fizz (*stärker*: spurt) out of the bottle; *fig.* ***~ vor*** *Begeisterung etc.* bubble (over) with; ***die Worte sprudelten ihm aus dem Mund*** the words came gushing out; **sprudelnd** *fig. adj.* effervescent.

Sprühdose *f* spray can, aerosol (can).

sprühen I. *v/t.* spray; (*besprengen*) sprinkle; **II.** *v/i.* spray; *Funken*: fly; *fig. Augen*: flash (***vor*** with); *fig.* ***vor Ideen ~*** be bubbling over with ideas; ***vor Temperament ~*** be a livewire, *bsd. Sport*: be a bundle of energy; ***von Geist ~*** sparkle with wit; **sprühend** *adj.* **1.** ***~e Gischt*** spray, foam; **2.** *Laune*: bubbling, bubbly, effervescent; *Witz etc.*: sparkling.

Sprüh|nebel *m* (Scotch) mist; **~regen** *m* drizzle.

Sprung *m* **1.** jump (*a. Sport*); (*großer* ~) *a.* leap; *Turnen*: vault; (*Wasser*2) dive; ***e-n ~ in die Luft machen*** jump into the air; *fig.* ***~ ins Ungewisse*** (*od.* ***Wasser***) leap in the dark; ***großer ~ vorwärts*** great leap forward; ***ein großer ~ nach vorn sein*** *Entwurf etc.*: be a great advance (***gegenüber*** on); ***e-n ~ machen*** take a leap; ***den ~ wagen*** take the plunge; ***auf dem ~ sein, et. zu tun*** be about to do s.th., be on the point of doing s.th.; ***auf e-n ~ vorbeikommen*** drop in (***bei*** on), F pop round (and see s.o.); ***sie ist immer auf dem ~*** she's always on the go (F hop); ***es ist nur ein ~ bis dorthin*** it's only a stone's throw from here, it's just down the road (*od.* round the corner); ***j-m auf die Sprünge kommen*** find s.o. out, F get wise to s.o.('s tricks *od.* game); ***j-m auf die Sprünge helfen*** help s.o. along, *beruflich etc.*: *a.* give s.o. a leg up; ***dir werd ich auf die Sprünge helfen!*** we'll soon see about that!; ***j-s Gedächtnis auf die Sprünge helfen*** jog s.o.'s memory; ***Sprünge machen*** *in e-r Rede etc.*: jump from one subject to another, jump all over the place; ***damit kann er keine großen Sprünge machen*** he won't be able to go far on that; **2.** (*Riss*) crack; (*Materialfehler, a. im Edelstein*) flaw; **~balken** *m Sport*: takeoff board; **~becken** *n* diving pool; **~bein** *n* ankle-bone; *Sport*: takeoff leg; **2bereit** *adj. u. adv.* ready to jump; F *zum Weggehen*: all set to go; **~brett** *n* **1.** springboard; *Schwimmen*: *a.* diving board; **2.** *fig.* springboard (***für*** for), stepping stone (to); (*Ausgangspunkt*) jumping-off place; **~deckel** *m e-r Uhr*: watch cap.

Sprungfeder *f* (coil) spring; **~matratze** *f* spring mattress.

Sprung|gelenk *n* ankle joint; *Pferd etc.*: hock; **~grube** *f Sport*: pit.

sprunghaft I. *adj.* erratic, flighty; ⚕ erratic, spasmodic; ***~er Anstieg*** sharp rise (*od.* increase), jump (*gen.* in *prices etc.*); **II.** *adv. steigen etc.*: by leaps and bounds; → *a.* ***sprungweise.***

Sprung|kraft *f Sport*: takeoff power; **~latte** *f Sport*: crossbar; **~lauf** *m Sport*: ski-jump(ing); **~schanze** *f* ski jump; **~seil** *n* skipping rope; **~stab** *m* pole; **~tuch** *n Feuerwehr*: safety sheet; **~turm** *m* diving platforms *pl.*

sprungweise *adv.* in jumps; *fig.* by leaps and bounds; (*unregelmäßig*) in (*od.* by) fits and starts.

Sprungweite *f* jumping distance.

Spucke F *f* spittle, F spit; *fig.* ***ein bisschen ~*** F a bit of elbow grease; ***da blieb mir die ~ weg*** I just gulped, my jaw dropped; **spucken I.** *v/i.* spit; F (*sich erbrechen*) be sick, F throw up; F *Motor*: splutter; ***~ nach*** spit at; ***j-m ins Gesicht ~*** spit in s.o.'s face; F ***ich muss ~*** I'm going to be sick; *fig.* ***in die Hände ~*** roll up one's sleeves; *fig.* ***j-m in die Suppe ~*** put a spoke in s.o.'s wheel; F ***ich spuck drauf!*** F to hell with it; **II.** *v/t.* spit (out); (*Blut etc.*) spit, cough up; *Vulkan*: spew *lava*; F *fig.* ***große Töne ~*** talk big, *sl.* shoot one's mouth off.

Spuck|napf *m* spittoon, *Am. a.* cuspidor; **~tüte** *f* sick bag.

Spuk *m* **1.** (*gespenstisches Treiben*) strange happenings *pl.*; ***nächtlicher ~*** things that go bump in the night; ***der ~ beginnt um Mitternacht*** the ghosts come out at midnight; ***an ~ glauben*** believe in ghosts; **2.** (*Geistererscheinung*) apparition, spect|re (*Am.* -er); **3.** *fig.* (*schreckliches Geschehen*) nightmare; ***es erschien wie ein ~*** it all seemed like a bad dream; **spuken** *v/i.* **1.** ***es spukt*** (***in dem Haus*** *etc.*) the house *etc.* is haunted; ***hier hat es mal gespukt*** *a.* there used to be ghosts in this house *etc.*; ***~ durch*** haunt, walk *the castle etc.*; **2.** *fig.* ***die Idee spukt bei ihm im Kopf*** he's obsessed with the idea; ***der Gedanke spukt noch immer in den Köpfen*** people still believe in it, people still haven't given up the idea, the idea still hasn't been laid to rest; F ***bei dir spukts wohl!*** F have you gone off your nut?

Spuk|erscheinung *f* apparition; **~geschichte** *f* ghost story; **~haus** *n* haunted house.

Spül|becken *n* sink; **~bürste** *f* washing-up brush.

Spule *f* spool, reel; (*Spinn*2) bobbin; ⚡ coil.

Spüle *f* sink unit.

spulen *v/t.* spool, reel (***auf*** onto).

spülen I. *v/t.* rinse; (*Geschirr*) wash (up); ***an Land ~*** wash ashore, wash up; **II.** *v/i.* (*Geschirr ~*) wash up, do the washing up, do the dishes; *Toilette*: flush, *mit Kette*: *a.* pull the chain.

Spulen(tonband)gerät *n* open-reel tape deck.

Spüler *m* (*Person*) dishwasher, washer-up (F -upper).

Spül|gang *m* rinse (cycle); **~kasten** *m* cistern; **~klosett** *n* water closet; **~lappen** *m* dishcloth, washing-up cloth.

Spülmaschine *f* dishwasher; **spülmaschinenfest** *adj.* dishwasher-safe.

Spül|mittel *n* washing-up liquid, detergent; **~tuch** *n* dishcloth.

Spülung *f* **1.** rinse (*a. Mund*2); ⚕ *e-r Wunde, e-s Hohlorgans*: irrigation; (*Scheiden*2) douche; ⚙, *mot.* flushing, scavenging; *Toilette*: flush; **2.** (*Toiletten*2) cistern.

Spülwasser *n* rinsing water; *für Geschirr*: washing-up water, *schmutziges*: dishwater (*a. contp.*).

Spulwurm *m* roundworm.

Spund *m* **1.** *e-s Fasses*: spigot; **2.** *Tischlerei*: tongue; **3.** F ***junger ~*** (young) whippersnapper; **~wand** *f* sheet piling, sheeting, sheet-pile wall.

Spur *f im Sand, Schnee etc.*: track(s *pl.*); (*Schnecken*2, *Blut*2, *Leucht*2, *Fährte*) trail, *Jagd*: *a.* scent; (*Fahr*2) lane; (*Brems*2) skidmarks *pl.*; 🚗 (*~weite*) ga(u)ge, (*Schienen*) track(s *pl.*); ⚙ groove; (*Tonband*2) track; (*Rest, kleine Menge*) trace (*a. fig.*), *gastr.* dash; *fig.* (*Anzeichen*) trace; *mot.* ***linke*** (***rechte***) ***~*** left-hand (right-hand) lane; ***die ~ halten*** keep in lane; ***die ~ wechseln*** switch lanes; ⚙ ***~ halten*** keep track; ***e-e ~ aufnehmen*** pick up a trail; *fig.* ***~en des Alters*** signs of age; ***~en des Krieges*** traces left behind by the war, scars of the war; ***~en e-r alten Kultur*** traces (*od.* remnants) of an ancient civilization; ***j-m auf die ~ kommen*** get onto s.o.('s trail); ***e-r Sache auf die ~ kommen*** get onto s.th., (*finden*) track s.th. down; ***j-m auf der ~ sein*** be on s.o.'s trail, be after s.o.; ***auf der falschen ~ sein*** be on the wrong track, be barking up the wrong tree; ***j-n von der ~ ablenken*** put (*od.* throw) s.o. off the scent; ***j-n auf die richtige ~ bringen*** put s.o. on the right track; ***keine ~ hinterlassen*** leave no trace (*Verbrecher*: traces, evidence); ***s-e ~en hinterlassen*** *Trauma etc.*: leave its mark; ***s-e ~en verwischen*** cover up one's tracks; ***vom Täter fehlt jede ~***

S

there are no clues as to who did it; ***die ~ führt nach ...*** the trail leads (*od.* takes us) to ...; ***auf j-s ~en wandeln*** follow in s.o.'s tracks; ***keine ~ von Anständigkeit*** *etc.* not a scrap of decency *etc.*, not the least bit of decency *etc.*; F ***keine ~!*** not at all!, F no way!; → ***heiß.***

spürbar I. *adj.* noticeable, perceptible; (*deutlich*) marked, distinct; (*beträchtlich*) considerable; (*greifbar*) tangible; ***~ werden*** make itself felt; ***es gab e-e ~e Erleichterung*** you could feel (*od.* sense) the relief; ***die Auswirkungen werden auf Jahre hinaus ~ sein*** the effects will be felt for years to come; **II.** *adv.* noticeably; (*beträchtlich*) considerably; ***es ist ~ kälter geworden*** it's noticeably colder (today), it's turned quite chilly (today).

spuren *v/i.* **1.** *Skisport*: lay a track; **2.** F (*sich fügen*) toe the line.

spüren *v/t.* feel; *intuitiv*: *a.* sense; (*merken*) notice; ***ich hab nichts gespürt*** *bei e-r Spritze etc.*: I didn't feel a thing; ***ich spürte Scham*** I felt a sense of shame; ***ich habs am eigenen Leib gespürt*** I went through it all myself, I experienced it first-hand; ***jetzt spüre ich den Wein*** the wine's beginning to take effect now (*od.* is slowly going to my head now); ***jetzt spüre ich den langen Flug*** (***die schlaflosen Nächte***) the long flight is beginning to make itself felt *od.* take its toll (those sleepless nights are beginning to take their toll); ***ich spüre mein Alter*** I can tell I'm getting old, F it's old age creeping up on me; ***ich spüre es in den Knochen*** I can feel it in my bones; ***ich spüre sämtliche Knochen*** I feel as if every single bone in my body is aching; F ***ich spürs wieder im Rücken*** F my back's playing me up again; ***zu ~ bekommen*** find out what *s.th.* is like, (*j-s Zorn etc.*) get a taste of; ***du wirst es noch zu ~ bekommen*** (*die Folgen d-s Handelns*) it'll all come back on you; ***hast du nicht gespürt, wie ...?*** (*gemerkt*) didn't you notice how ...?, couldn't you tell how ...?; ***es war deutlich zu ~*** it was obvious; ***von Hass*** *etc.* ***war nichts zu ~*** there was no sign (*od.* trace) of hatred *etc.*; ***von Kooperation war nichts zu ~*** nobody seemed to be interested in cooperation; ***ich hab ihn m-e Enttäuschung schon ~ lassen*** I made no attempt to hide my disappointment.

Spuren|element *n* trace element; **~metall** *n* trace metal; **~sicherung** *f* **1.** securing of evidence; **2.** (*Abteilung*) forensic squad.

Spürhund *m* **1.** tracker dog, sniffer dog; **2.** *fig.* (*Schnüffler*) sleuth.

spurlos *adv.* without (leaving a) trace; ***~ verschwinden*** vanish into thin air, disappear without trace; ***es ist nicht ~ an ihm vorübergegangen*** it's left its mark (on him).

Spür|nase *f* **1.** good nose; *fig.* nose; **2.** (*Person*) snooper; **~sinn** *m* **1.** *e-s Tiers*: sense of smell; **2.** *fig.* nose, instinct; ***er hat e-n ~ dafür*** he's got a nose (*od.* an instinct) for that kind of thing, he can sniff that kind of thing out very quickly.

Spurt *m* sprint, spurt, (quick) burst; ***e-n ~ einlegen*** put on a sprint; ***zum ~ ansetzen*** make a dash for it; **spurten** *v/i.* **1.** sprint; **2.** F (*schnell laufen*) sprint; ***~ zu*** *a.* dash to; ***ich bin ganz schön gespurtet*** F I really had to step on it, you should have seen me run.

Spur|wechsel *m mot.* changing lanes; **~weite** *f* 🚂 ga(u)ge; *e-s Wagens*: wheel track; *Reifen*: tread.

Squash *n* squash; **~center** *n* squash cent|re (*Am.* -er), squash courts *pl.*; **~court** *m* squash court; **~halle** *f* squash courts *pl.*; **~schläger** *m* squash racket; **~spiel** *n* game of squash; **~spieler** *m* squash player.

Srilanker(in *f*) *m*, **srilankisch** *adj.* Sri Lankan.

SS *f hist.* SS; *elite corps of the Nazi party*; **~-Mann** *m* member of the SS.

st *int.* pst!; (*Ruhe!*) ssh!

s.t. *adv.* (= ***sine tempore***): ***18 Uhr ~*** 6 p.m. sharp; → *a.* ***c.t.***

Staat[1] *m* **1.** state; (*Land, Nation*) *a.* country, nation; ***~ im ~*** state within a state; ***von ~s wegen*** by government decree; ***beim ~ arbeiten*** be employed by the government, be a civil servant; **2.** (*Ameisen≈, Bienen≈*) colony.

Staat[2] *m* (*Pracht*) pomp, splendo(u)r; (*beste Kleidung*) finery; ***großen ~ machen*** *bei Empfängen etc.*: roll out the red carpet, *bei Kleidung*: dress up (specially); ***mit et. ~ machen*** flaunt s.th. around; ***damit kannst du keinen ~ machen*** F that's nothing to write home about.

Staaten|bund *m* confederacy, confederation (of states); **~bündnis** *n* alliance (of states); **~gemeinschaft** *f* community of states.

staatenlos *adj.* stateless; **Staatenlose(r** *m*) *f* stateless person.

staatlich I. *adj.* state(-)..., government(-)..., national; *Industrie etc.*: nationalized, state-owned; ***~e Mittel*** government funds; **II.** *adv.*: ***~ anerkannt*** officially recognized; ***~ gefördert*** state-sponsored; ***~ gelenkt*** (*od.* ***geleitet***) state-control(l)ed, state-run; ***~ geprüft*** certified.

Staats|affäre *f* **1.** affair of state; **2.** F *fig.* ***e-e ~ aus et. machen*** make a big affair (out) of s.th., F make a big thing out of s.th.; **~akt** *m* **1.** act of state; **2.** (*Feier*) state occasion (*od.* ceremony); **~aktion** *f* → ***Staatsaffäre*** 2; **~amt** *n* office of state, public office; **~angehörige(r** *m*) *f* citizen, national; ***britischer Staatsangehöriger*** *a.* a British subject; ***sie ist deutsche Staatsangehörige*** she's a German citizen (*od.* national); **~angehörigkeit** *f*: (***doppelte ~*** dual) nationality, citizenship; ***er hat die französische ~*** he has French nationality (*od.* citizenship); **~angelegenheit** *f* affair of state; **~anleihe** *f* government loan; (*Wertpapier*) government bond (*pl. a.* securities, stocks); **~anwalt** *m* ⚖ public prosecutor, *Am. mst* district attorney (*abbr.* DA); **~anwaltschaft** *f* **1.** public prosecutor's office, *Am. mst* district attorney's office; **2.** (*Anwälte*) (body of) public prosecutors *pl.*; **~apparat** *m* state machinery; **~archiv** *n* state archives *pl.*; *in GB*: Public Record Office; **~auffassung** *f* concept of the state; **~ausgaben** *pl.* public expenditure *sg.*, government spending *sg.*; **~bahn** *f* national railway (*Am.* railroad); **~bank** *f* state (*od.* national) bank; **~bankett** *n* state (*od.* official) banquet; **~bankrott** *m* national bankruptcy; **~beamte(r)** *m* civil servant; **~begräbnis** *n* state funeral; **~besuch** *m* state visit; **~betrieb** *m* state-owned enterprise; **~bibliothek** *f* national (*od.* state) library.

Staatsbürger *m* citizen; **~kunde** *f* civics *pl.* (*sg. konstr.*); civic studies *pl.*; **~rechte** *pl.* civil rights.

Staatsbürgerschaft *f* → ***Staatsangehörigkeit.***

Staats|chef *m* head of state; **~diener** *m* civil servant; *hum.* servant of the state; **~dienst** *m* civil (*od.* public) service; ***im ~ sein*** be a civil servant; **≈eigen** *adj.* state-owned; **~eigentum** *n* government (*od.* state) property; *als Recht*: public (*od.* state) ownership; **~einnahmen** *pl.* public revenue *sg.*; **~empfang** *m* official reception; **~examen** *n* state examination(s *pl.*); ***sein ~ machen*** *a.* take one's degree; **~farben** *pl.* national colo(u)rs; **~feiertag** *m* national holiday; **~feind** *m* public enemy; **≈feindlich** *adj.* subversive; **~finanzen** *pl.* public finances; **~flagge** *f* national flag; **~form** *f* form of government; **~gebiet** *n* state territory; ***französisches*** *etc.* ***~*** French *etc.* territory; ***sich auf britischem ~ befinden*** be on British territory; **≈gefährdend** *adj.* subversive; **~gefangene(r)** *m* prisoner of state, political prisoner; **~gefängnis** *n* state prison; **~geheimnis** *n* state secret; F *fig.* ***das ist ein*** (***kein***) ***~*** that's top secret (it's no great secret); **~gelder** *pl.* public funds; **~geschäfte** *pl.* state affairs; *the* running *sg.* of the state; ***die ~ führen*** run the (affairs of) state, govern the country; **~gewalt** *f* **1.** state authority; **2.** executive body of the state; ***gesetzgebende ~*** legislature; ***vollziehende ~*** executive; ***richterliche ~*** judiciary; **~grenze** *f* frontier, border; **~gründung** *f* founding of a (*od.* the) state; **~haushalt** *m* (national) budget; **~hilfe** *f* government (*od.* state) aid; **~hoheit** *f* sovereignty; **~interesse** *n* interests *pl.* of the state, public interest; **~intervention** *f* state (*od.* government) intervention; **~kanzlei** *f* state chancellery; **~karosse** *f* state carriage; **~kasse** *f* (public) treasury, public purse; *in GB*: *the* Exchequer; *in den USA*: *the* Federal Treasury; **~kirche** *f* established (*od.* state) church; **~kosten** *pl.*: ***auf ~*** at (the) public expense; **~kunde** *f* political science; **~ländereien** *pl.* public land *sg.*; **~macht** *f* state power.

Staatsmann *m* statesman; **staatsmännisch** *adj.* statesmanlike.

Staats|maschinerie *f* state machinery; **~minister** *m* secretary of state, *Am.* secretary; **~ministerium** *n* ministry, *Am.* department; **~mittel** *pl.* public funds; **~monopol** *n* state monopoly; **~oberhaupt** *n* head of state; (*Monarch*) sovereign; **~oper** *f* national (*od.* state) opera; **~organ** *n* instrument of state; **~papiere** *pl.* → ***Staatsanleihe***; **~partei** *f* (sole) ruling party; **≈politisch** *adj.* national political ...; ***~e Angelegenheiten*** matters of state; **~polizei** *f* state police; **~präsident** *m* (state) president; **~prüfung** *f* state examination(s *pl.*); *für Regierungsbeamte*: civil service examination(s *pl.*); **~raison** *f*, **~räson** *f*: (***aus Gründen der ~*** for) reasons *pl.* of state; **~rat** *m* **1.** council of state; *in GB*: Privy Council; **2.** (*Person*) council(l)or of state; *in GB*: Privy Councillor.

Staatsrecht *n* constitutional law; (*öffentliches Recht*) public law; **staatsrechtlich** *adj. u. adv.* under (*od.* relating to) constitutional law, constitutional; (*öffent-*

lich-rechtlich) under (*od.* relating to) public law.

Staats|religion *f* state religion; **∼ruder** *n* helm of (the) state; ***das ∼ fest in der Hand haben*** have a firm hold over (*od.* grip on) the country; **∼schulden** *pl.* national (*od.* public) debt *sg.*; **∼sekretär** *m* minister of state, *Am.* undersecretary.

Staatssicherheit *f* national (*od.* state) security; **Staatssicherheitsdienst** *m* (*a. hist. DDR*) state security service.

Staats|sozialismus *m* state socialism; **∼sprache** *f* official (state) language; **∼streich** *m* coup (d'état); ***die Regierung durch e-n ∼ stürzen*** overthrow the government by coup; **∼subvention** *f* government subsidy (*od.* grant); **∼theater** *n* state theat|re (*Am. a.* -er); **∼trauer** *f* national mourning; **∼trauertag** *m* national day of mourning; **∼verbrechen** *n* political crime; **∼verbrecher** *m* political offender; **∼verdrossenheit** *f* disillusionment with the state (*od.* with politics); political apathy; **∼verfassung** *f* (political) constitution; **∼verschuldung** *f* national (*od.* public) debt; **∼vertrag** *m* (international) treaty; **∼wesen** *n* state, *formell*: body politic; **∼wissenschaft(en** *pl.*) *f* political science; **∼wohl** *n* public welfare (*od.* weal); **∼zugehörigkeit** *f* nationality, citizenship; **∼zuschuss** *m* government subsidy (*od.* grant).

Stab *m* **1.** (*Stock*) stick; (*Stange*) rod; (*Gitter≈*) bar; (*Hirten≈*) staff; (*Bischofs≈*) crosier, crozier; (*Zauber≈*) wand; (*Staffel≈, Dirigenten≈, Marschall≈*) baton; *Stabhochsprung*: pole; *fig.* ***den ∼ über j-n brechen*** condemn s.o. (outright); **2.** (*Mitarbeiter≈*) staff *sg.* (*mst pl. konstr.*); (*Krisen≈ etc.*) team, F squad; **3.** ⚔ (*Offiziere*) staff officers *pl.*; (*Hauptquartier*) headquarters *pl.* (*a. sg. konstr.*); **∼antenne** *f* rod aerial (*od.* antenna).

Stäbchen *n* **1.** *dim. von* **Stab**; **2.** (*Eß≈*) chopstick; **3.** *Mikado*: jackstraw; **4.** (*Retina≈*) rod; **5.** (*Bazillus*) (rod-shaped) bacillus, rod; **6.** F (*Zigarette*) F ciggy.

Stab|hochspringer *m* pole-vaulter; **∼hochsprung** *m* pole-vaulting.

stabil I. *adj.* stable (*a.* ⚗, *pol.*, ⚕ *Preise, Währung etc.*); (*gleich bleibend*) steady; (*fest, robust*) solid, sturdy; *Körperbau*: sturdy, robust; ***∼ bleiben*** *Preise etc.*: *a.* hold steady; **II.** *adv.*: ***∼ gebaut*** solidly built, solid.

Stabilisator *m* stabilizer; **stabilisieren** *v/t.* stabilize (*a. v/refl.*: ***sich ∼***); **Stabilisierung** *f* stabilization.

Stabilisierungs|fläche *f* ✈, **∼flosse** *f* ✈, ⚓ stabilizer; **∼maßnahmen** *pl.* stabilization measures, moves to stabilize the economy (*od.* the political situation *etc.*); **∼politik** *f* policy of stabilization.

Stabilität *f* stability; *der Bauart etc.*: *a.* sturdiness; **Stabilitätspolitik** *f* ⚕ policy of stability.

Stabreim *m* alliteration.

Stabs|arzt *m* ⚔ captain (medical corps); **∼chef** *m* ⚔ chief of staff; **∼feldwebel** *m* ⚔ *Brit.* warrant officer class II (*abbr.* WO II), *Am.* master sergeant; **∼offizier** *m* ⚔ field (*beim Stab*: staff) officer.

Stab|übergabe *f*, **∼wechsel** *m* *Sport*: baton change.

Stachel *m* ⚘ prickle, (*Dorn*) thorn; *zo.* spine, *e-s Stachelschweins*: *a.* quill; *e-s Insekts*: sting; (*Metallspitze*) *a. am Cello etc.*: spike; *am Sporn*: point; *am Stacheldraht*: barb; *fig.* (*Schmerzendes*) sting; (*Ansporn*) spur; *fig.* ***j-m ein ∼ in der Seite sein*** be a thorn in s.o.'s side; ***der ∼ des Ehrgeizes trieb sie an*** she was goaded (*od.* spurred on) by ambition; *e-r Sache* ***den ∼ nehmen*** take the sting out of; ***wider den ∼ löcken*** kick against the pricks; **∼bart** F *m* prickly (*od.* spiky) beard; **∼beere** *f* gooseberry.

Stachelbeer|marmelade *f* gooseberry jam; **∼strauch** *m* gooseberry bush.

Stacheldraht *m* barbed wire; **∼verhau** *m* barbed wire entanglement; **∼zaun** *m* barbed wire fence.

Stachel|halsband *n* spiked collar; **∼häuter** *m zo.* echinoderm.

stachelig *adj.* prickly (*a.* ⚘); *zo.* spiny; (*borstig*) *Bart, Kinn*: bristly.

stacheln *v/t.* (*antreiben*) spur on; (*aufreizen*) goad.

Stachelschwein *n* porcupine.

stachlig *adj.* → ***stachelig.***

Stadel *dial. m* barn.

Stadion *n* stadium; **∼sprecher** *m* stadium announcer.

Stadium *n* stage, phase; ***in diesem ∼*** in (*od.* during) this phase, at (*od.* during) this stage; ***alle Stadien durchlaufen*** go through all the stages; → ***vorgerückt.***

Stadt *f* town; (*Groß≈*), *Am. amtlich*: city; (*∼verwaltung, ∼gemeinde*) municipality; ***in der ∼*** in town; ***in die ∼ gehen*** go to town, *Am.* go downtown; ***bei der ∼ arbeiten*** work for the council (*bei Groß≈*: corporation); ***die ∼ Köln*** a) the city of Cologne, b) Cologne City Council; ***die Ewige ∼*** the Eternal City; ***die Heilige ∼*** the Holy City; ***die Goldene ∼*** the Golden City (of Prague); **∼archiv** *n* municipal archives *pl.*; **≈auswärts** *adv.* out of town; **∼auto** *n* city car, F runaround; **∼autobahn** *f* urban motorway (*Am.* expressway); **∼bahn** *f* urban railway (*Am.* railroad); **≈bekannt** *adj.* known all over town; **∼bevölkerung** *f* **1.** urban population; **2.** town's (*od.* city's) inhabitants *pl.*; **∼bewohner** *m* → ***Städter***; **∼bezirk** *m* municipal district; *in London u. New York*: borough; **∼bibliothek** *f* public (*od.* municipal) library; **∼bild** *n* townscape, cityscape; ***das ∼ hat sich stark geändert*** the (face of the) town *od.* city has changed a lot; **∼bummel** *m*: ***(e-n ∼ machen*** go for a) stroll through town.

Städtchen *n* small town.

Stadtdirektor *m* town commissioner, *Am.* city manager.

Städtebau *m* urban development; **städtebaulich** *adj.* town (*od.* urban) planning ...; ***∼e Planung*** town (*od.* urban) planning.

Städte|bund *m hist.* league of cities (*od.* towns); **∼führer** *m* city guide.

stadteinwärts *adv.* into town.

Städte|partnerschaft *f a. pl.* twinning; ***zwischen München und Edinburgh besteht e-e ∼*** Munich and Edinburgh are twinned (*od.* twin towns); **∼planung** *f* town (*od.* urban) planning.

Städter *m* city dweller, urbanite, F townie, *contp.* city slicker.

Stadt|express *m* 🚆 city express (train); **∼fahrt** *f* ride into (*od.* around the) town; ***das Auto ist für ∼en gut geeignet*** the car is ideal for getting about (*od.* around) town; **∼flucht** *f* exodus from the cities, flight to the country; ***die ∼ hat zugenommen*** more and more people are leaving the big cities (and moving to the country); **∼führer** *m* city guide; **∼gas** *n* town gas; **∼gebiet** *n* municipal area; ***im ∼*** *a.* in the city area; **∼gespräch** *n* **1.** *teleph.* local call; **2.** *fig.* ***∼ sein*** be the talk of the town; ***zum ∼ werden*** become the talk of the town; **∼grenze** *f* city limits *pl.*; **∼guerilla** *m* urban guer(r)illa; **∼halle** *f* municipal hall; **∼haus** *n* town house; **∼indianer** *m* urban hippy; **∼innere(s)** *n* city (*od.* town) cent|re (*Am.* -er); *Am. a.* downtown (area); ***es führt direkt ins Stadtinnere*** it takes you straight to the city cent|re (*Am.* -er) *etc.*

städtisch I. *adj.* urban, town ..., city ...; *bsd. verwaltungsmäßig*: municipal; (*groß∼*) metropolitan; **II.** *adv.*: ***∼ verwaltet*** run by the town (*od.* city), municipally run (*od.* control[l]ed).

Stadt|kern *m* town (*od.* city) cent|re (*Am.* -er); heart of the town; *Am. a.* downtown area; **∼kind** *n* **1.** town (*od.* city) child; **2.** → ***Städter***; **∼klatsch** *m* town gossip; **∼klima** *n* urban (*od.* town) climate; **∼leben** *n* city life; **∼luft** *f* city air; **∼mauer** *f* city (*od.* town) wall; **∼mensch** *m* city person, urbanite, F townie; **∼mitte** *f* town *od.* city cent|re (*Am.* -er); *Am. a.* downtown area; **≈nah** *adj.* (*a. adv.* ***∼ gelegen***) close to town (*od.* the city); **∼nähe** *f*: ***in ∼ (gelegen)*** close to town (*od.* the city); **∼park** *m* municipal (*od.* public) park; **∼plan** *m* town (*od.* city) map; **∼planung** *f* → ***Städteplanung.***

Stadtrand *m* outskirts *pl.* of (the) town *od.* the city; ***am ∼*** on the outskirts of town (*od.* the city), ***leben***: *a.* live in suburbia; ***am nördlichen*** *etc.* ***∼*** on the northern *etc.* edge of town; **∼siedlung** *f* suburban estate (*Am.* development).

Stadt|rat *m* **1.** town (*od.* municipal) council; **2.** (*Person*) town (*Am.* city) council(l)or; **∼region** *f* conurbation; **∼rundfahrt** *f* city sightseeing tour; **∼sanierung** *f* urban renewal; *in Elendsvierteln*: slum clearance; **∼staat** *m* city state.

Stadtstreicher *m* city vagrant; *contp.* tramp; *pl. a.* street people; **Stadtstreicherei** *f* urban vagrancy; **Stadtstreicherin** *f* bag lady; → *a.* ***Stadtstreicher.***

Stadt|teil *m* district; *weitS.* part of town; **∼tor** *n* town (*od.* city) gate, entrance to the town (*od.* city); **∼väter** *hum. pl.* city fathers; **∼verkehr** *m* city traffic, traffic in the city (*od.* cities); **∼verwaltung** *f* municipal authorities *pl.*; **∼viertel** *n* district, part of town; **∼wappen** *n* city's (*od.* town's) coat of arms; **∼werke** *pl.* town (*od.* city) department *sg.* of works; municipal utilities; **∼wohnung** *f* flat (*bsd. Am.* apartment) in town (*od.* in the city); **∼zentrum** *n* → ***Stadtmitte.***

Stafette *f* relay.

Staffage *f* **1.** *a* facade, *a* (big) sham; **2.** *Kunst*: staffage.

Staffel *f* **1.** *Sport*: relay (race); (*Mannschaft*) relay team; **2.** ⚔, ✈ squadron.

Staffelei *f Kunst*: easel.

Staffel|lauf *m* relay race; ***∼ der Männer (Damen)*** men's (women's) relay; **∼miete** *f* graduated rent.

staffeln *v/t.* (*Steuern, Löhne etc.*) grade, graduate; *Arbeitszeit etc.*: stagger; → ***gestaffelt.***

Staffel|preise *pl.* graduated (*od.* sliding-scale) prices; **∼schwimmen** *n* relay swimming; **∼stab** *m* baton.

Staffelung *f* ✈, *Sport etc.*: staggering; *von Steuern, Zinsen etc.*: *a.* graduation; progressive rates *pl.*; (*Gefälle*) differential(s *pl.*).

Staffel|wettbewerb *m* relay (race); **∼zinsen** *pl.* graduated interest *sg.*

S

staffieren *v/t.* → ***ausstaffieren.***
Stag *n* ⚓ stay.
Stagflation *f* ⚕ stagflation.
Stagnation *f* stagnation; **stagnieren** *v/i.* stagnate; remain stagnant; **stagnierend** *adj.* stagnant.
Stagsegel *n* ⚓ staysail.
Stahl *m* steel; *fig.* ***Nerven aus ~*** nerves of steel; **~arbeiter** *m* steelworker; **~bau** *m* steel(-girder) construction; **~besen** *m* ♪ (wire) brushes *pl.*; **~beton** *m* reinforced concrete, ferro-concrete; **2blau** *adj.* steel blue; **~blech** *n* sheet steel; **~brille** *f*: **(e-e ~** a pair of) steel-rimmed glasses *pl.*; **~bürste** *f* wire brush.
stählen *v/t.* (*abhärten*) steel (***sich*** o.s.).
stählern *adj.* steel ..., made of steel; *fig.* steely (*a. Blick*); *Griff, Herz, Muskeln*: of steel.
Stahl|feder *f* steel spring; **~gerüst** *n* girder construction; **2grau** *adj.* steel grey (*Am.* gray); **~gürtelreifen** *m* steel-braced radial; **2hart** *adj.* (as) hard as steel; → *a.* ***stählern***; **~helm** *m* steel helmet; **~industrie** *f* steel industry; **~kammer** *f* strongroom; **~kocher** *m* steelworker; **~konstruktion** *f* → ***Stahlbau***; **~mantelgeschoss**, *östr.* **~mantelgeschoß** *n* steel jacket bullet.
Stahlrohr *n* steel tube; **~möbel** *pl.* tubular steel furniture *sg.*
Stahl|ross *hum. n* (*Fahrrad*) bike; **~saite** *f* ♪ steel (*od.* wire) string; **~schrank** *m* steel cabinet; **~seil** *n* steel cable; **~stich** *m* steel engraving; **~träger** *m* steel girder; **~waren** *pl.* steel goods; **~werk** *n* steelworks *pl.* (*oft sg. konstr.*), steel mill; **~wolle** *f* steel wool.
staken *v/i. u. v/t.* punt; **Staken** *m* punt pole.
Staket(enzaun *m*) *n* picket fence.
stakkato *adj. u. adv.*, **2** *n* ♪ staccato.
staksen F *v/i.* stalk, strut.
Stalagmit *m geol.* stalagmite.
Stalaktit *m geol.* stalactite.
Stalinismus *m* Stalinism; **Stalinist** *m*, **stalinistisch** *adj.* Stalinist.
Stalinorgel F *f* multiple rocket launcher.
Stall *m* **1.** (*Pferde2*) stable; (*Kuh2*) cowshed, *Am. a.* barn; (*Schweine2*) pigsty, *Am. a.* pigpen; *fig.* (*Renn2*) stable; *Motorrennen*: team; F *fig.* (*Zimmer*) F hole; F *fig.* ***aus e-m guten ~*** (*Familie*) from a good stable; ***ein ganzer ~ voll*** a whole horde of; → ***Pferd***; **2.** F (*Hosenschlitz*) flies *pl.*, fly; **~bursche** *m* → ***Stallknecht***; **~dünger** *m* manure; **~hase** *m* rabbit; **~knecht** *m* stable boy; **~meister** *m* equerry.
Stallung *f* stabling; *pl. a.* stables.
Stallwache *f*: *fig.* ***~ halten*** hold the fort.
Stamm *m* **1.** (*Baum2*) trunk; **2.** *bei Naturvölkern*: tribe; (*Geschlecht*) stock, lineage, (*Familie*) family, line; **3.** *biol.* phylum; (*Bakterien2*) strain; *Vieh*: breed; **4.** *ling.* (*Wort2*) root, stem; **5.** (*Mitarbeiter2 etc.*) permanent staff; (*Kunden2*) regular customers *pl.*; *Sport*: regular players *pl.*; **~aktie** *f* ⚕ ordinary share, *pl. a.* common stock *sg.*; **~baum** *m* family tree; *zo.* pedigree; *biol.* phylogenetic tree; **~buch** *n* (*Familien2*) family register; **~burg** *f* ancestral castle, family seat; **~datei** *f Computer*: master file; **~einlage** *f* ⚕ original investment, *partner's* capital share.
stammeln I. *v/i.* stammer; ⚕ *a.* stutter; **II.** *v/t.* stammer (out).
Stammeltern *pl.* progenitors.
stammen *v/i.*: ***~ von*** (*od.* ***aus***) come from; *zeitlich*: date from, go back to; ***diese Gläser ~ noch von der Großmutter*** these glasses used to be my grandmother's; ***die Formulierung*** (***Zeichnung***) ***stammt von ihm*** that's his wording (drawing); *iro.* ***das stammt nicht von mir!*** I had nothing to do with that.
Stammes|bewusstsein *n* (feeling of) tribal identity; **~führer** *m*, **~fürst** *m* → ***Stammeshäuptling***; **~geschichte** *f biol.* phylogeny; **2geschichtlich** *adj. biol.* phylogen(et)ic; **~häuptling** *m* (tribal) chieftain; **~kunde** *f* ethnology; **~sitte** *f* tribal custom (*od.* tradition); **~zugehörigkeit** *f* tribal identity.
Stamm|form *f ling.* principal form; **~gast** *m* habitué (***in, bei*** of), F regular (at); **~gericht** *n* standard dish; **~halter** *m* son and heir; **~haus** *n* ⚕ parent firm.
stämmig *adj.* stocky, thickset; *Beine*: sturdy.
Stamm|kapital *n* ⚕ joint stock; **~kneipe** F *f* F watering hole, favo(u)rite haunt, *sl.* hangout; *Brit. a.* local; **~kunde** *m* regular customer (*od.* patron); **~kundschaft** *f* regulars *pl.*, regular customers (*od.* patrons) *pl.*; **~lokal** *n* F favo(u)rite haunt; → ***Stammkneipe***; **~personal** *n* permanent (*Mindest2* skeleton) staff *sg.* (*mst pl. konstr.*); **~platz** *m one's* usual seat; *fig.* ***~ in e-r Mannschaft*** *etc.* firm place in a team *etc.*; **~publikum** *n* regular guests (*od.* customers *etc.*) *pl.*; *thea. etc.* regular audience; F regulars *pl.*; **~silbe** *f ling.* root syllable; **~sitz** *m* ancestral seat; ⚕ headquarters *pl.* (*a. sg. konstr.*); **~spieler** *m* regular (player); **~tafel** *f* genealogical table.
Stammtisch *m* regulars' table; (*Personen*) round of regulars; ***montags habe ich ~*** on Mondays I meet my friends down at the pub; **~bruder** *m* drinking companion (F mate); **~politik** *contp. f* alehouse (*Am.* cracker-barrel) politics *pl.*; **~politiker** *contp. m* alehouse (*Am.* cracker-barrel) politician; **~stratege** *m* armchair strategist.
Stamm|vater *m* progenitor; **~verzeichnis** *n Computer*: root directory; **~vokal** *m* root vowel; **~wähler** *m* standing voter, F party diehard; **~würze** *f Bier*: original wort.
stampfen I. *v/i.* **1.** (*schwer auftreten*) stamp; (*stampfend gehen*) *a.* stomp; ***mit dem Fuß ~*** stamp one's foot; F ***durch die Gegend ~*** stomp around (like an elephant); **2.** ⚓ pitch; **II.** *v/t.* ⚙ (*fest~*) tamp, ram (down); (*Erde, Lehm etc.*) stamp (down); (*Kartoffeln*) mash; (*Trauben*) crush; *im Mörser*: pound, crush; → ***klein stampfen***; *fig.* ***aus dem Boden ~*** produce *s.th.* out of thin air; ***ich kanns doch nicht einfach aus dem Boden ~*** *a.* I can't just wave my magic wand; **Stampfer** *m* ⚙ tamper; (*Kartoffel2*) masher.
Stand *m* **1.** (*aufrechtes Stehen*) standing position; (*Halt*) footing, foothold; ***aus dem ~*** from a standing position, *fig.* off the cuff; ***Sprung*** (***Start***) ***aus dem ~*** standing jump (start); ***keinen*** (***festen***) ***~ haben*** be wobbly, *Person*: have no firm foothold; *fig.* ***e-n schweren ~ haben*** a) have a hard time of it (***bei j-m*** with s.o.), b) be in a difficult position; **2.** (*Zustand*) state; (*Beschaffenheit*) condition; (*Lage*) situation, position; (*Niveau*) level, standard; (*Wasser2*) level; *ast.* position; ⚕ *von Kursen, Preisen, des Marktes*: level; (*Kilometer2*) number of kilomet|res (*Am.* -ers) clocked up, *etwa* mileage; (*Zähler2*) reading; (*Konto2*) balance; (*Kranken2*) figure; *e-s Wettkampfes*: score; ***den höchsten ~ erreichen*** reach one's peak (*od.* highest level); ***~: 1. Oktober 2000*** as at (*bsd. Am.* of) 1 October 2000; ***et. auf den neuesten ~ bringen*** update s.th., bring s.th. up to date; ***j-n auf den neuesten ~ bringen*** F bring s.o. up to speed; ***außer ~e*** → ***außerstande; im ~e*** → ***imstande; in ~*** → ***instand; zu ~e*** → ***zustande; der ~ der Dinge*** the state of affairs; ***nach dem*** (***jetzigen***) ***~ der Dinge*** as matters stand (at the moment); ***neuester ~*** (***der Technik***) latest developments (in technology); ***auf dem neuesten ~ der Technik sein*** *Gerät etc.*: be state-of-the-art; **3.** (*soziale Stellung*) social status (*od.* position, standing), rank, *formell*: station; (*Klasse*) class; (*Rechts2, Familien2*) status; (*Beruf*) profession; ***geistlicher ~*** *the* clergy; ***die höheren Stände*** the upper classes; *hist.* ***der dritte ~*** the third estate; ***die drei Stände*** the three orders (*od.* estates); ***unter*** (***über***) ***s-m ~ heiraten*** marry below (above) one's station; **4.** (*Verkaufs2*) stall, (*a. Messe2*) stand; ***e-e Pizza am ~ essen*** have a (quick) pizza at a stand-up (buffet).
Standard *m* standard; (*Niveau*) *a.* level; ***das gehört zum ~*** (*zur Grundausrüstung*) that's standard; **~abweichung** *f* standard deviation; **~ausführung** *f* standard type (*od.* model, design); **~ausrüstung** *f* standard equipment (*Sport*: gear); **~aussprache** *f* standard pronunciation; *in GB*: *a.* received pronunciation; **~einstellung** *f Computer*: default.
standardisieren *v/t.* standardize; **Standardisierung** *f* standardization.
Standard|objektiv *n phot.* standard lens; **~schrift** *f Computer*: standard font; **~sprache** *f* standard language; **~tanz** *m* standard dance; **~werk** *n* standard work.
Standarte *f* standard; *kleine*: guidon; **Standartenträger** *m* standard bearer.
Stand|bein *n* standing leg; **~bild** *n* **1.** (*Foto*) still; *Film, Video*: still frame; **2.** (*Statue*) statue.
Stand-by *n* **1.** *Betriebsart von Fernsehgerät etc*: standby; **2.** ✈ standby; **3.** ***~ haben*** *Arzt etc.*: be on standby; **~-Betrieb** *m e-s Gerätes*: standby mode; **~-Tarif** *m* standby fare; **~-Ticket** *n* standby ticket.
Ständchen *n* (little) song, F ditty; (*bsd. Liebes2*) serenade; ***j-m ein ~ bringen*** sing s.o. a little song (*od.* ditty), serenade s.o.
Ständeordnung *f hist.* corporative system.
Stander *m* pennant.
Ständer *m* **1.** stand; (*Gestell*) *a.* rack; → ***Bücherständer*** *etc.*; **2.** V (*Erektion*) *sl.* hard-on.
Standesamt *n* registry office; **standesamtlich** *adj.*: ***~e Trauung*** registry office wedding; **Standesbeamte(r)** *m* registrar.
Standes|bewusstsein *n* class consciousness; **~dünkel** *m* class snobbery; F snootiness; **2gemäß** *adj. u. adv.* in keeping with one's station; **~schranken** *pl.* class (*od.* social) barriers.
Ständestaat *m hist.* corporative state.
Standesunterschied *m* class distinction, difference in class.
standfest *adj.* steady; ⚙ stable; ***~e Abwehr*** *Sport*: safe defen|ce (*Am.* -se); F

S

fig. ***nicht mehr ganz ~*** a bit tiddly; **Standfestigkeit** *f* steadiness; ⚙ stability; *fig.* → ***Standhaftigkeit.***

Stand|foto *n* still; **~fußball** *m*: ***~ spielen*** play at a walking pace; **~gas** *n mot.* idling mixture (supply); **~geld** *n* stallage; **~gerät** *n* console TV set; **~gericht** *n* ⚔ drumhead court martial.

standhaft I. *adj.* steadfast; (*unerschütterlich*) firm, unwavering, *Vertreter, Anhänger etc.*: *a.* staunch; (*entschlossen*) resolute; (*beharrlich*) persevering; **II.** *adv.*: ***~ ablehnen*** firmly refuse; **Standhaftigkeit** *f* steadfastness *etc.*; → ***standhaft.***

standhalten *v/i. Person*: hold one's ground (*od.* own), stand firm; *Deich etc.*: hold out (*dat.* against); (*e-m Angriff, Stoß etc.*) withstand; (*e-r Kritik etc.*) stand up to; ***j-m*** (***e-r Sache***) ***~*** *a.* resist s.o. (s.th.); ***j-s Blick ~*** resist (*od.* sustain) s.o.'s gaze; ***sie konnte ihren neugierigen Blicken nicht ~*** she couldn't take their inquisitive stares; → ***Vergleich*** 1.

ständig I. *adj. Adresse, Personal etc.*: permanent; (*fortwährend*) constant, continual; (*laufend*) continuous; (*regelmäßig*) steady; *Einkommen*: fixed, regular; *Regel, Praxis*: established; ***~er Ausschuss*** standing committee; ***~er Begleiter*** constant companion; ***~er Beirat*** permanent council; ***~er Korrespondent*** resident correspondent; ***unter ~em Druck sein*** be under constant pressure; ***in ~er Sorge leben*** live in a state of constant worry; ***in ~er Verbindung stehen mit*** be in regular contact with; **II.** *adv.* permanently; constantly, forever; ***et. ~ sagen*** (***tun***) keep saying (doing) s.th.; ***er meckert ~ über das Essen*** he's always (*od.* forever) complaining about the food, he keeps (*od.* never stops) complaining about the food.

Stand|leitung *f teleph., Internet etc.*: dedicated line; **~licht** *n mot.* parking light.

Standort *m* position (*a.* ⚓ *etc.*), location; *e-r Industrie etc.*: site; (*Ort*) place; ⚔ (*Garnison*) garrison, *Am.* post; *fig.* position, (*Einstellung*) attitude, standpoint; ***den ~ bestimmen von*** locate; *fig.* ***den ~ bestimmen*** define one's position, take a clear stand; **~bestimmung** *f* location; *Radar*: fixing; *fig.* definition of one's position; *fig.* ***e-e ~ machen*** define one's position, take a clear stand; **~debatte** *f* ☿, *pol.* debate on Germany (*od.* Britain, the US *etc.*) as an industrial location (*od.* a business base); **~faktor** *m* locational factor; **~verlegung** *f* relocation; **~vorteil** *m* ☿ locational advantage; **~wahl** *f* choice of site (*od.* location).

Stand|pauke F *f* lecture, *Brit.* F wigging; ***j-m e-e ~ halten*** give s.o. a lecture (*od.* wigging); **~platz** *m* stand, *für Taxis*: *Brit. a.* taxi rank; **~punkt** *m* point of view, standpoint, stance; ***den ~ vertreten*** (*od.* ***auf dem ~ stehen, sich auf den ~ stellen***), ***dass*** take the view (*od.* line, stance) that; ***von s-m ~ aus*** from his point of view; ***vom medizinischen ~*** (***aus***) from a medical point of view (*od.* standpoint); ***j-m den ~ klarmachen*** make one's point of view quite clear to s.o.; **~quartier** *n* base.

Standrecht *n* ⚔ martial law; **standrechtlich** *adj. u. adv.* by order of court martial.

Stand|seilbahn *f* funicular (railway); **~spur** *f mot.* hard shoulder, *Am.* shoulder; **~uhr** *f* grandfather clock; **~vermögen** *n* → ***Stehvermögen.***

Stange *f* pole; (*kleinere Metall*~) rod; (*Kleider*~) rail; (*Pfosten*) post; (*Vogel*~) perch; *Ballett etc.*: bar; *Zimt, Lakritz etc.*: stick; ***von der ~*** *Kleidung*: off-the-peg ..., *pred.* off the peg; ***e-e ~ Zigaretten*** a carton of cigarettes; F ***e-e ~ Geld*** F a tidy sum, a packet; F ***e-e ~ angeben*** F lay it on thick; F ***sie ist e-e lange ~*** she's like a beanpole; F *fig.* ***bei der ~ bleiben*** stick it out (to the end), F hang in there; ***j-n bei der ~ halten*** keep s.o. at it, keep s.o.'s nose to the grindstone; ***j-m die ~ halten*** back s.o. up, stand (F stick) up for s.o.

Stängel *m* ❀ stalk, stem; F ***fall nicht vom ~!*** take a deep breath, wait for this; F ***ich bin fast vom ~ gefallen*** I nearly fell over backwards.

Stangen|bohne *f* runner (*od.* string) bean; **~brot** *n* French stick, baguette; **~sellerie** *m, f* celery (stalks *pl.*); **~spargel** *m* asparagus spears *pl.*

Stänkerer F *m* (*Streitmacher*) troublemaker, stirrer; **stänkern** F *v/i.* (*nörgeln*) grouse; (*Streit schüren*) stir up (*od.* make) trouble.

Stanniol *n* tin foil, silver paper.

Stanze *f* ⚙ punch, punching machine; **stanzen** *v/t.* ⚙ punch; stamp.

Stapel *m* pile, stack; *Computer*: batch; ⚓ stocks *pl.*; ⚓ ***auf ~ legen*** lay down; ***vom ~ laufen*** be launched; ***vom ~ lassen*** launch; *fig.* (*Witz*) crack, (*Rede*) make; **~lauf** *m* launching.

stapeln *v/t.* stack, (*a.* ***sich ~***) pile up.

Stapel|stuhl *m* stackable chair; **~verarbeitung** *f Computer*: batch processing; **~waren** *pl.* staple commodities.

stapelweise *adv.* in piles; ***bei ihm liegen die Computerhefte ~ herum*** he's got piles (F stacks) of computer magazines lying around (at home).

stapfen *v/i.* trudge.

Stapfen *pl.* footprints.

Staphylokokkeninfektion *f* staphylococcal infection; **Staphylokokkus** *m* staphylococcus.

Star[1] *m zo.* starling.

Star[2] *m Film etc.*: star, F celeb.

Star[3] *m* ⚕: ***grauer ~*** cataract(s *pl.*); ***grüner ~*** glaucoma; ***am ~ operiert werden*** have one's cataracts removed; *fig.* ***j-m den ~ stechen*** remove the scales from s.o.'s eyes, open s.o.'s eyes.

Star|allüren *pl.* airs (and graces); **~anwalt** *m* top lawyer (*Am. a.* attorney); **~autor** *m* best-selling author; **~besetzung** *f* star cast; ***mit ~*** *a.* star-studded ...; **~dirigent** *m* star conductor; **~gast** *m* star guest.

stark I. *adj.* strong (*a. Ähnlichkeit, Argument, Band, Brille, Eindruck, Gefühl, Geruch, Geschmack, Getränk, Gift, Glaube, Licht, Nerven, Parfüm, Verdacht, Vorurteil, Wille, ling. Verb etc.*); *Gegner, Kandidat, Motor, Organisation, Stellung*: *a.* powerful; (*kräftig*) *Mensch*: strong, *Sache*: *a.* robust, sturdy; (*beleibt*) stout; (*dick*) *Wand etc.*: thick; (*mächtig*) powerful; (*intensiv*) intense; (*heftig*) violent; (*schlimm*) bad; F (*großartig*) F great; *Erkältung, Frost, Raucher, Regen, Sturm, Trinker, Verkehr etc.*: heavy; ***~er Beifall*** loud applause; ***~er Esser*** big eater; ***~es Fieber*** a high temperature; ***das ~e Geschlecht*** the stronger sex; ⚕ ***~es Mittel*** strong medicine (*od.* tablets *etc.*); ***~e Nachfrage*** great (*od.* heavy) demand; ***~e Schmerzen*** severe pain; ***die Schmerzen sind ~*** *a.* the pain is very bad; ***~e Schmerzen haben*** be in severe pain; *fig.* ***~e Seite*** strong point, strength, forte; ***~e Übertreibung*** gross exaggeration; ***er ist stärker geworden*** he's put on weight; ***e-n ~en Haarwuchs haben*** (*dichtes Haar*) have thick hair, (*schnell wachsend*) have a heavy growth of hair; F ***sich ~ machen für*** stand up for; ***den ~en Mann markieren*** try to act tough; ***Politik der ~en Hand*** heavy-handed policy; ***e-e 200 Mann ~e Kompanie*** a company of 200; ***sie waren 200 Mann ~*** they were 200 strong; ***das Buch ist 600 Seiten ~*** the book is 600 pages thick; → ***Blutung, Polizeiaufgebot, Stück***; **II.** *adv.* (*sehr*) strongly; ***~ benachteiligt*** severely handicapped; ***~ beschäftigt*** very busy; ***~ betrunken*** very drunk; ***~ erkältet sein*** have a bad cold; ***~ gewürzt*** highly seasoned; ***~ übertrieben*** grossly exaggerated; ***~ ansteigen*** rise sharply; ***~ bluten*** bleed heavily (*od.* profusely); ***~ regnen*** rain heavily, pour; ***~ riechen*** have a strong smell, smell strong; ***~ trinken*** (***rauchen***) be a heavy drinker (smoker); ***~ wirken*** have a strong effect; → ***Verdacht.***

stark| befahren *adj.* busy; **~ behaart** *adj.* very hairy; **~ betont** *adj.* strongly stressed; **~ bevölkert** *adj.* highly (*od.* densely) populated; high-population ...

Starkbier *n* strong beer; *high-alcohol-content beer.*

Stärke[1] *f* → *a.* ***stark*** I; **1.** strength (*a. körperliche Kraft, Brillen*~ *etc.*); (*Macht*, ⚙ *Leistung*) power; (*zahlenmäßige* ~) strength, size; ***Politik der ~*** power politics; **2.** (*Maß*) thickness, (*Durchmesser*) diameter; **3.** ⚗ strength, concentration; **4.** (*Intensität*) intensity; **5.** *fig.* (*starke Seite*) strong point, strength, forte; ***es gehört nicht zu s-n ~n*** it's not one of his strong points (*od.* strengths, fortes); → ***Richterskala.***

Stärke[2] *f* (*Speise*~, *Wäsche*~) starch; **~gehalt** *m* starch content; **~haltig** *adj.* starchy; ***~ sein*** *a.* contain starch; **~mehl** *n* cornflour, *Am.* cornstarch.

stärken[1] **I.** *v/t.* strengthen (*a. fig.*); (*Gesundheit*) build up; (*Mut, Selbstsicherheit*) boost, build up; (*Macht*) increase; ***j-m den Rücken ~*** back s.o. up; **II.** *v/refl.*: ***sich ~*** have a bite to eat; have a drink; *lit.* fortify o.s.; ***ich muss mich ~*** *a.* I need s.th. to revive me, *mit e-m Getränk*: *a.* I need a drink.

stärken[2] *v/t.* (*Wäsche*) starch.

stärkend *adj.*: ***~es Mittel*** tonic, restorative.

Starkstrom *m* ⚡ high-voltage (*od.* heavy) current; **~leitung** *f* power line; **~technik** *f* heavy current engineering.

Starkult *m* star cult.

Stärkung *f* strengthening; (*Erfrischung*) refreshment; F (*Schnaps etc.*) F bracer; **Stärkungsmittel** *n* ⚕ tonic, restorative.

Starlet *n* starlet.

Staroperation *f* ⚕ cataract operation.

Starparade *f* star gala.

Starprofil *n* star (*od.* celebrity) profile.

starr I. *adj.* **1.** (*steif*) stiff, (*Leiche*) *a.* rigid; (*bewegungslos*) motionless; (*~ angebracht*) fixed; ***~er Blick*** fixed (*od.* rigid) stare; ☿ ***~es Budget*** fixed budget; ***~ vor Entsetzen*** paralysed with horror; ***~ vor Staunen*** dumbfounded; ***~ vor Kälte*** numb with cold; ***~ stehen bleiben*** be transfixed, stop dead in one's tracks; **2.** *Prinzipien etc.*: rigid, firm; *Haltung*: rigid, (*unnachgiebig*) inflexible, unbend-

S

ing, unyielding; **~e Regel** *a.* hard and fast rule; **II.** *adv.* rigidly *etc.*; → I; **~ an et. festhalten** adhere rigidly (*od.* stubbornly) to s.th.

Starrachse *f mot.* rigid axle.

Starre *f* stiffness, rigidity.

starren[1] *v/i.* stare (**auf** at); **vor sich hin ~, ins Leere ~** stare into space.

starren[2] *v/i.*: **~ vor** (*od.* **von**) (*voll sein von*) bristle with; **vor Schmutz ~** be thick with dirt.

Starreporter *m* star reporter.

Starrheit *f* rigidity; stiffness; inflexibility *etc.*; → **starr** I.

Starrkopf *m* stubborn (*od.* obstinate) mule; **starrköpfig** *adj.* stubborn, obstinate.

Starrkrampf *m* ⚕ tetanus.

Starrsinn *m* stubbornness, obstinacy; **starrsinnig** *adj.* stubborn, obstinate.

Starrummel *m* celebrity hype.

Start *m* start (*a. mot. u. fig.*); ✈ take-off; (*Raketen*≈) launching, lift-off; *Sport*: (*~linie*) start, starting line; **am ~** *Sport*: at the start, on the starting line; **fliegender** (**stehender**) **~** *Sport*: flying (standing) start; **e-n guten** (**schlechten**) **~ haben** *Sport u. fig.*: get off to a good (bad) start; ✈ **zum ~ freigeben** clear for takeoff; *fig.* **~ frei für ...** all clear for (the launching of) ...; **ein guter ~ ins Leben** a good start in life; **~ausrüstung** *f* basic equipment (*od.* kit); **~automatik** *f mot.* automatic choke control.

Startbahn *f* ✈ runway; **~befeuerung** *f* runway lighting (*od.* lights *pl.*).

startbereit *adj.* ready to start; ✈ ready for takeoff; F *fig.* ready to go.

Startblock *m* starting block.

starten I. *v/i.* start, *Maschine*, *Gerät a.* start up; *Sport*: (*teilnehmen*) take part (**bei** in), participate (in); ✈ take off; **zu früh ~** *Sport*: jump the gun; **~ für** *Italien etc.*: run (*od.* race *etc.*) for; **II.** *v/t.* start, (*Maschine*, *Gerät*) *a.* start up; F *fig.* (*Unternehmen etc.*) *a.* launch; **Starter** *m mot.u. Sport*: starter.

Start|erlaubnis *f* ✈ (takeoff) clearance; *Sport*: permission to take part; **~geld** *n Sport*: entry fee; **~geschwindigkeit** *f* ✈ takeoff speed.

Starthilfe *f* ✈ assisted takeoff (*a.* **Abflug mit ~**); ⚚ initial aid, F start-up cash; **j-m ~ geben** *mot.* help s.o. get started, *mit Starthilfekabel*: give s.o. a jump start; *fig.* give s.o. a start (in life); **~kabel** *n mot.* jump leads *pl.*, *Am.* jumper (cable), booster cable.

Start|kapital *n* start-up capital; **≈klar** *adj.* ✈ ready for takeoff; *Maschine*: in flying condition; **~kommando** *n* starter's order; **~läufer** *m* first runner; **~linie** *f* starting line; **~loch** *n Sport*: starting hole; **langsam aus den Startlöchern kommen** get off to a slow start; **~nummer** *f* number; **~ordnung** *f* starting order; **~pistole** *f* starting pistol; **~position** *f* starting position; **~rampe** *f* launch(ing) pad; **~schuss** *m Sport*: starting signal; **~seite** *f Internet*: home page; **~signal** *n* starting (✈ takeoff) signal; *fig.* F go-ahead, green light; **~strecke** *f* ✈ takeoff run; **~turm** *m* launching rail; **~verbot** *n Sport*: suspension; ✈ grounding; **e-m Flugzeug ~ erteilen** ground an aircraft; **~zeichen** *n* → **Startsignal.**

Stasi F *f hist. DDR*: Stasi, secret police *pl.*; **~mitarbeiter** *m*: (**ehemaliger ~** former) member of the Stasi.

Statement *n* statement; **ein ~ abgeben** give a statement (**über** on); make a (*od.* an official) statement (on).

Statik *f phys.*, ⚡, ⛰ statics *pl.* (*als Fach sg. konstr.*); *fig.* inertia; **Statiker** *m* ⛰ structural engineer, stress analyst.

Station *f* **1.** 🚂 station; (*Haltestelle*, *Aufenthaltsort*) stop; **~ machen in** stop over in (*od.* at); **ich mache bei m-n Eltern ~** I'll be stopping over at my parents' (place); **in Kairo zwei Tage ~ machen** stop over in Cairo for two days, make (*od.* have) a two-day stop(over) in Cairo; **2.** *Radio*, *meteor. etc.*: station; **3.** (*Kranken*≈) ward; **auf welcher ~ liegt sie?** which ward is she in?; **der Arzt ist auf ~** the doctor is doing his rounds; **4.** *fig.* (*Stadium*) stage; **5.** *bibl. des Kreuzwegs*: station (of the Cross).

stationär I. *adj.* **1.** stationary (*a.* ⚙); (*gleich bleibend*) steady, constant; **2.** ⚕ in-patient ...; **~e Behandlung** in-patient treatment; **II.** *adv.*: **~ behandelter Patient** in-patient; **~ behandeln** treat in hospital; **er muss ~ behandelt werden** *a.* he'll have to go into hospital (for that).

stationieren *v/t.* ⚔ station, (*Waffen nur*:) deploy; **Stationierung** *f* stationing, *von Waffen nur*: deployment.

Stationierungs|kosten *pl.* stationing costs; **~streitkräfte** *pl.* stationed forces (*od.* troops).

Stations|arzt *m* ward doctor; **~schwester** *f* ward sister; **~taste** *f* preset button; **~vorsteher** *m* 🚂 stationmaster.

statisch I. *adj.* **1.** *phys.* static; *Bauwesen*: *a.* structural; **~e Berechnung** structural analysis; **2.** *fig.* static, inert; **II.** *adv.* statically, structurally.

Statist *m thea.*, *Film*: extra; *fig.* bit player; **Statistenrolle** *f* walk-on part; *fig.* bit part, minor role.

Statistik *f* statistics *pl.* (*als Fach sg. konstr.*); *aufgestellte*: statistical survey; **die ~ zeigt** (the) statistics show, according to the statistics; **e-e ~ aufstellen** a) conduct a survey (**über** on), b) compile (a set of) statistics (on); **Statistiker** *m* statistician, statistical expert; **statistisch I.** *adj.* statistical; **~e Erhebung** survey; **~es Jahrbuch** annual abstract of statistics; **II.** *adv.*: **~ gesehen** according to the statistics, statistically.

Stativ *n* tripod; **~aufnahme** *f* tripod shot; **~bein** *n* (tripod) leg; **~kamera** *f* stand camera; **~wagen** *m* tripod dolly.

statt I. *prp.* instead of; **~ dessen** instead of which; **II.** *cj.*: **~ zu** *inf.*, **~ dass ...** instead of *ger.*; → **stattdessen.**

Statt *obs. f* place; stead; **an j-s ~** in s.o.'s stead; → **von-, zustatten.**

stattdessen *adv.* instead.

Stätte *f* place; (*Schauplatz*) scene; (*Ausgrabungs*≈) site; **historische ~** historical site; **an historischer ~** *a.* on historical ground; **e-e geweihte ~** a consecrated site, consecrated ground; **~ des Friedens** haven of peace; **~n der Erinnerung** (**Jugend**) places of the past (of one's youth).

stattfinden *v/i.* take place, be; (*sich ereignen*) happen; (*abgehalten werden*) be held; **die Sitzung findet am Freitag statt** the meeting is (*od.* will be) on Friday, *formell*: the meeting will take place on Friday; **das Konzert** (**die Reise**) **findet nicht statt** the concert (the trip) has been cancel(l)ed.

stattgeben *v/i.* (*e-r Bitte etc.*) grant.

statthaft *adj.* admissible, permissible, (*gesetzlich ~*) legal; **nicht ~** not admissible, *Rauchen etc.*: not permitted.

Statthalter *m* governor; **Statthalterschaft** *f hist.* governorship.

stattlich *adj.* (*imposant*, *würdevoll*) stately; *Gebäude*, *Baum etc.*: *a.* grand; (*eindrucksvoll*) imposing, impressive; (*kräftig gebaut*) well-built ..., *pred.* well built; (*beträchtlich*) considerable, *Summe*: *a.* handsome; *Familie*: large; **e-e ~e Erscheinung** a commanding figure; **e-e ~e Summe** *a.* F a tidy (little) sum.

Statue *f* statue; **statuenhaft** *adj.* statue-like, statuesque.

Statuette *f* statuette.

statuieren *v/t.*: **ein Exempel ~** set an (*od.* a warning) example; **an j-m ein Exempel ~** make an example of s.o.

Statur *f* build; *a. fig.* stature; **von kräftiger ~ sein** be well-built; **von ~ eher klein** (a bit) on the short side.

Status *m* **1.** *gesellschaftlicher etc.*: status; **2.** (*Rechtsstellung*) status; **3.** (*Lage*) state, status; **~ quo** *m* status quo; **den ~ aufrechterhalten** maintain the status quo; **~symbol** *n* status symbol; **~wort** *n Computer*: status word; **~zeile** *f Computer*: status bar.

Statut *n* **1.** statute, regulation; **2.** *pl. e-r Handelsgesellschaft*: articles of association.

Stau *m* **1.** *mot.* traffic jam; (*Rück*≈) tailback; **in e-n ~ geraten** get stuck (*od.* caught up) in a traffic jam; **im ~ stehen** be stuck (*od.* caught up) in a traffic jam; **ein ~ von fünf Kilometer Länge** a five-kilomet|re (*Am.* -er) tailback; **2.** (*Ansammlung*) accumulation, build-up; → *a.* **Stauung.**

Staub *m* dust; (*Pulver*) powder; ⚘ pollen; **~ wischen** dust, do the dusting; **den ~ wischen von** dust (down); *fig.* **sich vor j-m in den ~ werfen** a) throw o.s. at s.o.'s feet, b) grovel before s.o. (*od.* at s.o.'s feet); F **sich aus dem ~ machen** F clear off, make a (quick) getaway; → **aufwirbeln**; **~allergie** *f* dust allergy; **≈bedeckt** *adj.* dusty, dust-covered; thick with dust; **~beutel** *m* **1.** ⚘ anther; **2.** *im Staubsauger*: dust bag; **~blatt** *n* ⚘ stamen.

Staubecken *n* reservoir.

stauben *v/i.* make a lot of dust; **es staubt** there's a lot of dust; F **pass auf, sonst staubts!** F watch it, or there'll be trouble.

stäuben I. *v/t.* **1. Mehl** *etc.* **über et. ~** dust s.th. with flour *etc.*; **II.** *v/i.* **2.** *Wasser*, *Schnee*: spray; **3.** *Blüten*: pollinate.

Staub|fänger *m* dust trap; **die Porzellanfiguren sind bloß ~** *a.* those porcelain figures just stand around collecting dust; **~filter** *m* dust filter; **~flocke** *f* piece of fluff; **≈frei** *adj.* dust-free, free of dust; **~gefäß** *n* ⚘ stamen.

staubig *adj.* dusty.

Staub|korn *n* dust particle; speck of dust; **~lappen** *m* duster; **~lunge** *f* ⚕ silicosis.

staubsaugen, Staub saugen *v/i. u. v/t.* vacuum, *Brit. a.* hoover; **Staubsauger** *m* vacuum cleaner, *Brit. a.* hoover.

Staub|schicht *f* layer of dust; **~schutzhaube** *f Plattenspieler etc.*: dust cover; **~tuch** *n* duster; **~wedel** *m* feather duster; **~wolke** *f* cloud of dust.

stauchen *v/t.* **1.** ram; *mit dem Fuß*: kick; **2.** (*Sack Getreide etc.*) shake down; **3.** ⚙ compress, upset; (*Bolzenköpfe*) head, clinch; **4.** *fig.* → **zusammenstauchen.**

S

Staudamm *m* dam.
Staude *f* ⚘ **1.** herbaceous plant; **2.** (*Strauch*) shrub.
Stauden|gewächs *n* herbaceous plant; **~sellerie** *m, f* celery (stalks *pl.*).
stauen I. *v/t.* **1.** (*Wasser, Fluss*) dam up; (*Blut*) stop (the flow of); **2.** (*Güter etc.*) stow (away); **II.** *v/refl.*: ***sich ~*** **3.** *Wasser*: collect, rise; ⚕ congest; **4.** (*sich ansammeln*) pile up, accumulate; *Menschen*: gather; *Verkehr*: be(come) congested; *fig. Wut etc.*: build up; ***die Kinder stauten sich am Eingang*** the children were crowding the entrance; ***die Autos stauten sich vor dem Tor*** there was a long line of cars in front of the gate.
Stauer *m* ⚓ stevedore.
Staumauer *f* dam.
staunen I. *v/i.* be amazed (***über*** at); *bewundernd*: marvel (at); ***ich habe gestaunt, wie gut er es gemacht hat*** I was amazed at how well he did it; ***wir haben nur noch gestaunt*** we were amazed, F we just gaped; ***da staunst du, was?*** I thought that would surprise you, (*über mich*) *a.* you didn't think I was capable, did you?; → ***Laie***; **II.** F *v/t.* → ***Bauklotz***; **III.** ≈ *n* astonishment, amazement; (*Bewunderung*) awe; ***in ~ versetzen*** amaze, F have *s.o.* gaping; ***sie sind aus dem ~ nicht mehr herausgekommen*** they couldn't believe their eyes (*od.* ears), F they just gaped; **staunenswert** *adj.* astonishing, amazing.
Staupe *f vet.* distemper.
Stausee *m* reservoir.
Stauung *f von Wasser, Hitze, a. fig.*: buildup; ⚕ *u. Verkehr*: *a. pl.* congestion.
Stauwasser *n* backwater.
Steak *n* steak.
Stearin *n* stearin.
Stechapfel *m* ⚘ thorn apple.
stechen I. *v/i.* **1.** *Nadel, Dorn etc.*: prick; *Wespe etc.*: sting; *Mücke*: bite; *mit e-m Messer*: stab; *Wolle*: prick, be prickly; *Sonne*: burn; ***mit dem Messer nach j-m ~*** stab at (*od.* attack) s.o. with a knife; *fig.* ***in die Nase ~*** *Geruch*: sting in one's nose; ***j-m in die Augen ~*** strike s.o., catch s.o.'s eye; **2.** *Kartenspiel*: trump, play a trump; **3.** *Pferdesport*: jump off; **4.** *Kontrolluhr*: clock in (*od.* out); → ***See*** 1; **II.** *v/t.* **5.** *Nadel, Dorn etc.*: prick; *Wespe etc.*: sting; *Mücke*: bite; *mit e-m Messer*: stab; **6.** (*Torf, Rasen, Spargel*) cut; **7.** (*Schwein*) stick; **8.** (*Aale*) spear; **9.** *in Kupfer*: cut, engrave (***in*** into); **10.** *Kartenspiel*: trump; ***mit dem König den Buben ~*** take (*od.* trump) the jack with the king; **11.** ***die Kontrolluhr ~*** check in (*od.* out); → ***gestochen, Hafer***; **III.** *v/refl.*: **12.** ***sich ~*** prick o.s. (***an*** on; ***mit*** with); ***sich in den Daumen ~*** prick one's thumb; **IV.** *v/impers.* **13.** ***es sticht mir*** (*od.* ***mich***) ***im Rücken*** (***in der Seite***) I've got a sharp (*od.* stabbing) pain in my back (side), (*Seiten~*) *a.* I've got a stitch in my side; **V.** ≈ *n* **14.** sharp (*od.* stabbing) pain; (*Seiten~*) *a.* stitch; **15.** *Pferdesport*: jump-off; **stechend** *adj. Blick*: piercing; *Geruch*: pungent; *Schmerz*: sharp, stabbing.
Stech|fliege *f* stable fly; (*Bremse*) horsefly; **~ginster** *m* ⚘ gorse; **~kahn** *m* punt; **~karte** *f* clocking-in card; **~mücke** *f* midge, mosquito; **~paddel** *n Kanusport*: single-bladed paddle; **~palme** *f* holly; **~schritt** *m* goosestep; **~uhr** *f* time clock; **~zirkel** *m* dividers *pl.*
Steckbrief *m* "wanted" circular; (*Beschreibung*) description, *fig. a.* profile (*gen.* of), fact file (on); **steckbrieflich** *adv.*: ***~ gesucht werden*** be wanted for arrest.
Steckdose *f* ⚡ (wall) socket, power point, outlet; **Steckdosenschutz** *m* switch cover.
stecken I. *v/t.* put, F pop, stick; *heimlich*: slip; (*Erbsen, Kartoffeln*) plant, set; (*Blumen*) arrange; *mit Nadeln*: pin; (*Saum*) tack; *Geld, Zeit* ***~ in*** put into, invest in; ***sich die Haare zu e-m Knoten ~*** put one's hair up in a knot; ***sich e-e Blume ins Haar ~*** put (F stick) a flower in one's hair; ***den Kopf aus dem Fenster ~*** pop one's head out of (*Am. a.* out) the window; ***j-n ins Gefängnis*** (***ins Bett***) ***~*** put s.o. in prison (to bed); ***wir ~ dich gleich in den Keller!*** you'll be locked up in the cellar if you're not careful; F ***wer hat ihm das gesteckt?*** who told him (that)?, who passed that on to him?; F ***es j-m tüchtig ~*** tell s.o. what's what; F ***ich weiß nicht, wohin ich ihn ~ soll*** I can't place him; → ***hineinstecken, Brand*** 1, ***Nase, Tasche, Ziel***; **II.** *v/i.* be; (*festsitzen*) be stuck; *Kugel, Splitter etc.*: be lodged (*od.* embedded) in; ***der Schlüssel steckt*** the key's in the door; ***voller Fehler ~*** *Brief etc.*: be full of mistakes; ***voller Bosheit*** (***Neugier***) ***~*** be a spiteful character (F be a nosy old so-and-so); ***mitten in der Arbeit ~*** be in the middle of work; ***mitten in den Prüfungen ~*** be in the middle of (taking) one's exams; ***er steckt immer zu Hause*** he never goes out (*od.* leaves the house); ***in mir steckt e-e Grippe*** I think I might be coming down with flu; ***wo steckst du denn*** (***so lange***)***?*** where have you been (all this time)?, F where have you been hiding (all this time)?; ***wo steckt er bloß immer?*** F where does he keep hiding out (*od.* hiding himself)?; ***dahinter steckt etwas*** there's something behind it (all); ***da steckt er dahinter*** he's at the bottom of it, he's behind it (all); ***darin steckt viel Arbeit*** a lot of work has gone into it; ***zeigen, was in einem steckt*** show what one is made of; ***in ihm steckt etwas*** he's got what it takes, he'll go far (*od.* a long way); → ***Anfang, Decke, gesteckt, Haut*** *etc.*
Stecken *m* stick; → ***Dreck.***
stecken| bleiben *v/i.* get stuck; *fig. beim Vortragen*: *a.* dry up, F come unstuck, *thea. a.* forget one's lines; *Verhandlungen*: come to a standstill, reach deadlock; *fig.* ***mitten im Satz ~*** break off in mid-sentence; ***das Projekt ist in den Anfangsstadien stecken geblieben*** the project didn't get beyond the early stages (*lit.* was nipped in the bud); → ***Hals***; **~ lassen** *v/t.* leave in; ***den Schlüssel ~*** leave the key in the door; F ***lass dein Geld nur stecken*** this is on me.
Steckenpferd *n* **1.** hobby; **2.** (*Spielzeug*) hobby horse.
Stecker *m* ⚡ plug.
Steck|karte *f Computer*: plug-in board; **~kontakt** *m* ⚡ plug.
Steckling *m* ⚘ cutting.
Stecknadel *f* pin; *fig.* ***wie e-e ~ suchen*** hunt high and low for; ***da sucht man e-e ~ im Heuhaufen*** it's like looking for a needle in a haystack; ***es war so still, dass man e-e ~ hätte fallen hören können*** it was so quiet you could have heard a pin drop.
Stecknadelkopf *m* pinhead; **≈groß** *adj. nachgestellt*: the size of (*od.* no bigger than) a pinhead.
Steck|rübe *f* turnip; **~schlüssel** *m* ⚙ socket wrench; **~schuh** *m phot.* accessory shoe; **~schuss** *m* bullet lodged in the body.
Steg *m* **1.** (*Brücke*) footbridge; (*Brett*) plank; *an Maschinen*: catwalk; ⚓ landing stage; (*Lauf*≈) gangplank; **2.** (*Brillen*≈) bridge; **3.** ♪ bridge; **4.** ⚙ crosspiece, bar; **5.** *typ.* gutter.
Stegreif *m*: ***aus dem ~*** off the cuff; ***aus dem ~ spielen*** (*od.* ***dichten*** *etc.*) improvise; ***e-e Rede aus dem ~ halten*** give an impromptu (speech), F ad-lib; **~rede** *f* impromptu (*od.* off-the-cuff) speech.
Stehaufmännchen *n* **1.** (*Spielzeug*) roly-poly, tumbler; **2.** *fig.* resilient person; ***er ist ein richtiges ~*** he keeps bouncing back.
Steh|ausschank *m*, **~bierhalle** *f* stand-up bar; **~bündchen** *n* stand-up collar; **~café** *n* stand-up café; **~empfang** *m* standing reception.
stehen I. *v/i.* **1.** stand; (*sich befinden*) *a.* be; (*still~*) stand still, *a. Uhr etc.*: have stopped; F *Penis*: be erect; ***~ in*** (*geschrieben sein*) be (written) in; ***im Brief steht*** the letter says; ***wo steht das geschrieben?*** where does it say that?, F who says?; ***unter der Dusche ~*** be in the shower, be having a shower; ***der Kleine kann schon ~*** he can stand up (*od.* stand on his own) already; ***die Flasche soll ~*** the bottle is supposed to stand up; ***wo ~ die Gläser?*** where are the glasses?; ***hier muss ein Komma ~*** there should be a comma here; ***nach diesem Verb steht der Konjunktiv*** that verb takes the subjunctive; ***auf e-r Liste ~*** be on a list; ***ich kann vor Müdigkeit kaum noch ~*** I'm so tired I can hardly stand on my feet; ***plötzlich stand er vor mir*** suddenly there he was before me; ***der Wein steht kalt*** the wine has been chilled; ***die Pflanze steht zu dunkel*** that plant needs more light; ***der Keller steht voll Wasser*** the cellar's flooded (*od.* full of water); ***der Verkehr stand*** traffic had come to a standstill; ***die Luft steht*** *draußen*: it's very close, *drinnen*: the air is thick in here; F ***vor Dreck ~*** be stiff with dirt; ***die Mannschaft*** (***der Plan***) ***steht*** the team (the plan) has been decided; ***der Termin steht*** the date is fixed; ***~ auf*** *Skala etc.*: show, be at; *Aktien etc.*: be at; *der Zeiger* ***steht auf null*** is at (*od.* on) zero; ***das Thermometer steht auf 10 Grad*** the thermometer shows (*od.* is pointing to) 10 degrees; ***wie steht der Dollar?*** how high is the dollar?, how does the dollar stand?, what's the dollar worth?; ***der Dollar steht bei ...*** the dollar stands at (*od.* is worth) ...; ***höher denn je ~*** have reached an all-time high; ***wie steht es?*** what's the score?; ***es steht 2:1*** the score is 2-1 (***für*** to); F ***auf j-n*** (***et.***) ***~*** like (*od.* fancy) s.o. (s.th.); F ***er steht auf modernen Jazz*** he's into modern jazz; ***zu ~ kommen auf*** cost, come to; ***auf Diebstahl steht e-e Freiheitsstrafe*** theft is punishable by imprisonment; ***~ für*** stand for, *stellvertretend*: represent; ***der Name steht für Qualität*** the name stands (*od.* is a byword) for quality; ***er steht dafür, dass das Geld bezahlt wird*** he's responsible for seeing that the money is paid; *fig.* ***hinter j-m ~*** be behind s.o.; ***voll hinter j-m ~*** be backing s.o. all the

S

way (*od.* up to the hilt); **gut** (**schlecht**) **mit j-m ~** (not to) get on (very well) with s.o.; **ihr Sinn steht nach Höherem** she's set her sights higher (than that); *fig.* **über** (**unter**) **j-m ~** be above (below) s.o.; **er steht über solchen Dingen** he's above that kind of thing; **du musst versuchen, über solchen Dingen zu ~** you must try not to let that kind of thing bother you; **unter Alkohol ~** be under the influence of alcohol, have been drinking; **unter Drogen ~** have been taking drugs, be on drugs; **vor großen Schwierigkeiten ~** face great difficulties; **vor dem Ruin ~** be on the brink of ruin; **er steht vor s-r Abschlussprüfung** he's got his final exams coming up; **zu j-m** (**et.**) **~** stand by s.o. (s.th.); **ich stehe dazu** *a.* I'm sticking by it, I haven't changed my mind (on that); **wie stehst du dazu?** what do you think?; **wo steht er politisch?** what are his political leanings?; **er steht** (**politisch**) **links** he's a leftist; **die Sache steht gut** things are looking good; **die Sache muss bis Ende der Woche ~** it's got to be ready (*od.* done) by the end of the week; **das Hotel soll Ende Mai ~** the hotel is supposed to be up (*od.* ready) by the end of May; **das Ganze steht und fällt mit** the whole thing depends on; *sl.* **er stand ihm** *Penis*: *sl.* he had a hard-on; → **Aufsicht** 1, **Debatte, Einfluss, Sinn** *etc.*; **2.** (*j-n kleiden*) suit; *der Hut* **steht dir gut** (really) suits you; **es steht dir nicht** *a.* it's not you; **II.** *v/t.* → **Mann, Modell, Pate** 1, **Posten**; **III.** *v/refl.*: **sich gut** (**schlecht**) **mit j-m ~** (not to) get on well with s.o.; **er steht sich gut** he's not doing badly; **IV.** *v/impers.*: **es steht zu befürchten, dass** it is to be feared that; **es steht nicht bei mir zu** *inf.* it's not for me to *inf.*, it's not up to me to *inf.*; **es steht** (**ganz**) **bei dir** it's up to you, it's your decision; **wie stehts mit e-m Bier?** how about a beer?; (**und**) **wie steht es mit dir?** how about you?; **V.** ≈ *n*: **er macht alles im ~** he does everything standing; **zum ~ bringen** bring to a stop (*od.* standstill), (*Blut*) sta(u)nch; **zum ~ kommen** come to a halt (*od.* standstill).

stehen bleiben *v/i.* stop (*a. Uhr*); *Maschine*: *a.* come to a standstill (*a. fig.*); *Motor*: stall; *Herz*: stop beating; *Zeit*: stand still; *Person, beim Vortragen etc.*: stop (short); (*nicht verändert werden*) stay, be left; (*vergessen werden*) be left behind; **das Kind ist in der Entwicklung stehen geblieben** the child is (a bit) backward; **soll das so ~?** is it supposed to stay like that?; **wo waren wir stehen geblieben?** where were we?, *im Buch etc.*: *a.* where did we leave off?; **nicht ~!** move along, please!, keep moving!; **mir ist das Herz fast stehen geblieben** my heart missed (*od.* jumped) a beat; **dort scheint die Zeit stehen geblieben zu sein** it's as if time had stood still (*od.* the clocks had [been] stopped) there.

stehend *adj.* standing; *Wasser*: *a.* stagnant; (*aufrecht*) upright; (*still~*) stationary; (*ständig*) permanent; **~er Ausdruck** stock phrase; **~en Fußes** on the spot, straightaway; **~ k.o.** out on one's feet.

stehen lassen *v/t.* **1.** (*nicht bewegen*) leave; (*zurücklassen, a. vergessen*) leave behind; (*Essen*) not to touch, leave (untouched); **er hat s-n Kaffee ~** *a.* he hasn't drunk his coffee; **alles stehen und liegen lassen** drop everything; **2.** (*nicht streichen*) leave (in); (*übersehen, Fehler*) overlook, miss; **3.** (*j-n*) (just) leave *s.o.* standing (there); **4. sich e-n Bart ~** grow a beard; **er hat sich e-n Bart ~** *a.* he's sporting a beard.

Steh|geiger *m* (café) violinist; **~imbiss** *m* stand-up snack bar; **~kneipe** *f* stand-up bar; **~kragen** *m* stand-up collar; **~kurven** *pl.* terraces; **~lampe** *f* standard lamp, *Am.* floor lamp; **~leiter** *f* step ladder.

stehlen I. *v/i.* steal; **II.** *v/t.* steal (**j-m et.** s.th. from s.o.); (*plagiieren*) *a.* F lift (**aus, von** from); **er hat ihm sein ganzes Geld gestohlen** he stole all his money (from him), he robbed him of all his money; *fig.* **j-m die Zeit ~** waste s.o.'s time; **er hat mir e-n ganzen Tag gestohlen** he wasted a whole day of my time; **j-m den Schlaf** (**die Ruhe**) **~** rob s.o. of his *od.* her sleep (peace and quiet); → **gestohlen**; **III.** *v/refl.*: **sich aus dem Haus ~** steal (*od.* sneak) out of the house.

Steh|platz *m*: **e-n ~ bekommen** *im Bus*: have to stand, *thea. etc.*: *a.* get a standing ticket; (**nur noch**) **Stehplätze** standing room (only); **~pult** *n* standing desk; **~tribünen** *pl.* terraces; **~vermögen** *n* stamina; (*Durchhaltevermögen*) perseverance, staying power.

steif I. *adj.* stiff (*a. Körperteil, Eischnee etc.*); *Bewegung*: *a.* awkward; *bsd. phys.* rigid; (*fest*) *a.* firm; F *Penis*: hard; *fig.* stiff, *Bewegung*: *a.* wooden (*a. Lächeln, Persönlichkeit, Interpretation*); (*förmlich*) *a.* formal, F (stiff and) starchy; **~er Hals** stiff neck; **~er Gang** stiff gait; **~e Haltung** stiff (*od.* rigid) posture; **er hat ein ~es Bein** *a.* he can't bend his knee; **~e Brise** stiff breeze; **~er Grog** strong hot grog; **~ vor Kälte** numb with cold; **~ gefroren** *a. fig.* frozen stiff; **~ wie ein Brett** (as) stiff as a board; **~ wie ein Stock** (as) stiff as a poker; **~ werden** go stiff, *Person*: get stiff, *Muskeln u. fig.*: stiffen; **ich bin** (**vom vielen Sitzen**) **ganz ~ geworden** I'm all stiff (from sitting around all day); **~ schlagen** beat (until stiff); *sl.* **e-n ≈en haben** *sl.* have a hard-on; **II.** *adv.* stiffly *etc.*; **sich ~ bewegen** *a.* have (very) stiff *od.* wooden movements; *fig.* **~ und fest behaupten, dass** insist that, swear that; **~ und fest glauben, dass** firmly believe that.

steifbeinig I. *adj.* stiff-legged; **II.** *adv.* with stiff legs.

steif halten *v/t.*: **halt die Ohren steif!** chin up!

Steifheit *f* stiffness; *fig. a.* woodenness; starchiness; → **steif.**

Steig *m* steep (foot)path.

Steigbügel *m* stirrup (*a. anat.*); **~halter** *contp. m pol.* henchman, F stooge; **j-s ~ sein** *a.* hoist s.o. to power.

Steige *f* (*Obst≈ etc.*) crate.

Steigeisen *n* climbing iron; *Bergsteigen*: *a.* crampon.

steigen I. *v/i.* (*hinauf~*) go up, climb (up); *in die Luft*: rise, soar; ✈ climb (**auf** to); *Nebel*: lift; *fig., a. Spannung, Wasserspiegel*: rise, *Fieber, Temperatur, Thermometer*: *a.* go up; *Sonne*: rise, come up; (*zunehmen*) go up, increase; grow; *bedrohlich*: escalate; ♆ *Preise, Kurse etc.*: rise (**bis zu** to), go up; **auf e-n Baum ~** climb (up) a tree; **auf ein Pferd ~** mount (*od.* get on) a horse; **vom Pferd ~** dismount (from a horse), get off a horse; **auf ein Fahrrad ~** get on (*od.* mount) a bicycle; **vom Fahrrad ~** get off (*od.* dismount from) a bicycle; **auf den Thron ~** ascend the throne; **aus dem Wasser ~** come out of the water; **~ aus** → *a.* **aussteigen**; F **ins** (**aus dem**) **Bett ~** climb into (get out of) bed; F **ins Examen ~** take an exam; **das Blut stieg ihr ins Gesicht** the blood rushed to her face; **Tränen stiegen ihr in die Augen** tears welled up in her eyes; **j-m in die Nase ~** get up (*od.* into) s.o.'s nose; **~ in** → *a.* **einsteigen**; **e-n Drachen** (**Ballon**) **~ lassen** fly a kite (send a balloon up); F **heute Abend steigt eine Fete** F there's a party on tonight, there's going to be a party tonight; **auf die Bremse ~** slam the brakes on, step on the brakes; **aufs Gas ~** step on the accelerator (F gas), *Am.* step on the gas (pedal); → **Achtung** 2, **Dach, Kopf** 5, **Wert**; **II.** *v/t.*: **Treppen ~** climb stairs; **steigend** *adj. fig.* rising, increasing; (*wachsend*) growing; *Interesse, Popularität, Schulden, Wichtigkeit etc.*: *a.* mounting; Ⱥ **~e Reihe** ascending series; **~e Tendenz** *Börse*: upward tendency.

Steiger *m* pit foreman.

steigern I. *v/t.* **1.** increase; (*Spannung*) *a.* heighten; (*Wirkung*) increase, heighten, enhance, boost; (*Wert*) increase, put up, enhance; (*verbessern*) improve, enhance; (*verschlimmern*) aggravate; (*Produktion, Tempo*) increase, step up; **2.** *ling.* compare; **II.** *v/refl.*: **sich ~** increase; (*wachsen*) *a.* grow; *Preise*: rise, go up, increase; *Spannung*: rise, *a. Erregung*: mount; (*sich verbessern*) improve (one's performance); **er kann sich noch ~** there's room for improvement yet; → *a.* **hineinsteigern**; **III.** *v/i. auf e-r Auktion*: bid; (*erhöhen*) raise the amount (**auf** to);

Steigerung *f* **1.** increase; heightening; enhancement; improvement; aggravation; → **steigern**; **2.** *ling.* comparison;

Steigerungsrate *f* rate of increase.

Steig|fähigkeit *f mot.* hill-climbing ability; **~flug** *m* climb(ing flight); **~geschwindigkeit** *f* climbing speed; **~höhe** *f* altitude; **~riemen** *m* stirrup leather.

Steigung *f* rise, ascent; 🚂, *Straße*: *a.* gradient; (*Hang*) slope; **Steigungswinkel** *m* angle of gradient (✈ climb).

steil I. *adj.* steep (*a. fig.*); (*abschüssig*) precipitous; **~er Abfall** steep (*od.* sharp, sheer) drop; **~er Aufstieg** steep ascent, *fig.* (*a.* **~e Karriere**) meteoric rise; **II.** *adv.* steeply; **~ ansteigen** rise steeply, *fig. a.* rise sharply, soar; **~ abfallen** slope away steeply, *fig.* drop sharply, plummet; **dort fällt es ~ ab** *a.* there's a sharp (*od.* steep, sheer) drop at that point; **~ aufsteigen** ✈ climb steeply; **~ aufragend** soaring.

Steil|flug *m* ✈ vertical flight; **~hang** *m* steep slope; **~heck** *n mot.* wedge-shaped rear; **~kurve** *f* steep turn; **~küste** *f* steep coast; **~pass** *m Fußball*: through pass; **~ufer** *n* steep bank, bluff.

Steilwand *f* steep face; **~zelt** *n* frame tent.

Stein *m* **1.** stone; *Am. a.* rock; *kleiner, glatter*: pebble; (*Ziegel≈*) brick; (*Felsen*) rock; (*Edel≈*) (precious) stone, gem; (*Grab≈, Denkmals≈*) stone; *Brettspiel*: piece; *in Obst*: stone, kernel; ⚘ stone; *fig.* **~ des Anstoßes** stumbling block; **der ~ der Weisen** the philosopher's stone; **ein Herz aus ~** a heart of stone; **zu ~ werden** *Gesicht*: turn to stone; **~ und Bein schwören** swear by all that is holy; F **es friert ~ und Bein** it's abso-

S

lutely freezing, F it's cold enough to freeze the balls off a brass monkey; ***den ~ ins Rollen bringen*** set the ball rolling; ***den ersten ~ werfen*** cast the first stone; ***mit ~en werfen nach*** throw stones at; ***bei j-m e-n ~ im Brett haben*** be in s.o.'s good favo(u)rs; ***j-m ~e in den Weg legen*** place obstacles in s.o.'s path; ***j-m die ~e aus dem Weg räumen*** remove all the obstacles from s.o.'s path; ***es blieb kein ~ auf dem andern*** there wasn't a stone left standing; ***mir fällt ein ~ vom Herzen*** that's (*od.* that takes) a load off my mind; → ***Krone*** 1, ***Tropfen***; **2.** *dial.* (*Bierkrug*) stein, stone tankard; **~adler** *m* golden eagle; **2alt** *adj.* ancient; **~axt** *f hist.* stone axe; **~bock** *m* **1.** *zo.* ibex; **2.** (*Sternzeichen*) Capricorn; (**ein**) **~ sein** be (a) Capricorn; **~boden** *m* **1.** rocky ground; **2.** *innen*: stone floor; **~bohrer** *m* rock (△ masonry) drill; **~brecher** *m* **1.** (*Maschine*) rock crusher; **2.** (*Person*) quarryman; **~bruch** *m* quarry; **~butt** *m* turbot; **~druck** *m* **1.** lithography; **2.** (*Bild*) lithograph; **~eiche** *f* holm oak.

steinern *adj.* stone ...; *fig.* stony; *fig.* ***~es Herz*** heart of stone.

Stein|erweichen *fig. n*: ***zum ~*** heart-rending(ly); ***sie weinte zum ~*** *a.* her crying would have melted a heart of stone; **~fliese** *f* flagstone; **~fraß** *m* stone erosion; **~frucht** *f* stone fruit; drupe; **~fußboden** *m* stone floor; **~garten** *m* rock garden; **~gut** *n* earthenware, stoneware; **~hagel** *m* hail of stones; **2hart** *adj.* (as) hard as rock; **~haufen** *m* pile of stones.

steinig *adj.* stony.

steinigen *v/t.* stone to death; **Steinigung** *f* stoning.

Steinkauz *m zo.* little owlet.

Steinkohle *f* hard coal; **Steinkohlen...** → *a.* ***Kohlen...***; **Steinkohlenbergwerk** *n* coalmine, colliery.

Stein|krug *m* stoneware jug (*Am.* pitcher); (*Trinkgefäß*) stoneware mug, stein; **~marder** *m zo.* beech marten; **~metz** *m* stonemason; **~obst** *n* stone fruit, drupe; **~operation** *f* kidney-stone (*od.* gallstone *etc.*) operation; **~pilz** *m* cep, boletus; **~platte** *f* stone slab; (*Fliese*) flagstone; **2reich** F *adj.* loaded, stinking rich, *pred.* rolling in it; **~salz** *n* rock salt.

Steinschlag *m* falling rocks *pl.*; **~gefahr** *f*: ***Achtung! ~!*** Danger! Falling rocks!

Stein|schleuder *f* sling; *mit Gestell*: catapult; *Am.* slingshot; **~wolle** *f* rock wool; **~wüste** *f* stone desert.

Steinzeit *f* Stone Age; **steinzeitlich** *adj.* Stone Age ...; *fig.* stone-age ...

Steinzeit|mensch *m* (*a.* ***die ~en***) Stone Age man; **~methoden** *fig. pl.* stone-age methods.

Steiß *m* buttocks *pl.*, rump; **~bein** *n* coccyx; **~geburt** *f* ⚕ breech delivery; **~lage** *f* ⚕ breech presentation.

Stele *f* stele.

Stellage *f* **1.** (*Gestell*) stand, rack; **2.** ⚚ put and call (*abbr.* pac); → ***Stellagegeschäft***; **~geschäft** *n* ⚚ put and call option, straddle, *Am.* spread.

stellar *adj. ast.* stellar.

Stelldichein *n* rendezvous, *lit. u. iro.* tryst; *Sport*: meet; ***sich ein ~ geben*** meet (up), get together.

Stelle *f* **1.** place; (*Fleck*) spot; *abgenutzte, schmutzige etc.*: *a.* patch; (*Punkt*) point; (*Standort*) position; ***undichte ~*** leak; → *a.* ***Roststelle*** *etc.*; ***wunde ~*** sore, (*Schnitt*) cut; ***entzündete ~*** inflammation; ***empfindliche ~*** tender (*od.* sore) spot, *fig.* sensitive (*od.* sore) spot; *fig.* ***schwache*** (***verwundbare***) ***~*** weak (vulnerable) spot; ***an anderer ~*** elsewhere, *fig.* at some other point; ***an dieser ~*** here, *fig.* at this point; ***an genau dieser ~*** at this exact (*od.* very) spot; ***an erster ~*** firstly; ***an erster ~ stehen*** come first, *Sache*: *a.* be top priority; ***an erster ~ der Tagesordnung stehen*** be at the top of the agenda; ***an erster ~ der Tabelle stehen*** be head of the table; ***an erster ~ möchte ich ...*** first and foremost I'd like to ...; ***an ~ von*** (*od. gen.*) in place of, instead of, *bsd.* ⚖ in lieu of; (***ich***) ***an deiner ~*** if I were you; ***ich möchte nicht an s-r ~ sein*** I wouldn't like to be in his shoes; ***an die ~ treten von*** take the place of: *Person*: take over from, *ersatzweise*: replace, stand in for; *Gesetz etc.*: supersede; ***auf der ~*** straightaway, immediately; ***er war auf der ~ tot*** he died on the spot, he was dead straightaway; *fig.* ***auf der ~ treten*** mark time; ***nicht von der ~ kommen*** not to make any progress, *Verhandlungen*: *a.* be deadlocked; ***ich komme nicht von der ~*** *a.* I'm not getting anywhere, ***sich nicht von der ~ rühren*** not to move (*od.* budge); ***er wich nicht von der ~*** he wouldn't budge, he refused to budge; ***zur ~ sein*** be there; ***er ist immer zur ~*** he's always there when you need him; ***sich zur ~ melden*** report (***bei j-m*** to s.o.); **2.** *im Buch etc.*: place, *längere*, *a.* ♪ passage, place; **3.** A figure, digit; (*Dezimal2*) (decimal) place; ***bis zu drei ~n nach dem Komma*** up to three decimal places; **4.** (*Behörde*) authority; (*Dienst2*) department, office; **5.** (*Arbeits2*) job; *den Rang betonend*: position; ***was hat er für e-e ~?*** what kind of job (*od.* position) has he got?; ***freie ~*** (job) vacancy.

stellen I. *v/t.* **1.** ***et. wohin*** *etc.* **~** put (*od.* place, set, stand) s.th. somewhere *etc.*; ***kalt ~*** chill; *fig.* ***et. über et. ~*** place s.th. above s.th., value s.th. more highly than s.th.; ***j-n über j-n ~*** promote s.o. above s.o., (*einschätzen*) think more highly of s.o. (than s.o.); ***in den Mittelpunkt ~*** focus (attention) on, (*j-n*) make *s.o.* the cent|re (*Am.* -er) of attraction; ***vor e-e Entscheidung gestellt werden*** be faced with a decision; **2.** (*anordnen*) arrange; **3.** (*ein~*) set (***auf*** on); (*regulieren*) regulate, adjust; ***leiser*** (*od.* ***niedriger***) **~** turn down; ***lauter*** (*od.* ***höher***) **~** turn up; ***den Wecker auf sechs ~*** set the alarm for six; **4.** (*in die Enge treiben*) corner; (*fangen*) catch; (*Wild*) hunt down; **5.** (*bereit~*) provide (***j-m et.*** s.o. with s.th.), (*a. Truppen*) supply; (*beisteuern*) contribute; ⚖ (*Zeugen*) produce, F come up with; ***dieser Klub stellt die meisten Nationalspieler*** most of the internationals come from this club; **II.** *v/refl.* **6.** ***sich wohin*** *etc.* **~** go and stand somewhere *etc.*; *Sport*: position o.s. somewhere *etc.*; **7.** ***sich der Polizei*** *etc.* **~** give o.s. up (*od.* surrender) to the police *etc.*; **8.** ***sich e-m Gegner*** *etc.* **~** take on an opponent *etc.*; ***sich e-r Herausforderung ~*** take up (*od.* meet) a challenge; ***sich Kritik*** *etc.* **~** face up to criticism *etc.*; ***die Probleme, die sich uns ~*** the problems we are up against (*od.* we face); **9.** (*sich verhalten*) ***wie stellt er sich dazu?*** what does he say?; ***sich ~ gegen*** oppose; ***sich gut mit j-m ~*** a) get into s.o.'s good books, F get in with s.o., b) keep on s.o.'s right side, stay in s.o.'s good books, F keep in with s.o.; ***sich hinter j-n ~*** back s.o. up; ***sich*** (***schützend***) ***vor j-n ~*** shield s.o.; **10.** (*simulieren*) ***sich krank ~*** pretend to be ill (*od.* sick), *formell*: feign illness; ***stell dich nicht so dumm!*** stop pretending you don't know (*od.* understand); ***sich schlafend ~*** pretend to be asleep, F play possum; ***sich tot ~*** pretend to be dead; → ***Abrede*** 2, ***Aussicht*** 2, ***Antrag*** 1, ***Bedingung, Bein, Diagnose, Dienst*** 1, 3, ***Falle, Forderung, Frage, gestellt, Kopf*** 5, ***Rechnung*** 2, ***taub*** *etc.*; → *a.* ***bereitstellen, gleichstellen, richtig stellen*** *etc.*

Stellen|abbau *m* reduction in staff, staff reductions *pl.*; **~angebot** *n* job offer (*od.* opening); ***~e*** *Überschrift*: vacancies, situations vacant, jobs column; **~anzeige** *f*, **~ausschreibung** *f* job ad, employment ad, job advertisement; **~beschreibung** *f* job description (*od.* specification); **~bewerber** *m* job applicant; applicant for a (*od.* the) job; **~gesuch** *n* job application; ***~e*** *Überschrift*: situations wanted; **2los** *adj.* unemployed, jobless; **~markt** *m* job market; **~nachweis** *m* **1.** employment agency; **2.** job placement; **~streichungen** *pl.* job cuts; **~suche** *f*: (***auf ~ sein*** be) job-hunting; **~suchende(r)** *m* job seeker; **~vermittlung** *f* employment agency; **~wechsel** *m* change of job.

stellenweise *adv.* here and there, in places, in parts; ***~ Regen*** rain in places; *der Teppich* ***ist ~ abgetreten*** *a.* has worn (*od.* threadbare) patches; *das Buch* ***ist ~ interessant*** has some interesting parts.

Stellenwert *m* **1.** A place value; **2.** *fig.* rating, (relative) importance; ***e-n hohen ~ haben*** *als Einstufung*: rate highly, (*allgemein wichtig sein*) play an important role.

Stellhebel *m* ⚙ adjusting lever.

...stellig ...-digit; *z.B.* ***zweistellige Zahl*** two-digit figure.

Stell|macher *m* cartwright; **~platz** *m* parking space (*Am.* lot); **~rad** *n* regulator; **~schraube** *f* ⚙ set screw.

Stellung *f* **1.** (*Position, a. Körper2*) position; ***~ zu*** position in relation to; **2.** (*Berufs2*) post, position; ***e-e ~ als Assistent haben*** work as an assistant, have the job of assistant, hold (*od.* have) an assistant's post; **3.** (*Rang*) position, status; (*Ansehen*) standing; ***soziale ~*** social status (*od.* class), (*Ansehen*) position in society, social standing (*od.* status); **4.** ⚔ position; (*Frontlinie*) front line(s *pl.*); *e-s Geschützes*: emplacement; ***e-e ~ beziehen*** move into position; ***die ~ halten*** hold the position; ***in ~ bringen*** bring into position, (*Geschütz*) emplace; **5.** (*Ein2*) position, stance; ***~ beziehen*** take a stand; ***~ nehmen zu*** *et.* take a stand on, (*sich äußern*) *a.* give one's view on (*od.* of); ***~ nehmen für*** stand up for, back (up); ***~ nehmen gegen*** oppose, come out against.

Stellungnahme *f* (*Meinung, Gutachten*) opinion (***zu*** on); (*Erklärung*) comment, statement (on); ***e-e ~ abgeben*** make a statement (***über*** on), comment (on); ***sich e-e ~ vorbehalten*** reserve judg(e)ment, not to commit o.s., decline to comment.

Stellungs|befehl *m* ⚔ drafting orders *pl.*; **~krieg** *m* static warfare; (*Grabenkrieg*)

S

trench warfare; **≈los** *adj.* → ***stellenlos***; **~suche** *f* → ***Stellensuche***; **~suchende(r)** *m* job seeker; **~spiel** *n Sport*: positional play; **~wechsel** *m* change of position; *Arbeit*: *a.* change of job.

stellvertretend I. *adj. amtlich*: acting (***für*** for), deputy ...; ***~er Geschäftsführer*** assistant manager; ***~er Vorsitzender*** vice chairman, deputy (*od.* acting) chairman; **II.** *adv.*: ***~ für*** (*im Namen von*) on behalf of, (*anstelle von*) standing in for, in place of.

Stellvertreter *m* representative, delegate; *amtlich*: deputy; (*Ersatzmann*) substitute (*a. e-s Arztes*); (*Bevollmächtigter*) proxy; **~krieg** *m* proxy war.

Stellvertretung *f* representation; substitution; agency; ✝, ⚖ ***in ~*** by proxy.

Stellwand *f* partition.

Stellwerk *n* 🚂 signal box, *Am.* switch tower.

Stelzbein *n* wooden leg, F peg (leg).

Stelze *f* stilt; F *fig.* matchstick leg; ***auf ~n gehen*** walk on stilts, *fig. Sprache etc.*: be stilted, be wooden; ***wie auf ~n gehen*** walk like a stork; **stelzen** *v/i.* stalk (along).

Stelz|fuß *m* wooden leg, (*a. fig. Person*) F peg leg; **~vogel** *m zo.* wader, wading bird.

Stemm|bogen *m Skisport*: stem turn; **~eisen** *n* crowbar; (*Meißel*) chisel.

stemmen I. *v/t.* **1.** (*drücken*) press; (*hochwuchten*) heave up; (*Gewicht heben*) lift; ***die Arme in die Seiten gestemmt*** arms akimbo; **2.** ⚙ (*Löcher*) chisel (out); **3.** F ***einen ~*** (*Bier etc.*) F hoist one; **II.** *v/refl.*: ***sich gegen et. ~*** press (*od.* brace o.s.) against s.th.; *fig.* resist s.th.; *fig.* ***er stemmt sich dagegen*** *a.* F he's dead set against it; **III.** *v/i. Skisport*: stem.

Stempel *m* (*Gummi≈*) (rubber) stamp; (*~abdruck*) stamp, (*Siegel*) seal; (*Post≈*) postmark; (*Präge≈, Stanze*) stamp, punch; ⚘ pistil; *auf Edelmetall*: hallmark; ✝ *auf Waren*: brand (*a. Vieh≈*), trademark; ***den ~ vom 15. tragen*** be postmarked the 15th; *fig.* ***e-r Sache s-n ~ aufdrücken*** leave one's mark (*od.* imprint) on s.th.; ***den ~ tragen von*** bear the imprint of; **~farbe** *f* stamping ink; **~geld** *n* F dole (money); **~kissen** *n* ink (*od.* stamp) pad; **~maschine** *f* (stamp) cancel(l)ing machine.

stempeln I. *v/t.* stamp; (*entwerten*) cancel; (*Edelmetalle*) hallmark; *fig.* ***zu et. ~*** stamp (*od.* label) as, (*brandmarken*) brand (as); **II.** *v/i.*: ***bei Arbeitsantritt*** (***Arbeitsende***) ***~*** clock in (out *od.* off); F ***~ gehen*** be on the dole.

Stempel|ständer *m* stamp rack; **~steuer** *f* stamp duty (*Am.* tax); **~uhr** *f* time clock.

Stengel *m* → ***Stängel.***

Steno *n* shorthand; **~block** *m* shorthand pad.

Stenograf *m* stenographer; **Stenografie** *f* shorthand; *formell*: stenography; **stenografieren I.** *v/i.* write (*od.* do) shorthand; **II.** *v/t.* take down in shorthand; **stenografisch I.** *adj.* shorthand; **II.** *adv.* (in) shorthand.

Stenogramm *n* shorthand notes *pl.*

Stenokardie *f* ⚕ angina pectoris.

Stenokurs *m* shorthand course; ***e-n ~ machen*** take (*od.* do) a shorthand course.

Stenotypistin *f* shorthand typist.

Stentorstimme *f* stentorian voice.

Stenz F *m* **1.** fop; **2.** (*Zuhälter*) pimp.

Stepp|anorak *m* quilted anorak; **~decke** *f* quilt, duvet; *Am.* quilt, comforter.

Steppe *f* steppe.

steppen[1] *v/t.* backstitch.

steppen[2] *v/i.* (*tanzen*) tap dance.

Steppen|bewohner *pl.* inhabitants of the steppe(s); ***die ~ Asiens*** the Asian steppe peoples; **~gras** *n* steppe grass; **~landschaft** *f* steppe(-like) landscape; **~wolf** *m zo.* coyote.

Stepper(in *f*) *m Tanz*: stepper.

Steppjacke *f* quilted jacket.

Steppke *dial. m* F young nipper.

Stepp|naht *f* backstitch seam; **~stich** *m* backstitch.

Stepp|tanz *m* tap dancing; **~tänzer** *m* tap dancer.

Steptanz *etc.* → ***Stepptanz*** *etc.*

Sterbe|bett *n*: (***auf dem ~*** on one's) deathbed; **~fall** *m* death; ⚖ ***im ~*** in the event of death (*od.* decease); **~geld** *n* death grant; **~hilfe** *f* **1.** (*Euthanasie*) euthanasia, mercy killing; ***~ leisten*** carry out euthanasia; **2.** *pflegerische*: terminal care; **3.** (*Sterbegeld*) death grant; **~klinik** *f* hospice.

sterben I. *v/i.* die (*a. fig.*); (*dahinscheiden*) pass away (*od.* on); ⚖ decease; F *fig. Projekt etc.*: F die a death; ***e-s natürlichen Todes ~*** die a natural death; ***~ an*** die of *an illness*, from *a wound*; ***~ für*** die for, give one's life for; ***~ über*** *e-r Arbeit etc.*: die in the middle of; *fig.* ***vor Scham*** (***Neugier, Schock*** *etc.*) ***~*** die of shame (curiosity, shock *etc.*); ***wir sind vor Langeweile fast gestorben*** *a.* we were bored to death (*od.* tears), F we were bored out of our (tiny little) minds; F ***davon stirbst du nicht gleich!*** F it won't kill you; F ***der ist für mich gestorben*** he doesn't exist as far as I'm concerned; ***und wenn sie nicht gestorben sind, dann leben sie noch heute*** and they all lived happily ever after; **II.** ***≈*** *n* dying, death; ***im ~ liegen*** be dying, *lit.* be at death's door; ***im ~ sagte er noch ...*** just before he died he said ...; *fig.* ***zum ~ langweilig*** F deadly boring; ***zum ~ müde*** ready to drop, F dog-tired; **sterbend** *adj.* dying; *fig. a.* moribund; **Sterbende(r** *m*) *f* dying person (*od.* man, *f* woman); *pl. a. the dying* (*pl.*).

Sterbens|angst *f* mortal terror; ***~ vor*** *a.* mortal fear of; ***e-e ~ haben vor*** *a.* be terrified of (*od.* by); ***j-m e-e ~ einjagen*** put the fear of death into s.o., *lit.* strike s.o. with mortal terror; **≈elend** *adv.*: ***sich ~ fühlen*** feel dreadful, F feel like death warmed up (*od.* bloody awful); **≈krank** *adj.* mortally ill; ***sich ~ fühlen*** F feel like death warmed up; **≈langweilig** *adj.* deadly boring; **≈müde** *adj.* ready to drop, F dog-tired; **~seele** *f*: ***keine ~*** not a (living) soul; **~wort** *n*, **~wörtchen** *n*: ***kein ~*** not a word (F peep); ***kein ~ sagen*** not to breathe a word.

Sterbe|rate *f* mortality rate; **~sakramente** *pl.* last rites; **~stunde** *f* hour of death; **~urkunde** *f* death certificate; **~ziffer** *f* mortality rate.

sterblich I. *adj.* mortal; ***die ~en Überreste, die ~e Hülle*** one's mortal remains; **II.** *fig. adv.* (*sehr*) terribly; ***~ verliebt*** F smitten; **Sterbliche(r)** *m* mortal; ***wir gewöhnlichen Sterblichen*** we lesser mortals; **Sterblichkeit** *f* mortality; **Sterblichkeitsziffer** *f* mortality rate.

Stereo I. *n* stereo; **II.** ≈ *adj.* stereo; *phot.* stereoscopic.

Stereo... *in Zssgn* → *a.* ***Hi-Fi...***; **~anlage** *f* stereo (*od.* hi-fi) system, stereo, hi-fi; **~aufnahme** *f* stereo recording; **~bild** *n* stereoscopic picture; **~empfang** *m* stereo reception; **~fernsehen** *n*, **~fernseher** *m* stereo TV; **~gerät** *n* piece of stereo equipment.

Stereographie *f* stereography.

Stereometrie *f* stereometry.

stereophon *adj.* stereophonic(ally *adv.*); **Stereophonie** *f* stereophony.

Stereosendung *f* stereo broadcast.

Stereoskopie *f* stereoscopy.

Stereoton *m* stereo sound; ***in ~*** (in) stereo.

stereotyp *adj.* **1.** *typ.* stereotype ...; **2.** *fig.* stereotyped; ***~e Antwort*** stock reply, stereotyped answer; ***~e Redewendung*** hackneyed phrase; ***~es Lächeln*** stereotyped smile.

steril *adj. a. fig.* sterile; *fig.* ***~e Atmosphäre*** *a.* barren atmosphere; **Sterilisation** *f* sterilization; **Sterilisator** *m* sterilizer; **Sterilisierbox** *f für Babyflaschen*: sterilizing unit; **sterilisieren** *v/t.* sterilize; (*Katze*) *a.* spay; **Sterilität** *f* sterility (*a. fig.*).

Stern *m* star (*a. fig.*); ***mit ~en besät*** starry, star-studded; ***aufgehender ~*** *a. fig.* rising star; *fig.* ***es geht ein neuer ~ auf*** there's a new star on the horizon; *lit.* ***unter fremden ~en*** under foreign skies; ***ein*** (***mein***) ***guter ~*** a (my) lucky star; ***nach den ~en greifen*** reach for the stars; ***für j-n die ~e vom Himmel holen*** go to the milky way for s.o.; ***sie ist unter e-m*** (***un***)***glücklichen ~ geboren*** she was born under a lucky (an unlucky) star, she was born (un)lucky; ***unter e-m*** (***un-***)***glücklichen ~ stehen*** have fortune on one's side (be ill-fated); ***das steht noch in den ~en*** (***geschrieben***) that's still in the stars; ***sein ~ ist im Aufgehen*** his star is in the ascendant, F he's on the up and up; ***sein ~ ist im Sinken*** his star is on the wane, he's had his day, he's a shooting star; F ***~e sehen*** see stars; **~anis** *m* star aniseed; **≈bedeckt, ≈besät** *adj.* starry, star-studded; **~bild** *n* constellation; *des Tierkreises*: sign of the zodiac.

Sternchen *n* **1.** little star; **2.** F (*Film≈*) starlet; **3.** *typ.* asterisk; **~nudeln** *pl.* star-shaped noodles.

Stern|deuter *m* astrologer; **~deutung** *f* astrology.

Sternen|banner *n der USA*: star-spangled banner, Stars and Stripes *pl.*; **~himmel** *m* **1.** night sky; **2.** *sternbedeckt*: starry sky; **≈klar** *adj.* starlit, starry; **~licht** *n*, **~schein** *m* starlight, light of the stars; **~zelt** *poet. n* heavenly firmament, starry heavens *pl.*

Stern|fahrt *f mot.* car rally (*with different starting points*); **≈förmig** *adj.* star-shaped, ⚘ *a.* stellate; (*strahlig, a.* ⚙) radial; **~frucht** *f* star fruit, carambola; **~gucker** F *m* stargazer.

sternhagelvoll F *adj.* F paralytic, *sl.* pissed as a newt.

Stern|haufen *m* cluster of stars; **≈hell** *adj.* starlit; **~karte** *f* celestial chart; **≈klar** *adj.* starry, starlit; ***~er Himmel*** *a.* clear night sky; **~kunde** *f* astronomy; **≈los** *adj.* starless; **~marsch** *m demonstration march in which marchers converge radially on a central point*; **~motor** *m* radial engine; **~schnuppe** *f* shooting (*od.* falling) star; **~singen** *n carol singing at Epiphany*; **~singer** *m*

S

carol singer at Epiphany; **~stunde** *f* (*Höhepunkt*) great moment; (*Wendepunkt*) decisive turning point; ***e-e ~ der Menschheit*** a great turning point in the history of mankind (*od.* civilization); **~warte** *f* observatory; **~zeichen** *n* star sign, sign of the zodiac; ***welches ~ haben Sie?*** what's your star sign?, which sign of the zodiac are you?; ***er ist im ~ des Skorpions geboren*** he was born under (the sign of) Scorpio.

Sterz *m* **1.** *zo.* tail; **2.** (*Pflug2*) tail.

stet *adj.* → ***stetig***; → ***Tropfen.***

Stethoskop *n* ⚕ stethoscope.

stetig *adj.* continual, constant; (*gleichmäßig*) steady; **Stetigkeit** *f* constancy, continuity; steadiness; stability.

stets *adv.* (*immer*) always; (*ständig*) constantly, continually.

Steuer[1] *n mot.* (steering) wheel; ⚓ helm; ✈ controls *pl.*; (*Seiten2*) rudder; *fig.* ***am ~ sein*** be at the helm (*od.* controls); ***das ~ übernehmen*** take over the controls (*od.* at the helm); ***das ~ fest in der Hand haben*** be firmly in control; ***das ~ herumwerfen*** alter course (radically).

Steuer[2] *f staatliche*: tax (**auf** on); (*Kommunal2*) local tax, *in GB*: community charge, poll tax; *indirekte*: duty; *veranlagte*: assessment; → ***erheben*** 4 *etc.*; **~abkommen** *n* tax agreement; **~abzug** *m* tax deduction; **~abzugsverfahren** *n* tax deduction at source; **~änderungsgesetz** *n* tax amendment law; **~anreiz** *m* tax incentive; **~aufkommen** *n* inland (*Am.* internal) revenue; tax yield; **~aufschub** *m* tax deferral; **~ausfall** *m* tax deficit, loss in taxes; **~ausgleich** *m* tax equalization.

steuerbar *adj.* taxable.

Steuerbefehl *m Computer*: control command.

Steuer|befreiung *f* tax exemption; **2begünstigt** *adj.* tax-deductible; *Sparen*: tax-linked; **~behörde** *f* tax authorities *pl.*; **~belastung** *f* tax burden; **~berater** *m* tax adviser; **~bescheid** *m* tax assessment; **~betrug** *m* → ***Steuerhinterziehung***; **~bilanz** *f* tax balance sheet.

Steuerbord *n*, **steuerbord(s)** *adv.* ⚓ starboard.

Steuer|delikt *n* tax offen|ce (*Am.* -se); **~einnahmen** *pl.* → ***Steueraufkommen***; **~erhöhung** *f* tax increase; **~erklärung** *f* tax return; **~erlass** *m* tax exemption; **~erleichterung** *f* tax relief; **~ermäßigung** *f* tax allowance; **~ersparnis** *f* tax saving; **~fahnder** *m* tax investigator; **~fahndung** *f* (bureau for the) investigation of tax offen|ces (*Am.* -ses); **~flucht** *f* tax evasion; **~flüchtling** *m* tax fugitive; **2frei** *adj.* tax-free, tax-exempt; *Waren*: duty-free; **~freibetrag** *m* tax-free allowance; **~gelder** *pl.* tax money *sg.*, taxes.

Steuergerät *n* ⚙ control unit (*od.* device), controller; *Stereo*: receiver.

Steuergesetz *n* fiscal law.

Steuerhebel *m* control lever.

Steuer|hinterziehung *f* tax evasion; **~hoheit** *f* tax sovereignty; **~karte** *f*: (**Lohn2** wage) tax card; **~klasse** *f* tax bracket.

Steuerknüppel *m* ✈ control stick (*od.* lever); F joystick.

Steuerlast *f* tax burden.

steuerlich I. *adj.* tax ...; ***aus ~en Gründen*** for tax purposes; **II.** *adv.*: ***~ günstig*** with low tax liability; ***~ veranlagen*** assess for taxation.

Steuermann *m* ⚓ helmsman; (*Titel*) mate; *Rudern*: cox(swain); **mit** (**ohne**) **~** coxed (coxless).

Steuermarke *f* **1.** revenue stamp; **2.** (*Hunde2*) dog licence disc, *Am.* dog tag.

steuern I. *v/i.* ⚓ steer, navigate; *als Lotse*: pilot; *mot.* drive, steer, be at the wheel; ✈ navigate, pilot; *Schiff*: stand, head (***nach Süden*** southward); ***~ nach*** be bound for; *fig.* ***heimwärts ~*** head homewards (*od.* for home); ***wohin steuert Europa?*** which direction (*od.* where) is Europe headed?; **II.** *v/t.* ⚓ steer, navigate; *als Lotse*: pilot; *mot.* drive, steer; ✈ navigate, pilot; ⚙, *Computer*: control; *fig.* (*leiten*) control, run; (*lenken*) steer, guide; *fig.* ***~d eingreifen in*** intervene in.

Steuer|nachlass *m* tax allowance; **~oase** *f* tax haven (*od.* shelter); **~paket** *n* tax package; **~paradies** *n* → ***Steueroase.***

steuerpflichtig *adj.* taxable; *Ware*: dutiable; **Steuerpflichtige(r)** *m* taxpayer.

Steuerpolitik *f* fiscal policy.

Steuerprogramm *n Computer*: control program.

Steuer|progression *f* **1.** tax progression; **2.** progressive taxation; **~prüfer** *m* tax auditor; **~prüfung** *f* tax audit.

Steuer|pult *n* ⚡ control desk; *Computer*: control panel, console; **~rad** *n* ⚓ *u. mot.* (steering) wheel; ✈ control wheel.

Steuerrecht *n* tax law(s *pl.*); **steuerrechtlich** *adj.* tax law ...; *a. adv.* according to the tax laws.

Steuer|reform *f* tax reform(s *pl.*); **~rückzahlung** *f* tax rebate.

Steuerruder *n* ⚓ helm, *unter Wasser*: rudder; ✈ control surface.

Steuer|satz *m* tax rate; **~schlupfloch** *n* tax loophole; **~schraube** *f*: ***die ~ anziehen*** turn the tax screw; **~schuld** *f* tax(es *pl.*) due, tax liability; *Bilanz*: tax accrued; **~senkung** *f* tax cut (*od.* reduction); *pl. a.* tax abatement *sg.*; **~tabelle** *f* tax scale; **~taste** *f Computer*: control key.

Steuerung *f* **1.** (*Tätigkeit*) steering, ✈ piloting; ⚙, ⚡, *allg. u. fig.* control; **2.** (*Vorrichtung*) control system; *mot.* (*Lenkung*) steering; ✈ controls *pl.*; **Steuerungsmechanismus** *m* control mechanism; **Steuerungstaste** *f Computer*: control key..

Steuer|veranlagung *f* tax assessment; **~vergehen** *n* tax offen|ce (*Am.* -se); **~vergünstigung** *f* tax break (*od.* concession); *pl. a.* tax relief *sg.*; **~vorteil** *m* tax benefit (*od.* break); **~zahler** *m* taxpayer; **~zeichen** *n Computer*: control character.

Steuerzuschlag *m* additional tax; *für hohe Einkommen*: surtax.

Steven *m* ⚓ (*Achter2*) prow; (*Vor2*) stern.

Steward *m* steward; **Stewardess** *f* stewardess, air hostess.

stibitzen F *v/t.* F pinch, snitch, *sl.* nick.

Stich *m* **1.** (*Nadel2 etc.*) prick; (*Wespen2, Bienen2*) sting; (*Mücken2*) bite; (*Messer2*) stab, (*Wunde*) stab wound, knife wound; *mit dem Spaten*: cut; **2.** (*Schmerz*) stabbing pain; ***~e haben*** *in der Seite*: have a stitch; *fig.* ***es gab mir e-n ~*** it really hurt; **3.** (*Näh2*) stitch; **4.** (*Kupfer2 etc.*) engraving; **5. *ein ~ ins Blaue*** a tinge of blue, *im Foto*: a blue cast; *fig.* ***er hat e-n ~ ins Rücksichtslose*** he's got a ruthless streak; **6.** *Kartenspiel*: trick; ***e-n ~ machen*** make a trick; *fig.* ***keinen ~ bekommen*** *Fußball etc.*: not to get a look in, *in e-r Diskussion*: make no mark; **7.** *fig.* ***im ~ lassen*** let down, fail, *stärker*: leave in the lurch, (*verlassen*) abandon, desert, (*Familie, Freundin etc.*) *a.* walk out on; ***e-n ~ haben*** *Milch etc.*: be (slightly) off, F *Person*: F be a bit touched; F ***du hast wohl e-n ~!*** have you gone mad (F off your rocker)?; ***~ halten*** *Argument etc.*: hold water.

Stichelei *f* gibe(s *pl.*), dig(s *pl.*), snide remark(s *pl.*); **sticheln** *v/t. u. v/i.* stitch; *fig.* gibe, make snide remarks (at).

stichfest *adj.* → ***hieb- und stichfest.***

Stichflamme *f* jet of flame; ⚙ (fine) jet.

stichhaltig *adj.* sound, well-founded; *seine Theorie* ***ist nicht ~*** doesn't hold water.

Stichling *m zo.* stickleback.

Stich|probe *f* **1.** spot check; *Rechnungsprüfung*: sample audit; ***e-e ~ machen*** do (*od.* carry out) a spot check; **2.** *von Waren*: random sample; ***e-e ~ machen*** take a random sample; **3.** *Statistik*: sampling; **~säge** *f* fretsaw; **~tag** *m* cutoff date; (*letzter Termin*) deadline; **~verletzung** *f* stab wound, knife wound; **~waffe** *f* thrust weapon; **~wahl** *f* runoff.

Stichwort *n* **1.** *im Wörterbuch etc.*: headword, (*Eintrag*) entry; *im Register etc.*: word, entry; **2.** *thea. u. fig.* cue; (*Schlüsselwort*) key word; ***sich ein paar ~e aufschreiben*** jot down a few notes; ***in ~en festhalten*** make a few notes on; **2artig** *adj. u. adv.* in note form; ***ich habe es ~ notiert*** *a.* I've jotted down a few notes; **~register** *n*, **~verzeichnis** *n* index.

Stichwunde *f* stab wound, knife wound.

sticken *v/t. u. v/i.* embroider.

Sticker *m* (*Aufkleber*) sticker.

Stickerei *f* embroidery; *konkret*: piece of embroidery; **Stickerin** *f* embroiderer.

Stickgarn *n* embroidery cotton (*od.* silk).

stickig *adj.* stuffy; *Außenluft*: close, sticky, muggy.

Stick|muster *n* embroidery pattern; **~nadel** *f* embroidery needle.

Stickoxid *n* ⚗ nitrogen oxide.

Stickrahmen *m* tambour (frame).

Stickstoff *m* ⚗ nitrogen; ***flüssiger ~*** liquid nitrogen; **~dünger** *m* nitrogenous fertilizer; **2frei** *adj.* nitrogen-free; **2haltig** *adj.* nitrogenous; **~verbindung** *f* nitrogen compound.

stieben *v/i.* fly (about) (*a. Funken*); *Flüssigkeit*: spray; ***die Funken stoben nur so*** the sparks flew; ***in alle Richtungen ~*** (*laufen, fliegen*) scatter in all directions.

Stiefbruder *m* stepbrother.

Stiefel *m* boot; *fig.* ***das sind zwei Paar ~*** they're two completely different things, you can't put them in the same boat; F ***s-n alten ~ weitermachen*** carry on in the same old groove (*contp.* rut), be doing the same old thing; F ***e-n ~ zusammenreden*** (***zusammenspielen***) F talk (play) a load of rubbish; F ***was redest du da für e-n ~ zusammen?*** F what on earth are you going on about?; F ***das haut mich aus den ~n*** F well blow me; F ***das hat ihn aus den ~n gehauen*** F he nearly fell over backwards; F ***er kann e-n ~ vertragen*** he can take his drink, he can hold his liquor.

Stiefelette *f* ankle boot; *für Frauen*: *a.* bootee.

Stiefelknecht *m* bootjack.

stiefeln F *v/i.* F foot it, hoof it; ***wir mussten dahin ~*** we had to foot it (*od.* hoof it) all the way there; → ***gestiefelt.***

Stief|eltern *pl.* stepparents; **~geschwis-**

S

ter *pl.* stepbrother(s) and stepsister(s); **~kind** *n* stepchild (*a. fig.*); **~mutter** *f* stepmother (*a. fig.*).

Stiefmütterchen *n* ⚘ pansy.

stiefmütterlich *adv.*: *fig.* **~ behandeln** neglect; **sie sind ~ behandelt worden** *a.* they haven't received the attention they deserve, they've been given second-class treatment.

Stief|schwester *f* stepsister; **~sohn** *m* stepson; **~tochter** *f* stepdaughter; **~vater** *m* stepfather.

Stiege *f* **1.** (*enge, steile Holztreppe*) wooden staircase (*od.* stairs *pl.*); **2.** *östr., südd.* (*Treppe*) staircase, stairs *pl.*; **3.** *östr., südd.* (*einzelne Treppenstufe*) stair.

Stieglitz *m* goldfinch.

Stiel *m* **1.** handle; (*Besen≈*) broomstick; (*Pfeifen≈, Trinkglas≈*) stem; **Eis am ~** ice lolly; **2.** ⚘ stalk; **~augen** *pl.* stalk eyes; F *fig.* **~ machen** F goggle, gawk; F **er hat aber ~ gemacht!** he just goggled (*od.* gawked), his eyes nearly popped out of his head; **~kamm** *m* tail comb.

stier *adj.* **1. ~er Blick** glassy (*od.* vacant) stare; **2.** F *östr., schweiz.* (*pleite*) F broke, skint.

Stier *m* **1.** *zo.* bull; **junger ~** bullock; *fig.* **brüllen wie ein ~** bellow (at the top of one's voice); **den ~ bei den Hörnern packen** take the bull by the horns; **2.** (*Sternzeichen*) Taurus; **(ein) ~ sein** be (a) Taurus, be a Taurean.

stieren *v/i.* stare, gape (**auf** at); **vor sich hin ~** stare into space.

Stierkalb *n* bull calf.

Stierkampf *m* bullfight; **~arena** *f* bullring.

Stierkämpfer *m* bullfighter.

Stiernacken *m* bull neck; **stiernackig** *adj.* bullnecked.

Stiesel F *m* boor, lout; **stieselig** F *adj.* boorish, loutish.

Stift[1] *m* **1.** ⚙ pin; (*Holz≈*) *a.* peg; **2.** (*Blei≈*) pencil; (*Bunt≈*) crayon, colo(u)red pencil; (*Filz≈*) felt pen; (*Kugelschreiber*) pen, biro (*TM*); **hast du irgendeinen ~?** have you got something to write with?, have you got a pen (of some sort)?; **3.** F (*Lehrling*) (young) apprentice; **4.** F (*Knirps*) F (young) nipper.

Stift[2] *n* **1.** religious foundation (*od.* institution); (*Kloster*) convent; **2.** (*Altenheim*) old people's home.

stiften *v/t.* **1.** (*Geld etc.*) donate; (*Schule etc.*) found; (*spendieren*) provide, supply; **2.** (*verursachen*) cause; **Chaos ~** create (*od.* cause) havoc; **Frieden ~** make peace; **Unfrieden ~** cause (*od.* make) trouble, *lit.* sow discord; **Unheil ~** cause disaster; → *a.* **anstiften.**

stiften gehen F *v/i.* F clear off, make o.s. scarce.

Stiftenkopf F *m* crew cut.

Stifter *m* founder; (*Schenker*) donor, *Am. a.* sponsor.

Stiftskirche *f* **1.** collegiate church; **2.** (*Hauptkirche e-s Bistums*) cathedral.

Stiftung *f* **1.** (*Schenkung*) endowment, donation; **2.** (*Institution*) foundation; **Stiftungsurkunde** *f* deed of foundation.

Stiftzahn *m* pivot tooth.

Stigma *n* stigma; **die ~ta Christi** the stigmata; **das ~ der Armut tragen, mit dem ~ der Armut behaftet sein** bear the stigma of poverty; **stigmatisieren** *v/t.* stigmatize, brand (**als** as); **stigmatisiert** *adj.* branded (**als** as), *a. eccl.* stigmatized.

Stil *m* style; *e-e Kirche* **im spätgotischen ~** in late Gothic style; **ein Kavalier alten ~s** a gentleman of the old school; **im großen ~** in (grand) style, (*in großem Ausmaß*) on a large scale; **Betrügereien großen ~s** large-scale (*od.* wholesale) fraud; **~ haben** have style; **das ist nicht mein ~** that's not my style, that's not the way I like to do things; **wenn es in dem ~ weitergeht** if it goes on like that; **in dem ~ ging die Diskussion weiter** the discussion continued along those lines (*od.* in that vein); **~blüte** *f* stylistic blunder; F howler; **~bruch** *m* break in style; *fig.* **das wäre ein ~** that would be out of style; **~ebene** *f* stylistic register, level of style; **≈echt** *adj.* true to style; (*historisch ~*) in period; **~element** *n* stylistic element; **~empfinden** *n* sense of style, stylistic sensitivity; **~epoche** *f* stylistic era (*od.* period); **die ~ des Rokoko** the rococo era.

Stilett *n* stiletto.

Stil|fehler *m* stylistic lapse (*od.* fault); **~gefühl** *n* sense of style, stylistic sensitivity; **≈gerecht** *adj.* in proper style; (*geziemend*) *a.* appropriate.

stilisieren *v/t.* stylize; **stilisiert** *adj.* stylized.

Stilist *m* stylist (*a. Sport*); **Stilistik** *f* **1.** stylistics *pl.* (*sg. konstr.*); **2.** (*Handbuch*) style manual; **stilistisch I.** *adj.* stylistic; **in ~er Hinsicht** stylistically, from a stylistic point of view; **II.** *adv.* stylistically; **~ gut (schlecht) geschrieben** written in (a) good (bad) style.

Stilkunde *f* → **Stilistik.**

still *adj.* (*ruhig*) quiet (*a. zurückhaltend*); (*lautlos, wortlos*) *a.* silent; (*friedlich*) peaceful; (*regungslos*) still, motionless; *Luft, See, Gefühle*: calm; (*heimlich*) secret; **sei ~!** (be) quiet!; **sei ~ davon!** give over, will you; **im ~en Einverständnis** by tacit agreement; **~es Gebet** silent prayer; **~es Glück** quiet bliss; **~e Hoffnung** secret hope; † **~e Jahreszeit** dead season; F **~es Örtchen** → **Klo**; **der ≈e Ozean** the Pacific (Ocean); † **~e Reserven** hidden reserves; **in e-r ~en Stunde** in a quiet moment; † **~er Teilhaber** sleeping (*Am.* silent) partner; **~e Übereinkunft** tacit understanding; **~er Verehrer** secret admirer; **~er Vorwurf** silent reproach; **~es Wasser** (*Mineralwasser*) still mineral water; **~e Wasser sind tief** still waters run deep; **er ist ein ~es Wasser** he's a dark horse; **die ≈en im Lande** the silent majority; **im ≈en** (*innerlich*) inwardly; (*heimlich*) secretly; **im ≈en fluchte ich** I was cursing to myself (*od.* inside, under my breath); **~ werden** become (*od.* go) quiet, *Wind etc.*: calm down; **plötzlich wurde es ganz ~** suddenly everything went quiet (*od.* there was silence); *fig.* **um ihn ist es ~ geworden** you don't hear anything about him these days; → **Kämmerlein.**

still bleiben *v/i.* keep quiet (*regungslos*: still); **bleib doch mal ~!** be quiet (*od.* keep still), will you.

Stille *f* silence; (*plötzliches Verstummen*) *a.* hush; (*Ruhe*) quiet, *a. des Meeres*: calm; **die ~ vor dem Sturm** the calm before the storm; **in aller ~** quietly, (*unbemerkt*) unnoticed, (*heimlich*) *a.* secretly, without a word to anyone, F without letting on to anyone, on the quiet; **sie heirateten in aller ~** the wedding was a very quiet affair, (*heimlich*) they got married on the quiet; **in tiefer ~ liegen** be shrouded in silence; **die ~ der Nacht** the dead silence of night; **in der ~ der Nacht** in the still(ness) of the night.

Stilleben *n* → **Stillleben.**

Stillehre *f* **1.** stylistics *pl.* (*sg. konstr.*); **2.** (*Handbuch*) style manual.

stillen I. *v/t.* **1.** (*Säugling*) breastfeed, nurse; **2.** (*Blut*) stop, sta(u)nch, (*starke Blutung*) ⚕ arrest *a h(a)emorrhage*; **3.** (*Durst*) quench; (*Hunger*) satisfy, *vorübergehend*: take the edge off; *fig.* (*Neugier, Bedürfnisse etc.*) satisfy, (*Lust, Verlangen*) *a.* satiate; **s-e Neugier ist jetzt gestillt** his curiosity has been satisfied; **4.** (*Schmerz*) ease; **II.** *v/i.* breastfeed, nurse; **III. ≈** *n* breastfeeding; **stillend** *adj.*: **~e Mütter** nursing mothers.

stillgelegt *adj. Bergwerk*: disused *mine.*

Stillhalteabkommen *n* standstill agreement; **stillhalten** *v/i.* keep still; *fig.* (*nicht reagieren*) keep quiet.

Stillleben *n Kunst*: still life.

stilllegen *v/t.* (*Betrieb*) shut down; (*Fahrzeug*) lay up; (*Maschine etc.*) put out of operation; (*Schiff*) put out of commission; (*Verkehr etc.*) stop; ⚕ immobilize; (*lahmlegen*) paralyze; **Stilllegung** *f* shutdown, closure; stoppage.

stillliegen *v/i. fig.* lie dormant; *Verkehr, Handel etc.*: be at a standstill; *Betrieb*: be shut down, lie idle.

still liegen *v/i.* lie still.

stillos I. *adj.* **1.** in bad style (*od.* taste), tasteless; **2.** *das Zimmer etc.* **ist ~** has no style; **II.** *adv.* in bad style; *Stilbruch*: out of style.

Stillschweigen *n* silence (*a.* ⚖); **~ bewahren** maintain strict silence (**über** on); **et. mit ~ übergehen** pass s.th. over in silence; **stillschweigend I.** *adj.* silent; *fig.* tacit, implicit *agreement*; **~e Duldung** tacit consent (*gen.* to), (silent) acquiescence (in), *a.* ⚖ connivance (in); **II.** *adv.* silently, in silence, without a word; *fig.* tacitly; **et. ~ übergehen** pass s.th. over in silence; **~ dulden** (silently) acquiesce in, tacitly consent to.

stillsitzen *v/i. fig.* **er kann nicht ~** he's always got to be on the go.

still sitzen *v/i.* sit still, sit quietly.

Stillstand *m* standstill, stop(page); *des Herzens*: cardiac arrest; *fig.* standstill, stagnation (*a.* †); *von Verhandlungen etc.*: deadlock; **zum ~ bringen** *a. fig.* stop (*a. Blutung, Infektion etc.*), bring to a halt (*od.* standstill), (*Kämpfe etc.*) put an end (*od.* a stop) to, end; **zum ~ kommen** stop (*a. Blutung etc.*), *a. fig.* come to a halt (*od.* standstill), *Kämpfe etc.*: come to a stop (*od.* an end), end, *Verhandlungen*: come to a standstill, reach deadlock; **stillstehen** *v/i.* **1.** *Verkehr, Wirtschaft etc.*: be at a standstill; *Maschine*: lie idle; *fig.* **die Zeit scheint stillzustehen** time seems to be standing still; **2.** (*stehen bleiben*) *Maschine*: stop (working); *Motor*: stop, *Herz*: stop (beating); *fig.* **mein Herz stand still** my heart stopped (*od.* stood still); **3.** ⚔ stand to attention; ***stillgestanden!*** attention!

Stillung *f* breastfeeding, nursing (**e-s Kindes** a baby).

stillvergnügt I. *adj.* inwardly content (*od.* amused); **II.** *adv.*: **~ lächeln** smile serenely.

Stillzeit *f* lactation (*od.* nursing) period.

Stil|merkmal *n* stylistic feature; **~mittel** *n* stylistic device; **~möbel** *pl.* **1.** *nachgemachte*: reproduction furniture *sg.*; **2.** *echte*: period furniture *sg.*

S

Stilton (*TM*) *m Käse*: Stilton (*TM*) (cheese).

Stil|übung *f* stylistic exercise, exercise in style; **2voll I.** *adj.* stylish, tasteful; **II.** *adv.* stylishly, tastefully; **~ *eingerichtet*** *a.* furnished in style; **~wörterbuch** *n* dictionary of (correct) usage, (alphabetically arranged) usage manual.

Stimm|abgabe *f* voting, vote; **~anteil** *m* share of the vote; **~band** *n* vocal chord; **2berechtigt** *adj.* eligible to vote; ***nicht* ~** non-voting ...; **~berechtigung** *f* right to vote; → *a.* ***Stimmrecht***; **~bruch** *m* breaking of the voice; ***er ist im* ~** his voice is breaking; ***nach dem* ~** after one's voice has broken.

Stimme *f* **1.** voice (*a. Sing2 u. fig.*); ***mit lauter*** (***bebender***) **~** in a loud (trembling) voice; ***gut bei* ~ *sein*** be in good voice; **2.** ♪ (*Stimmlage*) voice; (*Partie*) (voice) part; (*Instrumental2*) part; **3.** (*Meinung*) voice, opinion; (*Sprecher*) speaker, voice; ***die ~n der Presse*** press comments; ***die ~ des Volkes*** the voice of the people; ***die ~ der Öffentlichkeit*** public opinion; ***es mehren sich die ~n dagegen*** there's mounting opposition (among the public *etc.*); ***es mehren sich die ~n, dass*** more and more people are of the opinion that; **4.** (*Wahl2*) vote; ***e-e ~ haben*** have a vote; ***s-e ~ abgeben*** (cast one's) vote; ***j-m s-e ~ geben*** vote for s.o., give s.o. one's vote; ***~n werben*** canvass (for votes); ***sich der ~ enthalten*** abstain (from voting); → ***abgegeben, entscheidend*** I.

stimmen I. *v/t.* **1.** (*Instrument*) tune (**nach** to); ***höher*** (***tiefer***) **~** tune up (down); ***die Instrumente ~*** *Orchester*: be tuning up; **2.** *fig.* ***j-n gegen et.* ~** prejudice s.o. against s.th.; ***glücklich* ~** make *s.o.* happy; ***traurig* ~** sadden, make *s.o.* sad; ***j-n heiter* ~** put s.o. in a cheerful (*od.* good) mood; ***j-n optimistisch* ~** give s.o. cause for optimism; → ***günstig*** I, ***nachdenklich***; **II.** *v/i.* **3.** (*richtig sein*) be right, be correct; (*wahr sein*) be true; ***stimmts?*** am I right, is(n't) that right?; ***das stimmt*** (***ganz genau***) that's (absolutely) right; F ***das stimmt ja hinten und vorne nicht!*** (*ist gelogen*) F it's a pack of lies, *Rechnung etc.*: F it's all up the creek; ***stimmt so!*** keep the change, that's all right (*Am.* alright); ***da stimmt etwas nicht*** there's something wrong here, (*es ist verdächtig*) there's something fishy going on (here); ***es stimmt zu dem, was er gesagt hat*** it tallies with what he said; F ***bei dir stimmts wohl nicht*** have you gone mad?; **4.** **~ *für*** vote for (*od.* in favo[u]r of); **~ *gegen*** vote against; ***mit Ja* ~** vote for (*od.* in favo[u]r); ***mit Nein* ~** vote against.

Stimmen|anteil *m* percentage of votes; **~auszählung** *f* counting of votes, vote count(ing); **~einbuße** *f* → ***Stimmenverlust***; **~fang** *m* vote catching; ***auf* ~ *gehen*** canvass, go canvassing; **~gewichtung** *f* weighting of votes; **~gewinn** *m* gain (*od.* increase) in votes; **~gewirr** *n* babble (*od.* confusion) of voices; **~gleichheit** *f* parity of votes; *parl.* tie; **~mehrheit** *f* majority of votes; ***einfache* ~** simple majority.

Stimmenthaltung *f* abstention.

Stimmen|verhältnis *n* proportion of votes; **~verlust** *m* loss of votes, vote loss(es *pl.*); ***starker* ~** heavy vote losses; ***~e erleiden*** lose votes; **~zuwachs** *m* gain (*od.* increase) in votes.

Stimmer *m* ♪ tuner.

Stimmgabel *f* ♪ tuning fork.

stimmgewaltig *adj.* powerful-voiced; **~ *sein*** have a powerful voice; ***~er Bass*** powerful bass.

stimmhaft *adj. ling.* voiced.

stimmig *adj. Argumentation, Schema etc.*: consistent; *Interpretation, Aufführung etc.*: *a.* well-rounded; ***in sich* ~ *sein*** be consistent within itself, form an intrinsic whole.

Stimmlage *f* pitch, register.

stimmlich I. *adj.* vocal; **II.** *adv.* vocally; **~ *in Form*** in good voice.

stimmlos *adj. ling.* voiceless, unvoiced.

Stimm|organ *n anat.* vocal organ; **~pfeife** *f* pitch pipe; **~recht** *n* (right to) vote; franchise; ***allgemeines* ~** universal suffrage; ***das* ~ *ausüben*** (exercise one's right to) vote; **~ritze** *f anat.* glottis; **~schlüssel** *m* ♪ tuning hammer (*od.* key); **~umfang** *m* vocal range.

Stimmung *f* (*Gemütsverfassung*) mood; *von Arbeitern, Truppen etc.*: morale; *der Öffentlichkeit*: public sentiment, *the* public mood; ⚚ *Börse*: tendency; (*Ausgelassenheit*) high spirits *pl.*; (*Atmosphäre, Gesamteindruck*) mood, atmosphere; ***deutschfeindliche* ~** anti-German sentiment (*od.* feeling); ***feindselige* ~** (feeling of) animosity; *das Bild* ***hat* ~** has atmosphere; ***in guter* ~** in good spirits, cheerful, (*gut gelaunt*) in a good mood; ***in schlechter* ~** in low spirits, depressed, (*schlecht gelaunt*) in a bad mood; ***in der* ~ *sein zu*** *inf.* feel like *ger.*, be in the mood for *ger.* (*od.* to *inf.*); ***nicht in der* ~ *sein zu*** *inf.* not to feel like *ger.*, not to be in the mood for *ger.*; **~ *machen für*** work up some enthusiasm for; ***für* ~ *sorgen*, ~ *machen*** liven things up (a bit), *auf e-r Feier*: *a.* put some life into the party; ***in* ~ *kommen*** get going, *Feier etc.*: *a.* liven up; → ***gedrückt.***

Stimmungs|barometer *n der öffentlichen Meinung*: barometer of public opinion; ***das* ~ *steht auf null*** (*od.* ***ist auf null gesunken***) everyone's in the doldrums; ***das* ~ *steigt*** F the (public) mood is on the up; **~bild** *n* **1.** (*Gemälde*) atmospheric (*od.* mood) painting; **2.** (*Beschreibung*) atmospheric description; **~kanone** F *f*: ***er ist e-e richtige* ~** he's always the life and soul of the party; **~mache** *f* propaganda; **~musik** *f* sing-along music; **~umschwung** *m* change of mood; *psych.* mood swing; ⚚ change in trend; *pol.* volte-face; **2voll** *adj.* atmospheric; *Gedicht*: evocative; **~wechsel** *m* → ***Stimmungsumschwung.***

Stimm|vieh *contp. n* inertia voters *pl.*, F voting fodder; **~wechsel** *m* → ***Stimmbruch***; **~zettel** *m* ballot paper.

Stimulans *n* ⚕, *a. fig.* stimulant; ***als* ~ *wirken*** act as a stimulant, have a stimulating effect; **stimulieren** *v/t.* stimulate; ***j-n*** (***zu et.***) **~** spur s.o. on (to s.th.); **Stimulus** *m* stimulus.

stinkbesoffen F *adj.* F plastered, *sl.* (completely) sloshed, pissed as a newt.

Stinkbombe *f* stink bomb.

stinken *v/i.* **1.** stink (**nach** of), smell (of); ***das stinkt aber!*** what a(n awful) smell (*stärker*: stink, F pong); **2.** F *fig.* ***et. stinkt an der Sache*** there's something fishy about it; ***vor Geld* ~** stink of money, be stinking rich; ***das*** (***er***) ***stinkt mir*** I'm sick of it (him); ***mir stinkts!*** I'm fed up to the back teeth; ***was mir am meisten stinkt*** F what really gets to me; ***es stinkt mir, dass er so viel mehr verdient*** F the fact that he earns so much more really gets to me; **stinkend** *adj.* smelly, *stärker*: stinking; (*faulig*) putrid.

stink|faul F *adj.* bone-idle; **~fein** F *adj.* F (dead) posh.

stinkig F *adj.*: **~ *sein*** (*missgelaunt*) F be in a stinking mood.

stink|langweilig F *adj.* deadly boring; **~ *sein*** *a.* F be a crushing bore; ***es war* ~** *a.* F we were bored out of our (tiny little) minds; **2laune** F *f*: ***e-e* ~ *haben*** be in a stinker of a mood, be in a stinking mood; **2morchel** *f* ⚘ stinkhorn; **~normal** F *adj.* boringly normal; **~reich** F *adj.* F stinking rich; **~sauer** F *adj.* F fuming; **~ *sein auf j-n*** be really mad at s.o.; **2tier** *n zo.* skunk; **~vornehm** F *adj.* F (dead) posh; **2wut** F *f*: ***e-e* ~ *haben*** F be (absolutely) fuming, ***auf j-n***: be really mad at s.o.

Stipendiat *m* scholarship holder; *in Zssgn* ... scholar (*z.B.* ***DAAD-~*** DAAD scholar); **Stipendium** *n* grant; (*Begabten2*) scholarship; *Am. allg.* scholarship.

Stippvisite F *f* flying visit (**nach** to), *e-r Stadt*: *a.* quick tour (of); ***bei j-m e-e* ~ *machen*** pop round and see s.o., (briefly) drop in on s.o.

Stirn *f* forehead, *lit.* brow; *fig.* ***die* ~ *haben zu*** *inf.* F have the cheek (*od.* nerve, F brass) to *inf.*; ***j-m*** (***e-r Sache***) ***die* ~ *bieten*** defy s.o. (s.th.); ***es steht ihm auf der* ~ *geschrieben*** it's written all over his face; → ***runzeln***; **~ansicht** *f* front(al) view, front elevation; **~band** *n* headband, sweatband; **~bein** *n anat.* frontal bone; **~falte** *f* wrinkle on one's forehead; **~glatze** *f* receding hairline; **~höhle** *f* (frontal) sinus.

Stirnhöhlen|entzündung *f*, **~katarr(h)** *m* (frontal) sinusitis; **~vereiterung** *f* suppurative frontal sinusitis.

Stirn|locke *f* forelock, curl at the front (*od.* on one's forehead); **~rad** *n* ⚙ spur gear.

Stirnrunzeln *n* frown(ing); **stirnrunzelnd** *adv.* frowningly, with a frown.

Stirn|seite *f* front (side *od.* end); **~wand** *f* front (*od.* end) wall.

stöbern *v/i.* **1.** *in Schubladen etc.*: rummage around (**nach** for); ***in den Akten* ~** riffle through the files; ***in Büchern nach Hinweisen* ~** hunt down references in books; **2.** *Hund*: hunt about (**nach** for); **3.** *dial.* (*sauber machen*) get the place shipshape.

stochern *v/i.*: **~ *in*** poke (about in), (*Feuer*) poke, stoke (up); ***in den Zähnen* ~** pick one's teeth; ***in s-m Essen* ~** pick at one's food.

Stock *m* **1.** stick (*a. Spazier2, Hockeyschläger*); (*Ski2*) *a.* pole; (*Rohr2*) cane; (*Billard2*) cue; (*Takt2*) baton; ***am* ~ *gehen*** walk with a stick, F *fig.* be on one's last legs, *finanziell*: *a.* be scraping the barrel; **2.** ⚘ (*Wein2*) vine; (*Strunk, Wurzel2*) stock; (*Blumen2*) (flowering) pot plant; ***über* ~ *und Stein*** up hill and down dale; **3.** (*Gebirgs2*) massif; **4.** (*Stockwerk*) floor, stor(e)y; ***im ersten* ~ *wohnen*** live on the first (*Am.* second) floor; **~arbeit** *f Skisport*: pole work (*od.* action); **2besoffen, 2betrunken** F *adj.* F plastered, *sl.* (completely) sloshed, pissed as a newt, drunk as a skunk; **~bett** *n* bunk bed; **2blind** F *adj.* blind as a bat; **2dumm** F *adj.* F (as) thick as two short planks; **2dunkel, 2duster** F *adj.* pitch dark.

Stöckel|absatz *m* stiletto heel; **~schuhe** *pl.* stilettos.

stocken I. *v/i. im Sprechen, Gehen etc.*: falter; (*zögern*) hesitate; *Gespräch*: falter; (*langsamer werden*) slacken; (*plötzlich aufhören*) stop short; ☤ *Geschäfte*: slacken off; *Verhandlungen etc.*: break down, come to a standstill; *Verkehr*: be congested; *Motor*: stall; ⚕ *Blut*: clot, coagulate; *Milch*: curdle; *Wände etc.*: go mo(u)ldy; *fig.* ***ihm stockte das Herz*** his heart missed a beat; ***ihm stockte der Atem*** he caught his breath; ***ihr stockte das Blut in den Adern*** her blood froze; **II.** 2 *n*: ***ins ~ geraten*** *Sprecher*: (begin to) falter; *Verhandlungen*: break down, come to a standstill; *Geschäfte etc.*: begin to fall off (*od.* slacken); *Motor*: stall; **stockend I.** *adj.*: ***~er Atem*** short, sharp breaths; ***~er Herzschlag*** faltering heartbeat; ***~er Gang*** halting gait; ***~e Schritte*** halting (*od.* faltering) steps; ***~es Gespräch*** faltering conversation; ***~e Redeweise*** halting speech; ***~er Verkehr*** halting (*od.* slow-moving, stop-go) traffic; ☤***~e Geschäfte*** slack (*od.* sluggish) trading; ***~e Verhandlungen*** slow-moving (*od.* faltering) talks; ***mit ~er Stimme*** in a faltering voice; **II.** *adv.* haltingly; ***wir kommen nur ~ voran*** progress is very sluggish.

Stockente *f* mallard.

Stockerl *östr.* **1.** (*Hocker, Schemel*) stool; **2.** (*Siegerpodest*) victory rostrum.

stockfinster F *adj.* pitch dark; **2fisch** *m* dried cod; F *fig.* F stick.

Stockfleck *m* mo(u)ldy spot, *größer*: patch of mo(u)ld; **stockfleckig** *adj.* mo(u)ldy.

stockheiser F *adj.* completely hoarse; ***ich bin ~*** *bsd. bei Erkältung*: my throat is (absolutely) raw.

stockig *adj.* mo(u)ldy.

..stöckig ...-stor(e)y, ...-storied.

stock|konservativ F *adj.* ultra-conservative; **2nagel** *m* walking-stick plaque; **~nüchtern** F *adj.* F stone-cold sober; **2rose** *f* ⚘ hollyhock; **~sauer** F *adj.* mad, F fuming; **2schirm** *m* walking-stick umbrella; **2schnupfen** *m* ⚕ chronic cold; **~steif** F *adj.* (as) stiff as a poker; **~taub** F *adj.* stone-deaf.

Stockung *f* **1.** (*Verzögerung, a. im Verkehr*) holdup, delay; (*Zögern, a. im Sprechen*) hesitation; ***~en im Verkehr etc.***: *a.* congestion; ***ohne ~en verlaufen*** go without a hitch; **2.** (*Stillstand*) standstill; *in Verhandlungen*: *a.* deadlock; ⚕ stasis, *des Bluts*: *a.* congestion.

Stockwerk *n* floor, stor(e)y; *geol.* stratum; ***im ersten ~*** on the first (*Am.* second) floor; ***im oberen ~*** upstairs.

Stoff *m* **1.** (*Textil2*) material, fabric; (*Tuch*) cloth; **2.** (*Substanz*) substance; F (*Alkohol, Rauschgift*) F stuff; *fig.* ***aus e-m besseren ~ gemacht*** made of better stuff; **3.** (*Thema*) subject matter; *in der Schule*: material, (*Thema*) topic; (*Gesprächs2*) topic(s *pl.*) (for discussion); *zu e-m Roman etc.*: material (**zu, für** for); ***~ zum Nachdenken*** food for thought; **~bahn** *f* length of material; **~ballen** *m* bale of cloth.

Stoffel F *m* oaf; **stoffelig** F *adj.* boorish, oafish.

Stoff|muster *n* pattern; (*Warenprobe*) sample; **~puppe** *f* rag doll; **~rest** *m* remnant; *kleiner*: scrap of material; **~sammlung** *f zu Buch etc.*: gathering (of) material; **~tier** *n* cuddly toy (animal), soft toy.

Stoffwechsel *m* metabolism; *in Zssgn* metabolic; **~krankheit** *f* metabolic disease; **~störung** *f* metabolic disorder.

stöhnen I. *v/i.* **1.** groan (**vor** with); ***vor Lust ~*** moan with pleasure; **2.** (*sich beklagen*) moan, complain (**über** about); **3.** *fig.* ***unter dem Gewicht*** *gen.* ~ groan under the weight of; **II.** 2 *n* groaning; moaning; complaining; → I; (***ein***) ***leises ~*** soft moaning.

Stoiker *m* Stoic (philosopher); *fig.* stoic; **stoisch** *adj.* Stoic; *fig.* stoic(al); *fig.* ***~e Ruhe*** stoic calm; **Stoizismus** *m* Stoicism; *fig.* stoicism.

Stola *f* **1.** *Mode*: stole, *bsd. Am. a.* wrap; **2.** *eccl.* stole.

Stollen *m* **1.** tunnel; **2.** (*Weihnachts2*) stollen (cake); **3.** *am Schuh*: stud.

Stolperdraht *m a. fig.* trip wire.

stolpern *v/i.* trip (up), *a. fig.* stumble; ***~ durch*** (***entlang*** *etc.*) stumble through (along *etc.*); ***~ über*** trip over, trip up on; *fig.* (*e-e schwierige Stelle etc.*) stumble over; (*zufällig entdecken*) stumble across; (*alte Bekannte etc.*) bump into; (*e-e Affäre etc.*) come to grief over; ***j-n zum 2 bringen*** *a. fig.* trip s.o. up; ***ins 2 geraten*** trip (up), lose one's footing, *fig.* F come a cropper.

Stolperstein *fig. m* stumbling block (***auf dem Weg zu*** along the path to).

stolz I. *adj.* **1.** proud (**auf** of); ***darauf kannst du ~ sein*** that's something to be proud of; ***er war ganz ~ darauf, dass er es alleine geschafft hat*** he was really proud at having managed it himself; ***ganz ~ hat er s-n neuen Pass vorgezeigt*** he proudly presented (*od.* showed us *etc.*) his new passport; **2.** *fig.* (*imposant*) impressive; ***e-e ~e Summe*** a tidy (little) sum; ***ein ~er Preis*** *iro.* not exactly cheap; **II.** 2 *m* pride (**auf** in); ***s-n ~ daransetzen zu*** *inf.* make it a point of hono(u)r to *inf.*; ***das lässt sein ~ nicht zu*** he's too proud for that kind of thing; ***er hat keinen ~*** he has no (sense of) pride; ***er ist der ~ s-r Eltern*** he's his parents' pride and joy.

stolzgeschwellt *adj.* swollen (*od.* bloated, bursting) with pride; ***mit ~er Brust*** *a.* with one's chest puffed out, ***trat er ins Zimmer ein***: *a.* he strutted proudly into the room.

stolzieren *v/i.* strut, swagger.

Stop *m* → ***Stopp.***

Stopfei *n* darning egg.

stopfen I. *v/t.* **1.** (*Strümpfe etc.*) darn, mend; **2.** (*hinein~*) stuff (**in** into); **3.** (*füllen*) (*Kissen etc.*) stuff; (*Pfeife, Wurst*) fill; *fig.* ***j-m den Mund ~*** silence s.o., F shut s.o. up; → ***gestopft***; **4.** (*ausfüllen, zu~*) (*Lücke*) fill, (*Loch*) *a.* plug; **5.** (*mästen*) stuff, fatten; **II.** *v/i.* **6.** (*sättigen*) be filling; ***Reis stopft*** *a.* rice fills you up; **7.** (*ver~*) cause constipation; ***das stopft*** *a.* that gives you constipation.

Stopf|garn *n* darning cotton; **~nadel** *f* darning needle; **~wolle** *f* darning wool.

Stopp I. *m* **1.** stop; ☤ (*Verbot*) ban (**für** on); (*Preis2, Lohn2*) freeze; **2.** *Tennis etc.*: drop shot; **II.** *int.* stop!

Stoppel|acker *m* → ***Stoppelfeld***; **~bart** *m* stubbly beard; **~feld** *n* stubble field; **~haar** *n* bristle haircut.

stoppelig *adj.* stubbly.

Stoppeln *pl.* (*Getreide2, Bart2*) stubble *sg.*

stoppeln *v/t.* (*Ähren*) glean.

stoppen I. *v/t.* **1.** stop; ***die Produktion ~*** halt (*od.* stop) production; ***er war nicht mehr zu ~*** there was no stopping him; **2.** *mit der Stoppuhr*: time; ***ich habe 11 Sekunden gestoppt*** I timed it at 11 seconds; **II.** *v/i.* **3.** stop; **4.** *mit der Stoppuhr*: time, do the timing; ***kannst du für uns ~?*** *a.* could you time us?; **Stopper** *m* **1.** (*Zeitnehmer*) timekeeper; **2.** (*Tür2*) doorstop(per).

Stopp|licht *n mot.* brake light; **~preis** *m* ceiling (*od.* stop) price; **~schild** *n* stop sign; **~straße** *f* road with a stop sign, *Am.* stop street; **~taste** *f* stop button; **~uhr** *f* stopwatch.

Stöpsel *m* **1.** stopper; *im Waschbecken*: plug; ⚡ (*Stecker*) plug; **2.** F *fig.* (*kleiner Kerl*) F shortie; **stöpseln** *v/t.* plug (*a.* ⚡).

Stör *m* sturgeon.

Stör|abstand *m* signal-to-noise ratio; **~aktion** *f* disruptive action.

störanfällig *adj. Gerät*: very sensitive, *a. Auto*: temperamental; *Radio*: interference-prone, susceptible to interference; *fig. Wirtschaft etc.*: susceptible, sensitive; ***~ sein*** *a.* keep breaking down, *Radio*: get a lot of interference; **Störanfälligkeit** *f Gerät*: sensitivity; tendency to develop faults (*od.* break down); *Radio*: susceptibility to interference; *fig.* susceptibility, sensitivity.

Storch *m* stork; **~beine** F *pl.* spindly (F matchstick) legs.

Storchen|gang *m* stalking gait, stalk; ***e-n ~ haben*** walk like a stork; **~nest** *n* stork's nest.

Störchin *f* female stork.

Storchschnabel *m* **1.** stork's bill; **2.** ⚙ pantograph; **3.** ⚘ cranesbill.

Stördienst *m* fault-clearing service; *teleph. a.* the engineers *pl.*

Store *m* net curtain.

stören I. *v/t.* disturb; (*unterbrechen*) *a.* interrupt; (*ablenken*) distract; (*belästigen*) bother (*a. j-m missfallen, j-m et. ausmachen*); (*Harmonie etc. zer~*) spoil; (*beeinträchtigen*) impair; (*behindern*) obstruct; (*Radioempfang*) interfere with, (*a. Sender*) jam; (*e-e Versammlung, den Unterricht*) disrupt; ***j-s Pläne ~*** upset s.o.'s plans; ***das*** (***Gesamt***)***Bild ~*** spoil the effect; ***lassen Sie sich nicht ~!*** don't let me disturb you; ***darf ich Sie kurz ~?*** could I bother you for a minute?; ***stört es Sie, wenn ich rauche?*** do you mind if I smoke?, would it bother you if I smoked?; ***das stört mich nicht*** I don't mind (that), it doesn't bother me; ***er stört mich nicht*** he doesn't bother me, he's not in the way; ***das stört doch keinen Menschen*** that's not going to bother anyone; ***das Einzige, was mich daran stört*** the only thing that bothers me (*od.* that I don't like) about it; ***was stört dich daran?*** what is it you don't like about it?; ***er lässt sich durch nichts ~*** he doesn't let anything bother him, he's completely unflappable; → ***gestört***; **II.** *v/i.* (*im Weg sein*) be in the way; (*lästig sein*) be a nuisance; (*dazwischenkommen*) get in the way, interfere; (*das Gesamtbild ~*) spoil the effect, *Gebäude etc.*: spoil the view; (*unangenehm sein*) be awkward; ***störe ich?*** am I disturbing you?; ***du störst nur*** you're (just) in the way; ***„(bitte) nicht ~!"*** (please) do not disturb; **III.** *v/refl.*: ***sich an et. ~*** take exception to s.th., be bothered by s.th.; ***ich störe mich nicht daran*** it doesn't bother me; **störend I.** *adj.* disturbing;

S

(*ablenkend*) distracting; (*lästig*) irritating, annoying; (*dazwischentretend*) interfering; (*unterbrechend*) disruptive; **II.** *adv.*: **~ *wirken*** be (*od.* get) in the way, (*lästig*) be a nuisance, (*unterbrechend*) have a disruptive effect (***auf*** on).

Störenfried *m* troublemaker.

Störer *m* troublemaker.

Stör|faktor *m* (source of) disturbance; source (*od.* element) of interference; *lästig*: nuisance element; **~geräusch** *n Radio*: *a. pl.* interference; background noise; *atmosphärisches*: static; *durch Sender*: interference, *beabsichtigtes*: jamming, harmful interference; **~manöver** *n a. pl.* disruptive action.

stornieren *v/t.* ☤ reverse *an entry*; (*Auftrag*) cancel; **Stornierung** *f* reversal; (*Auftrags2*) cancellation.

Storno *n* → ***Stornierung***; **~gebühr** *f* cancellation fee.

störrisch *adj.* (*halsstarrig*) stubborn, obstinate; (*unlenksam*) unmanageable, refractory; *Pferd*: restive.

Stör|sender *m* jamming station, jammer; **~sicherheit** *f* noise immunity; **~signal** *n* drop-in, *a. pl.* interference; **~streifen** *pl. TV* interference pattern *sg.*

Störung *f* **1.** (*Störendes*) disturbance; (*Unterbrechung*) interruption; (*Einmischung*) interference; (*Behinderung*) obstruction; ***entschuldigen Sie die ~!*** sorry to disturb (*od.* bother) you; **2.** ⚙ fault (*a. TV, e-s Senders*), defect; (*Betriebs2*) failure, breakdown; *Radio*: *a. pl.* interference, *atmosphärische*: static, *durch Sender*: interference, *absichtliche*: jamming, harmful interference; **3.** ⚕ disorder, *stärker*: malfunction; **4.** *meteor.* disturbance.

störungs|anfällig *adj.* → ***störanfällig***; **2dienst** *m* fault-clearing service; *teleph. a. the* engineers *pl.*; **~frei** *adj.* **1.** undisturbed, *Ablauf*: smooth; **2.** *Radio*: interference-free; ⚙ trouble-free; **2stelle** *f* → ***Stördienst***; **2sucher** *m teleph.* faultsman; ⚙ troubleshooter; **2ursache** *f* cause of the trouble (*Radio*: interference).

Stoß *m* **1.** push; (⚔ *Vor2*) *a. Fechten*: thrust; (*Dolch2*) stab; *mit der Faust*: punch; *mit dem Fuß*: kick; *mit dem Kopf, den Hörnern*: butt; *mit e-m Stock etc.*: poke; (*Rippen2*) dig (in the ribs), nudge; (*Ruck*) jolt, jerk; *Schwimmen, Rudern*: stroke; *Kugelstoßen*: put; *Billard*: stroke; (*Explosions2, Wind2, Trompeten2*) blast; (*Erd2*) shock; (*Vitamin2 etc.*) massive dose; ***j-m e-n ~ versetzen*** give s.o. a push, *fig.* shake s.o. (up); *fig.* ***sich*** (*od.* ***s-m Herzen***) ***e-n ~ geben*** make an effort, force o.s.; ***das gab ihm den letzten ~*** that was the straw that broke the camel's back; **2.** (*Stapel*) pile; *Holz*: *a.* stack; (***~*** *Briefe*) batch; **2artig** *adj.* intermittent (*a.* ⚙, ⚡), sporadic(ally *adv.*); **~behandlung** *f* ⚕ massive-dose treatment; **~betrieb** *m Verkehr*: rush hour; *Geschäft etc.*: peak period (*od.* hours *pl.*); **~dämpfer** *m mot.*, ✈ shock absorber.

Stößel *m im Mörser*: pestle; *mot. Nockenwelle, Pumpe, Ventil*: tappet.

stoßempfindlich *adj.* sensitive to shock.

stoßen I. *v/t.* push; (*e-e Waffe*) thrust; *mit der Faust*: punch; *mit dem Fuß*: kick; (*puffen*) nudge, jostle; *mit e-m Stock etc.*: poke; (*rammen*) ram; (*treiben*) drive; (*Stoßkugel*) put; *im Mörser*: pound; ***j-n in die Rippen ~*** nudge s.o., give s.o. a dig in the ribs; ***j-m das Messer in die Brust ~*** plunge a knife into s.o.'s chest; ***von sich ~*** push away, *fig.* disown; ***s-e Zehen ~ an*** stub one's toes on (*od.* against); *fig.* ***~ aus*** *dem Haus*: turn *s.o.* out of, *e-m Verein etc.*: expel from; F ***es j-m ~*** F tell s.o. what's what; → ***Bescheid, Kopf*** 5, ***Nase***; **II.** *v/refl.*: ***sich ~*** (*sich wehtun*) knock o.s., hurt o.s.; ***sich ~ an*** knock (*od.* run, bump) against, *fig.* take offen|ce (*Am.* -se) at, take exception to; *fig.* ***an der Unordnung darfst du dich nicht ~*** just ignore the mess, don't mind the mess; **III.** *v/i. Bock*: butt; ***~ an*** a) *a.* ***~ gegen*** bump into, knock (o.s.) against, b) *fig.* (*grenzen an*) border on, *formell*: abut on; ***mit dem Kopf gegen die Tür ~*** bump (*od.* knock) one's head against *od.* on the door; *fig.* ***~ auf*** (*Erdöl*) strike; *Straße etc.*: lead onto, F hit; (*zufällig begegnen*) (happen to) meet, come across, run (*od.* bump) into; (*entdecken*) come across, stumble on, discover; (*Ablehnung, Widerstand etc.*) meet with; ***zu*** *j-m, e-r Partei etc.* ***~*** join (up with); → ***Horn*** 2.

stoßfest *adj.* shockproof, shock-resistant; **Stoßfestigkeit** *f* shock resistance.

Stoß|gebet *n* quick prayer; ***ein ~ zum Himmel senden*** say a quick prayer; **~geschäft** *n* peak-period business; **~kante** *f e-r Hose*: bottom edge; **~kraft** *f* ⚙ impact; *weitS.* impetus, drive, force; *e-r Idee, des Intellekts etc.*: thrust; **~richtung** *f* ⚔ *u. fig.* thrust; *fig.* ***die ~ s-r Attacke ging auf ...*** his assault was aimed at; **~seufzer** *m* deep (*od.* loud) sigh; **2sicher** *adj.* shockproof; **~stange** *f mot.* bumper.

Stoßstangen|aufkleber *m* bumper sticker; **~hörner** *pl.* (bumper) overriders, *Am.* bumper guards.

Stoß|therapie *f* ⚕ massive-dose treatment; **~trupp** *m* ⚔ assault party, combat patrol; **~verkehr** *m* rush-hour traffic; **~waffe** *f* thrust weapon.

stoßweise I. *adj.* intermittent, sporadic; **II.** *adv.* intermittently, sporadically, by fits and starts.

Stoßwelle *f a.* ⚕ shock wave; **Stoßwellentherapie** *f* ⚕ shock-wave therapy (*od.* treatment).

Stoß|zahn *m* tusk; **~zeit** *f* peak period; *Verkehr*: rush hour.

Stotterer *m* stutterer, stammerer; **stottern I.** *v/i.* stutter, stammer; *krankhaft*: *a.* have a stutter; *mot.* splutter; **II.** *v/t.* stammer, stutter; ***e-e Antwort ~*** stammer out a reply; **III. 2** *n* stutter(ing), stammer(ing); F *fig.* ***auf ~ kaufen*** F buy on the never-never.

Stövchen *n* (coffeepot *od.* teapot) warmer.

stracks *adv.* → ***schnurstracks.***

Stradivari(us) *f* Stradivari(us), F Strad.

Straf|akte *f* case record (*od.* file); **~aktion** *f* punitive action; **~androhung** *f* threat of punishment; ***unter ~*** under penalty; **~anstalt** *f* prison, penal institution, *Am. a.* penitentiary; **~antrag** *m* **1.** ***~ stellen*** bring an action, start legal proceedings; **2.** *des Staatsanwalts*: demand for a stated penalty; ***e-n ~ stellen*** demand a stated penalty; **~anzeige** *f* charge; ***~ erstatten gegen*** bring a charge against; **~arbeit** *f Schule*: extra (home)work; **~arbeitslager** *n* hard labo(u)r camp; **~aufschub** *m* reprieve; **~aussetzung** *f* suspension of (*od.* suspended) sentence (***zur Bewährung*** on probation); **~bank** *f Sport*: penalty bench; *Eishockey*: penalty box; ***zwei Minuten auf die ~ müssen*** be sent off for two minutes, get a two minutes penalty.

strafbar *adj.* punishable, *stärker*: criminal; ***~e Handlung*** (criminal *od.* punishable) offen|ce (*Am.* -se); ***~ sein*** be an offen|ce (*Am.* -se); ***sich ~ machen*** commit a (criminal) offen|ce (*Am.* -se), make o.s. liable to prosecution.

Straf|befehl *m* order (of summary punishment); **~befugnis** *f* penal authority; power of sentence; **~bestimmung** *f* penal provision (*od.* clause).

Strafe *f* punishment; ⚖ *a.* penalty; (*Strafurteil*) sentence; (*Geld2*) fine; *Sport*: penalty; (*Vergeltung*) retribution; ***bei ~ von*** on pain (*od.* penalty) of; ***zur ~*** as a punishment; ***unter ~ stehen*** be an offen|ce (*Am.* -se); ***unter ~ stellen*** make *s.th.* a punishable offen|ce (*Am.* -se); ***~ zahlen*** pay a fine (*od.* penalty); ***das ist die ~ dafür, dass du mir nicht gehorcht hast*** that's what you get for disobeying me; ***~ muss sein*** there's nothing like a bit of discipline; *fig.* ***es ist e-e ~ (für mich) zu*** *inf.* it's a punishment (for me) to *inf.*; → ***abbüßen, antreten*** 4.

Strafecke *f Hockey*: penalty corner.

strafen *v/t.* punish; *bsd. Sport*: *a. fig.* penalize; *mit e-m Bußgeld*: fine; F ***mit dieser Familie ist er gestraft genug*** to have a family like that is punishment enough; F ***mit der Stelle bist du wirklich gestraft*** you couldn't have picked a worse (*od.* more gruelling *etc.*) job; → ***Lüge, Verachtung***; **strafend** *adj.* punitive; (*rächend*) avenging; *Blick*: reproachful, censorious; ***~e Worte*** words of reproach.

Straf|entlassene(r *m*) *f* discharged prisoner; **~erlass** *m* remission (of sentence); ***allgemeiner ~*** amnesty; ***bedingter ~*** conditional pardon; **2erschwerend** *adj.* → ***strafverschärfend***; **~expedition** *f* punitive campaign.

straff I. *adj.* (*eng, gespannt*) tight; *Seil, Sehne, Muskel*: taut; *Haut*: smooth, taut; *Stil*: concise; *Inhalt e-s Buchs etc.*: taut; *Kontrolle, Planung*: tight; *Disziplin*: strict, rigid; ***~er Busen*** firm breasts; ***~e Haltung*** straight posture; ***~e Handlung*** tight (*od.* taut) plot; ***~e Unternehmensleitung*** hands-on management; **II.** *adv.* tightly; ***~ anliegen*** *Bluse etc.*: fit tightly, be close-fitting, *Haare*: be combed flat, *zusammengebunden*: be pulled back tightly; ***~ anziehen*** (*Schraube etc.*) tighten, (*Seil etc.*) *a.* pull tight; ***~ organisiert*** tightly organized; ***~ führen*** keep a tight rein on.

straffällig *adj.* guilty of a crime; ***~ werden*** offend, commit an offen|ce (*Am.* -se).

straffen I. *v/t.* tighten; (*Seil etc.*) *a.* pull tight; (*Handlung etc.*) tighten up, tauten; (*Organisation*) streamline, tighten up; ***sich die Gesichtshaut (den Busen) ~ lassen*** have a facelift (have one's breasts lifted); **II.** *v/refl.*: ***sich ~*** tighten; *Person*: straighten up, draw o.s. up.

straffrei I. *adj.* exempt from punishment; **II.** *adv. a.* with impunity; → ***ausgehen*** 8; **Straffreiheit** *f* impunity; immunity (from criminal prosecution); **Straffreiheitsgesetz** *n* impunity law.

Straffung *f* tightening; tautening *etc.*; → ***straffen.***

Straf|gebühr *f* fine; **~gefangene(r** *m*) *f* prisoner, convict; **~geld** *n* fine; **~gericht** *n* **1.** criminal court, tribunal; **2.** *fig.*

S

punishment, chastisement; ***das göttliche ~*** Divine Judg(e)ment; **~gesetz** *n* penal law; **~gesetzbuch** *n* penal code; **~gesetzgebung** *f* penal legislation; **~justiz** *f* criminal justice; **~kammer** *f* criminal division; **~kolonie** *f* penal colony.

sträflich I. *adj.* **1.** criminal, punishable; ***~e Vernachlässigung*** criminal neglect; **2.** *fig.* (*tadelnswert*) reprehensible; (*unverzeihlich*) inexcusable, unpardonable; **II.** *adv.* (*unerhört*) terribly; ***j-n ~ vernachlässigen*** neglect s.o. badly.

Sträfling *m* prisoner, convict; **Sträflingskleidung** *f* prison clothing.

Straf|mandat *n* ticket; **~maß** *n* penalty, sentence; **~maßnahmen** *pl.* punitive measures; ***wirtschaftliche ~*** economic sanctions; ***~ ergreifen*** take punitive action, ✈ apply (*od.* impose) sanctions; **2mildernd I.** *adj.* mitigating, extenuating *circumstances*; **II.** *adv.*: ***~ wirken*** be considered in mitigation; **~milderung** *f* mitigation of sentence, commutation; **~minute** *f*: ***er erhielt zwei ~n*** *Eishockey etc.*: he got a two minutes penalty, he was sent off for two minutes; **2mündig** *adj.* criminally liable (*od.* responsible); **~nachlass** *m* reduction of a sentence; **~porto** *n* excess postage, surcharge; **~predigt** *f* lecture; ***j-m e-e ~ halten*** give s.o. a lecture.

Strafprozess *m* (criminal) trial, criminal case; **~ordnung** *f* code of criminal procedure.

Straf|punkt *m Sport*: penalty point; **~raum** *m Sport*: penalty area.

Strafrecht *n* criminal law; **strafrechtlich I.** *adj.* penal, criminal, under criminal law; ***~e Verfolgung*** criminal prosecution; **II.** *adv.*: ***~ verfolgen*** prosecute.

Straf|register *n* criminal records *pl.*; *e-s Täters*: criminal record; F *fig.* list of sins (*od.* transgressions); **~richter** *m* criminal judge; **~sache** *f* criminal case (*od.* matter); **~stoß** *m Fußball*: penalty kick; ***e-n ~ verhängen*** give a penalty.

Straftat *f* (criminal) offen|ce (*Am.* -se); *schwere*: crime; **Straftatbestand** *m* statutory offen|ce (*Am.* -se); **Straftäter** *m* offender.

Straf|umwandlung *f* commutation (of a sentence); **~urteil** *n* sentence; *Geschworene*: verdict; **~verfahren** *n* criminal procedure (*konkret*: proceedings *pl.*); → *a.* ***Strafprozess***; **~verfolgung** *f* (criminal) prosecution.

strafverschärfend *adj.* aggravating; **Strafverschärfung** *f* increase of penalty.

strafversetzen *v/t.*, **Strafversetzung** *f* transfer for disciplinary reasons.

Straf|verteidiger *m* counsel for the defen|ce (*Am.* -se); **~vollstreckung** *f* imprisonment; execution of a sentence.

Strafvollzug *m* execution of (a) sentence; *weitS.* imprisonment; *als Institution*: penal system; **Strafvollzugsanstalt** *f* penal institution, *Am. a.* penitentiary.

strafweise *adv.* for disciplinary reasons.

Straf|zettel *m* ticket; **~zinsen** *pl.* penalty interest *sg*; **~zölle** *pl.* penal duties.

Strahl *m a. phys. u. fig.* ray; (*Licht2, gebündelter ~*) beam; (*Sonnen2*) ray (of sunlight), (sun)beam; *durchdringender*: shaft of (sun)light; (*Blitz2, Feuer2*) flash; (*Wasser2*) jet, *langer*: stream; ***kosmische ~en*** cosmic radiation (*od.* rays); **~antrieb** *m* ✈ jet propulsion.

Strahlemann F *m* F smiley; ***da kommt der ~*** *a.* here comes the man with the big smile.

strahlen I. *v/i.* (*glänzen*) shine; (*funkeln*) sparkle (*a. Augen*); *fig. Gesicht, Person*: beam; *Augen, Gesicht, plötzlich*: light up; *fig.* ***über das ganze Gesicht ~*** be all smiles, be beaming all over one's face; ***~d (vor Glück)*** radiant (with happiness); **II.** *v/t. a. fig.* radiate.

Strahlen|behandlung *f* radiotherapy, ray treatment; **~belastung** *f* **1.** a) radiation (level), radioactivity (level), b) exposure to radiation; ***natürliche ~*** natural (background) radiation; **2.** ⚕ radiation dose; **~brechung** *f* refraction; **~bündel** *n*, **~büschel** *n* pencil of rays, beam.

strahlend I. *adj.* **1.** *phys.* radioactive, radiating; **2.** ***~er Sonnenschein*** bright sunshine; ***~es Sonnenlicht*** bright (*od.* streaming) sunlight; *fig.* ***~es Wetter*** glorious weather; **3.** *fig.* ***~e Augen*** bright (*od.* shining) eyes; ***~es Gesicht*** beaming face (*od.* expression); ***~es Lächeln*** beaming smile; ***~e Schönheit*** radiant beauty; ***bei ~er Laune sein*** be in great spirits, be in a great mood; **II.** *adv.* **4.** ***~ vor Freude*** beaming with joy; ***j-n ~ anlächeln*** beam at s.o.; **5.** ***~ weiß*** gleaming white, *Zähne*: pearly white; ***~ blaue Augen*** piercing blue eyes; ***~ helles Licht*** brilliant light; ***~ schönes Wetter*** glorious weather.

Strahlen|dosis *f* radiation dose; **2förmig** *adj.* radial; **~forschung** *f* radiology; **2krank** *adj.*: ***~ sein*** be suffering from radiation sickness; **~krankheit** *f* radiation sickness; **~kranz** *m* halo, nimbus; *fig.* glory; **~messgerät** *n* radiation meter; **~opfer** *n* radiation victim; **~schädigung** *f* radiation damage; **~schutz** *m* radiation protection; (*Vorrichtung*) (radiation) protection screen; **~schutzraum** *m* fall-out shelter; **2sicher** *adj.* radiation-proof; **~therapie** *f* radiotherapy; **~tierchen** *n* radiolarian; **~tod** *m* death by radiation; **~überwachung** *f* monitoring of radiation (levels); **2verseucht** *adj.* contaminated (by radiation).

Strahler *m* **1.** (*Wärme2*) radiator; **2.** (*Licht*) spot.

strahlig *adj.* radial.

Strahl|rohr *n* jet pipe; **~triebwerk** *n* jet engine.

Strahlung *f* radiation.

strahlungs|arm *adj. Bildschirm*: low-radiation; **2belastung** *f* → ***Strahlenbelastung***; **2druck** *m* radiation pressure; **2energie** *f* radiation energy; **2gürtel** *m phys. etc.* radiation belt; **2intensität** *f* dose of radiation; **2messer** *m* radiation meter; **2wärme** *f* radiation heat.

Strähne *f* **1.** (*Haar2*) strand; ***blonde (graue) ~*** blonde (grey, *Am.* gray) streak; **2.** → ***Glückssträhne, Pechsträhne***; **strähnig** *adj. Haar*: straggly.

stramm I. *adj.* **1.** (*straff, fest sitzend*) tight; *Seil*: *a.* taut; **2.** ***~e Haltung*** straight (*od.* erect) posture; ⚔ ***~e Haltung einnehmen*** stand to attention; ***~e Disziplin*** strict discipline; ***~er Katholik*** staunch Catholic; ***~er Sozialist*** staunch (*od.* dyed-in-the-wool) socialist; ***~es Tempo*** brisk pace; **3.** (*kräftig*) robust; *a. Beine*: sturdy; ***~er Junge*** strapping youth; ***~es Mädchen*** strapping young girl; **4.** F (*betrunken*) F tight; **5.** *gastr.* ***~er Max*** ham and fried egg on bread; **II.** *adv.* tight(ly); ***~ sitzen*** *Schuhe etc.*: fit tightly; ***~ arbeiten*** work hard; ***~ gehen*** walk briskly; **~stehen** *v/i.* ⚔ stand to attention.

stramm ziehen *v/t.* pull *s.th.* tight; F *fig.* ***j-m die Hosen ~*** give s.o. a good hiding (*od.* spanking).

Strampel|höschen *n*, **~hose** *f* rompers *pl.*, stretchsuit.

strampeln *v/i.* **1.** kick; *wild*: thrash about; *sich wehrend*: struggle; **2.** F (*Rad fahren*) pedal (away); **3.** F (*sich plagen*) F slog away.

Strand *m* (*a. Bade2*) beach; (*Meeresufer*) (sea)shore; ***am ~*** on the beach (*od.* shore); ⚓ ***auf ~ laufen*** run aground; **~anzug** *m* beach suit; **~bad** *n* swimming area; **~buggy** *m* dune buggy; **~burg** *f* sandcastle; **~café** *n* seaside café.

stranden *v/i.* run aground; *fig.* (*scheitern*) founder.

Strand|gut *n* flotsam and jetsam; **~hafer** *m* ♣ marram grass; **~haubitze** *f*: F ***voll wie e-e ~*** (as) drunk as a lord, F tight, plastered; **~hotel** *n* beach (*od.* seaside) hotel; **~kleidung** *f* beachwear; **~korb** *m* (wicker) beach chair; **~läufer** *m zo.* sandpiper; **~promenade** *f* promenade; **~recht** *n* right of salvage; **~verschmutzung** *f* beach pollution; **~wache** *f*, **~wächter** *m* lifeguard.

Strang *m* cord (*a. anat.*); (*Seil*) rope; (*Garn2*) skein, hank; (*Schienen2*) track; *fig.* (*Handlungs2*) strand; *fig.* ***wir ziehen alle am selben ~*** we're all in the same boat; ***wenn wir alle an einem ~ ziehen*** if we all get together, if we join forces; ***über die Stränge schlagen*** kick over the traces; ***wenn alle Stränge reißen*** if the worst comes to the worst, if all else fails; ⚖ ***der Tod durch den ~*** death by hanging; ***zum Tod durch den ~ verurteilen*** sentence *s.o.* to be hanged.

strangulieren *v/t.* **1.** (*erwürgen*) strangle; **2.** ⚕ strangulate; **Strangulierung** *f* **1.** (*Erwürgung*) strangling, strangulation; **2.** ⚕ strangulation.

Strapaze *f a. pl.* strain; ***die ~n des Lebens*** life's difficulties, *iro. a.* the trials and tribulations of life; ***die ~n des Alltags*** the pressures (and worries) of day-to-day living; ***es ist e-e ~*** *a.* it's hard work, F it's tough going; ***sich von den ~n der Arbeit erholen*** recover from the stress and strain of work; ***er war den ~n nicht gewachsen*** he couldn't take (*od.* stand up to) the strain; **strapazieren** *v/t.* strain, be a strain on, be hard on (*a. Augen, Beziehung, Nerven*); (*j-n*) *a.* F take it out of; (*ermüden*) exhaust, wear out; (*Nerven, Hirn*) tax, (*Geduld*) *a.* test, try; (*Haut, Haare*) be hard (*od.* rough) on, *stärker*: mistreat; (*Kleidung etc.*) be hard on; (*Ausdruck etc.*) overwork, overuse, *stärker*: use (*od.* flog) to death; ***das würde dich zu sehr ~*** that would be too much of a strain on you; ***strapaziert werden*** *a.* F take a beating, have a rough time of it, *bsd. Auto, Gerät*: *a.* be put through its paces; ***der Sessel ist aber arg strapaziert worden*** that armchair has taken some battering; **strapazierfähig** *adj.* **1.** *Kleidung*: hardwearing; *Stoff, Teppich, Schuhe etc.*: *a.* tough; ***der Mantel ist sehr ~*** *a.* the coat will take a lot of wear and tear; **2.** *Nerven*: tough; **strapaziert** *adj. Kleidung, Teppich etc.*: worn; *Person, Beziehung etc.*: strained, *Nerven*: *a.* frayed; *Haut, Haar*: mistreated; *Hirn*: overtaxed *brain*; **strapaziös** *adj.* strenuous, F tough; *nervlich*: taxing, trying.

S

Straps *m* suspender belt, *Am.* garter belt.

Strass *m* diamanté.

Straße *f* **1.** (*Fahrbahn u.* ~ *als Verbindungsweg, Betonung auf den Verkehr*) road; (~ *mit Bürgersteig u. angrenzenden Gebäuden, Betonung auf das Straßenleben*) street; ***die ~ zum Bahnhof*** the road (leading) to the station; ***durch die ~n fahren*** drive through the streets; ***e-e laute ~*** *viel Verkehr*: a noisy road, *viel menschliches Treiben*: a noisy street; ***auf der ~*** in the street, (*auf der Fahrbahn*) on the road; ***auf der ~ spielen*** play in the street; ***auf die ~ laufen*** *aus e-m Haus*: run out into the street; *auf die Fahrbahn*: run onto the road; ***das Postamt ist in der nächsten ~*** the post office is in (*Am.* on) the next street; ***das Zimmer geht zur ~*** the room faces the street; ***an der ~*** at the roadside; ***Verkauf über die ~*** → ***Straßenverkauf***; *fig.* ***auf offener ~*** in broad daylight; ***auf die ~ gehen*** (*demonstrieren*) go out into the streets, *Prostituierte*: walk the streets; ***auf die ~ setzen*** throw *s.o.* out onto the street(s); ***j-n von der ~ auflesen*** pick s.o. up off the street(s); ***auf der ~ liegen*** (*od.* ***sitzen***) *Arbeitsloser*: be out on the street(s), *Obdachloser*: be on the streets; ***dort liegt das Geld auf der ~*** the streets are paved with gold there; ***der Mann auf der ~*** the (average) man in the street, *Brit. a.* F the man on the Clapham omnibus; ***Mädchen von der ~*** streetwalker, prostitute; ***Herrschaft der ~*** mob rule; ***der Druck der ~*** pressure from the masses (*od.* the population at large); **2.** (*Meeresenge*) strait(s *pl.*); ***die ~ von Dover*** the Straits of Dover; ***die ~ von Gibraltar*** *mst* the Straits of Gibraltar; ***die ~ von Hormuz*** the Strait(s) of Hormuz.

Straßen|anzug *m* lounge (*Am.* business) suit; **~arbeiten** *pl.* roadworks; **~arbeiter** *m* roadworker.

Straßenbahn *f* tram, *Am.* streetcar, trolley; **Straßenbahner** *m* → ***Straßenbahnfahrer*** 1.

Straßenbahn|fahrer *m* **1.** tram driver, *Am.* motorman; **2.** (*Fahrgast*) tram (*Am.* streetcar) passenger; **~haltestelle** *f* tram (*Am.* streetcar) stop; **~linie** *f* tram line (*od.* route), *Am.* streetcar line; **~schaffner** *m* tram (*Am.* streetcar) conductor; **~wagen** *m* tramcar, *Am.* streetcar.

Straßen|bau *m* road construction; **~belag** *m* road surface; **~beleuchtung** *f* street lighting; **~benutzungsgebühr** *f* road toll; **~café** *n* pavement (*Am.* sidewalk) café; **~decke** *f* road surface; **~ecke** *f* street corner; ***an der ~*** on (*od.* at) the street corner *od.* corner of the street; ***sie wohnt zwei ~n weiter*** she lives two blocks (further) up; **~feger** *m* **1.** → ***Straßenkehrer***; **2.** *TV* blockbuster (series *etc.*); ***die Sendung ist ein ~*** the streets are empty when that program(me) is on; **~fest** *n* street party; **~glätte** *f* slippery road(s *pl.*); **~graben** *m* (roadside) ditch; **~händler** *m* street vendor (*od.* hawker); **~junge** *m* street urchin, guttersnipe; **~kampf** *m* street fight(ing); *pl.* street fighting *sg.*, fighting *sg.* in the street(s); **~karte** *f* road map; **~kehrer** *m*, *a.* **~kehrmaschine** *f* street sweeper (*od.* cleaner); **~köter** F *m* stray dog; **~kreuzer** F *m* (big) flashy car, *sl.* cruisemobile; **~kreuzung** *f* crossroads (*sg.*), intersection; **~lage** *f* *e-s Autos*: road holding; ***der Wagen hat e-e gute ~*** the car has good road holding (*od.* holds the road well); **~lärm** *m* noise from the street(s); **~laterne** *f* street lamp; **~mädchen** *n* streetwalker, prostitute; **~markierung** *f* road marking; **~musikant** *m* busker; **~name** *m* street name; **~netz** *n* road network; **~rand** *m*: (**am** ~ at the) roadside, (on the) kerb (*Am.* curb); **~raub** *m* mugging, street robbery; *hist.* highway robbery; **~räuber** *m* mugger; *hist.* highwayman; **~reinigung** *f* street cleaning; **~rennen** *n* road race; **~sammlung** *f* street collection; **~sänger** *m* street singer; **~schild** *n* street sign; **~schlacht** *f* street riot; *a. pl.* rioting *sg.* in the street(s); **~schuhe** *pl.* walking shoes; **~sperre** *f* road block; **~strich** *m* **1.** streetwalking; **2.** (*Gegend*) red-light district; **~theater** *n* street thea|tre (*Am. a.* -er); **~tunnel** *m* road tunnel; **~überführung** *f* flyover, overpass; **~unterführung** *f* underpass; **~verhältnisse** *pl.* road conditions; **~verkauf** *m* **1.** street trading (*od.* vending); **2.** *gastr.* takeaway (*Am.* carryout) food (*od.* snacks *pl. etc.*), *Am. a.* food *etc.* to go; (*Stelle*) takeaway, *Am.* carryout; **~verkäufer** *m* street vendor; **~verkehr** *m* (road) traffic.

Straßenverkehrs|lärm *m* traffic noise; **~ordnung** *f* traffic regulations *pl.*, *in GB*: Highway Code.

Straßen|verzeichnis *n* index of streets; **~walze** *f* road roller, (*Dampfwalze*) steamroller; **~zug** *m* street (lined with houses).

Straßenzustand *m* road condition(s *pl.*); **Straßenzustandsbericht** *m* road report.

Stratege *m* strategist; **Strategie** *f* strategy; **strategisch** *adj.* strategic(ally *adv.*).

Stratosphäre *f* stratosphere; **Stratosphärenflugzeug** *n* stratocruiser.

sträuben I. *v/refl.*: ***sich ~*** **1.** *Haare*: stand on end, *wie Borsten*: bristle; **2.** *fig.* refuse, F kick up a fuss; *körperlich*: kick and struggle; ***sich ~ gegen*** resist, fight, *körperlich*: struggle against; ***sich ~, et. zu tun*** refuse to do s.th.; ***er sträubte sich dagegen, es zu machen*** *a.* he just wouldn't do it; ***alles in mir sträubt sich, es zu tun*** I can't bring myself to do it; ***die Feder sträubt sich, es zu beschreiben*** I hardly dare put it into words; → ***Haar***; **II.** *v/t.* (*Federn*) ruffle (up).

Strauch *m* shrub, bush; **~dieb** *m*: *fig.* ***du siehst aus wie ein ~!*** you look like a tramp.

straucheln *v/i. a. fig.* (almost) stumble (*a. Pferd*), trip, lose one's footing; *fig.* (*auf die schiefe Bahn geraten*) stray off the straight and narrow; (*scheitern*) founder; ***an et. ~*** come to grief over s.th., F come a cropper with s.th.

Strauß[1] *m* (*a.* ***Vogel ~***) ostrich.

Strauß[2] *m* bunch; *kleiner, bunter*: *a.* spray; (*Blumen≈*) bunch of flowers; ***ein ~ Nelken*** a bunch of carnations.

Strauß[3] *obs. m* fight, struggle; ***e-n ~ mit j-m ausfechten*** (*streiten*) (have a) fight with s.o., fight it out with s.o.; (*et. ausdiskutieren*) F have it out with s.o.

Straußen|ei *n* ostrich egg; **~feder** *f* ostrich feather.

strawanzen *dial v/i.* roam about.

Streamer *m* *Speichermedium*: streamer.

Strebe *f*, **~balken** *m* Δ brace, strut; **~bogen** *m* flying buttress.

streben I. *v/i.* **1.** strive (***nach*** for); ***~ nach*** *a.* pursue, *formell*: aspire to, (*bsd. Geld*) *a.* F run after; ***~ zu*** *inf.* strive (*od.* aspire) to *inf.*; **2.** F *Schule*: F be a swot (*Am.* grind); **3.** ***~ nach*** (*sich irgendwohin bewegen*) move towards (*od.* in the direction of); (*angezogen werden*) be drawn to(wards); ***nach dem Licht ~*** *Pflanze*: turn towards the light; ***in die Höhe ~*** soar upwards; **II.** ≈ *n* striving (***nach*** for), aspiration (to *inf.*); (*Tendenz*) tendency (to, towards); ***~ nach*** *a.* pursuit of; ***das ~ nach Glück*** the pursuit of (*od.* search for) happiness; ***sein ganzes ~ ging in Richtung ...*** all his energies and aspirations were directed towards *s.th. od. ger.*

Strebepfeiler *m* buttress.

Streber *m* *Schule*: F swot, *Am.* F grind; *Beruf*: F go-getter; ***er ist ein ~*** *beruflich a.* he's very ambitious; **Strebernatur** *f* → ***Streber***; **Strebertum** *n* *Schule*: ambitiousness, F swotting, *Am.* F grinding; *Beruf*: ambitiousness, F go-getting (attitude).

strebsam *adj.* hardworking, industrious, diligent; (*eifrig*) ambitious; *Schüler*: keen; **Strebsamkeit** *f* industriousness, diligence.

Streckbett *n* orthop(a)edic bed.

Strecke *f* **1.** stretch (*a. Teil≈*); (*Weg, Flug≈*) route; (*Entfernung*) *a. Sport*: distance; Ⱥ line; *teleph.* line; 🚆 section; ⚒ roadway; ***die ~ München-Köln*** ✈, 🚆 the Munich-Cologne route, *mot.* the road from Munich to Cologne, (*Reise*) the journey from Munich to Cologne; ***die ~ zwischen A. und B.*** (*Straße*) the road between A and B, (*Autobahn*) the stretch (of motorway) between A and B; ***e-e lange ~ zurücklegen*** cover a long distance (*od.* stretch); ***e-n Teil der ~ zu Fuß gehen*** walk part of the way; ***es ist e-e ganze ~ bis dorthin*** it's quite a distance (*od.* way, stretch); ***wir müssen noch e-e ganze ~ fahren*** we've still got quite a way (*od.* stretch, distance) to go; ***auf freier ~*** 🚆 between stations, F in the middle of nowhere, (*auf der Straße*) on the open road; ***auf e-r ~ von 5 km gesperrt*** closed along a 5 km stretch; ***das Auto blieb mitten auf der ~ stehen*** the car broke down on the way (*od.* in the middle of the road); ***über lange ~n*** *a. fig.* for long stretches; *fig.* ***das Buch ist über lange ~n langweilig*** the book has a lot of long, boring bits (*formell*: a lot of longueurs); ***auf der ~ bleiben*** *im Konkurrenzkampf*: fall by the wayside, *Sport*: *a.* drop out (of the race); **2.** *Jagd*: ***zur ~ bringen*** (*Tier*) kill, shoot down, bag; *fig.* (*Verbrecher etc.*) hunt down, catch; *weitS.* (*Gegner*) lay low.

strecken I. *v/t.* **1.** stretch; ***s-e Beine*** (***Glieder, Arme***) **~** stretch one's legs (limbs, arms); ***die Beine weit von sich ~*** stretch one's legs right out (*od.* as far as they will go); ***die Hand*** (*od.* ***den Finger***) ***~*** put (F stick) one's hand up; ***den Kopf aus dem Fenster ~*** pop (F stick) one's head out of the window; → ***gestreckt, vier***; **2.** (*Suppe etc.*) stretch; (*rationieren, a. Geld, Vorräte etc.*) make *s.th.* last, eke out; (*Vortrag etc.*) stretch, F drag out (a bit); **3.** ***die Waffen ~*** lay down arms, surrender, *fig. a.* give in; ***j-n zu Boden ~*** floor, lay *s.o.* low; **II.** *v/refl.*: ***sich ~*** **4.** stretch (o.s.), *bei Müdigkeit*: have a stretch; ***sich ins Gras ~*** stretch out on the grass; → ***Decke, recken*** II; **5.** ***sich in die Länge ~*** go on longer than expected, *contp.* drag on.

Strecken|arbeiter *m* platelayer, *Am.* tracklayer; **~führung** *f* routing; *e-r Rennstrecke*: course; **~netz** *n* 🚆 railway (*Am.* railroad) network; ✈ (flying) routes *pl.*;

S

~rekord *m Sport*: course record; **~wärter** *m* linesman, *Am.* trackwalker.

streckenweise *adv.* in parts; (*zeitweise*) from time to time.

Streckmuskel *m anat.* extensor (muscle).

Streckung *f* stretching; *beim Wachstum*: fast-growth period.

Streckverband *m* ⚕ traction bandage; ***ein Bein*** *etc.* ***im ~*** a leg *etc.* in high traction.

Street|ball *n Sport* streetball (*auf Straßen gespielte Variante des Basketball*); **~worker(in** *f*) *m* streetworker.

Streich *m* **1.** (*lustiger ~*) prank, trick, (practical) joke; ***dummer ~*** silly (*od.* childish) prank; ***j-m e-n*** (***bösen***) ***~ spielen*** play a (nasty) trick on s.o.; *fig.* ***das Wetter hat uns e-n ~ gespielt*** the weather put a spanner in the works; **2.** *lit. mit der Faust, dem Schwert*: blow; *mit der flachen Hand*: slap; *mit dem Stock*: stroke; *mit der Peitsche*: lash *of the whip*; ***j-m e-n*** (***den tödlichen***) ***~ versetzen*** deal s.o. a blow (the deathblow); ***auf einen ~*** at one blow, *fig.* in one go, in one fell swoop.

Streicheleinheit *f* stroke, *pl. a.* stroking *sg.*; *pl. fig.* (love and) attention; (*Lob*) pat on the back; ***jeder braucht s-e ~en*** everyone needs a bit of a stroke (*od.* a pat on the back) once in a while; ***er hat heute noch keine ~en bekommen*** he hasn't been stroked yet today; ***~en für sein Ego brauchen*** need one's ego stroked.

streicheln *v/t. u. v/i.* stroke; (*liebkosen*) *a.* caress; ***j-m übers Haar ~*** stroke s.o.'s hair.

streichen I. *v/t.* **1.** *mit Farbe*: paint; (*Butter etc., a. Brot*) spread; *Salbe* ***~ auf*** put on, rub (gently) on, *formell*: apply to; ***die Farbe lässt sich gut ~*** the paint spreads well; ***sich ein Brot ~*** make o.s. a piece of bread; ***et. durch ein Sieb ~*** strain s.th.; → ***gestrichen, frisch*** II; **2.** (*mit der Hand ~*) stroke; (*weg~*) brush *away etc.*; ***sich den Bart ~*** stroke one's beard; (***sich***) ***das Haar aus der Stirn ~*** brush one's hair out of one's face (*od.* eyes); **3.** (*aus~*) cross out, delete; (*Passage, Programmpunkt etc.*) cut (out); (*Auftrag etc.*) cancel; (*Gelder*) cut, axe; (*Stelle*) freeze, axe; (*Strafe, Schulden*) waive; ***von der Liste ~*** cross off the list; *fig.* ***et. aus dem Gedächtnis ~*** wipe s.th. out of one's memory; → ***Nichtzutreffendes***; **4.** (*Flagge, Segel*) strike, haul down; **II.** *v/i.* **5.** ***~ über*** (*gleiten über*) glide over, (*das Wasser*) skim across; *Wind*: waft across, *stärker*: sweep across; ***j-m über das Haar ~*** stroke s.o.'s hair; ***j-m um die Beine ~*** *Katze*: rub up against s.o.'s legs; → *a.* ***streicheln***; **6.** ***~ durch*** (*wandern durch*) roam, wander; ***ums Haus ~*** prowl around the house; → ***streifen*** II.

Streicher *m* ♪ string player; ***die ~*** the strings, the string section.

streichfähig *adj.*: ***~ sein*** spread easily; **Streichfähigkeit** *f* spreading property.

streichfertig *adj. Farbe*: ready for application.

Streichgarn *n* carded yarn.

Streichholz *n* match; *mst gebrauchtes*: matchstick; **~heftchen** *n* matchbook, book of matches; **~schachtel** *f* matchbox.

Streich|instrument *n* ♪ string(ed) instrument; **~käse** *m* cheese spread; **~musik** *f* music for strings; **~orchester** *n* string orchestra; **~quartett** *n* string quartet; **~quintett** *n* string quintet; **~riemen** *m* strop; **~trio** *n* string trio.

Streichung *f* cancellation; *im Text*: deletion; *von Geldern*: cut(s *pl.*), (*Vorgang*) cutting, axing; *von Stellen*: cuts *pl.*, (*Vorgang*) axing (*gen.* [of]), freezing (of), cutting down (on *jobs*); ***~en an*** cuts in.

Streichwurst *f etwa* meat (*od.* sausage) spread.

Streif *m* → ***Streifen.***

Streifband *n* (postal) wrapper.

Streife *f* patrol (*a. Mannschaft, a.* ⚔); ***~ gehen*** go on patrol; *Polizist*: (*auf ~ sein*) be on one's beat.

streifen I. *v/t.* **1.** (*berühren*) touch, brush against; *Auto*: scrape against; *Kugel*: graze; *fig.* (*Thema*) touch (up)on; ***die Kugel hat ihn am Kopf gestreift*** the bullet grazed the side (*od.* top) of his head; **2.** ***den Ring vom Finger ~*** slip (*od.* take) the ring off (one's finger); ***die Kleider vom Leib ~*** slip out of one's clothes; ***ein T-Shirt über den Kopf ~*** slip a T-shirt on (over one's head), slip into a T-shirt; ***e-e Wollmütze über den Kopf ~*** slip a woolly hat over one's head; ***die Krümel von der Hose ~*** brush the crumbs off one's trousers; ***die Blätter vom Stiel ~*** strip the leaves off the stalk; ***den Teig von den Fingern ~*** wipe the dough off one's fingers; *fig.* ***mit dem Blick ~*** glance at; **II.** *v/i.* (*wandern*) (*a.* ***~ durch***) wander, roam; ***durch Wälder und Wiesen ~*** roam the countryside (*od.* the woods and the fields).

Streifen *m* stripe (*a. Uniform~*); *dünner, unregelmäßiger*: streak; (*Linie*) line; (*kurzes, schmales Stück*) strip; (*Gelände~*) strip (of land), ⚔ sector; (*Papier~*) strip; (*Klebe~, Loch~*) tape; (*Film~*) strip, *weitS.* film; *mot.* ***weißer ~*** white line; ***ein heller*** (***schmaler***) ***~ am Horizont*** a streak (a narrow band) of light on the horizon; ***in ~ schneiden*** cut into strips; ***e-n ~ drehen*** make a film.

Streifen|dienst *m* patrol duty; **~gang** *m* (patrol) round.

Streifenmuster *n* striped pattern.

Streifenwagen *m* (police) patrol car; *in GB*: *a.* panda car; *Am.* patrol (*od.* prowl) car.

streifig *adj.* streaky.

Streif|licht *n* ray of light; *phot.* glancing light; *e-s Autos*: passing headlights *pl.*; *fig.* sidelight; *fig.* ***interessante ~er werfen auf*** give some interesting sidelights on; ***et. in ~ern schildern*** give a thumbnail sketch of; **~schuss** *m* grazing shot; (*Wunde*) (bullet) graze; ***e-n ~ bekommen*** be grazed (by a bullet); **~wunde** *f* (bullet) graze; **~zug** *m* **1.** foray (***in, durch*** into); ***Streifzüge durch die Gegend machen*** make a few forays into the surrounding area; **2.** ⚔ foray, raid, incursion; **3.** *fig.* ***literarischer ~*** literary excursion; ***ein ~ durch die Geschichte des Films*** a journey through the history of film-making; ***Streifzüge durch die Geschichte*** exploring history, excursions through time.

Streik *m* strike; (work) stoppage; walkout; ***wilder ~*** unofficial (*od.* wildcat) strike; ***e-n ~ ausrufen*** call a strike; ***in den ~ treten*** go on strike; ***sich im ~ befinden*** be on strike; ***mit e-m ~ drohen*** threaten to go on strike; **~aktion** *f a. pl.* strike action; **~anfällig** *adj.* strike-prone; **~ankündigung** *f* strike warning; **~aufruf** *m* strike call, call for a strike, call to strike; **~ausschuss** *m* strike committee; **~beilegung** *f* settlement of a (*od.* the) strike; **~brecher** *m* strikebreaker, F blackleg, scab; **~drohung** *f* threat of a strike, strike threat.

streiken *v/i.* **1.** strike, go (*od.* be) on strike; **2.** F *fig.* (*nicht mitmachen*) refuse (to go along with s.th. *etc.*); *Auto*: refuse to start; *Gerät, Motor etc.*: F be on the blink; *Magen*: protest; ***ich streike!*** I protest; *wenn sich das nicht ändert*, ***streike ich*** I'm opting out; ***der Plattenspieler streikt mal wieder*** F the record player's on the blink (*od.* in one of its moods) again; **Streikende(r)** *m* striker.

Streik|freiheit *f* freedom to strike; **~front** *f* strike front; **~geld** *n* strike pay; **~kasse** *f* strike fund; **~komitee** *n* strike committee; **~leitung** *f* strike committee.

Streikposten *m* picket; ***mit ~ besetzen,*** *a.* ***~ stehen*** picket; **~kette** *f* picket line.

Streik|recht *n* right to strike; **~verbot** *n* ban on striking; **~welle** *f* wave (*od.* series) of strikes.

Streit *m* argument, quarrel (***über, um*** about, over); *gelehrter*: controversy, *politischer*: *a.* dispute; (*Gezänk*) squabble; (*Streiterei*) wrangling; *lärmender*: row; *handgreiflicher*: brawl, fight; ***gelehrter ~*** scholarly dispute, controversy among scholars; ***ehelicher ~*** *heftiger*: marriage (*od.* marital) row; ***in ~ geraten mit*** have an argument with, come to blows with; ***mit j-m im ~ liegen*** quarrel with s.o., be at loggerheads with s.o.; ***miteinander im ~ liegen*** *Gefühle*: conflict (*od.* be in conflict) with one another; F ***suchst du ~?*** are you looking for trouble?; → *a.* ***streiten***; → ***Zaun***; **~axt** *f* battleaxe; *fig.* ***die ~ begraben*** bury the hatchet.

streitbar *adj.* quarrelsome, pugnacious; (*kriegerisch*) belligerent.

streiten *v/i.* **1.** (*a.* ***miteinander*** *od.* ***sich ~***) argue, quarrel, have an argument (***über*** about, over); *heftig*: have a row; *handgreiflich*: fight, have a fight; (*aufeinander prallen*) clash, come to blows; ***sich darüber ~, ob*** have an argument over (*od.* as to) whether; ***sie ~ sich dauernd*** they fight like cat and dog; ***seid ihr beide wieder am ~?*** *a.* F are you two at it again?; **2.** (*diskutieren*) argue (***über*** about, over); ***darüber lässt sich ~*** that's open to argument, that's a moot point; **Streiter** *m* fighter (***für*** for); champion (of); **Streiterei** *f* arguing, quarrel(l)ing *etc.*; → ***streiten.***

Streit|fall *m* dispute, conflict; ⚖ case; ***im ~*** in case of litigation; **~frage** *f* dispute, controversy (***über*** over; ***ob*** over whether); (controversial) issue (***ob*** over whether); **~gegenstand** *m* **1.** subject of an (*od.* the) argument, bone of contention; **2.** *Diskussion*: point at issue, subject of a (*od.* the) dispute; **3.** ⚖ matter in dispute; **~gespräch** *n* debate; **~hammel** F *m* quarrel(l)er; ***ein ~ sein*** *a.* always be looking for an argument.

streitig *adj.* ⚖ litigious; (*umstritten*) contested, *pred.* in dispute, at issue; ***j-m et. ~ machen*** dispute s.o.'s right to s.th.; → ***Rang*** 1, ***strittig.***

Streitigkeiten *pl.* quarrel(l)ing *sg.*, disputes; → *a.* ***Streit***; ***die ~ beilegen*** settle one's differences.

Streitkräfte *pl.* ⚔ armed forces; (military) troops.

Streitkultur *f* civilized way of discussing *our etc.* problems; ***e-e ~ entwickeln***

find civilized ways of discussing *our etc.* problems.
Streitlust *f* belligerence, aggressive nature; **streitlustig** *adj.* pugnacious, belligerent, aggressive.
Streit|macht *f* **1.** military force; **2.** → ***Streitkräfte***; **~objekt** *n* → ***Streitgegenstand***; **~punkt** *m zur Debatte stehend*: point at issue; (*Zankapfel*) bone of contention; **~sache** *f* **1.** ⚖ (*Prozess*) litigation, lawsuit; **2.** dispute; **~schrift** *f* pamphlet.
Streitsucht *f* quarrelsomeness; belligerence; **streitsüchtig** *adj.* quarrelsome, cantankerous; belligerent.
Streitwert *m* ⚖ value in dispute, amount involved.
streng I. *adj.* (*hart, unerbittlich*) severe (*a. Blick, Kritik, Maßnahme, Strafe, Richter, Winter etc.*); (*unnachsichtig*) stern (*a. Blick, Gesicht*); (*hart*) *a.* harsh, hard; (*unnachgiebig*) rigid; *Lebensführung, Charakter, Stil*: austere; (*scharf, bestimmt, genau, ~e Befolgung verlangend*) *z. B. Person, Diät, Disziplin, Erziehung, Vorschrift*: strict; *Anforderungen, Prüfung*: rigorous; *Maßnahme, Regel*: strict, stringent; *Geschmack, Geruch*: acrid, pungent; *Frisur, Kleid*: severe; ***~er Aufbau** e-s Dramas etc.*: rigid structure; ***~ste Diskretion*** absolute discretion; ***~er Katholik*** strict Catholic; ***~e Sitten*** strict morals; ***~es Stillschweigen*** strict secrecy; ***~e Trennung*** strict division (*od.* separation); ***~e Worte*** harsh words; ***~e Untersuchung*** rigorous investigation; ***~ sein zu j-m*** be strict with (*od.* hard on) s.o.; → ***Regiment*** 1; **II.** *adv.* severely *etc.*; ***~ geheim*** top secret; ***~ geschnitten** Gesicht*: with severe features; *Kleid, Frisur*: severely styled; ***~ vertraulich*** in strict confidence, *a. amtlich*: strictly confidential; ***j-n ~ ansehen*** give s.o. a severe look; ***~ befolgen, sich ~ an** et.* ***halten*** adhere strictly to; ***~(stens) verboten*** strictly forbidden (*od.* prohibited); ***~ katholisch sein*** be a strict Catholic; ***~ bewachen*** keep *s.o.* under close watch (*od.* surveillance); ***~ durchgreifen*** take strict measures; ***~ erziehen*** bring up strictly; ***~ sachlich betrachtet*** from a strictly objective point of view; ***~ unterscheiden zwischen*** make a clear(-cut) distinction between; → ***Vorschrift.***
Strenge *f* severity, rigo(u)r; harshness; strictness; stringency *etc.*; → ***streng.***
streng genommen *adv.* strictly speaking.
strenggläubig *adj.* very orthodox; ***~er Katholik** etc.* strict (*od.* orthodox) Catholic *etc.*
streng nehmen *v/t.* take *s.th.* seriously.
strengstens *adv.* → ***streng*** II.
Streptokokkeninfektion *f* streptococcal infection.
Streptokokkus *m* streptococcus; *pl.* streptococci.
Stress *m* stress; **(*schwer*) *im ~ sein*** be under (a lot of) pressure; **~bewältigung** *f* coping with stress; stress management.
stressen F *v/t.* put *s.o.* under stress; *bsd. Personen*: *a.* give *s.o.* a hard time; ***die Arbeit stresst mich zur Zeit*** *a.* F work's really getting to me at the moment; → ***gestresst***; **stressfrei** *adj.* stress-free; **stressgeplagt** *adj.* stressed-out, higly stressed; **stressig** F *adj.* heavy-going.
Stress|opfer *n* victim of stress; **~situation** *f* stress situation.
Stretchcord-Hose *f*: **(*e-e ~*** a pair of) stretch cords *pl. od.* stretch cord(uroy) trousers *pl. od.* stretch corduroys *pl.*
Stretch|hose *f*: **(*e-e ~*** a pair of) stretch trousers *pl.*; **~kabel** *n* coiled cord; **~limo(usine)** *f mot.* stretch limo.
Streu *f* litter.
streuen I. *v/t.* (*Sand etc.*) scatter; (*Mist*) spread; (*Blumen*) strew, scatter; (*Samen*) sow; (*Salz, Zucker etc.*) sprinkle; (*Straße*) grit, *mit Salz*: salt; *fig.* (*Gelder*) distribute, *wahllos*: scatter, hand out indiscriminately; **II.** *v/i.* ⚔ *Gewehr*: scatter (*a. Strahlen*).
Streuer *m* shaker.
Streu|fahrzeug *n* gritter lorry; **~feuer** *n* ⚔ scattered fire; (*Flächen≈*) area fire; (*Seiten≈*) sweeping fire; **~gut** *n* grit; **~licht** *n phys., phot.* scattered light.
streunen *v/i.* roam about, stray; ***~der Hund*** stray dog; **Streuner** *m* **1.** (*Tier*) stray; **2.** (*Person*) tramp, vagrant.
Streu|salz *n* thawing salt; **~sand** *m* dry sand, grit.
Streuselkuchen *m cake with crumble topping.*
Streuung *f* scattering *etc.*; → ***streuen***; (*Abweichung*) deviation; ⚔, *a. Statistik etc.*: dispersion, spread; *phys.* scatter (-ing), dispersion; ***~ der Bevölkerung*** population dispersal.
Streuzucker *m* granulated sugar.
Strich *m* (*Linie*) line; (*Gedanken≈, Morse≈*) dash; (*Skalen≈*) mark; (*Kompass≈*) point; (*Pinsel≈*) stroke (of the brush); ♪ (*Bogen≈*) stroke; (*Bogenführung*) bowing technique; (*Land≈*) region, *schmaler*: strip (of land); F (*Bordellviertel*) red-light district; F (*Prostitution*) prostitution; ***gegen den ~ bürsten (kämmen)*** brush (comb) the wrong way; ***mit wenigen ~en*** with a few strokes, *fig.* in brief outlines; ***e-n ~ durch et. machen*** cross s.th. out; *fig.* ***j-m e-n ~ durch die Rechnung machen*** thwart s.o.'s plans; ***e-n (dicken) ~ unter et. machen*** (*od.* ***ziehen***) make a clean break with s.th., forget s.th.; F ***keinen ~ tun*** (*od.* ***machen***) not to do a stroke of work; ***ich hab daran noch keinen ~ getan*** I haven't touched it yet; F ***ein ~ in der Landschaft sein*** be as thin as a rake; F ***das ging mir gegen den ~*** it went against the grain; F ***nach ~ und Faden*** F good and proper; ***unter dem ~*** all in all, at the end of the day; ***unter dem ~ sein** Leistung etc.*: not to be up to the mark (*od.* up to par); F ***auf den ~ gehen** Prostituierte*: walk the streets, F be (*od.* go) on the game.
stricheln *v/t.* sketch in; (*schraffieren*) hatch; → ***gestrichelt.***
Stricher F *m*, **Strichjunge** F *m* F rent boy.
Strichkode *m* bar code; **~leser** *m* bar code scanner.
Strich|liste *f* check list; *a. fig.* ***e-e ~ führen*** keep a careful record *od.* account (***über*** of); **~mädchen** F *n* streetwalker, *Brit.* F tart, *Am.* F hooker; **~männchen** *n* matchstick man; **~punkt** *m* semicolon.
strichweise *adv.* in parts; ***~ Regen*** scattered showers.
Strichzeichnung *f* line drawing.
Strick *m* (piece of) rope; *dünner*: *a.* cord; → ***Strang***; *fig.* ***j-m aus et. e-n ~ drehen (wollen)*** use s.th. against s.o.; ***wenn alle ~e reißen*** if the worst comes to the worst; F ***den ~ nehmen*** hang o.s.
Strickarbeit *f* knitting; **stricken** *v/t. u. v/i.* knit; **Stricker(in** *f*) *m* knitter; **Strickerei** *f* **1.** knitting; **2.** (*Fabrik*) knitting mill.
Strick|garn *n* knitting yarn; **~heft** *n* knitting magazine; **~jacke** *f* cardigan **~kleid** *n* knitted dress.
Strickleiter *f* rope ladder.
Strick|maschine *f* knitting machine **~muster** *n* knitting pattern; **~nadel** *f* knitting needle; **~waren** *pl.* knitwear *sg.*; **~weste** *f* knitted waistcoat; *mit Ärmeln*: cardigan; **~zeug** *n* knitting; (*Zubehör*) knitting things *pl.*
Striegel *m* curry comb; **striegeln** *v/t* (*Pferd*) curry; (*bürsten*) brush; → ***gestriegelt.***
Strieme *f*, **Striemen** *m* weal, welt.
striezen F *v/t.* (*quälen*) harass.
strikt I. *adj.* strict; ***das ~e Gegenteil*** the exact opposite; **II.** *adv.* strictly; ***~ befolgen*** adhere strictly (*od.* rigidly) to; ***es ~ ablehnen zu** inf.* flatly refuse to *inf.*; → *a.* ***streng.***
Strip *m* **1.** → ***Striptease***; **2.** (*Streifen*) strip.
Strippe F *f* cord, string; ***j-n an der ~ haben*** F have s.o. on the blower; **(*dauernd*) *an der ~ hängen*** F be on the blower (all day long).
strippen F *v/i.* strip, perform a striptease, F do a strip; *als Beruf*: F be a stripper.
Stripperin F *f* F stripper.
Striptease *m* striptease; **~lokal** *n* striptease club, F strip joint; **~tänzer(in** *f*) *m* striptease dancer.
strittig *adj.* → *a.* ***streitig***; contentious; ***~er Punkt*** point at issue; *weitS. a.* moot point.
Strizzi *dial. m* a) good-for-nothing, b) (*Zuhälter*) pimp.
Stroboskop *n* stroboscope; **~licht** *n* strobe light.
Stroh *n* straw; (*Dach≈*) thatch; *fig.* ***wie ~ schmecken*** F taste like nothing on earth; ***~ im Kopf haben*** F be as thick as two short planks, have sawdust between one's ears; ***leeres ~ dreschen*** flog a dead horse, (*belangloses Zeug reden*) talk a lot of hot air, beat the air; **~ballen** *m* bale of straw; **≈blond** *adj.* flaxen; *Mensch*: flaxen-haired; **~blume** *f* immortelle; **~dach** *n* thatched roof; **≈dumm** *adj.* F as thick as two short planks; **≈farben, ≈farbig** *adj.* straw-colo(u)red; **~feuer** *n* straw fire; *fig.* flash in the pan; **≈gedeckt** *adj.* thatched; **≈gelb** *adj.* straw-colo(u)red; **~halm** *m* (*a. Trinkhalm*) straw; *fig.* ***nach e-m ~ greifen, sich an e-n ~ klammern*** clutch at straws; **~hut** *m* straw hat.
strohig *adj.* *Orangen*: dry; *Haar*: like straw.
Stroh|kopf F *m* F blockhead, thicko; **~mann** *m* **1.** scarecrow, *Am. a.* straw man; **2.** *fig.* front man, *Am. a.* straw man; **~matte** *f* straw mat; **~sack** *m* straw mattress, palliasse; ***ach du heiliger ~!*** good grief!, goodness gracious!; **≈trocken** *adj.* (as) dry as a bone, bone-dry; **~witwe(r** *m*) *f hum.* grass widow(er).
Strolch *m* **1.** tramp, *Am.* F bum; **2.** (*Kind*) rascal, scamp; **strolchen** *v/i.* roam about; ***~ durch*** roam (through).
Strom *m* **1.** (large) river; (*reißender ~, Berg≈*) torrent; (*Strömung*) current (*a. fig.*); (*Luft≈, Lava≈, a. fig. Blut≈, Tränen≈ etc.*) stream; (*Menschen≈*) throng of people; (*Verkehrs≈*) stream of traffic; ***mit dem (gegen den) ~ schwimmen*** swim with (against) the current, *fig.* swim *od.* go with (against) the tide; *fig.* ***endloser ~** von Menschen, Verkehr etc.*:

S

endless stream; ~ **von Worten** flood of words; **in Strömen fließen** *Sekt etc.*: flow like water; **es gießt in Strömen** it's pouring; **2.** ⚡ (electric) current; *weitS.* (*Elektrizität*) electricity, (*~zufuhr*) *a.* power (supply), electricity supply; **der ~ fiel aus** there was a power failure; **unter ~ stehend** live *wire*; **~abfall** *m* ⚡ drop in current; **~abnehmer** *m* ⚡ **1.** (current) collector; **2.** (*Verbraucher*) electricity consumer.

stromab(wärts) *adv.* downstream, downriver, down the river.

stromauf(wärts) *adv.* upstream, upriver, up the river.

Strom|ausfall *m* power failure; **~bedarf** *m* electricity requirements *pl.* (*od.* consumption); **~einheit** *f* unit of power.

strömen *v/i.* flow; *stärker*: stream, *Fluss*: rush; *Regen*: pour; (*herausströmen*) pour, gush (*a. Blut*); *fig. Menschen*: stream, throng, pour (**aus** out of; **in** into); **strömend** *adj.*: **~er Regen** pouring rain.

Stromer F *m* vagrant, tramp; **stromern** F *v/i.* roam about; **~ durch** roam (through).

Strom|erzeuger *m* (electricity) generator; **~erzeugung** *f* electricity (*od.* power) generation.

Strom führend *adj.* ⚡ live.

Strom|kabel *n* electric (*od.* power) cable; **~kreis** *m* ⚡ circuit.

Stromleitung *f* circuit line; **Stromleitungsmast** *m* (electricity) pylon.

Stromlinienform *f* streamlined contours *pl.*, streamlining; *e-s Autos*: *a.* streamlined body; **stromlinienförmig** *adj.* streamlined; **~ gestalten** streamline.

Strom|messer *m* ⚡ ammeter; **~netz** *n* power supply network; **~quelle** *f* ⚡ power source; **~rechnung** *f* electricity bill; **~schiene** *f* ⚡ contact rail; (*Sammel2*) bus bar; **~schnelle** *f* rapid; **~spannung** *f* ⚡ voltage.

stromsparend, Strom sparend *adj.* power-saving; **~ sein** save electricity

Strom|speicher *m* storage battery; **~sperre** *f* ⚡ power cut; **~stärke** *f* ⚡ current; *in Ampere gemessen*: amperage; **~stoß** *m* ⚡ impulse; *schädlicher*: electric shock.

Strömung *f* **1.** (*Fluss2*) current; *von Luft*: *a.* stream; *phys.* flow, flux; **2.** *fig.* current, trend; (*Bewegung*) movement; **Strömungsdiagramm** *n phys.* flow diagram.

Strom|unterbrecher *m* ⚡ circuit breaker; **~verbrauch** *m* electricity (*od.* power) consumption; **~verbund** *m* electricity grid; **~versorgung** *f* power (*od.* electricity) supply; **~wandler** *m* current transformer; **~zähler** *m* electricity meter.

Strontium *n* strontium.

Strophe *f* verse, stanza; *Gedicht*: *a.* strophe.

strotzen *v/i.*: **~ von** (*od.* **vor**) be full of, (*wimmeln von*) be teeming (F crawling) with *people, lice etc.*, *vor Fehlern*: *a.* be bristling (*od.* riddled) with *mistakes*; (*platzen vor*) be brimming (*od.* bursting) with *health, energy etc.*; **vor Dreck ~** be caked with dirt; **vor Geld ~** be rolling in money; **von Juwelen ~** be dripping with jewellery (*bsd. Am.* jewelry).

strubbelig *adj.* dishevel(l)ed, tousled; **Strubbelkopf** *m* tousled hair; (*Person*) tousle-head, F scarecrow.

Strudel *m* **1.** whirlpool, *großer*: maelstrom; *fig. a.* vortex; *fig.* **im ~ der Ereignisse untergehen** be lost in the whirlpool of events; **vom ~ der Ereignisse mitgerissen werden** be caught up in the whirlpool of events; **sich in den ~ des Karnevals stürzen** plunge into the carnival fray; **2.** *gastr.* strudel; **strudeln** *v/i.* whirl, swirl.

Struktur *f* **1.** structure; *e-r Organisation*: *a.* set-up; **soziale ~en** social structures (*od.* patterns); **2.** *e-s Gewebes*: texture; **~analyse** *f* structural analysis.

strukturbedingt *adj.* structural.

strukturell *adj.* structural.

strukturieren *v/t.* **1.** structure; **2.** (*Stoff etc.*) texture; **Strukturierung** *f* structuring.

Struktur|krise *f* structural crisis; **~politik** *f* structural policy; **~reform** *f* structural reform; **2schwach** *adj. Gebiet*: (economically) underdeveloped, structurally weak *area*; *Land*: *a.* developing *country*; **~wandel** *m* structural change, change in structure.

Strumpf *m* (*Socke*) sock; (*Damen2*) stocking; **ein Paar Strümpfe** a) a pair of socks, b) a pair of stockings (*od.* nylons); **in Strümpfen herumlaufen** run around in one's stockinged feet; *fig.* **sein Geld im ~ haben** keep one's money under the mattress; F **sich auf die Strümpfe machen** → **Socke**; **~band** *n* garter; **~halter** *m* suspender, *Am.* garter; **~hose** *f* tights *pl.*, *bsd. Am.* panty hose; **~maske** *f* stocking mask; **~waren** *pl.* hosiery *sg.*

Strunk *m* stalk; *e-s Baums*: stump.

struppig *adj.* dishevel(l)ed, unkempt; *Hund*: shaggy; *Bart*: bristly.

Struwwelpeter *m* (*Figur*) Shock-headed Peter.

Strychnin *n* ☠ strychnine.

Stube *f*: (**gute ~** front) room; *fig.* **immer in der ~ hocken** be a stay-at-home, sit around at home all the time.

Stuben|älteste(r) *m* ⚔ room leader; **~arrest** *m* ⚔ confinement to barracks; **~ haben** ⚔ be confined to barracks, *Am.* F be grounded; *Kind*: have to stay in (one's room); **~dienst** *m* ⚔ barrack-room duty; **~fliege** *f* (common) housefly; **~hocker** *m* stay-at-home; **~mädchen** *obs. n* chambermaid; **2rein** *adj.* **1.** house-trained; **2.** F *fig.* **nicht ganz ~** *Witz*: risqué, F a bit near the knuckle; **~wagen** *m* bassinet.

Stuck *m* stucco.

Stück *n* piece; (*Teil2*) *a.* bit; *e-s Wegs*: stretch; (**~** *Brot*) slice; (**~** *Zucker*) lump; ♪ piece (of music); *auf e-r Schallplatte*: piece, *moderne Musik*: *mst* track; *thea.* play; (**~** *Vieh od. Wild*) head; **~ Papier** piece of paper, *zum Schmieren*: *a.* scrap of paper; **~ Seife** bar (*Rest*: piece) of soap; **drei Mark das ~** three marks each (*od.* a piece); **drei ~ von diesen Äpfeln** three of these apples; **ich nehme zwei ~** I'll take two (of them); **dem ~ nach verkaufen** sell by the piece; **in ~en zu 100 Mark** in 100 mark notes; **aus einem ~ geschnitten** cut from one piece; **Käse am** (*od.* **im**) **~ kaufen** buy cheese by the piece (*od.* unsliced); **von diesem Buch wurden 10 000 ~ verkauft** 10,000 copies of the book were sold; **~e aus e-m Buch vorlesen** read passages (*od.* extracts) from a book; **~ Land** piece (*od.* plot) of land, *kleines*: patch; **ein seltenes ~** a rare specimen; F **ein hübsches ~ Geld** F a tidy (little) sum; F **freches ~** (*Person*) F cheeky so-and-so; F **das ist doch ein starkes ~!** F that's pretty rich, that's a bit thick; F **mein bestes ~** my most prized possession, (*a. Person*) my pride and joy; **~ für ~** bit by bit; **in ~e gehen** (*od.* **springen**) break into pieces; **in ~e schlagen** smash to bits; **ein ~ deutscher Geschichte** a chapter of German history; **ein gutes ~ größer** *etc.* quite a bit bigger *etc.*, a fair bit bigger *etc.*; **ein gutes ~ (Weges)** quite a way (*od.* distance); **ein gutes ~ weiterkommen** *a. fig.* make a fair bit of headway; **j-n ein kurzes ~ begleiten** walk part of the way with s.o.; *fig.* **in vielen ~en** in many respects (*od.* ways); **große ~e halten auf** think highly of, (*anhimmeln*) think the world of; **sich große ~e einbilden** have a very high opinion of oneself; **aus freien ~en** of one's own free will, F off one's own bat; **sich für j-n in ~e reißen lassen** go through fire and water for s.o.

Stuckarbeit *f* stucco (work).

Stück|arbeit *f* piecework; **~arbeiter** *m* pieceworker.

Stuckateur *m* plasterer; **Stuckatur** *f* stucco (work).

Stückchen *n* small piece (*od.* bit); *emotionaler*: little piece (*od.* bit); **j-n ein ~ begleiten** walk part (*od.* a bit) of the way with s.o.; → **rücken** I.

Stuckdecke *f* stucco(ed) ceiling.

stückeln *v/t.* (*zusammensetzen*, *a.* **stücken**) piece together; (*Aktien*) denominate; **Stückelung** *f von Aktien*: denomination.

Stück|gut *n* ☤ **1.** piece goods *pl.*; **2.** (*Paket*) parcel(s *pl.*); **~kosten** *pl.* unit cost *sg.* (*od.* costs); **~liste** *f* parts list; **~lohn** *m* piece rate; **~preis** *m* unit price.

stückweise *adv.* little by little, bit by bit; ☤ by the piece.

Stück|werk *contp. n* patchwork; **~ sein** (*od.* **bleiben**) be scrappy, be a scrappy business; **~zahl** *f* number of pieces; **~zinsen** *pl.* ☤ accrued interest *sg.* (on shares); (*zusätzliche Zinsen*) additional interest *sg.*

Student *m* student; **~ der Biologie** biology student, student of biology.

Studenten|austausch *m* student exchange; **~ausweis** *m* student's identity card (*od.* ID); **~bewegung** *f* student movement; **~blume** *f* ⚘ French marigold; **~bude** F *f* (student's) digs *pl.*; **~futter** *n assortment of nuts and raisins*; **~gemeinde** *f* Protestant (*od.* Catholic *etc.*) student community; **~heim** *n* students' hostel, hall of residence, *Am.* dormitory; **~kanzlei** *f* student record office; **~pfarrer** *m* university (*od.* college) chaplain.

Studentenschaft *f* student body, students *pl.*

Studenten|unruhen *pl.* student unrest *sg.* (*od.* riots); **~verbindung** *f* (students') fraternity; **~wohnheim** *n* → **Studentenheim**; **~zeit** *f* student (*od.* university) days *pl.*, *Am. a.* college days *pl.*

Studentin *f* → **Student.**

studentisch *adj.* student ...

Studie *f* study (*a. Malerei, phot.*); (*Entwurf*) sketch.

Studien|abbrecher *m* university (*od.* college) dropout; **~abschluss** *m* final examinations *pl.*, finals *pl.*; degree; **die Universität ohne ~ verlassen** leave university without a degree, break off one's studies, drop out of university; **s-n ~ machen** take one's final examinations (*od.* finals); **welchen ~ haben Sie?** what sort of degree have you got?; **~anfänger** *m* university entrant; **~assessor**

m probationary secondary school teacher; **~aufenthalt** *m* study trip; **~ausgabe** *f* textbook edition; **~berater** *m* academic adviser, tutor; **~beratung** *f* student counsel(l)ing; student advisory service; **~bewerber** *m* university applicant; **~buch** *n* course attendance record; **~direktor(in** *f*) *m* deputy headmaster (*f* headmistress), deputy head, *Am.* vice principal; **~fach** *n* subject (of study); **~fahrt** *f* study trip; **~freund** *m* friend from university (*od.* college); **~gang** *m* course of studies; degree; **~gebühren** *pl.* tuition fees.

studienhalber *adv.* for study purposes.

Studien|jahr *n* academic year; *pl.* → ***Studienzeit***; **~kollege** *m* fellow student; **~plan** *m* degree course scheme; (*Lehrplan*) curriculum, syllabus; **~platz** *m* place at university; **~rat** *m*, **~rätin** *f* secondary school teacher; **~referendar** *m etwa* student teacher at a secondary school, *Am. a.* intern; **~reise** *f* study *od.* educational tour (*od.* trip); **~zeit** *f* **1.** → ***Studentenzeit***; **2.** (*Dauer des Studiums*) length of a degree (*od.* one's studies); ***die ~ für Mathematik*** the length of a mathematics course (*od.* degree), the time it takes to get a mathematics degree.

studieren I. *v/t.* **1.** study (*a. weitS. durchlesen, prüfen*); *intensiv*: *a.* scrutinize; **2.** (*ein Fach*) study; ***er studiert Jura*** he's studying law, he's a law student; **II.** *v/i.* (*e-e Hochschule besuchen*) study, go to university (*Am. a.* college); ***sie hat studiert*** she's got a degree, she's been to university (*Am. a.* college); ***wo hast du studiert?*** where did you study (*od.* go to university, *Am. a.* college)?; **Studierende(r)** *m* student; **studiert** *adj.* educated; ***~ sein*** *a.* have had a university (*od.* an academic) education; **Studierte(r)** F *m* university (*Am. a.* college) graduate, *weitS.* academic.

Studio *n* studio; (*Ton*~) *a.* studios *pl.*; **~aufführung** *f* studio performance; **~bühne** *f* studio; *oft* experimental theat|re (*Am. a.* -er); **~musiker** *m* studio musician.

Studium *n* **1.** (*Universitäts*~ *etc.*) degree; (course of) studies *pl.*; ***während m-s ~s*** when I was at university (*Am. a.* college); ***sich sein ~ verdienen*** work one's way through university (*Am. a.* college); ***ein ~ aufnehmen*** start a degree, start at university (*Am. a.* college); ***das ~ der Geschichte*** a history degree; **2.** (*Erforschung, Beobachtung*) study; ***~ generale*** *n etwa* BA General, BA in General Studies; general degree.

Stufe *f e-r Treppe*: step; *e-r Leiter*: rung (*a. fig.*); *geol.* stage; (*Gelände*~) terrace; (*Ton*~) interval; (*Farb*~) shade; (*Raketen*~ *etc.*) stage, (*Schalt*~) *a.* step; (*Rang*~) rank, grade; (*Niveau*) level, standard; ***Vorsicht ~!*** mind (*od.* watch) the step; ***auf gleicher ~ mit*** on a level (*od.* par) with; ***auf eine ~ stellen mit*** place on a level (*od.* par) with; ***sich mit j-m auf eine ~ stellen*** *a.* see oneself as s.o.'s equal; ***die höchste ~ des Erfolgs*** the pinnacle of success; ***die nächste ~ s-r Karriere*** the next step up in his career; ***verschiedene ~n der Entwicklung*** different stages in a development; → *a.* ***Oberstufe, Unterstufe***; **stufen** *v/t.* **1.** step; (*Gelände*) *a.* terrace; **2.** *fig.* (*staffeln*) graduate.

stufenartig *adj. u. adv.* → ***stufenförmig.***

Stufen|barren *m* asymmetrical (*Am.* uneven) bars *pl.*; **~dach** *n* stepped roof; **~folge** *fig. f* graduation, sequence of stages.

stufenförmig I. *adj.* stepped; *fig.* graded, graduated; **II.** *adv.* in steps; *fig.* in stages.

Stufen|haarschnitt *m* layered hairstyle (*od.* haircut); **~heck** *n mot.* notchback; **~landschaft** *f* terraced landscape; **~leiter** *f* step ladder; *fig.* ladder; *fig.* ***gesellschaftliche ~*** social ladder.

stufenlos *adj. u. adv.* ⚙ (*a.* ***~verstellbar***) infinitely variable.

Stufen|plan *m* step-by-step plan; **~pyramide** *f* step(ped) pyramid; **~rakete** *f* multistage rocket; **~schnitt** *m* layered hairstyle (*od.* haircut).

stufenweise I. *adj.* gradual, progressive; **II.** *adv.* step by step, by degrees; in stages.

Stuhl *m* **1.** chair; (*Klavier*~ *etc.*) stool; ***der elektrische ~*** the electric chair; *eccl.* ***der Heilige ~*** the Holy See; ***j-m den ~ vor die Tür setzen*** turn s.o. out, (*entlassen*) F give s.o. the sack; ***sich zwischen zwei Stühle setzen*** fall between two stools; F ***mich hat es fast vom ~ gehauen*** F I nearly fell over backwards; F ***an j-s ~ sägen*** try to topple s.o.; F ***an s-m ~ kleben*** cling to one's post; **2.** ⚕ a) (*Kot*) stool(s *pl.*), b) → ***Stuhlgang***; **~aufsatz** *m für Kinder*: booster seat; **~bein** *n* chairleg, leg of a (*od.* the) chair; **~drang** *m* ⚕ urge to empty one's bowels; **~gang** *m* ⚕ bowel movement; ***~ haben*** have a bowel movement; ***harten* (*weichen*) *~ haben*** have hard (soft) stools; **~lehne** *f* back of a (*od.* the) chair; **~verhaltung** *f* ⚕ obstipation; **~verstopfung** *f* ⚕ constipation.

Stuka *m* → ***Sturzkampfbomber.***

Stukkateur *etc.* → ***Stuckateur*** *etc.*

Stulle F *f* slice of bread (and butter); *belegte*: (open) sandwich.

Stulpe *f* (*Stiefel*~) top; (*Manschette*) cuff.

stülpen *v/t.* (*um*~) turn *s.th.* upside down; (*Ärmel etc.*) turn up; ***nach außen ~*** turn *s.th.* inside out; ***auf* (*od.* *über*)** *et.* ***~*** put on (*od.* over).

Stulpen|handschuh *m* gauntlet glove; **~stiefel** *m* top boot.

Stülpnase *f* turned-up nose.

stumm I. *adj.* dumb; (*still*) silent; *ling.* silent, mute; *fig.* silent; *fig.* ***~ vor*** *Erstaunen etc.*: speechless with, *stärker*: struck dumb with; ***~e Rolle*** silent (*od.* non-speaking) part; ***~er Zeuge*** silent witness; ***~er Vorwurf*** silent reproach; ***~ wie ein Fisch*** (as) silent as the grave; → ***Diener*** 3; **II.** *adv.* silently; ***~ dasitzen*** sit there without saying a word.

Stummel *m* (*Zahn*~ *etc.*) stump; *e-r Zigarre etc.*: butt, stub; *e-s Bleistifts, e-r Kerze*: stub.

Stumme(r *m*) *f* mute.

Stummfilm *m* silent film (*od.* movie); **~ära** *f*, **~zeit** *f* silent film (*od.* movie) era.

Stumpen *m* (*Zigarre*) cheroot.

Stümper *m* duffer; **Stümperei** *f* bungling, incompetence, F botching; (*e-e schlechte Arbeit*) bad job, F botch(-up); **stümperhaft I.** *adj.* bungling, incompetent, amateurish; ***~e Arbeit*** F botch, botched-up job; **II.** *adv.*: ***~ ausgeführt sein*** be an amateur piece of work, have been done in an amateurish way; **stümpern** *v/i. u. v/t.* bungle, F botch (up).

stumpf *adj.* **1.** *Bleistift, Messer etc.*: blunt; ***~ werden*** go blunt; **2.** 𝔄 *Winkel*: obtuse; *Kegel*: truncated; **3.** *Reim*: masculine; **4.** *fig.* (*glanzlos*) *a. Haar*: dull; **5.** *fig.* (*~sinnig*) obtuse, dull; (*teilnahmslos*) stolid, apathetic; *Sinne*: dulled; ***~er Blick*** dull look; ***~ gegenüber*** insensitive to.

Stumpf *m* stump; F ***mit ~ und Stiel ausrotten*** eradicate *s.th.* root and branch.

Stumpfheit *f* bluntness, dul(l)ness, obtuseness, apathy *etc.*; → ***stumpf.***

Stumpfsinn *m* dul(l)ness, apathy; *e-r Tätigkeit*: mindlessness, monotony; **stumpfsinnig** *adj.* dull; (*teilnahmslos*) stolid, apathetic; *Arbeit etc.*: dull, tedious, mindless, soul-destroying.

stumpfwinkelig *adj.* obtuse(-angled).

Stunde *f* hour; (*Unterrichts*~) lesson, (*Schul*~) *a.* period; *fig.* hour, moment; ***~n geben*** give lessons; ***~ nehmen bei*** have lessons with; ***was habt ihr in der ersten ~?*** what's your first lesson?; *mot.* ***50 Meilen in der ~*** 50 miles an (*od.* per) hour; ***alle zwei ~n*** every two hours, every other hour; ***von drei ~n* (*Dauer*)** three-hour *speech etc.*; ***von ~ zu ~*** with every hour (that passes *od.* passed); ***~ um ~ verging*** the hours passed by; ***bis zur ~*** as yet, up till now; ***zu später* (*früher*) *~*** late at night (early in the day); ***zu jeder ~*** at any time; ***zur ~*** at the moment; ***bis zur ~*** so far; ***die Gespräche dauern zur ~ noch an*** the foreign ministers *etc.* are still sitting at the negotiating table; ***die ~n zählen*** count the hours (passing by); *fig.* ***s-e ~n sind gezählt*** his days are numbered; ***s-e* (*große*) *~ ist gekommen*** his time (*od.* hour) has come; ***die ~ der Entscheidung ist gekommen*** the time has come to decide (*od.* to make the big decision); ***die ~ der Rache ist gekommen*** the hour of reckoning has come; ***die ~ des Abschieds*** the time to say goodbye (*lit.* take one's leave); ***die ~ der Wahrheit*** the moment of truth; ***in e-r schwachen ~*** in a moment of weakness; ***ein Mann der ersten ~*** a man of the first hour, a pioneer; ***in e-r stillen ~*** at some quiet moment; ***er wusste, was die ~ geschlagen hatte*** he knew what was up (*od.* what was in store for him); → ***halb.***

stunden *v/t.* ⚖ grant (*od.* allow) respite *od.* a delay for *s.th.*; **(*j-m*) *die Zahlung ~*** extend the term of payment (to s.o.).

Stunden|ausfall *m ped.* cancel(l)ed classes *pl.*; **~buch** *n hist.* book of hours; **~geschwindigkeit** *f* (average) speed per hour; ***e-e ~ von 40 Meilen*** an average of 40 miles per hour (*abbr.* mph); **~hotel** *n* short-time hotel (*od.* motel); **~kilometer** *pl.* kilomet|res (*Am.* -ers) per hour (*abbr.* kph).

stundenlang I. *adj.* hours of, hour after hour of; lasting (for) hours; **II.** *adv.* for hours (and hours), for hours on end.

Stunden|lohn *m* hourly wage; **~plan** *m* timetable, *Am.* schedule; **~schlag** *m* striking of the hour; ***mit dem ~ sechs*** on the stroke of six; **~takt** *m*: ***im ~*** every hour.

stundenweise *adj. u. adv.* by the hour.

...-Stunden-Woche *f*: ***30~*** *etc.* 30-hour (working) week *etc.*

Stunden|zahl *f* workload; *e-s Lehrers*: *a.* teaching load; **~zeiger** *m* hour hand.

Stündlein *n*: ***sein letztes ~ hat geschlagen*** his last hour has come.

stündlich I. *adj.* **1.** hourly; **II.** *adv.* **2.** every hour; hourly; **3.** (*zu jeder Zeit*) any time (now); ***er kann ~ ankommen*** he could be here any hour (now).

Stundung *f* ⚖ deferment (of payment).

S

Stunk F *m* row, F stink; **~ machen** kick up a row (*od.* stink); **es wird ~ geben** there'll be trouble (*od.* a real stink).

stupend *adj.* stupendous, amazing.

Stunt *m* stunt; **e-n ~ ausführen** do a stunt; **Stuntman** *m* stuntman; **Stuntwoman** *f* stuntwoman.

stupid(e) *adj.* dull; (*geisttötend*) mindless.

Stups F *m*, **stupsen** F *v/t.* prod (*a. fig.*), nudge.

Stupsnase *f* snub nose; **stupsnasig** *adj.* snub-nosed.

stur I. *adj.* (*starrsinnig*) stubborn, obstinate; *stärker*: pigheaded; (*unnachgiebig*) *a.* unyielding, unwavering; (*verbissen*) dogged; (*stumpf*) stolid; (*geisttötend*) mindless; **ein ~es Nein** a flat no; **II.** *adv.*: **~ nach Vorschrift** strictly according to the letter (of the law); **Sturheit** *f* stubbornness, obstinacy *etc.*; → **stur** I.

Sturm *m* **1.** storm; gale; *lit.* tempest; ⚔ (*Angriff, a. fig.*) attack, assault; **das Barometer steht auf ~** the barometer is pointing to a storm, *fig.* there's trouble (*od.* a storm) brewing; **~ läuten** ring the alarm bell, *fig.* (*klingeln*) lean on the bell; *fig.* **~ der Entrüstung** (public) outcry; **~ des Protests** (**des Beifalls**) storm of protest (of applause); **ein ~ des Gelächters** peals of laughter; **ein ~ im Wasserglas** a storm in a teacup, *Am.* a tempest in a teapot; ☤ **~ auf** rush for *goods*, run on *a bank*; **~ laufen gegen** be up in arms against; **im ~ erobern** take by storm; F **bei ihnen herrscht ~** they're having a row; **~ und Drang** Sturm und Drang, Storm and Stress; **2.** *Sport*: (*Stürmerreihe*) forward line, forwards *pl.*; **~abteilung** *f hist.* SA, (Nazi) stormtroops *pl. od.* stormtroopers *pl.*; **~angriff** *m* ⚔ assault; **~bö** *f* squall; **~bock** *m hist.* battering ram; **~boot** *n* ⚔ assault boat.

stürmen I. *v/t.* **1.** ⚔ storm (*a. weitS. die Bühne etc.*); (*e-e Bank*) make a run on; **II.** *v/i.* **2.** ⚔ *u. Fußball etc.*: attack; (*als Stürmer spielen*) be a striker; **3.** *Wind*: rage; **4.** *fig. wütend, irgendwohin*: storm; (*rennen*) charge, tear; **III.** *v/impers.*: **es stürmt** there's a gale blowing, it's stormy outside.

Stürmer *m Fußball etc.*: striker; **~reihe** *f* forward line.

Sturm|flut *f* storm tide; **⁓frei** *adj.*: F **~e Bude** F trouble-free digs *pl.*; **heute Abend hab ich** (**e-e**) **~e Bude** I've got the run of the place tonight, the coast is going to be clear tonight; **~gepäck** *n* ⚔ combat pack; **⁓gepeitscht** *adj.* storm-tossed; *See*: *a.* storm-lashed; **~glocke** *f* alarm bell, tocsin.

stürmisch I. *adj.* **1.** *Wetter*: stormy; **~e See** stormy (*od.* rough) seas; **~e Überfahrt** rough crossing; **2.** *fig. Liebe*: tempestuous, passionate; *Affäre*: *a.* stormy; *Liebhaber*: passionate; *Debatte*: stormy; *Beifall*: tumultuous, (*frenetisch*) frenzied; *Protest, Reaktion*: vehement, violent; *Entwicklung etc.*: rapid; **~e Begrüßung** rapturous welcome; **~es Gelächter** gales of laughter; **~er Jubel** wild rejoicing; **~e Nachfrage** huge demand; **~e Umarmung** passionate embrace; **e-e ~e Zeit** turbulent times; **e-e ~e Karriere erleben** have a stormy career; **II.** *adv.*: **~ bitten um** make a violent plea for; **~ protestieren** protest vehemently (*od.* violently); **et. ~ fordern** clamo(u)r for s.th.; **man applaudierte ~** there was a storm of applause; **~ begrüßt werden** be given a rapturous welcome; **nicht so ~!** easy does it!, hold your horses!

Sturm|kegel *m* storm cone; **~laterne** *f* storm lantern, hurricane lamp; **~lauf** *m* ⚔ assault, attack; *fig. a.* run (**auf** on); **~möwe** *f* seagull; **~nacht** *f* **1.** stormy night; **2.** night of the storm; **~reihe** *f Sport*: forward line, attack; **~schaden** *m* storm damage; **~schritt** *m*: **im ~** at the double; **~segel** *n* storm sail; **~spitze** *f Sport*: spearhead (of the attack); **~tief** *n* cyclone; **~vogel** *m* (stormy) petrel; **~warnung** *f* gale warning; **~wolke** *f* storm cloud.

Sturz[1] *m* (sudden) fall; *ins Wasser*: plunge (*a. fig.*); *fig. der Temperatur etc.*: (sudden) drop *in temperature etc.*; ☤ *der Kurse, Preise*: slump; ☤ crash; *e-r Regierung*: (down)fall, *e-s Politikers etc.*: downfall, *durch Gewalt*: overthrow; F **e-n ~ bauen** (*od.* **drehen**) have a fall; *fig.* **es führte zu s-m ~** it led to (*od.* brought about) his downfall.

Sturz[2] *m* **1.** ⚙ (*Rad⁓*) camber; **2.** △ (*Fenster⁓, Tür⁓*) lintel.

Sturzbach *m* torrent (*a. fig.*).

sturzbesoffen, sturzbetrunken F *adj.* F (completely) sloshed, plastered.

Sturzbomber *m* dive bomber.

stürzen I. *v/i.* **1.** fall; *fig. u.* ☤ *Kurse, Preise*: plunge, plummet; **schwer ~** have a bad (*od.* heavy) fall; **vom Fahrrad ~** fall off one's bicycle; **aus den Augen ~** *Tränen*: stream from s.o.'s eyes; **aus der Wunde ~** *Blut*: gush from the wound; **ins Meer ~** *Flugzeug*: crash into the sea; *fig.* **der Minister stürzte über diesen Skandal** this scandal brought about (*od.* led to) the minister's downfall; **2.** *Gelände*: drop; **in die Tiefe ~** *Klippen etc.*: drop off sharply; **die Klippen ~ dort 100 Meter in die Tiefe** there's a sheer drop of 100 met|res (*Am.* -ers) at that point; **3.** (*rennen*) rush, dash; **ins Zimmer ~** *a.* burst into the room; **in j-s Arme ~** rush (*od.* fling o.s.) into s.o.'s arms; **II.** *v/t.* **4.** (*stoßen*) throw; *fig.* **ins Elend** *etc.* **~** plunge into misery *etc.*; → **Verderben**; **5.** (*umkippen*) turn upside down; (*Pudding etc.*) turn out of the mo(u)ld (*od.* tin); **Nicht ~!** *Kistenaufschrift*: this side up; **6.** (*Regierung etc.*) bring down, bring about the downfall of, *durch Gewalt*: overthrow; **III.** *v/refl.* **7. sich ins Wasser ~** plunge into the water; **sich vor e-n Zug ~** throw o.s. in front of a train; *fig.* **sich in Unkosten ~** go to great expense, spare no expense; **sich in die Arbeit ~** throw o.s. into one's work; → **Unglück, Verderben**; **8. sich ~ auf** (*j-n*) rush to(wards), *aggressiv*: rush at; (*herfallen über*) *a. Raubkatze*: pounce on, *Raubvogel*: swoop down on; *fig.* (*ein Buffet etc.*) make straight for, F attack; **sich aufeinander ~** fall upon each other; *fig.* **sich auf die Süßigkeiten ~** pounce on (*od.* attack) the sweets.

Sturz|flug *m* nosedive; *fig.* crash; **~flut** *f* torrent (of water); *vom Meer*: tidal wave; (*Regen*) torrential downpour; *fig.* torrent; **~geburt** *f* ⚕ precipitate labo(u)r; **~helm** *m* crash helmet; **~kampfbomber** *m* dive bomber; **~regen** *m* torrential downpour; **~see** *f* breaker.

Stuss F *m* F rubbish, *sl.* rot, *bsd. Am.* F garbage, trash; **so ein ~!** what a lot (*od.* load) of rubbish *etc.*

Stute *f* mare; **Stutenfohlen** *n*, **Stutenfüllen** *n* filly.

Stütz *m Turnen*: support.

Stützbalken *m* supporting beam, brace.

Stutzbart *m* trimmed beard.

Stütze *f* **1.** support, prop; *fig.* support, (*Rückendeckung*) *a.* backing; (*Person*) mainstay; **~n der Gesellschaft** pillars of society; **sie war mir e-e große ~** she gave me a lot of support; **2.** F (*Arbeitslosengeld*) F dole (money).

stutzen[1] *v/t.* (*beschneiden*) cut; (*Bart, Haar*) trim; (*Baum*) prune, lop; (*Hecke*) clip, trim; (*Flügel*) clip; (*Ohren*) crop; (*Schwanz*) dock.

stutzen[2] *v/i.* (*innehalten, a. stehen bleiben*) stop short; (*verwundert sein*) be taken aback, *stärker*: catch one's breath; (*zögern*) hesitate; (*zweimal hingucken müssen*) F do a double take.

Stutzen *m* **1.** short rifle, carbine; **2.** ⚙ (*Rohrverbindung*) connecting piece; *mot. zum Einfüllen*: neck; **3.** (*Fußballstrumpf*) (football) sock.

stützen I. *v/t.* support; (*ab⁓*) *a.* prop up; △ shore up; *fig.* support, back (up); ☤ (*Kurse, Währung*) support, back, bolster; **s-e Ellenbogen ~ auf** prop one's elbows on; *fig.* **et. ~ auf** base s.th. on; **et. durch Beweise ~** support (*od.* corroborate) s.th. with evidence; **II.** *v/refl.*: **sich ~ auf** rest on, *Person*: lean on; *fig. Argument, Urteil etc.*: be based on, rest on; (*e-e Quelle*) *a.* draw upon.

Stutzflügel *m* (*Klavier*) baby grand.

Stützgewebe *n anat.* supporting tissue.

stutzig *adj.*: **~ werden** be taken aback, (*verwirrt*) be puzzled; **ich wurde ganz ~** *a.* I couldn't make head or tail of it; **~ machen** perplex, puzzle; (*nachdenklich stimmen*) have *s.o.* wondering; (*Verdacht erregen bei*) arouse *s.o.'s* suspicion.

Stütz|korsett *n* support corset; **~mauer** *f* retaining wall; **~pfeiler** *m* supporting pillar, buttress; **~punkt** *m* **1.** ⚔ (military) base; **2.** ⚙ fulcrum; **~rad** *n* supporting wheel; **~strumpf** *m* elasticated stocking.

Stützung *f* support, backing *etc.*; → **stützen**.

Stützungs|aktion *f* ☤ support measures *pl.*; **~käufe** *pl.* ☤ support buying *sg.*

Stützverband *m* ⚕ fixed dressing.

stylen *v/t.* design; → **gestylt**; **Styling** *n* design, styling.

Styropor (*TM*) *n* polystyrene, styrofoam (*TM*).

Suaheli[1] *n ling.* Swahili.

Suaheli[2] *m* (*Person*) Swahili.

subaltern *adj.* **1.** *Stellung etc.*: subordinate; **2.** *contp. Verhalten etc.*: subservient; **Subalterne(r)** *m* **1.** subordinate; *bsd.* ⚔ subaltern; **2.** *contp.* underling.

Subjekt *n* **1.** *ling. u. phls.* subject; **2.** *contp.* (*Person*) individual, character; **übles ~** F nasty piece of work.

subjektiv I. *adj.* subjective; ⚖ → **Tatbestand**; **II.** *adv.*: **zu ~ urteilen** be too subjective in one's judg(e)ment; **das siehst du zu ~** you're looking at it very subjectively (*od.* from a very subjective point of view); **Subjektivismus** *m phls.* subjectivism; **Subjektivität** *f* subjectivity.

Subkontinent *m* subcontinent.

Subkultur *f* subculture; **subkulturell** *adj.* subcultural.

subkutan *adj.* ⚕ subcutaneous.

sublim *adj.* sensitive; *Gedanken, Ironie etc.*: sublime; **sublimieren** *v/t.* sublimate; **Sublimierung** *f* sublimation.

S

Sub-Notebook *m Computer*: subnotebook (*kleiner als ein Notebook*).
subordinieren *v/t.* subordinate.
subpolar *adj.* subpolar.
Subsidiaritätsprinzip *n pol.* subsidiarity principle.
Subskribent *m* subscriber; **subskribieren** *v/t.* (*a. v/i.*: ~ ***auf***) subscribe to; **Subskription** *f* subscription.
Subskriptions|liste *f* subscription list; **~preis** *m* subscription price.
substantiell *adj.* substantial.
Substantiv *n ling.* noun; **substantivieren** *v/t.* nominalize; **substantiviert** *adj.*: ***~es Adjektiv*** nominalized adjective; **substantivisch I.** *adj.* nominal; **II.** *adv.* nominally, as a noun.
Substanz *f* **1.** (*Stoff*) substance; **2.** ✝ capital; ***von der ~ leben*** live on one's capital; ***die ~ angreifen*** draw on one's resources; **3.** *fig.* (*Wesen*) substance; (*Kern*) core; ***es fehlt dem an ~*** it lacks substance; F ***das geht an die ~*** F it really takes it out of you.
substanziell *adj.* substantial.
substanz|los *adj.* insubstantial, lacking in substance; **≈verlust** *m* loss of substance; ✝ loss of capital (*od.* resources).
substituieren *v/t.* substitute (***A durch B*** B for A).
Substitut[1] *m* assistant sales manager.
Substitut[2] *n* (*Ersatz*) substitute.
Substrat *n* substrate.
subsumieren *v/t.* subsume (*dat.*, ***unter*** under).
Subsystem *n* subsystem.
subtil I. *adj.* subtle; ***~er Hinweis*** subtle hint; ***~e Unterscheidung*** subtle distinction; ***das ≈e daran*** the subtle thing about it; **II.** *adv.* subtly; **Subtilität** *f* subtlety; subtle nature; *konkret*: subtlety.
Subtrahend *m* 𝔄 subtrahend; **subtrahieren** *v/t.* subtract; **Subtraktion** *f* subtraction.
Subtropen *pl.* subtropics; **subtropisch** *adj.* subtropical.
Subunternehmer *m* subcontractor.
Subvention *f* subsidy; **subventionieren** *v/t.* subsidize; **subventioniert** *adj.* subsidized; ***staatlich ~*** subsidized by the state, state-subsidized; **Subventionierung** *f* subsidization.
Subversion *f pol.* subversion; **subversiv** *adj.* subversive.
Such|aktion *f* search; **~algorithmus** *m Computer*: search algorithm; **~anzeige** *f* **1.** missing person bulletin; **2.** *Zeitung*: wanted ad; **~begriff** *m Computer*: search item (*od.* word); **~dienst** *m* tracing service.
Suche *f* search (***nach*** for); *nach e-m Verbrecher*: *a.* hunt (for); *fig. nach Glück etc.*: search (for), quest (for), pursuit (of); ***auf der ~ nach*** in search of, *fig. a.* in quest of *happiness etc.*; ***auf der ~ sein nach*** be looking (*od.* on the lookout) for, be searching for; ***nach langer ~*** after a long search; ***sich auf die ~ machen*** start looking (***nach*** for).
suchen I. *v/t.* look for, *intensiver*: search for; *lit.* seek; (*Vermisste etc.*) try to trace; (*Verbrecher*) hunt for, try to track down; ***du wirst gesucht*** they're looking for you, F you're wanted; ***Pilze ~*** look for (*od.* pick) mushrooms; ***Hilfe*** (***Rat***) ~ seek help (advice); ***Abenteuer ~*** seek adventure; ***e-e neue Stelle ~*** look for (*od.* try to find) a new job; ***Streit mit j-m ~*** be trying to pick a fight (*od.* an argument) with s.o.; ***das Weite ~*** take to one's heels; ***~ Sie jemand?*** are you looking for s.o. in particular?, can I help you?; ***was ~ Sie hier?*** what are you doing here?; ***was suchst du hier?*** *a.* F what are you after?; ***Sie haben hier nichts zu ~*** you have no business being here; ***das hat hier nichts zu ~*** that has no place around here; ***ich hab bei ihm nichts mehr zu ~*** I'm through with him; ***such nicht die Schuld bei andern*** don't try and blame others; ***die beiden haben sich gesucht und gefunden*** they('ve) found each other; ***sich e-n Weg durch die Menge ~*** pick one's way through the crowd; ***j-n zu verstehen ~*** try to understand s.o.; → ***gesucht, polizeilich, seinesgleichen***; **II.** *v/i.* look, *intensiver*: search (***nach*** for); ***nach Worten ~*** search (*od.* grope) for words, (*sprachlos sein*) be at a loss for words; ***da kannst du lange ~*** you won't find that there; ***in allen Taschen*** (***Schränken***) ~ search (through) *od.* go through all one's pockets (all the cupboards); *bibl.* ***suchet, so werdet ihr finden*** search and ye shall find.
Sucher *m phot.* viewfinder; **~kamera** *f* rangefinder camera.
Such|formular *n Computer*: search form; **~funktion** *f Computer*: search function; **~hund** *m* tracker (*od.* sniffer) dog.
Suchlauf *m Radio, Video etc.*: scanning, search mode (*od.* function); ~ ***vorwärts*** (***rückwärts***) cue (review), forward (reverse) search; **~taste** *f* cue/review (*od.* scan) button.
Such|liste *f* list of missing persons; *der Polizei*: list of wanted persons, wanted list; **~mannschaft** *f* search party; **~maschine** *f Internet*: search engine; **~maske** *f Computer, Datenbank*: search mask; **~meldung** *f* missing person bulletin; police message; **~scheinwerfer** *m* searchlight.
Sucht *f nach Rauschgift, Alkohol etc.*: addiction (***nach*** to); (*übertriebenes Verlangen*) craving (for); (*Manie*) mania (for); ***das ist bei ihm zur ~ geworden*** *Alkohol etc.*: he's become addicted to it; (*Manie*) it's become an obsession with him.
suchterzeugend, Sucht erzeugend *adj.* ⚕ addictive, habit-forming.
Sucht|gefahr *f* danger of habit formation; **~gift** *n* addictive drug.
süchtig *adj.* **1.** addicted (*z. B.* ***heroin~*** addicted to heroin); ~ ***werden*** become addicted (***nach*** to), *sl.* get hooked (on); ~ ***machen*** *Droge etc.*: be addictive; **2.** ~ ***sein nach*** (*gierig*) have a craving for, lust after; ***er ist ~ danach*** *a.* it's like a drug for him; **Süchtige(r** *m*) *f* addict; **Süchtigkeit** *f* addiction.
Sucht|klinik *f* detoxification cent|re (*Am.* -er); **≈krank** *adj.* addicted; **~kranke(r)** *m* ⚕ addict; **~mittel** *n* addictive drug (*od.* substance).
Such|trupp *m* search party; **~wort** *n* search word.
Sud *m* **1.** *von Gemüse*: juice; *von Fleisch u. Fisch*: stock; **2.** ♨ extract.
Süd *m* south; ***von*** (*od.* ***aus***) ~ from the south; ***München ~*** the south of Munich; ***Eingang ~*** the south entrance.
Südafrikaner(in *f*) *m*, **südafrikanisch** *adj.* South African.
Südamerikaner(in *f*) *m*, **südamerikanisch** *adj.* South American.
Sudanese *m*, **Sudanesin** *f*, **sudanesisch** *adj.* Sudanese.
Südasiat(in *f*) *m* South Asian; **südasiatisch** *adj.* South Asian; ***im ~en Raum*** in South (*od.* Southern) Asia.
süddeutsch *adj.* South German; ***im ~en Raum*** in the south of Germany, in Southern Germany; **Süddeutsche(r** *m*) *f* South German.
Sudelei *f* (*Gepansche, Schmutz*) mess; **sudeln** *v/i. u. v/t.* (*manschen*) make a mess; (*kritzeln*) scribble, scrawl; → ***besudeln.***
Süden *m* south; (*südlicher Landesteil*) South; ***von ~*** from the south; ***nach ~*** south(wards); *Verkehr, Straße etc.*: southbound; ***Balkon nach ~*** south-facing balcony; ***im sonnigen ~*** in the sunny Mediterranean.
südenglisch *adj.* southern (*od.* Southern) English.
sudetendeutsch *adj.*, **Sudetendeutsche(r** *m*) *f* Sudeten German.
Südeuropäer(in *f*) *m*, **südeuropäisch** *adj.* South (*od.* Southern) European.
Süd|fenster *n* south-facing window, window facing south, window to the south; **~früchte** *pl.* tropical (*od.* southern) fruits; **~halbkugel** *f* southern hemisphere; **~hang** *m* southern (*od.* south-facing) slope.
Südkoreaner(in *f*) *m*, **südkoreanisch** *adj.* South Korean.
Süd|küste *f* south coast; ***an der ~*** on the south coast; **~lage** *f* southern exposure.
Südländer *m* Mediterranean type, Latin; **südländisch** *adj. Klima etc.*: Mediterranean, *Typ*: *a.* Latin (*a. Temperament*).
südlich I. *adj.* southern, south ...; *Wind*: southerly; ***in ~er Richtung*** south(-wards); *Verkehr, Straße etc.*: southbound; **II.** *adv.* (to the) south (***von*** of); **südlichst** *adj.* southernmost.
Südlicht *n* southern lights *pl.*, aurora australis.
Südost *m* → ***Südosten.***
südostasiatisch *adj.* Southeast Asian.
Südosten *m* (***SO***) southeast (*abbr.* SE).
Südosteuropäer(in *f*) *m*, **südosteuropäisch** *adj.* Southeast European.
südöstlich I. *adj.* southeast(ern); *Wind*: southeasterly; **II.** *adv.* (to the) southeast.
Südpol *m* South Pole; **Südpolargebiet** *n* Antarctic; **Südpolarkreis** *m* Antarctic circle; **Südpolexpedition** *f* Antarctic expedition, expedition to the South Pole.
Südsee *f* (South) Pacific, *obs.* South Sea(s *pl.*); **~insel** *f* Pacific (*od.* South Sea) island; **~insulaner** *m* Pacific (*od.* South Sea) islander.
Südseite *f* south (*od.* southern) side.
Südstaaten *pl.*: ***die ~*** *der USA*: the Southern States, the South; F *hum.* the Deep South; **Südstaatler** *m* **1.** *in den USA*: Southerner; **2.** *hist.* Confederate.
Südtiroler(in *f*) *m*, **Südtiroler ..., südtirolerisch** *adj.* South Tyrolean.
südwärts *adv.* south(wards).
Südwest(en) *m* (***SW***) southwest (*abbr.* SW); **Südwester** *m* (*Hut*) sou'wester; **südwestlich I.** *adj.* southwest(ern); *Wind*: southwesterly; **II.** *adv.* (to the) southwest.
Südwind *m* south wind.
Suff F *m* alcohol; (*Trinken*) F boozing; ***sich dem ~ ergeben*** F hit the bottle; ***dem ~ verfallen*** F on the bottle; ***er hat es im ~ gesagt*** he'd had a few when he said that.
süffeln *v/i. u. v/t.* F tipple, booze.
süffig *adj. Wein*: palatable; ***dieser Wein ist sehr ~*** *a.* this wine goes down well.

süffisant *adj.* smug, complacent.
Suffix *n ling.* suffix.
Süffler F *m* F tippler.
suggerieren *v/t.* suggest; ***j-m et. ~*** persuade s.o. of s.th. (*od.* that ...), talk s.o. into thinking (*od.* believing) that.
Suggestion *f* persuasion, suggestion.
suggestiv *adj.* suggestive; **⁓frage** *f* leading question.
suhlen *v/refl.*: ***sich ~*** wallow (*a. fig.*).
Sühne *f* expiation, atonement; (*Buße*) penance; ***~ leisten für*** do penance for; **sühnen** *v/t.* expiate, atone for.
Sühne|opfer *n* expiatory sacrifice; **~termin** *m* conciliation hearing; **~versuch** *m* attempt at reconciliation.
Suite *f* **1.** (*Zimmerflucht*) suite (of rooms); **2.** ♪ suite.
Suizid *m* suicide; **⁓gefährdet** *adj.* suicide-prone; ***~ sein*** *a.* have suicidal tendencies, be a potential suicide.
Sujet *n Kunst*: subject.
Sukzession *f* succession; ***apostolische ~*** apostolic succession; **Sukzessionskrieg** *m* war of succession.
sukzessiv *adj.* gradual; ***~e Veränderung*** *a.* step-by-step change; **sukzessive** *adv.* little by little, step by step.
Sulfat *n* ⚗ sulphate, *Am.* sulfate.
Sulfid *n* ⚗ sulphide, *Am.* sulfide.
Sulfit *n* ⚗ sulphite, *Am.* sulfite.
Sulfonamid *n pharm.* sulphonamide, *Am.* sulfonamide; *pl. a.* sulpha (*Am.* sulfa) drugs.
Sultan *m* sultan; **Sultanat** *n* sultanate; **Sultanin** *f* sultana.
Sultanine *f* (*Rosine*) sultana.
Sülze *f* (*Speise*) jellied meat; (*Aspik*) aspic.
sülzen F *v/i.* F prattle on; *bsd. um et. zu erreichen*: F give a long spiel.
sulzig *adj.* slushy.
Sülzkotelett *n* pork chop in aspic.
Sulzschnee *m* slush, F porridge (snow).
Sumerer *m*, **sumerisch** *adj.*, **Sumerisch** *n hist.* Sumerian.
summarisch I. *adj.* summary (*a.* ⚖); **II.** *adv.* summarily.
summa summarum *adv. kosten etc.*: in total; (*alles in allem gesehen*) all in all, all things considered; ***der Umzug hat ~ DM 11 500 gekostet*** the removal costs came to a (grand) total of 11,500 marks.
Sümmchen F *n*: ***ein hübsches ~*** F a tidy little sum.
Summe *f* sum; (*Gesamt⁓*) *a.* (sum) total; (*Betrag*) amount; *fig. des Wissens etc.*: sum total.
summen I. *v/i. Insekt etc.*: buzz; *weicher*: hum (*a. v/t. ein Lied*); *eintönig*: drone; ***vor sich hin ~*** hum away to oneself; **II.** ⁓ *n* buzz(ing); hum(ming); buzzing (*od.* humming) noise.
Summer *m* ⚡ buzzer.
summieren I. *v/t.* add up; **II.** *v/refl.*: ***sich ~*** add (*od.* mount) up (***auf, zu*** to); ***es summiert sich*** it all adds up.
Summ|ton *m*, **~zeichen** *n* buzz, buzzing signal; *teleph.* dialling (*Am.* dial) tone.
Sumpf *m* marsh; *weitläufiger, bsd.* (*sub-*) *tropisch*: swamp; (*~loch*) bog; *fig.* quagmire; **~blüte** F *fig. f* excrescence; **~boden** *m* marshy ground; **~dotterblume** *f* marsh marigold.
sumpfen F *v/i.* F live it up.
Sumpf|fieber *n* ⚕ marsh fever, malaria; **~gas** *n* marsh gas; **~gebiet** *n* marshland; swampland; **~huhn** *n* **1.** *zo.* crake; **2.** F *hum.* F boozer.
sumpfig *adj.* marshy; swampy.
Sumpf|land *n* marshland; swampland; **~pflanze** *f* marsh plant; **~schildkröte** *f* mud turtle; **~vogel** *m* wader; **~wiese** *f* marshy (*od.* swampy) meadow.
Sums F *m* fuss, F carry-on; ***so ein ~*** what a carry-on; ***mach nicht solchen ~*** don't make such a fuss.
Sund *m* sound, strait.
Sünde *f* sin; ***e-e ~ begehen*** sin, commit a sin; ***e-e ~ gegen den guten Geschmack*** a sin against good taste; ***das ist doch keine ~*** it's no crime.
Sünden|babel *n* den of iniquity, hotbed of vice; **~bekenntnis** *n* confession of one's sins; **~bock** *m* scapegoat, F fall guy; ***j-n zum ~ machen*** use s.o. as a scapegoat; **~erlass** *m* remission of sins, absolution; **~fall** *m the* Fall (of Man); **~konto** *n* → ***Sündenregister***; **~last** *f* burden of one's sins; **~pfuhl** *m* den of iniquity; **~register** F *n* list of sins (*od.* transgressions).
Sünder *m* sinner; ***armer ~*** poor wretch; F ***du alter ~!*** F you old devil!
sündhaft I. *adj.* sinful, wicked; F *fig.* ***ein ~er Preis*** a shocking price; **II.** F *fig. adv.*: ***~ teuer*** shockingly expensive.
sündig *adj.* sinful; (*schuldig*) guilty.
sündigen *v/i.* **1.** sin (***gegen*** against); ***an j-m ~*** wrong s.o.; **2.** *fig. hum.* (*zu viel essen etc.*) indulge, F sin.
super F *adj. u. int.* super, F great; ***sie haben sich*** (***gleich***) ***~ verstanden*** F they got on like a house on fire.
Super(benzin) *n* four-star (petrol), *Am.* premium.
Superding F *n* F (real) humdinger.
supergescheit F *adj.* F incredibly clever; *iro.* F too clever by half; **Supergescheite(r** *m*) *f* F know-(it-)all.
Superintendent *m* dean.
superklug F *adj.* F too clever by half.
Superlativ *m ling.* superlative (degree); *fig.* superlative; ***in ~en reden*** talk in superlatives.
superleicht F *adj.* F dead easy; ***~ sein*** *a.* F be a cinch.
Supermacht *f pol.* superpower.
Supermarkt *m* supermarket; *großer*: *a.* hypermarket.
supermodern F *adj.* ultramodern, hypermodern.
Supernova *f ast.* supernova.
Superphosphat *n* superphosphate.
superschick F *adj.* very smart.
superschnell F **I.** *adj.* F incredibly fast, *pred.* like greased lightning; **II.** *adv.* F quick as a flash, in no time.
Super|sparpreis *m* 🚂 supersaver; **~star** *m* superstar; **~tanker** *m* supertanker.
Süppchen *n*: *fig.* ***sein eigenes ~ kochen*** do one's own thing; ***gern sein ~ am Feuer anderer kochen*** always try and cash in on other people.
Suppe *f* soup; *fig.* ***die ~ auslöffeln müssen*** F have to face the music; ***j-m*** (***sich***) ***e-e schöne ~ einbrocken*** F get s.o. (o.s.) into a nice mess; ***j-m die ~ versalzen*** spoil s.o.'s (*od.* all the) fun, (*Pläne durchkreuzen*) F throw a spanner into the works.
Suppen|fleisch *n* meat for making soup; **~gemüse** *n* vegetables for making soup; **~grün** *n bunch of herbs and vegetables for flavo(u)ring soup*; **~huhn** *n* boiling fowl; **~kelle** *f* soup ladle; **~knochen** *m* soup bone; **~küche** *f* soup kitchen; **~löffel** *m* soup spoon; **~schüssel** *f* soup tureen; **~tasse** *f* soup cup; **~teller** *m* soup plate; **~terrine** *f* (soup) tureen; **~würfel** *m* stock cube; **~würze** *f* soup seasoning.
Supplement *n* supplement; **supplementär** *adj.* supplementary.
Supplement|band *m* supplement(ary volume); **~winkel** *m* ⩓ supplementary angle.
Supraleiter *m* ⚡ supraconductor.
supranational *adj.* supranational.
Suprematie *f* supremacy.
Surfbrett *n* surfboard; **surfen** *v/i.* **1.** surf; **2.** windsurf; → ***Internet***; **Surfer** *m* **1.** surfer; **2.** windsurfer.
Surrealismus *m* surrealism; **Surrealist** *m* surrealist; **surrealistisch** *adj.* surrealis-tic(ally *adv.*), surrealist ...
surren *v/i. Kamera, Motor etc.*: whirr, *Am.* whir; *leiser*: hum; *Insekt*: buzz.
Surrogat *n* substitute, surrogate.
Sushi *n* sushi.
suspekt *adj.* suspect; (*fragwürdig*) *a.* dubious; ***er ist mir ~*** I'm not so sure about him.
suspendieren *v/t.* suspend.
suspensiv *adj.*: ***~es Veto*** power of delay.
Suspensorium *n* ⚕ suspensory; *Sport*: athletic support.
süß *adj.* sweet (*a.* F *goldig*); ***~es Lächeln*** sugary smile; F ***~es Ding*** sweet little thing; ***gern ~e Sachen essen*** have a sweet tooth; **Süße** *f* **1.** sweetness; **2.** F (*Kosewort*) F sweetie; **süßen** *v/t.* sweeten; add sugar to; **Süße(r)** F *m* F sweetie.
Süßholz *n* liquorice; F ***~ raspeln*** F turn on the old charm.
Süßigkeiten *pl.* sweets, *Am.* candy *sg.*; ***gern ~ essen*** have a sweet tooth.
Süßkartoffel *f* sweet potato, *Am. a.* yam.
süßlich *adj.* **1.** sweetish, *contp.* sickly sweet; **2.** *fig.* (*kitschig*) sickly (sweet); (*sentimental*) mawkish; *Miene, Stimme etc.*: F ever so sweet, *Lächeln*: *a.* sugary.
Süßmost *m* unfermented fruit juice.
Süßrahmbutter *f* creamery butter.
süßsauer *adj.* **1.** *gastr.* sweet and sour; **2.** *Lächeln*: forced.
Süßspeise *f* sweet, dessert.
Süßstoff *m* sweetener.
Süßwaren *pl.* sweets, *Am.* candy *sg.*; **~geschäft** *n* sweet shop, *Am.* candy store.
Süßwasser *n* fresh (*od.* sweet) water; **~fisch** *m* freshwater fish.
Süßwein *m* dessert wine.
Sweatshirt *n* sweatshirt.
Swimmingpool *m* (swimming) pool.
Swing *m* ♪ swing; **~ära** *f* swing era, era of swing.
Swinggeschäft *n* ✝ swing.
Sybarit *m* sybarite; **sybaritisch** *adj.* sybaritic.
syllabisch *adj.* syllabic(ally *adv.*).
Syllogismus *m* syllogism; **syllogistisch** *adj.* syllogistic(ally *adv.*).
Sylphe *f* sylph; **Sylphide** *f* sylph; **sylphidenhaft** *adj. u. adv.* sylph-like.
Symbiose *f* symbiosis; **symbiotisch** *adj.* symbiotic(ally *adv.*).
Symbol *n* symbol (*gen.*, ***für*** of); (*Zeichen*) *a.* sign; (*Merkmal*) badge; **~charakter** *m* symbolic character; **~figur** *f* symbolic figure (*gen.*, ***für*** for), symbol (of).
symbolhaft *adj.* symbolic(al) (***für*** of); **Symbolik** *f* symbolism; **symbolisch** *adj.* symbolic(al) (***für*** of); ***~er Beitrag*** token fee; **symbolisieren** *v/t.* symbolize; **Symbolismus** *m Kunst*: Symbolism.
Symbol|kraft *f* symbolic power; **~leiste** *f Computer*: toolbar; **~sprache** *f a. Computer*: symbolic language.

S

symbolträchtig *adj.* highly (*od.* deeply) symbolic; steeped in symbolism; **Symbolträchtigkeit** *f* highly symbolic nature; deep symbolism.
Symmetrie *f* symmetry (*a. fig.*); **~achse** *f* ⩕ symmetric axis; **~ebene** *f* ⩕ plane of symmetry.
symmetrisch *adj.* symmetric(al).
Sympathie *f* (*Zuneigung*) liking; (*Anteilnahme*) sympathy; (*Unterstützung*) support; ***bei aller ~*** much as I like him *etc.*; ***große ~n genießen bei*** be very popular among, be well-liked among; ***der Plan hat m-e volle ~*** the plan has my full support (*od.* backing); ***ihre ~n liegen bei*** her sympathies are (*od.* lie) with; **~kundgebung** *f* demonstration of support; **~streik** *m* sympathy (*od.* sympathetic) strike; sympathetic action; **~träger** *m* sympathetic figure.
Sympathikus *m* sympathetic nerve.
Sympathisant *m* sympathizer.
sympathisch *adj.* **1.** likeable, (very) pleasant, personable, F (very) nice; *Stimme, Lächeln etc.*: pleasant, engaging, F nice; ***er ist mir ~*** I think he's nice, I quite like him; ***er ist mir überhaupt nicht ~*** I just don't like him (F go for him); ***die Sache ist mir nicht ~*** I don't like it; **2.** *physiol.* sympathetic.
sympathisieren *v/i.*: ***~ mit*** sympathize with; ***mit den Kommunisten etc. ~*** *a.* be a Communist *etc.* sympathizer.
Symphonie(...) → ***Sinfonie(...)***; **symphonisch** *adj.* → ***sinfonisch.***
Symposion *n*, **Symposium** *n* symposium.
Symptom *n a. fig.* symptom (**für** of); ***~e von et. zeigen*** *a.* show signs of; **Symptomatik** *f* **1.** *e-r Krankheit*: symptoms *pl.*; **2.** (*Fach*) symptomatology; **symptomatisch** *adj. a. fig.* symptomatic (**für** of).
Synagoge *f* synagogue.
Synapse *f physiol.* synapse.
Synästhesie *f* syn(a)esthesia.
synchron I. *adj.* synchronous; *ling. etc.* synchronic; **II.** *adv.*: ***~ laufen*** (*od.* ***gehen, geschaltet sein***) be synchronized; **≈ausstrahlung** *f TV, Radio*: simulcast; **≈getriebe** *n mot.* synchromesh (gear).
Synchronisation *f* synchronization; *Film*: *a.* dubbing; **synchronisieren** *v/t.* synchronize; (*Film*) *a.* dub, F sync; **synchronisiert** *adj.* synchronized; *Film*: *a.* dubbed; ***~e Fassung*** dubbed version; ***der Film ist ~*** the film has been dubbed.
Synchron|schaltung *f mot.* synchronized gear change; **~sprecher** *m* dubber; **~stimme** *f* **1.** dubbing voice; **2.** dubbed voice.
Syndikat *n* syndicate (*a. v/t.* ***zu e-m ~ zusammenschließen***).
Syndikus *m* company lawyer, legal adviser, *Am.* corporation counsel.
Syndrom *n* ⚕ *u. weitS.* syndrome.
synergetisch *adj.* synergetic; **Synergie** *f* synergy; **Synergieeffekt** *m* synergetic effect.
Synkope *f ling.* syncope; ♪ syncopation.
Synkretismus *m* syncretism; **synkretistisch** *adj.* syncretic.
Synode *f* synod.
Synonym I. *n ling.* synonym; **II.** ≈ *adj.* synonymous (**zu** with); **Synonymik** *f* **1.** (*Fachgebiet*) synonymics *pl.* (*sg. konstr.*); **2.** → **Synonymwörterbuch** *n* dictionary of synonyms; thesaurus.
Synopse *f*, **Synopsis** *f* synopsis; **Synoptiker** *m* Synoptist; **synoptisch** *adj.* synoptic(ally *adv.*); ***die ~en Evangelien*** the synoptic Gospels.
Syntagma *n ling.* syntagm; **syntagmatisch** *adj.* syntagmatic(ally *adv.*).
syntaktisch *adj. ling.* syntactic(al).
Syntax *f* syntax; **~fehler** *m* syntax (*od.* syntactical) error.
Synthese *f* synthesis.
Synthesizer *m* synthesizer.
Synthetik *f* synthetic (fib|re [*Am.* -er]), man-made fib|re (*Am.* -er); ***das ist alles ~*** it's all synthetic(s); **synthetisch I.** *adj.* synthetic; **II.** *adv.*: ***~ herstellen*** produce synthetically.
Syphilis *f* ⚕ syphilis; **Syphilitiker** *m* syphilitic; **syphilitisch** *adj.* syphilitic.
Syr(i)er(in *f*) *m*, **syrisch** *adj.* Syrian; **Syrisch** *n hist. ling.* (*a.* **das ~e**) Syriac.
System *n* system; (*Methode*) *a.* method; (*Eisenbahn≈ etc.*) system, network; ***mit ~ arbeiten*** work systematically (*od.* methodically); ***da ist überhaupt kein ~ drin*** there's absolutely no system to it, it's completely unsystematic; ***dahinter steckt ~*** there's method in (*od.* to) it; ***in ein ~ bringen*** systematize; **~absturz** *m* system crash; **~analyse** *f* systems analysis; **~analytiker** *m* systems analyst.
Systematik *f* **1.** (*Aufbau*) system, method; **2.** (*Lehre*) systematics *pl.* (*sg. konstr.*); **Systematiker** *m* systematist; *weitS.* systematic person; **systematisch** *adj.* systematic(ally *adv.*), methodical; **systematisieren** *v/t.* systematize.
System|ausfall *m Computer*: system failure; **~datei** *f Computer*: system file; **~fehler** *m Computer*: system error; **≈feindlich** *adj.* subversive; **≈immanent** *adj.* inherent in the (*od.* a) system.
systemisch *adj. biol.* systemic.
systemkonform *adj.* (politically) conformist.
Systemkritik *f* criticism of the system; **Systemkritiker** *m* dissident; **systemkritisch** *adj.* dissident ...
systemlos *adj.* unsystematic, unmethodical.
System|steuerung *f Computer*: system control, control panel; **~veränderung** *f* change in the system; **~zwang** *m* imposed conformism; ***unter ~ leben*** be forced to conform.
Szenario *n* scenario.
Szene *f* **1.** scene (*a. thea., a. Anblick, Schauplatz, Streit*); *thea. u. fig.* ***in ~ setzen*** stage; *fig.* ***sich in ~ setzen*** draw attention to o.s., put o.s. into the limelight; ***die ~ betreten*** come on the scene; ***(j-m) e-e ~ machen*** make a scene; **2.** *politische, literarische etc.*: scene; F ***die ~*** alternative society; ***er kennt sich in der ~ aus*** he knows the scene.
Szenen|beifall *m* spontaneous applause; **~bild** *n* (stage) set, stage setting; **~wechsel** *m* scene change; *fig.* change of scene.
Szenerie *f* **1.** (*Bühnendekoration*) scenery; **2.** (*Schauplatz*) setting; **3.** (*Landschaft*) scenery.
szenisch I. *adj.* scenic; ***~e Darstellung*** a) staging, b) stage presentation; **II.** *adv.* scenically; ***~ darstellen*** stage, put on stage.
Szepter *n* scept|re (*Am.* -er).
Szylla *f*: ***zwischen ~ und Charybdis*** between Scylla and Charybdis, between the devil and the deep blue sea.

S

T, t *n* T, t.
Tabak *m* tobacco; **~geschäft** *n* tobacconist's, *Am.* cigar store; **~händler** *m* tobacconist; **~laden** *m* tobacconist's, *Am.* cigar store; **~mischung** *f* blend of tobacco; **~plantage** *f* tobacco plantation; **~qualm** *m*, **~rauch** *m* tobacco smoke.
Tabaks|beutel *m* tobacco pouch; **~dose** *f* tobacco tin; *für Schnupftabak*: snuffbox.
Tabak|steuer *f* tobacco duty; **~vergiftung** *f* nicotine poisoning; **~waren** *pl.* tobacco products; cigarettes and tobacco; *Geschäftsschild*: tobacconist.
tabellarisch *adj.* tabular, tabulated; **tabellarisieren** *v/t.* tabulate; **Tabelle** *f* table; *grafische*: chart; *Sport u. fig.*: league table.
Tabellen|ende *n*: (***am ~*** at the) bottom of the league (*od.* table); **~erste(r)** *m* league leaders *pl.*; ***Tabellenerster sein*** *a.* be (at the) top of the table (*od.* league); **~form** *f*: ***in ~*** in tabular form, tabulated; **~führer** *m* → ***Tabellenerste(r)***; **~kalkulation** *f Computer*: spreadsheet; **~letzte(r)** *m* bottom team; ***Tabellenletzter sein*** *a.* be at the bottom of the table (*od.* league); **~spitze** *f*: (***an der ~*** at the) top of the league (*od.* table).
tabellieren *v/t.* tabulate; **Tabelliermaschine** *f* tabulator.
Tabernakel *m, n eccl.* tabernacle.
Tablett *n* tray; F *fig.* ***j-m et. auf e-m silbernen ~ servieren*** hand s.th. to s.o. on a platter; F ***soll ich es dir auf e-m silbernen ~ servieren?*** F not good enough for you, is it?; F ***das kommt nicht aufs ~*** that's out of the question.
Tablette *f* tablet, pill; **Tablettenform** *f*: ***in ~*** in tablets, in tablet form; **Tablettenmissbrauch** *m* medication misuse; **tablettensüchtig** *adj.* addicted to pills; ***~ sein*** *a.* F be a pill popper; **Tablettensüchtige(r)** *m* pill addict, F pill popper.
tabu I. *adj.* taboo; ***~ sein*** *a.* F be a no-no; ***das Thema ist für sie ~*** it's a taboo topic with her; **II.** ≈ *n* taboo; ***ein ~ brechen*** break a taboo; **tabufrei** *adj.*: ***~e Gesellschaft*** permissive society; **tabuisieren** *v/t.* (put under) taboo.
Tabula rasa: ***~ machen*** make a clean sweep.
Tabulator *m* tabulator, **~taste** *f* tab key.
Tabu|schranke *f* taboo (barrier); ***~n niederreißen*** break down taboos; **~thema** *n* taboo topic; **~verletzung** *f* breaking (*od.* infringement) of a taboo; **~wort** *n* taboo word.
Tacheles: F ***~ reden*** F talk turkey (***mit*** with).
Tacho F *m*, **Tachometer** *m, n mot.* speedometer; **Tachometerstand** *m* mileometer reading; number of kilomet|res (*Am.* -ers) *od.* miles clocked up.
Tachykardie *f* ⚕ tachycardia.
Tacker *m* tacker.
Tadel *m* (*Rüge*) reprimand; (*Vorwurf*) reproach; (*Kritik*) criticism; (*Makel*) blemish, fault, flaw; ***ihn trifft kein ~*** he's not to blame; ***über jeden ~ erhaben***, *lit.* ***ohne ~*** beyond (*od.* above) reproach; **tadellos** *adj.* (*makellos*) flawless, perfect; (*ausgezeichnet*, *a.* F *fig.*) perfect; ***das ist doch ~*** *a.* there's nothing wrong with it; **tadeln** *v/t.* (*rügen*) rebuke, reprove; (*schelten*) reprimand, scold; (*kritisieren*) criticize; (*bekritteln*) find fault with, carp at; (*missbilligen*) disapprove of; **tadelnd** *adj.* reproachful; **tadelnswert** *adj.* reproachable, reprehensible.
Tafel *f* (*Schul*≈) (black)board, *Am. a.* chalkboard; (*Anschlagbrett*) notice (*Am.* bulletin) board; (*Platte, a. Bild*≈) plate; (*Stein*≈) slab; (*Schiefer*≈) slate; *hist.* (*Schreib*≈) tablet; (*Holz*≈) panel; (*Gedenk*≈) plaque; (*Blech*≈) sheet; (*Schalt*≈) control panel, console; (*~ Schokolade*) bar; *lit.* (*Esstisch*) (dinner) table; ***an die ~ schreiben*** write (up) on the (black-) board; ***j-n zur ~ bitten*** ask s.o. to table; ***die ~ aufheben*** rise from table; → ***Anzeigetafel***; **~apfel** *m* eating (*od.* dessert) apple; **~berg** *m* table mountain; **~besteck** *n* best cutlery (*od.* silver); **~bild** *n* panel painting; **≈fertig** *adj.* ready to serve; **~freuden** *lit. pl.* culinary delights; **~geschirr** *n* (best) china; **~glas** *n* sheet glass; (*Spiegelglas*) plate glass; **~land** *n* tableland, plateau; **~lappen** *m* (blackboard, *Am. a.* chalkboard) cloth; **~malerei** *f* panel painting; **~musik** *f* table music.
tafeln *v/i.* dine; (*schmausen*) banquet.
täfeln *v/t.* panel.
Tafel|obst *n* dessert fruit; **~öl** *n* salad oil; **~runde** *f* (company at) table; ***König Artus und die ~*** King Arthur and the Knights of the Round Table; **~salz** *n* table salt; **~silber** *n* silver(ware).
Täfelung *f* panel(l)ing, wainscoting.
Tafel|wasser *n* table water; **~wein** *m* table wine.
Taft *m* taffeta.
Tag[1] *m* day; ***am*** (*od.* ***bei***) ***~e*** during the day, in the daytime, (*bei Tageslicht*) in daylight; ***dreimal am ~*** three times a day; ***am nächsten ~*** the next day; ***am ~ zuvor*** the day before; ***an jenem ~*** on that (particular) day; ***e-s ~es*** one day, *zukünftig*: *a.* some day; ***welcher ~ ist heute?*** what day is it today?; ***ein ~ wie jeder andere*** a perfectly ordinary day; ***es wird ~*** it's getting light; ***früh am ~e*** early in the day; ***den ganzen ~*** all day (long); ***den lieben langen ~*** the livelong day; ***~ für ~, ~ um ~*** day after day; ***er wird ~ für ~ besser*** he's getting better every day (*od.* from day to day, day by day); ***von ~ zu ~*** from day to day; ***von e-m ~ auf den anderen*** from one day to the next, overnight; ***~ und Nacht*** day and night; ***es ist ein Unterschied wie ~ und Nacht*** there's absolutely no comparison; ***ein ~ um den anderen, jeden zweiten ~*** every other day; ***es müsste jeden ~ da sein*** it should be here any day; ***dieser ~e*** (*neulich*) the other day, (*zur Zeit*) these days; ***auf*** (*od.* ***für***) ***ein paar ~e*** for a couple of days; ***freier ~*** day off; ***~ der Arbeit*** Labo(u)r Day; ⚒ ***unter ~e*** underground; ***über ~e*** above ground; ***guten ~!*** *morgens*: (good) morning, *nachmittags*: good afternoon, F hello, *Am. a.* hi; *bei Vorstellung*: how d'you do; (***bei j-m***) ***Guten ~ sagen*** pop in and say hello (to s.o.); ***an den ~ bringen*** (***kommen***) bring (come) to light; ***an den ~ legen*** display, show; ***bei ~e besehen*** on closer inspection; ***jetzt wirds ~!*** *überrascht*: I don't believe it!; ***er hat bessere ~e gesehen*** he's seen better times (*od.* days); ***s-e großen ~e sind vorüber*** he's had his heyday; ***das waren goldene ~e*** those were the days; ***auf den ~*** (***genau***) to the day; ***auf den ~ genau ankommen*** *Geschenk etc.*: arrive right on the day; ***bis auf den heutigen ~*** to this day; ***in den ~ hinein leben*** live from day to day; ***in***

den ~ hinein reden F talk off the top of one's head; ***er hat s-n guten*** (***schlechten***) ***~*** he's in a good (bad) mood today; ***heute hab ich keinen guten ~*** it's not my day today, it's an off day for me today; ***sich e-n guten ~ machen*** have an easy day of it; ***sich ein paar schöne ~e machen*** go off and enjoy o.s. for a couple of days; F ***das dauert ewig und drei ~e*** F it's taking an age and a half; ***es ist noch nicht aller ~e Abend*** it's early days yet; F **~e** (*Regel*) period; F ***sie hat ihre ~e*** she's got her period, it's that time of the month (for her); F ***wann kriegst du d-e ~e?*** when's your period due?; → ***Abend, acht*** I, ***jüngst*** I, ***Tür, vierzehn, zutage*** *etc.*

Tag[2] *m zur Datenmarkierung*: tag.

tagaktiv *adj. zo.* diurnal.

tagaus *adv.* → ***tagein.***

Tagblindheit *f* day blindness.

Tage|bau *m* opencast mining, *Am.* strip mining; **~blatt** *n* daily (paper); **~buch** *n* diary; **~dieb** *obs. m* idler; **~geld**(**er** *pl.*) *n* daily allowance.

tagein *adv.*: **~, *tagaus*** day in, day out.

tagelang I. *adj.* lasting for days; endless; **II.** *adv.* for days (on end).

Tagelohn *m* daily wage; ***im ~ arbeiten*** work by the day; **Tagelöhner** *m* day labo(u)rer.

tagen *v/i.* **1.** (*e-e Tagung abhalten*) have a meeting (*od.* conference), sit (in conference); ⚖, *parl.* be in session; F *fig.* ***bis in den Morgen ~*** F have an all-night conference; **2.** *lit.* ***es tagt*** *lit.* day (*od.* dawn) is breaking, day is dawning.

Tagereise *f* day's journey.

Tages|ablauf *m* day; ***gewöhnlicher ~*** daily (*od.* day-to-day) routine; **~anbruch** *m* daybreak; ***bei ~*** at daybreak, at dawn, at the first light of day; **~ausflug** *m* day trip; **~bericht** *m* daily report (*od.* bulletin); **~creme** *f* day cream; **~decke** *f* bedspread, counterpane; **~einnahme** *f* day's takings *pl.*; **~ereignisse** *pl.* events of the day; *TV etc. the* day's *od.* today's news *sg.* (and current affairs); ***ein Blick auf die ~*** a look at what's been happening in the news today; **~fahrt** *f* day trip; **~form** *f Sport etc.*: form on the day; **~frist** *f*: ***binnen ~*** within a day; **~gericht** *n gastr.* dish of the day; **~geschehen** *n* → ***Tagesereignisse***; **~gespräch** *n the* talk of the day; ... ***war das ~*** *a.* everyone was talking about ..., ... was topic number one; **~höchsttemperaturen** *pl.* maximum temperatures (of the day); **~karte** *f* **1.** day ticket; **2.** *gastr.* menu for the day; today's menu; **~kasse** *f* **1.** *thea. etc.* box office; **2.** day's takings *pl.*; **~kind** *n* day-care child; **~kurs** *m Devisen*: (today's *od. the* day's) rate of exchange; *Effekten*: current price; **~leistung** *f* daily output.

Tageslicht *n* daylight; ***bei ~*** a) in (the) daylight, b) before dark; ***das ~ scheuen*** shun the daylight, *fig.* have s.th. to hide; *fig.* ***ans ~ kommen*** come to light, become known; ***ans ~ bringen*** bring to light, (*Verbrechen etc.*) expose, bring out into the open; **~aufnahme** *f* daylight shot (*od.* exposure); **~film** *m* daylight film; **~projektor** *m* overhead projector.

Tages|marsch *m* day's march; **~mutter** *f* childminder.

Tagesordnung *f* (*the* day's) agenda; (***ganz oben***) ***auf der ~ stehen*** be (high) on the agenda; ***zur ~ übergehen*** proceed to the order of the day, F (*anfangen*) F get down to business, (*wie gewohnt weitermachen*) get on with things again; ***wir gingen wieder zur ~ über*** F it was business as usual; *fig.* ***an der ~ sein*** be nothing unusual; ***das ist hier an der ~*** *a.* it happens all the time around here; **Tagesordnungspunkt** *m* item on the agenda.

Tages|pensum *n* daily quota (F stint); **~politik** *f* day-to-day politics *pl.*; **~preis** *m* current (market) price; **~presse** *f* daily press; **~ration** *f* daily ration(s *pl.*); **~raum** *m* dayroom; **~rückfahrkarte** *f* day return (ticket); **~satz** *m* daily rate; (*Verpflegungssatz*) daily ration(s *pl.*); **~stätte** *f* day-care cent|re (*Am.* -er); **~suppe** *f gastr.* soup of the day; **~temperatur** *f* temperature; **~tour** *f* day trip; **~umsatz** *m* ☤ **1.** daily turnover; **2.** *the* day's turnover; **~zeit** *f* time of day; ***zu jeder ~*** any time of the day; ***zu jeder Tages- und Nachtzeit*** any time of the day or night; ***er ruft zu jeder Tages- und Nachtzeit an*** he'll ring up in the middle of the night if he feels like it; **~zeitung** *f* daily (newspaper).

Tagetes *f* ⚘ French marigold.

tageweise *adv.* on a day-to-day basis; (*an manchen Tagen*) on certain days.

Tagewerk *lit. n* day's work; ***sein ~ verrichtet haben*** have done one's work for the day.

Tagfalter *m* butterfly.

taggen *v/t. u. v/i.* (*Daten*) tag; **Tagging** *n* (*Markierung von Daten*) tagging.

taghell *adj.* (as) light as day.

täglich I. *adj.* daily; (*Alltags...*) everyday; ***sein ~ Brot verdienen*** earn a living; ***das ist mein ~ Brot*** (*mein Unterhalt*) that's my bread and butter, (*gehört dazu*) it's all part and parcel; ***so wichtig wie das ~e Brot*** as important as the air we breathe; **II.** *adv.* every day, daily; ☤ *a.* per day, per diem; ***zweimal ~*** twice a day; ***sie arbeitet ~ drei Stunden*** she does three hours' work a day, she goes to work for three hours a (*od.* every) day.

tags *adv.*: ***~ darauf*** the following day, the day after; ***~ zuvor*** the day before.

Tagschicht *f* day shift; ***~ haben*** be on day shift.

tagsüber *adv.* during the day.

tagtäglich I. *adv.* every day; day in, day out; **II.** *adj.* daily, day-to-day; everyday.

Tagtraum *m* daydream; **tagträumen** *v/i.* daydream; fantasize; **Tagträumer** *m* daydreamer.

Tagundnacht|betrieb *m* 24-hour (*od.* round-the-clock) service; **~gleiche** *f* equinox.

Tagung *f* conference, *Am. a.* convention.

Tagungs|bericht *m* (conference) proceedings *pl.*; **~ort** *m* conference venue.

Taifun *m* typhoon.

Taille *f* waist; ***auf ~ gearbeitet*** close-fitting at the waist; **tailliert** *adj.* waisted.

Taiwanese *m*, **Taiwanesin** *f*, **taiwanesisch** *adj.* Taiwanese.

Takelage *f* ⚓ rigging.

Takt *m* **1.** ♪ (**~*einheit***) bar; *e-s Walzers etc.*: time; (*Bewegungsrhythmus*) rhythm; *mot.* stroke; ⚡ cycle; ***3/4-~*** three-four time; ***ein paar ~e*** a couple of bars; ***den ~ schlagen*** beat time; ***den ~ halten***, ***im ~ bleiben*** keep time, *beim Rudern*: keep stroke; ***aus dem ~*** out of time; ***aus dem ~ kommen*** lose the beat, *fig.* be put off one's stroke; *fig.* ***j-n aus dem ~ bringen*** put s.o. off his (*od.* her) stroke, F throw s.o.; **2.** → ***Taktgefühl***; **~art** *f* time; **~fahrplan** *m* fixed-interval timetable; **~frequenz** *f Computer*: clock frequency (*od.* rate); **~geber** *m* ♪ metronome; *Computer*: clock; **~gefühl** *n* tact(fulness).

taktieren *v/i.* manoeuvre, *Am.* maneuver; ***geschickt ~*** make the right moves, *generell*: be a good (*od.* skilled) tactician.

Taktik *f* tactics *pl.* (*a. sg.*, *fig. nur pl. konstr.*); ***die ~ ändern*** change tactics; **Taktiker** *m* tactician.

Taktimpuls *m Computer*: clock pulse.

taktisch I. *adj.* tactical (*a. fig.*); **II.** *adv.*: ***~ vorgehen*** use tactics; ***das war ~ geschickt*** that was a clever move, that was good tactics; ***er ist ~ geschickt*** he's a good (*od.* skilled) tactician.

taktlos *adj.* tactless, indiscreet; ***er ist ein ~er Mensch*** *a.* he has no sense of tact; **Taktlosigkeit** *f* tactlessness, indiscretion; ***das war e-e ~*** that was a tactless thing to say (*od.* do).

Taktstock *m* baton.

taktvoll *adj.* tactful, diplomatic, discreet.

Tal *n* valley; *fig.* ***sich in e-m ~ befinden*** *Wirtschaft etc.*: be in (*od.* have reached) a trough.

talabwärts *adv.* down (in)to the valley.

Talar *m* ⚖ robe, gown; *eccl.* cassock; *univ.* gown.

Talent *n* **1.** talent, gift; ***musikalisches ~*** musical talent, a gift for music; **2.** (*Person*) talented person; *pl.* talent *sg.*; ***sie ist ein echtes ~*** she's got a gift, F she's brilliant; **talentiert, talentvoll** *adj.* talented, gifted.

Talent|suche *f* search for (new) talent; **~sucher** *m* talent scout; *Sport*: scout.

Taler *m hist.* t(h)aler.

Talfahrt *f* descent; *mot. u. Ski*: *a.* downhill run; *fig.* decline, ☤ *a.* downward trend, *e-r Währung*: *a.* (downward) slide.

Talg *m roher*: suet; *ausgelassener*: tallow; *physiol.* sebum; **~drüse** *f anat.* sebaceous gland.

Talisman *m* lucky charm.

Talk *m* talcum (powder), talc.

Talkessel *m* valley basin, hollow.

Talkmaster *m* chat-show (*Am.* talk-show) host; **Talkshow** *f* chat (*Am.* talk) show.

Talmi *n* pinchbeck; *fig. a.* cheap imitation(s *pl.*); **~glanz** *m* false glitter; **~ware** *f* cheap imitation(s *pl.*), fake(s *pl.*).

Talmud *m* Talmud; **talmudisch** *adj.* Talmudic; ***~e Weisheiten*** Talmudic sayings, sayings from the Talmud.

Tal|mulde *f* → ***Talkessel***; **~ski** *m* lower ski; **~sohle** *f* bottom of a (*od.* the) valley; *fig.* ☤ trough; *fig.* ***die ~ erreichen*** bottom out; ***die ~ durchschreiten*** go through a trough; **~sperre** *f* dam; **~station** *f* base terminal.

talwärts *adv.* downhill; (*flussabwärts*) downstream; → *a.* ***talabwärts.***

Tamarinde *f* ⚘ tamarind.

Tamariske *f* ⚘ tamarisk.

Tamburin *n* ♪ tambourine.

Tamile *m*, **Tamilin** *f*, **tamilisch** *adj.*, **Tamilisch** *n ling.* Tamil.

Tampon *m* tampon; *für Wunde*: swab; **tamponieren** *v/t.* plug, tampon.

Tamtam *n* fuss, F to-do; (*Reklame*) F ballyhoo; ***mit großem ~*** *feiern etc.*: with great fanfare.

Tand *m* (*Kinkerlitzchen*) trinkets *pl.*; (*wertloser Kram*) rubbish.

Tändelei *f* dilly-dallying; (*Liebelei*) flirting; **tändeln** *v/i.* play around; (*flirten*) flirt.

Tandem *n* tandem; *fig. a.* twosome.

Tandler *östr., südd. m* **1.** (junk) dealer, trader; **2.** *fig.* (*langsamer Mensch*) dawdler.
Tang *m* ⚘ seaweed.
Tangahöschen *n* G-string, cache-sexe.
Tangente *f* △ tangent; (*Straße*) expressway; **tangential** *adj.* tangential; **Tangential(ton)arm** *m* linear tracking (tone)arm; **tangieren** *v/t.* **1.** (*berühren, betreffen*) affect; ***das tangiert mich nicht*** that has nothing to do with me; **2.** (*am Rande betreffen, erwähnen etc.*) touch on; **3.** △ be tangent to.
Tango *m* tango; ***~ tanzen*** (do the) tango.
Tank *m* tank (*a.* ⚔), container; **~deckel** *m mot.* fuel cap.
tanken I. *v/t.* fill up with; F *fig.* ***frische Luft ~*** get some (F a lungful of) fresh air; ***Kräfte ~*** build up one's strength; **II.** *v/i.* tank (up); ✈ refuel; F (*trinken*) F tank up.
Tanker *m* ⚓ oil tanker.
Tank|fahrzeug *n* tanker (lorry *Brit.*); **~flugzeug** *n* refueller; **~lastzug** *m* tanker (lorry *Brit.*); **~säule** *f* petrol (*Am.* gas) pump; **~schiff** *n* ⚓ tanker; **~stelle** *f* filling (*od.* petrol) station, *Am.* filling (*od.* gas) station; **~verschluss** *m mot.* fuel cap; **~wagen** *m* tanker (lorry *Brit.*); **~wart** *m* petrol pump (*Am.* gas station) attendant.
Tanne *f* fir (tree).
Tannen|baum *m* **1.** fir (tree); **2.** Christmas tree; **~nadel** *f* fir needle; **~wald** *m* fir wood; **~zapfen** *m* fir cone.
Tansanier(in *f*) *m*, **tansanisch** *adj.* Tanzanian.
Tantal *n* ⚗ tantalum.
Tantalusqualen *pl.*: ***wir haben ~ gelitten*** it was torture for us, F we went through hell.
Tante *f* aunt; F *fig.* (***komische***) **~** F funny old bird.
Tante-Emma-Laden F *m* corner shop, *Am.* mom-and-pop store.
tantenhaft *adj.* schoolmarmish.
Tantieme *f* **1.** share in profits; **2.** *mst pl.* (*Autorentantiemen etc.*) royalties.
Tanz *m* dance; F *fig.* (*Aufheben*) song and dance; F (*Prozedur*) rigmarole; ***zum ~ gehen*** go to a dance; ***j-n zum ~ auffordern*** ask s.o. for a dance; ***darf ich um den nächsten ~ bitten?*** may I have the next dance?; F *fig.* ***e-n ~ aufführen*** make a song and dance (***wegen*** about); F ***e-n ~ mit j-m haben*** F have a set-to with s.o.; **~abend** *m* **1.** dance; **2.** (*Aufführung*) dance show, evening of dance; **~bar** *f* bar with dancing (*od.* with a dance band); **~bär** *m* dancing bear; **~bein** *n*: ***das ~ schwingen*** F shake a leg, skip the light fantastic; **~café** *n* café with dancing (*od.* dance music).
tänzeln *v/i.* skip; *Pferd*: prance.
tanzen I. *v/i.* dance (*a. fig. Blätter etc.*); ***von e-m Bein auf das andere ~*** hop (*od.* jump) from one leg to the other; ***es wurde viel getanzt*** there was plenty of dancing; *fig.* ***auf den Wellen ~*** *Schiff*: rock (*kleines Boot*: bob up and down) on the waves; ***die Wörter tanzten ihm vor den Augen*** the words were jumping in front of his eyes; → ***Pfeife*** 1; **II.** *v/t.* dance (***e-n Walzer*** a waltz).
Tänzer(in *f*) *m* dancer; (*Ballett~*) ballet dancer; **tänzerisch** *adj. Bewegung*: dance-like; *Begabung*: dancing *talent.*
Tanz|fläche *f* dance floor; **~kapelle** *f* dance band; **~kurs** *m* dancing course; **~lehrer(in** *f*) *m* dancing instructor; **~lokal** *n* (small) dance hall; **~maus** *f* waltzing mouse; **~musik** *f* dance music; **~orchester** *n* dance band; **~partner** *m* (dancing) partner; **~saal** *m* dance hall; **~schritt** *m* (dance) step; **~schuh** *m* dancing shoe; **~schule** *f* dance school; **~schüler** *m* dance student; ***~ sein*** *a.* be taking dancing lessons; **~sport** *m* competition dancing; **~stunde** *f* dancing class (*od.* lesson); ***zur ~ gehen*** a) go to dancing classes, take dancing lessons, b) go to one's dancing class (*od.* lesson); **~tee** *m* tea dance, *formell*: thé dansant; **~turnier** *n* dancing contest; **~veranstaltung** *f* dance.
Tapedeck *n* tape deck.
Tapet *n*: *fig.* ***et. aufs ~ bringen*** bring s.th. up (for discussion); ***aufs ~ kommen*** be brought up, come up.
Tapete *f* wallpaper.
Tapeten|bahn *f* strip of wallpaper; **~muster** *n* wallpaper design; **~rolle** *f* roll of wallpaper; **~tür** *f* concealed door; **~wechsel** *fig. m* change of scenery.
tapezieren *v/t.* wallpaper, decorate; ***neu ~*** redecorate; **Tapezierer** *m* decorator, paperhanger; (*Polsterer*) upholsterer.
Tapezier|nagel *m* tack; **~tisch** *m* pasteboard.
tapfer I. *adj.* brave; *Kämpfer*: *a.* valiant; **II.** *adv.*: ***sich ~ schlagen*** (*od.* ***halten***) ⚔ fight like a hero (*od.* heroes), *fig.* put up a good fight; ***sie hat es ~ ertragen*** she put on a brave front; **Tapferkeit** *f* bravery; valo(u)r; **Tapferkeitsmedaille** *f* medal for bravery.
tappen *v/i.* (*gehen*) pad; (*tasten*) grope about (***nach*** for); ***~ durch*** grope one's way through *the room etc.*; *fig.* ***im Dunkeln ~*** grope in the dark; ***in e-e Falle ~*** walk (right) into a trap.
tapsen *v/i.* → ***tappen***; **tapsig** F *adj.* clumsy.
Tara *f* ☿ tare.
Tarantel *f zo.* tarantula; *fig.* ***wie von der ~ gestochen*** *sprang er auf* as if something had bitten him.
tarieren *v/t.* **1.** ☿ tare; **2.** (*Waage*) counterbalance.
Tarif *m* **1.** scale of charges; **2.** (*Lohn~*) pay scale; ***unter*** (***über***) ***~ bezahlen*** pay below (above) the standard rate; **~abschluss** *m* pay (*od.* wage) settlement, collective wage agreement; **~auseinandersetzung** *f* pay dispute; **~autonomie** *f* free collective bargaining; **~erhöhung** *f* **1.** increase in rates; **2.** *Lohn*: increase in pay rates; **~gebiet** *n U-Bahn etc.*: zone; **~gruppe** *f* salary (*od.* wage) bracket; **~kommission** *f* union bargaining committee; **~konflikt** *m* pay (*od.* wage) dispute.
tariflich I. *adj.* tariff ...; *Lohn*: standard ...; **II.** *adv.* according to the tariff; *Löhne*: according to scale.
Tarif|lohn *m* standard wage(s *pl.*); **~ordnung** *f* wage scale; **~partner** *m* party to a wage agreement; *pl.* union(s) and management; **~politik** *f* pay (*od.* wages) policy; **~runde** *f* pay round; **~satz** *m* **1.** tariff rate; **2.** *Lohn*: (standard) wage rate; **~vereinbarung** *f* → ***Tarifabschluss***; **~verhandlungen** *pl.* wage negotiations; **~vertrag** *m* wage (*od.* collective) agreement, wage settlement.
Tarnanzug *m* camouflage suit.
tarnen I. *v/t. bsd.* ⚔ camouflage; (*Identität, Gefühle etc.*) disguise; **II.** *v/refl.*: ***sich ~*** camouflage o.s.; disguise o.s. (***als*** as a).
Tarnfarbe *f zo.* camouflage; ⚔ camouflage paint.
Tarnfirma *f* front; ***eine ~ für Drogenhandel*** a front for drug trafficking.
Tarnkappe *f* magic hood; **Tarnkappenbomber** *m* stealth bomber.
Tarn|manöver *n* smokescreen; **~name** *m* code name, cover name; **~netz** *n* camouflage netting; **~organisation** *f* cover organization.
Tarnung *f* camouflage (*a. fig.*).
Tarock *m, n* tarot.
Tarot *n, m* tarot.
Tartanbahn (*TM*) *f Sport*: tartan track (*TM*).
Tartarsoße *f* tartare sauce.
Tasche *f* (*Hosen~, etc.*) pocket; (*Einkaufs~, Reise~ etc.*) bag; (*Hand~*) (hand)bag, *Am.* purse; → ***Aktentasche*** *etc.*; ***in die ~ stecken*** put in one's pocket; F *fig.* ***et. in der ~ haben*** have s.th. in the bag; ***j-n in die ~ stecken*** be head and shoulders above s.o.; ***er steckt s-e Mitschüler in die ~*** *a.* his classmates are no match for him; ***er steckt die Hände in die ~n*** he doesn't lift a finger, he doesn't do a stroke of work; ***j-m auf der ~ liegen*** live off s.o.; ***in die eigene ~ arbeiten*** line one's (own) pockets; ***et. aus eigener ~ bezahlen*** pay for s.th. out of one's own pocket; ***tief in die ~ greifen müssen*** have to dig deep into one's pockets; ***die Hand auf der ~ haben*** be tightfisted; ***sich in die eigene ~ lügen*** fool o.s.; ***et. wie die eigene ~ kennen*** know s.th. like the back of one's hand.
Taschenausgabe *f* pocket edition.
Taschenbuch *n* **1.** paperback, *Am. a.* pocketbook; ***als ~ erscheinen*** come out in paperback; **2.** (*Notizbuch*) notebook; **~laden** *m* paperback bookshop, *Am. a.* pocketbook store; **~reihe** *f* paperback series; **~verlag** *m* paperback publishers *pl.*
Taschen|dieb *m* pickpocket; ***vor ~en wird gewarnt!*** beware pickpockets!; **~diebstahl** *m* pickpocketing; **~format** *n* pocket size; ***im ~*** pocket-size(d); **~geld** *n* pocket money, *Am.* allowance; **~kalender** *m* pocket diary, *Am.* datebook; **~krebs** *m zo.* (common) crab; **~lampe** *f* torch, *Am.* flashlight; **~messer** *n* penknife; **~rechner** *m* (pocket) calculator; **~schirm** *m* telescopic umbrella.
Taschenspieler *m* conjurer; **~trick** *fig. m* piece of juggling; *pl.* sleight of hand *sg.*; ***politischer ~*** piece of political sleight of hand.
Taschen|tuch *n* handkerchief, F hankie; **~uhr** *f* fob watch; **~wörterbuch** *n* pocket dictionary.
Taskleiste *f Computer*: task bar.
Tässchen *n dim. von* ***Tasse.***
Tasse *f* cup; ***e-e ~ Tee*** a cup of tea; F *fig.* ***er hat nicht alle ~n im Schrank*** F he's got a screw loose (somewhere); → ***trübe.***
Tastatur *f* keyboard, keys *pl.*
tastbar *adj.* palpable.
Taste *f* key; ⊙ (*Druck~*) *a.* pushbutton; ***e-e ~ betätigen*** press (*od.* hit) a key.
tasten I. *v/i.* touch, feel; (*tappen*) grope, fumble (***nach*** for); **II.** *v/refl.*: ***sich ~*** (*s-n Weg suchen*) grope one's way; **III.** *v/t.* feel; ⚕ palpate; **tastend** *adj. u. adv.* groping(ly); *fig.* ***~er Versuch*** tentative effort; ***~e Schritte*** tentative moves (*od.* steps).
Tasten|feld *n* keypad; **~instrument** *n*

T

keyboard instrument; **~reihe** *f* row of keys; **~telefon** *n* pushbutton telephone.
Taster *m zo.* feeler, antenna; *typ.* keyboard; ⚙ (*Taste*) key; ⚡ pushbutton; (*Fühler*) scanner, sensor, probe.
Tast|haar *n* tactile hair; **~organ** *n* tactile organ; **~sinn** *m* sense of touch.
Tat *f einzelne*: act, *lit.* deed; (*das Handeln*) action; (*Straf~*) offen|ce (*Am.* -se), *stärker*: crime; ***~ der Verzweiflung*** act of desperation; ***grausame ~*** act of cruelty, cruel thing to do; ***e-e gute ~ vollbringen*** do a good deed; ***Mann der ~*** man of action, doer; ***den Worten ~en folgen lassen*** suit the action to the words; ***auf frischer ~ ertappen*** catch red-handed; ***ich konnte mich zu keiner ~ aufraffen*** I couldn't bring myself to do a thing; ***ich nehme den guten Willen für die ~*** it's the thought that counts; ***in der ~*** indeed; ***er hat es in der ~ gemacht*** he actually did it; → ***schreiten, umsetzen.***
Tatar *n gastr.* **1.** raw minced beef; **2.** *zubereitet*: steak tartare.
tätärätä *int.* taratara!
Tat|bericht *m* ⚖ charge report; **~bestand** *m* (*Sachlage*) state of affairs; ⚖ facts *pl.* of the case; ***objektiver*** (***subjektiver***) **~** physical (mental) elements *pl.* of the offen|ce (*Am.* -se); **~einheit** *f*: ⚖ ***in ~ mit*** in coincidence with.
Tatendrang *m* energy; ***voller ~ sein*** F be raring to go.
tatenlos I. *adj.* inactive, idle; **II.** *adv.* inactively, idly; ***~ zusehen*** stand by (*od.* sit back) and watch; *e-r Sache* ***~ gegenüberstehen*** sit back idly in the face of.
Täter *m* culprit; ⚖ *u. hum.* offender; ***als ~ verdächtig sein*** be a suspect; **Täterschaft** *f* perpetration of an offen|ce (*Am.* -se).
tätig *adj.* active (*a. ling. u. Vulkan*); F (*geschäftig*) busy; ***~ sein als*** work as, (*fungieren*) act as; ***~ sein bei*** (*e-r Firma*) work for, work at *an institute etc.*; ***~ werden*** act.
tätigen *v/t.* ☤ (*Geschäfte*) effect, transact, do *business*, conclude *a deal*; (*Einkauf*) make *a purchase*.
Tätigkeit *f* activity; *anat.*, ⚙ *etc.* action; (*Funktion*) function; (*Beschäftigung*) occupation, job, (*Beruf*) *a.* profession.
Tätigkeits|bereich *m* field of activity; **~bericht** *m* progress report; **~merkmal** *n* occupational characteristic.
Tatkraft *f* energy, vigo(u)r; (*Unternehmungsgeist*) enterprise; **tatkräftig** *adj.* energetic(ally *adv.*), active; ***~er Mensch*** *a.* doer, F can-do type.
tätlich *adj.* violent; ⚖ ***~e Beleidigung*** assault (and battery); ***~ werden*** become violent; *miteinander*: *a.* come to blows.
Tat|mensch *m* man of action, doer; **~motiv** *n* motive for the crime; **~ort** *m* scene of the crime.
tätowieren *v/t.*, **Tätowierung** *f* tattoo.
Tatsache *f* fact; ***den ~n ins Auge sehen*** face the facts, be realistic; ***j-n vor vollendete ~n stellen*** confront s.o. with a fait accompli; ***~ ist, dass*** the fact (of the matter) is that; ***das ändert nichts an der ~, dass*** that doesn't alter the fact that; → ***Boden*** 1, ***nackt.***
Tatsachen|bericht *m* true story (*od.* account); *TV, Film etc.*: *a.* documentary; **~entscheidung** *f Sport*: referee's decision; **~roman** *m* documentary novel; *pl. coll. a.* faction *sg.*
tatsächlich I. *adj.* real, actual; **II.** *adv.* really; ***~?*** really?; ***es regnet ~*** it really 's raining.
tätscheln *v/t.* pat; (*streicheln*) stroke.
Tattergreis F *m* F old dodderer; **Tatterich** F *m*: ***den ~ haben*** have the shakes; **tatterig** F *adj.* F doddery; (*zittrig*) shaky.
Tat|umstände *pl.* circumstances surrounding the case; **~verdacht** *m* suspicion (of a criminal act); ***unter*** (***dringendem***) ***~ stehen*** be under suspicion (be a prime suspect); **~verdächtige(r** *m*) *f* suspect; **~waffe** *f* weapon involved, *bei Mord*: *a.* murder weapon.
Tatze *f* paw (*a.* F *Hand*).
Tat|zeit *f* time at which the incident took place; ***während der ~*** at the time of the incident; **~zeuge** *m* witness to the crime; eye witness.
Tau[1] *m* dew.
Tau[2] *n* (*Strick*) rope; ⚓ *a.* hawser.
taub 1. *adj.* deaf (*fig.* ***gegen, für*** to); (*schwerhörig*) hard of hearing; ***er ist auf dem linken Ohr ~*** he's deaf in his left ear; ***~ werden*** go deaf; ***sich ~ stellen*** pretend not to hear, switch off; *fig.* ***auf ~e Ohren stoßen*** fall on deaf ears; ***~en Ohren predigen*** talk to the winds; **2.** *Glieder*: numb; ***~ werden*** go numb, lose its (*od.* their) feeling; **3.** *Ähre, Nuss*: empty.
Taube *f zo.* pigeon, *rhet., eccl.* dove; *pol.* (*Ggs. Falke*) dove.
Tauben|dreck *m* pigeon droppings *pl.*; **~ei** *n* pigeon's egg; **~grau** *adj.* dove-grey (*Am.* -gray); **~schießen** *n* pigeon shooting; **~schlag** *m* dovecot(e); F *fig.* ***hier gehts zu wie in e-m ~*** it's like Piccadilly Circus around here; **~züchter** *m* pigeon breeder.
Tauber *m*, **Täuber** *m*, **Täuberich** *m* cock pigeon.
Taubheit *f* deafness; *der Glieder etc.*: numbness.
Täubling *m* ♀ russula.
Taubnessel *f* ♀ deadnettle.
taubstumm *adj.* deaf and dumb; **Taubstumme(r** *m*) *f* deaf-mute, deaf and dumb person; **Taubstummensprache** *f* deaf-and-dumb language.
Tauchboot *n* submarine, submersible (boat).
tauchen I. *v/i.* dive (***nach*** for); *als Sport*: *a.* skin-dive; *mit Gerät*: (scuba-)dive; *U-Boot*: dive, submerge; **II.** *v/t.* dip (***in*** in[to]); *länger*: immerse (in); → ***getaucht***; **III.** ~ *n Sport* diving, *mit Sauerstoffgerät*: scuba diving.
Taucher *m* diver (*a. zo.*); **~anzug** *m* diving suit, wetsuit; **~brille** *f*: (***e-e ~*** a pair of) diving goggles *pl.*; **~glocke** *f* diving bell; **~helm** *m* diver's helmet; **~krankheit** *f the* bends *pl.* (*a. sg. konstr.*); **~maske** *f* diving mask.
Tauch|fahrt *f* dive; **~klar** *adj. U-Boot*: ready to submerge; **~kugel** *f* bathysphere; **~sieder** *m* immersion heater; **~sport** *m* skin diving; *mit Gerät*: scuba diving; **~station** *f U-Boot*: diving station; ***auf ~ gehen*** dive, submerge, *fig.* fade from the scene, go into hiding; **~verfahren** *n metall.* hot dipping process.
tauen *v/i. Eis, Schnee*: thaw, melt; ***es taut*** it's thawing; ***der Schnee ist von den Dächern getaut*** the snow has melted off the roofs.
Tauf|becken *n* (baptismal) font; **~buch** *n* baptismal register.
Taufe *f* baptism, *e-s Kindes*: *a.* christening (*beide a. fig. Schiffs~ etc.*); ***die ~ empfangen*** be baptized (*od.* christened); ***aus der ~ heben*** stand godfather (*od.* godmother) to, *fig.* call into being, launch; **taufen** *v/t.* baptize, christen (*a. fig. Schiff etc.*); (*nennen*) call; ***auf den Namen ... ~*** baptize (*od.* christen) ...; **Täufer** *m* **1.** → ***Johannes***; **2.** *pl. the* Baptists.
Taufkleid *n* christening dress.
Täufling *m* child (*od.* person) to be baptized.
Tauf|name *m* Christian (*Am. a.* given) name; **~pate** *m* godfather; *pl.* godparents; **~patin** *f* godmother; **~register** *n* baptismal register.
taufrisch *adj.* dewy; *fig.* fresh; ***sich ~ fühlen*** feel as fresh as a daisy; F ***sie ist auch nicht mehr ganz ~*** F she's no spring chicken.
Taufschein *m* baptismal certificate; **~christ** *m* nominal (*od.* non-practi|sing [*Am. a.* -cing]) Christian.
Taufstein *m* (baptismal) font.
taugen *v/i.*: ***nichts ~*** be no good; ***es taugt wenig*** it isn't much good; ***taugt es etwas?*** is it any good?; ***es taugt nicht für Kinder*** it's not meant for children; ***sie taugt nicht zu dieser*** (*od.* ***für diese***) ***Arbeit*** she's not suited to (*od.* for) this kind of work; ***er taugt nicht zum Redner*** he wasn't cut out for public speaking; ***in der Schule taugt sie nichts*** she's not doing very well at school.
Taugenichts *m* good-for-nothing.
tauglich *adj.* suitable (**für, zu** for); *Person*: (*geeignet*) *a.* qualified; ✗ fit (for service); **Tauglichkeit** *f* suitability; ✗ fitness.
Taumel *m* (*Schwindel*) dizziness, giddiness; *fig.* whirl; (*Rausch*) frenzy, rapture; ***im ~ der Freude*** (***Begeisterung***) in a state of rapture (swept away with enthusiasm); ***in den ~ der Ereignisse geraten*** get caught up in the whirlwind of events; **taumelig** *adj.* dizzy; **taumeln** *v/i.* reel, stagger, sway.
Tausch *m* exchange, F swap; ***im ~ gegen*** in exchange for; ***in ~ geben für*** swap (*od.* exchange) for; ***e-n guten*** (***schlechten***) ***~ machen*** make a good (bad) deal; **tauschen** *v/t. u. v/i.* exchange (*a. fig. Blicke, Worte, Schläge*); F swap; ***ich möchte nicht mit ihm ~*** I wouldn't like to be in his shoes; ***ich möchte mit keinem ~*** I wouldn't like to swap with anyone.
täuschen I. *v/t.* deceive; (*irreführen*) mislead, lead astray; *Augen, Gedächtnis*: deceive; (*überlisten*) trick; (*enttäuschen*) disappoint; ***sich ~ lassen*** be deceived, be taken in (***von*** by); ***wenn mich nicht alles täuscht*** if I'm not very much mistaken; ***wenn mein Gedächtnis mich nicht täuscht*** if my memory serves me well (*od.* correctly); **II.** *v/i.* be deceptive; *Sport*: feint, fake a blow *etc.*; **III.** *v/refl.*: ***sich ~*** be wrong, be mistaken; ***sich in j-m ~*** be completely wrong about s.o.; ***da habe ich mich noch nie getäuscht*** I've never been wrong on that; ***da täuscht er sich aber!*** he's very much mistaken there; **täuschend I.** *adj.* deceptive; ***~e Ähnlichkeit*** striking resemblance; **II.** *adv.*: ***j-m*** (***e-r Sache***) ***~ ähnlich sein*** look exactly like s.o. (s.th.); ***er sieht s-m Bruder ~ ähnlich*** *a.* he's the spit and image (*od.* spitting image) of his brother; ***es ist e-e ~ echte Nachahmung*** it's a very (*od.* deceptively) clever imitation, it could fool anyone.

T

Tausch|geschäft *n* exchange deal, F swap; **∼gesellschaft** *f* barter society; **∼handel** *m* **1.** → ***Tauschgeschäft***; **2.** bartering; **∼ *treiben*** barter; **∼objekt** *n* object of exchange.

Täuschung *f* deception; (*a. Selbst2*) delusion; (*Irrtum*) mistake; (*Trugschluss*) fallacy; ***arglistige* ∼** wilful deceit; ***optische* ∼** optical illusion; ***sich e-r* ∼ *hingeben*** delude o.s.; ***sie gaben sich hinsichtlich ... keiner* ∼ *hin*** they were under no illusions about ...

Täuschungs|manöver *n* ⚔ feint; *fig.* diversion; **∼versuch** *m* attempt to deceive (⚖ *a.* defraud).

Tausch|waren *pl.* barter goods; **∼wert** *m* exchange value; **∼wirtschaft** *f* barter economy.

tausend I. *adj.* a (*od.* one) thousand; (*zahllose*) thousands of; **∼ *Mark*** a (*od.* one) thousand marks; **∼ *und abertausend, 2 und Abertausend*** thousands and thousands of; ***ich muss noch* ∼ *Dinge erledigen*** I've still got a thousand things to do; **∼ *Dank!*** thanks ever so much; **II.** 2 *n* thousand; ***zu* ∼*en*** (*od.* ***2en***) by the thousands; ***in die* ∼*e*** (*od.* ***2e***) ***gehen*** run into thousands.

Tausender *m* (*Geldschein*) thousand mark note (*Am.* bill).

tausenderlei *adj.* a thousand different (kinds of).

tausendfach I. *adj.* thousandfold; ***in* ∼*er Ausführung*** a thousand copies (of ...); **II.** *adv.* a thousand times.

Tausendfüß(l)er *m zo.* centipede; *seltener*: millipede.

Tausendjahrfeier *f* millennial.

tausendjährig *adj.* thousand-year-old ..., a thousand years old; of a thousand years; **∼*es Jubiläum*** millennial; *hist.* ***das* ∼*e Reich*** the thousand-year Reich; *bibl.* ***das 2e Reich*** the Millennium.

tausendmal *adv.* a thousand times.

Tausendsas(s)a *m* F amazing guy.

tausendst *adj.*, **Tausendste(r** *m*) *f* thousandth; **Tausendstel** *n* thousandth (part).

Tautologie *f* tautology; **tautologisch** *adj.* tautologous, tautological.

Tautropfen *m* dewdrop.

Tauwerk *n* ⚓ rigging.

Tauwetter *n* thaw (*a. fig. pol.*).

Tauziehen *n* tug-of-war (*a. fig.*; ***um*** for).

Taverne *f griechische, italienische*: taverna.

Taxameter *m, n* taximeter.

Taxator *m* valuer, assessor.

Taxe *f* **1.** (*festgesetzter Preis*) rate; (*Gebühr*) fee; (*Steuer*) tax; **2.** (*Schätzung*) estimate, valuation; **3.** F → ***Taxi.***

Taxi *n* taxi, cab; **∼*!*** taxi!; ***mit dem* ∼ *fahren*** go by taxi (*od.* cab), take a taxi (*od.* cab).

taxieren *v/t.* estimate; ☤, ⚖ value, assess; F (*prüfend betrachten*) F size up; **Taxierung** *f* estimate; valuation, assessment.

Taxi|fahrer *m* taxi (*od.* cab) driver, F cabby; **∼stand** *m* taxi rank, *bsd. Am.* taxi stand, cabstand; **∼zentrale** *f* taxi control cent|re (*Am.* -er).

Taxler *dial. m* → ***Taxifahrer.***

Taxwert *m* estimated value.

Teak|baum *m* teak; **∼holz** *n* teak; ***Tisch aus* ∼** teak(wood) table.

Team *n* team; ***im* ∼ *arbeiten*** work in a team; **∼arbeit** *f* teamwork; ***et. in* ∼ *erledigen*** do s.th. as a team; **∼chef** *m* team manager; **∼geist** *m* team spirit; **∼work** *n* → ***Teamarbeit.***

Technik *f* (*Wissenschaft*) technology; *angewandte*: *mst* engineering; (*Verfahren*) technique (*a. weitS. Kunst, Sport etc.*); (*Ausrüstung*) equipment; *e-r Maschine etc.*: mechanics *pl.*; ***von* ∼ *verstehe ich gar nichts*** I don't know the first thing about technical matters, I'm hopeless when it comes to technical things; → ***Stand*** 2; **Techniker** *m* (technical) engineer; (*Spezialist, a. weitS. Künstler, Sportler*) technician; (*Wissenschaftler*) technologist; **Technikfeind** *m* Luddite; **Technikum** *n* college of technology.

technisch *adj.* ⚙ engineering *department, process etc.*; (*bsd. betriebs∼ u. weitS. Kunst, Sport etc.*) technical; (*∼-wissenschaftlich*) technological; *fig.* (*sachlich, rein formal, theoretisch*) technical; **∼*e Anlagen*** technical facilities (*od.* installations), *im Krankenhaus etc.*: *a.* technology; **∼*e Hochschule*** college (*od.* institute) of technology; **∼*e Einzelheiten*** technicalities; **∼*er Leiter*** technical director; **∼*e Disziplinen*** field events; **∼*er K.o.*** technical knockout; **∼*es Personal*** technical staff; **∼*e Schwierigkeiten*** technical difficulties; ***aus* ∼*en Gründen*** on technical grounds; ***2er Überwachungs-Verein*** → ***TÜV.***

technisieren *v/t.* mechanize; **Technisierung** *f* mechanization.

Techno *m, n* ♪ techno.

Technokrat *m* technocrat; **Technokratie** *f* technocracy.

Technologe *m* technologist.

Technologie *f* technology; **∼park** *m* technology (*od.* science) park; **∼transfer** *m* technology transfer; **∼zentrum** *n* technology (*od.* science) park.

technologisch *adj.* technological.

Technomusik *f* techno (music).

Techtelmechtel F *n* F carrying-on; ***ein* ∼ *mit j-m haben*** be carrying on with s.o.

Teddy(bär) *m* teddy bear.

Tee *m* tea; **(*e-n*) ∼ *machen*** (*od.* ***kochen***) make some tea; **(*e-n*) ∼ *trinken*** have a cup of tea; ***er kommt zum* ∼** he's coming for tea; *fig.* ***abwarten und* ∼ *trinken!*** (let's) wait and see.

TEE *m* 🚂 TEE, Trans-European Express.

Tee|beutel *m* teabag; **∼blatt** *n* tea leaf; **∼büchse** *f* tea caddy; **∼-Ei** *n* infuser; **∼gebäck** *n* biscuits *pl.*, *Am.* cookies *pl.*; **∼geschäft** *n* tea seller('s), teashop; **∼geschirr** *n* tea service, tea set, tea things *pl.*; **∼glas** *n* tea glass; **∼haus** *n japanisches*: teahouse; **∼kanne** *f* teapot; **∼kessel** *m* kettle; **∼küche** *f* (tea) kitchen; **∼licht** *n* tealight, tea warmer candle.

Teelöffel *m* teaspoon; ***zwei* (*gestrichene*) ∼ *voll*** two (level) teaspoons(ful); **teelöffelweise** *adv.* by the teaspoon.

Teemischung *f* blend of tea.

Teenager *m* teenager; adolescent; *in Zssgn* teenage ..., adolescent ...

Teepause *f* tea break.

Teer *m* tar; **teeren** *v/t.* tar; **∼ *und federn*** tar and feather.

Teerose *f* tea rose.

Teer|pappe *f* tar paper; **∼seife** *f* coal-tar soap; **∼straße** *f* tarred road.

Tee|service *n* tea service, tea set; **∼sieb** *n* tea strainer; **∼stube** *f* tearoom; **∼tasse** *f* teacup; **∼trinker** *m*: ***ich bin* ∼** I drink tea; **∼wagen** *m* tea trolley.

Teich *m* pond; *fig.* ***der große* ∼** (*der Atlantik*) the herring pond; ***über dem großen* ∼** on the other side of the pond.

Teig *m* dough; (*∼masse, Eier2*) batter; **teigig** *adj.* doughy, pasty (*beide a. fig.*); **Teigwaren** *pl.* pasta *sg.*, pastas; ***verschiedene* ∼** *mst* different types of pasta.

Teil[1] *m* **1.** part (*a. e-s Buches etc.*); ***ein* ∼ *davon*** part (*od.* some) of it; ***der größte* ∼** *gen.* most of, *bsd. Menschen*: *a.* the majority of; ***der größere* ∼ *s-s Vermögens*** the greater part of his fortune; ***nur ein kleiner* ∼ *stimmte dafür*** only a minority was in favo(u)r; ***der arbeitende* ∼ *der Bevölkerung*** the working population; ***Faust, erster* ∼** Faust Part One; ***im ersten* ∼ *des Films*** early on in the film, *bei Zweiteiler*: in part one of the film; ***zu gleichen* ∼*en*** equally; ***in zwei* ∼*e zerbrechen*** break in two; ***aus allen* ∼*en der Welt*** from all over the world; ***zum* ∼** partly; ***zum großen*** (*od.* ***größten***) **∼** largely, for the most part; ***ich habe die Arbeit zum größten* ∼ *fertig*** I've more or less finished the work; ***der Film war zum* ∼ *sehr spannend*** the film was very exciting in parts, there were some very exciting bits in the film; ***wir sind zum* ∼ *gefahren, zum* ∼ *gelaufen*** we drove part of the way and walked the rest; **2.** (*Partei*) side; ⚖ party; ***beide* ∼*e anhören*** hear both sides (of the story); ***für beide* ∼*e vorteilhaft*** of advantage to both sides, of mutual advantage.

Teil[2] *m, n* (*Anteil*) share; ***sein* ∼ *beitragen*** do one's part (F bit); ***ich für mein(en)* ∼** I for my part, as for me; ***ich habe mir so mein* ∼ *gedacht*** I didn't (want to) say anything; ***er hat sein(en)* ∼ *weg*** he got his share, *fig.* he got what was coming to him; ***man hat sein(en)* ∼ *zu tragen*** it's not an easy life; ***dazu gehört ein gut* ∼ *Frechheit*** you've got to be pretty cheeky to do that (kind of thing).

Teil[3] *n* (*Bestandteil, a.* ⚙) part, component, element; ***da fehlt ein* ∼** there's a piece (*od.* part) missing.

Teil|ansicht *f* partial view; **∼aspekt** *m* part, aspect; ***das ist nur ein* ∼ *des Problems*** it's only part (*od.* one aspect) of the problem.

teilbar *adj.* divisible.

Teil|betrag *m* partial amount; (*Rate*) instal(l)ment; **∼bevölkerung** *f* sub-population.

Teilchen *n* **1.** particle (*a. phys.*); **2.** *bsd. nordd.* cake, tart; **∼beschleuniger** *m phys.* particle accelerator.

teilen I. *v/t.* divide (***in*** into); (*auf∼*) *a.* split (up); (*aus∼, ver∼*) share out, distribute; (*j-s Ansicht, Bett, Gefühle, Schicksal etc.*) share; ***35 durch 7* ∼** divide 35 by 7; ***et. in gleiche Teile* ∼** divide s.th. (up) into equal parts; ***in Grade* ∼** (*Messinstrument*) calibrate, graduate; ***ich teile d-e Meinung*** (***nicht***) I (can't) agree with you (***über*** on, about); (***sich***) ***et.* ∼** share (*od.* split) s.th., *von zweien*: go halves on s.th.; → ***geteilt***; **II.** *v/refl.*: ***sich* ∼** divide, *Partei etc.*: *a.* split; *Menschen*: split up, separate; *Straße*: branch out, fork; ***sich in et.* ∼** share (*od.* split) s.th., *von zweien*: *a.* go halves (on s.th.); ***sich in die Kosten* ∼** share expenses; **III.** *v/i.* share; ***er teilt nicht gern*** he doesn't like sharing; **Teiler** *m* A factor.

Teil|erfolg *m* partial success; **∼erfüllung** *f* partial fulfil(l)ment; **∼ergebnis** *n Wahlen etc.*: first results *pl.*; **∼gebiet** *n* (subsidiary) branch.

teilhaben *v/i.* participate, have a share (***an*** in); *an Freude etc.*: share (in); **Teil-**

T

haber(in *f*) *m* ♱ partner, associate; ***stiller Teilhaber*** sleeping partner.
teilhaftig *lit. adj.*: ***e-r Sache ~ werden*** *lit.* be blessed with s.th.
...teilig *in Zssgn, z. B.* ***zwei~*** in two parts, *Anzug*: two-piece ...
Teilinvalidität *f* partial disablement.
Teilkaskoversicherung *f mot.* partial coverage insurance.
Teil|lieferung *f* part delivery; **~lösung** *f* partial solution; **~menge** *f* Ⓐ subset; **2möbliert** *adj.* partly furnished.
Teilnahme *f* participation (**an** in, *a.* ⚖); *an e-r Versammlung*: attendance (at); *fig.* (*Interesse*) interest (in); (*Mitgefühl*) sympathy (with), *stärker*: compassion (for); (*Beileid*) condolences *pl.*; **~bedingungen** *pl.* conditions of entry; **2berechtigt** *adj.* eligible.
teilnahmslos I. *adj.* (*apathisch*) apathetic; (*gleichgültig*) indifferent; **II.** *adv.* apathetically *etc.*; ***sie saß vollkommen ~ da*** she sat there like part of the furniture; **Teilnahmslosigkeit** *f* apathy; indifference.
teilnahmsvoll *adj.* sympathetic(ally *adv.*).
teilnehmen *v/i.* take part (**an** in), participate (in); (*anwesend sein*) be present (at), attend (*s.th.*); *fig.* take an interest (in); *mitfühlend*: sympathize (with); ***er nahm am Zweiten Weltkrieg teil*** he fought (*od.* was) in the Second World War.
Teilnehmer *m* participant; ***die ~*** (*Anwesenden*) those present; ***~ an der Schlussrunde*** *Sport*: finalist; **~feld** *n Sport*: (field of) competitors *pl.*, participants *pl.*; **~liste** *f* list of participants (*Sport*: *a.* entrants); **~staat** *m* participating nation; **~zahl** *f* number of participants (*Sport*: *a.* entrants).
teils *adv.* partly, in part; **~ ..., ~ ...** part(ly) ..., part(ly) ...; F **~, ~** (*wechselnd, leidlich*) F so-so; *hat es dir gefallen?* - **~, ~** it was okay; ***~ gut, ~ schlecht*** *Film etc.*: good in parts(, hopeless in others); ***~ bewölkt, ~ heiter*** cloudy with sunny periods; ***sie kamen ~ zu Fuß, ~ mit dem Fahrrad*** some came on foot, some by bicycle.
Teil|strecke *f* 🚆 section; *Bus etc.*: (fare) stage; (*Etappe*) stage, *a. Sport*: leg; **~strich** *m* ⚙ graduation mark; **~stück** *n* fragment; (*Abschnitt*) section; **~system** *n* subsystem.
Teilung *f* division (*a. biol.*, Ⓐ); *pol. von Gewalten*: *a.* separation; *e-s Landes*: partition; (*Ver2*) distribution; *in Anteilen*: sharing; *e-r Straße*: division; **Teilungsmasse** *f* ⚖ bankrupt's estate.
teilweise I. *adv.* partially, partly, in part(s); in some cases; **II.** *adj.* partial.
Teilzahlung *f* part payment; (*Rate*) instal(l)ment; (*Ratenzahlung*) payment by instal(l)ments; ***auf ~ kaufen*** buy on instal(l)ments (*od.* hire purchase).
Teilzahlungs|bank *f* finance house; **~kauf** *m* hire purchase; **~kredit** *m* hire purchase credit, *Am.* installment credit.
Teilzeit *f*: ***~ arbeiten*** work part-time, do part-time work.
Teilzeit|arbeit *f* part-time work, *Stelle*: part-time job (*od.* employment); **2beschäftigt** *adj.*: ***~ sein*** work part-time, be in part-time employment; **~beschäftigte(r** *m*) *f* part-time employee, F part-timer; **~beschäftigung** *f* part-time employment; **~job** F *m* part-time job.
Teint *m* complexion.
Tektonik *f* tectonics *pl.*; **tektonisch** *adj.* tectonic; ***~e Verschiebungen*** tectonic (*od.* plate) movements.

Tele F *n phot.* F telephoto.
Tele|arbeit *f* telecommuting, teleworking; ***~ machen*** telecommute, telework; **~arbeitnehmer(in** *f*) *m* telecommuter, teleworker; **~arbeitsplatz** *m* teleworkplace, teleworkstation, *Stelle*: job for telecommuters.
Telebanking *n* telebanking.
Telebrief *m*: ***per ~*** by fax.
Telefax *n* telefax.
Telefon *n* telephone, phone; ***am ~*** on the phone; ***ans ~ gehen*** answer the phone; ***gehst du mal ans ~?*** *a.* can you get the phone?; ***~ haben*** have a phone, be on the phone; **~anlage** *f* (tele)phone system; **~anruf** *m* (tele)phone call; **~anschluss** *m* telephone connection (*als Nebenanschluss*: extension); **~apparat** *m* (tele)phone.
Telefonat *n* telephone conversation; (*Anruf*) phone call.
Telefon|auskunft *f* directoy enquiries *pl.* (*Am.* assistance, information); **~banking** *n* telephone banking, F telebanking; **~buch** *n* telephone directory, phone book; **~buchse** *f* telephone socket; **~dienst** *m* telephone service; **~gebühr** *f* telephone charge; **~gespräch** *n* → ***Telefonat***; **~hörer** *m* receiver.
telefonieren *v/i.* (tele)phone, ring (*od.* call) up; ***mit j-m ~*** *a.* talk to s.o. on the (tele)phone; ***er telefoniert ständig*** he's on the phone all day, he's never off the phone.
telefonisch I. *adj.* telephonic; ***~e Mitteilung*** telephone message; **II.** *adv.* by (tele)phone, over the (tele)phone; telephonically; ***~ (nicht) erreichbar*** (not) on the phone.
Telefonist(in *f*) *m* (telephone) operator.
Telefon|kabel *n* (tele)phone cord; **~karte** *f* phonecard; **~leitung** *f* telephone line; **~netz** *n* telephone network; **~nummer** *f* (tele)phone number; **~rechnung** *f* (tele-) phone bill; **~schnur** *f* (tele)phone cord; **~seelsorge** *f etwa* help line, crisis line; *in GB*: *a. the* Samaritans *pl.*; **~terror** *m* telephone harassment; **~überwachung** *f* (tele)phone tapping; **~verbindung** *f* telephone connection; ***e-e ~ herstellen*** put a call through; **~verkauf** *m* telephone sales *pl.*; **~vermittlung** *f* switchboard; **~zelle** *f* (tele)phone box, call box, *Am.* (tele)phone booth; **~zentrale** *f im Betrieb*: switchboard; ***über die ~*** through (*od.* via) the switchboard.
Telefoto *n* telephoto shot; **Telefotografie** *f* **1.** telephotography; **2.** → ***Telefoto.***
telegen *adj. TV* telegenic.
Telegraf *m* telegraph.
Telegrafen|amt *n* telegraph office; **~leitung** *f* telegraph line; **~mast** *m*, **~stange** *f* telegraph pole.
Telegrafie *f* telegraphy; ***drahtlose ~*** radiotelegraphy; **telegrafieren** *v/t. u. v/i.* telegraph, wire; (*kabeln*) cable; **telegrafisch I.** *adj.* telegraphic; ***~e Überweisung*** telegraphic (*od.* cable) transfer; **II.** *adv.* by telegraph, by wire; *gekabelt*: by cable; telegraphically; **Telegrafist(in** *f*) *m* telegraphist, telegrapher.
Telegramm *n* telegram; (*Auslands2*) *a.* cable(gram); **~adresse** *f* telegraphic address; **~formular** *n* telegram form (*Am.* blank); **~stil** *m* telegraphic style, telegraphese, F shorthand.
Teleheimarbeit *f* telecommuting, teleworking.
Telekinese *f* telekinesis; **telekinetisch** *adj.* telekinetic.

Tele|kolleg *n in GB*: *etwa the* Open University; **~kommunikation** *f* telecommunications *pl.* (*a. sg. konstr.*); **~kommunikationsdienst** *m* telecommunication service; **~kopierer** *m* facsimile machine, fax (machine).
Telemark *m Skisport*: telemark.
Telematik *f* telematics *pl. sg. konstr.*
Telemedizin *f* telemedicine.
Teleobjektiv *n* telephoto lens.
Teleologie *f* teleology; **teleologisch** *adj.* teleological.
Telepathie *f* telepathy; **telepathisch** *adj.* telepathic(ally *adv.*).
Tele|prompter *m TV etc.* autocue (*TM*), *Am.* teleprompter; **~shopping** *n* teleshopping.
Teleskop *n* telescope; **~antenne** *f* telescopic aerial (*od.* antenna); **~arm** *m* telescopic arm; **~auge** *n* telescope eye.
teleskopisch *adj.* telescopic(ally *adv.*).
Telespiel *n* TV game.
Teletext *m* teletext.
Telex *n* telex; **telexen** *v/t.* telex (**an** to).
Teller *m* plate; F (*Platten2*) turntable; *am Skistock*: basket; ***zwei ~ (voll) Suppe*** two platefuls of soup; **~fleisch** *n gastr.* boiled beef; **~mine** *f* ⚔ anti-tank mine; **~mütze** *f* flat cap; (*Baskenmütze*) beret; **~wärmer** *m* plate warmer; **~wäscher** *m* dishwasher.
Tellur *n* ⚗ tellurium.
Tempel *m* temple; F *fig.* ***j-n zum ~ hinausjagen*** F kick s.o. out; **~herr** *m hist.* (Knight) Templar; **~orden** *m hist.* Order of the Templar(s) (*od.* Knights Templar); **~ritter** *m* **1.** *hist.* (Knight) Templar; **2.** (*Freimaurer*) Knight Templar.
Tempera *f*, **~farbe** *f* tempera, distemper; **~malerei** *f* tempera (painting), (painting in) distemper.
Temperament *n* (*Wesensart*) temperament, disposition; (*Lebhaftigkeit*) vivacity, vivaciousness; (*Schwung*) verve; ***hitziges ~*** hot temper; ***ruhiges ~*** quiet disposition; ***er hat ein ruhiges ~*** *a.* he's very quiet by nature; ***er hat ~*** a) he's very lively, b) he's got a lot of get-up--and-go, c) he's got a fiery temperament; ***er hat kein ~*** there's no life in him; ***ihr ~ ist mit ihr durchgegangen*** she lost control of herself, she lost her temper; **temperamentlos** *adj.* spiritless; **Temperamentssache** *f*: ***das ist ~*** it's a matter of temperament, *a.* he *etc.* can't help it, he's *etc.* (just) like that; **temperamentvoll** *adj.* very lively, vivacious; (*feurig*) fiery; (*ungestüm*) impetuous; *Auto*: zippy.
Temperatur *f* temperature; ***bei e-r ~ von 8 Grad*** at (a temperature of) 8 degrees; ***bei ~en um*** at temperatures around; ***~en bis zu*** temperatures (of) up to; ⚕ ***(erhöhte) ~ haben*** have (*od.* be running) a temperature; ***j-s ~ messen*** take s.o.'s temperature; **~anstieg** *m* rise in temperature(s); **~ausgleich** *m* temperature balance; **2empfindlich** *adj.* temperature-sensitive; **~fühler** *m* ⚙ temperature sensor; **~kurve** *f* temperature curve; **~milderung** *f* rise in temperature(s); *im Wetterbericht*: *a.* becoming milder; **~regler** *m* thermostat; **~rückgang** *m* drop in temperature(s); **~schwankung** *f* variation (*od.* change) in temperature; **~sturz** *m* sudden drop (*od.* fall) in temperature; **~unterschied** *m* difference in temperature.
temperieren *v/t.* temper (*a.* ♪); ***gut temperiert sein*** have the right temperature.

T

Tempo *n* **1.** ♪ tempo; **2.** (*Geschwindigkeit*) speed, rate; ***in rasendem ~*** at breakneck speed; ***in langsamem ~*** at a slow pace; ***an ~ gewinnen*** gather pace, speed up; ***das ~ bestimmen*** (*od.* ***angeben***) set the pace; ***das ~ steigern, aufs ~ drücken*** speed things up; F ***der hat vielleicht ein ~ drauf!*** he's going at some speed; ***~!*** F step on it!; **~läufer** *m* front runner; **~limit** *n* speed limit.

Tempomat *m mot.* cruise control.

temporär *adj.* temporary.

Tempostat *m mot.* cruise control.

Temposünder *m* speeder.

Tempus *n ling.* tense.

Tendenz *f* tendency (**zu** towards); (*Entwicklungs*~) *mst* trend (*a.* ☤); *contp. pol.* slant; ***die ~ haben zu inf.*** have a tendency to *inf.* (*od.* towards *ger.*); ☤ ***aufsteigende*** (***absteigende***) ***~*** upward (downward) trend; *fig.* ***~ aufsteigend*** (***absteigend***) outlook bright (dull), *bei Person*: prospects bright (dull); **tendenziell I.** *adj.*: ***es gibt e-e ~e Besserung*** there are signs of improvement; **II.** *adv.*: ***~ unterscheiden sich die Parteiprogramme nicht*** the broad tendency (*od.* outline) of the party manifestos is the same; **tendenziös** *adj.* tendentious.

Tendenz|literatur *f* tendentious literature; **~stück** *n* thesis play; **~wende** *f* change in trend.

tendieren *v/i.* tend (**nach, zu** towards); ***dazu ~ zu inf.*** tend to *inf.* (*od.* towards *ger.*); *pol.* ***nach rechts*** (***links***) ***~*** have right-wing (left-wing) tendencies *od.* leanings; ☤ ***nach oben*** (***unten***) ***~*** show an upward (a downward) trend.

Tenne *f* threshing floor.

Tennis *n* tennis; **~arm** *m* tennis elbow; **~ball** *m* tennis ball; **~halle** *f* covered court; **~kleidung** *f* tennis kit (*od.* whites *pl.*); *im Geschäft*: tenniswear; **~klub** *m* tennis club; **~maschine** *f* ball machine; **~match** *n* tennis match; **~platz** *m* tennis court; **~schläger** *m* tennis racket (*od.* racquet); **~schuhe** *pl.* tennis shoes; **~spieler(in** *f*) *m* tennis player; **~stunde** *f* tennis lesson; **~turnier** *n* tennis tournament; **~wand** *f* practi|ce (*Am.* -se) wall.

'Tenor[1] *m* (*allgemeine Tendenz*) tenor; (*wesentlicher Inhalt*) essence, substance; ***den gleichen ~ haben*** be in the same tenor (*od.* mode).

Te'nor[2] *m* ♪ **1.** (*a.* **~stimme** *f*, **~partie** *f*) tenor (voice, part); **2.** (*a.* **Tenorist** *m*) tenor (singer *od.* player).

Tensid *n* ⚗ surfactant.

Teppich *m* carpet; ***den roten ~ ausrollen*** roll out the red carpet, *fig.* give *s.o.* the red carpet treatment; ***fliegender ~*** magic carpet; *fig.* ***unter den ~ kehren*** sweep under the carpet; ***auf dem ~ bleiben*** be reasonable, be realistic; **~boden** *m* fitted carpet, wall-to-wall carpeting; **~bürste** *f* carpet brush; **~fliesen** *pl.* carpet tiles; **~händler** *m* carpet dealer; **~kehrer** *m* carpet sweeper; **~klopfer** *m* carpet beater; **~schaum** *m* carpet foam.

Termin *m* **1.** (*vereinbarte Zusammenkunft*, *a. Arzt*~ *etc.*) appointment (**bei** with); (*vereinbarter Tag*) date; ⚖ (*Verhandlungs*~) hearing; ***e-n ~ festsetzen*** fix (*od.* agree on) a date; ***ich habe mir für morgen e-n ~ geben lassen*** I've got an appointment (*od.* they've put me down) for tomorrow; ***viele ~e haben*** have a busy schedule, have a lot of appointments to keep; **2.** (*letzter ~*, *Fristablauf*) deadline; ***der ~ für die Abgabe des Manuskripts*** the deadline for handing in the manuscript; ***letzter*** (*od.* ***endgültiger***) ***~*** final deadline; ***e-n ~ einhalten*** meet a deadline.

Terminal *m*, *n* ✈ *u. Computer*: terminal.

Termin|arbeit *f* scheduled work; **~börse** *f* ☤ futures exchange; **~druck** *m* time (*od.* deadline) pressure; ***unter ~ stehen*** *a.* have a tight schedule; **~gebunden** *adj.* tied to a deadline; ***wir sind ~*** *a.* we've got a deadline; **~geld** *n* ☤ time deposit; **~gemäß, ~gerecht** *adv.* on schedule, on time; **~geschäft** *n* ☤ futures trading; **~kalender** *m* appointments book, diary; ⚖ cause list, *Am.* calendar; ***e-n vollen ~ haben*** have a busy schedule; **~kontrakt** *m* ☤ futures contract.

terminlich I. *adj.*: ***~e Schwierigkeiten haben*** have difficulty meeting the (*od.* a) deadline, (*zu viele Verpflichtungen haben*) have a very tight schedule; ***aus ~en Gründen*** due to prior commitments; **II.** *adv.*: ***~ hinkommen*** make the (*od.* a) deadline; ***ich schaffe es ~ nicht*** I can't manage (*od.* fit it in) timewise.

Terminmarkt *m* ☤ futures market.

Terminologie *f* terminology; **terminologisch** *adj.* terminological.

Termin|plan *m* (time) schedule; (*Programm*) agenda; **~planer** *m* (*Kalender*) personal organizer; **~planung** *f* scheduling; setting up a time schedule; **~schwierigkeiten** *pl.*: ***in ~ sein*** have difficulty meeting the (*od.* a) deadline; ***wegen ~*** due to prior commitments; **~verlängerung** *f* (deadline) extension.

Termite *f* termite.

Termiten|hügel *m* termites' nest; **~staat** *m* colony of termites.

Terpentin *n* turpentine.

Terrain *n* (*Gelände*) terrain; (*Grundstück*) plot of land; (*Bau*~) building site; *fig.* ground; *fig.* ***sich auf bekanntem ~ befinden*** be on familiar ground (*od.* turf); ***das ~ vorbereiten*** do the groundwork; ***das ~ sondieren*** F see how the land lies.

Terrakotta *f* terracotta.

Terrarium *n* terrarium.

Terrasse *f* terrace (*a. geol.*).

terrassen|förmig I. *adj.* terraced, in terraces; **II.** *adv.*: ***~ anlegen*** terrace; **~garten** *m* terraced garden; **~haus** *n* stepped building.

Terrazzo *m* terrazzo.

terrestrisch *adj.* terrestrial.

Terrier *m* terrier.

Terrine *f* tureen.

territorial *adj.* territorial; **~armee** *f* territorial army; **~gewalt** *f* territorial sovereignty; **~gewässer** *pl.* territorial waters; **~hoheit** *f* territorial sovereignty.

Territorium *n* territory.

Terror *m* terror; (*~herrschaft*) reign of terror; (*Terrorismus*) terrorism; F ***das ist der reinste ~*** that's terror tactics; F ***~ machen*** F go wild; F ***mach keinen ~!*** there's no need to make such a fuss; **~akt** *m* act of terrorism; **~anschlag** *m* terrorist attack; **~bande** *f* gang of terrorists; **~bekämpfung** *f* counter-terrorism, *the* fight against terrorism; **~herrschaft** *f* reign of terror.

terrorisieren *v/t.* terrorize; **Terrorismus** *m* terrorism; **Terrorist(in** *f*) *m* terrorist.

Terroristen|fahndung *f* search for terrorists; **~kreis** *m* terrorist circle; **~szene** *f* terrorist scene; **~wohnung** *f* terrorist flat (*od.* hideout).

terroristisch *adj.* terrorist; ***~e Gewalttat*** act of terrorism; ***~e Gruppierung*** terrorist group.

Terror|organisation *f* terrorist organization; **~regime** *n* terrorist regime; **~welle** *f* wave of terrorism.

Tertia *f ped.* **1.** *obs.* first year (of grammar school); **2.** *östr.* third year (of grammar school).

Tertiär *n geol.* Tertiary (period).

Terz *f* **1.** ♪ third; ***große*** (***kleine***) ***~*** major (minor) third; **2.** *eccl.* (*Gebetsstunde*) terce; **3.** *Fechten*: tierce.

Terzett *n* ♪ trio, terzetto.

Tesafilm (*TM*) *m* sellotape (*TM*), *bsd. Am.* scotch tape (*TM*).

Test *m* test; *bsd.* ☤ trial.

Testament *n* will, ⚖ last will and testament; *bibl.* ***Altes*** (***Neues***) ***~*** Old (New) Testament; ***sein ~ machen*** make a will; ***j-n im ~ bedenken*** include (*od.* remember) s.o. in one's will; **testamentarisch I.** *adj.* testamentary; **II.** *adv.* by will; ***~ verfügen*** dispose by will; ***~ festgelegt sein*** be (stated) in the will.

Testaments|eröffnung *f* opening of a (*od.* the) will; **~vollstrecker(in** *f*) *m* executor (*f a.* executrix); (*Nachlassverwalter*) administrator; **~vollstreckung** *f* execution of a (*od.* the) will.

Test|betrieb *m Computer*: test mode; **~bild** *n TV* test card, *Am.* test pattern; **~bohrung** *f* trial drilling.

testen *v/t.* test; ***~ auf*** test for; ***j-n auf s-e Reaktionsfähigkeit*** *etc.* ***~*** test s.o.'s reactions *etc.*

Test|ergebnis *n* result(s *pl.*) of a (*od.* the) test; **~fahrer** *m* test driver; **~fahrt** *f* test drive; **~flug** *m* test flight.

testieren I. *v/i.* make a will; **II.** *v/t.* (*bescheinigen*) certify, testify; **testierfähig** *adj.* ⚖ capable of making a will.

Testlauf *m* ⚙ trial run.

Testosteron *n* testosterone.

Test|person *f* test subject; **~phase** *f* test phase; **~pilot** *m* test pilot; **~reihe** *f* series of tests; **~sendung** *f TV, Radio*: pilot program(me); **~signal** *n* test signal.

Teststopp *m* ban on (nuclear) tests *od.* testing, test ban; **~vertrag** *m* test ban treaty.

Test|strecke *f* test track; **~streifen** *m* ⚕ test strip; **~verfahren** *n* test(ing) method(s *pl.*).

Tetanus *m* tetanus; **~schutzimpfung** *f* tetanus vaccination; **~spritze** *f* tetanus injection (F jab).

teuer I. *adj.* expensive, dear; *fig.* dear (**j-m** to s.o.); ***et. für teures Geld kaufen*** pay good money for s.th.; ***wie ~ ist es?*** how much is it?; ***Fleisch ist teurer geworden*** meat prices have gone up; F ***es ist ganz schön ~*** it's not exactly cheap; → ***Pflaster*** 2, ***Spaß***; **II.** *adv.* dear(ly); ***et. zu ~ kaufen*** pay too much for s.th.; ***das kam ihn ~ zu stehen*** it cost him a fortune, *fig.* he had to pay dearly for it; → ***bezahlen, erkaufen.***

Teuerung *f* rise in prices; *pl.* price rises.

Teuerungs|rate *f* rate of price increases; rate of inflation; **~welle** *f* wave of price increases; **~zulage** *f*, **~zuschlag** *m* cost-of-living allowance (*od.* bonus).

Teufel *m* devil (*a. fig.*); ***der ~*** the Devil, Satan, F Old Nick; ***armer ~*** poor devil (*od.* wretch); ***kleiner ~*** little devil; F ***~ (auch)!*** F blimey!; F ***pfui ~!*** ugh!, *entrüstet*: that's disgusting!; F ***scher dich zum ~!*** F go to hell; F ***j-n zum ~ jagen*** send s.o. packing; F ***wer (wo, was) zum ~?***

who (where, what) the devil (*sl.* the hell)?; F ***weiß der ~*** F God knows; F ***kein ~*** *ist da sl.* not a sod; F ***zum ~ sein*** *Geld etc.*: F have gone down the drain, *Motor etc.*: F have had it; F ***wie der ~, auf ~ komm raus*** *arbeiten etc.*: like the devil, F like crazy, *rennen etc.*: F like crazy (*sl.* hell); F ***in ~s Küche kommen*** F get (o.s.) into a right (*sl.* hell of a) mess; F *wenn sie das sieht etc.*, ***dann ist der ~ los*** F there'll be merry hell, she'll hit (*od.* raise) the roof; F ***dort ist der ~ los*** F it's like all hell let loose there; F ***bist du des ~s?*** have you gone mad?; F ***den ~ werd ich tun*** F I'll be damned (*od.* blowed) if I do, *sl.* the hell I will; F ***er schert sich den ~ drum*** F he doesn't give a damn; ***der ~ steckt im Detail*** it's the little things that always cause the problems; F ***den ~ an die Wand malen*** tempt fate; F ***ihn reitet der ~*** the devil's got into him; ***da hat der ~ s-e Hand im Spiel*** the whole thing's jinxed; F ***es müsste schon mit dem ~ zugehen, wenn es nicht klappen sollte*** the worst would really have to come to the worst for it not to work out; ***das hieße, den ~ mit dem Beelzebub austreiben*** a) that would be out of the frying pan into the fire, b) that would be robbing Peter to pay Paul; ***wenn man vom ~ spricht(, dann ist er nicht weit)*** speak (*od.* talk) of the devil (and he's sure to appear).

Teufels|austreibung *f* exorcism; **~kerl** F *m* F devil of a guy; **~kreis** *fig. m* vicious circle; ***den ~ durchbrechen*** get out of a (*od.* the) vicious circle; **~weib** F *n* she-devil; **~zeug** F *n* F infernal stuff.

teuflisch I. *adj.* devilish, diabolical; *Lächeln*: fiendish; **II.** *adv.* devilishly, diabolically; fiendishly; F ***~ kalt*** *etc.* F hellishly cold *etc.*, *sl.* cold *etc.* as hell.

Teutone *m*, **Teutonin** *f* Teuton; **teutonisch** *adj. a. fig.* Teutonic.

Text *m* text (*a. typ.*); (*Wortlaut*) wording; (*Auszug*) passage; (*Lied~*) words *pl.*, lyrics *pl.*; *e-s Schauspielers*: lines *pl.*, part; *fig.* ***j-n aus dem ~ bringen*** put s.o. off; ***aus dem ~ kommen*** lose the thread; F ***weiter im ~!*** go on!; **~aufgabe** *f* **1.** 𝒜 problem; **2.** comprehension test; **~ausgabe** *f* text edition; **~baustein** *m* text module; **~buch** *n Oper*: libretto; **~dichter** *m* songwriter; *Oper*: librettist.

texten I. *v/t.* write (the words for); **II.** *v/i.* ♪ write (the) lyrics; *Werbung*: copywrite; **Texter** *m* script writer; (*Werbe~*) copywriter; (*Schlager~*) songwriter.

Textgeschichte *f* textual history.

Textil|arbeiter(in *f*) *m* textile worker; **~fabrik** *f* textile factory; **~frei** F *hum. adj.* nude, *pred. a.* F starkers.

Textilien *pl.* textiles.

Textil|industrie *f* textile industry; **~waren** *pl.* textiles.

Text|kritik *f* textual criticism; **~stelle** *f* passage (in a *od.* the text); **~umbruch** *m Computer*, *Textverarbeitung*: wordwrap; **~verarbeitung** *f* word processing.

Textverarbeitungs|gerät *n* word processor; **~programm** *n* word processing program; **~system** *n* **1.** word processing system; **2.** word processor.

Textvergleich *m* comparison of texts.

Tezett *n*: F ***bis ins ~*** (*vollständig*) completely, *kennen etc.*: inside out; (*bis ins Detail*) down to the last detail (*od.* T).

Thailänder(in *f*) *m*, **thailändisch** *adj.*, **Thailändisch** *n ling.* Thai.

Theater *n* theat|re (*Am. a.* -er); *fig. contp.* (*Verstellung*) play-acting; (*Aufregung*) fuss, F to-do; ***am*** (*od.* ***im***) ***~*** at the theat|re (*Am. a.* -er); ***beim*** (*od.* ***im***) ***~ sein*** work for the theat|re (*Am. a.* -er), be an actor (*od.* actress); ***ins ~ gehen*** go to the theat|re (*Am. a.* -er); ***zum ~ gehen*** go on the stage; *fig.* ***~ spielen*** put on an act, *bsd. Sport*: play-act; ***mach kein ~!*** don't make such a fuss!; ***es ist immer das gleiche ~*** it's always the same old carry-on; **~abonnement** *n* theat|re (*Am. a.* -er) subscription; **~agent** *m* theatrical agent; **~agentur** *f* theatrical agency; **~besuch** *m* visit to the theat|re (*Am. a.* -er); **~besucher(in** *f*) *m* theatregoer, *Am. a.* theatergoer; **~direktor** *m* theat|re (*Am. a.* -er) director; **~donner** *m* artificial thunder; *fig.* ***alles nur ~!*** they're *etc.* just making a lot of noise; **~ensemble** *n* theat|re (*Am. a.* -er) ensemble; **~freunde** *pl.* theatregoers, *Am. a.* theatergoers; **~geschichte** *f* history of the theat|re (*Am. a.* -er); **~kasse** *f* (theat|re, *Am. a.* -er) box office; **~kritiker** *m* drama critic; **~probe** *f* rehearsal; **~publikum** *n* theat|re (*Am. a.* -er) audience; **~stück** *n* play; **~vorstellung** *f* (stage) performance; **~wissenschaft** *f* theory of drama.

Theatralik *f contp.* histrionics *pl.*; **theatralisch** *adj.* theatrical; *contp. a.* histrionic.

Theismus *m* theism; **theistisch** *adj.* theistic.

Theke *f* bar; (*Laden~*) counter.

Thema *n* subject; (*Gesprächs~*) *a.* topic; ♪ theme; ***~ Nummer eins*** the number one topic, (*Sex*) everybody's favo(u)rite topic; ***zum ~ kommen*** get to the point; ***beim ~ bleiben*** stick to the point; ***das ~ wechseln*** change the subject; ***wir wollen das ~ begraben*** let's not talk about it any more; ***das ist kein ~*** (that's) no problem; ***das ist für mich kein ~ mehr*** I don't want to hear another word about it.

Thematik *f* subject (matter); ♪ thematic invention; **thematisch I.** *adj.* thematic; ***nach ~en Gesichtspunkten geordnet*** arranged according to subject; **II.** *adv.* thematically; ***~ ist der Aufsatz interessant*** the subject matter of the essay is interesting, the essay is on an interesting subject (*od.* topic); **thematisieren** *v/t.*: ***et. ~*** make s.th. a subject of discussion (*od.* the theme of a book *etc.*).

Thema|verfehlung *f*: ***wegen ~ durchfallen*** be failed for not answering the question (*od.* for deviating from the subject); **~wechsel** *m* change of subject (*od.* topic); **~: ...** switching (*od.* moving on) to another subject *od.* topic now ...

Themen|bereich *m*, **~kreis** *m* subject area; **~stellung** *f* formulation (of the topic).

Theokratie *f* theocracy.

Theologe *m* theologian; **Theologie** *f* theology; **theologisch** *adj.* theological.

Theorem *n* theorem.

Theoretiker *m* theorist; ***er ist reiner ~*** he has a very theoretical approach to things; **theoretisch I.** *adj.* theoretical; *contp.* academic; **II.** *adv.* theoretically, in theory; ***~ hat er Recht*** *a.* he's right in theory; **Theorie** *f* theory (***über, zu*** on; *gen.* of); ***in der ~*** in theory; ***das ist reine ~*** that's all theory; ***das ist graue ~*** it sounds all right (*Am.* alright) in theory; ***e-e ~ aufstellen*** put forward a theory; ... ***- so die ~ ...*** - or so the theory goes.

Therapeut *m* therapist; **Therapeutik** *f* therapeutics *pl.* (*sg. konstr.*); **therapeutisch** *adj.* therapeutic(ally *adv.*).

Therapie *f* therapy; ***e-e ~ machen*** undergo therapy, undergo (a course of) treatment; **therapieren** *v/t.* treat, give *s.o.* (a course of) treatment, give *s.o.* therapy.

Thermal|bad *n* hot springs *pl.*, thermal spa; **~quelle** *f* thermal (*od.* hot) spring; **~schwimmbad** *n* thermal baths *pl.*

Therme *f* thermal (*od.* hot) spring.

Thermik *f* thermal (current); **thermisch** *adj.* thermal.

Thermodrucker *m* thermal printer.

Thermodynamik *f* thermodynamics *pl.* (*sg. konstr.*); **thermodynamisch** *adj.* thermodynamic.

thermoelektrisch *adj.* thermoelectric.

Thermo|element *n* thermocouple; **~hose** *f*: (***e-e ~*** a pair of) thermal trousers *pl.*; **~wäsche** *f* thermal underwear.

Thermometer *n* thermometer; **~stand** *m* thermometer reading.

thermonuklear *adj.* thermonuclear.

thermoplastisch *adj.* thermoplastic.

Thermos|flasche (*TM*) *f* thermos flask (*Am.* bottle) (*TM*); **~kanne** *f* thermal coffee pot.

Thermostat *m* thermostat.

Thesaurus *m* thesaurus; *e-r alten Sprache*: dictionary.

These *f* thesis; (*Theorie*) theory; ***Luthers 95 ~n*** Luther's 95 propositions (*od.* theses).

Thessalonicher *m hist.* Thessalonian; ***Brief an die ~*** → **~brief** *m*: *bibl.* ***der 1. (2.) ~*** the (*od.* St Paul's) 1st (2nd) Epistle to the Thessalonians, Thessalonians I (II).

Thomas *m fig.*: ***ungläubiger ~*** doubting Thomas.

Thon *schweiz. m* (*Thunfisch*) tuna (fish).

Thora *f* Torah.

Thriller *m* thriller.

Thrombose *f* ⚕ thrombosis.

Thron *m* throne (*a. fig.*); ***j-m auf den ~ folgen*** succeed s.o. to the throne; ***vom ~ stoßen*** *a. fig.* dethrone; **~anwärter** *m* heir apparent; **~besteigung** *f* accession to the throne.

thronen *v/i.* be enthroned (*a. fig.*).

Thron|erbe *m*, **~erbin** *f* heir to the throne, heir apparent; **~folge** *f* succession; **~folger(in** *f*) *m* successor to the throne; **~räuber** *m* usurper (of the throne); **~rede** *f* speech from the throne; *in GB*: Queen's (*od.* King's) speech; **~saal** *m* throne room.

Thunfisch *m* tuna (fish).

Thüringer I. *m*, **Thüringerin** *f* Thuringian; ***~ sein*** be (a) Thuringian, come from Thuringia; **II.** *adj.* Thuringian; ***~ Wald*** Thuringian Forest; **thüringisch** *adj.* Thuringian, from Thuringia.

Thymian *m* ⚘ thyme.

Thymusdrüse *f* thymus (gland).

Tiara *f* tiara.

Tibet(an)er(in *f*) *m*, **tibet(an)isch** *adj.* Tibetan.

Tic *m* ⚕ tic.

Tick *m* (*Schrulle*) (strange) quirk; F ***e-n ~ haben*** be mad; ***mit dem Frühaufstehen hat er e-n ~*** he's got a thing about getting up early; *in Zssgn*: ***e-n ...~ haben*** have a thing about ...

ticken *v/i.* tick; F ***bei ihm tickts nicht ganz richtig*** F he's got a screw loose somewhere; **Ticker** *m* ticker.

Ticket *n* ticket.

Ticktack I. *f Kindersprache*: tick-tock; **II.** ℒ *int.* tick-tock; *Kindersprache*: **~ machen** go tick-tock.

Tide *f* tide.

tief I. *adj.* deep (*a. fig. Farbe, Gedanke, Wald etc.*); *Erkenntnis, Wissen etc.*: *a.* profound; (*niedrig*) low (*a. Ton*); *Stimme*: deep; **~er Fall** big drop, *fig.* great fall; **~er Teller** soup plate; **~e Schatten** dark shadows, *unter den Augen*: *a.* dark rings; **~er Boden** muddy ground, *Fußball etc.*: heavy pitch; **es liegt ~er Schnee** there's deep snow; **aus ~stem Herzen** from the bottom of one's heart; **im ~sten Innern** in one's heart of hearts; **im ~sten Elend leben** live in utter squalor; **im ~sten Winter** in the dead of winter; **in ~ster Nacht** in the dead of night; **im ~sten Afrika** in darkest Africa; **in ~er Trauer** in deep mourning; **den ~sten Stand erreicht haben** *Sonne*: have reached its lowest point, *Kurs etc.*: have reached an all-time low; **II.** *adv.* deep; (*niedrig*) low; (*weit*) far; *fig.* deeply; **zwei Stockwerke ~er** two floors down; **~ atmen** take a deep breath; **sich ~ bücken** bend down low, bend right down; **j-m ~ in die Augen sehen** look deep into s.o.'s eyes; **die Sonne steht ~** the sun is low; **~ gekränkt (enttäuscht** *etc.*) **sein** be deeply hurt (disappointed *etc.*); **~ in Gedanken** deep in thought; **~ in Arbeit (Schulden) stecken** be up to one's neck in work (debt); **~ fallen** fall from a great height, *fig.* sink low; **er ist ~ gesunken** he's really come down in the world; **das geht bei ihr nicht sehr ~** a) it doesn't make much of an impression on her, b) it's more show than anything with her; **~ im Süden (Norden)** far (in the) south (north); **bis ~ in die Nacht** till the small (*od.* wee) hours; **bis ~ in den Herbst hinein** till late (in the) autumn, *Am.* till late (in) fall; **das lässt ~ blicken** that's very revealing; **III.** ℒ *n meteor.* low (*a. fig.*), depression, low-pressure area, cyclone; *fig.* **sich in e-m ~ befinden** be having (*od.* going through) a low.

Tiefbau *m* civil engineering, *engS.* underground engineering.

tief| beleidigt *adj.* deeply offended; **~ bewegt** *adj.* deeply moved.

tiefblau *adj.* deep blue.

Tiefblick *m* great insight (*od.* perception); **tief blickend** *adj.* (very) perceptive.

tiefbraun *adj.* deep brown.

Tiefdruck *m* **1.** *meteor.* low pressure; **2.** *typ.* rotogravure, intaglio printing; **~gebiet** *n* → **Tief.**

Tiefe *f* depth (*a. phot. u. fig.*); (*Abgrund*) deep, abyss; (*Tiefgründigkeit*) deepness, profundity; **die ~n des Meeres** the depths of the sea.

Tiefebene *f* lowland(s *pl.*).

tief empfunden *adj.* deep-felt, heartfelt.

Tiefen|analyse *f* depth analysis; **~bestrahlung** *f* ⚕ deep therapy; **~diskurs** *m* in-depth debate; **~interview** *n* (in-)depth interview; **~messung** *f* depth sounding; **~psychologe** *m* depth psychologist; **~psychologie** *f* depth psychology; **~rausch** *m* rapture of the deep; **~regler** *m* bass control; **~schärfe** *f phot.* depth of field (*od.* focus); **~struktur** *f ling.* deep structure; ℒ**wirksam** *adj. pharm.* deep-acting; **~wirkung** *f* deep action; *Bild, Foto*: three-dimensionality, plasticity.

tiefernst *adj.* deadly serious.

Tief|flieger *m* low-flying plane (*a. pl.* aircraft); F *fig.* **geistiger ~** lowbrow; **~flug** *m* low-level flight; *pl. a.* low(-level) flying *sg.*; **~gang** *m* ⚓ draught, *Am.* draft; *fig.* depth; **~garage** *f* underground car park.

tief gehend *adj. Wunde etc.*: deep; *fig.* (*gründlich*) thorough; (*intensiv*) intensive.

tiefgefrieren *v/t.* deep-freeze.

tiefgekühlt *adj.* (deep-)frozen; *Getränk*: chilled.

tiefgestellt *adj.*: **~es Zeichen** *typ.* subscript.

tief greifend *adj.* far-reaching, radical.

tiefgründig *adj.* deep, profound.

tiefkühlen *v/t.* deep-freeze.

Tiefkühl|fach *n* freezing compartment; **~kette** *f* cold chain; **~kost** *f* frozen foods *pl.*; **~truhe** *f* deep-freeze, freezer.

Tieflader *m mot.* low loader, low-loader vehicle.

Tiefland *n* lowland(s *pl.*).

tief liegend *adj.* low(-lying); *Augen*: deep-set, *a.* ❂ sunken; *fig.* deep(-seated).

Tief|punkt *fig. m* low; **e-n absoluten ~ erreicht haben** have reached an all-time low; **e-n seelischen ~ haben** be very depressed, be having (*od.* going through) a (real) low; → *a.* **Tiefstpunkt**; **~schlaf** *m* deep sleep; **sich im ~ befinden** be in a deep sleep, be fast asleep; **~schlag** *m Boxen*: hit below the belt (*a. fig.*); *fig.* **das war ein ~** that was below the belt.

Tiefschnee *m* deep (powder) snow; **~fahren** *n Skisport*: off-piste (*od.* deep powder) skiing.

tief schürfend *adj.* probing, penetrating; *Gespräch*: profound.

tiefschwarz *adj.* deep black, jet-black.

Tiefsee *f* deep sea; **~forschung** *f* deep-sea research; **~graben** *m* (deep-sea) trench.

Tiefsinn *m* profundity; (*Nachdenklichkeit*) thoughtfulness, reflectiveness; (*Schwermut*) melancholy, pensiveness; **tiefsinnig** *adj.* profound, deep; (*nachdenklich*) meditative; (*schwermütig*) melancholy, pensive.

tief sitzend *adj. Husten*: chesty; *fig. Probleme etc*: deep-seated.

Tiefstand *m* low; **absoluter ~** all-time low.

Tiefstapelei *f* understatement; *in eigener Sache*: modesty, self-effacement; **tiefstapeln** *v/i.* understate the case (*od.* things); *in eigener Sache*: be very modest (*od.* self-effacing), be overmodest; **Tiefstapler** *m*: **ein ~ sein** like to understate things; *in eigener Sache*: be very modest (*od.* self-effacing).

Tiefstart *m Sport*: crouch start.

tief stehend *adj.* low.

Tiefst|kurs *m* lowest rate; **~preise** *pl.* rock-bottom prices; **~punkt** *fig. m* nadir; **~temperatur** *f* minimum (*od.* lowest) temperature; **~wert** *m* **1.** lowest value; **2.** → **Tiefsttemperatur.**

Tieftemperaturphysik *f* low temperature physics *pl.* (*sg. konstr.*).

Tieftöner *m Lautsprecher*: woofer.

tieftraurig *adj.* desperately sad (*od.* unhappy).

Tiegel *m* saucepan; (*Schmelz*ℒ) crucible.

Tier *n* animal; *großes, wildes*: *a.* beast; *fig.* (*Mensch*) beast, brute; F *fig.* **hohes ~** F bigwig, big shot; **das ~ in j-m wecken** bring out the animal in s.o., bring out s.o.'s animal instincts; **~art** *f* animal species.

Tierarzt *m* veterinary surgeon, *Am.* veterinarian; F vet; **tierärztlich** *adj.* veterinary.

Tier|asyl *n* → **Tierheim**; **~bestand** *m* animal population; **~freund** *m* animal lover; **~futter** *n* animal food; **~halter** *m* **1.** pet owner; **2.** livestock breeder; **~haltung** *f* **1.** keeping of pets; **2.** livestock breeding; **~handlung** *f* pet shop; **~heim** *n* home for animals, animal shelter.

tierisch I. *adj.* animal ...; *fig. a.* brutish; F *fig.* incredible; **~e Fette** animal fats; **~e Instinkte** animal instincts; **II.** *adv.*: F *fig.* **~ ernst** deadly serious.

Tierklinik *f* veterinary hospital.

Tierkörperbeseitigung *f* animal waste processing.

Tierkreis *m ast.* zodiac; **~zeichen** *n* sign of the zodiac.

Tierkunde *f* zoology.

tierlieb *adj.* fond of animals; **~ sein** *a.* like animals.

Tier|markt *m Zeitungsrubrik*: Pets and Livestock; **~medizin** *f* veterinary medicine; **~park** *m* zoo; **~pfleger** *m* keeper; **~präparator** *m* taxidermist; **~quäler** *m* animal maltreater (*od.* abuser); **~quälerei** *f* cruelty to (*od.* mistreatment of) animals *od.* pets; **~reich** *n* animal kingdom.

Tierschutz *m* protection of animals, animal welfare; **Tierschützer(in** *f*) *m* animal welfarist, animal rights activist.

Tierschutz|gebiet *n* wildlife (*od.* game) reserve; **~verein** *m* society for the prevention of cruelty to animals.

Tier|transport *m* animal transport; **~versuch** *m* animal experiment; **~versuchsgegner(in** *f*) *m* animal rights activist; **~ sein** *a.* be against (*od.* oppose) animal experiments; **~verwertung** *f* animal waste processing; **~welt** *f* animal world; **~zucht** *f* livestock breeding.

Tiger *m* tiger; **~auge** *n min.* tiger's eye; **~fell** *n* tiger skin; **~fisch** *m* tiger fish; **~hai** *m* tiger shark.

Tigerin *f* tigress.

Tigerkatze *f* tiger cat.

tigern F *v/i.*: **durch die Straßen ~** F traipse through the streets, *ziellos*: F mooch around town.

Tilde *f* tilde, swung dash.

tilgbar *adj.* ✝ redeemable, repayable; **tilgen** *v/t.* (*streichen*) strike out, *a. typ.* delete; (*löschen*) erase (*a. im Computer*); (*vernichten*) destroy; ✝ (*Schuld*) pay off; (*Anleihe, Staatsschuld*) redeem; *fig.* (*sühnen*) expiate, wipe out *a disgrace*; (*Erinnerung*) blot out; **Tilgung** *f* erasure; deletion; ✝ redemption, repayment; *fig.* (*Sühne*) expiation; → **tilgen.**

Tilgungs|anleihe *f* ✝ amortization loan; **~rate** *f* ✝ redemption rate; **~zeitraum** *m* amortization period.

Timbre *n* timbre.

timen *v/t.* time; **gut (schlecht) getimt** well-timed (badly timed).

Timer *m* timer; **Timing** *n* timing.

Timotheus *m bibl.* Timothy; **Brief an ~** → **~brief** *m*: *bibl.* **der 1. (2.) ~** the (*od.* St Paul's) 1st (2nd) Epistle to Timothy, Timothy I (II).

tingeln *v/i.* do small-time acting.

Tinktur *f* tincture.

Tinnef F *m* rubbish; (*Unsinn*) *a.* F rot, *Am.* F garbage.

Tinte *f* ink; F *fig.* **in der ~ sitzen** F be in the soup.

Tinten|fass *n* inkpot; **~fisch** *m* squid; (*Krake*) octopus; **~fleck** *m* ink blot, blot of ink; *a. auf Kleidung etc.*: ink stain;

T

~killer *m* correction pen; **~klecks** *m* ink blot (*od.* stain); blot of ink; **~kuli** *m* rollerball pen; **~patrone** *f* ink cartridge; **~stift** *m* indelible pencil.

Tintenstrahldrucker *m* ink-jet printer.

Tip, Tipp *m Sport u. fig.*: tip; (*Wink*) hint; (*Fingerzeig*) pointer, lead; *an die Polizei*: tip-off; ***ein sicherer ~*** a sure bet; ***j-m e-n ~ geben*** (*warnen*) F tip s.o. off, give s.o. a tip-off.

Tippelbruder *m* tramp, *Am.* hobo; **tippeln** *v/i.* tramp.

tippen I. *v/i.* **1.** ***~ an*** (*leicht berühren*) tap; **2.** F (*Maschine schreiben*) type; **3.** F *Lotto*: do the lottery; *Toto*: do the pools; **4.** F (*raten*) guess; ***ich tippe auf ihn*** F I reckon it's (*od.* it'll be) him; ***man tippt darauf, dass*** the betting is (*od.* the bets are) that; **II.** F *v/t.* (*Maschine schreiben*) type (up).

Tipp|fehler *m* typing error, F typo; **~gemeinschaft** *f* betting (*od.* lotto) pool; **~schein** *m allg.*: betting slip; *Lotto*: lottery ticket (*od.* coupon); *Toto*: pools coupon.

Tippse F *f* typist.

Tipptaste *f* touch button; *pl. a.* (soft-) touch controls.

tipptopp F **I.** *adj.* (*ausgezeichnet*) first class; **II.** *adv.*: ***~ sauber*** spick and span, spotless; ***~ gekleidet*** immaculately dressed.

Tippzettel *m* → ***Tippschein***.

Tiroler I. *m*, **Tirolerin** *f* Tyrolean, Tyrolese; ***~ sein*** be (a) Tyrolean, come from (the) Tyrol; **II.** *adj.* → **tirolerisch** *adj.* Tyrolean, Tyrolese.

Tisch *m* table; ***bei ~*** at table; ***vom ~ aufstehen*** leave (*od.* get up from) the table; ***darf ich zu ~ bitten?*** shall we sit down at the table?, *oft iro.* lunch (*od.* dinner) is served; ***essen, was auf den ~ kommt*** eat what one is given, eat whatever is put before one; ***zu ~ gehen*** go for (*od.* to) lunch; *fig.* ***getrennt von ~ und Bett*** separated; ***mit et. reinen ~ machen*** make a clean sweep of it; ***unter den ~ fallen*** fall flat; F *fig.*; ***unter den ~ fallen lassen*** drop *a matter*; F *fig.* ***j-n über den ~ ziehen*** pull a fast one on s.o.; ***j-n unter den ~ trinken*** drink s.o. under the table; ***vom ~ wischen*** (*od.* ***fegen***) sweep aside; ***ein Thema auf den ~ bringen*** bring up a matter (for discussion); *die Sache* ***muss auf dem ~ bleiben*** (***muss vom ~***) has got to be thrashed out (settled); *Streitende* ***an einen ~ bringen*** get *the parties etc.* to agree to talks; ***Entscheidung am grünen ~*** bureaucratic decision, *Sport*: decision by the league authorities; **~bein** *n* table-leg; **~besen** *m* crumb brush; **~computer** *m* desktop computer; **~dame** *f* dinner partner; **~decke** *f* tablecloth; **~ende** *n*: ***am oberen*** (***unteren***) ***~*** at the head (foot) of the table; **2fertig** *adj. Speise*: ready-to-serve; **~feuerzeug** *n* table lighter; **~fußball** *m* table football (*od.* soccer), foozball; **~gebet** *n* grace; ***das ~ sprechen*** say grace; **~gespräch** *n* table talk; **~herr** *m* dinner partner; **~kante** *f* edge of the (*od.* a) table; **~karte** *f* place card; **~kopierer** *m* desktop copier; **~lampe** *f* table lamp; **~läufer** *m* runner.

Tischleindeckdich *n* F cushy set-up.

Tischler *m* carpenter, joiner; (*Kunst2*) cabinet-maker; **Tischlerarbeit** *f* carpentry, joinery; **Tischlerei** *f* **1.** (*Handwerk*) carpentry, joinery; **2.** (*Werkstatt*) carpenter's (*od.* joiner's) workshop; **Tischlermeister** *m* master carpenter (*od.* joiner); **tischlern I.** *v/i.* do carpentry; **II.** *v/t.* make; **Tischlerplatte** *f* block board.

Tisch|manieren *pl.* table manners; **~nachbar** *m* neighbo(u)r; ***mein ~*** the person (*od.* man, woman) sitting next to me (at the table); **~ordnung** *f* seating plan (*od.* arrangements *pl.*); **~platte** *f* tabletop; **~rechner** *m* desk(top) calculator; (*Computer*) desktop computer; **~rede** *f* after-dinner speech, toast; **~schmuck** *m* table decoration(s *pl.*).

Tischtennis *n* table tennis; **~ball** *m* table tennis (F ping-pong) ball; **~schläger** *m* table tennis bat (*Am.* paddle); **~tisch** *m* table tennis table.

Tisch|tuch *n* tablecloth; *fig.* ***das ~ zwischen sich und j-m zerschneiden*** break (off relations) with s.o.; **~wein** *m* table wine; **~zeit** *f* **1.** mealtime; **2.** lunch hour (*od.* break).

Titan 1. *m myth.* (*a.* **~e**) Titan; *fig.* titan, giant; **2.** *n* ⚗ titanium.

Titel *m* title; (*Motto*) *a.* slogan, motto; ***das Buch trägt den ~*** the title of the book is; **~anwärter** *m* challenger(s *pl.*) for the title; **~bild** *n* frontispiece; *e-r Zeitschrift*: cover picture (*od.* illustration, photo); **~blatt** *n* title page.

Titelei *f typ.* prelims *pl.*, front matter.

Titel|geschichte *f* cover story; **~halter** *m Sport*: titleholder; **~held** *m* (eponymous) hero; ***der ~ dieses Buchs*** *a.* the hero of the same name; **~kampf** *m* title match (*Boxen*: bout); **~kandidat** *m* challenger(s *pl.*) for the title; **~leiste** *f Computer*: title bar; **~melodie** *f* theme tune; **~musik** *f* theme music; **~rolle** *f thea.* title role; **~seite** *f* title page; *e-r Zeitschrift*: *a.* front cover; **~song** *m* title song; **~träger** *m* titleholder(s *pl.*); **~verteidiger** *m* titleholder(s *pl.*), defending champion(s *pl.*).

Titten V *pl.* V tits, knockers.

titulieren *v/t.* address; ***j-n mit „Idiot" ~*** call s.o. an idiot.

Titus *m bibl.* Titus; ***Brief an ~*** → **~brief** *m bibl*: ***der ~*** the (*od.* St Paul's) Epistle to Titus, Titus.

tja *int.* well.

Toast *m* **1.** (*Röstbrot*) toast; **2.** (*Trinkspruch*) toast; ***auf j-n e-n ~ ausbringen*** propose (*od.* raise) a toast to s.o.; **~brot** *n* (sliced) bread for toasting; **toasten I.** *v/t.* (*Brot*) toast; **II.** *v/i.* drink a toast (**auf** to); **Toaster** *m* (*Brot2*) toaster.

Tobak *m*: F *fig.* ***das ist starker ~!*** that's strong stuff, F that's a bit thick.

toben *v/i. Person*: rave; *vor Begeisterung etc.*: go (*od.* be) wild (**vor** with); *Kind*: romp; *Sturm, See etc., a. Schlacht*: rage.

Tobsucht *f* uncontrolled rage; **tobsüchtig** *adj.* raving mad; **Tobsuchtsanfall** *m* tantrum.

Tochter *f* daughter; **~firma** *f*, **~gesellschaft** *f* ✝ subsidiary (company); *unter 50%*: affiliated company, affiliate.

Tod *m* death; ⚖ decease; *bsd. fig. lit.* demise; ***~ durch Ersticken*** (***Verhungern***) death by suffocation (from starvation); ***zu ~e kommen*** die, be killed; ***e-s natürlichen ~es sterben*** die a natural death; ***zu ~e stürzen*** fall to one's death; ***der Arzt konnte nur noch den ~ feststellen*** by the time the doctor arrived he (*od.* she) was dead; ***zum ~e verurteilen*** sentence to death; ***über den ~ hinaus*** beyond the grave; *fig.* ***das wäre der ~ der Demokratie*** that would be the end (*od.* death) of democracy; ***das war der ~ für die Firma*** that was the death of the company, that killed the company off; ***e-n tausendfachen ~ sterben, tausend ~e sterben*** die a thousand deaths; ***sich den ~ holen*** (*sich erkälten*) catch one's death of cold; ***sich zu ~e arbeiten*** work o.s. to death; ***j-n zu ~e erschrecken*** (***langweilen***) scare (bore) s.o. to death; ***ich bin zu ~e erschrocken*** I got the shock (*od.* fright) of my life; ***sich zu ~e schämen*** be ashamed (*od.* embarrassed) to death; ***ich habe mich zu ~e geschämt*** *a.* I wished the earth would open up and swallow me; ***aussehen wie der ~*** look like death warmed up; ***ich kann ihn auf den ~ nicht leiden*** I can't stand the sight of him; ***das kann ich auf den ~ nicht leiden*** I hate it like poison → ***Leben***; **2bringend** *adj.* deadly, fatal, lethal; **2elend** *adj.*: ***mir ist ~*** I feel terrible (F really rotten), F *hum.* I think I'm going to die; **2ernst I.** *adj.* deadly (F dead) serious; **II.** *adv.* in dead earnest.

Todes|ahnung *f* premonition of death; **~angst** *f* fear of death; *fig.* mortal fear; ***Todesängste ausstehen*** be frightened out of one's mind (*od.* wits); **~anzeige** *f* obituary; **~erklärung** *f* ⚖ (official) declaration of death; **~fall** *m* death; ***im ~*** in the event of death; **~folge** *f*: ***schwere Körperverletzung mit ~*** grievous bodily harm resulting in death; **~gefahr** *f* mortal danger; ***sich in ~ begeben*** risk one's life, put one's life at risk; **~jahr** *n* year of s.o.'s death, year in which s.o. died; **~kampf** *m* throes *pl.* of death; **~kandidat** *m* **1.** doomed man (*od.* woman); ***er ist ein ~*** *a.* he hasn't got long to live; **2.** (*Verurteilter*) condemned man; **2mutig** *adj.* intrepid; **~nachricht** *f* news of s.o.'s death; **~opfer** *n* casualty; ***Zahl der ~*** death toll; ***der Unfall forderte zwei ~*** the accident claimed two lives; **~qualen** *pl.* final agony *sg.*; *fig.* ***~ ausstehen*** go through absolute agony; **~schuss** *m* fatal shot; ***e-n ~ abgeben*** *a.* shoot to kill; **~schwadron** *f* death squadron; **~sehnsucht** *f* death wish, longing for death; **~stoß** *m* deathblow (*a. fig.*); ***den ~ versetzen*** deliver the deathblow (*dat.* to); **~strafe** *f* capital punishment, death penalty; ***bei ~*** on penalty of death; **~tag** *m* day (*weitS.* anniversary) of s.o.'s death; **~ursache** *f* cause of death; **~urteil** *n* death sentence; *fig.* death warrant; **~verachtung** *f* defiance of death; ***mit ~*** fearlessly, F *fig.* in a fit of recklessness; **2würdig** *adj.* deserving of death; **~es Verbrechen** capital crime; **~zeit** *f* time of death; **~zelle** *f* death cell; *pl. a.* death row *sg.*

Todfeind *m* deadly (*od.* mortal) enemy; **Todfeindschaft** *f* deadly hatred.

todkrank *adj.* fatally ill; *durch unheilbare Krankheit*: *a.* terminally ill.

todlangweilig *adj.* deadly boring.

tödlich I. *adj.* fatal; (*potenziell ~*) lethal; *emotional*: deadly; F (*unerträglich*) F deadly; ***~er Unfall*** (***Schuss***) fatal accident (shot); ***~e Dosis*** (***Waffe, ~es Gift***) lethal *od.* deadly dose (weapon, poison); ***~e Gefahr*** danger to life, *lit.* mortal danger; ***mit ~er Sicherheit*** with deadly accuracy; **II.** *adv.*: ***~ verunglücken*** be killed in an accident, have a fatal accident; *fig.* F ***sich ~ langweilen*** be bored to death; F ***~ beleidigt*** mortally offended (*od.* wounded).

tod|müde *adj.* ready to drop, F dog-tired.

T

shattered; **~schick** F *adj.* really (F dead) smart; **~sicher** F **I.** *adj.* F dead sure (*od.* certain); F sure-fire *method etc.*; *Urteil, Ziel*: unerring; ***~e Sache*** dead certainty, F (dead) cert; **II.** *adv.* (*zweifellos*) F for sure; ***er kommt ~*** *a.* there's no way he can't come.

Todsünde *f* deadly (*od.* mortal) sin; F ***es wäre e-e ~ zu*** *inf.* it would be unforgivable (for s.o.) to *inf.*

tod|traurig *adj.* terribly unhappy; **~unglücklich** *adj.* desperately unhappy.

Töff *schweiz. n, m* (*Motorrad*) motorbike.

Töfftöff *n Kindersprache*: beep-beep (car).

Tofu *m* tofu, bean curd.

Tohuwabohu *n* complete chaos.

Toilette *f* **1.** (*Abort*) toilet, lavatory, *Am.* bathroom; *öffentliche*: public lavatory (*od.* conveniences *pl.*), *Am.* rest rooms *pl.*; ***auf der ~ sein*** be in the toilet *etc.*; **2.** (*Toilettenbecken*) toilet (bowl), lavatory pan; **3.** ***bei der ~ sein*** (*sich ankleiden etc.*) be getting ready; **4.** *obs.* (*Kleidung*) dress.

Toiletten|artikel *m* toilet article; *pl. a.* toiletries; **~deckel** *m* toilet lid; **~frau** *f*, **~mann** *m* lavatory attendant; **~papier** *n* toilet paper; **~sachen** *pl.* toiletries; *persönliche*: F toilet things; **~seife** *f* toilet soap; **~sitz** *m* toilet (*od.* lavatory) seat; **~tasche** *f* toilet bag; **~tisch** *m* dressing table; **~wasser** *n* toilet water.

toi, toi, toi! F *int.* touch wood; (*viel Glück*) good luck!, *Brit. a.* F best of British!

Tokioter *m* Tokyoite.

tolerabel *adj.* tolerable; F all right, *Am.* alright.

tolerant *adj.* tolerant (***gegen*** towards, about, of); (*großzügig*) broadminded (about).

Toleranz *f* tolerance (*a.* ⚕, ⚙) (***gegen*** towards, of); **~bereich** *m* range of tolerance; **~grenze** *f* limit of tolerance; ⚙ tolerance (limit); **~schwelle** *f* tolerance threshold.

tolerieren *v/t.* tolerate; **Tolerierung** *f* toleration.

toll I. *adj.* **1.** F (*großartig*) F great (*a. iro.*), F fantastic; (*unglaublich*) incredible, amazing; (*schlimm*) awful, terrible; ***er*** (***es***) ***war nicht so ~*** F he (it) wasn't so hot; ***ein ~er Kerl*** F a great guy; F ***es war e-e ~e Sache*** (***ein ~es Ding***) it was incredible (*od.* amazing); **2.** (*wild*) mad, wild; ***ein ~es Treiben*** mad goings-on; **3.** *obs.* (*tollwütig*) rabid; **4.** *obs.* (*geistesgestört*) insane, mad; **II.** *adv.* **5.** F ***~ aussehen*** F look fab; ***6. ~ ankommen*** F go down a bomb; **7.** ***wie ~*** like mad; ***es kommt noch ~er*** there's more to come; ***er treibt es zu ~*** he carries things too far; ***es ging ~ zu*** things were really wild, it was a wild party *etc.*, (*es war ein Durcheinander*) it was complete (*od.* absolute) chaos.

tolldreist *adj.* (as) bold as brass.

Tolle *f* quiff.

tollen *v/i.* romp (around).

Tollhaus *n*: ***hier gehts zu wie im ~!*** it's like a madhouse around (*od.* in) here.

Tollheit *f* **1.** madness; **2.** mad act (*od.* thing to do).

Tollkirsche *f* ⚘ deadly nightshade, belladonna.

tollkühn *adj.* daredevil ..., *contp.* reckless, foolhardy; **Tollkühnheit** *f* daring; recklessness, foolhardiness.

Tollpatsch F *m* F clumsy oaf.

Tollwut *f* rabies; **tollwütig** *adj.* rabid.

Tolpatsch F *m* F clumsy oaf.

Tölpel *m* **1.** dolt, oaf; **2.** *zo.* gannet; **tölpelhaft** *adj.* doltish, oafish.

Tomahawk *m* tomahawk.

Tomate *f* tomato; ***rot werden wie e-e ~*** go red as a beetroot; F ***du hast wohl ~n auf den Augen?*** open your eyes!

Tomaten|ketschup *m, n* tomato ketchup (*od.* sauce); **~mark** *n* tomato purée (*Am.* paste); **~saft** *m* tomato juice; **~staude** *f* tomato plant; **~suppe** *f* tomato soup.

Tombola *f* raffle.

Tomogramm *n* ⚕ tomogram; **Tomograph** *m* ⚕ tomograph; **Tomographie** *f* ⚕ tomography.

Ton[1] *m* (*Geräusch*) sound, (*heller, dunkler ~*) *a.* tone; ♪ *einzelner*: note, *Am. a.* tone; *ganzer, halber*: tone; (*Tonhöhe*) pitch, note; (*Klang*) tone, sound; *TV, Film*: sound; (*Betonung, a. fig.*) accent, stress; (*Sprechweise*) tone; (*Farb*~) tone, (*Nuance*) *a.* shade; ***~ in ~*** *Kleidung*: in matching shades; ***in den höchsten Tönen reden von*** (*od.* ***loben***) sing the praises of; F ***große Töne spucken*** F talk big; ***er hat keinen ~ gesagt*** (*od.* ***von sich gegeben***) he didn't say a word (F dickybird); F ***keinen ~ mehr!*** not another word!; F ***hast du*** (*od.* ***hat man***) ***Töne?*** F can you believe it?; ***ich verbitte mir diesen ~*** I won't be spoken to like that (*od.* in that tone); ***der ~ macht die Musik*** it's not what you say but how you say it; ***den ~ angeben*** give the note, *fig.* (*befehlen*) call the tune, (*die Atmosphäre bestimmen*) set the tone; → *a.* ***anschlagen*** 3; *fig.* ***zum guten ~ gehören*** be good form; ***den richtigen ~ treffen*** strike the right note.

Ton[2] *m geol.* clay.

Tonabnehmer *m* cartridge, pickup.

tonal *adj.* tonal; **Tonalität** *f* tonality.

tonangebend *adj.* leading; *Mode*: trend-setting; ***~ sein*** *a.* set the tone (***bei*** of).

Ton|arm *m* pickup (arm), tonearm; **~art** *f* ♪ key; *fig.* tone; *fig.* ***e-e andere ~ anschlagen*** change one's tune; **~aufnahme** *f*, **~aufzeichnung** *f* (sound) recording; **~ausfall** *m TV* loss of sound; *kurzer*: (sound) dropout.

Tonband *n* (recording) tape; ***auf ~ aufnehmen*** (record on) tape, record; **~aufnahme** *f* tape recording; **~gerät** *n* tape recorder.

Tonboden *m* clay(ey) soil.

Tondichtung *f* tone poem.

tönen[1] *v/i.* (*schallen*) sound, ring; (*widerhallen*) resound; F *fig.* (*Reden schwingen*) hold forth; ***~de Worte*** hollow words.

tönen[2] *v/t.* (*färben*) tint; *dunkler*: tone.

Toner *m Drucker, Kopiergerät*: toner.

Tonerde *f* argillaceous earth; ⚗ alumina; ***essigsaure ~*** (basic) alumin(i)um acetate.

Tonerkassette *f* toner cartridge.

tönern *adj.* (of) clay; *Klang*: hollow; *fig.* ***auf ~en Füßen stehen*** be on shaky foundations.

Ton|fall *m* intonation; **~film** *m* sound film; **~folge** *f* sequence of notes; *weitS.* melody; **~frequenz** *f* audio frequency.

Ton|gefäß *n* earthenware vessel (*od.* bowl *etc.*); **~geschirr** *n* pottery, earthenware.

Tongeschlecht *n* ♪ mode.

tonhaltig *adj.* clayey.

Tonhöhe *f phys.*, ♪ pitch.

Tonika *f* ♪ tonic.

Tonikum *n* ⚕ tonic.

Ton|ingenieur *m* sound engineer; **~kabine** *f Film*: sound booth; **~kamera** *f Film*: sound camera.

Tonklumpen *m* lump of clay.

Ton|konserve *f* sound recording, F *a. pl.* canned music; **~kopf** *m* recording (*od.* audio) head; *Plattenspieler*: cartridge, pickup; **~lage** *f* pitch; **~leiter** *f* ♪ scale.

tonlos *adj.* soundless; *fig. Stimme*: flat.

Ton|malerei *f* tone painting; **~meister** *m* sound mixer.

Tonnage *f* ⚓ tonnage.

Tonne *f* **1.** barrel; *für Bier etc.*: *a.* cask; (*Öl*~) barrel, drum; (*Regen*~) butt; (*Müll*~) dustbin, *Am.* trashcan; **2.** (*Gewichtseinheit*) (metric) ton.

Tonnen|dach *n* △ barrel roof; **~gewölbe** *n* △ barrel vault.

tonnenweise *adv.* by the ton.

Tonpfeife *f* clay pipe.

Ton|qualität *f* sound quality; **~quelle** *f* sound source; **~regler** *m* tone control; **~schnitt** *m* sound editing; **~signal** *n* sound signal.

Tonsillektomie *f* ⚕ tonsillectomy; **Tonsillitis** *f* tonsillitis.

Ton|spur *f Film*: sound track; **~störung** *f a. pl.* sound interference; **~studio** *n* recording studio; ***im ~*** *a.* at the recording studios; **~stufe** *f* ♪ pitch.

Tonsur *f* tonsure; F *fig. a.* monk's patch.

Tontafel *f* clay tablet.

Tontaube *f* clay pigeon; **Tontaubenschießen** *n* clay pigeon shooting, trapshooting.

Ton|technik *f* sound (*od.* audio) engineering; **~techniker** *m* sound engineer; **~träger** *m* sound storage medium; **~umfang** *m* ♪ range.

Tönung *f* tone (*a. phot.*), shade (*beide a. fig.*); **Tönungsmittel** *n* (*Haar*~) rinse.

Tonus *m* ⚕ tone, tonicity.

Ton|vase *f* earthenware vase; **~wahlverfahren** *n teleph.* tone dial(l)ing; ***Telefon mit ~*** tone dial(l)ing phone; **~waren** *pl.* pottery *sg.*, earthenware *sg.*

Tonwiedergabe *f* sound reproduction.

Tonziegel *m* clay brick.

Toolbox *f Computer*: toolbox.

Top *n* (*Kleidungsoberteil*) top.

Topangebot *n* **1.** really good offer; **2.** highest offer (*od.* bid).

Topas *m* topaz.

Topathlet *m* top athlete.

Topf *m* pot; (*Koch*~) *a.* saucepan; → *a.* ***Töpfchen***; *fig.* ***alles in einen ~ werfen*** lump everything together; **~blume** *f* potted flower.

Töpfchen *n* **1.** small pot; **2.** *für Kinder*: F potty; (*Nacht*~) pot, F jerry; ***aufs ~ gehen*** *Kindersprache*: go potty.

Topfen *dial. m* cream cheese, quark.

Töpfer *m* potter; **Töpferei** *f* pottery; (*Werkstatt*) potter's workshop; **töpfern I.** *v/i.* do pottery; (*e-n Töpferkurs besuchen*) go to pottery classes; **II.** *v/t.* make.

Töpfer|scheibe *f* potter's wheel; **~ware** *f* pottery, earthenware.

Topfhandschuh *m* oven glove.

topfit *adj.* in top form.

Topf|kuchen *m* → ***Napfkuchen***; **~lappen** *m* oven cloth.

Topform *f*: ***in ~ sein*** be in top form.

Topfpflanze *f* potted plant.

Toplader *m* top loader.

Topmanagement *n* top management; chief executives *pl.*; **Topmanager** *m* top executive.

Topmodel *n* top model.

Topographie *f* topography; **topographisch** *adj.* topographical.

Topologie *f* topology; **topologisch** *adj.* topological.

T

Topp *m* ⚓ top(mast); ***über die ~en geflaggt*** dressed overall; **~segel** *n* topsail.
Topzustand *m*: ***in ~*** in excellent condition.
Tor[1] *n* **1.** gate (*a. Stadt*≈ *u. fig.*); (*~bogen*) archway; (*Garagen*≈ *etc.*) door; (*Einfahrt*) gateway (*a. fig.*); **2.** *Sport*: (*a. Treffer*) goal; ***im ~ stehen*** be in goal; ***vor dem ~*** in the goalmouth; (***immer***) ***noch kein ~*** no score yet; ***ein Spiel auf ein ~*** one-way traffic; **3.** *Skisport etc.*: gate.
Tor[2] *obs. m* (*Narr*) fool.
Tor|aus *n*: ***der Ball geht ins ~*** the ball goes over the byline; **~bereich** *m* goal area; **~bogen** *m* archway; **~chance** *f* chance (to score), scoring chance (*od.* opportunity); **~differenz** *f* goal difference.
Toreador *m* toreador.
Tor|eck *n*: ***oberes ~*** top corner of the net; **~einfahrt** *f* entrance; ***an der ~*** *a.* at the gate; **~erfolg** *m* goal.
Torero *m* torero.
Toresschluss *m*: ***kurz vor ~*** at the last minute.
Torf *m* peat; ***~ stechen*** cut peat; **~boden** *m*, **~erde** *f* peaty soil.
torfig *adj.* peaty.
Torf|moor *n* peat bog; **~mull** *m* peat dust.
Torheit *f* foolishness, folly; *konkret*: foolish act, stupid thing to do; ***e-e ~ begehen*** do something foolish (*od.* silly, stupid).
Torhüter *m Sport*: goalkeeper, F goalie.
töricht *adj.* foolish; *Hoffnung*: vain; **törichterweise** *adv.* foolishly, stupidly.
Torjäger *m Sport*: goal-getter.
torkeln *v/i.* stagger, reel.
Tor|latte *f* crossbar; **~lauf** *m* slalom; **~linie** *f* goal-line.
torlos *adj.* goalless.
Tor|mann *m* goalkeeper, F goalie; **~möglichkeit** *f* → ***Torchance.***
Törn *m* ⚓ turn.
Tornado *m* tornado.
Tor|nähe *f*: ***in ~*** near the goal; **~netz** *n* net.
Tornister *m* ⚔ kit bag, (field) pack; (*Schul*≈) *etwa* satchel.
torpedieren *v/t.* ⚓ *u. fig.* torpedo.
Torpedo *m* torpedo; **~boot** *n* torpedo boat.
Tor|pfosten *m* doorpost; *Sport*: goal-post; **~raum** *m* goal area.
Torschlusspanik F *f* last-minute panic; *e-s Unverheirateten*: fear of being left on the shelf, fear of missing the boat.
Torschuss *m Sport*: shot at goal.
Torschütze *m* (goal-)scorer; **Torschützenkönig** *m* top scorer.
Torsion *f* ⚙ torsion, twist.
Torso *m* torso (*a. fig.*).
Törtchen *n* tartlet, small tart.
Torte *f* gateau, layer cake; (*Obst*≈) fruit tart.
Torten|boden *m* flan base; **~diagramm** *n Statistik*: pie chart; **~guss** *m* glaze; **~heber** *m* cake server; **~platte** *f* cake plate.
Tortur *fig. f* ordeal; ***das war e-e ~*** *a.* F it was hell.
Tor|verhältnis *n* goal difference; **~wart** *m* goalkeeper, F goalie.
tosen *v/i.* roar, rage; ***~der Beifall*** thunderous applause; ***et. mit ~dem Beifall aufnehmen*** give s.th. a rapturous welcome.
tot *adj.* dead (*a. Baum,* ⚙ *Achse,* ⚡ *Leitung,* ✝ *Inventar, Kapital, Konto, Saison, Sprache*); *bsd.* ⚖ deceased; (*leblos*) lifeless, dead (*beide a. fig.*); *Vulkan*: extinct, dead; (*öde*) desolate; (*verlassen*) deserted; *Farben*: dull, *a. Augen*: lifeless; ***~es Rennen*** *a. fig.* dead heat; ***~es Wissen*** useless knowledge; ***~er Punkt*** ⚙ dead cent|re (*Am.* -er), *fig.* deadlock, (*Müdigkeit*) low point; ***den ~en Punkt erreichen*** a) reach deadlock, b) have a low point; ***den ~en Punkt überwinden*** a) break the deadlock, b) get one's second wind; ***~er Winkel*** blind spot, ⚔ dead angle; ***mehr ~ als lebendig*** more dead than alive; ***halb ~ vor Angst*** petrified (with fear); ***er ist ein ~er Mann*** he's a dead man (*sl.* a goner); F ***den ~en Mann machen*** float (on the water); ***~ umfallen*** drop dead; ***für ~ erklären*** declare dead; ***er war sofort ~*** he died instantly; ***das Kind wurde ~ geboren*** the child was stillborn; F ***ich bin einfach ~*** F I'm dead (*od.* finished); F ***~ und begraben*** all over and finished (*od.* forgotten); → ***Gleis, Hose.***
total I. *adj.* total, complete; ***~er Krieg*** all-out war; ***~er Konflikt*** full-scale conflict; **II.** *adv.* totally, completely; F ***~ verrückt*** F stark raving mad; F ***~ besoffen*** F paralytic, *sl.* pissed out of one's mind; F ***~ pleite*** F dead broke; F ***~ gut*** F brilliant; F ***du machst es ~ falsch*** you're doing it all wrong.
Total|ausfall *m* **1.** *der Stromversorgung*: complete blackout; *e-r Maschine etc.*: breakdown; **2.** F (*Person*) *bsd. Sport*: F dead loss; **~ausverkauf** *m* clearance sale, *bei Geschäftsaufgabe*: *a.* closing-down sale.
Totale *f Film*: full shot.
Totalerhebung *f* (*Volkszählung*) universal census.
totalitär *adj.* totalitarian; **Totalitarismus** *m* totalitarianism.
Totalität *f* totality.
Total|operation *f der Gebärmutter*: hysterectomy; **~schaden** *m* total loss; *mot.* write-off.
tot|arbeiten F *v/refl.*: ***sich ~*** work o.s. to death; **~ärgern** F *v/refl.*: ***sich ~*** be *od.* get really annoyed (*stärker*: F mad); ***ich hab mich totgeärgert*** (*über mich selbst*) I could have kicked myself.
Tote(r *m*) *f* dead person, dead man (*f* woman); (*Leiche*) (dead) body, corpse; ⚔ casualty; ***die Toten*** the dead; ***bei dem Unfall gab es fünf Tote*** five people were killed in the accident.
Totem *n* totem; **Totemismus** *m* totemism; **Totempfahl** *m* totem pole.
töten I. *v/t.* kill; *fig. a.* destroy; → **Nerv**; **II.** *v/refl.*: ***sich ~*** commit suicide.
Toten|amt *n* requiem mass; **~bahre** *f* bier; **~bett** *n* deathbed; **≈blass, ≈bleich** *adj.* deathly pale, (as) white as a sheet; **~feier** *f* remembrance ceremony; **~glocke** *f* death knell; **~gräber** *m* gravedigger; *zo.* burying beetle; **~halle** *f* mortuary; **~hemd** *n* shroud; **~klage** *f* **1.** lamentation of the dead; **2.** (*Lied*) dirge; **3.** *Literatur*: dirge, lament, threnody; **~kopf** *m* **1.** death's head (*a. Symbol*), skull; (*Giftzeichen etc.*) skull and crossbones; **2.** *zo.* death's-head moth; **~kult** *m* cult of the dead; **~maske** *f* death mask; **~messe** *f* requiem (mass); **~reich** *n* realm of the dead, underworld; *griechische Mythologie*: *a.* Hades; **~schein** *m* death certificate; **~sonntag** *m last Sunday before Advent commemorating the dead*; **~stadt** *f* necropolis; **~starre** *f* rigor mortis; **≈still** *adj.* (as) silent as the grave; **~tanz** *m Kunst*: dance of death, danse macabre; **~tempel** *m hist.* funerary temple; **~wache** *f* wake, deathwatch.
totfahren *v/t.* run over and kill; ***er hat sie totgefahren*** he ran her over and killed her.
tot geboren *adj.* stillborn; *fig.* abortive *attempt etc.*
Tot|geburt *f* stillbirth; (*Kind*) stillborn child; **≈geglaubt** *adj.* presumed dead; ***sein ~er Onkel*** his uncle who was presumed dead (*od.* who[m] everyone believed to be dead); **≈gesagt** *adj. pred.* presumed (*od.* believed to be) dead; *fig.* written off; **≈kriegen** F *v/t.*: ***er ist nicht totzukriegen*** he just goes on for ever; **≈lachen** F *v/refl.*: ***sich ~*** F kill o.s. (laughing); ***es ist zum ≈*** F it's a scream; **≈laufen** F *fig. v/refl.*: ***sich ~*** peter (*od.* fizzle) out, play itself out; **≈machen** F **I.** *v/t.* kill; *fig.* (*Konkurrenz*) eliminate, get rid of; **II.** *v/refl.*: ***sich ~*** sacrifice o.s.
Totmannschaltung *f* dead man's handle.
Toto *n, m* **1.** (*Totalisator*) F tote; **2.** (*Fußball*≈) football pools *pl.*; ***~ spielen*** do the pools; ***im ~ gewinnen*** win the pools; **~schein** *m* pools coupon.
tot|reden F **I.** *v/t.*: ***j-n ~*** talk s.o. into the ground; ***et. ~*** thrash s.th. to death; **II.** *v/refl.*: ***sich ~*** talk till one is blue in the face; **~reiten** F *v/t.* (*Thema*) flog to death; **~schießen** *v/t.* shoot *s.o.* dead.
Totschlag *m* ⚖ manslaughter; **totschlagen** *v/t.* kill, beat (*mit Knüppel*: cudgel) to death; F *fig.* ***Zeit ~*** kill time; F ***den Tag ~*** get through the day (somehow); F ***er lässt sich lieber ~, als*** he'd rather die than; **Totschläger** *m* **1.** killer; **2.** (*Schlagstock*) life preserver, *Am.* blackjack.
totschweigen *v/t.* hush up; ***et. ~*** *a.* pretend s.th. never happened; ***j-n ~*** pretend s.o. doesn't exist.
tot stellen *v/refl.*: ***sich ~*** play dead (F possum).
Tötung *f* killing; ⚖ homicide.
Tötungs|absicht *f* intention to kill; **~versuch** *m* murder attempt, attempted murder.
Touchscreen *m Computer*: touch screen.
Toupet *n* (*Haarteil*) toupee.
toupieren *v/t.* back-comb.
Tour *f* tour (**durch** of, around); (*Ausflug*) excursion, trip, *zu Fuß*: hike; (*Strecke*) stretch; ⚙ (*Umdrehung*) revolution, turn; F (*Trick*) ploy; ***auf ~ gehen*** take to the road; ⚙ ***auf ~en*** on speed; ***auf ~en bringen*** *mot.* rev up, *fig.* get *s.o. od. s.th.* going; ***auf ~en kommen*** *mot.* pick up, rev up, *fig.* get into gear, get going; F ***in einer ~*** (*ununterbrochen*) incessantly; F ***komm mir bloß nicht auf diese ~!*** F don't try that one on me; ***auf vollen ~en laufen*** go full blast; F ***j-m die ~ vermasseln*** queer s.o.'s pitch; → ***krumm, link, sanft;*** **touren** *v/i.* tour; ***durch ein Land ~*** tour (through *od.* across) a country.
Touren|rad *n* touring bicycle; **~ski** *m* touring ski; **~skifahren** *n* off-piste skiing; **~wagen** *m* touring car; **~zähler** *m* revolution counter.
Tourismus *m* tourism; **~geschäft** *n* tourist business (*od.* industry).
Tourist(in *f*) *m* tourist.
Touristen|attraktion *f* tourist attraction; **~hotel** *n* tourist (*od.* budget) hotel; **~klasse** *f* ✈ economy class; **~rummel** F *m etwa* hordes *pl.* of tourists; tourist invasion (**in** of); ***da ist der ~ zu groß*** the

place is overrun with tourists; **~strom** *m* stream of tourists; ***abseits vom ~*** off the tourist track.

Touristik *f* tourism; **~unternehmen** *n* tour operator.

Tournee *f* tour; ***auf ~ gehen*** (***sein***) go (be) on tour, ***mit e-m Stück:*** tour a play.

Toxikologe *m* toxicologist; **Toxikologie** *f* ⚗, *pharm.* toxicology; **Toxikologin** *f* toxicologist; **toxikologisch** *adj.* toxicological(ly *adv.*)

toxisch *adj.* toxic.

Trab *m* trot; ***im ~*** at a trot, F *fig.* (*schnell*) quickly; *fig.* ***j-n auf ~ bringen*** get s.o. moving; ***j-n in ~ halten*** keep s.o. on his *od.* her toes (*od.* on the trot, on the go); ***immer auf ~ sein*** always be on the go.

Trabant *m ast.* satellite; **Trabantenstadt** *f* satellite town.

traben *v/i.* trot.

Traber *m*, **~pferd** *n* trotter.

Trabrennbahn *f* trotting course; **Trabrennen** *n* trotting; (*Veranstaltung*) trotting race.

Tracht *f* **1.** (*Kleidung*) dress; traditional (*od.* national) costume; (*Schwestern*≗ *etc.*) uniform; **2.** → ***Prügel*** 2.

trachten I. *v/i.*: ***~ nach*** strive for (*od.* after); (***danach***) ***~ zu*** *inf.* endeavo(u)r (*od.* strive) to *inf.*; ***j-m nach dem Leben ~*** be out to kill s.o., be after s.o.'s life (F head); **II.** ≗ *n* pursuit (***nach*** of), striving (after, for).

Trachten|anzug *m*: (***im ~*** in) traditional costume; **~kleid** *n* traditional costume (*od.* dress); **~look** *m* ethnic (*od.* traditional costume) look.

trächtig *adj.* pregnant (*a. fig.*, ***von*** with).

Trackball *m Laptop, Notebook*: trackball.

tradieren *v/t.* hand down.

Tradition *f* tradition; ***nach alter ~*** by tradition; ***zur ~ machen*** make *it* a tradition; ***zur ~ werden*** become a tradition, become established (*od.* traditional); **traditionell** *adj.* traditional.

traditions|bewusst *adj.* traditionally-minded; ***~ sein*** *a.* have a sense of tradition; **~gemäß** *adj.* in keeping with tradition; **≗pflege** *f* keeping up *od.* upholding (of) traditions; **~reich** *adj.* steeped in tradition, historic.

Trafik *östr. f* tobacconist's; **Trafikant** *östr. m* tobacconist.

Trafo *m* ⚡ transformer.

Tragbahre *f* stretcher.

tragbar *adj. Fernseher etc.*: portable; *Filmkamera etc.*: hand-held; *Kleidung*: fit for wear; *fig.* (*annehmbar*) acceptable; (*zumutbar*) tolerable; (***finanziell***) ***nicht mehr ~*** beyond one's means.

träge *adj.* sluggish (*a. weitS. u.* ⚕); *Mensch*: *a.* lethargic, listless; (*schläfrig*) drowsy; (*leblos*, *a. phys.*) inert.

Trage|griff *m* handle; **~korb** *m* basket; *für Babys*: Moses basket.

tragen I. *v/t.* carry; (*mitnehmen*) take; (*stützen*) support; (*am Körper ~*, *a. Brille*) wear, (*Kleidung*) *a.* have on; (*Früchte*, *fig. Folgen, Kosten, Namen, Verantwortung, Verlust etc.*) bear; *fig.* (*ertragen*) bear, endure; ***e-n Bart*** *etc.* ***~*** have (*od.* wear, *demonstrativ*: sport) a beard *etc.*; ***et. bei sich ~*** carry *od.* have s.th. on (*od.* with) one; ***e-n Brief zur Post ~*** take a letter to the post office; ***man trägt die Röcke wieder kürzer*** short skirts are in again; ***solche Schuhe trägt man nicht mehr*** people don't wear those kind of shoes any more; ***das kannst du gut ~*** it really suits you; *et.* ***auf e-r Party*** (***in der Kirche*** *etc.*) ***~*** wear to a party (to church *etc.*); ***die Haare lang*** (***kurz***) ***~*** wear one's hair long (short); *fig.* ***den Schaden ~*** pay for the damage; ***wie trägt sie es?*** how's she taking it?, how's she bearing up?; → ***Herz, Rechnung*** 2, ***Trauer, Zins*** *etc.*; → ***getragen***; **II.** *v/i. Baum*: bear fruit; *zo.* be pregnant; *Stimme*: carry; *Eis etc.*: hold; ***schwer ~ an*** have a hard time carrying; ***schwer zu ~ haben*** be loaded down, *fig.* be weighed down (***an*** by); **III.** *v/refl.*: ***sich ~*** *Geschäft etc.*: pay (its way); ***sich leicht ~*** *Koffer etc.*: be light, be easy to carry; ***sich gut ~*** *Stoff*: wear well; ***sich mit der Absicht*** (*od.* ***dem Gedanken***) ***~ zu*** *inf.* be thinking of *ger.*, be considering *ger.*; **tragend** *adj. Wand*: load-bearing; *Idee*: main, *Rolle*: *a.* leading; *Stimme*: powerful; ***sich selbst ~*** self-funding.

Träger *m* **1.** carrier (*a. Krankheits*≗), bearer (*a. e-s Namens, Titels*); (*Gepäck*≗) porter; *fig. e-r Idee*: upholder, champion; (*Institut*) body responsible *for s.th.*; → ***Bau-, Flugzeug-, Preisträger***; **2.** *an Kleidung*: (shoulder) strap; → ***Hosenträger***; **3.** ⚙ support; ⚠ supporting beam; (*Eisenlängs*≗) girder; **4.** ***ein ~ Bier*** a crate (*Am.* case) of beer; **~frequenz** *f* ✈ carrier frequency; **~kleid** *n* pinafore dress, *Am.* jumper.

trägerlos *adj. Kleid*: strapless.

Träger|rakete *f* booster rocket; **~rock** *m* **1.** skirt with straps; **2.** → ***Trägerkleid.***

Trage|tasche *f* **1.** carrier bag; **2.** *für Babys*: carrycot; **~tuch** *n für Babys*: sling; **~tüte** *f* → ***Tragetasche*** 1.

tragfähig *adj.* **1.** load-bearing; able to carry a load; **2.** *fig.* sound; (*stabil*) firm, stable; *Kompromiss*: acceptable; ***~e Mehrheit*** working majority; **Tragfähigkeit** *f* **1.** load(-carrying) capacity; *Brücke*: safe load; *Kran*, ✈: lifting capacity; ⚓ tonnage; **2.** *fig.* soundness; stability; acceptability; → ***tragfähig*** 2.

Tragfläche *f* ✈ wing; ⚓ hydrofoil; **Tragflächenboot** *n* hydrofoil.

Tragflügel *m* → ***Tragfläche***; **Tragflügelboot** *n* → ***Tragflächenboot.***

Trägheit *f* sluggishness; lethargy, listlessness; drowsiness; *phys.* inertia (*a. fig.*); ⚗ inactivity; → ***träge.***

Trägheits|gesetz *n* law of inertia; **~moment** *n* moment of inertia.

Tragik *f* tragedy; (*tragisches Element*) tragic element (*od.* aspect); ***die ~ daran*** *a.* the tragic thing about it.

Tragikomik *f* tragicomedy; (*tragikomisches Element*) tragicomic element (*od.* aspect); **tragikomisch** *adj.* tragicomic(ally *adv.*); **Tragikomödie** *f* tragicomedy.

tragisch I. *adj.* tragic; **II.** *adv.* tragically; ***nimms nicht so ~!*** don't take it to heart, it's not the end of the world.

Trag|kraft *f* → ***Tragfähigkeit*** 1; **~last** *f* load, burden; (*Tragkraft*) (load) capacity.

Tragödie *f* tragedy; tragic event; ***da spielen sich ~n ab*** they've had some tragic things happen to them; F ***mach nicht gleich e-e ~ draus*** F no need to make a full-scale drama out of it; F ***es ist e-e ~ mit ihr*** (***diesem Computer***) F it's absolutely hopeless with her (this computer's an absolute disaster); **Tragödiendichter** *m* tragedian.

Trag|pfeiler *m* (load-carrying) pillar; *e-r Brücke*: support; **~riemen** *m* strap; *am Gewehr*: sling; **~tasche** *f* carrier bag; **~weite** *f* range; *fig.* significance, implications *pl.*; *fig.* ***von großer ~*** significant, of great import, ***sein:*** *a.* have far-reaching implications (*od.* consequences); ***sie war sich der ~ ihrer Entscheidung nicht bewusst*** *a.* she didn't realize what an effect her decision might (*od.* would) have; **~werk** *n* ✈ wing unit.

Trailer *m* **1.** (*Film*) trailer; **2.** *mot.* (*Anhänger*) trailer.

Trainer *m* trainer, coach; *Fußball*: manager; **~bank** *f* (trainer's) bench.

trainieren I. *v/i.* train, coach (***auf*** for); **II.** *v/t.* (*j-n*) coach; ***Hochsprung*** *etc.* ***~*** practi|se (*Am.* -ce) the (*od.* one's) high jump *etc.*; ***das Gedächtnis*** *etc.* ***~*** train one's memory *etc.*

Training *n* training.

Trainings|anzug *m* tracksuit; **~hose** *f* tracksuit bottoms *pl.*; **~jacke** *f* tracksuit top; **~lager** *n* training camp; **~partner** *m* training partner; **~platz** *m* practi|ce (*Am.* -se) ground; **~programm** *n* training program(me) *od.* schedule; **~spiel** *n* practi|ce (*Am.* -se) match; **~zeit** *f* practi|ce (*Am.* -se) time.

Trakt *m* (*Gebäudeteil*) part, wing.

Traktat *n* (*Abhandlung*) treatise; *eccl.* tract.

traktieren *v/t.* (*belästigen*) pester; (*misshandeln*) maltreat; ***mit Schlägen ~*** beat up; ***j-n mit Vorwürfen ~*** F keep getting on at s.o.

Traktor *m* tractor.

trällern *v/t. u. v/i.* warble, trill.

Tram(bahn) *dial. f* tram, *Am.* streetcar, trolley(bus).

Trampel F *m*, *n* F elephant; ***das ist ein ~!*** he's like a baby elephant; **trampeln** *v/i.* trample; (*stampfen*) stamp; ***j-n zu Tode ~*** trample s.o. to death.

Trampel|pfad *m* beaten path; **~tier** *n* **1.** *zo.* Bactrian camel; **2.** F clumsy oaf; ***pass auf, du ~!*** look out, clumsy!

trampen *v/i.* hitchhike, F hitch (it); **Tramper** *m* hitchhiker.

Trampolin *n* trampoline.

Trampschiff *n* tramp steamer.

Tran *m* train oil; F ***im ~*** dop(e)y, (*abwesend*) in a dream; F ***das muss ich im ~ gemacht haben*** a) I must have been drunk, b) I must have been dreaming (*od.* in a dream).

Trance *f* trance; ***in ~ fallen*** go into a trance; ***in ~ versetzen*** put into a trance; **tranceartig I.** *adj.* trance-like; **II.** *adv.*: ***~ handeln*** act as if in a trance.

Tranchierbesteck *etc.* → ***Transchierbesteck*** *etc.*

Träne *f* tear; ***den ~n nahe*** on the verge of tears; ***in ~n ausbrechen*** burst into tears; ***unter ~n*** in tears; ***unter ~n erzählte er uns alles*** he was in tears (*od.* he wept) as he told us everything; ***keine ~ wert*** not worth shedding any tears over (*od.* getting upset about); ***wir haben ~n gelacht*** we laughed till we cried; F *iro.* ***mir kommen die ~n*** F don't make me weep; → ***aufgelöst*** 2, ***gerührt, nachweinen*** *etc.*; **tränen** *v/i.* water; ***mir ~ die Augen*** my eyes are watering.

tränen|blind *adj.* blinded with tears; **≗drüse** *f* lachrymal gland; F *fig.* ***das Lied drückt aber auf die ~n*** that song is a real tearjerker; **~erstickt** *adj.*: ***mit ~er Stimme*** in a choked voice, choked with tears; **~feucht** *adj.* wet with tears; tear-stained.

Tränengas *n* tear gas; **~pistole** *f* tear-gas pistol (*od.* gun).

Tränen|kanal *m* tear duct; **2reich** *adj.* tearful; **~sack** *m* lachrymal sac; **2überströmt I.** *adj.* wet with tears; **II.** *adv.* in tears.
Trank *m* drink.
Tränke *f* watering place; (*Becken*) drinking trough; **tränken** *v/t.* **1.** (*Vieh, Pflanze*) water; **2.** (*durch~*) soak.
Transaktion *f* transaction.
transalpin(isch) *adj.* transalpine.
Transatlantik..., transatlantisch *adj.* transatlantic.
Transchierbesteck *n*: (***ein ~*** a pair of) carvers *pl.*; **transchieren** *v/t.* carve, cut; **Transchiermesser** *n* carving knife.
Transfer *m* ⚚, ✈, *Sport, psych.* transfer.
Transferenz *f ling.* transference.
transferieren *v/t.* transfer (***an, auf*** to).
Transfer|liste *f* transfer list; ***auf die ~ setzen*** put up for transfer, put on the transfer list; **~summe** *f* transfer fee.
Transfiguration *f* transfiguration.
Transformation *f* transformation.
Transformationsgrammatik *f* transformational grammar.
Transformator *m* ⚡ transformer.
transformieren *v/t. a.* ⚡, Ⱥ, *psych.* transform.
Transfusion *f* ⚕ transfusion.
Transistor *m* transistor; **2bestückt** *adj.* transistorized, solid-state.
transistor(is)ieren *v/t.* transistorize; **transistor(is)iert** *adj.* transistorized, solid-state.
Transistor|radio *n* transistor (radio); **~zündung** *f* electronic ignition.
Transit *m* transit; **~abfertigung** *f* transit clearance; **~abkommen** *n* transit convention; **~güter** *pl.* ⚚ transit goods; **~halle** *f* transit lounge; **~handel** *m* transit trade.
transitiv *adj. ling.* transitive.
Transit|passagier *m*, **~reisende(r)** *m* transit passenger; ***Transitpassagiere nach ...*** transit passengers continuing their flight to ...; **~strecke** *f* transit road (*od.* route); **~verkehr** *m* transit traffic (⚚ *a.* trade); **~visum** *n* transit visa; **~weg** *m* transit route.
transkribieren *v/t.* transcribe; **Transkription** *f* transcription.
Transmission *f* ⚙ transmission.
transparent I. *adj.* transparent (*a. fig.*); **II.** 2 *n* transparency; *bei Demonstrationen*: banner; **2papier** *n* tracing paper.
Transparenz *f* transparency.
Transpiration *f* perspiration; **transpirieren** *v/i.* perspire.
Transplantat *n* ⚕ transplant, transplanted organ; **Transplantation** *f* transplant; *von Haut*: graft; (*das Transplantieren*) transplantation, grafting; **transplantieren** *v/t.* transplant, graft.
transponieren *v/t.* transpose (*a.* ♪).
Transport *m* **1.** transport(ation), conveyance; ***während des ~s*** in transit, en route; **2.** (*Film2*) winding (mechanism); **transportabel** *adj.* transportable; (*tragbar*) portable.
Transport|arbeiter *m* transport worker; **~automatik** *f phot.* automatic winding, automatic (film) advance; **~band** *n* conveyor belt.
Transporter *m* → ***Transportfahrzeug, -flugzeug, -schiff.***
Transporteur *m* carrier.
transportfähig *adj.* transportable; *Kranke, Tiere*: fit for transportation; *der Verletzte* ***ist nicht ~*** *a.* is in no fit state to be moved.
Transport|fahrzeug *n* transporter; **~firma** *f* haulage company (*od.* contractors *pl.*); **~flugzeug** *n* **1.** transport plane; **2.** → ***Truppentransporter***; **~hebel** *m phot.* film advance lever; **~hubschrauber** *m* transport helicopter.
transportieren I. *v/t.* transport; move; (*tragen*) carry; (*Kranke etc.*) take, *an e-n anderen Ort*: *a.* move; (*Film*) wind on, advance; ***wie soll man das Ding denn ~?*** how are you supposed to move the thing (*od.* get the thing out of here)?; **II.** *v/i. Kamera*: wind on, advance.
Transport|kosten *pl.* transport(ation) charges; ⚓ freight (charges); (*Speditionskosten*) forwarding charges; **~mittel** *n* (means of) transport(ation); **~netz** *n* transport network; **~schaden** *m* damage in transit; **~schiff** *n* transport ship; ⚔ troopship; **~unternehmen** *n* haulage company (*od.* firm, contractor, contractors *pl.*); **~unternehmer** *m* haulier, hauler; **~versicherung** *f* transport insurance; **~wesen** *n* transportation.
transsexuell *adj.*, **Transsexuelle(r** *m*) *f* transsexual.
Transsubstantiation *f eccl.* transubstantiation.
Transuse F *f* F slowcoach, *Am.* slowpoke.
Transvestit *m* transvestite.
transzendent(al) *adj.* transcendental; **Transzendenz** *f* transcendence.
Trapez *n* Ⱥ trapezium, *Am.* trapezoid; *Turnen*: trapeze; **~akt** *m* trapeze act; **~künstler** *m* trapeze artist.
trappeln *v/i. Pferd etc.*: clatter; *Kind etc.*: patter.
Trappist *m* Trappist (monk).
Trara F *n* fuss, F to-do; ***viel ~ machen*** make a big (*od.* great) fuss *od.* to-do (***um*** about); ***ohne viel ~*** without much fuss (*od.* fanfare).
Trasse *f* ⚙ location route.
Tratsch F *m* gossip; **Tratsche** F *f* F (old) gossip; **tratschen** F *v/i.* gossip; ***er tratscht viel zu viel*** he's a real (*od.* an old) gossip.
Trattoria *f* trattoria.
tratzen, trätzen *dial. v/t.* tease.
Traualtar *m* altar.
Traube *f* bunch of grapes; (*Beere*) grape; *fig.* cluster; *fig.* ***die ~n hängen (j-m) zu hoch*** it's sour grapes.
Trauben|lese *f* grape harvest; **~most** *m* grape must; **~saft** *m* grape juice; **~sorte** *f* (type of) grape; **~zucker** *m* glucose, dextrose.
trauen[1] **I.** *v/i.* (*j-m od. e-r Sache*) trust; ***ich traute m-n Ohren (Augen) nicht*** I couldn't believe my ears (eyes); ***ich trau der Sache nicht*** I don't like the look of it; ***trau, schau, wem*** you can't just trust anyone; ***dem Glück ist nicht zu ~*** fortune is fickle; → ***Friede(n), Weg***; **II.** *v/t.*: ***sich et. ~*** have the courage to do s.th., dare to do s.th.; ***er traut sich was!*** he's got a nerve; **III.** *v/refl.*: ***sich ~*** dare; ***ich trau mich nicht nach Hause*** I daren't go home, I'm scared to go home; ***er traut sich nicht ins Wasser*** he's scared of the water (*od.* to jump in); ***du traust dich nur nicht!*** you're just scared.
trauen[2] *v/t.* marry; ***sich ~ lassen*** get married, marry.
Trauer *f* sorrow, grief (***um, wegen*** over, at); *um e-n Toten*: mourning (for), (*das Trauern*) *a.* grieving (over, for); (*~zeit*) mourning (period); (*~kleidung*) mourning clothes *pl.*; ***in tiefer ~*** in deep mourning; ***tiefe ~ empfinden*** be deeply grieved (***über*** at); ***~ tragen*** be dressed in mourning; **~beflaggung** *f*: ***es wurde ~ angeordnet*** flags were ordered to be flown at half-mast; **~fall** *m* death, bereavement; **~feier** *f* funeral service; **~flor** *m* (black) crepe; **~gäste** *pl.* mourners; **~geleit** *n* (funeral) cortege; **~gottesdienst** *m* funeral service; **~jahr** *n* year of mourning; **~kleidung** *f* mourning clothes *pl.*; *e-r Witwe*: *a.* (widow's) weeds *pl.*; ***~ tragen*** be dressed in mourning, *Witwe*: *a.* be wearing *od.* be in (widow's) weeds; **~kloß** F *m* F wet blanket; **~marsch** *m* funeral march; **~miene** F *f* long face, doleful expression; ***e-e ~ aufsetzen*** pull a long face; **~musik** *f* funeral music.
trauern *v/i.* mourn (***um*** for); *weitS.* grieve (for, over); *äußerlich*: be in mourning.
Trauer|nachricht *f* sad news (*sg.*); **~rand** *m* black edge(s *pl.*), black edging (*od.* border); ***mit ~*** black-bordered; F *hum.* ***Trauerränder*** black fingernails; **~rede** *f* funeral oration; **~spiel** *n* tragedy; *fig.* sorry affair; *fig.* ***es ist schon ein ~*** *a.* it's enough to make you weep; **~weide** *f* ⚘ weeping willow; **~zeit** *f* time of mourning; **~zug** *m* funeral procession, (funeral) cortege.
Traufe *f* eaves *pl.*; (*Traufrinne*) gutter; → ***Regen.***
träufeln I. *v/t.* let *s.th.* trickle (***in*** in); (*Ohrentropfen etc.*) put (into); **II.** *v/i.* drip, trickle.
traulich *adj.* homely, *Am.* homey; cosy, *Am.* cozy.
Traum *m* dream (*a. fig. Ideal,* F *et. sehr Schönes*); ***böser ~*** bad dream; ***im ~*** in a (*od.* one's) dream; ***j-m im ~ erscheinen*** appear to s.o. in a dream; ***j-n aus dem ~ reißen*** jolt s.o. out of his (*od.* her) dreams; ***es war wie ein ~*** it was like a dream, (*wunderschön*) it was unbelievably beautiful; ***das fällt mir nicht im ~ ein*** I wouldn't (even) dream of (doing) it; F ***aus der ~!*** so much for that, that's the end of that(, I suppose); F ***aus der ~ vom Urlaub*** *a.* that's put paid to my holiday prospects; F ***es ist ein ~ von Auto*** F the car's a dream, it's a dream car; ***Träume sind Schäume*** what's in a dream?
Trauma *n* trauma; **traumatisch** *adj.* traumatic; **Traumatologie** *f* traumatology.
Traum|auto F *n* dream car; **~beruf** F *m* dream job; **~bild** *n* dream vision; (*Wunschbild*) dream; **~deutung** *f* dream interpretation.
träumen I. *v/i.* dream (***von*** of, about; *fig.* of); *wachend*: *a.* daydream; ***schlecht ~*** have a bad dream; *fig.* ***er träumt nur noch*** he's a real daydreamer; ***du träumst wohl!*** a) wakey, wakey!, b) you must be joking; **II.** *v/t.* dream; ***hast du etwas geträumt?*** did you have any dreams?; ***ich habe etwas ganz Furchtbares geträumt*** I had a terrible dream; *fig.* ***das hätte ich mir nie ~ lassen*** I never dreamed it was possible; **Träumer** *m* dreamer; **Träumerei** *f* (day)dreaming; (*Traum*) daydream, (*a.* ♪) reverie; **träumerisch** *adj.* dreamy; (*sehnsüchtig*) wistful; ***~er Mensch*** dreamer.
Traum|fabrik *f* dream factory; **~figur** *f* perfect figure; **~frau** F *f the* woman of one's dreams.
traumhaft I. *adj.* **1.** dreamlike; **2.** (*wunderschön*) (absolutely) wonderful; *Wetter*: perfect, unbelievable; **II.** *adv.*: ***~ schön*** absolutely beautiful.

Traum|hochzeit F *f* fairytale wedding; **~insel** F *f* **1.** *the* island of one's dreams; **2.** beautiful island (in the sun); **~land** *n* dreamland; **~mann** F *m the* man of one's dreams; **~note** F *f ped. u. Sport*: perfect mark; **~paar** *n* perfect couple; **~reise** F *f* dream holiday; **~tänzer** F *m* dreamer; **≈versunken** *adj.* lost in (one's) dreams, F away with the fairies; **~villa** F *f* dream mansion; **~welt** *f* dream world, *weitS. a.* world of fantasy.

traurig *adj.* sad (**über** about, at); (*beklagenswert*) *Anblick, Zustand etc.*: *a.* sorry; *Pflicht, Rest etc.*: sad; → **Bilanz**; **~ stimmen** sadden, make *s.o.* (feel) sad; **ein ~es Ende nehmen** come to an unhappy end; (**das ist**) **~ aber wahr** it's the sad truth, unfortunately that's the way it is; *contp.* **es ist ~ genug, dass** it's bad enough that; **mach kein so ~es Gesicht** don't look so sad; **e-e ~e Figur machen** cut a poor figure; **die Mannschaft bot e-e ~e Leistung** the team performed miserably, it was a pathetic performance (on the part of the team); **Traurigkeit** *f* sadness.

Trau|ring *m* wedding ring; **~schein** *m* marriage certificate.

traut *adj. bsd. iro.* homely, *Am.* homey; **~es Heim** home sweet home.

Trauung *f* marriage ceremony; (*Hochzeit*) wedding.

Trauzeuge *m* witness to a (*od.* the) marriage.

Travellerscheck *m* traveller's cheque, *Am.* traveler's check.

Travestie *f* (*literarische Gattung*) travesty; **~künstler** *m* drag artist; **~show** *f* drag show.

Treck *m* trek; (*Wagen~*) train.

Trecker *m* tractor.

Trecking *n* → **Trekking.**

Treff[1] F *m* **1. e-n ~ vereinbaren** arrange to meet (somewhere); **2.** → **Treffpunkt.**

Treff[2] *n Karten*: club(s *pl.*)

treffen I. *v/t.* **1.** hit; *fig.* (*Stimmung etc.*) capture; **nicht ~** miss; **die Kugel traf ihn an der Schulter** the bullet hit his shoulder; **tödlich getroffen** mortally wounded; *fig.* (**du hasts**) **getroffen!** F spot-on!, *Am.* bull's-eye!; **es gut ~** be lucky (**mit** with); **die richtige Wahl ~** make the right choice; **damit hast du s-n Geschmack genau getroffen** that's exactly the sort of thing (*od.* the style *etc.*) he likes, (*a.* **du hast genau das Richtige getroffen**) you couldn't have picked a better present *etc.*; **da hast du ihn gut getroffen** *auf Foto etc.*; that's a good picture of him; → **Blitz, getroffen, Ton**[1]; **2.** (*betreffen*) concern, *nachteilig*: affect; *empfindlich*: hit *s.o. od. s.th.* hard; *schädlich*: get at; **der Vorwurf trifft mich nicht** I don't feel (I'm) responsible; **damit kannst du mich nicht ~** you can't get to me with that; **damit hast du ihn wirklich getroffen** you hit him where it really hurts (with that); → **Schuld**; **3.** (*Vereinbarung etc.*) reach; → **Anstalt** 2, **Auswahl** 1, **Entscheidung, Ton**[2], **Vorkehrung** *etc.*; **4.** (*j-m begegnen*) meet; **sich ~** meet, *zur Weiterfahrt etc.*: meet up; **II.** *v/i.* **5.** hit; **nicht ~** miss; **6. ~ auf** (*Widerstand etc.*) meet with; *zufällig*: come across *s.th.*, stumble on *s.o. od. s.th.*; (*Öl etc.*) strike; *im Wettkampf*: come up against; **III.** *v/refl.*: **sich mit j-m ~** meet (up with) s.o.; **das trifft sich gut** (**schlecht**) that suits me *etc.* fine (that doesn't fit in at all); **wie es sich so trifft** as chance would have it; **IV. ≈** *n* (*Zusammen≈*) meeting; *gesellschaftliches*: get-together; *Sport*: meet, contest, (*Aufeinander≈*) encounter, (*Spiel*) match; *fig. Argumente etc.* **ins ~ führen** put forward; **treffend I.** *adj.* (*passend*) apt, appropriate; **~er Vergleich** good comparison; **II.** *adv.*: **du hast ihn ~ beschrieben** that's a good description (of him), F you've got him down to a T, that just about sums him up.

Treffer *m* hit (*a. Fechten, Boxen*); (*Voll≈*) direct hit; *Fußball*: goal; *fig.* (*Glücks≈*) lucky strike; (*Gewinnlos*) winner; **~ erzielen** score (hits, *Fußball*: goals).

treffgenau *adj. Waffe*: accurate.

trefflich *lit. adj.* outstanding; (*erlesen*) exquisite.

Treffpunkt *m* meeting place; place to meet; **e-n ~ ausmachen** arrange where to meet; **wo ist unser ~?** where are we meeting?

treffsicher *adj.* accurate; *fig. Urteil*; unerring, sound; *Ausdrucksweise*: precise; **er hat ein ~es Urteil** he's got a good (*od.* sound) sense of judg(e)ment, F his judg(e)ments are usually spot-on.

Treibeis *n* drift ice, ice floes *pl.*

treiben I. *v/t.* **1.** drive (*a. Vieh, Räder, Ball, electron., Nagel*; *fig. an~, aus~*); *Preise* **in die Höhe ~** force up; **zur Verzweiflung ~** drive *s.o.* to despair; **ich lass mich nicht ~** I won't be rushed, I refuse to be rushed; **2.** (*Blätter etc.*) sprout; (*Pflanzen*) force; (*Teig*) make *the dough* rise; (*Urin*) produce; **es treibt einem den Schweiß auf die Stirn** it gets you sweating; **3.** (*Metall*) chase; **4.** (*betreiben*) do (*a. Sport*); ⚖ (*Ehebruch, Unzucht etc.*) commit; **was treibst du da?** what are you up to?; **was treibst du denn so?** what are you doing with yourself (*od.* what are you up to) these days?; **treibt es nicht zu toll!** don't overdo it!; F **es mit j-m ~** F have it off with s.o.; F **treibst du's mit e-r anderen?** V are you screwing s.o. else?; → **Aufwand, Enge, Spitze**[1] 1, **Unfug** *etc.*; **II.** *v/i.* **5.** *im Wasser*: float, *a. Schnee, Rauch*: drift; **sich ~ lassen** drift (*a. fig.*); **du kannst die Dinge nicht einfach ~ lassen** you can't just let things drift (along); **6.** (*keimen*) sprout; ⚕ (*Urin ~*) be (*od.* act as) a diuretic; (*gären*) ferment, work; → **Kraft** 1; **7.** (*drängen*) **er treibt immer** he's always breathing down your neck; **III. ≈** *n* (*Tun*) activity; (*Vorgänge*) *a.* goings-on *pl.* (*a. contp.*); (*geschäftiges ~*) bustle, bustling activity; **buntes ~** *a.* hustle and bustle; **geschäftiges ~** a buzz (*od.* flurry) of activity; **es war ein wildes ~** F they were going at it hammer and tongs.

Treiber *m* **1.** (*Vieh≈*) drover; *Jagd*: beater; **2.** F (*An≈*) F slave-driver; **3.** *Computer*: driver.

Treibgas *n* fuel gas; *in Spraydosen*: propellant.

Treibhaus *n* hothouse; **~atmosphäre** *fig. f* hothouse atmosphere; **~effekt** *m* greenhouse effect; **~gas** *n* greenhouse gas; **~gemüse** *n* hothouse vegetables *pl.*; **~pflanze** *f* hothouse plant.

Treib|holz *n* driftwood; **~jagd** *f* drive, battue; *fig.* roundup, *pol.* witch-hunt; **~mittel** *n* **1.** ⚙, ⚗ propellant; **2.** *gastr.* raising agent; **~netz** *n* drift net; **~rad** *n* driving wheel; **~riemen** *m* drive (*od.* transmission) belt; **~sand** *m* quicksand.

Treibstoff *m mot. u.* ✈ fuel, *bsd. Rakete*: propellant; → *a.* **Kraftstoff(...), Benzin(...)**; **~tank** *m* fuel tank.

Trekking *n* **1.** trekking; **2.** *konkret*: trek, trekking tour.

Trema *n ling.* di(a)eresis.

Tremolo *n* ♪ tremolo.

Trenchcoat *m* trench coat.

Trend *m* trend (**zu** towards); **~ermittlung** *f* analysis of trends; **~forschung** *f* trend research; **~meldung** *f a. pl.* early indications *pl.* (*od.* returns *pl.*); predictions *pl.*; *bei Umfrage*: exit poll; **~wende** *f* turn of the tide, change in trend.

trennbar *adj.* separable; (*ab~*) detachable; **Trennbarkeit** *f* separability.

Trenndiät *f* → **Trennkost.**

trennen I. *v/t.* separate (*a.* ⚙, ⚗); (*getrennt halten*) keep *things* separate; (*Rassen etc.*) segregate; (*teilen*) divide; (*Wort, nach Silben*) divide (up); (*ab~, loslösen*) detach; (*abschneiden, a. fig.*) cut off; (*Glied etc.*) sever; (*Naht*) undo; *teleph.* cut off, disconnect; **ihre Ehe wurde getrennt** their marriage was annulled; **nur noch ein paar Tage ~ uns von Weihnachten** we've only got a few days to go till Christmas; **uns ~ Welten** we're worlds apart; → **getrennt**; **II.** *v/i.*: **~ zwischen** distinguish between; **gut ~** *Radio*: have good selectivity; **III.** *v/refl.*: **sich ~** (*auseinander gehen*) part company, go one's separate ways; (*sich verabschieden*) say goodbye; *Partner*: split up (**von** with), *Ehepartner*: *a.* separate; **die Mannschaften trennten sich unentschieden** the teams had to settle for a draw; **sich ~ von** (*e-r Sache*) part with, (*e-r Idee etc.*) give up, get away from; **von dem Gedanken wirst du dich ~ müssen** *a.* you'll (just) have to rethink; **ich konnte mich von dem Auto** (**von ihr, von dem Anblick**) **nicht ~** I couldn't bear to part with the car (I couldn't tear myself away from her, I couldn't take my eyes off it); **er kann sich von nichts ~** he has to hold on to everything; **hier ~ sich unsere Wege** *bsd. fig.* this is where we go our separate ways.

Trenn|kost *f* compatible eating; *the* Hay diet; **~linie** *f* dividing line; **~programm** *n Computer*: syllabification (*od.* hyphenation) program.

trennscharf *adj.*: **~ sein** *Radio*: have good selectivity; **Trennschärfe** *f Radio*: selectivity.

Trennung *f* separation (*a.* ⚙, ⚗); (*Absonderung, Rassen≈*) segregation; (*Teilung*) division; (*Silben≈*) syllabification; → *a.* **trennen**; ⚖ **eheliche ~** judicial separation; **in ~ leben** be separated; **seit ihrer ~** since they (got) separated, since they split up.

Trennungs|angst *f* fear of separation (*od.* being separated); **~entschädigung** *f*, **~geld** *n* separation allowance; **~linie** *f* dividing line; **~programm** *n Computer*: syllabification (*od.* hyphenation) program; **~regeln** *pl.* hyphenation rules; **~schmerz** *m* pain of parting; **~schock** *m* shock of separa-tion; **~strich** *m* hyphen; *fig.* **e-n ~ ziehen zwischen** draw a clear dividing line between, make a clear distinction between; **~zeichen** *n* hyphen.

Trennwand *f* partition.

Trense *f* snaffle (bit).

treppauf *adv.*: **~, treppab** up and down the stairs.

Treppe *f* **1.** (**eine ~** a flight of) stairs *pl.*, staircase, *Am. a.* stairway; *vor dem Haus* *etc.*: (***e-e ~*** a flight of) steps *pl.*; ***zwei ~n hoch*** on the second (*Am.* third) floor; ***die ~ hinauf*** (***hinunter***) up (down) the stairs; ***er kann kaum die ~n steigen*** he can hardly climb (up) the stairs; **2.** (*einzelne Stufe*) stair, (*Steinstufe*) step.

Treppen|absatz *m* landing; **~geländer** *n* banisters *pl.*; **~haus** *n* staircase, stairs *pl.*; *am Eingang*: hallway; ***im ~*** a) on the stairs, b) in the hallway; **~lift** *m für Behinderte*: stair lift; **~steigen** *n* climbing (the) stairs; **~stufe** *f* step; *im Haus*: stair; **~witz** *m*: ***ein ~ der Weltgeschichte*** one of history's ironies.

Tresen *m* bar; (*Ladentisch*) counter.

Tresor *m* (*Panzerschrank*) safe; (*Stahlkammer*) strongroom, vault; **~fach** *n* safe deposit box; **~raum** *m* strongroom; **~schlüssel** *m* **1.** key to a (*od.* the) safe; **2.** strongroom key.

Tresse *f* braid; ⚔ stripe.

Tret|auto *n* pedal car; **~boot** *n* pedal boat, pedalo; **~eimer** *m* pedal bin.

treten I. *v/i.* step; *Radfahrer*: pedal; ***j-m in den Weg ~*** block s.o.'s path; ***zu j-m ~*** walk up to s.o.; ***in ein Zimmer ~*** go into (*od.* walk into, enter) a room; ***auf et. ~*** step on s.th., *a. absichtlich*: tread on s.th.; ***aufs Gas ~*** step on the gas, F step on it; ***auf die Bremse ~*** step on the brakes; ***j-m auf den Fuß ~*** step (*od.* tread) on s.o.'s toes (*od.* foot); ***man wusste nicht, wohin man ~ sollte*** you didn't know where to step; ***von e-m Fuß auf den andern ~*** hop from one leg to the other; ***nach j-m ~*** (take a) kick at s.o.; ***~ gegen*** bump into, walk into, *absichtlich*: kick; ***j-m gegen das Schienbein ~*** kick s.o. in the shin(s); *fig.* ***der Mond trat hinter die Wolken*** the moon disappeared behind the clouds; ***die Tränen traten ihm in die Augen*** tears came to (*od.* welled up in) his eyes; ***über die Ufer ~*** *Fluss*: overflow its banks; → ***nah*** II, ***näher***; ***~ Sie näher!*** step this way!; → ***Dienst*** 6, ***Hühnerauge, Kraft*** 2, ***Schlips, Stelle, zutage*** *etc.*; **II.** *v/t.* (*e-n Fußtritt geben*) kick; *fig.* (*j-n schikanieren*) (*a.* ***mit Füßen ~***) trample on; ***sich e-n Dorn in den Fuß ~*** get a thorn into one's foot.

Tret|lager *n am Fahrrad*: pedal(-crank) bearing; **~mine** *f* ⚔ anti-personnel mine; **~mühle** *f* treadmill (*a. fig.*); **~roller** *m* scooter.

treu I. *adj.* faithful (*dat.* to); (***~*** *gesinnt*) loyal (to); (*ergeben*) devoted (to); *Blick*: innocent; *Augen*: (big,) faithful *eyes*; ***nicht ~*** *Partner*: unfaithful; ***j-m ~ bleiben*** be faithful to s.o.; ***sich*** (***s-n Grundsätzen***) ***~ bleiben*** remain true to o.s. (one's principles); ***s-m Entschluss ~ bleiben*** stick to (*od.* by) one's decision; ***zu ~en Händen übergeben*** hand over for safekeeping; **II.** *adv.* faithfully *etc.*; ***j-m ~ ergeben sein*** be devoted to s.o.; ***~ und brav*** faithfully; ***er hat s-r Firma ~ gedient*** he served his company well.

treudoof F *adj.* naive, artless.

Treue *f* loyalty, faithfulness; *eheliche*: faithfulness, fidelity; (*Genauigkeit, Nähe zum Original*) faithfulness; (***die***) ***eheliche ~*** faithfulness in marriage, being faithful to one's husband or wife; ***j-m die ~ halten*** keep faith with s.o.; ***in Treu und Glauben*** in good faith; **~bekenntnis** *n* pledge (*od.* oath) of loyalty; **~eid** *m* oath of allegiance; **~prämie** *f* loyalty bonus; **~rabatt** *m* loyalty discount.

treu ergeben *adj.* loyal, devoted (*dat.* to).

Treuhand *f* trust; **Treuhänder** *m* trustee; **treuhänderisch I.** *adj.* fiduciary; **II.** *adv.* in trust; ***~ verwalten*** hold in trust; **Treuhandgebiet** *n* trust territory; **Treuhandgesellschaft** *f* trust company; **Treuhandschaft** *f* trusteeship; **Treuhandverwaltung** *f pol.* trusteeship; ***unter der ~ stehen von*** be under the trusteeship of.

treuherzig *adj.* (*arglos*) guileless; (*naiv*) ingenuous, naive; (*gutgläubig*) trusting; **Treuherzigkeit** *f* guilelessness; naivety, ingenuousness; → ***treuherzig.***

treulos *adj.* disloyal (***gegen*** to); F *fig.* ***~e Tomate*** F unfaithful thing; **Treulosigkeit** *f* disloyalty.

treu sorgend *adj.* devoted.

Triangel *m* ♪ triangle.

Trias *n geol.* Triassic, Trias.

Triathlon *n* triathlon.

Tribun *m* tribune.

Tribunal *n* tribunal.

Tribüne *f* (*Redner*Ձ) rostrum; (*Zuschauer*Ձ) stand; *in Moskau*: reviewing stand; **Tribünenplatz** *m* seat in the stand, stand seat.

Tribut *m* tribute; *fig.* (*Opfer*) toll; *fig. j-m od. e-r Sache* ***s-n ~ zollen*** pay tribute to; ***e-n hohen ~ an Menschenleben fordern*** take a heavy toll on human lives; **Ձpflichtig** *adj.* tributary (***j-m*** to s.o.).

Trichine *f* trichina; **Trichinose** *f* trichinosis.

Trichter *m* funnel; (*Bomben*Ձ, *Vulkan*Ձ) crater; F *fig.* ***auf den*** (***richtigen***) ***~ kommen*** F get it; **Ձförmig** *adj.* funnel-shaped; **~grammophon** *hist. n* horn gramophone.

Trick *m* trick, *weitS. a.* ploy; *Film*: special effect; ***das ist der ganze ~ dabei*** that's all there is to it; F ***den ~ heraushaben*** F have got the knack of it; **~aufnahme** *f Film, Foto*: trick shot; *phot. pl.* trick photography *sg.*; *Tonband*: trick recording; **~betrug** *m* deception, trick; **~betrüger** *m* confidence trickster.

Trickfilm *m* (*Zeichen*Ձ) cartoon (film); **~zeichner** *m* cartoonist, animator.

Trick|kiste *f* box (*fig.* bag) of tricks; **~linse** *f phot.* special effect filter.

trickreich *adj.* artful.

tricksen F **I.** *v/i.* **1.** *Sport*: feint, swerve; **2.** cheat; **II.** *v/t.*: ***das werden wir schon ~*** we'll manage (*durch Mogeln*: wangle) it somehow.

Trickskilauf(en *n*) *m* freestyle skiing, F hot-dogging.

Trieb *m* **1.** ⚘ young shoot; **2.** (*treibende Kraft*) driving force; (*An*Ձ) impulse; **3.** (*Drang*) urge; (*Verlangen*) desire; (*Geschlechts*Ձ) sex drive; **4.** ⚙ drive; **~feder** *f* mainspring; *fig.* driving force (*gen.* behind).

triebhaft *adj.* instinctive, impulsive, (*sexuell*) *a.* sexual(ly motivated); **Triebhaftigkeit** *f* animal instincts *pl.*; sexuality.

Trieb|kraft *f* propelling (*od.* motive) power; *fig.* driving force, (*Person*) *a.* powerhouse (*gen.* behind); **~leben** *n* instinctual (*engS.* sex) life; **~mörder** *m* sex murderer; **~täter** *m*, **~verbrecher** *m* sex offender; **~wagen** *m* 🚂 railcar; (*Straßenbahn*) tramcar, *Am.* streetcar, trolley (-bus).

Triebwerk *n* ✈ *etc.* engine; **~schaden** *m* engine fault.

Triefauge *n* watery eye; **triefäugig** *adj.* watery-eyed.

triefen *v/i.* drip (***von*** with); *Auge, Nase*: run; ***~ vor*** be dripping with, *fig.* ooze.

triezen F *v/t.* **1.** pick on; **2.** (*plagen*) torment.

triftig *adj.* sound; (*gewichtig*) weighty; (*zwingend*) cogent; (*überzeugend*) convincing; ***~er Grund*** good reason.

Trigonometrie *f* trigonometry; **trigonometrisch** *adj.* trigonometric(al).

Trikolore *f* tricolo(u)r.

Trikot[1] *n* **1.** (*Sporthemd*) shirt; **2.** *Ballett*: leotard.

Trikot[2] *m* (*Stoff*) tricot.

Trikot|wäsche *f* knit underwear; **~werbung** *f* shirt advertising.

Triller *m* ♪ trill; **trillern** *v/i. u. v/t.* trill; *Vogel*: warble; *Schiedsrichter*: whistle; **Trillerpfeife** *f* (signal[l]ing) whistle.

Trillion *f* trillion, *Am.* quintillion.

Trilobit *m zo.* trilobite.

Trilogie *f* trilogy.

Trimester *n* term.

Trimm-dich-Pfad *m* fitness trail.

trimmen I. *v/t.* (*stutzen*; ⚓, ✈) trim; F (*Auto etc.*) F soup up, hype up; (*trainieren*) train, get *s.o.* into shape, *a. für e-e Prüfung etc.*: get *s.o.* in form; ***auf Ordnung*** *etc.* ***~*** train *s.o.* to be tidy *etc.*; ***auf alt ~*** do *s.th.* up to look old; → ***getrimmt***; **II.** *v/refl.*: ***sich ~*** keep fit; ***sich auf jugendlich ~*** try to look younger than one is; → ***getrimmt***; **Trimmtrab** *m* jogging.

trinkbar *adj.* drinkable; ***etwas Ձes*** something to drink; **trinken** *v/t. u. v/i.* drink (*a. übermäßig Alkohol*); ***ein Bier ~*** have a beer; ***e-n Tee ~*** have a cup of tea; ***was ~ Sie?*** what would you like to drink?, (*bsd. Alkohol*) *a.* what'll you have?, F *hum.* what's your poison?; ***~ auf*** (*j-n od. et.*) drink to; ***darauf müssen wir*** (***einen***) ***~*** we'll have to drink to that, that calls for a drink; ***gern einen ~*** be fond of (*od.* partial to) a drop; ***einen ~ gehen*** go for a drink (*Bier*: *a.* pint); ***~ wir noch was*** let's have another drink; ***der Wein lässt sich ~*** this wine isn't (too) bad.

Trinker(in *f*) *m* (*Alkoholiker*) alcoholic, heavy drinker.

Trinkerei *f Alkohol*: drink(ing); ***er mit s-r ~*** F him and his drink.

Trinkerleber *f* hobnail liver.

trinkfest *adj.*: ***~ sein*** hold one's drink (F liquor) well, be able to take a lot; **Trinkfestigkeit** *f* ability to hold one's drink (F liquor).

trinkfreudig *adj.*: ***~ sein*** like (*od.* be fond of) one's drink.

Trink|gefäß *n* **1.** *Archäologie etc.*: drinking vessel; **2.** something to drink out of; (*Tasse*) cup; (*Glas*) glass; **~gelage** *n* drinking bout, F booze-up; **~geld** *n* tip; *fig. contp.* pittance; ***j-m ein ~ geben*** *a.* tip s.o.; ***j-m ein zu hohes ~ geben*** overtip s.o.; ***was gibt man hier für*** (***ein***) ***~?*** how much do you tip here?, what sort of tip do you give here?; **~halle** *f im Kurort*: pump room; *auf der Straße*: refreshment kiosk; **~halm** *m* (drinking) straw; **~kur** *f* mineral cure; **~lied** *n* drinking song; **~milch** *f* certified milk; **~spruch** *m* toast; ***e-n ~ auf j-n ausbringen*** drink (*od.* propose) a toast to s.o.

Trinkwasser *n* drinking water; ***kein ~*** *Schild*: not for drinking; **~aufbereitungsanlage** *f* water purification plant; **~leitung** *f* water main; *weitS.* water supply; **~versorgung** *f* drinking water supply, supply of drinking water; **~verunreinigung** *f* contamination of the drinking water (supply).

T

Trio *n* trio (*a.* F *fig.*).
Triole *f* ♪ triplet.
Trip *m* **1.** (*Reise*) trip; **2.** F (*Drogen*~) trip; ***auf e-m ~ sein*** be on a trip; **3.** F (*Phase*) trip; ***von dem ~ kommt er auch wieder runter*** F he'll get over it, *a.* he'll grow out of it.
Triplebarre *f Sport*: triple bars *pl.*
trippeln *v/i.* mince (along); *Kind*: toddle.
Tripper *m* ⚕ gonorrh(o)ea, F *the* clap.
Triptychon *n* triptych.
trist *adj.* dreary, *a. Aussichten*: dismal, depressing; *Farbe*: drab, dull; *Gegend*: forlorn.
Tritt *m* (*Schritt*) step (*a. Stufe*); *hörbar*: footstep; (*Fuß*~) kick; (*Leiter*) stepladder; ⚙ treadle; *Bergsteigen*: foothold; → *a.* ***Trittbrett***; ***e-n leichten ~ haben*** have a light gait; ***e-n schweren ~ haben*** have a heavy gait (*od.* tread), F stomp around; ***im ~*** in step; ***im falschen ~*** out of step; ***aus dem ~ geraten*** fall out of step; *fig.* ***aus dem ~ geraten sein*** be having a hard time, be going through a bad patch; ***wieder ~ fassen*** fall in(to) step, *fig.* get back on an even keel; ***j-m e-n ~ versetzen*** give s.o. a kick; F *fig.* ***j-m e-n ~ geben*** F give s.o. the push.
Trittbrett *n mot.* running board; **~fahrer** *contp. m* someone who jumps on the bandwagon.
trittfest *adj. Leiter etc.*: safe; ***ist es ~?*** *a.* will it take the weight?
Trittleiter *f* stepladder.
Triumph *m* triumph; ***im ~*** in triumph, triumphantly; *fig.* ***~e feiern*** be very successful, *stärker*: revel in success; **triumphal** *adj.* triumphant.
Triumphbogen *m* triumphal arch.
triumphieren *v/i.* triumph; *schadenfroh*: gloat; (*siegen*) triumph; **triumphierend** *adj.* triumphant.
Triumph|säule *f* triumphal column; **~wagen** *m hist.* triumphal chariot; **~zug** *m* triumphal procession; *fig.* ***e-n ~ antreten durch*** set out to conquer.
trivial *adj.* trivial; *Bemerkung*: *a.* trite.
Trivialautor *m* popular (fiction) writer, pulp writer.
Trivialität *f* triviality; triteness.
Trivial|literatur *f* light fiction; **~roman** *contp. m* trashy novel.
trocken I. *adj.* dry (*a. Brot, Husten, Kuh, Wein, a. fig. Bemerkung, Humor, Person*); *Land*: *a.* arid; *Holz*: seasoned; (*langweilig*) dry, dull; ***~e Kälte*** crisp cold; ***~ werden*** dry (out); *fig.* ***~en Auges*** callously, without flinching; ***da blieb kein Auge ~*** we (*od.* they) couldn't stop laughing, F we (*od.* they) were falling about; F ***~ sein*** (*keinen Alkohol mehr trinken*) F be on the wagon; ***auf dem ~en sitzen*** a) (*ohne Geld*) be completely on the rocks, b) (*ohne Getränk*) be staring into an empty glass, c) (*ohne Information*) not to know (*od.* have no idea) what's going on; ***noch nicht ~ hinter den Ohren*** still wet behind the ears; → ***Kehle*** 1, ***Schäfchen***; **II.** *adv.*: ***~ nach Hause kommen*** get home before the rain really starts (*od.* without getting wet); ***sich ~ rasieren*** dry-shave; ***~ aufbewahren*** keep in a dry place; *fig. et.* ***~ bemerken*** remark drily that ...
Trockenbatterie *f* dry cell battery.
Trockenbeerenauslese *f* Trockenbeerenauslese; *choice wine made from grapes left to dry on the vine.*
Trocken|dock *n* ⚓ dry dock; ***ins ~ bringen*** dry-dock *a ship*; **~ei** *n* egg powder; **~eis** *n* dry ice; **~element** *n* ⚡ dry cell; **~futter** *n* dry feed, provender; **~gebiet** *n* dry zone; **~gemüse** *n* dried vegetables *pl.*; **~gestell** *n* drying rack; *für Wäsche*: clothes horse; **~gewicht** *n* dry weight; **~gürtel** *m geogr.* dry belt (*od.* zone); **~haube** *f* (hair)drier.
Trockenheit *f* dryness (*a. fig.*); (*Dürre*) drought.
Trocken|klosett *n* chemical toilet; **~kurs** *m* dry-ski *etc.* course.
trockenlegen *v/t.* **1.** (*Land*, ⚒ *Schacht*) drain; **2.** (*Säugling*) change *a baby's* nappies (*Am.* diapers); **Trockenlegung** *f* drainage.
Trocken|masse *f* dry matter; **~milch** *f* dried (*od.* powdered) milk; **~obst** *n* dried fruit; **~periode** *f* dry spell; **~presse** *f phot.* dry press; **~rasierer** *m* **1.** (*Apparat*) (electric) shaver; **2.** (*Mann*) dry shaver; **~reiben** *v/t.* rub dry; **~reinigung** *f* dry cleaning; **~schleuder** *f* spin-drier; **~schleudern** *v/t.* spin-dry; **~schwimmen** *n* land drill; **~shampoo** *n* dry shampoo; **~ständer** *m für Wäsche*: clothes horse; *für Geschirr*: drying rack; **~stehen** *v/i. Kuh*: be dry; **~übung** *f* dry ski *etc.* exercise; (*Schwimmübung*) *a. pl.* land drill; **~wäsche** *f* dry washing; **~wischen** *v/t.* wipe *s.th.* dry; **~zeit** *f* dry season.
trocknen I. *v/t.* dry; ***sich die Tränen ~*** wipe one's tears away, dry one's tears; **II.** *v/i.* dry; ***langsam ~*** take a long time to dry; ***die Teller werden schon von alleine ~*** just leave the plates to dry; **Trockner** *m* drier.
Troddel *f* tassel.
Trödel *m* junk; *contp. a.* rubbish.
Trödelei *f* dawdling.
Trödel|laden *m* junk shop; **~markt** *m* flea market.
trödeln *v/i.* dawdle.
Trödler *m* **1.** junk dealer; **2.** dawdler, slowcoach, *Am.* slowpoke.
Trog *m* trough; (*Bottich*) vat.
Troglodyt *m* troglodyte.
trollen F *v/refl.*: ***sich ~*** toddle off, *beschämt*: shuffle off; ***troll dich!*** *sl.* push off!
Trommel *f* drum; ⚙ *a.* cylinder, barrel; *fig.* ***für et. die ~ rühren*** beat the big drum for s.th., F plug s.th.; **~bremse** *f* ⚙ drum brake; **~fell** *n* **1.** *anat.* eardrum; ***mir platzt fast das ~*** my eardrums practically pop; **2.** drumskin; **~feuer** *n* ⚔ barrage (*a. fig. von Fragen etc.*).
trommeln I. *v/i.* drum; *Regen*: beat; (*schlagen*) hammer (***auf*** at, on); ***mit den Fingern ~*** drum one's fingers; **II.** *v/t.* (*Rhythmus, Marsch etc.*) drum, beat; ***j-n aus dem Bett ~*** F knock s.o. up.
Trommel|revolver *m* revolver; **~schlag** *m* drumbeat, beat of the (*od.* a) drum; **~stock** *m* drumstick; **~wirbel** *m* drum roll; *gedämpfter*: ruffle.
Trommler *m* drummer.
Trompete *f* trumpet; *anat.* tube; **trompeten I.** *v/i.* play the trumpet; *Elefant*: trumpet; F (*sich schnäuzen*) honk one's nose loudly; **II.** *v/t.* play *s.th.* on the trumpet; *fig.* (*verkünden*) trumpet.
Trompeten|signal *n* trumpet call; **~stoß** *m* trumpet blast.
Trompeter *m* trumpeter, trumpet player.
Tropen *pl.* tropics; **~anzug** *m* tropical suit; **~fest** *adj.* tropic(s)-proof; **~fieber** *n* tropical fever; **~helm** *m* pith helmet; **~institut** *n* institute for tropical diseases; **~klima** *n* tropical climate; **~koller** *m* tropical frenzy; **~krankheit** *f* tropical disease; **~medizin** *f* tropical medicine; **~pflanze** *f* tropical plant; **~tauglich** *adj.* fit for the tropics; **~wald** *m* tropical (rain) forest.
Tropf[1] *contp. m* F twit, dimwit; ***armer ~*** poor wretch.
Tropf[2] *m* ⚕ drip; ***am ~ hängen*** be on the drip.
Tröpfchen *n* droplet, small drop; **~infektion** *f* ⚕ droplet infection.
tröpfchenweise *adv.* **1.** in drops, drop by drop; *das Wasser* ***kommt nur ~ durch*** is just dripping (*od.* dribbling) through; **2.** *Medizin einnehmen etc.*: in drops; **3.** *fig.* in dribs and drabs.
tröpfeln I. *v/i.* trickle, dribble, *a. Wasserhahn*: drip; ***es tröpfelt*** (*regnet leicht*) it's spitting; **II.** *v/t.* let *s.th.* drip (***auf*** onto; ***in*** into); (*Ohrentropfen etc.*) put (in).
tropfen *v/t. u. v/i.* → ***tröpfeln***; (*nur v/i.*) *Kerze*: drip, gutter; *Wasserhahn*: drip.
Tropfen *m* drop (*a. fig.*); (*Schweiß*~) bead *of sweat*; *pl.* ⚕ drops; *fig.* ***edler ~*** (drop of the) good stuff; ***ein ~ auf den heißen Stein*** a drop in the ocean; ***steter ~ höhlt den Stein*** little strokes fell big oaks; **~fänger** *m* dripcatcher; **~form** *f* ⚙ drop shape; **~förmig** *adj.* drop-shaped.
tropfenweise *adv.* → ***tröpfchenweise.***
Tropf|flasche *f* dropper bottle; **~infusion** *f* ⚕ intravenous drip.
tropfnass *adj.* dripping wet.
Tropfstein *m hängender*: stalactite; *stehender*: stalagmite; **~höhle** *f* stalactite cave.
Trophäe *f* trophy.
tropisch *adj.* tropical.
Tross *m* (*Gefolge*) retinue, followers *pl.*; ***sich im ~ befinden von*** be a fellow travel(l)er of.
Trost *m* consolation, comfort; ***schwacher ~*** cold comfort; ***mein einziger ~*** my one (*od.* only) consolation; *iro.* ***das ist ein schöner ~!*** some consolation that is; ***zum ~*** as a (*od.* by way of) consolation; ***ein ~, dass ...*** at least ...; ***zum ~ kann ich dir sagen ...*** if it's any consolation (to you) ...; ***es war ein wirklicher ~*** it was a real comfort (to me); ***~ suchen*** *bei j-m*: look for some consolation (F a shoulder to cry on); ***~ suchen in*** (*od.* ***bei***) *e-r Sache*: seek comfort (*od.* consolation) in; ***~ zusprechen*** → ***trösten***; F ***du bist wohl nicht*** (***recht***) ***bei ~!*** have you gone mad?; → ***finden*** I.
trösten I. *v/t.* console, comfort; (*aufmuntern*) cheer up; ***das tröstet mich*** that makes me feel better; **II.** *v/refl.*: ***sich ~*** console o.s.; ***sich mit*** *e-m Glas Wein etc.* ***~*** *a.* comfort o.s. with; ***sich mit dem Gedanken ~, dass*** draw comfort from the fact that; ***tröste dich,*** *ihm gehts noch schlimmer* if it's any consolation ...; ***sich mit j-m ~*** *nach enttäuschter Liebe*: turn to s.o. on the rebound; **tröstend** *adj.* comforting, consoling; ***~e Worte*** *a.* words of comfort, cheering words; **Tröster(in** *f***)** *m* comforter, consoler; **tröstlich** *adj.* comforting, consoling; cheering.
trostlos *adj. Situation etc.*: hopeless, depressing; (*jämmerlich*) pathetic; *Aussichten, Wetter etc.*: bleak; (*freudlos*) cheerless; *Person*: miserable, *stärker*: desperate; (*untröstlich*) unconsolable; **Trostlosigkeit** *f e-r Situation*: hopelessness; *e-r Person*: wretchedness.
Trost|pflaster *n* consolation; something to cheer s.o. up; **~preis** *m* consolation

prize; **2reich** *adj.* consoling, comforting; **~spender** *m* comforter.

Tröstung *f* consolation, comfort.

Trott *m* **1.** trot; **2.** *fig.* (***täglicher ~*** everyday) routine; ***der alte ~*** the same old rut; ***in den alten ~ zurückfallen*** fall back into one's old ways.

Trottel F *m* F dope; **trottelig** F *adj.* F dop(e)y; (*vergesslich*) absent-minded; (*senil*) senile.

trotten *v/i.* trot (along).

Trotteur *m* casual (shoe).

Trottoir *dial. n* pavement, *Am.* sidewalk.

trotz *prp.* in spite of, despite; ***~ allem*** in spite of everything; ***~ alledem*** for all that; ***~ s-r Vorsicht*** in spite of (*od.* despite) the care he took, however careful he was; ***~ all s-r Bemühungen*** *a.* for all his efforts.

Trotz *m* defiance; (*Störrigkeit*) stubbornness, obstinacy, pigheadedness; ***aus ~*** just to be stubborn, (*aus Boshaftigkeit*) out of spite; ***j-m zum ~*** to spite s.o.; ***j-m ~ bieten*** defy s.o.; ***ihrer Warnung zum ~*** in defiance of (*od.* flouting) her warning; **~alter** *n*: (***in e-m ~*** at a) defiant age.

trotzdem I. *adv.* (but) still, all the same, nevertheless; *am Satzanfang*: *a.* even so; ***sie hat es ~ getan*** she still did it, she did it all the same (*od.* nevertheless), *a.* she just went ahead and did it; **II.** *cj.* although, even though, despite the fact that.

trotzen *v/i.* (*j-m, e-r Sache*) defy, brave *a danger etc.*, (*Widerstand leisten*) resist; (*störrisch sein*) be stubborn.

trotzig *adj.* defiant; (*eigensinnig*) stubborn, pigheaded.

Trotzkist *m pol.* Trotskyist.

Trotz|kopf *m* F stubborn old so-and-so; **~phase** *f* stubborn (*od.* defiant) phase; **~reaktion** *f* act of defiance.

Trouble F *m* trouble; ***das gibt ~*** there'll be trouble.

trüb(e) *adj. Flüssigkeit*: cloudy; *Teich etc.*: murky; *Spiegel*: clouded, cloudy; (*glanzlos, unklar*) dull (*a. Farben*); *Licht*: dim; *Tag, Wetter*: dull, dreary, dismal; *Gedanken, Stimmung etc.*: dismal, gloomy; *fig.* ***in e-m trüben Licht erscheinen*** appear in a bad light; ***im Trüben fischen*** fish in troubled waters; F ***trübe Tasse*** F wet blanket.

Trubel *m* bustle, *a. von Ereignissen*: tumult; (*Rummel*) hurly-burly; (*Gewirr*) chaos; F (*Zirkus*) fuss; ***sich in den ~ stürzen*** throw o.s. into the fray.

trüben I. *v/t.* (*Flüssigkeit*) cloud, *mit Sand etc.*: *a.* muddy; (*glanzlos, unklar machen*) dull; (*Silber, Spiegel etc.*) tarnish; (*Sicht, Sinn*) blur; (*Freude etc.*) spoil, mar; (*Stimmung*) spoil, dampen; (*Verstand*) dull, cloud; (*Bewusstsein*) cloud; (*Beziehungen*) cloud, cast a shadow over; → ***Wässerchen***; **II.** *v/refl.*: ***sich ~*** *Flüssigkeit*: become (*od.* go) cloudy; (*glanzlos werden*) become (*od.* go) dull; *Blick*: become blurred; *Beziehungen*: cool off (slightly), become (slightly) strained; ***der Himmel trübt sich*** the sky is getting overcast.

Trübsal *f* (*Elend*) misery; (*Not*) distress; (*Leid*) grief, sorrow; ***~ blasen*** mope; **trübselig** *adj.* gloomy; (*elend*) wretched, miserable; (*öde*) dreary, bleak.

Trübsinn *m* gloom; mood of dejection; **trübsinnig** *adj.* gloomy; dejected.

Trübung *f* **1.** clouding; blurring *etc.*; → ***trüben***; **2.** (*Zustand*) cloudiness; dullness *etc.*; → ***trüben.***

Trucker *m* long-distance lorry driver, *bsd. Am.* trucker.

trudeln I. *v/i.* **1.** ✈ spin; **2.** F ***durch die Stadt*** *etc.* ~ F mosey around town *etc.*; **II.** 2 *n*: ***ins ~ kommen*** get into a tailspin.

Trüffel *m* ♀ *u. Konfekt*: truffle.

Trug *m* **1.** *der Sinne*: delusion; **2.** *obs.* deceit, fraud; **~bild** *n* hallucination; (*falsche Hoffnung*) delusion.

trügen I. *v/t.* deceive; ***wenn m-e Augen mich nicht ~*** unless I'm seeing things; ***wenn mich mein Gedächtnis nicht trügt*** if my memory serves me right, if I remember rightly; ***wenn mich nicht alles trügt*** unless I'm very much mistaken; **II.** *v/i.* be deceptive; (*irreführen*) be misleading; → ***Schein***[3]; **trügerisch** *adj.* deceptive; (*irreführend*) misleading; *Person*: deceitful; *Schluss*: misguided, wrong; *Argument*: fallacious; *Hoffnung*: vain, illusory; *Eis, Wetter*: treacherous; ***~es Urteil*** misjudg(e)ment.

Trugschluss *m* fallacy; (*unlogische Folgerung*) non sequitur; ***e-m ~ unterliegen*** be labo(u)ring under a misapprehension.

Truhe *f* chest.

Trumm *dial. n* piece; lump; F ***ein ~ Mannsbild*** F a hulk of a man.

Trümmer *pl.* ruins; (*Schutt*) rubble *sg.*, debris *sg.*; (*Stücke*) fragments; (*Überreste*) remnants, remains; ✈ wreck(age) *sg.*; ***in ~ gehen*** shatter; ***in ~ schlagen*** smash to pieces; ***in ~ legen*** (*Gebäude, Stadt etc.*) raze (to the ground); ***in ~n liegen*** be (lying) in ruins; ***unter den ~n*** ✈ among the wreckage; **~feld** *n* field of rubble; *fig.* ***ihr Zimmer war wie ein ~*** her room was like a battlefield (*od.* looked as if a bomb had hit it); **~frau** *f hist. woman who helped to clear away debris in Germany after World War II*; **~haufen** *m* heap of rubble.

Trumpf *m* trump (card); ***was ist ~?*** what's trumps?; ***alle Trümpfe in der Hand haben*** have (*fig.* hold) all the trumps; ***e-n ~ ausspielen*** play a trump, *fig.* play one's trump card; *fig.* ***j-m die Trümpfe aus der Hand nehmen*** steal s.o.'s thunder; ***Gesundbleiben*** *etc.* ***ist ~*** keeping healthy *etc.* is in (*od.* is the thing, is what it's all about); **Trumpfass** *n* ace of trumps; *fig.* ***das ~ der Mannschaft*** the team's trump card; **trumpfen** *v/i. u. v/t.* trump; **Trumpfkarte** *f* trump (card).

Trunk *m* **1.** (*Getränk*) drink; **2.** (*Alkoholismus*) drink(ing); ***sich dem ~ ergeben*** take to drink (F the bottle); ***dem ~ verfallen sein*** a) have taken to drink, *iro.* have succumbed to the demon drink, b) be a drinker, F be on the bottle; **trunken** *adj.* drunken ..., *a. pred.* drunk (*a. fig.* ***von*** with); intoxicated, inebriated (*beide a. fig.*); **Trunkenbold** *m* drunkard; **Trunkenheit** *f* drunkenness; intoxication, inebriation; ⚖ ***~ am Steuer*** drink-driving, drunken driving.

Trunkenheits|delikt *n* drinking (*od.* alcohol) offen|ce (*Am.* -se); **~fahrt** *f*: ***wegen e-r ~*** *verhaftet werden etc.* for drink-driving; **~unfall** *m* drink-driving accident.

Trunksucht *f* alcoholism, dipsomania; **trunksüchtig** *adj.*: ***~ sein*** be an alcoholic; **Trunksüchtige(r** *m*) *f* alcoholic.

Trupp *m* troop (*a. von Tieren*); ⚔ detachment, *Polizei*: *a.* squad.

Truppe *f* **1.** ⚔ troops *pl.*; (*Einheit*) unit; *pl.* ⚔ troops, forces; *fig.* ***von der schnellen ~ sein*** be a fast worker; **2.** *thea.* company, troupe; *Sport*: team.

Truppen|abbau *m* reduction in forces; **~abzug** *m* troop withdrawal, withdrawal (*od.* pull-out) of troops; **~aufmarsch** *m* deployment of troops; (*Massierung*) buildup of troops; **~bewegungen** *pl.* troop movement *sg.*; **~einheit** *f* unit; **~führer** *m* commander; **~gattung** *f* branch (of the service); **~reduzierung** *f* reduction of troops; **~rückzug** *m* troop withdrawal, withdrawal of troops; **~schau** *f* military review; **~stärke** *f* troop (*od.* military) strength, number of troops; **~transport** *m* troop transportation; **~transporter** *m* ⚓ troopship; ✈ troop carrier; **~übung** *f* field exercise, manoeuvre, *Am.* maneuver; **~übungsplatz** *m* military training area.

Trust *m* ✝ trust.

Trut|hahn *m* turkey (cock); **~henne** *f* turkey hen.

Tschader(in *f*) *m*, **tschadisch** *adj.* Chadian.

Tscheche *m*, **Tschechin** *f*, **tschechisch** *adj.*, **Tschechisch** *n ling.* Czech.

Tschechoslowake *hist. m*, **Tschechoslowakin** *f*, **tschechoslowakisch** *adj.* Czechoslovak, Czechoslovakian.

tschüs(s) F *int.* F bye, see you.

Tsetsefliege *f* tsetse fly.

T-Shirt *n* T-shirt, tee-shirt.

T-Träger *m* ⚙ T-beam, T-girder.

Tuba *f* **1.** ♪ tuba; **2.** → ***Tube*** 2.

Tube *f* **1.** tube; ***e-e ~ Zahnpasta*** a tube of toothpaste; F *fig.* ***auf die ~ drücken*** F step on it; **2.** *anat.* Fallopian tube.

Tuberkel *m* ⚕ tubercle, tuberculum; **tuberkulös** *adj.* tubercular.

Tuberkulose *f* tuberculosis; **~kranke(r)** *m* TB *od.* tuberculosis patient (*od.* case).

Tuch *n* **1.** cloth; (*Hals2, Kopf2*) scarf; (*Laken etc.*) sheet; ***das ist ein rotes ~ für ihn*** it's like a red rag to a bull (for him); ***heißes ~*** *zur Erfrischung*: hot towel; **2.** (*Stoff*) cloth; **~fabrik** *f* cloth factory; **~fühlung** *f* close contact; ***in ~*** shoulder to shoulder; *fig.* ***~ haben mit*** be in close contact with, be rubbing shoulders with; ***in ~ kommen mit*** come into contact with, get to know; **~handel** *m* cloth trade; **~händler** *m* draper; **~macher** *m* clothworker.

tüchtig I. *adj.* **1.** capable, able, competent; (*fleißig*) hard-working; (*leistungsfähig*) efficient; ***~er Arbeiter*** *a.* good worker; ***~ in*** good at (*ger.*); *iro.* ***~, ~!*** not bad (at all); **2.** (*ausgezeichnet*) excellent; **3.** F (*groß, stark*) good, (*anständig*) decent; ***e-e ~e Tracht Prügel*** a good hiding; ***ein ~er Schrecken*** a real fright; ***ein ~er Esser*** a good (*od.* big) eater; ***e-n ~en Appetit haben*** be really hungry; **II.** F *adv.*: ***~ schneien*** snow hard; ***~ arbeiten*** work hard; ***~ zulangen*** F tuck in, dig in; ***~ essen*** (***trinken***) F put away a fair (*od.* decent) amount; ***~ heizen*** turn the heating right up; **Tüchtigkeit** *f* ability, competence; efficiency; (*Fleiß*) diligence.

Tücke *f* **1.** (*Boshaftigkeit*) spite, maliciousness, malice; (*Hinterlist*) deceit, *stärker*: insidiousness; ***er ist voller ~*** (*Arglist*) you've got to watch him; **2.** (*heimtückische Handlung*) wile; *pl. a.* trickery *sg.*; **3.** (*verborgener Defekt*) hidden weakness; (*Gefahr*) hidden danger; ***es hat so s-e ~n*** it's not as easy as it looks, *Gerät etc.*: it's a bit tricky (to handle).

T

tuckern *v/i.* **1.** *Motor etc.*: put-put; **2.** (*fahren*) chug (along).

tückisch *adj.* malicious, spiteful; insidious (*a. Krankheit*); (*gefährlich*) dangerous, treacherous.

Tuerei F *f* fuss; acting; (*Angeberei*) showing-off; ***was soll denn die ~?*** don't put on like that.

Tuff *m geol.* **1.** tuff; **2.** → **~stein** *m* tufa.

Tüftelarbeit *f*, **Tüftelei** *f* fiddly work, *a* fiddly job (*od.* business); (*a. Denkarbeit*) tricky work, *a* tricky business (*od.* problem); ***das ist e-e ~*** (*Denkarbeit*) *a.* this is a real brainteaser; **tüftelig** *adj.* **1.** fiddly, *a. Denkarbeit*: tricky; **2.** *Person*: (*genau*) very exact; (*pedantisch*) fussy; **tüfteln** *v/i.*: ***an*** *et.* ***~*** fiddle about with, tinker with; (*e-r Denkaufgabe*) try to work (*od.* puzzle) out, *stärker*: rack one's brains over; **Tüftler** *m* tinkerer; ***er ist ein ~*** *a.* he likes to fiddle around with things.

Tugend *f* virtue; → ***Not***; **Tugendbold** *m* paragon of virtue; **tugendhaft** *adj.* virtuous; **Tugendhaftigkeit** *f* virtuousness; integrity; **Tugendwächter** *iro. m* moral watchdog.

Tukan *m zo.* toucan.

Tüll *m* tulle; *für Gardinen*: net.

Tülle *f* ⚙ socket; (*Gießröhre*) spout.

Tüll|gardinen *pl.* net (*od.* lace) curtains; **~spitze(n** *pl.*) *f* net lace (*sg.*).

Tulpe *f* **1.** ✿ tulip; **2.** (*Glas*) tulip(-shaped) glass.

Tulpen|beet *n* bed of tulips; **~feld** *n* tulip field; **~zeit** *f* tulip season; **~zwiebel** *f* tulip bulb.

tummeln *v/refl.*: ***sich ~*** **1.** romp around; *im Wasser*: jump (*od.* splash) around *od.* about; **2.** (*sich beeilen*) hurry up; ***tummle dich!*** *a.* F get a move on; **Tummelplatz** *m* playground; *fig.* stomping ground (*a. zo.*), *für Extremisten etc.*: *a.* hotbed *of extremism etc.*

Tümmler *m* **1.** (*Vogel*) tumbler; **2.** (*Delphin*) porpoise.

Tumor *m* ⚕ tumo(u)r.

Tümpel *m* pond; *kleiner*: puddle.

Tumult *m* tumult, *stärker*: riot; *lärmend*: commotion, uproar; ***für ~ sorgen*** cause a riot; ***es kam zu schweren ~en*** there was heavy rioting; **tumultartig** *adj.* riotous; ***~e Ausschreitungen*** near-rioting; ***~e Szenen*** scenes of uproar (*stärker*: rioting).

tun I. *v/t.* do; → *a.* ***machen***; (*hin~*) put; ***dann tu mal was!*** get on with it then; ***was ist zu ~?*** what is there to be done?, F what's on the agenda?; ***was hat er dir getan?*** what did he do (to you)?; ***ich habe ihm nichts getan*** I didn't do anything (to him), I didn't touch him; ***er wird dir schon nichts ~!*** he won't bite you; ***hast du dir was getan?*** did you hurt yourself?, are you all right (*Am.* alright)?; ***was tut man nicht alles*** the things I do for them *etc.*; F ***was ~? sprach Zeus*** F what to do?, what now?; ***damit ist es nicht getan*** that's not enough, that's not all there is to it, there's more to it than that; ***ein Messer tuts auch*** a knife will do; ***der Anzug tuts noch ein paar Jahre*** there's a few more years wear in that suit; ***das tut nichts zur Sache*** that's got nothing to do with it; ***das tut man nicht!*** you don't do things like that, that (just) isn't done; ***er kann ~ und lassen, was er will*** he can do whatever he likes; ***tu, was du nicht lassen kannst*** well, I can't stop you; well, if you (really) must; ***es zu ~ haben mit*** be dealing with, find o.s. up against; ***das hat damit nichts zu ~*** that's (got) nothing to do with it; ***damit hast du nichts zu ~*** that's (got) nothing to do with you; ***du wirst es mit ihm zu ~ bekommen*** you'll be in trouble with him, you'll have him after you; ***und was habe ich damit zu ~?*** and where do I come in(to it)?; → ***getan, Leid, wehtun*** *etc.*; **II.** *v/i.*: ***so ~, als ob*** pretend to *inf.* (*od.* that ...); ***er tut nur so*** he's only pretending, he's putting it on; ***tu doch nicht so!*** a) stop pretending, F who are you trying to kid, b) stop exaggerating, stop making such a fuss; ***höflich*** *etc.* ***~*** act polite *etc.*; ***ich hab noch zu ~*** I'm still busy, I've still got a few things to do; ***er hat mit sich selbst genug zu ~*** he's got enough on his plate as it is; ***ich hab sowieso in der Stadt zu ~*** I'm going to be in town anyway; ***du tätest gut*** (*od.* ***wohl***) ***daran, jetzt zu gehen*** it might be a good idea if you went now; → ***gut tun*** *etc.*; **III.** *v/refl.*: ***es tut sich was*** things are happening, (*es rührt sich was*) F I can hear stirrings; **IV.** ≈ *n*: (*a.* ***~ und Lassen***) activities *pl.*, movements *pl.*, action(s *pl.*); (*Verhalten*) behavio(u)r.

Tünche *f* whitewash; *fig.* ***es ist nur ~*** it's just a veneer, it's all on the surface, it's just for show; **tünchen** *v/t.* whitewash.

Tundra *f* tundra.

tunen *v/t. mot.* tune (up); **Tuner** *m* tuner.

Tunesier(in *f*) *m*, **tunesisch** *adj.* Tunisian.

Tunfisch *m* tuna (fish).

Tunichtgut *m* good-for-nothing.

Tunke *f* sauce; (*Braten*≈) gravy; **tunken** *v/t.* dip.

tunlich *adj.* (*zweckmäßig*) expedient; **tunlichst** *adv.* if at all possible; as far as possible; ***er sollte Fette ~ vermeiden*** he is urged to avoid all fats; ***machen Sie es ~ nicht*** I strongly advise you not to do it, *stärker*: you won't do it if you know what's good for you; ***das wirst du ~ bleiben lassen*** you won't do anything of the sort.

Tunnel *m* tunnel; **~bau** *m* tunnel construction; work on a (*od.* the) tunnel; **~schacht** *m* tunnel shaft.

Tunte F *f* **1.** *contp.* (*Frau*) woman; **2.** (*Homosexueller*) F fairy.

Tüpfelchen *n* spot; *fig.* ***das ~ auf dem i*** a) the last straw, b) the icing on the cake; **tüpfeln** *v/t.* dot, spot; → ***getüpfelt.***

tupfen I. *v/t.* **1.** dot; → ***getupft***; **2.** (*Wunde etc.*) dab; *Creme etc.* ***~ auf*** dab on; ***sich den Schweiß vom Gesicht ~*** mop the sweat off one's face; **II.** *v/i.*: ***j-m an die Schulter*** *etc.* ***~*** tap s.o. on the shoulder *etc.*; **III.** ≈ *m* dot, spot; **Tupfer** *m* **1.** ⚕ swab; **2.** (*Tüpfel*) dot, spot.

Tür *f* door; ***in der ~*** in the door(way); ***vor der ~*** at the door; ***~ an ~ wohnen*** live next door to each other; ***von ~ zu ~ gehen*** go (knocking) from door to door; ***an die ~ gehen*** answer the door; ***kannst du mal an die ~ gehen?*** *a.* can you get the door?; F ***da ist die ~!*** you know the way out; F ***mach die ~ von außen zu!*** don't forget to shut the door behind you; ***ich muss mal vor die ~ gehen*** I must just get a breath of fresh air; ***ich komme überhaupt nicht vor die ~*** I'm stuck in the house (*od.* flat *etc.*) all day long, I never get out; ***ich bin gerade zur ~ rein*** I just got in this minute; ***Tag der offenen ~*** open day; ***er wohnt e-e ~ weiter*** he lives next door (*od.* in the next house, flat *etc.*); *fig.* ***vor der ~ stehen*** *Ereignis*: *fig.* be on the doorstep; *fig.* ***Weihnachten steht vor der ~*** *a.* Christmas is just around the corner; *e-r Sache* ***~ und Tor öffnen*** give free reign to; ***die ~ für Verhandlungen offen halten*** keep an open door for negotiations; F ***mit der ~ ins Haus fallen*** blurt it out; F ***j-n vor die ~ setzen*** turn (*od.* throw) s.o. out; F ***zwischen ~ und Angel*** in a hurry, (just) as he was (they were *etc.*) leaving; → ***einrennen, kehren***[1]***, verschlossen, weisen*** I *etc.*; **~angel** *f* (door) hinge.

Turban *m* turban.

Turbine *f* turbine.

Turbinen|flugzeug *n* turbojet (aircraft); **~triebwerk** *n* jet turbine engine.

Turbo *m mot.* (car with) turbocharger; **~diesel** *m* turbo diesel; **~lader** *m* turbocharger; **~motor** *m mot.* turbocharger engine.

Turbo-Prop-Flugzeug *n* turboprop (aircraft).

turbulent I. *adj.* turbulent, hectic; **II.** *adv.*: ***es ging ~ zu*** things got quite hectic (*od.* heated); **Turbulenz** *f a. pl.* turbulence (*a. phys.*).

Tür|füllung *f* door panel; **~griff** *m* doorhandle.

Türke *m* **1.** Turk; **2.** F *Presse*: fake; ***e-n ~n bauen*** a) pretend, fake, b) make a blunder; **3.** F Turkish restaurant; ***zum ~n gehen*** F go to a Turkish place; ***hier in der Nähe ist ein ~*** there's a Turkish place near here; **türken** F *v/t.* (*Papiere etc.*) fake; (*Zahlen etc.*) fiddle; **Türkin** *f* Turk(ish woman).

Türkis *m min.* turquoise; **türkis(blau)** *adj.* turquoise.

türkisch I. *adj.* Turkish; ***~er Honig*** nougat; **II.** ≈ *n ling.* Turkish.

Tür|klingel *f* doorbell; **~klinke** *f* doorhandle; **~klopfer** *m* knocker; **~knauf** *m* doorknob.

Turm *m* tower (*a. fig.*); (*Kirch*≈) *a.* steeple; *Schach*: castle, rook; *bibl.* ***der ~ zu Babel*** the Tower of Babel.

Turmalin *m min.* tourmaline.

Turmbau *m*: *bibl.* ***der ~ zu Babel*** (the building of) the Tower of Babel.

Türmchen *n* turret.

türmen I. *v/t.* pile (up); **II.** *v/refl.*: ***sich ~*** pile up; **III.** *v/i.* F (*ausreißen*) bolt, F scarper, do a bunk.

Turm|falke *m* kestrel; **≈hoch I.** *adj.* huge, towering; **II.** *fig. adv.*: ***j-m ~ überlegen sein*** be head and shoulders above s.o.; **~spitze** *f* spire; **~springen** *n* high diving; **~uhr** *f* church clock.

Turnanzug *m* gym outfit.

turnen I. *v/i.* do gymnastics (*a. am Gerät*); *in der Schule*: *a.* do PE (= physical education), do gym; **II.** ≈ *n* gymnastics *pl.* (*sg. konstr.*); *in der Schule*: PE (= physical education), gym; **Turner(in** *f*) *m* gymnast.

Turn|halle *f* gymnasium, gym; **~hemd** *n* gym shirt (*od.* top); **~hose** *f*: (***e-e ~*** a pair of) gym shorts *pl.*

Turnier *n* **1.** tournament; **2.** *hist.* (jousting) tournament; **~pferd** *n* show horse; **~reiter** *m* show jumper; **~sieger** *m* winner of a (*od.* the) tournament; **~spiel** *n* tournament match; **~tanz** *m* ballroom dancing; **~tänzer(in** *f*) *m* ballroom dancer.

Turn|lehrer(in *f*) *m* gym instructor (*od.* teacher); PE (= physical education) teacher; **~schuh** *m* gym shoe, *Am.* sneaker; **~stunde** *f* gym lesson, PE (= physical education) lesson; **~übung** *f* (gymnastic) exercise; **~unterricht** *m* PE (= physical education) lesson(s *pl.*).

Turnus *m* rota; ***im ~*** → ***turnusmäßig*** II; ***im ~ von drei Wochen*** every three weeks; **turnusmäßig I.** *adj.* rotational; ***in ~em Wechsel*** in rotation; **II.** *adv.* in rotation, by turns; *Personal* ***~ auswechseln*** rotate; ***sich ~ abwechseln*** rotate.

Turn|verein *m* gymnastics club; **~zeug** F *n* gym kit, F gym things *pl.*

Tür|öffner *m* door opener; **~pfosten** *m* doorpost; **~rahmen** *m* doorframe; **~schild** *n* doorplate; **~schloss** *n* lock; **~schwelle** *f* threshold; **~sprechanlage** *f* entryphone.

turteln F*v/i.* F bill and coo.

Turteltaube *f* turtledove; F *fig. pl.* F lovey-doveys.

Tusch *m* flourish.

Tusche *f* Indian ink; (*Wasserfarbe*) watercolo(u)r.

Tuschelei *f* whispering (behind s.o.'s back); **tuscheln** *v/i. u. v/t.* whisper (behind s.o.'s back).

tuschen *v/t. u. v/i.* draw in Indian ink; *mit Farben*: paint in watercolo(u)rs; ***(sich) die Wimpern ~*** put some (*od.* one's) mascara on.

Tusch|kasten *m* paintbox; **~zeichnung** *f* Indian ink drawing.

Tussi F *f* female, *sl.* tart, (*Freundin*) *sl.* bird.

tut *int. Kindersprache*: beep-beep!, toot-toot!

Tüte *f* **1.** (paper) bag; (*Plastik*~) plastic bag; F ***kommt nicht in die ~!*** F no way; **2.** (*Eis*~) (ice-cream) cone.

tuten *v/i.* toot, honk, blow one's horn; → ***Ahnung.***

TÜV *m* (*abbr. für* ***Technischer Überwachungs-Verein***) safety standards authority; ***ich muss zum ~*** *etwa* my MOT's due; ***(nicht) durch den ~ kommen*** *etwa* get through (fail) one's MOT; **TÜV-geprüft** *adj.* safety-tested.

Twen *m* person in his *od.* her twenties; ***~s*** *pl.* people in their twenties.

Twillhose *f*: ***(e-e ~*** a pair of) twill trousers *pl.* (*od.* twills *pl.*).

Typ *m* **1.** type; ⚙ *a.* model; ***ein Kampfflugzeug vom ~ F117*** an F117 fighter plane; **2.** (*Art Mensch*) type; ***ein ruhiger*** *etc.* ***~*** *a.* a quiet *etc.* sort of person; ***er ist nicht der richtige ~*** he's not the right sort of person (for the job *etc.*); ***er (sie) ist nicht mein ~*** he's (she's) not my type; **3.** F (*Mann*) F guy, bloke; (*Freund*) F bloke; ***das ist ihr neuester ~*** he's her latest (bloke).

Type *f* **1.** *typ. u. Schreibmaschine*: type; **2.** F (*Kauz*) F character; → *a.* ***Typ*** 2.

Typen|bezeichnung *f* ⚙ type designation; **~druck** *m* type printing; **~lehre** *f* *biol.* typology.

Typenrad *n* daisy wheel; **~drucker** *m* daisy-wheel printer; **~schreibmaschine** *f* daisy wheel typewriter.

Typenschild *n* ⚙ identification plate.

Typhus *m* ⚕ typhoid; **~epidemie** *f* typhoid epidemic; **~erreger** *m* typhoid bacillus; **~kranke(r)** *m* typhoid patient (*od.* case).

typisch I. *adj.* typical (**für** of); ***ein ~es Beispiel*** *a.* a classic example; ***das ist wieder mal ~*** that's just typical(, isn't it); **II.** *adv.*: ***~ englisch!*** that's typically English, F that's the English for you; ***das ist ~ Bernd*** that's just like Bernd, that's Bernd all over.

typisieren *v/t.* typify; ⚙ standardize; **Typisierung** *f* typification; ⚙ standardization.

Typographie *f* typography; **typographisch** *adj.* typographic(al).

Typologie *f* typology; **typologisch** *adj.* typological.

Typus *m* type.

Tyrann *m* tyrant (*a. fig.*), despot; **Tyrannei** *f* tyranny, despotism; **Tyrannenherrschaft** *f* tyranny, despotic rule; **tyrannisch** *adj.* tyrannical, despotic; (*herrschsüchtig*) domineering; **tyrannisieren** *v/t.* tyrannize, oppress; *fig.* tyrannize, bully *s.o.*

Tyrannosaurus *m* tyrannosaurus.

Tyrrhenisch *adj*: ***das ~e Meer*** the Tyrrhenian Sea.

U, u *n* U, u.

U-Bahn *f* underground, *in London*: *a. the* tube; *Am.* subway; ***mit der ~ fahren*** go by (*od.* take) the underground *etc.*; **~-Haltestelle** *f* underground (*in London*: *a.* tube, *Am.* subway) stop; **~hof** *m* underground (*in London*: *a.* tube, *Am.* subway) station; **~-Netz** *n* underground (*Am.* subway) system; **~-Station** *f* underground (*in London a.* tube, *Am.* subway) station; **~-Wagen** *m* underground carriage; *Am.* subway car.

übel I. *adj.* **1.** (*schlimm*) bad; (*scheußlich*) horrible, nasty; (*gemein*) nasty; (*unangenehm*) unpleasant; (*moralisch verwerflich*) unsavo(u)ry; (*stinkend*) foul (*a.* F *Wetter*); ***üble Geschäfte*** shady dealings; ***übler Ruf*** bad reputation; F ***nicht ~*** not bad; F ***kein übler Gedanke*** not a bad idea; F ***das klingt nicht ~*** that's not a bad idea; F ***~ dran sein*** be in a bad way; F ***ein übler Kerl*** a nasty customer; F ***er ist kein übler Kerl*** he's all right (*Am.* alright); ***ein übler Trick*** a nasty trick; **2.** ***mir ist ~*** I feel sick; ***dabei kann einem ~ werden*** it's enough to make you sick; **II.** *adv.* badly; ***~ riechen*** smell (awful), stink; ***es bekam ihr ~*** it didn't do her any good; → ***mitspielen, vermerken, wohl*** 2; **III.** ⁓ *n* evil; (*Missstand*) *the* trouble; (*Leiden*) complaint; ***ein schlimmes ~*** (*Drogenmissbrauch etc.*) a scourge; ***notwendiges ~*** necessary evil; ***das kleinere ~*** the lesser of the two evils; ***die Wurzel allen ~s*** the root of all evil; ***der Grund*** (*od.* ***die Ursache***) ***des ganzen ~s*** the root cause of all the trouble; ***von ~*** no good; ***zu allem ~*** to top it all; → ***doppelt*** I.

übel| gelaunt *adj.* bad-tempered, F grumpy; ***~ sein*** *vorübergehend*: *a.* be in a bad (*stärker*: foul) mood; **~ gesinnt** *adj.* ill-disposed (*dat.* towards).

Übelkeit *f* feeling of sickness, sick feeling, nausea.

übellaunig *adj.* → ***übel gelaunt***; **Übellaunigkeit** *f* bad-temperedness, F grumpiness.

übel nehmen *v/t.* take *s.th.* amiss, take offen|ce (*Am.* -se) at; ***j-m et. ~*** *längerfristig*: hold s.th. against s.o.; ***du nimmst es mir doch nicht übel, oder?*** you're not offended, are you?

übel riechend *adj.* foul-smelling; *Atem*: foul.

Übeltat *iro. f* misdeed; **Übeltäter** *m* malefactor; *e-s Verbrechens*: *a.* perpetrator (of the crime); *iro.* miscreant.

übel wollen *v/i.*: ***j-m ~*** be ill-disposed towards s.o., (*j-m schaden wollen*) be out to harm s.o., F have it in for s.o.

üben *v/t. u. v/i.* ♪, *Sport etc.*: practi|se (*Am.* -ce); ⚔ drill; (*schulen*) train; ***Geige*** *etc.* ***~*** practi|se (*Am.* -ce) the violin *etc.*; ***fleißig ~*** practi|se (*Am.* -ce) hard; (***sich in***) ***Geduld ~*** exercise (a bit of) patience; ***du musst dich in Geduld ~*** *a.* you'll just have to be patient; → ***Nachsicht*** *etc.*

über I. *prp.* over; above; (*höher als*) *a.* higher than; (*mehr als*) over, more than; *amtlich*: exceeding; (*~ ... hinaus*) beyond; (*quer ~*) across; (*wegen*) over, about; (*während*) during, while; *reisen, gehen etc.* ***~*** via *a town*; *sprechen etc.* ***~*** about; *Abhandlung, Werk, Vortrag* ***~*** on; ***~ die Straße gehen*** cross the street; ***~ Geschäfte*** (***den Beruf, Politik***) ***reden*** talk business (shop, politics); ***nachdenken ~*** think about; ***Fehler ~ Fehler*** one mistake after the other; ***Ärger ~ Ärger*** no end of trouble; ***~ m-e Kräfte*** (***hinaus***) beyond my strength; ***das geht ~ m-n Verstand*** it's beyond me, it's above my head; ***~ Nacht*** overnight; *er ist* ***~ 70 Jahre alt*** past (*od.* over) seventy, F on the shady side of seventy; ***~ das Wochenende*** over the weekend; ***~ einige Jahre verteilt*** spread over several years; ***~ kurz oder lang*** sooner or later; ***e-e Rechnung ~ 400 Mark*** a bill for 400 marks; ***~ den Büchern sitzen*** sit (*od.* pore) over one's books; ***das geht ihm ~ alles*** it means more than anything to him; ***es geht nichts ~ ...*** there's nothing like ...; ***~ der Arbeit*** (***s-r Lektüre***) ***einschlafen*** fall asleep over one's work (while reading); ***~ all dem Gerede habe ich die Kinder ganz vergessen*** with all this chatting I completely forgot about the children; *fig.* ***~ j-m stehen*** (*überlegen sein*) be above s.o.; **II.** *adv.*: ***~ und ~*** all over; ***die ganze Zeit ~*** all along; ***den ganzen Tag*** *etc.* ***~*** throughout the day *etc.*; F ***et. ~ sein*** have had enough of s.th., F be sick and tired of s.th.; → ***übrig, vorüber, überhaben***; **III.** **~...** *in Zssgn mst* over..., hyper...

überaktiv *adj.* overactive; **Überaktivität** *f* overactivity.

überall *adv.* everywhere; *örtlich begrenzt*: *a.* F all over the place; ***~ in*** (*od.* ***an, auf***) all over *town, the house, the wall, the floor etc.*; ***~ wo*** wherever; ***von ~ her*** from all around, F from all over the place; *weitS.* from all four corners of the earth; *Kritik etc.*: from all sides; **~hin** *adv.* everywhere, in all directions, F all over the place; *weitS.* to the four corners of the earth.

überaltert *adj. Bevölkerung*: overaged; ***~ sein*** *Betrieb etc.*: have a high (*od.* too high a) percentage of old people; **Überalterung** *f* ag(e)ing; (*Zustand*) *e-s Betriebs etc.*: high percentage of old people.

Überangebot *n* ♆ oversupply, glut (***an*** of); (*Überschuss*) surplus (of); *weitS.* ***ein ~ an ...*** (far) too many (*od.* much) ...; ***es herrscht ein ~ an ...*** there are far too many ..., there is far too much ...; ***bei dem ~*** *weiß man nicht, was man nehmen soll*: with so many things to choose from.

überängstlich *adj.* over-concerned, overly concerned, too nervous about things; ***er ist ~*** *a.* he's always worried (that) something's going to go wrong; **Überängstlichkeit** *f* over-concern.

überanstrengen I. *v/t.* overexert, strain; **II.** *v/refl.*: ***sich ~*** overexert o.s., F overdo things; **Überanstrengung** *f* overexertion, strain.

überantworten *v/t.* hand over (*dat.* to); ***j-m ~*** *a.* commit *s.th. od. s.o.* into s.o.'s hands; **Überantwortung** *f* handing over; committal.

überarbeiten I. *v/t.* rework, go over *s.th.* (again); (*Buch etc.*) revise; **II.** *v/refl.*: ***sich ~*** overwork, F overdo things; **überarbeitet** *adj. Person*: overworked; ***sie ist ~*** *a.* she's been doing too much (F overdoing things); **Überarbeitung** *f* **1.** reworking; *e-s Buchs etc.*: revision; **2.** (*Überanstrengung*) overwork, *weitS.* exhaustion.

überaus *adv.* exceedingly, extremely.

überbacken I. *v/t.* brown; **II.** *adj. nachgestellt*: au gratin.

Überbau *m phls.*, ⚠ superstructure; **überbauen** *v/t.* build over.

überbeanspruchen *v/t.* **1.** (*Person*) overexert, put too great a strain on; (*Augen etc.*) *a.* strain; (*Fantasie etc.*) tax; **2.** ⚙ overstress; *durch Last*: overload; **Überbeanspruchung** *f* **1.** overexertion, strain; **2.** ⚙ overstressing; overloading.

Überbein *n* ⚕ exostosis; (*Knoten*) node.

überbekommen F *v/t.*: ***et.*** **~** F get sick and tired of s.th.; ***er hats* ~** *a.* he's had enough (of it).

überbelasten *v/t.* overload; **Überbelastung** *f* overload(ing).

überbelegt *adj.* overcrowded; *Kurs*: oversubscribed.

überbelichten *v/t. phot.* overexpose; **Überbelichtung** *f* overexposure.

Überbeschäftigung *f* overemployment.

überbesetzt *adj.* overstaffed; **Überbesetzung** *f* overmanning, overstaffing.

überbetonen *v/t.* overemphasize, overplay.

Überbett *n* duvet, eiderdown.

überbevölkert *adj.* overpopulated.

überbewerten *v/t.* overrate; **Überbewertung** *f* overrating.

überbezahlen *v/t.* overpay.

überbietbar *adj.*: ***nicht*** (*od.* ***kaum***) **~** unsurpassable, the height of ...; **überbieten** *v/t.* outbid; (*Rekord*) break (***um*** by); *fig.* outdo; *fig.* ***sich*** *gegenseitig* **~** vie with one another (***in*** in); ***kaum zu* ~** unsurpassed; ***e-e kaum zu ~de Frechheit*** the height of insolence.

Überbleibsel *n* remnant, *pl. a.* remains; *e-r Mahlzeit*: leftovers *pl.*; *fig.* remnant (***aus*** *e-r Zeit*: of, from), hold-over (from).

überblenden *v/t. u. v/i.* (cross-)fade, fade over; **~ *auf*** (*od.* ***zu***) fade to, go (*od.* pass) over to; **Überblenden** *n*, **Überblendung** *f* fading, fade-over.

Überblick *m* view; *fig.* overall view, *bsd. Am.* overview (*alle* ***auf, über*** of); (*Abriss*) survey; (*Zusammenfassung*) summary, synopsis; *fig.* ***e-n* ~ *über et. gewinnen*** get the general idea of s.th.; ***den* ~ *behalten*** keep track; ***den* ~ *verlieren*** lose track of things, ***über et.:*** lose track of s.th.; ***ich habe keinen* ~ *mehr*** *a.* I don't know what's going on any more; **überblicken** *v/t.* **1.** overlook, have a view of; **2.** *fig.* grasp; → *a.* ***überschauen***; ***die Lage* ~** have things under control.

überbraten F *v/t.*: ***j-m eins* ~** F give s.o. a wallop.

überbringen *v/t.* deliver (***j-m et.*** s.th. to s.o.); **Überbringer** *m* bearer; **Überbringung** *f* delivery.

überbrückbar *adj.* bridgeable; **überbrücken** *v/t.* **1.** *fig.* bridge *a gap etc.*; (*Zeit*) fill in; ***e-e Zeit der Arbeitslosigkeit*** *etc.* **~** tide o.s. over during a period of unemployment *etc.*; **2.** bridge, span; **3.** ⚡ bypass, shunt; **Überbrückung** *f* **1.** *fig.* bridging; tiding o.s. over (*gen.* during ...); **2.** bridging; **3.** ⚡ bypass, shunting; (*Überbrückungsdraht*) jumper (wire).

Überbrückungs|(bei)hilfe *f* temporary assistance, F tide-over; **~kredit** *m* bridging loan; **~maßnahme** *f* stopgap measure; **~widerstand** *m* ⚡ shunt resistor.

überbuchen *v/t. u. v/i.* overbook; **Überbuchung** *f* overbooking.

überbürden *v/t.* overburden.

überdachen *v/t.* roof over, build a roof over; cover; **überdacht** *adj.* covered (over).

überdauern *v/t.* outlast; (*Krieg etc.*) survive; ***die Zeit* ~** stand the test of time; ***s-e Werke haben ihn überdauert*** his works lived on after his death; **überdauernd** *adj.* enduring.

überdecken *v/t.* **1.** cover (up); **2.** (*verbergen*) mask, conceal; (*verhüllen*) obscure; (*Geräusch*) drown out; (*Geruch*) blanket (over *od.* out); (*Geschmack*) drown.

überdehnen *v/t.* overstretch; (*Muskel*) stretch, pull; **Überdehnung** *f* overstretching; *e-s Muskels*: pulling, straining, *konkret*: strain.

überdenken *v/t.* think *s.th.* over; ***neu* ~** reassess.

überdeutlich *fig.* **I.** *adj.* unmistakable, all too clear; **II.** *adv.* all too clearly, F loud and clear.

überdies *adv.* besides, moreover.

überdimensional *adj.* outsize(d); *weitS.* huge; larger-than-life ..., *pred.* larger than life; **überdimensioniert** *adj.* oversized.

überdosieren *v/t.* overdose; ***et.*** **~** *a.* go over the dose (on s.th.); **Überdosis** *f* overdose; ***an e-r* ~ *Heroin sterben*** F OD on heroin.

überdrehen *v/t.* (*Uhr*) overwind; (*Motor*) overspeed; (*Gewinde*) strip; **überdreht** *fig. adj.* **1.** wound up, overexcited; **2.** *Ideen etc.*: eccentric, F off-beat.

Überdruck *m phys.*, ⚙ overpressure; **~kabine** *f* pressurized cabin; **~ventil** *n* pressure relief (*od.* safety) valve.

Überdruss *m* weariness; (*Übersättigung*) surfeit; ***bis zum* ~** ad nauseam; ***ich musste es mir bis zum* ~ *anhören*** F I had to listen to it till it was coming out of my ears; **Überdrussgesellschaft** *f*: ***die* ~** sated society; **überdrüssig** *adj.*: ***e-r Sache* ~ *sein*** (***werden***) be (get) tired (*od.* weary) of s.th., be(come) sated with s.th.; ***e-r Sache* ~ *werden*** *a.* weary of s.th.; ***ich bin der Sache* ~** *a.* I feel jaded.

überdurchschnittlich I. *adj.* above-average ..., higher-than-average ...; *pred.* above (*od.* higher than) average; *weitS.* (**~ *gut***) outstanding; **II.** *adv.* (*a.* **~ *gut***) outstandingly (well); (*mehr* [*besser*] *als der Durchschnitt*) more (better) than average; **~ *verdienen*** have a higher-than-average income; **~ *bezahlt werden*** be paid better than the average.

Überdüngung *f* over-fertilization.

übereck *adv.* diagonally, at an angle.

Übereifer *m* overkeenness, overzealousness; **übereifrig** *adj.* overkeen, overzealous.

übereignen *v/t.*: ***j-m et.*** **~** make s.th. over to s.o.; **Übereignung** *f* ⚖ transference (***an*** to).

übereilen I. *v/t.* rush; ***die Dinge*** (*od.* ***Sache***) **~** rush things; ***nichts* ~** not to rush things; ***e-n Entschluss* ~** make a rash decision, decide too soon; **II.** *v/refl.*: ***sich* ~** rush things; **übereilt** *adj.* rash, (over)hasty, precipitate; **Übereilung** *f* rashness, haste; F ***nur keine ~!*** let's not rush things, now.

übereinander *adv.* **1.** on top of each other (*od.* one another), one on top of the other; **2.** *sprechen etc.*: about one another.

übereinander| legen *v/t.* put (*od.* lay) on top of each other (*od.* one another); **~ liegen** *v/i.* lie on top of each other (*od.* one another); **~ schlagen** *v/t.*: ***die Beine* ~** cross one's legs.

übereinkommen I. *v/i.* agree; ***wir sind*** (***mit ihnen***) ***übereingekommen, dass*** we have agreed (with them) that; ***man ist übereingekommen, dass*** it has been agreed that; **II.** ♀ *n* → **Übereinkunft** *f* agreement, understanding, arrangement; (*Vergleich*) settlement; ***e-e* ~ *treffen*** reach (*od.* come to) an agreement, strike a deal.

übereinstimmen *v/i.* *Angaben, Zahlen etc.*: tally, correspond, agree; *Farben, Muster etc.*: match, go together; *ling.* agree; ***mit j-m* ~** agree with s.o. (***über, in*** on); **übereinstimmend I.** *adj.* corresponding; *Meinung, Bericht etc.*: concurring; (*einstimmig*) unanimous; *Farben*: matching; **II.** *adv. declare etc.* unanimously; **~ *mit*** in accordance (*od.* conformity, agreement) with; ***es wurde berichtet, dass*** reports agreed that; ***es wurde* ~ *festgestellt, dass*** everybody agreed that, there was unanimous agreement that; **Übereinstimmung** *f* (*Einigkeit, Einklang*) agreement; (*Entsprechung*) correspondence, concurrence; harmony, accord; unison; **~ *erzielen*** come to (*od.* reach) an agreement; ***in* ~ *bringen*** make *things* tally, get *things* to tally; ***in* ~ *stehen*** → ***übereinstimmen***; ***in* ~ *mit*** in agreement (*od.* accordance, conformity) with, in keeping (*od.* line) with; ***es besteht*** (***keine***) **~ *zwischen X und Y*** X and Y (don't) agree *od.* tally, X and Y are(n't) in agreement.

überempfindlich *adj.* hypersensitive, oversensitive (***gegen*** to); **Überempfindlichkeit** *f* hypersensitivity, oversensitivity.

überernährt *adj.* overnourished, overfed; **Überernährung** *f* overnourishment; overfeeding.

über'essen *v/refl.*: ***sich* ~** overeat; ***sich übergessen haben*** *a.* have had too much (to eat).

'überessen *v/t.*: ***sich et.*** **~** eat too much (*od.* many) of s.th.; ***ich habs mir übergegessen*** *a.* F I can't stand the sight of it (*od.* them) any more.

über'fahren *v/t.* **1.** (*Person, Hund etc.*) run over, knock down; (*Signal*) drive through; (*Linie etc.*) cross, pass; ***die Ampel* ~** shoot the lights; **2.** *fig.* (*j-n*) steamroller *s.o.* (into it).

'überfahren *v/i.* cross over; **~ *über*** cross.

Überfahrt *f* crossing.

Überfall *m* attack (***auf*** on); *auf der Straße*: *a.* mugging; *aus dem Hinterhalt*: ambush (attack) (on); (*Raub*♀) raid (on), *mit Waffendrohung*: hold-up; *gewalttätiger*: assault (on); *auf ein Dorf etc.*: raid (on) (*a.* ✈), *auf ein Land*: invasion (of); F *fig.* (*Besuch*) F descent (on), invasion (of *s.o.'s house etc.*); F *fig.* ***e-n* ~ *auf j-n planen*** plan to descend on s.o.; **überfallen** *v/t.* attack, *auf der Straße*: *a.* mug; *aus dem Hinterhalt*: waylay, ambush; (*Bank etc.*) raid, *mit Waffendrohung*: hold up; *gewalttätig*: assault; (*Dorf etc.*) raid; (*Land*) invade; F *fig.* (*besuchen*) F descend on; (*unterwegs* **~**) F waylay; *fig.* ***von Müdigkeit*** *etc.* **~ *werden*** be overcome by tiredness *etc.*; ***plötzlich wurde ich von Müdigkeit* ~** *a.* suddenly a feeling of tiredness came over me (*od.* hit me); ***j-n mit e-r Frage*** (***Aufgabe*** *etc.*) **~** spring a question (a job *etc.*) on s.o.

überfällig *adj.* overdue; ***längst* ~** long overdue; ***seit drei Tagen*** (*od.* ***drei Tage***) **~ *sein*** be three days overdue.

Überfallkommando *n* riot squad.

überfein *adj.* **1.** *Gehör etc.*: highly sensitive; **2.** *Geschmack*: fastidious *tastes*; **3.** *Unterschied etc.*: oversubtle; **überfeinert** *adj.* overrefined; **Überfeinerung** *f* overrefinement.

über'fischen *v/t.* overfish; **Überfischen** *n*, **Überfischung** *f* overfishing.

überfliegen *v/t.* **1.** fly over; *tief*: F buzz; **2.** *fig. mit den Augen*: glance over, skim (through); ***et. mit den Augen ~*** *a.* run one's eyes over (*od.* down *a list etc.*); **3.** *Lächeln etc.*: flit across *s.o.'s* face.

Überflieger F *m* F superman.

überfließen *v/i.* overflow (*a. fig.* ***von*** with); ***aus et. ~*** flow over the top of.

überflügeln *fig. v/t.* surpass, outstrip.

Überfluss *m* abundance; (*Überschuss*) surplus; (*Überangebot*) glut (*alle* ***an*** of); ***~ haben an***, *et.* ***im ~ haben*** have plenty of, *Gegend, Gewässer etc.*: *a.* abound in *resources, fish etc.*; ***Papier*** *etc.* ***ist im ~ vorhanden*** there's plenty of paper *etc.* (available); ***zu allem ~*** as if that wasn't enough, F to top it all; **~gesellschaft** *f* affluent society.

überflüssig *adj.* superfluous; (*unnötig*) *a.* unnecessary; (*unerwünscht*) undesired, superfluous; *Bemerkung etc.*: superfluous, uncalled-for; *Arbeitskräfte*: redundant; ***~ machen*** render superfluous *etc.*; ***~ zu sagen, dass*** needless to say, ...; **überflüssigerweise** *adv.* unnecessarily; for no real reason; **Überflüssigkeit** *f* superfluousness.

überfluten *v/t. a. fig.* flood, inundate; **Überflutung** *f* flooding; *fig.* inundation.

überfordern *v/t. Person*: expect (*od.* demand) too much of *s.o.*, *Sache*: be too much for *s.o.* (to handle), be more than *s.o.* can cope with; (*Körper*) overtax, strain; **überfordert** *adj.*: ***er ist ~*** he can't cope, he's taken on too much; ***damit ist er ~*** it's too much for him, it's expecting too much of him; ***ich fühle mich ~*** I don't think I can cope (with it) *od.* manage (it); **Überforderung** *f*: ***es ist e-e ~*** it's (expecting) too much (***für*** of).

überfrachten *v/t. a. fig.* overload; **überfrachtet** *fig. adj.* overloaded, weighed down (***mit*** with).

überfragt *adj.*: ***da bin ich ~*** I'm afraid I can't answer that (one) for you, F you've got me there.

Überfremdung *f* foreign infiltration (✝ control).

überfressen F *v/refl.*: ***sich ~*** overeat; ***sich ~ an*** F stuff o.s. with.

überfrieren *v/i.* freeze over.

'überführen *v/t.* → ***über'führen*** 1.

über'führen *v/t.* **1.** (*befördern*) take, (*a. Tote*) transport, ✈ *a.* fly; **2.** ⚖ (*als schuldig erweisen*) find guilty (*gen.* of), convict (of); **Überführung** *f* **1.** transportation; **2.** ⚖ conviction; **3.** *Straße*: flyover, overpass; 🚂 viaduct.

Überfülle *f* overabundance, profusion (***von*** of); **überfüllen** *v/t.* (*Raum etc.*) overcrowd; **überfüllt** *adj.* (over-)crowded; *Raum, Bus etc.*: *a. pred.* crammed full, F (jam)packed; *Straßen*: congested *roads*; *Kurs etc.*: oversubscribed; ***~e Vorlesungen*** crowded lecture halls; ***~e Seminare*** crowded seminars; ***~er Luftraum*** congested airspace, crowded air lanes; **Überfüllung** *f* overcrowding; ***wegen ~ geschlossen*** full up.

Überfunktion *f* ⚕ hyperactivity; ***~ der Schilddrüse*** *etc.* hyperactive thyroid *etc.*

überfüttern *v/t.* overfeed.

Übergabe *f a. e-s Amtes etc.*: handing-over; ⚔ surrender.

Übergang *m* **1.** (*Übergangsstelle*) crossing (point); (*Brücke*) footbridge; 🚂 level (*Am.* grade) crossing; **2.** (*das Überqueren*) crossing; **3.** *fig.* (*Wechsel*, *Überleitung*) transition; (*vorläufiger Zustand*) interim; ***~ zum Euro*** transition (*od.* changeover) to the Euro.

Übergangs|bestimmungen *pl.* provisional regulations; **~erscheinung** *f* transitional phenomenon (*od.* aspect).

übergangslos *adv.* without transition, directly; ***sich ~ aneinander reihen*** run on from one another (*od.* without a break).

Übergangs|lösung *f* interim solution, temporary arrangement; **~mantel** *m* in-between coat; **~maßnahme** *f* transitional measure; **~periode** *f* transitional period; **~phase** *f* transitional phase; **~regelung** *f* temporary arrangement; **~regierung** *f* caretaker (*od.* transitional, interim) government; **~stadium** *n* transitional stage; **~stil** *m* transitional style; **~zeit** *f* transitional period.

übergeben I. *v/t.* hand over; *feierlich*: present; ⚔ *etc.* surrender; ***j-m et. ~*** hand s.th. over to s.o., *feierlich*: present s.o. with s.th., ⚔ *etc.* surrender s.th. to s.o.; (*anvertrauen*) entrust s.o. with s.th.; ***e-e Sache dem Gericht ~*** take a matter to court; ***dem Verkehr ~*** open to traffic; **II.** *v/refl.*: ***sich ~*** (*erbrechen*) vomit, be sick.

'übergehen *v/i.* go (*od.* pass) over (***zu*** to); ***~ auf*** (*e-n Nachfolger, Stellvertreter*) devolve upon; ***~ in*** pass into, *sich wandelnd*: turn into, *Farbe, Ton, Stimmung etc.*: blend (*od.* merge) into; ***in Schnee*** *etc.* ***~*** turn to snow *etc.*; ***ineinander ~*** *Farben*: blend; ***in j-s Besitz ~*** pass into s.o.'s possession (*od.* hands); ***in andere Hände ~*** change hands; ***zum nächsten Punkt*** *etc.* ***~*** pass on (*od.* move on, *formell*: proceed) to the next item *etc.*; ***zum*** *Feind*, ***zu*** *e-r anderen Partei* ***~*** go over to, defect to; F ***die Augen gingen ihm über*** *vor Staunen*: his eyes nearly popped out of his head.

über'gehen *v/t.* (*hinweggehen über*) pass *s.th.* over (***mit Stillschweigen*** in silence); (*missachten*) disregard; (*nicht beachten, ignorieren*) ignore; (*auslassen*) leave out, omit, F skip; (*nicht berücksichtigen*) pass *s.o.* over, leave *s.o.* out; ***sich übergangen fühlen*** feel snubbed (*od.* left out).

übergenau *adj.* overscrupulous, F *contp.* picky; **Übergenauigkeit** *f* overscrupulousness, F *contp.* pickiness.

übergenug *adj.* more than enough.

übergeordnet *adj. Amt etc.*: higher; (*vorrangig*) of overriding importance; ***e-r Sache ~ sein*** have priority over s.th.

Übergepäck *n* ✈ excess baggage.

übergeschnappt F *adj.* F cracked, crazy.

Übergewicht *n* **1.** overweight; *von Briefen etc.*: excess weight; ***~ haben*** be overweight, *Gepäck, Brief etc.*: be over the limit; ***20 Kilo ~ haben*** *Person*: be 20 kilos overweight; ***20 Gramm ~ haben*** *Brief*: be 20 gram(me)s over (the limit); **2.** *fig.* preponderance (***an*** of); *pol. etc.* supremacy; (*Vorherrschen*) predominance; ***das ~ haben*** predominate, (*vorherrschen*) be predominant; ... ***haben das ~*** *a.* there is a preponderance of ...; ***das ~ gewinnen*** gain the upper hand, come out on top; **3.** ***das ~ bekommen*** lose one's balance, topple over; **übergewichtig** *adj.* overweight.

über'gießen *v/t.* pour *water etc.* over; douse (***mit*** with); (*Braten*) baste.

'übergießen *v/t.* (*verschütten*) spill.

überglücklich *adj.* overjoyed, *pred.* F over the moon.

übergreifen *v/i.* **1.** ***~ auf*** *Feuer, Epidemie, Panik etc.*: spread to; *Kämpfe*: *a.* spill over into; **2.** *Turnen, Saiteninstrument*: shift; *Tasteninstrument*: cross one's hands over; **übergreifend** *adj.* (*allgemein*) general; (*umfassend*) comprehensive; (*allumfassend*) global.

Übergriff *m* encroachment, infringement (***auf*** on), *auf Territorium*: incursion (into).

übergroß *adj.* outsize(d), oversized; **Übergröße** *f Kleidung*: outsize.

überhaben F *v/t.* **1.** (*Mantel etc.*) have on; **2.** (*übrig haben*) have left (over); **3.** *fig.* ***e-e Sache ~*** F be sick and tired of s.th., be fed up with s.th.

überhand nehmen I. *v/i. quantitativ*: increase uncontrollably; (*außer Kontrolle geraten*) get out of hand (*od.* control); *Unkraut, Verbrechen*: *a.* become rampant; **II. Überhandnehmen** *n* uncontrolled spread.

Überhang *m* overhang; 🏛 *a.* projection; *fig.* (*Überschuss*) surplus, excess.

überhängen I. *v/i.* overhang; 🏛 project; **II.** *v/t.* hang *s.th.* over; (*Mantel*) throw over one's shoulders.

überhasten *v/t.* → ***übereilen.***

überhäufen *v/t.*: ***j-n ~ mit*** inundate (*od.* swamp) s.o. with, (*Ehren, Vorwürfen etc.*) heap *hono(u)rs etc.* on s.o., (*Geschenken*) shower s.o. with *presents*.

überhaupt *adv.* (*insgesamt*) generally, on the whole, altogether; (*eigentlich*) actually, *in Fragen*: *oft* anyway; (*überdies, außerdem*) besides; ***~ nicht*** not at all, (*niemals*) never; ***~ nichts*** nothing (at all); ***~ kein ...*** no ... at all, no ... of any sort; ***sie hat ja ~ keine Stelle*** *a.* she hasn't even got a job (to speak of); ***wenn ~*** if at all; ***du hättest es ~ nicht tun sollen*** you shouldn't have done it in the first place; ***gibt es ~ e-e Möglichkeit?*** is there any chance at all?; ***und ~, ...*** and, come to that, ...; ***wer*** (***wo*** *etc.*) ***ist er ~?*** who (where *etc.*) is he anyway?; ***hast du ~ schon was gegessen?*** have you actually had anything to eat yet?; ***er ist ~ sehr begabt*** of course, he 'is very talented (altogether).

überheblich *adj.* overbearing, arrogant; **Überheblichkeit** *f* arrogance.

überheizen, überhitzen *v/t.* overheat (*a. fig.*, ✝); ⚙ superheat; **überhitzt** *adj. Motor*: overheated; *Person*: hot (and sticky); *Gesicht*: red, flushed; *fig.* ***das ist s-e ~e Fantasie*** it's just his imagination running wild.

überhöhen *v/t.* (*Straßenkurve etc.*) bank; **überhöht** *adj.* **1.** *Kurve*: banked; **2.** *Preise etc.*: excessive (*a. Geschwindigkeit*), exorbitant, F ridiculous; ***mit ~er Geschwindigkeit fahren*** go over (*od.* break) the speed limit; **Überhöhung** *f*: ***~ der Preise*** exorbitant price rises (*od.* prices).

über'holen *v/t.* **1.** (*vorbeigehen, -fahren an*) pass, overtake; *fig.* overtake, *stärker*: outstrip; *fig.* ***sie hat ihn längst überholt*** *a.* she's left him trailing; **2.** ⚙ overhaul, recondition.

'überholen *v/t.* ferry *s.o.* over.

Überhol|manöver *n mot.* overtaking manoeuvre (*Am.* maneuver); **~spur** *f* passing lane.

überholt *adj.* (*veraltet*) (out)dated, outmoded; *bsd. Ideen*: *a.* antiquated.

Überholung *f* ⚙ overhaul, reconditioning.

U

Überhol|verbot *n* "No Passing" (rule *od.* sign); **~vorgang** *m*: ***der ~*** overtaking; ***vor*** (***nach***) ***dem ~*** before (after) overtaking; ***während des ~s*** when (*od.* while) overtaking.
überhören *v/t.* not to hear; (*Worte*) miss, not to catch; *absichtlich*: ignore; ***das will ich überhört haben!*** I didn't hear that.
Überich *n psych.* superego.
überindividuell *adj.* superindividual.
überinterpretieren *v/t.* overinterpret.
überirdisch *adj.* supernatural; (*himmlisch*) celestial, heavenly; *fig.* ***von ~er Schönheit*** of divine beauty.
überkandidelt F *adj.* slightly eccentric (F off-beam).
überkippen *v/i.* → ***umkippen*** II.
überkleben *v/t.* stick s.th. over *s.th.*; ***die Wand war mit Postkarten überklebt*** the wall was covered with postcards (*od.* had postcards stuck all over it).
überklug *adj.* F too clever by half.
überkochen *v/i.* boil over (*a. fig.*).
überkommen I. *v/t.*: ***Furcht*** *etc.* ***überkam ihn*** he was overcome by fear *etc.*; **II.** *v/i.*: ***diese Sitte ist uns ~*** this custom has been handed down (*od.* has come down) to us; **III.** *adj.* traditional.
Überkompensation *f* overcompensation; **überkompensieren I.** *v/t.* overcompensate for; **II.** *v/i.* overcompensate.
überkonfessionell *adj.* interdenominational.
überkreuzen *v/refl.*: ***sich ~*** coincide, *negativ*: clash.
überkriegen F *v/t.* F get fed up with, tire of.
überkritisch *adj.* overcritical, overly critical.
überkronen *v/t.* (*Zahn*) crown.
überkrusten *v/t.* crust over; **überkrustet** *adj.* covered (**mit** in); ***die Schuhe waren mit Dreck ~*** *a.* the shoes were caked with mud.
überladen I. *v/t.* overload; *mit Arbeit*: load down; *fig.* (*übermäßig verzieren etc.*) clutter; **II.** *adj.* overloaded; *fig. Stil*: overladen, florid; (*übermäßig verziert etc.*) cluttered.
überlagern *v/t.* overlay; *teilweise*: overlap (*a.* ***sich ~***); *geol.* overlie; *Radio*: heterodyne; (*Sender*) jam; *fig.* ***überlagert von*** *neuen Problemen etc.*: superimposed by, *stärker*: displaced by; **Überlagerung** *f* overlapping; *Radio*: heterodyning.
Überland|bus *m* long-distance coach (*Am.* bus); **~fahrt** *f mot.* cross-country trip; **~leitung** *f* ⚡ power line; **~leitungsmast** *m* ⚡ grid pylon; **~verkehr** *m* long-distance traffic.
überlang *adj.* overlong; ***~e Spieldauer*** extended play; **Überlänge** *f*: ***~ haben*** be overlength; ***Film mit ~*** long film.
überlappen *v/t. u. v/refl.* (***sich ~***) ⚙ overlap (*a. fig.*); **Überlappung** *f* overlapping.
überlassen *v/t.*: ***j-m et. ~*** let s.o. have s.th., leave s.th. to s.o.; (*anheim stellen*) leave s.th. to s.o.; ***et. dem Schicksal*** (***Zufall*** *etc.*) ***~*** leave s.th. to fate (chance *etc.*); ***es j-m*** (*od.* ***dem Zufall*** *etc.*) ***~ zu*** *inf.* leave it to s.o. (*od.* to chance *etc.*) to *inf.*; ***j-n sich selbst ~*** leave s.o. to fend for himself (*od.* herself); ***j-n s-m Schicksal ~*** leave s.o. to his (*od.* her) fate; ***sich selbst ~ sein*** be left to one's own devices; ***~ Sie das mir*** leave that to me; ***das überlasse ich dir*** that's up to you, I'll leave that to you; ***es bleibt ihm ~, was er tun will*** it's up to him what he wants to do; ***sich e-m Gefühl*** *etc.* ***~*** give o.s. over (*od.* abandon o.s.) to a feeling *etc.*
überlasten *v/t.* **1.** overload (*a.* ⚡, ⚙); **2.** *fig.* strain (*a. Herz etc.*), put too great a strain on; **überlastet** *adj.* **1.** overloaded (*a.* ⚡, ⚙); **2.** *fig.* under strain; *durch Arbeit*: overworked; **Überlastung** *f* **1.** overload (*a.* ⚡, ⚙), overcharge; **2.** *fig.* strain.
Überlaufanzeige *f* ⚙ overflow indicator.
'überlaufen *v/i.* **1.** run over, *Kochendes*: boil over; *fig.* ***das Fass zum ≈ bringen*** be the last straw; **2.** ✕ desert; *zum Feind*: go over (***zu*** to), defect (***zu*** to).
über'laufen I. *v/t.* **1.** overrun; **2.** *fig. Gefühl*: come over *s.o.*; ***es überlief mich*** (***heiß und***) ***kalt*** it sent a shiver down my spine, I went hot and cold; → *a.* ***Rücken***; **II.** *adj. Gegend etc.*: overcrowded; *Arzt etc.*: overrun with patients *etc.*
Überläufer *m* ✕ deserter; *pol. a.* defector, turncoat, renegade.
Überlauf|rohr *n* overflow pipe; **~ventil** *n* overflow valve.
überleben I. *v/t. u. v/i.* survive (*a. weitS. überstehen*); F ***das überlebe ich nicht*** *a.* that'll be the death of me; F ***du wirst es ~!*** F it won't kill you, you'll survive; **II.** *obs. v/refl.*: ***sich ~*** become dated; **III.** ≈ *n* survival; ***ums ~ kämpfen*** fight for survival; **Überlebende(r** *m*) *f* survivor.
Überlebens|anzug *m* survival suit; **~chance** *f* chance(s *pl.*) of survival; **~dauer** *f* period of survival.
überlebensfähig *adj.* capable of surviving; **Überlebensfähigkeit** *f* survivability.
überlebensgroß *adj.* larger-than-life ..., *pred.* larger than life.
Überlebens|kampf *m* fight (*od.* struggle) for survival; **~künstler** *m* survivor; **~strategie** *f* survival strategy; **~training** *n* survival training; **~wille** *m* will to survive.
über'legen¹ I. *v/t.* (*a.* ***sich ~***) think about, think *s.th.* over; ***noch einmal ~*** reconsider; ***es sich anders ~*** change one's mind; ***wenn ich es mir recht überlege*** when I think about it; ***sich et. genau ~*** think carefully about s.th.; ***das würde ich mir zweimal ~*** I'd think twice about that (*od.* before doing that); **II.** *v/i.* think; ***ohne zu ~*** without thinking, (*sofort*) F like a shot, (*a.* ***ohne lange zu ~***) without thinking twice; ***überleg noch mal*** you should think about it again, F you should give it a rethink; ***ich würde nicht lange ~*** I wouldn't waste too much time thinking about it; ***ich hätte nicht lange überlegt*** I wouldn't have given it a second thought.
über'legen² I. *adj.* **1.** superior (*dat.* to; ***an*** in); ***j-m weit ~ sein*** be more than a match for s.o., be head and shoulders above s.o.; → ***zahlenmäßig***; **2.** superior, supercilious; ***~es Lächeln*** (***~e Miene***) superior smile (air); **II.** *adv.* **3.** (*in ~er Manier*) in superior style; (*überzeugend*) convincingly; ***~ siegen*** win in style; **4.** (*überheblich*) in a superior manner, in a supercilious way.
'überlegen *v/t.* lay *s.th.* over *s.o. od. s.th.*, cover *s.o. od. s.th.* with *s.th.*; F (*Kind*) put *a child* over one's knee.
Überlegenheit *f* superiority; **Überlegenheitsgefühl** *n* sense of superiority.
überlegenswert *adj.* worth considering.
überlegt *adj. Entschluss etc.*: considered; (*durchdacht*) well-thought-out ..., well-planned ..., *pred.* well thought out, well planned; (*umsichtig*) circumspect; **Überlegtheit** *f* (*Umsicht*) circumspection.
Überlegung *f* (*das Überlegen*) consideration, reflection; (*Erwägung*) consideration; (*Gesichtspunkt*) point (of view); ***bei näherer ~*** on closer reflection; ***bei nüchterner ~*** looking at it in a more sober light; ***ohne ~*** a) (*gedankenlos*) without thinking, b) (*a.* ***ohne lange ~***) without thinking twice; ***nach reiflicher ~*** after due consideration; ***aus dieser ~ heraus*** for this reason.
überleiten *v/i.* lead (***zu*** to); **Überleitung** *f* transition.
überlesen *v/t.* **1.** run (*od.* skim) through; **2.** (*übersehen*) overlook.
überliefern *v/t. der Nachwelt*: hand down (*dat.* to), pass on (to); ***aus dieser Zeit ist nichts überliefert*** no records of this period have survived; ***es ist*** (***schriftlich***) ***überliefert*** there are (written) records testifying to it; ***es ist überliefert, dass*** a) records indicate that, b) tradition has it that; **überliefert** *adj.* (*herkömmlich*) traditional; **Überlieferung** *f* **1.** (*das Überliefern*) handing down (***an*** to), passing on (to); *von Texten*: transmission; **2.** (*Tradition*) tradition; (*Quellen, Zeugnisse*) records *pl.*; ***~en*** (*Schriften*) writings, texts; ***mündliche ~*** oral legend.
überlisten *v/t.* outwit, outsmart.
Übermacht *f* superiority, superior strength; ***in der ~ sein*** be in a superior position; **übermächtig** *adj.* **1.** *Feind etc.*: superior (in strength); **2.** *Gefühl etc.*: overpowering.
übermalen *v/t.* paint over.
übermannen *v/t.* overcome; *weitS.* (*überwältigen*) overwhelm; ***übermannt von*** overcome by *sleep* (*od.* with *emotion*).
Übermaß *n* excess (***an*** of), *contp.* overkill (of); ⚙ oversize; ***im ~ tun*** do *s.th.* to excess; ***im ~ haben*** have more than enough of *s.th.*; ... ***ist im ~ vorhanden*** there's an overabundance of ...; **übermäßig I.** *adj.* excessive; (*unmäßig*) *a.* immoderate; (*übertrieben*) exaggerated; (*überreichlich*) overabundant; **II.** *adv.* excessively, overly ..., too much; *work, exercise etc. a.* too hard; ***~ großzügig*** *etc.* ***sein*** *a.* be generous *etc.* to a fault; ***~ betonen*** overemphasize, emphasize unduly.
Übermensch *m* superman; **übermenschlich** *adj.* superhuman.
übermitteln *v/t.* transmit, convey (*dat.* to); **Übermittlung** *f* transmission.
übermorgen *adv.* the day after tomorrow.
übermüdet *adj.* overtired; **Übermüdung** *f* overtiredness.
Übermut *m* (*Ausgelassenheit*) high spirits *pl.*; (*Mutwille*) wantonness; (*Dreistigkeit*) cockiness; **übermütig** *adj.* high-spirited, *pred. a.* in high spirits; (*mutwillig*) wanton; (*dreist*) cocky.
übernächst *adj. the* next but one; ***~e Woche*** the week after next.
übernachten *v/i.* spend the night (*a.* ***im*** *Freien*) (***bei*** at *s.o.'s place*), stay overnight (at); ***im Freien ~*** *a.* sleep in the open.
'übernächtig *östr.*, **über'nächtigt** *adj.* tired (from lack of sleep); bleary-eyed.
Übernachtung *f* overnight stay; ***~ mit Frühstück*** bed and breakfast; ***vier ~en*** (***mit Frühstück***) four nights (with breakfast); **Übernachtungsmöglichkeit** *f a. pl.* overnight accommodation, F place to stay (for the night).
Übernahme *f* taking over, *bsd. der Macht*,

✝ *e-r Firma*: takeover, ✝ *a.* acquisition; *der Verantwortung, e-s Amts*: assumption; *von Methoden, Begriffen etc., a. ling.*: adoption; ***feindliche Übernahme*** ✝ hostile takeover; **~angebot** *n* takeover bid.

übernational *adj.* supranational.

übernatürlich *adj.* supernatural.

übernehmen I. *v/t.* take over (*a. v/i.* ***von j-m***: from); (*Arbeit etc.*) take on, (*Verantwortung*) *a.* undertake, take *the responsibility* upon oneself; (*Macht, Führung, Amt,* ✝ *Firma*) take over; (*Pflicht, Ware*) accept; (*Verfahrensweise, Wörter, Begriffe etc.*) adopt; ***er übernahm es zu*** *inf.* he undertook to *inf.*, he took it upon himself to *inf.*; *Ideen etc.* ***einfach ~*** *contp.* lift; → ***Bürgschaft***; **II.** *v/refl.*: ***sich ~*** ([*es*] übertreiben) overdo it (*od.* things); *mit Arbeit etc.*: take on too much, F bite off more than one can chew; (*sich überschätzen*) overestimate one's capabilities, overplay one's hand; *finanziell*: overreach o.s.; *beim Essen*: overeat; ***sich bei der Arbeit*** (***beim Sport*** *etc.*) **~** do too much work (sport *etc.*).

überordnen *v/t.*: ***j-n j-m*** (***e-r Sache***) **~** set s.o. above s.o. (s.th.); ***et. j-m*** (***e-r Sache***) **~** *a.* give priority to s.th. over s.o. (s.th.); → ***übergeordnet.***

überparteilich *adj.* all-party *decision etc.*; *Zeitung*: non-partisan.

überpinseln F *v/t.* paint over.

Überpreis *m* excessive price.

Überproduktion *f* overproduction.

überproportional *adj.* disproportionate (***zu*** to).

überprüfbar *adj.* checkable; verifiable; **überprüfen** *v/t.* **1.** (*untersuchen*) check, examine; *genau*: scrutinize; (*j-n*) *politisch etc.*: screen, F vet; (*nachprüfen*) check; *auf Echtheit*: verify; *auf Brauchbarkeit*: test; **2.** (*Standpunkt etc., noch einmal überdenken*) reconsider, review; (*Urteil, a.* ⚖) revise; **Überprüfung** *f* examination, scrutiny; check; verification; test; reconsideration; revision; → ***überprüfen.***

Überqualifikation *f* overqualification; **überqualifiziert** *adj.* overqualified.

überquellen *v/i. a. fig.* overflow, brim over (***von*** with); **überquellend** *adj.* overflowing.

überqueren *v/t.* cross.

überragen *v/t.* **1.** tower above; (*j-n*) *a.* be taller than; **2.** *fig.* outclass, outshine (***an*** in); **überragend** *fig. adj.* outstanding, brilliant; ***durch s-e ~e Persönlichkeit*** through sheer force of personality.

überraschen I. *v/t.* surprise; (*ertappen*) *a.* catch (***bei et.*** *ger.*); *Unvorhergesehenes, Unwetter etc.*: catch *s.o.* out, catch *s.o.* by surprise; (*überrumpeln*) take *s.o.* by surprise; ***vom Regen überrascht werden*** be caught in the rain; **II.** *v/impers.*: ***es überrascht, dass*** it's surprising that; **überraschend** *adj.* surprising; (*unerwartet*) unexpected, sudden; **~ *kommen*** come as a surprise (***für*** to); **überraschenderweise** *adv.* surprisingly; **überrascht I.** *adj.* surprised (***von*** by, at); ***sich*** (***nicht***) **~ *zeigen*** show a certain (show no) surprise; **II.** *adv.* with (*od.* in) surprise; **Überraschung** *f* surprise; ***e-e*** (***kleine***) **~** (*kleines Geschenk etc.*) a little something; ***j-m e-e ~ bereiten*** surprise s.o., give s.o. a surprise, have a surprise in store for s.o.; ***so e-e ~!*** what a surprise!

Überraschungs|angriff *m* surprise attack; **~effekt** *m* surprise effect; **~erfolg** *m* unexpected success, surprise success (*od.* hit); **~moment** *n* element of surprise; **~sieg** *m* unexpected victory (*od.* win); **~sieger** *m* surprise winner.

überreagieren *v/i.* overreact; **Überreaktion** *f* overreaction (***auf*** to).

überreden *v/t.* persuade (***zu*** to), talk *s.o.* round; ***j-n zu et.* ~** talk s.o. into (doing) s.th.; **Überredung** *f* persuasion.

Überredungs|gabe *f* persuasiveness; **~kunst** *f* **1.** art of persuasion; **2.** *a. pl.* powers *pl.* of persuasion.

überregional *adj.* supraregional; *Zeitung*: national; *Sendung, Kampagne etc.*: nationwide.

überreich I. *adj.* overabundant; (*üppig*) lavish; ***ein ~es Angebot an*** a profusion of; **~ *sein an*** have more than enough of, *Sache*: *a.* abound in; ***in ~em Maß*** → **II.** *adv.* overabundantly; (*üppig*) lavishly; (*übermäßig*) overly ...; ***j-n ~ beschenken*** lavish presents on s.o., shower s.o. with presents.

überreichen *v/t.* hand *s.th.* (over), *feierlich*: present *s.th.* (***j-m*** to s.o.).

überreichlich I. *adj.* overabundant, ample; **II.** *adv.* amply; → *a.* ***überreich.***

Überreichung *f* presentation.

Überreichweite *f e-s Senders*: overshoot.

überreif *adj.* overripe; **Überreife** *f* overripeness.

überreizen I. *v/t.* **1.** (*Haut etc.*) irritate; (*Augen*) strain; **2.** (*auf- od. anregen*) overexcite; **II.** *v/i. u. v/refl.* (***sich ~***) *Kartenspiel*: overcall; **überreizt** *adj.* overwrought; (*reizbar*) irritable; (*nervös*) on edge; **Überreiztheit** *f* overwrought state; irritability; edginess; → ***überreizt.***

überrennen *v/t.* knock down; *bsd.* ⚔ overrun; *fig.* bulldoze.

Überrest *m* remains *pl.*; *pl. e-r Kultur etc.*: relics; → ***sterblich*** I.

überrieseln *v/t.* **1.** *Flüssigkeit*: trickle down on; **2. *es*** (*od.* ***ein Schauer***) ***überrieselte mich*** it sent a shiver down my spine.

Überrollbügel *m mot.* rollbar.

überrollen *v/t.* ⚔ overrun; *Zug etc.*: run over; *fig.* steamroller.

überrumpeln *v/t.* take *s.o.* unawares (*od.* by surprise), throw *s.o.* off (his *od.* her) guard; ***sich ~ lassen*** be caught napping.

überrunden *v/t. Sport*: lap; *fig.* outstrip.

übersät *adj.*: **~ *mit*** strewn (*od.* littered, dotted) with, covered in; *Narben*: pitted with.

übersatt *adj.* **1.** more than full; **~ *sein*** *a.* have eaten more than enough; **2.** *fig.* sated (***von*** with).

übersättigen *v/t.* oversaturate; ✝ (*Markt*) *a.* glut; ⚗ supersaturate; **übersättigt** *adj.* **1.** ✝ *Markt*: glutted; ⚗ supersaturated; **2.** *fig.* sated; **Übersättigung** *f* surfeit; ✝ glut(ting); ⚗ supersaturation.

übersäuern *v/t.* overacidify (*a.* ⚕); **Übersäuerung** *f* hyperacidity (*a.* ⚕).

Überschall *m* ultrasound; **~flugzeug** *n* supersonic aircraft; **~geschwindigkeit** *f* supersonic speed; ***mit ~ fliegen*** travel faster than the speed of sound; **~knall** *m* sonic boom.

überschatten *v/t.* overshadow; *fig.* cast a cloud over; *fig.* ***überschattet von*** clouded by.

überschätzen I. *v/t.* overestimate; (*Können etc.*) overrate; **II.** *v/refl.*: ***sich ~*** have too high an opinion of o.s.; ***er überschätzt sich*** *a.* he's not as good (*od.* clever) as he thinks; **Überschätzung** *f* overestimation; overrating.

überschaubar *adj.* clear; (*leicht verständlich*) *a.* easy to grasp; (*kontrollierbar*) manageable; *Folgen, Risiko etc.*: calculable; ***in der ~en Zukunft*** in the foreseeable future; **~ *bleiben*** *Menge, Größe etc.*: keep within reasonable (*od.* manageable) limits, *Entwicklung, Situation etc.*: not to get out of hand; **Überschaubarkeit** *f* clarity; comprehensibility; manageability; → ***überschaubar***; **überschauen** *v/t.* (*verstehen*) have a good idea of; (*im Griff haben*) have under control; (*Entwicklung etc.*) keep track of; (*Folgen, Risiko etc.*) be able to calculate.

überschäumen I. *v/i.* froth over; *fig.* bubble over (***vor*** with); *vor Wut*: fume; ***vor Wut ~*** *a.* F be foaming at the mouth; **II.** ≈ *n* ebullience, exuberance; **überschäumend** *fig. adj.* ebullient, exuberant.

überschlafen *v/t.* sleep on *s.th.*

Überschlag *m* **1.** *Turnen*: somersault, (*Handstand*≈) handspring; ✈ loop; **2.** *beim Rechnen*: (rough) estimate; **3.** ⚡ flashover.

über'schlagen I. *v/t.* **1.** (*auslassen*) skip, miss; **2.** (*schätzen*) calculate roughly, give a rough estimate of; **II.** *v/refl.*: ***sich ~*** **3.** *Person*: go head over heels, do a somersault; *Auto etc.*: overturn; ✈ loop the loop, *beim Landen*: nose over; **4.** *Stimme*: crack; **5.** *fig.* ***die Ereignisse überschlugen sich*** things started happening very fast; **6.** *fig. vor Hilfsbereitschaft etc.*: trip over o.s. *in an attempt to help etc.*

'überschlagen I. *v/t.* **1.** ***die Beine ~*** cross one's legs; **II.** *v/i.* **2.** *Funke*: spark (*od.* jump) over; **3.** *fig.* (***plötzlich***) **~ *in*** (suddenly) turn into.

überschnappen *v/i.* **1.** F (*verrückt werden*) F flip one's lid; → *a.* ***übergeschnappt***; **2.** *Stimme*: crack.

überschneiden *v/refl.*: ***sich ~*** **1.** overlap; *zwei Linien*: intersect; **2.** *fig. zeitlich*: coincide, *teilweise*: overlap; (*sich überkreuzen, einander in die Quere geraten*) clash; **Überschneidung** *f* **1.** overlapping; intersection; **2.** *fig.* coincidence; clash(ing).

Überschreibemodus *m Computer*: overwrite (*od.* overstrike) mode.

überschreiben *v/t.* **1.** (*Aufsatz etc.*) head; **2.** (*übertragen*) transfer, (*Besitz*) *a.* make *s.th.* over (*dat.* to), (*Rechte*) sign over (to); **3.** *Computer*: (*Datei*) overwrite; *händisch*: overtype; **Überschreibung** *f bsd.* ⚖ transference.

überschreiten *v/t.* **1.** cross; **2.** *fig.* (*Maß, Grenze*) exceed, overstep; (*Gesetz*) violate, infringe; (*Geschwindigkeit*) exceed; (*Summe*) go over, top; ***die Milliardengrenze ~*** top the billion (*Brit. a.* the one thousand million) mark; **Überschreitung** *f* **1.** crossing (*gen.* of); **2.** *fig.* overstepping *the limit etc.*; exceeding (*od.* breaking) *the speed limit*; ⚖ violation, infringement.

Überschrift *f* heading, title; (*Schlagzeile*) headline.

Überschuhe *pl.* overshoes, galoshes, *Am. a.* rubbers.

überschuldet *adj.* heavily indebted; *Land*: debt-heavy; **~ *sein*** *a.* have heavy debts; **Überschuldung** *f* debt overload, heavy debts *pl.*

Überschuss *m* surplus (***an*** of); (*Gewinn*)

profit; ***ein ~ an** a.* surplus *goods, energy etc.*; **überschüssig** *adj.* surplus, excess.
überschütten *v/t.*: ***mit et.* ~** throw s.th. over (*od.* at) *s.th. od. s.o.*, (*Flüssigkeit*) spill s.th. (all) over *s.th. od. s.o.*; *fig.* ***mit*** *Geschenken, Ehren etc.* **~** shower *s.o.* with, heap ... on *s.o.*
Überschwang *m* exuberance; ***im ~ der Gefühle*** carried away by one's feelings; ***im ~ der Begeisterung*** in a wave of enthusiasm.
überschwänglich *adj.* effusive, gushing; **Überschwänglichkeit** *f* effusiveness.
überschwappen *v/i. Flüssigkeit*: slop over (the edge); *Gefäß*: slop (over).
überschwemmen *v/t.* flood; *fig. a.* inundate; ☤ (*den Markt*) flood, glut; **überschwemmt** *adj.* flooded; *fig. Markt*: glutted; ***mit*** *Aufträgen, Besuchern etc.* **~** swamped with; **Überschwemmung** *f* flooding; (*Hochwasser*) flood.
Überschwemmungs|gebiet *n* flood area; **~katastrophe** *f* flood disaster.
überschwenglich *etc.* → ***überschwänglich*** *etc.*
Übersee: ***in*** (***nach***) **~** overseas; ***von* ~** from overseas; **~dampfer** *m* ocean liner; **~handel** *m* overseas trade.
überseeisch *adj.* overseas ...
Überseeverkehr *m* overseas traffic.
übersehbar *adj. Gelände etc.*: open; *fig. Folgen, Risiko*: calculable; *Schaden etc.*: assessable; *Lage etc.*: clear; → *a.* ***überschaubar***; **übersehen** *v/t.* **1.** → ***überblicken***; **2.** (*erfassen*) grasp; (*abschätzen*) assess; → *a.* ***überschauen***; **3.** (*nicht bemerken*) overlook, miss; (*nicht beachten*) ignore, (*Mangel etc.*) *absichtlich*: turn a blind eye to; ***von j-m* ~ *werden*** escape s.o.'s notice.
übersenden *v/t.* send (***j-m et.*** s.o. s.th., s.th. to s.o.); ***anbei* ~ *wir ...*** enclosed please find ...; **Übersender** *m* sender; **Übersendung** *f* sending.
übersetzbar *adj.* translatable; **Übersetzbarkeit** *f* translatability; **über'setzen** *v/t. u. v/i.* translate (***in*** into; ***aus*** from); ***falsch* ~** translate wrong(ly), mistranslate.
'übersetzen I. *v/t.* ferry *s.o. od. s.th.* across (*od.* over); **II.** *v/i.* ferry across the river *etc.*
Übersetzer(in *f*) *m* translator.
Übersetzer|deutsch *n*, **~englisch** *n etc.* translat(or)ese.
Übersetzung *f* **1.** translation (***aus*** from; ***in*** into); (*Version*) version; **2.** ⚙ gear ratio.
Übersetzungs|büro *n* translating agency; **~fehler** *m* translating error (*od.* mistake); mistranslation; **~programm** *n Computer*: translation program(me); **~software** *f* translation software.
Übersicht *f* overall view, *bsd. Am.* overview; (*Zusammenfassung*) survey; (*Tabelle*) table, chart; ***e-e* ~ *bekommen*** obtain a general idea (***über*** of); ***sich e-e* ~ *verschaffen*** brief o.s. (***über*** on), F find out what's going on; ***die* ~ *verlieren*** lose track of things.
übersichtlich *adj.* **1.** *Gelände etc.*: open; *Kurve*: clear; **2.** *fig.* (*klar dargestellt*) clear(ly arranged); *in der Fassung*: lucid; **Übersichtlichkeit** *f* (*klare Darstellung*) clarity; clear arrangement.
Übersichts|karte *f* general map; **~plan** *m* general plan; **~tabelle** *f* (synoptic) chart.
übersiedeln *v/i.* move (***nach*** to).
Übersiedler *m hist.* East German migrant (*to the Federal Republic of Germany*); **~strom** *m* flood of immigrants.
Übersiedlung *f* move (***nach*** to).
übersinnlich *adj.* **1. *~e Wahrnehmung*** extrasensory perception, ESP; ***~e Fähigkeiten*** extrasensory (*od.* psychic) powers; **2.** (*übernatürlich*) supernatural.
überspannen *v/t.* **1.** (*Fluss etc.*) span; ⚠ vault; (*bespannen*) cover; **2.** (*zu stark spannen*) overstretch; ⚙ strain; (*Saite*) pull too tight; **3.** *fig.* (*Forderungen*) carry too far; → ***Bogen*** 1; **überspannt** *adj.* **1.** (*affektiert*) unnatural, affected; (*exaltiert*) highly-strung; (*hysterisch*) hysterical; (*exzentrisch*) eccentric; **2.** (*übertrieben, überspitzt*) exaggerated, F over the top, OTT; **Überspanntheit** *f* **1.** unnaturalness, affectedness, affectation; highly-strung nature; hysteria; **2.** exaggeratedness; → ***überspannt.***
'Überspannung *f* ⚡ excess voltage.
überspezialisiert *adj.* overspecialized; **Überspezialisierung** *f* overspecialization.
überspielen *v/t.* **1.** (*nicht merken lassen*) cover *s.th.* up; ***et. geschickt* ~** do a good job of covering s.th. up; **2.** (*Aufnahme*) record (***auf*** onto), (*a. Daten*) transfer (to); **3.** *Sport*: outplay; **Überspielung** *f* (*Aufnahme*) (re)recording.
überspitzen *v/t.* overdo, exaggerate; (*Argument etc.*) overstate; ***die Sache* ~** take it too far; **überspitzt** *adj. Formulierung etc.*: oversubtle; (*übertrieben*) exaggerated; **Überspitztheit** *f* oversubtlety; exaggeratedness; **Überspitzung** *f* exaggeration.
über'springen *v/t.* **1.** jump (over), clear; **2.** *fig.* (*übergehen*) skip.
'überspringen *v/i.* leap over (*od.* across); ⚡ flash; *fig.* **~ *von ... zu*** *im Gespräch etc.*: flit from ... to.
übersprudeln *v/i.* bubble over (*fig.* ***vor*** with); **übersprudelnd** *adj.*: ***~e Laune*** bubbly mood; ***~er Witz*** bubbling wit; ***~es Temperament*** frothy temperament.
über'sprühen *v/t.* spray; ***et. mit et.* ~** spray s.th. with s.th., spray s.th. onto s.th.
'übersprühen *v/i.*: **~ *vor*** bubble over with.
Übersprunghandlung *f* sparking-over (*od.* substitute) activity.
überstaatlich *adj.* supranational.
über'stehen *v/t.* (*Krankheit, Not etc.*) get over, recover from; (*Katastrophe etc., a. lebend* **~**) survive, come out of *s.th.* alive; (*Strapaze*) F survive; (*Sturm, Krise*) weather, ride out; ✱ ***das Schlimmste überstanden haben*** be out of danger; F ***et. überstanden haben*** have got s.th. over (and done) with; F ***das wäre überstanden!*** that's that (over and done with), that's that out of the way; *euphem.* ***sie hat es überstanden*** (*ist tot*) she's at rest now.
'überstehen *v/i.* jut out, project.
übersteigen *v/t.* **1.** cross, climb over; **2.** *fig.* go beyond, exceed (*a. Erwartungen, Verständnis etc.*); ☤ *a.* top.
übersteigern *v/t.* (*in die Höhe treiben*) force up; (*zu weit treiben*) carry (*od.* push) too far, exaggerate; **übersteigert** *adj.* exaggerated; *psych. Geltungsbedürfnis etc.*: *a.* hypertrophied; ***~e Erwartungen*** high expectations.
übersteuern *v/t. mot.* oversteer; (*Verstärker etc.*) overmodulate; **Übersteuerung** *f* overmodulation.
überstimmen *v/t.* outvote; (*Veto*) override.
überstrahlen *v/t.* **1.** *Licht*: light up, flood; **2.** *fig.* outshine, eclipse.
überstrapazieren *v/t.* **1.** wear out; (*Nerven etc.*) *a.* strain; **2.** *fig.* (*Begriff etc.*) flog to death.
überstrecken *v/t.* overstretch.
überstreichen *v/t.* **1.** coat (over); *mit Farbe*: paint over; **2.** *noch einmal*: recoat, repaint.
überstreifen *v/t.* slip *s.th.* over.
über'strömen *v/t.* flood.
'überströmen *v/i.* **1.** overflow, run over; **2.** *fig.* overflow (***vor*** with); *auf andere*: spread (***auf*** to); **'überströmend** *adj. Gefühlsäußerung etc.*: overflowing, exuberant; *zu sehr*: effusive, gushing.
über'strömt *adj.*: **~ *von*** (*überflutet von*) flooded with, *a. fig.* inundated with *work, tourists etc.*; (*nass, rinnend von*) pouring with *sweat etc.*; (*überstrahlt von*) flooded with *light*; ***sein Gesicht war von Tränen* ~** the tears were streaming down his face.
überstülpen *v/t.*: (***sich***) ***et.* ~** put s.th. on, (*Hut etc.*) *a.* pop s.th. on one's head.
Überstunden *pl.* overtime *sg.*; **~ *machen*** work (*od.* do) overtime; **~zuschlag** *m* overtime premium.
überstürzen I. *v/t.* rush; **II.** *v/refl.*: ***sich* ~** *Person*: rush things; ***die Ereignisse überstürzten sich*** things started happening very fast; **überstürzt** *adj.* hasty; *bsd. Entschluss*: rash; **Überstürztheit** *f* rashness; **Überstürzung** *f* rush; ***nur keine* ~!** take it easy, now.
übertariflich *adj.*: ***~e Bezahlung*** salary in excess of the agreed scale.
überteuern *v/t.* charge too much for; **überteuert** *adj.* overpriced; **Überteuerung** *f* exorbitant prices *pl.*; *absolut*: *a.* inflation.
Übertitel *m mst. pl. bei Opernaufführungen etc.*: surtitle.
übertölpeln *v/t.* dupe, take in.
übertönen *v/t.* drown (out).
Übertopf *m* plant pot holder, cache-pot.
Übertrag *m* ☤ amount carried over.
übertragbar *adj.* **1.** transferable (***auf*** to); ***nicht* ~** non-transferable, ☤ non-negotiable; **2.** ✱ infectious, catching, *durch Berührung*: contagious *disease*; **Übertragbarkeit** *f* **1.** transferability; **2.** ✱ infectiousness; contagiousness.
übertragen I. *v/t.* **1.** transfer (***auf*** to); *ins Heft etc.*: copy out (***in*** into); **2.** ⚙, *phys.*, ⚡ transmit; *Radio, TV*: *a.* broadcast; **3.** (*Besitz*) make over (***auf*** *j-n*: to), transfer (to); (*Grundeigentum*) convey (to); (*Amt, Titel*) confer ([up]on); (*Vollmachten*) delegate (to); ***Rechte*** *etc.* ***auf j-n* ~** vest s.o. with rights *etc.*; ***et. auf j-s Namen* ~** register s.th. in s.o.'s name; **4. *j-m die Ausführung*** *etc.* ***von et.* ~** charge (*od.* entrust) s.o. with; **5.** *Radio, TV*: broadcast; ***im Fernsehen* ~** *a.* televise; ***live* ~** broadcast live; **6.** (*übersetzen*) translate; ***ins Englische*** *etc.* **~** translate into (*od.* render in[to]) English *etc.*; **7.** (*Stenogramm*) transcribe; *Computer*: transfer, translate; **8.** (*anwenden*) apply; **9.** (*Stimmung etc., a. Krankheit*) communicate (***auf*** to); **10.** *plastische Chirurgie*: transplant, graft; **II.** *v/refl.*: ***sich* ~** *Stimmung, Panik etc.*: spread (***auf*** to); *Krankheit*: *a.* be transmitted (to), be passed on (to); **III.** *adj. Bedeutung etc.*: figurative; ***im ~en Sinn*** in the figurative sense; **Übertragung** *f* **1.** (*alle* ***auf*** to) transfer (*a.* ☤); assignment *of rights etc.*; delegation *of powers*; conferment *of an office*; conveyance *of real estate*; **2.** ⚙, *phys.* transmission; **3.** *e-r Krankheit*: transmission; (*An-*

steckung) infection; **4.** *Radio, TV*: broadcast, transmission; **5.** (*Übersetzung*) translation (***ins** Deutsche etc.*: into), rendering (in[to]); (*Kurzschrift*≈, *a. vom Tonband*) transcription; (*Anwendung*) application.

Übertragungs|fehler *m EDV* transmission error; **~wagen** *m Radio, TV*: outside broadcast *od.* OB van (*od.* unit, *bsd. Am.* truck); radio car.

übertreffen *v/t.* (*Person*) excel (***sich selbst*** o.s.), outstrip; (*a. Sache*) surpass, beat (*alle* ***an, in*** in); (*Befürchtungen, Hoffnungen etc.*) go beyond, surpass, exceed; ***alle Erwartungen ~*** exceed all expectations; ***die Realität ~*** top reality; ***nur noch übertroffen werden von*** be second only to.

übertreiben I. *v/t.* (*Tätigkeit*) overdo; (*zu weit gehen mit*) *a.* carry *s.th.* too far; (*übertrieben darstellen*) exaggerate, overstate; ***es ~*** take things too far (*od.* to extremes), F go over the top; → ***übertrieben***; **II.** *v/i.* exaggerate; ***stark ~*** grossly exaggerate, F lay it on thick; ***übertreib nicht so!*** stop exaggerating; **Übertreibung** *f* exaggeration, overstatement.

'übertreten *v/i.* **1.** pass, step over; *Sport*: overstep the board; **2.** *Fluss*: overflow (its banks); **3.** *pol. etc.* go over (***zu*** to); *eccl.* convert (to).

über'treten *v/t.* **1.** (*Gesetz etc.*) violate, infringe; **2.** ***sich den Fuß ~*** sprain one's ankle; **Übertretung** *f* ⚖ violation, infringement (*gen* of); *absolut*: *a.* offen|ce (*Am.* -se).

übertrieben I. *adj.* exaggerated; *bsd. Verhalten etc.*: *a.* F over the top, OTT; (*unmäßig*) excessive *price, demands etc.*; *Ansichten*: extreme; ***leicht ~*** slightly exaggerated; ***et. in ~em Maße tun*** overdo s.th., go to extremes with s.th.; **II.** *adv.* exaggeratedly; (*unmäßig*) excessively; *generous, liberal etc.* to a fault; ***~ reagieren*** overreact; **Übertriebenheit** *f* exaggeration; (*Unmäßigkeit*) excessiveness; *von Ansichten*: extreme nature, *stärker*: extremism.

Übertritt *m pol.* defection (***zu*** to); *eccl.* conversion (to).

übertrumpfen *v/t.* trump; *fig. a.* outdo, go one better than.

übertünchen *v/t.* whitewash; *fig. a.* gloss over.

überversichern *v/t.* overinsure; **Überversicherung** *f* overinsurance.

übervölkern *v/t.* overpopulate; **Übervölkerung** *f* overpopulation.

übervoll *adj. Gefäß etc.*: too full; full to overflowing (***von*** with); *Raum etc.*: *a.* overcrowded (with).

übervorsichtig *adj.* overcautious.

übervorteilen *v/t.* cheat, F do; **Übervorteilung** *f* cheating.

überwachen *v/t.* (*beaufsichtigen*) supervise; *polizeilich*: keep under surveillance; ⚕, *wissenschaftlich*: observe; *Radio, TV, Funk*: monitor.

überwachsen I. *adj.* overgrown (***mit*** with); **II.** *v/t.* grow all over, cover; spread to.

Überwachung *f* supervision; surveillance; observation; monitoring; → ***überwachen***; *polizeiliche*: policing.

Überwachungs|anlage *f im Geschäft etc.*: closed-circuit television; **~staat** *m* surveillance state; **~system** *n* surveillance (*od.* monitoring) system; **~zentrale** *f* control cent|re (*Am.* -er).

überwältigen *v/t.* **1.** overpower; **2.** *fig. Gefühle etc.*: overcome; ***überwältigt werden von*** *e-m Anblick etc.*: be overwhelmed by; **überwältigend** *fig. adj.* overwhelming (*a. pol. Mehrheit*); *Schönheit*: *a.* breathtaking; *iro.* ***nicht ~*** nothing to write home about, F no great shakes; **Überwältigung** *f* overpowering (*gen.* of); *stärker*: defeat.

überwechseln *v/i.* **1.** ***~ auf*** (*ein anderes Thema, e-e andere Schule etc.*) switch to; *pol.* ***auf die andere Seite ~*** go over to the other side; **2.** *Wild, Person etc.*: cross over (***auf, zu*** to); ***zur anderen Straßenseite ~*** cross the road; *mot.* ***auf e-e andere Spur ~*** change (*od.* switch) lanes.

Überweidung *f* overgrazing.

überweisen *v/t.* **1.** (*Geld*) transfer (***auf*** *ein Konto*: to; ***j-m*** to s.o.'s account), *per Post*: remit (*dat.* to); **2.** (*Patienten*) refer (*dat. od.* ***an*** to); **Überweisung** *f* **1.** *von Geld*: transfer, *per Post*: remittance; **2.** *e-s Patienten*: referral.

Überweisungs|auftrag *m* remittance order; **~formular** *n* transfer form; **~schein** *m* ⚕ letter of referral, referral slip.

überweit *adj.* too large (*od.* big); ✝ extra large; **Überweite** *f* extra large size.

'überwerfen *v/t.* (*Kleidungsstück*) slip on; *eilig*: throw on.

über'werfen *v/refl.*: ***sich mit j-m ~*** fall out with s.o.

überwiegen *v/i. zahlenmäßig*: predominate; (*vorherrschen*) *a.* be predominant; **überwiegend I.** *adj.* predominant; prevailing; ***der ~e Teil*** *von Personen, Stimmen etc.*: the majority, *von Dingen*: the greater part, the bulk; ***die ~e Mehrzahl*** the vast majority; ***zum ~en Teil*** → **II.** *adv.* predominantly; *weitS.* (*hauptsächlich*) mainly, chiefly; (*zum größten Teil*) for the most part.

überwindbar *adj.* surmountable; **überwinden I.** *v/t.* (*Ängste, Schwächen etc.*) overcome; (*Krise, Krankheit etc.*) get over; *lit.* (*besiegen*) conquer (*a. fig. Ängste etc.*); (*Standpunkt etc.*) get away from, outgrow; (*Entwicklungsstadium etc.*) get past; ***ein Hindernis ~*** clear a hurdle; → *a.* ***überwunden***; **II.** *v/refl.*: ***sich*** (***selbst***) ***~*** overcome one's inhibitions; (*sich zwingen*) force o.s.; ***sich dazu ~ zu*** *inf.* bring (*od.* get) o.s. to *inf.*; ***er konnte sich nicht ~, es zu tun*** he couldn't bring himself to do it; ***ich musste mich*** (***direkt***) ***~,*** (***um***) ***zu*** *inf.* I had to force myself to *inf.*, I really had to make an effort to *inf.*; ***sich zu e-r Arbeit ~ müssen*** force o.s. to do a job; **Überwindung** *f* **1.** defeat; conquest; **2.** (*Anstrengung*) (conscious *od.* concerted) effort; (*Selbst*≈) will-power; ***es kostete mich ~*** I had to force myself.

überwintern I. *v/i.* **1.** (*den Winter verbringen*) spend the winter (***in*** in, at); **2.** (*den Winter überstehen*) overwinter; *engS.* (*Winterschlaf halten*) hibernate; **II.** *v/t.* (*Pflanzen etc.*) overwinter; **Überwinterung** *f* overwintering.

überwölben *v/t.* vault; *Dach etc.*: *a.* form a vault over.

überwuchern *v/t.* overgrow; **Überwucherung** *f* overgrowth.

überwunden *adj.*: ***ein ~er Standpunkt*** an opinion (which) one has outgrown; ***ein ~es Vorurteil*** *etc.* a prejudice *etc.* (which) one has overcome.

Überwurf *m* **1.** wrap, shawl; **2.** *Ringen*: sit-back.

Überzahl *f*: ***in der ~ sein*** be in the majority, *weitS.* (*überwiegen*) predominate; ***die Mädchen sind in der ~*** *a.* the girls outnumber the boys.

überzählig *adj.* (*überschüssig*) surplus ...; (*übrig*) spare; ***drei Leute waren ~*** there were three people too many.

überzeichnen *v/t.* **1.** ✝ oversubscribe; **2.** (*übertrieben darstellen*) overdraw; **Überzeichnung** *f* **1.** ✝ oversubscription; **2.** overdrawing; *weitS.* caricature.

überzeugen I. *v/t.* convince (***von*** of); ***j-n ~, dass*** *a.* persuade s.o. that; ***j-n zu ~ suchen*** reason with s.o.; ***er lässt sich nicht ~*** he won't be persuaded; **II.** *v/i. durch Leistung*: be convincing; **III.** *v/refl.*: ***sich ~*** satisfy o.s. (***von*** as to); go and see (*od.* find out) for o.s.; ***~ Sie sich selbst!*** go and see for yourself; ***sich von der Wahrheit e-r Aussage ~*** verify (F check out) a statement; **überzeugend I.** *adj.* convincing (*a. Leistung etc.*); *Argument, Beweis*: *a.* conclusive, *a. Sieg*: telling; ***~ sein*** (*od.* ***wirken***) *Argument etc.*: *a.* carry conviction; ***nicht ~ sein*** (*od.* ***wirken***) *a.* lack conviction; **II.** *adv.* (*be*)*siegen etc.*: convincingly; **überzeugt** *adj.* convinced (***von*** of), positive (about); *Sozialist, Christ etc.*: convinced; ***von sich selbst*** (***sehr***) ***~ sein*** have a (very) high opinion of o.s.; ***ich bin noch nicht*** (***ganz***) ***~*** *a.* I'm not (completely) persuaded yet; **Überzeugung** *f* conviction; (*fester Glaube*) firm belief; *politische etc.*: convictions *pl.*; ***gemeinsame ~*** shared belief; ***gegen s-e ~ handeln*** go against one's convictions; ***der ~ sein, dass*** be convinced that, *weitS.* (*der Meinung sein*) be of the opinion that; ***der festen ~ sein, dass*** be firmly (*od.* absolutely) convinced that; ***zu der ~ gelangen, dass*** come to the conclusion that, come to believe that; ***wenn Sie wirklich der ~ sind*** if that's what you really believe; ***zu s-r ~ stehen*** have the courage of one's convictions.

Überzeugungs|kraft *f* powers *pl.* of persuasion; *e-s Arguments etc.*: persuasiveness, logic; **~täter** *m*: ***er ist ein ~*** he committed the crime out of moral (*od.* religious, political) conviction; ***politischer ~*** politically-motivated offender, political criminal.

über'ziehen I. *v/t.* **1.** (*bedecken, einhüllen*) cover; (*Kissen etc.*) put a cover on, (*Kopfkissen*) put a pillowslip (*od.* pillowcase) on; *gastr.* coat; ***das Bett frisch ~*** change the sheets (on the bed), put clean sheets on (the bed); ***neu ~*** (*Polstermöbel*) re-cover; **2.** (*übertreiben*) overdo; exaggerate; **3.** *zeitlich*: go over *the time limit*, break *the deadline*; (*Sendezeit etc.*) overrun (***um*** by); ***et. ~*** *a.* go on longer than allowed; **4.** (*Konto, Kredit*) overdraw; **II.** *v/refl. u. v/impers.* **5.** ***sich ~*** *Himmel*: become overcast; ***es überzieht sich*** it's clouding over; **III.** *v/i.* **6.** ✝ overdraw (one's account *od.* credit); **7.** *zeitlich*: go over the time limit (***um*** by); *terminlich*: fail to meet the deadline.

'überziehen *v/t.* put on, slip over; F ***j-m eins ~*** F land s.o. one; **Überzieher** *m* **1.** F (*Kondom*) rubber; **2.** *obs.* (*Mantel*) overcoat.

Überziehung *f Konto, Kredit*: overdraft; **Überziehungskredit** *m* overdraft facility.

überzogen *adj.* **1.** *gastr. etc.* coated; **2.**

U

Konto: overdrawn; **3.** (*übertrieben*) exaggerated; F ***total ~*** F over the top, OTT.

über'züchten *v/t.* (*Tiere, Pflanzen*) overbreed; (*Motor etc.*) overdevelop; **~überzüchtet** *adj. biol.* overbred; ⚙ *etc. u. fig.* oversophisticated; **Überzüchtung** *f* overbreeding; oversophistication.

überzuckern *v/t.* sugar over.

Überzug *m* **1.** cover; (*Kissen*~) pillowcase, pillowslip; **2.** (*dünne Schicht*) coat; (*Schokoladen*~ *etc.*) coating.

üblich *adj.* usual, customary; (*herkömmlich*) conventional; (*normal*) normal, *bsd.* ⚙ standard; ***wie ~*** as usual; ***es ist bei uns*** (***so***) ***~, dass*** it's a custom with us that; ***es ist allgemein ~*** (***bei j-m***) ***zu*** *inf.* it's quite normal (for s.o.) to *inf.*; ***das ist allgemein ~*** that's quite normal (*od.* common), that's the norm, F that's what they do around here; ***das ist bei ihr so ~*** that's quite usual for her, *contp.* that's her usual way of doing things; **Übliche** *n*: ***das ~*** the usual thing; **üblicherweise** *adv.* usually, normally.

U-Boot *n* submarine; **~-Kommandant** *m* submarine commander; **~-Krieg** *m* submarine war(fare); **~-Stützpunkt** *m* submarine base.

übrig *adj.*: ***~ sein*** be left (over); ***das ~e ..., die ~en ...*** the rest of the ..., (*verbleibende*[*n*]) *a.* the remaining ...; ***die ~en*** the rest (of them); ***das ~e*** the rest (of it); ***alles ~e, alle ~en*** all the rest; ***im ~en*** (*ansonsten*) (as) for the rest; → ***übrigens***; ***~ haben*** have *s.th.* left; ***keine Zeit ~ haben*** have no time to spare; ***et. ~ haben für*** have a soft spot for; ***nichts ~ haben für*** not to care much for, (*et.*) *a.* have no time for; ***hätten Sie vielleicht ein paar Minuten*** (***Mark***) ***für mich ~?*** I wonder if you could spare me a couple of minutes (marks)?; ***ein ~es tun*** go out of one's way *to do s.th.*

übrig| behalten *v/t.* have *s.th.* left; **~ bleiben** *v/i.* be left (*dat.* to); *fig.* ***es blieb mir nichts anderes übrig*** (***als zu*** *inf.*) I had no choice (but to *inf.*); ***was blieb mir anderes übrig?*** what (else) could I do?

übrigens *adv.* (*beiläufig*) by the way, incidentally; (*außerdem*) besides; ***~, was ich noch sagen wollte, ...*** *a.* oh yes, what I was going to say was, ...; ***das schmeckt ~ sehr gut*** it actually tastes very good, it 'does taste very good.

übrig lassen *v/t.* leave (***j-m et.*** s.o. s.th.); ***viel*** (***wenig***) ***zu wünschen ~*** leave much (little) to be desired.

Übung *f* **1.** (*das Üben od. Geübtsein*) practi|ce (*Am. a.* -se); ***aus der ~ sein*** (***kommen***) be (get) out of practi|ce (*Am. a.* -se); ***in ~ sein*** be in (good) form; ***in*** (***der***) ***~ bleiben*** keep one's hand in; → ***Meister***; **2.** (*Einzel*~, *Übungsaufgabe*) exercise (*a.* ♪, *Turnen etc.*).

Übungs|aufgabe *f* exercise; **~buch** *n* book of exercises; **~flug** *m* practi|ce (*Am. a.* -se) run; **~gelände** *n* training ground.

übungshalber *adv.* (just) for practi|ce (*Am. a.* -se); to keep a hand in.

Übungs|hang *m Skisport*: nursery slope; **~heft** *n* exercise book; **~platz** *m* ⚔ training area; *Sport*: training ground; **~sache** *f*: ***das ist reine ~!*** it's all a matter of practi|ce (*Am. a.* -se) *od.* training.

UEFA-Pokal *m* UEFA cup.

U-Eisen *n* ⚙ U-iron.

Ufer *n* (*Meeres*~) shore; (*See*~) shores *pl.*; (*Fluss*~) bank; ***ans ~*** ashore; ***am ~*** on the shore, *e-s Sees*: on the edge of the lake, *e-s Flusses*: on the banks of the river; ***über die ~ treten*** overflow (its banks); *fig.* ***am sicheren ~*** on terra firma; ***das sichere ~ erreichen*** reach terra firma; F ***vom andern ~*** (*homosexuell*) gay, *contp.* F queer; **~befestigung(en** *pl.*) *f* bank reinforcement; **~böschung** *f*, **~damm** *m* embankment.

uferlos *fig. adj.* boundless; *Debatte etc.*: endless; *Pläne*: extravagant, wild; ***das führt ins ~e*** where does it (all) end?

Ufo *n* UFO, unidentified flying object, *engS.* F flying saucer.

U-Haft *f* → ***Untersuchungshaft.***

Uhr *f* clock; (*Armband*~, *Taschen*~) watch; ***wie viel ~ ist es?*** what time is it?, what's the time?; ***nach m-r ~ ist es vier*** it's four o'clock by (*od.* according to) my watch; ***um vier ~*** at four o'clock; ***um wie viel ~?*** (at) what time?; ***wie viel ~ ungefähr?*** approximately (*od.* round about) what time?; ***rund um die ~*** around the clock, ***geöffnet:*** open 24 hours, open night and day; *fig.* ***ein Rennen gegen die ~*** a race against the clock (*od.* against time); → ***ablaufen*** 4, ***inner*** *etc.*; **~armband** *n* watchstrap.

Uhren|geschäft *n* watchmaker's shop; **~industrie** *f* (clock and) watch industry.

Uhr|feder *f* watch spring; **~glas** *n* watch glass; **~kette** *f* watch chain; **~macher** *m* watchmaker, clockmaker; **~werk** *n* watch (*od.* clock) mechanism, works *pl.*; ***wie ein ~*** mechanical(ly); ***mit der Regelmäßigkeit e-s ~s*** regular as clockwork.

Uhrzeiger *m* (clock *od.* watch) hand; **~sinn** *m*: ***im ~*** clockwise; ***entgegen dem ~*** anti-clockwise, *Am.* counterclockwise.

Uhrzeit *f* time.

Uhu *m* eagle owl.

Ukrainer(in *f*) *m*, **ukrainisch** *adj.* Ukrainian.

UKW *etwa* VHF (= very high frequency), *bsd. Am.* FM (= frequency modulation); **~-Bereich** *m* VHF range, *bsd. Am.* FM range; **~-Sender** *m* VHF station, *bsd. Am.* FM station.

Ulk *m* joke; ***aus ~*** F for a lark; → *a.* ***Spaß***; **ulken** *v/i.* lark around; *mit Worten*: joke; **ulkig** *adj.* funny (*a. seltsam*).

Ulme *f* ♣ elm.

ultimativ I. *adj.*: ***~e Forderung*** ultimatum; ***~en Charakter haben*** take the form of an ultimatum; **II.** *adv.* in the form of an ultimatum; **Ultimatum** *n* ultimatum; ***j-m ein ~ stellen*** give s.o. an ultimatum.

Ultimo *m* ☤ last (trading) day of the month; **~abrechnung** *f* end-of-month settlement.

Ultra *m pol.* extremist.

ultrahocherhitzt *adj. Milch*: longlife ...

Ultra|kurzwelle *f phys.* ultra-short wave; *Radio etc.*: *etwa* very high frequency (*abbr.* VHF), *bsd. Am.* frequency modulation (*abbr.* FM); **~leichtflugzeug** *n* microlight plane; **~linke** *f pol.* extreme left.

ultramarin *adj.*, **Ultramarin** *n* ultramarine.

ultrarot *adj.*, **Ultrarot** *n* ultrared, infrared.

Ultraschall *m phys.* ultrasound; **~aufnahme** *f* (ultrasound) scan, ultrasound; **~bild** *n* ultrasound image; **~diagnostik** *f* ultrasound diagnostics *pl.* (*sg. konstr.*); **~gerät** *n* ultrasound scanner; **~therapie** *f* ultrasound treatment; **~untersuchung** *f* ultrasound scan, sonogram; **~welle** *f* ultrasonic wave.

ultraviolett *adj.*, **Ultraviolett** *n* ultraviolet.

um I. *prp. räumlich*: (a)round; *zeitlich, ungefähr*: about, around, *genau*: at; *Maß*: ***~ ... steigen, kürzen etc.***: by; (*für*) for; (*in bezug auf*) about; ***Schritt ~ Schritt*** step by step; ***~ die Hälfte*** *größer etc.*: by half; ***~ e-r*** *Sache od. j-s* ***willen*** for the sake of; → ***umso, drehen*** III, ***handeln*** III *etc.*; **II.** *cj.*: ***~ zu*** *inf.* (in order) to *inf.*; ***~ ehrlich zu sein*** to be honest; **III.** *adv.* (*etwa*) about, around; ***~*** (*vorüber*) ***sein*** be over.

umackern *v/t.* plough (*Am.* plow) up.

umadressieren *v/t.* redirect.

umändern *v/t.* change, alter; **Umänderung** *f* change, alteration.

umarbeiten *v/t.* (*ändern*) change, modify; (*Kleid etc.*) remodel; (*Buch etc.*) revise, adapt; (*Schriftstück*) rewrite, recast; *für den Film etc.*: adapt.

umarmen *v/t.* embrace, *fest*: hug (*beide a.* ***sich ~***); **Umarmung** *f* embrace, *feste*: hug.

Umbau *m* conversion; alteration(s *pl.*); (*umgebauter Teil*) altered section; *fig.* reorganization; ***wegen ~ geschlossen*** closed for renovation; **'umbauen I.** *v/t.* **1.** alter; *völlig*: rebuild; ***~ in*** *a.* turn into; **2.** *fig.* reorganize; **II.** *v/i.* **3.** do (some) alterations; **4.** *thea., Film*: change the setting.

um'bauen *v/t.* build around, surround; ***umbauter Raum*** enclosed space.

umbehalten *v/t.* keep *s.th.* on.

umbenennen *v/t.* rename, rechristen (***in*** as); **Umbenennung** *f* renaming.

umbesetzen *v/t. u. v/i. thea.* recast; *pol.* reshuffle; **Umbesetzung** *f thea.* recasting, change of cast; *pol.* reshuffle.

umbetten *v/t.* **1.** (*Kranken etc.*) move to another bed; (*Leiche*) rebury; **2.** (*Fluss*) rechannel.

umbiegen I. *v/t.* bend; *nach unten od. oben*: turn down *od.* up; **II.** *v/i. mot.* turn round, turn back (again).

umbilden *v/t.* reshape, remodel; (*neu organisieren*) reorganize, (*Regierung*) reshuffle; **Umbildung** *f* reshaping, remodel(l)ing; reorganization; *pol.* reshuffle.

umbinden *v/t.* tie round; (*Schürze, Krawatte etc.*) put on.

umblättern I. *v/t.* turn over *the page*; **II.** *v/i.* turn (over) the page.

umblicken *v/refl.*: ***sich ~*** (have a) look (a)round (***in*** *od.* ***an e-m Ort*** *etc.* a place *etc.*); → *a.* ***umsehen.***

Umbra *f* **1.** *ast.* umbra; **2.** → **Umbrabraun** *n*, **umbrabraun** *adj.* umber.

'umbrechen I. *v/t.* (*Baum etc.*) break down; ⚒ (*Boden*) break up; **II.** *v/i.* break.

um'brechen *v/t.* (*Schriftsatz*) make up.

umbringen I. *v/t.* kill, murder; **II.** *v/refl.*: ***sich ~*** kill o.s., commit suicide; F *fig.* ***du wirst dich noch ~!*** you'll kill yourself if you're not careful; F ***das bringt mich noch um!*** F that'll be the death of me; F ***sich*** (***fast***) ***~*** bend over backwards; *iro.* F ***bring dich bloß nicht um!*** don't strain yourself!

Umbruch *m* **1.** (great) upheaval, deep-rooted change; ***sich in e-m ~ befinden*** be going through a time of upheaval; **2.** *typ.* make-up; **Umbruchszeit** *f* time of upheaval.

umbuchen I. *v/t.* **1.** ☤ transfer (***auf*** to); **2.** (*Flug, Termin etc.*) change; **II.** *v/i.* ✈ change one's booking; **Umbuchung** *f* **1.**

✝ transfer (***auf*** to); **2.** *e-s Flugs*: change in booking; **Umbuchungsgebühr** *f* alteration fee.

umdenken I. *v/i.* change one's ideas (*od.* approach); ~ ***müssen*** have to do some rethinking; **II.** ≈ *n* shift in thinking, rethink.

umdeuten *v/t.* give a new interpretation to; **Umdeutung** *f* reinterpretation, new interpretation.

umdisponieren I. *v/t.* make new arrangements for; **II.** *v/i.* change one's plans.

umdrängen *v/t.* throng around, crowd.

umdrehen I. *v/t.* turn (round); (*Spion*) turn round; ***j-m den Arm*** ~ twist s.o.'s arm; → ***Hals, Magen, Mark³, Mund, Spieß***; **II.** *v/i.* turn round, turn back (again); **III.** *v/refl.*: ***sich*** ~ turn round; ***sich nach j-m (et.)*** ~ turn round to look at s.o. (s.th.); *fig.* ***sich auf dem Absatz*** ~ turn on one's heel, turn tail; → ***drehen*** III; **Umdrehung** *f* turn (*a.* ⚙ *der Schraube etc.*); ⚙, *phys.* revolution, rotation; ~***en pro Minute*** (***U/min***) revolutions per minute (*abbr.* rpm).

Umdrehungs|geschwindigkeit *f* speed of rotation; ~**zahl** *f* speed, number of revolutions per minute *etc.*

umeinander *adv. räumlich*: (a)round each other; *sich kümmern etc.*: about each other.

umerziehen *v/t.* re-educate; **Umerziehung** *f* re-education.

um'fahren *v/t.* drive (⚓ sail) (a)round; (*Kap*) *a.* round; (*vermeiden*) bypass.

'umfahren *v/t.* run down, run over, (*a. et.*) knock down.

Umfall F *contp. m* about-turn, about-face; **umfallen** *v/i.* **1.** fall (down *od.* over); (*ohnmächtig werden*) faint; (*zusammenbrechen*) collapse; ***zum*** ≈ ***müde*** ready to drop; → ***tot***; **2.** F *contp.* (*nachgeben*) give in; yield, capitulate; **Umfaller** F *contp. m* weathercock.

Umfang *m* circumference; *e-r Person, e-s Baums etc.*: girth; *e-s Geländes etc.*: area; (*Ausdehnung*) extent (*a. e-s Schadens etc.*), size (*a. wissenschaftlicher Arbeiten*); (*Reichweite, Bereich*) range; *e-s Projekts etc.*: scope; ***in vollem*** ~ fully; ***in großem*** ~ on a large scale, large-scale ...; **umfangen** *v/t.* (*umarmen*) embrace; *fig.* surround; **umfangreich** *adj.* **1.** *Recherchen, Wissen etc.*: extensive; ~***es Werk*** F hefty tome; **2.** (*geräumig*) spacious; **3.** F (*dick*) F voluminous.

umfassen *v/t.* **1.** (*umsäumen*) enclose, surround; ⚔ encircle; **2.** (*umarmen, umschlingen*) put one's arm(s) round; (*mit der Hand*) grip; **3.** *fig.* (*in sich schließen*) contain, comprise; *zeitlich*: cover; **umfassend** *adj.* comprehensive, extensive; (*vollständig*) complete, full; (*durchgreifend*) sweeping, drastic; ~***es Geständnis*** full confession; **Umfassung** *f* (*Einfassung, Einfriedung*) enclosure.

Umfeld *n* (*Umgebung*) environment, milieu; (*Gebiet*) sphere.

um'fliegen *v/t.* fly round *s.th.*

'umfliegen F *v/i.* fall over.

umfließen *v/t.* flow round *s.th.*

umformatieren *v/t. Computer*: reformat; **Umformatierung** *f* reformatting.

umformen *v/t.* reshape; (*Konstruktion etc.*) redesign; ⚡ transform, convert; **Umformer** *m* ⚡ converter, transformer.

umformulieren *v/t.* reword, rephrase; **Umformulierung** *f* rewording, rephrasing.

Umformung *f* reshaping; conversion; transformation.

Umfrage *f* inquiry; *öffentliche*: (public) opinion poll, survey; ***die*** ~ ***hat ergeben, dass*** the results of the survey show that.

umfrieden *v/t.* enclose, fence off, put a fence up (a)round; **Umfriedung** *f* enclosure, fence.

umfüllen *v/t.* pour (*od.* put) into another container (*od.* jug *etc.*); (*Wein*) decant; ***et.*** ~ *a.* pour s.th. into s.th. else.

umfunktionieren *v/t.* convert (***zu*** into); **Umfunktionierung** *f* conversion (***zu*** into).

Umgang *m* **1.** (*Verkehr*) contact; relations *pl.*; (*Bekanntenkreis*) company, acquaintances *pl.*, (circle of) friends *pl.*; ~ ***haben*** (*od.* ***pflegen***) ***mit*** associate with; ***guten*** (***schlechten***) ~ ***haben*** keep good (bad) company; ***sie ist kein*** ~ ***für dich*** she's not your type, *contp.* F she's not the sort of person you ought to be hanging around with; **2.** (*Beschäftigung*) ***der*** ~ ***mit Kindern*** (***Kunden*** *etc.*) dealing with children (customers *etc.*); ***der ständige*** ~ ***mit Büchern*** (***Tieren*** *etc.*) having a lot to do with books (animals *etc.*); ***im*** ~ ***mit*** (in) dealing with; ***geschickt sein im*** ~ ***mit*** have a way with *children, animals etc.*

umgänglich *adj.* affable; easy to get along with; **Umgänglichkeit** *f* affability, affableness.

Umgangs|formen *pl.* manners; behavio(u)r *sg.* in public; ***j-s*** ~ *a.* the way *sg.* s.o. treats other people; ***er hat keine*** ~ he doesn't know how to behave (towards other people); ~**recht** *n* right of access; ~**sprache** *f* colloquial language; ***die englische*** ~ colloquial English; ≈**sprachlich** *adj.* colloquial; ~**ton** *m*: ***es herrscht ein guter*** ~ there's a good atmosphere, they get along well with each other; ***die haben e-n*** ~***!*** just listen to the way they talk to each other; ***er fand nicht den richtigen*** ~ he couldn't find the right level of communication.

umgarnen *fig. v/t.* ensnare.

umgeben *v/t.* surround (***sich*** o.s.; ***mit*** with); ***mit Mauern*** (***e-m Zaun***) ~ wall (fence) in; **Umgebung** *f e-r Stadt etc.*: surroundings *pl.*, environs *pl.*; *j-s*: environment (*a. Milieu*); (*Nachbarschaft*) neighbo(u)rhood, *weitS. a.* vicinity; *e-r hoch gestellten Persönlichkeit etc.*: entourage; ***in der*** ~ *gen.* (*od.* ***von***) in the vicinity of, *e-r Stadt etc.*: on the outskirts of, (*um ... herum*) (a)round; ***e-e bekannte*** ~ familiar surroundings.

'umgehen *v/i.* **1.** go round; (*die Runde machen*) *Gerücht etc.*: circulate, F go the rounds; *Gespenst*: walk, ***an*** (*od.* ***in***) ***e-m Ort***: haunt a place; **2.** ~ ***mit*** (*et., j-m*) *manuell u. fig.*: handle; (*behandeln*) treat; (*fertig werden mit*) manage, deal with; (*Maschine, Apparat etc., bedienen*) use, work; (***gut***) ~ ***können mit*** know how to handle *etc.*, (*geschickt sein im Umgang mit*) have a way with, be good with; ***ich weiß gar nicht, wie ich damit*** ~ ***soll*** I don't know what to do with it; → ***schonend*** II, ***sparsam*** II; **3.** ***mit dem Gedanken*** (*od.* ***Plan***) ~ ***zu*** *inf.* be thinking of *ger.*, be contemplating *ger.*

um'gehen *v/t.* **1.** go round; (*Stadt, Verkehr etc., a.* ⚡) bypass; **2.** *fig.* (*vermeiden*) avoid, (*a. Gesetz etc.*) evade; *geschickt*: elude, sidestep, F get round; ***es lässt sich nicht*** ~ there's no getting out of it, ***dass er ...***: there's no way he can avoid (*od.* get round) *ger.*

umgehend *adj.* (*u. adv.*) immediate(ly).

Umgehung *f* bypassing; *fig.* avoidance, *a.* ⚖ evasion; **Umgehungsstraße** *f* bypass; (*Ringstraße*) ring road, *Am.* belt.

umgekehrt I. *adj. Reihenfolge etc.*: reverse, inverted; (*entgegengesetzt*) opposite, contrary; ~**!** (no,) it's exactly the other way round; ***in*** ~***er Reihenfolge*** in reverse order; **II.** *adv.* the other way round; (*dagegen ...*) on the other hand, conversely.

umgestalten *v/t.* reshape; ⚙ *etc. a.* redesign; (*neu ordnen*) *a.* rearrange; **Umgestaltung** *f* reshaping; redesigning; rearrangement.

umgestülpt *adj. von innen nach außen*: inside-out ..., *pred.* inside out; *von oben nach unten*: upside-down ..., *pred.* upside down; *Behälter*; upturned.

umgestürzt *adj.* fallen; blown-down; *Lastwagen etc.*: overturned.

umgießen *v/t.* **1.** → ***umfüllen***; **2.** *metall.* refound, recast.

umgraben *v/t.* (*Garten*) dig (*od.* turn) up; (*Boden*) break up.

umgreifen *v/t.* **1.** surround; **2.** *fig.* comprise; **3.** *mit den Händen*: grasp; *mit den Armen*: put (*od.* get) one's arm(s) round.

umgrenzen *v/t.* **1.** (*umschließen*) surround, enclose, encircle; **2.** *fig.* define; **Umgrenzung** *f* **1.** enclosure; **2.** *fig. e-s Begriffs etc.*: definition.

umgruppieren *v/t.* regroup; (*Unternehmen*) reshuffle; **Umgruppierung** *f* regrouping; reshuffling.

umhaben F *v/t.* have on.

umhacken *v/t.* (*Baum etc.*) chop (*od.* cut) down; (*Unkraut etc.*) cut down.

Umhang *m* cape.

umhängen *v/t.* **1.** (*Schal etc.*) put on; (*Gewehr*) sling over one's shoulder; **2.** (*Bild etc.*) rehang, hang somewhere else.

Umhängetasche *f* shoulder bag.

umhauen *v/t.* **1.** fell, cut down; **2.** F *fig.* bowl over, floor; *Bier etc.*: knock *s.o.* out; ***es hat mich fast umgehauen*** *Nachricht etc.*: I was floored.

umher *adv.* (a)round, about; → *a.* ***herum(...)***; ~**blicken** *v/i.* look around; ~**irren** *v/i.* wander around *od.* about (lost, like a lost soul), ***in***: wander around *a place*; ~**schleichen** *v/i.* sneak (*od.* creep) around.

umhinkönnen *v/i.*: ***ich kann nicht umhin zu*** *inf.* I can't help *ger.*, (*nicht vermeiden können*) I can't avoid *ger.*

umhören *v/refl.*: ***sich*** ~ keep one's ears open, ask around.

umhüllen *v/t.* wrap up (***mit*** in), cover (in, with); **umhüllt** *adj. von Dunkelheit etc.*: enveloped, shrouded (***von*** in); *fig.* ***von e-m Geheimnis*** ~ shrouded in mystery; **Umhüllung** *f* wrapping.

umjubeln *v/t.* cheer; **umjubelt** *adj.* **1.** celebrated; ***von der Menge*** ~ *a.* cheered by the crowd; **2.** *fig.* extremely popular (***von*** with *the public etc.*); ***allgemein*** ~ ***werden*** enjoy popular acclaim, be widely acclaimed.

umkämpfen *v/t.* ⚔ fight for; (*Gebiet etc., a. fig. Privileg etc.*) dispute; *fig.* (*Sieg etc.*) contest, dispute; → ***heiß*** II.

Umkehr *f* **1.** turning back, return; **2.** *fig.* (*Änderung*) (complete) change; *pol.* about-face, about-turn, volte-face; (*Reue*) repentance; **umkehrbar** *adj.* reversible; **umkehren I.** *v/i.* turn back; retrace one's steps; **II.** *v/t.* turn *s.th.* round; (*das Unterste zuoberst kehren*) turn *s.th.* upside down; (*Tasche etc., umstülpen*) turn *s.th.* (inside) out; ⚙, ⚡, *fig.* (*Reihenfolge, Ver-*

U

fahren etc.) reverse; **III.** *v/refl.*: **sich ~** turn round; turn on its head; *fig.* reverse; *fig.* **die Situation kehrte sich um** there was a sudden reverse in the situation; **die Verhältnisse kehrten sich um** the tables turned.
Umkehrfilm *m phot.* reversal film.
Umkehrung *f* reversal; inversion.
umkippen I. *v/t.* **1.** tip over; (*umstoßen*) knock over; **II.** *v/i.* **2.** tip over; (*umfallen*) fall over; **3.** (*ohnmächtig werden*) faint, keel over; **4.** (*ins Gegenteil umschlagen*) switch (completely); **5.** *Gewässer*: die.
umklammern *v/t.* **1.** clutch onto, hold tight onto; *mit den Fingern*: clutch, grip; (*in der Hand halten*) clasp; **mit den Armen** (**Beinen**) **~** wrap one's arms (legs) (a)round; **2.** (*einzwängen*) squeeze in, (*einschließen*) close in on, (*einkreisen*) encircle, surround on all sides; **Umklammerung** *f* **1.** (**tödliche ~** deadly) embrace; **2.** *Boxen*: clinch.
umklappbar *adj.* collapsible, folding ...; **umklappen** *v/t.* turn down, fold (back).
Umkleidekabine *f* (changing) cubicle.
'umkleiden *v/refl.*: **sich ~** change (one's clothes), put some other clothes on.
um'kleiden *v/t.* cover; ⚙ *etc. a.* sheathe (**mit** in).
Umkleideraum *m thea.* dressing room; *Sport*: *a.* changing (*od.* locker) room.
Um'kleidung *f* ⚙ *etc.* sheath, sheathing.
umknicken I. *v/t.* **1.** bend (over); **2.** (*Papier*) fold (down); **II.** *v/i.* **3.** *Baum etc.*: bend; (*brechen*) snap; **4.** (*a.* **mit dem Fuß ~**) twist one's ankle.
umkommen *v/i.* die, be killed; **et. ~ lassen** (*Lebensmittel etc.*) let s.th. go to waste; F *fig.* **wir sind vor Hitze** (**Hunger, Langeweile**) **fast umgekommen** we nearly died in the heat (of hunger, of boredom).
Umkreis *m* **1.** (*Umgebung*) vicinity; **im ~ von** within a radius of, for *three miles etc.* around; **2.** *fig.* *e-r Person*: circle(s *pl.*) surrounding *s.o.*; **ihr engster ~** those closest to her; **3.** ⩓ circumcircle.
umkreisen *v/t.* circle (round); *Planet etc.*: revolve (a)round.
umkrempeln *v/t.* **1.** (*aufschlagen*) roll up; (*umstülpen*) turn *s.th.* inside out; **2.** (*Wohnung etc.*) turn *s.th.* upside down (*od.* on its head); **3.** (*Pläne etc.*) change completely; F (**j-n**) change; **j-n ~ in** turn s.o. into; **j-n völlig ~** make a new person (*od.* somebody new) out of s.o.
umladen *v/t.* reload (**auf, in** onto).
Umlage *f*: **die ~ betrug ...** each person had to pay ...
um'lagern *v/t.* throng (a)round; (*belagern, a. fig.*) beleaguer, besiege.
'umlagern *v/t.* move (**in** [in]to; **nach** to), put in another place.
Umland *n* environs *pl.*, hinterland, surrounding countryside.
Umlauf *m phys.*, ⚙ rotation, revolution; *des Geldes*: circulation; (*Rundschreiben*) circular (letter), *als Überschrift*: please circulate; **in ~ bringen** (*od.* **setzen**) put in circulation, circulate, issue, (*Kapital*) float, (*Gerücht*) start, get *a rumo(u)r* going; **im ~ sein** be in circulation, *Gerücht*: *a.* be going round; **~bahn** *f* orbit; **auf s-e ~ bringen** put into orbit.
'umlaufen *v/i.* ⚙ *etc.* revolve, rotate; *Blut, Geld, Bericht, Gerücht*: circulate.
um'laufen *v/t.* run (*od.* move) around.
Umlauf|geschwindigkeit *f* orbiting speed; **~kapital** *n* current liabilities *pl.*; **~vermögen** *n* current assets *pl.*; **~zeit** *f* period (of revolution *etc.*); *Satellit*: orbital period.
Umlaut *m ling.* umlaut, (vowel) mutation; (*Laut*) umlaut, mutated vowel.
umlegen *v/t.* **1.** *nach unten od. seitlich*: put (*od.* lay) down; *an e-e andere Stelle*: move (*a. Kranken*), shift; *teleph.* transfer; **2.** (*Kragen, Tuch etc.*) put on; **3.** (*Saum*) tuck; **4.** ⚙ (*Hebel*) throw; **5.** *fig.* (*Kosten*) divide (**auf** among); **6.** *fig.* (*Termin*) change, shift (**auf** to); **7.** F (*töten*) F bump off; **8.** V (*Mädchen*) *sl.* lay.
umleiten *v/t.* (*Verkehr*) divert, *Am. a.* detour; (*Wasserlauf etc.*) divert; (*Transport, Nachschub etc.*) reroute.
Umleitung *f* diversion; rerouting; (*Umleitungsstrecke*) diversion, detour; *auf Schildern*: diversion, *Am.* detour; **~ auf die Gegenfahrbahn** contraflow (traffic).
Umleitungs|schild *n* diversion (*Am.* detour) sign; **~strecke** *f* diversion, detour.
umlenken *v/t.* **1.** turn *a car etc.* round; **2.** *fig.* (*Kräfte etc.*) redirect, rechannel; (*Absichten, Trend etc.*) lead in another direction; → *a.* **umleiten.**
umlernen *v/i.* *beruflich*: retrain; *fig.* **~ müssen** have to change one's ideas.
umliegend *adj.* surrounding, neighbo(u)ring, *nachgestellt*: in the vicinity, round about; **die ~e Gegend** the neighbo(u)rhood, (*Umgebung*) the surrounding area, the surroundings.
Umluft *f* circulating air.
ummanteln *v/t.* ⚙ coat, sheathe (**mit** in); **Ummantelung** *f* coat, sheath.
ummauern *v/t.* wall in, build a wall (a)round.
ummelden *v/refl.*: **sich ~** register one's (*od.* a) change of address.
ummodeln *v/t.* remodel, reshape; (*Person, Methode etc.*) change.
ummünzen *fig.* *v/t.* turn (**in** into).
umnachtet *adj.* (*a.* **geistig ~**) mentally deranged; **Umnachtung** *f* (*a.* **geistige ~**) mental derangement.
umnebeln *v/t.* befog; **umnebelt** *fig. adj.* *Blick, Sinne*: befuddled; *Augen*: misty.
umnummerieren *v/t.* renumber; **Umnummerierung** *f* renumbering.
umordnen *v/t.* rearrange; *in der Reihenfolge*: change (*od.* rearrange) the order of.
umorganisieren *v/t.* reorganize.
Umorientierung *f* re-orientation.
umpacken *v/t.* repack.
'umpflanzen *v/t.* replant; (*Zimmerpflanze*) repot.
um'pflanzen *v/t.* put plants around, surround with plants; **mit Bäumen ~** plant trees around.
umpflügen *v/t.* plough (*Am.* plow) up.
umpolen *v/t.* **1.** ⚡ reverse (the polarity of); **2.** F *fig.* change.
umprogrammieren *v/t.* reprogram(me); **Umprogrammierung** *f* reprogramming.
umquartieren *v/t.* move to other accommodation (*od.* another room, other rooms *etc.*); F (*Kranken*) move.
umrahmen *v/t.* **1.** frame; **2.** *fig.* *Sache*: serve as a setting for; **musikalisch ~** *Orchester etc.*: provide the music for; **Umrahmung** *f* **1.** framing; *konkret*: frame; **2.** *fig.* setting, framework.
umranden *v/t.* border; **umrandet** *adj.* bordered, edged (**von** with); **schwarz ~** edged in black; **Umrandung** *f* border, edge.
umranken *v/t.* twine (itself) round; **umrankt** *adj.*: **~ von** entwined with, *Pflanzen etc.*: *a.* covered in; **von Efeu ~** ivy-covered; *fig.* **von Legenden ~** surrounded by legend.
umrändert *adj.*: **rot ~e Augen** red-rimmed eyes, **haben:** have red rims around one's eyes.
umräumen *v/t.* **1.** move (to another place); **2.** (*Zimmer etc.*) rearrange.
umrechnen *v/t.* convert (**in** into); **in Dollar umgerechnet** in (terms of) dollars; **Umrechnung** *f* conversion (**in** into).
Umrechnungs|kurs *m* ⚚ exchange rate, rate of exchange, conversion rate; **~tabelle** *f* conversion table.
'umreißen *v/t.* pull down; (*umstoßen*) knock down.
um'reißen *v/t.* outline; → **umrissen.**
umrennen *v/t.* run (*od.* knock) down.
umringen *v/t.* form (*od.* make) a circle around; *Menge, begeistert*: throng round, (*umgeben*) surround (*a. fig.*).
Umriss *m* outline (*a. fig.*), contours *pl.*; **in kräftigen** (**groben**) **~en** in bold (rough) outline; **in ~en schildern** outline; **feste ~e bekommen** begin to take shape.
umrissen *adj.*: **scharf ~** sharply outlined.
Umrisskarte *f* skeleton map.
umrühren *v/t.* stir.
umrunden *v/t.* walk (*od.* go, drive *etc.*) round.
umrüsten I. *v/t.* ⚙ adapt (**auf** to); ⚔ re-equip (with); **II.** *v/i.*: **~ auf** convert to; **Umrüstung** *f* ⚙ adaptation (**auf** to); ⚔ re-equipping (with); *weitS.* conversion (to).
ums (= **um das**) → **um.**
umsatteln I. *v/t.* (*Pferd*) resaddle; **II.** *fig.* *v/i.* *im Beruf*: change jobs; *im Studium*: change one's subject, change subjects; **~ auf** switch to.
Umsatz *m* ⚚ turnover; (*Absatz*) *a.* sales *pl.*; (*Einnahmen*) returns *pl.*; **~beteiligung** *f* *Gewinn*: commission; *Arbeitsverhältnis*: working on a commission basis; **mit ~**, F **auf ~** *be employed etc.* on a commission basis; **~entwicklung** *f* sales trend; **~rückgang** *m* drop in sales; **~steigerung** *f* sales increase; **~steuer** *f* turnover tax.
umsäumen *v/t.* hem; *fig.* surround, (*Straßen etc.*) line.
umschalten I. *v/t.* **1.** switch (over) (**auf** to); **II.** *v/i.* **2.** switch over (**auf, nach** to); *Ampel*: change (**auf** to); **auf Grün** *etc.* **~** *Ampel*: *a.* turn green *etc.*; **3.** F *fig.* (*sich einstellen*) adjust (**auf** to); **Umschalter** *m* **1.** ⚡ commutator; **2.** → **Umschalttaste** *f* *Computer etc.*: shift key.
Umschau *f* **1.** **~ halten** (have a) look around (**nach** for); **2.** *Zeitung etc.*: review; **umschauen** *v/refl.* → **umsehen.**
umschichten *v/t.* rearrange; *fig.* *a.* regroup, reshuffle; **umschichtig** *adv.* in shifts; **Umschichtung** *f* regrouping; **gesellschaftliche ~** shift in social structure.
um'schiffen *v/t.* sail (a)round; (*die Erde*) *a.* circumnavigate; (*Kap*) sail (a)round, round; **Umschiffung** *f* sailing (a)round; circumnavigation; rounding.
Umschlag *m* **1.** (*Brief*~) envelope; (*Hülle*) cover, *e-s Buchs*: *a.* jacket; *am Ärmel*: cuff; *an der Hose*: turn-up, *Am.* cuff; ⚕ compress; **2.** ⚚ (*Waren*~) handling; *e-s Hafens*: goods *pl.* handled; **3.** *fig.* → **Umschwung**; **umschlagen I.** *v/i.* **1.** (*umkippen*) overturn; *Boot etc.*: *a.* capsize; **2.** (*sich ändern*) turn, suddenly change, change (abruptly) (*alle in* into); *Wind*: veer (round); *Stimme*: crack; **II.** *v/t.* **3.** ([*um*]*wenden*, *Blatt etc.*) turn

(over); (*Saum, Ärmel*) turn up; (*Kragen*) turn down; **4.** (*umstoßen*) knock over (*od.* down); (*Baum etc., fällen*) cut down; **5.** (*Tuch etc., umlegen*) (*a.* **sich ~**) put on, wrap (a)round one's neck (*od.* shoulders); **6.** ✝ (*Waren*) handle; *engS.* (*umladen*) transfer, tran(s)ship.

Umschlagplatz *m* trading cent|re (*Am.* -er); ⚓ place of tran(s)shipment.

umschließen *v/t.* surround, enclose; *mit Händen*: clasp; *mit Armen*: embrace, wrap one's arms (a)round; *fig.* (*umfassen*) encompass, embrace.

umschlingen *v/t.* (*umarmen*) embrace; *Pflanze*: twine itself (a)round; → **umschlungen** *adj.*: ***sich fest ~ halten*** be clasped in a firm embrace; ***vom Meer*** *etc.* **~** surrounded by the sea (*od.* by water).

umschmeicheln *v/t.* sweet-talk; (*Mädchen*) *a.* woo.

umschmeißen F *v/t.* → ***umwerfen.***

umschnallen *v/t.* buckle (*od.* strap) on; (*Gürtel*) put on.

um'schreiben *v/t.* **1.** circumscribe (*a.* A), paraphrase; express *s.th.* in different terms; **2.** (*definieren*) define; (*zusammenfassen*; *a.* **kurz ~**) sum up.

'umschreiben *v/t.* **1.** (*nochmals schreiben*) rewrite; (*abschreiben, übertragen*) transcribe; **2.** (*Besitz*) transfer, make over (**auf** to).

Um'schreibung *f* circumscription, paraphrase; (*Beschreibung*) definition.

'Umschreibung *f* rewriting; transcription; transfer; → **'*umschreiben.***

Umschrift *f ling.* transcription; (*phonetische* **~**) phonetic transcription.

umschulden *v/t.* ✝ (*Anleihe etc.*) convert; (*Firma etc.*) change the terms of debt of.

umschulen *v/t.* (*Kind*) move to another school; *beruflich*: retrain; **Umschulung** *f e-s Kindes*: transfer to another school; *berufliche*: (vocational) retraining; **Umschulungskurs** *m* retraining course (*od.* program[me]).

umschütten *v/t.* **1.** → ***umgießen*** 1; **2.** (*umstoßen*) spill, knock over.

umschwärmen *v/t.* swarm (a)round; *fig.* (*j-n*) idolize; **umschwärmt** *fig. adj.* idolized; (*a.* ***heftig*** **~**) *bsd. Frau*: much-courted; **~ *sein von*** *vielen Leuten etc.*: be surrounded by, *Verehrern etc.*: be in great demand with.

Umschweife *pl.*: ***ohne*** (***lange***) **~** without further ado, (*ohne viel Zeit zu verlieren*) without wasting any (more) time, (*ohne viele Umstände*) without much fuss, (*geradeheraus*) *sagen*: straight out; ***keine langen ~ machen*** get (*od.* come) straight to the point; ***sie haben sich ohne lange ~ entschieden*** they didn't waste any time deciding; ***et. ohne ~ sagen*** *a.* come straight out with s.th.; ***et. ohne ~ tun*** *a.* get straight down to s.th.

umschwenken *v/i.* wheel round; *fig.* veer round; *pol.* do an about-face (*od.* about-turn), do a volte-face.

Umschwung *m* (sudden) change (*gen.* in, of); *der Meinung etc.*: *a.* reversal *of opinion etc.*; *bsd. pol.* swing (*a. Stimmungs*2); (*Umwälzung*) upheaval.

umsegeln *v/t.* sail (a)round; (*Welt*) *a.* circumnavigate; (*Kap*) sail (a)round, round; **Umsegelung** *f* sailing (a)round; circumnavigation; rounding.

umsehen *v/refl.*: **sich ~ 1.** (*zurückblicken*) look (*od.* glance) back *od.* round; **2.** (*herumschauen*) look (a)round; *fig. suchend*: look (a)round (**nach** for), be on the lookout (for); ***sich an*** (*od.* ***in***) *e-m Ort etc.* **~** have a look (a)round *a place*; *fig.* ***du wirst dich noch ~!*** you're in for a surprise (or two).

umseitig I. *adv.* overleaf; *bei Foto etc.*: on the reverse (*od.* back); **II.** *adj. Text etc., nachgestellt*: overleaf.

umsetzen *v/t.* **1.** (*Schüler etc.*) move (**in, auf** to); **2.** ⚕ transplant; ⚙ change over; (*umwandeln*) convert (**in** into), *phys.*, ⚗ *etc. a.* transform (into); (*Pläne etc.*) implement; ✝ (*Ware*) sell; (*Geld*[*wert*]) turn over; ***sein Geld in … ~*** spend one's money on …; ***et. in Bargeld ~*** turn s.th. into cash; ***in die Tat ~*** put into action; ⚗ ***sich in*** *Eiweiß etc.* **~** be converted into; **Umsetzung** *f* (*Umwandlung*) conversion (**in** into).

Umsichgreifen *n* (rapid) spread, proliferation.

Umsicht *f* circumspection; **umsichtig** *adj.* circumspect; **Umsichtigkeit** *f* circumspection.

umsiedeln I. *v/t.* resettle; **II.** *v/i.* move (to another place); **Umsiedler** *m* resettler; **Umsiedlung** *f* resettlement; (*Übersiedeln*) move (**nach** to).

umsinken *v/i.* collapse; (*ohnmächtig werden*) faint; ***zum*** 2 ***müde*** ready to drop.

umso *cj.*: **~ *besser*** so much the better; **~ *mehr*** all the more; (so much) the more (***als*** as; ***weil*** because); **~ *weniger*** (all) the less; *je länger ich darüber nachdenke*, **~ *weniger gefällt mir die Sache*** the less I like it.

umsonst *adv.* **1.** (*unentgeltlich*) for nothing, free (of charge); **2.** (*vergebens*) for nothing; ***es war ~*** it was a waste of time, it was all for nothing; ***nicht ~*** (*aus gutem Grund*) not without (good) reason *did he come here etc.*

umsorgen *v/t.* look after *s.o.* (solicitously).

um'spannen *v/t.* **1.** reach round; *mit der Hand*: clasp; **2.** *fig.* cover, *bsd. zeitlich*: span.

'umspannen *v/t.* ⚡ transform; **Umspanner** *m* transformer.

Umspann|station *f*, **~werk** *n* transformer (station).

umspielen *v/t.* **1.** *Fußball*: dribble round; **2.** *fig. Lächeln*: play around (*od.* about) *s.o.'s lips*; *Wellen etc.*: lap around.

umspringen *v/i.* *Wind*: veer; *Ampel*: change (***auf*** to); *Skisport*: jump-turn; *fig.* **~ *mit*** (*j-m*) treat, (*Sache*) *a.* handle.

umspulen *v/t.* wind onto another reel.

umspülen *v/t.* *Gewässer*: wash (*sanft*: lap) around.

Umstand *m* **1.** (*Tatsache*) fact; (*Einzelheit*) detail; ***Umstände*** (*Lage*) circumstances, conditions, state (of affairs); ***äußere Umstände*** external circumstances; ⚖ ***mildernde Umstände*** mitigating circumstances; ***nähere Umstände*** (further) particulars; ***unter Umständen*** (*möglicherweise*) possibly, perhaps; (*notfalls*) if need be; ***unter allen Umständen*** whatever happens, *formell*: at all events; ***unter keinen Umständen*** under no circumstances, on no account (*od.* condition); ***unter diesen Umständen*** under the circumstances, as matters stand; F ***in anderen Umständen*** F in the family way; **2.** *mst pl.* ***Umstände*** (*unnötiger Aufwand*) fuss, (*Mühe*) trouble; ***viel Umstände machen*** make a lot of fuss (***wegen*** about); (***j-m***) ***viel Umstände machen*** cause (s.o.) a lot of trouble, be a lot of trouble (for s.o.); ***machen Sie*** (***sich***) ***keine Umstände!*** don't go to any trouble; ***wenn es Ihnen keine Umstände macht*** if it's no trouble (to you); ***es macht mir überhaupt keine Umstände*** it's no trouble at all; ***ohne viel Umstände*** without much fuss; ***nicht viel Umstände machen mit*** make short work of; **umständehalber** *adv.* owing to circumstances; … **~ *zu verkaufen*** forced sale: …

umständlich I. *adj.* (*verwickelt*) complicated; (*langatmig*) longwinded; (*pedantisch*) pedantic(ally *adv.*); (*ungeschickt*) awkward; (*unnötig* **~**) fussy; ***das ist viel zu ~*** that's far too much trouble, that's much too complicated; ***~e Methode*** *a.* roundabout way of doing s.th. (*od.* it); *iro.* ***~er gehts wohl nicht?*** couldn't you think of a more complicated way of doing it?; **II.** *adv.* awkwardly; fussily *etc.*; → I; *et.* **~ *erzählen*** narrate at great length, give a longwinded account of; **Umständlichkeit** *f* complicated nature; longwindedness; pedantry; fussiness.

Umstands|bestimmung *f ling.* adverbial phrase; **~kleid** *n* maternity dress; **~krämer** *m* F fusspot; **~mode** *f* maternity wear; **~wort** *n ling.* adverb.

um'stehen *v/t.* stand round.

'umstehend I. *adj. Seite*: next; *Text, nachgestellt*: overleaf; ***die*** 2***en*** the bystanders; **II.** *adv.* overleaf.

umsteigen *v/i.* **1.** change (***in*** [on]to; ***nach*** for); change trains (*od.* buses *etc.*); **2.** F *fig.* switch (***auf*** to), change over (to).

Umsteigeschwung *m Skisport*: step turn.

um'stellen *v/t.* surround.

'umstellen I. *v/t.* **1.** *räumlich*: move (round); (*einzelnen Gegenstand*) *a.* move to (*od.* put in) a different place; (*umordnen, Zimmer, Gegenstände etc.*) *a. fig.* rearrange, change round; *fig.* (*umgruppieren*) regroup; **2.** (*Uhr, Apparat etc.*) adjust; **3.** *fig.* switch, change over, convert (***von … auf*** from … to); ***auf Computer*** (***Container***) **~** *a.* computerize (containerize); **II.** *v/refl.* **4. *sich* ~** (*sich umgewöhnen*) adapt (o.s.), adjust (o.s.) (***auf*** to), *Person, absolut*: *a.* get used to the change (F to it); *in der Einstellung*: *a.* change one's attitude (towards); **5.** (*oft a. v/i.*) (***sich***) **~ *auf,*** (***sich***) **~ *von … auf*** (*e-e andere Methode, Energiequelle, Lebensweise etc.*) change (*bsd.* ⚙ switch) over to, change (*bsd.* ⚙ switch) over from … to; **Umstellung** *f* rearrangement; regrouping; adjustment; switch, changeover *etc.*; → **'*umstellen.***

umstimmen *v/t.* **1.** ♪ retune, tune to another pitch; **~ *auf*** tune to; **2.** *fig.* ***j-n ~*** bring s.o. round (***auf*** to), change s.o.'s mind, persuade s.o. otherwise.

umstoßen *v/t.* **1.** knock down (*od.* over); **2.** *fig.* (*Urteil, Entscheidung*) overrule; (*Plan etc.*) upset; (*Testament*) change.

'umstricken *v/t.* **1.** reknit; **2.** *fig.* (*Pläne etc.*) rethink.

um'stricken *fig. v/t.* ensnare.

umstritten *adj.* disputed, *Sport etc.*: contested; (*strittig*) controversial, contentious *issue etc.*

umstrukturieren *v/t.* restructure; **Umstrukturierung** *f* restructuring.

umstülpen *v/t. von innen nach außen*: turn *s.th.* inside out; *von oben nach unten*: turn *s.th.* upside down; → ***umgestülpt.***

Umsturz *m* coup; **~ *der Regierung*** *etc.* overthrow of the government *etc.*; ***e-n ~ planen*** plan a coup, plan to overthrow (*od.* the overthrow of) the government *etc.*; **~bewegung** *f* subversive movement.

U

umstürzen I. *v/t.* **1.** knock over; **2.** *pol.* overthrow, topple; **II.** *v/i.* fall down (*od.* over); be knocked down; be blown over; → ***umgestürzt***; **Umstürzler** *m* revolutionary, subversive; **umstürzlerisch** *adj.* subversive.

Umsturzversuch *m* attempted coup (*od.* overthrow of the government *etc.*).

umtaufen *v/t. a. fig.* rename, rechristen (***auf*** as).

Umtausch *m* exchange; ***reduzierte Ware ist vom ~ ausgeschlossen*** reduced articles cannot be exchanged; **umtauschbar** *adj.* exchangeable; **umtauschen** *v/t.* exchange (***gegen*** for); (*Ware*) *a.* take back to the shop; ***sie haben es ohne weiteres umgetauscht*** *a.* they gave me another one straightaway; **Umtauschrecht** *n* right to exchange goods.

umtopfen *v/t.* repot.

umtreiben *v/t.*: ***j-n ~*** give s.o. no rest, haunt s.o.

Umtriebe *pl.* machinations, intrigues; (***staatsfeindliche ~*** subversive) activities.

Umtrunk *m* drink; ***e-n ~ veranstalten*** get a few people (*od.* one's colleagues *etc.*) together for a drink.

umtun F *v/refl.*: ***sich ~*** (*aktiv werden*) get to work on s.th., (*aktiv sein*) be working on s.th.; (*sich umsehen*) look around (***in*** *a place*); ***sich ~ nach*** (*suchen*) look (around) for.

U-Musik *f* light (*od.* popular) music.

Umverpackung *f* outer packaging.

umverteilen *v/t.* redistribute; **Umverteilung** *f* redistribution.

umwälzen *v/t.* **1.** roll over; ⚙ circulate; **2.** *fig.* revolutionize; **umwälzend** *adj. Erfindung etc.*: revolutionary.

Umwälzpumpe *f* ⚙ circulating pump.

Umwälzung *f* **1.** ⚙ circulation; **2.** *fig. pol. etc.* revolution, upheaval.

umwandeln *v/t.* change, transform (***in, zu*** into); *phys.*, ⚡ transform, convert (*a. Computer*); ⚖ (*Strafe*) commute (into); ***er ist wie umgewandelt*** he's a completely different person, he's a changed man; **Umwandlung** *f* change; transformation (***in, zu*** into); ⚗, ⚡ conversion (*a. Computer*); ⚖ commutation.

Umwandlungsprogramm *n Computer*: conversion program.

umwechseln *v/t.* (*Geld*) change (***in*** into); ***Dollar in D-Mark*** *etc.* ~ *a.* exchange dollars for deutschmarks *etc.*; **Umwechslung** *f* exchange (***von ... in*** of ... for, *Geld*: *a.* of ... into).

Umweg *m* detour; ***e-n ~ machen*** take the long way round, make a detour; ***kleiner ~*** little (*od.* slight) detour; *fig.* ***auf ~en*** indirectly, in a roundabout way, *negativ*: by devious means; ***ohne ~e*** straight, directly.

'umwehen *v/t.* blow down (*od.* over).

um'wehen *v/t. Brise etc.*: waft around.

Umwelt *f* **1.** (natural) environment; ***unsere ~*** *a.* the world in which we live, the world around us; **2.** (*Umgebung*) milieu, background; *konkret*: surroundings *pl.*; **~auto** *n* clean-fuel car; **~beauftragte(r)** *m* environmental health officer.

umweltbedingt *adj.* environmental, due to environmental factors; **Umweltbedingungen** *pl.* environmental factors.

umweltbelastend *adj.* polluting ..., environmentally harmful, *pred.* harmful to the environment; **Umweltbelastung** *f a. pl.* (environmental) pollution.

umweltbewusst *adj.* environment-conscious, *pred. a.* environmentally aware; **Umweltbewusstsein** *n* environmental awareness.

Umweltbundesamt *n* federal environment office.

Umwelteinfluss *m* environmental impact.

umweltfeindlich *adj.* harmful to the environment; *Politik etc.*: anti-environment ..., hostile to the environment.

Umweltforschung *f* ecological research.

umwelt|freundlich *adj.* eco-friendly, environment-friendly; non-polluting; ecologically (*od.* environmentally) sound; environmentally friendly; **~gefährdend** *adj.* environmentally hazardous; **~gerecht** *adj.* environmentally-oriented; **~geschädigt** *adj.*: ***~ sein*** have been damaged (*od.* affected) by pollution.

Umwelt|gesetzgebung *f* environmental legislation; **~gift** *n* pollutant; **~gipfel** *m* (*Kongress*) environmental summit; **~katastrophe** *f* environmental disaster; **~kriminalität** *f* environmental crime, crimes *pl.* against the environment; **~krise** *f* ecological crisis; **~lobby** *f* environment lobby; **~minister** *m* environment minister, minister of the environment; *in GB*: Environment Secretary, Secretary of State for the Environment; *in den USA*: Administrator of the Environmental Protection Agency; **~ministerium** *n* ministry of the environment, environment ministry; *in GB*: Department of the Environment; *in den USA*: Environmental Protection Agency; **~moral** *f* environmental ethics *pl.* (*als Fach sg. konstr.*); **~papier** *n* recycled paper; **~politik** *f* environmental policy.

umweltpolitisch *adj.* ecopolitical.

Umweltschäden *pl.* damage *sg.* to the environment; **umweltschädlich** *adj.* ecologically harmful.

Umweltschutz *m* conservation, environmental care (*od.* protection), pollution control; **Umweltschützer** *m* environmentalist, conservationist.

Umweltschutz|organisation *f* conservation group; **~papier** *n* recycled paper; **~verband** *m* conservation group.

Umwelt|sünder *m* (environmental) polluter; **~technik** *f* environmental technology; **~terrorismus** *m* environmental terrorism; **~tourismus** *m* ecotourism; **~verschmutzung** *f* environmental pollution.

umweltverträglich *adj.* environment-friendly, environmentally compatible; **Umweltverträglichkeit** *f* environmental compatibility; **Umweltverträglichkeitsprüfung** *f* environmental compatibility assessment.

Umweltzerstörung *f* destruction of the environment; *völlige*: *a.* ecocide.

umwenden I. *v/t.* turn (over); **II.** *v/refl.*: ***sich ~*** turn round.

umwerben *v/t.* court, woo; → ***umworben.***

umwerfen *v/t.* **1.** knock down; **2.** ***sich et. ~*** throw s.th. on (*od.* over one's shoulders); **3.** *fig.* (*Plan etc.*) upset; F (*j-n, aus der Fassung bringen*) F bowl *s.o.* over, F throw; **umwerfend I.** *adj.*: (***einfach ~*** absolutely) staggering; **II.** *adv.*: ***~ komisch*** hilarious, ***sein***: *a.* F be a scream.

umwerten *v/t.* re-evaluate; give new meaning to *an idea etc.*; **Umwertung** *f* re-evaluation.

umwickeln *v/t.* wind *some wire etc.* round *s.th.*, tie *some string, a ribbon etc.* round *s.th.*; (*einwickeln*) wrap up (***mit*** in); ⚕ bandage (with).

umwittert *adj.*: ***von Geheimnissen ~*** shrouded in mystery.

umwölken I. *v/refl.*: ***sich ~*** **1.** *lit. Himmel*: cloud over, become overcast; **2.** *fig. Gesicht etc.*: cloud over, darken; **II.** *fig. v/t.* (*Gesicht etc.*) cloud, darken.

umworben *adj.* (much) sought-after.

umwühlen *v/t.* churn up.

umzäunen *v/t.* fence in, enclose; **Umzäunung** *f* enclosure, fence, fencing.

'umziehen I. *v/refl.*: ***sich ~*** change (one's clothes), put some other clothes on; **II.** *v/t.* (*j-n*) change *s.o.'s* clothes; **III.** *v/i.* (*die Wohnung wechseln*) move (house *od.* flats, *Am.* apartments), *Am. a.* relocate.

um'ziehen *v/t.*: ***et. ~ mit*** surround s.th. with *a wall, a ditch etc.*; put *a wall, a fence etc.* up around s.th., dig *a ditch, a moat etc.* around s.th.

umzingeln *v/t.* surround, encircle; **Umzingelung** *f* encirclement.

Umzug *m* **1.** parade, *feierlicher*: procession; **2.** (*Wohnungswechsel*) move; *Am. a.* relocation.

Umzugs|kosten *pl.* cost *sg.* of moving; relocation expenses; **~pauschale** *f* relocation package.

unabänderlich *adj.* unalterable, irrevocable; ***sich ins ≈e fügen*** resign o.s. to the inevitable; **Unabänderlichkeit** *f* unalterability; irrevocable nature (*gen.* of), irrevocability.

unabdingbar *adj.* (*unverzichtbar*) indispensable; *Rechte*: inalienable; **Unabdingbarkeit** *f* indispensability; *von Rechten*: inalienable nature (*gen.* of), inalienability.

unabhängig *adj.* (*u. adv.*) independent (-ly) (***von*** of); ***~ von*** (*ohne Rücksicht auf*) irrespective of; ***~ davon, ob*** regardless whether; **Unabhängige(r)** *m pol.* independent; **Unabhängigkeit** *f* independence.

Unabhängigkeits|bestreben *n*, **~bestrebungen** *pl.* drive for independence; **~bewegung** *f* independence movement; **~kampf** *m* fight for independence; **~krieg** *m* war of independence; **~tag** *m in den USA*: Independence Day, *the* Fourth of July.

unabkömmlich *adj.* indispensable; (*momentan ~*) busy; ***sie ist im Moment ~*** *a.* she can't get away at the moment.

unablässig *adj.* incessant, unremitting; *Anstrengungen*: unrelenting.

unabsehbar *adj.* unforeseeable; *Verlust etc.*: incalculable; (*endlos*) endless, *zeitlich*: *a.* interminable; ***auf ~e Zeit*** for an indefinite period of time, *im Negativsatz*: for the foreseeable future; ***in ~er Zukunft*** (some time) in the distant future.

unabsichtlich *adj.* (*u. adv.*) unintentional(ly).

unabwendbar *adj.* inevitable, unavoidable; **Unabwendbarkeit** *f* inevitability, unavoidable nature (*gen.* of), unavoidability.

unachtsam *adj.* inattentive; (*nachlässig*) careless, negligent; (*unbedacht*) inadvertent ...; **Unachtsamkeit** *f* inattentiveness; carelessness, negligence; inadvertence; → ***unachtsam.***

unähnlich *adj.* dissimilar (*dat.* to); ***~ sein*** *dat. a.* be unlike *s.o. od. s.th.*; **Unähnlichkeit** *f* dissimilarity (*dat.* to).

unanfechtbar *adj.* incontestable; *Urteil*: non-appealable, final; **Unanfechtbarkeit** *f* incontestability.

U

unangebracht *adj.* inappropriate, *pred. a.* out of place, *Bemerkung*: *a.* out of turn.

unangefochten *adj. u. adv.* (*unbestritten*) undisputed(ly); *Meister, Machthaber etc.*: unchallenged; (*unbehindert*) unhindered.

unangemeldet I. *adj.* unannounced; **II.** *adv.* unannounced; without any warning.

unangemessen *adj.* (*unmäßig*) immoderate; (*zu hoch*) *a.* unreasonable, out of proportion (*dat.* to); (*unpassend*) unsuitable, inappropriate; (*unzulänglich*) inadequate; **Unangemessenheit** *f* immoderacy; unreasonableness; inappropriateness, inadequacy; → ***unangemessen.***

unangenehm I. *adj.* unpleasant, disagreeable; *engS.* (*böse, widerlich*) nasty; (*misslich; peinlich*) awkward; ***~e Fragen stellen*** ask awkward questions; ***das 2e daran ist*** the unpleasant thing about it is; ***er kann recht ~ werden*** he can get quite nasty (at times); ***ihm ist es ~, mit ihr reden zu müssen*** he hates having to talk to her; ***es ist mir furchtbar ~*** I hate it; I find it rather unpleasant (*od.* embarrassing); **II.** *adv.* unpleasantly, disagreeably *cold etc.*; ***~ überrascht werden*** have an unpleasant (*od.* a nasty) surprise; ***~ auffallen*** (*e-n schlechten Eindruck machen*) make a bad impression, (*sich schlecht benehmen*) make a nuisance of o.s.; ***j-m ~ auffallen*** annoy s.o.; ***j-n ~ berühren*** give s.o. an awkward feeling; ***sich ~ bemerkbar machen*** *Sache*: be (quite) unpleasant.

unangepasst *adj. Verhalten etc.*: nonconformist; **Unangepasstheit** *f* nonconformism; nonconformist behavio(u)r.

unangetastet *adj.* untouched.

unangreifbar *adj.* unassailable; *Urteil*: non-appealable; *fig.* invulnerable, unassailable.

unannehmbar *adj.* unacceptable.

Unannehmlichkeiten *pl.* trouble *sg.*; ***j-m ~ bereiten*** cause s.o. trouble; ***~ bekommen*** run into difficulties.

unansehnlich *adj.* unsightly; *Person*: *a.* plain, *Am. a.* homely; **Unansehnlichkeit** *f* unsightliness; plainness, homeliness.

unanständig *adj.* indecent; (*obszön*) obscene; ***~es Wort*** *a.* four-letter word; ***~e Sprache*** *a.* foul language; **Unanständigkeit** *f* indecency; (*Obszönität*) obscenity.

unantastbar *adj.* unimpeachable; *Rechte*: inviolable; **Unantastbarkeit** *f* unimpeachability; *von Rechten*: inviolability.

unappetitlich *adj.* unappetizing; *a. fig.* unsavo(u)ry, off-putting.

Unart *f* bad habit; *e-s Kindes*: naughtiness; **unartig** *adj.* naughty.

unartikuliert *adj.* **1.** inarticulate; **2.** (*nicht ausgesprochen*) unarticulated; ***~ bleiben*** be left unexpressed; **Unartikuliertheit** *f* inarticulateness.

unästhetisch *adj.* un(a)esthetic(ally *adv.*); *weitS.* unpleasant, off-putting; (*hässlich*) ugly.

unaufdringlich *adj.* unobtrusive; **Unaufdringlichkeit** *f* unobtrusiveness.

unauffällig *adj.* (*u. adv.*) inconspicuous(ly), discreet(ly); (*unaufdringlich*) unobtrusive(ly); ***sich ~ verhalten*** keep one's head down, keep a low profile.

unauffindbar *adj.* not to be found; *gesuchte Person*: *a.* untraceable.

unaufgefordert I. *adj.* unasked-for, unbidden; ✝ unsolicited; **II.** *adv.* of one's own accord, unasked, without being asked, spontaneously.

unaufgeklärt *adj. Verbrechen etc.*: unsolved; *weitS.* unexplained.

unaufgeschlossen *adj.* (*engstirnig*) narrow-minded; ***~ sein*** *a.* have a closed mind; ***~ sein gegenüber*** be closed to, (*nichts anfangen können mit*) *a.* have no appreciation of; **Unaufgeschlossenheit** *f* narrow-mindedness; closed mind.

unaufhaltsam *adj.* unstoppable; (*unerbittlich*) inexorable.

unaufhörlich I. *adj.* incessant, continuous; endless; **II.** *adv.* incessantly, continuously; *regnen etc.*: *a.* without stopping; ***es regnete ~*** *a.* it just kept on raining, the rain just wouldn't let up.

unauflösbar, unauflöslich *adj.* indissoluble; *a.* 𝔄, ⚗ insoluble; ***~es Ganzes*** indivisible whole.

unaufmerksam *adj.* inattentive; (*gedankenlos*) thoughtless, (*nachlässig*) careless; **Unaufmerksamkeit** *f* inattentiveness; thoughtlessness; carelessness.

unaufrichtig *adj.* insincere, dishonest; **Unaufrichtigkeit** *f* insincerity, dishonesty.

unaufschiebbar *adj.* urgent; ***es ist ~*** it has to be dealt with straightaway, *formell*: it brooks no delay.

unausbleiblich *adj.* inevitable; ***das war ~*** *a.* that was bound to happen.

unausdenkbar *adj.* unimaginable, unthinkable.

unausführbar *adj.* impracticable, not feasible, impossible.

unausgefüllt *adj.* **1.** *Formular etc.*: blank; **2.** *fig. Tag, Leben*: unfulfilled.

unausgeglichen *adj.* unbalanced; *Wesen*: unstable; **Unausgeglichenheit** *f* imbalance; *des Wesens*: instability.

unausgegoren *adj.* (*undurchdacht*) not thought through (to the end); (*unfertig*) unfinished; (*unreif*) immature; ***~ sein*** *a.* need time to mature.

unausgeschlafen *adj.* tired; lacking in sleep; ***du bist noch ~*** you haven't had enough sleep.

unausgesprochen *adj.* unspoken, silent.

unausgewogen *adj.* not particularly well-balanced.

unauslöschlich I. *adj. Eindruck etc.*: indelible; *Hass etc.*: inextinguishable, ineradicable; **II.** *adv.*: ***~ eingeprägt*** engraved on *s.o.'s* mind.

unaussprechlich I. *adj.* inexpressible, ineffable; (*unsagbar*) unspeakable; (*unbeschreiblich*) indescribable; **II.** *adv.* (*unsagbar*) unspeakably; (*unbeschreiblich*) indescribably, *nachgestellt*: beyond description.

unausstehlich *adj.* (*unerträglich*) unbearable, intolerable; (*widerlich*) detestable; ***es ist mir ~*** I detest it, ***zu*** *inf.*: I detest having to *inf.*

unausweichlich *adj.* inevitable, unavoidable, inescapable.

unbändig *adj.* (*ungezügelt*) unrestrained, *Hass, Zorn etc.*: *a.* unbridled; *Kraft etc.*: boundless, unbridled; (*enorm*) enormous, tremendous *thirst, joy etc.*; (*wild*) wild; (*ungestüm*) unruly *child etc.*

unbar I. *adj.* cashless *payment etc.*; non-cash *transaction*; **II.** *adv.*: ***~ bezahlen*** make a cashless payment.

unbarmherzig *adj.* (*erbarmungslos*) merciless, pitiless, relentless; **Umbarmherzigkeit** *f* mercilessness, (complete) lack of mercy (*od.* pity).

unbeabsichtigt *adj.* unintentional; inadvertent ...

unbeachtet *adj.* unnoticed; *Drohung etc.*: unheeded; ***~ lassen*** ignore.

unbeanstandet *adj. Ware*: unobjected; *Entscheidung etc.*: unopposed, uncontested; ***~ lassen*** let *s.th.* pass.

unbeantwortet *adj.* unanswered.

unbearbeitet *adj.* original *version etc.*; in its original state; ⚙ *etc.* unworked; (*unbehandelt*) untreated.

unbeaufsichtigt *adj.* unsupervised.

unbebaut *adj.* **1.** *Gelände*: undeveloped; ***~es Grundstück*** empty site, vacant lot; **2.** ⸙ untilled, idle.

unbedacht *adj.* thoughtless; *Handlung etc.*: unconsidered, ill-considered.

unbedarft F *adj.* naive, simple; (*uneingeweiht*) uninitiated; (*unerfahren*) inexperienced; **Unbedarftheit** *f* naivety; inexperience.

unbedenklich I. *adj.* (*sicher, risikolos*) safe; (*unschädlich*) harmless; *j-s Zustand* ***ist ~*** gives no cause for concern; **II.** *adv.* (*bedenkenlos*) safely; (*ohne zu zögern*) without hesitation; **Unbedenklichkeit** *f* safeness; harmlessness.

unbedeutend *adj.* insignificant; (*geringfügig*) *a.* negligible.

unbedingt I. *adj.* **1.** unconditional; (*völlig*) absolute; *Gehorsam, Vertrauen*: implicit; **2.** *physiol.* unconditional *reflex*; **II.** *adv.* (*absolut, unter allen Umständen*) absolutely; (*wirklich*) really, absolutely; (*um jeden Preis*) at all costs, whatever happens; ***den Film muss man ~ gesehen haben*** the film's an absolute must; ***du musst ~ kommen*** *etc.* you've got to come *etc.*; ***nicht ~*** not necessarily; **Unbedingtheit** *f* absoluteness.

unbeeindruckt *adj.*: ***~ bleiben*** remain unimpressed; ***er war ~*** it made no impression on him; ***er machte ~ weiter*** he went on undeterred.

unbeeinflusst *adj.* uninfluenced; (*neutral*) unbias(s)ed.

unbeeinträchtigt *adj.* unimpaired; (*nicht tangiert*) unaffected (**durch** by).

unbefahrbar *adj.* impassable, *Gewässer*: unnavigable.

unbefangen I. *adj.* **1.** (*unparteiisch*) impartial, *a.* ⚖ unbias(s)ed; **2.** (*nicht verlegen*) uninhibited; (*natürlich*) natural, free; **II.** *adv.* **3.** (*unvoreingenommen*) without prejudice (*od.* bias); (*unparteiisch*) impartially; **4.** (*ohne Verlegenheit*) without any inhibitions, free from inhibition(s of any sort); (*natürlich, frei*) naturally, freely; **Unbefangenheit** *f* **1.** (*Unparteilichkeit*) impartiality; **2.** (*Natürlichkeit*) naturalness, lack of inhibition.

unbefestigt *adj. Straße*: unsurfaced; ***~e Straße*** *a.* dirt track (*Am.* road).

unbefleckt *fig. adj.* unsullied; *eccl.* ***die 2e Empfängnis*** the Immaculate Conception.

unbefriedigend *adj.* unsatisfactory; **unbefriedigt** *adj.* dissatisfied.

unbefristet I. *adj.* unlimited; **II.** *adv.* for an unlimited (*od.* indefinite) period, indefinitely.

unbefugt *adj.* unauthorized; **Unbefugte(r)** *m* unauthorized person; ***Zutritt für Unbefugte verboten*** no unauthorized entry.

unbegabt *adj.* untalented; **Unbegabtheit** *f* lack of talent.

unbegehbar *adj* impassable.

unbeglichen *adj. Rechnung etc.*: unpaid *bill*, unsettled *account.*

unbegreiflich *adj.* incomprehensible (*dat.* to); (*unerklärlich*) inexplicable (to); ***es***

U

ist mir völlig ~ I just can't understand it, F it beats me, ***dass …:*** I just can't understand why (*od.* how) ..., it's beyond me how ..., F it beats me how ...; **unbegreiflicherweise** *adv.* inexplicably.

unbegrenzt I. *adj.* unlimited; *lit.* (*grenzenlos*) boundless; **II.** *adv.* indefinitely; **Unbegrenztheit** *f* limitlessness; (*Grenzenlosigkeit*) boundlessness; ***~ der Vorräte*** *etc.* unlimited supplies *etc.*

unbegründet *adj.* unfounded; *Anklage*: *a.* baseless; ***dein Verdacht*** *etc.* ***ist ~*** *a.* there's no cause for your suspicion *etc.*

unbehaart *adj.* hairless.

Unbehagen *n* **1.** (feeling of) unease; **2.** *körperliches*: discomfort; (*Übelkeit*) queasiness; **unbehaglich** *adj.* uncomfortable; *fig. Gefühl etc.*: *a.* uneasy; *fig.* ***sich ~ fühlen*** feel uneasy, be ill at ease; **Unbehaglichkeit** *f* uncomfortableness; *fig. a.* uneasiness, feeling of unease.

unbehandelt *adj. Obst etc.*: untreated.

unbehaust *adj.* homeless.

unbehelligt *adj.* undisturbed; (*ungehindert*) unhindered; ***j-n ~ durchlassen*** let s.o. through (*od.* pass) without questioning; ***von j-m ~ bleiben*** be left alone by s.o.; ***hier bist du von den Fans ~*** the fans won't get in your way here.

unbeherrscht I. *adj. Person*: lacking in self-control; *Äußerung, Reaktion etc.*: uncontrolled; ***~ sein*** have no self-control; **II.** *adv. handeln etc.*: without self-control; *losbrüllen etc.*: without restraint; *essen etc.*: *a.* greedily; **Unbeherrschtheit** *f* lack of self-control.

unbehindert *adj.* unhindered, unimpeded.

unbeholfen *adj.* **1.** *Bewegung etc.*: clumsy, awkward; **2.** (*hilflos*) helpless, *contp.* hopeless; **Unbeholfenheit** *f* **1.** clumsiness, awkwardness; **2.** (*Hilflosigkeit*) helplessness.

unbeirrbar *adj.* unswerving, single-minded; **Unbeirrbarkeit** *f* unswervingness, single-mindedness; **unbeirrt** *adj.* *Kämpfer etc.*: single-minded; *handeln, kämpfen etc.*: single-mindedly; ***~ weitermachen*** carry on regardless; ***~ festhalten an e-m*** *Glauben etc.*: persist in.

unbekannt *adj.* unknown (*dat.* to); (*nicht vertraut*) unfamiliar (to); ♮ ***die ≈e*** *a. fig.* the unknown; ***~e Größe*** *a. fig.* unknown quantity; ***das war mir ~*** I didn't know that, I wasn't aware of that; ***es ist mir nicht ~, dass*** I'm quite aware that; ***ich bin hier ~*** I'm a stranger here; ***Ort und Zeit sind noch ~*** a time and place have yet to be decided; ⚖ ***gegen ~*** versus a person (*od.* persons) unknown; **unbekannterweise** *adv.*: ***grüßen Sie sie ~ von mir*** please give her my regards, even though we haven't met yet.

unbekleidet *adj.* undressed, with nothing on.

unbekümmert *adj.* unconcerned, nonchalant; (*sorglos*) carefree; ***~e Einstellung*** *a.* cavalier approach; **Unbekümmertheit** *f* unconcern, lack of concern, nonchalance; carefree attitude (*od.* approach, manner).

unbelastet *adj.* **1.** (*ohne Last*) unloaded, without anything on it; *Bein, Ski etc.*: unweighted; ⚙ *Maschine etc.*: running idle, *Bauteil*: unstressed; ***in ~em Zustand*** unloaded, running idle *etc.*; **2.** *finanziell, Haus, Grundstück etc.*: unencumbered; **3.** *fig.* (*frei*) free (**von** from); *engS.* (*frei von Sorgen etc.*) free from worries; ***~ von*** free from, without (any) *worries etc.*; ***~ von Vorurteilen*** (***Skrupeln*** *etc.*) without prejudice (scruple *etc.*); **4.** (*makellos*) *Vergangenheit etc.*: clean, unblemished; ***~ sein*** *Person*: have a clean record, not to have blotted one's copybook.

unbelebt *adj.* **1.** inanimate; **2.** *Straße etc.*: unfrequented; *Gegend etc.*: deserted; *Stadt, Lokal etc.*: dead.

unbeleckt F *fig. adj.* F clueless; ***von der Kultur ~*** untouched by civilization.

unbelehrbar *adj.* (*stur*) stubborn; ***er ist ~*** he just won't learn; **Unbelehrbarkeit** *f* stubbornness.

unbelichtet *adj. phot.* unexposed.

unbeliebt *adj.* unpopular (**bei** with); ***er ist sehr ~*** *a.* not many people like him; **Unbeliebtheit** *f* unpopularity.

unbelohnt *adj.* unrewarded; ***~ bleiben*** not to be rewarded.

unbemannt *adj.* **1.** unmanned; ✈ pilotless; **2.** F *hum.* (*ohne Mann*) without a man; husbandless.

unbemerkt *adj. u. adv.* unnoticed, unseen.

unbemittelt *adj.* penniless; ***~e Bürger*** *etc.* citizens *etc.* without means; ***er ist nicht gerade ~*** he's not exactly poor.

unbenommen *adj.*: ***es bleibt Ihnen ~ zu*** *inf.* you are at liberty to *inf.*; ***dieses Privileg bleibt Ihnen ~*** this is your undisputed right (*od.* prerogative).

unbenutzbar *adj.* unusable; *contp.* useless; **unbenutzt** *adj.* **1.** (*unbewohnt*) unoccupied; **2.** (*sauber*) clean; ***es ist ~*** *a.* nobody's used it.

unbeobachtet *adj.* unobserved; ***wenn man sich ganz ~ fühlt*** when you feel you are completely alone.

unbequem *adj.* **1.** uncomfortable; **2.** (*umständlich, unpassend*) inconvenient; (*lästig*) irksome; **3.** *Frage etc.*: awkward, embarrassing; **Unbequemlichkeit** *f* **1.** uncomfortableness; **2.** *mst pl.* ***~en*** (*Unannehmlichkeiten*) inconvenience, *stärker*: trouble; **3.** *e-r Frage etc.*: awkwardness, embarrassing nature (*gen.* of).

unberechenbar *adj.* incalculable; *a. Person*: unpredictable; **Unberechenbarkeit** *f* unpredictability.

unberechtigt *adj.* unauthorized; **unberechtigterweise** *adv.* without good reason; (*unerlaubt*) without permission.

unberücksichtigt *adj.* unconsidered, not taken into account; ***~ lassen*** discount, disregard, make no allowance for; ***~ bleiben*** not to be taken into account, be disregarded.

unberufen *int.* touch wood!

unberührt *adj.* untouched; *Natur*: unspoilt; ***~er Boden*** virgin soil; ***ein Stückchen ~e Natur*** a piece of unspoilt countryside; ***~es Mädchen*** virgin; ***~ lassen*** (*Essen etc.*) leave untouched; *fig.* ***es ließ sie ~*** it left her cold.

unbeschadet *prp.* (*ungeachtet*) irrespective of, notwithstanding (*gen. s.th.*).

unbeschädigt *adj.* intact; undamaged.

unbeschäftigt *adj.* idle; (*arbeitslos*) unemployed.

unbescheiden *adj.* immodest; (*zu anspruchsvoll*) extravagant; ***ich hätte e-e ~e Frage*** may I be so bold as to ask ...; **Unbescheidenheit** *f* immodesty; extravagance.

unbescholten *adj.* **1.** respectable; **2.** ⚖ ***~ sein*** have a clean record; **Unbescholtenheit** *f* **1.** good reputation (*od.* name); **2.** ⚖ clean record.

unbeschrankt *adj.*: ***~er Bahnübergang*** open crossing; *Schild*: Crossing No Gates.

unbeschränkt I. *adj.* unrestricted, full; *a. Macht*, ⚖ *Eigentum*: absolute; **II.** *adv.* without restrictions; ***~ viel …*** unlimited (amounts *od.* numbers of) ...

unbeschreiblich I. *adj.* indescribable; ***es ist ~*** *a.* I (just) can't describe it; **II.** *adv.* indescribably, ... beyond description.

unbeschrieben *adj. Papier*: blank; *fig.* ***~es Blatt*** unknown quantity.

unbeschwert *adj.* carefree; *Art*: *a.* lighthearted; ***~ von*** free from, unencumbered by; **Unbeschwertheit** *f* carefree nature; lightheartedness.

unbesehen *adv.* (*ohne es zu sehen*) without seeing (*od.* having seen) it; (*bedenkenlos*) safely; (*ohne zu zögern*) without hesitation; (*ohne weiteres*) just like that, without thinking twice; ***das glaube ich ~*** I can believe that, *weitS.* I don't need any proof of that.

unbesetzt *adj. Stelle*: vacant; *Platz etc.*: *a.* unoccupied, free; *Rolle*: uncast.

unbesiedelt *adj. Gebiet*: unsettled.

unbesiegbar *adj.* invincible; **unbesiegt** *adj.* undefeated.

unbesonnen *adj.* (*unüberlegt*) thoughtless; (*übereilt*) rash; *weitS. Person*: *a.* impulsive; **Unbesonnenheit** *f* thoughtlessness; rashness; impulsiveness.

unbesorgt I. *adj.* unconcerned (**wegen** about); ***seien Sie ~*** don't worry; **II.** *adv.* (*getrost*) safely; **Unbesorgtheit** *f* unconcern, lack of concern.

unbespielbar *adj. Rasen, Platz*: unplayable; **unbespielt** *adj. Kassette etc.*: blank, empty.

unbeständig *adj.* unsteady, unstable; *Wetter*: changeable; ⚕ *Markt*: unsettled; **Unbeständigkeit** *f* instability; *des Wetters*: changeableness; ⚕ unsettledness.

unbestätigt *adj.* unconfirmed; ***~en Meldungen zufolge*** according to unconfirmed reports.

unbestechlich *adj.* **1.** incorruptible; **2.** *fig. Urteil etc.*: unerring; ***sie ist in ihrem Urteil ~*** she has an unerring judg(e)ment; **Unbestechlichkeit** *f* incorruptibility, integrity.

unbestimmbar *adj.* indefinable; (*vage*) vague, indeterminate; **unbestimmt** *adj.* **1.** *Gefühl, Vorstellung etc.*: vague; **2.** (*ungewiss*) uncertain, *Zeitraum*: indefinite (*a. ling.*); ***auf ~e Zeit*** indefinitely; **Unbestimmtheit** *f* **1.** vagueness; **2.** (*Ungewissheit*) uncertainty.

unbestraft *adj.* unpunished; → ***straffrei.***

unbestreitbar *adj.* indisputable, unquestionable; **unbestritten I.** *adj.* undisputed, uncontested; **II.** *adv.* indisputably, without doubt.

unbeteiligt *adj.* **1.** (*teilnahmslos*) indifferent, unconcerned; **2.** uninvolved; ***≈er*** onlooker; ***an e-r Sache ~ sein*** not to be involved in s.th., ⚕ have no interest in s.th.

unbetont *adj.* unstressed.

unbeträchtlich *adj.* insignificant, negligible; ***nicht ~*** quite considerable.

unbeugsam *fig. adj. Wille, Person, Haltung etc.*: unbending; *weitS.* (*nicht kompromissbereit*) uncompromising; (*dickköpfig, stur*) tough-minded; ***~er Wille*** *a.* iron will; **Unbeugsamkeit** *f* unbending (*od.* uncompromising) attitude; *des Willens, der Haltung etc.*: unbendingness.

unbewacht *adj.* unguarded (*a. fig.*).

unbewaffnet *adj.* unarmed.

unbewältigt *adj. Problem*: unsurmounted; *Erlebnis*: undigested; ***die ~e Vergangenheit*** the past with which people are

U

still coming (*od.* trying to come) to terms; ***die Vergangenheit bleibt noch ~*** people are still trying to (*od.* we *etc.* still haven't) come to terms with the past.

unbewandert *adj.* inexperienced (***in*** in); *in e-m Wissensgebiet*: ignorant (about); ***auf dem Gebiet bin ich ~*** I'm not very well up in that area, I don't know anything (F the first thing) about that subject.

unbeweglich *adj.* immobile; (*bewegungslos*) motionless; *fig.* rigid; → ***Gut*** 1; **Unbeweglichkeit** *f* immobility; motionlessness; *fig.* rigidness, rigidity.

unbewegt *adj. Gesicht*: expressionless; **Unbewegtheit** *f des Gesichts*: expressionlessness; lack of expression.

unbeweibt F *hum. adj.* without a woman; wifeless.

unbeweisbar *adj.* unprovable; ***es ist ~*** *a.* it can't be proved; **Unbeweisbarkeit** *f* unprovability; **unbewiesen** *adj.* unproven, *pred.* not proved.

unbewohnbar *adj.* uninhabitable; **Unbewohnbarkeit** *f* uninhabitability; **unbewohnt** *adj.* uninhabited; *Gebäude*: *a.* unoccupied, vacant.

unbewusst *adj.* unconscious (*gen.* of), (*unwillkürlich, instinktiv*) involuntary, instinctive, mechanical; *psych.* ***das ≈e*** the unconscious (mind).

unbezahlbar *adj.* unaffordable, far too expensive, beyond one's (*od.* anyone's) reach; *Preis etc.*: prohibitive; *fig.* invaluable, priceless; F (*unersetzlich*) worth its weight in gold; *Humor*: F priceless; **unbezahlt** *adj.* unpaid (*a. Urlaub*).

unbezähmbar *fig. adj.* uncontrollable.

unbeziffert *adj.* ☤ uncosted.

unbezweifelbar *adj.* unquestionable.

unbezwingbar, unbezwinglich *adj.* invincible; *Festung etc.*: impregnable; *Gefühl*: uncontrollable.

unbiegsam *adj.* inflexible.

Unbilden *pl.* rigo(u)rs; ***die ~ der Witterung*** the inclemency of the weather.

Unbildung *f* lack of education.

unbillig *adj.* unreasonable, unfair; ⚖ ***~e Härte*** undue hardship.

unblutig I. *adj.* bloodless; ⚕ non-operative; **II.** *adv.* without bloodshed.

unbotmäßig *adj.* insubordinate; *weitS.* rebellious, refractory; **Unbotmäßigkeit** *f* insubordination.

unbrauchbar *adj.* useless, of no use (to s.o.), (*ungeeignet*) unsuitable; ⚙ unserviceable; *Material*: *a.* waste ...; *Plan etc.*: impracticable, unworkable; ***für Hausarbeit*** *etc.* ***~ sein*** *Person*: be useless when it comes to housework *etc.*; **Unbrauchbarkeit** *f* uselessness; ⚙ unserviceability; *von Plänen etc.*: impracticability.

unbürokratisch *adj.* unbureaucratic(ally *adv.*).

unchristlich *adj.* unchristian.

und *cj.* and; ***~?*** well?; F ***na ~?*** F so (what)?; F ***~ ob!*** F you bet!; ***~ so weiter***(***, ~ so fort***) and so on (and so forth); ***~ ~ ~*** I could go on and on; *er will es nicht* - ***~ ich auch nicht*** neither (*od.* nor) do I, F me neither; *iro.* ***ich ~ Tennisspielen?*** me play tennis?; ***du ~ fleißig?*** you hardworking?; ***~ wenn*** (***auch***) even if; ***... sagte er ~ lächelte*** ... he said, smiling; ***er fragte ~ fragte*** he (just) kept on asking; ***wir überlegten ~ überlegten*** we racked our brains; ***~ wenn du mich zehnmal fragst*** however (*od.* no matter how) many times you ask me.

Undank *m* ingratitude, ungratefulness; ***~ ernten*** get no (*od.* very little) thanks *for s.th.*; **undankbar** *adj.* ungrateful; *Aufgabe etc.*: thankless; **Undankbarkeit** *f* ingratitude, ungratefulness.

undatiert *adj.* undated.

undefinierbar *adj.* indefinable; **Undefinierbarkeit** *f* indefinability.

undehnbar *adj.* inelastic.

undeklinierbar *adj.* indeclinable.

undemokratisch *adj.* undemocratic(ally *adv.*).

undenkbar *adj.* unthinkable.

undenklich *adj.*: ***seit ~en Zeiten*** from (*od.* since) time immemorial, ever since I can remember; *weitS.* for ages.

Underdog *m* (*sozial Benachteiligter*) underdog.

undeutlich *adj.* indistinct, not clear; (*unbestimmt*) *a. Äußerung, Eindruck*: vague; *Schrift*: illegible; **Undeutlichkeit** *f* indistinctness; vagueness; illegibility.

Undezime *f* ♪ eleventh.

undicht *adj.* leaking; *Deckel etc.*: not tight; (*wasserdurchlässig*) not waterproof, not watertight; (*luftdurchlässig*) not airtight; (*porös*) porous; ***~ sein*** *a.* be leaking; ***~e Stelle*** *a. fig. pol.* leak.

undifferenziert I. *adj.* (*grob vereinfachend od. vereinfacht*) (too) simple, simplistic; (*feinere Unterschiede nicht berücksichtigend*) undiscriminating, indiscriminate; (*pauschal*) wholesale, sweeping *judg(e)ment, statement etc.*; **II.** *adv.* simplistically; indiscriminately; wholesale; → I; ***~ urteilen*** make a sweeping judg(e)ment; **Undifferenziertheit** *f* simplistic nature (*e-r Person*: attitude, way of thinking); lack of discrimination.

Unding *n* absurdity; ***es ist*** (***wäre***) ***ein ~ zu*** *inf. a.* it's (it would be) absurd to *inf.*; ***das ist doch wirklich ein ~*** that really is absurd (*od.* ridiculous).

undiplomatisch *adj.* undiplomatic(ally *adv.*), tactless.

undiszipliniert *adj.* undisciplined; **Undiszipliniertheit** *f* lack of discipline.

unduldsam *adj.* intolerant; **Unduldsamkeit** *f* intolerance.

undurchdringlich *adj.* **1.** impenetrable; **2.** *Miene*: inscrutable; **Undurchdringlichkeit** *f* **1.** impenetrability; **2.** *der Miene*: inscrutability.

undurchführbar *adj.* impracticable, unworkable; **Undurchführbarkeit** *f* impracticability.

undurchlässig *adj.* impervious (***für*** to); impermeable (to); **Undurchlässigkeit** *f* imperviousness; impermeability.

undurchschaubar *adj. Person, Absichten, Lächeln etc.*: inscrutable; *weitS.* (*geheimnisvoll*) mysterious, arcane; (*obskur*) obscure; **Undurchschaubarkeit** *f* inscrutability; mysteriousness, mysterious nature (*gen.* of).

undurchsichtig *adj.* opaque; *fig. Person*: impenetrable; (*obskur, dubios*) *Machenschaften, Pläne etc.*: obscure; **Undurchsichtigkeit** *f* opacity; *fig.* impenetrability; obscurity.

uneben *adj.* uneven; *Weg etc.*: *a.* rough, bumpy; F *fig.* ***nicht ~*** not bad; **Unebenheit** *f* **1.** unevenness; bumpiness; **2.** (*unebene Stelle*) unevenness, uneven spot, F bump.

unecht *adj.* **1.** not genuine; (*gefälscht*) counterfeit, fake; (*nachgemacht*) imitation ..., artificial; *Farbe*: fading, not fast; ∢ improper; **2.** *fig. Gefühle*: not genuine, false, insincere; *Lächeln*: *a.* artificial; → *a.* ***falsch.***

unedel *adj. Metalle*: base ...

unehelich *adj. Kind*: illegitimate; *Mutter*: unmarried; **Unehelichkeit** *f* illegitimacy.

Unehre *f* dishono(u)r; ***j-m ~ machen*** discredit (*od.* disgrace) s.o., bring disgrace on s.o.; **unehrenhaft** *adj.* dishono(u)rable.

unehrerbietig *adj.* disrespectful, irreverent; **Unehrerbietigkeit** *f* irreverence.

unehrlich *adj.* dishonest; (*falsch*) insincere; ***auf ~e Weise*** by dishonest means, dishonestly; **Unehrlichkeit** *f* dishonesty; (*Unaufrichtigkeit*) insincerity.

uneigennützig *adj.* unselfish; **Uneigennützigkeit** *f* unselfishness.

uneigentlich F *adv.* (*tatsächlich*) actually; (*in Wahrheit*) if I'm *etc.* honest.

uneinbringlich *adj.*: ☤ ***~e Forderungen*** uncollectibles.

uneingeschränkt *adj.* unrestricted, unlimited; *Vertrauen*: absolute; *Lob etc.*: unqualified, unreserved; *Unterstützung, Maßnahme*: all-out ...

uneingestanden *adj.* unacknowledged.

uneingeweiht *adj.* uninitiated; ***für ≈e*** for the uninitiated.

uneinheitlich *adj.* non-uniform, inconsistent; (*verschieden*) varied; (*unterschiedlich*) varying; ☤ *Kurse, Preise*: irregular; **Uneinheitlichkeit** *f* lack of uniformity, inconsistency; varied nature (*gen.* of); ☤ irregularity.

uneinig *adj.* divided, disunited; (***sich***) ***~ sein*** be in disagreement, be at issue (***über*** about, on), (*zerstritten*) be at variance; ***ich bin mit mir selbst noch ~*** I'm still undecided; **Uneinigkeit** *f* dividedness; disagreement; *stärker*: dissension.

uneinnehmbar *adj.* impregnable.

uneins *adj.*: ***~ sein*** → ***uneinig***; ***mit sich selbst ~ sein*** be at odds with o.s.

uneinsichtig *adj.* stubborn; ***sie ist so ~*** *a.* she just won't listen to reason, you can't reason with her; **Uneinsichtigkeit** *f* stubbornness, refusal to listen to reason.

unempfänglich *adj.* unreceptive, impervious, insensible (*alle* ***für*** to); **Unempfänglichkeit** *f* unreceptiveness, imperviousness, insensibility (*alle* ***für*** to).

unempfindlich *adj.* insensitive (***gegen, für*** to); (*abgehärtet*) inured (to); *fig.* (*gleichgültig*) indifferent (to); **Unempfindlichkeit** *f* insensitiveness (***gegen, für*** to), lack of sensitivity (towards); indifference (to[wards]).

unendlich I. *adj. phys.*, ∢, ♪ infinite (*a. fig. Sorgfalt, Vergnügen etc.*); ∢ ***~e Größe*** (*od.* ***Zahl***) infinite; ***das ≈e*** infinity (*a.* ∢); ***~er Kreislauf*** recurring spiral; *phot.* ***auf ~ einstellen*** focus at infinity; (***bis***) ***ins ≈e*** ad infinitum; ***das geht ins ≈e*** it's never-ending; **II.** *adv.* infinitely; *fig.* (*sehr*) exceedingly, F incredibly, F *pleased etc.* no end; ***~ klein*** infinitesimal; ***~ lang*** endless; ***~ viel***(***e***) *Zahl*: an infinite number (of), *Menge*: an infinite amount (of); *mit Ergänzung*: *a.* F no end of; ***~ viel Sorgen*** *etc.* no end of trouble *etc.*; ***er hat sich ~ bemüht*** F he took no end of pains; **Unendlichkeit** *f* **1.** ***die ~*** infinity; **2.** *der Weite etc.*: endlessness, infinity; **3.** F ***e-e ~ warten*** wait for ages (F for an age and a half).

unentbehrlich *adj.* indispensable (*dat. od.* ***für*** to); **Unentbehrlichkeit** *f* indispensability.

U

unentdeckt *adj.* undiscovered.
unentgeltlich *adj. u. adv.* free (of charge).
unentrinnbar *adj.* inescapable, ineluctable; ***das Schicksal*** *etc.* ***ist ~ a.*** there's no escaping fate *etc.*; **Unentrinnbarkeit** *f* inescapability.
unentschieden I. *adj.* undecided (*a. Person*); *Frage*: open, unsettled; ***~es Spiel*** tie; ***~es Rennen*** dead heat, tie; **II.** *adv.* ***~ spielen*** draw; ***~ enden*** end in a draw (*od.* tie); ***die Mannschaften haben sich (1:1) ~ getrennt*** the game ended in a (1-1 [= one to one]) draw; **III.** *2 n Sport*: draw, tie; **Unentschiedenheit** *f* undecidedness.
unentschlossen *adj.* undecided, irresolute; ***~ sein*** *a.* waver, hesitate, vacillate; **Unentschlossenheit** *f* vacillation, hesitation; (*Eigenschaft*) indecision.
unentschuldbar *adj.* inexcusable, unpardonable; **unentschuldigt** *adj.*: ***~es Fehlen*** unexcused absence; ***~ fehlen*** be absent without an excuse.
unentwegt I. *adv.* (*unermüdlich*) untiringly; (*zielstrebig*) unswervingly; (*ununterbrochen*) incessantly; ***er redete ~ a.*** he wouldn't stop talking; **II.** *adj. Arbeit etc*: ceaseless, untiring; *Person*: untiring, indefatigable; ***~er Kämpfer für*** unswerving (*lit.* steadfast) champion of; **Unentwegtheit** *f* untiringness; (*Zielstrebigkeit*) unswervingness.
unentwirrbar *adj.* inextricable.
unerbittlich *adj.* relentless (*a. Schlacht*); *Hass, Opposition etc.*: unrelenting; (*erbarmungslos*) unmerciful; *Schicksal*: inexorable; **Unerbittlichkeit** *f* relentlessness; unrelenting nature (*gen.* of); mercilessness; inexorability.
unerfahren *adj.* inexperienced (***in*** in), new (to); **Unerfahrenheit** *f* inexperience, lack of experience.
unerfindlich *adj.* inexplicable; ***aus ~en Gründen*** for some obscure reason; ***es ist mir (völlig) ~*** it's a (complete) mystery to me.
unerforschlich *fig. adj.* unfathomable; **unerforscht** *adj.* unexplored, *a. fig.* uncharted *territory*.
unerfreulich *adj.* unpleasant; (*ärgerlich*) annoying; ***so was 2es!*** *a.* what a nuisance; ***ich habe e-e ~e Mitteilung zu machen*** I've got some unpleasant news for you, I'm afraid.
unerfüllbar *adj.* unrealizable; **unerfüllt** *adj.* unfulfilled.
unergiebig *adj.* (*keinen Nutzen bringend, a. fig.*) unproductive; (*unrentabel*) unprofitable; *Informationsquellen etc.*: unhelpful; (*nicht der Mühe wert*) not worth one's while; ***es war ~ a.*** it didn't get us *etc.* any further; ***das Thema ist ~ a.*** the subject leads nowhere; **Unergiebigkeit** *f* unproductiveness; unprofitability; F dead-end nature (*gen.* of).
unergründlich *adj.* unfathomable; *fig.* inscrutable.
unerheblich *adj.* (*unbedeutend*) insignificant, unimportant; (*gering*) slight; (*irrelevant*) irrelevant; **Unerheblichkeit** *f* insignificance; irrelevance.
unerhört *adj.* **1.** (*empörend*) outrageous, scandalous; ***~!*** what a cheek!; **2.** F (*sehr viel etc.*) F tremendous, incredible; ***sie hatte ein ~es Glück*** she was incredibly lucky; **3.** (*noch nie da gewesen*) unheard-of, unprecedented; **4.** (*nicht erhört*) *Gebet etc.*: unanswered; *Liebe, Liebhaber*: unrequited.
unerkannt I. *adj.* unrecognized, unidentified; **II.** *adv.*: ***~ entkommen*** escape unrecognized (*od.* without being recognized).
unerklärlich *adj.* inexplicable; ***es ist ~ a.*** it's a (real) mystery.
unerlässlich *adj.* essential, imperative.
unerlaubt *adj.* unauthorized ..., prohibited, not allowed (*od.* permitted); (*ungesetzlich*) illegal, illicit; ***~e Handlung*** unlawful act, ⚖ tort; → ***Eingriff*** 2; **unerlaubterweise** *adv.* without permission.
unerledigt *adj.* not (yet) dealt with; (*unfertig*) unfinished; *Problem etc.*: unsettled; *Rechnung*: a) unpaid, b) outstanding.
unermesslich *adj.* immeasurable, immense, vast; ***~e Weite*** boundless spaces; **Unermesslichkeit** *f* immeasurableness, *a. des Weltalls etc.*: immensity, vastness.
unermüdlich *adj. Person*: untiring, indefatigable; *Bemühen*: *a.* unflagging, unremitting.
unernst I. *adj.* not serious, frivolous; **II.** *2 m* lack of seriousness, frivolity.
unerprobt *adj.* untested.
unerquicklich *adj.* unpleasant, unedifying.
unerreichbar *adj.* **1.** inaccessible; *a. fig.* out of (*s.o.'s*) reach, beyond *s.o.'s* reach; *fig. a.* unattainable; **2.** ***er war ~*** we *etc.* couldn't get hold of him; **unerreicht** *fig. adj.* unequal(l)ed, unrival(l)ed, second to none; record *performance*.
unersättlich *adj.* insatiable (*a. fig.*), voracious; **Unersättlichkeit** *f* insatiability, insatiable appetite (*beide a. fig.*), voracity.
unerschlossen *adj. Gelände etc.*: undeveloped; ☤ *a.* untapped *resources, market*.
unerschöpflich *adj.* inexhaustible; **Unerschöpflichkeit** *f* inexhaustibility; inexhaustible supply *etc.* (*gen.* of).
unerschrocken *adj.* intrepid, undaunted; **Unerschrockenheit** *f* intrepidity, intrepid nature (*gen.* of).
unerschütterlich I. *adj.* unshak(e)able; *Person*: *a.* unflappable; (*unerschrocken*) intrepid; ***s-e Ruhe ist ~*** he's imperturbable; **II.** *adv.*: ***~ konservativ*** *etc.* staunchly conservative *etc.*
unerschwinglich I. *adj.* (far) too expensive, unaffordable, beyond one's (*od.* anyone's) means; *Preis, Steuer etc.*: prohibitive; **II.** *adv.*: ***~ teuer*** prohibitively expensive.
unersetzlich *adj.* irreplaceable; *Verlust*: *a.* irrecoverable, *a. Schaden*: irreparable.
unersprießlich *adj.* **1.** unprofitable; *Bemühen*: fruitless; **2.** (*unerfreulich*) unpleasant.
unerträglich *adj.* unbearable, intolerable, *formell*: insufferable (*alle a. fig. Person*); **Unerträglichkeit** *f* unbearableness.
unerwähnt *adj.* unmentioned; ***~ lassen*** *a.* fail to mention, make no mention of, pass *s.th.* over (in silence).
unerwartet I. *adj.* unexpected; (*unvorhergesehen*) unforeseen; surprise *visitors, attack etc.*; ☤ ***~er Gewinn*** windfall profit; **II.** *adv.* unexpectedly; ***es kam völlig ~ a.*** it took us all (*od.* everyone) by surprise.
unerwidert *adj. Brief etc.*: unanswered; *Liebe*: unrequited.
unerwünscht *adj.* undesirable, unwelcome; *Kind*: unwanted; ***du bist hier ~*** you're not welcome around here; ***Rauchen ~*** thank you for not smoking; *Vertreterbesuche, Hunde etc.* ***~*** no ... please.
unfähig *adj.* **1.** (*außerstande*) unable (***zu*** *inf.* to *inf.*), incapable (of *ger.*); **2.** (*untauglich*) incompetent; ***zu*** *e-m Amt etc.* ***~*** unqualified for; **Unfähigkeit** *f* **1.** inability (***zu*** *inf.* to *inf.*); **2.** (*Untauglichkeit*) incompetence.
unfair *adj.* unfair; ***das war ~ a.*** that wasn't fair.
Unfall *m* accident; ***e-n ~ bauen*** cause (*od.* have) an accident; ***bei ~ bitte ich zu verständigen*** in case of accident please inform; ***bei e-m ~ ums Leben kommen (verletzt werden)*** be killed (hurt *od.* injured) in an accident; **~arzt** *m* casualty doctor (*od.* officer); **~bericht** *m mot.* accident report; **~chirurgie** *f* casualty surgery; **~flucht** *f* → ***Fahrerflucht***; **~folgen** *pl.* consequences of an (*od.* the) accident; ***an den ~ sterben*** die as a result of the accident.
unfallfrei I. *adj.* accident-free; **II.** *adv.* without an (*od.* a single) accident.
Unfall|gefahr *f* danger (*od.* risk) of accidents, hazard; ***es besteht erhöhte ~*** there is a high risk of accidents (happening); **~gegner** *m* (*the*) other party, plaintiff for damages; **~klinik** *f*, **~krankenhaus** *n* casualty hospital; **~medizin** *f* emergency-room medicine; **~rente** *f* accident benefit; **~schwerpunkt** *m* accident black spot; **~station** *f* first-aid station; *im Krankenhaus*: casualty ward; **~stelle** *f* scene of the accident; **~tod** *m* accidental death, death by accident (*formell*: misadventure); **~tote(r)** *m* accident victim; ***Zahl der Unfalltoten*** number of road deaths (*od.* deaths on the road).
unfallträchtig *adj. Stelle*: hazardous.
Unfall|verhütung *f* accident prevention; **~verletzte(r)** *m* accident casualty; **~verletzung** *f* accident injury; **~versicherung** *f* accident insurance; **~wagen** *m* **1.** (*Rettungsfahrzeug*) ambulance; **2.** (*beschädigter Wagen*) car damaged in an (*od.* the) accident; **~zeuge** *m* witness of the (*od.* an) accident; **~ziffer** *f* number of accidents.
unfassbar *adj.* (*unergründlich*) unfathomable; (*unbegreiflich*) incomprehensible; (*unvorstellbar*) incredible; ***das ist für mich ~*** I just can't believe it.
unfehlbar I. *adj.* (*nie irrend*) infallible (*a. R.C.*); (*zuverlässig*) unerring; ***mit ~em Instinkt*** with an unerring instinct; **II.** *adv.* infallibly; (*bestimmt*) for certain; (*unweigerlich*) inevitably; **Unfehlbarkeit** *f* infallibility; **Unfehlbarkeitsdogma** *n* doctrine of papal infallibility.
unfein *adj. Verhalten, Bemerkung etc.*: indelicate; ungentlemanlike, unladylike, *pred. a.* bad form, not nice; (*grob*) crude, crass; ***et. auf ~e Art ausdrücken*** express s.th. rather crudely; ***als ~ gelten*** be considered bad form.
unfern *prp.* not far from (*gen. od.* ***von*** *s.th., a place*).
unfertig *adj.* unfinished, incomplete; ☤ unfinished, semifinished *products*; *fig.* (*unreif*) immature.
Unflat *m* dirt, filth; **unflätig** *adj.* dirty, *stärker*: obscene.
unflott F *adj.*: ***nicht ~*** F not bad at all, *Kleidung etc.*: F natty.
unfolgsam *adj.* disobedient; **Unfolgsamkeit** *f* disobedience.
unformatiert *adj. Computer*: unformatted.
unförmig *adj.* (*missgestaltet*) misshapen; (*massig, sperrig*) bulky.
unförmlich *adj.* informal; ***es ging ganz ~ zu*** it was quite an informal (*od.* casual) affair.

U

unfrankiert I. *adj.* unstamped; II. *adv. a.* without a stamp.
unfrei *adj.* 1. *Volk etc.*: not free, subjected; *weitS.* unliberated; 2. (*eingeschränkt*) restricted, *a. psych. Person*: inhibited; 3. *Paket etc.*: unfranked.
unfreiwillig I. *adj.* involuntary; (*gezwungen*) compulsory; (*unabsichtlich*) unintentional; ***~e Komik*** unintentional humo(u)r; F ***ein ~es Bad nehmen*** F take a ducking; II. *adv.* involuntarily; unintentionally; (*gegen s-n Willen*) against one's will; ***et. ~ tun*** *a.* be forced to do s.th.
unfreundlich *adj.* unfriendly (*a. Wetter, Klima, Atmosphäre etc.*); (*ungefällig*) unobliging; *Klima, Zimmer etc.*: cheerless; **Unfreundlichkeit** *f* unfriendliness, *weitS.* (*Unhöflichkeit*) rudeness.
Unfriede(n) *m* discord; ***Unfrieden stiften*** sow discord.
unfrisiert *adj.* 1. *Haar, Person*: unkempt; 2. *fig. Bericht etc.*: F undoctored.
unfruchtbar *adj.* 1. *Erde*: infertile, barren; (*steril*) sterile; 2. *fig. Gespräch etc.*: fruitless; *Arbeit*: unproductive; ***auf ~en Boden fallen*** fall on stony ground, ***bei j-m:*** be lost on s.o.; **Unfruchtbarkeit** *f* 1. infertility, barrenness; sterility; 2. *fig.* fruitlessness.
Unfug *m* mischief; (*Unsinn*) nonsense; ***~ treiben*** get (*od.* be) up to mischief (*od.* no good); ***~ treiben mit*** fool around with.
unfühlbar *adj.* imperceptible.
Ungar(in *f*) *m*, **ungarisch** *adj.*, **Ungarisch** *n ling.* Hungarian.
ungastlich *adj.* inhospitable; **Ungastlichkeit** *f* inhospitableness, inhospitable nature (*gen.* of).
ungeachtet *prp.* regardless of, irrespective of, notwithstanding (*gen. s.th.*); (*trotz*) despite.
ungeahndet I. *adj.* unpunished; II. *adv. a.* with impunity.
ungeahnt *adj.* undreamt-of; (*unerwartet*) unexpected.
ungebärdig *adj.* unruly.
ungebeten *adj. Gast*: uninvited; ***~ kommen*** come unasked, come without being asked (*od.* invited).
ungebildet *adj.* uneducated.
ungeboren *adj.* unborn.
ungebräuchlich *adj.* unusual; ***es ist ein ~es Wort*** *etc.* it's not a very common word *etc.*
ungebraucht *adj.* unused; (*sauber*) *Handtuch etc.*: clean.
ungebrochen *adj. Wille, Glaube etc.*: unbroken; *Kraft etc.*: unfailing.
ungebührlich I. *adj.* (*ungehörig*) improper, unseemly; (*unangemessen*) undue; II. *adv.* (*mehr als recht ist*) unduly; ***sich ~ benehmen*** misbehave, step out of line; **Ungebührlichkeit** *f* impropriety, unseemliness.
ungebunden *adj.* 1. *Buch*: unbound, in sheets; 2. *Person*: unattached, F footloose and fancy-free; 3. ***~e Rede*** prose; **Ungebundenheit** *f* freedom.
ungedämpft *adj.* ♪, *phys.* undamped.
ungedeckt *adj. Scheck etc.*: uncovered; *Sport*: unmarked; (*ohne Schutz*) unprotected, exposed; ***der Tisch ist noch ~*** the table hasn't been laid yet.
ungedruckt *adj. Text etc.*: unprinted.
Ungeduld *f* impatience; ***mit ~*** impatiently; ***voller ~*** terribly impatiently; **ungeduldig** *adj.* impatient.
ungeeignet *adj.* unsuited (***zu*** for), unsuitable (for); *Person*: *a.* unqualified (for); ***ein ~er Moment*** an inopportune (*od.* the wrong) moment; ***sie ist denkbar ~*** she couldn't be less suited.
ungefähr I. *adj.* (*annähernd*) approximate; (*grob*) rough; II. *adv.* (*etwa*) about, approximately, around; (*mehr oder weniger*) more or less; ***~ um elf*** around eleven; ***~ bei der Post*** about where the post office is; F ***so ~*** something like that; ***wo ~?*** whereabouts?, roughly where?; ***wenn ich ~ wüsste, was er will*** if I had some idea of what he wants; ***~ wie ...*** more or less like ..., much like ...; ***nicht von ~*** not without reason, not for nothing; (***wie***) ***von ~*** (as if) by chance.
ungefährdet I. *adj.* safe; out of danger; II. *adv.* without danger; out of harm's way.
ungefährlich *adj.* harmless, not dangerous; *Mittel etc.*: harmless, innocuous; ***es ist nicht ganz ~*** it's a bit risky, there's a slight risk involved.
ungefällig *adj.* unobliging; **Ungefälligkeit** *f* unobligingness.
ungefärbt *adj.* 1. undyed, not dyed; *Seide*: raw; 2. *fig. Bericht etc.*: undistorted, unadulterated.
ungefestigt *adj. Charakter etc.*: unmo(u)lded, (still) developing *od.* maturing.
ungefragt I. *adj.* unasked; II. *adv. a.* without being asked.
ungefrühstückt F *adj.* on an empty stomach, without any breakfast.
ungefügig *adj.* refractory.
ungehalten *adj.* (*unwillig*) annoyed (***über*** at), *stärker*: indignant (at); **Ungehaltenheit** *f* annoyance; indignance.
ungeheißen *adj.* unbidden, of one's own accord.
ungeheizt *adj.* unheated.
ungehemmt I. *adj.* uninhibited; (*ungehindert*) unchecked; II. *adv.* freely, without restraint; unchecked.
ungeheuchelt *adj.* unfeigned, sincere.
ungeheuer I. *adj.* enormous, immense; F (*toll*) F tremendous, terrific; *Schmerzen, Krach etc.*: dreadful, F incredible; ***ungeheurer Fehler*** colossal mistake; II. *adv.* (*sehr*) enormously *etc.*; → I; ***sich ~ freuen*** be incredibly pleased, F be over the moon (***über*** about); ***es ist ~ wichtig*** it's of the utmost importance, it's tremendously important.
Ungeheuer *n* monster (*a. fig.*).
ungeheuerlich *adj.* monstrous; (*empörend*) outrageous; **Ungeheuerlichkeit** *f* 1. monstrousness; 2. *konkret*: atrocity.
ungehindert *adj.* unhindered; (*unkontrolliert*) unchecked.
ungehobelt *adj.* 1. ⚙ not planed; 2. *fig.* uncouth; (*schwerfällig*) clumsy; **Ungehobeltheit** *f* uncouthness.
ungehörig *adj.* (*unschicklich*) improper, unseemly; (*frech*) impertinent; **Ungehörigkeit** *f* (*Frechheit*) impertinence; ***es ist*** (***einfach***) ***e-e ~ zu*** *inf.* it's (sheer) bad manners to *inf.*
ungehorsam I. *adj.* disobedient (***gegenüber*** to); II. ♀ *m* disobedience.
ungehört *adj.* unheard; ***~ verhallen*** *Rufe*: remain unheard, *fig. Bitte etc.*: go unheard.
Ungeist *m* evil spirit; evil (*od.* pernicious) zeitgeist.
ungekämmt *adj.* uncombed.
ungeklärt *adj.* 1. unsettled, (still) open; *Problem*: unsolved; 2. ***~e Abwässer*** untreated (*od.* raw) sewage.
ungekocht *adj.* uncooked, raw; *Wasser etc.*: unboiled.
ungekündigt *adj.*: ***in ~er Stellung*** in regular employment without notice being given.
ungekünstelt *adj.* unaffected, natural.
ungekürzt *adj. Buch*: unabridged; *Film*: uncut; ***~e Fassung*** *Film*: long version.
ungeladen *adj.* 1. *Gast*: uninvited; 2. *Feuerwaffe*: unloaded; 3. *Akku, Batterie*: empty.
ungelegen *adj.* inconvenient, *Zeitpunkt*: *a.* inopportune; ***das kommt mir sehr ~*** that doesn't suit me at all, *zeitlich*: *a.* that's come at an awkward time (for me); ***komme ich ~?*** am I disturbing you?; **Ungelegenheiten** *pl.*: ***j-m ~ machen*** put s.o. out, inconvenience s.o.
ungelehrig *adj.* unteachable.
ungelenk(ig) *adj.* clumsy, awkward; (*steif*) stiff.
ungelernt *adj. Arbeit(er)*: unskilled.
ungeliebt *adj.* unloved.
ungelogen *adv.*: ***ich habe ~ 20 Seiten geschafft*** I literally (*od.* honestly) managed 20 pages; I managed 20 pages, and I'm not exaggerating (F kidding).
Ungemach *obs. n* adversity, hardship.
ungemacht *adj. Bett*: unmade.
ungemein I. *adj.* enormous, great; II. *adv.* (*sehr*) tremendously, extremely; ***~ viel(e)*** a tremendous (*od.* an enormous) amount *od.* number (of).
ungemindert *adj.* undiminished.
ungemütlich *adj.* uncomfortable (*a. fig. Lage, Gefühl etc.*); *Zimmer etc.*: cheerless; F *fig.* ***~ werden*** *Person, Lage etc.*: get (*od.* turn) nasty; F ***es wird langsam ~*** things are turning a bit nasty; **Ungemütlichkeit** *f* uncomfortableness; *e-s Zimmers etc.*: cheerlessness; ***~ der Atmosphäre*** *etc.* uncomfortable atmosphere *etc.*
ungenannt *adj.* unnamed; *Person*: *a.* anonymous, nameless.
ungenau *adj.* (*nicht exakt*) inexact; (*unpräzise*) imprecise; (*nicht richtig*) inaccurate; (*undeutlich*) vague; **Ungenauigkeit** *f* 1. inexactness; imprecision; inaccuracy; vagueness; → **ungenau**; 2. (*Fehler*) inaccuracy; ***ihr sind einige ~en unterlaufen*** she got a few things slightly wrong.
ungeniert I. *adj.* uninhibited; II. *adv.* uninhibitedly; (*frei heraus*) openly; ***völlig ~*** (*selbstsicher*) with such aplomb; ***sich ~ hinwegsetzen über*** blithely ignore; **Ungeniertheit** *f* (complete) lack of inhibition.
ungenießbar *adj.* 1. *Speisen*: inedible; *Getränke*: undrinkable; 2. F *fig. Buch etc.*: impossible (to read *etc.*); *Person*: unbearable, hard to take; ***er ist für mich ~*** *a.* I can't stomach him.
ungenormt *adj.* non-standard.
Ungenügen *n* inadequacy; **ungenügend** *adj.* insufficient, not enough; (*nicht zufrieden stellend*) inadequate; *Leistung, Note*: unsatisfactory.
ungenutzt, ungenützt *adj.* unused; *Rohstoffe etc.*: unexploited; *Kapital*: dead; ***e-e Gelegenheit ~ lassen*** let an opportunity slip, pass up an opportunity.
ungeordnet *adj.* unsorted, not yet sorted out; (*unordentlich*) disordered, disorderly.
ungepflastert *adj.* unpaved.
ungepflegt *adj.* neglected; *Person*: untidy, *stärker*: scruffy; **Ungepflegtheit** *f* neglected state; *e-r Person*: untidiness, *stärker*: scruffiness.

ungeprüft *adj.* unchecked.
ungepuffert *adj. Computer*: unbuffered.
ungerade *adj.* uneven, not straight; *Zahl*: odd *number*.
ungeraten *adj. Kind*: wayward.
ungerechnet *adj.* not counting ...
ungerecht *adj.* unjust (***gegen*** towards), unfair (to[wards]); **ungerechterweise** *adv.* unjustly.
ungerechtfertigt *adj.* unjustified, unwarranted; ⚖ ***~e Bereicherung*** unjust enrichment.
Ungerechtigkeit *f* injustice (***gegen*** to); ***soziale ~en*** social injustice(s).
ungeregelt *adj.* unregulated; (*regellos*) irregular (*a. Leben*); (*ungeordnet*) disorderly.
ungereimt *adj.* unrhymed; *fig.* (*unstimmig*) inconsistent, *stärker*: absurd; ***~es Zeug reden*** talk (a lot of) nonsense; **Ungereimtheit** *f* inconsistency; ***~en*** *a.* contradictions; ***es ist voller ~en*** *a.* it's completely incongruous.
ungern *adv.* unwillingly, grudgingly; (*widerwillig*) reluctantly; ***er tut es (äußerst) ~*** *a.* he doesn't like to do it (at all); *machst dus also? - ~* I'm not keen(, but I suppose I'll have to).
ungerührt *fig. adj.* unmoved (***von*** by), impassive; *Miene*: indifferent.
ungerupft *adj.*: *fig.* ***~ davonkommen*** get off lightly (*unbestraft*: scot-free); ***nicht ganz ~ davonkommen*** leave a few hairs behind, not to get away unscathed.
ungesagt *adj.* unsaid.
ungesalzen *adj.* unsalted.
ungesättigt *adj.* ⚗ unsaturated; ***mehrfach ~*** polyunsaturated; ***mehrfach ~e Fettsäuren*** *a.* polyunsaturates.
ungesäuert *adj. Brot*: unleavened.
ungeschält *adj. Obst*: unpeeled; *Reis*: unpolished.
ungeschehen *adj.*: ***~ machen*** undo; ***das kann man nicht ~ machen*** it can't be undone.
Ungeschick *n*, **Ungeschicklichkeit** *f* ineptitude; *körperliche(s)*: *a.* clumsiness; **ungeschickt** *adj.* clumsy (*a. Formulierung etc.*), hamfisted; *Verhalten etc.*: inept; (*undiplomatisch*) undiplomatic(ally *adv.*), tactless.
ungeschlacht *adj.* **1.** *Körper*: ungainly, hulking *figure*; *Hände etc.*: massive; **2.** (*ungeschickt*) clumsy, awkward; **3.** (*grob*) uncouth, rough.
ungeschlagen *adj.* undefeated, unbeaten.
ungeschliffen *adj.* **1.** unpolished; *Edelstein*: uncut, rough; **2.** *fig. Person*, *Stil etc.*: unpolished, *stärker*, *Person*: uncouth; **Ungeschliffenheit** *fig. f* lack of polish; *e-r Person*: *a.* unpolished manner, *stärker*: uncouthness.
ungeschmälert *adj.* undiminished.
ungeschminkt **I.** *adj.* **1.** without make-up; ***~ sein*** *a.* not to be made up; **2.** *fig.* unvarnished, unadorned, plain *truth*; ***die ~en Tatsachen*** the bare facts; **II.** *adv.*: ***~ ausgedrückt*** in crude terms, to put it crudely.
ungeschönt *adj. Darstellung etc.*: unprettified.
ungeschoren *adj.* **1.** unshorn; **2.** *fig.* ***~ davonkommen*** (*od.* ***bleiben***) get off lightly (*ungestraft*: scot-free); ***j-n ~ lassen*** leave s.o. in peace, (*verschonen*) spare s.o.
ungeschrieben *adj.*: ***~es Gesetz*** unwritten law.
ungeschult *adj.* untrained (*a. Ohr etc.*).
ungeschützt *adj.* unprotected; exposed.
ungesehen *adj.* unseen, unnoticed, without anybody noticing.
ungesellig *adj.* unsociable.
ungesetzlich *adj.* illegal, unlawful, illicit; ***für ~ erklären*** declare illegal (*od.* unlawful), outlaw.
ungesittet *adj.* uncivilized; (*unmanierlich*) bad-mannered.
ungestalt *adj.* misshapen.
ungestillt *adj.* **1.** *Neugier etc.*: unsatisfied; **2.** *Hunger*: unappeased, unsatisfied; *Durst*: unquenched.
ungestört *adj.* undisturbed; *Ablauf*, *Vorgang etc.*: uninterrupted; *Ort etc.*: peaceful; *adv. a.* in peace; **Ungestörtheit** *f e-s Orts etc.*: peace and quiet.
ungestraft **I.** *adj.* unpunished; ***~ davonkommen*** go unpunished; **II.** *adv.* unpunished, with impunity.
ungestüm **I.** *adj.* impetuous; (*heftig*, *schnell*) vehement; **II.** ≈ *n* impetuosity; (*Heftigkeit*) vehemence.
ungesühnt *adj.* unpunished, unavenged.
ungesund *adj.* unhealthy; *fig. a.* unwholesome; ***Rauchen ist ~*** *a.* smoking is bad for you (*od.* your health).
ungesüßt *adj.* unsweetened.
ungetan *adj.*: ***et. ~ lassen*** leave s.th. undone.
ungeteilt *adj.* **1.** undivided, whole; **2.** *fig. Aufmerksamkeit etc.*: undivided; *Zustimmung*: unanimous.
ungetrübt *adj.* **1.** unclouded, clear; **2.** *fig.* perfect, unspoilt; ***~e Freude*** unalloyed joy (*od.* happiness).
Ungetüm *n* monster (*a. fig.*).
ungeübt *adj.* untrained, unskilled; **Ungeübtheit** *f* lack of training.
ungewandt *adj.* clumsy; *a. Verhalten*: inept.
ungewaschen *adj.* unwashed.
ungewiss *adj.* uncertain; (*unentschieden*) undecided; ***es ist noch ~, ob (wie, wann*** *etc.*) it's still uncertain (as to) whether (how, when *etc.*); ***j-n im ≈en lassen*** not to let s.o. know, keep s.o. guessing; ***Sprung ins ≈e*** leap in the dark; **Ungewissheit** *f* uncertainty.
ungewöhnlich *adj.* unusual; (*bemerkenswert*) exceptional, remarkable.
ungewohnt *adj. Umgebung etc.*: strange; (*neu*) new (***für*** to); (*unüblich*) unusual; ***das ist für mich ganz ~*** *a.* I'm not used to it at all.
ungewollt *adj.* unintentional; *Wirkung etc.*: unintended; (*unwillkürlich*) involuntary; *Schwangerschaft*: unwanted.
ungewürzt *adj.* unseasoned.
ungezählt *adj.* **1.** (*zahllos*) countless, innumerable; **2.** (*nicht gezählt*) uncounted.
ungezähmt *adj.* **1.** untamed, wild; **2.** *fig. Leidenschaft*: unbridled.
Ungeziefer *n* vermin (*a. fig.*); **~bekämpfung** *f* vermin control.
ungeziemend *adj.* improper, unseemly.
ungeziert *adj.* unaffected; **Ungeziertheit** *f* unaffectedness.
ungezogen *adj.* naughty; (*frech*) cheeky; **Ungezogenheit** *f* naughtiness; (*Frechheit*) cheekiness, cheek.
ungezügelt *fig. adj. Gefühle etc.*: unbridled; ***~es Temperament*** volatile temper; ***~er Lebensstil*** freewheeling lifestyle.
ungezwungen **I.** *adj.* unconstrained, casual; **II.** *adv.* casually, without constraint; **Ungezwungenheit** *f* (*Zwanglosigkeit*) lack of constraint; *e-r Veranstaltung etc.*: *a.* casual atmosphere; (*Ungeniertheit*, *Natürlichkeit*) naturalness.
ungiftig *adj.* non-toxic.
Unglaube *m* disbelief; *eccl.* lack of faith, unbelief; **unglaubhaft** *adj.* implausible, unconvincing; *weitS.* unrealistic; **ungläubig** **I.** *adj.* incredulous (*a. Blick*, *Lächeln etc.*), *a. eccl.* unbelieving; **II.** *adv.* incredulously; *j-n ansehen etc.*: in disbelief; ***~ lächeln*** (***schauen*** *etc.*) *a.* give an incredulous smile (look *etc.*); **unglaublich** *adj.* incredible (*a. gewaltig*), unbelievable; ***~ attraktiv*** *a.* impossibly attractive; **unglaubwürdig** *adj. Aussage*, *Sache*: implausible; *Person*: unreliable, untrustworthy; *Politiker etc.*: not credible; **Unglaubwürdigkeit** *f* implausibility; unreliability, untrustworthiness; lack of credibility.
ungleich **I.** *adj.* (*unähnlich*) dissimilar; *Chancen etc.*: unequal; *Schuhe etc.*: odd ...; ***von ~er Länge*** *etc.* of varying length *etc.*; ***~es Paar*** odd pair (*Menschen*: match); **II.** *adv. vor Komparativ*: (*weitaus*) far, much, *stärker*: incomparably *better etc.*
ungleichförmig *adj.* variable; (*unsymmetrisch*) asymmetrical.
Ungleichgewicht *n* (state of) imbalance.
Ungleichheit *f* dissimilarity; *der Chancen etc.*: inequality.
ungleichmäßig *adj.* irregular; *Entwicklung etc.*: unsteady; *Verteilung*: uneven; *Handschrift*: erratic; **Ungleichmäßigkeit** *f* irregularity; unsteadiness; unevenness; erratic nature (*gen.* of).
Unglück *n* **1.** (*Unfall*) accident; (*Zug≈*, *Flugzeug≈ etc.*, *Katastrophe*) disaster; (*Missgeschick*) mishap; ***schweres ~*** serious accident, *weitS.* disaster; **2.** misfortune; (*Pech*) bad luck; ***es ist kein ~, dass*** it's no tragedy that; ***in sein ~ rennen, sich ins ~ stürzen*** rush headlong into disaster; ***j-n ins ~ stürzen*** bring disaster (up)on s.o.; ***zu allem ~, um das ~ voll zu machen*** to crown it all; ***ein ~ kommt selten allein*** it never rains but it pours; → *a.* ***Unheil***; **3.** (*Elend*) distress, misery; **unglücklich** **I.** *adj.* **1.** unfortunate; *Wahl*, *Zufall*, *Formulierung etc.*: *a.* unhappy ...; (*ungeschickt*) *Bewegung etc.*: awkward, clumsy; (*vom Pech verfolgt*) unlucky; ***e-e ~e Art haben*** have an awkward manner, *weitS.* keep treading on people's toes; ***e-e ~e Hand haben*** be unlucky (***mit, bei*** with, when it comes to), ***mit*** *Geschäftspartnern etc.*: have an awkward way of dealing with; **2.** (*traurig*) unhappy, sad; ***e-e ~e Figur abgeben*** cut a sorry figure; **3.** ***~e Liebe*** unrequited love; **II.** *adv.* **4.** ***~ enden*** (*od.* ***ausgehen***) come to an unhappy end, *stärker*: turn out badly, end in disaster; **5.** *sich ausdrücken etc.*: in an unfortunate manner, (*ungeschickt*) awkwardly; ***~ stürzen*** fall awkwardly, have a bad fall; ***~ ausrutschen*** slip awkwardly; **6.** ***~ verliebt sein*** be crossed in love; **unglücklicherweise** *adv.* unfortunately.
Unglücks|bote *m* bringer of bad tidings; **~botschaft** *f* bad news (*sg.*).
unglückselig *adj.* unfortunate; (*beklagenswert*) lamentable; (*verhängnisvoll*) ill-fated; *Liebende*: star-crossed.
Unglücks|fall *m* misfortune; (*Unfall*) accident; **~rabe** *m* unlucky person; ***er ist ein ~*** *a.* some people are just born unlucky; **~serie** *f* spate (*od.* series) of accidents; **~tag** *m* fateful (*od.* black) day.
Ungnade *f* disfavo(u)r; ***in ~ fallen*** fall from favo(u)r, ***bei***: fall out of favo(u)r

U

with; ***in ~ sein*** be in the doghouse (***bei*** with); **ungnädig I.** *adj.* ungracious, unkind; (*übellaunig*) F grumpy; (*verärgert*) cross; **II.** *adv.*: ***~ aufnehmen*** take *s.th.* in (*od.* with) bad grace.
ungrammatisch *adj.* ungrammatical.
ungültig *adj.* invalid; (*null und nichtig*) null and void; *Gesetz*: inoperative; *Münze etc.*: not legal tender; *Tor etc.*: disallowed; *pol. Stimme*: spoilt; ***für ~ erklären*** declare null and void, annul, (*Tor*) chalk off; **Ungültigkeit** *f* invalidity; *e-s Vertrags etc.*: *a.* nullity.
Ungunst *f* disfavo(u)r, ill will; ***zu j-s ~en*** to s.o.'s disadvantage; *Entscheidung*: *a.* against s.o.; ***das spricht zu s-n ~en*** that tells against him.
ungünstig *adj. Bedingungen etc.*: unfavo(u)rable; *Termin etc.*: inconvenient, *Zeitpunkt*: *a.* inopportune; *Foto, Frisur etc.*: unflattering; (*unglücklich*) unfortunate; ***bei ~em Wetter*** if the weather is bad (F doesn't play along); ***du stehst hier ~*** you haven't picked a very good place to stand.
ungut *adj.* bad; ***~es Gefühl*** funny feeling; ***ich hatte ein ~es Gefühl dabei*** I had a funny feeling about it; ***nichts für ~!*** no offen|ce (*Am.* -se) meant, no hard feelings.
unhaltbar *adj.* **1.** *Argument etc.*: untenable; *Zustände*: intolerable; **2.** *Sport*: unstoppable *shot*; **Unhaltbarkeit** *f e-s Arguments etc.*: untenable nature (*gen.* of); *von Zuständen etc.*: intolerability.
unhandlich *adj.* unwieldy; **Unhandlichkeit** *f* unwieldiness.
unharmonisch *adj.* ♪ *u. fig.* discordant, unharmonious; *fig. Farben*: clashing ...
Unheil *n* disaster; (*Schaden*) harm; ***~ anrichten*** wreak havoc.
unheilbar I. *adj.* incurable; *Krebs, Patient*: terminal; *fig.* irreparable; **II.** *adv.*: ***~ krank sein*** be suffering from an incurable disease, be incurably ill; ⚖ ***~ zerrüttet*** *Ehe*: irretrievably broken down; **Unheilbarkeit** *f* incurability.
unheilbringend, Unheil bringend *adj.* fatal, baneful.
unheilvoll *adj.* disastrous, baneful; *Stimmung, Blick*: sinister.
unheimlich I. *adj.* **1.** uncanny, weird (*beide a. fig.*); **2.** F *fig.* (*ungeheuer*) F terrific, fantastic; *Schmerzen, Respekt etc.*: F incredible; ***ich hatte e-e ~e Angst*** I was incredibly scared; **II.** F *fig. adv.* F incredibly; ***~ viel(e)*** a terrific amount (of); ***sich ~ freuen*** be incredibly pleased, F be over the moon.
unhistorisch *adj.* unhistoric.
unhöflich *adj.* impolite, *stärker*: rude; **Unhöflichkeit** *f* impoliteness, *stärker*: rudeness.
Unhold *m* monster.
unhörbar *adj.* inaudible; **Unhörbarkeit** *f* inaudibility.
unhygienisch *adj.* unhygienic(ally *adv.*).
uni *adj.* plain; ☤ self-colo(u)red, solid--colo(u)red.
Uni F *f* university.
Uniform I. *f* uniform; **II.** ≈ *adj.* uniform; **uniformiert** *adj.* **1.** uniformed, in uniform; **2.** (*einheitlich*) uniform; **Uniformiertheit** *f* uniformity.
Unikat *n* unique specimen.
Unikum *n* unique specimen (*a. iro.* ***an, von*** of); (*Person*) original, real character.
unilateral *adj.* unilateral.
unintelligent *adj.* unintelligent.
uninteressant *adj.* uninteresting, not interesting; (*belanglos*) of no interest (***für*** to); (*irrelevant*) irrelevant (to); (*nicht lohnend, nicht attraktiv*) unattractive (for).
uninteressiert *adj.* uninterested (***an*** in); **Uninteressiertheit** *f* lack of interest.
Union *f* union.
Unisexmode *f* unisex fashions *pl.* (*od.* look).
unisono *adv.* ♪ in unison; *fig. a.* unanimously.
universal *adj.* universal.
Universal... *in Zssgn* ⚙ multipurpose; **~erbe** *m*, **~erbin** *f* sole heir; **~genie** *n* universal genius; F (*Alleskönner*) all--rounder.
Universalität *f* universality.
Universalmittel *n* ⚕ *u. fig.* universal remedy, panacea, cure-all.
universell *adj.* universal; *Gerät etc.*: all--purpose ...
Universität *f* university; ***die ~ besuchen*** go to university; ***an der ~*** at university; ***auf welcher ~ ist er?*** which university does he go to?
Universitäts|abschluss *m* (university) degree; **~ausbildung** *f* university education; **~gelände** *n* university grounds *pl.*, campus; **~klinik** *f* university hospital; **~stadt** *f* university town; **~studium** *n* **1.** university degree; **2.** studies *pl.* at university.
Universum *n* universe.
unkameradschaftlich *adj.* unsporting; **Unkameradschaftlichkeit** *f* unsporting behavio(u)r (*od.* attitude).
Unke *f* **1.** *zo.* toad; **2.** F *fig.* (*Unheilverkünder*) Jeremiah; **unken** F **I.** *v/i.* predict the worst, prophesy doom; **II.** *v/t.* gloomily predict *that* ...
unkenntlich *adj.* unrecognizable; *Schrift*: indecipherable; ***~ machen*** (*entstellen*) disfigure, (*verzerren*) distort; (*Schrift etc.*) deface; (*verkleiden*) disguise; **Unkenntlichkeit** *f*: ***bis zur ~*** beyond recognition, ***entstellt***: *a.* completely disfigured.
Unkenntnis *f* ignorance; ***in ~*** *gen.* unaware of, not knowing (about) *s.th.*; ***j-n in ~ lassen*** keep s.o. in the dark (***über*** about); ***~ schützt nicht vor Strafe*** ignorance of the law is no excuse.
Unkenruf *m* gloomy prediction, prophecy of doom; ***allen ~en zum Trotz*** *a.* despite all predictions to the contrary.
unklar *adj.* unclear, not clear; (*undeutlich*) indistinct; *fig.* vague, obscure; (*ungewiss*) uncertain; *Gedanken, Vorstellung*: *a.* F woolly, fuzzy; ***mir ist (völlig) ~, wie (wo, was etc.)*** I've (absolutely) no idea how (where, what *etc.*); ***im ≈en sein (lassen) über*** be (leave *s.o.*) in the dark about; ***ich bin mir noch im ≈en(, ob, wie etc.)*** I haven't decided yet (whether, how *etc.*); ***~ zu erkennen (sehen) sein*** be hard to make out (see); **Unklarheit** *f* lack of clarity; vagueness, obscurity; uncertainty; → ***unklar***; ***es herrscht ~ darüber, ob*** it's not clear whether; ***darüber herrscht absolute ~*** it's completely unclear (as yet), *weitS.* it's a complete mystery.
unklug *adj.* unwise, imprudent; **Unklugheit** *f* **1.** imprudence; **2.** *konkret*: imprudent thing to do.
unkollegial *adj.* unsporting.
unkompliziert *adj.* uncomplicated (*a. Mensch*), simple; **Unkompliziertheit** *f* uncomplicatedness, uncomplicated nature (*gen.* of).
unkontrollierbar *adj.* **1.** (*nicht zu* [*über-*]*prüfen*) impossible to check; **2.** (*nicht zu beherrschen*) uncontrollable; **unkontrolliert I.** *adj.* uncontrolled; **II.** *adv. a.* uncontrollably.
unkonventionell *adj.* unconventional.
unkonzentriert *adj. Person, Handlungsweise etc.*: lacking in concentration; *Arbeit, Handlung etc.*: unconcentrated; ***er ist ~*** he lacks concentration, *vorübergehend*: he isn't concentrating, he hasn't got his mind on the job; **Unkonzentriertheit** *f* lack of concentration.
unkorrekt *adj.* incorrect; *Verhalten*: *a.* not proper.
Unkosten *pl.* costs, expenses, expense *sg.*; → ***stürzen*** 7; **~beitrag** *m* contribution (towards expenses).
Unkraut *n* weed(s *pl.*); *fig.* ***~ vergeht nicht*** ill weeds grow apace; **~bekämpfung** *f*, **~vernichtung** *f*, **~vertilgung** *f* weed control (*od.* killing); **~vernichtungsmittel** *n*, **~vertilgungsmittel** *n* weedkiller, herbicide.
unkritisch *adj.* uncritical.
unkultiviert *adj.* uncultivated; *Person*: uncultured; **Unkultiviertheit** *f* (complete) lack of culture.
unkündbar *adj. Stellung*: permanent; *Vertrag*: irrevocable; ☤ *Anleihe etc.*: irredeemable; ***sie ist ~*** F she can't be sacked; **Unkündbarkeit** *f* permanence; irrevocability; irredeemability.
unkundig *adj.* (*unwissend*) ignorant (*gen.* of); (*uneingeweiht*) uninitiated; ***e-r Sache ~ sein*** have no knowledge of s.th.; ***des Lesens ~*** unable to read.
unkünstlerisch *adj.* unartistic(ally *adv.*).
unlängst *adv.* recently, not so long ago.
unlauter *adj.* dishonest, dubious, F shady; ☤ ***~er Wettbewerb*** unfair competition.
unleidlich *adj.* **1.** (*unerträglich*) unbearable, intolerable; **2.** (*übellaunig*) bad--tempered, *a. vorübergehend*: F grumpy; ***in e-r ~en Stimmung sein*** be in a foul mood.
unlesbar *adj.* unreadable; **unleserlich** *adj.* illegible; **Unleserlichkeit** *f* illegibility.
unleugbar *adj.* undeniable.
unlieb *adj.*: ***es war ihr nicht ~*** it suited her fine.
unliebenswürdig *adj.* unkind, unobliging.
unliebsam *adj.* disagreeable, unpleasant.
unlin(i)iert *adj.* unruled.
Unlogik *f* illogicality; **unlogisch** *adj.* illogical.
unlösbar I. *adj.* **1.** *Problem etc.*: insoluble; ***ein ~es Problem*** *a.* a problem that can't be solved; **2.** (*untrennbar*) inseparable; *Ehe*: indissoluble; **II.** *adv.*: ***~ verflochten*** (*od.* ***verbunden***) inextricably linked; **Unlösbarkeit** *f* **1.** insolubility; **2.** inseparability; indissolubility.
unlöslich *adj.* ⚗ insoluble.
Unlust *f* **1.** (*Apathie*) listlessness; **2.** (*Widerwille*) reluctance; **~gefühl** *n* (great) reluctance; (*Abneigung*) aversion (***gegenüber*** to).
unmanierlich *adj.* ill-mannered.
unmännlich *adj.* effeminate.
Unmasse F *f* → ***Unmenge.***
unmaßgeblich I. *adj.* irrelevant; (*unbedeutend*) insignificant; *weitS.* of no consequence; *Meinung, Person etc.*: unauthoritative; ***nach m-r ~en Meinung*** in my humble opinion; **II.** *adv.*: ***~ an et. beteiligt sein*** play an insignificant part in s.th.; **Unmaßgeblichkeit** *f* irrelevance; insignificance.
unmäßig I. *adj.* immoderate, excessive;

U

bsd. im Trinken: intemperate; **II.** *adv.* excessively, to excess; **~ stolz** *etc.* inordinately proud *etc.*; **Unmäßigkeit** *f* immoderation, extravagance; excess(es *pl.*); *bsd. im Trinken*: intemperance.

Unmenge *f* vast amount (*Anzahl*: *a.* number) (**von, an** of).

Unmensch *m* monster, brute; *hum.* **sei kein ~!** have a heart; **unmenschlich** *adj.* inhuman, cruel; F (*sehr groß*) F tremendous; **Unmenschlichkeit** *f* **1.** inhumanity, cruelty; **2.** *konkret*: act of inhumanity (*od.* cruelty), inhumane (*od.* cruel) act.

unmerklich *adj.* imperceptible; **fast ~e Änderung** *a.* subtle change.

unmessbar *adj.* unmeasurable.

unmethodisch *adj.* unmethodical.

unmissverständlich I. *adj.* unmistakable; *Antwort etc.*: unequivocal; **II.** *adv.* unmistakably; (*deutlich*) plainly; **j-m ~ sagen, dass** make it perfectly clear (*od.* bring it home) to s.o. that, tell s.o. in no uncertain terms that; **~ zu verstehen geben, dass** make it perfectly clear that, make no bones about the fact that.

unmittelbar I. *adj. Nähe, Eindrücke etc.*: immediate; *Folgen etc.*: *a.* direct; *Gefahr, Aufgabe etc.*: immediate, imminent; **in ~er Nähe** *gen.* (*od.* **von**) in the immediate vicinity of, right next to; **II.** *adv. örtlich*: right, directly; *zeitlich*: straight, immediately, directly; **~ vor** right in front of, *zeitlich*: just before; **~ bevorstehend** imminent; **~ darauf** immediately afterwards, straight after; **~ erleben** experience (at) first hand; **wir haben es ~ erlebt** *a.* we were (right) there when it happened; **Unmittelbarkeit** *f* immediacy; directness.

unmöbliert *adj.* unfurnished.

unmodern *adj.* dated; **~ werden** go out of fashion, become dated; **schnell ~ werden** *a.* date quickly.

unmöglich I. *adj.* impossible (*a.* F *fig. Mensch etc.*); F *fig. Kleid etc.*: *a.* dreadful (*a. Benehmen*); **(das ist) ~** (that's) impossible, F no way; **zu e-r ~en Stunde** at an ungodly hour; **≈es verlangen** ask the impossible; *fig.* **sich ~ machen** a) compromise o.s., b) make a fool of o.s.; **II.** *adv.* not possibly; *sich benehmen etc.*: abysmally; **er kleidet sich ~** he wears the most dreadful clothes; **das geht ~** that's impossible (*od.* out of the question); **Unmöglichkeit** *f* impossibility (**zu** *inf.* of *ger.*).

unmoralisch *adj.* immoral.

unmotiviert I. *adj.* unmotivated; *Handlung etc.*: unprompted; **II.** *adv.* for no (apparent) reason, F just like that.

unmündig *adj.* **1.** under-age ..., *pred.* under age, not of age; **2.** *fig. politisch etc.*: immature; **Unmündigkeit** *f* **1.** ⚖ minority; **2.** *fig.* (mental) immaturity.

unmusikalisch *adj.* unmusical.

unmusisch *adj.* unartistic.

Unmut *m* (*Missfallen*) displeasure; (*Ärger*) annoyance (**über** at); **unmutig** *adj.* annoyed (**über** at).

unnachahmlich *adj.* inimitable; **Unnachahmlichkeit** *f* inimitability, inimitableness.

unnachgiebig *adj.* unyielding, intransigent, inflexible; uncompromising; *bsd. pol.* hardline ...; **~e Haltung** hardline stance (*od.* posture); **Unnachgiebigkeit** *f* unyieldingness, intransigence, inflexibility; uncompromising attitude (*od.* stance); *pol.* hardline approach (*od.* stance).

unnachsichtig *adj.* strict, severe; **Unnachsichtigkeit** *f* strictness, severity.

unnahbar *adj.* unapproachable; *contp.* aloof; **Unnahbarkeit** *f* unapproachability; aloofness.

unnatürlich *adj.* unnatural (*a. fig.*); (*geziert*) affected; **Unnatürlichkeit** *f* unnaturalness; affectation.

unnormal *adj.* not normal, *stärker*: abnormal.

unnötig *adj.* unnecessary; (*überflüssig*) superfluous; *Aufwand, Mühe etc.*: needless, unnecessary; **(es ist) ~ zu sagen, dass** it goes without saying that; **unnötigerweise** *adv.* unnecessarily, needlessly.

unnütz *adj.* useless; (*sinnlos*) *a.* pointless; (*unnötig*) unnecessary; **~es Gerede** idle talk; **~es Zeug** F useless stuff.

UNO *f* UN.

unökonomisch *adj.* uneconomical.

UNO-Mitglied *n* member of the United Nations (*od.* UN).

unordentlich *adj.* disorderly; *Zimmer etc., a. Person*: untidy; **Unordentlichkeit** *f* disorderliness; untidiness; **Unordnung** *f* disorder(liness), *a* mess; **in ~** in a mess, in (complete) disarray; **in ~ bringen** mess up; **dort herrscht e-e furchtbare ~** the place is (in) a terrible mess.

unorganisch *adj.* inorganic.

unorganisiert *adj.* disorganized; not organized.

unorthodox *adj.* unorthodox.

UNO-Vollversammlung *f* UN (*od.* United Nations) assembly.

unpaar(ig) *adj. biol.* unpaired, 📖 azygous.

unpädagogisch *adj.*: (**~ sein** go) against educational principles.

unparfümiert *adj.* non-scented, fragrance-free, aroma-free.

unparteiisch *adj.* impartial, unbias(s)ed, disinterested; (*gerecht*) even-handed; **Unparteiische(r)** *m* arbitrator, *bsd. Sport*: referee.

unparteilich *adj.* impartial, unbias(s)ed; **Unparteilichkeit** *f* impartiality.

unpassend *adj.* unsuitable; (*unangebracht*) inappropriate, out of place; (*unschicklich*) improper; (*zur Unzeit*) untimely.

unpässlich *adj.* indisposed, unwell; out of sorts; **Unpässlichkeit** *f* indisposition.

Unperson *f* unperson, non-person; **unpersönlich** *adj.* impersonal (*a. ling.*).

unpfändbar *adj.* unseizable.

unpolitisch *adj.* apolitical.

unpopulär *adj.* unpopular.

unpraktisch *adj.* impractical.

unpraktizierbar *adj.* unworkable.

unproblematisch *adj.* unproblematic(ally *adv.*).

unproduktiv *adj.* unproductive; ✝ non-productive.

unproportioniert *adj.* disproportionate; out of proportion.

unpünktlich *adj.* **1.** *Person*: late, *generell*: unpunctual; **er ist ~** *generell*: *a.* he's never on time; **2.** *Zug etc.*: late; **der Zug** *etc.* **ist ~** *a.* the train *etc.* isn't (running) on time; **Unpünktlichkeit** *f* unpunctuality, lack of punctuality; being (*od.* arriving *etc.*) late; **diese ~!** they *etc.* never turn up on time, they're *etc.* never on time.

unqualifiziert *adj.* unqualified.

unrasiert *adj.* unshaven.

Unrast *f* restlessness.

Unrat *m* rubbish, *Am.* garbage; *fig.* **~ wittern** smell a rat.

unrationell *adj.* inefficient.

unratsam *adj.* inadvisable.

unrealistisch *adj.* unrealistic(ally *adv.*).

unrecht *adj.* (*falsch, a. nicht gut*) wrong; (*ungelegen*) inopportune; **etwas ≈es tun** do something wrong; **zur ~en Zeit** at the wrong moment (*od.* time); **Unrecht** *n* wrong; injustice; **j-m ein ~ tun** (**zufügen**) do s.o. an injustice, do s.o. wrong; **im ~ sein, ~ haben** be (in the) wrong, (*sich irren*) *a.* be mistaken; **sich ins ~ setzen** put o.s. in the wrong; **er hat nicht so ganz ~** there's something in what he says; **j-m ~ geben** disagree with s.o., *fig. Tatsache, Folgen etc.*: prove s.o. wrong; **ihm ist ~ geschehen** he has been wronged; **zu ~** wrongfully, wrongly, unjustly.

unrechtmäßig *adj.* wrongful, unlawful; **Unrechtmäßigkeit** *f* wrongfulness, unlawfulness.

unredlich *adj.* dishonest, underhand ...; **Unredlichkeit** *f* dishonesty.

unreell *adj.* (*unseriös, dubios*) dubious; (*unlauter*) unfair; (*unredlich*) dishonest.

unregelmäßig *adj.* irregular (*a. Puls etc.*); *weitS.* (*sprunghaft, erratisch*) erratic(ally *adv.*); (*holperig, uneben*) *a. Schrift*: uneven; **Unregelmäßigkeit** *f* irregularity (*a. konkret Verstoß, Betrügerei etc.*).

unregierbar *adj.* ungovernable; **Unregierbarkeit** *f* ungovernability.

unreif *adj.* unripe, *Früchte*: *a.* green; *fig.* immature; *fig.* **~er Bursche** callow youth; **Unreife** *f* immaturity.

unrein *adj.* impure (*a. fig. Gedanken etc.*); *Wäsche*: dirty; *Luft, Wasser*: dirty, polluted; *Haut*: bad; *Ton*: impure; **ins ≈e schreiben** make a rough copy of; **Unreinheit** *f* impurity (*a. konkret*); dirtiness; pollution, polluted state; → **unrein**; **unreinlich** *adj.* unclean; **Unreinlichkeit** *f* uncleanliness.

unrentabel *adj.* unprofitable; **Unrentabilität** *f* unprofitableness.

unrettbar I. *adj.* irrecoverable; past recovery; **II.** *adv.*: **~ verloren** irretrievably lost; *Person*: beyond help.

unrichtig *adj.* incorrect, wrong; erroneous; **Unrichtigkeit** *f* incorrectness.

Unruh *f e-r Uhr*: balance spring.

Unruhe *f* **1.** (*Unrast, Nervosität*) restlessness (*a. Zappelei*); (*Besorgnis*) uneasiness, anxiety; **in ~ versetzen** worry, *stärker*: alarm; **2.** (*Lärm*) noise; (*Tumult*) commotion; *pol.* **~n** unrest, disturbances; **~ stiften** cause a disturbance; **~herd** *m* trouble spot; **~stifter** *m* troublemaker.

unruhig *adj.* restless; (*unregelmäßig*) *Puls, Atmung etc.*: irregular, uneven; *Schlaf*: broken, fitful; *See*: rough, choppy *seas*; *Muster etc.*: restless; *fig.* uneasy (**wegen** about); (*besorgt*) anxious, worried; (*laut*) noisy; **~e Zeiten** troubled times.

unrühmlich *adj.* inglorious.

unrund *adv.*: ⚙ **~ laufen** run untrue.

uns *pers. pron.* (*dat. von* **wir**) (to) us; *refl.* (to) ourselves, *nach prp.*: us; **ein Freund von ~** a friend of ours; **unter ~ gesagt** between you and me; **wir sehen ~** (*einander*) **nie** we never see each other; **wir blickten hinter ~** we looked behind us, we looked back.

unsachgemäß *adj.* improper, inexpert *treatment etc.*

unsachlich *adj.* unobjective, subjective; (*nicht relevant*) irrelevant; **wir wollen nicht ~ werden** let's try and stick to the facts; **Unsachlichkeit** *f* lack of objectivity.

unsagbar, unsäglich I. *adj.* unspeak-

U

able, unutterable, inexpressible; **II.** *adv.* unspeakably *etc.*; *nachgestellt*: beyond words.

unsanft I. *adj.* (*grob*) rough; (*hart*) hard; (*böse, unangenehm*) bad, (*a. unvermittelt, unfreundlich*) rude; **~es Erwachen** rude awakening; **II.** *adv.*: **~ aus dem Schlaf gerissen werden** be rudely awakened.

unsauber *adj.* **1.** (*schmutzig*) dirty (*a. Arbeit*); (*unordentlich*) messy; **2.** (*unlauter*) unfair, underhand ..., *Geschäft, Methode*: *a.* dubious, F shady; *Sport*: unfair.

unschädlich *adj.* harmless; **~ machen** render harmless, (*j-n*) put s.o. out of action; **Unschädlichkeit** *f* harmlessness.

unscharf *adj.* blunt; *Bild*: blurred, fuzzy, unsharp, (*a.* **~** *eingestellt*) out of focus; *Formulierung*: hazy, fuzzy, vague.

unschätzbar *adj.* invaluable; *Wert, Bedeutung etc.*: inestimable.

unscheinbar *adj.* insignificant; (*unauffällig*) inconspicuous; *Person*: unprepossessing, nondescript; **Unscheinbarkeit** *f* insignificance; inconspicuousness; unprepossessing nature (*gen.* of).

unschicklich *adj.* improper, unseemly; (*unanständig*) indecent; **Unschicklichkeit** *f* impropriety, unseemliness; *a. konkret*: indecency.

unschlagbar *adj.* unbeatable (**in** at, when it comes to); (*unübertroffen*) unrival(l)ed; *Argument, Beweis etc.*: irrefutable.

unschlüssig *adj.* undecided; **ich bin mir ~ (über)** I haven't made up my mind yet (about).

unschön *adj.* unlovely, unsightly; (*unfair*) unfair, unkind, not nice; (*unerfreulich*) unpleasant; **~er Anblick** eyesore.

Unschuld *f* **1.** innocence; (*Reinheit*) purity (of heart *od.* mind); F **~ vom Lande** F country cousin; **in aller ~** quite innocently; **ich wasche m-e Hände in ~** I wash my hands of it; **2.** (*Jungfräulichkeit*) virginity; **s-e ~ verlieren** lose one's innocence; **unschuldig** *adj.* **1.** innocent (**an** of); *an e-m Unglück etc.*: not responsible (for); (*harmlos*) harmless; ⚖ **sich für ~ erklären** plead not guilty; **er wurde ~ bestraft** he was punished although he was innocent; **2.** *obs.* (*jungfräulich*) untouched, virgin ...

Unschulds|beteuerungen *pl.* protestations of innocence; **~beweis** *m* proof of s.o.'s innocence; **~engel** *m*, **~lamm** *n iro.* innocent little angel; **~miene** *f* air of innocence; **~vermutung** *f* ⚖ presumption of innocence; presumed innocence.

unschuldsvoll *adj.* (*u. adv.*) innocent(ly); **~er Blick** *a.* look of innocence.

unschwer *adv.* without difficulty.

unselbständig *etc.* → **unselbstständig** *etc.*

unselbstständig *adj.* dependent (on others); (*unbeholfen, hilflos*) helpless; **er ist so ~** *a.* he can't do anything on his own; **Einkommen aus ~er Arbeit** wage and salary incomes; **Unselbstständigkeit** *f* lack of independence, helplessness.

unser I. *poss. pron.* **1.** *adjektivisch*: our; **e-r ~er Freunde** a friend of ours; **2.** *substantivisch*: ours; **~er, ~e, ~(e)s, unsrer, unsre, unsres, der (die, das) ~e** (*od.* **Ꞩe**) *od.* **uns(e)rige** (*od.* **Uns(e)rige**) ours; **die uns(e)rigen** (*od.* **Uns(e)rigen**) (*Familie*) our family; **das uns(e)rige** (*od.* **Uns(e)rige**) **tun** do our bit; **II.** *pers. pron.* (*gen. von* **wir**) of us; **unsereiner, unsereins** *indef. pron.* (*a.* **unseresgleichen**) people like us, F the likes of us, our sort.

unser(e)twegen *adv.* for our sake, on our account; (*wegen uns*) because of us.

uns(e)rige *poss. pron.* → **unser** 2.

unseriös *adj. Geschäft etc.*: dubious; *Person*: *a.* slippery *character*; *Zeitung*: popular; *Schrift, Wissenschaftler etc.*: not to be taken seriously; **es ist e-e ~e Schrift** *etc.* it's not a serious piece of writing *etc.*

unsicher *adj.* (*gefährdet*) insecure; (*gefährlich*) unsafe; (*ungewiss, a. unzuverlässig*) uncertain; (*unstet*) unsteady (*a. Hand, Beine*); *Person*: (*ohne Selbstsicherheit*) insecure, unsure of o.s., *stärker*: lacking in self-confidence; (*ohne Gewissheit*) unsure, uncertain; (**sich**) **~ sein, ob** (**wann, wie** *etc.*) not to be sure (as to) whether (when, how *etc.*); **~ im Rechnen** *etc.* shaky on arithmetic *etc.*; **j-n ~ machen** make s.o. unsure of himself (*od.* herself), *stärker*: rattle s.o.; F **die Gegend ~ machen** terrorize the neighbo(u)rhood; **~ auf den Beinen** shaky, wobbly; **Unsicherheit** *f* insecurity; unsteadiness; uncertainty; → **unsicher**; **tiefe ~** *e-r Person*: deep sense of insecurity; **Unsicherheitsfaktor** *m* element of uncertainty.

unsichtbar *adj.* invisible (**für** to); **Unsichtbarkeit** *f* invisibility.

unsinkbar *adj.* unsinkable.

Unsinn *m* nonsense; **~ machen** fool around; **~ reden** (F **verzapfen**) talk a lot of nonsense (*sl.* rot); **~!** nonsense!, F rubbish!, *Am.* F garbage!; → *a.* **Quatsch**; **unsinnig I.** *adj.* (*sinnlos, dumm*) silly, *stärker*: ridiculous, absurd; *Preise, Forderungen etc.*: ridiculous; F (*übermäßig*) F incredible *fear etc.*; **II.** F *adv.* (*übermäßig*) terribly, F incredibly.

Unsitte *f* bad habit; (*Missstand*) nuisance.

unsittlich *adj.* immoral, indecent; **Unsittlichkeit** *f* immorality; *a. konkret*: indecency.

unsolid(e) *adj.* **1.** *Bau etc.*: unstable, unsolid; **2.** *fig. Person, Lebensweise*: loose; *Firma etc.*: dubious.

unsortiert *adj.* unsorted.

unsozial *adj.* unsocial; *Verhalten*: antisocial.

unsportlich *adj.* unathletic; (*unfair*) unsporting, unsportsmanlike; **~es Betragen** unsporting behavio(u)r.

unstatthaft *adj.* inadmissible, not allowed; (*verboten*) illicit.

unsterblich I. *adj.* **1.** immortal (*a. Künstler etc.*); *Liebe*: undying; **II.** *adv.* **2.** immortally; **3.** F (*sehr*) F awfully, dreadfully; **sich ~ blamieren** make an absolute fool of o.s.; **~ verliebt** hopelessly in love (**in** with), F smitten; **Unsterblichkeit** *f* immortality; **in die ~ eingehen** be immortalized.

Unstern *m* unlucky star; **unter e-m ~ stehen** be ill-fated.

unstet I. *adj.* (*wechselhaft, unbeständig*) changeable, unstable; (*ruhelos*) restless, *Leben*: *a.* unsettled; *Blick*: shifty *look*; *iro.* **e-n ~en Lebenswandel haben** lead a varied life; **II.** *adv.* (*ruhelos*) restlessly; **Unstetigkeit** *f* changeability, instability; restlessness.

unstillbar *adj.* **1.** *Hunger*: insatiable; *Durst*: unquenchable; **2.** *fig. Sehnsucht etc.*: insatiable.

Unstimmigkeit *f* **1.** discrepancy, inconsistency; **2.** (*Meinungsverschiedenheit*) *a. pl.* disagreement, *stärker*: friction.

unstreitig *adj.* undeniable, indisputable.

unstrukturiert *adj.* unstructured.

Unsumme *f a. pl.* enormous sum.

unsymmetrisch *adj.* asymmetrical.

unsympathisch *adj.* unpleasant, unappealing; off-putting; **er (es) ist mir ~** I don't like him (it).

unsystematisch *adj.* unsystematic(al).

untadelig *adj.* **1.** *Benehmen etc.*: flawless, irreproachable, beyond reproach; **2.** *Material, Leistung*: flawless; *Kleidung*: immaculate.

untalentiert *adj.* untalented.

Untat *f* atrocity, atrocious deed.

untätig *adj.* inactive; *Vulkan*: *a.* dormant; (*müßig, träge*) idle; **~ herumsitzen** sit around doing nothing (F twiddling one's thumbs); **Untätigkeit** *f* inactivity; idleness.

untauglich *adj.* (*nicht zu gebrauchen*) unsuitable; *engS.* (*unfähig*) incompetent, incapable; ⚔ unfit (for service); **~ für** *a.* not suited to; **Untauglichkeit** *f* unsuitability; incompetence; ⚔ unfitness.

unteilbar *adj.* indivisible; **Unteilbarkeit** *f* indivisibility.

unten *adv.* (down) below; *im Hause*: downstairs; F (*im Süden*) down south; **nach ~** down(wards), *im Hause*: downstairs; (**dort**) **~ am See** down by the lake; **da ~** down there; **ganz ~** right (down) at the bottom; **weiter ~** further down; **von ~** from below; **von oben bis ~** from top to bottom (*Person*: *a.* toe); **siehe ~** see below; **siehe S.7 ~** see p.7 bottom; **sich von ~ hochdienen** rise from the ranks; **mit dem Gesicht nach ~** face down; **rechts ~** at the bottom right; F **er ist bei mir ~ durch** F I'm through with him.

unten| erwähnt, ~ genannt *adj.* undermentioned, *nachgestellt*: mentioned below.

unten(he)rum F *adv.* down below.

unten stehend *adj.* → **unten erwähnt.**

unter I. *prp.* under, below; underneath; (*zwischen*) among; **~ ... hervor** from under ...; **~ 21 (Jahren)** under 21 (years of age); **einer ~ vielen** one of many; **nicht einer ~ hundert** not one in a hundred; **~ anderem (u.a.)** among other things; **~ zehn Mark** under (*od.* less than) ten marks; (**sich**) **mischen ~** mix with; **~ Beifall** amid applause; **~ Tränen** in (*od.* amid) tears, tearfully; **~ der Woche** during the week; **~ diesem Gesichtspunkt** from this point of view; **~ großem Gelächter** amid great laughter; **~ s-r Regierung** under (*od.* during) his reign; **~ sich haben** (*Angestellte, Abteilung etc.*) be in charge of; **was versteht man ~ ...?** what is meant by ...?; **„Land ~"** land under water'; → **Kritik, Würde, uns** *etc.*; **II.** *adj.* lower.

Unter|abschnitt *m* subsection; **~abteilung** *f* subdivision; **~arm** *m* forearm; **~ausschuss** *m* subcommittee; **~bau** *m* substructure (*a.* 🚂); foundation (*a. fig.*); *fig. a.* base, *bsd. wirtschaftlich*: infrastructure; **~bauch** *m* lower abdomen.

unterbauen *v/t.* **1.** ⚙ support (from below); (*unterlegen*) underlay; **2.** *fig.* (*Theorie etc.*) underpin, shore up.

unterbelegt *adj. Hotel etc.*: not full, not filled to capacity; *weitS.* half-empty; *Kurs etc.*: undersubscribed.

unter|belichten *v/t. phot.* underexpose; **~belichtet** *adj.* underexposed; F *fig.* **geistig ~** a bit dim, *iro.* not exactly bright.

U

unterbeschäftigt *adj.* underworked; **Unterbeschäftigung** *f* ⚕ underemployment.
unterbesetzt *adj.* understaffed.
Unterbett *n* underblanket.
unterbevölkert *adj.* underpopulated.
unterbewerten *v/t.* undervalue; (*unterschätzen*) underrate; **Unterbewertung** *f* undervaluation; underrating.
unterbewusst *adj.* subconscious; **Unterbewusstsein** *n* subconscious; ***im ~*** subconsciously.
unterbezahlen *v/t.* underpay; **unterbezahlt** *adj.* underpaid; **Unterbezahlung** *f* underpayment.
Unterbezirk *m* subdistrict.
unterbieten *v/t.* underbid; ⚕ (*Preis*) undercut; (*Konkurrenz*) undersell; (*Rekord*) beat; F *fig.* ***es ist kaum mehr zu ~*** it can hardly get any worse (than that).
unterbinden *v/t.* put a stop to; (*verhindern*) prevent; **Unterbindung** *f* stopping, ending; prevention.
unterbleiben *v/i.* (*nicht getan werden*) not to be done (*od.* undertaken); (*nicht geschehen*) not to take place; ***es hat zu ~*** a) it must stop, b) it mustn't be done, it mustn't happen.
Unterboden|schutz *m mot.* underseal, *Am.* undercoat; **~wäsche** *f* undercar wash.
unterbrechen *v/t.* interrupt; (*j-n beim Sprechen*) *a.* cut *s.o.* short; *teleph.* cut off; (*Spiel*) hold up; (*Schwangerschaft*) terminate; ⚖ (*Strafverhandlung*) adjourn; ⚡ interrupt; ***die Fahrt*** (*od.* ***Reise***) ***~*** break one's journey.
Unterbrecher *m* ⚡ interrupter, contact breaker; **~kontakt** *m* ⚡ make-and-break contact.
Unterbrechung *f* interruption; break; adjournment *etc.*; → ***unterbrechen***; ***ohne ~*** without stopping, nonstop; ***mit ~en*** (*periodisch*) intermittently; **Unterbrechungsbefehl** *m Computer*: break instruction, interrupt; **Unterbrechungstaste** *f Computer*: break key.
unterbreiten *v/t.* (*Angebot etc.*) submit (*dat.* to); (*Vorschlag*) *a.* put forward; **Unterbreitung** *f* submission (*gen.* of).
unterbringen *v/t.* (*beherbergen*) accommodate, put *s.o.* up; *in e-r Firma etc.*: get *s.o.* a job (***in, bei*** with); (*lagern*) store; (*Gepäck etc.*) put, *bei Platzmangel*: get (***in*** into); (*Interessenten finden für*) have *s.th.* accepted (***bei*** by); F *fig.* (*geistig einordnen*) place; ***j-n ~ in*** *e-m Krankenhaus, Heim etc.*: put s.o. into, *e-r Schule etc.*: put s.o. in, get s.o. into; ***in dem Asyl*** *etc.* ***kann man 100 Leute ~*** the home *etc.* accommodates a hundred (people); ***die Akten sind im Keller untergebracht*** the files are kept in the cellar; **Unterbringung** *f* (*Unterkunft*) accommodation; (*Vorgang*) housing; ***~ von*** *Dingen*: finding a place for, putting *s.th.* away; **Unterbringungsmöglichkeit(en** *pl.*) *f* accommodation.
unterbuttern F *v/t.*: ***lass dich nicht ~*** don't let them *etc.* get the better of you.
Unterdeck *n* ⚓ lower deck.
unterdessen *adv.* (*inzwischen*) in the meantime, meanwhile.
Unterdominante *f* ♪ subdominant.
Unterdruck *m phys.* subpressure; ⚕ low blood pressure.
unterdrücken *v/t.* (*Gefühl etc., a. Opposition, Freiheit, Aufstand etc.*) suppress; (*Fluch, Lachen, Seufzer etc.*) *a.* stifle; (*Volk etc.*) oppress; **Unterdrücker** *m* suppressor; oppressor.
Unterdruckkammer *f* decompression chamber.
Unterdrückung *f* suppression; oppression.
unterdurchschnittlich *adj.* below-average ..., *pred.* below average.
untere(r), unteres *adj.* → ***unter*** II.
untereinander *adv.* **1.** one below the other; **2.** among each other (*od.* themselves, yourselves *etc.*).
Untereinheit *f* subunit.
unterentwickelt *adj.* underdeveloped; *Kind, Land, Wirtschaft*: *a.* backward; *psych.* subnormal; **Unterentwicklung** *f* underdevelopment.
unterernährt *adj.* undernourished, malnourished; **Unterernährung** *f* malnutrition.
Unterfamilie *f zo.* subfamily.
unterfangen I. *obs. v/refl.*: ***sich ~ zu*** *inf.* dare (to) *inf.*, venture to *inf.*; **II.** *v/t.* ⚠ underpin; **III.** ♀ *n* venture, undertaking.
unterfassen *v/t.*: ***j-n ~*** take s.o.'s arm.
unterfliegen *v/t.* (*Radar etc.*) fly underneath (*od.* below).
unterfordern *v/t.* be too undemanding for; ***in dieser Stufe ist er unterfordert*** this level is too easy for him; ***sich unterfordert fühlen*** feel one is not being stretched (*od.* challenged).
Unterführung *f* (*Fußgänger*♀) subway, *bsd. Am.* pedestrian underpass; *für den Verkehr*: underpass.
Unterfunktion *f* ⚕ hypofunction, insufficiency.
Untergang *m* **1.** *der Sonne etc.*: setting; **2.** ⚓ sinking; **3.** *fig. allmählicher*: decline; *totaler*: downfall; *e-s Reichs etc.*: fall; *e-r Kultur etc.*: extinction; (*Ruin*) *a. iro.* ruin; *a.* F *fig.* ***das ist noch sein ~*** that'll be the ruin of him yet; **Untergangsstimmung** *f* doomsday atmosphere.
untergärig *adj.* bottom-fermented.
untergeben *adj.*: ***j-m ~ sein*** be subordinate to s.o.; **Untergebene(r)** *m* subordinate, inferior; *contp.* underling.
untergehakt *adv.*: ***~ gehen*** go arm in arm.
untergehen *v/i.* **1.** *Sonne etc.*: set; **2.** ⚓ go down (*od.* under), sink; **3.** *fig.* decline; *Reich etc.*: fall; *Kultur, Volk*: die out; *Person*: perish; (*nicht mehr zu unterscheiden sein*) be lost (***in*** in), *stärker*: be swallowed up (by), *Worte*: *a.* be drowned out (***im Lärm*** by the noise); ***davon geht die Welt nicht unter!*** it's not the end of the world(, you know).
untergeordnet *adj.* subordinate (*dat.* to); *fig. a.* ancillary (to); *Bedeutung*: secondary, *a. Rolle*: minor.
Unter|geschoss, *östr.* **~geschoß** *n* basement; **~gestell** *n* **1.** support; *mot.* underframe; **2.** F *fig.* (*Beine*) F pins *pl.*; (*Unterkörper*) F undercarriage; **~gewicht** *n* underweight; ***~ haben*** be underweight.
untergliedern *v/t.* subdivide (***in*** into); **Untergliederung** *f* subdivision.
untergraben *v/t.* **1.** undermine, hollow out; **2.** *fig.* (*Gesundheit, Stellung etc.*) undermine; (*Vertrauen etc.*) *a.* erode.
Untergrenze *f* lower limit.
Untergrund *m* subsoil; (*Fundament*) foundation; *beim Streichen*: ground (-ing), undercoat; *pol., Kunst etc.*: underground; *pol.* ***in den ~ gehen*** go underground; **~...** *in Zssgn* underground *film, literature etc.*; **~bahn** *f* underground, *in London*: *a. the* tube; *Am.* subway; **~bewegung** *f* underground movement.
untergründig *fig. adj.* under the surface, hidden.
Untergrundkämpfer *m* resistance fighter, guer(r)illa.
unterhalb I. *prp.* below, under (*gen. od.* ***von*** *s.th.*); **II.** *adv.* underneath.
Unterhalt *m* support, maintenance; (*Lebens*♀) livelihood, living; ***für j-s*** (***s-n***) ***~ aufkommen*** support s.o. (o.s.); ***s-n ~*** (***selbst***) ***verdienen*** earn one's (own) living (***durch*** by); ⚖ ***~ zahlen*** pay alimony; **unterhalten I.** *v/t.* **1.** (*Institution etc.*) maintain; (*Geschäft etc.*) keep up, keep *s.th.* going; (*Familie etc.*) support; (*Briefwechsel, Beziehungen*) keep up; (*Feuer*) keep *the fire* burning; (*Konto*) keep, have; **2.** (*j-n*) (*j-m die Zeit vertreiben*) entertain, (*belustigen*) *a.* amuse; **II.** *v/refl.*: ***sich ~*** **3.** talk (***mit j-m über et.*** to s.o. about s.th.); ***sich ungestört ~*** have a quiet chat; **4.** (*sich vergnügen*) enjoy o.s., have a good time; **unterhaltend** *adj.* → ***unterhaltsam***; **Unterhalter** *m*: ***ein guter ~ sein*** a) be very entertaining (*od.* amusing), b) be a good conversationalist; **unterhaltsam** *adj.* entertaining, (*lustig*) *a.* amusing.
Unterhalts|anspruch *m* maintenance claim; **~beihilfe** *f* maintenance grant; **♀berechtigt** *adj.* entitled to maintenance; **~klage** *f* maintenance action; **~kosten** *pl.* maintenance costs; **~pflicht** *f* obligation to pay maintenance; **♀pflichtig** *adj.* obliged to pay (*od.* liable to) maintenance; **~zahlung** *f* maintenance payment.
Unterhaltung *f* **1.** (*Vergnügen*) entertainment; (*Zerstreuung*) diversion; ***zu j-s ~*** for s.o.'s entertainment (*od.* amusement); **2.** (*Gespräch*) conversation, talk, chat; **3.** (*Pflege*) upkeep, maintenance.
Unterhaltungs|beilage *f* magazine (section); **~elektronik** *f* home entertainment products *pl.*, video and audio equipment; **~industrie** *f* entertainments industry; **~kosten** *pl.* maintenance costs; **~lektüre** *f*, **~literatur** *f* light reading (*od.* fiction); **~musik** *f* light (*od.* popular) music; **~orchester** *n* dance band; palm-court orchestra; **~programm** *n*, **~sendung** *f* (light) entertainment program(me); **~wert** *m* entertainment value.
unterhandeln *v/i.* negotiate; **Unterhändler** *m* negotiator; **Unterhandlung** *f* negotiations *pl.*, talks *pl.*
Unterhaus *n pol. in GB*: House of Commons; **~debatte** *f in GB*: House of Commons debate.
Unterhemd *n* vest, *Am.* undershirt.
unterhöhlen *v/t.* **1.** hollow out; **2.** *fig.* undermine, erode; **Unterhöhlung** *f* **1.** hollowing out; **2.** *fig.* undermining, erosion.
Unterholz *n* undergrowth.
Unterhose *f*: (***e-e*** ***~*** a pair of) underpants *pl.*; (*Damen*♀) pants *pl.*, *Am.* panties *pl.*; (***e-e***) ***lange ~*** (a pair of) longjohns.
unterirdisch *adj.* subterranean, underground (*beide a. fig.*).
unterjochen *v/t.* subjugate; **Unterjochung** *f* subjugation.
unterjubeln F *v/t.*: ***j-m et. ~*** (*zuschieben*) pin s.th. on s.o.; (*andrehen*) palm (*od.* fob) s.th. off on s.o.
unterkellern *v/t.* build a cellar under.
Unterkiefer *m* lower jaw.
Unterkleid *n* → ***Unterrock.***
unterkommen *v/i.* find a place (***in*** in);

U

engS. (*Unterkunft finden*) find accommodation (in); (*Arbeit finden*) find a job (**bei** with); **~ *bei e-r Firma*:** *a.* be taken on by; F ***so etwas ist mir noch nicht untergekommen*** I've never come across anything like it (*od.* the likes of it) before.

Unterkörper *m* lower part of the body.

unterkriechen F *v/i.* find shelter; hide (away).

unterkriegen F *v/t.* *nervlich etc.*: get *s.o.* down; (*bezwingen*) make *s.o.* knuckle under; ***lass dich nicht ~!*** don't let it get you down.

unterkühlen I. *v/t.* undercool; ⚙ *a.* supercool; **II.** *v/refl.*: ⚕ ***sich ~*** get hypothermia; **unterkühlt** *adj.* undercooled; *Person*: suffering from exposure (*od.* hypothermia); *fig. Beziehungen etc.*: very cool, *stärker*: frosty; (*Wesens*)*Art*, *Stil etc.*: cool, subdued; **Unterkühlung** *f* ⚕ exposure, *a. im Haus etc.*: hypothermia; ⚙ undercooling, supercooling.

Unterkunft *f* accommodation; ⚔ quarters *pl.*, billet; ***~ und Verpflegung*** board and lodging.

Unterlage *f* **1.** padding; ⚙ base, support; *für Kleinkinder*: waterproof sheet; *zum Schreiben*: something to write on; (*Schreibtisch*2) desk pad; *fig. finanziell etc.*: basis; F ***e-e gute ~*** *für den Alkohol*: something to soak up the alcohol, a good base, a good lining for your stomach; **2.** ***~n*** (*Akten*) (supporting) documents, records, material *sg.*

Unterland *n* lowland.

Unterlass *m*: ***ohne ~*** (*unaufhörlich*) incessantly; (*ununterbrochen*) without a letup.

unterlassen *v/t.* **1.** (*bleiben lassen*) refrain from (*ger.*); (*aufhören mit*) stop (*ger.*); (*Bemerkung*) leave unsaid, (*a. Witz*) drop; ***unterlass diese Bemerkungen, bitte*** *iro.* we can do without your comments, thank you; **2.** ***es ~ zu*** *inf.* omit (*od.* fail) to *inf.*, *schuldhaft*: neglect to *inf.*; **Unterlassung** *f* omission; neglect.

Unterlassungs|klage *f* action for injunction; **~sünde** *f mst iro.* lapse.

Unterlauf *m* lower course.

unterlaufen I. *v/t.* (*Hindernis etc.*) avoid, F dodge; **II.** *v/i.* *Fehler etc.*: (*a.* ***j-m ~***) creep in; ***mir ist ein Fehler ~*** I've made a mistake; ***es können einem leicht Fehler ~*** it's easy to make mistakes.

Unterleder *n* sole leather.

'unterlegen *v/t.* lay (*od.* put) under.

unter'legen I. *v/t.* **1.** underlay, line, back (**mit** with); **2.** ***mit Musik ~*** add music to; **II.** *adj.*: ***j-m ~ sein*** be inferior to s.o., not to be up to s.o.; ***die ~e Partei*** *etc.* the losing party *etc.*; **Unterlegene(r)** *m* loser, F underdog; **Unterlegenheit** *f* inferiority (**gegenüber** to).

Unterleib *m* abdomen, belly; *bei Frauen*: *a.* womb area.

Unterleibchen *östr., schweiz. n* vest, *Am.* undershirt.

Unterleibsschmerzen *pl.* abdominal pains; (*Menstruationsschmerzen*) period pains.

unterliegen *v/i.* **1.** be defeated *od.* beaten (*dat.* by), *Sport*: *a.* lose (to); (*e-r Versuchung, Krankheit etc.*) succumb (to); ***e-r Täuschung ~*** be deceived, be duped; **2.** (*Gesetzen, Bestimmungen etc.*) be subject to; (*Gebühren etc.*) be liable to; (*Prinzip, Regel, Trend etc.*) depend on, be governed by; ***Schwankungen ~*** be subject to fluctuation, fluctuate, vary; ***es unterliegt keinem Zweifel, dass*** there is no doubt that.

Unterlippe *f* lower lip.

untermalen *v/t.* **1.** (*grundieren*) prime; **2.** *fig.* (*e-n Hintergrund geben*) provide a background for, (*Farbe geben*) lend some colo(u)r to; ***~ mit*** (*begleiten mit*) accompany with, (*beleben mit*) liven up with, (*unterstreichen mit*) underscore with; ***et. musikalisch ~*** provide a musical accompaniment for s.th.; ***et. mit Geräuschen ~*** provide sound effects for s.th.; **Untermalung** *f* background; accompaniment.

untermauern *v/t.* underpin, shore up; *fig.* (*Theorie etc.*) *a.* substantiate, corroborate.

Untermenge *f* 𝔄 subset.

untermengen *v/t.* mix in(to **unter, in**), add (to).

Untermenü *n Computer*: cascading menu.

Untermiete *f* sublease; ***in ~ wohnen*** live in lodgings; **Untermieter(in** *f***)** *m* subtenant, lodger.

unterminieren *v/t. a. fig.* undermine; **Unterminierung** *f* undermining.

untermischen *v/t.* → ***untermengen***.

unternehmen *v/t.* do; (*durchführen*) undertake; ***e-n Ausflug ~*** go on (*od.* make) a trip; ***e-n Spaziergang ~*** go for a walk; ***e-n Versuch ~*** make (*od.* launch) an attempt; ***er unternahm nichts*** he did nothing; ***dagegen muss man etwas ~*** something has got to be done about it.

Unternehmen *n* **1.** (*Betrieb*) firm, (business) enterprise, business, concern, company; **2.** (*Vorhaben*) enterprise, undertaking; (*Projekt*) project; ⚔ operation.

Unternehmens|berater *m* management consultant; **~beratung** *f* management consultancy; **~forschung** *f* operations research.

Unternehmer *m* entrepreneur, (F big) businessman; F operator; (*Arbeitgeber*) employer; (*Industrieller*) industrialist; ***die ~*** *coll.* the business community; **~geist** *m* spirit of enterprise, entrepreneurial spirit; entrepreneurialism.

unternehmerisch *adj.* entrepreneurial, enterprise ...; ***~e Leistung*** (great) business achievement; ***~es Risiko*** business risk.

Unternehmertum *n* **1.** entrepreneurship; **2.** (*die Unternehmer*) *the* business community, *the* employers *pl.*; ***freies ~*** free enterprise.

Unternehmung *f* → ***Unternehmen.***

Unternehmungs|geist *m*, **~lust** *f* (spirit of) enterprise, initiative, F get-up-and-go.

unternehmungslustig *adj.* enterprising; *engS.* active.

Unteroffizier *m* non-commissioned officer, NCO; *Dienstgrad*: sergeant; ✈ corporal, *Am.* airman 1st class.

unterordnen I. *v/t.* subordinate (*dat.* to); **II.** *v/refl.*: ***sich ~*** submit (*dat.* to); → ***untergeordnet***; **Unterordnung** *f* **1.** subordination; **2.** *biol.* suborder.

Unterpfand *n* pledge.

unterpflügen *v/t.* plough (*Am.* plow) *s.th.* under (*a. fig.*).

Unterprima *obs. f* eighth form (*Am.* grade), *Brit. etwa* Lower Sixth.

unterprivilegiert *adj.* underprivileged; ***die*** 2***en*** the underprivileged *pl.*

Unterredung *f* talk; ***mit j-m e-e ~ führen*** have talks (*od.* a talk) with s.o.

unterrepräsentiert *adj.* under-represented.

Unterricht *m* instruction, teaching; (*Stunden*) lessons *pl.*; *Schule*: *a.* classes *pl.*; ***~ geben*** teach, give lessons; *Schule*: *a.* hold classes; **unterrichten I.** *v/t.* **1.** teach; ***j-n in et. ~*** teach s.o. s.th., give s.o. lessons on s.th.; **2.** (*informieren*) inform (**von, über** of); ***j-n laufend ~*** keep s.o. informed (*od.* posted); ***falsch ~*** misinform; **II.** *v/refl.*: ***sich ~ über*** inform o.s. about; acquaint o.s. with; ***unterrichtet sein*** be (well-)informed (**über** about); ***unterrichtete Kreise*** informed circles; **III.** *v/i.* teach; be a teacher.

Unterrichts|einheit *f* teaching unit; **~erfahrung** *f* teaching (*od.* classroom) experience; **~fach** *n* (teaching) subject; **~film** *m* educational film.

unterrichtsfrei *adj.*: ***~e Stunde*** free period; ***~er Tag*** day off school; ***morgen haben wir ~*** there are no classes (*od.* lessons) tomorrow.

Unterrichts|material *n* teaching materials *pl.*; **~methode** *f* teaching method; **~raum** *m* classroom; **~stoff** *m* → ***Lehrstoff***; **~stunde** *f* lesson; *Schule*: *a.* class, period; ***fünf ~n in Geschichte*** five class hours of history.

Unterrichtung *f* (*Unterweisung*) instruction; (*Informierung*) informing.

Unterrock *m* slip.

untersagen *v/t.* *amtlich*: prohibit; *gesetzlich*: outlaw; ***j-m ~, et. zu tun*** order s.o. not to do s.th., forbid s.o. to do s.th., *amtlich*: prohibit s.o. from doing s.th.; ***j-m das Autofahren*** *etc.* ***~*** order s.o. not to drive *etc.*; ***er hat es mir untersagt*** *a.* he won't let me (do it); ***das Betreten des Raumes ist strengstens untersagt*** it is strictly forbidden to enter the room.

Untersatz *m* mat; *für Gläser*: coaster; *für Blumentöpfe*: saucer; F ***fahrbarer ~*** F wheels.

Unterschall... *in Zssgn* subsonic.

unterschätzen *v/t.* underestimate, (*Fähigkeiten etc.*) *a.* underrate; **Unterschätzung** *f* underestimation; underrating.

unterscheidbar *adj.* distinguishable; **unterscheiden I.** *v/t. u. v/i.* distinguish (**zwischen** between); make a distinction (between); (*erkennen*) *aus e-r Menge, aus der Ferne etc.*: distinguish, make out; ***et. ~ von ...*** *a.* tell s.th. from ...; ***sie sind kaum zu ~*** you can hardly tell the difference; ***zwischen A und B ~ können*** be able to tell the difference (*od.* to distinguish) between A and B; ***das unterscheidet ihn von ...*** that sets him apart from ...; **II.** *v/refl.*: ***sich ~*** differ (**von** from; ***dadurch, dass*** in *ger.*); ***wie*** (*od.* ***worin***) ***unterscheidet sich A von B?*** what's the difference between A and B?, in what way(s) are A and B different (*od.* do A and B differ)?; ***A und B ~ sich nicht*** there's no difference between A and B; **unterscheidend** *adj.* distinctive, characteristic; **Unterscheidung** *f* differentiation; (*Unterschied*) difference, distinction.

Unterscheidungs|merkmal *n* distinguishing (*od.* distinctive) feature *od.* mark; **~vermögen** *n* powers *pl.* of discernment (*od.* distinction).

Unterschenkel *m* lower leg.

Unterschicht *f geol.* substratum; *der Bevölkerung*: lower class(es *pl.*).

'unterschieben *v/t.* **1.** (*a.* **unter'schieben**)**:** ***j-m et. ~*** (*in böser Absicht zuschieben*) foist s.th. on s.o.; (*unterstellen*) (falsely) attribute s.th. to s.o., (wrongly) accuse s.o. of (doing) s.th.; **2.** push *s.th.*

U

under(neath) (*dat. s.th., s.o.*); **Unter'schiebung** *f* (wrongful) accusation.

Unterschied *m* difference, distinction; ***e-n ~ machen*** make a distinction, distinguish, (*a. unterschiedlich behandeln*) discriminate (***zwischen*** between); ***ein feiner ~*** a fine (*od.* subtle) distinction, a subtle difference; ***die feinen ~e*** the subtle differences; ***ich sehe keinen ~*** I can't see any (*od.* the) difference; ***zum ~ von*** unlike *s.th. od. s.o.*, as distinct from, in contrast to; ***ohne ~*** indiscriminately, (*ausnahmslos*) without exception; ***das ist ein großer ~*** that makes a big difference; → ***Tag***; **unterschiedlich I.** *adj.* different; (*voneinander abweichend*) varying, varied; ***~ sein*** (*nicht einheitlich*) vary; ***mit ~em Erfolg*** with varying degrees of success; **II.** *adv.* (*verschieden, anders*) differently; (*uneinheitlich*) varyingly *tall, bright etc.*; ***~ groß*** (***gut***) of varying size (quality); ***~ groß*** (***gut***) ***sein*** *a.* vary in size (quality); ***~ reagieren*** vary in their reactions, have varying reactions; ***es wurde ganz ~ aufgenommen*** reactions (to it) varied greatly; ***wir beurteilen das ziemlich ~*** our views on that differ considerably; ***~ behandeln*** treat differently, *engS.* (*schlechter stellen*) discriminate against; **Unterschiedlichkeit** *f* (*Unterschied*) difference (*gen.* between); (*Uneinheitlichkeit*) variableness, varying nature (*gen.* of); **unterschiedslos I.** *adj.* indiscriminate; **II.** *adv.* indiscriminately, (*ausnahmslos*) *a.* without exception.

unterschlagen *v/t.* (*Geld*) embezzle; (*Brief*) intercept; (*Beweisstück, Testament*) suppress; *fig.* (*verheimlichen*) hold back, keep quiet about, suppress; **Unterschlagung** *f* embezzlement; suppression.

Unterschleif *obs. m* underhand practices, dishonesty.

Unterschlupf *m* (*Schlupfwinkel*) hiding place, F hideout; (*Obdach*) shelter, refuge; *weitS.* somewhere to go; **unterschlüpfen** *v/i.* take shelter; (*sich verstecken*) hide (away); ***~ in*** (*unterkommen*) find a place in.

unterschreiben I. *v/t.* sign; *fig.* subscribe to; **II.** *v/i.* sign (one's name).

unterschreiten *v/t.* remain under, fall short of; *a. Temperatur*: fall below.

Unterschrift *f* signature; ***mit*** (***s***)***einer ~ versehen*** give one's signature to, sign one's name on (*od.* under).

Unterschriften|aktion *f*: (***e-e ~ durchführen*** get up a) petition; **~mappe** *f* signature blotting-book; **~sammlung** *f* → ***Unterschriftenaktion.***

unterschriftsberechtigt *adj.* authorized to sign.

Unterschrifts|fälschung *f* forging of a signature (*od.* signatures); **~probe** *f* specimen signature; **2reif** *adj.* ready for signature; **~stempel** *m* signature stamp.

unterschwellig *adj.* underlying; *psych.* subliminal, sub-threshold.

Unterseeboot *n* submarine.

unterseeisch *adj.* submarine.

Unterseite *f* underside, bottom.

unter'setzen *v/t.* ⚙ reduce.

'untersetzen *v/t.* put (*od.* place) under (-neath); **Untersetzer** *m für Gläser etc.*: coaster; *für Blumentöpfe*: saucer.

untersetzt *adj. Person*: stocky, thickset.

Untersetzung *f* ⚙ (gear) reduction.

untersinken *v/i.* sink, go down, go under.

Unterspannung *f* ⚡ undervoltage.

unterspielen *v/i. u. v/t.* underact.

unterspülen *v/t.* (*Häuser etc.*) wash away the foundations of; (*Ufer etc.*) hollow out.

unterst *adj.* lowest, bottom; ***das 2e zuoberst kehren*** turn everything upside down.

Unterstand *m* shelter, ⚔ *a.* dugout.

unterste(r), unterste(s) *adj.* → ***unterst.***

unter'stehen I. *v/i.*: ***j-m*** (*od.* ***j-s Aufsicht***) ***~*** be under s.o., be answerable to s.o., ✝ *u. amtlich*: *a.* report to s.o.; ***e-m Gesetz ~*** be subject to a law; ***e-r Behörde*** *etc.* ***~*** come under an authority *etc.*; **II.** *v/refl.*: ***sich ~ zu*** *inf.* dare (to) *inf.*, have the audacity (*od.* nerve, cheek) to *inf.*; ***~ Sie sich!*** don't you dare!; ***was ~ Sie sich?*** how dare you?

'unterstehen *v/i.* shelter, take shelter.

'unterstellen I. *v/t.* **1.** *unter et.*: put (*od.* place) under(neath); **2.** (*unterbringen*) put (***in*** in[to]); (*dalassen*) leave (***bei*** at *s.o.'s place*); (*lagern*) store (at); **II.** *v/refl.*: ***sich ~*** *zum Schutz*: shelter, take shelter (***vor*** from).

unter'stellen *v/t.* **1.** ***j-m ~, dass ...*** allege (*od.* imply, insinuate) that s.o. ...; ***j-m e-e Lüge*** (***unlautere Motive*** *etc.*) ***~*** allege (*od.* imply) that s.o. has lied (has dishonest motives *etc.*); ***j-m böse Absichten ~*** impute bad intentions to s.o.; ***j-m et. ~*** allege that s.o. has done (*zeitneutral*: is capable of doing) s.th.; **2.** (*vorläufig annehmen*) suppose, assume; ***~ wir einmal*** let's assume (for the sake of argument); ***wenn man dies unterstellt*** granting that this is (*od.* was) so; **3.** ***j-m et.*** (***j-n***) ***~*** put s.o. in charge of s.th. (s.o.); ***j-m unterstellt werden*** be placed under s.o.('s command ⚔); **Unterstellung** *f* (*Behauptung*) allegation, insinuation.

unterstreichen *v/t.* underline, underscore; *fig.* (*betonen*) *a.* emphasize.

Unterströmung *f* undercurrent (*a. fig.*).

Unterstufe *f ped.* junior grades *pl.*

unterstützen *v/t.* support; (*Kandidaten etc.*) *a.* back up; (*helfen, a. Mittellose*) assist, aid (***bei*** in); (*fördern*) *a.* promote; (*Wirtschaft etc.*) support, bolster; (*Antrag, Plan, Projekt etc.*) support, give *s.th.* one's backing; **Unterstützung** *f* support; backing; (*Hilfe, a. finanzielle*) assistance, aid; (*finanzielle staatliche ~*) subsidy, (government) aid *od.* grant; ***zur ~*** *gen.* in support of; ***~ beziehen*** be on social security; **unterstützungsberechtigt** *adj.* entitled to relief; **Unterstützungskasse** *f* relief fund.

untersuchen *v/t.* examine (*a.* ⚕); (*inspizieren*) inspect; (*e-n Fall etc.*) inquire (*od.* look) into, investigate (*alle a.* ⚖ *u. wissenschaftlich*); ⚗ *u. weitS.* analy|se (*Am.* -ze); (*testen*) test (***auf*** for); **Untersuchung** *f* examination; ⚕ *a.* checkup; *e-s Sachverhalts*: inquiry (*gen.* into), investigation (of) (*beide a.* ⚖), (*Probe*) test; ⚗ *u. weitS.* analysis (of) ; (*Studie*) study (of); **~en** (*Forschung*) research; ***amtliche ~*** public inquiry.

Untersuchungs|ausschuss *m* investigating committee; **~befund** *m* ⚕ results *pl.* of the test, (test) findings *pl.*; **~bericht** *m* inquiry report; **~gefangene**(**r**) *m* prisoner on remand; **~gefängnis** *n* remand prison; **~haft** *f* custody, detention (pending trial), *Am.* pretrial detention; ***in ~ sein*** be on remand; **~kommission** *f* board (*od.* committee) of inquiry; **~richter** *m* examining magistrate.

Untertagebau *m* underground mining.

untertags *bsd. östr. adv.* during the day.

Untertan I. *m* subject; **II.** 2 *pred. adj.* subject (*dat.* to); ***j-n ~ machen*** subject s.o. (*dat.* to); **untertänig** *adj.* subservient (*dat.* to).

Untertasse *f* saucer; → ***fliegend.***

untertauchen I. *v/i.* **1.** dive; *U-Boot*: submerge; **2.** *fig.* disappear; *Verbrecher etc.*: go underground, go into hiding; **II.** *v/t.* (*j-n*) duck.

Unterteil *n, m* lower part, bottom, base.

unterteilen *v/t.* (*aufteilen*) divide (up) (***in*** into); (*gliedern*) subdivide (into); **Unterteilung** *f* division (***in*** into); (*Gliederung*) subdivision (into).

Untertitel *m* subtitle; *Film*: *a.* caption; **untertiteln** *v/t.* subtitle, give subtitles to.

Unterton *m* undertone (*a. fig.*).

untertourig *mot.* **I.** *adj.* low-rev ...; **II.** *adv.* at low rev.

untertreiben I. *v/t.* understate, play down; **II.** *v/i.* understate; **Untertreibung** *f* understatement.

untertunneln *v/t.* tunnel through.

untervermieten *v/t.* sublet; **Untervermieter** *m* subtenant; **Untervermietung** *f* subletting.

unterversichern *v/t.* underinsure; **unterversichert** *adj.* underinsured; **Unterversicherung** *f* underinsurance.

unterversorgt *adj.* undersupplied; **Unterversorgung** *f* undersupply(ing).

Unterverzeichnis *n Computer*: sub-directory.

unterwandern *v/t. pol.* infiltrate; **Unterwanderung** *f* infiltration.

Unterwäsche *f* **1.** underwear; **2.** F *mot.* undercar wash.

Unterwasser|archäologie *f* underwater (*od.* marine) arch(a)eology; **~forscher** *m* marine biologist, aquanaut; **~jagd** *f* subaqua (*od.* underwater) fishing; **~kamera** *f* underwater camera; **~massage** *f* underwater massage; **~station** *f* undersea habitat.

unterwegs *adv.* on the (*od.* one's) way; (*auf dem Weg, beim Transport etc.*) *a.* en route; *beruflich etc.*: away, *im Auto*: *a.* on the road; (*außer Haus*) out (and about); ***ich war gestern den ganzen Tag ~*** I was out and about (*gehetzt*: I was rushing around from one place to another) all day yesterday.

unterweisen *v/t.* instruct; **Unterweisung** *f* instruction.

Unterwelt *f* underworld (*a. fig.*).

unterwerfen I. *v/t.* (*Volk, Land etc.*) subject (***s-r Herrschaft*** to one's rule), subdue, subjugate; **II.** *v/refl.*: ***sich ~*** submit (*dat.* to); **Unterwerfung** *f* subjection, subjugation; submission; **unterworfen** *adj.*: ***e-r Sache ~ sein*** be subject to s.th.; ***Launen ~ sein*** *a.* be moody.

unterwürfig *adj.* subservient, obsequious; **Unterwürfigkeit** *f* subservience, obsequiousness.

unterzeichnen *v/t. u. v/i.* sign; **Unterzeichner** *m the* undersigned; *e-s Vertrags*: signatory; **Unterzeichnerstaat** *m* signatory state; **Unterzeichnete**(**r**) *m the* undersigned; **Unterzeichnung** *f* signing.

'unterziehen *v/t.* **1.** (*Kleider*) put on underneath; **2.** *gastr.* (*Eigelb, Creme etc.*) fold in; **3.** ⚠ (*Träger etc.*) put in (underneath).

unter'ziehen I. *v/refl.* **1.** ***sich*** *e-r Operation etc.* ***~*** undergo, have; ***sich*** *e-r Prüfung* ***~*** take; ***sich*** *e-m Training, e-r Arbeit etc.* ***~*** do; **2.** ***sich der Mühe ~ zu*** *inf.* take the trouble to *inf.*; **II.** *v/t.* (*e-r Kon-*

U

trolle, e-m Verhör etc.) put through, submit to; ***e-r Prüfung ~ a.*** test, examine; ***e-m Verhör ~ a.*** interrogate.

untief *adj.* shallow; **Untiefe** *f* (*seichte Stelle*) shallow, shoal; *lit.* (*große Tiefe*) abyss.

Untier *n* monster (*a. fig.*).

untragbar *adj.* intolerable; *Kosten, Preise*: prohibitive; **Untragbarkeit** *f* intolerability.

untrennbar *adj.* inseparable; **Untrennbarkeit** *f* inseparability.

untreu *adj.* unfaithful, disloyal (*dat.* to); ***~ werden*** *dat.* be unfaithful to, *fig.* break faith with, (*s-n Grundsätzen, e-r Politik etc.*) abandon, give up; **Untreue** *f* unfaithfulness, disloyalty; *bsd. eheliche*: infidelity (*alle* ***gegenüber*** to[wards]).

untrinkbar *adj.* undrinkable.

untröstlich *adj.* inconsolable, disconsolate; *weitS. a.* deeply sorry; ***ich bin ~!*** *über m-n Fehler etc.*: how can I ever forgive myself.

untrüglich *adj. Anzeichen, Symptom etc.*: unmistakable, *stärker*: sure ...; ***~es Gefühl für et.*** unerring instinct for s.th.

untüchtig *adj.* incapable, incompetent; **Untüchtigkeit** *f* incompetence.

Untugend *f* bad habit; (*Laster*) vice.

untypisch *adj.* atypical (**für** of), out of character (for).

unübel F *adj.*: ***gar nicht so ~*** not so bad, not bad at all.

unüberbietbar *adj.* unparalleled, F hard to beat.

unüberbrückbar *fig. adj. Kluft etc.*: unbridgeable; *Gegensätze*: irreconcilable, insurmountable.

unüberhörbar *adj.* distinct, *pred. a.* loud and clear (*a. adv.*); ***es war ~ a.*** you couldn't miss it.

unüberlegt I. *adj.* ill-considered; (*übereilt*) rash; **II.** *adv. handeln etc.*: without thinking (*od.* considering); **Unüberlegtheit** *f* rashness; *konkret*: rash act (*od.* action).

unüberschaubar *adj.* → ***unübersehbar*** 1, 2.

unübersehbar *adj.* **1.** immense, vast; **2.** *Folgen etc.*: incalculable; **3.** *Fehler etc.*: glaring ...

unübersichtlich *adj.* **1.** ***~e Kurve*** blind corner; ***die Kreuzung*** *etc.* ***ist ~*** it's difficult (*od.* impossible) to see what's going on at that crossing *etc.*; **2.** *fig.* (*unklar*) unclear; (*verworren*) confusing; **Unübersichtlichkeit** *f* (*Unklarheit*) confusingness, confusion.

unübertrefflich *adj.* unsurpassable, matchless; **unübertroffen** *adj.* unsurpassed, unmatched.

unüberwindlich *adj.* invincible; *Schwierigkeit*: insurmountable, insuperable; **Unüberwindlichkeit** *f* invincibility; insurmountability, insuperability.

unüblich *adj.* unusual, not usual; ***es ist ~ zu*** *inf. a.* you don't usually ...

unumgänglich *adj.* unavoidable; (*unausweichlich*) inevitable; (*notwendig*) indispensable, *a. zu tun etc.*: absolutely essential, imperative; **Unumgänglichkeit** *f* unavoidability, inevitability; indispensability, indispensable nature (*gen.* of).

unumschränkt *adj.* unlimited; *pol.* absolute *powers etc.*; **Unumschränktheit** *f* unlimitedness; absolute nature (*gen.* of).

unumstößlich *adj. Tatsache etc.*: irrefutable, incontrovertible; *Entscheidung etc.*: irrevocable; **Unumstößlichkeit** *f* irrefutability, irrefutable nature (*gen.* of), incontrovertibility; irrevocability, irrevocable nature (*gen.* of).

unumstritten *adj.* undisputed.

unumwunden I. *adj.* (*offen*) open *avowal, acknowledg(e)ment etc.*; (*ehrlich*) frank *manner etc.*; **II.** *adv.* point-blank, straight out.

ununterbrochen I. *adj.* uninterrupted, *Linie, Reihe etc.*: *a.* unbroken; (*ständig*) continuous; (*unaufhörlich*) incessant; **II.** *adv.* uninterruptedly; continuously; incessantly; ***er hat ~ geschrien*** *etc. a.* he wouldn't stop screaming *etc.*

unveränderlich *adj.* unchanging, *a. ling.* invariable; (*beständig*) constant, stable; **Unveränderlichkeit** *f* unchangingness; stability; **unverändert** *adj.* unchanged, *pred. a.* (just) as it was.

unverantwortlich *adj.* irresponsible; **Unverantwortlichkeit** *f* irresponsibility (*a. konkret*).

unverarbeitet *adj.* **1.** ⚙ unfinished, unprocessed; **2.** *fig.* undigested.

unveräußerlich *adj.* inalienable; **Unveräußerlichkeit** *f* inalienability.

unverbesserlich *adj.* incorrigible, inveterate ..., F hopeless; ***~er Trinker*** *etc.* hardened drinker *etc.*; **Unverbesserlichkeit** *f* incorrigibility.

unverbildet *adj.* unspoilt, uncorrupted.

unverbindlich I. *adj.* **1.** *Angebot etc.*: non-binding, without obligation; *Auskunft etc.*: without guarantee (as to correctness); *Stellungnahme etc.*: non-committal; **2.** *Person*: (very) non-committal; (*reserviert*) detached; (*kurz angebunden*) curt; **II.** *adv.* ✝ without obligation; *sich äußern etc.*: in a non-committal way; *Auskunft geben etc.*: without guarantee; **Unverbindlichkeit** *f* **1.** ✝ freedom from obligation; **2.** *e-r Person*: non-committal (*od.* detached) manner; curtness.

unverbleit *adj.* unleaded, lead-free.

unverblümt I. *adj. Meinung etc.*: undisguised; *Art*: outspoken, blunt, forthright; **II.** *adv.* bluntly, openly; **Unverblümtheit** *f* bluntness (***s-r Redeweise*** with which he speaks).

unverbraucht *adj.* unused; *Lebenskraft*: unspent; (*frisch*) fresh; *Mensch*: full of energy, *a. Geist etc.*: full of vigo(u)r.

unverbrüchlich I. *adj.* unswerving, steadfast; **II.** *adv.*: ***~ festhalten an, ~ stehen zu*** keep unswervingly to *one's principles etc.*; stand unswervingly by *one's promise etc.*; **Unverbrüchlichkeit** *f* unswervingness, steadfastness.

unverbürgt *adj.* unconfirmed.

unverdächtig *adj.* **1.** unsuspicious; **2.** (*nicht unter Verdacht*) unsuspected.

unverdaulich *adj.* indigestible (*a. fig.*); **Unverdaulichkeit** *f* indigestibility (*a. fig.*); **unverdaut** *adj.* undigested (*a. fig.*).

unverderblich *adj. Ware*: non-perishable.

unverdient *adj.* undeserved; **unverdientermaßen** *adv.* undeservedly.

unverdorben *adj.* unspoilt, *fig. a.* uncorrupted; **Unverdorbenheit** *f* unspoilt quality *od.* nature (*gen.* of).

unverdrossen I. *adj.* untiring, indefatigable, unflagging; **II.** *adv.* untiringly, indefatigably, unflaggingly; ***~ weitermachen*** (*unverzagt*) continue undaunted; **Unverdrossenheit** *f* indefatigability.

unverdünnt *adj.* undiluted; *Whisky etc.*: neat, *a. Am.* straight.

unvereinbar *adj.* incompatible; *Gegensätze*: irreconcilable; **Unvereinbarkeit** *f* incompatibility; irreconcilability, irreconcilable nature (*gen.* of).

unverfälscht *adj.* unadulterated, pure; *fig. a.* genuine; **Unverfälschtheit** *f* unadulterated quality (*gen.* of), pureness; genuineness.

unverfänglich *adj.* harmless, innocuous; **Unverfänglichkeit** *f* harmlessness, innocuousness.

unverfroren *adj.* unabashed, *stärker*: shameless, brazen; **Unverfrorenheit** *f* brazenness; *a. konkret*: insolence.

unvergänglich *adj.* immortal; *Erinnerung, Ruhm*: undying, everlasting, unfading; **Unvergänglichkeit** *f* immortality; everlastingness.

unvergessen *adj.* unforgotten; **unvergesslich** *adj.* unforgettable; ***das wird mir ~ bleiben*** I shall never forget it.

unvergleichlich *adj.* incomparable; (*unübertroffen*) *a.* unrival(l)ed.

unvergoren *adj.* unfermented.

unverhältnismäßig *adv.* disproportionately; (*unmäßig*) excessively, unreasonably.

unverheiratet *adj.* unmarried, single.

unverhofft I. *adj.* (*unerwartet*) unexpected; ***~ kommt oft*** life is full of surprises; **II.** *adv.* unexpectedly; ***es kam ganz ~ a.*** I just wasn't expecting it.

unverhohlen I. *adj.* undisguised, open; **II.** *adv.* openly; ***et. ~ zeigen*** *a.* make no secret of s.th.

unverhüllt *adj.* unveiled; (*bloß*) bare; *fig.* undisguised.

unverkäuflich *adj.* **1.** not for sale; ***~es Muster*** free sample, *Aufschrift*: sample not for sale; **2.** (*nicht absetzbar*) unsal(e)able.

unverkennbar I. *adj.* unmistakable; ***es ist ~, dass*** it's quite obvious that; **II.** *adv.* unmistakably; ***es ist ~ s-e Handschrift*** it's his handwriting all right (*Am.* alright).

unverlangt *adj.* unsolicited (*a. adv.* ***~ eingesandt*)**, not asked for.

unverlässlich *adj.* unreliable; **Unverlässlichkeit** *f* unreliability.

unverletzbar, unverletzlich *adj.* inviolable; **Unverletzbarkeit** *f*, **Unverletzlichkeit** *f* inviolability; **unverletzt I.** *adj.* unhurt; safe (and sound); **II.** *adv.* ***~ davonkommen*** walk away unhurt.

unvermeidbar *adj.* unavoidable; **Unvermeidbarkeit** *f* unavoidability; **unvermeidlich I.** *adj.* inevitable (*a.* F *fig. nicht wegzudenken, obligatorisch*); (*unvermeidbar*) unavoidable; (*zwangsläufig*) inevitable (*a. iro.*); ***sich ins ≈e fügen*** bow to the inevitable; **II.** *adv. a.* without fail; **Unvermeidlichkeit** *f* inevitability; unavoidability.

unvermindert *adj. u. adv.* undiminished.

unvermischt *adj.* unmixed, unblended.

unvermittelt I. *adj.* abrupt, sudden; **II.** *adv.*: (***völlig ~*** quite) suddenly *od.* abruptly; *geschehen etc.*: *a.* without (any) warning; ***es kam so ~*** there was absolutely no warning.

Unvermögen *n* inability, incapacity.

unvermögend *adj.* (*arm*) impecunious, without means; ***nicht ~*** fairly well-off.

unvermutet *adj.* (*u. adv.*) unexpected(ly).

Unvernunft *f* unreasonableness; (*Torheit*) folly, stupidity; **unvernünftig** *adj.* unreasonable; (*töricht*) foolish.

unveröffentlicht *adj.* unpublished.

unverpackt *adj.* (*lose*) unpacked, unpackaged; (*nicht eingewickelt*) unwrapped.

U

unverrichtet *adj.*: ***~er Dinge weggehen*** (***zurückkommen***) go away (come back) without having achieved anything.
unverrückbar *adj.* unshak(e)able.
unverschämt I. *adj.* impertinent, insolent, impudent; *Lüge*: barefaced ...; F *Preis*, *Forderung*: outrageous; F (***ein***) ***~es Glück haben*** F be damned lucky; **II.** *adv.*: ***~ lügen*** lie shamelessly; F ***~ teuer*** *etc.* outrageously expensive *etc.*; F ***er sieht ~ gut aus*** he's outrageously (F damned) good-looking; **Unverschämtheit** *f* impertinence, insolence, impudence; ***die ~ haben zu*** *inf.* have the nerve (*od.* cheek) to *inf.*
unverschlossen *adj.* **1.** *Brief*: unsealed; **2.** (*unabgeschlossen*) unlocked.
unverschuldet *adj.*: ***~ in Geldnot geraten*** *etc.* run into financial difficulties *etc.* through no fault of one's own; ***ein ~er Unfall*** an accident for which one is not responsible; **unverschuldetermaßen, unverschuldeterweise** *adv.* through no fault of one's own.
unversehens *adv.* unexpectedly, all of a sudden, suddenly.
unversehrt *adj.* unhurt, unscathed; *Sache*: intact.
unversöhnlich *adj.* irreconcilable (*a. Gegensätze*); **Unversöhnlichkeit** *f* irreconcilability.
unversorgt *adj. finanziell*: unprovided for; *wirtschaftlich: area, people etc.* lacking in supplies.
Unverstand *m* (*Unwissenheit*) ignorance; (*Dummheit*) foolishness; **unverstanden** *adj.* misunderstood, not understood; **unverständig** *adj.* (*unwissend*) ignorant; *Kind*: too young to know; (*dumm*) stupid, foolish.
unverständlich *adj.* (*undeutlich*) unintelligible; (*gedanklich ~*) incomprehensible (*a. Verhalten etc.*); *Grund*: obscure; ***das ist mir völlig ~*** (*ich kann es nicht nachvollziehen*) I just can't understand it, (*es ist mir zu hoch*) it's beyond me (completely), (*ich kann nichts damit anfangen*) I can't make head or tail of it; **Unverständlichkeit** *f* unintelligibility; incomprehensibility.
Unverständnis *n* lack of understanding; *für Kunst etc.*: lack of appreciation; ***auf ~ stoßen*** find no sympathy.
unverstellt *adj.* undisguised; (*echt*) genuine.
unversteuert *adj.* untaxed.
unversucht *adj.*: ***nichts ~ lassen*** try everything (***um zu*** *inf.* to *inf.*), leave no stone unturned (in one's attempt to *inf.*).
unverträglich *adj.* **1.** *Speise*: indigestible; **2.** (*zänkisch*) quarrelsome; **3.** (*unvereinbar*) incompatible (*a.* ⚕); **Unverträglichkeit** *f* **1.** indigestibility; **2.** quarrelsomeness; **3.** incompatibility.
unvertretbar *adj. Ansichten etc.*: unacceptable.
unverwandt I. *adj. Blick*: fixed; **II.** *adv.* fixedly; ***j-n ~ ansehen*** fix one's gaze on s.o.; ***er sah sie ~ an*** *a.* he wouldn't take his eyes off her.
unverwechselbar *adj.* unmistakable.
unverwehrt *adj.*: ***es bleibt ihr*** (***völlig***) ***~ zu*** *inf.* she is (completely) at liberty to *inf.*
unverwertbar *adj.* unusable; **Unverwertbarkeit** *f* unusability.
unverwundbar *adj.* invulnerable; **Unverwundbarkeit** *f* invulnerability.
unverwüstlich *adj.* indestructible (*a. fig. Person etc.*); *fig. Humor etc.*: inexhaustible; *fig.* ***sie ist ~*** *a.* she keeps bouncing back, you can't get her down; **Unverwüstlichkeit** *f* indestructibility; inexhaustibility.
unverzagt *adj. u. adv.* undaunted; **Unverzagtheit** *f* undauntedness; *stärker*: intrepidity.
unverzeihlich *adj.* inexcusable; unforgivable; ***es ist ~*** *a.* there's no excuse for it.
unverzichtbar *adj.* indispensable, (absolutely) essential; *Recht*: inalienable; **Unverzichtbarkeit** *f* indispensability; inalienability.
unverzinslich *adj.* non-interest-bearing; ***~es Darlehen*** interest-free loan.
unverzollt *adj. Aufschrift*: duty unpaid; ***~e Waren*** uncleared goods.
unverzüglich I. *adj.* immediate, prompt; **II.** *adv.* immediately, straightaway, without delay.
unvollendet *adj.* unfinished.
unvollkommen *adj.* imperfect; **Unvollkommenheit** *f* imperfection (*a. konkret*).
unvollständig *adj.* incomplete; **Unvollständigkeit** *f* incompleteness.
unvorbereitet *adj.* unprepared; *Rede*: impromptu *speech*; ***~ reden*** ad-lib; ***~ in e-e Prüfung gehen*** take (*od.* do) an exam without any preparation; ***es traf ihn ~*** it came as a complete surprise (*od.* shock) to him, it took him unawares.
unvoreingenommen *adj.* unbias(s)ed, unprejudiced; objective; **Unvoreingenommenheit** *f* impartiality, lack of (*od.* freedom from) prejudice; objectivity.
unvorhergesehen I. *adj.* (*vorher nicht abzusehen*) unforeseen; (*unerwartet*) unexpected; **II.** *adv.* unexpectedly; ***~ Besuch bekommen*** have unexpected visitors (*od.* an unexpected visitor); **unvorhersehbar** *adj.* unforeseeable.
unvorschriftsmäßig *adj.* improper; *Verhalten etc.*: contrary to the regulations.
unvorsichtig *adj.* (*u. adv.*) careless(ly); (*unklug*) imprudent(ly); (*übereilt*) rash(ly); **unvorsichtigerweise** *adv.* carelessly; ***er hat es ~ liegen lassen*** *a.* he was careless enough to leave it behind; **Unvorsichtigkeit** *f* carelessness; imprudence; rashness.
unvorstellbar *adj.* unimaginable; unthinkable; (*unglaublich*) incredible.
unvorteilhaft I. *adj.* **1.** *Kleid, Frisur etc.*: unbecoming, unflattering; ***für j-n ~ sein*** not to suit s.o.; ***~ aussehen*** look unattractive; **2.** ***~er Kauf*** bad buy; ***~es Geschäft*** bad deal; **II.** *adv.*: ***sich ~ kleiden*** wear the wrong clothes (for one's figure *etc.*); ***sich ~ auswirken*** prove disadvantageous (***für*** for), ***für j-n***: *a.* prove to be to s.o.'s disadvantage.
unwägbar *adj.* imponderable; (*nicht kalkulierbar*) incalculable; **Unwägbarkeit** *f* imponderability (*a. konkret*); incalculability.
unwahr *adj.* untrue, false; **Unwahrheit** *f* untruthfulness; *konkret*: untruth, falsehood.
unwahrscheinlich I. *adj.* unlikely, improbable; F *fig. Glück etc.*: incredible; **II.** F *adv.*: ***~ gut*** *etc.* F incredibly good *etc.*; **Unwahrscheinlichkeit** *f* unlikelihood, improbability.
unwandelbar *adj.* unchanging, constant; *Liebe etc.*: steadfast; **Unwandelbarkeit** *f* unchangingness, constancy; steadfastness.
unwegsam *adj. Gelände etc.*: difficult, rough *terrain*; *Gebirge, Urwald etc.*: virtually impassable; **Unwegsamkeit** *f* roughness; impassability.
unweiblich *adj.* unfeminine.
unweigerlich I. *adj.* inevitable; **II.** *adv.* without fail, inevitably; ***es führte ~ zu e-r Zinserhöhung*** it led to an inevitable rise in interest rates.
unweit *prp.* not far from (*gen. a place etc.*).
Unwesen *n* dreadful state of affairs; ***sein ~ treiben*** be up to no good, be on the rampage, ***in***: wreak havoc in, terrorize.
unwesentlich I. *adj.* inessential (***für*** to); *weitS.* (*nebensächlich*) marginal (to); (*unwichtig*) unimportant (for, to), insignificant (to); (*irrelevant*) irrelevant, immaterial (to); (*kaum bemerkbar*) negligible; **II.** *adv.* (*wenig*) slightly, marginally; (*kaum*) negligibly.
Unwetter *n* (thunder)storm; **~schaden** *m a. pl.* storm damage.
unwichtig *adj.* not important, insignificant; (*irrelevant*) irrelevant; **Unwichtigkeit** *f* **1.** unimportance, insignificance; irrelevance; **2.** *konkret*: triviality, unimportant matter.
unwiderlegbar *adj.* irrefutable, incontrovertible; **Unwiderlegbarkeit** *f* irrefutability, incontrovertibility.
unwiderruflich I. *adj.* irrevocable (*a.* ✝); **II.** *adv.* irrevocably; (*ganz bestimmt*) definitely, positively; ***es steht ~ fest, dass*** it's absolutely definite (*od.* certain) that; **Unwiderruflichkeit** *f* irrevocability.
unwidersprochen *adj.*: ***~ bleiben*** stand uncontradicted; ***et. ~ hinnehmen*** take s.th. without contradiction (*od.* without a word of protest).
unwiderstehlich *adj.* irresistible; (*bezwingend*) compelling; ***~es Verlangen nach Schokolade*** *etc.* irresistible (*od.* overpowering) urge to eat chocolate *etc.*, overpowering desire for chocolate *etc.*; **Unwiderstehlichkeit** *f* irresistibility.
unwiederbringlich I. *adj.* irretrievable; **II.** *adv.*: ***~ dahin*** irretrievably lost, lost (*od.* gone) forever; **Unwiederbringlichkeit** *f* irretrievability.
Unwille *m* displeasure, *stärker*: anger; **unwillentlich** *adv.* unintentionally; **unwillig** *adj.* (*u. adv.*) (*ungehalten*) indignant(ly) (***über*** at); (*widerstrebend*) unwilling(ly), reluctant(ly).
unwillkommen *adj.* unwelcome.
unwillkürlich I. *adj. Bewegung, Gedanke etc.*: involuntary; (*instinktiv*) instinctive; (*mechanisch*) automatic; **II.** *adv.* involuntarily; instinctively; automatically; *lachen müssen etc.*: in spite of oneself; ***~ musste ich an ihn denken*** *etc.* I couldn't help thinking of him *etc.*
unwirklich *adj.* unreal; **Unwirklichkeit** *f* unreality.
unwirksam *adj.* ineffective; ⚖ a) inoperative, b) (*null und nichtig*) null and void; **Unwirksamkeit** *f* ineffectiveness; ⚖ inoperativeness.
unwirsch *adj.* gruff.
unwirtlich *adj.* inhospitable; **Unwirtlichkeit** *f* inhospitableness.
unwirtschaftlich *adj.* uneconomical; (*unrentabel*) unviable; (*unrationell*) inefficient; **Unwirtschaftlichkeit** *f* uneconomicalness; inefficiency; unviability.
unwissend *adj.* ignorant; *Kind*: too young to know; **Unwissenheit** *f*: (***aus ~*** out of) ignorance.
unwissenschaftlich *adj. Methode, Zeitalter etc.*: unscientific; *Ansatz, Argumen-*

tation etc.: unscholarly; **Unwissenschaftlichkeit** *f* unscientific (*od.* unscholarly) nature *od.* character *etc.* (*gen.* of).

unwissentlich *adv.* unknowingly, *lit.* unwittingly.

unwohl *adj.* **1.** unwell; ***mir ist ~*** I don't feel well; **2.** (*unbehaglich*) uneasy; ***dabei wird mir ganz ~*** it gives me a very uneasy feeling; **Unwohlsein** *n* indisposition; (*Übelkeit*) feeling of sickness, nausea.

unwohnlich *adj.* (*ungemütlich*) uncomfortable; (*nicht anheimelnd*) unhomely, cheerless; **Unwohnlichkeit** *f* uncomfortableness; unhomeliness, cheerlessness.

unwürdig *adj.* unworthy (*gen.* of); (*würdelos*) undignified; (*schändlich*) disgraceful; (*entwürdigend*) degrading; ***das ist seiner ~*** that is beneath him; **Unwürdigkeit** *f* unworthiness; lack of dignity, undignified manner.

Unzahl *f*: ***e-e ~ von*** a host of, an enormous number of, innumerable, F no end of; **unzählbar** *adj.*, **unzählig** *adj.* innumerable, countless, numberless; ***~e*** *a.* scores of.

unzart *adj.* indelicate; (*grob*) rough.

Unze *f* ounce (*abbr.* oz.).

Unzeit *f*: ***zur ~*** at an inopportune time; **unzeitgemäß** *adj.* (*altmodisch*) old-fashioned, dated, behind the times; (*unpassend*) unseasonable, inopportune.

unzerbrechlich *adj.* unbreakable; **Unzerbrechlichkeit** *f* unbreakability.

unzerreißbar *adj.* untearable, non-tear (-ing); **Unzerreißbarkeit** *f* untearable (*od.* non-tearing) quality (*gen.* of).

unzerstörbar *adj.* indestructible; **Unzerstörbarkeit** *f* indestructibility.

unzertrennlich *adj.* inseparable; **Unzertrennlichkeit** *f* inseparability.

unzivilisiert *adj.* uncivilized; **Unzivilisiertheit** *f* uncivilized nature (*od.* state) (*gen.* of); lack of civilization (among).

Unzucht *f* ⚖ sexual offen|ce (*Am.* -se), (act of) indecency; ***~ treiben*** fornicate; **unzüchtig** *adj.* lewd, lascivious; obscene *gesture, word etc.*

unzufrieden *adj.* dissatisfied, *bsd. dauernd*: discontented; **Unzufriedenheit** *f* dissatisfaction, discontentment.

unzugänglich *adj.* inaccessible (*a.* ⚙), unapproachable; *fig.* ***~ für*** impervious to, deaf to; **Unzugänglichkeit** *f* inaccessibility, unapproachability; *fig.* imperviousness (***für*** to).

unzulänglich *adj.* inadequate; (*mangelhaft, ungenügend*) deficient, insufficient; **Unzulänglichkeit** *f* inadequacy; deficiency; (*Schwäche*) shortcoming, failing.

unzulässig *adj.* inadmissible; ⚖ *Beeinflussung*: undue; **Unzulässigkeit** *f* inadmissibility.

unzumutbar *adj.* unreasonable, too much to expect (*od.* ask [for]); unacceptable; ***das ist für ihn ~*** you can't expect him to put up with (*od.* accept, do *etc.*) that; **Unzumutbarkeit** *f* unreasonableness; (*Zumutung*) unreasonable demand; ***das ist e-e ~*** *a.* that's asking (*od.* expecting) too much.

unzurechnungsfähig *adj.* ⚖ non compos mentis, of unsound mind, *Am. a.* incompetent; **Unzurechnungsfähigkeit** *f* legal (*od.* mental) incapacity, *Am.* incompetence.

unzureichend *adj.* insufficient.

unzusammenhängend *adj.* disconnected, disjointed; *Rede etc.*: incoherent.

unzuständig *adj.* not responsible (***für*** for); ⚖ ***~ sein*** have no jurisdiction (***für*** over).

unzustellbar *adj. Post*: undelivered; ***falls ~, bitte zurück an Absender*** if undelivered, please return to sender.

unzuträglich *adj.* detrimental (*dat.* to); **Unzuträglichkeit** *f* detrimental nature *od.* effect(s *pl.*) (*gen.* of).

unzutreffend *adj.* incorrect; (*unbegründet*) unfounded; (*nicht anwendbar*) inapplicable; ***≈es bitte streichen!*** delete where inapplicable.

unzuverlässig *adj.* unreliable; (*nicht vertrauenswürdig*) untrustworthy; **Unzuverlässigkeit** *f* unreliability; untrustworthiness.

unzweckmäßig *adj.* (*unangebracht*) inexpedient; (*ungeeignet*) unsuitable; **Unzweckmäßigkeit** *f* inexpediency; unsuitability.

unzweideutig I. *adj.* unequivocal, unambiguous; explicit, plain, clear; **II.** *adv.*: ***~ zu verstehen geben, dass*** make it quite clear (*od.* plain) that; **Unzweideutigkeit** *f* unambiguousness; explicitness.

unzweifelhaft I. *adj.* unquestionable, indubitable; **II.** *adv.* doubtless, without (a) doubt, undoubtedly.

Update *n Software*: update.

Upgrade *n Hard-, Software*: upgrade.

üppig I. *adj. Vegetation, Pflanzenwuchs etc.*: luxuriant; *Wiese, Laub, a. fig. Leben*: lush; *Mahlzeit etc.*: sumptuous, opulent; *Speise, Nahrung*: rich; F *Figur, Formen etc.*: full, (*sinnlich*) voluptuous; F (*reichlich*) *Trinkgeld, Portion etc.*: good, F big fat ...; ***~er Haarwuchs*** (***Bartwuchs***) thick hair (growth of beard); F ***e-e*** (***ziemlich***) ***~e Angelegenheit*** (*Fest etc.*) quite an affair; F ***nicht gerade ~*** F not overwhelming(ly much); **II.** *adv. wachsen etc.*: luxuriantly; ***~ speisen*** have a sumptuous meal; ***~ essen*** eat rich foods; F ***j-n ~ beschenken*** shower s.o. with presents; ***~ leben*** live a life of luxury, live off the fat of the land; **Üppigkeit** *f* luxuriance; thick growth; lushness; sumptuousness, opulence; richness; voluptuousness; → ***üppig.***

upsizen *v/t. Computer*: upsize.

Ur..., ur... *in Zssgn* (*ursprünglich*) original; primeval; (*erst*) first; *intensivierend*: extremely.

Urabstimmung *f* strike ballot, secret ballot (on strike action).

Urahn(e) *m* (earliest) ancestor; *pl. a.* forefathers.

uralt *adj.* ancient, F (as) old as the hills; age-old *problem*; ***seit ~en Zeiten*** from (*od.* since) time immemorial; ***aus ~en Zeiten*** from long, long ago, F from way back when.

Uran *n* ⚗ uranium; ***~anreicherungsanlage*** *f* uranium enrichment plant; ***~brenner*** *m* uranium pile; ***~erz*** *n* uranium ore.

Uranfang *m* very first beginnings *pl.*; origins *pl.*; **uranfänglich** *adj.* primeval, primordial.

Urangst *f psych.* primordial fear.

uranhaltig *adj.* uranium-bearing.

Uran|mine *f* uranium mine; ***~vorkommen*** *n* uranium deposit.

uraufführen *v/t.* premiere; *die Oper etc.* ***wurde 1924 uraufgeführt*** was first performed in 1924; **Uraufführung** *f* first performance, *a. Film*: premiere.

Urausgabe *f* first (*od.* original) edition.

urban *adj.* urbane; **Urbanisation** *f* urbanization; **urbanisieren** *v/t.* urbanize; **Urbanistik** *f* town planning (and urban development); **Urbanität** *f* urbanity, urbaneness.

urbar *adj.*: ***~ machen*** cultivate; (*Urwald etc.*) clear; (*Wüste etc.*) reclaim; **Urbarmachung** *f* cultivation; clearing; reclamation.

Urbedeutung *f* original meaning.

Urbeginn *m* very first beginnings *pl.*; ***von ~ an*** from the very beginning.

Urbevölkerung *f* (ab)original population (*od.* inhabitants *pl.*).

Urbild *n* model, prototype.

Urchristentum *n*: ***das ~*** early Christianity.

urdeutsch *adj.* German to the core, F as German as you can get.

ureigen *adj.*: ***~es Interesse*** vested interest; ***in Ihrem ~sten Interesse*** in your own best interest(s); ***das ist m-e ~ste Angelegenheit*** that's my business and nobody else's.

Ureinwohner *pl.* (ab)original inhabitants (*od.* population *sg.*); ***die ~ Australiens*** the Australian aborigines.

Ureltern *pl.* ancestors.

Urenkel *m* great-grandson; **Urenkelin** *f* great-granddaughter.

Urform *f* archetype.

urgemütlich *adj.* really cosy (*Am.* cozy).

urgermanisch *adj.* Teutonic; *ling.* Proto-Germanic.

Urgeschichte *f*: ***die ~*** prehistory; **urgeschichtlich** *adj.* prehistoric.

Urgestein *n* primary rocks *pl.*

Urgewalt *f* elemental force.

Urgroß|eltern *pl.* great-grandparents; ***~mutter*** *f* great-grandmother; ***~vater*** *m* great-grandfather.

Urheber *m* author; (*Schöpfer*) creator; **Urheberrecht** *n* copyright (***für, von*** on); copyright law; **urheberrechtlich I.** *adj.* copyright ...; **II.** *adv.*: ***~ geschützt*** protected by copyright; **Urheberschaft** *f* authorship; **Urheberschutz** *m* copyright protection.

Urheimat *f* original home(land).

urig *adj. Person, Humor, Wesen etc.*: earthy; (*rustikal*) rustic *pub etc.*; (*ungekünstelt*) unsophisticated; *contp.* (*ungeschliffen*) unrefined; F ***ein ~er Typ*** an original; → *a.* ***urwüchsig.***

Urin *m* urine; F *fig.* ***ich spürs im ~*** F I've got a gut feeling about it; **Urinflasche** *f* urine bottle; (*Bettflasche*) urinal; **urinieren** *v/i.* urinate; **Urinprobe** *f* urine specimen (*od.* sample).

Urinstinkt *m* primeval instinct.

Urinuntersuchung *f* urine test, urinalysis.

Urknall *m* big bang, Big Bang.

urkomisch *adj.* hilarious.

Urkraft *f* elemental force.

Urkunde *f* document; (*Eigentums≈*) deed; (*Sieger≈*) certificate, diploma; **urkundenecht** *adj.*: ***~e Tinte*** indelible ink; **Urkundenfälscher** *m* document forger; **Urkundenfälschung** *f* forgery of documents; ***wegen ~*** *bestraft werden etc.*: for forging documents; **urkundlich I.** *adj.* documentary; (*verbürgt*) authentic; **II.** *adv.* authentically; ***~ belegt*** documented; ***~ erwähnt werden*** be mentioned in a document; ***der Bau wird erstmals im 9. Jahrhundert ~ erwähnt*** the first documentary evidence of the building goes back to the 9th century.

Urlandschaft *f* primeval landscape.

Urlaub *m* (*Ferien*) holidays *pl.*, *bsd. Am.* vacation; ⚔ leave; ***auf*** (***im***) ***~*** on holiday,

bsd. Am. on vacation; ***in ~ gehen*** go on holiday (*bsd. Am.* vacation).
Urlauber *m* holidaymaker, *Am.* vacationer; **~strom** *m* stream of holidaymakers (*Am.* vacationers).
Urlaubs|anspruch *m* holiday entitlement, *Am.* vacation privilege; **~foto** *n* holiday (*bsd. Am.* vacation) snap; **~geld** *n* holiday pay, *Am.* vacation money; **~paradies** *n* holiday(makers') paradise; **&reif** *adj.* in (desperate) need of a holiday; **~reise** *f* holiday (*bsd. Am.* vacation) trip; ***e-e ~ machen*** go on a holiday trip; **~tag** *m* (a day's) holiday (*bsd. Am.* vacation); **~vertretung** *f* **1.** (*Person*) holiday (*bsd. Am.* vacation) replacement; ***X ist m-e ~*** X will be standing in for me when I'm on holiday (*bsd. Am.* vacation); **2.** (*Planung*) holiday (*bsd. Am.* vacation) stand-in scheme; ***für j-n ~ machen*** stand in for s.o. while he (*od.* she) is on holiday (*bsd. Am.* vacation); **~zeit** *f* holiday (*bsd. Am.* vacation) season *od.* period; **~ziel** *n* vacation spot; (*a. Land*) tourist destination.
Urmensch *m*: ***der ~*** primitive man.
Urne *f* urn; (*Wahl&*) *a.* ballot box; **Urnenbeisetzung** *f* urn burial.
Urnenfeld *n hist.* urnfield; **Urnenfelderkultur** *f hist.* Urnfield culture.
Urnen|gang *m* polling, polls *pl.*; ***80% beteiligten sich am ~*** there was an 80% turnout at the polls; **~grab** *n* urn grave.
Urologe *m* urologist; **Urologie** *f* urology; **urologisch** *adj.* urological.
urplötzlich I. *adj.* sudden, totally unexpected; **II.** *adv.* all of a sudden, completely out of the blue.
Ursache *f* cause (*gen. od.* **für** of); (*Grund*) reason (for); (*Anlass*) occasion (for); ***ich habe*** (***alle***) ***~ zu*** *inf.* I have (every) reason to *inf.*; ***er hat keine ~ zu*** *inf.* there's no reason why he should ...; ***keine ~!*** don't mention it, *Antwort auf Entschuldigung*: that's all right (*Am.* alright); ***kleine ~, große Wirkung*** from little acorns grow big oaks; **Ursachenforschung** *f* (a)etiology; **ursächlich** *adj.* (*u. adv.*) causal(ly); ***sie stehen in ~em Zusammenhang*** they are causally connected; **Ursächlichkeit** *f* causality.
Urschlamm *m*, **Urschleim** *m* primeval sludge.
Urschrei *m* primal scream.
Urschrift *f* original (text *od.* copy).
Ursprache *f* **1.** (*Originalsprache*) original language; ***in der ~*** in the original (language); **2.** (*Grundsprache*) protolanguage.
Ursprung *m* origin(s *pl.*); *weitS.* (*Anfang*) beginnings *pl.*; ***s-n ~ haben in*** originate in (*od.* from), stem from, have one's (*od.* its) origin(s) in; ***deutschen ~s*** of German origin (*Person*: *a.* extraction), ✝ made in Germany; *das Wort* ***ist griechischen ~s*** is of Greek origin, goes back to Greek, is originally Greek; **ursprünglich I.** *adj.* **1.** original; (*anfänglich*) initial; ***die ~e Begeisterung*** *etc. a.* the enthusiasm *etc.* that was there at the beginning (*od.* to start with); **2.** (*natürlich, unverfälscht*) natural, unspoilt; ***~es Gebiet*** wilderness area; **II.** *adv.* originally, at the beginning, to start (off) with; **Ursprünglichkeit** *f* naturalness; unspoilt quality (*od.* state) (*gen.* of); **Ursprungsland** *n* ✝ country of origin.
Urständ F *f*: ***fröhliche ~ feiern*** rise from the ashes, *contp.* rear its ugly head again.
Urstoff *m* primary matter; ⚗ element.
Urstromtal *n geol.* glacial valley.
Urteil *n* **1.** judg(e)ment; (*Meinung*) opinion; (*Entscheidung*) decision; ***sich ein ~ bilden*** form a judg(e)ment (*od.* an opinion) (***über*** on); ***m-m ~ nach*** in my opinion; ***darüber kann ich mir kein ~ erlauben*** I'm in no position to judge (that); **2.** ⚖ judg(e)ment, ruling, decision; (*Straf&*) sentence; (*Scheidungs&*) decree; → ***ergehen*** 1, ***fällen*** *etc.*; → *a.* **urteilen** *v/i.* judge (***über*** *s.o., s.th.*; ***nach*** by); ***über*** *et.* ~ *a.* give one's opinion on; ***darüber kann er nicht ~*** he's no judge; ***~ Sie selbst!*** see for yourself; ***nach s-n Worten zu ~*** judging by what he says.
Urteils|begründung *f* opinion (of the court); **&fähig** *adj.* discerning, discriminating; **~fähigkeit** *f* ability to judge; powers *pl.* of discernment (*od.* discrimination); **~findung** *f* reaching the (*od.* a) verdict; **~kraft** *f* (powers *pl.* of) judg(e)ment *od.* discernment; **~spruch** *m* sentence, verdict; **~verkündung** *f* pronouncing of judg(e)ment; **~vollstrekkung** *f* execution of the (*od.* a) sentence.
Urtext *m* original text.
Urtrieb *m* basic instinct.
urtümlich *adj.* (*unberührt*) unspoilt, original; (*primitiv*) primitive; (*archaisch*) archaic; **Urtümlichkeit** *f* unspoilt (*od.* original) state (*gen.* of); primitiveness; archaic character (of).
Urtyp(us) *m* archetype; **urtypisch** *adj.* archetypal.
Uruguayer(in *f*) *m*, **uruguayisch** *adj.* Uruguayan.
Urur... *in Zssgn* great-great-*grandfather etc.*
Urvater *m* ancestor.
Urvie(c)h F *n* real character.
Urvolk *n* primitive people (*od.* tribe); (*Ureinwohner*) (ab)original inhabitants *pl.* (*od.* population).
Urwald *m* **1.** *tropischer*: jungle; F *fig.* ***aus dem ~ stammen*** come from the jungle; **2.** (*ursprünglicher Wald*) primeval forest.
Urwelt *f* primeval world; **urweltlich** *adj.* primeval.
urwüchsig *adj.* (*ursprünglich*) original, unspoilt; (*ungekünstelt*) natural; (*derb, kernig*) earthy (*a. Humor etc.*); ***~er Bayer*** picture-book Bavarian; **Urwüchsigkeit** *f* original (*od.* unspoilt) state (*gen.* of); naturalness; earthiness.
Urzeit *f*: ***die ~*** primeval times; *fig.* ***vor ~en*** a long, long time ago; ***seit ~en*** from (*od.* since) time immemorial.
Urzeugung *f biol.* spontaneous generation.
Urzustand *m* original state.
Usambaraveilchen *n* ⚘ African violet.
US|-Amerikaner(in *f*) *m* American (citizen); **~-amerikanisch** *adj.* US ..., American; **~-Dollar** *m* United States (*od.* US) dollar.
User(in *f*) *m Computer*: user.
US|-Streitkräfte *pl.*, **~-Truppen** *pl.* US armed forces.
Usurpation *f* usurpation; **Usurpator** *m* usurper; **usurpatorisch** *adj.* usurpatory; **usurpieren** *v/t.* usurp; *weitS. a.* appropriate *s.th.*
Usus *m* custom, practi|ce (*Am.* -se); ***das ist hier so ~*** it's the custom around here.
Utensilien *pl.* utensils, implements.
Uterus *m anat.* uterus; **~...** *in Zssgn oft* uterine *smear etc.*
Utilitarismus *m* utilitarianism; **utilitaristisch** *adj.* utilitarian.
Utopie *f* **1.** (*fantastische Idee*) impossible dream; **2.** (*Darstellung e-r idealen Welt etc.*) utopia; **utopisch** *adj.* fanciful, unrealistic; *stärker*: utopian.
UV|-Filter *m* UV filter; **~-Licht** *n* ultraviolet light; **~-Strahlen** *pl.*, **~-Strahlung** *f* ultraviolet rays (*pl.*).
Ü-Wagen *m* → ***Übertragungswagen.***
uzen F *v/t.* (*j-n*) F kid, pull *s.o.'s* leg, have *s.o.* on; **Uzerei** F *f* F leg-pulling.

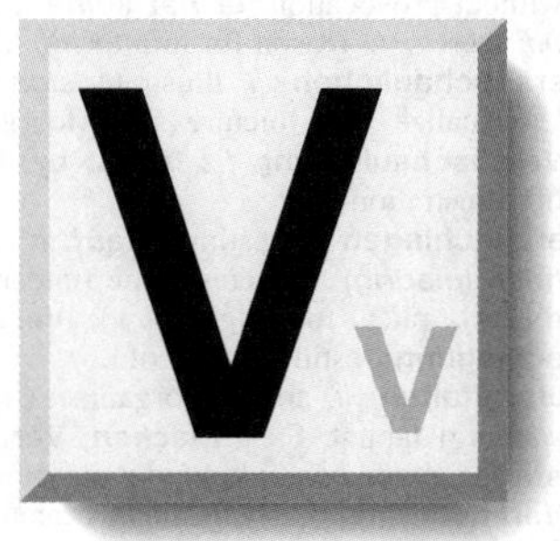

V, v *n* V, v.
Vabanque, va banque: *fig.* **~ *spielen*** take a gamble; **Vabanquespiel** *fig. n* gamble.
Vademekum *lit. n* handbook.
Vagabund *m* vagabond, tramp, *Am.* F bum, hobo; **Vagabundenleben** *n* vagabond life, life of a vagabond; **vagabundieren** *v/i.* lead the life of a vagabond, drift from place to place.
vage *adj.* vague; **Vagheit** *f* vagueness.
Vagina *f* vagina; **vaginal** *adj.* vaginal.
vakant *adj.* vacant; **Vakanz** *f* vacancy.
Vakuum *n* vacuum (*a. fig.*); **~bremse** *f* vacuum brake; **~packung** *f* vacuum pack; **~pumpe** *f* vacuum pump; **Ձverpackt** *adj.* vacuum-packed; **Ձversiegelt** *adj.* vacuum-sealed; **~versiegelung** *f* vacuum sealing.
Vakzine *f* ⚕ vaccine.
Valentinstag *m*: ***der ~*** St Valentine's day.
Valenz *f* ⚗ *u. ling.* valence.
Valuta *f* (*Währung*) foreign currency; **~klausel** *f* exchange clause.
Vampir *m* vampire.
Vanadium *n* vanadium; **~stahl** *m* vanadium steel.
Vandale *etc.* → ***Wandale*** *etc.*
Vanille *f* vanilla; **~eis** *n* vanilla ice-cream; **~geschmack** *m* vanilla flavo(u)r; **~pudding** *m* vanilla pudding; **~soße** *f* vanilla sauce; **~stange** *f* vanilla pod; **~zucker** *m* vanilla sugar.
variabel *adj.* variable; **Variabilität** *f* variability; **Variable** *f* ⩘, *Computer*: variable; **Variablenname** *m Computer*: variable name.
Variante *f* variation (**zu** on); *ling.* variant (*gen.* of).
Variation *f* variation (*gen.* of, on; ♪ ***zu, über*** on).
Varieté, Varietee *n* variety theatre, music hall, *Am.* vaudeville theat|re (*od.* -er); **~künstler(in** *f*) *m* music-hall entertainer, *Am.* vaudeville performer; **~theater** *n* → ***Varieté, Varietee***; **~vorstellung** *f* variety show, *Am.* vaudeville.
variieren *v/i. u. v/t.* vary.
Varioobjektiv *n phot.* zoom lens.
Vasall *m* vassal; **Vasallenstaat** *m* satellite state.
Vase *f* vase.
Vasektomie *f* vasectomy.
Vaseline (*TM*) *f* vaseline (*TM*).
vasomotorisch *adj. physiol.* vasomotor *reflex etc.*
Vater *m* father (*a. fig.*); *eccl.* Father; *von Tieren*: sire; *pl.* (*Vorfahren*) fathers, ancestors; **~ *von drei Kindern sein*** be a (*od.* the) father of three children, be a father of three; ***die Väter der Stadt*** the city fathers; *hum.* **~ *Staat*** the State, *in den USA*: Uncle Sam; ***wie der ~, so der Sohn*** like father, like son; **~bild** *n psych.* father image; **~bindung** *f psych.* father fixation.
Väterchen *n* old man (*od.* fellow), *sl.* old geezer; **~ *Frost*** Jack Frost.
Vater|figur *f psych.* father-figure; **~freuden** *pl.* joys of fatherhood; **~ *entgegensehen*** be an expectant father; **~komplex** *m psych.* father complex.
Vaterland *n one's* native country; (*bsd. Deutschland*) *the* Fatherland; **vaterländisch** *adj.* national; (**~** *gesinnt*) patriotic(ally *adv.*).
Vaterlands|liebe *f* patriotism, love of one's country; **~verräter** *m* traitor to one's (*od.* the) country.
väterlich I. *adj.* fatherly, paternal; **II.** *adv.* like a father; **väterlicherseits** *adv.* on one's father's side; paternal *uncle etc.*; **Väterlichkeit** *f* fatherliness.
Vaterliebe *f* paternal love.
vaterlos *adj.* fatherless.
Vater|mord *m*, **~mörder(in** *f*) *m* parricide.
Vaterschaft *f* paternity, fatherhood; ⚖ ***Feststellung der ~*** affiliation (order).
Vaterschafts|klage *f* paternity suit (*od.* case); **~urlaub** *m* paternity leave.
Vater|stadt *f* hometown; **~stelle** *f*: **~ *vertreten bei*** act as father to; **~tag** *m* Father's Day; **~unser** *n*: (***das ~ beten*** say the) Lord's Prayer.
Vati *m* dad(dy), *Am. a.* pa; *als Anrede*: Dad(dy), *Am. a.* Pa.
Vatikan *m* Vatican; **vatikanisch** *adj.* Vatican ...; ***Ձes Konzil*** Vatican Council; **Vatikanstadt** *f* Vatican City.
V-Ausschnitt *m* V-neck; ***Pullover mit ~*** V-neck(ed) jumper (*od.* sweater).
Veganer(in *f*) *m* vegan.
Vegetarier *m* vegetarian.
vegetarisch *adj.* vegetarian.
Vegetation *f* vegetation.
vegetativ *adj.* vegetative; ***~es Nervensystem*** autonomic nervous system.
vegetieren *v/i.* vegetate (*a. fig.*).
vehement *adj.* vehement; **Vehemenz** *f* vehemence.
Vehikel *n* **1.** *contp.* (*Fahrzeug*) F contraption; **2.** *fig.* (*Mittler*) vehicle.
Veilchen *n* **1.** ⚘ violet ; F ***blau wie ein ~*** F drunk as a lord; **2.** F *hum.* (*blaues Auge*) black eye; **Ձblau** *adj.* violet.
Veitstanz *m*: ⚕ ***der ~*** St Vitus's Dance.
Vektor *m* ⩘ vector; **~rechnung** *f* vector analysis.
Velo *schweiz. n* bicycle.
Velours *m* velour; **~leder** *n* suede (leather); **~teppich** *m* velvet-pile carpet.
Vene *f* vein; **Venenentzündung** *f* phlebitis.
venerisch *adj.* ⚕ venereal.
venezianisch *adj.* Venetian.
Venezolaner(in *f*) *m*, **venezolanisch** *adj.* Venezuelan.
venös *adj. physiol.* venous.
Ventil *n* valve (*a.* ♪); *fig.* vent, outlet.
Ventilation *f* ventilation; (*Vorrichtung*) ventilating system; **Ventilator** *m* ventilator, (electric) fan; ⚙ *a.* blower.
ventilieren *fig. v/t.* (*Meinung etc.*) air; (*Problem etc.*) weigh up, consider.
Ventil|klappe *f* valve flap; **~steuerung** *f* valve timing.
Venus *f myth., ast.* Venus; **~berg** *m anat.* mons veneris; **~muschel** *f* Venus's shell.
verabreden I. *v/t.* (*et.*) agree on, arrange; (*Zeit, Termin, Ort*) *a.* fix; ***ich bin für morgen mit ihm verabredet*** I've arranged to meet him tomorrow; ***ich bin schon verabredet*** I've already arranged to meet (*od.* go out with) some-one (*od.* a friend *etc.*), *Rendezvous*: *a.* I've already got a date; ***verabredete Sache*** put-up job; **II.** *v/refl.*: ***sich mit j-m ~*** *privat*: arrange to meet (*od.* go out with) s.o.; *geschäftlich*: make an appointment with s.o.; **verabredetermaßen** *adv.* as agreed (on), as arranged; **Verabredung** *f* (*Vereinbarung*) agreement; (*Rendezvous*) date; *geschäftlich*: appointment; ***e-e ~ haben*** have arranged to meet (*od.* go out with) someone.
verabreichen *v/t.* (*Medikamente*) give

(**j-m et.** s.o. s.th.), *formell*: administer (s.th. to s.o.); *hum.* **j-m e-e Ohrfeige** (**e-e Tracht Prügel**) **~** give s.o. a clout round the ears (a good hiding).

verabsäumen *v/t.* neglect.

verabscheuen *v/t.* detest, loathe, abhor; **verabscheuenswert** *adj.* despicable, abhorrent; **Verabscheuung** *f* loathing (*gen.* of), disgust (for).

verabschieden I. *v/t.* **1.** say goodbye to; *am Bahnhof etc.*: see off; **2.** dismiss; (*Offiziere entlassen*) retire; **3.** (*Gesetz*) pass; **II.** *v/refl.*: **sich ~** say goodbye (**von** to); **ich muss mich jetzt leider ~** I'm afraid I have to go (*od.* leave) now; **Verabschiedung** *f* **1.** dismissal; **2.** *e-s Gesetzes*: passing *of a bill.*

verabsolutieren *v/t.* make *s.th.* (into) an absolute.

verachten *v/t.* despise, disdain; (*verschmähen*) *a.* scorn; (*Gefahr, Tod*) defy; F **nicht zu ~** F not to be sneezed (*od.* sniffed) at; **verachtenswert** *adj.* contemptible, despicable; **Verächter** *m* despiser (*gen.* of); **verächtlich** *adj.* **1.** contemptuous, disdainful, scornful; **~ machen** run *s.o. od. s.th.* down; **2.** → **verachtenswert**; **Verachtung** *f* contempt, disdain; (*Verschmähung*) *a.* scorn; **mit ~ strafen** ignore, treat *s.o.* with contempt; **verachtungsvoll** *adj.* contemptuous, disdainful; **verachtungswürdig** *adj.* despicable, contemptible.

veralbern F *v/t.* F kid, pull *s.o.'s* leg.

verallgemeinern *v/t.* generalize; **Verallgemeinerung** *f*: (**grobe ~** gross) generalization.

veralten *v/i.* become outdated; *Mode*: go out of fashion (*od.* style); **veraltet** *adj.* out-of-date ..., *pred.* out of date; (out-)dated; *Methoden etc.*: *a.* antiquated.

Veranda *f* veranda(h), *Am.* porch.

veränderlich *adj.* changeable (*a. Wetter etc.*); Ⱥ, *ling.* variable; *contp.* **~es Wesen** fickle nature; **Veränderlichkeit** *f* changeability; *des Wesens*: fickleness; Ⱥ, *ling.* variability; **verändern I.** *v/t.* change; (*Aussehen*) *a.* alter; (*reformieren*) reform; **II.** *v/refl.*: **sich ~** change; *beruflich*: change one's job; **er hat sich sehr verändert** he's really changed; **sie will sich ~** *beruflich*: she's looking for a new job, she wants to move on; → *a.* **ändern**; **Veränderung** *f* change; *leichte*: alteration, modification; (**berufliche ~**) change of job.

verängstigen *v/t.* frighten, scare; **verängstigt** *adj.* frightened, scared; (*eingeschüchtert*) timid; **Verängstigung** *f* (*Zustand*) state of fright; (*Eingeschüchtertsein*) timidity.

verankern *v/t.* ⚓, ⚙ anchor (*a. fig.*); *fig.* **in e-m Gesetz verankert** embodied in a law; **Verankerung** *f* anchoring; *fig. im Gesetz*: embodiment.

veranlagen *v/t. steuerlich*: assess; **veranlagt** *adj.* (naturally) inclined (**für, zu** to); **künstlerisch ~ sein** have artistic talent, have an artistic bent; **Veranlagung** *f* **1.** *charakterliche*: disposition; **es ist ~** it's in his (*od.* her) nature, he (*od.* she) was made that way; **2.** (*Neigung*) inclination; (*Talent*) gift, talent; **3.** ⚕ **e-e ~ haben zu** be prone to, suffer from; **4.** *steuerliche*: assessment.

veranlassen *v/t.* (*anordnen*) arrange for; **~, dass** see to it that, arrange for *s.th. to be done*; **j-n zu et. ~** *Person*: get s.o. to do s.th., *Beweggrund*: prompt s.o. to do s.th., make s.o. do s.th.; **das Nötige ~** make the necessary arrangements, take the necessary steps; **sich veranlasst fühlen zu** *inf.* feel bound to *inf.*; **Veranlassung** *f* occasion; (*Ursache*) cause, reason; (*Beweggrund*) motive; **auf ~ von** (*od. gen.*) at the instigation of, at *s.o.'s* prompting (*od.* urging); **zu et. ~ geben** give occasion to; **ohne jede ~** (entirely) without provocation; **er hat keine ~ zu** *inf.* there's no reason for him to *inf.*

veranschaulichen *v/t.* illustrate; **sich et. ~** visualize s.th., picture s.th. (to o.s.); **Veranschaulichung** *f* : (**zur ~** by way of) illustration.

veranschlagen *v/t.* estimate (**auf** at); **zu hoch** (**niedrig**) **~** overestimate (underestimate), pitch too high (low); **Veranschlagung** *f* estimate (**auf** of).

veranstalten *v/t.* arrange, organize; (*Ausstellung*) mount; F → **machen; Veranstalter** *m* organizer; *Sport*: *a.* promoter; **Veranstaltung** *f* arrangement, organization; *konkret*: event; *öffentliche*: (public) function.

Veranstaltungs|kalender *m* calendar of events; **~ort** *m* venue.

verantworten I. *v/t.* answer for, take the responsibility for; **du musst es ~** you'll have to answer for it (*od.* take [the] responsibility); **II.** *v/refl.*: **sich für et. ~** answer for s.th.; **sich vor j-m ~ müssen** have to answer to s.o.

verantwortlich *adj.* **1.** responsible, (*haftbar, schuld*) *a.* answerable (**für** for); **dafür ~ sein, dass** be responsible for seeing to it that, have to make sure that; **j-n ~ machen** hold s.o. responsible, *weitS.* blame s.o. (**für** for); **~ zeichnen für** be responsible for, (*der Urheber sein von*) be the author of; **2.** (*verantwortungsvoll*) (highly) responsible; **Verantwortlichkeit** *f* **1.** responsibility; **2.** (*Verantwortungssinn*) sense of responsibility.

Verantwortung *f* responsibility; **auf eigene ~** at one's own risk; **~ übernehmen** take (*od.* accept) responsibility; **zur ~ ziehen** call to account.

verantwortungsbewusst *adj.* responsible(-minded); **Verantwortungsbewusstsein** *n* sense of responsibility.

verantwortungsfreudig *adj.* ready to take responsibility.

Verantwortungsgefühl *n* sense of responsibility.

verantwortungslos *adj.* irresponsible; **Verantwortungslosigkeit** *f* irresponsibility.

Verantwortungsträger *m* person responsible.

verantwortungsvoll *adj. Person, Posten etc.*: responsible.

veräppeln F *v/t.* F pull *s.o.'s* leg, have *s.o.* on, kid *s.o.*; (*verspotten*) F take the mickey out of *s.o.*; **du willst mich wohl ~!** are you trying to pull my leg?, are you having me on?

verarbeiten *v/t.* **1.** process; make (**zu** into); (*behandeln*) treat; **die Seide wird zu Teppichen verarbeitet** carpets are made from the silk; **2.** (*geistig* **~**) digest; (*nutzbar machen*) put to use, use, *in e-r Abhandlung etc.*: *a.* take into consideration; **s-e Erlebnisse zu e-m Roman ~** turn one's experiences into a novel; **3.** ⚕ *Magen*: digest; **verarbeitend** *adj.*: **~e Industrie** manufacturing (*od.* processing) industry; **Verarbeitung** *f* **1.** (*Vorgang*) processing; treatment; digestion; use; → **verarbeiten**; **2.** (*Ergebnis*) workmanship, *äußere*: finish; (*Qualität*) quality.

verargen *v/t.*: **ich kann es ihm nicht ~** I can't blame him (for it; **dass** for *ger.*; **wenn** if).

verärgern *v/t.* annoy; upset; **verärgert** *adj.* annoyed; upset; **Verärgerung** *f* (*Ärger*) annoyance.

verarmen *v/i.* become poor (*od.* impoverished), be reduced to poverty; **verarmt** *adj.* impoverished; **Verarmung** *f* impoverishment (*a. fig.*).

verarschen *sl. v/t.* **1.** (*sich lustig machen über*) *sl.* take the piss out of; **2.** (*reinlegen*) F take *s.o.* for a ride; **er hat mich verarscht** *a.* F I've been had.

verarzten F *v/t.* F fix up; see to.

verästeln *v/refl.*: **sich ~** branch out, ramify (*beide a. fig.*); **Verästelung** *f* branching out; *fig.* ramifications *pl.*

verätzen *v/t.* burn; (*Sachen*) erode; ⚕ cauterize; **Verätzung** *f* burning; *konkret*: burn; erosion; ⚕ cauterization.

verausgaben *v/refl.*: **sich ~** *finanziell*: overspend; *kräftemäßig*: overexert o.s., *auf Dauer*: burn o.s. out.

veräußerlich *adj.* sal(e)able; ⚖ *etc. a.* alienable; **veräußern** *v/t.* alienate; (*übermachen*) transfer (**an** to); (*verkaufen*) dispose of, sell; **Veräußerung** *f* alienation; disposal, sale.

Verb *n* verb; **verbal** *adj.* verbal.

Verbalinjurie *f* ⚖ verbal insult.

verbalisieren *v/t.* verbalize; **Verbalisierung** *f* verbalization.

verballhornen *v/t.* (*Wort etc.*) corrupt, distort; **Verballhornung** *f* corruption.

Verband *m* **1.** ⚕ dressing, bandage; **2.** (*Vereinigung*) association; ⚔ formation (*a.* ⚓, ✈), unit.

verbandelt F *adj.*: **miteinander ~ sein** F be an item.

Verband|kasten *m* first-aid box; **~mull** *m* lint, surgical gauze; **~päckchen** *n* set of bandages; **~stoff** *m* dressing material; **~watte** *f* surgical cotton wool, *Am.* surgical cotton; **~zeug** *n* dressing material.

verbannen *v/t.* exile; *hist. u. fig.* banish; **Verbannte(r)** *m* exile; **Verbannung** *f* exile (*a. Ort*); *hist. u. fig.* banishment; **j-n in die ~ schicken** send s.o. into exile.

verbarrikadieren *v/t.* barricade (**sich** o.s.).

verbauen *v/t.* **1.** (*versperren*) obstruct, block; **2.** (*Gelände etc., zubauen*) build up, (*verschandeln*) spoil; **3.** (*beim Bauen verbrauchen*) use (up) in building; **4.** (*schlecht bauen*) build badly, *stärker*: make a mess of; **5.** *fig.* **sich** (**j-m**) **et. ~** spoil one's (s.o.'s) chances of getting (*od.* having, gaining *etc.*) s.th.; **sich die Zukunft ~** ruin one's chances for the future; **verbaut** *adj.*: *das Haus* **ist völlig ~** is a real mess.

verbauern F *v/i.* become countrified; **verbauert** *adj.* countrified.

verbeamten *v/t.*: **j-n ~** give s.o. the status of a civil servant.

verbeißen I. *v/t.* (*Schmerz, Lächeln etc.*) suppress; **sich das Lachen ~** force o.s. not to laugh, stifle one's laughter; **ich konnte mir das Lachen nicht ~** I couldn't keep a straight face; **II.** *v/refl.*: **sich in et. ~** *Tier*: sink its teeth into s.th.; *fig.* become set (*od.* bent) on doing s.th.; *fig.* **sich in et. verbissen haben** (*Arbeit etc.*) keep at s.th. doggedly, (*Meinung etc.*) hold onto s.th. grimly; **er hat sich in s-e Arbeit verbissen** *a.* he's working obsessively.

verbergen I. *v/t.* hide, *formeller*: conceal (**vor** from); **sein Gesicht ~ in** bury one's face in; → *a.* **verborgen**; **II.** *v/refl.*: **sich ~** hide (o.s. *od.* itself); (*verborgen sein*) be hidden.

verbessern I. *v/t.* improve (*a.* ⚙); (*berichtigen*) correct; (*Buchausgabe*) revise; **die Haltbarkeit ~ von** prolong the shelf-life of; **II.** *v/refl.*: **sich ~** improve (*a. Sache*); *beim Sprechen*: correct o.s.; *finanziell etc.*: better o.s.; **Verbesserung** *f* improvement; (*Berichtigung*) correction.

verbesserungs|bedürftig *adj.*: (**sehr ~** badly) in need of improvement; **~fähig** *adj.* capable of improvement.

Verbesserungsvorschlag *m* suggestion for improvement.

verbeugen *v/refl.*: **sich ~** bow (**vor** to); **Verbeugung** *f* bow.

verbeulen *v/t.* dent.

verbiegen I. *v/t.* bend, buckle; **II.** *v/refl.*: **sich ~** bend, get bent, buckle; *Holz*: warp.

verbiestern *v/refl.*: **sich in et. ~** become set (*od.* bent) on doing s.th.; → *a.* **verbeißen** II; **verbiestert** *dial. adj.* **1.** (*missmutig*) annoyed; **2.** (*verwirrt*) bewildered, *stärker*: distraught.

verbieten I. *v/t.* forbid (**j-m et. [zu tun]** s.o. [to do] s.th.); *amtlich*: prohibit (**et.** s.th.; **j-m et.** s.o. from doing s.th.); *öffentlich*: ban; **er hat es mir verboten** *mst* he won't let me; **II.** *v/refl. u. v/impers.*: **es verbietet sich von selbst** it's out of the question.

verbilden *v/t.* deform, spoil; (*falsch erziehen*) miseducate; **verbildet** *adj.* deformed; *weitS.* (*überzüchtet*) overrefined, oversophisticated.

verbildlichen *v/t.* illustrate.

verbilligen I. *v/t.* lower the cost of; (*Waren*) reduce (in price); **verbilligter Tarif** cheap rate; **II.** *v/refl.*: **sich ~** go down (in price); **Verbilligung** *f* reduction (in price); reduced price.

verbinden I. *v/t.* **1.** tie (together); (*Getrenntes*) connect (**mit** with, to); ⚙ connect, couple, link; ⚗ combine; **2. j-m die Augen ~** blindfold s.o.; **mit verbundenen Augen** blindfolded; **3.** ⚕ (*Wunde*) dress, bandage; (*j-n*) bandage *s.o.* up; **4.** *teleph.* **j-n ~** put s.o. through (**mit** to, *Am.* with); **falsch verbunden!** sorry, wrong number; **ich verbinde** hold the line, please; **5.** (*vereinigen*) join, unite; (*kombinieren*) combine; (*assoziieren*) associate; **uns verbindet vieles** we have a lot in common; **sich verbunden fühlen mit** feel a rapport with; **mich verbindet einiges mit dieser Gegend** I have several ties with this area; **verbunden mit** combined (*od.* coupled) with; **die damit verbundenen Unkosten** (**Gefahren**) the cost (dangers) involved; **eng verbunden sein mit** be bound up with; **6.** → **verbunden** 2; **II.** *v/refl.*: **sich ~** combine (*a.* ⚗), be combined.

verbindlich I. *adj.* **1.** (*verpflichtend*) binding (**für** upon); **2.** (*gefällig*) obliging; *Worte etc.*: friendly; **~(st)en Dank!** many thanks indeed; **II.** *adv.* **3. ~ zusagen** accept definitely, commit o.s., *weitS.* say definitely (that) one is coming, promise to come; **4.** (*entgegenkommend*) obligingly; (*a. freundlich*) kindly; *iro.* **danke ~st!** thanks a lot (*od.* a million)!, much obliged!; **Verbindlichkeit** *f* **1.** obligation, liability, commitment; *e-s Vertrags etc.*: binding force; ☤ **~en** (*Passiva*) liabilities; **s-n ~en nachkommen** meet one's liabilities; **2.** (*Gefälligkeit*) obligingness; *pl.* (*höfliche Worte*) courtesies.

Verbindung *f* union (*a. Ehe*), bond; (*Zusammenschluss, Vereinigung mehrerer Eigenschaften*) combination; (*Ideen*2) association; (*Zusammenhang*) connection; *im Text*: context; (*Beziehung, a.* ☤) relations *pl.*, contact (*beide* **zu** with); (*Verkehrs*2) communication; ⚙ *u. teleph.* connection; (*Verbindungsstelle*) junction, ⚙ joint; ⚗ compound; (*Studenten*2) students' fraternity, student league; **in ~ mit** combined with; in connection with, in conjunction with; **e-e ~ eingehen** join together, unite, *Dinge*: combine, unite, (*sich verbünden*) ally, form an alliance (*alle* **mit** with); **~en knüpfen** make contacts; **e-e ~ herstellen mit, sich in ~ setzen mit** contact, get in touch with; *Funk*: establish communication with; **in ~ bleiben** keep in touch; **die ~ verlieren** lose touch; *fig.* **in ~ bringen mit** associate with; **in ~ stehen mit** be in touch (*od.* contact) with, *e-r Sache*: be connected with; **die ~ ist sehr schlecht** *teleph.* the line is very poor.

Verbindungs|autobahn *f* motorway link; **~gang** *m* connecting passage; **~kabel** *n* connecting cable; **~linie** *f* connecting line; ⚔ line of communication; **~mann** *m* contact (*a. Agent*), liaison man; **~offizier** *m* liaison officer; **~punkt** *m* junction; **~stelle** *f* **1.** junction; ⚙ joint; **2.** (*Amt*) liaison office; **~straße** *f* connecting road; **~stück** *n* connecting piece; *e-s Rohrs*: union coupling; ⚡ connector; (*Passstück*) adaptor; **~student** *m* member of a students' fraternity (*od.* student league); **~tür** *f* connecting door.

verbissen *adj.* **1.** *Fleiß, Hartnäckigkeit etc.*: dogged, grim; **2.** *Gesicht etc.*: grim; **Verbissenheit** *f* doggedness, grim determination.

verbitten *v/t.*: **sich et. ~** refuse to tolerate (*od.* accept) s.th.; **das verbitte ich mir!, das möchte ich mir verbeten haben!** I won't have (*od.* stand for) that.

verbittern I. *v/t.* embitter; **II.** *v/i.* grow bitter, become embittered; **verbittert** *adj.* embittered, bitter; **Verbitterung** *f* bitterness.

verblassen *v/i.* grow pale; *Farbe etc., a. fig.*: fade; *fig.* **~ gegenüber** (*od.* **vor**) pale (into insignificance) beside, be dwarfed by; **~ lassen** eclipse; **verblasst** *adj.* faded (*a. fig. Erinnerungen etc.*).

verbläuen F *v/t.* give *s.o.* a real thrashing.

Verbleib *m* whereabouts *pl.*; **über s-n ~ ist nichts bekannt** we (*od.* they) know nothing of his whereabouts, nobody knows where he is; **verbleiben** *v/i.* remain (*a. übrig bleiben*); **wie wollen wir ~?** what shall we do, then?; **wollen wir so ~, dass ...?** shall we say ..., then?; **~ wir so?** shall we leave it at that, then?; *obs.* ... **~ wir hochachtungsvoll ...** (we remain,) Yours faithfully.

verbleichen *v/i.* → **verblassen.**

verbleien *v/t.* lead; **verbleit** *adj.* leaded.

verblenden *v/t.* **1.** *fig.* (*j-n*) blind; **verblendet von** blinded by; **2.** △ face; (*kaschieren, tarnen*) screen, conceal; **3.** (*Zahnkrone*) face; **Verblendstein** *m* face brick; **Verblendung** *f* **1.** (*Wahn*) blindness, delusion; **2.** △ facing.

verbleuen F *v/t.* give *s.o.* a real thrashing.

verblichen *adj.* **1.** *Farbe etc.*: faded; **2.** *lit.* (*tot*) deceased; **Verblichene(r** *m*) *f lit.* deceased.

verblöden F **I.** *v/i.* F go daft (*od.* goofy) (**bei** with); *alter Mensch*: F go gaga; **bei dieser Arbeit verblödet man total** this work is absolutely mind-numbing (*stärker*: moronic); **II.** *v/t.* dull *s.o.'s* mind, stultify, have a stultifying effect on; **verblödet** F *adj.*: **total ~** F demented, *ältere Person*: senile; **er** (**sie**) **ist total ~** *ältere Person*: *a.* F he's (she's) gone completely gaga; **Verblödung** *f* stultification; *im Alter*: (senile) dementia; **zu j-s ~ führen** have a stultifying effect on s.o., dull s.o.'s mind.

verblüffen *v/t.* amaze, astound; (*sprachlos machen*) dumbfound, stupefy; (*verwirren*) bewilder; **verblüffend** *adj.* amazing, startling, incredible; **verblüfft** *adj.* amazed, dumbfounded; F *pred.* taken aback; (*verwirrt*) bewildered; **Verblüffung** *f* amazement, astonishment; *stärker*: stupefaction; (*Verwirrung*) bewilderment.

verblühen *v/i.* wither; *fig.* fade.

verblümt I. *adj. Ausdruck etc.*: veiled (*a. Vorwurf*); euphemistic; **II.** *adv.* euphemistically; **sich ~ ausdrücken** express o.s. in a roundabout way.

verbluten *v/i.* bleed to death.

verbocken F *v/t.* F bungle, botch (up).

verbohren *v/refl.*: **sich ~ in** become obsessed with; (*e-e Absicht*) become bent (*od.* set) on *ger.*; **verbohrt** *adj.* (*stur*) pigheaded, stubborn, wrong-headed; **Verbohrtheit** *f* pigheadedness, stubbornness.

verborgen *adj.* hidden, concealed; (*geheim*) secret; (*latent*) latent; **im 2en** (*heimlich*) secretly, in secret, **blühen** *etc.*: flourish *etc.* in obscurity; **et. ~ halten** hide s.th., keep s.th. secret (**vor** from); **sich ~ halten** hide, be (*od.* stay) in hiding; **Verborgenheit** *f* (*Zurückgezogenheit*) seclusion.

Verbot *n* (*das Verbieten*) prohibition (*gen.* of); (*Einfuhr*2; *e-r Partei, Zeitung etc.*) *a.* ban (**für** *od. gen.* on); **ein ~ aussprechen** impose a ban; **verboten** *adj. pred.* not allowed (*od.* permitted); *formell, offiziell*: *a. attr.* prohibited, forbidden; (*illegal*) illegal, (*für* **~** *erklärt*) outlawed; **Rauchen** (**Fotografieren, Skateboardfahren**) **~!** no smoking (photographs, skateboards); **streng ~** strictly prohibited (*od.* forbidden); **es ist ~ zu** *inf.* you're not allowed to *inf.*, *formell*: it is prohibited (*od.* forbidden) to *inf.*; F *fig.* **~ aussehen** F look a real sight; **~e Früchte** forbidden fruit; → **betreten** II *etc.*; **verbotenerweise** *adv.*: **et. ~ tun** do s.th. although it is forbidden (*od.* not allowed), break the rules (*od.* law) in doing s.th.

Verbotsschild *n* no parking (*od.* no smoking *etc.*) sign; **diese vielen ~er!** all these signs telling you you can't do this, that and the other.

verbrämen *v/t.* garnish, *verdeckend*: gloss over.

verbrannt *adj.* burnt; *Haus*: *a.* burnt-out ..., *pred.* burnt out, gutted; *Person, von der Sonne*: (sun)burnt; **Politik der ~en Erde** scorched earth policy.

verbraten I. *v/i. gastr.* get scorched (*od.* burnt), F shrivel; **II.** F *v/t.* (*Geld etc.*) F blow; (*Unsinn etc.*) F spout; **et. zu e-m Roman ~** exploit s.th. in a novel.

Verbrauch *m* consumption (**an** of); **sparsam im ~** economical; **e-n hohen** (**niedrigen**) **~ an Energie** *etc.* **haben** have a high (low) energy *etc.* consumption; **verbrauchen I.** *v/t.* use; (*Energie etc.*) *a.* consume; (*aufbrauchen*) use up; (*ausgeben*) spend; **II.** *v/refl.*: **sich ~** *Person*:

wear o.s. out, *auf Dauer*: burn o.s. out; → ***verbraucht.***

Verbraucher *m* consumer; (*Benutzer*) user; **~beratung** *f* **1.** consumer advice; **2.** consumer advice cent|re (*Am.* -er); **≈feindlich** *adj.* user-hostile; **≈freundlich** *adj.* user-friendly; **~freundlichkeit** *f* user-friendliness; **~genossenschaft** *f* consumer cooperative; **~nachfrage** *f* consumer demand; **~preis** *m* consumer price; **~schutz** *m* consumer protection; **~verband** *m* consumer organization; **~verhalten** *n* consumer behavio(u)r; **~zeitschrift** *f* consumer magazine; **~zentrale** *f* consumer advice cent|re (*Am.* -er).

Verbrauchsgüter *pl.* consumer goods, commodities; **~industrie** *f* consumer goods industry.

Verbrauchs|lenkung *f* consumer control; **~steuer** *f* excise duty.

verbraucht *adj.* used up; (*abgenutzt*) worn(-out), *pred.* worn (out); *Energie*: spent, *Person*: *a.* worn-out ..., *pred.* worn out, *auf Dauer*: burnt-out ..., *pred.* burnt out; *Luft*: stale; *Batterie*: flat.

verbrechen *v/t.*: ***etwas ~*** commit a crime; *fig.* ***was hat er verbrochen?*** what has he done?; ***ich habe nichts verbrochen*** I haven't done anything (wrong); *iro.* ***was hast du denn jetzt wieder verbrochen?*** what have you been up to this time?; *iro.* ***wer hat denn diesen Film verbrochen?*** F who cooked up this film?, who's responsible for this film then?; **Verbrechen** *n* crime (*a. weitS. Kriminalität*; *a. fig.*); F ***das ist*** (***doch***) ***kein ~!*** that's no crime(, is it?).

Verbrechens|aufklärung *f* crime detection; (*Ermittlung*) criminal investigation; *weitS.* (number of) solved crimes *pl.*; **~bekämpfung** *f* fight against crime.

Verbrecher *m* criminal; F crook; **~album** *n* rogues' gallery; **~bande** *f* gang of criminals, F mob; **~gesicht** *n* villain's face.

verbrecherisch *adj.* criminal (*a. fig.*); ***~er Leichtsinn*** criminal negligence.

Verbrecher|jagd *f* chase after a criminal (*od.* criminals); **~kartei** *f* criminal records *pl.*; **~nest** *n* criminals' hideout.

Verbrechertum *n* **1.** crime; **2.** → **Verbrecherwelt** *f* world of crime, underworld.

verbreiten I. *v/t.* spread; *im Rundfunk etc.*: broadcast (*a.* F *Neuigkeit, Geheimnis etc.*); (*Ideen*) spread, disseminate; (*Zeitschrift etc.*) circulate; (*Licht, Geruch*) give off, (*Wärme*) *a.* emit, radiate; (*Ruhe etc. ausstrahlen*) radiate; (*verursachen*) cause, bring about; ***Entsetzen*** *etc.* ***unter den Menschen ~*** fill everyone with horror *etc.*; **II.** *v/refl.*: ***sich ~*** spread; *fig.* ***sich über*** *ein Thema* ***~*** expatiate on, hold forth on; → ***verbreitet.***

verbreitern I. *v/t.* widen; **II.** *v/refl.*: ***sich ~*** widen (out); **Verbreiterung** *f* widening.

verbreitet *adj.* widespread, common; *Zeitschrift etc.*: widely read.

Verbreitung *f* spread(ing), dissemination; circulation; emission; radiation; → ***verbreiten***; (*Ausmaß*) extent; ***~ finden*** gain currency; **Verbreitungsgebiet** *n* area (in which s.th. is to be found); *e-r Krankheit*: dispersal area; *e-r Naturkatastrophe etc.*: area affected, affected area; *Radio, TV*: broadcasting (*od.* service) area.

verbrennen I. *v/t.* burn; (*versengen*) scorch; (*Müll*) incinerate; (*Leiche, einäschern*) cremate; ***sich die Zunge*** *etc.* ***~*** burn (*od.* scald) one's tongue *etc.*; → ***Finger, Mund, verbrannt***; **II.** *v/i.* burn; *Gebäude etc.*: burn down, be destroyed by fire, be burnt to the ground, be gutted; *Person, lebend*: be burnt to death; **III.** *v/refl.*: ***sich ~*** burn o.s., get burnt; **Verbrennung** *f* **1.** burning; ⚗, ⚙ *mst* combustion; (*Leichen≈*) cremation; **2.** (*Brandwunde*) burn (***an*** on); → ***Grad.***

Verbrennungs|maschine *f*, **~motor** *m* internal combustion engine; **~ofen** *m* combustion furnace; *für Abfälle*: (waste) incinerator; **~vorgang** *m* process of combustion; **~wärme** *f* heat of combustion.

verbriefen *v/t.* document; *weitS.* guarantee; **verbrieft** *adj.*: ***~es Recht*** vested right.

verbringen *v/t.* (*Zeit etc.*) spend; ***das Wochenende*** *etc.* ***mit et. ~*** spend the weekend *etc.* doing s.th.; ***e-e tolle*** (*od.* ***fantastische***) ***Zeit ~*** have a fab(ulous) time (***mit et.*** doing s.th.).

verbrüdern *v/refl.*: ***sich ~*** fraternize; **Verbrüderung** *f* fraternization.

verbrühen *v/t.* scald; ***sich die Hand*** *etc.* ***~*** scald one's hand *etc.*; **Verbrühung** *f* *konkret*: scald.

verbuchen *v/t.* enter (in the books); *fig.* (*Erfolg etc.*) clock up, notch up; ***e-n Erfolg ~ können*** be successful; ***e-n Gewinn ~*** register a gain.

verbummeln F *v/t.* **1.** ***die Zeit ~*** waste (one's) time, idle away one's time; **2.** (*Verabredung etc.*) miss; (*vergessen*) (completely) forget (about); (*verlieren*) lose; **verbummelt** F *adj.* **1.** (*nichtstuerisch*) idling ..., indolent; **2.** *Genie etc.*: *nachgestellt*: F gone to seed; **3.** *Zeit etc.*: wasted, *nachgestellt*: idled away.

Verbund *m* **1.** ⚙, ⚗ *etc.* compound; **2.** ⚕ *etc.* combine; (integrated) system; **3.** → ***Medienverbund***; **~bauweise** *f* composite construction.

verbunden *adj.* **1.** → ***verbinden***; **2.** ***j-m ~ sein*** be indebted (*stärker*: beholden) to s.o.; ***ich bin Ihnen sehr ~*** I'm much obliged to you.

verbünden *v/refl.*: ***sich ~*** form an alliance (***mit*** with), *a. weitS.* ally o.s. (to, with).

Verbundenheit *f* attachment (***mit*** to), bond (with); *weitS.* solidarity (with).

Verbündete(r) *m* ally (*a. fig.*).

Verbund|glas *n* laminated glass; **~netz** *n* ⚡ integrated power grid; **~(pflaster)stein** *m* interlocking paving stone; **~system** *n* compound system; **~wirtschaft** *f* ⚕ integrated economy.

verbürgen I. *v/t.* guarantee; **II.** *v/refl.*: ***sich ~ für*** vouch for, guarantee; ***sich dafür ~, dass ...*** vouch for *s.o.'s honesty etc.*

verbürgerlichen I. *v/i.* become gentrified, gentrify; **II.** *v/t.* gentrify; **verbürgerlicht** *adj.* gentrified.

verbürgt *adj.* authentic(ated); established *fact etc.*

verbüßen *v/t.*: ***s-e Strafe ~*** serve one's sentence; **Verbüßung** *f*: ***nach*** *etc.* ***~ s-r Strafe*** after *etc.* serving one's sentence.

verbuttern *v/t.* **1.** (*Sahne etc.*) turn (*od.* make) into butter; **2.** F (*verbrauchen*) use up, (*Geld*) *a.* F blow.

verchromen *v/t.* chromium-plate.

Verdacht *m* suspicion; ***~ erregen*** arouse suspicion; ***den ~ lenken*** (*od.* ***schieben***) ***auf*** cast suspicion on; ***in ~ haben*** suspect; ***in ~ kommen*** be suspected; ***ich habe den*** (***starken***) ***~, dass*** I have a (strong) suspicion that, I (strongly) suspect that; ***mein ~ fällt auf X*** I'm inclined to suspect X; ***in den ~ kommen*** (*od.* ***geraten***) ***zu*** *inf.* be suspected of *ger.*; ***unter dem ~ zu*** *inf.* under suspicion of *ger.*; ***~ schöpfen*** become suspicious (***gegen*** of), F smell a rat; ***bei ihm besteht ~ auf Krebs*** he is suspected of having cancer; F ***et. auf ~ hin tun*** F do s.th. on spec; F ***auf ~ hingehen*** *etc.* go there *etc.* on the off-chance.

verdächtig *adj.* suspicious, suspect; (*zweifelhaft*) *a.* dubious; (***~*** *aussehend*) suspicious-looking; *Person*: *a.* shifty(-eyed); ***sich ~ machen*** arouse suspicion; ***er ist der Tat*** (***dringend***) ***~*** he is (strongly) suspected of having committed the crime; **verdächtigen** *v/t.* suspect (*gen.* of); cast suspicion on; **Verdächtigte(r)** *m* suspect; **Verdächtigung** *f* **1.** (*das Verdächtigen*) suspecting, casting suspicion (*gen.* on); **2.** (*Verdacht*) suspicion; ***~en äußern gegen j-n*** cast (*od.* throw) suspicion on s.o.

Verdachts|grund *m* grounds *pl.* (*od.* cause) for suspicion; **~moment** *n* suspicious factor.

verdammen *v/t.* condemn; (*verfluchen*) damn, curse; **verdammenswert** *adj.* damnable; **Verdammnis** *f* *eccl.*: (***die ewige ~*** eternal) damnation.

verdammt I. *adj.* **1.** damned; ***dazu ~ zu*** *inf.* doomed (*od.* condemned) to *inf.*; ***zum Nichtstun ~*** condemned to inactivity; ***zum Scheitern ~*** doomed to fail; **2.** F *fluchend*: F blasted, damn(ed); ***~!*** F damn (it)!, blast!; ***~ noch mal!, ~ und zugenäht!*** F damnation!; V ***~e Scheiße!*** *sl.* bloody hell!, V shit!; **II.** F *adv.* (*sehr*) F damn(ed), bloody; ***~ viel*** *sl.* a (*od.* one) hell of a lot; ***~ wenig*** V bugger all; ***es tut ~ weh*** *sl.* it hurts like hell, it's helluva painful (*od.* sore); **Verdammte(r)** *m* damned soul; ***die Verdammten*** the damned (*pl.*); **Verdammung** *f* **1.** condemnation; **2.** *eccl.* (eternal) damnation; **Verdammungsurteil** *n* condemnation; damning indictment.

verdampfen *v/t. u. v/i.* evaporate; ⚗, *phys. a.* vaporize; **Verdampfung** *f* evaporation.

verdanken *v/t.*: ***j-m et. ~*** owe s.th.to s.o.; be indebted to s.o. for s.th.; ***e-r Sache zu ~ sein*** be due to s.th.; ***er hat ihr viel zu ~*** he owes a lot to her; ***das hab ich dir zu ~*** I owe it all to you, *a. iro.* it's all thanks to you; ***dir hab ich zu ~, dass*** it's thanks to you that, *iro. a.* it's your fault that; ***das hast du dir selbst zu ~!*** it's your own fault.

verdattert F *adj.* F flabbergasted; (*verwirrt*) F flummoxed.

verdauen *v/t.* digest; *fig. a.* come to terms with; *fig.* ***schwer zu ~*** *a.* hard to swallow; ***er hat es immer noch nicht verdaut*** *a.* he hasn't got over it yet; ***das kann man nicht so schnell ~*** that will take a bit of digesting (*od.* getting used to).

verdaulich *adj.* **1.** digestible; ***leicht ~*** easily digestible; ***schwer ~*** hard to digest, heavy; **2.** *fig.* ***schwer ~*** *Buch etc.*: heavy-going; ***leicht ~*** light; ***ein leicht ~es Buch*** light reading; **Verdaulichkeit** *f* digestibility.

Verdauung *f* digestion.

Verdauungs|apparat *m* digestive system; **~beschwerden** *pl.* indigestion *sg.*, digestive trouble *sg.*; **≈fördernd** *adj.* digestive ..., good for the digestion; **~or-**

V

gan *n* digestive organ; **~spaziergang** *m* constitutional; **~störung** *f* indigestion; dyspepsia; **~trakt** *m* digestive tract.

Verdeck *n* **1.** ⚓ deck; **2.** *mot.* roof, top.

verdecken *v/t.* cover (up); (*verbergen*) hide, *a.* ⚙ conceal; → ***Karte***; **verdeckt** *adj.*: ***~er Ermittler*** undercover agent; ***~e Ermittlungen*** undercover investigations.

verdenken *v/t.*: ***ich kann es ihr nicht ~*** I can't blame her (for it; ***dass*** for *ger.*; ***wenn*** if).

Verderb *m* **1.** *von Lebensmitteln etc.*: spoilage; **2.** *sittlicher*: corruption; (*Untergang*) ruin; → ***Gedeih.***

verderben I. *v/t.* **1.** spoil; ***sich die Augen ~*** ruin one's eyes; ***ich habe mir den Magen verdorben*** I've got an upset stomach; ***j-m et. ~*** (*Urlaub etc.*) spoil s.th. for s.o.; ***j-m die Freude ~*** spoil s.o.'s fun; ***j-m die Laune*** (***Stimmung***) ***~*** put s.o. out, put a damper on s.o.; ***es mit j-m ~*** fall out with s.o., get into s.o.'s bad books; ***er will es mit niemandem ~*** he tries to please everybody; **2.** *sittlich*: corrupt; **II.** *v/i.* **3.** *Lebensmittel*: go bad, *bsd. Fleisch, Milchprodukte*: *a.* go off; (*faulen*) rot; **4.** (*zugrunde gehen*) perish.

Verderben *n* (*Untergang*) ruin(ation), downfall; ***Drogen*** *etc.* ***waren ihr ~*** *a.* drugs *etc.* were her undoing; (***offenen Auges***) ***in sein ~ rennen*** head straight for disaster; ***j-n ins ~ stürzen*** bring disaster on s.o.; → ***blindlings.***

verderbenbringend, Verderben bringend *adj.* fatal, ruinous.

verderblich *adj.* **1.** ***~e Waren*** perishable goods, perishables; **2.** (*schädlich*) ruinous, *moralisch*: corrupting.

Verderbnis *f* **1.** (*Verderbtheit*) depravity; **2.** (*Verderben*) ruin, disaster; **verderbt** *adj.* depraved, corrupt; **Verderbtheit** *f* depravity, corruptness, corruption.

verdeutlichen *v/t.* make clear (*dat.* to); (*erklären*) explain, elucidate; *durch Beispiele*: illustrate; **Verdeutlichung** *f* elucidation; (*Erklärung*) explanation, *durch Beispiele*: illustration; ***zur ~*** *gen.* to elucidate (*od.* explain, illustrate) *s.th., weitS.* to make *s.th.* quite clear; ***zur ~*** by way of explanation (*od.* illustration).

verdeutschen *v/t.* (*verständlich machen*) put into plain words, F translate (into German).

verdichten I. *v/t.* **1.** *phys.* condense, thicken, (*Gase*) solidify; (*komprimieren*) compress; **2.** *fig.* ***~ zu*** condense into; **II.** *v/refl.*: ***sich ~*** **3.** *Nebel etc.*: thicken; *phys. a.* condense, *Gase*: solidify; **4.** *fig. Nachricht, Verdacht etc.*: be consolidated; *Gerücht*: grow, gain ground (*od.* momentum); *Eindruck*: grow (stronger); **Verdichtung** *f* **1.** *phys.* condensation; *a. mot.* compression; thickening; **2.** *fig. e-r Nachricht etc.*: consolidation; *e-s Eindrucks*: hardening.

verdicken *v/t. u. v/refl.* (***sich ~***) thicken; **Verdickung** *f* thickening.

verdienen I. *v/t.* **1.** (*Geld*) earn, make; ***et. ~ an*** (*od.* ***bei***) make money out of; ***ein Vermögen ~*** make a fortune; ***daran ist nichts zu ~*** there's no money in it; **2.** (*Lob, Strafe, Tadel etc.*) deserve, merit; ***Beachtung*** *etc.* ***~*** *Sache*: be worthy of note *etc.*, be worth noting *etc.*; ***das hat er*** (***nicht***) ***verdient*** he deserves it (he doesn't deserve it); ***er hat es nicht anders*** (***besser***) ***verdient*** he got what he deserved (he doesn't deserve any better); ***womit habe ich das verdient?*** what have I done to deserve that?; → ***Brot, verdient*** *etc.*; **II.** *v/i.*: ***gut ~*** earn a good (*od.* decent) salary *od.* wage; ***er verdient nicht schlecht*** he doesn't do too badly (salarywise *od.* wagewise).

Verdienst[1] *m* earnings *pl*; (*Lohn*) wages *pl.*; (*Gehalt*) salary; (*Gewinn*) gain, profit.

Verdienst[2] *n* merit; (*Leistung*) service; ***sich um et. große ~e erwerben*** render outstanding services to s.th.; ***es ist*** (***allein***) ***sein ~, dass*** it is (entirely) due to him that; ***nach ~*** *belohnen etc.*: according to merit.

Verdienst|ausfall *m* lost earnings *pl.*; **~kreuz** *n* Distinguished Service Cross; **~möglichkeit** *f* chance to earn (some) money; **~spanne** *f* ✝ profit margin.

verdienstvoll *adj. Person*: deserving, meritorious; *Tat*: commendable, laudable; ***~e Person*** *a.* man (*od.* woman) of merit.

verdient *adj.* **1.** *Person*: deserving; *Wissenschaftler etc.*: outstanding, of (great) merit; *Sieg etc.*: well-earned; *Strafe etc.*: due, deserved; **2.** ***sich um j-n*** (***et.***) ***~ machen*** do *od.* render s.o. (s.th.) a great service; **verdientermaßen** *adv.* deservedly.

Verdikt *n* ⚖ *u. fig.* verdict.

verdinglichen *v/t.* concretize; **Verdinglichung** *f* concretization.

verdolmetschen *v/t.* translate, interpret; *fig.* (*erklären*) explain, F translate.

verdonnern F *v/t.* condemn (***zu*** to); ***j-n ~, et. zu tun*** make s.o. do s.th.

verdoppeln *v/t. u. v/refl.* (***sich ~***) double; (*Anstrengungen, Eifer*) redouble; **Verdopplung** *f* doubling; *der Anstrengungen etc.*: redoubling.

verdorben *adj.* spoilt; *Lebensmittel*: bad, *bsd. Fleisch, Milchprodukte*: *pred. a.* off; (*verfault*) rotten; *Luft*: foul; *Magen*: upset; *sittlich*: depraved, corrupt; ***das Essen ist ~*** *a.* the food has gone bad (*od.* off); **Verdorbenheit** *f* corruption, depravity.

verdorren *v/i.* wither, *a. Wiesen etc.*: dry up; **verdorrt** *adj.* withered, dried up.

verdösen F *v/t.* doze *the day etc.* away; doze through *a meeting etc.*

verdrahten *v/t.* wire up (*a.* ⚡); **Verdrahtung** *f* wiring.

verdrängen *v/t.* **1.** (*j-n*) *von s-m Platz etc.*: edge out (***von*** of); *aus s-m Amt*: *a.* oust (***aus*** from); *aus s-m Territorium*: drive out (of), *pol.* displace (from); **2.** *fig.* (*ersetzen*) replace, supersede; **3.** *psych.* suppress, repress; **Verdrängung** *f* edging out; ousting; driving out, displacement; *fig.* replacement, supersession; *psych.* suppression, repression; → ***verdrängen***; **Verdrängungswettbewerb** *m* predatory competition.

verdrecken I. *v/t.* dirty, make a mess of; **II.** *v/i.* get dirty; **verdreckt** *adj.* dirty; ***völlig ~*** filthy dirty.

verdrehen *v/t.* twist; *fig.* (*Sinn, Wort etc.*) *a.* distort; ***die Augen ~*** roll one's eyes; ***den Hals ~*** crane one's neck round; *fig.* ***j-m den Kopf ~*** turn s.o.'s head; **verdreht** *adj.* twisted; F (*leicht verrückt*) F (slightly) screwy; (*durcheinander*) *pred.* in a muddle; *Ansichten*: warped, F cranky; **Verdrehung** *f* twist(ing); *fig.* twisting, distortion *of facts etc.*

verdreifachen *v/t. u. v/refl.* (***sich ~***) treble, triple; **Verdreifachung** *f* trebling, tripling.

verdreschen F *v/t.* give *s.o.* a thrashing.

verdrießen *v/t.* annoy; ***lass dichs nicht ~*** don't let it get to you; **verdrießlich** *adj.* **1.** *Person*: annoyed; (*missmutig*) F grumpy; **2.** *Sache*: irksome; **Verdrießlichkeit** *f* **1.** *e-r Person*: annoyance; (*Missmut*) F grumpiness; **2.** *e-r Sache*: irksome nature (*gen.* of); **~en** inconveniences, annoying little things.

verdrillen *v/t.* twist.

verdrossen *adj.* (*missmutig*) sullen; (*verärgert*) peeved; (*müde, lustlos*) weary, F fed up; **Verdrossenheit** *f* sullenness; (*Lustlosigkeit*) weariness.

verdrücken F **I.** *v/t.* (*essen*) F put (*od.* stow) away, polish off; **II.** *v/refl.*: ***sich ~*** slip away (unnoticed), disappear.

Verdruss *m* displeasure; annoyance; ***j-m ~ bereiten*** cause s.o. (a lot of) trouble.

verduften F *v/i.* F clear off.

verdummen I. *v/i.* become stultified; **II.** *v/t.* stultify, dull *s.o.'s* mind; (*bsd. das Volk*) brainwash; **Verdummung** *f* stultification.

verdunkeln I. *v/t.* darken (*a. Zimmer*); *Luftschutz*: black out; *fig.* (*verschleiern*) obscure; **II.** *v/refl.*: ***sich ~*** darken; *fig. Gesicht*: *a.* cloud over; **Verdunk(e)lung** *f* **1.** darkening; *Luftschutz*: blackout; **2.** ⚖ collusion; **Verdunk(e)lungsgefahr** *f* ⚖ danger of collusion.

verdünnen *v/t.* dilute; (*Farben, Lacke etc*) thin (down); **Verdünner** *m* thinner.

verdünnisieren F *v/refl.*: ***sich ~*** F do a vanishing trick.

Verdünnung *f* dilution; *von Farben, Lacken etc.*: thinning (down); **Verdünnungsmittel** *n* thinner.

verdunsten *v/t. u. v/i.* evaporate; **Verdunster** *m* humidifier; **Verdunstung** *f* evaporation.

verdursten *v/i.* die of thirst.

verdüstern *v/t. u. v/refl.* (***sich ~***) darken.

verdutzt I. *adj.* nonplussed; (*überrascht*) *pred.* taken aback; **II.** *adv.*: ***~ aussehen*** look baffled.

verebben *fig. v/i.* subside, ebb away.

veredeln *v/t.* **1.** (*verfeinern*) refine; (*Rohstoffe*) process, finish; (*Stahl*) refine; ⚘ graft; **2.** *charakterlich*: ennoble; **Veredelung** *f* **1.** ⚙ refinement; processing, finishing; ⚘ grafting; **2.** *des Charakters*: ennoblement, ennobling.

verehelichen *v/refl.*: ***sich ~*** (***mit***) marry; **Verehelichung** *f* marriage.

verehren *v/t.* admire, *stärker*: revere; (*anbeten*) worship; ***j-m et. ~*** give s.o. s.th. (as a present), *iro.* (*vermachen*) bequeath s.th. to s.o.; → ***verehrt***; **Verehrer(in** *f*) *m* (*a.* F *Liebhaber*) admirer; *e-s Stars*: *a.* devotee, F fan; **Verehrerpost** *f* fan mail; **verehrt** *adj.* hono(u)red, venerable; ***~e Anwesende!*** Ladies and Gentlemen!; ***Sehr ~er Herr*** Dear Sir; *iro.* ***Verehrteste!*** my dear!; **Verehrung** *f* admiration, reverence; (*Anbetung*) worship; **verehrungswürdig** *adj.* admirable; (*altehrwürdig*) venerable.

vereidigen *v/t.* swear *s.o.* in(to office); (*j-m e-n Eid abnehmen*) make *s.o.* swear an oath (***auf*** on); **vereidigt** *adj.* sworn; **Vereidigung** *f* swearing-in (ceremony).

Verein *m* **1.** society, association; *geselliger*: club; F *hum.* ***ein schöner*** (***seltsamer***) ***~*** F a fine (funny) bunch; **2.** ***im ~ mit*** together with, in conjunction with.

vereinbar *adj.* compatible, consistent (***mit*** with); ***nicht ~*** → ***unvereinbar***; **vereinbaren** *v/t.* **1.** (*ausmachen*) agree (up)on, arrange; **2.** reconcile (***mit*** with); ***sich*** (***nicht***) ***~ lassen mit*** be (in)consistent *od.* (in)compatible with; ***ich kann es***

mit m-m Gewissen nicht ~ it goes against my conscience (*od.* principles); **Vereinbarkeit** *f* compatibility (***mit*** with); **vereinbart** *adj.* agreed; *Zeitpunkt, Verabredung etc.*: *a.* arranged; ***es gilt als ~, dass*** it is understood that; **Vereinbarung** *f* agreement (*a. pol.*), arrangement; (*Klausel*) clause, provision; ***laut ~*** as agreed; ***nach ~*** by agreement (*od.* arrangement, appointment); ***e-e ~ treffen*** reach an agreement; ***Gehalt nach ~*** salary negotiable.

vereinen *v/t.* → ***vereinigen, vereint.***

vereinfachen *v/t.* simplify; **vereinfachend** *adj.* simplistic(ally *adv.*); ***grob*** (*od.* ***stark***) ~ oversimplistic(ally *adv.*); **Vereinfachung** *f* simplification.

vereinheitlichen *v/t.* standardize; **Vereinheitlichung** *f* standardization.

vereinigen *v/t.* (*a.* ***sich ~***) unite, join; (*verbinden*) combine (*a.* ***in sich ~***); (*zusammenschließen*) integrate (***in*** within); ✦ (*fusionieren*) amalgamate, consolidate, merge (***zu*** into); (*versammeln*) assemble, gather, *bsd. pol.*, ⚔ rally; ***sich ~*** *Flüsse etc.*: meet, merge; **vereinigt** *adj.* **1.** united; ***Vereinigte Staaten*** (***von Amerika***) United States (of America) (*abbr.* US[A]); **2.** ✦ *in Firmennamen*: consolidated; **Vereinigung** *f* **1.** (*Vorgang*) uniting, unification, combining *etc.*; → ***vereinigen***; **2.** (*Zusammenschluss*) union; (*Personen*~) association, union; → *a.* ***Verein***; ✦ (*Verschmelzung*) amalgamation, merger.

vereinnahmen *v/t.* **1.** take in, collect; F *fig.* (*einstecken*) pocket; **2.** F *fig.* (*ganz für sich in Anspruch nehmen*) monopolize.

vereinsamen *v/i.* become isolated; grow lonely; **Vereinsamung** *f* (growing) isolation.

Vereins|beitrag *m* membership dues *pl.*; **~farben** *pl.* club colo(u)rs; **~haus** *n* → ***Vereinslokal***; **~kasse** *f* club funds *pl.*; **~lokal** *n* club house.

Vereinsmeier F *m* F joiner; **Vereinsmeierei** F *f* club mania.

Vereinsmitglied *n* club member.

Vereinswesen *n* clubs(, societies and associations) *pl.*

vereint *adj.* united; ***mit ~en Kräften*** in a joint (*od.* combined) effort; ***die ~en Nationen*** the United Nations.

vereinzelt I. *adj.* (~ *auftretend*) isolated; *Schauer*: *a.* scattered; *zeitlich*: occasional, sporadic; ***~e Briefe*** the odd letter; → ***Bewölkung***; **II.** *adv. zeitlich*: sporadically, now and then; *örtlich*: here and there.

vereisen I. *v/t.* ✱ freeze; **II.** *v/i.* *Straße, See etc.*: freeze over; ✈, *Fenster etc.*: ice up; **vereist** *adj.* iced up (*od.* over); (*zugefroren*) frozen (over); **Vereisung** *f* icing up; freezing (over).

vereiteln *v/t.* thwart, frustrate, foil; (*Tat*) prevent; **Vereitelung** *f* thwarting, frustration; *e-r Tat*: prevention.

vereitern *v/i.* go septic; **vereitert** *adj.* septic; **Vereiterung** *f* sepsis.

verelenden *v/i.* be reduced to poverty; **Verelendung** *f* impoverishment.

verenden *v/i.* perish, die.

verengen I. *v/t.* narrow; **II.** *v/refl.*: ***sich ~*** (become) narrow; *Kleidung*: taper; *Blutgefäß*: constrict; *Pupille*: contract; **Verengung** *f* narrowing; constriction; contraction.

vererbbar *adj.* **1.** *Besitz etc.*: inheritable; **2.** *genetisch*: hereditary; **Vererbbarkeit** *f* heritability; **vererben I.** *v/t.* **1.** leave, (*a. hum. schenken*) bequeath (*dat.* to); **2.** *biol.*, ✱ pass on (***auf*** to), transmit (to); **3.** (*Brauch etc.*) pass *od.* hand down (***auf*** to); **II.** *v/refl.* **4.** ***sich ~*** *Eigenschaft etc.*: be hereditary, run in the family, ***auf***: be passed on (*od.* transmitted) to; **5.** ***sich ~ auf*** *Nachlass*: devolve (up)on, fall to; **vererblich** *adj.* **1.** *Besitz*: inheritable, hereditary; **2.** *biol.*, ✱ hereditary; **vererbt** *adj.* **1.** inherited; **2.** *biol.*, ✱ hereditary; **Vererbung** *f* **1.** bequeathal (***an*** to); **2.** *biol.*, ✱ transmission (***auf*** to); **3.** *von Bräuchen etc.*: transmission (***auf*** to), passing *od.* handing down (to); **Vererbungslehre** *f* genetics *pl.* (*sg. konstr.*).

verewigen I. *v/t.* perpetuate; (*unsterblich machen*) immortalize; **II.** *v/refl.*: ***sich ~*** immortalize o.s.; *schreibend*: inscribe one's name (***in*** in; ***an*** on), *mit Messer etc.*: carve one's name (into); **verewigt** *adj.* deceased; **Verewigung** *f* perpetuation; *e-s Namens etc.*: immortalization.

verfahren[1] I. *v/i.* proceed, act (***nach*** on); ~ ***mit*** (*j-m*) deal with, (*et.*) *a.* handle; **II.** *v/t.* (*Geld, Zeit*) spend driving (around); (*Benzin*) use up; **III.** *v/refl.*: ***sich ~*** take the wrong road; *völlig*: lose one's way, get lost.

verfahren[2] *adj.* **1.** (*ausweglos*) hopeless, inextricable; **2.** (*verpfuscht*) messed up; (*durcheinander*) tangled, muddled; ***e-e ~e Geschichte*** a (great) muddle.

Verfahren *n* **1.** (*Verfahrensweise*) procedure; (*Methode*) method; **2.** ⚖ procedure; (*Prozess*) proceedings *pl.*, (law-) suit; ***das ~ einleiten gegen*** take proceedings against; → *a.* ***Gerichtsverfahren***; **3.** ⚙ process, method; system.

Verfahrensrecht *n* procedural law; **verfahrensrechtlich I.** *adj.* procedural; **II.** *adv.* in terms of procedural law.

Verfahrens|regel *f* rule of procedure; **~technik** *f* process engineering; **~techniker** *m* process engineer; **~weise** *f* procedure; method; approach.

Verfall *m* **1.** (*Zerfallsprozess*) decay, ruin, *a.* ✱ decline; *e-s Gebäudes*: dilapidation; *e-r Kultur etc.*: decline, (*Zusammenbruch*) fall; (*Entartung*) degeneracy; *sittlicher*: decay, corruption; ***dem ~ preisgeben*** let *s.th.* go to (rack and) ruin; ***der ~ hat schon eingesetzt*** the rot has set in; **2.** (*Fristablauf*) expiry; *e-s Wechsels*: maturity; ***bei ~*** upon expiry, *Wechsel*: at maturity.

verfallen[1] *v/i.* **1.** go to ruin; *Haus, Wirtschaft etc.*: fall into disrepair, *stärker*: go to ruin; *Reich, Kultur etc.*: decline, (*zusammenbrechen*) fall; *Kranker*: waste away; **2.** (*ablaufen*) expire; (*ungültig werden*) *a.* become invalid; **3.** (*e-m Laster*) take to *ger.*, F get hooked on, (*a. e-r Person*) become a slave to; (*dem Zauber e-s Anblicks etc.*) be bewitched by; ***~ in*** fall into, *wieder*: lapse (*od.* slip) back into; **4.** ***~ auf*** hit (up)on *an idea etc.*; ***wie ist er nur darauf ~?*** what on earth made him do it?

verfallen[2] *adj.* **1.** decayed; *Gebäude*: dilapidated, tumbledown ..., ramshackle; *körperlich*: emaciated, F *pred.* a wreck; **2.** *Fahrschein etc.*: expired, invalid, no longer valid; **3.** *e-m Rauschgift etc.* ~ addicted to, F hooked on; *dem Zauber e-s Anblicks etc.* ~ bewitched by; ***der Liebe ~*** F smitten.

Verfalls|datum *n* **1.** expiry date; **2.** *von Lebensmitteln*: best-before (*od.* best-by) date, *Am.* pull date; *von Medikamenten*: sell-by date; **~erscheinung** *f* sign of decay; **~stadium** *n*: (***im ~*** in a) state of decay *od.* collapse; **~symptom** *n* sign of decay; **~tag** *m*, **~zeit** *f* expiry date.

verfälschen *v/t.* distort, falsify; (*Lebensmittel*) adulterate; → *a.* ***fälschen***; **Verfälschung** *f* distortion, falsification; *von Lebensmitteln*: adulteration.

verfangen I. *v/refl.* **1.** ***sich ~*** *im Netz etc.*: get caught; **2.** ***sich in Widersprüchen*** *etc.* ~ get caught up (*od.* entangled) in a web of contradictions *etc.*; **II.** *v/i.* (*wirken*) work; ***das verfängt bei mir nicht*** F that cuts no ice with me.

verfänglich *adj.* *Situation etc.*: awkward; (*gefährlich*) risky; *Brief etc.*: compromising; *Frage*: trick *question*; ***du mit d-n ~en Fragen!*** *a.* you're just trying to catch me out.

verfärben I. *v/t.* (*Wäsche*) dye, colo(u)r; ***die Socken haben die ganze Wäsche verfärbt*** the dye from the socks has come off onto all the washing; **II.** *v/refl.*: ***sich ~*** discolo(u)r; *a. Person*: change colo(u)r; **verfärbt** *adj.* discolo(u)red; **Verfärbung** *f* discolo(u)ration (*a. verfärbte Stelle*).

verfassen *v/t.* write; (*Gedicht*) *a.* compose; (*Resolution etc.*) draw up; **Verfasser(in** *f*) *m* author, writer.

Verfassung *f* **1.** (*Zustand, a. körperliche* ~) state, condition; *seelische*: *a.* state (*od.* frame) of mind; ***in guter*** (***schlechter***) ~ *körperlich*: in good (bad) shape, *seelisch*: in good (low) spirits; ***nicht in der ~ sein zu*** *inf.* be in no fit state (*seelisch*: *a.* in no frame of mind) to *inf.*; ***ich bin nicht in der ~ dazu*** *a.* I don't feel up to it; **2.** (*Staats*~) constitution; **verfassunggebend** *adj.*: ***~e Versammlung*** constituent assembly.

Verfassungs|änderung *f* constitutional amendment; **~beschwerde** *f* constitutional complaint; **~bruch** *m* breach of the constitution; **~feind** *m* enemy of the constitution; **~feindlich** *adj.* anticonstitutional; **~gericht** *n* constitutional court; **~gerichtsbarkeit** *f* constitutional jurisdiction; **~klage** *f* constitutional challenge.

verfassungsmäßig *adj.* constitutional.

Verfassungs|organ *n* constitutional body; **~recht** *n* constitutional law; **~richter** *m* judge at the constitutional court; **~schutz** *m* **1.** protection of the constitution; **2.** (*a.* ***Bundesamt für ~***) *federal agency for internal security*; **~staat** *m* constitutional state; **~treu** *adj.* loyal to the constitution; **~treue** *f* loyalty to the constitution; **~widrig** *adj.* unconstitutional; **~widrigkeit** *f* breach of the constitution.

verfaulen *v/i.* decay; *Lebensmittel, Holz etc.*: rot.

verfechten *v/t.* speak out in support of, champion *a cause*, stand up for; (*Ansicht*) maintain; (*verteidigen*) defend; **Verfechter** *m* advocate, champion, promoter (*gen.* of).

verfehlen *v/t.* (*Ziel, Zug*) miss (***um*** by); ***den Beruf verfehlt haben*** have missed one's vocation, F be in the wrong job; ***s-e Wirkung ~*** not to work, be a failure, *Plan, Witz etc.*: *a.* misfire; ***sich*** (*od.* ***einander***) ~ miss each other; → ***Zweck***; **verfehlt** *adj.* (*falsch*) wrong, misguided; ***es für ~ halten zu*** *inf.* consider it amiss to *inf.*; **Verfehlung** *f* offen|ce (*Am.* -se).

verfeinden I. *v/refl.*: ***sich ~*** (*untereinander*) become enemies; *weitS.* (*sich zerstreiten*) fall out (with each other); ***sich***

V

mit j-m **~** a) make an enemy of s.o., b) fall out with s.o.; **II.** *v/t.* (*Menschen, Völker*) make enemies of; **verfeindet** *adj.* hostile; *pred.* at daggers drawn; ***sie sind vollkommen*** **~** they're sworn enemies; **Verfeindung** *f* (growing) hostility; (state of) enmity.

verfeinern I. *v/t.* refine, *stärker*: make *s.th.* more sophisticated; ⚙ *a.* improve; (*Soße etc.*) round off; **II.** *v/refl.*: ***sich*** **~** become refined, *stärker*: become more sophisticated; ⚙ *a.* improve; **Verfeinerung** *f* refinement, (increasing) sophistication; ⚙ *a.* improvement.

verfemen *v/t.* outlaw; *fig.* ostracize; (*Künstler etc.*) condemn; **Verfemung** *f* outlawing; *fig.* ostracism, ostracizing; condemnation, condemning.

verfertigen *v/t.* make, manufacture; **Verfertigung** *f* manufacture.

verfestigen *v/t.* → ***festigen.***

verfetten *v/i.* **1.** *Person*: get (*od.* grow) fat, grow (*od.* become) obese; **2.** ⚕ *Gewebe, Organ*: become fatty (*od.* adipose); **Verfettung** *f* **1.** ⚕ fatty degeneration, adiposis; **2.** *des Körpers*: obesity.

verfeuern *v/t.* (*Brennmaterial*) burn; (*Munition*) fire; *weitS.* (*verbrauchen*) use up.

verfilmen *v/t.* make a film of; (*Roman etc.*) *a.* adapt for the screen; **Verfilmung** *f* filming; *konkret*: film version, screen adaptation.

verfilzen *v/i. u. v/refl.* (***sich*** **~**) *Wolle*: felt; *Haare*: get matted.

verfinstern I. *v/t.* darken; **II.** *v/refl.*: ***sich*** **~** darken; *Sonne, Mond*: eclipse; *fig. Gesicht*: *a.* cloud over.

verflachen I. *v/t.* flatten; **II.** *v/i. u. v/refl.* (***sich*** **~**) flatten, level off; *fig. Gespräch, Stil etc.*: degenerate; *Person*: become shallow (*od.* superficial); **Verflachung** *fig. f* degeneration; (growing) superficiality.

verflechten *v/t. u. v/refl.* (***sich*** **~**) interweave, intertwine (*beide a. fig.*); ✝ integrate; ***j-n in et.*** **~** involve s.o. (*od.* get s.o. involved) in s.th.; → ***verflochten***; **Verflechtung** *f* interweaving, intertwining; integration; involvement.

verfliegen I. *v/i.* **1.** *Duft etc.*: fade (away); *Alkohol etc.*: evaporate; **2.** *Zeit*: fly; **3.** *Erinnerung etc.*: fade; *Bedenken, Angst etc.*: vanish, *Stimmung etc.*: *a.* blow over; **II.** *v/refl.*: ***sich*** **~** ✈ lose one's bearings, get lost.

verfließen *v/i.* **1.** *Farben*: run, *ineinander*: merge (*a. fig. Begriffe etc.*); (*undeutlich, unscharf werden*) become (*od.* get) blurred; ***ineinander*** **~** merge (into one another); **2.** *Zeit*: pass (by).

verflixt F *adj.* F blasted, damn(ed); **~!** F blast!, damn (it)!; ***das ~e siebte Jahr*** the seven-year itch.

verflochten *adj.*: **~ *in*** intertwined (with-) in, (*verfangen*) entangled in; ***eng*** **~** intricate, ***in***: intricately bound in(to).

verflossen F *adj. Freund etc.*: ex-...; one-time ...; **Verflossene(r** *m*) *f* F ex-boyfriend (*f* ex-girlfriend); ex-husband (*f* ex-wife); *länger zurückliegend*: *a.* F *hum.* old flame.

verfluchen *v/t.* curse; **verflucht** *adj. u. int.* → ***verdammt.***

verflüchtigen I. *v/refl.*: ***sich*** **~** evaporate; F *fig.* disappear, *Person*: *a.* make o.s. scarce; *Wut etc.*: blow over; **II.** *v/t.* volatilize.

verflüssigen *v/t. u. v/refl.* (***sich*** **~**) liquefy; *metall.* fuse; **Verflüssigung** *f* liquefaction.

Verfolg *m*: ***in*** **~** *gen.* in pursuance of, *weitS.* (*im Verlauf*) in the course of.

verfolgen *v/t.* **1.** (*Person*) pursue, chase (*od.* run) after; (*Wild*) track down; **2.** (*Spur*) follow; **3.** (*Laufbahn, Politik, Idee etc., a.* ⚖ *e-n Anspruch*) pursue; **4.** (*j-n*) *ungerecht, grausam*: persecute; *strafrechtlich*: prosecute; **5.** (*bedrängen*) dog, plague; *mit Hass*: persecute; (*ständig beschäftigen*) *Traum etc.*: haunt; ***vom Pech verfolgt*** dogged by misfortune; ***der Gedanke daran verfolgte sie*** the thought of it haunted her; **6.** (*Gedankengang*) follow up; **7.** (*Vorgang*) follow, observe; (*Entwicklung*) trace; ***sie verfolgte jede s-r Bewegungen*** she followed his every move; **Verfolger** *m* pursuer; *grausamer*: persecutor; **Verfolgte(r)** *m*: (***politisch***) ***Verfolgter*** victim of (political) persecution; **Verfolgung** *f* pursuit; persecution; prosecution *etc.*; → ***verfolgen***; (*Fortführung*) pursuance; ***die*** **~ *aufnehmen*** take up the chase (*od.* pursuit).

Verfolgungs|jagd *f* wild chase, pursuit; *in Autos*: *mst* car chase; ***wilde*** **~** hot pursuit, wild chase; **~szene** *f Film*: → ***Verfolgungsjagd***; **~wahn** *m* persecution complex, paranoia; ***an*** **~ *leiden*** *a.* be (a) paranoiac.

verformbar *adj.* ⚙ *etc.* workable; **verformen I.** *v/refl.*: ***sich*** **~** go out of shape; (*sich verdrehen*) twist; *metall. a.* buckle; *Holz*: warp; **II.** *v/t.* deform; ⚙ work, form, shape; **verformt** *adj. a.* ⚕ deformed; ⚙ (*verdreht*) twisted; *metall. a.* buckled; *Holz*: warped; **Verformung** *f* deformation; ⚙ working, forming, shaping.

verfrachten *v/t.* (*Ware*) freight, ⚓ *od. Am.* ship; F (*j-n*) bundle off; **Verfrachter** *m* shipper, forwarding (*od.* shipping) agent(s *pl.*).

verfranzen F *v/refl.*: ***sich*** **~** ✈ lose one's bearings, (*a. allg. sich verirren*) get lost.

verfremden *v/t. a. Kunst etc.*: alienate; **Verfremdung** *f* alienation; **Verfremdungseffekt** *m* alienation effect.

verfressen F *adj.* greedy; **~ *sein*** be a glutton, F be a greedy pig; **Verfressenheit** F *f* greed, voraciousness, voracity.

verfroren *adj.* **1.** **~ *sein*** feel the cold (very easily); **2.** (*durchgefroren*) frozen (to the bone).

verfrüht *adj.* premature, too early; *Ankunft, Sommer etc.*: early; ***es war*** **~** *a.* it came too soon (*od.* early).

verfügbar *adj.* available, at one's disposal; ***frei*** **~** freely disposable; **~*es Geld*** available cash, cash in hand; (***frei***) **~*es Einkommen*** disposable (discretionary) income; ***mit allen ~en Mitteln*** with all means at one's disposal; **Verfügbarkeit** *f* availability.

verfügen I. *v/t.* order; *gesetzlich, testamentarisch*: decree; **II.** *v/i.*: **~ *über*** have (available *od.* at one's disposal); (*ausgestattet sein mit*) have, be provided (*od.* equipped) with; (*frei* **~**, *disponieren über*) dispose of *funds etc.*; (***frei***) **~ *können über et.***: be able (*od.* free, in a position) to do what one wants with s.th., ***s-e Zeit***: *a.* be able to divide up one's time as one wants; **~ *Sie über mich*** at your service.

Verfügung *f* (*Erlass*) decree, order; (*Anweisung*) instruction; (*Verfügungsrecht, -gewalt*) disposition; ***freie*** **~ *über*** *a.* power freely to dispose of; ***et. zur*** **~ *haben*** have s.th. at one's disposal; ***zur*** **~ *stehen*** be available (*dat.* to), ***j-m***: *a.* be at s.o.'s disposal; ***j-m et. zur*** **~ *stellen*** place s.th. at s.o.'s disposal; ***s-n Posten*** *etc.* ***zur*** **~ *stellen*** resign one's post *etc.*; ***sein Amt zur*** **~ *stellen*** *a.* tender one's resignation; ***sich zur*** **~ *stellen*** volunteer (***für*** for), ***j-m***: offer one's services to s.o.; ***freundlicherweise zur*** **~ *gestellt von*** courtesy of; ***zu Ihrer*** **~** at your service; ***Vormittag zur freien*** **~** morning at client's *etc.* discretion; → ***einstweilig.***

verfügungsberechtigt *adj.* authorized to dispose; **Verfügungsberechtigung** *f* right of disposal.

Verfügungs|gewalt *f*: ***freie*** **~** discretionary power of disposition; control; **~recht** *n* right of disposal.

verführen I. *v/t.* **1.** *sexuell*: seduce; **2.** (*verlocken*) entice, tempt (***zu*** to; ***et. zu tun*** into doing); *weitS.* (*vom rechten Weg abbringen*) lead *s.o.* astray; **II.** *v/i.*: ***zum Diebstahl*** **~** be an invitation to steal; ***es verführt zum Kauf*** it makes you tempted to buy (it); **Verführer(in** *f*) *m* seducer (*f* seductress); **verführerisch** *adj.* **1.** *Frau, Parfüm etc.*: bewitching, *stärker*: seductive; **~*e Schönheit*** ravishing beauty; **2.** (*verlockend*) enticing, tempting; **Verführung** *f* **1.** seduction; **2.** (*Verlockung*) enticement, temptation; **Verführungskunst** *f* powers *pl.* of seduction.

verfünffachen *v/t. u. v/refl.* (***sich*** **~**) quintuple, increase five times; **Verfünffachung** *f* quintupling, fivefold increase.

verfüttern *v/t.* feed.

Vergabe *f* ✝ *von Aufträgen*: placing; *von Preisen etc.*: awarding; *von öffentlichen Mitteln*: allocation.

vergackeiern F *v/t.*: ***j-n*** **~** F pull s.o.'s leg, have s.o. on.

vergaffen F *v/refl.*: ***sich in j-n*** **~** F fall for s.o., go soft on s.o.

vergällen *fig. v/t.* spoil, sour.

vergaloppieren F *v/refl.*: ***sich*** **~** **1.** (*übertreiben*) overdo it, F go over the top; **2.** (*falsch kalkulieren*) miscalculate.

vergammeln F **I.** *v/i.* (*verfaulen*) rot; *Person*: go to seed; ***et.*** **~ *lassen*** (*Haus etc.*) let s.th. go to rack and ruin; **II.** *v/t.* (*Zeit*) idle (*od.* fritter) away; **vergammelt** F *adj. Person*: scruffy; *Betrieb etc.*: run-down; **~*er Typ*** F scruff, *stärker*: F slob.

vergangen *adj.* past; ***im ~en Jahr*** last year; ***am ~en Freitag*** last Friday; ***in ~en Zeiten*** in times past, *lit.* in bygone times (*od.* days); ***e-e ~e Größe*** a has-been; **Vergangenheit** *f* past (*a. Vorleben*); *ling.* past tense; ***politische*** **~** *e-r Person*: political background; ***e-e Frau mit*** **~** a woman with a past; ***in der*** **~ *liegen*** be a thing of the past; ***lasst die*** **~ *ruhen*** let bygones be bygones; → ***angehören***; **Vergangenheitsbewältigung** *f* (*a.* ***die*** **~**) coming to terms with the past.

vergänglich *adj.* passing ..., transitory, transient; ***es ist alles*** **~** nothing lasts (forever); **Vergänglichkeit** *f* transience, transitoriness; ***die*** **~ *des Lebens*** the transitoriness of life, life's transitoriness.

vergären *v/i.* ferment; **Vergärung** *f* fermentation.

vergasen *v/t.* **1.** ⚗ gasify; **2.** (*durch Gas töten*) gas, *a.* send to the gas chambers.

Vergaser *m mot.* carburet(t)or; **~motor** *m* carburet(t)or engine.

Vergasung *f* **1.** ⚗ gasification; **2.** (*Tötung*) gassing; F ***bis zur*** **~** ad nauseam; F ***wir haben das Zeug bis zur*** **~ *angehört*** (***gegessen*** *etc.*) *a.* F we listened to (ate *etc.*) the stuff till it was coming out of our ears.

vergattern *v/t.* **1.** fence up (*od.* in); **2.** F ***j-n dazu ~, et. zu tun*** F rope s.o. into doing s.th., *als Strafe*: make s.o. do s.th.

vergeben[1] I. *v/t.* **1.** give away (**an** *j-n*: to); ✝ (*Auftrag*) place (with); (*Arbeit*) farm out; (*übertragen*) confer, *formell*: bestow (on); ***ein Amt an j-n ~*** appoint s.o. to an office; ***zu ~*** available; ***Stelle zu ~*** vacancy; **2.** (*Chance*) miss, let *an opportunity* slip; *Sport*: give away (the chance *v/i.*); ***sich et. ~*** compromise o.s.; **3.** (*verzeihen*) forgive (***j-m*** s.o.); **II.** *v/refl.*: ***sich ~*** *beim Kartenspiel*: misdeal.

vergeben[2] *adj.*: ***~ sein*** *Stelle*: be taken, *Auftrag*: have been given out, *Plätze*: have been taken, F *Person*: be spoken for; ***noch nicht ~*** still available, F to be had, *Stelle*: *a.* open; ***ich bin morgen leider schon ~*** I'm booked up for tomorrow, I'm afraid.

vergebens I. *adv.* in vain; **II.** *pred. adj.* in vain; (*nutzlos*) *a.* of no avail.

vergeblich I. *adj.* vain, fruitless, futile, useless; *pred. a.* no use; ***~e Mühe*** a wasted effort, a waste of time; **II.** *adv.* in vain; **Vergeblichkeit** *f* futility.

Vergebung *f* **1.** (*Verzeihung*) forgiveness, *a.* pardon; ***j-n um ~ bitten*** ask s.o.'s forgiveness; **2.** → ***Vergabe.***

vergegenständlichen *v/t.* concretize; **Vergegenständlichung** *f* concretization.

vergegenwärtigen *v/t.*: ***sich et. ~*** visualize (*od.* picture) s.th.; (*klarmachen*) make s.th. clear to o.s.; ***~ wir uns doch die Auswirkungen*** let's call to mind (*od.* be clear about) the implications; **Vergegenwärtigung** *f* visualization.

vergehen I. *v/i. Zeit, Gefühl etc.*: pass; *Schmerz*: *a.* go away; *Zorn etc.*: blow over; (*nicht fortbestehen*) cease (to exist), (*sterben*) die, (*verschwinden*) disappear, vanish, *Schönheit, Erinnerung etc.*: *a.* fade; ***wie die Zeit vergeht!*** time (just) flies; ***das vergeht schon wieder*** it'll pass, it won't last; ***es werden Jahre ~, bis*** (*od.* ***bevor***) it'll be years before ...; ***dir wird das Lachen bald ~!*** you'll soon be laughing on the other side of your face; ***da wird ihm das Lachen schon ~!*** that'll wipe the grin off his face; ***mir ist der Appetit vergangen*** I've lost my appetite; ***vor Ungeduld*** *etc.* ***~*** be dying of impatience *etc.*; → ***hören*** II; **II.** *v/refl.*: ***sich ~ an*** (*j-m*) *unsittlich*: commit indecent assault on; ***sich ~ gegen*** (*ein Gesetz etc.*) offend against, violate; ***sich gegen ein Gesetz ~*** *a.* commit an offen|ce (*Am.* -se).

Vergehen *n* offen|ce (*Am.* -se).

vergeistigen *v/t.* **1.** intellectualize; **2.** spiritualize; **vergeistigt** *adj.* **1.** cerebral; ***völlig ~ sein*** *a.* move on a very cerebral plane; **2.** spiritual; **Vergeistigung** *f* **1.** intellectualization, raising to an intellectual (*od.* a cerebral) plane; **2.** spiritualization.

vergelten *v/t.* repay; ***j-m et. ~*** repay s.o. for s.th., (*a. sich rächen*) pay s.o. back for s.th.; → ***gleich*** 1; **Vergeltung** *f* repayment; (*Rache*) retribution, retaliation.

Vergeltungs|maßnahme *f* retaliatory measure, reprisal; *pl. a.* retaliation *sg.*; **~schlag** *m* reprisal, retaliatory strike.

vergesellschaften *v/t.* nationalize; ✝ convert into a company (*Am.* corporation).

vergessen I. *v/t.* forget; (*liegen lassen*) *a.* leave behind; *s-n Schirm etc.* ***im Restaurant*** *etc.* ***~*** leave (behind) in the restaurant *etc.*; ***nicht ~ zu*** *inf.* be careful to *inf.*; ***nicht zu ~ ...*** not forgetting ...; ***ich habe es ~*** *a.* it slipped my mind; ***ich habe ganz ~, wie*** *a.* I forget how; ***das kannst du ~!*** forget it, (*es nützt nichts*) it's useless; ***den kannst du ~!*** he's hopeless; ***das werde ich dir nie ~*** I won't ever forget it; ***das wird man ihr nie ~*** *weitS.* she'll never live it down; ***bevor ichs vergesse*** *a.* while I remember; **II.** *v/refl.*: ***sich ~*** forget o.s.; **Vergessenheit** *f*: ***in ~ geraten*** fall into oblivion; ***et. der ~ entreißen*** (***anheim geben***) rescue s.th. from (consign s.th. to) oblivion.

vergesslich *adj.* forgetful, absent-minded; ***~ sein*** keep forgetting things; **Vergesslichkeit** *f* forgetfulness, absent-mindedness.

vergeuden *v/t.* waste, squander; **Vergeudung** *f* waste; squandering.

vergewaltigen *v/t.* **1.** (*Frau*) rape; **2.** *fig.* (*Sprache etc.*) do violence to, mutilate; **Vergewaltigung** *f* **1.** ⚖ rape; **2.** *fig.* violation, mutilation.

vergewissern *v/refl.*: ***sich ~*** make sure (***e-r Sache*** of s.th.); check (s.th.).

vergießen *v/t.* **1.** (*Blut, Tränen*) shed; ***es wird viel Blut vergossen werden*** there will be a great deal of bloodshed; **2.** (*verschütten*) spill; **3.** *metall.* cast.

vergiften I. *v/t.* poison (*a. fig. Atmosphäre etc.*); **II.** *v/refl.*: ***sich ~*** poison o.s.; **Vergiftung** *f* poisoning; **Vergiftungstod** *m* death by poisoning.

vergilben *v/i.* yellow, go yellow (at the edges); **vergilbt** *adj.* yellowed, yellowing.

vergipsen *v/t.* plaster.

Vergissmeinnicht *n* ⚘ forget-me-not(s *pl.*).

vergittern *v/t.* fix a grate onto; *mit Draht*: wire in; *mit Stangen*: bar; **Vergitterung** *f* grating.

verglasen *v/t.* glaze; (*Veranda etc.*) glass in (*od.* up); **verglast** *adj. Fenster u. fig. Blick, Augen etc.*: glazed; **Verglasung** *f* (*a. konkret Scheiben etc.*) glazing.

Vergleich *m* **1.** comparison; ***im ~ zu*** compared to (*od.* with), in comparison with; ***dem ~*** (***nicht***) ***standhalten*** bear (no) comparison, **mit:** *a.* (not to) compare with; (***un***)***günstig abschneiden im ~ mit*** compare (un)favo(u)rably with; ***das ist ja überhaupt kein ~!*** you can't compare, there's just no comparison; ***e-n ~ anstellen*** draw a comparison; → ***hinken***; **2.** (*bildhafter Wort*~) simile; (*Analogie*) analogy; **3.** ⚖ (***gütlicher ~*** amicable) agreement; settlement.

vergleichbar *adj.* comparable (**mit** to, with); ***das ist überhaupt nicht ~*** you can't compare, there's just no comparison; **Vergleichbarkeit** *f* comparability.

vergleichen I. *v/t.* **1.** compare (**mit** to, with); ***die Preise ~*** compare prices; ***es ist nicht zu ~ mit*** you can't compare it with, it doesn't compare with; **2.** (*Uhren*) synchronize; ***die Uhren ~*** synchronize watches; **II.** *v/refl.* **3.** ***sich ~ mit*** compare o.s. with; **4.** ***sich ~*** (*sich einigen*) come to an agreement (*od.* to terms); **vergleichend** *adj.* comparative *studies, literature etc.*

Vergleichs|maßstab *m* standard of comparison; **~miete** *f* comparable rent; **~punkt** *m* point of comparison; **~tabelle** *f* comparison chart.

vergleichsweise *adv.* **1.** (*relativ*) comparatively, relatively; **2.** (*zum Vergleich*) by way of comparison.

Vergleichs|wert *m* comparative (*od.* comparable) value; **~zahl** *f*, **~ziffer** *f* comparative figure.

verglimmen *v/i.* die down (*od.* away); → *a.* ***verglühen.***

verglühen *v/i.* **1.** smo(u)lder out; *meteor. etc.*: burn out; *Rakete*: burn up; **2.** *fig. Leidenschaft*: die.

vergnügen *v/refl.*: ***sich ~*** enjoy o.s.

Vergnügen *n* pleasure, enjoyment; (*Spaß*) fun; ***~ an e-r Sache finden*** find pleasure in, enjoy; ***j-m*** (***großes***) ***~ machen*** (*od.* ***bereiten***) give s.o. (great) pleasure; ***es war mir ein ~*** it was a pleasure; ***viel ~!*** *a. iro.* have fun!, enjoy yourself (*od.* yourselves)!; ***es war kein*** (***reines***) ***~*** F it was no picnic (*od.* fun and games), it wasn't exactly (great) fun; ***mit*** (***größtem***) ***~*** with (the greatest) pleasure; (***nur***) ***zum ~*** (just) for fun; ***aus reinem ~*** just for the fun of it; ***ein teures ~*** an expensive business (*od.* affair).

vergnüglich *adj.* pleasant, enjoyable.

vergnügt *adj.* pleased (**über** with); (*fröhlich*) cheerful, F chirpy, *Am.* F chipper.

Vergnügung *f* **1.** pleasure; **2.** *obs.* (*Veranstaltung*) entertainment.

Vergnügungs|dampfer *m* pleasure boat; **~fahrt** *f mot.* joy ride; **~industrie** *f* entertainment industry; **~park** *m* amusement park, fun fair; *mit Schwerpunkt*: theme park; **~reise** *f* pleasure trip; **~steuer** *f* entertainment tax; **~sucht** *f* hedonism, craving for pleasure; **2süchtig** *adj.* pleasure-seeking ..., hedonistic; **~viertel** *n* entertainments district; *mit Bordellen*: red-light district.

vergolden *v/t.* gild (*a. fig.*); (*Metall, Schmuck etc.*) gold-plate; **Vergoldung** *f* **1.** (*Vorgang*) gilding, gold-plating; **2.** *konkret*: gilt, gold-plate, gold-plating.

vergönnen *v/t.* grant; ***es war mir vergönnt zu*** *inf.* I had the privilege of *ger.*; ***es war ihm nicht vergönnt zu*** *inf.* it was not for him to *inf.*, he was not (meant) to *inf.*; ***j-m et. nicht ~*** begrudge s.o. s.th.

vergöttern *fig. v/t.* idolize, worship; **Vergötterung** *f* idolization, worship(ping).

vergraben *v/t. a. fig.* bury; *fig.* ***sich in s-e Bücher ~*** bury o.s. in one's books.

vergrämen *v/t.* **1.** (*j-n, beleidigen*) offend; (*verärgern*) upset; ***j-n nicht ~*** *a.* keep on s.o.'s right side; **2.** (*Wild etc. u. fig.*) frighten, startle; (*verscheuchen*) frighten away, scare off; **vergrämt** *adj.* careworn.

vergrätzen F *v/t.* disgruntle, annoy, upset; **vergrätzt** F *adj.* disgruntled, annoyed, upset.

vergraulen F *v/t.* put off; *stärker*: frighten off; ***j-m et. ~*** spoil s.th. for s.o.

vergreifen *v/refl.* **1.** ***sich ~*** make a mistake; ♪ play a wrong note; **2.** ***sich ~ an*** (*j-m*) lay hands on, attack, *sexuell*: (sexually) assault; (*fremdem Eigentum*) misappropriate; F *fig.* (*an et. herumpfuschen*) interfere (*od.* fiddle around) with; ***sich ~ in*** (*od.* ***im***) ***...*** (*Ausdruck etc.*) choose (*od.* use) the wrong ..., not to find the right ...; F *fig.* ***sich an der Kasse ~*** F dip into the till.

vergreisen *v/i.* turn (*od.* get) senile; *a. Bevölkerung etc.*: age; **Vergreisung** *f* (progressive) senility; *a. der Bevölkerung etc.*: ag(e)ing.

vergriffen *adj. Buch*: out-of-print ..., *pred.* out of print.

V

vergröbern *v/t.* **1.** coarsen; **2.** *fig.* (*zu sehr vereinfachen*) oversimplify; **Vergröberung** *f* **1.** coarsening; **2.** oversimplification.

vergrößern I. *v/t.* enlarge; *phot. a.* blow up; *mit der Lupe*: magnify; (*ausdehnen*) expand, (*a.* ⚙ *Werkanlage*) extend; (*Auto, Flugzeug*) extend, stretch; (*verbreitern*) widen (*a. Einfluss*); (*vermehren*) increase, add to; **II.** *v/refl.*: ***sich ~*** grow; (*sich ausdehnen*) *a.* expand, be extended; (*sich verbreitern*) widen; (*anwachsen*) grow, increase; *Organ etc.*: become enlarged; **vergrößernd** *adj.*: ***stark ~e Linse*** powerful lens; **Vergrößerung** *f* **1.** enlargement; growth; expansion, extension; widening; increase; → ***vergrößern***; **2.** *phot.* enlargement, blow-up; *opt.* magnification.

Vergrößerungs|apparat *m*, **~gerät** *n phot.* enlarger; **~glas** *n* magnifying glass; **~spiegel** *m* magnifying mirror.

vergucken F *v/refl.* **1.** ***sich ~*** see wrong; ***hast du dich auch nicht verguckt?*** *a.* are you sure you saw right?; **2.** *fig.* ***sich in j-n ~*** F fall for s.o., go soft on s.o.

Vergünstigung *f* (*Vorrecht*) privilege; *steuerliche*: allowance; *soziale*: benefit; (*Preisnachlass*) reduction, *für Flug etc.*: *a.* special rate.

vergüten *v/t.* **1.** compensate (***j-m et.*** s.o. for s.th.); (*Auslagen*) reimburse, refund; (*Zinsen, Schaden*) indemnify (***j-m*** s.o. for); (*Verlust*) compensate for, make good; **2.** ⚙ improve, refine; (*Objektiv*) coat; **vergütet** *adj.*: ***~es Objektiv*** coated lens; **Vergütung** *f* **1.** compensation; reimbursement, refund; indemnification; → ***vergüten***; **2.** *für geleistete Dienste*: consideration; (*Honorar*) fee; **3.** ⚙ improvement, refinement; *e-s Objektivs*: coating.

verhackstücken F *v/t.* (*verreißen*) F tear to bits (*od.* pieces, shreds).

verhaften *v/t.* arrest; ***Sie sind verhaftet!*** you are under arrest!; **verhaftet** *adj.*: ***im Sozialismus*** *etc.* ***~*** rooted in Socialism *etc.*; ***im System*** *etc.* ***~ sein*** *a.* be a captive of the system *etc.*; **Verhaftung** *f* arrest; **Verhaftungswelle** *f* wave of arrests.

verhageln *v/i.* be damaged (*od.* destroyed) by hail; → ***Petersilie***; **verhagelt** F *adj.*: ***~ aussehen*** F look a right mess (*od.* a real sight).

verhaken I. *v/t.* hook together; ***die Hände*** (*od.* ***Finger***) ***~*** clasp one's hands; **II.** *v/refl.*: ***sich ~*** get caught (***an*** on).

verhallen *v/i.* die away; → ***ungehört***.

verhalten I. *v/refl.*: ***sich ~*** *Sache*: be, *Person*: behave, act, be; ***sich ruhig ~*** keep quiet, (*sich nicht bewegen*) keep still, (*Ruhe bewahren*) keep calm; ***ich weiß nicht, wie ich mich ~ soll*** I'm not sure what to do; ***sich anders*** (***umgekehrt***) ***~*** *Sache*: be different (be just the reverse); ***die Sache verhält sich ganz anders*** it's a completely different state of affairs; ***wenn es sich so verhält*** if that is the case; ***A verhält sich zu B wie C zu D*** A is to B as C is to D; **II.** *v/t.* hold back, retain (*a. Urin etc.*); (*unterdrücken*) suppress, restrain (*a. Lachen etc.*); ***den Atem ~*** hold one's breath; **III.** *adj.* (*zurückhaltend*) restrained; *Lachen etc.*: stifled; *Stimme, Farbe, Ton, Stimmung etc.*: subdued; *Begeisterung etc.*: muted; ***mit ~er Stimme*** in a subdued voice; **IV.** *adv.* with restraint; in a subdued manner; ***~ spielen*** *Sport*: play a waiting game, *thea.* underact, ♪ hold back; **V.** 2 *n* behavio(u)r (*a. zo. etc.*), conduct.

Verhaltens|auffälligkeit(en *pl.*) *f* conspicuous behavio(u)r; **~forscher** *m* behavio(u)rist; *Tiere*: ethologist; **~forschung** *f* behavio(u)rism; *Tiere*: ethology; **2gestört** *adj.* maladjusted; **~maßregel** *f* → ***Verhaltensregel***; **~merkmal** *n* behavio(u)ral trait (*od.* characteristic); **~muster** *n* behavio(u)ral pattern; **~norm** *f* behavio(u)ral norm; → *a.* ***Verhaltensregel***; **~psychologe** *m* behavio(u)ral psychologist; **~psychologie** *f* behavio(u)rism, behavio(u)ral psychology; **~regel** *f* rule of etiquette (*od.* conduct); **~n** *a.* code of conduct; **~störung** *f* behavio(u)ral disorder; **~therapie** *f* behavio(u)r therapy; **~weise** *f* behavio(u)r; *psych. a.* behavio(u)r pattern(s *pl.*).

Verhältnis *n* **1.** proportion; (*zahlenmäßiges ~*) ratio; ***im ~ wenig*** *etc.* comparatively little *etc.*; ***im ~ zu*** in proportion to, compared with; ***im ~ von 1:2*** in a ratio of 1:2; ***im umgekehrten ~ zu*** in inverse proportion to, inversely proportionate to; ***im entsprechenden ~*** proportionately, ***stehen zu***: be proportional to; **2.** (*Beziehung*) relationship, relations *pl.* (***zu*** with); ***in e-m freundlichen ~ mit*** on friendly terms with; ***ich habe kein ~ dazu*** I can't relate to it, it doesn't mean anything (*stärker*: a thing) to me; → ***gestört***; **3.** (*Liebes2*) relationship, affair; **4.** ***~se*** (*Umstände*) conditions, circumstances; ***unter den*** (***gegebenen***) ***~sen*** under the circumstances; ***in guten*** (***schlechten***) ***~sen leben*** be well-off (badly-off); ***über s-e ~se leben*** live beyond one's means, overspend; ***das geht über m-e ~se*** I can't afford it, it's beyond my means.

verhältnismäßig I. *adv.* (*relativ*) relatively, reasonably; **II.** *adj.* proportional; ☤ *a.* pro rata ...

Verhältnismäßigkeit *f* ⚖ appropriateness; commensurability.

Verhältnis|wahl *f parl.* proportional representation; **~wahlrecht** *n* (system of) proportional representation; **~wort** *n ling.* preposition.

Verhaltung *f* ⚕ retention.

verhandeln I. *v/i.* **1.** negotiate (***über*** about, on); ***~ über*** *a.* negotiate, discuss *conditions etc.*; **2.** ⚖ hold proceedings, *Strafrecht*: hold a trial (***gegen*** against); ***über e-e Sache*** (*od.* ***e-n Fall***) ***~*** hear (*strafrechtlich*: try) a case; **II.** *v/t.* **3.** negotiate; **4.** ⚖ hear, *strafrechtlich*: try *a case*; **Verhandlung** *f* **1.** negotiations *pl.*; ***in ~en eintreten*** enter into negotiations; **2.** ⚖ hearing, *Strafrecht*: trial; ***zur ~ kommen*** come up (for trial).

Verhandlungs|basis *f* basis for negotiation(s); ***~ DM 5000*** 5,000 DM or near(-est) offer (*abbr.* o.n.o.); **2bereit** *adj.* willing to negotiate (*od.* enter into negotiations); **~bereitschaft** *f* readiness to negotiate; **~ergebnis** *n* outcome (*od.* result) of the negotiations; **2fähig** *adj.* **1.** ⚖ able (*od.* fit) to stand trial; **2.** (***nicht ~*** non-)negotiable; **~fähigkeit** *f* ability to stand trial; **~führer** *m* chief negotiator; **~gegenstand** *m* issue, object of negotiation; **~grundlage** *f* basis for negotiation(s); **~partner** *m* negotiating partner; **~position** *f* bargaining position; **~runde** *f* **1.** round of negotiations; **2.** *bei Tarifverhandlungen*: bargaining round; **~tag** *m* ⚖ day of the hearing (*Strafrecht*: trial); **~termin** *m* ⚖ hearing (date), *Strafrecht*: trial date; **~tisch** *m* negotiating (☤ *a.* bargaining) table; ***am ~*** at (*od.* around) the negotiating table; **~trick** *m* negotiating ploy; **2unfähig** *adj.* ⚖ unable to stand trial; **~unfähigkeit** *f* ⚖ inability to stand trial; **~weg** *m*: ***auf dem ~e*** (***beilegen*** settle) by negotiation.

verhangen *adj.* cloudy, overcast; ***~er Himmel*** cloudy sky, overcast skies.

verhängen *v/t.* **1.** cover, drape, (*verbergen*) *a.* veil; **2.** (*Strafe, Blockade etc.*) impose (***über*** on); *Sport*: award (to).

Verhängnis *n* fate; (*Unheil*) disaster; (*Untergang*) ruin; ***j-m zum ~ werden*** be s.o.'s undoing (*od.* ruin[ation]), lead to s.o.'s downfall; **verhängnisvoll** *adj.* fateful; *stärker*: fatal.

verharmlosen *v/t.* play down; (*bagatellisieren*) minimize; **Verharmlosung** *f* playing down; minimizing, minimization.

verhärmt *adj.* careworn.

verharren *v/i.* **1.** persevere, persist (***auf, bei, in*** in); ***bei s-r Meinung ~*** stick to one's opinion; **2.** *in e-r Haltung, Stellung etc.*: remain.

verharschen *v/i. Schnee*: crust over.

verhärten *v/t., v/i. u. v/refl.* (***sich ~***) *a. fig.* harden; *fig.* ***die Fronten haben sich verhärtet*** positions have become entrenched; **Verhärtung** *f* **1.** hardening; **2.** ⚕ (*verhärtete Stelle*) callus.

verhaspeln F *fig. v/refl.*: ***sich ~*** get in a muddle, get one's words muddled.

verhasst *adj.* hated, detested; *Sache*: *a.* hateful, odious (*dat.* to); ***es ist mir ~*** I hate (*od.* loathe) it; ***sich ~ machen*** (***bei j-m***) arouse *od.* incur (s.o.'s) hatred.

verhätscheln *v/t.* coddle, pamper; **verhätschelt** *adj.* pampered, spoilt; **Verhätschelung** *f* coddling, pampering.

Verhau *m* **1.** (*Hindernis*) entanglement; **2.** F (*Durcheinander*) mess; ***das ist ja ein ~!*** what a mess, it's absolute chaos.

verhauen F **I.** *v/t.* **1.** beat (up); (*Kind*) give *a child* a hiding; **2.** *fig.* make a hash of; F bungle, muff; **II.** *v/refl.*: ***sich ~*** miscalculate (badly), F get one's sums wrong; ***sich ~ haben*** *a.* F be way off (*od.* out).

verheben *v/refl.*: ***sich ~*** hurt o.s. lifting s.th., *oft* twist one's back.

verheddern F *v/refl.*: ***sich ~*** **1.** get caught (up); **2.** *fig.* get in a muddle, (*stecken bleiben*) get stuck.

verheeren *v/t.* devastate, lay waste (to); **verheerend** *fig. adj.* disastrous; (*scheußlich*) dreadful, *stärker*: horrific; **Verheerung** *f* devastation; ***~en anrichten*** cause (*od.* wreak) havoc.

verhehlen *v/t.* hide, conceal (*dat.* from); **Verhehlung** *f* concealment.

verheilen *v/i.* heal up (completely).

verheimlichen *v/t.* hide, conceal (*dat.* from); keep quiet about; ***j-m et. ~*** *a.* keep s.th. (secret) from s.o.; ***er hat es*** (***uns***) ***verheimlicht*** *a.* F he never let on (about it); **Verheimlichung** *f* concealment; ***~ e-r Sache*** *a.* keeping s.th. secret.

verheiraten I. *v/t.* marry (***mit, an*** to); **II.** *v/refl.*: ***sich ~*** marry, get married; ***sich wieder ~*** marry again, remarry; **verheiratet** *adj.* married (***mit*** to; *a. fig.*); ***ich bin doch nicht mit dir ~*** we're not married, you know; I'm not your wife (*od.* husband), you know; **Verheiratung** *f* marriage.

verheißen *v/t.* promise, (*j-m*) *a.* hold out

V

the prospect of (*dat.* to); ***nichts Gutes*** ~ augur badly; **Verheißung** *f* promise; **verheißungsvoll** *adj.*: (***wenig*** ~ un-) promising, (in)auspicious.
verheizen *v/t.* **1.** (*verbrauchen*) burn, use up; (*heizen mit*) use as fuel; **2.** F *fig.* (*Soldaten*) send to the slaughter, use as cannon-fodder; (*Sportler etc.*) burn out.
verhelfen *v/i.*: ***j-m zu et.*** ~ help s.o. to get s.th.; ***j-m zu e-r Stelle*** ~ *a.* F give s.o. a leg up; ***j-m zu s-m Glück*** (***zum Erfolg***) ~ help s.o. on the road to happiness (success); ***j-m zum Sieg*** ~ help s.o. win, help s.o. (on the road) to victory.
verherrlichen *v/t.* glorify, exalt; **Verherrlichung** *f* glorification.
verhetzen *v/t.* fill with hatred; indoctrinate; poison *s.o.'s* mind; **Verhetzung** *f* indoctrination.
verheult *adj. Gesicht*: tear-stained; *Augen*: red (from crying); ~ ***aussehen*** look as if one has been crying.
verhexen *v/t.* bewitch, F jinx; **verhext** F *adj.*: ***wie*** ~ F as if it were (*od.* was) jinxed.
verhimmeln *v/t.* worship, adulate; **Verhimmelung** *f* adulation.
verhindern *v/t.* prevent; (*aufhalten*) hinder; (***es***) ~, ***dass j-d et. tut*** prevent (*od.* stop) s.o. from doing s.th.; ***wir können es nicht*** ~ there's nothing we can do about it; **verhindert** *adj.* **1.** ~ ***sein*** be unable to come *etc.* (***wegen*** due to); **2.** ~***er Maler*** *etc.* painter *etc.* manqué, (*Möchtegern...*) would-be painter *etc.*; **Verhinderung** *f* prevention.
verhohlen *adj.* hidden, concealed.
verhöhnen *v/t.* deride, mock; (*bsd. Politiker*) lampoon.
verhohnepipeln F *v/t.* F take the mickey out of.
Verhöhnung *f* derision, mockery.
verhökern *v/t.* sell off.
verholzen *v/i.* ♀ lignify.
Verhör *n* interrogation; ⚖ hearing; ***ins*** ~ ***nehmen*** cross-examine, interrogate; **verhören I.** *v/t.* interrogate, F grill; **II.** *v/refl.*: ***sich*** ~ mishear, hear wrong.
verhornt *adj. Haut*: horny.
verhüllen *v/t.* **1.** cover; **2.** *fig.* (*verschleiern*) cover up, disguise; (*Wahrheit etc.*) conceal; **verhüllend I.** *adj.*: ~***er Ausdruck*** euphemism; **II.** *adv.*: ~ ***ausgedrückt*** put euphemistically; **verhüllt** *adj.* **1.** *Statue, Gesicht etc.*: veiled; (*versteckt*) hidden, concealed; ***von Wolken*** ~ covered in cloud, hidden by cloud(s); **2.** *fig.* (*versteckt*) *Drohung etc.*: veiled, hidden; (*verschleiert*) *Ziele etc.*: veiled, disguised; **Verhüllung** *f* **1.** cover(ing); **2.** *fig.* concealment, disguising; disguise.
verhundertfachen *v/t. u. v/refl.* (***sich*** ~) increase a hundredfold, *formell*: centuple.
verhungern *v/i.* die of starvation, starve (to death); F ***ich bin am*** ♀ F I'm starving.
verhunzen F *v/t.* ruin, spoil; (*verpfuschen*) mess up, F botch (up); *sl.* bugger up.
verhüten *v/t.* prevent; **verhütend** *adj.* preventive; **Verhüterli** F *n* F rubber.
verhütten *v/t.* (*Erz*) smelt; **Verhüttung** *f* smelting.
Verhütung *f* prevention (*a.* ⚕); (*Empfängnis*♀) contraception; **Verhütungsmittel** *n* contraceptive.
verhutzelt *adj.* shrivel(l)ed(-up); *Person, Gesicht*: *a.* wizened.
verifizierbar *adj.* verifiable; **verifizieren** *v/t.* verify; **Verifizierung** *f* verification.
verinnerlichen *v/t.* internalize; (*Person*) turn *s.o.* inward; *weitS.* (*vergeistigen*) spiritualize; **verinnerlicht** *adj. Person*: inward-looking; (*vergeistigt*) spiritual; **Verinnerlichung** *f* internalization; (*Vergeistigung*) spiritualization.
verirren *v/refl.*: ***sich*** ~ get lost, lose one's way; *fig. Gedanken*: stray; ***sich in das falsche Gebäude*** *etc.* ~ *a.* F wander (off) into the wrong building *etc.*; **verirrt** *adj.* lost, *Tier*: *a.* stray; *fig.* ~***e Kugel*** stray bullet; **Verirrung** *fig. f* aberration; ***geschmackliche*** ~ *a.* lapse of taste.
verjagen *v/t. a. fig.* chase away.
verjähren *v/i.* come under the statute of limitations; **verjährt** *adj.* **1.** ⚖ statute-barred; **2.** (*sehr alt*) old; **Verjährung** *f* limitation, prescription; **Verjährungsfrist** *f* statutory period of limitation.
verjubeln F *v/t.* F blow.
verjüngen I. *v/t.* **1.** rejuvenate; *äußerlich, optisch*: make *s.o.* look younger; (*Betrieb etc.*) staff with young(er) people; **II.** *v/refl.*: ***sich*** ~ **2.** become rejuvenated; *Gesicht etc.*: become younger-looking; **3.** (*spitz zulaufen*) taper; **Verjüngung** *f* **1.** rejuvenation; **2.** (*Zuspitzung*) tapering.
Verjüngungs|kur *f* rejuvenation cure; ~**mittel** *n* rejuvenator.
verkabeln *v/t.* wire (up); *TV* cable up; ***unsere Straße wird verkabelt*** our street is going to be hooked up to cable TV; **verkabelt** *adj.*: *TV* ~ ***sein*** have (*od.* get) cable TV; **Verkabelung** *f* **1.** wiring, *TV* cabling; **2.** *weitS.* (*Kabelfernsehen*) cable TV; **Verkabelungsplan** *m* wiring diagram.
verkalken *v/i.* **1.** *Kessel etc.*: fur up; **2.** *Arterien*: harden, 🕮 calcify; **3.** F *Person*: go senile; **verkalkt** *adj.* **1.** *Kessel etc.*: furred; **2.** *Arterien*: hardened, 🕮 sclerotic; **3.** F *Person*: senile, F gaga; ***völlig*** ~ ***sein*** *a.* F have gone (completely) gaga.
verkalkulieren *v/refl.*: ***sich*** ~ miscalculate (*a. fig. et. falsch einschätzen*), F get one's sums wrong.
Verkalkung *f* **1.** *e-s Kessels etc.*: furring up; **2.** *der Arterien*: hardening (of the arteries), (arterio)sclerosis; **3.** F *im Alter*: senility; ***unter*** ~ ***leiden*** *a.* be going senile; **Verkalkungserscheinung** F *f* sign of old age (*od.* senility).
verkannt *adj.*: *iro.* ~***es Genie*** undiscovered (*od.* unrecognized) genius.
verkanten I. *v/t.* **1.** (*schräg stellen*) tilt; **2.** (*Gewehr*) cant; **3.** (*Skier*) edge; **II.** *v/i.* **4.** *Skisport*: edge over; **III.** *v/refl.*: ***sich*** ~ **5.** (*sich verklemmen*) get wedged (in); **6.** *Skier*: edge over.
verkappt *adj.* (*verborgen*) hidden; ⚕ undiagnosed; *Nazi etc.*: closet ...
verkapseln *v/refl.*: ***sich*** ~ encapsulate; ⚕ encyst; *fig.* → ***abkapseln***; **Verkapselung** *f* encapsulation; ⚕ encystment.
verkatert F *adj.* F hung-over.
Verkauf *m* **1.** sale; (*das Verkaufen*) selling; ***zum*** ~ for sale; **2.** → ***Verkaufsabteilung***; **verkaufen I.** *v/t.* **1.** sell (*a. fig. Idee etc.*); *fig.* (*j-n verraten*) sell *s.o.* (down the river); ***zu*** ~ for sale; → ***dumm***; **II.** *v/refl.*: ***sich*** ~ **2.** sell (***gut*** well; ***schlecht*** badly); F *fig. Person*: sell o.s.; F *fig.* ***sich gut*** (***schlecht***) ~ (*ankommen*) go down well (badly) (***bei*** with), be a great success (a flop) (with); F ***er kann sich hervorragend*** ~ he's an excellent showman; **3.** F (*e-n schlechten Kauf machen*) make a bad buy; ***mit dem Auto habe ich mich verkauft*** that car was a bad buy (for me).
Verkäufer *m* **1.** shop assistant, *Am.* salesclerk; **2.** ⚕ seller; **3.** F *fig.* showman; **Verkäuferin** *f* shop assistant, *höflicher*: saleslady, *Am.* salesperson; **Verkäufermarkt** *m* seller's market; **verkäuflich** *adj.* for sale; (*zum Verkauf geeignet*) sal(e)able; ***leicht*** (***schwer***) ~ easy (hard) to sell.
Verkaufs|abteilung *f* sales department; ~**aktion** *f* sales campaign (*Am. a.* drive); ~**artikel** *m* article for sale; *pl. a.* sales articles; ~**auftrag** *m* order to sell; ~**ausstellung** *f* sales exhibition; ~**automat** *m* vending machine; ~**bedingungen** *pl.* conditions (*od.* terms) of sale; ~**berater** *m* sales consultant; ~**büro** *n* sales office; ~**erlös** *m* proceeds *pl.*; ~**fläche** *f* selling area (*od.* space); ~**förderung** *f* sales promotion; ~**gespräch** *n*: ***das*** ~ sales talk; ~**hit** F *m*, ~**knüller** F *m* → ***Verkaufsschlager***; ~**leiter** *m* sales manager; ♀**offen** *adj.*: ~***er Samstag*** Saturday afternoon opening; all-day (Saturday) shopping; ~**option** *f* ⚕ *Börse*: seller's option, *abbr.* s.o.; ~**personal** *n* sales staff (*mst pl. konstr.*); ~**preis** *m* selling price; ~**provision** *f* sales commission; ~**psychologie** *f* sales psychology; ~**raum** *m* salesroom; ~**rückgang** *m* drop in sales; declining sales *pl.*; ~**schlager** *m* moneyspinner, F absolute hit; ~**stand** *m* stand; *draußen*: stall; ~**ständer** *m* display stand; ~**stelle** *f* retail shop (*Am.* store); ~**taktik** *f* sales pitch; ~**wert** *m* market value; ~**zahlen** *pl.* sales figures; ~**ziel** *n* sales target; ~**ziffer** *f* sales figure.
Verkehr *m* **1.** (*Straßen*♀) traffic; ***dem*** ~ ***übergeben*** open to traffic; ***für den*** ~ ***gesperrt*** closed to (all) traffic; ***aus dem*** ~ ***ziehen*** (*Auto*) take off the road; **2.** (*Verbindung*) contact, dealings *pl*; (*Geschäfts*♀) business; (*brieflicher* ~) correspondence; ***aus dem*** ~ ***ziehen*** (*auslaufen lassen*) phase out, (*Geld*) withdraw from circulation; ***in*** ~ ***bringen*** issue, (*Effekten*) *a.* offer for sale, market; **3.** (*Geschlechts*♀) intercourse.
verkehren I. *v/i.* **1.** *Fahrzeug*: run; ✈ fly, operate; ~ ***zwischen*** *Boot*: *a.* ply between; ~ ***in*** *e-r Gegend*: serve *an area*; **2.** ~ ***in*** *e-m Lokal etc.*: frequent; ~ ***bei j-m*** visit s.o. regularly, be a regular visitor to (*od.* at) s.o.'s house *etc.*; ~ ***mit*** (*j-m*) associate with, *gesellschaftlich*: *a.* socialize with; ***viel mit j-m*** ~ see a great deal of s.o.; **3.** ~ ***mit*** *geschlechtlich*: have (sexual) intercourse with; **II.** *v/t.* (*Sinn etc.*) twist; ***ins Gegenteil*** ~ reverse; **III.** *v/refl.*: ***sich*** ~ change, turn (***in*** into).
Verkehrs|ablauf *m* flow of traffic; ~**ader** *f* arterial road; ~**ampel** *f* traffic lights *pl.*, *Am.* traffic light, stoplight; ~**amt** *n* tourist office; ♀**arm** *adj.* quiet; ~**aufkommen** *n* traffic volume, volume of traffic; ~**behinderung** *f* traffic obstruction; ~**en** traffic holdups (***durch Nebel*** *etc.* due to fog *etc.*); ♀**beruhigt** *adj.*: ~***e Zone*** reduced-traffic area, area with reduced traffic; ~**beruhigung** *f* traffic calming; ~**beruhigungsmaßnahmen** *pl.* traffic calming measures; ~**betriebe** *pl. public, municipal etc.* transport (services) *sg.*, *Am.* transportation (services) *sg.*; ~**chaos** *n* chaos on the roads, traffic chaos; *an e-r bestimmten Stelle*: traffic snarl-up; ~**delikt** *n* traffic offen|ce (*Am.* -se); ~**dichte** *f* traffic density; ~**durchsage** *f* traffic announcement; ~**erziehung** *f* road safety education; ~**flugzeug** *n* airliner, commercial

V

aircraft; **~fluss** *m* traffic flow; **≈frei** *adj.*: **~e *Zone*** traffic-free area, area closed to traffic, pedestrian zone; **~funk** *m* travel news (*sg.*); information for motorists; **~gefährdung** *f* **1.** endangerment of traffic; **2.** (*Gefahr*) traffic hazard, hazard on the road(s); **≈günstig** *adv.*: **~ *gelegen*** very convenient as far as public transport (-ation *Am.*) goes; **~hindernis** *n* traffic obstruction; **~infarkt** *m* gridlock (*a.* ***der* ~**), complete breakdown of traffic; **~insel** *f* traffic island, central refuge; **~knotenpunkt** *m* junction; **~kontrolle** *f* vehicle spot-check; **~lage** *f* situation on the roads; **~lärm** *m* traffic noise; **~leitsystem** *n* traffic guidance (*od.* routing) system; **~meldung** *f* traffic announcement (*od.* flash); *pl.* traffic report *sg.*, travel news *sg.*; **~minister** *m* minister of transport(ation *Am.*), *in GB*: Transport Secretary, Secretary of State for Transport; *in den USA*: Secretary of Transportation; **~ministerium** *n* ministry of transport; *in GB*: Department of Transport (*in den USA*: Transportation); **~mittel** *n* (means of) transportation; (*Fahrzeug*) vehicle; ***öffentliches* ~** public conveyance, *pl.* public transport(ation *Am.*) *sg.*; **~netz** *n* traffic system; road and rail networks *pl.*; **~opfer** *n* road casualty; ***über 3000* ~** *a.* over 3,000 road deaths (*od.* deaths on the road, deaths caused by traffic accidents); **~ordnung** *f* traffic regulations *pl.*; **~planung** *f* traffic planning; **~polizei** *f* traffic police; **~polizist** *m* traffic policeman; **~regel** *f* traffic regulation; **~regelung** *f* traffic control; **≈reich** *adj.* busy; **~schild** *n* road sign; **≈schwach** *adj.*: **~e *Zeit*** slack period; **≈sicher** *adj. Fahrzeug*: roadworthy; **~sicherheit** *f* **1.** road safety; **2.** *e-s Fahrzeugs*: roadworthiness; **~sprache** *f* lingua franca; **≈stark** *adj.*: **~e *Zeit*** rush hour; **~stau** *m* traffic jam, (traffic) holdup, bottleneck, *a. pl.* congestion; **~stauung** *f* congestion; *pl.* congestion *sg.* (on the roads); **~steuer** *f* ✝ transfer tax; **~stockung** *f*, **~störung** *f* traffic holdup; *pl. a.* traffic delays, delays in traffic; **~straße** *f* (public) thoroughfare; road open to traffic; **~streife** *f* traffic patrol; **~strom** *m* flow of traffic, traffic flow; **~sünder** *m* traffic offender; **~sünderkartei** *f* (central) index of traffic offenders; **≈tauglich** *adj.* roadworthy; **~tauglichkeit** *f* roadworthiness; **~teilnehmer** *m* road user; **~tote(r** *m*) *f* road casualty; → ***Verkehrsopfer***; **≈tüchtig** *adj.* **1.** *Auto*: roadworthy; **2.** *Person*: fit to drive; **~tüchtigkeit** *f* **1.** roadworthiness; **2.** *e-r Person*: fitness to drive; **~überwachung** *f* traffic control (*od.* surveillance); **~unfall** *m* traffic accident; **~unterricht** *m* **1.** *Schule*: road-safety classes *pl.*; **2.** road sense classes *pl.* (for convicted traffic offenders); **~verbindung** *f* (road *od.* rail) link; ***es gibt keine* ~ *zu dem Gebiet*** there are no road or rail links to the area; **~verbund** *m* (integrated) public transport system; **~verein** *m* tourist office; **~vorschrift** *f* traffic regulation; **~wacht** *f* road safety association; **~wert** *m* market value; **~wesen** *n* transportation; *öffentliches*: public transport(ation *Am.*); *mit Nachrichtensystem*: transport and communications *pl.*; **≈widrig** *adj.* contrary to (*adv.* in violation of) the traffic regulations; **~widrigkeit** *f* traffic offen|ce (*Am.* -se); **~zählung** *f* traffic census; **~zeichen** *n* road sign.

verkehrt *adj. u. adv.* (*falsch*) wrong, *adv. a.* wrongly, the wrong way; **~ *herum*** the wrong way round, (*auf den Kopf gestellt*) *a.* upside down, (*Vorderteil nach hinten*) back to front, (*Innenseite nach außen*) inside out; F ***das ist gar nicht* ~** that's not such a bad idea at all; F ***an den* ≈*en kommen*** pick the wrong person; ***etwas* ≈*es sagen*** say something wrong; ***et.* ~ *machen*** do s.th. wrong; ***et.* ~ *anpacken*** go about s.th. the wrong way; **~ *fahren*** take the wrong road (*od.* turning); ***wir sind hier* ~** we're in (*od.* we've come to) the wrong place; F **~ *liegen*** be wrong, be mistaken; **Verkehrtheit** *f* wrongness.

Verkehrung *f* reversal; (*falsche Darstellung*) distortion, twisting; **~ *ins Gegenteil*** complete reversal.

verkeilen I. *v/t.* wedge tight; **II.** *v/refl.*: ***sich* ~** get stuck (*od.* jammed); ***sich ineinander* ~** 🚗 *etc.* plough (*Am.* plow) into each other.

verkennen *v/t.* misjudge; (*unterschätzen*) underestimate; (*nicht recht würdigen*) fail to appreciate; ***nicht zu* ~** unmistakable; → ***verkannt***; **Verkennung** *f* misjudg(e)ment; underestimation; ***in* (*völliger*) ~ *der Tatsachen*** *etc.* in (complete) misapprehension of the facts *etc.*

verketten I. *v/t.* chain up; (*zusammenfügen*) link (*a. fig.*); *ling.*, *Computer*: concatenate; **II.** *v/refl.*: ***sich* ~** *Moleküle etc.*: form a chain (*od.* chains); *fig. Umstände*: interlock; **Verkettung** *f ling.*, *Computer*: concatenation; *fig. von Umständen*: concatenation *of events*.

verketzern *v/t.* brand, condemn; **Verketzerung** *f* branding, condemnation.

verkitschen *v/t.* **1.** kitschify; **2.** F (*verkaufen*) sell (off), turn into cash; **verkitscht** *adj.* kitschy.

verkitten *v/t.* cement (*a. fig.*), seal; (*Fenster*) putty.

verklagen *v/t.* ⚖ sue (***auf, wegen*** for), take *s.o.* to court (for).

verklammern I. *v/t.* clip together; ⚠, ⚙ *etc.* brace together; *fig.* lock together, interlock; **II.** *v/refl.*: ***sich* (*ineinander*) ~** lock together, interlock; **verklammert** *adj.*: ***ineinander* ~** locked together, interlocked; **Verklammerung** *f* **1.** clipping (*od.* bracing, locking) together; *bsd. fig.* interlocking. **2.** *konkret*: clips *pl.*, braces *pl.*

verklappen *v/t.* dump (into the sea); **Verklappung** *f* (marine *od.* ocean) dumping.

verklaren F *v/t.* explain.

verklären *fig.* **I.** *v/t.* transfigure; **II.** *v/refl.*: ***sich* ~** be(come) transfigured; *Vergangenheit*: become idealized; **verklärt** *adj.* transfigured; *Ausdruck*: beatific; **Verklärung** *f* transfiguration.

verklauseln, verklausulieren *v/t.* hedge in by clauses; *fig.* express in a roundabout way.

verkleben I. *v/t.* cover, stick s.th. over *s.th.*; ⚕ (*Wunde*) cover; **II.** *v/i. u. v/refl.* (***sich* ~**) (*sich schließen*) close (up); (*klebrig werden*) get sticky; (*verklumpen*) clot; (*zusammenkleben*) stick together; **verklebt** *adj. Augen etc.*: sticky; *Haare*: matted.

verkleckern F *v/t.* **1.** (*verschütten*) spill; *fig.* (*Zeit, Geld etc.*) fritter away, (*vergeuden*) waste; **2.** (*bekleckern*) spatter.

verkleiden I. *v/t.* **1.** dress *s.o.* up (***als*** as); (*tarnen*) disguise; **2.** ⚙ *etc.* (*abdecken*) cover; *innen*: line; *außen*: (en)case; (*vertäfeln*) panel; ⚠ face; **II.** *v/refl.*: ***sich* ~** dress up (***als*** as); (*sich tarnen*) put on a disguise; **Verkleidung** *f* **1.** fancy dress; disguise; **2.** covering; lining; facing; panel(l)ing; → ***verkleiden*** 2.

verkleinern I. *v/t.* reduce (in size), make *s.th.* smaller; (*Zeichnung*) scale down (*a. Betrieb etc.*); *fig.* (*schmälern*) belittle; **II.** *v/refl.*: ***sich* ~** get (*od.* grow) smaller; **verkleinert** *adj.* reduced (in size); ***im* ~*en Maßstab*** on a smaller scale; **Verkleinerung** *f* **1.** reduction (in size); *e-r Zeichnung, a. e-s Betriebs etc.*: scaling down; **2.** *fig.* belittling, belittlement; **Verkleinerungsform** *f* diminutive; **Verkleinerungsmaßstab** *m* scale (of reduction).

verklemmen *v/refl.*: ***sich* ~** get stuck; **verklemmt** *adj. psych.* inhibited; **Verklemmung** *f* inhibition.

verklickern F *v/t.*: ***j-m et.* ~** put s.o. straight on s.th., put s.o. in the picture about s.th.; ***j-m* ~, *wie*** let s.o. know how.

verklingen *v/i.* die away (*a. fig.*).

verknacken F *v/t.* (*verurteilen*) sentence (***zu*** to); ***j-n zu e-r Geldstrafe* ~** F slap a fine on s.o.; ***j-n zu drei Jahren* ~** F put s.o. inside (*od.* in clink) for three years; ***verknackt werden wegen*** F be done for.

verknacksen F *v/t.*: ***sich den Fuß* ~** sprain one's ankle.

verknallen F **I.** *v/refl.*: ***sich in j-n* ~** F fall for s.o., go a bundle on s.o., go soft on s.o.; ***er hat sich* (*od.* *er ist*) *in sie verknallt*** *a.* F he's head over heels in love with her; **II.** *v/t.* (*Feuerwerk*) let off.

verknappen I. *v/refl.*: ***sich* ~** run short, become scarce; **II.** *v/t.* cut down the supply of; **Verknappung** *f* shortage, scarcity.

verknautschen F *v/t.* crumple (up).

verkneifen F *v/t.* **1.** ***er konnte sich das Lachen nicht* ~** he couldn't help laughing, he couldn't keep a straight face; ***ich konnte mir die Bemerkung nicht* (*kaum*) ~** I couldn't resist saying it, I just had to come out with it (I was biting my lips not to say it); **2.** ***sich et.* ~** do without s.th.; **verkniffen** *adj. Mund, Gesicht*: pinched.

verknöchern *v/i.* ossify (*a. fig.*); **verknöchert** *adj.*: **~*er Kerl*** old fossil; **Verknöcherung** *f* ossification.

verknorpeln *v/i.* become cartilaginous; **Verknorpelung** *f* chondrification.

verknoten *v/t.* (*Taschentuch*) tie a knot in; (*Schal*) tie.

verknüpfen *v/t.* tie together; *fig.* link; (*kombinieren*) combine; **verknüpft** *fig. adj.*: **~ *mit*** *Kosten etc.*: tied up with; ***eng* ~ *sein mit*** be bound up with, *Person*: have close ties with; **Verknüpfung** *fig. f* **1.** linking (***mit*** up with); **2.** tie(s *pl.*), link(s *pl.*); connection.

verknusen F *v/t.*: ***ich kann ihn* (*es*) *nicht* ~** I can't take (*od.* stomach) him (it).

verkochen *v/i.* boil away; *Kartoffeln etc.*: overboil; ***zu Brei* ~** *contp.* boil down into a mush.

verkohlen *v/t.* **1.** char (*a. v/i.*); ⚗ carbonize; **2.** F (*zum besten haben*) F have s.o. on.

verkoken *v/t.* coke.

verkommen I. *v/i.* **1.** *Haus, Betrieb etc.*: go to rack and ruin, F go to the dogs; *Garten*: run wild; **2.** *Person*: go to seed, *moralisch*: sink (very) low; **3.** *Lebensmittel*: go bad, *weitS.* go to waste; **II.** *adj. Person*: seedy, *moralisch*: depraved; *Gebäude*: dilapidated; *Gegend, Betrieb etc.*: run-down; *Garten*: overgrown, wild; ***der Garten ist völlig* ~** *a.* the garden is a wilderness; **Verkommenheit** *f* seediness; depravity; dilapidated state; run-down condition; wildness; → ***verkommen*** II.

verkomplizieren *v/t.* complicate, make *s.th.* more complicated than it is; ***warum musst du immer alles ~?*** *a.* why do you always have to complicate matters?

verkonsumieren F *v/t.* F put away.

verkorken *v/t.* cork (up).

verkorksen F *v/t.* F make a hash of, bungle; **verkorkst** F *adj. Magen*: upset; *Mensch*: F screwed up; ***~e Angelegenheit*** mess.

verkörpern *v/t.* **1.** embody; typify; **2.** *thea.* play; **verkörpert** *adj.*: ***die ~e Tugend*** *etc.* virtue *etc.* personified (*od.* in person), the embodiment (*od.* personification) of virtue *etc.*; **Verkörperung** *f* embodiment; typification.

verköstigen *v/t.* feed; **Verköstigung** *f* **1.** food; **2.** feeding.

verkrachen F *v/refl.*: ***sich ~*** fall out (with each other); **verkracht** F *adj.* (*zerstritten*) at daggers drawn; (*gescheitert*) failed; ***~e Existenz*** (human) wreck.

verkraften *v/t.* (*ertragen*) take; (*bewältigen*) cope with, handle; (*Trauma etc.*) *a.* come to terms with; ***ich verkrafte es nicht mehr*** I can't cope (with it) *od.* take it any longer.

verkrallen *v/refl.*: ***sich ~ in et.*** *Tier*: dig its claws into s.th.; *Mensch*: dig one's fingers (*od.* nails) into s.th., *weitS.* (*sich klammern an*) clutch at s.th.

verkrampfen *v/refl.*: ***sich ~*** *Muskeln*: cramp, get cramp; *Hände*: clench (tightly); *Person*: tense up, *stärker*: seize up; **verkrampft** *adj. Muskeln*: cramped; *Person*: tensed up, tense, *fig. innerlich*: *a.* uptight; *fig. Lachen*: forced, artificial; **Verkrampfung** *f* (*Krampf*) cramp(s *pl.*); (*Verspanntheit*) tenseness, (*Spannung*) tension; (*Kontraktion*) contraction, *stärker*: spasm; *fig. innere*: inner tension, uptightness.

verkratzen *v/t.* scratch, scrape; **verkratzt** *adj.* scratched; ***völlig ~*** scratched all over.

verkriechen *v/refl.*: ***sich ~*** creep (*od.* crawl, *verängstigt*: slink) away; *fig. heimlich*: sneak away; (*sich verstecken*) go into hiding, *Sonne*: hide; *fig.* ***sich ins Bett ~*** crawl into bed; ***sich in s-e Arbeit ~*** immerse o.s. in work.

verkrümeln F *v/refl.*: ***sich ~*** (*davonschleichen*) F make o.s. scarce, sneak off.

verkrümmen I. *v/t.* bend, curve, twist; II. *v/refl.*: ***sich ~*** bend, curve, become distorted (*od.* twisted); *Holz*: warp; **verkrümmt** *adj.* bent, curved (*a. Wirbelsäule*), twisted; **Verkrümmung** *f* distortion; (*Verwerfung*) warp; (*Verdrehung*) twist; (*Biegung*) bend; ***~ der Wirbelsäule*** curvature of the spine.

verkrüppeln I. *v/t.* cripple; II. *v/i.* become crippled, *Baum*: become stunted; **Verkrüppelung** *f* (*Missbildung*) deformation, deformity.

verkrusten *v/i. u. v/refl.* (***sich ~***) crust, become encrusted; *Schürfwunde*: scab; ***von Schmutz verkrustet*** caked with dirt (*od.* mud); **Verkrustung** *f konkret*: encrustation.

verkühlen *v/refl.*: ***sich ~*** catch (a) cold; **Verkühlung** *dial. f* cold.

verkümmern *v/i. im Wachstum*: become stunted; *Muskeln etc.*: atrophy; *Pflanze, a. Talent*: wither, wilt; *Mensch*: languish.

verkünd(ig)en *v/t.* announce; *feierlich*: proclaim; (*Gesetz etc.*) promulgate; (*Urteil*) pronounce; (*Evangelium*) preach (*od.* spread) *the gospel*; (*weissagen*) prophesy; *fig.* herald *a new epoch etc.*; **Verkünd(ig)er** *m des Evangeliums*: preacher; *fig. e-r Botschaft etc.*: herald, harbinger; **Verkünd(ig)ung** *f* announcement; proclamation; promulgation; pronouncement; preaching, spreading; prophecy; heralding.

verkünstelt *adj.* oversophisticated, over-elaborate.

verkupfern *v/t.* copper-plate; **Verkupferung** *f* copper-plating.

verkuppeln *v/t.*: ***j-n an j-n ~*** marry s.o. off to s.o.

verkürzen I. *v/t.* shorten; (*beschränken*) curtail, cut; (*reduzieren*) reduce; ***sich die Zeit ~*** while away the (*od.* one's) time; ***~ auf*** *Sport*: shorten to; II. *v/refl.*: ***sich ~*** become shorter; shorten; **verkürzt** *adj.* shortened; reduced; ***~e Form*** short form; ***~e Ausgabe*** abridged (*od.* shortened) edition; ***~e Lebenserwartung*** shortened lifespan; ***~e Arbeitszeit*** short time; ***~ erscheinen*** *optisch*: appear foreshortened; **Verkürzung** *f* shortening; curtailment; reduction; → ***verkürzen.***

verlachen *v/t.* laugh at, scoff at.

Verladebahnhof *m* loading station; **Verladekran** *m* loading crane; **verladen** *v/t.* **1.** load (***auf*** onto; ***in*** into); **2.** F (*verschaukeln*) sell *s.o.* (down the river), (*sitzen lassen*) leave *s.o.* in the lurch; **Verlader** *m* ⚓ carrier, shipping agent(s *pl.*); (*Arbeiter*) loader; **Verladerampe** *f* loading platform; **Verladung** *f* loading.

Verlag *m* publishing house (*od.* company), publisher(s *pl.*), publisher's; (***erschienen***) ***im ~ von*** published by; ***in ~ nehmen*** publish; ***in*** (*od.* ***bei***) ***e-m ~ arbeiten*** work for a publisher's *etc.*, work (*od.* be) in publishing.

verlagern I. *v/t.* **1.** (*Gewicht, a. fig. Interesse, Schwerpunkt etc.*) shift; **2.** (*verlegen*) transfer, move (***nach*** to); II. *v/refl.*: ***sich ~*** *a. fig.* shift; **Verlagerung** *f* shift (-ing); transfer, removal.

Verlags|anstalt *f* publishing house (*od.* company); **~buchhandel** *m* publishing trade; **~buchhändler** *m* publisher; **~buchhandlung** *f* publishing house; **~haus** *n* → ***Verlag***; **~katalog** *m* (publisher's) catalog(ue), publications list; **~kaufmann** *m etwa* publishing manager; **~leiter** *m* (managing) director of a publishing house; **~programm** *n* publisher's list; **~redakteur** *m* publishing editor; **~verzeichnis** *n* (publisher's) backlist; **~wesen** *n*: ***das ~*** publishing.

verlangen I. *v/t.* (*fordern*) demand; (*Anspruch erheben auf*) claim; (*wünschen*) desire, want, (*fragen nach*) ask for; (*berechnen*) want, ask for, *im Geschäft*: charge; (*erfordern*) require, call for; ***viel ~*** *an Leistungen*: be very demanding, *Person*: *a.* be hard to please; ***die Rechnung ~*** ask for the bill (*Am. im Restaurant*: check); ***das ist zu viel verlangt*** that's asking (a bit) too much, *stärker*: that's a tall order; ***das ist doch nicht zu viel verlangt, oder?*** that's not asking too much, is it?, that's not an unreasonable demand, is it?; ***mehr kann man nicht ~*** you can't ask for more; ***Sie werden am Telefon verlangt*** you're wanted on the phone; ***Rechenschaft ~*** demand an explanation; II. *v/i.*: ***~ nach*** ask for; (*j-m*) *a.* ask to see; (*sich sehnen nach*) long for; III. ♀ *n* desire; *heftiges*: craving, (*Sehnsucht*) longing (*alle* ***nach*** for); (*Forderung*) demand; ***auf ~*** by request, ⚓ on demand; ***auf ~ von*** at the request of; ***kein ~ haben zu*** *inf.* feel no desire (*od.* urge) to *inf.*; *j-n od. et.* ***voll ~ ansehen*** *etc.* look at *etc.* longingly (*od.* with great longing).

verlängern I. *v/t. räumlich*: lengthen; (*Straße etc.*) *a.* extend; *zeitlich*: prolong, (*a. Kredit, Patent, Spielzeit*) extend (*alle* ***um*** by); (*Wechsel, Vertrag*) renew; (*Soße etc., verdünnen*) stretch; 🎬 produce; *Sport*: ***den Ball ~*** help the ball on; II. *v/refl.*: ***sich ~*** be extended; **verlängert** *adj.* extended; ***~es Wochenende*** long weekend, *mit Feiertag*: *a.* bank holiday weekend; **Verlängerung** *f* lengthening; prolongation, extension; renewal; → ***verlängern***; 🎬 production; *Sport*: (*Spiel*♀) extra time; (*Ball*♀) pass.

Verlängerungs|kabel *n*, **~schnur** *f* ⚡ extension lead (*od.* cord); **~stück** *n* extension; **~woche** *f Urlaub*: extra week.

verlangsamen I. *v/t.* slow down; (*Geschwindigkeit*) *a.* reduce speed; (*verzögern*) slow down, retard; II. *v/refl.*: ***sich ~*** slow down, *Auto etc.*: *a.* lose speed; **Verlangsamung** *f* slowing down; reduction *in speed*; (*Verzögerung*) slowing down, retardation.

verläppern F *v/t.* (*Geld, Zeit etc.*) fritter away.

Verlass *m*: ***es ist kein ~ auf ihn*** you can't rely on him.

verlassen[1] I. *v/t.* leave; (*im Stich lassen*) *a.* desert; *Mut, Selbstvertrauen etc.*: desert, fail *s.o.*; ***das Bett ~*** *nach Krankheit*: get out of bed, get up again; ***j-n ~*** (*Partner*) *a.* walk out on s.o.; ***s-e Kräfte verließen ihn*** his strength failed him, *plötzlich*: *a.* his energy drained from him; F ***da verließen sie ihn*** at that point he dried up; II. *v/refl.*: ***sich ~ auf*** rely (*od.* depend, count) on; ***Sie können sich darauf ~*** you can count on it, ***dass:*** *a.* you can rest assured that; ***auf ihn*** (***sein Wort***) ***kann man sich ~*** he's as good as his word; F ***verlass dich drauf!*** take my word for it.

verlassen[2] *adj.* **1.** *Person*: abandoned, *lit.* forsaken (***von*** by); ***~ aufgefunden werden*** *Auto etc.*: be found abandoned; **2.** *Gegend etc.*: deserted (*a. Haus etc.*), desolate; bleak.

Verlassen *n*: ⚖ ***böswilliges ~*** wil(l)ful abandonment.

Verlassenheit *f* **1.** (*Vereinsamung*) loneliness; forlornness; **2.** (*Öde*) bleakness.

verlässlich *adj.* reliable, dependable; **Verlässlichkeit** *f* reliability, dependability.

Verlaub *m*: ***mit ~*** a) (*a.* ***mit ~ zu sagen***) with all due respect, if you'll forgive me for saying this, b) *obs.* by your leave.

Verlauf *m der Zeit, e-s Vorgangs etc.*: course; ***der ~ e-r Sache*** *a.* the way s.th. goes (*od.* develops); ***das kommt auf den ~ ...*** (*gen.*) ***an*** that depends on how (*od.* on the way) ... goes (*od.* develops), that depends on which course ... takes; ***den weiteren ~ abwarten*** wait and see how things go (*od.* develop); ***im ~*** *gen.* (*od.* ***von***) in the course of; ***nach ~ von*** after (a lapse of); ***e-n schlimmen ~ nehmen*** take a bad course; **verlaufen** I. *v/i.* **1.** *Vorgang*: take a ... course, proceed, go; ***normal ~*** take a normal course; **2.** *Grenze, Weg etc.*: run, pass (***entlang*** along); **3.** *Farben etc.*: run; *Butter etc.*: *a.* melt; II. *v/refl.*: ***sich ~*** **4.** (*sich verirren*) lose one's way, get lost; **5.** *Menge*: scatter; → ***Sand.***

V

verlaust *adj.* full of lice, louse-ridden.

verlautbaren I. *v/t.* make known, announce; **II.** *v/i.* → ***verlauten***; **Verlautbarung** *f* (*Bekanntmachung*) announcement; (*Bericht*) report; (*Presse*2) (press) release; **verlauten** *v/i.* be reported, be disclosed, be released; ~ ***lassen*** give to understand, (be heard to) say, (*andeuten*) hint; ***nichts davon ~ lassen*** not to say a word about it; ***wie verlautet*** as reported.

verleben *v/t.* **1.** (*Zeit*) spend; ***schöne Tage ~*** have a good time; **2.** (*verbrauchen*) use up, (*Geld*) *a.* spend.

verlebendigen *v/t.* **1.** (*Stück Geschichte etc.*) bring to life; **2.** (*Bericht etc.*) liven up.

verlebt *adj.* dissipated, burnt-out ..., *pred.* burnt out.

verlegen[1] **I.** *v/t.* **1.** *räumlich*: move, transfer (*a. Truppen, Schauplatz*) (*beide* **nach** to); *phys.* (*Schwerpunkt*) shift; ***s-n Wohnsitz ~*** move (house); **2.** *zeitlich*: put off (**auf** to, until, till), postpone (to); **3.** (*Kabel, Rohre etc.*) lay; (*Fliesen etc.*) *a.* put down; **4.** (*Buch*) publish; **5.** (*et.*) mislay; **II.** *v/refl.* **6.** ***ich muss mich ~ haben*** *im Bett*: I must have been lying funny; **7.** ***sich ~ auf*** (*e-e Tätigkeit*) take to *ger.*; (*aufs Bitten, Leugnen etc.*) resort to.

verlegen[2] **I.** *adj.* embarrassed; (**nie**) ~ **um** (*e-e Antwort, Ausrede*) (never) at a loss for; ***er ist nie um e-e Antwort ~*** *a.* he's always got an answer (at the) ready; ***um Geld ~*** short of money; ***~ machen*** embarrass; **II.** *adv.* embarrassedly; (*voll Verlegenheit*) in embarrassment; ***~ lächeln*** give an embarrassed smile; **Verlegenheit** *f* **1.** embarrassment; ***vor ~*** *schweigen etc.*: out of embarrassment; ***in ~ bringen*** embarrass, *durch unerwartete Frage etc.*: put *s.o.* on the spot; ***in ~ kommen*** get embarrassed; **2.** (*Klemme*) difficult spot; (*missliche Lage*) predicament; ***in ~ sein*** be in a bit of a spot, be in a difficult spot, *finanziell*: be a bit short (F hard up); ***j-m aus der ~ helfen*** help s.o. out (of a spot); ***in ~ kommen*** run into difficulties; ***in die ~ kommen, et. tun zu müssen*** find o.s. compelled to do s.th.

Verlegenheits|lösung *f* makeshift (*od.* compromise) solution; **~pause** *f*: ***e-e ~ machen*** be at a loss for words (*od.* as to what to say, as to how to react).

Verleger *m* publisher.

Verlegung *f* moving, transfer(ral), shifting (**nach** to); postponement (to); → ***verlegen***[1] 1, 2.

verleiden *v/t.*: ***j-m et. ~*** spoil s.th. for s.o., (*abschrecken*) put s.o. off s.th.; ***es war ihm verleidet*** he had had enough of it.

Verleih *m* hire (*od.* rental) company; rental shop; *Film*: distribution, (*Gesellschaft*) distributors *pl.*; **verleihen** *v/t.* **1.** lend (out), *bsd. Am. a.* loan (out); *gegen Miete*: hire (*Am.* rent) out; **2.** (*Titel etc.*) confer (*dat.* on *s.o.*); (*Privileg, Recht etc.*) grant (to); (*Auszeichnung, Preis*) award (to); **3.** *fig.* ***j-m*** (***e-r Sache***) ***et. ~*** (*Eigenschaft, Reiz etc.*) give *od.* lend s.o. (s.th.) s.th.; → ***Ausdruck*** 1, ***Kraft*** 1; **Verleiher** *m* lender; *Brit.* hirer; *Film*: distributor; **Verleihung** *f* lending, hiring, *Am.* rental; conferment; awarding; → ***verleihen.***

verleimen *v/t.* glue (together).

verleiten *v/t.* lead astray; tempt (**zu** into *crime etc.*); seduce (**zu tun** into doing); ***j-n zu et. ~*** (*überreden*) *a.* talk s.o. into doing s.th.; ***sich ~ lassen*** (allow o.s. to) be tempted *etc.* (***et. zu tun*** into doing s.th.), succumb (to the temptation); ***dies verleitete mich zu der Annahme*** this led me to believe.

verlernen *v/t.* forget; ***das Lachen*** *etc.* ~ forget how to laugh *etc.*

verlesen[1] **I.** *v/t.* **1.** (*Namen etc.*) read out; **2.** (*Gemüse etc.*) clean; **II.** *v/refl.*: ***sich ~*** misread (it), read it wrong; ***sich bei et. ~*** misread s.th.

verlesen[2] *adj.* hand-picked.

verletzbar *adj. a. fig.* vulnerable; (*leicht gekränkt*) (over)sensitive, touchy; **Verletzbarkeit** *f a. fig.* vulnerability; (*Empfindlichkeit*) oversensitiveness.

verletzen I. *v/t.* **1.** hurt, injure; (*verwunden*) *bsd. a.* ⚔ wound; ***sich am Arm*** *etc.* ~ hurt (*od.* injure) one's arm *etc.*; ***Personen wurden dabei nicht verletzt*** there were no casualties; **2.** *fig.* (*j-n*) hurt; (*Gefühle*) *a.* wound; (*kränken*) *a.* offend; **3.** (*Gesetz, Eid, Recht etc.*) violate; (*Anstand, Vorschrift etc.*) offend against; ***s-e Pflicht ~*** neglect one's duty; **II.** *v/refl.* **4.** ***sich ~*** hurt (*od.* injure) o.s.; **verletzend** *adj.* hurtful; (*beleidigend*) offensive; cutting *remark*.

verletzlich *adj.* → ***verletzbar***; **Verletzlichkeit** *f* → ***Verletzbarkeit.***

Verletzte(r *m*) *f* injured person, casualty; ***die Verletzten*** the injured (*pl.*); **Verletzung** *f* **1.** (*Wunde*) injury; ***sie kam mit leichten ~en davon*** she wasn't seriously hurt; **2.** infringement, *e-s Rechts*: *a.* violation; *der Pflicht, e-s Vertrags etc.*: breach; ***~ der Privatsphäre*** invasion (*od.* intrusion) of privacy; ***~ des Luftraums*** violation of airspace; **Verletzungsgefahr** *f* risk of injury.

verleugnen *v/t.* (*ableugnen, a. Herkunft, Grundsätze etc.*) deny; (*Freund, Kind etc.*) disown; ***sich ~ lassen*** not to be at home (***vor*** *j-m*: to); ***es lässt sich nicht ~, dass*** there's no denying that; **Verleugnung** *f* denial, *formell*: disavowal; *e-r Person*: disowning, disownment.

verleumden *v/t.* slander, *formell*: calumniate; *schriftlich*: libel; **Verleumder** *m* slanderer; libel(l)er; **verleumderisch** *adj.* slanderous, *formell*: calumnious; *schriftlich*: libel(l)ous; **Verleumdung** *f* slander, *formell*: calumny; *bsd.* ⚖ defamation; *schriftliche*: libel; **Verleumdungskampagne** *f* smear campaign; **Verleumdungsklage** *f* action for slander (*od.* libel).

verlieben *v/refl.*: ***sich ~*** fall in love (**in** with) (*a. weitS.*); F ***sich Hals über Kopf in j-n ~*** F fall head over heels for s.o.; **verliebt** *adj.* in love (**in** with); *Blicke etc.*: amorous; ***hoffnungslos ~*** *a.* F smitten; → ***Ohr***; **Verliebtheit** *f* (state of) being in love (**in** with); *übertriebene*: infatuation (with); *weitS.* love (for).

verlieren I. *v/t.* lose (**an** to); (*Blätter, Haar*) *a.* shed; ***zu ~ haben*** stand to lose; ***kein Wort darüber ~*** not to say a word about it; ***du hast hier nichts verloren*** you've got no business being here; → ***Auge*** 1, ***Geduld, Mut, Nerv*** *etc.*; → *a.* ***verloren***; **II.** *v/refl.*: ***sich ~*** *einander*: lose each other; *fig.* (*kaum bemerkbar sein*) *Ton etc.*: be lost; *Pfad, Spur etc.*: lose itself, disappear; (*vergehen, verschwinden*) disappear; *Menge*: disperse; *Wirkung, Intensität, Emotion etc.*: wear off; ***sich in Gedanken*** (***Träumen*** *etc.*) ~ be lost in thought (reverie *etc.*); **III.** *v/i.* lose (**gegen** to); *fig.* ***er*** (***es***) ***hat sehr verloren*** he (it) isn't what he (it) used to be; ***an Wirkung*** (***Reiz*** *etc.*) ~ lose some of its effect (its *od.* one's charm *etc.*); ***an Wert ~*** lose some of its (*od.* go down in) value; *der Roman etc.* ***verliert sehr in der Übersetzung*** loses a lot in translation.

Verlierer *m* loser; ***guter*** (***schlechter***) ~ good (bad) loser; **~seite** *f*: ***auf der ~ sein*** be on the losing side.

Verlies *n* dungeon.

verloben *v/refl.*: ***sich ~*** get engaged; **Verlöbnis** *n* engagement; **verlobt** *adj.* engaged; ***fest ~*** *a.* engaged to be married; **Verlobte(r** *m*) *f* fiancé(e *f*); ***die Verlobten*** the engaged couple; **Verlobung** *f* engagement; **Verlobungsfeier** *f* engagement party; **Verlobungsring** *m* engagement ring.

verlocken *v/t.* entice, tempt, (*verführen*) *a.* seduce (**zu tun** into doing); ***zum Kauf ~*** tempt people into buying; ***es verlockt zum Kauf*** it's tempting (*od.* it tempts one) to buy; **verlockend** *adj.* tempting, enticing, alluring; **Verlockung** *f* (*Reiz*) lure, enticement; (*Versuchung*) temptation.

verlogen *adj.* lying ..., *formell*: mendacious; (*verfälscht*) false; *Moral etc.*: hypocritical; ***~ sein*** be a liar; ***~er Kerl*** (damned) liar; **Verlogenheit** *f* lying; falseness; hypocrisy.

verloren *adj.* lost (*a. fig.*); (*einsam, hilflos*) forlorn; ***~e Eier*** poached eggs; ***~es Spiel*** losing game; ***auf ~em Posten stehen*** be fighting a losing battle; *bibl.* ***der ~e Sohn*** the Prodigal Son; ***j-n*** (***et.***) ***~ geben*** give s.o. (s.th.) up for lost; ***sich ~ geben*** give up; ***in den Anblick e-r Sache ~*** lost in contemplation of s.th.; ***es ist noch nicht alles ~*** there's hope yet, *bsd. iro.* all is not lost; ***das ist bei ihm ~*** *Humor etc.*: it's lost on him.

verloren gehen *v/i.* get lost; *fig.* ***~ in*** *e-m zu großen Anzug etc.*: be swamped by; ***an ihm ist ein Schauspieler verloren gegangen*** he would have made a good actor.

Verlorenheit *f* (*Verlassenheit*) forlornness.

verlöschen *v/i.* **1.** *Brennendes*: go out; **2.** *fig.* (*vergehen*) die; (*schwinden*) fade (away).

verlosen *v/t.* draw lots for; *in e-r Tombola*: raffle (off); **Verlosung** *f* drawing of lots; (*Lotterie*) raffle.

verlöten *v/t.* solder up (*od.* together).

verlottern *v/i.* go to rack and ruin, *Person, äußerlich*: go to seed; **verlottert** *adj.* → ***verwahrlost.***

Verlust *m* loss (**an** of); (*Todesfall*) *a.* bereavement; (***hohe***) ***~e*** (heavy) losses, ⚔ *a.* casualties; ***mit ~*** *verkaufen etc.*: at a loss; ***mit ~ arbeiten*** *Betrieb*: run at a loss; → ***erleiden, Rücksicht*** *etc.*; **~anzeige** *f* notice of (a) loss; **~ausgleich** *m* loss compensation; **~betrieb** *m* loss-maker, loss-making concern, losing business.

verlustbringend, Verlust bringend *adj.* losing *business, deal etc.*, loss-making.

Verlustgeschäft *n* **1.** losing deal, loss; **2.** → ***Verlustbetrieb.***

verlustieren *v/refl.*: ***sich ~*** amuse o.s.

verlustig *adv.*: ***e-r Sache ~ gehen*** forfeit s.th., lose s.th.

Verlust|konto *n* deficit account; **~liste** *f* ⚔ list of casualties; **~meldung** *f* report of loss; ⚔ casualty report; **2reich** *adj.* involving heavy losses; **~vortrag** *m* ✝, ⚖ loss carried forward.

vermachen *v/t.*: ***j-m et. ~*** leave s.o. s.th., ⚖ bequeath s.th. to s.o.; **Vermächtnis** *n*

V

(*Testament*) will; (*das Vermachte*) bequest; *fig.* legacy.

vermählen I. *v/refl.*: ***sich ~*** get married (***mit*** to); *fig.* unite; **II.** *v/t.* wed, marry (***mit*** to); **Vermählte(r** *m*) *f*: ***die Vermählten*** the newly-married couple; **Vermählung** *f* wedding, marriage.

vermaledeit *obs. adj.* confounded.

vermännlichen I. *v/t.* masculinize; *Kleidung*: *a.* make *s.o.* look very masculine, give *s.o.* a very masculine look; **II.** *v/i.* become masculine (*od.* masculinized); **vermännlicht** *adj.* masculinized; **Vermännlichung** *f* masculinization.

vermanschen F *v/t.* F mess up.

vermarkten *v/t.* (put on the) market; *fig.* capitalize on, exploit (commercially); **Vermarktung** *f* marketing; *fig.* (commercial) exploitation.

vermasseln F *v/t.* F make a hash of, mess up, *sl.* screw up.

vermassen I. *v/i.* lose its (*od.* one's) identity *od.* individuality; *Person*: *a.* become a (mere) cipher; *Gesellschaft*: be level(l)ed; **II.** *v/t.* depersonalize; ***Individuen ~*** *a.* take away people's identity; **vermasst** *adj.* depersonalized; *Gesellschaft*: anonymous; (***die***) ***~e Gesellschaft*** *a.* faceless society; **Vermassung** *f* loss of identity, depersonalization; *e-r Gesellschaft*: level(l)ing; (increasing) anonymity.

vermauern *v/t.* wall up (*od.* in).

vermehren I. *v/t.* **1.** increase (***um*** by); *an Zahl*: *a.* multiply; **2.** (*durch Züchtung*) breed; **II.** *v/refl.*: ***sich ~*** **3.** increase, *Zahl*: *a.* multiply, rise; ***sich ständig ~*** rise steadily; **4.** (*sich fortpflanzen*) reproduce, multiply, breed; **Vermehrung** *f* **1.** increase; **2.** (*Fortpflanzung*) reproduction, breeding.

vermeidbar *adj.* avoidable; **vermeiden** *v/t.* avoid; (*umgehen*) evade; (*e-r Sache aus dem Weg gehen*) steer clear of; *ängstlich*: shun; ***es lässt sich nicht ~*** it can't be helped; **vermeidlich** *adj.* avoidable; **Vermeidung** *f* avoidance.

vermeintlich *adj.* supposed; (*angeblich*) alleged; (*eingebildet*) imaginary.

vermelden *v/t.* (*verkünden*) announce; (*berichten von*) report; F *fig.* → ***melden*** 3.

vermengen I. *v/t.* **1.** mix; **2.** (*verwechseln*) mix up; **II.** *v/refl.*: ***sich ~*** mix.

vermenschlichen *v/t.* humanize; present in human form; (*personifizieren*) personify; **Vermenschlichung** *f* humanization; (*Personifizierung*) personification.

Vermerk *m* note; (*Anmerkung*) *a.* comment; **vermerken** *v/t.* **1.** make a note of; (*sagen*) note, mention; ***et. am Rande ~*** *schriftlich*: make a note of s.th. in the margin, *verbal*: mention s.th. in passing; ***das sei nur am Rande vermerkt*** if I could just add that; ***es sei am Rande vermerkt, dass*** it might be worth just mentioning that, could I just add that; **2.** ***übel ~*** take *s.th.* amiss (*od.* in bad part), take offen|ce (*Am.* -se) at; ***j-m et. übel ~*** be annoyed (*stärker*: angry) at s.o. for s.th.; ***j-m übel ~, dass*** be annoyed (*od.* angry) at s.o. for *ger.*; ***er hat es ihm übel vermerkt*** *a.* he's (*od.* he was) not amused; ***et. peinlich ~*** note s.th. with some embarrassment.

vermessen[1] I. *v/t.* measure; (*Land*) survey; **II.** *v/refl.*: ***sich ~ zu*** *inf.* (*sich erdreisten*) dare (to) *inf.*, presume to *inf.*, have the temerity to *inf.*

vermessen[2] *adj.* (*anmaßend*) presumptuous; **Vermessenheit** *f* presumption.

Vermesser *m* surveyor; **Vermessung** *f* measuring; (*Land~*) surveying.

Vermessungs|amt *n* surveyor's office; **~ingenieur** *m* surveyor; **~kunde** *f* surveying; **~schiff** *n* surveying ship.

vermiesen F *v/t.*: ***j-m et. ~*** spoil s.th. for s.o.

vermieten *v/t.* rent (out); (*Sachen*) *Brit. a.* hire out; ***Haus zu ~*** house to let (*Am.* for rent); **Vermieter(in** *f*) *m* **1.** owner of the flat (*Am.* apartment) *od.* house *etc.*; **2.** (*Hauswirt*) landlord (*f* landlady); **Vermietung** *f* renting (out); rental; *Brit. a.* hiring (out).

vermindern I. *v/t.* decrease, reduce; (*verringern*) diminish, lessen; (*beeinträchtigen*) detract from; **II.** *v/refl.*: ***sich ~*** decrease; (*verringern*) diminish, lessen; **Verminderung** *f* decrease (*gen.* in), reduction (of, in); lessening (of).

verminen *v/t.* lay mines in (*od.* along), mine; **vermint** *adj.* full of mines.

vermischen I. *v/t.* **1.** mix; (*Farben*, *Tee etc.*) blend; **2.** (*Rassen*) interbreed, (*Tiere*) *a.* cross; **3.** (*Begriffe etc.*) mix (up); **II.** *v/refl.*: ***sich ~*** **4.** mix; *Farben etc.*: *a.* blend; **5.** *Rassen*: interbreed; **vermischt** *adj.* mixed; ***~es*** miscellaneous items (*od.* writings *etc.*), *als Aufschrift*: miscellaneous, misc.; **Vermischung** *f* mixing; blending; interbreeding; → ***vermischen.***

vermissen *v/t.* miss; ***ich vermisse m-n Bleistift*** I can't find my pencil, I'm missing my pencil; ***et. ~ lassen*** (*nicht besitzen*) lack s.th.; **vermisst** *adj.* missing (⚔ in action); ***j-n als ~ melden*** report s.o. missing; ***als ~ gemeldet werden*** (*od.* ***sein***) be listed as missing; **Vermisste(r** *m*) *f* missing person (⚔ serviceman); ⚔ *Am.* *a.* MIA (= missing in action); ⚔ *pl.* *a.* missing personnel *sg.* (*pl. konstr.*); **Vermisstenanzeige** *f* missing person's report; ***e-e ~ aufgeben*** report s.o. missing.

vermitteln I. *v/t.* (*beschaffen*) get, find, *formell*: procure (***j-m*** for s.o.); (*arrangieren*) arrange; (*Eindruck etc.*) give, convey; (*Wissen*) impart (***j-m*** to s.o.); **II.** *v/i.* mediate, act as (a) mediator (***bei*** in); (***~d*** *eingreifen*) intervene, mediate; **vermittelnd I.** *adj.* conciliatory, mediatory; **II.** *adv.*: ***~ eingreifen*** intervene, mediate; **vermittels(t)** *prp.* by means of.

Vermittler *m* **1.** (*Schlichter*) mediator, arbitrator; **2.** (*Mittelsmann*) intermediary, go-between; **3.** ☤ *etc.* agent; *von Aufträgen etc.*: negotiator; (*Makler*) broker; **~gebühr** *f* → ***Vermittlungsgebühr***; **~rolle** *f* negotiating role; ***die ~ übernehmen*** act as negotiator (*od.* mediator).

Vermittlung *f* **1.** *bei Streit*: mediation, arbitration; (*Eingreifen*) intervention; **2.** (*Beschaffung*) procurement, obtaining; (*Arrangieren*) arrangement; ☤ *e-s Geschäfts*: negotiation; (*Stellen~*) placement; ***durch ~*** *gen.* (*od.* ***von***) through; ***durch s-e ~*** *a.* through his help (*od.* intervention); **3.** (*Amt*, *Stelle*) agency, office; *teleph.* (telephone) exchange, *Am.* central office, *in e-r Firma etc.*: switchboard; *weitS.* (*Person*) operator; ***über die ~*** via (*od.* through) the switchboard *etc.*

Vermittlungs|ausschuss *m* mediation committee; **~gebühr** *f*, **~provision** *f* commission; *e-s Maklers*: *a.* brokerage; **~stelle** *f* agency; **~verfahren** *n pol.* joint committee procedure; **~versuch** *m* mediation attempt (*gen.* by), mediation effort (on the part of), attempt at mediation (on the part of).

vermöbeln F *v/t.* F clobber.

vermodern *v/i.* mo(u)lder, decay.

vermögen *v/t.*: ***~ zu*** *inf.* be able to *inf.*; be capable of *ger.*; be in a position to *inf.*

Vermögen *n* **1.** (*Reichtum*) fortune; ***ein ~ verdienen*** (***kosten***) earn (cost) a fortune; **2.** (*Besitz*) property; (*Geld*) means *pl.*; ☤ assets *pl.*; **3.** (*Können*) ability; (*Kraft*, *Macht*) power(s *pl.*); ***nach bestem ~*** to the best of one's ability; ***es geht über*** (*od.* ***übersteigt***) ***mein ~*** it's beyond my power (***zu*** *inf.* to *inf.*), it goes beyond my power(s); **vermögend** *adj.* wealthy, well-to-do, (very) well-off.

Vermögens|ansammlung *f* accumulation of wealth; **~berater(in** *f*) *m* investment consultant; **~beratung** *f* *Firma*, *Branche*: investment consultancy; **~bildung** *f* wealth formation; **~lage** *f* financial situation; **~rechtlich** *adj* under the law of property; **~steuer** *f* property tax; **~verhältnisse** *pl.* financial circumstances; **~verwalter** *m* property administrator; **~verwaltung** *f* property administration; **~werte** *pl.* (property) assets.

vermögenswirksam *adj.* capital-creating (*through fiscal grants and tax concessions*), *weitS.* (*Gewinn bringend*) profitable; ***~e Leistung*** *employer's contribution(s) to tax-deductible (employee) savings scheme.*

vermummen I. *v/t.* (*einhüllen*) wrap up; (*verkleiden*) disguise; **II.** *v/refl.*: ***sich ~*** wrap o.s. up (***in*** in); (*sich verkleiden*) disguise o.s., *bei e-r Demonstration*: wear a mask; **Vermummung** *f* disguise; *bei Demonstrationen*: wearing of masks; **Vermummungsverbot** *n ban on wearing masks at demonstrations.*

vermurksen F *v/t.* F make a hash of, botch (up).

vermuten *v/t.* (*annehmen*) assume; (*erwarten*) expect; (*argwöhnen*) suspect; ***ich vermute*** (*nehme an*) *a.* I imagine, *stark*: I rather think; ***ich vermute ja*** I imagine (*od.* expect) so, I would think so; ***das habe ich schon vermutet*** I had an idea that would happen (*od.* be the case *etc.*); ***ich vermute sie nebenan*** I imagine (*od.* expect) she's next door, she's probably next door; **vermutlich I.** *adj.* presumed; (*wahrscheinlich*) probable, likely; **II.** *adv.* presumably; (*wahrscheinlich*) probably; **Vermutung** *f* presumption (*a.* ⚖); supposition, F guess; (*Verdacht*) suspicion; (*Erwartung*) expectation; (*Theorie*, *Mutmaßung*) *a. pl.* speculation; ***~en anstellen*** speculate (***über*** on).

vernachlässigen *v/t.* neglect; (*unberücksichtigt lassen*) ignore; ***sich vernachlässigt fühlen*** feel neglected; **Vernachlässigung** *f* neglect.

vernageln *v/t.* nail (up); (*Deckel*) nail down; ***mit Brettern ~*** board up; **vernagelt** F *adj.* F blockheaded.

vernähen *v/t.* sew (*od.* stitch) up.

vernarben *v/i.* scar over; *fig.* heal; **vernarbt** *adj.* scarred; *durch Pocken*: *a.* pockmarked, pitted *face*; **Vernarbung** *f* scarring; *konkret*: scar(s *pl.*).

vernarrt *adj.*: ***~ in*** besotted (*od.* infatuated) with, F wild (*od.* crazy) about; ***in ein Kind ~ sein*** dote on a child.

vernaschen *v/t.* **1.** (*Süßigkeiten etc.*) munch, F scoff; **2.** (*Geld*) spend on sweets (*Am.* candy); **3.** F (*j-n*) *sl.* lay, have it off with; **vernascht** *adj.*: ***~ sein*** always be eating sweets (*Am.* candy).

vernebeln *v/t.* **1.** *zur Tarnung*: put a smoke-screen up in; **2.** *fig.* (*Verstand* *etc.*) befuddle; (*Blick*) blur; (*Tatsachen*) obscure.

vernehmbar *adj.* audible, perceptible; **vernehmen** *v/t.* **1.** hear; (*erfahren*) *a.* learn; **2.** (*verhören*) interrogate, question, ⚖ *a.* examine; ***als Zeuge vernommen werden*** be called into the witness box (*Am.* witness stand); **Vernehmen** *n*: ***dem ~ nach*** from what one hears, rumo(u)r has it that, ***ist*** (*od.* ***hat***) ***er ...***: *a.* he is said to ...; **vernehmlich** *adj.* audible, distinct; (*laut*) loud; **Vernehmung** *f* interrogation, questioning, ⚖ *a.* examination; **vernehmungsfähig** *adj.* fit to be questioned.

verneigen *v/refl.*: ***sich ~*** bow; *Dame*: curtsey (***vor*** to); **Verneigung** *f* bow; *von Damen*: curtsey (***vor*** to).

verneinen I. *v/t.* answer no to *s.th.*; (*ableugnen*) deny; (*ablehnen*) oppose; *ling.* negate; **II.** *v/i.* say no, answer in the negative; **Verneinung** *f* negation; (*Ableugnung*) denial; (*Ablehnung*) opposition (*gen.* to); *ling.* negative.

vernetzen *v/t. allg.* link up; *Computer*: network; **vernetzt** *adj. allg.* linked-up; *Computer*: networked; ***~ sein*** a) be networked, b) have access to the Internet; **Vernetzung** *f allg.* linking-up; *Computer*: networking.

vernichten *v/t.* destroy (*a. Urkunden*); *stärker*: annihilate; (*ausrotten*) exterminate; (*auslöschen*) wipe out, eradicate; (*Hoffnung*) dash, shatter; **vernichtend I.** *adj.* devastating; (*zerstörerisch*) destructive; *fig. Schlag, Niederlage*: crushing; *Antwort, Blick*: withering; *Kritik*: scathing, devastating, damning; ***~es Urteil*** severe condemnation; **II.** *adv.*: ***~ schlagen*** destroy, *Sport*: play into the ground; **Vernichtung** *f* destruction, annihilation *etc.*; → ***vernichten.***

Vernichtungs|feldzug *m* campaign of destruction; **~krieg** *m* war of extermination; **~lager** *n* extermination camp; **~mittel** *n für Unkraut*: weedkiller; *für Insekten*: insecticide; **~potenzial** *n* destructive potential (*od.* capability); **~schlag** *m* **1.** annihilating blow; **2.** *fig.* final blow; ***zum ~ ausholen*** prepare to (*od.* be about to) deal the final blow; **~waffe** *f* weapon of mass destruction; *pl. coll.* destructive weaponry *sg.*; **~wut** *f* (sheer) vandalism.

vernickeln *v/t.* nickel-plate; **Vernickelung** *f* nickel-plating.

verniedlichen *v/t.* minimize; play *s.th.* down; **Verniedlichung** *f* minimization; playing down.

vernieten *v/t.* rivet.

Vernissage *f* private view, art opening.

Vernunft *f* reason; ***~ annehmen*** be reasonable, listen to reason, *stärker*: come to one's senses; ***j-n zur ~ bringen*** make s.o. listen to reason, *stärker*: bring s.o. to his (*od.* her) senses; (***wieder***) ***zur ~ kommen*** (begin to) listen to reason, *stärker*: (gradually) come to one's senses; **vernunftbegabt** *adj.* rational; **Vernunftehe** *f* marriage of convenience; **Vernünftelei** *f a. pl.* sophistry; **vernunftgemäß** *adj.* rational, reasonable; **Vernunftglaube** *m* belief in (human) reason; rationalism; **Vernunftgründe** *pl.* reason *sg.*, rational arguments (*od.* considerations); ***aus ~n*** out of plain common sense.

vernünftig I. *adj.* **1.** (*vernunftgemäß, angemessen*) reasonable; (*verständig*) sensible; (*besonnen*) level-headed; ***er ist ganz ~*** *a.* F he's got his head screwed on the right way; ***jeder ~e Mensch*** anyone with a bit of sense, *stärker*: anyone in his right mind; ***du wirst schon noch ~ werden*** you'll come to your senses; **2.** *Argumente etc.*: rational; **3.** F (*ordentlich*) decent, (*angemessen*) proper; **II.** *adv.* **4.** sensibly; ***~ reden*** talk sense (***mit*** to); ***e-e Sache ~ angehen*** be sensible about s.th.; **5.** F (*richtig, ordentlich*) properly; ***~ essen*** *a.* eat sensibly; **vernünftigerweise** *adv.*: ***~ et. tun*** be sensible enough (*od.* have the good sense) to do s.th.; **Vernünftigkeit** *f* reasonableness.

vernunftlos *adj.* irrational; **Vernunftlosigkeit** *f* irrationality.

Vernunftmensch *m* rational type.

vernunftwidrig *adj.* irrational; *Handeln*: unreasonable; **Vernunftwidrigkeit** *f* irrationality; *konkret*: irrational behavio(u)r (*od.* decision *etc.*).

veröden I. *v/i.* become deserted; **II.** *v/t.* ⚕ (*Gefäße*) sclerose, obliterate; **Verödung** *f* **1.** desertion; **2.** ⚕ obliteration.

veröffentlichen *v/t.* (*Nachricht etc.*) publish; (*freigeben*) release; (*Buch etc.*) publish; (*Schallplatte*) release; ***bisher noch nicht veröffentlicht*** previously unpublished (*Schallplatte*: unreleased); **Veröffentlichung** *f* publication (*a. Vorgang*).

verordnen *v/t.* **1.** ⚕ prescribe (***j-m*** for s.o.); ***j-m Bettruhe*** (***Bewegung***) ***~*** order s.o. to stay in bed (advise s.o. to get some physical exercise); ***wenn vom Arzt nicht anders verordnet*** unless otherwise advised by your physician; **2.** *gesetzlich*: decree; **Verordnung** *f* **1.** (*das Verordnen*) prescribing; ***nach ~ des Arztes*** as prescribed by one's physician; **2.** *gesetzliche*: decree.

verpachten *v/t.* lease (***j-m*** to s.o.); **Verpächter** *m* lessor; **Verpachtung** *f* leasing.

verpacken *v/t.* pack (up), *bsd. maschinell*: package; (*einwickeln*) wrap up; **verpackt** *adj.* wrapped up; *bsd. maschinell*: packaged; ***festlich ~*** nicely wrapped (up for the occasion); **Verpackung** *f* packing; (*Einzel~*) packaging; → ***Verpackungsmaterial.***

Verpackungs|abfall *m* waste packaging; **~flut** *f* ever increasing quantities of packaging waste; **~gewicht** *n* tare weight; **~kosten** *pl.* packing charges; **~künstler(in** *f*) *m* wrapping artist; **~material** *n* packaging material; (*Papier*) wrapping; **~müll** *m* waste packaging.

verpäppeln F *v/t.* pamper, mollycoddle.

verpassen *v/t.* **1.** (*Gelegenheit, Zug etc.*) miss; ***et. ~*** *a.* miss out on s.th.; **2.** ⚔ (*Bekleidung*) fit; **3.** F (*geben, verabfolgen*) give, F land *s.o.* with *s.th.*; ***j-m e-e ~*** F land s.o. one.

verpatzen F *v/t.* F mess up, botch (up).

verpennen F **I.** *v/i.* sleep in, oversleep; **II.** *v/t.* (*Termin etc.*) sleep through; *fig.* forget; *fig.* ***ich habs total verpennt*** *a.* F I clean forgot.

verpesten *v/t.* pollute; F (*Raum etc.*) F stink out; *fig.* (*Atmosphäre*) poison.

verpetzen F *v/t.* F sneak on *s.o.*

verpfänden *v/t.* pledge (*a. fig.* ***sein Wort*** one's word); *hypothekarisch*: mortgage; *in der Pfandleihe*: pawn.

verpfeifen F *v/t.* **1.** (*j-n*) F blab on, *bsd. in der Schule*: *a.* sneak on, tell on; *bei der Polizei*: F cop out on, *sl.* grass on; **2.** (*et.*) let *s.th.* out; ***et. ~*** *a.* F blab.

verpflanzen *v/t.* transplant, (*Haut*) graft; **Verpflanzung** *f konkret*: transplant.

verpflegen I. *v/t.* feed; **II.** *v/refl.*: ***sich ~*** feed o.s.; ***sich selbst ~*** cook for o.s.; **Verpflegung** *f* **1.** (*Versorgung*) catering; (*Beköstigung*) feeding; **2.** (*Essen*) food (and drink), (*Erfrischungen*) refreshments *pl.*; ⚔ rations *pl.*

verpflichten I. *v/t.* oblige, *bsd. vertraglich etc.*: obligate; (*Spieler*) sign; (*Schauspieler etc.*) engage; (*Band*) hire; ***j-n*** (***zu et.***) ***~*** place an obligation on s.o. (to do s.th.); ***j-n zum Kauf*** *etc.* ***~*** put s.o. under an obligation to buy *etc.*; ***j-n zur Einhaltung der Regeln ~*** bind s.o. to the rules; **II.** *v/refl.*: ***sich ~*** commit o.s. (***zu et.*** to do[ing] s.th.), *a. vertraglich*: undertake (to do s.th.); *beruflich, bsd.* ⚔: sign on (***auf*** *5 Jahre etc.*: for); ***sich vertraglich ~*** sign a contract; **III.** *v/i.*: ***es verpflichtet zum Kauf*** *gen.* you are obliged to buy, you commit yourself to buying; ***es verpflichtet zu nichts*** there's no obligation involved, there are no strings attached; → ***Adel*** 2; **verpflichtet** *adj.* obliged (***zu et.*** to do s.th.), *stärker*: under obligation (to do s.th.), *vertraglich*: bound by contract (to do s.th.); ***gesetzlich ~ sein*** be bound by law (***zu*** *inf.* to *inf.*), be under legal obligation (to *inf.*); ***sich ~ fühlen zu*** *inf.* feel obliged (*stärker*: bound) to *inf.*; ***j-m*** (***sehr***) ***zu Dank ~ sein*** be (deeply) indebted to s.o.; ***j-m gegenüber ~ sein*** be beholden to s.o.; **Verpflichtung** *f* commitment; *bsd. moralische*: obligation; *gesetzliche*: liability (*a.* ☤ *Verbindlichkeit*); pledge (***zu*** of); (*Pflicht*) duty; ***~ zum Kauf*** *etc.* obligation to buy *etc.*; ***~en gegenüber j-m haben*** be under an obligation to s.o.; ***s-n ~en nachkommen*** meet one's obligations (☤ *a.* liabilities), *pol.* discharge one's commitments.

verpfuschen F *v/t.* F bungle, botch (up), make a mess of; **verpfuscht** *adj. Leben*: ruined, wrecked.

verpissen *sl. v/refl.*: ***verpiss dich!*** *sl.* piss off!, V fuck off!

verplanen I. *v/t.* **1.** (*Gelder*) budget; (*Zeit*) plan; ***s-e Zeit verplant haben*** be fully booked; ***m-e Urlaubstage habe ich schon verplant*** my holiday is all booked up (with various activities) already; **2.** (*falsch planen*) plan wrong; (*verschätzen*) miscalculate; **II.** *v/refl.*: ***sich ~*** plan wrong, get one's planning wrong.

verplappern F *v/refl.*: ***sich ~*** F blab (it out), let the cat out of the bag.

verplaudern I. *v/t.* (*Zeit*) talk (*od.* chat) away; ***den ganzen Abend ~*** spend the whole evening chatting (away); **II.** *v/refl.*: ***sich ~*** (completely) forget the time chatting; ***wir haben uns verplaudert*** *a.* we were so busy chatting we forgot to look at our watches.

verplempern F *v/t.* (*Zeit, Geld*) waste, fritter away.

verplomben *v/t.* seal.

verpolt *adj.* ⚡ connected the wrong way round.

verpönt *adj.* disapproved-of ..., *pred.* disapproved of; scorned; ***~ sein*** *a.* be looked down upon; ... ***ist hier ~*** *a.* we (*od.* they) don't approve of ... around here.

verprassen *v/t.* squander (***für*** on), F blow (on).

verprellen *v/t.* put off; (*beleidigen*) offend, put out; → *a.* ***vergrämen.***

verprügeln *v/t.* beat *s.o.* up, give *s.o.* a thrashing.

V

verpuffen *v/i.* **1.** *Eifer, Zorn etc.*: fizzle out; *Wirkung, Pointe etc.*: fall flat; **2.** *Flamme, Gas etc.*: blow up, F go pop; (*sich verflüchtigen*) evaporate (*a. fig.*).
verpulvern F *v/t.* (*Geld*) F blow.
verpuppen *v/refl.*: ***sich ~*** pupate, change into a chrysalis; **Verpuppung** *f* pupation.
verpusten F *v/refl.*: ***sich ~*** get one's breath back.
Verputz *m* plaster(work); (*Rau≈*) roughcast; **verputzen** *v/t.* **1.** plaster; (*rau ~*) roughcast; **2.** F *fig.* (*aufessen*) F put away, polish off.
verqualmen F *v/t.* **1.** (*Zimmer etc.*) F smoke up; **2.** (*Geld*) spend on cigarettes; ***er verqualmt sein ganzes Geld*** F all his money goes up in smoke; **verqualmt** F *adj.* smoky, smoke-filled ..., *pred.* filled with smoke.
verquatschen F **I.** *v/t.* **1.** → ***verplaudern*** I; **II.** *v/refl.*: ***sich ~*** **2.** → ***verplaudern*** II; **3.** (*Geheimnis verraten*) F blab.
verquer F **I.** *adj.* **1.** *Ideen etc.*: strange, F screwy; ***~er Typ*** F weirdo; ***~e Angelegenheit*** mess; **II.** *adv.* (*falsch, verkehrt*) wrong; (*schief*) awry; ***mir geht alles ~*** everything's going wrong (for me).
verquicken *v/t.* **1.** amalgamate; **2.** *fig.* (*in Verbindung bringen*) connect, bring together; (*vermischen, a. durcheinander bringen*) mix up; **verquickt** *adj.*: ***eng*** (***miteinander***) ***~*** closely connected (*od.* related); **Verquickung** *f* connection (*gen.* between); mixing-up (of).
verquirlen *v/t.* whisk (***in*** into), beat (*od.* mix) with a whisk.
verquollen *adj. Holz*: warped; *Gesicht*: bloated, *a. Augen*: swollen.
verramme(l)n F *v/t.* barricade, block (up).
verramschen F *v/t.* sell off (F dirt cheap), F flog (dirt cheap).
verrannt *fig. adj.*: ***~ sein in*** be set (*od.* stuck) on.
Verrat *m* betrayal (***an*** of), F sellout (of); ⚖ (*a.* ***~ am Vaterland***) treason (to); ***an j-m ~ begehen*** (*od.* ***üben***) betray s.o.; **verraten I.** *v/t.* betray; (*Geheimnis*) *a.* divulge; give *s.o. od. s.th.* away, (*j-n*) F *a.* sell; (*ausplaudern*) F blab out, let on *that* ...; *fig.* (*offenbaren*) betray, reveal; (*preisgeben*) *a.* give away; ***~ und verkauft sein*** F have been sold down the river; F ***kannst du mir ~ warum?*** can you tell me why?; ***nicht ~!*** don't tell!; **II.** *v/refl.*: ***sich ~*** give o.s. away; **Verräter** *m* traitor (***an*** to); **verräterisch** *adj.* treacherous, traitorous, ⚖ treasonable; *fig.* revealing; *Blick, Spur etc.*: telltale ..., giveaway ...
verratzt F *adj.* lost; ***~ sein*** *a.* be left high and dry.
verrauchen I. *v/i. Zorn*: blow over; **II.** *v/t.* smoke; (*Geld*) spend on smoking.
verräuchern *v/t.* → ***verqualmen.***
verraucht *adj.* smoky, smoke-filled ..., *pred.* filled with smoke.
verrauschen *v/i. Beifall, Begeisterung etc.*: die down, fade away; **verrauscht** *adj. Fernsehbild*: grainy.
verrechnen I. *v/t.* (*begleichen*) settle; (*verbuchen*) credit to s.o.'s account; ***et. mit et. ~*** offset s.th. against s.th.; **II.** *v/refl.*: ***sich ~*** miscalculate (***um*** by), *a. fig.* make a mistake; ***sich*** (***um 10 Dollar***) ***verrechnet haben*** *a.* be (10 dollars) out; F ***sich gründlich verrechnet haben*** F be miles out, *fig.* have made a big mistake; **Verrechnung** *f* (*Abrechnung*) settlement; *im Verrechnungsverkehr*: clearing; ***nur zur ~*** *Scheck*: not negotiable.
Verrechnungs|konto *n* offset account; **~scheck** *m* crossed (*od.* non-negotiable) cheque (*Am.* check); **~stelle** *f* clearing office; **~wesen** *n* clearing.
verrecken *v/i.* **1.** V (*zugrunde gehen*) die; *hum. sl.* snuff it; *fig. Motor etc.*: F conk out; *fig.* ***nicht ums ≈!*** not on your life (*Brit. a.* F nelly)!; **2.** *Tier*: die, perish; ***Hunderte sind verreckt*** *a.* they were dying (*od.* going down) like flies.
verregnet *adj.* rainy; ***unser Ausflug war ~*** our outing was spoilt by rain, it rained throughout our outing.
verreiben *v/t.* grind; (*Salbe etc.*) spread, (***auf*** *der Haut*) rub in(to).
verreisen *v/i.* go away; ***~ nach*** go to; ***geschäftlich ~*** go away (*od.* off) on a business trip *od.* on business; **verreist** *adj.* away (***geschäftlich*** on business).
verreißen I. *v/t.* (*scharf kritisieren*) tear to pieces (F bits, shreds), savage, F trash, rubbish, do a hatchet job on; **II.** *v/impers.*: ***es verriss mir das Steuer*** the steering wheel suddenly jerked round hard.
verrenken I. *v/t.* **1.** (*verzerren*) sprain, twist, (*ausrenken*) dislocate; ***sich den Arm ~*** sprain (*od.* twist, dislocate) one's arm; **2.** F *fig.* ***sich*** *neugierig* ***den Hals ~*** crane one's neck (***nach*** to get a glimpse of), *Am.* rubberneck; **II.** *v/refl.*: ***sich ~*** **3.** sprain (*od.* twist, dislocate) one's shoulder *etc.*; **4.** (*Verrenkungen machen*) contort o.s., *stärker*: go into contortions; **verrenkt** *adj.* twisted; ***ich habe e-n ~en Hals*** I've twisted my neck, I've got a crick in my neck; **Verrenkung** *f* **1.** (*Zerrung*) sprain; (*Luxation*) dislocation; **2.** (*starke Biegung*) contortion, (*Drehung*) *a.* gyration; ***~en machen*** go into contortions; ***geistige ~en*** mental acrobatics (*od.* gyrations).
verrennen *fig. v/refl.*: ***sich ~ in*** *e-e Sache*: get stuck in; → ***verrannt.***
verrichten *v/t.* do, carry out; → ***Notdurft***; **Verrichtung** *f* **1.** (*Ausführung*) execution, carrying out; **2.** ***~en*** (*Tätigkeit*) chores, work; ***tägliche ~en*** daily chores (*od.* routine).
verriegeln *v/t.* bolt, bar.
verringern I. *v/t.* decrease, reduce, lower, cut (down); **II.** *v/refl.*: ***sich ~*** decrease, diminish, go down; **Verringerung** *f* decrease (*gen.* in), reduction (of), lowering (of).
verrinnen *v/i.* trickle away; *Zeit*: pass, slip away, *Stunden*: *a.* tick away; *Jahre*: pass by, slip by.
Verriss F *m* F slating, hatchet job.
verrohen *v/i.* become brutalized; *a. Sitten*: coarsen; **Verrohung** *f* brutalization; *a. der Sitten*: coarsening.
verrosten *v/i.* rust; **verrostet** *adj.* rusty.
verrotten *v/i.* rot; *weitS. u. fig.* → ***verkommen***; **verrottet** *adj.* **1.** rotten; **2.** *fig.* depraved; decadent; **Verrottung** *f* **1.** rotting; **2.** *fig.* depravity; decadence.
verrucht *adj.* wicked; *Verbrechen*: *a.* foul, heinous; **Verruchtheit** *f* wickedness; heinousness, foul nature (*gen.* of).
verrücken *v/t.* move, shift.
verrückt *adj.* mad; F *fig. Mode etc.*: *a.* F crazy; *Plan etc.*: F wild, crazy; *fig.* ***~ nach*** (*od.* ***auf***) wild about, F nuts on (*od.* about); ***~e Idee*** F crazy idea; ***j-n ~ machen*** drive s.o. mad (F round the bend), (*durcheinander bringen*) get s.o. all confused; ***sich ~ machen*** get (o.s.) all worked up (F into a lather), F get into a tiz(zy); F ***~ spielen*** F act up, *stärker*: go berserk; ***wie ~*** like mad (F crazy); ***ich werd ~!*** F well blow me!; ***da kann man ja ~ werden*** it's enough to drive you mad; **Verrückte(r** *m*) *f* lunatic; madman, *f* madwoman; *stärker*: maniac; **Verrücktheit** *f* **1.** (*Zustand, Eigenschaft*) madness; **2.** (*Modenarrheit*) craze; **3.** mad (F crazy) idea (*od.* thing to do *etc.*); **Verrücktwerden** *n*: ***es ist zum ~*** it's enough to drive you mad.
Verruf *m*: ***in ~ bringen*** (***kommen***) bring (fall) into disrepute; **verrufen** *adj.* disreputable; ***~ sein*** *mst* have a bad reputation (*od.* name).
verrühren *v/t.* mix.
verrußen I. *v/i.* become (*od.* get) sooty; **II.** *v/t.* soot *s.th.* up, cover *s.th.* in soot.
verrutschen *v/i.* slip, get out of place.
Vers *m* verse (*a. Bibelvers u. Versmaß*), line; ***in ~e setzen*** put *s.th.* into verse; *fig.* ***er kann sich keinen ~ darauf machen*** he can't make head or tail of it.
versachlichen *v/t.* objectivize; (*entpersönlichen*) depersonalize.
versacken F *v/i.* **1.** sink (***in*** into); **2.** *fig.* (*herunterkommen*) F go to the dogs; **3.** *fig.* (*sich betrinken*) F get involved in a (big) booze-up, end up boozing (the night away).
versagen I. *v/i.* fail (*a. Person etc.*); ⚙ *a.* break down; *Motor*: stall; ***jämmerlich ~*** fail miserably; ***die Beine versagten ihr*** (***den Dienst***) her legs gave way; ***s-e Stimme versagte*** his voice failed him, he lost his voice; ***sein Gedächtnis versagte*** his memory failed him (*od.* let him down); **II.** *v/t.* (*verweigern*) refuse, deny; ***j-m et. ~*** refuse (*od.* deny) s.o. s.th.; ***j-m den Dienst ~*** refuse to obey s.o.; ***sich et. ~*** deny o.s. s.th., forgo s.th.; ***es blieb ihm versagt*** it was denied him, he was denied it, ***zu*** *inf.*: it was denied him to *inf.*, he was not to *inf.*; **Versagen** *n* failure; ***menschliches ~*** human error, ✈ *a.* pilot error; **Versager** *m* failure; ***~ im Beruf*** professional failure.
Versal(buchstabe) *m* capital (letter), uppercase (letter); (***in***) ***Versalien!*** *Anweisung*: caps.
versalzen *v/t.* **1.** put too much salt in; **2.** F *fig.* spoil; ***j-m et. ~*** spoil s.th. (*od.* things) for s.o.; → ***Suppe.***
versammeln I. *v/t.* assemble (*a.* ⚔), gather; ***um sich ~*** rally *people* round one; **II.** *v/refl.*: ***sich ~*** assemble, meet; **Versammlung** *f* meeting, (*a. die Versammelten*) gathering; *parl.* ***gesetzgebende ~*** legislative assembly.
Versammlungs|freiheit *f* freedom of assembly; **~lokal** *n* meeting place; **~ort** *m* (*Stelle*) assembly point; (*Raum, Platz*) meeting (*od.* gathering) place; **~raum** *m* meeting place; **~recht** *n* right of assembly; **~verbot** *n* ban on public assembly (*od.* public gatherings).
Versand *m* **1.** (*Absenden*) dispatch; (*Transport*) shipment; (*Verteilung*) distribution; **2.** → **~abteilung** *f* forwarding department; **≈bereit** *adj.* ready for dispatch (*od.* sending); **~beutel** *m* padded envelope.
versanden *v/i.* silt up; *fig.* peter out.
versandfertig *adj.* ready for dispatch (*od.* sending).
Versand|geschäft *n*, **~handel** *m* mail-order business; **~haus** *n* mail-order company; **~hauskatalog** *m* mail-order catalog(ue); **~kosten** *pl.* forwarding expenses; **~papiere** *pl.* shipping documents; **~schein** *m* shipping note.
Versandung *f* silting(-up).

V

versaubeuteln F *v/t.* F mess up; (*verschlampen*) go and lose.
versauen F *v/t.* **1.** (*schmutzig machen*) mess up; **2.** F *fig.* (*verderben*) F mess up; *stärker*: ruin, wreck.
versauern F *v/i. Person*: stagnate; vegetate.
versaufen V *v/t.* F guzzle (*od.* booze) away.
versäumen *v/t.* (*Gelegenheit, Zug etc.*) miss; (*Pflicht*) neglect; (*Schlaf*) miss (out on); ***~ Sie nicht zu** inf.* be sure to *inf.*; ***da hast du nichts (was) versäumt!*** you didn't miss much (you really missed something there); ***versäumte Zeit nachholen*** make up for lost time; **Versäumnis** *n* omission, failure *to do s.th.*; (*Vernachlässigung*) neglect; **Versäumnisurteil** *n* ⚖ judg(e)ment by default.
verschachern F *v/t.* sell off, F flog.
verschachteln *v/t.* **1.** (*a.* ***ineinander ~***) fit (*od.* slot) into each other; **2.** *fig.* complicate, make *s.th.* complicated; **verschachtelt** *adj.* **1.** interlocking; **2.** *fig.* complicated, convoluted; ***~er Satz*** involved period.
verschaffen *v/t.* get (***j-m et.*** s.o. s.th.); (*Arbeit, Wohnung etc.*) *a.* find; ***sich Geld ~*** get hold of some money; ***sich e-n Vorteil ~*** gain an advantage; ***sich Respekt ~*** gain *od.* win (some) respect; ***j-m die Möglichkeit ~ zu** inf.* make it possible for s.o. to *inf.*; *iro.* ***was verschafft mir die Ehre?*** what have I done to deserve this hono(u)r?
verschalen *v/t.* board, panel; ▲ (*Beton*) shutter; **Verschalung** *f* boarding; casing; ▲ form(s *pl.*).
verschämt *adj.* bashful; *bewußt*: coy; ***~ tun*** act coy.
verschandeln *v/t.* disfigure; (*Aussicht etc.*) *a.* spoil; ***es verschandelt den Platz** (od. **die Aussicht** etc.)* it's an eyesore; **Verschandelung** *f* disfigurement.
verschanzen *v/refl.*: ***sich ~*** entrench o.s.; *fig.* ***sich hinter et. ~*** entrench o.s. behind s.th., (*et. als Vorwand benutzen*) use s.th. as a pretext; **Verschanzung** *f* (*Befestigung*) fortifications *pl.*
verschärfen **I.** *v/t.* (*Maßnahmen etc.*) tighten (up); (*Lage, Spannungen etc.*) aggravate; (*Strafe*) stiffen; ***das Tempo ~*** *mot. etc.* speed up, *weitS.* step up the pace; **II.** *v/refl.*: ***sich ~*** *Lage*: become more critical, F hot up; *Spannungen*: mount, increase; *Rezession etc.*: *a.* tighten its grip; **Verschärfung** *f* tightening (up); aggravation *etc.*; → ***verschärfen.***
verscharren *v/t.* bury.
verschätzen *v/refl.*: ***sich ~*** misjudge (***um*** by), make a mistake; ***sich um ... verschätzt haben*** be out by ...
verschaukeln F *v/t.* **1.** (*reinlegen*) F take *s.o.* for a ride; **2.** (*sitzen lassen*) leave *s.o.* in the lurch.
verscheiden *v/i.* pass away.
verscheißern *sl.* *v/t.* F take the mickey out of; ***willst du mich ~?*** *a. sl.* are you trying to take the mick?
verschenken *v/t.* give away.
verscherbeln F *v/t.* sell off cheap, F flog.
verscherzen *v/t.*: ***sich et. ~*** forfeit, lose; (*Chance etc.*) throw away; ***sich j-s Gunst ~*** fall out of favo(u)r with s.o.; ***du hast es dir mit ihm verscherzt*** you've spoilt your chances with him.
verscheuchen *v/t.* scare off, *absichtlich*: chase away (*a. fig.*).
verscheuern F *v/t.* sell off cheap, F flog.
verschicken *v/t.* dispatch, (*a. Kinder etc.*) send; ⚚ dispatch, ship; **Verschickung** *f* dispatch(ing), sending; shipping.
verschiebbar *adj.* adjustable.
Verschiebebahnhof *m* shunting station; *Am.* switchyard.
verschieben **I.** *v/t.* **1.** (*Schrank etc.*) shift, move; *Computer*: (*Datei*) move; **2.** *zeitlich*: put off, postpone (***auf*** to, until, till); **3.** (*Waren*) sell *s.th.* underhand; **II.** *v/refl.*: ***sich ~*** **4.** move; (*verrutschen*) slip; **5.** *Termin etc.*: be postponed (***auf*** to, until, till); **Verschiebung** *f* **1.** *räumliche*: shift(ing), moving; displacement (*a.* ⚔); **2.** *zeitliche*: postponement (***auf*** to, until, till).
verschieden *adj.* different (***von*** from); (*deutlich ~*) distinct (from); *Meinungen*: differing; (*wechselnd*) varied; (*verschiedenerlei*) miscellaneous, various; ***≈es*** various things *pl.*, *bsd.* ⚚ sundries *pl.*; *als Überschrift*: miscellaneous, misc.; ***~er Meinung sein*** disagree (***über*** on), differ in opinion (on), ***über et.:*** *a.* see s.th. differently; ***das ist ~*** it depends; ***das ist von Woche zu Woche** etc.* ~ that varies from week to week *etc.*; ***aus den ~sten Gründen*** for various (*od.* a variety of) reasons; F ***da hört sich doch ≈es auf!*** that really is going a bit too far.
verschiedenartig *adj.* different (kinds of ...); (*mannigfaltig*) various, a variety of ...; **Verschiedenartigkeit** *f* (*unterschiedliches Wesen*) different nature; (*Unterschied*) difference; (*Mannigfaltigkeit*) variety, diversity.
verschiedenerlei *adj.* of various kinds, *formell od. iro.*: divers.
verschiedenfarbig *adj.* of different colo(u)rs, *formell*: varicolo(u)red.
Verschiedenheit *f* (*Unähnlichkeit*) dissimilarity; (*Mannigfaltigkeit*) diversity, variety; (*Unterschied*) difference.
verschiedentlich **I.** *adv.* (*mehrmals*) repeatedly, several times; (*gelegentlich*) occasionally; **II.** *adj.* several; repeated.
verschießen **I.** *v/t.* **1.** shoot; ***s-e Munition ~*** run out of ammunition; → ***Pulver, verschossen*** 2; **2.** (*Elfmeter*) miss; **II.** *v/i. Farbe*: fade; → ***verschossen*** 1.
verschiffen *v/t.* ship; **Verschiffung** *f* shipment.
verschimmeln *v/i.* go mo(u)ldy.
Verschiss *sl. m*: ***in ~ sein*** F be in the doghouse (***bei*** with), ***bei j-m:*** *a.* be in s.o.'s bad books, *sl.* be on s.o.'s shit list; ***in ~ geraten*** fall out of favo(u)r, ***bei j-m:*** get into s.o.'s bad books, *sl.* get onto s.o.'s shit list.
verschlafen **I.** *v/t.* (*den Tag etc.*) sleep away (*a. fig. Kummer etc.*); (*Konzert, Gewitter etc.*) sleep through; *fig.* (*Gelegenheit, Anschluss etc.*) miss, (*Verabredung etc.*) (completely) forget; ***ich habe es völlig ~*** (*Termin etc.*) *a.* it slipped my mind completely; **II.** *v/i.* oversleep; **III.** *adj.* sleepy (*a. fig. Stadt etc.*), F dop(e)y; **Verschlafenheit** *f* drowsiness, sleepiness, F dopiness.
Verschlag *m* (*Bretterbude*) shed, *contp.* shack.
verschlagen[1] *v/t.* **1.** (*vernageln*) nail up; ***mit Brettern ~*** board up; **2.** (*Ball*) mishit; ***die Buchseite ~*** lose one's place; **3.** ***~ nach** (od. **in** etc.)* bring to; ***~ werden nach** (od. **in** etc.)* end up in, F land in; **4.** ***j-m den Atem ~*** take s.o.'s breath away; ***es verschlug ihm die Sprache*** he was (left) speechless.
verschlagen[2] **I.** *adj.* (*hinterhältig, unaufrichtig*) deceitful, dishonest; ***~er Blick** (Typ)* shifty look (character); **II.** *adv.*: ***j-n ~ ansehen*** give s.o. a shifty look; **Verschlagenheit** *f* deceitfulness, shiftiness.
verschlampen F **I.** *v/t.* mislay, F go and lose; ***ich habs völlig verschlampt*** (*vergessen*) it completely slipped my mind, F I clean forgot (it); **II.** *v/i.* go to seed; **verschlampt** *adj. Person*: slovenly, scruffy, *Sache*: scruffy, F tatty; (*vernachlässigt*) messy, *pred. a.* a mess.
verschlechtern **I.** *v/t.* make worse; (*Lage*) *a.* aggravate; **II.** *v/refl.*: ***sich ~*** deteriorate, get worse; *Leistung, Qualität*: fall off; **Verschlechterung** *f* deterioration (*gen.* in, of); worsening (of); change for the worse.
verschleiern **I.** *v/t.* **1.** veil; **2.** *fig.* (*Absicht etc.*) *a.* disguise; ⚚ (*Bilanz etc.*) F doctor *the* balance sheet, cook *the books*; **II.** *v/refl.*: ***sich ~*** **3.** *Frau*: put a veil on; **4.** *Himmel*: become hazy; **verschleiert** *adj.* **1.** veiled (*a. fig. Blick*); **2.** *Stimme*: husky; **3.** *phot.* fogged; **Verschleierung** *f* veiling; *fig. a.* disguising; **Verschleierungstaktik** *f* camouflage tactics *pl.*
verschleifen **I.** *v/t.* **1.** ⚙ smooth (down *od.* away); **2.** *fig.* (*Laute etc.*, ♪ *Töne*) slur; **II.** *v/refl.*: ***sich ~*** *Gegensätze etc.*: be smoothed (down), *stärker*: disappear.
verschleimt *adj.*: ***~ sein*** be blocked with phlegm, *Person*: have a lot of phlegm; **Verschleimung** *f* mucous catarrh.
Verschleiß *m* (*Abnutzung*) wear and tear; (*Verbrauch*) consumption (***an*** of), consumption rate; ⚚ ***geplanter ~*** built-in (*od.* planned) obsolescence; ***e-n großen ~ haben an** a. fig. an Männern etc.*: get through a lot of; **verschleißen** **I.** *v/t.* (*abnutzen*) wear out; (*verbrauchen*) use up, go through; **II.** *v/refl.*: ***sich ~*** *Sache*: wear out; *Person*: wear (*dauerhaft*: burn) o.s. out; **III.** *v/i.* wear out.
Verschleiß|erscheinung *f* sign of wear; ***≈fest*** *adj.* wear-resistant; ***~festigkeit*** *f* wear-resistance, resistance to wear and tear; ***~frei*** *adj.* → ***verschleißfest;*** ***~quote*** *f* replacement rate; ***~teil*** *n* wearing part.
verschleppen *v/t.* **1.** (*Menschen*) deport; (*entführen*) kidnap, abduct; (*Sache*) carry off; **2.** (*in die Länge ziehen*) protract, delay; *parl.* (*Vorlage etc.*) obstruct, stonewall, *bsd. Am.* filibuster; **3.** ⚕ (*Erreger*) transmit; (*Krankheit*) protract; ***verschleppte Grippe*** protracted flu; **Verschleppung** *f* deportment; kidnap(p)ing; protraction, delay; → ***verschleppen***; **Verschleppungstaktik** *f* delaying tactics *pl.*; *pol.* obstructionism, stonewalling, *bsd. Am.* filibustering.
verschleudern *v/t.* (*Vermögen etc.*) squander; (*Ware*) sell off cheaply (F dirt cheap), F flog; *im Ausland*: dump.
verschließbar *adj.* lockable; **verschließen** **I.** *v/t.* shut, close; *mit e-m Schlüssel*: lock (up), (*einschließen*) *a.* put under lock and key; *mit e-m Riegel*: bolt; *fig.* ***die Augen (Ohren) vor et. ~*** shut one's eyes (ears) to s.th.; ***sein Herz ~*** shut (*od.* harden) one's heart (***vor*** to); **II.** *v/refl.*: ***sich** e-r Sache* ~ close one's mind to; ***sich j-m ~*** hide one's feelings from s.o.
verschlimmbessern *v/t.* disimprove; ***et. ~*** *a.* make an even worse job of it; **Verschlimmbesserung** *f* disimprovement.
verschlimmern **I.** *v/t.* make *s.th.* worse; (*Lage*) *a.* aggravate, exacerbate; **II.** *v/refl.*: ***sich ~*** get worse, worsen; **Verschlim-**

V

merung *f* deterioration; worsening; change for the worse.
verschlingen I. *v/t.* **1.** devour (*a. fig. mit den Augen, a. ein Buch*); *gierig*: gobble (up), bolt down; *fig.* (*Geld*) swallow (up), gobble up; *fig.* ***von der Dunkelheit*** *etc.* ***verschlungen werden*** be engulfed by darkness *etc.*; **2.** (*ineinander* **~**) intertwine; (*Hände*) fold; **II.** *v/refl.*: ***sich*** **~** intertwine; (*sich verfangen*) become entangled; → ***verschlungen***; **Verschlingung** *f* entanglement; *a. dekorativ*: convolution.
verschlissen *adj.* worn, threadbare; *Kleidung*: F tatty.
verschlossen *adj.* **1.** closed, shut; locked (up); ***hinter ~en Türen*** behind closed doors; **2.** *fig. Person*: reserved, withdrawn; uncommunicative; ***er ist ziemlich ~*** *a.* he doesn't say much; **Verschlossenheit** *f* reserve; uncommunicativeness.
verschlucken I. *v/t.* swallow (*a. fig. Silben etc.*); *fig. Nebel etc.*: engulf; **II.** *v/refl.*: ***sich ~*** choke (**an** on).
verschlungen *adj. Pfad*: winding; *stärker*: tortuous (*a. fig.*); *Ornamente*: intricate, *bsd. contp.* convoluted.
Verschluss *m* **1.** (*Flaschen*2) stopper; *an Buchdeckel, Schmuck, Tasche etc.*: clasp; *mit Schloss*: lock; (*Haken*2) fastener; *luftdichter etc.*: seal; ***unter ~ halten*** keep under lock and key (*Zoll*: in bond); **2.** *phot.* shutter; **3.** ⚕ occlusion.
verschlüsseln *v/t.* encode, encrypt; **verschlüsselt** *adj.* coded; **Verschlüsselung** *f* encoding; *zur Sicherheit*: encryption.
Verschluss|kappe *f* (screw) cap; **~laut** *m ling.* plosive; **~sache** *f pol.* classified document; **~zeit** *f phot.* shutter speed.
verschmachten *v/i.* languish, pine away; (***vor Durst***) **~** be dying of thirst.
verschmähen *v/t.* disdain, spurn; ***verschmähte Liebe*** unrequited love.
verschmälern *v/t. u. v/refl.* (***sich ~***) narrow; **Verschmälerung** *f* narrowing.
verschmelzen *v/t. u. v/i.* melt; fuse; ⚗ amalgamate; (*Farben*) blend; ✝, *pol.* merge; *fig.* fuse, amalgamate; **Verschmelzung** *f* fusion; amalgamation; blend(ing); merging; → ***verschmelzen***; ✝ *konkret*: merger.
verschmerzen *v/t.* get over *s.th.*
verschmieren *v/t.* (*Fenster, Lippenstift etc.*) smear; (*Dreck*) spread; (*Papier*) smear up; (*verbrauchen*) use up; ***verschmiert mit*** *a.* covered in (*od.* with).
verschmitzt *adj.* arch, impish; ***~es Augenzwinkern*** twinkle in s.o.'s eye.
verschmoren *v/t. u. v/i. Braten, Sicherung*: burn.
verschmust F *adj.* cuddly; ***~ sein*** *mst* like cuddling.
verschmutzen I. *v/t.* dirty; (*Wasser etc.*) pollute; **II.** *v/i.* get dirty; *Wasser etc.*: become polluted; **Verschmutzung** *f* **1.** soiling; *konkret*: dirt, (*Dreck*) mark; **2.** (*Luft*2 *etc.*) pollution; **Verschmutzungsgrad** *m Umwelt*: pollution level.
verschnaufen F *v/refl.*: ***sich ~*** get one's breath back, F have a breather; **Verschnaufpause** F *f* F breather.
verschneiden *v/t.* **1.** (*beschneiden*) cut, trim, clip; **2.** (*falsch schneiden*) cut wrong, F make a mess of; **3.** *zo.* (*kastrieren*) geld; **4.** (*mischen*) blend.
verschneit *adj.* (*schneebedeckt*) snow-covered ..., *pred.* covered in snow; *Landschaft*: *a.* snowy (*a. Tag*); (*eingeschneit*) snowed-in.

Verschnitt *m* **1.** blend; **2.** (*Reste*) scraps *pl.*
verschnörkelt *adj.* involuted; ornate; *Unterschrift*: fancy; **Verschnörkelung** *f* flourish; ⚠ *a.* curlicue.
verschnulzen F *v/t.* sentimentalize.
verschnupft *adj.* **1.** *Nase*: blocked; ***~ sein*** *Person*: have a cold, *leicht*: F have the sniffles; **2.** F *fig.* (*beleidigt*) F miffed, *pred. a.* in a huff; **Verschnupfung** *f* cold.
verschnüren *v/t.* tie up.
verschollen *adj.* missing; (*vergessen*) (long-)forgotten; **Verschollene(r** *m*) *f* missing person.
verschonen *v/t.* spare (***j-n mit et.*** s.o. s.th.); ***verschont bleiben von et.*** be spared s.th.; ***verschone mich mit ...!*** spare me your ...!; ***verschone mich!*** spare me!, (*ich will es nicht hören*) *a.* I don't want to know about it.
verschönen *v/t.* enhance.
verschönern I. *v/t.* **1.** make *s.th.* look nicer, improve the appearance of; (*verzieren*) embellish; **II.** *v/refl.*: ***sich ~*** **2.** (*schöner werden*) improve in appearance, *stärker*: grow more beautiful; **3.** (*sich schöner machen*) *bsd. iro.* prettify o.s.; **Verschönerung** *f* improvement (*gen.* in the appearance of); (*Verzierung*) embellishment.
Verschonung *f* sparing (*gen.* of).
verschossen *adj.* **1.** *Farbe*: faded; **2.** F *fig.* ***~ sein in*** F be head over heels in love with, have fallen for, have a crush on.
verschränken *v/t.* **1.** ***die Arme*** (***Hände***) **~** fold one's arms (hands); ***die Beine ~*** cross one's legs; **2.** ⚙ cross, join crosswise; (*Sägezähne etc.*) set.
verschrauben *v/t.* screw (on; ***miteinander*** together); **Verschraubung** *f konkret*: screws *pl.*
verschrecken *v/t.* scare, frighten; **verschreckt** *adj.* timid, *stärker*: frightened.
verschreiben I. *v/t.* **1.** ⚕ prescribe (***j-m*** for s.o.); ***sich et. ~ lassen*** get a prescription for s.th.; **2.** ⚖ make over (***j-m*** to s.o.); **3.** (*Papier etc.*) use up; **II.** *v/refl.* **4.** ***sich ~*** make a mistake (in writing); ***da habe ich mich wohl verschrieben*** that must have been a slip of the pen; **5.** *fig.* ***sich e-r Sache ~*** devote (*contp.* sell) o.s. to s.th., espouse s.th.; ***sich j-m ~*** become a devotee of s.o.; **verschreibungspflichtig** *adj.* prescribable, available on prescription only; ***~e Arzneimittel*** prescription(-only) drugs.
verschreien *v/t.* **1.** denounce, F slam, trash; **2.** F ***verschreis nicht!*** don't speak too soon, don't put the kiss of death on it; **verschrien** *adj.* notorious; ***~ sein*** *a.* have a bad name *od.* reputation (***als*** as), ***als Lügner***: *a.* be a notorious liar, be known as a liar (*od.* for lying).
verschroben *adj.* eccentric, F (a bit) cranky; *Ideen*: *a.* weird; ***~er Mensch*** F crank; **Verschrobenheit** *f* eccentricity.
verschrotten *v/t.* scrap; **Verschrottung** *f* scrapping (*gen.* of).
verschrumpeln F *v/i.* shrivel (up).
verschüchtert *adj.* shy, intimidated.
verschulden I. *v/t.* be to blame for; be responsible for; **II.** *v/refl.*: ***sich ~*** get (*od.* run) into debt; **III.** 2 *n* fault; (*Schuld*) guilt; ***durch j-s*** (***eigenes***) **~** through s.o.'s (one's own) fault; ***ohne mein ~*** through no fault of mine; **verschuldet** *adj.* in debt; *Sache*: encumbered; ***~ sein*** *Person*: *a.* have debts; **Verschuldung** *f* indebtedness; debts *pl.*; *e-r Sache*: encumbrance.

verschusseln F *v/t.* (*vergessen*) (F clean) forget; (*verlegen*) (F go and) mislay; (*verpatzen, durcheinander bringen*) mess up; **verschusselt** F *adj.* muddle-headed, scatterbrained, F scatty.
verschütten *v/t.* spill; (*begraben*) bury (*Person*: alive); (*zuschütten*) fill up.
verschütt gehen F *v/i.* disappear.
verschwägert *adj.* related by marriage; **Verschwägerung** *f* relationship by marriage.
verschweigen *v/t.* keep *s.th.* (a) secret, hide *s.th.* (***j-m*** from s.o.); (*Tatsachen, Wahrheit etc.*) *a.* withhold *s.th.* (from s.o.).
verschweißen *v/t.* ⚙ weld together.
verschwenden *v/t.* waste, squander (**an** on; *beide a. fig.*); **Verschwender** *m* spendthrift, squanderer; **verschwenderisch I.** *adj.* wasteful, extravagant, *contp. a.* profligate; (*üppig*) lavish; ***~es Leben*** extravagant lifestyle; **II.** *adv.*: ***~ mit et. umgehen*** be lavish with s.th.; **Verschwendung** *f* waste; extravagance; **Verschwendungssucht** *f* wastefulness, extravagance; **verschwendungssüchtig** *adj.* wasteful, extravagant.
verschwiegen *adj.* **1.** *Person*: discreet; **2.** *fig. Ort*: secret, (*abgeschieden*) secluded; ***~es Plätzchen*** secluded spot; **Verschwiegenheit** *f* **1.** *e-r Person*: discretion; → ***Siegel***; **2.** *e-s Orts*: seclusion.
verschwimmen *v/i.* become blurred; *ineinander*: merge; ***vor den Augen ~*** start blurring before one's eyes; → ***verschwommen.***
verschwinden I. *v/i.* **1.** disappear, vanish (**in** into); ***mein Koffer*** *etc.* ***ist verschwunden*** *a.* my case *etc.* has (*od.* is) gone; ***j-n*** (***et.***) ***spurlos ~ lassen*** spirit s.o. (s.th.) away; F ***et. ~ lassen*** F walk off with s.th.; F *fig.* ***ich muss mal ~*** F I must just pay a visit; *fig.* ***~ neben*** sink into insignificance beside, be dwarfed by; **2.** F (*abhauen*) F make o.s. scarce, (*türmen*) F do a bunk; ***verschwinde!*** F hop it!, scram!; **II.** 2 *n* disappearance; **verschwindend** *adv.*: ***~ klein*** microscopic, minuscule; ***~ gering*** infinitesimal.
verschwistert *adj.* **1.** ***~ sein*** a) be brother and sister, b) be sisters, c) be brothers; **2.** *fig.* (***eng ~*** closely) related (*bsd.* ✝ associated); **Verschwisterung** *f fig.* (close) union *od.* association.
verschwitzen *v/t.* **1.** (*Kleidung*) get *s.th.* soaked with sweat; **2.** F ***ich habe es*** (***total***) ***verschwitzt*** F I clean forgot (it); **verschwitzt** *adj.* sweaty; *Person*: *a.* covered in sweat; ***völlig ~*** *a.* soaked through (*od.* in sweat).
verschwollen *adj.* swollen; *Gesicht*: *a.* bloated.
verschwommen I. *adj.* **1.** hazy; *Umrisse etc., a. phot.*: blurred; **2.** *fig. Begriff etc.*: vague, nebulous, woolly; *Erinnerung*: dim, hazy; ***~e Vorstellung*** hazy (*od.* fuzzy) notion; **II.** *adv.*: ***sich ~ an et.*** (***j-n***) ***erinnern können*** have a dim (*od.* hazy) recollection of s.th. (s.o.); **Verschwommenheit** *f* haziness; vagueness *etc.*; → ***verschwommen.***
verschworen *adj.* sworn.
verschwören *v/refl.* **1.** ***sich ~*** conspire (*a. fig.*), plot (***gegen*** against; ***zu*** *inf.* to *inf.*); ***sich zu et. ~*** conspire to do s.th., plot (to do) s.th.; **2.** *obs. lit.* ***sich e-r Sache*** (***j-m***) **~** give o.s. over to s.th.

V

(s.o.); **Verschworene(r** *m*) *f*, **Verschwörer** *m* conspirator; **Verschwörermiene** *f* look of complicity; conspiratorial air; **Verschwörung** *f* conspiracy, plot.

versehen I. *v/t.* **1.** (*Pflichten*) perform; (*Amt*) hold *office*; (*Geschäfte, Haushalt*) look after; **2.** **~ *mit*** supply with, *a.* ⚙ provide with; (*schmücken*) decorate with; ***et. mit et.* ~** *a.* add s.th. to s.th.; ***mit Vollmacht* ~** authorize; ***reichlich* ~ *sein mit*** have plenty of, have ample *food etc.*; **II.** *v/refl.* **3.** ***sich* ~** make a mistake, slip up; **4.** ***ehe man sichs versieht*** before you know it; **5.** ***sich* ~ *mit*** (*ausstatten*) equip o.s. with, (*eindecken*) get in a supply (*od.* supplies) of, (*sich verschaffen*) get (hold of); **III.** ℒ *n* oversight, mistake; ***aus* ~** → **versehentlich** *adv.* by mistake, inadvertently, mistakenly.

versehrt *adj.* disabled, handicapped; **Versehrte(r** *m*) *f* disabled (*od.* handicapped) person; *pl. coll. the* handicapped (*pl.*).

verselbstständigen *v/refl.*: ***sich* ~** *Person*: go independent; *Sache*: break free; **Verselbstständigung** *f* (*Vorgang*) process of independence; (*Ergebnis*) independence.

versenden *v/t.* send, dispatch, ⚓ *a.* ship; **Versendung** *f* dispatch; shipment.

versengen *v/t.* scorch; (*Haar*) singe.

versenkbar *adj. a. Bühne*: lowerable; *Teil*: *a.* fold-down ...; *Antenne etc.*: retractable; **versenken I.** *v/t.* **1.** (*Schiff etc., a. Schatz etc.*) sink; **2.** *in die Erde*: lower (***in*** into); **3.** ⚙ *etc.* (*a. Bühne*) lower; (*Teil*) *a.* fold down; (*Antenne etc.*) retract; (*Schraube*) countersink; **II.** *v/refl.*: ***sich* ~ *in*** immerse o.s. in, *ein Buch etc.*: become engrossed in; **Versenkung** *f* **1.** sinking; **2.** *thea.* trapdoor; **3.** F *fig.* ***in der* ~ *verschwinden*** disappear (from the face of the earth), *Person*: disappear (*od.* fade) from the scene; **(*wieder*) *aus der* ~ *auftauchen*** resurface, reappear, *Person*: *a.* reappear (*od.* re-emerge) on the scene; **4.** *geistige etc.*: (inward) contemplation.

versessen *adj.*: **~ *auf*** mad about, madly keen on; ***darauf* ~ *sein, et. zu tun*** be desperate to do s.th.; **Versessenheit** *f* craze (***auf*** for), (*Süßigkeiten etc.*) *a.* craving (for).

versetzen I. *v/t.* **1.** shift, (*a. Schüler*) move; *beruflich*: transfer, ⚔ post; (*versetzt anordnen*) stagger; (*Baum*) transplant; ♪ transpose; **2.** (*verpfänden*) pawn; **3.** F (*Liebhaber etc.*) stand *s.o.* up; **4.** (*vermischen*) mix; **5.** ***j-m e-n Schlag* ~** deal s.o. a blow, hit out at s.o.; ***j-m e-n Tritt* ~** give s.o. a kick; **6.** (*scharf antworten*) retort; **7.** ***in*** *e-e Lage, e-n Zustand* **~** put into; ***j-n in e-e andere Zeit* ~** take (*od.* transport) s.o. back in time (*od.* back to another era); ***j-n an e-n anderen Ort* ~** (*in der Vorstellung*) transport s.o. (*od.* carry s.o. off) to a different place; ***j-n in Erstaunen*** **(*Verwirrung*** *etc.*) **~** astonish (confuse *etc.*) s.o.; → ***Angst*** I, ***Bewegung*** 1, ***eins*** 4, ***Ruhestand, Schwingung*** *etc.*; **II.** *v/refl.*: ***sich* (*geistig*) *nach X* ~** imagine one is in X; ***sich in j-n*** (*od.* ***j-s Lage***) **~** put o.s. in s.o.'s place (*od.* position, shoes); ***versuch doch mal, dich in ihre Lage zu* ~** *a.* try and see it from her standpoint (*od.* point of view, side); **Versetzung** *f* shifting; transfer, posting *etc.*; → ***versetzen***; **Versetzungszeichen** *n* ♪ accidental.

verseuchen *v/t.* **1.** *mit Giftstoffen etc., bsd. ökologisch*: contaminate; **2.** *bakteriell, epidemisch etc.*: infect; **Verseuchung** *f* **1.** contamination; **2.** infection.

Vers|form *f* verse form; ***in* ~ *schreiben*** write in verse (form); **~fuß** *m* (metrical) foot.

versicherbar *adj.* insurable; **Versicherer** *m* insurer; **versichern** *v/t.* **1.** (*Eigentum*) insure (***gegen*** against; ***bei*** with); **2.** ***j-m et.* ~** assure s.o. (of) s.th.; ***j-m* ~, *dass*** assure s.o. (that); ***seien Sie versichert, dass*** you may rest assured that, I can assure you that; ***seien Sie dessen versichert*** you can depend on it; ***sich*** *e-r Sache* **~** make sure (*od.* certain) of; **versichert** *adj. Eigentum etc.*: insured, covered by insurance; ***zu hoch*** **(*niedrig*)** **~** overinsured (underinsured); **Versicherte(r** *m*) *f* insured (party); policy holder; **Versicherung** *f* **1.** (*Eigentums*ℒ) insurance (***über*** for, on); → *a.* ***Lebensversicherung, Versicherungsgesellschaft***; ***e-e* ~ *abschließen*** take out insurance (*od.* an insurance policy) (***bei*** with); **2.** assurance, guarantee.

Versicherungs|agent *m* insurance agent; **~agentur** *f* insurance agency; **~angestellte(r** *m*) *f* insurance clerk; **~anspruch** *m* insurance claim; **~anstalt** *f* insurance company; **~beitrag** *m* (insurance) premium; **~betrug** *m* insurance fraud; **~dauer** *f* period of insurance; **~fall** *m* insured event; ***im* ~, *bei Eintritt des* ~s** should the event insured against occur; **~gesellschaft** *f* insurance company; **~karte** *f* insurance card; ***die grüne* ~** *mot.* the green card; **~mathematik** *f* actuarial theory; **~mathematiker** *m* actuary; **~nehmer** *m* insured (party); policy holder; **~pflicht** *f* compulsory insurance; **~pflichtgrenze** *f* taxable wage base; **ℒpflichtig** *adj. Sache*: subject to compulsory insurance; *Person*: liable to insurance; **~police** *f* (insurance) policy; **~prämie** *f* (insurance) premium; **~risiko** *n* insured risk; **~schein** *m* insurance policy; **~schutz** *m* insurance cover(age); **~schwindel** *m* insurance fraud; **~summe** *f* sum insured; **~träger** *m* underwriter; insurer; **~vertrag** *m* contract of insurance; **~vertreter** *m* insurance agent; **~wert** *m* insurable value; **~wesen** *n* insurance (business).

versickern *v/i.* **1.** seep (away) (***im Sand*** into the sand); **2.** *fig.* fizzle out.

versieben F *v/t.* **1.** (*vergessen*) (F clean) forget; ***ich habs versiebt*** *a.* it slipped my mind completely; **2.** (*verpfuschen*) F botch (up).

versiegeln *v/t. a.* ⚙ seal.

versiegen *v/i.* dry up (*a. fig. Gelder, Gespräch*); *fig. Kräfte*: ebb, dwindle.

versiert *adj.* experienced; *fachmännisch*: skilled; *in e-m Wissensgebiet*: well-versed.

versilbern *v/t.* **1.** ⚙ silver-plate; **2.** F *fig.* (*zu Geld machen*) turn into cash; **Versilberung** *f* silver-plate, silver-plating.

versinken *v/i.* sink (*a. fig.*; ***in*** into); *fig.* ***in*** *Erinnerungen*: lose o.s. in, *a.* ***in*** *Gedanken etc.*: become immersed (*od.* absorbed) in; → ***Boden*** 1, ***versunken.***

versinnbildlichen *v/t.* symbolize, represent; **Versinnbildlichung** *f* symbol.

Version *f* version.

versippt *adj.* (inter)related, related with one another (*od.* to each other).

versklaven *v/t.* enslave; **Versklavung** *f* enslavement.

verslumen *v/i.* turn into a slum (*od.* slums); **Verslumung** *f* urban decay.

Versmaß *n* metre, *Am.* meter.

versnobt *adj.* snobbish, F snobby.

versoffen V *adj. Stimme etc.*: F boozy; *Person*: drunk(en ...); **~er Typ** F dipso.

versohlen F *fig. v/t.* (*a. j-m* ***den Hintern*** **~**) give *s.o.* a good thrashing.

versöhnen I. *v/t.* reconcile (***mit*** *j-m*: with; *e-m Schicksal etc.*: to); **II.** *v/refl.*: ***sich* ~** be reconciled, *mit j-m*: *a.* make it up (***mit*** with); **versöhnlich** *adj.* conciliatory; **~ *stimmen*** placate; **Versöhnlichkeit** *f* conciliatoriness; **Versöhnung** *f* reconciliation; **Versöhnungsangebot** *n* offer of conciliation.

versonnen *adj.* pensive; *vorübergehend*: *a.* lost in thought; (*träumerisch*) dreamy; **Versonnenheit** *f* pensiveness; dreaminess.

versorgen *v/t.* provide, supply (***mit*** with); (*Familie, Kind*) provide for, (*unterhalten*) *a.* support; (*betreuen*) take care of, look after; (*Vieh*) tend; (*Wunde*) tend, see to; ***gut versorgt*** well looked after, *mit Mitteln*: well provided for; **Versorger** *m* **1.** (*Ernährer*) breadwinner; *bsd. iro.* provider; **2.** (*Belieferer*) supplier; **Versorgung** *f* providing (*gen.* of), supplying (*s.th., s.o.*); supply, provision; care; tending; → ***versorgen***; ***ärztliche* ~** medical care.

Versorgungs|anspruch *m* claim to maintenance; **ℒberechtigt** *adj.* entitled to maintenance; **~berechtigung** *f* right to maintenance; **~betrieb** *m* (public) utility company; **~engpass** *m* supply bottleneck (*od.* shortage); **~flugzeug** *n* supply plane; **~gebiet** *n* service area; **~güter** *pl.* supplies; **~insel** *f e-r Ölplattform*: accommodation rig; **~lage** *f* supply situation; **~netz** *n* supply network; **~schiff** *n* supply vessel; **~schwierigkeiten** *pl.* supply problems, problems in getting supplies through; (*Engpass*) supply bottleneck *sg.*; **~weg** *m* supply line (*od.* channel); **~wirtschaft** *f* (public) utilities *pl.*

verspachteln *v/t.* **1.** (*Löcher etc.*) fill; (*Wand*) fill in the cracks in *the wall*; **2.** F → ***verputzen*** 2.

verspannen I. *v/t.* **1.** (*Mast, Zelt etc.*) stay, guy; (*Kabel, Tau etc.*) put up; **2.** ⚕, *psych.* tense (up); **II.** *v/refl.*: ***sich* ~** ⚕, *psych.* get tensed up, tense up; **verspannt** *adj.* ⚕, *psych.* tense, tensed up; **Verspannung** *f* **1.** ⚕ tenseness, *psych. a.* tension; **2.** (*Verspannungsteile*) stays *pl.*, guys *pl.*

verspäten *v/refl.*: ***sich* ~** be late; **verspätet** *adj.* late; (*Gratulation*) belated; **Verspätung** *f* (*Verzögerung*) delay; **(*zwei Minuten*) ~ *haben*** be (two minutes) late; ***der Flug hat* ~** the flight is delayed; ***mit* ~ *abfahren*** **(*ankommen*** *etc.*) leave (arrive *etc.*) late; ***mit zwei Stunden* ~** two hours late (✈ *etc. a.* behind schedule); ***entschuldigen Sie die* ~** sorry I'm late, *formell*: I do apologize for being late.

verspeisen *v/t.* eat, consume.

verspekulieren I. *v/t.* **1.** lose on the stock market; **II.** *v/refl.*: ***sich* ~** **2.** (*sich irren*) miscalculate; **3.** ⚓ lose (*sich ruinieren*: all one's money) on the stock market.

versperren I. *v/t.* **1.** bar, obstruct; barricade; ***j-m die Aussicht* ~** obstruct s.o.'s view; **2.** (*zusperren*) lock up; **II.** *fig. v/refl.*: ***sich* ~** close one's mind (*dat.* to).

verspiegeln *v/t.* line (*Außenwand*: face) with mirrors; **verspiegelt** *adj.* mirrored.

verspielen I. *v/t.* (*Geld etc., a. fig. Glück etc.*) gamble away; *zeitlich*: spend *the day* *etc.* gambling; **II.** *v/i.* lose; ***er hat bei mir verspielt*** F I'm through with him, he's had his chips with me; **III.** *v/refl.*: ***sich ~*** play wrong, hit a (*od.* the) wrong note; **verspielt** *adj.* playful; **Verspieltheit** *f* playfulness.

verspießern *contp. v/i.* become gentrified, gentrify; **Verspießerung** *contp. f* gentrification.

versponnen *adj.* (*verträumt*) airy-fairy; (*a.* ***in sich ~***) wrapped up in a world of one's own; *Idee*: strange, fanciful; ***~ in*** wrapped up in, totally absorbed in; ***~ sein*** *a.* have one's head in the clouds.

verspotten *v/t.* mock; (*verhöhnen*) jeer at, scoff at; **Verspottung** *f* mocking, mockery, derision.

versprechen I. *v/t.* **1.** promise; ***du hast es mir versprochen*** you promised (to do it), (*Gegenstand*) you promised me it (*od.* to give it to me); ***er hat mir versprochen, dass er kommen würde*** he promised to come (*od.* that he would come); **2.** ***sich et. ~*** (*erwarten*) expect s.th., hope for s.th.; ***sich viel ~ von*** have great hopes of; ***ich verspreche mir wenig*** (***nichts***) ***davon*** I don't expect much (anything) to come of it, I don't think much (anything) will come of it; ***er verspricht ein guter Schauspieler zu werden*** he promises to be a good actor; **II.** *v/refl.*: ***sich ~*** make a mistake, get it wrong; ***ich habe mich*** (***er hat sich*** *etc.*) ***versprochen*** *a.* it was a slip of the tongue; ***sich dauernd ~*** keep getting one's words muddled; **Versprechen** *n* promise; ***j-m ein ~ abnehmen*** make s.o. promise s.th.; **Versprecher** F *m* slip of the tongue; ***freudscher ~*** Freudian slip; **Versprechung** *f* promise; ***große ~en machen*** make great promises, promise the earth; ***alles*** (***nur***) ***~en!*** promises, promises!

versprengen *v/t.* **1.** scatter, disperse; (*verjagen*) chase away; **2.** (*verspritzen*) spray, sprinkle; **versprengt** *adj.* scattered.

verspritzen *v/t. in e-m Strahl*: squirt; (*versprühen*) spray.

versprochenermaßen *adv.* as promised.

versprühen *v/t.* spray.

verspüren *v/t.* feel; (*erkennen*) *a.* sense; ***keine Lust ~ zu*** *inf.* not to feel like *ger.*

Versschmied F *m* versifier.

verstaatlichen *v/t.* nationalize; **Verstaatlichung** *f* nationalization.

verstädtern I. *v/t.* urbanize; **II.** *v/i.* become urbanized; **Verstädterung** *f* urbanization.

Verstand *m* (*Denkkraft*) intellect, mind; (*Vernunft*) (common) sense; (*Ratio*) (powers *pl.* of) reason; (*Intelligenz*) intelligence; (*Urteilsfähigkeit*) powers *pl.* of judg(e)ment; (*Auffassungskraft*) understanding; ***gesunder ~*** common sense; ***mein ~ sagt mir*** common sense tells me; ***klarer*** (***kühler***) ***~*** *a* clear (cool) head; ***scharfer ~*** keen mind (*od.* intellect); ***mit ~*** intelligently, with a bit of common sense; ***den ~ verlieren*** go mad; ***j-n um den ~ bringen*** drive s.o. mad (*od.* insane); ***wieder zu ~ kommen*** come to one's senses; ***das geht über m-n ~*** that's beyond me; ***hat er denn keinen ~?*** has he got no sense in him (*od.* wits about him)?; ***er ist nicht recht bei ~*** F he's not in his right mind, F he's not all there; ***et. mit ~ genießen*** savo(u)r s.th.

Verstandeskraft *f* mental powers (*od.* faculties) *pl.*, intelligence.

verstandesmäßig *adj.* rational.

Verstandes|mensch *m* rational type (of person), rationalist; **~schärfe** *f* acumen.

verständig *adj.* reasonable, sensible; (*verständnisvoll, einsichtig*) understanding; **verständigen I.** *v/t.* inform, let *s.o.* know; **II.** *v/refl.*: ***sich ~*** communicate (with one another); ***sich mit j-m ~*** *sprachlich*: make o.s. understood to s.o., communicate with s.o., get across to s.o.; (*übereinkommen*) come to (*od.* reach) an agreement with s.o.; ***wir konnten uns nicht ~*** *sprachlich*: we couldn't communicate, (*verstehen*) we couldn't get through to each other (*od.* understand what we were saying to each other); (*übereinkommen*) we couldn't agree (on anything), we couldn't come to (*od.* reach) an agreement; **Verständigkeit** *f* reasonableness; **Verständigung** *f* **1.** *a. teleph. etc.* communication; **2.** (*Übereinkunft*) understanding, agreement; **3.** (*Benachrichtigung*) notification; **verständigungsbereit** *adj.* open to discussion.

Verständigungs|schwierigkeiten *pl.* communication problems (*stärker*: breakdown *sg.*); ***~ haben*** have difficulty communicating (*od.* getting through to one another); **~versuch** *m* attempt at communication (*od.* to communicate).

verständlich *adj.* intelligible, understandable; (*deutlich*) clear, distinct; (*hörbar*) audible; (*begreiflich*) understandable (*dat.* to, for); (*verstandesmäßig erfassbar*) comprehensible (to); ***es ist mir schwer*** (***nicht***) ***~*** I find it hard (impossible) to understand (*begreifen*: grasp); ***es ist mir ~*** I can understand it; ***schwer ~*** *Text etc.*: difficult, complicated; ***j-m et. ~ machen*** make s.th. clear to s.o; ***sich ~ machen*** make o.s. understood (***j-m*** to s.o.), *im Lärm*: make o.s. heard; **verständlicherweise** *adv.* understandably; **Verständlichkeit** *f* intelligibility; audibility; comprehensibility; → ***verständlich.***

Verständnis *n* understanding (***für*** for); *für Kunst etc.*: appreciation (of); ***nach m-m ~*** as I see it; ***dafür habe ich*** (***volles***) ***~*** I can (fully) understand that; ***für solche Leute habe ich kein ~*** I have no time for people like that; ***dafür fehlt mir jedes ~*** I just can't understand that; ***j-m ~ entgegenbringen*** show some understanding for s.o.; ***um ~ werben*** ask for some understanding, ***bei j-m:*** ask s.o. to (try and) understand; ***wir bitten um ~*** we hope you'll understand, *entschuldigend*: we do apologize, we apologize for any inconvenience caused; **verständnislos** *adj.* **1.** (*nicht begreifend*) uncomprehending; **~er Ausdruck** blank look, look of incomprehension; **2.** (*ohne Mitgefühl*) lacking in understanding, *bei Problemen*: *a.* unsympathetic (***gegenüber*** towards); *e-m Problem etc.* ***~ gegenüberstehen*** *a.* have no understanding for; **3.** *bei Kunst etc.*: lacking in appreciation (***gegenüber*** for); ***~ gegenüberstehen*** have no appreciation for; **Verständnislosigkeit** *f* **1.** (*Nichtbegreifen*) incomprehension; **2.** (*mangelndes Verständnis*) lack of understanding (***gegenüber*** towards, for); **3.** *bei Kunst etc.*: lack of appreciation (***gegenüber*** for); **verständnisvoll** *adj.* understanding; (*mitfühlend*) sympathetic (-ally *adv.*); *Blick*: knowing.

verstänkern F *v/t.* F stink up.

verstärken I. *v/t.* strengthen; ⚙, ⚔ reinforce; ⚡ boost; *Funk, Hi-Fi,* ♪ (*Instrument*): amplify; (*steigern*) increase, boost; (*Eindruck*) add to; **II.** *v/refl.*: ***sich ~*** increase; *Verdacht etc.*: grow; **Verstärker** *m Hi-Fi,* ♪ amplifier; ⚡, *mot.* booster; *opt., phot.* intensifier; **Verstärkeranlage** *f* amplifying system (*od.* equipment); **verstärkt I.** *adj.* ⚙ reinforced; (*gesteigert*) increased; ***in ~em Maße*** → **II.** *adv.* increasingly; even more; **Verstärkung** *f* strengthening; ⚙ reinforcement; *Hi-Fi,* ♪ amplification; ⚡ boosting; (*Steigerung*) increase; **~en** ⚔ *etc.* reinforcements.

verstauben *v/i.* get dusty, *über längere Zeit*: gather dust; **verstaubt** *adj.* **1.** dusty; ***völlig ~*** covered in dust; **2.** *fig. Ideen etc.*: antiquated, F ancient ...

verstauchen *v/t.* sprain; ***sich den Fuß ~*** sprain one's ankle; **Verstauchung** *f* sprain.

verstauen *v/t.* stow away.

Versteck *n* hiding place; *von Verbrechern*: *a.* hideout; ***~ spielen*** play hide-and-seek; **verstecken I.** *v/t.* hide (***vor*** from), *formell*: conceal (from); **II.** *v/refl.*: ***sich ~*** hide (***vor*** from); *die Schlüssel etc.* ***hatten sich unter den Zeitungen versteckt*** were hidden among the newspapers; F *fig.* ***sich ~ müssen vor*** (*od.* ***neben***) be no match for, *Sache*: not to come up to (*od.* come anywhere near); **Verstecken** *n*, **Versteckspiel** *n* hide-and-seek; *fig.* game of hide-and-seek; **versteckt** *adj.* hidden; *fig. Drohung etc.*: *a.* veiled; ***sich ~ halten*** hide (***vor*** from), be (*od.* remain) in hiding; ***~ in*** hidden (away) in.

verstehen I. *v/t. u. v/i.* understand; (*erkennen, einsehen*) see; (*Sprache*) know; (*auslegen*) interpret, (*auffassen*) take; (*hören*) hear; ***falsch ~*** misunderstand, get *s.th. od. s.o.* wrong, *fig. a.* take *s.th.* in bad part; ***es ~ zu*** *inf.* know how to *inf.*; ***~ Sie mich recht!*** don't get me wrong; ***wenn ich*** (***Sie***) ***recht verstehe*** if I've understood (you) correctly (if I get you right); ***verstehe ich recht?*** *erstaunt*: did I hear right?; ***ich verstehe kein einziges Wort*** I can't understand a word *od.* thing (you're *etc.* saying); ***j-m zu ~ geben, dass*** give s.o. to understand that; ***wollen Sie mir damit zu ~ geben, dass ...?*** am I to understand (from this) that ...?; ***~ Sie?*** do you see (what I mean)?; ***ich verstehe!*** I see, I understand; ***ich verstehe vollkommen*** I fully understand, I understand perfectly; ***verstanden?*** (do you) understand?; ***haben Sie mich verstanden?*** *bsd. drohend*: do you read me?; ***hab schon verstanden!*** F okay, I get it, *bei Kritik*: point taken; ***was ~ Sie unter ...?*** what do you understand (*meinen*: *a.* mean) by ...?; ***das ist nicht wörtlich zu ~*** that's not meant (*od.* not to be taken) literally; ***wie soll ich das ~?*** how am I supposed to take that?, what are you getting at?; ***das ist als Spaß*** (***Drohung*** *etc.*) ***zu ~*** that's meant to be (*od.* meant as) a joke (threat *etc.*); ***er versteht etwas davon*** he knows a thing or two about it; ***er versteht gar nichts davon*** he doesn't know the first thing about it; ***was verstehst du schon davon?*** what do you know about it?; ***er versteht es, mit Kindern umzugehen*** he has a way with children; ***~ Sie mich?*** *Funkverkehr*: do you read me?; **II.** *v/refl.*: ***sich ~*** understand each other; ***sich gut ~*** get on well (with each other), ***mit:*** get on (well) with; ***sich*** (***von Anfang an***) ***klasse*** (*od.* ***prima***) ***~*** get on like a house on

V

fire; ***sich ~ auf*** (*et.*) know (how to do), (*a.* ***sich gut ~ auf***) be good at, *stärker*: be a dab hand at, (*Menschen, Tiere etc.*) have a way with; ***sich ~ als*** see o.s. as; ***als was versteht er sich?*** what does he see himself as?; ***das versteht sich*** (***doch***) ***von selbst*** that goes without saying.
versteifen *v/refl.*: ***sich ~*** **1.** *Gelenk etc.*: stiffen; **2.** *fig. Haltung etc.*: harden, *Fronten*: *a.* become entrenched; ⚚ *Markt*: tighten; ***sich auf et. ~*** become set on (doing) s.th.; ***er hat sich darauf versteift*** he's sticking to it(, no matter what anyone says); **Versteifung** *f* **1.** ⚙ stiffening; **2.** *fig.* hardening; *der Fronten*: *a.* entrenchment.
versteigen *v/refl.*: ***sich zu der Behauptung ~, dass*** go so far as to claim that.
Versteigerer *m* auctioneer; **versteigern** *v/t.* auction (off); **Versteigerung** *f* **1.** *konkret*: auction; **2.** (*Vorgang*) auctioning.
versteinern *v/i.* **1.** fossilize; *Holz*: petrify; **2.** *fig.* freeze, turn to stone (*a.* ***sich ~***); **versteinert** *adj.* **1.** fossilized; *Holz*: petrified; **2.** *fig. vor Angst*: petrified; *Gesicht etc.*: stony; ***wie ~ dastehen*** be thunderstruck, stand rooted to the spot; ***mit ~em Gesicht*** stony-faced; **Versteinerung** *f* fossilization; *von Holz*: petrifaction; (*Versteinertes*) fossil.
verstellbar *adj.* adjustable; ***Sitz mit ~er Rückenlehne*** reclining seat; **verstellen** **I.** *v/t.* **1.** (*Hebel etc.*) shift; (*einstellen, a. falsch*) adjust; (*Schrank etc.*) move; **2.** (*versperren*) block, obstruct; **3.** (*Handschrift, Stimme*) disguise; **II.** *fig. v/refl.*: ***sich ~*** pretend, put on an act; (*heucheln*) dissemble; ***er kann sich gut ~*** he's a good actor; **Verstellung** *f* shifting; adjustment; obstruction *etc.*; *fig.* preten|ce (*Am.* -se); (play)acting, dissimulation; → ***verstellen***; *fig.* ***das ist reine ~*** *a.* it's just one big act; **Verstellungskunst** *f* (play)acting; **Verstellungskünstler** *m* (play)actor.
Versteppung *f* steppe formation.
versterben *v/i.* pass away.
versteuerbar *adj.* taxable; **versteuern** *v/t.* pay tax on; ***zu ~de Einkünfte*** taxable income; **versteuert** *adj.* tax-paid; *profits etc.* after tax; **Versteuerung** *f* payment of tax (*gen.* on).
verstiegen *fig. adj.* eccentric; *Sache*: *a.* high-flown.
verstimmen *v/t.* **1.** ♪ put *s.th.* out of tune; **2.** *fig.* put *s.o.* in a bad mood; (*verärgern*) annoy; **verstimmt** *adj.* **1.** ♪ out-of-tune ..., *pred.* out of tune; **2.** *Person*: *pred.* in a bad mood; (*verärgert*) annoyed, disgruntled; **3.** *Magen*: upset; **Verstimmung** *f* **1.** disgruntlement; **2.** *des Magens*: upset; ***e-e ~*** *a.* slight indigestion.
verstockt *adj.* stubborn, obdurate; *Sünder*: impenitent; **Verstocktheit** *f* stubbornness, obduracy; impenitence.
verstohlen **I.** *adj.* furtive (*a. Blick*), surreptitious; **II.** *adv.* furtively, surreptitiously; ***~ anblicken*** steal (*od.* sneak) a glance at, throw a furtive glance at.
verstopfen *v/t.* block (up); (*Rohr, Abfluss*) *a.* clog up; (*Straße*) congest; **verstopft** *adj.* blocked (up), *Nase*: *a.* F bunged up; *Rohr, Abfluss*: *a.* clogged up; *Straße*: congested, clogged; *Darm*: constipated; **Verstopfung** *f* **1.** blockage, obstruction; **2.** (*Darm*~) constipation; ***~ haben*** be constipated.
verstorben *adj.* late, deceased; **Verstorbene(r** *m*) *f* *the* deceased; ***die Verstorbenen*** the dead (*pl.*).
verstört *adj.* distraught; *Blick, Benehmen etc.*: *a.* wild; ***e-n ~en Eindruck machen*** look (rather) distraught; **Verstörtheit** *f* distraught state.
Verstoß *m* offen|ce (*Am.* -se) (***gegen*** against); (*Zuwiderhandlung*) *a.* violation (of); **verstoßen** **I.** *v/t.* (*ausstoßen*) expel (***aus*** from), cast out (of); (*Kind, Ehegatten etc.*) disown, repudiate; **II.** *v/i.*: ***~ gegen*** offend against; (*ein Gesetz etc.*) violate, infringe; ***gegen die Regeln*** (***das Gesetz*** *etc.*) ***~*** *a.* be against (*od.* in breach of) the rules (the law *etc.*); **Verstoßene(r** *m*) *f* outcast; **Verstoßung** *f* expulsion; *e-s Kindes, Ehegatten*: repudiation.
verstrahlen *v/t.* **1.** *radioaktiv*: contaminate (with radioactivity); **2.** (*Eigenschaft*) radiate; **verstrahlt** *adj.* (radioactively) contaminated; **Verstrahlung** *f* **1.** (radioactive) contamination; **2.** *e-r Eigenschaft etc.*: radiation.
verstreben *v/t.* strut, brace; **Verstrebung** *f* strut(s *pl.*), brace(s *pl.*).
verstreichen **I.** *v/i.* **1.** *Zeit*: pass (by); *Frist*: expire; **II.** *v/t.* **2.** (*Butter, Salbe etc.*) spread; **3.** (*Fugen*) stop up.
verstreuen *v/t.* scatter; *aus Versehen*: spill; **verstreut** *adj.* scattered, dotted about here and there.
verstricken **I.** *v/t.* ensnare, involve (***in*** in); ***verstrickt werden in*** *a.* become enmeshed in; **II.** *v/refl.*: ***sich ~ in*** get entangled (*od.* involved, caught up) in; ***sich in Lügen*** *etc.* ***~*** get caught up in a web of lies *etc.*; **Verstrickung** *f* entanglement, involvement (***in*** in).
verstromen *v/t.* convert (*coal*) into electricity.
verströmen *v/t.* (*Duft etc.*) give off, exude.
Verstromung *f* electricity generation.
verstümmeln *v/t.* mutilate; *fig.* (*Bericht etc.*) garble; **Verstümmelung** *f* mutilation; *fig.* garbling.
verstummen *v/i.* fall silent; *Person*: *a.* stop talking; *Geräusch*: stop, *langsam*: die away; *Gerüchte*: stop, *langsam*: peter out; ***plötzlich verstummte alles*** there was a sudden hush (*od.* silence).
Versuch *m* attempt (*a.* ⚖), try; *phys.*, ⚙ *etc.* experiment; (*Probe, a.* ⊛) test; ***e-n ~ machen*** make an attempt, (*es versuchen*) have a try (F go), *experimentell*: carry out an experiment (***an*** on); ***e-n ~ machen mit*** give *s.o. od. s.th.* a try (F go), F give *s.th.* a whirl; ***den ~ machen zu*** *inf.* make an attempt (F have a go) at *ger.*; ***es auf e-n ~ ankommen lassen*** give it a try (F go), *unter Risiko*: take a chance (***mit*** on); ***das käme auf e-n ~ an*** we could give it a try (F go); ***e-n*** (***keinen***) ***~ wert sein*** (not to) be worth trying (*od.* a try); **versuchen** *v/t.* **1.** try; attempt (*a.* ⚖); ***es mit et. ~*** try s.th. (*od. ger.*); ***sich ~ an*** try one's hand at; ***sein Glück ~*** try one's luck; ***versuchs doch mal!*** F have a go; ***lass mich mal ~!*** let me try (it), F let me have a go; → ***versucht*** 1; **2.** (*kosten*) taste, try; **3.** *obs., bibl.* tempt; *lit.* ***versucht sein zu*** *inf.* feel tempted to *inf.*; **Versucher(in** *f*) *m* tempter, *f a.* temptress.
Versuchs|abteilung *f* experimental department; **~anlage** *f* testing (*für Modelle*: pilot) plant; **~anstalt** *f* research institute; **~ballon** *m* trial balloon; *fig.* kite; **~gelände** *n* testing site; **~gruppe** *f* test group; **~kaninchen** *fig. n* guinea pig; **~modell** *n* test model; **~objekt** *n* test object; **~person** *f* test person; **~projekt** *n* pilot project (*od.* scheme); **~puppe** *f* *bei Autotests*: dummy; **~reihe** *f* series of experiments; **~stadium** *n*: (***noch im ~*** still at the) experimental stage; **~strecke** *f* test track; **~tier** *n* experimental (*od.* laboratory) animal.
versuchsweise *adv.* by way of trial, (*auf Probe*) on a trial basis.
Versuchszweck *m*: ***zu ~en*** for experimental purposes.
versucht *adj.* **1.** *Mord etc.*: attempted; **2.** → ***versuchen*** 3; **Versuchung** *f* temptation; ***in ~ führen*** lead into temptation; ***in ~ kommen*** be tempted.
versumpfen *v/i.* **1.** become marshy; **2.** F *fig.* F get involved in a (big) booze-up, end up boozing (the night away).
versündigen *v/refl.*: ***sich ~*** sin (***an*** against).
versunken *adj.* sunken, submerged; *fig. Zeit*: ... long past; *Reich etc.*: lost; ***~ in*** absorbed (*od.* engrossed) in; → ***Gedanke***; **Versunkenheit** *f* contemplation.
versüßen *v/t.* sweeten (*a. fig.*); *fig.* (*Angebot etc.*) make *s.th.* more attractive; → ***Pille***.
vertäfeln *v/t.* panel; **Vertäfelung** *f* panel(l)ing, wainscoting.
vertagen *v/t. u. v/refl.* (***sich ~***) adjourn (***auf*** until); **Vertagung** *f* adjournment.
vertauschen *v/t.* (*Hüte, Mäntel etc.*) mix up; (*Rolle*) reverse; **Vertauschung** *f* mix-up.
verteidigen **I.** *v/t.* defend (*a.* ⚖ *v/i., a. Sport*); (*eintreten für*) *a.* stand up for; **II.** *v/refl.*: ***sich ~*** defend o.s., (*rechtfertigen*) *a.* justify o.s.; **Verteidiger** *m* **1.** defender (*a. Sport*), *Fußball*: *a.* full-back; **2.** *fig.* advocate, upholder; ⚖ ***~ des Angeklagten*** counsel for the defen|ce (*Am.* -se); **Verteidigung** *f* defen|ce (*Am.* -se) (*a.* ⚖, *Sport u. fig.*); ***zur ~*** *gen.* in defen|ce (*Am.* -se) of, in *s.o.'s* defen|ce (*Am.* -se); ***zu s-r*** (***eigenen***) ***~*** in one's (own) defen|ce (*Am.* -se); ***zu ihrer ~ muss ich sagen*** I have to say (*od.* it has to be said) in her defen|ce (*Am.* -se).
Verteidigungs|abkommen *n* defen|ce (*Am.* -se) agreement; **~ausgaben** *pl.* defen|ce (*Am.* -se) spending *sg.*; **~ausschuss** *m* committee for national defen|ce (*Am.* -se); **~beitrag** *m* defen|ce (*Am.* -se) contribution; **~bündnis** *n* defen|ce (*Am.* -se) *od.* defensive alliance; **~etat** *m*, **~haushalt** *m* defen|ce (*Am.* -se) budget; **~krieg** *m* defensive war (-fare); **~minister** *m* defen|ce (*Am.* -se) minister, minister for defen|ce (*Am.* -se); *in GB*: Secretary of State for Defence, Defence Secretary; *in den USA*: Secretary of Defense; **~ministerium** *n* ministry of defen|ce (*Am.* -se), defen|ce (*Am.* -se) ministry; *in GB*: Ministry of Defence, Defence Ministry; *in den USA*: Department of Defense; **~politik** *f* defen|ce (*Am.* -se) policy; **~potenzial** *n* defen|ce (*Am.* -se) capabilities *pl.*; **~rede** *f* speech for the defen|ce (*Am.* -se), plea; *weitS.* apology; **~schrift** *f* apology; **~system** *n* defensive system; **~waffe** *f* defensive weapon.
verteilbar *adj.* ⚚ distributable; **verteilen** **I.** *v/t.* distribute (***auf, unter*** among; *a.* ⚚); (*unter sich teilen*) share; (*aufteilen*) divide; (*Rollen*) cast; (*Farbe*) spread; ***~ über*** *e-n Zeitraum*: spread (out) over; **II.** *v/refl.*: ***sich ~*** (*ver-, ausbreiten*) spread (***über*** over, across; ***unter*** among); (*sich trennen*) *Gruppe etc.*: split up; (*sich auflösen*) *Menge etc.*: scatter, disperse, *Sub-*

V

stanz, Nebel etc.: dissipate; ***sich ~ auf*** be distributed among *the population etc.* (*od. in a place etc.*); ***sich in der*** (*od.* ***unter die***) ***Menge ~*** mingle (*od.* mix) with the crowd; ***sie verteilten sich auf ihre Plätze*** they all sat down at their places (*od.* in their seats).

Verteiler *m* **1.** distributor (*a.* ✝; *u.* ⚡, ⚙, *mot.*); (*Einzelhändler*) retailer; **2.** (*Liste*) distribution list; **~dose** *f* ⚡ junction box; **~finger** *m mot.* distributor arm; **~kasten** *m* ⚡ distribution box; **~netz** *n* distribution system (✝ network); **~ring** *m e-r Ware*: dealers' ring; **~schlüssel** *m* (*im Büro*) distribution list.

verteilt *adj.* spread out (***über*** over, across), (*aufgeteilt*) distributed, shared (***unter*** among); → ***Rolle***[2]; **Verteilung** *f* distribution (*a.* ✝); sharing; spread(ing) *etc.*; → ***verteilen.***

vertelefonieren F *v/t.* (*Zeit*) spend *hours etc.* on the phone, spend *hours etc.* phoning; (*Geld*) spend on phone calls, use up *a fortune etc.* on the phone.

verteuern I. *v/t.* raise the price of; **II.** *v/refl.*: ***sich ~*** go up (in price); **Verteuerung** *f* rise in price(s) *od.* costs.

verteufeln *v/t.* demonize; **verteufelt** F **I.** *adj.* devilish; **II.** *adv.*: ***~ schwer*** (***gut aussehend*** *etc.*) F damn(ed) difficult (good-looking *etc.*); **Verteufelung** *f des Feinds*: demonization; **Verteufelungskampagne** *f* smear campaign.

vertiefen I. *v/t.* **1.** deepen; **2.** *fig.* (*Eindruck etc.*) deepen, heighten; **3.** (*Kenntnisse*) extend; (*Studien etc.*) go into *s.th.* further; → ***Gedanke***; **II.** *v/refl.*: **4.** ***sich ~*** *Eindruck etc.*: deepen; **5.** ***sich ~ in*** (*Lektüre etc.*) become engrossed (*od.* absorbed, immersed) in, (*Arbeit*) *a.* become wrapped up in; (*Wissensgebiet etc.*) go into *s.th.* further (*od.* in greater detail), devote o.s. (*od.* one's attention) to, steep o.s. in; **vertieft** *adj.* **1.** *Wissen etc.*: (more) detailed; ***~es Wissen*** *a.* background knowledge; **2.** (*versunken*) absorbed, F dead to the world; ***~ in*** *Lektüre etc.*: absorbed (*od.* engrossed) by, immersed in, *Arbeit*: *a.* wrapped up in; **Vertiefung** *f* **1.** deepening; (*Mulde*) depression; **2.** *fig. des Eindrucks etc.*: deepening, heightening; **3.** *fig.* (*Versunkenheit*) absorption; *in ein Buch etc.*: engrossment; **4.** *fig. des Wissens etc.*: deepening.

vertikal *adj.* vertical; **Vertikale** *f* vertical (line).

vertilgen *v/t.* **1.** destroy; (*Unkraut, Insekten*) *a.* kill; **2.** F *fig.* (*Essen*) F demolish, polish off; **Vertilgung** *f* destruction; killing.

vertippen *v/refl.*: ***sich ~*** make a (typing) mistake, *a. beim Taschenrechner, Computer etc.*: hit the wrong key; *beim Tastentelefon*: get the number wrong, hit the wrong key.

vertonen *v/t.* ♪ set to music; (*Film*) sound-track, add the sound to; **Vertonung** *f* ♪ *konkret*: setting.

vertrackt F *adj.* tricky; (*kompliziert*) involved, complicated; ***sich in e-r ~en Situation befinden*** be in a tricky position; **Vertracktheit** F *f* tricky (*od.* involved, complicated) nature (*gen.* of).

Vertrag *m* contract; *pol. a.* pact, *zwischenstaatlicher*: treaty, (*Abkommen*) convention, agreement; ***mündlicher ~*** verbal agreement (*od.* contract); ***e-n ~ schließen*** make a contract, *pol.* sign a treaty (*od.* an agreement); ***j-n unter ~ nehmen*** sign s.o. on; ***unter ~ stehen*** be on a contract, have signed a contract.

vertragen I. *v/t.* (*aushalten*) endure; *mst verneint u. in Fragen*: stand, F take; ***dieses Essen kann ich nicht ~*** this food doesn't agree with me, I can't take this food; F ***etwas ~ können*** (*Alkohol*) hold one's liquor well; ***er kann einiges ~*** *an Ärger etc.*: he can take quite a bit, (*Alkohol*) F he can put away a fair bit (of alcohol); **II.** *v/refl.*: ***sich*** (***gut***) ***~*** *Sachen*: be (very) compatible; *Farben etc.*: go (well) together; *Personen*: get along (well), get on (well [together]); ***sich nicht ~*** *Sachen*: be incompatible; *Farben*: clash; *Personen*: not to get on (with each other); ***sich wieder ~*** a) make (it) up, b) have made (it) up.

vertraglich I. *adj.* contractual; **II.** *adv.* by contract; *festlegen etc.*: in a contract; ***~ gebunden sein*** have signed a contract; ***~ zu et. verpflichtet sein*** be under contract to do s.th.

verträglich *adj.* **1.** *Essen*: easily digestible, easy to digest; *Medikament*: well-tolerated, *weitS.* kind to the stomach; ***diese Tabletten sind schwer ~*** these tablets can cause (nausea and) stomach upset; **2.** *Klima*: agreeable; **3.** *Person*: agreeable, *weitS. a.* F livable-with; ***~ sein*** *a.* be easy to get on with, be an agreeable sort of person; **Verträglichkeit** *f* **1.** *von Essen*: digestibility; *von Medikamenten*: tolerability; **2.** *des Klimas*: agreeableness; **3.** *e-r Person*: agreeableness; agreeable nature.

Vertrags|abschluss *m* conclusion of an agreement *etc.*; → ***Vertrag***; **~bedingung** *f* condition (*pl. a.* terms) of a (*od.* the) contract; **~beginn** *m* commencement of a (*od.* the) contract; **~bestimmungen** *pl.* provisions of a (*od.* the) contract; **~bruch** *m* breach of contract; **2brüchig** *adj.* defaulting ...; ***~ werden*** go back on a (*od.* the) contract, commit a breach of contract; **~dauer** *f* term of a (*od.* the) contract; **~entwurf** *m* draft agreement; ***e-e Kopie des ~s*** a copy of the contract in draft form; **~gegenstand** *m* object of a(n) (*od.* the) agreement *od.* contract; **2gemäß** *adv.* according to agreement (*od.* contract, the treaty); **~händler** *m* appointed dealer; **~partei** *f*, **~partner** *m* party to a(n) *od.* the contract (*od.* agreement, treaty); **~punkt** *m* article of a(n) *od.* the contract (*od.* agreement, treaty); **~recht** *n* **1.** *objektives*: law of contract; **2.** *aus e-m Vertrag*: contractual right; **~strafe** *f* (contractual) penalty; **~treue** *f* loyalty to (the terms of) a(n) *od.* the contract (*od.* agreement, treaty); **~unterzeichnung** *f* signing of a(n) *od.* the contract (*od.* agreement, treaty); **~urkunde** *f* deed, indenture; **~verhältnis** *n* contractual relationship; **~verletzung** *f* breach of contract; **~werk** *n* (set of) agreements *pl.*; **~werkstatt** *f* authorized repairers *pl.* (*a. sg. konstr.*); **2widrig** *adj.* contrary to (the terms of) a(n) *od.* the contract (*od.* agreement, treaty); **~widrigkeit** *f* breach of contract.

vertrauen *v/i.* trust (***j-m*** s.o.); ***~ auf*** trust in; ***bedingungslos ~*** trust implicitly; ***auf die Zukunft ~*** have faith in (*od.* believe in) the future; **Vertrauen** *n* confidence, trust (***auf*** in); *in die Technik, Zukunft etc.*: faith, belief (***in*** in); ***im ~*** confidentially; ***ganz im ~*** between you and me; ***j-m*** (***ganz***) ***im ~ sagen*** tell s.o. in (strict) confidence; ***im ~ auf*** trusting in; (***volles***) ***~ haben zu*** have (every) confidence in; ***j-m sein ~ schenken*** place confidence in s.o.; ***j-n ins ~ ziehen*** take s.o. into one's confidence; ***das ~ verlieren zu*** lose faith in; ***✝ danke für Ihr ~*** thank you for choosing (*od.* flying) ...; → ***aussprechen*** 3, ***genießen, schleichen.***

vertrauenerweckend, Vertrauen erweckend *adj.*: ***~ sein*** (*od.* ***aussehen***) inspire confidence; ***wenig ~ sein*** (*od.* ***aussehen***) not to inspire much confidence, inspire little confidence.

Vertrauens|arzt *m* medical examiner; **~basis** *f* foundation of trust; **~beweis** *m* mark of confidence; **2bildend** *adj.*: ***~e Maßnahmen*** confidence-building measures; **~bruch** *m* breach of trust, betrayal of s.o.'s trust; indiscretion; **~frage** *f*: ***die ~ stellen*** propose a vote of confidence; **~krise** *f* crisis of confidence; **~mann** *m* representative; **~missbrauch** *m* abuse of (s.o.'s) confidence; **~person** *f* reliable person; **~sache** *f* confidential matter, something confidential; *weitS.* ***das ist ~*** that's a matter (*od.* question) of confidence; **2selig** *adj.* (too) confiding; (*leichtgläubig*) gullible; **~stellung** *f* position of trust; **~verhältnis** *n* bond of trust; **2voll** *adj.* trusting; **~votum** *n* vote of confidence; **2würdig** *adj.* trustworthy.

vertraulich I. *adj.* **1.** confidential; ***streng ~!*** strictly confidential!; **2.** (*auf-, zudringlich*) familiar, F pally, chummy; **II.** *adv.* **3.** confidentially, in confidence; (***streng***) ***~ behandeln*** treat confidentially (with the strictest confidence), keep *s.th.* (absolutely) secret; **4.** (*auf-, zudringlich*) in a very familiar (F pally) way; **Vertraulichkeit** *f* **1.** confidentiality; **2.** *e-r Person*: familiarity, F palliness, chumminess.

verträumen *v/t.* (*Zeit, Tag etc.*) (day-) dream away, spend *one's time etc.* (day-) dreaming; **verträumt** *adj.* dreamy; *Dörfchen*: *a.* sleepy.

vertraut *adj.* **1.** (*eng verbunden*) close (***mit*** *od. dat.* to); **2.** (*bekannt*) familiar (***j-m*** to s.o.); ***~ mit*** (*et.*) familiar with; ***sich mit et. ~ machen*** acquaint (*od.* familiarize) o.s. with; ***sich mit dem Gedanken ~ machen*** get used to the idea (***dass das Geld verloren ist*** *etc.* of the money being lost *etc.*); **Vertraute(r** *m*) *f* confidant(e *f*); **Vertrautheit** *f* **1.** closeness; **2.** familiarity; → ***vertraut.***

vertreiben *v/t.* **1.** drive away; (*ausstoßen*) expel (***aus*** from), drive out (of); *aus dem Haus*: turn out; **2.** ***sich die Zeit ~*** while away the time; **3.** ✝ (*Ware*) sell, market, distribute; **Vertreibung** *f* expulsion (***aus*** from).

vertretbar *adj.* (*zu rechtfertigen*) justifiable, justified; (*haltbar*) tenable, defensible; *weitS.* (*akzeptabel*) acceptable, reasonable; **vertreten** *v/t.* **1.** (*j-n, Firma, sein Land etc., a. Kunstrichtung etc.*) represent; (*Kollegen*) stand in for; ⚖ appear for, plead for; (*j-s Interessen*) look after; (*verfechten*) defend, advocate; (*unterstützen*) support, back; (*rechtfertigen*) justify; (*einstehen für*) answer for; ***den Standpunkt ~, dass*** be of (*od.* hold) the opinion that; **2.** ***sich die Beine*** (*od.* ***Füße***) ***~*** stretch one's legs; **3.** ***sich den Fuß ~*** strain one's ankle; **Vertreter** *m* representative (*a. fig. e-r Richtung etc.*), ✝ *a.* agent; (*Handels2*) sales representative, F (sales) rep; travel(l)ing salesman; *e-s*

V

Kollegen: deputy, stand-in; *e-s Arztes*: locum; (*Bevollmächtigter*) proxy; (*Verfechter*) advocate, supporter; (*typischer* ~) exponent; **Vertreterprovision** *f* agent's commission; **Vertretung** *f* representation; ☿ agency; *im Amt*: substitution; ***in*** ~ *gen.* in place of, standing in for, *im Brief*: (signed) for; ~ ***vor Gericht*** court representation; ***j-s*** ~ ***übernehmen*** stand in for s.o.; **vertretungsweise** *adv.* as a stand-in; ~ ***da sein*** *a.* be standing in (***für*** for).

Vertrieb *m* **1.** sale, marketing; (*Verteilung*) distribution; **2.** (*Abteilung*) sales (and marketing) department.

Vertriebene(r) *m* displaced person; exile.

Vertriebs|abteilung *f* sales (and marketing) department; **~gesellschaft** *f* marketing company; **~kosten** *pl.* distribution cost(s); **~leiter** *m* sales (*od.* marketing) manager; **~netz** *n* distribution (*od.* sales) network; **~recht** *n* right of sale; **~weg** *m* distribution channel.

vertrimmen F *v/t.* F give *s.o.* a thrashing, wallop.

vertrinken *v/t.* spend on drink.

vertrocknen *v/i.* dry up.

vertrödeln *v/t.* dawdle away, waste.

vertrösten *v/t.* feed with hopes (***auf*** of); console; (*hinhalten*) put off (***auf*** *zeitlich*: till, until); **Vertröstungen** *pl.* (empty) promises.

vertrotteln F *v/i.* F lose one's marbles; *älterer Mensch*: *a.* F go gaga; **vertrottelt** F *adj.* F goofy; *älterer Mensch*: *a.* senile; ~ ***sein*** *a.* F have gone gaga.

vertun I. *v/t.* waste; (*Chance*) give away, pass up, (*versäumen*) miss; ***Zeit*** ~ ***mit et.*** waste time on s.th.; **II.** F *v/refl.*: ***sich*** (***schwer***) ~ make a (big) mistake (***bei, mit*** with).

vertuschen *v/t.* cover up; (*Affäre etc.*) *a.* hush up; **Vertuschung** *f* cover-up.

verübeln *v/t.* take offen|ce (*Am.* -se) at; ***j-m et.*** ~ *a.* be annoyed at s.o. for s.th.; ***j-m*** ~, ***dass er …*** be annoyed at s.o. for *ger.*, take offen|ce (*Am.* -se) at s.o.('s) *ger.*; ***ich hoffe, du wirst es mir nicht*** ~, ***dass*** (*od.* ***wenn***) ***ich …*** *a.* I hope you won't mind my *ger.*; ***ich kann es ihm nicht*** ~ I can't blame him.

verüben *v/t.* (*Verbrechen*) commit; (*Anschlag, Attentat*) carry out.

verulken *v/t.* make fun of.

verunglimpfen *v/t.* denigrate, disparage; ***j-n*** ~ *a.* blacken s.o.'s name; **Verunglimpfung** *f* denigration, disparagement.

verunglücken *v/i.* **1.** have an accident; (*a.* ***tödlich*** ~) be killed in an accident; **2.** *Sache*: fail, go wrong; **verunglückt** *adj.* **1.** ***~e Person*** → ***Verunglückte(r)***; **2.** *Sache*: unsuccessful; ***~e Sache*** (*od.* ***Angelegenheit,*** F ***Geschichte***) *a.* failure, F flop, *stärker*: F hash; **Verunglückte(r** *m*) *f* casualty, *a. Tote(r)*: (accident *od.* crash) victim.

verunreinigen *v/t.* dirty; (*Wasser etc.*) pollute; (*verseuchen*) contaminate; **Verunreinigung** *f* **1.** dirtying; pollution, contamination; **2.** (*Fremdstoff[e]*) impurity, impurities *pl.*

verunsichern *v/t* make *s.o.* (feel) unsure of himself (*od.* herself), *stärker*: unnerve; (*verwirren*) throw, F rattle; **verunsichert** *adj.* unsure (of o.s.), *stärker*: unnerved; **Verunsicherung** *f* (feeling of) uncertainty; ***zur*** ~ ***der Bevölkerung*** *etc.* ***führen*** cause (a feeling of) unease among the population *etc.*, make the population *etc.* nervous (*od.* uneasy).

verunstalten *v/t.* deface; (*Gesicht etc.*) mar, *stärker*: disfigure; **Verunstaltung** *f* defacing; marring, disfigurement.

veruntreuen *v/t.* misappropriate, (*bsd. Geld*) embezzle; **Veruntreuung** *f* misappropriation, embezzlement.

verunzieren *v/t.* spoil, mar.

verursachen *v/t.* cause, bring about, give rise to; ***j-m Schwierigkeiten*** *etc.* ~ cause s.o. difficulties *etc.*, create difficulties *etc.* for s.o.; ***j-m Kosten*** ~ put s.o. to expense; **Verursacher** *m* responsible party; *e-s Verbrechens*: perpetrator; *Umweltverschmutzung*: polluter; **Verursacherprinzip** *n* causation principle; *bei Umweltvergehen*: polluter pays principle; **Verursachung** *f* causing (*gen.* of).

verurteilen *v/t.* condemn (*a. fig.*), sentence (***zu*** to); **verurteilt** *adj.* convicted; *a. fig.* condemned; *fig.* ***zum Scheitern*** ~ doomed to fail(ure); ***zum Nichtstun*** ~ condemned to a life of idleness; **Verurteilte(r** *m*) *f* convicted man (*f* woman), ⚖ convict; ***zum Tode*** ~ condemned man (*f* woman); **Verurteilung** *f* condemnation (*a. fig.*), conviction; (*Urteil*) sentence.

vervielfältigen *v/t.* (*kopieren*) duplicate, copy; **Vervielfältigung** *f* duplication, copying; *konkret*: copy; **Vervielfältigungsapparat** *m* duplicator.

vervierfachen *v/t. u. v/refl.* (***sich*** ~) quadruple.

vervollkommnen *v/t.* perfect; (*verbessern*) improve (on); **Vervollkommnung** *f* perfection; improvement.

vervollständigen I. *v/t.* complete; **II.** *v/refl.*: ***sich*** ~ be completed, become complete; **Vervollständigung** *f* completion.

verwachsen¹ *v/i.* **1.** grow together; ⚕ *Knochen*: unite; *Wunde*: heal up; **2.** *fig.* grow close (***mit*** to), *lit.* become one (with); ~ ***zu et.*** grow into s.th.

verwachsen² *adj.* **1.** deformed, crippled; (*bucklig*) hunchbacked; **2.** (*überwuchert*) overgrown; **3.** *Baum etc.*: stunted; **4.** *fig.* ~ ***mit*** deeply rooted in; ~ ***sein mit*** *a.* be one with; **Verwachsung** *f* **1.** deformity; **2.** ⚕ (*Zusammenwachsen*) fusion.

verwackeln *v/t.*: ***ein Foto*** ~ shake the camera (while taking a photo); **verwackelt** *adj.* blurred.

verwählen *v/refl.*: ***sich*** ~ dial the wrong number; ***ich glaube, Sie haben sich verwählt*** I think you must have (got) the wrong number.

verwahren I. *v/t.*: (***sicher*** ~) keep (in a safe place); ***et. für j-n*** ~ look after s.th. for s.o.; **II.** *fig. v/refl.*: ***sich*** ~ protest (***gegen*** against).

verwahrlosen *v/i.* **1.** *Haus etc.*: be (*od.* get) neglected, *stärker*: go to rack and ruin; *Garten*: be (*od.* get) neglected, run wild; **2.** *Person*: go to seed, *moralisch*: go off the rails; **verwahrlost** *adj.* **1.** *Haus etc.*: (sadly) neglected, *stärker*: dilapidated; *Garten*: neglected, *stärker*: overgrown, *nachgestellt*: run wild; **2.** *Person*: scruffy, *stärker*: seedy; *moralisch*: dissolute; **Verwahrlosung** *f* **1.** (total) neglect, state of neglect; *e-s Hauses etc*: *a.* dilapidation; **2.** *e-r Person*: (moral) decline; ***die*** ~ ***der heutigen Jugend*** the decline of today's youth.

Verwahrung *f* **1.** safekeeping; *e-r Person*: custody; ***j-m et. in*** ~ ***geben*** deposit s.th. with s.o., leave s.th. with s.o. for safekeeping; ***in*** ~ ***nehmen*** take charge of; **2.** (*Einspruch*) protest; ~ ***einlegen*** protest, enter a protest (***gegen*** against).

verwaisen *v/i.* be orphaned, become (*od.* be made) an orphan; **verwaist** *adj.* orphan (*a. fig.*); *fig.* (*verlassen*) abandoned; (*menschenleer*) deserted; (*unbesetzt*) *Stelle etc.*: vacant.

verwalten *v/t.* administer (*a. Konkursmasse, Nachlass*); (*Firma etc.*) manage; (*Angelegenheit*) conduct; **Verwalter** *m* administrator; manager; (*Guts~*) estate manager; **Verwaltung** *f* **1.** administration (*a. Staats~, Konkurs~, Nachlass~*); management; **2.** (*Verwaltungsbehörde*) administrative authority; ***zentrale*** ~ administrative headquarters *pl.* (*a. sg. konstr.*), central administration (offices).

Verwaltungs|akt *m* administrative act; **~angestellte(r** *m*) *f* administrative assistant; **~apparat** *m* administrative (*od.* bureaucratic) machinery; **~aufgaben** *pl.* administrative tasks (*od.* duties); **~beamte(r)** *m* civil servant; **~behörde** *f* → ***Verwaltung*** 2; **~bezirk** *m* administrative district; **~dienst** *m* civil service; **~gebäude** *n* administrative (F admin) building; **~gebühr** *f* administration charge; **~gericht** *n* administrative court; **~gerichtshof** *m* higher administrative court; **~kosten** *pl.* administrative overheads (*od.* expenses, costs); **~kram** F *m* paperwork; red tape, administrativia; **~personal** *n* administrative staff (*mst pl. konstr.*); **~rat** *m* governing board; **~recht** *n* administrative law; **~sitz** *m* (administrative) headquarters *pl.* (*a. sg. konstr.*); **~technisch** *adj.*: ***aus ~en Gründen*** for administrative reasons; **~weg** *m*: ***auf dem ~e*** through (the) administrative channels.

verwandelbar *adj.* convertible; **verwandeln I.** *v/t.* **1.** change; (*umwandeln*) *a.* convert; (*umformen*) transform; (*Strafe*) commute (*alle* ***in*** into); ~ ***in*** *a.* turn into; **2.** *Fußball*: convert; ***den Strafstoß*** *etc.* ~ score; **II.** *v/refl.*: ***sich*** ~ change (***in*** into); metamorphose (into); ***sich*** ~ ***in*** *a.* turn into; **III.** *v/i. Fußball*: score; ***er hätte*** ~ ***müssen*** he should have scored; **Verwandlung** *f* change; conversion; transformation; metamorphosis; **Verwandlungskünstler(in** *f*) *m* quick-change artist.

verwandt *adj.* **1.** related (***mit*** to) (*a. fig. ähnlich, analog*); *fig.* ~ ***sein geistig***, *vom Wesen etc.*: be akin (*dat.* to); ***~e Seelen*** (*od.* ***Geister***) kindred spirits, soulmates; ***geistig*** (*od.* ***seelisch, innerlich***) ~ ***sein*** be kindred spirits; **2.** *Wörter*: cognate (***mit*** with), related (to); ***die Wörter sind*** ~ *a.* the words go back to (*od.* have) the same root; **Verwandte(r** *m*) *f* relative, relation; ***der nächste Verwandte*** the next of kin; **Verwandtenkreis** *m* (circle of) relatives *pl.*; **Verwandtschaft** *f* **1.** relationship; *geistige etc.*: affinity; ***geistige*** (*od.* ***seelische, innere***) ~ *a.* meeting of minds; **2.** (*die Verwandten*) relations *pl.*; ***die ganze*** ~ F the whole clan; **verwandtschaftlich** *adj.* family …; ***~e Beziehung(en)*** family connections, (*Verwandtschaft*) relationship; **Verwandtschaftsgrad** *m* degree of relationship.

verwanzt *adj.* **1.** bug-infested, bug-ridden; **2.** *mit Abhörgeräten*: bugged.

verwarnen *v/t.* warn, give *s.o.* a warning; *Sport*: caution, book; *polizeilich*: caution; **Verwarnung** *f* warning; *polizeiliche*: caution; *Sport*: caution, yellow card.

verwaschen *adj.* faded, *Wäsche*: *a.* washed out; *fig.* watery, F wishy-washy.

verwässern *v/t.* dilute, *a. fig.* water down;

V

verwässert *adj.* diluted; *a. fig.* watered down, watery.

verwechseln *v/t.* confuse, mix up (***mit*** with), mistake (for); ***j-n mit e-m andern ~*** mistake s.o. for s.o. else; ***et. mit et. anderem ~*** mix s.th. up (*od.* confuse s.th.) with s.th. else, mistake s.th. for s.th. else; ***ich habe ihn verwechselt*** I mistook him for s.o. else, I thought he was s.o. else; ***den Hut*** *etc.* ***~*** take the wrong hat *etc.*, mix up the hats *etc.*; ***Sie können es gar nicht ~*** you can't mistake it; ***sie sehen sich zum ♀ ähnlich*** they're as (a)like as two peas (in a pod); **Verwechslung** *f* mistake; *von Personen*: case of mistaken identity, F mix-up.

verwegen *adj.* daring, bold; (*waghalsig*) reckless; *Kleidung, Art etc.*: rakish; **Verwegenheit** *f* daring; recklessness; rakishness.

verwehen I. *v/t.* blow away; (*zerstreuen*) scatter; (*zuwehen*) cover with snow *etc.*; **II.** *v/i.* be blown over; *fig.* fade (away); **Verwehung** *f* (*Schnee♀*) (snow)drift; (*Sand♀*) (sand)drift.

verwehren *v/t.* (*versperren*) bar; ***j-m et. ~*** (*verweigern*) refuse (*od.* deny) s.o. s.th.; ***j-m ~, et. zu tun*** keep (*od.* stop, prevent) s.o. from doing s.th.; ***j-m den Zutritt ~*** refuse s.o. admittance (***zu*** to).

verweiblichen I. *v/i.* become effeminate; **II.** *v/t.* feminize; **verweiblicht** *adj.* effeminate; **Verweiblichung** *f* **1.** increasing effeminacy; **2.** feminization.

verweichlichen I. *v/t.* make *s.o.* soft, F turn *s.o.* into a softie; **II.** *v/i.* go (*od.* turn) soft; **verweichlicht** *adj.* soft; ***~er Kerl*** F softie, wimp; **Verweichlichung** *f* turning soft; *weitS.* F increasing wimpishness; ***es führt zur ~ der Jugend*** *etc.* F it's turning our youth *etc.* into a bunch of softies.

verweigern I. *v/t.* refuse; ***e-n Befehl ~*** disobey an order; ***j-m s-e Hilfe ~*** refuse to help s.o.; ***den Kriegsdienst ~*** refuse to do one's military service, ignore one's conscription orders; ***die Nahrung(saufnahme) ~*** refuse all food, refuse to eat; **II.** *v/refl.*: ***sich ~*** refuse to cooperate (*od.* go along with s.th.); ***sich der Gesellschaft ~*** opt out (of society); **Verweigerung** *f* refusal; **Verweigerungsfall** *m*: ***im ~*** in case of refusal.

verweilen *v/i.* stay; *zögernd*: linger; *Blick*: rest (***auf*** on); *Gedanken*: linger (***bei*** on), *länger*: dwell (on); ***bei e-m Thema ~*** dwell on a topic.

verweint *adj.* tear-stained *face*; *eyes* red with tears.

Verweis *m* **1.** (*Rüge*) reprimand, reproof, rebuke; ***j-m e-n ~ erteilen*** reprimand s.o. (***wegen*** for); **2.** (*Hinweis*) reference (***auf*** to); **verweisen I.** *v/t.* **1.** (*Schüler, a. des Landes* ~) expel; ***j-n des Landes ~*** *a.* serve s.o. with a deportation; → ***Platz***; **2.** ⚖ remit; **3.** ***j-n ~ auf*** (*od.* ***an***) refer s.o. to; **II.** *v/i.*: ***~ auf*** (*hinweisen*) refer to; point *s.th.* out; ***darf ich auf ... ~*** may I refer you to ...; **Verweisung** *f* **1.** (*Ausweisung*) expulsion; **2.** reference (***auf*** to).

verwelken *v/i. Blumen*: wilt; *Blätter etc.*: wither; *fig. Ruhm etc.*: fade; **verwelkt** *adj. Blumen*: wilted, limp; *Blätter etc.*: withered, dried up; *fig. Ruhm etc.*: faded.

verweltlichen *v/t.* secularize; **Verweltlichung** *f* secularization.

verwendbar *adj.* usable; (*anwendbar*) applicable; **verwenden I.** *v/t.* use; (*anwenden*) apply; (*nützlich* ~) utilize; (*aufwenden*) spend; *Mühe, Sorgfalt, Zeit* ~ ***auf*** devote to; **II.** *v/refl.*: ***sich bei j-m für j-n ~*** approach s.o. on s.o.'s behalf; **Verwendung** *f* use; application; utilization; expenditure; → ***verwenden***; ***keine ~ haben für*** have no use for; ***das wird schon irgendwo ~ finden*** we'll *etc.* find some use for it.

Verwendungs|bereich *m* range (*od.* field) of application; **♀fähig** *adj.* usable; **~möglichkeit** *f* (possible) use *od.* application; ***e-e ~*** *gen.* one way (in which) *s.th.* can be used; **~weise** *f* (manner of) use; ***die ~*** *gen.* the way (in which) *s.th.* is used; **~zweck** *m* use, intended purpose.

verwerfen I. *v/t.* **1.** (*Gedanken etc.*) reject, dismiss; (*Plan etc.*) *a.* turn down; ⚖ (*Klage*) dismiss; (*Urteil*) quash; (*Antrag etc.*) overrule; **II.** *v/refl.*: ***sich ~*** **2.** *Holz*: warp; **3.** *geol.* fault; **verwerflich** *adj.* reprehensible; (*abscheulich*) abominable; **Verwerflichkeit** *f* reprehensibility; **Verwerfung** *f* **1.** (*Zurückweisung*) rejection; ⚖ a) dismissal, b) quashing, c) overruling; → ***verwerfen*** 1; **2.** *von Holz*: warp (-ing); **3.** *geol.* fault.

verwertbar *adj.* usable; ✝ realizable; **Verwertbarkeit** *f* usability; ✝ realizability; **verwerten** *v/t.* make use of, utilize, use; (*Erfahrungen etc.*) turn to (good) account; (*Erfindung*) exploit; *geschäftlich*: commercialize; (*zu Geld machen*) realize; ***kannst du das irgendwie ~?*** can you make any use of this?; **Verwertung** *f* utilization, use; exploitation; commercialization; realization.

verwesen *v/i.* rot; (*sich zersetzen*) decay; **verwest** *adj.* rotted, putrefied; (*zersetzt*) decayed; ***halb ~*** rotting, putrefying; decaying.

Verweser *m hist.* administrator.

Verwesung *f* (state of) decay; ***in ~ übergehen*** (begin to) decay; **Verwesungsgeruch** *m* putrid smell, (strong) smell of putrefaction; **Verwesungsprozess** *m* process of decay.

verwetten *v/t.* bet away, spend on betting; throw away on bets.

verwickeln I. *v/t.* **1.** (*Wolle etc.*) tangle (up), get *s.th.* tangled; **2.** *fig.* ***j-n in et. ~*** involve s.o. in s.th., get s.o. involved (*od.* embroiled, caught up) in s.th., drag s.o. into s.th.; ***in et. verwickelt werden*** be(come) *od.* get involved (*od.* caught up, embroiled) in s.th., F get mixed up in s.th.; **II.** *v/refl.*: ***sich ~ in*** get (o.s.) involved in, (*Widersprüche*) get tangled up in *a web of contradictions*; **verwickelt** *adj.* **1.** complicated, involved; ***~e Lage*** *a.* imbroglio; **2.** ***~ in*** involved in, caught up in; **Verwicklung** *f* entanglement, involvement; (*Kompliziertheit*) *a.* complexity, *konkret*: complication; (*Durcheinander*) confusion, tangle, imbroglio; ***diplomatische*** *etc.* ***~en*** diplomatic *etc.* embroilment.

verwildern *v/i. Garten, a. Kinder u. Tiere*: run wild; *Person*: go to seed; **verwildert** *adj. Garten*: overgrown, wild, *nachgestellt*: run wild; *Tiere*: wild, *Kinder*: *a.* unruly; *Person, moralisch*: dissipated, *stärker*: dissolute; **Verwilderung** *f e-s Gartens*: (state of) neglect; *von Kindern*: (increasing) unruliness.

verwinden *v/t.* get over.

verwirken *v/t.* forfeit.

verwirklichen I. *v/t.* (*Pläne, Träume etc.*) realize, (*Ziel*) *a.* achieve, attain; **II.** *v/refl.*: ***sich ~*** be realized, materialize; *Ziel*: be achieved (*od.* attained, realized); (*sich erfüllen*) come true; ***sich selbst ~*** find one's fulfil(l)ment, ***in et.***: find fulfil(l)ment in s.th.; **Verwirklichung** *f* realization; *e-s Ziels*: *a.* achievement, attainment; *e-s Traums etc.*: fulfil(l)ment, realization.

verwirren I. *v/t.* **1.** (*j-n*) confuse, *stärker*: bewilder, perplex; **2.** (*Garn etc.*) tangle (up); (*Haare*) dishevel; **II.** *v/refl.*: ***sich ~*** get tangled (up); **verwirrend** *adj.* confusing, *stärker*: bewildering; ***~e Vielfalt*** bewildering variety (*od.* choice); **Verwirrspiel** *n* deliberate confusion; ***ein ~ treiben mit j-m*** keep s.o. guessing; **verwirrt** *adj.* confused, *stärker*: bewildered, perplexed; **Verwirrtheit** *f* → ***Verwirrung*** 1; **Verwirrung** *f* **1.** (*Verwirrtheit*) confusion, *stärker*: bewilderment, perplexity; ***in ~ bringen*** confuse, *stärker*: bewilder, throw into confusion; ***in ~ geraten*** get (*od.* become) confused; ***er war in e-m Zustand geistiger ~*** he was clearly disturbed; **2.** (*Durcheinander*) confusion, muddle; ***~ stiften*** cause confusion; **Verwirrungszustand** *m* state of confusion (*stärker*: bewilderment).

verwirtschaften *v/t.* squander away.

verwischen I. *v/t.* (*undeutlich machen*) blur; (*verschmieren*) smear; (*Spuren*) cover up; **II.** *v/refl.*: ***sich ~*** become blurred, blur; *Erinnerungen*: become hazy.

verwittern *v/i.* weather; (*zerfallen*) disintegrate; **verwittert** *adj.* weather-beaten (*a. Gesicht*); **Verwitterung** *f* weathering; (*Zerfall*) disintegration.

verwitwet *adj.* widowed.

verwoben *adj.* intertwined.

verwöhnen *v/t.* spoil (*a. im positiven Sinne*); ***jeder lässt sich hin und wieder gern ~*** everyone likes to be spoilt (a bit) now and again; ***das Schicksal hat sie nicht verwöhnt*** she hasn't had an easy time of it; **verwöhnt** *adj.* spoilt; ***total ~*** thoroughly spoilt, F spoilt as hell; ***das Kind ist total ~*** *a.* F he's (*od.* she's) a spoilt brat; ***er hat e-n ~en Geschmack*** he has very fine taste (*contp.* very fussy tastes); **Verwöhnung** *f* spoiling.

verworfen *adj.* depraved; **Verworfenheit** *f* depravity.

verworren *adj.* **1.** confused, muddled; **2.** (*kompliziert*) involved, intricate; **Verworrenheit** *f* **1.** confusion, confused state (of mind); **2.** (*Kompliziertheit*) intricacy, involved nature (*gen.* of).

verwundbar *adj.* vulnerable (*a. fig.*); **Verwundbarkeit** *f* vulnerability (*a. fig.*); **verwunden** *v/t.* wound (*a. fig.*); ***er wurde im Krieg verwundet*** he was wounded in the war.

verwunderlich *adj.* surprising, *stärker*: astonishing; ***es ist nicht ~, dass*** it's no wonder that; **verwundern I.** *v/t.* surprise, *stärker*: astonish; **II.** *v/refl.*: ***sich ~*** be surprised, *stärker*: be astonished, be (quite) taken aback; **verwundert** *adj.* surprised, *stärker*: astonished, taken aback; **Verwunderung** *f*: (***zu m-r ~*** to my) surprise, *stärker*: astonishment, *stärker*: amazement; ***ich habe zu m-r ~ erfahren*** *a.* I was quite surprised (*od.* amazed) to find out; ***es hat für ~ gesorgt*** it raised a few eyebrows.

verwundet *adj.* wounded; ***~er Soldat*** *etc.* *a.* casualty; **Verwundete(r)** *m* casualty, wounded (service)man *etc.*; *pl. coll. a. the* wounded (*pl.*); **Verwundung** *f* wound, injury.

V

verwunschen *adj.* enchanted.

verwünschen *v/t.* **1.** (*verfluchen*) curse; **2.** (*verzaubern*) enchant, cast a spell on; **verwünscht** *adj.* cursed, confounded; **Verwünschung** *f* **1.** (*Fluch*) curse; **2.** (*Zauber*) spell.

verwurschteln, verwursteln F *v/t.* mess up; (*Haare*) *a.* muss up; **verwurschtelt, verwurstelt** F *adj.* messed up; *Haare*: *a.* mussed up, dishevel(l)ed; ***ganz ~*** *pred. a.* F a (right) mess.

verwurzelt *adj.* (deeply) rooted (***in*** in); ***fest ~*** firmly rooted *od.* entrenched (in); ***tief ~*** deeply rooted (*od.* ingrained), ***sein***: *a.* run deep.

verwüsten *v/t.* lay waste, devastate; **verwüstet** *adj.* devastated, ravaged, *pred. a.* laid waste; **Verwüstung** *f* devastation, *formell*: depredation(s *pl.*); *konkret*: *a.* ravages *pl. of the storm etc.*

verzagen *v/i.* despair (***an*** of), lose heart; ***nur nicht ~!*** don't give up, don't despair; **verzagt** *adj.* despondent; (*verzweifelt*) desperate; (*kleinmütig*) faint-hearted; **Verzagtheit** *f* despondency; *stärker*: despair, desperation.

verzählen *v/refl.*: ***sich ~*** miscount.

verzahnen *v/t.* interlock (*a. fig.*); ⚙ (*Holzteile*) dovetail; **verzahnt** *adj.* (*a.* ***ineinander*** *od.* ***miteinander ~***) interlocked (*a. fig.*); **Verzahnung** *f* interlocking (*a. fig.*); ⚙ *Holzteile*: dovetail connection.

verzanken *v/refl.*: ***sich ~*** have an argument (***wegen*** over, about); ***sie haben sich verzankt*** *a.* they've fallen out (with each other).

verzapfen *v/t.* **1.** F (*Unsinn etc.*) come up with, *verbal*: *a.* F spout; **2.** (*Bier etc.*) have on draught (*Am.* draft); **3.** ⚙ mortise; **Verzapfung** *f* ⚙ mortise joint.

verzärteln *v/t.* (molly)coddle, pamper; **verzärtelt** *adj.* (molly)coddled; ***~er Typ*** F wimp; **Verzärtelung** *f* (molly)coddling, pampering.

verzaubern *v/t.* cast a spell on; *fig.* enchant, *stärker*: bewitch; ***~ in*** turn into; **verzaubert** *adj.* enchanted.

verzehnfachen *v/t. u. v/refl.* (***sich ~***) increase tenfold.

Verzehr *m* consumption; (***nicht***) ***zum ~ geeignet*** (not) fit to eat, (in)edible; **verzehren I.** *v/t.* consume (*a. fig.*), eat; **II.** *fig. v/refl.*: ***sich ~*** eat one's heart out; ***sich ~ nach*** yearn for; ***sich ~ vor*** *Gram etc.*: pine away with, be consumed (*od.* eaten up) with; **verzehrend** *adj.* consuming, devouring; **Verzehrzwang** *m* obligation to order.

verzeichnen *v/t.* **1.** note (*od.* write) down; *in e-r Liste*: *a.* list; *Gerät*: record, register; *amtlich*: register; (*Daten*) record; ☤ (*Kurse*) quote; *fig.* (*Fortschritte*) record; (*Erfolg, Siege, Gewinne*) notch up; ***~ können, zu ~ haben*** have notched up; ***... waren*** (***nicht***) ***zu ~*** there were (no) ...; ***es konnten keine Fortschritte verzeichnet werden*** there was no progress to be seen; **2.** (*falsch zeichnen*) draw *s.th.* wrong; *fig.* (*falsch darstellen*) misrepresent; (*verzerren*) distort; **Verzeichnis** *n* list; *amtliches*: register; (*Katalog*) catalog(ue); (*Inhalts*≈) index; *Computer*: directory; **Verzeichnung** *f* (*Verzerrung*) *a. fig.* distortion.

verzeihen *v/t. u. v/i.* forgive; (*entschuldigen*) excuse, pardon (***j-m et.*** s.o. [for] s.th.); ***~ Sie!*** sorry!, *Am.* excuse me!, *formell*: I ('do) beg your pardon; ***~ Sie bitte, ...*** excuse me, ...; ***~ Sie bitte die Störung*** sorry to disturb you; ***~ Sie die Frage, aber ...*** if you'll forgive my asking, ...; ***das ist nicht zu ~*** there's no excuse for that; **verzeihlich** *adj.* forgivable; **Verzeihung** *f* forgiveness; (*Entschuldigung*) pardon; ***~!*** sorry!, *Am.* excuse me!, *formell*: I ('do) beg your pardon; ***~?*** sorry(, could you repeat that)?; ***j-n um ~ bitten*** ask s.o.'s forgiveness; (*sich entschuldigen*) apologize to s.o.

verzerren I. *v/t.* **1.** (*Gesicht etc.*) distort, *stärker*: contort, *krampfartig*: convulse; **2.** *fig.* (*Ton, Bericht etc.*) distort; **3.** (*Muskel, Sehne*) pull; (*Knöchel*) sprain; **II.** *v/refl.*: ***sich ~*** become distorted, *Gesicht*: *a.* contort; **verzerrt** *adj.* **1.** *Gesicht*: distorted, *stärker*: contorted; **2.** *fig. Ton*: distorted; *Bericht etc.*: *a.* warped *account*; ***~e Darstellung*** *a.* distortion of the facts; **Verzerrung** *f* distortion (*a. fig.*), *des Gesichts*: *a.* contortion.

verzetteln I. *v/t.* **1.** (*vertun*) waste, fritter away; **II.** *v/refl.*: ***sich ~*** **2.** have too many irons in the fire, be doing too many things at the same time; **3.** waste one's time on (*od.* get sidetracked by) little things.

Verzicht *m* renunciation, renouncement (***auf*** of); (*Enthaltung*) abstention (from); (*Abtretung*) abandonment (of); ⚖ *auf Ansprüche, Rechte*: waiver, disclaimer; ***~ leisten auf*** → **verzichten** *v/i.* forego, do without, *formell*: renounce, forswear (*alle* ***auf*** *s.th.*); (*sich enthalten*) abstain, refrain (from), ⚖ waive, disclaim (*s.th.*); ***~ auf*** (*ein Angebot etc.*) turn down, (*e-n Posten etc.*) *a.* refuse; (*aufgeben*) give up, abandon; ***auf e-n Gegenschlag ~*** refrain from retaliatory action; ***auf Gewalt ~*** renounce violence, abandon the use of force; ***danke, ich verzichte*** thanks, but no thanks; ***ich kann nicht mehr darauf ~*** I can't do (*od.* live) without it any more; **Verzichterklärung** *f* waiver, disclaimer.

verziehen I. *v/t.* **1.** ***das Gesicht ~*** pull (*od.* make) a face, *stärker*: screw up one's face; ***den Mund ~*** grimace, twist one's mouth; → ***Miene***; **2.** (*Kind*) spoil; **3.** (*junge Pflanzen*) thin out; **II.** *v/i.* **4.** (*umziehen*) move (house); **III.** *v/refl.*: ***sich ~*** **5.** go out of shape; *Holz*: warp; **6.** *Gesicht*: screw up (***zu*** into), contort (into); *Mund*: twist (into), contort (into); **7.** (*verschwinden*) disappear; *Wolken*: *a.* disperse; *Sturm*: blow over; **8.** F (*sich davonschleichen*) decamp (***nach*** to), F make o.s. scarce; ***sich in sein Zimmer ~*** disappear (*beleidigt etc.*: *a.* slink off) into one's (bed)room; ***verzieh dich!*** F get lost!, push off!, scram!

verzieren *v/t.* decorate; △, ♪, *handwerklich etc.*: ornament; **Verzierung** *f* decoration; △ *etc.* ornament, (*a.* ***~en***) ornamentation; ♪ ornament(s *pl.*).

verzinken *v/t.* galvanize; **Verzinkung** *f* galvanization.

verzinnen *v/t.* tin-plate; **Verzinnung** *f* tin-plating.

verzinsen I. *v/t.* pay interest on; ***e-n Betrag zu 3% ~*** pay 3 per cent (*od.* percent) interest on a sum; ***mit 5% verzinst*** bearing 5 per cent (*od.* percent) interest; **II.** *v/refl.*: ***sich ~*** yield (*od.* bear) interest; ***sich mit 5% ~*** bear 5 per cent (*od.* percent) interest; **verzinslich** *adj.* bearing interest; *Papiere, Darlehen*: interest-bearing; **Verzinsung** *f* payment of interest; (*Zinssatz*) interest rate; (*Zinsertrag*) return.

verzogen *adj.* **1.** *Kind*: spoilt, spoiled; **2.** ⚙ *etc.*: out of shape; *Holz etc.*: *a.* warped; **3.** ***Empfänger unbekannt ~*** address unkown; ***falls ~, bitte zurück an*** if undelivered, please return to.

verzögern I. *v/t.* delay; (*verlangsamen*) slow down; (*in die Länge ziehen*) protract; ***das Spiel ~*** *Sport*: hold up the game; **II.** *v/refl.*: ***sich ~*** be delayed; (*sich lange nicht einstellen etc.*) be a long time coming; (*sich verlangsamen*) slow down; **Verzögerung** *f* delay; **Verzögerungstaktik** *f* delaying (*od.* stalling) tactics *pl.*

verzollen *v/t.* pay duty on; ***haben Sie etwas zu ~?*** have you anything to declare?; **verzollt** *adj.* duty-paid; **Verzollung** *f* payment of duty (*gen.* on).

verzücken I. *v/t.* enrapture; **II.** ≈ *n* → ***Verzückung.***

verzuckern *v/t.* **1.** sugar (over); (*kandieren*) candy; **2.** put too much sugar in.

verzückt *adj.* enraptured, *stärker*: in raptures, ecstatic; *Blick*: rapt; **Verzückung** *f* rapture, *stärker*: ecstasy; ***in ~ geraten*** go into raptures (***wegen*** over).

Verzug *m* delay; ***ohne ~*** without delay, forthwith; ***in ~ geraten*** (***sein***) get (be) behind, *mit Zahlungen*: fall into (be in) arrears; ***es ist Gefahr im ~*** danger is looming; **Verzugszinsen** *pl.* interest *sg.* on arrears, default interest *sg.*

verzweifeln *v/i.* despair (***an*** of); ***an der Menschheit*** *etc.* ***~*** lose all faith in mankind *etc.*; ***am ≈ sein*** be desperate; ***es ist zum ≈*** it's enough to drive you to despair (*od.* distraction); ***nur nicht ~!*** don't give up, don't despair; **verzweifelt I.** *adj.* despairing; (*aussichtslos*; *a. rücksichtslos*) desperate; ***~e Lage*** hopeless (*od.* desperate) situation; ***~er Versuch*** desperate attempt, *letzter*: last-ditch effort; **II.** F *adv.*: ***~ ähnlich*** (***komisch*** *etc.*) desperately alike (funny *etc.*); **Verzweiflung** *f* despair; desperation; ***aus*** (***lauter***) ***~*** in *od.* out of (sheer) desperation; ***zur ~ bringen*** (*od.* ***treiben***) exasperate, drive to despair (*od.* distraction); **Verzweiflungstat** *f* act of desperation.

verzweigen *v/refl.*: ***sich ~*** branch out, *bsd. fig.* ramify; **Verzweigung** *f* branching out; *fig.* ramifications *pl.*

verzwickt F *adj.* tricky, *Problem*: *a.* F knotty ...; (*kompliziert*) complicated; **Verzwicktheit** F *f* trickiness; complicated nature (*gen.* of).

Vesper *f eccl.* (*Gebetsstunde*) vespers *pl.* (*a. sg. konstr.*).

Veteran *m* **1.** *Brit.* ex-serviceman, *Am.* veteran; **2.** (*Oldtimer*) vintage car; **3.** *fig.* veteran.

Veterinär *m* veterinary surgeon, *Am.* veterinarian; F vet; **~medizin** *f* veterinary medicine.

Veto *n* veto; (***s***)***ein ~ einlegen*** exercise one's power of veto, ***gegen***: put a veto on, veto; **~recht** *n* power of veto.

Vetter *m* cousin; **Vetternwirtschaft** *f* nepotism, F cronyism.

Vexier|bild *n* picture puzzle; **~spiegel** *m* distorting mirror.

V-Gespräch *n* person-to-person call.

VHS *f* → ***Volkshochschule***; **~-Kurs** *m* evening class; ***e-n ~ in ... machen*** do a course (*od.* do evening classes) in ...

Viadukt *m* viaduct.

Vibraphon *n* ♪ vibraphone, F vibes *pl.*

Vibration *f* vibration; **Vibrator** *m* vibrator; **vibrieren** *v/i.* vibrate.

Video *n* video (*a. Musik*♀); **~aufnahme** *f*, **~aufzeichnung** *f* video recording; **~band** *n* video tape; **~clip** *m* video clip; **~film** *m* video film; **~gerät** *n* video (recorder), *bsd. Am. a.* VCR; **~kamera** *f* video camera; camcorder; **~kassette** *f* video cassette; **~konferenz** *f* video conference; **~rekorder** *m* video (recorder), VCR; **~schocker** *m* video nasty; **~spiel** *n* video game; **~text** *m* teletext.

Videothek *f* video shop.

Videoüberwachung *f* closed-circuit TV.

Viech F *n* **1.** (*Tier*) (**verdammtes ~** F blasted) animal; (*bsd. Hund*) F critter; (*Insekt*) (F blasted) insect, *Am.* bug; **2.** (*Rohling*) brute; **Viecherei** F *f* (*Schufterei*) F hard graft, (real) grind.

Vieh *n* cattle *pl.*, livestock (*a. pl. konstr.*); F (*allg. Tier*) beast; *fig.* (*Rohling*) brute; ***j-n wie ein Stück ~ behandeln*** treat s.o. like dirt (*od.* muck); **~bestand** *m* livestock; **~futter** *n* fodder, feed; **~händler** *m* cattle dealer; **~herde** *f* cattle herd.

viehisch I. *adj.* **1.** brutal; **2.** F (*sehr groß*) F dreadful; **II.** *adv.* **3.** ***sich ~ benehmen*** behave like a brute (*od.* brutes); **4.** F ***~ betrunken*** *etc. sl.* drunk *etc.* as hell.

Vieh|markt *m* cattle market; **~seuche** *f* rinderpest; **~treiber** *m* drover; **~wagen** *m* cattle wag(g)on; **~weide** *f* (cattle) pasture; **~zeug** F *n* **1.** animals *pl.*; (*Haustiere*) F menagerie; **2.** *contp.* (**verdammtes ~** F blasted) animals *pl*; (*Insekten*) (F blasted) insects *pl.*, *Am.* bugs *pl.*; **~zucht** *f* stock farming, cattle breeding.

viel *adj. u. adv.* a lot of; ***~e*** many; ***nicht ~*** not much; ***nicht ~e*** not many; ***sehr ~*** a great deal (of); ***sehr ~e*** very many, a lot (of), a great many; ***~ besser*** much better; ***ziemlich ~(e)*** quite a lot (of); ***zu ~*** too much; ***einer*** (*etc.*) ***zu ~*** one (*etc.*) too many; ***ein bisschen ~*** a bit too much; → *a.* ***bisschen*** II; ***~ zu ~*** far (*od.* much) too much; ***des Guten zu ~*** too much of a good thing; ***es wurde ihm zu ~*** it got too much for him, it started getting on top of him; ***ein gutes Gehalt wäre zu ~ gesagt*** a good salary would be a bit of an overstatement; ***was zu ~ ist, ist zu ~!*** there's a limit to everything, you can only go so far; F ***ich krieg zu ~!*** F well blow me!; ***das ~e Geld*** all that money; ***in ~em*** in many ways; ***um ~es besser*** far (*od.* much) better; ***das will (nicht) ~ heißen*** that's saying a lot (that's not saying much); ***was gibt es da noch ~ zu bereden?*** what is there to discuss?, I thought we'd settled things; ***was soll ich dir noch ~ erzählen?*** there's no point in my going into (any great) detail about it; *a.* → ***so viel.***

vielbändig *adj.* multivolume ...

viel| befahren *adj.* very busy; ***~e Straße*** *a.* road with heavy traffic; **~ beschäftigt** *adj.* very busy; **~ bewundert** *adj.* much-admired.

vieldeutig *adj.* ambiguous; **Vieldeutigkeit** *f* ambiguity.

viel diskutiert *adj.* much-discussed, widely discussed.

Vieleck *n* polygon.

Vielehe *f* (*a.* ***die ~***) polygamy.

vielenorts *adv.* in many places.

vielerlei *adj.* various, all sorts of, multifarious.

vielerorts *adv.* in many places.

vielfach I. *adj.* multiple; ***die ~e Menge*** many times the amount; ***auf ~en Wunsch*** by popular request; **II.** *adv.* in many cases; (*a. oft*) frequently; **Vielfache(s)** *n* **1.** 𝔄 ***das Vielfache*** the multiple; **2.** ***um ein Vielfaches*** many times over, ***besser*** *etc.*: many times better *etc.*

Vielfalt *f* (great) variety; **vielfältig** *adj.* varied, manifold; **Vielfältigkeit** *f* variety, diversity.

vielfarbig *adj.* multicolo(u)red.

Vielflieger *m* frequent flyer (*od.* travel[l]er).

Vielfraß *m* **1.** *zo.* wolverine; **2.** F (*Mensch*) glutton.

viel| gebraucht *adj.* much-used; **~ gefragt** *adj.* very popular; ***~ sein*** *a.* be in great demand; **~ gehasst** *adj.* much-hated; **~ gekauft** *adj.* frequently bought; **~ geliebt** *adj.* much-loved; **~ genannt** *adj.* often-mentioned, *lit.* oft-mentioned; *Buch*: much-cited; (*berühmt*) noted, distinguished; **~ gepriesen** *adj.* much-praised; **~ geprüft** *adj.* sorely tried; **~ gereist** *adj.* widely- (*od.* much-)travel(l)ed; **~ gerühmt** *adj.* much-praised; **~ geschmäht** *adj.* much-maligned, much-reviled.

vielgestaltig *adj.* variform; *fig.* multifarious.

Vielgötterei *f* polytheism.

vielköpfig *adj.* **1.** *Familie etc.*: large; **2.** *Bestie etc.*: many-headed.

vielleicht *adv.* perhaps, maybe; possibly; *in Fragen*: *oft* by any chance; (*etwa*) (round) about; ***~ ist er krank*** he might (*od.* may) be sick; ***Sie haben ~ Recht*** you may be right; ***~ kommt er*** perhaps he'll come, he may come; ***es ist ~ besser, wenn*** it might be better if; ***hast du ihn ~ gesehen?*** have you seen him by any chance?, do you happen to have seen him?; ***es waren ~ 20 Leute da*** I'd say there were (round) about 20 people there, there would have been - what - 20 people there; F ***das war ~ ein Durcheinander!*** what a mess (that was), you should have seen the mess; ***der hat ~ geschimpft!*** you should have heard him shout; ***ich war ~ aufgeregt!*** what a state I was in, (*nervös*) *a.* F talk about (being) nervous; ***kannst du ~ mal aufhören!*** d'you think you could stop (*od.* shut up) for a minute?; ***hast dus ~*** (*etwa*) ***verloren?*** don't tell me you've lost it; ***glaubt er ~, dass ich es war?*** surely he doesn't think I did it?

vielmals *adv.* many times, often, frequently; ***danke ~*** many thanks; ***sie lässt (dich) ~ grüßen*** she sends (you) her best regards; ***entschuldige ~, ich bitte ~ um Entschuldigung*** I'm terribly sorry.

vielmehr *adv.* (*eher*) rather; (*im Gegenteil*) on the contrary; ***es waren Tausende oder ~ Zehntausende von Leuten*** there were thousands, or rather tens of thousands of people (*od.* I should say tens of thousands of people); ***es geht ~ darum, ob*** it's rather a question of whether.

Vielredner F *m* F gasbag.

viel sagend *adj. Blick*: meaningful.

vielschichtig *adj.* **1.** multi-layered; **2.** *fig. Problem etc.*: complex; **Vielschichtigkeit** *f e-s Problems etc.*: complexity.

Vielschreiber *contp. m* F hack (writer).

vielseitig I. *adj.* many-sided; *Person*: versatile; (*abwechslungsreich*) (very) varied; *Möglichkeiten*: various, a (whole) variety of; *Beruf, Tätigkeit etc.*: interesting; **II.** *adv.*: ***~ verwendbar*** multi-purpose ...; ***~ begabt*** multitalented; ***er ist ~ begabt*** *a.* he's very versatile, he has many talents, he's a man of many talents; ***~ interessiert sein*** have a lot of interests; ***et. ~ verwenden*** put s.th. to various (*od.* a number of) uses; **Vielseitigkeit** *f* many-sidedness; versatility; *the* many aspects *pl.* (*gen.* of).

vielsprachig *adj.* polyglot (*a.* ***~er Mensch***), multilingual.

Vielstaaterei *f* particularism.

vielstimmig *adj.* polyphonic.

viel| umstritten *adj.* highly controversial; **~ umworben** *adj.* much sought-after; **~ verheißend, ~ versprechend** *adj.* (very) promising.

Vielvölkerstaat *m* multinational (*od.* multiracial) state.

Vielweiberei *f* (*a.* ***die ~***) polygamy.

Vielwisser *contp. m* F know-(it-)all.

Vielzahl *f* huge (*od.* vast) number; *formell*: multitude.

viel zitiert *adj.* much-cited.

vier I. *adj.* four; ***auf allen ~en (kriechen*** be) on all fours; ***unter ~ Augen*** in private; ***alle ~e von sich strecken*** flop into an armchair (*od.* onto the bed *etc.*); → ***Buchstabe*** *etc.*; **II.** ♀ *f* four; (*Note*) *etwa* D; (*Buslinie etc.*) (number) four; ***e-e ~ schreiben*** get a D.

Vieraugengespräch F *n* tête-à-tête, one-to-one conversation.

vierbändig *adj.* four-volume ..., in four volumes.

Vierbeiner F *m* quadruped, four-legged animal; *hum.* (*Hund*) F *our* four-legged friend; **vierbeinig** *adj.* four-legged.

vierblätt(e)rig *adj.* four-leafed, four-leaved, four-leaf ...; ***~es Kleeblatt*** four-leaf (*od.* -leaved) clover.

Viereck *n* square; **viereckig** *adj.* square.

viereinhalb *adj.* four and a half.

Vierer *m* **1.** *Rudern*: four; **2.** → **Vier**; **~bob** *m* four-seater bob; **~gespräch** *n* four-sided (*od.* four-party) talks *pl.*; *hist. der vier Mächte*: four-power talks *pl.*

viererlei *adj.* four (different) kinds of; *su.* four things.

Vierertakt *m* ♪ four-four time, quadruple time.

vierfach *adj.* fourfold; ***die ~e Menge*** four times the amount; ***~er Sieger*** four-time winner (*od.* champion); **Vierfache(s)** *n*: ***das Vierfache*** four times as much; *Menge, Betrag*: *a.* four times the amount; ***um ein Vierfaches steigen*** quadruple, rise (*od.* go up) fourfold.

Vierfarbendruck *m* four-colo(u)r printing (*konkret*: print).

vierfüßig *adj.* four-footed; *zo.* quadruped; **Vierfüß(l)er** *m* quadruped.

Vierganggetriebe *n mot.* four-speed transmission.

Viergespann *n* four-in-hand; *hist.* quadriga.

vierhändig I. *adj. zo. u.* ♪ four-handed; **II.** *adv.*: ***~ spielen*** *a.* play a duet.

vierhundert *adj.* four hundred.

vierjährig *adj.* **1.** four-year-old ...; **2.** (*vier Jahre dauernd*) four-year ...; ***ein ~es ...*** *a.* four years of ...; **Vierjährige(r** *m*) *f* four-year-old.

Vierkant *m* ⚙ square; **Vierkant...** *in Zssgn*

V

square *timber etc.*; **vierkantig** *adj.* square; **Vierkantschlüssel** *m* square box spanner (*Am.* wrench).
vierköpfig *adj. family etc.* of four; **~e** ***Delegation*** *etc. a.* four-member (*od.* -man) delegation *etc.*
Vierlinge *pl.* quadruplets, F quads.
Viermächte|abkommen *n hist.* four-power agreement; **~gespräche** *pl. hist.* four-power talks.
viermal *adv.* four times.
viermotorig *adj.* four-engine ..., four-engined.
Vierrad|antrieb *m mot.* four-wheel drive; **~bremse** *f mot.* four-wheel brake.
vier|räd(e)rig *adj.* four-wheeled, four-wheel ...; **~saitig** *adj.* ♪ four-string ..., four-stringed.
Vierschanzentournee *f* Four Hills Tournament.
vierschrötig *adj.* burly.
vier|seitig *adj.* four-sided; A quadrilateral; **~silbig** *adj.* four-syllable ...
Viersitzer *m* four-seater; **viersitzig** *adj.* four-seater ...
Vierspänner *m* four-in-hand.
vier|spurig *adj. Straße*: four-lane ...; *Tonband*: four-track ...; **~stellig** *adj. Zahl*: four-digit ...
Viersterne|general *m* four-star general; **~hotel** *n* four-star hotel.
vier|stimmig *adj.* ♪ four-part ..., *pred.* for four voices; **~stöckig** *adj.* four-stor(e)y ...
viert I. *adj.* fourth; ***~es Kapitel*** chapter four; ***am ~en Juni*** on the fourth of June; ***4. Juni*** 4th June, June 4(th); **II.** *adv.*: ***wir waren zu ~*** there were four of us; ***wir gingen zu ~ hin*** four of us went there.
viertägig *adj.* **1.** four-day(-long) ...; **2.** (*vier Tage alt*) four-day-old ...
Viertaktmotor *m* four-stroke engine.
viertausend *adj.* four thousand; **Viertausender** *m* four-thousand met|re (*Am.* -er) peak.
Vierte(r) *m* (the) fourth; ***er war Vierter*** he was (*od.* came) fourth; ***Heinrich IV.*** Henry IV (= Henry the Fourth); ***heute ist der Vierte*** it's the fourth today.
vierteilen *v/t. hist.* (draw and) quarter; F *fig.* ***er würde sich lieber ~ lassen(, als ...)*** he'd rather die (than ...).
vierteilig *adj.* four-part ..., in four parts.
Viertel *n* quarter (*a. Maß, Stadt2, Mond2*); A *Am.* fourth; ***~ nach vier*** (a) quarter past four, *Am. a.* a quarter after four; ***~ vor vier*** (a) quarter to four, *Am. a.* a quarter of four; **~drehung** *f* quarter turn; **~finale** *n* quarter final; **~jahr** *n* three months *pl.*, quarter; **~jahresschrift** *f* quarterly (journal).
vierteljährig *adj.* **1.** three-month ...; **2.** (*drei Monate alt*) three-month-old ..., three months old; **vierteljährlich I.** *adj.* quarterly; ***~e Kündigung*** three months' notice; **II.** *adv.* quarterly, every three months.
Viertelliter *m*: ***(ein ~*** [a]) quarter of a lit|re (*Am.* -er).
vierteln *v/t.* quarter.
Viertel|note *f* ♪ crotchet, *Am.* quarter note; **~pause** *f* ♪ crotchet (*Am.* quarter note) rest; **~pfund** *n*: *etwa* ***(ein ~*** [a]) quarter of a pound, (a) quarter; **~stunde** *f* quarter of an hour.
viertelstündig *adj.* fifteen-minute ..., of (*od.* lasting) a quarter of an hour; ***e-e ~e Pause*** *etc.* a fifteen-minute break *etc.*, fifteen minutes' (*od.* quarter of an hour's) rest *etc.*; **viertelstündlich I.** *adj.* quarter-hourly, occurring every fifteen minutes; ***in ~en Abständen*** every fifteen minutes; **II.** *adv.* every fifteen minutes (*od.* quarter of an hour), quarter-hourly.
Viertelton *m* quarter tone.
viertens *adv.* fourth(ly), four, in fourth place.
Vierter → ***Vierte(r)***.
Vierundsechzigstel|note *f* ♪ hemidemisemiquaver, *Am.* sixty-fourth note; **~pause** *f* ♪ hemidemisemiquaver (*Am.* sixty-fourth note) rest.
Vierung *f* ⌂ crossing, intersection.
Viervierteltakt *m* ♪ four-four time.
vierwöchig *adj.* **1.** four-week ...; **2.** (*vier Wochen alt*) four-week-old ...
vierzehn *adj.* fourteen; ***in ~ Tagen*** in a fortnight, in two weeks(' time); **vierzehnt** *adj.* fourteenth; **vierzehntägig** *adj.* two-week(-long) ..., fortnight's ...; ***ein ~er Urlaub*** *a.* two weeks' holiday; **Vierzehntel** *n* fourteenth (part).
Vierzeiler *m* quatrain; **vierzeilig** *adj.* four-line ...; ***~ sein*** have four lines.
vierzig *adj.* forty; ***in den ~er Jahren*** in the forties; ***er ist in den 2ern*** he's in his forties; **Vierziger(in** *f***)** *m* man (*f* woman) in his (her) forties, F fortysomething; **Vierzigerjahre** *pl.* forties; **vierzigjährig** *adj. Person*: forty-year-old ...; *Zeitraum*: forty-year(-long) ...; **vierzigst** *adj.* fortieth; ***sie hat heute ihren 2en*** she's forty today, it's her fortieth birthday today; **Vierzigstundenwoche** *f* 40-hour week.
Vierzimmerwohnung *f* three-bedroom(ed) flat (*Am.* apartment).
Vierzylinder F *m* (*Auto*) four-cylinder (car); (*Motor*) four-cylinder engine.
Vietnamese *m* **1.** *a.* **Vietnamesin** *f* Vietnamese; **2.** F Vietnamese restaurant; ***wir gehen zum ~n*** we're going to a Vietnamese (place); **vietnamesisch** *adj.* Vietnamese.
Vignette *f* **1.** vignette; **2.** *mot.* sticker.
Vikar *m* curate, assistant.
Villa *f* villa; (*Landhaus*) mansion.
Villen|gegend *f*, **~viertel** *n* residential area, F posh part of town; **~vorort** *m* residential suburb.
Vinaigrette *f Salatdressing*: vinaigrette (dressing).
Viola *f* viola.
violett *adj.*, **Violett** *n* violet.
Violine *f* violin; **Violinist(in** *f***)** *m* violinist; **Violinkonzert** *n* violin concerto; **Violinschlüssel** *m* treble clef; **Violinsonate** *f* violin sonata.
Violoncello *n* cello.
VIP *f* VIP, F top nob; *pl. coll. a.* F *the* top brass (*pl.*).
Viper *f* viper.
VIP-Lounge *f* executive (*od.* VIP) lounge.
Virensuchprogramm *n Computer*: virus scanner.
Virilität *f* virility.
Virologe *m* virologist; **Virologie** *f* virology; **virologisch** *adj.* virological.
virtuell *adj. Computer*: virtual; ***~er Arbeitsspeicher*** virtual memory; ***~er Einkaufskorb*** virtual shopping basket; ***~es Einkaufszentrum*** cybermall; ***~e Realität*** virtual reality; ***~es Regal*** virtual shelf.
virtuos *adj.* virtuoso ..., brilliant; ***ein ~er Klavierspieler*** a virtuoso on the piano; ***e-e ~e Leistung*** a masterly accomplishment (♪ performance), a brilliant feat; **Virtuose** *m*, **Virtuosin** *f* virtuoso; **Virtuosität** *f* virtuosity, brilliance *of a performance etc.*
virulent *adj.* virulent.
Virus *n, m* virus (*a. im Computer*); **~erkennung** *f Computer*: virus detection; **~erkrankung** *f* virus (*od.* viral) disease; → *a.* **~infektion** *f* virus (*od.* viral) infection; **~krankheit** *f* virus (*od.* viral) disease, F virus; **~träger** *m* virus carrier.
Visafreiheit *f* visa exemption.
Visage F *f* F mug.
Visapflicht *f* visa requirement.
vis-a-vis, vis-à-vis *adv.* opposite (*dat. s.th., a place etc.*).
Visier *n am Helm*: visor; *am Gewehr*: sight; *fig.* ***et. ins ~ nehmen*** get s.th. (lined up) in one's sights; ***das ~ herunterlassen*** clam up; ***er ließ das ~ herunter*** *a.* the shutters came down; **visieren** *v/t. u. v/i.* **1.** ⚙ adjust; **2.** *schweiz.* a) (*beglaubigen*) certify, b) (*unterzeichnen*) sign, (*abzeichnen*) initial.
Vision *f* vision; **visionär** *adj.*, **Visionär** *m* visionary.
Visitation *f* (*Durchsuchung*) search; → *a.* ***Leibesvisitation.***
Visite *f* ⚕ (doctor's) round; ***auf ~ sein*** be on (*od.* doing) one's rounds; **Visitenkarte** *f* visiting (*Am.* calling) card; F *iro.* ***er hat s-e ~ hinterlassen*** he's left his usual trail; **visitieren** *v/t.* **1.** search; *am Körper*: *a.* frisk; **2.** (*inspizieren*) inspect.
viskos *adj.* viscous; **Viskose** *f* viscose; **Viskosität** *f* viscosity.
visuell *adj.* visual.
Visum *n* **1.** visa; **2.** *schweiz.* (*Unterschrift*) signature, (*Zeichen*) initials *pl.*; **~antrag** *m* visa application; **2frei** *adj.* visa-exempt; **~zwang** *m* visa requirement.
vital *adj.* **1.** energetic; (*rüstig*) spry; **2.** (*wichtig*) vital, essential; **Vitalität** *f* vitality.
Vitamin *n* vitamin; F *fig.* ***~ B*** contacts, *in GB*: *a.* the old boy network; **2arm** *adj.* low in vitamins; **~bedarf** *m* vitamin requirement; **~gehalt** *m* vitamin content.
vitaminhaltig *adj.*: ***(sehr) ~ sein*** contain (plenty of) vitamins.
Vitamin|haushalt *m* vitamin balance; **~kapsel** *f* vitamin pill (*od.* capsule); **~mangel** *m* vitamin deficiency; **~mangelerkrankung** *f* vitamin-deficiency disease; **~präparat** *n* vitamin preparation (*od.* compound); **2reich** *adj.* rich in vitamins; **~spritze** *f* vitamin shot; **~stoß** *m* massive dose of vitamins.
Vitrine *f* showcase, display case (*od.* cabinet); *in der Wohnung*: glass(-fronted) cabinet.
Vitriol *n* vitriol.
Vivisektion *f* vivisection; **vivisezieren** *v/t.* vivisect.
Vize F *m* **1.** deputy, F number two; **2.** *Sport*: runner-up; **~admiral** *m* vice admiral; **~kanzler** *m* vice(-)chancellor; **~könig** *m* viceroy; **~konsul** *m* vice(-)consul; **~meister** *m* runner-up; **~präsident** *m* vice(-)president; **~präsidentschaftsbewerber** *m in den USA*: running mate; **~weltmeister** *m* runner-up in the World Cup.
V-Leute *pl.* → ***V-Mann.***
Vlies *n* fleece (*a. Textil*).
V-Mann *m* contact; (*Spitzel*) *a.* informer.
Vogel *m* bird (*a.* F *Flugzeug*); F ***komischer ~*** odd character, F strange customer; ***er ist ein lustiger ~*** he's good for a laugh; *fig.* ***e-n ~ haben*** F have a screw loose (somewhere); ***j-m den ~ zeigen*** tap one's forehead at s.o.; ***den ~ abschießen*** F take the cake; ***friss, ~, oder***

V

stirb! it's (a case of) sink or swim; F ***der ~ ist ausgeflogen*** the bird has flown; **~bauer** *n* birdcage; **~beerbaum** *m* rowan (tree); **~beere** *f* rowanberry; **~dreck** *m* bird droppings *pl.*; **~ei** *n* bird's egg; **≈frei** *adj.* **1.** outlawed; ***für ~ erklären*** outlaw; **2.** *fig.* ***für ~ gehalten werden*** be considered fair game; **~futter** *n* birdseed; **~gezwitscher** *n* twittering of birds; ***am Morgen hört man ~*** *a.* in the mornings you can hear the birds twittering; **~grippe** *f* bird (*od.* avian, chicken, poultry) flu; **~haus** *n* aviary; **~käfig** *m* birdcage; **~kirsche** *f* rowanberry; **~kunde** *f* ornithology; **~leim** *m* birdlime.

vögeln V *v/t. u. v/i.* V screw.

Vogel|nest *n* bird's nest; **~perspektive** *f* bird's-eye view; ... ***aus*** (*od.* ***in***) ***der ~*** a bird's-eye view of ...; ***Aufnahme aus der ~*** high-angle shot; ***et. aus der ~ sehen*** have a bird's-eye view of s.th.; **~ruf** *m* birdcall; **~schar** *f* flock of birds; **~scheuche** *f* scarecrow (*a. fig.*); *fig.* (*Frau*) *a.* F frump; **~schutz** *m* protection of birds; **~schutzgebiet** *n* bird sanctuary; **~stange** *f* perch; **~steller** *m* bird-catcher; **~stimme** *f* birdcall; **~-Strauß-Politik** *f* ostrich policy; ***~ treiben*** hide one's head in the sand; **~warte** *f* ornithological station; **~züchter** *m* bird breeder; **~zug** *m* migration of birds.

Vogerlsalat *östr. m* (*Feldsalat*) lamb's lettuce.

Vöglein *n* little bird; F *hum. od. Kindersprache*: birdie.

Vogt *m hist.* **1.** (*Aufseher*) overseer; **2.** *e-r Provinz*: sheriff; **3.** (*Amtmann*) bailiff; **4.** (*Verwalter*) administrator.

Vokabel *f* word; **Vokabelheft** *n* vocabulary book; **Vokabular** *n* vocabulary.

Vokal I. *m* vowel; **II.** ≈ *adj.* ♪ vocal; **vokalisch** *adj.* vowel ..., vocalic.

Vokal|musik *f* vocal music; **~partie** *f* vocal part; **~solist** *m* solo singer; solo voice.

Volant *m Schneiderei*: flounce.

Voliere *f* aviary.

Volk *n* (*Einwohner*) people *pl.*; (*Nation*) *a.* nation; (*Masse*) *the* masses *pl.*, *contp. a. the* plebs *pl.*; (*Pöbel*) mob, rabble; F (*lustiges, blödes etc.* **~**) crowd, F lot, bunch, *contp. a.* F shower; ***das deutsche ~*** the Germans, the German people (*od.* nation); ***das arbeitende ~*** the working classes; F ***das junge ~*** the young set, F the young 'uns; ***viel ~*** crowds of people; ***ein Mann aus dem ~*** a man of the people; F ***unters ~ bringen*** spread *a rumo(u)r etc.*, (*verkaufen*) sell, get rid of; ***sich unters ~ mischen*** mingle with the crowd; → ***auserwählt*** *etc.*

Völkchen F *fig. n* crowd, F lot, bunch; *contp. a.* F shower.

Völker|bund *m hist.* League of Nations; **~freundschaft** *f* friendship between nations; **~gemeinschaft** *f* community of nations.

Völkerkunde *f* ethnology; **Völkerkundler** *m* ethnologist; **völkerkundlich** *adj.* ethnological.

Völkermord *m* genocide.

Völkerrecht *n* international law; **Völkerrechtler** *m* specialist in international law; **völkerrechtlich I.** *adj.* international; *Frage, Problem etc.*: of (*od.* relating to) international law; *Entscheidung, Maßnahme etc.*: bound by international law; **II.** *adv.* under (*od.* according to) international law; **Völkerrechtsverletzung** *f* breach of international law.

Völkerschaft *f* people (*sg.*); (*Stamm*) tribe.

Völker|verständigung *f* understanding among nations; **~wanderung** *f* migration (of peoples); *fig.* mass exodus, mass migration (***nach*** to); ***die*** (***germanische***) ***~*** the Germanic migrations.

Volks|abstimmung *f* referendum; **~auflauf** *m* throng of people, crowd (of people) (*a. pl. konstr.*); crowd of onlookers (*a. pl. konstr.*); **~aufstand** *m* national uprising; **~befragung** *f* public opinion poll; **~begehren** *n* petition for a referendum; **~belustigung** *f* (form of) popular entertainment; *fig.* ***et. zu e-r ~ machen*** turn s.th. into a fairground spectacle; **~demokratie** *f* people's democracy; **~deutsche(r)** *m*) *f* ethnic German; **~dichter** *m* popular poet; **≈eigen** *adj. hist. DDR*: state-owned; ***~er Betrieb*** (***VEB***) state-owned company; **~eigentum** *n* public property; **~einkommen** *n* national income; **~empfinden** *n*: ***das ~*** popular feeling, public opinion; **~entscheid** *m* referendum; **~etymologie** *f* popular etymology; **~feind** *m* public enemy; **≈feindlich** *adj.* subversive; **~fest** *n* festival; (*Rummel*) funfair; **~feststimmung** *f* carnival atmosphere; **~front** *f pol.* popular (*od.* people's) front; **~gemurmel** *n* **1.** *thea.* crowd noises *pl.*; **2.** F *fig.* rumblings *pl.* (among the party *etc.*); **~gruppe** *f* ethnic group; **~held** *m* mass (*od.* folk) hero; **~hochschule** *f* **1.** (*Institution*) adult education program(me); **2.** (*Kurse*) adult evening classes *pl.*; **~justiz** *f* mob law; **~kammer** *f hist. DDR*: People's Parliament; former East German parliament; **~krankheit** *f* endemic (*a. iro.* national) disease.

Volkskunde *f* ethnic studies *pl.*; **volkskundlich** *adj.* ethnic.

Volks|kunst *f* folk (*od.* ethnic) art; **~lied** *n* folk song; **~märchen** *n* folk tale; **~medizin** *f* folk medicine; **~meinung** *f*: ***die ~*** public opinion; **~menge** *f* crowd; (*die Masse*) *the* masses *pl.*; **~mund** *m*: (***im ~*** in) common parlance; ***im ~ heißt es, dass*** it's a popular saying that; **~musik** *f* folk music; **≈nah** *adj.* close to the people; popular; *pol.* grass-roots ...; **~nahrung(smittel** *n*) *f* staple (food); **~polizei** *f hist. DDR*: People's Police; **~polizist** *m hist. DDR*: member of the People's Police; **~rede** F *f*: ***~n halten*** F speechify; ***halte keine ~n!*** keep it short!; **~republik** *f* people's republic; ***die ~ China*** (***Polen***) the People's Republic of China (Poland); **~schicht** *f* social class; **~schule** *f hist.* elementary school (*for pupils aged 6 to 14*); **~seele** *f* **1.** ***die ~*** public feeling; ***die ~ kocht*** (*od.* ***ist empört***) public feeling is running high; **2.** national spirit; ***die deutsche ~*** the German soul (*od.* national spirit); **~sprache** *f* vernacular; **~stimme** *f* voice of the people; **~stück** *n* folk play; **~tanz** *m* folk dance; **~tracht** *f* national costume (*a. Einzelstück*), national dress; **~trauertag** *m* national day of mourning.

volkstümlich *adj.* **1.** (*beliebt; einfach*) popular (*a. Buch, Person etc.*); (*gewöhnlich*) for ordinary people; *Preise*: within everybody's reach; (*simpel*) folksy; **2.** (*traditionell*) traditional; (*dem Volkstum entwachsen*) folk *art, medicine etc.*; *Gegenstände, Kunst*: *contp.* folksy.

volksverbunden *adj.* close to the people; **Volksverbundenheit** *f* closeness to the people.

Volks|verdummung *f* brainwashing (of the public); pulling the wool over the people's eyes; **~verführer** *m* demagogue; **~verhetzung** *f* incitement of the masses; **~versammlung** *f* **1.** public gathering; *größer*: mass rally; **2.** (*Volksvertretung*) people's assembly; **~vertreter** *m* people's representative; **~vertretung** *f* representation of the people; **~weise** *f* folk melody (*od.* tune); **~weisheit** *f* piece of popular (*od.* folk) wisdom; **~wirt(schaftler)** *m* economist; **~wirtschaft** *f* **1.** (national) economy; **2.** (*Volkswirtschaftslehre*) economics *pl.* (*sg. konstr.*); **≈wirtschaftlich** *adj.* (politico-)economic(ally *adv.*); **~wirtschaftslehre** *f* economics *pl.* (*sg. konstr.*); **~zählung** *f* census; **~zorn** *m* wrath of the people; **~zugehörigkeit** *f* nationality; national identity.

voll I. *adj.* full; (**~** *besetzt*) full up; (*gefüllt*) full (up), filled; *Straßen*: full of traffic; F (*betrunken*) F plastered, *sl.* tight; F (*satt*) full; (*füllig, prall*) full (*a. Figur*); *Betrag*: full, whole *amount, sum*; **~(er)**, **~ von** full of, *Negativem*: rife with; ***ein Koffer*** (***e-e Kiste*** *etc.*) ***~ Bücher*** a caseful (boxful *etc.*) of books; ***e-e ~e Stunde*** a full (*od.* whole, solid) hour; ***zu jeder ~en Stunde*** every hour on the hour; ***mehr Nachrichten zur ~en Stunde*** more news at the top of the hour; ***~e neuneinhalb Stunden schlafen*** sleep a solid nine and a half hours; ***~ schlagen*** *Uhr*: strike the full hour; ***sechs ~e Tage*** six whole days; ***ein ~es Dutzend*** a full (*od.* whole) dozen; ***~e Beschäftigung*** full (*ganztägige*: full-time) employment; ***bei ~er Besinnung*** fully conscious; ***er hat es bei ~er Besinnung gesagt*** he was fully aware of what he was saying; ***aus ~er Brust*** (*od.* ***~em Halse***) at the top of one's voice; ***~e Einzelheiten*** full details; ***ein ~er Erfolg*** a complete success; ***die ~e Wahrheit*** the whole truth, *weitS.* the full story; ***~er Widersprüche*** full of contradictions; ***aus dem ≈en schöpfen*** draw on plentiful resources; ***~ und ganz*** completely, *unterstützen*: wholeheartedly; F ***in die ≈en gehen*** F go the whole hog; ***j-n nicht für ~ nehmen*** not to take s.o. seriously; → ***Fahrt, Hand, Mund, Recht*** *etc.*; **II.** *adv.* fully; ***~ und ganz*** fully, completely; ***et. ~ ausnützen*** use to (one's) full advantage.

Vollakademiker *m* university graduate.

vollauf *adv.* fully, completely; ***~ zufrieden*** quite (*od.* fully) satisfied; ***~ beschäftigt mit et.*** fully occupied with s.th.; ***ich bin mit den Kindern ~ beschäftigt*** I've got enough on my hands with the children, the children are a full-time job; ***~ zu tun haben*** have plenty (*od.* enough) to do.

Vollautomatik *f* fully automatic system; ***mit ~*** → **vollautomatisch** *adj.* fully automatic, all-automatic; **vollautomatisiert** *adj.* fully automated; **Vollautomatisierung** *f* full automation.

Voll|bad *n* bath; ***ein ~ nehmen*** *a.* F sink into the bath(tub); **~bart** *m* beard.

voll bepackt *adj.* loaded down with luggage, F (absolutely) loaded.

voll|beschäftigt *adj.* fully employed; full-time *employee*; **≈beschäftigung** *f* full employment.

voll besetzt *adj.* (completely) full; *Hotel*: *a.* fully-booked.

V

Voll|besitz *m*: ***im ~ von*** in full possession of; ***im ~ s-r Sinne sein*** be completely lucid, F be all there; ***im ~ s-r geistigen Kräfte sein*** be in full possession (*od.* command) of one's mental faculties; **~bier** *n beer with a high original wort*; **~bild** *n typ.* full-page illustration (*od.* picture).

Vollblut... *fig. in Zssgn* full-blooded; **Vollblut(pferd)** *n*, **Vollblüter** *m* thoroughbred; **vollblütig** *adj.* thoroughbred, *a. fig.* full-blooded.

Vollbremsung *f* full braking; ***e-e ~ machen*** slam on the brakes.

vollbringen *v/t.* accomplish, achieve; (*Tat, Wunder*) perform.

vollbusig *adj.* chesty, busty, F bosomy.

Volldampf *m*: ***mit ~*** at full steam; *fig.* F flat out, *fahren*: *a.* F full tilt; ***mit ~ voraus*** full steam ahead.

Völlegefühl *n* full (*stärker*: bloated) feeling.

vollelektronisch *adj.* fully electronic (*od.* automatic).

vollenden *v/t.* complete (*a. Studien, Lebensjahr*); (*beenden*) *a.* finish; **vollendet** *adj.* **1.** perfect; *künstlerisch etc.*: accomplished; *Leistung etc.*: masterly; F *Unsinn etc.*: utter, absolute; ***~e Schönheit*** perfect beauty; **2.** ***Kinder ab dem (bis zum) ~en 8. Lebensjahr*** children aged 8 years and over (children up to and including the age of 8); **vollends** *adv.* (*völlig*) completely; **Vollendung** *f* completion; (*Vollkommenheit*) perfection; ***der ~ entgegengehen*** be nearing completion; ***nach ~ des 18. Lebensjahres*** on reaching the age of 18.

voll entwickelt *adj.* fully developed; *Persönlichkeit etc.*: *a.* full-blown.

voller *adj.* **1.** *comp. von* **voll**: fuller; **2.** → ***voll*** I.

Völlerei *f* gluttony.

Volley *m bsd. Tennis, Fußball*: volley; **~Volleyball(spiel** *n*) *m* volleyball.

vollfett *adj.* full-fat; **Vollfettkäse** *m* full-fat cheese.

voll fressen F *v/refl.*: ***sich ~*** F stuff o.s.; ***ich habe mich total voll gefressen*** F I think I'm going to burst.

vollführen *v/t.* do; (*Kunststück etc.*) perform.

Vollgas *n*: ***mit ~*** full speed, F *fig.* F full tilt; ***~ geben*** F put one's foot down (hard).

voll| gefressen F *adj.* F stuffed (full); (*dick*) overfed, fat; ***~er Typ*** F fat slob, tub of lard; **~ geladen** *adj.* loaded (to the top); *Auto etc.*: loaded down; **~ gepackt, ~ gepfropft, ~ gestopft** *adj.* crammed (full), (F jam)packed, F chock-a-block.

voll gießen *v/t.* fill (up).

Vollglatze *f*: ***e-e ~ haben*** be completely bald.

Vollgummireifen *m* solid tyre (*Am.* tire).

voll hauen F *v/t. u. v/refl.* → ***voll schlagen.***

Vollidiot F *m* complete idiot, F absolute twit (*od.* nincompoop), *sl.* headbanger.

völlig I. *adj.* (*ganz*) full, entire; (*vollständig*) complete, total; *Unsinn, Wahnsinn etc.*: absolute, complete, sheer; ***das ist mein ~er Ernst*** I'm quite (F dead) serious about it; **II.** *adv.* completely: ***~ richtig*** perfectly (*od.* quite) right; ***~ unmöglich (verrückt, betrunken** etc.*) absolutely impossible (mad, drunk *etc.*); ***ich bin ~ einverstanden*** that's perfectly all right (*Am.* alright) by me; ***ich bin ~ Ihrer Meinung*** I agree with you entirely; ***das genügt ~*** that's (more than) enough, that's fine, that'll do nicely.

vollinhaltlich I. *adj.* full, complete; **II.** *adv. zustimmen etc.*: fully, on all points.

Vollinvalide *m* total invalid; **Vollinvalidität** *f* total disability.

volljährig *adj. pred.* of age; ***~ werden*** come of age, reach the age of majority; **Volljährige(r** *m*) *f* major; **Volljährigkeit** *f* majority.

vollkaskoversichert *adj.* with comprehensive insurance; ***~ sein*** have comprehensive insurance; **Vollkaskoversicherung** *f* comprehensive insurance.

vollklimatisiert *adj.* fully air-conditioned.

vollkommen I. *adj.* **1.** (*vollendet, makellos*) perfect; **2.** (*völlig, vollständig*) perfect, complete, total, absolute; → ***völlig*** I; **II.** *adv.* → ***völlig*** II; **Vollkommenheit** *f* (sheer) perfection.

Vollkorn|brot *n* wholemeal bread; **~mehl** *n* wholemeal flour; **~nudeln** *pl.* whole wheat pasta *sg.* (*coll.* pastas).

voll kotzen *sl. v/t. sl.* spew all over.

Vollkraft *f*: ***in der ~ s-r Jahre*** in his prime.

voll| kriegen F *v/t.* manage to fill *s.th.* (up); ***er kriegt den Hals nicht voll*** he (just) can't get enough; **~ kritzeln** F *v/t.* scribble all over *s.th.*; **~ laden** *v/t.* load up (to the top); **~ laufen** *v/i.* fill up; ***et. ~ lassen*** fill s.th. up; F ***sich ~ lassen*** F get tanked up; **~ machen I.** *v/t.* **1.** fill (up); **2.** F (*beschmutzen*) (*a.* ***sich et. ~***) dirty, mess up; (*Tisch, Boden etc.*) *a.* make a mess on; F ***die Hosen ~*** fill one's pants; ***sich die Finger mit Marmelade ~*** get jam all over one's fingers; **II.** F *v/refl.*: ***sich ~*** fill one's pants.

Vollmacht *f* full power(s *pl.*), authority; ⚖ power of attorney; ***j-m ~ erteilen*** authorize s.o. (***zu*** *inf.* to *inf.*); **~geber** *m* principal.

Vollmatrose *m* able-bodied seaman.

vollmechanisiert *adj.* fully mechanized.

Vollmilch *f* full-cream milk; **~schokolade** *f* milk chocolate

Vollmond *m* full moon; ***es ist ~*** there's a full moon tonight; F ***strahlen wie ein ~*** be beaming all over one's face; **~gesicht** F *n* moon face.

vollmundig *adj. Wein*: full(-bodied).

Vollnarkose *f* ⚕ general an(a)esthetic.

voll packen *v/t.* pack *s.th.* full (***mit*** of).

Vollpension *f* (full) board and lodging, full board, *Am.* American plan (*abbr.* AP).

voll| pumpen I. *v/t.* (*Reifen etc.*) pump *s.th.* up (completely), pump *s.th.* full; ***sich die Lungen ~*** fill one's lungs (with fresh air); **II.** *v/refl.*: ***sich mit et. ~*** load o.s. up with s.th.; F ***sich ~*** (*sich betrinken*) F tank up, *sl.* get tight; **~ qualmen** F *v/t.* (*Zimmer etc.*) F smoke up.

Vollrausch *m* drunken stupor; ***e-n ~ haben*** be blind drunk; ***sich e-n ~ antrinken*** F drink o.s. silly.

voll| saufen F *v/refl.*: ***sich ~*** *sl.* get tight; **~ saugen** *v/refl.*: ***sich ~*** *Insekt etc.*: suck itself full (***mit*** of); *Schwamm*: soak itself full (of); *Stoff etc.*: become saturated (with); **~ schenken** *v/t.* fill (up); **~ schlagen** F *v/t. u. v/refl.*: ***sich (den Bauch) ~*** F make a (real) pig of o.s.

vollschlank *adj.*: ***~ sein*** have a full figure, F be a bit on the plump side; ***für die ~e Frau*** for the fuller figure.

voll| schmieren F **I.** *v/t.* smear all over *s.th.*; (*Kleid*) mess up; ***et. mit et. ~*** smear s.th. all over s.th.; **II.** *v/refl.*: ***sich ~*** get o.s. dirty, get food *etc.* all over o.s.; **~ schreiben** *v/t.* fill (with writing); ***drei Seiten ~*** write three full pages; **~ schütten** *v/t.* fill (up); **~ spritzen I.** *v/t.* spatter; *mit Wasser*: spray, get *s.o. od. s.th.* all wet; ***et. mit et. ~*** spatter s.th. all over s.th.; **II.** *v/refl.*: ***sich ~*** spatter o.s.; get o.s. wet.

vollständig I. *adj.* complete; (*ganz*) whole, entire; **II.** *adv.* completely; (*voll*) fully; (*voll und ganz*) absolutely; **Vollständigkeit** *f* completeness; ***der ~ halber*** for the sake of completeness.

voll| stellen F *v/t.* cram (***mit*** with), put things all over *a room etc.*; ***das Schlafzimmer mit alten Möbeln** etc.* **~** *a.* F stuff the bedroom with old furniture *etc.*; **~ stopfen** *v/t.* **1.** stuff, cram; **2.** *a. v/refl.*: ***sich (den Bauch) ~*** F stuff o.s.

vollstreckbar *adj.* executable; **vollstrecken I.** *v/t.* **1.** ⚖ (*Urteil, Testament*) execute; (*Gesetz*) enforce; **2.** *Sport*: convert; **II.** *v/i. Sport*: score; **Vollstrecker** *m* **1.** ⚖ executor; **2.** *Sport*: scorer; **Vollstreckung** *f* execution; **Vollstreckungsbefehl** *m* writ of execution.

voll tanken I. *v/i.* fill up; F *fig.* (*sich betrinken*) F get tanked up; *mot.* ***bitte ~*** fill her up (*Am.* fill up), please; **II.** *v/t.* fill up.

Volltextsuche *f Computer*: full-text search.

volltönend *adj.* sonorous, rich.

volltransistorisiert *adj.* fully transistorized.

Volltreffer *m* direct hit; *Scheibenschießen*: bull's-eye; *fig.* (*Erfolg*) (absolute) hit; ***e-n ~ landen*** hit the bull's-eye, *bei Beschuss etc.*: score a direct hit, *fig.* score a hit (*od.* success); *fig.* ***absoluter ~*** (*Schallplatte*) smash hit.

volltrunken *adj.* completely drunk (*od.* intoxicated); **Volltrunkenheit** *f* (state of) complete drunkenness (*od.* intoxication).

Voll|verb *n* full verb; **~versammlung** *f* plenary assembly; **~verstärker** *m* integrated amplifier; **~waise** *f* orphan; **~waschmittel** *n* all-purpose washing powder; **~wertgericht** *n* wholefood dish; **2wertig** *adj.* full, *a. Mahlzeit*: adequate; *Nahrung*: wholesome; **~wertkost** *f* wholefood(s *pl.*); **~wertküche** *f coll.* wholefood cooking.

vollzählig I. *adj.* complete; **II.** *adv.*: ***sie waren ~ versammelt*** all were present; **Vollzähligkeit** *f* completeness.

Vollzeit *f*: ***~ arbeiten*** work full-time.

vollziehen I. *v/t.* execute; (*ausführen*) carry out; (*rituelle Handlung etc.*) *a.* perform; (*Ehe*) consummate; ***~de Gewalt*** executive (power); **II.** *v/refl.*: ***sich ~*** take place, (come to) pass; **Vollzieher** *m* executor; **Vollziehung** *f*, **Vollzug** *m* execution.

Vollzugs|anstalt *f* ⚖ penal institution; **~beamte(r)** *m* (prison) warder; **~personal** *n* (prison) warders *pl. od.* staff (*mst pl. konstr.*).

Volontär *m* unpaid trainee; **Volontariat** *n* unpaid traineeship (*od.* period of training).

Volt *n* ⚡ volt; **Voltameter** *n* voltameter; **Voltampere** *n* volt-ampere; **Voltmeter** *n* voltmeter.

Volumen *n* volume; (*Inhalt*) *a.* capacity; **~gewicht** *n* volume weight; **~prozent** *n* per cent (*od.* percent) by volume.

voluminös *adj.* voluminous; substantial; *Band etc.*: weighty, hefty.

Volute *f* ⚠ scroll.
vom (= **von dem**) → **von.**
von *prp.* **1.** *räumlich*: from; *von et. weg*: off *s.th.*; **~ wo(her)?** where from?; **et. vom Tisch nehmen** take s.th. off the table; **2.** *zeitlich*: from; **~ morgen an** from tomorrow (onwards), as of tomorrow; → **an** II; **3.** *für den (partitiven) Genitiv, Teil*: of; **die Einfuhr ~ Weizen** the import of wheat; **zwei ~ uns** two of us; **neun ~ zehn Leuten** nine out of (*Statistik*: in) ten people; **ein Freund ~ mir** a friend of mine; **~ dem Apfel essen** have some of the apple; **4.** *Anfang, Ausgang(spunkt)*: from; **~ 20 DM an** (*od.* **aufwärts**) from 20 marks up(wards), 20 marks and up(wards); → **klein** I; **5.** *Ursache, Urheber*: of; *beim Passiv*: by; **ein Gedicht ~ Schiller** a poem by Schiller; **Kinder haben ~** have children by; **das ist nett ~ ihm** that's nice of him; **~ mir aus** I don't mind, it's all the same to me, **kann er gehen**: I don't mind if he goes, I don't mind him going, he can go as far as I'm concerned; → **selbst** I; **6.** *Maß, Qualität*: **ein Honorar ~ DM 500** a fee of 500 marks; **ein Aufenthalt ~ drei Wochen** a three-week stay; **ein Kind ~ drei Jahren** a child of three; **ein Mann ~ Charakter (Format)** a man of character (substance); **7.** *Thema*: (*über*) of, about; **ich habe ~ ihm gehört** I've heard of him; **er weiß ~ der Sache** he knows about it; **8.** *bei Titel vor Eigennamen*: of; **der Herzog ~ Edinburgh** the Duke of Edinburgh.
voneinander *adv.* from each other; **weit ~ entfernt** far apart.
vonnöten *adj.*: **~ sein** be necessary, be called for.
vonseiten, von Seiten *prp.* → **seitens.**
vonstatten *adv.*: **~ gehen** take place; *zügig etc.*: go, proceed.
Vopo F *m* → **Volkspolizist.**
vor I. *prp.* **1.** *räumlich*: in front of; (*in Gegenwart von*) in the presence of *witnesses etc.*; **~ der Tür** at the door; **~ e-m Hintergrund** against a background; *das Subjekt* **steht ~ dem Verb** comes before (*od.* precedes) the verb; **2.** *zeitlich*: before; *Zeitpunkt in der Vergangenheit*: ago; **am Tage ~ ...** (on) the day before ...; **~ einigen Tagen** a few days ago, the other day; **(heute) ~ acht Tagen** a week ago (today); **fünf (Minuten) ~ zehn** five (minutes) to (*Am. a.* of) ten; **et. ~ sich haben** have s.th. ahead (*od.* coming up); **3. ~ Tatsachen (e-m Problem, e-r Aufgabe** *etc.*) **stehen** be faced (*od.* confronted) with facts (a problem, a task *etc.*); **~ dem Ruin stehen** be faced with ruin, be on the verge (*od.* brink) of ruin; **sich verbeugen ~** bow (*Frau*: curtsey) to *od.* before; **~ allem, ~ allen Dingen** above all; **~ sich hin murmeln** mutter (*od.* mumble) to o.s.; **~ sich gehen** go; **4.** (*wegen*) with, for, on account of, because of; **~ Freude springen (schreien)** jump (shout) for *od.* with joy; **~ Glück zerspringen** faint with happiness; **~ (lauter) Lachen konnte ich nichts sagen** I couldn't speak for laughing; **~ (lauter) Arbeit** with all that work, for work; **zittern ~** *Angst etc.*: shake (*od.* tremble) with; **~ Hunger sterben** die of hunger; **sich fürchten ~** be afraid of; **5.** *schützen, verstecken, retten etc.*: from; *warnen*: against; **II.** *adv.* (*nach vorn, vorwärts*) forward(s); **er konnte weder ~ noch zurück** he couldn't go forward(s) or backward(s), he couldn't move either way.
vorab *adv.* **1.** (*zunächst*) to begin with; **2.** (*im Voraus*) in advance; **Vorab...** *in Zssgn* advance *copy, fee etc.*; **Vorabdruck** *m* preprint.
Vorabend *m* eve; **am ~** on the eve (*gen.* of).
Vorahnung *f* premonition.
voran *adv.* at the head (*dat.* of), in front, F up front; **(nur) ~!** let's go!; *fig.* **allem ~** first and foremost; **voranbringen** *v/t.* get *s.th.* going (*od.* moving), get on (*od.* make headway) with *one's work etc.*; **vorangehen** *v/i. räumlich*: lead the way, walk at the head (*dat.* of); *zeitlich*: precede (**e-r Sache** s.th.); **gut ~** *Arbeit*: go ahead well; **es geht schlecht** (*od.* **nicht recht**) **voran** it's not going very well; **vorankommen** *v/i.* (*a.* **gut ~**) make headway (*od.* progress); **gut ~** *a.* stride ahead, *Person*: *a.* forge ahead; **wir kommen schlecht voran** we're not making much *od.* any headway (*od.* progress); **im Leben (im Beruf) ~** get on in life (in one's job, careerwise); **wie kommst du voran?** how are you getting on?, F how's it going?
Vorankündigung *f* announcement.
Voranmeldung *f* booking; **Gespräch mit ~** person-to-person call.
Voranschlag *m* estimate.
vorantreiben *v/t.* speed up, F push.
Voranzeige *f* announcement (**für** of); (*Vorbesprechung*) preview; *Film*: trailer.
Vorarbeit *f* groundwork, preparatory work, preparations *pl.* (*alle* **zu** for); **(gute) ~ leisten** *bsd. fig.* prepare the ground (well); **nach guter ~ von** *Sport*: after good work by; **vorarbeiten I.** *v/t.* do *s.th.* in advance; (*vorbereiten*) prepare; **II.** *v/i. zeitlich*: work ahead; *inhaltlich*: do the groundwork, prepare the ground; **III.** *v/refl.*: **sich ~** work one's way forward, *energisch*: forge ahead; *in e-r Hierarchie etc.*: work one's way up; **Vorarbeiter** *m* foreman; **Vorarbeiterin** *f* forewoman.
voraus *adv.* in front; *a. fig.* ahead (*dat.* of); → *a.* **voran**; **im ≈** in advance; **Kopf ~** head first; **s-r Zeit ~ sein** be ahead of one's time; **j-m weit ~ sein** be streets ahead of s.o.; **~ahnen** *v/t.* see *s.th.* coming; **ich habs vorausgeahnt** I could see it coming, I had a feeling it would happen; **~berechnen** *v/t.* calculate in advance; **~bestimmen** *v/t.* determine in advance; **~bezahlen** *v/t.* pay in advance; **≈bezahlung** *f* advance payment, deposit; **~blicken** *v/i.* → **vorausschauen; ~denken** *v/i.* think (*od.* look) ahead; **~eilen** *v/i.* hurry on ahead (*dat.* of); *e-r Sache*: be ahead (of).
Vorausexemplar *n* advance copy.
voraus|fahren *v/i.* drive (on) ahead (*dat.* of); **~gehen** *v/i.* → **vorangehen**; **im ≈den, im Vorausgegangenen** above; *fig.* **ihr geht der Ruf voraus zu** *inf.* she's reputed to *inf.*
vorausgesetzt *conj.*: **~, dass** provided (that), on condition that.
voraushaben *v/t.*: **j-m et. ~** be in a better position than s.o. (*od.* have the edge on s.o.) as far as s.th. is concerned; **j-m e-e Menge Erfahrung** *etc.* **~** have a lot more experience *etc.* than s.o.
Vorauskasse *f* ⚜ cash in advance.
voraus|laufen *v/i.* run (on) ahead (*dat.* of); **~planen I.** *v/i.* plan ahead; **II.** *v/t.* plan *s.th.* in advance, plan for *s.th.*; **≈planung** *f* advance planning.
Voraussage *f* prediction; (*Wetter≈*) forecast (*a.* ⚜ *etc.*); **~n machen** make predictions, try and predict the future; **voraussagen** *v/t.* predict; forecast.
Vorausschau *f* forecast; **vorausschauen** *v/i.* look ahead; **vorausschauend I.** *adj.* farsighted; **II.** *adv. handeln etc.*: with foresight; **~ können wir sagen** looking ahead to the future (*od.* as far as the future is concerned) we can say.
voraus|schicken *v/t.* **1.** send on ahead; **2.** *fig.* begin by mentioning *s.th.*; **ich muss ~, dass** I should begin by mentioning that, I should mention at the outset that; **dies vorausgeschickt** having said that; **~sehen** *v/t.* foresee.
voraussetzen *v/t.* (*annehmen*) assume (*that ...*), take *s.th.* for granted; (*erfordern*) require; **zu viel ~** *a.* expect too much; **et. als bekannt ~** take it for granted that everyone knows s.th.; **Voraussetzung** *f* condition, prerequisite (**für,** for, of); **die ~en erfüllen** meet the requirements; **unter der ~, dass** on condition that.
Voraussicht *f* foresight; **aller ~ nach** in all probability; **nach menschlicher ~** as far as one (*od.* we) can tell *od.* foresee; **in weiser ~** with great foresight; **in weiser ~ habe ich mein ganzes Geld mitgenommen** I had the good sense to take all my money with me; **voraussichtlich I.** *adv.* probably, in all probability; **er trifft ~ morgen ein** *a.* he is expected to arrive tomorrow; **es dauert ~ e-e Woche** *a.* they *etc.* estimate it will take a week; **II.** *adj.* prospective; (*wahrscheinlich*) expected, anticipated; estimated; **~e Ankunftszeit** estimated time of arrival, *abbr.* ETA.
Vorauswahl *f* preliminary selection (*od.* round of selections); **e-e ~ treffen** narrow down the choice.
voraus|werfen *v/t.* → **Schatten** 2; **~wissen** *v/t.* know (in advance); **die Zukunft ~** know what the future holds; **~zahlen** *v/t.* pay in advance; **≈zahlung** *f* advance payment.
Vorbau *m* porch; (*vorspringender Bau*) projection; F *hum.* **e-n ganz schönen ~ haben** F be well-endowed (*od.* -stacked); **vorbauen I.** *v/t.* build on at the front (*dat.* of); **II.** *v/i.* (*Vorsorge treffen*) take precautions; **e-r Sache ~** take precautions against s.th., (try to) prevent s.th.
Vorbedacht *m*: **mit ~** (*mit Absicht*) intentionally, deliberately, (*bewusst*) (quite) consciously, (*mit Vorsatz*) with intent; **ohne ~** (*ohne Absicht*) unintentionally, without meaning to, (*unbewusst*) unconsciously, without realizing, (*ohne Vorsatz*) without intent.
Vorbedeutung *f* omen.
Vorbedingung *f* condition.
Vorbehalt *m* reservation; (*Einschränkung*) proviso; **innerer** (*od.* **stiller**) **~** mental reservation; **unter dem ~, dass** provided (that), with the proviso that; **vorbehalten I.** *v/t.*: **sich et. ~** reserve s.th. (for o.s.); **sich (das Recht) ~ zu** *inf.* reserve the right to *inf.*; **II.** *adj.*: **j-m ~ sein** (*od.* **bleiben**) be left to s.o. (**zu** *inf.* to *inf.*); **es bleibt der Zukunft ~, ob** it remains to be seen whether, only time can tell whether; **Änderungen ~** subject to change (without notice); **Irrtümer ~** errors excepted; **alle Rechte ~** all rights reserved; **vorbehaltlich** *prp. mit gen.* subject to; **vorbehaltlos I.** *adj.* unreserved, unconditional; **II.** *adv.* without

reservation; **Vorbehaltsklausel** *f* ⚖ proviso clause.
vorbehandeln *v/t.* pretreat; pre-process; **Vorbehandlung** *f* pretreatment.
vorbei *adv. örtlich*: past (*a.* **~ an**); *zeitlich*: over, (*der Vergangenheit zugehörig*) past; **~!** (*gefehlt*) missed!; **es ist ~** it's all over, *iro.* so much for that; **~ ist ~** what's past is past; **das ist jetzt ~, damit ist es jetzt ~** that's all over and done with now; **drei Uhr ~** past (*od.* after) three (o'clock); **~benehmen** F *v/refl.*: **sich ~** step out of line; **~bringen** *v/t.* drop *s.th.* by (*od.* in); **~dürfen** F *v/i.* be allowed to pass; **darf ich mal vorbei?** excuse me (, please); **~eilen** *v/i.* hurry past; **an j-m ~** *a.* pass s.o. in a hurry; **~fahren** *v/i.* drive past (**an** *s.th., s.o.*), pass (*s.o., s.th.*); **~führen I.** *v/t.*: **j-n an et. ~** lead s.o. past s.th.; **et. an et. ~** (*Bahnlinie etc.*) run s.th. along s.th.; **II.** *v/i.*: **~ an** *Weg etc.*: go (*od.* run) past; *fig.* **daran führt kein Weg vorbei** there's no getting round it; **~gehen** *v/i.* **1.** pass, go past (**an** *s.o., s.th.*); **im ~** in passing; *fig.* **~ an** (*nicht beachten*) pass *s.th.* by, *unabsichtlich*: miss; **2.** *Schuss etc.*: miss (the mark); **3.** (*aufhören*) pass; *Schmerz*: *a.* go away; **~kommen** *v/i.* **1.** pass (by), come past; **an** *e-m Hindernis* **~** get past (*od.* round), pass; **2.** F (*besuchen*) drop by (**bei** at), drop in (on), come by; **~können** F *v/i.* be able to get past; **ich kann nicht vorbei** I can't get past; **~lassen** *v/t.* let *s.o. od. s.th.* pass; **lässt du mich bitte vorbei?** can I get past, please?; **~laufen** *v/i.* run past (**an** *s.o., s.th.*); **~leben** *v/i.*: **aneinander ~** live separate lives within a marriage; **~marschieren** *v/i.* march past (**an** *s.o., s.th.*); file past; **~müssen** F *v/i.* have to pass (*od.* get past); **~planen** *v/i.*: **~ an** ignore, leave out of account (when planning s.th.); **~reden** *v/i.*: **aneinander ~** talk at cross-purposes; **an e-m Thema ~** talk round the subject; **~schießen** *v/i.* **1.** miss (the mark); *Fußball*: shoot wide; **~ an** miss *s.o., s.th.*; **2.** (*vorbeiflitzen*) shoot past; **~schlängeln** *v/refl.*: **sich ~** squeeze past (**an** *s.o., s.th.*); **~schrammen** F *v/i.*: **~ an** (*dat.*) (*knapp entkommen*) scrape past *s.th.*; **~ziehen** *v/i.* pass (**an** *s.o., s.th.*); *Soldaten*: march past; *Wolken etc.*: drift past; *Erinnerungen* **zogen** (**im Geiste**) **an ihm vorbei** went through his mind.
vorbelastet *adj. Person*: with a past; *Wort etc.*: negatively loaded, tainted; **~ sein** *Person*: have a past to contend with; *Wort*: have negative connotations; **kriminell** *etc.* **~** with a criminal *etc.* past (*od.* background); **psychisch ~ sein** be a psychological case; **nicht ~** *a.* innocent (**in e-r Sache** of s.th.; **in dieser Beziehung** in this respect); **da ist er erblich ~** it runs in the family; **Vorbelastung** *f* (dubious) past *od.* background; *e-s Worts etc.*: negative connotations *pl.*
Vorbemerkung *f* preliminary remark.
vorbereiten I. *v/t.* **1.** *a. seelisch*: prepare (**für, auf** for); **II.** *v/refl.* **sich ~ 2.** prepare o.s., get ready; **sich ~ auf** prepare (o.s.) for, get ready for, F gear up for; **sich für den Unterricht ~** prepare one's lessons (*od.* for class); **sich auf e-e Prüfung ~** revise for an exam; **auf et. vorbereitet sein** be prepared (*od.* ready) for s.th.; **3.** (*im Kommen sein*) be in the offing, be under way; **vorbereitend** *adj.* preparatory; **Vorbereitung** *f* preparation (**für, auf, zu** for); **~en treffen** make preparations, **zu** *et.*: *a.* prepare (for); **in ~** being prepared, in preparation; *fig.* in the pipeline.
Vorbereitungs|dienst *m* graduate professional training; **~kurs** *m* preparatory course; **~zeit** *f* preparatory phase.
Vorberge *pl.* foothills.
Vorbericht *m* preliminary report.
Vorbescheid *m* preliminary notice.
Vorbesitzer *m* previous owner.
Vorbesprechung *f* **1.** preliminary discussion (*od.* talks *pl.*); **2.** *e-s Buchs etc.*: preview.
vorbestellen *v/t.* (*Karten etc.*) book in advance, make an advance booking for; (*Platz, Zimmer etc.*) book (ahead), reserve; **Vorbestellung** *f* advance booking; *Zimmer etc.*: booking, reservation.
vorbestraft *adj.* previously convicted; **~ sein** *a.* have a criminal record; **einmal** (**zweimal, mehrmals**) **~ sein** have a (two, several) previous conviction(s) (**wegen** for); **Vorbestrafte(r)** *m* previously convicted person.
vorbeten *v/t.* recite *a prayer etc.* (**j-m** to s.o.); F *fig.* **j-m et. ~** explain s.th. to s.o. (in detail), *überdeutlich*: spell s.th. out to s.o.; **ich habs ihm doch schon x-mal vorgebetet** I've spelt it out to him often enough.
Vorbeugehaft *f* preventive detention; **vorbeugen I.** *v/i.* prevent (*dat. s.th.*); guard against, take precautions against; **~** (*od.* **~**) **ist besser als heilen** (*od.* **Heilen**) prevention is better than cure; **II.** *v/t. u. v/refl.* (**sich ~**) bend forward; **vorbeugend** *adj.* preventive, *bsd.* ⚕ *a.* prophylactic; **Vorbeugung** *f* prevention, *bsd.* ⚕ *a.* prophylaxis.
Vorbeugungs|maßnahme *f* precaution, preventive measure; **~medizin** *f* preventive medicine; **~mittel** *n* ⚕ prophylactic; *fig.* preventive.
Vorbild *n* model; (*Beispiel*) example; **leuchtendes ~** shining example; (**sich**) **j-n zum ~ nehmen** *moralisch etc.*: take s.o. as an example, take a leaf from s.o.'s book, (*sich nach j-m bilden*) model o.s. on s.o.; **als ~ hinstellen** hold up as an example; **vorbildlich I.** *adj.* exemplary; model *husband etc.*; (*vollkommen*) ideal; **II.** *adv.* exemplarily, in an exemplary manner (*od.* fashion); **sie benimmt sich ~** her behavio(u)r is exemplary; **das hast du ~ gemacht** F you did a brilliant job (of it); **Vorbildlichkeit** *f* exemplariness, exemplary nature (*gen.* of).
Vorbildung *f beruflich etc.*: (previous) training; *allgemein*: educational background.
vorbinden *v/t.* tie (*od.* put) *s.th.* on.
Vorbogen *m im Buch*: front matter.
Vorbote *m* forerunner; *fig.* harbinger, herald (*gen.* of).
vorbringen *v/t. zur Diskussion, Anhörung etc.*: bring forward; ⚖ (*Beweis*) produce; (*Gründe, Meinung, Entschuldigung etc.*) offer; (*Einwand*) make *an objection*; (*Plan*) propose, put forward; (*Protest*) lodge; (*Wunsch*) express; ⚖ (*Klage*) prefer *a charge against s.o.*; *als Einwand*: plead.
vorbuchstabieren *v/t.* spell *a word* (out); **könnten Sie es mir ~?** could you spell it for me (*od.* spell it out to me)?
Vorbühne *f thea.* proscenium.
vorchristlich *adj.* pre-Christian; ... **aus ~er Zeit** dating back to before the time of Christ (*od.* to the pre-Christian era).
Vordach *n* canopy.
vordatieren *v/t.* (*zurückdatieren*) antedate; (*vorausdatieren*) postdate.
vordem *adv.* (*vorher*) before; (*früher*) formerly.
vorder *adj.* front.
Vorder|achse *f* front axle; **~ansicht** *f* front view; ⌂ front elevation; **~antrieb** *m mot.* front-wheel drive; **~asiatisch** *adj.* Middle (*od.* Near) Eastern; Levantine; **~ausgang** *m* front exit; **~bein** *n* foreleg; **~deck** *n* foredeck; **~eingang** *m* front entrance; **~fuß** *m* forefoot; *von Hund, Katze*: front paw; **~gebäude** *n* front building.
Vordergrund *m* foreground; *fig.* **et. in den ~ stellen** (*od.* **rücken**) give s.th. special emphasis; **in den ~ treten** (*od.* **rücken**) become the focus of attention, *Person*: be thrust into public prominence; **im ~ stehen** (*dringlich sein*) be of immediate importance, be urgent, be top priority, (*im Blickpunkt stehen*) be in the limelight, be in the foreground *of discussions*; **sich in den ~ stellen** take cent|re (*Am.* -er) stage; **vordergründig** *adj.* (*oberflächlich*) superficial; (*leicht durchschaubar*) transparent; (*zu einfach*) simplistic(ally *adv.*); (*naiv*) naive *sense of humo(u)r etc.*; **Vordergründigkeit** *f* superficiality; transparency; simplistic nature (*gen.* of); naivety; → **vordergründig.**
vorderhand *adv.* for the time being, for the moment.
Vorder|hand *f zo.* forehand; **~haus** *n* front building; **~hirn** *n anat.* frontal lobes *pl.* of the brain; **~lader** *m* muzzle--loader; **~lauf** *m zo.* foreleg; **~mann** *m* person in front (of me, him *etc.*); F *fig.* **et. auf ~ bringen** bring s.th. up to scratch, spruce s.th. up; **j-n auf ~ bringen** get s.o. into (proper) shape; **~pfote** *f* front paw.
Vorderrad *n* front wheel; **~achse** *f* front axle; **~antrieb** *m* front-wheel drive.
Vorder|reifen *m* front tyre (*Am.* tire); **~reihe** *f* front row; **~schinken** *m* shoulder of ham; **~seite** *f* front; *Münze*: obverse, face; **~sitz** *m* front seat.
vorderst *adj.* (very) first, *nachgestellt*: at the front; **~e Reihe** front (*od.* first) row; **die ~en** the ones (right) at the front.
Vorder|teil *m, n* front (part); **~tür** *f* front door; **~zahn** *m* front tooth; **~zimmer** *n* front room.
vordrängeln F, **vordrängen** *v/refl.*: **sich ~** push forward; *in e-r Schlange*: push in, *Brit. a.* jump the queue; *fig. in den Mittelpunkt*: (*a.* **sich ~ wollen**) try to be the cent|re (*Am.* -er) of attraction.
vordringen *v/i.* push (*od.* forge) ahead; **~ in** (*ein Gebiet etc., a. fig. e-e Ideologie etc.*) penetrate; **~ zu** reach (*a. fig.*).
vordringlich I. *adj.* urgent, pressing; top priority; **~e Aufgabe** priority assignment; **II.** *adv.*: **~ behandeln** give *s.th.* priority; **~ behandelt werden** be given priority (treatment); **Vordringlichkeit** *f* urgency.
Vordruck *m* **1.** form, *Am.* blank; **2.** *typ.* first impression.
vorehelich *adj.* premarital.
voreilig *adj.* rash; **~e Schlüsse ziehen** jump to conclusions; **Voreiligkeit** *f* rashness.
voreinander *adv.* **1.** *konkret*: one in front of the other; **2. Achtung ~** respect for each other (*od.* one another); **sie fürch-**

***ten sich* ~** they're afraid of each other (*od.* one another).

voreingenommen *adj.* prejudiced, bias(s)ed (***für*** in favo[u]r of; ***gegen*** against); **Voreingenommenheit** *f* prejudice(s *pl.*), bias.

Voreinstellung *f Computer*: default.

vorenthalten *v/t.*: ***j-m et.* ~** (*a. verschweigen*) keep (*od.* withhold) s.th. from s.o.; **Vorenthaltung** *f* withholding *of information etc.*

Vorentscheidung *f* preliminary decision; ⚖ precedent.

vorerst *adv.* for the time being; (*im Augenblick*) *a.* at the moment.

vorexerzieren *v/t.* demonstrate (***j-m*** to s.o.).

vorfabriziert *adj.* prefabricated (*a. fig.*).

Vorfahr *m* ancestor.

vorfahren I. *v/i.* **1.** *vor den Eingang etc.*: drive up (to the entrance *etc.*); **~ *bis*** drive up to, drive as far as; *bleib da –* ***ich fahre vor*** I'll drive (*od.* bring) the car up (to the entrance); **2.** F (*vorausfahren*) drive (on) ahead; **3.** ***j-m* ~** pass s.o., overtake s.o.; *j-n, ein Fahrzeug* **~ *lassen*** (*die Vorfahrt geben*) give (right of) way to, *Am.* yield to; **II.** *v/t.* (*Fahrzeug*) drive *a car* up (to the entrance *etc.*); **Vorfahrt** *f* right of way, priority; **~ *beachten!*** give way, *Am.* yield; **~ *geändert*** changed priorities ahead; **vorfahrtberechtigt** *adj.*: **~ *sein*** have (the) right of way.

Vorfahrts|schild *n* **1.** give way sign, *Am.* yield sign; **2.** right of way sign; **~straße** *f* priority road; *in der Stadt*: *a.* through street.

Vorfall *m* **1.** incident; **2.** ⚕ prolapse; **vorfallen** *v/i.* **1.** happen, occur; **2.** ⚕ prolapse, drop.

Vorfeld *n* **1.** approach(es *pl.*); ✈ apron; **2.** *fig.* run-up (*gen.* to); ***im* ~ *der Konferenz*** *a.* as the conference approaches (*od.* was approaching).

vorfertigen *v/t.* prefabricate; **Vorfertigung** *f* prefabrication.

Vorfilm *m* supporting film.

vorfinanzieren *v/t.* finance in advance; **Vorfinanzierung** *f* advance financing.

vorfinden *v/t.* find.

vorflunkern F *v/t.*: ***j-m etwas* ~** F tell s.o. a lot of rubbish.

Vorfreude *f* (joyful) anticipation; ***die* ~ *auf das Fest*** the excitement at the prospect of the party.

Vorfrühling *m*: (***im* ~** in) early spring.

vorfühlen *fig. v/i.* put one's feelers out; ***bei j-m* ~** sound s.o. out (***wegen*** on).

vorführen *v/t.* bring forward; *dem Richter*: bring before, (*Zeugen*) produce; *zur Schau*: show; (*Gerät etc.*) demonstrate; (*Film*) show; (*Kunststück, Trick etc.*) perform; *fig.* ***j-n* ~** make a fool of s.o., *Sport*: teach s.o. a lesson; **Vorführer** *m Kino*: projectionist; **Vorführraum** *m* projection room; **Vorführung** *f* presentation; *Film*: showing; ⚚, ⚙ demonstration; *e-s Kunststücks etc.*: performance; **Vorführwagen** *m* demonstration car, *Am.* demonstrator.

Vorgabe *f* **1.** *Sport*: handicap, start; **2.** (*Richtlinie*) guideline, *pl. a.* instructions; **~zeit** *f* time allowed (*od.* allotted).

Vorgang *m* **1.** (*Hergang*) proceedings *pl.*; (*Prozess*) process; (*Ereignis*) event, occurrence; ***j-n über den* ~ *unterrichten*** tell s.o. (*od.* inform s.o. about) what is happening *od.* what happened; **2.** (*Akte*) file, dossier.

Vorgänger(in *f*) *m* predecessor.

Vorgängermodell *n* previous model.

Vorgarten *m* front garden.

vorgaukeln *v/t.*: ***j-m et.* ~** (try to) get s.o. to believe s.th.; ***j-m* ~, *dass*** (try to) delude s.o. into thinking (that), (try to) get s.o. to believe (that); ***j-m e-e rosige Zukunft*** *etc.* **~** build up hopes of a rosy future *etc.* in s.o.

vorgeben *v/t.* **1.** *Sport*: give; **2.** (*nach vorn geben*) pass *s.th.* to the front; ***j-m et.* ~** pass s.th. (on) to s.o.; **3.** (*behaupten*) allege, claim; (*vortäuschen*) pretend *to be rich etc.*

vorgebildet *adj.*: **~ *sein*** have some knowledge (***auf, in*** of), have had previous training (in); ***juristisch*** *etc.* **~ *sein*** have had legal *etc.* training.

Vorgebirge *n* foothills *pl.*; (*Kap*) cape.

vorgeblich *adj.* ostensible.

vorgeburtlich *adj.* prenatal.

vorgefasst *adj.*: **~*e Meinung*** prejudice, preconceived idea (*od.* notion); ***e-e* ~*e Meinung haben*** be prejudiced, be bias(s)ed (***von, gegen*** against).

Vorgefecht *n* preliminary skirmish.

Vorgefühl *n* anticipation; *negatives*: *a.* presentiment; ***banges* ~** uneasy feeling, foreboding.

vorgehalten *adj.*: ***mit* ~*er Pistole*** at gunpoint; *fig.* ***et. hinter der* ~*en Hand erzählen*** say s.th. in a whisper.

vorgehen I. *v/i.* **1.** go forward; **~ *zu*** go up to; **2.** F (*vorangehen*) go first, lead the way; **3.** *Uhr*: be fast; *täglich etc.*: gain *five minutes a day etc.*; **4.** (*Vorrang haben*) have priority (*dat.* over), be more important (than); **5.** (*handeln*) act; take action (***gegen*** against); (*verfahren*) proceed; **6.** (*geschehen*) happen; ***was geht hier vor?*** what's going on here?; ***was ging wohl in ihm vor?*** I wonder what came over him; **II.** ♀ *n* (*Handlungsweise, a. Einschreiten*) action; (*Verfahren*) procedure; ***sein* ~** the way he is handling (*od.* he handled) things.

vorgelagert *adj. Insel etc.*: offshore ...; ***e-e der Küste* ~*e Insel*** an island (just) off the coast.

vorgenannt *adj.* aforementioned.

vorgerückt *adj.*: ***in* ~*em Alter*** at an advanced age, in advanced years; ***in* ~*em Stadium*** at an advanced stage; ***zu* ~*er Stunde*** at a late hour.

vorgeschädigt *adj.*: **~ *sein*** have been damaged (*psychisch*: hurt) before.

Vorgeschichte *f* **1.** ***die* ~** prehistory, early history; **2.** *e-r Sache*: (past) history, *the* story so far; *e-r Person*: past life, background; ⚕ case history, 🕮 anamnesis; **vorgeschichtlich** *adj.* prehistoric.

Vorgeschmack *m* foretaste (***auf*** of).

vorgeschritten *adj.* → ***vorgerückt.***

vorgesehen *adj.* → ***vorsehen*** I.

Vorgesetzte(r) *m* superior.

Vorgespräche *pl.* preliminary talks (*od.* discussions).

vorgestern *adv.* the day before yesterday; F *fig. Ansichten etc.* ***von* ~** of yesteryear, antiquated *views etc.*; **vorgestrig** *adj.* **1.** of (*od.* from) the day before yesterday; **2.** *fig.* antiquated *views etc.*

vorgezogen *adj. Ruhestand, Wahlen etc.*: early.

vorgreifen *v/i.* (*vorzeitig handeln*) act prematurely, F jump the gun; *in e-r Erzählung*: jump ahead; ***e-r Sache* ~** (*vorwegnehmen*) anticipate s.th.; ***j-m in s-r Entscheidung*** *etc.* **~** anticipate s.o.'s decision *etc.*; ***j-m* ~** anticipate s.o.'s answer (*od.* objections, question *etc.*); **Vorgriff** *m* anticipation; ***im* ~ *auf*** in anticipation of.

vorhaben I. *v/t.* **1.** plan, have in mind; ***was haben Sie heute vor?*** what are your plans for today?; ***haben Sie heute Abend etwas vor?*** have you got anything planned for tonight?; ***morgen haben wir einiges vor*** a) we've got a lot to do tomorrow, b) we've got a lot on the agenda for tomorrow; ***was hat er jetzt wieder vor?*** F what's he up to now?; ***was hast du mit ihm*** (***damit***) ***vor?*** what are you going to do with him (it)?; ***fest* ~ *zu*** *inf.* have firmly decided to *inf.*, be intent on *ger.*; **2.** F (*Schürze etc.*) have *s.th.* on; **II.** ♀ *n* (*Absicht*) intention, purpose; (*Plan*) plan; (*Projekt, a. Bau*♀) project.

Vorhalle *f* entrance hall, vestibule; *thea.*, *Hotel*: foyer, *bsd. Am.* lobby.

Vorhalt *m* **1.** ♪ suspension; **2.** *Ballistik*: lead; **vorhalten I.** *v/t.* **1.** ***j-m et.* ~** hold s.th. (up) in front of s.o.; ***beim Gähnen*** *etc.* ***die Hand* ~** put one's hand in front of one's mouth when one yawns *etc.*; → ***vorgehalten***; **2.** *fig.* ***j-m et.* ~** reproach s.o. with s.th., accuse s.o. of s.th.; **II.** *v/i. Vorrat etc.*: last, hold out; **Vorhaltung** *f* reproach; ***j-m* ~*en machen*** reproach s.o., *formell*: remonstrate with s.o. (***über*** about).

Vorhand *f* **1.** *Kartenspiel*: lead (*a. fig.*); **2.** *Tennis*: forehand.

vorhanden *adj.* (*verfügbar*) available; (*bestehend*) extant, in existence; **~ *sein*** (*bestehen*) exist; ***es sind*** (*od.* ***ist***) ***...* ~** *a.* there are (*od.* is) ...; ***davon ist nichts mehr* ~** there's nothing of it left; **Vorhandensein** *n* existence.

Vorhandschlag *m* forehand (shot *od.* stroke).

Vorhang *m* curtain; *pol. hist.* ***der Eiserne* ~** the Iron Curtain; *thea.* ***zehn Vorhänge haben*** have ten curtain calls.

Vorhängeschloss *n* padlock.

Vorhang|stange *f* curtain rod; **~stoff** *m* curtain material, curtaining.

Vorhaut *f* foreskin, 🕮 prepuce.

vorheizen *v/t.* preheat, heat up.

vorher *adv.* before, first; (*unmittelbar* **~**) beforehand; ***am Abend* ~** the evening before, the previous evening; ***drei Tage* ~** three days before (*od.* earlier); ***das hättest du dir* ~ *überlegen sollen*** you should have thought about that first (*od.* before); ***hättest du das nicht* ~ *sagen können?*** couldn't you have said so before (*od.* earlier)?

vorherbestimmen *v/t.* **1.** determine in advance; **2.** (*Schicksal etc.*) predestine; ***es war ihr vorherbestimmt, Musikerin zu werden*** she was (pre)destined to become a musician; **Vorherbestimmung** *f* **1.** predetermination; **2.** (*Schicksal*) *a. theologisch*: predestination.

vorhergehen *v/i.* precede (*dat. s.th.*); **vorhergehend** *adj.* previous; preceding; ***die* ~*en Ereignisse*** the preceding events, (the) events leading up to it.

vorherig *adj.* previous, *Bemerkung etc.*: *a.* preceding; (*früher, ehemalig*) former; ***ohne* ~*e Ankündigung*** without prior (*od.* any) notice; ***nach* ~*er Vereinbarung*** after prior arrangement (***mit*** with).

Vorherrschaft *f* (pre)dominance; *pol. a.* supremacy; **~ *über*** *a.* ascendancy over; ***die* ~ *in Asien*** *etc.* dominance over Asia

V

etc.; **vorherrschen** *v/i.* predominate, be (pre)dominant; *Situation etc.*: prevail; **vorherrschend** *adj.* predominant; *Geschmack etc., a. Situation, Klima*: prevailing; ***die ~e Meinung*** prevailing opinion, opinion at large.

Vorhersage *f* prediction; (*Wetter*≗ *u.* ✝ *etc.*) forecast.

vorhersehen *v/t.* foresee; ***ich habs vorhergesehen*** *a.* I could see it coming, I knew it would happen; ***keiner konnte das ~*** nobody could have foreseen (*od.* predicted) that; ***wie vorherzusehen war*** predictably, as was to be expected.

vorheucheln *v/t.* pretend (*dat.* to); ***j-m et. ~*** try to get s.o. to believe s.th.; ***j-m etwas ~*** put on an act in front of s.o.

vorheulen F *v/t.*: ***j-m etwas ~*** F give s.o. a sob story; (*sich ausweinen*) cry on s.o.'s shoulder; ***heul mir nichts vor!*** F I don't want (to hear) any sob stories.

vorhin *adv.* earlier on, a (short) while ago (F back); (*gerade*) just now.

Vorhinein: ***im ~*** (*im Voraus*) in advance; (*von vornherein*) from the start, (right) at the outset.

Vorhof *m* **1.** forecourt; **2.** *des Herzens*: atrium, auricle; *des Ohrs*: vestibule; **~flimmern** *n* ⚕ auricular fibrillation.

Vorhölle *f*: ***die ~*** limbo, Limbo.

Vorhut *f* ⚔ vanguard (*a. fig.*), advance guard.

vorig *adj.* previous; *Minister etc.*: *a.* former; (*vergangen*) last; ***~e Woche*** last week.

Vorjahr *n* previous year; ***im ~*** the previous year, (*letztes Jahr*) last year; ***die Rechnungen vom ~*** a) the previous year's bills, b) last year's bills; **vorjährig** *adj.* **1.** of (*od.* from) the previous year; **2.** last year's ...

vorjammern *v/t.*: ***j-m etwas ~*** moan to s.o. (***über*** about); → *a.* ***vorheulen.***

Vorkämpfer(in *f*) *m* champion, pioneer.

vorkauen *fig. v/t.*: ***j-m et. ~*** spoon-feed s.o. with s.th.

Vorkaufsrecht *n* (right of) first refusal (***an, bei*** on); ***j-m das ~ einräumen*** give s.o. first refusal (***an*** on).

Vorkehrung *f* (*Maßnahme*) measure; (*Vorsichtsmaßregel*) precaution; ***~en treffen*** take measures *od.* precautions (***gegen*** against), ***für:*** arrange (*od.* provide) for.

Vorkenntnisse *pl.* previous knowledge *sg.* (***von*** of), (*Erfahrung*) previous experience *sg.*

vorklinisch *adj.* preclinical.

vorknöpfen F *v/t.*: ***sich j-n ~*** take s.o. to task, F have s.o. on the carpet, (*unsanft behandeln*) F take care of s.o.

vorkommen I. *v/i.* **1.** (*zum Vorschein kommen*) appear; (*sich finden, vorhanden sein*) be found; (*auftauchen*) crop up; (*sich ereignen*) happen, occur; ***sie kommen im Mittelalter*** (***in Asien*** *etc.*) ***vor*** you find them in the Middle Ages (in Asia *etc.*); ***das kommt schon mal vor*** it happens, it can happen; → ***Familie***; ***so etwas ist mir noch nie vorgekommen*** nothing like that has ever happened to me before; ***das Wort kommt zweimal vor*** the word appears (*od.* occurs) twice, there are two instances of the word; **2.** ***es kommt mir vor*** it seems to me; ***es kommt mir merkwürdig vor*** it strikes me as strange, it seems (a bit) strange to me; ***es kam mir so vor, als ob*** I had the impression that; ***sich dumm*** *etc.* ***~*** feel silly *etc.*; ***sich klug*** (***wichtig*** *etc.*) ***~*** think one is clever (important *etc.*); ***das kommt dir nur so vor*** you're (just) imagining it; F ***wie kommst du mir vor?*** who do you think you are?; **3.** (*nach vorn kommen*) come forward; *in der Schule*: *a.* come to the front of the class; **II.** ≗ *n* occurrence; (*Auftreten*) incidence; (*Vorhandensein*) existence; *min.* deposit;

Vorkommnis *n* incident, occurrence; ***keine besonderen ~se*** no unusual occurrences, F nothing unusual happening.

Vorkriegs... *in Zssgn* pre-war.

vorladen *v/t.* summon; *unter Strafandrohung*: subpoena; **Vorladung** *f* (writ of) summons *sg.*; *unter Strafandrohung*: subpoena.

Vorlage *f* **1.** model; (*Muster*) pattern; ***et. als ~ benutzen*** copy from s.th.; **2.** (*Unterbreitung*) presentation, submission; ***gegen ~*** *gen.* on presentation of; **3.** *parl.* (*Gesetzes*≗) bill; **4.** *Fußball etc.*: pass; **5.** *Skisport*: forward lean.

vorlassen *v/t.* **1.** let *s.o.* go first (*od.* in front); (*überholen lassen*) let *s.o.* pass; **2.** (*empfangen*) admit; ***vorgelassen werden*** *a.* be shown in.

Vorlauf *m* **1.** *Videogerät etc.*: fast forward; **2.** *Sport*: preliminary heat; **3.** ⚙ caster, *e-s Kolbens*: forward stroke; *für Wasser*: flow pipe; **4.** *bei Projekt*: lead time.

Vorläufer *m* (*Person und Sache*) forerunner, precursor.

vorläufig I. *adj.* provisional, temporary; **II.** *adv.* provisionally, temporarily; (*fürs erste*) for the time being; **Vorläufigkeit** *f* provisional nature (*gen.* of).

Vorlaufzeit *f bei Projekt*: lead time.

vorlaut *adj.* pert, cheeky.

vorleben *v/t.*: (***j-m***) ***et. ~*** be a living example of s.th. (for s.o.).

Vorleben *n* past, past life (*od.* history).

Vorlegebesteck *n*: (***ein ~*** a set of) carvers *pl.*, *zum Servieren*: servers *pl.*

vorlegen *v/t.* present (*dat.* to); (*unterbreiten, a. zur Prüfung*) submit (to); (*Schloss*) put on; (*Speise*) serve; *fig.* (*Tempo etc.*) set *the pace etc.*; F ***ein scharfes Tempo ~*** set a brisk pace; ***j-m den Ball ~*** play the ball to s.o.

Vorleger *m* rug; (*Matte*) mat.

Vorlegeschloss *n* padlock.

vorlehnen *v/refl.*: ***sich ~*** lean forward.

Vorleistung *f* **1.** ✝ (*Vorauszahlung*) advance (payment); *a. pl.* (*Auslagen*) outlay; ***e-e ~*** (*od.* ***~en***) ***erbringen*** make an advance payment; **2.** *mst* ***~en*** (*Vorarbeiten*) preliminary work; *weitS.* previous achievements; **3.** *fig. mst* ***~en*** (*Zugeständnisse*) concessions; ***~en erbringen*** make concessions.

vorlesen I. *v/t.* read (aloud); ***j-m et. ~*** read s.th. (out) to s.o. (***aus*** from); **II.** *v/i.* read (***aus*** from); **Vorlesung** *f* lecture (***über*** on); ***e-e ~ halten*** give a lecture; ***~en halten über*** lecture on; ***e-e ~ besuchen*** go to (*formell*: attend) a lecture.

Vorlesungs|beginn *m etwa* start (*od.* beginning) of term; ***~ ist am ...*** term starts (*od.* begins) on ...; ≗**frei** *adj.*: ***~e Zeit*** vacation (period); **~verzeichnis** *n* program(me) of lectures, *Am.* catalog.

vorletzt *adj.* last but one, next to last, *formell*: penultimate; ***~e Nacht*** the night before last; ***am ~en Freitag*** (on the) Friday before last.

Vorliebe *f* liking, fondness (***für*** of); ***e-e*** (***besondere***) ***~ haben für*** *a.* be (particularly) fond of; ***et. mit ~ tun*** (*gern*) be very fond of (doing) s.th., (*e-n Hang zu et. haben*) have a penchant for (doing) s.th., *weitS.* (*sehr oft et. tun*) do s.th. fairly often (*od.* quite a lot).

vorlieb nehmen *v/i.*: ***~ mit*** settle for, make do with, be content with.

vorliegen *v/i.* **1.** (*vorhanden sein*) be there; (*angekommen sein*) *a.* have arrived; *engS.* ***j-m ~*** lie (*od.* be) in front of s.o., lie (*od.* be) on s.o.'s desk; *Ergebnisse, Daten etc.*: have been given to s.o.; *Antrag etc.*: have been submitted (to s.o.); ***die Ergebnisse liegen noch nicht vor*** the results haven't come in yet, we haven't received (*od.* had) any results so far; ***es liegen keine Gründe vor zu*** *inf.* there are no reasons why *we should do it etc.*; ***da muss ein Irrtum ~*** there must be some mistake; ***was liegt hier vor?*** (*was ist los?*) what's going on here?; ⚖ ***was liegt gegen ihn vor?*** what is the charge against him?; ***gegen ihn liegt nichts vor*** there's no charge against him; **2.** (*zu erledigen sein*) have to be done (*od.* dealt with); (*auf der Tagesordnung stehen*) be on the agenda; ***was liegt uns vor?*** what's to be done?; ***es liegt ... vor*** (*es ist* ...) there is ..., (*es handelt sich um* ...) here we have ...; **vorliegend** *adj. nachgestellt*: in hand; *Frage etc.*: at issue.

vorlügen *v/t.*: ***j-m etwas ~*** lie to s.o., F tell s.o. a pack of lies; ***er lügt ihnen vor, er sei ...*** he's lying to them about being ...

vorm F (= ***vor dem***) → ***vor*** 1.

vormachen *v/t.* **1.** ***j-m et. ~*** (*zeigen*) show s.o. how to do s.th., demonstrate s.th. to s.o.; **2.** ***j-m etwas ~*** *zur Täuschung*: fool s.o.; ***sich*** (***selbst***) ***etwas ~*** deceive (*od.* fool) o.s.; ***machen wir uns nichts vor*** let's be honest about this; ***ihm kannst du nichts ~*** he's no (*od.* nobody's) fool; ***ich lasse mir nichts ~*** I'm not going to let them *etc.* make a fool of me.

Vormacht(stellung) *f* supremacy; hegemony (*beide* ***in*** over); ***~ in*** *a.* ascendancy over.

vormalig *adj.* former; **vormals** *adv.* formerly (known as).

Vormarsch *m* advance (*a. fig.*); ***auf dem*** (*od.* ***im***) ***~ sein*** be on the advance, be advancing (***auf*** on), *fig.* be gaining ground, be spreading.

vormerken *v/t.* (*Termin, Bestellung etc.*) make a note of; (*reservieren*) reserve (*a.* ***~ lassen***); (*Person*) put *s.o.'s* name down, F pencil in; (*Geld*) earmark, ✝ target; ***sich ~ lassen*** put one's name down (***für*** for), have one's name put down (for); ***sich bei j-m ~ lassen*** (*e-n Termin vereinbaren*) make an appointment with s.o.; **Vormerkkalender** *m* diary; **Vormerkliste** *f* waiting list; **Vormerkung** *f* (*Reservierung*) booking, reservation; (*Termin*) appointment.

Vormieter *m* previous tenant.

Vormittag *m* morning; **vormittäglich** *adj.* morning ...; **vormittags** *adv.* in the morning(s).

Vormonat *m*: (***im ~*** the) previous month.

Vormund *m* guardian; **Vormundschaft** *f* guardianship; ***unter ~ stehen*** (***stellen***) be placed (place) under the care of a guardian; **Vormundschaftsgericht** *n* guardianship court; *in GB*: Family Division of the High Court; *in den USA*: Surrogate's Court.

vorn *adv.* in front (*a. fig.*), at the front; *im Rennen etc.*: in front, ahead; ***ganz ~*** right in front, (*am Anfang*) at the beginning; F

ganz ~ mitmischen be (at) the cutting edge; ***weiter ~*** further up, *im Buch etc.*: nearer the beginning; ***nach ~*** forward; ***von ~*** from the front; ***von ~ anfangen*** start (*od.* begin) at the beginning, (*a.* ***wieder von ~ anfangen***) start (all over) again; ***von ~ bis hinten*** a) from front to back, b) from beginning to end; ***noch einmal von ~*** all over again, *auffordernd*: let's do that again, let's go back to the beginning again; → ***vornan*** *etc.*

Vorname *m* first (*od.* Christian) name, *Am. a.* given name; *Amtssprache*: *a.* prename.

vornan *adv.* in (*od.* at) the front.

vorne → ***vorn.***

vornehm *adj. bsd. Person*: distinguished; (*edel*) noble; *Sache*: classy; (*elegant*) elegant, fashionable, smart, F posh; (*erstklassig*) high-class; (*exklusiv*) exclusive; ***~e Gesinnung*** high-mindedness; ***es ist sehr ~*** *a.* it's got class; ***~ste*** *Aufgabe, Pflicht etc.*: chief; ***~ tun,*** F ***auf ~ machen*** put on airs.

vornehmen *v/t.* (*durchführen*) carry out, (*Änderung, Verbesserung etc.*) *a.* make; (*a.* ***sich*** *et.* ***~***) (*in Angriff nehmen*) tackle; (*anfangen*) get down to; ***sich*** *et.* ***~*** (*planen*) plan, have (*od.* make) plans for, (*sich kümmern um*) take care of, see to; ***sich ~ zu*** *inf.* (*beschließen*) decide to *inf.*, *stärker*: resolve to *inf.*, (*planen*) plan to *inf.*, (*beabsichtigen*) intend to *inf.*; ***sich ein Buch (e-e Arbeit) ~*** *a.* set out to read a book (do a job); F ***sich j-n ~*** *verbal*: take s.o. to task, F have s.o. on the carpet, *tätlich*: F take care of s.o.; ***sich zu viel ~*** take on too much, F bite off more than one can chew; F ***sich einiges vorgenommen haben*** have taken on quite a job.

Vornehmheit *f* distinguished manner; nobility; class(iness); elegance; exclusivity; exclusive atmosphere *etc.*; → ***vornehm.***

vornehmlich *adv.* mainly; (*in erster Linie*) first and foremost.

Vornehmtuerei *f* airs (and graces) *pl.*; **vornehmtuerisch** *adj.* affected, F snobby, la-di-da; ***~e Art*** affected behavio(u)r, airs (and graces).

vorneigen *v/refl.*: ***sich ~*** bend (*od.* lean) forward.

Vorneverteidigung *f* forward defen|ce (*Am.* -se).

vornherein *adv.*: ***von ~*** (right) from the beginning (*od.* start).

vornüber *adv.* forward; (*Kopf voraus*) head first.

vorordnen *v/t.* presort, put in some sort of order.

Vorort *m* suburb; **Vorort(s)...** *in Zssgn* suburban; **Vorortverkehr** *m* suburban traffic; **Vorortzug** *m* local (*od.* commuter) train.

Vorplatz *m* forecourt; *vor e-m Bahnhof etc.*: square.

Vorposten *m* ⚔ *u. fig.* outpost.

vorpreschen *v/i.* rush forward; *fig.* rush ahead; ***~ in*** (*e-e Position etc.*) rush into, *fig. a.* venture into; *mst fig.* ***zu weit ~*** venture too far.

Vorprogramm *n* supporting program(me); **vorprogrammieren** *v/t.* (pre)program(me); **vorprogrammiert** *adj.* **1.** (pre)program(m)ed; **2.** *fig.* (*unvermeidlich*) inevitable, (*sicher*) sure, certain; ***es war ~*** *a.* it was bound to happen, it was on the cards; ***die Katastrophe ist ~*** it's program(m)ed for disaster.

Vorprüfung *f* preliminary examination; *Sport*: trial.

Vorrang *m* (position of) pre-eminence; (*Vordringlichkeit*) priority; ***den Vorrang haben vor*** take precedence (*Sache*: *a.* priority) over; **vorrangig I.** *adj.* priority ...; → *a.* ***vordringlich***; **II.** *adv.* ***et. ~ behandeln*** give s.th. (top) priority; **Vorrangigkeit** *f* priority (***vor*** over); **Vorrangstellung** *f* → ***Vorrang.***

Vorrat *m* supply, supplies *pl.*, stocks *pl.*; store; reserves *pl.* (*a. an Bodenschätzen, Geld*); *an Atombomben etc.*: stockpile; *heimlicher*: (secret) hoard (*alle* ***an*** of); *fig.* stock *of anecdotes etc.*; ***et. auf ~ haben*** have s.th. in reserve (✝ in stock), F have a stockpile of s.th.; ***et. auf ~ kaufen*** stock up on s.th.; ***solange der ~ reicht*** while stocks last; **vorrätig** *adj.* available; ✝ in stock; ***nicht (mehr) ~*** out of stock; ***et. nicht mehr ~ haben*** be (*od.* have run) out of s.th.

Vorrats|kammer *f* pantry, larder; **~lager** *n*, **~raum** *m* storeroom; **~schrank** *m* store cupboard; *für Lebensmittel*: larder.

Vorraum *m* anteroom; *thea. etc.*: foyer, *bsd. Am.* lobby.

vorrechnen *v/t.* reckon up (***j-m*** for s.o.); (*aufzählen*) enumerate; *fig.* (*vorhalten*) *a.* list, go through.

Vorrecht *n* privilege, prerogative.

Vorrede *f* **1.** opening words *pl.*; **2.** (*Vorwort*) preface; **Vorredner** *m* previous speaker.

Vorreiter *fig. m* pioneer, trailblazer; ***den ~ machen bei*** blaze the trail for, be the trailblazer for, pioneer *an idea etc.*

vorrennen *v/i.* run forward; (*vorausrennen*) run (on) ahead.

Vorrichtung *f* device; (*Gerät*) appliance.

vorrücken I. *v/t.* move forward (*a. Schach etc.*); **II.** *v/i.* advance (⚔ ***in Richtung auf*** on; ***nach*** to); ***auf den 3. Platz ~*** *Sport*: move up to third place; → ***vorgerückt.***

Vorruhestand *m* early retirement; ***in den ~ treten*** take early retirement.

Vorruhestands|gelder *pl.* early retirement benefits; **~regelung** *f* early retirement law(s *pl.*) *od.* policy.

Vorrunde *f* qualifying round.

vors F (= ***vor das***) → ***vor*** 1.

vorsagen I. *v/t.*: ***j-m et. ~*** *in der Schule*: tell s.o. s.th., whisper s.th. to s.o.; *zum Nachsagen*: say s.th. first (for s.o. to repeat); ***sich et. ~*** (*einreden*) talk o.s. into believing s.th.; **II.** *v/i.*: ***j-m ~*** tell s.o. the answer, whisper the answer to s.o.

Vorsaison *f* pre-season, off-season, low season; start of the season; **~preis** *m* off-peak price.

Vorsatz *m* **1.** intention; *fester*: resolution; ⚖ (criminal) intent; ***mit ~*** on purpose, ⚖ wil(l)fully, with malice aforethought; ⚖ ***mit dem ~ zu*** *inf.* with the intent of *ger.*; ***den ~ fassen zu*** *inf.* resolve to *inf.*, make up one's mind to *inf.*; **2.** → ***Vorsatzgerät***; **3.** *typ.* → **Vorsatzblatt** *n typ.* end paper; **Vorsatzgerät** *n* attachment; **vorsätzlich I.** *adj.* intentional, deliberate; ⚖ wil(l)ful; ***~er Mord*** premeditated murder; **II.** *adv.* deliberately, intentionally; ⚖ wil(l)fully, with criminal intent, with malice aforethought; **Vorsatzlinse** *f phot.* front lens attachment.

vorschalten *v/t.* **1.** ⚙ *etc.* add (*dat.* to), insert; ⚡ connect in series; **2.** *fig.* slot *s.th.* in ahead, bring *s.th.* forward, move *s.th.* up; **Vorschaltwiderstand** *m* ⚡ series resistor.

Vorschau *f* preview (***auf*** of); *Film*: trailer(s *pl.*); ***e-e ~ auf das heutige Programm*** a look at today's program(me).

Vorschein *m*: ***zum ~ bringen*** bring to light; ***zum ~ kommen*** come to light, surface, come to the surface, (*entdeckt werden*) *a.* be discovered, (*erscheinen*) appear.

vorschicken *v/t.* send forward; (*vorausschicken*) send (on) ahead.

vorschieben I. *v/t.* push (*od.* slide, move) forward; (*Lippe etc*) stick out; *fig.* (*als Vorwand benutzen*) use *s.th.* as an excuse; (*j-n*) use *s.o.* as a dummy; *fig.* → ***Riegel***; **II.** *v/refl.*: ***sich ~*** move forward; *Person*: push (one's way) forward, *in der Schlange*: *Brit.* jump the queue.

Vorschlag *m* **1.** suggestion, *a.* ✝ proposal; (*Empfehlung*) (piece of) advice; ***auf j-s ~*** on s.o.'s suggestion (*od.* advice); **2.** ♪ (***langer, kurzer ~*** long, short) appoggiatura; **3.** *typ.* blank space; **vorschlagen** *v/t.* suggest, propose; (*empfehlen*) recommend; ***~ zu*** *inf.* suggest *etc. ger.*; ***j-m ~, et. zu tun*** suggest (that) s.o. (should) do s.th., suggest to s.o. that he (*od.* she) (should) do s.th.; ***ich schlage vor, dass wir zuerst etwas essen*** I suggest we eat something first; ***er schlug vor, dass wir noch warten*** he suggested waiting a bit; ***j-n ~ für*** recommend (*öffentlich*: propose) s.o. for *a job etc.*

Vorschlaghammer *m* sledgehammer.

Vorschlussrunde *f* semifinal.

vorschnell *adj.* → ***voreilig.***

vorschreiben *v/t.* **1.** (*anordnen*) prescribe; *Gesetz*: stipulate; ***ich lasse mir nichts ~*** I won't be dictated to; **2.** (*Brief etc.*) write *s.th.* out (*dat.* for).

vorschreiten *v/i.* advance; ***in vorgeschrittenem Alter*** *etc.* → ***vorgerückt.***

Vorschrift *f* rule(s *pl.*), regulation(s *pl.*); (*Anweisung*) instruction, direction; ***nach ärztlicher ~*** according to doctor's orders; ***(streng) nach ~*** *arbeiten etc.*: (strictly) to rule; ***Dienst nach ~*** (*Bummelstreik*) work-to-rule; **vorschriftsmäßig I.** *adj.* correct; *Kleidung etc.*: regulation ...; *nachgestellt*: as ordered, as prescribed; **II.** *adv.* correctly, according to regulations; (*nach Angaben*) according to the instructions; **vorschriftswidrig I.** *adj.* incorrect; **II.** *adv.* incorrectly, contrary to (the) regulations (*od.* instructions).

Vorschub *m* **1.** ***e-r*** *Sache* ***~ leisten*** encourage, foster; **2.** ⚙ feed.

Vorschulalter *n* pre-school age; ***Kinder im ~*** pre-school-age children; **Vorschule** *f* nursery school, *Am.* pre-school; **vorschulisch** *adj.* pre-school ...; **Vorschulkind** *n* **1.** pre-school-age child; **2.** playschool child.

Vorschuss *m* advance (payment) (***auf*** on); **Vorschusslorbeeren** *pl.* premature praise *sg.*; unearned laurels; **vorschussweise** *adv.* as an advance; **Vorschusszahlung** *f* advance (payment).

vorschützen *v/t.* give (*od.* use) as a pretext; ***Krankheit (Arbeit*** *etc.*) ***~*** *a.* pretend to be ill (to have work to do *etc.*); ***~, man sei (habe*** *etc.*) pretend to be (have *etc.*), make out one is (has *etc.*).

vorschwärmen *v/t. u. v/i.*: ***j-m von et. ~*** rave to s.o. about s.th., rave on about s.th. to s.o.; ***j-m ~, dass (wie)*** rave on about the fact that (about how).

vorschweben *v/i.*: ***mir schwebt etwas ... vor*** I'm thinking of (*od.* I could imagine) something ...

vorschwindeln *v/t.*: ***j-m etwas ~*** tell s.o. a lot of lies (*od.* fibs); ***j-m ~, man sei***

V

(***würde** etc.*) lie to s.o. about being (doing *etc.*).

vorsehen I. *v/t.* **1.** (*bestimmen*) intend (***für*** for), (*Mittel, Zeit etc.*) *a.* earmark, set aside (for); **2.** ***j-n ~ für*** (*e-n Posten etc.*) have s.o. in mind for, (*ausgewählt haben*) have chosen (*amtlich*: designated) s.o. for; ***j-n ~ als*** intend s.o. to be, plan to make s.o. *departmental head etc.*; ***vorgesehen sein für*** *et.* be a candidate for; have been chosen (*od.* designated) for, be slated for; **3.** (*planen*) plan, *zeitlich, terminmäßig*: *a.* schedule; (*entwerfen*) plan, design (*alle* ***für*** for); ***es ist vorgesehen zu*** *inf.* there are plans to *inf.*, they're planning to *inf.*; ***vorgesehen sein zu*** *inf. a.* be supposed to *inf.*; *der Fahrstuhl* ***ist für acht Personen vorgesehen*** is designed to take eight people; *das Spiel* ***ist für Sonntag vorgesehen*** is scheduled for (*od.* to take place) on Sunday; *die Sitzung* ***ist für nächste Woche vorgesehen*** is planned (*od.* scheduled) for next week, has been slated for next week; ***was ist für heute vorgesehen?*** what are the plans for today?, what's on the agenda today?; ***ist für heute (irgend)etwas vorgesehen?*** are there any plans for today?; **4.** *Gesetz, Abmachung etc.*: provide for; ***wie vorgesehen in*** *§ 1029* as provided for in; *das Gesetz* ***sieht vor, dass*** provides that; **5.** (*einschließen, einplanen*) include; ***im Programm sind mehrere Pausen vorgesehen*** the program(me) will include several breaks; **II.** *v/refl.*: ***sich ~*** be careful, watch out (***bei j-m*** with s.o.); ***sich ~, nicht zu*** *inf.* be careful (*od.* take care) not to *inf.*; **Vorsehung** *f*: (***die göttliche ~*** divine) providence, Providence.

vorsetzen I. *v/t.* move (*Bein*: put) forward; (*Schüler etc.*) move (up) to the front; (*davor setzen*) put in front (*dat.* of); ***j-m et. ~*** place (*od.* put) s.th. in front of (*od.* before) s.o., (*Speise etc.*) serve s.o. s.th. (*od.* s.th. to s.o.), (*anbieten*) offer s.o. s.th., *contp., a. fig.* dish s.th. up to s.o.; *fig.* ***was haben die uns diesmal wieder vorgesetzt?*** what have they dished us up this time?, what have they come up with (for us) this time?; **II.** *v/refl.*: ***sich ~*** move (up) to the front, go and sit at the front.

Vorsicht *f* caution; (*Behutsamkeit*) care; (*Umsicht*) circumspection; ***~!*** careful!, look out!, watch out!; *als Aufschrift*: caution!, danger!; *auf Kisten*: (handle) with care; ***~, bissiger Hund!*** beware of the dog; ***~, Glas!*** glass - with care; ***~ Stufe!*** mind the step; ***mit ~*** cautiously; ***mit äußerster ~*** with the utmost caution; ***mit gebotener ~*** with due care (and attention); ***es ist (äußerste) ~ geboten*** one has to be (extremely) careful; ***zur ~ raten*** advise (*od.* recommend) caution; ***j-m zur ~ raten*** advise (*stärker*: urge) s.o. to be careful; F ***~ ist die Mutter der Porzellankiste*** better safe than sorry; F ***er ist mit ~ zu genießen*** F you've got to watch him; ***es ist mit (äußerster) ~ zu genießen*** you've got to be (extremely) cautious about it, *mit Vorbehalt*: you've go to take it with a (big) pinch of salt; ***was er sagt, ist mit ~ zu genießen*** you've got to take everything he says with a pinch of salt; **vorsichtig I.** *adj.* careful; cautious; *Schätzung etc.*: conservative; ***~ sein mit s-m Urteil*** *etc.* be cautious about judging *etc.*; ***sei ~, dass du nichts fallen lässt*** be careful not to drop anything, mind you don't drop anything; ***da bin ich immer ein bisschen ~*** I'm always a bit wary of that; **II.** *adv.* carefully; cautiously; **vorsichtshalber** *adv.* as a precaution; **Vorsichtsmaßnahme** *f* precaution(ary measure); ***~n treffen*** take precautions.

Vorsilbe *f ling.* prefix.

vorsingen I. *v/t.*: ***j-m et. ~*** sing s.th. to s.o.; **II.** *v/i. zur Probe*: (have an) audition (*dat.* with); ***j-n ~ lassen*** audition s.o., give s.o. an audition.

vorsintflutlich *adj.* pre-Flood ..., *a. fig.* antediluvian.

Vorsitz *m* chair(manship); ⚖ presidency; ***den ~ haben*** (*od.* ***führen***) be in the chair, *a.* ⚖ preside (***bei*** over); ***den ~ haben bei*** *a.* chair *a meeting etc.*; ***unter dem ~ von*** (*od. gen.*) under the chairmanship of, with ... in the chair, with ... chairing; **Vorsitzende(r** *m*) *f* chairman (*f* chairwoman), chairperson; ⚖ president.

Vorsorge *f* provision(s *pl.*); (*Vorsicht*) precaution; ***~ treffen*** → **vorsorgen** *v/i.* provide, make provisions (***für*** for); ***~, dass*** see to it that; ***für die Zukunft*** *etc.* ***~*** *a.* plan ahead for the future *etc.*

Vorsorgeuntersuchung *f* screening (test); *pl. coll.* screening *sg.*

vorsorglich I. *adj.* precautionary; *Person*: (*vorsichtig*) cautious, (*besorgt*) solicitous; **II.** *adv.* (*a.* **vorsorglicherweise**) as a precaution(ary measure), to be on the safe side, F just in case.

Vorspann *m* (*Einleitung*) introduction; *zu e-m Zeitungsartikel*: lead-in; *Film*: credits *pl.*; (*Eingangsszene*) pre-titles sequence; *vom Tonband etc.*: leader; **~musik** *f Film*: theme music (*od.* tune); *Sendereihe*: signature tune.

vorspannen *v/t.* (*Pferd etc.*) harness (*dat. to*); F *fig.* ***j-n ~*** use s.o. (***für*** for), ***für et.:*** *a.* F get (*od.* rope) s.o. in on s.th.

Vorspeise *f* starter, *formell*: hors d'oeuvre; ***was nimmst du als ~?*** *a.* what are you having to start (off) with?

vorspiegeln *v/t.*: ***j-m et. ~*** delude s.o. into thinking s.th.; **Vorspiegelung** *f* preten|ce (*Am.* -se); (***unter***) ***~ falscher Tatsachen*** (under) false preten|ces (*Am.* -ses).

Vorspiel *n* ♪ prelude (***zu*** to); *thea.* prolog(ue); *Sport*: curtain-raiser; *sexuelles*: foreplay; *fig.* prelude, overture, (*Auftakt*) curtain-raiser (to); **vorspielen I.** *v/t.* play (***j-m et.*** s.th. to s.o.); *fig.* ***et. ~*** put s.th. on; (***j-m***) ***etwas ~*** put on an act (for s.o.); **II.** *v/i. thea.*, ♪ (have an) audition (*dat.* with); ***j-n ~ lassen*** audition s.o., give s.o. an audition.

vorsprechen I. *v/t.* **1.** (***j-m***) ***et. ~*** say s.th. (for s.o. to repeat); **2.** (*vortragen*) recite (*a. zur Probe*); **II.** *v/i.* **3. *bei j-m ~*** (go to) see s.o.; ***könnten Sie bei uns ~?*** could you come by (and see us)?; **4.** *zur Probe*: (have an) audition (*dat.* with); ***j-n ~ lassen*** audition s.o., give s.o. an audition.

vorspringen *v/i.* jump forward; (*hervortreten*) *a.* △ project, jut (out); **vorspringend** *adj.* projecting; *Nase, Kinn etc.*: prominent; ***er hat ein ~es Kinn*** *a.* his chin juts out quite a bit.

Vorsprung *m* **1.** △ projection; (*Sims*) ledge; **2.** (*Abstand*) lead (*a. fig.*) (***gegenüber, vor*** over); (*Vorgabe*) start; ***ein Tor ~*** a one-goal lead; ***mit e-m ~ von 2 Sekunden*** by a margin of 2 seconds; ***er hat e-n ~ von 3 Runden*** he leads by 3 laps; ***e-n ~ von 6 Wochen haben*** be ahead by 6 weeks, be 6 weeks ahead; ***j-m ~ geben*** give s.o. a (head) start; ***j-m 10 Meter ~ geben*** give s.o. a 10-met|re (*Am.* -er) start; ***s-n ~ ausbauen*** consolidate one's lead.

vorspulen I. *v/t.* run *a od. the tape* forward *od.* on (to the end); **II.** *v/i.* run a (*od.* the) tape forward *od.* on (to the end).

Vorstadt *f* suburb; *contp.* suburbia; ***in der ~*** in the suburbs, in a suburb; **Vorstädter** *m* suburbanite; **vorstädtisch** *adj.* suburban.

Vorstand *m* **1.** ⚖ (board of) management; *e-s Vereins etc.*: managing committee; *e-s Instituts etc.*: board of governors (*od.* trustees); ***im ~ sitzen*** be on the board; **2.** (*Person*) director; *e-r Gesellschaft*: chairman (of the board), *Am.* chief executive.

Vorstands|etage *f etwa* executive suite; *fig.* boardroom(s *pl.*); **~mitglied** *n* board member (***bei*** of), member of the (executive) board *etc.*; → ***Vorstand*** 1; director; **~sitzung** *f* board meeting; **~vorsitzende(r)** *m* chairman of the board (of directors), *Am.* chief executive; *pl. a.* top managers, chief executives; **~wahl** *f* board (*pol.* executive) elections *pl.*

vorstecken *v/t.* (*a.* ***sich*** *et.* ***~***) put on, *mit e-r Nadel etc.*: *a.* pin on.

vorstehen *v/i.* **1.** (*herausragen*) protrude, jut out; **2.** (*e-r Sache*) *als Leiter*: direct, be in charge of; *als Vorstand etc.*: preside over, chair *s.th.*; **vorstehend** *adj.* **1.** (*vorhergehend*) preceding, above; **2.** ***~e Zähne*** protruding teeth, buckteeth; **Vorsteher(in** *f*) *m* director; *e-s Gefängnisses*: governor, *Am.* warden; *e-s Klosters*: abbot (*f* mother superior, prioress); *e-s Bahnhofs*: stationmaster; **Vorsteherdrüse** *f* prostate gland.

Vorstehhund *m* pointer.

vorstellbar *adj.* conceivable, imaginable; **vorstellen I.** *v/t.* **1.** (*vorrücken*) move forward; **2.** (*Uhr*) put forward (***um*** by); **3. *j-n j-m ~*** introduce s.o. to s.o.; ***darf ich Ihnen Herrn Braun ~?*** may I introduce you to Mr Braun?, I'd like you to meet Mr Braun; **4.** (*neues Produkt etc.*) present; **5.** (*darstellen*) represent; ***was soll das ~?*** what's that supposed to be?; F ***er stellt etwas vor*** he's not just anybody; ***es stellt etwas vor*** it's quite something; **6. *sich*** *et.* ***~*** imagine, envisage; (*sich ein Bild machen von*) visualize, picture *s.th.*; F ***stell dir vor!*** just imagine!; ***stell dir das einmal vor!*** *a.* can you imagine that (*od.* believe it)?; ***stell dir das nicht so leicht vor*** don't think it's so easy, it's not as easy as you think; ***so stelle ich mir e-n Urlaub*** *etc.* ***vor*** that's my idea of (*od.* that's what I call) a holiday *etc.*; ***sich unter e-r Sache et. ~*** imagine s.th. to be s.th.; ***sich unter e-m Begriff et. ~*** take an expression to mean s.th.; ***ich stelle mir darunter ... vor*** a) I imagine it to be ..., b) *Begriff etc.*: I understand it as (*od.* to mean) ...; ***was stellst du dir darunter vor?*** what does it mean to you?; ***ich kann mir darunter nichts ~*** it doesn't mean a thing to me; **II.** *v/refl.*: ***sich ~*** introduce o.s.; *als Antrittsbesuch*: present o.s.; *bei Bewerbung*: go for an interview; ***darf ich mich ~, ...*** my name's ...; hello, I'm ...; **vorstellig** *adj.*: ***~ werden bei*** apply to; **Vorstellung** *f* **1.** (*Bekanntmachen*) introduction; *e-r Sache*: presentation; *bei Bewerbung*: interview (***bei*** with); **2.** *thea.* performance, show; *Film*: show(ing); **3.** (*Begriff*) idea; (*Bild*) *a.* image; ***falsche ~*** wrong idea, misconception; ***sich e-e (klare) ~ machen von*** form a (clear) picture of, get an (*od.* a proper) idea of; ***in m-r ~*** the way I imagine (*od.* see) it; ***du hast manchmal komische ~en*** you ('do) have some strange ideas; ***du machst dir keine ~!*** you've no idea; ***das geht über alle ~*** the mind boggles; **4.** ***j-m ~en machen*** remonstrate with s.o. (***wegen*** about).

Vorstellungs|gabe *f* (*the* gift of) imagination; ***e-e gute ~ haben*** *a.* have a lot of imagination; → *a.* ***Vorstellungskraft***; **~gespräch** *n* (job) interview, interview for a (*od.* the) job; ***zu e-m ~ gehen*** go for an interview; **~kraft** *f* (powers *pl.* of) imagination; ***das übersteigt m-e ~*** the mind boggles, *bei Zahlen etc.*: *a.* I can't cope with those kind of figures *etc.*; **~vermögen** *n* → ***Vorstellungskraft.***

Vorstopper *m Fußball*: cent|re (*Am.* -er) back.

Vorstoß *m* ⚔ thrust, advance; *Sport*: attack (*a. fig.*); (*Versuch*) attempt; *unter Risiko*: venture (*a. fig.*); (*Anstrengung*) effort; ***e-n ~ unternehmen*** make a thrust *etc.*, F *fig.* (*sein Glück versuchen*) try one's luck (***bei j-m*** with s.o.); **vorstoßen I.** *v/t.* push forward; **II.** *v/i.* ⚔ *etc.* push ahead (*a. fig.*), advance; *Sport*: attack; ***~ in*** penetrate (into), (*Neuland etc.*) *a.* venture into; ***~ nach*** (*od.* ***zu***) press on as far as, *mit Gewalt*: fight one's way through to; ***~ bis*** advance as far as, reach.

Vorstrafe *f* previous conviction; **Vorstrafen(register** *n*) *pl.* (criminal) record *sg.*

vorstrecken *v/t.* **1.** stretch out; (*Kopf, Hals etc.*) stick out; **2.** (*Geld*) advance (***j-m*** s.o.).

Vorstudie *f* preliminary study; (*Skizze*) (preliminary) sketch.

Vorstufe *f* preliminary stage; (*frühes Entwicklungsstadium*) early stage; *des Menschen etc.*: early ancestor.

Vortag *m*: (***am ~*** the) previous day, (the) day before; ***am ~ der Hochzeit*** *etc.* the day before the wedding *etc.*, *formell*: on the eve of the wedding *etc.*

vortasten *v/refl.*: ***sich ~*** grope one's way (forward) (***bis, zu*** to; ***in*** into).

vortäuschen *v/t.* feign, fake; (*Krankheit*) *a.* simulate; ***Angst*** *etc.* ***~*** pretend to be scared *etc.*; ***etwas ~*** be (just) pretending; ***j-m et. ~*** pretend to s.o.; ***sich selbst etwas ~*** pretend to o.s., delude o.s.; ***es war vorgetäuscht*** he was (*od.* they were *etc.*) faking, it was all a fake; **Vortäuschung** *f* preten|ce (*Am.* -se); *e-r Krankheit*: feigning *sickness*, simulation; ⚖ ***unter ~ falscher Tatsachen*** under false preten|ces (*Am.* -ses).

Vorteil *m* advantage (*a. Sport*); (*Gewinn*) profit, benefit; ***die Vor- und Nachteile*** *e-r Sache* ***erwägen*** consider the pros and cons; ***zu j-s ~ sein, j-m von ~ sein*** be to s.o.'s advantage; ***~e bieten*** have (*od.* offer) advantages; ***~ bringen*** be profitable, pay; ***~ haben von*** benefit from; ***e-n ~ haben von*** *Person*: derive an advantage from; ***den (zusätzlichen) ~ haben zu*** *inf. Sache*: have the (added) advantage of *ger.*; ***es hat den großen ~, billig zu sein*** it has the one big advantage of being cheap; ***~ ziehen aus et.*** profit from s.th.; ***auf s-n ~ bedacht sein*** be out for one's own interests; ***e-n ~ haben*** (*od.* ***im ~ sein***) ***gegenüber j-m*** have an (*od.* the) advantage over s.o., have a head start on s.o.; ***im ~ sein*** have the advantage, hold the high ground; ***zu d-m eigenen ~*** in your own interest; ***er hat sich zu s-m ~ verändert*** he's changed for the better, he's improved.

vorteilhaft I. *adj.* advantageous (***für*** to); (*positiv*) positive; ⚚ (*Gewinn bringend*) profitable (***für*** to); (*günstig*) favo(u)rable; *Kleid, Farbe*: becoming; ***~ aussehen*** (*od.* ***wirken***) look good; **II.** *adv.* advantageously *etc.*; → I; ⚚ (*mit Gewinn*) *verkaufen etc.*: at a profit; *sich kleiden etc.*: to one's (best) advantage; ***sich ~ auswirken*** a) have a positive effect (***auf*** on), b) (prove to) be of advantage (***auf, für*** for), ***auf*** (*od.* ***für***) ***j-n***: *a.* be to s.o.'s advantage; ***sich ~ kleiden*** *a.* make the most of one's figure; ***sich ~ entwickeln*** develop positively, *Person*: make a lot of progress.

Vortrag *m* **1.** (*Rede*) talk; (*Vorlesung*) lecture (*beide* ***über*** on); ***e-n ~ halten*** give a talk (*od.* lecture); **2.** (*Aufführung*) performance; ♪ (*Solo~*) recital (*a. e-s Gedichts*); (*Vortragsweise*) rendering, performance; **3.** ⚚ (*Übertrag*) balance carried forward; **vortragen** *v/t.* **1.** ♪ *etc.* perform; (*Gedicht*) recite; **2.** (*e-n Vortrag halten über*) lecture on; (*reden über*) talk about; **3.** (*berichten*) report; **4.** (*äußern*) state; (*vorbringen*) put forward, present; (*sagen, erzählen*) tell; **5.** (*Gegenstand*) carry (up) *od.* take to the front; **6.** *Buchhaltung*: carry forward; **Vortragende(r** *m*) *f* **1.** ♪ *etc.* performer; **2.** (*Redner*) speaker; *Vorlesung*: *a.* lecturer.

Vortrags|abend *m* **1.** evening lecture; **2.** ♪ *etc.* recital; **~bezeichnung** *f* ♪ expression mark; **~kunst** *f* art of performance (*od.* recital); ***j-s ~*** *a.* s.o.'s skill as a performer (*od.* reciter); **~reihe** *f* series of lectures (*od.* talks), lecture series; **~reise** *f* lecture tour; **~saal** *m* lecture hall.

vortrefflich *adj.* excellent, superb; **Vortrefflichkeit** *f* excellence.

vortreiben *v/t.* (*Tunnel, Stollen etc.*) drive.

vortreten *v/i.* **1.** step (*od.* come) forward; **2.** (*herausragen*) protrude, stick out; *Felsen*: project.

Vortritt *m* precedence; ***j-m den ~ lassen*** let s.o. go first, (*den Vorrang lassen*) give precedence to s.o.; ***den ~ haben vor et.*** take precedence over s.th.

vorüber *adv.* → ***vorbei***; **~gehen** *v/i.* → ***vorbeigehen*** 1, 3; *die schlimme Zeit* ***ist nicht spurlos an ihr vorübergegangen*** has left its mark on her; **~gehend I.** *adj.* temporary; (*flüchtig*) passing; **II.** *adv.* temporarily; (*kurz*) for a short time; (*zurzeit, im Moment*) for the time being.

Vorüberlegung *f* initial (*od.* preliminary) consideration.

vorüberziehen *v/i.* → ***vorbeiziehen.***

Vorübung *f* preliminary exercise.

Voruntersuchung *f* preliminary examination (*a.* ⚕); ⚖ *a.* pre-trial hearings *pl.*

Vorurteil *n* prejudice; ***voller ~e*** full of prejudice, very prejudiced; **vorurteilsfrei, vorurteilslos** *adj.* unprejudiced, unbias(s)ed; **Vorurteilslosigkeit** *f* lack of prejudice; unprejudiced attitude.

Vorväter *pl.* forefathers.

Vorvergangenheit *f ling.* pluperfect, past perfect.

Vorverhandlung *f* **1.** **~en** preliminary negotiations; **2.** ⚖ preliminary proceedings *pl.*

Vorverkauf *m* advance sales *pl.*; *thea. etc.*: *a.* advance booking; ***im ~*** in advance; ***Karten im ~ besorgen*** buy tickets in advance, book in advance; **Vorverkaufskasse** *f* advance booking office.

vorverlegen *v/t.* bring forward; move up; **Vorverlegung** *f* earlier scheduling.

Vorverstärker *m* pre-amplifier.

Vorversuch *m* pilot test.

Vorvertrag *m* provisional agreement.

vorvorgestern *adv.* three days ago.

vorvorig *adj. nachgestellt*: before last; ***das ~e Mal*** the time before last, the last time but one.

vorwagen *v/refl.*: ***sich ~*** venture forward.

Vorwahl *f* **1.** *teleph.* dialling (*Am.* area) code (***von*** for); *bsd. Am. a.* prefix (for); **2.** *pol.* preliminary election; *Am.* primary; ***bei den ~en*** in the preliminary elections (*od.* primaries); **~nummer** *f* → ***Vorwahl*** 1.

Vorwand *m* pretext, excuse; ***unter dem ~ zu*** *inf.* (*od.* ***dass***) on the pretext of *ger.* (*od.* that); ***et. zum ~ nehmen*** use s.th. as an excuse (*od.* a pretext) (***um zu*** *inf.* for *ger.*).

vorwärmen *v/t.* warm up.

vorwarnen *v/t.*: ***j-n ~*** tell (*od.* warn) s.o. in advance, give s.o. advance notice (*od.* warning); **Vorwarnung** *f* advance warning.

vorwärts *adv.* forward; ***~!*** let's go!; ***ein großer Schritt ~*** a big step forward.

Vorwärtsbewegung *f* forward movement.

vorwärts bringen *fig. v/t.* further, promote; (*a. Person*) help *s.o. od. s.th.* on (***bei*** in); (*Projekt etc.*) advance.

Vorwärtsgang *m mot.* forward gear.

vorwärts gehen *fig. v/i.* advance, progress; (*sich bessern*) improve; ***mit s-r Gesundheit*** *etc.* ***geht es vorwärts*** his health *etc.* is looking up.

vorwärts kommen *v/i.* make headway (*a. fig.*); *fig. a. im Leben*: get ahead, get on, get somewhere; *fig.* ***ich komme nicht vorwärts*** I'm not getting anywhere, I'm treading water.

Vorwärtskommen *n* (*Fortschritt*) progress; (*Erfolg*) success.

vorwärts schreiten *v/i.* move forward, stride ahead.

Vorwäsche *f* prewash; **vorwaschen** *v/t.* prewash; **Vorwaschgang** *m* prewash cycle.

vorweg *adv.* **1.** beforehand, in advance; at the outset; (*von vornherein*) from the start; ***e-e Frage ~*** I have one question before we get going; **2.** (*an der Spitze*) at the front, F up front, leading the way; **Vorwegnahme** *f* anticipation; **vorwegnehmen** *v/t.* anticipate; ***um es gleich vorwegzunehmen*** to come to the point.

vorweihnachtlich *adj.* pre-Christmas; **Vorweihnachtszeit** *f* Christmas period, F run-up to Christmas.

vorweisen *v/t.* produce, show; *fig.* ***~ können*** possess; ***et.*** (***nichts***) ***vorzuweisen haben*** have s.th. to show for o.s. (have nothing to show).

vorweltlich *adj.* prehistoric; *fig.* antediluvian.

vorwerfen *v/t.* **1.** ***j-m et. ~*** accuse s.o. of s.th., reproach s.o. with s.th.; ***j-m ~ zu*** *inf.* (*od.* ***dass***) accuse s.o. of *ger.*, reproach s.o. for *ger.*; ***j-m Geiz*** *etc.* ***~*** accuse s.o. of stinginess (*od.* being stingy) *etc.*; ***ich habe mir nichts vorzuwerfen*** I don't feel in any way responsible; ***ich lasse mir nicht ~, dass*** I'm not going to

V

be accused of *ger.* (*od.* take the blame for *ger.*); **2.** ***e-m Tier*** *etc.* ***et.*** ~ throw s.th. to an animal *etc.*
Vorwiderstand *m* ⚡ series resistor.
vorwiegen *v/i.* predominate; **vorwiegend** *adv.* predominantly, mainly, chiefly, largely; for the most part, in the main; ~ ***sonnig*** mainly sunny.
Vorwissen *n* previous knowledge; *obs.* ***ohne mein*** ~ without my knowledge (*od.* my knowing).
vorwitzig *adj.* cheeky, pert.
Vorwoche *f*: (***in der*** ~ the) week before last.
vorwölben *v/refl.*: ***sich*** ~ bulge out; **Vorwölbung** *f* (outward) bulge.
Vorwort *n* foreword, *bsd. des Autors*: preface; (*Einleitung*) introduction.
Vorwurf *m* **1.** reproach; (*Beschuldigung*) accusation; ***j-m Vorwürfe machen*** reproach s.o. (***wegen*** for); ***j-m den*** ~ ***machen zu*** *inf.* (*od.* **dass**) accuse s.o. of *ger.*; ***sich Vorwürfe machen*** reproach o.s., blame o.s.; **2.** (*Thema*) theme; **vorwurfsvoll** *adj.* reproachful.
vorzählen *v/t.* count out (*j-m* to).
vorzaubern *fig. v/t.*: ***j-m et.*** ~ conjure s.th. up before s.o.('s eyes).
Vorzeichen *n* **1.** portent; (***gutes, schlechtes*** ~ good, bad) omen; **2.** ♪ accidental; A sign; ⚘ first sign; *fig.* ***mit umgekehrtem*** ~ the other way round.
vorzeichnen *v/t.* **1.** (*Linie, Lebensweg etc.*) trace (out), mark; ***j-m et.*** ~ draw s.th. for s.o.; show s.o. how to draw s.th.; **2.** ♪ ***ein Kreuz*** (***ein B***) ~ *dat.* put a sharp (a flat) before.
vorzeigbar *adj.* (quite) presentable; **Vorzeige...** *in Zssgn mst* showpiece ...; **Vorzeigefrau** *f* woman to show off with; F ***die ist nur so e-e*** ~ she's just for show; **vorzeigen** *v/t.* show; (*Pass etc.*) *a.* produce.
Vorzeit *f* prehistoric era; ***die*** ~ prehistoric times; → ***grau*** I; **vorzeitig I.** *adj.* premature; early; **II.** *adv.* prematurely; early; ~ ***sterben*** die before one's time; **vorzeitlich** *adj.* prehistoric; **Vorzeitmensch** *m*: ***der*** ~ prehistoric man.
vorziehen *v/t.* **1.** pull forward; (*hervorziehen*) pull out; (*Vorhänge*) draw; **2.** *zeitlich*: bring forward, move up; (*Arbeit etc.*) deal with first, give priority to; (*vorwegnehmen*) anticipate; → ***vorgezogen***; **3.** *fig.* prefer (*dat.* to); (*Schüler etc.*) give *s.o.* special treatment; ***es*** ~ ***zu*** *inf.* prefer to *inf.*; ***vorzuziehen sein*** be preferable.
Vorzimmer *n* anteroom; *Büro*: outer office; **~dame** *f* receptionist.
Vorzug *m* (*Vorrang*) priority (***gegenüber, vor*** over); (*Vorteil*) advantage; (*gute Eigenschaft*) merit; (*Privileg*) privilege; ***j-m*** (***e-r Sache***) ***den*** ~ ***geben*** give preference to s.o. (s.th.); ***den*** ~ ***haben, dass*** (*od.* ***zu*** *inf.*) have the advantage of *ger.*
vorzüglich *adj.* excellent; (*meisterhaft*) *a.* masterly; (*erlesen*) exquisite; (*erstklassig*) first-rate; **Vorzüglichkeit** *f* excellence; excellent quality; exquisiteness.
Vorzugs|aktien *pl.* preference shares, *Am.* preferred stock *sg.*; **~behandlung** *f* preferential (F special) treatment; **~milch** *f* full-cream milk, *in GB*: *a.* gold-top milk; **~preis** *m* special price; ***zum*** ~ ***von ...*** on special offer at ...; **~schüler(in** *f*) *m östr. etwa*: exemplary student, star pupil.
vorzugsweise *adv.* **1.** preferably; **2.** (*hauptsächlich*) chiefly, mainly.
Vorzündung *f mot.* pre-ignition.
votieren *v/i.* vote (**für** for).
Votiv|bild *n* votive picture; **~gabe** *f* votive gift; **~tafel** *f* votive tablet.
Votum *n* vote; ***sein*** ~ ***abgeben*** vote.
Voyeur *m* voyeur, peeping Tom; **Voyeurismus** *m* voyeurism.
V-Shirt *n* V-neck shirt.
vulgär *adj.* vulgar; (*gewöhnlich*) common; **Vulgärausdruck** *m*, **Vulgarismus** *m* vulgarism, vulgar expression; **Vulgarität** *f* vulgarity; **Vulgärlatein** *n* Vulgar Latin; **Vulgärsprache** *f* **1.** vernacular, common language, language of the people; **2.** vulgar language; vulgarisms *pl.*
Vulkan *m* volcano (*a. fig.*); **~ausbruch** *m* (volcanic) eruption; **~gestein** *n* volcanic rock; **~insel** *f* volcanic island.
vulkanisch *adj.* volcanic(ally *adv.*).
vulkanisieren *v/t.* vulcanize, *mot. a.* recap.
Vulkanit *m* vulcanite.

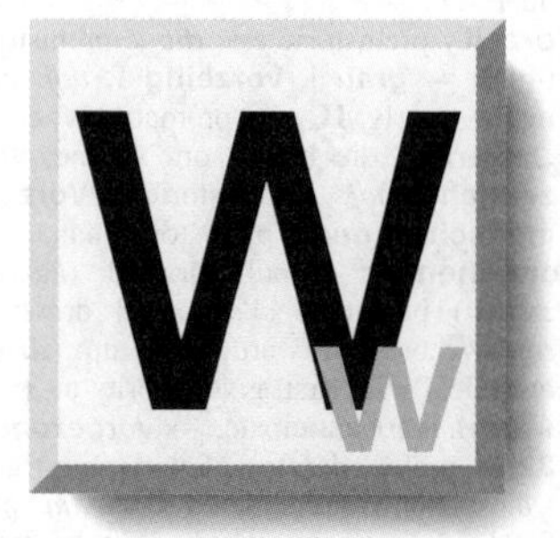

W, w *n* W, w.

Waage *f* **1.** (**e-e ~** a pair of) scales *pl.*; (a) scale; (*Wasser2*) spirit level; *fig.* ***sich*** (*od.* ***einander***) ***die ~ halten*** be more or less equal; **2.** (*Sternzeichen*) Libra; ***~ sein*** be (a) Libra, be a Libran; **3.** *Turnen*: lever; **waagerecht I.** *adj.* horizontal; (*eben*) level; **II.** *adv.* horizontally; *Kreuzworträtsel*: across; **Waagerechte** *f* horizontal; **Waagschale** *f* scale; *fig.* ***in die ~ werfen*** bring *s.th.* to bear; ***s-e Worte auf die ~ legen*** weigh one's words; ***schwer in die ~ fallen*** *Argument*: carry weight; ***du darfst s-e Worte nicht auf die ~ legen*** you mustn't take everything he says at face value.

wabb(e)lig *adj.* wobbly; *Wangen etc.*: flabby; **wabbeln** *v/i.* wobble.

Wabe *f* honeycomb; **Wabenhonig** *m* comb honey; **Wabenmuster** *n* honeycomb pattern.

wabern *lit. v/i.* waver.

wach *adj.* **1.** *pred.* awake; *weitS.* (*aufgestanden*) stirring (*a. Stadt etc.*); ***~ sein*** *a.* have woken up; ***~ werden*** wake up, awake; ***er ist*** (***morgens***) ***nicht wach zu kriegen*** he (just) won't wake up (you can't get him awake in the mornings); ***sich mühsam ~ halten*** struggle to stay awake; ***die ganze Nacht ~ liegen*** lie awake all night, not to get a wink of sleep all night; → ***wach halten, wachrütteln***; **2.** *fig.* ***~er Geist*** lively (*od.* keen) mind *od.* intellect; ***~es Auge*** alert (*od.* watchful) eye; ***~ werden*** (*aufmerksam*) prick up one's ears; *Empfindungen etc.*: be aroused.

Wach|ablösung *f* changing of the guard; *pol. fig.* changeover of governments, change in leadership; **~buch** *n* incident book; **~dienst** *m* guard duty, ⚓ watch; ***~ haben*** be on guard (duty), ⚓ have the watch.

Wache *f* guard, ⚓ watch; (*Wachlokal*) guard room; (*Polizei2*) police station; (*Posten*) sentry, guard; ***auf ~*** on guard, ⚓ on watch; ***~ halten*** keep guard, ⚓ be on watch; *bei e-m Kranken*: keep watch; F ***~ schieben*** be on guard (*od.* sentry) duty, ⚓ be on watch; *bei Diebstahl etc.*: keep a lookout, be the lookout; **wachen** *v/i.* (*Acht geben*) (keep) watch (***über*** over), guard *s.th. od. s.o.*; ***~ über*** *a.* keep an eye on; ***darüber ~, dass*** see to it that; ***bei j-m ~*** sit up with s.o.; **wachhabend** *adj.*: ***~er Offizier*** officer on guard (⚓ on watch).

wach halten *fig. v/t.* (*Andenken etc.*) keep alive.

Wach|hund *m* watchdog (*a. fig.*); **~mann** *m* **1.** watchman; **2.** *östr.* policeman; **~mannschaft** *f* guard, ⚓ watch.

Wacholder *m* **1.** juniper; **2.** → **~beere** *f* juniper berry; **~schnaps** *m spirit made from juniper berries.*

Wachposten *m* guard.

wach|rufen *fig. v/t.* rouse; (*Erinnerungen*) bring back; **~rütteln** *v/t.*: **1.** ***j-n ~*** shake s.o. awake (*od.* out of his *od.* her sleep); **2.** *fig.* rouse (***aus*** from), shake up (out of); *weitS.* shake *s.o.* into action.

Wachs *n* wax; ***weiß wie ~*** (as) white as a sheet (*od.* ghost); *fig.* ***~ in j-s Händen sein*** be putty in s.o.'s hands; ***weich wie ~ werden*** *Person*: go all soft, *Knie*: turn to jelly; ***weich wie ~ sein*** *Person*: be like putty; **~abdruck** *m* wax impression.

wachsam I. *adj.* watchful, vigilant; alert; ***~ sein*** be on one's guard; ***ein ~es Auge haben auf*** keep a sharp (*od.* watchful) eye on; **II.** *adv.*: ***~ verfolgen*** *a.* watch closely; **Wachsamkeit** *f* watchfulness; vigilance.

wachsbleich *adj.* (as) white as a sheet (*od.* ghost); **Wachsbohne** *f* waxbean.

wachsen[1] *v/i.* grow (*a. fig.*; **an** in); (*sich ausdehnen*) expand; ***sein Haar ~ lassen*** let one's hair grow (long); ***hier wächst viel Weizen*** a lot of wheat is grown in these parts; ***mit s-r Aufgabe ~*** grow with the task; ***sie ist mir ans Herz gewachsen*** I've become very attached to her; → ***gewachsen, Kopf*** 5.

wachsen[2] *v/t.* wax (*a. Skier*).

wächsern *adj.* wax; *fig.* waxen.

Wachs|farbstift *m* wax crayon; **~figur** *f* wax figure; *pl. a.* waxwork *sg.*; **~figurenkabinett** *n* waxworks *pl.* (*mst sg. konstr.*); **~kerze** *f* wax candle; **~papier** *n* wax paper; **~pflaume** *f* → ***Mirabelle***; **~tafel** *f hist.* wax tablet.

Wachstuch *n* oilcloth; **~tischdecke** *f* wax tablecloth.

Wachstum *n* growth (*a.* ⚘); (*Zunahme*) *a.* increase; (*Ausdehnung*) expansion; ***im ~ zurückgeblieben*** stunted (in growth); ***geistiges ~*** mental development.

Wachstums|bereich *m* growth area; **2fördernd** *adj.* **1.** ⚘ growth-stimulating; **2.** *Hormone*: growth-inducing; **2hemmend** *adj.* growth-retarding; **~industrie** *f* growth industry; **~kurve** *f* growth curve; **~land** *n* growth country; **2orientiert** *adj.* growth-oriented; **~phase** *f* growth period; **~politik** *f* growth policy; **~rate** *f* ⚘ growth rate; **~theorie** *f* theory of economic growth.

wachsweich *adj.* (as) soft as wax; *fig.* ***~ sein*** be a real softie.

Wächte *f* (snow) cornice.

Wachtel *f* quail; F *fig.* ***alte ~*** (*Frau*) F old crow; **~eier** *pl.* quail's eggs; **~hund** *m* spaniel.

Wächter *m* guard; (*Nacht2*) (night) watchman; (*Parkplatz2 etc.*) attendant.

Wachtmeister *m* constable, *Am.* patrolman; *als Anrede*: officer.

Wachtraum *m* daydream.

Wach(t)turm *m* watchtower.

Wach- und Schließgesellschaft *f* security corps.

Wachzimmer *östr. n* (*Polizeiwache*) police station.

wackelig *adj.* wobbly; *alte Möbel etc.*: *a.* rickety; *Zahn, Schraube*: loose; ***~ stehen*** *Unternehmen, Stelle etc.*: be very shaky, *Regierung*: *a.* be teetering, *Schüler*: be doing badly, *Sportmannschaft*: be in danger of being relegated; ***~ auf den Beinen sein*** *wegen Krankheit*: be a bit shaky (F wobbly round the knees), *wegen Alter*: F be (getting) doddery, *wegen Alkohol*: be a bit unsteady (on one's legs).

Wackelkontakt *m* loose contact.

wackeln *v/i.* *Stuhl etc.*: be wobbly; *Zahn, Schraube*: be loose; *beim Gehen*: totter; F *fig.* *Regierung etc.*: be very shaky, *stärker*: be teetering (on the brink); ***mit dem Schwanz ~*** wag its tail; ***mit dem Kopf*** (***den Ohren***) ***~*** waggle one's head (ears).

Wackelpudding *m* jelly.

wacker I. *adj.* (*bieder*) honest, upright; (*tapfer*) brave; **II.** *adv.* (*tapfer*) bravely; ***sich ~ schlagen*** put up a good show, do well; ***~ standhalten*** hold one's own.

Wade *f* calf; **Wadenbein** *n* calfbone, fibula; **Wadenkrampf** *m* cramp in one's calf (*od.* leg); **wadenlang** *adj. Rock etc.*: mid-calf ...

Waffe *f* weapon (*a. fig.*); *pl. a.* arms, (*Arsenal*) weaponry *sg.*; ***unter ~n stehen*** be under arms; ***keine ~n tragen*** carry no arms; ***zu den ~n rufen*** call to arms; *fig.* ***j-n mit s-n eigenen ~n schlagen*** beat s.o. at his (*od.* her) own game; ***er wurde mit s-n eigenen ~n geschlagen*** *a.* he was hoist with his own petard; → ***greifen*** II, ***strecken*** *etc.*

Waffel *f* waffle; (*bsd. Eis*≈) wafer; **~eisen** *n* waffle iron.

Waffen|abkommen *n* arms agreement; **~arsenal** *n* (*Lager*) arsenal; (*Gesamtbestand*) weaponry, (weapons) stockpile, armo(u)ry; **~besitz** *m* possession of (fire)arms; **~besitzkarte** *f* gun licen|ce (*Am.* -se); **~bruder** *m* brother in arms; **~depot** *n* arms depot; **~embargo** *n* arms embargo; **≈fähig** *adj.* weapons-grade (*plutonium*); **~gattung** *f* branch; **~gebrauch** *m* use of firearms; **~gesetze** *pl.* gun-control laws; **~gewalt** *f*: (**mit** ~ by) force of arms; **~handel** *m* arms trade; **~händler** *m* arms dealer; **~kammer** *f* armo(u)ry; **~lager** *n* arms cache; **~lieferungen** *pl.* supply *sg.* of arms (**an** to).

waffenlos *adj.* weaponless, unarmed.

Waffen|ruhe *f* truce; *kurze*: ceasefire; **~sammlung** *f* weapons collection; **~schein** *m* gun licen|ce (*Am.* -se); **~schieber** *m* arms broker; **~schieberei** *f* arms trafficking; **~schmiede** *f* arms manufacturer; **~schmuggel** *m* gun-running; **~schmuggler** *m* gun-runner; **~stillstand** *m* armistice, *a. fig.* truce.

Waffenstillstands|abkommen *n* ceasefire agreement; **~linie** *f* ceasefire line.

Waffen|system *n* weapons system, *pl. a.* weaponry *sg.*; **~technik** *f* weapons technology; **~träger** *m* ⚔ (*Fahrzeug*) weapons carrier; **~übung** *f* military exercise.

Wagemut *m* daring; spirit of adventure; venturesomeness; **wagemutig** *adj.* daring, bold, plucky, venturesome.

wagen I. *v/t.* venture; (*et. Gefährliches*) *a.* risk; (*sich getrauen*) dare (**zu** *inf.* to *inf.*); ***es ~*** take a chance; ***es ~ zu*** *inf.* dare to *inf.*; ***es mit et. ~*** give s.th. a try, F have a shot (*od.* crack) at s.th.; ***wie kannst du es ~(, mir zu widersprechen)?*** how dare you (contradict me)?; ***wie konnte er es ~?*** where does he get the nerve?; **II.** *v/i.*: ***wer nicht wagt, der nicht gewinnt*** nothing ventured, nothing gained; ***frisch gewagt ist halb gewonnen*** well begun is half ended; **III.** *v/refl.*: ***er wagte sich nicht aus dem Hause*** he didn't venture out of the house; ***sie wagte sich nicht auf die Straße*** she was (too) scared to go out into the street; → ***gewagt.***

Wagen *m* (*Pferde*≈ *etc.*) carriage; 🚂 carriage, *Am.* car; (*Karren*) cart; (*Fahrzeug*) vehicle; (*Auto*) car; (*Kinder*≈) pram, *Am.* baby carriage; (*Einkaufs*≈) trolley, *Am.* shopping cart; (*Servier*≈) trolley, *Am.* tea wagon; (*Straßenbahn*≈) car; *hist.* (*Kampf*≈) chariot; *der Schreibmaschine*: carriage; *ast.* ***der Große ~*** the Great Bear, the Plough, the Big Dipper, Ursa Major; ***der Kleine ~*** the Little Bear, the Little Dipper, Ursa Minor; F *fig.* ***j-m an den ~ fahren*** F sling mud at s.o.

wägen *v/t.* (*ab~*) weigh; ***erst ~, dann wagen*** look before you leap, think before you act.

Wagen|abteil *n* 🚂 compartment; **~besitzer** *m* car owner; **~führer** *m* driver; **~heber** *m* jack; **~kolonne** *f* column of vehicles; **~ladung** *f LKW*: lorryload, *bsd. Am.* truckload; *Auto*: carload; **~papiere** *pl.* car documents; **~park** *m* fleet of cars; car pool; **~pflege** *f* (car) maintenance; **~rennen** *n hist.* chariot race; **~schmiere** *f* cart grease; **~spur** *f* wheel-track; **~standanzeiger** *m* 🚂 carriage (*Am.* car) position indicator; **~typ** *m* make (of car); **~wäsche** *f* car wash.

Waggon *m* 🚂 (railway) carriage, *Am.* (railroad) car; (*Güter*≈) goods waggon, *Am.* freight car; **waggonweise** *adv.* by the waggonload, *Am.* by the carload.

waghalsig *adj.* daredevil ...; (*riskant*) risky; **Waghalsigkeit** *f* daredevil attitude.

Wagnis *n* venture, risk; hazardous enterprise; ***sich auf kein ~ einlassen*** take no risks.

Wagon *etc.* → ***Waggon*** *etc.*

Wahl *f* **1.** choice; (*Alternative*) alternative, option; (*Auslese*) selection; ***erste ~*** top quality; ***zweite ~*** second-rate quality, (*Waren*) seconds; ***aus freier ~*** of one's own free will (*od.* choice); ***s-e ~ treffen*** make one's choice; ***die freie ~ haben*** be free to choose; ***keine*** (***andere***) ***~ haben*** have no alternative *od.* choice (**als** but); ***in die engere ~ kommen*** be short-listed, *Sache*: be a possibility; ***der Wagen Ihrer ~*** the car of your choice; ***vor der ~ stehen zu*** *inf.* be faced with the choice of *ger.*; ***wenn ich die ~ hätte*** if I could choose, if I had the choice; ***die ~ fällt mir schwer*** I find it hard to choose, I can't decide; ***drei Themen stehen zur ~*** there's a choice of three topics, three topics are on offer; ***wer die ~ hat, hat die Qual*** decisions, decisions!; **2.** *pol. etc.* election; (*Wahlakt*) poll(ing); ***freie ~en*** free elections; ***geheime ~en*** a secret ballot; ***~ durch Handaufheben*** vote by (a) show of hands; ***~ durch Zurufen*** oral vote; ***sich zur ~ stellen*** stand (*od.* run) as a candidate; stand, run; ***~en abhalten*** hold elections; ***zur ~ schreiten*** go to the polls.

Wahl|absprache *f* pre-election agreement; **~alter** *n* voting age; **~analytiker** *m* psephologist; **~anfechtung** *f* contesting an election result; **~ausgang** *m* election results *pl.*; **~ausschuss** *m* election committee; **~aussichten** *pl.* chances in an (*od.* the) election.

wählbar *adj.* eligible (for election).

Wahl|benachrichtigung *f* polling card; **≈berechtigt** *adj.* eligible (*od.* entitled) to vote; **~berechtigte(r)** *m* person entitled (*od.* eligible) to vote; *pl. a.* those entitled (*od.* eligible) to vote; **~beteiligung** *f* (voter) turnout; ***starke*** (***schwache***) ~ heavy (light) polling; **~betrug** *m* electoral fraud; **~bezirk** *m* ward, *Am.* precinct; **~einbußen** *pl.* **an** electoral setback *sg.*

wählen I. *v/i.* **1.** choose; ***du kannst ~*** it's up to you (to choose), the choice is yours; ***du hast klug gewählt*** you've made a wise choice; **2.** *pol.* (*~ gehen*) go to the polls; **3.** *teleph.* dial (the *od.* a number); **II.** *v/t.* **4.** choose; (*auslesen*) *a.* pick (out), select; **5.** *pol.* elect; (*stimmen für*) vote for; ***zum Präsidenten*** (***ins Parlament***) ***gewählt werden*** be elected president (be voted into parliament); ***für fünf Jahre gewählt werden*** be elected for a period of five years; → ***gewählt.***

Wähler *m* voter; **~fang** *m* vote-catching.

Wahl|erfolg *m* election victory; **~ergebnis** *n* election results *pl.*, returns *pl.*

Wählerinitiative *f* voters' initiative.

wählerisch *adj.* choosy, F picky (**in** about, when it comes to).

Wähler|liste *f* → ***Wählerverzeichnis***; **~potenzial** *n* potential vote(s *pl.*) *od.* voters *pl.*

Wählerschaft *f* electorate; *in e-m Bezirk etc.*: constituency, voters *pl.*

Wähler|schicht *f* group of voters; **~stimme** *f* vote; **~vereinigung** *f* voters' association; **~verhalten** *n* voter (*od.* voting) patterns *pl.*; **~verzeichnis** *n* electoral list; **~wille** *m* will of the electorate, mandate.

Wahl|fach *n ped.* optional subject, *Am.* elective; **~fälschung** *f* vote-rigging, electoral fraud; **~feldzug** *m* election campaign; **≈frei** *adj.* optional; **~er Zugriff** *Computer*: random access; **~gang** *m*: (***im ersten*** ~ at the first) ballot; **~geheimnis** *n* secrecy of the ballot; **~geschenk** *n* F campaign goodie; **~heimat** *f* adoptive country; **~helfer** *m* campaign assistant; **~jahr** *n* election year; **~kabine** *f* polling (*od.* voting) booth.

Wahlkampf *m* election campaign; ***e-n ~ führen*** run an election campaign; **~gelder** *pl.* campaign funds; **~leiter** *m* campaign manager; **~thema** *n* campaign issue; **~versprechen** *n* → ***Wahlversprechen.***

Wahl|kreis *m* constituency; **~leiter** *m* returning officer; **~liste** *f* list of candidates, party ticket; **~lokal** *n* polling station; **~lokomotive** F *f* F vote-getter.

wahllos I. *adj.* indiscriminate; **II.** *adv.* indiscriminately, at random.

Wahl|manipulation *f* vote-rigging, electoral fraud; **~modus** *m* → ***Wahlverfahren***; **~niederlage** *f* election defeat; **~parole** *f* campaign (*od.* election) slogan; **~plakat** *n* election poster; **~plattform** *f* election platform; **~programm** *n* election platform (*od.* manifesto); **~propaganda** *f* election propaganda; **~recht** *n objektives*: electoral law; *aktives*: right to vote, franchise; *passives*: eligibility; ***allgemeines ~*** universal suffrage; **~rede** *f* electoral address.

Wählscheibe *f teleph.* dial.

Wahl|schwindel *m* vote-rigging; **~sieg** *m* election victory; **~sieger** *m* election winner, winner of the election(s); **~spruch** *m* motto; *pol.* election slogan; **~system** *n* electoral system; **~tag** *m* election day.

Wählton *m* dialling tone, *Am.* dial tone.

Wahl|urne *f* ballot box; ***zur ~ schreiten*** go to the polls; **~veranstaltung** *f* election rally; **~verfahren** *n* electoral procedure; **~verhalten** *n* voting (*od.* voter) patterns *pl.*; **~versammlung** *f* election meeting; **~versprechen** *n* campaign (*od.* election) pledge; **~verwandtschaft** *f* 🧪 *u. fig.* elective affinity; **~vorstand** *m* election committee.

wahlweise *adv.*: ***es gab ~ Fisch oder Fleisch*** there was a choice of fish or meat.

Wahlwiederholung *f teleph.* last number recall, *automatische*: automatic re-dial.

Wahn *m* delusion; (*Wahnsinn*) madness; (*Besessenheit*) mania; ***in e-m ~ befangen sein*** be labo(u)ring under a delusion; **~bild** *n* delusion; ⚕ hallucination.

wähnen *lit. v/t.* fancy, imagine; (*annehmen*) assume, think; ***ich wähnte ihn nebenan*** I took him to be next door.

Wahnidee *f* delusion; F crazy idea.
Wahnsinn *m* madness, insanity (*a. fig.*); ***dem ~ verfallen*** go insane (*od.* mad); ***es ist zwar ~, aber es hat Methode*** there's method in my *etc.* madness; F ***ja ~!*** amazing!, F blimey!, *sl.* get a load of that!; → ***hell*** I; **wahnsinnig I.** *adj.* mad, insane (*a. fig.*; ***vor*** with); *Angst, Schmerzen etc.*: terrible, F incredible; F (*unglaublich*) F incredible, *stärker*: F mind-boggling; ***~ werden*** go mad (*od.* insane); *fig.* ***er macht mich ~*** F he's driving me spare (*od.* potty, up the wall); **II.** F *fig. adv.* F incredibly; (*schrecklich*) *a.* dreadfully; ***~ verliebt*** madly in love; **Wahnsinnige(r** *m*) *f* madman (*f* madwoman); lunatic; ***wie ein Wahnsinniger*** like a maniac (*od.* lunatic).
Wahnsinns... F *in Zssgn oft* F incredible, *stärker*: *sl.* mind-blowing; **~idee** F *f* F crazy idea; **~tat** *f* act of madness.
Wahnvorstellung *f* delusion; idée fixe; ⚕ hallucination.
wahnwitzig *adj.* mad, insane.
wahr *adj.* true; (*wirklich*) *a.* real; (*ausgesprochen*) real, *formell*: veritable; ***et. ~ machen*** make s.th. come true, (*Drohung, Versprechen etc.*) carry out; ***~ werden*** come true; ***der ~e Grund*** the real reason; ***ein ~es Wunder*** a real (*od.* true) miracle; ***das ist e-e ~e Wohltat*** what a relief; ***ein ~es Glück, dass sie hier waren*** thank goodness they were here; ***davon ist kein Wort ~*** there's not a word of truth in it, *stärker*: F it's a pack of lies; ***das ist ein ~es Wort*** that's very true, never a truer word was spoken; ⚖ ***so ~ mir Gott helfe*** so help me God; ***so ~ ich hier stehe!*** I swear it, F I kid you not; ***was ~ ist, ist ~*** truth must out; ***das ist schon gar nicht mehr ~*** that was a long time ago; ***er kommt doch, nicht ~?*** he 'is coming, isn't he?; F ***das darf doch nicht ~ sein!*** I don't believe it; ***das ist nicht das 2e*** it's not the real thing (F real McCoy); ***es ist etwas 2es dran*** there's something in it, there's an element of truth in (*od.* to) it; → ***einzig*** II, ***Sinn.***
wahren *v/t.* (*aufrechterhalten*) preserve, maintain, (*a. Geheimnis*) keep; (*Interessen etc.*) look after, protect, safeguard; ***den Schein ~*** keep up appearances; → ***Form*** 10.
währen *v/i.* last; ***es währte nicht lange, da*** it wasn't long before.
während I. *prp.* during; in the course of; ***~ der Sitzung*** during the meeting; ***~ des Abendessens*** while we *etc.* were having dinner; **II.** *cj.* while; *Gegensatz*: *a.* whereas; ***~ er schlief, räumte ich auf*** while he slept (*od.* was asleep), I tidied up; ***noch ~ er sprach*** even as he was speaking; **~dessen** *adv.* in the meantime, meanwhile.
wahrhaben *v/t.*: ***er wollte es nicht ~*** he wouldn't believe it, he refused to accept it.
wahrhaft I. *adj.* true, real; **II.** *adv.* really.
wahrhaftig I. *adv.* really; (*allen Ernstes*) actually, honestly; ***er hat es ~ versucht*** he actually (*od.* honestly) tried to do it; **II.** *adj.* (*wahrheitsliebend*) truthful.
Wahrheit *f* truth; ***in ~*** in fact, in reality; ***um die ~ zu sagen*** to tell (you) the truth; ***er nimmt es mit der ~ nicht so genau*** he's not the most honest of people; F ***j-m die ~ sagen*** F give s.o. a piece of one's mind; → ***bleiben*** 2, ***Ehre, nackt, rein***[1] I.
Wahrheits|findung *f*: ***der ~ dienen*** help to establish the truth; **~gehalt** *m* truth (-fulness); **2gemäß I.** *adj.* true, truthful; **II.** *adv.* truthfully, in accordance with the facts; **2getreu I.** *adj.* true; *Nachbildung etc.*: *a.* faithful; **II.** *adv.* truthfully; *nachbilden etc.*: faithfully; **~liebe** *f* love of truth; **2liebend** *adj.* truth-loving; **~suche** *f* quest for the truth.
wahrlich *lit. adv.* really, indeed; (*sicher*) certainly, definitely; *bibl.* verily; ***es ist ~ kein Vergnügen*** *a.* it's no picnic(, I can tell you).
wahrnehmbar *adj.* discernible, perceptible, noticeable; **wahrnehmen** *v/t.* **1.** perceive; *optisch*: see, discern; *akustisch*: hear, register; *weitS.* (*merken*) notice; **2.** (*Gelegenheit*) seize, *formell*: avail o.s. of; (*Interessen*) look after, protect, safeguard; (*Termin*) observe, keep *an appointment*; (*Frist*) observe, keep to, F stick to *a deadline*; **Wahrnehmung** *f* **1.** (***sinnliche ~*** sense) perception; **2.** (*Sorge für et.*) care (*gen.* of); *der Interessen*: safeguarding *of interests*; **Wahrnehmungsvermögen** *n* perceptive faculty.
Wahrsagekunst *f*: ***die ~*** fortune-telling; **wahrsagen I.** *v/t.* prophesy; **II.** *v/i.* tell fortunes; ***j-m ~*** tell s.o.'s fortune; ***aus den Karten*** *etc.* ***~*** read the cards *etc.*; ***sich ~ lassen*** have one's fortune told; **Wahrsager(in** *f*) *m* fortune-teller.
wahrscheinlich I. *adv.* probably; ***~ hat sie es verloren*** she's probably lost it; ***~ wird er verlieren*** *a.* (the) chances are he'll lose; **II.** *adj.* probable, likely; (*glaubhaft*) plausible; **Wahrscheinlichkeit** *f* probability, likelihood; ***aller ~ nach*** in all probability, ***wird er siegen***: the odds are (*od.* it's odds on) that he will win; **Wahrscheinlichkeitsrechnung** *f* theory of probabilities, probability calculus.
Wahrung *f* maintenance; *von Interessen*: safeguarding, protection.
Währung *f* currency; → ***hart*** 1, ***weich.***
Währungs|abkommen *n* monetary agreement; **~ausgleichsfonds** *m* equalization fund; **~ausschuss** *m* monetary committee; **~block** *m* monetary bloc; **~einheit** *f* unit of currency; **~fonds** *m* monetary fund; ***Internationaler ~*** International Monetary Fund, IMF; **~gebiet** *n* currency area; **~krise** *f* monetary crisis; **~politik** *f* monetary policy; **~reform** *f* currency reform; **~reserven** *pl.* currency reserves; **~schlange** *f* *the* snake; **~schwankungen** *pl.* currency fluctuations; **~system** *n* monetary system; **~umstellung** *f* currency conversion; **~union** *f* monetary union.
Wahrzeichen *n* symbol; *e-r Stadt*: *a.* famous landmark; (*Emblem*) emblem.
Waise *f* orphan; **Waisenhaus** *n* orphanage; **Waisenkind** *n* orphan.
Wal *m* whale.
Walache *m*, **walachisch** *adj.* Wallachian.
Wald *m* wood(s *pl.*); (*großer ~*) forest (*a. fig.*); (*~fläche*) woodland; *fig.* ***er sieht den ~ vor lauter Bäumen nicht*** he can't see the wood for the trees; F ***ich glaub, ich steh im ~*** F well, blow me; ***wie man in den ~ hineinruft, so schallt es (wieder) heraus*** you get what you give; **~ameise** *f* red ant; **~arbeiter** *m* woodsman; **~bestand** *m* forest stand; **~brand** *m* forest fire; **~erdbeere** *f* wild strawberry; **~fläche** *f* wooded area, woodland; **~frevel** *m* offen|ce (*Am.* -se) against the forest laws; **~gebiet** *n* tract of forest; ***weite ~e*** huge tracts of forest; **~gegend** *f* wooded area, woodland; **~horn** *n* ♪ French horn.
waldig *adj.* wooded.
Wald|kauz *m* tawny owl; **~land** *n* woodland; **~lauf** *m* cross-country run; **~lehrpfad** *m* (forest) nature trail; **~meister** *m* ❦ woodruff.
Waldorf|salat *m* Waldorf salad; **~schule** *f* Rudolf Steiner school.
Wald|rand *m*: (***am ~*** at *od.* on the) edge of the forest; **~schäden** *pl.* forest damage *sg.*; **~sterben** *n* dying of forests, forest deaths *pl.* (*od.* dieback); **~-und--Wiesen-...** → ***Feld-Wald-und-Wiesen-...***
Waldung *f* wooded area, woodland, forest.
Waldwiese *f* forest glade.
Walfang *m* whaling; **Walfänger** *m* (*Schiff u. Mensch*) whaler; **Walfangflotte** *f* whaling fleet; **Walfisch** F *m* whale.
Walhall(a) *f myth.* Valhalla.
Waliser(in *f*) *m* Welshman (*f* Welsh woman); ***er ist Waliser*** *mst* he's Welsh; **walisisch** *adj.*, **Walisisch** *n ling.* Welsh.
walken *v/t.* (*Stoff*) full; (*Hüte*) felt; (*Leder*) mill.
Walkie-Talkie *n* walkie-talkie.
Walkman (*TM*) *m* personal stereo; Walkman (*TM*) (*pl.* Walkmans).
Walküre *f* Valkyrie.
Wall *m* (*Damm*) dam, embankment; (*Befestigung*) rampart; *fig.* bulwark.
Wallach *m* gelding.
wallen *v/i.* **1.** *Haar, Gewand*: flow; **2.** *Flüssigkeit*: simmer, bubble; *Meer*: surge; *Nebel*: sweep; *fig. Blut*: boil.
Waller *m* catfish.
wallfahren *v/i.* go on a pilgrimage; **Wallfahrer** *m* pilgrim; **Wallfahrt** *f* pilgrimage; **Wallfahrtskirche** *f* pilgrimage church; **Wallfahrtsort** *m* place of pilgrimage.
Wallgraben *m* moat.
Wallone *m*, **wallonisch** *adj.* Walloon.
Wallung *f* **1.** surge of emotion; ***j-n in ~ bringen*** make s.o.'s blood boil; **2.** ⚕ hot flush.
Walmdach *n* △ hip roof.
Walnuss *f* **1.** walnut; **2.** → **~baum** *m* walnut (tree); **2groß** *adj.* walnut-sized, *nachgestellt*: the size of a walnut.
Walpurgisnacht *f*: ***die ~*** Walpurgis night, Walpurgisnacht.
Walross *n* walrus.
walten *v/i.* (*herrschen*) rule; (*vorherrschen*) prevail; (*wirken*) be at work; ***Gnade*** (***Milde***) ***~ lassen*** show mercy (some leniency); ***Sorgfalt ~ lassen*** exercise proper care; ***Vernunft ~ lassen*** allow reason to prevail; → ***Gerechtigkeit*** 1, ***schalten*** 3.
Walzblech *n* sheet metal.
Walze *f* roller (*a. typ.*); ⩓ cylinder; ⚙ *a.* roll; *der Schreibmaschine*: platen; *der Drehorgel etc.*: barrel; **walzen I.** *v/t.* ⚙ roll (*a. Boden*); **II.** *v/i.* (*Walzer tanzen*) waltz (*a.* F *gehen*).
wälzen I. *v/t.* **1.** roll; ***in Mehl ~*** roll in flour, flour; ***in Ei und Mehl ~*** flour and egg; **2.** (*Bücher*) pore over; ***Probleme ~*** turn problems over in one's mind; ***die Schuld auf j-n ~*** shift the blame onto s.o.; **II.** *v/refl.*: ***sich ~*** roll; *im Dreck etc.*: *a.* wallow; *vor Schmerz*: writhe; *im Bett*: toss and turn, F thrash about; ***sich ~ durch*** (***entlang*** *etc.*) *Masse, Lawine etc.*: churn its way through (along *etc.*).
walzenförmig *adj.* cylindrical.
Walzer *m* waltz; ***~ tanzen*** (dance a) waltz.

Wälzer F *m* thick (*od.* heavy, huge) tome.

Walzer|musik *f* waltz music; **~schritt** *m* waltz step; **~takt** *m* waltz time.

Walz|stahl *m* rolled steel; **~werk** *n* rolling mill.

Wampe F *f* F paunch.

Wams *n* jacket; *hist.* doublet.

Wand *f* wall (*a. fig.*); (*Fels≈*) *a.* face; (*Wolken≈*) bank; (*Regen≈*) blanket; (*Schranke*) barrier; (*Seitenfläche*) side; **~ an ~** wall to wall; *fig.* ***in s-n eigenen vier Wänden*** within one's own four walls; ***j-n an die ~ drücken*** put s.o. in the shade; ***j-n an die ~ spielen*** steal the show (from s.o.), *Sport*: play s.o. into the ground; ***an die ~ stellen*** (*erschießen*) shoot (dead), execute; ***gegen e-e ~ von Vorurteilen anrennen*** come up against a wall of prejudice(s); ***die Wände haben Ohren*** walls have ears; ***wenn die Wände reden könnten*** if walls could speak; ***bei ihm redet man gegen e-e ~*** it's like talking to a brick wall (with him); F ***da wackelt die ~*** it sounds as if they're having a good time; ***er brüllte, dass die Wände wackelten*** he raised the roof with his shouting; ***es ist, um an den Wänden hochzugehen*** F it's enough to drive you up the wall; → ***Kopf, Teufel*** *etc.*

Wandale *m* **1.** *hist.* Vandal; ***wie die ~n*** like vandals; **2.** *fig. vandal*; **Wandalismus** *m* vandalism.

Wand|behang *m* wall hanging; **~bild** *n* wall painting, mural.

Wandel *m* change; ***der ~ der Zeiten*** changing times; ***im ~ der Zeiten*** in the course of time, through the ages; ***dem ~ unterliegen*** be subject to change; ***hier muss ~ geschaffen werden*** things can't go on like this any longer; **~anleihe** *f* † convertible loan.

wandelbar *adj.* changeable, variable.

Wandel|gang *m*, **~halle** *f* covered walk; *Kurbad*: pump room.

wandeln I. *v/refl.*: ***sich ~*** change; ***sich ~ in*** turn (in)to, *Person*: turn into; **II.** *v/t.* change (*a. Person*), alter; **III.** *v/i.* (*gehen*) walk, stroll; promenade; **wandelnd** *adj.*: ***~es Lexikon*** walking encyclop(a)edia.

Wandelobligation *f* † convertible bond.

Wander|arbeiter *m* migrant worker; **~ausstellung** *f* travel(l)ing exhibition; **~bücherei** *f* travel(l)ing library; **~bühne** *f* touring (F fit-up) company; **~bursche** *m* travel(l)ing journeyman; **~düne** *f* shifting sand dune.

Wanderer *m* wanderer; *bsd. sportlich*: hiker, rambler.

Wander|falke *m* peregrine falcon; **~in** *f* → ***Wanderer***; **~jahre** *pl.* (journeyman's) years of travel; **~kleidung** *f* hiking gear (*od.* outfit); **~leben** *n* vagrant (F gypsy) life.

wandern *v/i.* **1.** *in den Bergen etc.*: walk, hike; go on a walk (*od.* hike); **2.** (*umherstreifen*) rove; **3.** *fig. Vögel, Völker*: migrate; *Düne*: shift; *Wolken*: drift; *Niere*: float; *Blick, Gedanken*: roam, wander; ***in den Papierkorb*** (***ins Gefängnis*** *etc.*) ***~*** end up (*od.* land) in the waste-paper bin (in prison *etc.*).

Wander|niere *f* floating kidney; **~pfad** *m* hiking trail; **~pokal** *m* challenge cup; **~prediger** *m* itinerant preacher; **~preis** *m* challenge trophy.

Wanderschaft *f* travels *pl*; ***auf ~ gehen*** (***sein***) take to the road (be on one's travels).

Wanderschuhe *pl.* walking (*od.* hiking) shoes.

Wandersmann *m* wanderer.

Wander|stiefel *pl.* hiking boots; **~stock** *m* walking (*od.* hiking) stick; **~tag** *m* school (*od.* class) hike; **~trieb** *m* **1.** roving spirit; (*Fernweh*) wanderlust; **2.** *zo.* migratory instinct.

Wanderung *f* **1.** hike; ***e-e ~ machen*** go on a hike; **2.** (*Völker≈*) migration; **3.** *zo.* migration; *von Lachsen etc.*: ascent.

Wanderungsbewegungen *pl.* migration movements.

Wander|verein *m* rambling club; **~vogel** *m* **1.** bird of passage; **2.** *hist.* a) *German Youth Movement*, b) *member of the „Wandervogel"*; **3.** *fig.* rambler; **~weg** *m* hiking trail; **~wetter** *n* ideal weather for hiking (*od.* rambling); **~zirkus** *m* travel(l)ing circus.

Wand|fries *m* mural (*od.* wall) frieze; **~gemälde** *n* mural; **~haken** *m* wall hook; **~kalender** *m* wall calendar; **~karte** *f* wall map; **~lampe** *f* wall lamp.

Wandler *m* ⚡ converter.

Wandleuchte *f* wall lamp.

Wandlung *f* change, *a.* ⚡ transformation; *eccl.* transubstantiation; ⚖ nullification of a (*od.* the) sale, *Am. a.* redhibition; **wandlungsfähig** *adj.* capable of change; flexible, versatile; **Wandlungsfähigkeit** *f* flexibility, versatility.

Wand|malerei *f* mural painting; *konkret*: mural; **~pfeiler** *m* pilaster; **~schirm** *m* (folding) screen; **~schmiererei** *f a. pl.* graffiti; **~schrank** *m* built-in cupboard (*Am.* closet); *für Kleidung*: *Brit.* built-in wardrobe; **~tafel** *f* (black)board, *Am. a.* chalkboard; *weiße*: white board; **~teppich** *m* tapestry; **~uhr** *f* wall clock; **~verkleidung** *f* wall covering; *aus Holz*: panel(l)ing, wainscoting; **~zeitung** *f* wall newspaper.

Wange *f* **1.** cheek; **2.** ⚙ cheek; *e-r Treppe*: stringboard.

Wankelmotor *m* Wankel engine.

Wankelmut *m* fickleness, inconstancy; **wankelmütig** *adj.* fickle.

wanken *v/i.* **1.** stagger, *stärker*: reel; *im Stehen*: sway; *Boot*: rock; *Boden, Haus etc.*: sway; *fig. Thron etc.*: rock, totter; (*unentschlossen sein*) waver, falter, vacillate; ***ihm wankten die Knie*** his knees gave (way); ***ins ≈ geraten*** begin to sway (*od.* rock), *fig. Position etc.*: become shaky, *Person*: become unsure of o.s.; *fig.* ***ins ≈ bringen*** shake, rock; ***nicht ~ und nicht weichen*** not to budge (*od.* give) an inch.

wann *adv.* when; (***~ auch immer***) whenever; ***seit ~?*** how long?, since when?; ***bis ~?*** till when?, (for) how long?, *bei Termin etc.*: by when?; ***von ~ bis ~ war der Dreißigjährige Krieg?*** what are the dates of the Thirty Years' War?; ***von ~ bis ~ arbeitet ihr?*** what are your working hours?

Wanne *f* tub; (*Bade≈*) bath(tub); *mot.* (*Öl≈*) oil sump; **Wannenbad** *n* bath.

Wanst F *m* F paunch.

Wanze *f* **1.** bug, *Am.* bedbug; **2.** F (*Abhörgerät*) F bug.

Wappen *n* (coat of) arms *pl*; ***et. im ~ führen*** have (*od.* bear) s.th. on one's coat of arms; **~kunde** *f* heraldry; **~schild** *m* shield, escutcheon; **~spruch** *m* heraldic motto; **~tier** *n* heraldic animal.

wappnen *v/refl.*: ***sich ~*** steel o.s. (***gegen*** against); ***sich mit Mut*** *etc.* ***~*** muster up courage *etc.*; → ***gewappnet.***

Ware *f* product; *pl. a.* goods, commodities; ***beste ~*** best quality.

Waren|abkommen trade agreement; **~absatz** *m* sale of goods; **~angebot** *n* range of items (for sale); **~ausfuhr** *f* export of goods; **~automat** *m* vending machine; **~bestand** *m* stock on hand; **~börse** *f* commodity exchange; **~einfuhr** *f* import of goods.

Warenhaus *n* department store; **~diebstahl** *m* shoplifting; **~konzern** *m* department store chain.

Waren|korb *m Verbraucherstatistik*: sample of goods; **~lager** *n* **1.** (*Raum*) warehouse; **2.** → ***Warenbestand***; **~probe** *f* sample; **~sendung** *f* consignment of goods; *Post*: trade sample; **~sortiment** *n* line of goods; **~test** *m* product test; **~umsatz** *m* goods turnover; **~umschlag** *m* movement of goods; **~verzeichnis** *n* inventory, list of goods; **~zeichen** *n* trademark.

warm I. *adj.* warm (*a. fig. Worte, Empfang etc.*); *stärker, a. Speisen, Farben etc., a.* ⚙: hot; F (*homosexuell*) F gay, *contp.* F queer (*a.* ***~er Bruder***); *Miete*: *rent* including heating; ***mir ist ~*** I feel (*od.* I'm) warm, I'm getting hot; ***schön ~*** nice and warm; ***sich ~ halten*** keep warm; ***~ machen*** warm (up); ***~ werden*** warm up; ***das Essen ~ machen*** heat up the meal (*od.* food); ***sich ~ laufen*** do a warm-up run, warm up; *fig.* ***ihm wurde ~ ums Herz*** it made him feel all warm inside, F *hum.* it warmed the cockles of his heart; ***er wird nur langsam ~*** it takes him a while to warm up (*od.* to come out of his shell); ***ich kann nicht mit ihm ~ werden*** I can't warm to him; ***weder ~ noch kalt*** neither fish nor fowl; **II.** *adv. fig.* warmly; ***sich ~ anziehen*** dress warmly, *fig.* be prepared for the worst; *fig.* ***j-m et. wärmstens empfehlen*** warmly recommend s.th. to s.o.

Warm|blüter *m zo.* warm-blooded animal; **~duscher** F *contp. m* wimp, *Brit. a.* big girl's blouse.

Wärme *f* warmth (*a. fig.*); *phys.* heat; **~abgabe** *f* loss of heat; **~ausdehnung** *f* thermal expansion; **~austausch** *m* heat exchange; **~austauscher** *m* heat exchanger; **~behandlung** *f* heat treatment; **~belastung** *f Umwelt*: thermal pollution; **≈beständig** *adj.* heat-resistant; **~dämmung** *f* heat (*od.* thermal) insulation; **~einheit** *f* thermal (*od.* caloric) unit; **~gewitter** *n* heat thunderstorm; **~grad** *m* degree of heat; **~isolierung** *f* heat (*od.* thermal) insulation; **~lehre** *f* thermodynamics *pl.* (*sg. konstr.*); **~leiter** *m* heat conductor.

wärmen I. *v/t.* warm (up), heat (up); ***sich die Füße ~*** warm one's feet; **II.** *v/i.*: ***gut ~*** *Heizkörper*: give off plenty of heat; ***Wolle wärmt*** wool keeps you warm; ***Alkohol wärmt*** alcohol warms you up; **III.** *v/refl.*: ***sich ~*** warm up (***am Feuer*** in front of the fire).

Wärme|pumpe *f* heat pump; **~regler** *m* thermostat; **~schutz** *m um Rohre, in Boiler etc.*: lagging; **~speicher** *m* heat accumulator; **~stau** *m* buildup of heat; ⚕ hyperthermia; **~strahlung** *f* heat radiation; **~technik** *f* heat technology; **~verlust** *m* heat loss; **~wirkungsgrad** *m* thermal efficiency.

Wärmflasche *f* hot-water bottle.

warm halten *fig. v/t.*: ***sich j-n ~*** keep in with s.o.; **Warmhalteplatte** *f* plate warmer, hotplate, hot server.

W

warmherzig *adj.* warmhearted.
warm laufen *v/i.* run hot; *mot.* ***~ lassen*** warm up.
Warmluft|front *f* warm front; **~heizung** *f* hot-air heating.
Warmmiete *f* rent including heating.
Warmstart *m Computer*: warm start.
Warmwasser|bereiter *m* water heater; **~hahn** *m* hot-water tap; **~heizung** *f* hot-water heating (system); **~speicher** *m* hot-water tank; **~versorgung** *f* hot-water supply.
Warn|anlage *f* warning device; **~blinkanlage** *f mot.* warning flasher; **~dienst** *m* warning service; **~dreieck** *n mot.* warning triangle.
warnen I. *v/t.* warn (**vor** about, of); ***j-n davor ~ zu*** *inf.* warn s.o. against *ger.*, warn s.o. not to *inf.*; ***ich warne dich*** I warn you, *drohend*: I'm warning you; ***du bist gewarnt*** you've been warned; F ***j-n rechtzeitig ~*** (*Bescheid geben*) let s.o. know in advance (*od.* in good time), give s.o. plenty of warning; F ***keiner hat mich gewarnt*** *a.* I had no idea; **II.** *v/i.* warn (**vor** against); ***davor ~ zu*** *inf.* warn against *ger.*; ***vor Taschendieben wird gewarnt*** beware pickpockets; **warnend I.** *adj.* warning; **II.** *adv.*: ***s-e Stimme ~ erheben*** raise one's voice in warning.
Warn|leuchte *f*, **~licht** *n* warning light; **~ruf** *m* warning cry; **~schild** *n* danger sign; **~schuss** *m* warning shot (*a. fig.*); ***e-n ~ abgeben*** fire a warning shot; **~signal** *n* warning signal; **~streik** *m* token (*od.* warning) strike.
Warnung *f* warning; ***ohne ~ schießen*** shoot without warning; ***lass dir das e-e ~ sein*** let that be a warning to you.
Warnzeichen *n* warning sign.
Warte *f* vantage point (*a. fig.*); *fig.* ***von m-r ~ aus gesehen*** from my point of view.
Warte|halle *f* waiting room; ✈ departure lounge; **~häuschen** *n* shelter, *Bushaltestelle*: bus shelter; **~liste** *f* waiting list; ***auf der ~ stehen*** be on the waiting list.
warten[1] *v/i.* wait (**auf** for); ***j-n ~ lassen*** keep s.o. waiting; ***worauf*** (F ***auf was***) ***~ wir noch?*** what are we waiting for?; ***kann es noch ein bisschen ~?*** can it wait a bit?; ***mit dem Essen auf j-n ~*** keep dinner waiting for s.o.; ***nicht mit dem Essen auf j-n ~*** start eating without s.o.; ***lange auf sich ~ lassen*** be a long time (in) coming; ***nicht lange auf sich ~ lassen*** not to be long (in) coming; ***warte mal!*** just (*od.* wait) a minute!, F hang on!; ***na, warte!*** just you wait!; ***da kannst du lange ~*** you've got a long wait coming, you could be in for a long wait; *iro.* ***auf dich*** (***darauf***) ***haben wir gerade noch gewartet*** you're (that's) all we needed; ***darauf habe ich gewartet*** I was just waiting for it (to happen), I could see it coming.
warten[2] *v/t.* ⚙ service.
Wärter *m* attendant; (*Wächter*) guard; (*Gefängnis≈*) warder, *Am.* guard; (*Tier≈*, *Leuchtturm≈*) keeper; → **Bahnwärter** *etc.*
Warte|raum *m*, **~saal** *m* waiting room; **~schlange** *f* queue, *bsd. Am.* line; **~schleife 1.** ***~n ziehen*** circle (the airport), be in a holding pattern; *fig.* ***sich in der ~ befinden, e-e ~ durchlaufen*** be on the waiting list, have been put on hold; **2.** F (*alle Flugzeuge in ~*) F stack; **~zeit** *f* waiting period; ***e-e lange ~*** a long wait; **~zimmer** *n* waiting room; **~zone** *f auf Behörden etc.*: waiting area.
Wartung *f* ⚙ maintenance, servicing.
Wartungs|anleitung *f* service manual; **~arbeit** *f* maintenance work; **≈arm** *adj.*: ***~er Wagen*** *etc.* low-maintenance car *etc.*; **≈frei** *adj.* ⚙ maintenance-free; **~personal** *n* maintenance staff (*mst pl. konstr.*); **~techniker** *m* service engineer.
warum *adv.* why; ***ich weiß nicht ~*** I don't know why; ***~ bloß?*** but why?; ***~ wohl?*** I wonder why; ***nach dem ≈ fragen*** ask (the question) why.
Warze *f* wart; (*Brust≈*) nipple; *zo.* teat; **Warzenschwein** *n* warthog.
was I. *interrog. pron. u. int.* what (*a.* F *für wie bitte?*); ***~ für*** (***ein***) ***...?*** what sort of ...?; ***~ für*** (***ein***) ***...!*** what *nonsense etc.*, what a *noise etc.*; ***~ kostet das?*** how much is it?; F ***~*** (*warum*) ***muss er lügen?*** why does he have to lie?; ***~ weiß ich*** how should I know, F search me; ***~ haben wir gelacht!*** what a laugh we had; ***~ ist das doch schwierig*** this is so hard; **II.** *rel. pron.* (*das was*) what; ***alles, ~ er weiß*** everything he knows; *den Inhalt des vorhergehenden Satzes aufnehmend*: which, *z.B.* ***~ ihn völlig kalt ließ*** which left him cold; ***~ auch immer*** whatever (*a. am Satzende*), no matter what; ***~ ihn betrifft*** as for him; **III.** F *indef. pron.* (*etwas*) something *bad, good, else etc.*; ***~ Neues?*** any news?, anything new?; ***das ist ~ anderes*** that's different; ***na, so ~*** *bsd. iro.* well I never; ***~ du nicht sagst!*** you don't say!; ***hat man so ~ schon gesehen?*** did you ever see the likes of it?; ***ich will dir ~ sagen*** I'll tell you something, *bsd. drohend*: I'll tell you what; ***schäm dich ~!*** you ought to be ashamed of yourself.
Wasch|anlage *f mot.* **1.** car wash; **2.** (*Scheiben≈*) windscreen (*Am.* windshield) washer; **~anleitung** *f* washing instructions *pl.*; **~automat** *m* washing machine, *Am.* washer.
waschbar *adj.* washable, *Farbe*: fast.
Wasch|bär *m* rac(c)oon, *Am. a.* F coon; **~becken** *n* washbasin; **~beutel** *m* sponge (*od.* toilet) bag; **~brett** *n* washboard; **~brettbauch** *m* washboard stomach (*od.* belly, F abs), F rippling abs, F six-pack (of steel).
Wäsche *f* washing, laundry; (*Tisch≈*, *Bett≈*) (table and bed) linen; (*Unter≈*) underwear; (*das Waschen*) wash; ***große ~*** washday; ***in der ~*** in the wash, being washed, *in der Wäscherei*: at the laundry; ***die ~ wechseln*** put on fresh underwear, change one's (under)pants; *fig.* ***schmutzige ~ waschen*** wash one's dirty linen in public; F ***da hat er aber dumm aus der ~ geguckt*** you should have seen his face; F ***j-m an die ~ gehen*** (*sexuell*) F paw s.o., (*angreifen*) F lay into s.o.; **~beutel** *m* laundry bag.
waschecht *adj.* colo(u)rfast, *Farbe*: fast; F *fig.* genuine, true-blue, *nachgestellt*: to the bone.
Wäsche|geschäft *n* lingerie shop; **~klammer** *f* clothes peg, *Am.* clothespin; **~korb** *m* laundry (*od.* linen) basket; **~leine** *f* clothesline.
waschen I. *v/t.* wash (*a.* ⚒, *metall.*); *in der Wäscherei*: *a.* launder; (*Gold etc.*) pan; F *fig.* (*illegal erworbenes Geld*) launder; **II.** *v/refl.*: ***sich ~*** wash o.s., (have a) wash; ***es wäscht sich leicht*** it washes easily; F *fig.* ***e-e Ohrfeige*** (***e-e Kritik*** *etc.*), ***die sich gewaschen hat*** F a nasty blow (piece of criticism *etc.*).
Wäscher *m metall.* washer; (*Gold≈*) panner; **Wäscherei** *f* **1.** laundry; **2.** (*Waschsalon*) laund(e)rette, *bsd. Am.* laundromat; **Wäscherin** *f* washerwoman, laundress.
Wäsche|sack *m* laundry bag; **~schleuder** *f* spin drier; **~schrank** *m* linen cupboard (*Am.* closet); **~spinne** *f* telescopic clothesline; **~sprenger** *m* spray bottle; **~ständer** *m* clothes horse; **~tinte** *f* marking ink; **~trockner** *m* tumble drier; **~zeichen** *n* linen mark.
Wasch|frau *f* washerwoman; **~gang** *m* cycle, wash; **~gelegenheit** *f* washing facilities *pl.*; **~küche** *f* **1.** washhouse; **2.** F (*dichter Nebel*) F peasouper; **~lappen** *m* **1.** flannel, *Am.* washcloth; **2.** F *fig.* (*Schwächling*) F drip, wimp; **~leder** *n* chamois (leather); **~maschine** *f* washing machine, *Am.* washer; **≈maschinenfest** *adj.* machine-washable; **~mittel** *n*, **~pulver** *n* washing powder; **~programm** *n* washing program(me); **~raum** *m* washroom; **~salon** *m* laund(e)rette, *bsd. Am.* laundromat; **~straße** *f mot.* car wash; **~tag** *m* washday.
Waschung *f* washing; *bsd.* ⚕, *eccl.* ablution.
Wasch|vollautomat *m* fully automatic washing machine (*Am.* washer); **~wasser** *n* washing water; **~weib** *fig. n* (old) gossip; **~zettel** *m im Buch etc.*: blurb; **~zeug** *n* washing things *pl.*; **~zwang** *m* obsessional washing, 🕮 ablutomania.
Wasser *n* water (*a.* ⚕); ***fließendes*** (***stehendes***) ***~*** running (stagnant) water; ***~ lassen*** pass water, urinate; ***zu ~ und zu Land*** by land and by water; ***unter ~ setzen*** flood; ***unter ~ stehen*** be under water, be flooded; ***ins ~ gehen*** go into the water, *fig.* drown o.s.; *fig.* ***ein Berliner reinsten ~s*** a Berliner born and bred; ***ein Edelstein reinsten ~s*** a stone of the first water; ***das ist ~ auf s-e Mühle*** that's grist to his mill; ***ins ~ fallen*** *Pläne etc.*: fall through (*od.* flat); ***sich über ~ halten*** keep one's head above water; ***j-n über ~ halten*** *über e-e schwierige Zeit*: tide s.o. over; ***das läuft an ihm ab wie ~*** *Vorwurf etc.*: it's like water off a duck's back; ***das ist ja ~ in ein Sieb schöpfen*** it's a complete waste of time; ***sie hat nahe am ~ gebaut*** tears come easily to her; ***bis dahin fließt noch viel ~ den Bach hinunter*** that's a long way off yet; ***die kochen auch nur mit ~*** they're no different from anybody else; ***da läuft einem das ~ im Munde zusammen*** it makes your mouth water; ***er kann ihr nicht das ~ reichen*** he's not a patch on her, he can't hold a candle to her; ***er ist mit allen ~n gewaschen*** he knows every trick in the book; → ***still, Schlag*** 1 *etc.*
wasserabstoßend, Wasser abstoßend, wasserabweisend, Wasser abweisend *adj.* water-repellent.
Wasser|ader *f* water vein; **≈arm** *adj.* (*dürr*) arid; **~aufbereitung** *f* (waste) water treatment; **~aufbereitungsanlage** *f* (waste) water treatment plant; **~bad** *n gastr.* bain-marie; *phot.* water bath; **~ball** *m* **1.** beach ball; **2.** water polo (ball); **3.** → **~ballspiel** *n* water polo; **~bau** *m* hydraulic engineering; **~bett** *n* water bed; **~blase** *f* ⚕ blister; 🕮 vesicle; **≈blau** *adj.* clear blue; **~bom-**

W

be *f* depth charge; **~burg** *f* moated castle.

Wässerchen *n*: *fig.* ***er sah so aus, als könne er kein ~ trüben*** he looked as if butter wouldn't melt in his mouth.

Wasser|dampf *m* steam; **2dicht** *adj.* waterproof; ⚙, ⚓ *a.* watertight; ***~ machen*** waterproof; **~druck** *m* hydraulic pressure; **~eimer** *m* bucket, pail; **~enthärter** *m* water softener; **~fahrzeug** *n* watercraft (*a. pl.*), waterborne vehicle, vessel; **~fall** *m* waterfall; *großer*: falls *pl.*; (*Kaskade*) cascade; *fig.* ***er redete wie ein ~*** he wouldn't stop talking, he just went on and on; **~farbe** *f* water colo(u)r; **2fest** *adj.* waterproof; **~flasche** *f* water bottle; **~fleck** *m* water stain; **~floh** *m* water flea; **~flugzeug** *n* seaplane; **~gehalt** *m* water content; **~geist** *m* water spirit; **2gekühlt** *adj.* water-cooled; **~geld** *n* water rate; **~glas** *n* ⚗ water glass; (*Trinkglas*) tumbler; → ***Sturm***; **~graben** *m* ditch; *Sport*: water jump; **~hahn** *m* tap, *Am.* faucet.

wasserhaltig *adj.* ⚗ aqueous, hydrous; ***~ sein*** contain water.

Wasser|härte *f* water hardness; **~haushalt** *m* **1.** water resources *pl.*; **2.** *physiol.* water balance; **~heilkunde** *f* hydrotherapy; **~huhn** *n* coot.

wässerig *adj.* watery; *fig.* ***j-m den Mund ~ machen*** make s.o.'s mouth water (***nach*** for), *weitS.* (*für et. interessieren*) F get s.o. all keen (on) *od.* excited (about).

Wasser|kessel *m* kettle; ⚙ boiler; **~klosett** *n* water closet; **~knappheit** *f* water shortage; **~kocher** *m Gerät*: (jug) kettle; ***elektrischer ~*** (electric) (jug) kettle; **~kopf** *m* **1.** hydrocephalus; ***e-n ~ haben*** have water on the brain; **2.** *fig.* (*Verwaltung*) bloated bureaucracy; **~kraft** *f* water power; **~kraftwerk** *n* hydroelectric power plant; **~kreislauf** *m* water (*od.* hydrological) cycle; **~kühlung** *f* water cooling (system); ***mit ~*** water-cooled; **~kur** *f* water cure; **~lache** *f* pool of water; **~lauf** *m* watercourse; **~leiche** *f* drowned corpse; **~leitung** *f* water pipe(s *pl.*); **~lilie** *f* water lily; **~linie** *f* ⚓ water line; **~loch** *n* water hole; **2löslich** *adj.* (water-)soluble; **~mangel** *m* water shortage; **~mann** *m* **1.** (*Sternzeichen*) Aquarius, *the* Water Bearer (*od.* Carrier); ***(ein) ~ sein*** be (an) Aquarius, be an Aquarian; **2.** *myth.* water sprite; **~melone** *f* water melon; **~mühle** *f* water mill.

wassern *v/i.* ✈ touch down on water; *Raumkapsel*: splash down.

wässern *v/t.* water; (*Felder etc.*) irrigate; (*einweichen, a. gastr. Heringe etc.*) soak; *phot.* rinse.

Wasser|nixe *f myth.* water nymph; mermaid; **~nymphe** *f myth.* water nymph; **~oberfläche** *f* surface of the water (*od.* lake, sea *etc.*); **~pfeife** *f* water pipe; **~pflanze** *f* aquatic plant; **~pistole** *f* water pistol; **~polizei** *f* → ***Wasserschutzpolizei***; **~rad** *n* water wheel; **~ratte** *f* water rat; *fig.* keen swimmer; ***e-e ~ sein*** love the water, swim like a fish; **2reich** *adj. Gegend etc.*: with plenty of water (resources); **~reserven** *pl.* water reserves; **~rinne** *f* gutter; **~rohr** *n* water pipe; **~rutschbahn** *f*, **~rutsche** *f* water slide; **~schaden** *m* water damage; **~scheide** *f* watershed, *Am.* divide; **2scheu** *adj.* scared (*od.* frightened, afraid) of water, 🕮 hydrophobic; **~schildkröte** *f* turtle; **~schlange** *f* water snake; **~schlauch** *m* hose; **~schloss** *n* moated castle; castle in a lake; **~schutzgebiet** *n* water reserve; **~schutzpolizei** *f* river police; *im Hafen*: harbo(u)r police; **~ski**[1] *m* water ski; **~ski**[2] *n* (*Sport*) water skiing; ***~ fahren*** water-ski, go water-skiing; **~speier** *m* gargoyle; **~spiegel** *m* surface of the water; (*Stand*) water level; **~sport** *m* water sports *pl.*; **~spülung** *f* flush; (*Anlage*) cistern; **~stand** *m* water level; **~standsanzeiger** *m* water ga(u)ge; **~stelle** *f* watering place.

Wasserstoff *m* ⚗ hydrogen; **2blond** F *adj.* peroxide (blonde); **~bombe** *f* hydrogen bomb, H-bomb; **~peroxid** *n* hydrogen peroxide.

Wasser|strahl *m* jet of water; **~straße** *f* waterway, canal; ***die ~n Frankreichs*** *etc.* the canals and waterways of France *etc.*; **~sucht** *f* ⚕ dropsy; **~tier** *n* aquatic animal; **~träger** *m* water carrier; F *fig.* dogsbody.

wassertreibend, Wasser treibend I. *adj.* diuretic; **II.** *adv.*: ***~ wirken*** have a diuretic effect.

Wasser|tropfen *m* drop of water; **~turm** *m* water tower; **~uhr** *f* **1.** *hist.* water clock; **2.** → ***Wasserzähler.***

Wasserung *f* ✈ touchdown on water; *e-r Raumkapsel*: splashdown.

Wässerung *f* watering; *von Feldern etc.*: irrigation; (*Einweichen, a. gastr. von Heringen etc.*) soaking; *phot.* rinsing, rinse.

Wasser|verbrauch *m* water consumption; **~verdrängung** *f* (water) displacement; **~verschmutzung** *f* water pollution; **~versorgung** *f* water supply; **~vogel** *m* waterbird, *pl. a.* water fowl (*pl.*); **~vorrat** *m* water supply; **~waage** *f* spirit level, *Am.* level; **~weg** *m* waterway; ***auf dem ~*** by water; **~welle** *f* (*Frisur*) water wave; **~werfer** *m a. pl.* water cannon; **~werk(e** *pl.*) *n* waterworks *pl.* (*oft sg. konstr.*); **~wirtschaft** *f* water supply and distribution; **~zähler** *m* water meter; **~zeichen** *n* watermark.

wässrig *adj.* → ***wässerig.***

waten *v/i.* wade.

Waterkant *f* coast.

Waterloo *n*: *fig.* ***sein ~ erleben*** meet one's Waterloo.

Watsche(n) *dial. f* F clip round the ears.

watscheln *v/i.* waddle.

watschen *dial. v/t.* F give (*s.o.*) a clip round the ears.

Watschenmann F *fig. m* scapegoat, F fall guy.

Watt[1] *n* ⚡ watt.

Watt[2] *n geol.* mud flats *pl.*

Watte *f* cotton wool, *Am.* cotton; F *fig.* ***j-n in ~ packen*** handle s.o. with kid gloves, (*verwöhnen*) mollycoddle s.o.; **~bausch** *m* cotton-wool (*Am.* cotton) swab.

Wattenmeer *n* mud flats *pl.*

Wattestäbchen *n* cotton bud.

wattieren *v/t.* pad, line with wadding; (*Futter*) quilt; **Wattierung** *f* padding.

Watt|stunde *f* watt hour; **~zahl** *f* wattage.

Watvogel *m* wader.

wau wau *int.* bow-wow, woof-woof.

Wauwau *m* bow-wow, doggie.

WC *n* toilet, *Am. a.* bathroom, restroom; **~-Becken** *n* toilet bowl; **~-Bürste** *f* toilet brush; **~-Ente** *f zur Reinigung*: toilet duck; **~-Reiniger** *m* toilet cleaner; **~-Sitz** *m für Kleinkinder*: (toddler) trainer seat.

Web *n* (*Internet*) Web; **~designer(in** *f*) *m Internet*: Web designer.

weben I. *v/t. u. v/i.* weave; **II.** *fig. v/refl.*: ***sich ~ um*** *Legenden etc.*: grow up around; **Weber** *m* weaver; **Weberei** *f* weaving; (*Fabrik*) weaving mill; **Weberin** *f* weaver; **Weberknecht** *n zo.* daddy longlegs; **Weberschiffchen** *n* shuttle.

Web|fehler *m* flaw; F *fig.* ***e-n ~ haben*** F have a screw loose (somewhere), be slightly cracked; **~kante** *f* selvage.

Web|-Seite *f Internet*: Web page; **~site** *f Internet*: Web site.

Webstuhl *m* loom.

Wechsel *m* **1.** change; (*Tausch*) exchange; (*Aufeinanderfolge*) *mehrerer Dinge*: succession, *zweier Dinge*: alternation; 🌾 (*Saat2*) rotation; (*Schwankung*) fluctuation; *in Regierung etc.*: changeover; *Sport*: (*Stab2*) (baton) change, (*Seiten2*) change of ends, (*Spieler2*) substitution, *Eislauf*: crossing; (*Wild2*) runway, trail, game pass; ***~ der Jahreszeiten*** changing (*od.* rotating) seasons; ***~ von Tag und Nacht*** alternation of day and night; ***in buntem ~*** in motley succession; **2.** ☤ bill (of exchange); (*Am. im Inland zahlbarer ~*; *Brit. Bank2*) draft; (*monatliche Geldzuwendung*) allowance; ***e-n ~ ausstellen*** draw (*od.* issue) a bill.

Wechsel|automat *m* change machine (*od.* dispenser); **~bad** *n* hot and cold baths *pl.*; *fig.* ***durch ein ~ der Gefühle gehen*** be up one minute, down the next; ***j-n e-m ~ aussetzen*** blow hot and cold towards s.o.; **~bank** *f* discount house; **~beziehung** *f* interrelation; ***in ~ stehen mit*** be correlated with; **~bürge** *m* bill surety; **~bürgschaft** *f* bill guaranty; **~dusche** *f* hot and cold shower; **~fälle** *pl.* vicissitudes, F ups and downs; ***die ~ des Lebens*** life's vicissitudes, the vicissitudes (F ups and downs) of life; **~fälschung** *f* forgery of bills; **~geld** *n* change; ***~ bekommen*** *a.* get (some) money back; **~gesang** *m* responsory; **~gespräch** *n* dialog(ue); **~getriebe** *n* ⚙ change(-speed) gearbox, *Am.* transmission.

wechselhaft *adj.* changeable.

Wechsel|jahre *pl.* menopause *sg.*, climacteric *sg.*, change of life *sg.*; ***in den ~n sein*** be going through the menopause (*od.* change of life, one's climacteric); ***in die ~ kommen*** reach menopause; ***Männer (Frauen) in den ~n*** men (women) at the menopause; ***die ~ des Mannes*** the male menopause; **~kredit** *m* acceptance credit; (*Diskontkredit*) discount credit; **~kurs** *m* exchange rate, rate of exchange; **~kursparität** *f* exchange rate parity; **~kursschwankungen** *pl.* exchange rate fluctuations.

wechseln I. *v/t.* change (*a. Öl, Reifen etc.*); (*austauschen, a. Schläge, Worte etc.*) exchange; (*Geld*) change, (*Währung*) (ex)change; (*ab~* [*lassen*]) alternate; ***Geld ~*** (*in Kleingeld*) get (some) change; ***Dollar in D-Mark ~*** change dollars into deutschmarks; ***die Fahrbahn ~*** change (*od.* switch) lanes; ***die Kleider ~*** change (one's clothes); ***das Hemd*** *etc.* ***~*** put on a clean shirt *etc.*; ***die Schuhe ~*** put on another pair of shoes; ***Unterwäsche zum 2*** a change of underwear; ***den Arbeitsplatz (Arzt) ~*** change jobs (doctors), find another job (go to another doctor); ***die Schule ~*** change (*od.* switch) schools; ***die Partei ~*** go over to another party, join the other side; ***Briefe mit j-m ~*** correspond with s.o.; ***ein paar***

Worte mit j-m ~ have (*od.* exchange) a few words with s.o.; ***die Wohnung ~*** move (house), move to another house; ***das Zimmer ~*** change rooms, move to another room; ***sie wechselten Blicke*** they exchanged glances; → ***Besitzer, Thema*** *etc.*; **II.** *v/i.* change; (*verschieden sein, ab~*) vary; *Wild*: pass; ***~ in*** (*od.* ***nach*** *etc.*) switch (over) to, move to; ***kannst du ~?*** (*hast du Kleingeld?*) can you change this?, have you got change for this?; **wechselnd** *adj.* varying; changeable; ***mit ~em Erfolg*** with varying degrees of success; → ***Bewölkung.***

Wechsel|nehmer *m* payee (of a bill); **~rahmen** *m* interchangeable picture frame; **~reiterei** *f* bill jobbing, F kite flying; **~schalter** *m* ϟ changeover switch; **~schuld** *f* bill debt; **~schuldner** *m* bill debtor.

wechselseitig *adj.* (*beiderseitig*) mutual; (*gegenseitig*) *a.* reciprocal; **Wechselseitigkeit** *f* reciprocity.

Wechselspiel *n* interplay.

Wechselsprechanlage *f* intercom system.

Wechselstrom *m* alternating current (*abbr.* AC); **~erzeuger** *m* alternator.

Wechsel|stube *f* exchange booth, bureau de change; **~tierchen** *n* am(o)eba; **~verhältnis** *n* interrelation(ship).

wechselvoll *adj.* varied, eventful; ***~e Laufbahn*** chequered (*Am.* checkered) career.

Wechselwähler *m* floating voter.

wechselweise *adv.* alternately, in turn.

Wechselwirkung *f* interaction.

Wechsler *m* **1.** → ***Wechselautomat***; **2.** (*Person*) moneychanger; **3.** (*Platten≈*) record changer.

Wechte *f* (snow) cornice.

Weckdienst *m* alarm call service; **wecken I.** *v/t.* wake (up), F give *s.o.* a call; (*aufstören*) rouse (*a. fig.*); *fig.* (*Erinnerungen*) awaken, (*a. Gefühle*) stir up; **II.** ≈ *n* **1.** ⚔ reveille; **2.** ***nach dem ~*** after you've *etc.* been woken up; **Wecker** *m* alarm clock; F *fig.* ***j-m auf den ~ gehen*** get on s.o.'s nerves (F wick); **Weckruf** *m* early morning call; alarm call.

Wedel *m* (*Staub≈*) feather duster; ♣ frond; *zo.* (*Schwanz*) tail, brush; **wedeln** *v/i. Hund etc.*: wag (***mit dem Schwanz*** its tail); *Skisport*: wedel; ***mit et. ~*** wave s.th.

weder *cj.*: ***~ ... noch*** neither ... nor; ***er rief ~ an, noch schrieb er*** he neither phoned nor wrote; he didn't phone, (and) nor did he write; ***er zeigt ~ Talent noch Begeisterung*** he hasn't got (either) talent or enthusiasm, he has neither talent nor enthusiasm; *haben Sie die Aufnahme mit Bernstein oder Solti?* - ***~ noch*** neither, I'm afraid.

weg *adv.* away; (*weggegangen sein, verloren*) gone; (*nicht zu Hause*) not in; ***m-e Uhr ist ~*** my watch is (*od.* has) gone; *der Zug, die Maschine etc.* ***ist schon ~*** has (already) left; ***~ da!*** get away!; ***~ damit!*** take it away!; ***Finger*** (*od.* ***Hände***) ***~!*** hands off!; F ***ich muss ~*** I must be off; F ***nichts wie ~!*** F let's get out of here, *sl.* scram!; F ***~ sein*** (*bewusstlos*) be out (for the count), *nach Alkohol*: F be gone, (*geistesabwesend*) F be miles away, be away with the fairies; F ***ganz ~ sein*** (*begeistert*) F be thrilled to bits, be over the moon; ***ich bin darüber ~*** I've got over it, I'm over it; → ***Fenster.***

Weg *m* way (*a. Richtung, fig. Art und Weise*); (*Pfad*) path (*a. fig.*); (*Reise≈*) route; (*Gang*) walk; (*Besorgung*) errand; (*~ zum Ziel*) course; ***am ~e*** by the wayside; ***auf dem ~(e)*** on the way; ***das liegt auf m-m ~*** that's on my way, I'll be passing (by) there on my way (home *etc.*); ***j-m über den ~ laufen*** run (*od.* bump) into s.o.; ***sich auf den ~ machen*** set off; ***j-n nach dem ~ fragen*** ask s.o. the way; ***j-m e-n ~ abnehmen*** spare s.o. the trip; ***j-m et. mit auf den ~ geben*** give s.o. s.th. to take along; ***aus dem ~(e) gehen*** get out of the way, step aside, *fig.* steer clear (*gen.* of); ***et. aus dem ~(e) schaffen*** *a. fig.* get rid of s.th.; ***j-m im ~ stehen*** *a. fig.* be in s.o.'s way; ***j-m in den ~ treten*** bar s.o.'s way, *fig.* get in s.o.'s way; *fig.* ***auf schriftlichem ~(e)*** in writing; ***auf gesetzlichem ~(e)*** legally, by legal means; ***auf diplomatischem ~(e)*** through diplomatic channels; ***der*** (***auf dem***) ***~ zum Erfolg*** (on) the road to success; ***auf dem ~(e) der Besserung*** on the road to recovery; ***auf dem besten ~(e) sein zu*** *inf.* be well on the way to *ger.*, ***sich zu ruinieren***: be heading for disaster; ***auf diesem ~(e)*** this way; ***auf dem richtigen ~(e) sein*** be on the right track; ***j-n auf den richtigen ~ bringen*** put s.o. back on the straight and narrow; ***s-e eigenen ~e gehen*** go one's own way(s), F do one's own thing; ***e-r Frage*** (***Entscheidung***) ***aus dem ~(e) gehen*** evade a question, avoid the issue (avoid making a decision); *j-m od. e-r Sache* ***den ~ bereiten*** (*od.* ***ebnen***) pave the way for, (*e-r Sache*) *a.* prepare the ground for; *et.* ***in die ~e leiten*** initiate, start *s.th.* off, (*vorbereiten*) pave the way for; ***neue ~e in der Kindererziehung*** new approaches in child education; ***neue ~e gehen*** try out new avenues, pursue a different path; ***unsere ~e haben sich getrennt*** we went our different ways; ***hier scheiden sich unsere ~e*** this is where we say goodbye, *fig.* this is where our ways part; ***er wird s-n ~ machen*** he'll go far (*od.* go places); ***ich traue ihm nicht über den ~*** I don't trust him an inch, F I wouldn't trust him as far as I can throw him; ***es bleibt kein anderer ~ offen*** there's no choice (*od.* alternative); F ***da führt kein ~ dran vorbei*** there's no way round it; ***dem steht nichts im ~(e)*** there's nothing to stop it; ***zu ~e*** → ***zuwege;*** → ***abbringen, bahnen, Mittel*** 1 *etc.*

weg|arbeiten *v/t.*: ***alles ~*** get through all one's work; ***nicht viel ~*** not to get much work done; **~bekommen** *v/t.* **1.** *von e-r Stelle*: move; (*Fleck, Erkältung etc.*) get rid of; **2.** F (*sich zuziehen*) get, F land o.s.

Wegbereiter *m* pioneer, F trailblazer; ***der ~ sein für*** pave the way for, blaze the trail for.

weg|blasen *v/t.* blow off (*od.* away); ***wie weggeblasen sein*** have completely disappeared; **~bleiben** *v/i.* stay away; (*ausgelassen werden*) *Sache*: be omitted; → ***Spucke;*** **~blicken** *v/i.* look away; **~bringen** *v/t.* take away; (*beseitigen*) get rid of; **~denken** *v/t.*: ***sich et. ~*** imagine s.th. isn't there; ***es ist aus dem Leben nicht mehr wegzudenken*** it's hard to imagine life without it; **~diskutieren** *v/t.* explain away; **~drängen** *v/t.* push *s.o.* aside; **~drehen** *v/t.* **1.** (*Gesicht*) turn away; **2.** (*Ton*) turn down; **~dürfen** *v/i.* be allowed to go (*ausgehen*: go out).

Wegegeld *n* **1.** *hist.* road toll; **2.** travel allowance.

Wegelagerer *m hist.* highwayman.

wegen *prp.* because of, on account of; (*infolge*) *a.* due to, as a result of, owing to; (*um ... willen*) for the sake of, for; ***~ Mord(es)*** for murder; F ***von ~!*** you must be joking!; F ***von ~ faul!*** F lazy, my foot!; → ***Amt, Recht.***

Wegerich *m* ♣ plantain.

weg|essen *v/t.* eat up; ***er hat mir alles weggegessen*** he ate all my sandwiches *etc.*, (*Vorräte etc.*) F he's eaten me out of house and home; **~fahren I.** *v/t.* take away, (*a. Auto*) drive away; **II.** *v/i.* leave; **≈fahrsperre** *f mot.* anti-theft device, *elektronische*: (engine) immobilizer; **~fallen** *v/i.* (*ausgelassen werden*) be left out; (*unnötig werden*) become unnecessary; (*ausfallen*) be cancel(l)ed; (*aufhören*) cease; (*ungültig werden*) *Regel etc.*: be dropped; ***die Klausel*** *etc.* ***ist weggefallen*** the clause *etc.* no longer applies (*od.* is no longer valid); **~fegen I.** *v/t.* sweep away (*fig.* aside); **II.** *v/i.*: ***~ über*** *Wind*: sweep across; **~fischen** *v/t.* → ***wegschnappen***; **~führen** *v/t.* lead (*od.* take) away, lead off; **~geben** *v/t.* give away (*a. Kind*); ***die Wäsche ~*** take (*od.* send) the *od.* one's washing to the laundry; **~gehen** *v/i.* **1.** go away, leave; (*ausgehen*) go out; *fig.* ***geh mir weg damit!*** I don't want to know about it; **2.** *Flecken*: come off (*od.* out), go away; **3.** *Ware*: sell; **4.** *fig.* ***~ über*** pass over; **~getreten** F *adj.*: ***geistig ~*** F away with the fairies; **~gießen** *v/t.* pour away; **~gucken** *v/i.* → ***wegsehen***; **~haben** *v/t.* **1.** ***et. ~ wollen*** want to get rid of s.th.; **2.** F ***et. ~*** (*beherrschen*) be good at s.th., (*begreifen*) F have got s.th.; F ***er hat es noch nicht weg*** F he hasn't got the hang of it yet; F ***einen ~*** a) (*betrunken sein*) F have had one over the eight, b) (*a.* F ***e-n Knacks ~***) F have a screw loose (somewhere); → ***Fett, Ruhe***; **~hängen** *v/t.* hang *s.th.* away; **~holen** *v/t.* take away, (come to) fetch; F ***sich e-e Grippe*** *etc.* ***~*** catch (the) flu *etc.*; **~hören** *v/i.* try not to listen; shut one's ears; ***könnt ihr mal ~?*** could you shut your ears for a minute?; **~jagen** *v/t.* chase away, (*j-n*) *a.* F send *s.o.* packing; **~kommen** *v/i.* get away; *Sport*: get off; (*verloren gehen*) get (*od.* be) lost; *fig.* ***gut*** (***schlecht***) ***~*** come off well (badly); ***~ über*** get over *s.th.*

Wegkreuz *n* roadside calvary.

weg|kriegen F *v/t.* → ***wegbekommen***; **~lassen** *v/t.* let *s.o.* go; (*Sache*) leave out; **~laufen** *v/i.* run away; ***von zu Hause ~*** run away from home; F ***das läuft mir nicht weg*** F it won't run away; **~legen** *v/t.* put aside (*od.* away); **~leugnen** *v/t.* deny; **~machen I.** *v/t.* (*Fleck etc., a.* F *ein Kind*) get rid of; **II.** F *v/refl.*: ***sich ~*** F clear off, do a bunk; **~müssen** *v/i.* have to go; ***ich muss weg*** I must be off (*od.* going); **~nehmen** *v/t.* take (*a. Spielfigur*), (*sich aneignen*) take away (***j-m*** from s.o.); (*entfernen*) remove; (*Licht, Aussicht*) block, (*Sonne*) block out; (*Licht, Lärm*) shut out; (*Platz, Zeit etc.*) take up; *mot.* ***Gas ~*** ease off the gas; **~operieren** *v/t.* remove, F cut out; **~packen** *v/t.* pack away; **~putzen** *v/t.* wipe off; F (*essen*) F polish off, put (*od.* stow) away; **~radieren** *v/t.* rub out.

Wegrand *m*: (***am ~*** by the) wayside.

weg|rationalisieren *v/t.* rationalize out

W

of existence; **~räumen** *v/t.* clear away; *fig.* remove; **~reißen** *v/t.* tear away (*od.* off); (*Haus*) tear (*od.* pull) down; ***die Brücke ~*** *Fluss*: tear down (*od.* sweep away) the bridge; ***j-m et. ~*** snatch s.th. (away) from s.o.; **~rennen** *v/i.* run away; *mit Ziel*: *a.* run off; **~rücken** *v/t. u. v/i.* move away; **~schaffen** *v/t.* take away; (*Arbeit*) get through, get *s.th.* out of the way; **~schauen** *v/i.* → ***wegsehen***; **~scheren** F *v/refl.*: ***sich ~*** F clear off; **~schicken** *v/t.* send away; **~schieben** *v/t.* push away; (*Teller etc.*) *a.* push aside; **~schleichen** *v/refl.*: ***sich ~*** sneak away (*od.* off); **~schleppen** *v/t.* drag off; **~schließen** *v/t.* lock away; **~schmeißen** F *v/t.* throw away; **~schnappen** *v/t.* snatch *s.th.* away (***j-m*** from s.o.); (*Freundin*) steal, *Brit. a.* F pinch; (*Job, Kleid*) snatch *s.th.* away from under s.o.'s eyes; **~schütten** *v/t.* (*Abfall etc.*) dump, (*Flüssigkeit*) pour away; **~sehen** *v/i.* look away; *bsd. verlegen*: look the other way; ***~ über*** turn a blind eye to; **~setzen I.** *v/t.* put away; **II.** *v/refl.*: ***sich ~*** move (away); *fig.* ***sich ~ über*** → ***hinwegsetzen***; **~spülen** *v/t.* wash away (*a. geol.*); **~stecken** *v/t.* **1.** put away; (*verbergen*) hide; **2.** (*Beleidigung etc.*) swallow; (*Schlag*) take; ***er kann viel ~*** he can take a fair bit (of punishment); **~stehlen** *v/refl.*: ***sich ~*** steal away, sneak away (*od.* off); **~sterben** *v/i.* **1.** die off; ***zu Tausenden*** *etc.* ***~*** die (off) in their thousands *etc.*, go down like flies; **2. *j-m ~*** die before s.o.'s eyes, just die; **~stoßen** *v/t.* push away.

Wegstrecke *f* stretch; *zurückgelegte*: distance covered.

weg|streichen *v/t.* cross out; **~tauchen** *v/i.* **1.** *U-Boot etc.*: submerge; *Person*: disappear under the water; F *fig.* disappear from the scene; **2.** F *fig.* (*abschalten*) switch off; (*einnicken*) nod off; **~treiben I.** *v/t.* drive away; **II.** *v/i.* drift away; **~treten** *v/i.* step aside; ⚔ break (the) ranks; ***~ lassen*** dismiss; → ***weggetreten***; **~tun** *v/t.* put away; **~weisen** *v/t.* turn away.

wegweisend *fig. adj. Urteil etc.*: landmark *decision etc.*; ***~ sein*** point the way to the future; **Wegweiser** *m* **1.** signpost; sign; **2.** (*Buch*) guide (***durch*** to).

weg|wenden *v/t.* (*a.* ***sich ~***) turn away; ***den Blick ~*** avert one's gaze (*od.* eyes); **~werfen I.** *v/t.* throw away, F bin; **II.** *v/refl.*: ***sich ~*** waste o.s. (***an*** on); (*sich erniedrigen*) degrade o.s.; **~werfend** *adj. Geste etc.*: dismissive, disdainful.

Wegwerf|flasche *f* non-returnable bottle; **~geschirr** *n* disposable tableware; **~gesellschaft** *f* throwaway society; **~windel** *f* disposable nappy (*Am.* diaper).

weg|wischen *v/t.* wipe off; *fig.* (*Einwand etc.*) dismiss; **~zaubern** *v/t.* spirit away; **~ziehen I.** *v/t.* pull away; **II.** *v/i.* (*umziehen*) move (to another place); ***wir sind 1989 weggezogen*** we left (*od.* moved [away]) in 1989.

weh I. *adj.* sore; **II.** ♀ *n* pain; *seelisches*: *a.* grief.

wehe *int.*: ***~ dir, wenn ...!*** you'll be sorry if ...!

Wehe *f* (*Schnee*♀, *Sand*♀) drift.

wehen I. *v/i.* blow; *Fahne*: wave, flutter; *Duft, Töne etc.*: drift, waft; ***der Wind weht eisig*** (***scharf***) there's an icy (a sharp) wind (blowing); ***~de Gewänder*** flowing robes; → ***Wind***; **II.** *v/t.* blow.

Wehen *pl.* labo(u)r pains, labo(u)r *sg.*; *fig.* travail *sg.*; ***in den ~ liegen*** be in labo(u)r; ***die ~ setzten ein*** labo(u)r (*od.* the contractions) started.

Wehgeschrei *n* wailing (*a. fig.*).

Wehklage *f* lament; **wehklagen** *v/i.* wail, lament.

wehleidig *adj.* self-pitying, F snivel(l)ing ...; *Ton, Stil*: maudlin; *Stimme*: plaintive; ***sei nicht so ~!*** stop feeling so sorry for yourself, F stop snivel(l)ing.

Wehmut *f* melancholy; **wehmütig** *adj.* melancholy; wistful.

Wehr[1] *f*: ***sich zur ~ setzen*** defend o.s., stand up for o.s.

Wehr[2] *n* (*Stau*♀) weir; dam, barrage.

Wehr|beauftragte(r) *m* defen|ce (*Am.* -se) commissioner (of the German Bundestag); **~bereich** *m* military district.

Wehrdienst *m* military service; ♀**tauglich** *adj.* fit for military service; ♀**untauglich** *adj.* not fit for military service; **~verweigerer** *m* conscientious objector; **~verweigerung** *f* conscientious objection.

wehren *v/refl.*: ***sich ~*** defend o.s., stand up for o.s.; ***sich gegen et. ~*** resist s.th.; ***sich ~ zu*** *inf.* refuse to *inf.*; ***er weiß sich zu ~*** he can handle it; ***ich wehre mich dagegen, dass*** I refuse to accept that; ***sich mit Händen und Füßen ~*** put up a fierce struggle.

Wehr|ersatzdienst *m* → ***Zivildienst***; **~etat** *m* defen|ce (*Am.* -se) budget.

wehrfähig *adj.* fit for military service.

wehrlos *adj.* defenceless, *Am.* defenseless; (*hilflos*) helpless; ***e-r Sache ~ gegenüberstehen*** be helpless in the face of s.th.; **Wehrlosigkeit** *f* defencelessness, *Am.* defenselessness; helplessness.

Wehrmacht *f hist.* (German) Armed Forces *pl.*, Wehrmacht.

Wehrpass *m* service record (book).

Wehrpflicht *f* conscription, compulsory military service; **wehrpflichtig** *adj.* liable for military service; **Wehrpflichtige(r)** *m* person liable for military service; (*Eingezogener*) conscript.

Wehr|technik *f* defen|ce (*Am.* -se) technology; **~übung** *f* reserve duty training.

wehtun *v/i.* hurt; ***j-m ~*** *a. fig.* hurt s.o.; ***mir tut der Finger weh*** my finger hurts; ***mir tut der Magen*** (***Kopf, Rücken***) ***weh*** I've got a stomach-ache (a headache, [a] backache); ***sich ~*** hurt o.s.; *lit.* ***mir tut das Herz weh*** my heart is aching.

Wehwehchen *n* little complaint; ***er rennt wegen jedem ~ zum Arzt*** he runs to the doctor with every little thing.

Weib *n* woman (*a. contp.*); (*Gattin*) wife; ***typisch ~!*** typical woman!; **Weibchen** *n* **1.** *zo.* female; **2.** F *obs.* (*Ehefrau*) F wifey, missus.

Weiber|feind *m* woman-hater, misogynist; **~geschichten** *pl.* amorous affairs (*od.* conquests); ***er mit s-n ~!*** *a.* him and his womanizing; **~geschwätz** *n* (women's) gossip; **~held** *m* lady-killer; **~herrschaft** *f* petticoat government; **~volk** F *n* women(folk) *pl.*

weibisch *adj.* effeminate.

weiblich *adj.* **1.** female; *Wesensart*: feminine; **2.** *ling. u. Reim*: feminine; **Weiblichkeit** *f* **1.** femininity; **2.** ***die ~*** womanhood; ***die holde ~*** the fair sex.

Weibsbild *contp. n* woman, female, *Am. a.* F broad.

weich *adj.* soft (*a. phot.*); (*glatt*) *a.* smooth; *Fleisch*: tender; *Ei*: soft-boiled; *Gemüse*: cooked; *fig. Mensch, Herz etc.*: soft; ***~ machen*** soften; ***~ werden*** soften (*a. fig.*), *fig.* (*nachgeben*) give in; ***sich ~ anfühlen*** feel soft, be soft to the touch; ***~ landen*** have a soft landing; ***mir wurden die Knie ~*** I went weak in the knees, my knees turned to jelly; *fig.* ***~e Droge*** (***Währung***) soft drug (currency).

Weiche[1] *f anat.* flank, side.

Weiche[2] *f* 🚂 points *pl.*, *Am.* switch; ***die ~n stellen*** set the points, *Am.* throw the switch, *fig.* point the way ahead, ***für***: point the way for.

Weichei F *contp. n* wimp, *Brit. a.* big girl's blouse.

weichen[1] *v/t. u. v/i.* soak (*a.* ***~ lassen***).

weichen[2] *v/i.* (*weggehen*) move; ⚔ retreat; *fig.* give way (*dat.* to), yield (to), (*Platz machen*) make way (for); ***zur Seite ~*** step aside; ***j-m nicht von der Seite ~*** not to leave s.o.'s side, *contp.* cling to s.o. like a leech; ***nicht von der Stelle ~*** not to move (an inch); *fig.* ***die Angst wich von ihr*** her fear left her; ***das Blut wich aus ihren Wangen*** the blood left (*stärker*: drained from) her cheeks.

Weichen|steller *m*, **~wärter** *m* pointsman, *Am.* switchman.

weich gekocht *adj.* soft-boiled *egg*.

Weichheit *f* softness; (*Glattheit*) *a.* smoothness.

weichherzig *adj.* soft(-hearted).

Weich|holz *n* softwood; **~käse** *m* soft cheese; (*Streichkäse*) cheese spread.

weichlich *adj.* soft; *fig. Person*: weak; (*weibisch*) effeminate; *Charakter*: soft; ***~er Typ*** → **Weichling** *m* weakling.

weich machen F *fig. v/t.* (*Gegner etc.*) soften up; **Weichmacher** *m* ⚙ softener, softening agent; (*Fleisch*♀) tenderizer.

Weichsel(kirsche) *f* sour cherry

Weich|spüler *m* fabric softener; **~teile** *pl. anat.* soft parts; abdomen *sg.*; **~tier** *n* mollusc, *Am.* mollusk; **~zeichner** *m phot.* soft-focus lens.

Weide[1] *f* (*Baum*) willow.

Weide[2] *f* pasture, meadow; ***auf der ~ sein*** be grazing; **Weideland** *n* pasture; **weiden I.** *v/i.* graze; **II.** *v/t.* put out to pasture; **III.** *fig. v/refl.*: ***sich ~ an*** revel in, *schadenfroh*: gloat over; *e-m Anblick*: feast one's eyes on.

Weiden|baum *m* willow (tree); **~gerte** *f* willow rod (*od.* switch); *zum Korbflechten*: osier, wicker; **~kätzchen** *n* catkin, pussy willow; **~korb** *m* wicker basket.

Weideplatz *m* pasture.

weidgerecht *adj. u. adv.* in accordance with good huntsmanship.

weidlich *adv.* thoroughly, properly.

Weid|mann *m* huntsman; **~mannsheil** *n*: ***~!*** good sport!; **~messer** *n* hunting knife; **~werk** *n* (art of) hunting.

weigern *v/refl.*: ***sich ~*** refuse; **Weigerung** *f* refusal.

Weihbischof *m* suffragan (bishop).

Weihe *f* **1.** *eccl.* consecration; *e-s Priesters*: ordination; ***j-m die ~ erteilen*** consecrate (*Priester*: ordain) s.o. in holy orders; ***die heiligen ~n empfangen*** take (holy) orders; **2.** (*Feierlichkeit*) solemnity; **weihen** *v/t.* consecrate; *zum Priester*: ordain; ***j-n zum Bischof ~*** consecrate s.o. bishop; ***j-n zum Priester ~*** ordain s.o. priest; ***j-m ein Buch ~*** dedicate a book to s.o.; ***sein Leben*** (***sich***) ***e-r Idee ~*** dedicate *od.* devote one's life (o.s.) to an idea; → ***geweiht.***

Weiher *m* pond.

Weihestätte *f* shrine; **weihevoll** *adj.* solemn.

Weihnachten I. *n* Christmas, *verkürzt*: F

Xmas; ***fröhliche*** (*od.* ***frohe***) **~!** merry Christmas!, *auf Karten*: *a.* Season's Greetings; (**zu**) **~** at (*od.* over) Christmas; **II.** ≈ *v/impers.*: ***es weihnachtet sehr*** Christmas is on its way; **weihnachtlich** *adj.* Christmas ..., Christmassy.

Weihnachts|abend *m* Christmas Eve; **~baum** *m* Christmas tree; **~einkäufe** *pl.* Chistmas shopping *sg.*; **~feier** *f* Christmas party; **~ferien** *pl.* Christmas holiday(s) (*Am.* vacation); **~fest** *n* Christmas; **~freibetrag** *m* tax-free Christmas allowance; **~gebäck** *n* Christmas biscuits (*Am.* cookies) *pl.*; **~geld** *n* Christmas bonus; **~geschäft** *n* (pre-) Christmas sales *pl.*; **~geschenk** *n* Christmas present; **~gratifikation** *f* Christmas bonus; **~karte** *f* Christmas card; **~krippe** *f* Christmas crib; **~lied** *n* Christmas carol; **~mann** *m* **1.** ***der*** **~** Father Christmas, Santa Claus; **2.** F *contp.* F dope, dummy; **~markt** *m* Christmas fair; **~papier** *n* Christmas wrapping paper; **~stern** *m* **1.** Christmas star; **2.** ⚘ poinsettia; **~stimmung** *f* festive atmosphere *od.* mood (of Christmas); **~tag** *m*: ***der erste*** **~** Christmas Day; ***der zweite*** **~** Boxing Day, *Am.* the day after Christmas; **~teller** *m* plate of Christmas goodies; **~trubel** *m* Christmas rush; **~verkehr** *m* Christmas traffic; **~zeit** *f* Christmas (season).

Weihrauch *m* incense.

Weihwasser *n* holy water; **~becken** *n* font.

weil *cj.* because; (*da*) since, as.

weiland *hum. adv.* **1.** formerly; ***Herr X, ~ Lehrer an unserer Schule*** Mr X, quondam teacher at our school; ***~ sein Mentor*** his quondam mentor; **2.** once; in days of yore.

Weilchen *n*: ***ein*** **~** (for) a little while.

Weile *f a* while, *a* time; ***das kann e-e ziemliche ~ dauern*** that could take a (fair) while *od.* a bit of time; **weilen** *v/i.* stay; (*ver~*) linger (*a. fig. Gedanken*); ***ein Jahr in Spanien ~*** spend a year in Spain; *euphem.* ***er weilt nicht mehr unter uns*** he is no longer with us.

Weiler *m* hamlet.

Wein *m* wine; (*~stock*) vine; (*Jahrgang*) vintage; ***ein Glas*** (***e-e Flasche***) **~** a glass (a bottle) of wine; ***bei e-m Glas ~*** over a glass of wine; ***im ~ ist Wahrheit*** in vino veritas; ***der Gott des ~es*** the god of wine, Bacchus, Dionysus; ***~, Weib und Gesang*** wine, women and song; *fig.* ***j-m reinen ~ einschenken*** be completely open with s.o.; ***junger ~ in alten Schläuchen*** new wine in old bottles; **~(an)bau** *m* wine growing, *formell*: viniculture; **~bauer** *m* wine grower; **~baugebiet** *n* wine-growing area; **~beere** *dial. f* raisin; **~berg** *m* vineyard; **~bergschnecke** *f* snail; *gastr.* escargot; **~brand** *m* brandy.

weinen *v/i. u. v/t.* cry, *leise*: weep (**um** over); ***~ nach j-m*** *Baby*: cry for s.o.; ***bittere Tränen ~*** shed bitter tears; ***j-n zum ≈ bringen*** make s.o. cry; ***es ist zum ≈*** it's enough to make you weep.

weinerlich *adj.* weepy; *Kind, Stimme, Ton*: whining ...

Wein|ernte *f* grape harvest; *weitS.* vintage; **~essig** *m* wine vinegar; **~fass** *n* wine cask; **~flasche** *f* wine bottle; **~garten** *m* vineyard; **~gegend** *f* wine-growing area; **~geist** *m* ethyl alcohol; **~glas** *n* wine glass; **~gott** *m* god of wine; ***der*** **~** the god of wine, Bacchus, Dionysus; **~gummi** *n* wine gum; **~gut** *n* wine-growing estate, *bsd. Am.* winery; **~händler** *m* wine merchant; **~handlung** *f* wine shop (*Am.* store); **~haus** *n* wine tavern.

weinig *adj.* vinous.

Wein|jahr *n*: ***ein gutes*** (***schlechtes***) **~** a good (bad) year for wine; **~karte** *f* wine list; **~keller** *m* wine cellar; vaults *pl.*; **~kellerei** *f* winery; **~kellner** *m* wine waiter; **~kelter** *f* wine press; **~kenner** *m* wine connoisseur; **~korb** *m* wine cradle.

Weinkrampf *m* crying fit; ***e-n ~ bekommen*** start sobbing (*od.* weeping) uncontrollably, have a crying fit.

Wein|laune *f*: ***in ~*** after a few glasses of wine; ***sie sind in ~*** they've been at the wine; **~lese** *f* grape harvest; **~lokal** *n* wine bar (*od.* tavern); **~presse** *f* wine press; **~probe** *f* wine tasting (session); **~ranke** *f* vine tendril; **~rebe** *f* (grape-) vine; **≈rot** *adj.* wine-red; **~schorle** *f* spritzer; **≈selig** *adj.* merry (with wine), *iro.* vinous; **~stein** *m* tartar; **~stock** *m* vine; **~stube** *f* wine tavern; **~traube** *f* bunch of grapes; **~trinker** *m* wine drinker; **~zwang** *m* obligation to order wine; *auf Karte*: wine obligatory; ***es herrscht ~*** you have to order wine with your meal.

weise *adj.* wise; ***ein ~s Wort*** a wise saying.

Weise *f* **1.** (*Verfahren*) way; ***auf diese ~*** (in) this way; ***auf die e-e oder andere ~*** one way or another; ***in der ~, dass*** in such a way that; ***in keiner ~*** in no way; F ***in keinster ~!*** not at all!; ***in gewisser ~*** in a way; ***jeder nach s-r ~*** everyone after his own fashion; → *a.* ***Art***; **2.** ♪ tune.

weisen **I.** *v/t.* **1.** ***j-m den Weg*** (*od.* ***die Richtung***) **~** show s.o. the way; ***j-m die Tür ~*** show s.o. the (way to the) door; **2.** ***aus dem Lande ~*** banish, exile, send into exile; **3.** *fig.* ***von sich ~*** reject; (*Verdacht etc.*) repudiate; → ***Hand***; **II.** *v/i.* **4.** ***~ auf*** point at, (*aufmerksam machen auf*) *a.* point to; ***nach Süden etc. ~*** point south *etc.*; **5.** *fig.* ***~ auf*** point to(wards); (***mit dem Finger***) ***~ auf*** point to.

Weise(r) *m* wise man, sage; ***die drei Weisen aus dem Morgenland*** the three Wise Men from the East, the Magi.

Weisheit *f* wisdom; (*Spruch*) wise saying, piece of wisdom; ***mit s-r ~ am Ende sein*** be at one's wits' end; ***das war nicht der ~ letzter Schluss*** that wasn't the cleverest solution (*od.* thing to do); ***er hat die ~ nicht mit Löffeln gegessen*** he's not exactly an Einstein; → ***pachten***; **Weisheitszahn** *m* wisdom tooth.

weismachen *v/t.*: ***j-m ~, dass*** persuade s.o. that; ***willst du mir ~, dass ...?*** are you trying to tell me (that) ...?; ***mir kannst du nichts ~*** you needn't (*od.* no need to) try and fool me.

weiß *adj.* white; ***~es Blatt Papier*** blank sheet of paper; ***~ machen*** whiten; ***~ werden*** turn white; ***~er Fleck auf der Landkarte*** white spot on the map; ***~ wie die Wand*** (as) white as a sheet; ***das ≈e vom Ei*** the white of an egg; ***das ≈e im Auge*** the whites of one's eyes; ***draußen ist es ~ geworden*** it's been snowing outside; ***du hast dich am Ärmel ~ gemacht*** you've got some white stuff on your sleeve; → ***Magie***.

weissagen *v/t.* prophesy, foretell; **Weissager(in** *f*) *m* prophet(ess *f*); **Weissagung** *f* prophecy.

Weißbier *n* wheat beer, weissbier.

weißblond *adj.* ash-blonde.

weißbluten *v/refl.*: ***sich ~*** bleed o.s. white; ***j-n bis zum ≈ ausnehmen*** bleed s.o. white; ***bis zum ≈ zahlen müssen*** be bled white.

Weiß|brot *n* white bread; **~buch** *n pol.* (government) white paper; **~buche** *f* white beech; **~dorn** *m* ⚘ whitethorn.

Weiße *f* **1.** whiteness; **2.** → ***Weißbier.***

Weiße(r *m*) *f* white; white man (*f* woman); ***die Weißen*** the whites.

weißen *v/t.* whiten; (*tünchen*) whitewash.

Weißfisch *m* whitefish.

weiß| gekleidet *adj.* dressed in white; **~glühend** *adj.* white-hot.

Weißglut *f* white heat (*a. fig.*); *fig.* ***j-n zur ~ bringen*** incense s.o., make s.o. livid (*od.* wild with rage), F have s.o. fuming.

Weißgold *n* white gold.

weißhaarig *adj.* white-haired.

Weiß|herbst *m* rosé (wine); **~kohl** *m*, **~kraut** *n* (white) cabbage; **~krautsalat** *m etwa* coleslaw.

weißlich *adj.* whitish.

Weiß|macher *m* whitener; **~näherin** *f* plain seamstress; **~tanne** *f* silver fir; **~wal** *m* white whale, beluga; **~wandreifen** *m mot.* whitewall tyre (*Am.* tire); **~wandtafel** *f* whiteboard; **~waren** *pl.* linen *sg.*; **~wäsche** *f* whites *pl.*; **≈waschen** *fig. v/t.* whitewash (***sich*** o.s.); **~wein** *m* white wine; **~wurst** *f* veal sausage.

Weisung *f* directive, instructions *pl.*, orders *pl.*; ***ich habe ~ zu*** *inf.* I have been instructed to *inf.*

Weisungs|befugnis *f* authority to issue directives; **≈gebunden** *adj.* subject to directives; **≈gemäß** *adv.* as directed, according to instructions.

weit **I.** *adj.* wide; (*ausgedehnt*) extensive; *stärker*: vast, immense; (*lose*) loose (*a.* ⚙); *Kleid etc.*: wide, loose; *Entfernung, Weg*: long; *fig. Begriff etc.*: broad *concept etc.*; ***von ~em*** from a distance; ***ich sah sie von ~em kommen*** I could see her coming in the distance; F ***man konnte s-e Fahne von ~em riechen*** F you could smell his breath a mile away; ***in ~en Abständen*** *räumlich*: widely spaced, *zeitlich*: at long intervals; ***~er Blick über das Land*** commanding view of the countryside (*od.* landscape); *fig.* ***~es Gewissen*** elastic conscience; ***ein ~es Herz haben*** have a big heart; ***~er Horizont*** broad outlook; ***im ~esten Sinne*** in the widest sense (of the word); ***~e Teile der Bevölkerung*** large parts of the population; → ***Feld, Kreis*** *etc.*; **II.** *adv.* far, wide(ly); *fig. vor comp.* far *better etc.*; ***~ offen*** wide open; ***~ oben*** high up, *Sport*: well-placed (*od.* high up) in the table; ***e-e Meile ~ entfernt*** a mile away; ***~ entfernt*** far away; ***~ entfernt von*** a long way from, *fig.* a far cry from; *fig.* ***~ davon entfernt zu*** *inf.* far from *ger.*, F not about to *inf.*; ***ich bin ~ davon entfernt, das zu tun!*** I've (absolutely) no intention of doing that; ***kein Mensch*** *etc.* ***~ und breit*** not a soul *etc.* to be seen (*od.* as far as the eye could see); *fig.* ***~ und breit der Beste*** *etc.* far and away the best *etc.*, the best *etc.* by far; ***~ über sechzig*** well over sixty; ***bei ~em*** far *better etc.*, by far (*od.* far and away) *the best etc.*; ***bei ~em nicht*** not nearly *as good etc.*; ***~ gefehlt!*** far from it; **~**

gereist widely travel(l)ed, ***sein***: *a.* F have been around; ***es ist nicht ~ her mit ...*** ... isn't (aren't) up to much; ***~ vom Thema abkommen*** get right off the subject; ***~ nach Mitternacht*** long after midnight; ***das liegt ~ zurück*** that's a long way back, that was a long time ago; ***das Geld reicht nicht ~*** the money won't go far; ***es ~ bringen*** (***im Leben***) go far, 'go places; ***zu ~ gehen, es zu ~ treiben*** go too far, overshoot the mark; ***das geht zu ~*** that's going too far, F that's a bit much; ***wie ~ bist du?*** how far have you got?; → ***Weite, weiter, so weit.***

weitab *adv.* far away (**von** from).

weitärmelig *adj.* wide-sleeved.

weitaus *adv.* far, much *better etc.*; ***die ~ schlimmsten*** *etc.* the worst *etc.* by far.

weit bekannt *adj.* widely-known ..., *pred.* widely known.

Weitblick *m* farsightedness.

weitblickend, weit blickend *adj.* farsighted.

Weite[1] *f* width; ⚙ (*Durchmesser*) diameter; (*Entfernung*) distance; (*Größe*) expanse; *fig.* range, scope; → ***licht.***

Weite[2] *n*: ***das ~ suchen*** take to one's heels, flee.

weiten *v/t. u. v/refl.* (***sich ~***) widen; (*Augen*) open wide; (*Schuhe*) stretch; *fig.* widen, broaden.

weiter *comp. adj. u. adv.* wider; (*entfernter*) further; (*zusätzlich*) additional(ly *adv.*), further; (*voran*) on, forward; (*ferner*) further(more), moreover; *ein Kleid* ***~ machen*** let out; ***~?*** and then?; ***~!*** go on!, carry on!; ***immer ~*** on and on; ***nichts ~*** nothing else, that's all; ***~ nichts?*** is that all?; ***wenn es ~ nichts ist*** if that's all (it is); ***was geschah ~?*** what happened then (*od.* next)?; ***~ niemand*** no-one else; ***und so ~*** and so on; ***bis auf ~es*** for the time being, *auf Schildern*: until further notice; ***ohne ~es*** without further ado, F just like that, (*mühelos*) easily; ***das hat ~ nichts zu sagen*** it's not significant, *weitS.* it's irrelevant; ***alles ~e*** the rest, everything else; ***~arbeiten*** *v/i.* go (*od.* carry) on working.

weiterbefördern *v/t.* forward, send on; (*umadressieren*) redirect; **Weiterbeförderung** *f* forwarding; redirecting.

Weiterbehandlung *f*: (***zur ~*** for) further *od.* continuation treatment.

weiter bestehen I. *v/i.* continue (to exist); survive; **II. Weiterbestehen** *n* continued existence; (continuing) survival.

weiterbilden I. *v/t. im Betrieb etc.*: give *s.o.* further training; ***es bildet einen weiter*** it's all part of one's educational (*od.* further) development; **II.** *v/refl.*: ***sich ~*** continue (*od.* further) one's studies; *beruflich*: *mst* do further training; ***sich in Geschichte*** *etc.* ***~*** further one's knowledge of history *etc.*; **Weiterbildung** *f* continuing education; *berufliche*: *mst* further training; *persönliche*: continuing process of education (*od.* learning); ***berufliche ~*** *a.* extended vocational training.

weiter|bringen *v/t.* help; ***das bringt mich nicht weiter*** that's not much help to me; **~denken** *v/i.* think (*od.* look) ahead; ***e-n Schritt ~*** take it one step further.

Weitere(s) *n* → ***weiter.***

weiterempfehlen *v/t.* recommend; ***kannst du es ~?*** can you pass the word on?

weiterentwickeln I. *v/t.* develop *s.th.* (further); ⚙ *a.* refine; **II.** *v/refl.*: ***sich ~*** develop; ***er hat sich überhaupt nicht weiterentwickelt*** *a.* he hasn't made any progress at all; **Weiterentwicklung** *f* **1.** further development; (*Stufe*) further stage; **2.** (*verbessertes Modell*) derivative.

weitererzählen *v/t.* pass *s.th.* on; ***nicht ~!*** don't tell anyone.

weiterfahren *v/i.* go on, drive on; **Weiterfahrt** *f*: (***während der ~*** on the) second leg of the journey; → *a.* ***Weiterreise.***

weiterfliegen *v/i.* go on, fly on (**nach** to); (*starten*) take off (for); **Weiterflug** *m* → ***Weiterfahrt.***

weiterführen *v/t. u. v/i.* continue; ***das führt*** (***uns***) ***nicht weiter*** that doesn't get us any further.

Weitergabe *f* passing on; *von Erbfaktor etc.*: transmission; **weitergeben** *v/t.* pass on; (*vererben*) transmit; → ***weiterleiten.***

weitergehen *v/i.* go (*od.* walk, carry) on; *fig.* (*fortfahren*) continue, go on; *mit e-r Beschwerde etc.*: take *s.th.* further; ***~!*** move along(, please)!; ***das kann so nicht ~*** things can't go on like this.

weitergehend, weiter gehend *adj.* further; greater, more far-reaching, broader *implications etc.*; larger *issue*; wider *cooperation, question etc.*

weiterhelfen *v/i.* help *s.o.* (along); ***sich ~*** manage (somehow); ***das hat mir sehr weitergeholfen*** that was a great help.

weiterhin *adv.* in (*od.* for the) future; (*ferner*) further(more); ***et. ~ tun*** continue doing (*od.* to do) s.th., carry on with (*od.* doing) s.th.

weiter|kämpfen *v/i.* continue fighting; **~kommen** *v/i.* (*vorankommen*) get on, get somewhere, make headway; *Sport*: get through (to the next round); ***nicht ~*** F be stuck; ***wir kommen überhaupt nicht weiter*** we're not getting anywhere; **~laufen** *v/i.* run on, carry on running; *Produktion, Geschäft etc.*: continue; *Vertrag*: remain valid; *Gehalt*: continue to be paid; ***~ bis*** *Vertrag etc.*: run on until; **~leben** *v/i.* live on, survive (*beide a. fig.*); **~leiten** *v/t.* pass *s.th.* on; (*Brief etc.*) forward; ***j-n an j-n ~*** put s.o. onto s.o.; **~lesen** *v/i. u. v/t.* go on (reading), carry on reading, continue to read (*od.* reading); **~machen** *v/t. u. v/i.* carry (*od.* go) on, continue; ***genauso ~*** carry on as before; ***mach nur so weiter!*** keep it up!, *iro.* see where that gets you.

Weiterreise *f* continuation (*od.* second leg) of the journey; ***auf der ~*** as we *etc.* continued our *etc.* journey.

weiter|sagen *v/t.* pass *s.th.* on; ***nicht ~!*** don't tell anyone, F keep that under your hat; **~schicken** *v/t.* forward, (*a. Person*) send on; (*umadressieren*) redirect; **~schlafen** *v/i.* sleep on, not to wake up; (*wieder einschlafen*) go back to sleep; ***er schlief bis 9 Uhr weiter*** he slept on till 9 o'clock; **~sehen** *v/i.*: *warten wir, bis er da ist,* ***dann werden wir ~*** then we'll see what happens, and we'll take it from there; **~streiken** *v/i.* stay on strike.

weiterverarbeiten *v/t.* process; **Weiterverarbeitung** *f* processing.

weiter|veräußern *v/t.* resell; **~verbinden** *v/t. teleph.* put *s.o.* through (**an** to); **~verbreiten** *v/t.* spread; **~verfolgen** *v/t.* follow up.

Weiterverkauf *m* resale; **weiterverkaufen** *v/t.* resell.

weiter|vermieten *v/t.* sublet; **~wissen** *v/i.*: ***nicht ~*** *bei Prüfungen*: be stuck; (*mutlos sein*) be at one's wits' end; ***ich wusste nicht mehr weiter*** *a.* I didn't know what to do; **~wollen** *v/i.* want to go on; **~wursteln** F *v/i.* muddle on.

weitestgehend *adv.* as far as possible.

weit gedehnt *adj.* extensive.

weitgehend, weit gehend I. *adj.* extensive, far-reaching; *Unterstützung*: wide; **II.** *adv.* to a great extent; largely.

weit| gereist *adj.* widely-travel(l)ed; **~ gespannt** *fig. adj.* broad *expectations etc.*; ***~er Bogen*** broad spectrum; **~ gesteckt** *adj. Ziel*: long-range, long-term.

weitgreifend, weit greifend *adj.* far-reaching.

weither *adv.* from afar.

weit hergeholt *adj.*: (***ziemlich ~*** a bit) far-fetched.

weitherzig *adj.* broadminded.

weithin *adv.* far; *fig.* to a large extent.

weitläufig I. *adj.* **1.** (*ausgedehnt*) extensive, *stärker*: vast; *Garten, Haus etc.*: *a.* rambling; (*geräumig*) spacious; **2.** *Verwandter etc.*: distant; **3.** (*ausführlich*) detailed, *contp.* longwinded; **II.** *adv.* **4.** at great length; **5. *~ verwandt*** distantly related.

weit|maschig *adj.* wide-meshed; **~räumig** *adj.* spacious.

weitreichend, weit reichend *adj.* far-reaching; wide-ranging; ⚔ long-range ...

Weitschuss *m Sport*: long-range shot.

weitschweifig *adj.* longwinded.

Weitsicht *f* farsightedness; vision; **weitsichtig** *adj.* longsighted, *bsd. Am. u. fig.* farsighted.

Weitspringen *n* long (*Am.* broad) jump; **Weitspringer** *m* longjumper, *Am.* broadjumper; **Weitsprung** *m* → ***Weitspringen.***

weittragend, weit tragend *adj. Rakete etc.*: long-range; *fig. Konsequenzen*: far-reaching; wide-ranging.

Weitung *f* widening.

weitverbreitet, weit verbreitet *adj.* widespread; *Ansicht*: *a.* widely held; *Zeitung*: widely read; ***~er Irrtum*** *a.* popular fallacy.

weitverzweigt, weit verzweigt *adj.* intricate, complex.

Weitwinkelobjektiv *n* wide-angle lens.

Weizen *m* **1.** wheat; → ***Spreu***; **2.** → **~bier** *n* wheat beer, weissbier; **~brot** *n* wheat bread; **~keim** *m a. pl.* wheatgerm; **~keimöl** *n* wheatgerm oil; **~kleie** *f* wheat bran; **~mehl** *n* wheat flour.

welch I. *interr. pron.* what?; *auswählend*: which?; ***~er?*** which one?; ***~er von den beiden?*** which of the two?; **II.** *rel. pron. bei Personen*: who; *bei Dingen*: which, that; **III.** *indef. pron.* some, any; *haben Sie Geld?* - ***ja, ich habe ~es*** yes, I have (*od.* I've got) some; ***brauchen Sie ~es?*** do you need any?; ***es gibt ~e, die sagen*** there are some who say, some people say; ***~er*** (***auch***) whoever; ***~es*** (***auch***) ***immer*** whichever; **welcherlei** *adj.* whatever; ***es ist egal, ~ ...*** it doesn't matter what (sort of) ...

welk *adj. Blume*: wilted, *a. Blatt*: withered; *Haut*: wrinkled; (*schrumpelig*) shrivel(l)ed; **welken** *v/i. Blume*: wilt, *a. Blatt*: wither; *Haut*: shrivel.

Wellblech *n* corrugated iron; **~baracke** *f* corrugated-iron hut; *halbrunde*: Nissen hut, *Am.* Quonset hut.

Welle *f* wave (*a. phys., Radio,* ϟ *etc., a. im*

Haar); *von Einwanderern etc., a. der Begeisterung etc.*: wave, *stärker*: surge; *kleine*: ripple: ⚙ shaft; *Turnen*: circle; *fig.* (*Mode*≈ *etc.*) craze; *mot.* **grüne** (*od.* **rote**) ~ phased (*od.* linked) traffic lights; **wir haben grüne** (**rote**) ~ we've caught the green (red) phase; *fig.* **~n schlagen** have reverberations, cause quite a stir; **die Stimmung schlug hohe ~n** spirits were high; **wellen I.** *v/t.* (*Haar*) wave; **II.** *v/refl.*: **sich ~** *Haar*: be wavy, (*wellig werden*) go wavy; *Gelände*: undulate.

Wellen|bad *n* wave pool; **~band** *n*, **~bereich** *m Radio*: wave band; **~brecher** *m* breakwater.

wellenförmig *adj.* wavy.

Wellen|gang *m* waves *pl.*; **starker ~** heavy seas; **~kamm** *m* crest (of a *od.* the wave); **~länge** *f Radio etc.*: wavelength; *fig.* **die gleiche ~ haben** be on the same wavelength; **~linie** *f* wavy line; **~reiten** *n* surfing; **~reiter** *m* surfer; **~salat** F *m* jumbled reception, (strong) interference; **~schlag** *m* breaking (*leichter*: lapping) of (the) waves; **~schliff** *m*: **Messer mit ~** serrated knife; **~sittich** *m* budgerigar, F budgie; **~tal** *n* trough.

wellig *adj.* wavy; *Gelände*: undulating.

Wellness *f* wellness.

Wellpappe *f* corrugated cardboard.

Welpe *m* pup(py); *Wolf, Fuchs*: cub.

Welt *f* world (*a. fig.*); **alle ~** everybody; **aus der ganzen ~** from all over (*od.* all four corners of) the world; **die ~ kennen lernen** see the world; **in der ~ herumkommen** get around; **die Dritte ~** the Third World; **auf der ~** in the world; **am Ende der ~** *wohnen*: F at the back of beyond, out in the sticks, *Am. a.* F in the boondocks; → **Arsch**; **was** (**wo** *etc.*) **in aller ~ ...?** what (where *etc.*) on earth ...?; **nicht um alles in der ~!** not on your life!; **allein auf der ~ sein** be all alone in the world; **von aller ~ verlassen** completely forlorn; **vor aller ~** for all the world to see; **aus der ~ schaffen** get rid of, (*Problem, Streit*) settle; **das ist nicht aus der ~** it isn't 'that far away; **mit sich und der ~ zufrieden sein** be at one with the world; **auf die ~ kommen** be born; *Kinder* **in die ~ setzen** bring into the world, *iro. Mann*: sire; **zur ~ bringen** give birth to; **er war damals noch gar nicht auf der ~** he wasn't even born at that time; **~en trennen sie** they're worlds apart; **e-e ~ für sich** a world apart (*od.* of its own); **er lebt in e-r anderen ~** he lives in a dream world; **ihre Familie ist ihre ganze ~** her family is all the world to her; **für sie brach e-e ~ zusammen** the bottom fell out of her world; **das ist der Lauf der ~** that's the way of the world; **die ~ erobern** take the world by storm; **es kostet doch nicht die ~** it won't cost the earth; F **das hat die ~ noch nicht gesehen** you've never seen the likes of it; **weltabgewandt** *adj.* withdrawn, seclusive.

Welt... *in Zssgn*: world ..., global ...

Welt|all *n* universe; **~anschauung** *f* philosophy (of life), outlook on life; (*Ideologie*) ideology; **~ausstellung** *f* world fair, world exposition; **≈bekannt, ≈berühmt** *adj.* world-famous (*od.* -renowned), famous the world over; **~bestleistung** *f* world best (performance); **~bevölkerung** *f* world('s) (*od.* global) population; **≈bewegend** *adj.* earth-shattering, seismic *events etc.*; *iro.* **nichts ≈es** F nothing to write home about, no great shakes; **~bild** *n* world view; **~bühne** *f* world stage; **~bürger** *m* cosmopolitan; **~bürgertum** *n* cosmopolitanism; **~elite** *f* world class; **~empfänger** *m* short-wave receiver.

Weltenbummler *m* globetrotter.

Welt|ende *n* end of the world; **~ereignis** *n* event of worldwide importance; earth-shaking event; **≈erfahren** *adj.* worldly-wise; **~erfolg** *m* worldwide success (F hit).

Weltergewicht(ler *m*) *n Boxen*: welterweight.

welterschütternd *adj.* earth-shaking, seismic *events etc.*

Welt|flucht *f* escapism; **≈fremd** *adj.* out-of-touch ..., *pred.* out of touch; inexperienced, naive; (*unrealistisch*) unrealistic; (*träumerisch*) starry-eyed; *Gelehrter etc.*: ivory-tower ...; **~friede(n)** *m* world peace; **~geltung** *f* international standing; *an* international reputation; **~gericht** *n the* Last Judg(e)ment; **~geschehen** *n*: **das ~** world affairs; **~geschichte** *f* **1. die ~** world history; the history of the world; F **in der ~ herumreisen** F travel all over the place; **2.** (*Werk*) history of the world, world history; **~gesundheitsorganisation** *f* World Health Organization; **~gesundheitstag** *m* World Health Day; **≈gewandt** *adj.* urbane; **~handel** *m* international trade; **~handelsabkommen** *n* international trade agreement; **~herrschaft** *f* world domination; **~jahresbestleistung** *f* best performance in the world this year; **~karte** *f* map of the world; **~kenntnis** *f* knowledge of the world; **~klasse** *f Sport*: world class; **~klassespieler(in** *f*) *m* world class player; **~krieg** *m* world war; **der Erste** (**Zweite**) **~** World War I (II), the First (Second) World War; **~kulturerbe** *n* Cultural Heritage of the World; **~lage** *f* worldwide political situation.

weltlich I. *adj.* worldly, mundane; (*Ggs. geistlich*) secular; **~e Freuden** worldly (*od.* earthly) pleasures; **II.** *adv.*: **~ gesinnt** worldly(-minded).

Welt|literatur *f* world literature; **~macht** *f* superpower, world power.

weltmännisch *adj.* man-of-the-world *air etc.*

Welt|marke *f* ✝ world-famous brand; **~markt** *m* world market; **~meister(in** *f*) *m* world champion; **~meisterschaft** *f* world championship(s *pl.*); *Fußball*: World Cup; **~meisterschafts...** *in Zssgn* → **WM-...**; **~niveau** *n* international standing; **≈offen** *adj.* open-minded; outward-looking; **~offenheit** *f* cosmopolitanism, cosmopolitan outlook; **~öffentlichkeit** *f*: **die ~** the world public, the world at large; *weitS.* world opinion; **~politik** *f* international politics *pl.* (*sg. konstr.*); **~premiere** *f* world première; **~presse** *f* international press; **~rangliste** *f* world rankings *pl.*; **~ranglistenerste(r** *m*) *f the* world's number one tennis player *etc.*

Weltraum *m* (outer) space; **Weltraum...** *in Zssgn mst* space; *Satellit etc.*: *a.* spaceborn; → *a.* **Raum...**; **~labor** *n* spacelab; **~müll** *m* space debris; **~schrott** *m* space junk; **~spaziergang** *m* spacewalk; **~staub** *m* space dust; **~teleskop** *n* space telescope; **~waffen** *pl.* space weapons; **~wettrennen** *n* space race; **~zentrum** *n* space cent|re (*Am.* -er).

Welt|reich *n* (world) empire; **~reise** *f* world trip, trip around the world; **~reisende(r** *m*) *f* globetrotter; **~rekord** *m* world record; **~rekordinhaber(in** *f*) *m*, **~rekordler(in** *f*) *m* world-record holder; **~religion** *f* world religion; **~ruhm** *m* worldwide fame; **~schmerz** *m* world-weariness, weltschmerz; **~sensation** *f* world sensation; **~sicherheitsrat** *m* Security Council; **~sprache** *f* universal language; **~stadt** *f* metropolis; **~stadt...** *in Zssgn*, **≈städtisch** *adj.* cosmopolitan; **~star** *m* world star, international star; **~umseglung** *f* circumnavigation of the globe; **≈umspannend** *adj.* global, world-wide; **~untergang** *m* end of the world; **~untergangsstimmung** *f* atmosphere of gloom and doom, black mood (of despair); **~uraufführung** *f* world première; **~verbesserer** *m* do-gooder; **~währungsfonds** *m* International Monetary Fund, IMF; **≈weit** *adj.* worldwide; global; → **Echo**; **~wirtschaft** *f* world economy; **~wirtschaftsgipfel** *m* world economic summit; **~wirtschaftskrise** *f* worldwide economic crisis; **~wunder** *n*: **die sieben ~** the Seven Wonders of the World; **~zeit** *f* Greenwich Mean Time, GMT.

wem *rel. pron.* (*dat. von* **wer**) (to) whom; **von ~** of whom, by whom.

wen *rel. pron.* (*acc. von* **wer**) who(m); F (*jemand*) somebody.

Wende *f* **1.** (**~***punkt*) turning point; *e-s Jahrhunderts*: turn; (*Änderung*) change (**zum Schlechten** *etc.* for the worse *etc.*); *pol. hist.* **die ~** the fall of Communism (in Eastern Europe), *engS.* the breaching (*od.* opening) of the Wall; **vor der ~** *a.* before the Wall came down; **2.** *Sport*: turn; *Turnen*: front vault; **~hals** *m* **1.** *pol.* (political) turncoat; *hum.* F quick-change artist; **2.** *zo.* wryneck; **~jacke** *f* reversible jacket; **~kreis** *m* **1.** *geogr.* tropic; **2.** *mot.* (**enger ~** tight) turning circle.

Wendel *f* ⚙ spiral; **~treppe** *f* winding (*od.* spiral) staircase.

Wende|manöver *n* turning manoeuvre (*Am.* maneuver); *auf engem Raum*: *a.* three-point turn; *fig.* U-turn; **schwieriges ~** tricky manoeuvring (*Am.* maneuvering); **~marke** *f Sport*: turning mark.

wenden I. *v/t.* turn; (*Buchseite, Braten etc.*) turn over; (*Auto*) turn (round); **~ an** (*Zeit, Geld*) spend on; (*Mühe*) devote to; **keinen Blick ~ von** not to take one's eyes off; → **drehen** 1; **II.** *v/i.* turn (round); *mot. a.* make a U-turn; **bitte ~!** PTO, pto (= please turn over); **III.** *v/refl.*: **sich ~** turn (round); *fig.* **sich ~ an** (*j-n*) *um Auskunft, Erlaubnis*: ask (**um** for), *um Rat, Hilfe*: turn to (for); *Buch etc.*: be directed at; **sich ~ gegen** (*j-n*) turn against (*od.* on), (*et.*) oppose, object to; **sich zum Gehen ~** turn to leave; **sich zum Guten** (**Schlechten**) **~** take a turn for the better (worse).

Wende|platz *m* turning space; **~punkt** *m* **1.** turning point, watershed; **2.** *ast.* solstice.

wendig *adj. Person*: nimble, agile, (*geistig ~*) *a.* nimble-minded; *Fahrzeug*: manoeuvrable, *Am.* maneuverable; **Wendigkeit** *f* nimbleness, agility; nimble-mindedness; manoeuvrability, *Am.* maneuverability; → **wendig.**

Wendung *f* **1.** turn; (*Änderung*) change; **e-e unerwartete ~ nehmen** take an unexpected turn; *e-r Sache* **e-e neue ~**

geben give a new turn to; ***günstige*** (***unerwartete***) ~ favo(u)rable (unexpected) turn of events; **2.** (*Rede*≗) expression, figure of speech; ***feststehende*** (*od.* ***feste***) ~ set (*od.* fixed) expression.

wenig *adj. u. adv.* little, not much; ***~e*** few, not many, *su.* few (people); ***~er*** less, Ⓐ minus; *pl.* fewer; ***das ~ste*** the least; ***am ~sten*** (the) least (of all); ***ein ~*** a little; ***ein ~ übertrieben*** slightly exaggerated; ***ein ~ schneller*** a bit quicker; ***immer ~er*** less and less; ***das ~e Geld, das er hat*** what little money he has; ***~ beliebt*** not very popular; ***nicht ~*** quite a lot; ***nicht ~ erstaunt*** rather surprised; ***nicht ~e*** quite a few (people); ***einige ~e*** a few; ***nicht ~er als*** no less than, *pl.* no fewer than; ***~er werden*** decrease; ***~ bekannt*** little known; ***in ~en Tagen*** in a few days' time; ***mit ~en Worten*** in a few words; ***das ist ~*** that's not much; ***dazu gehört ~*** it doesn't take much; ***das hilft mir ~*** that's not much help to me; ***das stört mich ~*** it doesn't really bother me; ***e-e ~ glückliche Wahl*** a rather unfortunate choice; ***danach fragt er ~*** it doesn't seem to interest him much; ***ein ~ gelesener Autor*** a little read author; ***das kostet, ~ gerechnet, tausend Mark*** at a low estimate it will cost a thousand marks; ***wir haben uns in letzter Zeit ~ gesehen*** we haven't seen much of each other lately; ***das macht ~ Freude*** it isn't much fun; ***das hat ~ Sinn*** there's not much point in it; ***mit mehr oder ~er Erfolg*** more or less successfully; ***mit ~em auskommen*** get by on very little; ***das wissen die ~sten*** people just don't realize that; ***~er wäre mehr gewesen*** you can overdo things; ***das ist das ~ste*** that's the least of my worries; ***je ~er davon wissen, desto besser*** we don't want everybody to know about it; F ***sie wird immer ~er*** she'll disappear completely one of these days; ***zu ~*** not enough, too little; *vor pl.*: not enough, too few; ***viel zu ~*** not nearly enough, far too little (*pl.* few); ***einer*** *etc.* ***zu ~*** one *etc.* short, one *etc.* too few; ***du isst zu ~*** you don't eat enough, you need to eat more; → ***so wenig.***

Wenigkeit *f* small quantity; (*Kleinigkeit*) trifle; F ***meine ~*** F yours truly.

wenigstens *adv.* at least; ***wenn ... ~*** if only ...

wenn I. *cj. zeitlich*: when; *bedingend*: if; ⚖ *oft* if and when; (*sooft*) whenever; (*sobald*) as soon as; (*vorausgesetzt*) provided (that); ***~ auch, selbst ~*** even if; ***~ auch noch so*** however *small etc.*; ***~ doch*** (*od.* ***nur***) if only; ***außer ~*** unless, except if; ***immer ~*** whenever; ***~ er nicht gewesen wäre*** if it hadn't been for him; ***~ ich das gewusst hätte*** if I had known (that), had I known (that); ***~ das so ist*** if that's the case; ***~ man ihn so reden hört*** to hear him talk; ***und ~ du noch so sehr bittest*** you can plead as much as you like; ***~ nicht heute, so doch morgen*** if not today then tomorrow; ***~ ich das wüsste*** I wish I knew; ***~ ich einmal groß bin*** when I grow up; ***~ man bedenkt, dass*** when you think that; ***~ du das sagst, wirds wohl stimmen*** if you say so; ***~ es schon sein muss, dann gleich*** if it's got to be done let's get it over and done with; ***~ nichts dazwischenkommt*** unless something crops up; ***~ nicht, dann eben nicht*** well, we may as well forget about that; ***~ das Wörtchen ~ nicht wär ...*** if!; ***~ du erst einmal dort bist*** once you're there; ***~ man nach ... urteilt*** judging by ...; ***es war ein neuer, ~ auch zaghafter Versuch*** it was a new, albeit (*od.* if) cautious, attempt; → ***schon*** 1, 7, 8, ***wennschon***; **II.** ≗ *n*: ***ohne ~ und Aber*** a) unconditionally, b) no ifs or buts!; **wenngleich** *cj.* although, even though.

wennschon F *adv.*: ***~!*** so what; ***~, dennschon*** in for a penny, in for a pound; if you're going to do something, you may as well do it properly; if a thing's worth doing, it's worth doing well.

wer I. *rel. pron.* who; **II.** *interr. pron.* who?; *auswählend*: which (one)?; ***~ von euch?*** which of you?; ⚔ ***~ da?*** who goes there?; **III.** *indef. pron.* F (*jemand*) someone, somebody; *in Fragen*: *mst* anyone, anybody; ***~ auch*** (***immer***) whoever; ***~ mitkommen möchte,*** *soll sich eintragen*: whoever wants to come, anyone who wants (*od.* wishes) to come; ***ist da ~?*** is anybody there?

Werbe|abteilung *f* publicity department; ***~agentur*** *f* advertising agency; ***~aktion*** *f* → ***Werbekampagne***; ***~angebot*** *n* special (*od.* introductory) offer; ***~antwort*** *f* business reply; ***~artikel*** *m* promotional article; ***~berater*** *m* advertising consultant; ***~einnahmen*** *pl.* advertising revenue *sg.*; ***~fachmann*** *m* advertising expert; ***~fernsehen*** *n* commercial television; (*Werbespots*) television (*od.* TV) commercials *pl.*; ***~film*** *m* publicity film; ***~fläche*** *f* advertising space; ***~fotograf*** *m* commercial photographer; ***~funk*** *m* commercial radio (*od.* broadcasting); (*Werbespots*) radio ads *pl.* (*od.* commercials *pl.*); ***~gag*** *m* sales gimmick; ***~geschenk*** *n* promotional (*od.* free) gift; ***~grafik*** *f* commercial art; ***~grafiker(in*** *f*) *m* commercial artist; ***~idee*** *f* publicity idea; ***~kampagne*** *f* publicity campaign; *für Waren*: advertising campaign; ***~kosten*** *pl.* advertising expenditure *sg.*; ***≗kräftig*** *adj.* → ***werbewirksam***; ***~leiter*** *m* publicity manager; ***~material*** *n* promotional material; ***~mittel*** *pl.* **1.** advertising media; **2.** (*Geld*) promotion allowance *sg.*

werben I. *v/t.* (*Mitglieder etc.*) enlist; (*Kunden, Stimmen*) attract; ***j-n für et. ~*** win s.o. over to s.th.; **II.** *v/i. pol.* campaign; ☤ advertise; ***~ für*** *a.* promote, F plug; ***~ um*** (*e-e Frau*) court.

Werbe|plakat *n* advertisement, advertising poster; ***~prospekt*** *m* advertising (*od.* publicity) brochure.

Werber *m* ☤ canvasser; ⚔ recruiting officer.

Werbe|rummel F *m* hype; ***~sendung*** *f* **1.** commercial program(me); **2.** *a. pl.* advertising mail; ***~slogan*** *m* advertising slogan; ***~spot*** *m* commercial; ***~text*** *m* advertising slogan; *längerer*: copy; ***~texter*** *m* copywriter; ***~träger*** *m* advertising media; ***~trick*** *m* sales gimmick; publicity stunt; ***~trommel*** *f*: *fig.* ***die ~ für et. rühren*** promote (F plug) s.th., beat the drum for s.th.; ***~veranstaltung*** *f* publicity event.

werbewirksam *adj.*: ***~ sein*** have commercial (*od.* advertising) appeal.

Werbezettel *m* (advertising) leaflet.

Werbung *f* advertising; publicity; *fig.* ***e-e*** (***gute***) ***~ für*** good publicity for.

Werbungskosten *pl. steuerlich*: professional outlay *sg.*

Werdegang *m* development; history (*a. fig. u.* ⚙); *Person*: personal background.

werden I. *v/i.* get, become; *Betonung auf dem Endzustand*: *oft* go (*z.B.* go bald, go mad, go sour *etc.*); ***alt ~*** get (*od.* grow) old; ***besser ~*** get better, improve; ***blass ~*** go (*od.* turn) pale; ***blind ~*** go blind; ***böse ~*** get angry; ***dick ~*** get fat, put on weight; ***dunkel ~*** get (*lit.* grow) dark; ***gesund ~*** get well; ***grau ~*** go (*od.* turn) grey (*Am.* gray); ***kahl ~*** go bald; ***kalt ~*** get cold, *Essen*: cool off; ***krank ~*** fall *od.* get ill (*od.* sick); ***müde ~*** get tired; ***nass ~*** get wet; ***reich ~*** get rich; ***rot ~*** go red, blush; ***sauer ~*** go (*od.* turn) sour; ***schlecht ~*** go bad (*od.* off); ***schlimmer ~*** get worse; ***schwach ~*** get (*od.* grow) weak; ***taub ~*** go deaf; ***verrückt ~*** go mad; ***warm ~*** get warm, warm up; ***wütend ~*** get angry (*od.* mad); ***katholisch ~*** become a Catholic, turn Catholic; ***es wird Winter*** winter is on its way; ***mir wird kalt*** I'm beginning to feel (*od.* get) chilly; ***mir wird schlecht*** I feel sick; ***er ist Erster geworden*** he was (*od.* came) first; ***die Vorräte ~ immer weniger*** supplies are getting lower and lower; ***was soll nun ~?*** what are we going to do now?; ***ich weiß nicht, was ~ soll*** I don't know what to do; ***wie wird die Ernte ~?*** what kind of harvest are we going to have?; ***aus dem Geschäft ist nichts geworden*** nothing came of the deal; ***aus dir wird nie et. ~*** you'll never amount to anything (*od.* get anywhere in life); ***was ist aus ihm geworden?*** what's become of him?; ***was will er ~?*** what does he want to be?; ***daraus wird nichts*** you can forget about that; ***es wird schon ~*** it'll be all right (*Am.* alright); ***wie sind die Fotos geworden?*** how have the photos turned out?; ***morgen wird es ein Jahr, dass*** tomorrow it'll be a year ago that; ***die Sache wird allmählich*** things are coming along (*od.* are beginning to take shape); → ***spät*** I; **II.** *v/aux.*: ***ich werde fahren*** I will (*od.* I'll) drive; ***sie wird gleich weinen*** she's going to cry (any minute); ***es wurde getanzt*** they (*od.* we) danced, there was dancing; ***ich würde kommen, wenn ...*** I would (*od.* I'd) come if ...; ***es wird ihm doch nichts passiert sein?*** I hope nothing has happened to him; ***es wird schon so sein*** (***, wie du sagst***) I'm sure you're right; ***ich werde es verloren haben*** I must have lost it; ***jetzt wird aber geschlafen*** (***gearbeitet***)***!*** it's time to sleep (to get down to work), it's time you *od.* we went to sleep (got down to work); ***es ist uns gesagt worden*** we've been told; *passivisch*: ***geliebt ~*** be loved; ***gebaut ~*** be built, *gegenwärtig*: be being built; ***es wird viel gebaut*** there's a lot of building going on; **III.** ≗ *n* (*Entwicklung*) development, growth; (*Entstehung*) birth; (*Fortschreiten*) progress; ***im ~ sein*** be in the making; **werdend** *adj.* growing; ***~e Mutter*** expectant mother.

werfen I. *v/t.* throw (***nach*** at; ***zu*** to); ✈ (*Bomben*) drop; ***e-e Sechs ~*** throw a six; ***nicht ~!*** *auf Paketen etc.*: handle with care; ***ein sehr helles Licht ~*** *Lampe*: cast a very bright light; ***Bilder an die Wand ~*** project pictures on (*od.* against) the wall; ***Truppen an die Front ~*** dispatch troops to the front; ***Waren auf den Markt ~*** throw goods on the market; ***e-e Skizze aufs Papier ~*** do a quick sketch; ***einige Zeilen aufs Papier ~*** jot down a

W

few lines; ***den Feind aus e-r Stellung ~*** dislodge the enemy; ***et. in die Diskussion ~*** throw s.th. up for discussion; ***von sich ~*** (*Kleider*) throw off; → ***Blick*** 1, ***Handtuch, Haufen, Jung(e), Schatten*** *etc.*; **II.** *v/i.* throw; ***mit et.*** (***nach j-m***) ~ throw s.th. (at s.o.); ***um sich ~ mit*** (*Geld*) throw about, (*Worten*) bandy about; **III.** *v/refl.*: ***sich ~*** ⚙ buckle, *Holz*: warp; ***sich in den Sessel ~*** throw o.s. onto (*od.* flop down into) the armchair; ***sich aufs Pferd ~*** leap (*od.* jump) into the saddle; ***sich auf j-n ~*** throw o.s. at s.o., dive for s.o.; ***sich in s-e Kleider ~*** throw on (*od.* jump into) one's clothes; ***sich auf*** *e-e Tätigkeit* ~ throw o.s. into; → ***Brust*** 1, ***Hals.***

Werft *f* shipyard; ✈ hangar; **~arbeiter** *m* docker.

Werg *n* tow; (*gezupftes Tauwerk*) oakum.

Werk *n* **1.** (*Arbeit, Schöpfung, Kunst2, Buch*) work; (*Gesamt2*) works *pl.*; (*Tat*) deed, act; ***gute ~e*** good deeds; ***ans ~!*** let's get going!; ***am ~ sein*** *a. iro.* be at work; ***ans ~ gehen*** set to work; ***ein gutes ~ tun*** do a good deed; ***es war sein ~*** it was his work (*od.* doing); ***behutsam*** (***geschickt***) ***zu ~e gehen*** go about it carefully (skil[l]fully); **2.** (*Fabrik*) works *pl.* (*a. sg. konstr.*), (*a. Gas2 etc.*) plant; (*Gesellschaft, Unternehmen*) company; ***ab ~*** ex works; **3.** (*Getriebe, Uhr2 etc.*) works *pl.*, mechanism.

Werkbank *f* workbench.

werkeln *v/i.* potter about (***an*** with).

werken I. *v/i.* work; (*geschäftig sein*) be busy; (*basteln*) tinker; *in der Schule*: do handicrafts; **II.** 2 *n* arts and crafts *pl.* (*sg. konstr.*).

Werkeverzeichnis *n* catalog(ue) of works.

werkgetreu *adj. Kunst*: faithful.

Werk|meister *m* foreman; **~nummer** *f* factory serial number; **~raumtheater** *n* theat|re (*Am. a.* -er) workshop.

Werks|angehörige(r *m*) *f* (works) employee; **~arzt** *m* works (*od.* company) doctor.

Werkschutz *m* factory security officers *pl.*

werkseigen *adj.* company(-owned), works ...

Werks|garantie *f* factory warranty; **~gelände** *n* works premises; **~kantine** *f* works canteen; cafeteria; **~leiter** *m* works (*od.* plant) manager.

Werkspionage *f* industrial espionage.

Werkstatt *f* workshop; (*Auto2*) garage; (*Künstler2*) studio; **Werkstätte** *f* → ***Werkstatt***; **Werkstattmontage** *f* shop assembly.

Werkstoff *m* material; (*Rohstoff*) raw material; **~prüfer** *m* materials tester.

Werk|stück *n* ⚙ workpiece; **~student** *m* working student; ***~ sein*** work one's way through university (*od.* college); **~tag** *m* working day; **2tags** *adv.* during the week, on weekdays; **2tätig** *adj.* working ..., employed; ***~ sein*** *a.* have a job; ***die Werktätigen*** the working population (*sg.*); **~treue** *f Kunst*: faithful rendition; **~unterricht** *m ped.* arts and crafts *pl.* (*sg. konstr.*); **~vertrag** *m* contract for work; **~wohnung** *f* company flat (*Am.* apartment).

Werkzeug *n* tool (*a. fig.*); *feines*: instrument; (*Gerät*) implement; **~kasten** *m* tool box; **~macher** *m* toolmaker; **~maschine** *f* machine tool; **~tasche** *f* tool bag; **~schlosser** *m* toolmaker.

Wermut *m* (*Wein*) vermouth; ⚘ wormwood; **~bruder, ~penner** F *m* F wino.

Wermutstropfen *fig. m* drop of bitterness.

wert *adj.* worth; *obs.* (*lieb*) dear; (*~geschätzt*) esteemed, valued; ***et. ~ sein*** be worth s.th., (*e-r Sache würdig sein*) be worthy of s.th.; ***viel ~*** worth a lot; ***nichts ~*** worthless; ***das ist schon viel ~*** that takes us a great step forward; ***das ist e-n Versuch ~*** it's worth a try; ***es ist viel ~ zu wissen, dass*** it's good to know that; ***er hat es nicht für ~ gefunden, mich zu informieren*** he didn't consider it necessary to inform me; *das Buch* ***ist ~, dass man es liest*** is worth reading; ***er ist es nicht ~, dass man ihm hilft*** he doesn't deserve to be helped; F ***ich bin heut nicht viel ~*** I'm not up to much today; → ***Mühe, Rede*** *etc.*

Wert *m* value (*a. phys.*, ♬, ⚙); (*Wichtigkeit*) importance; (*Qualität*) quality; (*Vorzug*) merit; (*Nutzen, Zweck*) use; (*Gegen2*) equivalent; ✝ (*Vermögens2*) asset; *~e* (*Aktiva*) assets, (*Wertpapiere*) securities, stocks; ⚕ *liver etc.* count; ***im ~(e) von*** to the value of, worth; ***Waren im ~(e) von 300 Dollar*** 300 dollars worth of goods; ***geistige ~e*** spiritual values; ***sie hat innere ~e*** she has personal qualities; ***von unschätzbarem ~*** invaluable; (***großen***) ***~ legen auf*** attach (great) importance to; ***ich lege ~ darauf festzustellen, dass*** I would greatly stress that; ***im ~ sinken*** (***steigen***) lose (go up) in value; ***et. über*** (***unter***) ***~ verkaufen*** sell s.th. over (under) value; ***das hat keinen praktischen ~*** that's of no practical use (*od.* value); F ***das hat keinen ~*** it's pointless.

Wert|angabe *f* **1.** declaration of value; **2.** declared value; **~arbeit** *f* quality workmanship; **2beständig** *adj.* of stable value; *Währung*: stable; *fig.* of lasting value; **~brief** *m* insured letter.

werten *v/t.* evaluate, assess; (*beurteilen*) judge; *nach Kategorien*: classify; *bsd. Sport, Schule*: rate; ***ein Tor nicht ~*** *Fußball*: disallow a goal.

Werte|skala *f* scale of values; **~system** *n* system of values; **~verfall** *m* drop in standards.

wert|frei *pred. adj. u. adv.* free of any value judg(e)ment; **2gegenstand** *m* article of value; *pl.* valuables; **~gemindert** *pred. adj.* diminished in value.

Wertigkeit *f* ⚗ valency; (*Bedeutung*) significance.

Wertkartentelefon *n* cardphone.

wertlos *adj.* worthless; (*nutzlos*) useless; **Wertlosigkeit** *f* worthlessness; uselessness.

Wert|maßstab *m* standard (of value); **~minderung** *f* depreciation; **2neutral** *adj.* → ***wertfrei***; **~paket** *n* insured parcel (*Am.* package); **~papier** *n* ✝ security; **~sachen** *pl.* valuables; **2schätzen** *v/t.* hold *s.o.* in high esteem; **~schätzung** *f* esteem (*gen.* for); **~schöpfung** *f* ✝ value added; **~sendung** *f* consignment with value declared; ✉ insured matter; **~steigerung** *f* increase in value, appreciation; **~stoff** *m* reusable (*od.* recyclable) material; **~stoffhof** *m* collecting point for reusable materials; **~system** *n* system of values.

Wertung *f* evaluation, assessment; (*Beurteilung*) judg(e)ment; *Sport*: score.

Wert|urteil *n* value judg(e)ment; **~verlust** *m* depreciation; **2voll** *adj.* valuable; **~vorstellung** *f* value; *~en* value system; **~zeichen** *n* ✉ (postage) stamp; **~zuwachs** *m* appreciation, *e-r Geldanlage*: capital gain.

Werwolf *m* werewolf.

Wesen *n* (*Lebe2*) being, creature (*a.* F *Person*); *phls.* entity; (*Wesenskern*) essence; (*Wesensart*) nature, character, *e-r Person*: *a.* personality; ***heiteres*** *etc.* ~ cheerful *etc.* disposition; ***gekünsteltes ~*** affected manner; ***furchtsames ~*** (*Person*) timid creature; ***lebhaftes ~*** (*Person*) lively soul; F ***armes ~*** poor creature (*od.* soul); ***viel ~s von et. machen*** make a great fuss about s.th.; ***es liegt im ~*** *gen.* it's in the nature of; ***das entspricht nicht s-m ~*** that's not at all like him, it's completely out of character for him; ***der Mensch als soziales ~*** man as a social being; ***das gehört zum ~ der Demokratie*** that's an intrinsic feature (*od.* that's part and parcel) of democracy; ***das ändert nichts am ~ der Sache*** that doesn't alter the situation; **wesenlos** *adj.* **1.** insubstantial, incorporeal; **2.** (*inhaltslos*) empty, meaningless.

Wesens|art *f* nature; **2fremd** *adj.* alien (to one's nature); ***j-m ~ sein*** *a.* be completely foreign to s.o.; **~merkmal** *n* (basic *od.* essential) trait; **~unterschied** *m* difference in nature (*od.* character); **~zug** *m* characteristic, trait.

wesentlich I. *adj.* essential (***für*** to), (*a. beträchtlich*) substantial, important; (*grundlegend*) fundamental; ***das 2e*** the essential part, the most important aspect(s); ***nichts 2es*** nothing important, *formell*: nothing of import; ***~er Inhalt*** substance *of a book etc.*; ***keine ~en Änderungen*** no major changes; ***ein ~er Unterschied*** a big (*od.* an important) difference; ***kein ~er Unterschied*** no marked change (*od.* difference); ***im 2en*** essentially, in the main, (*im Großen und Ganzen*) on the whole; **II.** *adv.* (*grundlegend*) fundamentally; (*erheblich*) considerably; ***~ besser*** *etc.* far better *etc.*; ***sich ~ in*** (***von***) ***et. unterscheiden*** differ considerably in (from) s.th.; ***wir müssen noch ~ mehr tun*** we must do a great deal more.

weshalb I. *interr. adv.* why?; **II.** *cj.* which is why, and so.

Wespe *f* wasp.

Wespen|nest *n* wasps' nest; *fig.* ***in ein ~ stechen*** stir up a hornet's nest; **~stich** *m* wasp sting; **~taille** *f* wasp waist.

wessen I. *interr. pron.* **1.** (*gen. von* ***wer***) whose?; **2.** (*gen. von* ***was***): ***~ wird er beschuldigt?*** what is he accused of?; **II.** *rel. pron.* (*gen. von* ***was***) (of) which; ***das, ~ er beschuldigt wird*** what he is (being) accused of.

Wessi F *m* citizen of the old West-German states.

West *adv.* west; (***in***) ***München ~*** west Munich (in the west of Munich); **West...** *in Zssgn hist.* West German; **Westauto** *n* West German car; **westdeutsch** *adj.*, **Westdeutsche(r** *m*) *f* West German.

Weste *f* waistcoat, *Am.* vest; *fig.* ***e-e reine ~ haben*** have a clean record; ***er hat e-e reine ~*** *a.* his slate is clean.

Westen *m* west; (*westlicher Landesteil*) West; *geogr. u. pol. the* West; ***nach ~*** west(wards); *Verkehr, Straße etc.*: westbound.

Westentasche *f* waistcoat (*Am.* vest) pocket; *fig.* ***et. wie s-e ~ kennen*** know s.th. like the back of one's hand; **Westentaschenformat** *n*: ***im ~*** pocket *cam-*

era etc.; *iro.* would-be (*od.* small-time) *politician etc.*

Western *m* western, cowboy film, F horse opera.

Westeuropäer(in *f*) *m*, **westeuropäisch** *adj.* West European.

Westfale *m*, **Westfälin** *f* Westphalian; **westfälisch** *adj.* Westphalian; ***der 2e Friede*** the Peace of Westphalia.

Westgeld *n hist.* West German money (*od.* currency).

Westgote *m* Visigoth; **westgotisch** *adj.* Visigothic.

Westküste *f* west coast; ***an der ~*** on the west coast.

westlich I. *adj.* western, west; *Wind*: westerly; ***in ~er Richtung*** west(wards); *Verkehr, Straße etc.*: westbound; **II.** *adv.* (to the) west (**von** of); **westlichst** *adj.* westernmost.

West|mächte *pl. pol.* Western Powers; **~mark** *f hist.* West German mark; **2östlich** *adj.*: *pol.* ***~e Beziehungen*** East-West relations; **~wall** *m hist.* ⚔ Siegfried Line.

westwärts *adv.* west(wards).

Westwind *m* west wind.

weswegen → ***weshalb.***

Wettannahme(stelle) *f* betting office.

Wettbewerb *m* competition (*a.* ✝); contest; ✝ ***freier*** (***unlauterer***) ***~*** free (unfair) competition; ***in ~ treten*** (***stehen***) ***mit*** enter into (be in) competition with.

Wettbewerbs|beschränkung *f* restraint of trade; **~druck** *m* competitive pressure; **2fähig** *adj.* competitive; **~fähigkeit** *f* competitiveness; **~klausel** *f* non-competition clause; **~nachteil** *m* competitive disadvantage; **~politik** *f* competition policy; **~regeln** *pl.* rules of competition; **~teilnehmer** *m* competitor, contestant; **~verbot** *n* prohibition of competition; **~verzerrung** *f* unfair competition; **~vorteil** *m* competitive advantage.

Wettbüro *n* betting office.

Wette *f* bet; wager; ***e-e ~ eingehen*** (*od.* ***abschließen***) make a bet; ***ich gehe jede ~ ein, dass*** I'll bet you any money (that); ***was gilt die ~?*** what do you (want to) bet?; ***die ~ gilt!*** you're on!; ***um die ~ rennen*** (***schwimmen*** *etc.*) have a race, race each other; F ***um die ~*** *arbeiten etc.*: all out, *essen etc.*: F like it's going out of style.

Wetteifer *m* competitive drive; (*Rivalität*) rivalry, competition; **wetteifern** *v/i.* vie, compete (**mit** with; **um** for).

wetten *v/t. u. v/i.* bet (**mit j-m** s.o.; **um et.** s.th.), F have a flutter; ***~ auf*** bet (*od.* put one's money) on, *Rennsport*: *a.* back; ***ich wette zehn zu eins, dass*** I bet you ten to one (that); F ***~, dass ...?*** F wanna bet?; *fig.* ***so haben wir nicht gewettet*** that wasn't part of the deal.

Wetter[1] *n* **1.** weather; (*Un2*) storm; ***bei diesem ~*** in this (sort of) weather; *fig.* ***gut ~ bei j-m machen*** get s.o. into the right mood; → ***Wind***; **2.** ⚒ ***schlagende ~*** firedamp.

Wetter[2] *m* better.

Wetter|amt *n* meteorological office, F met office; **~aussichten** *pl.* weather outlook (*od.* forecast) *sg.* (***bis Dienstag*** till Tuesday [*od.* for tomorrow and Tuesday]); **~bedingungen** *pl.* weather conditions; **~beobachtung** *f* meteorological observation; **~bericht** *m* weather report (*od.* forecast); *Radio, TV*: *Am. a.* weathercast; **2beständig** *adj.* weatherproof; **2bestimmend** *adj.*: ***~ sein*** determine the weather; **~dienst** *m* weather service; **~ecke** F *f* bad-weather area; **2empfindlich** *adj.* → ***wetterfühlig***; **~fahne** *f* weather vane; **2fest** *adj.* weatherproof, weather-resistant; **~frosch** F *m* F weatherman.

wetterfühlig *adj.* weather-sensitive, susceptible to the weather; **Wetterfühligkeit** *f* sensitivity (*od.* susceptibility) to the weather.

Wetter|hahn *m* weathercock; **~häuschen** *n* weather house; **~karte** *f* weather map; **~kunde** *f* meteorology; **~lage** *f* weather situation; **~leuchten** *n* sheet (*od.* heat) lightning; *fig.* ***~ am politischen Horizont*** storm clouds on the political horizon; **~loch** F *n* bad-weather area; **~macher** F *m* F weatherman.

wettermäßig *adj.*: ***wie sieht es ~ aus?*** what's the weather like?

Wettermilderung *f* onset of milder weather.

wettern F *v/i.* F rant and rave; ***~ gegen*** rail (*formell*: fulminate) against.

Wetter|prophet *m* weather prophet (*od.* sage); **~satellit** *m* weather (*od.* meteorological) satellite, F metsat; **~schacht** *m* ventilation shaft; **~scheide** *f* weather divide; **~seite** *f* exposed side; **~station** *f* weather station; **~sturz** *m* sudden drop in temperature; **~umschwung** *m* (sudden) change in (the) weather; **~verhältnisse** *pl.* weather conditions; **~vorhersage** *f* weather forecast; *Radio, TV*: *Am. a.* weathercast; **~warnung** *f* storm warning; **~warte** *f* weather station; **~wechsel** *m* change in (the) weather.

wetterwendisch *contp. adj.* moody.

Wetter|wolke *f* storm cloud; **~zeichen** *n* weather indicator, sign of good (*od.* bad) weather.

Wett|fahrt *f* race; **~kampf** *m* contest, competition; *Sport*: (*a. Einzel2*) event; **~kämpfer(in** *f*) *m* competitor, contestant; **~lauf** *m* race; *fig.* ***~ mit der Zeit*** race against time (*od.* the clock); **~läufer(in** *f*) *m* runner.

wettmachen *v/t.* make up for, compensate for (**durch** with, by); (*Geld*) recoup.

Wett|rennen *n* race (*a. fig.*); **~rüsten** *n* arms race; **~schwimmen** *n* swimming competition; **~streit** *m* contest; (*Wettbewerb*) competition.

wetzen I. *v/t.* sharpen; (*schleifen*) grind; (*Schnabel*) scratch, rub; **II.** F *v/i.* (*rennen*) F race; ***nach Hause ~*** race home, F zoom off home.

Wetzstein *m* whetstone.

Whirlpool (*TM*) *m* whirlpool.

Whisky *m* whisky; *schottischer*: *a.* Scotch; *irischer, amerikanischer*: whiskey; ***~ (mit) Soda*** whisk(e)y (*od.* Scotch) and soda; → ***pur.***

Wichse F *f* **1.** (shoe) polish; **2.** (*Prügel*) thrashing, hiding; **wichsen** *v/t.* **1.** F polish; **2.** V (*onanieren*) V (have a) wank, *a. Am.* jerk off; **Wichser** *m* **1.** V (*e-r, der wichst*) V wanker; **2.** F *als Schimpfwort*: *sl.* jerk.

Wicht *m* (*kleiner Kerl*) F midget, (*Kind*) *a.* F nipper; *contp.* F blighter.

Wichtelmännchen *n* elf, goblin.

wichtig *adj.* important; ***et.*** (***sehr***) ***~ nehmen*** take s.th. (very) seriously, attach (great) importance to s.th.; ***sich*** (***sehr***) ***~ nehmen*** take o.s. very seriously; ***er macht sich gern ~*** he likes to think he's important; ***es ist mir sehr ~*** it's very important to me, it means a lot to me; ***das ist nur halb so ~*** that's not so important; ***nichts 2eres zu tun haben als*** have nothing better to do than; **Wichtigkeit** *f* importance (**für** for, to); ***von höchster ~*** of the greatest importance.

Wichtigtuer *m* pompous ass; **Wichtigtuerei** *f* pompousness, pompous behavio(u)r; **wichtigtuerisch** *adj.* pompous.

Wicke *f* ⚘ vetch; (*Garten2*) sweet pea.

Wickel *m* ⚕ (*Umschlag*) compress; F *fig.* ***j-n beim ~ packen*** F grab s.o. by the scruff of his (*od.* her) neck, (*zur Verantwortung ziehen*) take s.o. to task; **~bluse** *f* wraparound blouse; **~kind** *n* baby; **~kleid** *n* wraparound dress; **~kommode** *f* changing unit.

wickeln I. *v/t.* wind (*a.* ⚡); (*Tuch, Binde*) tie; (*Schal, Decke*) wrap; (*Haar*) curl; (*ein~*) wrap up; (*Säugling*) change *a baby's* nappies (*Am.* diapers); → ***Finger***; **II.** *v/refl.*: ***sich ~ um*** wind (*od.* coil) itself around *s.th., Leine etc.*: get twisted round *s.th.*; ***sich in e-e Decke ~*** wrap o.s. up in a blanket.

Wickel|raum *m* baby-care room; **~rock** *m* wraparound skirt.

Wickler *m* (*Locken2*) curler.

Wicklung *f* ⚡ winding.

Widder *m* **1.** *zo.* ram; **2.** (*Sternzeichen*) Aries; (***ein***) ***~ sein*** be (an) Aries.

wider *prp.* against, contrary to; → ***Für, Willen.***

widerborstig *adj.* → ***widerspenstig.***

widerfahren *v/i.* (*j-m*) happen to, *lit.* befall; ***ihm ist Unrecht ~*** he has been done wrong; ***j-m Gerechtigkeit ~ lassen*** do justice to s.o., *weitS.* give s.o. his (*od.* her) due.

Widerhaken *m* barbed hook; *an Pfeil etc.*: barb.

Widerhall *m* echo, reverberation(s *pl.*); *fig. a.* response, resonance; *fig.* ***großen ~ finden*** meet with an enthusiastic response; ***es fand keinen ~*** there was no reaction (to it); **widerhallen** *v/i.* echo, resound (**von** with *laughter etc.*).

widerlegbar *adj.* refutable; **widerlegen** *v/t.* refute, disprove; (*Theorie*) *a.* explode; *diese Erkenntnis* ***widerlegte die ganze Theorie*** defeated the whole theory; **Widerlegung** *f* refutation.

widerlich *adj.* revolting, *stärker*: repulsive; → *a.* ***widerwärtig.***

Widerling F *m* F creep; *unappetitlicher*: *a.* F slob.

widernatürlich *adj.* unnatural, perverse.

Widerpart *m* opponent, adversary.

widerrechtlich I. *adj.* illegal, unlawful; **II.** *adv.*: ⚖ ***~ betreten*** trespass (up)on; ***sich ~ aneignen*** misappropriate.

Widerrede *f* contradiction(s *pl.*); *freche*: F backchat, *Am.* backtalk; ***ohne ~*** unquestioningly; ***keine ~!*** no arguments!, no buts!

Widerruf *m* revocation; *e-r Erklärung*: retraction; ✝ countermand, *a. e-s Befehls etc.*: withdrawal; ***bis auf ~*** until further notice; **widerrufen** *v/t.* revoke; (*Äußerung*) retract, (*a. v/i.*) recant; (*Gesetz*) repeal; (*Auftrag, Vertrag, Befehl*) cancel.

Widersacher *m* adversary.

Widerschein *m* reflection.

widersetzen *v/refl.*: ***sich ~*** oppose, resist (*dat. s.o. od. s.th.*); ***sich*** *e-m Befehl, Gesetz* ***~*** disobey; **widersetzlich** *adj.* refractory; *im Dienst*: insubordinate.

Widersinn *m* absurdity; **widersinnig** *adj.* absurd, nonsensical.

widerspenstig *adj.* (*halsstarrig*) stubborn; (*aufsässig*) rebellious; *Haar*: un-

ruly; **Widerspenstigkeit** *f* stubbornness; rebelliousness.
widerspiegeln I. *v/t.* reflect (*a. fig.*); **II.** *v/refl.*: ***sich ~*** *a. fig.* be reflected.
widersprechen *v/i.* contradict (***j-m*** s.o.; ***sich*** o.s.); (*e-m Vorschlag*) oppose; ***sich*** (*od.* ***einander***) ~ *Meinungen etc.*: be contradictory, be at variance; **widersprechend** *adj.*: ***sich ~*** *Nachrichten etc.*: contradictory; *Gesetze*: conflicting.
Widerspruch *m* contradiction; (*Protest*) protest; (*Abweichung*) discrepancy; ***im ~ stehen zu*** be inconsistent with, contradict *s.th.*; ***et. ohne ~ hinnehmen*** accept s.th. without a word of protest; ***heftigen ~ bei j-m hervorrufen*** provoke vehement protest from s.o.; ***sich in Widersprüche verwickeln*** keep contradicting o.s., get caught up in a web of contradictions; ***es ist ein ~ in sich*** it's a contradiction in terms, it's self-contradictory; ***er duldet keinen ~*** what he says goes; ***kein ~!*** no arguments!; **widersprüchlich** *adj.* contradictory, inconsistent; *Gefühle, Gesetze etc.*: conflicting; **Widerspruchsgeist** *m* argumentative spirit (*Person*: person, type); **widerspruchslos** *adv.* unquestioningly; without a murmur.
Widerstand *m* resistance, opposition; ⚡ resistance, (*Bauteil*) resistor; ✈ (*Luft*~) drag; ***~ gegen die Staatsgewalt*** obstructing the police; ***~ leisten*** offer resistance, fight back; ***auf (heftigen) ~ stoßen*** meet with (stiff) opposition; ***den ~ aufgeben*** give in; ***den Weg des geringsten ~es gehen*** take the line of least resistance; ***gegen den ~ s-r Eltern*** against his parents' wishes; ***et. gegen alle Widerstände durchsetzen*** go through with s.th. despite all opposition.
Widerstands|bewegung *f* resistance movement; **~fähig** *adj.* resistant (***gegen*** to); robust (*a.* ⊚); **~fähigkeit** *f* resistance; robustness; **~kämpfer(in** *f*) *m* resistance fighter; **~kraft** *f* (powers *pl.* of) resistance.
widerstandslos *adv.* without resistance.
Widerstands|messer *m*, **~messgerät** *n* ohmmeter; **~nest** *n* pocket of resistance; **~organisation** *f* resistance movement.
widerstehen *v/i.* resist (*dat. s.th. od. ger.*); (*standhalten*) withstand; ***er konnte der Versuchung nicht ~*** *a.* he succumbed to the temptation.
widerstreben I. *v/i.* oppose *s.o. od. s.th.*; ***es widerstrebt mir*** it goes against the grain, I hate to have to do it; **II.** ~ *n* resistance; (*Unwilligkeit*) reluctance; **widerstrebend** *adv.* reluctantly.
Widerstreit *m* conflict; **widerstreitend** *adj.* conflicting.
widerwärtig *adj.* repulsive, nasty, F horrible; *Benehmen*: disgusting; **Widerwärtigkeit** *f* repulsiveness; nastiness.
Widerwille *m* aversion (***gegen*** to); loathing (for); (*Ekel*) disgust (at); (*Unwilligkeit*) reluctance; **widerwillig I.** *adj.* unwilling, reluctant; **II.** *adv.* reluctantly; (*ungern gewährend*) grudgingly; (*mit Abscheu*) with disgust.
Widerworte *pl.*: ***keine ~!*** F no backchat!, *Am.* no backtalk!
widmen I. *v/t.* dedicate; (*Zeit, sein Leben etc.*) *a.* devote (*dat.* to); (*Aufmerksamkeit*) give; **II.** *v/refl.*: ***sich j-m (e-r Sache) ~*** devote o.s. to s.o. (s.th.); ***sich e-m Problem ~*** *a.* address a problem; **Widmung** *f* dedication; ***j-m e-e ~ (ins Buch) schreiben*** write s.o. a dedication.
widrig *adj.* (*ungünstig*) adverse; **Widrigkeit** *f* adversity.
wie I. *adv.* **1.** *in Fragen*: how?, *nach der Art etc.*: what ... like?; ***~ alt sind Sie?*** how old are you?; ***~ sagten Sie?*** (sorry,) what did you say?; ***~ lange ist das her?*** how long ago is (*od.* was) that?; ***~ wars im Kino?*** how was the film?; ***~ ist er (so)?*** what's he like?; ***~ ist der neue Wagen?*** what's the new car like?; ***~ war das mit dem Unfall?*** what exactly happened in the accident?; ***das war doch sehr witzig, ~?*** that was a good joke, wasn't it?; ***~, hat er das wirklich gesagt?*** what, did he really say that?; F ***~ das?*** F how come?; ***~ wäre es mit?*** how about?; **2.** *im Ausruf*: ***~ schön!*** how beautiful!; ***~ froh war ich!*** how glad I was; ***~ gut, dass*** lucky for me (*od.* you *etc.*) that; ***und ~!*** and how!, F you bet!; **II.** *cj.* **3.** *in Vergleichen*: as, *mst* as ... as; (*~ zum Beispiel*) such as; (*gleich e-m* ...) like; ***~ ein Freund*** as (*gleich*: like) a friend; ***ein Mann ~ er*** a man like him; ***(nicht) so alt ~*** (not) as old as; ***er sieht nicht ~ 50 aus*** he doesn't look fifty; ***~ gesagt*** as I said (*od.* was saying); ***~ man mir gesagt hat*** as I've been told; ***~ so oft*** as is often the case; ***in e-m Fall ~ diesem*** in a case like this; ***auf dem Land ~ in den kleinen Städten*** both in the country and in the small towns; ***~ er nun mal ist*** being the type of person he is; → ***gehabt, sagen*** I; **4.** *zeitlich*: as, when; ***~ er dies hörte*** when he heard this; ***~ ich so vorbeiging*** just as I was passing; ***ich sah, ~ er weglief*** I saw him running away; ***ich hörte, ~ er es sagte*** I heard him say so (*od.* it); *mit adv.*: ***~ sehr er es auch versuchte*** much as he tried; ***~ sehr ich mich auch bemühte*** however hard I tried, try as I would; *eingeschoben*: ***~ es scheint*** it seems; **5.** *verallgemeinernd*: ***~ (auch) immer*** however, no matter how; ***~ dem auch sei*** be that as it may; ***~ sie auch heißen mögen*** whatever they're called.
Wiedehopf *m zo.* hoopoe.
wieder *adv.* again; (*als Vergeltung*) in return; ***~ einmal*** once again; ***schon ~*** yet again; ***schon ~!*** not again!; ***~ und ~*** again and again, over and over again; ***(schon) ~ e-e Seite geschrieben*** that's another page written; ***dafür ist er ~ teuer*** but then he's expensive; ***wo willst du nun schon ~ hin?*** where are you off to this time?; ***was hat er ~ angestellt?*** what's he been up to this time?
wieder anlegen *v/t.* (*Geld*) reinvest, plough (*Am.* plow) back.
Wiederaufbau *m* reconstruction; *wirtschaftlicher*: recovery; **wieder aufbauen** *v/t.* rebuild.
wieder aufbereiten *v/t.* reprocess; **Wiederaufbereitung** *f* reprocessing; **Wiederaufbereitungsanlage** *f*: (***atomare*** ~ nuclear waste) reprocessing plant.
wieder aufführen *v/t. thea.* show again; (*Film*) rerun; (*Konzert*) give again, do a repeat of.
wieder| aufladbar *adj. Akku*: rechargeable; **~ aufleben** *v/i.* revive.
Wiederaufleben *n* revival; *von Ideen etc.*: resurgence.
wieder auflebend *adj.* resurgent.
Wiederaufnahme *f von Gesprächen etc.*: resumption; *thea.* revival; ⚖ reopening (of a trial); **~verfahren** *n* ⚖ new hearing; *Strafrecht*: retrial.
wieder| aufnehmen *v/t.* resume; *thea.* revive; ⚖ reopen; ***Kontakte ~*** renew ties; **~ aufrichten** *v/t.* set *s.o.* up again.
wieder aufrüsten *v/t. u. v/i.* rearm; **Wiederaufrüstung** *f* rearmament, rearming.
Wiederaufschwung *m* ✝ upturn, upswing, (economic) revival.
wieder| auftauchen *v/i.* re-emerge, ⚓ *a.* (re)surface; *fig.* come to light again, reappear; *Person*: reappear on the scene, resurface, turn up again; **~ auftreten** *v/i.* reappear; **~ ausführen** *v/t.* re-export.
Wiederbeginn *m* recommencement; *der Schule etc.*: reopening; ***~ des Unterrichts*** *etc.* ***ist am ...*** classes *etc.* start again on ...
wiederbekommen *v/t.* get *s.th.* back.
wieder beleben *v/t.* resuscitate, *a. fig.* revive; **Wiederbelebung** *f* resuscitation; *fig.* revival; **Wiederbelebungsversuch** *m* resuscitation attempt; *fig.* attempt to revive s.th.
wiederbeschaffen *v/t.* replace; **Wiederbeschaffung** *f* replacement; **Wiederbeschaffungskosten** *pl.* replacement cost *sg.*; **Wiederbeschaffungswert** *m* replacement (*od.* as new) value.
wieder besetzen *v/t.* **1.** ***e-e Stelle ~*** fill a vacancy; **2.** ⚔ reoccupy.
wieder|bringen *v/t.* bring back; (*zurückgeben*) return (*dat.* to).
wieder einführen *v/t.* **1.** reintroduce, (*Brauch etc.*) revive; **2.** (*Ware*) reimport.
Wieder|einführung *f* reintroduction; revival; reimportation; **~eingliederung** *f* reintegration (***in*** into); *e-s Straftäters*: rehabilitation.
wieder einsetzen *v/t.* reinstate (***in*** in); (*Monarchen*) restore to the throne; (*j-n*) *in Rechte*: restore *rights to s.o.*; **Wiedereinsetzung** *f* reinstatement; restoration.
wieder einstellen *v/t.* re-employ, take back; ***j-n ~*** *a.* give s.o. his (*od.* her) job back.
Wiedereintritt *m* re-entry (***in*** into) (*a. in die Erdatmosphäre*).
wieder entdecken *v/t.* rediscover.
Wieder|ergreifung *f* recapture; **~erinnern** *v/refl.*: ***sich ~*** recall, remember (***an*** *s.o., s.th.*).
wieder erkennen *v/t.* recognize; ***nicht wieder zu erkennen*** unrecognizable; (*verstümmelt etc.*) maimed *etc.* beyond recognition; ***es ist nicht wieder zu erkennen*** you won't recognize it.
wiedererlangen *v/t.* recover, (*a. Gewicht*) regain.
wieder erleben *v/t.* relive, go through *s.th.* again.
wiedererobern *v/t.* recapture.
wieder eröffnen *v/t.* reopen; ***das Feuer ~*** reopen fire, start firing again.; **Wiedereröffnung** *f* reopening.
wieder erscheinen *v/i.* reappear; *Zeitung*: resume publication, reappear on the newsstands; ***~ lassen*** republish.
wieder|erstatten *v/t.* (*Kosten*) refund, reimburse (*dat.* to); **~erstattung** *f* refund(ing), reimbursement.
wieder| erstehen *v/i.* rise again; *fig.* be revived, (*a. ~ lassen*) revive; **~ erwecken** *v/t.* **1.** (*Interesse, Gefühle*) revive; **2.** (*j-n*) bring *s.o.* back to life.
wiedererzählen *v/t.* **1.** retell; **2.** → ***weitererzählen.***
wieder finden I. *v/t.* find again; *fig.* (*Selbstvertrauen etc.*) regain; ***s-e Sprache ~*** be able to speak again; ***sich*** (*od.* ***einander***) ***~*** find (one's way back to) each other again; **II.** *v/refl.*: ***sich ~*** *irgendwo*: find o.s. (***in*** in), end up (in); *Sache*:

W

turn up again, reappear, resurface; (*sich seelisch erholen*) recover, get back on an even keel.

Wiedergabe *f* reproduction; (*Tonℒ*) *a.* sound; (*Bildℒ*) picture; *e-s Textes, Musikstücks*: rendering; *Tonband*: playback; **~kopf** *m* play head; **~qualität** *f Ton*: sound quality; *Bild*: picture quality.

wiedergeben *v/t.* give back, return (*dat.* to); (*nachbilden; a. Ton etc.*) reproduce; (*Musikstück, Rolle*) interpret; (*zitieren*) quote; (*schildern*) describe; (*erzählen*) relate.

Wiedergeburt *f* **1.** rebirth; **2.** *fig.* revival; *in der Kunst*: *a.* renaissance.

wieder|gewinnen *v/t.* regain, (*a. Geld*) win (*od.* get) back; **ℒgewinnung** *f* recovery; ⚙ reclamation; **~grüßen** *v/t. u. v/i.* return s.o.'s greetings; ***grüßen Sie ihn wieder!*** give him mine(, would you?).

wieder gutmachen *v/t.* make up for; (*Verlust*) *a.* recover; (*Schaden etc.*) compensate for; ***das Unrecht ~*** right the wrongs; ***nicht wieder gutzumachen*** irreparable *damage*; ***wie kann ich es dir ~?*** how can I make it up to you?

Wiedergutmachung *f* **1.** amends *pl.*; compensation; **2.** → **Wiedergutmachungsleistung** *f* indemnification, restitution payments *pl.*

wiederhaben *v/t.* have *s.th. od. s.o.* back again.

wiederherstellen *v/t.* (*Gesundheit*) restore; (*alten Zustand, Recht etc.*) restore; (*Daten*) restore, recover; *Computer, nach Löschen bzw. Ausführen e-s Arbeitsschrittes*: recover, redo, undelete; (*Verbindung*) re-establish; ***wiederhergestellt*** *gesundheitlich*: cured, recovered.

wieder herstellen *v/t.* (*erneut produzieren*) produce *s.th.* again.

Wiederherstellung *f* restoration; *e-s Rechts*: *a.* restitution; *e-s Kranken*: recovery; *e-r Verbindung*: renewal, re-establishment *of contacts*.

wiederholbar *adj.* repeatable; ***es ist nicht ~*** it can't be repeated; **wieder'holen I.** *v/t.* repeat, say *s.th.* again; (*Sache*) repeat (*a. Klasse, Prüfung*), do *s.th.* again; (*Sendung*) rerun; (*kurz zusammenfassen*) sum up; **II.** *v/refl.*: ***sich ~*** *Person*: repeat o.s.; *Sache*: *a.* happen again, *periodisch*: recur; ***das darf sich nicht ~*** *a.* that mustn't be allowed to happen again; **'wiederholen** *v/t.* fetch back; **wiederholt I.** *adj.* repeated; ***trotz ~er Warnung*** despite repeated (*od.* several) warnings; **II.** *adv.* repeatedly; time and again; **Wiederholung** *f* repetition; *e-r Sendung*: repeat, rerun; *TV Sport*: replay; *von Prüfungsstoff*: revision.

Wiederholungs|fall *m*: ***im ~*** should it happen again; ⚖ in case of a repeat offen|ce (*Am.* -se); **~impfung** *f* ⚕ booster; **~kurs** *m* refresher course; **~prüfung** *f* repeat examination; **~sendung** *f* repeat (broadcast); **~spiel** *n Sport*: replay; **~taste** *f* repeat key; **~tat** *f* repeat offen|ce (*Am.* -se); **~täter(in** *f*) *m* repeat offender, recidivist; **~traum** *m* recurrent dream; **~zeichen** *n* ♪ repeat (sign).

Wiederhören *n*: ***auf ~*** goodbye.

wieder instand setzen *v/t.* repair; (*renovieren*) renovate, F do up; **Wiederinstandsetzung** *f* repair(s *pl.*).

wiederkäuen I. *v/i.* chew the cud; **II.** *fig. v/t.* go on about; (*wiederholen*) keep regurgitating; **Wiederkäuer** *m* ruminant.

Wiederkehr *f* return; *periodische*: recurrence; *e-s Gedenktages*: anniversary; **wiederkehren** *v/i.* return, come back; (*sich wiederholen*) recur.

wiederkommen *v/i.* come again; (*zurückkommen*) come back, return.

wiederlieben *v/t.* return *s.o.'s* love.

wiedersehen *v/t.* see again, (*j-n*) *a.* meet again (*a.* ***sich ~***); **Wiedersehen** *n* reunion; ***auf ~!*** goodbye!, F bye!; **Wiedersehensfeier** *f* reunion party (*od.* celebration); **Wiedersehensfreude** *f* joy at seeing each other again, joy of being reunited (once more).

Wiedertäufer *m* Anabaptist.

wieder tun *v/t.* do again, repeat.

wiederum *adv.* again; (*andererseits*) on the other hand.

wieder vereinigen *v/t. u. v/refl.* (***sich ~***) reunite; **Wiedervereinigung** *f* reunion; *pol. a.* reunification.

Wiederverfilmung *f* remake.

wieder verheiraten *v/refl.*: ***sich ~*** remarry, marry again (*od.* a second *etc.* time).

wieder verkaufen *v/t.* resell; **Wiederverkäufer** *m* (*Einzelhändler*) retailer; **Wiederverkaufspreis** *m* retail price; **Wiederverkaufswert** *m* resale value.

wieder verwendbar *adj.* reusable; **wieder verwenden** *v/t.* reuse, reutilize; **Wiederverwendung** *f* reuse.

wieder verwertbar *adj.* reusable, recyclable; **wieder verwerten** *v/t.* (*Abfallstoffe etc.*) recycle; **Wiederverwertung** *f* recycling.

Wiederwahl *f* re-election (***zum Präsidenten*** *etc.* to the presidency *etc.*, as president *etc.*); ***sich zur ~ stellen*** stand for re-election; ***nach ihrer ~*** after being returned to office (*od.* parliament); **wieder wählen** *v/t.* re-elect.

Wiederzulassung *f e-r Partei etc.*: unbanning.

Wiege *f* cradle (*a. fig. der Zivilisation*); ***von der ~ bis zur Bahre*** from the cradle to the grave; ***s-e ~ stand in Berlin*** he first saw the light of day in Berlin; ***es ist ihm nicht an der ~ gesungen worden, dass*** who would have thought (that); ***et. ist j-m in die ~ gelegt worden*** s.o. was endowed with s.th. from birth.

Wiegemesser *n* cradle knife.

wiegen[1] **I.** *v/t.* weigh; ***das ist reichlich*** (***knapp***) ***gewogen*** it's a bit over (under); *fig.* ***gewogen und zu leicht befunden*** weighed and found wanting; **II.** *v/i.* weigh; ***schwerer ~ als*** be heavier than, weigh more than, outweigh; ***was ~ Sie?*** how much do you weigh?; *fig.* ***schwer ~*** carry weight; **III.** *v/refl.*: ***sich ~*** weigh o.s.

wiegen[2] **I.** *v/t.* **1.** (*schaukeln*) rock (***in den Schlaf*** to sleep); **2.** (*zerkleinern*) chop; **II.** *v/refl.*: ***sich ~*** sway; *Boot*: *a.* rock; *fig.* ***sich in falschen Hoffnungen ~*** delude o.s. with false hopes; → ***Sicherheit*** 1.

Wiegen|druck *m typ.* incunabulum (*pl.* incunabula), cradle book; **~fest** *n* birthday; **~lied** *n* lullaby.

wiehern *v/i.* neigh, whinny; ***vor Lachen ~*** bray with laughter; ***~des Gelächter*** braying (laughter).

Wiener[1] *adj.* Viennese; ***~ Schnitzel*** Wiener schnitzel; ***~ Würstchen*** → ***Wiener***[2]

Wiener[2] *n, f* (*Würstchen*) vienna, wiener.

Wiener[3] *m*, **Wienerin** *f* Viennese; ***~ sein*** *mst* be (*od.* come) from Vienna; **wienerisch** *adj.* Viennese.

wienern F *v/t.* polish.

Wiese *f* meadow.

Wiesel *n* weasel; → ***flink***; **wieselflink** *adj.* fast as lightning, *a.* quick as a flash; **wieseln** *v/i.* scurry.

Wiesen|blume *f* wild flower; **~schaumkraut** *n* 🌿 lady's smock.

wieso *adv.* → ***warum.***

wie viel *interr. adv.* how much?; (*wie viele?*) how many?; ***~ Uhr ist es?*** what's the time?, what time is it?; **wievielmal** *adv.* how many times, how often; **wievielt I.** *interr. adv.*: ***zu ~ wart ihr?*** how many of you were there?; **II.** *adj.*: ***der*** (***die, das***) ***~e ...?*** which ...?; ***das ~e Stück isst du jetzt?*** how many pieces have you eaten already?; ***den ℒen haben wir heute?*** what's the date today?; ***zum ~en Male?*** how many times?; ***als ℒer ist er ins Ziel gekommen?*** what place did he come?; ***am ~en August hat er Geburtstag?*** when in August is his birthday?

wieweit *cj.* → ***inwieweit.***

wild I. *adj.* wild (*a. Honig, Tier, Gegend, Geschichte, Blick, Drohungen, Beschimpfungen, Kampf, Orgie, Schlag, Vermutung etc.*); (*unzivilisiert*) *a.* savage; *fig.* (*wütend*) furious, F raving, wild; (*stürmisch*) tempestuous, impetuous; *Kind*: unruly, wild; (*ungepflegt*) wild, unkempt; ⚕ ***~es Fleisch*** proud flesh; ***~es Parken*** (***Zelten***) unauthorized parking (camping); ***~e Schießerei*** mad shootout, *e-s Einzelnen*: shooting spree; ***~er Streik*** wildcat strike; ***~e Vermutungen*** wild speculation (*sg.*); ***~ machen*** (*j-n*) make *s.o.* mad, *Musik etc.*: F drive *s.o.* wild, (*Tier*) frighten; F ***den ~en Mann spielen*** F go berserk; ***~ sein auf*** F be wild (*od.* crazy) about; F ***wie ~*** F like mad; ***~ wachsen*** grow wild; ***~ werden*** turn wild, (*wütend*) get mad, F go wild; F ***das ist halb so ~!*** not to worry; → ***Affe***; **II.** *adv.* wildly; ***~ um sich blicken*** look around wildly; ***~ schreien*** F shout like mad; ***~ lachen*** laugh hysterically; ***~ durcheinander liegen*** lie in a wild heap; ***~ entschlossen zu*** *inf.* absolutely determined to *inf.*

Wild *n* game; *einzelnes*: head of game; (*Reh*) *a. pl. coll.* deer; (*Wildfleisch*) game, *von Hochwild*: venison; **~bach** *m* torrent; **~bahn** *f*: ***in freier ~*** in the wild; **~braten** *m* roast venison; (*Bratenstück*) roast of venison.

Wildbret *n* game; *von Hochwild*: venison.

Wild|dieb *m* poacher; **~ente** *f* wild duck.

Wilde(r *m*) *f* savage; *fig.* ***wie ein Wilder*** (***e-e Wilde***) like a madman (madwoman) *od.* maniac.

Wilderer *m* poacher; **wildern** *v/i.* poach; *Hund*: kill game.

Wildfang *m* little devil.

wildfremd *adj.* completely strange (*dat.* to); ***~er Mensch*** complete stranger.

Wild|fütterung *f* feeding of game; **~gans** *f* wild goose; **~geflügel** *n* wildfowl; **~gehege** *n* game enclosure; **~geschmack** *m* gam(e)y taste.

Wildheit *f* wildness; savagery; fury *etc.*; → ***wild.***

Wild|hüter *m* gamekeeper; **~katze** *f* wild cat.

wild lebend *adj.* wild, *nachgestellt*: roaming free.

Wild|leder *n*, **ℒledern** *adj.* suede (leather).

Wildnis *f* wilderness (*a. fig.*), *the* wild; *a. fig.* jungle.

Wild|park *m* game (*od.* deer) park; **~pastete** *f* game pie; *von Hochwild*: venison

W

pie; **~ragout** *n* game stew; **~reis** *m* wild rice; **~reservat** *n* game reserve.

wildromantisch *adj.* wildly romantic; ***~e Landschaft*** wild, romantic landscape; ***~e Liebesgeschichte*** wild romance.

Wild|sau *f* wild sow; *fig.* pig; **~schütz** *obs. m* **1.** poacher; **2.** hunter; **~schwein** *n* wild boar (*weibliches*: sow).

wild wachsend *adj.* wild.

Wildwasser *n* torrent; **~...** *in Zssgn* white-water *canoeing etc.*; **~bahn** *f* flume; **~rennen** *n* white-water race; **~(renn)sport** *m* white-water canoeing.

Wildwechsel *m* game path, runway.

Wildwest *the* Wild West; **~film** *m* western, cowboy film; **~manier** *f*: ***in ~*** western style.

Wildwuchs *m* rank growth; *fig.* proliferation; **wildwuchsartig** *adv.*: ***sich ~ ausbreiten*** proliferate, *Stadt*: sprawl.

Wildziege *f* wild goat.

Wille *m* will; (*Entschlossenheit*) *a.* determination; (*Absicht*) intention; *phls.* will, volition; ***böser ~*** ill will; ***es war kein böser ~*** it wasn't intentional, he *etc.* didn't do it out of spite; ***guter ~*** good will (*od.* intention); ***letzter ~*** will, ⚖ last will and testament, *weitS.* last (*od.* dying) wish; ***aus freiem ~n*** of one's own free will; ***wider ~n, gegen s-n ~n*** against one's will; ***j-m s-n ~n lassen*** let s.o. have his *od.* her (own) way; ***s-n (keinen) eigenen ~n haben*** have a (no) mind of one's own; ***s-n guten ~n zeigen*** show one's (*od.* some) goodwill; ***den ~n für die Tat nehmen*** take the will for the deed; ***gegen j-s ~n handeln*** act against s.o.'s wishes; ***es fehlt ihm nur der gute ~*** he just has to want to; ***es ist mein fester ~*** I'm absolutely determined, it's my firm intention; ***wo ein ~ ist, ist auch ein Weg*** where there's a will, there's a way; ***beim besten ~n nicht*** much as I'd like to; ***ich kann mich beim besten ~n nicht erinnern*** I can't for the life of me remember; ***wenn es nach s-m ~n ginge*** if he had his way; ***ganz nach d-m ~n*** as you wish; ***j-m zu ~n sein*** obey s.o.'s wishes, *stärker*: submit to s.o., *Frau*: give o.s. to s.o.; → ***willens, 'durchsetzen*** I.

Willen *m* → ***Wille.***

willen *prp.*: ***um ... ~*** for the sake of ..., for *s.o.'s* sake; → ***Gott*** 1.

willenlos I. *adj.* weak-willed; ***~ sein*** *a.* have no willpower; ***j-s ~es Werkzeug sein*** be a tool in s.o.'s hands; **II.** *adv.* (*gefügig*) meekly; ***j-m ~ ausgeliefert sein*** be at s.o.'s mercy; **Willenlosigkeit** *f* lack of willpower.

willens *adj.*: ***~ sein zu*** *inf.* be willing (*od.* prepared) to *inf.*; ***ich bin nicht ~ zu*** *inf. a.* I don't see why I should *inf.*

Willens|akt *m* act of volition; **~anstrengung** *f* effort of will; **~äußerung** *f* **1.** expression of one's will; **2.** ⚖ (*a.* **~erklärung** *f*) declaration of intention; **~freiheit** *f* freedom of will; **~kraft** *f* willpower; *weitS.* strong will; ***durch ~ allein*** through sheer willpower; **≈schwach** *adj.* weak-willed; **~schwäche** *f* weak will; **≈stark** *adj.* strong-willed; **~stärke** *f* willpower.

willentlich *adj.* (*u. adv.*) deliberate(ly).

willfährig *adj.* compliant; *contp.* obsequious.

willig *adj.* (*bereit*) willing, prepared (**zu** *inf.* to *inf.*); (*diensteifrig*) willing, eager, keen.

willigen *v/i.*: ***~ in*** agree to, consent to; approve of.

willkommen *adj.* welcome (*dat.* to; *a. fig.*); ***j-n ~ heißen*** welcome s.o.; ***seid ~!*** welcome!; ***du bist hier immer ~*** you'll always be welcome here (*od.* find an open door here); **Willkommen** *n, m* welcome, reception; ***j-m ein herzliches ~ bereiten*** give s.o. a warm welcome, receive s.o. warmly.

Willkür *f* (*Willkürlichkeit*) arbitrariness; (*Gewaltherrschaft*) despotism, despotic rule; ***j-s ~ ausgeliefert sein*** be at s.o.'s mercy; **~akt** *m* arbitrary act; **~herrschaft** *f* arbitrary rule, despotism.

willkürlich *adj.* arbitrary (*a.* 𝒜); (*vom Willen gelenkt*) voluntary; *Auswahl*, ⚙: random ...

wimmeln *v/i.*: ***~ von*** *Lebewesen*: be swarming (*od.* teeming, F crawling) with; *Fehlern etc.*: be teeming (*od.* bristling) with; ***es wimmelte nur so von*** the place was teeming with.

Wimmerl *dial. n* spot, pimple.

wimmern I. *v/i.* whimper; **II.** ≈ *n* whimpering.

Wimpel *m* pennant.

Wimper *f* eyelash; *fig.* ***ohne mit der ~ zu zucken*** without batting an eyelid, without flinching; **Wimperntusche** *f* mascara; **Wimpertierchen** *n* ciliate.

Wind *m* wind; ***guter ~, günstiger ~*** fair wind; ***sanfter ~*** (gentle) breeze; → *a.* ***Windstoß***; ***schwacher bis mäßiger ~ aus Nordost*** light to moderate north-easterly wind; ***~ und Wetter ausgesetzt sein*** be exposed to the weather (*od.* elements); ***bei ~ und Wetter*** in all weathers, no matter what the weather; ***dicht am ~ segeln*** sail close to the wind; ***gegen den ~*** into the wind; ***mit dem ~*** down wind; *fig.* ***~ bekommen von*** get wind of; F ***viel ~ machen*** (*Umstände machen*) F make a great big fuss, (*angeben*) F talk big; ***j-m den ~ aus den Segeln nehmen*** take the wind out of s.o.'s sails; ***in alle ~e zerstreut*** scattered to the four winds; ***in den ~ reden*** waste one's breath; ***in den ~ schlagen*** cast to the winds; ***frischen ~ in die Firma bringen*** shake the company up; ***das ist ~ in s-e Segel*** that's grist to his mill; ***wissen, woher der ~ weht*** know how the wind blows; ***sich den ~ um die Nase*** (*od.* ***Ohren***) ***wehen lassen*** go out into the big wide world; → ***Fähnchen, Mantel.***

Windbeutel *m* cream puff.

Winde[1] *f* ⚙ winch, windlass, hoist; (*Anker≈*) capstan.

Winde[2] *f* ❦ bindweed.

Windei *n* wind-egg; F *fig.* F washout.

Windel *f* nappy, *Am.* diaper; ***damals lagst du noch in den ~n*** you were still in your nappies (*Am.* diapers) at the time; F *fig.* ***(noch) in den ~n stecken*** still be in its infancy (*od.* at a very early stage); **~ausschlag** *m* nappy (*Am.* diaper) rash; **~einlagen** *pl.* nappy (*Am.* diaper) liners; **~höschen** *n* plastic (*od.* rubber) pants *pl.*, *Brit. a.* nappy pants *pl.*

windelweich F *adj.*: ***j-n ~ schlagen*** (*od.* ***dreschen***) F beat the living daylights out of s.o., make mincemeat out of s.o.

winden I. *v/t.* wind (**um** round); (*Kranz*) make, bind; ***in die Höhe ~*** hoist; **II.** *v/refl.*: ***sich ~*** *Schlange etc.*: writhe; *Wurm*: wriggle; *Person*: writhe (**vor** *Schmerz etc.*: with), *vor Scham etc.*: squirm (with); *Weg*: wind (its way along), *Fluss*: *a.* meander; ***sich ~ um*** wind (*od.* coil) itself round; ***sich ~ durch*** weave one's way through *a crowd etc.*; *fig.* ***sich ~ wie ein Aal*** wriggle like an eel; → ***gewunden.***

Windenergie *f* wind power (*od.* energy); **~park** *m* wind farm.

Windeseile *f*: ***in ~*** at lightning speed, in no time; *das Gerücht* ***verbreitete sich in ~*** spread like wildfire.

Wind|fahne *f* weathervane; **~fang** *m* vestibule; **≈geschützt** *adj.* sheltered (from the wind); **~hauch** *m* breath of wind; **~hose** *f* whirlwind; **~hund** *m* greyhound; F *fig.* F freewheeler; **~hundrennen** *n* greyhound racing.

windig *adj.* windy; F *fig. Person*: unreliable; *Sache*: F dodgy; *Ausrede*: lame.

Wind|jacke *f* windcheater; **~jammer** *m* ⚓ windjammer; **~kanal** *m* wind tunnel; **~kraft** *f* wind power; **~kraftanlage** *f*, **~kraftwerk** *n* wind power plant; **~licht** *n* storm lantern; **~macher** F *m* → ***Wichtigtuer***; **~maschine** *f* blower, fan; **~mühle** *f* windmill; *fig.* ***gegen ~n kämpfen*** tilt at windmills; **~mühlenflügel** *m* windmill sail; **~pocken** *pl.* ⚕ chickenpox *sg.*; **~rad** *n* wind turbine, windmill; **~rädchen** *n* pinwheel; **~richtung** *f* direction of the wind; **~röschen** *n* ❦ anemone; **~rose** *f* compass card (*od.* rose); **~sack** *m* windsock, wind sleeve; **~schatten** *m* ⚓ lee; ✈ sheltered zone; ***im ~*** *fahren, laufen*: in the slipstream (**von** of); **≈schief** *adj.* crooked, F skew-whiff; *Baum*: crooked, bowed.

wind|schlüpfig, ~schnittig *adj.* streamlined.

Windschutz *m* protection from the wind; (*Vorrichtung*) windbreak; **~klappe** *f am Zelt*: storm flap; **~scheibe** *f* windscreen, *Am.* windshield.

Wind|seite *f* weather side; **~stärke** *f* wind force; ***~ 1*** Beaufort 1; **≈still** *adj.* calm; **~stille** *f* calm, *vorübergehende*: *a.* lull; **~stoß** *m* gust (of wind); **~surfbrett** *n* sailboard, windsurfing board; **≈surfen** *v/i.* windsurf; **~surfen** *n* windsurfing; **~sufer(in** *f*) *m* windsurfer; **~turbine** *f* wind turbine.

Windung *f e-s Weges, Stroms*: bend; *e-r Spirale, Muschel*: whorl; *e-r Schraube*: worm, thread; **~en** *e-s Weges*: winding; *des Darms, Hirns*: convolutions.

Wink *m* sign; *mit der Hand*: wave; *fig.* hint, tip, *warnender*: tip-off; ***ein ~ des Schicksals*** a sign from above; → ***Zaunpfahl.***

Winkel *m* **1.** 𝒜 angle; ***im rechten ~ zu*** at right angles to; → ***spitz, tot*** *etc.*; **2.** (*Ecke*) corner; (*Plätzchen*) place, spot; *fig.* recess *of the heart*; **3.** ⚔ chevron; **~advokat** *m* pettifogger, *Am.* F shyster; **~eisen** *n* ⚙ angle iron.

winkelförmig *adj.* angled; *weitS.* L-shaped.

Winkel|funktion *f* 𝒜 trigonometric function; **~halbierende** *f* 𝒜 bisector of an angle.

winkelig *adj.* **1.** angular; *in Zssgn bsd.* 𝒜 ...-angled; **2.** *Raum, Wohnung*: full of nooks and crannies; *Straße, Gasse*: winding ...

Winkel|maß *n* square; **~messer** *m* protractor; *surv.* goniometer; **~träger** *m* angle bracket; **~zug** *m* dodge; ***Winkelzüge machen*** do a bit of skil(l)ful dodging.

winken *v/i.* **1.** wave, (*her~*) beckon; (*Zeichen geben*) make a sign, signal (*dat.* to); ***dem Kellner ~*** signal to the waiter; ***e-m Taxi ~*** hail (*od.* wave down) a taxi; ***mit dem Taschentuch*** *etc.* ***~*** wave one's

W

hankie (*od.* handkerchief) *etc.*; **2.** *fig. Überraschung etc.*: be in store (*dat.* for); ***dem Finder winkt e-e hohe Belohnung*** the finder can expect a large reward; ***dem Gewinner winkt ein hoher Geldpreis*** the winner can look forward to a large cash prize.

winklig *adj.* → ***winkelig.***

winseln *v/i.* whine.

Winter *m*: (***im*** ~ in) winter; ***über den ~ kommen*** get through the winter; **~abend** *m* winter evening; **~anfang** *m* beginning of winter; first day of winter; **~ausrüstung** *f mot.* winter equipment; **~fahrplan** *m* winter timetable (*Am.* schedule); **~fell** *n* winter coat; **~ferien** *pl.* winter holidays (*bsd. Am.* vacation *sg.*); **≈fest** *adj.* winterproof; ⚘ hardy; **~ *machen*** winterize; **~garten** *m* winter garden, conservatory; **~getreide** *n* winter crop; **~halbjahr** *n* winter (months *pl.*); *ped. etwa* winter term, winter and spring terms *pl.*; **~kleid** *n* winter dress; *des Wiesels etc.*: winter coat; *der Vögel*: winter plumage; ***Landschaft im ~*** winter (*od.* snowclad) landscape; **~kleidung** *f* winter clothes *pl.* (*od.* clothing); **~kurort** *m* winter resort.

winterlich *adj.* wint(e)ry.

Winter|luft *f* wint(e)ry air; **~mantel** *m* winter coat; **~mode** *f* winter fashions *pl.*; **~monat** *m* winter month; **~morgen** *m* winter('s) morning; **~nacht** *f* winter('s) night; ***in e-r kalten ~*** on a cold winter's night; **~olympiade** *f* Winter Olympics *pl.*; **~pause** *f* winter break; **~quartier** *n* winter quarters *pl.*; **~reifen** *m mot.* winter (*od.* snow) tyre (*Am.* tire); **~sachen** *pl.* winter clothes (*od.* things); **~schlaf** *m* hibernation; **~ *halten*** hibernate; **~schlussverkauf** *m* winter (*od.* January) sales *pl.*; **~schuhe** *pl.* winter shoes *pl.*; **~semester** *n* winter semester (*od.* term); **~sitz** *m* winter residence; **~sonnenwende** *f* winter solstice; **~speck** F *m extra pounds put on in the winter*; **~spiele** *pl.*: ***Olympische ~*** Winter Olympics; **~sport** *m* winter sport(s *pl. coll.*); **~sportkleidung** *f* winter sportswear; **~sportort** *m* ski resort; **~tag** *m* winter('s) day; **~urlaub** *m* → ***Winterferien***; **~zeit** *f* **1.** winter(time); ***während der ~*** in winter(time); **2.** (*Uhrzeit*) winter time; ***ab morgen gilt die ~*** we switch to winter time tomorrow.

Winzer *m* winegrower, vintner; **~genossenschaft** *f* winegrowers' cooperative.

winzig *adj.* (*a.* **~ *klein***) tiny, minute, F teeny(-weeny).

Winzling *m* **1.** tiny man (*od.* woman), F midget, *contp.* F half-pint; **2.** (*Kleinkind*) tiny tot.

Wipfel *m* (tree)top.

Wippe *f* seesaw; **wippen** *v/i.* (*schaukeln*) seesaw, rock; **~ *mit*** *dem Schwanz etc.*: wag; ***auf den Zehenspitzen ~*** rock up and down; ***mit den Fußspitzen ~*** jiggle one's feet; ***in den Knien ~*** bob up and down; **~*der Gang*** bouncing gait.

Wippschalter *m* ⚡ rocker switch.

wir *pers. pron.* we; **~ *beide*** both of us, we both ..., *allein stehend*: the two of us, *betont*: both of us, F us two; **~ *drei*** the three of us; **~ *alle*** all of us, we all ...

Wirbel *m* **1.** (*Drehung*) whirl, swirl; (*Wasser≈*) eddy, *größerer*: whirlpool, *a. phys.* vortex; (*Wind≈*) whirlwind; ⚙ (*Luft≈*) turbulence; *von Rauch etc.*: eddy; *von Schnee, Staub*: flurry; *fig. von Ereignissen etc.*: whirl; (*Trubel*) hurly-burly (of events); (*Aufhebens*) F to-do; ***mach nicht solchen ~*** don't make such a fuss; ***es gab damals wegen dieser Affäre e-n großen ~*** the affair caused quite a stir at the time; **2.** *anat.* (*Rücken≈*) vertebra (*pl.* vertebrae); **3.** (*Trommel≈*) (drum) roll; **4.** (*Haar≈*) crown; **5.** (*Violin≈ etc.*) peg; **~bruch** *m* fractured vertebra; **~fortsatz** *m* spinous process; **~gelenk** *n* **1.** *anat.* vertebral joint; **2.** ⚙ swivel joint.

wirbelig *adj.* **1.** (*schwindelig*) dizzy; **2.** *Kind*: wild.

Wirbelknochen *m* vertebra (*pl.* vertebrae).

wirbellos *adj.* (*a.* **~*es Tier***) invertebrate.

wirbeln *v/i. Schnee, Staub etc.*: whirl, swirl; *Tänzer etc.*: whirl; *Trommeln*: roll; *fig.* ***mir wirbelt der Kopf*** my head's spinning.

Wirbel|säule *f* spine, spinal column; → *a.* ***Rückgrat(...)***; **~säulenerkrankung** *f* spinal disease; **~sturm** *m* whirlwind; (*Zyklon*) cyclone; (*Tornado*) tornado; **~tier** *n* vertebrate; **~wind** *m* whirlwind (*a. fig.*).

Wirkbereich *m Medikament*: effective range.

wirken I. *v/i.* **1.** (*Wirkung ausüben*) have an effect (**auf** on), be effective, work; (*anfangen zu ~*) take effect; **~ *auf*** have a *depressing etc.* effect on *s.o.*, affect *s.o. od. s.th.*; (*j-m zusagen*) appeal to; ***berauschend ~*** *Alkohol*: have an intoxicating effect; ***anregend ~*** *Kaffee*: act as a stimulant; ***die Tabletten ~ schnell*** the tablets act fast; ***die Arznei beginnt zu ~*** the medicine is beginning to take effect; ***et. auf sich ~ lassen*** take s.th. in, *genießerisch*: soak s.th. up; ***das hat gewirkt!*** that did the trick, (*hat gesessen*) that hit home; ***das Bild wirkt aus der Nähe überhaupt nicht*** that picture looks like nothing from close up; **2.** (*tätig sein, arbeiten*) work (**an** at; **bei** with, for), be active; ***als Lehrer ~*** be a teacher, teach; ***als Missionar*** *etc.* **~** *a.* be active as a missionary *etc.* (*od.* in missionary work *etc.*); **3.** (*aussehen*) look *younger, sad etc.*; ***er wirkt schüchtern*** he gives the impression of being rather shy; **4.** (*zur Geltung kommen*) look good; **II.** *v/t.* **5.** → ***bewirken, Wunder***; **6.** (*Strümpfe etc.*) knit; (*Stoff*) weave; **III.** **≈** *n* work; (*Tätigkeit*) activity, activities *pl.*; ***sein ~ im Bereich*** *gen. a.* his contributions to; **wirkend** *adj.* active; ***langsam ~*** slow-acting; ***schnell ~*** fast-acting; ***stark ~*** strong, potent; **Wirker(in** *f*) *m* knitter; weaver.

wirklich I. *adj.* real, (*tatsächlich*) *a.* actual; (*echt*) real, true; ***das ~e Leben*** real life; **II.** *adv.* really, actually; *bestätigend*: really, honestly; *verstärkend*: really; **~?** really?, *a. iro.* you don't say; ***es war ~ gut*** it was really good, it really was good; ***es tut mir ~ Leid*** I really am sorry; **Wirklichkeit** *f* reality; ***die raue ~*** harsh reality, the hard facts (of life); ***in ~*** in reality, (*eigentlich*) in fact.

wirklichkeits|fremd *adj.* unrealistic(ally *adv.*); (*idealistisch*) starry-eyed; → *a.* ***weltfremd***; **~getreu** *adj.* realistic(ally *adv.*); *Nachbildung*: faithful; **≈mensch** *m* realist; **~nah** *adj.* realistic(ally *adv.*), down-to-earth.

wirksam *adj.* effective; ***sehr ~*** *Medikament*: *a.* very strong; **~ *gegen*** good for; **~ *werden*** *Gesetz etc.*: take effect (***am ...*** from ...), *Medikament etc.*: (begin to) take effect *od.* have an effect; **Wirksamkeit** *f* effectiveness; *e-s Mittels, e-r Methode etc.*: *a.* efficacy.

Wirkstoff *m* agent, active substance.

Wirkung *f* effect; *stärker*: impact; ***mit ~ vom*** with effect from, as from (*od.* of); ***mit sofortiger ~*** as of now; **~ *erzielen*** have an effect, work; ***s-e ~ tun*** work, have the desired effect; ***s-e ~ verfehlen, ohne ~ bleiben*** have no effect, prove ineffective; ***Ursache und ~*** cause and effect; ***er ist sehr auf ~ bedacht*** he's out for effect; → ***Ursache.***

Wirkungs|bereich *m* sphere of activity; ⚔ radius of action; *Gesetz*: operation; **~dauer** *f* effective period; ⚗ persistency; **~grad** *m* efficiency; **~kraft** *f* efficacy; **~kreis** *m* sphere of activity.

wirkungslos *adj.* ineffective; **~ *bleiben*** have no effect; **Wirkungslosigkeit** *f* ineffectiveness, ineffectuality.

wirkungsreich *adj.* highly effective.

wirkungsvoll *adj.* → ***wirksam.***

Wirkungsweise *f* mode of operation; mechanism; *e-s Mittels*: effect.

wirr *adj.* confused; *geistig*: *a.* bewildered, *contp.* muddle-headed; (*wüst*) disorderly, *stärker*: chaotic; *Rede*: incoherent; *Haar*: dishevel(l)ed, F all over the place; ***mir ist ganz ~ im Kopf*** my head's spinning; **~*es Zeug reden*** ramble, rave; **Wirren** *pl.* turmoil *sg.*; **Wirrkopf** *m* scatterbrain; **Wirrwarr** *m* confusion, chaos, F jumble, mess; (*Lärm*) hubbub; **~ *von Meinungen*** confusion of opinions; **~ *von Stimmen*** babble of voices; **~ *von Vorschriften und Verordnungen*** labyrinth (*od.* maze) of rules and regulations; ***ein ~ von Gedanken*** jumbled ideas.

Wirsing(kohl) *m* savoy (cabbage).

Wirt *m* host (*a. biol.*); (*Haus≈, Gast≈*) landlord, (*Gast≈*) *a.* proprietor; **Wirtin** *f* hostess; (*Haus≈, Gast≈*) landlady; (*Gast≈*) *a.* proprietor, proprietress; (*Gastwirtsfrau*) landlord's wife.

Wirtschaft *f* **1.** economy; (*gewerbliche ~*) trade and industry; **2.** (*Wirtshaus*) pub, *formell*: public house; *Am.* saloon; **3.** (*Haus≈*) housekeeping; **4.** (*Land≈*) farmstead; **5.** (*das Wirtschaften*) management; **6.** F *contp.* (*Durcheinander*) F mess; ***das ist ja e-e schöne ~*** that's a fine state of affairs; **wirtschaften I.** *v/i.* **1.** keep house; *weitS.* economize; ***gut ~*** be a good housekeeper, *weitS.* be economical, know how to do one's sums; ***mit Gewinn*** (***Verlust***) **~** come out on the plus (minus) side; ***in die eigene Tasche ~*** line one's own pockets; **2.** (*beschäftigt sein*) be busy; (*hantieren*) potter around (*od.* about); **II.** *v/t.*: ***e-e Firma zugrunde ~*** run a firm into the ground; **Wirtschafterin** *f* housekeeper; **Wirtschaftler** *m* economist; **wirtschaftlich** *adj.* **1.** economic(ally *adv.*); (*finanziell*) financial; **2.** (*rentabel*) profitable; (*leistungsfähig*) efficient; **3.** (*sparsam*) economical; **Wirtschaftlichkeit** *f* **1.** good management; (economic) efficiency; **2.** (*Rentabilität*) profitability; (*Leistungsfähigkeit*) efficiency; **3.** (*Sparsamkeit*) economy, thrift.

Wirtschafts|abkommen *n* economic (*od.* trade) agreement; **~asylant** *m* economic migrant; **~aufschwung** *m* economic upturn (*stärker*: boom); **~barometer** *n* business barometer; **~berater** *m* economic adviser; **~beziehungen** *pl.* economic (*od.* trade) relations; **~boykott** *m* economic sanctions *pl.* (*od.* boycott, embargo); **~einheit** *f* economic entity;

~faktor *m* economic factor; **~flüchtling** *m* economic migrant (*od.* refugee); **~form** *f* economic system; **~führer** *m* leading industrialist, captain of industry; **~gefälle** *n* economic divide; **~geld** *n* housekeeping money; **~gemeinschaft** *f* trading partnership, economic union; *hist.* ***Europäische ~*** European Economic Community (*abbr.* EEC); **~geschichte** *f* history of economics; **~gipfel** *m* economic summit; **~güter** *pl.* economic goods; **~gymnasium** *n grammar school emphasizing the study of economics*; **~hilfe** *f* economic aid; **~ingenieur** *m etwa* industrial engineer; **~jahr** *n* financial year; **~journalist** *m* economic journalist; **~kapitän** F *m* captain of industry; tycoon; **~kraft** *f* economic power; **~krieg** *m* economic war(fare); **~kriminalität** *f* white-collar crime; **~krise** *f* economic crisis; **~lage** *f* economic situation; **~leben** *n* economic activity; **~macht** *f* economic power; **~minister** *m* minister for economic affairs; *in GB*: Secretary of State for Trade and Industry, Trade and Industry Secretary; *in den USA*: Secretary of Commerce; **~ministerium** *n* economics ministry; *in GB*: Department of Trade and Industry; *in den USA*: Department of Commerce; **~misere** *f* economic plight; **~ordnung** *f* economic system; **~partner** *m* **1.** (*Land*) trading partner; **2.** (*Firma*) business partner; **~politik** *f* economic policy; **2politisch** *adj.* economic(ally *adv.*); **~prognose** *f* economic forecast; **~prüfer** *m* auditor; **~psychologie** *f* industrial psychology; **~raum** *m* economic area (*od.* zone); **~recht** *n* commercial law; **~spionage** *f* industrial espionage; **~standort** *m* industrial location, business base (*od.* location); **~system** *n* economy, economic system; **~teil** *m e-r Zeitung*: financial pages *pl.*, business section; **~- und Sozialausschuss** *m EU* Economic and Social Committee; **~- und Währungsunion** *f EU* Economic and Monetary Union; **~union** *f* economic union; **~verband** *m* trade association; **~verbrechen** *n coll.* white-collar crime; **~wachstum** *n* economic growth; **~wissenschaft** *f* economics *pl.* (*sg. konstr.*); **~wissenschaftler** *m* economist; **~wunder** *n* economic miracle; **~zeitung** *f* business paper; **~zweig** *m* branch of industry; sector of the economy.

Wirts|haus *n* pub, *formell*: public house; *Am.* saloon; *mst ländliches*: inn; **~leute** *pl.* landlord and landlady; **~pflanze** *f* host.

Wisch F *contp. m* (*Schriftstück*) *sl.* bumf, bumph.

wischen *v/t.* wipe; (*auf~*) mop (up); *fig.* ***j-m e-e ~*** F give s.o. a clip round the ears.

Wischer *m mot.* wiper; **~blatt** *n* wiper blade.

wischiwaschi F **I.** *adj.* vague; **II.** **2** *n* F blah(-blah).

Wisch|lappen *m*, **~tuch** *n* cloth.

Wisent *n* bison.

Wismut *n* bismuth.

wispern **I.** *v/t.* whisper; **II.** *v/i.* whisper, speak (*od.* talk) in a whisper.

Wissbegier(de) *f* thirst for knowledge, (intellectual) curiosity; **wissbegierig** *adj.* eager to learn (*od.* for knowledge); *weitS.* curious.

wissen **I.** *v/t. u. v/i.* know (***von*** about); ***~ lassen, dass*** let on that; ***j-n et. ~ lassen*** let s.o. know s.th.; ***ich weiß genau, dass*** I know for a fact that; ***das hätte ich ~ sollen*** I wish I'd known; ***ich weiß s-n Namen nicht mehr*** I can't remember his name; ***weißt du schon das Neueste?*** have you heard the latest?; ***er weiß immer alles besser*** he always knows better; ***das musst du selber ~*** that's up to you; ***woher weißt du das?*** how do you know?; ***sie ist sehr hübsch, aber sie weiß es auch*** she's very pretty and she knows it; ***ich möchte*** (***doch***) ***gern ~*** I'd (really) like to know; ***ich möchte nicht ~, was*** I wouldn't like to know what; ***sie weiß nicht, was sie will*** she doesn't know what she wants; ***er weiß nicht, was er sagt*** he doesn't know what he's talking about; ***man kann nie ~*** you never know (***bei*** with); ***ich weiß nicht recht*** I'm not (so) sure, F I dunno; ***nicht, dass ich wüsste*** not that I know of; ***soviel ich weiß*** as far as I know; ***was weiß ich!*** how should I know?, how am I supposed to know?; ***und was weiß ich noch alles*** and what not; ***als ob es wer weiß was gekostet hätte*** as if it had cost goodness knows how much; ***er hält sich für wer weiß wie klug*** he thinks he's goodness knows how clever; ***ich will von ihm*** (***davon***) ***nichts ~*** I don't want anything to do with him (it); ***ich will von ihr nichts mehr ~*** F I'm through with her; ***von Geld wollte er nichts ~*** he refused to (*od.* he wouldn't) accept any money; ***ich werde ihn schon zu finden ~*** I'll find him all right (*Am.* alright), I'll find him, don't you worry; ***weißt du noch?*** (do you) remember?; → ***Bescheid, heiß*** I, ***helfen, Rat*** 1 *etc.*; **II.** **2** *n* knowledge; ***ohne mein ~*** without my knowing; ***meines ~s*** as far as I know; ***nach bestem ~ und Gewissen*** to the best of one's knowledge and belief; **wissend** *adj. Blick etc.*: knowing.

Wissens|bereich *m* field of knowledge; **~bereicherung** *f* gain in knowledge.

Wissenschaft *f* (*exakte ~, Natur2*) science; (*Forschung*) research; (*akademische Welt*) (world of) scholarship, academia; → ***Geisteswissenschaft*** *etc.*; ***in der ~ tätig sein*** work in research; ***die ~ sagt*** researchers claim, *bei den Naturwissenschaften*: *a.* scientists claim; ***die ~ hat bewiesen ...*** *a.* research has proved ...; ***der ~ hinterlassen*** bequeath to scholarship, (*Organe etc.*) leave to medical science; F ***das ist e-e ~ für sich*** that's a book with seven seals; **Wissenschaftler(in** *f*) *m* academic; (*Natur2*) scientist; (*Geistes2*) scholar; (*Forscher*) researcher; **wissenschaftlich** *adj.* academic; *Arbeitsweise*: methodical; (*natur~*) scientific (*a.* ***~ genau***); (*gelehrt-~*) scholarly; ***~e Laufbahn*** (***Diskussion***) academic career (discussion); ***~er Beweis*** scientific proof (*od.* evidence); **Wissenschaftlichkeit** *f* scholarliness; (*wissenschaftliches Niveau*) *a.* scholarly standard.

Wissenschafts|gläubigkeit *f* blind faith in science; **~zweig** *m* branch of learning, discipline.

Wissens|drang *m*, **~durst** *m* thirst for knowledge; **~gebiet** *n* field of knowledge; **~gut** *n* fund of knowledge; **~lücke** *f* gap in one's knowledge; **~netz** *n* knowledge network; **~stand** *m* level (*od.* state) of knowledge; ***auf dem neuesten ~*** up to date; **~stoff** *m* (body of) knowledge; **~vermittlung** *f* transfer of knowledge; **~vorsprung** *m* advance in knowledge.

wissenswert *adj.* worth knowing; **2es** interesting facts.

wissentlich **I.** *adj.* conscious; (*absichtlich*) wil(l)ful, deliberate; **II.** *adv.* knowingly; (*absichtlich*) deliberately.

wittern **I.** *v/t.* scent, smell; *fig.* (*ahnen*) sense, (*e-e Chance*) see *one's chance*; **II.** *v/i.* sniff the air; **Witterung** *f* **1.** (***bei dieser ~*** in this) weather; → *a.* ***Witterungsverhältnisse***; ***bei günstiger ~*** weather permitting; ***bei jeder ~*** in all weathers; **2.** (*Geruch u. Geruchssinn*) scent; ***die ~ aufnehmen*** (***verlieren***) pick up (lose) the scent; *a. fig.* ***e-e feine ~ haben*** have a good nose.

witterungs|bedingt *adj.* weather-induced; ***~ sein*** *a.* be due to (*od.* because of) the weather; **~beständig** *adj.* weatherproof; *Stahl*: stainless; **2einflüsse** *pl.* influence *sg.* of the weather; weather factors; **2schutz** *m* cold weather protection; **2umschlag** *m* sudden change in the weather; **2verhältnisse** *pl.* weather (*od.* atmospheric) conditions.

Witwe *f* widow; **Witwenrente** *f* widow's pension; **Witwenverbrennung** *f* sati, ritual burning of widows; **Witwer** *m* widower.

Witz *m* **1.** joke; ***alter ~*** stale joke, F old chestnut; ***das ist ein*** (***ur***)***alter ~*** *a.* that's an old one, that's as old as the hills; ***~e machen*** (*od.* ***reißen***) tell (F crack) jokes; ***das ist der ~ an der Sache*** that's the funny thing about it, *weitS.* that's the whole point; F ***das ist der ganze ~*** that's all there is to it; F ***mach keine ~e!*** you're joking (F kidding); ***das soll wohl ein ~ sein*** you're joking, of course; is this supposed to be some kind of joke?; ***das ist ja ein ~!*** *iro.* what a laugh; ***diese Bestimmung ist ja wohl ein ~*** this regulation is ridiculous; **2.** (*Geist*) wit(tiness); ***~ haben*** be very witty; **Witzblatt** *n* funny magazine; *satirisches*: satirical magazine; **Witzblattfigur** F *f* caricature; **Witzbold** *m* joker; *iro.* ***du ~!*** very funny!; **Witzelei** *f* witticism; (*das Witzeln*) joking; (*das Hänseln*) teasing; **witzeln** *v/i.* joke (***über*** about); ***~ über*** *a.* poke fun at; **witzig** *adj.* witty; (*komisch*) funny; *a. iro.* ***sehr ~!*** very funny!; **witzlos** *adj.* **1.** unwitty, lacking in wit (*od.* humo[u]r), unfunny; **2.** F (*sinnlos*) F useless (***zu*** *inf. ger.*); **Witzseite** *f* humorous page, F *the* funnies *pl.*

WM *f* world championship(s *pl.*); **~-Runde** *f* world championship round (*od.* leg); *Fußball*: round of the World Cup; **~-Spiel** *n* world championship game (*od.* match); *Fußball*: World Cup match; **~-Turnier** *n* world championship (*Fußball*: World Cup) tournament.

wo **I.** *interr. adv. u. rel. adv.* where; F ***~ gibts denn so was!*** F have you ever seen the likes of it?; **II.** *cj. zeitlich*: when; ***jetzt ~ ...*** now that ...; ***~ nicht*** if not; ***~ auch*** (***nur***) wherever; **III.** F *indef. adv.* (*irgendwo*) somewhere; **IV.** F *int.*: ***i ~!***, ***ach ~!*** no, no; oh, no.

woanders *adv.* somewhere else; anywhere else.

wobei **I.** *rel. adv.*: ***ich las den Brief noch mal, ~ mir klar wurde ...*** I reread the letter and realized ...; ..., ***~ du beachten*** (***aufpassen***) ***musst, dass*** but you have to remember (watch) that; ***~ mir einfällt*** which reminds me; **II.** *interr. adv.*: ***~ bist du gerade?*** what are you doing right now?; ***~ haben sie ihn ertappt?*** what

W

was he caught doing?, what did they catch him at (*od.* doing)?

Woche *f* week; ***in einer ~*** in a week('s time); ***jede zweite ~*** every other week; ***dreimal die ~*** three times a week; ***~ um ~*** week after week; ***unter der ~, die ~ über*** during the week.

Wochen|arbeitszeit *f* weekly working hours *pl.*; **~bett** *n* lying-in (period); ***im ~ sterben*** die after giving birth (to a *od.* one's child); **~bett...** ⚕ *in Zssgn* puerperal *fever etc.*; **~blatt** *n* weekly (paper).

Wochenend|arrest *m* weekend detention; **~ausflug** *m* weekend trip; **~ausflügler** *m* weekender; **~ausgabe** *f* weekend edition; **~beilage** *f* weekend supplement.

Wochenende *n* weekend; ***am ~*** at (*bsd. Am.* on) the weekend; ***übers ~*** over the weekend, ***wegfahren:*** go away for the weekend.

Wochenend|ehe *f* weekend marriage; **~haus** *n mst* weekend cottage; **~heimfahrer** *m* weekly commuter; **~seminar** *n* weekend seminar; **~tarif** *m teleph.* weekend rate; **~urlaub** *m* weekend break (*od.* trip); **~verkehr** *m* weekend traffic.

Wochen|karte *f* weekly season ticket; **≈lang I.** *adj.* lasting several weeks; ***nach ~em Warten*** after weeks of waiting; **II.** *adv.* for weeks (and weeks), for weeks on end; ***es dauerte ~, bis*** it took weeks before; **~lohn** *m* weekly wages *pl.*; **~markt** *m* weekly market; **~pflegerin** *f* visiting nurse; **~schau** *f hist. Film*: newsreel; **~tag** *m* weekday; **≈tags** *adv.* on weekdays.

wöchentlich I. *adj.* weekly; (*wochenweise*) week-by-week ...; **II.** *adv.* every week, weekly; ***einmal ~*** once a week.

wochenweise *adv.* week by week; (*jeweils e-e Woche lang*) on a weekly basis.

Wöchnerin *f* woman in childbed; **Wöchnerinnenstation** *f* maternity ward.

Wodka *m* vodka.

wodurch I. *interr. adv.* how?; **II.** *rel. adv.* by (*od.* through) which; *formell*: whereby; (*mittels*) by means of which; *auf e-n ganzen Satz bezogen*: which; ***~ bewiesen wird, dass*** which proves that.

wofür I. *interr. adv.* what (...) for?; ***~ halten Sie mich?*** who do you think I am?, who do you take me for?; **II.** *rel. adv.* for which, which ... for; ***~ ich mich interessiere*** what I'm interested in.

Woge *f* wave, billow; *fig.* wave, surge; *fig.* ***die ~n glätten*** pour oil on troubled waters.

wogegen I. *interr. adv.* against what?, what ... against?; **II.** *rel. adv.* against which, which ... against; *austauschend*: in return for which; **III.** *cj.* → ***wohingegen.***

wogen *v/i.* surge (*a. fig. Menge etc.*); *schwellend*: heave (*a. Busen*); *Getreide*: sway.

woher I. *interr. adv. u. rel. adv.* where (...) from; ***~ wissen Sie das?*** how do you know that?; **II.** F *int.*: ***~ denn!*** nonsense.

wohin *interr. adv. u. rel. adv.* where (... to); ***~ gehts?*** were are you off to?

wohingegen *cj.* whereas, while.

wohl I. *adj.* **1.** well; ***sich ~ fühlen*** feel fine, *seelisch*: be happy, (*wie zu Hause*) feel at home; ***sich bei j-m ~ fühlen*** feel comfortable (*od.* comfy) with s.o.; ***ich fühle mich in s-r Gegenwart nicht ~*** I don't feel at ease (*od.* I feel uncomfortable) when he's around; ***ich fühle mich nicht ~*** I don't feel well; ***mir ist nicht ~ dabei*** I don't feel happy about it; ***sie fühlt sich ~ in München*** she's quite happy in Munich; ***sie ließen sichs ~ sein*** they had a good time; → ***bekommen*** II, ***leben*** I; **II.** *adv.* **2.** well; ***~ oder übel*** willy nilly, whether you *etc.* like it or not; ***wir müssen es ~ oder übel machen*** there's no getting around it; ***er weiß das sehr ~*** he knows very well; ***ich bin mir dessen ~ bewusst*** I'm well aware of that; ***das kann man ~ sagen!*** you can say that again; ***das war ~ überlegt*** that was well thought out; ***ich erinnere mich sehr ~ daran*** I remember it well; ***ich verstehe dich sehr ~*** I understand you perfectly well; ***er hätte sehr ~ kommen können*** he could easily have come, there was nothing to stop him (from) coming; **3.** (*möglicherweise, vielleicht*) possibly; perhaps, maybe; (*wahrscheinlich*) probably; *vermutend, einräumend*: I suppose; ***das ist ~ möglich*** I suppose that's possible, that's quite possible; ***das wird ~ das Beste sein*** that's probably the best solution; ***das wird ~ so sein*** very likely; ***~ kaum*** hardly, I doubt it; ***sie wird ~ kaum anrufen*** I doubt whether she'll ring up, I don't suppose she'll ring up; *gehst du mit? - ~* ***kaum*** I doubt it very much; ***ich habe ~ nicht richtig gehört*** did I hear you right?; **4.** *sich fragend*: I wonder; ***ob er ~ weiß, dass*** I wonder if he knows (that); **5.** ***er könnte ~ noch kommen*** he might come yet; **6.** (*ungefähr*) about; ***ich habe es ihm ~ schon zehnmal gesagt*** I must have told him at least ten times; **7.** *Ärger ausdrückend*: *was machst du da?* - ***was ~?*** what does it look like?, what do you think?; **III.** ≈ *n* welfare, good; (*Wohlergehen*) well-being, *weitS.* prosperity; ***auf j-s ~ trinken*** drink to s.o.'s health; ***zum ~!*** to your health!, F cheers!

wohlauf *pred. adj.* well, in good health.

wohl bedacht *adj.* well-considered.

Wohl|befinden *n* well-being; ***sich nach j-s ~ erkundigen*** ask after s.o., ask how s.o. is; **~behagen** *n* comfort; pleasure; ***mit ~*** with relish.

wohlbehalten *adj.* safe (and sound); *Sache*: undamaged.

wohl| behütet I. *adj. Person*: well looked-after; *Kindheit, Erziehung*: very sheltered; **II.** *adv.*: ***er ist ~ aufgewachsen*** he had a very sheltered upbringing; **~ bekannt** *adj.* well-known, *negativ*: notorious; **~ dosiert I.** *adj.* carefully measured; ***~e Menge*** *a.* well-measured dose; **II.** *fig. adv.*: ***j-m et. ~ beibringen*** break s.th. to s.o. gently; **~ durchdacht** *adj.* well thought-out.

Wohlergehen *n* welfare, well-being; ***das leibliche ~*** creature comforts.

wohlerzogen *adj.* well-behaved; ***~ sein*** *a.* have been brought up well.

Wohlfahrt *f* **1.** F (*Wohlfahrtsamt*) welfare (services *pl.*); ***von der ~ leben*** live on welfare; **2.** *obs.* (*Wohlergehen*) welfare, well-being; **3.** ***für die ~*** for charity.

Wohlfahrts... *in Zssgn* → *a.* ***Fürsorge...***; **~amt** *n* → ***Sozialamt***; **~marke** *f* charity stamp; **~organisation** *f* charity, charitable institution; **~pflege** *f* welfare work; **~staat** *m* welfare state.

Wohlgefallen *n* pleasure, satisfaction (***über*** at); ***sein ~ haben an*** take great pleasure in; *hum.* ***sich in ~ auflösen*** *Missverständnisse*: be settled amicably, *Pläne etc.*: go up in smoke, *Buch, Hemd, Verein*: disintegrate, come apart at the seams, (*verschwinden*) vanish (into thin air); **wohlgefällig I.** *adj.* pleasant, agreeable; (*selbstzufrieden*) complacent; **II.** *adv.* with pleasure.

wohlgeformt *adj.* well-shaped, shapely.

Wohlgefühl *n* pleasant (*od.* pleasurable) sensation *od.* feeling; *allgemeines*: feeling (*od.* sense) of well-being.

wohl|gelaunt *adj.* cheerful(ly *adv.*); **~gelitten** *adj. Gast etc.*: (always) welcome; **~gelungen** *adj.* successful; *pred. a.* a (great) success.

wohl gemeint *adj.* well-meant.

wohl|gemerkt *adv. am Satzanfang od. -ende*: mind you; **~gemut** *adj.* cheerful(ly *adv.*); **~genährt** *adj.* well-fed.

wohl geordnet *adj.* (neat and) tidy; well-organized; ***~ auf dem Schreibtisch liegen*** be (placed) in neat piles on the desk.

wohlgeraten *adj. Kind*: well-behaved; *Sache*: good; ***~ sein*** *a.* have turned out well.

Wohlgeruch *m* fragrance; (*Aroma*) pleasant smell (*od.* aroma).

Wohlgeschmack *m* pleasant taste.

wohl|gesetzt *adj.* **1.** *Worte*: well-chosen; *Rede*: well-rounded; **2.** *Schuss, Hieb*: well-aimed; **~gesinnt** *adj.* well-meaning; ***j-m ~ sein*** be well-disposed towards s.o.; **~gestaltet** *adj.* well-shaped, shapely.

wohlhabend *adj.* well-to-do, wealthy; well-off.

wohlig *adj.* pleasant; (*gemütlich*) cosy, *Am.* cozy.

Wohlklang *m* melodiousness; **wohlklingend** *adj.* melodious; *Name*: nice-sounding ...; ***der Name ist ~*** it's a nice-sounding name, the name has a nice ring to it.

Wohlleben *n* good living, life of luxury.

wohl|meinend *adj.* well-meaning; **~proportioniert** *adj.* well-proportioned; well-balanced; symmetrical; **~riechend** *adj.* fragrant; (*aromatisch*) pleasant-smelling, aromatic; **~schmeckend** *adj.* tasty.

Wohlsein *n* well-being; ***(zum) ~!*** to your health!

Wohlstand *m* prosperity, affluence; ***zu ~ kommen*** gain prosperity, F strike it rich; ***im ~ leben*** live in prosperity (*od.* affluence); F ***ist bei dir der ~ ausgebrochen?*** have you won the pools or something?

Wohlstands|bürger *m* member of the affluent society, affluent citizen; **~denken** *n* materialistic thinking; **~gefälle** *n* unequal distribution of wealth; **~gesellschaft** *f* affluent society; **~krankheit** *f* civilization disease; **~kriminalität** *f* affluent delinquency.

Wohltat *f* **1.** (*Erleichterung*) relief; ***das ist e-e ~!*** what a relief; that does you good; ***das ist e-e wahre ~*** that really does you good; **2.** (*gute Tat*) good deed; **wohltätig** *adj.* charitable; ***~e Stiftung*** charitable trust; ***für e-n ~en Zweck*** for a good cause, for charity; **Wohltätigkeit** *f* charity.

Wohltätigkeits|konzert *n* charity concert; **~spiel** *n Sport*: charity match; **~veranstaltung** *f* charity event (*Sport*: *a.* fixture); (*Konzert*) charity (*od.* benefit) concert.

wohltemperiert *adj.*: ♪ ***das ≈e Klavier*** the Well-Tempered Clavier.

wohl temperiert *adj. pred.* just the right temperature.

wohltuend *adj.* pleasant, agreeable; (*lindernd*) soothing; ***~e Wärme*** pleasant feeling of warmth; **~e Ruhe** a good rest.

wohl| tun *v/i.*: **j-m ~** do s.o. good; **das tut wohl** that does you good; **~ überlegt** *adj.* well-considered; **~ unterrichtet** *adj.* (well-)informed.

wohlverdient *adj.* well-deserved, well-earned.

Wohlverhalten *n* good behavio(u)r; **bei ~** in case of good conduct.

wohl|verstanden *adv.* → **wohlgemerkt**; **~vertraut** *adj.* very familiar.

wohl verwahrt *adj.* under lock and key.

wohlweislich *adv.* wisely, for good reason; **er hat es ~ verschwiegen** he was careful not to say anything about it.

Wohlwollen *n* goodwill; (*Gunst*) favo(u)r; **wohlwollend** *adj.* kind, benevolent; **e-r Sache ~ gegenüberstehen** take a favo(u)rable view of s.th.

Wohn|anhänger *m* caravan, *Am.* trailer, mobile home; **~anlage** *f* housing area; **~bauprojekt** *n* housing project; **~bereich** *m* living area; **~bevölkerung** *f* resident population; **~bezirk** *m* residential area; **~block** *m* block of flats, *Am.* apartment house; **~dichte** *f* population density; **~einheit** *f* living unit.

wohnen *v/i.* live (**bei** *j-m*: with), *amtlich*: reside; *vorübergehend*: stay (**bei** with; **in** at); *fig.* live, *lit.* dwell.

Wohn|fläche *f* living space; **~gebäude** *n* residential building; **~gebiet** *n*, **~gegend** *f* residential area; **~geld** *n* housing subsidy; **~gemeinschaft** *f* flat-sharing (*Am.* apartment-sharing) community; flat-share; **in e-r ~ leben** share a flat (*Am.* an apartment) (with other people); **~gifte** *pl.* toxic substances (*od.* materials) in the home.

wohnhaft *adj.* resident.

Wohn|haus *n* residential building; **~heim** *n* residential home, *Am.* rooming house; (*Studenten*2) students' hostel, *bsd. auf dem Universitätsgelände*: hall of residence, *Am.* dormitory; (*Asylanten*2) asylum-seekers' hostel; **~hochhaus** *n* tower block; **~klo** F *n* F broom cupboard, (cubby-)hole, rabbit hutch, *bsd. Am.* shoebox apartment; **~küche** *f* kitchen-(cum-)living room; **~kultur** *f* style of living; home décor; **~lage** *f* (residential) area; **in schöner ~** pleasantly situated; **~landschaft** *f* landscaped interior.

wohnlich *adj.* homely, *Am.* homey; cosy, *Am.* cozy.

Wohnmaschine *f* → **Wohnsilo.**

Wohnmobil *n* camper (van), *größeres*: mobile home; *Am.* motorhome.

Wohn|ort *m* (place of) residence; **~raum** *m* **1.** living space; **2.** housing; **3.** *pl.* living quarters; **4.** → **Wohnzimmer**; **~raumbeschaffung** *f* housing supply; **~raumvermittlung** *f*: (**studentische ~** students') accommodation service; **~Schlafzimmer** *n* bedsitting room, F bedsit(ter); **~siedlung** *f* housing estate (*od.* development); **~silo** *contp. m* concrete block, *größerer*: tower block; **~sitz** *m* (place of) residence; **s-n ~ aufschlagen in** make one's home in; **s-n ~ auf dem Land haben** live in the country; **~stadt** *f* residential town; (*Schlafstadt*) dormitory town; **~trakt** *m* accommodation wing; **~turm** *m* **1.** lived-in tower; **2.** (*Hochhaus*) tower block.

Wohnung *f* flat, *bsd. Am.* apartment.

Wohnungs|amt *n* housing office; **~auflösung** *f* giving up of a household; **~bau** *m* house building; **~bauminister** *m* housing minister, minister of housing; *in den USA*: Secretary of Housing and Urban Development; **~bauprogramm** *n* housing scheme; **~besetzer** *m* squatter; **~einbruch** *m* house (*od.* domestic) burglary; **~inhaber** *m* tenant; **~knappheit** *f* housing shortage.

wohnungslos *adj.* homeless; *Amtssprache*: without fixed abode.

Wohnungs|mangel *m* housing shortage; **~markt** *m* housing market; **die Lage auf dem ~** the housing situation; **~miete** *f* rent; **~not** *f* housing shortage; **~politik** *f* housing policy; **~schlüssel** *m* key (to the flat, *Am.* apartment); **~suche** *f* search for accommodation, F flat-hunting, *Am.* apartment-hunting; **das Problem der ~** the problem of finding somewhere to live; **2suchend** *adj.* accommodation-seeking, F flat-hunting, *Am.* apartment-hunting; **~suchende(r)** *m* accommodation seeker, F flat-hunter, *Am.* apartment-hunter; **~tausch** *m* flat-swap(-ping), *Am.* apartment-swap(ping); **~tür** *f* front door; **~wechsel** *m* moving house (*od.* flats, *Am.* apartments), F move.

Wohn|verhältnisse *pl.* housing conditions; **~viertel** *n* residential area; **~wagen** *m* caravan, *Am.* trailer, mobile home; **~wand** *f* wall-to-wall cupboard; **~zimmer** *n* sitting (*od.* living) room.

Wok *m* (*Kochtopf*) wok.

wölben I. *v/t. a.* ⚙ curve; ⚠ vault; **II.** *v/refl.*: **sich ~** arch; *Bauch, Stirn*: bulge; (*sich verbiegen*) bend; → **gewölbt**; **Wölbung** *f* arch; (*Gewölbe*) vault; (*Kuppel*) dome; (*gewölbte Form*) curvature.

Wolf *m* **1.** wolf; *fig.* **mit den Wölfen heulen** howl with the pack; **unter die Wölfe geraten** fall among thieves; **2.** (*Fleisch*2) mincer; F *fig.* **j-n durch den ~ drehen** put s.o. through the mill; F **ich bin wie durch den ~ gedreht** F I'm knackered; → **Reißwolf**; **3.** ⚕ chafing; **e-n ~ haben** be sore; **Wölfin** *f* she-wolf.

Wolfram *n* ⚒ tungsten.

Wolfs|hund *m* Alsatian, *Am.* German shepherd; **Irischer ~** Irish wolfhound; **~hunger** *m*: **e-n ~ haben** be ravenous; **ich habe e-n ~** *a.* I could eat a horse; **~milch** *f* ♣ spurge; **~rachen** *m* ⚕ cleft palate; **~rudel** *n* pack of wolves.

Wolke *f* cloud (*a. fig.*); *fig.* **ich bin aus allen ~n gefallen** it left me speechless, I was flabbergasted; → **schweben.**

Wolken|auflösung *f* dispersal of clouds; **~band** *n* band of cloud; **~bank** *f* cloud bank; **2bedeckt** *adj.* cloudy, overcast; **~bildung** *f* **1.** buildup of cloud; **2.** *konkret*: cloud formation; **~bruch** *m* cloudburst; **~decke** *f* cloud cover; **geschlossene ~** overcast skies; **~felder** *pl.* broken cloud cover *sg.*; **~fetzen** *pl.* scud *sg.*, wispy clouds; **~himmel** *m* cloudy sky; **~kratzer** *m* skyscraper; **~kuckucksheim** *n* Cloud-Cuckoo-Land.

wolkenlos *adj.* cloudless, clear.

Wolken|schicht *f* layer of cloud; **~wand** *f* bank of clouds.

wolkig *adj.* cloudy; *fig.* nebulous, hazy, fuzzy.

Wolldecke *f* (wool[l]en) blanket.

Wolle *f* wool; F *fig.* **sich in die ~ kriegen** fight, squabble.

wollen[1] **I.** *v/aux.* (*beabsichtigen, wünschen*) want; (*im Begriff sein zu*) be about to; (*behaupten*) claim; **ich will es mir überlegen** I'll think about it; **ich will es (nicht) tun** I'll (I won't) do it; **er will alles besser wissen** he thinks he knows it all; **willst du bitte damit aufhören** will you stop that please; **was ich sagen wollte** a) what I meant to say, b) what I was going to say; **ich will wissen, was los ist** I'd like to know what's going on; **das will ich meinen** 'I'll say so; **das wollte ich gerade sagen** I was just going to say that; **was ~ Sie damit sagen?** what do you mean (by that)?, *schärfer*: what are you getting at?; **er will dich gesehen haben** he says he saw you, he claims to have seen you; **keiner will es gewesen sein** nobody's admitting to (having done) it; *iro.* **ich will ja nicht so sein** out of the goodness of my heart; **wir ~ sehen, wer hier bestimmt** we'll see who's boss around here; → **heißen**[1] I *etc.*; **II.** *v/t. u. v/i.* (*wünschen*) want; (*verlangen*) *a.* demand; (*bereit sein*) want to, be willing (*od.* prepared) to; (*beabsichtigen*) want to; **lieber ~** prefer; **ich will lieber** I'd rather; *et.* **unbedingt ~** insist on; **nicht ~** refuse (*a. Sache*: to work *etc.*), (*keine Lust haben*) not to want to; **ich will nach Hause** *auf dem Heimweg*: I'm on my way home, (*wäre gern zu Hause*) I want to go home; **er will, dass ich mitkomme** he wants me to come with him; **du kannst es, wenn du willst** you've just got to put your mind to it; **sie will zum Theater** she wants to go on the stage; **was willst du, alles ging gut** what are you complaining about, it all went well; **wohin willst du?** where are you off to?; **~ Sie bitte e-n Augenblick warten** would you mind waiting for a minute?; **was ~ Sie von mir?** what do you want?; **was ~ Sie mit e-m Regenschirm?** what do you want an umbrella for?; **Verzeihung, das wollte ich nicht!** sorry, that was unintentional; **ob er will oder nicht** whether he likes it or not; **er weiß nicht, was er will** he doesn't know what he wants (*od.* his own mind); **er weiß, was er will** he knows exactly what he wants; **was willst du noch?** what more do you want; **so gern ich es auch will** much as I'd like to; **so Gott will** God willing; **mach, was du willst!** do what you like; **du hast es ja so gewollt** you asked for it; **wie du willst** as you wish; F **dann ~ wir mal** let's get going (F cracking) then; **m-e Beine ~ nicht mehr** my legs are giving up on me; F **er will dir was** F he's got it in for you; F **dir will ich!** F you'd better watch it; F **die Uhr will nicht mehr** F that clock has given up the ghost; F **hier ist nichts zu ~** F nothing doing; → **gewollt** *etc.*

wollen[2] *adj.* wool(l)en.

Woll|faden *m* wool(l)en thread; **~garn** *n* wool; **~gras** *n* cotton grass; **~handkrabbe** *f* Chinese crab; **~handschuh** *m* wool(l)en glove.

wollig *adj.* wool(l)y; *Haar*: fuzzy.

Woll|jacke *f* cardigan; **~knäuel** *m, n* ball of wool; **~mütze** *f* wool(l)en hat, F wool(l)y hat; **~sachen** *pl.* wool(l)ens, wool(l)y clothes; **~schaf** *n* wool sheep; **~socken** *pl.* wool(l)en socks, F wool(l)y socks; **~spinnerei** *f* wool mill; **~stoff** *m* wool, wool(l)en fabric.

Wollust *f* voluptuousness; sensuality; (*Lüsternheit*) lust; *et.* **mit wahrer ~ tun** relish s.th., revel in s.th.; **wollüstig** *adj.* voluptuous; (*geil*) lecherous; **Wollüstling** *contp. m* lecher.

Wollwaren *pl.* wool(l)ens.

womit I. *interr. adv.* what (...) with?; **~**

kann ich dienen? what can I do for you?; **~ hab ich das verdient?** what did I do to deserve that?; **II.** *rel. adv.* with which; **~ ich nicht sagen will** by which I don't mean to say; **~ die Sache erledigt war** which settled the matter.

womöglich *adv.* **1.** if possible; **2.** (*möglicherweise*) possibly.

wonach I. *interr. adv.* after what?; **~ fragt er?** what is he asking about?; F **~ ist dir denn?** what do you feel like then?; **II.** *rel. adv.* after which, whereupon; (*gemäß*) according to which.

Wonne *f* delight, bliss; **e-e wahre ~** sheer delight, a real treat; F **mit ~** with relish; **~gefühl** *n* blissful sensation; **~monat** *lit. m*: **im ~ Mai** in the merry month of May; **~proppen** F *hum. m* bundle of joy.

wonnig *adj.* (*herzig*) lovely, sweet.

woran I. *interr. adv.*: **~ denkst du (gerade)?** what are you thinking about?, F (a) penny for your thoughts; **~ arbeitet er?** what is he working on (*od.* at)?; **~ liegt es, dass ...?** how is it that ...?; **~ hast du ihn erkannt?** how did you recognize him?; **II.** *rel. adv.* on (*od.* at *etc.*) which; **das, ~ ich dachte** what I had in mind; **~ man merkte, dass** which showed that; **ich weiß nicht, ~ ich bin** I don't know where I stand, **mit ihm:** I don't know where I stand (*od.* where I'm at) with him, *weitS.* I don't know what to make of him.

worauf I. *interr. adv.* on what?, what ... on?; **~ wartest du (noch)?** what are you waiting for?; **II.** *rel. adv.* on which; (*wonach*) whereupon, upon which; **~ er antwortete** to which he replied; **~ du dich verlassen kannst** just wait and see; → **ankommen** 5.

woraus I. *interr. adv.* where (...) from?, out of what?, from what?; **~ ist es gemacht?** what is it made of?; **II.** *rel. adv.* out of which, from which; **der Stoff, ~ es gemacht ist** the material it is made of.

worin I. *interr. adv.* in what?, what (...) in?; **~ liegt der Unterschied?** what (*od.* where) is the difference?; **II.** *rel. adv.* in which.

Workaholic *m* workaholic.

Workshop *m* workshop.

Workstation *f Computer*: workstation.

Wort *n ling.* (*pl.* **Wörter**) word; (*Ausdruck*) term, expression; (*Ausspruch*, *pl.* **Worte**) saying; (*Ehren*&) word (of hono[u]r); **sein ~ geben** give (*od.* pledge) one's word; **j-s ~ darauf haben** have s.o.'s word on it; **~ halten** keep one's word; **das ~ (Gottes)** the Word (of God); F **dein ~ in Gottes Ohr** let's hope it works out like that; **j-m (e-r Sache) das ~ reden** support s.o. (s.th.), back s.o. (s.th.) up; **viele ~e machen** talk a lot; **ein paar ~e mit j-m wechseln** have a few words with s.o.; **ein gutes ~ einlegen für j-n** put in a good word for s.o.; **das ~ ergreifen** (begin to) speak; **das ~ führen** do the talking; **das große ~ haben** (*od.* **führen**) do all the talking, (*angeben*) F talk big; **Sie haben das ~** over to you; **das ~ hat Herr X** Mr X will now speak to you (*od.* address you); **das letzte ~ in** *e-r Sache*: the last word on; **das letzte ~ haben** have the final say, (*rechthaberisch*) have the last word; **das letzte ~ ist noch nicht gesprochen** we haven't heard the last of it; **das ist mein letztes ~** that's final; **ohne viel ~e zu machen** without further ado; **kein ~ mehr!** I don't want to hear another word!; **kein ~ darüber!** don't breathe a word; **genug der ~e!** enough said; **ich glaube ihm kein ~** I don't believe a word he says; F **hast du ~e!** would you credit it; **das ist ein ~!** you're on!; **man kann sein eigenes ~ nicht verstehen** you can't hear yourself speak; **er macht nicht viele ~e** he doesn't waste his words; **ich will nicht viele ~ machen** I'll be brief; **ein ~ gab das andere** one thing led to another; **mir fehlen die ~e** words fail me, I don't know what to say; **aufs ~ gehorchen (glauben)** obey (believe) implicitly; **auf ein ~!** can I have a word with you?; **nicht viel auf j-s ~e geben** not to set great store by what s.o. says; **hör auf m-e ~e** mark my words; **j-n beim ~ nehmen** take s.o. at his (*od.* her) word, *bei Einladung etc.*: take s.o. up on s.th.; **~ für ~** word for word; **in ~en** *bei Zahlenangaben*: in letters; **in ~ und Bild berichten** give an illustrated report; **in ~e fassen** formulate, express (in words); **j-m ins ~ fallen** interrupt s.o., F butt in on s.o.; **e-e Sprache in ~ und Schrift beherrschen** have a good spoken and written knowledge (*od.* command) of a language; **mit anderen ~en** in other words, put another way; **mit 'einem ~** in a word; **mit den ~en schließen: ...** wind up by saying (that) ...; **er erwähnte es mit keinem ~** he didn't even give it a mention; **nach ~en suchen** search (*od.* be at a loss) for words; **kein ~ herausbringen** be tongue-tied; **ums ~ bitten** ask to speak; **zu ~ kommen** have one's say; **nicht zu ~ kommen** not to get a word in edgeways; **zu s-m ~ stehen** stick by one's word; → **abschneiden** 4, **entziehen** 1, **Mund, ringen** II, **sparen** I, **Tat** *etc.*

wort|arm *adj.* **1.** *Sprache*: lacking in vocabulary; **2.** → **wortkarg**; **&armut** *f* poor vocabulary; **&art** *f ling.* part of speech; **&bildung** *f* word formation; **&bruch** *m* breach of promise; **e-n ~ begehen** break one's word; **~brüchig** *adj.* not true to one's word; **~ werden** break one's word.

Wörtchen *n*: **ich möchte ein ~ mit dir reden** I'd like a word with you; → **mitreden** II, **wenn** I.

Wörter|buch *n* dictionary; **~verzeichnis** *n* list of words, vocabulary.

Wort|familie *f* word family; **~feld** *n* word field; **~fetzen** *pl.* scraps of conversation; **~folge** *f* word order; **~führer** *m* spokesman; **~gefecht** *n* battle of words; **~geklingel** *contp. n* nice-sounding words; **&getreu** *adj.* word-for-word ...; literal; **&gewaltig** *adj. Redner, Schriftstück etc.*: powerful; **&gewandt** *adj.* articulate, *stärker*: eloquent; **~gut** *n* vocabulary; **~held** *contp. m* loudmouth; **~hülse** *f* (empty) cliché, meaningless word; **&karg** *adj.* taciturn; **er ist ziemlich ~** *a.* he doesn't say much; **~kargheit** *f* taciturnity; **~klauberei** *f* hairsplitting; **~laut** *m* wording; (*Inhalt*) text; **der Brief hat folgenden ~** runs as follows.

wörtlich I. *adj.* literal, word-for-word ...; **II.** *adv.* literally (*a. fig.*); *wiederholen, übersetzen etc.*: word for word; **so hat er ~ gesagt** those were his exact words.

wortlos I. *adj.*: **~es Einverständnis** tacit agreement; **II.** *adv.* without a word.

Wort|meldung *f* request to speak; **~prägung** *f* coinage; **neue ~** recent coinage, newly coined expression (*od.* word); neologism; **&reich** *adj.* **1.** *Sprache*: rich in vocabulary; **2.** *contp. Stil etc.*: verbose, wordy; **~reichtum** *m* rich vocabulary; **~salat** *m psych.* word salad; **~schatz** *m* vocabulary; **großer ~** large (*od.* wide) vocabulary; **kleiner ~** limited vocabulary; **~schöpfung** *f* coinage; neologism; **~schwall** *m* torrent of words; **~spiel** *n* play on words; (*Wortwitz*) pun; *pl. coll.* wordplay *sg.*; **~stamm** *m* root, stem (of a *od.* the word); **~stellung** *f* word order; **~streit** *m* → **Wortgefecht**; **~verdreher** *contp. m*: **er ist ein ~** he twists (*od.* distorts) everything you say; **~wahl** *f* choice of words; **~wechsel** *m* (verbal) exchange, argument; **&wörtlich** *adj. u. adv.* → **wörtlich.**

worüber I. *interr. adv. konkret*: over (*od.* on) what?, what ... over (*od.* on)?; *fig.* what (...) about (*od.* on)?; **~ lachst du?** what are you laughing about (*od.* at)?; **II.** *rel. adv. konkret*: over (*od.* on) which; *fig.* about (*od.* on) which; **~ er ärgerlich war** which annoyed him.

worum I. *interr. adv.* about what?, what ... about?; **~ handelt es sich?** a) what's it about?, b) what's the problem?; **II.** *rel. adv.* about which; for which.

worunter I. *interr. adv.* under (*fig.* among) what?, what ... under (*fig.* among)?; **II.** *rel. adv.* under (*fig.* among) which; **~ ich mir nichts vorstellen kann** which doesn't mean anything to me; **~ ich leide** what (*im Nachsatz*: which) I suffer from.

wovon I. *interr. adv.* of (*od.* from) what?, what (...) from (*od.* of)?, about what?, what (...) about?; **II.** *rel. adv.* of (*od.* from, about) which.

wovor I. *interr. adv.* in front of what?; *fig.* of what?, what (...) of?; **~ hast du Angst?** what are you afraid of?; **II.** *rel. adv.* in front of which; *fig.* of which.

wozu I. *interr. adv.* for what?, what (...) for?; (*warum*) why?; **II.** *rel. adv.* for which; (*warum*) why; **~ ich bereit bin** what (*im Nachsatz*: which) I'm prepared to do.

Wrack *n* wreck (*a. fig.*); *fig.* **menschliches ~** physical wreck; **~teile** *pl.* wreckage *sg.*

wringen *v/t.* wring (out).

Wucher *m* profiteering; *bei Geldverleih*: usury; **~ treiben** practi|se (*Am.* -ce) usury; **Wucherer** *m* profiteer; usurer; **Wuchermiete** *f* rack rent, extortionate rent; *pl. coll.* rack renting *sg.*; **wuchern** *v/i.* **1.** ♀ grow rampant; ⚕ proliferate (*a. fig.*); *fig. a.* be rampant; **2.** *geldlich*: practi|se (*Am.* -ce) usury; **Wucherpreis** *m* extortionate price; **Wucherung** *f* ♀ rank growth; ⚕ excrescence, growth; (*Zell*&) proliferation; **Wucherzins(en** *pl.*) *m* usurious interest (*sg.*).

Wuchs *m* growth; (*Form*) shape; (*körperliche Gestalt*) build, physique; **von kleinem ~** of small (*od.* slight) build; **von kräftigem ~** big-built.

Wucht *f* **1.** force; *e-s Schlags etc.*: impact; **mit voller ~ auf den Rücken fallen** fall flat on one's back; **mit voller ~ gegen die Mauer rennen** run straight into the wall; **der ~ e-s Angriffs widerstehen** resist the onslaught; **2.** F (*Prügel*) good hiding; **3.** F **das ist ne ~** F it's great, it's fantastic; **wuchten** *v/t.* **1.** heave; (*schleppen*) drag; **2.** *Fußball etc.*: slam; **wuchtig** *adj.* **1.** heavy; *optisch*: bulky; *Gestalt*: massive, big; **2.** *Schlag*: hard, powerful.

Wühlarbeit *fig. f* (underground) agitation; **wühlen I.** *v/i.* dig; *Tier*: burrow (*a.* **sich ~**) (**in** into); *Schwein*: root, **in**: grub up; *Person, suchend*: rummage (**in** around in); (*Unordnung schaffen*) make a mess; *im Bett*: thrash around; *fig.* (*schwer arbeiten*) beaver away; *pol.* (*Wühlarbeit leisten*) agitate; (**sich**) **in den Haaren ~** rumple one's hair; **im Schmutz ~** mess about in the mud (*od.* dirt), wallow in the mud (*fig.* mire); *fig. Hass etc.* **wühlte in ihm** gnawed at him; → **Wunde**; **II.** *v/t.* (*Loch etc.*) burrow; **s-n Kopf in das Kissen ~** burrow one's head into the pillow; **III.** *v/refl.*: **sich ~ durch** *Panzer*: churn through; *Person*: burrow one's way through, *fig. durch Akten etc.*: rummage through; **Wühler** *m* **1.** *zo.* burrower; **2.** *pol.* agitator; **3.** F *fig.* (*Arbeitstier*) slaver; **er ist ein ~** *a.* he works like a maniac; **Wühlmaus** *f* vole; **Wühltisch** F *m* bargain counter.

Wulst *m, f* (*Verdickung*) bulge; (*Reifen*≈) bead; ⚠ torus; **wulstig** *adj.* bulging; (*aufgedunsen*) puffed up; *Lippen*: thick, protruding; **Wulstnarbe** *f* thickened scar.

wund *adj.* sore, chafed; (*offen*) raw; **~e Stelle** sore, *fig.* (*a.* **~er Punkt**) sore point; **~ reiben** chafe; **sich die Füße ~ laufen** get sore feet, *fig.* walk one's feet off; *fig.* **sich die Finger ~ schreiben** wear one's fingers to the bone writing; **sich den Mund ~ reden** talk till one is blue in the face; **den Finger auf e-e ~e Stelle legen** touch a sore point.

Wund|brand *m* gangrene; **~behandlung** *f*: (**zur ~** for the) treatment of wounds.

Wunde *f* wound; (*Schnitt*≈) cut, *klaffende*: gash; *fig.* **alte ~n wieder aufreißen** open old sores; **in e-r ~ wühlen** turn a knife in a wound; **die Zeit heilt alle ~n** time is the great healer.

Wunder *n* miracle; (*Wundertat, wunderbare Sache od. Person etc.*) *a.* wonder; **~ der Technik** engineering marvel; (**es ist**) **kein ~**(**, dass**) (it's) no wonder (that); **ist es ein ~, dass ...?** is it any wonder that ...?; **auf ein ~ hoffen** be hoping for a miracle; **er ist ein ~ an Ausdauer** he's got amazing stamina; **~ wirken** perform miracles, *fig.* work wonders; **es grenzt an ein ~** it's a near-miracle; **wenn nicht ein ~ geschieht** barring miracles; **er wird sein blaues ~ erleben** he's got a surprise coming, he's in for a (big) surprise; **wie durch ein ~** miraculously; **er glaubt, er sei ~ wer** F he thinks he's the bee's knees; **er glaubt, ~ was er getan hat** he thinks he's done goodness knows what; **wunderbar** *adj.* wonderful, marvel(l)ous; (*übernatürlich, a. fig.*) miraculous; **wunderbarerweise** *adv.* miraculously.

Wunder|ding *n* wonder, marvel; **~doktor** *m* miracle doctor; **~droge** *f* miracle drug; **~glaube** *m*, **~gläubigkeit** *f* belief in miracles; ≈**hübsch** *adj.* (absolutely) lovely; **~kerze** *f* sparkler; **~kind** *n* child prodigy, wunderkind; **~knabe** *m* boy wonder; **~kraft** *f* miraculous powers *pl.*, ability to perform miracles; **~lampe** *f* magic lamp; **~land** *n* wonderland.

wunderlich *adj.* strange, peculiar.

Wundermittel *n* wonder cure (*od.* drug).

wundern I. *v/t.* surprise; **es wundert mich** I'm surprised; **es würde mich nicht ~, wenn** I wouldn't be at all surprised if; **wen wundert es?** is it any wonder?; **mich wundert gar nichts mehr** nothing surprises me any more; **II.** *v/refl.*: **sich ~** be surprised (**über** at); **ich habe mich gewundert, wer das war** I wondered who that was; **du wirst dich ~** you won't believe it; F **ich muss mich doch sehr ~!** I'm surprised at you, you disappoint me; **er konnte sich nicht genug darüber ~** he couldn't get over it.

wundernehmen *v/t.* astonish, surprise; **es nimmt mich wunder, dass** I'm surprised that.

wundersam *adj.* strange, *lit.* wondrous.

wunderschön *adj.* wonderful, beautiful.

Wundertat *f* miracle; **Wundertäter** *m* miracle-worker; **wundertätig** *adj.* miracle-working.

Wunder|tier *n*: **er wurde wie ein ~ angestarrt** they stared at him as if he had come from another planet; **~tüte** *f* lucky bag; ≈**voll** *adj.* wonderful, marvel(l)ous; **~waffe** *f* wonder weapon; **~werk** *n* miracle; *fig. a.* wonder, marvel.

Wundfieber *n* wound fever.

wund liegen *v/refl.*: **sich ~** get bedsores.

Wund|mal *n* scar; *eccl.* stigma (*pl.* stigmata); **~pflaster** *n* adhesive plaster; **~puder** *m* antiseptic powder; **~salbe** *f* antiseptic ointment; **~schmerz** *m* traumatic pain; **~starrkrampf** *m* tetanus.

Wunsch *m* wish, desire; **auf** (**allgemeinen**) **~** by (popular) request; **auf eigenen ~** at one's own request; **auf ~ schicken wir ...** if requested, we will send you ...; (**je**) **nach ~** as desired; **der ~ nach Freiheit** the desire for freedom; **es ging alles nach ~** everything went as planned; **mit den besten Wünschen** with best wishes; **j-m e-n ~ erfüllen** (**versagen**) fulfil(l) a wish for s.o. (deny s.o. a wish); **ein eigenes Haus war schon immer mein ~** I('ve) always wanted to have a house of my own; **mein einziger ~ ist ...** all I want (*od.* wish for) is ...; **haben Sie noch e-n ~?** is there anything else I can do for you?; *iro.* **dein ~ ist mir Befehl** your wish is my command; **der ~ war Vater des Gedankens** the wish was father to the thought; **am Ziel s-r Wünsche sein** have fulfil(l)ed one's every wish (*od.* ambition); → **ablesen** 3, **erfüllen** 2, **fromm.**

Wunsch|bild *n* ideal; **~denken** *n* wishful thinking.

Wünschelrute *f* divining rod; **Wünschelrutengänger** *m* (water) diviner, dowser.

wünschen *v/t.* wish; (*wollen*) want; **sich et. ~** wish for s.th., *sehnend*: long for s.th.; **viel zu ~ übrig lassen** leave much to be desired; **was ~ Sie?** what can I do for you?; **~ Sie noch etwas?** would you like anything else?; **wie Sie ~** as you wish (*od.* like), *iro.* suit yourself; **ich wünsche Ihnen alles Gute** (I wish you) all the best(, then); **ich wünsche dir Erfolg** (**e-e gute Reise**) I wish you success (a good journey); **sie wünscht sich zu Weihnachten e-e Puppe** she wants a doll for Christmas; **alles, was man sich ~ kann** everything one could wish for; **es ist zu ~, dass e-e Lösung gefunden wird** it is to be hoped that a solution can be found; **ich wünsche, nicht gestört zu werden** I don't want (*od.* wish) to be disturbed; **ich wünsche, dass hier nicht geraucht wird** I don't want any smoking here; **das wünsche ich m-m schlimmsten Feind nicht** I wouldn't wish that on my worst enemy; → **gewünscht.**

wünschenswert *adj.* desirable; **das wäre sehr ~** *a.* that would be very (*od.* most) welcome.

wunschgemäß *adv.* as requested.

Wunsch|kandidat *m* candidate preference; **~kind** *n* planned child; **sie war ihr ~** she was their long-awaited baby; **~konzert** *n* request program(me); **~liste** *f* list of presents; *fig.* shopping list.

wunschlos *adv.*: **~ glücklich** perfectly happy.

Wunsch|partner *m* ideal partner; (*Mann*) *a.* F Mr Right; **~traum** *m* dream, great wish; *contp.* pipe dream, pie in the sky; **~vorstellung** *f* ideal; **~zettel** *m* Christmas list.

Würde *f* dignity (*a. weitS.*); (*Ehre*) hono(u)r, (*Rang*) rank; **akademische ~** academic degree; **priesterliche ~** priestly office; **die ~ e-s Kardinals erlangen** be made cardinal; **die ~ bewahren** preserve (*od.* retain) one's dignity; **unter aller ~** beneath contempt; **unter m-r ~** beneath my dignity; F **sie war ganz ~** she was out to impress; **mit ~ alt werden** grow old gracefully; *hum.* **ich werds mit ~ tragen** I'll try and keep a stiff upper lip.

würdelos *adj.* undignified.

Würdenträger *m* dignitary; **geistlicher ~** church dignitary; **geistliche und weltliche ~** dignitaries from church and state.

würdevoll I. *adj.* dignified; **II.** *adv.* with dignity.

würdig I. *adj.* worthy (*gen.* of); (*verdient*) deserving (of); (*würdevoll*) dignified; **e-r Sache ~ sein** *a.* merit (*od.* deserve) s.th.; **er ist dessen nicht ~** he doesn't deserve it; **ein ~er alter Herr** a dignified old gentleman; **ein ~er Nachfolger** a worthy successor; **sich j-s Vertrauens ~ erweisen** prove worthy of s.o.'s confidence; **II.** *adv.*: **j-n ~ vertreten** be a worthy representative of s.o.; **würdigen** *v/t.* (*lobend erwähnen*) acknowledge, (*preisen*) pay tribute to; (*schätzen*) appreciate; **j-n keines Blickes** (**keiner Antwort**) **~** not to deign to look at s.o. (reply to s.o.); **Würdigung** *f* (*Anerkennung*) acknowledg(e)ment, recognition; (*Ehrenerweisung*) hono(u)ring; (*Schätzung*) appreciation; **in ~ s-r Verdienste** in recognition of his services *etc.*

Wurf *m* **1.** throw (*a. Sport*); *Handball etc.*: *a.* shot; *fig.* (*glücklicher* **~**) lucky strike; *fig.* **großer ~** great success; **2.** *zo.* (**~ Junge**) litter; **3.** (*Falten*≈) folds *pl.*; **~bahn** *f* trajectory; **~disziplin** *f Sport*: throwing event.

Würfel *m* cube (*a. Eis*≈ *etc.*); (*Spiel*≈) dice; *fig.* **die ~ sind gefallen** the die is cast; **Würfelbecher** *m* (dice) shaker; **würfelförmig, würfelig** *adj.* cubic, cube-shaped; *Muster*: chequered, *Am.* checkered; **würfeln I.** *v/i.* **1.** throw dice (**um** for); (*spielen*) play dice; **II.** *v/t.* **2.** throw; **3.** *gastr.* dice, chop up; **Würfelspiel** *n* **1.** dice game, (*Partie*) game of dice; **2.** (board) game involving dice; **Würfelzucker** *m* sugar cubes *pl.*; *coll.* lump sugar, ☩ cube sugar.

Wurf|geschoss, *östr.* **~geschoß** *n* projectile; **~griff** *m Judo*: throwing grip; **~körper** *m* projectile; **~maschine** *f* **1.** *hist.* catapult; **2.** *Schießsport*: trap; **~pfeil** *m* dart; **~pfeilspiel** *n* darts (*sg.*); **~scheibe** *f* discus; **~sendung** *f* circular; *pl. formell*: *a.* unaddressed advertising matter *sg.*, F junk mail *sg.*; → **Postwurfsendung**; **~speer** *m*, **~spieß** *m* spear;

~taube *f* clay pigeon; **~taubenschießen** *n* clay-pigeon shooting, trapshooting.

Würgeengel *m* angel of death; **Würgegriff** *m* stranglehold (*a. fig.*); **Würgemale** *pl.* strangulation marks; **würgen I.** *v/t.* strangle; *Essen*: make *s.o.* choke; *Kragen etc.*: choke; **II.** *v/i.* choke; *beim Erbrechen*: retch; ***an et. ~*** choke on s.th.; *fig. an Kritik*: find s.th. hard to swallow, *an Arbeit*: sweat over s.th.; **Würger** *m* **1.** strangler; **2.** (*Vogel*) shrike.

Wurm[1] *m* **1.** worm (*a.* ⚕, ⚙); (*Made*) maggot; **2.** F *fig.* ***j-m die Würmer aus der Nase ziehen*** winkle everything (F drag it) out of s.o.; F ***da ist der ~ drin*** there's something very wrong with it, *weitS.* there's something fishy about it.

Wurm[2] *m, n* (*Kind*) mite; ***armer ~!*** poor little mite; **Würmchen** *n* → ***Wurm***[2].

wurmen F *v/t.* (*ärgern*) rile, rankle with, F get (to).

Wurmfortsatz *m anat.* vermiform appendix.

wurmig *adj.* → ***wurmstichig.***

Wurm|kur *f* deworming; **~leiden** *n* worms *pl.*; **~mittel** *n* dewormer.

wurmstichig *adj.* worm-eaten; (*madig*) maggoty.

Wurscht F *f* → ***Wurst.***

Wurst *f* sausage; F (*Hundekot*) *a. pl.* dog's muck; ***mit der ~ nach der Speckseite werfen*** throw a sprat to catch a mackerel; F ***es ist mir*** (***völlig***) ***~*** I couldn't care less, I don't care, F I don't give a damn; F ***jetzt gehts um die ~!*** this is it (now)!; → *a.* ***Würstchen***; **~brot** *n* sausage-meat sandwich; **~bude** *f etwa* hot-dog stand.

Würstchen *n* small sausage; *Kindersprache*: (*Exkrement*) job; ***Wiener ~*** vienna, wiener; ***Frankfurter ~*** frankfurter, F *a.* frank; ***ein Paar ~*** two frankfurters *etc.*; ***warmes ~*** hot dog; ***ein ~ machen*** *Kindersprache*: do a poo; F *fig.* (***kleines***) ***~*** small fry, *a* nobody.

Wurstelei F *f* muddling (through); **wursteln** F *v/i.* muddle (one's way) through.

Wurst|finger *pl.* fat (*od.* pudgy) fingers; **~haut** *f* sausage skin.

wurstig F *adj.* F couldn't-care-less ...; ***er ist ziemlich ~*** F he doesn't really give a damn; **Wurstigkeit** F *f* F couldn't-care--less (*sl.* to-hell-with-it) attitude.

Wurst|platte *f* platter of cold cuts; **~waren** *pl.* sausages; **~zipfel** *m* sausage-end.

Würze *f* spice(s *pl.*); flavo(u)r; (*Aroma*) aroma; (*Duft*) fragrance; *fig.* spice; *fig.* ***ohne ~*** insipid.

Wurzel *f* root (*a.* 𝔄, *ling.*, *Haar*~ *etc. und fig.*); (*Möhre*) carrot; 𝔄 ***zweite*** (***dritte***) ***~*** square (cubic) root; 𝔄 ***die ~ e-r Zahl ziehen*** extract the (square) root of a number; ***~n schlagen*** *a. fig.* take root, *fig.* (*sich einleben*) put down roots; F *fig.* ***willst du hier ~n schlagen?*** are you going to stand around here all day?; ***das Übel an der ~ packen*** strike at the root (of this evil); ***et. mit der ~ ausrotten*** eradicate s.th. root and branch; **~behandlung** *f* ⚕ root treatment; **~fäule** *f* ⚘ soft rot; **~gemüse** *n* root vegetables *pl.*; **~kanal** *m e-s Zahns*: root canal.

wurzellos *adj.* rootless (*a. fig.*).

wurzeln *v/i.* take root; *fig.* ***~ in*** be rooted in, (*stammen von*) stem from, have its roots in.

Wurzel|verzeichnis *n Computer*: root directory; **~werk** *n* **1.** roots *pl.*; **2.** → ***Suppengrün***; **~zeichen** *n* 𝔄 radical sign.

würzen *v/t.* spice, season; *fig.* spice *s.th.* up, add a bit of spice to; **würzig** *adj.* spicy (*a. fig.*), well-seasoned; *Wein*: fruity.

Würz|kräuter *pl.* herbs; **~mischung** *f* mixed spices *pl.*; **~soße** *f* liquid seasoning; **~stoff** *m* seasoning.

wuschelig *adj.* curly; (*kraus*) fuzzy, *stärker*: frizzy; (*zerzaust*) tousled; **Wuschelkopf** *m* mop of curly (*od.* fuzzy, frizzy) hair; (*Person*) curly-head.

Wust *m* (*Durcheinander*) mess, jumble; (*Kram*) rubbish; (*große Menge*) mass, pile.

wüst *adj.* **1.** (*öde*) deserted, desolate; **2.** (*wirr*) chaotic; (*liederlich*) wild; ***ein ~es Durcheinander*** complete chaos; ***er*** (***es***) ***sieht ja ~ aus*** he looks a real fright (what a mess *od.* shambles); **3.** (*roh*) wild; (*blindwütig*) rabid; ***e-e ~e Schlägerei*** F a real set-to; **4.** (*ausschweifend*) wild, dissolute; **5.** ***~e Beschimpfungen*** wild abuse, *weitS.* cursing and swearing.

Wüste *f* desert; (*öde Landschaft*) wilderness; *fig.* ***j-n in die ~ schicken*** F give s.o. the boot.

Wüsten|bildung *f* desertification; **~landschaft** *f* desert landscape; (*Öde*) barren landscape; **~sand** *m* desert sands *pl.*; **~schiff** *n* (*Kamel*) ship of the desert; **~volk** *n* desert tribe (*od.* people).

Wüstling *m* rake, debauchee.

Wut *f* rage, fury; (*Lese*~ *etc.*) mania; ***in ~ geraten*** fly into a rage; ***j-n in ~ bringen*** infuriate s.o., F get s.o. going; ***e-e fürchterliche ~ haben*** be livid, be absolutely furious; ***leicht in ~ geraten*** have a quick temper; F ***vor ~ platzen*** F be hitting the roof; F ***vor ~ kochen*** (*od.* ***schäumen***) seethe with rage, fume; F ***e-e ~ auf j-n haben*** F be mad at s.o.; F ***ich habe e-e ~ auf ihn!*** *a.* I could strangle (*od.* kill) him; F ***ich krieg die ~, wenn ich so was sehe*** F it makes me mad to see it; ***mich packt die ~, wenn ich daran denke, dass*** *a.* it makes my blood boil to think that; → ***auslassen*** 6 *etc.*; **~anfall** *m* fit of rage; **~ausbruch** *m* angry outburst, outburst of rage; *launischer*: tantrum; **~bebend** *adj.* trembling with rage.

wüten *v/i.* rage (*a. Feuer, Seuche, Sturm etc.*; ***gegen*** at, against); *Menschenmenge*: riot; *weitS.* create havoc; **wütend** *adj.* **1.** furious, F mad (***auf, über*** at); ***~ machen*** infuriate, enrage, F get *s.o.* going; **2.** *fig. Sturm, Schmerzen etc.*: raging; **wutentbrannt** *adj.* infuriated, furious; **Wüterich** *obs. m* **1.** hothead; **2.** ruthless tyrant; **wutschnaubend** *adj.* foaming with rage, F foaming at the mouth; **Wutschrei** *m* cry (*lauter*: yell) of rage; **wutverzerrt** *adj. Gesicht*: distorted with rage.

Wuzerl *dial. n* **1.** (piece of) fluff; **2.** (*Kind*) little dumpling.

X, x *n* X, x; ***Herr X*** Mr X; ***x Leute habe ich gefragt*** F I've asked umpteen (*od.* dozens of) people; ***j-m ein X für ein U vormachen*** (try to) pull the wool over s.o.'s eyes.
x-Achse *f* ⩓ x-axis.
Xanthippe F *f* F battleaxe; virago, termagant.
X-Beine *pl.* knock-knees; ***~ haben*** be knock-kneed.
x-beinig, X-beinig *adj.* knock-kneed.
x-beliebig I. *adj.* any ... you like, F any old ...; **II.** *adv.* any (*od.* whichever) way you like, F any old way.
X-Chromosom *n* X-chromosome.
Xenon *n* xenon; **~lampe** *f* xenon lamp; **~oxide** *pl.* xenon oxides.
xenophob *adj.* xenophobic; **Xenophobie** *f* xenophobia.
x-fach I. *adj.* F umpteen times; ***die ~e Zahl*** n times that number; **II.** *adv.* as often (*od.* as many times) as you like;
x-fache *n*: ***das ~*** F umpteen times as much, umpteen times the amount.
x-förmig, X-förmig *adj.* x-shaped.
x-mal F *adv.* F umpteen times, dozens (*od.* hundreds) of times; ***hab ichs dir nicht schon ~ gesagt?*** *a.* haven't I told you a thousand times?, I don't know how many times I've told you.
x-te F *adj.*: ***zum ~n Mal*** F for the umpteenth (*od.* nth, hundredth) time.
Xylophon *n* ♪ xylophone.

Y, y *n* Y, y.
y-Achse *f* ⊁ y-axis.
Yak *m zo.* yak.
Yang *n phls.* yang.
Y-Chromosom *n* Y-chromosome.
Yen *m* yen.
Yeti *m* yeti, *the* Abominable Snowman.
Yin *n phls.* yin.
Yoga *n, m* yoga; **~übung** *f* yoga exercise.
Yogi *m* yogi.
Ypsilon *n* (the letter) Y.
Yucca(palme) *f* ♀ yucca.
Yuppie *m* yuppie; **Yuppifizierung** *f* yuppification.

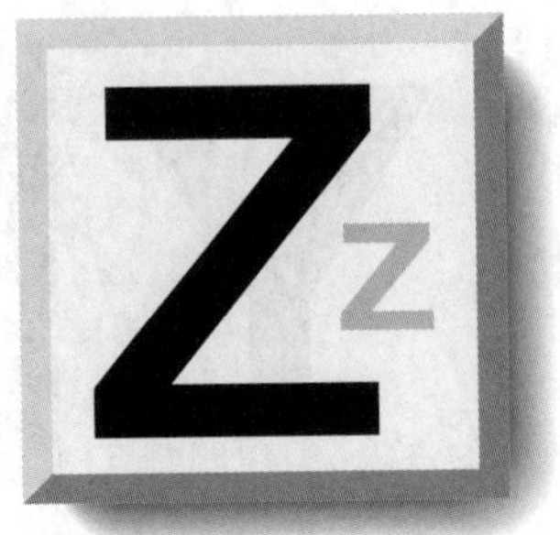

Z, z *n* Z, z.

zack I. F *int.* just like that; before you knew it; before you can (*od.* could) say Jack Robinson; ***~, war er weg*** he was gone just like that *etc.*; ***~!, ~!*** F chop! chop!; **II.** 2 F *m*: ***auf ~ sein*** F be on the ball; ***et. auf ~ bringen*** bring s.th. up to scratch (*od.* the mark); ***j-n auf ~ bringen*** shake s.o. up.

Zacke *f* (sharp) point; (*Zinke*) prong, *e-r Gabel*: *a.* tine; *e-r Säge, e-s Kamms*: tooth; *e-s Berges*: jagged peak.

zacken *v/t.* indent, notch; (*Stoff*) pink; → ***gezackt***.

Zacken F *m* **1.** → ***Krone*** 2; **2.** (*Nase*) F conk; **3.** ***e-n ~ haben*** F be plastered; ***e-n ~ drauf haben*** F be going like a bomb (*od.* the clappers), be belting along.

zackenförmig *adj.* serrated; *unregelmäßig*: jagged; **Zackenlinie** *f* zigzag (line).

zackig *adj.* **1.** indented; *Felsen*: jagged; **2.** ***~e Bewegung*** short, sharp movement; **3.** F *fig.* (*schneidig*) F snappy.

zaghaft I. *adj.* (*ängstlich*) timid; (*vorsichtig*) cautious; **II.** *adv.* timidly, gingerly; (*zögernd*) hesitatingly.

zäh I. *adj. Fleisch*: tough; *Flüssigkeit*: viscous; *fig.* (*widerstandsfähig*) tough; (*ausdauernd*) dogged; (*hartnäckig*) stubborn; ***~ wie Leder*** *Fleisch*: tough as leather, F *fig.* tough as old boots; *fig.* ***~er Bursche*** F tough sort; **II.** *adv.* doggedly; stubbornly; *fig.* ***~ vorankommen*** make sluggish progress.

zäh fließend *adj.*: ***~er Verkehr*** slow-moving traffic.

zähflüssig *adj.* **1.** viscous; **2.** *Verkehr*: slow-moving *traffic*; **Zähflüssigkeit** *f* viscosity; **Zähigkeit** *f* **1.** *von Fleisch*: toughness; *von Flüssigkeit*: viscosity; **2.** *fig.* toughness; (*Ausdauer*) tenacity, doggedness.

Zahl *f* number; (*Ziffer*) figure (*a. Betrag, Wert*); ***vierstellige ~*** four-digit number; ***in großer ~*** in large numbers; ***~ oder Adler, Kopf oder ~*** heads or tails; *lit.* ***ohne ~*** countless, innumerable; ***er wollte keine ~en nennen*** he didn't want to give (*od.* quote) any figures; ***in ~en ausdrücken*** quantify; → ***gerade*** I, ***rot, rund*** I *etc.*; → *a.* ***Ziffer*** 1.

zahlbar *adj.* payable (***an*** to; ***bis*** to); ***~ bei Lieferung*** cash on delivery (*abbr.* COD).

zählbar *adj.* countable.

zählebig *adj.* **1.** tough; **2.** *Ansichten etc.*: tenacious.

zahlen *v/t. u. v/i.* pay (*a. fig.*); ***~! im Gasthaus***: (could I *od.* we have) the bill (*Am.* check), please; ***was habe ich Ihnen zu ~?*** what do I owe you?; ***ich zahle das schon*** I'll pay for that, leave that to me; ***gut*** (***schlecht***) ***~*** pay well (badly); ***was hast du dafür gezahlt?*** what (*od.* how much) did you pay for that?

zählen *v/t. u. v/i.* count (*a. fig.*); *Sport, Kartenspiel etc.*: keep (the) score; *fig.* (*haben*) have; ***~ auf*** count on; ***j-n zu s-n Freunden*** *etc.* ***~*** count s.o. as a friend *etc.* (*od.* among one's friends *etc.*); ***zu*** *den Besten etc.* ***~*** rank with (*od.* among), be among, belong to; ***zu den größten Malern ~*** rank among (*od.* with) the greatest painters; ***der Ort zählt 20 000 Einwohner*** the town has 20,000 inhabitants; ***sein Vermögen zählt nach Millionen*** his fortune runs into millions; ***sie zählte 12 Jahre*** she was 12 (years old); ***er*** (***es***) ***zählt nicht*** he (it) doesn't count; ***s-e Tage sind gezählt*** his days are numbered; ... ***nicht gezählt*** not counting ...; ***hier zählt nur Quantität*** only quantity counts (*od.* matters) here; → ***drei*** I.

Zahlen|akrobatik *f* juggling with figures; **~angaben** *pl.* figures; **~beispiel** *n* numerical example; **~folge** *f* numerical order; **~gedächtnis** *n*: ***ein gutes*** (***schlechtes***) ***~ haben*** be good (bad) at remembering figures; **~kode** *m Computer*: numeric code; **~kolonne** *f* column of figures; **~kombination** *f* combination (of numbers *od.* figures); **~lotto** *n* → ***Lotto.***

zahlenmäßig I. *adj.* numerical; ***~e Überlegenheit*** superiority in numbers, numerical superiority; **II.** *adv.* numerically, in terms of figures; ***~ überlegen sein*** be superior in numbers, be numerically superior; ***dem Gegner*** *etc.* ***~ überlegen sein*** outnumber the enemy *etc.*

Zahlen|material *n* figures *pl.*; **~mystik** *f* numerology; **~reihe** *f* series of numbers, number sequence; **~schloss** *n* combination lock; **~symbolik** *f* number symbolism; **~system** *n* numerical system; **~wert** *m* numerical value.

Zahler *m*: ***pünktlicher*** (***säumiger***) ***~*** prompt (dilatory) payer.

Zähler *m* **1.** counter; ⚙ *a.* meter; **2.** Ⱥ numerator; **3.** *Sport*: (*Punkt*) point; **4.** (*Stimmen*2) teller; **~ablesungen** *pl.* meter readings; **~stand** *m* meter reading.

Zahl|grenze *f* fare stage; *U-Bahn*: *a.* zone boundary; **~karte** *f* postal money order; **~kellner** *m etwa* head waiter.

zahllos *adj.* innumerable, countless, endless, an endless number of.

Zahl|meister *m* paymaster; ⚓ purser (*beide a. fig.*); 2**reich I.** *adj.* numerous, a large number of, a great many; large *family etc.*; **II.** *adv.*: ***~ kommen*** (***vertreten sein***) come (be represented) in large numbers *od.* in force; ***~ besucht werden*** be well attended; **~stelle** *f* paying office; *e-r Bank*: sub-branch; **~tag** *m* pay day; **~teller** *m* money tray.

Zahlung *f* payment; *e-r Schuld*: *a.* settlement; ***gegen*** (***mangels***) ***~*** against (in default of) payment; ***e-e ~ leisten*** make a payment; ***in ~ geben*** (***nehmen***) offer (take) in part exchange, (*Auto etc.*) *a.* trade in.

Zählung *f* **1.** count; **2.** (*Volks*2 *etc.*) census; **3.** ⚙ reading.

Zahlungs|abkommen *n* payments agreement; **~anweisung** *f* order to pay; (*Überweisung*) money order; **~aufforderung** *f* request for payment; **~aufschub** *m* respite; **~auftrag** *m* payment order; **~bedingungen** *pl.* terms of payment; **~befehl** *m* default summons; **~befreiung** *f* exemption from payment; **~bilanz** *f* balance of payments; **~defizit** *n* payments deficit; **~empfänger** *m* payee; 2**fähig** *adj.* able to pay; ☤ solvent; **~fähigkeit** *f* ability to pay; ☤ solvency; **~frist** *f* term of payment, period allowed for payment; 2**kräftig** *adj.* solvent, financially sound; **~mittel** *n* means (*sg.*) of payment; ***gesetzliches ~*** legal tender; **~modus** *m* method of payment; **~moral** *f* paying habits *pl.*, payment pattern (*od.* behavio[u]r); ***e-e gute ~ haben*** settle one's bills promptly, pay (up) promptly; ***e-e schlechte ~ haben*** be slow to settle one's bills (*od.* to pay up); **~ort** *m* place of payment; *Wechsel*: domicile; 2**pflichtig** *adj.* liable to pay; **~rückstand** *m* arrears *pl.*, backlog of payments;

~schwierigkeiten *pl.* financial difficulties, F liquidity problem *sg.*; **~termin** *m* payment (deadline); **ℒunfähig** *adj.* unable to pay; ☤ insolvent; **~unfähigkeit** *f* inability to pay; ☤ insolvency; **~verkehr** *m Bank*: monetary transactions *pl.*, payments *pl.*; **~verpflichtung** *f* financial obligation; liability (to pay); **~versprechen** *n* promise to pay; **~verzug** *m* default (of payment); ***in ~ geraten*** default on one's payments, get (*od.* fall) into arrears; **~weise** *f* method of payment.

Zählwerk *n* counter.

Zahl|wort *n ling.* numeral; **~zeichen** *n* figure, numeral.

Zählzwang *m* obsessive counting.

zahm *adj.* tame (*a. fig.*); **zähmbar** *adj.* tameable; **zähmen** *v/t.* **1.** tame; (*Pferd*) break in; **2.** *fig.* (*Gefühle etc.*) control, curb; (*die Natur, die Elemente etc.*) tame, subdue, (*bewältigen*) subjugate, conquer; **Zahmheit** *f* tameness (*a. fig.*); **Zähmung** *f* taming; *fig. a.* subduing, subjugation; → ***zähmen*** 2.

Zahn *m* **1.** tooth; ⚙ *a.* cog; ***Zähne bekommen*** cut one's teeth; *fig.* ***bis an die Zähne bewaffnet*** armed to the teeth; ***der ~ der Zeit*** the ravages of time; ***j-m auf den ~ fühlen*** sound s.o. out; F ***das ist was für den hohlen ~*** F that's not enough to keep a sparrow alive; F ***den ~ hab ich ihm gezogen*** F I knocked that idea out of his head, I've disabused him of that; → ***ausbeißen, dritte, fletschen, knirschen, putzen*** I, ***zusammenbeißen***; **2.** F ***mit e-m tollen ~*** F at a terrific lick; F ***e-n ~ draufhaben*** F be going like the clappers; ***e-n ~ zulegen*** F step on it.

Zahn|arzt *m* dentist, *formell*: dental surgeon; **~arzthelferin** *f* dental assistant; **ℒärztlich** *adj.* dental ...; **~arztpraxis** *f* dental practice (*od.* surgery); **~arztstuhl** *m* dentist's chair; **~behandlung** *f* dental treatment; **~belag** *m* plaque; **~bürste** *f* toothbrush; **~chirurgie** *f* dental surgery; **~creme** *f* toothpaste.

zähne|fletschend I. *adj.* snarling; **II.** *adv. a.* with its teeth bared, showing its teeth; **ℒklappern** *n* chattering (of) teeth; **~klappernd** *adv.* with chattering teeth; **ℒknirschen** *n* teeth-grinding; **~knirschend** *fig. adv. nachgeben etc.*: grudgingly, F muttering under one's breath.

zahnen *v/i.* cut one's teeth, be teething.

Zahn|ersatz *m* dentures *pl.*, *formell*: dental prosthesis; **~fäule** *f* dental decay, (dental) caries.

Zahnfleisch *n* gums *pl.*; F *fig.* ***auf dem ~ gehen*** be on one's last legs; **~bluten** *n* bleeding (of the) gums; (*Parodontose*) pyorrh(o)ea; **~schwund** *m* shrinking (of the) gums; (*Parodontose*) pyorrh(o)ea.

Zahn|füllung *f* filling; **~hals** *m* neck of a (*od.* the) tooth; **~heilkunde** *f* → ***Zahnmedizin***; **~klammer** *f* brace; **~klinik** *f* dental clinic; **~kranz** *m* ⚙ gear rim; **~laut** *m ling.* dental.

zahnlos *adj.* toothless.

Zahn|lücke *f* gap (in one's teeth); **~medizin** *f* dentistry; **~pasta** *f* toothpaste; **~pflege** *f* dental hygiene, care of one's teeth; **~prothese** *f* dentures *pl.*, *formell*: dental prosthesis; **~pulver** *n* tooth powder.

Zahnrad *n* gear(wheel), cog(wheel); **~antrieb** *m* gear drive; **~bahn** *f* rack (*od.* cog) railway; **~getriebe** *n* gear transmission; (*Ritzelgetriebe*) pinion gear.

Zahn|regulierung *f* orthodontic treatment; F teeth-straightening job; **~reinigung** *f* teeth-cleaning; **~schmelz** *m* (dental) enamel; **~schmerzen** *pl.* toothache *sg.*; **~schutz** *m Boxen*: gumshield; **~seide** *f* dental floss; **~spange** *f* brace; **~stein** *m* tartar; **~stocher** *m* toothpick; **~technik** *f* dentistry; **~techniker** *m* dental technician; **~transplantation** *f* tooth transplant; **~wal** *m* toothed whale; **~wechsel** *m* second dentition; **~weh** *n* toothache; **~wurzel** *f* root (of a *od.* the tooth); **~wurzelbehandlung** *f* root canal work.

Zampano *m*: ***sich wie der große ~ aufspielen*** F act the big shot; ***da kommt der große ~*** F here comes Mr Great Guy.

Zander *m* pike-perch.

Zange *f*: (***e-e ~*** a pair of) pliers *pl.*; *für Zucker etc.*: (a pair of) tongs *pl.*; ⚕ forceps; *fig.* ⚔ pincer; *fig.* ***j-n in die ~ nehmen*** F put the screws on s.o., *Fußball*: sandwich s.o.; ⚔ ***in die ~ nehmen*** encircle, surround; ***das würde ich nicht mit der ~ anfassen*** I wouldn't touch it with a bargepole; **Zangenentbindung** *f*, **Zangengeburt** *f* forceps delivery.

Zank *m* quarrel; → *a.* ***Streit***; **Zankapfel** *m* bone of contention; **zanken** *v/i.* **1.** (*a.* ***sich*** ~) quarrel, argue (**um** about, over); **2.** *dial.* (*schimpfen*) scold; ***mit j-m ~*** tell s.o. off; **Zankerei** *f* squabbling, quarrel(l)ing, arguing; **zänkisch** *adj.* quarrelsome; (*streitsüchtig*) *a.* cantankerous; (*nörgelnd*) nagging ...

Zäpfchen *n* **1.** *anat.*, *ling.* uvula; **2.** ⚕ suppository.

Zapfen *m* **1.** (*Pfropfen*) plug; (*Pflock*) peg, pin; (*Balkenℒ*) tenon; (*Fassℒ*) spigot; (*Drehℒ*) pivot; (*Wellenℒ*) journal; (*Stift*) stud; **2.** (*Eisℒ*) icicle; **3.** ⚘ cone; **4.** *anat.* retinal cone; **zapfen** *v/t.* **1.** tap, draw *beer etc.*; **2.** △ (*Balken*) join with (mortise and) tenon; **Zapfenstreich** *m* ⚔ curfew; (*Signal*) tattoo, *Brit. a. the* last post, *Am.* taps *pl.*; **Zapfer** *m* barman.

Zapf|hahn *m* tap, *Am.* faucet; *mot.* hose nozzle; **~pistole** *f* nozzle; **~säule** *f mot.* petrol (*Am.* gasoline) pump.

zappelig *adj.* fidgety, restless; (*aufgeregt*) excited, nervous, F in a flap; **zappeln** *v/i.* thrash about, *sich wehrend*: *a.* struggle; *sich windend*: wriggle; *vor Unruhe*: jiggle around; ***hör auf zu ~!*** sit still, will you; *fig.* ***j-n ~ lassen*** keep s.o. on tenterhooks; **Zappelphilipp** F *m* fidget.

zappen *v/i.* TV zap; ***sich durch alle Programme ~*** zap through all channels; **Zappen** *n TV* zapping.

zappenduster F *adj.* pitch-dark, pitch-black; *fig.* ***dann wirds ~*** things will look pretty grim.

Zar *m* tsar, czar; **Zarenherrschaft** *f* tsarist (*od.* czarist) rule; **Zarenreich** *n*: ***im ~*** under the tsars (*od.* czars); **Zarentum** *n*: (*a.* ***das ~***) tsardom, czardom; **Zarewitsch** *m* tsarevitch, czarevitch.

Zarge *f* **1.** frame; **2.** *e-r Geige etc.*: side.

Zarin *f* tsarina, czarina; **zaristisch** *adj.* tsarist, czarist; ***das ~e Russland*** tsarist (*od.* czarist) Russia, Russia under the tsars (*od.* czars).

zart I. *adj. Fleisch*, *fig. Herz etc.*: tender (*a. zärtlich*); *Haut, Ton etc.*: soft, *Farbe*: *a.* delicate; (*sanft*) gentle; (*empfindsam*) sensitive; *Blume, Gesundheit, Kind, Haut, Glieder*: delicate; ***das ~e Geschlecht*** the gentle sex; ***ein ~es Geschöpf*** a delicate creature; ***~e Andeutung*** gentle hint; ***im ~en Alter von*** at the tender age of; ***nichts für ~e Ohren*** not for sensitive ears; **II.** *adv.* tenderly; (*sanft*) gently; ***~ umgehen mit*** handle with care, (*j-m*) *a.* handle with kid gloves.

zartbesaitet, zart besaitet *fig. adj.* delicately strung, highly sensitive.

zartbitter *adj. Schokolade*: plain.

zartfühlend, zart fühlend *adj.* discreet, tactful.

Zart|gefühl *n* delicacy (of feeling), tact; **ℒgliedrig** *adj.* delicately-built ..., *pred.* delicately built; *Mädchen*: *a.* petite.

Zartheit *f* tenderness; softness; delicacy, delicateness; gentleness; → ***zart.***

zärtlich *adj.* affectionate; (*liebevoll*) loving; *Berührung, Blick*: tender; ***~ werden*** start caressing (one another); **Zärtlichkeit** *f* affection; (*Sanftheit*) tenderness; (*Liebkosung*) caress; ***~en austauschen*** caress (one another); ***j-m ~en ins Ohr flüstern*** whisper sweet nothings into s.o.'s ear.

zartrosa *adj.*, **Zartrosa** *n* delicate pink.

Zäsium *n* c(a)esium.

Zaster F *m* (*Geld*) *sl.* dosh, brass, bread.

Zäsur *f* **1.** *Metrik*, ♪ caesura, break; **2.** *fig.* break; (*Wende*) turning point.

Zauber *m* magic; *contp.* mumbo jumbo; *fig.* magic(al quality); (*Bann, a. fig.*) (magic) spell; F *fig.* (*Zirkus*) fuss, song and dance; ***den ~ lösen*** break the spell; ***wie durch ~*** as if by magic; *fig.* ***fauler ~*** humbug, mumbo jumbo, a swindle; *contp.* ***der ganze ~*** the whole bag of tricks; ***was kostet der ganze ~?*** F how much is this lot then?; **Zauberei** *f* **1.** magic; **2.** (*Hexerei*) sorcery, witchcraft; **3.** (*Zaubertricks*) conjuring, sleight-of-hand; **Zauberer** *m* **1.** magician, sorcerer, wizard; **2.** (*Zauberkünstler*) magician, conjurer; **3.** *fig.* wizard.

Zauber|flöte *f* magic flute; **~formel** *f* spell, charm; *fig.* magic formula.

zauberhaft *adj.* charming, enchanting.

Zauberhand *f*: ***wie von ~*** as if by magic.

Zauberin *f* sorceress; *fig. a.* enchantress.

Zauber|kasten *m* conjuring set; **~kraft** *f* magic power; *fig. von Worten etc.*: magic (power); **~kreis** *m* magic circle; **~kunst** *f* (black) magic; (*Hexerei*) witchcraft; **~künstler** *m* conjurer, magician; **~kunststück** *n* conjuring trick; **~land** *n* magic realm, wonderland; fairyland; **~lehrling** *m* sorcerer's apprentice; **~mittel** *n* magic cure; (*Trank*) magic potion.

zaubern I. *v/i.* do (*od.* perform) magic; *als Zauberkünstler*: do (*od.* perform) magic *od.* conjuring tricks; F *fig.* ***ich kann doch nicht ~*** I can't perform miracles, I can't just wave my magic wand; **II.** *v/t.* conjure (up), *fig.* conjure up.

Zauber|spruch *m* charm, spell; **~stab** *m* magic wand; **~trank** *m* magic potion; **~wort** *n* magic word (*od.* formula); **~würfel** *m* magic cube.

Zauderer *m* vacillator, F ditherer; (*j-d, der hinausschiebt*) procrastinator; **zaudern** *v/i.* hesitate (**mit** about), waver, vacillate; *hinhaltend*: temporize, procrastinate.

Zaum *m* bridle; *fig.* ***im ~ halten*** (*Sache*) contain, (*Leidenschaft*) bridle, (*j-n*) keep a tight rein on; ***sich im ~ halten*** restrain o.s.; **zäumen** *v/t.* bridle; **Zaumzeug** *n* bridle.

Zaun *m* fence; (*Bauℒ*) hoarding; *fig.* ***e-n Streit*** (***Krieg***) ***vom ~ brechen*** pick *od.* start a fight (start a war); **~gast** *m* onlooker; **~könig** *m zo.* wren; **~latte** *f*

picket; **~pfahl** *m* fence post; *fig.* ***Wink mit dem ~*** broad hint; **~pfosten** *m* fence post.
zausen *v/t.* (*Haar*) tousle; (*Bäume*) buffet; *fig.* ***vom Leben arg gezaust*** buffeted by fate.
Zebra *n* zebra; **~streifen** *m auf der Straße*: zebra crossing.
Zechbruder F *m* **1.** F boozer; **2.** → ***Zechkumpan.***
Zeche[1] *f* bill, *Am.* check; ***die ~ bezahlen*** F pick up the tab, foot the bill; → ***prellen*** 1.
Zeche[2] *f* ⚒ mine.
zechen *v/i.* F booze.
Zechenstilllegung *f* pit closure.
Zecher *m* F boozer; **Zechgelage** *n* carousal, drinking bout; **Zechkumpan** *m* F boozing mate.
Zechpreller *m* bilk; **Zechprellerei** *f* bilking.
Zechtour *f* F pub crawl.
Zecke *f* tick.
Zeder *f* ⚘ cedar; **Zedernholz** *n* cedar (-wood).
Zeh *m*, **Zehe**[1] *f* toe; ***auf Zehen gehen*** (walk on) tiptoe; *a.* F *fig.* ***j-m auf die Zehen treten*** tread on s.o.'s toes.
Zehe[2] *f* (*Knoblauch≈*) clove *of garlic.*
Zehen|nagel *m* toenail; **~sandale** *f* strap sandal; **~spitze** *f* tip of one's toe; ***auf ~n*** on tiptoe, ***gehen:*** (walk on) tiptoe.
zehn I. *adj.* ten; **II.** ≈ *f* ten; (*Buslinie etc.*) (number) ten; **zehnbändig** *adj.* ten-volume ..., in ten volumes; **Zehner** *m* **1.** ten-pfennig piece; **2.** ten-mark note (*Am.* bill).
Zehner|club *m*, **~gruppe** *f* ☤ club of ten; **~stelle** *f* decimal place.
zehnfach *adj.* tenfold; ***die ~e Menge*** ten times the amount; ***~er Sieger*** ten-time winner (*od.* champion).
Zehnfingersystem *n*: ***das ~*** touch-typing.
zehnjährig *adj.* **1.** ten-year-old ...; **2.** (*zehn Jahre dauernd*) ten-year ...; ***ein ~es ...*** *a.* ten years of ... **Zehnjährige(r** *m*) *f* ten-year-old.
Zehn|kampf *m* decathlon; **~kämpfer** *m* decathlete.
zehnköpfig *adj. family etc.* of ten; ***~e Delegation*** *etc. a.* ten-member (*od.* -man) delegation *etc.*
zehnmal *adv.* ten times.
Zehnmarkschein *m* ten-mark note (*Am.* bill).
zehnt I. *adj.* tenth; ***~es Kapitel*** chapter ten; ***am ~en Mai*** on the tenth of May, on May the tenth; ***10. Mai*** 10th May, May 10(th); **II.** *adv.*: ***wir waren zu ~*** there were ten of us; ***wir gingen zu ~ hin*** ten of us went there.
zehntägig *adj.* **1.** ten-day(-long) ...; **2.** (*zehn Tage alt*) ten-day-old ...
zehntausend *adj.* ten thousand; ***die oberen ~*** the upper crust.
Zehnte(r) *m* (the) tenth; ***er war Zehnter*** he was (*od.* came) tenth; ***Papst Johannes X.*** Pope John X (= Pope John the Tenth); ***heute ist der Zehnte*** it's the tenth today.
zehnteilig *adj.* ten-part ..., in ten parts.
Zehntel *n* tenth; **~sekunde** *f* tenth of a second; ***um zwei ~n*** by two tenths of a second, by point two of a second.
zehntens *adv.* tenth(ly), ten, in tenth place.
Zehnter → ***Zehnte(r).***
zehren *v/i.* (*schwächen*) sap one's energy; ***~ an*** *der Gesundheit etc.*: take it out of, undermine; ***~ von*** live on, *fig.* live off *the capital*, draw on *supplies*, *fig. e-r Erinnerung etc.*: thrive on.
Zeichen *n* sign (*a. ast.*, ♪, ⊿, *Wunder≈*, *Verkehrs≈*); (*Schrift≈*, *a. Computer*) character; (*Symbol*, *a. engS.*) symbol; (*Merk≈*, *Satz≈*) mark; (*An≈*) indication, sign, *bsd.* ⚕ symptom (**für** of); (*Signal*, *Funk≈*) signal; (*Zeit≈*) time signal, pips *pl.*; ☤ ***unser*** (***Ihr***) ***~*** our (your) reference; ***als ~*** *gen.* as a mark of; ***als ~ der Freundschaft*** as a token (*od.* mark) of friendship; ***zum ~*** *gen.* as a sign of; ***es geschehen*** (***noch***) ***~ und Wunder*** wonders will never cease; ***ein ~ der Zeit*** a sign of the times; ***die ~ der Zeit erkennen*** read the signs of the times; ***die ~ stehen auf Sturm*** *pol.* everything is pointing towards a conflict; ***ich sehe das als ein gutes ~*** I see it as a good omen (*od.* positive sign); ***im ~*** *gen.* ***stehen*** be marked by; ***die Stadt steht im ~ der kommenden WM*** the town is gearing up for the World Cup; ***unser Jahrhundert steht im ~ der Naturwissenschaften*** our century is the age of science; ***auf ein ~ von*** at a sign from; *mot.* ***~ geben*** (*od.* ***machen***) signal, give a sign; ***ein ~ geben*** make a sign (*dat.* to), signal (to); ***das ~ zum Aufbruch geben*** give the signal (for everybody) to leave; *ast.* ***im ~ von*** under the sign of; ***ein ~ setzen*** point the way to the future; ***wenn nicht alle ~ trügen*** if I'm not very much mistaken.
Zeichen|auflösung *f am Bildschirm*: character resolution; **~block** *m* sketch pad; **~brett** *n* drawing board; **~dichte** *f Computer*: character density; **~dreieck** *n* ⊿ set square; **~erklärung** *f* key; *auf Landkarten*: legend; *in Lehrbüchern etc.*: signs and symbols *pl.*; **~feder** *f* drawing pen; **~fehler** *m* punctuation error (*od.* mistake); **~gerät** *n Computer*: plotter; **~kode** *m Computer*: character code; **~kunst** *f* (art of) drawing; **~lehrer** *m* art teacher; **~papier** *n* drawing paper; **~programm** *n Computer*: drawing (*od.* graphics) program(me); **~saal** *m ped.* art room; **~satz** *m typ.* font, *Computer*: *a* character set; **~setzung** *f* punctuation; **~sprache** *f* sign language; **~stift** *m* pencil; *bunter*: crayon; **~tisch** *m* drawing board; **~trickfilm** *m* (animated) cartoon; **~unterricht** *m* drawing lessons *pl.*; *Schule*: art (class[es *pl.*]).
zeichnen I. *v/t. u. v/i.* **1.** draw (**nach** from *life etc.*); *flüchtig*, *a. fig.*: sketch, outline; (*be~*, *kenn~*) mark; (*ein~*) plot; *fig.* (*schildern*) portray, depict; *fig.* ***ein optimistisches Bild ~ von*** paint an optimistic picture of; **II.** *v/i.* **2.** (*unter~*) sign; *fig.* ***für et. verantwortlich ~*** take (the) responsibility for s.th.; **3.** ☤ subscribe (***für*** *e-n Fonds*: to); → ***gezeichnet***; **III.** ≈ *n* drawing; *ped.* art; **Zeichner** *m* **1.** draughtsman, *Am.* draftsman; **2.** ☤ subscriber; **zeichnerisch** *adj.*: ***~e Begabung*** talent for drawing; **Zeichnung** *f* **1.** drawing (*a.* ⚙); (*Skizze*) sketch; (*Entwurf*) draft; (*Illustration*) illustration; *fig.* (*Schilderung*) portrayal, depiction; **2.** (*Kenn≈*) marking; *des Holzes*: grain; (*Muster*) pattern; **3.** ☤ subscription (*gen.* to).
zeichnungs|berechtigt *adj.* authorized to sign; **≈vollmacht** *f* authority to sign.
Zeigefinger *m* forefinger, index finger; ***mit dem ~ auf et. deuten*** point one's finger at s.th.; ***mit erhobenem ~*** *sagte er mir*: wagging his finger at me; *fig.* ***mit erhobenem ~*** with a (strong) moralizing undertone.
zeigen I. *v/t.* show (*a. im Fernsehen etc.*, *a. fig.*); (*an~*) indicate; (*vorführen*) present, show, (*darlegen*) demonstrate; ***j-m die Stadt ~*** show s.o. round the town (*od.* city), show s.o. the sights; ***er kann s-e Gefühle nicht ~*** he finds it hard to express his feelings; ***zeig mal, was du kannst!*** come on, show us what you can do; ***zeig mir j-n, der es besser kann*** I'd like to see anyone do better; ***was zeigt die Waage?*** what do the scales say?; ***die Blumen ~ schon Knospen*** the flowers are beginning to show their buds; ***ihm werd ichs ~!*** I'll show him; **II.** *v/i.*: ***~ auf*** (*deuten auf*) point at, point *s.th.* out; *Thermometer*: be at; *Uhr*: say; *Kompass*: point (to); ***zeig mal*** (***her***) let's see, let's have a look; ***die Erfahrung zeigt, dass*** experience shows (*od.* proves) that; **III.** *v/refl.*: ***sich ~*** show; *Person*: show o.s., (*erscheinen*) appear, *plötzlich*: turn up; ***es zeigte sich, dass*** it turned out that; ***es wird sich ja ~*** we shall see, time will tell; ***sich freundlich ~*** be friendly; ***sich ~ als*** prove (o.s.) to be; ***sich in der Öffentlichkeit ~*** appear in public, make a public appearance; ***so kann ich mich nicht ~*** I can't go out (*od.* let myself be seen) in this state; ***die ersten Sterne zeigten sich*** the first stars appeared; ***früh zeigte sich sein Talent zum Schriftsteller*** he showed an early talent for writing; ***da zeigt sich wieder einmal, dass*** it just goes to show that; → ***erkenntlich*** 2, ***Seite.***
Zeiger *m e-r Waage*, *von Messinstrumenten*: needle; (*Uhr≈*) hand; *Computer*: pointer; ⊿ index, exponent; ***großer*** (***kleiner***) ***~*** *Uhr*: big (little) hand.
Zeigestock *m* pointer.
Zeile *f* line (*a. TV*); (*Reihe*) row; ***j-m ein paar ~n schreiben*** drop s.o. a line; ***danke für die netten ~n*** thank you for your (lovely) letter; ***ich habe jede ~ gelesen*** I read every word; ***~ für ~*** *durchgehen etc.*: line by line; *fig.* ***zwischen den ~n lesen*** read between the lines.
Zeilen|abstand *m* line spacing; **~bauweise** *f* ribbon development; **~drucker** *m Computer*: line printer; **~editor** *m Computer*: line editor; **≈frei** *adj. TV* line-free; **~honorar** *n* payment per line; ***~ bekommen*** be paid by the line; **~länge** *f* line length; **~norm** *f TV* line standard; **~nummer** *f* line number; **~schalter** *m Schreibmaschine*: spacer; **~schaltung** *f Computer*: line feed; **~umbruch** *m Computer*: line break; **~vorschub** *m Computer*: linefeed, *abbr.* lf.
zeilenweise *adv.* by the line.
Zeisig *m zo.* siskin.
zeit *prp.*: ***~ s-s Lebens*** a) his whole life long, b) for the rest of his life; → ***zeitlebens.***
Zeit *f* time (*a. Sport*); *ling.* tense; (*~alter*) era, age; (*~raum*) period of time; ***schwere*** (*od.* ***schlechte***) ***~en*** hard times; ***für schlechte ~en sparen*** save up for a rainy day; ***auf ~ spielen*** play for time, temporize; *Sport*: ***die ~ nehmen*** time (***von*** *a run etc.*); ***der beste Spieler*** *etc.* ***aller ~en*** the best player *etc.* of all times; ***die gute alte ~*** the good old days; ***das waren noch ~en!*** those were the days; ***das war die schönste ~ m-s Lebens*** those were the best years of my

life; ***die ~ des Barock*** the baroque age (*od.* era, period); ***die ~ vor dem Zweiten Weltkrieg*** the period before the Second World War; ***unsere ~, die heutige ~*** this (*od.* the present) day and age; ***ein Märchen aus alten ~en*** a tale from days of yore; → ***Zeit lang; für alle ~en*** for good; ***die ganze ~ hindurch*** the whole time; ***seit ewigen ~en*** for ages; ***seit der ~*** since then (*od.* that time), ever since (then); ***morgen um diese ~*** this time tomorrow; ***in der ~ vom ... bis ...*** in the time between ... and ...; ***ich habe mich in der ~ geirrt*** I got the time wrong; ***in der ~ richte ich mich nach dir*** you suggest the time; ***j-n nach der ~ fragen*** ask s.o. for the time; ***zu jeder ~*** (at) any time; ***in kurzer ~*** (*schnell*) very quickly, (*bald*) very soon, shortly; ***in kürzester ~*** in no time; ***in letzter ~*** lately, recently; ***lange ~*** a long time; ***mit der ~, im Laufe der ~*** in time; ***mit der ~ gehen*** move (*od.* keep up) with the times; ***von ~ zu ~*** from time to time, now and then; ***vor der ~*** prematurely, *sterben*: *a.* before one's time; ***vor langer ~*** long ago, a long time ago; ***das war vor m-r ~*** that was before my time; ***zur ~*** *gen.* at the time of; → *a.* ***zurzeit; zu m-r ~*** in my time, *an der Uni etc.*: when I was at university *etc.*; ***in Goethes ~*** in Goethe's day (and age), at the time of Goethe; ***alles zu s-r ~*** there's a time for everything, *beruhigend*: one thing after another; ***es ist nicht die ~, um zu*** *inf.* it's not the right time to *inf.* (*od.* to be *ger.*); ***zur gleichen ~*** at the same time; ***Herr über s-e ~ sein*** be able to do what one likes with one's time; ***j-m ~ lassen*** give s.o. time; ***sich ~ lassen*** take one's time (***dazu*** over it); ***lass dir ~!*** take your time, *a.* ***das hat ~*** there's no hurry (*od.* rush); ***das hat ~ (bis morgen)*** that can wait (till *od.* until tomorrow); ***sich die ~ nehmen zu*** *inf.* take time to *inf.*; ***sich ~ füreinander nehmen*** make time for one another; ***ich gebe dir ~ bis morgen (5 Minuten ~)*** I'll give you till tomorrow (five minutes); ***das dauert s-e ~*** it takes time; ***es wird noch einige ~ dauern, bis*** it'll be some time before; ***mir fehlt die ~*** I (just) haven't got the time; ***hast du ein paar Stunden ~?*** can you spare a couple of hours?; ***sie hat nie ~ für mich*** she never has any time for me; ***es ist (höchste) ~, es ist an der ~*** it's (high) time; ***es ist (höchste) ~, dass er nach Hause kommt*** it's (high) time he came home; ***sie hat es die ganze ~ gewusst*** she knew all along (*od.* all the time); ***nur e-e Frage der ~*** just a matter of time; ***s-e beste ~ hinter sich haben*** have had one's day; ***sie hat bessere ~en gesehen*** she's seen better days; ***er nimmt sich kaum ~ zum Essen*** he hardly takes any time off to eat; ***wenn Sie ~ haben*** whenever you like; ***die ~en sind vorbei, wo*** time was when; ***einige ~ verstreichen lassen, bevor*** wait a while before (*ger.*); ***mir wird die ~ nie lang*** I've plenty to keep me occupied; ***auf die ~ achten*** keep an eye on the time (*od.* clock); ***die ~ arbeitet für uns*** time is on our side; ***die ~ verging wie im Flug*** time just flew by; ***für kommende ~en ist gesorgt*** we're well prepared for times to come; ***~ gewinnen*** gain time; ***sich die ~ vertreiben*** while away the time; ***s-r ~ voraus sein*** be ahead of one's time; ***kommt ~, kommt Rat*** don't worry, it'll sort itself out; ***andere ~en, andere Sitten*** things really have changed, *auf vergangenen Zeitraum bezogen*: things were very different in those days; ***ach du liebe ~!*** goodness (me)!; → ***schinden, totschlagen, Wunde*** *etc.*

Zeit|ablauf *m* lapse of time (*a.* ⚖); **~abschnitt** *m* period (of time); **~abstand** *m* interval; ***in regelmäßigen Zeitabständen*** at regular intervals, periodically; **~alter** *n* **1.** age, era, epoch; ***in unserem ~*** in our day and age; ***das ~ des Computers*** the age of the computer; ***goldenes ~*** *a. fig.* golden age; **2.** *geol.* period; **~angabe** *f* exact date and time; (*Datum*) date; ***ohne ~*** undated; **~ansage** *f* time check; *teleph.* (*Einrichtung*) speaking clock; **~arbeit** *f* temporary work; **~aufwand** *m* time involved (*od.* needed *for s.th.*); ***e-n ~ von drei Wochen erfordern*** require three weeks to complete (*od.* do *etc.*), take three weeks; ***der ~ ist groß*** it involves a lot of time; **2aufwendig** *adj.* time-consuming; **~automatik** *f phot.* shutter priority; **2bedingt** *adj.* arising from (*od.* rooted in, embedded in, conditioned by) the times; **~begriff** *m* concept of time; → *a.* ***Zeitgefühl***; **~bombe** *f* time bomb (*a. fig.*); *fig.* ***die ~ tickt*** the time bomb is ticking away (quietly); **~dauer** *f* length of time; duration; **~differenz** *f* time difference; **~dokument** *n* contemporary document, document of the times; **~druck** *m* (time) pressure; ***unter ~ stehen*** be pressed for time, *bei Abgabetermin*: be under deadline pressure; **~einheit** *f* unit of time; **~einteilung** *f* division of time; (*Zeitplan*) time plan.

Zeiten|folge *f* sequence of tenses; **~wende** *f* turn of an era.

Zeit|erscheinung *f* emanation of the times; **~ersparnis** *f* time saving; **~faktor** *m* time factor; **~folge** *f* sequence, chronological order (*od.* sequence); **~frage** *f* **1.** question of time; **2.** current issue; **~gefühl** *n* sense of time; **~geist** *m* zeitgeist, spirit of the times.

zeitgemäß *adj.* in keeping with the times; (*modern*) *a.* modern; (*aktuell*) current.

Zeitgenosse *m* contemporary; F ***ein unangenehmer ~*** F an awkward customer; **zeitgenössisch** *adj.* contemporary; ♪ ***~e Instrumente*** period (*od.* historical) instruments.

Zeit|geschehen *n* current events *pl.*; **~geschichte** *f* contemporary history; **~geschmack** *m* contemporary fashion(s and tastes *pl.*), fashion of the times; **~gewinn** *m* time saving, gain in time; **2gleich I.** *adj.* simultaneous; ***~ sein*** *Läufer*: record the same time; **II.** *adv.* simultaneously, at the same time; **~gründe** *pl.*: ***aus ~n*** for lack of time, *formell*: due to prior commitments (*od.* engagements); **~guthaben** *n gleitende Arbeitszeit*: time credit, hours *pl.* in hand.

zeitig I. *adj.* early; **II.** *adv.* early; (*recht~*) in good time.

zeitigen *v/t.* (*hervorrufen*) produce, bring forth.

zeitintensiv *adj.* time-consuming.

Zeit|karte *f* season ticket, *Am.* commuter's ticket; **~kritik** *f* social criticism; **2kritisch** *adj.* topical; critical of the times; sociocritical.

Zeit *f* **lang: *e-e ~*** for a while; ***einige ~*** for a time.

zeitlebens *adv.* all one's life, one's whole life long.

zeitlich I. *adj.* time *factor etc.*; *a. eccl.* temporal; (*chronologisch*) chronological; ***in großen (kleinen) ~en Abständen*** at long (short) intervals; ***~e Berechnung*** timing; ***aus ~en Gründen*** → ***Zeitgründe***; ***~e Probleme*** problems of time; ***~e Reihenfolge*** sequence; ***das 2e segnen*** depart this life, F *Sache*: F give up the ghost; **II.** *adv.* timewise; (*chronologisch*) chronologically; ***~ zusammenfallen*** coincide; ***~ befristet*** limited, limited-period ...; ***es ist ~ befristet*** *a.* there's a time limit (on it); ***ich schaffe es ~ nicht*** a) I'm not going to make it in time, b) *a.* ***das passt mir ~ nicht*** I can't fit it in (timewise).

zeitlos *adj.* timeless.

Zeit|lupe *f*: (***in ~*** in) slow motion; **~lupenaufnahme** *f* slow-motion shot; **~lupentempo** *n* slow motion; ***im ~*** in slow motion, *fig.* at a snail's pace; **~mangel** *m* lack of time; ***wegen ~s*** due to lack of time; **~messung** *f* **1.** chronometry; **2.** → ***Zeitnahme***; **2nah** *adj.* topical; ***~e Probleme*** *a.* current issues.

Zeitnahme *f Sport*: timekeeping; **Zeitnehmer** *m Sport*: timekeeper, ✝ time-study man.

Zeit|not *f*: ***in ~ sein*** be pressed for time, be under time pressure, be running out of time; ***in ~ geraten*** start running out of time; ***wir wollen nicht in ~ geraten*** we don't want to have to start rushing things; **~plan** *m* timetable, schedule; **~planung** *f* scheduling; **~punkt** *m* time; (*Augenblick*) moment; ***zu dem ~*** at that (point in) time; ***zum ~*** *gen.* at the time of; ***von diesem ~ an*** from that point (*od.* moment) on; ***bis zu diesem ~*** up until that point (in time); ***e-n geeigneten (od. den richtigen) ~ abwarten*** wait for the right moment; ***du bist zum richtigen ~ gekommen*** you've come just at the right time; ***jetzt ist nicht der richtige ~*** it's not the right moment; ***wo waren Sie zu dem ~?*** where were you at that time?; ***e-n ~ festlegen*** fix a time; **~raffer** *m* time-lapse photography; (*Kamera*) time-lapse motion camera; *Video*: quick picture search; ***im ~*** in quick motion.

zeitraubend, Zeit raubend *adj.* time-consuming.

Zeit|raum *m* period (of time); ***ein ~ von*** a period of; **~rechnung** *f* calendar; (*Zeitalter*) era; ***nach christlicher ~*** according to the Christian calendar; ***die christliche ~*** (*Zeitalter*) the Christian Era; ***vor (nach) unserer ~*** before the Christian Era (after the birth of Christ); **~schalter** *m* time switch.

Zeitschrift *f* magazine; (*Fach2*) periodical.

Zeitschriften|katalog *m* periodicals catalog(ue); **~lesesaal** *m* periodicals room; **~verleger** *m* magazine publisher.

Zeit|soldat *m* short-service volunteer; **~spanne** *f* period (of time); ***innerhalb e-r ~ von*** within a space (*od.* period) of.

zeitsparend, Zeit sparend *adj.* time-saving.

Zeit|strafe *f Sport*: time penalty; **~strömung** *f* prevailing trend; **~stück** *n thea.* period play; **~studien** *pl.* time (and motion) studies; **~tafel** *f* chronological table; **~takt** *m teleph.* time unit; **~überschreitung** *f Sport*: exceeding the time limit; **~umstände** *pl.* prevailing circumstances.

Zeitung *f* (news)paper; *amtliche*: gazette; (*die*) **~ *lesen*** read the paper(s); ***in der ~ steht*** the paper says; ***es steht in der ~*** it's in the paper(s); ***ich habs in der ~ gelesen*** I read it in the papers; ***bei e-r ~ arbeiten*** work for a newspaper; ***e-e Anzeige in die ~ setzen*** place (*od.* put) an ad in the papers.

Zeitungs|abonnement *n* newspaper subscription; **~anzeige** *f* advertisement, ad, *Brit. a.* advert; **~artikel** *m* newspaper article; news story; **~ausschnitt** *m* newspaper cutting (*od.* clipping); **~austräger(in** *f*) *m* paper man *od.* boy (*f* lady *od.* girl); newspaper deliverer; **~beilage** *f* newspaper supplement; **~bericht** *m* newspaper report; **~ente** *f* hoax, canard; **~frau** *f* **1.** newspaper lady; **2.** → **~händler** *m* newsagent, *Am.* news dealer; **~inserat** *n* advertisement, ad, *Brit. a.* advert; **~junge** *m* paper boy; **~kiosk** *m* newspaper kiosk; **~korrespondent** *m* newspaper (*od.* press) correspondent; **~leser** *m* newspaper reader; **~magnat** *m* press baron, newspaper tycoon; **~notiz** *f* press item; **~nummer** *f* copy; ***alte ~*** back number (*od.* copy); **~papier** *n* newspaper; (*Papierqualität*) newsprint; **~redakteur** *m* newspaper editor; **~stand** *m* newsstand; **~ständer** *m* magazine rack; **~stil** *m* journalese; **~verkäufer** *m* news vendor; **~verleger** *m* newspaper publisher; **~wesen** *n the* press; **~wissenschaft** *f* journalism.

Zeit|unterschied *m* time difference; **~vergeudung** *f* waste of time; **~verlust** *m* loss of time, delay; ***~e einholen*** make up for lost time, *Zug etc.*: catch up; **~verschiebung** *f* time shift; ✈ *etc.* time lag; **~verschwendung** *f* waste of time; **≈versetzt I.** *adj.*: ***~e Übertragung*** recorded broadcast; **II.** *adv.*: ***das Spiel wird ~ übertragen*** the game was recorded earlier (today); **~vertrag** *m* fixed-term contract; **~vertreib** *m* pastime; ***zum ~*** to pass the time.

zeitweilig I. *adj.* (*vorübergehend*) temporary; (*gelegentlich*) intermittent; **II.** *adv.* → **zeitweise** *adv.* occasionally, from time to time, now and then.

Zeit|wert *m* ✝ current value; **~wort** *n* verb; **~zeichen** *n Radio*: time signal; **~zeuge** *m* contemporary witness (of events), witness of the times; **~zone** *f* time zone; **~zünder** *m* time fuse; **~zünderbombe** *f* time bomb.

Zelebrant *m* celebrant; **zelebrieren** *v/t.* celebrate; F ***et.* ~** make a big affair out of s.th.

Zell|atmung *f* vesicular breathing; **~bau** *m* cell structure; **~bildung** *f* cell formation.

Zelle *f* cell (*a. pol.*, ♂♀, ⚡); *teleph.* phone box (*Am.* booth).

zellenförmig *adj* cellular.

Zellengenosse *m* cell mate.

Zell|fusion *f* cell fusion; **~gewebe** *n* cellular tissue.

zellig *adj.* cellular.

Zell|kern *m* cell nucleus; **~membran** *f* cell membrane.

Zellophan (*TM*) *n* cellophane (*TM*); **~beutel** *m* cellophane bag; **~folie** *f* cellophane; **~packung** *f* cellophane packaging; **~papier** *n* cellophane.

Zellstoff *m* cellulose; *Papier*: pulp.

Zell|teilung *f* cell division, binary fission; **~therapie** *f* → ***Zellulartherapie.***

Zellulartherapie *f* cell(ular) therapy.

Zellulase *f* cellulase.

Zellulitis *f* ⚕ cellulitis.

Zelluloid *n* celluloid.

Zellulose *f* cellulose, wood pulp.

Zell|wachstum *n* cell growth; **~wand** *f* cell wall; **~wolle** *f* rayon staple; **~wucherung** *f* cell proliferation.

Zelot *m* **1.** *hist.* Zealot; **2.** *fig.* zealot, fanatic; **Zelotismus** *m* zealotry.

Zelt *n* tent; (*Fest≈ etc.*) *a.* marquee; *poet.* (~ *des Himmels etc.*) canopy; → ***abbrechen*** I, ***aufschlagen*** 7 *etc.*; **~bahn** *f* tent square; (*Plane*) tarpaulin; **~boden** *m* ground sheet; **~dach** *n* tent roof; △ tetrahedron roof.

zelten I. *v/i.* camp; ***im Garten ~*** camp out in the garden; **II.** ≈ *n* camping.

Zelt|lager *n* camp; **~mast** *m* tent post; **~pflock** *m* tent peg; **~plane** *f* tarpaulin; **~platz** *m* campsite, camping site; **~stadt** *f* tent city; **~stange** *f* tent pole.

Zement *m*, *Zähne*: *n* cement; **~boden** *m* concrete floor.

zementieren *v/t.* cement (*a. fig.*); (*einsatzhärten*) carburize; *fig.* ✝ solidify.

Zement|platz *m Tennis*: hard (*od.* concrete) court; **~werk** *n* cement factory.

Zen *n* Zen; **~buddhismus** *m* Zen Buddhism.

Zenit *m* zenith; *fig. a.* apex *of one's career etc.*; ***im ~ stehen*** be at (*od.* have reached) its (*fig. a.* one's) zenith; ***s-n ~ überschritten haben*** F be over the hill.

zensieren *v/t.* censor; *ped.* grade; **Zensor** *m* censor; **Zensur** *f* **1.** censorship; ***~ der Presse*** press censorship, censorship of the press; ***der ~ unterliegen*** be subject to censorship; ***die ~ abschaffen*** abolish censorship; ***der ~ zum Opfer fallen*** fall victim to the censors; **2.** *ped.* mark, *bsd. Am.* grade; ***bald gibt es ~en*** (school) reports will be out soon; **Zensurvermerk** *m* censor's comment.

Zentaur *m myth.* centaur.

Zentiliter *m*, *n* centilit|re (*Am.* -er).

Zentimeter *n*, *m* centimet|re (*Am.* -er); **~maß** *n* tape measure.

Zentner *m* (metric) hundredweight; **~last** *fig. f* heavy burden; ***e-e ~ fiel mir vom Herzen*** that was a load off my mind.

zentnerschwer I. *adj.*: ***~e Säcke*** *etc.* sacks *etc.* weighing a hundredweight and more; F *fig.* ***das ist ja ~!*** F this thing weighs a ton; **II.** *adv.*: *fig.* ***j-m ~ auf der Seele liegen*** weigh heavily on s.o.('s mind).

zentnerweise *adv. etwa* by the hundredweight.

zentral I. *adj.* central; *fig. Problem*: *a.* pivotal; *fig.* ***~er Charakter*** central (*od.* main) figure; ***~es Thema*** central (*od.* main) issue; **II.** *adv.* centrally; ***~ gelegen*** very central; ***sehr ~ wohnen*** live very central, live right in the cent|re (*Am.* -er) (of town); **~afrikanisch** *adj.* Central African; **~amerikanisch** *adj.* Central American; **~asiatisch** *adj.* Central Asian; **≈ausschuss** *m* central committee; **≈bank** *f* central bank; **≈bankpräsident(in** *f*) *m* president of the Central Bank.

Zentrale *f* head office; *Polizei etc.*: headquarters *pl.* (*a. sg. konstr.*); ⚙ control room; *teleph.* (telephone) exchange, *in e-r Firma*: switchboard.

Zentral|einheit *f Computer*: central processing unit, CPU; **~europäer** *m*, **≈europäisch** *adj.* Central European; **~gewalt** *f* central(ized) power; **~heizung** *f* central heating.

zentralisieren *v/t.* centralize; **Zentralisierung** *f* centralization; **Zentralismus** *m pol.* centralism.

Zentral|komitee *n* central committee; **~massiv** *n geogr.* Massif Central; **~nervensystem** *n* central nervous system; **~rechner** *m* mainframe (computer), central computer; **~stelle** *f* → ***Zentrale***; **~verband** *m* central association; **~verriegelung** *f mot.* central locking; **~verwaltung** *f* central administration.

zentrieren *v/t.* centre, *Am.* center; **zentriert** *adj.* centred, *Am.* centered.

zentrifugal *adj.* centrifugal; **Zentrifugalkraft** centrifugal force; **Zentrifuge** *f* centrifuge.

zentripetal *adj.* centripetal.

zentrisch *adj.* (con)centric(ally *adv.*).

Zentrum *n* cent|re (*Am.* -er); *e-s Hurrikans*: *a.* eye; ***das ~ e-r Stadt***: *Am. a.* downtown; ***im ~ des Interesses stehen*** be the cent|re (*Am.* -er) *od.* focus of attention.

Zenturio *m hist.* centurion.

Zephanja *m bibl.* Zephaniah.

Zeppelin *m* zeppelin.

Zepter *n* scept|re (*Am.* -er); *fig.* ***das ~ schwingen*** wield power, F rule the roost.

zerbeißen *v/t.* bite to pieces; (*durchbeißen*) bite through.

zerbersten *v/i.* burst; *Glas*: shatter.

zerbeult *adj.* battered, *Metall*: *a.* dented.

zerbomben *v/t.* bomb (to pieces); ***zerbombt werden*** be destroyed by bombs, be blitzed; **zerbombt** *adj.* bombed, bomb-shattered.

zerbrechen *v/t. u. v/i.* break; *fig.* (*nur v/i.*) *Person*: be crushed *od.* broken (**an** by); *Freundschaft*: break up; *fig.* ***sich den Kopf ~*** rack one's brains (***über*** over); **zerbrechlich** *adj.* **1.** breakable, *a. Porzellan etc.*: fragile; „***Vorsicht, ~!*** fragile, handle with care; **2.** *fig. Person, Gesundheit*: delicate, *stärker*: fragile; (~ *gebaut*) delicately built; *Frau*: *a.* dainty.

zerbröckeln *v/t. u. v/i.* crumble (*a. fig.*).

zerbröseln *v/t. u. v/i.* crumble.

zerdeppern *dial. v/t.* smash.

zerdrücken *v/t.* squash, *stärker*: crush; (*Kartoffeln*) mash; (*Kleider*) crumple, crease.

zerebral *adj.*, **Zerebral...** *in Zssgn* cerebral.

Zeremonie *f* ceremony; *fig. a.* ritual; **zeremoniell I.** *adj.* ceremonial, formal; **II.** ≈ *n* ceremonial; *fig. a.* ritual; **Zeremonienmeister** *m* master of ceremonies.

zerfahren *adj.* **1.** *Weg*: rutted; **2.** *fig. Person*: (*zerstreut*) absent-minded, scatterbrained, F scatty.

Zerfall *m* **1.** *von Gebäuden etc.*: ruin, decay; **2.** *fig. der Kultur etc.*: decline; *e-s Reichs etc.*: *a.* collapse; ***moralischer ~*** moral decline (*od.* decay); **3.** *phys.* disintegration; ⚗ decomposition; → ***Atomzerfall***; **zerfallen I.** *v/i.* **1.** fall apart (*od.* to pieces); *in s-e Bestandteile*: disintegrate; *Gebäude*: collapse, crumble; **2.** *fig. Reich etc.*: decline, decay, collapse; **3.** *phys.* disintegrate; ⚗ decompose; **4.** *fig.* ***mit j-m ~ sein*** have fallen out with s.o.; **5.** *fig.* ***~ in*** be divided into, fall into; **II.** *adj. Schloss*: ruined; *Haus*: tumbledown ...; ***~ sein*** *a.* be in ruins, be in a state of decay.

Zerfalls|erscheinung *f* sign of decay; **~produkt** *n* decomposition product; *Kernphysik*: daughter product; **~prozess** *m* process of disintegration (*od.*

decay, *a. fig.*); **~stoff** *m* ⚘ by-product, waste product.

zerfetzen *v/t.* tear in(to) pieces; *in kleine Stücke*: shred; **zerfetzt** *adj. Kleidung*: tattered; *Bein etc.*: mangled, F torn to shreds.

zerfled(d)ern I. *v/t.* tatter; **II.** *v/i.* get tattered; **zerfled(d)ert** *adj.* tattered.

zerfleischen I. *v/t.* tear to pieces; **II.** *v/refl.*: **sich ~** torment o.s.; *gegenseitig*: tear each other apart.

zerfließen *v/i.* melt, dissolve; *Farbe, Tinte*: run; *fig. Geld*: melt in one's hand; *Traum*: come to nothing; **~de Konturen** blurred contours; *fig.* **in Tränen ~** dissolve into tears; **vor Mitleid** *etc.* **~** melt with pity *etc.*

zerfressen I. *v/t.* eat away (at); ⚗ corrode; **II.** *adj. von Motten*: moth-eaten; *von Würmern*: worm-eaten; ⚗ corroded.

zerfurcht *adj.* furrowed; *fig.* **~e Stirn** furrowed brow.

zergehen *v/i.* dissolve, *a. fig.* melt; *fig.* **auf der Zunge ~** melt in one's mouth.

zergliedern *v/t.* **1.** (*analysieren, a. ling.*) analy|se (*Am.* -ze); **2.** (*Pflanze, Tier, Leichnam*) dissect; **3.** (*Staat*) dismember.

zerhacken *v/t.* chop (up *a.* ⚡); (*Fleisch*) *ganz fein*: mince.

zerhauen *v/t.* **1.** chop to pieces; **2.** F (*kaputtmachen*) break, F smash.

zerkauen *v/t.* chew (well).

zerkleinern *v/t.* chop (up); (*Stein etc.*) crush; (*zermahlen*) grind.

zerklüftet *adj.* cleft; *Berge, Landschaft*: rugged.

zerknallen I. *v/i.* burst; (*explodieren*) explode; **II.** *v/t.* burst.

zerknautschen F *v/t.* crumple, squash (up).

zerknicken *v/i. Zweig etc.*: get bent; snap; **zerknickt** *adj. Zweig etc.*: broken; snapped.

zerknirscht *adj.* smitten with remorse; **~es Gesicht** hangdog look; **Zerknirschung** *f* remorse(fulness); contrition.

zerknittern *v/t. u. v/i.* crumple, crease; **zerknittert** *fig. adj.* crushed, crestfallen.

zerknüllen *v/t.* crumple up, screw up, F scrunch up.

zerkochen *v/t.* overcook, F cook to pieces.

zerkratzen I. *v/t.* scratch (to pieces); **II.** *v/i.* scratch; **leicht ~** scratch (very) easily, be scratch-prone.

zerkrümeln *v/t. u. v/i.* crumble.

zerlassen I. *v/t. gastr.* melt (in the pan); **II.** *adj. Butter etc.*: melted.

zerlegbar *adj.* ⚙ easily dismantled; *Möbel etc.*: *a.* knock-down ...; ⩲ divisible; ⚗ decomposable; **zerlegen** *v/t.* take apart (*od.* to pieces); ⚙ *a.* dismantle, disassemble; (*zerschneiden*) cut up; (*Braten*) carve; *anat.* dissect; ⚗ decompose; *fig.* analy|se (*Am.* -ze) (*a. ling.*), dissect, (*Theorie etc.*) *a.* break down.

zerlesen *adj.* well-thumbed; dog-eared.

zerlöchert *adj.* full of holes, riddled with holes.

zerlumpt I. *adj.* ragged; *Kleidung*: *a.* tattered; **~es Kind** ragamuffin; **II.** *adv.*: **~ herumlaufen** go around in rags (and tatters).

zermahlen *v/t.* grind.

zermalmen *v/t.* crush (*a. fig.*).

zermanschen F *v/t.* mash up; **zermanscht** F *contp. adj.* squashed, mashed up.

zermartern *v/t.*: **sich den Kopf ~** rack one's brains.

zermürben *v/t.* wear down; **zermürbend** *adj.* wearing, *stärker*: nerve-racking; **Zermürbung** *f* ⚔ attrition; **Zermürbungskrieg** *m* war of attrition.

zernagen *v/t.* gnaw to pieces; *allmählich*: *a.* gnaw away at.

zernarbt *adj.* scarred, covered in scars; *Gesicht*: *a.* pitted with scars, *durch Pocken*: *a.* pockmarked.

zerpflücken *v/t.* **1.** (*Blume*) pull the petals off; (*Stück Papier, Stoff*) pull to pieces; (*Salat*) take apart; **2.** *fig.* (*kritisieren*) pull to pieces, F tear to pieces (*od.* shreds).

zerplatzen *v/i.* burst; *stärker*: explode; *fig.* **vor Wut** *etc.* **~** burst (*od.* explode) with anger *etc.*; **ich bin bald zerplatzt** I nearly exploded (F hit the roof).

zerquetschen *v/t.* crush (*a. Hand etc. u.* ⚙); squash; (*Kartoffeln*) mash; **zerquetscht** *adj. Obst etc.*: squashed (up); F *fig.* **50 Mark und ein paar ≗e** 50 marks and a bit, just over 50 marks.

zerraufen *v/t.* (*Haar*) ruffle, tousle.

Zerrbild *n* **1.** distorted image; **2.** *fig.* distortion, distorted view (*od.* picture); (*Karikatur*) caricature; travesty.

zerreiben I. *v/t.* **1.** grind; **mit den Fingern ~** crush with one's fingers; **2.** *fig.* (*vernichten*) wipe out; **II.** *v/refl.*: **sich ~** *vor Arbeit, Kummer*: wear o.s. down, F wear o.s. to a frazzle (**vor** with).

zerreißen I. *v/t.* tear up; (*Tier etc.*) tear to pieces; (*j-n*) *Bombe*: blow to pieces; F *fig.* **et. ~** (*kritisieren*) F tear s.th. to pieces (*od.* shreds), trash s.th.; F **j-n (in der Luft) ~** (*kritisieren*) tear s.o. to shreds; F **da hätts mich fast zerrissen** *vor Lachen etc.*: F I nearly ruptured myself; → **Maul**; **II.** *v/i.* tear; *Faden, Nebel, Wolken*: break; **III.** *v/refl.*: **sich ~** F nearly kill o.s.; **sich für et. ~** put everything one has (got) into s.th.; **ich kann mich doch nicht ~!** I can't be in two places at once; **Zerreißprobe** *f* **1.** ⚙ tensile test; **2.** *fig.* test of endurance, ordeal, real test.

zerren I. *v/t.* pull (*a. Muskel etc.*); (*schleppen*) drag; **sich e-n Muskel** *etc.* **~** pull a muscle *etc.*; *fig.* **vor Gericht ~** haul before a court; *et.* **an die Öffentlichkeit ~** bring to the public's attention, put the public spotlight on; **II.** *v/i.*: **~ an** tug (*od.* pull) at; **an der Leine ~** strain at the leash, pull at the lead (*od.* leash).

zerrinnen *v/i.* melt away; *fig.* vanish, fade; *Geld*: disappear; *Pläne*: come to nothing, F go up in smoke; *Zeit, Jahre*: slip away (*od.* by).

zerrissen *adj.* torn (*a. fig. Person, Land etc.*); **Zerrissenheit** *f* (*innere* **~**) inner conflict.

Zerrspiegel *m* distorting mirror.

Zerrung *f* ⚘ pulled muscle (*od.* tendon *etc.*).

zerrupfen *v/t.* → **zerpflücken**; **zerrupft** *adj.*: **du siehst ja wie ein ~es Huhn aus** you look as if you've been dragged through a hedge backwards.

zerrütten *v/t.* (*Verhältnisse, Ordnung etc.*) disrupt; (*Ehe*) *a.* wreck; (*Gesundheit, Nerven etc.*) ruin, wreck; **j-n körperlich (seelisch) ~** make s.o. a physical (nervous) wreck; **zerrüttet** *adj.*: **~e Ehe** broken marriage; **~es Zuhause** broken home; **~e Nerven** shattered nerves; **Zerrüttungsprinzip** *n* ⚖ *principle of (irretrievable) matrimonial breakdown.*

zersägen *v/t.* saw up (into pieces).

zerschellen *v/i.* be smashed (to pieces); ✈ crash; ⚓ be wrecked; **am Boden ~** crash to the floor, smash to pieces on the floor; **an e-m Berg ~** ✈ crash into a mountainside; **an den Klippen ~** ⚓ be smashed (to pieces) against the rocks.

zerschlagen I. *v/t.* smash (to pieces); *fig.* (*Drogenring etc.*) smash; **II.** *v/refl.*: **sich ~** come to nothing, F go up in smoke; *Hoffnungen*: *a.* be shattered; **III.** *fig. adj.* shattered.

zerschlissen *adj.* **1.** worn-out ..., *pred.* worn out; threadbare; **2.** *fig. Nerven*: shattered, frayed, F shot.

zerschmelzen *v/i.* melt away; *Butter*: melt; *fig.* **vor Mitleid** *etc.* **~** melt with pity *etc.*

zerschmettern *v/t.* smash (to pieces), shatter; (*zermalmen*) crush, flatten; F *fig.* **am Boden zerschmettert** absolutely crushed.

zerschneiden *v/t.* cut up; *in Scheiben*: slice; *in Schnitzel*: shred; (*Braten*) carve.

zerschnippeln F *v/t.* cut up into little pieces.

zerschrammen *v/t.* (*Beine etc.*) scrape; (*Möbel etc.*) scratch; **zerschrammt** *adj. Beine etc.*: covered in cuts and scrapes; *Möbel etc.*: scratched, full of scratches.

zersetzen *v/t.* decompose, disintegrate (*beide a.* **sich ~**); *fig. moralisch etc.*: corrupt, undermine; **Zersetzung** *f* decomposition, disintegration; *fig.* corruption; *pol.* subversion.

Zersied(e)lung *f* urban sprawl.

zerspalten *v/t.* cleave, split.

zerspanen *v/t.* cut; **~de Bearbeitung** metal cutting.

zersplittern *v/t. u. v/i.* split; (*Knochen*) splinter (*a. fig. Gruppe etc.*); (*Glas*) shatter; **s-e Kräfte ~** fritter away one's energies; **zersplittert** *adj. Holz, Knochen etc.*: splintered; *Glas*: shattered; *fig. Gruppe etc.*: fragmented.

zersprengen *v/t.* **1.** blow up; **2.** ⚔ rout.

zerspringen *v/i.* **1.** crack; *völlig*: shatter; *Saite*: break; **2.** *fig.* **mir zerspringt der Kopf (vor Schmerzen)** I've got a splitting headache; **ihr zersprang fast das Herz vor Freude** her heart was bursting with joy.

zerstampfen *v/t.* trample on; crush; *im Mörser*: pound; (*Kartoffeln*) mash.

zerstäuben *v/t.* spray; **Zerstäuber** *m* spray, *a. für Parfüm*: atomizer.

zerstechen *v/t. Nessel, Wespe etc.*: sting (all over); *Mücke*: bite (all over); *Dornen, Nadeln*: prick (all over); (*durchstechen*) pierce.

zerstieben *v/i.* **1.** *Wasser etc.*: spray (in all directions); **2.** *Gruppe*: disperse, scatter.

zerstochen *adj.* covered in (mosquito) bites (*od.* wasp stings *etc.*), F bitten (*od.* stung) to pieces.

zerstörbar *adj.* destructible; **zerstören** *v/t.* **1.** destroy; (*Haus*) *a.* demolish; **durch Feuer** *etc.* **zerstört werden** be destroyed by fire *etc.*; → **Boden** 1; **2.** (*Landschaft etc.*) spoil, ruin; (*vernichten*) destroy; **die Natur ~** spoil (*od.* destroy) the (*od.* one's) natural environment; **3.** (*Hoffnungen, Existenz etc.*) destroy; (*Gesundheit, Ehe etc.*) ruin, wreck; **Zerstörer** *m* ⚓ destroyer; **zerstörerisch** *adj.* destructive; **Zerstörung** *f* destruction; ruin; *des Krieges*: devastation, ravages *pl.*

Zerstörungs|trieb *m* destructive urge, destructiveness; **~werk** *n* work of destruction; **~wut** *f* vandalism.

zerstoßen *v/t.* crush; *im Mörser*: pound.

Zerstrahlung *f Kernphysik*: annihilation (of matter).

zerstreiten *v/t. u. v/refl.*: ***sich ~*** fall out (with each other); ***sich mit j-m ~*** fall out with s.o.

zerstreuen I. *v/t.* **1.** scatter; (*Menschen*) disperse; (*Licht*) *a.* diffuse; **2.** *fig.* (*Bedenken, Argwohn etc.*) dispel, dissipate; **3.** *fig.* (*ablenken*) divert, amuse; ***j-n ~*** *a.* take s.o.'s mind off things; **II.** *v/refl.*: ***sich ~*** **4.** *Menge*: disperse, scatter, break up; **5.** (*sich ablenken*) take one's mind off things, ***sich mit et. ~*** *a.* occupy o.s. with s.th.; **zerstreut** *fig. adj.* distracted; *ständig*: absent-minded, scatterbrained, F scatty; **Zerstreutheit** *f* absent-mindedness; **Zerstreuung** *f* **1.** dispersion, scattering; *von Licht*: *a.* diffusion; (*Auflösung*) dissipation; **2.** (*Unterhaltung*) diversion; **Zerstreuungslinse** *f opt.* diverging lens.

zerstückeln *v/t.* **1.** cut up, cut into pieces; (*Körper*) dismember, chop up; **2.** (*Land*) parcel out; **Zerstückelung** *f* **1.** cutting up; *e-r Leiche*: dismemberment; **2.** *von Land*: parcel(l)ing out.

zerteilen I. *v/t.* divide, split (up) (*beide* **in** into); (*trennen*) separate (into); **II.** *v/refl.*: ***sich ~*** divide up, split up (*beide* **in** into); *Wolken, Nebel etc.*: disperse; **Zerteilung** *f* division (**in** into); separation; dispersal; → ***zerteilen.***

Zertifikat *n* **1.** (*Zeugnis*) certificate, diploma; **2.** ⚚ certificate.

zertrampeln *v/t.* trample all over; crush (underfoot), trample underfoot; (*Rasen*) ruin.

zertrennen *v/t.* (*Kleid*) open the seams of.

zertreten *v/t.* crush (underfoot), tread on; (*Rasen*) ruin.

zertrümmern *v/t.* **1.** smash (up); (*Fenster, Glas*) smash; (*demolieren*) wreck, smash up; (*Gebäude*) demolish; ***j-m den Schädel ~*** smash s.o.'s skull (in F); **2.** (*Atom*) split; **3.** ⚕ (*Nierenstein etc.*) break up.

Zervelatwurst *f* saveloy, cervelat.

zerwühlen *v/t.* (*Erdboden*) churn up; (*Haar*) dishevel; (*Bett*) rumple; **zerwühlt** *adj. Erde*: churned up; *Haar*: dishevel(l)ed; ***~es Bett*** rumpled bedclothes; ***dein Haar ist ganz ~*** *a.* F your hair's a mess (*od.* all over the place).

Zerwürfnis *n* (*Streit*) quarrel, argument; (*Uneinigkeit*) discord; (*Bruch*) rift; ***eheliche ~se*** marital strife.

zerzausen *v/t.* ruffle; **zerzaust** *adj. Haar*: tousled, dishevel(l)ed; → *a.* ***zerwühlt.***

Zeter *n*: ***~ und Mordio schreien*** F scream blue murder; *fig.* (*protestieren*) raise a (big) hue and cry; **zetern** *v/i.* **1.** (*schimpfen*) nag, *laut*: rant and rave; **2.** (*jammern, schreien*) wail.

Zettel *m* slip of paper; (*NotizꝚ*) note; (*HandꝚ*) leaflet; ***„~ ankleben verboten"*** stick no bills; ***ein ~, auf dem stand ...*** a note saying ...; **~kartei** *f* card index; **~kasten** *m* card index (box); **~wirtschaft** *f*: ***e-e ~ haben*** have everything on scraps of paper, have notes jotted down all over the place.

Zeug *n* stuff; (*Sachen*) *a.* things *pl.*; ***dummes ~*** nonsense, F rubbish, *bsd. Am.* F garbage; *fig.* ***das ~ haben zu*** have the makings of *a doctor etc.*, be cut out to be; ***er hat das ~ dazu*** F he's got what it takes; F ***was das ~ hält*** F like mad; ***sich ins ~ legen*** put one's back into it; ***sich für j-n ins ~ legen*** back s.o. up to the hilt; ***sich für et. ins ~ legen*** go all out for s.th., give s.th. one's all-out support.

Zeuge *m* witness (*a. fig.*); ***~ der Anklage*** witness for the prosecution; ***vor ~n*** in the presence of witnesses; ***~ e-s Unfalls sein*** witness (*od.* be witness to) an accident.

zeugen[1] *v/i.* ⚖ give evidence; ***für (gegen) et. ~*** testify for (against) s.th.; *fig.* ***~ von*** testify to; ***das zeugt nicht gerade von Takt*** that isn't exactly a sign of (great) tact.

zeugen[2] *v/t.* **1.** (*Kind*) father; F *hum.* sire; *obs., bibl.* beget; **2.** *fig.* generate, create, engender.

Zeugen|aussage *f* testimony, evidence; **~bank** *f* witness box (*Am.* stand); **~beeinflussung** *f* interference (*od.* tampering) with witnesses; **~beweis** *m* evidence (of a witness); **~stand** *m* witness box (*bsd. Am.* stand); ***in den ~ treten*** go into the witness box, take the (witness) stand; **~verhör** *n*, **~vernehmung** *f* examination of a witness (*od.* of witnesses).

Zeughaus *n* ⚔ arsenal.

Zeugnis *n* **1.** (*SchulꝚ*) report, *Am.* report card; (*ArbeitsꝚ*) reference; (*PrüfungsꝚ*) certificate, diploma; (*Bescheinigung*) certificate; **2.** ⚖ evidence; *fig.* (*Beweis*) *a.* testimony (*gen.* to); *bsd. fig.* ***~ ablegen*** bear witness (**für** to), **für** *e-e Sache*: testify to; *fig.* ***ein ~ der Vergangenheit*** a record of the past; **~verweigerung** *f* refusal to give evidence.

Zeugung *f* **1.** *e-s Kinds*: fathering; **2.** *biol.* procreation.

Zeugungs|akt *m* procreative act; **Ꝛfähig** *adj.* fertile, able to reproduce; **~fähigkeit** *f* fertility, reproductive capacity; **Ꝛunfähig** *adj.* impotent, sterile; **~unfähigkeit** *f* impotence, sterility.

Zichorie *f* chicory.

Zicke F *f* **1.** → ***Ziege***; **2.** *contp.* (*Frau*) F cow; **3.** **~n** (*Dummheiten*) nonsense; ***mach keine ~n!*** (*tu nichts Unüberlegtes*) don't do anything stupid, (*stell dich nicht so an*) don't make such a fuss; **zickig** F *adj.* **1.** (*albern*) silly; **2.** (*prüde*) prudish, F uptight; **Zicklein** *n* kid.

Zickzack I. *m* zigzag; ***im ~ fahren*** *etc.* weave, zigzag across the road, veer all over the road; **II.** *adv.*: ***Ꝛ übers Feld laufen*** *etc.* zigzag (*od.* weave) across the field; **~kurs** *m* **1.** zigzag path; ***im ~ fahren*** weave, zigzag; **2.** *fig. pol.* tacking; **~linie** *f* zigzag (line); **~schere** *f*: **(*e-e*** ~ a pair of) pinking shears *pl.*

Ziege *f* **1.** goat; *weibliche*: *a.* nanny goat; **2.** F *contp.* (*Frau*) F cow; ***blöde ~*** silly old cow.

Ziegel *m* brick; (*DachꝚ*) tile; **~bau** *m* brick building; **~dach** *n* tiled roof.

Ziegelei *f* brickyard.

Ziegel|ofen *m* brick kiln; **Ꝛrot** *adj.* brick-red; **~stein** *m* brick.

Ziegen|bart *m* **1.** goat's beard; **2.** *vom Mann*: goatee (beard); **~bock** *m* billy goat; **~fell** *n* goatskin; **~hirt** *m* goatherd; **~käse** *m* goat's cheese; **~leder** *n* kid (leather); **~milch** *f* goat's milk.

Ziegenpeter *m* ⚕ mumps (*sg.*).

Zieh|brücke *f* drawbridge; **~brunnen** *m* draw well.

ziehen I. *v/t.* **1.** pull; (*schleppen*) drag; (*zerren*) tug; (*Zahn*) pull out, extract; (*den Hut*) take off; (*dehnen*) stretch (*a.* ***sich ~ lassen***); (*Karte*) take; (*Messer, Revolver*) draw, pull out; *Computer, mit gedrückter Maustaste*: drag; (*Möhren*) pull up; (*Wäscheleine*) put up; (*Leitungen*) put *the wiring* in; (*Kerzen*) draw; *Sport*: (*Läufer*) pace; (*Mauer*) build, erect; (*Graben*) dig; (*Los, Gewinn*) draw; △ a) (*Linie*) draw, (*Kreis*) *a.* describe, b) (*Wurzel*) work out; ***ein Boot ans Ufer ~*** pull a boat ashore; ***j-n am Ärmel ~*** tug at s.o.'s sleeve; ***j-n an den Haaren (Ohren) ~*** pull s.o.'s hair (ears); ***Perlen auf e-e Schnur ~*** thread beads; ***Saiten auf e-e Geige*** *etc.* **~** string a violin *etc.*; ***et. auf die gewünschte Position ~*** *Computer, per Maustaste*: drag s.th. to the desired position; ***Wein auf Flaschen ~*** bottle wine; *Aufmerksamkeit etc.* ***auf sich ~*** attract; ***j-s Hass auf sich ~*** incur s.o.'s hatred; ***j-n auf die Seite ~*** take s.o. aside; ***j-n auf s-e Seite ~*** win s.o. over to one's side; ***Zigaretten (aus dem Automaten) ~*** get some cigarettes out of the machine; ***kurz durchs Wasser ~*** give *s.th.* a quick rinse; ***j-n ins Gespräch ~*** draw s.o. into (*od.* include s.o. in) the conversation; ***j-n mit sich ~*** pull s.o. along (with one); ***nach sich ~*** *fig.* have as a consequence, bring about, cause, result in, involve; ***den Wagen nach links ~*** pull out to the left; ***die Gardinen vors Fenster ~*** draw the curtains (across the window); ***e-n Pullover über die Bluse ~*** put a jumper on over the blouse; ***e-n Ring vom Finger ~*** take a ring off, slip a ring from one's finger; ***es zieht mich dorthin (zu ihr)*** I feel drawn there (to her); ***es zieht mich nichts in diese Gesellschaft*** I don't feel drawn to these people in any way; → ***Bilanz, Faden, Ferne, Länge, zurate, Schluss*** 2 *etc.*; **2.** (*züchten*) ❀ grow; *zo.* breed, rear; **II.** *v/i.* **3.** pull (**an** at); ***der Wagen zieht schlecht*** the car's not pulling properly; ***er zieht schnell*** he's quick on the draw; ***an der Glocke ~*** pull (*od.* ring) the bell; ***an der Leine ~*** *Hund*: pull at the lead (*od.* leash), strain at the leash; **4.** (*wandern, reisen*) wander, rove; *Tiere, Vögel*: migrate; (*weggehen*) go (away), leave; ***~ nach (in)*** (*um~*) move to (into); ***zu j-m ~*** go to live with s.o., move in with s.o.; ***die Wolken ~*** the clouds are moving; ***durch die Welt ~*** see (*lit.* roam) the world; ***in den Krieg ~*** go to war; ***nach Süden ~*** *Vögel*: move (*od.* migrate) south; **5.** *Schach*: (make a) move; ***mit dem König ~*** move the (*od.* one's) king; ***wer zieht?*** whose move is it?; **6.** *Ofen, Pfeife etc.*: draw (*a. Tee, Kaffee*); ***der Ofen zieht nicht*** the stove isn't drawing; ***den Tee*** *etc.* ***~ lassen*** let the tea *etc.* stand; ***~ an*** *e-r Pfeife etc.*: (take a) puff at; **7.** F ***e-n ~ lassen*** F let (one) off; **8.** (*schmerzen*) twinge, ache; → *a.* 13; **9.** (*Anklang finden*) go down (well); ***dieses Stück zieht nicht*** the play isn't going down very well; ***diese Ausrede zieht bei mir nicht*** that excuse won't wash with me, F try another one; ***Schmeichelei zieht bei mir nicht*** flattery will get you nowhere, flattery doesn't work with me; **III.** *v/refl.*: ***sich ~*** **10.** (*sich dehnen*), *a.* ***sich ~ lassen*** stretch, give; **11.** (*sich ver~*) *Holz*: warp; *Stahl*: buckle; **12.** ***sich ~ durch (über)*** (*hin~, erstrecken*) stretch through (over, across); ***sich ~ über*** *Narbe*: go right across; ***sich ~ um*** *Mauer, Wall*: go right (a)round, enclose; *fig.* ***sich ~ durch*** *Motiv, Thema etc.*: run through; → ***Affäre, Länge***; **IV.** *v/impers.* ***hier ziehts*** there's a draught (*Am.* draft); ***es zieht mir im Rücken*** *Schmerzen*: I can feel a twinge in my back, *Luftzug*: I can feel a draught (*Am.* draft) on my back.

Ziehharmonika *f* concertina; (*Akkordeon*) accordion.

Ziehung *f* drawing (*a.* ⚚); *Lotto*: draw;

Statistik: sampling; **Ziehungsliste** *f* drawing list.

Ziel *n* (*Reise≈*) destination; *Sport*: finish (-ing line); (*~scheibe*) target; ⚔ *taktisches*: objective; (*~punkt*) mark; *fig.* goal, objective, aim, *a.* ☤ target; *Sport*: ***durchs ~ gehen*** cross the finishing line; ***als Sieger (Zweiter) durchs ~ gehen*** finish first (second); *fig.* ***sein ~ erreichen, zum ~ gelangen*** reach one's goal (*od.* objective), F get there; ***unser ~ ist es zu*** *inf.* our goal (*od.* aim, objective) is to *inf.*; ***sich ein ~ setzen*** (*od.* ***stecken***) set o.s. a goal *od.* target; ***sich das ~ setzen zu*** *inf.* aim at *ger.*, aim to *inf.*; ***sich ein hohes ~ setzen*** aim high; ***mit dem ~ zu*** *inf.* with the aim (*od.* objective) of *ger.*; ***über das ~ hinausschießen*** overshoot the mark, go over the top; ***zum ~e führen*** succeed, be successful; ***nicht zum ~e führen*** fail; ***so wirst du nie zum ~ kommen*** it'll never work out that way; ***sie lässt sich von ihrem ~ nicht abbringen*** she won't be deterred; ***er ist weit vom ~*** he has a long way to go yet; **~anflug** *m* ✈ approach run (*od.* flight); **~bahnhof** *m* destination; ***was ist Ihr ~?*** which station are you going to?; **~band** *n Sport*: tape; ***das ~ durchreißen*** break the tape; **≈bewusst** *adj.* purposeful, single-minded; ***er ist sehr ~*** he knows what he wants (*od.* what he's aiming for); **~einlauf** *m Sport*: finish; finishing order.

zielen *v/i.* (take) aim (***auf*** at); *fig.* ***~ auf*** aim at, have set one's sights on; *Bemerkung etc.*: be aimed at; ***darauf ~ zu*** *inf.* be aimed at *ger.*; → ***gezielt.***

Ziel|fernrohr *n* telescopic sight; **~flagge** *f Motorsport*: chequered (*Am.* checkered) flag; **~flug** *m* homing; **~flughafen** *m* destination airport; **~gerade** *f Sport*: home stretch (*od.* straight); **~gruppe** *f* target group; *TV etc.* target audience; **~kamera** *f Sport*: photo-finish camera; **~kurve** *f Sport*: home bend; **~landung** *f* ✈ precision (*od.* spot) landing; **~linie** *f Sport*: finishing line.

ziellos *adj.* (*u. adv.*) aimless(ly).

Ziel|ort *m* (place of) destination; **~programm** *n Computer*: object (*od.* target) program(me); **~punkt** *m* bull's eye; *Sport u. fig.*: goal; **~richter** *m Sport*: judge (at the finish); **~scheibe** *f* target; *fig. a.* butt; ***zur ~ des Spotts werden*** become the target (*od.* an object) of ridicule, become a laughing stock.

Zielsetzung *f* objective, target; ***man muss e-e klare ~ haben*** you've got to know what you're aiming for (*od.* what you want).

zielsicher *adj.* accurate, unerring; *fig.* → ***zielstrebig.***

Zielsprache *f* target language.

zielstrebig I. *adj.* single-minded, purposeful, determined; **II.** *adv.* single-mindedly *etc.*; with single-mindedness (*od.* determination); **Zielstrebigkeit** *f* single-mindedness, determination.

Ziel|sucher *m* homing device; **~vorgabe** *f* objective, set target; ***quantitative ~*** quantitative target; **~vorstellung** *fig. f* objective.

ziemen *v/i. u. v/refl.* → ***geziemen.***

ziemlich I. *adj.* (*beträchtlich*) considerable; quite a ...; ***ein ~es Durcheinander*** quite a mess; ***es war ein ~er Aufwand*** it was quite an effort, it took a fair bit of effort; ***ich weiß es mit ~er Sicherheit*** I'm fairly (F pretty) sure about it; **II.** *adv.* quite, F pretty; ***~ gut*** F pretty good; ***~ ausführlich*** *beschreiben etc.*: in some detail, at some length; ***~ viel*** quite a lot (of); ***~ viele*** *a.* quite a few; ***so ~*** (*fast, mehr oder weniger*) more or less, just about, F pretty much; ***so ~ dasselbe*** more or less (F pretty much) the same thing; ***er ist so ~ in m-m Alter*** he's round about my age; ***ich bin so ~ kaputt*** *a.* F I'm what you might call shattered.

ziepen I. *v/i.* **1.** *Küken*: cheep; **2.** *beim Kämmen*: ***es ziept*** it's pulling; **II.** *v/t.*: ***j-n an den Haaren ~*** pull (*od.* tug at) s.o.'s hair.

Zierat *m* decoration, embellishment.

Zier|baum *m* ornamental tree; **~buchstabe** *m* ornamental letter.

Zierde *f* **1.** ornament, decoration; ***nur zur ~*** just for decoration; **2.** *fig.* (*Gebäude etc.*) showpiece; (*Person*) pride and joy; ***er ist e-e ~ des Orchesters*** he does the orchestra credit.

zieren I. *v/t.* adorn; (*schmücken*) decorate; *fig.* grace, adorn; **II.** *v/refl.*: ***sich ~*** *Frau*: be coy, act coy; (*Umstände machen*) fuss; ***~ Sie sich nicht!*** no need to be shy (*od.* polite); ***er zierte sich nicht lange*** he didn't need much persuading; ***sie ziert sich nicht*** (*drückt sich direkt aus*) she doesn't beat about (*od.* around) the bush; ***zier dich nicht!*** (*heraus damit*) get to the point; come on, out with it.

Zier|fisch *m* ornamental fish; **~garten** *m* ornamental garden; **~gräser** *pl.* ornamental grasses; **~leiste** *f* ornamental mo(u)lding (*an Möbeln*: border); *mot.* trim; *im Buch*: vignette.

zierlich *adj.* (*zart*) delicate; *Frau*: dainty, petite; (*anmutig*) *a.* graceful; **Zierlichkeit** *f* delicateness; daintiness; gracefulness.

Zier|pflanze *f* ornamental plant; **~rat** *m* decoration, embellishment; **~schrift** *f* ornate lettering; **~strauch** *m* ornamental shrub.

Ziffer *f* **1.** figure, number; *in e-r Zahl*: digit; (*Schriftzeichen*) cipher; ***arabische (römische) ~n*** Arabic (Roman) numerals; **2.** (*Unterabsatz*) clause; (*Punkt*) item; **~blatt** *n* dial; (clock)face; *e-r Armbanduhr*: (watch)face.

zig F *adj.* (*sehr viele*) dozens of, hundreds of, F umpteen.

Zigarette *f* cigarette.

Zigaretten|anzünder *m* cigarette lighter; **~automat** *m* cigarette machine; **~etui** *n* cigarette case; **~fabrik** *f* cigarette factory; **~hülse** *f* (cigarette) filter tube; **~marke** *f* brand of cigarettes; **~pause** *f* (break for a) smoke; **~qualm** *m*, **~rauch** *m* cigarette smoke; **~raucher** *m* cigarette smoker; **~schachtel** *f* cigarette packet (*Am.* pack); **~sorte** *f* brand of cigarettes; **~spitze** *f* cigarette holder; **~stummel** *m* cigarette end, stub.

Zigarillo *m* cigarillo.

Zigarre *f* cigar; F *fig.* ***j-m e-e ~ verpassen*** F give s.o. a rocket.

Zigarren|abschneider *m* cigar cutter; **~kiste** *f* cigar box; **~rauch** *m* cigar smoke; **~raucher** *m* cigar smoker; **~sorte** *f* brand of cigar; **~spitze** *f* **1.** cigar holder; **2.** (*Ende*) cigar tip; **~stummel** *m* cigar end, stub.

Zigeuner *m* gypsy; *fig.* vagabond; **Zigeunerin** *f* gypsy (girl *od.* woman).

Zigeuner|kapelle *f* gypsy band; **~lager** *n* gypsy camp; **~leben** *n* gypsy life; *fig. a. the* life of a vagabond; *fig.* ***ein ~ führen*** *a.* lead a gypsy life, roam around like a gypsy (*od.* gypsies); **~musik** *f* gypsy music.

zigeunern *v/i.*: ***durch die Welt ~*** roam the world.

Zigeuner|schnitzel *n cutlet in spicy red and green pepper sauce*; **~sprache** *f*: ***die ~*** Romany; **~wagen** *m* gypsy caravan.

zigfach F *adj.*: ***die ~e Menge*** F umpteen times the amount; **Zigfache** F *n*: ***das ~*** F umpteen times the amount.

zigmal F *adv.* F umpteen (*od.* dozens of) times; a hundred times.

zigmillionen F *adj.* tens of millions of; ≈ (*od.* ~) *pl.* tens of millions.

zigtausend F *adj.* tens of thousands of; ≈ (*od.* ~) *pl.* tens of thousands.

Zikade *f* cicada; **Zikadengesang** *m* sound of cicadas.

Zikkurat *f* ziggurat.

Zimmer *n* room, *in Untermiete*: *a.* lodgings *pl.*, *Brit. a.* F digs *pl.*; ***auf sein ~ gehen*** go (up) to one's room; **~antenne** *f* indoor aerial (*od.* antenna); **~ausweis** *m im Hotel*: key card; **~bar** *f* minibar; **~blume** *f* indoor (flowering) plant; **~einrichtung** *f* (*Möbel*) furniture; (*Innenausstattung*) interior; ☤ **~en** interior furnishings; **~flucht** *f* suite (of rooms); **~gesell(e)** *m* journeyman carpenter; **~handwerk** *n* carpentry; **~kellner** *m* room waiter; **~lautstärke** *f* household noise level; **~mädchen** *n* (chamber-) maid; **~mann** *m* carpenter.

zimmern *v/t.* timber; *beruflich*: carpenter (*a.* *v/i.*); (*bauen, machen*) make; *fig.* shape.

Zimmer|nachweis *m* accommodation office; **~nummer** *f* room number; **~palme** *f* indoor palm (tree); **~pflanze** *f* indoor plant; **~service** *m* room service; **~suche** *f*: (***auf ~ sein*** be) room-hunting; **~temperatur** *f* room temperature; **~theater** *n* small theat|re (*Am. a.* -er); **~trakt** *m* suite of rooms; **~vermittlung** *f* accommodation service (*Stelle*: office).

zimperlich I. *adj.* oversensitive; (*leicht Ekel empfindend*) squeamish; (*geziert*) affected; (*prüde*) F prissy; ***sei nicht so ~*** don't make such a fuss; **II.** *adv.*: ***wenig ~*** (*unsanft*) none too gently, (*bedenkenlos*) unscrupulously.

Zimt *m* cinnamon; F (*Kram, Unsinn*) F rubbish, *bsd. Am.* F garbage; **~apfel** *m* custard apple; **~baum** *m* cinnamon tree; **~rinde** *f* cinnamon bark; **~stange** *f* cinnamon stick; **~stern** *m star-shaped cinnamon biscuit.*

Zink[1] *n* ⚒ zinc.

Zink[2] *m* ♪ cornett, zink.

Zinkblech *n* sheet zinc; *grobes*: zinc plate.

Zinke *f* prong, *e-r Gabel*: *a.* tine; *e-s Kamms*: tooth; **Zinken** *m* **1.** (*Zeichen*) secret sign; **2.** F (*Nase*) F beak, conk; **zinken** *v/t.* (*Karten*) mark.

Zinksalbe *f* zinc ointment.

Zinn *n* tin; *legiertes*: pewter; **~becher** *m* pewter mug.

Zinne *f* merlon; *pl.* battlements.

Zinn|figur *f* pewter figure; **~folie** *f* tinfoil; **~geschirr** *n* pewter(ware); **~krug** *m* pewter mug.

Zinnober *m* **1.** *min.* cinnabar; **2.** (*Farbe*) vermilion; **3.** F *fig.* (*Kram*) F stuff; (*Umstände*) fuss; **≈rot** *adj.* vermilion.

Zinnsoldat *m* tin soldier.

Zins *m a. pl.* interest; ***zu 4% ~en*** at 4% interest; ***hohe ~en*** high interest (rates); ***~en tragen*** bear interest; ***zuzüglich ~en*** plus interest; *fig.* ***mit ~en heim-***

zahlen return *s.th.* with interest; **~abschlag** *m* deduction from interest payments; **~abschlagsteuer** *f* tax on interest payments; **~ausfall** *m* loss of interest; **~belastung** *f* interest load; **~besteuerung** *f* taxation of interest payments; **≈bringend** *adj.* interest-bearing; **~erhöhung** *f* increase in interest rates; **~erträge** *pl.* interest earnings; ***~ aus ...*** *a.* interest yield on ...

Zinseszins *m* compound interest.

zinsfrei *adj.* interest-free.

Zins|fuß *m* interest rate; **~gefälle** *n* interest rate differential; **≈günstig** *adj.* low-interest ...

zinslos *adj.* interest-free; non-interest-bearing; ***~es Darlehen, ~er Kredit*** interest-free loan (*od.* credit).

Zins|niveau *n* level of interest rates; **≈pflichtig** *adj.* subject to payment of interest; **~politik** *f* interest rate policy; **~rechnung** *f* calculation of interest; *konkret*: interest account; **~satz** *m* interest rate; **~schwankungen** *pl.* fluctuations in the interest rate (*od.* in interest rates); **~senkung** *f* lowering of interest rates; **≈tragend** *adj.* interest-bearing; **~vereinbarungen** *pl.* terms of interest; **~verlust** *m* loss on interest; **~wettbewerb** *m* interest rate competition; **~wucher** *m* usury.

Zionismus *m* Zionism; **Zionist** *m* Zionist; **zionistisch** *adj.* Zionist(ic).

Zipfel *m* **1.** *e-r Decke etc.*: corner; *e-r Mütze*: point; *e-r Wurst*: end; (*Spitze*) tip; **2.** *geol.* promontory, tongue; **3.** F (*Penis*) F ding-dong; **Zipfelmütze** *f* pointed cap; **zipfeln** *v/i. Rock, Saum*: be uneven.

zippen *v/t.* (*Datei*) zip.

Zirbel|drüse *f anat.* pineal gland; **~kiefer** *f* Swiss pine.

zirka *adv.* about, approximately.

Zirkel *m* **1.** (*Kreis*) *a. fig.* circle; **2.** ⟂ (***ein ~*** a pair of) compasses *pl. od.* dividers *pl.*; **~schluss** *m*: ***ein ~*** circular reasoning; **~training** *n Sport*: circuit training.

Zirkon *m* zircon; **Zirkonium** *n* zirconium.

Zirkulation *f des Geldes, Blutes etc.*: circulation; **zirkulieren** *v/i.* circulate; ***~ lassen*** circulate.

Zirkus *m* **1.** circus; **2.** F *fig.* (*Aufhebens*) fuss, F carry-on; ***mach keinen ~!*** don't make such a fuss; **~direktor** *m* circus director (*od.* manager); **~künstler** *m* circus artist; **~manege** *f* circus ring; **~nummer** *f* circus act; **~reiter** *m* circus rider; **~zelt** *n* circus tent, big top.

zirpen *v/i. u. v/t.* chirp, cheep.

Zirrhose *f* ⚕ cirrhosis.

Zirrokumulus *m* cirrocumulus; **Zirrostratus** *m* cirrostratus; **Zirruswolke** *f* cirrus cloud.

zisalpin(isch) *adj.* cisalpine.

zischeln *v/i. u. v/t.* whisper; *zornig*: hiss.

zischen I. *v/i.* **1.** hiss; *Fett*: sizzle; *Sprudel*: fizz; **2.** *durch die Luft*: whiz(z) (*a.* F *flitzen*); **II.** *v/t.* **3.** (*Worte*) hiss; **4.** F ***ein Bier ~*** F down (*od.* guzzle) a beer; ***e-n ~*** F down one, knock one back; **Zischlaut** *m* sibilant.

Ziselierarbeit *f* chased work; **ziselieren** *v/t.* chase.

Zisterne *f* cistern, tank.

Zisterzienser *m* Cistercian (monk); **Zisterzienserin** *f* Cistercian (nun).

Zisterzienser|kloster *n* Cistercian monastery; **~orden** *m* Cistercian order.

Zitadelle *f* citadel.

Zitat *n* quotation, F quote (***aus*** from); ***Ende des ~s*** end of quote.

Zitaten|lexikon *n* dictionary of quotations; **~sammlung** *f* collection (*od.* anthology) of quotations.

Zither *f* zither.

zitieren I. *v/t.* **1.** quote, cite; ***~ aus*** quote from; ***darf ich Sie ~?*** may I quote you?; **2.** (*vorladen*) summon, *formell*: cite; ***vor Gericht zitiert werden*** be summoned to court; ***zu j-m zitiert werden*** be called into s.o.'s office, *formell*: be summoned before s.o.; **II.** *v/i.* quote; ***ich zitiere: ...*** (and) I quote - ..., open quote - ...

Zitronat *n* candied lemon peel; **Zitrone** *f* lemon; *fig.* ***j-n ausquetschen wie e-e ~*** squeeze everything out of s.o.

Zitronen|baum *m* lemon tree; **~creme** *f* lemon mousse; **~falter** *m* brimstone butterfly; **≈gelb** *adj.* lemon(-colo[u]red); **~limonade** *f* lemonade; **~melisse** *f* lemon balm; **~presse** *f* lemon squeezer; **~saft** *m* lemon juice; **~säure** *f* citric acid; **~schale** *f* lemon peel; *gastr. a. the* zest of a lemon; **~scheibe** *f* slice of lemon, lemon slice.

Zitrusfrüchte *pl.* citrus fruits.

Zitter|aal *m* electric eel; **~gras** *n* trembling grass.

zitterig *adj.* → ***zittrig***; **zittern I.** *v/i. a. Mauern etc.*: tremble, shake (***vor*** with); *vor Kälte*: *a.* shiver; ***am ganzen Körper ~*** tremble from head to foot, tremble all over; *fig.* ***um j-n ~*** fear for s.o.; ***vor j-m (et.) ~*** be terrified of s.o. (s.th.); ***ich hab ganz schön gezittert*** F I was scared as anything; **II.** ≈ *n* trembling, shaking; *vor Kälte*: *a.* shivering, *the* shivers *pl.*; F ***das große ~ kriegen*** F get cold feet; **zitternd** *adj.* trembling, shaking; ***mit ~er Stimme*** *a.* in a tremulous voice.

Zitter|pappel *f* aspen; **~partie** F *f* F cliffhanger; F nailbiter; nailbiting game (*od.* election *etc.*); ***e-e zweiwöchige ~*** two weeks of nailbiting; **~sieg** F *m* F nailbiting victory; **~spiel** F *n* F cliffhanger, nailbiting game (*od.* match).

zittrig *adj.* shaky; *Stimme*: *a.* tremulous, faltering; (*senil*) doddery; ***e-e ~e Schrift*** shaky handwriting.

Zitze *f* teat.

zivil I. *adj.* **1.** (*Ggs. militärisch*) civilian; ***die ~e Luftfahrt*** civil aviation; **2.** *Preise*: reasonable; **II.** ≈ *n* (*Ggs. Uniform*) civilian clothes *pl.* (*od.* dress), ⚔ F civvies *pl.*; *beim Polizisten*: plain clothes *pl.*; ***in ~*** *a.* ⚔ F in mufti; ***Polizist in ~*** plainclothes policeman.

Zivil|beschäftigte(r) *m* civilian employee (*working for the armed forces*); **~bevölkerung** *f* civilian population; ***Verluste unter der ~*** civilian casualties; **~courage** *f the* courage of one's convictions; ***er hat ~*** he's not afraid to say what he thinks; **~dienst** *m* alternative (*od.* community) service (*in lieu of military service*); **~dienstleistende(r)** *m conscientious objector conscripted to do community work*; **~ehe** *f* civil marriage; **~fahnder** *m* plainclothes detective; **~fahndung** *f* plainclothes search (*od.* dragnet); **~fahrzeug** *n* unmarked vehicle (*od.* police car); **~flughafen** *m* civil airport; **~flugzeug** *n* civil aircraft; **~gefangene(r)** *m* civilian prisoner (of war), internee; **~gericht** *n* civil court; ***Oberstes ~*** High Court of Justice.

Zivilisation *f* civilization; **Zivilisationskrankheit** *f* civilization disease; **zivilisationsmüde** *adj.* tired of modern-day society; world-weary; **zivilisieren** *v/t.* civilize; **zivilisiert** *adj.* civilized; **Zivilisierung** *f* civilization; **Zivilisierungsprozess** *m* process of civilization.

Zivilist *m* civilian.

Zivil|kammer *f* ⚖ civil division; **~kleidung** *f* → ***Zivil***; **~leben** *n* civilian life; ***ins ~ zurückkehren*** return to civilian life, F go back to civvy street; **~luftfahrt** *f*: ***die ~*** civil aviation; **~person** *f* civilian; **~prozess** *m* ⚖ civil action; **~recht** *n* civil law; ***gegen das ~ verstoßen*** commit a civil offen|ce (*Am.* -se); **≈rechtlich I.** *adj.* civil law ..., under civil law; **II.** *adv.* under civil law; ***~ verfolgen*** bring a civil action against, sue; **~regierung** *f* civilian government; **~schutz** *m* civil defen|ce (*Am.* -se); **~schutzkorps** *n* civil defen|ce (*Am.* -se) organization; militia; **~streife** *f* plainclothes policemen *pl.* (on the beat); **~verteidigung** *f* civil defen|ce (*Am.* -se).

Zobel *m* **1.** *zo.* sable; **2.** → **Zobelpelz** *m* **1.** sable (fur); **2.** (*Mantel*) sable.

Zofe *f* lady's maid; *am Hof*: lady-in-waiting.

Zoff F *m* trouble, F strife; ***~ mit j-m haben*** be having a bit of strife with s.o.

Zögerer *m* procrastinator, F ditherer; **zögerlich** *adj.* hesitant; halting; ***sich ~ geben*** hold back; **zögern I.** *v/i.* hesitate; (*schwanken*) waver; ***er zögerte nicht zu*** *inf.* he lost no time in *ger.*; ***du darfst nicht zu lange ~*** don't spend too much time thinking about it; ***was zögerst du noch?*** why the hesitation?, what's the problem?; **II.** ≈ *n* hesitation; ***ohne ~*** unhesitatingly, without (a moment's) hesitation; ***nach anfänglichem ~*** after some hesitation; **zögernd I.** *adj.* hesitating; *Worte, Schritte, Fortschritt, Geständnis etc.*: halting; **II.** *adv.* hesitatingly; haltingly; ***nur ~ über et. reden*** be reluctant to talk about s.th.

Zögling *m* pupil; *fig.* protégé.

Zölibat *n, m* celibacy; ***im ~ leben*** be celibate, practi|se (*Am.* -ce) celibacy.

Zoll[1] *m* **1.** (*Abgabe*) (customs) duty; **2.** (*~behörde*) customs *pl.* (*sg. konstr.*); ***beim ~ liegen*** be at the customs (office); ***beim ~ arbeiten*** work for (the) customs; ***et. durch den ~ bringen*** get s.th. through customs.

Zoll[2] *m* (*Maß*) inch; ***jeder ~ ein Ehrenmann*** every inch a gentleman.

Zoll|abfertigung *f* **1.** customs clearance; **2.** (*Stelle*) customs; ***es muss durch die ~*** it has to go through customs; **~abfertigungshafen** *m* port of clearance (*od.* entry); **~abkommen** *n* customs (*od.* tariff) agreement.

Zoll|amt *n* customs office; **≈amtlich I.** *adj.*: ***~e Abfertigung*** customs clearance; ***~e Untersuchung*** customs inspection; **II.** *adv.*: ***~ abfertigen*** clear through customs; ***~ deklarieren*** declare; **~beamte(r)** *m* customs official (*od.* officer); **~behörde** *f* customs authorities *pl.*

Zollbreit *m*: *fig.* ***keinen ~ weichen*** not to budge (*od.* give) an inch.

Zolleinnahmen *pl.* customs revenue *sg.*

zollen *v/t.*: ***j-m Anerkennung ~*** pay tribute to s.o.; ***j-m Dank*** (***Beifall***) ***~*** thank (applaud) s.o.; ***j-m Bewunderung ~*** express one's admiration for s.o.

Zoll|erklärung *f* customs declaration; **~fahnder** *m* customs investigator; **~fahndung** *f* **1.** customs investigation; **2.** → **~fahndungsstelle** *f* customs investigation office; **~formalitäten** *pl.* customs formalities; **≈frei** *adj.* duty-free;

~e Ware duty-free goods; **~freiheit** *f* exemption from duty; **~gebiet** *n* customs territory; **~gebühren** *pl.* customs duties; **~gesetz** *n* customs law; **~grenzbezirk** *m* customs district; **~grenze** *f* customs frontier; ***es ist e-e ~ a.*** there's customs at the border; **~hafen** *m* port of entry; **~hoheit** *f* customs sovereignty; **~inhaltserklärung** *f* customs declaration; **~inspektion** *f* customs inspection; **~kontrolle** *f* customs examination (*od.* check); **~lager** *n* bonded (*od.* customs) warehouse.

Zöllner *m* **1.** customs officer; **2.** *bibl.* publican.

Zoll|papiere *pl.* customs documents; **≈pflichtig** *adj.* dutiable, liable to duty; **~politik** *f* customs policy; **~recht** *n* customs legislation; **~schranke** *f* customs barrier; **~stelle** *f* customs office; **~stock** *m* folding rule; yardstick; **~tarif** *m* (customs) tariff; **~union** *f* customs union; **~vertrag** *m* customs (*od.* tariff) agreement; **~vorschriften** *pl.* customs regulations.

Zombie *m* zombie.

Zone *f* zone; *geogr. a.* region; (*Bezirk*) *a.* area; *hist.* ***die ~*** East Germany.

Zonen|grenze *f*: *hist.* ***die ~*** the East German border; **~randgebiet** *n hist. border area between East and West Germany.*

Zönobit *m* c(o)enobite.

Zoo *m* zoo; **~direktor** *m* zoo director.

Zoologe *m* zoologist; **Zoologie** *f* zoology; **zoologisch** *adj.* zoological; ***~er Garten*** zoological gardens.

Zoom *n* **1.** (*Objektiv*) zoom; **2.** (*Vorgang*) zoom; **Zoomaufnahme** *f* zoom shot; **zoomen** *v/t. u. v/i.* zoom; **Zoomobjektiv** *n* zoom lens.

Zootier *n* zoo animal.

Zopf *m* plait; *von kleinen Mädchen*: *a.* pigtail; *fig.* ***ein*** (***alter***) ***~*** an antiquated custom, (*längst bekannt*) F old hat; ***das ist doch ein alter ~!*** (*ist veraltet*) F that went out with the ark; ***die alten Zöpfe abschneiden*** get rid of the old practi|ces (*Am. a.* -ses); **~muster** *n* cable stitch; **~stil** *m* late rococo (style).

Zorn *m* rage, anger, fury; *rhet.* wrath; (*alle* ***auf*** at); ***in ~ geraten*** fly into a rage; ***ihn packte der ~*** he got really angry (*od.* furious).

Zornes|ausbruch *m* fit of anger (*od.* rage); **~röte** *f* flush of anger.

zornig *adj.* angry (***auf*** at, about *s.th.*, with *s.o.*).

Zote *f* dirty joke; ***~n reißen*** tell dirty jokes; **zotig** *adj.* dirty, obscene.

Zotte *f* tuft (of hair); **Zottel** *f* tuft; *pl.* straggly hair *sg.*; **zottelig** *adj.* straggly; (*verfilzt*) matted.

zu I. *prp.* **1.** (*wohin?*) to; (*wo?*) at, in; (*wozu?*) for; (*wann?*) at; ***~ Beginn*** at the beginning; ***~ Berlin*** in (*amtlich*: at) Berlin; ***3 ~ 1*** three to one, *Sport*: *a.* three-one; ***~ Deutsch*** in German; ***~ Weihnachten*** *etc.* at Christmas *etc.*; ***wir ziehen ~m 15. ein*** we're moving in on the 15th; ***das Gesetz tritt ~m 1. September in Kraft*** the law will be in force as of September 1st; ***~r Stunde*** at the moment; ***bis ~r Stunde*** up until now, as yet; ***~ m-r Zeit*** in my day; ***~ ebener Erde*** at ground level; ***~ Wasser und ~ Lande*** on land and at sea; ***der Dom ~ Köln*** Cologne Cathedral; ***~m Preis von*** at a price of; ***~m Scherz*** for (*od.* in) fun; ***~r Stadt*** to town; ***~r Tür hereinkommen*** come in, come through the door; ***j-n ~r Bahn bringen*** see s.o. off at (*od.* take s.o. to) the station; ***~ Tal*** downhill; ***Liebe*** (***Zuneigung***) ***~ j-m*** love (affection) for s.o.; ***~ j-m gehen*** go and (*od.* to) see s.o.; ***j-n ~m Freund*** (***Vater***) ***haben*** have s.o. as a friend (father); ***j-n ~m Präsidenten wählen*** elect s.o. president; ***sich ~ j-m setzen*** sit with s.o., join s.o., sit (down) next to s.o.; ***~ et. werden*** turn into s.th., *Person*: *a.* become s.th.; ***Brot ~m Ei essen*** have bread with one's egg; ***Zucker ~m Kaffee nehmen*** take sugar in one's coffee; ***Stoff ~ e-m Kleid*** material for a dress; ***Platz ~m Spielen*** room to play (in); ***sie kamen ~ sechst*** six of them came; → ***Beispiel, Erstaunen, Fuß, Haus*** 1 *etc.*; **II.** *adv.* **2.** *vor adj. u. adv.*: (*übermäßig*) too; ***~ sehr*** too much; ***~ sehr betonen*** overemphasize; **3.** (*Ggs. offen*) closed, shut; ***Tür ~!*** shut the door!; **4.** F (*betrunken*) ***~ sein*** F be plastered, *sl.* be pissed; **5.** ***immer*** (*od.* ***nur***) ***~!*** go on!; **III.** *cj.*: ***~ sein*** to be; ***ich habe ~ arbeiten*** I've got work to do; ***ich erinnere mich, ihn gesehen ~ haben*** I remember seeing him; ***ein sorgfältig ~ erwägender Plan*** a plan requiring careful consideration; ***die auszuwechselnden Fahrzeugteile*** the parts to be exchanged.

zualler|erst *adv.* first of all, F first off; **~letzt** *adv.* last of all; **~oberst** *adv.* **1.** right at the top (***in*** of); **2.** *fig.* first and foremost; **~unterst** *adv.* **1.** right at the bottom (***in*** of); **2.** *fig.* last of all.

zubauen *v/t.* (*Gelände etc.*) build up; (*versperren, a. Aussicht*) block, obstruct.

Zubehör *n, m* accessories *pl.* (*a. phot.*); ⚙ (*Zusatzgerät*) attachment(s *pl.*); (*Ausstattungsteile*) fittings *pl.*; ***das ganze ~ a.*** F all the bits and pieces; **~industrie** *f* accessories industry; **~teil** *n* accessory (part); *pl.* accessories.

zubeißen *v/i.* bite; *Hund*: snap.

zubekommen *v/t.* get *the door etc.* shut; (*Kleidung*) get *s.th.* done up.

Zuber *m* tub.

zubereiten *v/t.* prepare; ***das Essen ~ a.*** make (the) dinner *od.* lunch; **Zubereitung** *f* preparation; *im Kochbuch*: method; ***die ~ dauert ...*** (the) preparation time is ...; **Zubereitungszeit** *f* time needed.

zubewegen I. *v/t.*: ***et. ~ auf*** move (*od.* bring) s.th. towards; **II.** *v/refl.*: ***sich ~ auf*** move (slowly) towards, (slowly) approach.

zubilligen *v/t.* grant (***j-m et.*** s.o. s.th.); allow (*a.* ⚖ *mildernde Umstände*); ⚖ (*zusprechen*) award.

zubinden *v/t.* tie up; ***j-m die Augen ~*** blindfold s.o.

zubleiben *v/i.* stay closed (*od.* shut).

zublinzeln *v/i.* (*j-m*) wink at.

zubringen *v/t.* **1.** (*Zeit*) spend; **2.** → ***zubekommen.***

Zubringer *m* feeder; **~bus** *m* feeder bus; *zum Flughafen*: airport bus; *am Flughafen*: transfer bus; **~dienst** *m* feeder service; **~linie** *f* ✈ feeder line; **~straße** *f* feeder road.

zubuttern F *v/t.* **1.** (*zuschießen*) F chip in, come up with an extra *million dollars etc.*; **2.** ***zu s-m Einkommen*** *etc.* ***et. ~*** boost one's income *etc.* (a bit).

Zucchini *pl.* courgettes, *Am.* zucchini.

Zucht *f* **1.** (*Züchten*) breeding; *von Bienen etc.*: culture; *von Pflanzen*: cultivation, growing; **2.** (*Rasse*) breed, stock; (*Bakterien≈, Bienen≈ etc.*) culture; **3.** (*Disziplin*) discipline; ***~ und Ordnung*** strict discipline, law and order; **Zuchtbulle** *m* breeding bull; **züchten** *v/t.* (*Tiere*) breed; (*Pflanzen*) grow; (*Bakterien, Perlen*) culture; *fig.* breed, cultivate; **Züchter** *m von Vieh*: breeder; *von Bienen*: keeper; *von Pflanzen*: grower.

Zuchthaus *obs. n* prison, *Am.* penitentiary; ***zwei Jahre ~*** two years' imprisonment; ***ins ~ kommen*** go (*od.* be sent) to prison; ***im ~ sein*** be in prison; ***das wird mit 10 Jahren ~ bestraft*** that carries a prison sentence of ten years (*od.* a ten-year prison sentence); **Zuchthäusler** *m* convict, F con.

Zuchthengst *m* stud horse, breeding stallion.

züchtig *adj.* virtuous; (*keusch*) chaste.

züchtigen *v/t.* punish; **Züchtigung** *f*: (***körperliche ~*** corporal) punishment.

zuchtlos *adj.* undisciplined; (*liederlich*) disorderly; **Zuchtlosigkeit** *f* lack of discipline.

Zucht|mittel *n* disciplinary measure; **~perle** *f* cultured pearl; **~stier** *m* breeding bull; **~stute** *f* breeding mare; **~tier** *n* stock animal, *pl. a.* breeding stock *sg.*

Züchtung *f* → ***Zucht*** 1, 2.

Zuchtvieh *n* breeding cattle.

zuckeln F *v/i.* *Auto*: F chug along; *Person*: F trundle along.

zucken *v/i.* twitch; *vor Schmerz*: wince; *Flamme, Licht*: flicker; *Blitz*: flash; ***ihm zuckte es in den Beinen*** he was itching for a dance (*od.* to dance); ***ein Gedanke zuckte ihr durch den Kopf*** a thought flashed across her mind (*od.* suddenly struck her); → ***Achsel, Wimper.***

zücken *v/t.* (*Messer*) pull out; *hum.* (*Geldbeutel, Kugelschreiber, Kamera etc.*) whip out.

Zucker *m* **1.** sugar; ***ein Stück ~*** a lump of sugar; ***ohne ~*** *Fruchtsaft etc.*: sugar-free; F (***es ist***) ***~!*** F (it's) magic; **2.** F ⚕ diabetes; **3.** *fig.* sweetener; **~bäckerstil** *m* gingerbread style; **~brot** *n*: *fig.* ***mit ~ und Peitsche*** with a carrot and a stick; **~dose** *f* sugar bowl; **~erbse** *f* ⚘ sugar pea; **~glasur** *f*, **~guss** *m* icing, frosting; ***mit ~ überziehen*** ice, frost.

zuckerhaltig *adj.* containing sugar; ***~ sein*** contain sugar.

Zuckerhut *m* sugar loaf.

zuckerig *adj.* sugary.

Zucker|kandis *m* sugar candy; **≈krank** *adj.* diabetic; ***~ sein*** have diabetes, be a diabetic; **~kranke(r** *m*) *f* diabetic; **~krankheit** *f* diabetes.

Zuckerl *dial. n* sweet, *Am. a. pl.* candy; *fig.* bon-bon.

Zucker|lecken *n*: ***das ist kein ~*** it's no fun and games; **~mais** *m* sweetcorn; **~melone** *f* sugar melon.

zuckern *v/t.* sugar; (*mit Zucker bestreuen*) *a.* sprinkle sugar on, sprinkle with sugar; (*süßen*) *a.* sweeten.

Zucker|raffinerie *f* sugar refinery; **~rohr** *n* sugarcane; **~rohrplantage** *f* sugarcane plantation; **~rübe** *f* sugar beet; **~spiegel** *m* ⚕ blood sugar level; **~stange** *f* stick of rock (*Am.* candy); **~streuer** *m* sugar caster; **≈süß** *adj.* as sweet as sugar; *fig.* sugary; **~wasser** *n* sugared water; **~watte** *f* candy floss; *Am.* cotton candy; **~würfel** *m* sugar cube; **~zange** *f*: (***e-e ~*** a pair of) sugar tongs *pl.*; **~zusatz** *m*: ***ohne ~*** no (*od.* without) added sugar.

Zuckung *f* jerk, twitch; *krampfhafte*: convulsion; *e-s Muskels*: twitch, *stärker*:

contraction; ***nervöse ~en*** *a.* nervous twitching.

zudecken *v/t.* cover (up); *fig.* (*vertuschen*) conceal, cover up; *mit Arbeit*: inundate with, load down with; ***mit Vorwürfen ~*** heap reproaches on; ***mit Fragen ~*** bombard with questions.

zudem *adv.* besides, moreover.

zudenken *v/t.*: ***j-m et. zugedacht haben*** have intended s.th. for s.o.

zudrehen *v/t.* **1.** (*Hahn, Wasser*) turn off; (*Schraube*) tighten; **2.** ***j-m den Rücken ~*** turn one's back to(wards) (*abweisend*: on) s.o.; ***j-m das Gesicht ~*** turn (round) to face (*od.* look at) s.o.; ***j-m den Kopf ~*** turn one's head towards s.o.; *fig.* → ***Hahn*** 2.

zudringlich *adj.* obtrusive, F pushy; ***e-r Frau gegenüber ~ werden*** make advances (*od.* passes) at a woman; **Zudringlichkeit** *f* obtrusiveness, F pushiness; (*Annäherungsversuche*) advances *pl.*

zudrücken *v/t.* (press) shut; → ***Auge*** 1.

zueignen *v/t.*: ***j-m et. ~*** dedicate s.th. to s.o.; *bsd.* ⚖ ***sich et. ~*** convert s.th. to one's own use.

zueilen *v/i.*: ***~ auf*** (*od. dat.*) rush towards (*od.* up to).

zueinander *adv.* to each other, to one another.

zueinander| finden *v/i.* reach an understanding; **~ halten, ~ stehen** *v/i.* stand (F stick) by each other (*od.* one another).

zuerkennen *v/t.* award (*a. Preis u.* ⚖) (*dat.* to); confer (on); (*Recht*) grant (***j-m*** s.o.).

zuerst *adv.* **1.** (*als Erster od. Erstes*) first; ***er kam ~*** *a.* he was the first to arrive; ***wer ~ kommt, mahlt ~*** first come first served; **2.** (*zunächst*) first (of all); (*zunächst einmal*) *a.* to begin (*od.* start) with; **3.** (*anfangs*) (at) first; **4.** (*erstmals*) first, (for) the first time; ***das wurde ~ in China eingeführt*** that was first introduced in China.

Zuerwerb *m* → ***Nebenerwerb.***

zufahren *v/i.* **1.** ***auf*** *et.* **~** drive to(wards); head (*od.* make) for; **2.** ***fahr zu!*** go on!, *iro.* what are you waiting for?; **Zufahrt(sstraße)** *f* access road; *am Haus*: drive(way); ***die ~ zum Haus*** the drive (-way) leading up to the house.

Zufall *m* chance; (*Zusammentreffen*) coincidence; ***reiner ~*** pure chance; ***glücklicher ~*** lucky coincidence; ***unglücklicher ~*** bit of bad luck; ***das ist ~*** that's chance (*od.* luck); ***durch ~*** by chance, by accident; → *a.* ***zufällig*** I; ***es dem ~ überlassen*** leave it to chance; ***nichts blieb dem ~ überlassen*** nothing was left to chance; ***wie es der ~ wollte*** as luck would have it; ***es hängt vom ~ ab, ob*** it's a matter of luck as to whether; ***es ist kein ~, wenn*** it's no accident that; ***das ist aber ein ~!*** what a coincidence!, *beim Treffen*: *a.* well, fancy meeting you here (*od.* you of all people)!

zufallen *v/i.* **1.** *Augen*: close; ***mir fallen die Augen zu*** I can't keep my eyes open; **2.** *Tür*: slam shut; **3.** ***j-m ~*** fall to s.o.; *Erbe etc., formell*: *a.* devolve upon s.o.; ***j-m ~ zu*** *inf.* fall to s.o.('s lot) to *inf.*; ***ihm ist immer alles zugefallen*** everything has always just fallen into his lap.

zufällig I. *adv.* (*a.* **zufälligerweise**) by chance; as luck would have it; ***rein ~*** purely (*od.* quite) by chance; ***er war ~ zu Hause*** he happened to be at home; ***ich traf ihn ~*** I happened to bump into him, I just bumped into him; ***weißt du ~, ob ...?*** do you happen to know whether ...?; ***wenn du ~ mit ihm sprechen solltest*** if you should happen to be talking to him, if by any chance you might (*od.* happen to) be talking to him; **II.** *adj.* accidental; chance ...; (*nebenbei*) incidental; ***es war rein ~*** it was pure (*od.* sheer) coincidence.

Zufalls|auswahl *f* random selection (*od.* sampling); **2bedingt** *adj.* accidental; chance ...; **~bekanntschaft** *f* chance acquaintance; **~fund** *m* lucky find; **~generator** *m Computer*: random (number) generator; **~krieg** *m* accidental war; **~treffer** *m* lucky shot, F fluke; *fig.* (*Erfolg*) lucky strike.

zufliegen *v/i.* **1.** ***j-m ~*** *Vogel*: fly to s.o.; *fig. die Herzen*: go out to s.o.; *Gedanken etc.*: come easily to s.o.; **2.** F *Tür*: slam shut.

zufließen *v/i.* **1.** flow to(wards); **2.** *fig.* (*j-m*) go to; (*e-m Fonds etc.*) flow into; ***j-m et. ~ lassen*** let s.o. have s.th.

Zuflucht *f* **1.** *vor Unwetter*: shelter (***vor*** from); ***~ suchen*** (***finden***) ***in*** seek (find) shelter in; **2.** *in der Not*: shelter, refuge (***vor*** from); ***bei Freunden ~ suchen*** seek refuge (*od.* shelter) among friends; **3.** ***~ nehmen zu*** resort to, (*Drogen etc.*) *a.* turn to; ***m-e letzte ~*** my last resort; **4.** ***~ in der Literatur*** *etc.* ***finden*** find solace (*od.* an escape) in literature *etc.*

Zufluchts|ort *m*, **~stätte** *f* place of refuge, retreat, sanctuary.

Zufluss *m* **1.** influx (*a. fig.*); **2.** (*Nebenfluss*) tributary.

zuflüstern *v/t.*: ***j-m et. ~*** whisper s.th. to s.o. (*od.* into s.o.'s ear).

zufolge *prp.* **1.** as a result (*od.* consequence) of; **2.** (*gemäß*) according to; ***Berichte, denen ~ ...*** *a.* reports claiming (that) ...

zufrieden *adj.* content(ed), satisfied (***mit*** with); *mit e-r Leistung*: pleased, satisfied; (*selbst~*) complacent; ***ich bin damit ~*** *a.* I'm quite happy with it, I have no complaints; ***bist du jetzt endlich ~?*** are you quite satisfied (*od.* happy) now?; ***du machst ein sehr ~es Gesicht*** you look very satisfied with yourself; ***du kannst ~ sein, dass*** you can be happy (*od.* thankful) that; ***sie ist mit nichts ~*** she's never satisfied, there's no pleasing her; ***sie ist mit allem ~*** she's not fussy, she doesn't make any demands; ***glücklich und ~*** perfectly content (*od.* happy).

zufrieden geben *v/refl.*: ***sich ~*** be content (***mit*** with), ***mit:*** *a.* settle for, (be prepared to) accept; ***damit musst du dich ~*** *a.* you'll have to learn to put up with it, that's the best we *etc.* can do; ***damit wollte er sich nicht ~*** he wasn't prepared to accept (*od.* put up with) that.

Zufriedenheit *f* contentment, *a. mit e-r Leistung*: satisfaction; (*Selbst2*) complacency; ***zur allgemeinen ~*** to everyone's satisfaction; ***zur vollsten ~*** to our *etc.* full satisfaction.

zufrieden| lassen *v/t.* leave *s.o.* alone (*od.* in peace); **~ stellen** *v/t.* satisfy; ***schwer zufrieden zu stellen*** hard to please.

zufriedenstellend, zufrieden stellend *adj.* satisfactory.

zufrieren *v/i.* freeze over (*od.* up).

zufügen *v/t.* **1.** add (*dat.* to); **2.** ***j-m et. ~*** (*antun*) cause s.o. s.th.; ***j-m Leid ~*** cause s.o. pain (*od.* suffering), hurt s.o.; ***j-m Verluste*** *etc.* **~** inflict losses *etc.* on s.o.; → ***Schaden.***

Zufuhr *f* **1.** supply; **2.** *meteor. kühler Meeresluft etc.*: influx; **zuführen I.** *v/t.* **1.** (*Strom etc.*) supply (*dat.* to), feed (to); ***e-r Sache et. ~*** *a.* supply s.th.with s.th.; **2.** (*Kunden, Mitglieder etc.*) bring (*dat.* to), introduce (to); ***e-r Firma Arbeitskräfte ~*** supply a company with labo(u)r; ***j-n j-m ~*** bring s.o. into contact with s.o., introduce s.o. to s.o.; **3.** ***j-n s-r verdienten Bestrafung ~*** give s.o. his (*od.* her) due punishment; ***et. s-r Bestimmung ~*** put s.th. to its proper use; **II.** *v/i.*: ***~ auf*** lead to (*a. fig.*); **Zuführung** *f* supply.

zufüllen *v/t.* (*Loch etc.*) fill (up).

Zug *m* **1.** 🚂 train; ***im ~*** on the train; ***mit dem ~*** by train; ***j-n zum ~ bringen*** see s.o. off at the station; *fig.* ***im falschen ~ sitzen*** be barking up the wrong tree; ***der ~ ist abgefahren*** you've (*od.* we've, he's *etc.*) missed the boat; **2.** (*Luft2*) draught, *Am.* draft; ***ich habe ~ bekommen*** I must have been sitting in a draught (*Am.* draft); **3.** (*Atem2*) breath; *an der Zigarette*: drag, puff (*beide* ***an*** of, at); (*Schluck*) gulp, F swig, *formell*: draught, *Am.* draft (*alle* ***aus*** from); ***der Ofen hat keinen ~*** the stove isn't drawing; ***e-n ~ aus der Pfeife nehmen*** (take a) puff at one's pipe; ***e-n tüchtigen ~ aus der Flasche nehmen*** F take a good swig from the bottle; ***sein Glas auf einen ~ leeren*** empty one's glass in one go; ***er hat e-n guten ~*** F he can really down the stuff; *fig.* ***in den letzten Zügen liegen*** be breathing one's last, *Sache*: be on its last legs; ***in vollen Zügen genießen*** enjoy to the full, make the most of; **4.** (*das Ziehen*) pull, *ruckartig*: tug; **5.** *phys.* tension, pull; ***auf ~ belasten*** subject to tension; **6.** ⚙ (*Hebezeug*) hoist; (*Flaschen2*) pulley; **7.** (*Gummi2*) elastic band; (*Riemen*) strap; *am Beutel etc.*: drawstring; **8.** (*Fest2*) procession; (*Marsch*) march; (*Kolonne*) column; *von Vögeln*: flight, (*Wanderung*) migration; *von Fischen*: shoal; ***Hannibals ~ über die Alpen*** Hannibal's crossing of the Alps; F *fig.* ***e-n ~ durch die Gemeinde machen*** F go on a pub crawl; *fig.* ***im ~e*** (*im Gang*) in progress; ***im ~e des Fortschritts*** *etc.* on the tide of progress *etc.*; ***im ~e der Neuordnung*** in the course of reorganization; ***im besten ~e sein*** *Sache*: be well under way, be in full swing, *Person*: be going strong; ***in einem ~(e)*** *et. tun*: in one go; ***dem ~ s-s Herzens folgen*** follow (the dictates of) one's heart; **9.** ⚔ (*Kompanie2*) platoon; **10.** *ped.* stream; **11.** (*Gespann*) team *of oxen etc.*; **12.** (*Schach2 etc., a. fig.*) move; ***wer ist am ~?*** whose move is it?; *fig.* ***ein geschickter ~*** a clever move; ***jetzt ist er am ~*** the ball is in his court; ***er kam nicht zum ~(e)*** he never got a chance (*od.* a word in edgeways); ***~ um ~*** a) step by step, b) without delay; **13.** *beim Schwimmen*: stroke; *beim Rudern*: pull; **14.** (*Schrift2*) stroke (of the pen); *fig.* ***in kurzen Zügen*** in brief outline, briefly, ***schildern:*** give a brief outline of, give a thumbnail sketch of; ***in groben Zügen*** in broad outline, roughly; **15.** (*Gesichts2*) feature; *um den Mund etc.*: line(s *pl.*); **16.** (*Wesens2*) trait, characteristic, feature, *bsd. contp.* streak; ***e-n leichtsinnigen ~ haben*** have a careless streak; ***das war ein*** (***kein***) ***schö-***

ner ~ von ihm that says something for him (that reflects badly on him); ***das Bild hat impressionistische Züge*** that picture has impressionist features.

Zugabe *f* **1.** ♪, *thea. etc.* encore; ***~!*** encore!; **2.** extra; (*Prämie*) bonus; **3.** (*das Zugeben*) addition; ***unter ~ von*** (by) adding; **~stück** *n* encore (piece).

Zugabteil *n* railway (*od.* train) compartment.

Zugang *m* **1.** entrance; *weitS.* access; (*Weg*) approach, access road; *fig.* access, *a* doorway; ***kein ~!*** no admittance; *fig.* ***zu et. keinen ~ haben*** (*od.* ***finden***) have no appreciation (♪ *a.* ear) for s.th.; **2.** *von Studenten etc.*: intake; *von Patienten*: admissions *pl.*; *von Büchern*: acquisitions *pl.*; **3.** (*Zuwachs*) increase; **zugänglich** *adj.* accessible (**für** to; *a. fig. verständlich*); *fig.* (*verfügbar*) *Buch etc.*: available; (*umgänglich*) approachable; ***~ machen für*** open up to; ***allgemein ~*** open to the (general) public; ***schwer ~*** *Ort etc.*: difficult to get to, *Dokumente etc.*: difficult to get at (*od.* get hold of); ***leicht ~*** easily accessible, *Dokumente etc.*: openly accessible, available to the public; *fig.* ***~ für*** open to, amenable to *arguments etc.*, willing to listen to *reason*.

Zugangs|software *f* access software; **~straße** *f* access road.

Zug|auskunft *f* **1.** (information on) train times; **2.** (*Stelle*) enquiries *pl.*, inquiry office (*od.* desk), *a. Am.* information office (*od.* desk); **~begleiter** *m* guard, *Am.* conductor; **~brücke** *f* drawbridge.

zugeben *v/t.* **1.** (*hin~*) add; *als Extra*: throw in; **2.** (*eingestehen*) admit, confess, own up to; (*einräumen*) concede, admit, grant; ***gibs doch zu!*** go on, admit it!; ***man muss ~, dass er*** you have to hand it to him that he; → ***zugegeben.***

zugefroren *adj. See etc.*: frozen over; *Hafen*: icebound; *Autotür*: frozen shut.

zugegeben *cj.* granted, F okay; ***~, es war nicht sehr geschickt*** granted (*od.* okay), it wasn't very clever; **zugegebenermaßen** *adv.* admittedly.

zugegen *pred. adj.* present (**bei** at); ***~ sein bei*** *a.* attend.

zugehen I. *v/i.* **1.** ***~ auf*** *j-n od. et.*: go up to, (*entschlossen*) make for, head for; *fig.* ***auf j-n ~*** *Hilfe anbietend*: reach out to s.o.; *nach Streit*: break the ice again with s.o.; ***einer muss auf den anderen ~*** somebody's got to break the ice again (*od.* make the first move); ***dem Ende ~*** be drawing to a close; ***auf die achtzig ~*** be approaching (*od.* getting on for) eighty; ***es geht auf den Herbst zu*** autumn is on its way; **2.** ***j-m ~*** *Brief etc.*: reach s.o.; ***j-m et. ~ lassen*** have s.th. sent to s.o.; ***die Formulare gehen Ihnen in den nächsten Tagen zu*** you will be receiving the forms in the next few days; **3.** F (*schließen*) shut; ***der Reißverschluss geht nicht zu*** I can't do the zip (*Am.* zipper) up; **4.** ***spitz ~*** taper to a point; **5.** *dial.* ***geh zu!*** F get a move on!, step on it!; **II.** *v/impers.* **6.** (*geschehen*) be; ***es geht dort manchmal etwas wild zu*** things can sometimes get a bit wild there; ***auf der Party gings zu!*** it was some party!; ***so geht es im Leben manchmal zu*** that's life; ***es müsste seltsam ~, wenn*** it would be very strange if; → ***Ding*** 2.

zugehörig *adj.* **1.** (*dazugehörend*) accompanying; ***~e Teile*** accessory parts; ***die ~en Gebäude*** the buildings belonging (*od.* that belong) to it; **2.** *in Farbe, Form etc.*: matching, *nachgestellt*: to match; **3.** ***sich e-r Gruppe*** *etc.* ***~ fühlen*** feel part of a group *etc.*, feel one belongs to a group *etc.*; **Zugehörigkeit** *f* affiliation (**zu** to, with); *zu e-r Partei etc.*: membership (of); **Zugehörigkeitsgefühl** *n* sense of belonging (*od.* being part of s.th.); feeling of identity (**zu** with).

zugeklebt *adj.* **1.** stuck; **2.** ***mit Plakaten*** *etc.* ***~*** covered in (F plastered with) posters *etc.*

zugeknöpft *fig. adj.* reserved, uncommunicative.

Zügel *m* rein; ***ein Pferd am ~ führen*** lead a horse by the rein; ***e-m Pferd in die ~ fallen*** rein a horse in (*od.* back); *fig.* ***die ~ anziehen*** tighten the reins; ***die ~ lockern*** loosen the reins; ***bei j-m die ~ kurz halten*** keep a tight rein on s.o.; ***die ~ an sich reißen*** take over control, take over at the helm; ***die ~ (fest) in der Hand haben*** have things (firmly) under control; *j-m od. e-r Sache* ***die ~ schießen lassen*** give free rein to.

zugelassen *adj.* admitted; (*offiziell* ***~***) authorized, recognized; *Medikament*: approved, licen|sed (*Am.* -ced); *Auto etc.*: registered; *Arzt*, *Anwalt etc.*: qualified; ⚚ ***~e Gesellschaft*** chartered company; ***für Jugendliche nicht ~*** for adults only.

zugelaufen *adj. Hund etc.*: stray.

zügellos *fig. adj.* unrestrained; *Eifersucht, Gier etc.*: *a.* unbridled; (*ausschweifend*) licentious, dissolute; **Zügellosigkeit** *f* (complete) lack of restraint; (*Ausschweifung*) licentiousness.

zügeln I. *v/t.* rein (up); *fig.* control, bridle, curb, **II.** *v/i. schweiz.* move (house).

zugeparkt *adj.* blocked (with parked cars); *Straße*: full of (F choc-a-block with) parked cars; ***die Straße ist ~*** *a.* there's not a single parking space in the street.

Zugereiste(r *m*) *f* incomer.

zugerichtet *adj.*: ***übel ~*** in pretty bad shape; ***er (es) war übel ~*** *a.* he (it) had taken some beating.

zugeschneit *adj.* snowed up.

zugeschnitten *fig. adj.*: ***~ auf*** tailored to, designed for.

zugesellen *v/refl.*: ***sich j-m ~*** (go over and) join s.o.

zugespitzt I. *adj.* **1.** *Stock etc.*: pointed, sharp; *Turm etc.*: pointed; **2.** *fig.* ***~e Bemerkung*** exaggeration, overstatement; ***~e Formulierung*** overstatement; **II.** *adv.*: ***~ gesagt*** to put it in slightly exaggerated (*od.* drastic) terms; ***er hat es ~ formuliert*** he overstated the case.

zugestandenermaßen *adv.* admittedly;

Zugeständnis *n* concession; (*Anerkennung*) *a.* acknowledg(e)ment; ***~se machen*** make concessions (*dat.* to); *fig.* make allowances (**an** *et.*: for); **zugestehen** *v/t.* **1.** concede, grant (***j-m et.*** s.o. s.th.); **2.** (*zugeben*) admit, concede.

zugetan *pred. adj.*: *j-m od. e-r Sache* ***~ sein*** be fond of; (*Schokolade, Wein etc.*) *a.* be (quite) partial to.

zugewachsen *adj. Eingang etc.*: completely overgrown (**mit** with), covered (by, in).

zugewiesen *adj.* assigned; allocated.

Zugewinn *m* increase; ⚚ surplus; **~gemeinschaft** *f* community of accrued gain.

Zug|feder *f* ⚙ tension spring; *Uhr*: mainspring; **~festigkeit** *f* ⚙ tensile strength; **2frei** *adj.* draught-free, *Am.* draft-free;

~führer *m* **1.** 🚂 chief guard, *Am.* conductor; **2.** ⚔ platoon-leader.

zugießen *v/t.* **1.** (*Flüssigkeit*) add; ***darf ich Ihnen noch etwas ~?*** may I fill up your glass (*od.* cup *etc.*)?, F may I top you up?; **2.** (*Öffnung*) fill up (**mit** with).

zugig *adj.* draughty, *Am.* drafty.

zügig I. *adj.* (*rasch*) quick, speedy; (*ohne Unterbrechung*) uninterrupted; **II.** *adv.*: ***~ vorankommen*** make rapid (*od.* fast) progress; ***am Zoll*** *etc.* ***~ abgefertigt werden*** be whisked through customs *etc.*

Zugklappe *f* damper.

Zugkraft *f* **1.** *phys.* tractive force; **2.** *fig.* appeal; *e-r Anzeige*: draw, attention value; *e-r Person*: magnetism; **zugkräftig** *fig. adj.* popular-appeal ...; *Werbeplakat etc.*: F attention-grabbing; ***~ sein*** have (mass *od.* popular) appeal, *Film etc.*: be a crowd-puller.

zugleich *adv.* at the same time; (*miteinander*) together; ***sie ist schön und intelligent ~*** she's both beautiful and intelligent; she's not only beautiful, she's intelligent (*od.* she's got intelligence) as well.

Zug|luft *f* draught, *Am.* draft; **~maschine** *f* traction engine, tractor; **~mittel** *fig. n* draw, attraction; **~nummer** *f thea. etc.* crowd-puller, big attraction, (*Sache*) *a.* draw; **~personal** *n* train staff (*mst pl. konstr.*); **~pferd** *n* **1.** draught (*Am.* draft) horse; **2.** *fig.* crowd-puller, big attraction, (*Sache*) *a.* draw; **~pflaster** *n* ⚕ blistering plaster.

zugreifen *v/i.* **1.** make a grab; grab (at) it; *bei Tisch etc.*: help o.s.; *fig.* (*die Gelegenheit ergreifen*) jump at (*od.* grab) the opportunity; ***~ auf*** *Computer*: access; ***sofort ~*** *bei Angebot etc.*: accept (*od.* say yes) straightaway; ***da hätte ich sofort zugegriffen*** *a.* I wouldn't have thought twice about it; **2.** (*aushelfen*) lend a hand, F chip in.

Zugrestaurant *n* restaurant (*od.* dining, buffet) car, *Am.* diner.

Zugriff *m* **1.** (*das Eingreifen*) (swift) action (***der Polizei*** *etc.* on the part of the police *etc.*); ***sich j-s ~ entziehen*** escape s.o.'s clutches, slip through s.o.'s fingers; **2.** (*Zugang*) *a. Computer, CD-Player etc.*: access (**zu, auf** to).

Zugriffs|berechtigung *f Computer*: user authorization, access right; **~geschwindigkeit** *f Computer*: access speed; **~kode** *m Computer*: access code; **~möglichkeit** *f Computer*: access; **~rechte** *pl.* access rights; **~schlüssel** *m Computer*: access key; **~taste** *f Computer*: access key; **~zeit** *f Computer, CD-Player etc.*: access time.

zugrunde, zu Grunde *adv.* **1.** ***~ legen*** take as a basis (*dat.* for), (*Theorie etc.*) apply; ***er legte s-n Behauptungen ... ~*** he based his allegations on ...; ***~ liegen*** underlie (*dat. s.th.*), be at the root of (*s.th.*); ***~ liegend*** underlying; **2.** ***~ gehen*** *Geschäft etc.*: go to pieces, go to rack and ruin; *Weltreich*: collapse, *allmählich*: decline; *Person*: go to rack and ruin, (*sterben*) die, *lit.* perish; ***~ gehen an*** *Person*: come to grief with, (*sterben*) die of; ***er ist daran ~ gegangen*** it was his undoing (*od.* ruination), (*gestorben*) it was the death of him; → ***elend*** II; **3.** ***~ richten*** ruin, destroy, F wreck; ***sich (selber) ~ richten*** ruin one's health (*od.* nerves), F kill o.s.

Zug|schaffner *m* guard, *bsd. Am.* conductor; **~seil** *n* tow line; **~stück** *n thea.*

Z

box-office draw; **~telefon** *n* train telephone; **~tier** *n* draught (*Am.* draft) animal.

zugucken F *v/i.* → ***zusehen.***

Zugunglück *n* train accident (*od.* disaster); (*Zusammenstoß*) train crash.

zugunsten, zu Gunsten *prp.* in favo(u)r of; (*zum Nutzen von*) for the benefit of; *Spendenaktion etc.*: in aid of.

zugute *adv.*: ***j-m et. ~ halten*** give s.o. credit for s.th.; ***j-m s-e Jugend*** *etc.* ***~ halten*** make allowances for s.o.'s age *etc.*; ***~ kommen*** be of benefit to *s.o. od. s.th.*, (*zustatten kommen*) stand *s.o.* in good stead; ***das wird d-r Gesundheit ~ kommen*** it'll be good for your health, *stärker*: it'll do your health the world of good; ***das Geld wird e-m Krankenhaus ~ kommen*** the money will be donated to a hospital; ***j-m et. ~ kommen lassen*** give s.o. s.th.; ***sich etwas ~ tun auf*** pride o.s. on.

Zug|verbindung *f* rail connection (*od.* link); **~verkehr** *m* train services *pl.*; **~verspätung** *f* (train) delay; **~vogel** *m* bird of passage; *fig.* drifter; **~zeit** *f* *Vögel*: migrating season; **~zwang** *m*: ***in ~ geraten*** be forced to make a move; ***unter ~ stehen*** be under pressure to act (*od.* make a move); ***unter ~ bringen*** (*od.* ***setzen***) force *s.o.* into action (*od.* to make a move).

zuhaben I. *v/i.* be closed; **II.** *v/t.* have *the door etc.* closed.

zuhalten I. *v/t.* keep *s.th.* closed (*od.* shut); ***sich die Ohren ~*** put (*länger*: hold) one's hands over one's ears; ***sich die Nase ~*** hold one's nose; **II.** *v/i.*: ***auf et. ~*** make (*od.* head) for s.th.

Zuhälter *m* pimp; **Zuhälterei** *f* pimping.

zuhängen *v/t.* hang s.th. over (*od.* across) *s.th.*

zuhauen F *v/i. u. v/t.* → ***zuschlagen.***

zuhause *östr.*, *schweiz.*, **zu Hause** *adv.* at home; ***~ sein*** *a.* be in; ***wieder ~ sein*** be back home again; ***er ist in X ~*** his home is (in) X, he comes from X; ***bei uns ~*** a) in my family, F at our place, b) where I come from; ***tut, als ob ihr ~ wäret*** make yourselves at home; ***in e-r Sache ~ sein*** be well up in s.th.

Zuhause *n* home; ***sie hat kein ~*** she hasn't got a home.

zuheilen *v/i.* heal up.

Zuhilfenahme *f*: ***unter*** (***ohne***) ***~ von*** (*od. gen.*) with(out) the aid of.

zuhinterst *adv.* right at the back.

zuhören *v/i.* listen (*dat.* to); ***hör mal zu!*** listen, *drohend*: *a.* now you just listen to me; ***genau ~*** listen carefully; ***du hast nicht richtig zugehört*** you haven't been listening; **Zuhörer(in** *f*) *m* listener.

Zuhörer|bank *f* listeners' bench; **~kreis** *m* circle of listeners.

Zuhörerschaft *f* audience; *Radio*: *a.* listeners *pl.*

zujubeln *v/i.*: ***j-m ~*** cheer s.o.

zukehren *v/t.* turn *s.th.* towards *s.o. od. s.th.*; ***j-m das Gesicht ~*** turn (round) to face (*od.* look at) s.o.; ***j-m den Rücken ~*** turn one's back to(wards) (*abweisend*: on) s.o.

zukitten *v/t.* cement (up).

zuklappen I. *v/t.* snap *s.th.* shut; *heftig*: slam *s.th.* shut; (*Buch*) shut, *laut*: clap *a book* shut; (*Messer*) fold up; **II.** *v/i.* snap shut; *heftig*: slam shut.

zukleben *v/t.* **1.** (*Umschlag etc.*) seal; **2.** (*Loch etc.*) stick *s.th.* over; (*Riss*) paste over *a crack*; **3.** (*Wände mit Plakaten etc.*) cover with, F plaster with; → ***zugeklebt.***

zuknallen I. *v/t.* (*Tür etc.*) slam *a door etc.* (shut); **II.** *v/i.* slam shut.

zukneifen *v/t.*: ***den Mund ~*** close one's mouth tight(ly), press one's lips together (tightly); ***die Augen ~*** close one's eyes tightly, screw one's eyes up.

zuknöpfen *v/t.* button (up).

zukommen *v/i.* **1. *auf j-n ~*** come up to s.o., *a. fig.* (*an j-n herantreten*) approach s.o.; *a. fig.* (*j-m bevorstehen*) be in store for s.o.; ***wir werden auf Sie ~*** we'll contact you, we'll get in touch with you; ***wir lassen die Dinge auf uns ~*** we'll wait and see what happens, we'll take things as they come; ***er hatte keine Ahnung, was auf ihn zukam*** he had no idea what he was in for (*od.* what was in store for him); **2.** (*j-m*) (*zuteil werden*) fall to; (*gebühren*) be due to; (*geziemen*) befit; ***das kommt ihm nicht zu*** it's not for him to do *etc.* that; ***dieser Entwicklung*** *etc.* ***kommt große Bedeutung zu*** this is a development *etc.* of great significance; **3. *j-m et. ~ lassen*** give s.o. s.th.; (*schicken*) *a.* send s.o. s.th.; see to it that s.o. gets s.th.

zukorken *v/t.* cork up.

zukriegen F *v/t.* → ***zubekommen.***

Zukunft *f* future; *ling.* future (tense); ***in ~*** in future, for the future, from now on, *lit.* henceforth; ***in naher*** (***nächster***) ***~*** in the near (immediate) future; ***in ferner*** (*od.* ***weiter***) ***~*** in the distant future; ***das liegt noch in weiter ~*** that's a long way off yet; ***ein Blick in die ~*** a glimpse ahead, a look at the crystal ball; ***e-e große ~*** (***vor sich***) ***haben*** have a great future ahead (*od.* in store for one); ***die ~ wird es lehren*** time will tell; ***abwarten, was die ~ bringt*** wait and see what the future has in store; ***j-m die ~ aus der Hand lesen*** read (the future from) s.o.'s palm; ***das bleibt der ~ überlassen*** that remains to be seen; ***ein Beruf mit ~*** a job with a future (*od.* with excellent prospects for the future); ***diese Arbeit hat keine ~*** there's no future in this kind of work; ***dem Computer gehört die ~*** the future lies with the computer; ***diesem jungen Spieler gehört die ~*** this young player has the future in his hands; **zukünftig I.** *adj.* future; *Person*: *a.* prospective, *nachgestellt*: ...-to-be; ⚖ expectant; ***~er Vater*** father-to-be; ***m-e ~e, mein ~er*** F my intended; ***die ~e Entwicklung*** future developments; ***die ~en Ereignisse*** future events; **II.** *adv.* in future.

Zukunfts|angst *f* fear of the future; **~aussichten** *pl.* future prospects; **~bezogen I.** *adj.* forward-looking; **II.** *adv.* with a view to the future; **~erwartungen** *pl.* future expectations, hopes for the future; **~forscher** *m* futurologist; **~forschung** *f* futurology; **~gerichtet** *adj.* forward-looking; **~glaube** *m* faith in the future; **~musik** *fig. f*: ***das ist alles noch ~*** that's all still up in the air (*od.* a long way off); **~orientiert** *adj.* forward-looking; **~perspektive** *f* future outlook, outlook for the future; **~pessimismus** *m* lack of faith in (*od.* pessimism with regard to) the future; **~pläne** *pl.* plans for the future; **~reich** *adj.* promising; ***ein ~er Beruf*** *a.* a career with a (great) future; **~roman** *m* science fiction novel; **~traum** *m* **1.** dream of the future; **2.** utopian dream; **~vision** *f* future vision, vision of the future.

zukunftweisend *adj.* pioneer ...; ***~e Ideen*** *etc. a.* ideas *etc.* that point the way ahead (*od.* point to the future).

zulächeln *v/i.*: ***j-m ~*** smile at s.o, give s.o. a smile.

Zulage *f* **1.** allowance; (*Prämie*) bonus; **2.** (*Gehalts~*) increase.

zulande *adv.* → ***Land.***

zulangen *v/i.* **1.** *bei Tisch*: help o.s.; ***langt zu!*** *a.* F go for it; **2.** *bei der Arbeit*: knuckle down; ***wir brauchen jemanden, der ~ kann*** we need someone who's not afraid of some hard physical work; **3.** (*mithelfen*) lend a hand, F chip in.

zulassen *v/t.* **1.** (*j-n*) admit; *behördlich*: licen|se (*Am. a.* -ce), (*Kraftfahrzeug, Flugzeug etc.*) *a.* register; (*Arzt*) qualify; (*Medikament*) approve, licen|se (*Am. a.* -ce); ***als Rechtsanwalt ~*** call (*Am.* admit) to the Bar; ***et. zum Verkauf ~*** approve s.th. (for sale); ***et. als Beweis ~*** admit s.th. as evidence; ***zum Studium zugelassen werden*** get a place at university; → ***zugelassen***; **2.** (*geschehen lassen*) allow; ⚖ (*gestatten*) approve, authorize; ***ich kann das nicht ~*** I can't allow that; *die Tatsachen* ***lassen keinen Zweifel zu*** leave no room for doubt; ***sein Stolz ließ es nicht zu, dass ...*** his pride wouldn't allow him to *inf.* (*od.* prevented him from *ger.*); ***verschiedene Deutungen ~*** be open to different interpretations; **3.** (*Tür etc.*) leave shut; not to open; **zulässig** *adj.* permissible; *amtlich*: authorized; ***~e Belastung*** safe load; ***~e Höchstgeschwindigkeit*** maximum (permissible) speed; ***das ist nicht ~*** that is not allowed (*od.* permitted, permissible); **Zulassung** *f* permission; *zu e-m Beruf, für ein Fahrzeug etc.*: a) licensing, b) (*Dokument*) licen|ce (*Am.* -se), registration; *zu e-r Universität etc.*: admission.

Zulassungs|beschränkung *f a. pl.* restricted admission; **~nummer** *f mot.* registration number; **~papiere** *pl.* registration papers; **~prüfung** *f* entrance exam (-ination); **~schein** *m* licen|ce (*Am.* -se).

zulasten, zu Lasten *prp. gen.* ✝ payable by, *Bank etc.*: to the debit of *s.o.'s* account, *fig.* at the expense of; ***der Betrag geht ~*** the amount is payable by (*od.* will be debited to *s.o.'s* account).

Zulauf *m* **1. *großen ~ haben*** be (very) much in demand, be much sought-after, *a. Film etc.*: be very popular; **2.** ⊙ inflow, feed; **zulaufen** *v/i.* **1. *~ auf*** *Person*: run up to, *Straße*: lead (up) to; **2. *j-m ~*** *Tier*: stray to s.o., *Menschen*: flock to s.o.; → ***zugelaufen***; **3.** *dial.* ***lauf zu!*** run!, F get a move on!, step on it!; **4.** *Wasser etc.*: flow in; ***~ lassen*** add, run *more water* in; **5. *spitz ~*** taper to a point.

zulegen I. *v/t.* **1. *sich et. ~*** get (*od.* buy) o.s. s.th.; F ***sich e-e Freundin*** *etc.* ***~*** get (*od.* find) o.s. a girlfriend *etc.*; F ***sich e-e Erkältung*** *etc.* ***~*** F land o.s. (with) a cold *etc.*; **2.** (*hinzutun*) add (*dat.* to); **3.** → ***Zahn*** 2; **II.** *v/i.* F *an Tempo*: F step on it; *an Gewicht*: F put it on.

zuleid(e), zu Leid(e) *adv.*: ***j-m et. ~ tun*** harm (*od.* hurt) s.o.; → ***Fliege.***

zuleiten *v/t.* **1.** (*Wasser etc.*) let in; ⊙ supply, feed; **2.** (*j-m, e-r Stelle weitergeben*) pass on to; ***j-m Informationen*** *etc.* ***~*** *a.* supply s.o. (*od.* keep s.o. supplied) with information *etc.*; **Zuleitung** *f* supply (*gen.* of); **Zuleitungsrohr** *n* supply (*od.* feed) pipe.

zuletzt *adv.* **1.** (*als Letztes, an letzter Stelle*) last; ***mach das ~*** do that last (*od.* at the end); ***er kommt immer ~*** he's always the last to arrive; ***bis ~*** till (*od.* to) the (very) end; ***wir blieben bis ~*** *a.* we sat it out (to the end); ***wir hofften bis ~, dass*** we hoped to the last that; ***nicht ~, weil*** not least because; **2.** (*das letzte Mal*) last, the last time; ***als ich ihn ~ sah*** when I last saw him; ***wann warst du ~ beim Zahnarzt?*** when was the last time you were at (*od.* you went to) the dentist('s)?; **3.** (*schließlich*) in the end; ***~ wollte er doch mitkommen*** in the end he decided to come after all.

zuliebe *adv.*: ***j-m ~*** for s.o.'s sake; ***s-r Ehe ~*** for the sake of his marriage; ***tus mir ~*** do it for me.

Zulieferant *m* (outside) supplier; **Zulieferarbeit** *f a. pl.* ancillary work; **Zulieferbetrieb** *m*, **Zulieferer** *m* (outside) supplier; **Zulieferindustrie** *f* ancillary industry; **zuliefern** *v/t.* supply; **Zulieferteile** *pl.* supplied parts; **Zulieferung** *f* supply.

Zulu[1] *m* Zulu.

Zulu[2] *n ling.* Zulu, the Zulu language.

Zulustamm *m* Zulu tribe.

zum (= ***zu dem***) → ***zu*** I.

zumachen I. *v/t.* **1.** shut, close; (*Loch*) stop up; (*Umschlag*) seal; (*Mantel etc.*) button (up), do up; (*Schirm*) put down; ***ich habe kein Auge zugemacht*** I didn't sleep a wink; **2.** (*Geschäft, auflösen*) close down; ***das Geschäft ~*** *a.* F shut up shop; **II.** *v/i.* **3.** *Geschäft*: close; **4.** *Geschäft*: (*aufgelöst werden*) close down; **5.** F ***mach zu!*** (*beeil dich*) F get a move on!, step on it!

zumal I. *cj.*: **~ (*da* *od.* *weil*)** particularly as (*od.* since), F seeing as; **II.** *adv.* (*vor allem*) particularly, above all, in particular.

zumarschieren *v/i.*: ***~ auf*** march towards (*od.* up to).

zumauern *v/t.* wall (*od.* brick, block) up.

zumeist *adv.* mostly, for the most part.

zumessen *v/t.* portion out (*dat.* to); (*j-m s-n Teil*) allot (to); ***e-r Sache Bedeutung ~*** attach importance to s.th.

zumindest *adv.* at least; ***du hättest mir ~ Bescheid geben können*** *a.* the least you could have done is let me know; ***sie sind in Urlaub - glaube ich ~*** they're on holiday - at least I think they are.

zumischen *v/t.* add (*dat.* to).

zumutbar *adj. Arbeit etc.*: not unreasonable, reasonable; ***das ist durchaus ~ für ihn*** it's not expecting too much of him; ***das ist doch nicht ~*** that's expecting a bit much (***für*** of), ***für ihn:*** *a.* you can't expect him to do that; **Zumutbarkeit** *f* reasonableness.

zumute, zu Mute *adv.*: ***mir ist (nicht) wohl ~*** I (don't) feel good; ***mir ist nicht danach ~*** I don't feel like it, I'm not in the mood; ***mir ist nicht zum Lachen ~*** I'm in no mood for laughter; ***mir war zum Heulen ~*** I felt like crying.

zumuten *v/t.*: ***j-m et. ~*** expect s.th. of s.o.; ***das kannst du ihr nicht ~*** you can't expect her to do that; ***sich zu viel ~*** take on too much, F bite off more than one can chew; **Zumutung** *f* imposition; (*Unverschämtheit*) cheek; ***das ist e-e ~*** that's asking a bit much, *stärker*: F what a nerve, who does he think I am (*od.* we are *etc.*)?

zunächst *adv.* **1.** (*am Anfang*) at first, initially; (*e-e Zeitlang*) for a while; **2.** (*erstens*) first of all, to start with; **3.** (*vorläufig*) for the time being.

zunageln *v/t.* nail up; (*Deckel*) nail down.

zunähen *v/t.* sew (up).

Zunahme *f* increase (***an*** *od. gen.* in); *an Truppen*: buildup (of).

Zuname *m* surname, last (*od.* second) name.

Zünd|anlage *f mot.* ignition system; **~einstellung** *f* ignition (*Diesel*: injection) timing.

zündeln *östr., südd. v/i.* play with fire.

zünden I. *v/i.* **1.** (*Feuer fangen*) catch fire; *Holz*: kindle; *Streichholz*: light; *Motor*: fire; *Gasgemisch*: ignite; *Sprengladung*: detonate, go off; *Blitz*: strike; *Rakete*: fire; ***das Streichholz zündet nicht*** the match won't light (*od.* strike); **2.** *fig. Gedanke etc.*: arouse enthusiasm; *Idee*: catch on; **II.** *v/t.* (*Streichholz*) light, strike; (*Motor, Rakete*) fire; (*Sprengladung*) detonate, set off; **III.** F *v/impers.*: ***bei ihm hats gezündet*** F the penny has (finally) dropped; **zündend** *fig. adj. Worte etc.*: stirring, rousing.

Zunder *m* **1.** ***brennen wie ~*** burn like tinder; **2.** F ***j-m ~ geben*** F give s.o. (merry) hell; ***es gibt ~*** F he's *etc.* in for it.

Zünder *m* fuse; (*Minen~*) detonator.

Zünd|flamme *f* pilot light; **~funke** *m mot.* (ignition) spark; **~holz** *n*, **~hölzchen** *n* match; **~holzschachtel** *f* matchbox; **~kabel** *n mot.* ignition cable; **~kerze** *f mot.* spark plug; **~plättchen** *n für Spielzeugpistole*: cap; **~satz** *m* igniting charge; **~schalter** *m*, **~schloss** *n mot.* ignition switch; **~schlüssel** *m mot.* ignition key; **~schnur** *f* fuse; **~spule** *f mot.* ignition coil; **~stein** *m* flint; **~stoff** *m* **1.** inflammable matter; **2.** *fig.* dynamite; *zu e-r Diskussion*: fuel (***zu*** for).

Zündung *f* ignition.

Zündvorrichtung *f* ignition device.

zunehmen *v/i.* **1.** increase (***an*** in); *Zahl*: *a.* go up; (*anwachsen*) grow; *Tage*: get longer; *Mond*: wax; *Wind*: get stronger, *formell*: increase; *Regen*: get heavier, *formell*: increase; *Schmerzen*: get worse, *formell*: increase; *Beifall*: grow (louder); ***die Kälte nimmt zu*** it's getting colder; **2.** *an Gewicht*: put on weight; **zunehmend** I. *adj.* increasing, growing; ***~er Mond*** waxing moon; ***mit ~em Alter*** as one gets older, with increasing age, with advancing years; ***~e Erkenntnis*** growing realization; ***in ~em Maße*** → II; → ***Bewölkung***; **II.** *adv.* increasingly, more and more; ***sich ~ verschlechtern*** get increasingly worse, get worse and worse.

zuneigen I. *v/refl.* **1.** ***sich*** *j-m od. e-r Sache* **~** lean towards; **2.** ***sich dem Ende ~*** draw to a close; **II.** *v/i.*: ***der Ansicht ~, dass*** be inclined to think that; **Zuneigung** *f* affection (***für, zu*** for).

Zunft *f* **1.** guild; **2.** F *contp.* F bunch, shower.

zünftig I. *adj.* (*echt*) real; proper (*a.* F *tüchtig*); **II.** *adv.*: ***es ging ~ zu*** they *etc.* were having a good time of it.

Zunftwesen *n* guilds *pl.*, system of guilds.

Zunge *f* **1.** tongue (*a. gastr., im Schuh und fig. Sprache*); ***böse (spitze) ~*** malicious (sharp) tongue; ***e-e feine ~ haben*** have a fine palate; ***e-e schwere ~ haben*** slur one's speech (*od.* words); ***die ~ herausstrecken*** stick (*od.* poke) one's tongue out (*dat.* at), *beim Arzt*: put one's tongue out; ***mit der ~ anstoßen*** lisp, have a lisp; ***sich auf die ~ beißen*** bite one's tongue, *fig.* bite one's lips; ***er beißt sich eher die ~ ab, als etwas zu sagen*** he'd rather swallow his tongue than say anything; *fig.* ***sich die ~ abbrechen*** get one's tongue (all) in a twist; ***da bricht man sich ja die ~ ab!*** how are you supposed to get your tongue round that?; ***sich die ~ verbrennen*** open one's mouth too wide; ***mit zwei ~n sprechen*** speak with a forked tongue; ***mir klebt die ~ am Gaumen*** I'm parched; ***s-e ~ an j-m wetzen*** say nasty things about s.o.; ***böse ~n behaupten, dass*** there's some nasty gossip going round that; ***es lag mir auf der ~*** it was on the tip of my tongue; ***es brannte ihm auf der ~, es weiterzusagen*** he was bursting (*od.* dying) to tell someone; ***hüte d-e ~!*** mind your tongue!; ***wir werden ihm noch die ~ lockern*** we'll loosen his tongue (*od.* get him to talk) yet; → ***Herz, lösen*** 2, ***zergehen*** *etc.*; **2.** *an der Waage*: pointer; **3.** (*See~*) sole.

züngeln *v/i.* **1.** *Schlange*: flicker its tongue (in and out); **2.** *Flamme*: flicker, *stärker*: shoot up; ***~ an*** lick.

Zungen|akrobatik F *f* contortions *pl.* of the tongue; ***das ist ja die reinste ~!*** F you have to be careful not to strain your tongue (*od.* tie your tongue up in knots) trying to pronounce that; **~belag** *m* ⚕ coating of the tongue; coated (*od.* furred) tongue.

Zungenbrecher *m* tongue-twister; **zungenbrecherisch** *adj.* tongue-twisting ...

zungenfertig *adj.* articulate, *contp.* glib; ***sie ist sehr ~*** *a.* she's never at a loss for words; **Zungenfertigkeit** *f* articulacy, *contp.* glibness.

Zungen|kuss *m* French kiss; **~laut** *m ling.* lingual (sound); **~schlag** *m* **1.** ***falscher ~*** slip of the tongue; **2.** ⚕ stammer; **3.** ♪ tonguing; **~spitze** *f* tip of the tongue; **~wurzel** *f* base of the tongue.

Zünglein *n*: *fig.* ***das ~ an der Waage bilden*** tip the scales.

zunichte *adv.*: ***~ machen*** destroy, ruin; (*Hoffnung*) *a.* shatter, (*Pläne*) put paid to, F scupper; ***~ werden*** come to nothing (*od.* naught).

zunicken *v/i.*: ***j-m ~*** nod at s.o., give s.o. a nod; ***j-m freundlich ~*** give s.o. a friendly nod; ***j-m grüßend ~*** nod (at s.o.) in greeting, greet s.o. with a nod.

zunutze, zu Nutze *adv.*: ***sich et. ~ machen*** make (good) use of; (*ausnützen*) take advantage of.

zuoberst *adv.* (right) at the top; *am Tisch*: at the head (of the table).

zuordnen *v/t.*: ***e-r Sache ~*** assign to s.th., class with s.th.; ***den Reptilien*** *etc.* ***zugeordnet werden*** be classified as a reptile *etc.*, belong to the reptile *etc.* family; ***e-m Künstler (e-r Zeit*** *etc.*) **~** ascribe to an artist (a period *etc.*); ***er lässt sich schwer ~*** he's hard to place (*od.* categorize).

zupacken I. *v/i.* **1.** make a grab; grab (at) it; **2.** (*hart arbeiten*) knuckle down, get down to it; ***jemand, der ~ kann*** someone who's willing to roll up his sleeves, someone who's not afraid of some hard physical work; **II.** *v/t.*: ***j-n ~*** swaddle s.o. in blankets *etc.*; **zupackend** *adj. Manager, Politiker etc.*: hands-on ...; ***er hat e-e ~e Art*** he doesn't waste any time (getting things done).

zuparken *v/t.* block, obstruct; → ***zugeparkt.***

Z

zupfen I. *v/i.* pull (**an** at), tug (at); ***j-n am Ärmel*** *etc.* **~** tug at s.o.'s sleeve *etc.*; **II.** *v/t.* (*Saite, a. Augenbrauen etc.*) pluck; **Zupfinstrument** *n* plucked instrument.
zupflastern *v/t.*: **~ *mit*** cover with, F plaster with; ***sie haben die Stadt mit Betonklötzen zugepflastert*** they've covered every square inch of the town with concrete blocks.
zuprosten *v/i.*: ***j-m* ~** raise one's glass to s.o.
zur (= ***zu der***) → ***zu*** I.
zurande, zu Rande *adv.*: **~ *kommen mit j-m*** get on with s.o., ***mit et.*** cope with s.th., get to grips with s.th.
zurate, zu Rate *adv.*: ***mit sich* ~ *gehen*** think things over; ***j-n* ~ *ziehen*** consult s.o., seek s.o.'s advice; ***et.* ~ *ziehen*** consult s.th..
zuraten I. *v/i.*: ***j-m* ~, *et. zu tun*** advise s.o. to do s.th.; **II.** ♀ *n*: ***auf sein* ~** on his advice.
zuraunen *v/t.*: ***j-m et.* ~** whisper s.th. into s.o.'s ear.
zurechnen *v/t.* **1.** add (**zu** to); **2.** (*zuschreiben*) ascribe to; **3.** → ***zuordnen.***
zurechnungsfähig *adj.* accountable, of sound mind; ⚖ *a.* compos mentis; ***ist er* ~?** *a.* can he be held accountable (*od.* responsible)?; **Zurechnungsfähigkeit** *f* accountability; ⚖ ***verminderte* ~** diminished responsibility; ***auf verminderte* ~ *plädieren*** plead diminished responsibility.
zurecht|basteln *v/t.* rig up (*a.* F *fig.*); **~biegen** *v/t.* **1.** bend *s.th.* into the right shape; **2.** F *fig.* (*Sachverhalt*) twist to one's own advantage; (*j-n*) straighten *s.o.* out; ***die Sache* ~** straighten things out; **~finden** *v/refl.*: ***sich* ~ 1.** find one's way (around); **2.** *fig. mit et.*: manage, cope; (*et. verstehen*) F get the hang of it; *an e-m Arbeitsplatz*: settle in; ***findest du dich zurecht?*** will you be all right (*Am.* alright)?; ***ich find mich überhaupt nicht mehr zurecht*** I don't know what's going on any more (*od.* where to start looking), I'm lost; ***ich find mich mit diesem System überhaupt nicht zurecht*** I can't make head or tail of this system; **~kommen** *v/i.* **1.** manage, cope (**mit** with); ***mit j-m* ~** (*auskommen*) get on with s.o.; ***kommst du zurecht?*** are you (managing) all right (*Am.* alright)?; ***kommen Sie zurecht?*** *im Geschäft*: can I help you?; ***ich komme mit diesem Computer nicht zurecht*** I can't work this computer out; **2.** (*rechtzeitig kommen*) get there (*od.* make it) in time; **~legen** *v/t.* **1.** put out; (*ordnen*) arrange; **2.** *fig.* ***sich e-e Ausrede*** *etc.* **~** have an excuse *etc.* ready; **~machen I.** *v/t.* get *s.th.* ready, prepare; (*Bett*) make; (*Salat*) dress; **II.** *v/refl.*: ***sich* ~** get (o.s.) ready; (*sich herausputzen*) do o.s. up; **~rücken** *v/t.* **1.** straighten *s.th.* (out); **2.** *fig.* put *s.th.* straight; ***die Sache* ~** put things (*od.* matters) straight; **~schneiden** *v/t.* cut into shape, cut up; **~setzen** *v/t.* set right, put straight; put in the right place; **~stauchen** F *v/t.* haul *s.o.* over the coals; **~stutzen** *v/t.* **1.** (*Hecke*) trim, clip; **2.** F *fig.* ***et.* ~** get s.th. into shape; ***j-n* ~** F cut s.o. down to size.
zurechtweisen *v/t.* reprimand, *stärker*: F give *s.o.* a wigging (*od.* dressing-down); **Zurechtweisung** *f* reprimand, rebuke.
zurechtzimmern *v/t.* F cobble together.
zureden I. *v/i.*: ***j-m*** (***gut***) **~** (*zu überreden versuchen*) try to persuade s.o.; (*beschwatzen*) coax s.o. into doing it; (*ermutigen*) encourage s.o. (to do it); ***ich musste ihm lange* ~** I really had to work on him; **II.** ♀ *n* coaxing, urging; encouragement; ***gütliches* ~** moral suasion; ***erst nach langem* ~** only after a great deal of coaxing *etc.*
zureichen *v/t.*: ***j-m et.* ~** pass s.o. s.th.
zureiten I. *v/t.* (*Pferd*) break in; **II.** *v/i.*: **~ *auf*** ride up to.
zurichten *v/t.* prepare; ⚙ dress (*a. Leder, Werkzeug*); (*Holz, Steine*) cut, trim; (*Stoff*) finish; *typ.* get *s.th.* ready; ***übel* ~** (*j-n*) injure badly, (*schlagen*) *a.* beat up badly, (*et.*) make a mess of; → ***zugerichtet.***
zuriegeln *v/t.* bolt.
zürnen *lit. v/i.* be angry ([***mit***] j-m with s.o.; ***über*** at, about).
zurren *v/t.* lash, tie.
Zurschaustellung *f* exhibition; *contp.* parading, flaunting.
zurück I. *adv.* back; (*rückwärts*) backwards; (*hinten*) behind; **~!** (*nicht weitergehen*) hold it!, (*Platz machen*) stand back!; ***e-n Schritt* ~ *tun*** go back a step, take a step back(wards); ***11 Punkte* ~** *Sport*: 11 points down; **~ *an den Absender*** return to sender; ***mit bestem Dank* ~** returned with thanks; **~ *sein*** *in der Schule*: be (lagging) behind; *körperlich*: be a late developer; *geistig*: be a bit backward; *Pflanze*: be late; (*nicht auf der Höhe der Zeit*) be behind the times; *kulturell*: be backward; **II.** ♀ *n*: ***es gibt kein* ~** (***mehr***) there's no turning back (now).
zurück|begeben *v/refl.*: ***sich* ~** return, go back; ***sich nach Hause* ~** return home, go back home, go home again; **~begleiten** *v/t.* see (*od.* walk) *s.o.* back, *nach Hause*: *a.* see (*od.* walk) *s.o.* home; **~behalten** *v/t.* **1.** hold onto, keep (back); (*einbehalten*) withhold; **2.** (*Behinderung, Narbe etc.*) be left with; **~bekommen** *v/t.* get back; **~beordern** *v/t.* order back; **~berufen** *v/t.* recall; **~bezahlen** *v/t.* → ***zurückzahlen***; **~bilden** *v/refl.*: ***sich* ~** recede; *biol.* regress; **~binden** *v/t.* tie back; **~bleiben** *v/i.* **1.** stay behind; **2.** (*nicht mithalten, a. in der Schule*) fall behind, be (lagging) behind; *in der Entwicklung, geistig*: be backward; → ***zurückgeblieben***; ***hinter*** *Erwartungen etc.* **~** fall short of; **3.** (*übrig bleiben*) be left; *als Unfallfolge etc.*: remain; **~blenden** *v/i. Film*: go back (**auf** to), *a. fig.* flash back (to); **~blicken** *v/i.* look back (*a. fig.*) (**auf** at, *fig.* on); **~bringen** *v/t.* bring back (***ins Leben*** to life); **~datieren I.** *v/t.* backdate; **II.** *fig. v/i.*: **~ *auf*** date back to; **~denken** *v/i.* think back (**an** to); **~ *an*** *a.* recall (to memory); **~drängen I.** *v/t.* drive back; *fig.* restrain; (*unterdrücken*) suppress; **II.** *v/i. Menge*: fall back; **~drehen** *v/t.* turn (*od.* put) back; (*Lautstärke etc.*) turn down; **~dürfen** *v/i.* be allowed back; **~entwickeln** *v/refl.*: ***sich* ~ 1.** → ***zurückbilden***; **2.** *geschäftlich*: be falling off; **~erinnern** *v/refl.*: ***sich* ~** (***an***) remember, recall; **~erobern** *v/t.* recapture; *fig.* win back; **~erstatten** *v/t.* refund, reimburse; ♀**erstattung** *f* refunding, reimbursement; **~erwarten** *v/t.* expect *s.o.* back; **~fahren I.** *v/i.* **1.** go back, return; *mit dem Auto*: *a.* drive back; **2.** *fig. vor Schreck etc.*: recoil, shrink back (**vor** in *terror etc.*); **II.** *v/t.* **3.** drive *s.o. od. s.th.* back; **4.** (*Maschine, Produktion*) throttle down; **~fallen** *v/i.* **1.** fall back; **2.** *Läufer etc.*: fall behind, drop back; **3.** **~ *in*** (*alte Fehler etc.*) lapse back into, revert to; → ***Schlendrian*** 1; **4. *an j-n* ~** *Besitz etc.*: revert to; **5. *auf j-n* ~** *Schande etc.*: reflect on s.o.; **~finden** *v/i. u. v/refl.* (***sich* ~**) find one's way back (**zu** to, *a. fig.*); *fig.* ***zu sich selbst* ~** get back on an even keel; **~fliegen** *v/i.* fly back; **~fließen** *v/i.* flow back (*a. Geld*); **~ *lassen an*** feed back to; **~fordern** *v/t.* ask for *s.th.* back, *stärker*: demand *s.th.* back; **~fragen** *v/i.* **1.** ask in reply; **2.** → ***rückfragen***; **~führen I.** *v/t.* **1.** lead back; **2. *j-n in sein Land* ~** send s.o. back to his (*od.* her) home country, repatriate s.o.; **3.** *fig.* **~ *auf*** reduce to; ***auf*** *e-e Ursache etc.* **~** put down to, attribute to, explain by; ***das führt mich auf ein Problem zurück*** that brings me back to (*od.* reminds me of) a problem; ***der Unfall ist auf Leichtsinn zurückzuführen*** the accident has been put down to (*od.* was due to) carelessness; **II.** *v/i. Weg*: lead (*od.* go) back (***nach*** to); **~geben** *v/t.* **1.** give back, return, (*Kompliment etc.*) return; ***es gab ihm sein Selbstwertgefühl zurück*** it gave him back his self-esteem; **2.** *Fußball*: pass back; **3.** (*entgegnen*) retort; **~geblieben** *adj.* backward, retarded; **~gehen** *v/i.* **1.** go back, return; *Truppen*: retreat, fall back; ***zwei Schritte* ~** step two paces back, take two steps back; *e-e Sendung* **~ *lassen*** return, send back; **2.** *fig.* **~ *auf*** go back to; ***auf*** *e-e Zeit* **~** *a.* date (*od.* hark) back to; ***die Kirche geht auf ein romanisches Kloster zurück*** the church goes back to (*od.* can be traced back to, was originally) a Romanesque monastery; **3.** (*sich vermindern*) decrease, diminish; *Zahlen*: *a.* drop; *Temperatur, Fieber*: go down, drop; *Schwellung*: go down, recede; *Schmerzen*: ease; ✝ *Geschäft*: fall off; *Preise*: slip, fall, go down; **~gelegt** *adj.* **1. ~*es Geld*** savings; **2. ~*e Strecke*** distance covered, *mot. etc.* *a.* mileage; **~gewiesen** *adj.* rejected; **~*e Flüchtlinge*** refugees turned back at the border *etc.*; **~gewinnen** *v/t.* win back; ⚔ (*Land etc.*) *a.* reconquer, regain; *fig.* (*Selbstvertrauen etc.*) regain.
zurückgezogen I. *adj. Leben*: secluded; *Person*: withdrawn; **II.** *adv.*: ***er lebt sehr* ~** he leads a very secluded life, he's cut himself off from society; **Zurückgezogenheit** *f* (life of) seclusion.
zurückgreifen *v/i.* **1. ~ *auf*** fall back on; **2. *weiter* ~** *in der Erzählung etc.*: go further back; ***ein wenig* ~** go back a bit.
zurückhalten I. *v/t.* **1.** hold back, keep back; (*Laster, Schiff*) detain; ***ich will Sie nicht* ~** I don't want to keep you; *fig.* ***j-n von e-r Dummheit* ~** keep s.o. from doing something stupid; **2.** (*vorenthalten*) keep back, withhold; **3.** (*unterdrücken*) suppress; (*Gefühle*) restrain; (*Tränen*) hold back; **II.** *v/refl.*: ***sich* ~ 4.** be reserved; (*sich zurückziehen*) keep (o.s.) to o.s.; **5.** (*sich beherrschen*) restrain o.s.; *am Tisch etc.*: hold back; ***sich* ~ *mit*** *Essen, Trinken*: go easy on; **III.** *v/i.*: **~ *mit*** (*Gefühlen*) hide; (*e-r Meinung*) withhold; **zurückhaltend I.** *adj.* reserved (*a.* ✝ *Börse*); (*unaufdringlich*) unobtrusive; *Ton, Behandlung, Art etc.*: low-key; ***nicht* ~ *sein mit*** be unsparing with; **II.** *adv. reagieren*: coolly; *antworten*: cautiously; **Zurückhaltung** *fig. f* reserve, restraint; (*Bescheidenheit*) modesty; **~ *üben*** keep a low profile, keep one's head down, *pol.* act with restraint; ***s-e* ~ *ablegen*** shed all (*od.* one's) restraint.

zurück|holen *v/t.* fetch back; (*wieder einstellen*) ask *s.o.* to come back; **~kaufen** *v/t.* buy back; **~kehren** *v/i.* return, go (*od.* come) back; ***aus der Gefangenschaft ~*** return from captivity (*od.* from the prisoner-of-war camp); *fig.* ***sein Bewusstsein kehrte allmählich zurück*** he gradually regained (*od.* recovered) his consciousness; ***zum Ausgangsthema ~*** get (*od.* come) back to the original topic; → ***Schoß***; **~klappen** *v/t.* fold back; **~kommen** *v/i.* come back (*fig.* ***auf*** to), return; *fig.* ***auf j-s Angebot ~*** take s.o. up on an offer, take up s.o.'s offer; ✝ ***wir kommen zurück auf Ihr Schreiben vom ...*** we refer to your letter of ...; **~können** *v/i.* be able to go back (*od.* return); *fig.* ***jetzt kann ich nicht zurück*** I can't go back on my word (*od.* decision *etc.*) now; **~kreuzen** *v/t. biol.* backcross; **~lassen** *v/t.* **1.** leave behind (*a. Spuren*); **2.** (*Rückkehr erlauben*) allow *s.o.* to return; **~laufen** *v/i.* run back; **~legen I.** *v/t.* **1.** put back; (*reservieren*) put aside, keep (***j-m*** for s.o.); *fig.* (*Geld*) put aside, save; **2.** (*Kopf*) lay (*od.* lean) back; **3.** *fig.* (*Weg, Strecke*) cover (*a. Sport*), *zu Fuß*: *a.* walk; → ***zurückgelegt*** 2; **II.** *v/refl.*: ***sich ~*** lie back; **~lehnen I.** *v/t.* lean back; **II.** *v/refl.*: ***sich ~*** lean back, ***in e-n Sessel etc.***: settle back into; **~leiten** *v/t.* lead back; (*Verkehr*) turn back; (*Sendung*) return; **~liegen** *v/i.* **1.** ***das liegt drei Jahre zurück*** that was three years ago; ***liegt es schon so weit zurück?*** was it that long ago?; **2.** ***3:0 ~*** be 3-0 (= three-nil) down; ***um fünf Punkte ~*** be five points down (*od.* behind); **~locken** *v/t.* lure back; **~melden** *v/refl.*: ***sich ~*** report back (***bei*** to); **~müssen** *v/i.* have to go back; *das Buch* ***muss zurück*** has to be returned; *der Schreibtisch* ***muss zurück*** (*an s-n Platz*) has to be moved back; **~nehmen** *v/t.* **1.** (*Ware etc.*) take back; (*Gesagtes*) *a.* withdraw, *formell*: recant; (*Verordnung*) revoke, (*Entscheidung*) *a.* go back on; (*Auftrag, Bestellung*) cancel, withdraw; (*Angebot, Versprechen*) go back on; ⚖ (*Anklage*) withdraw, drop; ***nimmst du das zurück?*** are you going to take that back?; **2.** (*Truppen, Front*) withdraw; **3.** (*Schachzug etc.*) take back; **4.** *mot.* ***Gas ~*** throttle back; **~pfeifen** *v/t.* (*Hund*) whistle back; *fig.* ***j-n ~*** pull s.o. up short; **~prallen** *v/i.* rebound; bounce (***von*** off); *Person, vor Schreck*: recoil, jump back (***vor*** from); **~rechnen** *v/t.* count back; **~reichen I.** *v/t.* hand back, return (*a. Schriftstücke*); **II.** *fig. v/i.*: (***bis***) ***in*** *e-e Zeit* **~** go (*od.* date) back to; **~reisen** *v/i.* travel back, return; **~rollen** *v/t. u. v/i.* roll back; **~rufen** *v/t.* call back; *teleph.* (*a. v/i.*) *a.* ring (*od.* phone) back; *fig.* (*Auto etc.*; *j-n aus dem Urlaub*) recall; *fig.* ***ins Gedächtnis ~*** recall (to memory); ***ins Leben ~*** bring *s.o.* back to life, (*Sache*) revive, resuscitate; **~schallen** *v/i.* echo (back), resound; **~schalten I.** *v/t.* switch back; **II.** *v/i. mot.* change (*Am.* shift) down; **~schauen** *v/i.* look back (***auf*** at, *fig.* on); **~scheuen** *v/i.* shrink (back) (***vor*** from), ba(u)lk (at); ***er scheut vor nichts zurück*** he'll stop at nothing, he'll go to any length(s); **~schicken** *v/t.* send back; (*Sache*) *a.* return; **~schieben** *v/t.* push back; **~schlagen I.** *v/t.* **1.** hit *s.o.* back; (*Feind, Angriff*) beat off; **2.** (*Decke*) fold back; (*Mantel*) throw open; (*Kragen*) turn down; **3.** (*Tennisball*) return; **II.** *v/i.* **4.** *a. fig.* hit (*od.* strike) back; ⚔ *a.* retaliate; **5.** *Flamme*: flare back; **6.** *fig.* **~ *auf*** affect, have a backlash effect on; **~schleppen I.** *v/t.* drag *s.o. od. s.th.* back; **II.** *v/refl.*: ***sich ~*** drag o.s. back; **~schnellen** *v/i.* spring (*od.* snap) back; **~schrauben** *fig. v/t.* (*Erwartungen, Forderungen*) lower; ***s-e Ansprüche ~*** lower one's sights; **~schrecken** *v/i.*: **~ *vor*** shrink back from; ***er schreckt vor nichts zurück*** he'll stop at nothing, he'll go to any length(s); **~schreiben** *v/i.* write back, reply; **~sehnen** *v/refl.*: ***sich ~ nach*** (*e-m Ort*) long to be back in, (*j-m*) long to be back with, (*e-r Zeit*) long for *one's youth etc.* again; **~senden** *v/t.* → ***zurückschicken.***

zurücksetzen *v/t.* **1.** put *s.th.* back; (*nach hinten versetzen*) move *s.th.* back; (*Auto*) back; **2.** *fig.* (*j-n*) slight; **Zurücksetzung** *f* slight; ***et. als ~ empfinden*** take s.th. as a slight.

zurück|sinken *v/i.* sink back (***in*** *e-n Sessel etc.*: into); **~spielen** *v/t. u. v/i. Sport*: pass (the ball) back; **~springen** *v/i.* **1.** jump back; *Ball*: bounce back; **2.** ⚠ recede; **~spulen I.** *v/t.* (*Video-, Tonkassette etc.*) wind (*od.* run) back (to the beginning), *a. phot.* rewind; **II.** *v/i.* wind (*od.* run) the tape back (to the beginning), rewind (the tape); *phot.* rewind the film; **~stecken I.** *v/t.* put *s.th.* back; **II.** *fig. v/i.* come down a peg or two; *in den Ansprüchen, Erwartungen etc.*: lower one's sights; **~stehen** *v/i.* **1.** *Haus etc.*: be set back; **2.** *fig.* ***hinter j-m ~*** *in den Leistungen*: be (trailing *od.* lagging) behind s.o., (*benachteiligt sein*) have to take second place to s.o.; ***sie steht an Begabung nicht hinter ihrer Schwester zurück*** she's every bit as talented as her sister; ***sie musste immer ~*** she always came off worst; ***keiner wollte ~*** nobody wanted to be left out (*od.* be the odd man out); ***hinter keinem ~*** be second to none; **~stellen** *v/t.* **1.** put back; (*Uhr*) *a.* turn back; **2.** (*Ware*) put aside; **~ *für*** *a.* keep for; **3.** (*Projekt etc.*) put on the back burner; **4.** ***die eigenen Interessen ~*** put one's own interests last; **5.** ⚔ *zeitweilig*: defer; *als unentbehrlich*: exempt from service; **~stoßen I.** *v/t.* **1.** push back; **2.** *fig.* (*abstoßen*) disgust; **II.** *v/i.* (*a.* ***mit dem Auto ~***) reverse, back; **~strahlen I.** *v/t.* reflect; **II.** *v/i.* be reflected; **~strömen** *v/i.* **1.** *Wasser etc.*: flow back; **2.** *fig. Menschen*: pour back (***in die Stadt*** into town); **~stufen** *v/t.* downgrade; (*Schüler*) move *s.o.* down a class; **~taumeln** *v/i.* reel (*od.* stagger) back; **~telefonieren** *v/i.* call (*od.* ring, phone) back; **~treiben** *v/t.* drive back; **~treten** *v/i.* **1.** step (*od.* stand) back; **2.** *von e-m Amt*: step down, stand down, resign; **3.** *von e-m Vertrag etc.*: withdraw (***von*** from), back out (of); **4.** *Fluss*: subside; **5.** *räumlich*: recede (***von*** from); **6. ~ *gegenüber*** (*zweitrangig sein*) be less important than; **7.** (*hintanstehen*) take second place (***hinter*** to); **8.** (*weniger werden*) diminish, decline; **~tun** F *v/t.* → ***zurücklegen*** 1, 2; **~verfolgen** *fig. v/t.* trace back (***zu*** to); ***es lässt sich bis ins 13. Jahrhundert ~*** it can be traced back to the 13th century; **~verlangen** *v/t.* → ***zurückfordern***; **~versetzen I.** *v/t.* **1.** move back; **2.** (*Angestellten etc.*) transfer back; (*Schüler*) move *s.o.* down (a class); **3.** *fig.* take (*od.* carry, *lit.* transport) back; ***es versetzt mich sofort in m-e Kindheit zurück*** it takes me straight back to my childhood; **II.** *v/refl.*: ***sich ins Mittelalter*** *etc.* **~** imagine one is living in the Middle Ages *etc.*; **~verwandeln** *v/t.* change back (***in*** into); (*a.* ***sich***) **~ *in*** revert to; **~weichen** *v/i.* **1.** step back; *Menge*: *a.* move back; *erschreckt*: shrink back (***vor*** from); **2.** ⚔ fall back; **3.** *Hochwasser, Wald etc.*: recede; **4.** *fig.* recoil (***von*** from), back away (from).

zurückweisen *v/t.* (*Argument, Beschuldigung etc.*) reject, repudiate; (*Angebot*) turn down, reject; ⚖ (*Klage*) dismiss; ✝ (*Wechsel*) dishono(u)r; (*j-n, an der Grenze etc.*) turn back; **Zurückweisung** *f* rejection; repudiation; dismissal; turning back; → ***zurückweisen.***

zurück|wenden *v/t.* (*a.* ***sich ~***) turn back; **~werfen** *v/t.* **1.** throw back (*a. den Kopf*); **2.** (*Lichtstrahlen etc.*) reflect; (*Schall*) reverberate; **3.** *fig.* (*den Feind etc.*) repulse; **4.** *fig. in der Entwicklung*: set (*od.* throw) back; **~wirken** *v/i.*: **~ *auf*** have an effect on, react on; **~wollen** *v/i.* want to go back; **~wünschen** *v/t.* wish back; **~zahlen** *v/t.* pay back, repay (*a. fig.*); (*Auslagen*) refund, reimburse; (*Hypothek*) redeem; (*Schuld*) pay off; ***das kannst du mir nächste Woche ~*** you can pay me back next week; **~ziehen I.** *v/t.* **1.** pull back; (*Hand, Vorhang*) *a.* draw back; **2.** (*Bestellung, Antrag etc.*) withdraw; (*Zusage, Versprechen*) go back on; **3.** (*Truppen*) withdraw, pull out; (*Diplomaten*) call back; **II.** *v/refl.*: ***sich ~*** **4.** withdraw; ***sich auf sein Zimmer ~*** go (up) to one's room, *beleidigt etc.*: slink off to one's room, *weitS.* lock o.s. up in one's room; **5.** ⚔ withdraw, pull out; **6.** ***sich vom Geschäftsleben*** *etc.* **~** retire from business *etc.*; ***sich von der Politik ~*** *a.* bow out of politics; ***sich von der Bühne ~*** leave (*od.* quit) the stage; ***sich von der Öffentlichkeit ~*** retire from public life; **7.** ***sich von j-m ~*** break off contact with s.o., *demonstrativ*: dissociate o.s. from s.o.; **8.** ***sich in sich selbst ~*** withdraw into one's shell; **9.** ***sich auf s-n alten Standpunkt ~*** revert (*od.* go back) to one's old standpoint; **III.** *v/i.* move back.

Zuruf *m* shout; *pl.* (*Beifallsrufe*) cheers, cheering *sg.*; ***durch ~*** by acclamation (*a. parl.*); **zurufen I.** *v/i.*: ***j-m ~*** call (to) s.o.; **II.** *v/t.*: ***j-m et. ~*** call s.th. (out) to s.o., shout s.th. to s.o.

zurzeit *adv.* (*jetzt*) at the moment; → *a.* ***Zeit.***

Zusage *f* promise; (*Annahme*) acceptance; (*Einwilligung*) assent; ***s-e ~ geben*** promise, give one's word; **zusagen I.** *v/t.* **1.** promise; ***et. ~*** *a.* undertake to do s.th.; ***s-e Hilfe ~*** promise to help; ***Hilfe ~*** *Regierung etc.*: pledge one's aid, promise to send aid; **2.** ***j-m et. auf den Kopf ~*** tell s.o. s.th. to his (*od.* her) face; **II.** *v/i.* **3.** *bei e-r Einladung*: accept the invitation; ***sie haben alle (fest) zugesagt*** they've all said they're coming (they've all promised to come); **4.** ***j-m ~*** appeal to s.o., *formell*: be to s.o.'s liking (*od.* taste); ***ich weiß nicht, ob ihm das Buch (Klima) ~ wird*** I don't know whether he'll like the book (whether it's the right kind of climate for him); ***das sagt mir eher zu*** I prefer that, F that's more up my street.

zusammen *adv.* **1.** together; (*gemeinschaftlich*) *a.* jointly; (*insgesamt*) (all) together; (*gleichzeitig*) at the same time; ***gehen wir ~*** let's go together; ***et. ~ besitzen*** own s.th. jointly, be joint owners of s.th.; ~ ***betragen*** make a total of, come to ... all together; ***das macht ...*** ~ that'll be ... all together; ***wir haben*** ~ ***6 Dollar*** we have 6 dollars between us; ***bestellen wir e-n großen Salat*** ~ let's order a large salad between us (*zu zweit*: *a.* for the two of us); ***guten Abend*** ~***!*** evening all!; ***er verdient mehr als alle anderen*** ~ he earns more than the rest of them put together; **2.** ~ ***sein*** a) be together; ***das ganze Wochenende*** ~ ***sein*** be together for the whole weekend, spend the whole weekend together; b) *Freund u. Freundin*: be going out with each other; ***wie lange sind sie schon*** ~***?*** how long have they been together (*od.* been going out with each other)?; ***X u. Y sind*** ~ F X and Y are an item.

Zusammenarbeit *f* cooperation, *bsd. mit dem Feind*: collaboration; *e-r Gemeinschaft*: teamwork; **zusammenarbeiten** *v/i.* work together, cooperate.

zusammenbacken *v/i. Dreck etc.*: cake.

zusammenballen I. *v/t.* make into a ball; (*Papier*) screw up; ***die Hände*** ~ clench one's fists; **II.** *v/refl.*: ***sich*** ~ *Wolken etc.*: build up; *Truppen*: mass together; *fig. Unheil etc.*: loom (**über** over); **Zusammenballung** *f* accumulation; *von Truppen etc.*: massing together; *von Macht, Kapital*: concentration.

Zusammenbau *m* assembly; **zusammenbauen** *v/t.* assemble; put together.

zusammen|beißen *v/t.*: ***die Zähne*** ~ clench (*fig.* grit) one's teeth; **~bekommen** *v/t.* get together; (*Geld*) scrape together; **~betteln** *v/t.*: ***das Geld*** ~ go around begging for the money; **~binden** *v/t.* tie together; **~bleiben** *v/i.* stay (F stick) together; **~brauen I.** F *fig. v/t.* brew, concoct, F cook up; **II.** *v/refl.*: ***sich*** ~ *Unwetter, Streit etc.*: be brewing; **~brechen** *v/i.* **1.** *Gebäude, Brücke*: cave in, collapse; **2.** *Person*: collapse; *seelisch*: break down; *Kreislauf*: break down; ***sein Kreislauf ist zusammengebrochen*** *a.* he had a circulatory breakdown; **3.** ~ **über** *Wellen*: crash down on; **4.** *Wirtschaft, Firma*: collapse; *Angriff, Pläne*: fail; *Ordnung, Telefonverbindung, Verhandlungen, Widerstand, Theorie*: break down; *Verkehr*: come to a standstill; *fig.* ***m-e Welt ist zusammengebrochen*** my world just caved in; **~bringen** *v/t.* **1.** (*Leute*) bring (*od.* get, gather) together; (*Kräfte, Mittel etc.*) muster; (*sammeln*) collect, gather; (*Geld*) raise, get (*od.* scrape) together; **2. *et. mit et.*** ~ bring s.th. into contact with s.th.; **3.** *fig.* (*vereinen*) unite; ***j-n mit j-m*** ~ (*bekannt machen*) introduce s.o. to s.o., *a. intimer*: get s.o. together with s.o.; ***j-n mit j-m wieder*** ~ (*versöhnen*) reconcile s.o. with s.o.; **4.** F (*fertig bringen*) manage; *im Gedächtnis*: remember; ***er bringt keinen Satz zusammen*** F he can't string a sentence together; ***ich bringe es nicht zusammen zu*** *inf.* I can't bring (*od.* get) myself to *inf.*

Zusammenbruch *m* breakdown (*a.* ⚕, *pol. etc.*); *völliger*: collapse.

zusammen|drängen I. *v/t.* **1.** crowd together; **2.** *fig.* (*Beschreibung etc.*) condense (**auf** to); → ***zusammengedrängt***; **II.** *v/refl.*: ***sich*** ~ **3.** huddle together; **4.** *fig. Ereignisse etc.*: be concentrated, come thick and fast; **~drücken** *v/t.* press together; (*eindrücken*) crush, squash; **~fahren I.** F *v/t.* **1.** (*ein Auto etc.*) smash into, *völlig*: smash up, wreck; **II.** *v/i.* **2.** crash (into each other); **3.** *vor Schreck etc.*: jump, start (**vor** with); *vor Schmerz*: wince (with); **~fallen** *v/i.* **1.** *Gebäude etc.*: collapse, cave in; *Kuchen etc.*: go down in the middle; *fig. Person*: waste away; *Gesicht*: collapse, cave in; *fig.* ***in sich*** ~ *Pläne etc.*: collapse (like a house of cards); ***ganz zusammengefallen aussehen*** *Person*: *a.* F look all scrunched up; **2.** *zeitlich*: coincide, fall on the same day (*od.* in the same week *etc.*); **~falten** *v/t.* **1.** (*Papier, Decke etc.*) fold (up); (*Zeitung*) fold up; **2. *die Hände*** ~ fold one's hands.

zusammenfassen I. *v/t.* **1.** (*Rede etc.*) sum up, summarize; (*kürzen*) condense; **2.** (*vereinigen*) unite, integrate (**in** into); **II.** *v/i.* sum up, summarize; **zusammenfassend I.** *adj.*: **~*er Bericht*** *etc.* summary (of events *etc.*), résumé; **~*e Wiederholung*** recapitulation; **II.** *adv.* in summary, by way of summarizing; ~ ***lässt sich sagen*** in summary it may be said, to sum up one may say; **Zusammenfassung** *f* summary; *wissenschaftliche*: *a.* abstract; (*Kürzung*) condensation, *ped.* précis; ~ ***der Nachrichten*** news summary, summary of the news, *the* news in short.

zusammen|fegen *v/t.* sweep up (*od.* together); **~finden** *v/refl.*: ***sich*** ~ get together; **~flicken** *v/t.* **1.** patch up (*a.* F *fig. j-n*); **2.** F *fig.* (*Werk*) F cobble together.

zusammenfließen *v/i. Flüsse*: flow together, meet, join; *Farben*: run (together); *fig.* merge; **Zusammenfluss** *m* confluence, junction.

zusammen|fügen I. *v/t.* join (together); fit together; **II.** *v/refl.*: ***sich*** ~ fit together; **~führen** *v/t.* bring together; ***wieder*** ~ (*Familie etc.*) reunite; **~gedrängt** *adj.* crowded (F squeezed) together; *kauernd*: huddled together; ***auf engstem Raum*** ~ crowded into a minimum of space; **~gehen** *v/i.* **1.** *Parteien, Firmen*: cooperate; (*sich vereinigen*) merge; **2.** *Farben*: match, go together (well); **3.** *Linien*: converge, meet; **4.** *dial.* (*eingehen*) shrink.

zusammengehören *v/i.* belong together; *als Paar*: form a pair; *als Satz*: form a set; **zusammengehörig** *adj.* **1.** *Socken etc.*: matching ...; **2. *sich*** ~ ***fühlen*** feel one belongs together; **Zusammengehörigkeit** *f* solidarity; shared identity; **Zusammengehörigkeitsgefühl** *n* (feeling of) solidarity; (sense of) togetherness; common (*od.* shared) identity; (*Mannschaftsgeist*) team spirit.

zusammen|genommen *adj.*: ***alles*** ~ all in all, all things considered; **~gepfercht** *adj.*: ~ ***in*** herded into, cooped up in; **~geraten** *fig. v/i.* clash, come to blows; **~gerechnet** *fig. adj.*: ***alles*** ~ all in all, all things considered, taking everything into account; **~geschustert** F *adj.* F cobbled (*od.* thrown) together; piecemeal ...; **~gesetzt** *adj.* **1.** ~ ***sein aus*** be made up of; **2.** ⚗, ♪, *ling., Arznei*: compound; *Bild, Stil etc.*: composite; **~*es Wort*** compound (word); **~gesunken** *adj. Person*: slumped together, F scrunched up; ~ ***dasitzen*** *a.* F sit there in a heap; **~gewürfelt** *adj.*: (**bunt**) ~ motley ..., thrown together; *bsd. Mannschaft etc.*: scratch *team etc.*; **~haben** *v/t.* have got *a team etc.* together, (*Geld*) *a.* have scraped *the money* together.

Zusammenhalt *m* cohesion (*gen.* of); *fig.* bond (between, within), unity (of); (*Mannschaftsgeist*) team spirit; **zusammenhalten I.** *v/i.* **1.** hold together (*a. fig.*); *Freunde*: F stick together; **II.** *v/t.* **2.** hold *s.th.* together (*a. fig.*); (*Geld*) hold onto; **3.** (*nebeneinander halten*) hold next to each other, hold side by side.

Zusammenhang *m* connection; (*Fortlaufendes*) continuity; *e-r Textstelle*: context; *von Ideen*: association; ***es besteht ein*** ~ ***zwischen den Ereignissen*** the events are connected; ***miteinander in*** ~ ***bringen*** establish a connection (*od.* link) between; ***im*** ~ ***stehen mit*** be connected with; ***nicht im*** ~ ***stehen mit*** have no connection with, have nothing to do with; ***in diesem*** ~ in this connection; ***Worte aus ihrem*** ~ ***reißen*** take words out of their context; ***die Dinge im*** ~ ***sehen*** see things in context; ***die größeren Zusammenhänge*** the general perspective, *weitS.* the overall scheme (of events *od.* things); ***der Brief*** *etc.* ***hat keinen*** ~ the letter *etc.* is incoherent (*od.* doesn't hang together); **zusammenhängen I.** *v/i.* **1.** *im Schrank etc.*: hang together, hang next to each other; **2.** *fig.* be connected, be linked; (*miteinander* ~) link up; ***es hängt damit zusammen, dass*** *a.* it has to do (*od.* it ties up) with the fact that; **II.** *v/t.* (*Kleidung etc.*) hang *clothes etc.* (up) together, hang *clothes etc.* (up) next to each other; **zusammenhängend I.** *adj.* **1.** coherent (*a. Gedanken, Rede*); **2.** (*in Beziehung stehend*) related, connected; ***die damit*** **~*en Fragen*** the related issues; **II.** *adv.*: ***et.*** ~ ***erzählen*** give a coherent account of s.th.; **zusammenhang(s)los** *adj.* incoherent, disjointed (*a. Rede*), disconnected; *Sätze*: *a.* jumbled *sentences.*

zusammen|hauen *v/t.* **1.** smash to pieces; F (*j-n*) beat up; **2.** F *fig.* (*hinschludern*) F knock (*od.* throw) together; **~heften** *v/t.* **1.** *in e-m Ordner*: file; **2.** (*Buch*) stitch together; (*Stoff*) tack; **~heilen** *v/i. Wunde*: heal (up); *Knochen*: knit (together); **~holen** *v/t.* gather (together); **~kauern** *v/refl.*: ***sich*** ~ **1.** squat; *ängstlich*: cower; **2.** *mehrere*: huddle together; **~kaufen** *v/t.* buy up; **~kehren** *v/t.* sweep up (*od.* together); **~kitten** *v/t.* **1.** stick *s.th.* together; **2.** *fig.* (*Freundschaft etc.*) patch up.

Zusammenklang *m* harmony (*a. fig.*).

zusammenklappbar *adj.* folding ..., collapsible; **zusammenklappen I.** *v/t.* **1.** fold up; (*Buch*) shut, *laut*: clap *a book* shut; **2. *die Hacken*** ~ click one's heels; **II.** *v/i.* **3.** *Messer, Stuhl*: fold up (*a.* ***sich*** ~ ***lassen***); **4.** F *Person*: collapse (**vor** from); *seelisch*: break down.

zusammen|kleben *v/t. u. v/i.* stick together; **~klingen** *v/i.* **1.** ♪ sound together; **2.** *fig. Empfindungen etc.*: be in tune with each other; **~kneifen** *v/t.* → ***zukneifen***; **~knüllen** *v/t.* crumple up, screw up, F scrunch up; **~kommen** *v/i.* **1.** (*sich versammeln*) gather, (*a. sich treffen*) meet; *zwanglos*: get together; ~ ***mit*** *Geschäftsleuten etc.*: be in contact with, meet (quite a lot of *business people etc.*); **2.** *Geld*: be raised; ***es kommt einiges zusammen*** there's quite a bit of money coming in; **3.** *Umstände*: combine; ***es ist alles zusammengekommen*** everything came together (*od.* happened at the same time); **~koppeln** *v/t.* couple (together); link up, (*Raumschiff*) *a.* dock; **~krachen** F *v/i.* **1.** collapse; *Gebäude*: *a.* cave in; **2.** *Autos*: crash; **3.** *Börse etc.*:

crash; **~krampfen** *v/refl.*: **sich ~** *Muskeln*: tense up, *stärker*: seize up; *Hände, Finger*: clench tightly; *Herz*: seize up; **~kratzen** *v/t.* scrape together.

Zusammenkunft *f* (*Treffen*) meeting, *zwanglos*: get-together; (*Versammlung*) gathering, conference.

zusammen|läppern F *v/refl.*: **sich ~** add up, mount up; **~laufen** *v/i.* **1.** *Menschen*: gather; **2.** ⚔, *Straßen etc.*: converge, meet; **3.** *Farben*: run (together); → **spitz, Wasser**; **~leben I.** *v/i.* live together; **mit j-m ~** live with s.o.; **sie haben viele Jahre glücklich zusammengelebt** they spent many happy years together; **II.** ≈ *n* living together, *formell*: cohabitation; **das ~ mit ihm** living with him, life with him.

zusammenlegbar *adj.* folding ..., collapsible; **zusammenlegen I.** *v/t.* **1.** *an e-n Platz*: put together (*a. Personen*); **2.** (*falten*) fold up; **3.** (*Geld*) pool; **Geld ~** *a.* club together, F pass the hat round; **4.** (*vereinigen*) combine; (*Verwaltungen etc.*) centralize; (*Unternehmen*) merge; **II.** *v/i.* (*Geld sammeln*) club together, F pass the hat round; **wenn wir alle ~** F if everybody chips in; **Zusammenlegung** *f* ⚕ merger, fusion; *von Grundstücken etc.*: consolidation.

zusammen|lügen F *v/t.* make up, F cook up; **was er da zusammenlügt!** the lies he tells; **~nageln** *v/t.* nail together; **~nehmen I.** *v/t.* **1.** (*zusammen betrachten*) take together; → **zusammengenommen**; **2.** *fig.* **s-e Gedanken ~** collect one's thoughts; **s-e Kräfte (s-n Mut) ~** muster *od.* summon all one's strength (courage); **II.** *v/refl.*: **sich ~** pull o.s. together; **~packen** *v/t. u. v/i.* pack up; **ich war gerade am ≈** I was just getting ready to leave (*od.* go); *fig.* **er kann ~** he may as well pack his bags and leave; **~passen** *v/i. Kleider, Möbel etc.*: go well together; *farblich*: match; *Personen*: suit one another; *fig., bsd. iro.* **es passt alles zusammen** it all adds up; **~pferchen** *v/t.* herd together (*a. fig.*); *fig.* **~ in** *a.* crowd into, coop up in; → **zusammengepfercht**; **~prallen** *v/i.* **1.** crash, smash into each other; *Personen*: run into each other; **~ mit** crash (*od.* smash) into, *Person*: run into; **2.** *fig.* clash, come to blows, cross swords; **~pressen** *v/t.* press together; **die Lippen~** press one's lips together (tightly); **~quetschen** *v/t.* squeeze together; (*zerquetschen*) squash (up); **~raffen I.** *v/t.* **1.** (*s-e Habseligkeiten etc.*) snatch up; **2.** (*Geld etc.*) pile up; hoard; **3.** *fig.* (*s-n Mut etc.*) muster (up), summon (up), *lit.* gather together; **4.** (*Stoff*) gather; **5.** (*Kleid*) pick up, gather up; **II.** F *v/refl.*: **sich ~** pull o.s. together; **~raufen** F *v/refl.*: **sich ~** work things out with each other, F get it together; **~rechnen** *v/t.* add up, F tot up; → **zusammengerechnet**; **~reimen** *fig.* **I.** *v/t.*: **sich et. ~** make sense of s.th.; **II.** *v/refl.*: **sich ~** make sense; **wie reimt sich das zusammen?** how does that fit?; **wie reimt sich das mit s-n Plänen zusammen?** how does that fit (*od.* tie) in with his plans?; **~reißen** F *v/refl.*: **sich ~** pull o.s. together, F get a grip on o.s.; **~rollen I.** *v/t.* roll up; **II.** *v/refl.*: **sich ~** coil up; *Katze etc.*: curl up; **~rotten** *v/refl.*: **sich ~** gang up; *Aufrührer*: form a mob; **~rücken I.** *v/t.* move together (*od.* closer); **II.** *v/i.* move up, sit closer; make room; **~rufen** *v/t.* call together; (*einberufen*) convene; *parl.* summon; **~sacken** *v/i.* collapse; **~scharen** *v/refl.*: **sich ~** gather; **~scheißen** V *v/t. sl.* give *s.o.* a bollocking; **~schieben** *v/t.* push (*od.* move) together; ⚙ (*a.* **sich ~**) telescope; **~schießen** F *v/t.*: **j-n ~** F shoot s.o. up, put a bullet through s.o.('s head); **~schlagen I.** *v/t.* **1.** (*aneinander schlagen*) bang together; **die Hände über dem Kopf ~** throw one's hands up *in surprise etc.*; **die Hacken ~** click one's heels; **2.** (*zerschlagen*) smash (to pieces); F (*j-n*) beat *s.o.* up, F clobber; **II.** *v/i.*: **~ über** *Wellen*: crash onto.

zusammenschließen I. *v/t.* **1.** lock (*mit e-r Kette*: chain) together; **2.** *fig.* (*vereinigen*) unite; ⚕ merge; **3.** ⚡ connect; **II.** *v/refl.*: **sich ~** unite; (*gemeinsame Sache machen*) join forces, band together; *zu e-r Gruppe*: team up; *zu e-m Bündnis*: form an alliance; **Zusammenschluss** *m* union (*a. pol.*); ⚕ merger.

zusammen|schmelzen I. *v/t.* melt down; **II.** *v/i.* melt away (*a. fig.*); **~schneiden** *v/t.* (*Tonband, Film etc.*) splice; **~schnüren** *v/t.* (*Paket etc.*) tie up; (*Korsett etc.*) lace up; *fig.* **es schnürte ihm die Kehle zusammen** he was choked; **es schnürte mir das Herz zusammen** my heart bled; **~schrauben** *v/t.* screw (*mit Bolzen*: bolt) together; **~schrecken** *v/i.* jump, start (**bei** at); **~schreiben** *v/t.* **1.** write *s.th.* as one word; **wird das zusammengeschrieben?** is that one word (or two)?; **2.** (*zusammenschmieren*) scribble down; **(e-n) Unsinn ~** write a lot of nonsense; **3. sich ein Vermögen ~** make a fortune writing (books); **4.** *contp.* **das hat er aus anderen Büchern zusammengeschrieben** he's got it out of (*od.* pinched it from) other books; **~schrumpfen** *v/i.* shrivel (up); *fig.* dwindle, dry up; **~schustern** F *v/t.* F cobble (*od.* throw, knock) together; **~schweißen** *v/t.* weld together; *fig.* weld, knit together; **≈sein** *n* **1.** gathering; (*a.* **geselliges ~**) get-together; **gemütliches ~** cosy (*Am.* cozy) get-together; **2.** → **Zusammenleben.**

zusammensetzen I. *v/t.* **1.** (*zusammenbauen*) put together; ⚙ *a.* assemble; *zu e-m Ganzen*: compose; (*Arznei, Wort*) compound; **2.** (*Schüler etc.*) sit (*od.* put) *pupils etc.* next to each other; **II.** *v/refl.*: **3. sich ~** sit (down) together; (*zusammenkommen*) get together; **4. sich ~ aus** be made up of, consist of; **Zusammensetzung** *f* **1.** composition; (*Bestandteile*) ingredients *pl.*; **2.** *ling. u.* ⚗ compound; **3.** (*Aufbau*) structure.

zusammen|sinken *v/i.* **1.** *Gebäude etc.*: collapse, cave in; **2.** *Person*: collapse, slump into a heap (*od.* onto the floor), F fold up; **~sitzen** *v/i.* sit next to each other; (*a. zusammen sein*) sit together.

Zusammenspiel *n* **1.** teamwork; **2.** *fig.* interplay (**der Kräfte** of forces); **3.** (*Zusammenarbeit*) cooperation; **zusammenspielen** *v/i.* **1.** play together; **2.** *fig.* (*zusammenwirken*) act together.

zusammen|stauchen F *v/t.* (*zurechtweisen*) F give *s.o.* a dressing-down (*od.* roasting), bawl s.o. out; **~stecken I.** *v/t.* put together; (*Stoff*) pin together; *fig.* **die Köpfe ~** put one's heads together; **II.** F *v/i.*: **immer ~** be inseparable, F be as thick as thieves; **~stehen** *v/i.* **1.** stand together (*od.* next to each other, side by side); **2.** F *fig.* stick together.

zusammenstellen *v/t.* **1.** put (*od.* move) together; **2.** *fig.* arrange (*a. Reise etc.*); (*Liste etc.*) make (out *od.* up), draw up; (*Bericht, Wörterbuch etc.*) compile, F put together; (*Radioprogramm etc.*) make, F put together; (*Team*) pick, come up with; **nach Gruppen ~** group; **nach Klassen ~** classify; **nach Farben** (*od.* **Ausführung**) **~** match; **Zusammenstellung** *f* **1.** arrangement; drawing up; compilation *etc.*; → **zusammenstellen**; **2.** (*Tabelle*) table; (*Übersicht*) survey; (*Liste*) list.

zusammen|stimmen *v/i. Aussagen etc.*: tally; **nicht ~** *a.* contradict each other, *stärker*: clash; **~stoppeln** *v/t.* piece together; (*Rede etc.*) throw together.

Zusammenstoß *m* **1.** collision; *mot. a.* crash; **2.** *fig.* (*Auseinandersetzung, a. gewalttätige*) clash; **es kam zu schweren Zusammenstößen zwischen den Studenten und der Polizei** there were heavy clashes between the students and the police; **zusammenstoßen** *v/i.* **1.** collide, crash (into each other); **~ mit** collide with, run into, crash into; **2.** *fig.* clash, come to blows; **3.** *Grundstücke etc.*: meet, adjoin.

zusammen|streichen *v/t.* **1.** (*Text etc.*) cut (to length); **2.** (*Gelder*) slash *funds*; **~strömen** *v/i.* flock together; **~stürzen** *v/i.* collapse, cave in; **~suchen** *v/t.* get (*od.* gather) together, find; **~tragen** *v/t.* gather (*a. fig. Informationen etc.*); (*Notizen etc.*) compile; **~treffen I.** *v/i.* **1.** meet (**mit j-m** s.o.); **2.** *Ereignisse*: coincide (*a. Umstände*), take place simultaneously (*od.* at the same time); **II.** ≈ *n* **3.** meeting; *feindliches*: encounter; **4.** *von Ereignissen*: concurrence *of events*; **~treiben** *v/t.* round up; **~treten I.** *v/t.* crush *s.th.* underfoot; **II.** *v/i.* meet; *parl. a.* convene; **~trommeln** F *v/t.* round up; **~tun I.** *v/t.* put together; **II.** *v/refl.*: **sich ~** join forces, team up; **~wachsen** *v/i.* grow together; *Knochen*: knit (together); *Wunde*: heal (up); *Städte*: merge; *fig.* grow close; **er hat zusammengewachsene Augenbrauen** his eyebrows meet; **~werfen** *v/t.* **1.** throw together; **2.** (*durcheinander bringen*) mix up; *unterschiedslos*: F lump together; **~wirken I.** *v/i.* cooperate, collaborate; *a. Sachen*: interact; **II.** ≈ *n* cooperation; *von Umständen*: interplay *of circumstances*; **~würfeln** *v/t.* throw together; → **zusammengewürfelt**; **~zählen** *v/t.* add up; **~ziehen I.** *v/t.* **1.** pull together; (*verengen*) *a. phys.* contract; **2.** (*Truppen*) mass; **3.** → **zusammenzählen**; **II.** *v/i.* **4.** move together, move in with each other; **III.** *v/refl.*: **sich ~ 5.** contract (*a. Muskel*); *Gefäß*: constrict; (*sich verengen*) narrow; (*schrumpfen*) shrink; **6.** *Unwetter, a. fig. Unheil*: be brewing; **~zucken** *v/i.* start, jump; *vor Schmerz*: wince.

Zusatz *m* **1.** (*das Zusetzen*) addition; **unter ~ von** by adding; **unter ~ von ... mischen** stir while adding ...; **2.** (*Ergänzung*) supplement; (*Beimischung*) admixture; (*~stoff*) additive; **3.** *schriftlicher*: addendum; (*Nachschrift*) postscript; *zu e-m Gesetz*: amendment; *zu e-m Testament*: codicil; **~abkommen** *n* supplementary agreement; **~antrag** *m parl.* supplementary motion; **~batterie** *f* booster battery; **~erklärung** *f pol.* supplementary declaration; **~frage** *f* follow-up question; **~gerät** *n* attachment; (*Adapter*) adapter, add-on; **~klausel** *f* rider; **~kosten** *pl.* additional (*od.* added) costs; **~last** *f* ⚡ additional load.

zusätzlich I. *adj.* additional, extra; sup-

Z

plementary; (*Hilfs...*) auxiliary; **~*e Arbeit*** extra work; **~*e Belastung*** added burden; **II.** *adv.* (*außerdem*) in addition; **~ *zu*** in addition to, over and above; **~ *noch etwas verdienen*** earn a bit extra; ***ich will nicht noch ~ auf s-n Hund aufpassen*** I don't want to have to look after his dog on top of it (*od.* of everything else).

Zusatz|speicher *m Computer*: extended memory; **~steuer** *f* surtax; **~stoff** *m* additive; **~versicherung** *f* complementary insurance; added protection; **~werbung** *f* follow-up advertising; **~zahl** *f* supplementary number.

zuschanden, zu Schanden *adv.*: **~ *machen*** ruin, wreck, destroy, (*Hoffnungen*) destroy, dash; **~ *werden*** *Pläne etc.*: come to naught.

zuschanzen F *v/t.*: ***j-m et.* ~** put s.th. s.o.'s way, (*Arbeit, Stelle*) *a.* line s.o. up with s.th.

zuscharren *v/t.* (*Loch etc.*) cover up.

zuschauen *v/i.* → ***zusehen.***

Zuschauer *m* **1.** *Sport*: spectator, *pl. a.* crowd (*sg. u. pl. konstr.*); **2.** *TV* viewer; *pl. a.* audience (*sg. u. pl. konstr.*); **3.** *thea., Kino etc.*: member of the audience, *pl.* audience (*sg. u. pl. konstr.*); ***e-r der ~*** somebody in the audience, a member of the audience; **4.** (*Beobachter*) onlooker, bystander, looker-on; ***unfreiwilliger ~*** unwilling witness (*gen.* to, of); **~kulisse** *f*, **~menge** *f* crowd (of spectators); **~raum** *m* auditorium; **~reaktion** *f* audience (*TV a.* viewer) response; *Sport*: reaction of the crowd; **~rekord** *m* record attendance; **~sport** *m* spectator sport; **~tribüne** *f* (grand)stand; *pl. a.* terraces; **~überwachung** *f Fußball*: crowd control; **~umfrage** *f* audience survey; **~zahl** *f a. pl.* **1.** *Sport*: number of spectators, crowd; **2.** *TV* number of viewers, viewing figures (*pl.*), (TV) rating; ***geringe ~en*** low ratings, poor audience performance.

zuschaufeln *v/t.* fill up.

zuschicken *v/t.* send (*dat.* to); *mit der Post*: *a.* mail, post (to).

zuschieben *v/t.* **1.** close, (*a. Schubfach*) shut; **2.** ***j-m et.* ~** push s.th. over to s.o.; **3.** *fig.* ***j-m et.* ~** pass s.th. on to s.o.; ***j-m die Schuld ~*** pass (*od.* push) the blame onto s.o., lay the blame at s.o.'s door; ***j-m die Verantwortung ~*** pass (*od.* push) the responsibility onto s.o.

zuschießen I. *v/t.* **1.** (*Geld*) contribute; ***sie hat mir 1000 Mark für den Wagen zugeschossen*** *a.* she gave me 1,000 marks towards the car; **2.** ***j-m e-n Blick ~*** dart a glance at s.o.; **3.** ***j-m den Ball ~*** kick (*od.* pass) the ball to s.o.; **II.** *v/i.*: **~ *auf*** rush up to.

Zuschlag *m* **1.** surcharge, extra charge; *zum Fahrpreis*: supplementary fare; (*Steuer*~) surtax; **2.** *Auktion*: award; ***er erhielt den ~*** *bei Auktion*: the object went to him, *bei Ausschreibung*: he was awarded (*od.* he won, he got) the contract; **zuschlagen I.** *v/t.* **1.** (*Tür etc.*) slam (shut), bang (shut), (*Buch*) clap *a book* shut, shut *a book* with a thud; **2.** *fig.* (*hinzufügen, -rechnen*) add (*dat.* to), F slap on(to); **3.** ***j-m et.* ~** *Auktion*: knock s.th. down to s.o.; *Ausschreibung*: award s.th. to s.o.; **II.** *v/i.* **4.** *Tür etc.*: slam (shut), bang (shut); **5.** (*schlagen*) lash out, F let fly; **6.** *fig.* (*angreifen*) strike; **7.** F *fig. beim Ausverkauf etc.*: F make a killing, grab what one can; ***ich habe sofort zugeschlagen*** F I grabbed it *etc.* straightaway; **Zuschlag(s)karte** *f* supplementary ticket; **zuschlag(s)pflichtig** *adj.* subject to extra charge.

zuschließen I. *v/t.* lock *s.th.* (up); **II.** *v/i.* lock up.

zuschmeißen F *v/t.* slam *a door* (shut).

zuschnallen *v/t.* buckle (up).

zuschnappen *v/i.* **1.** *Schloss etc.*: snap shut; **2.** *Hund*: snap (**nach** at).

zuschneiden *v/t.* cut up; (*Anzug*) cut (to size), *weitS. a.* style; → ***zugeschnitten;*** **Zuschneider(in** *f*) *m* cutter.

zuschneien *v/t.* snow up.

Zuschnitt *m* **1.** cut; *weitS.* style; **2.** *fig.* (*Art*) sort; (*Ausmaß*) scale; **3.** *fig.* (*Format*) calib|re (*Am.* -er); ***ein Mann s-s ~s*** a man of his calib|re (*Am.* -er) *od.* standing.

zuschnüren *v/t.* (*Paket etc.*) tie up; *fig.* → ***zusammenschnüren.***

zuschrauben *v/t.* **1.** screw *s.th.* down; **2.** (*Glas etc.*) screw shut, put the lid (back) on.

zuschreiben *v/t.* **1.** ***j-m et.* ~** ascribe (*od.* attribute) s.th. to s.o., (*Vergehen etc.*) impute s.th. to s.o.; ***j-m zuzuschreiben sein*** be attributable to s.o.; ***das haben wir ihm zuzuschreiben*** *a. iro.* we have him to thank for it; ***j-m die Schuld ~*** put (*od.* place) the blame on s.o. (**an** for); ***das hast du dir selbst zuzuschreiben*** you've only yourself to blame; ***e-r Sache große Bedeutung ~*** attach great importance to s.th.; **2.** ***j-m e-e Summe ~*** place a sum to s.o.'s credit.

zuschreiten *v/i.*: **~ *auf*** walk (*od.* stride) up to; ***tüchtig ~*** put one's best foot forward.

Zuschrift *f* letter, (*Antwort*) *a.* reply (*a. auf e-e Anzeige*); *amtliche*: *a.* communication; ***zahlreiche ~en bekommen*** *a.* receive (*od.* get) an overwhelming response.

zuschulden, zu Schulden *adv.*: ***sich etwas ~ kommen lassen*** do (something) wrong; ***habe ich mir etwas ~ kommen lassen?*** *a.* am I guilty of some offen|ce (*Am.* -se)?

Zuschuss *m* allowance; (*Beitrag*) contribution (**zu** towards); *staatlicher*: subsidy, grant; **~betrieb** *m* subsidized firm.

zuschustern F *v/t.* **1.** → ***zuschanzen***; **2.** ***Geld ~*** help out with the money.

zuschütten *v/t.* **1.** (*Graben etc.*) fill up (*od.* in); (*Grab*) fill in, close; **2.** F (*hinzuschütten*) add.

zusehen *v/i.* **1.** watch (**wie** how); ***j-m ~*** watch s.o. (***bei der Arbeit*** *etc.* working, at work *etc.*); **~, *wie j-d et. macht*** watch s.o. do s.th., watch how s.o. does s.th.; ***ich kann nicht mehr ~*** I can't look (*a. weitS.* take it) any more; ***wir mussten ~, wie sie den Wagen auseinander nahmen*** we had to just stand and watch them taking the car apart; ***allein vom*** ~ ***wird mir schlecht*** I feel sick just watching (*od.* just to look); **2.** (*et. dulden*) sit back (*od.* stand by) and watch; **3.** *fig.* **~, *dass*** (*dafür sorgen*) see (to it) that, make sure that; **zusehends** *adv.* visibly, noticeably; (*schnell*) rapidly, day by day, *übertreibend*: by the minute; ***die Lage verschlechtert sich ~*** the situation is getting rapidly worse (*od.* is deteriorating rapidly, is deteriorating day by day); **Zuseher(in** *f*) *m östr.* → ***Zuschauer(in).***

zusenden *v/t.* → ***zuschicken.***

zusetzen I. *v/t.* **1.** (*hinzufügen*) add (*dat.* to); **2.** (*Geld, Zeit etc.*) lose; F ***nichts mehr zuzusetzen haben*** have used up all one's reserves, F have run out of steam; **II.** *v/i.*: ***j-m ~*** press s.o. (hard); *mit Fragen, Bitten*: pester s.o. (with); *drängend, mahnend*: urge s.o. (**zu** *inf.* to *inf.*); *weitS. Hitze, Strapazen, Leid*: take it out of s.o., F get to s.o.; ***sich gegenseitig ~*** F get at each other's throats.

zusichern *v/t.*: ***j-m et.* ~** assure s.o. of s.th., guarantee s.o. s.th.; (*versprechen*) promise s.o. s.th.; **Zusicherung** *f* assurance; (*Versprechen*) promise, pledge.

Zuspätkommende(r *m*) *f* latecomer.

zusperren I. *v/t.* shut, lock; **II.** *v/i.* lock up.

Zuspiel *n Sport*: pass(es *pl.*); **zuspielen** *v/t.* **1.** ***j-m et.* ~** (*Informationen etc.*) pass s.th. on to s.o.; **2.** (*a. v/i.*) *Sport*: ***j-m (den Ball) ~*** pass (the ball) to s.o.; *fig.* ***j-m den Ball ~*** give s.o. his (*od.* her) cue; ***sich gegenseitig die Bälle ~*** feed each other lines, (*einander in die Hände spielen*) work a nice double act.

zuspitzen I. *v/t.* **1.** (*Stock*) sharpen; **2.** *fig.* (*Lage*) bring to a head; → ***zugespitzt;*** **II.** *v/refl.*: ***sich ~*** **3.** taper to a point; **4.** *fig. Lage*: come to a head.

zusprechen I. *v/t.* **1.** ⚖ ***j-m et.* ~** award s.o. s.th. (*a. weitS. e-n Preis*); ***j-m ein Kind ~*** grant s.o. custody of a child; **2.** ***j-m Mut ~*** encourage s.o.; ***j-m Trost ~*** console s.o., comfort s.o.; **II.** *v/i.* **3.** ***j-m gut ~*** try and reason with s.o.; ***j-m besänftigend ~*** try and appease s.o. (*od.* calm s.o. down); **4.** (*Essen, Getränken*) have (*od.* eat, drink) one's fill of, *lit.* partake freely of; *e-r Speise* ***tüchtig ~*** F tuck into.

zuspringen *v/i.* **1.** *Schloss*: spring (*od.* snap) shut; **2.** ***auf j-n ~*** jump towards s.o., (*j-n anspringen*) jump at s.o.

Zuspruch *m* **1.** words *pl.* of encouragement (*od.* consolation *etc.*), soothing (*od.* friendly *etc.*) words *pl.*; **2.** (*Anklang*) reception; ***großen ~ finden*** go down (very) well; **3.** ***großen ~ haben*** (*Zulauf*) be very popular, be much sought after.

Zustand *m* state (*a. phys.*), condition; (*Lage*) situation, *bsd. negativ*: state of affairs; (*Verhältnisse*) conditions *pl.*; ***in gutem ~*** in good condition, *Auto, Geräte, Haus etc.*: *a.* in good repair (*sl.* nick); ***in schlechtem ~*** in bad condition (*od.* repair); ***in betrunkenem ~*** (while) under the influence of alcohol; ***in was für e-m ~ befindet er sich?*** what's his condition like?, F what sort of shape is he in?; ***es herrschen chaotische Zustände*** the situation is completely chaotic, it's absolute chaos; ***das ist doch kein ~*** it's impossible, something has got to change (*od.* be done); ***hier herrschen Zustände!*** what a state of affairs; ***das sind ja Zustände wie im alten Rom!*** it's like Sodom and Gomorrha; F ***Zustände kriegen*** F have a fit; F ***da kann man ja Zustände kriegen!*** F it's enough to drive you spare.

zustande, zu Stande *adv.* **1.** **~ *bringen*** bring about; (*schaffen*) manage, succeed in doing *s.th.*, F engineer; ***wie hast du das (bloß) ~ gebracht?*** how (on earth) did you manage that?; ***Unmögliches ~ bringen*** achieve the impossible; **2.** **~ *kommen*** come about; (*gelingen*) be achieved; *Vereinbarung etc.*: be reached; *Plan*: materialize; *Gesetz*: be passed; (*stattfinden*) take place, come off; ***e-e Einigung kam nicht ~*** no agreement was reached.

zuständig *adj. Behörde etc.*: relevant, appropriate; (*befugt*) competent; (*verant-*

wortlich) responsible; **~es Gericht** court of competent jurisdiction; **~e Stelle** appropriate authority (*od.* department); **wenden Sie sich an die ~e Stelle** *a.* apply to the department (*od.* authority) that deals with such matters; **dafür bin ich nicht ~** that's not my responsibility (*od.* job), *formell*: that's not within my province; **keiner will ~ sein** F everyone just passes the buck; **Zuständigkeit** *f* competence; responsibility; (*Befugnisse*) powers *pl.*; ⚖ *sachliche*: jurisdiction (**für** over); **Zuständigkeitsbereich** *m* (sphere of) responsibility; ⚖ jurisdiction; **es fällt nicht in m-n ~** *formell*: it doesn't fall within my purview.

Zustands|gleichung *f phys.* equation of state; **~größe** *f* variable of state; **~verb** *n ling.* stative verb.

zustatten *adv.*: **j-m (gut, sehr) ~ kommen** stand s.o. in good stead; (*gelegen kommen*) come in handy.

zustechen *v/i.* attack, plunge the knife *etc.* in.

zustecken *v/t.*: **j-m et. ~** slip s.o. s.th.

zustehen *v/i.* **1. es** (*das Besitztum etc.*) **steht ihm** (**rechtlich**) **zu** he is (legally) entitled to it; **2. es steht ihm nicht zu zu** *inf.* he has no right to *inf.*, it's not for him to *inf.*; **es steht mir überhaupt nicht zu zu urteilen** *a.* who am I to judge?

zusteigen *v/i.* get on, board the train (*od.* bus); **noch jemand zugestiegen?** 🚆 tickets, please!; **wo sind Sie zugestiegen?** where did you get on?, which station (*Bus, U-Bahn*: stop) did you get on at?

Zustellamt *n* delivery office; **Zustellbezirk** *m* postal zone (*od.* district); **zustellen** *v/t.* **1.** (*Eingang etc.*) block; **2.** (*Sendung*) deliver; **3.** ⚖ serve (**j-m et.** s.th. on s.o.); **Zusteller** *m* postman, *Am.* mailman; **Zustellgebühr** *f* delivery charge; **Zustellung** *f* **1.** delivery; **2.** ⚖ service.

zusteuern I. F *v/t.* contribute (**zu** to); **II.** *v/i.*: **~ auf** head for, make for; *unkontrolliert*: veer towards; (*zielstrebig zugehen auf*) make a beeline for; *fig.* be aiming at; *im Gespräch*: be driving at; (*e-e Krise etc.*) be heading for, be veering towards.

zustimmen *v/i.* agree (*dat.* to *s.th.*, with *s.o.*); (*einwilligen*) *a.* consent (to *s.th.*); (*billigen*) approve (of *s.th.*); **~d nicken** nod in approval, nod assent; **Zustimmung** *f* agreement; (*Einwilligung*) *a.* consent; (*Billigung*) approval; **allgemeine ~ finden** meet with unanimous approval.

zustopfen *v/t.* **1.** (*Loch, Ohren etc.*) plug up; **2.** (*Loch im Strumpf etc.*) mend, darn.

zustöpseln *v/t.* stopper; put the stopper (*od.* cork) in.

zustoßen I. *v/t.* **1.** push *s.th.* shut; *laut*: slam *s.th.* (shut); **II.** *v/i.* **2.** attack; *mit e-m Messer*: stab, *a. mit e-m Schwert*: thrust, lunge; **3. j-m ~** (*widerfahren*) happen to s.o.; **ihm ist etwas** (*ein Unfall*) **zugestoßen** he's had an accident; *euphem.* **wenn mir etwas ~ sollte** if anything should happen to me.

zustreben *v/i.* **1.** (*dem Ausgang etc.*) head for, make for; **2.** *fig.* (*e-m Ziel etc.*) aim at, have set one's sights on.

Zustrom *m* **1.** *von Besuchern, Käufern*: stream; (*Andrang*) rush; *von Emigranten, Touristen, Waren, Kapital*: influx; **2.** *von Luft etc.*: influx, inflow; **zuströmen** *v/i.* **1.** (*dem Meer etc.*) flow towards; **2.** *Personen*: (*e-m Ort*) stream (*od.* throng) towards; **3. die Ideen strömten ihm nur so zu** the ideas came flooding to him (*od.* into his head).

zustürmen *v/i.*: **~ auf** storm (towards), make a rush for.

zustürzen *v/i.*: **~ auf** rush towards, descend (up)on.

zutage, zu Tage *adv.* **1. ~ bringen** (*od.* **fördern**) bring to the surface (*a. vom Meeresboden*), *aus dem Boden*: *a.* unearth; F *aus e-r Schublade etc.*: dig out; *fig.* (*Tatsachen etc.*) bring to light, uncover, (*Geheimnis*) *a.* unearth; **2.** *fig.* **~ treten** come to light (*od.* to the surface), be revealed, *Geheimnis*: *a.* be unearthed; **3.** *geol.* **~ treten** outcrop; **4. ~ liegen** be evident, be manifest, be there for all to see.

Zutat *f* **1. ~en** *gastr.* ingredients; **2. ~en** *beim Nähen*: accessories; **3.** (*Ergänzung*) addition.

zuteil *pred. adj.*: **j-m ~ werden** be given (*od.* granted) to s.o., *lit.* be bestowed on s.o.; **j-m et. ~ werden lassen** grant s.o. s.th.; *iro.* **mir wurde ein solcher Empfang nie ~** I never had the hono(u)r of a reception like that; **mir ist diese Gelegenheit bisher nicht ~ geworden** that opportunity has as yet passed me by.

zuteilen *v/t.* (*Aufgabe, Arbeit, Rolle*) give (*dat.* to), *formell*: assign (to), allot (to); (*Geld, Wohnung*) allocate (to), appropriate (to); (*Darlehen*) pay out; **der Bevölkerung Nahrungsmittel ~** ration food out among the population; **er ist e-r anderen Abteilung zugeteilt worden** he's been moved to a different department; **Zuteilung** *f* assignment; allotment; allocation; paying out; → **zuteilen**; (*Kontingent*) quota; **zuteilungsreif** *adj.* mature; **~ sein** have matured, be payable.

zutiefst *adv.* most, deeply; **~ beleidigt** deeply offended, *lit. u. iro.* mortally wounded, cut to the quick; **et. ~ bedauern** a) deeply regret s.th., b) express one's deep regret at (*od.* over) s.th.

zutragen I. *v/t.*: **j-m et. ~** carry (*od.* bring) s.th. to s.o., bring s.o. s.th.; (*Nachricht etc.*) *a.* pass s.th. on to s.o.; **II.** *v/refl.*: **sich ~** happen, take place, occur, transpire; **es trug sich zu, dass** *lit.* it came to pass that; **Zuträger** *m* informant, informer.

zuträglich *adj.* good (*dat.* for), beneficial (to); (*förderlich*) conducive (to); (*gesundheitsfördernd*) healthy, good for one's health, *Klima*: *a.* salubrious; **j-m nicht ~ sein** disagree with s.o.; **Zuträglichkeit** *f* beneficial nature (*gen.* of).

zutrauen I. *v/t.*: **j-m et. ~** believe s.o. (to be) capable of (doing) s.th., credit s.o. with s.th.; **sich zu viel ~** overrate o.s., (*zu viel übernehmen*) take too much on; **ich traue es mir** (**nicht**) **zu** I (don't) think I can do it; **er traut sich überhaupt nichts zu** he has no confidence in himself; **man muss es sich nur ~** you just have to believe in yourself; **ich traue ihm nicht viel zu** I don't think he's up to much; **ich traue es ihm glatt zu, zuzutrauen wäre es ihm schon** I wouldn't put it past him; **das hätte ich ihm nicht zugetraut** *negativ*: I didn't think he was the sort, *anerkennend*: I never knew he had it in him; **II.** ℒ *n* confidence (**zu** in); **zutraulich** *adj.* confiding, trusting; *weitS.* friendly (*a. Tier*); **Zutraulichkeit** *f* **1.** confiding nature; **2.** (*Äußerung*) confidence.

zutreffen *v/i.* be true (**bei, auf, für** of), be right, be correct, be the case; **~ auf** (*od.* **für**) *a.* hold true of, (*gelten für*) apply to; **dasselbe trifft auch für dich zu** the same applies to (*od.* goes for) you; **das dürfte nicht ganz ~** that's not quite correct; **es trifft nicht immer zu** it doesn't always follow; **die Beschreibung trifft genau auf ihn zu** the description fits him perfectly; **zutreffend** *adj.* correct; *pred. a.* F spot on; (*passend*) appropriate, fitting, *Bemerkung*: *a.* apt.

zutreiben I. *v/i.*: **~ auf** *Schiff etc.*: drift towards; *fig.* **e-r Krise** *etc.* **~** be drifting towards a crisis *etc.*; **II.** *v/t.*: **~ auf** (*Wild etc.*) drive *the game etc.* towards.

zutrinken *v/i.* (*j-m*) drink to, raise one's glass to.

Zutritt *m* access; (*Einlass*) admission; **~ verboten!** no entry; **~ bekommen** (*od.* **erhalten**), **sich ~ verschaffen** gain admission (*od.* admittance) (**zu** to); **sich gewaltsam ~ verschaffen** force one's way in, **zu e-m Haus**: force one's way into a house, break down the door of a house.

zutun I. *v/t.* **1.** (*schließen*) close, shut; → **Auge** 1; **2.** F (*hinzufügen*) add; **II.** ℒ *n*: **ohne mein ~** without any help (*od.* encouragement) from me; (*ohne m-e Schuld*) through no fault of my own (*od.* mine); **es geschah ohne mein ~** I had nothing to do with it.

zuungunsten, zu Ungunsten *prp.* (*mit gen. od. von*) to the disadvantage of; *Entscheidung*: *a.* against.

zuunterst *adv.* right at the bottom.

zuverdienen *v/t.* make *money* on the side; **ein bisschen ~** *a.* make a bit of extra money.

zuverlässig *adj.* reliable (*a. Sache*, ⊙), dependable; (*treu*) loyal; (*vertrauenswürdig*) trustworthy; (*sicher*) safe (*a.* ✝, ⊙); **aus ~er Quelle** from a reliable source, **wissen**: have *s.th.* on good authority; **die ~ste Quelle für** the authority on; **er ist absolut ~** *a.* you can rely (*od.* depend) on him totally; **Zuverlässigkeit** *f* reliability; dependability; loyalty; trustworthiness; safety; **Zuverlässigkeitsprüfung** *f* reliability test.

Zuversicht *f* confidence; (*Optimismus*) optimism; **voller** (*od.* **der festen**) **~ sein, dass** be (quite) confident that, have every confidence that; **voller ~ in die Zukunft blicken** look confidently ahead to the future, look to the future with optimism, have faith in the future; **s-e ~ setzen auf** place one's trust in; **zuversichtlich** *adj.* confident, optimistic(ally *adv.*); **Zuversichtlichkeit** *f* confidence; optimism; optimistic outlook.

zuviel *adv.* → **viel.**

Zuviel *n*: **ein ~ an** too much (of), an excess (*od.* overkill) of.

zuvor *adv.* before, previously; (*vorher noch, zunächst*) first, beforehand; **kurz ~** shortly before; **am Tage ~** the day before, the previous day; **ich hatte sie nie ~ gesehen** I had never seen (*od.* set eyes on) her before; **wie nie ~** as never before.

zuvorderst *adv.* right at the front.

zuvorkommen *v/i.* (*e-r Sache, j-m*) preempt; (*e-r Frage etc.*) *a.* anticipate; (*hindern*) forestall, (*Angriff*) head off, ward off; *weitS.* (*j-m*) beat *s.o.* to it, F get in first, *gerade noch*: F pip *s.o.* at the post;

zuvorkommend *adj.* (very) obliging; accommodating; helpful; (*höflich*) courteous; **Zuvorkommenheit** *f* obligingness; (*Höflichkeit*) courtesy.

Zuwachs *m* **1.** increase (**an** in; **von** of); *bsd.* ⚘ growth (in); **2.** F ***die Familie hat ~ bekommen*** there's been an addition to the family; **3.** F ***et. auf ~ kaufen*** buy s.th. on the big side; **zuwachsen** *v/i.* **1.** become overgrown; → ***zugewachsen***; **2.** ⚕ heal up, close; **Zuwachsrate** *f* growth rate.

Zuwanderer *m* immigrant; *im gleichen Land*: incomer; **zuwandern** *v/i.* immigrate; *a. im gleichen Land*: settle in an area *etc.*

zuwege, zu Wege *adv.* **1.** ***~ bringen*** bring about; (*schaffen*) manage (*to do s.th.*; ***es ~ bringen zu*** *inf. a.* succeed in *ger.*; → *a.* ***zustande*** 1; **2. *gut ~ sein*** be in good health (*od.* shape); ***noch gut ~ sein*** be doing well for one's age.

zuwehen I. *v/t. mit Schnee, Sand*: block; **II.** *v/i.*: ***j-m ~*** blow towards s.o.; *Duft etc.*: waft towards (*od.* over to) s.o.

zuweilen *adv.* at times, occasionally, now and then.

zuweisen *v/t.* assign (*dat.* to); → ***zuteilen.***

zuwenden I. *v/t.* **1.** turn *s.th.* towards *s.o. od. s.th.*; ***j-m das Gesicht ~*** turn (round) to face (*od.* look at) s.o.; ***j-m den Rücken ~*** turn one's back to(wards) (*abweisend*: on) s.o.; **2. *j-m Geld*** *etc.* ***~*** give s.o. money *etc.*; ***j-m Liebe ~*** devote some love (*od.* affection) to s.o., show s.o. some love (*od.* affection); ***e-r Sache s-e Aufmerksamkeit ~*** turn (*od.* devote) one's attention to s.th.; **II.** *v/refl.* **3. *sich*** *j-m od. e-r Sache* ***~*** turn to(wards), turn (round) to face; **4. *sich*** *e-r Tätigkeit* ***~*** turn to; (*sich widmen*) devote o.s. to; ***sich ganz*** *e-r Sache* ***~*** devote o.s. fully to; **Zuwendung** *f* **1.** (*Geld*) allocation (of funds); (*Summe*) sum; (*Schenkung*) donation; (*Vermächtnis*) bequest; **2.** (*Aufmerksamkeit*) attention; (*Liebe*) (love and) affection.

zuwenig *indef. pron.* → ***wenig.***

zuwerfen *v/t.* **1. *j-m et. ~*** throw s.o. s.th., throw s.th. (over) to s.o.; **2.** *fig.* ***j-m e-n Blick ~*** glance at s.o., cast (*od.* dart) a glance at s.o.; ***j-m e-n bösen (verächtlichen) Blick ~*** give s.o. a dirty look (flash a look of contempt at s.o.); **3.** (*Tür*) slam *od.* bang *a door* (shut); **4.** (*Grube*) fill up.

zuwider I. *adv.*: ***j-m ~ sein*** repulse s.o., revolt s.o., F turn s.o. off; ***es ist mir ~*** *a.* I find it repugnant; ***das Schwimmen*** *etc.* ***ist mir ~*** I detest (*od.* loathe, can't stand) swimming *etc.*; **II.** *prp.* against, contrary to; ***den Vorschriften ~*** *a.* in defiance of the regulations.

zuwiderhandeln *v/i.* (*e-m Befehl etc.*) act against (*od.* contrary to); (*e-m Gesetz*) violate, contravene; **Zuwiderhandelnde(r)** *m* offender; **Zuwiderhandlung** *f* ⚖ violation, offen|ce (*Am.* -se) (**gegen** against); non-compliance (with).

zuwiderlaufen *v/i.* (*s-n Interessen etc.*) go against, run counter to; ***dem Verstand ~*** go against all reason.

zuwinken *v/i.*: ***j-m ~*** wave to (*od.* at) s.o.; (*herwinken*) beckon to s.o. (to come).

zuzahlen *v/t.* **1.** pay *s.th.* extra; ***50 Mark ~*** *a.* pay an extra 50 marks; **2.** (*beitragen*) contribute; ***j-m et. zum neuen Fernseher*** *etc.* ***~*** give s.o. s.th. towards the new TV set *etc.*

zuzählen *v/t.* **1.** add; (*mit einbeziehen*) count; **2.** (*zuordnen*) count among.

zuziehen I. *v/t.* **1.** (*Knoten*) pull (tight); (*Schlinge, Schleife*) tighten (*a.* ***sich ~***); (*Vorhänge*) draw, close; (*Tür etc.*) close, pull *a door etc.* to; **2.** *fig.* (*Arzt, Sachverständigen*) call in, consult; **3. *sich*** *et.* ***~*** (*Krankheit*) get, *formell*: contract; *ansteckende*: *a.* catch, pick up; (*Verletzung*) suffer, *formell*: sustain; *allg.* F land o.s. (with), come away with; **4. *sich j-s Hass (Zorn*** *etc.*) ***~*** incur s.o.'s hatred (anger *etc.*); ***sich Unannehmlichkeiten ~*** get (o.s.) into trouble; **II.** *v/refl.*: ***sich ~*** *Himmel*: cloud over, become overcast; **III.** *v/i. als Bewohner*: move to a town *etc.*, move there (*od.* here).

Zuzug *m* **1.** move; **2.** (*Zuwanderung*) influx.

zuzüglich *prp.* plus, not including, exclusive of; ***~ Mehrwertsteuer*** plus VAT (*bsd. Am.* sales tax).

Zuzugs|rate *f* rate of immigration; **~stopp** *m* immigration ban.

zuzwinkern *v/i.*: ***j-m ~*** wink at s.o, give s.o. a wink.

zwacken F **I.** *v/t.* pinch; **II.** *v/impers.*: ***es zwackt mich im Rücken*** I can feel a twinge in my back; ***es (zwickt und) zwackt mich überall*** I'm aching all over.

Zwang *m* compulsion; *moralischer*: constraint; (*Verpflichtung*) (moral) obligation; (*Druck*) pressure (*a.* ⚕); *psych.* compulsion, (*Besessenheit*) obsession; ***gesellschaftliche (politische, wirtschaftliche) Zwänge*** social (political, economic) constraints; ***der ~ der Verhältnisse*** the force of circumstances; ***der ~ der Mode*** the dictates of fashion; ***der ~ der Konvention*** the straitjacket of convention; ***e-m inneren ~ folgen*** follow an inner compulsion; ***allen ~ ablegen*** abandon all restraint; ***sich ~ antun*** a) restrain o.s. (from doing s.th.), b) force o.s. (to do s.th.); ***tun Sie sich nur keinen ~ an!*** don't stand on ceremony, make yourself at home, *hum.* no need to be shy(, now); *iro.* ***tu dir nur keinen ~ an!*** don't mind me; ***unter ~ stehen (handeln)*** be (act) under duress; **zwängen I.** *v/t.* force, (*quetschen*) squeeze (**in** into); **II.** *v/refl.*: ***sich ~ in*** squeeze (o.s.) into; **zwanghaft** *adj.* compulsive, obsessive; **zwanglos** *adj.* informal, casual; (*ungehemmt*) unconstrained, uninhibited; (*entspannt*) relaxed; ***~es Treffen*** informal get-together; ***in ~er Anordnung*** in loose order; ***in ~er Folge*** in no particular (*od.* set) order, *erscheinen etc.*: at irregular intervals; **Zwanglosigkeit** *f* casualness, informality.

Zwangs|abgabe *f* compulsory charge (*od.* levy); **~anleihe** *f* mandatory loan; **~arbeit** *f* forced labo(u)r; **~arbeiter** *m* forced labo(u)rer; **~arbeitslager** *n* labo(u)r camp; **~aufenthalt** *m* detention; enforced stay; **~bewirtschaftung** *f* (economic) control; **~einweisung** *f* committal (***in e-e*** *Anstalt*: to).

zwangsernähren *v/t.* force-feed; **Zwangsernährung** *f* force-feeding.

Zwangs|handlung *f* compulsive act; **~heimkehr** *f* forced repatriation; **~herrschaft** *f* despotism, tyranny; **~idee** *f* obsession; **~jacke** *f* straitjacket (*a. fig.*); **~lage** *f* predicament, plight.

zwangsläufig *adj.* inevitable.

Zwangs|liquidation *f* enforced liquidation; **~maßnahmen** *pl.* coercive measures; *pol.* sanctions; **~mitgliedschaft** *f* compulsory membership; **~mittel** *n* means of enforcement; **~neurose** *f* obsessional neurosis; **~prostitution** *f* forced prostitution; **~räumung** *f* eviction.

zwangssterilisieren *v/t.* forcibly sterilize; **Zwangssterilisierung** *f* forced sterilization.

zwangsumsiedeln *v/t.* displace (**nach** to), (forcibly) remove (to); **Zwangsumsiedler** *m* displaced person; **Zwangsumsiedlung** *f* displacement.

Zwangs|umtausch *m* obligatory exchange; **~verfahren** *n* enforcement procedure; **~vergleich** *m* compulsory settlement (in bankruptcy); **~verkauf** *m* forced sale.

zwangsverschicken *v/t.* deport; **Zwangsverschickung** *f* deportation.

zwangsversteigern *v/t.* put *s.th.* up for public auction; **Zwangsversteigerung** *f* forced sale.

Zwangsverwaltung *f* sequestration.

zwangsvollstrecken *v/i.* issue execution (**gegen** against); **Zwangsvollstreckung** *f* compulsory execution.

Zwangsvorstellung *f* obsession.

zwangsweise I. *adj.* forcible; ***~ Evakuierung (Pensionierung)*** forced evacuation (retirement); ***~ Einquartierung*** imposed billeting; **II.** *adv.* by force, forcibly; ***sich ~ Zugang verschaffen zu*** enter *a building etc.* by force.

Zwangswirtschaft *f* **1.** government control; **2.** command economy.

zwanzig I. *adj.* twenty; ***in den ~er Jahren*** in the twenties; ***die goldenen ≈er*** the golden twenties; ***sie ist in den ≈ern*** she's in her twenties; **II.** ≈ *f* twenty; (*Buslinie etc.*) (number) twenty.

Zwanzigerjahre *pl.* twenties.

zwanzigjährig *adj. Person*: twenty-year-old ...; *Zeitraum*: twenty-year(-long) ...

Zwanzigmarkschein *m* twenty-mark note (*Am.* bill).

zwanzigst *adj.* twentieth; ***sie hat heute ihren ≈en*** she's twenty today, it's her twentieth birthday today.

Zwanzigstel *n* twentieth (part).

zwar *adv.* **1. *~ ..., aber ...*** (it's true) ..., but ...; certainly ..., but ...; ***es ist ~ spät, aber ...*** it 'is late, but ...; ***er hat ~ angerufen, aber ...*** he 'did ring up, but ...; he rang up all right (*Am.* alright), but ...; ***sie ist ~ hübsch, aber ...*** *a.* she may be pretty, but ...; **2. *und ~*** namely, *nachgestellt*: in fact; *verstärkend, vorangestellt*: in fact; ***er will das Geld haben, und ~ sofort*** he wants the money, and he wants it right now; ***wir haben uns in Rom getroffen, und ~ letztes Jahr*** we met in Rome - last year (it was); ***er ist Sänger, und ~ Bariton*** he's a singer - a baritone; he's a singer, that's to say a baritone.

Zweck *m* purpose; (*Ziel*) object, aim; (Sinn) point, use; ***s-n ~ erfüllen*** serve its purpose, *Gerät etc.*: *a.* F do its job; ***s-n ~ verfehlen*** defeat its purpose; ***e-n ~ verfolgen*** pursue an object; ***für friedliche ~e*** for peaceful purposes; ***Räume für gewerbliche ~e*** rooms for commercial use; ***dem ~ entsprechende Kleidung*** *etc.* suitable clothing *etc.*; ***Geld für wohltätige ~e spenden*** donate money to charity; ***für e-n guten ~ spenden*** give to a good cause; ***zum ~(e)*** *gen.* with a view to *s.th. od. ger.*, with the object of *ger.*; ***zu diesem ~*** to this end; ***zu welchem ~?*** what (...) for?; ***was für e-n ~***

soll es haben zu *inf.?* what's the point (*od.* use) of *ger.?*; F ***das ist (gerade) der ~ der Übung*** that's the whole point, that's the whole object (*od.* point) of the exercise; ***es hat keinen ~*** there's no point (***zu*** *inf.* in *ger.*), it's no use (*ger.*); ***das wird wenig ~ haben*** that won't do (*od.* be) much good, that won't be any use; ***was hat das alles für e-n ~?*** what's the point (of it all)?; ***Mittel zum ~*** a means to an end; ***der ~ heiligt die Mittel*** the end justifies the means; **~bau** *m* △ functional building.
zweckbestimmt *adj.* **1.** *Gebäude etc.*: functional; **2.** *Gelder*: earmarked; **~bestimmung** *f von Geldern*: appropriation *of funds*.
zweckbetont *adj.* **1.** functional; **2.** (*nützlich*) utilitarian.
Zweck|bindung *f* project tying; *im Budget*: earmarking; **~bündnis** *n pol. etc.* marriage of convenience; **~denken** *n* pragmatism.
zweckdienlich *adj.* **1.** useful, expedient; **2.** (*relevant*) relevant; ***~e Hinweise*** *im Kriminalfall*: any information that might help the police with their enquiries (*od.* inquiries); **Zweckdienlichkeit** *f* **1.** expediency; **2.** (*Relevanz*) relevance, pertinence.
zweckentfremden *v/t.* use for a purpose not intended; (*a. Gelder*) misappropriate; **zweckentfremdet** *adj.* misappropriated.
zweckentsprechend *adj.* appropriate, suitable (to its *od.* their purpose).
Zweckforschung *f* applied research.
zweckfrei *adj.*: ***~e Forschung*** pure research.
zweckgebunden *adj. Gelder*: earmarked.
zwecklos *adj.* useless, pointless, *pred. a.* no use; ***es ist ~ zu*** *inf.* it's pointless *etc. ger.*, there's no point in *ger.*; ***geschieden*** *etc.* *~ Anzeige*: no divorcees *etc.* need apply.
zweckmäßig *adj.* suitable; (*praktisch*) practical; ⚙ functional; (*wirksam*) effective; (*ratsam*) advisable; (*klug*) expedient; **Zweckmäßigkeit** *f* suitability; practicality; functional nature (*gen.* of); effectivity, effectiveness; advisability.
Zweck|optimismus *m* calculated optimism; **~pessimismus** *m* calculated pessimism.
zwecks *prp.* for the purpose of (*ger.*), with a view to (*ger.*).
Zweck|sparen *n* target (*od.* special-purpose) saving; **~vermögen** *n* special-purpose fund.
zweckvoll *adj.* → ***zweckmäßig.***
zweckwidrig *adj.* inappropriate; ***~e Verwendung von Geldern*** misappropriation of funds.
zwei I. *adj.* two; ***wir ~*** the two of us, you and I (*od.* me); ***dazu gehören ~*** it takes two, you need two people (for that); ***zu ~en hintereinander*** two by two, in twos; ***für ~ essen (trinken)*** eat (drink) for two; ***für ~ arbeiten*** do the work of two; **II.** **2** *f* two; (*Note*) *etwa* B; (*Buslinie etc.*) (number) two; ***e-e ~ schreiben*** get a B.
Zweiachser *m mot.* two-axle(d) car (*od.* vehicle *etc.*).
zweiarmig *adj.* two-armed.
zweiatomig *adj.* diatomic.
zweiäugig *adj.* **1.** two-eyed; **2.** *phot.* ***~e Spiegelreflexkamera*** twin-lens reflex camera.
zweibändig *adj.* two-volume ..., in two volumes.
Zweibeiner *m hum.* biped; **zweibeinig** *adj.* two-legged.
Zweibettzimmer *n* twin-bedded room, F twin.
zweiblätt(e)rig *adj.* ♣ two-leafed, two-leaved, two-leaf ...
zweideutig *adj.* ambiguous, equivocal; (*anzüglich*) suggestive, *Witz*: off-colo(u)r; **Zweideutigkeit** *f* **1.** ambiguity, equivocal nature (*gen.* of); suggestiveness; → ***zweideutig***; **2.** (*Bemerkung*) suggestive remark, double entendre.
zweidimensional *adj.* two-dimensional.
Zweidrittelmehrheit *f* two-thirds majority.
zweieiig *adj.* binovular; ***~e Zwillinge*** nonidentical (*od.* fraternal) twins; ***sie sind ~e Zwillinge*** *mst* they're not identical twins.
Zweier *m* **1.** *Rudern*: pair, two(-seater); **2.** → ***Zwei***; **~beziehung** *f* partnership; relationship (between two people); **~bob** *m* two-man bob.
zweierlei *adj.* two (different) kinds of; *substantivisch*: two things; ***das ist ~*** they're two completely different things; ***mit ~ Maß messen*** apply double standards.
Zweiertakt *m* duple time.
zweifach *adj.* double; ***die ~e Menge*** double the amount; ***~er Sieger*** two-time winner (*od.* champion); ***in ~er Ausfertigung*** in duplicate.
Zweifamilienhaus *n* two-family (*Am.* duplex) house.
Zweifarbendruck *m* two-colo(u)r printing (*konkret*: print).
zweifarbig *adj.* two-tone.
Zweifel *m* doubt; (*Ungewissheit*) uncertainty; ***berechtigter ~*** reasonable doubt; ***große ~*** grave doubts; ***außer ~*** beyond doubt; ***ohne ~*** without (a) doubt, undoubtedly; ***im ~ sein*** be doubtful, have one's doubts (***über*** about); ***ich bin im ~, ob ich gehen soll*** I'm in two minds as to whether I should go or not; ***es besteht kein ~ darüber, dass*** there's absolutely no doubt (*od.* question) that; ***ich habe nicht den geringsten ~, dass*** I have no doubt whatsoever that; ***ich habe da m-e ~*** I have my doubts, I'm not so sure; ***keinen ~ daran lassen, dass*** make it quite plain that, leave no room for doubt that; ***in ~ ziehen*** (call into) question, throw (*od.* call) into doubt; ***~ äußern an*** voice one's doubts about; ***et. außer ~ stellen*** remove all trace of doubt from; ***j-n über et. im ~ lassen*** leave s.o. in doubt as to s.th. (*od.* wondering about s.th.); ***~ an sich selbst haben*** have lost faith in oneself; ***mir kommen ~*** I'm beginning to have my doubts; → ***geplagt.***
Zweifelderwirtschaft *f* ⚘ two-crop rotation.
zweifelhaft *adj.* doubtful, *stärker*: dubious; (*fraglich*, *fragwürdig*, *verdächtig*) *a.* questionable; ***es ist ~, ob*** it's doubtful (*od.* uncertain) whether; ***~e Geschäfte*** dubious (*od.* shady) transactions; ***ein ~es Vergnügen*** a doubtful (*od.* dubious) pleasure; ***von ~em Wert*** of debatable merit; ***es erscheint kaum ~, dass*** there seems little doubt that.
zweifellos *adv.* undoubtedly, without (a) doubt; ***das ist ~ richtig*** I'm sure that's right, *stärker*: there's no doubt about that.
zweifeln *v/i.*: ***~ an*** doubt *s.o. od. s.th.*, have one's doubts about *s.o. od. s.th.*, (*in Zweifel ziehen*) question *s.th.*; ***~, ob*** be uncertain *od.* unsure (as to) whether, doubt whether, have one's doubts as to whether; ***daran ist nicht zu ~*** there's no doubt about that (*od.* doubting that); ***an sich selbst ~*** have lost faith in oneself; ***du darfst nicht an dir selbst ~*** you mustn't lose faith in yourself, you've got to believe in yourself.
Zweifelsfall *m*: ***im ~*** if there's any doubt, if you're *etc.* not sure, *formell*: in case of doubt, F (*falls notwendig*) if necessary.
zweifelsfrei I. *adj.* free of doubt, absolutely certain; ***ein ~er Beweis*** unequivocal (*od.* unimpeachable) evidence; ***die ~e Ursache*** the undoubted cause; **II.** *adv.*: ***~ feststellen (beweisen)*** ascertain (prove) beyond doubt.
zweifelsohne *adv.* → ***zweifellos.***
zweiflammig *adj.* two-flame ...
Zweifler *m* doubter, sceptic, *Am.* skeptic; **zweiflerisch** *adj.* sceptical, *Am.* skeptical, doubting ...
zweiflügelig *adj.* **1.** *Insekt*: two-winged; *formell*: dipterous; **2.** ***~e Tür*** double door; **Zweiflügler** *m zo.* dipteron.
Zweifrontenkrieg *m* war on two fronts.
Zweig *m* branch; *kleiner*: twig; *fig.* branch; *Schule etc.*: section, department; → ***grün*** I.
zweigeschlechtig *adj.* bisexual.
Zweigespann *n* **1.** carriage and pair; **2.** F *von Personen*: twosome, duo.
zweigeteilt *adj.* **1.** bipartite; **2.** (*gespalten*) divided, split.
Zweiggeschäft *n* branch.
zweigleisig I. *adj.* **1.** double-track ..., *pred.* double-tracked; **2.** *fig.* two-track ..., twin-track ...; **II.** *adv.*: *fig.* ***~ fahren*** leave both one's options open, F hedge one's bets.
Zweig|linie *f* 🚂 branch line; **~niederlassung** *f* subsidiary, branch.
Zweigstelle *f* branch (office); **Zweigstellenleiter** *m* branch manager.
zweihändig I. *adj.* two-handed; *Musikstück*: for two hands; **II.** *adv.* with both hands.
Zweiheit *f* duality.
zweihöckerig *adj.* two-humped *camel.*
zweihundert *adj.* two hundred.
Zweihundertjahrfeier *f* bicentenary, *bsd. Am.* bicentennial.
zweijährig *adj.* **1.** two-year-old ...; **2.** (*zwei Jahre dauernd*) two-year ...; ***ein ~es ...*** *a.* two years of ...; **Zweijährige(r** *m*) *f* two-year-old.
zweijährlich I. *adj.* two-yearly, occurring every two years, biennial; **II.** *adv.* every two years, biennially.
Zweikammersystem *n parl.* bicameral system.
Zweikampf *m* duel; ***e-n ~ gewinnen*** *Fußball*: win a tackle; **zweikampfstark** *adj.*: ***ein ~er Spieler*** *Sport* an excellent tackler.
Zweikanalton *m TV* stereo sound; ***mit ~*** *a.* with bilingual facility, with two language channels.
zweikarätig *adj.* two-carat ...
Zweiklassengesellschaft *f* two-tier society.
zweiköpfig *adj.* **1.** two-headed; **2.** *family etc.* of two.
Zweikreisbremse *f mot.* dual-circuit brake.
zweilagig *adj.* two-ply.
Zweiliterflasche *f* two-lit|re (*Am.* -er) bottle.
Zweimächteabkommen *n* bilateral agreement.

zweimal *adv.* twice; ~ ***am Tag*** twice a day, twice daily; ~ ***die Woche*** twice a week; ~ ***so groß wie*** twice as big as, twice the size of; ***es sich*** ~ ***überlegen*** think twice (before doing it); ***ich habs mir nicht*** ~ ***sagen lassen*** I didn't wait to be told (*od.* asked) twice; **zweimalig** *adj.*: ***nach*** ~***er Wiederholung*** after repeating it twice, after two repetitions (*Sendung etc.*: repeats); ***nach*** ~***em Klingeln*** after I *etc.* had rung twice; ***nach*** ~***em Versuch*** after two attempts, after the second attempt; ***erst nach*** ~***er Aufforderung machte er es*** he had to be asked twice before he did it.

Zweimarkstück *n* two-mark piece.

Zweimaster *m* ⚓ two-master.

zweimonatig *adj.* **1.** two-month ...; ***nach e-m*** ~***en Auslandsaufenthalt*** after two months (*od.* a two-month stay) abroad; **2.** two-month-old *baby etc.*; **zweimonatlich I.** *adj.* bimonthly ...; **II.** *adv.* bimonthly, every two months, every other month.

zweimotorig *adj.* twin-engined.

Zweiparteien... *in Zssgn* bipartisan, two-party; ~**system** *n pol.* two-party system.

Zweiphasen... *in Zssgn*, **zweiphasig** *adj.* two-phase.

zweipolig *adj.* two-pole ...; *Stecker*: two-pin ...

Zweipunktgurt *m mot.* two-point belt.

Zweirad *n* two-wheeled vehicle; **zweiräd(e)rig** *adj.* two-wheeled.

Zweireiher *m* double-breasted jacket *etc.*; **zweireihig** *adj.* two-rowed; *Anzug etc.*: double-breasted.

Zweisamkeit *lit. f* togetherness.

zweischläfrig *adj.*: ~***es Bett*** double bed.

zweischneidig *adj.* double-edged, two-edged (*beide a. fig. Schwert*); *fig.* ***das ist so e-e*** ~***e Sache*** it cuts both ways, it's a tricky business.

zweiseitig I. *adj.* **1.** two-sided, *a. Fotokopie*: double-sided; **2.** *Brief, Artikel etc.*: two-page ..., two pages long; ~***e Anzeige*** double(-page) spread; **3.** *pol. Vertrag, Gespräche etc.*: bilateral; **4.** *Stoff*: reversible; **II.** *adv.*: ~ ***beschriftet*** (***bedruckt*** *etc.*) written (printed *etc.*) on both sides *od.* on either side.

zweisilbig *adj.* two-syllable ..., disyllabic; ~***es Wort*** *a.* disyllable.

Zweisitzer *m mot.* two-seater (*a.* ✈); *offener*: roadster; *geschlossener*: coupé.

zweispaltig I. *adj.* two-column ..., two-columned; **II.** *adv.*: ~ ***gedruckt*** (printed) in two columns.

zweisprachig I. *adj.* bilingual; *Schriftstück*: in two languages; **II.** *adv.*: ~ ***aufwachsen*** grow up bilingually (*od.* speaking two languages); **Zweisprachigkeit** *f* bilingualism.

zweispurig *adj.* **1.** *Fahrbahn*: two-lane ...; **2.** 🚆 double-track ..., *pred.* double-tracked; **3.** *Tonband*: two-track ...; ***es ist*** ~ it's a two-track.

Zweistärkenbrille *f*: (***e-e*** ~ a pair of) bifocals *pl.*

zweistellig *adj. Zahl*: two-digit ...; ~***e Inflation*** *a.* double-digit inflation.

Zweisterne|hotel *n* two-star hotel; ~**restaurant** *n etwa* three-star restaurant.

zweistimmig *adj.* for (*od.* in) two voices, two-part ...

zweistöckig *adj.* two-stor(e)y ..., two-storeyed (*Am.* two-storied) ...; ~***es Bett*** bunk bed.

zweistrahlig *adj.* ✈ twin-jet ...

Zweistufen|plan *m* two-stage plan; ~**rakete** *f* two-stage rocket (*od.* missile).

zweistufig *adj.* two-stage ...

zweistündig *adj.* two-hour(-long) ...

zweit I. *adj.* second; ~***es Kapitel*** chapter two; ***am*** ~***en Juli*** on the second of July, on July the second; ***2. Juli*** 2nd July, July 2(nd); ***Ձes Deutsches Fernsehen*** Second Channel of German Television (*abbr.* ***ZDF***); ***jeder Ձe*** every other person; ***ein*** ~***er Napoleon*** another Napoleon; → ***Geige, Hand*** *etc.*; **II.** *adv.*: ***zu*** ~ (*paarweise*) in twos, in pairs; ***wir waren zu*** ~ there were two of us; ***wir gingen zu*** ~ ***hin*** a) two of us went there, b) both of us went there, we both went there (together).

zweitägig *adj.* **1.** two-day(-long) ...; **2.** (*zwei Tage alt*) two-day-old ...

Zweitakter *m*, **Zweitaktmotor** *m* two-stroke engine.

zweitältest *adj.* second oldest; *in der Familie*: *a.* second eldest.

zweitausend *adj.* two thousand; **Zweitausender** *m* two-thousand met|re (*Am.* -er) peak.

Zweit|ausfertigung *f* duplicate; ~**beruf** *m* second career; ~**besetzung** *f thea.* understudy; ***er ist die*** ~ ***für ...*** he's the understudy for (*bzw.* to *für bestimmten Schauspieler*) ...

zweitbest *adj.* second-best; **Zweitbeste(r)** *m* → ***Zweite(r)***.

Zweite(r) *m* (the) second; ***er war Zweiter*** he was (*od.* came) second; ***Richard II.*** Richard II (= Richard the Second); ***heute ist der Zweite*** it's the second to-day; ***wie kein Zweiter*** like nobody else.

Zweitehe *f* second marriage.

Zweiteiler *m* two-piece; (*Film*) two-part film, film in two parts; **zweiteilig** *adj.* two-part ..., in two parts; *Anzug etc.*: two-piece *suit etc.*; **Zweiteilung** *f* division.

Zweite(r)-Klasse|-Abteil *n* second-class compartment; ~**-Wagen** *m* second-class carriage (*od.* car).

zweitens *adv.* secondly, two, in second place.

zweitgrößt *adj.* second largest.

zweithöchst *adj.* second highest (*od.* tallest).

zweitklassig *adj.* second-class; *contp.* second-rate; *Sport*: second-division ...

Zweitkorrektor(in *f*) *m* second marker.

zweitlängst *adj.* second longest.

Zweitlautsprecher *m* external (loud-) speaker.

zweitletzt *adj.* last but one, second to last, *formell*: penultimate.

zweitrangig *adj.* of secondary importance, secondary; *contp.* (*zweitklassig*) second-rate.

Zweit|schlüssel *m* spare key; ~**schrift** *f* copy, duplicate; ~**stimme** *f pol.* second vote; ~**studium** *n* second degree; ***ein*** ~ ***machen*** *a.* take another degree; ~**wagen** *m* second car; ~**wohnung** *f* second home; *kleine, mst in der Stadt*: pied-à-terre; *auf dem Land*: *mst* weekend flat (*Am.* apartment).

Zweiunddreißigstel|note *f* ♪ demisemiquaver, *Am.* thirty-second note; ~**pause** *f* demisemiquaver (*Am.* thirty-second-note) rest.

Zweivierteltakt *m*: ♪ (***im*** ~ in) two-four time.

Zweiweg|box F *f* (*Lautsprecher*) two-way speaker; ~**lautsprecher** *m* two-way (loud)speaker.

zweiwertig *adj.* ⚗ bivalent; ~***es Element*** dyad.

zweiwöchentlich I. *adj.* two-weekly, *bsd. Brit.* fortnightly; **II.** *adv.* every two weeks, *bsd. Brit.* fortnightly; **zweiwöchig** *adj.* **1.** two-week ...; **2.** (*zwei Wochen alt*) two-week-old ...

Zweizeiler *m* distich; *gereimt*: couplet; **zweizeilig I.** *adj.* two-line ...; **II.** *adv.*: ~ ***geschrieben*** double-spaced.

Zweizimmerwohnung *f* one-bedroom flat (*Am.* apartment).

Zweizylinder F *m* (*Auto*) two-cylinder (car); (*Motor*) two-cylinder engine.

Zwerchfell *n* diaphragm; ~**atmung** *f* abdominal (*od.* diaphragmatic) breathing; **Ձerschütternd** *adj.* sidesplitting.

Zwerg *m* **1.** dwarf; gnome; **2.** (*kleiner Mensch*) dwarf, midget; **zwergenhaft** *adj.* dwarfish, dwarf-like; diminutive; **Zwerggalerie** *f* ⚠ dwarf gallery; **Zwerghuhn** *n* bantam; **Zwerghund** *m* miniature dog.

Zwergin *f* → ***Zwerg*** 2.

Zwerg|kaninchen *n* pygmy rabbit; ~**kiefer** *f* dwarf pine; ~**maus** *f* harvest mouse; ~**palme** *f* dwarf palm; ~**schule** *f* one-classroom school; ~**staat** *m* miniature (F tiny) state; ~**tanne** *f* dwarf conifer; ~**volk** *n* pygmy tribe; ~**wuchs** *m* dwarfism, 📖 nanism.

Zwetsch(g)e *f* plum.

Zwetsch(g)en|baum *m* plum tree; ~**kuchen** *m* plum flan; ~**schnaps** *m*, ~**wasser** *n* plum brandy.

Zwetschke *östr. f* → ***Zwetsch(g)e***.

Zwickel *m* **1.** *Schneiderei*: gusset; **2.** ⚠ spandrel; **3.** F (*Zweimarkstück*) two-mark piece.

zwicken *v/t. u. v/i.* pinch; (*weh tun*) hurt; ***das Hemd zwickt mich*** my shirt is pinching me; ***mein Bauch zwickt*** (***mich***) I've got a griping pain in my stomach; ***die Gicht zwickt ihn*** he's feeling twinges of gout; ***sein Gewissen zwickt ihn*** his conscience is pricking him;

Zwicker *m opt.* pince-nez; **Zwickmühle** *f* **1.** *fig.* F catch-22 situation; ***in e-r*** ~ ***sein*** *a.* be in a quandary (F fix); **2.** *Mühlespiel*: double row.

Zwieback *m* rusk, *bsd. Am.* zwieback.

Zwiebel *f* onion; ~***n hacken*** (*od.* ***schneiden***) chop onions; (*Blumen*Ձ) bulb; ~**kuppel** *f* onion dome; ~**muster** *n* blue onion pattern; ~**ring** *m* onion ring; ~**schale** *f* onion skin; ~**suppe** *f* onion soup; ~**turm** *m* onion tower.

Zwiegespräch *n* dialog(ue).

Zwielicht *n* twilight; *fig.* ***ins*** ~ ***geraten*** lay o.s. open to suspicion; **zwielichtig** *fig. adj.* dubious, shady; *Unternehmen*: *a.* backstreet *affair*; ~***e Gestalt*** shady character.

Zwiespalt *m* conflict; (*Polarität*) dichotomy; *zwischen Menschen, innerhalb e-r Partei etc.*: rift; ***im*** ~ (*Dilemma*) ***sein*** be in a cleft stick; ***in e-n*** ~ ***geraten*** F get o.s. into a fix; ***im*** ~ ***mit sich selbst sein*** be in conflict (*od.* at odds) with o.s.; **zwiespältig** *adj.* mixed, *stärker*: conflicting; ***mein Eindruck war*** ~ I had (*od.* I came away with) mixed impressions; ***er ist ein*** ~***er Mensch*** he has a conflicting personality.

Zwiesprache *f* dialog(ue); *fig.* ~ ***halten mit*** commune with.

Zwietracht *f* discord; divisiveness; ~ ***säen*** sow the seeds of discord; ***in*** ~ ***leben mit*** be at variance (*od.* odds) with; ***es herrscht*** ~ ***zwischen ihnen*** they're

at loggerheads, *iro.* they're not on the best of terms.
Zwille *f* catapult, *Am.* slingshot.
Zwillich *m* drill.
Zwilling *m* **1.** twin; **2.** *pl.* (*Sternzeichen*) Gemini; **(ein) ~ sein** be (a) Gemini; **3.** (*Gewehr*) double-barrel(l)ed gun.
Zwillings|bruder *m* twin brother; **~geschwister** *pl.* twins; twin brothers (*od.* sisters); ***die ~ X*** the X twins; *a.* the X brothers (*od.* sisters); **~paar** *n* pair of twins; **~reifen** *pl. mot.* double tyres (*Am.* tires); **~schwester** *f* twin sister.
Zwingburg *f hist.* stronghold, citadel.
Zwinge *f* (*Stock*≗) ferrule; ⊚ clamp.
zwingen I. *v/t.* **1.** force (**zu** *inf.* to *inf.*, into *ger.*); ***j-n ~, et. zu tun*** *a.* make s.o. do s.th., *durch psychischen Druck*: coerce s.o. into doing s.th.; ***j-n gegen die Wand*** (***auf den Boden***) ~ force s.o. against the wall (force s.o. to lie down on the floor *od.* ground); ***j-n zum Reden ~*** force s.o. to speak, F loosen s.o.'s tongue; ***manche Leute muss man zu ihrem Glück ~*** some people don't know what's good for them; ***das Glück lässt sich nicht ~*** you can't force happiness; ***das lässt sich nicht ~*** you can't force it; ***ich lass mich nicht ~*** I won't be forced (*od.* coerced); ***das zwingt mich zu der Annahme, dass*** I'm forced to conclude that; → ***gezwungen***; **2.** F (*Arbeit, Essen*) manage; **II.** *v/i.*: ***~ zu*** demand, necessitate; ***die Lage zwingt zu drastischen Maßnahmen*** the situation demands (*od.* necessitates) drastic measures; **III.** *v/refl.*: ***sich ~*** force o.s.; ***sich zur Höflichkeit*** *etc.* ~ force o.s. to be polite *etc.*; ***sich zur Ruhe ~*** force o.s. to relax; ***sich zu lächeln ~*** force a smile; **zwingend** *adj. Grund*: compelling; *Logik*: *a.* inescapable; *Notwendigkeit*: absolute, urgent; *Argument, Beweis*: cogent, compelling, conclusive; ***ein ~er Beweis*** compelling (*od.* conclusive, unimpeachable) evidence; ***mit e-r ~en Logik*** with compelling logic.
Zwinger *m* **1.** *e-r Burg*: ward; **2.** (*Hunde*≗) kennel.
zwinkern *v/i.* (*a.* ***mit den Augen ~***) blink; *zum Zeichen*: wink.
zwirbeln *v/t.* twist, F twiddle.
Zwirn *m* twine, twist; **Zwirnsfaden** *m* thread; → *a.* ***Faden.***
zwischen *prp. a. zeitlich u. fig.*: between; (*mitten unter*) among; ***~ ihnen herrscht Streit*** they've fallen out; ***~ ihnen wird es nie zur Einigung kommen*** they'll never come to an agreement.
Zwischenablage *f Computer*: clipboard.
Zwischenabrechnung *f* ✝ preliminary billing.
Zwischenakt *m thea.* intermission; **~musik** *f* interlude.
Zwischen|applaus *m* spontaneous applause; **~aufenthalt** *m* stop(over); **~ausweis** *m* ✝ interim return; **~bemerkung** *f* interjection; (*Unterbrechung*) interruption; **~bericht** *m* interim report; **~bescheid** *m* provisional reply; **~bilanz** *f* interim balance (sheet); *fig. pol.* mid-term review; *fig.* ***e-e ~ ziehen*** take stock in between; **~blatt** *n* interleaf; **~blutung** *f a. pl.* irregular bleeding, *leichte*: spotting; **~deck** *n*: ***im ~*** between decks; **~decke** *f* false ceiling; **~ding** *n* something in between; ***es ist ein ~*** *a.* it's a bit of both.
zwischendrin *adv.* **1.** in between; (*mittendrin*) (right) in the middle; **2.** *zeitlich*: in between; (*gelegentlich*) now and then.
zwischendurch *adv.* in between; (*inzwischen*) in the meantime; (*gelegentlich*) now and then; (*hier und dort*) here and there.
Zwischen|eiszeit *f* interglacial period; **~ergebnis** *n* provisional result; *Sport*: latest results *pl.* (*bei Mannschaftsspiel*: score); **~fall** *m* incident; ***ohne Zwischenfälle*** (*reibungslos*) without a hitch; ***ohne Zwischenfälle verlaufen*** *Demonstration*: pass off peacefully (*od.* without incident); → ***blutig*** 2; **~finanzierung** *f* bridging; interim financing; **~frage** *f* (interpolated) question; *parl. a.* interruption, interpolation; ***darf ich e-e ~ stellen?*** may I throw in a quick question?; **~futter** *n* interlining; **~gas** *n*: *mot.* ***~ geben*** double-clutch; **~gericht** *n gastr.* entrée; **~geschoss,** *östr.* **~geschoß** *n* mezzanine (floor); **~glied** *n* link; **~größe** *f* intermediate size; **~handel** *m* intermediate trade; (*Großhandel*) wholesale trade; **~händler** *m* middleman, intermediary; **~hirn** *n* diencephalon; **~hoch** *n meteor.* ridge of high pressure; **~kieferknochen** *m* intermaxillary (bone); **~kredit** *m* interim loan; **~lager** *n* intermediate store; *für Giftstoffe etc.*: intermediate storage site; **≗lagern** *v/t.* store temporarily (*od.* intermediately); **~lagerung** *f* intermediate storage.
zwischenlanden *v/i.* stop over, make a stopover; **Zwischenlandung** *f* stopover; ***~ zum Auftanken*** refuel(l)ing stop; ***ohne ~*** nonstop.
Zwischen|lauf *m Sport*: intermediate heat; **~lösung** *f* interim solution;**~mahlzeit** *f* snack (between meals); ***ich muss aufhören mit diesen ~en*** I must stop eating (things) between meals; **≗menschlich** *adj.* interpersonal, interhuman; ***~e Beziehungen*** *a.* human relations; ***im ~en Bereich*** where human relations are concerned; **~pause** *f* break; *thea. etc.* interval, *Am.* intermission; **~produkt** *n* intermediate product; **~prüfung** *f* intermediate exam(ination); **~raum** *m* **1.** space (in between); (*Lücke*) gap, *formell*: interstice; (*Zeilenabstand*) spacing; (*Spielraum*) clearance; **2.** *zeitlich*: interval; **~rechnung** *f* interim bill; **~regelung** *f* interim ruling; **~ring** *m* **1.** *phot.* adapter; *für Nahaufnahmen*: extension tube; **2.** ⊚ rubber insert; **~ruf** *m* (loud) interruption; *pl.* heckling *sg.*; ***durch ~e unterbrechen*** heckle; **~rufer** *m* heckler; **~runde** *f* intermediate round; **~saison** *f* in-between season.
zwischenschalten *v/t.* ⚡, ⊚ interpose; interconnect; **Zwischenschaltung** *f* ⚡, ⊚ interposition.
Zwischen|sohle *f* midsole; **~speicher** *m Computer*: cache; **~speicherung** *f Computer*: intermediate storage; **~spiel** *n thea.*, ♪ interlude; **~spurt** *m Sport*: (sudden) spurt; ***e-n ~ einschalten*** put in a burst of speed; **≗staatlich** *adj.* international; intergovernmental; (*zwischen Bundesstaaten*) interstate ...; **~stadium** *n* intermediate stage; **~station** *f* stop (*a. Ort*), stopover; ***~ machen in*** stop over in, make a stop in; **~stecker** *m* ⚡ adapter (plug); **~stock** *m* mezzanine (floor); **~stück** *n* connecting piece; ⚡ adapter; **~stufe** *f e-r Entwicklung etc.*: intermediate stage; **~summe** *f* subtotal; **~teil** *n* connecting piece; **~text** *m* inserted text; **~tief** *n meteor.* ridge of low pressure; **~ton** *m* **1.** (*Farbe*) (intermediate) shade; **2.** *fig.* overtone; nuance.
Zwischenträger *m* informant, F telltale; **Zwischenträgerei** *f* informing, F tale-telling.
Zwischen|tür *f* interconnecting door; **~urteil** *n* interlocutory judg(e)ment; **~vertrag** *m* provisional agreement; **~wand** *f* dividing wall; *bewegliche*: partition; **~wert** *m* intermediate value; **~wirt** *m biol.* intermediate host.
Zwischenzeit *f* **1.** interim, intervening (*od.* interim) period; ***in der ~*** in the meantime, meanwhile, in the interim; **2.** *Sport*: intermediate time; **zwischenzeitlich** *adv.* in the meantime, meanwhile.
Zwischenzeugnis *n ped.* intermediate report; *vom Arbeitgeber*: intermediate reference.
Zwist *m* quarrel, dispute; *zwischen Familien etc.*: *a.* feud; **Zwistigkeiten** *pl.* **1.** discord *sg.*; **2.** → ***Zwist.***
zwitschern *v/i. u. v/t.* twitter, chirp; F ***e-n ~*** (*trinken*) F knock one back, *schnell*: F have a quick one.
Zwitter *m* **1.** hermaphrodite (*a.* ⚘); **2.** *fig.* (*~ding*) hybrid, cross between a(n) ... and a(n) ...; **zwitterhaft** *adj.* hermaphroditic; **Zwitterhaftigkeit** *f* hermaphroditism; **Zwitterwesen** *n* **1.** hermaphrodite; **2.** hermaphroditism.
zwo *adj.* → ***zwei.***
zwölf I. *adj.* twelve; **um ~ (Uhr)** at twelve (o'clock), *mittags*: *a.* at noon, *nachts*: *a.* at midnight; *fig.* ***fünf Minuten vor ~*** at the eleventh hour; ***es ist fünf Minuten vor ~*** it's the eleventh hour; **II.** ≗ *f* twelve; (*Buslinie etc.*) (number) twelve.
Zwölffingerdarm *m* duodenum; **Zwölffingerdarmgeschwür** *n* duodenal ulcer.
Zwölfkampf *m* twelve events *pl.* (competition); **Zwölfkämpfer** *m* dodecathlon athlete.
Zwölfmeilenzone *f* twelve-mile zone.
zwölft *adj.* twelfth; **Zwölftel** *n* twelfth (part).
Zwölfton|musik *f* twelve-tone music; **~technik** *f* twelve-tone technique, dodecaphony.
Zwölfzylinder *m* (*Auto*) twelve-cylinder (car); (*Motor*) twelve-cylinder engine.
Zyanid *n* cyanide.
Zyankali *n* potassium cyanide.
zyklisch *adj.* cyclic(ally *adv.*).
Zyklon *m*, **Zyklone** *f meteor.* cyclone.
Zyklop *m* Cyclops; **Zyklopenmauer** *f* ⚠ cyclopean masonry (*od.* wall).
Zyklotron *n* cyclotron.
Zyklus *m* cycle (*a.* ♪, *Literatur u. Menstruations*≗); *von Vorträgen etc.*: series; ***der ~ der Jahreszeiten*** the revolving seasons, the seasonal cycle.
Zylinder *m* **1.** ⩚, ⊚, *a. mot.* cylinder; (*Lampen*≗) chimney; **2.** (*Hut*) top hat; **~block** *m* cylinder block; **~kolben** *m* cylinder piston.
Zylinderkopf *m* cylinder head; **~dichtung** *f* cylinder-head gasket.
Zylinderschloss *n* cylinder lock.
zylindrisch *adj.* cylindrical.
Zyniker *m* cynic; ***alter ~*** arch-cynic; **zynisch** *adj.* cynical; **Zynismus** *m* cynicism.
Zypresse *f* cypress.
Zypriot(in *f*) *m*, **zypriotisch** *adj.* Cypriot.
Zyste *f* cyst.
Zytologe *m* cytologist; **Zytologie** *f* cytology; **zytologisch** *adj.* cytological.

Anhänge

Appendices

Deutsche Abkürzungen

German Abbreviations

A

A ***Ampere*** ampere(s *pl.*) (A)

a ***Ar*** are (a)

AA ***das Auswärtige Amt*** foreign ministry

a. a. O. ***am angegebenen*** *od.* ***angeführten Ort*** in the place cited (loc. cit.)

Abb. ***Abbildung*** illustration (fig.)

abds. ***abends*** in the evening

Abf. ***Abfahrt*** departure (dep.)

Abg. ***Abgeordnete(r)*** member of parliament

Abk. ***Abkürzung*** abbreviation (abbr.)

Abl. ***Ablöse*** *money paid by a new tenant to a previons tenant for furnishings and fittings*

ABM ***Arbeitsbeschaffungsmaßnahme(n)*** job creation scheme

ABS ***Antiblockiersystem*** anti-lock (*od.* anti-skid) braking system

Abs. ***Absatz*** paragraph (para., par.), *typ.* break; ***Absender*** sender; return address

Abschn. ***Abschnitt*** section, paragraph (para., par.)

Abt. ***Abteilung*** department (dept, dpt)

abzgl. ***abzüglich*** less, minus

a. Chr. (n.) ***ante Christum (natum), vor Christus (vor Christi Geburt)*** before Christ (BC)

ACS ***Automobilclub der Schweiz*** Automobile Association of Switzerland

A. D. ***anno Domini, im Jahre des Herrn*** in the year of our Lord (AD)

a. D. ***außer Dienst*** retired (retd); ***an der Donau*** on the Danube

ADAC ***Allgemeiner Deutscher Automobil-Club*** General German Automobile Association

Add. ***Addenda, Ergänzungen*** addenda, supplements, additions

ADFC ***Allgemeiner Deutscher Fahrrad-Club*** General German Cyclists' Association

ad inf. ***ad infinitum, bis ins Unendliche, unaufhörlich*** ad infinitum

ad l., ad lib(it). ***ad libitum, nach Belieben*** ad lib(itum)

Adr. ***Adresse*** address

AEG ***Allgemeine Elektrizitäts-Gesellschaft*** General Electric Company

AG ***Aktiengesellschaft*** public limited company (PLC, Plc, plc; Ltd), *Am.* (stock) corporation; ***Arbeitsgruppe*** study group

Agt. ***Agent*** agent; ***Agentur*** agency; agents *pl.*

Ah ***Amperestunde(n)*** ampere-hour(s *pl.*)

ahd. ***althochdeutsch*** Old High German (OHG)

Akad. ***Akademie*** academy, (*Fachschule*) *a.* college

akad. ***akademisch*** academic(al), university ...

Akk. ***Akkusativ*** accusative (case) (acc.)

Akt.-Nr. ***Aktennummer*** file number (file no.)

AKW ***Atomkraftwerk*** nuclear power station *od.* plant

akz. ***akzeptiert*** accepted; ☤ *a.* hono(u)red

al. ***alias, auch ... genannt*** alias, otherwise *od.* also known as (aka)

Alk. ***Alkohol*** alcohol (alc.)

allg. ***allgemein*** general(ly *adv.*)

allj. ***alljährlich*** annual(ly *adv.*), yearly

alph. ***alphabetisch*** alphabetical(ly *adv.*)

Alu ***Aluminium*** alumin(i)um

AM ***Amplitudenmodulation*** (*Frequenzbereich der Kurz-, Mittel- u. Langwellen*) amplitude modulation (AM)

a. M. ***am Main*** on the Main

am., amer(ik). ***amerikanisch*** American (Am.)

amtl. ***amtlich*** official(ly *adv.*)

Anal. ***Analogie*** analogy (anal.); ***Analyse*** analysis (anal.)

Änd. ***Änderung*** change; alteration

Angest. ***Angestellte(r)*** employee

angew. ***angewandt*** applied (appl.)

Anh. ***Anhang*** appendix

Ank. ***Ankunft*** arrival (arr.)

Anl. ***Anlage*** *im Brief*: enclosure (encl.)

anl. ***anlässlich*** on the occasion of

Anm. d. Red. ***Anmerkung der Redaktion*** editor's comment (Ed., ed.)

anschl. ***anschließend*** following (foll.), subsequent(ly *adv.*)

AOK ***Allgemeine Ortskrankenkasse*** compulsory health insurance scheme

ao. Prof., a. o. Prof. ***außerordentlicher Professor*** reader, senior lecturer, *Am.* associate professor

Apart. ***Apartment*** flatlet, one-room apartment, *Am.* efficiency apartment (apt.)

APO ***Außerparlamentarische Opposition*** extraparliamentary opposition

App. ***Apparat*** *teleph.* (*Nebenstelle*) extension (ext.)

appr. ***approbiert*** qualified, licenced, *Am.* licensed

Apr. ***April*** April (Apr., Apr)

Arb. ***Arbeit*** work; labo(u)r; ***Arbeiter*** worker, workman, labo(u)rer

Arbg. ***Arbeitgeber*** employer

Arbn. ***Arbeitnehmer*** employee

ARD ***Arbeitsgemeinschaft der öffentlich-rechtlichen Rundfunkanstalten der Bundesrepublik Deutschland*** working pool of the broadcasting corporations of the Federal Republic of Germany

Arge ***Arbeitsgemeinschaft*** work(ing) group; syndicate

a. Rh. ***am Rhein*** on the Rhine

Art. ***Artikel*** article, ☤ *a.* item, commodity

ärztl. ***ärztlich*** medical (med.); doctor's *certificate etc.*

AS ***Anschlussstelle*** jct(n), jn, junction; ***Alterssicherung(s...)*** retirement provision

Assist. ***Assistent(in)*** assistant (assnt); ***Assistenz*** assistence

Asta ***Allgemeiner Studentenausschuss*** general students' committee

ASU ***Abgassonderuntersuchung*** exhaust-emission test

A.T. ***Altes Testament*** Old Testament (OT)

atü ***Atmosphärenüberdruck*** atmospheric excess pressure (psi = pounds per square inch)

Aufl. ***Auflage*** edition (ed.)

Auftr.-Nr. ***Auftragsnummer*** order number

Aug. ***August*** August (Aug., Aug)

Ausg. ***Ausgabe*** (*Buch*) edition (ed.); (*Buchexemplar*) copy; ***Ausgang*** exit

ausgen. ***ausgenommen*** except (for); (*wenn nicht*) unless

ausgeschl. ***ausgeschlossen*** excluded, excluding ... (excl.)

ausschl. ***ausschließlich*** exclusive(ly *adv.*) (excl.), sole(ly *adv.*)

austr(al). ***australisch*** Australian (Aus.)

ausw. ***auswärtig*** (from) outside; in (from) another town; *a. pol.* foreign
auth. ***authentisch*** authentic(ally *adv.*), genuine
auton. ***autonom*** autonomous
Az. ***Aktenzeichen*** file number (file no.); *auf Brief*: reference (ref.)

B

B ***Bundesstraße*** major road, federal highway
b. ***bei*** at; *räumlich*: near (nr); *Adresse*: care of (c/o)
BAB ***Bundesautobahn*** autobahn; motorway, *Am.* highway
BAföG ***Bundesausbildungsförderungsgesetz*** student financial assistance scheme
Barz(ahl). ***Barzahlung*** cash payment
BAT ***Bundesangestelltentarif*** salary scale for public employees
Bauj. ***Baujahr*** construction year; (*Jahreszahl*) ... model
b. a.W. ***bis auf Widerruf*** until recalled *od.* revoked; until further notice
b. a. w. ***bis auf weiteres*** for the present, until further notice
BB ***Bundesbahn*** federal railway(s)
Bd. ***Band*** (*Buch*) volume (vol.); ***Bund*** (*Vereinigung*) union; association (assoc.)
Bde. ***Bände*** volumes (vols)
Bd.-Reg. ***Bundesregierung*** Federal Government (Fed. Govt)
bds. ***beiderseits*** on both sides
bef. ***befugt*** entitled, authorized (auth.)
Beg. ***Beginn*** start, commencement
Begl. ***Beglaubigung*** certification (cert.); ***Begleichung*** settlement, payment; ***Begleitung*** company (→ *Wörterverzeichnis*)
begl. ***beglaubigt*** certified (cert.); ***beglichen*** paid (pd)
beil. ***beiliegend*** enclosed (encl.)
Beisp. ***Beispiel*** example, instance
bek. ***bekannt*** known
belg. ***belgisch*** Belgian (Belg.)
Bem. ***Bemerkung*** remark, note, comment
Ber. ***Bericht*** report (rep.), account, commentary; ***Berichtigung*** correction (corr.)
bes. ***besonder*** special, particular (part.); ***besonders*** (e)specially (esp.), particularly (part.); above all
Besch. ***Bescheinigung*** certificate (cert.), (written) confirmation
Best. ***Bestellung*** order
Best.-Nr. ***Bestellnummer*** order number (ord. no.)
Betr. ***Betreff, betrifft*** *auf Briefkopf*: with reference to (Re, re, Re., re.)
betr. ***betreffend, betrifft, betreffs*** concerning, regarding, as to; ☤ *a.* re
beurl. ***beurlaubt*** on leave
Bev. ***Bevölkerung*** population (pop.)
bev(ollm). ***bevollmächtigt*** authorized (auth.)
Bez. ***Bezahlung*** pay(ment); ***Bezeichnung*** mark; (*Name*) name, term, designation (des.); ***Beziehung*** → *Wörterverzeichnis*; ***Bezirk*** district (dist.)
bez. ***bezahlt*** paid (pd); ***bezüglich*** regarding, concerning, with reference to; ☤ *a.* re
BF, bfr ***belgische(r) Franc(s)*** Belgian franc(s *pl.*) (BF, Bfr)
BGB ***Bürgerliches Gesetzbuch*** (German) Civil Code
Bge. ***Berge*** mountains (mtns)
BGH ***Bundesgerichtshof*** Federal High Court
BGS ***Bundesgrenzschutz*** Federal Border Guard
Bhf. ***Bahnhof*** station (sta., Sta.)
BI ***Bürgerinitiative*** citizens' (action) group, civic action group, civic action
Bib. ***Bibel*** Bible
bildl. ***bildlich*** pictorial, visual(ly *adv.*), graphic(ally *adv.*); *Ausdruck etc.*: figurative(ly *adv.*) (fig.)
biogr. ***biographisch*** biographical(ly *adv.*) (biog.)
biol. ***biologisch*** biological(ly *adv.*) (biol.); *Anbau*: organic(ally *adv.*) (org.)
BIP ***Bruttoinlandsprodukt*** gross domestic product (GDP)
Bj. ***Baujahr*** construction year; (*Jahreszahl*) ... model
BKB ***Benzinkostenbeteiligung*** *in Annonce*: share petrol (*Am.* gas) costs
BLZ ***Bankleitzahl*** bank code
BND ***Bundesnachrichtendienst*** Federal Intelligence Service
bot. ***botanisch*** botanic(al) (bot.)
BPA ***Bahnpostamt*** station post office
BP a. ***Bundespatent angemeldet*** Federal Patent pending
Bq ***Becquerel*** becquerel (Bq.)
BR ***Bayerischer Rundfunk*** Bavarian Broadcasting Corporation
Br. ***Breite*** width (W., w.)
bras. ***brasilianisch*** Brazilian (Braz.)
BRD ***Bundesrepublik Deutschland*** Federal Republic of Germany (FRG)
brit. ***britisch*** British (Brit.)
BRK ***Bayerisches Rotes Kreuz*** Bavarian Red Cross
BRT ***Bruttoregistertonne(n)*** gross register ton(s *pl.*) (GRT)
BRZ ***Bruttoraumzahl*** *etwa* gross register tonnage *od.* tons *pl.*
bsd. ***besonders*** (e)specially (esp.), particularly (part.); above all
BSE BSE, Rinderwahn(sinn) (*abbr. für* bovine spongiform encephalopathy)
BSP ***Bruttosozialprodukt*** gross national product (GNP)
bspw. ***beispielsweise*** for instance, for example (e.g.)
btto. ***brutto*** gross (gr.)
Btx, btx ***Bildschirmtext*** viewdata
bürg. ***bürgerlich*** civil (civ.); civic; middle-class; bourgeois
Bw. ***Bundeswehr*** (German federal) armed forces, Bundeswehr
b. w. ***bitte wenden*** please turn over (PTO, pto)
bwgl. ***beweglich*** movable, mobile; flexible; moving *parts*
BWL ***Betriebswirtschaftslehre*** business administration, business economics
BWV ***Bachwerkeverzeichnis*** (*der Werke von Johann Sebastian Bach*) *etwa* Bach Catalog(ue) (BWV)
bzgl. ***bezüglich*** regarding, concerning, with reference to; ☤ *a.* re
bzw. ***beziehungsweise*** respectively (resp.); or rather ...

C

C ***Celsius*** Celsius, centigrade (C)
c ***Cent(s)*** cent(s *pl.*) (c); ***Centime(s)*** centime(s *pl.*) (c)
ca. ***circa, ungefähr, etwa*** about, approximately (approx.), circa (c.)
CAD ***computer-aided design*** CAD
calv. ***calvin(ist)isch*** Calvinist(ic)
CAM ***computer-aided manufacture*** CAM
cand. ***candidatus, Kandidat*** candidate (cand.)
CAT ☤ ***computer-assisted trading*** computergestützter Handel; ✈ ***clear air turbulence*** (*Turbulenzen*); ⚕ ***computerized axial tomography*** (*Computertomographie*)
ccm (*veraltet für* ***cm³***) ***Kubikzentimeter*** cubic centimet|re(s *pl.*), *Am.* -er(s *pl.*) (cc)
CD ***compact disc, CD*** compact disc (CD)
CDU ***Christlich-Demokratische Union*** Christian Democratic Union
cf. ***confer, vergleiche*** compare (cf., cp., comp.)
chem. ***chemisch*** chemical (chem.)
chir. ***chirurgisch*** surgical (surg.)
christl. ***christlich*** Christian (Chr.)
chron. ***chronisch*** chronic; ***chronologisch*** chronological (chron., chronol.)
cl ***Zentiliter*** centilit|re(s *pl.*), *Am.* -er(s *pl.*)
cm ***Zentimeter*** centimet|re(s *pl.*), *Am.* -er(s *pl.*)
cm^2 ***Quadratzentimeter*** square centimet|re(s *pl.*), *Am.* -er(s *pl.*) (sq.cm., cm^2)
cm^3 ***Kubikzentimeter*** cubic centimet|re(s *pl.*), *Am.* -er(s *pl.*) (cc, cm^3)
Co. ☤ *veraltet*: ***Compagnie, Kompanie*** company (Co., co.)
c/o ***care of, bei, per Adresse*** (c/o)
cos ***Kosinus*** cosine (cos)
ČSFR *hist.* ***Tschechische und Slowakische Föderative Republik*** Czech and Slovak Federal Republic
ČSSR *hist.* ***Tschechoslowakische Sozialistische Republik*** Czechoslovak Socialist Republic
CSU ***Christlich-Soziale Union*** Christian Social Union (*of Bavaria*)
ct ***Cent(s)*** cent(s *pl.*) (ct, *pl.* cts); ***Centime(s)*** centime(s *pl.*) (ct, *pl.* cts)
CT ***Computertomographie*** CT, computerized (*od.* computed) tomography
c. t. ***cum tempore, mit akademischem Viertel*** quarter past the hour
CTA ***chemisch-technische Assistentin*** (chemical) laboratory assistant
CVJM ***Christlicher Verein Junger Menschen*** Young Men's Christian Association (YMCA); Young Women's Christian Association (YWCA)

D

D ***Durchgangszug, Schnellzug*** express (train), fast train
D. ***Deutschverzeichnis*** (*der Werke von Franz Schubert*) *etwa* Deutsch Catalog(ue) (D); ***Doktor der (protestantischen) Theologie*** Doctor of Divinity (DD)
d. Ä. ***der Ältere*** the Elder
DAAD ***Deutscher Akademischer Austauschdienst*** German Academic Exchange Service
DAG ***Deutsche Angestelltengewerkschaft*** Trade Union of German Employees
dän. ***dänisch*** Danish (Dan.)
dank. ***dankend*** with thanks; gratefully
Darst. ***Darsteller*** actor(s *pl.*), performer(s *pl.*); ***Darstellung*** description; account; presentation; representation; interpretation.
dass. ***dasselbe*** the same (thing)
DAT ***digital audio tape*** (*Tonbandkassette*

für Digitalaufnahmen mit DAT-Rekordern)
Dat. ***Dativ*** dative (case) (dat.); ***Datum*** date (d.)
DAX (*TM*) ***Deutscher Aktienindex*** German Stock Index
DB ***Deutsche Bahn AG*** German Railways, Plc; ***Deutsche Bundesbank*** German Federal Bank
DBP(a) ***Deutsches Bundespatent*** (***angemeldet***) German Federal Patent (pending)
dch. ***durch*** through; by; via
ddp ***Deutscher Depeschendienst*** (*German press agency*)
DDR *hist.* ***Deutsche Demokratische Republik*** German Democratic Republic (GDR)
DDT ***Dichlordiphenyltrichloräthan*** dichlorodiphenyltrichloroethane (DDT)
d. E. ***durch Eilboten*** express, *Am.* (by) special delivery
demn. ***demnach*** (*deshalb*) thus, so, consequently, therefore; (*demgemäß*) according to that, accordingly; ***demnächst*** soon, before long
ders. ***derselbe*** the same
desgl. ***desgleichen*** likewise, the same; similarly
Det. ***Detail*** detail
Dez. ***Dezember*** December (Dec., Dec)
dez. ***dezimal*** decimal
DFB ***Deutscher Fußball-Bund*** German Football Association
DGB ***Deutscher Gewerkschaftsbund*** Federation of German Trade Unions
dgl. ***dergleichen*** such, like that; the like, such a thing; ***desgleichen*** → ***desgl.***
d. Gr. ***der*** *od.* ***die Große*** the Great
d. h. ***das heißt*** that is (i.e.)
Di. ***Dienstag*** Tuesday (Tue., Tue, Tues., Tues)
d. i. ***das ist*** that is (i.e.)
diag. ***diagonal*** diagonal(ly *adv.*)
Dial. ***Dialekt*** dialect (dial.); ***Dialektik*** dialectics (*sg. u. pl.*)
dienstl. ***dienstlich*** official, business ...; on business
diesj. ***diesjährig*** this year's ...
DIN ***Deutsches Institut für Normung*** German Institute for Standardization; *veraltet für* ***DIN-Norm*** (***Deutsche Industrie-Norm***) German Industrial Standard
Din ***Dinar*** dinar(s *pl.*) (Din.)
Dipl. ***Diplom*** diploma (Dip., Dipl.); ***Diplom...*** qualified ...
dipl. ***diplomatisch*** diplomatic; ***diplomiert*** qualified
Dipl.-Ing. ***Diplomingenieur*** qualified engineer
Dipl.-K(au)fm. ***Diplomkaufmann*** business graduate
Dir. ***Direktion*** management; board of directors; manager's office; head office (HO); ***Direktor*** manager; director (dir.); *Schule*: headmaster, *Am.* principal; ***Dirigent*** conductor
Diss. ***Dissertation*** (doctoral) thesis
Distr. ***Distrikt*** district (dist.)
DJ ***DJ, deejay*** (*Diskjockey*)
d. J. ***der Jüngere*** the Younger; ***dieses Jahres*** of this year
dkg ***Dekagramm*** decagram(s *pl.*), decagrammes(s *pl*)
DKP ***Deutsche Kommunistische Partei*** German Communist Party
dkr ***dänische Krone***(***n***) Danish crown(s *pl.*)
DM ***Deutsche Mark*** (German) mark(s *pl.*)
d. M(ts). ***d(ies)es Monats*** of the present month, instant (inst.)
DNA ***Deutscher Normenausschuss*** German Committee of Standards
DNS ***Desoxyribonukleinsäure*** deoxyribonucleic acid (DNA)
Do. ***Donnerstag*** Thursday (Th., Th, Thur., Thur, Thurs., Thurs)
d. O. ***der*** *od.* ***die*** *od.* ***das Obige*** the above-mentioned
do. ***dito*** ditto (do.)
Dolm. ***Dolmetscher(in)*** interpreter
dopp. ***doppelt*** double (dbl., dble); in duplicate
DOS ***disk operating system*** Be'triebssys,tem, DOS
Doz. ***Dozent*** (university) lecturer, *Am.* assistant professor
Do.-Z(i). ***Doppelzimmer*** double (room)
DP ***Deutsche Post AG*** German Postal Services, Plc
dpa ***Deutsche Presse-Agentur*** German Press Agency
dpp. → ***dopp.***
Dr, dr ***Drachme***(***n***) drachma(s *pl.*), *pl. a.* drachmae (dr.)
Dr. ***Doktor*** doctor (Dr.)
d. R. ***der Reserve*** ⚔ reserve ...
d. Red. ***die Redaktion*** the editor(s *pl.*) (Ed., ed., *pl.* eds)
Dr. jur. ***doctor juris, Doktor der Rechte*** Doctor of Laws (LLD)
DRK ***Deutsches Rotes Kreuz*** German Red Cross
Dr. med. ***doctor medicinae, Doktor der Medizin*** Doctor of Medicine (MD)
Dr. phil. ***doctor philosophiae, Doktor der Philosophie*** Doctor of Philosophy (PhD, DPhil)
Dr. rer. nat. ***doctor rerum naturalium, Doktor der Naturwissenschaften*** Doctor of Science (DSc, ScD)
Dr. theol. ***doctor theologiae, Doktor der Theologie*** Doctor of Divinity (DD)
DSB ***Deutscher Sportbund*** German Sports Association
dstl. → ***dienstl.***
dt(sch.) ***deutsch*** German (Ger.)
DTP ***desktop publishing*** DTP, Desktop-Publishing
Dtzd. ***Dutzend*** dozen (doz.)
d. U. ***der Unterzeichnete*** the undersigned
Dupl. ***Duplikat*** duplicate (dupl.); (*Abschrift, Kopie*) copy
durchschn. ***durchschnittlich*** average (av.); *adv.* on (an) average
Durchw.(-Nr.) ***Durchwahl***(***nummer***) direct dial(l)ing (number)
DV ***Datenverarbeitung*** DP, data processing
d. V(er)f. ***der Verfasser, die Verfasserin*** the author
d. v. J. ***des vorigen Jahres*** last year's, of the previous year
DVO ***Durchführungsverordnung*** implementing ordinance
dyn. ***dynamisch*** dynamic(ally *adv.*)
DZ ***Doppelzimmer*** double (room)
dz ***Doppelzentner*** 100 kilogram(me)s

E

E *in Deutschland hist.* ***Eilzug*** fast train; ***Elektrizität(s...)*** electricity (...); power *station*; ***Erdgeschoss*** ground floor (grd. fl., G), *Am.* first floor (1st fl.); ***Europastraße*** European Highway (*passing through several countries*)
ea. ***ehrenamtlich*** honorary (hon.)
ebd. ***ebenda*** ibidem (ibid., ib.)
EBK ***Einbauküche*** fitted kitchen
EC ***EuroCity*** Eurocity (train)
ECU, Ecu ***European currency unit(s), europäische Währungseinheit(en*** *pl.*) (*ECU*)
Ed. ***Edition, Ausgabe*** edition (ed.)
ed. ***edidit, hat herausgegeben*** edited by (ed.)
EDV ***elektronische Datenverarbeitung*** electronic data processing (EDP, edp)
EEG ***Elektroenzephalogramm*** electroencephalogram (EEG)
EG ***Europäische Gemeinschaft*** European Community (EC)
e. G. ***eingetragene Gesellschaft*** registered (*Am.* incorporated) company
e. h. ***ehrenhalber*** honoris causa (h.c.)
ehel. ***ehelich*** marital, conjugal, matrimonial; legitimate *child*
ehem. ***ehemalig*** former, ex-...; ***ehemals*** formerly
Ehrw. ***Ehrwürden*** Reverend (Rev.)
EIB ***Europäische Investitionsbank*** European Investment Bank (EIB)
eidg(en.) ***eidgenössisch*** confederate; Swiss
eig(en)h. ***eigenhändig*** personal(ly *adv.*); oneself, with one's own hands
eig(tl). ***eigentlich*** actual(ly *adv.*), real(ly *adv.*); strictly speaking
Einbd. ***Einband*** binding; cover
eingetr. ***eingetragen*** ☤ registered (regd), *Am. a.* incorporated (Inc., inc.); ***eingetreten*** entered
Eing.-Dat. ***Eingangsdatum*** date of receipt
Einh. ***Einheit*** unit (*a. teleph.*, ⚔)
einschl. ***einschlägig*** relevant, appropriate; ***einschließlich*** including (incl.), inclusive of (incl.)
Einschr. ***Einschreiben*** registered letter; *Vermerk*: registered (regd)
einwdfr. ***einwandfrei*** perfect; flawless; impeccable *reputation etc.*
Einz.-Z(i). ***Einzelzimmer*** single (room)
EKD ***Evangelische Kirche in Deutschland*** Protestant Church in Germany
EKG, Ekg ***Elektrokardiogramm*** electrocardiogram (ECG, *Am.* EKG)
EL ***Esslöffel*** (***voll***) tbsp, *pl.* tbsp(s), *a.* tbs
el(ektr). ***elektrisch*** electric(al) (elec., elect.); *adv.* electrically
Empf. ***Empfänger*** recipient; addressee
empf. ***empfohlen*** recommended (rec.)
engl. ***englisch*** English (Eng.)
Entf. ***Entfernung*** distance
entggs. ***entgegengesetzt*** opposite (opp.); contradictory, opposing
entspr. ***entsprechen(d)*** → *Wörterverzeichnis*
entw. ***entweder*** either
EP ***Europäisches Parlament*** European Parliament
erb. ***erbaut*** built, erected
Erdg. ***Erdgeschoss*** ground floor (grd. fl.), *Am.* first floor (1st fl.)
erf. ***erfolgt*** effected; ***erforderlich*** required (req.), necessary (nec.)
erg. ***ergänze*** complement, supplement, add
erh. ***erhalten*** received (recd, rec'd); *in e-m Zustand*: preserved, in ... condition
Erl. ***Erläuterung*** explanation; (explanatory) note
erl. ***erlaubt*** permitted, allowed; ***erledigt*** finished, done; settled
erm. ***ermäßigt*** reduced (red.)
Ers. ***Ersatz*** substitute (subst.); *permanenter*: replacement; (*Vergütung*) compensation; (*Entschädigung*) indemnification; ***Ersuchen*** request (req.)

Erw. ***Erwachsene(r)*** adult(s *pl.*)
Erz. ***Erzeugnis(se)*** product(s *pl.*) (prod.); produce (prod.)
Erz.-Ber. ***Erziehungsberechtigte(r)*** parent; legal guardian
Esc. ***Escudo*** escudo (Esc.)
ESZB ***Europäisches System der Zentralbanken*** European System of Central Banks
Et. ***Etage*** floor (fl.), stor(e)y
et.al. ***et alii, und andere*** and others (et al.)
Etg. ***Etage*** floor (fl.), stor(e)y
etw. ***etwaig*** any; possible (poss.); ***etwas*** something (s.th.), anything
EU ***Europäische Union*** European Union (EU)
EuGH ***Europäischer Gerichtshof*** European Court of Justice (ECJ)
Euratom ***Europäische Atomgemeinschaft*** European Atomic Energy Community (Euratom)
eur(op). ***europäisch*** European (Eur.)
Europol ***Europäisches Polizeiamt*** European Police Office (Europol)
e. V. ***eingetragener Verein*** registered association *od.* society, incorporated (inc.)
ev. ***evangelisch*** Protestant (Prot.)
ev.-luth. ***evangelisch-lutherisch*** Lutheran (Luth.)
ev.-ref. ***evangelisch-reformiert*** Reformed (Church) (Ref. [Ch.])
evtl. ***eventuell*** possible (poss.), any; *adv.* possibly (poss.); if necessary (if nec.)
ew. ***einstweilig*** temporary, provisional; ***ewig*** eternal
EWG *hist.* ***Europäische Wirtschaftsgemeinschaft*** European Economic Community (EEC)
EWI ***Europäisches Währungsinstitut*** European Monetary Institute (EMI)
EWS ***Europäisches Währungssystem*** European Monetary System (EMS)
EWU ***Europäische Währungsunion*** European Monetary Union (EMU)
EWWU ***Europäische Wirtschafts- und Währungsunion*** European Economic and Monetary Union
Ex. ***Exemplar(e)*** copy, *pl.* copies; sample(s *pl.*)
exkl. ***exklusiv*** exclusive (excl.); select; *adv.* exclusively (excl.); ***exklusive*** exclusive of (excl.), excluding (excl.), not counting, not including (not incl.)
Expl. ***Exemplar(e)*** copy, *pl.* copies; sample(s *pl.*)
Expr. ***Express*** express (train)
Exz. ***Exzellenz*** Excellency (Exc.)
EZ ***Einzelzimmer*** single (room)
EZB ***Europäische Zentralbank*** European Central Bank (ECB)

F

F ***Fahrenheit*** Fahrenheit (F, f)
f., f ***und folgende*** *Seite* and following *page* (f., f)
Fa. ***Firma*** firm; *auf Briefadressen*: Messrs.
Fabr. ***Fabrik*** factory, works (*sg. u. pl.*); ***Fabrikat*** make; brand; product (prod.)
Fahrg(est).-Nr. ***Fahrgestellnummer*** chassis number
F(ahr)z. ***Fahrzeug*** vehicle
Fak. ***Fakultät*** faculty (Fac.)
Fam. ***Familie*** family; *auf Briefadressen*: Mr & Mrs ... (and family)
FC ***Fußballclub*** football club
FCKW ***Fluorchlorkohlenwasserstoff*** chlorofluorocarbon (CFC)
FD *hist.* ***Ferndurchgangszug, Fernschnellzug*** long-distance express (train)
FDGB *hist. DDR*: ***Freier Deutscher Gewerkschaftsbund*** Free Federation of German Trade Unions
FDJ *hist. DDR*: ***Freie Deutsche Jugend*** Free German Youth
F.D.P., FDP ***Freie Demokratische Partei*** Liberal Democratic Party; *Schweiz*: ***Freisinnig-Demokratische Partei*** Liberal Democratic Party
Feb(r). ***Februar*** February (Feb., Feb)
Fewo. ***Ferienwohnung*** holiday flat *od.* apartment (apt.)
FF ***französischer Franc*** French franc (FF)
ff., ff ***und folgende*** *Seiten* and following *pages* (ff., ff)
Ffm. ***Frankfurt am Main*** Frankfurt on the Main
FH ***Fachhochschule*** advanced technical college
Fig. ***Figur*** figure (fig.); diagram (diag.)
fig. ***figürlich, figurativ*** figurative(ly *adv.*) (fig.)
Fin. ***Finanz(en)*** finance(s)
fin. ***finanziell*** financial(ly *adv.*) (fin.)
finn. ***finnisch*** Finnish (Fin.)
FKK ***Freikörperkultur*** nudism
Fla ***Fliegerabwehr*** anti-aircraft defen|ce, *Am.* -se
fl.k.u.w.W. ***fließend kaltes und warmes Wasser*** hot and cold running water
FM ***Frequenzmodulation*** (*Frequenzbereich der Ultrakurzwellen*) frequency modulation (FM)
fm ***Festmeter*** cubic met|re(s *pl.*), *Am.* -er(s *pl.*)
fmdl. ***fernmündlich*** by telephone; telephone ...
Fmk ***Finnmark*** *Währung*: fin(n)mark
Föd. ***Föderation*** (con)federation, confederacy (confed.)
folg. ***folgend(e)*** following (foll.); next; subsequent
fortl. ***fortlaufend*** continuous(ly *adv.*), running; consecutively
Forts. ***Fortsetzung*** continuation
Forts.f. ***Fortsetzung folgt*** to be continued (to be contd)
fotogr. ***fotografisch*** photographic(ally *adv.*) (phot.)
FPÖ ***Freiheitliche Partei Österreichs*** *Austrian conservative party*
Fr. ***Frau*** *verheiratet*: Mrs; *Familienstand nicht erkennbar*: Ms; ***Franken*** *Währung*: (Swiss) franc(s *pl.*) (fr.); ***Freitag*** Friday (Fri., Fri)
frank. ***frankiert*** stamped; prepaid, post paid
frdl. Grüße ***freundliche Grüße*** kind regards (rgds)
freiw. ***freiwillig*** voluntary
Frh., Frhr ***Freiherr*** baron
Frl. ***Fräulein*** Miss
frz. ***französisch*** French (Fr.)
Ft ***Forint*** forint (Ft)
FU ***Freie Universität*** (*Berlin*) Free University
Fut. ***Futur*** future (tense) (fut.)

G

g ***Gramm*** gram(s *pl.*), gramme(s *pl.*) (g)
GAL ***Grüne Alternative Liste*** *association of ecology-oriented parties*
Gar. ***Garantie*** guarantee
gar. ***garantiert*** guaranteed (gtd, guar.)
garn. ***garniert*** trimmed, decorated; *Essen*: garnished
gastr. ***gastronomisch*** gastronomic(al); *Personal*: catering
GAU ***größter anzunehmender Unfall*** maximum credible accident (MCA), worst case scenario
GB ***Gigabyte(s)*** gigabyte(s *pl.*) (GB)
Gde. ***Gemeinde*** municipality; parish
Geb. ***Gebäude*** building (bldg); ***Gebiet*** district (dist.); area; ***Gebirge*** mountains *pl.* (mtns); ***Gebühr(en)*** charge(s *pl.*), fee(s *pl.*), rate(s *pl.*); ***Geburt*** birth
geb. ***gebaut*** built; erected; ***geboren*** born (b.); ***geborene*** *Schmidt etc.* née; ***gebunden*** bound (bd)
Gebr. ***Gebrüder*** Brothers (Bros.)
gebr. ***gebräuchlich*** common, normal; ***gebraucht*** used, second-hand
Gebr.-A. ***Gebrauchsanleitung*** (*a.* **Gebr.-Anl.**), ***Gebrauchsanweisung*** (*a.* **Gebr.-Anw.**) directions (*od.* instructions) *pl.* for use
gef. ***gefallen*** ⚔ killed in action (KIA)
gegr. ***gegründet*** founded; established (estab., est.)
geh. ***geheftet*** *Buch*: stitched; ***geheim*** secret
gek. ***gekürzt*** abridged (abr.)
gelt. ***geltend*** valid, in effect; current *prices etc.*
gem. ***gemacht*** made; ***gemäß*** according to; in compliance with; ***gemischt*** mixed
gen. ***genannt*** called, named; *erwähnt*: (*the*) said, (*the*) above-mentioned; ***genehmigt*** approved; authorized
Gen. ***Genitiv*** genitive (gen.); ***Genossenschaft*** cooperative
Gen.-Dir. ***Generaldirektor*** general manager, chairman, *Am.* president
Gen.-Sekr. ***Generalsekretär*** secretary general
geogr. ***geographisch*** geographic(al) (geog.)
geol. ***geologisch*** geologic(al) (geol.)
geom. ***geometrisch*** geometric(al) (geom.)
gepr. ***geprüft*** tested; checked; certified *document etc.*
ger. ***gerichtlich*** judicial(ly *adv.*); legal(ly *adv.*)
Ges. ***Gesellschaft*** ⚕ company, *Am. a.* corporation (corp.); (*Vereinigung*) society (soc.), association (assoc.); ***Gesetz*** law, act
gesch. ***geschäftlich*** business ...; on business; ***geschieden*** divorced (div.)
geschl. ***geschlossen*** closed; private *performance etc.*
geschr. ***geschrieben*** written; *adv.* in writing
Geschw. ***Geschwindigkeit*** speed; rate *of increase etc.*
ges. gesch. ***gesetzlich geschützt*** patented; registered (regd)
gesp. ***gesperrt*** *Straße*: closed; *Scheck*: stopped
gest. ***gestorben*** died (d.)
Gestapo ***Geheime Staatspolizei*** *hist.* (*in Nazi-Deutschland*) secret state police
getr. ***getrennt*** separate(ly *adv.*)
Gew. ***Gewicht*** weight (wt)
gew. ***gewöhnlich*** usually (usu.)
gez. ***gezeichnet*** *vor der Unterschrift*: signed (sgd)
GG ***Grundgesetz*** *pol.* constitution
ggf(s). ***gegebenenfalls*** should the occa-

sion arise; if necessary (if nec.); if applicable

Ggs. ***Gegensatz*** contrast; opposite (opp.)

ggs. ***gegensätzlich*** opposite (opp.), contrary; ***gegenseitig*** mutual

Ggw. ***Gegenwart*** present; (*Anwesenheit*) presence

ggz. ***gegengezeichnet*** countersigned

gltd. ***geltend*** valid, in effect; current *prices etc.*

gltg. ***gültig*** valid, good; effective, in force

GmbH ***Gesellschaft mit beschränkter Haftung*** private limited (liability) company (*etwa* plc)

gram(m). ***grammatisch*** grammatical

graph. ***grafisch*** graphic(ally *adv.*)

Grdfl. ***Grundfläche*** (surface) area

griech. ***griechisch*** Greek (Gk)

gr.-orth. ***griechisch-orthodox*** Greek Orthodox

GStA ***Generalstaatsanwalt*** prosecutor general

Gült. ***Gültigkeit*** validity

GUS ***Gemeinschaft unabhängiger Staaten*** Commonwealth of Independent States (CIS)

gzj. ***ganzjährig*** all-year ...; all year round

H

H ***Haltestelle*** *bus etc.* stop; *meteor.* ***Hoch (-druckgebiet)*** high(-pressure area)

H. ***Heft*** number (No., no.); ***Höhe*** height (H., h., hgt)

h ***Hekto...*** hecto...; ***Uhr*** hours (hrs); *morgens*: *mst* a.m., *nachmittags, abends*: *mst* p.m.; ***hora, Stunde*** hour (hr)

ha ***Hektar*** hectare(s *pl.*) (ha)

habil. ***habilitatus, habilitiert*** habilitated

haftb. ***haftbar*** responsible, ⚖ liable

Halbj. ***Halbjahr*** half-year, six months *pl.*

halbj(hl). ***halbjährlich*** half-yearly, semiannual(ly *adv.*); *adv.* every six months

haupts. ***hauptsächlich*** *adv.* mainly, chiefly, essentially; *adj.* main, most important, essential

Hbf. ***Hauptbahnhof*** main (*od.* central) station (main sta., cen. *od.* cent. sta.)

HC ***Hockeyclub*** hockey club

h. c. ***honoris causa, ehrenhalber*** honoris causa (h.c.), honorary (hon.)

hdgm. ***handgemacht*** handmade

Hdlg. ☤ ***Handlung*** business, shop, store

HD-Öl ***Öl für schwere Betriebsbelastung*** heavy-duty oil

hdschr. ***handschriftlich*** handwritten; *adv.* in writing

...hdt. ***...hundert ...*** hundred (hund.)

helv. ***helvetisch*** Helvetian; Helvetic

herg(est). ***hergestellt*** produced (prod.), made, built

Herst. ***Hersteller*** manufacturer; ***Herstellung*** production (prod.), manufacture (manuf., manufac.)

HF ***Hochfrequenz*** high frequency (HF, h.f.)

hfl (***holländischer***) ***Gulden*** Dutch guilder(s *pl.*) *od.* florin(s *pl.*) (*Gld, gld.*)

Hfn ***Hafen*** harbo(u)r

Hft(g). ***Haftung*** liability; guarantee

Hg. ***Herausgeber(in)*** publisher (pub., publ.); editor (Ed., ed.)

hg. ***herausgegeben*** (***von***) published (by) (pub., publ.); edited (by) (ed.)

HGB ***Handelsgesetzbuch*** Commercial Code

Hi-Fi ***höchste Klangtreue*** high fidelity (hi-fi)

hins. ***hinsichtlich*** concerning, regarding, as to

hist. ***historisch*** historic(al), *adv.* historically

HIV ***human immune deficiency virus*** (*ein Virus, das Aids auslöst*)

Hiwi ***Hilfswissenschaftler(in)*** *univ.* assistant

Hj. ***Halbjahr*** half-year, six months *pl.*

HK ***Handelskammer*** Chamber of Commerce

hl ***Hektoliter*** hectolit|re(s *pl.*), *Am.* -er(s *pl.*) (hl)

hl. ***heilig*** holy; ***heilige(r)*** Saint (St, St.) *Peter etc.*

HO *hist. DDR*: ***Handelsorganisation*** *state-owned store, hotel, and restaurant cooperative*

Hob. ***Hoboken-Verzeichnis*** (*der Werke von Joseph Haydn*) *etwa* Hoboken Catalog(ue) (Hob.)

hochd. ***hochdeutsch*** standard *od.* High German

Hochw. *R.C.* ***Hochwürden*** Reverend (Rev.)

höfl. ***höflich(st)*** kindly, politely

holl(änd). ***holländisch*** Dutch

HP ***Halbpension*** half-board

hPa ***Hektopascal*** hectopascal (hPa)

Hpt. ***Haupt...*** main, chief, principal, head ...

hpts. ***hauptsächlich*** *adv.* mainly, chiefly, essentially; *adj.* main, most important, essential

HR ***Hessischer Rundfunk*** Hessian Broadcasting Corporation

Hr(eg). ***Handelsregister*** Commercial Register

Hr(n). ***Herr(n)*** Mr

Hrsg. ***Herausgeber(in)*** publisher (pub., publ.); editor (Ed., ed.)

hrsg. ***herausgegeben*** (***von***) published (by) (pub., publ.); edited (by) (ed.)

Hs.-Nr. ***Hausnummer*** house number (hse no.)

HTL ***höhere technische Lehranstalt*** polytechnical school

Hubr. ***Hubraum*** cubic capacity

HVertr., H.-Vertr. ***Handelsvertrag*** trade agreement; ***Handelsvertretung*** commercial agency *od.* agents *pl.*

HVerw., H.-Verw. ***Hauptverwaltung*** head office (H.O., HO), headquarters *sg. u. pl.* (HQ)

hydr. ***hydraulisch*** hydraulic(ally *adv.*)

Hyp. ***Hypothek*** mortgage

hypoth. ***hypothetisch*** hypothetical(ly *adv.*)

Hz ***Hertz*** hertz *sg. u. pl.* (Hz), cycle(s *pl.*) per second (cps, c/s)

hzb. ***heizbar*** heatable; with heating

Hzg. ***Heizung*** heating

I

i *auf Schildern*: ***Information, Auskunft*** information

i. ***im, in*** in (the); ***innen*** inside

I. A., i. A. ***im Auftrag*** per procurationem, by proxy (pp, p.p.)

i. Allg. ***im Allgemeinen*** generally (gen.), in general; (*im Ganzen*) on the whole

i. a.W. ***in anderen Worten*** in other words

ib. → ***ibd.***

i. B. ***im Besonderen*** in particular

ibd. ***ibidem, ebenda, -dort*** in the same place (ib., ibid.)

IC ***InterCity*** intercity (train)

ICE ***InterCityExpress*** intercity express (train)

i. D. ***im Dienst*** on duty; ***im Durchschnitt*** on (an) average

i. d. M(in). ***in der Minute*** per minute

i. d. R. ***in der Regel*** as a rule

i. d. Sek. ***in der Sekunde*** per second (p.s.)

i. d. St(d). ***in der Stunde*** per hour (p.h.)

i. E. ***im Einzelnen*** in detail *od.* particular

i. e. ***id est, das heißt, das ist*** that is (i.e.)

i. e. S. ***im eigentlichen Sinne*** in the true sense (of the word); in the proper sense; ***im engeren Sinne*** in the narrow(er) sense

IFO ***Institut für Wirtschaftsforschung*** Institute for Economic Research

IG ***Industriegewerkschaft*** industrial union

i. G. ***im Ganzen*** on the whole; altogether

i. H. ***im Hause*** on the premises

IHK ***Industrie- und Handelskammer*** Chamber of Industry and Commerce

i. H. v. ***in Höhe von*** (to the amount) of; at the rate of

i. J. ***im Jahre*** in (the year)

i. K. ***in Kürze*** (*bald*) shortly, soon; (*kurz*) briefly

ill. ***illustriert*** illustrated (illust., illus.); pictorial

IM *hist. DDR*: ***inoffizieller Mitarbeiter*** (*des Staatssicherheitsdienstes*) informer to the State Security Service

i. M. ***im Monat*** in (the month of) *July etc.*; (*monatlich*) monthly, per month

Imm. ***Immobilien*** real estate *sg.*, property *sg.*

Imp. ***Imperativ*** imperative (mood) (imp., imper.); ***Import*** import(ing); import(s *pl.*) (imp.)

Imperf. ***Imperfekt*** imperfect (tense) (imp.)

inbegr. ***inbegriffen*** included; including, inclusive of (incl.)

Ind. ***Index*** index (ind.); ***Indikativ*** indicative (mood) (ind.); ***Industrie*** industry (ind.)

i. N. d. ***im Namen des*** *od.* ***der*** in the name of; on behalf of

indir. ***indirekt*** indirect (ind.)

indiv. ***individuell*** individual(ly *adv.*) (indiv., individ.); personal (pers.); original (orig.)

inf. ***infolge*** owing to; as a result of

Ing. ***Ingenieur*** engineer (eng.)

Inh. ***Inhaber*** owner, proprietor (prop., propr.); holder; ***Inhalt*** contents *pl.* (cont.)

inkl. ***inklusive*** including, inclusive of (incl.)

innerl. ***innerlich*** internal(ly *adv.*) (int.); inner

inoff. ***inoffiziell*** unofficial(ly *adv.*)

insb(es). ***insbesondere*** particularly, (e)specially ([e]sp.), in particular

insges. ***insgesamt*** altogether, in all

int. ***intern*** internal(ly *adv.*) (int.); ***international*** international (int., intl)

intern. ***international*** international (int., intl)

Interpol ***Internationale Kriminalpolizeiliche Organisation*** International Criminal Police Organization (Interpol)

inwf. ***inwiefern*** in what way, how; to what extent

inww. ***inwieweit*** to what extent

IOK ***Internationales Olympisches Komitee*** International Olympic Committee (IOC)

IQ ***Intelligenzquotient*** intelligence quotient (IQ)

IR ***InterRegio*** *fast train serving longer distances*
i. R. ***im Ruhestand*** retired (ret., retd)
IRK ***Internationales Rotes Kreuz*** International Red Cross (IRC)
ISBN ***internationale Standardbuchnummer*** international standard book number (ISBN)
ISDN *teleph.* ***integrated services digital network*** ISDN
IT ***Informationstechnologie*** information technology
ital. ***italienisch*** Italian (It., Ital.)
i. Tr. ***in der Trockenmasse*** *percentage of fat etc.* in dry matter
i. Ü. ***im Übrigen*** incidentally; (as) for the rest; (*außerdem*) besides
IV ***Industrieverband*** federation of industries
I. v. ***Irrtum vorbehalten*** errors excepted (e.e.)
I.V. ***in Vertretung*** in place of; on behalf of; *in Brief*: (signed) for; ***in Vorbereitung*** being prepared, in preparation (in prep.)
i. v. ***intravenös*** intravenous(ly *adv.*)
IVF ***In-vitro-Fertilisation*** in vitro fertilization (IVF)
IWF ***Internationaler Währungsfonds*** International Monetary Fund (IMF)

J

J ***Joule*** joule(s *pl.*) (J.)
Jan. ***Januar*** January (Jan., Jan)
jap. ***japanisch*** Japanese (Jap.)
Jb. ***Jahrbuch*** yearbook (YB, Y.B.)
Jg. ***Jahrgang*** → *Wörterverzeichnis*
Jgd. ***Jugend*** youth
Jgg. ***Jahrgänge*** *pl. von* **Jg.** → *Wörterverzeichnis*
JH ***Jugendherberge*** youth hostel (Y.H.)
Jh. ***Jahrhundert*** century (c., cent.)
jhrl. ***jährlich*** annual(ly *adv.*)
Jr., jr., jun. ***junior, der Jüngere*** junior (Jun., jun., Jur, Jr)
Jul. ***Juli*** July (Jul., Jul)
Jun. ***Juni*** June (Jun., Jun)
jur. ***juristisch*** legal (leg.); juridical (jurid.)

K

Kal. ***Kalender*** calendar; ***Kaliber*** calib|re, *Am.* -er (cal.)
Kan. ***Kanada*** Canada (Can.); ***Kanadier*** Canadian (Can.); ***Kanal*** canal
Kap. ***Kapitel*** chapter (ch.)
Kapt. ***Kapitän*** captain (Capt.)
Kard. ***Kardinal*** cardinal (Card.)
kart. ***kartoniert*** hardcover
Kat ***Katalysator*** catalytic converter, catalyst (cat.)
Kat. ***Katalog*** catalog(ue) (cat.); ***Kategorie*** category
kath. ***katholisch*** Catholic (Cath.)
kaufm. ***kaufmännisch*** commercial (comm., com.), business ...
KB ***Kilobyte(s)*** kilobyte(s *pl.*) (KB)
kcal ***Kilo(gramm)kalorie(n)*** kilocalorie(s *pl.*), kilogram(me) calorie(s *pl.*) (kcal, Cal.)
Kennz. ***Kennzeichen*** *mot.* registration (*Am.* license) number; ***Kennziffer*** code number; index (number); *Inserat*: box number
Kfm. ***Kaufmann*** businessman; trader, dealer; agent
kfm. ***kaufmännisch*** commercial (comm., com.), business ...
Kfz ***Kraftfahrzeug*** motor vehicle
Kfz.-Vers. ***Kraftfahrzeugversicherung*** motor (*Am.* automobile) insurance
KG ***Kommanditgesellschaft*** limited partnership
kg ***Kilogramm*** kilogramme(s *pl.*), *Am.* kilogram(s *pl.*) (kg)
kgl. ***königlich*** royal
kHz ***Kilohertz*** kilohertz (kHz), kilocycle(s *pl.*) (per second)
KI ***künstliche Intelligenz*** AI, artificial intelligence
KJ ***Kilojoule*** kilojoule(s *pl.*) (kJ)
k.k. ***kaiserlich-königlich*** imperial and royal
KKW ***Kernkraftwerk*** nuclear power station *od.* plant
Kl. ***Klasse*** class (cl.); *Schule*: *Brit.* *a.* form, *Am.* *a.* grade; ☤ grade, quality
km ***Kilometer*** kilomet|re(s *pl.*), *Am.* -er(s *pl.*) (km)
km/h, km/st. ***Kilometer pro Stunde*** kilomet|res (*Am.* -ers) per hour (kph)
KN ***Kochnische*** kitchenette
Koeff. ***Koeffizient*** coefficient
Komf. ***Komfort*** conveniences *pl.*
komf. ***komfortabel*** comfortable; *Wohnung*: well-appointed, luxury ...
Komp. ⚔ ***Kompanie*** company; ***Komponist*** composer
Konf. ***Konferenz*** conference (conf.); ***Konfession*** (religious) denomination (denom.); ***Konföderation*** confederation, confederacy
Konj. ***Konjugation*** conjugation; ***Konjunktion*** conjunction (conj.); ***Konjunktiv*** subjunctive (subj.)
Konstr. ***Konstruktion*** construction (constr.); design
Kontr. ***Kontrakt*** contract
Konz. ***Konzert*** concert; concerto (conc.); ***Konzern*** group
KP ***Kommunistische Partei*** Communist Party (CP)
KPdSU *hist.* ***Kommunistische Partei der Sowjetunion*** Communist Party of the Soviet Union (CPSU)
kpl. ***komplett*** complete
kr ***Krone*** *Währungseinheit*: crown
Kr. ***Kreis*** (administrative) district (dist.)
Krhs. ***Krankenhaus*** hospital (hosp.)
Kripo ***Kriminalpolizei*** criminal investigation department (CID)
krit. ***kritisch*** critical
Krs. ***Kreis*** (administrative) district (dist.)
Kr.-Vers. ***Krankenversicherung*** health insurance
KSZE ***Konferenz über Sicherheit und Zusammenarbeit in Europa*** Conference on Security and Cooperation in Europe (CSCE)
Kt. ***Kanton*** canton
Kto. ***Konto*** (bank) account (a/c)
Kto.-Nr. ***Kontonummer*** account number (a/c no.)
Ktr.-Nr. ***Kontrollnummer*** code number
k.u.k. ***kaiserlich und königlich*** imperial and royal
künstl. ***künstlerisch*** artistic; ***künstlich*** artificial; synthetic
KV ***Köchelverzeichnis*** Köchel (catalog[ue]) (K); ***Kraftverkehr*** motor traffic (*mst Bestandteil des Firmennamens von Busunternehmen*)
kV ***Kilovolt*** kilovolt(s *pl.*) (kV)
KW ***Kurzwelle*** short wave (SW)
kW ***Kilowatt*** kilowatt(s *pl.*) (kW)
kWh ***Kilowattstunde(n)*** kilowatt-hour(s *pl.*)
KZ ***Konzentrationslager*** concentration camp
kzfr. ***kurzfristig*** short-term ...; *adv.* at short notice

L

L. ***(italienische) Lira*** *od. pl.* ***Lire*** lira, *pl.* lire *od.* liras; ***Länge*** length (L., l.)
l ***Liter*** lit|re(s *pl.*), *Am.* -er(s *pl.*) (l)
l. ***links*** left (l.); on *od.* to the left
Lab. ***Laboratorium*** lab(oratory)
Landkr. ***Landkreis*** district
landw. ***landwirtschaftlich*** agricultural (agric.); farm ...
lat. ***lateinisch*** Latin (Lat.)
lbd. ***lebend*** living; alive
l.c. ***loco citato, am angegebenen Ort*** in the place cited (l.c.)
Ldg. ***Ladung*** load, freight; cargo; shipment
led. ***ledig*** unmarried, single (sgl.)
Leg. ***Legierung*** alloy
leg. ***legal*** legal(ly *adv.*)
Lekt. ***Lektion*** chapter (ch.), unit; lesson
lfd. ***laufend*** current, running, ongoing; *adv.* continuously, regularly
lfdm., lfd. m. ***laufende Meter*** running met|res, *Am.* -ers
lfd. M. ***laufenden Monats*** of this month
lfd. Nr. ***laufende Nummer*** (serial) number
Lf(r)g. ***Lieferung*** delivery; consignment, shipment
Lf.-Zt., Lfzt. ***Lieferzeit*** delivery period
LG ***Landgericht***, *östr.* ***Landesgericht*** district court
lgfr. ***langfristig*** long-term ...
Lit. ***italienische Lira*** *od. pl.* ***Lire*** lira, *pl.* lire *od.* liras; ***Literatur*** literature (lit.)
lit(er). ***literarisch*** literary (lit.)
liz. ***lizensiert*** licen|sed, *Am.* -ced
LKW, Lkw ***Lastkraftwagen*** lorry, *bsd. Am.* truck
loc.cit. ***loco citato, am angegebenen Ort*** in the place cited (loc. cit.)
log ***Logarithmus*** logarithm (log.)
log. ***logisch*** logical(ly *adv.*)
lok. ***lokal*** local
lösl. ***löslich*** soluble (sol.)
LP ***Langspielplatte*** long-playing record (LP)
LPG *hist.* *DDR*: ***landwirtschaftliche Produktionsgenossenschaft*** collective farm
LSD ***Lysergsäurediäthylamid*** lysergic acid diethylamide (LSD)
Lsg. ***Lösung*** solution (sol.) (*a.* [Symbol])
lt. ***laut*** according to; as per
ltd. ***leitend*** managerial; chief ...
Ltg. ***Leitung*** direction; management; supervision
luftd. ***luftdicht*** airtight
luth. ***lutherisch*** Lutheran (Luth.)
lux. ***luxemburgisch*** Luxemb(o)urg ...
LW ***Langwelle*** long wave (LW)
lx ***Lux*** lux (lx)

M

M *hist.* *DDR*: ***Mark*** mark(s *pl.*)
M. ***Magister*** Master (M)
m ***Meter*** met|re(s *pl.*), *Am.* -er(s *pl.*) (m); ***Milli...*** milli... (m)
m. ***männlich*** male (m., m); masculine (m., m, masc.); ***mit*** with (w.)
m² ***Quadratmeter*** square met|re(s *pl.*), *Am.* -er(s *pl.*) (sq.m, m²)
m³ ***Kubikmeter*** cubic met|re(s *pl.*), *Am.* -er(s *pl.*) (cu.m, m³)

MA ***Mittelalter*** *the* Middle Ages *pl.*
M.A. ***Magister Artium*** Master of Arts (MA)
mA ***Milliampere*** milliampere(s *pl.*) (mA)
MAD ***Militärischer Abschirmdienst*** Military Counter-Intelligence Service
Mag. ***Magazin*** → *Wörterverzeichnis*
magn. ***magnetisch*** magnetic
m. A. n. ***meiner Ansicht nach*** in my opinion
männl. ***männlich*** male (m., m); masculine (m., m, masc.); for men, men's ...
Mar. ***Marine*** ⚔ Navy
masch. ***maschinell*** machine ..., machine-...; mechanical(ly *adv.*); *adv. a.* by machine
maschr. ***maschinenschriftlich*** typewritten, typed; in typescript
math. ***mathematisch*** mathematical (math.)
m. a.W. ***mit anderen Worten*** in other words
Max. ***Maximum*** maximum (max.)
max. ***maximal*** maximum, top ...; *adv.* maximally (max.)
MAZ ***magnetische Bildaufzeichnung*** video tape recording (VTR)
MB ***Megabyte(s)*** megabyte(s *pl.*) (MB)
MdB, M. d. B. ***Mitglied des Bundestages*** Member of the Bundestag
MdL, M. d. L. ***Mitglied des Landtages*** Member of the Landtag
mdl. ***mündlich*** oral(ly *adv.*); verbal(ly *adv.*)
MDR ***Mitteldeutscher Rundfunk*** Central German Broadcasting Corporation
m. E. ***meines Erachtens*** in my opinion; as I see it; ***mit Einschränkungen*** with reservations
mech. ***mechanisch*** mechanical(ly *adv.*) (mech.)
med. ***medizinisch*** medical (med.); medicinal
MESZ ***mitteleuropäische Sommerzeit*** Central European Summer Time (CEST)
mex. ***mexikanisch*** Mexican (Mex.)
MEZ ***mitteleuropäische Zeit*** Central European Time (CET)
MG ***Maschinengewehr*** machine gun (MG)
mg ***Milligramm*** milligramme(s *pl.*), *Am.* milligram(s *pl.*) (mg)
mhd. ***mittelhochdeutsch*** Middle High German (MHG)
MHz ***Megahertz*** megahertz (MHz), megacycles per second (Mc/s)
Mi. ***Mittwoch*** Wednesday (Wed., Wed)
Mia. ***Milliarde(n)*** billion, *pl.* billion(s) (bn); *Brit. obs.* thousand million
mil(it). ***militärisch*** military (mil., milit.)
Mill. ***Million(en)*** million, *pl.* million(s) (m)
Min. ***Minimum*** minimum (min.)
Min., min. ***Minute(n)*** minute(s *pl.*) (min.)
min. ***minimal*** minimal; minimum (min.)
minderj. ***minderjährig*** underage
Mio. ***Million(en)*** million, *pl.* million(s) (m)
Mitbest. ***Mitbestimmung*** co-determination; worker participation
Mitgl. ***Mitglied*** member (mem.)
Mitw. ***Mitwirkung*** participation; assistance, cooperation; contribution
MM ***Monatsmiete(n pl.)*** monthly rent(s *pl.*); per calendar month (pcm, PCM)
mm ***Millimeter*** millimet|re(s *pl.*), *Am.* -er(s *pl.*) (mm)
Mo. ***Montag*** Monday (Mon., Mon)
m(ö)bl. ***möbliert*** furnished (furn.)
mod. ***modern*** modern (mod.); ***modisch*** fashiona|ble, *adv.* -bly, stylish(ly *adv.*)
mögl. ***möglich*** possible (poss.); practicable, feasible; (*eventuell*) potential (pot.); ***möglichst ...*** as ... as possible
moh(am)., mohammed. ***mohammedanisch*** Muslim, Moslem (Moham.)
mosl. ***moslemisch*** → ***moh(am).***
mot. ***motorisiert*** motorized
MP ***Maschinenpistole*** submachine gun; ***Militärpolizei*** military police (MPs, *Aufschrift*: MP)
Mrd. ***Milliarde(n)*** billion, *pl.* billion(s) (bn); *Brit. obs.* thousand million
Mrz. ***März*** March (Mar., Mar)
MS, Ms. ***Manuskript*** manuscript (MS, ms.)
Mss. ***Manuskripte*** *pl.* manuscripts (MSS, mss.)
mst. ***meist(ens)*** mostly, usually (usu.)
Mt. ***Monat*** month (mth)
MTA ***medizinisch-technische Assistentin*** medical laboratory assistant
mtl. ***monatlich*** monthly, per calendar month (pcm, PCM)
multilat. ***multilateral*** multilateral
m. ü. M. ***Meter über (dem) Meer(esspiegel)*** met|res (*Am.* -ers) above sea level
mus. ***musikalisch*** musical (mus.); ***musisch*** *Fach*: fine arts ...
MW ***Mittelwelle*** medium wave (MW)
m.W. ***meines Wissens*** as far as I know
MwSt. ***Mehrwertsteuer*** value-added tax (VAT), *bsd. Am.* sales tax

N

N ***Nord(en)*** north (N); ***Nahverkehrszug*** local *od.* commuter train
n. ***nach*** after; to
N(a)chf. ***Nachfolger*** successor
Nachfr. ***Nachfrage*** inquiry (inq.), enquiry; ✝ demand
Nachm. ***Nachmittag*** afternoon
nachm. ***nachmittags*** in the afternoon (p.m., pm)
Nachtr. ***Nachtrag*** addendum (add.); supplement (supp., suppl.); postscript (PS)
näml. ***nämlich*** namely, that is (to say) (viz., i.e.); to be precise
NATO, Nato ***Nordatlantikpakt-Organisation*** North Atlantic Treaty Organization (NATO, Nato)
NB ***notabene*** note well (NB)
Nbk. ***Nebenkosten*** extra costs (*od.* expenses), extras
n. Br. ***nördlicher Breite*** northern latitude (N lat.); ... degrees north (°N)
n. Chr. ***nach Christus*** anno Domini (AD)
NDR ***Norddeutscher Rundfunk*** Northern German Broadcasting Corporation
neb. ***neben*** next to, beside; by; compared to; (*außer*) in addition to
neg. ***negativ*** negative(ly *adv.*) (neg.)
neutr. ***neutral*** neutral
neuw. ***neuwertig*** (as good as) new, as new, not used
n. Gr. ***nach Größe*** according to size
nhd. ***neuhochdeutsch*** New High German (NHG)
n. J. ***nächsten Jahres*** of next year, next year's ...
nkr ***norwegische Krone(n)*** Norwegian crown(s *pl.*) (Nkr)
n. M. ***nächsten Monats*** of next month, next month's ...
nmtl. ***namentlich*** by name; (*besonders*) especially (esp.), particularly (part.)
N. N. ***nomen nominandum*** *etwa* to be appointed; (*a.* **NN**) ***Normalnull*** *etwa* sea level
NO ***Nordost(en)*** northeast (NE)
nordd(t). ***norddeutsch*** North German (N Ger.)
nördl. ***nördlich*** northern, north; *Wind*: northerly; *adv.* north (N)
norm. ***normal*** normal(ly *adv.*)
norw. ***norwegisch*** Norwegian (Norw.)
notf. ***notfalls*** if need be, if necessary (if nec.)
notw. ***notwendig*** necessary (nec.)
Nov. ***November*** November (Nov., Nov)
NPD ***Nationaldemokratische Partei Deutschlands*** National-Democratic Party of Germany
NR ***Nichtraucher(in)*** non-smoker
Nr. ***Nummer*** number (No., no.)
Nrn. ***Nummern*** *pl.* numbers (Nos., nos.)
NRW ***Nordrhein-Westfalen*** North Rhine-Westphalia
NS ***Nachschrift*** postscript (PS); ***Nationalsozialismus*** National Socialism; ***nationalsozialistisch*** National Socialist (Nazi)
NSt ***Nebenstelle*** branch; *teleph.* extension (extn)
N. T. ***Neues Testament*** New Testament (NT)
nto. ***netto*** net (nt., nt)
n. u. Z. ***nach unserer Zeitrechnung*** anno Domini (AD)
NW ***Nordwest(en)*** northwest (NW)

O

O ***Ost(en)*** east (E)
o. ***oben*** above; ***oder*** or; ***ohne*** without (w/o)
o. a. ***oben angeführt*** above(-mentioned)
o. Ä. ***oder Ähnliches*** or the like
ÖAMTC ***Österreichischer Automobil-, Motorrad- und Touring-Club*** Austrian Automobile, Motorcycling and Touring Association
OB ***Oberbürgermeister*** mayor; *in GB*: Lord Mayor
o. B. ***ohne Befund*** negative (neg.)
ÖBB ***Österreichische Bundesbahnen*** Austrian Federal Railways
Obb. ***Oberbayern*** Upper Bavaria
Oberfl. ***Oberfläche*** surface
obh. ***oberhalb*** above
oblig. ***obligatorisch*** obligatory, compulsory
od. ***oder*** or
OEZ ***osteuropäische Zeit*** Eastern European Time (EET)
offiz. ***offiziell*** official(ly *adv.*); formal
öff(tl). ***öffentlich*** public(ly *adv.*); in public
Offz. ***Offizier*** (commissioned) officer (Off.)
OHG ***offene Handelsgesellschaft*** (general) partnership
ökon. ***ökonomisch*** economic; (*sparsam*) economical(ly *adv.*) (econ.)
Okt. ***Oktober*** October (Oct., Oct)
ö. L. ***östlicher Länge*** eastern longitude (E long.)
OLG ***Oberlandesgericht*** Higher Regional Court
OP ***Operationssaal*** operating theatre (*Am.* room)
Op. ***Operation*** operation (op.); ♪ ***Opus, Werk*** opus (op.)
op. cit. ***opere citato, im angegebenen Werk*** in the work quoted *od.* cited (from)
Opf. ***Oberpfalz*** *the* Upper Palatinate

ÖPNV ***öffentlicher Personennahverkehr*** local public transport

o. Prof. ***ordentlicher Professor*** (full) professor (Prof., prof.)

ORB ***Ostdeutscher Rundfunk Brandenburg*** Eastern German Broadcasting Corporation of Brandenburg

Orch. ***Orchester*** orchestra (Orch., orch.)

ORF ***Österreichischer Rundfunk*** Austrian Broadcasting Corporation

Orig. ***Original*** original (orig.)

orig. ***original*** original (orig.); genuine; ***originell*** original(ly *adv.*) (orig.)

orth. ***orthodox*** *eccl.* Orthodox (Orth.)

örtl. ***örtlich*** local(ly *adv.*)

ostd(t). ***ostdeutsch*** East German (E Ger.)

österr. ***österreichisch*** Austrian (Aus.)

östl. ***östlich*** eastern, east; *Wind*: easterly; *adv.* east (E)

OSZE ***Organisation für Sicherheit u. Zusammenarbeit in Europa*** Organization for Security and Co-operation in Europe (OSCE)

o. U. ***ohne Unterschied*** indiscriminately; irrespective of *nationality etc.*

ÖVP ***Österreichische Volkspartei*** Austrian People's Party

Oz. ***Ozean*** ocean (Oc., oc.)

o. Zw. ***ohne Zweifel*** undoubtedly; doubtless

P

P, p ***Peso(s)*** peso(s *pl.*) (P, p)

P. ***Pater*** Father (Fr., Fr)

PA ***Patentanmeldung*** patent application; ***Postamt*** post office (PO)

p. A. ***per Adresse, bei*** care of (c/o)

päd. ***pädagogisch*** pedagogical, educational.

p. Adr. → ***p. A.***

Par(agr). ***Paragraph*** ⚖ section (sect.), article (art.); (*Absatz*) paragraph (para., par.)

Parl. ***Parlament*** parliament (Parl.)

Part. ***Partei*** party; ***Parterre*** ground floor (grd. fl.), *Am.* first floor (1st fl.); ***Partizip*** participle (part.)

Pat. ***Patent*** patent (pat.)

PC ***Personalcomputer*** personal computer (PC, pc)

p. Chr.(n.) ***post Christum (natum), nach Christus (nach Christi Geburt)*** anno Domini (AD)

PDS ***Partei des Demokratischen Sozialismus*** Party of Democratic Socialism

perf. ***perfekt*** perfect(ly *adv.*) (perf.)

pers. ***persönlich*** personal(ly *adv.*) (pers.); *adv. a.* in person

Pf ***Pfennig*** pfennig(s *pl.*) (Pf., pf.)

Pfd. ***Pfund*** German pound(s *pl.*)

PH ***Pädagogische Hochschule*** college of education, *Am.* teachers' college

pharm. ***pharmazeutisch*** pharmaceutical (pharm.)

philol. ***philologisch*** philological(ly *adv.*) (philol.)

philos. ***philosophisch*** philosophical(ly *adv.*) (philos.)

photogr. → ***fotogr.***

phys. ***physikalisch*** physical(ly *adv.*) (phys.); ***physisch*** physical(ly *adv.*), somatic(ally *adv.*)

PIN ***persönliche Identifikationsnummer*** personal identification number, PIN number (PIN)

Pkt. ***Paket*** parcel, *Am.* package; ***Punkt*** point (pt)

PKW, Pkw ***Personenkraftwagen*** (motor)car, *Am. a.* auto(mobile)

Pl. ***Platz*** square (Sq.); ***Plural*** plural (pl.)

PLO ***palästinensische Befreiungsorganisation*** Palestine Liberation Organization (PLO)

plötzl. ***plötzlich*** sudden(ly *adv.*)

PLZ ***Postleitzahl*** postcode, *Am.* zip code

pol. ***politisch*** political(ly *adv.*) (pol.); ***polizeilich*** police ...; *adv.* of (*od.* by) the police

poln. ***polnisch*** Polish (Pol.)

port(ug). ***portugiesisch*** Portuguese (Port.)

Pos. ***Position*** position (pos.)

pos. ***positiv*** positive (pos.)

Postf. ***Postfach*** post office box (PO box, POB)

postw. ***postwendend*** by return (of post), by return mail

pp., p. p., ppa, p. pa. ***per procura (-tionem), in Vollmacht*** per pro, per proxy (p.p., pp)

PR ***Public Relations, Öffentlichkeitsarbeit*** public relations (PR)

prakt. ***praktisch*** practical(ly *adv.*)

Präs. ***Präsidium*** (*Vorsitz*) presidency, chair(manship); (*Vorstand*) executive committee (exec. comm.); (*Dienststelle*) headquarters *sg. u. pl.* (HQ)

priv. ***privat*** private(ly *adv.*); *adv. a.* in private

Priv.-Doz. ***Privatdozent(in)*** unsalaried lecturer, *Am. etwa* associate professor

Prof. ***Professor*** professor (Prof.)

prot. ***protestantisch*** Protestant (Prot.)

Prov. ***Provinz*** province (Prov., prov.); ***Provision*** commission

prov. ***provisorisch*** provisional (prov.), temporary (temp.)

PS ***Pferdestärke(n)*** horsepower (HP, h.p.); ***Postscript(um), Nachschrift*** postscript (PS, ps.)

Pseud. ***Pseudonym*** pseudonym (pseud.)

psych. ***psychisch*** psychological(ly *adv.*) (psych.); mental(ly *adv.*)

psychol. ***psychologisch*** psychological(ly *adv.*) (psych.)

PTA ***pharmazeutisch-technische Assistentin*** pharmaceutical laboratory assistant

Pta, *pl.* **Ptas** ***Peseta(s pl.), Pesete(n pl.)*** peseta(s *pl.*) (pta, *pl.* ptas)

PTT *Schweiz*: ***Post, Telefon, Telegraf; Schweizerische Post-, Telefon- und Telegrafenbetriebe*** Swiss Postal, Telephone and Telegraph Services

PVC ***Polyvinylchlorid*** polyvinyl chloride (PVC)

Q

qcm (*veraltet für* cm^2) ***Quadratzentimeter*** square centimet|re(s *pl.*), *Am.* -er(s *pl.*) (sq. cm)

q. e. d. ***quod erat demonstrandum (= was zu beweisen war)*** (QED)

qkm (*veraltet für* km^2) ***Quadratkilometer*** square kilomet|re(s *pl.*), *Am.* -er(s *pl.*) (sq. km)

qm (*veraltet für* m^2) ***Quadratmeter*** square met|re(s *pl.*), *Am.* -er(s *pl.*) (sq. m)

Qual. ***Qualität*** quality (qual.)

Quant. ***Quantität*** quantity (quant.)

R

R ***Réaumur*** Réaumur; ***Rand*** (*südafrikan. Währung*) rand (R)

r. ***rechts*** right (r.); on (*od.* to) the right

RA ***Rechtsanwalt*** lawyer, *Brit. a.* solicitor (Sol., Solr); *plädierender*: *Brit.* barrister (Bar., Barr.), *Am.* attorney (att., atty)

RAF *BRD*: ***Rote-Armee-Fraktion*** Red Army Faction

RAM ***random access memory*** Direktzugriffsspeicher (RAM)

RB ***RegionalBahn*** local train; **RB** ***Radio Bremen*** Broadcasting Corporation of Bremen, Radio Bremen

Rbl ***Rubel*** rouble(s *pl.*), ruble(s *pl.*) (Rbl, rbl., R., r.)

rd. ***rund*** about, around, roughly, approximately (approx.)

Rdf. ***Rundfunk*** broadcasting corporation (*od.* company); radio

RE ***RegionalExpress*** regional fast train

rechtl. ***rechtlich*** legal(ly *adv.*) (leg.)

rechtsw. ***rechtswidrig*** illegal(ly *adv.*), unlawful(ly *adv.*), contrary to the law

Ref. ***Referat*** (*Abteilung*) department (Dept., dept), section (sect.)

reform. *eccl.* ***reformiert*** Reformed (Ref.)

Reg. ***Regierung*** government (Gov., gov., Govt, govt); ***Regiment*** ⚔ regiment (Regt, Rgt)

Reg.-Bez. ***Regierungsbezirk*** administrative district

regelm. ***regelmäßig*** regular(ly *adv.*) (reg.)

Regt. ***Regiment*** ⚔ regiment (Regt, Rgt)

REH ***Reiheneckhaus*** end-terrace

Rel. ***Relation*** relation(ship); proportion; ***Religion*** religion (rel.)

rel. ***relativ*** relative(ly *adv.*) (rel.); *adv.* comparatively (comp., compar.); ***religiös*** religious(ly *adv.*) (rel.)

Rep. ***Reparatur*** repair(s *pl.*); ***Republik*** Republic (Rep.)

Reps(e) *BRD*: ***Republikaner*** *pl.* (members of the) Republican Party

res. ✝ ***reserviert*** reserved (res.)

resp. ***respektive*** → *Wörterverzeichnis*

Rest. ***Restaurant*** restaurant

restl. ***restlich*** remaining

RGW *hist.* ***Rat für gegenseitige Wirtschaftshilfe*** Council for Mutual Economic Assistance (Comecon)

RH ***Reihenhaus*** terraced(d house)

Rh ***Rhesusfaktor positiv, Rh-positiv*** rhesus positive (Rh pos.)

rh ***Rhesusfaktor negativ, Rh-negativ*** rhesus negative (Rh neg.)

Richtl. ***Richtlinie(n)*** guideline(s *pl.*); *pl. a.* (general) directions, instructions

R. I. P. ***requiescat in pace, er (od. sie) ruhe in Frieden*** may he (*od.* she) rest in peace (RIP)

rk, r.-k. ***römisch-katholisch*** Roman Catholic (RC)

RNS ***Ribonukleinsäure*** ribonucleic acid (RNA)

ROM ***read only memory*** Festspeicher (ROM)

röm. ***römisch*** Roman (Rom.)

Rp. *Schweiz*: ***Rappen*** (Swiss) centime(s *pl.*)

RT ***Registertonne(n)*** register ton(s *pl.*) (reg. t.)

Rückf. ***Rückfahrt*** return journey (*od.* trip); journey (*od.* way) back

Rücks. ***Rückseite*** back, rear; reverse (rev.); overleaf

rückw. ***rückwärtig*** back ..., rear ...; ***rückwärts*** backwards; ***rückwirkend*** retroactive; retrospective(ly *adv.*); backdated

russ. ***russisch*** Russian (Russ.)

S

S ***Süd(en)*** south (S); ***Schilling*** schilling (S); → ***S-Bahn***
S. ***Seite*** page (p.)
s ***Sekunde(n)*** second(s *pl.*) (s, sec.)
SA *hist.* ***Sturmabteilung*** (Nazi) stormtroops *pl. od.* stormtroopers *pl.*
Sa. ***Samstag, Sonnabend*** Saturday (Sat., Sat)
s.a. ***siehe auch*** see also
Sakr. ***Sakrament(e)*** sacrament(s *pl.*)
Samml. ***Sammlung*** collection
san. ***sanitär*** sanitary
Sanat. ***Sanatorium*** sanatorium, *Am.* sanitarium
Sa.-Nr. ***Sammelnummer*** collective number
SB- ***Selbstbedienungs...*** self-service ...
S-Bahn ***Schnellbahn, Stadtbahn*** *Zug*: suburban train; *System*: suburban railway
SBB ***Schweizerische Bundesbahnen*** Swiss Federal Railways
s. Br. ***südlicher Breite*** southern latitude (S lat.); ... degrees south (°S)
SC ***Sportclub*** sports club
schott. ***schottisch*** Scots, Scottish; Scotch *whisky*
schriftl. ***schriftlich*** written; in writing
Schw. ***Schwester*** sister
schwed. ***schwedisch*** Swedish
schweiz. ***schweizerisch*** Swiss
scil. ***scilicet, nämlich*** namely, that is (to say)
SDR ***Süddeutscher Rundfunk*** Southern German Broadcasting Corporation
s. d. ***siehe dort*** see there; ***sine dato, ohne Erscheinungsjahr*** no date (n.d.)
Sdg. ✝ ***Sendung*** consignment, shipment
SDS *hist.* ***Sozialistischer Deutscher Studentenbund*** Association of German Socialist Students
SE ***StadtExpress*** (local) city express train
sec. ***Sekunde(n)*** second(s *pl.*) (s, sec.)
SED *hist. DDR*: ***Sozialistische Einheitspartei Deutschlands*** Socialist Unity Party of Germany
Sek., sek. ***Sekunde(n)*** second(s *pl.*) (s, sec.)
selbst. ***selbstständig*** independent; self-employed
selbst(verst). ***selbstverständlich*** natural; obvious; *adv.* of course
Sem. ***Semester*** semester (sem.)
sen. ***senior, der Ältere*** senior (sen., Sen., Sr, Snr)
Sept. ***September*** September (Sept., Sept, Sep., Sep)
sex. **sexuell** sexual(ly *adv.*)
SFB ***Sender Freies Berlin*** Broadcasting Corporation of Free Berlin
sFr., sfr ***Schweizer Franken*** Swiss franc(s *pl.*) (SF, Sfr)
Sg. ***Singular*** singular (sing.)
s. g. ***so genannt*** so-called
SGB ***Schweizerischer Gewerkschaftsbund*** Federation of Swiss Trade Unions
sign. ***signiert*** signed
sin ⩚ ***Sinus*** sine (sin)
Sing. ***Singular*** singular (sing.)
SJ ***Societatis Jesu, von der Gesellschaft Jesu, Jesuit*** Jesuit
skand. ***skandinavisch*** Scandinavian (Scan., Scand.)
S. Kgl. H. ***Seine Königliche Hoheit*** His Royal Majesty
skr ***schwedische Krone(n)*** Swedish crown(s *pl.*) (Kr, Skr)
sm ***Seemeile(n)*** nautical mile(s *pl.*) (n.m.)
SMV ***Schülermitverwaltung*** *etwa* school council
SO ***Südost(en)*** southeast (SE)
So. ***Sonntag*** Sunday (Sun., Sun)
s. o. ***siehe oben*** see above
sof. ***sofern*** if, provided (that), as long as; ***sofort*** at once, immediately; ***sofortig*** immediate; prompt
SOS ***save our ship*** (*od.* ***souls***) *internationales Notsignal*
sowj(et). ***sowjetisch*** soviet
soz. ***sozial*** social
span. ***spanisch*** Spanish (Span.)
SPD ***Sozialdemokratische Partei Deutschlands*** Social Democratic Party of Germany
spez. ***speziell*** special, particular; *adv. a.* (e)specially ([e]sp.)
SPÖ ***Sozialistische Partei Österreichs*** Austrian Socialist Party
SPS ***Sozialdemokratische Partei der Schweiz*** Social Democratic Party of Switzerland
SR ***Saarländischer Rundfunk*** Broadcasting Corporation of the Saarland
Sr. ***Senior, der Ältere*** senior (Sr, Snr, Sen., sen.)
s. R. ***siehe Rückseite*** see overleaf
SRG ***Schweizerische Radio- und Fernsehgesellschaft*** Swiss Broadcasting Corporation
SS ***Sommersemester*** summer semester; ***Schutzstaffel*** *hist.* SS (*elite corps of the Nazi Party*)
SS. ***Sanctae od. Sancti, die Heiligen*** saints (SS.)
SSV ***Sommerschlussverkauf*** summer sales *pl.*
St. ***Sankt, der Heilige*** saint (St, St.); ***Stock(werk)*** floor (fl.), stor(e)y; ***Stück*** piece(s *pl.*) (pc., *pl.* pcs)
s. t. ***sine tempore, ohne (akademisches) Viertel, pünktlich*** sharp
staatl. ***staatlich*** state ..., government ...; state-owned; *adv.* officially
Stasi *hist. DDR*: ***Staatssicherheitsdienst*** state security service, Stasi
stat. ***statistisch*** statistical
Std. ***Stunde(n)*** hour(s *pl.*) (h., *pl. a.* hrs, *sg. a.* hr)
stdl. ***stündlich*** hourly; every hour
Stdn. ***Stunden*** hours (h., hrs)
Stellg. ***Stellung*** position, (*Arbeitsplatz a.*) post
stellv. ***stellvertretend*** deputy (dep.), assistant (asst); vice-...; *adv.* on behalf of ...; in place of ...
StGB ***Strafgesetzbuch*** Penal Code
St(.-)Kl. ***Steuerklasse*** tax bracket
StPO ***Strafprozessordnung*** Code of Criminal Procedure
StR ***Studienrat*** *etwa* secondary school teacher
Str. ***Straße*** street (St.); road (Rd)
StRin ***Studienrätin*** *etwa* secondary school teacher
stud. ***studiosus, Student*** student
StVO ***Straßenverkehrsordnung*** (road) traffic regulations *pl.*; *in GB*: Highway Code
s. u. ***siehe unten*** see below
Subj. ***Subjekt*** subject (subj.)
subj. ***subjektiv*** subjective(ly *adv.*) (subj.)
südd(t). ***süddeutsch*** South German (S Ger.)
südl. ***südlich*** southern, south, *Wind*: southerly; *adv.* south (S)
SV ***Spielvereinigung*** *in Vereinsnamen*: *etwa* sports association
SVP ***Schweizerische Volkspartei*** Swiss People's Party; ***Südtiroler Volkspartei*** South Tyrolean People's Party
SW ***Südwest(en)*** southwest (SW)
SWF ***Südwestfunk*** Southwestern German Broadcasting Corporation
sym. ***symmetrisch*** symmetric(al); *adv.* symmetrically
synth. ***synthetisch*** synthetic(ally *adv.*)
syst. ***systematisch*** systematic(ally *adv.*)

T

T *meteor.* ***Tief(druckgebiet)*** low(-pressure area)
T. ***Teil*** part (pt, p.); ***Tiefe*** depth (D., d.)
t ***Tonne(n*** *pl.*) ton(s *pl.*) (t., t); tonne(s *pl.*) (t)
Tab. ***Tabelle*** table (tab.); chart; ***Tabulator*** tabulator (tab.)
Tabl. ***Tablette(n)*** tablet(s *pl.*)
t(äg)l. ***täglich*** daily, a (*od.* per) day
Tar.-Gr. ***Tarifgruppe*** salary (*od.* wage) bracket
tats. ***tatsächlich*** real(ly), actual(ly)
Tb(c) ***Tuberkulose*** tuberculosis (TB)
techn. ***technisch*** technical(ly *adv.*) (tech.); technological(ly *adv.*) (technol.)
TEE *hist.* ***Trans-Europ-Express*** Trans-European Express (TEE)
Teiln.-Geb. ***Teilnahmegebühr*** (*bei e-m Kurs etc.*) fee; ***Teilnehmergebühr*** (*für Telefon, Telefax etc.*) charge, rate
t(ei)lw. ***teilweise*** partial(ly *adv.*); partly
Tel. ***Telefon*** (tele)phone (tel.)
tel(ef). ***telefonisch*** telephone ...; by (tele)phone
Telegr. ***Telegramm*** telegram (teleg.)
telegr. ***telegrafisch*** telegraphic(ally *adv.*); by telegraph
Tel.-Nr. ***Telefonnummer*** (tele)phone number (tel. no.)
Temp. ***Temperatur*** temperature (temp.)
Terr. ***Terrasse*** patio, terrace
TG ***Tiefgarage*** underground car park
TH ***technische Hochschule*** college (*od.* institute) of technology
theor. ***theoretisch*** theoretical(ly *adv.*)
TL ***türkische Lira*** (*pl.* ***Lire***), ***türkisches*** (*pl.* ***türkische***) ***Pfund*** Turkish lira (*pl.* lire *od.* liras) (TL); Turkish pound(s *pl.*) (£ T); ***Teelöffel*** (***voll***) tsp., *pl.* tsp(s)
-tlg. ***-teilig*** ...-part ..., in (*od.* consisting of) ... parts; ...-piece *suit etc.*
tödl. ***tödlich*** fatal, mortal(ly *adv.*); lethal *dose etc.*; deadly; *danger etc.* to life
...tsd. ***...tausend ...*** thousand (thou.)
TU ***technische Universität*** technical university; college (*od.* institute) of technology
türk. ***türkisch*** Turkish (Turk.)
TÜV ***Technischer Überwachungs-Verein*** *etwa* safety standards authority; technical control board; *in GB*: MOT (= Ministry of Transport) → ***TÜV*** *im Wörterverzeichnis*
TV ***Television*** television (TV)
typ. ***typisch*** typical(ly *adv.*)

U

U ***Umleitung*** diversion; ***U-Bahn*** underground (U), *Am.* subway
u. ***und*** and
u. a. ***und andere(s)*** and others (other

things); ***unter anderem*** (*od.* ***anderen***) among other things, inter alia; among others
u. Ä. ***und Ähnliche(s)*** and the like
U. (*od.* **u.**) **A. w. g.** ***um Antwort wird gebeten*** (R.S.V.P., RSVP)
U-Bahn ***Untergrundbahn*** underground (U), *Am.* subway
Überschr. ***Überschrift*** title; (*Schlagzeile*) headline
übl. ***üblich*** usual, customary, normal (norm.)
U-Boot ***Unterseeboot*** submarine (sub.)
u. d(er)gl. (m.) ***und dergleichen (mehr)*** and the like, and so forth
u. d. M. ***unter dem Meeresspiegel*** below sea level
ü. d. M. ***über dem Meeresspiegel*** above sea level
UdSSR *hist.* ***Union der Sozialistischen Sowjetrepubliken*** Union of Soviet Socialist Republics (USSR)
u. E. ***unseres Erachtens*** in our opinion, as we see it; ***unter Einschränkung*** with reservations
u. f(f). ***und folgende*** *sg.* (*pl.*) and following
UFO, Ufo ***unbekanntes Flugobjekt*** unidentified flying object (UFO)
ugs. ***umgangssprachlich*** colloquial(ly *adv.*) (colloq.)
U-Haft ***Untersuchungshaft*** custody, detention (pending trial)
UKW ***Ultrakurzwelle*** ultrashort wave (USW), *etwa* very high frequency (VHF), *Am.* frequency modulation (FM)
ult. ***ultimo*** at the end (*od.* on the last day) of the month
Umf. ***Umfang*** circumference (cir., circ.); extent, size; range; dimension
U/min ***Umdrehungen in der*** (*od.* ***pro***) ***Minute*** revolutions per minute (r.p.m., rpm)
U-Musik ***Unterhaltungsmusik*** easy listening, light music
unbek. ***unbekannt*** unknown; (*nicht vertraut*) unfamiliar
unbez. ***unbezahlt*** unpaid
unehel. ***unehelich*** illegitimate (illegit.)
unentsch. ***unentschieden*** undecided; *Frage*: open; *Sport*: *end* in a draw
unerw. ***unerwünscht*** undesirable, unwelcome
unfrw. ***unfreiwillig*** involuntary; compulsory
ung(ar). ***ungarisch*** Hungarian (Hung.)
ungebr. ***ungebräuchlich*** unusual, uncommon
ungew. ***ungewiss*** uncertain; (*unentschieden*) undecided; ***ungewöhnlich*** unusual(ly *adv.*); (*bemerkenswert*) exceptional(ly *adv.*), remarka|ble, *adv.* -bly
Uni F, **Univ.** ***Universität*** university (Univ., univ.)
unreg(elm). ***unregelmäßig*** irregular(ly *adv.*) (irreg.)
unt(erh). ***unterhalb*** below
Unterz. ***Unterzeichnete(r)*** *the* undersigned
unverb. ***unverbindlich*** not binding; without obligation; *Stellungnahme*: non--committal
unverh. ***unverheiratet*** unmarried (unm.), single (sgl.)
unvollst. ***unvollständig*** incomplete
unz. ***unzählig*** innumerable, countless
URL ***uniform resource locator*** URL (*Web-Adresse*)
Url. ***Urlaub*** (*Ferien*) holiday(s), *bsd. Am.* vacation; ⚔ leave
urspr. ***ursprünglich*** original(ly *adv.*) (orig.)
US(A) ***Vereinigte Staaten (von Amerika)*** United States (of America) (USA, US)
usf. ***und so fort*** and so forth
USt. ***Umsatzsteuer*** turnover tax
u. U. ***unter Umständen*** (*möglicherweise*) possibly (poss.), perhaps (perh.); (*notfalls*) if need be
u. ü. V. ***unter üblichem*** (*od.* ***dem üblichen***) ***Vorbehalt*** within the usual reservations
UV ***Ultraviolett*** ultraviolet (UV)
u. v. a. (m.) ***und viele(s) andere (mehr)*** and many more (*od.* others); and many other things
UVP ***Umweltverträglichkeitsprüfung*** environmental compatability assessment
u. W. ***unseres Wissens*** as far as we know
Ü-Wagen ***Übertragungswagen*** outside broadcast van *od.* unit (OB van *od.* unit)
u. zw. ***und zwar*** namely; that is (to say); → ***zwar*** *im Wörterverzeichnis*

V

V ***Volt*** volt(s *pl.*) (V)
V. ***Vers*** verse (v.), line (l.)
v. ***versus, gegen*** versus (v., vs.); ***von, vom*** of; from; by
VAE ***Vereinigte Arabische Emirate*** United Arab Emirates (UAE)
VB ***Verhandlungsbasis*** or near(est) offer (o.n.o.)
vbdl. ***verbindlich*** binding; obliging
v. Chr. ***vor Christus*** before Christ (BC)
v. D. ***vom Dienst*** on duty; in charge
VDE ***Verband Deutscher Elektrotechniker*** Association of German Electricians
VdK ***Verband der Kriegs- und Wehrdienstopfer, Behinderten und Sozialrentner*** *etwa* Association of the Victims of War and Military Service, Disabled Persons and Social Insurance Pensioners
VDS ***Vereinigte Deutsche Studentenschaften*** Association of German Student Bodies
VEB *hist. DDR*: ***volkseigener Betrieb*** state-owned enterprise (*od.* company)
ver. ***vereinigt*** united
verantw. ***verantwortlich*** responsible; *official etc.* in charge
verb. ***verbessert*** improved; corrected (corr.), revised (rev.); ***verboten*** prohibited, not allowed (*od.* permitted), forbidden
Verb(dg). ***Verbindung*** connection; combination; union
V(er)f. ***Verfasser*** author
v(er)gl. ***vergleiche*** confer (cf.); compare (cp., comp.)
vergr. ***vergriffen*** *Buch*: out of print (o.o.p.)
verh. ***verheiratet*** married (m., mar.)
Verk. ***Verkauf*** sale
Verl. ***Verlag*** publishing house (*od.* company), publishers *pl.*; ***Verleger*** publisher (publ.)
verm. ***vermählt*** married (m., mar.), wed(ded); ***vermisst*** missing; ⚔ missing in action (MIA)
veröff. ***veröffentlicht*** published (publ.)
verp. ***verpackt*** packaged
verpfl. ***verpflichtet*** obliged; bound
Vers.-Anst. ***Versicherungsanstalt*** insurance company
vertr. ***vertraglich*** contractual(ly *adv.*), *adv. a.* by contract; ***vertraulich*** confidential (confid.), *adv.* confidentially, in confidence
Verw. ***Verwaltung*** administration (admin), management (mngmt)
verw. ***verwandt*** related *to*; ***verwitwet*** widowed
verz. ***verzeichnet*** listed; registered (regd); recorded
Vet. ***Veteran(en)*** *Brit.* ex-service|man, *pl.* -men, *Am.* veteran(s *pl.*) (vet, *pl.* vets); ***Veterinär*** veterinary surgeon, *Am.* veterinarian (vet, *pl.* vets)
V-Gespräch ***Voranmeldungsgespräch*** person-to-person call
v. g. u. ***vorgelesen, genehmigt, unterschrieben*** read, confirmed, signed
v. H. ***vom Hundert*** per cent, percent (p.c., pc, %)
VHS ***Volkshochschule*** *Institution*: adult education program(me); *Kurse*: adult evening classes *pl.*
v. J. ***vorigen Jahres*** of last year, last year's
VL ***vermögenswirksame Leistung(en)*** *employer's contribution(s pl.) to tax-deductible employee savings scheme*
v. l. n. r. ***von links nach rechts*** from left to right
v. M. ***vorigen Monats*** of last month
V-Mann ***Verbindungsmann, Vertrauensmann*** contact; (*Spitzel*) *a.* informer
v. o. ***von oben*** from above
Vollm. ***Vollmacht*** full power(s *pl.*), authority (auth.); ⚖ power of attorney
vollst. ***vollständig*** complete(ly *adv.*), entire(ly *adv.*); full(y *adv.*)
Vopo *hist. DDR*: ***Volkspolizei*** People's Police; ***Volkspolizist*** member of the People's Police
Vorbeh. ***Vorbehalt*** reservation(s *pl.*)
Vorbest. ***Vorbestellung*** advance booking (adv. bkg); *Zimmer*: booking (bkg), reservation (res.); ✝ advance order
vorl. ***vorläufig*** temporar|y, *adv.* -ily (temp.), provisional(ly *adv.*) (prov.); *adv. a.* for the present
Vorm. ***Vormittag*** morning
vorm. ***vormalig*** former; ***vormals*** formerly (known as); ***vormittags*** in the morning (a.m., am)
Vors. ***Vorsitzende(r)*** chairperson, chairman (chm., chmn), chairwoman; chair; ✝ president (Pres., pres.); *Partei, Gewerkschaft*: leader
vorw. ***vorwärts*** forward (fwd); ***vorwiegend*** predominantly, mainly, chiefly
VP ***Vollpension*** (full) board and lodging, full board, *Am.* American plan (AP); ***Volkspolizei*** *hist. DDR*: People's Police
VPS ***Video-Programmierungssystem*** video preprogram(m)ing system
VR ***Volksrepublik*** People's Republic
v. T. ***vom Tausend*** per thousand
v. u. ***von unten*** from below
VW ***Volkswagen*** Volkswagen (VW, F vee-dub)
VWL ***Volkswirtschaftslehre*** economics *pl.*

W

W ***Watt*** watt(s *pl.*) (W); ***West(en)*** west (W)
WAA ***Wiederaufbereitungsanlage*** reprocessing plant
wahrsch. ***wahrscheinlich*** probable (prob.), likely; *adv.* probably
wbl. ***weiblich*** female (fem.), feminine (fem.); women's ...

WC ***Wasserklosett*** toilet (WC)
Wdh(lg). ***Wiederholung*** repetition; *TV*, *thea.* repeat, rerun; *Sport*: replay
WDR ***Westdeutscher Rundfunk*** Western German Broadcasting Corporation
WE ***Wärmeeinheit(en)*** thermal *od.* caloric unit(s *pl.*)
werkt. ***werktags*** (on) weekdays
westd(t). ***westdeutsch*** West German (W Ger.)
westl. ***westlich*** western, west; *Wind*: westerly; *adv.* west (W)
WEU ***Westeuropäische Union*** Western European Union (WEU)
WEZ ***westeuropäische Zeit*** Greenwich Mean Time (GMT)
WG ***Wohngemeinschaft*** flat share, flat sharing (community)
WGB ***Weltgewerkschaftsbund*** World Federation of Trade Unions (WFTU)
Whg. ***Wohnung*** apartment (apt.), *Brit. a.* flat
wirtsch. ***wirtschaftlich*** economic (econ.); *adv.* economically; financial(ly *adv.*) (fin.)
wiss. ***wissenschaftlich*** academic(ally *adv.*); (*naturwissenschaftlich*) scientific(ally *adv.*) (sci.)
w. L. ***westlicher Länge*** Western longitude (W long.); ... degrees West (°W)
WM ***Weltmeisterschaft*** world championship; *Fußball*: World Cup
wö. ***wöchentlich*** weekly, every week
WS ***Wintersemester*** winter semester
WSV ***Winterschlussverkauf*** winter sales *pl.*
Wwe. ***Witwe*** widow
WWU ***Wirtschafts- und Währungsunion*** Economic and Monetary Union (EMU)
WWW ***World Wide Web*** *Internet*: WWW,www
Wz. ***Warenzeichen*** trademark (TM)

Z

Z. ***Zahl*** number; ***Zeile*** line (l.); ***Zeit*** time
z. ***zu, zum, zur*** at; to
zahlr. ***zahlreich*** numerous(ly *adv.*); in large numbers
z. B. ***zum Beispiel*** for instance, for example (e.g.)
z. b. V. ***zur besonderen Verwendung*** for special duty
ZDF ***Zweites Deutsches Fernsehen*** Second Channel of German Television
ZDL ***Zivildienstleistende(r)*** *conscientious objector conscripted to do community work*
zeitgen. ***zeitgenössisch*** contemporary (contemp.)
zeitl. ***zeitlich*** temporal, time ...
zeitw. ***zeitweilig, -weise*** occasionally, from time to time, now and then
Zentr. ***Zentrale*** head office (H.O., HO); headquarters *sg. u. pl.* (HQ); control room; ***Zentrum*** cent|re, *Am.* -er
zentr. ***zentral*** central(ly *adv.*); *adv. a.* in the centre (*Am.* center)
ZH ***Zentralheizung*** central heating (CH)
z. H(d). ***zu Händen*** attention (attn); care of (c/o)
Zi. ***Ziffer*** figure (fig.); number (No., no.); (*Unterabsatz*) clause; (*Punkt*) item; ***Zimmer*** room (number) (rm, rm no.)
zit. n. ***zitiert nach ...*** quoted after ...
ziv. ***zivil*** civilian (civ.); civil *aviation* (civ.)
ZK *pol.* ***Zentralkomitee*** central committee
Zl ***Zloty*** zloty, *pl.* zloty(s) (Zl)
Zlg. ***Zahlung*** payment
ZOB ***zentraler Omnibusbahnhof*** bus (*od.* coach) station
zool. ***zoologisch*** zoological (zool.)
ZPO ***Zivilprozessordnung*** code of civil procedure
Zs., *pl.* **Zss.** ***Zeitschrift(en)*** journal (jour.), *pl.* journals; periodical(s *pl.*)
Zstzg. ***Zusammensetzung*** composition (comp.); compound (comp., compd)
z. T. ***zum Teil*** partly, partially (part.)
Ztg. ***Zeitung*** newspaper
Ztr. ***Zentner*** (*metric*) hundredweight(s *pl.*) (cwt)
Ztschr. ***Zeitschrift*** magazine (mag., mag); periodical
Zub. ***Zubehör*** accessories *pl.*; attachments *pl.*; fittings *pl.*
zuf. ***zufällig*** accidental(ly *adv.*), chance ...; *adv. a.* by chance; ***zufolge*** as a result (*od.* consequence) of; according to (acc. to)
zugel. ***zugelassen*** allowed; *behördlich*: licen|sed, *Am. a.* -ced, *Kraftfahrzeug*: *a.* registered (regd), *Arzt*: qualified
z(u)gl. ***zugleich*** at the same time
zul. ***zulässig*** permissible; ⚙ safe *load*; *Höchstgeschwindigkeit*: (maximum) permissible *speed*
zur. ***zurück*** back; ***~ an*** return to
zus. ***zusammen*** together (tog.)
Zuschr. ***Zuschrift*** letter; reply
zust. ***zuständig*** *Behörde*: relevant, appropriate; (*befugt*) competent; (*verantwortlich*) responsible
z(u)zgl. ***zuzüglich*** plus
zw. ***zwecks*** for the purpose of; with a view to; ***zwischen*** between; among
ZwSt. ***Zweigstelle*** branch (office)
zz., zzt. ***zurzeit*** at the moment, at present
z. Z(t). ***zur Zeit*** at the time of ...

Geographische Namen
Geographical Names

Folgende Liste bietet eine Auswahl an geographischen sowie touristisch und historisch interessanten Orten, Gebieten und Stätten. Offizielle Ländernamen blieben, mit wenigen Ausnahmen, unberücksichtigt. Eine Liste der deutschen und österreichischen Bundesländer sowie der schweizerischen Kantone finden Sie unmittelbar hinter diesem Anhangteil.

A

Aachen Aachen, Aix-la-Chapelle
Abessinien *hist.* Abyssinia
Abruzzen, *die* *the* Abruzzi
Addis Abeba Addis Ababa
Admiralitätsinseln, *die* *the* Admiralty Islands, *the* Admiralties
Adria, *die* *the* Adriatic (Sea)
Adrianopel *hist.* Adrianople
Afrika Africa
Afghanistan Afghanistan
Ägäis, *die* *the* Aegean (Sea)
Ägäischen Inseln, *die* *the* Aegean Islands
Agrigent Agrigento
Ägypten Egypt
Akaba Aqaba, Akaba
Akkra Accra
Akropolis, *die* *the* Acropolis
Aktium *hist.* Actium
Albanien Albania
Aleuten, *die* *the* Aleutian Islands
Alexandrien Alexandria
Algerien Algeria
Algier Algiers
Alpen, *die* *the* Alps
Alpenvorland, *das* *the* foothills of the Alps
Altaigebirge, *das* *the* Altai Mountains
Amazonas, *der* *the* Amazon
Amerika America
Anatolien Anatolia
Andalusien Andalusia
Anden, *die* *the* Andes
Andorra Andorra
Angola Angola
Antarktis, *die* *the* Antarctic, Antarctica
Antillen, *die* *the* Antilles
Antiochia Antioch
Antwerpen Antwerp
Äolischen Inseln, *die* *the* Aeolian Islands; → *a.* ***Liparischen Inseln***
Apennin, *der*, Apenninen, *die* *the* Apennines, *the* Apennine Mountains
Apenninenhalbinsel, *die* *the* Apennine Peninsula
Appalachen, *die* *the* Appalachians, *the* Appalachian Mountains
Apulien Apulia
Äquatorialguinea Equatorial Guinea
Aquitanien *hist.* Aquitaine
Arabien Arabia
Arabische Wüste, *die* *the* Arabian Desert
Aralsee, *der* Lake Aral
Ardennen, *die* *the* Ardennes
Arena-Kapelle, *die* (*in Padua*) *the* Scrovegni (*od.* Arena) Chapel
Argentinien Argentina, *the* Argentine
Arktis, *die* *the* Arctic
Ärmelkanal, *der* *the* English Channel, *the* Channel
Armenien Armenia
Aserbaidschan Azerbaijan
Asien Asia
Asowsche Meer, *das* *the* Sea of Azov
Assuan Aswan
Assyrien *hist.* Assyria
Asturien *hist.* Asturias
Athen Athens
Äthiopien Ethiopia
Atlantik, *der* *the* Atlantic (Ocean)
Atlasgebirge, *das* *the* Atlas Mountains
Ätna, *der* Mount Etna
Attika *hist.* Attica
Austerlitz Slavkov ŭ Brna; *hist.* Austerlitz
Australasien Australasia
Australien Australia
Azoren, *die* *the* Azores

B

Babel → ***Turm von Babel***
Babylonien *hist.* Babylonia
Bagdad Baghdad
Bahamainseln, *die*, Bahamas, *die* *the* Bahamas
Baikalsee, *der* Lake Baikal
Balearen, *die* *the* Balearic Islands
Balkan, *der* → **1. *Balkanhalbinsel*; 2. *Balkanstaaten*; 3. *Balkangebirge***
Balkangebirge, *das* *the* Balkan Mountains
Balkanhalbinsel, *die* *the* Balkan Peninsula
Balkanstaaten, *die* *the* Balkan States, *the* Balkans
Baltikum, *das* *the* Baltic (States), *the* Baltics
Bangladesch Bangladesh
Barentssee, *die* *the* Barents Sea
Basel Basel, Basle
Basiliuskathedrale, *die* (*in Moskau*) St Basil's Cathedral
Baskenland, *das* *the* Basque Provinces
Bayerischen Alpen, *die* *the* Bavarian Alps
Bayerische Wald, *der* *the* Bavarian Forest
Bayern Bavaria
Belgien Belgium
Belgrad Belgrade
Benelux-Länder, *die* *the* Benelux Countries
Bengalen (*Landschaft u. hist.*) Bengal
Beringmeer, *das* *the* Bering Sea
Beringstraße, *die* *the* Bering Strait
Bern Bern(e)
Berner Alpen, *die* *the* Bernese Alps
Berner Oberland, *das* *the* Bernese Oberland
Bessarabien Bessarabia
Bikini, Bikiniatoll, *das* Bikini
Birma Burma
Biskaya, *die* → ***Golf von Biskaya***
Blaue Grotte, *die* (*auf Capri*) *the* Blue Grotto
Bodensee, *der* Lake Constance
Böhmen Čechy; *hist.* Bohemia
Böhmen und Mähren *hist.* Bohemia-Moravia
Böhmerwald, *der* *the* Bohemian Forest
Bolivien Bolivia
Bosnien Bosnia

Bosnien und Herzegowina Bosnia and Herzegovina
Bosporus, *der* *the* Bosp(h)orus
Botsuana Botswana
Bottnische Meerbusen, *der* *the* Gulf of Bothnia
Bozen Bolzano
Brandenburger Tor, *das* *the* Brandenburg Gate
Brasilien Brazil
Braunschweig Braunschweig, Brunswick
Brenner(pass), *der* *the* Brenner Pass
Breslau Wroclaw; *hist.* Breslau
Bretagne, *die* Brittany
Britischen Überseegebiete, *die* *the* United Kingdom Overseas Territories
Brügge Bruges
Brüssel Brussels
Buchara Bukhara
Bukarest Bucharest
Bukowina, *die* Bukovina, Bucovina
Bulgarien Bulgaria
Bundeshaus, *das* (*in Bonn*) *the* Federal Parliament Building
Bundesrepublik Deutschland, *die* *the* Federal Republic of Germany
Burgund Burgundy
Burgundische Pforte, *die* *the* Belfort Gap
Byzanz *hist.* Byzantium

C

Cevennen, *die* *the* Cévennes
Chaldäa *hist.* Chald(a)ea
Chania Canea
Charkow Kharkov
Chiemsee, *der* Lake Chiem, *the* Chiemsee
Chile Chile
China China
Chinesische Mauer, *die* *the* Great Wall of China
Chinesische Meer, *das* *the* China Sea
Comer See, *der* Lake Como
Costa Rica Costa Rica
Cyrenaika, *die* *hist.* Cyrenaica

D

Dakien *hist.* Dacia
Dalmatien Dalmatia
Damaskus Damascus
Dänemark Denmark
Danzig Gdansk; *hist.* Danzig
Danziger Bucht, *die* *the* Bay (*od.* Gulf) of Gdansk (*hist.* Danzig)
Dardanellen, *die* *the* Dardanelles
Daressalam Dar es Salaam
Den Haag The Hague
Deutsche Bucht, *die* *the* German Bay
Deutsche Demokratische Republik, *die* *hist.* *the* German Democratic Republic
Deutschland Germany
Deutsch-Südwestafrika *hist.* German Southwest Africa
Dithmarschen Ditmarsh
Dnjepr, *der* *the* Dnieper
Dnjestr, *der* *the* Dniester
Dodekanes, *der* *the* Dodecanese
Dogenpalast, *der* (*in Venedig*) *the* Doge's Palace
Dolomiten, *die* *the* Dolomites
Dominikanische Republik, *die* *the* Dominican Republic
Donau, *die* *the* Danube
Donez, *der* *the* Donets
Donezbecken, *das* *the* Donets (Basin)
Dover → ***Straße von Dover***
Drau, *die* *the* Drava
Dschibuti Djibouti
Dschidda Jedda
Dünkirchen Dunkirk

E

Ecuador Ecuador
Eiffelturm, *der* *the* Eiffel Tower
Eismeer, Nördliche, *das* → ***Nordpolarmeer***
Eismeer, Südliche, *das* → ***Südpolarmeer***
Elat Eilat
Elfenbeinküste, *die* *the* Ivory Coast
El Salvador El Salvador
Elsass, *das* Alsace
Elsass-Lothringen *hist.* Alsace-Lorraine
Engadin, *das* *the* Engadine
Engelsburg, *die* (*in Rom*) *the* Castel Sant'Angelo
England England
Eremitage, *die* (*in Leningrad*) *the* Hermitage Museum
Eriwan Yerevan, Erivan
Erzgebirge, *das* *the* Erzgebirge, *the* Ore Mountains
Estland Estonia
Etsch, *die* *the* Adige
Euphrat, *der* *the* Euphrates
Eurasien Eurasia
Europa Europe
Everest, *der* (Mount) Everest

F

Falklandinseln, *die* *the* Falkland Islands, *the* Falklands
Färöer, *die* *the* Faroes, *the* Faroe Islands
Felsendom, *der* (*in Jerusalem*) *the* Dome of the Rock
Ferne Osten, *der*, Fernost *the* Far East
Feuerland Tierra del Fuego
Fidschi Fiji
Fidschiinseln, *die* *the* Fiji Islands
Finnische Meerbusen, *der* *the* Gulf of Finland
Finnland Finland
Flandern Flanders
Florenz Florence
Franken Franconia
Frankfurt (am Main) Frankfurt (on the Main)
Frankfurt (an der Oder) Frankfurt (on the Oder)
Frankreich France
Französisch-Guayana French Guiana
Freiburg *Schweiz*: Fribourg
Freiheitsstatue, *die* *the* Statue of Liberty
Freundschaftsinseln, *die* *the* Tonga (*od.* Friendly) Islands
Friaul Friuli
Friesischen Inseln, *die* *the* Frisian Islands
Fudschijama, *der* (Mount) Fuji, *a.* Fujiyama
Fünen Fyn

G

Gabun Gabon
Galapagosinseln, *die* *the* Galapagos Islands
Galatien *hist.* Galatia
Galicien (*in Spanien*) *a. hist.* Galicia
Galiläa Galilee
Galizien (*in Mitteleuropa*) Galicia
Gallien *hist.* Gaul
Gambia (*the*) Gambia
Gardasee, *der* Lake Garda
Gazastreifen, *der* *the* Gaza Strip
Genezareth → ***See Genezareth***
Genf Geneva
Genfer See, *der* Lake Geneva, Lac Léman
Gent Ghent
Genua Genoa
Georgien Georgia
Germanien *hist.* Germania
Gesellschaftsinseln, *die* *the* Society Islands
Gewürzinseln, *die* *the* Spice Islands; → *a.* ***Molukken***
Ghana Ghana
Gizeh (El) Giza; → ***Pyramiden von Gizeh***
Glarner Alpen, *die* *the* Glarus Alps
Golanhöhen, *die* *the* Golan Heights
Goldene Horn, *das* *the* Golden Horn
Golf von Akaba, *der* *the* Gulf of Aqaba (*od.* Akaba)
Golf von Bengalen, *der* *the* Bay of Bengal
Golf von Biskaya, *der* *the* Bay of Biscay
Golf von Genua, *der* *the* Gulf of Genoa
Golf von Korinth, *der* *the* Gulf of Corinth
Golf von Neapel, *der* *the* Bay of Naples
Golf von Triest, *der* *the* Gulf of Trieste
Gomorrha *bibl.* Gomorrah, Gomorrha
Göteborg Gothenburg, Göteborg
Grabeskirche, *die* (*in Jerusalem*) *the* Church of the Holy Sepulchre
Graubünden Graubünden, *the* Grisons
Griechenland Greece
Grönland Greenland
Großbritannien Great Britain, Britain
Große Belt, *der* *the* Great Belt
Großen Antillen, *die* *the* Greater Antilles
Großen Seen, *die* *the* Great Lakes
Große Syrte, *die* *the* Gulf of Sidra
Guatemala Guatemala
Guayana (*Region*) Guiana
Guyana (*Staat*) Guyana

H

Haiderabad Hyderabad
Haiti Haiti
Halikarnassos *hist.* Halicarnassus
Hameln Hameln, Hamelin
Hannover Hanover
Harz, *der* *the* Harz (Mountains)
Havanna Havana
Hawaii-Inseln, *die* *the* Hawaiian Islands
Hebriden, *die* *the* Hebrides
Helgoland Hel(i)goland
Helgoländer Bucht, *die* *the* Hel(i)goland Bight
Hellas *hist.* Hellas, (Ancient) Greece
Helvetien *hist.* Helvetia, Switzerland
Hennegau, *der* Hainau(l)t
Heraklion Herakl(e)ion
Herzegowina *hist.* Herzegovina
Herzogenbusch 's Hertogenbosch
Hessen Hesse(n)
Himalaja, *der* *the* Himalayas
Himmelfahrtsinsel, *die* Ascension Island
Hindukusch, *der* *the* Hindu Kush
Hinterindien Indochina
Hinterpommern *hist.* Eastern Pomerania
Hiroschima Hiroshima
Hoek van Holland Hook of Holland

Holland Holland, *the* Netherlands
Honduras Honduras
Hongkong Hong Kong
Hradschin, *der* (*in Prag*) *the* Hradčany

I

Iberien *hist.* Iberia
Iberische Halbinsel, *die* *the* Iberian Peninsula
Ijsselmeer, *das* Lake Ijssel, Ijsselmeer
Illyrien *hist.* Illyria
Indien India
Indische Ozean, *der* *the* Indian Ocean
Indochina Indochina
Indonesien Indonesia
Inguschetien Ingushetia
Innerasien Central Asia
Innere Mongolei, *die* Inner Mongolia
Insel Man, *die* *the* Isle of Man
Inseln über dem Winde, *die* *the* Leeward Islands
Inseln unter dem Winde, *die* *the* Windward Islands
Insel Wight, *die* *the* Isle of Wight
Invalidendom, *der* (*in Paris*) *the* Invalides
Ionien *hist.* Ionia
Ionische Meer, *das* *the* Ionian Sea
Ionischen Inseln, *die* *the* Ionian Islands
Irak, *der* Iraq
Iran Iran
Irische See, *die* *the* Irish Sea
Irland Ireland
Island Iceland
Israel Israel
Istrien Istria
Italien Italy

J

Jadebusen, *der* *the* Jade Bay
Jakutsk Yakutsk
Jalta Yalta
Jamaika Jamaica
Jangtse(kiang), *der* *the* Yangtze(-Kiang)
Japan Japan
Japanische Meer, *das* *the* Sea of Japan
Jemen, *der* *the* Yemen
Jordanien Jordan
Judäa *hist.* Jud(a)ea
Jugoslawien Yugoslavia
Jungferninseln, *die* *the* Virgin Islands
Jütland Jutland

K

Kaimaninseln, *die* *the* Cayman Islands
Kairo Cairo
Kalabrien Calabria
Kalifornien California
Kalkutta Calcutta
Kambodscha Cambodia
Kamerun Cameroon
Kamputschea *obs.* Kampuchea
Kana(a) *bibl.* Cana
Kanaan *hist.* Canaan
Kanada Canada
Kanal, *der* (= *Ärmelkanal*) *the* (English) Channel
Kanalinseln, *die* *the* Channel Islands
Kanaren, *die*, Kanarischen Inseln, *die* *the* Canaries, *the* Canary Islands
Kantabrische Gebirge, *das* *the* Cantabrian Mountains
Kap der Guten Hoffnung, *das* *the* Cape of Good Hope, *a. the* Cape
Kap Hoorn Cape Horn, *a. the* Horn
Kappadokien Cappadocia
Kapprovinz, *die* *the* Cape Province
Kap Skagen *the* Skaw, *a.* (Cape) Skagen
Kapstadt Cape Town
Kapverdischen Inseln, *die* *the* Cape Verde Islands
Karatschi Karachi
Karelien Karelia
Karibik, *die* *the* Caribbean
Kärnten Carinthia
Karolinen, *die* *the* Caroline Islands
Karpaten, *die* *the* Carpathians, *the* Carpathian Mountains
Karthago *hist.* Carthage
Kasachstan Kazakhstan
Kaschmir Kashmir
Kaspische Meer, *das* *the* Caspian Sea
Kastilien Castile
Katalaunischen Felder, *die* *hist. the* Catalaunian Plains (*od.* Fields)
Katalonien Catalonia
Katar Qatar
Katharinenkloster, *das* (*auf der Sinaihalbinsel*) *the* Monastery of St Catherine
Kattowitz Katowice; *hist.* Kattowitz
Kaukasus, *der* *the* Caucasus, *a. the* Caucasus Mountains
Kenia Kenya
Khaiberpass, *der* *the* Khyber Pass
Kieler Bucht, *die* Kiel Bay
Kiew Kiev
Kilikien *hist.* Cilicia
Kilimandscharo, *der* (Mount) Kilimanjaro
Kirgisien Kirghizia
Klagemauer, *die* (*in Jerusalem*) *the* Wailing Wall
Kleinasien Asia Minor
Kleinen Antillen, *die* *the* Lesser Antilles
Köln Cologne
Kölner Dom, *der* Cologne Cathedral
Kolumbien Colombia
Komoren, *die* *the* Comoro Archipelago
Kongo, *der* *the* Congo
Königsberg Kaliningrad; *hist.* Königsberg
Konstantinopel Constantinople
Konstanz Constance
Kopenhagen Copenhagen
Kordilleren, *die* *the* Cordilleras
Korea Korea
Korfu Corfu
Korinth Corinth
Korsika Corsica
Kosovo, *der od. das* Kosovo
Kotschinchina Cochin China
Krakatau Krakatoa
Krakau Cracow, Kraków
Kreml, *der* *the* Kremlin
Kreta Crete
Krim, *die* *the* Crimea
Kroatien Croatia
Kuba Cuba
Kurdistan Kurdistan, Kurdestan, Kordestan
Kurilen, *die* *the* Kuril(e) Islands
Kuwait Kuwait
Kykladen, *die* *the* Cyclades

L

Ladogasee, *der* Lake Ladoga
Laibach Ljubljana
Lappland Lapland
Lateinamerika Latin America
Lausitz, *die* Lusatia
Lemberg Lvov
Lettland Latvia
Levante, *die* *the* Levant
Libanon, *der* (*the*) Lebanon (*meist ohne bestimmten Artikel*)
Liberia Liberia
Libyen Libya
Liechtenstein Liechtenstein
Ligurien Liguria
Ligurische Meer, *das* *the* Ligurian Sea
Liparischen Inseln, *die* *the* Lipari Islands
Lissabon Lisbon
Litauen Lithuania
Livland *hist.* Livonia
Loire-Schlösser, *die* *the* Châteaux of the Loire
Lombardei, *die* Lombardy
Lothringen Lorraine
Löwen (*in Belgien*) Louvain, Leuven
Lübecker Bucht, *die* *the* Lübeck Bay
Luganer See, *der* Lake Lugano
Lüneburger Heide, *die* *the* Lüneburg Heath
Lusitanien *hist.* Lusitania
Lüttich Liège
Luxemburg Luxemb(o)urg
Luzern Lucerne
Lydien *hist.* Lydia

M

Maas, *die* *the* Meuse, *the* Maas
Madagaskar Madagascar
Magellanstraße, *die* *the* Strait(s) of Magellan
Mähren Moravia
Mährische Pforte, *die* *the* Moravian Gate (*od.* Gap)
Mailand Milan
Mainfranken → ***Unterfranken***
Makedonien Macedonia
Malaiische Halbinsel, *die* *the* Malay Peninsula, Malaya
Malakka Malacca
Malediven, *die* *the* Maldives
Mallorca Majorca
Malta Malta
Mandschurei, *die* Manchuria
Marianen, *die* *the* Marianas
Mark Brandenburg, *die* *the* Brandenburg Marches
Markuskirche, *die* (*in Venedig*) St Mark's (Basilica)
Markusplatz, *der* (*in Venedig*) St Mark's Square
Marmarameer, *das* *the* Sea of Marmara
Marokko Morocco
Marsfeld, *das* (*in Paris*) *the* Champ-de-Mars; (*in Rom*) *the* Field of Mars
Maskat und Oman Muscat and Oman
Masuren Masuria
Masurischen Seen, *die* *the* Masurian Lakes
Mauretanien Mauritania
Mazedonien Macedonia
Mecklenburg-Vorpommern Mecklenburg-Western Pomerania
Mekka Mecca
Melanesien Melanesia
Menorca Minorca
Meran Merano
Mesopotamien Mesopotamia
Mexiko Mexico
Mikronesien Micronesia
Milet *hist.* Miletus
Millstätter See, *der* Lake Millstatt
Mittelamerika Central America
Mittelasien Central Asia
Mitteldeutschland Central Germany
Mitteleuropa Central Europe
Mittelmeer, *das* *the* Mediterranean (Sea)
Mittlere Osten, *der* *the* Middle East
Moçambique Mozambique
Moldau[1], *die* (*Fluss*) *the* Vltava; *hist. the* Moldau

Moldau[2], *die* (*Region*) Moldavia
Moldawien Moldavia
Molukken, *die the* Moluccas
Monaco Monaco
Mongolei, *die* Mongolia
Mosambik Mozambique
Mosel, *die the* Moselle
Moskau Moscow
Moskwa, *die the* Moskva
Mülhausen Mulhouse
München Munich
Myanmar Myanmar
Mykene Mycenae

N

Nahe Osten, *der the* Middle (*od.* Near) East
Navarra Navarre
Neapel Naples
Neu-Delhi New Delhi
Neufundland Newfoundland
Neuguinea New Guinea
Neuseeland New Zealand
Newa, *die the* Neva
Niagarafälle, *die the* Niagara Falls
Nicaragua Nicaragua
Niederbayern Lower Bavaria
Niederlande, *die the* Netherlands, Holland
Niederösterreich Lower Austria
Niederrhein, *der the* Lower Rhine
Niedersachsen Lower Saxony
Niederschlesien *hist.* Lower Silesia
Nigeria Nigeria
Nikaragua Nicaragua
Nikosia Nicosia
Nil, *der the* Nile
Nimwegen Nijmegen
Ninive *hist.* Niniveh
Nizza Nice
Nordafrika North Africa
Nordamerika North America
Norddeutsche Tiefebene, *die the* North(ern) German Plain
Norddeutschland North(ern) Germany
Nordeuropa North(ern) Europe
Nordfriesischen Inseln, *die the* North Frisians
Nordirland Northern Ireland
Nordkap, *das the* North Cape
Nordkorea North Korea
Nord-Ostsee-Kanal, *der the* Kiel Canal
Nordpol, *der the* North Pole
Nordpolarmeer, *das the* Arctic Ocean
Nordrhein-Westfalen North-Rhine/Westphalia
Nordsee, *die the* North Sea
Normandie, *die* Normandy
Norwegen Norway
Nowgorod Novgorod
Nowosibirsk Novosibirsk
Nubien (*Region u. hist.*) Nubia
Nürnberg Nuremberg

O

Oberbayern Upper Bavaria
Oberengadin, *das the* Upper Engadine
Obere See, *der* Lake Superior
Oberfranken Upper Franconia
Oberitalien Northern Italy
Oberösterreich Upper Austria
Oberpfalz, *die the* Upper Palatinate
Oberrhein, *der the* Upper Rhine
Oberrheinische Tiefebene, *die the* Upper Rhine Valley
Oberschlesien *hist.* Upper Silesia
Ochotskische Meer, *das the* Sea of Okhotsk
Ölberg, *der bibl. the* Mount of Olives
Olymp, *der* (Mount) Olympus
Onegasee, *der* Lake Onega
Oranjefreistaat, *der the* Orange Free State
Orinoko, *der the* Orinoco
Ostafrika East Africa
Ostasien East Asia
Ostdeutschland 1. Eastern Germany; **2.** *hist. the* German Democratic Republic, East Germany
Ostende Ostend
Osterinsel, *die* Easter Island
Österreich Austria
Österreich-Ungarn *hist.* Austria-Hungary
Osteuropa Eastern Europe
Ostfriesischen Inseln, *die the* East Frisians
Ostpreußen *hist.* East Prussia
Ostsee, *die the* Baltic (Sea)
Ozeanien Oceania

P

Pakistan Pakistan
Palästina *bibl., hist.* Palestine
Palatin, *der* (*in Rom*) *the* Palatine
Panama Panama
Panamakanal, *der the* Panama Canal
Pandschab, *das the* Punjab
Pannonien *hist.* Pannonia
Papua-Neuguinea Papua-New Guinea
Parnass, *der* Mount Parnassus
Parthien *hist.* Parthia
Patagonien Patagonia
Pazifik, *der the* Pacific (Ocean)
Pelagischen Inseln, *die the* Pelagian Islands
Peloponnes, *der od.* (*korrekt*) *die the* Peloponnese, *the* Peloponnesus
Persien *hist.* Persia
Persische Golf, *der the* Persian Gulf
Peru Peru
Petersburg, (*St.*) St Petersburg
Petersdom, *der* (*in Rom*) St Peter's (Cathedral)
Peterskirche, *die* (*in Rom*) St Peter's
Petersplatz, *der* (*in Rom*) St Peter's Square
Pfalz, *die the* Palatinate
Philippinen, *die the* Philippines
Phönizien *hist.* Phoenicia
Phrygien *hist.* Phrygia
Picardie, *die* Picardy
Piemont Piedmont
Pilsen Plzeň; *hist.* Pilsen
Piräus Piraeus
Platäa *hist.* Plataea
Plattensee, *der* Lake Balaton
Po-Ebene, *die the* Po Valley
Polarkreis, *der* **1.** *the* Arctic Circle; **2.** *the* Antarctic Circle
Polen Poland
Polynesien Polynesia
Pommern Pomorze; *hist.* Pomerania
Pompeji Pompeii
Pontinischen Sümpfe, *die the* Pontine Marshes
Pontische Gebirge, *das the* Pontic Mountains
Pontos *hist.* Pontus
Portugal Portugal
Posen Poznán
Prag Prague
Preßburg Bratislava; *hist.* Pressburg
Preußen *hist.* Prussia
Provence, *die* Provence
Pyramiden von Gizeh, *die the* Pyramids of Giza
Pyrenäen, *die the* Pyrenees
Pyrenäenhalbinsel, *die the* Iberian Peninsula

R

Rangun Rangoon
Rätien *hist.* Rhaetia
Rätischen Alpen, *die the* Rhaetian Alps
Republik Irland, *die the* Republic of Ireland
Reval Tallin(n); *hist.* Reval
Rhein, *der the* Rhine
Rheinfall, *der the* Rhine Falls
Rheingau, *der the* Rhinegau
Rheinhessen Rhinehessen
Rheinische Schiefergebirge, *das the* Rhenish Slate Mountains
Rheinland, *das the* Rhineland
Rheinland-Pfalz Rhineland-Palatinate
Rhodesien *hist.* Rhodesia
Rhodos Rhodes
Rom Rome
Rote Meer, *das the* Red Sea
Rote Platz, *der* (*in Moskau*) Red Square
Rubikon, *der the* Rubicon
Ruhrgebiet, *das the* Ruhr(gebiet)
Rumänien Romania, *a.* Rumania
Russland Russia

S

Saargebiet, *das hist. the* Saar(land)
Saarland, *das the* Saar(land)
Saba *hist.* Sheba
Sabiner Berge, *die the* Sabine Hills
Sachalin Sakhalin
Sachsen Saxony
Sachsen-Anhalt Saxony-Anhalt
Sächsische Schweiz, *die* Saxon Switzerland
Salomonen, *die,* **Salomonischen Inseln,** *die the* Solomon Islands
Saloniki Salonika, Saloniki
Sambesi, *der the* Zambezi
Sambia Zambia
Samothrake Samothrace
Sankt Gallen St Gallen, *obs.* St Gall
Sankt-Lorenz-Strom, *der the* St Lawrence (River)
Sansibar Zanzibar
Sarajewo Sarajevo
Sardinien Sardinia
Saudi-Arabien Saudi Arabia
Savoyen Savoy
Schanghai Shanghai
Schatt el Arab, *der the* Shatt-al-Arab
Schiefe Turm von Pisa, *der the* Leaning Tower of Pisa
Schlesien 1. (*in Polen*) Slask; *hist.* Silesia; **2.** (*in der Tschechoslowakei*) Slezsko; *hist.* Silesia
Schottland Scotland
Schwaben Swabia
Schwäbische Alb, *die the* Swabian Jura
Schwarze Meer, *das the* Black Sea
Schwarzwald, *der the* Black Forest
Schweden Sweden
Schweiz, *die* Switzerland
Schweizer Mittelland, *das the* Swiss Midlands
Seealpen, *die the* Maritime Alps
See Genezareth, *der the* Sea of Galilee
Seeland (*dänische Insel*) Zealand
Seidenstraße, *die hist. the* Silk Road (*od.* Route)
Senegal Senegal
Serbien Serbia

Seufzerbrücke, ***die*** (*in Venedig*) *the* Bridge of Sighs
Sevilla Seville
Seychellen, ***die*** *the* Seychelles
Sibirien Siberia
Siebenbürgen Transylvania
Simbabwe Zimbabwe
Sinaigebirge, ***das*** Mount Sinai
Sinaihalbinsel, ***die*** *the* Sinai Peninsula
Singapur Singapore
Sixtinische Kapelle, ***die*** (*in Rom*) *the* Sistine Chapel
Sizilien Sicily
Skandinavien Scandinavia
Slowakei, ***die*** Slovakia
Slowenien Slovenia
Somalia Somalia
Sorrent Sorrento
Sowjetunion, ***die*** *hist. the* Soviet Union
Spanien Spain
Spanische Treppe, ***die*** (*in Rom*) *the* Spanish Steps
Sporaden, ***die*** *the* Sporades
Sri Lanka Sri Lanka
Steiermark, ***die*** Styria
Stephansdom, ***der*** (*in Wien*) St Stephen's (Cathedral)
Stettin Szczecin; *hist.* Stettin
Stille Ozean, ***der*** → ***Pazifik***
Straßburg Strasbourg
Straßburger Münster, ***das*** Strasbourg Minster
Straße von Dover, ***die*** *the* Strait(s) of Dover
Straße von Gibraltar, ***die*** *the* Strait(s) of Gibraltar
Stubaier Alpen, ***die*** *the* Stubai Alps
Südafrika South Africa
Südamerika South America
Sudan, ***der*** (*the*) Sudan
Südchinesische Meer, ***das*** *the* South China Sea
Süddeutschland South(ern) Germany
Sudetenland, ***das*** *hist.* Sudetenland, *a. the* Sudeten
Südeuropa South(ern) Europe
Südkorea South Korea
Südpolarmeer, ***das*** *the* Antarctic Ocean
Südsee, ***die*** *the* South Pacific, *the* South Seas
Südseeinseln, ***die*** *the* Pacific (*od.* South Sea) Islands
Südtirol South Tyrol
Südwestafrika South-West Africa
Suezkanal, ***der*** *the* Suez Canal
Sumatra Sumatra
Sund, ***der*** *the* Sound
Swasiland Swaziland
Syrakus Syracuse
Syrien Syria
Szegedin Szeged
Szetschuan Szechuan

T

Tadschikistan Tadzhikistan
Tafelberg, ***der*** Table Mountain
Taipeh Taipei
Taiwan Taiwan
Tajo, ***der*** *the* Tagus
Tanganjika Tanganyika
Tanganjikasee, ***der*** Lake Tanganyika
Tanger Tangier
Tansania Tanzania
Tarent Taranto
Tasmanien Tasmania
Tatarei, ***die*** *hist.* Tartary
Tatra, ***die*** *the* Tatra Mountains, *a. the* High Tatra
Taurus, ***der*** *the* Taurus (Mountains)
Teheran Teh(e)ran
Tempelberg, ***der*** (*in Jerusalem*) *the* Temple Mount
Teneriffa Tenerife
Tessin, ***das*** Ticino
Teutoburger Wald, ***der*** *the* Teutoburg Forest, *the* Teutoburger Wald
Thailand Thailand
Theben *hist.* Thebes
Themse, ***die*** *the* Thames
Thermopylen, ***die*** Thermopylae
Thessalien Thessaly
Thrakien *hist.* Thrace, Thracia
Thuner See, ***der*** *the* Lake of Thun
Thüringen Thuringia
Thüringer Wald, ***der*** *the* Thuringian Forest
Tibet Tibet
Tirol (*the*) Tyrol
Tokio Tokyo
Tongainseln, ***die*** *the* Tonga (*od.* Friendly) Islands
Toskana, ***die*** Tuscany
Tote Meer, ***das*** *the* Dead Sea
Transkaukasien Transcaucasia
Trasimenische See, ***der*** Lake Trasimeno
Trient Trento
Triest Trieste
Tripolis Tripoli
Troja Troy
Tschad, ***der*** Chad
Tschechien Czechia, *the* Czech Republic
Tschechoslowakei, ***die*** *hist.* Czechoslovakia
Tschetschenien Chechnya, Chechnia
Tunesien Tunisia
Türkei, ***die*** Turkey
Turkestan Turkestan, Turkistan
Turm von Babel, ***der*** *bibl. the* Tower of Babel
Tyrrhenische Meer, ***das*** *the* Tyrrhenian Sea
Tyrus *hist.* Tyre

U

Uffizien, ***die*** (*in Florenz*) *the* Uffizi
Uganda Uganda
Ukraine Ukraine
Ulmer Münster, ***das*** Ulm Minster
Umbrien Umbria
Ungarn Hungary
Union der Sozialistischen Sowjetrepubliken, ***die*** *hist. the* Union of Soviet Socialist Republics
Unterfranken Lower Franconia
Unteritalien Southern Italy
Uppsala Up(p)sala
Ural, ***der*** *the* Urals
Uruguay Uruguay
Usbekistan Uzbekistan

V

Vansee, ***der*** Lake Van
Vatikan, ***der*** *the* Vatican
Veitsdom, ***der*** (*in Prag*) St Vitus's Cathedral
Venedig Venice
Venetien Veneto
Venezuela Venezuela
Verbotene Stadt, ***die*** (*in Peking*) *the* Forbidden City
Vereinigte Königreich (von Großbritannien und Nordirland), ***das*** *the* United Kingdom (of Great Britain and Northern Ireland)
Vereinigten Arabischen Emirate, ***die*** *the* United Arab Emirates
Vereinigten Staaten (von Amerika), ***die*** *the* United States (of America)
Vesuv, ***der*** Vesuvius
Via Appia, ***die*** *hist. the* Appian Way
Vierwaldstätter See, ***der*** Lake Lucerne
Vietnam Vietnam, Viet Nam
Vlissingen Flushing
Vogesen, ***die*** *the* Vosges (Mountains)
Volksrepublik China, ***die*** *the* People's Republic of China
Vorderasien *the* Middle (*od.* Near) East; *hist. the* Levant
Vorderindien *the* Indian Peninsula (and Ceylon)
Vorpommern Western Pomerania

W

Walachei, ***die*** *hist.* Wal(l)achia
Wales Wales
Walfischbai, ***die*** Walvis (*od.* Walfish) Bay
Wallis, ***das*** Valais
Wallonien Wallonie
Warschau Warsaw
Wattenmeer, ***das*** (*vor der Nordseeküste*) *the* mud flats
Weichsel, ***die*** *the* Vistula
Weiße Haus, ***das*** (*in Washington DC*) *the* White House
Weißrussland B(y)elorussia, Belarus
Wenzelsplatz, ***der*** (*in Prag*) Wenceslas Square
Westdeutschland 1. Western Germany; **2.** *hist.* → ***Bundesrepublik Deutschland***
Westeuropa West(ern) Europe
Westfalen Westphalia
Westfälische Pforte, ***die*** *the* Porta Westfalica, *the* Westphalian Gate
Westfriesischen Inseln, ***die*** *the* West Frisians
Westindien *the* West Indies
Westpreußen *hist.* West Prussia
Wien Vienna
Wilna Vilnius
Windhuk Windhoek
Wladiwostok Vladivostok
Wolga, ***die*** *the* Volga

Y

Ypern Ypres

Z

Zaire *hist.* Zaire
Zentralafrikanische Republik, ***die*** *the* Central African Republic
Zisalpinische Republik, ***die*** *hist. the* Cisalpine Republic
Zuckerhut, ***der*** (*in Rio de Janeiro*) Sugar Loaf Mountain
Zürich Zurich
Zürichsee, ***der,*** **Züricher See,** ***der*** Lake Zurich
Zypern Cyprus

Die Länder der Bundesrepublik Deutschland

The Länder of the Federal Republic of Germany

Baden-Württemberg Baden-Württemberg
Bayern Bavaria
Berlin Berlin
Brandenburg Brandenburg
Bremen Bremen
Hamburg Hamburg
Hessen Hesse
Mecklenburg-Vorpommern Mecklenburg-Western Pomerania, Mecklenburg and Western Pomerania
Niedersachsen Lower Saxony
Nordrhein-Westfalen North-Rhine/Westphalia
Rheinland-Pfalz Rhineland-Palatinate
Saarland Saarland
Sachsen Saxony
Sachsen-Anhalt Saxony-Anhalt
Schleswig-Holstein Schleswig-Holstein
Thüringen Thuringia

Die Länder der Republik Österreich

The Länder of the Republic of Austria

Burgenland Burgenland
Kärnten Carinthia
Niederösterreich Lower Austria
Oberösterreich Upper Austria
Salzburg Salzburg
Steiermark Styria
Tirol Tyrol
Vorarlberg Vorarlberg
Wien Vienna

Die Kantone der Schweizerischen Eidgenossenschaft

(in Klammern die Halbkantone)
The Cantons of the Swiss Confederation
(Half cantons in brackets)

Aargau Aargau
Appenzell (Inner-Rhoden; Außer-Rhoden) Appenzell (Inner Rhodes; Outer Rhodes)
Basel Basel, Basle
Bern Bern, Berne
Freiburg, *frz.* **Fribourg** Fribourg
Genf, *frz.* **Genève** Geneva
Glarus Glarus
Graubünden Graubünden, Grisons
Jura Jura
Luzern Lucerne
Neuenburg, *frz.* **Neuchâtel** Neuchâtel
St. Gallen St Gallen, St Gall
Schaffhausen Schaffhausen
Schwyz Schwyz
Solothurn Solothurn
Tessin, *ital.* **Ticino** Ticino
Thurgau Thurgau
Unterwalden (Obwalden; Nidwalden) Unterwalden (Obwalden; Nidwalden)
Uri Uri
Waadt, *frz.* **Vaud** Vaud
Wallis, *frz.* **Valais** Valais, Wallis
Zug Zug
Zürich Zurich

Historische, biblische und mythologische Namen

Historical, Biblical and Mythological Names

Folgende Liste enthält eine Auswahl an historischen Namen sowie solchen aus der Mythologie und Weltliteratur. Es wurden im Allgemeinen nur Namen aufgenommen, die im Englischen eine andere Schreibung als im Deutschen aufweisen. Bei Varianten wurde manchmal nur die geläufigste angegeben. Das bei manchen Namen angegebene Betonungszeichen (') soll als Aussprachehilfe dienen. Die vollständige phonetische Umschreibung der englischen Namen können Sie in einem der Standardaussprachewörterbücher nachschlagen.

Abälard Abelard
Achill(es) *myth.* Achilles
Ahasver *myth.* Ahasu'erus
Aktäon *myth.* Actaeon
Alarich Alaric
Alba, *Herzog von* Duke of Alva (*od.* Alba)
Albrecht der Bär Albert the Bear
Alexander der Große Alexander the Great
Alkibiades Alcibiades
Alkmene *myth.* Alcmene
Alkuin 'Alcuin
Ambrosius, *der heilige* St 'Ambrose
Amenophis Amen'hotep
Anakreon A'nacreon
Äneas *myth.* Ae'neas
Antäus *myth.* An'taeus
Antonius, *der heilige* St 'Anthony
Äolus *myth.* Ae'olus
Aristoteles 'Aristotle
Artus, *König* *myth.* King Arthur
Äschylus Aeschylus
Äskulap *myth.* Aescu'lapius
Äsop 'Aesop
Athene *myth.* Athena
Augias *myth.* Au'geas
August der Starke Au'gustus the Strong
Augustin(us), *der heilige* St Au'gustine

Baldur *myth.* Balder, Baldur
Barbarossa → ***Friedrich Barbarossa***
Bartholomäus, *der heilige* St. Bar'tholomew
Basilius 'Basil
Bathseba *bibl.* 'Bathsheba
Beda (Venerabilis) (the Venerable) Bede
Belisar Beli'sarius
Belsazar Bel'shazzar
Benedikt, *der heilige* St Benedict
Bonifatius 'Boniface
Bukephalos *myth.* Bucephalus

Cäsar Caesar
Cato der Ältere Cato the Elder
Cato der Jüngere Cato the Younger
Chlodwig Clovis
Christophorus, *der heilige* St 'Christopher
Christus, *Jesus* Jesus Christ
Chrysostomus, *Johannes* St John Chry'sostom
Cupido *myth.* 'Cupid

Dädalus *myth.* Daedalus
Damokles Damocles
Danae *myth.* Danaë
Danaiden, *die* *myth. the* Da'naides
Demokrit De'mocritus
Diokletian Dio'cletian
Dionysios Dio'nysius
Dionysius, *der heilige* St 'Denis
Dionysos Dio'nysus, Dio'nysos
Dioskuren, *die* *myth. the* Di'oscuri
Donar *myth.* Donar, Thor
Don Quichotte Don Quijote
Drakon Draco
Dschingis Khan Genghis Khan

Echnaton Akhe'naton, Amen'hotep IV
Eduard Edward
Eduard der Bekenner Edward the Confessor
Elektra *myth.* Electra
Elias *bibl.* E'lijah
Elisabeth Elizabeth
Empedokles Empedocles
Epiktet Epic'tetus
Epikur Epi'curus
Erich der Rote Eric the Red
Erinnyen, *die* *myth. the* E'rin(n)yes
Ermanerich Ermaneric
Esra *bibl.* Ezra
Etzel Attila (the Hun)
Eugen, *Prinz* Prince 'Eugene
Euklid 'Euclid
Eumeniden, *die* *myth. the* Eu'menides
Eurydike *myth.* Eu'rydice
Ezechiel *bibl.* E'zekiel

Franz Ferdinand Francis Ferdinand
Franz Joseph Francis Joseph
Franz von Assisi, *der heilige* St Francis of Assisi
Friedrich Barbarossa Frederick Barbarossa
Friedrich der Große Frederick the Great
Friedrich der Weise Frederick the Wise
Friedrich Wilhelm der Große Kurfürst Frederick William the Great Elector
Fritz: *der Alte* ~ → *Friedrich der Große*
Furien, *die* *myth. the* Furies

Galilei, *Galileo* Galileo (Galilei)
Ganymed *myth.* Ganymede
Geiserich Geiseric
Georg George
Ghibellinen, *die* *the* 'Ghibellines
Gracchen, *die* *the* Gracchi
Grazien, *die* *myth. the* Graces
Guelfen, *die* *the* Guelfs
Gustav Adolf Gu'stavus A'dolphus

Habakuk *bibl.* 'Habakkuk
Habsburger, *die* *the* Hapsburgs
Hadrian Hadrian, Adrian
Heinrich der Löwe Henry the Lion
Heinrich der Seefahrer Henry the Navigator
Hekate *myth.* 'Hecate, 'Hekate
Hektor *myth.* Hector
Hekuba *myth.* 'Hecuba
Helena *myth.* Helen
Hephäst *myth.* Hephaestus, Hephaistos
Herakles *myth.* Heracles, Herakles
Herakliden, *die* *myth. the* Hera'clidae
Heraklit Hera'clitus
Herkules *myth.* Hercules
Hermann der Cherusker Arminius
Herodes 'Herod
Herodot He'rodotus
Hesekiel E'zekiel
Hesperiden, *die* *the* He'sperides

Hieronymus, ***der heilige*** St Je'rome
Hiob *bibl.* Job
Hippokrates Hip'pocrates
Hippolytos *myth.* Hip'polytus
Horaz 'Horace
Horen, ***die*** *myth. the* Horae, *a. the* Hours

Ignatius von Loyola Ignatius (of) Lo'yola
Ignaz, ***der heilige*** St Ignatius
Ikarus *myth.* 'Icarus
Innozenz Innocent
Iokaste *myth.* Jocasta
Iphigenie *myth.* Iphige'nia
Isaak *bibl.* Isaac
Iwan der Große Ivan the Great
Iwan der Schreckliche Ivan the Terrible

Jahwe Jahweh, Jahveh
Jakob *bibl.* Jacob; (*Könige*) James
Jakobus *bibl.* (St) James
Japhet *bibl.* Japheth
Jehova Jehovah
Jeremia(s) *bibl.* Jeremiah
Jerobeam *bibl.* Jero'boam
Jesaja *bibl.* Isaiah
Johann ohne Land, Johann Ohneland John Lackland
Johanna von Orléans, ***die heilige*** St Joan of Arc
Johannes der Evangelist *bibl.* John the E'vangelist
Johannes der Täufer *bibl.* John the 'Baptist
Jona(s) *bibl.* Jonah
Josia(s) *bibl.* Jo'siah
Josua *bibl.* Joshua
Juda *bibl.* Judah
Judas Ischariot *bibl.* Judas Iscariot
Judas Makkabäus Judas Maccabeus
Jungfrau von Orléans, ***die*** St Joan of Arc

Kadmos *myth.* Cadmus
Kain *bibl.* Cain
Kaiphas *bibl.* Caiaphas
Kallimachos Cal'limachus
Kalliope *bibl.* Cal'liope
Karl der Dicke Charles the Fat
Karl der Große 'Charlemagne, Charles the Great
Karl der Kahle Charles the Bald
Karl der Kühne Charles the Bold
Karl Martell Charles Martel
Kassiodor Cassio'dorus
Katharina die Große Catherine the Great
Katharina von Aragonien Catherine of 'Aragon
Katull Catullus
Klemens Clement
Kleopatra Cleo'patra
Klytämnestra *myth.* Clyt(a)emnestra
Knut der Große Ca'nute the Great, King Ca'nute
Kolumbus, ***Christoph*** Christopher Columbus
Konstantin der Große Constantine the Great
Kopernikus, ***Nikolaus*** Nicolaus Copernicus
Kronos *myth.* Cronus, Cronos
Krösus Croesus

Kyrill, ***der heilige*** St 'Cyril
Kyros der Große Cyrus the Great

Laokoon *myth.* Laocoon
Laren, ***die*** *myth. the* Lares
Leukippos Leucippus
Livius Livy
Lothar Lo'thair
Ludwig der Bayer Louis the Bavarian
Ludwig der Deutsche Louis the German
Ludwig der Fromme Louis the Pious
Ludwig der Sonnenkönig Louis the Sun King
Lukas *bibl.* (St) Luke
Lukrez Lucretius
Lukullus Lucullus
Luzifer *myth.* Lucifer
Lykurg Lycurgus
Lysipp Lysippus

Makkabäer, ***die*** *bibl. the* 'Maccabees
Malachias *bibl.* 'Malachi
Maria Magdalena Mary 'Magdalen
Maria Stuart Mary Queen of Scots, Mary Stuart
Maria Theresia Maria Theresa
Mark Anton Mark 'Antony
Mark Aurel Marcus Aurelius (Anto'ninus)
Markus *bibl.* (St) Mark
Matthäus *bibl.* (St) 'Matthew
Megäre *myth.* Megaera
Menelaos *myth.* Mene'laus
Merkur *myth.* 'Mercury
Methusalem *bibl.* Me'thuselah
Micha *bibl.* Micah
Minotaurus, ***der*** *myth. the* 'Minotaur

Najaden, ***die*** *myth. the* 'naiads, *the* 'naiades
Narziss *myth.* Narcissus
Nausikaa *myth.* Nausicaä
Nebukadnezar *bibl.* Nebuchadnezzar
Nehemia *bibl.* Nehe'miah
Neptun *myth.* Neptune
Nereiden, ***die*** *myth. the* Ne'reides
Nikodemus *bibl.* Nicodemus
Nikolaus, ***der heilige*** St Nicholas
Nofretete Nefer'titi
Nornen, ***die*** *myth. the* Norns

Ödipus *myth.* Oedipus
Odoaker Odo'acer, Odo'vacar
Oktavian Octavian
Orest *myth.* Orestes
Origenes 'Origen
Otto der Große Otto the Great

Parzen, ***die*** *myth. the* Parcae
Parzival *myth.* Percival
Patroklos *myth.* Patroclus
Paulus *bibl.* (St) Paul
Peisistratos Pisistratus
Penaten, ***die*** *myth. the* penates
Penthesilea *myth.* Penthesile(i)a
Perikles Pericles
Peter der Große Peter the Great
Petrus *bibl.* (St) Peter
Phäaken, ***die*** *myth. the* Phaeacians
Phaeton Phaethon
Philipp der Gute Philip the Good
Philipp der Kühne Philip the Bold
Philipp der Lange Philip the Tall

Philipp der Schöne Philip the Fair
Philippus der Evangelist *bibl.* Philip the E'vangelist
Phöbe *myth.* Phoebe, Phebe
Phöbus *myth.* Phoebus (Apollo)
Phönix *myth.* Phoenix
Pilatus, ***Pontius*** Pontius 'Pilate
Pippin der Kleine Pepin the Short
Plejaden, ***die*** *myth. the* 'Pleiades
Plinius Pliny
Polykrates Polycrates
Polyphem *myth.* Poly'phemus
Pompejus 'Pompey (the Great)
Priamos *myth.* 'Priam
Prokop Procopius
Prokrustes *myth.* Procrustes
Properz Propertius
Ptolemäus 'Ptolemy

Rahel *bibl.* Rachel
Rebekka *bibl.* Rebecca
Richard Löwenherz Richard (the) Lion-Heart

Sacharja *bibl.* Zecha'riah
Salomo(n) *bibl.* Solomon
Sara *bibl.* Sarah
Saulus *bibl.* Saul
Seleukiden, ***die*** *the* Se'leucids
Sokrates Socrates
Sophokles Sophocles
Spartakus Spartacus
Stephan Stephen
Sueton Suetonius

Telemach(os) *myth.* Te'lemachus
Terenz 'Terence
Thaddäus *bibl.* (St) Jude, 'Thad(d)eus
Themistokles Themistocles
Theoderich der Große Theodoric (*od.* Theoderic) the Great
Theokrit The'ocritus
Theophrast Theophrastus
Thomas von Aquin(o), ***der heilige*** St Thomas Aquinas
Thukydides Thucydides
Timotheus *bibl.* 'Timothy
Titanen, ***die*** *myth. the* 'Titans
Tutanchamun, Tutenchamun Tutan'khamen, Thutankha'mun

Uranos *myth.* 'Uranus

Vergil 'Virgil
Vinzenz Vincent
Vitruv Vitruvius
Vulkan 'Vulcan

Walküre *myth.* 'Valkyrie
Wenzel Wencesla(u)s
Widukind Wittekind, *a.* Widukind
Wilhelm William
Wilhelm der Eroberer William the Conqueror
Wilhelm von Oranien William of 'Orange
Wotan *myth.* Wodan, Woden

Xanthippe Xant(h)ippe
Xenokrates Xe'nocrates

Zebaoth *bibl.* Sabaoth
Zebedäus *bibl.* 'Zebedee
Zephanja *bibl.* Zepha'niah
Zerberus *myth.* Cerberus

Musikalische Werkbezeichnungen

Names of Musical Works

Abschiedssymphonie (*Haydn*) Farewell Symphony
Akademische Festouvertüre (*Brahms*) Academic Festival Overture
Eine Alpensymphonie (*R. Strauss*) An Alpine Symphony
Also sprach Zarathustra (*R. Strauss*) Thus Spake Zarathustra
An der schönen blauen Donau (*Joh. Strauß, engl. J. Strauss*) The Blue Danube
An die ferne Geliebte (*Beethoven*) To the Distant Beloved
Auferstehungssymphonie (*Mahler*) Resurrection Symphony
Aus der Neuen Welt (*Dvořák*) From the New World, The New World Symphony
Aus meinem Leben (*Smetana*) From my Life

Der Bajazzo (*Leoncavallo*) I Pagliacci
Der Barbier von Sevilla (*Rossini*) The Barber of Seville
Der Bettelstudent (*Millöcker*) The Beggar Student
Bilder einer Ausstellung (*Mussorgsky*) Pictures at an Exhibition

Coriolan(-Ouvertüre) (*Beethoven*) Coriolanus (Overture)
Die Czardasfürstin (*Kálmán*) The Gipsy Princess

Ein deutsches Requiem (*Brahms*) A German Requiem, Brahms' Requiem
Dichterliebe (*Schumann*) Poet's Love
Die Diebische Elster (*Rossini*) The Thieving Magpie
Dissonanzenquartett (*Mozart*) Dissonance Quartet
Dornröschen (*Tschaikowsky, engl. Tchaikovsky*) Sleeping Beauty
Die Dreigroschenoper (*Weill/Brecht*) The Threepenny Opera

Elias (*Mendelssohn-Bartholdy*) Elijah
Die Entführung aus dem Serail (*Mozart*) The Seraglio, The Abduction from the Seraglio

Fantasiestücke (*Schumann*) Fantasy Pieces
Fausts Verdammnis (*Berlioz*) The Damnation of Faust
Der Feuervogel (*Strawinsky, engl. Stravinsky*) The Firebird
Feuerwerksmusik (*Händel, engl. Handel*) Fireworks Music, Music for the Royal Fireworks
Figaros Hochzeit (*Mozart*) The Marriage of Figaro
Die Fingalshöhle (*Mendelssohn-Bartholdy*) Fingal's Cave
Die Fledermaus (*Joh. Strauß, engl. J. Strauss*) Die Fledermaus (The Bat)
Der Fliegende Holländer (*Wagner*) The Flying Dutchman
Forellenquintett (*Schubert*) Trout Quintet
Frauenliebe und -leben (*Schumann*) Woman's Love and Life
Die Frau ohne Schatten (*R. Strauss*) Die Frau ohne Schatten (The Woman without a Shadow)
Der Freischütz (*Weber*) Der Freischütz
Frühlingssonate (*Beethoven*) Spring Sonata
Frühlingssymphonie (*Schumann*) Spring Symphony
Fürst Igor (*Borodin*) Prince Igor

Geistertrio (*Beethoven*) Ghost Trio, The Ghost
Geschichten aus dem Wienerwald (*Joh. Strauß, engl. J. Strauss*) Tales from the Vienna Woods
Die Geschöpfe des Prometheus (*Beethoven*) The Creatures of Prometheus
Der Goldene Hahn (*Rimsky-Korsakow, engl. Rimsky-Korsakov*) The Golden Cockerel
Götterdämmerung (*Wagner*) Götterdämmerung, The Twilight of the Gods
Gräfin Maritza (*Kálmán*) Countess Maritza
Der Graf von Luxemburg (*Lehár*) The Count of Luxembourg
Gurrelieder (*Schönberg*) Gurrelieder (Songs of Gurra)

Hänsel und Gretel (*Humperdinck*) Hansel and Gretel
Harold in Italien (*Berlioz*) Harold in Italy
Hebridenouvertüre (*Mendelssohn-Bartholdy*) Fingal's Cave, Hebrides Overture
Ein Heldenleben (*R. Strauss*) A Hero's Life
Die Hochzeit des Figaro (*Mozart*) The Marriage of Figaro
Hoffmanns Erzählungen (*Offenbach*) Tales of Hoffmann
Die Hugenotten (*Meyerbeer*) The Huguenots

Im Weißen Rößl (*Benatzky*) The White Horse Inn
Iphigenie auf Tauris (*Gluck*) Iphigenia on Tauris
Die Italienerin in Algier (*Rossini*) L'Italiana in Algeri, The Italian Girl in Algiers
Italienische Symphonie (*Mendelssohn-Bartholdy*) Italian Symphony

Jagdquartett (*Mozart*) The Hunt, Hunting Quartet
Jagdsymphonie (*Haydn*) La Chasse, The Hunt
Die Jahreszeiten (*Haydn*) The Seasons
Johannespassion (*J. S. Bach*) St John Passion

Kaiserquartett (*Haydn*) Emperor Quartet
Kaiserwalzer (*Joh. Strauß, engl. J. Strauss*) Kaiser Waltz
Kegelstatt-Trio (*Mozart*) Kegelstatt Trio (Skittleground Trio)
Kindersymphonie (*Leopold Mozart*) Toy Symphony
Kinderszenen (*Schumann*) Scenes from Childhood
Kindertotenlieder (*Mahler*) Kindertotenlieder, Songs on the Death of Children
Eine kleine Nachtmusik (*Mozart*) Eine kleine Nachtmusik, A Little Serenade
Die Kluge (*Orff*) The Wise Woman
Des Knaben Wunderhorn (*Mahler*) Des Knaben Wunderhorn (The Youth's Magic Horn)

Krieg und Frieden (*Prokofjew, engl. Prokofiev*) War and Peace
Die Krönung der Poppea (*Monteverdi*) The Coronation of Poppea
Krönungskonzert (*Mozart*) Coronation Concerto
Krönungsmesse (*Mozart*) Coronation Mass
Die Kunst der Fuge (*J.S. Bach*) The Art of Fugue

Land des Lächelns (*Lehár*) The Land of Smiles
Das Leben eines Wüstlings (*Strawinsky, engl. Stravinsky*) The Rake's Progress
Leonoren-Ouvertüre(n) (*Beethoven*) Leonora-Overture(s)
Lerchenquartett (*Haydn*) The Lark
Liebesträume (*Liszt*) Liebesträume
Die Liebe zu den drei Orangen (*Prokofjew, engl. Prokofiev*) Love for Three Oranges
Lied an die himmlische Freude (*Mahler*) Ode to Heavenly Joy
Lieder eines fahrenden Gesellen (*Mahler*) Songs of a Wayfarer
Das Lied von der Erde (*Mahler*) Song of the Earth
Die Lustigen Weiber von Windsor (*Nicolai*) The Merry Wives of Windsor
Die Lustige Witwe (*Lehár*) The Merry Widow

Die Macht des Schicksals (*Verdi*) The Force of Destiny
Marienvesper (*Monteverdi*) Vespers of the Blessed Virgin
Ein Maskenball (*Verdi*) A Masked Ball
Mathis der Maler (*Hindemith*) Mathias the Painter
Matthäuspassion (*J. S. Bach*) St Matthew Passion
Maurerische Trauermusik (*Mozart*) Masonic Funeral Music
Mein Vaterland (*Smetana*) Ma Vlast (My Fatherland)
Die Meistersinger von Nürnberg (*Wagner*) The Mastersingers of Nuremberg
Der Messias (*Händel, engl.Handel*) The Messiah
Militärsymphonie (*Haydn*) Military Symphony
Minutenwalzer (*Chopin*) Minute Waltz
Die Moldau (*Smetana*) The Moldau
Mondscheinsonate (*Beethoven*) Moonlight Sonata
Das musikalische Opfer (*J. S. Bach*) The Musical Offering

Eine Nacht auf dem kahlen Berge (*Mussorgsky*) A Night on the Bare Mountain *n*; *Am.* Night on Bald Mountain.
Nachtstücke (*Schumann*) Nocturnes
Die Nachtwandlerin (*Bellini*) La Sonnambula (The Sleepwalker)
Nelson-Messe (*Haydn*) Nelson Mass
Die Neugierigen Frauen (*Wolf-Ferrari*) The Inquisitive Women
Nussknackersuite (*Tschaikowsky, engl. Tchaikovsky*) Nutcracker Suite

Odysseus' Heimkehr (*Monteverdi*) The Return of Ulysses
O Haupt voll Blut und Wunden [*Kirchenlied*] O sacred Head surrounded
Der Opernball (*Heuberger*) The Opera Ball
Orfeo (*Monteverdi*) L'Orfeo, Orpheus
Orpheus in der Unterwelt (*Offenbach*) Orpheus in the Underworld
Othello (*Verdi*) Othello, Otello

Pastorale (*Beethoven*) Pastoral (Symphony)
Pathétique (*Tschaikowsky, engl. Tchaikovsky*) Pathétique
Die Perlenfischer (*Bizet*) The Pearl Fishers
Peter und der Wolf (*Prokofjew, engl. Prokofiev*) Peter and the Wolf
Petruschka (*Strawinsky, engl. Stravinsky*) Petrushka
Die Planeten (*Holst*) The Planets, The Planets Suite
Polowetzer Tänze (*Borodin*) Polovtsian Dances
Preußische Quartette (*Haydn, Mozart*) Prussian Quartets
Psalmensymphonie (*Strawinsky, engl. Stravinsky*) Symphony of Psalms

Quintenquartett (*Haydn*) Fifths Quartet

Der Raub der Lukretia (*Britten*) The Rape of Lucretia
Reformationssymphonie (*Mendelssohn-Bartholdy*) Reformation Symphony
Die Regimentstochter (*Donizetti*) The Daughter of the Regiment
Registerarie (*Mozart, aus dem Don Giovanni*) Catalogue Aria
Reiterquartett (*Haydn*) The Rider, Rider Quartet
Das Rheingold (*Wagner*) Rhinegold
Rheinische Symphonie (*Schumann*) Rhenish Symphony
Der Ring des Nibelungen (*Wagner*) The Ring (of the Nibelung)
Romantische Symphonie (*Bruckner*) Romantic Symphony
Romeo und Julia (*Tschaikowsky, engl. Tchaikovsky*) Romeo and Juliet
Der Rosenkavalier (*R. Strauss*) Der Rosenkavalier, The Cavalier of the Rose
Russische Quartette (*Haydn*) Russian Quartets

Le Sacre du Printemps (*Strawinsky, engl. Stravinsky*) The Rite of Spring
Der Schauspieldirektor (*Mozart*) The Impresario
Der Schmuck der Madonna (*Wolf-Ferrari*) The Jewels of the Madonna
Schneeflöckchen (*Rimsky-Korsakow, engl. Rimsky-Korsakov*) The Snow Maiden
Die schöne Helena (*Offenbach*) La Belle Hélène
Die schöne Müllerin (*Schubert*) The Fair Maid of the Mill
Die Schöpfung (*Haydn*) The Creation
Schöpfungsmesse (*Haydn*) Creation Mass
Schottische Symphonie (*Mendelssohn-Bartholdy*) Scottish Symphony
Schwanda, der Dudelsackpfeifer (*Weinberger*) Schwanda the Bagpiper
Schwanengesang (*Schubert*) Swan Song
Schwanensee (*Tschaikowsky, engl. Tchaikovsky*) Swan Lake
Die schweigsame Frau (*R. Strauss*) The Silent Woman
Die sieben letzten Worte unseres Erlösers am Kreuze (*Haydn*) The Seven Last Words (of our Saviour on the Cross)
Slawische Tänze (*Dvorák*) Slavonic Dances
Ein Sommernachtstraum (*Mendelssohn-Bartholdy*) A Midsummer Night's Dream
Sonnenquartette (*Haydn*) Sun Quartets
Spanisches Liederbuch (*Wolf*) Spanish Songbook
Spatzenmesse (*Mozart*) Sparrow Mass
Der Sturm (*Beethoven-Klaviersonate*) The Tempest
Susannens Geheimnis (*Wolf-Ferrari*) Susanna's Secret
Symphonie der Tausend (*Mahler*) Symphony of a Thousand
Symphonie mit dem Paukenschlag (*Haydn*) Surprise Symphony
Symphonie mit dem Paukenwirbel (*Haydn*) Drum-roll Symphony
Symphonische Etüden (*Schumann*) Symphonic Studies

Tiefland (*d'Albert*) Tiefland (Lowlands)
Till Eulenspiegels lustige Streiche (*R. Strauss*) Till Eulenspiegel('s Merry Pranks)
Der Tod und das Mädchen (*Schubert*) Death and the Maiden
Tod und Verklärung (*R. Strauss*) Death and Transfiguration
Die Toteninsel (*Rachmaninow, engl. Rachmaninov*) The Isle of the Dead
Totentanz (*Saint-Saëns, Liszt*) Danse Macabre (Dance of Death)
Tragische Ouvertüre (*Brahms*) Tragic Overture
Die Trojaner (*Berlioz*) The Trojans
Der Troubadour (*Verdi*) Il Trovatore

Ein Überlebender aus Warschau (*Schönberg*) A Survivor from Warsaw
Die Uhr (*Haydn*) The Clock (Symphony)
Ungarische Rhapsodien (*Liszt*) Hungarian Rhapsodies
Die Unvollendete (*Schubert*) Unfinished Symphony

Der Vampyr (*Marschner*) The Vampire
Die verkaufte Braut (*Smetana*) The Bartered Bride
Verklärte Nacht (*Schönberg*) Transfigured Night
Die Vier Jahreszeiten (*Vivaldi*) The Four Seasons

Die Walküre (*Wagner*) The Valkyrie
Wanderer-Fantasie (*Schubert*) Wanderer Fantasy
Wassermusik (*Händel, engl. Handel*) Water Music
Weihnachtsoratorium (*J. S. Bach, Schütz*) Christmas Oratorio
Wein, Weib und Gesang (*Joh. Strauß, engl. J. Strauss*) Wine, Women and Song
Wellingtons Sieg (oder die Schlacht) bei Vittoria (*Beethoven*) Battle Symphony
Wiener Blut (*Joh. Strauß, engl. J. Strauss*) Vienna Blood
Der Wildschütz (*Lortzing*) The Poacher
Winterreise (*Schubert*) Winter Journey
Das Wohltemperierte Klavier (*J. S. Bach*) The Well-tempered Clavier
Der wunderbare Mandarin (*Bartók*) The Miraculous Mandarin

Zar und Zimmermann (*Lortzing*) Tsar and Carpenter
Die Zauberflöte (*Mozart*) The Magic Flute
Der Zigeunerbaron (*Joh. Strauß, engl. J. Strauss*) The Gypsy Baron
Zigeunerliebe (*Lehár*) Gipsy Love

Verben, die Geräusche ausdrücken

Verbs Expressing Sounds

bimmeln	ring
brummen	*Insekten*: hum, buzz *Motor*: drone
brutzeln	*in der Pfanne*: sizzle
glucksen	*Wasser usw.*: gurgle *vor Lachen*: chortle
hupen	*beim Autofahren*: honk, hoot, toot
klimpern	*Schlüssel, Geld*: jingle, jangle *auf dem Klavier*: tinkle
klirren	*Gläser beim Anstoßen*: clink *brechendes Glas*: tinkle *Ketten, Schlüsselbund*: jingle, jangle *Teller, Fensterscheiben*: rattle
knacken	*Gelenke, Nüsse*: crack *brechendes Holz*: snap
knallen	*Schuss*: bang *Peitsche*: crack *Sektkorken*: pop
knirschen	*Kies, Sand, Schnee*: crunch *mit den Zähnen*: grind *one's teeth*
knistern	*Feuer*: crackle *Papier*: rustle
krachen	*Becken (= Musikinstrument), Donner usw*: crash *Schuss*: bang *Tür beim Zufallen*: bang, slam *Eis*: crack
läuten	*Wecker*: ring

patschen	*Schlamm usw.*: squelch
rascheln	*Laub*, *Papier*: rustle
rauschen	*Wasser*: rush *Blätter im Wind*: rustle *Brandung, Sturm*: roar *Tonband, Aufnahme*: hiss
schwirren	*kleine Insekten*: buzz *Pfeil*: whiz(z) *Flügel*: whirr, *Am.* whir
summen	*Bienen usw.*: buzz *ein Lied*: hum
surren	*Insekt*: buzz *Kamera, Motor*: whirr, *Am.* whir, *leiser*: hum
ticken	*Uhr*: tick
tuten	*Schiff*: hoot, sound its hooter
zischen	*Schlange*: hiss *Sprudel*: fizz *aus Reifen usw. entweichende Luft*: hiss

Zeitunterschiede, Telefonische Landeskennzahlen, Währungen, Hauptstädte

Time Differences, Telephone Country Codes, Currencies, Capital Cities

Zeitunterschiede: Alle Zeitunterschiede wurden, ausgehend von der UTC (Universal Time Coordinated, Weltzeit), objektiviert und beziehen sich auf die MEZ. Regionale SOMMERZEITEN WURDEN NICHT BERÜCKSICHTIGT.
Im Nordwinter (Winter auf der Nordhalbkugel) ist deshalb bei auf der Südhalbkugel gelegenen Ländern, in denen eine Sommerzeit gilt (das sind bei weitem nicht alle!) und die östlich unserer Zeitzone liegen, eine Stunde zum in der Tabelle angegebenen Zeitunterschied hinzuzurechnen. Für Neuseeland, das eine Sommerzeit hat, gilt also in unserem Winterhalbjahr ein Zeitunterschied zur MEZ von +12 Stunden. Bei Ländern, die westlich unserer Zeitzone liegen und die eine Sommerzeit haben, ist im Nordwinter der Zeitunterschied um eine Stunde zu kürzen. Für Chile, wo eine Sommerzeit eingeführt wurde, gilt deshalb in unserem (Nord-)Winter ein Zeitunterschied zur MEZ von nur – 4 Stunden.
Im Nordsommer dagegen ist bei Ländern mit Sommerzeit (z. B. Deutschland) entsprechend andersherum zu verfahren.

Im Internet gibt es verschiedene Websites, die Ihnen die ***gerade aktuellen Uhrzeiten*** in allen möglichen Ländern der Erde angeben, sodass Sie sich nicht um die Zeitverschiebung oder das jeweils exakte Datum der Zeitumstellung Sommer-/Winterzeit zu kümmern brauchen. Eine deutsche ist z.B. **http://www.weltzeituhr.com**. Eine englische Website ist etwa **http://www.worldtimeserver.com**. Leider widersprechen sich die von uns zu Rate gezogenen Sites bzw. schriftlichen Quellen bei einigen wenigen Ländern. Wir haben unser Bestes getan, solche Ungenauigkeiten zu bereinigen.

Telefon-Landeskennzahlen: Alle telefonischen Landeskennzahlen gelten von Deutschland aus. Für ein internationales Ferngespräch muss vor der Landeskennzahl grundsätzlich 00 gewählt werden.

Land	Zeitunterschied in Stunden zur MEZ (*regionale Sommerzeiten auf der jeweils anderen Erdhalbkugel nicht berücksichtigt*)	Telefon-Landeskennzahl	Währung	Hauptstadt
Afghanistan	+ 3,5	93	Afghani	Kabul
Ägypten	+ 1	20	Ägyptisches Pfund	Kairo
Albanien	0	355	Lek	Tirana
Algerien	0	213	Algerischer Dinar	Algier
Amerika				*siehe USA bzw. andere amerikanische Staaten*
Andorra	0	376	Französischer Franc, Spanische Peseta, *ab 2002*: Euro	Andorra la Vella
Angola	0	244	Neuer Kwanza	Luanda
Argentinien	– 4	54	Argentinischer Peso	Buenos Aires
Armenien	+ 3	374	Dram	Eriwan/Jerewan
Aserbaidschan	+ 3	994	Manat	Baku

Äthiopien	+ 2	251	Birr	Addis Abeba
Australien	+ 7 bis + 9	61	Australischer Dollar	Canberra (+ 9)
Bahamas	– 6	1242	Bahama-Dollar	Nassau
Bangladesch	+ 5	880	Taka	Dakka/Dacca
Belarus (Weißrussland)	+ 1	357	Weißrussischer Rubel	Minsk
Belgien	0	32	Belgischer Franc, *ab 2002*: Euro	Brüssel
Bolivien	– 5	591	Boliviano	Sucre
Bosnien-Herzegowina	0	387	bosnisch-herzegowinischer Dinar	Sarajewo/Sarajevo
Brasilien	– 4 bis – 6	55	Real	Brasilia (– 4)
Bulgarien	+ 1	359	Lew	Sofia
Chile	– 5	56	Chilenischer Peso	Santiago de Chile
China	+ 7 (*Einheitszeit*)	86	(Renminbi) Yuan	Peking/Beijing
Costa Rica (Kostarika)	– 7	506	Costa Rica Colón	San José
Côte d'Ivoir (Elfenbeinküste)	– 1	225	CFA-Franc	Yamoussoukro
Dänemark	0	45	Dänische Krone	Kopenhagen
Deutschland	0	49	Deutsche Mark, *ab 2002*: Euro	Berlin
Dominikanische Republik	– 6	1809	Dominikanischer Peso	Santo Domingo
Ecuador/Ekuador	– 6	593	Sucre	Quito
Elfenbeinküste	– 1	225	CFA-Franc	*siehe Côte d'Ivoir*
El Salvador	– 7	503	El Salvador Colón	San Salvador
England	– 1	44	Pfund Sterling	London
Estland	+ 1	372	Estnische Krone	Tallinn
Finnland	+ 1	358	Finnmark, *ab 2002*: Euro	Helsinki
Frankreich	0	33	Französischer Franc, *ab 2002*: Euro	Paris
Georgien	+ 3	995	Lari	Tiflis/Tbilissi
Griechenland	+ 1	30	Drachme, *ab 2002*: Euro	Athen
Großbritannien	– 1	44	Pfund Sterling	London
Guatemala	– 7	502	Quetzal	Guatemala
Haiti	– 6	509	Gourde	Port-au-Prince
Honduras	– 7	504	Lempira	Tegucigalpa
Indien	+ 4,5	91	Indische Rupie	Neu-Delhi/New Delhi
Indonesien	+ 6 bis + 8	62	Rupiah	Jakarta (+ 6)
Irak	+ 2	964	Irak-Dinar	Bagdad
Iran	+ 2,5	98	Rial	Teheran
Irland	– 1	353	Irisches Pfund, *ab 2002*: Euro	Dublin
Island	– 1	354	Isländische Krone	Reykjavik
Israel	+ 1	972	Neuer Israel Schekel	Jerusalem
Italien	0	39	Italienische Lira, *ab 2002*: Euro	Rom
Jamaika	– 6	1876	Jamaika-Dollar	Kingston
Japan	+ 8	81	Yen	Tokio/Tokyo
Jordanien	+ 1	962	Jordan-Dinar	Amman

Jugoslawien (Serbien und Montenegro)	0	381	Jugoslawischer Dinar	Belgrad
Kambodscha	+ 6	855	Riel	Phnom Penh
Kamerun	0	237	CFA-Franc	Yaoundé
Kanada	– 4,5 bis – 9	1	Kanadischer Dollar	Ottawa (– 6)
Kasachstan	+ 3 bis + 5	7	Tenge	Astana/Akmola (+ 5)
Kenia/Kenya	+ 2	254	Kenia/Kenya-Shilling	Nairobi
Kolumbien	– 6	57	Kolumbianischer Peso	Bogotá
Kongo (*früher*: Zaire)	0 bis + 1	243	Kongolesischer Franc	Kinshasa (0)
Kongo-Brazzaville	0	242	CFA-Franc	Brazzaville
Kroatien	0	385	Kuna	Zagreb
Kuba	– 6	53	Kubanischer Peso	Havanna
Kuwait	+ 2	956	Kuwait-Dollar	Kuwait-Stadt
Lettland	+ 1	371	Lats	Riga
Libanon	+ 1	961	Libanesisches Pfund	Beirut
Liberia	– 1	231	Liberianischer Dollar	Monrovia
Libyen	+ 1	218	Libyscher Dinar	Tripolis
Liechtenstein	0	423	Schweizer Franken	Vaduz
Litauen	+ 1	370	Litas	Wilna/Vilnius
Luxemburg	0	352	Luxemburgischer Franc, *ab 2002*: Euro	Luxemburg
Madagaskar	+ 2	261	Madagaskar-Franc	Antanarivo
Malaysia	+ 7	60	Ringgit	Kuala Lumpur
Malta	0	356	Lira, *pl.* Liri	Valletta
Marokko	– 1	212	Dirham	Rabat
Mazedonien	0	389	Makedonischer Dinar	Skopje
Mexiko	– 7 bis – 9	52	Neuer Mexikanischer Peso	Mexiko-Stadt (– 7)
Monaco	0	377	Französischer Franc, *ab 2002*: Euro	Monaco-Ville
Mongolei	+ 6 bis + 8	976	Tugrik	Ulan-Bator (+ 7)
Mosambik/Moçambique	+ 1	258	Metical	Maputo
Myanmar (**Birma**)	+ 5,5	95	Kyat	Rangun/Yangon
Namibia	0	264	Namibischer Dollar	Windhuk
Nepal	+ 4,75	977	Nepalesische Rupie	Katmandu
Neuseeland	+ 11	64	Neuseeland-Dollar	Wellington
Nikaragua/Nicaragua	– 7	505	Córdoba	Managua
Niederlande	0	31	Gulden, *ab 2002*: Euro	Amsterdam (*Regierungssitz*: Den Haag)
Nigeria	0	234	Naira	Abuja
Nordirland	– 1	44	Pfund Sterling	Belfast
Nordkorea	+ 8	850	Won	Pjöngjang
Norwegen	0	47	Norwegische Krone	Oslo
Österreich	0	43	Österreichischer Schilling, *ab 2002*: Euro	Wien
Pakistan	+ 4	92	Pakistanische Rupie	Islamabad
Panama	– 6	507	Balboa	Panama-Stadt
Papua-Neuguinea	+ 9	675	Kina	Port Moresby

Paraguay	– 5	595	Guarani	Asunción
Peru	– 6	51	Nuevo Sol	Lima
Philippinen	+ 7	63	Philippinischer Peso	Manila
Polen	0	48	Zloty	Warschau
Portugal	– 1	351	Escudo, *ab 2002*: Euro	Lissabon
Rumänien	+ 1	40	Leu, *pl.* Lei	Bukarest
Russland	+ 1 bis + 11	7	Rubel	Moskau (+ 2)
Saudi-Arabien	+ 2	966	Saudi-Riyal	Riad/Riadh
Schottland	– 1	44	Pfund Sterling	Edinburgh
Schweden	0	46	Schwedische Krone	Stockholm
Schweiz	0	41	Schweizer Franken	Bern
Senegal	– 1	221	CFA-Franc	Dakar
Simbabwe	+ 1	263	Simbabwe-Dollar	Harare
Singapur	+ 7	65	Singapur-Dollar	Singapur
Slowakei	0	421	Slowakische Krone	Bratislava/Pressburg
Slowenien	0	386	Tolar	Ljubljana
Spanien	0 (Kanarische Inseln: – 1)	34	Peseta, *ab 2002*: Euro	Madrid
Sri Lanka	+ 5	94	Sri Lanka-Rupie	Colombo
Südafrika	+ 1	27	Rand	Pretoria
Sudan	+ 1	249	Sudanesisches Pfund	Khartoum
Südkorea	+ 8	82	Won	Seoul
Syrien	+ 1	963	Syrisches Pfund	Damaskus
Taiwan	+ 7	886	Neuer Taiwan-Dollar	Taipeh
Tansania	+ 2	255	Tansania-Shilling	Dodoma
Thailand	+ 6	66	Baht	Bangkok
Tschechien	0	420	Tschechische Krone	Prag
Tunesien	0	216	Tunesischer Dinar	Tunis
Türkei	+ 1	90	Türkische Lira	Ankara
Turkmenistan	+ 4	993	Manat	Aschabad/Aschgabad
Uganda	+ 2	256	Uganda-Shilling	Kampala
Ukraine	+ 1	380	Hrywna/Griwna	Kiew
Ungarn	0	36	Forint	Budapest
Uruguay	– 4	598	Peso Uruguayo	Montevideo
USA	– 6 bis – 11 (Hawaii)	1	US-Dollar	Washington, D.C. (– 6)
Usbekistan	+ 4	998	Usbekistan-Sum	Taschkent
Venezuela	– 5	58	Bolivar	Caracas
Vereinigte Arabische Emirate	+ 3	971	Dirham	Abu Dhabi
Vereinigte Staaten von Amerika	– 6 bis – 11 (Hawaii)	1	US-Dollar	Washington, D.C. (– 6)
Vietnam	+ 6	84	Dong	Hanoi
Weißrussland (Belarus)	+ 1	375	Weißrussischer Rubel	Minsk
Zimbabwe	+ 1	263	Zimbabwe-Dollar	*siehe Simbabwe*

Bitte beachten Sie: Obige Angaben unterliegen z. T. häufigen Änderungen. Deshalb kann für die künftige Richtigkeit keine Garantie übernommen werden.

Satzzeichen, Anführungszeichen, Klammern usw.

Punctuation Marks, Quotation Marks, Brackets, etc.

,	Komma	**comma**
.	Punkt	**full stop** [ˌfʊlˈstɒp], *Am.* **period**, *bei Internet-Adressen*: **dot**
!	Ausrufezeichen	**exclamation mark,** *Am.* **exclamation point**
?	Fragezeichen	**question mark**
;	Strichpunkt, Semikolon	**semicolon** [ˌsemɪˈkəʊlən]
:	Doppelpunkt	**colon** [ˈkəʊlən]
’	Apostroph	**apostrophe** [əˈpɒstrəfɪ]
„...“, ‘...’	Anführungszeichen	**quotation marks, inverted commas**
‘...’, ‚...‘	einfache Anführungszeichen	**single quotation marks**
„...“, “...”	doppelte Anführungszeichen	**double quotation marks**
(...)	(runde) Klammern	**brackets,** *bsd. Am.* **parentheses** [pəˈrenθəsiːz]
[...]	eckige Klammern	**square brackets,** *Am.* **brackets**
<...>	spitze Klammern	**angle brackets**
{...}	geschweifte Klammern	**braces**
-	Bindestrich, Trennstrich	**hyphen** [ˈhaɪfn]
–	Gedankenstrich	**dash**
*	Sternchen	**asterisk** [ˈæstərɪsk]
/	Schrägstrich	**slash, oblique** [əˈbliːk]
\	Backslash	**backslash**
@	at-Zeichen, „Klammeraffe“	**at sign** [ˈætsaɪn], **commercial at**

Zahlwörter

Numerals

Grundzahlen

0 null *nought, zero*
1 eins *one*
2 zwei *two*
3 drei *three*
4 vier *four*
5 fünf *five*
6 sechs *six*
7 sieben *seven*
8 acht *eight*
9 neun *nine*
10 zehn *ten*
11 elf *eleven*
12 zwölf *twelve*
13 dreizehn *thirteen*
14 vierzehn *fourteen*
15 fünfzehn *fifteen*
16 sechzehn *sixteen*
17 siebzehn *seventeen*
18 achtzehn *eighteen*
19 neunzehn *nineteen*
20 zwanzig *twenty*
21 einundzwanzig *twenty-one*
22 zweiundzwanzig *twenty-two*
23 dreiundzwanzig *twenty-three*
30 dreißig *thirty*
31 einunddreißig *thirty-one*
40 vierzig *forty*
41 einundvierzig *forty-one*
50 fünfzig *fifty*
51 einundfünfzig *fifty-one*
60 sechzig *sixty*
61 einundsechzig *sixty-one*
70 siebzig *seventy*
71 einundsiebzig *seventy-one*
80 achtzig *eighty*
81 einundachtzig *eighty-one*
90 neunzig *ninety*
91 einundneunzig *ninety-one*
100 hundert *a* (od. *one*) *hundred*
101 hundert(und)eins *a hundred and one*
200 zweihundert *two hundred*
300 dreihundert *three hundred*
572 fünfhundert(und)zweiundsiebzig *five hundred and seventy-two*
1000 tausend *a* (od. *one*) *thousand*
2000 zweitausend *two thousand*
1 000 000 eine Million *a* (od. *one*) *million*
2 000 000 zwei Millionen *two million*
1 000 000 000 eine Milliarde *a* (od. *one*) *billion*

NB: Das *and* in Zahlen über hundert kann im amerikanischen Englisch entfallen: *five hundred (and) twenty.*

Ordnungszahlen

1. erste *first*
2. zweite *second*
3. dritte *third*
4. vierte *fourth*
5. fünfte *fifth*
6. sechste *sixth*
7. sieb(en)te *seventh*
8. achte *eighth*
9. neunte *ninth*
10. zehnte *tenth*
11. elfte *eleventh*
12. zwölfte *twelfth*
13. dreizehnte *thirteenth*
14. vierzehnte *fourteenth*
15. fünfzehnte *fifteenth*
16. sechzehnte *sixteenth*
17. siebzehnte *seventeenth*
18. achtzehnte *eighteenth*
19. neunzehnte *nineteenth*
20. zwanzigste *twentieth*
21. einundzwanzigste *twenty-first*
22. zweiundzwanzigste *twenty-second*
23. dreiundzwanzigste *twenty-third*
30. dreißigste *thirtieth*
31. einunddreißigste *thirty-first*
40. vierzigste *fortieth*
41. einundvierzigste *forty-first*
50. fünfzigste *fiftieth*
51. einundfünfzigste *fifty-first*
60. sechzigste *sixtieth*
61. einundsechzigste *sixty-first*
70. siebzigste *seventieth*
71. einundsiebzigste *seventy-first*
80. achtzigste *eightieth*
81. einundachtzigste *eighty-first*
90. neunzigste *ninetieth*
100. hundertste (*one*) *hundredth*
101. hundert(und)erste *hundred and first*
200. zweihundertste *two hundredth*
300. dreihundertste *three hundredth*
572. fünfhundert(und)zweiundsiebzigste *five hundred and seventy-second*
1000. tausendste (*one*) *thousandth*
2000. zweitausendste *two thousandth*
1 000 000. millionste *millionth*
2 000 000. zweimillionste *two millionth*

Bruchzahlen und andere Zahlenwerte

$^1/_2$ ein halb *a* (od. *one*) *half*
$1^1/_2$ eineinhalb, anderthalb *one and a half*
$2^1/_2$ zweieinhalb *two and a half*
$^1/_2$ Meile *half a mile*
$^1/_3$ ein Drittel *a* (od. *one*) *third*
$^2/_3$ zwei Drittel *two thirds*
$^1/_4$ ein Viertel *a* (od. *one*) *quarter*, *a* (od. *one*) *fourth*
$^3/_4$ drei Viertel *three quarters, three fourths*
$1^1/_4$ Stunden eineinviertel Stunden *one* (od. *an*) *hour and a quarter*
$^1/_5$ ein Fünftel *a* (od. *one*) *fifth*
$3^4/_5$ drei vier Fünftel *three and four fifths*
0,4 null Komma vier (*nought*) *point four* (*0.4*)
2,5 zwei Komma fünf *two point five* (*2.5*)

einfach *single*
zweifach *double*
dreifach *treble, triple, threefold*
vierfach *fourfold, quadruple*
fünffach *fivefold* usw.

einmal *once*
zweimal *twice*
drei-, vier-, fünfmal usw. *three, four, five times*
zweimal so viel(e) *twice as much* (*many*)
noch einmal *once more, once again*

erstens, zweitens, drittens usw.
firstly, secondly, thirdly, in the first (*second, third*) *place*

6 + 9 = 15 sechs und (*od.* plus) neun ist fünfzehn *six plus nine is fifteen, six and nine are* (od. *is*) *fifteen*

12 – - 4 = 8 zwölf weniger (*od.* minus) vier ist acht *twelve minus four is eight*

2 · 3 = 6 zweimal drei ist sechs *two threes are six, two times three is six* (*2 × 3 = 6*)

20 : 5 = 4 zwanzig (geteilt *od.* dividiert) durch fünf ist vier *twenty divided by five is four, five into twenty is four* (*20 ÷ 5 = 4*)

Nullvarianten: nought; nil; zero; "0" [əʊ]

***Temperatur*:**
it's ten below zero
it's zero degrees

***Rechnen*:**
twelve minus twelve is nought (Am. *zero*)

***Nullen als Ziffern*:**
There are three noughts (Am. *zeros*) *in 1,000.*

***Telefonnummern, Kontonummern etc.*:**
The number is 308 399 (three 0 [əʊ] / *Am. a.* zero eight three double nine).

***Sportergebnisse*:**
Our team won three–nil (Am. *three–zero*) (*3–0*).

NB: Beim Tennis wird *null* als *love* bezeichnet, im Tie-Break auch als *zero.*

Deutsche Maße und Gewichte

German Weights and Measures

I. Längenmaße

1 mm ***Millimeter*** millimetre
= $^1/_{1000}$ metre
= 0.001 yards
= 0.003 feet
= 0.039 inches

1 cm ***Zentimeter*** centimetre
= $^1/_{100}$ metre
= 0.39 inches

1 dm ***Dezimeter*** decimetre
= $^1/_{10}$ metre
= 3.94 inches

1 m ***Meter*** metre
= 1.094 yards
= 3.28 feet
= 39.37 inches

1 km ***Kilometer*** kilometre
= 1,000 metres
= 1,093.637 yards
= 0.621 British or Statute Miles

1 sm ***Seemeile*** (*internationales Standardmaß*) nautical mile
= 1,852 metres

II. Flächenmaße

1 mm² ***Quadratmillimeter*** square millimetre
= $^1/_{1\,000\,000}$ square metre
= 0.0015 square inches

1 cm² ***Quadratzentimeter*** square centimetre
= $^1/_{10\,000}$ square metre
= 0.155 square inches

1 m² ***Quadratmeter*** square metre
= 1.195 square yards
= 10.76 square feet

1 a ***Ar*** are
= 100 square metres
= 119.59 square yards
= 1,076.41 square feet

1 ha ***Hektar*** hectare
= 100 ares
= 10,000 square metres
= 11,959.90 square yards
= 2.47 acres

1 km² ***Quadratkilometer*** square kilometre
= 100 hectares
= 1,000,000 square metres
= 247.11 acres
= 0.386 square miles

III. Raummaße

1 cm³ ***Kubikzentimeter*** cubic centimetre
= 1,000 cubic millimetres
= 0.061 cubic inches

1 dm³ ***Kubikdezimeter*** cubic decimetre
= 1,000 cubic centimetres
= 61.025 cubic inches

1 m³ ***Kubikmeter***
1 rm ***Raummeter***
1 fm ***Festmeter*** } cubic metre
= 1,000 cubic decimetres
= 1.307 cubic yards
= 35.31 cubic feet

1 RT ***Registertonne*** register ton
= 2.832 m³
= 100 cubic feet

IV. Hohlmaße

1 l ***Liter*** litre
= 10 decilitres
= 1.76 pints (*Brit.*)
= 7.04 gills (*Brit.*)
= 0.88 quarts (*Brit.*)
= 0.22 gallons (*Brit.*)
= 2.11 pints (*Am.*)
= 8.45 gills (*Am.*)
= 1.06 quarts (*Am.*)
= 0.26 gallons (*Am.*)

1 hl ***Hektoliter*** hectolitre
= 100 litres
= 22.009 gallons (*Brit.*)
= 2.75 bushels (*Brit.*)
= 26.42 gallons (*Am.*)
= 2.84 bushels (*Am.*)

V. Gewichte

1 mg ***Milligramm*** milligram(me)
= $^1/_{1000}$ gram(me)
= 0.015 grains

1 g ***Gramm*** gram(me)
= $^1/_{1000}$ kilogram(me)
= 15.43 grains

1 Pfd ***Pfund*** pound (German)
= $^1/_2$ kilogram(me)
= 500 gram(me)s
= 1.102 pounds (avdp.)
= 1.34 pounds (troy)

1 kg ***Kilogramm, Kilo*** kilogram(me)
= 1,000 gram(me)s
= 2.204 pounds (avdp.)
= 2.68 pounds (troy)

1 Ztr. ***Zentner*** centner
= 100 pounds (German)
= 50 kilogram(me)s
= 110.23 pounds (avdp.)
= 0.98 British hundredweights
= 1.102 U.S. hundredweights

1 t ***Tonne*** ton
= 1,000 kilogram(me)s
= 0.984 British tons
= 1.102 U.S. tons

Fieberthermometer

(Clinical) Thermometer

°C (Celsius)	°F (Fahrenheit)
42.0	107.6
41.8	107.2
41.6	106.9
41.4	106.5
41.2	106.2
41.0	105.8
40.8	105.4
40.6	105.1
40.4	104.7
40.2	104.4
40.0	104.0
39.8	103.6
39.6	103.3
39.4	102.9
39.2	102.6
39.0	102.2
38.8	101.8
38.6	101.5
38.4	101.1
38.2	100.8
38.0	100.4
37.8	100.0
37.6	99.7
37.4	99.3
37.2	99.0
37.0	98.6
36.8	98.2
36.6	97.9

Temperatur-Umrechnungstabelle

Temperature Conversion Table

°C (Celsius)	°F (Fahrenheit)
100	212
95	203
90	194
85	185
80	176
75	167
70	158
65	149
60	140
55	131
50	122
45	113
40	104
35	95
30	86
25	77
20	68
15	59
10	50
5	41
0	32
– 5	23
– 10	14
– 15	5
– 17.8	0
– 20	– 4
– 25	– 13
– 30	– 22
– 35	– 31
– 40	– 40
– 45	– 49
– 50	– 58

Umrechnungsregeln

Temperature Conversion Equations

$$°F = \frac{9}{5}°C + 32$$

$$°C = (°F - 32)\frac{5}{9}$$